中国建设银行
China Construction Bank

中国建设银行将恪尽职守，勤勉尽责，牢固树立“以客户为中心”的经营理念，不断加强风险管理和内部控制，严格履行托管人的各项职责，切实维护资产持有人的合法权益，为资产委托人提供高质量的托管服务。

善建者不拔，善抱者不脱。——《道德经》

大行德广

中国
AGRICULT

交通银行 BANK OF COMMUNICATIONS | 资产托管部 ASSET CUSTODY DEPARTMENT

交通银行在香港联交所成功上市

交通银行与汇丰银行战略合作签约仪式

渤海产业投资基金设立仪式

交流融通 诚信永恒

交通银行托管业务走过了十多年不断发展创新之路，业务领域和范围不断拓宽，服务手段和服务内容不断深化，风险控制能力不断增强，逐步建立并形成了自身业务特色，已成为国内各类资产托管资格齐全的商业银行之一，在市场上树立了良好的服务形象。截至2010年12月末，我行托管资产总规模超过7000亿元，托管公募基金、全国社保、保险资产、企业年金、信托资金、券商理财等各类资产组合700余只，与百余家同业机构客户开展托管业务合作。托管业务总规模市场排名第五，占比超过7%，是全国最大的养老金托管行。

交通银行托管业务起步于1998年，是国内第一批五家托管银行之一，拥有齐全的业务资格，包括证券投资基金托管业务资格、委托资产托管资格、全国社会保障基金理事会委托资产与自营资产托管资格、QFII托管资格、QDII托管资格、基本养老保险个人账户托管资格、农村社会保障基金托管资格、投资连结保险产品托管资格、保险资金股票投资托管资格、企业年金基金托管资格、产业投资基金托管资格等。

交通银行一直把业务创新作为托管业务发展的生命线，在国内托管行业中，始终走在业务创新的前列，具有丰富的多领域托管服务创新经验和能力，享有较好的业务创新声誉：托管国内第一只开放式基金，第一只纯债券基金，第一只伞型基金；成功当选亚洲债券二期（ABF2）中国子基金（准QFII）的次托管人；首批开展QFII托管业务；成功托管我国金融市场上第一单租赁权资产证券化业务；成功托管我国首只完全以人民币募集的区域性产业投资基金（渤海产业基金）；推出国内首单专户理财托管服务，等等。

交通银行在业务起步时就非常重视内控环境的建设，先后建立了一套比较完备、行之有效的内部风险控制机制。交通银行注重引入国际先进的风险管理理念，不断提升风险管理水平。2002年率先进行引入外部审计对托管业务开展内控评审的尝试，2006年成功将国际审计标准SAS70的风控理念引入内控管理，通过评审出具审计报告，并把SAS70标准审计列入交通银行托管业务每年的常规工作予以实施，有效建立了风险控制的长效机制。

交通银行托管业务以快速的服务响应、专业的服务水准、良好的服务质量、灵活的系统功能打造了"专业用心、换您放心"的服务形象，在业内享有较好的口碑，得到了监管部门和客户的认可，被香港著名财经杂志《财资》评为中国地区最佳次托管银行、国内《首席财务官》杂志评为最佳资产托管奖、最佳企业年金奖。

交通银行托管服务经过十多年发展已逐步被广大客户认可，形成了一定的品牌形象，与全国社保理事会、国内知名的基金公司、保险公司、证券公司、信托公司等金融机构建立了托管合作关系；在开展企业年金托管业务以来，其服务对象进一步延伸至分布全国涉及电力、航空、烟草、金融、石化、港口、基础设施建设等行业的数家大型企业。此外，交通银行资产托管业务也在积极与知名的全球托管银行展开紧密合作，为境内合格的机构投资者投资境外市场搭建高效的服务平台。

交通银行是中国证券业协会托管委员会以及银行业协会托管专业委员会的成员单位，拥有一支专业的业务运作团队。该团队人员具有多年基金、证券和银行的从业经验，专业分布合理，职业技能优良，职业道德素质过硬，保证了交行的专业水准。

www.ban

Bank 中国光大银行
共享阳光 · 创新生活
一人一世界
你，就是我们的整个世界
企业与家族的伙伴
Companion of enterprise and family
专业 私密 安全 尊贵
Private Banking 光大银行私人银行
CHINA EVERBRIGHT BANK

恒丰银行
EVERGROWING BANK

客户服务热线:400-813-8888　网址: www.egbank.com.cn

总行地址：中国·山东·烟台市南大街248号
邮编：264001
电话：0535-2118015
传真：0535-6207878

董事长：姜喜运先生

恒丰银行于 2003 年经中国人民银行批准，经过整体股份制改造，成为一家全国性股份制商业银行。英文名称为 Evergrowing Bank Cold.。总部设在山东省烟台市。目前，设有青岛分行、济南分行、南京分行、杭州分行、成都分行、重庆分行、烟台分行、福州分行、昆明分行、西安分行、宁波分行等 11 家一级分行，在苏州、温州、绍兴、东营、义乌、济宁、滨州、乐山、无锡、聊城、达州、南充等地设立 12 家二级分行，共 118 家分支机构。正在积极运作北京分行、上海分行等机构的设置，加快推进"全国布局、走向世界"战略目标。2008 年 6 月成功引进新加坡大华银行为战略投资者。

——以卓越的服务　创卓越的品牌

截至 2011 年末，全行总资产达 3510 亿元，比年初增加 770 亿元，增长 28.11%；各项存款余额 2974 亿元，比年初增加 536 亿元，增长 22.01%；各项贷款余额 1432 亿元，比年初增加 231 亿元，增长 19.28%；净利润 42.87 亿元，同比增加 18.18 亿元，增长 73.6%。资产利润率 1.37%，资本利润率 24.3%，不良贷款率 0.48%，流动性比例 41.44%，成本收入比率 24.62%，资本充足率 11.55%。根据中国银监会统计资料显示，恒丰银行主要监管指标优良率在全国性股份制商业银行中一直名列前茅，2011 年，继续保持良好发展态势。截至三季度末，在中国银监会主要监管的 8 大指标中，流动性比例 58.29%，成本收入比 24.99%，资本利润率 27.13%，三项指标排名第一；存贷款比例 69.49%，资产利润率 1.53%，两项指标排名第二；不良贷款率 0.45%，排名第五，实现了跨越式发展。继 2009 年跨入"中国企业 500 强"行列之后，2011 年跻身英国《银行家》杂志"世界 1000 家大银行"排名榜 305 位，较去年上升了 86 个位次。

先后获得"中国企业 500 强"、"中国诚信企业"、"中国经济十大诚信示范单位"、"30 年中国品牌创新奖"、"全国金融业扶持中小企业发展示范单位"、"中国十大最具竞争力银行"、"全国支持中小企业发展十佳商业银行"、"全国支持中小企业发展优秀金融机构"、"中国现代服务业十佳优质服务金融机构"、"中国优秀企业"、"最具影响力企业（全国）"、"全国巾帼文明岗"、"中国金融行业最具竞争力品牌"、"建设创新型国家十大杰出行业"、"中国金融企业慈善榜•银行业突出贡献奖"和"山东省文明单位"、"山东省思想政治工作优秀企业"、"山东省纳税先进企业"、"山东省内部审计先进单位"、"山东省重点服务业企业"、"山东省服务业先进单位"等 100 多项荣誉称号。

——防案件　控风险　多创利　育人才

拥有"中央银行公开市场业务一级交易商"、"国家财政部国债承销团成员"、"全国银行间债券市场首批双边报价商"、"国家政策性金融债券一级承销商"、"全国凭证式国债承销商"、"企业短期融资券主承销商"、"全国银行间债券市场结算代理行"、"全国国债协会理事级会员单位"、"全国银联卡会员•股东单位"等市场准入资格，为银行今后发展提供了宝贵的资源优势。

恒丰银行青岛分行成立于 2004 年 5 月 14 日。目前辖设高新技术产业开发区支行、经济技术开发区支行、东海路支行、福州路支行、南京路支行、城阳支行、山东路支行、燕儿岛路支行等 8 家分支机构。

青岛分行成立以来，始终坚持"不求最大、但求最好，努力打造一流现代化银行"的经营管理理念，坚持"质量是硬约束是第一责任"的稳健发展理念，贴近市场、贴近客户，各项业务取得了长足的发展。截至 2011 年末，资产总额 245 亿元，各项存款余额 233 亿元，各项贷款余额 106 亿元。

青岛分行坚持"以卓越的服务 创卓越的品牌"，不断完善金融服务功能，提高金融服务水平。分行及所辖机构近年来获得"中国银行业文明规范服务示范单位"、"迎奥运窗口"、"青岛市文明单位标兵"以及"青岛市最佳文明服务窗口"等荣誉称号。

恒丰银行济南分行成立于 2004 年 8 月 9 日。目前设有东营、济宁、滨州、聊城 4 家二级分行以及济南泺源、佛山、柳泉、舜华、花园路、槐荫、经十路支行等 7 家同城支行。

济南分行成立以来，坚持规模、速度与效益相统一，积极服务于地方经济，大力拓展各项业务，严格风险管理，实现了银行快速、持续、健康发展。截至 2011 年末，资产总额 228 亿元，各项存款余额 226 亿元，各项贷款余额 112 亿元。

济南分行先后被评为山东省"人民满意的金牌窗口单位"和济南市"最佳风险管理银行"、"A 级纳税信用单位"，其下辖的分行营业部、泺源支行、柳泉支行相继获得"文明诚信单位"和省级"青年文明号"等称号，泺源支行获得"山东省银行业文明规范服务示范单位"和"中国银行业文明规范服务示范单位"称号。

恒丰银行南京分行成立于 2006 年 9 月 15 日。目前辖设无锡分行、城北支行、新街口支行、城东支行、江宁支行等 5 家分支机构，正逐步建立"立足南京　辐射周边"的服务网络。

南京分行开业以来，以"持续、稳健、合规、奉献、高效"为指导，以立足江苏、服务江苏、贡献江苏为宗旨，逐步发展成为南京地区最具有活力、最具有潜力、最具有品牌影响力的银行之一，实现了经济效益与社会效益的互动双赢。截至 2011 年末，资产总额 489 亿元，各项存款余额 476 亿元，各项贷款余额 210 亿元。

南京分行先后荣获"江苏省精神文明建设先进单位"、"南京市文明单位"、"千佳文明服务示范单位"、"文明规范服务示范单位"、"南京市诚信服务窗口单位"、"服务南京消费示范单位"、"文明服务价值奖"、"平安金融单位"、"安全保卫集体三等功"、"银行卡独具潜力奖"、"南京地区最具成长性理财品牌"等多项荣誉称号，办公室、营业部、城北支行、新街口支行分别被评为江苏省"青年文明号"，新街口支行荣获"南京市用户满意服务明星班组"称号。

恒丰银行杭州分行成立于 2006 年 11 月 16 日。经过五年的发展，目前已在萧山、西湖、余杭、绍兴、义乌设立 5 家分支机构及 12 家自助银行。

分行自开业以来，以科学发展观为指引，始终坚持"服务地方经济、谋求共同发展"的经营方针，立足杭州，服务浙江，全力打造"和谐、高效、学习、拼搏"的现代化银行，取得了良好的社会效益和经济效益。截至 2011 年末，资产总额 361 亿元，各项存款余额 340 亿元，各项贷款余额 231 亿元。

杭州分行获得浙江省人民政府颁发的 2010 年度金融机构改革创新奖、2008—2010 年度连续三年度的金融机构支持浙江经济发展三等奖，荣获"浙江省'青春共建和谐社区行动•金融知识进社区'活动优秀组织单位"、"2009 年度杭州市金融创新优秀项目奖"、杭州市下城区"文明单位"、浙江省银行业协会"2011 年度信息宣传工作二等奖单位"等荣誉称号，辖属余杭支行被浙江省银行业协会评为 2010 年度浙江省银行业文明规范服务示范单位。

恒久发展 丰裕社会

恒丰银行成都分行于2007年4月26日成立。目前，辖设乐山分行、达州分行、南充分行、成都玉带桥支行和成都金沙支行5家分支机构及9家自助银行，恒丰银行成都蛟龙港支行已获准筹建。

分行成立以来，始终秉承"恒久发展、丰裕社会"的经营理念，立足成都，服务四川，全面贯彻落实科学发展观，认真执行国家信贷货币政策，积极支持四川经济社会事业发展。截至2011年末，资产总额337亿元，各项存款余额325亿元，各项贷款余额137亿元。

自从开业以来，先后被成都市人力资源和社会保障局、成都市总工会等单位联合授予"成都市和谐劳动关系企业"称号，被成都市高新区管委会授予"企业经营优秀奖"，在"中国（成都）金融总评榜"活动中荣获"最佳成长型银行"、"最佳中小企业金融服务奖"等24项荣誉称号。

恒丰银行重庆分行成立于2009年8月7日。目前已设立永川支行、江北支行、高新支行、万州支行、大渡口支行、南岸支行、九龙坡支行7家分支机构及15家自助银行。

重庆分行开业来以支持重庆的崛起为己任，以提高经济效益为目标，以持续稳定健康发展为主题，以强化内部控制和管理为重点，积极开拓各项业务，开创了稳健发展的新局面。截至2011年末，资产总额372.3亿元，各项存款余额363亿元，各项贷款余额111亿元。

重庆分行秉承"防自满、勤工作、善沟通、知荣辱、促发展"十五字纲领，积极支持经济发展，先后荣获"五个重庆'建设贡献突出金融机构"、"最佳贵金属投资理财银行"、"年度最具效率服务银行"、"年度最佳金融管理银行"、"年度最具社会责任银行"、"最佳中小企业融资银行"、"渝中区文明单位"等荣誉称号。

恒丰银行烟台分行在整合烟台区域经营机构基础上于2009年11月16日正式挂牌，目前已设立35家支行、29家分理处，共65家经营单位，基本上覆盖了烟台市所辖各区及各县市。

烟台分行认真贯彻执行科学发展观，树立"以客户为中心、以卓越服务创卓越的品牌"的经营意识，提供温馨、优质、高效的金融服务，立足烟台，服务社会，各项业务稳健发展，取得了良好的社会效益和经济效益。截至2011年末，资产总额577亿元，各项存款余额550亿元，各项贷款余额353亿元。

恒丰银行烟台分行以服务地方社会经济发展为己任，荣获2011年烟台市"先进基层党组织"、2011年政协烟台市委颁发的"双为一优活动突出贡献单位"荣誉称号。

恒丰银行福州分行成立于2010年5月14日。成立以来，以科学发展观为引领，认真贯彻落实国家宏观调控政策以及监管部门相关要求，紧紧围绕"提速增盈、管控风险、稳健发展"的十二字方针，坚持合规经营，优化管理，强化内控，注重效益，取得了较好的经营业绩。截至2011年末，资产总额121亿元，各项存款余额116亿元，各项贷款余额43亿元。

恒丰银行昆明分行成立于2010年10月9日。昆明分行以促进云南经济建设为工作重点，大力支持当地企业发展，积极投身绿色经济强省、民族文化强省和中国向西南开放的"桥头堡"建设，服务当地经济，实现了银行的持续健康发展。截至2011年末，资产总额88亿元，各项存款余额84亿元，各项贷款余额34亿元。

恒丰银行昆明分行全体干部员工将牢记"恒久发展、丰裕社会"的理念，进一步加强金融服务，提高服务质量，提升金融创新能力，丰富金融服务方式，以崭新的姿态和良好的形象，快速融入到云南蓬勃发展的经济大潮中去，以实际行动为繁荣本地经济、促进云南省"两强一堡"建设做出更大的贡献。

恒丰银行西安分行成立于2010年12月17日。开业以来，按照"布好大局、做好开局、立足西安、服务陕西"的工作方针，努力开拓市场，加强金融服务，加快金融创新，积极支持了陕西省支柱行业和高新技术产业的发展。截至2011年末，资产总额144亿元，各项存款余额139亿元，各项贷款余额43亿元。

西安分行将始终秉承"恒久发展 丰裕社会"的社会理念、"以卓越的服务 创卓越的品牌"的服务理念，坚持"持续、稳健、合规、奉献、高效"的主旋律，不断提高业务水平，强化内部管理，优化金融服务，努力为陕西省经济又好又快发展做出应有的贡献。

恒丰银行宁波分行（筹）于2011年10月25日由中国银监会正式批复同意正式筹建。

待批准开业后，宁波分行将认真贯彻落实国家宏观调控政策，坚决执行监管部门的各项规定和要求；秉承"恒久发展，丰裕社会"的理念，积极创新金融产品；紧紧围绕宁波产业经济转型升级、智慧城市建设、海洋经济示范区建设等主题，大力支持中、小、微型企业的发展，为社会各界提供更多、更便捷、更高效的服务；全力打造成业绩优良、运营安全、服务优质的精品银行。

恒丰银行苏州分行成立于2010年2月11日。苏州分行坚持以科学发展观为引领，秉承总行"恒久发展，丰裕社会"的理念，提供全面、优质、便捷、高效的金融服务，融入地方经济社会的发展。截至2011年末，资产总额90亿元，各项存款余额89亿元，各项贷款余额41亿元。

苏州分行始终坚持以市场为导向，以效益为中心，以创新为动力，走规模、质量和效益相协调的发展之路，重点支持市政基础设施建设、先进制造业、生物医药、文化旅游、中小企业、农业等领域，全面支持苏州地方经济的发展和转型升级。

恒丰银行温州分行成立于2011年7月6日。温州分行秉承"恒久发展 丰裕社会"的理念，立足温州，辐射周边县市，选择优质客户，支持经营良好的企业客户，积极为温州经济建设提供高效、便捷的金融服务。截至2011年末，资产总额34亿元，各项存款余额32亿元，各项贷款余额11亿元。

温州分行将坚持依法合规经营，以优质高效服务创造卓越品质，以勤廉务实作风打造和谐团队，团结奋进，开拓创新，攻坚克难，攀高争先，全力打造"和谐、高效、学习、拼搏"的现代化商业银行。

客户至上 质量至上

拼搏 奉献 灵活 创新

www.egbank.com.cn

坚持科学发展观 打造现代一流商业银行

东吴证券股份有限公司
SOOCHOW SECURITIES CO.,LTD.

董事长：吴永敏先生

东吴证券股份有限公司（以下简称"东吴证券"或"公司"），前身为组建于1992年的苏州证券，历经三次增资扩股。2010年5月28日，东吴证券有限责任公司改制并更名为东吴证券股份有限公司。2011年11月23日，经中国证券监督管理委员会核准，东吴证券向社会公开发行5亿股普通A股股票，并于2011年12月12日在上海证券交易所挂牌上市交易，股票简称"东吴证券"，股票代码"601555"。通过登陆资本市场，东吴证券不仅将进一步完善公司治理机构，更有望通过IPO实现新的质的成长。

公司总部及注册地在苏州，注册资本金20亿元。目前公司下属北京、上海、苏州、昆山、常熟、张家港、吴江、太仓8个分公司，拥有48家证券营业网点，并参股东吴基金管理有限公司，控股东吴期货有限公司，下设全资子公司东吴创业投资有限公司从事直接投资业务。作为总部在苏州的唯一一家综合性证券公司，东吴证券依托的苏州市场综合经济实力、人均GDP、人均存款等均居于全国前列，且近十年保持快速发展势头，使得公司业务具有良好的客户财富基础。截至2011年中期，东吴证券经纪业务市占率在苏州地区稳居第一，在江苏地区排名第二；2010年在苏州地区代理买卖证券交易金额排名前10位的证券营业部占据7席；在投资银行业务方面，利用本地优势深耕细作，自股权分置改革新老划断以来在苏州地区IPO主承销家数排名第一。

近年来，公司规模快速增长。2007-2010年净资产由16.18亿元增至41.87亿元，年均复合增长率达到37%，大幅领先于行业的18%；同期，净资本由12.14亿元增至30.17亿元，年均复合增长率达到35%，远超行业15%的平均水平。2011年上半年公司营业收入9.22亿元、净利润2.27亿元，期末净资产43.13亿元。2010年净资产规模及净利润分别位于行业第31与32位，同期公司经纪业务市场份额分别为0.88%和0.92%，市场占有率分别位居行业第30和28位。

股票代码启动仪式

敲锣仪式

新大楼奠基仪式

中国平安 PING AN

保险·银行·投资

平安证券管理层合影

平安证券有限责任公司是中国平安（601318.SH；2318.HK）综合金融服务集团旗下的重要成员，前身为 1991 年 8 月创立的平安保险证券业务部。凭借中国平安集团雄厚的资金、品牌和客户优势，秉承"稳中思变，务实创新"的经营理念，公司建立了完善的合规和风险控制体系，各项业务均保持强劲的增长态势，历经二十年稳健经营，公司已成为全国综合性主流券商之一。

平安证券投行致力于为国内企业提供高质量的融资服务和财务顾问服务，以股权融资、改制重组、兼并收购、股权激励方案设计等协助客户实现战略目标。是国内首批具有主承销资格的券商之一。拥有百余家股权融资项目、百余家财务顾问项目的成熟运作经验。目前的主要业务有：首次公开发行股票、上市公司增发、上市公司配股、可转换债券、收购兼并、资产重组、股权激励计划、股权分置改革、其它财务顾问。

目前平安证券投行拥有 300 余人的专业团队，保荐代表人 80 余名，保荐代表人数量位居同业前三甲；其中 50% 以上具有律师、会计师、资产评估师资格，70% 以上为硕士学历；管理团队及保荐代表人从业经验丰富，具备良好的专业素质及创新能力，具有 5 年以上从业经验者达 80%。在项目承做过程中平安证券投行建立了高效的业务运作机制，标准化的作业程序和作业模板，保证一线投行业务人员在项目工作流程上的标准化、规范化，充分覆盖作业风险，有效地提高了作业质量。平安证券投行拥有百余家首发项目、近 40 家再融资项目及 20 余家上市公司并购重组的成功运作经验，并建立了畅通的沟通渠道与沟通机制，协助客户进行有效沟通，提高整体工作效率。

十几年来，平安证券投行的团队由小到大、由弱做强，靠的就是不断超越自我、勇于创新，积极进取的精神和顽强的意志。未来，我们将以"服务于高成长性客户，与客户一同成长，培养一批高素质的投行精英"为目标，继往开来，志存高远，争做行业的领导者！

www.pingan.com

|杨宇翔董事长在禾盛新材、宇顺电子上市仪式上致辞|

|薛总万马上市答谢会讲话|

|投行干部合影|

2011年平安证券投行成就

截止2011年5月平安证券投行已完成股票主承销家数18家，主承销规模155亿。

在中小板保荐市场占有率11%，排名同业第二；

创业板保荐市场占有率12.7%，排名同业第一；

在2010年全年IPO承销额排行榜中，平安证券亚洲排名第一；

自09年新股发行制度改革以来，平安证券投行IPO保荐家数排名行业第一。

平安证券投行保荐的细分子行业的第一家上市公司

传媒业第一股——出版传媒

农药连锁销售第一股——诺普信

中小型医疗器械第一股——鱼跃医疗

海水养殖第一股——獐子岛

中高档家纺第一股——罗莱家纺

网络视频第一股——乐视网

|投行保荐项目上市仪式|

|投行保荐项目——北京科锐挂牌仪式|

平安证券投行荣誉

2006年-2009年　连续四年获深交所最高荣誉--“中小企业板最佳保荐机构”称号

2007年-2009年　在《证券时报》评选的中国区优秀投行奖项中，平安证券投行共获“中小板最佳投行”、“创业板最佳投行”、“最佳创新投行”、“最佳并购投行”、“最佳服务投行”、“最佳销售投行”等21项荣誉

2007年-2010年　连续四年荣获《新财富》评选的“本土最佳投行团队”、“最受尊敬投行”、“中小项目业务能力最佳投行”、“最具创新能力投行”等26个奖项

2006年-2008年-2009年在《上海证券报》评选平安证券投行为“最佳投行创新团队”、“最佳中小型项目团队”、“最佳创业板保荐团队”

2006年-2008年　连续三年在《21世纪经济报道》举办的中国券商奖评选中获“最佳中小板投行”、“最佳投行”等奖项

2010年　《理财周报》评选的中国券商“金方向奖”中平安证券投行获“中国最佳十大投资银行”、“中国创业板最佳投资银行”、“最佳投资银行家”、最佳资本市场部总经理”三项荣誉

稳中思变 / 务实创新

平安证券有限责任公司

www.dfzq.com.cn
稳健经营 专业服务
以人为本 开拓创新

中银基金业务范围涵盖公募基金、专户理财、QDII、投资顾问等多个领域。建立了完备的产品体系，涵盖货币、债券、混合、股票等不同风险收益特征的基金产品。

目前，中银基金旗下共有15只基金产品，5只股票型、5只混合型、1只QDII、3只债券型、1只货币型，具有相对完备的产品线，从不同风险偏好客户的理财需求出发，为客户提供多样化的选择。

股票型基金

中银增长 163803

中银策略 163805

中银中证100 163808

国企ETF 510270

中银中小盘 163818

混合型基金

中银中国 163801

中银收益 163804

中银优选 163807

中银蓝筹 163809

中银价值 163810

QDII基金

中银全球 163813

债券型基金

中银增利 163806

中银双利 A类:163811 B类:163812

中银转债 A类:163816 B类:163817

货币市场基金

中银货币 163802

上海国际信托有限公司创立于1981年，今年喜迎成立三十周年。公司是上海国际集团控股的非银行金融机构，注册资本金为25亿元，净资产公允价值超过百亿元，现有股东为13家。

在三十年的发展历程中，公司始终恪守“诚信、专业、稳健、创新”的经营理念，准确把握投资热点，深入挖掘业务空间，不断适应政策导向，持续提升资产管理能力，在市场上树立了卓越形象、赢得了良好信誉，综合实力稳居全国信托公司前列。公司先后被指定为非银行业金融机构中首家合规试点单位；被推举为中国会计学会信托分会会长单位；被推选为第二届信托业协会会员理事单位和副会长单位。近年来，公司在法人治理、合规管理、内部控制、资产管理、盈利能力等方面均获得监管机构的高度认可，连年荣获信托行业的最高评级。

近年来，面对世界经济格局的深刻变化和国内宏观经济运的复杂形势，公司围绕“保增长、调结构、控风险”的总体目标，以科学发展观为统领，努力培育主动管理能力，积极促进信托业务转型，继续深化机制改革，重塑公司品牌内涵，全面履行行业自律，经营业绩和管理水平均取得了显著提升，在建设“国内一流资产管理和财富管理金融机构”的道路上又迈出了坚实的步伐。

目前，公司已经拥有了九大系列、四十余条产品线，在重点业务领域基本形成了“蓝宝石”、“红宝石”、“白金”、“钻石”、“明珠”、“现金丰利”等系列品牌，为不同风险偏好和理财需求的投资者提供多元化的产品选择和服务。公司坚持以客户为中心，提高信托服务质量，建立全方位、一体化的服务体系，为客户提供量身定制的理财方案，以实现资产增值和财富成长为使命，与广大客户相伴成长，

2010年，公司继续获得了社会各界的全面肯定和高度评价，在上海市政府举办的“2010年上海金融创新奖”评选中，“红宝石”安心进取伞形配置信托计划作为唯一信托产品入围并荣获二等奖，在权威媒体举办的各类信托行业评选中分别荣获最佳信托公司等三项综合大奖、最佳信托计划等四项单项奖，充分显示出公司强大的品牌影响力和行业美誉度。公司还积极参与世博、服务世博、奉献世博，荣获“上海金融系统世博服务工作先进集体”的光荣称号。

为突出社会使命和发展信念，公司在2010年推出了全新的品牌形象，以新的战略定位续写精彩篇章，以新的形象再次扬帆远航。“信利正·睿见远”的品牌宣言寓意着“诚信合规、彰显正气”的服务品质和“睿智通明、目光高远”的企业精神。公司将秉持开拓创新的信念和履行社会责任的决心，大力发展资产管理和财富管理业务，努力实践受托管理的庄严职责，全力提供更加优质的金融服务。

开启财富新可能

—— 上海国际信托有限公司

1981-2011

上海国际信托有限公司
中国上海市九江路111号 邮编200002
电话 +86 21 6323 1111
www.shanghaitrust.com

中国金融市场三十多年的风雨兼程，赋予我们足够的阅历、眼光和品位
我们深谙在广阔领域发现和把握机会之道
率先探索和开拓潜在的金融价值
以开放的心态聚集各方面的前进力量
创造无穷想象空间的投资可能
为投资者勾画色彩斑斓无限可能的财富世界

上海信托
SHANGHAI TRUST
信利正 睿见远

上海国际集团成员企业之一 A SIG Company

2011
中國證券業年鑒
CHINA SECURITIES YEAR BOOK

总第十九期 下

声　明

《中国证券业年鉴》(2011·总第十九期)著作权属中国证券业年鉴编辑委员会所有。

图书在版编目(CIP)数据

中国证券业年鉴. 2011/ 中国证券业年鉴编辑委员会 编.
上海:复旦大学出版社,2012.5
ISBN 978-7-309-08752-9

Ⅰ.中… Ⅱ.中… Ⅲ.资本市场—中国—2011—年鉴 Ⅳ.F832.51-54

中国版本图书馆 CIP 数据核字(2012)第 030431 号

中国证券业年鉴(2011·总第十九期)
中国证券业年鉴编辑委员会 编

责任编辑　王联合　张咏梅　鲍雯妍　宋朝阳　岑品杰
封面设计　上海众证文化传播有限公司
出版发行　复旦大学出版社有限公司出版发行
　　　　　上海市国权路 579 号　　邮编 200433
经　　销　新华书店
印　　刷　上海泰业印刷有限公司
开　　本　850mm×1168mm　1/16
印　　张　160
插　　页　260
字　　数　4500 千字
版　　次　2012 年 3 月第 1 版　2012 年 3 月第 1 次印刷

定　　价　人民币 1980 元　港币 2680 元　美元 400 元

编辑说明

《中国证券业年鉴》以客观、公正、全面、权威的历史使命，忠实记录了我国证券市场的发展轨迹，向海内外各界人士宣传、展现我国证券市场的发展成就，做出了应有的贡献；并给后人查阅、研究我国证券市场历史年度的动态，提供了权威资料。做好中国证券业历史的编辑整理工作，保证中国证券业历史记录的有序延续，是我们的历史使命。自1993年创刊以来，《中国证券业年鉴》已经逐渐成长为一个展示公司业绩、总结市场成就、记录中国证券业历史、向海内外各界人士展现和推介中国证券市场形象的权威窗口。《中国证券业年鉴》每年出版一次，分上、中、下三册向国内外公开发行。

《中国证券业年鉴》（2011. 总第十九期）主要反映本年度中国金融、证券、基金、期货、保险、债券市场及企业制度建设和发展方面的情况和最新动态，供海内外有关机关、社团、学校、研究部门、企事业单位及社会各界人士做进一步研究参考使用。为推动中国证券业的规范化和国际化、建设有中国特色的社会主义市场经济服务。

《中国证券业年鉴（2011）》内容设置专论、中国金融市场、中国证券市场、中国基金市场、中国期货市场、中国保险市场、中国证券业人物纪实与访谈、优秀企业选介等部分，另有彩色图片1260幅。

《中国证券业年鉴（2011）》的资料直接来源于公司的公告和报告、国务院有关部委及各省、市相关单位提供的材料，保证了《年鉴》的权威性和准确性。《中国证券业年鉴（2011）》基本保持上一期的内容和体例，同时充实了原有的编章，重点充实了各省、市、自治区证券市场的详细资料，突出反映了2011年我国证券市场的整体发展状况。但由于中国证券业仍处于快速发展阶段，加上各地区的发展不平衡以及我们的水平有限，难免出现一些疏漏，敬请读者谅解和指正。

《中国证券业年鉴》由上海、深圳证券交易所和中国证券业年鉴编辑委员会共同主办，总编辑由张育军、宋丽萍担任。在编辑出版过程中得到了国务院有关部门及中国证券监督管理委员会及各省、直辖市、自治区证监局、上海证券交易所、深圳证券交易所、香港联合证券交易所、中国证券报社、中国证券登记结算有限责任公司、大同煤业股份有限公司及证券界有关领导、专家的指导和支持，在此我们表示最诚挚的感谢。

中国证券业年鉴编辑部

中国证券业年鉴理事会

（以下排名不分先后）

顾伟国	中国银河证券股份有限公司	总裁
毛　勇	泰豪科技股份有限公司	董事长、总裁
马宝平	金堆城钼业股份有限公司	董事长
宫少林	招商证券股份有限公司	董事长
牛冠兴	安信证券股份有限公司	董事长、党委书记
盛希泰	华泰联合证券有限责任公司	董事长
蔡　咏	国元证券股份有限公司	总裁
张招兴	广州证券有限责任公司	董事长
马金声	新时代证券有限责任公司	董事长
钱　卫	中银国际证券有限责任公司	执行总裁
李舫金	万联证券有限责任公司	董事长
张广慧	山西证券股份有限公司	党委书记、董事长
李晓安	华龙证券有限责任公司	董事长
高良玉	南方基金管理有限公司	总经理
尚　健	国投瑞银基金管理有限公司	总经理
杨光裕	长城基金管理有限公司	董事长
潘卫东	上海国际信托有限公司	董事长
赵学军	嘉实基金管理有限公司	总经理
范勇宏	华夏基金管理有限公司	总经理
刘平春	深圳华侨城股份有限公司	总经理
张相军	山东金岭矿业股份有限公司	董事长
陆　涛	金元证券股份有限公司	总裁
徐建平	东吴基金管理有限公司	总裁
王德贤	安徽山鹰纸业股份有限公司	董事长
王文京	用友软件股份有限公司	董事长、总裁
任志强	华远地产股份有限公司	董事长
张近东	苏宁电器股份有限公司	董事长
袁　泽	新疆新鑫矿业股份有限公司	董事局主席
石维国	中天城投集团股份有限公司	副董事长
闫希军	天津天士力制药股份有限公司	董事长
刘　达	大连圣亚旅游控股股份有限公司	董事长
王道明	黑龙江北大荒农业股份有限公司	董事长
张建台	天津市房地产发展(集团)股份有限公司	董事长
陈　平	马应龙药业集团股份有限公司	董事长
何国纯	广西五洲交通股份有限公司	董事长
包士金	江苏吉鑫风能科技股份有限公司	董事长
焦　云	七台河宝泰隆煤化工股份有限公司	董事长
夏　平	南京银行	行长
李春宏	江苏连云港港口股份有限公司	董事长
丁尔民	义乌华鼎锦纶股份有限公司	董事长
于少波	四川东材科技集团股份有限公司	董事长、总经理
杜江涛	内蒙古君正能源化工股份有限公司	董事长

杨建东	云南盐化股份有限公司	董事长
高　庆	南方产权联合交易中心有限责任公司	董事长
张恺颙	陕西延长石油化建股份有限公司	董事长
刘世春	金融街控股股份有限公司	董事长
张增光	唐山冀东水泥股份有限公司	董事长
锁炳勋	安徽金种子酒业股份有限公司	董事长
曾昭秦	山东天业恒基股份有限公司	董事长
邱　卫	湖南新五丰股份有限公司	董事长
于九洲	唐山冀东水泥股份有限公司	总经理
徐义民	新疆西部牧业股份有限公司	董事长
王龙雏	福建省厦门象屿股份有限公司	董事长
傅　帆	上海国际信托有限公司	总经理
刘相学	鲁银投资集团股份有限公司	董事长
曹和平	长春欧亚集团股份有限公司	董事长
谢长军	龙源电力股份有限公司	总经理
张永年	四川成渝高速公路股份有限公司	董事会秘书
王宜明	山东联合化工股份有限公司	董事长
付守杰	广汽长丰汽车股份有限公司	总经理
龚永福	万福生科（湖南）农业开发股份有限公司	董事长、总经理
薛伟成	罗莱家纺股份有限公司	董事长

中国证券业年鉴编辑委员会

地　　址： 上海浦东桃林路 18 号环球广场 B 座 2809 室
邮　　编： 200135
电　　话： 021－22819146
传　　真： 021－22819145
邮　　箱： shcwq@163.com

目　录

第一编　专　论

第二编　中国金融市场

第二章　金融机构

第三编　中国证券市场

第四编　中国基金市场

第五编　中国期货市场

第六编　中国保险市场

第七编　中国证券业人物纪实与访谈

第八编　中国证券市场优秀企业选介

■上市公司

※上交所上市公司※

※深交所主板上市公司※

※创业板上市公司※

■证券服务机构

※会计师事务所※

※律师事务所※

※资产评估机构※

※资信评级机构※

※投资咨询机构※

■三板上市公司

■证券公司精品营业部推介

插页目录

上　册

中　册

下 册

中国证券业年度人物

SHANGHAI STOCK EXCHANGE

经过多年的持续发展，上海证券市场已成为中国内地首屈一指的市场。截至 2011 年年底，上证所拥有 931 家上市公司，上市股票数 975 个，股票市价总值 14.84 万亿元。2011 年股票筹资总额 3199.69 亿元。一大批国民经济支柱企业、重点企业、基础行业企业和高新科技企业通过上市，既筹集了发展资金，又转换了经营机制。

迈入新世纪后，上证所肩负着规范发展市场的艰巨任务，也面临着进一步推进市场各项建设的良好机遇。凭借一流的硬件设施和浦东优越的区位优势与强大辐射力，凭借上海经济良好发展势头和特有的龙头效应，凭借国企改革和金融中心建设对上海资本市场的积极推动，上证所将按照坚定信心、加强监管、保持稳定、规范发展的思路，在技术、监管、人才、服务等方面多管齐下，为建设一个规范透明、高效开放、充满生机活力的世界一流交易所开启新的篇章。

周年
2001-2011
十年国元
跨越腾飞
2001-2011
热烈庆祝国元证券成立十周年

上海證券有限責任公司

SHANGHAI SECURITIES CO.,LTD.

上海证券领导班子

从左至右依次为：合规总监吴君年、副总经理郭超、副总经理张伏波、党委书记朱学华、总经理郁忠民、监事会主席李建华、副总经理姚兴涛、党委委员朱俊、总经理助理郑伟刚

上海证券有限责任公司（以下简称“公司”）成立于2001年5月，是由原上海财政证券公司和上海国际信托有限公司证券总部新设合并成立的全国性综合类证券公司。公司注册资本金26.1亿元人民币，股东单位为上海国际集团有限公司和上海国际信托有限公司。2005年12月，公司成为全国创新试点证券公司之一。同时，公司也是上海国际集团核心成员企业之一。

公司现拥有各类专业人员1000余人，营业网点56家，已形成以上海为中心，北京、深圳、重庆、温州、南京、杭州等发达城市为主体的经营网络。公司资产质量优良，业务资格齐备。公司下属现有海际大和证券有限责任公司和海证期货有限公司两家子公司。公司于2007年正式受让中富证券有限责任公司证券类资产，实现了经纪业务的快速扩张，进一步推动了公司的战略发展。

公司成立以来，一贯秉承“诚信、专业”的核心价值观，以诚信经营为根本，以专业服务为中心；规范运作、稳健务实、开拓进取、和谐创新；立足上海，服务全国，在市场上树立了良好的企业形象。公司将致力于打造自身经营品牌，走现代金融企业的可持续发展道路，不断做强做大，努力成为国内一流的券商。

经营范围

证券经纪；证券投资咨询；与证券交易、证券投资活动有关的财务顾问；证券（不含股票、上市公司发行的公司债券）承销；证券自营；证券资产管理；证券投资基金代销；为期货公司提供中间介绍业务。

经纪业务

公司经纪业务始终以满足客户投资需求为宗旨，秉承“Service-服务、Humanity-人性、Zeal-热忱、Quality-质量”的理念，凝聚多年专业智慧，倾力打造“贴身的营销、贴心的服务、贴金的品牌”，通过专业化、个性化、多样化和规范化的运作，帮助更多投资者实现财富增值的梦想。

资产管理

公司于2002年经中国证监会批准成为首批具有从事受托投资管理业务资格的全国性综合类券商之一。目前公司已建立了规范的受托投资管理业务架构，形成了科学的投资管理体系，构建了严格的内部控制体系和风险防范机制，树立了良好的自律意识。

证券投资

公司证券投资业务拥有一支专业化的投资管理团队，坚持价值稳健成长的投资理念，建立了一套严谨而健全的投资决策体系和风险控制体系，以研究宏观经济、行业和公司基本面为出发点，精选投资品种，不断取得良好业绩，2007年全年投资收益率达到202.67%，2008、2009、2010和2011年投资收益率也大幅超越市场基准指数和股票型基金平均涨跌幅。

2011年5月，在上海证券十周年答谢活动暨《聚赢理财》投资咨询服务产品发布会上，公司再次向上海市慈善基金会捐款

2011年1月，上海证券温州地区年会

2011年4月，上海证券在云南拉伯乡援建的希望小学竣工

固定收益

公司拥有众多的销售网点、常年国债兑付网点、广泛的机构客户资源、十数年债券承销经验以及丰富的债券融资实务经验，尤其专注于为地方企业债券发行融资提供服务；随着银行间债券市场的发展，公司积极参与银行间债券交易业务，近三年银行间债券交易量保持在千亿元以上。

并购业务

经过多年的积累，公司兼并收购业务以长期合作、共同成长为服务目标，以稳健和务实的作风、精通资本运作的高素质团队，服务于各类企业、上市公司及机构客户，为政府和企业提供兼并收购、资产重组、结构融资、产业基金、私募融资、股权投资管理等专业、优质、高效的服务。

三板业务

公司拥有代办系统主办券商业务资格，已经推荐六家公司在代办系统成功挂牌。在三板业务领域积累了丰富的市场经验和雄厚的专业实力，业务范围已由北京中关村高科技园区迅速拓展至全国其他高新区。公司在争取推荐更多企业在代办系统挂牌的同时，还注重与挂牌企业构建多层次的业务合作模式。

国际业务

公司对内扩大市场份额，对外探索走国际化道路，拥有与国际接轨的海外业务服务平台、广泛的业务网络、十多年B股交易和机构客户服务经验、优秀的研发团队，始终致力于为客户跨市场金融交易提供专业意见和技术服务。服务项目包括QFII业务、B股委托交易、跨市场服务、国际合作等。

研究所

公司研究所拥有一支素质优良、经验丰富、知识背景涵盖金融、经济、管理和理工等多个学科的专业化研究人员队伍，主要从事宏观经济及政策、行业与公司、投资策略、基金、债券、金融工程等方面的研究工作，为公司机构客户和VIP客户提供及时高效的证券投资咨询服务，同时也为公司其它业务部门提供有力的研究支持。

基金评价研究中心

2010年5月，公司正式获批成为第一批具备协会会员资格的基金评价机构。基金评价研究中心目前主要从事基金评级、基金单一指标排名及中国证券监督管理委员会认定的其他评价活动。公司基金评价中心已经打造了一支拥有博士、硕士学位为主，专业覆盖数学、计算机、经济学、财务和管理等，并且半数人员具备海外留学背景的专业团队。建立了准确、客观的基金评价体系，形成高效的风控体系，与时俱进的推进研究工作。目前，中心评价指标主要包括选证能力、择时能力及风险调整后收益、下行贝塔等，提供对基金的三年、五年评级。基金评价研究中心业务领域涉及：基金评价、创新基金定价研究、基金行业深度研究、基金资产配置等。

公司总部办公大楼

公司各分支机构

上海分公司	021-64339000	上海市徐汇区肇嘉浜路750号4幢
上海证券自营分公司	021-34638430	上海市闵行区浦江镇浦雪路329号3楼
西安分公司	029-68680333	西安市莲湖区南二环西段群贤路6号西安锦都花园10202号

公司各证券营业部

上海淞滨路证券营业部	021-56672424	上海市淞滨路600号北翼商厦四楼
上海漕宝路证券营业部	021-64361456	上海市漕宝路221号
上海茅台路证券营业部	021-62903301	上海市茅台路596号
上海斜土路证券营业部	021-64228585	上海市斜土路1939号D幢裙房一、二楼
上海嘉定证券营业部	021-59915414	上海市梅园路226号二楼
上海金山证券营业部	021-57320739	上海市朱泾镇东风路15号
上海惠南镇人民东路证券营业部	021-58024567	上海市惠南镇人民东路2881号5-6楼
上海武宁路证券营业部	021-62546146	上海市武宁路1067号
上海凌河路证券营业部	021-68957328	上海市浦东凌河路269号
上海松江证券营业部	021-67752822	上海市松江区文诚路228号2楼
上海龙吴路证券营业部	021-64525078	上海市龙吴路5555号
上海莘庄证券营业部	021-64881288	上海市沪闵路6018号
上海浦雪路证券营业部	021-34303899	上海市浦雪路329号
西安红光街证券营业部	029-87629755	西安市红光街39号
西安科技路证券营业部	029-68912226	西安市高新区科技路18号新科大厦
西安解放路证券营业部	029-87415619	西安市解放路236号6层
西安群贤路证券营业部	029-88354131	西安市群贤路6号
西安阎良红安路证券营业部	029-86846199	西安市阎良区红安路6号
深圳深南东路证券营业部	0755-25889969	深圳市罗湖区深南东路4003号世界金融中心A座23层
北京车公庄大街证券营业部	010-88306678	北京市车公庄大街12号中核大厦二层
常州晋陵中路证券营业部	0519-81199808	常州市钟楼区晋陵中路168号三楼

新时代证券
New Times Securities

董事长：马金声先生

新时代证券有限责任公司是一家专业化、全国性的综合类证券公司，经中国证券监督管理委员会（以下简称"中国证监会"）批准，于2003年6月26日正式成立，注册地为北京。经吸收合并上海远东证券有限公司（2009年）及2009年度未分配利润转增股本（2010年），公司现有股东单位14家，注册资本为人民币14.63亿元。

公司经营范围包括：证券经纪，证券投资咨询，与证券交易、证券投资活动有关的财务顾问，证券承销与保荐，证券自营，证券资产管理，证券投资基金代销。

公司下设2家分公司、1家子公司和45家证券营业部，遍及北京、上海、天津、重庆、内蒙古、河南、河北、山东、江苏、浙江、湖南、湖北、福建、四川、广东等全国15个省、自治区和直辖市，形成了辐射全国、布局合理的客户服务和经营网络。

作为一家金融服务机构，新时代证券一贯秉承"规范创造价值、专业创造价值、服务创造价值"的经营理念，实施"以人为本、和谐共赢、创新高效、执行有力"的管理理念，努力将新时代证券打造为投资者高度认可的、能够提供优质产品和服务的、社会责任感强、市场美誉度高的证券公司。

公司多次被税务机关评为纳税信用A级企业等荣誉称号。2010年公司荣获"第六届中国证券市场年会金钥匙奖"。经过多年运作，公司以先进的组织结构、完备的治理模式、一流的人才队伍、丰富的业务经验，构建了崭新的组织体系、业务运行模式和内控机制，促使各项业务不断取得经营佳绩。

"合规、诚信、责任、务实"是每位新时代人的价值观，所有新时代人期待和各界朋友一起共同见证新时代证券有限责任公司明天的辉煌。

新时代证券 - 总部

2011 年经纪业务专项工作会议

棒杰股票推介会（上海）现场

公司培训

www.xsdzq.cn

地址：北京市西城区金融大街 1 号 A 座 8 层　邮编：100033

电话：010-83561000　传真：010-83561001　邮箱：office@xsdzq.cn

规范创造价值　专业创造价值　服务创造价值

以人为本　和谐共赢　创新高效　执行有力

和兴证券
HE XING SECURITIES

地址：四川省成都市人民南路二段18号川信大厦10楼
电话：028-86199665　　传真：028-86199079
网址：www.hx818.com　邮编：610016

董事长：刘晓亚先生

和兴证券经纪有限责任公司于 2001 年 8 月经中国证券监督管理委员会批准，由四川省的 6 家信托投资机构剥离证券资产合并成立。公司法定代表人：刘晓亚；注册资本：33,148.99 万元人民币；经营范围：证券经纪；注册地：四川省成都市人民南路二段 18 号川信大厦 10 楼；国际互联网网址：http://www.hx818.com。

公司现有股东 12 家，前五大股东分别为：四川信托有限公司（占总股本的 57.09%）四川省国际信托投资公司（占 9.21%）、凉山州国有投资发展有限责任公司（占 9.07%）、南充市国有资产投资经营有限责任公司 (6.34%)、德阳市国有资产经营有限公司 (5.51%)。公司实际控制人四川宏达（集团）有限公司为国内 500 强企业，实力雄厚，并全力支持公司做大做强，其灵活的用人、分配、决策三大机制优势为公司高效决策、打造核心竞争力、提高市场战略定位、提升职工个人发展空间，提供了更加广阔的平台。公司积极探索与四川信托开展信证合作，形成跨业强强联合的业务态势。

公司所属证券营业部 27 家，员工 600 余人。营业网点分布在北京 1 家、上海 3 家、成都地区 6 家，及省内其他市州。公司所属证券营业部大部分系西南地区证券业先驱，在信托母体中从 1990 年起就为四川省股份制改造和证券市场的发展做出积极的贡献，公司现已成为西南地区历史悠久、发展稳定、占重要地位的专业经纪类券商。

公司法人治理结构健全，经营管理规范，资产质量优良，经营业绩良好，自 2006 年以来实现连续盈利，各项经营指标全部持续符合中国证监会风险监控的要求。

公司总体战略定位为“财富增值服务商”。和兴证券作为西南地区的资深券商，在完成公司机制转型和业务转型后，在社会经济总量的增长，客户资产增值需求旺盛的市场发展趋势中，公司将继续秉承“专业、高效、务实、创新”的经营理念，“以客户为中心、以市场为导向”，竭诚为广大客户提供规范化、个性化的优质服务，全面推进公司战略发展规划，竭力实现公司“与客户一起成长，为股东创造价值，携员工共享未来”的美好愿景。

www.hx818.com

天地和
万事兴
专业 高效
务实 创新

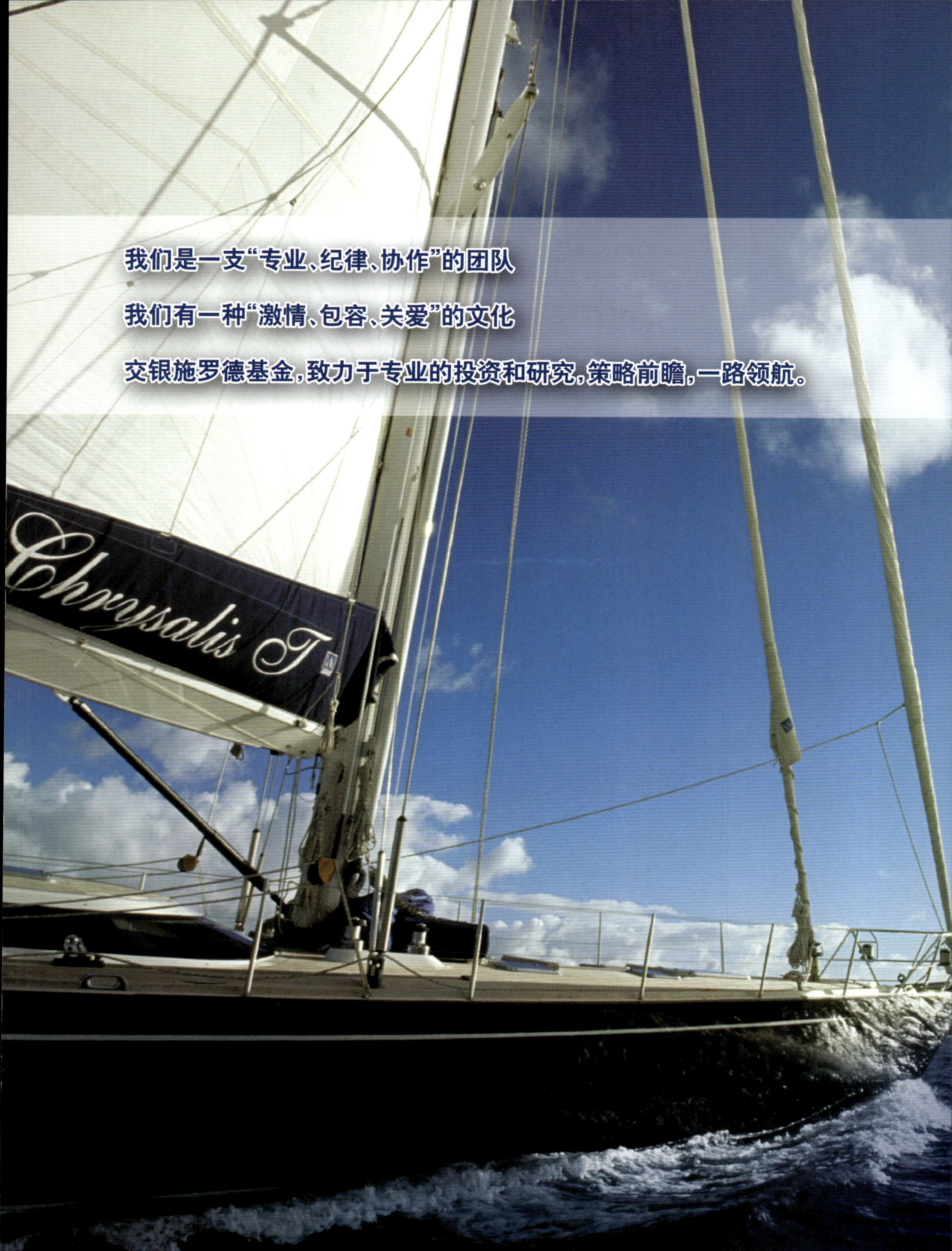
我们是一支“专业、纪律、协作”的团队
我们有一种“激情、包容、关爱”的文化
交银施罗德基金，致力于专业的投资和研究，策略前瞻，一路领航。
Chrysalis

天治基金管理有限公司

CHINA NATURE ASSET MANAGEMENT CO., LTD.

总经理 赵玉彪先生

天治基金管理有限公司成立于 2003 年 5 月，公司由吉林省信托投资有限责任公司、中国吉林森林工业集团有限责任公司、吉林市国有资产经营有限责任公司共同出资设立，各股东出资比例分别为 46.16%、38.46%、15.38%。公司注册资本 1.3 亿元人民币，注册地为上海。

公司目前下设研究发展部、产品创新及量化投资部、权益投资部、固定收益部、机构理财部、交易部、市场营销部、机构直销部、基金结算部、信息技术部、监察稽核部、财务部、人力资源部、综合管理部等 14 个职能部门以及北京分公司，在公司经营层面还设有业务管理委员会、投资决策委员会、内部控制委员会和 IT 治理委员会，并建立了督察长制度，董事会下设合规风险管理委员会，从制度建设和公司治理上确保公司高效规范运作和客户资产保值增值。

截至目前，天治公司旗下共有天治财富增长、天治品质优选、天治核心成长、天治天得利、天治创新先锋、天治稳健双盈、天治趋势精选等七只开放式基金，基金产品覆盖股票型、偏股混合型、偏债混合型、配置型、债券型以及货币型基金产品，产品设计各具特色，投资策略各有倚重。构建起了较完善的主流产品线，切合投资者不同的投资需要。在投资管理上，天治基金追求

www.chinanature.com.cn
地址：上海市复兴西路159号　邮编：200031　联系电话：021-64371155　传真号码：021-64713758

的是“顺势而为”，即在不断提高自身修炼，熟练运用投资理论、投资方法和多种投资工具的基础上，力求认清市场的主流方向，把握市场走势中的主要矛盾和次要矛盾，追求发现和掌握证券市场的运行规律和贯穿于整个中长期的大方向。

天治基金以“顺天而治，顺势而为”作为公司的根本理念，重视与经济环境、社会环境的和谐统一，不断审视和反省企业的经营行为和责任履行，从而追求稳定、长久、可持续的发展。近年来，公司大力开展社会公益事业、帮扶弱势群体，自觉地履行企业的社会责任。2010 年 4 月甘肃省玉树发生地震，公司第一时间捐赠 10 万元人民币，员工自发捐助了 20450 元人民币；2010 年 10 月，公司与北京理工大学签订助学协议，捐资 20 万元人民币用于助学，同时出资 30 万元人民币设立了“天治基金奖学金”用于奖励品学兼优的青年学子。

2010 年，公司进一步加强投研实力、强化投资管理工作，通过优胜劣汰的良性管理，使整个投研团队朝着专业化、研究型的方向不断成长。公司大刀阔斧对投研流程实行梳理和改造，使投资和研究结合更加紧密，对市场、行业的分析和对个股的分析更加深入。通过研究与投资管理的“无缝对接”，投资团队和研究团队之间相互正向激励，大大提高了投研的协作效率，使得研究成果可以及时有效地转化为投资业绩；加之对整体产业方向较为准确的研判，和运用了比较独特的方法、眼光去挖掘个股，公司在 2010 年取得了较突出的投资业绩，继续保持了上一年度以来的提升态势。其中天治创新先锋表现优异，净值增长率一马当先，位列所有基金前茅。

鹏元之道　以诚为本

鹏元资信评估有限公司成立于1993年，先后经中国人民银行、证监会、发改委认可，在全国范围内从事信用评级业务。作为中国最早成立的评级机构之一，鹏元始终坚持“独立、客观、公正”的评级理念，遵循“客户至上、保证质量、服务先行”的经营宗旨，将防范金融风险和维护社会信用作为目标。

目前，鹏元的业务品种包括公司债券评级、可转债(分离交易可转债)评级、企业债券评级、借款企业信用评级、上市公司治理评级、企业信贷贷前调查、商业银行信用评级、招投标评级、中小企业融资推荐、个人征信等十余种，公司整体评级技术一直处于国内领先水平。

鹏元与深圳证券信息有限公司共同开发的“上市公司治理评级体系”为深交所投入使用，是国内首个付诸于实际应用的公司治理评级体系。目前，鹏元已初步建成包含深沪两地全部上市公司治理等级结果的“上市公司治理评级数据库”。同时，鹏元还积极参与证监会发起的“公司治理专项活动”，协助监管机构和证券交易所对上市公司进行公司治理知识培训，自2007年以来，连续作为特别支持机构为上市公司“百强”暨中小板“50强”评选活动提供专业的公司治理评价。

同时，鹏元拥有一支专业化、高素质的研究团队。2011年，中央财经大学与鹏元合作创建“中财-鹏元地方财政投融资研究所”，对地方财政投融资问题进行持续、深入的研究；2010年，公司作为唯一的非政府机构被邀请参与“十二五”期间报国务院审批的重点专项规划——社会信用体系建设规划的编制工作；2009年，鹏元参与研究的课题“国家开发银行商业化改制对债券市场的影响”荣获“国家开发银行创新成果特殊贡献奖”，负责研究的课题“全覆盖债券的国际经验及中国的现实选择”荣获“国家开发银行创新成果一等奖”。

【鹏元资质】

- 1993年，中国人民银行深圳特区分行批准，从事贷款企业评级业务资格；
- 1997年12月，中国人民银行批准，成为首批具有在全国范围内从事企业债券评级业务资格的9家评级机构之一；
- 2007年9月，中国证监会核准，成为首批获得证券市场资信评级业务资格的评级机构之一；
- 2008年9月，国家发改委批准，企业债券评级业务资格，成为全国第一家正式获得国家发改委书面批文的评级机构；
- 2009年11月，中国人民银行贵阳中心支行核定，贵州省信贷市场企业主体信用评级资格；
- 2010年3月，中国人民银行上海分行核定，上海市信贷市场企业主体信用评级从业资格。

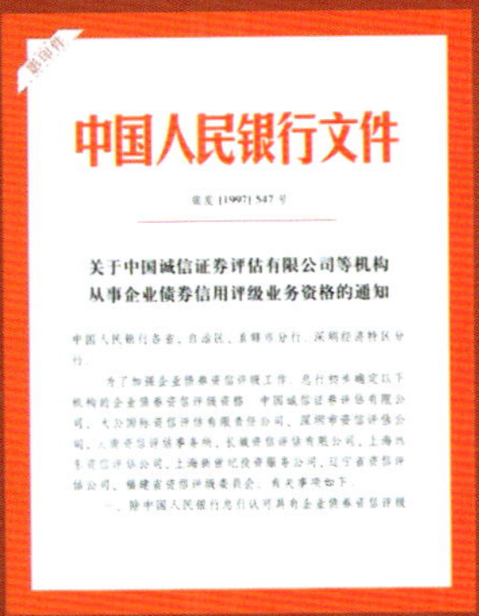

诚信 务实 创新 卓越

黑龙江北大荒农业股份有限公司（以下简称“北大荒股份”）1998年11月27日成立，下辖友谊、七星、新华、青龙山、八五二、八五三、宝泉岭、庆丰等16个农业分公司和浩良河化肥分公司，控股北大荒米业集团有限公司、北大荒纸业有限责任公司、北大荒龙垦麦芽有限公司、北大荒希杰食品科技有限责任公司、北大荒鑫亚经贸有限责任公司、北大荒鑫都房地产开发有限公司和北大荒鑫都建筑工程有限公司。拥有936万亩耕地和360万亩可垦荒地。

北大荒股份是我国目前规模最大、现代化水平最高的农业类股份有限公司和商品粮生产基地，具有明显的规模、资源、技术、装备、管理及绿色产品优势。

2002年3月29日，北大荒股份A股30000万股股票在上海证券交易所上市，这标志着“北大荒”（股票代号：600598）正式走进了中国资本市场。

北大荒集团

北大荒农业股份有限公司

BEIDAHUANG AGRICULTURE COMPANY LIMITED

国枫文化

GUO FENG CULTURE

国枫是一个整体。

国枫的每一位律师均以建设一流律师事务所为己任，互相尊重，精诚团结，将自己的经验、智慧和判断力，都凝结成国枫整体的资源和财富，最大限度地服务于国枫的每一位客户。

国枫为每一位律师提供平等的发展机会和宽松的工作环境，使其均能在国枫的发展中不断成长和进步。

国枫律师愿以服务国家、奉献社会为己任，以优质、高效的专业化法律服务为客户创造价值、与客户共同发展、共铸辉煌！

国枫律师，永远追求理想、追求卓越！

国枫业绩

GUO FENG RESULTS

1、2010 年度，国枫完成 IPO 项目 18 家，再融资、并购重组项目 9 家，在国内律师事务所名列前茅
2、2011 年 7 月前，国枫完成 IPO 项目 10 家，再融资、并购重组项目 3 家
3、彭博资讯 2010 年律师事务所兼并收购业务的法律顾问、中国大陆地区的律师事务所排行榜中，国枫位列国内律师事务所第三名
4、《新财富》2011 年首次推出 A 股 IPO 业务发行人律师市场份额 TOP25、发行人律师定价权 TOP25 两项排名，国枫均名列前五
5、Lawfirm50 公布的《LawFirm50：2011 年中国律师事务所排名：证券业务》中，国枫位居第四
6、2010 年度，国枫被评为“2010 年中国上市公司最信赖律师事务所”、“年度最佳上市法律服务机构”
7、国枫荣获“2011 中国上市公司最信赖律师事务所”，张利国主任荣获“2011 年度中国优秀律师”
8、在 ALB（《亚洲法律事务》杂志）的 2011 年度评选中，国枫被评为“ALB 中国发展最迅速的十家律师事务所”之一

西安分所
陕西省西安市高新区科技路50号金桥国际广场C座1705室（邮编710075）
电话：(029) 8886-0510/11　传真：(029) 8886-0501

深圳分所
深圳市南山区海德三道199号天利中央商务广场B座2302室（邮编518054）
电话：0755-86595160/86595183　传真：0755-86595196

财达证券
CAIDA SECURITIES

注册地址：河北省石家庄市自强路35号
办公地址：石家庄市桥西区自强路35号庄家金融大厦23至26层
邮政编码：050000
互联网网址：www.s10000.com
电子信箱：cdzq@cdzq.com
联系电话：0311－66006223
传真电话：0311－66006200

董事长：王义芳先生

总经理：翟建强先生

财达证券公司是目前河北省唯一的法人证券公司。注册资本 14.169 亿元，拥有 102 家证券营业部，其中省内 91 家，省外 11 家，分布于上海、深圳、北京、天津、佳木斯等地；业务经营范围为：证券经纪、证券投资咨询、证券自营、证券投资基金代销；注册地为石家庄市自强路 35 号，公司董事长王义芳，总经理、法定代表人翟建强。

几年来，公司凝心聚气，始终把"求生存、图发展、讲诚信、防风险"作为头等大事来抓，在激烈的市场竞争中，立足于规范与发展并重，走出了一条从小到大、循序渐进的持续发展之路：2007 年 3 月，在河北省政府的主导下，受让了原河北证券 29 家营业部的证券类资产，营业部数量由原来的 16 家发展到 45 家，实现了河北省内证券资源的整合，总体实力跃上新台阶；2008 年，第二轮增资扩股完成，注册资本达到 14.169 亿元，资本实力进一步壮大；2009 年实现经纪类券商向综合类券商、经济效益、战略规划的三大突破，公司进入规范发展新阶段；2010 年 7 月，在中国证监会 2010 年证券公司分类评价结果中，公司以良好的经营业绩和较高的合规管理水平，成功晋级"A"类券商行列，标志着财达证券实现了由小到大、由地方到全国、由单一经纪类券商到综合类券商的跨越。2010 年，公司实现利润 9.57 亿元，在全国 107 家券商中排位第 26；2011 年上半年实现利润 3.31 亿元，并再度获评 A 类券商。

多年发展公司获得了社会各界的广泛赞誉：2007 年、2009 年、2010 年三度荣获"河北省金融贡献奖"；石家庄市地税局、国税局联合授予公司 2007、2008 年度"诚信纳税 A 级企业"；2009 年，公司因经济效益突出，省国资委授予公司二〇〇九年度经济效益特别贡献奖；公司总经理翟建强当选 2010 年度"河北十大经济风云人物"。

企业精神： 开拓 求实 诚信 卓越

经营宗旨： 敬献优质服务 创造上乘业绩

经营理念： 诚实守信 规范发展

经营目标： 确保客户、员工、社会的全面稳定
追求客户、员工、股东的利益最大化

企业作风： 遵纪守法 严谨处事 积极进取 团结务实

核心价值观： 荣辱与共 进取创新 和谐发展

员工价值观： 为人坦诚 业务精通 服务专业 管理规范

员工宣言： 公司发展我发展 我与公司共成长

齐鲁证券
QILU SECURITIES

青岛香港中路证券营业部

全国统一客服专线：95538
网址：WWW.qlzq.com.cn

地址：青岛市市南区香港中路100号三、九楼 260071
电话：0532-85886575 85895863
传真：0532-85886533

理财之道
齐鲁制造

总经理：尹戈先生

合规创造价值 人才提升效率
创新推动发展 诚信铸造品牌

齐鲁证券青岛香港中路营业部前身为天同证券青岛香港中路营业部。2007 年 1 月齐鲁证券收购天同证券后，正式更名为齐鲁证券有限公司青岛香港中路营业部。营业部位于青岛市最繁华的香港中路 100 号，营业面积 1600 多平方米。营业部环境优雅，有宽敞明亮的交易大厅，开放式柜台，客户网上交易演示区，高档舒适的大中客户室及 VIP 室，客户培训室等，各项软、硬件设施齐备，堪称国内一流。

截至 2010 年底，营业部的总资产为 29 亿元，资产份额完成计划指标的 141.36%（计划目标 0.0074%），市场份额为 0.1275%，完成计划指标的140.50%(计划目标0.0908%) 较 2009 年上升幅度为14.26% 。而截止 2011 年 6 月 26 日 营业部的总资产为 71.69 亿元（含法人股托管 48 亿），较去年同期增长了 229.16 %。

2008、2009 年连续两年在齐鲁证券系统内被评为先进营业部；2009、2010 年评为“全国百强营业部”。2009 年底，齐鲁证券青岛香港中路营业部综合排名位居全国第 9 名，营业部 ETF 交易业务列全国各营业部第一名。在由《上海证券报》主办的“第三届中国最佳证券经纪商暨十佳证券营业部”评选活动中，齐鲁证券青岛香港中路营业部荣获“2009 年度中国十佳证券营业部”殊荣。2009 年营业部完成交易量青岛市第一名，山东省第一名，进入全国券商前十名。

尹戈，经济学学士，管理学硕士，中共党员。现任齐鲁证券有限公司青岛香港中路营业部总经理，齐鲁证券青岛联合协作中心党委委员，青岛香港中路营业部党支部书记。

2007 年 1 月，尹戈被任命为齐鲁证券青岛香港中路营业部总经理。

2008 年尹戈同志被评为公司年度优秀服务明星，青岛香港中路营业部首次被评为公司年度优秀营业部。

2009 年尹戈同志被评为公司年度优秀岗位明星，青岛香港中路营业部再次被评为公司年度优秀营业部，同时荣获公司颁发的“2009 年度全国百强营业部”称号。

2010 年，由于业绩突出，尹戈同志被授予首届“山东省省管企业青年五四奖章”。

证券投资者报告会

喜气洋洋

军训合影

首届员工沙滩运动会

95538 理财之道　齐鲁制造

齐鲁证券有限公司 QILU SECURITIES CO.,LTD. 青岛江西路营业部

地址：山东省青岛市江西路78号　电话：0532-85735842

总经理：陈庆之女士

陈庆之，经济学学士，管理学硕士，高级经济师，中共党员。现任齐鲁证券有限公司青岛江西路营业部总经理，青岛证券业协会副会长、经纪业务委员会主任。

从业17年来，先后担任营业部总经理、青岛联合协作中心主任等职务，具有扎实的专业知识及先进的管理经验，做事果敢，能够敏锐捕捉行业热点，锐意改革，在她的领导下营业部各项工作节节攀升，2009年、2010年连续两年被公司评为“优秀营业部”称号，2011年3月营业部被青岛市政府评为“青岛市金融发展先进单位”。

营业部荣誉

1、2009、2010年连续两年在齐鲁证券系统内被评为先进营业部。

2、2010年8月在青岛证监局举办的“证券投资促进月”与“证券投资百日讲坛”活动，获得了青岛证监局授予的“证券投资促进月”“先进营业部”称号。

3、2011年3月营业部被青岛市政府评为“青岛市金融发展先进单位”。

4、2011年11月营业部被青岛市金融办、青岛市证监局授予“最佳上市公司调研团队一等奖”、“公益之星标兵三等奖”。

5、2011年12月获“2011年青岛金融风云榜十佳证券营业部”称号。

齐鲁证券有限公司成立于2001年，是全国性大型综合类证券公司，16家AA级券商之一，截至2010年底，公司总资产达426亿元，净资产108亿元。2010年5月，公司荣获“中国最佳证券经纪商”称号；2010年6月，公司荣获“最具成长性投行”称号；2010年11月，公司连续第四年荣膺“金钥匙奖”。

齐鲁证券青岛江西路营业部是青岛市最早的证券经营机构之一，营业部坐落于人气鼎盛的江西路与云霄路交界处，营业面积4500平方米，环境优雅，交易大厅宽敞明亮，设有大屏幕行情显示及多台自助终端，高档舒适的大客户室及贵宾室，装修清新典雅，设备先进配套齐全。营业部具有较强大的营销团队和投资顾问团队，满足各类投资者不同层次的投资需求。

齐鲁证券青岛江西路营业部17年来全力为投资者提供优质服务，十万客户的忠实选择证明了我们的实力，各项业务近几年快速发展均名列青岛券商前茅，2010年度青岛辖区综合排名列居第三。齐鲁证券青岛江西路营业部在复杂的经济背景与行情轨迹中前行，收获了丰硕的果实，经营业绩持续高速成长，营业部管理水平再上台阶，金融创新走向深入，整个营业部呈现出良好的发展势头。

（一）资产规模进一步扩大，托管资产市场份额继续上升。

（二）证券交易市场份额继续保持快速增长势头，金融创新层次推进。

（三）组织管理工作超前求变，贴近市场，提高执行力。

（四）关于新业务开发，由江西路营业部引进的ETF业务继续发挥影响力，套利规模不断扩大。

（五）举办投资者教育活动、热心公益事业。

营业部积极参与青岛证监局举办的“证券投资促进月”与“证券投资百日讲坛”活动，邀请专家现场授课，组织了数场规模较大的投资者教育活动，受益人群逾5000人，获得了青岛证监局授予的“证券投资促进月”“先进营业部”称号。

营业部全体照

2011年04月24日登山活动

齐鲁证券2011年夏季投资论坛

中信建投证券股份有限公司
CHINA SECURITIES CO.,LTD.

深圳深南中路中核大厦证券营业部

钱锐，学士，中共党员，具有丰富的金融行业经历，曾分别就职于交通银行哈尔滨分行、海通证券哈尔滨营业部、广发投资控股有限责任公司、平安证券深南中路营业部。十几年的金融工作经验，造就了严谨、务实的工作作风。2008年6月，钱锐被任命为中信建投证券深圳中核大厦营业部总经理，经过两年多的努力拼搏，营业部的各项经营指标得到较为惊人的改观，重塑了营业部的核心竞争力，使营业部在深圳这个竞争最激烈的市场上，排名稳步上升。2011年，中核大厦营业部升级为中信建投证券深圳中心营业部，钱锐同志担任中心营业部总经理。

总经理：钱锐女士

服务创造价值　与客户共同成长

中信建投证券股份有限公司成立于2005年11月2日，是全国性大型综合证券公司。2010年，公司在《新财富》杂志年度评选中当选“本土最佳投行”及“进步最快研究机构”第2名、“最具影响力研究机构”第10名；在《证券时报》年度评选中一举揽获“最具成长性投行”、“主板最佳投行”、“最具影响力项目”、“最具投资价值保荐项目”等奖项。2010年，中信建投证券在中国证监会组织的证券公司分类评价中获得目前业内最高的A类AA级评级。

中信建投证券股份有限公司深圳中核大厦营业部，位于深圳市主干道深南大道中段核心位置，营业面积1100多平方米。前身为华夏证券振华路营业部，成立于1993年，是深圳历史悠久的证券营业部之一。营业部成立十八年来，始终坚持“服务创造价值，与客户共同成长”的经营理念，并将“让客户满意”作为我们为之努力的目标。

2010年，营业部组建了财富管理中心，将全力为投资者提供优质、高效、个性化服务提升到了更高的层次。

投资者教育授课

阳朔合影

全体员工合影

营业部成绩与荣誉

1、1998年、1999年、2000年、2002年、2005年、2006年六度连续荣获深圳市证券业协会颁发的“优秀证券营业部”称号。
2、2006年获公司系统内“经纪业务市场占比提升最快”金奖。
3、2010年获公司系统内“优秀集体奖”。
4、2010年获公司系统内“跨越障碍、走向成功”优秀营销案例奖。
5、在深圳这个竞争激烈的市场上，营业部的市场占比从2008年的0.024%、2009年的0.026%到2010年的0.03%，近几年保持着10%的复合增长。管理的客户总资产规模从2008年13.86亿元，上升到2010年底的61多亿元，两年间资产规模增长了近3.4倍。
6、2011年，营业部升级为中信建投证券深圳中心营业部，下辖深圳地区四个营业部。

www.szzhl.csc108.com　地址：深圳市福田区深南中路2002号中核大厦618　电话：0755-83200077

中信建投证券股份有限公司 CHINA SECURITIES CO.,LTD.

北京东直门南大街营业部

www.csc108.com

中信建投证券股份有限公司是经中国证监会批准设立的全国性综合类证券公司。目前在全国共设有近 130 个营业网点，覆盖全国 20 个省（市）近 70 个城市，是国内网点覆盖面较广的证券公司之一。公司主要业务指标均位于同行业前十名，是证监会认定的 A 类 A A 级证券公司。

中信建投证券北京东直门南大街营业部成立于 1993 年，前身是著名的"**华夏东四营业部**"，是中信建投证券（原"华夏证券"）在北京成立的第一家营业部，也是北京证券市场最早的开拓者之一。营业部曾单独完成了北人机、同仁堂、歌华有线等公司的上市发行工作。目前，东直门营业部是中信建投乃至全国证券系统中规模最大、管理最完善的旗舰营业部之一，市场份额常年保持在全国前 10 名。2011 年，营业部总资产高达 370 亿元，客户数量高达 10 万，在业界位于领先水平。

东直门营业部 2011 年创收 1.1 亿，市场占比高达 1.01‰，成为了证券业的一朵奇葩，2010 年曾入选了清华大学金融家论坛的优秀案例。目前，营业部各项业务的排名多数都名列前茅，显示出较为强劲的竞争力，为下一阶段打造业内最领先的产品事业部奠定了雄厚的基础。

服务创造价值　诚信赢得客户

营业部近年来所获奖项

2010年 荣获2009年度中信建投系统"明星营业部"和"服务模式创新奖"。
2010年 荣获2009年度中国券商势力榜"中国证券公司十大营业部"称号。
2010年 荣获"2009年明星营业部"称号。
2011年 荣获北京市总工会"首都工人先锋号"称号。
2011年 荣获证券业协会"自律工作先进单位"称号。
2011年 荣获2010年度CCTV证券财经频道首届营业部之星"最佳分析师团队"、"特别贡献奖"称号。
2011年 荣获2010年度证券时报"第四届'大智慧杯'中国明星营业部二十强"称号。
2011年 荣获中信建投系统"五年功勋营业部"称号。
2011年 荣获中信建投系统首届"扬帆杯"知识技能大赛冠军。

西南証券 重庆惠工路证券营业部

SOUTHWEST SECURITIES HUIGONG ROAD BROKERAGE OF CHONGQING

总经理：刘文棋女士

西南证券成立于 1999 年，注册资本 23.23 亿元，是唯一一家注册地在重庆的全国综合性证券公司，经营范围包括：证券经纪、证券承销保荐及财务顾问、证券自营、资产管理、融资融券、证券投资基金代销。2009 年 2 月 26 日，西南证券在上海证券交易所挂牌上市，成为中国第九家上市证券公司，是重庆第一家 A 股上市金融机构。公司现有员工近 3000 名，41 家营业网点遍布国内 19 个经济中心城市，在北京、上海、深圳、成都、重庆 5 地设有投资银行业务部，并于 2010 年设立了从事直接投资业务的全资控股子公司——西证股权投资有限公司，注册资本 4 亿元。

西南证券股份有限公司重庆惠工路证券营业部是重庆地区最具影响力的证券营业部之一，2011 年实现 A 股基金交易量 512.8 亿元，交易量和净利润双双名列重庆地区行业第 1 名。营业部成立于 1993 年，位于重庆市南岸区步行街中心，坐拥 2600 平方米的高端营业场所和 300 平方米的中庭花园，是重庆地区规模最大的证券营业部。

惠工路营业部秉承"开拓进取、务实求精"的经营理念，凭借强大的金融产品创新能力，在上市公司、基金、信托、银行及机构客户中建立起良好的声誉和品牌。该部配置了超音速行情交易系统、摩旗 ETF 套利软件、新干线沪深 10 档行情系统、金典钱龙、大智慧、同花顺、WIND 资讯等分析交易软件，拥有以投资顾问为核心的理财服务团队，依托总公司买方分析师的研发力量，为客户提供"专家坐席"、"实战咨询"、"金点子组合"等专业化理财服务。该部曾先后获得重庆市"工人先锋号""巾帼文明岗"、重庆市财贸金融轻纺工会"模范职工小家"等荣誉称号，并于 2008 年—2010 年连续三年获得重庆证券期货业协会颁发的"投资者教育工作红旗单位"。

总经理介绍

刘文棋，女，汉族，本科。现任西南证券股份有限公司重庆惠工路证券营业部总经理，重庆证券期货业协会副秘书长，2010 年被评为重庆市"五一巾帼标兵"，2011 年被评为重庆市"国企贡献奖－先进个人"。

中国银河证券股份有限公司 CHINA GALAXY SECURITIES COMPANY LIMITED | 北京金融街证券营业部

总经理：赵宏亮先生

营业部年中会

中国银河证券股份有限公司北京金融街证券营业部原名北京月坛证券营业部，于 2009 年 11 月更名，成立于 1994 年 5 月 5 日，时为北京工总行信托证券营业部；1998 年 9 月，更名为中国华融信托投资公司北京证券交易营业部；2000 年 8 月，并入中国银河证券公司为中国银河证券有限责任公司北京月坛证券营业部；2007 年 4 月更名为中国银河证券股份有限公司北京月坛证券营业部；现为中国银河证券股份有限公司北京地区的中心营业部。服务上“客户至上”、经营上“数一数二”是金融街营业部历来弘扬的企业精神，其精髓文化“比学赶超传帮带”塑造出一支与时俱进、拼搏进取的职业队伍。十几年来，在广大客户的关爱下，营业部每年一个台阶，正以日新月异的快速变化发展着，取得了不菲的成绩：客户队伍不断壮大，目前已 7 万多户，客户资产总值 7000 亿元左右；各项经营指标在北京 220 多家营业部中名列前茅；先后获得“首都文明标兵单位”、“证券业规范化服务优秀单位”、2006 年“全国金融系统‘五一’劳动奖状”、2008 年“迎奥运、讲文明、树新风”活动先进集体、2008、2009、2010、2011 连续四年获评“中国明星证券营业部二十强”，2011 年由北京证监局推荐参评全国文明单位。

金融街营业部毗邻金融街，地处繁华市区，交通十分便利；设有大、中户室和散户交易厅，交易环境宽敞舒适；开通了工行、招行、建行、中行等 16 家银行的三方存管业务，实现客户交易保证金的实时划转；拥有 1620 条电话委托线路，提供网上交易服务，保证了交易通道的畅通、快捷、高效；取得代办股份转让主办券商资格，提供三板股份确权、交易和过户以及中关村园区股份转让服务；提供期货 IB 业务服务；首批获融资融券业务资格；首批获买断式购回业务试点资格。

金融街营业部一贯秉承规范经营、以客户为中心的价值理念，致力于为客户提供更优的金融产品、更好的服务、更具人文特色的交易环境。

雄厚的资金实力　一流的人才队伍　丰富的专业经验　稳健的经营作风

北京金融街证券营业部 地址：北京市西城区丰汇园21号楼　营业部联系电话:010-58872888、010-58872678

西南証券 深圳滨河大道证券营业部

SOUTHWEST SECURITIES BINHE ROAD BROKERAGE OF SHENZHEN

投资报告会

团队协作训练

西南证券股份有限公司深圳滨河大道营业部地处深圳市滨河大道与彩田路交汇处联合广场 B 座三楼，地理位置优越、环境良好、交通便利。营业部拥有先进完备的硬件设施，功能强大的计算机信息系统，高速的网络传输保证了信息传输安全快捷，“通达信”网上委托系统，为投资者提供闪电式快速交易。营业部内设客户室及培训室，多套行情分析系统，充分满足专业投资者的看盘需求。我部首席投资顾问、大型财经证券电视直播节目——《交易日》常设特约评论员刘艾先生带领着营业部经验丰富、专业精湛的投顾团队，以专业化的服务水准，为投资者决策提供专业建议。

营业部总经理寄语：

我们是一个渴望成功，富有主见，追求不断超越的优秀团队……　在信仰、希望、挚爱和顿悟中，成就一生中最美好的时光……

营业部特色服务：

1、“西南金点子”系列资讯产品：依托我公司高端的“369 理财”系列资讯产品，为投资者提供专业理财服务。内容包括：盘中实时资讯、盘前、盘后分析、金点子投资组合等。

2. 专业化投资顾问服务：

(1) 我部定期举办投资报告会和投资者联谊活动，为投资者提供专业、周到的服务。

(2) 具备执业资格的专业投资顾问为投资者提供个性化投资服务，包括向公司研发中心定制行业及个股研究报告、收集整理深度专业资讯、邀请客户参加 VIP 客户沙龙、通过电话等方式对大盘走势及市场热点进行实时交流等等，指导投资者专业和理性投资、踩准市场节奏。

中信建投证券股份有限公司
CHINA SECURITIES CO.,LTD.

南京江宁金箔路证券营业部
www.csc108.com

总经理：伍凝辉先生

伍凝辉，1972 年 7 月出生，曾分别就职于江苏省淮海投资公司、南方证券南京分公司、中信建投证券珠江路营业部，具有丰富的证券投资经验。十几年的证券工作经历，造就了诚信、务实、进取的工作作风。2007 年，伍凝辉被任命为中信建投证券南京江宁服务部经理。经过四年的拼搏，江宁服务部从一家规模较小的服务部逐步成长为各项经营数据都发生脱胎换骨变化的一家初具规模的营业部。市场份额连续四年增长 20% 以上。尤其在投顾团队建设方面，储备与培养了一批实力超群的投顾人员。他们个个身经百战，屡获殊荣。2011 年，被证券时报评选为中国最佳投顾团队。

中信建投证券股份有限公司南京江宁金箔路营业部，坐落于南京市江宁区中心位置，营业面积 1500 平方米，成立于 1996 年。是一家历史悠久的证券营业部。营业部成立 15 年来，始终坚持“诚信、专注、成长、共赢”的经营理念，并将“让客户满意”作为我们为之努力的目标。

中信建投证券股份有限公司南京江宁金箔路营业部是一支年青的团队，员工平均年龄 28 岁，他们来自五湖四海，满怀激情地追逐梦想，分享中国证券资本市场地快速成长；营业部是一支成长的团队，市场份额连续 4 年增长 20% 以上，他们脚踏实地，练好内功，积极面对营业部业务的转型；营业部是一支专业的团队，员工学历均在本科以上，其中硕士学历占 30%，他们大部分来自全国“211 工程”名牌大学，营业部投顾团队成员从业年限均在 10 年以上，经验丰富，专业过硬，是您最具责任感的投资顾问。

服务创造价值　诚信赢得客户

优秀投顾团队

员工户外拓展

营业部全体合影

营业部地址：南京江宁金箔路 1039 号黄金海岸广场　深圳席位号：A 股 (213800)、B 股 (056000)　委托电话：95587　客服咨询电话：025-52288200 025-51195909

中信建投证券股份有限公司
CHINA SECURITIES CO.,LTD.

西安南大街证券营业部
www.csc108.com

诚信　专注　成长　共赢

总经理：谢群先生

中信建投证券股份有限公司是经中国证监会批准，于 2005 年 11 月 2 日在中国北京正式注册成立，注册资本为 61 亿元人民币。中信建投证券拥有实力强大的股东背景，北京国有资本经营管理中心、中央汇金投资有限责任公司、世纪金源投资集团有限公司与中信证券股份有限公司均为拥有雄厚资本实力、成熟资本运作经验、较高社会知名度的大型企业。

中信建投证券先后多次获得由上海证券交易所颁发的“优秀投资银行家”奖，被中国证券业协会评选为“最佳基金代销券商”，被中国外汇交易中心暨全国银行间同业拆借中心评选为“优秀交易商”。

2010 年，公司在《新财富》杂志年度评选中当选“本土最佳投行”及“进步最快研究机构”第 2 名、“最具影响力研究机构”第 10 名。

2010 年，中信建投证券在中国证监会组织的证券公司分类评价中获得目前业内最高的 A 类 AA 级评级。

中信建投证券西安南大街证券营业部，地处西安市中心，主要经营证券经纪业务，代理 A 股、B 股、封闭式基金、开放式基金、国债、企业债、转债、国债企业债回购、商品期货、股指期货、融资融券业务、私募信托业务、固定收益类产品、柜台交易、新三板业务、市值管理、现金管理、大宗交易、理财产品等。西安营业部为投资者全面提供专家组微博实时解盘；以客户需求为出发点的一站式理财服务支持；基金等投资理财产品全解析；股指期货模拟盘实战展示及分析；专家信息服务及时雨；定期的投资者主题沙龙活动；“智多星”系列投资顾问产品。

西安南大街证券营业部在公司系统内 2006 年被评为“先进集体”和“先进基层党组织”；2007 年被评为“先进集体”；2008 年荣获“市场开拓奖”；2009 年荣获“业绩持续增长奖”，被评为“明星营业部”及银证合作明星营业部第一名，2010 年被评为“基金理财优秀营业部”；2011 年被评为先进集体。

第四编
中国基金市场

第一章　中国基金市场概况

托管银行名录(2011 年 10 月)

序号	托管人名称	注册地点	取得托管资格时间	网址	地址	电话
1	中国工商银行股份有限公司	北京	1998-2-24	www.icbc.com.cn	北京市西城区复兴门内大街 55 号	95588
2	中国农业银行股份有限公司	北京	1998-5-29	www.abchina.com	北京市海淀区复兴路甲 23 号	95599
3	中国银行股份有限公司	北京	1998-7-7	www.boc.cn	北京市西城区复兴门内大街 1 号	95566
4	中国建设银行股份有限公司	北京	1998-3-18	www.ccb.com	北京市西城区金融大街 25 号	95533
5	交通银行股份有限公司	上海	1998-7-3	www.bankcomm.com	上海市银城中路 188 号	95559
6	华夏银行股份有限公司	北京	2005-2-23	www.hxb.com.cn	北京市东城区建国门内大街 22 号华夏银行大厦	95577
7	中国光大银行股份有限公司	北京	2002-10-23	www.cebbank.com	北京市西城区复兴门外大街 6 号光大大厦	95595
8	招商银行股份有限公司	深圳	2002-11-6	www.cmbchina.com	深圳市深南大道 7088 号招商银行大厦	95555
9	中信银行股份有限公司	北京	2004-8-18	www.ecitic.com	北京市东城区朝阳门北大街 8 号富华大厦 C 座	95558
10	中国民生银行股份有限公司	北京	2004-7-9	www.cmbc.com.cn	北京市西城区复兴门内大街 2 号	95568
11	兴业银行股份有限公司	福州	2005-4-25	www.cib.com.cn	上海市江宁路 168 号兴业大厦 9 层	95561
12	上海浦东发展银行股份有限公司	上海	2003-9-10	www.spdb.com.cn	上海市中山东一路 12 号	95528
13	北京银行股份有限公司	北京	2008-6-3	www.bankofbeijing.com.cn	北京市西城区金融大街丙 17 号	010-96169
14	深圳发展银行股份有限公司	深圳	2008-8-6	www.sdb.com.cn	深圳市深南东路 5047 号	95501
15	广东发展银行股份有限公司	广州	2009-5-4	www.gdb.com.cn	广州市农林下路 83 号广发银行大厦	95508
16	中国邮政储蓄银行有限公司	北京	2009-7-16	www.psbc.com	北京市西城区宣武门西大街 131 号	66599767
17	上海银行股份有限公司	上海	2009-8-18	www.bankofshanghai.com	上海市银城中路 168 号	021-58358255
18	渤海银行股份有限公司	天津	2010-6-29	www.cbhb.com.cn	天津市河西区马场道 201-205 号	400-888-8811

基金管理公司名录(2011 年 11 月)

序号	公司名称	公司代码	注册资本(万元)	注册地点	成立时间	网址	地址	电话
1	国泰基金管理有限公司	50010000	11000	上海	1998 年 3 月	www.gtfund.com	上海市浦东新区世纪大道 100 号上海环球金融中心 39 层	400-888-8688
2	南方基金管理有限公司	50020000	15000	深圳	1998 年 3 月	www.southernfund.com	深圳市福田中心区福华一路 6 号免税商务大厦 31-33 层	400-889-8899
3	华夏基金管理有限公司	50030000	23800	北京	1998 年 3 月	www.chinaamc.com	北京市西城区金融大街 33 号通泰大厦 B 座 3 层	400-818-6666
4	华安基金管理有限公司	50040000	15000	上海	1998 年 5 月	www.huaan.com.cn	上海市浦东南路 360 号新上海国际大厦 38 层	400-885-0099
5	博时基金管理有限公司	50050000	10000	深圳	1998 年 7 月	www.bosera.com	深圳市福田区深南大道招商银行大厦 29-30 层	95105568
6	鹏华基金管理有限公司	50060000	15000	深圳	1998 年 12 月	www.phfund.com.cn	深圳市福田区福华三路 168 号深圳国际商会中心 43 层	400-678-8999
7	长盛基金管理有限公司	50070000	15000	深圳	1999 年 3 月	www.csfunds.com.cn	深圳市福田区福中三路 1006 号诺德中心 8 层 GH 单元	400-888-2666
8	嘉实基金管理有限公司	50080000	15000	上海	1999 年 3 月	www.jsfund.cn	上海市浦东新区富城路 99 号震旦大厦 1702 室	400-600-8800
9	大成基金管理有限公司	50090000	20000	深圳	1999 年 4 月	www.dcfund.com.cn	深圳市福田区深南大道 7088 号招商银行大厦 32-33 层	400-888-5558
10	富国基金管理有限公司	50100000	18000	上海	1999 年 4 月	www.fullgoal.com.cn	上海市浦东新区花园石桥路 33 号花旗集团大厦 5-6 层	400-888-0688
11	易方达基金管理有限公司	50110000	12000	广州	2001 年 4 月	www.efunds.com.cn	广州市体育西路 189 号城建大厦 19、25、27、28 层	400-881-8088
12	宝盈基金管理有限公司	50120000	10000	深圳	2001 年 5 月	www.byfunds.com	深圳市深南大道 6008 号特区报业大厦 15 层	400-888-8300
13	融通基金管理有限公司	50130000	12500	深圳	2001 年 5 月	www.rtfund.com	深圳市南山区华侨城汉唐大厦 13-14 层	400-883-8088
14	银华基金管理有限公司	50140000	20000	深圳	2001 年 5 月	www.yhfund.com.cn	北京市东城区东长安街 1 号东方广场东方经贸城 C2 办公楼 15 层	400-678-3333
15	长城基金管理有限公司	50150000	15000	深圳	2001 年 12 月	www.ccfund.com.cn	深圳市福田区益田路 6009 号新世界商务中心 40-41 层	400-886-8666
16	银河基金管理有限公司	50160000	15000	上海	2002 年 5 月	www.galaxyasset.com	上海市浦东新区世纪大道 1568 号 15 层	400-820-0860
17	泰达宏利基金管理有限公司	50170000	18000	北京	2002 年 7 月	www.aateda.com	北京市西城区金融大街 7 号英蓝国际金融中心南楼 3 层	400-698-8888
18	国投瑞银基金管理有限公司	50180000	10000	深圳	2002 年 6 月	www.ubssdic.com	深圳市福田区金田路 4028 号荣超经贸中心 46 层	400-880-6868

序号	公司名称	公司代码	注册资本（万元）	注册地点	成立时间	网址	地址	电话
19	万家基金管理有限公司	50190000	10000	上海	2002 年 8 月	www. wjasset. com	上海市福山路 450 号新天国际大厦 23 层	400 - 888 - 0800
20	金鹰基金管理有限公司	50200000	25000	广州	2002 年 12 月	www. gefund. com. cn	广州市沿江中路 298 号江湾商业中心大厦 22 层	020 - 83936180
21	招商基金管理有限公司	50210000	21000	深圳	2002 年 12 月	www. cmfchina. com	深圳市福田区深南大道 7088 号招商银行大厦 28 层	400 - 887 - 9555
22	华宝兴业基金管理有限公司	50220000	15000	上海	2003 年 2 月	www. fsfund. com	上海市世纪大道 88 号金茂大厦 48 层	400 - 700 - 5588
23	摩根士丹利华鑫基金管理有限公司	50230000	10000	深圳	2003 年 3 月	www. msfunds. com. cn	深圳市福田区中心四路 1 号嘉里建设广场一期二座 17 层	400 - 888 - 8668
24	国联安基金管理有限公司	50240000	15000	上海	2003 年 3 月	www. gtja - allianz. com	上海市陆家嘴环路 1318 号星展银行大厦 9 楼	400 - 700 - 0365
25	海富通基金管理有限公司	50250000	15000	上海	2003 年 4 月	www. hftfund. com	上海市陆家嘴花园石桥路 66 号东亚银行金融大厦 36 - 37 层	400 - 884 - 0099
26	长信基金管理有限公司	50260000	15000	上海	2003 年 4 月	www. cxfund. com. cn	上海市银城中路 68 号时代金融中心 9 楼	400 - 700 - 5566
27	泰信基金管理有限公司	50270000	20000	上海	2003 年 5 月	www. ftfund. com	上海市浦东南路 256 号华夏银行大厦 37 层	400 - 888 - 5988
28	天治基金管理有限公司	50280000	13000	上海	2003 年 5 月	www. chinanature. com. cn	上海市花园石桥路 66 号东亚银行金融大厦 31023 室	400 - 886 - 4800
29	景顺长城基金管理有限公司	50290000	13000	深圳	2003 年 6 月	www. invescogreatwall. com	深圳市福田区中心四路 1 号嘉里建设广场第一座 21 层	400 - 888 - 8606
30	广发基金管理有限公司	50300000	12000	珠海	2003 年 7 月	www. gffunds. com. cn	珠海市拱北情侣南路 255 号四层	95105828
31	兴业全球基金管理有限公司	50310000	15000	上海	2003 年 9 月	www. xyfunds. com. cn	上海市张杨路 500 号时代广场 20 层	400 - 678 - 0099
32	诺安基金管理有限公司	50330000	15000	深圳	2003 年 12 月	www. lionfund. com. cn	深圳市深南大道 4013 号兴业银行大厦 19 - 20 层	400 - 888 - 8998
33	申万菱信基金管理有限公司	50340000	15000	上海	2003 年 12 月	www. swbnpp. com	上海市淮海中路 300 号香港新世界大厦 40 层	400 - 880 - 8588
34	中海基金管理有限公司	50350000	14666. 67	上海	2004 年 3 月	www. zhfund. com	上海市浦东新区银城中路 68 号 2905 - 2908 及 30 层整层	400 - 888 - 9788
35	光大保德信基金管理有限公司	50360000	16000	上海	2004 年 4 月	www. epf. com. cn	上海市延安东路 222 号外滩中心 46 楼	400 - 820 - 2888
36	华富基金管理有限公司	50370000	12000	上海	2004 年 3 月	www. hffund. com	上海市陆家嘴环路 1000 号 31 层	400 - 700 - 8001
37	上投摩根基金管理有限公司	50380000	25000	上海	2004 年 4 月	www. 51fund. com	上海浦东新区富城路 99 号震旦大厦 20 楼	4008894888
38	东方基金管理有限责任公司	50390000	10000	北京	2004 年 6 月	www. orient - fund. com	北京市西城区锦什坊街 28 号 1 至 4 层	010 - 66578578
39	中银基金管理有限公司	50400000	10000	上海	2004 年 6 月	www. bociim. com	中国上海浦东银城中路 200 号中银大厦 45 层	400 - 888 - 5566
40	东吴基金管理有限公司	50410000	10000	上海	2004 年 8 月	www. scfund. com. cn	上海市源深路 279 号	021 - 50509666
41	国海富兰克林基金管理有限公司	50420000	22000	南宁	2004 年 9 月	www. ftsfund. com	上海浦东富城路 99 号震旦国际大楼 18 层	021 - 38789555
42	天弘基金管理有限公司	50430000	10000	天津	2004 年 10 月	www. thfund. com. cn	天津市河西区马场道 59 号天津国际经济贸易中心 A 座 16 层	400 - 710 - 9999
43	华泰柏瑞基金管理有限公司	50440000	20000	上海	2004 年 11 月	www. aig - huatai. com	上海浦东民生路 1199 弄证大五道口广场 1 号楼 17 层	400 - 888 - 0001
44	新华基金管理有限公司	50450000	16000	重庆	2004 年 12 月	www. ncfund. com. cn	重庆市江北区建新东路 85 号附一号 1 层 1 - 1	400 - 819 - 8866
45	汇添富基金管理有限公司	50460000	10000	上海	2005 年 1 月	www. htffund. com	上海市富城路 99 号震旦大厦 21 层	400 - 888 - 9918
46	工银瑞信基金管理有限公司	50470000	20000	北京	2005 年 6 月	www. icbccs. com. cn	北京市西城区金融大街丙 17 号北京银行大厦 8 层	400 - 811 - 9999
47	交银施罗德基金管理有限公司	50480000	20000	上海	2005 年 7 月	www. jysld. com	上海市浦东新区世纪大道 201 号渣打银行大厦 10 层	400 - 700 - 5000
48	信诚基金管理有限公司	50490000	20000	上海	2005 年 8 月	www. citicprufunds. com. cn	上海市浦东新区世纪大道 8 号上海国金中心汇丰银行大楼 9 层	400 - 666 - 0066
49	建信基金管理有限公司	50500000	20000	北京	2005 年 9 月	www. ccbfund. cn	北京市西城区金融大街 7 号英蓝国际金融中心 16 层	400 - 819 - 5533
50	华商基金管理有限公司	50510000	10000	北京	2005 年 9 月	www. hsfund. com	北京市西城区平安里西大街 28 号院中海国际中心 19 层	400 - 700 - 8880
51	汇丰晋信基金管理有限公司	50520000	20000	上海	2005 年 10 月	www. hsbcjt. cn	上海市富城路 99 号震旦大厦 35 层	021 - 38789998
52	益民基金管理有限公司	50530000	10000	重庆	2005 年 12 月	www. ymfund. com	北京市宣武区宣武门外大街 10 号庄胜广场中央办公楼南翼 13A	400 - 650 - 8808
53	中邮创业基金管理有限公司	50540000	10000	北京	2006 年 5 月	www. postfund. com. cn	北京市海淀区西直门北大街 60 号首钢国际大厦 10 层	400 - 880 - 1618
54	信达澳银基金管理有限公司	50550000	10000	深圳	2006 年 6 月	www. fscinda. com	广东省深圳市福田区深南大道 7088 号招商银行大厦 24 楼	400 - 888 - 8118
55	诺德基金管理有限公司	50560000	10000	上海	2006 年 6 月	www. lordabbettchina. com	上海市陆家嘴环路 1233 号汇亚大厦 12 楼	400 - 888 - 0009
56	中欧基金管理有限公司	50570000	12000	深圳	2006 年 7 月	www. lcfunds. com	上海市浦东新区花园石桥路 66 号东亚银行金融大厦 8 层	400 - 700 - 9700
57	金元比联基金管理有限公司	50580000	15000	上海	2006 年 11 月	www. jykbc. com	上海浦东新区陆家嘴花园石桥路 33 号花旗集团大厦 3608 室	400 - 666 - 0666
58	浦银安盛基金管理有限公司	50590000	20000	上海	2007 年 7 月	www. py - axa. com	上海市淮海中路 381 号中环广场 38 层	400 - 882 - 8999
59	农银汇理基金管理有限公司	50600000	20000	上海	2008 年 2 月	www. abc - ca. com	上海市浦东新区世纪大道 1600 号浦项商务广场 7 层	021 - 61095599
60	民生加银基金管理有限公司	50610000	20000	深圳	2008 年 10 月	www. msjyfund. com. cn/	深圳市福田区益田路 6009 号新世界商务中心 42 层	400 - 888 - 8388
61	纽银梅隆西部基金管理有限公司	50620000	20000	上海	2010 年 6 月	www. bnyfund. com	上海市浦东新区世纪大道 100 号上海环球金融中心 19 层	021 - 38572999
62	浙商基金管理有限公司	50630000	10000	杭州	2010 年 9 月	www. zsfund. com	浙江省杭州市下城区环城北路 208 号 1801 室	0571 - 2819000
63	平安大华基金管理有限公司	50640000	30000	深圳	2010 年 12 月	暂无	深圳市福田区金田路大中华国际交易广场第 8 层	400 - 800 - 4800
64	富安达基金管理有限公司	50650000	16000	上海	2011 年 4 月	www. fadfunds. com	上海市浦东新区世纪大道 1568 号 29 楼	400 - 630 - 6999
65	财通基金管理有限公司	50660000	10000	上海	2011 年 5 月	暂无	上海市虹口区吴淞路 619 号 505 室	暂无
66	方正富邦基金管理有限公司	50670000	20000	北京	2011 年 6 月	暂无	北京市西城区太平桥大街 18 号丰融国际大厦 11 层	暂无
67	长安基金管理有限公司	50680000	10000	上海	2011 年 8 月	暂无	上海市虹口区丰镇路 806 号 3 幢 371 室	暂无
68	国金通用基金管理有限公司	50690000	16000	北京	2011 年 10 月	暂无	北京市西城区武定侯街 2 号泰康国际大厦 20 层	暂无
69	安信基金管理有限公司	50700000	20000	深圳	2011 年 11 月	暂无	广东省深圳市福田区益田路 6009 号新世界商务中心 36 层	暂无

证券投资基金名录(2011年10月)

序号	基金名称	基金简称
1	华安创新证券投资基金	华安创新混合
2	南方稳健成长证券投资基金	南方稳健成长混合
3	华夏成长证券投资基金	华夏成长混合
4	国泰金鹰增长证券投资基金	国泰金鹰增长股票
5	鹏华行业成长证券投资基金	鹏华行业成长混合
6	富国天源平衡混合型证券投资基金	富国天源平衡混合
7	易方达平稳增长证券投资基金	易方达平稳增长混合
8	融通新蓝筹证券投资基金	融通新蓝筹混合
9	长盛成长价值证券投资基金	长盛成长价值混合
10	南方宝元债券型基金	南方宝元债券
11	宝盈鸿利收益证券投资基金	宝盈鸿利收益混合
12	博时价值增长证券投资基金	博时价值增长混合
13	华夏债券投资基金	华夏债券
14	嘉实成长收益证券投资基金	嘉实成长收益混合
15	华安MSCI中国A股指数增强型证券投资基金	华安中国A股增强指数
16	大成价值增长证券投资基金	大成价值增长混合
17	银华优势企业证券投资基金	银华优势企业混合
18	万家180指数证券投资基金	万家180指数
19	国投瑞银融华债券型证券投资基金	国投瑞银融华债券
20	泰达荷银价值优化型成长类行业证券投资基金	泰达荷银成长股票
21	泰达荷银丰价值优化型周期类行业证券投资基金	泰达荷银周期股票
22	泰达荷银价值优化型稳定类行业证券投资基金	泰达荷银稳定股票
23	招商安泰系列开放式证券投资基金－股票	招商安泰股票
24	招商安泰系列开放式证券投资基金－平衡型	招商安泰平衡混合
25	招商安泰债券开放式证券投资基金	招商安泰债券
26	大成债券投资基金	大成债券
27	金鹰成份股优选证券投资基金	金鹰成份优选混合
28	南方避险增值基金	南方避险增值混合
29	嘉实增长开放式证券投资基金	嘉实增长混合
30	嘉实稳健开放式证券投资基金	嘉实稳健混合
31	嘉实债券开放式证券投资基金	嘉实债券
32	鹏华普天债券投资基金	鹏华普天债券
33	鹏华普天收益证券投资基金	鹏华普天收益混合
34	宝康消费品证券投资基金	华宝兴业宝康消费品混合
35	宝康灵活配置证券投资基金	华宝兴业宝康配置混合
36	宝康债券投资基金	华宝兴业宝康债券
37	银河稳健证券投资基金	银河稳健混合
38	银河收益证券投资基金	银河收益债券
39	德盛稳健证券投资基金	国联安稳健混合
40	海富通精选证券投资基金	海富通精选混合
41	博时裕富证券投资基金	博时裕富指数
42	华夏回报证券投资基金	华夏回报混合
43	融通债券投资基金	融通债券
44	融通深证100指数证券投资基金	融通深证100指数
45	融通蓝筹成长基金	融通蓝筹成长混合
46	景顺长城优选股票证券投资基金	景顺长城优选股票
47	景顺长城货币市场证券投资基金	景顺长城货币
48	景顺长城动力平衡证券投资基金	景顺长城动力平衡混合
49	长盛中信全债指数增强型债券投资基金	长盛全债指数增强债券
50	长城久恒平衡型证券投资基金	长城久恒平衡混合
51	富国天利增长债券投资基金	富国天利增长债券
52	广发聚富证券投资基金	广发聚富混合
53	国泰金龙债券证券投资基金	国泰金龙债券
54	国泰金龙行业精选证券投资基金	国泰金龙行业混合
55	易方达策略成长证券投资基金	易方达策略成长混合
56	华安现金富利投资基金	华安现金富利货币
57	招商现金增值开放式证券投资基金	招商现金增值货币
58	博时现金收益证券投资基金	博时现金收益货币
59	泰信天天收益开放式证券投资基金	泰信天天收益货币
60	银华保本增值证券投资基金	银华保本增值混合
61	南方现金增利基金	南方现金增利货币
62	海富通收益增长证券投资基金	海富通收益增长混合
63	中信经典配置证券投资基金	中信经典配置混合
64	长信利息收益开放式证券投资基金	长信利息收益货币
65	易方达50指数证券投资基金	易方达上证50指数
66	摩根士丹利华鑫基础行业证券投资基金	大摩基础行业混合
67	银河银泰理财分红证券投资基金	银河银泰混合
68	嘉实服务增值行业开放式证券投资基金	嘉实服务增值行业混合
69	华夏现金增利证券投资基金	华夏现金增利货币
70	申万巴黎盛利精选证券投资基金	申万巴黎盛利精选混合
71	德盛小盘精选证券投资基金	国联安小盘精选混合
72	国投瑞银景气行业证券投资基金	国投瑞银景气行业混合
73	融通行业景气证券投资基金	融通行业景气混合
74	华宝兴业多策略增长开放式证券投资基金	华宝兴业多策略股票
75	兴业可转债混合型证券投资基金	兴业可转债混合
76	鹏华中国50开放式证券投资基金	鹏华中国50混合
77	长城久泰中信标普300指数证券投资基金	长城久泰标普300指数
78	诺安平衡证券投资基金	诺安平衡混合
79	长盛动态精选证券投资基金	长盛动态精选混合
80	金鹰中小盘精选证券投资基金	金鹰中小盘精选混合
81	招商先锋证券投资基金	招商先锋混合
82	大成蓝筹稳健证券投资基金	大成蓝筹稳健混合
83	富国天益价值证券投资基金	富国天益价值股票
84	国泰金马稳健回报证券投资基金	国泰金马稳健混合
85	博时精选股票证券投资基金	博时精选股票
86	景顺长城内需增长开放式证券投资基金	景顺长城内需增长股票
87	泰信先行策略开放式证券投资基金	泰信先行策略混合
88	天治财富增长证券投资基金	天治财富增长混合
89	泰达荷银行业精选证券投资基金	泰达荷银精选股票
90	广发稳健增长开放式证券投资基金	广发稳健增长混合
91	华夏大盘精选证券投资基金	华夏大盘精选混合
92	银华－道琼斯88精选证券投资基金	银华－道琼斯88指数
93	华安宝利配置证券投资基金	华安宝利配置混合
94	光大保德信量化核心证券投资基金	光大保德信量化股票
95	易方达积极成长证券投资基金	易方达积极成长混合
96	上投摩根中国优势证券投资基金	上投摩根中国优势混合
97	万家保本增值证券投资基金	万家增强收益债券
98	中海优质成长证券投资基金	中海优质成长混合
99	南方积极配置证券投资基金	南方积极配置股票(LOF)
100	东方龙混合型开放式证券投资基金	东方龙混合
101	申万巴黎盛利强化配置混合型证券投资基金	申万巴黎盛利强化配置混合
102	诺安货币市场证券投资基金	诺安货币
103	大成精选增值混合型证券投资基金	大成精选增值混合
104	银河银富货币市场基金	银河银富货币
105	上证50交易型开放式指数证券投资基金	华夏上证50ETF
106	中银国际中国精选混合型开放式证券投资基金	中银中国混合(LOF)
107	海富通货币市场证券投资基金	海富通货币
108	博时主题行业股票证券投资基金	博时主题行业股票(LOF)
109	天治品质优选混合型证券投资基金	天治品质优选混合
110	长信银利精选开放式证券投资基金	长信银利精选股票
111	银华货币市场证券投资基金	银华货币
112	东吴嘉禾优势精选混合型开放式证券投资基金	东吴嘉禾优势精选混合
113	易方达货币市场基金	易方达货币
114	广发小盘成长股票型证券投资基金	广发小盘成长股票(LOF)
115	华富竞争力优选混合型证券投资基金	华富竞争力优选混合
116	宝盈泛沿海区域增长股票证券投资基金	宝盈泛沿海增长股票
117	景顺长城鼎益股票型证券投资基金	景顺长城鼎益股票(LOF)
118	嘉实货币市场基金	嘉实货币
119	华宝兴业现金宝货币市场基金	华宝兴业现金宝货币
120	富国天瑞强势地区精选混合型证券投资基金	富国天瑞强势混合
121	泰达荷银风险预算混合型证券投资基金	泰达荷银风险预算混合
122	鹏华货币市场证券投资基金	鹏华货币
123	富兰克林国海中国收益证券投资基金	国富中国收益混合
124	上投摩根货币市场基金	上投摩根货币
125	中信现金优势货币市场基金	中信现金优势货币
126	友邦华泰盛世中国股票型证券投资基金	友邦华泰盛世中国股票
127	融通巨潮100指数证券投资基金	融通巨潮100指数(LOF)
128	广发货币市场基金	广发货币
129	长城货币市场证券投资基金	长城货币

序号	基金名称	基金简称
130	大成货币市场证券投资基金	大成货币
131	中银国际货币市场证券投资基金	中银货币
132	光大保德信货币市场基金	光大保德信货币
133	中海分红增利混合型证券投资基金	中海分红增利混合
134	国泰货币市场证券投资基金	国泰货币
135	华夏红利混合型证券投资基金	华夏红利混合
136	南方高增长证券投资基金	南方高增长股票(LOF)
137	德盛安心成长混合型证券投资基金	国联安心成长混合
138	万家公用事业行业股票型证券投资基金	万家公用事业行业股票(LOF)
139	海富通股票证券投资基金	海富通股票
140	博时稳定价值债券投资基金	博时稳定价值债券
141	汇添富优势精选混合型证券投资基金	汇添富优势精选混合
142	嘉实沪深 300 指数证券投资基金	嘉实沪深 300 指数(LOF)
143	工银瑞信核心价值股票型证券投资基金	工银核心价值股票
144	新世纪优选分红混合型证券投资基金	新世纪优选分红混合
145	易方达稳健收益债券型证券投资基金	易方达稳健收益债券
146	摩根士丹利华鑫资源优选混合型证券投资基金	大摩资源优选混合(LOF)
147	银华核心价值优选股票型证券投资基金	银华价值优选股票
148	交银施罗德精选股票证券投资基金	交银精选股票
149	天弘精选混合型证券投资基金	天弘精选混合
150	上投摩根阿尔法股票型证券投资基金	上投摩根阿尔法股票
151	兴业趋势投资混合型证券投资基金	兴业趋势投资混合(LOF)
152	泰达荷银货币市场基金	泰达荷银货币
153	申万巴黎新动力股票型证券投资基金	申万巴黎新动力股票
154	富国天惠精选成长混合型证券投资基金	富国天惠成长混合(LOF)
155	招商优质成长股票型证券投资基金	招商优质成长股票(LOF)
156	华宝兴业动力组合股票型证券投资基金	华宝兴业动力组合股票
157	中信红利精选股票型证券投资基金	中信红利股票
158	建信恒久价值股票型证券投资基金	建信恒久价值股票
159	长盛货币市场基金	长盛货币
160	诺安股票证券投资基金	诺安股票
161	广发聚丰股票型证券投资基金	广发聚丰股票
162	德盛精选股票证券投资基金	国联安精选股票
163	东方精选混合型开放式证券投资基金	东方精选混合
164	融通易支付货币市场证券投资基金	融通易支付货币
165	天治核心成长股票型证券投资基金	天治核心成长股票(LOF)
166	交银施罗德货币市场证券投资基金	交银货币
167	景顺长城资源垄断股票型证券投资基金	景顺长城资源垄断股票(LOF)
168	中银持续增长股票基金	中银增长股票
169	工银瑞信货币市场基金	工银货币
170	汇添富货币市场基金	汇添富货币
171	易方达深证 100 交易型开放式指数证券投资基金	易方达深证 100ETF
172	光大保德信红利混合基金	光大保德信红利股票
173	南方多利增强债券型证券投资基金	南方多利中短期债券
174	泰达荷银效率优选混合基金	泰达荷银效率优选混合(LOF)
175	长城消费增值股票型证券投资基金	长城消费增值股票
176	大成沪深 300 指数证券投资基金	大成沪深 300 指数
177	上证 180 交易型开放式指数证券投资基金	华安上证 180ETF
178	友邦华泰中短期债券投资基金	友邦华泰稳本增利债券
179	国投瑞银核心企业股票型基金	国投瑞银核心企业股票
180	建信货币市场基金	建信货币
181	嘉实超短债证券投资基金	嘉实超短债债券
182	上投摩根双息平衡混合型基金	上投摩根双息平衡混合
183	兴业货币市场基金	兴业货币
184	信诚四季红混合型基金	信诚四季红混合
185	长信金利趋势股票型基金	长信金利趋势股票
186	广发策略优选混合型证券投资基金	广发策略优选混合
187	汇丰晋信 2016 生命周期开放式证券投资基金	汇丰晋信 2016 周期混合
188	万家货币市场基金	万家货币
189	海富通强化回报混合型证券投资基金	海富通强化回报混合
190	博时平衡配置混合型基金	博时平衡配置混合
191	富国天时货币市场基金	富国天时货币
192	中小企业板交易型开放式指数基金	华夏中小板 ETF
193	银华优质增长基金	银华优质增长股票
194	易方达价值精选股票型证券投资基金	易方达价值精选股票
195	富兰克林弹性市值股票型证券投资基金	国富弹性市值股票
196	华宝兴业收益增长混合型证券投资基金	华宝兴业收益增长混合
197	泰信双息双利债券型证券投资基金	泰信双息双利债券
198	华富货币市场基金	华富货币
199	交银施罗德稳健配置混合型证券投资基金	交银稳健配置混合
200	景顺长城新兴成长股票基金	景顺长城新兴成长股票
201	天治天得利货币市场基金	天治天得利货币
202	招商安本增利债券型证券投资基金	招商安本增利债券
203	申万巴黎收益宝货币市场基金	申万巴黎收益宝货币
204	工银瑞信精选平衡混合型证券投资基金	工银精选平衡混合
205	益民货币市场基金	益民货币
206	鹏华价值优势股票型证券投资基金(LOF)	鹏华价值优势股票(LOF)
207	中信稳定双利债券型证券投资基金	中信稳定双利债券
208	嘉实主题精选混合型证券投资基金	嘉实主题混合
209	南方稳健成长贰号证券投资基金	南方稳健成长贰号混合
210	东方金账簿货币市场基金	东方金账簿货币
211	汇天富均衡增长股票型证券投资基金	汇添富均衡增长股票
212	华夏平稳增长混合型证券投资基金	华夏稳增混合
213	华夏回报二号证券投资基金	华夏回报二号混合
214	易方达策略成长二号混合型证券投资基金	易方达策略成长二号混合
215	摩根士丹利华鑫货币市场基金	大摩货币
216	长城安心回报混合型证券投资基金	长城安心回报混合
217	华安宏利股票型证券投资基金	华安宏利股票
218	建信优选成长股票型证券投资基金	建信优选成长股票
219	大成财富管理 2020 生命周期	大成 2020 生命周期混合
220	光大保德信新增长股票型证券投资基金	光大保德信新增长股票
221	兴业全球视野股票型证券投资基金	兴业全球视野股票
222	上投摩根成长先锋基金	上投摩根成长先锋股票
223	博时价值增长贰号证券投资基金	博时价值增长贰号混合
224	汇丰晋信龙腾股票型开放式基金	汇丰晋信龙腾股票
225	中邮核心优选股票型证券投资基金	中邮核心优选股票
226	国泰金鹏蓝筹价值混合型证券投资基金	国泰金鹏蓝筹混合
227	中银国际收益混合型证券投资基金	中银收益混合
228	景顺长城内需增长贰号股票型证券投资基金	景顺长城内需贰号股票
229	海富通风格优势股票型证券投资基金	海富通风格优势股票
230	交银施罗德成长基金	交银成长股票
231	华宝兴业先进成长股票型基金	华宝兴业先进成长股票
232	长信增利动态策略股票型证券投资基金	长信增利动态策略股票
233	富国天合稳健优选股票型证券投资基金	富国天合稳健股票
234	国投瑞银创新动力股票型证券投资基金	国投瑞银创新动力股票
235	融通动力先锋股票型证券投资基金	融通动力先锋股票
236	银华富裕主题股票证券投资基金	银华富裕主题股票
237	南方绩优成长股票型证券投资基金	南方绩优成长股票
238	上证红利交易型开放式指数证券投资基金	友邦华泰上证红利 ETF
239	诺安价值增长股票型证券投资基金	诺安价值增长股票
240	益民红利成长混合型证券投资基金	益民红利成长混合
241	长盛中证指数 100 证券投资基金	长盛中证 100 指数
242	华夏优势增长股票型证券投资基金	华夏优势增长股票
243	信诚精萃成长股票型证券投资基金	信诚精萃成长股票
244	万家和谐增长混合型证券投资基金	万家和谐增长混合
245	泰达荷银首选企业股票型证券投资基金	泰达荷银首选企业股票
246	申万巴黎新经济混合型证券投资基金	申万巴黎新经济混合
247	工银瑞信稳健成长股票型证券投资基金	工银稳健成长股票
248	嘉实策略增长混合型证券投资基金	嘉实策略混合
249	泰信优质生活股票型证券投资基金	泰信优质生活股票
250	东吴价值成长双动力股票型证券投资基金	东吴双动力股票
251	长盛同智优势成长混合型证券投资基金(LOF)	长盛同智优势混合(LOF)
252	鹏华动力增长混合型证券投资基金(LOF)	鹏华动力增长混合(LOF)
253	大成积极成长股票型证券投资基金	大成积极成长股票
254	宝盈策略增长股票型证券投资基金	宝盈策略增长股票
255	德盛优势股票证券投资基金	国联安优势股票
256	中欧新趋势股票型证券投资基金(LOF)	中欧新趋势股票(LOF)
257	长城久富核心成长股票型证券投资基金(LOF)	长城久富股票(LOF)
258	建信优化配置混合型证券投资基金	建信优化配置混合
259	信达澳银领先增长股票型证券投资基金	信达澳银领先增长股票
260	汇添富成长焦点股票型证券投资基金	汇添富成长焦点股票
261	中海能源策略混合型证券投资基金	中海能源策略混合

序号	基金名称	基金简称
262	银河银信添利债券型证券投资基金	银河银信添利债券
263	华富成长趋势股票型证券投资基金	华富成长趋势股票
264	富兰克林国海潜力组合股票型证券投资基金	国富潜力组合股票
265	招商核心价值混合型证券投资基金	招商核心价值混合
266	易方达价值成长混合型证券投资基金	易方达价值成长混合
267	海富通精选贰号混合型证券投资基金	海富通精选贰号混合
268	汇丰晋信动态策略混合型证券投资基金	汇丰晋信动态策略混合
269	华安中小盘成长股票型证券投资基金	华安中小盘成长股票
270	国泰金鼎价值精选混合型证券投资基金	国泰金鼎价值混合
271	博时第三产业成长股票证券投资基金	博时第三产业股票
272	上投摩根内需动力股票型证券投资基金	上投摩根内需动力股票
273	诺德价值优势股票型证券投资基金	诺德价值优势股票
274	华夏蓝筹核心混合型证券投资基金(LOF)	华夏蓝筹混合(LOF)
275	鹏华优质治理股票型证券投资基金(LOF)	鹏华优质治理股票(LOF)
276	富国天博创新主题股票型证券投资基金	富国天博创新股票
277	融通领先成长股票型证券投资基金	融通领先成长股票(LOF)
278	工银瑞信增强收益债券型证券投资基金	工银增强收益债券
279	南方成份精选股票型证券投资基金	南方成份精选股票
280	华商领先企业混合型证券投资基金	华商领先企业混合
281	国泰金牛创新成长股票型基金	国泰金牛创新股票
282	友邦华泰积极成长混合型基金	友邦华泰积极成长混合
283	大成创新成长混合型证券投资基金	大成创新成长混合
284	广发大盘成长混合型证券投资基金	广发大盘成长混合
285	华宝兴业行业精选股票型证券投资基金	华宝兴业行业精选股票
286	景顺长城精选蓝筹股票型证券投资基金	景顺长城精选蓝筹股票
287	博时新兴成长股票型证券投资基金	博时新兴成长股票
288	益民创新优势混合型证券投资基金	益民创新优势混合
289	工银瑞信红利股票型证券投资基金	工银红利股票
290	华安策略优选股票型证券投资基金	华安策略优选股票
291	泰达荷银市值优选股票型证券投资基金	泰达荷银市值优选股票
292	长城品牌优选股票型证券投资基金	长城品牌优选股票
293	交银施罗德蓝筹股票证券投资基金	交银蓝筹股票
294	金元比联宝石动力保本混合型证券投资基金	金元比联宝石保本混合
295	中邮核心成长股票型证券投资基金	中邮核心成长股票
296	光大保德信优势配置股票型证券投资基金	光大保德信优势配置股票
297	诺安中短债证券基金	诺安优化收益债券
298	华夏复兴股票型证券投资基金	华夏复兴股票
299	长盛同德主题增长股票型证券投资基金	长盛同德主题股票
300	南方隆元产业主题股票型证券投资基金	南方隆元产业主题股票
301	国泰沪深300指数证券投资基金	国泰沪深300指数
302	华夏行业精选股票型证券投资基金(LOF)	华夏行业股票(LOF)
303	嘉实优质企业股票型开放式证券投资基金	嘉实优质企业股票
304	大成景阳领先股票型证券投资基金	大成景阳领先股票
305	易方达科讯股票型证券投资基金	易方达科讯股票
306	国投瑞银成长优选股票型政权投资基金	国投瑞银成长优选股票
307	国投瑞银稳定增利债券型证券投资基金	国投瑞银稳定增利债券
308	汇添富增强收益债券型证券投资基金	汇添富增强收益债券
309	华夏希望债券型证券投资基金	华夏希望债券
310	易方达增强回报债券型证券投资基金	易方达增强回报债券
311	南方盛元红利股票型证券投资基金	南方盛元红利股票
312	广发增强债券型证券投资基金	广发增强债券
313	交银施罗德增利债券证券投资基金	交银增利债券
314	中银动态策略股票基金	中银策略股票
315	中海稳健收益债券基金	中海稳健收益债券
316	工银瑞信信用添利债券型证券投资基金	工银添利债券
317	宝盈资源优选股票型证券投资基金	宝盈资源优选股票
318	浦银安盛价值成长股票型证券投资基金	浦银安盛价值成长股票
319	天弘永利债券型证券投资基金	天弘永利债券
320	东吴行业轮动股票型证券投资基金	东吴行业轮动股票
321	华安稳定收益债券型证券投资基金	华安稳定收益债券
322	兴业社会责任股票型证券投资基金	兴业社会责任股票
323	天治创新先锋股票型证券投资基金	天治创新先锋股票
324	宝盈增强收益债券型证券投资基金	宝盈增强收益债券
325	诺安灵活配置混合型证券投资基金	诺安灵活配置混合
326	上投摩根双核平衡混和型证券投资基金	上投摩根双核平衡混合
327	益民多利债券型证券投资基金	益民多利债券
328	银河竞争优势成长股票型证券投资基金	银河成长股票
329	嘉实研究精选股票型证券投资基金	嘉实研究精选股票
330	博时特许价值股票型证券投资基金	博时特许价值股票
331	富国天成红利灵活配置混合型证券投资基金	富国天成红利混合
332	鹏华丰收债券基金	鹏华丰收债券
333	华富收益增强债券型证券投资基金	华富收益增强债券
334	东方策略成长股票型开放式证券投资基金	东方策略成长股票
335	长盛创新先锋灵活配置混合型证券投资基金	长盛创新先锋混合
336	信诚盛世蓝筹股票型证券投资基金	信诚盛世蓝筹股票
337	国投瑞银稳健增长灵活配置混和型证券投资基金	国投瑞银稳健增长混合
338	国泰金鹿保本增值混合证券投资基金(二期)	国泰金鹿保本混合(二期)
339	南方优选价值股票型证券投资基金	南方优选价值股票
340	易方达中小盘股票型证券投资基金	易方达中小盘股票
341	招商大盘蓝筹股票型证券投资基金	招商大盘蓝筹股票
342	长信双利优选灵活配置混合型证券投资基金	长信双利优选混合
343	泰信优势增长灵活配置混合型证券投资基金	泰信优势增长混合
344	建信稳定增利债券型证券投资基金	建信稳定增利债券
345	万家双引擎灵活配置混合型证券投资基金	万家双引擎灵活配置混合
346	富兰克林国海深化价值股票型证券投资基金	国富深化价值股票
347	申万巴黎竞争优势股票型证券投资基金	申万巴黎竞争优势股票
348	汇添富蓝筹稳健灵活配置混合型证券投资基金	汇添富蓝筹稳健混合
349	广发核心精选股票型证券投资基金	广发核心精选股票
350	友邦华泰价值增长股票型证券投资基金	友邦华泰价值增长股票
351	汇丰晋信2026生命周期证券投资基金	汇丰晋信2026周期混合
352	中欧新蓝筹灵活配置混合型证券投资基金	中欧新蓝筹混合
353	新世纪优选成长股票型证券投资基金	新世纪优选成长股票
354	信达澳银精华灵活配置混合型证券投资基金	信达澳银精华配置混合
355	工银瑞信大盘蓝筹股票型证券投资基金	工银大盘蓝筹股票
356	农银汇理行业成长股票型证券投资基金	农银行业成长股票
357	大成强化收益债券型证券投资基金	大成强化收益债券
358	银华领先策略股票型证券投资基金	银华领先策略股票
359	长城稳健增利债券型证券投资基金	长城稳健增利债券
360	金元比联成长动力灵活配置混合型证券投资基金	金元比联成长动力混合
361	嘉实多元收益债券型证券投资基金	嘉实多元债券
362	华商盛世成长股票型证券投资基金	华商盛世成长股票
363	泰达荷银集利债权型证券投资基金	泰达荷银集利债券
364	信诚三得益债券型证券投资基金	信诚三得益债券
365	华宝兴业大盘精选股票型证券投资基金	华宝兴业大盘精选股票
366	长盛积极配置债券型证券投资基金	长盛积极配置债券
367	易方达科汇灵活配置混合型证券投资基金	易方达科汇灵活配置混合
368	鹏华盛世创新股票型证券投资基金	鹏华盛世创新股票(LOF)
369	华安核心优选股票型证券投资基金	华安核心股票
370	招商安心收益债券型证券投资基金	招商安心收益债券
371	德胜红利股票型证券投资基金	国联安红利股票
372	景顺长城公司治理股票型证券投资基金	景顺长城公司治理股票
373	华夏策略精选灵活配置混合型证券投资基金	华夏策略混合
374	富兰克林国海强化收益债券型证券投资基金	国富强化收益债券
375	海富通稳健添利债券型证券投资基金	海富通稳健添利债券
376	光大保德信增利收益债券型证券投资基金	光大保德信增利收益债券
377	天治稳健双盈债券型证券投资基金	天治稳健双盈债券
378	诺德主题灵活配置混合型证券投资基金	诺德灵活配置混合
379	东吴优信稳健型证券投资基金	东吴优信稳健债券
380	南方恒元保本混合型证券投资基金	南方恒元保本混合
381	中银稳健增利债券型证券投资基金	中银增利债券
382	易方达科翔股票型证券投资基金	易方达科翔股票
383	富国天鼎中证红利指数增强型证券投资基金	富国天鼎中证指数增强
384	建信核心精选股票型证券投资基金	建信核心精选股票
385	大成策略回报股票型证券投资基金	大成策略回报股票
386	天弘永定价值成长股票型证券投资基金	天弘永定价值成长股票
387	银华增强收益债券型证券投资基金	银华增强收益债券
388	中海蓝筹灵活配置混合型证券投资基金	中海蓝筹混合
389	汇丰晋信平稳增利债券型证券投资基金	汇丰晋信平稳增利债券
390	金鹰红利价值灵活配置混合型证券投资基金	金鹰红利价值混合
391	申万巴黎添益宝债券型证券投资基金	申万巴黎添益宝债券
392	东方稳健回报债券型证券投资基金	东方稳健回报债券
393	农银汇理恒久增利债券型证券投资基金	农银恒久增利债券

序号	基金名称	基金简称
394	华富策略精选灵活配置混合型证券投资基金	华富策略精选混合
395	长信利丰债券型证券投资基金	长信利丰债券
396	广发沪深300指数证券投资基金	广发沪深300指数
397	浦银安盛优化收益债券型证券投资基金	浦银安盛优化收益债券
398	长城双动力股票型证券投资基金	长城双动力股票
399	国投瑞银货币市场基金	国投瑞银货币
400	上投摩根中小盘股票型证券投资基金	上投摩根中小盘股票
401	交银施罗德保本混合型证券投资基金	交银保本混合
402	汇添富价值精选股票型证券投资基金	汇添富价值精选股票
403	华商收益增强债券型证券投资基金	华商收益增强债券
404	华宝兴业增强收益债券型证券投资基金	华宝兴业增强收益债券
405	光大保德信均衡精选股票型证券投资基金	光大保德信均衡精选股票
406	诺德增强收益债券型证券投资基金	诺德增强收益债券
407	工银瑞信沪深300指数证券投资基金	工银沪深300指数
408	诺安成长股票型证券投资基金	诺安成长股票
409	国泰双利债券证券投资基金	国泰双利债券
410	德盛增利债券证券投资基金	国联安增利债券
411	信诚经典优债债券型证券投资基金	信诚经典优债债券
412	宝盈核心优势灵活配置混合型证券投资基金	宝盈核心优势混合
413	嘉实量化阿尔法股票型证券投资基金	嘉实量化阿尔法股票
414	金元比联丰利债券型证券投资基金	金元比联丰利债券
415	南方沪深300指数证券投资基金	南方沪深300指数
416	兴业有机增长灵活配置混合型证券投资基金	兴业有机增长混合
417	富兰克林国海成长动力股票型证券投资基金	国富成长动力股票
418	易方达行业领先企业股票型证券投资基金	易方达行业领先股票
419	民生加银品牌蓝筹灵活配置混合型证券投资基金	民生加银品牌蓝筹混合
420	鹏华沪深300指数证券投资基金(LOF)	鹏华沪深300指数(LOF)
421	中银行业优选灵活配置混合型证券投资基金	中银优选混合
422	信达澳银稳定价值债券型证券投资基金	信达澳银稳定价值债券
423	农银汇理平衡双利混合型证券投资基金	农银平衡双利混合
424	泰达荷银品质生活灵活配置混合型证券投资基金	泰达荷银品质生活混合
425	交银施罗德先锋股票证券投资基金	交银先锋股票
426	华安强化收益债券型证券投资基金	华安强化收益债券
427	融通内需驱动股票型证券投资基金	融通内需驱动股票
428	泰信蓝筹精选股票型证券投资基金	泰信蓝筹精选股票
429	中欧稳健收益债券型证券投资基金	中欧稳健收益债券
430	银河行业优选股票型证券投资基金	银河行业股票
431	银华和谐主题灵活配置混合型证券投资基金	银华和谐主题混合
432	海富通领先成长股票型证券投资基金	海富通领先成长股票
433	友邦华泰货币市场证券投资基金	友邦华泰货币
434	东吴进取策略灵活配置混合型证券投资基金	东吴进取策略混合
435	长盛同庆可分离交易股票型证券投资基金	长盛同庆股票
436	万家精选股票型证券投资基金	万家精选股票
437	国泰区位优势股票型证券投资基金	国泰区位优势股票
438	建信收益增强债券型证券投资基金	建信收益增强债券
439	浦银安盛精致生活灵活配置混合型证券投资基金	浦银安盛精致生活
440	富国优化增强债券型证券投资基金	富国优化增强债券
441	博时信用债券投资基金	博时信用债券
442	申万巴黎消费增长股票型证券投资基金	申万巴黎消费增长股票
443	广发聚瑞股票型证券投资基金	广发聚瑞股票
444	招商行业领先股票型证券投资基金	招商行业领先股票
445	汇丰晋信大盘股票型证券投资基金	汇丰晋信大盘股票
446	东方核心动力股票型开放式证券投资基金	东方核心动力股票
447	中海量化策略股票型证券投资基金	中海量化策略股票
448	上投摩根纯债债券型证券投资基金	上投摩根纯债债券
449	长城景气行业龙头灵活配置混合型证券投资基金	长城景气行业龙头混合
450	诺安增利债券型证券投资基金	诺安增利债券
451	银华内需精选股票型证券投资基金(LOF)	银华内需精选股票
452	金鹰行业优势股票型证券投资基金	金鹰行业优势股票
453	汇添富上证综合指数证券投资基金	汇添富上证综合指数
454	华夏沪深300指数证券投资基金	华夏沪深300指数
455	新世纪资源优势灵活配置混合型证券投资基金	新世纪资源优势混合
456	天治趋势精选灵活配置混合型证券投资基金	天治趋势精选混合
457	华富价值增长灵活配置混合型证券投资基金	华富价值增长混合
458	民生加银增强收益债券型证券投资基金	民生加银增强收益债券
459	兴业磐稳增利债券型证券投资基金	兴业磐稳增利债券

序号	基金名称	基金简称
460	中欧价值发现股票型证券投资基金	中欧价值发现股票
461	泰信增强收益债券型证券投资基金	泰信债券增强收益
462	长信恒利优势股票型证券投资基金	长信恒利优势股票
463	友邦华泰行业领先股票型证券投资基金	友邦华泰行业领先股票
464	宝盈货币市场证券投资基金	宝盈货币
465	博时策略灵活配置混合型证券投资基金	博时策略混合
466	万家稳健增利债券型证券投资基金	万家稳健增利债券
467	嘉实回报灵活配置混合型证券投资基金	嘉实回报混合
468	信诚优胜精选股票型证券投资基金	信诚优胜精选股票
469	上证中央企业50交易型开放式指数证券投资基金	工银上证央企ETF
470	国联安主题驱动股票型证券投资基金	国联安主题驱动股票
471	易方达沪深300指数证券投资基金	易方达沪深300指数
472	富兰克林国海沪深300指数增强型证券投资基金	国富沪深300指数增强
473	中银中证100指数增强型证券投资基金	中银中证100指数增强
474	大成行业轮动股票型证券投资基金	大成行业轮动股票
475	鹏华精选成长股票型证券基金	鹏华精选成长股票
476	金元比联价值增长股票型证券投资基金	金元比联价值增长股票
477	诺德成长优势股票型证券投资基金	诺德成长优势股票
478	摩根士丹利华鑫领先优势股票型证券投资基金	大摩领先优势股票
479	南方中证500指数证券投资基金(LOF)	南方中证500指数(LOF)
480	上证180公司治理交易型开放式证券投资基金	交银上证180公司治理ETF
481	华宝兴业中证100指数证券投资基金	华宝兴业中证100指数
482	华安上证180交易型开放式指数证券投资基金联接基金	华安上证180ETF联接
483	交银施罗德上证180公司治理交易型开放式指数证券投资联接基金	交银上证180公司治理ETF联接
484	农银汇理策略价值股票型证券投资基金	农银策略价值股票
485	海富通中证100指数证券投资基金(LOF)	海富通中证100指数(LOF)
486	中邮核心优势灵活配置混合型证券投资基金	中邮核心优势灵活配置混合
487	光大保德信动态优选灵活配置混合型证券投资基金	光大保德信动态优选混合
488	诺安中证100指数证券投资基金	诺安中证100指数
489	景顺长城能源基建股票型证券投资基金	景顺长城能源基建股票
490	国泰中小盘成长股票型证券投资基金(LOF)	国泰中小盘成长股票
491	国投瑞银瑞和沪深300指数分级证券投资基金	国投瑞银沪深300指数分级
492	银华沪深300指数证券投资基金	银华沪深300指数(LOF)
493	建信沪深300指数证券投资基金(LOF)	建信沪深300指数(LOF)
494	华商动态阿尔法灵活配置混合型证券投资基金	华商动态阿尔法混合
495	长盛量化红利策略股票型证券投资基金	长盛量化红利股票
496	广发中证500指数证券投资基金(LOF)	广发中证500指数(LOF)
497	东吴新经济股票型证券投资基金	东吴新经济
498	中欧中小盘股票型证券投资基金(LOF)	中欧中小盘股票(LOF)
499	嘉实中证锐联基本面50指数证券投资基金(LOF)	嘉实基本面50指数(LOF)
500	华富中证100指数证券投资基金	华富中证100指数
501	摩根士丹利华鑫强收益债券型证券投资基金	大摩强收益债券
502	博时上证超级大盘交易型开放式指数证券投资基金联接基金	博时上证超大盘ETF联接
503	上证超级大盘交易型开放式指数证券投资基金	博时上证超大盘ETF
504	银河沪深300价值指数证券投资基金	银河沪深300价值指数
505	招商中小盘精选股票型证券投资基金	招商中小盘股票
506	汇添富策略回报股票型证券投资基金	汇添富策略回报股票
507	华安动态灵活配置混合型证券投资基金	华安动态灵活配置混合
508	天弘周期策略股票型证券投资基金	天弘周期策略股票
509	富国沪深300增强证券投资基金	富国沪深300指数增强
510	汇丰晋信中小盘股票型证券投资基金	汇丰晋信中小盘股票
511	华夏盛世精选股票型证券投资基金	华夏盛世股票
512	南方深证成份交易型开放式指数证券投资基金联接基金	南方深证成份ETF联接
513	深证成份交易型开放式指数证券投资基金	南方深证成份ETF
514	泰达荷银红利先锋股票型证券投资基金	泰达荷银红利股票
515	浦银安盛红利精选股票型证券投资基金	浦银安盛红利精选股票
516	易方达深证100交易型开放式指数证券投资基金联接基金	易方达深证100ETF联接
517	信达澳银中小盘股票型证券投资基金	信达澳银中小盘股票
518	上投摩根行业轮动股票型证券投资基金	上投摩根行业轮动股票
519	大成中证红利指数证券投资基金	大成中证红利指数

序号	基金名称	基金简称
520	新华钻石品质企业股票型证券投资基金	新华钻石品质企业股票
521	民生加银精选股票型投资基金	民生加银精选股票
522	鹏华中证500指数证券投资基金	鹏华中证500指数(LOF)
523	宝盈中证100指数增强型证券投资基金	宝盈中证100指数增强
524	信诚中小盘股票型证券投资基金	信诚中小盘股票
525	工银瑞信中小盘成长股票型证券投资基金	工银瑞信中小盘股票
526	申万巴黎沪深300价值指数型证券投资基金	申万沪深300价值指数
527	中银蓝筹精选灵活配置混合型证券投资基金	中银蓝筹混合
528	金元比联核心动力股票型证券投资基金	金元比联核心动力股票
529	农银汇理中小盘股票型证券投资基金	农银中小盘股票
530	中海上证50指数增强型证券投资基金	中海上证50指数增强
531	长信中证中央企业100指数证券投资基金(LOF)	长信中证中央企业100指数(LOF)
532	易方达上证中盘交易型开放式指数证券投资基金	易方达上证中盘ETF
533	南方策略优化股票型证券投资基金	南方策略优化策略
534	国投瑞银沪深300金融地产指数证券投资基金(LOF)	国投瑞银沪深300金融地产指数(LOF)
535	金鹰稳健成长股票型证券投资基金	金鹰稳健成长股票
536	海富通中小盘股票型证券投资基金	海富通中小盘股票
537	光大保德信中小盘股票型证券投资基金	光大保德信中小盘股票
538	国联安双禧中证100指数分级证券投资基金	国联安双禧中证100指数分级
539	广发内需增长灵活配置混合型证券投资基金	广发内需增长混合
540	兴业合润分级股票型证券投资基金	兴业合润分级股票
541	华宝兴业上证180价值交易型开放式指数证券投资基金联接基金	华宝兴业上证180价值ETF联接
542	华宝兴业上证180价值交易型开放式指数证券投资基金	华宝兴业上证180价值ETF
543	泰达宏利中证财富大盘指数证券投资基金	泰达宏利财富大盘指数
544	诺安中小盘精选股票型证券投资基金	诺安中小盘精选股票
545	汇添富民营活力股票型证券投资基金	汇添富民营活力股票
546	银华深证100指数分级证券投资基金	银华深证100指数分级
547	东吴货币市场证券投资基金	东吴货币
548	华安行业轮动股票型证券投资基金	华安行业轮动股票
549	富国通胀通缩主题轮动股票型证券投资基金	富国通胀通缩主题股票
550	摩根士丹利华鑫卓越成长股票型证券投资基金	大摩卓越成长股票
551	中邮核心主题股票型证券投资基金	中邮核心主题股票
552	上证社会责任交易型开放式指数证券投资基金	建信上证社会责任ETF
553	建信上证社会责任交易型开放式指数证券投资基金联接基金	建信上证社会责任ETF联接
554	鹏华信用增利债券型证券投资基金	鹏华信用增利债券
555	博时创业成长股票型证券投资基金	博时创业成长股票
556	嘉实价值优势股票型证券投资基金	嘉实价值优势股票
557	汇丰晋信低碳先锋股票型证券投资基金	汇丰晋信低碳先锋股票
558	华商产业升级股票型证券投资基金	华商产业升级股票
559	大成核心双动力股票型证券投资基金	大成核心双动力股票型
560	华泰柏瑞量化先行股票型证券投资基金	华泰柏瑞量化先行股票
561	国联安信心增益债券型证券投资基金	国联安信心增益债券
562	招商深证100指数证券投资基金	招商深证100指数
563	中欧沪深300指数增强型证券投资基金(LOF)	中欧沪深300指数增强(LOF)
564	诺德中小盘股票证券投资基金	诺德中小盘股票
565	长信中短债证券投资基金	长信中短债债券
566	民生加银稳健成长股票型证券投资基金	民生加银稳健成长股票
567	东吴新创业股票型证券投资基金	东吴新创业股票
568	交银施罗德主题优选灵活配置混合型证券投资基金	交银主题优选混合
569	银河蓝筹精选股票型证券投资基金	银河蓝筹股票
570	新华行业周期轮换股票型证券投资基金	新华行业周期轮换股票
571	博时宏观回报债券型证券投资基金	博时宏观回报债券
572	中海货币市场证券投资基金	中海货币
573	信达澳银红利回报股票证券投资基金	信达澳银红利回报股票
574	信诚深度价值股票型证券投资基金	信诚深度价值股票(LOF)
575	长盛沪深300指数证券投资基金(LOF)	长盛沪深300指数(LOF)
576	鹏华上证民营企业50交易型开放式指数证券投资基金联接基金	鹏华上证民企50ETF联接
577	鹏华上证民营企业50交易型开放式指数证券投资基金	鹏华上证民企50ETF
578	华商稳健双利债券型证券投资基金	华商稳健双利债券
579	天弘深证成份指数证券投资基金(LOF)	天弘深证成份指数(LOF)

序号	基金名称	基金简称
580	国泰价值经典股票型证券投资基金	国泰价值经典股票(LOF)
581	工银瑞信双利债券型证券投资基金	工银瑞信双利债券
582	易方达消费行业股票型证券投资基金	易方达消费行业股票
583	中银价值精选灵活配置混合型证券投资基金	中银价值混合
584	中证南方小康产业交易型开放式指数证券投资基金	南方小康ETF
585	中证南方小康产业交易型开放式指数证券投资基金联接基金	南方小康ETF联接
586	嘉实稳固收益债券型证券投资基金	嘉实稳固收益债券
587	农银汇理大盘蓝筹股票型证券投资基金	农银大盘蓝筹股票
588	国投瑞银优化增强债券型证券投资基金	国投瑞银优化增强债券
589	华富强化回报债券型证券投资基金	华富强债
590	诺安主题精选股票型证券投资基金	诺安主题精选股票
591	金元比联消费主题股票型证券投资基金	金元比联消费主题股票
592	上证周期行业50交易型开放式指数证券投资基金	海富通上证周期50ETF
593	汇添富医药保健股票型证券投资基金	汇添富医药保健
594	海富通上证周期行业50交易型开放式指数证券投资基金联接基金	海富通上证周期ETF联接
595	银华成长先锋混合型证券投资基金	银华成长先锋混合
596	大成景丰分级债券型证券投资基金	大成景丰分级债券
597	申万巴黎深证成指分级证券投资基金	申万深成
598	兴业沪深300指数增强型证券投资基金(LOF)	兴业沪深300指数(LOF)
599	南方广利回报债券型证券投资基金	南方广利回报债券
600	深证红利交易型开放式指数证券投资基金	工银深证红利ETF
601	工银瑞信深证红利交易型开放式指数证券投资基金联接基金	工银深证红利ETF联接
602	华商策略精选灵活配置混合型证券投资基金	华商策略精选混合
603	融通深证成分指数证券投资基金	融通深证成分指数
604	建信内生动力股票型证券投资基金	建信内生动力股票
605	华安上证龙头企业交易型开放式指数证券投资基金联接基金	华安上证龙头ETF联接
606	上证龙头企业交易型开放式指数证券投资基金	华安上证龙头ETF
607	长信量化先锋股票型证券投资基金	长信量化先锋股票
608	广发行业领先股票型证券投资基金	广发行业领先股票
609	富兰克林国海中小盘股票型证券投资基金	国富中小盘股票
610	海富通稳固收益债券型证券投资基金	海富通稳固收益债券
611	农银汇理货币市场证券投资基金	农银货币
612	博时转债增强债券型证券投资基金	博时转债增强债券
613	中银稳健双利债券型证券投资基金	中银双利债券
614	上证大宗商品股票交易型开放式指数证券投资基金	商品ETF
615	国联安上证大宗商品股票交易型开放式指数证券投资基金连接基金	国联安上证商品ETF联接
616	鹏华丰润债券型证券投资基金	鹏华丰润债券封闭
617	天弘添利分级债券型证券投资基金	天弘添利分级债券
618	银华信用双利债券型证券投资基金	银华信用双利债券
619	摩根士丹利华鑫消费领航混合型证券投资基金	大摩消费领航混合基金
620	嘉实主题新动力股票型证券投资基金	嘉实主题新动力股票
621	华宝兴业新兴产业股票型证券投资基金	华宝兴业新兴产业
622	富国可转债证券投资基金	富国可转债
623	招商上证消费80交易型开方式指数证券投资基金联接基金	招商上证消费80ETF联接
624	上证消费80交易型开放式指数证券投资基金	招商上证消费80ETF
625	汇丰晋信消费红利股票型证券投资基金	汇丰晋信消费红利股票
626	中海环保新能源主题灵活配置混合型证券投资基金	中海环保新能源混合
627	博时行业轮动股票型证券投资基金	博时行业轮动股票
628	浦银安盛沪深300指数增强型证券投资基金	浦银安盛沪深300指数增强
629	泰信发展主题股票型证券投资基金	泰信发展主题股票基金
630	国投瑞银中证下游消费与服务产业指数证券投资基金(LOF)	国投瑞银中证消费服务指数(LOF)
631	金鹰主题优势股票型证券投资基金	金鹰主题优势股票
632	上投摩根大盘蓝筹股票型证券投资基金	上投摩根大盘蓝筹股票
633	华安稳固收益债券型证券投资基金	华安稳固收益债券
634	大成深证成长40交易型开放式指数证券投资基金联接基金	大成深证成长40ETF联接
635	深证成长40交易型开放式指数证券投资基金	大成深证成长40ETF
636	交银施罗德趋势优先股票证券投资基金	交银趋势股票
637	鹏华消费优选股票型证券投资基金	鹏华消费优选股票

序号	基金名称	基金简称
638	银河创新成长股票型证券投资基金	银河创新股票
639	建信保本混合型证券投资基金	建信保本混合
640	纽银策略优选股票型证券投资基金	纽银策略优选股票
641	泰达宏利领先中小盘股票型证券投资基金	泰达宏利中小盘股票
642	国联安货币市场证券投资基金	国联安货币
643	华泰柏瑞上证中小盘交易型开放式指数证券投资基金联接基金	华泰柏瑞上证中小盘 ETF 联接
644	汇添富保本混合型证券投资基金	汇添富保本混合
645	上证中小盘交易型开放式指数证券投资基金	华泰柏瑞上证中小盘 ETF
646	长城中小盘成长股票型证券投资基金	长城中小盘股票
647	易方达医疗保健行业股票型证券投资基金	易方达医疗行业股票
648	新华中小盘小市值优选股票型证券投资基金	新华中小市值优选股票
649	民生加银内需增长股票型证券投资基金	民生加银内需增长股票
650	富国上证综指交易型开放式指数证券投资基金联接基金	富国上证综指 ETF 联接
651	南方优选成长混合型证券投资基金	南方优选成长混合
652	上证综指交易型开放式指数证券投资基金	富国上证综指 ETF
653	东吴中证新兴产业指数证券投资基金	东吴中证新兴
654	泰信周期回报债券型证券投资基金	泰信周期回报债券
655	中欧新动力股票型证券投资基金	中欧新动力股票(LOF)
656	信诚中证 500 指数分级证券投资基金	信诚中证 500 指数
657	申万巴黎稳益宝债券型证券投资基金	申万巴黎稳益宝债券
658	浦银安盛货币市场证券投资基金	浦银安盛货币
659	广发聚祥保本混合型证券投资基金	广发聚祥保本混合
660	华商稳定增利债券型证券投资基金	华商稳定增利债券
661	银华中证等权重 90 指数分级证券投资基金	银华中证等权 90 指数分级
662	万家中证红利指数证券投资基金(LOF)	万家中证红利指数(LOF)
663	招商安瑞进取债券型证券投资基金	招商安瑞进取债券
664	景顺长城中小盘股票型证券投资基金	景顺长城中小盘股票
665	嘉实多利分级债券型证券投资基金	嘉实多利分级债券(LOF)
666	中海增强收益债券型证券投资基金	中海增强收益债券
667	信诚货币市场证券投资基金	信诚货币
668	景顺长城稳定收益债券型证券投资基金	景顺长城稳定收益债券
669	国投瑞银双债增利债券型证券投资基金	国投瑞银双债债券封闭
670	汇添富社会责任股票型证券投资基金	汇添富社会责任股票
671	国泰上证 180 金融交易型开放式指数证券投资基金	国泰上证 180 金融 ETF 联接
672	上证 180 金融交易型开放式指数证券投资基金	国泰上证 180 金融 ETF
673	华富量子生命力股票型证券投资基金	华富量子生命力股票
674	诺安上证新兴产业交易型开放式指数证券投资基金联接基金	诺安上证新兴产业 ETF 联接
675	上证新兴产业交易型开放式指数证券投资基金	诺安上证新兴产业 ETF
676	长城积极增利债券型证券投资基金	长城积极增利债券
677	农银汇理沪深 300 指数证券投资基金	农银沪深 300 指数
678	东方保本混合型开放式证券投资基金	东方保本混合型基金
679	国泰保本混合型证券投资基金	国泰保本混合
680	大成保本混合型证券投资基金	大成保本混合
681	工银瑞信消费服务行业股票型证券投资基金	工银消费服务股票
682	华安升级主题股票型证券投资基金	华安升级主题股票
683	博时卓越品牌股票型证券投资基金(LOF)	博时卓越品牌股票(LOF)
684	上证非周期行业 100 交易型开放式指数证券投资基金	海富通上证非周期 ETF
685	鹏华丰盛稳固收益债券型证券投资基金	鹏华丰盛债券
686	华宝兴业可转债债券型证券投资基金	华宝兴业可转债债券
687	海富通上证非周期行业 100 交易型开放式指数证券投资基金联接基金	海富通上证非周期 ETF 联接
688	诺德优选 30 股票型证券投资基金	诺德 30 股票
689	兴全绿色投资股票型证券投资基金(LOF)	兴全绿色投资股票(LOF)
690	建信双利策略主题分级股票型证券投资基金	建信双利分级股票
691	中邮中小盘灵活配置混合型证券投资基金	中邮中小盘灵活配置混合
692	泰达宏利聚利分级债券型证券投资基金	泰达聚利债券
693	诺安保本混合型证券投资基金	诺安保本混合
694	光大保德信信用添益债券型证券投资基金	光大保德信信用添益债券
695	南方中证 50 债券指数证券投资基金(LOF)	南方中证 50 债券指数(LOF)
696	金鹰保本混合型证券投资基金	金鹰保本混合
697	摩根士丹利华鑫多因子精选策略股票型证券投资基金	大摩多因子策略股票
698	浙商聚潮产业成长股票型证券投资基金	浙商聚潮产业成长股票
699	富国天盈分级债券型证券投资基金	富国天盈分级债券
700	国联安优选行业股票型证券投资基金	国联安优选行业股票
701	长盛同鑫保本混合型证券投资基金	长盛同鑫保本混合
702	亚债中国债券指数基金	华夏亚债中国指数
703	嘉实领先成长股票型证券投资基金	嘉实领先成长股票
704	银河保本混合型证券投资基金	银河保本混合
705	华商价值精选股票型证券投资基金	华商价值精选股票
706	金鹰中证技术领先指数增强型证券投资基金	金鹰中证技术领先指数增强
707	万家添利分级债券型证券投资基金	万家添利分级债券
708	广发中小板 300 交易型开放式指数证券投资基金	广发中小板 300ETF
709	广发中小板 300 交易型开放式指数证券投资基金联接基金	广发中小板 300ETF 联接
710	泰信中证 200 指数证券投资基金	泰信中证 200 指数基金
711	博时深证基本面 200 交易型开放式指数证券投资基金联接基金	博时深证基本面 200ETF 联接
712	深证基本面 200 交易型开放式指数证券投资基金	博时深证基本面 200ETF
713	博时裕祥分级债券型证券投资基金	博时裕祥分级债券
714	信达澳银产业升级股票型证券投资基金	信达澳银产业升级股票
715	大成内需增长股票型证券投资基金	大成内需增长股票
716	鹏华新兴产业股票型证券投资基金	鹏华新兴产业股票
717	申万菱信量化小盘股票型证券投资基金(LOF)	申万菱信量化小盘股票(LOF)
718	建信信用增强债券型证券投资基金	建信信用增强债券
719	中欧鼎利分级债券型证券投资基金	中欧鼎利分级债券
720	上证国有企业 100 交易型开放式指数证券投资基金	中银上证国企 100ETF
721	汇添富可转换债券债券型证券投资基金	汇添富可转换债券
722	易方达安心回报债券型证券投资基金	易方达安心回报债券
723	南方保本混合型证券投资基金	南方保本混合
724	华安可转换债券债券型证券投资基金	华安可转债债券
725	交银施罗德先进制造股票证券投资基金	交银先进制造股票
726	深证电子信息传媒产业(TMT)50 交易型开放式指数证券投资基金	深证 TMT50ETF
727	招商深证电子信息传媒产业(TMT)50 交易型开放式指数证券投资基金联接基金	招商深证 TMT50ETF 联接
728	银华永祥保本混合型证券投资基金	银华永祥保本混合
729	中银转债增强债券型证券投资基金	中银转债增强债券
730	农银汇理增强收益债券型证券投资基金	农银增强收益债券
731	上投摩根新兴动力股票型证券投资基金	上投摩根新兴动力股票
732	新华灵活主题股票型证券投资基金	新华灵活主题股票
733	国投瑞银中证上游资源产业指数证券投资基金(LOF)	国投瑞银中证上游资源产业指数(LOF)
734	汇丰晋信科技先锋股票型证券投资基金	汇丰晋信科技先锋股票
735	东吴增利债券型证券投资基金	东吴增利债券
736	银河消费驱动股票型证券投资基金	银河消费股票
737	嘉实深证基本面 120 交易型开放式指数证券投资基金联接基金	嘉实深证基本面 120ETF 联接
738	深证基本面 120 交易型开放式指数证券投资基金	嘉实深证基本面 120ETF
739	信诚新机遇股票型证券投资基金(LOF)	信诚新机遇股票(LOF)
740	富兰克林国海策略回报灵活配置混合型证券投资基金	国富策略回报混合
741	兴全保本混合型证券投资基金	兴全保本混合
742	天治成长精选股票型证券投资基金	天治成长精选股票
743	上证 180 成长交易型开放式指数证券投资基金	上证 180 成长 ETF
744	华宝兴业上证 180 成长交易型开放式指数证券投资基金联接基金	华宝兴业上证 180 成长 ETF 联接
745	诺安多策略股票型证券投资基金	诺安多策略股票
746	富国低碳环保股票型证券投资基金	富国低碳环保股票
747	上投摩根强化回报债券型证券投资基金	上投摩根强化回报债券
748	工银瑞信添颐债券型证券投资基金	工银添颐债券
749	易方达资源行业股票型证券投资基金	易方达资源行业股票
750	金元比联保本混合型证券投资基金	金元比联保本混合
751	国泰事件驱动策略股票型证券投资基金	国泰事件驱动股票
752	纽银新动向灵活配置混合型证券投资基金	纽银新动向混合
753	海富通稳进增利分级债券型证券投资基金	海富通稳进增利分级债券(LOF)

序号	基金名称	基金简称
754	金鹰策略配置股票型证券投资基金	金鹰策略配置股票
755	招商安达保本混合型证券投资基金	招商安达保本混合
756	深证民营交易型开放式指数证券投资基金	民营ETF
757	华安深证300指数证券投资基金(LOF)	华安深圳300指数(LOF)
758	鹏华深证民营交易型开放式指数证券投资基金联接基金	鹏华深证民营ETF联接
759	农银汇理策略精选股票型证券投资基金	农银策略精选股票
760	深证基本面60交易型开放式指数证券投资基金	深证基本面60ETF
761	建信深圳基本面60交易型开放式指数证券投资基金联接基金	建信深证基本面60ETF联接
762	嘉实信用债券型证券投资基金	嘉实信用债券
763	深证300交易型开放式指数证券投资基金	汇添富深证300ETF
764	上证380交易型开放式证券投资基金	南方上证380ETF
765	易方达创业板交易型开放式指数证券投资基金联接基金	易方达创业板ETF联接
766	易方达创业板交易型开放式指数证券投资基金	易方达创业板ETF
767	南方上证380交易型开放式证券投资基金联接基金	南方上证380ETF联接
768	广发制造业精选股票型证券投资基金	广发制造业精选股票
769	平安大华行业先锋股票型证券投资基金	平安大华行业先锋股票
770	富安达优势成长股票型证券投资基金	富安达优势成长股票
771	深证300价值交易型开放式指数证券投资基金	交银深证300价值ETF
772	交银施罗德双利债券证券投资基金	交银双利债券
773	银华消费主题分级股票型证券投资基金	银华消费分级股票
774	汇添富深证300交易型开放式指数证券投资基金联接基金	汇添富深证300ETF联接
775	交银施罗德深证300价值交易型开放式指数证券投资基金联接基金	交银深证300价值ETF联接
776	东吴新产业精选股票型证券投资基金	东吴新产业精选股票
777	富国中证500指数增强型证券投资基金(LOF)	富国中证500指数增强(LOF)
778	长信内需成长股票型证券投资基金	长信内需成长股票
779	工银瑞信主题策略股票型证券投资基金	工银主题策略股票
780	长盛同祥泛资源主题股票型证券投资基金	长盛同祥泛资源股票
781	泰信中小盘精选股票型证券投资基金	泰信中小盘精选
782	富国天丰强化收益债券型证券投资基金	富国天丰强化债券封闭
783	开元证券投资基金	南方开元封闭
784	金泰证券投资基金	国泰金泰封闭
785	兴华证券投资基金	华夏兴华封闭
786	安信证券投资基金	华安安信封闭
787	裕阳证券投资基金	博时裕阳封闭
788	普惠证券投资基金	鹏华普惠封闭
789	泰和证券投资基金	嘉实泰和封闭
790	同益证券投资基金	长盛同益封闭
791	景宏证券投资基金	大成景宏封闭
792	汉盛证券投资基金	富国汉盛封闭
793	裕隆证券投资基金	博时裕隆封闭
794	安顺证券投资基金	华安安顺封闭
795	兴和证券投资基金	华夏兴和封闭
796	普丰证券投资基金	鹏华普丰封闭
797	天元证券投资基金	南方天元封闭
798	金鑫证券投资基金	国泰金鑫封闭
799	同盛证券投资基金	长盛同盛封闭
800	景福证券投资基金	大成景福封闭
801	汉兴证券投资基金	富国汉兴封闭
802	通乾证券投资基金	融通通乾封闭
803	鸿阳证券投资基金	宝盈鸿阳封闭
804	科瑞证券投资基金	易方达科瑞封闭
805	丰和价值证券投资基金	嘉实丰和价值封闭
806	久嘉证券投资基金	长城久嘉封闭
807	银丰证券投资基金	银河银丰封闭
808	建信优势动力股票型证券投资基金	建信优势动力封闭
809	国投瑞银瑞福分级股票型证券投资基金	国投瑞银瑞福分级封闭
810	大成优选股票型证券投资基金	大成优选封闭
811	长盛同庆可分离交易股票型证券投资基金	长盛同庆封闭
812	国泰估值优势可分离交易股票型证券投资基金	国泰估值优势分级封闭
813	招商信用添利债券型证券投资基金	招商信用添利债券
814	银华信用债券型证券投资基金	银华信用债券封闭

序号	基金名称	基金简称
815	富国汇利分级债券型证券投资基金	富国汇利分级债券
816	信诚增强收益债券型证券投资基金	信诚增强收益债券
817	易方达岁丰添利债券型证券投资基金	易方达岁丰添利债券
818	中欧增强回报债券型证券投资基金	中欧增强回报债券
819	交银施罗德信用添利债券证券投资基金	交银信用添利债券
820	工银瑞信四季收益债券型证券投资基金	工银四季收益债券
821	长信利鑫分级债券型证券投资基	长信利鑫分级债
822	广发聚利债券型证券投资基金	广发聚利债券
823	华泰柏瑞信用增利债券型证券投资基金	华泰柏瑞信用增利债券
824	华夏全球精选股票型证券投资基金	华夏全球股票(QDII)
825	华安国际配置基金	华安国际配置混合(QDII)
826	嘉实海外中国股票股票型证券投资基金	嘉实海外中国股票(QDII)
827	银华全球核心优选证券投资基金	银华全球优选(QDII－FOF)
828	南方全球精选配置证券投资基金	南方全球精选配置(QDII－FOF)
829	华宝兴业海外中国成长股票型证券投资基金	华宝兴业海外中国股票(QDII)
830	上投摩根亚太优势股票型证券投资基金	上投摩根亚太优势股票(QDII)
831	工银瑞信中国机会全球配置股票型证券投资基金	工银全球股票(QDII)
832	海富通中国海外精选股票型证券投资基金	海富通中国海外股票(QDII)
833	交银施罗德环球精选价值证券投资基金	交银环球精选股票(QDII)
834	易方达亚洲精选股票型证券投资基金	易方达亚洲精选股票(QDII)
835	招商全球资源股票型证券投资基金	招商全球资源股票(QDII)
836	国泰纳斯达克100指数证券投资基金	国泰纳斯达克100指数(QDII)
837	工银瑞信全球精选股票型证券投资基金	工银全球精选股票(QDII)
838	长盛环球景气行业大盘精选股票型证券投资基金	长盛环球行业股票(QDII)
839	国投瑞银全球新兴市场精选股票型证券投资基金(LOF)	国投瑞银新兴市场股票(QDII－LOF)
840	汇添富亚洲澳洲成熟市场(除日本外)优势精选股票型证券投资基金	汇添富亚澳成熟优选股票
841	博时大中华亚太精选股票证券投资基金	博时大中华亚太精选股票(QDII)
842	广发亚太(除日本)精选股票型证券投资基金	广发亚太精选股票
843	建信全球机遇股票型证券投资基金	建信全球机遇股票(QDII)
844	华安香港精选股票型证券投资基金	华安香港精选股票(QDII)
845	嘉实恒生中国企业指数证券投资基金	嘉实H股指数(QDII)
846	鹏华环球发现证券投资基金	鹏华环球发现(QDII－FOF)
847	富国全球债券证券投资基金	富国全球债券(QDII－FOF)
848	华泰柏瑞亚洲领导企业股票型证券投资基金	华泰柏瑞亚洲领导企业股票(QDII)
849	银华抗通胀主题证券投资基金(LOF)	银华抗通胀主题(QDII－FOF－LOF)
850	中证南方金砖四国指数证券投资基金	南方金砖四国指数(QDII)
851	信诚金砖四国积极配置证券投资基金(LOF)	信诚四国配置(QDII－FOF－LOF)
852	诺安全球黄金证券投资基金	诺安全球基金(QDII－FOF)
853	海富通大中华精选股票型证券投资基金	海富通大中华股票(QDII)
854	上投摩根全球新兴市场股票型证券投资基金	上投摩根全球新兴市场股票
855	招商标普金砖四国指数证券投资基金(LOF)	招商标普金砖四国指数(QDII－LOF)
856	中银全球策略证券投资基金(FOF)	中银全球策略(QDII－FOF)
857	华宝兴业成熟市场动量优选证券投资基金(QDII)	华宝兴业成熟市场
858	大成标普500等权重指数证券投资基金	大成标普500等权重指数QDII
859	长信美国标准普尔100等权重指数增强型证券投资基金	长信标普100等权重指数(QDII)
860	博时抗通胀增强回报证券投资基金	博时抗通胀增强回报(QDII－FOF)
861	易方达黄金主题证券投资基金(LOF)	易方达黄金主题(QDII－LOF－FOF)
862	华安大中华升级股票型证券投资基金	华安大中华升级股票(QDII)
863	建信新兴市场优选股票型证券投资基金	建信新兴市场股票(QDII)
864	广发标普全球农业指数证券投资基金	广发全球农业指数(QDII)
865	富国全球顶级消费品股票型证券投资基金	富国全球顶级消费品股票(QDII)
866	泰达宏利全球新格局证券投资基金	泰达宏利全球新格局(QDII－FOF)
867	嘉实黄金证券投资基金(LOF)	嘉实黄金(QDII－FOF－LOF)
868	汇添富黄金及贵金属证券投资基金(LOF)	汇添富黄金及贵金属(QDII－LOF－FOF)
869	景顺长城大中华股票型证券投资基金	景顺长城大中华股票(QDII)
870	诺安全球收益不动产证券投资基金	诺安全球收益不动产(QDII)
871	南方中国中小盘股票指数证券投资基金(LOF)	南方中国中小盘股票指数(QDII－LOF)
872	诺安油气能源股票证券投资基金(LOF)	诺安油气能源(QDII－FOF－LOF)
873	华宝兴业标普石油天然气上游股票指数证券投资基金(LOF)	华宝油气

基金代销机构名录(2011 年 9 月)

1、商业银行(58 家)

(1)全国性商业银行(17 家)

编号	机构名称	网址	联系地址	电话	核准时间
1	中国工商银行	www. icbc. com. cn	北京市西城区复兴门内大街 55 号	95588	2001 年 8 月
2	中国农业银行	www. abchina. com	北京市东城区建国门内大街 69 号	95599	2001 年 12 月
3	中国银行	www. boc. cn	北京市西城区复兴门内大街 1 号	95566	2001 年 12 月
4	中国建设银行	www. ccb. com	北京市西城区金融大街 25 号	95533	2001 年 7 月
5	交通银行	www. bankcomm. com	上海市银城中路 188 号	95559	2001 年 9 月
6	中信银行	www. ecitic. com	北京市东城区朝阳门北大街 8 号富华大厦 C 座	95558	2002 年 1 月
7	深圳发展银行	www. sdb. com. cn	深圳市深南东路 5047 号	95501	2002 年 5 月
8	上海浦东发展银行	www. spdb. com. cn	上海市中山东一路 12 号	95528	2002 年 7 月
9	招商银行	www. cmbchina. com	深圳市深南大道 7088 号招商银行大厦	95555	2001 年 12 月
10	兴业银行	www. cib. com. cn	上海市江宁路 168 号兴业大厦 9 层	95561	2002 年 8 月
11	中国民生银行	www. cmbc. com. cn	北京市西城区复兴门内大街 2 号	95568	2002 年 9 月
12	中国光大银行	www. cebbank. com	北京市西城区复兴门外大街 6 号光大大厦	95595	2003 年 1 月
13	华夏银行	www. hxb. com. cn	北京市东城区建国门内大街 22 号华夏银行大厦	95577	2004 年 11 月
14	广发银行	www. gdb. com. cn	广州市农林下路 83 号广发银行大厦	95508	2005 年 7 月
15	中国邮政储蓄银行	www. psbc. com	北京市西城区金融大街 3 号	95580	2006 年 7 月
16	浙商银行	www. czbank. com	杭州市庆春路 288 号	95527	2008 年 8 月
17	渤海银行	www. cbhb. com. cn	天津市河西区马场道 205 号	400 - 888 - 8811	2009 年 10 月

(2)城市商业银行(30 家)

编号	机构名称	网址	联系地址	电话	核准时间
1	北京银行	www. bankofbeijing. com. cn	北京市西城区金融大街丙 17 号	010 - 96169	2004 年 10 月
2	上海银行	www. bankofshanghai. com. cn	上海市黄浦区中山东二路 585 号	021 - 962888	2005 年 1 月
3	平安银行	www. 18ebank. com	广东省深圳市深南中路 1099 号平安大厦	0755 - 961202	2006 年 7 月
4	宁波银行	www. nbcb. com. cn	宁波市中山东路 294 号	96528	2008 年 2 月
5	青岛银行	www. qdcb. com	青岛市香港中路 68 号	0532 - 96588	2008 年 5 月
6	徽商银行	www. hsbank. com. cn	合肥市安庆路 79 号徽商银行大厦	96588	2008 年 7 月
7	东莞银行	www. dongguanbank. cn	东莞市城区运河东一路 193 号	0769 - 22118118	2008 年 10 月
8	南京银行	www. njcb. com. cn	南京市淮海路 50 号	025 - 96400	2008 年 10 月
9	杭州银行	www. hccb. com. cn	杭州市凤起路 432 号	96523	2009 年 1 月
10	临商银行	www. lsbchina. com	临沂市沂蒙路 336 号	400 - 699 - 6588	2009 年 2 月
11	温州银行	www. wzcb. com. cn	温州市车站大道温州银行大楼	0577 - 96699	2009 年 5 月
12	汉口银行	www. hkbchina. com	武汉市建设大道 933 号	027 - 82656666	2009 年 6 月
13	江苏银行	www. jsbchina. cn	南京市洪武北路 55 号置地广场	400 - 869 - 6098	2009 年 9 月
14	洛阳银行	www. bankofluoyang. com. cn	洛阳新区开元大道 256 号	96699	2010 年 1 月
15	乌鲁木齐商业银行	www. uccb. com. cn	乌鲁木齐市新华北路 8 号	96518	2010 年 2 月
16	烟台银行	www. ytcb. com	山东省烟台市芝罘区海港路 25 - 18 号	400 - 831 - 1777	2010 年 6 月
17	齐商银行	www. qsbank. cc	山东省淄博市张店区金晶大道 105 号	0533 - 96588	2010 年 9 月
18	浙江民泰商业银行	www. mintaibank. com	浙江省温岭市三星大道 168 号	0576 - 86109988	2010 年 10 月
19	大连银行	www. bankofdl. com	大连市中山区中山路 88 号	400 - 664 - 0099	2010 年 10 月
20	哈尔滨银行	www. hrbcb. com. cn	哈尔滨市道里区尚志大街 160 号	400 - 609 - 6358	2010 年 10 月
21	重庆银行	www. cqcbank. com	重庆市渝中区邹容路 153 号	96899 400 - 709 - 6899	2010 年 11 月
22	浙江稠州商业银行	www. czcb. com. cn	浙江省义乌市江滨路义乌乐园东侧	0571 - 96527 400 - 809 - 6527	2010 年 11 月
23	天津银行	www. tccb. com. cn	天津市河西区友谊路 15 号	400 - 696 - 0296 022 - 960296	2011 年 2 月
24	河北银行	www. sccb. com. cn	河北省石家庄市平安北大街 28 号	400 - 612 - 9999 0311 - 96368	2011 年 5 月
25	嘉兴银行	www. jxccb. com	浙江省嘉兴市建国南路 409 号	0573 - 96528 400 - 839 - 6528	2011 年 6 月
26	广州银行	www. gzcb. com. cn	广州市广州大道北 195 号	020 - 96699	2011 年 7 月
27	西安银行	www. 96779. com. cn	西安市东四路 35 号	029 - 96779	2011 年 9 月
28	长沙银行	www. cscb. cn	湖南省长沙市芙蓉中路 1 段 433 号	96511	2011 年 9 月
29	金华银行	www. jhccb. com. cn	浙江省金华市金东区光南路 668 号	0579 - 96528 400 - 711 - 6668	2011 年 9 月
30	包商银行	www. bsb. com. cn	内蒙古包头市青山区钢铁大街 6 号	96016(内蒙) 976210(宁波、深圳)	2011 年 9 月

(3)农村商业银行(11家)

编号	机构名称	网址	联系地址	电话	核准时间
1	上海农商银行	www. shrcb. com	上海市延安西路728号华敏翰尊国际	021-962999	2008年2月
2	北京农商银行	www. bjrcb. com	北京市西城区阜成门内大街410号	96198	2008年4月
3	张家港农村商业银行	www. zrcbank. com	江苏省张家港市人民中路66号	0512-96065	2009年12月
4	深圳农村商业银行	www. 961200. net	深圳市深南东路3038号合作金融大厦	961200	2010年1月
5	东莞农村商业银行	www. dgrcc. com	东莞市城区南城路2号	0769-961122	2011年2月
6	常熟农村商业银行	www. csrcbank. com	江苏省常熟市新世纪大道58号	962000	2011年7月
7	顺德农村商业银行	www. sdebank. com	广东省佛山市顺德区大良新城区拥翠路2号	0757-22223388	2011年8月
8	重庆农村商业银行(业务网点仅限于县级支行及城市地区网点,不包括三农服务性网点)	www. cqrcb. com	重庆市江北区洋河东路10号	966866	2011年8月
9	吴江农村商业银行	www. wjrcb. com	江苏省吴江市中山南路1777号	96068	2011年9月
10	江南农村商业银行	www. jnbank. cc	江苏省常州市延陵中路668号	96005	2011年9月
11	江阴农村商业银行	www. jybank. com. cn	江苏省江阴市澄江中路1号	0510-96078	2011年9月

2、证券公司(94家)

编号	机构名称	网址	联系地址	电话	核准时间
1	国泰君安证券	www. gtja. com	上海市延平路135号	400-888-8666	2002年7月
2	广发证券	www. gf. com. cn	广东省广州市天河北路183号大都会广场42层	020-87555888-875	2002年8月
3	国信证券	www. guosen. com. cn	深圳市红岭中路1012号国信证券大厦26层	800-810-8868	2002年8月
4	招商证券	www. newone. com. cn	深圳市福田区益田路江苏大厦A座39-45层	95565	2002年8月
5	华泰联合证券	www. lhzq. com	深圳市深南东路5047号发展银行大厦25层	400-888-8555	2002年8月
6	中信证券	www. cs. ectitic. com	北京市朝阳区新源南路6号京城大厦3层	95558	2002年8月
7	海通证券	www. htsec. com	上海市淮海中路98号金钟广场19层	400-888-8001	2002年10月
8	申银万国证券	www. sywg. com. cn	上海市常熟路171号	021-962505	2002年10月
9	西南证券	www. swsc. com. cn	重庆市渝中区临江支路2号合景国际大厦A座22-25层	023-63786187	2003年1月
10	华龙证券	www. hlzqgs. com	甘肃省兰州市城关区静宁路308号	0931-8730264	2003年1月
11	大同证券	www. dtsbc. com. cn	山西省太原市青年路8号	0351-4167056	2003年1月
12	民生证券	www. mszq. com	北京市朝阳区朝外大街16号中国人寿大厦1901	400-619-8888	2003年1月
13	山西证券	www. sxzq. net	山西省太原市府西街69号山西国际贸易中心	0351-8686868	2003年1月
14	长江证券	www. cjsc. com. cn	武汉市江汉区新华路特8号	400-888-8999	2003年2月
15	中信万通证券	www. zxwt. com. cn	青岛市东海西路28号	96577	2003年2月
16	广州证券	www. gzs. com. cn	广州市先烈中路69号东山广场主楼5层	020-961303	2003年2月
17	兴业证券	www. xyzq. com. cn	上海浦东陆家嘴东路166号/福州市湖东路99号标力大厦18层	021-68419974	2003年2月
18	华泰证券	www. htsc. com. cn	南京市中山东路90号华泰证券大厦	400-888-8168	2003年2月
19	渤海证券	www. ewww. com. cn	天津市河西区宾水道3号	022-28455588	2003年2月
20	中信金通证券	www. bigsun. com. cn	杭州市中河南路11号万凯庭院商务楼A座	0571-96598	2003年2月
21	万联证券	www. wlzq. com. cn	广州市东风东路836号东峻广场3座34-35层	400-888-8133	2003年2月
22	国元证券	www. gyzq. com. cn	安徽省合肥市寿春路179号国元大厦	400-888-8777	2003年2月
23	湘财证券	www. xcsc. com	上海市浦东新区陆家嘴环路958号华能联合大厦5层	021-68865111	2003年3月
24	东吴证券	www. dwjq. com. cn	江苏省苏州市爱河桥路28号	0512-96288	2003年12月
25	东方证券	www. dfzq. com. cn	上海市中山南路318号2号楼	021-962506	2004年4月
26	光大证券	www. ebscn. com	上海市浦东南路528号上海证券大厦南塔16层	400-888-8788	2004年4月
27	上海证券	www. 962518. com	上海市九江路111号4楼	021-962518	2004年5月
28	国联证券	www. glsc. com. cn	江苏省无锡市县前东街168号国联大厦6层	0510-82588168	2004年6月
29	浙商证券	www. stocke. com	深圳市福田区益田路江苏大厦A座	95105665	2004年6月
30	平安证券	www. xmpb. com	深圳市福田区八卦岭八卦三路平安大厦	95511	2004年8月
31	华安证券	www. huaans. com. cn	安徽省合肥市阜南路166号A座	96518	2004年8月
32	东北证券	www. nesc. cn	吉林省长春市自由大路1138号证券大厦	0431-9668899	2004年7月
33	南京证券	www. njzq. com. cn	南京市玄武区鼓楼大钟亭8号	025-83364032	2004年8月
34	长城证券	www. cc168. com. cn	深圳市福田区深南大道6008号特区报业大厦	0755-82288968	2004年8月
35	国海证券	www. ghzq. com. cn	广西自治区南宁市滨湖路46号	400-888-8100	2004年9月
36	财富证券	www. cfzq. com	湖南省长沙市芙蓉中路二段80号顺天财富中心	0731-4403360	2004年9月
37	东莞证券	www. dgzq. com. cn	广东省东莞市莞城区可园南路1号金源中心	0769-961130	2004年9月
38	中原证券	www. ccnew. com	河南郑州市经三路15号广汇国际贸易大厦	0371-967218	2004年10月
39	国都证券	www. guodu. com	北京市东城区东直门南大街3号国华投资大厦	800-810-8809	2004年11月
40	恒泰证券	www. cnht. com. cn	内蒙古呼和浩特市新城区东风路111号	0471-4961259	2004年11月
41	中银国际证券	www. bocichina. com	上海市浦东银城中路200号中银大厦	021-68604866	2004年11月
42	齐鲁证券	www. qlzq. com. cn	山东省济南市经十路128号	0531-82084184	2004年11月
43	华西证券	www. hx168. com. cn	成都市陕西街239号	400-888-8818	2004年11月

编号	机构名称	网址	联系地址	电话	核准时间
44	国盛证券	www.gsstock.com	江西省南昌市永叔路15号信达大厦	0791－6285337	2004年11月
45	新时代证券	www.xsdzq.cn	北京市西城区月坛北街2号月坛大厦15层	010－68083601	2004年11月
46	华林证券	www.chinalions.com	深圳市福田区民田路178号华融大厦6层	400－880－2888	2004年11月
47	中金公司	www.cicc.com.cn	北京市建国门外大街1号国贸大厦2座	010－85679238	2004年12月
48	宏源证券	www.ehongyuan.com	新疆自治区乌鲁木齐市建设路2号宏源大厦	010－62294600	2004年12月
49	广发华福证券	www.hfzq.com.cn	福建省福州市鼓楼区温泉街道五四路157号	0591－96326	2005年1月
50	世纪证券	www.csco.com.cn	深圳市深南大道7088号招商银行大厦	0755－83199599	2005年2月
51	德邦证券	www.tebon.com.cn	上海浦东新区福山路500号城建国际中心26层	021－68761616－8125	2005年2月
52	金元证券	www.jyzq.com.cn	深圳市福田区益田路4001号时代金融中心	400－888－8228	2005年4月
53	西部证券	www.westsecu.com	陕西省西安市东新街232号信托大厦	029－87419999	2005年4月
54	东海证券	www.longone.com.cn	上海市浦东新区东方路989号中达广场	0519－8166222	2004年9月
55	中航证券	www.scstock.com	南昌市抚河北路291号江西教育出版大厦	0791－6768763	2005年4月
56	第一创业证券	www.firstcapital.com.cn	深圳市罗湖区笋岗路12号中民时代广场B座	0755－25832686	2005年3月
57	中信建投证券	www.csc108.com	北京市东城区朝内大街188号	400－888－8108	2005年12月
58	财通证券	www.goodyou.com.cn	浙江省杭州市解放路111号	0571－96336	2006年7月
59	安信证券	www.essences.com.cn	深圳市福田区金田路4018号安联大厦	0755－82825555	2007年4月
60	银河证券	www.chinastock.com.cn	北京市西城区金融街35号国际企业大厦C座	400－888－8888	2007年5月
61	华鑫证券	www.cfsc.com.cn	上海市肇嘉浜路750号	021－64339000	2008年1月
62	瑞银证券	www.ubs.com	北京市西城区金融大街7号英蓝国际金融中心	010－58328888	2008年2月
63	国金证券	www.china598.com	成都市东城根上街95号	400－666－6598	2008年3月
64	中投证券	www.cjis.cn	深圳市福田区益田路与福华三路交界处深圳国际商会中心	400－600－8008	2008年3月
65	中山证券	www.zszq.com.cn	深圳市福田区益田路江苏大厦B座	0755－82943750	2008年3月
66	红塔证券	www.hongtazq.com	昆明市北京路155号附1号红塔大厦	0871－3577927	2008年3月
67	日信证券	www.rxzq.com.cn	北京西城区闹市口1号长安兴融中心西楼11层	010－88086830	2008年5月
68	西藏同信证券	www.xzsec.com	上海市永和路118弄东方企业园24号	400－881－1177	2008年5月
69	方正证券	www.foundersc.com	长沙芙蓉中路二段200号	0731－95571	2008年6月
70	联讯证券	www.lxzq.com.cn	广东省惠州市下埔路14号	0752－2119397	2008年6月
71	天源证券	www.tyzq.com.cn	深圳市民田路新华保险大厦18层	0755－3333118－8806	2008年8月
72	江海证券	www.jhzq.com.cn	哈尔滨市香坊区赣水路56号	0451－82269280	2008年8月
73	银泰证券	www.ytzq.net	深圳市福田区竹子林四路紫竹七道18号光大银行大厦	0755－83703759	2008年12月
74	民族证券	www.e5618.com	北京市西城区金融大街5号新盛大厦A座6－9层	400－889－5618	2008年12月
75	华宝证券	www.cnhbstock.com	上海市陆家嘴环路166号未来资产大厦	021－38929908	2009年1月
76	厦门证券	www.xmzq.com.cn	厦门市莲前西路2号莲富大厦17层	0592－5163588	2009年1月
77	爱建证券	www.ajzq.com	上海市南京西路758号(博爱大厦)20层－25层	021－32229888	2009年1月
78	英大证券	www.vsun.com	深圳市深南中路华能大厦30楼	0755－26982993	2009年3月
79	信达证券	www.cindasc.com	北京市西城区三里河东路5号中商大厦10层	400－800－8899	2009年7月
80	东兴证券	www.dxzq.net	北京市西城区金融大街5号新盛大厦B座12－15层	010－66555383	2009年7月
81	华融证券	www.hrsec.com.cn	北京市西城区月坛北街26号恒华国际商务中心A座9层	010－58568162	2009年9月
82	天风证券	www.tfzq.com	武汉市东湖新技术开发区关东园路2号高科大厦4层	028－86712334	2009年11月
83	大通证券	www.estock.com	大连市中山区延安路1号保嘉大厦	400－816－9169	2009年12月
84	财达证券	www.s10000.com	石家庄市桥西区自强路35号庄家金融大厦	400－612－8888	2009年12月
85	中天证券	www.stockren.com	沈阳市和平区光荣街23甲	400－618－0315	2010年1月
86	财富里昂证券	www.cf－clsa.com	上海市浦东新区福山路500号城建中心15层	021－38784818	2010年2月
87	五矿证券	www.wkzq.com.cn	深圳市福田区荣超经贸中心47楼	400－184－0028	2010年4月
88	高华证券	www.ghsl.cn	北京市西城区金融大街7号英蓝国际中心18层	010－66273000	2010年5月
89	华创证券	www.hczq.com	贵州省贵阳市中华北路216号华创大厦	0851－960872	2010年6月
90	恒泰长财证券	www.cczq.net	吉林省长春市珠江路439号长财大厦	0431－82951765	2010年7月
91	万和证券	www.wanhesec.com	深圳市福田区深南大道7028号时代科技大厦20层西厅	0755－25170332	2010年9月
92	中邮证券	www.cnpsec.com.cn	陕西省西安市太白北路320号华弘大厦	400－888－8005	2010年11月
93	首创证券	www.sczq.com.cn	北京市西城区德胜门外大街115号德胜尚城E座	400－620－0620	2011年2月
94	国开证券	www.stockfly.com.cn	北京市东城区东直门南大街3号国华投资大厦17层	010－85285202 010－85285217	2011年5月

3、证券投资咨询机构(1家)

编号	机构名称	网址	联系地址	电话	核准时间
1	天相投顾	www.txsec.com	北京市西城区金融大街19号富凯大厦B座701	010－66045666	2004年7月

4、独立基金销售机构(无)

QFII 名录(2011 年 10 月)

序号	QFII 中文全称	QFII 外文全称	注册地	境内托管行	资格批准时间
1	瑞士银行	UBS AG	瑞士	花旗银行(中国)有限公司	2003-5-23
2	野村证券株式会社	Nomura Securities Co., Ltd.	日本	中国农业银行股份有限公司	2003-5-23
3	摩根士丹利国际股份有限公司	Morgan Stanley & Co. International Limited	英国	汇丰银行(中国)有限公司	2003-6-5
4	花旗环球金融有限公司	Citigroup Global Markets Limited	英国	德意志银行(中国)有限公司	2003-6-5
5	高盛公司	Goldman, Sachs & Co.	美国	汇丰银行(中国)有限公司	2003-7-4
6	德意志银行	Deutsche Bank Aktiengesellschaft	德国	花旗银行(中国)有限公司	2003-7-30
7	香港上海汇丰银行有限公司	The Hongkong and Shanghai Banking Corporation Limited	中国香港	中国建设银行股份有限公司	2003-8-4
8	荷兰安智银行股份有限公司	ING Bank N.V.	荷兰	渣打银行(中国)有限公司	2003-9-10
9	摩根大通银行	JPMorgan Chase Bank, National Association	美国	汇丰银行(中国)有限公司	2003-9-30
10	瑞士信贷(香港)有限公司	Credit Suisse (Hong Kong) Limited	中国香港	中国工商银行股份有限公司	2003-10-24
11	渣打银行(香港)有限公司	Standard Chartered Bank (Hong Kong) Limited	中国香港	中国银行股份有限公司	2003-12-11
12	日兴资产管理有限公司	Nikko Asset Management Co., Ltd.	日本	交通银行股份有限公司	2003-12-11
13	美林国际	Merrill Lynch International	英国	汇丰银行(中国)有限公司	2004-4-30
14	恒生银行有限公司	Hang Seng Bank Limited	中国香港	中国建设银行股份有限公司	2004-5-10
15	大和证券资本市场株式会社	Daiwa Securities Capital Markets Co.,Ltd.	日本	中国工商银行股份有限公司	2004-5-10
16	雷曼兄弟国际(欧洲)公司	Lehman Brothers International (Europe)	英国	中国农业银行股份有限公司	2004-7-6
17	比尔及梅林达盖茨信托基金会	Bill & Melinda Gates Foundation	美国	汇丰银行(中国)有限公司	2004-7-19
18	景顺资产管理有限公司	INVESCO Asset Management Limited	英国	中国银行股份有限公司	2004-8-4
19	荷兰银行有限公司	ABN AMRO Bank N.V.	荷兰	汇丰银行(中国)有限公司	2004-9-2
20	法国兴业银行	Société Générale	法国	汇丰银行(中国)有限公司	2004-9-2
21	巴克莱银行	Barclays Bank PLC	英国	渣打银行(中国)有限公司	2004-9-15
22	德国商业银行	Commerzbank AG	德国	中国工商银行股份有限公司	2004-9-27
23	富通银行	Fortis Bank NV-SA	比利时	中国银行股份有限公司	2004-9-29
24	法国巴黎银行	BNP Paribas	法国	中国农业银行股份有限公司	2004-9-29
25	加拿大鲍尔公司	Power Corporation of Canada	加拿大	中国建设银行股份有限公司	2004-10-15
26	东方汇理银行	Credit Agrigole Corporate and Investment Bank	法国	汇丰银行(中国)有限公司	2004-10-15
27	高盛国际资产管理公司	Goldman Sachs Asset Management International	英国	汇丰银行(中国)有限公司	2005-5-9
28	马丁可利投资管理有限公司	Martin Currie Investment Management Ltd.	英国	花旗银行(中国)有限公司	2005-10-25
29	新加坡政府投资有限公司	Government of Singapore Investment Corporation Pte Ltd.	新加坡	渣打银行(中国)有限公司	2005-10-25
30	柏瑞投资有限责任公司	PineBridge Investment LLC	美国	中国银行股份有限公司	2005-11-14
31	淡马锡富敦投资有限公司	Temasek Fullerton Alpha Investments Pte Ltd.	新加坡	汇丰银行(中国)有限公司	2005-11-15
32	JF 资产管理有限公司	JF Asset Management Limited	中国香港	中国建设银行股份有限公司	2005-12-28
33	日本第一生命保险相互会社	The Dai-ichi Mutual Life Insurance Company	日本	中国银行股份有限公司	2005-12-28
34	新加坡星展银行	DBS Bank Ltd.	新加坡	中国农业银行股份有限公司	2006-2-13
35	安保资本投资有限公司	AMP Capital Investors Ltd.	澳大利亚	中国建设银行股份有限公司	2006-4-10
36	加拿大丰业银行	The Bank of Nova Scotia	加拿大	中国银行股份有限公司	2006-4-10
37	比联金融产品英国有限公司	KBC Financial Products UK Limited	英国	花旗银行(中国)有限公司	2006-4-10
38	法国爱德蒙得洛希尔银行	La Compagnie Financierr Edmond de Rothschild Banque	法国	中国银行股份有限公司	2006-4-10
39	耶鲁大学	Yale University	美国	汇丰银行(中国)有限公司	2006-4-14
40	摩根士丹利投资管理公司	Morgan Stanley Investment Management Inc.	美国	汇丰银行(中国)有限公司	2006-7-7
41	英国保诚资产管理(香港)有限公司	Prudential Asset Management (Hong Kong) Limited	中国香港	中国农业银行股份有限公司	2006-7-7
42	斯坦福大学	Stanford University	美国	汇丰银行(中国)有限公司	2006-8-5
43	通用电气资产管理公司	GE Asset Management Incorporated	美国	汇丰银行(中国)有限公司	2006-8-5
44	大华银行有限公司	United Overseas Bank Limited	新加坡	中国工商银行股份有限公司	2006-8-5
45	施罗德投资管理有限公司	Schroder Investment Mangement Limited	英国	交通银行股份有限公司	2006-8-29
46	汇丰环球投资管理(香港)有限公司	HSBC Global Asset Management (Hong Kong) Limited	中国香港	交通银行股份有限公司	2006-9-5
47	瑞穗证券株式会社	Mizuho Securities Co.,Ltd.	日本	中国建设银行股份有限公司	2006-9-5
48	瑞银环球资产管理(新加坡)有限公司	UBS Global Asset Management (Singapore) Ltd.	新加坡	花旗银行(中国)有限公司	2006-9-25
49	三井住友资产管理株式会社	Sumitomo Mitsui Asset Management Company, Limited	日本	花旗银行(中国)有限公司	2006-9-25
50	挪威中央银行	Norges Bank	挪威	汇丰银行(中国)有限公司	2006-10-24
51	百达资产管理有限公司	Pictet Asset Management Limited	英国	汇丰银行(中国)有限公司	2006-10-25
52	哥伦比亚大学	The Trustees of Columbia University in the City of New York	美国	汇丰银行(中国)有限公司	2008-3-12
53	保德信资产运用株式会社	Prudential Asset Management Co.,Ltd.	韩国	中国建设银行股份有限公司	2008-4-7
54	荷宝基金管理公司	Robeco Institutional Asset management B.V.	荷兰	花旗银行(中国)有限公司	2008-5-5
55	道富环球投资管理亚洲有限公司	State Street Global Advisors Asia Limited	中国香港	渣打银行(中国)有限公司	2008-5-16
56	铂金投资管理有限公司	Platinum Investment Company Limited	澳大利亚	汇丰银行(中国)有限公司	2008-6-2
57	比利时联合资产管理有限公司	KBC Asset Management N.V.	比利时	中国工商银行股份有限公司	2008-6-2
58	未来资产基金管理公司	Mirae Asset Global Investments Co., Ltd.	韩国	中国工商银行股份有限公司	2008-7-25

序号	QFII 中文全称	QFII 外文全称	注册地	境内托管行	资格批准时间
59	安达国际控股有限公司	ACE INA International Holdings, Ltd.	美国	中国工商银行股份有限公司	2008-8-5
60	魁北克储蓄投资集团	Caisse de dépôt et placement du Québec	加拿大	汇丰银行(中国)有限公司	2008-8-22
61	哈佛大学	President and Fellows of Harvard College	美国	中国工商银行股份有限公司	2008-8-22
62	三星投资信托运用株式会社	Samsung Investment Trust Management Co., Ltd.	韩国	中国银行股份有限公司	2008-8-25
63	联博有限公司	Alliance Bernstein Limited	英国	汇丰银行(中国)有限公司	2008-8-28
64	华侨银行有限公司	Oversea-Chinese Banking Corporation Limited	新加坡	中国建设银行股份有限公司	2008-8-28
65	首域投资管理(英国)有限公司	First State Investment Management (UK) Limited	英国	花旗银行(中国)有限公司	2008-9-11
66	大和证券投资信托委托株式会社	DAIWA Asset Management Co.	日本	中国银行股份有限公司	2008-9-11
67	壳牌资产管理有限公司	Shell Asset Management Company B. V.	荷兰	花旗银行(中国)有限公司	2008-9-12
68	普信国际公司	T. Rowe Price International, Inc.	美国	汇丰银行(中国)有限公司	2008-9-12
69	瑞士信贷银行股份有限公司	Credit Suisse AG	瑞士	中国工商银行股份有限公司	2008-10-14
70	大华资产管理有限公司	UOB Asset Management Ltd.	新加坡	中国工商银行股份有限公司	2008-11-28
71	阿布达比投资局	ABU Dhabi Investment Authority	阿联酋	汇丰银行(中国)有限公司	2008-12-3
72	德盛安联资产管理卢森堡	Allianz Global Investors Luxembourg S. A.	卢森堡	中国工商银行股份有限公司	2008-12-16
73	资本国际公司	Capital International, Inc.	美国	汇丰银行(中国)有限公司	2008-12-18
74	三菱日联摩根士丹利证券股份有限公司	Mitsubishi UFJ Morgan Stanley Securities Co., Ltd.	日本	中国银行股份有限公司	2008-12-29
75	韩华投资信托管理株式会社	Hanwha Investment Trust Management Co., Ltd.	韩国	花旗银行(中国)有限公司	2009-2-5
76	新兴市场管理有限公司	Emerging Markets Management, L. L. C.	美国	汇丰银行(中国)有限公司	2009-2-10
77	DWS 投资管理有限公司	DWS Investment S. A.	卢森堡	汇丰银行(中国)有限公司	2009-2-24
78	韩国产业银行	The Korea Development Bank	韩国	中国建设银行股份有限公司	2009-4-23
79	韩国友利银行股份有限公司	Woori Bank Co., Ltd.	韩国	中国工商银行股份有限公司	2009-5-4
80	马来西亚国家银行	Bank Negara Malaysia	马来西亚	汇丰银行(中国)有限公司	2009-5-19
81	罗祖儒投资管理(香港)有限公司	Lloyd George Management (Hong Kong) Limited	中国香港	汇丰银行(中国)有限公司	2009-5-27
82	邓普顿投资顾问有限公司	Templeton Investment Counsel, LLC	美国	汇丰银行(中国)有限公司	2009-6-5
83	东亚联丰投资管理有限公司	BEA Union Investment Management Limited	中国香港	中国工商银行股份有限公司	2009-6-18
84	日本住友信托银行股份有限公司	The Sumitomo Trust & Banking Co., Ltd.	日本	花旗银行(中国)有限公司	2009-6-26
85	韩国投资信托运用株式会社	Korea Investment Trust Management Co., Ltd.	韩国	中国工商银行股份有限公司	2009-7-21
86	霸菱资产管理有限公司	Baring Asset Management Limited	英国	汇丰银行(中国)有限公司	2009-8-6
87	安石投资管理有限公司	Ashmore Investment Management Limited	英国	中国工商银行股份有限公司	2009-9-14
88	纽约梅隆资产管理国际有限公司	BNY Mellon Asset Management International Limited	英国	中国建设银行股份有限公司	2009-11-6
89	宏利资产管理(香港)有限公司	Manulife Asset Management (Hong Kong) Limited	中国香港	花旗银行(中国)有限公司	2009-11-20
90	野村资产管理株式会社	Nomura Asset Management CO., Ltd.	日本	中国工商银行股份有限公司	2009-11-23
91	东洋资产运用(株)	Tongyang Asset Management Corp.	韩国	花旗银行(中国)有限公司	2009-12-11
92	加拿大皇家银行	Royal Bank of Canada	加拿大	中国工商银行股份有限公司	2009-12-23
93	英杰华投资集团全球服务有限公司	Aviva Investors Global Services Limited	英国	中国工商银行股份有限公司	2009-12-28
94	常青藤资产管理公司	Ivy Investment management Company	美国	花旗银行(中国)有限公司	2010-2-8
95	达以安资产管理公司	DIAM Co., Ltd.	日本	汇丰银行(中国)有限公司	2010-4-20
96	法国欧菲资产管理公司	OFI Asset Management	法国	渣打银行(中国)有限公司	2010-5-21
97	安本亚洲资产管理公司	Aberdeen Asset Management Asia Limited	新加坡	花旗银行(中国)有限公司	2010-7-6
98	KB 资产运用	KB Asset Management Co., Ltd.	韩国	花旗银行(中国)有限公司	2010-8-9
99	富达基金(香港)有限公司	Fidelity Investments Management (Hong Kong) Limited	中国香港	汇丰银行(中国)有限公司	2010-9-1
100	美盛投资(欧洲)有限公司	Legg Mason Investements (Europe) Limited	英国	花旗银行(中国)有限公司	2010-10-8
101	香港金融管理局	Hong Kong Monetary Authority	中国香港	花旗银行(中国)有限公司	2010-10-27
102	富邦证券投资信托股份有限公司	Fubon Securities Investment Trust Co. Ltd.	中国台湾	中国建设银行股份有限公司	2010-10-29
103	群益证券投资信托股份有限公司	Capital Securities Investment Trust Co. Ltd.	中国台湾	汇丰银行(中国)有限公司	2010-10-29
104	蒙特利尔银行投资公司	BMO Investments Inc.	加拿大	中国工商银行股份有限公司	2010-12-6
105	瑞士宝盛银行	Bank Julius Bear & Co.,Ltd.	瑞士	花旗银行(中国)有限公司	2010-12-14
106	科提比资产运用株式会社	KTB Asset Management Co.,Ltd.	韩国	中国建设银行股份有限公司	2010-12-28
107	领先资产管理	Lyxor Asset Management	法国	中国建设银行股份有限公司	2011-2-16
108	宝来证券投资信托股份有限公司	Polaris International Securities Investment Co. Ltd.	中国台湾	花旗银行(中国)有限公司	2011-3-4
109	忠利保险有限公司	Assicurazioni Generali S. P. A.	意大利	中国工商银行股份有限公司	2011-3-18
110	西班牙对外银行有限公司	Banco Bilbao Vizcaya Argentaria, S. A.	西班牙	中信银行 股份有限公司	2011-5-6
111	国泰证券投资信托股份有限公司	Cathay Securities Investment Trust Co., Ltd.	中国台湾	汇丰银行(中国)有限公司	2011-6-9
112	复华证券投资信托股份有限公司	Fuh Hwa Securities Investment Trust Co. Ltd.	中国台湾	花旗银行(中国)有限公司	2011-6-9
113	亢简资产管理公司	Comgest S. A.	法国	德意志银行(中国)有限公司	2011-6-24
114	东方汇理资产管理香港有限公司	Amundi Hong Kong Limited	中国香港	中国建设银行股份有限公司	2011-7-14
115	贝莱德机构信托公司	BlackRock Institutional Trust Company, N. A.	美国	花旗银行(中国)有限公司	2011-7-14
116	GMO 有限责任公司	Grantham, Mayo, Van Otterloo & Co. LLC	美国	汇丰银行(中国)有限公司	2011-8-9
117	新加坡金融管理局	Monetary Authority of Singapore	新加坡	汇丰银行	2011-10-8
118	中国人寿保险股份有限公司(台湾)	China Life Insurance Co., Ltd. (Taiwan)	中国台湾	建设银行	2011-10-26
119	新光人寿保险股份有限公司	Shin Kong Life Insurance Co., Ltd.	中国台湾	花旗银行	2011-10-26

2010 年基金业整体概况

基金类型	基金数量(只)	规模(亿元)
股票型	236	9546.16
混合型	161	7072.24
债券型	95	1265.10
指数型	70	2962.13
保本型	5	228.47
货币型	46	1532.77
封闭式	26	790.71
QDII	28	729.20
其他	21	716.99
总计	688	24843.77

注:1. 货币基金中 A/B 基金作为一只基金,债券基金中 A/B/C 基金均作为一只基金。

2. 规模截至 2010 年 12 月 31 日。

3. 其他类基金包括大成优选、建信优势、瑞福分级、富国天丰、长盛同庆、招商信用、银华信用、瑞和 300 分级、国泰估值分级、兴业和润分级、德盛双喜 100、银华深证 100,富国汇利分级、信诚增强、华富强债、大成景丰、申万深成、易基岁丰、中欧强债、天弘添利、鹏华丰润共 21 只创新型基金。

4. 指数型基金中的 ETF 联接基金资产规模不计入基金资产规模,另外所有联接基金均不计入基金个数。

5. 样本为全部 688 只基金,包含 QDII 基金。

基金类型	基金数量(只)	规模(亿元)
股票型	236	9546.16
指数型	70	2962.13
封闭式	26	790.71
其他	21	716.99
债券型	95	1265.10
保本型	5	228.47

2010 年第二季度开放式基金投资者基本情况

根据 60 家基金管理公司报送的 2010 年第二季度开放式基金(以下简称"基金")投资者基本情况(TA)的相关数据,中国证券业协会进行了统计和分析。我们发现,2010 年第二季度基金账户数和有效账户数均有所增加,投资者投资意愿保持稳定;基金份额在 2010 年第二季度略有增加,基金净值有所下降;2010 年第二季度基金市场出现净申购;从销售渠道看,2010 年第二季度直销渠道占比增加明显;在基金持有人年龄结构方面,2010 年第二季度中青年仍是个人基金投资者的主要群体。具体情况如下:

一、基金投资者账户及持有基金份额、净值情况

(一)基金投资者账户数及账户结构

截至 2010 年 6 月 30 日,基金投资者账户数为 19365.15 万户,较上季度末增加了 1.87%。有效账户数为 8171.04 万户,较上季度末增加了 0.32%(见图 1)。

从账户结构看,基金个人投资者账户数占比为 99.87%,基金个人投资者有效账户数占比为 99.95%,在账户数量上,个人投资者占绝对多数(见表 1)。

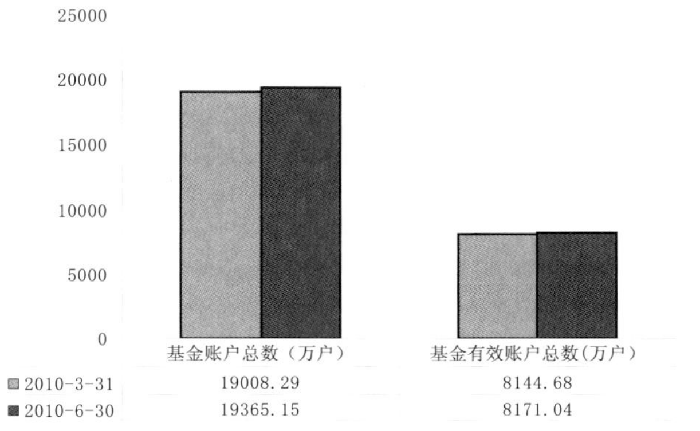

图 1　基金投资者总账户及有效账户情况

表 1　基金投资者账户结构

	2010－3－31	2010－6－30
个人投资者账户数占比	99.84%	99.87%
机构投资者账户数占比	0.16%	0.13%
个人投资者有效账户数占比	99.90%	99.95%
构投资者有效账户数占比	0.10%	0.05%

(二)基金份额、净值及投资者持有情况

1. 基金份额有所减少,基金净值降幅较大

2010 年 6 月 30 日,上证综指 2398.37 点,较上季度末 3109.10 点下降了 22.86%。基金份额 22095.45 亿份,较上季度末增加了 1.17%。基金净值为 19371.09 亿元,较上季度末减少了 12.01%(见图 2)。基金份额增加的原因是基金净申购,基金净值下降是由股指下跌导致的。第二季度基金份额和净值的变化方向相反,这与第一季度的情况有所不同,反映了基金投资者对市场走势的判断,表明了投资者的投资决策。

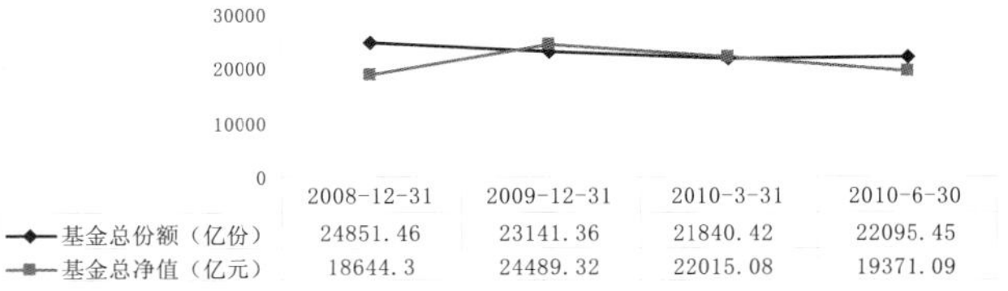

图 2　基金总份额及总净值情况

2. 个人投资者是基金投资的主力

2010 年 6 月 30 日,基金个人投资者持有份额占比为 86.63%,净值占比为 83.82%,较上季度末的 87.38% 和 85.90% 均有所减少(见表 2)。

表 2　基金投资者持有基金资产结构

	2010－3－31	2010－6－30
个人投资者基金总份额占比	87.38%	86.63%
机构投资者基金总份额占比	12.62%	13.37%
个人投资者基金总净值占比	85.90%	83.82%
机构投资者基金总净值占比	16.39%	16.18%

二、基金投资者认、申购及赎回情况

(一)基金投资者认、申购总体情况

1. 基金投资者认购金额保持稳定,个人投资者认购金额占比略有下降

2010 年第二季度,投资者认购金额为 593.13 亿元,较上季度增加了 5.66%。个人投资者认购金额占比为 71.43%,较上季度 87.55% 有所下降(见图 3)。

2. 基金投资者申购金额有所减少,个人投资者申购金额占比有所下降

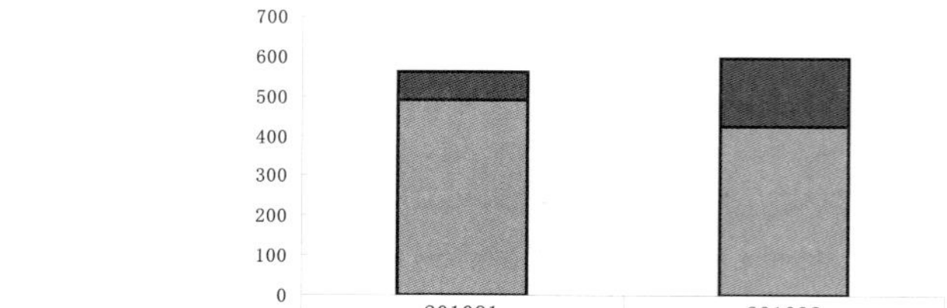

	2010Q1	2010Q2
■机构投资者认购金额（亿元）	69.86	169.43
■个人投资者认购金额（亿元）	491.48	423.70

图3 基金投资者认购金额结构

2010年第二季度，基金投资者申购金额为2868.71亿元，较上季度减少了7.76%。个人投资者申购金额占比为54.64%，较上季度的59.50%有所下降（见图4）。

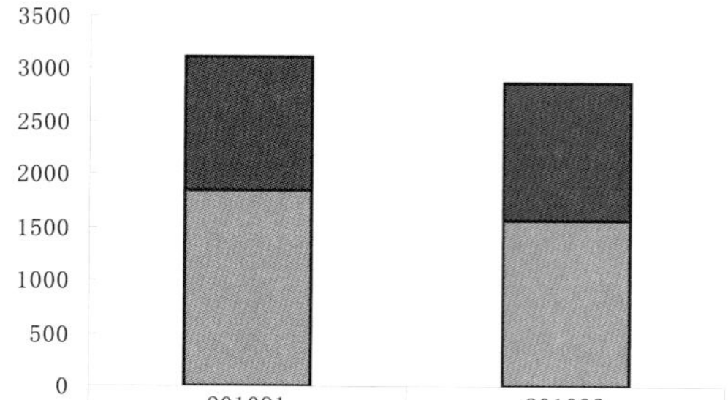

	2010Q1	2010Q2
■机构投资者申购金额（亿元）	1259.46	1301.19
■个人投资者申购金额（亿元）	1850.46	1567.49

图4 基金投资者申购金额结构

2010年第二季度基金个人投资者认购金额与申购金额的比例为0.27:1，机构投资者申购金额与认购金额的比例为0.13:1。个人与机构投资者均以申购为主，个人投资者更偏好认购新发行的基金。

（二）基金投资者赎回情况

1. 基金投资者赎回金额明显减少，个人投资者赎回金额占比上升

2010年第二季度基金投资者赎回金额为3042.62亿元，较上季度减少了38.04%。个人投资者赎回金额占比为57.79%，较上季度的49.40%上升明显（见图5）。

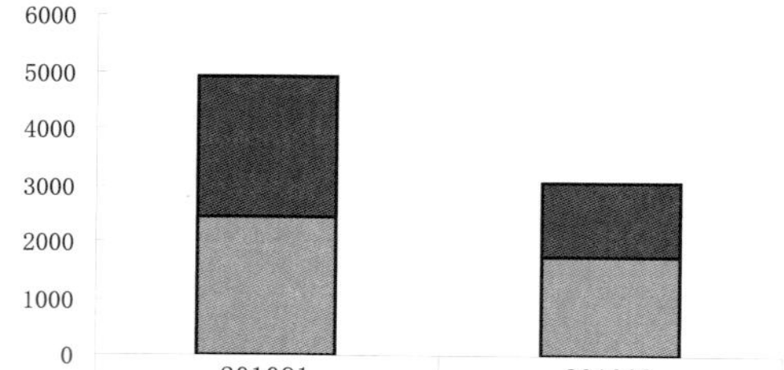

	2010Q1	2010Q2
■机构投资者赎回金额（亿元）	2484.66	1284.34
■个人投资者赎回金额（亿元）	2425.68	1758.28

图5 基金投资者赎回金额结构

三、基金销售渠道情况

2010年第二季度，基金总销售金额为3395.09亿元，其中直销渠道占比为34.71%，银行渠道占比为57.82%，券商渠道占比为7.47%（见图6）。与上季度比较，直销渠道占比有所增加，银行渠道占比有所下降，券商渠道占比保持稳定。

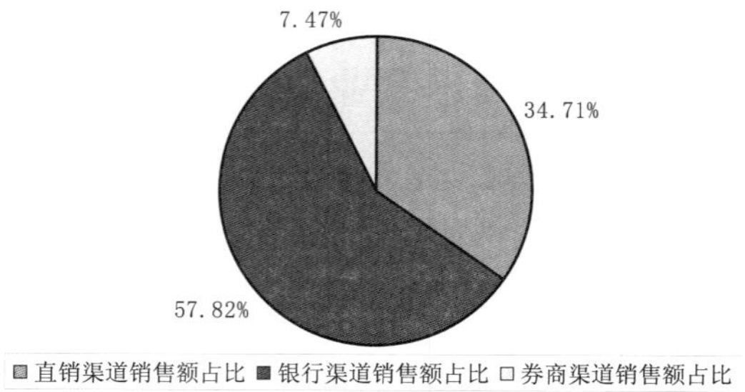

图6 基金销售渠道结构

四、个人基金投资者持有基金情况

（一）基金小额个人投资者占比最大

根据基金个人投资者账户持有基金净值的大小分为5个档次：0－10万元，10－50万元，50－100万元，100－500万元及500万元以上。2010年6月30日，持有基金资产净值在10万元以下的基金投资者约占97.50%，较上季度末的96.80%略有增加（见表3）。

表3 个人投资者基金资产净值分布情况

	2010－3－31	2010－6－30
0－10万元户数占比	96.80%	97.50%
10－50万元户数占比	2.89%	2.29%
50－100万元户数占比	0.21%	0.15%
100－500万元户数占比	0.09%	0.06%
500万元以上户数占比	0.01%	0.00%

（二）基金投资者账户数量按年龄分布不均衡

2010年6月30日基金个人投资者账户数占比最大的为40－50岁的投资者，占个人投资者总账户的30.54%，其次是30－40岁的投资者，占个人投资者总账户的29.42%（见图7）。

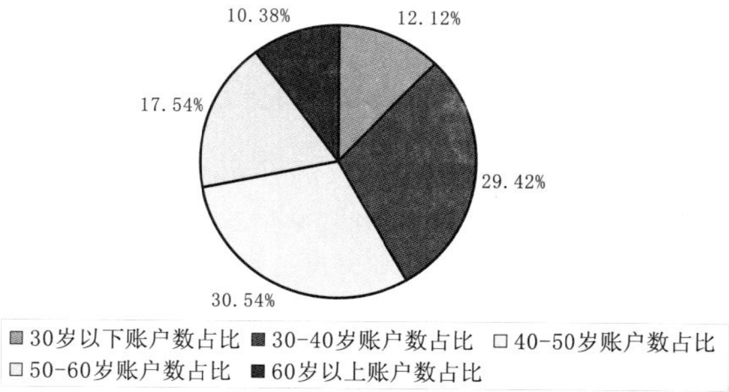

图7 基金个人投资者年龄结构

（三）基金资产净值的年龄分布情况

2010年6月30日，持有基金资产净值最多的个人投资者年龄为40－50岁，占个人持有基金资产总净值的34.43%，其次是30－40岁的投资者，占个人持有基金资产总净值的23.81%（见图8）。

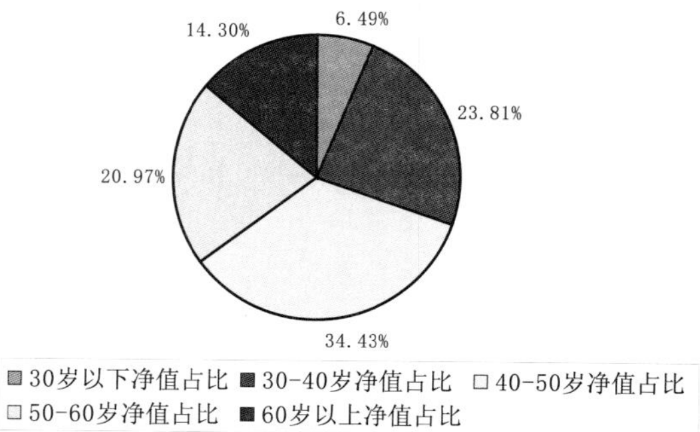

图8 基金投资者各年龄段持有基金资产净值结构

（四）60岁以上投资者每户平均持有基金净值最高

截至2010年3月31日，每户平均持有基金净值最高的投资者为60岁以上的投资人群，其每户平均基金资产净值为2.55万元，且年龄越大，每户平均持有基金资产净值越多。各年龄段每户平均基金资产净值较2009年底均小幅增加（见图9）。

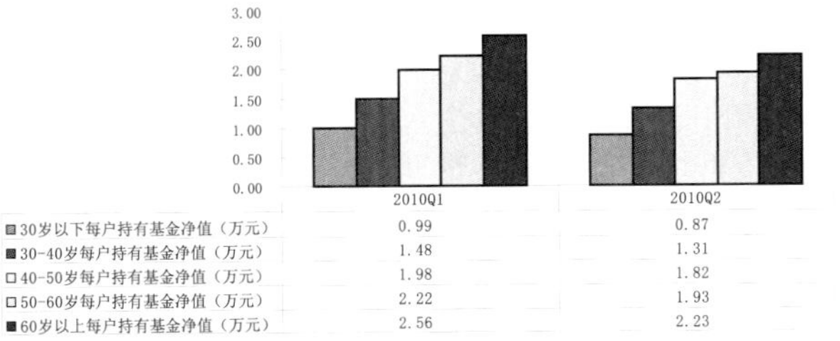

图9　各年龄段个人投资者每户持有基金净值结构

2010年第三季度开放式基金投资者基本情况

根据60家基金管理公司报送的2010年第三季度开放式基金（以下简称"基金"）投资者基本情况（TA）的相关数据，中国证券业协会进行了统计和分析。分析发现：2010年第三季度基金账户数和有效账户数均有不同程度的下降；基金总份额略有下降，基金总净值有所上升；2010年第三季度基金市场出现净赎回；从销售渠道看，2010年第三季度渠道结构保持稳定，商业银行仍是基金销售的主要渠道；在基金持有人年龄结构方面，2010年第三季度中青年仍是个人基金投资者的主要群体。具体情况如下：

一、基金投资者账户及持有基金份额、净值情况

（一）基金投资者账户数及账户结构

截至2010年9月30日，基金投资者账户数为19321.75万户，较上季度末减少了0.22%。有效账户数为7797.83万户，较上季度末减少了4.57%（见图1）。

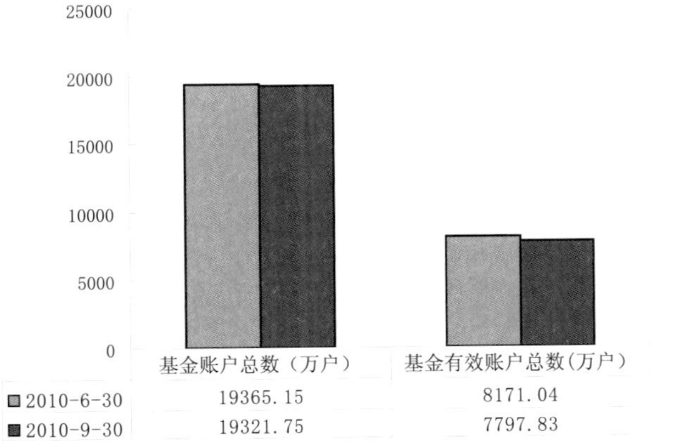

图1　基金投资者总账户及有效账户情况

从账户结构看，基金个人投资者账户数占比为99.87%，基金个人投资者有效账户数占比为99.95%，投资者账户结构保持稳定，个人投资者占绝对多数（见表1）。

表1　基金投资者账户结构

	2010－6－30	2010－9－30
个人投资者账户数占比	99.87%	99.87%
机构投资者账户数占比	0.13%	0.13%
个人投资者有效账户数占比	99.95%	99.95%
构投资者有效账户数占比	0.05%	0.05%

（二）基金总份额、总净值及投资者持有情况

1．基金总份额有所减少，而基金总净值有所增长

2010年9月30日，上证综指2655.66点，较上季度末2398.37点上涨了10.73%。基金总份额21801.04亿份，较上季度末减少了1.33%。基金总净值为21412.02亿元，较上季度末增加了10.54%（见图2）。基金整体净赎回使基金总份额下降，股指上涨导致基金总净值上涨。

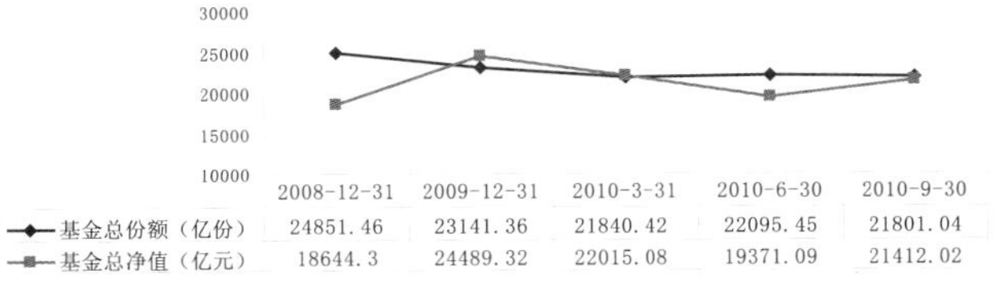

图2　基金总份额及总净值情况

2．基金个人投资者的主体地位不变

2010年9月30日，基金个人投资者持有份额占比为84.83%，净值占比为83.27%，较上季度末的86.63%和83.82%变化不明显，基金个人投资者的主体地位不变（见表2）。

表2　基金投资者持有基金资产结构

	2010－6－30	2010－9－30
个人投资者基金总份额占比	86.63%	84.83%
机构投资者基金总份额占比	13.37%	15.17%
个人投资者基金总净值占比	83.82%	83.27%
机构投资者基金总净值占比	16.18%	16.73%

二、基金投资者认、申购及赎回情况

（一）基金投资者认、申购总体情况

1．基金投资者认购金额有所增加，个人投资者认购金额占比略有下降

2010年第三季度，投资者认购金额为746.10亿元，较上季度增加了25.79%。个人投资者认购金额占比为66.61%，较上季度71.43%略有下降（见图3）。

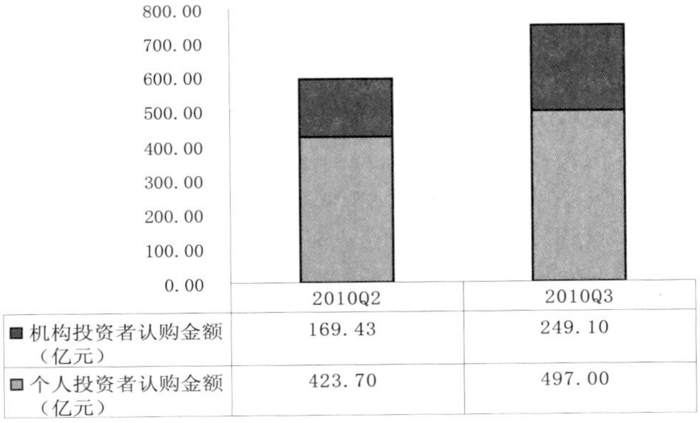

图3　基金投资者认购金额结构

2．基金投资者申购金额有所减少，个人投资者申购金额占比有所下降

2010年第三季度，基金投资者申购金额为2679.35亿元，较上季度减少了6.60%。个人投资者申购金额占比为52.99%，较上季度的54.64%有所下降（见图4）。

2010年第三季度基金个人投资者认购金额与申购金额的比例为0.35∶1，机构投资者认购金额与申购金额的比例为0.19∶1。个人与机构投资者均以申购为主，个人投资者更偏好认购新发行的基金。

（二）基金投资者赎回情况

1. 基金投资者赎回金额明显增加，个人投资者赎回金额占比上升

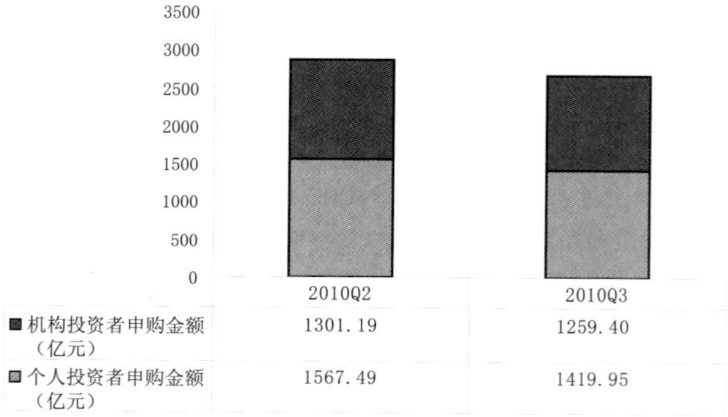

图4　基金投资者申购金额结构

2010 年第三季度基金投资者赎回金额为 3485.72 亿元，较上季度增加了 14.56%。个人投资者赎回金额占比为 62.78%，较上季度的 57.78% 略有上升（见图5）。

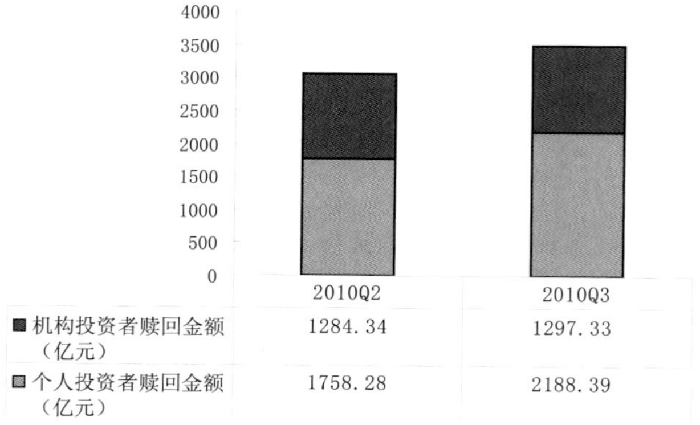

图5　基金投资者赎回金额结构

三、基金销售渠道情况

2010 年第三季度，基金总销售金额为 3474.24 亿元，其中直销渠道占比为 33.96%，银行渠道占比为 57.23%，券商渠道占比为 8.81%（见图6）。与上季度比较，各渠道的市场份额变化不明显，基金销售渠道结构保持稳定。

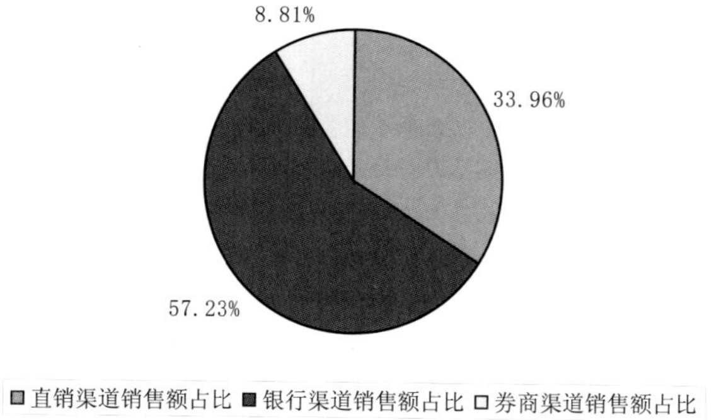

图6　基金销售渠道结构

四、个人基金投资者持有基金情况

（一）基金净值 10 万元以内的个人投资者占比最大

根据基金个人投资者账户持有基金净值的大小分为 5 个档次：0－10 万元，10－50 万元，50－100 万元，100－500 万元及 500 万元以上。2010 年 9 月 30 日，持有基金资产净值在 10 万元以下的基金投资者约占 97.02%，较上季度末的 97.50% 略有下降（见表3）。

表3　个人投资者基金资产净值分布情况

	2010－6－30	2010－9－30
0－10 万元户数占比	97.50%	97.02%
10－50 万元户数占比	2.29%	2.72%
50－100 万元户数占比	0.15%	0.18%
100－500 万元户数占比	0.06%	0.09%
500 万元以上户数占比	0.00%	0.00%

（二）基金投资者账户数量按年龄分布不均衡

2010 年 9 月 30 日基金个人投资者账户数占比最大的为 40－50 岁的投资者，占个人投资者总账户的 31.62%，其次是 30－40 岁的投资者，占个人投资者总账户的 28.84%（见图7）。

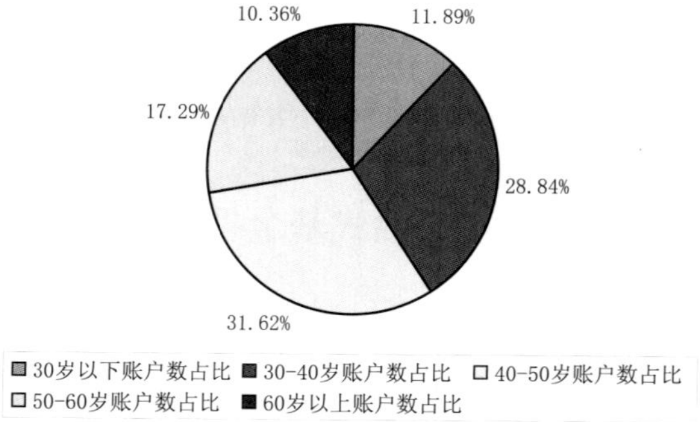

图7　基金个人投资者年龄结构

（三）40－50 岁基金投资者拥有基金资产净值最大

2010 年 9 月 30 日，持有基金资产净值最多的个人投资者年龄为 40－50 岁，占个人持有基金资产总净值的 34.51%，其次是 30－40 岁的投资者，占个人持有基金资产总净值的 23.26%（见图8）。

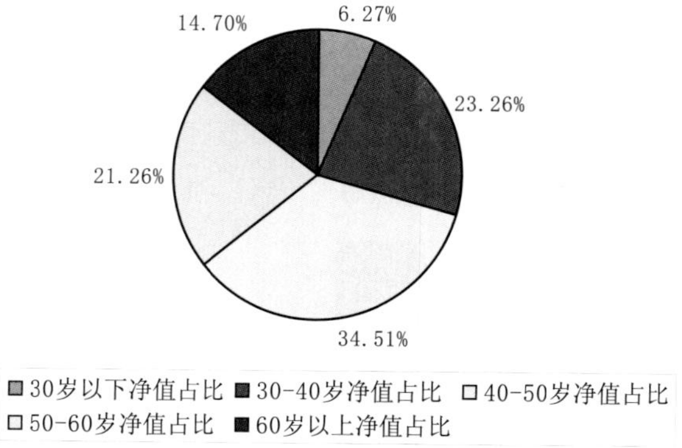

图8　基金投资者各年龄段持有基金资产净值结构

（四）60 岁以上投资者每户平均持有基金净值最高

截至 2010 年 9 月 30 日，每户平均持有基金净值最高的投资者为 60 岁以上的投资人群，其每户平均基金资产净值为 2.74万元，且年龄越大，每户平均持有基金资产净值越多。各年龄段每户平均基金资产净值较上季度末均小幅增加（见图9）。

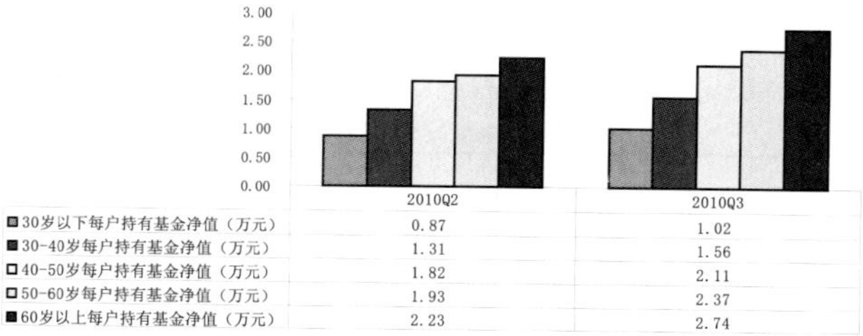

图9　各年龄段个人投资者每户持有基金净值结构

2010年第四季度全球共同基金发展情况

（中国证券业协会整理发布）

2010年第四季度末，全球共同基金资产比上季度上升4.2%，增至24.70万亿美元。所有类型基金第三季度现金净流入1460亿美元，第四季度现金净流入1150亿美元，其下半年的现金净流入足以抵消上半年的现金净流出，全年现金净流入570亿美元。长期基金2010年全年现金净流入8100亿美元，其第四季度现金净流入1710亿美元，略低于第三季度现金净流入的1900亿美元。债券基金第四季度现金净流入310亿美元，低于前三季度平均现金净流入的1450亿美元。股票基金第二、三季度连续现金净流出，第四季度现金净流入920亿美元。货币市场基金第四季度现金净流出560亿美元，低于第一、二季度平均现金净流出的3270亿美元，与第三季度现金净流出的440亿美元基本持平。

美国投资公司协会（ICI）代表国际投资基金协会（IIFA）——由世界各国、地区的投资基金协会组成的联合会——定期汇编全球统计数据。2010年第四季度收集了全球45个国家（地区）的统计数据。

由于美元的升值，以美元计价的资产增长缓慢。例如，2010年第四季度，在欧洲，以美元计价的共同基金资产增长了1.6%，而以欧元计价的共同基金资产增长了3.8%。

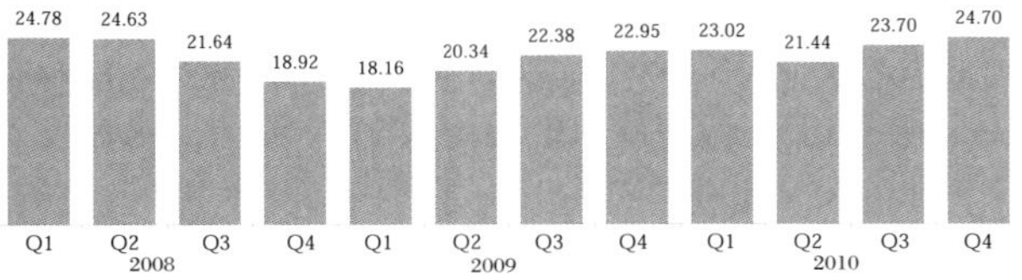

图1　全球共同基金资产规模（单位：万亿美元）

以美元计价，2010年第四季度末，股票基金资产规模增长9.4%至10.25万亿美元，混合基金资产规模增长4.5%至2.67万亿美元，债券基金资产规模下降0.4%至5.23亿美元，货币市场基金资产规模下降1.2%至4.53万亿美元。

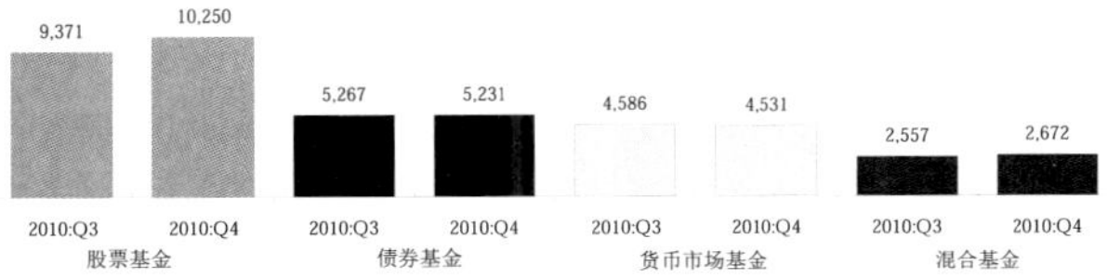

图2　全球共同基金资产按基金类型的统计图（单位：十亿美元）

2010年第四季度，全球共同基金现金净流入1150亿美元。全球股票基金2010年第三季度现金净流出为230亿美元，第四季度现金净流入为920亿美元。在美洲，股票基金第三季度现金净流出为330亿美元，第四季度现金净流入为420亿美元。在欧洲，股票基金第三季度现金净流入为50亿美元，第四季度现金净流入为530亿美元。

2010年第四季度，全球债券基金现金净流入310亿元，低于第三季度的1640亿美元。在美洲和欧洲，债券基金第三季度现金净流入分别为1150亿美元和480亿美元，第四季度现金净流入分别为340亿美元和10亿美元。

2010年第四季度，全球混合基金现金净流入380亿美元，与第三季度的360亿美元基本持平。在美洲和欧洲，混合基金第四季度现金净流入分别为310亿美元和60亿美元。

全球共同基金净销售额（单位：十亿美元）

	2009			
	Q1	Q2	Q3	Q4
所有基金	45	81	69	77
长期基金	-16	293	352	283
股票基金	-39	93	66	62
债券基金	59	165	219	179
混合基金	-22	35	67	46
其他基金	-15	1	*	-5
货币市场基金	61	-212	-283	-206
	2010			
	Q1	Q2	Q3	Q4
所有基金	-108	-97	146	115
长期基金	299	150	190	171
股票基金	70	-3	-23	92
债券基金	169	103	164	31
混合基金	52	46	36	38
其他基金	8	4	13	10
货币市场基金	-406	-247	-44	-56

*小于5亿美元。

注释：2009年第一季度和2010年第一季度包含了37个国家（地区）的数据；2009年第二季度、第三季度、第四季度包含了38个国家（地区）的数据；2010年第二季度包含了39个国家（地区）的数据；2010年第三季度和第四季度包含了40个国家（地区）的数据。报告国家（地区）所拥有资产占2010年第三季度末全部国家（地区）资产的90.0%。净销售额=新增销售额+红利再投资-赎回+净转换。由于约数操作，各部分之和与总计略有误差。

2010年第四季度，全球货币市场基金现金净流出560亿美元，至此，全球货币市场基金已经连续七个季度出现现金净流出。在欧洲，货币市场基金第四季度现金净流出为660亿美元，高于第三季度现金净流出的210亿美元。相反，在美国，货币市场基金第四季度现金净流出为50亿美元，低于第三季度现金净流出的230亿美元。

截至2010年第四季度末，全球共同基金资产的41%为股票基金，21%为债券基金，11%为混合基金，18%为货币市场基金。

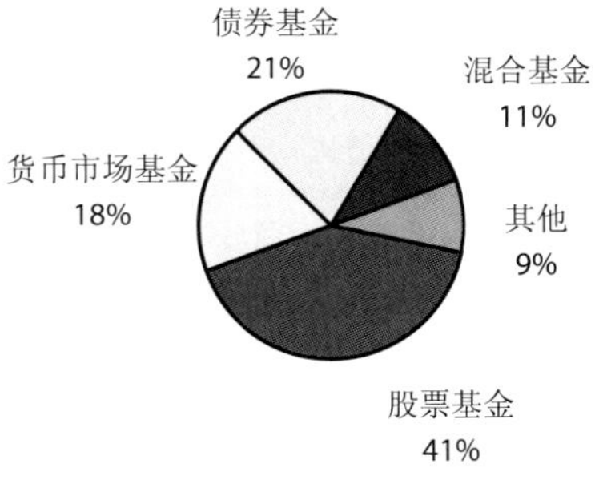

注释：其他/未分类基金包括爱尔兰全部基金资产净值。

图3　全球共同基金资产按基金类别的分布图（截至2010年第四季度末）

按照区域，截至2010年第四季度末，全球资产的55%在美洲，32%在欧洲，13%在非洲和亚太地区。

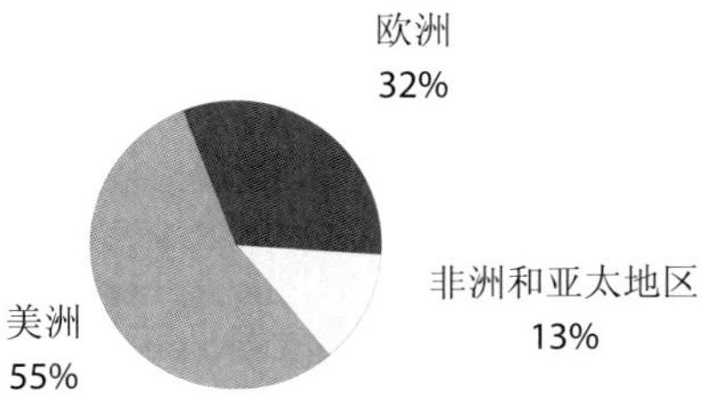

图4　全球共同基金资产地区分布图（截至2010年第四季度末）

截至 2010 年第四季度末，全球共同基金共有 69,519 只。按照基金类型，41% 为股票基金，11% 为混合基金，21% 为债券基金，18% 为货币市场基金。

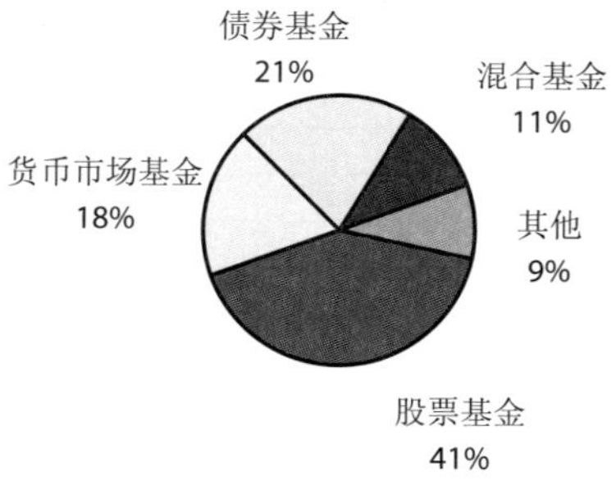

注释：其他/未分类基金包括爱尔兰的全部基金。

图 5　全球共同基金数目按基金类别的分布图（截至 2010 年第四季度末）

2010 年 1－12 月上证所证券投资基金、ETF 合计月度成交概况

月份	月度总成交笔数（万笔）	月度总成交量（万份）	月度总成交金额（亿元）	该月累计交易日
1	130.4 最高 14.36 （2010－01－13） 最低 4.2 （2010－01－18）	3186028.21 最高 268688.65 （2010－01－13） 最低 106363.03 （2010－01－18）	623.66 最高 50.31 （2010－01－13） 最低 19.66 （2010－01－18）	20
2	60.95 最高 6.64 （2010－02－03） 最低 2.62 （2010－02－08）	1339527.2 最高 179827.89 （2010－02－03） 最低 46028.71 （2010－02－12）	236.61 最高 32.15 （2010－02－03） 最低 7.92 （2010－02－12）	15
3	80.27 最高 8.82 （2010－03－29） 最低 2.2 （2010－03－08）	2031875.74 最高 200083.31 （2010－03－29） 最低 45861.24 （2010－03－08）	335.36 最高 32.4 （2010－03－29） 最低 8.38 （2010－03－08）	23
4	113.97 最高 11.47 （2010－04－19） 最低 3.58 （2010－04－28）	2846101.43 最高 237874.83 （2010－04－19） 最低 84529.37 （2010－04－14）	428.83 最高 36.94 （2010－04－19） 最低 13.59 （2010－04－09）	21
5	92.49 最高 6.65 （2010－05－06） 最低 2.7 （2010－05－26）	3799143.53 最高 282848.46 （2010－05－11） 最低 127424.11 （2010－05－25）	459.65 最高 32.91 （2010－05－11） 最低 13.6 （2010－05－26）	20
6	59.93 最高 5.38 （2010－06－29） 最低 1.87 （2010－06－24）	2527578.98 最高 220689.58 （2010－06－09） 最低 82329.56 （2010－06－28）	278.49 最高 25.47 （2010－06－09） 最低 9.35 （2010－06－28）	19
7	71.71 最高 4.97 （2010－07－28） 最低 2.08 （2010－07－07）	2883090.9 最高 196385.95 （2010－07－06） 最低 66783.4 （2010－07－08）	312.46 最高 20.11 （2010－07－06） 最低 9.05 （2010－07－08）	22
8	70.2 最高 4.08 （2010－08－16） 最低 1.64 （2010－08－27）	3029460.95 最高 216384.16 （2010－08－04） 最低 65208.79 （2010－08－27）	335.47 最高 23.4 （2010－08－04） 最低 7.55 （2010－08－27）	22
9	94.04 最高 26.51 （2010－09－02） 最低 1.52 （2010－09－21）	2054653.15 最高 192469.07 （2010－09－01） 最低 54125.67 （2010－09－21）	226.3 最高 19.08 （2010－09－01） 最低 5.89 （2010－09－21）	19
10	99.16 最高 9.25 （2010－10－18） 最低 3.5 （2010－10－22）	4082475 最高 504148.4 （2010－10－18） 最低 159167.72 （2010－10－12）	555.24 最高 63.48 （2010－10－18） 最低 22.22 （2010－10－12）	16
11	111.67 最高 9.18 （2010－11－12） 最低 2.8 （2010－11－26）	5099876.61 最高 426476.78 （2010－11－12） 最低 125815.96 （2010－11－29）	628.64 最高 49.82 （2010－11－12） 最低 15.49 （2010－11－29）	22
12	72.83 最高 5.01 （2010－12－13） 最低 1.93 （2010－12－17）	2923936.85 最高 198907.44 （2010－12－20） 最低 73677.02 （2010－12－17）	351.01 最高 23.13 （2010－12－21） 最低 8.61 （2010－12－17）	23

2010年度基金管理公司各季度股票仓位情况一览

序号	基金公司	成立日期	2010-3-31		2010-6-30		2010-9-30		2010-12-31	
			公允价值（万元）	占总资产比(%)	公允价值（万元）	占总资产比(%)	公允价值（万元）	占总资产比(%)	公允价值（万元）	占总资产比(%)
1	宝盈基金	2001-5-18	734,062.91	82.63	555,602.49	76.55	561,302.60	72.99	624,331.37	75.66
2	博时基金	1998-7-13	9,361,366.53	73.12	7,415,180.43	70.42	8,832,495.13	74.76	8,492,717.53	76.52
3	长城基金	2001-12-27	3,200,616.21	81.01	2,466,739.27	75.74	2,749,765.87	77.84	2,897,640.81	85.12
4	长盛基金	1999-3-26	3,255,761.67	75.83	2,332,745.07	66.76	3,022,605.58	76.49	3,186,163.37	77.29
5	长信基金	2003-4-9	1,326,127.81	63.73	1,069,391.84	62.7	1,184,558.99	61.98	1,220,340.08	73.84
6	大成基金	1999-4-12	7,036,983.43	83.47	5,881,170.73	80.65	7,768,390.12	87.16	7,904,481.45	83.8
7	东方基金	2004-6-11	847,580.74	87.03	646,827.63	78.62	722,385.12	71.29	692,146.17	75.93
8	东吴基金	2004-8-2	542,651.74	82.57	517,999.28	71.74	885,672.56	82.7	988,313.45	83.41
9	富国基金	1999-4-13	4,480,917.89	78.7	3,432,287.56	73.53	4,234,181.86	78.61	4,204,808.00	74.77
10	工银瑞信基金	2005-6-21	3,089,367.02	64.78	2,663,182.63	63.25	3,483,388.68	70.04	3,372,038.81	69.98
11	光大保德信基金	2004-4-22	2,954,283.57	87.51	2,284,951.71	83.66	2,593,140.26	85.45	2,513,874.26	85.12
12	广发基金	2003-7-5	8,110,196.78	83.49	6,479,775.09	77.4	8,127,374.26	83.45	8,235,464.85	84.78
13	国海富兰克林基金	2004-9-15	1,423,393.71	82.29	970,986.44	68.62	1,403,709.91	89.13	1,381,336.39	85.91
14	国联安基金	2003-3-25	703,273.48	79.54	583,590.77	72.33	668,971.58	56.71	951,282.58	66.49
15	国泰基金	1998-3-5	3,534,579.08	78.11	2,944,838.31	73.97	3,592,147.53	80.06	3,674,604.90	78.33
16	国投瑞银基金	2002-6-13	2,306,533.93	74.11	1,865,012.84	67.56	2,246,172.15	74.94	2,227,515.47	63.93
17	海富通基金	2003-4-1	2,605,455.11	75.72	2,125,230.37	67.27	2,724,086.98	79.67	3,213,226.40	83.3
18	华安基金	1998-5-4	5,786,189.71	77.23	4,067,092.24	65.94	5,764,350.03	81.07	5,591,623.40	81.25
19	华宝兴业基金	2003-2-7	3,916,993.04	82.66	3,009,776.07	73.77	3,225,015.09	75.64	3,349,529.62	83.56
20	华富基金	2004-3-19	372,073.52	66.99	240,958.92	47.53	373,731.57	58.03	394,410.72	44.71
21	华商基金	2005-9-19	1,200,234.39	87.35	1,208,452.40	70.83	1,616,067.39	79.49	2,337,722.76	83.18
22	华泰柏瑞基金	2004-11-18	1,522,046.00	80.6	1,095,673.33	69.19	1,651,236.86	90.36	1,686,990.56	88.25
23	华夏基金	1998-3-9	19,216,456.94	77.66	15,190,388.31	72.18	17,004,467.98	75.53	17,621,337.67	80.12
24	汇丰晋信基金	2005-10-1	759,136.24	77.13	679,933.19	77.6	837,332.52	83.99	777,219.49	86.28
25	汇添富基金	2005-1-3	4,215,298.06	83.1	3,151,174.80	70.67	4,466,510.07	86.8	4,733,297.62	87.24
26	嘉实基金	1999-3-25	10,544,964.26	75.93	8,490,687.79	66.09	10,321,184.93	70.18	11,799,045.05	77.14
27	建信基金	2005-9-9	2,369,735.09	72.09	1,959,488.80	68.87	2,442,537.07	71.69	2,569,888.86	60.78
28	交银施罗德基金	2005-7-26	4,634,872.78	76.64	3,176,055.95	66.55	4,158,778.12	77.85	3,628,150.03	76.1
29	金鹰基金	2002-12-25	349,791.60	81.11	260,894.78	61.5	355,068.73	78.91	407,882.83	81.1
30	金元比联基金	2006-11-25	31,581.50	11.26	40,030.91	13.17	86,776.01	55.74	81,551.97	65.18
31	景顺长城基金	2003-6-12	4,495,218.42	86.95	3,128,527.04	76.24	4,122,706.49	87.59	3,891,116.30	84.27
32	民生加银基金	2008-10-15	61,304.04	49.85	158,025.96	55.49	227,488.00	61.38	169,822.74	75.49
33	摩根士丹利华鑫基金	2003-3-3	372,456.33	68.65	365,479.08	50.58	641,328.45	70.93	686,116.47	78.87
34	南方基金	1998-3-6	7,455,353.60	65.16	5,774,557.89	59.2	6,970,311.70	64.59	7,263,627.79	66.7
35	农银汇理基金	2008-2-25	798,456.66	76.58	1,076,680.02	61.61	920,129.39	82.27	1,057,345.08	84.9
36	诺安基金	2003-12-9	3,541,569.55	77.71	2,615,317.60	65.66	3,164,515.46	70.03	3,526,786.06	75.21
37	诺德基金	2006-5-11	330,988.44	81.25	248,702.02	76.65	312,780.10	77.01	315,206.63	80.69
38	鹏华基金	1998-12-22	4,175,179.38	83.26	3,005,813.13	70.11	3,850,609.23	79.22	3,899,260.57	82
39	浦银安盛基金	2007-7-17	127,906.54	76.63	86,017.62	58.72	109,229.61	75.9	100,763.22	82.81
40	融通基金	2001-5-22	4,251,395.53	77.72	3,256,600.72	71.2	4,169,758.59	78.97	4,150,644.41	81.52
41	上投摩根基金	2004-4-12	3,898,999.99	74.48	3,338,866.52	73.29	4,455,983.12	88.11	4,465,812.93	77.2
42	申万菱信基金	2003-12-15	972,094.93	81.97	731,972.59	71.85	1,010,504.78	86.24	1,046,120.67	83.84
43	泰达宏利基金	2002-7-4	1,850,129.38	75.76	1,411,063.12	64.83	1,874,394.74	80.03	2,035,323.76	78.98
44	泰信基金	2003-5-8	833,256.90	71.26	644,123.45	70.06	777,737.50	74.02	832,719.91	79.7
45	天弘基金	2004-10-8	318,500.36	79.57	261,127.79	73.72	340,517.14	78.13	340,390.81	76.06
46	天治基金	2003-5-27	367,282.43	83.38	247,578.06	68.94	342,126.36	80.72	352,109.66	84.4
47	万家基金	2002-8-23	923,705.93	67.38	799,883.10	59	1,045,847.62	65.22	1,066,621.51	65.93
48	新华基金	2004-12-9	606,089.98	88.87	623,122.72	88.86	708,030.89	89.52	537,364.45	85.94
49	信诚基金	2005-8-22	976,436.07	83.55	747,676.66	63.48	1,152,434.73	88.91	1,376,860.70	77.49
50	信达澳银基金	2006-4-17	763,308.73	88.27	511,867.44	77.54	653,718.38	85.49	675,671.56	89.41
51	兴业基金	2003-9-30	3,304,634.30	80.82	2,599,632.40	66.19	3,273,586.25	74.61	3,267,133.40	79.19

序号	基金公司	成立日期	2010－3－31		2010－6－30		2010－9－30		2010－12－31	
			公允价值（万元）	占总资产比(％)	公允价值（万元）	占总资产比(％)	公允价值（万元）	占总资产比(％)	公允价值（万元）	占总资产比(％)
52	易方达基金	2001－4－17	12,655,751.70	78.87	9,972,839.84	74.76	12,224,085.72	79.28	12,442,942.09	82.35
53	益民基金	2005－12－12	590,396.62	82.64	428,094.19	73.14	535,592.64	79.07	551,153.04	85.13
54	银河基金	2002－5－14	724,261.65	69.42	593,555.57	62.21	814,375.51	70.81	924,097.66	74.49
55	银华基金	2001－5－28	5,756,228.43	78.97	4,383,952.24	73.35	5,248,329.15	73.05	5,693,934.36	75.67
56	招商基金	2002－12－27	2,165,762.36	69.73	1,604,063.50	61.56	2,088,954.41	63.24	2,114,723.94	66.53
57	中海基金	2004－3－18	1,372,335.20	76.73	1,048,506.73	69.56	1,436,177.46	82.98	1,567,202.55	85.08
58	中欧基金	2006－7－19	316,997.00	75.41	205,090.09	62.88	286,958.99	64.63	246,188.68	79.41
59	中银基金	2004－6－12	1,810,026.62	64.21	1,530,268.79	51.39	2,239,916.48	65.71	2,184,255.05	65.05
60	中邮创业基金	2006－2－14	4,159,062.19	92.5	2,703,687.74	77.86	3,697,098.73	92.99	3,641,620.73	89.23

2010 年度基金管理公司资产配置一览

序号	基金公司	成立日期	基金公司管理资产（万元）	股票投资（元）		债券投资（元）		银行存款与结算备付金（元）		其他	
				公允价值	占总资产比(％)	公允价值	占总资产比(％)	金额	占总资产比(％)	其他	占总资产比(％)
1	宝盈基金	2001－5－18	990,636.98	6,243,313,720.51	63.02	2,122,756,893.59	21.43	1,220,548,004.82	12.32	319,751,157.77	3.23
2	博时基金	1998－7－13	11,431,918.62	84,927,175,322.96	74.29	16,092,226,982.68	14.08	10,335,918,910.50	9.04	2,963,864,991.18	2.59
3	长城基金	2001－12－27	3,423,944.43	28,976,408,130.44	84.63	2,564,864,208.37	7.49	2,292,584,361.34	6.7	405,587,644.27	1.18
4	长盛基金	1999－3－26	4,149,946.99	31,861,633,745.77	76.78	3,889,197,734.11	9.37	4,427,678,458.70	10.67	1,320,959,947.97	3.18
5	长信基金	2003－4－9	2,093,608.22	12,203,400,791.96	58.29	4,480,792,889.17	21.4	2,008,177,753.46	9.59	2,243,710,752.61	10.72
6	大成基金	1999－4－12	9,718,951.80	79,044,814,525.53	81.33	9,896,479,398.34	10.18	5,519,741,863.50	5.68	2,728,482,243.10	2.81
7	东方基金	2004－6－11	943,074.41	6,921,461,685.17	73.39	1,161,534,700.33	12.32	935,674,702.93	9.92	412,072,983.35	4.37
8	东吴基金	2004－8－2	1,283,214.78	9,883,134,504.72	77.02	1,207,451,847.95	9.41	1,530,792,888.07	11.93	210,768,583.06	1.64
9	富国基金	1999－4－13	6,285,488.54	42,048,080,027.87	66.9	15,837,632,330.74	25.2	3,174,051,002.40	5.05	1,795,122,057.38	2.86
10	工银瑞信基金	2005－6－21	5,991,116.88	33,720,388,118.69	56.28	21,249,796,139.02	35.47	3,901,931,254.23	6.51	1,039,053,310.17	1.73
11	光大保德信基金	2004－4－22	2,986,844.74	25,138,742,563.76	84.16	357,456,339.18	1.2	3,131,141,698.68	10.48	1,241,106,767.21	4.16
12	广发基金	2003－7－5	10,052,358.79	82,354,648,523.05	81.93	6,632,334,724.42	6.6	8,180,580,575.74	8.14	3,356,024,034.43	3.34
13	国海富兰克林基金	2004－9－15	1,615,961.25	13,813,363,891.36	85.48	971,542,976.10	6.01	1,328,660,368.59	8.22	46,045,284.44	0.28
14	国联安基金	2003－3－25	1,656,145.87	9,512,825,835.64	57.44	4,721,004,429.35	28.51	1,065,202,508.36	6.43	1,262,425,941.33	7.62
15	国泰基金	1998－3－5	4,808,693.60	36,746,048,994.62	76.42	6,604,821,128.75	13.74	2,700,315,689.99	5.62	2,035,750,203.47	4.23
16	国投瑞银基金	2002－6－13	3,991,404.60	22,275,154,737.54	55.81	7,225,094,143.52	18.1	6,634,779,113.95	16.62	3,779,018,049.27	9.47
17	海富通基金	2003－4－1	4,520,492.09	32,132,264,012.67	71.08	6,483,531,599.77	14.34	3,674,751,162.97	8.13	2,914,374,079.74	6.45
18	华安基金	1998－5－4	7,827,115.08	55,916,233,961.02	71.44	10,606,916,328.48	13.55	7,335,087,389.19	9.37	4,412,913,160.51	5.64
19	华宝兴业基金	2003－2－7	4,614,114.47	33,495,296,238.40	72.59	3,189,593,113.85	6.91	5,194,830,887.62	11.26	4,261,424,483.89	9.24
20	华富基金	2004－3－19	1,089,155.38	3,944,107,213.56	36.21	5,268,501,444.23	48.37	624,625,430.38	5.73	1,054,319,709.63	9.68
21	华商基金	2005－9－19	3,009,621.63	23,377,227,615.97	77.67	3,458,077,488.87	11.49	2,583,776,434.83	8.59	677,134,747.55	2.25
22	华泰柏瑞基金	2004－11－18	1,964,592.76	16,869,905,621.77	85.87	693,419,383.17	3.53	1,968,687,482.32	10.02	113,915,072.39	0.58
23	华夏基金	1998－3－9	23,184,750.44	176,213,376,723.28	76	32,764,975,406.76	14.13	17,059,439,663.02	7.36	5,809,712,560.32	2.51
24	汇丰晋信基金	2005－10－1	909,829.90	7,772,194,870.39	85.42	132,590,777.49	1.46	848,631,711.67	9.33	344,881,644.12	3.79
25	汇添富基金	2005－1－3	5,723,471.60	47,332,976,227.66	82.7	4,524,085,431.25	7.9	3,844,470,494.23	6.72	1,533,183,877.79	2.68
26	嘉实基金	1999－3－25	15,645,962.17	117,990,450,457.74	75.41	22,958,876,368.43	14.67	10,221,665,765.98	6.53	5,288,629,088.51	3.38
27	建信基金	2005－9－9	4,361,028.20	25,698,888,611.25	58.93	6,060,002,914.77	13.9	3,841,899,352.16	8.81	8,009,491,139.57	18.37
28	交银施罗德基金	2005－7－26	5,151,749.04	36,281,500,291.74	70.43	6,983,386,896.18	13.56	3,146,613,944.17	6.11	5,105,989,291.96	9.91
29	金鹰基金	2002－12－25	536,322.94	4,078,828,251.42	76.05	657,014,155.20	12.25	273,329,916.79	5.1	354,057,031.23	6.6
30	金元比联基金	2006－11－25	126,984.74	815,519,739.18	64.22	367,403,313.20	28.93	36,052,262.67	2.84	50,872,084.87	4.01
31	景顺长城基金	2003－6－12	4,693,643.80	38,911,162,983.16	82.9	2,469,134,352.95	5.26	5,013,392,116.05	10.68	542,748,539.47	1.16
32	民生加银基金	2008－10－15	297,192.25	1,698,227,436.62	57.14	901,814,251.71	30.34	270,394,534.26	9.1	101,486,322.93	3.41
33	摩根士丹利华鑫基金	2003－3－3	903,421.17	6,861,164,651.70	75.95	1,163,047,571.70	12.87	602,234,194.03	6.67	407,765,265.51	4.51
34	南方基金	1998－3－6	11,580,475.60	72,636,277,904.18	62.72	19,699,919,378.64	17.01	6,830,476,782.70	5.9	16,638,081,925.00	14.37
35	农银汇理基金	2008－2－25	1,277,262.68	10,573,450,799.09	82.78	726,888,845.50	5.69	1,329,211,094.16	10.41	143,076,085.16	1.12
36	诺安基金	2003－12－9	4,754,289.98	35,267,860,552.07	74.18	3,207,652,673.00	6.75	5,793,474,614.68	12.19	3,273,911,957.24	6.89
37	诺德基金	2006－5－11	395,765.31	3,152,066,325.41	79.64	50,275,459.63	1.27	262,739,147.47	6.64	492,572,160.60	12.45
38	鹏华基金	1998－12－22	5,477,285.41	38,992,605,729.59	71.19	5,867,423,841.82	10.71	5,521,824,616.96	10.08	4,390,999,903.48	8.02
39	浦银安盛基金	2007－7－17	123,481.68	1,007,632,165.35	81.6	85,268,367.74	6.91	126,937,238.61	10.28	14,979,012.39	1.21
40	融通基金	2001－5－22	5,127,572.84	41,506,444,149.73	80.95	5,806,930,590.39	11.32	3,590,017,778.62	7	372,335,848.92	0.73
41	上投摩根基金	2004－4－12	5,859,978.29	44,658,129,286.01	76.21	6,766,758,548.84	11.55	2,969,261,890.22	5.07	4,205,633,137.19	7.18

序号	基金公司	成立日期	基金公司管理资产（万元）	股票投资（元）		债券投资（元）		银行存款与结算备付金（元）		其他	
				公允价值	占总资产比（%）	公允价值	占总资产比（%）	金额	占总资产比（%）	其他	占总资产比（%）
42	申万菱信基金	2003－12－15	1,274,684.60	10,461,206,676.26	82.07	726,767,325.81	5.7	1,369,622,597.76	10.74	189,249,446.75	1.48
43	泰达宏利基金	2002－7－4	2,630,274.90	20,353,237,580.67	77.38	2,557,304,168.29	9.72	2,789,426,782.70	10.61	602,780,446.55	2.29
44	泰信基金	2003－5－8	1,078,270.25	8,327,199,111.15	77.23	1,135,493,563.21	10.53	974,412,999.34	9.04	345,596,859.37	3.21
45	天弘基金	2004－10－8	461,029.56	3,403,908,092.43	73.83	688,893,055.56	14.94	398,356,722.70	8.64	119,137,777.71	2.58
46	天治基金	2003－5－27	421,551.03	3,521,096,644.94	83.53	236,216,819.38	5.6	342,102,579.84	8.12	116,094,271.46	2.75
47	万家基金	2002－8－23	1,656,063.12	10,666,215,109.90	64.41	3,719,322,149.37	22.46	1,022,269,575.08	6.17	1,152,824,390.24	6.96
48	新华基金	2004－12－9	629,890.25	5,373,644,471.67	85.31	203,401,918.60	3.23	512,276,112.69	8.13	209,580,014.20	3.33
49	信诚基金	2005－8－22	1,846,694.79	13,768,607,014.62	74.56	1,876,513,122.45	10.16	1,649,799,438.75	8.93	1,172,028,331.65	6.35
50	信达澳银基金	2006－4－17	770,225.10	6,756,715,615.88	87.72	200,765,286.50	2.61	609,198,914.84	7.91	135,571,143.32	1.76
51	兴业基金	2003－9－30	4,178,321.28	32,671,333,966.22	78.19	4,873,175,249.58	11.66	3,088,599,202.81	7.39	1,150,104,374.64	2.75
52	易方达基金	2001－4－17	15,595,752.79	124,429,420,945.68	79.78	10,163,867,440.09	6.52	6,794,221,525.02	4.36	14,570,017,996.35	9.34
53	益民基金	2005－12－12	653,703.28	5,511,530,434.73	84.31	397,740,595.38	6.08	544,294,964.74	8.33	83,466,789.17	1.28
54	银河基金	2002－5－14	1,393,812.49	9,240,976,560.90	66.3	3,368,396,742.29	24.17	843,567,830.84	6.05	485,183,731.95	3.48
55	银华基金	2001－5－28	8,230,362.23	56,939,343,555.45	69.18	10,535,355,123.98	12.8	6,397,836,853.23	7.77	8,431,086,769.94	10.24
56	招商基金	2002－12－27	4,040,873.78	21,147,239,426.54	52.33	12,455,441,104.37	30.82	2,990,799,585.21	7.4	3,815,257,662.21	9.44
57	中海基金	2004－3－18	2,329,931.19	15,672,025,527.20	67.26	1,941,140,421.66	8.33	2,466,218,826.54	10.58	3,219,927,145.59	13.82
58	中欧基金	2006－7－19	377,195.63	2,461,886,839.12	65.27	818,090,740.00	21.69	308,754,895.25	8.19	183,223,795.15	4.86
59	中银基金	2004－6－12	3,413,193.97	21,842,550,453.35	63.99	6,046,384,197.23	17.71	3,819,862,172.13	11.19	2,423,142,886.34	7.1
60	中邮创业基金	2006－2－14	4,144,938.57	36,416,207,274.82	87.86	507,798,000.00	1.23	3,472,976,092.14	8.38	1,052,404,339.14	2.54

2011 年第一季度全球共同基金发展情况

（中国证券业协会整理发布）

2011 年第一季度末，全球共同基金资产比上季度上升 3.7%，增至 25.61 万亿美元。所有类型基金 2011 年第一季度现金净流入 780 亿美元，低于 2010 年第四季度的 1520 亿美元。长期基金 2011 年第一季度现金净流入 1790 亿美元，略低于上季度的 1960 亿美元。股票基金 2010 年第四季度现金净流入 920 亿美元，2011 年第一季度现金净流入 610 亿美元。债券基金 2010 年第四季度现金净流入 310 亿美元，2011 年第一季度现金净流入 570 亿美元。货币市场基金 2011 年第一季度现金净流出 1010 亿美元，高于上季度现金净流出的 450 亿美元。

美国投资公司协会（ICI）代表国际投资基金协会（IIFA）——由世界各国、地区的投资基金协会组成的联合会——定期汇编全球统计数据。2011 年第一季度收集了全球 45 个国家（地区）的统计数据。

由于美元的走低，以美元计价的资产增长迅速。例如，2011 年第一季度，在欧洲，以美元计价的共同基金资产增长了 5.4%，而以欧元计价的共同基金资产减少了 0.9%。

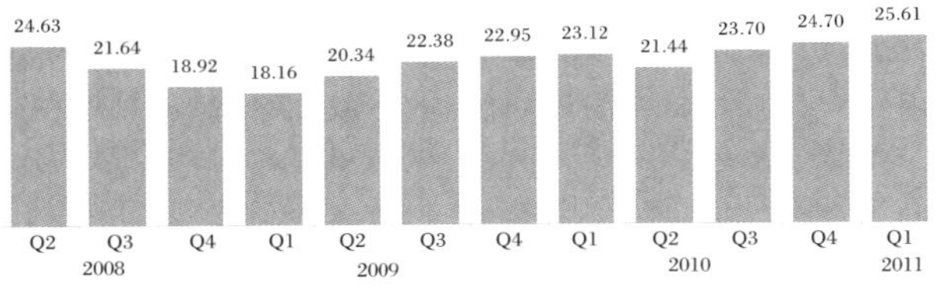

图 1　全球共同基金资产规模（单位：万亿美元）

以美元计价，2011 年第一季度末，股票基金资产规模增长 5.0% 至 11.08 万亿美元，混合基金资产规模增长 5.9% 至 2.88 万亿美元，货币市场基金资产规模下降 0.5% 至 4.97 万亿美元，债券基金资产规模增长 3.7% 至 5.61 万亿美元。

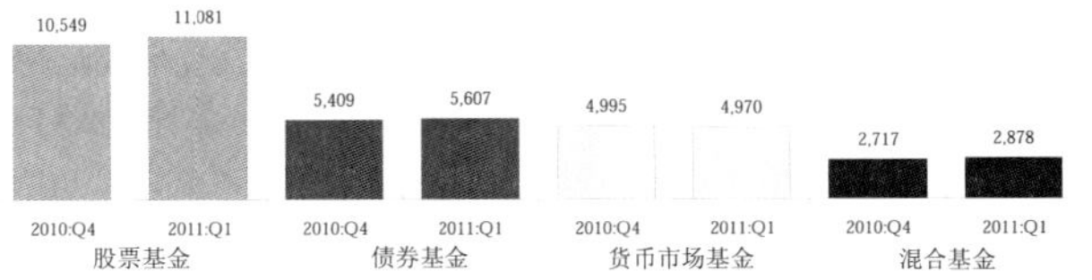

图 2　全球共同基金资产按基金类型的统计图（单位：十亿美元）

2011 年第一季度，全球共同基金现金净流入 780 亿美元。全球股票基金 2010 年第四季度现金净流入为 920 亿美元，2011 年第一季度现金净流入为 610 亿美元。在美洲，股票基金 2010 年第四季度现金净流入 420 亿美元，2011 年第一季度现金净流入 480 亿美元。在欧洲，股票基金 2011 年第一季度现金净流入 70 亿美元，远低于 2010 年第四季度的 530 亿美元。

2011 年第一季度，全球债券基金现金净流入 570 亿美元，高于 2010 年第四季度的 310 亿元。在美洲和欧洲，债券基金第一季度现金净流入分别为 630 亿美元和 90 亿美元，分别高于上季度现金净流入的 340 亿美元和 10 亿美元。在亚太地区，债券基金第一季度现金净流出 150 亿美元，部分抵消了美洲和欧洲地区的现金净流入。

表 1　全球共同基金净销售额（单位：十亿美元）

	2009			2011
	Q2	Q3	Q4	Q1
所有基金	81	69	77	78
长期基金	293	352	283	179
股票基金	93	66	62	61
债券基金	165	219	179	57
混合基金	35	67	46	45
其他基金	1	*	－5	15
货币市场基金	－212	－283	－206	101

	2010			
	Q1	Q2	Q3	Q4
所有基金	-72	-84	196	152
长期基金	323	168	213	196
股票基金	70	-3	-23	92
债券基金	169	103	164	31
混合基金	52	46	36	38
其他基金	8	4	13	10
货币市场基金	-395	-253	-17	-45

*小于5亿美元。

注释:2009年第一季度包含了37个国家(地区)的数据;2009年第二季度、第三季度、第四季度包含了38个国家(地区)的数据;2010年第一季度包含了39个国家(地区)的数据;2010年第二季度包含了40个国家的数据;2010年第三季度、第四季度和2011年第一季度包含了41个国家(地区)的数据。报告国家(地区)所拥有资产占2011年第一季度末全部国家(地区)资产的94.0%。净销售额=新增销售额+红利再投资-赎回+净转换。由于约数操作,各部分之和与总计略有误差。

2011年第一季度,全球混合基金现金净流入适度增长,2010年第四季度现金净流入380亿美元,2011年第一季度现金净流入450亿美元。在欧洲和美洲,混合基金第一季度现金净流入分别为270亿美元和190亿美元。

全球货币市场基金2010年第三季度现金净流出适度放缓,随后,连续两个季度现金净流出加速。2011年第一季度,货币市场基金现金净流出1010亿美元,高于上季度的450亿美元。在美国和亚太地区,货币市场基金2010年第四季度现金净流出均为50亿美元,2011年第一季度现金净流出分别为750亿美元和160亿美元。在欧洲,货币市场基金2010年第四季度现金净流出550亿美元,2011年第一季度现金净流出120亿美元。

截至2011年第一季度末,全球共同基金资产的43%为股票基金,22%为债券基金,11%为混合基金,19%为货币市场基金。

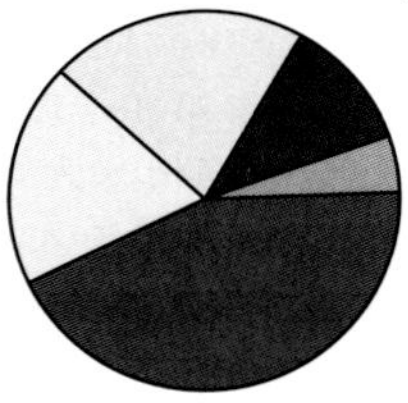

图3　全球共同基金资产按基金类别的分布图(截至2011年第一季度末)

按照区域,截至2011年第一季度末,全球资产的55%在美洲,32%在欧洲,13%在非洲和亚太地区。

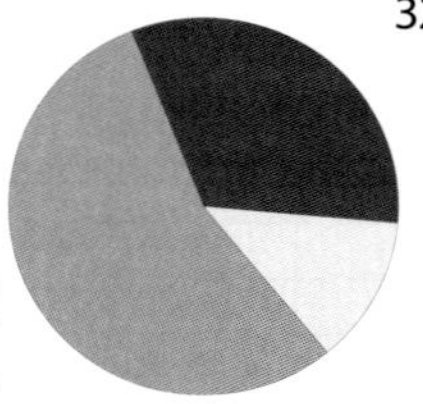

图4　全球共同基金资产地区分布图(截至2011年第一季度末)

截至2011年第一季度末,全球共同基金共有70,358只。按照基金类型,40%为股票基金,23%为混合基金,18%为债券基金,5%为货币市场基金。

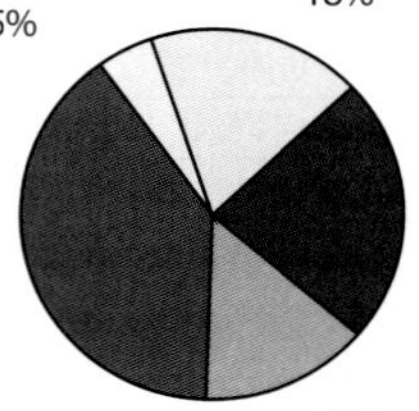

注释:其他/未分类基金包括爱尔兰的全部基金。

图5　全球共同基金数目按基金类别的分布图(截至2011年第一季度末)

附件1:2011年第一季度全球共同基金数据

2011年第二季度全球共同基金发展情况

(中国证券业协会整理发布)

2011年第二季度末,全球共同基金资产比上季度上升1.2%,增至25.92万亿美元。所有类型基金2011年第二季度现金净流入1060亿美元,高于第一季度的780亿美元。长期基金2011年第一季度现金净流入1790亿美元,第二季度现金净流入的1910亿美元。股票基金2011年第一季度现金净流入610亿美元,2011年第二季度现金净流入240亿美元。债券基金2011年第一季度现金净流入570亿美元,2011年第二季度现金净流入1000亿美元。货币市场基金2011年第一季度现金净流出1010亿美元,第二季度现金净流出850亿美元。

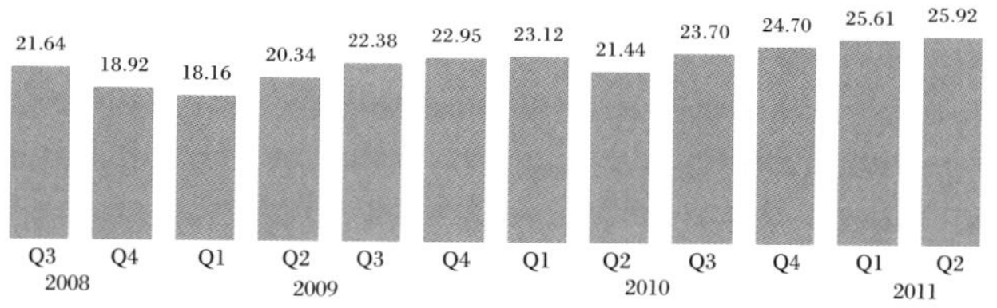

图1　全球共同基金资产规模(单位:万亿美元)

美国投资公司协会(ICI)代表国际投资基金协会(IIFA)——由世界各国、地区的投资基金协会组成的联合会——定期汇编全球统计数据。2011年第二季度收集了全球45个国家(地区)的统计数据。

由于美元的走低,以美元计价的资产增长迅速。例如,2011年第一季度,在欧洲,以美元计价的共同基金资产增长了1.2%,而以欧元计价的共同基金资产减少了0.5%。

以美元计价,2011年第二季度末,股票基金资产规模为11.09万亿美元,与上季度相比,基本保持不变。混合基金资产规模增长2.7%至2.96万亿美元,货币市场基金资产规模下降0.7%至4.93万亿美元,债券基金资产规模增长4.1%至5.84万亿美元。

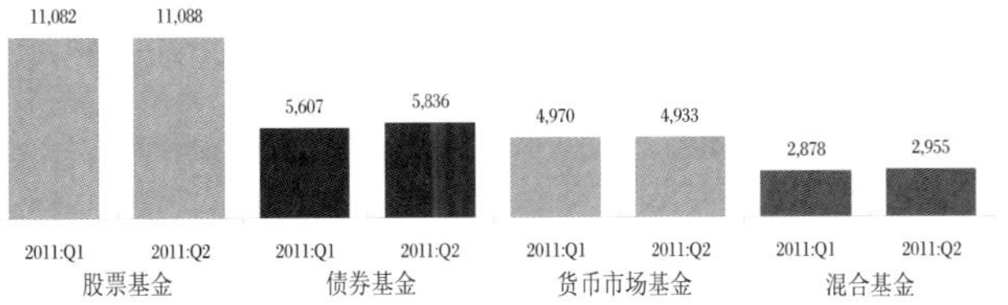

图2　全球共同基金资产按基金类型的统计图(单位:十亿美元)

2011年第二季度,全球共同基金现金净流入1060亿美元。全球股票基金第二季度现金净流入为240亿美元,低于第一季度现金净流入的610亿美元。在美洲,股票基金第一季度现金净流入480亿美元,第二季度现金净流出100亿美元。在欧洲,股票基金第二季度现金净流入110亿美元,略高于上季度现金净流入的70亿美元。

2011年第二季度,全球债券基金现金净流入1000亿美元,高于第一季度的570亿元。在美洲和欧洲,债券基金第一季度现金净流入分别为630亿美元和90亿美元,第二季度现金净流入分别为760亿美元和140亿美元。在亚太地区,债券基金第一季度现金净流出50亿美元,第二季度现金净流入100亿美元。

表1　全球共同基金净销售额(单位:十亿美元)

	2009		2011	
	Q3	Q4	Q1	Q2
所有基金	69	77	78	106
长期基金	352	283	179	191
股票基金	66	62	61	24
债券基金	219	179	57	100
混合基金	67	46	45	57
其他基金	*	-5	15	11
货币市场基金	-283	-206	-101	-85
	2010			
	Q1	Q2	Q3	Q4
所有基金	-72	-84	196	152
长期基金	323	168	213	196
股票基金	70	-3	-23	92
债券基金	169	103	164	31
混合基金	52	46	36	38
其他基金	8	4	13	10
货币市场基金	-395	-253	-17	-45

*小于5亿美元。

注释:2009年第三季度、第四季度包含了38个国家(地区)的数据;2010年第一季度包含了39个国家(地区)的数据;2010年第二季度包含了40个国家的数据;2010年第三季度、第四季度、2011年第一季度和第二季度包含了41个国家(地区)的数据。报告国家(地区)所拥有资产占2011年第二季度末全部国家(地区)资产的94.0%。净销售额=新增销售额+红利再投资-赎回+净转换。由于约数操作,各部分之和与总计略有误差。

2011年第二季度,全球混合基金现金净流入570亿美元,高于上季度现金净流入的450亿美元。在欧洲和美洲,混合基金第二季度现金净流入分别为330亿美元和170亿美元。

2011年第二季度,全球货币市场基金现金净流出放缓。货币市场基金第二季度现金净流出850亿美元,低于第一季度现金净流出的1010亿美元。在美洲和欧洲,货币市场基金第一季度现金净流出分别为750亿美元和160亿美元,第二季度现金净流出450亿美元和430亿美元。在亚太地区,货币市场基金第一季度现金净流出120亿美元,第二季度现金净流入50亿美元。

截至2011年第二季度末,全球共同基金资产的42%为股票基金,23%为债券基金,11%为混合基金,19%为货币市场基金。

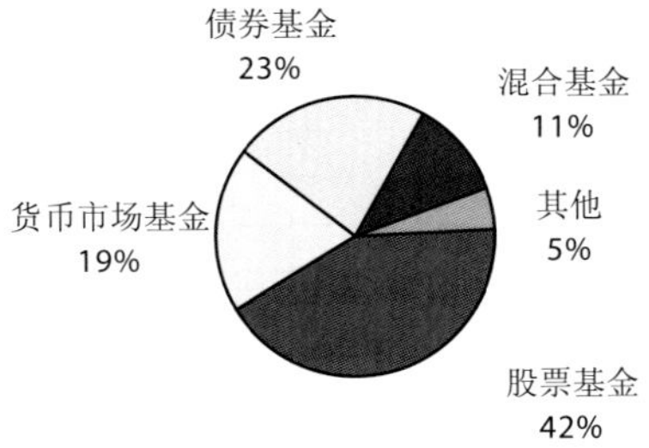

图3　全球共同基金按基金类别的分布图(截至2011年第二季度末)

按照区域,截至2011年第二季度末,全球资产的55%在美洲,32%在欧洲,13%在非洲和亚太地区。

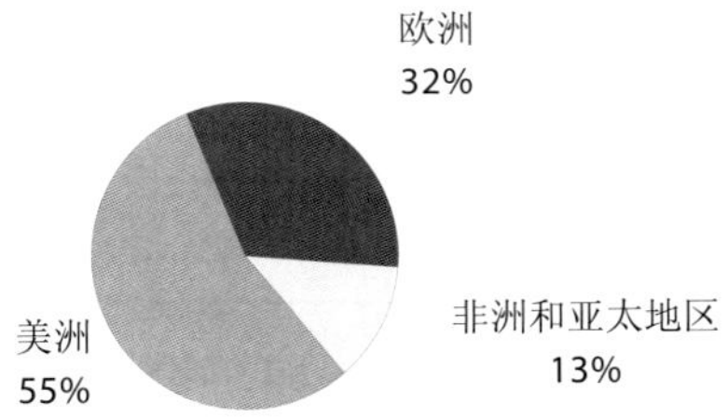

图4　全球共同基金资产地区分布图(截至2011年第二季度末)

截至2011年第二季度末,全球共同基金共有71,030只。按照基金类型,39%为股票基金,23%为混合基金,18%为债券基金,5%为货币市场基金。

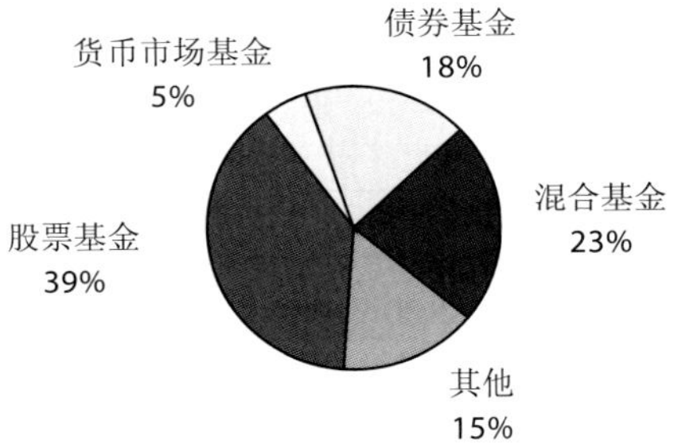

注释:其他/未分类基金包括爱尔兰的全部基金。

图5　全球共同基金数目按基金类别的分布图(截至2011年第二季度末)

附件2:2011年第二季度全球共同基金数据

附件 1:2011 年第一季度全球共同基金数据

表 1

全球共同基金按基金类别的资产净值统计表

单位:十亿美元

项目	2006	2007	2008	2009	2010				2011
					Q1	Q2	Q3	Q4	Q1
所有报告国家[1]	21,809	26,132	18,920	22,953	23,123	21,445	23,696	24,699	25,614
股票基金	10,512	12,443	6,498	8,948	9,280	8,221	9,371	10,549	11,081
债券基金	3,872	4,279	3,389	4,546	4,749	4,766	5,267	5,409	5,607
货币市场基金	3,848	4,940	5,786	5,317	4,842	4,475	4,586	4,995	4,970
平衡/混合基金	2,046	2,636	1,772	2,345	2,408	2,248	2,557	2,717	2,878
其他基金	676	884	676	840	862	814	949	1,029	1,079
各期均报告的国家[2]	21,158	24,851	18,621	22,533	22,769	21,108	23,309	24,290	25,214
股票基金	10,053	11,528	6,359	8,721	9,069	8,040	9,161	10,331	10,866
债券基金	3,755	4,132	3,354	4,518	4,728	4,739	5,234	5,376	5,572
货币市场基金	3,818	4,891	5,723	5,267	4,825	4,458	4,568	4,970	4,947
平衡/混合基金	2,011	2,472	1,711	2,231	2,303	2,153	2,448	2,604	2,772
其他基金	667	876	676	840	862	797	930	1,010	1,059

资料来源:世界各国(地区)投资基金协会;欧洲基金和资产管理协会提供除俄罗斯以外所有欧洲国家数据。
1. 由于约数和未分类基金的存在,各项目之和与总计略有误差。
2. 包含 40 个国家(地区)的数据,由于约数的存在,各项目之和与总计略有误差。

表 2

全球共同基金按基金类别的净销售额[1]统计表

单位:十亿美元

项目	2007	2008	2009	2010	2010				2011
					Q1	Q2	Q3	Q4	Q1
所有报告国家[2]	1,533	276	272	191	-72	-84	196	152	78
股票基金	326	-375	182	137	70	-3	-23	92	61
债券基金	85	-198	623	467	169	103	164	31	57
货币市场基金	794	888	-640	-710	-395	-253	-17	-45	-101
平衡/混合基金	198	-75	126	171	52	46	36	38	45
其他基金	130	35	-19	34	7	4	13	10	15
各期均报告的国家[3]	1,528	246	300	68	-89	-101	148	110	71
股票基金	319	-368	169	142	69	-7	-18	98	58
债券基金	87	-203	636	459	168	102	158	30	54
货币市场基金	795	854	-624	-737	-386	-244	-43	-64	-96
平衡/混合基金	197	-72	138	174	53	44	39	38	46
其他基金	131	35	-20	30	7	4	11	8	10

资料来源:世界各国(地区)投资基金协会;欧洲基金和资产管理协会提供除俄罗斯以外所有欧洲国家数据。
1. 净销售额 = 新增销售额 + 分红再投资 - 赎回 + 净转换。
2. 由于约数和未分类基金的存在,各项目之和与总计略有误差。
3. 包含 31 个国家(地区)的数据,由于约数的存在,各项目之和与总计略有误差。

全球共同基金按基金类别的基金数目统计表

单位:十亿美元

项目	2006	2007	2008	2009	2010				2011
					Q1	Q2	Q3	Q4	Q1
所有报告国家[1]	61,855	66,348	68,574	67,552	67,807	68,819	68,860	69,519	70,358
股票基金	25,698	27,316	27,879	27,526	27,396	27,497	27,465	27,754	27,922
债券基金	13,573	13,309	12,218	12,417	12,495	12,572	12,683	12,768	12,860
货币市场基金	3,408	3,450	3,700	3,521	3,449	3,437	3,380	3,344	3,304
平衡/混合基金	12,529	13,756	14,510	14,656	14,957	15,294	15,636	15,896	16,238
其他基金	4,116	5,619	7,170	6,711	6,745	6,777	6,839	6,858	7,072
各期均报告的国家[2]	58,405	62,243	65,776	64,566	65,170	65,369	65,840	66,398	67,202
股票基金	23,263	24,452	25,731	25,347	25,396	25,400	25,371	25,576	25,731
债券基金	13,115	12,812	11,961	12,083	12,239	12,278	12,387	12,447	12,523
货币市场基金	3,311	3,316	3,617	3,434	3,379	3,353	3,297	3,260	3,214
平衡/混合基金	12,208	13,360	14,206	14,275	14,651	14,965	15,293	15,539	15,876
其他基金	3,977	5,405	7,164	6,706	6,740	6,589	6,635	6,677	6,896

资料来源:世界各国(地区)投资基金协会;欧洲基金和资产管理协会提供除俄罗斯以外所有欧洲国家数据。
1. 由于未分类基金的存在,各项目之和与总计略有误差。
2. 包含 40 个国家(地区)的数据。

附件2:2011年第二季度全球共同基金数据

表1

全球共同基金按基金类别的资产净值统计表

单位:十亿美元

项目	2006	2007	2008	2009	2010			2011	
					Q2	Q3	Q4	Q1	Q2
所有报告国家[1]	21,809	26,132	18,920	22,953	21,445	23,696	24,699	25,614	25,922
股票基金	10,512	12,443	6,498	8,948	8,221	9,371	10,549	11,082	11,088
债券基金	3,872	4,279	3,389	4,546	4,766	5,267	5,409	5,607	5,836
货币市场基金	3,848	4,940	5,786	5,317	4,475	4,586	4,995	4,970	4,933
平衡/混合基金	2,046	2,636	1,772	2,345	2,248	2,557	2,717	2,878	2,955
其他基金	676	884	676	840	814	949	1,029	1,079	1,111
各期均报告的国家[2]	21,158	24,851	18,621	22,533	21,108	23,309	24,290	25,214	25,526
股票基金	10,053	11,528	6,359	8,721	8,040	9,161	10,331	10,866	10,874
债券基金	3,755	4,132	3,354	4,518	4,739	5,234	5,376	5,572	5,796
货币市场基金	3,818	4,891	5,723	5,267	4,458	4,568	4,970	4,947	4,913
平衡/混合基金	2,011	2,472	1,711	2,231	2,153	2,448	2,604	2,772	2,852
其他基金	667	876	676	840	797	930	1,010	1,059	1,091

资料来源:世界各国(地区)投资基金协会;欧洲基金和资产管理协会提供除俄罗斯以外所有欧洲国家数据。
1. 由于约数和未分类基金的存在,各项目之和与总计略有误差。
2. 包含40个国家(地区)的数据,由于约数的存在,各项目之和与总计略有误差。

表2

全球共同基金按基金类别的净销售额[1]统计表

单位:十亿美元

项目	2007	2008	2009	2010	2010			2011	
					Q2	Q3	Q4	Q1	Q2
所有报告国家[2]	1,533	276	272	191	-84	196	152	78	106
股票基金	326	-375	182	137	-3	-23	92	61	24
债券基金	85	-198	623	467	103	164	31	57	100
货币市场基金	794	888	-640	-710	-253	-17	-45	-101	-85
平衡/混合基金	198	-75	126	171	46	36	38	45	57
其他基金	130	35	-19	34	4	13	10	15	11
各期均报告的国家[3]	1,528	246	300	68	-101	148	110	71	57
股票基金	319	-368	169	142	-7	-18	98	58	14
债券基金	87	-203	636	459	102	158	30	54	83
货币市场基金	795	854	-624	-737	-244	-43	-64	-96	-89
平衡/混合基金	197	-72	138	174	44	39	38	46	48
其他基金	131	35	-20	30	4	11	8	10	1

资料来源:世界各国(地区)投资基金协会;欧洲基金和资产管理协会提供除俄罗斯以外所有欧洲国家数据。
1. 净销售额=新增销售额+分红再投资-赎回+净转换。
2. 由于约数和未分类基金的存在,各项目之和与总计略有误差。
3. 包含31个国家(地区)的数据,由于约数的存在,各项目之和与总计略有误差。

表3

全球共同基金按基金类别的基金数目统计表

单位:十亿美元

项目	2006	2007	2008	2009	2010			2011	
					Q2	Q3	Q4	Q1	Q2
所有报告国家[1]	61,855	66,348	68,574	67,552	68,819	68,860	69,519	70,359	71,030
股票基金	25,698	27,316	27,879	27,526	27,497	27,465	27,754	27,923	27,884
债券基金	13,573	13,309	12,218	12,417	12,572	12,683	12,768	12,860	12,843
货币市场基金	3,408	3,450	3,700	3,521	3,437	3,380	3,344	3,304	3,211
平衡/混合基金	12,529	13,756	14,510	14,656	15,294	15,636	15,896	16,238	16,613
其他基金	4,116	5,619	7,170	6,711	6,777	6,839	6,858	7,072	7,462
各期均报告的国家[2]	58,405	62,243	65,776	64,566	65,369	65,840	66,398	67,203	67,826
股票基金	23,263	24,452	25,731	25,347	25,400	25,371	25,576	25,732	25,654
债券基金	13,115	12,812	11,961	12,083	12,278	12,387	12,447	12,523	12,487
货币市场基金	3,311	3,316	3,617	3,434	3,353	3,297	3,260	3,214	3,129
平衡/混合基金	12,208	13,360	14,206	14,275	14,965	15,293	15,539	15,876	16,257
其他基金	3,977	5,405	7,164	6,706	6,589	6,635	6,677	6,896	7,282

资料来源:世界各国(地区)投资基金协会;欧洲基金和资产管理协会提供除俄罗斯以外所有欧洲国家数据。
1. 由于未分类基金的存在,各项目之和与总计略有误差。
2. 包含40个国家(地区)的数据。

2011 年二季度基金管理公司规模前 10 名

序号	基金公司	开基规模合计(亿份)	比例(%)	封基规模合计(亿份)	比例(%)	总规模(亿份)
1	华夏基金管理有限公司	1648.3	96.21	65	3.79	1713.3
2	嘉实基金管理有限公司	1421.17	96.58	50.35	3.42	1471.52
3	易方达基金管理有限公司	1417.69	95.32	69.57	4.68	1487.26
4	博时基金管理有限公司	1124.84	93.75	75	6.25	1199.84
5	南方基金管理有限公司	1045.55	94.57	60	5.43	1105.55
6	广发基金管理有限公司	918.82	100	0	0	918.82
7	大成基金管理有限公司	888.69	86.31	140.94	13.69	1029.64
8	工银瑞信基金管理有限公司	734.94	96.83	24.03	3.17	758.98
9	华安基金管理有限公司	695.67	92.06	60	7.94	755.67
10	银华基金管理有限公司	557	89.11	68.07	10.89	625.07

2011 年二季度基金规模前 10 名

序号	基金名称	首发规模(亿份)	最新规模(亿份)	单位净值(元)	累计净值(元)	基金经理
1	广发聚丰	13.16	308.57	0.7485	4.2148	易阳方
2	工银瑞信核心价值	43.47	294.13	0.3291	3.8639	张翎
3	博时价值增长	30.47	223.11	0.756	3.258	夏春
4	博时新兴成长	135.06	209.11	0.681	3.125	李培刚、刘彦春
5	大成蓝筹稳健	22.34	168.85	0.7652	3.3352	施永辉
6	华安策略优选	98.54	148.86	0.6758	2.2121	张伟、邓跃辉
7	长城品牌优选	120	144.1	0.7771	0.7771	杨毅平
8	光大保德信优势	99.06	142.52	0.7208	0.7208	高宏华
9	博时沪深 300 指数	51.23	135.32	0.807	2.787	张晓军
10	大成财富 2020	11.13	134.66	0.731	2.553	占冠良

2011 年上半年基金管理公司股票仓位情况一览

序号	基金公司	成立日期	2011-3-31		2011-6-30	
			公允价值(万元)	占总资产比(%)	公允价值(万元)	占总资产比(%)
1	宝盈基金	2001-5-18	608,844.19	72.08	578,762.89	71.01
2	博时基金	1998-7-13	7,687,864.74	69.63	7,018,512.09	67.22
3	长城基金	2001-12-27	2,745,223.03	82.89	2,555,778.56	80.16
4	长盛基金	1999-3-26	2,731,618.15	70.32	2,693,554.10	73.02
5	长信基金	2003-4-9	1,126,476.72	65.61	1,295,004.58	78.77
6	大成基金	1999-4-12	7,212,648.38	79.81	6,800,673.69	78.59
7	东方基金	2004-6-11	511,237.50	63.42	426,160.73	46.7
8	东吴基金	2004-8-2	993,935.71	74.31	1,108,105.91	83.93
9	富国基金	1999-4-13	4,267,925.96	70.85	4,283,859.64	71.79
10	工银瑞信基金	2005-6-21	3,199,136.49	66.87	3,410,914.80	65.63
11	光大保德信基金	2004-4-22	2,552,822.50	88.63	2,419,616.46	89.3
12	广发基金	2003-7-5	8,068,459.83	83.29	7,699,656.05	79.43
13	国海富兰克林基金	2004-9-15	1,465,452.71	87.05	1,439,876.47	83.27
14	国联安基金	2003-3-25	1,166,443.00	65.12	1,072,139.09	68.19
15	国泰基金	1998-3-5	3,185,338.76	78.49	3,110,104.83	73.63
16	国投瑞银基金	2002-6-13	2,247,093.42	66.24	2,299,827.16	65.98
17	海富通基金	2003-4-1	2,964,116.99	78.16	2,736,863.46	74.41
18	华安基金	1998-5-4	5,388,379.33	78.15	5,269,676.00	75.63
19	华宝兴业基金	2003-2-7	3,069,558.96	76.71	2,999,077.62	78.18
20	华富基金	2004-3-19	386,005.07	45.55	356,364.78	46.16
21	华商基金	2005-9-19	2,890,424.63	80.38	2,603,008.02	74.6
22	华泰柏瑞基金	2004-11-18	1,494,025.79	86.84	1,351,693.55	84.28
23	华夏基金	1998-3-9	16,978,944.96	77.21	16,634,600.67	77.44
24	汇丰晋信基金	2005-10-1	781,689.00	76.7	784,194.81	77.74
25	汇添富基金	2005-1-3	4,102,500.90	81.59	3,715,702.05	70.91

序号	基金公司	成立日期	2011－3－31		2011－6－30	
			公允价值(万元)	占总资产比(%)	公允价值(万元)	占总资产比(%)
26	嘉实基金	1999－3－25	10,799,786.93	73.3	9,772,870.85	69.31
27	建信基金	2005－9－9	2,727,540.22	66.84	2,431,212.88	62.5
28	交银施罗德基金	2005－7－26	3,714,716.29	76.49	2,992,710.72	65.33
29	金鹰基金	2002－12－25	583,177.31	80.52	543,209.20	80.88
30	金元比联基金	2006－11－25	66,336.03	62.21	58,164.13	62.38
31	景顺长城基金	2003－6－12	3,973,947.13	87.05	3,744,498.20	83.6
32	民生加银基金	2008－10－15	160,317.17	54.23	200,181.31	83.19
33	摩根士丹利华鑫基金	2003－3－3	767,480.00	66.16	594,955.22	55.05
34	南方基金	1998－3－6	6,894,041.06	61.91	6,732,631.66	61.94
35	纽银西部基金	2010－7－20	79,528.23	80.94	74,817.69	93.29
36	农银汇理基金	2008－2－25	981,023.72	72.06	1,318,220.33	86.34
37	诺安基金	2003－12－9	3,638,820.12	73.07	3,313,159.01	67.5
38	诺德基金	2006－5－11	306,903.93	81.06	273,078.57	80.48
39	鹏华基金	1998－12－22	3,843,591.62	80.34	3,656,629.28	77.67
40	浦银安盛基金	2007－7－17	124,994.14	86.17	104,627.88	71.31
41	融通基金	2001－5－22	4,065,074.64	81.71	3,888,610.40	83.12
42	上投摩根基金	2004－4－12	3,833,065.65	68.85	3,772,096.03	70.03
43	申万菱信基金	2003－12－15	996,060.41	84.41	928,210.89	77.92
44	泰达宏利基金	2002－7－4	2,001,242.34	77.72	1,821,896.06	73.95
45	泰信基金	2003－5－8	798,947.49	81.12	710,568.43	76.52
46	天弘基金	2004－10－8	308,069.13	43.96	247,768.09	39.31
47	天治基金	2003－5－27	347,634.58	86.66	292,007.82	78.36
48	万家基金	2002－8－23	860,897.44	70.92	915,901.41	71.21
49	新华基金	2004－12－9	556,744.63	89.84	528,163.39	89.56
50	信诚基金	2005－8－22	1,104,847.74	74.26	832,299.72	63.51
51	信达澳银基金	2006－4－17	669,142.50	90.24	612,149.09	87.92
52	兴业基金	2003－9－30	2,806,730.40	78.34	2,312,348.93	72.27
53	易方达基金	2001－4－17	11,873,433.81	76.93	11,000,521.91	76.62
54	益民基金	2005－12－12	445,119.21	73.06	448,296.96	79.31
55	银河基金	2002－5－14	941,968.37	70.02	867,267.64	70.53
56	银华基金	2001－5－28	5,567,347.87	74.96	5,023,744.09	71.08
57	招商基金	2002－12－27	1,986,787.59	60.98	1,750,963.71	53.38
58	中海基金	2004－3－18	1,248,345.91	78.17	1,044,338.26	71
59	中欧基金	2006－7－19	224,577.16	43.07	248,552.45	46.98
60	中银基金	2004－6－12	2,091,749.26	62.55	1,840,460.24	56.85
61	中邮创业基金	2006－2－14	3,546,464.89	92.1	2,973,004.11	86.21

2011年上半年基金管理公司资产规模排行

序号	基金公司	成立日期	基金公司管理资产(万元)	旗下基金(只)	各类基金规模(万元)						基金经理人数
					股票型	债券型	混合型	货币型	封闭式	QDII	
1	华夏基金	1998－3－9	22,579,665.01	32	9,351,905.58	1,044,017.44	7,777,235.47	2,059,190.03	512,784.87	1,834,531.63	31
2	易方达基金	2001－4－17	15,266,567.69	39	8,809,366.50	577,619.14	4,293,592.57	900,908.69	668,862.35	16,218.43	22
3	嘉实基金	1999－3－25	14,791,449.85	37	5,387,955.87	1,070,380.21	5,165,179.92	1,312,952.66	523,687.39	1,331,293.80	21
4	南方基金	1998－3－6	11,794,804.07	39	5,468,846.37	530,569.47	2,406,383.54	1,410,294.23	529,071.49	1,449,638.97	30
5	博时基金	1998－7－13	10,967,153.92	37	6,111,746.11	740,477.07	2,853,774.76	547,070.05	565,743.77	148,342.16	27
6	广发基金	2003－7－5	10,161,231.53	22	4,905,367.19	214,870.92	4,405,885.40	617,587.45	0	17,520.58	20
7	大成基金	1999－4－12	8,874,280.34	33	2,254,907.02	459,005.84	4,933,166.46	144,341.21	1,065,676.50	17,183.31	20
8	华安基金	1998－5－4	7,634,534.98	33	4,620,694.50	346,720.32	1,376,912.80	716,667.98	544,919.05	28,620.32	25
9	银华基金	2001－5－28	7,310,828.75	35	5,496,991.82	280,733.31	1,075,886.04	96,577.78	300,445.34	60,194.45	30
10	富国基金	1999－4－13	6,541,663.40	34	2,746,250.50	866,418.05	1,427,827.49	123,946.29	1,349,716.12	27,504.96	21
11	工银瑞信基金	2005－6－21	6,531,597.81	25	3,138,344.30	1,687,455.89	647,630.71	477,622.99	442,877.41	137,666.51	17
12	上投摩根基金	2004－4－12	5,451,329.57	18	1,975,358.95	22,560.88	1,009,854.31	936,070.52	0	1,507,484.91	19
13	汇添富基金	2005－1－3	5,401,615.97	23	4,427,250.66	177,452.05	623,420.18	163,706.18	0	9,786.90	14
14	交银施罗德基金	2005－7－26	5,140,041.84	21	3,705,291.56	199,272.72	857,529.59	96,208.14	258,394.33	23,345.49	13
15	鹏华基金	1998－12－22	5,020,330.87	34	2,252,229.51	514,673.48	1,502,394.30	192,418.74	542,310.13	16,304.71	17
16	诺安基金	2003－12－9	4,968,793.99	19	3,491,296.50	115,741.53	1,044,023.13	144,870.10	0	172,862.72	13

序号	基金公司	成立日期	基金公司管理资产(万元)	旗下基金(只)	各类基金规模(万元)						基金经理人数
					股票型	债券型	混合型	货币型	封闭式	QDII	
17	融通基金	2001-5-22	4,709,627.70	13	2,608,229.07	33,492.19	1,796,500.11	19,147.81	252,258.53	0	13
18	景顺长城基金	2003-6-12	4,553,341.00	17	3,950,584.33	67,722.44	514,750.63	20,283.60	0	0	10
19	国泰基金	1998-3-5	4,301,825.21	33	1,722,066.65	85,128.06	1,775,117.62	67,361.21	622,275.51	29,876.16	20
20	建信基金	2005-9-9	4,065,754.07	24	1,651,947.38	588,852.61	1,151,521.18	212,899.83	424,310.18	36,222.89	20
21	招商基金	2002-12-27	4,010,251.75	24	1,161,847.17	912,235.06	1,034,341.20	459,940.98	399,230.28	42,657.05	17
22	华宝兴业基金	2003-2-7	3,998,748.78	23	2,899,077.02	183,074.43	744,072.21	149,987.25	0	22,537.87	26
23	海富通基金	2003-4-1	3,986,846.49	24	1,557,124.38	106,914.45	1,929,880.88	348,370.25	0	44,556.54	10
24	国投瑞银基金	2002-6-13	3,879,435.44	25	1,712,851.72	686,777.48	711,836.35	269,889.01	490,505.22	7,575.65	20
25	长盛基金	1999-3-26	3,794,764.61	24	896,614.93	215,454.53	503,859.97	46,808.86	2,126,415.27	5,611.04	17
26	华商基金	2005-9-19	3,784,440.36	12	1,131,740.82	554,706.04	2,097,993.51	0	0	0	9
27	中银基金	2004-6-12	3,644,982.53	17	1,309,284.38	861,740.90	1,017,937.58	389,144.45	0	66,875.22	11
28	中邮创业基金	2006-2-14	3,499,327.35	6	3,278,190.71	0	221,136.64	0	0	0	9
29	长城基金	2001-12-27	3,241,057.81	15	2,060,991.53	91,626.73	834,248.25	54,059.24	200,132.05	0	12
30	兴业基金	2003-9-30	3,213,889.46	13	1,230,108.76	37,389.05	1,925,444.44	20,947.22	0	0	13
31	光大保德信基金	2004-4-22	2,728,052.19	12	2,665,609.93	29,240.64	20,637.44	12,564.17	0	0	10
32	泰达宏利基金	2002-7-4	2,509,384.61	22	2,001,734.35	6,806.37	481,579.41	19,264.48	0	0	13
33	长信基金	2003-4-9	2,007,846.74	16	1,456,778.07	119,436.79	13,478.54	411,982.09	0	6,171.26	12
34	国海富兰克林基金	2004-9-15	1,742,785.70	10	1,623,427.61	16,388.95	102,969.14	0	0	0	8
35	中海基金	2004-3-18	1,701,262.89	13	115,005.92	75,840.17	1,437,177.05	73,239.76	0	0	11
36	国联安基金	2003-3-25	1,637,346.36	18	1,064,984.05	302,272.89	250,933.46	19,155.96	0	0	9
37	华泰柏瑞基金	2004-11-18	1,631,795.64	14	1,308,887.80	15,221.97	286,361.90	10,958.69	0	10,365.29	11
38	农银汇理基金	2008-2-25	1,597,007.14	14	1,339,265.96	37,997.05	123,358.14	96,385.99	0	0	13
39	信诚基金	2005-8-22	1,527,905.90	19	650,492.82	31,192.23	448,670.78	104,676.42	282,454.79	10,418.87	14
40	东吴基金	2004-8-2	1,408,535.45	14	892,695.32	6,762.47	405,972.28	103,105.38	0	0	9
41	万家基金	2002-8-23	1,333,941.56	13	807,951.46	147,357.80	210,538.00	168,094.29	0	0	11
42	银河基金	2002-5-14	1,322,807.66	15	431,869.21	65,710.17	439,250.14	66,643.51	319,334.63	0	13
43	申万菱信基金	2003-12-15	1,211,715.81	16	607,081.63	54,343.99	543,932.20	6,357.99	0	0	12
44	摩根士丹利华鑫基金	2003-3-3	1,089,185.47	9	270,254.60	41,501.64	769,719.30	7,709.93	0	0	10
45	华富基金	2004-3-19	1,029,670.36	11	171,654.39	636,181.76	149,698.18	72,136.03	0	0	9
46	汇丰晋信基金	2005-10-1	1,013,437.08	13	672,994.69	7,844.72	332,597.67	0	0	0	9
47	泰信基金	2003-5-8	969,970.10	12	306,451.49	134,398.04	479,848.77	49,271.80	0	0	19
48	东方基金	2004-6-11	947,116.45	8	27,238.53	66,701.38	819,885.85	33,290.68	0	0	8
49	宝盈基金	2001-5-18	890,093.01	12	494,706.23	156,600.80	61,668.08	11,158.04	165,959.86	0	7
50	金鹰基金	2002-12-25	746,328.25	9	309,573.30	0	436,754.95	0	0	0	7
51	信达澳银基金	2006-4-17	713,904.88	7	689,630.41	14,586.99	9,687.49	0	0	0	11
52	天弘基金	2004-10-8	695,795.61	12	41,802.70	369,286.52	284,706.39	0	0	0	8
53	中欧基金	2006-7-19	599,395.80	14	270,758.10	63,129.90	10,020.88	0	255,486.92	0	13
54	新华基金	2004-12-9	594,497.40	7	371,650.71	0	222,846.69	0	0	0	7
55	益民基金	2005-12-12	567,184.72	4	0	7,460.50	553,515.67	6,208.55	0	0	3
56	天治基金	2003-5-27	378,150.33	9	303,506.22	5,428.56	42,926.28	26,289.27	0	0	7
57	诺德基金	2006-5-11	343,115.51	6	326,489.10	6,421.72	10,204.69	0	0	0	8
58	民生加银基金	2008-10-15	284,036.95	7	190,977.99	55,204.36	37,854.59	0	0	0	6
59	浦银安盛基金	2007-7-17	177,324.98	11	108,815.71	8,200.06	11,420.46	48,888.75	0	0	5
60	金元比联基金	2006-11-25	98,031.68	7	33,174.90	7,882.27	56,974.50	0	0	0	6
61	纽银西部基金	2010-7-20	82,111.55	2	82,111.55	0	0	0	0	0	2

2011 年上半年基金管理公司资产配置一览

序号	基金公司	成立日期	基金公司管理资产(万元)	股票投资(元)		债券投资(元)		银行存款与结算备付金(元)		其他(元)	
				公允价值	占总资产比(%)	公允价值	占总资产比(%)	金额	占总资产比(%)	其他	占总资产比(%)
1	宝盈基金	2001-5-18	890,093.01	5,787,628,910.93	65.02	1,873,562,140.04	21.05	831,578,693.61	9.34	408,160,324.45	4.59
2	博时基金	1998-7-13	10,967,153.92	70,185,120,884.39	64	22,181,780,656.74	20.23	8,583,440,920.39	7.83	8,721,196,774.83	7.95
3	长城基金	2001-12-27	3,241,057.81	25,557,785,569.53	78.86	2,810,793,258.52	8.67	2,822,859,234.76	8.71	1,219,140,004.17	3.76
4	长盛基金	1999-3-26	3,794,764.61	26,935,540,956.13	70.98	3,513,172,960.48	9.26	3,704,556,633.41	9.76	3,794,375,538.97	10
5	长信基金	2003-4-9	2,007,846.74	12,950,045,843.44	64.5	3,601,868,800.06	17.94	1,894,373,718.93	9.43	1,632,179,008.80	8.13
6	大成基金	1999-4-12	8,874,280.34	68,006,736,925.55	76.63	12,714,031,349.18	14.33	4,868,803,261.88	5.49	3,153,231,883.99	3.55
7	东方基金	2004-6-11	947,116.45	4,261,607,311.17	45	2,932,817,572.71	30.97	705,312,287.86	7.45	1,571,427,310.14	16.59

序号	基金公司	成立日期	基金公司管理资产（万元）	股票投资（元）		债券投资（元）		银行存款与结算备付金（元）		其他（元）	
				公允价值	占总资产比（%）	公允价值	占总资产比（%）	金额	占总资产比（%）	其他	占总资产比（%）
8	东吴基金	2004－8－2	1,408,535.45	11,081,059,120.02	78.67	1,295,358,672.52	9.2	1,353,582,062.67	9.61	355,354,643.81	2.52
9	富国基金	1999－4－13	6,541,663.40	42,838,596,426.45	65.49	18,304,770,298.77	27.98	1,548,879,819.67	2.37	2,724,387,447.17	4.16
10	工银瑞信基金	2005－6－21	6,531,597.81	34,109,147,957.88	52.22	24,435,503,682.61	37.41	3,444,261,578.17	5.27	3,327,064,848.42	5.09
11	光大保德信基金	2004－4－22	2,728,052.19	24,196,164,596.65	88.69	486,101,564.30	1.78	2,260,287,047.68	8.29	337,968,685.61	1.24
12	广发基金	2003－7－5	10,161,231.53	76,996,560,501.51	75.77	11,041,067,236.90	10.87	8,633,622,150.31	8.5	4,941,065,455.28	4.86
13	国海富兰克林基金	2004－9－15	1,742,785.70	14,398,764,725.85	82.62	761,780,691.91	4.37	1,736,013,761.20	9.96	531,297,821.79	3.05
14	国联安基金	2003－3－25	1,637,346.36	10,721,390,853.49	65.48	3,492,987,572.97	21.33	1,002,875,702.56	6.13	1,156,209,498.87	7.06
15	国泰基金	1998－3－5	4,301,825.21	31,101,048,316.73	72.3	6,147,128,456.51	14.29	2,589,968,546.74	6.02	3,180,106,775.77	7.39
16	国投瑞银基金	2002－6－13	3,879,435.44	22,998,271,587.89	59.28	8,675,711,111.04	22.36	4,439,537,455.63	11.44	2,680,834,201.48	6.91
17	海富通基金	2003－4－1	3,986,846.49	27,368,634,562.53	68.65	6,837,632,786.35	17.15	2,283,732,810.10	5.73	3,378,464,777.20	8.47
18	华安基金	1998－5－4	7,634,534.98	52,696,759,977.62	69.02	13,979,407,225.86	18.31	5,461,444,589.05	7.15	4,207,737,990.06	5.51
19	华宝兴业基金	2003－2－7	3,998,748.78	29,990,776,215.68	75	2,769,228,070.74	6.93	3,263,348,937.59	8.16	3,964,134,567.20	9.91
20	华富基金	2004－3－19	1,029,670.36	3,563,647,759.01	34.61	5,912,054,694.83	57.42	363,135,696.40	3.53	457,865,441.57	4.45
21	华商基金	2005－9－19	3,784,440.36	26,030,080,181.41	68.78	7,327,864,408.44	19.36	2,397,858,825.50	6.34	2,088,600,228.02	5.52
22	华泰柏瑞基金	2004－11－18	1,631,795.64	13,516,935,476.03	82.83	184,042,213.23	1.13	2,150,623,449.20	13.18	466,355,259.86	2.86
23	华夏基金	1998－3－9	22,579,665.01	166,346,006,660.45	73.67	34,455,903,779.49	15.26	13,145,517,495.96	5.82	11,849,222,204.66	5.25
24	汇丰晋信基金	2005－10－1	1,013,437.08	7,841,948,068.56	77.38	198,351,425.46	1.96	1,653,997,989.21	16.32	440,073,308.97	4.34
25	汇添富基金	2005－1－3	5,401,615.97	37,157,020,538.78	68.79	6,016,775,795.43	11.14	6,272,671,376.08	11.61	4,569,692,036.99	8.46
26	嘉实基金	1999－3－25	14,791,449.85	97,728,708,538.61	66.07	25,062,539,234.48	16.94	14,042,704,735.29	9.49	11,080,545,951.87	7.49
27	建信基金	2005－9－9	4,065,754.07	24,312,128,819.43	59.8	10,670,849,728.17	26.25	3,883,794,708.82	9.55	1,790,767,461.38	4.4
28	交银施罗德基金	2005－7－26	5,140,041.84	29,927,107,158.52	58.22	7,364,171,518.93	14.33	5,567,005,657.27	10.83	8,542,134,039.26	16.62
29	金鹰基金	2002－12－25	746,328.25	5,432,091,977.23	72.78	851,868,613.60	11.41	458,948,970.77	6.15	720,372,981.60	9.65
30	金元比联基金	2006－11－25	98,031.68	581,641,283.81	59.33	264,883,686.70	27.02	68,095,625.44	6.95	65,696,184.04	6.7
31	景顺长城基金	2003－6－12	4,553,341.00	37,444,982,045.99	82.24	2,701,454,843.86	5.93	4,414,217,416.28	9.69	972,755,710.39	2.14
32	民生加银基金	2008－10－15	284,036.95	2,001,813,122.61	70.48	628,639,789.20	22.13	106,697,980.58	3.76	103,218,594.56	3.63
33	摩根士丹利华鑫基金	2003－3－3	1,089,185.47	5,949,552,244.52	54.62	1,598,307,296.29	14.67	806,284,101.41	7.4	2,537,711,077.95	23.3
34	南方基金	1998－3－6	11,794,804.07	67,326,316,638.41	57.08	23,105,909,926.81	19.59	8,931,565,912.86	7.57	18,584,248,192.12	15.76
35	纽银西部基金	2010－7－20	82,111.55	748,176,897.52	91.12	0	0	64,067,353.79	7.8	0	0
36	农银汇理基金	2008－2－25	1,597,007.14	13,182,203,305.50	82.54	1,199,500,541.88	7.51	1,187,971,810.08	7.44	400,395,767.05	2.51
37	诺安基金	2003－12－9	4,968,793.99	33,131,590,060.20	66.68	3,544,952,098.60	7.13	9,417,627,897.05	18.95	3,593,769,835.78	7.23
38	诺德基金	2006－5－11	343,115.51	2,730,785,675.66	79.59	590,265,713.82	17.2	53,979,738.58	1.57	56,123,981.33	1.64
39	鹏华基金	1998－12－22	5,020,330.87	36,566,292,791.05	72.84	9,371,115,905.20	18.67	2,845,618,737.82	5.67	1,420,281,228.54	2.83
40	浦银安盛基金	2007－7－17	177,324.98	1,046,278,843.00	59	388,315,990.98	21.9	206,341,256.47	11.64	132,313,730.11	7.46
41	融通基金	2001－5－22	4,709,627.70	38,886,104,044.63	82.57	5,009,642,680.56	10.64	2,715,921,794.38	5.77	484,608,468.80	1.03
42	上投摩根基金	2004－4－12	5,451,329.57	37,720,960,318.70	69.2	7,287,558,762.86	13.37	4,199,184,968.79	7.7	5,305,591,694.72	9.73
43	申万菱信基金	2003－12－15	1,211,715.81	9,282,108,910.46	76.6	756,226,656.77	6.24	1,809,427,398.51	14.93	269,395,127.75	2.22
44	泰达宏利基金	2002－7－4	2,509,384.61	18,218,960,553.43	72.6	2,197,509,914.38	8.76	3,176,672,615.49	12.66	1,500,703,010.97	5.98
45	泰信基金	2003－5－8	969,970.10	7,105,684,282.52	73.26	1,612,635,554.68	16.63	640,800,809.13	6.61	340,580,366.56	3.51
46	天弘基金	2004－10－8	695,795.61	2,477,680,885.89	35.61	4,108,691,743.60	59.05	225,730,765.14	3.24	145,852,738.06	2.1
47	天治基金	2003－5－27	378,150.33	2,920,078,157.49	77.22	276,597,127.78	7.31	441,590,553.31	11.68	143,237,452.05	3.79
48	万家基金	2002－8－23	1,333,941.56	9,159,014,114.60	68.66	2,149,645,915.72	16.11	762,389,541.20	5.72	1,268,365,986.19	9.51
49	新华基金	2004－12－9	594,497.40	5,281,633,855.74	88.84	199,580,990.80	3.36	366,597,195.50	6.17	97,161,952.13	1.63
50	信诚基金	2005－8－22	1,527,905.90	8,322,997,165.32	54.47	3,078,226,677.75	20.15	2,914,257,773.48	19.07	963,577,363.73	6.31
51	信达澳银基金	2006－4－17	713,904.88	6,121,490,866.37	85.75	193,503,686.48	2.71	588,388,952.67	8.24	235,665,326.28	3.3
52	兴业基金	2003－9－30	3,213,889.46	23,123,489,251.42	71.95	4,158,285,621.15	12.94	1,268,033,477.38	3.95	3,589,086,299.71	11.17
53	易方达基金	2001－4－17	15,266,567.69	110,005,219,147.18	72.06	19,110,998,207.38	12.52	9,029,504,993.24	5.91	14,519,954,516.40	9.51
54	益民基金	2005－12－12	567,184.72	4,482,969,607.00	79.04	336,857,405.04	5.94	626,280,716.84	11.04	225,739,439.12	3.98
55	银河基金	2002－5－14	1,322,807.66	8,672,676,386.92	65.56	2 998,211,377.77	22.67	827,122,880.14	6.25	730,065,953.12	5.52
56	银华基金	2001－5－28	7,310,828.75	50,237,440,931.09	68.72	12 118,627,906.51	16.58	7,334,264,704.04	10.03	3,417,953,919.14	4.68
57	招商基金	2002－12－27	4,010,251.75	17,509,637,142.27	43.66	16,765,985,696.70	41.81	3,162,441,971.09	7.89	2,664,452,642.35	6.64
58	中海基金	2004－3－18	1,701,262.89	10,443,382,550.78	61.39	1,246,554,451.45	7.33	3,807,035,682.48	22.38	1,515,656,257.73	8.91
59	中欧基金	2006－7－19	599,395.80	2,485,524,492.16	41.47	2,950,795,099.25	49.23	330,191,936.10	5.51	227,446,522.05	3.79
60	中银基金	2004－6－12	3,644,982.53	18,404,602,378.94	50.49	11,693,736,608.27	32.08	2,933,695,152.65	8.05	3,417,791,155.70	9.38
61	中邮创业基金	2006－2－14	3,499,327.35	29,730,041,125.16	84.96	917,067,000.00	2.62	4,245,757,444.23	12.13	100,407,978.11	0.29

2011 年中期基金存量持有人统计表

	2011 年中期	2010 年中期	2011 年中期较 2010 年中期减少比例(%)
基金存量持有人总户数(万户)	9160.75	9965.62	8.08
混合基金存量持有人总户数(万户)	2922.28	3344.34	12.62
股票基金存量持有人总户数(万户)	5349.35	5727.3	6.6

2011 上半年各类基金股票换手率一览表

基金类型	2011 年上半年	2010 年上半年	同比增减
封闭式	101.97%	83.13%	18.84%
开放式	109.98%	115.26%	-5.28%
开放式股票型	115.94%	115.20%	0.74%
开放式混合型	101.00%	115.33%	-14.33%
全部基金	109.58%	113.62%	4.04%

2011 上半年各类基金盈亏情况一览表

基金类型	2011 年上半年
全部基金利润总额(亿元)(含 QDII)	-1254.33
股票型基金利润总额(亿元)	-789.45
混合型基金利润总额(亿元)	-478.55
QDII 基金利润总额(亿元)	-5.66
债券型基金利润总额(亿元)	-6.01
货币型基金利润总额(亿元)	25.24
保本基金利润总额(亿元)	0.11

2011 上半年基金公司管理费收入 15 强

基金管理人	基金数量(只)	2011 上半年管理费(亿元)	2010 上半年管理费(亿元)	同比增速
华夏基金	25	13.28	14.6	-9.04%
嘉实基金	24	8.65	7.99	8.30%
易方达基金	25	8.19	8.03	1.96%
南方基金	27	7.2	7.35	-1.93%
广发基金	16	6.87	6.61	4.02%
大成基金	23	6.32	5.69	11.07%
博时基金	25	5.98	6.76	-11.57%
银华基金	19	4.92	4.68	5.27%
华安基金	21	4.4	4.74	-7.10%
上投摩根基金	13	3.86	4.06	-4.79%
富国基金	21	3.84	3.73	2.79%
汇添富基金	14	3.66	3.45	6.12%
诺安基金	14	3.43	3.18	7.87%
景顺长城基金	13	3.41	3.62	-5.60%
鹏华基金	22	3.31	3.52	-5.91%

2011 上半年尾随佣金比例最高的 15 只基金

基金简称	基金公司	基金类型	设立日期	客户维护费占管理费的比例
大摩消费	摩根士丹利华鑫基金	混合 - > 灵活配置型	20101203	65.15%
鹏华环球发现	鹏华基金	QDII	20101012	61.52%
建信内生动力	建信基金	股票 - > 积极型	20101116	61.49%
银华通胀主题	银华基金	QDII	20101206	55.43%
建信全球机遇	建信基金	QDII	20100914	53.07%
长盛 300	长盛基金	股票 - > 增强指数型	20100804	52.75%
华宝产业	华宝兴业基金	股票 - > 积极型	20101207	51.35%
融通深成	融通基金	股票 - > 纯指数型	20101115	48.55%
东吴产业	东吴基金	股票 - > 纯指数型	20110201	48.51%
天弘深成	天弘基金	股票 - > 纯指数型	20100812	45.91%
新华优选	新华基金	股票 - > 积极型	20110128	45.61%
大摩成长	摩根士丹利华鑫基金	股票 - > 积极型	20100518	45.45%
上投新兴	上投摩根基金	QDII	20110130	45.24%
富国全球债券	富国基金	QDII	20101020	44.94%
招商金砖	招商基金	QDII	20110211	44.10%

2011 年各类型基金收益排名

股票型 - 指数型

	证券代码	证券简称	2011 年净值增长率	同类排名
前五	161211	国投瑞银沪深 300 金融地产指数	-13.75%	1/73
	160716	嘉实基本面 50 指数(LOF)	-14.56%	2/73
	510030	华宝兴业上证 180 价值 ETF	-14.84%	3/73
	100032	富国天鼎中证指数增强	-15.51%	4/73
	310398	申万菱信沪深 300 价值指数	-16.39%	5/73
后五	162711	广发中证 500 指数(LOF)	-32.51%	69/73
	160119	南方中证 500 指数(LOF)	-32.72%	70/73
	160616	鹏华中证 500 指数(LOF)	-33.24%	71/73
	510170	国联安上证大宗商品股票 ETF	-34.68%	72/73
	159902	华夏中小板 ETF	-36.71%	73/73

股票型——一般股票型

	证券代码	证券简称	2011 年净值增长率	同类排名
前五	160505	博时主题行业股票(LOF)	-9.63%	1/234
	160607	鹏华价值优势股票(LOF)	-9.93%	2/234
	400007	东方策略成长股票	-10.95%	3/234
	200008	长城品牌优选股票	-12.12%	4/234
	288002	华夏收入股票	-12.15%	5/234
后五	210003	金鹰行业优势股票	-37.48%	230/234
	90009	大成行业轮动股票	-38.12%	231/234
	630006	华商产业升级股票	-39.58%	232/234
	161611	融通内需驱动股票	-40.20%	233/234
	161810	银华内需精选股票(LOF)	-41.78%	234/234

混合型——激进混合型

	证券代码	证券简称	2011 年净值增长率	同类排名
前五	519091	新华泛资源优势混合	-9.46%	1/120
	100022	富国天瑞强势混合	-11.31%	2/120
	80002	长盛创新先锋混合	-11.62%	3/120
	121006	国投瑞银稳健增长混合	-12.73%	4/120
	166002	中欧新蓝筹混合	-13.94%	5/120
后五	630001	华商领先企业混合	-33.40%	116/120
	161606	融通行业景气混合	-35.34%	117/120
	410001	华富竞争力优选混合	-36.39%	118/120
	398021	中海能源策略混合	-37.38%	119/120
	270007	广发大盘成长混合	-38.99%	120/120

债券型——激进债券型

	证券代码	证券简称	2011 年净值增长率	同类排名
前五	160612	鹏华丰收债券	4.36%	1/77
	50016	博时宏观回报债券(A/B 类)	3.12%	2/77
	50116	博时宏观回报债券(C 类)	2.82%	3/77
	485111	工银瑞信双利债券(A 类)	2.58%	4/77
	485011	工银瑞信双利债券(B 类)	2.09%	5/77
后五	100037	富国优化增强债券(C 类)	-10.43%	73/77
	630107	华商稳健双利债券(B 类)	-10.65%	74/77
	50119	博时转债增强债券(C 类)	-10.66%	75/77
	100051	富国可转债债券	-11.43%	76/77
	620003	金元比联丰利债券	-11.57%	77/77

债券型——稳健债券型

	证券代码	证券简称	2011 年净值增长率	同类排名
前五	270009	广发增强债券	6.2132	1/68
	40019	华安稳固收益	4.3956	2/68
	360008	光大保德信收益 A	3.5651	3/68
	163806	中银稳健增利	3.5152	4/68
	360009	光大保德信收益 C	2.8742	5/68
后五	630103	华商收益增强 B	-8.1877	64/68
	410004	华富收益增强 A	-9.5248	65/68
	410005	华富收益增强 B	-9.8775	66/68
	50106	博时稳定价值 A	-10.478	67/68
	50006	博时稳定价值 B	-10.8009	68/68

债券型——纯债债券型

证券代码	证券简称	2011 年净值增长率	同类排名
217003	招商安泰债券(A 类)	5.75%	1/7
217203	招商安泰债券(B 类)	5.37%	2/7
70009	嘉实超短债债券	3.55%	3/7
519985	长信中短债债券	-0.07%	4/7
371020	上投摩根纯债债券(A 类)	-0.29%	5/7
371120	上投摩根纯债债券(B 类)	-0.78%	6/7
161603	融通债券	-4.10%	7/7

QDII

	证券代码	证券简称	2011 年净值增长率	同类排名
前五	160213	国泰纳斯达克 100 指数	-3.08%	1/27
	100050	富国全球债券-FOF	-4.30%	2/27
	161815	银华抗通胀主题-FOF-LOF	-14.91%	3/27
	206006	鹏华环球发现-FOF	-16.40%	4/27
	183001	银华全球优选-FOF	-16.84%	5/27
后五	519696	交银环球精选股票	-23.90%	23/27
	70012	嘉实海外中国股票	-24.08%	24/27
	460010	华泰柏瑞亚洲领导企业股票	-25.27%	25/27
	377016	上投摩根亚太优势股票	-26.88%	26/27
	118001	易方达亚洲精选股票	-26.96%	27/27

货币型-A 型

	证券代码	证券简称	2011 年净值增长率	同类排名
前五	270004	广发货币(A 类)	4.15%	1/46
	519508	万家货币	4.08%	2/46
	202301	南方现金增利货币(A 类)	4.01%	3/46
	410002	华富货币	3.99%	4/46
	400005	东方金账簿货币	3.94%	5/46

	证券代码	证券简称	2011 年净值增长率	同类排名
后五	180008	银华货币(A 类)	2.88%	42/46
	370010	上投摩根货币(A 类)	2.58%	43/46
	460006	华泰柏瑞货币(A 类)	2.34%	44/46
	260102	景顺长城货币(A 类)	2.25%	45/46
	560001	益民货币	1.90%	46/46

货币型-B 型

	证券代码	证券简称	2011 年净值增长率	同类排名
前五	270014	广发货币(B 类)	4.39%	1/23
	202302	南方现金增利货币(B 类)	4.26%	2/23
	519998	长信利息收益货币(B 类)	4.18%	3/23
	519506	海富通货币(B 类)	4.17%	4/23
	110016	易方达货币(B 类)	4.16%	5/23
后五	213909	宝盈货币(B 类)	3.40%	19/23
	180009	银华货币(B 类)	3.13%	20/23
	37001b	上投摩根货币(B 类)	2.82%	21/23
	460106	华泰柏瑞货币(B 类)	2.58%	22/23
	260202	景顺长城货币(B 类)	2.50%	23/23

封闭式-封闭权益

	证券代码	证券简称	2011 年净值增长率	同类排名
前五	184692	博时裕隆封闭	-12.09%	1/28
	150003	建信优势动力股票封闭	-15.24%	2/28
	500005	富国汉盛封闭	-16.09%	3/28
	500018	华夏兴和封闭	-16.80%	4/28
	500008	华夏兴华封闭	-18.45%	5/28
后五	184721	嘉实丰和封闭	-26.68%	24/28
	184691	大成景宏封闭	-28.02%	25/28
	150002	大成优选股票封闭	-29.56%	26/28
	500038	融通通乾封闭	-29.59%	27/28
	184701	大成景福封闭	-29.92%	28/28

封闭式-封闭债

证券代码	证券简称	2011 年净值增长率	同类排名
161713	招商信用添利债券封闭	3.31%	1/8
161014	富国汇利债券分级封闭	2.21%	2/8
160617	鹏华丰润债券封闭	2.19%	3/8
164206	天弘添利债券分级	2.14%	4/8
161115	易方达岁丰添利债券封闭	1.19%	5/8
161813	银华信用债券封闭	-0.70%	6/8
165509	信诚增强收益债券封闭	-1.20%	7/8
164105	华富强化回报债券封闭	-2.51%	8/8

2011 上半年偏股型基金收益排行前十(2011.06.30)

序号	基金代码	基金简称	份额净值(元)	份额累计净值(元)	还原后份额累计净值(元)	日净值增长率	2011 年以来净值增长率
1	202007	南方隆元产业主题股票	0.76	0.76	2.9269	1.06%	6.89%
2	160607	鹏华价值优势股票(LOF)	0.859	0.859	2.6616	1.54%	6.58%
3	100032	富国天鼎中证指数增强	1.215	1.59	1.7896	1.59%	4.32%
4	160505	博时主题行业股票(LOF)	1.808	3.536	–	1.23%	4.00%
5	200008	长城品牌优选股票	0.7967	0.7967	–	0.82%	3.98%
6	100038	富国沪深 300 指数增强	0.987	0.987	–	1.86%	3.79%
7	100022	富国天瑞强势混合	0.8072	0.9172	3.3465	1.88%	3.47%
8	161907	万家中证红利指数(LOF)	1.0296	1.0296	–	1.29%	2.96%
9	150018	银华稳进	1.028	1.028	1.063	0.00%	2.80%
10	150022	申万菱信收益	1.029	1.029	1.039	0.10%	2.77%

2011 年基金公司资产净值和份额规模排名

序号	基金管理公司简称	管理基金资产净值(亿元)(剔除联接基金重复部分口径)	管理基金资产净值市场占比(%)(剔除联接基金重复部分口径)	管理基金资产净值排名(剔除联接基金重复部分口径)	管理基金份额规模(亿份)(剔除联接基金重复部分口径)	管理基金份额规模市场占比(%)(剔除联接基金重复部分口径)	管理基金份额规模排名(剔除联接基金重复部分口径)
1	华夏	1,790.88	8.26%	1/66	1,756.02	6.71%	1/66
2	嘉实	1,374.98	6.34%	2/66	1,653.44	6.31%	2/66
3	易方达	1,356.37	6.26%	3/66	1,635.05	6.24%	3/66
4	南方	1,134.78	5.23%	4/66	1,321.17	5.05%	5/66
5	博时	1,083.75	5.00%	5/66	1,367.69	5.22%	4/66
6	广发	978.63	4.51%	6/66	1,114.92	4.26%	6/66
7	华安	781.78	3.61%	7/66	972.99	3.72%	9/66
8	大成	728.96	3.36%	8/66	993.45	3.79%	7/66
9	工银瑞信	690.27	3.18%	9/66	980.95	3.75%	8/66
10	银华	651.23	3.00%	10/66	691.49	2.64%	10/66
11	富国	594.64	2.74%	11/66	673.03	2.57%	11/66
12	上投摩根	500.09	2.31%	12/66	588.88	2.25%	14/66
13	鹏华	498.21	2.30%	13/66	572.41	2.19%	16/66
14	汇添富	487.13	2.25%	14/66	603.91	2.31%	12/66
15	建信	480.69	2.22%	15/66	596.01	2.28%	13/66
16	诺安	460.35	2.12%	16/66	576.03	2.20%	15/66
17	交银施罗德	450.99	2.08%	17/66	510.5	1.95%	18/66
18	中银	434.65	2.00%	18/66	503.01	1.92%	20/66
19	国泰	429.65	1.98%	19/66	557.32	2.13%	17/66
20	长盛	403.45	1.86%	20/66	466.66	1.78%	22/66
21	融通	394.37	1.82%	21/66	494.28	1.89%	21/66
22	景顺长城	384.07	1.77%	22/66	503.46	1.92%	19/66
23	招商	375.04	1.73%	23/66	422.3	1.61%	26/66
24	华宝兴业	363.21	1.68%	24/66	424.65	1.62%	25/66
25	国投瑞银	363.14	1.67%	25/66	455.29	1.74%	23/66
26	海富通	320.83	1.48%	26/66	447.14	1.71%	24/66
27	兴业全球	316.52	1.46%	27/66	314.51	1.20%	29/66
28	长城	281.57	1.30%	28/66	393.96	1.50%	28/66
29	华商	274.14	1.26%	29/66	289	1.10%	31/66
30	中邮创业	251.45	1.16%	30/66	420.41	1.61%	27/66
31	光大保德信	229.53	1.06%	31/66	307.41	1.17%	30/66
32	泰达宏利	219.87	1.01%	32/66	246.59	0.94%	33/66
33	长信	180.81	0.83%	33/66	251.65	0.96%	32/66
34	万家	166.99	0.77%	34/66	237.94	0.91%	34/66
35	国海富兰克林	147.48	0.68%	35/66	163.29	0.62%	38/66
36	农银汇理	145.35	0.67%	36/66	162.87	0.62%	39/66
37	银河	143.63	0.66%	37/66	154.53	0.59%	40/66
38	华泰柏瑞	134.1	0.62%	38/66	201.84	0.77%	35/66
39	信诚	125.61	0.58%	39/66	142.74	0.55%	42/66
40	中海	123.23	0.57%	40/66	197.6	0.75%	36/66

序号	基金管理公司简称	管理基金资产净值(亿元)(剔除联接基金重复部分口径)	管理基金资产净值市场占比(%)(剔除联接基金重复部分口径)	管理基金资产净值排名(剔除联接基金重复部分口径)	管理基金份额规模(亿份)(剔除联接基金重复部分口径)	管理基金份额规模市场占比(%)(剔除联接基金重复部分口径)	管理基金份额规模排名(剔除联接基金重复部分口径)
41	国联安	122.73	0.57%	41/66	147.06	0.56%	41/66
42	申万菱信	119.33	0.55%	42/66	187.53	0.72%	37/66
43	东吴	115.31	0.53%	43/66	142.27	0.54%	43/66
44	摩根士丹利华鑫	99.42	0.46%	44/66	95	0.36%	47/66
45	汇丰晋信	86.77	0.40%	45/66	90.89	0.35%	50/66
46	东方	82.25	0.38%	46/66	93.27	0.36%	49/66
47	泰信	79.64	0.37%	47/66	129.07	0.49%	44/66
48	宝盈	76.06	0.35%	48/66	128.33	0.49%	45/66
49	天弘	73.97	0.34%	49/66	98.9	0.38%	46/66
50	华富	73.92	0.34%	50/66	93.74	0.36%	48/66
51	新华	64.35	0.30%	51/66	62.72	0.24%	53/66
52	金鹰	60.47	0.28%	52/66	85.37	0.33%	51/66
53	信达澳银	58.27	0.27%	53/66	61.7	0.24%	55/66
54	中欧	52.11	0.24%	54/66	61.82	0.24%	54/66
55	民生加银	51.66	0.24%	55/66	57.59	0.22%	57/66
56	益民	45.97	0.21%	56/66	68.41	0.26%	52/66
57	诺德	33.78	0.16%	57/66	42.24	0.16%	58/66
58	天治	33.5	0.15%	58/66	61.61	0.24%	56/66
59	平安大华	27.15	0.13%	59/66	29.61	0.11%	59/66
60	浦银安盛	23.42	0.11%	60/66	26.79	0.10%	60/66
61	方正富邦	13.12	0.06%	61/66	13.13	0.05%	61/66
62	财通	10.58	0.05%	62/66	10.58	0.04%	63/66
63	金元比联	9.7	0.04%	63/66	11.73	0.04%	62/66
64	浙商	7.62	0.04%	64/66	9.1	0.03%	64/66
65	纽银梅隆西部	5.8	0.03%	65/66	7.58	0.03%	65/66
66	富安达	4.21	0.02%	66/66	4.41	0.02%	66/66
全市场统计		21,683.54	100.00%		26,186.83	100.00%	

数据来源:银河证券基金研究中心。

2011 年中国证券投资基金业绩统计报告

(缺 QDII 基金)(简要版)

2011 年 12 月 31 日

一、统计说明

1. 基金管理公司披露了截至 2011 年 12 月 30 日的基金份额净值和份额累计净值。中国银河证券基金研究中心据此推出了《中国证券投资基金 2011 年业绩统计分析报告》,旨在为社会和市场提供一份客观、公正、定量化的基金业绩统计报告。本报告数据由"中国银河证券基金研究评价资讯系统"计算生成。

2. 本报告执行中国银河证券基金研究业务规则和计算标准。主要有以下几点:基金实施份额分级视为产生新基金,债券基金实施份额分级,B 类基金或 C 类基金以份额分级之日作为成立之日,原有的 A 类足 13 周基本建仓期要求后,基金才能参与排序、平均统计和星级评定等评价,份额实施折基金的历史数据不作为 B 类基金的历史数据;封闭式基金转为开放式基金的,根据其转型公告中确定的基金合同生效日作为新基金的成立日期,"老基金"时代的信息和数据不作跟踪;折算的基金区分折算后份额净值和还原后份额净值两个统计口径。

3. 基金分类执行《中国银河证券基金分类体系 2012 版》,该分类体系对全部基金分类细分到三级。对外公布的业绩评价和统计分析采取三级分类体系。

二、业务资质说明

根据中国证券业协会 2010 年 5 月 18 日发布的《关于公布第一批具备协会会员资格基金评价机构名单的通知》(中证协发[2010]65 号文),中国银河证券股份有限公司成为第一批具备协会会员资格的基金评价机构。根据中国证券业协会 2010 年 5 月 18 日发布的《关于同意银河证券基金评价业务备案申请的通知》(中证协发[2010]69 号文),同意中国银河证券股份有限公司基金评价业务备案申请,我司的基金评价业务范围为:基金及基金管理公司评级、单一指标排名。2010 年 5 月 31 日和 2011 年 8 月 31 日我司在《中国证券报》刊登两个整版的《中国银河证券股份有限公司基金评价业务信息披露》公告,履行信息披露义务。目前中国银河证券基金研究中心开展了基金研究、基金评价与基金咨询三大业务,各自推出了一系列的产品及服务。

中国银河证券基金研究中心不对基金业绩计算结果的准确性做任何保证,该报告供社会各界参考。如对计算结果有疑义的,请联系我们。按照证券投资基金信息披露规则,最终各只基金的 2011 年业绩是以经过审计的基金半年报为最后根据。

三、2011 年市场环境简要描述

2011 年证券市场主要指数涨跌幅度如下:上证综合指数(2199.417,25.86,1.19%)下跌 21.68%,上证 A 股指数(2304.116,27.09,1.19%)下跌 21.64%,上证 180 指数(5009.285,70.35,1.42%)下跌 23.14%,上证 50 指数

(1617.613, 21.03, 1.32%) 下跌 18.19%, 沪深 300 (2345.742,34.38,1.49%)指数下跌 25.01%,深证成份指数(8918.816,137.50,1.57%)下跌 28.41%,深证 100 指数下跌 30.30%,中小板指(4920.983,100.67,2.09%)数下跌 37.09%,创业板指数下跌 35.88%,上证国债指数上涨 4.05%。

基金业绩分析一般有与基准的相对收益衡量和自身绝对收益衡量两个角度。业绩排名仅仅是对基金净值增长率进行排序。请结合基金在招募说明书中确定的业绩比较基准和公认的市场比较基准对基金的业绩进行分析。结合股票市场、债券市场和货币市场的收益率有助于理解基金的业绩。各个类型基金的股票持有比例的上限各不相同,例如封闭式基金股票投资的上限是 80%。

表 1　2011 年市场主要指数一览表

序号	指数代码	指数名称	2010.12.31	2011.12.31	2011 年涨跌幅度(%)
1	000001	上证综合指数	2808.08	2199.42	-21.68%
2	000002	上证 A 股指数	2940.24	2304.12	-21.64%
3	000010	上证 180 指数	6517.60	5009.29	-23.14%
4	000016	上证 50 指数	1977.37	1617.61	-18.19%
5	000300	沪深 300 指数	3128.26	2345.74	-25.01%
6	399001	深证成份指数	12458.55	8918.82	-28.41%
7	399004	深证 100 指数	4545.75	3168.23	-30.30%
8	399005	中小板指数	6828.98	4295.86	-37.09%
9	399006	创业板指数	1137.66	729.50	-35.88%
10	000012	上证国债指数	126.28	131.39	4.05%

四、我们的核心观点

1. 考虑仓位因素后,2011 年度股票方向基金略微跑输沪深 300 指数,基金持股还没完全转到沪深 300 上。股票方向基金风格与业绩波动较大。个别股票方向基金跌幅 30%,甚至接近 40%,在有股票仓位限制的情况下,还是出现如此较大幅度的下跌,表明其持有的股票资产的跌幅更大。整体而言,2011 年是继 2008 年后基金行业历史上第二个惨烈下跌的年份,这固然有基础股票市场跌幅等原因,但基金持股跌幅超过沪深 300 指数,还是表明这个行业的投资文化与投资风格有很大问题。如果基金行业主流投资继续较大幅度偏离沪深 300,则其离我国养老金的间接管理者的资格就愈发遥远了。建议基金行业结合监管部门推动的以分红、上市公司价值和养老金入市等为主要内容的改革措施,及时调整投资文化与投资风格,或者在公募体系内部再造真正的价值型投研体系,实施激进型与价值型的"双头"投研体系。否则以 2011 年度主动操作的股票方向基金的业绩、波动和持股特征等情况看,基金行业是难以承担我国几万亿养老金入市的间接管理者的重要责任的。

2. 一级和二级普通债券基金分别平均下跌 2.83% 和 3.79%,应引起基金行业高度重视。股票有大风险,股票基金有中大风险,这些基本常识已深入社会,但在全年债券市场整体平稳的情况下债券基金跌幅较大则不正常。基金行业希望给自己留有操作余地,在债券基金中留有一定比例的股票,允许适度杠杆。事实证明,正是给自己留有余地,反而把"债券基金"的金字招牌在老百姓心目中的地位给毁了。债券基金的产品设计和操作过程均有问题,建议债券基金应该"去股票与去杠杆"化,恢复债券本色,否则债券基金很难吸引中低风险资金的进入。

五、不同类别基金 2011 年平均业绩(算术平均)

按照中国银河证券基金分类体系(2012 版)的三级分类规则,不同类别基金 2011 年平均业绩如下:(备注:未满足 13 周基本建仓期要求的基金未纳入平均值统计)

(1)统计 286 只标准股票型基金,其中纳入统计口径的 217 只基金的平均业绩为 -24.95%;

(2)统计 7 只普通股票型基金,均纳入统计口径,平均业绩为 -21.90%;

(3)统计 120 只标准指数型基金,其中纳入统计口径的 61 只基金的平均业绩为 -22.68%;

(4)统计 21 只增强指数型基金,其中纳入统计口径的 13 只基金的平均业绩为 -21.40%;

(5)统计 12 只股票型分级子基金(优先份额),其中纳入统计口径的 4 只基金的平均业绩为 -3.21%;

(6)统计 12 只股票型分级子基金(进取份额),其中纳入统计口径的 4 只基金的平均业绩为 -37.44%;

(7)统计 43 只偏股型基金(股票上限 95%),均纳入统计口径,平均业绩为 -24.98%;

(8)统计 29 只偏股型基金(股票上限 80%),均纳入统计口径,平均业绩为 -21.07%;

(9)统计 12 只灵活配置型基金(股票上限 95%),均纳入统计口径,平均业绩为 -21.49%;

(10)统计 61 只灵活配置型基金(股票上限 80%),其中纳入统计口径的 48 只基金的平均业绩为 -20.75%;

(11) 统计 14 只股债平衡型基金,均纳入统计口径,平均业绩为 -20.68%;

(12)统计 7 只偏债型基金,均纳入统计口径,平均业绩为 -9.43%;

(13)统计 22 只保本型基金,其中纳入统计口径的 4 只基金的平均业绩为 -0.68%。

(14)统计 6 只特殊策略混合型基金,不计算平均值;

(15)统计 5 只长期标准债券型基金,其中纳入统计口径的 5 只基金的平均业绩为 1.22%。

(16)统计 2 只中短标准债券型基金,不计算平均值;

(17)统计 94 只普通债券型基金(一级),其中纳入统计口径的 65 只基金的平均业绩为 -2.83%;

(18)统计 96 只普通债券型基金(二级),其中纳入统计口径的 64 只基金的平均业绩为 -3.79%;

(19)统计 12 只可转换债券型基金,不计算平均值;

(20)统计 4 只指数型债券基金,不计算平均值;

(21)统计 51 只货币市场 A 级基金,其中纳入统计口径的 45 只基金的平均业绩为 3.48%;

(22)统计28只货币市场B级基金,其中纳入统计口径的21只基金的平均业绩为3.69%。

(25)统计5只封闭式标准股票型基金,其中纳入统计口径的5只基金的平均业绩为-23.97%;

(26)统计25只封闭式普通股票型基金,其中纳入统计口径的25只基金的平均业绩为-21.90%;

(27)统计3只封闭式股票型分级子基金(优先份额),其中纳入统计口径的3只基金的平均业绩为0.21%;

(28)统计3只封闭式股票型分级子基金(进取份额),其中纳入统计口径的3只基金的平均业绩为-47.24%;

(29)统计13只封闭式普通债券型基金(一级),其中纳入统计口径的4只基金的平均业绩为0.60%;

(30)统计5只封闭式普通债券型基金(二级),其中纳入统计口径的1只基金的平均业绩为-1.10%;

(31)统计12只封闭式债券型分级子基金(优先份额),其中纳入统计口径的1只基金的平均业绩为3.85%;

(32)统计12只封闭式债券型分级子基金(进取份额),其中纳入统计口径的1只基金的平均业绩为-1.88%。

表2 不同类型基金2011年平均业绩一览表

净值数据截至日期:2011-12-31

分类序号	基金分类名称	应统计基金数量(只)	参与平均值计算基金数量(只)	2011年净值增长率平均值(%)
	封闭式基金			
7.1.1	封闭式标准股票型基金	5	5	-23.97%
7.1.2	封闭式普通股票型基金	25	25	-21.90%
7.3.1	封闭式股票型分级子基金(优先份额)	3	3	0.21%
7.3.2	封闭式股票型分级子基金(进取份额)	3	3	-47.24%
9.2.1	封闭式普通债券型基金(一级)	13	4	0.60%
9.2.2	封闭式普通债券型基金(二级)	5	1	-1.10%
9.5.1	封闭式债券型分级子基金(优先份额)	12	1	3.85%
9.5.2	封闭式债券型分级子基金(进取份额)	12	1	-1.88%
	开放式基金			
1.1.1	标准股票型基金	286	217	-24.95%
1.1.2	普通股票型基金	7	7	-24.52%
1.2.1	标准指数型基金	120	61	-22.68%
1.2.2	增强指数型基金	21	13	-21.40%
1.3.1	股票型分级子基金(优先份额)	12	4	-3.21%
1.3.2	股票型分级子基金(进取份额)	12	4	-37.44%
2.1.1	偏股型基金(股票上限95%)	43	43	-24.98%
2.1.2	偏股型基金(股票上限80%)	29	29	-21.07%
2.2.1	灵活配置型基金(股票上限95%)	12	12	-21.49%
2.2.2	灵活配置型基金(股票上限80%)	61	48	-20.75%
2.3.1	股债平衡型基金	14	14	-20.68%
2.4.1	偏债型基金	7	7	-9.43%
2.5.1	保本型基金	22	4	-0.68%
2.9.1	特定策略混合型基金	6	6	-17.86%
3.1.1	长期标准债券型基金	5	5	1.22%
3.1.2	中短期标准债券型基金	2	2	1.75%
3.2.1	普通债券型基金(一级)	94	65	-2.83%
3.2.2	普通债券型基金(二级)	96	64	-3.79%
3.3.1	可转换债券型基金	12	——	——
3.4.1	指数型债券基金	4	——	——
3.5.1	债券型分级子基金(优先份额)	2	——	——
3.5.2	债券型分级子基金(进取份额)	2	——	——
5.1.1	货币市场基金(A类)	51	45	3.48%
5.2.1	货币市场基金(B类)	28	21	3.69%

五、不同类别基金历年业绩汇总

表3 不同类别基金历年业绩一览表

分类序号	基金分类名称	2011年	2010年	2009年	2008年	2007年	2006年	2005年
1.1.1	标准股票型基金	-24.95%	2.89%	71.57%	-51.76%	132.78%	131.05%	3.30%
1.1.2	普通股票型基金	-24.52%	4.87%	52.69%	-44.49%	103.45%	117.11%	4.26%

分类序号	基金分类名称	2011 年	2010 年	2009 年	2008 年	2007 年	2006 年	2005 年
1.2.1	标准指数型基金	-22.68%	-11.47%	90.97%	-63.32%	143.85%	123.45%	-4.53%
1.2.2	增强指数型基金	-21.40%	-12.19%	87.67%	-61.40%	138.24%	127.43%	0.83%
2.1.1	偏股型基金(股票上限95%)	-24.98%	5.74%	71.99%	-50.89%	131.08%	123.84%	1.28%
2.1.2	偏股型基金(股票上限80%)	-21.07%	2.34%	53.54%	-45.89%	103.94%	108.93%	3.72%
2.2.1	灵活配置型基金(股票上限95%)	-21.49%	2.70%	64.85%	-50.01%	126.54%	136.54%	9.36%
2.2.2	灵活配置型基金(股票上限80%)	-20.75%	6.41%	53.59%	-48.48%	113.25%	99.64%	1.70%
2.3.1	股债平衡型基金	-20.68%	3.87%	48.50%	-41.21%	97.39%	96.50%	6.03%
2.4.1	偏债型基金	-9.43%	-0.29%	27.20%	-20.94%	71.15%	54.35%	8.40%
2.5.1	保本型基金	-0.68%	7.39%	10.12%	-9.70%	64.53%	35.42%	7.93%
3.1.1	长期标准债券型基金	1.22%	3.38%	1.71%	8.42%	16.62%	9.33%	8.36%
3.1.2	中短期标准债券型基金	1.75%	——	0.65%	5.41%	2.78%	1.72%	0.00%
3.2.1	普通债券型基基金(一级)	-2.83%	8.14%	4.73%	8.00%	17.78%	15.67%	8.92%
3.2.2	普通债券型基基金(二级)	-3.79%	6.36%	5.83%	-0.13%	35.83%	32.89%	12.19%
5.1.1	货币市场基金(A级)	3.48%	1.79%	1.41%	3.53%	3.31%	1.87%	2.43%
5.2.1	货币市场基金(B级)	3.69%	1.93%	1.54%	3.54%	3.52%	1.98%	0.00%
6.1.1	QDII 基金	——	3.58%	57.48%	-43.35%	0.00%	——	——

六、2011 年主要类型基金业绩前 5 名

表 3　不同类别基金历年业绩一览表

序号	基金代码	基金简称	2011 年净值增长率	同类型排名
1.1.1 股票基金-股票型基金-标准股票型基金				
1	160505	博时主题行业股票(LOF)	-9.63%	1/217
2	160607	鹏华价值优势股票(LOF)	-9.93%	2/217
3	400007	东方策略成长股票	-10.95%	3/217
4	200008	长城品牌优选股票	-12.14%	4/217
5	288002	华夏收入股票	-12.15%	5/217
平均			-24.95%	——
1.1.2 股票基金-股票型基金-普通股票型基金				
1	162203	泰达宏利稳定股票	-17.00%	1/7
2	260101	景顺长城优选股票	-19.82%	2/7
3	050004	博时精选股票	-21.27%	3/7
4	040001	华安创新股票	-25.72%	4/7
5	162201	泰达宏利成长股票	-27.17%	5/7
平均			-24.52%	——
1.2.1 股票基金-指数型基金-标准指数型基金				
1	161211	国投瑞银沪深 300 金融地产指数(LOF)	-13.75%	1/61
2	240016	华宝兴业上证 180 价值 ETF 联接	-13.94%	2/61
3	160716	嘉实基本面 50 指数(LOF)	-14.56%	3/61
4	510030	华宝兴业上证 180 价值 ETF	-14.84%	4/61
5	519027	海富通上证周期行业 50ETF 联接	-16.32%	5/61
平均			-22.68%	——
1.2.2 股票基金-指数型基金-增强指数型基金				
1	100032	富国天鼎中证指数增强	-15.51%	1/13
2	100038	富国沪深 300 指数增强	-17.67%	2/13
3	110003	易方达上证 50 指数增强	-18.06%	3/13
4	399001	中海上证 50 指数增强	-19.60%	4/13
5	163808	中银中证 100 指数增强	-19.70%	5/13
平均			-21.40%	——
2.1.1 混合基金-偏股型基金-偏股型基金(股票上限95%)				
1	100022	富国天瑞强势混合	-11.31%	1/43
2	400003	东方精选混合	-14.55%	2/43
3	519087	新华优选分红混合	-16.22%	3/43

序号	基金代码	基金简称	2011 年净值增长率	同类型排名
4	000011	华夏大盘精选混合	-17.10%	4/43
5	398011	中海分红增利混合	-17.91%	5/43
		平均	-24.98%	——
2.1.2 混合基金-偏股型基金-偏股型基金(股票上限80%)				
1	050001	博时价值增长混合	-7.94%	1/29
2	050201	博时价值增长贰号混合	-9.63%	2/29
3	070001	嘉实成长收益混合	-15.51%	3/29
4	519015	海富通精选贰号混合	-15.95%	4/29
5	070003	嘉实稳健混合	-17.63%	5/29
		平均	-21.07%	——
2.2.1 混合基金-灵活配置型基金-灵活配置型基金(股票上限95%)				
1	400001	东方龙混合	-8.39%	1/12
2	163402	兴全趋势投资混合(LOF)	-18.15%	2/12
3	112002	易方达策略成长二号混合	-19.27%	3/12
4	110002	易方达策略成长混合	-19.38%	4/12
5	200007	长城安心回报混合	-20.43%	5/12
		平均	-21.49%	——
2.2.2 混合基金-灵活配置型基金-灵活配置型基金(股票上限80%)				
1	519091	新华泛资源优势混合	-9.46%	1/48
2	080002	长盛创新先锋混合	-11.62%	2/48
3	121006	国投瑞银稳健增长混合	-12.73%	3/48
4	166002	中欧新蓝筹混合	-13.95%	4/48
5	002031	华夏策略混合	-14.25%	5/48
		平均	-20.75%	——
2.3.1 混合基金-股债平衡型基金-股债平衡型基金				
1	180001	银华优势企业混合	-15.31%	1/14
2	100016	富国天源平衡混合	-15.56%	2/14
3	151001	银河稳健混合	-16.65%	3/14
4	483003	工银精选平衡混合	-17.29%	4/14
5	270001	广发聚富混合	-19.30%	5/14
		平均	-20.68%	——
2.4.1 混合基金-偏债型基金-偏债型基金				
1	310318	申万菱信(微博)盛利强化配置混合	-3.35%	1/7
2	162205	泰达宏利风险预算混合	-3.47%	2/7
3	202101	南方宝元债券	-3.82%	3/7
4	121001	国投瑞银融华债券	-8.62%	4/7
5	253010	国联安安心成长混合	-11.70%	5/7
		平均	-9.43%	——
2.5.1 混合基金-保本型基金-保本型基金				
1	180002	银华保本增值混合(三期)	1.41%	1/4
2	519697	交银保本混合	-0.74%	2/4
3	020018	国泰金鹿保本混合(三期)	-1.49%	3/4
4	202202	南方避险增值混合	-1.91%	4/4
		平均	-0.71%	——
3.2.1 债券基金-普通债券型基金-普通债券型基金(一级)				
1	270009	广发增强债券	6.20%	1/65
2	360008	光大保德信增利收益债券(A 类)	3.57%	2/65
3	163806	中银增利债券	3.52%	3/65
4	360009	光大保德信增利收益债券(C 类)	2.87%	4/65
5	160602	鹏华普天债券(A 类)	2.75%	5/65
		平均	-2.84%	——
3.2.2 债券基金-普通债券型基金-普通债券型基金(二级)				

序号	基金代码	基金简称	2011 年净值增长率	同类型排名
1	160612	鹏华丰收债券	4.36%	1/64
2	050016	博时宏观回报债券(A/B 类)	3.22%	2/64
3	050116	博时宏观回报债券(C 类)	2.82%	3/64
4	485111	工银瑞信(微博)双利债券(A 类)	2.58%	4/64
5	485011	工银瑞信双利债券(B 类)	2.09%	5/64
平均			-3.79%	——
5.1.1 货币市场基金－货币市场基金(A 级)－货币市场基金(A 级)				
1	270004	广发货币(A 类)	4.16%	1/45
2	519508	万家货币	4.10%	2/45
3	202301	南方现金增利货币(A 类)	4.03%	3/45
4	410002	华富货币	4.00%	4/45
5	400005	东方金账簿货币	3.96%	5/45
平均			3.48%	——
5.2.1 货币市场基金－货币市场基金(B 级)－货币市场基金(B 级)				
1	270014	广发货币(B 类)	4.41%	1/21
2	202302	南方现金增利货币(B 类)	4.28%	2/21
3	519506	海富通货币(B 类)	4.19%	3/21
4	110016	易方达货币(B 类)	4.17%	4/21
5	392002	中海货币(B 类)	4.10%	5/21
平均			3.69%	——
7.1.1 封闭式标准股票基金				
1	184692	博时裕隆封闭	-12.09%	1/25
2	500005	富国汉盛封闭	-16.09%	2/25
3	500018	华夏兴和封闭	-16.80%	3/25
4	500008	华夏兴华封闭	-18.46%	4/25
5	500009	华安安顺封闭	-18.70%	5/25
平均			-21.90%	——
7.1.2 封闭式普通股票基金				
1	150003	建信优势动力股票封闭	-15.24%	1/25
2	160806	长盛同庆封闭	-24.06%	2/25
3	160212	国泰估值优势可分离封闭	-24.91%	3/25
4	121099	国投瑞银瑞福股票分级封闭	-26.06%	4/25
5	150002	大成优选股票封闭	-29.56%	5/25
平均			-23.97%	——

资料来源:中国银河证券基金研究中心。

第二章　基金托管机构

中国工商银行资产托管部

1998 年 2 月，经中国人民银行和中国证监会批准，中国工商银行成为大陆第一家具备证券投资基金托管资格的商业银行。资产托管部是中国工商银行从事资产托管业务的专业机构，设有总经理室、综合管理处、证券投资基金处、委托资产一处、委托资产二处、全球资产处、托管业务运作中心、交易监督处、研究发展处、信息服务处和内部风险控制处，并在上海、深圳分别设有托管分部。截至 2011 年 12 月末，中国工商银行资产托管部共有员工 145 人，平均年龄 30 岁，95% 以上员工拥有大学本科以上学历，高管人员均拥有研究生以上学历或高级技术职称。

一、秉承“诚实信用、勤勉尽责”执业准则

作为中国大陆托管服务的先行者，中国工商银行自 1998 年在国内首家提供托管服务以来，秉承“诚实信用、勤勉尽责”的宗旨，依靠严密科学的风险管理和内部控制体系、规范的管理模式、先进的营运系统和专业的服务团队，严格履行资产托管人职责，为境内外广大投资者、金融资产管理机构和企业客户提供安全、高效、专业的托管服务，展现优异的市场形象和影响力。建立了国内托管银行中最丰富、最成熟的产品线。拥有包括证券投资基金、信托资产、保险资产、社会保障基金、安心账户资金、企业年金基金、QFII 资产、QDII 资产、股权投资基金、证券公司集合资产管理计划、证券公司定向资产管理计划、商业银行信贷资产证券化、基金公司特定客户资产管理、QDII 专户资产、ESCROW 等门类齐全的托管产品体系，同时在国内率先开展绩效评估、风险管理等增值服务，可以为各类客户提供个性化托管服务。

二、保持各类托管业务市场领先优势

证券投资基金托管业务高居行业榜首。截至 2011 年末，共托管证券投资基金 252 只，按托管基金资产净值计算的市场占比为 29.68%，托管基金资产净值 6505.36 亿元。中国工商银行致力于为基金管理公司和基金投资者提供优质高效托管服务，已与全国几十家基金管理公司建立了密切的合作关系。

保险资产托管业务发展跨上新台阶。作为首家获保监会确认保险资产托管资格的托管银行，中国工商银行与包括中国人寿、人保寿险、平安保险、中国再保险、太平人寿、华泰保险、合众人寿、阳光保险、安邦保险、中意人寿、国寿资产、人保资产、平安资产、泰康资产、太平洋资产、太平资产、华泰资产、中再资产等在内的 56 家保险公司和保险资产管理公司建立托管合作关系，托管资产规模同业占比近 40%。

全球资产托管业务开创发展新局面。自 2002 年首批获得 QFII 托管资格以来，中国工商银行已为瑞士信贷、大和证券 SMBC 株式会社、德累斯登银行股份公司和大华银行等客户提供优质 QFII 托管服务。成功托管运作国内首只基金公司类和银行类、保险类 QDII 产品，并与多家机构签署 QDII 产品托管合作协议，是国内最大的 QDII 托管银行。

三、境内外托管业务网络建设取得初步成效

中国工商银行在大力发展各项业务的同时，加快托管业务网络全球布局：授权条件成熟的境内分行开办托管业务，借助分行营销力量，拓展国内托管业务；培养具备条件的境外机构开展全球托管业务，中国工商银行境外分支机构已顺利启动托管业务，实现了全球托管业务网络建设的突破；加强与国际一流托管银行合作，目前已与全球著名托管银行建立主次托管关系，全球托管业务平台建设初具规模。

四、自主研发投产第四代托管业务系统（AAS）

中国工商银行率先推出具有广泛功能、多点支持、运作快捷、安全高效的第四代托管业务系统（AAS），该业务系统涵盖证券投资基金、社保基金、保险资产、委托资产、QFII、QDII 等多币种、多种资产组合的会计核算与资产估值功能，整个系统在国内首家基本实现托管资产清算不落地处理及托管业务 STP（直通式）清算处理，大大提高了工作效率，成为同业唯一具有集中数据库支持、实时清算大机模式的托管业务系统。新系统大大强化了清算过程中的安全控制，对防范清算风险产生了积极作用，向国际托管银行的标准前进了一大步。

同时，网银客户服务系统的投产，在业内率先实现了基于互联网的托管业务服务，使客户足不出户就可以享受到安全方便快捷的全方位服务，有效提升了中国工商银行托管业务的核心竞争力，提高了客户服务的附加值。

五、始终将风险控制作为业务发展的基础和保障

中国工商银行资产托管部自成立以来，各项业务飞速发展，始终保持在资产托管行业的优势地位。这些成绩的取得，与资产托管部“一手抓业务拓展，一手抓内控建设”的做法是分不开的。资产托管部非常重视改进和加强内部风险管理工作，在积极拓展各项托管业务的同时，把加强风险防范和控制的力度、精心培育内控文化、完善风险控制机制、强化业务项目全过程风险管理作为重要工作来做。继 2005 年、2007 年、2009 年年三次顺利通过评估组织内部控制和安全措施是否充分的最权威的 SAS70（审计标准第 70 号）审阅后，2010 年中国工商银行资产托管部第四次通过 SAS70 审阅获得无保留意见的控制及有效性报告，表明独立第三方对我行托管服务在风险管理、内部控制方面的健全性和有效性的全面认可。也证明中国工商银行托管服务的风险控制能力已经与国际大型托管银行接轨，达到国际先进水平。目前，SAS70 审阅已经成为年度化、常规化的内控工作手段。

六、业务品质得到国际托管业界持续认可

自 2003 年以来，本行连续八年获得香港《亚洲货币》、英国《全球托管人》、香港《财资》、美国《环球金融》、内地《证券时报》、《上海证券报》等境内外权威财经媒体评选的 28 项最佳托管银行大奖，是获得奖项最多的国内托管银行，优良的服务品质获得国内外金融领域的持续认可和广泛好评。

中国建设银行投资托管服务部

2011 年,面对复杂多变的经济金融环境,以及证券市场历史性低迷的不利形势,中国建设银行围绕市场和客户需求,调整发展思路、丰富市场手段、提升服务能力、加强基础管理与建设、落实安全运行,托管规模超常增长,市场地位稳步提升,专业水平获国内外普遍认可。

一、托管规模快速增长,市场地位不断提升

截至 2011 年末,中国建设银行投资托管业务规模突破 2 万亿元,达到 2.06 万亿元,增幅 57%。其中,新增托管证券投资基金 46 只,新增托管份额 502 亿份;券商受托资产托管规模 362 亿元,托管集合产品 49 只;保险托管业务取得突破,托管规模增幅一倍多;年金托管稳步发展,托管规模增幅 31%。

二、托管能力持续提高,获国内外专业认可

2011 年,中国建设银行以总分第一获国际权威杂志《全球托管人》2011 年度"中国最佳托管银行"称号;获和讯网 2011 年中国"最佳资产托管银行"奖。

三、大力开展产品服务创新,赢得客户之心

中国建设银行努力创新托管产品。一是试点证券投资类合伙企业资产托管业务,定向增发信托财产保管项目、伞形信托托管产品;开发一系列企业年金标准化集合计划产品,签约客户持续增长。二是不断提升服务能力。为托管客户提供个性化托管服务信息数据、延长资金清算时间等,受到客户的欢迎。三是率先推行券商集合计划电子合同系统。四是及时做好客户回访工作,了解掌握客户托管需求,及时改进、提升客户满意度。

四、举办高水准业务论坛,提升市场影响力

2011 年,中国建设银行连续举办了基金、保险、券商、年金、QFII 以及安全营运等多种高级论坛,在业内迅速打出了品牌,树立了良好的市场形象。

五、重视托管基础管理,确保业务安全运营

中国建设银行拥有严格的内控制度,对分行业务权限进行差别化管理,减化业务流程,提高了工作效率。2011 年组织开展托管业务大检查,全面梳理和检查托管业务,杜绝了托管业务风险。引入内外部审计,规范业务操作和员工行为,防范道德风险,自 2008 年开始,聘请外部审计师进行 SAS70 审计,连续 4 年出具无保留意见审计报告。大力开展业务培训,先后举办多期专业技术人员培训班、新员工岗前培训班等各类培训班,对托管人员业务运营专业能力等方面进行重点培训。中国建设银行托管基础管理工作得到不断夯实,托管运营工作平稳、顺利。

六、打造托管新系统,提升托管运营能力

中国建设银行在做好现有业务系统持续维护升级,确保运营平稳安全的同时,积极推进新一代托管业务管理系统的建设,努力实现托管业务全流程自动化、标准化,提升中国建设银行托管运营能力。

中国银行托管及投资者服务部

法定名称:中国银行股份有限公司
法人代表:肖钢
成立日期:1983 年 10 月 31 日
注册资本:2538.39 亿元人民币
获得基金托管
托管部负责人:李爱华
资格时间:1998 年 7 月 7 日
联系电话:010-66594912
传真号码:010-66594853
注册地址:北京西城区复兴门内大街 1 号
办公地址:北京西城区复兴门内大街 1 号
公司网址:www.boc.cn

1912 年 2 月,经孙中山先生批准,中国银行正式成立。在中华人民共和国成立前的 37 年间,中国银行先后是当时的国家中央银行、国际汇兑银行和外贸专业银行。在动荡的历史年代,中国银行作为民族金融的支柱,以服务大众、振兴民族金融业为己任,稳健经营,锐意进取,各项业务取得了长足发展。新中国成立后,中国银行成为国家指定的外汇外贸专业银行,继续保持和发扬了顽强创业的企业精神,为国家对外经贸发展、开展经济建设作出了贡献。1994 年,随着金融体制改革的深化,中国银行由外汇外贸专业银行向功能完善、服务全面的国有商业银行转化。

1994 年和 1995 年,中国银行分别成为香港地区、澳门地区的发钞银行。2004 年 8 月 26 日,中国银行股份有限公司在北京注册成立,中国银行成为国家控股的股份制商业银行,标志中国银行向建立拥有良好公司治理机制的现代化股份制商业银行的目标迈出了一大步,中国银行历史翻开了新的一页。中国银行于 2006 年 6 月 1 日在香港联合交易所(股份代号:3988)上市,同年 7 月 5 日亦在上海证券交易所(股份代号:601988)挂牌上市,进一步扩大了中国银行在国际市场和国内市场的实力和影响力,为中国银行的百年品牌再添美誉。中国银行是国内主要金融服务提供商之一,业务范围涵盖商业银行、投资银行和保险领域,旗下有中银香港、中银国际、中银保险、中银基金、中银航空租赁、中银投资等控股金融机构。商业银行为中国银行的主营业务,包括公司金融、个人金融和金融市场等业务。目前,中国银行曾先后 8 次被《欧洲货币》评选为"中国最佳银行"和"中国最佳国内银行",连续 19 年入选美国《财富》杂志"世界 500 强"企业,多次被《财资》评为"中国最佳国内银行",被美国《环球金融》杂志评为"中国最佳贸易融资银行"及"中国最佳外汇银行",被《远东经济评论》评为"中国地区产品服务 10 强企业",被《亚洲风险》杂志评为 2006 年度"中国最佳银行"。在美国知名财经杂志《财富》与世界知名的管理咨询公司 Hay(合益)集团合作评选的 25 家"最受赞赏的中国公司"中,中国银行榜上有名。在 A+H 资本市场整体上市后,中国银行荣获《投资者关系》"最佳 IPO 投资者关系奖"等多个重要奖项。2009 年,中国银行荣获《21 世纪经济报道》之亚洲银行竞争力排名"亚洲最佳公司业务银行"。2009 年,中国银行荣获《亚洲金融》"中国最佳私人银行"奖项。按核心资本计算,201008 年,中国银行在《银行家》公布的世界 1000 家大银行中排名第十四位。2010 年,中国银行荣获英国《金融时报》最佳私人银行奖。2010 年中国银行在《亚洲银行家》亚洲零售银行卓越大奖评选中获"中国区最佳财富管理奖"。2010 年中国银行荣获《Euromoney》(欧洲货币)"中国最佳借贷和金融解决方案私人银行"。2010 年中国银行荣获《亚洲银行家》"Achievement award for Trade Finance in China"称号。2010 年中国银行荣获《环球金融》(Global Finance)中国区"Best Corporate Lending Bank"称号。

作为中国金融行业的百年品牌，中国银行在注重稳健经营的同时积极进取，不断创新，创造了国内银行业的许多第一，在国际结算、外汇资金和贸易融资等领域得到业界和客户的广泛认可和赞誉。中国银行是中国国际化程度最高的银行。1929 年，中国银行在伦敦设立第一家海外分行，此后在世界各大金融中心相继开设分支机构。中国银行在国内同业中率先引进国际管理技术人才和经营理念，不断向国际化一流大银行的目标迈进。截至 2010 年末，除在中国内地外，中国银行在香港、澳门及 32 个国家和地区拥有分支机构，海外员工数量超过 25,000 名，拥有广泛的国际银行网络。

1998 年 7 月，经中国证监会（证监基金字[1998]24 号文）和中国人民银行核准，中国银行成为国内首批五家从事基金托管业务的银行之一。同年 10 月中国银行总行基金托管部成立，并在上海和深圳设立了托管分部。基金托管部是中国银行负责托管业务市场研究、产品开发、市场营销、业务操作、客户服务和辖内管理的专业职能部门。随着业务范围的不断扩大和服务范围的不断拓宽，2005 年初中国银行以上市为契机，对托管业务组织架构、业务流程和管理流程进行了再造，并将基金托管部正式更名为"托管及投资者服务部"，进一步体现了以客户为中心的经营理念。2010 年，中国银行在"第四届私募基金高峰论坛"荣获"2009 年度最佳私募证券基金托管服务银行"奖项。

按照前、中、后线适当分离的原则，中国银行托管及投资者服务部下设覆盖销售、市场、运营、合规、信息科技、行政管理等多个团队，配备了足够数量的合格人员，拥有员工 130 余人。中国银行托管及投资者服务部拥有一支高素质的托管队伍，大部分员工具有丰富的银行、证券、基金从业经验，且具有海外工作、学习或培训经历，60% 以上的员工具有硕士以上学位或高级职称。总经理室成员、主要业务团队的负责人和高级管理人员曾长期在海外从事金融工作多年，熟悉海内外市场的运作。

中国银行拥有最为齐全的托管客户群和托管产品线。在托管产品方面，目前中国银行的业务范围已经从最初的证券投资基金托管扩大到社保基金、保险资金、合格境外机构投资者（QFII）境内证券投资资金、合格境内机构投资者（QDII）境外证券投资资金、企业年金、投资连结保险产品、信托资金、券商理财计划资金、私募股权基金、证券化资金、专户理财、产业投资基金等各种机构客户资金托管业务，涵盖了基金、社保、保险、QDII、QFII、信托、证券、实业等各个领域。

中国银行一贯重视托管业务和服务的创新，自基金托管部门成立之始，就十分重视产品研发，充分保证了在证券投资基金、社保基金、保险资金、QFII、QDII、企业年金、信托资金、券商理财计划资金、资产证券化资金、专户理财资金、股权投资基金、银行理财资金、交易资金等几乎所有的托管领域，中国银行都成为国内首家或首批托管银行。在证券投资基金托管方面，截至 2010 底，中国银行托管了 29 家基金管理公司管理的 105 只基金，托管的基金包括股票型基金、债券型基金、平衡型基金、货币市场基金等所有主要的基金类别以及保本基金、上市开放式基金（LOF）、交易所交易基金（ETF）等创新基金产品。中国银行于 2009 年 9 月 2 日募集完成的"中银专户主题 1 号"特定多个客户资产管理计划（即"一对多专户"产品），成功叙做了业内首单，并在该项业务上一直保持市场领先地位。同时，中国银行还竭诚为合格境外机构投资者（QFII）提供优质托管服务，目前为十家 QFII 提供托管服务，并与多家潜在 QFII 进行托管合作的实质洽谈；同时中国银行还被多家外资银行选为其 QFII 托管业务资金清算代理行。目前中国银行是最大的中资 QFII 托管银行。

中国银行在全球 30 多个国家和地区设有 984 家机构，覆盖了纽约、伦敦、东京、香港、法兰克福和新加坡等主要的国际金融中心，并与近 4000 家国外银行建立了代理关系。依托传统的国际业务优势以及与全球托管银行的合作和自身不断的努力，中国银行有信心和能力为境内外客户的全球投资提供更加安全、诚信、规范、勤责、创新、增值的托管服务。

中国农业银行托管业务部

1998 年 6 月，中国农业银行经中国证监会和中国人民银行批准，成为国内首批获取证券投资基金托管业务资格的商业银行之一。同年 7 月，中国农业银行证券投资基金托管部成立。2004 年 9 月，证券投资基金托管部更名为托管业务部。2007 年 9 月，托管业务部下设成立二级部养老金管理中心。

多年以来，中国农业银行不断丰富托管业务品种，目前已全面覆盖证券投资基金托管、基金管理公司特定客户资产托管、券商资产管理托管、信托计划保管、人民币理财产品托管、交易及专项资金托管、股权投资基金托管、保险资产托管、合格境外机构投资者（QFII）资产托管、合格境内机构投资者（QDII）资产托管、企业年金基金托管、农保（社保）资产保管等诸多品种，成为国内托管产品体系最为完善的托管银行之一。截至 2011 年末，中国农业银行托管资产规模达超过 2 万亿元，其中，保险资产托管规模超万亿元，居业内首位。2011 年，新增托管证券投资基金 27 只、基金专户 12 只；中标一批知名客户的企业年金基金托管人；信托计划、银行理财产品、券商资产管理、私募股权投资基金等委托资产托管业务快速发展。

中国农业银行严格履行托管人职责，严格按照有关法律法规和规范性文件，为客户提供资产保管、资金清算、资产核算估值及投资监督等优质服务，并按照国际标准构建科学有效的业务营运系统和风险管理体系，再次成功通过美国 SAS70 内部控制审计。

中国农业银行着力加强能力建设，品牌声誉进一步提升。2011 年 10 月，中国农业银行获首席财务官杂志颁发的最佳托管银行称号，已连续三年获此殊荣。11 月，中国农业银行入围由和讯网主办、财经中国会协办的 2011 年银行行业财经风云榜榜单，荣获 2011 年度第九届中国财经风云榜"最佳资产托管银行"称号。

中国农业银行大力加强人才队伍建设，经过多年的业务实践，已锻炼出一只专业水平高、业务素质好、服务能力强的高素质团队，拥有一大批高级会计师、高级经济师、高级工程师、律师等金融、技术和法律专家。部门高管人员、各业务负责人和主要业务骨干均具有长期的资本市场工作经验，精通国内外证券市场和托管业务的运作。

中国农业银行高度重视客户服务工作，专门组建了新产品研发团队，配备了多名具有资深经验的博士和高级研究人员，具有雄厚的新产品研发力量，可以根据客户个性化需求，开展新产品、新业务的研发工作。此外，中国农业银行充分利用农行网站（www.95599.cn），为投资者及时提供了新闻公告、基金净值、理财知识、证券法规等资讯服务。

中国农业银行着力提升创新服务水平，依托全行强大的资源优势，在做好资产保管、资金清算和资产估值等基础服务的同时，不断加大创新力度，为客户提供市场信息、收益代收、现金管理、代理投票、绩效评估、风险分析等多种增值服务。

中国农业银行托管业务部全体员工将继续本着"开拓进取、勤勉尽责、诚实守信、严谨自律"的执业原则，以科学严谨的风险管理和内部控制体系、高效安全的业务营运和技术保障系统、开拓创新的托管服务团队，为广大客户提供安全、专业、高效的托管服务，切实维护资产委托人利益。

交通银行总行资产托管部

交通银行托管业务走过了十多年不断发展创新之路，业务领域和范围不断拓宽，服务手段和服务内容不断深化，风险控制能力不断增强，逐步建立并形成了自身业务特色，已成为国内各类资产托管资格齐全的商业银行之一，在市场上树立了良好的服务形象。截至 2010 年 12 月末，我行托管资产总规模超过7000 亿元，托管公募基金、全国社保、保险资产、企业年金、信托资金、券商理财等各类资产组合 700 余只，与百余家同业机构客户开展托管业务合作。托管业务总规模市场排名第五，占比超过 7%，是全国最大的养老金托管行。

交通银行托管业务起步于 1998 年，是国内第一批五家托管银行之一，拥有齐全的业务资格，包括证券投资基金托管业务资格、委托资产托管资格、全国社会保障基金理事会委托资产与自营资产托管资格、QFII 托管资格、QDII 托管资格、基本养老保险个人账户托管资格、农村社会保障基金托管资格、投资连结保险产品托管资格、保险资金股票投资托管资格、企业年金基金托管资格、产业投资基金托管资格等。

交通银行一直把业务创新作为托管业务发展的生命线，在国内托管行业中，始终走在业务创新的前列，具有丰富的多领域托管服务创新经验和能力，享有较好的业务创新声誉：托管国内第一只开放式基金，第一只纯债券基金，第一只伞型基金；成功当选亚洲债券二期（ABF2）中国子基金（准 QFII）的次托管人；首批开展 QFII 托管业务；成功托管我国金融市场上第一单租赁权资产证券化业务；成功托管我国首只完全以人民币募集的区域性产业投资基金（渤海产业基金）；推出国内首单专户理财托管服务，等等。

交通银行在业务起步时就非常重视内控环境的建设，先后建立了一套比较完备、行之有效的内部风险控制机制。交通银行注重引入国际先进的风险管理理念，不断提升风险管理水平。2002 年率先进行引入外部审计对托管业务开展内控评审的尝试，2006 年成功将国际审计标准 SAS70 的风控理念引入内控管理，通过评审出具审计报告，并把 SAS70 标准审计列入交通银行托管业务每年的常规工作予以实施，有效建立了风险控制的长效机制。

交通银行托管业务以快速的服务响应、专业的服务水准、良好的服务质量、灵活的系统功能打造了"专业用心、换您放心"的服务形象，在业内享有较好的口碑，得到了监管部门和客户的认可，被香港著名财经杂志《财资》评为中国地区最佳次托管银行、国内《首席财务官》杂志评为最佳资产托管奖、最佳企业年金奖。

交通银行拥有功能先进的托管业务软、硬件系统，并每年投入大量费用进行系统升级。先进的托管技术系统具有足够快速的响应和处理能力，保证交通银行托管业务处理的安全性、稳定性和可靠性。

交通银行资产托管业务具有专业的服务能力，能为各类托管产品提供资产保管、资金清算、会计核算与估值、交易监管等基本托管服务，确保资金汇划顺畅、资产估值准确、投资运作合规、资产保管安全。同时，针对不同客户的个性化需求进行分析研究，不断优化服务内容和服务手段，研发具有前瞻性、领先的托管服务内容，积极延伸托管增值服务，加大托管服务手段的电子化建设，以提供深入的、个性化的托管资产风险和绩效评估、交易清算管理和托管模式设计、网上托管服务等增值服务为目标，不断增加托管服务的附加值，为客户创造更优服务。

交通银行托管服务经过十多年发展已逐步被广大客户认可，形成了一定的品牌形象，与全国社保理事会、国内知名的基金公司、保险公司、证券公司、信托公司等金融机构建立了托管合作关系；在开展企业年金托管业务以来，其服务对象进一步延伸至分布全国涉及电力、航空、烟草、金融、石化、港口、基础设施建设等行业的数家大型企业。此外，交通银行资产托管业务也在积极与知名的全球托管银行展开紧密合作，为境内合格的机构投资者投资境外市场搭建高效的服务平台。

交通银行是中国证券业协会托管委员会以及银行业协会托管专业委员会的成员单位，拥有一支专业的业务运作团队。该团队人员具有多年基金、证券和银行的从业经验，专业分布合理，职业技能优良，职业道德素质过硬，保证了交行的专业水准。

中国光大银行投资与托管业务部

2002 年 10 月，经中国人民银行和中国证券监督管理委员会批准同意，中国光大银行成为继工、农、中、建、交行后第六家获得证券投资基金托管资格的国内商业银行。中国光大银行投资与托管业务部拥有一支高素质的员工队伍。人员知识构成中，涉及证券、基金、银行、会计、计算机、法律、国际金融等专业。能够为基金托管业务提供全方位的知识支持。50% 以上人员具有海外金融机构培训经历。

截至 2011 年 12 月 31 日，中国光大银行股份有限公司共托管国投瑞银融华债券型基金、摩根士丹利华鑫基础行业基金、国投瑞银景气行业基金、泰信先行策略基金、光大保德信量化核心基金、大成货币市场基金、摩根士丹利华鑫资源优选混合型基金（LOF）、招商安本增利债券型基金、国投瑞银创新动力基金、大成策略回报股票型基金、博时转债增强型债券型基金、中欧新动力股票型基金、建信恒稳价值混合型证券投资基金、工银瑞信保本混合型证券投资基金，共 14 只证券投资基金，托管基金资产规模 417.54 亿元。同时，开展了证券公司集合理财计划、专户理财、企业年金基金、QDII 等资产的托管及信托公司资金信托计划、产业投资基金、股权基金等产品的保管业务。

作为国内获得基金托管人资格的首批股份制银行，近年来，光大银行始终以"忠诚守护，勤勉尽责"为宗旨，牢固树立"阳光托管"的品牌与服务理念，坚持"在发展中创新，在创新中发展"的工作思路，长期致力于向委托人、投资人提供优质的托管服务，努力促进基金业生态环境发展、提高托管人增值服务水平。

目前，光大银行具有证券投资基金、QFII 境内证券投资、全国社会保障基金、企业年金基金、保险资金等全部资产托管资质，产品链延伸至包括证券投资基金、企业年金基金、信托计划资金、券商集合资产管理计划、基金专户理财、券商专户理财、私募基金、银行理财、QDII、产业投资基金、股权基金及企业债等在内的十多类品种。

资产托管业务开办以来，光大银行在业务运作上积累了丰富的实践经验，培养了一批专业人才，为客户打造了高效的

"一站式"托管服务,创造了业内的多项第一:首批获得企业年金基金托管人和账户管理人双资格;最早将托管机制引入银行理财产品;首家托管证券公司集合资产管理计划;托管业内规模最大的文化产业基金;首次举办"托管银行投资绩效评估与风险管理研讨会";首次开展投资者教育活动,等等。

依托光大集团的综合经营优势,光大银行将致力于不断整合集团内部的保险、证券、信托、基金、资产管理公司等多种金融资源,努力为客户提供全方位托管服务,在为客户创造价值的过程中实现自身的不断发展。

招商银行资产托管部

2002年8月,招商银行成立基金托管部;2005年8月,经报中国证监会同意,更名为资产托管部,下设业务支持室、产品管理室、运营室、监察稽核室4个职能处室,现有员工52人。2002年11月,经中国人民银行和中国证监会批准获得证券投资基金托管业务资格,成为国内第一家获得该项业务资格上市银行;2003年4月,正式办理基金托管业务。招商银行作为托管业务资质最全的商业银行,拥有证券投资基金托管、受托投资管理托管、合格境外机构投资者托管(QFII)、全国社会保障基金托管、保险资金托管、企业年金基金托管等业务资格。

招商银行确立"因势而变、先您所想"的托管理念和"财富所托、信守承诺"的托管核心价值,独创"6S托管银行"品牌体系,以"保护您的业务、保护您的财富"为历史使命,不断创新托管系统、服务和产品:在业内率先推出"网上托管银系统"、托管业务综合系统和"6心"托管服务标准,首家发布私募基金绩效分析报告,开办国内首个托管银行网站,成功托管国内第一只券商集合资产管理计划、第一只FOF、第一只信托资金计划、第一只股权私募基金、第一家实现货币市场基金赎回资金T+1到账、第一只境外银行QDII基金、第一只红利ETF基金、第一只"1+N"基金专户理财、第一家大小非解禁资产、第一单TOT保管,实现从单一托管服务商向全面投资者服务机构的转变,得到了同业认可,被境内外权威媒体评为"中国最佳托管专业银行"、"中国资产托管市场创新客户满意首选品牌"、6S资产托管综合业务平台荣获"深圳市金融创新奖二等奖第一名"。

经过九年发展,招商银行资产托管规模快速壮大。2011年,招商银行实现托管利润13.33亿元,托管费收入5.10亿元,托管资产突破5000亿元,托管产品数量、托管资产规模和托管费收入稳居中小托管银行第一,内部控制连续四年通过SAS70国际认证。

截至2011年12月31日,招商银行股份有限公司托管了招商安泰系列证券投资基金(含招商安泰股票型投资基金、招商安泰平衡型证券投资基金和招商安泰债券投资基金),招商现金增值证券投资基金、华夏经典配置混合型证券投资基金、长城久泰中信标普300指数证券投资基金、中信现金优势货币市场基金、光大保德信货币市场证券投资基金、华泰柏瑞金字塔稳本增利债券型证券投资基金、海富通强化回报混合型证券投资基金、光大保德信新增长股票型证券投资基金、富国天合稳健优选股票型证券投资基金、上证红利交易型开放式指数证券投资基金、德盛优势股票型证券投资基金、华富成长趋势股票型证券投资基金、光大保德信优势配置股票型证券投资基金、益民多利债券型证券投资基金、德盛红利股票证券投资基金、上证央企50交易型开放式指数基金、上投摩根行业轮动股票型证券投资基金、中银蓝筹精选灵活配置混合型证券投资基金、南方策略优化股票型证券投资基金、兴全合润分级股票型证券投资基金、中邮核心主题股票型证券投资基金、长盛沪深300指数证券投资基金(LOF)、中银价值精选灵活配置混合型基金、中银稳健双利债券型证券投资基金、银河创新成长股票型证券投资基金、嘉实多利分级债券型证券投资基金、国泰保本混合型证券投资基金、华宝兴业可转债债券型证券投资基金、建信双利策略主题分级基金、诺安保本混合证券投资基金、鹏华新兴产业股票型证券投资基金、博时裕祥分级债券基金、中银上证国有企业100交易型开放式指数证券投资基金、华安可转换债券债券型证券投资基金、中银转债增强债券型证券投资基金、富国低碳环保股票型证券投资基金、诺安油气能源股票证券投资基金(QDII-LOF)、中银中小盘成长股票型证券投资基金共41只开放式基金及其他托管资产,托管资产为5077.28亿元人民币。

招商银行始终把维护投资者利益作为工作宗旨,认真履行托管人职责,严格按照法律法规和托管协议规定,安全保管委托资产,监控托管资产投资运作,建立了全面的风险管理和内部控制体系:在组织体系上,赋予稽核监察室在总经理直接领导下,以"独立、客观、公正"的监督原则,对各项托管业务、各个业务环节进行全方位、全程的风险监控;在管理制度上,健全了基金托管业务的规章制度、岗位职责、各项业务管理办法和操作规程,从业务管理、操作流程、会计核算、内控监察、系统管理、应急处理和内部管理等建立了一整套完备的管理制度体系;在监督体制上,充分开发托管系统监督自动化监督功能,采取了事前预防、事中监控和事后稽核的监督方式,实行了"自控、互控、监控"三道风险控制防线,对投资管理人投资行为和对投资组合进行实时和事后监督;在应急处理方面,建立了托管系统异地灾备中心,对各类突发事件建立了完备应急方案,对重要岗位人员、主要业务系统、软件和数据建立了备份,确保托管资产保管安全性和托管业务持续正常运营。

按照"零差错"的高标准和高要求,招商银行致力于为托管客户提供高效、便利、周到、全面的金融服务。招商银行注重从细节入手,强化流程化控制,不断规范和优化托管业务流程处理,提高业务操作效率;深入研究托管新业务、新规则和新政策,与投资管理人积极合作,不断探索和改进资产估值核算体系;依托招商银行企业银行"现金池"管理技术,整合托管客户个性化需求和托管资金管理要求,设计托管资产"直通式"处理模式,对托管业务进行不落地处理,总行对托管资产账户远程控制,实现托管资金异地清算"零在途",委托人或投资管理人可突破托管资金帐户开户地域的限制,享受网上托集中化处理的资金账户实时查询及业务信息本地化服务,托管资金清算效率较高,业务操作风险得到有效控制,为投资人、基金管理公司、证券公司、信托投资公司及其他资产管理公司提供优质托管服务,在业界得到了广泛的认同和肯定。

本着"诚实信用、勤勉尽责、服务创新、追求卓越"的经营宗旨,招商银行将在安全保管托管资产、合规稳健高效运作前提下,追求卓越、锐意创新,不断满足客户多样性、差异性的业务需求,为投资者和资产管理人提供安全、优质、高效的托管服务。

兴业银行资产托管部

兴业银行总行设资产托管部,下设综合处、核算管理处、稽核监察处、市场处、委托资产管理处、产品研发处等处室,共有员工 50 余人,业务岗位人员均具有基金从业资格。兴业银行股份有限公司于 2005 年 4 月 26 日取得基金托管资格,基金托管资格批准文号:证监基金字[2005]74 号。兴业银行股份有限公司于 2005 年 4 月 26 日取得基金托管资格,基金托管资格批准文号:证监基金字[2005]74 号。截至 2011 年末,共托管证券投资基金 14 只,托管基金的基金资产净值合计 289.2 亿元。

兴业银行资产托管业务发展迅速,成立以来,兴业银行已托管了证券投资基金、券商集合理财计划、集合资金信托计划、以及 QDII、股权投资基金等各类产品,资产托管业务规模及市场占有率在同类商业银行中居于前列。目前,兴业银行已经能够开展八大类资产托管业务,包括证券投资基金托管业务、证券公司委托资产托管业务、信托资金托管业务、合格境内机构投资者资产托管业务、社会保障基金托管业务、股权投资基金托管业务、商业银行理财产品托管业务、非投资类委托资产托管业务等。

客户需求是兴业银行营销活动的起点,服务源自真诚是兴业银行资产托管业务的服务宗旨。高学历、经验丰富的专业化托管从业人员、严密有效的风险控制体系、先进完善的托管系统是我行托管业务蓬勃发展的坚实基础。通过发挥全行资源优势和借助兴业银行强大的结算、销售渠道,在市场分析、产品研发、营销策划、募集发行到持续销售等环节上兴业银行力求为客户资产管理提供更多的优质服务。

我们承诺:兴业银行将严格恪守托管业务操守,凭借专业化服务能力和处事认真负责的原则,在依法全力保障客户资产安全的前提下,努力实现客户资产运用的多元化需求。将通过提供专业化服务、强化服务品质、持续关注细节,树立兴业银行一流资产托管业务品牌。

上海浦东发展银行资产托管部

概况

上海浦东发展银行于 2003 年 2 月正式成立了独立的总行基金托管部,2005 年正式更名为上海浦东发展银行资产托管部。资产托管部下设市场发展部、托管运作部、运行保障部、内控管理部等 4 个职能部门,在 2003 年 12 月成立了深圳分部。资产托管部全体人员均在本科学历以上,其中硕士以上学历占 70%;均具有多年金融从业经历,100% 以上人员具有基金从业资格。

上海浦东发展银行于 2003 年 9 月 10 日获得基金托管资格,截至 2011 年末共托管 9 只开放式证券投资基金,托管基金资产净值总规模为 280.15 亿元。

产品与服务

充分满足您需求的专业优势,拥有全面的托管业务资格。获准证券投资基金、证券公司受托理财业务、资金信托计划、投资连接保险、中比产业投资基金、全国社保基金、基本养老个人账户基金等多项资产托管业务资格。个性化的托管服务。根据您的要求并结合资产管理人的特点,向您提供全面的个性化资产托管服务。完善的托管业务内控体系。"制度先行"和"风控优先"的指导思想下,建立了科学合理的组织架构、完善的业务规章制度和内部控制制度,确保托管业务平稳运行。高素质的专业化员工队伍。丰富的业务经验。1993 年始任上海市养老保险基金独家代理行,现为中国第一个由银行担保的"嘉实-浦安保本基金"托管银行、中国第一家规范运作的中外合资产业基金"中比直接股权投资基金"的独家托管银行。

值得您充分信赖的技术系统自主开发的托管业务综合处理系统(SAFEs),采用国内第三代托管行业最新技术平台,支持多个托管业务产品在共同的技术平台上独立运行,个性化、模块化、权限控制自动化的特色处于国内领先地位。

托管人是托管财产忠实的守护者。随着我国资本市场日新月异的发展,我们深知,作为资产所有人,您不仅需要专业的投资机构运作您的资金,以实现资金的保值增值,同时您更需要一位诚信可靠、服务周到的托管人全面保障您的资产安全;作为资产管理人,您在受人之托、为人理财的同时,亦需携手一家专业、专注、经验丰富的托管机构作为合作伙伴,共赢财富天下!

"笃守诚信、严格自律、勤勉尽责、创造卓越",上海浦东发展银行致力于打造资产托管业务品牌,更关注于对客户的服务与承诺!在全面借鉴和重构国内外托管模式的基础上,我们不仅为您创新推出了系列资产托管产品,还为您配备了高效的资金清算网络、先进的托管业务综合处理系统、完善的内部风险控制制度以及专业的托管运作团队,以确保为您提供优质的资产托管服务!

"创富之旅,真情守护",我们确信,您未来的战略规划和每一步目标的落实,都将获得我们个性化的服务与专业化的托管支持!

中国民生银行资产托管部

中国民生银行股份有限公司于 2004 年 7 月 9 日获得基金托管资格,成为《中华人民共和国证券投资基金法》颁布后首家获批从事基金托管业务的银行。为了更好地发挥后发优势,大力发展托管业务,中国民生银行股份有限公司资产托管部从成立伊始就本着充分保护基金持有人的利益、为客户提供高品质托管服务的原则,高起点地建立系统、完善制度、组织人员。资产托管部目前共有员工 43 人,平均年龄 35 岁,80% 以上员工具有硕士以上文凭。基金业务人员 100% 都具有基金从业资格。

截至 2011 年 12 月 31 日,本行共托管基金 14 只,分别为天治品质优选混合型证券投资基金、融通易支付货币市场证券投资基金、东方精选混合型开放式证券投资基金、天治天得利货币市场基金、东方金账簿货币市场基金、长信增利动态策略证券投资基金、华商领先企业混合型证券投资基金、银华深证 100 指数分级证券投资基金、华商策略精选灵活配置混合型证券投资基金、光大保德信信用添益债券型证券投资基金、工银瑞信添颐债券型证券投资基金、建信深证基本面 60 交易型开放式指数证券投资基金、建信深证基本面 60 交易型开放式指数证券投资基金联接基金和国投瑞银瑞源保本混合型证券投资基金。托管基金资产净值为 330.51 亿元。

中国民生银行股份有限公司基金托管业务内部风险控制组织结构由中国民生银行股份有限公司稽核部、资产托管部内设稽核监督处及资产托管部各业务处室共同组成。总行稽核部对各业务部门风险控制工作进行指导、监督。资产托管部内设独立、专职的内部稽核监督处,负责拟定托管业务风险控制工作总体思路与计划,组织、指导、协调、监督各业务处室风险控制工作的实施。各业务处室在各自职责范围内实施具体的风险控制措施。

中国民生银行股份有限公司从控制环境、风险评估、控制活动、信息沟通、监控等五个方面构建了托管业务风险控制体系。

(1)坚持风险管理与业务发展同等重要的理念。托管业务是商业银行新兴的中间业务,中国民生银行股份有限公司资产托管部从成立之日起就特别强调规范运作,一直将建立一个系统、高效的风险防范和控制体系作为工作重点。随着市场环境的变化和托管业务的快速发展,新问题、新情况不断出现,中国民生银行股份有限公司资产托管部始终将风险管理放在与业务发展同等重要的位置,视风险防范和控制为托管业务生存和发展的生命线。

(2)实施全员风险管理。完善的风险管理体系需要从上至下每个员工的共同参与,只有这样,风险控制制度和措施才会全面、有效。中国民生银行股份有限公司资产托管部实施全员风险管理,将风险控制责任落实到具体业务处室和业务岗位,每位员工对自己岗位职责范围内的风险负责。

(3)建立分工明确、相互牵制的风险控制组织结构。托管部通过建立纵向双人制,横向多处室制的内部组织结构,形成不同处室、不同岗位相互制衡的组织结构。

(4)以制度建设作为风险管理的核心。中国民生银行股份有限公司资产托管部十分重视内部控制制度的建设,已经建立了一整套内部风险控制制度,包括业务管理办法、内部控制制度、员工行为规范、岗位职责及涵括所有后台运作环节的操作手册。以上制度随着外部环境和业务的发展还会不断增加和完善。

(5)制度的执行和监督是风险控制的关键。制度执行比编写制度更重要,制度落实检查是风险控制管理的有力保证。中国民生银行股份有限公司资产托管部内部设置专职稽核监督处,依照有关法律规章,每两月对业务的运行进行一次稽核检查。总行稽核部也不定期对资产托管部进行稽核检查。

(6)将先进的技术手段运用于风险控制中。在风险管理中,技术控制风险比制度控制风险更加可靠,可将人为不确定因素降至最低。托管业务系统需求不仅从业务方面而且从风险控制方面都要经过多方论证,托管业务技术系统具有较强的自动风险控制功能。

中信银行托管部

2004 年 8 月 18 日,经中国证监会和中国银监会核准,中信银行获得证券投资基金托管资格。中信银行托管部内设市场发展部、托管营运部、投资者服务部和企业年金部四个职能部门,拥有一批高素质的专业托管人才,托管部目前拥有员工 36 人,全部无不良行为纪录,90% 以上人员具有基金从业资格,40% 以上的人员具有硕士研究生以上学历,90% 以上人员具有三年以上银行或证券基金从业经历。截至 2011 年末,中信银行共托管 13 支基金,托管的基金规模为 158.5 亿元。

中信银行托管部建立了一套独立、先进的托管业务技术系统,业务功能完善、系统处理能力强,各种安全防范设施稳定可靠,具备安全保管财产的条件和资金核算清算和投资监督能力,配备了独立的门禁系统和电话录音、录像监控系统,确保托管业务运作相对独立。托管中心积聚了一批高素质的员工队伍,具有丰富的资金清算、会计核算、市场营销、风险控制等方面的经验,为托管业务安全运作打下了坚实的基础。

为保障托管业务健康发展,我行制订了一整套完善的规章制度;建立了科学的风险控制流程,营造良好的内部控制环境,形成自控、互控、监控三道防线;加强了系统安全性建设,建立了数据备份中心和应急处理方案,具备应急处理能力。

中信银行托管部各项资产托管规模突破两千亿元,业务涵盖了证券投资基金、信托资产、券商集合及定向资产、QDII、资产证券化、产业基金(创业投资基金)、PE(私募)股权基金、企业年金八大领域。确立了以托管产品门类齐全、服务专业化和开拓创新为特征的行业形象与市场地位。

华夏银行资产托管部

一、概况

2005 年 2 月 23 日,华夏银行股份有限公司经中国证券监督管理委员会和中国银行业监督管理委员会核准,获得证券投资基金托管资格,是《证券投资基金托管资格管理办法》实施后取得证券投资基金托管资格的第一家银行。该项资格的获得,为华夏银行开拓托管业务领域、增加托管业务品种奠定了基础,使得华夏银行在中间业务领域的竞争实力得到进一步提升。华夏银行资产托管部内设市场综合室、交易管理室、风险管理室和销售管理室 4 个职能处室。资产托管部共有员工 31 人,高管人员拥有硕士以上学位或高级职称。

自成立以来,华夏银行基金托管部本着“诚实信用、勤勉尽责”的行业精神,始终遵循“安全保管基金资产,提供优质托管服务”的原则,坚持以客户为中心的服务理念,依托严格的内控管理、先进的技术系统、优秀的业务团队、丰富的业务经验,严格履行法律和托管协议所规定的各项义务,为广大基金份额持有人和资产管理机构提供安全、高效、专业的托管服务,取得了优异业绩。截至 2011 年 12 月末,已托管长城货币市场基金、国联安德盛精选股票基金、万家货币市场基金、诺安优化收益债券型基金、益民红利成长混合型基金、东吴行业轮动股票基金、申万菱信稳益宝债券型证券投资基金及其他受托资产产品,托管各类资产规模 2395.1 亿元。

二、产品与服务

华夏银行可以为客户提供的托管业务产品已基本覆盖境内市场主要托管业务品种:开放式证券投资基金托管;全国社会保障基金托管;基本养老保险基金托管;券商集合理财产品托管;QDII(境外代客理财产品)托管;信托资产托管;企业年金托管;其他受托资产托管。华夏银行向客户提供的服务,可分为基础托管服务和增值托管服务:基础托管服务包括:资产保管;安全保管托管资产;独立建账、分别核算,保证所托管资产的独立、完整;为委托人开立与管理银行存款账户、资金清算账户;为委托人开立与管理证券账户。增值服务包括:市场资讯及深度研究报告等信息服务;现金管理;报表/报告定制;风险预警服务;投资绩效分析;公司行动服务,如代领股息、红利、代理投票表决服务等。

三、完善的内控体系

华夏银行托管业务建立了前后台分离、相互制约的管理组织结构,各部门、岗位在自身职责范围内落实其岗位风险控制责任,相互制衡。为防范风险,在加强教育培训和员工自律的基础上,制定了 27 项基金业务内控规章制度,使基金托管业务一开始就走上制度化、规范化的道路。同时,开展多种形式地检查监督,定期向监管部门上报基金监督和内控监察稽核报告,持续建立和完善风险评估、风险预警机制和重大可疑情况报告制度,确保内控体系的有效性。

华夏银行资产托管部承诺,我们将努力做到"诚实信用,勤勉尽责",切实履行托管人职责,保护委托人利益;保证会计核算的完整规范;保证资金清算的及时、安全、准确;保证交易监督完整、高效;严格管理,加强内控,防范风险。

深圳发展银行资产托管部

深圳发展银行股份有限公司(简称:深圳发展银行,股票简称:深发展 A,股票代码:000001)是中华人民共和国第一家面向社会公众公开发行股票并上市的商业银行。深圳发展银行于 1987 年 5 月 10 日以自由认购形式首次向社会公开发售人民币普通股,并于 1987 年 12 月 22 日正式宣告成立。经过 20 年的快速发展,深圳发展银行综合实力日益增强,自身规模不断扩大,已在北京、上海、天津、重庆、广州、深圳、杭州、南京、济南、大连、青岛、成都、昆明、海口、珠海、佛山、宁波、温州、武汉、义乌等 20 个经济中心城市设立了 300 多家分支机构,并在北京、香港设立代表处,与境外众多国家和地区的 600 多家银行建立了代理关系。

2010 年 6 月中国平安保险(集团)股份有限公司及其关联公司通过受让美国新桥集团持有的深发展股份和认购非公开发行股份成为深发展第一大股东。2011 年 7 月,深发展银行以每股 17.75 元的价格向中国平安保险(集团)股份有限公司("中国平安")非公开发行约 16.38 亿新股,换取中国平安所持平安银行的约 78.25 亿股股份(约占平安银行总股本的 90.75%)以及现金约 26.9 亿元。目前,深发展持有平安银行约 90.75% 的股份,平安银行成为深发展的控股子公司;中国平安及其控股公司持有深发展股份共计约 26.84 亿股,占比约 52.38%,深发展成为中国平安旗下的控股子公司。

截至 2011 年 9 月 30 日,深圳发展银行资产总额 9304.59 亿元,贷款总额 4596.73 亿元,存款总额 6285.65 亿元,2011 年前三个季度实现净利润 71.19 亿元,年化平均净资产收益率达 18.9%。2011 年 9 月底资本充足率和核心资本充足率分别为 11.08% 和 9.97%,不良贷款率仅为 0.46%。

2008 年 8 月 6 日获得中国证监会、银监会核准开办证券投资基金托管业务。深圳发展银行总行设资产托管部,下设综合运营管理室、市场拓展室、估值核算室、合规与投资监督室 4 个职能处室。截至 2010 年 12 月 31 日,深发展共托管基金 2 只,托管基金净值规模 3.04 亿元。

广东发展银行资产托管部

广发银行股份有限公司成立于 1988 年,是国务院和中国人民银行批准成立的我国首批股份制商业银行之一,总部设于广东省广州市,注册资本 154 亿元。二十多年来,广发银行栉风沐雨,艰苦创业,以自己不断壮大的发展历程,见证了中国经济腾飞和金融体制改革的每一个脚印。

2006 年,广发银行成功重组,引入了花旗集团、中国人寿、国家电网、中信信托等世界一流的知名企业作为战略投资者。重组后,广发银行紧紧围绕"建设一流商业银行"的战略目标,注重战略规划的执行,坚持"调结构、打基础、抓创新、促发展",强化风险控制,坚持又好又快可持续发展,取得了良好的经营业绩。

2010 年 12 月末,广发银行资本净额 566 亿元,资产总额 8144 亿元,本外币各项存款余额 6289 亿元,各项贷款余额 4668 亿元。根据英国《银行家》杂志对全球 1000 家大银行排定的位次,广发银行已连续多年入选全球银行 500 强。

广东发展银行股份有限公司于 2009 年 5 月 4 日获得中国证监会、银监会核准开办证券投资基金托管业务,基金托管业务批准文号:证监许可[2009]363 号。广东发展银行股份有限公司总行设资产托管部,是从事资产托管业务的职能部门,内设业务运行团队、监督稽核团队和市场营销团队,部门全体人员均具备本科以上学历和基金从业资格,部门经理以上人员均具备研究生以上学历。截至 2011 年 12 月,广发银行共托管基金 1 只,托管基金资产净值规模 16.5 亿元。

上海银行资产托管部

1995 年 12 月 29 日,上海银行在中国经济金融改革大潮中应运而生。坚持服务地方经济、服务中小企业、服务市民的经营特色,秉承"点滴用心、相伴成长"为服务理念,上海银行稳健经营,规范管理,获得了良好的社会效益和经济效益,实现了持续快速稳健发展,成为我国银行体系中最具生机和活力的商业银行之一。

1999 年 9 月和 2001 年 12 月,上海银行分别吸收国际金融公司和香港上海汇丰银行、上海商业银行等外资金融机构的参股投资,不仅对自身快速、稳健、开放式发展起到了积极的促进作用,同时也为我国商业银行及其他金融机构实现吸引外资投资多元化开创了成功的先例。

2005 年 11 月,上海银行获准在城市商业银行系统中率先实现跨区域发展。如今,总部扎根上海浦东陆家嘴金融圈的上海银行,已经发展成为一家具有良好品牌形象、迈向全国的中等规模商业银行,分支机构延伸至长三角、珠三角、环渤海以及中西部地区,初步构建起了全国布局的战略框架,并与世界 70 个国家及地区近 600 家境内外银行的总行,建立了代理行网络关系。

自成立以来,上海银行充分发挥自身特点和优势,市场竞争力和影响力不断提高:在英国《银行家》公布的"全球前 1000 家银行"中,连年跻身 500 强;多次被《亚洲银行家》杂志评为中国地区"中国最佳城市零售银行";先后荣获"上海市著名商标"、"最具价值的上海服务商标"、"全国小企业贷款工作先进单位"、"小企业优秀客户服务银行"、"全国再就业先进单位"、"全国银行间市场优秀交易成员"等称号;连续四年在上海市银行业窗口服务质量大检查评比中名列第一。此外,在 2010 年上海世博会金融服务中,上海银行以良好的企业形象和优质的金融服务获得"上海世博会金融服务工作先进集体"、"中国银行业世博金融服务组织奖"、"中国银行业世博金融服务创新奖"等荣誉。

截至 2010 年底,上海银行总资产超 5600 亿元;存、贷款总额分别达到 4095 亿元和 2984 亿元;其中,人民币储蓄存款余额突破 1000 亿元;全年实现利润总额 57.39 亿元。目前,上海银行注册资本 42.34 亿元;拥有 250 余家营业网点和 150 余家自助银行,布放自助服务类终端设备(ATM、CDS、ASM、XDM 等)近 2000 台。

上海银行于 2009 年 8 月 21 日获得中国证监会、中国银监会核准开办证券投资基金托管业务,批准文号:中国证监会证监许可[2009]814 号。内设托管运作团队、稽核监督团队、运行保障团队和市场拓展团队,平均年龄 30 岁,100% 员工拥有大学本科以上学历,业务岗位人员均具有基金从业资格。截至 2011 年末,上海银行共托管基金 2 只,托管基金资产净值规模 12.13 亿元。

中国邮政储蓄银行托管业务部

中国邮政储蓄银行自2009年7月获得证券投资基金托管资格，成为我国第16家具有证券投资基金托管资格的托管银行，可托管证券投资基金、银行理财产品、信托产品、专户理财产品、券商理财等多种资产，为客户提供账户开立、财产保管、资金结算、会计核算、投资监督、信息披露、托管报告等安全、高效、专业的托管服务。拥有一支专业化、年轻化的托管业务团队，所有人员均具有本科以上学历和金融学、会计学的专业背景。中国邮政储蓄银行坚持以客户为中心、以服务为基础的经营理念，依托专业的托管团队、灵活的托管业务系统、规范的托管管理制度、健全的内控体系、运作高效的业务处理模式，为广大基金份额持有人和众多资产管理机构提供安全、高效、专业、全面的托管服务，并获得了合作伙伴一致好评。

截至2011年12月31日，中国邮政储蓄银行托管的证券投资基金共8只，包括中欧中小盘股票型证券投资基金（LOF）、长信中短债证券投资基金、东方保本混合型开放式证券投资基金、万家添利分级债券型证券投资基金、长信利鑫分级债券型证券投资基金、天弘丰利分级债券型证券投资基金、鹏华丰泽分级债券型证券投资基金、东方增长中小盘混合型开放式证券投资基金。托管的特定客户资产管理计划共10只，其中6只已到期，包括南方—灵活配置之出口复苏1号资产管理计划、景顺长城基金—邮储银行—稳健配置型特定多个客户资产管理计划、银华灵活精选资产管理计划、长盛灵活配置资产管理计划、富国基金—邮储银行—绝对回报策略混合型资产管理计划、光大保德信—邮储银行—灵活配置1号客户资产管理计划、大成—邮储银行—灵活配置1号特定多个客户资产管理计划、银华灵活配置资产管理计划、长盛—邮储—灵活配置2号资产管理计划、南方灵活配置2号资产管理计划等。至今中国邮政储蓄银行已形成涵盖证券投资基金、基金公司特定客户资产管理计划、信托计划、银行理财产品（本外币）、私募基金等多种资产类型的托管产品体系，托管规模达421.12亿元。

中国邮政储蓄银行作为一家新兴的托管银行，从开放式基金、一对多专户理财等产品的托管起步，将持续致力于托管业务的创新和发展，为投资者和合作伙伴提供安全可靠、优质精心的资产托管服务。

渤海银行基金托管部

渤海银行是1996年以来国务院批准设立的第一家全国性股份制商业银行，是第一家在发起设立阶段就引入境外战略投资者的中资商业银行，也是第一家总部设在天津的全国性股份制商业银行；是由天津泰达投资控股有限公司、渣打银行（香港）有限公司、中国远洋运输（集团）总公司、国家开发投资公司、宝钢集团有限公司、天津信托有限责任公司和天津商汇投资（控股）有限公司等7家股东发起设立的，注册资本总额达到85亿元人民币。2005年12月30日成立，2006年2月正式对外营业。截至2011年2月末，已在全国13个重点城市设立了51家分支机构。截至2010年末，本行资产总额2,650.86亿元，比年初增长125.57%，负债总额2,556.70亿元，比年初增长127.72%，不良贷款率仅为0.11%，实现税后净利润7.78亿元，比上年增长203.31%。

在《亚洲银行家》杂志公布的2010年度亚洲银行300强中，渤海银行成功跻身200强，综合排名199位，较2009年上升了59位；在第四届中国中小企业家年会上连续第三年被评为“全国支持中小企业发展十佳商业银行”；在首届公众满意最佳典范品牌评选中获颁“中国中小企业金融服务客户满意十佳典范品牌”；在“2009年度卓越金融理财排行榜”评选中荣获“2009年度最具成长性股份制商业银行”大奖；在第二届中国理财总评榜中荣获“最具竞争力银行”奖；2010年12月，渤海银行手机银行、借记卡获得了《理财周报》评选的2010年最佳借记卡和最佳手机银行奖。在“搜狐2010金融理财网络盛典活动”评选中获得“2010年网友最信赖银行理财品牌奖”。

渤海银行于2010年6月29日获得中国证监会、银监会核准开办证券投资基金托管业务。下设市场营销、托管运作、运行保障、稽核监督四个团队，配备有人员共15名。部门全体人员均具备本科以上学历和基金从业资格，高管人员和团队负责人均具备研究生以上学历。目前，渤海银行的资产托管业务已涵盖信托计划保管、银行理财产品托管、证券投资基金托管、基金专户理财托管、产业投资基金托管、私募股权投资基金托管等业务品种。截至2010年年底，已与二十余家信托公司、公募基金公司、产业投资基金公司、私募股权投资基金公司建立了托管业务合作关系。渤海银行已具备了托管证券投资基金所要求的人员、设备、系统、风控等各项条件，能够为托管客户提供优质高效的托管服务。截至2011年末，渤海银行共托管基金1只，托管基金资产净值规模3.2亿元。

第三章　基金管理公司

国泰基金管理有限公司

【基本情况】

法定名称：国泰基金管理有限公司

英文名称：GUOTAI ASSET MANAGEMENT CO. , LTD.

注册地址：上海市浦东新区峨山路91弄98号201A

办公地址：上海市世纪大道100号上海环球金融中心39层

法人代表：陈勇胜

总 经 理：金　旭

成立时间：1998年3月5日

公司属性：中外合资

注册资本：1.1亿元

联系电话：021－38569000

客服热线：400－888－8688

传真号码：021－38561800

邮政编码：200001

公司网址：www.gtfund.com

【公司概况】

国泰基金成立于1998年3月，是国内首批规范成立的基金管理公司之一。历经12年的市场磨砺，公司稳步发展，目前进入了新的发展阶段。2010年全球最大的保险集团之一意大利忠利集团正式收购公司30%的股权，国泰基金变身为中外合资基金公司，双方就投资管理、产品研发、风险控制、基金营销等多方面展开交流与合作，加快了公司的国际化步伐。

目前公司已拥有包括公募基金、社保基金投资管理人、企业年金投资管理人、特定客户资产管理业务和合格境内机构投资者等业务资格，是行业内极少数拥有“全牌照”业务资格的资产管理公司之一。

自1998年3月23日公开发行国内第一只封闭式基金——基金金泰以来，国泰基金的产品线不断得到丰富和完善。截至2011年12月31日，本基金管理人共管理3只封闭式证券投资基金：金泰证券投资基金、金鑫证券投资基金、国泰估值优势可分离交易股票型证券投资基金（创新型封闭式），以及19只开放式证券投资基金：国泰金鹰增长证券投资基金、国泰金龙系列证券投资基金（包括2只子基金，分别为国泰金龙行业精选证券投资基金、国泰金龙债券证券投资基金）、国泰金马稳健回报证券投资基金、国泰货币市场证券投资基金、国泰金鹿保本增值混合证券投资基金、国泰金鹏蓝筹价值混合型证券投资基金、国泰金鼎价值精选混合型证券投资基金（由金鼎证券投资基金转型而来）、国泰金牛创新成长股票型证券投资基金、国泰沪深300指数证券投资基金（由国泰金象保本增值混合证券投资基金转型而来）、国泰双利债券证券投资基金、国泰区位优势股票型证券投资基金、国泰中小盘成长股票型证券投资基金（LOF）（由金盛证券投资基金转型而来）、国泰纳斯达克100指数证券投资基金、国泰价值经典股票型证券投资基金（LOF）、上证180金融交易型开放式指数证券投资基金、国泰上证180金融交易型开放式指数证券投资基金联接基金、国泰保本混合型证券投资基金、国泰事件驱动策略股票型证券投资基金、国泰信用互利分级债券型证券投资基金。另外，公司于2004年获得全国社会保障基金理事会社保基金资产管理人资格，目前受托管理全国社保基金多个投资组合。2007年11月19日，公司获得企业年金投资管理人资格。2008年2月14日，公司成为首批获准开展特定客户资产管理业务（专户理财）的基金公司之一，并于3月24日经中国证监会批准获得合格境内机构投资者（QDII）资格，成为目前业内少数拥有“全牌照”的基金公司之一，囊括了公募基金、社保、年金、专户理财和QDII等管理业务资格。

12年来，国泰基金始终秉承“以最大的专业和勤勉为投资人实现财富增值”的经营宗旨，赢得了包括全国社会保障基金理事会在内的数百万投资人的信任。在为投资者创造物质财富的同时，也不忘承担起作为企业公民的社会责任，通过“红蜡烛助教计划”开展支学助教活动，积极践行“和谐社会”的价值观，为社会精神财富的创造贡献力量。

【公司大事记】

1998年3月5日，经中国证监会批准，国泰基金管理有限公司在上海成立。当时的注册资本为6000万元人民币。

1998年3月23日，基金金泰公开发行，3月27日成立，4月7日在上交所上市，基金代码“500001”。

1999年10月15日，基金金鑫公开发行，10月21日成立，11月26日在上交所上市，基金代码“500011”。

2000年4月26日，在对原珠江基金清理规范后设立基金金盛，6月30日在深交所上市，基金代码为“184703”，8月24日扩募成功。

2000年5月16日，在对原建业基金、沈阳公众基金、陕建基金清理规范后设立基金金鼎，8月4日在上交所上市，基金代码为“500021”，10月19日扩募成功。

2000年8月22日，公司增资扩股，注册资本增加为1.1亿元人民币。

2001年5月30日，公司第二届董事会第二次会议增选4名符合证监会要求条件，且有深厚学养的经济学家、金融专家和法律专家为独立董事。

2001年9月3日，公司与瑞士银行资产管理集团签定《投资与业务合作协议》。

2002年4月16日，公司第一只开放式基金——国泰金鹰增长基金公开发行，5月8日成立。

2002年6月13－15日，公司搬迁办公楼至浦东金融中心世纪大道1600号浦项商务广场。

2002年7月2－3日，中国证券业协会第三次会员大会在北京召开，时任公司总经理李春平先生当选为中国证券业协会理事。

2002年10月25日，国泰金龙基金方案上报证监会，12月初通过发行评审。

2002年11月20日，普华永道二期管理咨询启动，建立标准业务流程和关键业绩指标体系，引进科学的考核和薪酬体系。

2003年3月5日，公司5周年庆。公司通过一系列简朴、诚恳的活动，广邀各界朋友，共同回顾基金业5年历史，为行业未来的发展献计献策。

2003年3月28日，中国证监会正式批复同意国泰君安证券股份有限公司转让我公司部分股权至上海仪电控股（集团）公司的申请。

2003年10月24日－12月5日，国泰金龙系列基金正式发行，12月9日成立，首发募集资金达到25.71亿元。

2003年12月30日：中国证监会正式批复同意宏源证券股份有限公司转让我公司全部股权至上海国有资产经营有限公司和国泰君安证券股份有限公司的申请。

2004年5月，国泰金马稳健回报基金发行，9月，荣获全国社会保障基金理事会投资管理人资格。

2005年3月，公司市场体系划分为营销策划、基金销售及客户服务三个部门，进一步理顺了公司市场业务的内部管理关系，明确了各自的功能和职责。

2005年5月，公司搬迁新址，新的办公地址为延安东路700号港泰商务广场23楼。

2005年5月，在托管银行－中国农业银行的大力协助下，公司成功发行了货币基金，货币基金的首发规模超过44亿元，6月21日正式成立。

2005年8月，网上交易正式上线，该服务手段的推出方便了投资人对公司旗下基金的买卖，对公司的销售能力的提升具有深远的影响。

2005年9月，金融工程部开始运作，对公司客户服务，新产品核心盈利模式设计、投资策略、交易策略、绩效评估、风险评价提供数量化的“计算金融”支持。

2005年9月，公司完成档案升级工作，成为基金行业首家获得档案二级先进资质的公司。

2005年10月，公司为中高层管理人员举行了以“与时俱进，争创一流，建设高绩效的国泰基金管理团队”为主题的体验式培训活动，取得了良好的效果。

2005年10月，公司初步完成信息系统三年发展规划草案，该草案本着“安全、可靠、稳定、可扩展、高性能、低成本”的原则，对内部管理、投研交技术支持及客户服务技术支持等三方面系统提出柔性设计，强化前台业务的导向性作用。

2005年11月，公司荣获“世界金融实验室2005年中国10大最受尊敬的基金公司”的称号，金鼎基金荣获“世界金融实验室2005年中国10佳最具投资价值基金产品”的年度大奖，基金金鼎基金经理被评为“2005年中国25位最具影响力的基金经理”。

2005年12月，公司荣获“21世纪经济报道”颁发的05年度“最佳风险控制奖”。

2005年12月，公司第一届职代会胜利召开，会议号召公司全体员工要认清形势，振奋精神，积极主动地做好本职工作，发挥主人翁作用，努力为公司的发展作出积极的贡献。

2005年12月，公司召开党员大会，在原党支部基础上经上级党委批准成立了公司党总支部委员会。

2006年1月，经中国证监会基字［2006］4号文批准，公司股东浙江国际信托投资有限责任公司将其所持有的本公司20%的股权全部转让给万联证券有限责任公司。

2006年1月，公司召开团员大会，正式成立团支部。

2006年1月，金鹰增长开放式基金实施分红，向基金持有人按每10份基金份额派发现金红利0.33元。

2006年2月，金龙行业精选开放式基金实施分红，每10份基金份额派发现金红利0.40元。

2006年2月，为进一步健全公司党的组织和机构，加强公司党组织及广大党员作用的发挥，结合公司业务分布及现有党小组的情况，经公司党总支研究决定，在现有各党小组构成基础上，组建成立了四个党支部。

2006年3月，金鹿保本正式发行，首发募集规模超过25亿元人民币。金鹿保本基金是继金象保本基金之后公司管理的第二支保本基金。

2006年3月，国泰金马稳健回报基金向基金份额持有人按每10份基金份额派发现金红利0.3元。

2006年4月，公司牵头召开行业人力资源论坛会议，有超过30家的基金公司的人力资源负责人参加了会议，会议主要就基金公司的绩效管理等专业问题进行了讨论。

2006年7月，公司在北京、上海分别召开了投资策略研讨会，邀请公司重要机构客户、渠道客户与基金经理、研究部总监共同探讨公司上半年投资情况和下半年的投资策略。

2006年7月，公司响应证监会、金融服务办的号召，全面部署落实反商业贿赂的各项工作。

2006年8月，金鹏基金正式发行，首发募集规模超过12.48亿元人民币。

2006年9月，人力资源管理系统（E－HR）已完成基本功能设计和测试，为公司人力资源管理效率的提高奠定了基础。

2006年12月，封闭式基金金盛荣获《中国证券报》第四届中国基金业金牛奖“封闭式持续优胜金牛基金”的称号。

2007年1月，在京沪实力媒体《理财周刊》等联合举办的“2006年度理财产品评选”活动中，国泰金鹏蓝筹价值基金荣获“2006年度基金产品最受关注奖”。

2007年4月，在《中国证券报》第三届基金金牛奖评选中，基金金盛荣获“封闭式持续优胜金牛基金”奖。

2007年4月，在《大众证券报》等机构举办的第二届基金年度状元奖中，荣获“2006年度十佳基金公司”奖。

2007年5月，在《证券时报》第二届明星基金评选中，基金金盛荣获“封闭式明星基金”奖。

2008年1月，国泰基金荣获第五届财经风云榜“2007年度最具成长性的基金公司”。

2008年1月，国泰金龙行业精选基金荣获京沪穗实力媒体“2007年度基金产品金奖”。

2008年1月，国泰金龙行业精选基金荣获证券时报“三年持续回报明星基金奖”。

2008年2月，荣获特定客户资产管理业务资格。

2008年4月，荣获合格境内机构投资人资格。

2008年6月，国泰金鹿保本增值基金转入第二个保本周期（二年）。

2009年1月，国泰金龙债券基金荣获《中国证券报》“2008年度开放式债券型金牛基金”、《上海证券报》2008年度“金基金－债券型基金奖”、《证券时报》“2008年度债券型明星基金奖”。

2009年1月，国泰深圳分公司获批设立。

2009年2月，国泰基金与纳斯达克OMX集团签署独家许可协议，使用纳斯达克100指数在中国开发场内交易产品。

2009年3月11日，国泰双利债券基金成立。

2009年3月26日，国泰基金总经理金旭在纳斯达克参加开市敲钟仪式，这也是境内基金行业获此邀请的第一人。

2009年5月27日，国泰区位优势基金成立。

2009 年 6 月，国泰基金首个“红蜡烛图书室”在山东临沂建成。

2009 年 7 月，国泰基金与意大利忠利保险有限公司正式签署《全面合作及投资备忘录》。

2009 年 9 月，国泰基金第 2 个和第 3 个“红蜡烛图书室”在河南大别山和甘肃迭部建成。

2009 年 9 月 23 日，国泰基金首只“一对多”产品——国泰隆金顺利发行结束。

2009 年 10 月 19 日，国泰金盛“封转开”为国泰中小盘成长基金成立。

2009 年 11 月，国泰基金第 4 个“红蜡烛图书馆”在陕西延安建成。

2010 年 2 月 10 日，国泰估值优势分级封闭基金成立。

2010 年 3 月 22 日，国内首只海外指数基金——国泰纳斯达克 100 指数基金获批正式发行。

2010 年 4 月 29 日，国泰纳斯达克 100 指数基金（QDII）成立。

2010 年 5 月，国泰基金荣获《证券时报》五项大奖，国泰基金管理公司荣获“2009 年度十大明星基金公司”、国泰金龙行业混合基金荣获“2009 年度三年持续回报积极混合型明星基金奖”、国泰金牛创新股票基金荣获“2009 年度股票型明星基金奖”、国泰金马稳健混合基金荣获“2009 年度积极混合型明星基金奖”、国泰金鹏蓝筹混合基金荣获“2009 年度积极混合型明星基金奖”。

2010 年 5 月，国泰基金荣获《中国证券报》7 项大奖，国泰基金管理有限公司荣获“2009 年度金牛基金管理公司”、国泰金鹰增长股票基金荣获“2009 年度开放式股票型金牛基金奖”、国泰金牛创新股票基金荣获“2009 年度开放式股票型金牛基金奖”、国泰金马稳健混合基金荣获“2009 年度开放式混合型金牛基金奖”、国泰金鹏蓝筹混合基金荣获“2009 年度开放式混合型金牛基金奖”、国泰金鼎价值混合基金荣获“2009 年度开放式混合型金牛基金奖”、国泰金鑫封闭基金荣获“2009 年度封闭式金牛基金奖”。

2010 年 6 月，国泰基金荣获《上海证券报》2 项大奖，国泰金鹰增长股票基金荣获“2009 年度金基金三年期分红奖”、国泰金牛创新成长基金荣获“2009 年度金基金一年期产品奖”。

2010 年 6 月 21 日，国泰基金对外发布公告，公司股东中国建银投资有限责任公司、万联证券有限责任公司已将其所持有的国泰基金管理有限公司合计 30% 的股权转让给意大利忠利集团。国泰基金正式成为合资基金公司，公司目前股东结构为：中国建银投资有限责任公司出资比例为 60%、意大利忠利集团出资比例为 30%、中国电力财务有限公司出资比例为 10%。

2010 年 8 月 13 日，国泰基金第 16 只开放式基金——国泰价值经典股票基金（LOF）成立。

【股东概况】

排序	股东名称	持股比例
1	中国建银投资有限责任公司	60%
2	意大利忠利集团	30%
3	中国电力财务有限公司	10%

【旗下基金】

基金代码	基金简称	基金类型	基金经理
020001	国泰金鹰增长	股票型	何江旭
020002	国泰金龙债券 A	债券型	吴　晨
020003	国泰金龙行业精选	混合型	崔海峰
020005	国泰金马稳健	混合型	余荣权
020009	国泰金鹏蓝筹	混合型	黄　刚
519021	国泰金鼎价值	混合型	邓时锋
020010	国泰金牛创新	股票型	范迪钊
020011	国泰沪深 300	指数型	章　赟　林海
020012	国泰金龙债券 C	债券型	吴　晨
020015	国泰区位优势	股票型	邓时锋
020018	国泰金鹿保本 2 期	混合型	邱晓华　沙　骎
020019	国泰双利债券 A	债券型	范迪钊　胡永青
020020	国泰双利债券 C	债券型	范迪钊　胡永青
020015	国泰区位优势	股票型	邓时锋
160211	国泰中小盘	指数型	张　玮
160213	国泰纳斯达克 100	QDII	崔　涛
160215	国泰价值经典	指数型	黄　焱
020021	国泰上证 180 金融 ETF 联接	ETF	章　赟
510230	国泰上证 180 金融 ETF	ETF	章　赟
020022	国泰保本	混合型	沙　骎　邱晓华
020023	国泰事件驱动	股票型	王　航
160217	国泰互利分级债券	债券型	吴　晨
020007	国泰货币	货币型	胡永青

【旗下封闭式基金】

序号	成立年度	基金代码	基金简称	基金类型
1	1998	500001	基金金泰	封闭式
2	1999	500011	基金金鑫	封闭式
3	2010	150010	国泰估值优先	创新封闭式

【公司高管】

陈勇胜，董事长，硕士，20 年证券从业经历。1982 年起在中国建设银行总行、中国投资银行总行工作。历任综合计划处、资金处副处长、国际结算部副总经理（主持工作）。1992 年起任国泰证券公司国际业务部总经理，公司总经理助理兼北京分公司总经理，1998 年 3 月起任国泰基金管理公司总经理，1999 年 10 月起任董事长。

金旭，总经理，法学硕士，19 年证券从业经历。1993 年 7 月至 2001 年 11 月在中国证监会工作，历任法规处副处长、深圳监管专员办事处机构处副处长、基金监管部综合处处长。2001 年 11 月至 2004 年 7 月在华夏基金管理有限公司任党支部副书记、副总经理。2004 年 7 月至 2006 年 1 月在宝盈基金管理有限公司任总经理。2006 年 1 月至 2007 年 5 月在梅隆全球投资有限公司北京代表处任首席代表。2007 年 5 月加盟国泰基金管理有限公司。

李峰，督察长，硕士研究生，16 年银行证券基金从业经历。曾任荷兰商业银行上海分行中国区监察主管，国联安基金管理有限公司监察稽核专员，信诚基金管理有限公司督察长，美国雷曼兄弟亚洲投资有限公司上海代表处中国区合规总监。2009 年 2 月加盟国泰基金管理有限公司，现任国泰基金管理有限公司督察长。

南方基金管理有限公司

【基本情况】

法定名称：南方基金管理有限公司

英文名称：China Southern Fund Management Co.，Ltd.

注册地址：深圳市深南大道4009号投资大厦7层
办公地址：深圳市福田中心区福华一路6号
免税商务大厦31－33层
法人代表：吴万善
总 经 理：高良玉
成立时间：1998年3月6日
公司属性：中资
注册资本：1.5亿元
联系电话：0755－82763888
客服热线：400－889－8899
传真号码：0755－82763889
邮政编码：518048
公司网址：www. southernfund. com

【公司概况】

南方基金管理有限公司成立于1998年3月6日，为国内首批获中国证监会批准的三家基金管理公司之一，成为中国证券投资基金行业的起始标志。南方基金总部设在深圳，注册资本1.5亿元人民币。股东结构为：华泰证券股份有限公司（45%）；深圳市投资控股有限公司（30%）；厦门国际信托有限公司（15%）；兴业证券股份有限公司（10%）。目前，公司在北京、上海、合肥等地设有分公司，在香港设有子公司——南方东英资产管理有限公司，这也是境内基金公司获批成立的第一家境外分支机构。

公司拥有一支高素质、经验丰富的专业化团队。现有员工350余人，超过55%的员工具有硕士以上学历，近70%的员工具有7年以上的证券从业经历，其中投研人员的平均证券从业年限为8年，40%的投研人员具有海外学习或工作经验。

公司经历了中国证券市场多次牛熊交替的长期考验，以持续优秀的投资业绩、完善周到的客户服务，赢得了广大基金投资人、社保理事会、企业年金客户、专户客户的认可和信赖。截至2010年底，公司管理资产规模接近1900亿元，位居行业前列。旗下管理公募基金共26只，产品数量位列行业第一。其中开放式基金24只、封闭式基金2只，公募基金资产管理规模约1200亿元，累计向基金持有人分红达到442亿元，拥有客户数量突破1100万人。私募业务管理规模超过700亿元，在行业中持续保持领先地位。南方基金已经发展成为国内产品种类最丰富、业务领域最全面、经营业绩优秀、资产管理规模最大的基金管理公司之一。

【公司大事记】

1998年，南方基金管理有限公司管理的国内第一只规范的封闭式证券投资基金——基金开元成功发行上市，开创了中国基金业的新纪元；

2001年9月，南方基金管理公司首批推出了开放式基金——南方稳健成长基金，引领行业潮流；

2002年9月，南方基金管理有限公司又率先推出了国内首只债券型开放式基金——南方宝元债券型基金；

2002年12月，南方基金管理有限公司在全国社会保障基金投资管理人评选中力拔头筹；

2003年5月，南方基金管理公司再次引领行业之先，推出了国内首只保本型开放式基金——南方避险增值基金，并以51.93亿元的首发规模创下国内开放式基金的新纪录；

2004年3月，南方现金增利基金以80.49亿元再次刷新国内开放式基金的首发纪录，成为当时国内发行规模最大的一只基金。

2004年8月，南方积极配置基金正式发行，成为国内首只上市开放式基金（LOF）。

2005年5月，南方高增长基金正式开始发行。

2005年8月，南方基金管理有限公司获得首批企业年金基金投资管理人资格。

2006年3月，南方多利基金正式发行，为国内第一只规范的中短债类基金，首发规模达89.77亿元。

2006年6月，南方稳健贰号基金发行，首发规模达52.57亿份，成为国内第一只复制基金。

2006年11月，南方绩优成长基金发行，首发规模达124.77亿份，成为到发行结束之日止发行时间最短的百亿基金；

2006年11月，南方高增长基金每基金单位分红高达0.747元，创下基金单次分红的最高纪录，并引来投资者的踊跃申购，两天之内申购量超过100亿元。

2007年4月，南方稳健贰号基金实施拆分，投资者申购踊跃，一天之内申购量约300亿元，启动比例确认机制，确认比例只有约1/4。

2007年5月，由于南方金元封转开而来的南方成份精选基金集中申购，发行当日结束发行，发行规模接近预计上限，发行规模107.59亿元。

2007年7月，南方基金首家获得基金QDII业务资格。

2007年8月，南方基金管理资产规模突破2000亿元。

2007年9月，国内首只股票型QDII产品——南方全球精选配置基金发行，一天之内认购量约500亿元，经主管机关和相关部门批准后，该基金最后以40亿美元（折合人民币约300亿元）的额度进行比例确认。

2007年11月9日，基金隆元终止上市，并成功实现封转开，变更为旗下第十二只开放式证券投资基金——南方隆元产业主题（股票型）。

2007年12月6日，南方隆元产业主题基金集中申购，募集规模92.61亿元。

2008年2月18日，首批获得特定客户资产管理业务资格。

2008年3月21日，发行、成立旗下第13只开放式证券投资基金——南方盛元红利（股票型），募集规模62.17亿元。

2008年6月18日，发行、成立旗下第14只开放式证券投资基金——南方优选价值（股票型），募集规模11.39亿元。

2008年6月27日，中国证监会核准公司在香港设立南方东英资产管理有限公司。

2008年11月12日，发行、成立旗下第15只开放式证券投资基金——南方恒元保本混合型基金，募集规模22.11亿元。

2009年3月26日，发行、成立旗下第16只开放式证券投资基金——南方沪深300指数证券投资基金，募集规模15.81亿元。

2009年9月2日，南方基金－光大银行首只专户“一对多”产品获批，南方基金成为国内首批拿到专户“一对多”产品批文的基金公司之一。

2009年9月25日，发行、成立旗下第17只开放式证券投资基金——南方中证500指数证券投资基金（LOF），募集规模为32.23亿元。

2009年9月28日，发行、成立旗下第1只一对多理财产品——南方—光大—灵活配置1号资产管理计划。

2009年12月4日，发行、成立旗下第18只开放式证券投资基金——深证成份交易型开放式指数证券投资基金（ETF），募集规模为 41.28 亿元。

2009 年 12 月 9 日，发行、成立旗下第 19 只开放式证券投资基金——南方深证成份交易型开放式指数证券投资基金联接基金，募集规模为 32.72 亿元。

2010 年 3 月 31 日，发行、成立旗下第 20 只开放式证券投资基金——南方策略优化股票型证券投资基金，募集规模为 22 亿元。

2010 年 8 月 27 日，发行、成立旗下第 21 只开放式证券投资基金——中证南方小康产业交易型开放式指数证券投资基金，募集规模为 6.56 亿元。

2010 年 8 月 27 日，发行、成立旗下第 22 只开放式证券投资基金——中证南方小康产业交易型开放式指数证券投资基金联接基金，募集规模为 8.99 亿元。

2010 年 11 月 3 日，发行、成立旗下第 23 只开放式证券投资基金——南方广利回报债券型证券投资基金，募集规模为 45.65 亿元。

2010 年 12 月 9 日，发行、成立旗下第 24 只开放式证券投资基金——南方金砖四国指数证券投资基金，募集规模为 6.36亿元。

2011 年 1 月 30 日，发行、成立旗下第 25 只开放式证券投资基金——南方优选成长混合型证券投资基金，募集规模为 22.17 亿元。

【公司荣誉】

公司荣誉：

和讯网　十大品牌基金公司

《证券时报》2008 年度明星基金公司评选　中国最具影响力基金公司

《中国证券投资基金年鉴》最佳企业年金管理奖

光华管理学院 北京大学光华管理学院实习基地

2008 年度深圳市劳动关系和谐企业

2008 年中国金融企业慈善榜 基金业突出贡献奖

2008 年度全国银行间市场优秀交易成员

《证券时报》最受投资者喜爱的财经证券网站

中国证券投资基金年鉴最佳社会责任奖

和讯网　2008 年度最佳基金网上交易平台

福田区 2008 年度纳税百强企业

《21 世纪经济报道》中国基金公司综合实力奖

《21 世纪经济报道》中国基金公司最佳投资团队奖

《钱经》2009 年中国理财总评榜选评：“基金发展成就奖”

《钱经》2009 年中国理财总评榜选评：“2008 年度最佳服务基金公司奖”

南方日报社　公务员最喜爱的十大基金品牌

《证券时报》2008 年度明星基金公司评选　营销明星基金公司

基金奖荣誉：

全国社保基金 301 组合 2008 年度全国银行间市场交易量 100 强

《中国证券报》南方现金增利：08 年度开放式货币市场金牛基金

人物荣誉：

和讯网　高良玉：中国基金业杰出基金掌门人

【股东概况】

排序	股东名称	持股比例
1	华泰证券有限责任公司	45%
2	深圳市投资控股有限公司	30%
3	厦门国际信托投资股份有限公司	15%
4	兴业证券股份有限公司	10%

【旗下开放式基金】

基金代码	基金简称	基金类型	基金经理
160105	南方积配	股票型	李源海
160106	南方高增	股票型	谈建强、张原
160123	南方中证 50 债券 A	债券型	刘朝阳
160124	南方中证 50 债券 C	债券型	刘朝阳
202212	南方保本	混合型	蒋峰、孙鲁闽
510290	南方上证 380ETF	ETF	杨德龙
202025	南方上证 380ETF 联接	ETF	杨德龙
160125	南方中国中小盘指数	指数型	黄亮
160127	南方新兴消费分级	股票型	杜冬松、张旭
202001	南方稳健	混合型	马北雁、李源海
202002	南稳贰号	混合型	马北雁、李源海
202003	南方绩优	股票型	张原、史博
202101	南方宝元	债券型	蒋朋宸、李璇、应帅
202102	南方多利 C	债券型	李璇
202202	南方避险	混合型	孙鲁闽
202801	南方全球	QDII	黄亮、徐明宇
202005	南方成份	股票型	陈键、应帅
202007	南方隆元	股票型	汪澂、蒋朋宸
202009	南方盛元	股票型	蒋峰
202011	南方优选 A	股票型	谈建强
202211	南方恒元	混合型	蒋峰
202015	南方 300	指数型	潘海宁
160119	南方中证 500	指数型	张原、潘海宁
202103	南方多利 A	债券型	李璇
159903	深证成份 ETF	ETF	潘海宁
202017	南方深成 ETF 联接	ETF	潘海宁
202019	南方策略	股票型	刘治平
202021	中证南方小康 ETF 联接	ETF	杨德龙、柯晓
202105	南方广利回报债券 A/B	债券型	韩亚庆
510160	中证南方小康 ETF	ETF	杨德龙、柯晓
160121	南方金砖四国指数	指数型	黄亮
202107	南方广利债券 C	债券型	韩亚庆
202023	南方优选成长	混合型	谈建强
202301	南方增利 A	货币型	韩亚庆、刘朝阳
202302	南方增利 B	货币型	韩亚庆、刘朝阳

【旗下封闭式基金】

成立年度	基金代码	基金简称	基金类型
1998 年	184688	基金开元	封闭式
1999 年	184698	基金天元	封闭式

【公司高管】

吴万善先生，董事长，中共党员，工商管理硕士，高级经济师。历任中国人民银行江苏省分行金融管理处科员、中国人民银行南京市分行江宁支行科员、华泰证券有限责任公司发行部副经理、总经理助理、副总经理、总裁，现任华泰证券有限责任公司董事长兼党委副书记、南方基金管理有限公司董事长。

高良玉先生，董事，总经理，中共党员，经济学硕士，经济师。历任中国证监会发行部副处长、南方基金管理有限公司副总经理，现任南方基金管理有限公司董事总经理、党委书记。

秦长奎先生，督察长，中共党员，MBA。历任华泰证券有限公司营业部总经理、部门总经理、总裁助理。现任南方基金管理有限公司督察长、党委委员、纪委委员。

华夏基金管理有限公司

【基本情况】

法定名称：华夏基金管理有限公司

英文名称：CHINA ASSET MANAGEMENT CO., LTD.

注册地址：北京市顺义区天竺空港工业区A区

办公地址：北京市西城区金融大街33号通泰大厦B座8层

法人代表：王东明

总 经 理：范勇宏

成立时间：1998年4月9日

注册资本：2.38亿

公司属性：中资

联系电话：(010) 88066508

客服热线：400-818-6666

传真号码：(010) 88066566

邮政编码：100032

公司网址：www.chinaamc.com

【公司概况】

华夏基金管理有限公司成立于1998年4月9日，是经中国证监会批准成立的首批全国性基金管理公司之一。公司总部设在北京，在北京、上海、南京、杭州、广州、深圳和成都设有分公司，在香港设有子公司。公司以专业、严谨的投资研究为基础，为投资人提供优质的投资理财产品和服务。

历经多年牛市、熊市的洗礼，华夏基金规范运作、稳健经营，以雄厚的综合实力保持了基金行业的领先地位。截至2011年12月31日，华夏基金服务1600万投资人，累计分红780亿元。成立十四年来，华夏基金的业务持续快速发展，获得了基金行业全部业务牌照。华夏基金是首批全国社保基金投资管理人、首批企业年金基金投资管理人、QDII基金管理人、境内首只ETF基金管理人以及特定客户资产管理人，是业务领域最广泛的基金管理公司之一。

华夏基金在业内最早提出"研究创造价值"的投资理念，制定了严格的投资管理流程和制度，目的是通过专业、严谨的投资，获取稳定、可靠的收益。华夏基金的投研团队，吸收了大批海内外专业人士，具有高水准的职业操守、丰富的投资经验和突出的研究能力。基金经理平均从业年限超过10年。各基金经理在分享团队智慧的同时，能够充分发挥主观能动性，团队整体富有经验且充满锐气，在投资管理方面具有独立性和前瞻性。

华夏基金建立了完善的基金产品线，旗下共有24只开放式基金，2只封闭式基金，从低风险、低收益的货币市场基金到高风险、高收益的股票基金，可以满足各类风险偏好投资者的需求。公司还管理着多只全国社保基金投资组合，已经被超过150家大中型企业确定为年金投资管理人，并被多家客户确定为特定客户资产管理人。公司是境内管理基金数目最多、品种最全的基金管理公司之一。

"为信任奉献回报"是华夏基金不变的宗旨，它承载着公司对基金行业的体会，对社会和市场的责任，对投资人的承诺和对自身诚信立业的要求，已经成为华夏基金生存和发展的精神基石。

【公司大事记】

1998年，公司正式成立，同年公司管理的第一只基金——华夏兴华基金成功上市。

1999年，我国最早的优化指数型基金——华夏兴和基金成立。

2000年，公司正式提出"为信任奉献回报"的企业宗旨和"诚信、尊重、创新、共享"的经营理念，同年公司注册资本由7000万元增加到13800万元。

2001年，国内首批开放式基金之一——华夏成长基金成立。

2002年，公司在国内基金业率先推出基金后端收费模式。同年，公司取得全国社保理事会确定的首批投资管理人资格。

2003年，中共中央政治局委员、北京市委书记刘淇同志视察华夏基金管理公司。

2004年，国内首只ETF—上证50ETF成功发行。同年公司独家获得亚洲债券基金中国子基金管理人资格。

2005年，公司获得首批企业年金基金投资管理人资格。

2006年，中小板ETF成功发行，首发规模39.65亿元。国内首批复制基金——华夏回报二号基金成立，首发规模63亿元；中国首例"封转开"基金华夏平稳增长基金成立，基金规模23.46亿元；华夏优势增长基金成功发行，首发规模141亿元。

2007年1月10日，第四届中国基金业金牛奖揭晓，公司荣获"2006年度十大金牛基金公司奖"；华夏债券基金荣获"2006年度开放式债券型金牛基金奖"；华夏现金增利基金荣获"2006年度开放式货币市场基金金牛基金奖"；上证50ETF荣获"2006年度开放式指数型金牛基金奖"。

2007年1月26日，公司在和讯网主办的"2006年度财经风云榜"活动中获得"2006年度中国十大品牌基金公司奖"、"2006年度中国基金业杰出创新奖"，华夏现金增利基金荣获"2006年度十大明星基金奖"，公司总经理范勇宏获得了200万网友评选出的"2006年度中国基金业杰出掌门人奖"。

2007年1月27日，公司获得《21世纪经济报道》评选的"2006年中国基金管理公司综合实力奖"，华夏债券基金获得"2006年债券型基金三年持续表现奖"。

2007年2月16日，公司在搜狐主办的"2006年度基金评选"活动中获得"2006年度明星基金管理人"，华夏大盘精选基金获得"2006年度股票型基金明星基金"。

2007年3月，公司在亚洲权威资产管理杂志《亚洲资产管理》(*Asia Asset Management*) 2006年评奖活动中，获得"亚洲地区最佳客户服务奖"与"中国最佳社会服务奖"，同时获得"中国最佳零售策略奖"特别提名与"中国最佳创新产品奖"特别提名。

2007年3月13日，华夏债券基金在全球著名基金评级机构美国晨星资讯有限公司主办的"晨星基金经理年度奖"(Morningstar Fund Manager of the Year Award)评选活动中，蝉联"晨星(中国)2006年度债券型基金经理奖"。

2007年4月6日，公司在《上海证券报》主办的"第四届中国最佳基金公司评选"活动中成为唯一一家荣获"中国最佳基金公司TOP大奖"的基金公司，这是公司第二次获得该奖项，并已连续四年在《上海证券报》的基金评选中获奖。华夏现金增利基金经理韩会永荣获"最佳货币型开放式基金经理单项奖"。

2007年4月25日，在美国ETF专业网站Exchangetradedfunds. com 举办的第三届全球 ETF 大奖评选中，华夏基金旗下的中小板 ETF 荣获“亚太地区最佳创新 ETF 奖”。

2007 年 4 月 27 日，在《证券时报》2006 年度明星基金评选中，华夏基金获得了“明星基金管理公司奖”，华夏大盘精选基金获得“股票型明星基金奖”，华夏现金增利基金获得“货币市场明星基金奖”。

2007 年 5 月，华夏蓝筹核心基金公告集中申购结果，募集资金 438 亿元。

2007 年 5 月 11 日，华夏蓝筹核心基金开始办理日常赎回业务。

2007 年 5 月 28 日，华夏蓝筹核心基金在深圳证券交易所上市交易。

2007 年 5 月 30 日，华夏蓝筹核心基金开始办理日常申购业务。

2007 年 7 月，华夏基金荣膺由世界品牌实验室和世界经理人周刊联合主办的 2007 年（第四届）中国品牌高峰会评选的“2007 年度中国品牌 500 强”。

2007 年 7 月，华夏基金管理获得中国证监会正式批复，获准开展境外证券投资管理业务（QDII）。2007 年 8 月 13 日，在《中国证券报》评选的“2006 年度投资者关系管理表现最佳单项奖”中，华夏基金获得“最佳机构投资人奖”。

2007 年 8 月 27 日，华夏基金设立成都分公司。

2007 年 9 月 10 日，华夏复兴股票型证券投资基金成立。

2007 年 10 月 9 日，华夏全球精选股票型证券投资基金成立。

2007 年 10 月，公司总经理范勇宏获得由中国证券研究设计中心、和讯网和《证券市场周刊》共同评选的“基金业十年杰出贡献人物奖”。

2007 年 10 月，华夏基金获得由《第一财经日报》评选的“金融品牌价值十佳基金公司奖”。

2007 年 10 月，华夏基金网站在《证券时报》主办的第八届“中国优秀财经证券网站”评选活动上荣获“中国最佳基金网站奖”。

2007 年 11 月 17 日，华夏大盘精选基金荣获第三届中国证券市场年会“2007 年中国证券市场高成长开放式基金金算盘奖”。

2007 年 12 月 14 日，华夏行业精选基金集中申购提前结束。

2007 年 12 月，华夏基金在搜狐主办的“2007 年度搜狐理财网络调查暨年底调查”活动中荣获“2007 年最有影响力基金品牌奖”、“2007 最有影响力基金投资者教育奖”和“2007 年最受欢迎基金新产品奖”三项大奖。

2007 年 12 月，华夏大盘精选基金在南都周刊第一届金基奖评选中获得“2007 年度最佳业绩回报基金奖”。

2008 年 1 月，华夏基金获得由中证报、中国银河证券、天相投顾、中信证券共同评选的“2007 年度十大金牛基金公司”奖，其中华夏大盘精选基金获得“2007 年度开放式股票型金牛基金”、华夏红利与华夏平稳增长基金获得“2007 年度开放式混合型金牛基金”、华夏现金增利基金获得“2007 年度开放式货币市场金牛基金”。

2008 年 1 月，在楚天传媒集团 2007 年度理财总评榜评选活动中，华夏基金获得“最值得托付的基金管理公司奖”，华夏大盘精选基金获得“最受欢迎的股票型基金奖”，华夏平稳增长基金获得“最具成长性混合型基金奖”。

2008 年 1 月，华夏基金获得由《中国总会计师》杂志社与“中国国际财务战略管理研究会”共同评选的“2007 年度十佳金融服务机构”奖。

2008 年 1 月，在《理财周刊》、第一理财网、北京青年报、广州日报联合举办的“2007 年度理财产品评选”中，华夏红利基金获得“2007 年度基金产品金奖”。

2008 年 1 月 11 日，华夏基金在证券时报社主办的“2007 年度中国明星基金暨最佳托管银行评选”中，荣获“中国基金业十年持续回报明星基金奖”、“十大明星基金公司奖”，其中华夏大盘精选基金荣获“2007 年度股票型基金明星奖”，华夏红利基金荣获“2007 年度平衡型基金明星奖”。

2008 年 1 月，在《钱经》杂志、《东方早报》等多家媒体联盟举办的“2007 年度中国理财总评榜”的评比中，华夏基金被评为“2007 年度值得托付的基金公司”和“2007 年度最具价值基金公司”，华夏大盘精选基金被评为“2007 年度最受欢迎的股票型基金”，华夏平稳增长基金被评为“2007 年度最具成长性混合型基金”。

2008 年 1 月 20 日，在《21 世纪经济报道》主办的“中国赢基金奖”的评比中，华夏基金获得“2007 年中国基金公司综合实力大奖”、“2007 年中国基金管理公司最佳基金营销奖”、“2007 年中国基金管理公司最佳年度表现奖”和“2007 年中国基金管理公司最佳投资团队奖”四项大奖，华夏大盘精选基金获得“进取混合型开放式基金三年持续表现奖”和“2007 年中国开放式进取混合型基金最佳表现奖”，华夏红利混合型基金获得“2007 年中国开放式灵活混合型基金最佳表现奖”。

2008 年 1 月 20 日，在和讯网举办的 2007 年度财经风云榜颁奖活动中，华夏基金获得“2007 年度中国十大品牌基金公司奖”，范勇宏总经理获得“2007 年度中国十大基金业杰出掌门人奖”，华夏大盘精选基金获得“2007 年度最佳股票型基金奖”，华夏现金增利基金获得“2007 年度最佳货币市场型基金奖”。

2008 年 2 月 18 日，华夏基金获得北京市顺义区委区政府授予的“2007 年度区域经济百强企业”、“2007 年度财政贡献突出企业”称号。

2008 年 2 月 22 日，公司正式获得特定资产管理业务资格。

2008 年 2 月 28 日，在金融界、清华大学中国金融研究中心共同主办的“影响力 · 基金年会暨 2007 年度 BOB 基金评选颁奖”典礼中，公司获得“2007 年度 BOB 最佳基金管理公司”，华夏大盘精选基金、华夏红利基金、华夏优势增长基金、华夏平稳增长基金分别获得“2007 年度 BOB 最佳基金”。

2008 年 2 月 28 日，在新浪财经“2007 理财产品评选之基金公司评选”中，公司获得最受网友信赖的十大基金公司。

2008 年 2 月 28 日，华夏基金客户服务中心获得“客户联络中心标准体系五星级认证（CCCS 五星级认证）”，是基金行业唯一通过此权威认证的企业。

2008 年 2 月，华夏基金为南方地区冰冻雪灾捐款 130 万元。

2008 年 3 月 6 日，在亚洲权威的资产管理行业杂志《亚洲资产管理》（*Asia Asset Management*）的评选中，华夏基金获得“中国增长最快速基金管理公司”、“亚洲地区最具创新投资者教育”等四项大奖。

2008 年 3 月 10 日，华夏希望债券基金成立。

2008 年 3 月 14 日，在“理柏中国基金 2008”奖项评选中，华夏大盘精选基金获得 1 年期、2 年期、3 年期基金奖，华夏红利基金获得 1 年期基金奖。

2008年3月28日，在《上海证券报》主办的第五届"中国基金业金基金评选"中，华夏基金获得"中国最佳基金公司TOP大奖"和"中国基金业十年杰出贡献基金公司奖"。华夏大盘精选基金获得"2007年股票型金基金奖"。

2008年4月20日，在晨星(中国)和《财富中国》联合举办了基金年度评奖中，华夏基金获得"2007最佳持续创富基金公司"、"2007最佳风险控制基金公司"，华夏大盘精选基金获得"开放式基金最佳年度回报基金奖，华夏大盘精选基金经理王亚伟获得"2007最佳价值发现基金人物奖"。

2008年4月27日，在《北京青年报》联合银河基金研究中心举办的年度"北青基金年度财星榜"评选中，华夏基金获得"2008年金牌全能团队"称号。

2008年4月，在亚洲权威财经杂志《亚洲投资者》(*AsianInvestor*)举办的"2008年度投资成就奖"中，华夏基金成为唯一一家获得"年度中国最佳基金公司"奖，同时还获得了"一年期最佳投资回报奖"。

2008年5月，华夏基金荣获美国《读者文摘》信誉品牌2008白金奖，成为该次评选活动中唯一一家获奖基金公司。获得白金奖的品牌，其评选得分至少是最主要竞争对手的两倍以上。

2008年5月16日，2008福布斯中国优选基金揭晓，华夏大盘精选基金排名第一。

2008年5月26日，百度2008亿万网民心目中的理财品牌榜揭晓，华夏基金获得"2008亿万网民心目中的中国十大品牌基金公司"，华夏大盘精选基金获得"2008亿万网民心目中的中国十大明星基金"，华夏基金E网通获得"2008亿万网民心目中的中国基金业杰出电子商务奖"。

2008年6月，华夏基金公司和员工为四川汶川灾区捐款捐赠超过350万元。

2008年6月27日，华夏基金在2007－2008年度中国最佳客户服务评选颁奖典礼上，获得"中国最佳客户服务奖"和"中国最佳客户服务中心奖"两项大奖。

2008年9月4日，第九届"中国优秀财经证券网站"评选结果揭晓，华夏基金获得"2008年度金融机构网站十佳管理团队奖"。

2008年9月5日，华夏复兴股票型证券投资基金开放日常赎回、转换转出业务。

2008年9月，在《理财周报》举办的"2008最受尊敬的基金公司"评选中，华夏基金获得"2008中国最受尊敬基金公司"、"2008最佳回报基金公司"等四项大奖。

2009年1月，华夏基金开展中学生社会实践课，旨在培养青少年的理财意识。

2009年8月，华夏基金参与北京市顺义区社会福利慈善协会主办的助学项目，帮助城乡低保家庭和其他特殊困难家庭的学生就学。

2009年12月，由华夏基金员工发起的"华夏人慈善基金会"正式成立，基金会以"促进人的发展与环境和谐"为宗旨，是未来华夏基金开展公益事业、践行社会责任的平台。同年，基金会向宁夏自治区同心县"生态移民项目"捐赠40万元，用于移民新村特色种植、养殖技术、节水灌溉等劳动技能培训。

2010年4月，华夏人慈善基金会开展了生态移民技能培训项目，捐赠人民币40万元，用于在各移民新村开展特色种植、养殖技术、节水灌溉等劳动技能培训，通过帮助贫困村民获取最新的农业知识，提升他们的产能产效，早日脱贫致富。

2010年4月，青海省玉树县发生地震灾害，华夏基金公司及全体员工通过华夏人慈善基金会向灾区捐款100万元。华夏基金香港公司向中联办捐款专户捐赠港币10万元整。

2010年8月7日，甘肃舟曲发生了特大泥石流灾害。华夏人慈善基金会迅速响应，短短9天内便完成了7000余件物资的采购，金额403674.29元，在广大志愿者的积极帮助下，陆续发往灾区。

2010年10月，华夏人慈善基金会联合玉树州教育局，捐赠24万元，采购高质量燃煤共计200吨，覆盖了9所学校今冬的燃煤需求，保障了共计11239名学生和教职工的冬季取暖。

2010年11月11日，华夏人慈善基金会正式捐赠5万元人民币，用于在山西省天镇县唐八里村机井建设。该机井建设成功后，预计可满足200亩耕地的灌溉需求，覆盖近60户的200余位村民的用水问题。

【股东概况】

持股单位	持股比例
中信证券股份有限公司	49%
南方工业资产管理有限责任公司	11%
山东省农村经济开发投资公司	10%
POWER CORPORATION OF CANADA	10%
山东海丰国际航运集团有限公司	10%
无锡市国联发展(集团)有限公司	10%
合计	100%

【旗下基金】

基金代码	基金简称	类型	基金经理
000001	华夏成长	混合型	童汀
000011	华夏大盘精选	混合型	王亚伟
000021	华夏优势增长	股票型	刘文动、罗泽萍、巩怀志
000031	华夏复兴	股票型	童汀、程海泳
000041	华夏全球精选	QDII	杨昌桁、周全
001001	华夏债券A	债券型	韩会永、魏镇江
001003	华夏债券C	债券型	韩会永、魏镇江
002001	华夏回报	混合型	胡建平
002011	华夏红利	混合型	郑煜
002021	华夏回报二号	混合型	胡建平、张剑
003003	华夏现金增利	货币型	曲波
288101	中信货币	货币型	王洪涛、李广云
519029	华夏平稳增长	混合型	严鸿宴
510050	华夏上证50ETF	指数型	方军
159902	华夏中小板ETF	指数型	方军、唐棕
160311	华夏蓝筹	混合型	王志华、刘文动、王怡欢
160314	华夏行业精选	股票型	罗泽萍、孙彬
001011	华夏希望债券A	债券型	韩会永
001013	华夏希望债券C	债券型	韩会永
002031	华夏策略精选	混合型	王亚伟
000051	华夏沪深300	指数型	方军、徐弘弢
000061	华夏盛世精选	股票型	刘文动、阳琨张勇
288001	华夏经典	混合型	王海雄
288002	华夏收入	股票型	郑煜
288102	中信双利	债券型	李广云
001021	华夏亚债中国债指A	债券型	董元星
001023	华夏亚债中国债指B	债券型	董元星
500008	华夏兴华	封闭式	阳琨
500018	华夏兴和	封闭式	彭一博

【公司高管】

王东明先生,董事长,硕士,高级经济师。现任中信证券股份有限公司董事长、中信基金管理有限责任公司董事长、中国国际信托投资公司董事、协理,中信控股有限责任公司董事、中信国际金融控股有限公司董事、中信资本市场控股有限公司董事。曾任中信证券有限责任公司副总经理、总经理、董事,北京华远经济建设公司副总经理,加拿大枫叶银行证券公司部门副经理,南方证券公司副总裁,华夏证券公司发行部副总经理等职务。

范勇宏先生,副董事长、总经理,博士。曾任华夏证券股份有限公司总裁助理、华北业务总监、华夏证券股份有限公司北京东四营业部总经理、中国建设银行总行干部。

方瑞枝女士,督察长,硕士。曾在中国金融出版社工作。

华安基金管理有限公司

【基本情况】

法定名称:华安基金管理有限公司
英文名称:Hua An Fund Management Co., Ltd.
注册地址:上海市浦东南路 360 号新上海国际大厦 38 层
办公地址:上海市浦东南路 360 号新上海国际大厦 2 层、37 层、38 层
法人代表:俞妙根
总 经 理:李 勍
成立时间:1998 年 6 月 4 日
公司属性:中资
注册资本:1.5 亿元
联系电话:021-58881111
客服电话:400-885-0099
传真号码:021-68863223
邮政编码:200120
公司网址:http://www.huaan.com.cn

【公司概况】

华安基金管理有限公司成立于 1998 年 6 月 4 日,是中国证监会批准成立的首批基金管理公司之一,主营业务包括基金发起设立、基金管理和中国证监会批准的其他业务,注册资本 1.5 亿元人民币,上海电气(集团)总公司、上海国际信托有限公司、上海工业投资(集团)有限公司、上海锦江国际投资管理有限公司、国泰君安投资管理股份有限公司分别持有本公司 20% 的股权。

截至 2011 年 12 月 31 日,华安旗下共管理了两只封闭式证券投资基金和 24 只开放式基金,其中包括 2 只 ETF 和 2 只 QDII 基金,它们分别是:华安安信封闭、华安安顺封闭、华安创新混合、华安中国 A 股增强指数、华安现金富利货币、华安宝利配置混合、华安宏利股票、华安中小盘成长股票、华安策略优选股票、华安稳定收益债券、华安核心股票、华安强化收益债券、华安 180ETF 联接、华安动态灵活配置混合、华安行业轮动股票、华安龙头 ETF 联接、华安稳固收益债券、华安升级主题、华安可转债、华安深 300、华安信用四季红、华安科技动力、华安上证 180ETF、华安龙头 ETF、华安香港精选、华安大中华升级基金。

【公司大事记】

1999 年 6 月,华安获准成为第一批可管理两只基金的基金管理公司;

2001 年 2 月,华安被"机构投资者论坛"(INSTITUTIONAL INVESTOR)吸收为第一个中国大陆会员;

2001 年 9 月,推出了国内第一只开放式基金——华安创新证券投资基金;

2002 年 9 月,推出了国内第一只开放式指数型证券投资基金——华安 180 指数增强型证券投资基金。

2003 年 4 月,成为业内第一家参照"实时企业"(Real Time Company)的要求,推出 7*24 小时"全天候"理财服务的基金管理公司。

2003 年 12 月,推出了国内第一只准货币市场基金——华安现金富利基金。

2006 年 9 月,推出中国第一只外币基金产品——华安国际配置基金。

2007 年 04 月,华安旗下封闭式基金安瑞到期,转型为开放式基金——华安中小盘成长基金。

2007 年 08 月,华安旗下封闭式基金安久到期,转型为开放式基金——华安策略优选基金,申购首日突破 700 亿。

2007 年 10 月,华安旗下中国第一只开放式基金华安创新分拆,净值回归 1 元。

2007 年 12 月,华安基金管理公司管理资产规模突破 1000 亿元,服务客户近 600 万。

2008 年 04 月,推出了旗下第一只债券型基金——华安稳定收益债券型基金,进一步完善了产品线。

2008 年 05 月,举行了公司十周年庆典暨华安全新品牌形象和 LOGO 发布会。十年再上路,华安以全新的品牌形象和投资者一起再出发。

2008 年 10 月,推出了旗下第十一只开放式证券投资基金——华安核心优选股票型证券投资基金。

2009 年 04 月,推出了旗下第二只债券型基金——华安强化收益债券型证券投资基金。

2009 年 09 月,推出旗下第十三只开放式证券投资基金——华安上证 180 交易型开放式指数证券投资基金联接基金,实现了基金业的创新,使得投资者能够以投资于普通开放式基金的资本量投资于交易型开放式指数基金。

2009 年 12 月,推出旗下第十四只开放式证券投资基金——华安动态灵活配置混合型证券投资基金

2010 年 09 月,推出了第二只海外投资基金(QDII)华安香港精选股票型证券投资基金。

2010 年 05 月,推出旗下第十五只开放式证券投资基金——华安行业轮动股票型证券投资基金。

【股东概况】

排序	股东名称	持股数量(万股)	持股比例
1	上海国际信托投资有限公司	3000.00	20%
1	上海电气(集团)总公司	3000.00	20%
1	上海锦江国际投资管理有限公司	3000.00	20%
1	国泰君安投资管理股份有限公司	3000.00	20%
1	上海工业投资(集团)有限公司	3000.00	20%

【旗下基金】

基金代码	基金简称	类型	基金经理
040001	华安创新	混合型	汪光成
040002	华安中国 A 股	指数型	许之彦、牛勇
040003	华安现金富利 A	货币型	黄勤、杨柳

基金代码	基金简称	类型	基金经理
040013	华安现金富利 B	货币型	黄勤
040004	华安宝利配置	混合型	陆从珍
040005	华安宏利	股票型	尚志民
040007	华安中小盘成长	股票型	於震騋
040008	华安策略优选	股票型	殷鸣
040009	华安债券	债券型	贺涛
040010	华安债券 B	债券型	贺涛
510180	180ETF	ETF	刘璎、许之彦、牛勇
040011	华安核心	股票型	陈俏宇、吴丰树
040012	华安强债 A	债券型	黄勤、苏玉平
040013	华安强债 B	债券型	黄勤、苏玉平
040180	华安 180ETF 联接	ETF	许之彦、章海默
040015	华安配置	混合型	宋磊、张耆
040016	华安轮动	股票型	沈雪峰
040018	华安香港精选	QDII	翁启森
510190	上证龙头企业 ETF	ETF	许之彦、牛勇、徐宜宜
040019	华安稳收债券	债券型	郑可成
040190	华安 ETF 联接	ETF	许之彦、牛勇、徐宜宜
040020	华安升级主题	股票型	陈俏宇
040021	华安大中华升级	QDII	翁启森、苏圻涵
040022	华安可转债债券 A	债券型	贺涛
040023	华安可转债债券 B	债券型	贺涛
040006	华安国际配置	股票型	苏圻涵、杨明、尚志民
160415	华安深证 300	指数型	许之彦、章海默
040025	华安科技动力	股票型	汪光成
040026	华安信用四季红债券	债券型	黄勤、苏玉平
500003	基金安信	封闭式	陈俏宇
500009	基金安顺	封闭式	尚志民

【公司高管】

李勍先生，总经理，大学学历，工商管理硕士（EMBA）。历任中国兴南（集团）公司证券投资部副总经理，北京汇正财经顾问有限公司董事总经理，上海证券交易所深圳办事处主任，自 2001 年长驻香港，任职中国投资信息有限公司董事总经理。

章国富先生，督察长，研究生学历，22 年经济、金融从业经验。曾任上海财经大学副教授、硕士生导师，上海大华会计师事务所会计师、中国诚信证券评估有限公司上海分公司副总经理、上海华虹（集团）有限公司财务部副部长（主持工作）、上海信虹投资管理有限公司副总经理兼上海新鑫投资有限公司财务总监。现任华安基金管理有限公司督察长。

博时基金管理有限公司

【基本情况】

法定名称：博时基金管理有限公司
英文名称：Boshi Fund Management Co.，Ltd.
办公地址：深圳市福田区深南大道 7088 号招商银行大厦 29－30 层
法人代表：杨　鶤
总 经 理：何　宝
成立时间：1998 年 7 月 13 日
公司属性：中资
注册资本：1 亿元
联系电话：0755－83169999
客服热线：95105568
传真号码：0755－83195140
公司网址：www.bosera.com

【公司概况】

博时基金管理有限公司成立于 1998 年 7 月 13 日，是中国内地首批成立的五家基金管理公司之一。注册资本 1 亿元，总部设在深圳，在北京、上海、郑州、沈阳设有分公司。博时基金公司的股东为招商证券股份有限公司、中国长城资产管理公司、天津港（集团）有限公司、璟安实业有限公司、上海盛业资产管理有限公司、丰益实业发展有限公司、广厦建设集团有限责任公司。博时基金公司的经营范围包括基金募集、基金销售、资产管理和中国证监会许可的其他业务，是一家为客户提供专业投资服务的资产管理机构。

"为国民创造财富"是博时的使命。博时基金公司的投资理念是"做投资价值的发现者"。我们的股票投资强调以内部研究为基础的基本面分析，持续挖掘业绩稳定增长、有核心竞争力、有成长潜力的上市公司。我们坚信股票的二级市场价格终将反映企业的内在价值，坚守对企业的深入把握这一获取收益、规避风险的根本方法。

截至 2011 年 12 月 31 日，博时基金共管理博时价值增长混合基金、博时沪深 300 指数股票基金、博时现金收益货币基金、博时精选股票基金、博时主题行业股票（LOF）基金、博时稳定价值债券基金、博时平衡配置混合基金、博时价值增长贰号混合基金、博时第三产业成长股票基金、博时新兴成长股票基金、博时特许价值股票基金、博时信用债券基金、博时策略灵活配置混合基金、博时上证超大盘 ETF 基金、博时上证超大盘 ETF 联接基金、博时创业成长股票基金、博时大中华亚太精选股票（QDII）基金、博时宏观回报债券基金、博时转债增强债券基金、博时行业轮动股票基金、博时抗通胀增强回报基金（QDII－FOF）、博时卓越品牌股票基金、博时深证基本面 200ETF 基金、博时深证基本面 200ETF 联接基金、博时裕祥分级债券基金、博时回报混合基金共 26 只开放式基金和博时裕阳、裕隆两只封闭式基金，并且受全国社会保障基金理事会委托管理部分社保基金，以及多个企业年金账户、特定资产管理账户。截至 2011 年 12 月 31 日，博时管理的公募基金资产规模逾 1083 亿，累计分红超过 556 亿元。博时基金公司是目前我国资产管理规模最大的基金公司之一，养老金资产管理规模在同业中名列前茅。

截至 2011 年 12 月 31 日，博时基金现有公司员工 341 名，其中博士 32 人、硕士 188 人，学士 102 人。研究员和基金经理全部拥有硕士及以上学位。博时的海外归国人员来自于哈佛大学、斯坦福大学、普林斯顿大学、牛津大学等海外名校，并有曾在巴克莱全球投资、摩根斯坦利、太平洋资产管理公司等机构任职的员工多人。公司另聘有来自美国和香港的首席投资研究顾问、首席年金顾问等。博时基金所有公司员工时刻以专业素质为客户提供专业的理财服务。

【公司荣誉】

2008 年 1 月 7 日，由《中国证券报》主办、银河证券、天相投资顾问公司和中信证券协办的"第五届中国基金业金牛奖"评选结果揭晓，博时、华夏、易方达等 10 家基金管理公司荣获 2007 年度"金牛基金管理公司"称号。博时旗下两只基金同时获奖，基金裕隆获评为"2007 年度封闭式金牛基金"，博时主题行业获评为"2007 年度开放式股票型金牛基金"。

2008 年 1 月 10 日，由网易财经主办、《基金观察》协办的

"中国基金十年高峰论坛暨2007年中国十大金钻基金公司颁奖盛典"中,博时等10家基金管理公司荣获"2007年中国十大金钻基金公司"称号,同时博时还荣获"2007年最具人气基金公司"称号。

2008年1月16日,由《理财周刊》、《第一理财网》、《北京青年报》、《广州日报》等联合举办"2007年度理财产品评选"颁奖典礼在上海举行,博时第三产业成长基金荣获"2007年度基金产品金奖"的称号。

2008年1月20日,由国内著名财经网站和讯网主办的"2007年度中国财经风云榜"在北京揭晓,博时荣获"中国十大品牌基金公司"、"中国基金业杰出电子商务奖"两项荣誉,博时总裁肖风荣获"中国基金业杰出掌门人奖",博时主题行业基金经理邓晓峰荣获"中国十大明星基金经理"。

2008年1月20日,由21世纪经济报道主办的21世纪中国资本市场年会在北京举行,会上颁发了"中国赢基金奖"。博时基金公司获得"2007年中国基金公司综合实力大奖"和"2007年中国基金管理公司最佳最快成长奖"的荣誉。

2008年1月22日,由华夏时报主办的"2007华夏机构投资者年会暨华夏理财总评榜颁奖盛典"在北京举行,博时等三家基金管理公司荣获"最佳基金事件营销奖"称号。

2008年1月23日,《卓越理财》杂志、金融界网站、中央人民广播电台都市之声联合举办的"卓越2007金融理财排行榜"颁奖典礼在北京举行,博时裕富荣获"卓越2007金融理财排行榜最受欢迎基金产品奖"。

2008年2月1日,全国银行间同业拆借中心根据交易成员2007年参与银行间本币市场交易的成绩和交易中遵章守法、恪守信用情况以及对交易系统建设的支持,选出了120家"2007年度优秀交易成员",博时位列其中,这是博时基金连续四年当选"全国银行间市场优秀交易成员"。

2008年2月20日,经证券期货业科学技术奖励委员会和中国证监会批准,证券期货业首届科学技术奖获奖项目在北京揭晓,在信息系统的建设与应用方面创造了基金行业6项第一的博时基金公司荣获证券期货业首届科学技术奖最佳创新奖。

2008年2月21日,由中国企业年金网主办的2007年度优秀企业年金基金管理机构评选结果日前揭晓,博时基金荣获"2007年度最佳企业年金投资管理人"称号。

2008年2月28日,由金融界网站和清华大学中国金融研究中心主办的首届"影响力·基金年会暨2007BOB基金评选颁奖"在北京举行,博时等10家基金管理公司荣获"2007年度BOB基金公司"称号,同时博时旗下的"博时主题行业基金"、"博时精选股票基金"和"基金裕隆"还荣获"2007年度BOB最佳基金产品"称号。(注:BOB即Best of the best,优中最优)

2008年3月18日,由东方财富网、新民晚报联合主办的"2007年百姓最喜爱的十大股票基金评选"系列活动结果在上海揭晓。经过一个月的读者投票和专家评选,博时主题行业基金被评为"2007年百姓最喜爱的十大股票基金"。

2008年3月22日,由证券时报社主办、安信证券协办的"2007年度中国明星基金暨最佳托管银行评选"颁奖典礼在深圳举行。博时凭借公司综合实力荣获"2007年度十大明星基金公司"称号。同时,博时主题行业基金获"2007年度股票型基金明星奖",基金裕阳荣获"2007年度封闭式基金明星奖"。

2008年3月28日,上海证券报第五届"金基金"奖及"中国基金业十年杰出贡献奖"在北京揭晓。博时荣获"中国基金业十年杰出贡献奖",博时主题行业基金荣获2007年度股票型"金基金"奖。

2008年4月27日,由《北京青年报》杂志主办的"2008年北青基金年度财星榜"颁奖典礼在北京举行,博时基金公司荣获"金牌价值团队"奖。

2008年5月15日,博时公司及员工共向地震灾区捐款300万元。在5月12日四川汶川县发生强烈地震后,博时基金发扬"扶贫济困,奉献爱心"的公司传统,公司及员工向地震灾区捐款100万元,以帮助四川灾区同胞,缓解燃眉之急。5月15日,为进一步支持抗灾重建工作,博时公司追加捐款200万元,至此,博时基金公司和员工共捐款300万元。

2008年5月20日,博时基金荣获"2008亿万网民心目中的中国十大品牌基金公司"奖,肖风总经理荣获"2008年影响中国基金业发展的十佳领导人"奖。2008年4月,百度财经进行了为期一个月的"2008亿万网民心目中的理财品牌榜评选"活动,博时基金公司和公司总经理肖风先生分别获十佳品牌基金公司及十佳领导人的称号。

2008年6月2日,世界品牌实验室(World Brand Lab)发布了2008年(第五届)《中国500最具价值品牌排行榜》。在这份基于财务分析、消费者行为分析和品牌强度分析而获得的中国品牌国家队阵容中,博时以32.68亿元的品牌价值荣居234位。博时在基金公司中位居榜首。

2008年6月21日,博时主题行业基金获评为"十大最受重庆市民喜爱基金产品"。

2008年7月3日,博时基金获中国最佳客户服务中心管理奖。2008年7月3日,中国最佳客户服务评选揭晓,博时基金获中国最佳客户服务中心管理奖。中国最佳客户服务评选至今已经连续成功举办了三届,对推动"中国服务"品牌化起到了积极的推动作用。

2008年7月10日,博时基金公司自2008年起在中国科学院设立博时奖学金,用以支持该院金融与金融与经济管理、数学和系统科学领域的研究生教育。

2008年7月13日,作为国内资产管理规模最大的基金公司之一的博时基金迎来了自己十周岁的生日,博时基金从公司经营收入中出资100万元,与其他组织机构一起参与什邡市特殊学校的援建工作,至此,博时基金及员工为地震灾区累计捐款、捐物超过400万元。

2008年9月20日,由《理财周报》主办的"2008中国基金业领袖峰会"在上海举行,博时在会上被授予"2008中国最受尊敬基金公司"的称号。

2008年10月25日,由《北大商业评论》、国际人力资源管理协会和国家劳动和社会保障部职业杂志社联合举办的第五届中国人力资源管理年度盛典暨2008中国人力资源年度评选结果在北京揭晓,博时公司获得2008年度"中国行业十佳雇主企业"称号。这是博时公司第三次获得该项荣誉。

2008年11月4日,全球权威性的投资管理类杂志——《美国机构投资者》(*Institutional Investor*)在上海宣布了中国2008年前20名基金排名榜,博时基金以353亿美元的资产总值位列第二。

2008年11月9日,由证券日报社主办的"第四届中国证券市场年会"在北京举行,博时第三产业基金在会上获颁"2008年中国证券市场开放式基金金算盘奖"。

2008年12月18日,博时基金在"2008搜狐金融理财网络盛典"的网络评选中获得"2008年最有影响力基金品牌奖"。

2008 年 12 月 28 日，博时基金在金融时报社主办的“2008 中国最佳金融机构排行榜”的评选中获得“年度最佳基金公司”奖。

2009 年 1 月 8 日，和讯“第六届中国财经风云榜”在北京正式发布结果，博时基金公司获得“2008 年度品牌基金公司”、“2008 年度最佳投资者关系基金公司”、“2008 年度最佳基金网上交易平台”三项大奖，同时博时稳定价值债券投资基金基金经理过钧获得“2008 年度稳健投资基金经理”奖项。

在 2009 年 1 月 14 日，揭晓的第六届中国基金业金牛奖评选中，博时获得 6 个奖项，成为获奖最多的基金公司之一。此次博时基金蝉联获得“金牛基金管理公司”的称号，基金裕隆、博时主题行业、博时平衡配置分别获得“封闭式持续优胜金牛基金”、“开放式股票型持续优胜金牛基金”和“2008 年度同业领先开放式混合型基金”的奖项。另外，博时稳定价值、博时现金收益分别获得“2008 年度开放式债券型金牛基金”和“2008 年度开放式货币市场金牛基金”奖项。

2009 年 1 月 18 日，博时基金在 2008 年华夏理财总评榜“金蝉奖”的评选中获得“最佳基金投研团队”奖。

2009 年 1 月 20 日，博时公司独家荣获《亚洲资产管理》(*Asia Asset Management*)杂志颁发的两项大奖，公司获得“最佳中国基金公司奖”，公司副总裁李全获得“2008 年度亚太地区最佳营销人物奖”。

2009 年 2 月 20 日，博时基金获得“2008 年度十佳投资基金公司”，该评选由中国金融品牌主流媒体宣传联盟主办。

2009 年 3 月 3 日，“晨星(中国)2008 年度基金奖”颁奖典礼在香港举行，博时公司旗下博时平衡配置基金荣获开放式配置型基金提名奖。截至 2008 年 12 月 31 日，该基金过去一年回报在同类基金中名列前茅，同时被晨星评为两年期五星级基金。统计数据显示，博时平衡配置基金自 2006 年 5 月 31 日成立以来，至 2009 年 2 月 27 日，在遭遇 2008 年股市深幅调整的情况下，投资回报率为 109.34%。

2009 年 3 月 4 日，博时主题行业基金获得“2008 年(第三届)钻石基金 TOP10”荣誉。

2009 年 3 月 9 日，博时在由《21 世纪经济报道》主办的“21 世纪中国赢基金奖”的评选中，蝉联“中国基金公司综合实力大奖”。同时，博时荣获“中国基金公司最佳研究团队奖”。

2009 年 3 月 17 日，2008 - 2009 年度《钱经》中国财富管理年会中，博时获得两个奖项：2008 - 2009 年度暨第二届中国理财总评榜“中国基金业发展成就奖”和 2008 - 2009 年度暨第二届中国理财总评榜“最具竞争力基金公司”。

2009 年 3 月 20 日，2009 年“理柏中国基金奖”揭晓，博时获得三个奖项，其中博时平衡配置基金分别获得一年期平衡混合型和二年期平衡混合型两项大奖；博时主题行业基金获得二年期股票型基金奖。理柏基金奖是一项国际大奖，是全球基金管理业的传统年度奖项。

2009 年 3 月 20 日，在由证券时报社主办的“2008 年度中国明星基金及最佳托管银行”评选中，博时基金荣获三个奖项：“2008 年度十大明星基金公司奖”；博时稳定价值获“2008 年度债券型明星基金奖”；基金裕隆获得“三年持续回报封闭式明星基金奖”。

2009 年 3 月 27 日，由上海证券报、中国证券网主办的第六届“金基金”系列评选活动中，公司荣获“2008 年度最佳风险控制奖”，同时，博时平衡配置基金、基金裕隆分别荣获“2008 年度积极配置型金基金”、“2008 年度三年期封闭式金基金”称号。

2009 年 3 月 29 日，博时基金获评为“中国企业信息化 500 强”。

2009 年 4 月 3 日，博时基金跻身广东综合纳税百强。

2009 年 4 月 9 日，在由金融界网站、中国社会工作协会主办的“2008 中国金融企业慈善榜”发布活动中，博时基金荣获“金融行业卓越贡献奖”。

2009 年 4 月 22 日，备受关注的第六届“深圳知名品牌”评价活动经过严格的评审正式揭晓，博时作为基金行业唯一入选的品牌顺利通过复审，继续享有“深圳知名品牌”称号三年。

2009 年 6 月 16 日，世界品牌实验室(World Brand Lab)在北京发布了 2009 年(第六届)《中国 500 最具价值品牌排行榜》。在这份中国品牌国家队阵容中，博时以 35.52 亿元的品牌价值，位居第 230 位，在基金行业中继续位居榜首，这也是博时第六次上榜。在前六次的评估中，博时基金分别以 2004 年 19.68 亿元、2005 年 22.53 亿元、2006 年 24.28 亿元、2007 年 25.45 亿元、2008 年 32.68 亿元的品牌价值榜上有名。

2009 年 9 月 22 日，博时在由《理财周报》主办的“2009 中国最受尊敬基金公司”评选中，荣获此次评选的最高奖项——“2009 中国基金行业卓越贡献大奖”，同时，还获得“2009 最佳公司治理基金公司”以及“2009 最佳品牌塑造基金公司”两项大奖。

2009 年 9 月 25 日，博时在由证券时报社主办的第十届中国优秀财经证券网站评选中荣获“年度最佳基金网站”奖项。

2009 年 12 月 23 日，博时基金在由搜狐网主办的 2009 搜狐金融理财网络盛典中，荣获“2009 年最有影响力基金品牌奖”奖项。

2010 年 1 月 20 日，博时基金在“影响中国 2009 腾讯网络盛典”评选活动中荣获“2009 年度最佳投研团队”奖项。

2010 年 1 月 21 日，博时基金在 2009 第三届中国机构投资者年会暨“金蝉奖”颁奖盛典中获得“最佳基金管理团队”奖。

2010 年 1 月 22 日，博时基金在由和讯网发起、中国证券市场研究设计中心(SEEC)等机构联合主办的 2009 第七届财经风云榜大型网络评选活动中，获得“十大品牌基金公司”奖。

2010 年 4 月，在中金在线举办的“2009 年度财经排行榜”基金网友投票评选活动中，博时基金获得“2009 年度十大品牌基金公司”奖项。

2010 年 5 月 23 日，第七届中国基金业金牛奖评奖结果揭晓，博时基金 2010 年连续第三次荣获中国基金业最具权威的“金牛基金公司”奖，并获得首次设立的“金牛特别贡献奖”，旗下基金博时裕隆封闭、博时主题行业股票、博时平衡配置混合和博时现金收益货币均蝉联金牛奖项，分别获得“三年期封闭式持续优胜金牛基金”、“三年期开放式股票型持续优胜金牛基金”、“三年期开放式混合型持续优胜金牛基金”和“2009 年度开放式货币市场金牛基金”奖项。

2010 年 6 月 24 日，由上海证券报社主办、中国银河证券基金研究中心和晨星资讯(深圳)有限公司提供技术支持的第七届中国“金基金奖”评选揭晓，博时基金共获得三项大奖，其中，公司荣誉为：2009 年度“金基金 · TOP 公司奖”；旗下博时主题行业股票证券投资基金获得了 2009 年度“金基金 · 三年期主动型股票基金奖”；博时平衡配置混合型证券投资基金获得了 2009 年度“金基金 · 三年期平衡型基金奖”。

2010 年 6 月 28 日，世界品牌实验室（World Brand Lab）在北京发布了 2010 年（第 76 届）《中国 500 最具价值品牌排行榜》。在这份中国品牌国家队阵容中，博时以 38.36 亿元的品牌价值，位居第 228 位，在基金行业中继续位居榜首，这也是博时连续第 7 次上榜。

2010 新浪金麒麟论坛”于 2010 年 11 月 2 日召开，博时基金荣获“2010 年度基金公司网民最满意奖”。博时基金为客户服务的完善与优化所付出的努力，多年来已逐步被投资者所注意，被业界与媒体认可与赞同。

博时荣获《亚洲资产管理》三项大奖。2011 年 1 月 19 日，博时公司获得由《亚洲资产管理》（*Asia Asset Management*）杂志颁发的“2010 年度中国最佳投资者教育奖”，博时上证超大盘 ETF 获得“2010 年度中国最佳新发 ETF 奖”，博时大中华亚太精选股票基金（QDII）获得“2010 年度中国最佳新发 QDII 基金奖”。

2011 年 4 月 8 日，在由上海证券报社主办，中国银河证券股份有限公司、晨星资讯（深圳）有限公司和上海证券有限责任公司三家基金评价机构担任技术支持的“金基金”奖的评选中，博时平衡配置混合型证券投资基金获得 2010 年度“金基金三年期产品奖 · 平衡型基金奖”，博时稳定价值债券投资基金获得 2010 年度“金基金三年期产品奖 · 债券基金奖”。

2011 年 6 月 28 日，世界品牌实验室发布了 2011 年中国 500 最具价值品牌榜。博时基金管理公司凭着 2010 年持续的品牌创新和优秀的客户服务，品牌价值一年内提升了近 20 亿元，达到 56.24 亿元，位列品牌榜 227 名，连续 8 年成为国内最具品牌价值的基金公司。

2011 年 7 月 7 日，由中国信息协会、中国服务贸易协会两大国家级协会共同主办的 2010 – 2011 第六届中国最佳客户服务评选活动圆满落幕。在这次评选活动中，博时客户服务中心喜获“中国最佳客户服务中心”、“中国优秀客户服务代表”两项荣誉。

2011 年 7 月 8 日，在“第二届基金投资者网上集体接待日”活动会中博时基金荣获“2010 年基金五星品牌奖”、“2010 ~ 2011 基金投资者最佳服务奖”。

2011 年 7 月 11 日，全球知名商业杂志《福布斯》中文版发布了 2011 年中国基金排行榜，共有 50 只公募基金产品登上各类型榜单。其中，博时主题行业股票（LOF）荣登 2011 中国最佳股票型基金榜单。

2011 年 7 月 12 日，博时平衡配置基金获评为“2011 年中国基金夏季之星”。

2011 年 10 月 10 日，博时基金荣获香港知名财经杂志《资本杂志》颁发“资本卓越大中华退休组合基金大奖”，以表扬博时基金在国内养老金的卓越表现。

2011 年 11 月 1 日，在“2011 年度网易金钻奖评选”中，博时基金荣获“最佳基金创新品牌奖”。

2011 年 11 月 25 日，由新财富杂志主办的第九届新财富最佳分析师颁奖典礼在深圳举办，博时基金管理公司荣获“第四届新财富最具慧眼基金管理公司”奖项。

2011 年 11 月 25 日，“2011 第一财经年会 · CFV 颁奖晚宴”在北京金融街威斯汀大酒店成功举行。本次颁奖揭晓了“2011 第一财经金融价值榜”各类奖项，其中，博时基金荣获“年度基金理财品牌”奖。

2011 年 10 月 26 日，由《理财周报》主办的 2011 中国基金业领袖峰会在深圳举行。博时基金管理公司荣获“2011 中国最佳资产配置基金公司”奖项。

2011 年 12 月 3 日，由和讯网主办的“2011 基金业突围与可持续发展暨基金行业财经风云榜颁奖典礼”在深圳举行，博时基金获得了和讯财经风云榜基金行业类评选中的“2011 年度十大品牌基金公司”和“2011 年度最佳基金产品创意主题”两项大奖。

2011 年 12 月 9 日，由东方财富网主办的“2011 东方财富风云榜”在北京正式揭晓，博时基金荣获“2011 年度最佳企业年金投资管理人”。

2011 年 12 月 9 日，由证券时报主办的“第十二届金融 IT 创新暨优秀财经网站评选”结果揭晓，博时基金荣获“最佳客服热线”奖项，成为基金行业内唯一获此殊荣的公司。“中国优秀财经证券网站”评选活动经过十多年的发展，已经成为金融业界范围最广、影响最大、最具权威性的品牌评选活动之一。

【股东概况】

排序	股东名称	持股数量（万股）	持股比例
1	招商证券股份有限公司	7300	49%
2	中国长城资产管理公司	2500	25%
3	天津港（集团）有限公司	600	6%
3	璟安实业有限公司	600	6%
3	上海盛业资产管理有限公司	600	6%
3	丰益实业发展有限公司	600	6%
4	广厦建设集团有限责任公司	200	2%

【旗下基金】

基金代码	基金简称	类型	基金经理
050001	博时价值增长	混合型	夏春
050002	博时 300	指数型	汤义峰、张峰
050003	博时现金收益	货币型	张勇
050004	博时精选股票	股票型	马乐
050006	博时稳定价值债券 B	债券型	张勇
050007	博时平衡配置	混合型	皮敏、杨锐
050008	博时第三产业	股票型	刘彦春
050009	博时新兴成长	股票型	李培刚
050010	博时特许价值	股票型	汤义峰
050201	博时价值增长贰号	混合型	夏春
160505	博时主题	开放式	邓晓峰
050011	博时信用 A/B	债券型	过钧
050111	博时信用 C	债券型	过钧
050012	博时策略	混合型	张勇、王燕
050106	博时稳定价值债券 A	债券型	张勇
050013	博时上证超大盘 ETF 联接	ETF	王政
510020	博时上证超大盘 ETF	ETF	王政
050014	博时创业成长	股票型	孙占军
050015	博时亚太精选	QDII	杨锐
050016	博时宏观债券 A/B	债券型	皮敏
050116	博时宏观债券 C	债券型	皮敏
050019	博时转债增强债券 A	债券型	过钧
050119	博时转债增强债券 C	债券型	过钧
160512	博时卓越品牌	股票型	聂挺进
159908	博时深证 200ETF	指数型	王政
050020	博时抗通胀增强	股票型	章强
050021	博时深证 200ETF 联接	指数型	王政
050022	博时回报灵活配置	混合型	杨锐
184692	基金裕隆	封闭式	温宇峰
500006	基金裕阳	封闭式	王燕
160513	博时裕祥分级债券	债券型	陈芳菲

【公司高管】

杨鹇女士，硕士，董事长。1983年起先后在中国银行国际金融研究所、香港中银集团、招商银行证券部、深圳中大投资管理公司、长盛基金管理公司、中信基金管理有限公司工作。现任招商证券股份有限公司董事、总经理。

何宝先生，经济学博士，总经理。1998年起曾先后在上海飞机制造厂、全国社保基金理事会投资部、中国投资公司投资部工作。2011年9月加入博时基金管理有限公司，现任公司总经理。

孙麒清女士，商法学硕士。曾供职于广东深港律师事务所。2002年加入博时基金管理有限公司，曾任监察法律部法律顾问，现任公司督察长兼监察法律部总经理。

鹏华基金管理有限公司

【基本情况】

法定名称：鹏华基金管理有限公司
英文名称：Penghua Fund Management Co., Ltd.
注册地址：深圳市福田区福华三路168号
　　　　　深圳国际商会中心43层
办公地址：深圳市福田区福华三路168号
　　　　　深圳国际商会中心43层
法人代表：何　如
总 经 理：邓召明
成立时间：1998年12月22日
公司性质：中外合资
注册资本：1.5亿
联系电话：400-678-8999
传真号码：0755-82021125
邮政编码：518001
公司网址：www.phfund.com.cn

【公司概况】

鹏华基金管理有限公司成立于1998年12月22日，注册资本1.5亿元，目前的股东由国信证券股份有限公司、意大利欧利盛资本资产管理股份公司(Eurizon Capital SGR S.P.A.)、深圳市北融信投资发展有限公司组成，三家股东的出资比例分别为50%、49%、1%，业务范围包括基金募集、基金销售、资产管理及中国证监会许可的其他业务。截至2011年6月30日，公司管理资产总规模达到1041.46亿元，管理2只封闭式基金、21只开放式基金、5只全国社保投资组合。

2007年6月22日，经中国证监会《关于同意鹏华基金管理有限公司股权变更及修改公司章程的批复》(证监基金字[2007]178号)批准，本公司原股东深圳市北融信投资发展有限公司、方正证券有限责任公司、安徽国元信托投资有限责任公司将其持有的占本公司总股本49%的股权一次性整体转让给意大利欧利盛金融集团股份公司(Eurizon Financial Group S.P.A.)，中国商务部于6月27日向本公司颁发了外商投资企业批准证书(商外资资审字[2007]0259号)。

2009年8月6日，经中国证监会《关于核准鹏华基金管理公司变更股权的批复》(证监许可[2009]746号)批准，本公司原股东意大利欧利盛金融集团股份公司将其持有的本公司49%的股权转让给意大利欧利盛资本资产管理股份公司(Eurizon Financial Group S.P.A.)。

伴随着中国证券市场的发展壮大，鹏华基金管理有限公司已经走过九年多的发展历程。作为《证券投资基金管理暂行办法》颁布后成立的第六家规范化的基金管理公司，作为中国证券市场机构投资者的一员，鹏华公司自成立以来，一直秉承“进取、求实”的企业精神，坚持“信任高于一切”的企业理念，把风险控制放在业务发展首位。公司还成立了中国基金业第一个投资者俱乐部——“鹏友会”，为广大投资者“尽心尽力，真诚服务”，其稳健经营、规范运作的鲜明形象已为市场熟知和认可。

面对中国加入WTO后的机遇和挑战，身处中国基金业高速发展的历史时刻，鹏华基金管理有限公司将在进一步提高基金管理水平、完善市场服务体系、新业务开发、国际合作等多方面加快步伐，努力进取，继续诚实信用、勤勉尽责地为广大基金持有人服务，为中国基金业的健康发展作出应有贡献。

【公司大事记】

1998年12月22日，鹏华基金管理有限公司经中国证监会批准正式成立，注册资本金8000万元。

1999年1月6日，鹏华首只封闭式基金普惠证券投资基金成立。

1999年7月14日，鹏华首只优化指数封闭式基金普丰证券投资基金成立。

2001年09月26日，公司注册资本由8000万元增加到15000万元。

2002年5月24日，鹏华首只开放式基金鹏华行业成长开放式证券投资基金成立。

2002年08月12日，鹏华基金管理有限公司北京分公司在北京注册成立。

2002年08月15日，鹏华基金管理有限公司上海分公司在上海注册成立。

2002年12月13日，全国社会保障基金理事会正式签发《关于投资管理人评审有关问题的通知》的文件(社保基金办[2002]53号)，公司被确定为全国社会保障基金首批投资管理人。

2002年12月16日，鹏华获得社保基金理事会批准，成为全国社会保障基金首批六家投资管理人之一。

2003年7月8日，普天债券开放式证券投资基金和普天收益开放式证券投资基金同时成立。

2004年4月30日，鹏华中国50开放式证券投资基金成立。

2005年4月5日，鹏华货币市场证券投资基金成立。

2006年7月11日，鹏华价值优势股票型证券投资基金(LOF)成立。

2006年12月28日，鹏华动力增长混合型基金(LOF)成立。

2007年5月8日，鹏华优质治理股票型证券投资基金(LOF)开始募集，5月9日募集结束。该基金由原基金普华和基金普润两只封闭式基金合并转型而成，也是国内首只由分别在沪、深两个交易所上市的两只封闭式基金成功合并转型的开放式基金。

2007年6月22日，经中国证券监督管理委员会批准，本公司原股东深圳市北融信投资发展有限公司、方正证券有限责任公司、安徽国元信托投资有限责任公司将其持有的占本公司总股本49%的股权一次性整体转让给意大利欧利盛金融集团股份公司，中国商务部于6月27日向本公司颁发了外商投资企业批准证书(商外资资审字[2007]0259号)。

2008 年 2 月 14 日，经中国证券监督管理委员会批准，公司成为获得从事特定客户资产管理业务资格的首批投资管理人之一。

2008 年 4 月 25 日，经中国证券监督管理委员会批准，公司获得作为合格境内机构投资者从事境外证券投资管理业务的资格。

2008 年 5 月 21 日，鹏华丰收债券型证券投资基金成立。

2008 年 9 月 26 日，鹏华盛世创新证券投资基金（LOF）成立。

2009 年 3 月 27 日，鹏华沪深 300 指数证券投资基金（LOF）成立。

2009 年 8 月 6 日，经中国证券监督管理委员会批准，本公司原股东意大利欧利盛金融集团股份公司将其持有的本公司 49% 的股权转让给意大利欧利盛资本资产管理股份公司。

2009 年 9 月 4 日，鹏华精选成长股票型证券投资基金成立。

2010 年 1 月 29 日，鹏华中证 500 指数证券投资基金（LOF）成立。

2010 年 4 月 16 日，鹏华基金管理有限公司武汉分公司在武汉注册成立。

2010 年 5 月 26 日，鹏华信用增利债券型证券投资基金成立。

2010 年 7 月 29 日，鹏华上证民营企业 50 交易型开放式指数证券投资基金及其联接基金成立。2010 年 9 月 30 日，鹏华环球发现证券投资基金成立，该基金是鹏华基金旗下首只海外投资基金。

2010 年 11 月 25 日，鹏华丰润债券型证券投资基金成立。

2010 年 12 月 23 日，鹏华消费优选股票型证券投资基金成立。

2011 年 4 月 25 日，鹏华丰盛稳固债券型证券投资基金成立。

2011 年 6 月 15 日，鹏华新兴产业股票型证券投资基金成立。

【公司荣誉】

2006 年 11 月，在第七届中国优秀证券网站评选活动中，鹏华基金喜获“中国优秀财经证券网站”最佳创新基金网站奖。

2006 年 4 月，鹏华基金荣获“电子商务明星奖”。

2007 年 1 月，在由和讯网发起的大型网络评选活动“2006 年度财经风云榜”中，鹏华基金推出的鹏友 e 家 e 起理财服务月系列活动荣获“2006 年度中国基金业杰出电子商务奖”。

2007 年 1 月，第四届中国基金业金牛奖揭晓，鹏华基金荣获 2006 年度“金牛基金管理公司”称号。基金普华荣获 2006 年度“封闭式金牛基金”称号，鹏华中国 50 荣获 2006 年度“开放式股票型金牛基金”。

2007 年 5 月，在由证券时报举办的第二届中国明星基金评选活动中，鹏华中国 50 基金荣获“股票型明星基金奖”。

2007 年 7 月，鹏华中国 50 获得“2007 年钻石基金”奖。

2007 年 9 月，在第二届“亚洲品牌盛典”上，鹏华基金荣获“亚洲品牌年度大奖”和“亚洲品牌 500 强”。

2008 年 1 月，鹏华中国 50 基金在证券时报“2007 年度中国明星基金”评选活动中荣获“三年持续回报明星基金奖”。

2008 年 12 月，首届中国电子金融金爵奖揭晓，鹏华基金鹏友 e 家获用户满意的电子金融品牌鹏华基金捧得中国最佳客户服务规范奖。

2009 年 1 月，第六届中国基金业金牛奖揭晓，鹏华行业成长荣获“2008 年度同业领先开放式混合型基金”。

2009 年 3 月，鹏华行业成长获银河“全五星”评级。

2009 年 7 月，鹏华基金在《证券时报》主办的“第四届中国最佳客户服务评选”中，捧得“中国最佳客户服务管理奖”。

2009 年 9 月，鹏华基金在《理财周报》主办的“2009 年最受尊敬基金公司暨第二届中国基金业领袖峰会”中荣获“2009 最受尊敬基金公司”及“2009 最佳公司治理基金公司”称号。

2010 年 3 月，鹏华中国 50 基金在“理柏中国基金奖 2010”评选中荣获五年期灵活混合型基金奖。

2010 年 4 月，鹏华基金在由证券时报社主办、晨星资讯（深圳）有限公司提供数据支持的 2009 年度“中国基金业明星基金奖”评选中获得“2009 年度十大明星基金公司”奖，鹏华丰收债券基金获得了“2009 年度积极债券型明星基金”奖。

2010 年 5 月，鹏华基金在由中国证券报联袂银河证券、天相投顾、招商证券、海通证券四大基金评价机构共同推出的“中国基金业金牛奖”中获得“2009 年度金牛基金管理公司”，鹏华丰收债券基金、鹏华价值优势基金（LOF）、鹏华中国 50 混合基金分别获得“2009 年度开放式债券型金牛基金”、“2009 年度开放式股票型金牛基金”及“2009 年度开放式混合型金牛基金”奖项。

2010 年 8 月，鹏华基金在由证券时报主办的“科技引领未来——第十一届金融 IT 创新暨优秀财经网站评选”中荣获“2010 年度金融机构 IT 创新十强”。

2010 年 8 月，鹏华基金喜获“深圳名片——最能代表 30 年深圳形象的知名金融品牌”奖项。

2010 年 9 月，鹏华基金“两个伍佰 · 同样精彩”鹏华中证 500 营销案例荣获中国金融品牌论坛“中国基金品牌十佳营销案例”。

2011 年 1 月，鹏华基金在首届中国企业“风险智能榜”评选中获得“风险智能榜”优秀企业称号，鹏华基金是证券基金行业的唯一一家上榜公司。

2011 年 3 月，鹏华中国 50 基金获得《证券时报》“五年持续回报积极混合型明星基金奖”。

2011 年 4 月，鹏华中国 50 基金获得《中国证券报》“2010 五年持续优胜混合型金牛基金”。

【股东概况】

排序	股东名称	持股数量（万股）	持股比例
1	国信证券有限责任公司	7500.00	50%
2	Eurizon Capital SGR S. P. A	7350.00	49%
3	深圳市北融信投资发展有限公司	150.00	1%

【旗下基金】

基金代码	基金简称	类型	基金经理
160602	鹏华普天债券 A	债券型	阳先伟
160603	鹏华普天收益	混合型	林宇坤
160605	鹏华中国 50	指数型	陈鹏
160606	鹏华货币 A	货币型	初冬
160609	鹏华货币 B	货币型	初冬
160607	鹏华价值优势	股票型	程世杰

基金代码	基金简称	类型	基金经理
160608	鹏华普天债券B	债券型	阳先伟
206001	鹏华行业成长	混合型	张卓
206002	鹏华精选成长	股票型	刘苏
160610	鹏华动力增长	混合型	黄鑫
160611	鹏华优质治理	股票型	谢可
160612	鹏华丰收债券	债券型	阳先伟
160613	鹏华盛世创新	股票型	伍旋
160615	鹏华沪深300	指数型	杨靖
206003	鹏华信用增利债券A	债券型	刘建岩
206004	鹏华信用增利债券B	债券型	刘建岩
160616	鹏华中证500	指数型	方南
206005	鹏华上证民企50联接	ETF	方南
206006	鹏华环球发现	QDII	裘韬
510070	鹏华上证民企50ETF	ETF	方南
206007	鹏华消费优选	股票型	王宗合
206008	鹏华丰盛稳固债券	债券型	初冬
206009	鹏华新兴产业	开放式	陈鹏 梁浩
159911	鹏华深证民营ETF	ETF	方南
206010	鹏华深证民营联接	ETF	方南
206011	鹏华美国房地产	QDII	裘韬
184689	基金普惠	封闭式	杨俊
184693	基金普丰	封闭式	吴昱村
160617	鹏华丰润债券	债券型	阳先伟
160618	鹏华丰泽分级债券	债券型	戴钢

【公司高管】

何如先生，董事长，硕士，高级会计师。历任中国电子器件公司深圳公司副总会计师兼财务处处长、总会计师、常务副总经理、总经理、党委书记，深圳发展银行行长助理、副行长、党委委员、副董事长、行长、党委副书记，现任国信证券股份有限公司董事长、党委书记，鹏华基金管理有限公司董事长。

邓召明先生，总经理，经济学博士，讲师。历任北京理工大学管理与经济学院讲师、中国兵器工业总公司主任科员、中国证监会处长、南方基金管理有限公司副总经理，现任鹏华基金管理有限公司总经理。

吴伟先生，督察长，法学博士。曾就职于中国建设银行深圳市分行。2001 年 3 月加盟鹏华基金管理有限公司，历任公司法律顾问、社保基金独立稽察员、监察稽核部副总监，现任公司督察长兼监察稽核部总监。

嘉实基金管理有限公司

【基本情况】

法定名称：嘉实基金管理有限公司
英文名称：Harvest Fund Management Co.，Ltd.
注册地址：上海市浦东新区富城路 99 号震旦国际大楼 1702 室
办公地址：北京市建国门北大街 8 号华润大厦 8 层
法人代表：安　奎
总 经 理：赵学军
成立时间：1999 年 3 月 1 日
公司属性：中外合资
注册资本：1.5 亿元
联系电话：010－65188866
客服热线：400－600－8800
传真号码：010－65185678
邮政编码：100005
公司网址：www.jsfund.cn

【公司概况】

1999 年 3 月，嘉实基金经中国证监会批准成立，并于 2005 年 6 月成为合资基金管理公司，目前嘉实的股东为中诚信托有限责任公司、立信投资有限责任公司与德意志资产管理公司。嘉实拥有证券投资基金设立与管理、全国社保基金投资管理人、企业年金投资管理人、基金公司开展境外证券投资管理业务和基金管理公司特定客户资产管理业务资格。截至 2010 年末，资产管理规模超过 2585 亿元，位居行业前列。

嘉实服务于全社会的基础社会保障——全国社保基金和地方社保基金；也为包括企业年金和商业保险在内的补充性社会保障提供直接或间接的服务；还为企业提供公募基金的理财服务，以及定制个性化的特定客户投资管理服务（含高端个人客户），使他们的资产保值、增值；通过共同基金管理与投资，我们帮助更多人群启动事业梦想，供养子女读书深造，享受恬静、富足的晚年生活。

目前，嘉实旗下管理 2 只封闭式基金、22 只开放式基金及多个社保组合和企业年金账户，共同基金产品线和资产管理业务种类齐全。

四百名员工共同协作，使嘉实建立起成熟高效的投资研究团队和市场服务团队，在起伏跌宕的市场中屡创佳绩，更赢得了行业里的诸多赞誉。

十二年来，“远见者稳进”的公司理念引领着嘉实前行。凭借规范、稳健、务实的管理风格、科学理性的投资运作以及投资者利益至上的经营理念，嘉实为广大投资者创造了丰厚的投资回报，并跻身于国内优秀的基金管理公司行列。

【公司大事记】

1999 年 3 月，经中国证监会批准，嘉实基金管理有限公司在北京成立。

1999 年 4 月，嘉实管理的第一只基金基金泰和成立。

2001 年 12 月，嘉实与英国保诚集团达成技术合作协议。

2002 年 11 月，嘉实首只开放式基金——嘉实成长收益基金成立。

2002 年 12 月，嘉实获得首批全国社保基金投资管理人资格。

2003 年 5 月，嘉实注册地迁至上海浦东。

2003 年 7 月，嘉实第一只伞型基金——理财通系列基金成立。

2004 年 12 月，国内第一只银行担保的保本基金——嘉实浦安保本基金成立。

2004 年 12 月，嘉实管理资产总规模超过 300 亿元。

2005 年 6 月，德意志资产管理公司参股嘉实，嘉实成为国内最大的合资基金公司之一。

2005 年 8 月，嘉实被劳动和社会保障部选为首批企业年金投资管理人。

2006 年 12 月，嘉实基金成为中国首家资产管理规模超过千亿的基金公司。

2007 年 1 月，嘉实基金荣获《中国证券报》“2006 年度金牛基金管理公司”奖；旗下嘉实理财通增长基金获“开放式股票型持续优胜金牛基金”奖；基金泰和获“2006 年度封闭式金牛基金”奖;嘉实货币获“2006 年度开放式货币市场金牛基金”奖。

2007 年 1 月,嘉实基金荣获和讯网、中国证券市场研究设计中心评选的“2006 年度中国十大品牌基金公司”、“2006 年度中国基金业杰出营销案例奖”,嘉实总经理赵学军先生获“2006 年度中国基金业杰出掌门人奖”。

2007 年 1 月,嘉实基金荣获《21 世纪经济报道》评选的“2006 年基金管理公司综合实力奖”。

2007 年 2 月,嘉实荣获 2006 搜狐理财年度评选“明星基金管理人”奖。

2007 年 4 月,“爱在嘉实”公益活动全面启动。

2007 年 6 月,由嘉实基金、联想控股融科投资管理顾问公司举办的“中国房地产投资基金(REITs)发展研讨会”在京召开。

2007 年 8 月,嘉实获得 QDII 资格,成为中国首家符合资格开展境外证券投资管理业务的中外合资基金管理公司。

2007 年 10 月,嘉实海外中国股票型证券投资基金成立。

2007 年 10 月,嘉实基金正式成为西门子(中国)有限公司企业年金计划唯一投资管理人。

2007 年 11 月,嘉实基金正式成为 BP(中国)有限公司企业年金计划唯一投资管理人。

2007 年 11 月,嘉实基金与德意志资产管理公司共同举办的“全球机构投资人高峰会议”在京召开。

2007 年 12 月,嘉实基金荣获《新京报》2007 年度“金字招牌”评选的“年度最佳基金公司奖”。

2007 年 12 月,嘉实基金荣获搜狐网 2007 年度金融网络盛典“最受尊敬基金公司奖”。

2007 年 12 月,嘉实基金荣获《成都商报》颁发的“2007 年度成都基民最信任的五大基金公司奖”。

2007 年 12 月,由中国主流媒体理财联盟共同发起的“2007 中国年度理财总评榜”评选中,嘉实基金获得“2007 年度最具价值基金公司奖”。

2008 年 1 月,嘉实基金荣获由网易财经、基金观察共同发起的“中国基金 10 年高峰论坛”评选出的“2007 年中国十大金钻基金公司”奖及“2007 年中国基金公司投研能力杰出”奖。

2008 年 1 月,嘉实基金荣获由南都周刊、南方都市报、证券日报共同评选的“2007 年度最具公信力基金公司”奖。

2008 年 2 月,嘉实基金成为第一批获准开展特定客户资产管理业务的基金管理公司。

2008 年 4 月,嘉实基金获得普华永道出具的 SAS70 国际认证。

2008 年 11 月,嘉实全新运营数据中心建成并全面投入使用。

2009 年 2 月,嘉实国际资产管理公司完成在香港的注册,获发香港证监会第四类(投资咨询)和第九类(资产管理)牌照。

【公司荣誉】

2007 年 5 月,嘉实基金荣获中国外汇交易中心、全国银行间同业拆借中心“2006 年全国银行间市场优秀交易成员”称号。

2007 年 12 月,嘉实基金荣获《新京报》2007 年度“金字招牌”评选的“年度最佳基金公司奖”。嘉实基金荣获搜狐网 2007 年度金融网络盛典“最受尊敬基金公司奖”。嘉实基金荣获《成都商报》颁发的“2007 年度成都基民最信任的五大基金公司奖”。由中国主流媒体理财联盟共同发起的“2007 中国年度理财总评榜”评选中,嘉实基金获得“2007 年度最具价值基金公司奖”。

2008 年 1 月,嘉实基金荣获由网易财经、基金观察共同发起的“中国基金 10 年高峰论坛”评选出的“2007 年中国十大金钻基金公司”奖及“2007 年中国基金公司投研能力杰出”奖。嘉实基金荣获由南都周刊、南方都市报、证券日报共同评选的“2007 年度最具公信力基金公司”奖。嘉实基金荣获“2007 华夏机构投资者年会暨华夏理财总评榜”评选的“金牌基金公司”奖及“基金业年度人物大奖”。

2008 年 2 月,在全国银行间同业拆借中心评选的 2007 年“全国银行间市场优秀交易成员”活动中,嘉实基金连续第三年获得“优秀交易成员”的殊荣。

2008 年 3 月,嘉实基金荣获 2007 年度“中国赢基金奖”颁发的“中国基金公司综合实力大奖”及“中国基金管理公司最佳风险控制奖”。在上海证券报社第五届“金基金”评选中,嘉实基金荣获“中国基金业十年杰出贡献奖”及入围“2007 年度金基金公司奖”。

2008 年 6 月,在中国信息协会、中国服务贸易协会共同主办的 2007 - 2008 中国最佳客户服务评选中,嘉实基金荣获“中国最佳特色服务奖”及“中国最佳客户服务中心”奖。

2009 年 1 月,在第六届中国基金金牛奖评选中,嘉实基金荣获“2008 年度金牛基金管理公司”奖。

2010 年 5 月,荣获《中国证券报》主办的第七届中国基金业金牛奖颁发的“金牛特别贡献奖”、“金牛创新奖”、“被动投资金牛基金公司奖”。

2010 年 6 月,荣获由《上海证券报》主办的第七届中国“金基金奖”颁发的“金基金. 创新公司奖”。

基金殊荣:

2007 年 3 月,在“Morningstar 晨星(中国)2006 年度基金经理奖”评选中,嘉实债券基金荣获债券型基金提名奖;基金丰和荣获大规模封闭式基金提名奖。

2007 年 5 月,嘉实货币基金荣获中国外汇交易中心、全国银行间同业拆借中心“交易活跃前 100 名”和“交易量 100 强”奖,嘉实超短债基金荣获“交易活跃前 100 名”奖。

2007 年 12 月,嘉实稳健基金荣获《成都商报》颁发的“2007 年度成都基民最喜爱的五大基金产品奖”。

2008 年 1 月,中国证券报 2007 年度“第三届中国基金业金牛奖”评选中,基金泰和获“封闭式持续优胜金牛基金”奖;嘉实货币获“2007 年度开放式货币市场金牛基金”奖。

2008 年 2 月,在金融界主办的首届“影响力基金年会暨 2007 年度 BOB 基金评选颁奖”中,嘉实货币基金荣获“2007 年年度 BOB 基金产品”。

2008 年 4 月,在《财富中国》——晨星网超级基金奖评选中,嘉实稳健荣获“2007 年度配置型基金奖提名”,基金泰和荣获“2007 年度封闭式基金奖提名”。

2009 年 1 月,在第六届中国基金金牛奖评选中,嘉实开放式货币基金荣获“开放式货币市场持续优胜金牛基金”奖;基金丰和荣获“2008 年度同业领先封闭式基金”奖;嘉实理财通增长基金荣获“2008 年度同业领先开放式股票型基金”奖;嘉实成长收益基金荣获“2008 年度同业领先开放式混合型基金”奖;嘉实沪深 300 指数(LOF)基金荣获“2008 年度同业领先开放式指数型基金”奖。

2009 年 3 月，在理柏中国基金奖评选中，嘉实增长证券投资基金荣获“五年期最佳平衡混合型基金奖”。

在第七届中国基金金牛奖评选中，嘉实理财通增长荣获“三年期开放式混合型持续优胜金牛基金”；嘉实多元收益债券基金荣获“2009 年度开放式债券型金牛基金”；嘉实沪深300 基金荣获“2009 年度开放式指数型金牛基金”；嘉实货币基金荣获“三年期开放式货币市场持续优胜金牛基金”。

2010 年 3 月，在“理柏中国基金奖 2010”评选中，嘉实理财通增长荣获“五年期的平衡混合型基金奖”。

2011 年 4 月，在《中国证券报》主办的第八届金牛奖评选中，嘉实策略荣获“2010 年度混合型金牛基金”奖，嘉实优质荣获“2010 年度股票型金牛基金”奖，嘉实主题荣获“2010 年度混合型金牛基金”奖，嘉实丰和荣获“2010 年度封闭式金牛基金”奖，嘉实 300 荣获“2010 年度指数型金牛基金”奖，嘉实增长荣获“三年期混合型金牛基金”奖，嘉实服务荣获“三年期混合型金牛基金”奖。

在《上海证券报》主办的第八届金基金奖评选中，嘉实增长荣获“三年期混合型金基金”奖，嘉实 300 荣获“三年期指数型金基金”奖，嘉实主题荣获“2010 年度混合型金基金”奖。

在《证券时报》主办的第七届中国基金业明星奖评选中，嘉实策略荣获“2010 年积极混合型明星基金奖”和“三年持续回报积极混合型明星基金奖”，嘉实优质企业荣获“2010 年股票型明星基金奖”，嘉实丰和荣获“2010 年封闭式明星基金奖”。

晨星(中国)2010 年度基金奖评选中，嘉实增长混合基金荣获“混合型基金奖”。

【股东概况】

排序	股东名称	持股数量(万股)	持股比例
1	中诚信托投资有限责任公司	6000.00	40%
2	立信投资有限责任公司	4500.00	30%
3	德意志资产管理(亚洲)有限公司	4500.00	30%

【旗下基金】

基金代码	基金简称	类型	基金经理
070001	嘉实成长收益	混合型	刘天君
070002	嘉实理财增长	混合型	邵健
070003	嘉实理财稳健	混合型	林青
070005	嘉实理财债券	债券型	曲扬
070006	嘉实服务增值行业	混合型	陈勤
070008	嘉实货币	货币型	魏莉
070009	嘉实超短债	债券型	魏莉
070010	嘉实主题	混合型	邹唯
070011	嘉实策略增长	混合型	张弢、邵健
070012	嘉实海外	QDII	钟山
070099	嘉实优质	股票型	刘天君
160706	嘉实沪深 300	指数型	杨宇
070013	嘉实研究精选	股票型	张弢
070015	嘉实多元债券 A	债券型	王茜
070016	嘉实多元债券 B	债券型	王茜
070017	嘉实量化阿尔法	股票型	王永宏、陶羽
070018	嘉实回报	股票型	赵勇
070019	嘉实价值优势	股票型	陈勤
070020	嘉实稳固债券	债券型	曲扬
070021	嘉实主题新动力	股票型	欧宝林
160716	嘉实基本面 50	指数型	杨阳
160717	嘉实恒生中国企业	QDII	张宏民
070022	嘉实领先成长	股票型	邵秋涛
070023	嘉实深证 120 联接	ETF	杨阳
159910	嘉实深证 120ETF	ETF	杨阳
070025	嘉实信用债券 A	债券型	陈雯雯
070026	嘉实信用债券 C	债券型	陈雯雯
070027	嘉实周期优选	股票型	詹凌蔚
160719	嘉实黄金	股票型	杨阳
070028	嘉实安心货币市场 A	货币型	桑迎
070029	嘉实安心货币市场 B	货币型	桑迎
150032	嘉实多利分债优先	债券型	王茜
150033	嘉实多利分债进取	债券型	王茜
500002	基金泰和	封闭式	任竞辉
184721	基金丰和	封闭式	顾义河

【公司高管】

安奎先生，董事长，大学本科，中共党员，曾任吉林农业机械研究所主任，吉林省信托投资公司外经处处长，香港吉信有限公司总经理，吉林省证券公司总经理，东北证券有限责任公司监事长，吉林天信投资公司总经理，中诚信托有限责任公司副总经理。2011 年 8 月 5 日起任嘉实基金管理有限公司董事长。

赵学军先生，董事、总经理，中共党员，经济学博士。1987 年 7 月至 1990 年 9 月在天津通信广播公司电视设计所任助理工程师。1992 年 12 月至 1993 年 6 月在外经贸部中国仪器进出口总公司任经济师。1993 年 7 月至 1994 年 8 月在北京商品交易所任信息处处长。1994 年 8 月至 1995 年 5 月在天津纺织原材料交易所任总裁、法定代表人。1995 年 5 月至 1997 年 5 月在商鼎期货经纪有限公司任副总经理兼上海营业部总经理。1998 年 6 月至 1998 年 9 月在北京证券有限公司任基金部总经理助理、阜成路营业部总经理助理。1998 年 9 月至 2000 年 10 月在大成基金管理有限公司助理总经理、副总经理。2000 年 10 月至今在嘉实基金管理有限公司任总经理。

王炜女士，督察长，中共党员，法学硕士。曾就职于中国政法大学法学院、北京市陆通联合律师事务所、北京市智浩律师事务所、新华保险股份有限公司。曾任嘉实基金管理有限公司法律部总监。

长盛基金管理有限公司

【基本情况】

法定名称：长盛基金管理有限公司
英文名称：Changsheng Fund Management Co. ,Ltd.
注册地址：深圳市福田区福中三路 1006 号诺德中心八层 GH 单元
办公地址：北京市海淀区北太平庄路 18 号北京城建大厦 A 座 20 －22 层
法人代表：凤良志
总 经 理：周　兵
成立时间：1999 年 3 月 26 日
公司性质：中外合资
注册资本：1.5 亿元
联系电话：010 －82255818
传真号码：010 －82255988
邮政编码：518001
公司网址：www. csfunds. com. cn

【公司概况】

长盛基金管理有限公司成立于 1999 年 3 月 26 日，是国内最早成立的十家基金管理公司之一，也是首批获得全国社保基金管理资格的六家基金管理公司之一，公司注册资本为人民币 1.5 亿元，主要业务为发起设立和管理证券投资基金。目前本公司股东及其出资比例为：国元证券股份有限公司占注册资本的 41%，新加坡星展银行有限公司占注册资本的 33%，安徽省信用担保集团有限公司占注册资本的 13%，安徽省投资集团有限责任公司占注册资本的 13%。

公司共管理基金同益、同盛两只封闭式基金，一只创新封闭基金长盛同庆可分离交易基金和长盛成长价值、长盛全债指数、长盛动态精选、长盛货币、中证 100 指数基金、长盛同智优势成长（LOF，原基金同智“封转开”而来）、长盛同德主题增长（原基金同德“封转开”而来）、长盛创新先锋、长盛积极债券、长盛量化红利策略基金、长盛环球行业大盘精选基金（QDII）、长盛沪深 300 指数（LOF）基金、长盛同鑫保本基金、长盛同祥泛资源基金、长盛同禧信用增利基金、长盛同瑞中证 200 基金等 16 只开放式基金，5 个社保基金投资组合，以及多个专户产品。公司同时兼任境外 QFII 基金和专户理财产品的投资顾问。

在公司业务不断发展的同时，公司收入和利润连年稳步增长，为公司后续发展奠定了坚实的基础。公司 2007 年 4 月实现合资，2007 年 9 月首批获得从事境外证券投资管理业务的合格境内机构投资者（QDII）资格，2008 年 2 月获得特定客户理财业务资格，公司已经迈出了国际化、全业务发展的关键一步。展望未来，长盛对中国资本市场和基金业发展充满信心，正以崭新的姿态、饱满的精神，迎接公司快速发展时期的到来。

【公司大事记】

1999 年 3 月，长盛基金管理有限公司正式成立。

1999 年 4 月，公司首只基金基金同益在深圳交易所上网发行。

1999 年 11 月，基金同盛在深圳交易所发行，并成为国内首只向保险公司定向配售的证券投资基金，超额认购倍数达 65 倍。

2000 年 5 月，基金同智正式上市交易。

2001 年 7 月，公司与北京大学光华管理学院及荷兰银行集团共同举办“社保基金国际研讨会”。

2001 年 8 月，基金同德正式上市交易。

2002 年 9 月，公司首只开放式基金——长盛成长价值基金发行成立。

2002 年 12 月，公司获得全国社保理事会股票和债券委托管理资格，成为国内最早获得社保基金管理资格的六家基金管理公司之一。

2003 年 2 月，公司与中国国际航空公司在京举行了“国航知音”旅客合作项目签约仪式，实现基金管理公司与国航的首次全面合作。

2003 年 10 月，长盛中信全债指数基金正式成立。该基金成立 53 天后即进行分红，创下开放式基金的最快分红记录。

2004 年 5 月，长盛动态精选基金成功发行，募集规模超过 41 亿份额。

2004 年 10 月，长盛新一届董事会成立，标志着长盛进入一个新的发展时期。

2005 年 1 月，在由《21 世纪经济报道》主办的 21 世纪（2004）年度“赢基金”奖评奖中，公司荣获“2004 年中国基金管理公司综合表现奖”；基金同智荣获“2004 年中国封闭式基金最佳表现奖”。

2005 年 3 月，长盛公司荣获“21 世纪年度中国赢基金奖”中 2004 年“中国基金管理公司综合表现奖”。

2005 年 4 月，“晨星（中国）2004 年度基金经理奖”在深圳揭晓，基金同德获得“小规模封闭式基金提名奖”。

2005 年 4 月，由中国证券报联合中国银河证券、中信证券及天相投资顾问公司共同举办的第二届中国基金业“金牛奖”评选揭晓，基金同智喜获封闭式金牛基金奖。

2005 年 6 月，公司于 4 月联合北京了望投资顾问公司，在现有基金持有人中开展的问卷调查活动圆满成功。共回收答卷 1756 封。在调查活动抽奖中，8 名参与者分别获得本次调查活动的一、二、三等奖。

2005 年 7 月，公司成功夺得又一社保投基金资组合的管理权，资产管理和风险控制能力再次得到肯定。至此，我公司管理的社保投资组合多达 4 只。

2005 年 8 月，公司联合经济观察报，在重庆举办了首届“中国长江基金论坛”。来自银行、证券公司、机构投资者和专业媒体近 200 名嘉宾，以及国内外知名专家、学者齐聚山城重庆，围绕“证券市场的历史机遇和投资策略”的主题进行了广泛、深入的交流和探讨。

2005 年 8 月，根据证监会有关精神，经公司第三届董事会第五次会议审议通过，公司决定本着谨慎、稳健的原则，利用公司固有资金 6000 万元，投资本公司管理的开放式和封闭式基金。

2005 年 8 月，公司信息系统升级取得圆满成功，改版后新的公司网站投入运行，公司的信息系统建设走在基金行业的前列。

2005 年 9 月，公司发布迁址公告。自 10 月 8 日起，公司办公地址迁至北京市海淀区北太平庄路 18 号北京城建大厦 A 座 20－22 层。公司发展揭开新的篇章。

2005 年 10 月，长盛基金持有人手机短信服务正式开通。持有人在开通这一服务后，就可以通过手机短信方式查询基金净值、账户资产、积分情况等信息。

2005 年 12 月，长盛货币市场基金正式成立。该基金发行期共募集基金份额 36 亿份，远远超出当年新发货币基金平均约 26 亿份的首募规模。

2006 年 1 月，在由 21 世纪经济报道报社主办的 21 世纪（2005）年度“赢基金”奖评奖中，公司荣获“2005 年中国基金管理公司封闭式基金整体表现奖”。

2006 年 4 月，公司顺利开通农业银行金穗卡用户基金网上直销业务，同时对网上交易客户开始实行费率优惠。

2006 年 5 月，公司与中证指数有限公司签署了“中证 100 指数使用许可协议”，成为首批三家获得该指数授权使用权的基金管理公司之一，这也标志着长盛可以开发基于该指数的指数基金产品并推向市场。

2006 年 6 月，历时两个多月的长盛“客户信息征集”活动圆满结束。活动通过网站、电话、传真和信件等形式征集了客户的联系信息，为公司更好地服务这些客户创造了条件。

2006 年 6 月，公司开通全国统一长途免费客服号码 400－888－2666，客户可以更加方便和低成本地享受公司的客户服务，公司客服水平再上新台阶。

2006 年 6 月，公司宣布拟引入新加坡星展资产管理公司（DBSAM，）参股本公司，持有股份 33%。星展资产管理公司为新加坡星展银行(DBS)的全资子公司。

2006年8月至9月,由公司主办的“长盛杯－我的基金营销故事”在中国农业银行员工中圆满举行

2006年9月初,2006年度长盛基金公司投资报告会在海拉尔举行。

2006年9月,公司与新加坡星展银行资产管理公司(DBSAM)在北京正式签署了《星展银行中国卓越A股基金投资顾问服务协议》,此举标志着双方在产品开发、投资管理及国际业务上全面合作的开始。

2006年10月,长盛中证100指数基金开始在中国农业银行等机构发行。11月22日,该基金正式成立,发行期共募集超过40亿份额,有效开户数超过11万户。

2006年12月,基金同智基金份额持有人大会在北京举行,高票通过基金同智“封转开”方案。

2007年1月,基金同智圆满完成“封转开”集中申购,加上原有基金转换的份额,长盛同智优势成长基金总份额达到117亿余份,并正式开始运作。

2007年9月,长盛基金公司经中国证监会批准,获得QDII资格。

2007年10月,长盛债券被银河证券评为双五星级基金。堪称业内投资业绩表现最稳定的开放式基金。

2007年10月,银河证券统计,截至9月24日,长盛动态精选基金最近三年的总回报率达到391.37%,居同类基金第一。2007年9月,长盛旗下的封闭式基金同德日前被天相投资评为五星级基金,基金同益被评为四星级基金。

2007年11月,长盛同智优势成长混合型基金荣获“2007中国证券市场高成长开放式基金金算盘奖”。

2007年11月,长盛电子商务系统曾在第八届“中国优秀财经证券网站”评选活动中荣获“最佳电子营销基金网站奖”。

2007年12月,搜狐网举办的“2007金融理财网络盛典”年度颁奖晚会上,长盛基金被评为“最好用基金电子商务奖”。

2008年1月,陈礼华总经理获和讯网“2007年度基金业十大杰出掌门人奖”

2008年6月,长盛创新先锋灵活配置基金正式成立。

2008年10月,公司旗下第二只债券基金——长盛积极配置债券基金成立。

2009年5月,长盛同庆可分离交易股票型证券投资基金正式成立。首募当日近150亿元,创自08年全球金融海啸以来最大发行规模。

2009年8月,长盛基金的管理资产规模已超过1000亿元,跻身千亿军团。

2009年9月,长盛基金首只“一对多”产品获批。

2009年10月,长盛旗下基金已经累计向持有人分红170余亿元。

2009年10月,长盛基金旗下第二只“一对多”产品——长盛灵活配置资产管理计划日前获准发行。

2009年10月,长盛基金与中国银行合作推出的首只“一对多”产品——长盛同心灵活配置资产管理计划发行。

2009年10月,国际权威财经杂志 *Institutional Investor* 杂志公布中国基金公司资产管理规模排名,长盛基金资产总规模(含社保基金)位列十大基金公司第九位。

2009年11月,长盛携手农行启动“关爱家人”定投活动。

2009年11月,旗下长盛量化红利策略股票型基金正式成立,募集基金份额超过12.5亿,其中长盛基金自购3000万,有效认购户为15070户。

2009年12月,长盛基金获得国家外汇管理局批准7亿美元的境外证券投资外汇额度。

2010年1月,长盛基金成为2010年首只宣布获批的QDII基金产品,华尔街常青树——高盛资产管理公司将担任该产品的全球顾问。

2010年4月,长盛基金启动了爱心赈灾行动,向灾区人民捐赈47万元,并紧急联络、慰问灾区投资者。

2010年4月,长盛基金启动了以“保护环境,绿化家园”为主题的“长盛林”绿色工程。

2010年5月,为适应公司业务拓展的需要,进一步做好公司在中西部地区的销售及客户服务工作,长盛基金管理有限公司设立郑州分公司。

2010年5月,长盛环球景气行业大盘精选股票型证券投资基金基金正式成立,募集基金份额为340,041,384.63份。

2010年6月,聘任公司董事凤良志先生担任公司董事长,聘任朱剑彪先生担任公司副总经理职务。

2010年6月,股指期货推出后的首只标准沪深300指数基金(LOF)——长盛沪深300指数基金(LOF),正式获得中国证监会批准。

2010年7月,长盛基金“2010年下半年投资策略”系列报告会在北京民族饭店陆续举行,数百名投资者应邀参加了本系列投资巡讲活动。

2010年7月,为适应公司业务拓展的需要,长盛基金管理有限公司设立杭州分公司。

2010年8月,长盛沪深300指数证券投资基金(LOF)基金正式成立,募集基金份额为898,915,869.33份。

2011年1月1日,长盛积极配置债券基金以全年15.54%的净值增长率摘得同类债券基金桂冠。

2011年5月24日,长盛同鑫保本基金正式成立,该基金是长盛旗下第一只保本基金,募集份额为30.3211亿份。

2011年5月,聘任周兵先生担任公司总经理。

2011年10月26日,长盛同祥泛资源基金正式成立,募集份额为941,658,939.32份。

2011年12月6日,长盛同瑞分级基金正式成立,募集份额为623,196,268.63份。

2011年12月6日,长盛同禧信用增利债券基金正式成立,募集份额为3,700,861,505.32份,其中同禧A募集份额1,919,811,572.88份、同禧B募集份额1,781,049,932.44份。

【公司荣誉】

公司荣誉:

2006年2月,公司在中国证券报“第三届中国基金业金牛奖”评选中荣获2005年“金牛基金管理公司”;基金同智获得2005年“封闭式持续优胜金牛基金”,基金同益、同德获得2005年“封闭式金牛基金”。

2006年4月,公司在由上海证券报举办的第三届“中国最佳基金公司奖”暨首届“最受投资者欢迎的基金经理奖”评选中获得基金公司年度“最快进步奖”。在由证券时报举办的“2005年度明星基金奖”评选中喜获“明星基金管理公司奖”,旗下基金同益喜获“封闭式明星基金奖”。

2007年5月,2006年证券时报年度明星基金评奖揭晓,公司再次获得“明星基金管理公司”大奖。

2008年2月,获得特定客户理财业务资格。

2008年1月,获《证券时报》“2007年中国明星基金管理公司”。

2009 年 1 月，获《证券时报》“2008 年度市场营销明星基金公司”奖。

2009 年 9 月，长盛基金管理有限公司荣获《证券时报》“2009 年年度最佳基金网站”称号。

2009 年 10 月，长盛基金管理有限公司再次荣获海通证券“基金公司股票投资管理能力”5 星评级。

2010 年 7 月，长盛基金公司荣获《上海证券报》“金基金·创新公司奖”。

基金荣誉：

2007 年 9 月，长盛旗下的封闭式基金同德日前被天相投资评为五星级基金，基金同益被评为四星级基金。

2007 年 10 月，银河证券统计截至 9 月 24 日，长盛动态精选基金最近三年的总回报率达到 391.37%，居同类基金第一。

2007 年 10 月，长盛债券被银河证券评为双五星级基金。堪称业内投资业绩表现最稳定的开放式基金。

2008 年 3 月，长盛中信全债指数增强型债券基金获得上海证券报“2007 年度金基金最佳债券基金奖”称号。

2008 年 3 月，长盛中信全债指数增强型债券基金获得上海证券报“2007 年度金基金最佳债券基金奖”称号。

2010 年 5 月，长盛中信全债指数增强型债券基金荣获第七届中国基金业金牛奖“三年期开放式债券型持续优胜金牛基金”。

2010 年 5 月，长盛同益封闭基金荣获第七届中国基金业金牛奖“2009 年度封闭式金牛基金”。

2011 年 3 月，长盛同德主题增长基金获证券时报“2010 年三年持续回报股票型明星基金奖”。

2011 年 3 月，长盛创新先锋基金获证券时报“2010 年度积极混合型明星基金奖”。

【股东概况】

排序	股东名称	持股数量(万股)	持股比例
1	国元证券有限责任公司	6150.00	41%
2	新加坡星展资产管理有限公司	4950.00	33%
3	安徽省创新投资有限公司	1950.00	13%
3	安徽省投资集团有限责任公司	1950.00	13%

【旗下基金】

基金代码	基金简称	类型	基金经理
080001	长盛成长价值	混合型	王宁
080011	长盛货币	货币型	梁婷
510080	长盛全债指数强债	债券型	梁婷
510081	长盛动态精选	混合型	许良胜、邓永明
519039	长盛同德主题增长	股票型	邓永明
519100	长盛中证 100	指数型	冯雨生
160805	长盛同智优势成长	混合型	丁骏
080002	长盛创新先锋	混合型	李庆林
080003	长盛积极配置债券	债券型	蔡宾、吴达
080005	长盛量化红利	股票型	刘斌
080006	长盛环球行业精选	QDII	吴达
160807	长盛沪深 300	指数型	冯雨生
080007	长盛同鑫保本	混合型	蔡宾
080008	长盛同祥资源主题	股票型	李庆林
080009	长盛同禧信增债券 A	债券型	蔡宾
080010	长盛同禧信增债券 C	债券型	蔡宾
160808	长盛同瑞 200 分级	指数型	王超
184690	基金同益	封闭式	王克玉
184699	基金同盛	封闭式	丁骏、侯继雄
160806	长盛同庆	创新封闭式	王宁

【公司高管】

凤良志先生，董事长，博士，高级经济师。历任安徽省政府办公厅第二办公室副主任、安徽省国际信托投资公司副总经理、安徽省证券管理办公室主任、安徽省政府驻香港窗口公司(黄山有限公司)董事长、安徽省国际信托投资公司副总经理(主持工作)、安徽国元控股(集团)有限责任公司暨国元信托有限责任公司董事长。现为国元证券股份有限公司(原国元证券有限责任公司)董事长。

周兵先生，董事、总经理，硕士，经济师。曾任中国银行总行综合计划部副主任科员、香港南洋商业银行内地融资部副经理、香港中银国际亚洲有限公司企业财务部经理、广发证券股份有限公司北京业务总部副总经理(期间兼任海南华银国际信托投资公司北京证券营业部托管组负责人)、北京朝阳门大街证券营业部总经理。2004 年 10 月加入长盛基金管理有限公司，曾任公司副总经理。现任长盛基金管理有限公司总经理。

叶金松先生，学士，会计师。历任美菱股份有限公司财会部经理，安徽省信托投资公司财会部副经理，国元证券有限责任公司清算中心主任、风险监管部副经理、经理等职。现任长盛基金管理有限公司督察长。

大成基金管理有限公司

【基本情况】

法定名称：大成基金管理有限公司

英文名称：Da Cheng Fund Management Co., Ltd.

注册地址：深圳市福田区深南大道 7088 号招商银行大厦 32 层

办公地址：深圳市福田区深南大道 7088 号招商银行大厦 32 层

法人代表：张树忠

总 经 理：王 颢

成立时间：1999 年 4 月 12 日

公司性质：中资

注册资本：2 亿元

联系电话：0755－83183388

客服电话：400－888－5558 传真号码：0755－83199588

邮政编码：518040

公司网址：www.dcfund.com.cn

【公司概况】

大成基金管理有限公司(以下简称“公司”)成立于 1999 年 4 月 12 日，注册资本金人民币 2 亿元，是中国首批获准成立的 10 家基金管理公司之一。公司总部设在广东省深圳市，主要业务是公募基金的募集和管理，还具有全国社保基金投资管理业务资格、特定客户资产管理和 QDII 业务资格。

经过十多年的稳健发展，公司形成了强大稳固的综合实力，一直稳居前十大基金公司行列。公司旗下基金产品齐全、风格多样，构建了涵盖货币市场基金、债券型基金、混合型基金、股票型基金和指数型基金的完备产品线。截至 2011 年 12 月 31 日，资产管理规模近 800 亿元，旗下有 26 只公募基金产品和多只特定客户资产管理组合。其中，开放式基金21只：大成价值增长混合、大成债券、大成蓝筹稳健混合、大成精选增值混合、大成货币、大成沪深300指数、大成2020生命周期混合、大成积极成长股票、大成创新成长混合、大成景阳领先股票、大成策略回报股票、大成强化收益债券、大成行业轮动股票、大成中证红利指数、大成核心双动力股票、大成深证成长40ETF、大成深证成长40ETF联接、大成内需增长股票、大成保本混合、大成可转债增强债券、大成中证内地消费主题指数；封闭式证券投资基金3只：大成景宏封闭、大成景福封闭、大成优选封闭；1只创新型基金：大成景丰分级债券；1只QDII基金：大成标普500等权重指数。

公司实行董事会领导下的总经理负责制，在"专业管理专业"的管理理念下，充分发挥各专业委员会的专业职能。公司组织架构完整稳定，职责明晰，并根据业务发展不断更新完善，现有20个职能部门。

成立近13年来，公司打造了一只具有良好职业素养和丰富经验的投资研究团队，各项业务迅猛发展，综合实力不断提升，为广大投资者带来了丰厚回报。截至2011年12月31日，公司旗下基金已累计向投资者分红超过300亿元。

公司已经形成了覆盖全国的营销网络，在北京、上海、西安、成都、武汉、福州、沈阳、广州和南京等地设立了九家分公司，并在香港设立了子公司。香港子公司大成国际资产管理有限公司稳步推进国际业务，已成功发行3只公募产品和1只私募产品，并成为首批获得RQFII资格的中资资产管理公司。

在为投资人奉献回报的同时，公司一直积极参与社会公益事业，并于2009年4月12日设立了基金业第一家慈善基金会——广东省大成慈善基金会，向社会表明了我们在践行社会责任方面的态度和决心。截至2011年末，大成慈善基金会累计捐助金额超过700万元。

"成为中国基金业的领军企业"是大成基金管理有限公司追求的目标。我们将继续坚持为持有人奉献长期稳健回报的核心理念，努力保持投资风格的稳定性及投资业绩的可持续性，与持有人共同分享中国经济的增长。

【公司大事记】

1999年4月12日，大成基金管理有限公司成立。

1999年5月4日，景宏证券投资基金基金合同生效，基金规模20亿份，存续期15年。

2002年11月11日，公司第一只开放式基金——大成价值增长证券投资基金合同生效。

2003年4月，率先在业内建立基金运营业务异地灾难备份中心。

2003年9月，在上海建立业内最大客户服务中心。

2004年3月，推出开放式基金网上交易业务。

2006年12月，基金景业成为首只封转开方案获持有人大会全票通过的封闭式基金。

2007年8月1日，创新型封闭式基金大成优选股票型证券投资基金基金合同生效。

2008年1月，公司获得合格境内机构投资者（QDII）业务资格。

2008年3月，公司获得特定客户资产管理业务资格。

2009年3月，公司武汉、西安、成都、沈阳、福州五地分公司获中国证监会批复同意。

2009年4月12日，为庆祝成立10周年，公司在深圳、北京、上海、武汉、西安、成都、福州、沈阳等地开展植树造林活动。

2009年4月，公司出资设立的大成慈善基金会经广东省民政厅批准，正式设立。

2009年10月，香港公司－大成国际资产管理有限公司正式开业。

2010年7月，中资基金公司在香港发行的首只公募产品——大成中证中国内地消费ETF在香港交易所上市。

2010年9月，广州分公司成立。

2010年12月，公司获得全国社保基金境内委托投资管理人资格。

2011年9月，南京分公司成立。

2011年12月，公司香港子公司获人民币合格境外投资者（RQFII）业务资格。

【公司荣誉】

公司荣誉：

《中国证券报》　2010年度十大金牛基金公司。

《证券时报》"2010年度明星基金公司奖""2011年度最佳IT服务基金"。

《中国证券报》　2009年度债券投资金牛基金公司。

和讯网　"2009年度十大品牌基金公司"。

中国赢基金奖之"2009年中国基金公司综合实力大奖"。

《理财周报》　"2009年中国最受尊敬基金公司"。

和讯网　2008年"最具成长性基金公司"奖。

2005－2007年度，连续3年获《中国证券报》评选的"十大金牛基金公司"奖。

2005－2008年度，连续4年获《证券时报》评选的"十大明星基金公司"奖。

2007年度和2008年度，获《21世纪经济报道》评选的中国赢基金奖之"中国基金公司综合实力大奖"。

2007－2008年度，连续2年获《21世纪经济报道》评选的中国赢基金奖之"中国基金公司综合实力大奖"，并获得2008年度"最佳公司治理奖"。

2007年度，获网易举办评选的"十大金钻基金公司"奖。

2007年度，获理柏公司（Lipper）评选的中国基金奖之"混合资产类型团体奖（3年期）"。

基金荣誉：

2003年度，大成价值基金获《中国证券报》评选的"中国基金业金牛奖"。

2005年度，获《中国证券报》评选的"封闭式金牛基金"奖。

2006年度，基金景阳获《证券时报》评选的"2005年度、2006年度封闭式明星基金"奖。

2006年度，获晨星公司（Morningstar）评选的"中国基金经理奖（大规模封闭式）"。

2006年度，大成蓝筹基金获《证券日报》评选的第三届中国证券市场年会"金算盘奖"。

2006年度，大成精选基金获《中国证券报》评选的"混合型开放式金牛基金"奖。

2007年度，大成优选基金获《中国证券报》评选的中国基金业金牛奖之"年度创新奖"。

2007年度，基金景宏获《证券时报》评选的"2007年度封闭式明星基金"奖。

2008年度，大成债券基金《获证券时报》评选的"债券型明星基金奖"及和讯网发起评选的"稳健投资基金经理"

奖;2006 年度,获《21 世纪经济报道》评选的中国赢基金奖之“偏债型开放式基金两年持续表现奖”;2005 年度,获理柏公司(Lipper)评选的中国基金奖之“两年期人民币债券基金奖”。

大成强化收益债券基金荣获“2009 年度开放式债券型金牛基金”。

大成景阳领先股票荣获“2010 年度股票型金牛基金奖”。

大成债券基金荣获 2010 年“金基金债权基金奖”。

大成景阳获“2010 年度股票型明星基金奖”。

大成景福获“2010 年度封闭式明星基金奖”。

【股东概况】

排序	股东名称	持股数量(万股)	持股比例
1	中泰信托投资有限责任公司	9600.00	48%
2	光大证券有限责任公司	5000.00	25%
2	中国银河证券有限责任公司	5000.00	25%
3	广东证券股份有限公司	400.00	2%

【旗下基金】

基金代码	基金简称	类型	基金经理
090001	大成价值增长	混合型	何光明
090002	大成债券基金 A/B	债券型	王立
092002	大成债券 C	债券型	王立
090003	大成蓝筹稳健	混合型	施永辉
090004	大成精选增值	混合型	刘安田
090005	大成货币 A	货币型	王立
091005	大成货币 B	货币型	王立
090006	大成 2020 生命周期	混合型	曹雄飞
519017	大成积极成长	股票型	黄万青
519019	大成景阳领先	股票型	杨建华
519300	大成沪深 300	指数型	胡琦
160910	大成创新成长	混合型	杨建勋
090007	大成策略回报	股票型	黄万青
090008	大成强债 A/B	债券型	陈尚前
090009	大成行业轮动	股票型	杨建勋黄万青
090010	大成中证红利指数	指数型	胡琦
090011	大成核心双动力	股票型	杨建华
090012	大成深证成长 40 联接	ETF	苏秉毅
159906	大成深证成长 40ETF	ETF	苏秉毅
090013	大成保本	混合型	陈尚前、朱文辉
096001	大成标普 500	QDII	冉凌浩
090015	大成内需增长	股票型	杨丹
090016	大成内地消费指数	指数型	胡琦
090017	大成可转债增强债券	债券型	朱文辉
184691	基金景宏	封闭式	黄万青
184701	基金景福	封闭式	杨丹
150002	大成优选	创新封闭式	刘明
160915	大成景丰分级债券	创新封闭式	陈尚前

【公司高管】

张树忠先生,董事长,经济学博士。1989 年 7 月至 1993 年 2 月,任中央财经大学财政系讲师;1993 年 2 月至 1997 年 3 月,任华夏证券股份有限公司投资银行总部总经理、研究发展部总经理;1997 年 3 月至 2003 年 7 月,任光大证券股份有限公司总裁助理兼北方总部总经理、资产管理总监;2003 年 7 月至 2004 年 6 月,任光大保德信基金管理公司董事、副总经理;2004 年 6 月至 2006 年 12 月,任大通证券股份有限公司副总经理;2007 年 1 月至 2008 年 1 月,任大通证券股份有限公司总经理;2008 年 1 月至 2008 年 4 月,任职中国人保资产管理股份有限公司;2008 年 4 月起任中国人保资产管理股份有限公司副总裁、党委委员;2008 年 11 月起同时担任大成基金管理有限公司董事长。

王颢先生,董事总经理,国际工商管理专业博士。2000 年 12 月至 2002 年 9 月,任招商证券股份有限公司深圳管理总部副总经理、机构管理部副总经理;2002 年 9 月加入大成基金管理有限公司,历任助理总经理、副总经理;2008 年 11 月起担任大成基金管理有限公 司总经理。

杜鹏女士,督察长,研究生学历。1992 年至 1994 年,历任原中国银行陕西省信托咨询公司证券部驻上交所出市代表、上海业务部负责人;1994 年 – 1998 年,历任广东省南方金融服务总公司投资基金管理部证券投资部副经理、广东华侨信托投资公司证券总部资产管理部经理;1998 年 9 月参与大成基金管理有限公司的筹建; 1999 年 3 月至今,任大成基金管理有限公司督察长兼监察稽核部经理。

富国基金管理有限公司

【基本情况】

法定名称:富国基金管理有限公司
英文名称:Fullgoal Fund Management Co. , Ltd.
注册地址:上海市浦东新区花园石桥路 33 号
花旗集团大厦 5 – 6 层
办公地址:上海市浦东新区花园石桥路 33 号
花旗集团大厦 5 – 6 层
法人代表:陈　敏
总 经 理:窦玉明
成立时间:1999 年 4 月 13 日
公司属性:中外合资
注册资本:1.8 亿元
联系电话:021 – 68597788
客服热线:400 – 888 – 0688
传真号码:021 – 68597799
邮政编码:200001
公司网址:www. fullgoal. com. cn

【公司概况】

富国基金于 1999 年在北京成立,是经中国证监会批准设立的首批十家基金管理公司之一。公司注册资本为 1.8 亿元,总部设于上海,在北京、深圳、成都设有分公司。

2003 年加拿大蒙特利尔银行参股,富国基金成为国内首批十家基金公司中第一家实现外资参股的基金公司。经过十年多的发展,富国基金不仅在中国资本市场的演进中积累了丰富的投资管理经验,而且不断将外方股东的先进理念和管理技术融入到公司经营管理的各项实践中,为投资者提供专业化的基金投资理财服务。

富国基金的主要业务包括共同基金(含 QDII)、企业年金基金、全国社保基金、特定客户资产管理等。截至 2011 年三季度末,富国基金共管理运作 19 只公募基金、多个特定客户资产管理计划及企业年金基金管理专户,公募基金管理资产规模达 628 亿元,其中公募基金资产规模位于前十大基金公司之列,成立以来累计实现基金分红近 300 亿元,为遍布全国的 460 多万个人和机构客户提供投资管理服务。

根据天相投顾的《基金管理公司综合评级》报告，富国基金在公司基本实力、投资管理能力和稳定性情况三个方面的综合评定中名列前茅，连续获得“五星级”基金管理公司评级。

【公司大事记】

公司荣誉：

2007 年 1 月，在《中国证券报》等举办的 2006 年度“中国基金业金牛奖”评选中，富国基金获评“十大金牛基金公司”称号。

2007 年 4 月，富国基金获得《上海证券报》“最佳产品创新奖”，《证券时报》“明星基金管理公司奖”。

2007 年 8 月 30 日，在由《新闻晨报》、晨星资讯联合主办的“2007 年十大基金”评选中，富国基金荣获“十大最受欢迎基金公司”称号。

2009 年 1 月 12 日，在《中国证券报》等举办的 2008 年度“中国基金业金牛奖”评选中，富国基金荣获“金牛基金管理公司”称号。

2009 年 1 月 14 日，在《证券时报》举办的 2008 年度“中国明星基金暨最佳托管行”评选中，富国基金荣获“明星基金公司创新奖”。

2010 年 5 月 26 日，在《中国证券报》等举办的 2009 年度“中国基金业金牛奖”评选中，富国基金荣获“金牛基金管理公司”称号。

2011 年 3 月 31 日，在《证券时报》举办的 2010 年度“中国明星基金奖”评选中，富国基金荣获“长期回报明星基金公司奖”。

2011 年 4 月，在《中国证券报》举办的 2010 年度“中国基金业金牛奖”评选中，富国基金荣获“债券投资金牛基金公司奖”。

2011 年 4 月，在《上海证券报》举办的 2010 年度“金基金奖”评选中，富国基金荣获“金基金债券投资回报公司奖”。

基金荣誉：

2007 年 1 月，在中国证券报等举办的 2006 年度“中国基金业金牛奖”评选中，富国天益基金获评“2006 年度开放式股票型持续优胜金牛基金”，富国天瑞基金获评“2006 年度开放式混合型金牛基金”。

2007 年 3 月，在晨星（中国）2006 年度基金经理奖评选中，富国天益价值基金的经理和汉博基金（现已转为开放式富国天博创新主题基金）的经理分别获得晨星股票型基金经理提名奖和小规模封闭式基金经理提名奖。

2007 年 8 月，在由《新闻晨报》、晨星资讯联合主办的“2007 年十大基金”评选中，富国天益价值基金荣膺“2007 年十大基金”大奖和“十大长跑基金”称号，富国天合稳健基金荣获“十大特色基金”称号。

2008 年 1 月，在《中国证券报》等举办的 2007 年度“中国基金业金牛奖”评选中，富国天利债券基金荣获“开放式债券型金牛基金”称号。

2008 年 4 月 20 日，在晨星（中国）2007 年度基金经理奖评选中，富国天利增长债券基金荣获晨星基金经理年度奖（债券型）。

2009 年 1 月，在《中国证券报》等举办的 2008 年度“中国基金业金牛奖”评选中，富国天益价值基金荣获“开放式股票型持续优胜金牛基金”称号。

2010 年 5 月 19 日，在《证券时报》社主办、晨星资讯（深圳）有限公司提供数据支持的 2009 年度“中国基金业明星基金奖”评选中，富国天瑞强势地区精选股票基金荣获“2009 年度积极混合型明星基金奖”，富国天成红利灵活配置股票型基金荣获“2009 年度平衡混合型明星基金奖”。

2010 年 5 月 26 日，在《中国证券报》等举办的 2009 年度“中国基金业金牛奖”评选中，富国天益价值基金荣获“五年期开放式股票型持续优胜金牛基金”称号；富国天利债券基金荣获“五年期开放式债券型持续优胜金牛基金”称号；富国天瑞强势地区股票型基金荣获“2009 年度开放式混合型金牛基金”称号；富国汉盛封闭荣获“三年期封闭式持续优胜金牛基金”称号。

2010 年 6 月，在晨星（中国）2009 年度基金奖评选中，富国天利增长债券基金荣获晨星债券型基金奖。

2010 年 6 月，在《上海证券报》等举办的 2009 年度“金基金奖”评选中，富国天利债券基金荣获 2009 年度“金基金三年期产品奖”的“金基金·债券基金奖”称号。

2011 年 3 月 31 日，在《证券时报》举办的 2010 年度“中国明星基金奖”评选中；富国天惠获得“五年持续回报积极混合型明星基金奖”；富国优增获得“2010 年度积极债券型明星基金奖”；富国天丰获得“2010 年度普通债券明星基金奖”。

2011 年 4 月，在《中国证券报》举办的 2010 年度“中国基金业金牛奖”评选中；富国优增获“2010 年度债券型金牛基金奖”；富国天利获“5 年期债券型金牛基金奖”；富国天惠获“2010 年度混合型金牛基金奖”；富国天源获“2010 年度混合型金牛基金奖”；富国天益《中国证券报》“5 年期股票型金牛基金奖”。

2011 年 4 月，在《上海证券报》举办的 2010 年度“金基金奖”评选中；富国优增获“2010 年度金基金债券基金奖”；富国天源获“2010 年度金基金平衡型基金奖”。

富国基金的四项第一：

◎首批成立的“老十家”基金公司之一

◎首批成立的基金公司中第一家实现外资参股

◎首批获得企业年金管理资格的基金公司之一

◎开创业内首次基金拆分活动（富国天益基金拆分）

【股东概况】

排序	股东名称	持股数量（万股）	持股比例
1	海通证券股份有限公司	4999.50	27.775%
1	申银万国证券股份有限公司	4999.50	27.775%
1	加拿大蒙特利尔银行	4999.50	27.775%
2	山东省国际信托投资有限公司	3001.50	16.675%

【旗下基金】

基金代码	基金简称	类型	基金经理
100016	富国天源平衡	混合型	李晓铭
100018	富国天利增长	股票型	饶刚、杨贵宾
100020	富国天益价值	混合型	陈戈
100022	富国天瑞强势	混合型	宋小龙
100025	富国天时货币 A	货币型	刁羽、郤卉
100028	富国天时货币 B	货币型	刁羽、郤卉
100026	富国天合稳健优选	股票型	尚鹏岳
100029	富国天成红利	混合型	于江勇
519035	富国天博创新主题	股票型	毕天宇
161005	富国天惠成长精选	混合型	朱少醒
100032	富国天鼎中证红利	指数型	徐幼华
100035	富国优化强债 A/B	债券型	钟智伦
100037	富国优化强债 C	债券型	钟智伦

基金代码	基金简称	类型	基金经理
100038	富国量化沪深300	指数型	李笑薇
100039	富国通胀通缩	股票型	赵涛 尚鹏岳
100050	富国全球债券	债券型	张峰
100051	富国可转换债券	债券型	杨贵宾
100053	富国上证综指联接	ETF	李笑薇、王保合
510210	富国上证综指ETF	ETF	李笑薇、王保合
100055	富国全球顶级消费品	QDII	张峰
100056	富国低碳环保	股票型	李晓铭
161017	富国中证500	指数型	李笑薇、徐幼华
100058	富国产业债债券	债券型	钟智伦
161010	富国天丰强化债券	债券型	饶刚、钟智伦
161014	富国汇利分级	创新封闭式	饶刚
161015	富国天盈分级债券	创新封闭式	刁羽
500015	基金汉兴	封闭式	朱杰
500005	基金汉盛	封闭式	贺轶

【公司高管】

陈敏女士，董事长。生于1954年，中共党员，工商管理硕士，经济师。历任上海市信托投资公司副处长、处长；上海市外经贸委处长；上海万国证券公司党委书记；申银万国证券股份有限公司副总裁、党委委员。2004年开始担任富国基金管理有限公司董事长。

窦玉明先生，董事，总经理。生于1969年，硕士。历任北京中信国际合作公司交易员；深圳君安证券公司投资经理；大成基金管理有限公司基金经理助理；嘉实基金管理有限公司投资总监、总经理助理、副总经理兼基金经理。2008年开始担任富国基金管理有限公司总经理。

李长伟先生，督察长。生于1964年，中共党员，经济学硕士，工商管理硕士，讲师。历任河南省政府发展研究中心干部；中央党校经济学部讲师；申银万国证券股份有限公司海口营业部总经理、北京管理总部副总经理兼北京营业部总经理、富国基金管理有限公司副总经理。2008年开始担任富国基金管理有限公司督察长。

易方达基金管理有限公司

【基本情况】

法定名称：易方达基金管理有限公司
英文名称：E Fund Management Co.，Ltd.
注册地址：广东省珠海市香洲区情侣路428号
　　　　　九洲港大厦4001室
办公地址：广州市体育西路189号城建大厦27、28层
法人代表：叶俊英
总 经 理：刘晓艳
成立时间：2001年4月17日
公司属性：中资
注册资本：1.2亿元
联系电话：020－38797888
客服热线：400－881－8088
传真号码：020－38799488
邮政编码：510620
公司网址：www.efunds.com.cn

【公司概况】

易方达基金管理有限公司成立于2001年4月17日，注册资本1.2亿元，旗下设有北京、广州、上海、南京、成都分公司。公司秉承“取信于市场，取信于社会”的宗旨，坚持“在诚信规范的前提下，通过专业化运作和团队合作实现持续稳健增长”的经营理念，以严格的管理、规范的运作和良好的投资业绩，赢得市场认可。2004年10月，易方达取得全国社会保障基金投资管理人资格。2005年8月，易方达获得企业年金基金投资管理人资格。2007年12月，易方达获得合格境内机构投资者（QDII）资格。2008年2月，易方达获得从事特定客户资产管理业务资格。截至2011年12月31日，公司旗下共管理30只开放式基金、1只封闭式基金和多个全国社保基金资产组合、企业年金及特定客户资产管理业务，资产管理规模近2000亿元。

●经营稳健，管理规范

易方达高度重视健全内部管理体制和完善风险防范机制，成立伊始便在业内率先制定“内部控制大纲”，对公司治理结构、内部控制制度体系与制度管理、内部控制基本要点、控制环境、持续的控制检验作出规范，在此基础上制定了大量规章制度，初步形成了一套具有公司特色、合乎基金行业规范运作要求的制度化管理体系，保证了公司的合规、高效运作，获得了国家主管部门和中介评估机构的充分肯定。

●以人为本，人才优势明显

基金业是“人的事业”，易方达成立伊始，便努力打造一支高度专业化的基金管理团队。截至2011年12月31日，公司员工人数逾350人，平均年龄31岁，其中具有硕士以上学历的占员工总数的57%，具有复合专业背景的占30%。公司高管人员人均金融从业时间17年以上，全部具有经济学或管理学教育背景。易方达基金的投资研究队伍专业、稳健、勇于进取，投资管理人员平均证券从业时间10年，97.62%的投资人员具有硕士以上学历，具有理工科背景的占54.76%，具有复合专业背景的占50.00%；97.87%的研究人员具有硕士以上学历，具有理工科背景的占65.96%，具有复合专业背景的占53.19%。

●业绩稳定，回报丰厚

完善的制度、严格的管理、规范的运作使公司始终保持各方面业务持续增长的良性发展态势，投资业绩综合排名始终在国内基金公司中名列前茅。截至2011年12月31日，公司旗下基金累计分红470多亿元，为投资者创造了良好的回报。

●研究主导，投研良性互动

公司一贯秉承价值投资理念，强调研究在投资中的主导作用，不断追求研究的深度和前瞻性。目前，公司已自主培养和建立起一支高素质的研究员队伍，形成了研究主导的投资文化，研究注重深度挖掘、实地调研、持续跟踪，投资与研究相互促进、良性互动，为公司取得优异投资业绩打下了坚实基础。

●服务客户，细致深入

专业坦诚是易方达的服务理念。公司不断致力于改进客户服务质量、加强多方沟通协调、完善和创新服务方式。目前，公司已与多家机构签订了合作协议，并推出了开放式基金的网上交易平台，努力为广大客户提供更多的交易便利和优惠。

易方达将继续坚持以诚信和业绩立足，不断开拓创新，积极进取，努力为投资者创造最优回报。

【公司大事记】

2001年4月17日，易方达基金管理有限公司正式成立。

2001 年 6 月 20 日，在清理规范广东省 6 只联网投资基金的基础上，易方达旗下的科汇、科翔、科讯证券投资基金分别在深圳、上海证券交易所挂牌交易。

2001 年 7 月 12 日，科汇、科翔、科讯证券投资基金完成扩募工作，分别扩募至 8 亿份基金单位。

2001 年 12 月 15 日，易方达顺利通过中国证监会和境外投资基金专家小组对开放式基金准备情况的现场检查，获得了高度评价。

2002 年 3 月 12 日，易方达旗下第四只封闭式基金——科瑞证券投资基金正式成立，总规模 30 亿份基金单位。

2002 年 8 月 23 日，易方达第一只开放式基金——易方达平稳增长证券投资基金宣告成立，设立募集期共募集46.78亿份基金单位。

2003 年 12 月 09 日，易方达旗下第二只开放式基金——易方达策略成长证券投资基金宣告成立，设立募集期共募集 20.35 亿份基金单位。

2004 年 3 月 22 日，易主达旗下第三只开放式基金——易方达 50 指数证券投资基金宣告成立，设立募集期共募集 50.49 亿份基金单位。

2004 年 7 月 25 日，易方达公司正式向投资者推出网上基金交易业务，投资者通过互联网即可直接认（申）购易方达旗下基金。

2004 年 9 月 09 日，易主达旗下第四只开放式基金——易方达积极成长证券投资基金宣告成立，设立募集期共募集 11.58 亿份基金单位。

2004 年 10 月 23 日，全国社保基金理事会公布增加 4 家全国社保基金投资管理人资格名单，易方达以优异的成绩在 29 家参评基金公司、证券公司中脱颖而出，获得社保基金管理人资格。

2004 年 12 月 30 日，易方达原投资总监江作良被聘为中国证监会第七届股票发行审核委员会委员，接受了中国证监会尚福林主席颁发的聘书。

2005 年 2 月 02 日，易方达旗下第五只开放式基金——易方达货币市场基金公告成立，设立募集期共募集 36.22 亿份基金单位。

2005 年 8 月 02 日，易方达获得企业年金基金投资管理人资格。

2005 年 9 月 19 日，易方达旗下第六只开放式基金——易方达月月收益中短期债券基金公告成立，设立募集期共募集 114 亿份基金单位。

2006 年 3 月 24 日，易方达基金管理公司与广东某知名国有企业集团签订企业年金投资管理合同，正式启动该业务。

2006 年 3 月 25 日，易方达深证 100ETF 正式公告基金合同生效，认购份额达到 51.57 亿元。

2006 年 6 月 13 日，易方达价值精选股票型证券投资基金合同生效，募集基金份额总额为 117.91 亿。

2006 年 8 月 17 日，易方达策略成长二号混合型证券投资基金合同生效，募集基金份额总额为 36.57 亿份。

2007 年 4 月 30 日，易方达价值成长混合型证券投资基金合同生效，实施比例配售后募集基金份额总额为108.74亿份。

2007 年 11 月 30 日，易方达基金管理有限公司发起成立广东省易方达教育基金会。

2007 年 12 月 13 日，易方达基金管理有限公司获得合格境内机构投资者（QDII）从事境外证券投资管理业务资格。

2007 年 12 月 18 日，科讯证券投资基金正式由封闭式基金转为开放型基金，新基金名称为“易方达科讯股票型证券投资基金”。

2008 年 2 月 14 日，经中国证监会批复同意，易方达基金管理有限公司获得从事特定客户资产管理业务资格。

2008 年 3 月 19 日，易方达增强回报债券基金合同生效，认购份额超过 30 亿份。

2008 年 6 月 19 日，易方达中小盘股票型证券投资基金合同生效，认购份额超过 12 亿份。

2008 年 10 月 09 日，科汇证券投资基金正式由封闭式基金转型为开放式基金，新基金名称为“易方达科汇灵活配置混合型证券投资基金”。

2008 年 11 月 13 日，科翔证券投资基金正式由封闭式基金转型为开放式基金，新基金名称为“易方达科翔股票型证券投资基金”。

2009 年 3 月 26 日，易方达行业领先企业股票型证券投资基金合同生效，认购份额超过 41 亿份。

2009 年 8 月 26 日，易方达沪深 300 指数证券投资基金合同生效，认购份额 168.8 亿份。

2009 年 12 月 1 日，易方达深证 100 交易型开放式指数证券投资基金联接基金合同生效，认购份额超过 189 亿份。

2010 年 1 月 21 日，易方达亚洲精选股票型证券投资基金合同生效，认购份额近 6 亿份。

2010 年 3 月 29 日，易方达上证中盘交易型开放式指数证券投资基金合同生效，认购份额超过 27 亿份。

2010 年 3 月 31 日，易方达上证中盘交易型开放式指数证券投资基金联接基金合同生效，认购份额超过 20 亿份。

2010 年 8 月 20 日，易方达消费行业股票型证券投资基金合同生效，认购份额超过 63 亿份。

2010 年 11 月 9 日，易方达岁丰添利债券型证券投资基金合同生效，认购份额超过 26 亿份。

2011 年 1 月 28 日，易方达医疗保健行业股票型证券投资基金合同生效，认购份额超过 38 亿份。

2011 年 5 月 6 日，易方达黄金主题证券投资基金（LOF）基金合同生效，认购份额超过 26 亿份。

2011 年 6 月 21 日，易方达安心回报债券型证券投资基金合同生效，认购份额近 18 亿份。

2011 年 8 月 16 日，易方达资源行业股票型证券投资基金合同生效，认购份额超过 24 亿份。

2011 年 9 月 20 日，易方达创业板交易型开放式指数证券投资基金及联接基金合同生效，认购份额超过 9 亿份。

2011 年 12 月 1 日，易方达双债增强债券型证券投资基金合同生效，认购份额超过 16 亿份。

【股东概况】

排序	股东名称	持股数量（万股）	持股比例
1	广东粤财信托投资有限公司	3000.00	25%
2	广发证券股份有限公司	3000.00	25%
3	广东美的电器股份有限公司	3000.00	25%
4	重庆国际信托投资有限公司	2000.00	16.67%
5	广州市广永国有资产经营有限公司	1000.00	8.33%

【旗下基金】

基金代码	基金简称	类型	基金经理
110001	易方达平稳增长	混合型	侯清濯

基金代码	基金简称	类型	基金经理
110002	易方达策略成长	混合型	蔡海洪
110003	易方达上证 50	指数型	林飞
110005	易方达积极成长	混合型	何云峰
110006	易方达货币 A	货币型	马喜德
110016	易方达货币 B	货币型	马喜德
110007	易方达稳健债券 A	债券型	马喜德
110008	易方达稳健债券 B	债券型	马喜德
110009	易方达价值精选	股票型	吴欣荣
110010	易方达价值成长	混合型	潘峰
110029	易方达科讯	股票型	宋昆
112002	易方达策略二号	混合型	蔡海洪
159901	易方达深证 100ETF	股票型	林飞、王建军
110011	易方达中小盘	股票型	何云峰
110012	易方达科汇灵活配置	混合型	冯波
110013	易方达科翔	股票型	付浩
110015	易方达行业领先	股票型	冯波
110017	易方达增强债券 A	债券型	钟鸣远、王晓晨
110018	易方达增强债券 B	债券型	钟鸣远、王晓晨
110019	易基深证 100 联接	指数型	林飞、王建军
110020	易方达沪深 300	指数型	张胜记
110021	易基上证中盘联接	指数型	张胜记
110022	易方达消费行业	股票型	刘芳洁
118001	易方达亚洲精选	股票型	张小刚 管宇
510130	易方达上证中盘 ETF	股票型	张胜记
110023	易方达医疗保健行业	股票型	李文健
110025	易方达资源行业	股票型	朱龙洋
110026	易方达创业板联接	指数型	王建军
159915	易方达创业板 ETF	指数型	王建军
110027	易方达安心债券 A	债券型	钟鸣远
110028	易方达安心债券 B	债券型	钟鸣远
110035	易方达双债强债 A	债券型	张磊
110036	易方达双债强债 C	债券型	张磊
161116	易方达黄金主题	股票型	张小刚、管宇
161115	易方达岁丰添利债券	债券型	钟鸣远
500056	基金科瑞	封闭式	付浩

【公司高管】

叶俊英先生，董事长，经济学博士，18 年金融证券从业经历。曾任广发证券有限责任公司投资银行部总经理、公司董事、副总裁，易方达基金管理有限公司董事、副董事长、总裁。现任易方达基金管理有限公司董事长。

刘晓艳女士，总裁，经济学博士，17 年金融证券从业经历。曾任广发证券有限责任公司投资理财部副经理、基金部基金经理，基金投资理财部副总经理、基金资产管理部总经理，易方达基金管理有限公司督察员兼监察部总经理、总经理助理兼市场部总经理、市场总监、副总裁、常务副总裁。现任易方达基金管理有限公司总裁。

张南女士 博士。曾任广东省经贸委产业政策处副处长，易方达基金管理有限公司市场拓展部副总经理，现兼任易方达基金管理有限公司监察部总经理。

宝盈基金管理有限公司

【基本情况】

法定名称：宝盈基金管理有限公司

英文名称：Baoying Fund Management Co. ,Ltd.

注册地址：深圳市深南路 6008 号特区报业大厦 1501 室

办公地址：深圳市深南路 6008 号特区报业大厦 15 层、26 层

法人代表：李建生

总 经 理：汪 钦

成立时间：2001 年 5 月 18 日

公司属性：中资

注册资本：1 亿元

联系电话：0755 – 83516688

客服热线：400 – 8888 – 300

传真号码：0755 – 83275119

邮政编码：518034

公司网址：www. byfunds. com

【公司概况】

宝盈基金管理有限公司成立于 2001 年 5 月 18 日，是按照证监会“新的治理结构、新的内控体系”标准设立的首批基金管理公司之一。公司注册资本人民币 1 亿元，注册地深圳。公司股东实力雄厚，分别为中铁信托有限责任公司、成都工业投资集团有限公司、中国对外经济贸易信托有限公司。

公司主要经营业务是发起设立证券投资基金（以下简称基金）、基金管理以及特定客户资产管理。公司旗下基金产品齐全、风格多样。目前，公司共管理基金 9 只，已构建了涵盖股票型基金、债券型基金、指数型基金、混合型基金和货币市场基金等较完备的产品线，能够满足各类风险偏好投资者的需求。2008 年 3 月，公司获特定客户资产管理业务资格。2008 年 4 月，第一笔“一对一”业务投入运作；2009 年 12 月，第一笔“一对多”业务投入运作。

公司致力于不断完善公司治理，提高内部控制水平，坚持客观化管理，打造专业化、现代化的资产管理公司。

在投资研究方面，公司通过打造投资决策委员会、投资人员、研究人员、风险管理人员四位一体的客观化投资平台，以“研究创造价值，风险管理创造收益”的理念，为基金持有人和资产委托人追求“长期、稳定、一致的绝对收益”。

在内部控制方面，公司坚持“投资者利益至上”的首要原则，高度重视合规文化的建设，通过加强制度建设和监察稽核工作，将风险控制体现在业务操作的各个环节，使业务运作合法合规。

公司将继续秉承“上善若水、厚德载物”的核心价值观，坚持“规范管理求效益、诚信创新谋发展、回报服务创品牌”的经营理念，为投资者提供优质的理财服务！

【公司大事记】

2011 年 12 月 3 日，由和讯网主办的第九届财经风云榜活动中，获得“2011 年度最佳客户服务奖”。

2011 年 11 月 25 日，由《新财富》杂志主办第九届新财富最佳分析师评选活动中，宝盈基金管理有限公司获得“第四届新财富最具慧眼基金的管理公司”奖。

2010 年 2 月 10 日，宝盈中证 100 指数增强型证券投资基金成立。

2009 年 8 月 6 日，宝盈货币市场证券投资基金成立。

2008 年 5 月 30 日，公司“爱宝网电子商务平台”荣获“2007 年深圳资本圈年度成就奖”。

2008 年 5 月 15 日，宝盈增强收益债券型基金成立。

2008 年 424 日，宝盈基金第一项投资顾问业务——建津财富 2 号证券投资信托产品正式成立。

2008 年 4 月 15 日，鸿飞证券投资基金完成封转开，更名宝盈资源优选股票型证券投资基金。

2008 年 3 月 21 日，在《中国证券投资基金年鉴》“2007 年首届中国基金行业年度评选”活动中获得“投资者教育创新奖”。

2008 年 3 月 13 日，经中国证监会批准，获得特定客户资产管理业务资格。

2007 年 5 月 9 日，业内首家电子商务品牌网站——爱宝网(ibao. byfunds. com)隆重上线。

2007 年 2 月 13 日，宝盈基金投资俱乐部正式启动。

2007 年 1 月 19 日，宝盈策略增长股票型证券投资基金成立。

2006 年 1 月，宝盈泛沿海区域增长股票证券投资基金喜获深圳市证券业协会举办的“深圳年度金融创新奖”。

2005 年 10 月 17 日，宝盈公司获得 ISO9000 质量管理体系认证。

2005 年 3 月 8 日，国内首只区域型证券投资基金——宝盈泛沿海区域增长股票证券投资基金成立。

2004 年 6 月 29 日，宝盈公司获中国证监会批准，完成股权转让，转让后的股权结构为衡平信托投资有限责任公司(49%)、成都工业投资经营有限责任公司(26%)、中国对外经济贸易信托投资有限公司(25%)。

2002 年 10 月 8 日，宝盈基金第一只开放式基金——宝盈鸿利收益证券投资基金成立，该基金是国内首只收益型开放式基金。

2001 年 12 月 25 日，鸿飞证券投资基金完成扩募，规模达 5 亿份。

2001 年 12 月 10 日，鸿阳证券投资基金成立，成立规模 20 亿份。

2001 年 5 月 18 日，宝盈基金管理有限公司在深圳成立。

【股东概况】

排序	股东名称	持股比例
1	中铁信托有限责任公司	49%
2	成都工业投资经营有限责任公司	26%
3	中国对外经济贸易信托投资有限公司	25%

【旗下基金】

基金代码	基金简称	类型	基金经理
213001	宝盈鸿利	混合型	高峰
213002	宝盈泛沿海	股票型	高峰
213003	宝盈策略	股票型	余述胜
213009	宝盈货币 A	货币型	陈若劲
213909	宝盈货币 B	货币型	陈若劲
213007	宝盈债券 A/B	债券型	陈若劲
213008	宝盈资源	股票型	彭敢
213917	宝盈债券 C	债券型	刘丰元、陈若劲
213006	宝盈优势	股票型	王琼
213010	宝盈 100	指数型	温胜普、余述胜
184728	基金鸿阳	封闭式	彭敢

【公司高管】

李建生女士，董事长，1954 年生，中共党员，本科。曾在黑龙江建设兵团、铁道部基建总局工作。1989 年始历任中国铁路工程总公司副处长、高级会计师、副总会计师，现任衡平信托有限责任公司董事长，中国中铁股份有限公司副总裁、财务总监兼总法律顾问。

汪钦先生，总经理，中共党员，经济学博士。曾就职于中国人民银行河南省分行教育处，海南港澳国际信托投资公司证券部，历任三亚东方实业股份有限公司副总经理，国信证券有限责任公司研究所所长，长城基金管理有限公司总经理助理，长城基金管理有限公司副总经理。

孙胜华先生，督察长，中共党员，法学硕士。曾在中国信达信托总公司、中国信达资产管理公司、英国 Wyvern (China) 投资银行、中国泛海控股集团、民生证券有限责任公司、华夏基金管理有限公司从事法律工作。现任宝盈基金管理有限公司总经理助理兼监察稽核部总监。

融通基金管理有限公司

【基本情况】

法定名称：融通基金管理有限公司

英文名称：Rongtong Fund Management Co. , Ltd.

注册地址：深圳市南山区华侨城汉唐大厦 13 - 14 层

办公地址：深圳市南山区华侨城汉唐大厦 13 - 14 层

法人代表：田德军

总　经　理：奚星华

成立时间：2001 年 5 月 22 日

公司性质：中外合资

注册资本：1. 2500 亿元

联系电话：0755 - 26948666

客服热线：400 - 883 - 8088

传真号码：0755 - 26935005

邮政编码：518035

公司网址：www. rtfund. com

【公司概况】

融通基金管理有限公司经中国证监会监基字[2001]8 号文批准，于 2001 年 5 月 22 日在深圳正式成立，是中国第二批基金管理公司之一，注册资本 1. 25 亿元。公司股东为新时代证券有限责任公司(60%)、日兴资产管理有限公司(40%)。公司在法人治理结构、投资管理、内控体系、组织架构等各方面借鉴了国内外的先进经验，充分体现“新基金、新体制”。

公司在基金管理上实行投资决策委员会领导下的基金经理负责制。目前公司旗下共有 12 只基金，其中 11 只开放式基金：融通新蓝筹混合、融通通利系列基金(由融通债券、融通深证 100 指数和融通蓝筹成长混合三只子基金构成)、融通行业景气混合、融通巨潮 100 指数(LOF)、融通易支付货币、融通动力先锋股票、融通领先成长股票(LOF)、融通内需驱动股票以及融通深证成份指数，一只封闭式基金(融通通乾封闭)。

【公司大事记】

2011 年 12 月 8 日，融通深证 100 指数：陶武彬离任，王建强继续任融通深证 100 指数基金经理。

2011 年 11 月 3 日，融通易支付货币：乔羽夫离任，蔡奕奕继续任融通易支付货币基金基金经理。

2011 年 10 月 13 日，融通易支付货币：蔡奕奕新任，乔羽夫继续任融通易支付货币基金基金经理。

2011 年 6 月 11 日，融通深证 100 指数：陶武彬新任，王建强继续任融通深证 100 指数基金经理。

2011 年 4 月，融通通乾封闭荣获由中国证券报主办"第八届中国基金业金牛奖"的"2010 年度封闭式金牛基金"称号。

2011 年 4 月 6 日，融通新蓝筹混合：吴巍新任，刘模林离任，汪忠远继续任融通新蓝筹混合基金经理。

2011 年 3 月 24 日，融通动力先锋股票：陈晓生离任，郭恒担任融通动力先锋股票基金经理；融通新蓝筹混合：张敏离任，刘模林、汪忠远继续任融通新蓝筹混合基金经理；融通蓝筹成长混合：陈晓生离任，严菲继续任融通蓝筹成长混合基金经理；融通内需驱动股票：陈晓生离任，鲁万峰继续任融通内需驱动股票基金经理。

2011 年 3 月 24 日，融通基金管理有限公司新任总经理：奚星华；新任副总经理：颜锡廉（ALLEN YAN）；新任督察长：涂卫东。

2011 年 1 月 22 日，融通动力先锋股票：鲁万峰离任，陈晓生继续任融通动力先锋基金经理；融通领先成长股票（LOF）：刘模林离任，管文浩继续任融通领先成长（LOF）基金经理；融通内需驱动股票：邹曦离任，陈晓生、鲁万峰继续任融通内需驱动股票基金经理。

2010 年 12 月 16 日，融通深证成份指数股票型证券投资基金定于 2010 年 12 月 16 日起开始办理日常申购、赎回业务。

2010 年 11 月 15 日，融通深证成份指数证券投资基金基金合同正式生效，募集规模 1,848,841,553.44 份基金份额。

2010 年 10 月 11 日，融通深证成份指数证券投资基金正式向全国发售。

2010 年 5 月，融通通乾封闭荣获由《中国证券报》主办"第七届中国基金业金牛奖"的"2009 年度封闭式金牛基金"称号。

2010 年 5 月 22 日，融通基金管理有限公司第三届董事会第七次临时会议通过决议，选举田德军先生担任公司董事长职务。田德军先生的基金行业高级管理人员任职资格已经中国证券监督管理委员会核准（证监许可［2010］637 号文），相关工商登记变更手续正在办理之中。

2010 年 4 月 23 日，经公司研究决定，聘任汪忠远先生为融通新蓝筹证券投资基金基金经理，刘模林先生、张敏先生继续担任融通新蓝筹证券投资基金基金经理职务。

2010 年 4 月 17 日，经公司研究决定，同意郑毅先生因个人原因辞去融通深证 100 指数证券投资基金和融通巨潮 100 指数证券投资基金（LOF）基金经理职务。王建强先生继续担任融通深证 100 指数证券投资基金和融通巨潮 100 指数证券投资基金（LOF）基金经理职务。

2010 年 3 月 15 日，经融通基金管理有限公司第三届董事会第六次临时会议审议通过，同意孟立坤先生辞去公司董事长职务。同意吕秋梅女士辞去公司总经理职务，并决定由公司副总经理秦玮先生代为履行公司总经理职务，代为履行公司总经理职务的时间不超过 90 日。

2010 年 3 月 13 日，经公司研究决定，聘任管文浩先生为融通领先成长股票型证券投资基金（LOF）的基金经理，陈文涛先生不再担任融通领先成长股票型证券投资基金（LOF）的基金经理，公司另有任用。刘模林先生继续担任融通领先成长股票型证券投资基金（LOF）的基金经理。

2010 年 2 月 6 日，经融通基金管理有限公司总经理办公会研究决定，同意郝继伦先生因个人原因不再担任通乾证券投资基金基金经理的职务，刘泽兵先生继续担任通乾基金基金经理。

2009 年 8 月 26 日，经公司研究决定，并报经中国证券业协会注册登记和深圳证监局审核备案，聘任张敏先生为融通新蓝筹证券投资基金基金经理，刘模林先生继续担任融通新蓝筹证券投资基金基金经理职务。

2009 年 5 月 25 日，融通内需驱动股票型证券投资基金定于 2009 年 5 月 25 日起开始办理日常申购、赎回业务。

2009 年 5 月 15 日，经公司研究决定，并报经中国证券业协会注册登记和深圳证监局审核备案，聘任郑毅先生、王建强先生为融通深证 100 指数证券投资基金基金经理，聘任郑毅先生、王建强先生为融通巨潮 100 指数证券投资基金（LOF）基金经理，免去张野所任的融通深证 100 指数证券投资基金基金经理和融通巨潮 100 指数证券投资基金（LOF）基金经理职务。

2009 年 4 月 22 日，融通内需驱动证券投资基金基金合同正式生效，募集规模 2,955,174,216.52 份基金份额。

2009 年 3 月，融通基金公司荣获由证券时报主办"2008 年度中国明星基金暨最佳托管银行评选"的"2008 年度投资者教育明星基金公司"。

2009 年 3 月 16 日，融通内需驱动证券投资基金正式向全国发售。

2009 年 3 月 13 日，经融通基金管理有限公司 2008 年第一次临时股东会会议审议通过，并报中国证监会核准，新时代证券有限责任公司受让河北证券有限责任公司持有的本公司 40% 股权。本次股权转让事项的相关变更登记手续现已办理完毕，本次股权变更后，本公司的股东及其出资比例为：新时代证券有限责任公司 60%、日兴资产管理有限公司 40%。

2009 年 3 月 3 日，根据《证券投资基金法》、《证券投资基金行业高级管理人员任职管理办法》的有关规定，经公司第三届董事会第一次会议审议通过，并报经中国证券监督管理委员会核准（证监许可［2009］162 号文），聘任秦玮先生为公司副总经理。

2008 年 10 月 21 日，经融通基金管理有限公司 2008 年第一次临时股东会会议审议通过，并报中国证监会核准，新时代证券有限责任公司受让河北证券有限责任公司持有的本公司 40% 股权。本次股权转让事项的相关变更登记手续正在办理中。转让事项全部变更完成后，本公司的股东及其出资比例将为：新时代证券有限责任公司 60%、日兴资产管理有限公司 40%。

2008 年 3 月 31 日，根据《融通基金管理有限公司关于基金经理变更的公告》，免去冯宇辉先生融通行业景气证券投资基金的基金经理职务，免去陶武彬先生融通债券证券投资基金和融通易支付货币市场证券投资基金的基金经理职务；聘用乔羽夫先生担任融通债券证券投资基金和融通易支付货币市场证券投资基金的基金经理职务

2008 年 3 月，融通基金公司荣获上证报、中国证券网主办的第五届"金基金"评选的"最佳营销服务"奖。

2008 年 3 月，融通新蓝筹基金获"理柏中国基金奖 2008"的"五年期最佳人民币进取灵活混合型基金"奖项。

2008 年 1 月，融通基金公司荣获由证券时报主办 2007 年度"中国明星基金评选"的"2007 年度市场营销明星基金公司"。

2008 年 1 月，融通基金公司荣获由和讯网主办的第五届

财经风云榜“2007 年度最具成长性的基金公司”。

2008 年 1 月，融通行业景气基金荣获由证券时报主办“中国明星基金评选”的“2007 年度股票型基金明星奖”。

2008 年 1 月，融通基金公司荣获由网易财经主办 2007 年度“中国十大金钻基金公司评选”的“金钻基金公司”称号。

2008 年 1 月，融通基金公司荣获由中国证券报主办第五届中国基金业金牛奖的 2007 年度“金牛基金管理公司”称号。

2007 年 9 月 28 日，根据《融通基金管理有限公司关于增聘基金经理的公告》，1. 决定增聘鲁万峰先生担任融通动力先锋证券投资基金的基金经理职务，该基金现任基金经理陈晓生先生继续担任基金经理职务；2. 决定增聘刘泽兵先生担任通乾证券投资基金的基金经理职务，该基金现任基金经理郝继伦先生继续担任基金经理职务；3. 决定增聘戴春平先生担任融通新蓝筹证券投资基金的基金经理职务，该基金现任基金经理刘模林先生继续担任基金经理职务。

2007 年 9 月 24 日，根据《关于融通基金管理有限公司北京、上海分公司总机号码变更的公告》，自 2007 年 9 月 24 日起融通基金管理有限公司北京分公司总机号码变更为 010－66190999；上海分公司总机号码变更为 021－38429510。

2007 年 8 月 4 日，根据《融通基金管理有限公司章程》的规定，经公司第二届董事会第三次会议及 2006 年度股东会会议审议批准，并报经中国证监会深圳证券监管局审核通过：公司第二届董事会由以下人员组成：孟立坤、曹凤岐、强力、林义相、Miyazato Hiroki（宫里启晖）、Allen Yan（颜锡廉）、马金声、吕秋梅、吴冶平，其中曹凤岐、强力、林义相为独立董事。

2007 年 7 月，融通新蓝筹基金荣获由《基金观察》杂志社、晨星（中国）等机构评出的“2007 年 TOP10 钻石基金”奖。

2007 年 6 月 25 日，公司发布《融通基金管理有限公司关于基金经理变更的公告》，决定聘用邹曦担任融通行业景气证券投资基金的基金经理职务。

2007 年 6 月 25 日，融通领先成长股票型证券投资基金（LOF）（基金代码：161610）定于 2007 年 6 月 25 日起开始办理日常申购、赎回业务。

2007 年 4 月 25 日，公司发布《通宝证券投资基金终止上市公告》，基金通宝将于 2007 年 4 月 30 日终止上市，自基金通宝终止上市之日起，基金名称变更为融通领先成长股票型证券投资基金（LOF）。

2007 年 4 月 13 日，公司发布《融通基金管理有限公司关于公司股东变更的公告》，经融通基金管理有限公司 2006 年第一次临时股东会会议审议通过，并报中国证监会、中国商务部审核批准，本公司原股东陕西省国际信托投资股份有限公司、华林证券有限责任公司分别将其持有的公司 20% 股权全部转让给日兴资产管理有限公司。

经公司 2006 年第三次临时股东会会议审议通过，并报中国证监会（证监基金字［2006］264 号）的批准，公司原股东联合证券有限责任公司将其持有的公司 20% 股权全部转让给新时代证券有限责任公司。

上述转让事项全部变更完成后，公司的股东及其出资比例将为：河北证券有限责任公司 40%、日兴资产管理有限公司 40%、新时代证券有限责任公司 20%。

2007 年 3 月 2 日，通宝证券投资基金召开基金份额持有人大会。于 2007 年 4 月 2 日下午 2 时 30 分，在北京金融街威斯汀大酒店（北京市西城区金融大街乙 9 号，电话：010－66068866）现场方式召开，审议关于通宝证券投资基金转型有关事项的议案。

2007 年 3 月 2 日，公司发布《融通基金管理有限公司关于基金经理变更的公告》，聘用陈晓生、严菲担任融通蓝筹成长证券投资基金的基金经理职务，免去易万军融通蓝筹成长证券投资基金的基金经理职务；聘用郝继伦担任通乾证券投资基金的基金经理职务，免去张英飚通乾证券投资基金的基金经理职务。

2007 年 2 月 15 日，融通动力先锋证券投资基金基金开始办理赎回业务。

2007 年 2 月 5 日，公司发布《融通基金管理有限公司关于公司高级管理人员变更的公告》根据《证券投资基金法》、《证券投资基金行业高级管理人员任职管理办法》的规定，经公司第二届董事会第十一次临时会议通过，并报经中国证券监督管理委员会审核批准（证监基金字［2007］16 号文），聘任刘模林为公司副总经理。

2007 年 2 月 3 日，公司发布《融通基金管理有限公司关于公司高级管理人员变更的公告》，根据《证券投资基金法》、《证券投资基金行业高级管理人员任职管理办法》的规定，经公司第二届董事会第十二次临时会议审议，并报经中国证券监督管理委员会深圳证券监管局审核通过，免去刘小山的公司副总经理职务。

2001 年 6 月 2－3 日，公司创立大会暨 2000 年股东会、第一届董事会第一次会议、第一届第一次监事会议在北京召开。

2001 年 5 月 22 日，融通基金管理有限公司正式成立。

2001 年 5 月 8 日，融通基金管理有限公司获准开业。

2001 年 2 月 13 日，融通基金管理有限公司（筹）第二次发起人会议在深圳召开。

2000 年 11 月 2 日，融通基金管理有限公司获准筹建。

2000 年 7 月 31 日，融通基金管理有限公司（筹）第一次发起人会议在北京召开。

【公司荣誉】

2011 年 4 月，融通通乾封闭获得由《中国证券报》主办“第八届中国基金业金牛奖”的“2010 年度封闭式金牛基金”称号。

2010 年 5 月，融通通乾封闭获得由《中国证券报》主办“第七届中国基金业金牛奖”的“2009 年度封闭式金牛基金”称号。

2009 年 3 月，融通基金公司荣获由《证券时报》主办“2008 年度中国明星基金暨最佳托管银行评选”的“2008 年度投资者教育明星基金公司”。

2008 年 3 月，融通基金公司荣获由《上海证券报》、中国证券网主办的第五届“金基金”评选的“最佳营销服务”奖。

2008 年 1 月，融通基金公司荣获由《证券时报》主办 2007 年度“中国明星基金评选”的“2007 年度市场营销明星基金公司”。

2008 年 1 月，融通行业景气混合获得由《证券时报》主办 2007 年度“中国明星基金评选”的“2007 年度股票型基金明星奖”。

2008 年 1 月，公司荣获由《中国证券报》主办第五届中国基金业金牛奖的“2007 年度金牛基金管理公司”称号。

2007 年 7 月，融通新蓝筹混合荣获由晨星（中国）等机构评出的“2007 年 TOP10 钻石基金”奖。

2006 年 1 月，融通易支付货币以其创新的服务功能荣获深圳证券业协会“2005 年度金融创新奖”。

2005 年 1 月,公司与日兴资产管理有限公司签署合作协议,为全球首家海外 A 股基金提供投资研究咨询服务。

2004 年 8 月,融通新篮筹混合在由《中国证券报》主办的“首届中国基金金牛奖”评选活动中获得“中国金牛基金”称号。

2004 年 4 月,公司在“上证报最佳基金公司”评选活动中获得“透明度最高基金公司奖”。

2004 年 4 月,融通新蓝筹混合荣获晨星(中国)2003 年度最佳配置型基金提名。

【股东概况】

排序	股东名称	持股数量(万股)	持股比例
1	新时代证券有限责任公司	7500.00	60%
2	日兴资产管理有限公司	5000.00	40%

【旗下基金】

基金代码	基金简称	类型	基金经理
161601	融通新蓝筹	混合型	吴巍、汪忠远
161603	融通债券	债券型	乔羽夫
161604	融通深证 100	指数型	王建强
161605	蓝筹成长	混合型	严菲
161606	融通行业景气	混合型	严菲
161608	融通易支付货币	货币型	蔡奕奕
161609	融通动力先锋	股票型	郭恒
161607	融通巨潮 100	指数型	王建强
161610	融通领先成长	股票型	管文浩
161611	融通驱动	股票型	周珺
161612	融通深成指	指数型	王建强、李勇
500038	基金通乾	封闭式	汪忠远

【公司高管】

董事长田德军先生,经济学博士,现任新时代证券有限责任公司总经理。历任中信证券股份有限公司投资银行二部并购业务经理,中信证券企业并购部地区业务主管,上海远东证券有限公司执行总裁、董事、董事长兼总经理。

总经理奚星华先生,经济学硕士,历任黑龙江省证券公司宏观行业研究员,北京时代博讯高科技有限公司投资业务副总经理,长财证券经纪有限责任公司总裁,恒泰长财证券有限责任公司执行董事、法定代表人。2011 年起任公司总经理。

督察长涂卫东先生,法学硕士。历任国务院法制办公室(原国务院法制局)财金司一处主任科员,中国证监会基金监管部监管一处处级干部,中国证监会公职律师。2009 年至今任中共融通基金管理有限公司支部委员会副书记。2011 年至今任公司督察长。

银华基金管理有限公司

【基本情况】

法定名称:银华基金管理有限公司
英文名称:Yinhua Fund Management Co. ,Ltd.
注册地址:深圳市深南大道 6008 号特区报业大厦 19 层
办公地址:北京市东城区东长安大街 1 号东方广场
东方经贸城 C2 办公楼 10 层 2 - 8 室、15 层
法人代表:彭　越
总 经 理:王立新
成立时间:2001 年 5 月 28 日
公司属性:中资
注册资本:2 亿元
联系电话:010 - 58163000
客服电话:800 - 678 - 3333
传真号码:010 - 58163027
邮政编码:518034
公司网址:www. yhfund. com. cn

【公司概况】

银华基金成立于 2001 年 5 月,成立 11 年以来,凭借诚信、规范、稳健、务实的运作风格,银华基金致力于为广大投资者提供专业的资产管理服务,逐步发展为一个具有大资金管理能力的综合型资产管理公司,2010 年底,公司资产管理规模位列行业第八位,跻身国内优秀基金管理公司行列。

我们致力于提供有质量的资产管理和理财服务,帮助投资者打造高品质的财富生活。为实现这一目标,我们强调通过严格的制度和流程化管理提升公司的服务质量。2005 年 8 月,银华基金获得企业年金基金投资管理人资格,成为国内 9 家首批获此资格的基金管理公司之一。2007 年 10 月底,银华基金管理公司正式获得合格境内机构投资者(QDII)资格,获准开展境外证券投资管理业务。2008 年 2 月,银华基金管理公司获得特定客户资产管理业务资格。2010 年 12 月,银华基金管理有限公司获得“社保基金境内委托投资管理人”资格。至此,银华基金成为业内为数不多的同时拥有企业年金基金投资管理人资格、合格境外机构投资者业务资格、特定客户资产管理业务资格和社保基金境内委托投资管理人资格的全牌照基金管理公司。

作为一个资产管理者,为持有人提供长期稳健的回报是银华基金的核心价值所在。11 年来,银华旗下管理的多只基金业绩排名同类产品前列,并获得多项业内大奖,多次赢得独立专业机构高度评价,为持有人带来了可持续的稳健投资回报。银华基金因为整体业绩表现突出,五度荣膺“金牛基金公司”。

时至今日,银华基金旗下管理着二十三只基金,建立了覆盖股票型、配置型、债券型、货币型、保本型和 QDII 基金的较为完善的产品线,为数百万不同风险收益特征和理财需求的客户提供专业的资产管理服务。

在稳健经营的基础上,公司致力于让风险收益特征各异的投资者在银华享受到全面的理财服务。未来,在继续完善产品线基础上,公司还将努力在企业年金管理、独立账户资产管理、QDII 等领域拓展自己的业务。继续为所追求的目标——投资改变生活而执著前行。

公司将继续秉承“诚信经营赢得客户、优质服务贴近客户、一流业绩回报客户”的质量管理方针,帮助更多的普通人实现他们的财富梦想。

【公司大事记】

2011 年 12 月,银华永泰积极债券型证券投资基金成立,该基金通过积极主动的可转换债券投资管理,力争为投资者提供最优的当期收益和稳定的长期投资回报。

2011 年 12 月,银华中证内地资源主题指数分级证券投资基金成立,该基金采用完全复制法,按照成份股在中证内地资源主题指数中的组成及其基准权重构建股票投资组合,以拟合、跟踪中证内地资源主题指数的收益表现,并根据标的指数成份股及其权重的变动而进行相应调整。

2011 年 9 月,银华消费主题分级股票型证券投资基金成

立，该基金主要投资于大消费行业中具有持续增长潜力的优质上市公司，以分享中国经济增长与结构转型带来的投资机会，追求超越业绩比较基准的投资回报，力争实现基金资产的中长期稳定增值。

2011年6月，银华永祥保本混合型证券投资基金成立，该基金采用投资组合保险技术，在确保保本期到期时本金安全的基础上，通过保本资产和收益资产的动态平衡配置管理，实现组合资产的稳定增长和保本期间收益的最大化。

2011年4月，银华基金管理有限公司在由《中国证券报》主办的第八届金牛奖评选中荣获"2010年度十大金牛基金管理公司"称号，旗下基金银华富裕主题股票基金也同时荣膺"2010三年持续优胜股票型金牛基金"。

2011年4月，在由《证券时报》主办的2010年度"中国基金业明星基金奖"评选中，银华基金管理有限公司荣获"2010年度十大明星基金公司"称号，旗下银华富裕主题股票基金基金摘得"三年持续回报股票型明星基金奖"。

2011年3月，银华中证等权重90指数分级证券投资基金成立，该基金完全复制标的指数中证等权重90指数，是第一只跟踪跨市场蓝筹指数的分级基金。该基金采取分级运作，具有低风险、收益相对稳定的银华金利份额、高风险、高收益预期的银华鑫利份额以及具有较高风险、较高收益预期的银华90份额，为投资者提供了多样化的理财选择。

2010年12月，银华基金管理有限公司获得社保基金境内委托投资管理人资格。

2010年12月，银华抗通胀主题基金及银华信用双利债券基金成立。

2010年10月，银华成长先锋混合型证券投资基金正式成立，该基金采取积极、主动的资产配置策略，重点投资于成长型行业和公司及信用债券，注重风险与收益的平衡，力争实现基金资产长期增值。

2010年6月，银华信用债券型基金正式成立，该基金为银华旗下首只以信用债为主要投资标的的债券型产品，封闭期三年，期满后转为上市开放式基金。

2010年5月，银华深证100指数分级基金正式成立，该基金为银华旗下首只分级基金，该基金采取优化的分级机制，将基金份额分为低风险的银华稳进、高杠杆的银华锐进及模拟指数收益的银华深证100母基金三类份额。

2010年3月，银华保本增值基金第二个保本周期到期，顺利转入第三个保本周期的运作。在此前进行的集中申购中，银华保本增值创造1天销售近百亿元的佳绩。

2009年10月14日，银华旗下首只纯被动管理指数型基金——银华沪深300指数基金（LOF）正式成立。

2009年7月，银华旗下封闭式基金——基金天华到期，并顺利转型为银华内需主题股票型基金（LOF）。

2009年4月27日，旗下第12只基金——银华和谐主题灵活配置混合型基金正式成立。

2009年1月7日，经公司股东会决议通过，并获得中国证券监督管理委员会批准，银华基金原股东南方证券股份有限公司将持有的21%股权转让给山西海鑫实业股份有限公司。同时，银华基金管理有限公司注册资本从1亿元人民币增加至2亿元人民币。

2008年12月3日，银华旗下首只债券型基金——银华增强收益债券基金正式成立。

2008年8月20日，银华领先策略基金正式成立。

2008年5月26日，银华旗下首只QDII基金——银华全球核心优选基金正式成立。

2008年2月，银华基金管理公司正式获得特定客户资产管理业务资格，获准开展相关业务。

2007年10月，底银华基金管理公司正式获得QDII资格，获准开展境外证券投资管理业务。

截至2007年9月30日，根据基金三季报披露的数据统计，银华基金旗下管理的基金资产总规模超过1000亿元，稳居国内10大基金管理公司之列。

]2007年7月，银华基金管理公司顺利通过了英国标准协会（BSI）三年一度的ISO9001质量认证体系复审。

截至2007年6月30日，根据基金二季报披露的数据统计，银华基金旗下所管理的基金资产总规模达到670亿元，继续位居国内10大基金管理公司之列。

2007年5月10日，银华核心价值优选基金正式实施基金份额拆分。

2007年3月15日，在海南三亚召开了公司2006年度股东会及第三届第三次董事会、第三届第二次监事会议。

2007年3月2日，银华保本增值基金顺利进入第二个保本周期的运作。

截至2006年底，银华基金管理资产总规模超过300亿元，列国内10大基金管理公司之列。

2001年5月28日，公司获得营业执照、基金管理公司法人许可证及法人机构代码证，标志公司正式成立，并获得经营权。

2001年5月10日，证监会发下发《关于同意银华基金管理有限公司开业申请的批复》（证监基金字［2001］7号）一文，标志公司正式获得开业资格。

2001年4月13日，通过证监会组织的专家评审会的开业审查。

2001年1月19日，根据证监会意见，选聘四位独立董事，并对公司章程及相关的规章制度进行修改。

2000年11月10日，正式向证监会递交开业申请。

2000年10月31日，签署《更换管理人协议》，银华基金管理有限公司（筹）成为新任的基金管理人。

2000年10月25日，于北京，召开银华基金管理有限公司创立大会，选举产生公司第一届董事会、监事会和经营班子。

2000年10月18日，证监会批准筹建银华基金管理有限公司。

2000年7月24日，完成基金资产置换、转托管等全部清理工作。

2000年4月12日，银华基金管理有限公司筹备组成立。

2000年1月24日，证监会批准清理四川国债投资基金。

【公司荣誉】

2011年4月，银华基金管理有限公司在由《中国证券报》主办的第八届金牛奖评选中荣获"2010年度十大金牛基金管理公司"称号，旗下基金银华富裕主题股票基金也同时荣膺"2010三年持续优胜股票型金牛基金"。

2011年4月，在由上海证券报社主办，中国银河证券、上海证券、晨星资讯（深圳）有限公司提供技术支持的第八届中国"金基金"奖评选中。银华富裕主题股票基金获"金基金三年期产品·主动型股票基金奖"。

2011年4月，在由《证券时报》主办的2010年度"中国基金业明星基金奖"评选中，银华基金管理有限公司荣获"2010年度十大明星基金公司"称号，旗下银华富裕主题股票基金摘得“三年持续回报股票型明星基金奖”。

2010 年 6 月 21 日，银华基金管理有限公司在由《上海证券报》主办，中国银河证券研究所基金研究中心和晨星资讯（深圳）有限公司提供技术支持的第七届中国“金基金奖”评选中荣获“金基金 · 投资回报公司奖”，旗下基金银华核心价值优选股票型证券投资基金获得“金基金 · 主动型股票基金奖”，银华增强收益债券型证券投资基金获得“金基金 · 债券基金奖”。

2010 年 6 月 21 日，银华富裕主题股票型基金在晨星（中国）2009 年度基金奖评选中荣获“股票型基金奖”，成为业内唯一获此殊荣的股票型基金。

2010 年 5 月，银华基金管理有限公司在由《中国证券报》主办，中国银河证券、天相投资顾问、招商证券、海通证券联合协办的第七届金牛奖评选中荣获“2009 年度十大金牛基金管理公司”称号，旗下基金银华价值优选股票基金和银华富裕主题股票基金也同时荣膺“2009 年度开放式股票型金牛基金”。

2010 年 5 月 19 日，在由《证券时报》主办、晨星资讯（深圳）有限公司提供数据支持的 2009 年度“中国基金业明星基金奖”中，凭借 2009 年的优异表现，银华基金管理有限公司获得“2009 年度十大明星基金公司”称号，银华核心价值优选股票基金、银华富裕主题股票基金、银华领先策略股票基金荣获“2009 年度股票型明星基金奖”，银华增强收益债券基金荣获“2009 年度积极债券型明星基金奖”。

在由《证券时报》主办的“2008 中国明星基金评选”中，银华基金旗下银华核心价值优选基金凭借持续稳健的优异表现，获得“三年持续回报股票型明星基金奖”。

2008 年 3 月 31 日，在由《上海证券报》主办的 2007 年“金基金”评选中，银华基金管理有限公司获“最佳投资者关系”大奖。

2008 年 1 月 11 日，在由《证券时报》主办、安信证券协办的“2007 年度中国明星基金评选”中，银华基金管理公司获得“市场营销明星基金公司”奖。同时，银华旗下的增强型指数基金银华－道琼斯 88 精选基金获得“三年持续回报明星基金奖”。

2008 年 1 月，在由《中国证券报》主办的“第五届中国基金业金牛奖”评选中，银华基金管理公司荣获“2007 年度金牛基金公司”奖，这是银华基金连续第三次获此殊荣。

2007 年 5 月，在由《证券时报》主办的“2006 证券时报年度明星基金评选”中，银华基金管理公司获得“明星基金管理公司奖”，银华优质增长基金获得“大基金明星奖”。

2007 年 1 月，银华基金蝉联“2006 年度金牛基金公司”奖，旗下银华核心价值优选基金获选“2006 年度开放式股票型金牛基金”称号。

2006 年 02 月，银华基金管理公司在《中国证券报》主办，由中国银河证券有限责任公司、中信证券股份有限公司、天相投资顾问有限公司联合举行的第三届金牛奖评选中荣获“2005 年度十大金牛基金管理公司”称号及 2005 年度创新奖两项大奖。

【股东概况】

排序	股东名称	持股比例
1	西南证券有限责任公司	29%
2	第一创业证券有限责任公司	29%
3	山西海鑫实业股份有限公司	21%
4	东北证券有限责任公司	21%

【旗下基金】

基金代码	基金简称	类型	基金经理
180001	银华优势企业	混合型	金斌、廖平
180002	银华保本增值	混合型	姜永康
180003	银华道琼斯 88 精选	指数型	陈秀峰
180008	银华货币 A	货币型	于海颖
180009	银华货币 B	货币型	于海颖
180010	银华优质增长	股票型	郭建兴
180012	银华富裕主题	股票型	王华
180013	银华领先	股票型	杨靖
183001	银华全球优选	QDII	周毅、乐育涛
519001	银华价值	股票型	陆文俊、倪明
180015	银华增强债券	债券型	姜永康
180018	银华和谐主题	混合型	陆文俊
161810	银华内需精选	股票型	徐子涵、邹积建
161811	银华沪深 300	指数型	周大鹏
161812	银华深证 100 分级	指数型	周毅
150018	银华稳进	创新封闭式	周毅
150019	银华锐进	创新封闭式	周毅
180020	银华成长先锋混合	混合型	李宇家
161815	银华抗通胀主题	QDII	周毅、王海
180025	银华双利债券 A	债券型	王怀震
180026	银华双利债券 C	债券型	王怀震
161816	银华中证等权 90 分级	指数型	王琦
180028	银华永祥保本	混合型	姜永康、于海颖
161819	银华资源指数分级	指数型	王琦
161818	银华消费分级	股票型	杨靖
180029	银华永泰积极债券 A	债券型	王怀震
180030	银华永泰积极债券 C	债券型	王怀震
150059	银华金瑞	创新封闭式	王琦
150060	银华鑫瑞	创新封闭式	王琦
161813	银华信用	创新封闭式	王怀震

【公司高管】

彭越先生，董事长，研究生学历。曾任职于最高人民检察院，曾任银华基金管理有限公司副总经理。现任银华基金管理有限公司董事长。

王立新先生，总经理，中共党员，经济学博士。历任中国工商银行总行科员，南方证券股份有限公司基金部副处长，南方基金管理有限公司研究开发部、市场拓展部总监，银华基金管理有限公司总经理助理、副总经理、代总经理。

凌宇翔先生，督察长，工商管理硕士。曾任职于重庆国际信托投资公司证券总部，西南证券有限责任公司基金管理部总经理。

长城基金管理有限公司

【基本情况】

法定名称：长城基金管理有限公司

英文名称：Great Wall Fund Management Co. ,Ltd.

注册地址：深圳市福田区益田路 6009 号新世界商务中心 41 层

办公地址：深圳市福田区益田路 6009 号新世界商务中心 40－41 层

法人代表：杨光裕

总 经 理：熊科金

成立时间：2001 年 12 月 27 日

公司属性：中资
注册资本：1.5 亿元
联系电话：0755－23982338
传真号码：0755－23982328
客服热线：400－8868－6666
邮政编码：518026
公司网址：www.ccfund.com.cn

【公司概况】

长城基金管理有限公司成立于 2001 年 12 月 27 日，是经中国证监会批准设立的第 15 家基金管理公司，由长城证券有限责任公司、东方证券股份有限公司、北方国际信托股份有限公司、中原信托有限公司共同出资设立。公司的经营范围为基金募集、基金销售、资产管理和中国证监会许可的其他业务。

长城基金管理有限公司一直秉承"诚信、规范、专业、创新"的经营理念，坚持基金持有人利益至上的经营原则，凭借完善的公司治理结构、严格的风险控制、规范的业务流程、高效专业的员工团队、开放与学习的文化氛围，努力打造一流的基金管理公司品牌，竭诚为客户提供优质的投资理财产品和服务。

目前，长城基金管理有限公司管理着长城久富核心成长股票型证券投资基金（LOF）、久嘉证券投资基金、长城久恒平衡型证券投资基金、长城久泰沪深 300 指数证券投资基金、长城货币市场证券投资基金、长城消费增值股票型证券投资基金、长城安心回报混合型证券投资基金、长城品牌优选证券投资基金、长城稳健增利债券型证券投资基金、长城双动力股票型证券投资基金、长城景气行业龙头灵活配置混合型证券投资基金、长城中小盘成长股票型证券投资基金、长城积极增利债券型证券投资基金、长城久兆中小板 300 指数分级证券投资基金 14 只基金。

【公司大事记】

2011 年 12 月 19 日，公司管理的第十四只基金——长城久兆中小板 300 指数分级证券投资基金公开发行。

2011 年 5 月 6 日，长城基金管理有限公司北京分公司正式成立。

2011 年 4 月 12 日，长城积极增利债券型证券投资基金正式成立。

2011 年 3 月 10 日，公司管理的第十三只基金——长城积极增利债券型证券投资基金公开发行。

2011 年 1 月 27 日，长城中小盘成长股票型证券投资基金正式成立。

2010 年 12 月 20 日，公司管理的第十二只基金——长城中小盘成长股票型证券投资基金公开发行。

2010 年 5 月 12 日，长城基金管理有限公司上海分公司正式成立。

2010 年 3 月 12 日，长城基金管理有限公司深圳分公司正式成立。

2009 年 6 月 30 日，长城景气行业龙头灵活配置混合型证券投资基金正式成立。

2009 年 6 月 1 日，公司管理的第十一只基金——长城景气行业龙头灵活配置混合型证券投资基金公开发行。

2009 年 1 月 15 日，长城双动力股票型证券投资基金正式成立。

2008 年 12 月 10 日，公司管理的第十只基金——长城双动力股票型证券投资基金公开发行。

2008 年 8 月 27 日，长城稳健增利债券型证券投资基金正式成立。

2008 年 7 月 18 日，公司管理的第九只基金——长城稳健增利债券型证券投资基金公开发行。

2007 年 8 月 6 日，长城品牌优选股票型证券投资基金正式成立。

2007 年 7 月 20 日，公司管理的第八只基金——长城品牌优选股票型证券投资基金公开发行。

2007 年 2 月 12 日，由久富证券投资基金转型而来的"长城久富核心成长股票型证券投资基金（LOF）"基金合同正式生效。

2006 年 8 月 22 日，长城安心回报混合型证券投资基金正式成立。

2006 年 7 月 18 日，公司管理的第七只基金——长城安心回报混合型证券投资基金公开发行。

2006 年 4 月 6 日，长城消费增值股票型证券投资基金正式成立。

2006 年 3 月 6 日，公司管理的第六只基金——长城消费增值股票型证券投资基金公开发行。

2005 年 5 月 30 日，长城货币市场证券投资基金正式成立。公司构建起"平衡型股票基金——指数型股票基金——货币市场基金"的产品线。。

2005 年 4 月 22 日，长城货币市场证券投资基金公开发行。

2004 年 5 月 21 日，长城久泰中信标普 300 指数证券投资基金正式成立。

2004 年 4 月 12 日，公司管理的国内首只跟踪中信标普 300 指数的开放式基金——长城久泰中信标普 300 指数证券投资基金公开发行。

2003 年 10 月 31 日，长城久恒平衡型证券投资基金正式成立。

2003 年 9 月 1 日，公司管理的第一只开放式基金——长城久恒平衡型证券投资基金公开发行。

2002 年 8 月 27 日，基金久嘉在深圳证券交易所挂牌上市。

2002 年 7 月 2 日，基金久嘉的发行及申购缴款工作结束，20 亿份基金单位顺利募足。其中，网上认购为 15.69 亿份基金单位。

2002 年 7 月 1 日，基金久嘉上网发行。

2002 年 6 月 6 日，基金久富扩募后的可流通基金单位在深圳证券交易所上市交易。

2002 年 5 月 28 日，基金久富成功扩募到 5 亿份基金单位。

2002 年 5 月 16 日，基金久富开始扩募。

2002 年 4 月 18 日，基金久富在深圳证券交易所挂牌交易。

【公司荣誉】

2011 年 10 月，由理财周报主办的《2011 中国三千万基金持有人最尊敬基金公司调查报告》在深圳发布，长城基金荣获"2011 中国最具发展潜力基金公司"奖项。

2009 年 4 月，金融界网站联合中国社会工作协会共同主办的"2008 中国金融企业慈善榜"揭晓，长城基金荣获"2008 中国金融企业慈善榜基金业突出贡献奖"。

2009 年 3 月，中国主流媒体理财联盟主办、《钱经》杂志社承办的"2008－2009 年度第二届中国理财总评榜"揭晓，长城基金荣获“最佳服务基金公司”奖项。

2009 年 1 月 8 日，和讯网“2008 年度第六届中国财经风云榜”揭晓，长城基金荣获“2008 年度十大品牌基金公司”奖项。

2008 年 12 月 18 日，“2008 搜狐金融理财网络盛典”揭晓，长城基金再次荣获“2008 年最有影响力客户服务奖”。

2008 年 3 月 30 日，《大众理财顾问》杂志举办的“2007 最受消费者青睐的基金公司”评选结果揭晓，长城基金荣获“卓越成长奖”。

2008 年 1 月 11 日，证券时报主办、安信证券协办的“2007 年度中国明星基金暨最佳托管银行评选”结果揭晓，长城基金荣膺“十大明星基金公司”奖项。

2008 年 1 月 20 日，和讯网主办的第五届财经风云榜揭晓，长城基金荣获“最具成长性的基金公司”奖项。

2007 年 12 月 20 日，“2007 搜狐金融理财网络调查报告”暨年底评选揭晓，长城基金获得“2007 年最佳基金客户服务奖”。

2007 年 9 月 20 日，《齐鲁晚报》启动的“山东百姓最信赖的基金公司”理财评选揭晓，长城基金喜获“山东百姓最信赖的基金公司”奖项。

基金荣誉：

2010 年 5 月，由《中国证券报》主办的第七届中国基金业金牛奖评选结果在京揭晓，长城消费增值股票型基金荣获“2009 年度开放式股票型金牛基金”。

2009 年 3 月 27 日，上海证券报社举办的第六届中国基金业“金基金”揭晓，长城久恒平衡型基金荣获 2008 年度积极配置型基金“金基金”奖。

2009 年 1 月 14 日，证券时报主办、安信证券协办的“2008 年度中国明星基金暨最佳托管银行评选”揭晓，长城基金旗下基金久嘉荣获“三年持续回报封闭式明星基金奖”。

人物荣誉：

2008 年 5 月 18 日，国际金融报评选的“金牌基金和金牌基金经理双年奖”揭晓，长城久泰基金经理杨建华同时荣获“金牌基金经理”称号。

2007 年 3 月 13 日，长城久富基金经理荣获国际权威评级机构晨星（中国）2006 年度中国基金经理奖提名。

2006 年 4 月，上海证券报主办的“第三届中国最佳基金公司暨最受投资者欢迎的基金经理评选”揭晓，基金久富基金经理荣获“最受投资者欢迎的封闭式基金经理奖”。

【股东概况】

排序	股东名称	持股比例
1	长城证券有限责任公司	47.059%
2	东方证券股份有限公司	17.647%
3	北方国际信托投资股份有限公司	17.647%
4	中原信托投资有限公司	17.647%

【旗下基金】

基金代码	基金简称	类型	基金经理
162006	长城久富核心	股票型	杨建华
200001	长城久恒平衡	混合型	王文祥
200002	长城久泰沪深 300	指数型	杨建华
200006	长城消费增值	股票型	刘颖芳、蒋劲刚
200007	长城安心回报	混合型	徐九龙
200008	长城品牌	股票型	杨毅平
200009	长城稳健增利	债券型	史彦刚
200011	长城景气行业龙头	混合型	蒋劲刚
200010	长城双动力	股票型	王文祥
200012	长城中小盘成长	股票型	杨建华
200013	长城积极增利债券 A	债券型	钟光正
200113	长城积极增利债券 C	债券型	钟光正
200003	长城货币	货币型	邹德立
162010	长城久兆中小板 300	指数型	陈硕
184722	基金久嘉	封闭式	陈硕

【公司高管】

杨光裕先生，中共党员，硕士研究生毕业。历任江西省审计厅办公室主任，长城证券有限责任公司副总裁，现任长城基金管理有限公司董事长。

熊科金先生，经济学硕士。历任中国银行江西信托投资公司证券业务部负责人，中国东方信托投资公司南昌证券营业部总经理、公司证券总部负责人，华夏证券有限公司江西管理总部总经理，中国银河证券有限责任公司基金部负责人、银河基金管理有限公司筹备组负责人，银河基金管理有限公司副总经理、总经理。2011 年 7 月进入长城基金管理有限公司，现任公司总经理。

彭洪波先生，经济学硕士，MBA，曾就职于长城证券有限责任公司，历任深圳东园路营业部电脑部经理，公司电子商务筹备组项目经理，公司审计部技术主审。2002 年 3 月加盟长城基金管理有限公司，历任监察稽核部业务主管、部门副经理、部门经理，现任长城基金管理有限公司督察长兼监察稽核部总经理。

国投瑞银基金管理有限公司

【基本情况】

法定名称：国投瑞银基金管理有限公司
英文名称：UBS SDIC Fund Management Co.，Ltd.
注册地址：深圳市福田区深南大道 4009 号投资大厦 2 层
办公地址：深圳市福田区深南大道 4009 号投资大厦 3 层
法人代表：钱　蒙
总 经 理：尚　健
成立时间：2002 年 6 月 13 日
公司属性：中外合资
注册资本：1 亿元
联系电话：0755－82904503
客服热线：400－880－6868
传真号码：0755－82912849
客服电话：0755－83160000
公司网址：http://www.ubssdic.com

【发展概况】

国投瑞银基金管理有限公司由国投信托有限公司和瑞银集团联合组建，中外股东分别持有公司 51% 和 49% 的股份。自 2005 年合资以来，国投瑞银展现出快速发展的蓬勃朝气和勇于创新的开拓精神，迅速成长为一家具备较强综合实力的基金公司。公司的目标是建立品牌认知、资产规模、投资业绩、产品创新、诚信声誉均达一流的资产管理公司。

目前公司已建立起覆盖高、中、低风险等级的较为完整的产品线，共管理着15只开放式基金、1只QDII基金和2只创新型分级基金。获得了QDII资格，并为QFII和信托计划提供投资咨询服务；自2008年获得特定客户资产管理业务资格以来，公司专户业务发展迅猛，截至2011年7月底，公司已成功运作管理9单一对一专户及17单一对多专户，合计资产规模超20亿元。

国投瑞银秉承瑞银环球资产管理公司的投资理念，成功吸收其全球市场行之有效的投资方法，并结合中国本土实际情况，不断加以完善，形成了自身独特的稳中求胜的投资风格。在中国银河证券基金研究中心2012年1月9日发布的《2011年基金管理公司股票投资主动管理能力综合评价报告（算术平均口径）》中，国投瑞银基金在60家参评基金公司中位列前10。

【公司大事记】

2011年7月22日，国投瑞银基金连夺两项客户服务大奖。一是"中国最佳服务创新奖"，该奖项由中国信息协会、中国服务贸易协会两大国家级协会共同主办的第六届"中国最佳客户服务评选"活动颁发，这也是公司第三次蝉联此奖项；二是"2010～2011基金投资者最佳服务奖"，该奖项由基金业内颇具影响力的全景基金品牌研究中心颁发。

2011年7月3日，为切实履行企业公民社会责任，支持高校和大学生暑期社会实践，提升大学生的社会实践能力，支持贫困地区的经济文化事业建设，在2011年暑假期间，国投瑞银基金携手全国性公益组织、上海交通大学共同发起"调研中国　创想未来——国投瑞银基金大学生2011暑期社会实践公益扶持计划"。7月2日，该活动正式启动。

2010年9月10日，三种收费模式的债券基金——国投瑞银优化增强债券型证券投资基金于9月8日成立。

2010年6月，在《上海证券报》第七届中国基金业金基金奖评选中国投瑞银基金管理有限公司获得2009年度金基金创新公司奖。

2010年6月11日，国内首只上市型QDII基金——国投瑞银全球新兴市场股票基金于6月10日成立。

2010年5月，在《中国证券报》第七届中国基金业金牛奖评选中获得2009年度金牛创新奖。

2010年5月，在《中国证券报》第七届中国基金业金牛奖评选中获得2009年度金牛创新奖

2010年4月13日，境内首只行业指数基金——国投瑞银沪深300金融地产指数基金4月9日成立。

2009年11月30日，在第五届中国证券市场年会上，国投瑞银创新动力股票基金获评2009年度金算盘奖。

2009年9月24日，2009中国最受尊敬基金公司评选暨第二届中国基金业领袖峰会在京召开。国投瑞银基金公司凭借良好的投资业绩、创新能力以及投资人教育，一举摘得"2009中国最受尊敬基金公司"以及"2009最佳公司治理基金公司"两项大奖。

2009年8月28日，国投瑞银瑞和沪深300分级指数基金获中国证监会批准发行。

2009年7月20日，由中国服务贸易协会、中国信息协会两大国家级协会共同主办的2008－2009第四届中国最佳客户服务评选活动揭晓，国投瑞银荣获"中国最佳服务创新奖"。

2009年7月6日，在第四届"大众证券杯"中国基金峰会暨十佳基金公司颁奖典礼上，国投瑞银荣获十佳基金公司殊荣，获评最佳投资者关系奖，上半年混合偏债基金冠军国投瑞银融华债券基金则获评十佳"领跑"基金称号。

2009年3月17日，在《钱经》杂志主办的中国财富管理年会上，国投瑞银基金管理有限公司荣获"2008年度最具成长性基金公司"称号。

2009年3月，在《21世纪经济报道》主办的"21世纪2008年中国赢基金奖"评选中，国投瑞银基金管理有限公司荣获"中国基金管理公司最佳风险控制奖"。

2009年1月15日，由《证券时报》主办、安信证券协办的"2008年度中国明星基金暨最佳托管银行评选"日前揭晓，国投瑞银基金获"2008年度市场营销明星基金公司"奖。

2009年1月8日，国投瑞银荣获由深圳市政府颁发的"2008年度深圳市金融创新奖"三等奖，也是唯一一家获奖的基金公司，获奖项目是国投瑞银瑞福分级股票型基金。

2009年1月8日，2008年度中国财经风云榜颁奖典礼于1月8日晚在京盛大开幕，国投瑞银获"2008年最具成长性基金公司"殊荣。

2009年1月6日，国投瑞银货币市场基金正式发行。

2009年1月6日，国投瑞银景气行业基金荣获第六届中国基金业金牛奖之2008年度同业领先开放式混合基金。

2008年12月21日，国投瑞银获搜狐2008最有影响力理财平台建设奖。

2008年11月15日，国投瑞银2008年"缤纷享礼 积分回馈"活动于2008年11月15日至2008年12月15日举行。

2008年11月14日，国投瑞银景气基金获"金算盘奖"。

2008年10月6日，在《理财周报》主办的"2008中国最受尊敬基金公司评选"中国投瑞银基金管理有限公司荣获"2008年最佳公司治理基金公司"称号。

2008年7月25日，国投瑞银基金管理公司签下首单专户理财三方合同，委托金额为人民币1亿元。

2008年7月16日，国投瑞银瑞福分级股票型证券投资基金首次开放申购赎回，三个交易日（包括周末共5个申购日）之后，国投瑞银瑞福优先的申购量已达到30亿元申购上限。

2008年6月11日，国投瑞银稳健增长灵活配置混合型证券投资基金正式成立。

2008年6月10日，国投瑞银"睿友会"俱乐部正式推出。

2008年5月5日，国投瑞银稳健增长灵活配置混合型基金正式发行。

2008年4月7日，国投瑞银"海洋世界"亮相深圳金融理财展。

2008年2月28日，国投瑞银稳健增长灵活配置混合型基金获中国证监会批准发行。

2008年3月31日，国投瑞银荣获《上海证券报》颁发的"创新精神奖"。

2008年3月24日，经3月20日证监会证监许可[2008]389号文批复，国投瑞银获准从事特定客户资产管理业务，并将据此办理业务范围变更手续。

2008年1月14日，由《证券时报》主办、安信证券协办的2007中国明星基金榜单于1月11日揭晓。由于对封闭式基金产品创新作出了积极探索，国投瑞银荣获"2007年度明星基金公司创新奖"。

2008年1月11日，国投瑞银稳定增利基金合同生效。

2008年1月7日，瑞福分级获第五届金牛奖之年度创

新奖。

2007 年 12 月 28 日，基金融鑫的份额持有人大会决议已经获中国证监会批复，融鑫将变身为国投瑞银成长优选股票型基金。成为 2008 年"封转开"第一单。

2007 年 12 月 26 日，瑞福基金在各大基金评选活动中屡获殊荣：在 2007 年搜狐理财基金评选中，荣获"2007 年最受欢迎基金创新产品"奖；在第二届《新京报》金融行业金字招牌评选中，荣获 2007 年度金牌绩优基金。

2007 年 12 月 17 日，融鑫证券投资基金基金份额持有人大会上封转开方案获持有人大会高票表决通过。

2007 年 12 月 7 日，国投瑞银旗下第七只基金——稳定增利债券型基金获批，将于 12 月 17 日公开发售。

2007 年 12 月 4 日，国投瑞银基金获得北京金博会"杰出表现奖"。

2007 年 11 月 19 日，国投瑞银首度亮相北京、上海金博会，受投资者追捧。

2007 年 8 月 23 日，上海分公司正式成立。上海分公司于 2007 年 8 月 22 日获得上海工商局批准，取得营业执照。

2007 年 8 月 10 日，证监会批准设立上海分公司。

2007 年 6 月 26 日，国内首只创新型封闭式基金——国投瑞银瑞福基金获得中国证监会批准，2007 年 7 月 9 日开始发售，2007 年 7 月 17 日，瑞福优先和瑞福进取分别达到预期的 30 亿份规模，宣告正式成立。

2007 年 5 月 23 日，国投瑞银核心基金实施自成立以来第二次分红，每 10 份基金份额派发红利 13.50 元。

2007 年 4 月 9 日，国投瑞银创新基金实施份额拆分，拆分比例为 1:1.6605941011。

2007 年 3 月 30 日，国投瑞银融华债券型基金、景气行业基金、核心企业股票型基金和融鑫证券投资基金发布 2006 年年报。

2007 年 3 月 10 日，国投瑞银财富学院携手工商银行在济南举办了题为"2007 赢在起跑线"的投资者见面会。此次活动深受济南投资者欢迎，300 多名投资者冒着严寒前往现场，与专家一起探讨如何理财、中国市场前景以及 2007 年的基金投资等问题。

2007 年 1 月 30 日，国投瑞银创新动力股票型基金首次进行分红，每 10 份基金份额派发现金红利 0.80 元；2 月 8 日，国投瑞银核心企业股票型基金首次进行分红，每 10 份基金份额派发现金红利 0.90 元。

2007 年 1 月 18 日，国投瑞银景气行业基金进行第三次分红，每 10 份基金份额派发现金红利 11.984 元；国投瑞银融华债券型基金进行第五次分红，每 10 份基金份额派发现金红利 6.72 元。

2006 年 12 月 9 日，公司在深圳成功举办了财富学院暖冬茶话会，此次活动深受深圳地区投资者的欢迎，大家积极参加，有接近 60 名客户到场。

2006 年 11 月 16 日，国投瑞银创新动力基金于 2006 年 11 月 15 日基金合同生效，共募集份额 1,496,913,854.64 份。

2002 年 6 月 13 日，中融基金管理有限公司正式开业。

2002 年 6 月 6 日，中融基金管理有限公司获准开业。

【股东概况】

排序	股东名称	出资金额(万元)	持股比例
1	国投信托投资公司	5100.00	51%
2	瑞士银行集团(UBS AG)	4900.00	49%

【旗下基金】

基金代码	基金简称	类型	基金经理
121001	国投融华	债券型	徐炜哲
121002	国投景气	混合型	马少章
121003	国投核心	股票型	綦缚鹏、黄顺祥
121005	国投创新	开放式	徐炜哲
121008	国投成长	开放式	綦缚鹏
121009	国投增利	债券型	韩海平
121006	国投稳健增长	混合型	马少章、朱红裕
121011	国投货币 A	货币型	韩海平、李达夫
128011	国投货币 B	货币型	韩海平、李达夫
161211	国投金融地产	指数型	孟亮
161210	国投全球	QDII	路荣强
161212	国投增强债 A/B	债券式	李怡文
128112	国投瑞银增强债 C	债券式	李怡文
161213	国投消费指数	指数型	孟亮
161216	国投瑞银双债增利	债券型	韩海平
161217	国投瑞银中证指数	指数型	刘伟 董晗
161219	国投瑞银新兴产业	混合型	徐炜哲、马少章
121010	国投瑞银瑞源保本	保本型	李怡文
121099	瑞福分级	创新封闭式	黄顺祥
161207	瑞和 300	创新封闭式	路荣强

【公司高管】

钱蒙先生，董事长硕士，现任国家开发投资公司总裁助理、国投信托有限公司董事长。曾任国投资产管理公司总经理，安徽省六安市市委副书记，兴业基金管理公司董事，国家开发投资公司金融投资部总经理，国家开发投资公司经营部副主任、主任，国投机轻有限公司业务经理、副总经理，国家开发投资公司机电轻纺业务部业务经理，国家机电轻纺投资公司工程师、副处长，国家计委干部、主任科员。

尚健先生，总经理，美国康涅狄格大学金融学博士。曾任银华基金管理有限公司总经理，华安基金管理有限公司副总经理，上海证券交易所发展战略委员会副总监，中国证监会基金部副处长。

包爱丽女士，督察长，美国哥伦比亚大学硕士。曾任职美国贝莱德资产管理公司和银华基金管理有限公司。2006 年 6 月加入国投瑞银基金管理有限公司，历任产品及业务拓展部总监、总经理助理职务。

银河基金管理有限公司

【基本情况】

法定名称：银河基金管理有限公司

英文名称：Galaxy Asset Management Co.,Ltd.

注册地址：上海市世纪大道 1568 号中建大厦 15 层

办公地址：上海市世纪大道 1568 号中建大厦 15 层

法人代表：徐　旭

总 经 理：尤象都

成立时间：2002 年 6 月 14 日

公司性质：中资

注册资本：1.5 亿元

联系电话：021－38568888

客服热线：400－820－0860

传真号码：021－38568800

邮政编码：200122

公司网址：www.galaxyasset.com

【公司概况】

银河基金管理有限公司成立于2002年6月14日，是经中国证券监督管理委员会按照市场化机制批准成立的第一家基金管理公司。

银河基金公司的经营范围包括发起设立、管理基金等，是为客户提供专业投资服务的资产管理机构。

银河基金公司由国内信誉与实力卓越的大型国有企业共同投资组建，注册资本1.5亿元，注册地中国上海。银河基金公司的股东分别为中国银河金融控股有限责任公司（控股股东）、中国石油天然气集团公司、首都机场集团公司、上海市城市建设投资开发总公司、湖南电广传媒股份有限公司。银河基金公司成立以来，股权结构稳定。

银河基金公司构建了管理规范、机制健全、分工明确、运作高效、相互制衡的治理结构。股东会、董事会、监事会、经理层、督察长权责分明，报告路径清晰、完整。银河基金公司实行独立董事制度，独立董事在公司内部风险控制、重大经营决策、基金经理选拔等重要事项的决定中发挥重要作用，并对经理层进行监督。

银河基金公司成立以来，已发行并管理多只基金，涵盖股票、混合、债券、货币等系列品种。旗下基金投资稳健、运作规范、业绩稳定，体现出优良的基金管理能力。凭借旗下基金稳健卓越的业绩表现，银河基金赢得独立专业机构的高度评价。

银河基金公司倡导企业实践并承担社会责任，秉持并恪守"基金持有人利益优先"和"基金持有人利益最大化"之企业核心价值观，以集体的智慧和勇气持续改善共生的商业环境和商业生态。

银河基金公司致力于为基金持有人创造价值，努力将公司建设成为"运营规范、投资稳健、信誉卓著"的一流资产管理公司。

【公司大事记】

2011年7月29日，银河消费驱动股票型证券投资基金成立。

2011年5月31日，银河保本混合型证券投资基金成立。

2010年12月29日，银河创新成长股票型证券投资基金成立。

2010年7月17日，银河蓝筹精选股票型证券投资基金成立。

2009年12月28日，银河沪深300价值指数证券投资基金成立。

2009年4月24日，银河行业优选股票型基金成立。

2009年4月10日，银河基金管理公司注册资本由人民币1亿元增加为人民币1.5亿元，2008年9月27日公司注册地由原上海虹口区东大名路908号变更为上海市浦东新区世纪大道1568号15层。公司办公地址由原上海市东大名路908号金岸大厦3楼搬迁至上海市世纪大道1568号中建大厦15层。

2008年5月26日，银河竞争优势成长股票型基金成立。

2008年5月16日，银河银联收益基金在《国际金融报》举办的"金牌基金和金牌基金经理双年奖"评选活动中，荣膺"金牌基金"。

2008年3月30日，银河基金管理公司在《大众理财顾问》举办的"2007最受消费者青睐的基金公司"评选活动中荣膺"卓越服务奖"。

2008年3月28日，银河稳健证券投资基金在《上海证券报》第五届"金基奖"评选活动中荣膺积极配置型"金基金"。

2008年3月14日，银河稳健证券投资基金荣膺理柏（Lipper）2008年度中国基金奖之"两年期最佳人民币平衡混合型基金奖"。

2008年2月28日，经中国证监会批准，银河稳健证券投资基金实施拆分。

2008年1月，根据WIND资讯统计，各大媒体网站相继发布，银河基金公司旗下银河收益证券投资基金获得2007年度全市场普通债券型基金收益率第一名（状元）。

2007年12月，银河基金管理公司在第一届中国金基奖年会暨2007最具公信力基金公司评选中荣膺"2007最具公信力基金公司"称号。

2007年3月14日，银河银信添利债券型证券投资基金成立。

2007年3月，银河稳健证券投资基金荣膺理柏（Lipper）2007年度理柏中国基金奖。

2007年1月，根据WIND资讯统计，各大媒体网站相继发布，银河基金公司旗下银河稳健证券投资基金获得2006年度全市场积极配置型基金收益率第一名（状元）。

2006年9月，银河基金管理公司荣获上海证券交易所第七届职工运动会"优秀组织奖"。

2006年4月，银河基金管理公司党委荣获中共中国银河证券有限责任公司党委"先进基层党组织"称号。

2006年3月，银河银联收益基金荣膺《Value》"最佳债券型基金"称号。

2006年2月，银河银联收益基金荣膺《新财经》第二届中国优秀基金评选"年度绩效优异奖"。

2006年2月，银河银联收益基金荣膺《中国证券报》"第三届基金金牛奖"及"开放式债券型金牛基金"称号。

2005年，银河基金管理公司全体员工自发向印尼海啸赈灾捐款2万元。

2005年12月，银河银联收益基金荣膺晨星（MorningStar）2005年度配置型基金经理提名奖。

2005年1月17日，银河基金管理公司深圳分公司成立。

2004年12月20日，银河银富货币市场基金成立。

2004年11月29日，银河基金管理公司南京分公司成立。

2004年11月24日，银河基金管理公司哈尔滨分公司成立。

2004年3月30日，银河银泰理财分红证券投资基金成立。

2003年8月4日，银河银联系列基金（伞型基金，包括银河稳健证券投资基金和银河收益证券投资基金）成立。

2003年7月1日，银河基金管理公司广州分公司成立。

2003年4月14日，银河基金管理公司北京分公司成立。

2002年9月10日，银丰证券投资基金在上海证券交易所成功上市。

2002年8月15日，银丰证券投资基金（封闭式）成立。

2002年6月14日，银河基金管理公司成立，成为中国证券监督管理委员会（CSRC）按照市场化机制批准成立的第一家基金管理公司。

【公司荣誉】

公司荣誉：

2011年3月31日，银河基金管理公司在《证券时报》"中国基金业明星基金奖”评奖中荣获“2010 年度十大明星基金公司”。

2010 年 5 月 19 日,银河基金管理公司在《证券时报》“中国基金业明星基金奖”评奖中荣获“2009 年度十大明星基金公司”。

2009 年 12 月 23 日,银河基金管理公司在“搜狐”主办的 2009 搜狐金融理财网络评选中荣获“2009 年最有影响力客户服务奖”。

2009 年 9 月 22 日,银河基金管理公司在《理财周报》主办的 2009 年最受尊敬基金公司评选中荣膺“2009 年最佳投资者教育基金公司”。

2008 年 12 月 20 日,银河基金管理公司“鼠来宝”网上基金在中国电子商务协会等举办的第二届中国电子金融发展年会荣获中国电子金融“金爵奖”——电子商务优秀示范企业电子商务应用案例。

2008 年 3 月 30 日,银河基金管理公司在《大众理财顾问》举办的“2007 最受消费者青睐的基金公司”评选活动中荣膺“卓越服务奖”。

2007 年 12 月日,银河基金管理公司在《南都周刊》、《南方都市报》、《证券日报》举办的第一届中国金基奖年会暨 2007 最具公信力基金公司评选中荣膺“2007 最具公信力基金公司”称号。

2006 年 9 月日,银河基金管理公司荣获上海证券交易所第七届职工运动会“优秀组织奖”。

基金荣誉:

2011 年 4 月 10 日,银河稳健证券投资基金在《中国证券报》主办的第八届中国基金业金牛奖评选中荣获“五年期混合型金牛基金”。

2011 年 4 月 10 日,银河行业优选股票型基金在《中国证券报》主办的第八届中国基金业金牛奖评选中荣获“2010 年度股票型金牛基金”。

2011 年 3 月 31 日,银河行业优选股票型基金在《证券时报》“中国基金业明星基金奖”评奖中荣获“2010 年度股票型明星基金奖”。

2011 年 3 月 31 日,银河银泰理财分红证券投资基金在《证券时报》“中国基金业明星基金奖”评奖中荣获“2010 年度平衡混合型明星基金奖”。

2011 年 3 月 31 日,银河稳健证券投资基金在《证券时报》“中国基金业明星基金奖”评奖中荣获“五年持续回报平衡混合型明星基金奖”。

2010 年 6 月 21 日,银河银泰理财分红证券投资基金在《上海证券报》主办的第七届“金基金奖”评选中荣获“金基金 - 分红基金奖”。

2010 年 5 月 23 日,银丰证券投资基金在《中国证券报》主办的第七届中国基金业金牛奖评选中荣获“三年期封闭式持续优胜金牛基金”。

2010 年 5 月 19 日,银河稳健证券投资基金在《证券时报》“中国基金业明星基金奖”评奖中荣获“2009 年度三年持续回报平衡混合型明星基金奖”。

2010 年 5 月 19 日,银河银信添利债券基金在《证券时报》“中国基金业明星基金奖”评奖中荣获“2009 年度普通债券型明星基金奖”。

2009 年 1 月 14 日,银河稳健证券投资基金在《证券时报》主办的“2008 年度中国明星基金暨最佳托管银行”评选中荣获“三年持续回报平衡型明星基金奖”。

【股东概况】

排序	股东名称	持股数量(万股)	持股比例
1	中国银河金融控股有限责任公司	7500.00	50%
2	中国石油天然气集团公司	1875.00	12.5%
2	上海市城市建设投资开发总公司	1875.00	12.5%
2	北京首都机场集团公司	1875.00	12.5%
2	湖南电广传媒股份有限公司	1875.00	12.5%

【旗下基金】

基金代码	基金简称	类型	基金经理
150103	银河银泰理财	混合型	张杨
151001	银河稳健	股票型	钱睿南
151002	银河收益	债券型	韩晶、张矛
519667	银河银信 A	债券型	陆栋梁
519666	银河银信 B	债券型	韩晶
519668	银河竞争优势成长	股票型	丁杰人
519670	银河行业优选	股票型	成胜
519671	银河沪深 300 价值	指数型	罗博
519672	银河蓝筹精选	股票型	徐小勇
519674	银河创新成长	股票型	钱睿南、王培
519676	银河保本	保本型	索峰
519678	银河消费驱动	股票型	刘风华
150005	银河银富 A	开放式	张矛
150015	银河银富 B	开放式	张矛
500058	基金银丰	封闭式	徐小勇

【公司高管】

董事长徐旭女士,中共党员,经济学博士。历任中国人保信托投资公司总裁助理、研究中心副主任,中国银河证券有限责任公司企划部(党委宣传部)负责人、总经理、研究中心主任、总裁办主任兼党委办公室主任、机关党委委员。现任中国银河金融控股有限责任公司党委委员、董事会执行委员会委员。

总经理尤象都先生,中共党员,硕士。历任国家经济体制改革委员会宏观司财税处、投资处副处长,中信实业银行北京分行(后为总行营业部)办公室副主任(主持工作)、信贷部副总经理兼综合处处长、资产保全部副总经理、支行管理处副处长(主持工作)、西单支行负责人,财政部综合司综合处副处长、处长,兴业银行北京分行月坛支行行长,中国银河金融控股有限责任公司投资部负责人。

督察长李立生先生,硕士。历任建设部标准定额研究所助理研究员,中国华融信托投资公司证券总部研究发展部副经理,中国银河证券有限责任公司研究中心综合研究部副经理,银河基金管理有限公司筹备组成员,银河基金管理有限公司研究部总监、基金管理部总监、基金经理、金融工程部总监、产品规划部总监等职。

泰达宏利基金管理有限公司

【基本情况】

法定名称:泰达宏利基金管理有限公司

英文名称:ABN AMRO TEDA Fund Management Co., Ltd.

注册地址:北京市西城区金融大街 7 号英蓝国际金融中心南楼 3 层

办公地址:北京市西城区金融大街 7 号英蓝国际金融中心南楼 3 层

法人代表:刘惠文

总 经 理：缪钧伟
成立时间：2002 年 6 月 6 日
公司属性：中外合资
注册资本：1.8 亿元
联系电话：010－66577728
客服热线：400－698－8888
传真号码：010－66577666
公司网址：http://www.mfcteda.com/

【公司简介】

泰达宏利基金管理有限公司原名湘财合丰基金管理有限公司、湘财荷银基金管理有限公司、泰达荷银基金管理有限公司，成立于 2002 年 6 月，是中国首批合资基金管理公司之一，注册资本金为 1.8 亿元。目前公司管理着包括泰达宏利价值优化型系列基金、泰达宏利行业精选基金、泰达宏利风险预算混合型基金、泰达宏利货币市场基金、泰达宏利效率优选混合型基金、泰达宏利首选企业股票型基金、泰达宏利市值优选股票型基金、泰达宏利集利债券型基金、泰达宏利品质生活灵活配置混合型基金、泰达宏利红利先锋股票型基金、泰达宏利中证财富大盘指数型基金、泰达宏利领先中小盘股票型证券投资基金、泰达宏利聚利分级债券型证券投资基金、泰达宏利全球新格局证券投资基金、泰达宏利中证 500 指数分级证券投资基金在内的 17 只证券投资基金。具有较为完整的产品线可供客户选择。

泰达宏利在对国内资本市场深刻理解的基础之上，着力构建了一套完整的投资管理体系，在严格的风险管理以及积极主动的投资思路指引下，运用国际化的行业分析方法，坚持价值与成长相结合的投资理念、深入分析行业长期发展趋势、注重对上市公司内在品质的考量。这种全球投资智慧和本土市场管理经验的完美结合，使得泰达荷银取得了令业界和投资人瞩目的卓越业绩。旗下泰达宏利成长基金凭借持续稳定的业绩回报，屡次荣获由国际权威基金评级机构晨星公司（Morning Star）以及理柏（Lipper）的专业肯定；合丰成长基金获得 2008 年度开放式股票型基金回报率第一名并荣获年度同业领先开放式股票型基金奖（《中国证券报》，2009 年 1 月 12 日），合丰成长基金和荷银预算基金同时获得 2009 年最值得投资的 50 只基金（《理财周刊》，2009 年 1 月）；同时公司也多次获得专业媒体颁发的“2008 年度资产配置明星基金公司”（《证券时报》，2009 年 1 月 14 日）、“2008 年最具成长性基金公司”（和讯网，2009 年 1 月 8 日）、“市民眼中的金牌投资基金公司”（《北京青年报》，2008 年 12 月 29 日）、“2008 年最有影响力投资者教育奖”（搜狐网，2008 年 12 月 18 日）等荣誉称号。这些充分说明了专业评级机构、新闻媒体以及广大的投资者对于泰达荷银基金管理公司的品牌和实力的认可。

“财智分享 合赢人生”——泰达宏利矢志成为受人尊敬的基金管理公司，通过分享我们的专业经验、创造优异的投资业绩；提供高品质的客户服务，给予我们的客户持续的价值回报，共创富足、健康的和谐社会。

【股东概况】

排序	股东名称	持股比例
1	北方国际信托投资股份有限公司公司	51%
2	宏利资产管理（香港）有限公司	49%

天津泰达投资控股有限公司成立于 2001 年，其企业规模和实力位居天津市首位，经营范围涉及银行、经纪业务、保险、证券及其他多种行业。旗下的北方信托是经国务院、中国人民银行批准成立的大型国有股份制金融机构，是全国首家引入外资股份的信托投资公司。

宏利金融（Manulife Financial）成立于 1887 年，总部位于加拿大多伦多，具有超过 120 年的发展历史，其业务遍布全球 19 个国家；具有良好的风控文化、经营稳健，获得多个业内财务实力最高评级。宏利金融的主要业务范围为共同基金、个人保险及财富管理、团体福利及退休金、团体寿险及医疗保险等。目前，宏利金融在亚洲 10 个国家和地区开展业务，已经拥有 9 家资产管理公司。中国首家合资人寿保险公司——中宏保险，就是宏利金融与中国中化集团合资成立。

【旗下基金】

基金代码	基金简称	类型	基金经理
162201	泰达宏利成长	股票型	梁辉、邓艺颖
162202	泰达宏利周期	股票型	刘金玉、陈桥宁
162203	泰达宏利稳定	股票型	焦云、胡涛
162204	泰达宏利精选	股票型	刘青山
162205	泰达宏利预算	混合型	沈毅、吴俊峰
162207	泰达宏利效率	混合型	陈少平、胡涛
162208	泰达宏利首选	股票型	刘金玉
162209	泰达宏利市值	股票型	吴俊峰
162210	泰达宏利集利 A	债券型	沈毅
162299	泰达宏利集利 C	债券型	沈毅
162211	泰达宏利品质	混合型	梁辉
162206	泰达宏利货币	货币型	胡振仓
162212	泰达宏利红利先锋	股票型	梁辉
162213	泰达宏利大盘	指数型	王咏辉
162214	泰达宏利中小盘	股票型	陈少平
229001	泰达宏利全球新格局	QDII	王咏辉
162215	泰达聚利分级债券	创新封闭式	胡振仓、沈毅
162216	泰达中证 500 分级	指数型	王咏辉

【公司高管】

刘惠文先生，董事长。毕业于吉林大学经济系，经济学学士学位，高级经济师。1996－2001 年任天津泰达集团有限公司总经理。自 2001 年起担任天津泰达投资控股有限公司董事长兼总经理。自 2005 年起兼任渤海财产保险股份有限公司、北方国际信托投资股份有限公司等核心企业的董事长。

缪钧伟先生，总经理。毕业于复旦大学和香港城市大学，获得理学学士、经济学硕士和金融学博士学位；1998 年 10 月至 2003 年 2 月任证监会基金部副处长；2003 年 3 月至 2006 年 8 月任海富通基金管理有限公司副总经理。2007 年 2 月起任泰达荷银基金管理有限公司总经理。

张萍女士，督察长。毕业于中国人民大学和中国科学院，管理学和理学双硕士。先后任职于中信公司、毕马威国际会计师事务所等公司，从事财务管理和管理咨询工作。2002 年起在嘉实基金管理有限公司工作，任监察稽核部副总监。2005 年 10 月起任泰达荷银基金管理有限公司风险管理部总监。2006 年 11 月起任泰达荷银基金管理有限公司督察长。

万家基金管理有限公司

【基本情况】

法定名称：万家基金管理有限公司
英文名称：WanJia Asset Management Co.，Ltd.

注册地址：上海市浦东新区福山路450号新天国际大厦23层
办公地址：上海市浦东新区福山路450号新天国际大厦23层
法人代表：毕玉国
总 经 理：杨 峰
成立时间：2002年8月23日
公司属性：中资
注册资本：1亿元
联系电话：021－38619999
客服热线：400－888－0800
传真号码：021－38619888
邮政编码：200013
公司网址：http:// www. wjasset. com

【公司概况】

万家基金管理有限公司，原名为天同基金管理有限公司，于2002年8月23日正式成立。于2006年2月20日正式更名为万家基金管理有限公司。

万家基金管理有限公司严格遵守基金合同，运作透明规范，以为百姓提供高水准的理财服务为经营目标，以对投资者的不同需求提供差异化服务为动力，在投资组合管理、定量分析以及风险控制方面追求高专业水准，是国内一家独具特色和发展潜力的基金管理公司。

【公司大事记】

2002年8月23日，天同基金管理有限公司正式成立。

2003年3月15日，天同180指数证券投资基金正式成立。

2004年9月28日，天同保本增值证券投资基金正式成立。

2005年7月8日，天同公用事业股票型证券投资基金正式成立。

2006年2月20日，公司正式更名为万家基金管理有限公司，旗下产品全部更名为“万家”系列。

2006年2月，万家基金管理有限公司在由《新财经》杂志社主办，中国银河证券基金研究中心担任研究顾问的“《新财经》第二届中国基金及基金管理公司评选”中荣获“营销创新奖”。

2006年3月，万家保本增值基金凭借着较高的收益和更低的风险，荣获了2006年3月《科学与财富》举办的2005年中国最佳基金评选的“2005年度中国最佳保本基金”的称号。万家保本增值基金入选晨星公司评出的“2005年中国最具投资价值的50只基金”。

2006年5月24日，万家货币市场证券投资基金正式成立。

2006年9月，万家和谐增长基金产品设计及其电子商务解决方案获得2006中国国际金融（银行）技术暨设备展览会优秀解决方案奖。

2006年11月30日，万家和谐增长混合型证券投资基金正式成立。

2007年11月，公司与大成、上投摩根等20家基金公司一同获得了由《齐鲁晚报》评选的“最受山东投资者欢迎的20家基金公司”的殊荣。

2007年11月，万家180指数基金在第三届中国证券市场年会上荣获由《证券日报》颁发的“高成长开放式基金金算盘奖”。

2008年1月，万家货币市场基金在中国理财总评榜活动中荣获“最受欢迎的货币型基金”奖。

2008年1月，万家公用事业行业基金荣获证券时报“2007年平衡型基金明星奖”。

2008年1月，万家公用事业行业基金荣获《新民晚报》评选的“2007最受老百姓欢迎的基金”中“十大最具特色基金”称号。

2008年6月26日，万家双引擎灵活配置混合型证券投资基金基金合同生效。

【公司荣誉】

2011年4月，万家货币市场基金荣获《中国证券报》“2010年度开放式货币市场金牛基金奖”。

2010年6月，万家增强收益债券型证券投资基金荣获《上海证券报》2009年度“金基金·三年期债券基金奖”。

2010年6月，万家双引擎灵活配置混合型证券投资基金荣获《上海证券报》2009年度“金基金·一年期分红基金奖”。

2010年5月，万家货币市场证券投资基金荣获《中国证券报》“2009年度开放式货币市场金牛基金奖”。

2009年1月，万家货币市场证券投资基金荣获《证券时报》“2008年度货币市场明星基金奖”。

2009年1月，万家双引擎灵活配置混合型证券投资基金荣获《证券时报》“2008年度新基金明星奖”。

2008年1月，万家公用事业行业基金荣获《证券时报》“2007年平衡型基金明星奖”。

【股东概况】

排序	股东名称	持股数量（万股）	持股比例
1	齐鲁证券有限公司	4900.00	49%
2	上海久事公司	2000.00	20%
2	深圳市中航投资管理有限公司	2000.00	20%
3	山东省国有资产投资控股有限公司	1100.00	11%

【旗下基金】

基金代码	基金简称	类型	基金经理
161902	万家增强债券	债券型	李泽祥、孙驰
161903	万家公用事业	指数型	吴印、朱颖、马云飞
519180	万家180	指数型	吴涛
519181	万家和谐增长	混合型	吕宜振、宁冬莉
519183	万家双引擎灵活配置	混合型	吴印、朱颖
519185	万家精选	股票型	马云飞、吴印
519186	万家稳健增利A	债券型	邹昱
519187	万家稳健增利C	债券型	邹昱
161907	万家中证红利指数	指数型	朱颖、吴涛
519508	万家货币	货币型	邹昱、孙驰、唐俊杰
161908	万家添利分级	创新封闭式	邹昱

【公司高管】

毕玉国先生，董事长，中共党员，硕士学历，高级会计师、注册企业风险管理师。历任莱钢股份公司炼铁厂财务科科长、莱钢股份公司财务处成本科科长、莱钢集团财务部副部长、莱钢驻日照钢铁有限公司财务总监等职；2004.1至今，在齐鲁证券有限公司工作，曾任齐鲁证券计划财务部总经理，现任齐鲁证券有限公司副总经理兼财务负责人、万家基金管理有限公司董事长。

杨峰先生，总经理，理学博士，中共党员。历任山东大学助教、讲师、副教授等职，2000 年 7 月至 2002 年北京大学博士后流动站、深圳证券交易所博士后工作站博士后，历任泰达荷银基金管理有限公司任组织与战略规划部总经理、公司职工监事、大成基金管理有限公司任规划发展部副总监（总监级，主持工作），2005 年 9 月起任万家基金管理有限公司总经理助理，2008 年 4 月起任公司副总经理，现任公司总经理。

甘世雄先生，督察长，1963 年生，中共党员，工商管理硕士（MBA），博士研究生在读。曾任山东金泰集团股份有限公司副总裁、天同证券有限责任公司业务总监、投资银行总部总经理，从事股份制改造及股票发行、购并重组工作多年，具有丰富的资本运作经验。

金鹰基金管理有限公司

【基本情况】

法定名称：金鹰基金管理有限公司
注册地址：广东省珠海市吉大九洲大道东段
　　　　　商业银行大厦 7 层
办公地址：广州沿江中路 298 号江湾商业大厦 22 层
董 事 长：刘　东
总 经 理：殷克胜
成立时间：2002 年 12 月 25 日
公司属性：中资企业
注册资本：2.5 亿元
联系电话：020－83936180
传真号码：020－83282856
邮政编码：510100
公司网址：www.gefund.com.cn

【公司概况】

金鹰基金管理有限公司 2002 年成立，注册资本 2.5 亿元。股东包括广州证券有限责任公司、广州药业股份有限公司、广东美的电器股份有限公司、东亚联丰投资管理有限公司，分别持有 49%、20%、20% 和 11% 的股份。

公司现设有投资管理部、研究发展部、产品研发部、金融工程部、固定收益投资部、集中交易部、专户理财部、市场拓展部、机构客户部、监察稽核部、运作保障部、综合管理部十二大职能部门及广州分公司、北京分公司、上海分公司。目前公司员工有 100 余人。

公司管理资产规模持续增长，整个公司正以良好的发展步伐向前迈进着。截至 2010 年 12 月 21 日，公司旗下拥有金鹰成份优选混合、金鹰中小盘精选混合、金鹰红利价值混合、金鹰行业优势股票、金鹰稳健成长股票、金鹰主题优势股票、金鹰保本、金鹰中证技术指数、金鹰策略配置共 9 只开放式基金。

【公司大事记】

2011 年 4 月 1 日，金鹰中小盘基金荣获“三年持续回报平衡混合型明星基金奖”。

2011 年 4 月 11 日，金鹰基金荣获《上海证券报》的“成长公司奖”。

2011 年 4 月 14 日，金鹰中小盘基金荣获《中国证券报》的“三年期混合型金牛基金”。

2011 年 5 月 17 日，金鹰保本基金正式获批成立。

2011 年 6 月 1 日，金鹰中证技术领先指数基金正式获批成立。

2011 年 9 月 01 日，金鹰策略配置基金正式获批成立。

2010 年 4 月 14 日，金鹰稳健成长基金正式获批成立。

2010 年 11 月 8 日，金鹰基金被评为“2010 中国基金首领峰会最具发展潜力基金公司”。

2010 年 11 月 12 日，在第六届中国证券市场年会—转型与跨越中，金鹰基金荣获“金算盘奖”。

2010 年 12 月 20 日，金鹰主题优势基金正式获批成立。

【公司荣誉】

2011 年 4 月 14 日，《中国证券报》——金鹰中小盘精选混合基金荣获第八届金牛奖评选“三年期混合型金牛基金”奖。

2011 年 4 月 11 日，《上海证券报》——金鹰基金管理有限公司荣获第八届中国“金基金”评选“成长公司奖”。

2011 年 4 月 01 日，《证券时报》——金鹰中小盘精选混合荣获 2010 年度评选“三年持续回报平衡混合型明星基金奖”。

2009 年 1 月 14 日，《证券时报》——金鹰基金管理有限公司荣获 2008 年度中国明星基金评选“2008 年度资产配置明星基金公司”。

2008 年 1 月 11 日，《证券时报》——金鹰成份股优选证券投资基金荣获 2007 年中国明星基金评选“2007 年度平衡型基金明星奖”。

2008 年 1 月 07 日，《证券时报》——金鹰成份股优选证券投资基金被证券时报评为“六星级基金”。

2007 年 12 月 28 日，《晨星基金》——金鹰成份股优选证券投资基金在晨星基金评级积极配置型基金中业绩排名第三。

【股东概况】

排序	股东名称	持股数量（万股）	持股比例
1	广州证券有限责任公司	12250.00	49%
2	广州药业股份有限公司	5000.00	20%
2	广东美的集团股份有限公司	5000.00	20%
3	东亚联丰投资管理有限公司	2750.00	11%

【旗下基金】

基金代码	基金简称	类型	基金经理
162102	金鹰中小盘精选	股票型	杨绍基、朱丹
210001	金鹰成份优选	混合型	杨绍基、林华显
210002	金鹰红利价值	混合型	朱丹
210003	金鹰行业优势	股票型	彭培祥、冯文光
210004	金鹰稳健成长	股票型	杨绍基
210005	金鹰主题优势	股票型	冼鸿鹏、彭培祥
210006	金鹰保本	保本型	邱新红
210007	金鹰中证技术指数	指数型	朱丹
210008	金鹰策略配置	股票型	杨绍基

【公司高管】

刘东先生，董事长，中共党员，经济学硕士，高级经济师。曾在中国现代国际关系研究所、中国信达信托投资公司驻武汉证券交易中心任职，历任中国信达信托投资公司北京营业部总经理、证券业务总部副总经理，新疆宏源信托投资股份有限公司总经理助理兼证券业务总部总经理，宏源证券股份有限公司党委委员、副总经理，宏源期货有限公司董事长，现任广州证券有限责任公司总经理。

殷克胜先生，总经理，中共党员，经济学博士。曾在综合开发研究院（中国深圳）、深圳市体改办任职，历任深圳证监局法规处副处长、上市公司处处长，鹏华基金管理有限公司董事、常务副总经理，方正证券有限责任公司基金公司筹备组组长等职。

苏文锋先生，经济学硕士。历任广州市经济管理干部学院外贸经济系党支部书记，南方证券广州分公司研究发展部总经理、大德路营业部总经理、投资银行部总经理，华鼎担保投资有限公司副总经理等职，2006 年 3 月起担任金鹰基金管理有限公司市场拓展部副总监。

招商基金管理有限公司

【基本情况】

法定名称：招商基金管理有限公司
英文名称 China Merchants Fund Management Co.，Ltd.
注册地址深圳市深南大道 7088 号招商银行大厦 28 层
办公地址深圳市深南大道 7088 号招商银行大厦 28 层
法人代表：马蔚华
总　经　理：许小松
成立时间：2002 年 12 月 27 日
公司属性：合资企业
注册资本：2.1 亿元
联系电话：0755 －83196666
客服热线：400 －887 －9555
传真号码：0755 －83196405
邮政编码：518040
公司网址：www.cmfchina.com

【公司概况】

招商基金管理有限公司是由中国证监会批准设立的第一家中外合资的基金管理公司。公司成立于 2002 年 12 月 27 日，注册资本为 2.1 亿元，其中招商银行股份有限公司持股 33.4%，招商证券股份有限公司持股 33.3%，荷兰投资（ING Investment Management B. V.）持股 33.3%。公司的经营范围包括发起设立基金、基金管理业务和中国证监会批准的其他业务。

公司目前管理 22 只基金，其中封闭式基金 1 只：招商信用添利债券型证券投资基金；开放式基金 21 只，包括：招商安泰系列开放式证券投资基金（含招商安泰股票基金、招商安泰平衡型基金、招商安泰债券基金）、招商现金增值开放式证券投资基金、招商先锋混合型证券投资基金、招商优质成长股票型证券投资基金（LOF）、招商安本增利债券型证券投资基金、招商核心价值混合型证券投资基金、招商大盘蓝筹股票型证券投资基金、招商安心收益债券型证券投资基金、招商行业领先股票型证券投资基金、招商中小盘精选股票型证券投资基金、招商全球资源股票型证券投资基金（QDII）、招商深证 100 指数证券投资基金、上证消费 80 交易型开放式指数证券投资基金、招商上证消费 80 交易型开放式指数证券投资基金联接基金、招商标普金砖四国指数证券投资基金（LOF）、招商安瑞进取债券型证券投资基金、深证电子信息传媒产业（TMT）50 交易型开放式指数证券投资基金、招商深证电子信息传媒产业（TMT）50 交易型开放式指数证券投资基金联接基金、招商安达保本混合型证券投资基金。

招商基金将以国际化和规范化作为鲜明特色，努力为投资者提供一流的投资理财服务。公司从创建开始就全方位借鉴国际市场的先进经验和技术，形成了高效卓越的团体、标准化的业务流程、开放与学习的文化氛围。

招商基金将以取信于市场、取信于社会为宗旨，秉承诚信、融合、创新、卓越的经营理念，努力成为客户推崇、股东满意、员工热爱、具有国际竞争力的基金管理公司。

【股东概况】

排序	股东名称	出资额（万元）	出资比例
1	招商银行	7014.00	33.4%
2	ING 荷兰投资	6993.00	33.3%
2	招商证券股份有限公司	6993.00	33.3%

【旗下基金】

基金代码	基金简称	类型	基金经理
217001	招商安泰股票	股票型	张婷、王景
217002	招商安泰平衡	混合型	张婷
217003	招商安泰债券 A	债券型	刘军、张婷
217203	招商安泰债券 B	债券型	刘军、张婷
217004	招商现金增值货币 A	货币型	胡慧颖
217014	招商现金增值货币 B	货币型	胡慧颖
217005	招商先锋	混合型	韦文赟
217008	招商安本增利债券	债券型	王景、张婷
217009	招商核心价值	混合型	赵龙
161706	招商优质成长	股票型	张慎平
217011	招商安心债券	债券型	胡慧颖
217010	招商大盘蓝筹	股票型	刘军 袁野
217012	招商行业领先	股票型	张慎平
161713	招商信用	创新封闭式	张国强
217013	招商中小盘精选	股票型	周德昕
217015	招商全球资源	QDII	牛若磊
217016	招商深证 100	指数型	王平
217017	招商上证消费 80 联接	指数型	王平
510150	招商上证消费 80 ETF	指数型	王平
161714	招商标普金砖四国	QDII	刘冬、牛若磊
217018	招商安瑞进取债券	债券型	谢志华、王景
217019	招商深证 TMT50 联接	指数型	王平
159909	招商深证 TMT50ETF	指数型	王平
217020	招商安达保本	保本型	张国强
217021	招商优企灵活配置	混合型	赵龙

【公司高管】

马蔚华，男，1948 年出生，西南财经大学经济学博士，美国南加州大学荣誉博士，高级经济师。1982 －1985 年，在辽宁省计委工作，历任副处长、副秘书长；1985 －1986 年，在辽宁省委办公厅工作；1986 －1988 年，在中共安徽省委办公厅工作；1988 －1990 年，任中国人民银行办公厅副主任；1990 －1992 年，任中国人民银行 计划资金司副司长；1992 －1998 年，任中国人民银行海南省分行行长兼国家外汇管理局海南分局局长；1999 年 3 月至今任招商银行行长。现任本公司董事长。

许小松，男，经济学博士。历任深圳证券交易所综合研究所副所长，南方基金管理有限公司首席经济学家、副总经理，国联安基金管理有限公司总经理，2011 年加入招商基金管理有限公司，现任公司总经理、董事。

吴武泽，男，1975 年出生，华中科技大学管理学硕士，对外经济贸易大学经济学博 士。从2000年6月开始在特华投资有限公司工作，从事行业研究；2001年2月加盟易方达基金管理有限公司，负责数量分析、基金研究、系统开发等方面的工作，先后任研 究员、业务主管。2003年9月加入招商基金，一直从事数量研究和模型开发等工作，曾任公司投资风险管理部总监，现任公司督察长。

华宝兴业基金管理有限公司

【基本情况】

法定名称：华宝兴业基金管理有限公司
英文名称：Fortune SGAM Fund Management Co.，Ltd.
注册地址：上海市世纪大道88号金茂大厦48层
办公地址：上海市世纪大道88号金茂大厦48层
法人代表：郑安国
总 经 理：裴长江
成立时间：2003年3月7日
公司属性：中外合资
注册资本：1.5亿元
联系电话：021－38505888
客服热线：400－700－5588
传真号码：021－38505777
邮政编码：200121
公司网址：www.fsfund.com

【公司概况】

华宝兴业基金管理有限公司于2003年2月12日获准开业，是国内首批中外合资基金管理公司，也是国内首家由信托公司和外方资产管理公司发起设立的中外合资基金管理公司，股东背景强大，股权结构简单稳定。法国兴业银行集团和宝钢集团均是世界500强企业，品牌卓越，实力雄厚。华宝信托是宝钢集团金融发展的战略核心，注册资本10亿元，投资业绩，资产质量在国内同业名列前茅。领先资产管理有限公司是法国兴业银行集团的全资子公司，为全球创新性资产管理解决方案的主要提供者之一，其业务主要集中于指数跟踪（ETF）投资、量化和结构性投资和另类投资等三大类快速发展的资产管理业务领域，目前管理的资产规模已超过911亿欧元。宝钢集团和法国兴业银行集团致力于开拓中国金融市场，双方志存高远、精诚合作；作为中法股东全力打造的智慧结晶，公司凭借与生俱来的优良"基因"，从成立伊始就站在较高的起跑线上。

在组织结构上，华宝兴业下设投资管理部、研究部、金融工程部、产品开发部、市场开发部、市场支持部、机构理财部、北京分公司、南方分公司（筹）、交易部、清算登记部、信息技术部、人力资源部、行政财务部。在投资管理上，作为首批中外合资基金管理公司，华宝兴业充分利用中外股东的资源，引进、吸收、消化法兴资产在国际市场上的经验和技术，并结合国内市场的需求，形成了科学、合理并具特色的投资、营销和管理体系。

【公司大事记】

2011年9月29日，华宝兴业标普石油天然气上游股票指数证券投资基金（LOF）正式成立。

2011年8月9日，华宝兴业上证180成长交易型开放式指数证券投资基金联接基金正式成立。

2011年8月4日，华宝兴业上证180成长交易型开放式指数证券投资基金正式成立。

2011年4月27日，华宝兴业可转债债券型证券投资基金正式成立。

2011年3月15日，华宝兴业成熟市场动量优选证券投资基金正式成立。

2011年1月4日，华宝兴业基金管理有限公司的股东及持股比例为：华宝信托有限责任公司51%，领先资产管理有限公司49%，公司注册资本保持不变。

2010年12月7日，华宝兴业新兴产业股票型证券投资基金正式成立。

2010年4月23日，华宝兴业上证180价值交易型开放式指数证券投资基金及联接基金正式成立。

2009年9月29日，华宝兴业中证100指数证券投资基金基金正式成立。

2009年2月17日，华宝兴业增强收益债券型证券投资基金正式成立。

2008年10月7日，华宝兴业大盘精选股票型证券投资基金正式成立。

2008年5月7日，华宝兴业海外中国成长股票型证券投资基金正式成立。

2008年3月6日，中国证监会批准公司从事特定客户资产管理业务。

2007年12月12日，华宝兴业基金管理有限公司深圳分公司成立。

2007年6月14日，华宝兴业行业精选股票型证券投资基金正式成立。

2007年6月2日，华宝兴业基金管理有限公司的注册资本由人民币1亿元增加为人民币1.5亿元，股东持股比例变更为：华宝信托投资有限责任公司51%，法国兴业资产管理有限责任公司49%。

2006年11月7日，华宝兴业先进成长股票型证券投资基金正式成立。

2006年6月15日，华宝兴业收益增长混合型证券投资基金正式成立。

2006年2月23日，中国证监会批准公司从事向特定对象提供投资咨询服务业务；

2005年11月17日，华宝兴业动力组合股票型证券投资基金正式成立。

2005年3月31日，华宝兴业现金宝货币市场基金成立。

2005年1月4日，华宝兴业基金管理有限公司北京分公司经中国证监会批准开业。

2004年5月11日，华宝兴业多策略增长开放式证券投资基金正式成立。

2003年7月15日，经中国证监会批准，宝康系列开放式证券投资基金正式成立。

2003年2月12日，中国证监会批准公司开业，成为我国第二家开业的中外合资基金管理公司。

2002年10月21日，中国证监会批准我公司筹建申请，成为我国第一批获准筹建的中外合资基金管理。

【公司荣誉】

公司荣誉：

2011年，在由和讯主办的"2010年度第八届中国财经风云榜"评选中，华宝兴业荣"基金业最佳创意营销奖"。

2010 年 6 月 21 日，在由《上海证券报》主办的第七届中国“金基金奖”评选中，华宝兴业荣获 2009 年度“金基金·投资回报公司奖”。

2010 年 5 月 23 日，在《中国证券报》主办的第七届“中国基金业金牛奖”评选中，华宝兴业入选十大“2009 年度金牛基金管理公司”。

2009 年 3 月 27 日，在《上海证券报》主办的第六届中国基金业“金基金”奖评选中，华宝兴业多策略增长基金荣获 2008 年度“金基金－股票型基金奖”。

2009 年 1 月 12 日，在《中国证券报》主办的“第六届中国基金业金牛奖”评选中，华宝兴业多策略增长基金荣获“2008 年度开放式股票型持续优胜金牛基金”。

2009 年 1 月 12 日，在《中国证券报》主办的“第六届中国基金业金牛奖”评选中，华宝兴业宝康消费品基金荣获“2008 年度同业领先开放式股票型基金”。

基金荣誉：

2011 年，在《证券时报》主办的 2010 年度中国基金业明星基金奖评选中，华宝兴业宝康消费品基金荣获“三年持续回报平衡混合型明星基金奖”。

2010 年 5 月 23 日，在《中国证券报》主办的第七届“中国基金业金牛奖”评选中，华宝兴业多策略增长股票型基金荣获“五年期开放式股票型持续优胜金牛基金”。

2010 年 5 月 23 日，在《中国证券报》主办的第七届“中国基金业金牛奖”评选中，华宝兴业收益增长混合型基金荣获“2009 年度开放式混合型金牛基金”。

2010 年 5 月 23 日，在《中国证券报》主办的第七届“中国基金业金牛奖”评选中，华宝兴业宝康消费品混合型基金荣获“2009 年度开放式混合型金牛基金”。

2010 年 5 月 19 日，在《证券时报》主办的“2009 年度中国基金业明星基金奖”评选中，华宝兴业先进成长基金荣获“2009 年度三年持续回报股票型明星基金奖”。

2010 年 5 月 19 日，在《证券时报》主办的“2009 年度中国基金业明星基金奖”评选中，华宝兴业宝康灵活配置基金荣获“2009 年度平衡混合型明星基金奖”。

2009 年 3 月 27 日，在《上海证券报》主办的第六届中国基金业“金基金”奖评选中，华宝兴业基金公司荣获 2008 年度“金基金·最具潜力奖”。

【股东概况】

排序	股东名称	出资额(万元)	出资比例
1	华宝信托投资有限责任公司	76550.00	51%
2	领先资产管理有限公司	7350.00	49%

【旗下基金】

基金代码	基金简称	类型	基金经理
240001	宝康消费	股票型	胡戈游
240002	宝康配置	混合型	郭鹏飞
240003	宝康债券	债券型	谭微思、李栋梁
240004	华宝动力	股票型	刘自强
240005	华宝策略	混合型	牟旭东
240008	华宝收益	混合型	邵喆阳
240009	华宝成长	股票型	李靖
240010	华宝行业	股票型	任志强、蒋宁
240011	华宝大盘	股票型	范红兵、王智慧
240012	华宝强债 A	债券型	华志贵
240013	华宝强债 B	债券型	华志贵
240014	华宝中证 100	指数型	徐林明、余海燕
241001	华宝海外	QDII	周欣
510030	上证 180 价值 ETF	指数型	徐林明
240016	华宝 180 价值联接	指数型	徐林明
240017	华宝新兴产业	股票型	郭鹏飞
240018	华宝可转债	债券型	华志贵
241002	华宝成熟市场	QDII	尤柏年
240019	华宝上证 180 成长联接	指数型	余海燕
510280	华宝上证 180 成长 ETF	指数型	余海燕
240006	华宝货币 A	货币型	陈昕
240007	华宝货币 B	货币型	陈昕

【公司高管】

郑安国先生，董事长、博士、高级经济师。历任南方证券有限公司发行部经理、投资部经理、南方证券有限公司投资银行部总经理助理、南方证券有限公司上海分公司副总经理、南方证券公司研究所总经理级副所长、华宝信托投资有限责任公司副总经理、总经理、华宝信托投资有限责任公司总裁。

裴长江先生，董事总经理，硕士、经济师。曾任上海万国证券公司闸北营业部经理助理、经理，申银万国证券股份有限公司浙江管理总部副总经理，申银万国证券股份有限公司经纪总部副总经理，华宝信托投资有限责任公司投资总监。现任华宝兴业基金管理有限公司总经理。

刘月华先生，督察长，硕士。曾在冶金工业部、国家冶金工业局、中国证券业协会等单位工作。现任华宝兴业基金管理有限公司督察长。

摩根士丹利华鑫基金管理有限公司

【基本情况】

法定名称：摩根士丹利华鑫基金管理有限公司
英文名称：Morgan Stanley Huaxin Fund Management CO.,Ltd.
注册地址：深圳市福田区中心四路 1 号嘉里建设广场一期二座 17 层
办公地址：深圳市福田区中心四路 1 号嘉里建设广场一期二座 17 层
法人代表：王文学
总 经 理：于　华
成立时间：2003 年 3 月 14 日
公司属性：中外合资
注册资本：1 亿元
联系电话：0755－88318883
客服热线：400－888－8668
传真号码：0755－82990384
邮政编码：518033
公司网址：http://www.msfunds.com.cn/

【公司概况】

摩根士丹利华鑫基金管理有限公司（简称“摩根士丹利华鑫基金”）于 2008 年 6 月 12 日完成工商注册登记变更，是一家中外合资基金管理公司（公司前身为于 2003 年 3 月 14 日成立的巨田基金管理有限公司），注册资本为 1 亿元，注册地是深圳市。摩根士丹利华鑫基金总部现处深圳，另在北京设有分公司。

公司股东主要为华鑫证券有限责任公司、摩根士丹利国际控股公司、深圳市招融投资控股有限公司、深圳市中技实业(集团)有限公司等国内外机构。其中国内主要股东华鑫证券有限责任公司于2001年3月在深圳市注册成立,是全国性综合类证券经营机构。公司核心业务包括有价证券的发行、自营和代理买卖以及财务顾问等,在北京、上海、西安和深圳拥有21家营业部。外资方股东摩根士丹利是一家全球领先的国际性金融服务公司,业务范围涵盖投资银行、证券、投资管理以及财富管理,在全球33个国家设有超过600家办事处,为各地企业、政府机关、事业机构和个人投资者提供服务。摩根士丹利华鑫基金管理有限公司将一如既往,为客户提供一流的服务,并希望在未来几年,凭借中外股东的强大资源,进一步扩大业务领域和规模。

【股东概况】

排序	股东名称	持股数量(万股)	持股比例
1	华鑫证券有限责任公司	3600.00	36%
2	摩根士丹利国际控股公司	3400.00	34%
3	汉唐证券有限责任公司	1500.00	15%
4	深圳招融投资控股有限公司	1000.00	10%
5	深圳市中技实业(集团)有限公司	500.00	5%

【旗下基金】

基金代码	基金简称	类型	基金经理
163302	大摩资源优选	混合型	何滨、徐强
163303	大摩货币	货币型	李轶
233001	大摩基础行业	股票型	盛军锋
233005	大摩增强债券	债券型	汝平
233006	大摩领先优势	股票型	徐强
233007	大摩卓越成长	股票型	徐强
233008	大摩消费领航	混合型	袁航
233009	大摩多因子策略	股票型	张靖
233010	大摩深证300增强	指数型	赵立松、程志田航

【公司高管】

王文学先生,英国格林威治大学项目管理硕士。2000年12月至今任华鑫证券有限责任公司董事长。1993年7月至2000年12月任西安证券有限责任公司副总经理、总经理、董事长。曾任人民银行西安分行担任体改、外汇管理、稽核副处长。现任本公司董事长。

于华先生,北京大学经济学学士,比利时鲁汶大学工商管理硕士、金融博士,美国注册金融分析师(CFA)。曾任英国里丁大学经济系金融财务讲师,加拿大魁北克大学管理学院金融终身教授,深圳证券交易所综合研究所所长,加拿大鲍尔集团亚太分公司基金与保险业务副总裁,加拿大伦敦人寿保险公司北京代表处首席代表,大成基金管理有限公司董事、总经理,摩根士丹利投资管理公司董事总经理、中国业务主管。现任本公司董事、总经理;兼任中国证券业协会基金业委员会副主任委员,国际资产管理协会董事。

李锦女士,吉林大学经济管理学院国际金融专业硕士。15年证券从业经验。曾就职于巨田证券有限责任公司,历任交易管理总部综合管理部经理助理,总经理办公室主任助理,资产管理部理财部副经理、经理;曾任巨田基金管理有限公司基金运营部副总监、总监,总经理助理兼基金运营部总监。现任公司督察长。

国联安基金管理有限公司

【基本情况】

法定名称:国联安基金管理有限公司

英文名称 Guotai Junan Allianz Fund Management Co. ,Ltd.

注册地址上海市浦东新区世纪大道88号金茂大厦46层

办公地址上海市浦东新区世纪大道88号金茂大厦46层

法人代表:符学东

总　经　理:许小松

成立时间:2003年4月3日

公司属性:中外合资

注册资本:1.5亿元

联系电话:021－50478080

客服热线:400－700－0365

传真号码:021－50478920

邮政编码:200121

公司网址:www. gtja－allianz. com

【公司概况】

国联安基金管理有限公司,是中国第一家获准筹建的中外合资基金管理公司,由享誉全球、来自德国的安联集团(Allianz AG)和蜚声中国的国泰君安证券公司合力打造。公司注册资金1.5亿元。公司的经营范围包括发起设立基金、基金管理业务和中国证监会批准的其他业务。

国泰君安证券有限公司是目前中国最大、经营范围最宽、机构分布最广的证券公司之一。公司以客户为中心,拥有强大的市场营销,客户服务和研究实力,为客户提供综合性证券业务服务,全方位满足客户需求。

安联集团(Allianz AG)是享誉全球的综合性金融集团。作为一家从事保险和资产管理等业务的百年集团,资产管理规模达1.17万亿欧元(2001年),居全球第二,旗下共管理400多只开放式基金,其中PIMCO、DIT、德盛安联(ADAM)等资产管理公司在全球范围内屡获殊荣。

在组织结构上,国联安基金下设投资组合管理部、研究部、数量化策略部、交易部、风险管理部、机构理财部、市场发展部、渠道代销部、北京分公司、信息技术部、基金事务部、财务部、人力资源部、合规和内部审计部,同时设有投资决策委员会、风险控制委员会和独立的督察长。

【公司大事记】

2011年4月,获第八届中国"金基金－创新公司奖"——《上海证券报》。

2011年1月26日,国联安货币市场证券投资基金成立。

2010年12月1日,国联安上证大宗商品股票交易型开放式指数证券投资基金联接基金宣告成立。

2010年11月26日,公司旗下第一只ETF基金——上证大宗商品股票交易型开放式指数投资基金成立,2011年1月25日于上海证券交易所上市交易。

2010年6月22日,公司旗下第十只基金——国联安信心增益债券证券投资基金成立 。

2010年4月16日,公司旗下创新型基金——国联安双禧中证100指数分级证券投资基金成立,2010年6月18日于深圳证券交易所上市交易。

2009年8月26日,公司旗下第八只基金——国联安主题驱动股票型证券投资基金成立。

2009 年 3 月,获"21 世纪中国赢基金——中国基金公司最佳潜力奖"——《21 世纪经济报道》。

2009 年 3 月 11 日,公司旗下首只债券型基金——国联安德盛增利债券证券投资基金成立。

2008 年 10 月 22 日,公司旗下第六只基金——国联安德盛红利股票证券投资基金成立。

2008 年 7 月 24 日,聘任许小松先生担任国联安基金管理有限公司总经理。

2008 年 1 月,获"中国基金行业客户服务十大影响力品牌"——《中国联合商报社》、《人民日报》、《市场报》等。

2007 年 12 月,获"2007 投资者教育优秀奖"——东方财富网。

2007 年 1 月 24 日,公司旗下第五只基金——国联安德盛优势股票证券投资基金成立。

2006 年 11 月 18 日,获首届中国优秀基金站"最佳设计建设奖"——搜狐财经、《网络传播》杂志。

2006 年 4 月,获 2005 年度营销明星奖 ——《证券时报》。

2005 年 12 月 28 日,公司旗下首只股票型基金——国联安德盛精选股票证券投资基金成立。

2005 年度,优秀基金公司网站奖 ——《Value》。

2005 年度最佳营销团队 ——《Value》。

2005 年,中国基金产品创新奖 ——《21 世纪经济报道》。

2005 年,中国十大最受尊敬的基金公司 ——世界金融实验室。

2005 年 7 月 13 日,国内首只"绝对收益"型基金——国联安德盛安心成长混合型证券投资基金成立。

2004 年 4 月 12 日,国联安德盛小盘精选证券投资基金正式成立。

2003 年 8 月 8 日,国联安首只基金——国联安德盛稳健证券投资基金正式成立。

2003 年 4 月 3 日,国联安基金管理有限公司获准正式开业。

2002 年 10 月 16 日,国联安基金管理有限公司正式获准筹建,这是国内第一家获准筹建的中外合资基金管理公司。

2002 年 6 月 25 日,安联集团与国泰君安证券在德国慕尼黑正式签署了《发起人协议暨合资经营合同》。

【股东概况】

排序	股东名称	出资额(万元)	出资比例
1	国泰君安证券股份有限公司	7650.00	51%
2	安联集团(Allianz AG)	7350.00	49%

【旗下基金】

基金代码	基金简称	类型	基金经理
253010	国联安德盛安心成长	混合型	黄欣
255010	国联安稳健	混合型	傅明笑
257010	国联安德盛小盘精选	股票型	邹新进
257020	国联安德盛精选	股票型	魏东
257030	国联安德盛优势	股票型	韦明亮
257040	国联安德盛红利	股票型	傅明笑
253020	国联安德盛增利债 A	债券型	冯俊
253021	国联安德盛增利债 B	债券型	冯俊
257050	国联安主题驱动	股票型	韦明亮
150012	国联安双禧中证 100 A	指数型	黄欣
253030	国联安信心增益债券	债券型	冯俊、周志远
257060	国联安上证商品 ETF 联接	指数型	黄欣
162509	国联安双禧 中证 100	指数型	黄欣
150013	国联安双禧中证 100 B	指数型	黄欣
510170	国联安上证商品 ETF	指数型	黄欣
257070	国联安优选行业	股票型	王忠波
253050	国联安货币 A	货币型	冯俊
253051	国联安货币 B	货币型	冯俊
253060	国联安信心增长债 A	创新封闭式	邹新进
253060	国联安信心增长债 B	创新封闭式	邹新进

【公司高管】

符学东先生,董事长,经济学硕士,高级经济师,中共党员。历任国家体制改革委员会分配司副处长,国泰证券有限公司总裁助理,国泰君安证券股份有限公司副总裁。

李柯女士,代理总经理,经济学学士。历任中国建设银行上海分行国际业务部、上海联合财务有限公司资金财务部副经理、经理、营运负责人兼内部审计师、公司副总经理、国联安基金管理有限公司财务总监、总经理助理、副总经理。

海富通基金管理有限公司

【基本情况】

法定名称:海富通基金管理有限公司
英文名称:Fortis Haitong Investment Management Co. ,Ltd.
注册地址:中国上海市浦东世纪大道 88 号金茂大厦 37 层
办公地址:上海市浦东新区花园石桥路 66 号东亚银行金融大厦 36 – 37 层
法人代表:邵国有
总 经 理:田仁灿
成立时间:2003 年 4 月 1 日
公司性质:中外合资
注册资本:1.5 亿元
联系电话:021 – 38650999
客服热线:400 – 884 – 0099
传真号码:021 – 50479997
邮政编码:200120
公司网址:www. hftfund. com

【公司概况】

海富通基金管理有限公司成立于 2003 年 4 月,是中国首批获准成立的中外合资基金管理公司。

从 2003 年 8 月开始,海富通先后募集成立了 20 只开放式基金。截至 2011 年 12 月 31 日,海富通管理的公募基金资产规模超过 325 亿元。

作为国家人力资源和社会保障部首批企业年金基金投资管理人,截至 2011 年 12 月 31 日,海富通为 50 多家企业近 160 亿元的企业年金基金担任了投资管理人。作为首批特定客户资产管理业务资格的基金管理公司,截至 2011 年 12 月 31 日,海富通旗下专户理财管理资产规模达 28 亿元。2004 年末开始,海富通为 QFII(合格境外机构投资者)及其他多个海内外投资组合担任投资咨询顾问,截至 2011 年 12 月 31 日,投资咨询及海外业务规模近 200 亿元。

海富通同时还在不断践行其社会责任。公司自 2008 年启动“绿色与希望——橄榄枝公益环保计划”，针对汶川震区受灾学校、上海民工小学、安徽老区小学进行了物资捐赠，向内蒙古库伦旗捐建了公益林。此外，海富通还积极推进投资者教育工作，推出了以“幸福投资”为主题和特色的投资者教育活动，向投资者传播长期投资、理性投资的理念。

【公司大事记】

2011年12月，海富通香港子公司获首批RQFII业务资格。

2011年11月，海富通国策导向股票型证券投资基金成立。

2011年9月，海富通稳进增利分级债券型证券投资基金成立 。

2011年5月，海富通基金管理有限公司总裁田仁灿新书《这样投资更幸福：你应该知道的投资密码》面世 。

2011年4月，上证非周期行业100交易型开放式指数证券投资基金、海富通上证非周期行业100交易型开放式指数证券投资基金联接基金成立。

2011年1月，在天相一季度基金公司评级报告中，综合排名第七，获AAAAA评级。

2011年1月，海富通大中华精选股票型证券投资基金成立。

2010年12月，获得社保基金管理业务资格。

2010年11月，海富通资产管理（香港）有限公司正式成立。

2010年11月，海富通稳固收益债券型基金基金成立。

2010年9月，上证周期行业50ETF及其联接基金募集成立。

2010年9月，在惠誉评级2010年度复评中连续获得惠誉M2+（中国）国内资产管理人优秀评级。

2010年5月，《中国证券报》“第七届中国基金业金牛奖”评选中，海富通基金荣获“海外投资金牛基金公司”大奖。

2010年4月，海富通中小盘基金募集成立。

2010年4月，香港全资子公司——海富通资产管理（香港）有限公司完成公司注册及商业登记。

2010年3月，公司外方股东名称及股权变更：3月29日，“富通基金管理公司”变更为“法国巴黎投资管理BE控股公司”，法国巴黎投资管理公司通过全资控股巴黎投资管理BE持有本公司49%的股权。

2010年2月，获国家外汇管理局批复，境外投资额度调升至10亿美元。

2010年2月，海富通基金获准设立香港子公司——海富通资产管理（香港）有限公司。

2010年2月，海富通获授权开发相关ETF产品，A股首现行业配置指数。

2010年1月，海富通中小盘股票型证券投资基金获得中国证监会核准募集。

2009年12月，海富通基金年金管理规模突破百亿元。

2009年10月，海富通首只指数基金——海富通中证100指数基金（LOF）成立。

2009年9月，海富通首只“一对多”产品、与中信建投合作发行的“创新成长资产管理计划”在9月16日提前结束募集。

2009年6月，海富通中国海外精选股票型基金第二次分红。

2009年5月，海富通基金管理有限公司搬迁至新办公地址办公（上海市浦东新区花园石桥路66号东亚银行金融大厦36－37层）。

2009年3月，海富通旗下的第四只股票基金海富通领先成长股票型基金开始发售。

2008年1月，中国石油天然气集团公司企业年金理事会最终企业年金基金投资管理人资格确定，海富通基金获得该公司年金投资管理业务的第一大单。

2008年3月，海富通基金管理有限公司获中国证监会核准，已经获得特定客户资产管理业务资格。

2008年5月，海富通基金管理公司旗下海富通中国海外精选基金于2008年5月19日起发行。

2008年7月28日，海富通基金管理公司申报的海富通稳健添利债券型基金获得核准发行批复（证监许可（2008）985号）。

2008年9月8日，海富通旗下的第一支债券基金海富通稳健添利基金开始发售。

2008年10月17，海富通旗下的第一支债券基金海富通稳健添利基金顺利募集，并于2008年10月24日基金合同正式生效。

2008年11月中旬，海富通参加北京的“金博会”和上海的“理财博览会“，与投资者近距离交流。

2007年1月，海富通先后和吉林亚泰、淮北矿业、海尔集团、光大银行、淮南矿业、沪杭甬高速、江苏盐业、陕西秦龙电力等企业签署合同，成为他们企业年基金基金的投资管理人。

2007年1月，富通银行获国家外汇管理局批准新增QFII额度1亿美元，总额度达到5亿美元。新增额度除用于扬子基金的重新开放申购外，一部分用于发起设立小盘A股基金。

2007年2月，海富通成为韩华Dream & Green中国股票基金投资咨询顾问。

2007年4月9日，海富通精选二号证券投资基金成功募集86亿份基金单位，合同正式生效。

2007年5月，海富通公司副总裁、投资总监陈洪先生被选为新一届发审委委员，作为基金业的两名代表之一。

2007年5月，网上交易新增浦发银行渠道。

2007年6月，海富通客户服务部推出“海富通QQ情“服务，向基金份额持有人提供实时在线的投资咨询服务。

2007年6月，交大——海富通投资者教育研究基金揭牌，标志着海富通投资者教育活动进入了一个崭新阶段。

2007年8月，海富通基金管理公司获得QDII资格，将首推全球精选中国概念股票基金产品。

2007年11月，海富通连续中标全国电力企业年金项目。

2007年11月22日，首届“海富通在线会议室“召开。

2007年12月28日，海富通首个QDII（合格境内机构投资者）基金产品“海富通中国海外精选股票型证券投资基金“已经获得中国证监会的批准募集发行。

2006年2月14日，海富通的注册资本由人民币1亿元增加至人民币1.5亿元，其中：海通证券出资人民币7650万元，比利时富通基金管理公司出资人民币7350万元；双方的出资比例从原来的67%：33%变更为51%：49%。

2006年5月25日，海富通强化回报证券投资基金成功募集25.6亿份基金单位，正式成立。

2006年5月27日，聘请陈洪、阎小庆先生担任海富通基金管理有限公司副总经理。

2006年10月19日，海富通风格优势股票型证券投资基金成功募集22.1亿份基金单位，正式成立。

2006 年 10 月，海富通成为 B 股基金投资咨询顾问。

2005 年 1 月 10 日，海富通货币市场证券投资基金成功募集 9.6 亿份基金单位，正式成立。

2005 年 2 月 16 日，海富通基金入选 2004 年度全国银行间拆借市场优秀交易成员。

2005 年 6 月 10 日，海富通股票证券投资基金正式发行。

2005 年 7 月 30 日，海富通股票证券投资基金成功募集 4.2 亿份基金单位，正式成立。

2005 年 8 月 1 日，海富通获得劳动和社会保障部认定的企业年金基金投资管理人资格。

2004 年 2 月 5 日，海富通收益增长证券投资基金正式发行。

2004 年 3 月 12 日，海富通收益增长证券投资基金成功募集 130.7 亿份基金单位，正式成立。

2004 年 11 月 26 日，海富通货币市场证券投资基金正式发行。

2003 年 04 月 01 日，海富通基金管理有限公司获得中国证监会开业批准。

2003 年 04 月 18 日，海富通基金管理有限公司获得营业执照。

2003 年 7 月 28 日 海富通基金管理公司开通网上交易。

2003 年 8 月 22 日，海富通精选证券投资基金成功募集 36.98 亿份基金单位，正式成立。

2002 年 11 月 28 日，海富通基金管理有限公司（筹建）获得筹建批准。

2001 年 11 月，海通证券与富通基金管理公司就成立首批中外合资基金管理有限公司的事宜，签署了合作协议。

【公司荣誉】

2011 年 3 月，《证券时报》社主办的 2010 年度“中国基金业明星奖”，海富通基金荣获 2010 年度“十大明星基金公司”大奖。

2011 年 4 月，《上海证券报》主办的第八届中国“金基金奖”评选，海富通基金获得“2010 年度金基金公司奖——海外投资回报公司”大奖。

2011 年 4 月，《中国证券报》主办的“第八届中国基金业金牛奖”评选，海富通基金获得“2010 年度金牛基金管理公司”大奖。

2010 年 5 月，中国证券报》评选的“第七届中国基金业金牛奖”，海富通基金获“海外投资金牛基金公司”大奖。

2009 年 1 月，《证券时报》2008 年度货币市场明星基金奖。

2009 年 1 月，《中国证券报》海富通精选二号获“2008 年度同业领先开放式混合型基金”。

2009 年 1 月，《中国证券报》海富通货币获“2008 年度开放式货币市场金牛基金”。

2008 年 3 月，《证券时报》2007 年度中国明星基金评选“新基金明星奖”——海富通风格优势股票基金。

2007 年 1 月，《中国证券报》第四届中国基金业金牛奖。

2007 年 4 月，《上海证券报》第四届中国基金公司奖最佳风险控制奖。

2007 年 5 月，《证券时报》第二届中国明星基金——三年持续回报明星基金奖 - 海富通精选基金。

2006 年 2 月，《中国证券报》第三届中国基金业金牛奖。

2006 年 4 月，《证券时报》品牌推广明星奖。

2006 年 4 月，《上海证券报》最佳管理团队奖。

2005 年 4 月，《中国证券报》第二届中国基金业金牛奖；海富通精选被评为开放式股票型金牛基金。

【股东概况】

排序	股东名称	持股数量(万股)	持股比例
1	海通证券股份有限公司	7650.00	51%
2	法国巴黎投资管理 BE 控股公司	7350.00	49%

【旗下基金】

基金代码	基金简称	类型	基金经理
519003	海富通收益增长	混合型	牟永宁
519005	海富通股票	股票型	陈绍胜
519007	海富通强化回报	混合型	蒋征、陈绍胜
519011	海富通精选	股票型	陈洪、蒋征
519013	海富通风格优势	股票型	牟永宁
519015	海富通精选贰号	混合型	蒋征
519505	海富通货币 A	货币型	邵佳民
519506	海富通货币 B	货币型	邵佳民
519601	海富通中国海外	QDII	杨铭
519023	海富通稳健添利债 C	债券型	邵佳民
519024	海富通稳健添利债 A	债券型	邵佳民
519025	海富通领先成长	股票型	陈绍胜
162307	海富通中证 100	指数型	刘璎
519026	海富通中小盘	股票型	程岽
519027	海富通上证周期联接	ETF	刘璎
510110	海富通上证周期 ETF	ETF	刘璎
519030	海富通稳固收益	债券型	邵佳民
519602	海富通大中华精选	QDII	杨铭
510120	海富通上证非周期 ETF	ETF	刘璎
519032	海富通上证非周期联接	ETF	刘璎
519033	海富通国策导向	股票型	牟永宁
162308	海富通稳增分级债券	创新封闭式	邵佳民
150044	海富通稳增债券 A	创新封闭式	邵佳民
150045	海富通稳增债券 B	创新封闭式	邵佳民

【公司高管】

邵国有先生，董事长，副教授。历任吉林大学校党委副书记、长春师范学院校党委书记、长春新世纪广场有限公司副董事长兼总经理、海通证券股份有限公司宣传培训中心总经理。2003 年至今任海富通基金管理有限公司董事长。

田仁灿先生，董事、总经理，比利时籍，工商管理学硕士。历任法国金融租赁 Euroequipement S. A. 公司总裁助理、富通银行区域经理、大中华地区主管、富通基金管理亚洲有限公司投资经理、业务发展部总经理、首席执行官。2003 年至今任海富通基金管理有限公司董事、总经理。

章明女士，督察长，硕士。历任加拿大蒙特利尔 BBCC Tech & TradeInt' lInc 公司高级财务经理、加拿大蒙特利尔 Dalma Investment，FutureElectronics 公司产品专家、海通证券股份有限公司对外合作部经理。2003 年至今任海富通基金管理有限公司督察长。

长信基金管理有限公司

【基本情况】

法定名称：长信基金管理有限公司

英文名称：Chang Xin Asset Management Co. ,Ltd.

注册地址:上海市黄浦区汉口路130号3-4层
办公地址:上海市浦东新区银城中路68号
时代金融中心9层
法人代表:田 丹
总 经 理:蒋学杰
成立时间:2003年4月28日
公司性质:中资
注册资本:1.5亿元
联系电话:021-63212222
客服热线:400-700-5566
传真号码:021-63217686
邮政编码:200122
公司网址:www.cxfund.com.cn

【公司概况】

长信基金管理有限责任公司由长江证券股份有限公司、上海海欣(集团)股份有限公司、武汉钢铁股份有限公司共同发起设立,于2003年4月28日经中国证券监督管理委员会批准,并于2003年5月9日成立。注册资本金1.5亿元,公司的经营范围包括发起设立基金、基金管理业务和中国证监会批准的其他业务。

股东会是公司的最高权力机构,下设董事会和监事会。公司组织管理实行董事会领导下的总经理负责制,总经理、副总经理、督察长组成公司的经营管理层。在经营管理层下设内部控制委员会、投资决策委员会、特定客户资产投资决策委员会三个非常设委员会,以及金融工程部、国际业务部、专户理财部、投资管理部、研究发展部、固定收益部、交易管理部、基金事务部、市场开发部、信息技术部、监察稽核部、综合行政部、产品开发部等十三个职能部门,并根据公司发展需要设北京分公司、深圳分公司和武汉办事处。

成立多年以来,长信基金以强烈的进取心和开拓精神成为业内一颗冉冉升起的明星,在"真诚坦率、认真负责"的企业文化的推动下,长信公司正朝着可持续健康发展的方向稳步前进。

【公司荣誉】

2008年度

长信利息收益基金获得由中国证券报评选"2008年度开放式货币市场金牛基金"(2009年1月12日)。

长信利息收益基金获得《基金观察》杂志评选的"2008最具潜力货币基金"。

长信基金管理有限责任公司获得《新财富》评选的"首届新财富最具慧眼奖"。

长信基金管理有限责任公司获得百度评选的"2008最具潜力基金公司"。

长信基金管理有限责任公司获得《钱江晚报》评选的"第三届浙江理财博览会十佳基金品牌"称号。

2007年度

长信银利获评银河五星基金和证券时报六星基金。

长信基金被证券日报评为2007年表现最好的十家基金管理公司之一。

长信增利基金被《基金观察》杂志和晨星(中国)联合评选为"2007TOP10钻石基金之新"。

长信增利基金被上海《新闻晨报》评为"2007年十大新秀基金。

长信金利基金荣获2007年第五届上海理财博览会最受欢迎基金类理财产品称号。

长信基金管理有限责任公司获得《新京报》金字招牌评选"2007年度金牌基金公司"。

长信基金管理有限责任公司获得中国年度理财总评榜"最具价值基金公司"称号(华商报业集团主办)。

长信增利获得《证券时报》2007年度新基金明星奖。

长信基金管理有限责任公司获得《南方都市报》、《南都周刊》和《证券日报》联合评选的"2007年度最佳管理团队奖"。

长信增利基金获得《南方都市报》、《南都周刊》和《证券日报》联合评选的"2007年度最佳业绩回报奖"。

长信基金管理有限责任公司获得东方财富网评选的"2007投资者教育优秀奖"。

长信基金管理有限责任公司获得由东方财富网和《新民晚报》联合评选的"十大最具潜力公司"称号。

2006年度

长信利息收益基金被北京商报评为2006年最牛货币市场基金。

银河证券基金研究中心推出的《2006年基金管理公司股票投资管理能力综合评价报告》中,长信基金管理有限责任公司排名第7。

【股东概况】

排序	股东名称	持股数量(万股)	持股比例
1	长江证券有限责任公司	7350.00	49%
2	上海海欣集团股份有限公司	5149.50	34.33%
3	武汉钢铁股份有限公司	2500.50	16.67%

【旗下基金】

基金代码	基金简称	类型	基金经理
519993	长信增利动态策略	股票型	曾芒
519995	长信金利趋势	股票型	付勇
519997	长信银利精选	股票型	胡志宝、苏纯
519991	长信双利优选	混合型	胡志宝、钱斌
519999	长信利息收益货币A	货币型	万莉
519998	长信利息收益货币B	货币型	万莉
519989	长信利丰债券	债券型	李小羽
519987	长信恒利优势	股票型	叶松
163001	长信100	指数型	许万国、卢曼
519985	长信中短债	债券型	李小羽、张文琍
519983	长信量化先锋	股票型	胡倩、叶琦
163001	长信中证央企100	指数型	胡倩
519981	长信美国标普100	QDII	薛天
519979	长信内需成长	股票型	安昀
163003	长信利鑫分级债券	创新封闭式	张文琍
163004	长信利鑫分级债券A	创新封闭式	张文琍
150042	长信利鑫分级债券B	创新封闭式	张文琍

【公司高管】

田丹,董事长,硕士,1985年起进入金融、证券行业,先后在人民银行湖北省分行、湖北证券公司、三峡证券公司、长江证券公司任部门及公司领导。出任长信基金管理有限责任公司董事长前为长江证券有限责任公司董事、总裁。

蒋学杰,总经理,经济学硕士,澳大利亚墨尔本大学商学院MBA。曾任中南财经大学财政金融学院财政系教师、武汉科技信托投资公司武昌证券营业部总经理，并兼公司总助，副总等职、Loftus Capital Partners Limited, Australia 旗下基金亚洲市场投资组合及私人股权投资的亚洲区域负责人、KVB Kunlun Pty Ltd, Australia 金融衍生产品持牌交易投资顾问、长信基金管理有限责任公司副总经理等职。现任公司总经理。

周永刚，督察长，硕士，经济师。曾任湖北证券有限责任公司武汉自治街营业部总经理，长江证券有限责任公司北方总部总经理兼北京展览路证券营业部总经理，长江证券有限责任公司经纪业务总部副总经理兼上海代表处主任、上海汉口路证券营业部总经理。

泰信基金管理有限公司

【基本情况】

法定名称：泰信基金管理有限公司
英文名称：First - Trust Fund Management Co., Ltd.
注册地址：上海市浦东新区银城中路 200 号中银大厦 42 层
办公地址：上海市浦东新区浦东南路 256 号华夏银行大厦 36 - 37 层
法人代表：孟凡利
总 经 理：高清海
成立时间：2003 年 5 月 8 日
公司属性：中资
注册资本：2 亿元
联系电话：021 - 50372168
客服热线：400 - 888 - 5988
传真号码：021 - 50372197、021 - 50372269
邮政编码：200120
公司网址：www. ftfund. com

【公司概况】

泰信基金管理有限公司(First - Trust Fund Management Co., Ltd.)是山东省国际信托投资有限公司联合江苏省投资管理有限责任公司、青岛国信实业有限公司共同发起设立的基金管理公司。公司于 2002 年 9 月 24 日经中国证券监督委员会批准正式筹建，2003 年 5 月 8 日获准开业，注册资本 2 亿元。是国内实施“好人举手制”以来第一家以信托投资公司为主发起人而发起设立的基金管理公司。

公司目前下设市场部、营销部(分华东、华北、华南三大营销中心和电子商务部)、客服中心、基金投资部、研究部、理财顾问部、清算会计部、信息技术部、风险管理部、监察稽核部、综合管理部、北京分公司、深圳分公司。截至 2011 年 12 月底，公司有正式员工 126 人，多数具有硕士以上学历。所有人员在最近三年内均未受到所在单位及有关管理部门的处罚。

公司旗下共有泰信天天收益货币、泰信先行策略混合、泰信双息双利债券、泰信优质生活股票、泰信优势增长混合、泰信蓝筹精选股票、泰信债券增强收益、泰信发展主题股票、泰信债券周期回报、泰信中证 200 指数、泰信中小盘股票共 11 只开放式基金。

【股东概况】

排序	股东名称	出资额(万元)	出资比例
1	山东省国际信托投资有限公司	9000	45%
2	江苏省投资管理有限责任公司	6000	30%
3	青岛国信实业有限公司	5000	25%

【旗下基金】

基金代码	基金简称	类型	基金经理
290001	泰信天天收益货币	货币型	刘兴旺
290002	泰信先行策略	混合型	梁剑
290003	泰信双息双利债券	债券型	侯燕琳、何俊春
290004	泰信优质生活	股票型	崔海鸿、刘强
290005	泰信优势增长	混合型	朱志权
290006	泰信蓝筹精选	股票型	柳菁
290007	泰信强债 A	债券型	何俊春
291007	泰信强债 B	债券型	何俊春
290008	泰信发展主题	股票型	刘毅、侯燕琳
290009	泰信周期债券	债券型	刘兴旺
290010	泰信中证 200	指数型	刘毅、陈大庆
290011	泰信中小盘	股票型	柳菁

【公司高管】

孟凡利先生，董事长，博士，教授；曾先后任山东经济学院财务会计系副主任、主任，山东省财政厅副厅长，现任山东省鲁信投资控股集团有限公司副董事长、总经理、山东省国际信托有限公司董事长。

高清海先生，总经理，经济学博士；曾任新加坡鲁信(亚洲)投资公司董事、济南百灵信息科技有限公司董事、山东省国际信托公司投资银行业务部经理。

吴胜光先生，督察长，硕士，高级经济师；曾任南京大学城市与资源系副主任、江苏省国际信托投资公司投资银行部业务二部经理、信泰证券有限责任公司投资银行部副总经理。

天治基金管理有限公司

【基本情况】

公司名称：天治基金管理有限公司
英文名称：China Nature Asset Management Co., Ltd.
注册地址：上海市延平路 83 号
办公地址：上海复兴西路 159 号
法人代表：高福波
总 经 理：赵玉彪
成立时间：2003 年 5 月 27 日
注册资本：1.3 亿元
公司属性：中资
联系电话：021 - 64371155
客服热线：400 - 886 - 4800
传真号码：021 - 64375409
邮政编码：200031
公司网址：www. chinanature. com. cn

【公司概况】

天治基金管理有限公司于 2003 年 5 月成立，由吉林省信托投资有限责任公司、中国吉林森林工业集团有限责任公司、吉林市国有资产经营有限责任公司三家股东共同出资发起设立，各股东出资比例分别为 46.16%、38.46%、15.38%。公司注册资本 1.3 亿元，注册地为上海。

目前，天治公司旗下共有九只开放式基金，分别是天治财富增长基金（配置型）、天治品质优选基金（配置型）、天治核心成长基金（股票型）、天治创新先锋基金（股票型）、天治成长精选基金（股票型）、天治稳健双盈基金（债券型）、天治天得利基金（货币型）和天治趋势精选基金（配置型）、天治稳定收益债券基金（债券型）。

经过多年的积累，天治基金形成了一支精干、团结、自信的人才队伍，逐渐摸索出适合的投资模式。

天治基金秉承以诚感人，以信立业，顺天而治，顺势而为，以智慧发现规律，依规律共享财富增长的经营理念，力争为投资者提供优质的基金理财服务，与投资者共同分享中国经济发展的成果，回报投资者的信任。

【股东概况】

序号	股东名称	出资额（万元）	出资比例
1	吉林省信托投资有限责任公司	6000.00	46.16%
2	中国吉林森林工业（集团）总公司	5000.00	38.46%
3	吉林市国有资产经营有限责任公司	2000.00	15.38%

【旗下基金】

基金代码	基金简称	类型	基金经理
350001	天治财富增长	混合型	刘红兵
350002	天治品质优选	混合型	秦海燕、吴战峰
350004	天治天得利货币	货币型	秦娟
163503	天治核心	股票型	秦海燕
350005	天治创新先锋	股票型	龚炜
350006	天治稳健双盈债券	债券型	秦娟
350007	天治趋势精选	混合型	吴战峰
350008	天治成长精选	股票型	龚炜、章旭峰
350009	天治稳定收益债券	创新封闭式	秦娟

【公司高管】

高福波先生，董事长，研究生学历，高级经济师，历任吉林省白山市人民银行任办公室主任、副行级助理稽察、吉林省白山市农村信用联社任理事长、党委书记、吉林省农村信用联社任资金信贷处负责人、副主任，现任吉林省信托有限责任公司党委书记、董事长、天治基金管理有限公司董事长。

赵玉彪先生，董事、总经理，硕士，历任吉林省信托有限责任公司上海证券业务部交易部经理、吉林省信托有限责任公司上海洪山路证券营业部经理兼驻上海证券交易所出市代表、上海金路达投资管理有限公司总经理、天治基金管理有限公司董事长，现任天治基金管理有限公司总经理。

刘伟先生：督察长，本科学历，高级工程师。曾任吉林省信托投资有限责任公司产权交易部副经理、自营基金部副经理、基金业务部副总经理，上海全路达创业投资管理有限公司董事长。

景顺长城基金管理有限公司

【基本情况】

法定名称：景顺长城基金管理有限公司

英文名称：Invesco Great Wall Fund Management Co.，Ltd.

注册地址：深圳市深南中路1093号中信城市广场中信大厦16层

办公地址：深圳市福田区中心四路1号嘉里建设广场第一座21层

法人代表：赵如冰

总　经　理：许义明

成立时间：2003年6月12日

公司属性：中外合资

注册资本：1.3亿元

联系电话：0755－82370388

客服热线：400－888－8606

传真号码：0755－25987356

邮政编码：518040

公司网址：www.invescogreatwall.com

【公司概况】

景顺长城基金管理有限公司成立于2003年6月12日。景顺长城基金管理有限公司是经中国证监会证监基金字［2003］76号文批准设立的国内首家中美合资的基金管理公司，由全球五大独立资产管理公司之一的美国景顺集团与长城证券有限责任公司联合开滦（集团）有限责任公司和大连实德集团有限公司共同发起设立，其中美国景顺集团和长城证券有限责任公司各持有49%的公司股份。公司注册资本1.3亿元，总部设在深圳，在北京、上海、广州设有分公司。

景顺长城秉承"为每一个客户提供安全高效的理财服务"的公司宗旨和"诚信、稳健、专业、创新"的经营理念，始终如一地把保护投资者利益放在第一位，力保客户资产的保值增值，创造中国基金业的领先品牌。

作为第一家中美合资的基金管理公司，景顺长城充分利用中外股东的资源优势，引进、吸收、消化景顺集团的全球化视野和资产管理能力，并结合国内市场的特色和实际需要，形成了极具特色的"四大支柱体系"，即管理体系、投资体系、营销体系和技术平台体系，以卓越的绩效、专业的团队、严谨的管理和优质的资源，为投资者创造长期而稳定的收益。

目前，景顺长城旗下已管理了15只开放式基金，建立了覆盖高中低风险等级的较为完善的产品线，在股票型基金的管理上形成了独特的优势。

【公司荣誉】

2011

《亚洲资产管理》杂志Bestofthe Best Awards评选

中国区最佳投资者教育奖"精明理财杯"基金投资大赛

2011东方财富风云榜评选

最佳基金定投品牌景顺长城"精明i定投"

和讯网"财经风云榜"评选

"最佳电子商务平台"奖网上直销智能定投业务——"精明I定投"

2010

和讯网2010年度基金业奖项评选

和讯网2010年度基金业最佳创意营销奖精明职场定投

2010年度中国基金业明星基金评选

2010年度股票型明星基金奖能源基建基金

【股东概况】

排序	股东名称	持股数量（万股）	持股比例
1	长城证券有限责任公司	6370.00	49%
2	景顺资产管理有限公司	6370.00	49%
3	开滦（集团）有限责任公司	130.00	1%
3	大连实德集团有限公司	130.00	1%

【旗下基金】

基金代码	基金简称	类型	基金经理
260101	景顺长城优选	股票型	陈嘉平
260102	景顺长城货币 A	货币型	张继荣
260202	景顺长城货币 B	货币型	毛从容、张继荣
260103	景顺长城动力平衡	混合型	张继荣
260104	景顺长城内需增长	股票型	王鹏辉、杨鹏
260108	景顺长城新兴成长	股票型	邓春鸣
260109	景顺长城内需增长贰号	股票型	王鹏辉、杨鹏
260110	景顺长城精选蓝筹	股票型	唐成德
162605	景顺长城鼎益	股票型	张继荣
162607	景顺长城资源垄断	股票型	陈晖
260111	景顺长城公司治理	股票型	邓春鸣
260112	景顺长城能源基建	股票型	余广
260115	景顺长城中小盘	股票型	王鹏辉、杨鹏
261001	景顺长城稳定债券 A	债券型	余春宁
261101	景顺长城稳定债券 C	债券型	余春宁
262001	景顺长城大中华	QDII	谢天翎
260116	景顺长城核心竞争力	股票型	余广、陈嘉平

【公司高管】

赵如冰先生，董事长，武汉水利电力学院（现武汉大学）动力系本科毕业，辽宁大学经济学硕士。曾任葛洲坝水力发电厂主任、研究员级高级工程师，葛洲坝至上海超高压直流输电葛洲坝站站长、书记，葛洲坝水力发电厂办公室主任兼外办主任，华能南方开发公司党组书记、总经理，华能房地产开发公司副总经理，中住地产开发公司总经理、党组书记，长城证券有限责任公司董事、副董事长、党委副书记等职。2009 年加入公司，现任公司董事长。

许义明先生，总经理，香港大学社会科学学士及香港城市大学金融工程学硕士。曾先后就职于前美国大通银行香港、台湾及伦敦分行财资部，汇丰银行总行中国环球市场部；之前曾担任台湾景顺证券投资信托股份有限公司董事兼总经理、景顺香港大中华区业务拓展总监等职务。2009 年加入本公司，现任公司董事兼总经理。

黄卫明先生，督察长，中国人民大学法学硕士。历任国家工商局市场司主任科员，国泰君安证券公司总裁助理兼人力资源部总经理，中国证监会期货部、非上市公众公司部等主任科员、副处长、处长。2010 年加入本公司，现任公司督察长。

兴业全球基金管理有限公司

【基本情况】

法定名称：兴业全球基金管理有限公司

英文名称：Aegon – Industrial Fund Management Co. ,Ltd.

注册地址：上海市黄浦区金陵东路 368 号

办公地址：上海市张杨路 500 号时代广场 20 层

法人代表：兰　荣

总 经 理：杨　东

成立时间：2003 年 9 月 30 日

公司性质：中外合资

注册资本：1.5 亿元

联系电话：021 – 58368998

客服热线：400 – 678 – 0099

传真号码：021 – 58368868

邮政编码：200122

公司网址：www. xyfunds. com. cn

【公司概况】

兴业全球基金管理有限公司（原名“兴业基金管理有限公司”，以下简称“公司”）经证监基金字[2003]100 号文批准于 2003 年 9 月 30 日成立。2008 年 1 月，中国证监会批复（证监许可[2008]6 号），同意全球人寿保险国际公司（AEGON International N. V）受让公司股权并成为公司股东。2008 年 4 月 9 日，公司完成股权转让、变更注册资本等相关手续后，公司注册资本为人民币 1.2 亿元，其中兴业证券股份有限公司的出资占注册资本的 51%，全球人寿保险国际公司的出资占注册资本的 49%。2008 年 7 月，经中国证监会批准（证监许可[2008]888 号），公司于 2008 年 8 月 25 日完成变更公司名称、注册资本等相关手续后，公司名称变更为“兴业全球基金管理有限公司”，注册资本增加为 1.5 亿元，其中两股东出资比例不变。

自成立以来，公司始终以“基金持有人利益最大化”为首要经营目标，遵循诚信、规范、稳健的经营方针，倡导严谨、求实、高效的管理作风，以风险控制、长期投资、价值投资的投资理念，专业、专注、创新的运营方式管理和运用基金资产，为基金持有人提供一流的投资理财服务。

目前，公司旗下共管理着兴全可转债混合型基金、兴全趋势混合型基金（LOF）、兴全货币市场基金、兴全全球视野股票型基金、兴全社会责任股票型基金、兴全有机增长混合型基金、兴全磐稳增利债券型基金、兴全合润分级股票型基金、兴全沪深 300 指数增强型基金（LOF）、兴全绿色投资股票型基金和兴全保本混合型基金等 11 只基金。

近年来公司及旗下基金取得的荣誉有：兴全趋势混合型基金获“三年期开放式混合型持续优胜金牛基金”（《中国证券报》）、三年优胜“金基金 – 股票型基金奖”（《上海证券报》）等荣誉；兴全全球视野股票型基金获“三年期开放式股票型持续优胜金牛基金”（《中国证券报》）、“2009 年度三年持续回报股票型明星基金奖”（《证券时报》）等荣誉；兴全可转债混合型基金获“五年期开放式混合型持续优胜金牛基金”（《中国证券报》）、三年优胜“金基金 – 保守配置型基金奖”（《上海证券报》）等荣誉；兴全社会责任股票型基金获“2009 年度开放式股票型金牛基金”（《中国证券报》）、“2009 年度股票型明星基金奖”（《证券时报》）。公司也因旗下基金业绩突出，2007 – 2010 连续四年荣膺《中国证券报》评选的“年度十大金牛基金公司”称号。

【公司大事记】

2011 年 7 月 4 日，兴全保本混合型基金公开发行，2011 年 8 月 3 日正式成立，募集份额 14.93 亿份。

2011 年 4 月 6 日，兴全绿色投资股票型基金（LOF）公开发行，2011 年 5 月 6 日正式成立，募集份额 20.22 亿份。

2010 年 12 月 17 日，经中国证监会批准，公司旗下九只开放式基金从 2011 年 1 月 1 日起变更名称（各只基金的基金代码保持不变）。以兴业趋势投资混合型证券投资基金（LOF）为例，名称变更后为“兴全”趋势投资混合型证券投资基金（LOF），简称“兴全”趋势混合基金。

2010 年 10 月 12 日，兴业沪深 300 指数增强型基金（LOF）公开发行，2010 年 11 月 2 日正式成立，募集份额29.55 亿份。

2010 年 3 月 15 日,兴业合润分级股票型证券投资基金公开发行,2010 年 4 月 22 日正式成立,募集份额 33.28 亿份。

2009 年 7 月 1 日,兴业磐稳增利债券型证券投资基金公开发行,2009 年 7 月 23 日正式成立,募集份额 14.18 亿份。

2009 年 2 月 23 日,兴业有机增长混合型证券投资基金公开发行,2009 年 3 月 25 日正式成立,募集份额 19.80 亿份。兴业有机增长基金是国内首只明确提出"有机增长"投资理念的证券投资基金。

2008 年 12 月 31 日,经中国证监会批准,公司获准从事特定客户资产管理业务。

2008 年 8 月 25 日,经中国证监会批准,公司中文名称变更为"兴业全球基金管理有限公司"公司注册资本增加到人民币 1.5 亿元,兴业证券股份有限公司和全球人寿保险国际公司的出资比例不变。

2008 年 4 月 12 日,由 Industrial Fund Management Co., Ltd. 变更为 AEGON - INDUSTRIAL Fund Management Co., Ltd. 。公司注册资本由人民币 9,800 万元变更为人民币 12,000 万元,其中,兴业证券股份有限公司的出资占注册资本的 51%,全球人寿保险国际公司的出资占注册资本的 49%。

2008 年 3 月 28 日,兴业社会责任股票型证券投资基金公开发行,2008 年 4 月 30 日正式成立,募集份额 13.88 亿份。兴业社会责任金是国内首只系统运用"社会责任"投资理念的证券投资基金。

2007 年 8 月 7 日,兴业银行、兴业证券、兴业基金管理公司在福州共同签署《关于进一步深入开展战略联盟合作备忘录》,开创了国内银行、证券、基金三类金融机构通力合作、结成战略合作联盟的先河。

2007 年 5 月 11 日,兴业趋势投资混合型证券投资基金(LOF)实施拆分,拆分比例为 1:3.9939。

2006 年 8 月 15 日,兴业全球视野股票型证券投资基金公开发行,2006 年 9 月 20 日正式成立,募集份额 32.86 亿份。兴业全球视野基金是国内首只系统运用"全球视野"投资理念的证券投资基金。

2006 年 4 月 12 日,兴业货币市场证券投资基金公开发行,2006 年 4 月 27 日正式成立,募集份额 17.3 亿份。

2005 年 9 月 19 日,兴业趋势投资混合型证券投资基金公开发行,2005 年 11 月 3 日正式成立,募集份额 9.27 亿份。兴业趋势投资基金首次引入趋势投资理念,投资上强调顺势而为,把握投资对象中长期趋势,追求中长期收益。

2004 年 4 月 2 日,兴业可转债混合型证券投资基金公开发行,2004 年 5 月 11 日正式成立,募集份额 32.82 亿份。兴业可转债基金是国内首只可转债投资基金。

2003 年 9 月 30 日,经中国证监会批准,兴业基金管理有限公司在上海成立。注册资本 9800 万元。

【公司荣誉】

2011 年 12 月,《华夏时报》——"2011 中国十大最具公信力品牌基金"。

2011 年 11 月,中国电子商务协会——"用户满意十大电子金融品牌"。

2011 年 4 月,《中国证券报》——"2010 年度十大金牛基金公司"。

2010 年 12 月,和讯网——2010 年度最具成长性基金公司。

2010 年 12 月,和讯网——2010 年创新基金公司。

2010 年 12 月,凤凰网——2010 年最受投资者信任奖"。

2010 年 11 月,中国电子商务协会——"最佳网上基金公司"。

2010 年 6 月,《上海证券报》、银河证券、晨星资讯(深圳)——2009 年度"金基金·投资回报公司奖"。

2010 年 5 月,《中国证券报》——"2009 年度十大金牛基金公司"。

2010 年 5 月,《中国证券报》——"金牛特别贡献奖"。

2010 年 5 月,《证券时报》、晨星资讯(深圳)——"2009 年度十大明星基金公司"。

【股东概况】

排序	股东名称	持股数量(万股)	持股比例
1	兴业证券股份有限公司	7650.00	51%
2	全球人寿保险国际公司	7350.00	49%

【旗下基金】

基金代码	基金简称	类型	基金经理
340001	兴全可转债	混合型	杨云
340005	兴全货币	货币型	李友超
340006	兴全全球视野	股票型	董承非
163402	兴全趋势	混合型	王晓明、杨岳斌
340007	兴全社会责任	股票型	傅鹏博
340008	兴全有机增长	混合型	陈扬帆
340009	兴全磐稳增利债券	债券型	李友超、肖娟
163406	兴全合润分级	创新封闭式	张惠萍、王海涛
150016	兴全合润分级 A	创新封闭式	张惠萍、王海涛
150017	兴全合润分级 B	创新封闭式	张惠萍、王海涛
163407	兴全沪深 300	指数型	申庆
163409	兴全绿色投资	股票型	傅鹏博、陈锦泉
163411	兴全保本	保本型	杨云、肖娟

【公司高管】

兰荣先生,董事长,1960 年生,工商管理硕士、高级经济师。历任福建省建设银行投资处干部,福建省福兴财务公司科长,兴业银行总行计划资金部副总经理,兴业银行证券业务部副总经理,福建兴业证券公司总裁,兴业证券股份有限公司董事长、总裁、党委书记。现任兴业证券股份有限公司董事长兼兴业全球基金管理有限公司董事长。

杨东先生,董事、总经理,1970 年生,工商管理硕士。历任福建兴业证券公司上海业务部总经理助理,证券投资部副总经理兼上海业务部副总经理,兴业证券股份有限公司证券投资部总经理,兴业证券股份有限公司总裁助理、投资总监。

杜建新先生,公司督察长,1959 年生,大学文化,经济师。历任江西财经大学情报资料中心主任,中国银行三明分行办公室副主任,兴业证券股份有限公司三明营业部副总经理、上海管理总部总经理、人力资源部总经理,兴业基金管理有限公司监察稽核部总监。

广发基金管理有限公司

【基本情况】

法定名称:广发基金管理有限公司

英文名称:GF Fund Management Co., Ltd.

注册地址:广东省珠海市拱北情侣南路 255 号 4 层

办公地址:广州市海珠区琶洲大道东 1 号保利国际广场南塔 31 –33 层
法人代表:王志伟
总 经 理:林传辉
成立时间:2003 年 7 月 30 日
公司属性:中资
注册资本:1.2 亿元
联系电话:020 –83936999
客服热线:95105828
传真号码:020 –89899158
邮政编码:510308
公司网址:www.gffunds.com.cn

【公司概况】

广发基金管理有限公司成立于 2003 年 8 月,是由广发证券股份有限公司等机构发起、经中国证监会批准设立的专业基金管理公司,总部设在广州,公司注册资本金 1.2 亿元人民币。公司目前拥有基金管理及相关业务、特定客户资产管理业务、作为合格境内机构投资者(QDII)从事境外证券投资管理业务、企业年金投资管理人及社保基金投资管理人等业务资格,是业内少数具有“全牌照”管理资格的基金管理公司之一。

公司秉承“为天下人 理天下财”的宗旨,坚持“专业创造价值、客户利益为上”的经营思想,致力成为具有长效发展机制和可持续发展能力的、优秀的、民族品牌的资产管理公司,为投资者谋求长期稳定的收益。

【公司大事记】

2011 年 9 月,广发基金香港分公司获发香港证监会第四类(投资咨询)和第九类(资产管理)牌照。

2011 年 3 月,广发管理的第一只保本基金——广发聚祥保本基金成立。

2010 年 12 月,广发基金获得第三批社保基金管理人资格。

2010 年 12 月,广发基金在香港设立全资子公司——广发国际资产管理有限公司。

2010 年 8 月,广发管理的第一只 QDII 基金——广发亚太精选股票基金成立。

2009 年 1 月,广发基金获得合格境内机构投资者(QDII)资格,成为符合资格开展境外证券投资管理业务的基金管理公司。

2008 年 3 月,广发管理的第一只债券基金——广发强债基金成立。

2008 年 2 月,广发基金获中国证券监督管理委员会批准从事特定客户资产管理业务。

2005 年 1 月,广发基金跟工行合作开办定投业务,并于 2007 年成为国内首个拥有百万定投客户的基金管理公司。

2007 年 12 月,广发基金成为资产管理规模超过千亿元的基金公司,资产管理规模位列行业第六。

2007 年 11 月,广发基金获原劳动和社会保障部颁发的企业年金投资管理人资格。

2006 年 12 月,公司成立仅三年,公募资产管理规模进入业内前六。

2005 年 6 月,广发基金网上交易系统上线,投资者可通过广发基金网上直销购买基金。

2005 年 5 月,广发管理的第一只货币市场基金——广发货币基金成立。

2005 年 2 月,广发管理的第一只 LOF 基金——广发小盘成长股票基金成立。

2003 年 12 月,广发管理的第一只基金——广发聚富混合基金成立。

2003 年 8 月,经中国证监会批准,广发基金管理有限公司成立。

【股东概况】

排序	股东名称	持股数量(万股)	持股比例
1	广发证券股份有限公司	5799.60	48.33%
2	烽火通信科技股份有限公司	2000.40	16.67%
2	香江投资有限公司	2000.40	16.67%
3	广东康美药业股份有限公司	1200.00	10%
4	广州科技风险投资有限公司	999.60	8.33%

【旗下基金】

基金代码	基金简称	类型	基金经理
270001	广发聚富	混合型	祝俭
270002	广发稳健增长	混合型	李琛
270004	广发货币 A	货币型	温秀娟
270014	广发货币 B	货币型	温秀娟
270005	广发聚丰	股票型	易阳方
270006	广发策略优选	混合型	冯永欢
270007	广发大盘成长	混合型	许雪梅
162703	广发小盘成长	股票型	陈仕德
270008	广发核心精选	股票型	朱纪纲
270009	广发增强债券	债券型	谢军
270010	广发沪深 300	指数型	陈盛业
270021	广发聚瑞	股票型	刘明月
162711	广发中证 500	指数型	邱春杨
270022	广发内需 增长	混合型	陈仕德
270023	广发亚太精选	QDII	潘永华
270025	广发行业领先	股票型	刘晓龙
270024	广发聚祥保本	保本型	谢军、朱纪刚
270026	广发中小板 300 联接	指数型	陆志明、魏军
159907	广发中小板 300ETF	指数型	陆志明、魏军
270027	广发全球农业指数	QDII	邱炜
162712	广发聚利债券	债券型	代宇
270028	广发制造业精选	股票型	易阳方、李巍

【公司高管】

王志伟,董事长,男,经济学硕士,高级经济师。兼任广东省第十届政协委员,广东省政府决策咨询顾问委员会企业家委员,广东金融学会常务理事,江西财经大学客座教授。历任广发证券股份有限公司董事长兼党委书记、广东发展银行党组成员兼副行长,广东发展银行行长助理,广东发展银行信托投资部总经理,广东发展银行人事教育部经理,广东省委办公厅政治处人事科科长等职务。

林传辉,总经理,男,大学本科学历,曾任广发证券股份有限公司投资银行总部北京业务总部总经理、投资银行总部副总经理兼投资银行上海业务总部副总经理、投资银行部常务副总经理。

段西军,督察长,男,博士。曾在广东省佛山市财贸学校、广发证券股份有限公司、中国证券监督管理委员会广东监管局工作。

诺安基金管理有限公司

【基本情况】

法定名称:诺安基金管理有限公司
英文名称:Lion Fund Management Co., Ltd.
注册地址:深圳市深南大道4013号兴业银行大厦19-20层
办公地址:深圳市深南大道4013号兴业银行大厦19-20层
法人代表:秦维舟
总 经 理:奥成文
成立时间:2003年12月9日
公司属性:中资
注册资本:1.5亿元
联系电话:0755-83026688
传真号码:0755-83026677
邮政编码:518043
公司网址:www.lionfund.com.cn

【公司概况】

诺安基金成立于2003年12月,目前旗下管理着18只基金,截至2011年3月底,公司管理资产总规模超过520亿元,拥有客户数量超过400万。公司秉承"领先、创新、责任、卓越"的经营理念,各项业务取得了长足的发展,为广大持有人创造了丰厚的收益。

开放式基金:目前公司形成了较为齐全的产品线,所管理的开放式基金涵盖股票型、混合型、指数型、债券型和货币型基金,可以满足不同投资者的不同投资需求。

QDII业务:公司于2008年5月份获批QDII资格,获准从事境外证券投资管理业务。于2010年3月经国家外汇管理局批准,获得5亿美元的境外证券投资额度。

专户理财业务:公司是首批获得专户理财资格的基金公司之一,目前公司已有多只"一对多"产品成立运作,产品涵盖个股精选、主题投资、灵活配置、策略精选等不同类别,公司将在专户理财的投资业绩和专业服务上形成自己的特色。

诺安基金拥有一只优秀的团队,公司曾荣获和讯网"2009年度第七届中国财经风云榜年度最具创意营销奖"、第五届中国基金业金牛奖"2007年度十大金牛基金公司"(《中国证券报》2008年1月15日)、《证券时报》"2007年度十大明星基金公司"(《证券时报》2008年3月17日)、"第三届亚洲品牌盛典"之"中国成长品牌百强",旗下诺安灵活配置混合基金荣获"第七届中国基金业金牛奖2009年度开放式混合型金牛基金"(《中国证券报》2010年5月26日)、"2009年度平衡混合型明星基金奖"(《证券时报》2010年5月19日)、"2009年第五届中国资本市场年会"之"金算盘奖",诺安股票曾荣获第五届中国基金业金牛奖"2007年度开放式股票型金牛基金"(《中国证券报》2008年1月15日)。

"智汇财富,稳见未来",诺安基金管理有限公司致力于以科学严谨的专业知识,以稳健的风格,以卓越的远见在瞬息万变的市场中为投资者实现长期持久的投资回报。

【公司大事记】

2003年12月9日,诺安基金管理有限公司获准成立。注册地为深圳市。

2006年4月17日,诺安基金联合中国工商银行开办诺安平衡基金基金定投业务。

2006年4月20日,诺安基金正式开通全国统一客户服务电话:400-888-8998。

2006年7月17日,诺安中短债基金基金合同正式生效。

2006年8月1日,诺安中短债基金开始办理日常申购、赎回业务。

2006年8月,诺安平衡基金荣登《投资有道·基金观察》评选出的十大钻石基金行列。

2006年8月28日,诺安货币基金通过中国工商银行开办"利添利"账户理财业务。

2006年10月16日,诺安基金管理有限公司正式推出与中国建设银行、银联电子支付服务有限公司合作开发的基金网上交易业务

2006年11月21日,诺安价值增长基金基金合同生效。

2006年12月8日,诺安价值增长基金定开始办理日常申购业务。

2007年1月4日,诺安基金管理有限公司开展诺安股票基金限量持续销售活动。

2007年1月,诺安平衡基金荣获《21世纪经济报道》评选的"2006年中国开放式配置型基金最佳表现奖"。

2007年2月9日,诺安价值增长基金开始办理日常赎回业务。

2007年4月20日,根据银河证券基金研究中心的《2006年基金管理公司股票投资管理能力综合评价》,诺安基金在参评的45家基金公司中位列第4,连续两年跻身前5名。

2007年4月23日,中国工商银行新增诺安股票基金为定投业务基金产品。

2007年8月29日,诺安中短期债券基金正式转型为诺安优化收益债券型基金。

2007年11月,诺安基金网上交易开通农行金穗卡。

2007年12月12日,诺安基金旗下五只基金在招商银行正式开通基金定投业务。

2008年1月4日,公司注册资本增加至1.5亿元。

2008年1月7日,在第五届中国基金业金牛奖评选中,诺安基金荣获"2007年度金牛基金公司",诺安股票基金荣获"2007年度开放式股票型金牛基金"。

2008年1月24日,增加中国银行为诺安平衡基金、诺安股票基金的代销机构。

2008年2月1日,增加建设银行为旗下基金代销机构,并开通基金定投业务。

2008年2月15日,获证监会批准,成为首批从事特定客户资产管理业务的公司之一。

2008年2月29日,增加交通银行为旗下基金代销机构,并开通基金定投业务。

2008年4月15日,诺安灵活配置基金开始发售。

2008年5月6日,诺安基金QDII资格获批,获准从事境外证券投资管理业务。

2008年5月21日,诺安灵活配置基金正式成立。

2009年3月10日,诺安成长股票基金正式成立。

【股东概况】

排序	股东名称	持股数量(万股)	持股比例
1	中国对外经济贸易信托投资有限公司	6000.00	40%

排序	股东名称	持股数量(万股)	持股比例
1	深圳市捷隆投资有限公司	6000.00	40%
2	北京中关村科学城建设股份有限公司	3000.00	20%

【旗下基金】

基金代码	基金简称	类型	基金经理
320001	诺安平衡	混合型	夏俊杰
320002	诺安货币	货币型	张乐赛
320003	诺安股票	股票型	杨谷、邹翔
320004	诺安优化债券	债券型	汪洋
320005	诺安价值增长	股票型	刘红辉、周心鹏
320006	诺安灵活配置	混合型	夏俊杰
320007	诺安成长	股票型	刘红辉
320008	诺安增利债券 A	债券型	汪洋
320009	诺安增利债券 B	债券型	汪洋
320010	诺安中证 100	指数型	王坚
320011	诺安中小盘精选	股票型	周心鹏
320012	诺安主题精选	股票型	杨谷
320013	诺安全球黄金	QDII	梅律吾、宋青
320015	诺安保本	保本型	张乐赛
320014	诺安上证新兴联接	ETF	宋德舜
510260	诺安上证新兴 ETF	ETF	宋德舜
320016	诺安多策略	股票型	王永宏
320017	诺安全球不动产	QDII	朱富林、赵磊
163208	诺安油气能源	QDII	梅律吾
320018	诺安新动力灵活配置	混合型	赵苏

【公司高管】

秦维舟先生，董事长，工商管理硕士。历任北京中联新技术有限公司总经理、香港昌维发展有限公司总经理、香港先锋投资有限公司总经理、中国新纪元有限公司副总裁、诺安基金管理有限公司副董事长。

奥成文先生，总经理，经济学硕士，经济师。曾任中国通用技术(集团)控股有限责任公司资产经营部副经理、中国对外经济贸易信托投资有限公司投资银行部副总经理。2002年10月开始参加诺安基金管理有限公司筹备工作，任公司督察长，现任公司总经理。

陈勇先生，督察长，经济学硕士。曾任国泰君安证券公司固定收益部业务董事、资产管理部基金经理、民生证券公司证券投资总部副总经理。2003年10月加入诺安基金管理有限公司，历任研究员、研究部总监，现任公司督察长。

申万菱信基金管理有限公司

【基本情况】

法定名称：申万菱信基金管理有限公司
英文名称：SWS MU Fund Management Co., Ltd.
注册地址：上海市淮海中路300号香港新世界大厦40层
办公地址：上海市淮海中路300号香港新世界大厦40层
法人代表：姜国芳
总 经 理：于东升
成立时间：2004年1月15日
公司性质：中外合资
注册资本：1.5亿元
联系电话：021－63353535
客服热线：400－880－8588
传真号码：021－63353858
邮政编码：200021
公司网址：www.swbnpp.com

【公司概况】

申万菱信基金管理有限公司(SWS MU Fund Management Co., Ltd.)是由国内大型综合类券商申银万国证券股份有限公司(Shenyin & Wanguo Securities Co., Ltd.)和三菱UFJ信托银行株式会社(Mitsubishi UFJ Trust and Banking Corporation)共同发起设立的一家中外合资基金管理公司。公司成立于2004年1月15日，注册地在中国上海，注册资本金为1.5亿元人民币。其中，申银万国证券股份有限公司持有67%的股份，三菱UFJ信托银行株式会社持有33%的股份。

作为中外合资金融领域合作的结晶，申万菱信立足于“以客为先，创新求变，专业管理，业绩至上”的经营理念，以负责的态度、高效的管理、专业的服务，全力为投资者提供丰厚的投资回报。成立以来，公司业务增长迅速，在北京、广州先后建立了分公司，目前旗下管理12只开放式基金，资产管理规模约126.69亿元(截至2010年12月31日，数据来源WIND)，客户数超过180万户。

通过自身努力，公司逐渐形成了规范、诚信、专业、稳健的运作风格。展望未来，申万菱信将继续依靠强大的股东背景，不断丰富和完善产品线，凭借先进的管理技术，依托丰富的全球和本土运作经验，采用成熟的投资及风险管理技术，借助完善高效的客户服务体系，重视所托，通过海内外资深专业人士组成的精英团队为投资者提供优质的理财服务，努力实现客户资产的保值增值。

【股东概况】

排序	股东名称	持股数量(万股)	持股比例
1	申银万国证券股份有限公司	10050.00	67%
2	三菱 UFJ 信托银行株式会社	4950.00	33%

【旗下基金】

基金代码	基金简称	类型	基金经理
310308	申万盛利精选	混合型	谭涛
310318	申万盛利强化	混合型	古平
310328	申万新动力	开股票型	张鹏、欧庆铃
310338	申万收益宝货币	货币型	周鸣
310358	申万新经济	混合型	徐爽
310368	申万竞争优势	股票型	张鹏
310378	申万添益宝债券 A	债券型	周鸣
310379	申万添益宝债券 B	债券型	周鸣
310388	申万消费增长	股票型	魏立
310398	申万沪深 300	指数型	张少华
163109	申万深指分级	指数型	张少华
150022	申万深指分级收益	指数型	张少华
150023	申万深指分级进取	指数型	张少华
310508	申万稳益宝债券	债券型	古平
163110	申万量化小盘	股票型	张少华、刘忠勋
310518	申万可转换债券	债券型	周鸣

【公司高管】

姜国芳先生，董事长，1957年出生，高级经济师，工商管理硕士。1980年至1984年任职于中国人民银行上海市分行，1984年至1992年任职于中国工商银行上海市分行组织处,1992 年至 1996 年任职于上海申银证券有限公司,董事副总经理、党委副书记。1996 年至 2004 年 2 月任申银万国证券股份有限公司执行副总裁,兼申银万国(香港)有限公司董事长。2004 年 2 月至今任申万菱信基金管理有限公司(原申万巴黎基金管理管理有限公司董事长。

于东升先生,总裁,1971 年出生,经济学博士、EMBA。1994 –2002 年在南方证券历任西安营业部总经理、计划财务管理总部副总经理;2002 –2006 年在湘财证券有限责任公司历任华东管理总部总经理、市场总监;2006 –2008 年在泰达荷银基金管理有限公司历任总经理助理、市场业务总监;2008 –2011 年在汇添富基金管理有限公司历任首席市场官、副总经理,2011 年 9 月加入申万菱信基金管理有限公司,2011 年 11 月 30 日起任本公司总裁。

来肖贤先生,督察长,经济学硕士,现任申万巴黎基金管理有限公司监事会监事,曾任本公司监察稽核总部副总经理。在本公司任职之前,曾任申银万国证券股份有限公司国际业务总部投资分析师、部门副经理,并作为筹备组主要成员参与筹建申万巴黎基金管理有限公司。

中海基金管理有限公司

【基本情况】

法定名称:中海基金管理有限公司
英文名称:Zhong Hai Fund Management Co. , Ltd.
注册地址:上海市陆家嘴东路 166 号中国保险大厦 34 层
办公地址:上海市银城中路 68 号时代金融中心 29 层
法人代表:陈浩鸣
总 经 理:黄　鹏
成立时间:2004 年 03 月 18 日
公司性质:中外合资
注册资本:14666.67 万元
联系电话:021 –38789788
客服热线:400 –888 –9788
传真号码:021 –68419525
邮政编码:200120
公司网址:www. zhfund. com. cn

【公司概况】

中海基金管理有限公司是一家立志成为“国际一流资产管理公司”的中外合资公募基金管理公司,成立于 2004 年 3 月 18 日,前身为国联基金管理有限公司。2006 年 7 月,中国海洋石油总公司旗下中海信托股份有限公司入主成为公司第一大股东,公司相应更名为“中海基金管理有限公司”。总部位于上海浦东陆家嘴金融圈,在北京设有分公司。公司现注册资本为 14666.67 万元,各方股东持股比例为:中海信托股份有限公司 41.591%、国联证券股份有限公司 33.409%、法国爱德蒙德洛希尔银行股份有限公司 25.00%。

公司旗下目前拥有包括 11 只不同类型、不同风格的公募基金以及多款专户产品(“一对一”与“一对多”)在内的较为完整的产品线,涵盖了主动管理与被动管理、权益投资与固定收益投资等不同领域,在以能源及新能源为视角的主题投资、债券投资和量化投资方面已形成独有特色。成立 8 年来,先后服务机构与个人投资者 200 余万人(家),并获得投资者广泛好评。公司现有包括公募基金经理、专户投资经理及分析师在内的近 40 人的投资研究团队,通过扎实研究,努力为客户创造价值。公司还拥有 20 余人的渠道服务和客户服务团队,为遍布全国的投资者提供理财顾问、投资者教育等服务。

在为投资者、股东创造经济价值的同时,中海基金管理有限公司积极践行“企业公民”的义务,坚持投身社会公益事业。公司于 2008 年发起“十年树木,百年树人”活动,一方面号召客户停用纸质对帐单,爱护森林、保护环境;一方面,将节约下的费用资助上海市的农民工子弟小学的学生,三年多来,先后组织了“关注流动花朵——走进虹梅小学”、“1 +1 看世博”及“乘高铁,赏古都”等丰富多彩的活动,得到农民工子弟小学师生、慈善机构、教育机构及媒体的广泛关注,并在上海市证监局组织的基金公司公益活动评比中荣获大奖。此外,公司还在都江堰市天马中学成立了“中海基金爱心书吧”,组织员工义务劳动支持“5. 12”地震救灾物资搬运等,较好地展现了公司及员工的良好精神风貌。

【公司大事纪】

2011 年 11 月 9 日,中海消费主题精选股票型证券投资基金正式成立(基金部函[2011]861 号),骆泽斌先生担任中海消费主题精选股票型证券投资基金基金经理。

2011 年 4 月 27 日,经中国证券监督管理委员会(证监许可[2011]258 号)、中华人民共和国商务部(商外资资审字[2008]0298 号)批准,公司注册资本由 130,000,000 元人民币增加至 146,666,700 元人民币,其中法国爱德蒙得洛希尔银行股份有限公司增加出资 16,666,700 元人民币,各股东的持股比例分别为:中海信托股份有限公司 41. 591%、国联证券股份有限公司 33.409%、法国爱德蒙德洛希尔银行股份有限公司 25.00%。此次增资扩股后,法国爱德蒙得洛希尔银行股份有限公司将进一步把其在资产管理领域先进的风险控制技术、公司治理和累积了 260 余年的资产管理经验引入中海基金,为公司长远发展打下坚实基础。

2011 年 3 月 23 日,中海增强收益债券型证券投资基金正式成立(基金部函[2011]171 号),江小震先生担任中海增强收益债券型证券投资基金基金经理。

2010 年 12 月 30 日,经中海基金管理有限公司董事会审议通过,决定免去宋宇先生督察长职务,聘请宋宇先生担任副总经理职务,聘请朱冰峰先生担任督察长职务。宋宇先生的副总经理任职资格及朱冰峰先生的督察长任职资格已获中国证券监督管理委员会核准(证监许可[2010]1908 号文)。

2010 年 12 月 18 日,经中海基金管理有限公司第二届董事会第三十三次会议审议通过,同意储晓明先生辞去公司董事长职务。

2010 年 12 月 9 日,中海环保新能源主题灵活配置混合型证券投资基金正式成立(基金部函[2010]737 号),夏春晖先生担任中海环保新能源主题灵活配置混合型证券投资基金基金经理。

2010 年 7 月 28 日,中海货币市场证券投资基金正式成立(基金部函[2010]463 号),江小震先生担任中海货币市场证券投资基金基金经理。

2010 年 6 月 28 日,获得中国证券监督管理委员会《关于核准中海货币市场证券投资基金募集的批复》(证监许可[2010]872 号)。

2010 年 6 月 5 日,方培池先生因个人原因不再担任公司副总经理职务。

2010 年 5 月 5 日,调整中海能源策略混合型证券投资基金基金经理人选,施恒新先生不再担任中海能源策略混合型证券投资基金基金经理职务，由陶林健先生担任该基金基金经理职务。

2010 年 4 月 24 日，顾建国先生因工作原因不再担任公司副总经理职务。

2010 年 3 月 25 日，中海上证 50 指数增强型证券投资基金正式成立（基金部函[2010]145 号），陈明星先生担任中海上证 50 指数增强型证券投资基金基金经理。

2010 年 3 月 3 日，调整中海稳健收益债券型证券投资基金基金经理人选，欧阳凯先生不再担任中海稳健收益债券型证券投资基金基金经理职务，由刘俊先生担任该基金基金经理职务。

2010 年 3 月 3 日，调整中海蓝筹灵活配置混合型证券投资基金基金经理人选，杨大力先生不再担任中海蓝筹灵活配置混合型证券投资基金基金经理职务，由许定晴女士担任该基金基金经理职务。

2010 年 2 月 8 日，根据中海基金管理有限公司股东会决议，并经中国证监会批准，本公司对公司章程进行了修订。根据公司章程的相关修订，“法定代表人由董事长担任”修订为“法定代表人由总经理担任”。依照《公司法》和公司章程的规定，本公司法定代表人由储晓明先生变更为陈浩鸣先生。以上公司章程修订及法定代表人变更的工商变更手续已于 2010 年 2 月 4 日在上海市工商行政管理局办理完毕。

2010 年 1 月 7 日，获得中国证券监督管理委员会《关于核准中海上证 50 指数增强型证券投资基金募集的批复》（证监许可[2010]20 号）。

2009 年 9 月 3 日，经中海基金管理有限公司第二届董事会第十六次会议审议通过，同意康伟先生辞去公司总经理职务，聘任陈浩鸣先生担任公司总经理。陈浩鸣先生的总经理任职资格已获中国证券监督管理委员会核准（证监许可[2009]881 号文）。

2009 年 6 月 24 日，中海量化策略股票型证券投资基金正式成立（基金部函[2009]418 号），李延刚先生担任中海量化策略股票型证券投资基金基金经理。

2009 年 6 月 23，调整中海优质成长证券投资基金基金经理人选，免去朱晓明先生中海优质成长证券投资基金基金经理职务。杨济如女士继续担任该基金基金经理职务。

2009 年 6 月 23 日，调整中海分红增利混合型证券投资基金基金经理人选，免去李延刚先生中海分红增利混合型证券投资基金基金经理职务。陶林健先生继续担任该基金基金经理职务。

2009 年 6 月 3 日，调整中海能源策略混合型证券投资基金基金经理人选，免去李延刚先生中海能源策略混合型证券投资基金基金经理职务。施恒新先生继续担任该基金基金经理职务。

2009 年 6 月 2 日，调整中海分红增利混合型证券投资基金基金经理人选，增聘陶林健先生担任中海分红增利混合型证券投资基金基金经理。中海分红增利混合型证券投资基金基金经理由李延刚先生同陶林健先生共同担任。

2009 年 6 月 2 日，调整中海优质成长证券投资基金基金经理人选，增聘杨济如女士担任中海优质成长证券投资基金基金经理。中海优质成长证券投资基金基金经理由朱晓明先生同杨济如女士共同担任。

2009 年 5 月 21 日，调整中海分红增利混合型证券投资基金基金经理人选，免去刘文超先生中海分红增利混合型证券投资基金基金经理职务。李延刚先生继续担任该基金基金经理职务。

2009 年 5 月 21 日，调整中海稳健收益债券型证券投资基金基金经理人选，免去张顺太先生中海稳健收益债券型证券投资基金基金经理职务。欧阳凯先生继续担任该基金基金经理职务。

2009 年 4 月 30 日，获得中国证券监督管理委员会《关于核准中海量化策略股票型证券投资基金募集的批复》（证监许可[2009]347 号）。

2009 年 4 月 28 日，聘任李延刚先生担任公司副总经理职务，其任职资格已报中国证券监督管理委员会审核批准（证监许可[2009]323 号）。

2009 年 2 月 6 日，副总经理刘辉先生因个人原因辞去公司副总经理职务。

2008 年 12 月 3 日，中海蓝筹灵活配置混合型证券投资基金正式成立（基金部函[2008]507 号），杨大力先生担任中海蓝筹灵活配置混合型证券投资基金基金经理。

2008 年 11 月 24 日，中海基金管理有限公司完成股权变更，法国爱德蒙得洛希尔银行股份有限公司受让云南烟草兴云投资股份有限公司所持有的本公司 15.385% 股权。本次股权转让完成后，本公司股东及其持股比例分别为：中海信托股份有限公司 46.923%、国联证券股份有限公司 37.692%、法国爱德蒙得洛希尔银行股份有限公司 15.385%。

2008 年 10 月 15 日，中海蓝筹灵活配置混合型证券投资基金于 2008 年 10 月 15 日起正式发行。

2008 年 10 月 6 日，中海基金管理有限公司自 2008 年 10 月 6 日起，办公场地搬迁至银城中路 68 号 29 楼。公司联系电话、传真及邮编维持不变。

2008 年 2 月 18 日，中海基金管理有限公司北京分公司正式成立。

2008 年 2 月 18 日，中国证券监督管理委员会下发《关于核准中海基金管理有限公司设立北京分公司的批复》（证监许可[2008]266 号）。

2008 年 2 月 14 日，中国证券监督管理委员会下发《关于核准中海基金管理有限公司从事特定客户资产管理业务的批复》（证监许可[2008]254 号），我司成为首批获得该业务资格的基金管理公司。

2008 年 2 月 18 日，中国证券监督管理委员会基金监管部下发《关于核准中海稳健收益债券型证券投资基金募集的批复》（证监基金字[2008]197 号），中海稳健收益债券型证券投资基金于 2008 年 3 月 10 日至 4 月 3 日向社会公开募集。

2008 年 2 月 14 日，经中海基金管理有限公司第一届董事会第三十一次会议审议通过，决定聘任方培池先生担任公司副总经理，其任职资格已报中国证监会审核批准（证监许可[2008]193 号）。

2008 年 1 月 10 日，经中海基金管理有限公司第一届董事会第三十二次会议决议，同意增加李延刚先生担任中海能源策略混合型证券投资基金基金经理。李延刚先生将与朱晓明先生共同管理中海中海能源策略混合型证券投资基金。

2008 年 1 月 10 日，经中海基金管理有限公司第一届董事会第三十二次会议决议，同意增加朱晓明先生担任中海优质成长证券投资基金基金经理。朱晓明先生将与李涛先生共同管理中海优质成长证券投资基金。

2007 年 7 月 31 日，经中海基金管理有限公司第一届董事会第二十三次会议审议通过，同意雷建辉先生辞去公司总经理职务。上述事项已按规定向中国证监会和上海证监局报告。

2007 年 7 月 30 日,经中海基金管理有限公司(以下简称“公司”)第一届董事会第二十三次会议审议通过,同意聘任康伟先生担任公司总经理。康伟先生的总经理任职资格已获中国证监会核准(证监基金字[2007]215 号文)。

2007 年 7 月 10 日,中海基金管理有限公司第一届董事会第二十五次会议决议,彭焰宝先生不再担任中海优质成长证券投资基金基金经理职务,同意聘任李涛先生担任中海优质成长证券投资基金基金经理。

2007 年 7 月 10 日,中海基金管理有限公司第一届董事会第二十五次会议决议,李涛先生不再担任中海分红增利混合型证券投资基金基金经理职务,同意聘任王雄辉先生担任中海分红增利混合型证券投资基金基金经理。

2007 年 3 月 22 日,本公司法定代表人变更为储晓明先生。根据中海基金管理有限公司第一届董事会第十四次会议的决议,因工作需要,华伟荣先生辞去董事长职务,选举储晓明先生为董事长。依照《公司法》和公司章程的规定,本公司法定代表人变更为储晓明先生,工商变更手续于 2007 年 3 月 22 日在上海市工商行政管理局办理完毕。此前,中国证监会已核准储晓明先生的董事长任职资格。

2007 年 3 月 26 日,暂停中海能源策略混合型证券投资基金的申购业务。

2007 年 3 月 13 日,中海能源策略混合型证券投资基金正式成立(基金部函[2007]58 号),并于 2007 年 3 月 21 日起开始办理日常申购业务。

2007 年 3 月 08 日,中海能源策略混合型证券投资基金开始募集。在募集首日,投资者认购非常踊跃。为充分保护基金持有人利益,根据相关规定,提前结束该基金的募集,募集截至日由原定的 2007 年 4 月 9 日提前至 2007 年 3 月 8 日,即募集首日 2007 年 3 月 8 日为该基金最后一个募集日。

2007 年 2 月 26 日,中国证券监督管理委员会基金监管部下发《关于同意中海能源策略混合型证券投资基金募集的批复》(证监基金字[2007]51 号),中海能源策略混合型证券投资基金于 2007 年 3 月 8 日至 4 月 9 日向社会公开募集。

2006 年 8 月 16 日,中海基金管理有限公司于 2006 年 8 月 16 日将旗下开放式基金进行更名,原“国联优质成长证券投资基金”更名为“中海优质成长证券投资基金”;原“国联分红增利混合型证券投资基金”更名为“中海分红增利混合型证券投资基金”。

2006 年 7 月 03 日,国联基金管理有限公司自 2006 年 7 月 3 日起正式更名为中海基金管理有限公司,注册资本金增加至 1.3 亿元人民币。中海信托投资有限责任公司成为第一大股东。

2005 年 4 月 26 日,国联分红增利混合型证券投资基金于 2005 年 4 月 29 日正式开始发行,截至日期为 2005 年 6 月 5 日。

2005 年 4 月 25 日,国联分红增利混合型证券投资基金获得发行批文。(证监基金字[2005]67 号)

2005 年 4 月 23 日,公司与中国农业银行签订了国联分红增利混合型基金《托管协议》、《代销协议》。中国农业银行成为“国联分红增利混合型证券投资基金”的托管银行和主代销银行。

2005 年 1 月 1 日,公司获得上证红利指数首家使用许可。

2004 年 9 月 28 日,国联优质成长证券投资基金正式成立。(中国证监会基金部函[2004]116 号)

2004 年 7 月 29 日,国联优质成长证券投资基金于 2004 年 8 月 18 日正式开始发行,截至日期为 2004 年 9 月 23 日。

2004 年 7 月 23 日,公司与交通银行签订了《代销协议》。交通银行成为“国联优质成长证券投资基金”的主代销银行。

2004 年 7 月 23 日,国联优质成长证券投资基金喜获批文。中国证券监督管理委员会于 6 月 24 日正式签发《关于同意国联优质成长证券投资基金设立的批复》的文件(证监基金字[2004]92 号)。

2004 年 6 月 24 日,国联优质成长证券投资基金喜获批文。中国证券监督管理委员会于 6 月 24 日正式签发《关于同意国联优质成长证券投资基金设立的批复》的文件(证监基金字[2004]92 号)。

2004 年 3 月 18 日,公司经上海市工商行政管理局批准正式成立,注册资金 10000 万人民币。

2004 年 3 月 5 日,根据中国证监会证监基金字[2004]24 号文件,公司正式获准开业。

【股东概况】

排序	股东名称	持股数量(万)	持股比例
1	中海信托投资有限责任公司	6100.01472	41.591%
2	国联证券有限责任公司	4899.98778	33.409%
3	法国爱德蒙得洛希尔银行	3666.6675	25%

【旗下基金】

基金代码	基金简称	类型	基金经理
398001	中海优质成长	混合型	吕晓峰
398011	中海分红增利	混合型	笪菲、吕晓峰
398021	中海能源策略	混合型	许定晴
395001	中海稳健债券	债券型	刘俊
398041	中海量化策略	股票型	笪菲
398031	中海蓝筹灵活	混合型	许定晴
399001	中海上证 50	指数型	陈明星
398051	中海环保新能源	混合型	夏春晖
395011	中海增强债券 A	债券型	江小震
395012	中海增强债券 C	债券型	江小震
398061	中海消费精选	股票型	骆泽斌
392001	中海货币 A	货币型	江小震
3920012	中海货币 B	货币型	江小震

【公司高管】

陈浩鸣先生,董事长。中央财经大学硕士,高级经济师。现任中海信托股份有限公司总裁。历任海洋石油开发工程设计公司经济师,中国海洋石油总公司财务部保险处主管、资产处处长,中海石油投资控股有限公司总经理,中海信托股份有限公司副总裁、中海基金管理有限公司总经理。

黄鹏先生,总经理。复旦大学金融学专业硕士。历任上海市新长宁(集团)有限公司销售经理,上海浦东发展银行股份有限公司大连分行行长秘书,中海信托股份有限公司综合管理部经理助理、投资管理部经理、风控委员会委员。2007 年 10 月进入本公司工作,曾任董事会秘书、总经理助理兼营销中心总经理,2011 年 10 月至今任本公司总经理。

朱冰峰先生,学士。历任长江律师事务所律师、华虹(集团)有限公司法律顾问、锦天城律师事务所律师。2009 年 10 月进入中海基金管理有限公司工作,曾任总经理助理,现任督察长。

光大保德信基金管理有限公司

【基本情况】

法定名称:光大保德信基金管理有限公司
英文名称:Everbright Pramerica Fund Management Co., Ltd.
注册地址:上海市延安东路222号外滩中心46-47层
办公地址:上海市延安东路222号外滩中心46-47层
法人代表:林　昌
总 经 理:傅德修
成立时间:2004年4月22日
公司性质:中外合资
注册资本:1.6亿元
联系电话:021-33074700
客服热线:400-820-2888
传真号码:021-63351152
邮政编码:200002
公司网址:www.epf.com.cn

【公司概况】

2004年4月22日,光大保德信基金管理有限公司正式成立。公司是由中国光大集团控股的光大证券股份有限公司和美国保德信金融集团旗下的保德信投资管理有限公司共同创建的一家中外合资基金管理公司,公司总部设在上海,注册资本为1.6亿元人民币。

公司下设八个常设部门,包括投资部、监察稽核部、信息技术部、财务部、运营部、市场部、销售部、人力资源部。投资部负责对基金资产进行投资和管理,在控制风险的前提下使基金资产获得持续稳定的收益;监察稽核部负责对公司基金投资运作、内部管理、制度执行及遵守法律法规情况独立地履行检查、评估、报告、建议职能;信息技术部负责公司信息系统的建设、客户关系管理及开放式基金管理系统的建设与维护;财务部负责制定公司财务计划、制作财务报表以及配合会计事务所的审计;运营部负责与销售机构进行基金日常交易的资金清算、基金资产的会计核算、开放式基金的注册登记业务以及客户服务;市场部负责基金产品设计、基金产品营销策划、公司及产品的宣传推广;销售部负责基金产品的销售和渠道管理;人力资源部负责公司人员招聘、行政管理及企业文化的建设等。

【公司大事记】

2011年3月30日,公司的第十只开放式基金产品——光大保德信信用添益债券型证券投资基金获得同意募集的批复(中国证监会证监许可[2011]465号),并于2011年4月11日至2011年5月11日在全国发售。2011年5月16日基金合同正式生效,总募集规模为2,627,358,006.58元人民币。

2011年1月,公司发布公告,中方股东光大证券股份有限公司向外方股东保德信投资管理有限公司转让光大保德信12%的股权,双方股东的持股比例变更为:光大证券持有55%的股份,保德信持有45%的股份。

2010年1月20日,公司的第九只开放式基金产品——光大保德信中小盘股票型证券投资基金获得同意募集的批复(中国证监会证监许可[2010]98号),并于2010年3月8日至2010年4月9日在全国发售。2010年4月14日基金合同正式生效,总募集规模为888,592,845.80元人民币。

2009年8月6日,公司的第八只开放式基金产品——光大保德信动态优选灵活配置混合型证券投资基金获得同意募集的批复(中国证监会证监许可[2009]753号),并于2009年9月2日至2009年10月23日在全国发售。2009年10月28日基金合同正式生效,总募集规模为733,193,496.79元人民币。

2008年10月31日,公司的第七只基金产品——光大保德信均衡精选股票型证券投资基金获得同意募集的批复(中国证监会证监许可[2008]1249号文),并于2009年2月2日至2009年2月27日在全国发售。2009年3月4日基金合同正式生效,总募集规模为1,040,503,238.27元人民币。

2008年7月28日,公司的第六只基金产品——光大保德信增利收益债券型证券投资基金获得同意募集的批复(中国证监会证监许可[2008]983号文),并于2008年9月22日至2008年10月24日在全国发售。2008年10月29日基金合同正式生效,总募集规模为1,366,024,807.30元人民币。

2007年8月6日,公司的第五只基金产品——光大保德信优势配置股票型证券投资基金获得同意募集的批复(中国证监会证监基金字[2007]223号文),并于2007年8月21日在全国发售。2007年8月24日基金合同正式生效,总募集规模为9,905,973,604.86元人民币。

2006年7月3日,公司的第四只基金产品——光大保德信新增长股票型证券投资基金获得同意募集的批复(中国证监会证监基金字[2006]129号文),并于2006年8月7日至2006年9月8日期间在全国发售。2006年9月14日基金合同正式生效,总募集规模为409,913,619.78元人民币。

2005年12月21日,公司的第三只基金产品——光大保德信红利股票型证券投资基金获得同意募集的批复(中国证监会证监基金字[2005]206号文),并于2006年2月9日至2006年3月17日期间在全国发售。2006年3月24日基金合同正式生效,总募集规模为532,471,074.61元人民币。

2005年11月18日,公司发布公告,经公司二届五次董事会审议通过,同意汤臣先生(Paul Thompson)辞去公司总经理职务,聘任傅德修先生担任公司总经理。傅德修先生的总经理任职资格已获中国证监会核准。

2005年10月12日,公司发布公告,公司注册资本由人民币1亿元增加到人民币1.6亿元。原股东持股比例保持不变,仍为:光大证券股份有限公司67%,保德信投资管理有限公司33%。

2005年4月25日,公司的第二只基金产品——光大保德信货币市场基金获得设立批复(中国证监会证监基金字[2005]69号文),并于5月16日至6月3日期间在全国发售。6月9日基金合同正式生效,总募集规模为1,439,643,105.95元人民币。

2005年4月1日,公司发布公告,经中国证监会的核准,由林昌先生担任光大保德信基金管理有限公司董事长。

2004年10月11日,经中国证监会批准,公司英文名称由"Everbright Prumerica Fund Management Co., Ltd."变更为"Everbright Pramerica Fund Management Co., Ltd.",公司中文名称维持不变。

2004年6月11日,经中国证监会证监基金字[2004]85号文件批准,公司首只基金——光大保德信量化核心证券投资基金获得设立批复,并于2004年7月20日至8月20日发售;8月27日基金合同正式生效,总募集规模为2,544,287,215.94元人民币。

2004 年 3 月 24 日，公司获得了中国证监会（证监基金字［2004］42 号）发布的《关于同意光大保德信基金管理有限公司开业的批复》；4 月 22 日，公司获得上海市工商行政管理局“企合沪总字第 035703 号”《企业法人营业执照》；4 月 23 日，公司获得中国证监会颁发的编号为 A036“基金管理公司法人许可证”。自此，公司可以正式从事基金业务，此举成为公司业务发展的重要标志。

【股东概况】

排序	股东名称	出资额（万元）	出资比例
1	光大证券股份有限公司	8800.00	55%
2	保德信投资管理有限公司	7200.00	45%

【旗下基金】

基金代码	基金简称	类型	基金经理
360001	光大量化核心	股票型	钱钧
360003	光大保德信货币	货币型	凌超
360005	光大保德信红利	股票型	于进杰
360006	光大新增长	股票型	高宏华
360007	光大优势配置	股票型	周炜炜
360010	光大均衡精选	股票型	黄素丽
360011	光大配置	混合型	王健
360008	光大增利债券 A	债券型	陆欣
360009	光大增利债券 C	债券型	陆欣
360012	光大中小盘	股票型	李阳
360013	光大添益债券 A	债券型	陆欣
360014	光大添益债券 C	债券型	陆欣
360016	光大行业轮动	股票型	于进杰

【公司高管】

林昌先生，董事长，北京大学硕士，中国国籍。历任光大证券南方总部研究部总经理；投资银行一部总经理；南方总部副总经理；投资银行总部总经理；光大证券助理总裁。

傅德修先生，董事，美国哥伦比亚大学硕士，中国（香港）国籍。曾任富达基金管理公司（Fidelity）业务总监，瑞士银行瑞银环球资产管理公司（UBS）执行董事暨大中国区主管，友邦华泰基金管理有限公司总经理。现任光大保德信基金管理有限公司的总经理。

盛松先生，董事，北京大学硕士，中国国籍。历任中国光大国际信托投资公司证券部交易部经理，光大证券资产管理总部总经理；2003 年参加光大保德信基金管理有限公司筹备工作。现任光大保德信基金管理有限公司的督察长。

华富基金管理有限公司

【基本情况】

法定名称：华富基金管理有限公司
英文名称：Huafu Fund Management Co.，Ltd.
注册地址：上海浦东南路 588 号浦发大厦 14 层
办公地址：上海市陆家嘴环路 1000 号汇丰大厦 31 层
法人代表：章宏韬
总　经　理：姚怀然
成立时间：2004 年 4 月 19 日
公司性质：中资
注册资本：1.2 亿元
联系电话：021－68886996
客服热线：400－700－8001
传真号码：021－68887997
邮政编码：200120
公司网址：www.hffund.com

【公司概况】

华富基金管理有限公司是按照市场化机制设立的专业基金管理公司。公司于 2004 年 4 月 19 日在上海正式注册成立，注册资金为人民币 1.2 亿元。

经过多年的积累，华富基金形成了一支精干、团结、自信的人才队伍，逐渐摸索出适合的投资模式。投资团队长期从事投资、研究工作，具有丰富的投资经验。公司凭借团结、高效、锐意、创新的投资团队，以规范、务实的管理风格，科学、理性、健康的投资运作为基金持有人提供专业化、高质量的金融服务。

华富基金管理有限公司是国内证券投资基金业的新锐，秉承“诚信、稳健、专业、进取”的经营理念，致力于为投资人提供专业化、高质量的基金理财服务。

“健康投资、健康生活”是一个服务理念，华富基金不是简单地提供低层次的服务，中国市场发展的阶段性，注定了个人投资者对专业的基金投资的了解程度还十分有限。华富基金提出了“健康投资”的投资理念，并围绕这个主题开展了系列的活动，以期让投资者享受投资收益的同时，更能获得投资理财的知识，逐步树立理性、科学的理财投资理念。

只有健康发展的企业，才能真正为投资人创造价值。华富基金秉承规范经营、注重诚信的公司宗旨，“诚信、稳健、专业、进取”的经营理念和规范、务实的管理风格，为投资人提供专业化的金融服务。

华富基金相信通过树立科学、理性的投资理念，建立和完善公司完备务实的投资管理架构，严密细致的投资管理流程，和严谨自律的风险控制流程，积极为投资人创造财富；同时华富关注投资人利益，积极倡导健康理财观，与投资人分享中国经济成长的硕果。

华富基金团队拥有丰富的投资管理经验，长期从事投资工作，对市场有深刻的理解。优秀的团队精神、个人潜力的充分发挥，华富投资管理团队将积极为投资人创造财富。

【股东概况】

排序	股东名称	持股数量（万股）	持股比例
1	华安证券有限责任公司	5880.00	49%
2	安徽省信用担保集团有限公司	3240.00	27%
3	合肥兴泰控股集团有限公司	2880.00	24%

【旗下基金】

基金代码	基金简称	类型	基金经理
410001	华富竞争力	股票型	张琦
410002	华富货币	货币型	胡伟
410003	华富成长趋势	股票型	林树财
410004	华富增强债券 A	债券型	胡伟
410005	华富增强债券 B	债券型	胡伟
410006	华富策略精选	混合型	陈德义
410007	华富价值增长	混合型	郭锋
410008	华富中证 100	指数型	郭晨
410009	华富量子生命力	股票型	朱蓓
410010	华富中小板指数增强	指数型	郭晨

【公司高管】

董事长章宏韬先生，本科学历，工商管理硕士学位历任安徽省农村经济管理干部学院政治处职员，安徽省农村经济委员会调查研究处秘书、副科秘书，安徽证券交易中心综合部（办公室）经理助理、副经理（副主任），安徽省证券公司合肥蒙城路营业部总经理，华安证券有限责任公司总裁办副主任、总裁助理兼总裁办主任，现任华安证券有限责任公司党委委员、副总裁。

总经理姚怀然先生，研究生学历历任人民银行安徽省分行金融管理处主任科员，安徽省证券公司营业部经理、总办主任、总经理助理兼证券投资总部总经理，华安证券有限责任公司总裁助理兼证券投资总部总经理，华富基金管理有限公司董事长。

督察长满志弘女士，管理学硕士，曾任道勤控股股份有限公司财务部总经理，华富基金管理有限公司监察稽核部副总监兼董事会秘书。

上投摩根基金管理有限公司

【基本情况】

法定名称：上投摩根基金管理有限公司

英文名称：China International Fund Management Co., Ltd.

注册地址：上海市富城路 99 号震旦大厦 20 层

办公地址：上海市富城路 99 号震旦大厦 20 层

法人代表：陈开元

总 经 理：章硕麟

成立时间：2004 年 5 月 25 日

公司属性：中外合资

注册资本：2.5 亿元

联系电话：021 – 38794888

客服热线：400 – 889 – 4888

传真号码：021 – 68881130

邮政编码：200120

公司网址：www.51fund.com

【公司概况】

上投摩根基金管理有限公司（China International Fund Management Co., Ltd.）成立于 2004 年 5 月。公司现阶段主要致力于设立和管理证券投资基金，今后将在法律法规许可的范围内提供多元化的资产管理服务，包括社保基金、企业年金以及为企业提供个性化的理财服务。

自成立以来，无论投资环境顺逆，上投摩根都不负所托，为投资者争取最佳主动管理回报。凭借旗下基金稳健卓越的业绩表现，上投摩根在业内脱颖而出，赢得独立专业机构高度评价，并迅速跻身国内基金业领先行列。

今日，上投摩根本土投研团队精英荟萃，更有摩根富林明海外投资团队鼎力支持，将继续以国际视野掌握中国投资契机，为投资者带来持续优异的业绩表现。

上投摩根基金管理有限公司由上海国际信托有限公司（Shanghai International Trust Co., Ltd.）和摩根富林明资产管理（英国）有限公司（JPMorgan AssetManagement（UK）Limited）共同组建，其中上海国际信托有限公司持股 51%，摩根富林明资产管理（英国）有限公司持股 49%。

借鉴摩根富林明资产管理 150 余年享誉全球的专业资产管理经验，结合上海国际信托投资丰富的本地金融运作经验，上投摩根将全力打造中国基金业的旗舰品牌，奉献给国内投资者先进的资产管理理念和国际化的投资管理服务。

早在 1995 年，上投摩根基金公司的外方股东——摩根富林明资产管理就开始致力于中国的基金教育和推广活动：1995 年向中国人民银行提供中文版的国际基金法规，以协助起草中国基金法规；作为证监会首只开放式基金海外评审委员会成员，为国内基金业的发展提出建议和意见；先后邀请国内 10 余个基金监管运作代表团赴海外考察共同基金的运作和管理；先后与国内多个政府机构、协会组织和基金公司就基金的推广和运作举办多次大型研讨会；先后接待来自国内多家基金公司和证券公司的访问团，考察内容包括开放式基金设计、申购赎回操作、基金销售、基金会计、电脑系统、客户服务等；连续 9 年，在国内各大证券媒体上普及基金投资教育。

上投摩根基金管理公司致力于与中国基金市场和投资者的共同成长，立志成为中国投资人的国际投资专家和国际投资人的中国投资专家。专业诚信的经营原则：始终将投资者的利益放在首位，诚实守信，为投资者创造最大价值；服务导向的经营原则：提供全方位、深层次、国际标准的资产管理服务；优质稳健的基金业绩经营原则：追求长期稳健的基金业绩，而非注重眼前利益；本地化长期耕耘经营原则：本地优势与国际视野充分结合，因地制宜的发展策略。

上投摩根基金管理公司借鉴摩根富林明资产管理 150 多年的投资经验，通过科学合理的流程管理和投资体制，在合规合法的前提下为投资人积累更多阳光下的财富。在公司的投资运作中，重视以国际化的视野审视国内市场，发掘新的投资机会，为国内的投资者提供更多国际化的专业服务。

持续优异的投资业绩主要源自具有国际水准的投资研究团队。上投摩根借助中西合璧的一流投资管理平台，为投资人打造出众的投资业绩。

上投摩根基金公司秉承国际视野和本土智慧相结合的原则，汇聚具有丰富国内证券市场投资管理经验的基金经理人和研究专家，将国际化投资理念融入本地市场洞察，力求为投资者带来持续优异的基金表现。

作为合资公司，上投摩根获得了来自摩根富林明资产管理在全球管理超过 10,000 亿美元团队的强大支持。大中华投资管理团队常驻香港，为区域内最资深的投资管理队伍之一。团队成员平均拥有 16 年投资经验，在摩根富林明资产管理平均任职 6 年以上。此外，另有 11 位深谙大中华市场的资深投资专家直接为合资公司提供长期强有力的后援支持。

【公司大事记】

2004 年，上投摩根经中国证监会证监基字[2004]56 号文批准，于 2004 年 5 月 12 日成立。同年 8 月，推出上投摩根中国优势基金，受到了市场广泛关注。

2005 年，上投摩根率先推出了“致富 100”百场理财知识讲座活动，百场讲座全部围绕子女教育、养老、购房购车等与百姓生活息息相关的热门理财话题，为投资者带来深入浅出的全新理财观念。

2006 年，上投摩根创建大型基金理财知识普及活动“摩根基金大学”，讲座内容从基金产品的基本概念到基金投资策略，从子女教育到个人养老，以及总结基金投资误区等，几乎涵盖了投资者所关注的所有领域。同年，上投摩根的股票投资管理能力排名处于全市场前列，展现出了良好的、持续性较长的专业化资产管理风采。

2007 年,上投摩根内需动力和上投摩根亚太优势均创造了当时的基金销售记录。面对火爆的牛市,上投摩根长时间暂停旗下全部股票型基金的申购业务,以保持基金合理运作环境,争取稳健的基金业绩。同年,上投摩根点燃“火炬行动”,通过真实反映十位基金持有人的理财生活,连接十位基金持有人的理财人生,最终播撒倡导健康理财文化的“火种”。

2008 年,上投摩根率先在基金定投客户中,将投资目的为儿女教育成长基金的人群细分出来,创造出了“亲子定投”的概念。此外,上投摩根启动了新的大型投资主题活动“新致富 100”,旨在引导投资者更深刻地理解投资精髓,内容涵盖海外投资、女性理财、子女教育、社会公益、投资者体验等多项内容。

2009 年,上投摩根在业内率先提出了群星计划,将人才、产品、绩效和获利有机地结合,包括外部人才招聘、内部人才培养、投研信息交流、投研成果结合等一系列的步骤和流程,最终全面提高基金业绩。

2010 年,上投摩根进入二次起飞阶段,公司规模排名显著提升,投研团队的精神面貌焕然一新,投研力量得到不断增强,业绩也得到明显改善。

2011 年,上投摩根香港子公司和厦门分公司于 7 月先后成立。

【股东概况】

排序	股东名称	持股数量(万股)	持股比例
1	上海国际信托投资有限公司	12750.00	51%
2	摩根富林明资产管理(英国)有限公司	12250.00	49%

【旗下基金】

基金代码	基金简称	类型	基金经理
370010	上投货币 A	货币型	王亚南、孟晨波
370011	上投货币 B	货币型	王亚南、孟晨波
373010	上投摩根双息平衡	混合型	冯刚 孙芳
375010	中国优势	混合型	杨安乐
377010	上投摩根阿尔法	股票型	王孝德、吴鹏
377016	亚太优势	QDII	杨逸枫、张军
377020	上投摩根内需动力	股票型	王孝德
378010	上投摩根成长先锋	股票型	唐倩
373020	上投双核	混合型	芮崑
371020	上投纯债 A	债券型	王亚南
371120	上投纯债 B	债券型	王亚南
379010	上投中小盘	股票型	董红波
377530	上投轮动	股票型	冯刚
376510	上投大盘蓝筹	股票型	罗建辉
378006	上投全球新兴市场	QDII	王邦祺
372010	上投强化债券 A	债券型	杨成、赵峰
372110	上投强化债券 B	债券型	杨成、赵峰
377240	上投新兴动力	股票型	杜猛
377150	上投健康品质生活	股票型	董红波

【公司高管】

陈开元先生,董事长,大学本科学历,中共党员,高级经济师。先后任职于上海市财政局第三分局,共青团上海市财政局委员会,英国伦敦 Coopers & Lybrand 咨询公司等,曾任上海市财政局对外经济财务处处长,现任上海国际集团有限公司副总经理。

章硕麟先生,总经理,获台湾大学商学硕士学位。曾任怡富证券投资顾问股份有限公司任协理、摩根大通证券副总经理、摩根富林明证券股份有限公司董事长。

陈星德先生,督察长,毕业于中国政法大学,获法学博士学位。历任国投瑞银基金管理有限公司监察稽核部总监。

中银基金管理有限公司

【基本情况】

法定名称:中银基金管理有限公司
英文名称:BOC International Investment Management Co., Ltd.
注册地址:中国上海浦东银城中路 200 号中银大厦 45 层
办公地址:中国上海浦东银城中路 200 号中银大厦 45 层
法人代表:谭　炯
执行总裁:陈　儒
成立时间:2004 年 8 月 12 日
公司属性:中外合资
注册资本:1 亿元
联系电话:021-38834999
客服热线:400-888-5566
传真号码:021-68873488、021-68872488
邮政编码:200121
公司网址:www.bociim.com

【公司概况】

中银基金管理有限公司是由中国银行股份有限公司(以下简称中国银行)和贝莱德投资管理有限公司(以下简称贝莱德)两大全球著名领先金融品牌强强联合组建的中外合资基金管理公司,致力于长期参与中国基金业的发展,努力成为国内领先的基金管理公司。

中银基金管理有限公司前身为中银国际基金管理有限公司,于 2004 年 7 月 29 日正式开业,是由中银国际和美林投资管理合资组建(2006 年 9 月 29 日美林投资管理有限公司与贝莱德投资管理有限公司合并,合并后新公司名称为“贝莱德投资管理有限公司”)。经过三年多的发展,中银国际基金管理有限公司凭借公司在基金管理卓越的业绩表现在业内脱颖而出,并荣获中国最佳风险管理基金管理公司荣誉称号和中国投资者教育优秀奖。经中国证监会和中国商务部批准,并已在国家工商总局完成了注册变更手续,中银国际基金管理有限公司更名为中银基金管理有限公司。

中银基金管理有限公司汇集海内外具有丰富经验和良好职业道德,具备团队精神和创新意识的资深投资管理人才,组成了国际化与本土化相结合的中西合璧的专业化团队,致力于以诚信服务大众,用智慧创造财富,为投资者提供丰富的投资产品和国际标准的投资管理服务。公司将充分发挥中外股东的全球经验和资源优势,引入外方股东在全球资产管理市场的成功经验、技术和智慧,与中国本土经验相结合,为广大投资者提供专业化的投资理财服务。

【公司大事记】

2011 年 10 月 17 日,中银基金旗下第十五只基金产品——“中银中小盘成长股票型证券投资基金”(基金代码:163818)正式发售。

2011 年 6 月 29 日,中银转债增强债券型证券投资基金基金合同生效。

2011 年 6 月 28 日，中银基金管理有限公司第三届董事会第一次会议成功召开。

2011 年 6 月 16 日，中银上证国有企业 100 交易型开放式指数证券投资基金基金合同生效。

2011 年 5 月 30 日，中银基金旗下第十四只基金产品——“中银转债增强债券型证券投资基金”（基金代码：163816、163817）正式发售。

2011 年 5 月 16 日，中银基金旗下第十三只基金产品——“上证国有企业 100 交易型开放式指数证券投资基金”（网上现金发行代码：510273）正式发售。

2011 年 4 月 22 日，2010 年度晨星基金奖日前揭晓，中银增利基金凭借优良的长期业绩，成为唯一获得晨星（中国）2010 年度基金奖的债券型基金。

2011 年 4 月 21 日，中国银行总行李早航副行长莅临我司视察指导工作。

2011 年 4 月 10 日，在《中国证券报》主办的“中国基金业金牛奖”评选中，中银基金管理有限公司荣膺“2010 年度十大金牛基金公司”，中银增利债券基金荣获“2010 年度债券型金牛基金”，中银中国混合基金荣获“三年期混合型金牛基金”。

2011 年 4 月 8 日，由《上海证券报》主办的 2010 年度“金基金奖”评选日前揭晓，中银中国混合基金获得 2010 年度三年期“金基金·偏股型混合基金奖”。

2011 年 4 月 1 日，由证券时报社主办的“2010 中国基金业明星奖”揭晓，中银基金管理有限公司荣获“长期回报明星基金公司奖”，中银中国基金荣获“三年持续回报积极混合型明星基金奖”。

2011 年 3 月 3 日，中银全球策略证券投资基金基金合同生效。

2011 年 2 月 23 日，中银基金管理有限公司第二届董事会第十三次会议成功召开。

2011 年 1 月 6 日，中银基金旗下第十二只基金产品——“中银全球策略证券投资基金”（163812）正式发售。投资者即日起可通过中国银行、建设银行、工商银行、招商银行等代销机构的基金销售网点和中银基金直销中心进行认购。

2010 年 11 月 25 日，中银银稳健双利债券型证券投资基金基金合同生效。

2010 年 11 月 12 日，中国银行总行李早航副行长莅临我司视察指导工作。

2010 年 10 月 18 日，中银基金旗下第十一只基金产品——“中银稳健双利债券型证券投资基金”（163811）正式发售。投资者即日起可通过中国银行、招商银行、中国建设银行等代销机构的基金销售网点和中银基金直销中心进行认购。

2010 年 9 月 1 日，中银基金旗下第十一只基金产品——中银稳健双利债券型证券投资基金，正式获得中国证监会募集批准。

2010 年 8 月 25 日，中银价值精选灵活配置混合型证券投资基金基金合同生效。

2010 年 8 月 22 日，中银基金管理有限公司第二届董事会第十二次会议成功召开。

2010 年 7 月 19 日，中银基金旗下第十只基金产品——“中银价值精选灵活配置混合型证券投资基金”（163810）正式发售。投资者即日起可通过中国银行、招商银行、中国工商银行、中国建设银行等代销机构的基金销售网点和中银基金直销中心进行认购。

2010 年 6 月 21 日，在由《上海证券报》主办的“第七届中国金基金奖”评选中，中银中国基金荣获“金基金·偏股型混合基金奖”。

2010 年 6 月 1 日，中银基金旗下第十只基金产品——中银价值精选灵活配置混合型证券投资基金，正式获得中国证监会募集批准。

2010 年 5 月 23 日，在由《中国证券报》主办的“第七届中国基金业金牛奖”评选中，中银基金管理有限公司荣获“2009 年度金牛创新奖”、中银中国基金荣获“三年期开放式混合型持续优胜金牛基金”。

2010 年 5 月 19 日，由《证券时报》主办的 2009 年度“中国基金业明星基金奖”评选结果揭晓，中银中国基金荣获“2009 年度三年持续回报积极混合型明星基金奖”、中银增利基金荣获“2009 年度普通债券型明星基金奖”。

2010 年 4 月 22 日，中银基金旗下最新三只专户理财“一对多”产品已结束募集并于今日完成相关备案程序，正式成立。至此，中银基金专户理财“一对多”已有 8 只产品，成为国内同类业务中产品数量最多的基金公司之一。

2010 年 4 月 22 日，中银基金管理有限公司第二届董事会第十一次会议成功召开。

2010 年 3 月 05 日，中国银行总行金融市场总部岳毅总裁莅临中银基金视察指导工作。

2010 年 3 月 01 日，中银中国基金获得海通证券三年期综合系列基金评级五星级基金。

2010 年 2 月 11 日，中银基金管理有限公司第九只基金产品——中银蓝筹精选灵活配置混合型证券投资基金正式成立。

2010 年 2 月 5 日，中银基金管理有限公司第九只基金产品——中银蓝筹精选灵活配置混合型证券投资基金发行圆满成功。

2010 年 2 月 5 日，中银基金管理有限公司第二届董事会第十次会议成功召开。

2009 年 1 月 13 日，中银基金管理有限公司第二届董事会第六次会议成功召开。

2009 年 1 月 12 日，中银基金管理有限公司在第六届中国基金业金牛奖评选中荣获 2008 年度新秀奖，中银中国基金荣获 2008 年度同业领先开放式混合型基金。

2009 年 1 月 8 日，2008 年度财经风云榜单日前揭晓，中银基金管理有限公司荣膺“最佳投资者关系基金公司”荣誉称号。

2009 年 1 月 7 日，中银基金旗下第七只基金产品——中银行业优选灵活配置混合型证券投资基金，正式获得中国证监会募集批准。

2008 年 12 月 20 日，中银基金管理有限公司在首届中国电子金融“金爵奖”评选中荣获“用户满意的电子金融品牌”、“最佳网上基金公司”荣誉称号。

2008 年 12 月 1 日，中银基金管理有限公司第二届董事会第五次会议成功召开。

2008 年 11 月 14 日，中银稳健增利债券型证券投资基金基金合同生效。

2008 年 11 月 7 日，中银基金管理有限公司第六只基金产品“中银稳健增利债券型证券投资基金”发行圆满成功。

2008 年 10 月 13 日，中银基金管理有限公司第六只基金产品——“中银稳健增利债券型证券投资基金”(163806)正式发售。投资者即日起可通过中国银行、中国工商银行等各代销机构的基金销售网点和中银基金直销中心进行认购。

2008年9月20日,公司荣获“最佳风险控制基金公司”、“最佳公司治理基金公司”荣誉称号。

2008年9月6日,经中国证监会核准,公司获得特定客户资产管理业务资格。

2008年8月29日,中国银行总行黄定坚总稽核莅临我司视察工作

2008年7月18日,中银基金管理公司第六只基金产品——中银稳健增利债券型基金正式获得中国证监会发行批准,成为2008年公司获批的第二只基金产品。

2008年7月4日,中国银行总行肖钢董事长莅临我司视察指导工作。

2008年6月13日,中银基金管理公司年度新员工培训工作在上海东方绿洲正式开始。

2008年6月12日,中国银行总行王永利副行长莅临我司视察指导工作。

2008年6月11日,贝莱德投资管理有限公司副董事长兼全球股票投资总监Bob Doll先生一行与我司进行业务交流。

2008年5月22日,中银基金管理有限公司第二届董事会第三次会议(电话会议)成功召开。

2008年5月21日,中银基金管理有限公司第二届董事会合规委员会第一次会议(电话会议)成功召开。

2008年5月19日,中银基金管理有限公司荣膺“2008年中国蓝筹公司年会——中国十大金牌基金公司”奖。

2008年5月19日,5月19日14时28分,中银基金在公司多功能会议室举行四川汶川大地震哀悼仪式,在公司管理层的带领下,全体员工默哀3分钟,向四川汶川大地震遇难同胞表示深切哀悼。在哀悼仪式上,公司员工自发第二次捐款69701元。公司全体党员同时踊跃交纳特殊党费,已通过上级党委统一捐至受灾地区。同时,公司再次捐赠善款10万元,中银基金共捐赠善款30余万元,公司的爱心捐赠活动还在进行中。

2008年5月13日,2008年5月12日14时28分,我国四川汶川县发生8级强烈地震。中银基金全体员工踊跃为灾区捐款捐物奉献爱心,及时伸出援助之手。5月13日,公司已经通过中国证券业协会和中行上海分行向我国四川省地震灾区捐赠首批善款13.35万元人民币。

2008年4月8日,中银基金管理有限公司在上海市“知荣辱、讲文明、迎世博、建诚信”系列活动之2007上海市“年度诚信企业”评选活动中荣获“2007年度企业诚信建设奖”。

2008年4月7日,由《理财周刊》联合深圳科学生活博览会国际理财展组委会举办的“2008年最受市民欢迎的理财产品”评选活动结果揭晓,我司旗下中银增长基金荣获最受欢迎理财产品奖。

2008年4月3日,中银动态策略股票型开放式证券投资基金基金合同生效。

2008年4月3日,中银动态策略股票型开放式证券投资基金基金合同生效。

2008年3月28日,中银基金管理有限公司第五只基金产品“中银动态策略股票型证券投资基金”发行圆满成功。

2008年3月28日,在第五届中国基金业“金基金”系列评选活动中,中银基金管理有限公司荣获中国最佳基金管理公司“最具潜力奖”与“最佳投资者关系奖”入围奖;中银中国基金荣获最佳配置基金“金基金”奖。

2008年3月21日,在第三届中国证券投资基金业年会暨2007年首届中国基金行业年度评选中,中银基金管理有限公司荣获“投资者教育创新奖”。

2008年3月3日,中银基金管理有限公司第五只基金产品——“中银动态策略股票型证券投资基金”(163805)正式发售。此次基金募集规模上限为120亿元人民币,投资者即日起可通过中国银行、中国工商银行等各代销机构的基金销售网点和中银基金直销中心进行认购。

2008年2月20日,中银基金管理有限公司2008年第二次股东会在北京成功举行。

2008年2月18日,“中银基金管理有限公司”揭牌典礼在北京隆重举行。中国银行总行肖钢董事长,贝莱德董事长兼首席执行官劳伦斯芬克先生、中国银行总行王永利副行长、总行各相关部门的总经理、公司董事长贾建平先生、公司执行总裁陈儒先生、公司原董事长平岳先生、公司部分董事、监事、来自股东单位和机构客户的200余名贵宾等出席了此次揭牌典礼。

2008年2月15日,中银基金管理公司第五只基金产品——中银动态策略股票型基金获得中国证监会募集批准,将择期公开发售 。

2008年1月30日,中银基金管理有限公司2008年第一次股东会会议在北京成功举行。

2008年1月30日,中银基金管理有限公司第二届董事会第一次会议在北京成功举行。

2008年1月16日,公司名称变更为中银基金管理有限公司。同时公司的英文名称变更为Bank of China Investment Management Co., Ltd. 。

2008年1月30日,中银基金管理有限公司2008年第一次股东会会议在北京成功举行 。

2008年1月11日,在证券时报社主办 的“2007年度中国明星基金暨最佳托管银行评选”中,中银中国基金获评“2007年度中国明星基金奖”。

2008年1月30日,中银基金管理有限公司第二届董事会第一次会议在北京成功举行。

2007年12月31日,公司荣获中国投资者教育优秀奖。

2007年12月27日,中银基金理财讲堂——走进高校投资者教育系列活动闭幕式暨“中银基金杯”大学生明日之星基金理财精英选拔赛决赛,在上海交通大学成功举行。

2007年12月25日,经中国证券监督管理委员会批复,同意中国银行股份有限公司直接控股中银基金。

2007年11月28日,公司联合《上海证券报》、《上海金融报》、东方财富网、《中国证券报》、新浪网等十多家主流媒体共同组织中银基金理财讲堂——走进高校投资者教育系列活动暨“中银基金杯”大学生明日之星基金理财精英选拔赛,在上海复旦大学拉开帷幕。

2007年9月21日,公司荣获中国最佳风险管理基金管理公司荣誉称号。

2007年8月29日,中银国际基金管理有限公司第五次股东会会议(现场会议)在北京成功举行。

2007年8月29日,中银国际基金管理有限公司第一届董事会第五次会议(现场会议)在北京成功举行。

2007年8月17日,中银收益基金(163804)于2007年8

月 13 日实施大比例分红，每十份派发现金红利 11 元，分红后随即开展为期两周的持续销售和集中服务活动。截至 8 月 17 日，其申购份额迅速超过规定的 80 亿份上限，原定 8 月 24 日结束的持续营销活动提前结束。

2007 年 8 月 13 日，中银收益基金（163804）实施大比例分红，每十份基金份额派发现金红利 11 元，这是该基金成立十个月以来第三次分红。

2007 年 7 月 27 日，中银增长基金（163803）实施拆分，由于投资者申购踊跃，拆分当日规模就超过 100 亿份目标规模，百亿限额一日售罄。

2007 年 6 月 29 日，中银国际基金管理有限公司第一届董事会第四次会议（书面会议）成功举行。

2007 年 2 月 5 日，中国银行总行张燕玲副行长莅临我司视察指导工作。

2004 年 7 月 29 日，中银国际基金管理公司在沪隆重举行开业典礼。

2004 年 6 月 28 日，中银国际基金管理公司获得中国证券监督管理委员会的开业批准。

【公司荣誉】

2011 年 4 月，在《中国证券报》主办的“第八届中国基金业金牛奖”评选中，中银基金管理有限公司荣获“金牛基金管理公司”。

2011 年 4 月，在《中国证券报》主办的“第八届中国基金业金牛奖”评选中，中银中国基金荣获“2010 三年持续优胜混合型金牛基金”。

2011 年 4 月，在《中国证券报》主办的“第八届中国基金业金牛奖”评选中，中银增利基金荣获“2010 年度债券型金牛基金”。

2011 年 3 月，在《证券时报》主办的“2011 中国基金业明星奖”评选中，中银中国基金荣获“三年持续回报积极混合型明星基金奖”。

2011 年 3 月，在《证券时报》主办的“2011 中国基金业明星奖”评选中，中银基金管理有限公司荣获“长期回报明星基金公司奖”。

2011 年 4 月，在《上海证券报》主办的第八届中国“金基金奖”评选中，中银中国基金荣获 2010 年度三年期“金基金·偏股型混合基金奖”。

2011 年 4 月，在“晨星（中国）2010 年度基金奖”评选中，中银增利基金荣获“晨星（中国）2010 年度债券型基金奖”。

2010 年 6 月，在上海证券报主办的第七届中国“金基金奖”评选中，中银中国基金荣获 2009 年度“金基金三年期偏股型混合基金奖”。

2010 年 5 月，在《中国证券报》主办的“第七届中国基金业金牛奖”评选中，中银中国基金荣获“三年期开放式混合型持续优胜金牛基金”。

2010 年 5 月，在《中国证券报》主办的“第七届中国基金业金牛奖”评选中，中银基金管理公司荣获“2009 年度金牛创新奖”。

2009 年 3 月，在由《上海证券报》主办的第六届中国基金业“金基金”奖评选中，中银基金荣获“金基金－最快进步奖”入围奖。

2009 年 3 月，在由《上海证券报》主办的第六届中国基金业“金基金”奖评选中，中银中国基金荣获三年优胜“金基金－积极配置型基金奖”。

2009 年 1 月，中银基金管理有限公司在由《中国证券报》主办的第六届中国基金业金牛奖评选中荣获 2008 年度新秀奖。

2008 年 3 月，公司旗下中银中国基金荣获“2007 年积极配置型‘金基金’奖”（《上海证券报》主办）。

2008 年 3 月，公司荣获“2007 年中国最佳基金公司——最具潜力奖”、“最佳投资者关系奖”入围奖（《上海证券报》主办）。

2008 年 1 月，公司旗下中银中国基金荣获“2007 年中国明星基金奖”（《证券时报》主办）。

【股东概况】

排序	股东名称	出资额（万元）	出资比例
1	中国银行股份有限公司	8350.00	83.5%
2	贝莱德投资管理（英国）有限公司	相当于人民币 1650 万元的美元	16.5%

【旗下基金】

基金代码	基金简称	类型	基金经理
163801	中银中国	混合型	张发余
163802	中银货币	货币型	白洁
163803	中银增长	股票型	张琦
163804	中银收益	混合型	陈军、甘霖
163805	中银策略	股票型	彭砚
163806	中银增利债券	债券型	李建、奚鹏洲
163807	中银优选	混合型	张琦
163808	中银中证 100	指数型	陈军
163809	中银精选	混合型	甘霖
163810	中银价值混合	混合型	张发余、彭砚
163811	中银双利债券 A	债券型	李建、奚鹏洲
163812	中银双利债券 B	债券型	李建、奚鹏洲
163813	中银全球策略	QDII	唐华
163816	中银转债增强债券 A	债券型	李建
163817	中银转债增强债券 B	债券型	李建
510270	中银上证国企 100ETF	指数型	周小丹
163818	中银中小盘成长	股票型	王涛

【公司高管】

谭炯先生，董事长。中国国籍。武汉大学硕士研究生，高级经济师、云南省人民政府特殊津贴专家。历任中国银行武汉市青山支行行长、党总支书记、中国银行西藏自治区分行行长、党委书记、中国银行云南省分行行长、党委书记等职。

陈儒，执行总裁。中国国籍。经济学博士、南开大学博士后，高级经济师、国务院政府特殊津贴专家。现任中银国际基金管理公司执行总裁、董事。曾参与深交所筹建。历任深圳投资基金管理公司董事长兼执行总裁，中国银行总行基金托管部总经理，中银国际控股董事总经理，中银国际英国保诚资产管理公司董事，中银国际证券副执行总裁、董事总经理，兼中银国际基金管理公司筹备组组长。

欧阳向军先生，加拿大国籍。督察长。加拿大西安大略大学毅伟商学院工商管理硕士（MBA）和经济学硕士。曾在加拿大太平洋集团公司、加拿大帝国商业银行和加拿大伦敦人寿保险公司等海外机构从事金融工作多年，也曾任蔚深证券有限责任公司（现英大证券）研究发展中心总经理、融通基金管理公司市场拓展总监、监察稽核总监和上海复旦大学国际金融系国际金融教研室主任、讲师。

东方基金管理有限公司

【基本情况】

法定名称：东方基金管理有限公司
英文名称：Orient Fund Management Co.,Ltd.
注册地址：北京市西城区锦什坊街28号1－4层
办公地址：北京市西城区锦什坊街28号1－4层
法人代表：崔　伟
总 经 理：单　宇
成立时间：2004年6月11日
公司属性：中资
注册资本：1亿元
联系电话：010－66295888
客服热线：400－628－5888
传真号码：010－66295999
邮政编码：100033
公司网址：www.orient－fund.com

【公司概况】

东方基金管理有限责任公司成立于2004年6月，股东为东北证券股份有限公司、中辉国华实业（集团）有限公司、河北省国有资产控股运营有限公司和渤海国际信托有限公司。

成立至今，东方基金秉承“诚信是基，回报为金”的经营宗旨，凭借规范、稳健、务实的管理风格以及科学理性的投资运作模式，致力于全球性的开拓思维与本土化的务实行动，努力为广大投资者创造了丰厚的投资回报。

作为以诚信而立的资产管理人，为持有人创造长期稳健的回报是东方基金的核心价值所在。公司成立以来，已经建立起了一套成熟、高效的投资决策、风险控制、研究支持、运作保障和市场拓展体系。

“稳健投资创造持久价值”，未来东方基金将以市场为导向，投资者利益为中心，依托公司完善的治理结构、科学化的风险控制流程，树立知名品牌，提升核心竞争力，努力为千千万万持有人创造优质理财服务，并携手广大投资者共创资本市场美好明天。

【公司大事记】

2004年6月11日，东方基金管理有限责任公司成立。

2004年11月25日，东方龙混合型开放式证券投资基金成立。

2006年1月11日，东方精选混合型开放式证券投资基金成立。

2006年8月2日，东方金账簿货币市场证券投资基金成立。

2007年7月，东方精选基金获基金观察颁发的“2007钻石基金之新”称号。

2007年12月，东方基金管理有限责任公司获华夏时报颁发的“最佳基金持续营销奖”。

2008年1月，东方精选基金获《中国证券报》颁发的“2007年混合型金牛基金”奖。

2008年1月，东方精选基金获《证券时报》颁发的“2007年平衡型明星基金”奖。

2008年1月，由和讯网举办的“2007年度中国财经风云榜”颁奖典礼上，东方精选基金经理付勇、于鑫先生获“2007年度中国十大明星基金经理”称号。

2008年3月，东方精选获由《新民晚报》和东方财富网联合颁发的“2007年百姓最喜爱的十大股票基金”称号。

2008年5月，东方基金管理有限责任公司获百度财经颁发的“亿万网民心目中的2008最具潜力基金公司”称号。

2008年6月3日，东方策略成长股票型开放式证券投资基金成立。

2008年11月，东方基金管理有限责任公司获中国国际金融博览会组委会颁发的“2009最具潜力基金公司”称号。

2008年12月10日，东方稳健回报债券型证券投资基金成立。

2009年6月19日，东方核心动力股票型证券投资基金成立。

2009年6月，东方精选入选“2009福布斯基金排行榜”股票基金前30强。

2010年5月，东方精选基金获《中国证券报》颁发的“2009年混合型金牛基金奖”。

2010年5月，东方精选基金获《证券时报》颁发的“2009年积极混合型明星基金奖”。

2010年8月，东方精选基金获《上海证券报》颁发的“金基金——2009年偏股型混合基金奖”。

【股东概况】

持股单位	出资金额（人民币）	持股比例
东北证券股份有限公司	4600万元	46%
中辉国华实业（集团）有限公司	1800万元	18%
渤海国际信托有限公司	1800万元	18%
河北省国有资产控股运营有限公司	1800万元	18%
合计	10000万元	100

【旗下基金】

基金代码	基金简称	类型	基金经理
400001	东方龙混合型基金	混合型	于鑫
400003	东方精选混合	混合型	李骥、庞飒
400005	东方金账簿货币	货币型	王丹丹
400007	东方策略成长	股票型	于鑫
400009	东方稳健债券	债券型	杨林耘
400011	东方核心动力	股票型	张岗
400013	东方保本	保本型	张岗、杨林耘
400015	东方增长中小盘	混合型	呼振翼

【公司高管】

崔伟先生，董事长，1993年4月至1996年7月，任中国人民银行调查统计司干部、副主任科员、主任科员；1996年7月至1997年10月，任中国人民银行办公厅主任科员、秘书处副处级秘书；1997年10月至2000年4月，任中国证监会办公厅（办公室）秘书处党组秘书、副处长、处长；2000年4月至2004年9月，任中国人民银行东莞中心支行党委委员、副行长，汕头中心支行党委书记、行长；2004年9月至2008年9月，任中国证监会海南监管局党委委员、副局长，党委书记、局长；2008年9月至2010年8月，任中国证监会协调部副主任；2010年8月至今，任吉林大学商学院教师。

单宇先生，总经理，大学本科。15年以上证券及基金从业经历，历任吉林省信托投资公司证券管理总部证券投资管理部经理，吉林省宝路达投资管理公司总经理，天治基金管理有限公司筹备组成员、副总经理、监事长,东北证券有限责任公司副总裁,东北证券股份有限公司副总裁、合规总监;现任本公司总经理,代为履行董事长职责。

吕日先生,督察长。吉林大学经济学院政治经济学专业博士研究生,高级经济师。曾担任吉林省证券公司长春北国之春营业部副经理、延吉证券营业部副经理、营业机构管理部经理;东北证券股份有限公司总裁助理兼营销交易管理总部总经理。2008 年 11 月加盟公司。

东吴基金管理有限公司

【基本情况】

法定名称:东吴基金管理有限公司
英文名称:Soochow Asset Management Co. ,Ltd.
注册地址:上海市源深路 279 号
办公地址:上海市源深路 279 号
法人代表:吴永敏
总 经 理:徐建平
成立时间:2004 年 9 月 2 日
公司属性:中资
注册资本:1 亿元
联系电话:021 - 50509888
客服热线:021 - 50509666
传真号码:021 - 50509884
邮政编码:200120
公司网址:www. scfund. com. cn

【公司概况】

东吴基金管理有限公司是经中国证监会批准成立的全国性基金管理公司之一,注册资本 1 亿元,公司总部位于上海浦东源深路 279 号,并在北京设有分公司,经营范围包括基金管理业务、发起设立基金和经中国证监会批准的其他业务。

公司股东为东吴证券有限责任公司(占 49% 股份)、上海兰生(集团)有限公司(占 30% 股份)、江阴澄星实业集团有限公司(占 21% 股份)。其中,东吴证券有限责任公司注册资本 20 亿元,主要从事证券代理买卖、证券自营买卖、证券承销和上市推荐、企业重组、收购与兼并、基金与资产管理等业务;上海兰生(集团)有限公司是由上海市人民政府批准组建的以国有资产管理、进出口贸易为主的国有大型企业集团,现有成员企业 20 家,拥有总资产 50 多亿元,净资产 8 亿多元;江阴澄星实业集团有限公司,主要从事实业投资,涉足磷化工、工程塑料、化肥农药、仓储物流、国际贸易、金融投资、房地产、风险投资等领域。

开业伊始,东吴基金管理有限公司便与《上海证券报》联合发起"我们需要怎样的投资理念"的大讨论,在证券市场上掀起巨大反响。2004 年 12 月,东吴基金管理有限公司和中国工商银行、上海证券报共同主办"2004 博鳌财富论坛",成为当年国内投资、理财界的一次盛会。2005 年 3 月 15 日,东吴基金管理有限公司被人民日报社市场信息中心评选为中国消费者十大最满意基金品牌之一。2006 年 8 月 27 日,东吴基金管理有限公司荣获由《人民日报》、《市场报》等单位联合评选的第四届(2006 年度)"中国基金管理投资者满意十大品牌"。2011 年 4 月荣获 2010 年度明星基金公司成长奖。2011 年 11 月荣获第七届中国证券市场年会金算盘奖。

东吴基金管理有限公司拥有一支经验丰富而又充满活力的专业团队,平均年龄 31. 2 岁,其中硕士以上学历在占 66%;具有 5 年以上基金、证券从业经历的占 71%;公司高管和主要投资管理人员的平均金融从业年限为 10 年,具有丰富的实践操作经验和管理经验。

作为传统吴文化与前沿经济理念的有机结合,东吴基金崇尚"以人为本,以市场为导向,以客户为中心,以价值创造为根本出发点"的经营理念;遵循"诚而有信、稳而又健、和而有铮、勤而又专、有容乃大"的企业格言;树立了"做价值的创造者、市场的创新者和行业的思想者"的远大理想,创造性地树立公司独特的文化体系,在众多基金管理公司中树立自己鲜明的企业形象。

【公司大事记】

2011 年 9 月 28 日,公司第十一只基金产品——东吴新产业精选股票基金正式成立,进一步丰富了公司的产品线,为投资者提供了更多选择。

2011 年 7 月 27 日,公司第十只基金产品——东吴增利债券基金正式成立,首发募集 4. 27 亿份。

2011 年 4 月 23 日,东吴基金和中央电视台财经频道联合举办第二届新经济财富论坛,政府、金融界、产业界的权威专家学者汇聚一堂,对未来新兴产业投资进行了全景式展望和分析,成为 2011 年新兴产业投资的一大盛会。

2011 年 4 月,在《中国证券报》举办的金牛基金评选中,被评为"2010 年度金牛进取奖"。

2011 年 4 月,在《上海证券报》举办的金基金评选中,被评为"2010 年度金基金. 股票投资回报公司奖"。

2011 年 4 月,在《证券时报》举办的明星基金评选中,被评为"2010 年度明星基金公司成长奖"。

2011 年 2 月 1 日,公司第 9 只基金产品——东吴中证新兴产业指数基金正式成立,首发募集达 19. 77 亿份。

2010 年 11 月,《新财富》杂志主办的评选活动中,被评为"第三届新财富最具慧眼基金管理公司"。

2010 年 11 月,《证券日报》主办的中国证券市场年会基金评选中,被评为"金算盘基金公司"。

2010 年 10 月,《理财周报》主办最受尊敬基金公司的评选活动中,被评为"最具潜力基金公司"。

2010 年 6 月 29 日,公司第 8 只基金产品——东吴新创业证券投资基金正式成立,首发募集达 4. 34 亿份。

2010 年 5 月 11 日,公司第 7 只基金产品——东吴货币市场证券投资基金正式成立,首发募集达 44. 33 亿份。

2009 年 12 月 30 日,公司第六只基金产品——东吴新经济股票型基金正式成立,首发募集达 8. 01 亿份。

2009 年 10 月 15 日,与《上海证券报》联合举办东吴新经济财富论坛,引起业内广泛关注。

2009 年 9 月 17 日,捐款举办"阳光育人计划——东吴基金专期"公益活动,支助 11 名品学兼优的少数民族大学生完成学业。

2009 年 5 月 6 日,东吴进取策略灵活配置混合型开放式证券投资基金正式成立。

2008 年 12 月 31 日,东吴优信稳健债券型证券投资基金开始办理日常赎回业务。

2008 年 11 月 12 日,东吴优信稳健债券型证券投资基金开始办理日常申购业务。

2008 年 11 月 5 日,东吴优信稳证券投资基金正式成立效。

2008 年 7 月 22 日，东吴行业轮动股票型证券投资基金打开日常赎回。

2008 年 5 月 18 日，东吴基金携手中国证券网、证券之星举办为期三个月的大型网络征文有奖活动圆满结束。

2008 年 5 月 15 日，东吴行业轮动股票型证券投资基金开放申购。

2008 年 4 月 24 日，东吴行业轮动股票型证券投资基金基金合同生效。

2008 年 4 月 17 日，东吴行业轮动股票型证券投资基金结束募集，净认购金额为人民币 3,171,531,068.11 元。

2008 年 3 月 17 日，东吴旗下第三只基金——东吴行业轮动股票型证券投资基金正式公开通过各大银行、券商发售。

2008 年 2 月 22 日，东吴旗下第三只基金——东吴行业轮动股票型证券投资基金募集申请获中国证监会审批通过。

2008 年 2 月 18 日，东吴基金携手中国证券网、证券之星举办为期三个月的大型网络征文有奖活动。

2008 年 1 月 7 日，东吴基金旗下基金在中国建设银行全面推出"定期定额投资"计划。

2007 年 12 月 19 日，东吴基金新增中国建设银行为代销机构。

2007 年 11 月 29 日，东吴双动力基金新增中国工商银行为代销机构。

2007 年 11 月 19 日，东吴基金旗下的东吴双动力基金以优异的业绩表现被《证券日报》、国务院发展研究中心评为"2007 年十大高成长基金"金算盘奖。

2007 年 11 月 1 日，东吴基金携手中国农业银行开通金穗通宝储蓄卡网上交易。

2007 年 8 月 8 日，东吴基金新增交通银行为代销机构并开办定期定额投资业务。

2007 年 7 月 2 日，东吴基金开通中国建设银行龙卡储蓄卡基金网上交易。

2007 年 4 月，东吴基金联合中国工商银行推出定期定额投资计划。

2007 年 1 月 31 日，东吴基金荣获由《人民日报》、《市场报》等单位联合评选的"中国基金管理十大影响力品牌"。

2006 年 12 月 15 日，东吴旗下第二只基金——东吴价值成长双动力正式成立，募集基金 21.44 亿份。

2004 年 9 月，东吴基金在上海注册成立，注册资本金为 1 亿元。

【股东概况】

排序	股东名称	持股数量(万股)	持股比例
1	东吴证券有限责任公司	4900.00	49%
2	上海兰生(集团)有限公司	3000.00	30%
3	江阴澄星实业集团有限公司	2100.00	21%

【旗下基金】

基金代码	基金简称	类型	基金经理
580001	东吴嘉禾优势	股票型	唐祝益
580002	东吴双动力	股票型	王少成
580003	东吴行业轮动	股票型	任壮
580005	东吴进取策略	混合型	王炯、朱昆鹏
582001	东吴优信债券 A	债券型	丁蕙
582201	东吴优信债券 C	债券型	丁蕙
580006	东吴新经济	股票型	吴圣涛
580007	东吴新创业	股票型	吴圣涛、王少成
583001	东吴货币 A	货币型	韦勇
583101	东吴货币 B	货币型	韦勇
585001	东吴中证新兴产业	指数型	王少成
582002	东吴增利债券 A	债券型	韦勇
582202	东吴增利债券 C	债券型	韦勇
580008	东吴新产业精选	股票型	任壮、刘元海

【公司高管】

吴永敏先生，董事长，硕士，高级审计师、高级经济师，中共党员。历任无锡县长征企业会计，苏州市财政局科员、苏州市税务局副科长、苏州市税务局三分局局长、苏州市税务局科长、苏州市审计局副局长。现任东吴证券有限责任公司党委书记、董事长。

徐建平先生，总经理，大学，会计师，中共党员。历任张家港市财政局科长兼市房改办副主任，苏州证券有限责任公司张家港杨舍证券营业部总经理、公司总裁助理兼资产管理总部总经理，东吴证券有限责任公司副总裁。现任东吴基金管理有限公司总经理。

吴威先生，督察长，博士，九年证券从业经历，曾担任兴业证券股份有限公司研发中心高级研究员、兴业证券股份有限公司国际业务部负责人、兴业基金管理有限公司筹备组成员、兴业基金管理有限公司副总经理和日本野村证券公司北京代表处中国业务拓展总监等职。

国海富兰克林基金管理有限公司

【基本情况】

法定名称：国海富兰克林基金管理有限公司
英文名称：Franklin Templeton Sealand Fund Management Co., Ltd.
注册地址：广西南宁市琅东滨湖路 46 号
办公地址：上海浦东富城路 99 号震旦国际大楼 18 层
法人代表：吴显玲
总 经 理：李雄厚
成立时间：2004 年 11 月 15 日
公司属性：中外合资
注册资本：2.2 亿元
联系电话：021 - 68880980
客服热线：021 - 38789555
传真号码：021 - 68880981
邮政编码：200120
公司网址：www.ftsfund.com

【公司概况】

国海富兰克林基金管理有限公司成立于 2004 年 11 月，由国海证券有限责任公司和富兰克林邓普顿基金集团全资子公司邓普顿国际股份有限公司共同出资组建，目前公司注册资本 2.2 亿元人民币，国海证券有限责任公司持有 51% 的股份，邓普顿国际股份有限公司持有 49% 的股份。富兰克林邓普顿基金集团是世界知名基金管理公司，在全球市场上有超过 60 年的投资管理经验。国海富兰克林基金管理有限公司引进富兰克林邓普顿基金集团享誉全球的投资机制、研究平台和风险控制体系，力争成为国内一流的基金管理公司。

公司经营理念:诚信、稳健、前瞻、一流。

公司使命:成为中国一流的资产管理机构,以我们的核心价值与独特视野为指导,为客户提供高质量的投资方案和出色的服务,并吸引、激励和保留优秀人才。

目前,公司实行董事会领导下的总经理负责制,在管理层设有投资决策委员会和风险管理委员会两个专门委员会。在机构设置上,公司下设研究分析部、投资管理部、基金市场部、机构销售部、零售业务部、基金事务部、信息技术部、行政管理部和监察稽核部九个部门和中央交易室,并成立了上海分公司和深圳分公司。

【公司荣誉】

2008 年

荣获《证券时报》2008 年度资产配置明星基金公司奖。

旗下基金荣誉

2011 年

富兰克林国海弹性市值股票型基金荣获晨星(Morningstar)五年期股票型基金五星评级,三年期四星评级。(截至2011 年末)

富兰克林国海潜力组合股票型基金荣获晨星(Morningstar)三年期股票型基金四星评级。(截至 2011 年末)

富兰克林国海深化价值股票型基金荣获晨星(Morningstar)三年期股票型基金四星评级。(截至 2011 年末)

富兰克林国海中国收益混合型基金荣获晨星(Morningstar)三年期标准混合型基金四星评级。(截至 2011 年末)

2010 年

富兰克林国海弹性市值股票型基金荣获《上海证券报》2009 年度"金基金三年期产品奖"。

富兰克林国海深化价值股票型基金荣获晨星(中国)2009 年最佳股票型基金奖提名。

富兰克林国海弹性市值股票型基金荣获《证券时报》"2009 年度三年持续回报股票型明星基金奖"。

富兰克林国海弹性市值股票型基金荣获晨星(Morningstar)三年期股票型基金五星评级。

富兰克林国海中国收益混合型基金荣获晨星(Morningstar)三年期标准混合型基金四星评级。

富兰克林国海潜力组合股票型基金荣获晨星(Morningstar)三年期股票型基金四星评级。

2009 年

富兰克林国海弹性市值股票型基金荣获晨星(Morningstar)三年期股票型基金五星评级。

2008 年

富兰克林国海弹性市值股票型基金荣获晨星(Morningstar)"2008 年度股票型基金奖"提名,其中 2008 年度的股票型基金奖空缺,本基金是 5 支基金提名奖的其中之一。

富兰克林国海弹性市值股票型基金荣获《中国证券报》"第六届中国基金业金牛奖评选"的 2008 年度同业领先开放式股票型基金奖。

2007 年

富兰克林国海弹性市值股票型基金荣获《中国证券报》2007 年度开放式股票型金牛基金奖。

富兰克林国海弹性市值股票型基金荣获《证券时报》主办、安信证券协办的"2007 年度中国明星基金暨最佳托管银行评选"——2007 年度股票型基金明星奖。

【股东概况】

排序	股东名称	持股比例
1	国海证券有限责任公司	51%
2	坦伯顿国际股份有限公司	49%

【旗下基金】

基金代码	基金简称	类型	基金经理
450001	国富收益	混合型	刘怡敏、徐荔蓉
450002	国富弹性	股票型	张晓东
450003	国富潜力	股票型	朱国庆
450004	国富价值	股票型	张晓东
450005	国富强债 A	债券型	刘怡敏
450006	国富强债 C	债券型	刘怡敏
450007	国富成长	开放式	刘伟亭
450008	国富沪深 300	指数型	赵晓东
450009	国富中小盘	股票型	赵晓东
450010	国海策略回报配置	混合型	朱国庆
457001	国海亚洲机会	QDII	曾宇

【公司高管】

董事长吴显玲女士,中共党员,管理学硕士,经济师。历任中国人民银行广西壮族自治区金融管理处主任科员,广西证券交易中心副总经理(主持全面工作),广西证券登记有限责任公司法定代表人、总经理,广西证券有限责任公司副总裁,国海证券有限责任公司副总经理,国海富兰克林基金管理有限公司督察长。现任国海富兰克林基金管理有限公司董事长。

总经理李雄厚先生,中山大学经济学硕士。历任中国工商银行深圳市分行业务发展部高级经理、宝安证券营业部负责人、上海证券业务部筹建负责人,鹏华基金管理有限公司市场部渠道销售主管,招商基金管理有限公司营销管理部总监,友邦华泰基金管理有限公司副总经理,景顺投资管理有限公司(INVESCO HK)机构业务联席总监、国海富兰克林基金管理有限公司副总经理。现任国海富兰克林基金管理有限公司总经理。

督察长李彪先生,硕士研究生,副研究员。历任内蒙古大学经济系讲师、中国证监会海南证监局期货机构监管处副处长、证券机构监管处处长、稽查处处长、国海富兰克林基金管理有限公司督察长助理。现任国海富兰克林基金管理有限公司督察长。

天弘基金管理有限公司

【基本情况】

法定名称:天弘基金管理有限公司

英文名称:Tianhong Asset Management Co. ,Ltd.

注册地址:天津市河西区马场道 59 号天津国际经济贸易中心 A 座 16 层

办公地址:天津市河西区马场道 59 号天津国际经济贸易中心 A 座 16 层

法人代表:李　琦

总 经 理:郭树强

成立时间:2004 年 10 月 25 日

公司属性:中资

注册资本:1 亿元

联系电话:022－83310208

客服热线:400－710－9999
传真号码:022－83865569
邮政编码:300203
公司网址:www.thfund.com.cn

【公司概况】

天弘基金管理有限公司成立于2004年11月8日,注册地天津,注册资本1亿元。公司股东为天津信托有限责任公司(持股比例48%)、内蒙古君正能源化工股份有限公司(持股比例36%),芜湖高新投资有限公司(持股比例16%)。经历近七年在资产管理行业的上下求索,公司日趋成熟,同时公司的成长也得到了媒体及社会的关注,2008年公司获得《理财周报》评选的最具发展潜力基金公司奖,同年,又被《北京青年报》评选为2008年度金牌成长基金公司;2011年,公司在第七届中国证券市场年会上获得“金算盘奖”。

截至2011年9月6日,公司总共有84名员工,大多毕业于海内外知名高等学府,其中博士、硕士学位约占总数的52%,投资团队24人,市场团队30人。

目前公司管理七只基金:天弘精选混合型基金、天弘永利债券型基金、天弘永定价值成长股票型基金、天弘周期策略股票型基金、天弘深证成份指数基金(LOF)、天弘添利分级债券型基金和天弘丰利分级债券型基金。

【公司大事记】

2011年11月11日,公司在第七届中国证券市场年会上获得“金算盘奖”。

2010年12月3日,天弘添利分级债券基金合同生效。

2010年8月12日,天弘深证成份指数基金(LOF)基金合同生效。

2009年12月17日,天弘周期策略股票型基金合同生效。

2009年11月,公司获得由“北京国际金融博览会”出的“2009年最具成长性基金公司”奖和“2009年最佳品牌塑造基金 公司”奖。

2008年12月30日,公司获得由首届《北京青年报》“北青财星榜”评选出的唯一一个2008年“市民眼中的金牌成长基金 公司”奖。

2008年12月2日,天弘永定股票型基金合同生效。

2008年9月20日,公司获得由《理财周报》携手理柏等机构评选出的“2008最具发展潜力奖”。

2008年5月24日,经公司股东会决议通过,并经中国证监会核准,内蒙古君正能源化工股份有限公司受让公司原股东山西漳泽电力股份有限公司所持有的本公司26%股权。公司股权结构变更为:天津信托投资有限责任公司出资比例为48%;兵器财务有限责任公司出资比例为26%;内蒙古君正能源化工股份有限公司出资比例为26%。

2008年4月18日,天弘永利债券型基金合同生效。

2005年10月8日,天弘精选基金合同生效。

2004年10月20日,中国证监会批复,天弘基金管理有限公司获准开业。

2003年5月19日,天弘基金管理有限公司获批筹建。

【股东概况】

排序	股东名称	持股数量(万股)	持股比例
1	天津信托投资有限公司	4800.00	48%
2	兵器财务有限责任公司	2600.00	26%
2	乌海市君正能源化工有限责任公司	2600.00	26%

【旗下基金】

基金代码	基金简称	类型	基金经理
420001	天弘精选	开放式	高喜阳、周可彦
420002	天弘债券A	债券型	陈钢
420102	天弘债券B	债券型	陈钢
420003	天弘永定	股票型	徐正国、李蕴炜
420005	天弘周期	股票型	高喜阳
164205	天弘深成	指数型	徐正国
164206	天弘添利分级债券	创新封闭型	陈钢
164207	天弘添利分级债券A	创新封闭型	陈钢
150027	天弘添利分级债券B	创新封闭型	陈钢
164208	天弘丰利分级债券	创新封闭型	陈钢、刘冬
164209	天弘丰利分级债券A	创新封闭型	陈钢、刘冬
150046	天弘丰利分级债券B	创新封闭型	陈钢、刘冬

【公司高管】

李琦先生,董事长,硕士。历任天津市民政局事业处团委副书记,天津市人民政府法制办公室、天津市外经贸委办公室干部,天津信托投资公司条法处处长,天津信托投资有限责任公司总经理助理兼条法处处长。现任天津信托投资有限责任公司副总经理。

郭树强先生,董事,总经理,硕士。历任华夏基金管理有限公司交易主管、基金经理、研究总监、机构投资总监、投资决策委员会委员、机构投资决策委员会主任、公司管委会委员、公司总经理助理。

吕传红先生,督察长,硕士。历任湖北省荆门市沙洋区人民检察院助理检察员、检察员,湖北省贸易厅纪检监察员,南开大学法学院讲师,天津开元律师事务所兼职律师,中国证券监督管理委员会天津监管局干部,中国证券监督管理委员会公职律师。

华泰柏瑞基金管理有限公司

【基本情况】

法定名称:华泰柏瑞基金管理有限公司
英文名称:huatai－pinebridge fund management co., Ltd.
注册地址:上海市民生路1199弄证大五道口广场1号楼17层
办公地址:上海市民生路1199弄证大五道口广场1号楼17层
法人代表:齐　亮
总 经 理:陈国杰
成立时间:2004年11月18日
公司属性:中外合资
注册资本:2亿元
联系电话:021－50472222
客服热线:400－888－0001
传真号码:021－50479918
邮政编码:200120
公司网址:www.aig－huatai.com

【公司概况】

华泰柏瑞基金管理有限公司(以下简称:华泰柏瑞基金)是一家中外合资基金管理公司(原友邦华泰基金管理有限公司),公司股东为华泰证券股份有限公司、柏瑞投资有限责任公司、苏州新区高新技术产业股份有限公司。公司于2004年11月18日正式成立,现注册资本人民币2亿元,总部位于上海,下设北京和深圳分公司。公司经营范围包括基金管理业务、发起设立基金及中国证监会批准的其他业务。公司自成立以来,奉行"主动投资"与"被动投资"并行的公司战略,致力于做中国ETF专家。公司是国内最早推出ETF产品的中外合资基金管理公司之一,凭借精准的指数跟踪能力,杰出的后台运营保障能力,公司旗下的上证红利ETF受到投资者的广泛认可,公司由此积累了丰富的ETF管理经验。

华泰柏瑞基金成立7年多来,以完善的制度,严格的管理,规范的运作,严谨细致的工作精神践行"您的一分投资,我们十分对待"的企业理念,充分结合外方股东在资产管理方面的国际经验以及华泰证券等中方股东在中国本地市场的经验优势,为个人及机构投资者提供满足其需要的金融产品和高水平的理财服务。

【公司大事记】

2011年10月,华泰柏瑞价值增长股票基金获"招商证券股票型基金五星评级(三年)"。

2011年10月,华泰柏瑞价值增长股票基金获"海通证券股票型基金五星评级(三年)"。

2011年9月,第十二只基金华泰柏瑞信用增利债券型证券投资基金成立。

2011年8月,华泰柏瑞套保增值1号资产管理计划专户产品成立。

2011年4月,上证红利ETF蝉联《上海证券报》主办的第八届"金基金·指数基金奖(1年期)"。

2011年3月,华泰柏瑞量子1号资产管理计划专户产品成立。

2011年3月,在《证券时报》举办的中国基金业明星奖评选中华泰柏瑞价值增长股票型基金荣获"2010年度股票型明星基金奖"。

2011年1月,第十只基金上证中小盘交易型开放式指数证券投资基金成立。第十一只基金华泰柏瑞上证中小盘交易型开放式指数证券投资基金联接基金成立。

2010年12月,第九只基金华泰柏瑞亚洲领导企业股票型证券投资基金成立。

2010年8月,华泰柏瑞网站喜获《证券时报》"第11届金融IT创新暨优秀财经网站评选"最佳网上投资顾问奖。

2010年6月,第八只基金华泰柏瑞量化先行股票型证券投资基金成立。

2010年6月,华泰柏瑞红利ETF斩获《上海证券报》主办的第7届中国"金基金.指数基金奖(1年期)"。

2010年5月,华泰柏瑞红利ETF喜获《中国证券报》主办第7届中国基金业2009年度开放式指数型金牛基金奖。

2010年4月,公司更名为华泰柏瑞基金管理有限公司。

2009年12月,红杉1号、2号专户理财一对多产品成立。

2009年10月,公司首只专户理财一对多产品获批。

2009年8月,第七只基金友邦华泰行业领先股票型证券投资基金成立。

2009年5月,第六只基金友邦华泰货币市场基金成立。

2009年1月,公司喜迁自购新办公大楼。

2008年7月,经证监会核准,公司获得QDII业务资格。

2008年7月,友邦华泰价值增长股票型证券投资基金成立。

2008年5月,经证监会核准,公司获得专户理财业务资格。

2008年3月,友邦华泰基金管理有限公司深圳分公司成立。

2007年12月,友邦华泰中短期债券投资基金转型为友邦华泰金字塔稳本增利债券型证券投资基金。

2007年5月,第四只基金友邦华泰积极成长混合型证券投资基金成立。

2006年11月,第三只基金友邦华泰上证红利ETF成立。

2006年9月,经证监会核准,公司注册资金从原来的1亿元增资到2亿元,本次为股东同比例增资。

2006年8月,友邦华泰基金管理有限公司北京分公司成立。

2006年4月,第二只基金中友邦华泰中短期债券投资基金成立。

2005年9月,经证监会批准,外方股东AIGGIC和华泰证券所持股权同比例从33%增加至49%,公司股东及出资比例变更为:AIGGIC49%、华泰证券49%、苏州高新2%,公司注册资本保持不变。

2005年4月,首只基金友邦华泰盛世中国股票型证券投资基金成立。

2004年4月,经证监会批准,友邦华泰基金管理有限公司正式成立。公司由AIG Global Investmet Corp.(AIGGIC)与华泰证券有限责任公司、苏州新区高新技术产业股份有限公司等共同发起,注册资金1亿元。

【股东概况】

排序	股东名称	持股比例
1	华泰证券股份有限公司	49%
2	柏瑞投资	49%
3	苏州新区高新技术产业股份有限公司	2%

【旗下基金】

基金代码	基金简称	类型	基金经理
460001	华泰柏瑞盛世	股票型	汪晖
510220	华泰中小盘ETF	指数型	张娅、柳军
519519	华泰柏瑞增利A	债券型	沈涛
460003	华泰柏瑞增利B	债券型	沈涛
460002	华泰柏瑞成长	混合型	卞亚军
460005	华泰柏瑞价值	股票型	汪晖
460007	华泰柏瑞领先	股票型	吕慧建
460009	华泰柏瑞量化	股票型	卞亚军
460010	华泰亚洲企业	QDII	李文杰、黄明仁
460220	华泰中小盘ETF联接	指数型	张娅、柳军
460006	华泰柏瑞货币A	货币型	沈涛
460106	华泰柏瑞货币B	货币型	沈涛

【公司高管】

齐亮先生,董事长,高级经济师,天津大学工学学士,意大利可尼大学银行与金融专业硕士。曾长期在原国家计委、国务院发展中心和中央财经领导小组办公室任职,历任处长、副局长等职务。在担任友邦华泰基金管理公司董事长之前，任华泰证券有限责任公司副总裁。

陈国杰先生，总经理，澳大利亚新南威尔士大学商业、法律学士。曾任怡富投资管理有限公司董事，1999 年加入美国国际集团（AIG），先后担任美国国际集团环球退休服务及投资管理集团资深副总裁兼区域总监（亚洲），美国国际集团（亚洲）投资有限公司执行董事等职，并自友邦华泰基金管理有限公司成立至今任公司董事。

陈晖女士，督察长，经济学硕士。毕业于中国人民银行研究生部。曾任江苏证券有限责任公司北京代表处代表、华泰证券有限公司北京总部总经理。

新华基金管理有限公司

【基本情况】

法定名称：新华基金管理有限公司
英文名称：New China Fund Management Co., Ltd.
注册地址：重庆市渝中区邹容路 68 号大都会商厦 32 层
办公地址：重庆市渝中区较场口 88 号得意商厦 A 座 7－2
法人代表：陈　重
总 经 理：孙枝来
成立时间：2004 年 12 月 9 日
公司属性：中资
注册资本：1.6 亿元
联系电话：023－63710818
客服热线：400－819－8866
传真号码：023－63710263
邮政编码：400010
公司网址：www.ncfund.com.cn

【公司概况】

2004 年 12 月 9 日，新华基金管理有限公司经中国证券监督管理委员会批准正式注册成立。公司注册地为重庆市，经营管理中心在北京市，它是由国家有关部门核准的首家在我国西部设立的基金管理公司。

公司经营范围是：基金管理业务、发起设立基金、从事中国证券监督管理委员会批准的其他业务（上述范围内国家有专项规定的按规定办理）。

公司注册资本为 1 亿元，主发起人为新华信托股份有限公司。2011 年 10 月 27 日本公司的注册资本由 1 亿元增加到 1.6 亿元。

公司内部设有市场营销部、投资管理部、运作保障部、监察稽核部、综合管理部、专户管理部等部门及风险管理委员会和投资管理委员会。

公司目前旗下有七只基金产品，即新华优选分红混合偏股型基金、新华优选成长股票型基金、新华泛资源优势混合型基金、新华钻石品质企业股票型基金、新华行业周期轮换股票型基金、新华中小市值优选股票型基金和新华灵活主题股票证券投资基金。根据银河证券基金研究中心数据统计，新华优选成长基金 2009 年净值增长率 115.21%，排名标准股票型基金第二名；新华优选分红基金 2009 年净值增长率 99.73%，排名混合偏股型基金第三名；新华泛资源优势基金收益率位居 2009 年同期发行基金前列。目前，公司已经和中国工商银行、中国建设银行、中国农业银行、交通银行、招商银行、中信银行等几家主要银行签订了基金托管或代销协议，使基金销售主渠道得到完善。此外，公司还与多家证券公司、保险公司以及信托公司等金融机构建立了良好的合作关系。

【公司大事记】

2011 年 10 月 27 日，公司完成增加注册资本、新增股东及修改公司章程的工商变更登记手续。经中国证券监督管理委员会《关于核准新华基金管理有限公司变更注册资本的批复》（证监许可[2011]1622 号）同意，公司的注册资本由 1 亿元增加到 1.6 亿元，同时，就增加注册资本、股东出资及新增股东等内容本公司修改了公司章程。

2011 年 6 月 1 日，公司第七只基金“新华主题”开始募集（2011 年 6 月 1 日－2011 年 7 月 8 日），有效认购约 5.3 亿元，7 月 13 日“新华主题”正式成立。

2011 年 1 月 4 日，公司第六只基金“新华市值”开始募集（2011 年 1 月 4 日－2011 年 1 月 25 日），有效认购约 7.4 亿元，2 月 28 日“新华市值”正式成立。

2010 年 6 月 17 日，公司第五只基金“新华行业”开始募集（2010 年 6 月 17 日－2010 年 7 月 16 日），有效认购约 3.48 亿元，7 月 21 日“新华行业”正式成立。

2010 年 1 月 4 日，公司第四只基金“新华钻石”开始募集（2010 年 1 月 4 日－2010 年 1 月 29 日），有效认购约 19.37 亿元，2 月 3 日“新华钻石”正式成立。

2009 年 9 月 26 日，证监会下发了“关于核准新世纪基金管理有限公司变更公司名称、变更住所的批复”，公司正式更名为“新华基金管理有限公司”。

2009 年 6 月 2 日，公司第三只基金“世纪资源”开始募集（2009 年 6 月 2 日－2009 年 7 月 8 日），有效认购约 31.32 亿元，7 月 14 日“世纪资源”正式成立。

2008 年 5 月 26 日，公司第二只基金“世纪成长”开始募集（2008 年 5 月 26 日－2008 年 6 月 27 日，延长至 7 月 18 日），有效认购约 2.78 亿元，7 月 25 日“世纪成长”正式成立。

2005 年 7 月 28 日，公司第一只基金“世纪分红”开始募集（2005 年 7 月 28 日－2005 年 9 月 9 日），有效认购约 6.9 亿元，9 月 16 日“世纪分红”正式成立。

2004 年 12 月 9 日，新世纪基金管理有限公司取得了营业执照正式成立，成为西南地区第一家基金管理公司。

【股东概况】

排序	股东名称	持股数量（万股）	持股比例
1	新华信托投资股份有限公司	7680.00	48%
2	陕西蓝潼电子投资有限公司	4800.00	30%
3	上海大众环境产业有限公司	2200.00	13.75%
4	杭州永原网络科技有限公司	1320.00	8.25%

【旗下基金】

基金代码	基金简称	类型	基金经理
519087	新华分红	混合型	曹名长
519089	新华成长	股票型	王卫东、崔建波
519091	新华泛资源	混合型	崔建波、桂跃强
519093	新华企业	股票型	曹名长、李昱
519095	新华轮换	股票型	周永胜、何潇
519097	新华中小市值优选	股票型	王卫东、桂跃强
519099	新华灵活主题	股票型	李昱

【公司高管】

陈重先生,董事长,金融学博士。历任原国家经委中国企业管理协会研究部副主任、主任,《中国企业报》社长,中国企业管理科学基金会秘书长,重庆市政府副秘书长,中国企业联合会常务副理事长,幸福人寿保险公司筹备负责人。2008 年 3 月始任新华基金管理有限公司董事长。

孙枝来先生,董事、总经理,硕士。历任上海财经大学研究中心副主任、涌金期货经纪公司副总经理、上海君创财经顾问有限公司副总经理、总经理、新时代证券有限公司副总经理,现任新华基金管理有限公司总经理。

齐岩先生,督察长,学士。历任中信证券股份有限公司解放北路营业部职员、中信证券股份有限公司天津管理部职员、中信证券股份有限公司天津大港营业部综合部经理,现任新华基金管理有限公司督察长。

汇添富基金管理有限公司

【基本情况】

法定名称:汇添富基金管理有限公司
英文名称:China Universal Asset Management Co. ,Ltd.
注册地址:上海市黄浦区大沽路 288 号 6 幢 538 室
办公地址:上海市富城路 99 号震旦国际大厦 21 层
法人代表:桂水发
总 经 理:林利军
成立时间:2005 年 2 月 3 日
公司性质:中资
注册资本:1 亿元
联系电话:021 - 28932888
客服热线:400 - 888 - 9918
传真号码:021 - 28932998
邮政编码:200120
公司网址:www. htffund. com

【公司概况】

汇添富基金 是一家高起点、国际化、充满活力的基金公司,奉行“正直、激情、团队、客户第一、感恩”的公司文化,致力成为高质量的“快乐基金”。

汇添富基金旗下管理基金产品涵盖股票基金、指数基金、混合基金、债券基金及货币市场基金,不同风险收益特征的多层次产品线基本完善。公司旗下基金业绩历经牛熊考验,整体表现优秀,长期投资业绩持续居于业内领先。汇添富的资产管理规模自成立以来保持了较好的稳健快速增长,稳定位于业内排名前列。在各项资产管理业务蓬勃发展的同时,汇添富基金还坚持强调完善的公司治理体系和科学的公司治理文化,是亚洲公司治理协会(ACGA)的首家中国会员企业。

汇添富基金在业内率先获得 QDII 资格。同时,汇添富于 2007 年即与全球顶尖投资管理公司资本国际(Capital International)缔结 QDII 合作关系。汇添富是业内最早一批获准设立海外子公司的基金管理公司。汇添富资产管理(香港)有限公司已于 2010 年 2 月正式成立,其积极参与境外资产管理业务,是汇添富基金管理公司开展跨境业务和合作的重要平台。

汇添富基金在业内首批获得了特定客户资产管理资格。汇添富在业内率先开展专户业务,最早组建了实力强大的专业团队,成功打造了“添富牛专户”的专户业务品牌,积累了丰富的专户资产管理经验,并拥有骄人的投资管理业绩。目前汇添富管理有多只“一对一”和“一对多”资产管理计划,业绩、规模均在行业处于领先地位。这使得“添富牛专户”品牌在高端客户和核心渠道中具备非常强的号召力和口碑,“添富牛”已成为专户市场中一个响当当的金字招牌。

2010 年 12 月,汇添富基金在全国社会保障基金境内委托投资管理人资格遴选当中,以优异的表现成功获得社保基金管理人资格,实现了公司业务布局的重大突破。

自成立以来,汇添富基金屡获殊荣。除了连续三届(2006 年、2007 年、2008 年)获中国证券报“中国基金业金牛奖”评选两项以上大奖,汇添富还荣获了包括“2008 年度十大明星基金公司”、第六届“金基金”评选“投资者关系奖”等一系列行业大奖。

“九层之台,起于垒土;千里之行,始于足下”,汇添富基金成立至今,以一流的企业文化汇聚中外精英,开发市场欢迎的产品系列,建立高效的销售渠道,提供优质的客户服务,实施一流的投资风险管理,坚持基于深入基本面研究的长期价值投资理念,以长期稳定的优秀投资业绩回报投资人。汇添富致力于经过长期艰苦的努力,稳步发展成为中国最佳的资产管理公司之一,并在国际市场上发展成为全球资产管理行业最优秀的中国有关资产的管理人之一。

【公司大事记】

2011 年 12 月 30 日,汇添富资产管理(香港)有限公司获得 11 亿元人民币 RQFII 额度。

2011 年 12 月 21 日,汇添富资产管理(香港)有限公司成为第一批获得人民币合格境外机构投资者资格的基金公司之一。

2011 年 12 月 20 日,汇添富基金旗下第 19 只基金产品——汇添富信用债债券型证券投资基金成立。

2011 年 11 月 29 日,上海地区基金公司总经理沙龙在汇添富举行。来自上海地区 34 家基金公司的总经理畅谈基金业未来发展。

2011 年 10 月 20 日,汇添富基金联手中信银行推出全国首张现金增值 CTE 信用卡:现金宝联名信用卡。

2011 年 10 月 12 日,银河证券《三季度基金管理公司股票投资主动管理能力评价报告》,汇添富在资产规模超过 500 亿的大型基金公司中,汇添富基金三季度股票投资能力位居首位。

2011 年 9 月 29 日,汇添富基金旗下第十八只基金产品——汇添富深证 300 交易型开放式指数证券投资基金联接基金成立。

2011 年 9 月 22 日,全国首只贵金属基金——汇添富黄金及贵金属基金正式打开申购。

2011 年 9 月 19 日,《财富》中文版两年一度的“卓越雇主——中国最适宜工作的公司”榜单近期发布,汇添富基金是唯一上榜基金公司。

2011 年 9 月 17 日,汇添富基金旗下第十七只基金产品——深证 300 交易型开放式指数证券投资基金正式成立。

2011 年 8 月 31 日,汇添富基金旗下第十六只基金产品——汇添富黄金及贵金属基金正式成立,是国内首只贵金属基金。

2011 年 8 月 18 日,添富策略基金以最近一年实现 12.22% 的增长获评一年期标准股票型五星基金,汇添富价值精选基金以最近两年实现 18.50% 的增长获评两年期标准股票型五星基金。

2011 年 7 月 25 日，汇添富基金“河流 & 孩子”2011 助学计划甘肃夏河起航。

2011 年 6 月 27 日，“晨星”完美入住汇添富理财社区。

2011 年 6 月 17 日，汇添富基金旗下第十五只基金产品——汇添富可转换债券债券型证券投资基金成立，首发规模 9.23 亿份。

2011 年 4 月，汇添富基金旗下基金产品汇添富增强收益债券基金在第八届晨星奖评选中从 498 只参选基金中脱颖而出，荣获“晨星年度基金奖债券型基金提名奖”。

2011 年 4 月，汇添富基金公司在由《上海证券报》主办的“金基金奖”评选中荣获“金基金——创新公司奖”。旗下基金汇添富策略回报股票基金荣获 2010 年度一年期“金基金——主动性股票基金奖”。

2011 年 4 月，汇添富基金旗下基金产品汇添富优势精选混合基金在由《中国证券报》主办的“第八届金牛奖”评选中荣获“2010 五年持续优胜混合型金牛基金”。

2011 年 3 月，汇添富基金荣获“2010 年度十大明星基金公司奖”，汇添富策略回报股票型基金荣获“2010 年度股票型明星基金奖”——《证券时报》。

2011 年 3 月 29 日，汇添富基金旗下第十四只基金产品——汇添富社会责任股票型证券投资基金成立，是“十二五”规划提出之后推出的首只社会责任基金，首发规模 56.23 亿元。

2011 年 1 月，上海汇添富公益基金会和上海市癌症康复俱乐部联合举办的“上海市癌症康复俱乐部优秀志愿者表彰暨 2011 新年联欢会”在云峰剧场举行。

2011 年 1 月，汇添富荣获“一对多”专户最佳品牌奖——《每日经济新闻》。

2011 年 1 月，汇添富基金荣获“2010 年度十大品牌基金公司”“2010 年度最佳基金电子商务服务平台”——2010 年度第八届和讯财经风云榜 。

2011 年 1 月 26 日，汇添富基金旗下第十三只基金产品——汇添富保本混合型证券投资基金发行成立，首发规模 25.07 亿。

2010 年 12 月 31 日，汇添富公益基金会携手上海市癌症康复联合举办的“2011 新年送阳光 千人进病房”活动启动仪式举行。

2010 年 12 月 24 日，汇添富获得社保委托投资管理人资格，成为行业内为数不多的获此资格的基金公司之一。

2010 年 9 月 21 日，汇添富基金旗下第十二只基金产品——汇添富医药保健股票型证券投资基金发行并成立，是国内首只主动性行业基金，首发规模 40.85 亿元。同时汇添富将每月提取基金净管理费收入的 5%，捐赠至上海汇添富公益基金会，用于医疗卫生方面的公益救助。

2010 年 6 月，汇添富亚澳成熟优选股票基金成立。本基金为汇添富旗下第一只投资海外市场的基金。

2010 年 5 月，汇添富民营活力股票基金成立。本基金是国内首只民营企业基金，专注于挖掘优秀民营企业。

2010 年 2 月，汇添富基金全资子公司——汇添富资产管理(香港)有限公司成立。

2009 年 12 月，汇添富策略回报股票基金成立。本基金为汇添富旗下第一只采用“自上而下”的方式进行投资的基金。

2009 年 7 月 28 日，汇添富、第一财经启动“河流与孩子金沙江流域助学计划 2009”。

2009 年 7 月 1 日，中国第一只上证综合指数基金——汇添富上证综合指数基金正式成立。

2009 年 5 月 25 日，中国第一只上证综合指数基金——汇添富上证综合指数基金正式发行 。

2009 年 5 月 13 日，中国证监会正式批复同意汇添富基金设立香港子公司 。

2009 年 4 月 1 日，添富蓝筹稳健灵活配置混合型证券投资基金实施分红，每 10 份基金份额派发红利 0.3 元。

2009 年 7 月 28 日，汇添富基金携手各大银行、券商推出“家有儿女 定投添富”主题活动 。

2009 年 3 月 15 日，《上海证券报》第六届中国基金业“金基金”奖颁奖典礼暨“2009 中国基金高峰论坛”评选中，汇添富基金荣获 2008 年度“金基金——投资者关系奖” 。

2009 年 2 月 2 日，添富价值基金成立 。

2009 年 1 月 16 日，由《证券时报》主办、安信证券协办的“2008 年度中国明星基金暨最佳托管银行评选”揭晓，汇添富荣获“2008 年度十大明星基金公司”称号，汇添富优势精选基金获得“三年持续回报平衡型明星基金奖” 。

2009 年 1 月 15 日，第六届中国基金业金牛奖揭晓，汇添富基金第三次问鼎“金牛基金管理公司”，汇添富优势精选基金荣获开放式混合型持续优胜金牛基金奖，汇添富均衡增长基金荣获 2008 年度同业领先开放式股票型基金奖 。

2008 年 9 月，汇添富基金公司获得“2008 中国最受尊敬基金公司”——《理财周报》。

2008 年 7 月 8 日，添富蓝筹基金成立。

2008 年 25 月 28 日，汇添富优势精选基金第七次分红，每 10 份基金份额派发红利 11.30 元人民币。

2008 年 3 月 6 日，添富增收基金成立。

2008 年 3 月，汇添富基金公司获得“2007 年最佳管理团队奖”——《上海证券报》“金基金”评比。

2008 年 2 月，汇添富优势精选基金获得“2007 年百姓最喜爱的十大股票基金”称号——《新民晚报》、东方财富网。

2008 年 2 月，汇添富基金公司获得“2007 年十大最受欢迎的基金公司”称号——《新民晚报》、东方财富网。

2008 年 2 月，汇添富基金公司成为首批获得专户理财资格的基金公司。

2008 年 2 月，汇添富基金正式加入亚洲公司治理协会(ACGA)。

2008 年 1 月，添富园荣获用户满意电子金融品牌——中国电子金融发展年会——中国电子商务协会。

2008 年 1 月，汇添富 400 客户服务中心荣获用户满意电子金融服务品牌——中国电子金融发展年会——中国电子商务协会。

2008 年 1 月，汇添富基金管理公司荣获 2007 年中国基金管理公司综合实力大奖——“中国赢基金奖”综合奖——《21 世纪经济报道》。

2008 年 1 月，汇添富基金管理公司荣获 2007 年中国基金管理公司最佳投资团队奖——“中国赢基金奖”综合奖——《21 世纪经济报道》。

2008 年 1 月，汇添富基金管理公司荣获 2007 年中国基金管理公司最佳公司治理奖——“中国赢基金奖”综合奖——《21 世纪经济报道》。

2008 年 1 月，汇添富基金管理公司荣获 2007 年度最具成长性基金公司——第五届财经风云榜——和讯网。

2008 年 1 月，汇添富基金管理公司荣获最具价值基金公司(全国)——2007 年度理财总评榜——中国主流媒体理财联盟。

2008 年 1 月,汇添富基金管理公司荣获最具竞争力基金公司(陕西地区)——2007 年度理财总评榜——中国主流媒体理财联盟。

2008 年 1 月,汇添富基金管理公司荣获最具价值基金公司(吉林地区)——2007 年度理财总评榜——中国主流媒体理财联盟。

2008 年 1 月,汇添富基金管理公司荣获最具竞争力基金公司(重庆地区)——2007 年度理财总评榜——中国主流媒体理财联盟。

2008 年 1 月,汇添富优势精选基金荣获最受欢迎的混合型基金(全国)——2007 年度理财总评榜——中国主流媒体理财联盟。

2008 年 1 月,汇添富优势精选基金荣获最受欢迎的混合型基金(上海地区)——2007 年度理财总评榜——中国主流媒体理财联盟。

2008 年 1 月,汇添富基金管理公司荣获 2007 年中国最受尊敬基金公司——中国基金十年高峰论坛——网易财经。

2008 年 1 月,汇添富基金管理公司荣获 2007 年中国基金公司投资回报优秀奖——中国基金十年高峰论坛——网易财经。

2008 年 1 月,汇添富优势精选基金荣获 2007 年度开放式混合型金牛基金——第五届中国基金业金牛奖评选 ——《中国证券报》。

2008 年 1 月,汇添富基金管理公司荣获 2007 年度"金牛基金管理公司"称号——第五届中国基金业金牛奖评选——《中国证券报》。

2007 年 12 月,汇添富基金荣获"2007 年度最具公信力基金公司"大奖——第一届金基奖年会——《南都周刊》。

2007 年 12 月,汇添富基金投资总监张晖、基金经理庞飒获得"2007 年度最具公信力基金经理"奖项——第一届金基奖年会——《南都周刊》。

2007 年 12 月,汇添富基金荣获"2007 年度最具公信力基金公司"大奖——第一届金基奖年会——《南都周刊》。

2007 年 12 月,汇添富旗下添富优势精选基金荣获"2007 年度最佳业绩回报基金"奖项——第一届金基奖年会——《南都周刊》。

2007 年 12 月,2007 年最好用基金电子商务奖 —— 搜狐财经频道。

2007 年 12 月,汇添富基金携手全球最大共同基金公司——资金国际(Capital International)。

2007 年 12 月,中国最具决策力基金公司 —— 2007 中国国际投资论坛系列评选。

2007 年 10 月,汇添富基金获 QDII(合格境内机构投资者)资格。

2007 年 9 月,2007 年度中国最受尊敬基金公司 —— 21 世纪报系《理财周报》。

2007 年 9 月,2007 年度最佳回报基金公司 —— 21 世纪报系《理财周报》。

2007 年 9 月 13 日,汇添富成长焦点基金第二次分红,每 10 份基金份额派发红利 0.50 元人民币。

2007 年 8 月,汇添富基金管理有限公司荣获十大最受欢迎基金公司 —— 2007 年度十佳基金评选 ——《新闻晨报》。

2007 年 8 月,汇添富均衡增长基金荣获十大人气基金 —— 2007 年度十佳基金评选 ——《新闻晨报》。

2007 年 8 月,汇添富成长焦点基金荣获十大特色基金 —— 2007 年度十佳基金评选 ——《新闻晨报》。

2007 年 8 月 29 日,汇添富成长焦点基金第一次分红,每 10 份基金份额派发红利 1.00 元人民币。

2007 年 8 月,汇添富优势精选基金、汇添富均衡增长基金被评选为 2007 年度"10 大明星基金"——《东亚经贸新闻》。

2007 年 8 月 3 日,汇添富均衡增长基金第二次分红,每 10 份基金份额派发红利 1.00 元人民币。

2007 年 7 月,汇添富优势精选基金被评选为"10 大钻石基金之新"——《基金观察》。

2007 年 5 月,汇添富基金管理公司荣获 2006 年度明星基金公司新秀奖——《证券时报》。

2007 年 5 月,汇添富基金管理公司荣获基金营销明星奖——《证券时报》。

2007 年 5 月,汇添富优势精选基金荣获小基金明星奖——《证券时报》。

2007 年 4 月,汇添富基金管理公司荣获第四届" 中国最佳基金公司 "最具潜力奖——《上海证券报》。

2007 年 3 月 30 日,汇添富优势精选基金第六次分红,每 10 份基金份额派发红利 0.8 元人民币。

2007 年 3 月,汇添富基金管理公司荣获" 大智慧杯 "2006 年度十佳基金公司——中国证券投资者年度评选 ——大 智慧汇添富成长焦点股票型证券投资基金正式成立,首募规模 99.99 亿份。发行期投资者反应热烈,广州、上海、北京等地区出现 了投资者在凌晨四、五点钟就排队购买的现象。该基金在开始发售后半小时内达到发行上限,创下了当时中国基金业最短的基金销售记录。

2007 年 2 月 28 日,汇添富均衡增长基金第一次分红,每 10 份基金份额派发红利 1.00 元人民币。

2007 年 2 月 28 日,汇添富优势精选基金第五次分红,每 10 份基金份额派发红利 1.00 元人民币。

2007 年 2 月 8 日,汇添富优势精选基金第四次分红,每 10 份基金份额派发红利 1.00 元人民币。

2007 年 1 月 29 日,汇添富优势精选基金第三次分红,每 10 份基金份额派发红利 1.00 元人民币。

2007 年 1 月,汇添富基金管理公司荣获中国赢基金奖——2006 年中国基金管理公司年度最具潜力奖——《21 世纪经济报道》。

2007 年 1 月,汇添富优势精选基金获"2006 年度财经风云榜"2006 年度十大明星基金——和讯网。

2007 年 1 月,汇添富基金管理公司荣获第四届中国基金业金牛奖——2006 年度新秀奖——《中国证券报》。

2007 年 1 月,汇添富优势精选基金荣获第四届中国基金业金牛奖——2006 年度开放式混合型金牛基金——《中国证券报》。

2005 年 2 月 3 日,完成工商登记,公司取得企业法人营业执照,正式设立。

2005 年 1 月 12 日,中国证监会以证监基金字[2005]5 号文批准公司开业。

2004 年 5 月 16 日,中国证监会以证监基金字[2004]71 号文批准公司筹建。

2002 年 12 月 31 日,中国证监会以基金部设审函[2002]025 号文予以正式受理。

2002 年 12 月，汇添富基金公司筹备组向中国证监会提交公司筹建申请。

【公司荣誉】

2011 年 4 月，汇添富增强收益债券基金荣获第八届“晨星年度基金奖债券型基金提名奖”——晨星基金网。

2011 年 4 月，汇添富优势精选混合基金荣获第八届金牛奖评选“2010 五年持续优胜混合型金牛基金”——《中国证券报》。

2011 年 4 月，汇添富基金公司荣获 2010 年度“金基金 - 创新公司奖”——《上海证券报》。

2011 年 4 月，汇添富策略回报股票基金荣获 2010 年度一年期“金基金 - 主动性股票基金奖”——《上海证券报》。

2011 年 3 月，汇添富基金公司荣获 2010 年度“中国基金业明星奖”评选“2010 年度十大明星基金公司奖”——《证券时报》。

2011 年 3 月，汇添富策略回报股票型基金荣获“2010 年度股票型明星基金奖”——《证券时报》。

2010 年 12 月，汇添富策略回报基金以 38.82% 的风险调整后收益成为 2010 年股票基金的亚军——海通证券。

2009 年 3 月，汇添富基金荣获第六届“金基金”评选“投资者关系奖”——《上海证券报》。

2009 年 1 月，汇添富基金荣获“2008 年度十大明星基金公司”——《证券时报》。

2009 年 1 月，汇添富优势精选基金获得“三年持续回报平衡型明星基金奖”——《证券时报》。

2009 年 1 月，汇添富基金公司荣获第六届中国基金业金牛奖评选“2008 年度金牛基金管理公司”——《中国证券报》。

2009 年 1 月，汇添富优势精选基金荣获第六届中国基金业金牛奖评选 2008 年“开放式混合型持续优胜金牛基金”——《中国证券报》。

2009 年 1 月，汇添富均衡增长基金荣获第六届中国基金业金牛奖评选“2008 年度同业领先开放式股票型基金”——《中国证券报》。

2008 年 3 月，汇添富基金公司获得“2007 年最佳管理团队奖”——《上海证券报》。

2008 年 1 月，汇添富优势精选基金荣获第五届中国基金业金牛奖评选“2007 年度开放式混合型金牛基金”——《中国证券报》。

2008 年 1 月，汇添富基金公司荣获第五届中国基金业金牛奖评选“2007 年度金牛基金管理公司”——《中国证券报》。

2007 年 5 月，汇添富基金公司荣获 2006 年度明星基金公司新秀奖——《证券时报》。

2007 年 4 月，汇添富基金公司荣获第四届“中国最佳基金公司”最具潜力奖——《上海证券报》。

2007 年 1 月，汇添富基金公司荣获第四届中国基金业金牛奖“2006 年度新秀奖”——《中国证券报》。

2007 年 1 月，汇添富优势精选基金荣获第四届中国基金业金牛奖“2006 年度开放式混合型金牛基金”——《中国证券报》。

2006 年 4 月，汇添富基金荣获 2005 年度明星基金年度新星奖——《证券时报》。

【股东概况】

排序	股东名称	持股数量（万股）	持股比例
1	东方证券股份有限公司	4700.00	47%
2	文汇新民联合报业集团	2650.00	26.5%
2	东航金戎控股有限责任公司	2650.00	26.5%

【旗下基金】

基金代码	基金简称	类型	基金经理
519008	添富优势	股票型	苏竞 王栩
519018	添富均衡增长	股票型	陈晓翔、欧阳沁春、苏竞
519068	添富成长焦点	股票型	齐东超
519517	添富货币 B	货币型	王珏池
519518	添富货币 A	货币型	王珏池
519078	添富增收 A	债券型	陆文磊
470078	添富增收 C	债券型	陆文磊
519066	添富蓝筹	混合型	苏竞
470007	添富上证指数	指数型	吴振翔
519069	添富价值精选	股票型	陈晓翔
470008	添富回报	股票型	顾耀强
470009	添富民营	股票型	齐东超
470888	添富亚澳	QDII	刘子龙、王致人
470006	添富医药	股票型	王栩
470028	汇添富社会责任	股票型	欧阳沁春
470018	汇添富保本	保本型	陆文磊
470058	汇添富可转债债券 A	债券型	王珏池
470059	汇添富可转债债券 C	债券型	王珏池
164701	汇添富黄金及贵金属	QDII	刘子龙
470068	汇添富深证 300 联接	指数型	吴振翔
159912	汇添富深证 300ETF	指数型	吴振翔
470088	汇添富信用债债券 A	债券型	王珏池
470089	汇添富信用债债券 C	债券型	王珏池
470098	汇添富逆向投资	股票型	顾耀强

【公司高管】

桂水发先生，董事长。1965 年生，香港大学工商管理硕士，上海财经大学经济学学士。现任东方证券股份有限公司副总裁。曾在上海财经大学审计监察处任职、历任上海证券交易所上市部高级经理、北京办事处总经理、市场部总监等。

林利军先生，董事，总经理。1973 年生，美国哈佛大学商学院工商管理硕士，复旦大学世界经济系硕士，历任上海证券交易所办公室主任助理、上市部总监助理，曾任职于中国证监会创业板筹备工作组，哈佛大学毕业后曾就职于美国道富金融集团（State Street Global Advisor）从事投资和风险管理工作。

李文先生，督察长。1967 年生，厦门大学管理学博士，高级经济师，中国注册会计师。历任中国人民银行厦门市分行稽核监督处科员，中国人民银行杏林支行副行长，中国人民银行厦门中心支行银行管理处处长助理、金融机构监管二处副处长，东方证券股份有限公司稽核总部总经理、资金财务管理总部总经理等。

工银瑞信基金管理有限公司

【基本情况】

法定名称：工银瑞信基金管理有限公司

英文名称：Credit Suisse Asset Management Co., Ltd.

注册地址：北市西城区金融大街丙 17 号北京银行大厦 8 层

办公地址：北市西城区金融大街丙 17 号北京银行大厦 8 层

法人代表：李小鹏

总 经 理:郭特华
成立时间:2005 年 6 月 21 日
公司属性:中外合资
注册资本:2 亿元
联系电话:010 -58698918
客服热线:400 -811 -9999
传真号码:010 -66583158
邮政编码:100140
公司网址:www. icbccs. com. cn

【公司概况】

工银瑞信基金管理有限公司是我国第一家由国有商业银行直接发起设立并控股的合资基金管理公司。自 2005 年成立以来,公司坚持"以稳健的投资管理,为客户提供卓越的理财服务"为使命,依托强大的股东背景、稳健的经营理念、科学的投研体系、严密的风控机制和资深的管理团队,立足国际化、专业化、规范化,致力于为广大投资者提供一流的投资管理服务。

公司秉持"以人为本"的理念,全方位引入国内外优秀人才,组建了一支风格稳健、诚信敬业、创新进取、团结协作的专业团队。公司在行业内率先建立以现金为基础的长短期激励机制,实现了队伍稳定、控制风险、长期发展以及为投资者创造稳健回报等多重目标的统一。

六年来,公司以长期良好的业绩和全面周到的服务赢得了广大客户的信赖,各项业务快速发展。截至 2011 年底,公司拥有共同基金、QDII、企业年金、特定资产管理、社保基金投资管理人等多项业务资格,是业内具有"全资格"的 12 家基金公司之一,也是唯一具备"全资格"、唯一在境外设立分支机构的银行系基金公司。截至 2011 年底,公司为近 400 万共同基金客户和逾 1200 个年金、专户客户提供资产管理服务,旗下拥有 21 只共同基金和多个年金、专户组合,资产管理规模突破 1000 亿元。

公司先后荣获《中国证券报》"2006 年度金牛基金管理公司新秀奖"、"2008 年度金牛基金管理公司",《上海证券报》"2007 年度中国基金公司最佳风险控制奖"、"2010 年度债券投资回报公司奖",《证券时报》"2008 年度中国明星基金公司"等权威奖项,是深受社会各界和广大持有人认可的品牌基金公司。

【公司大事记】

2005 年 4 月 6 日, 中国人民银行公布,经国务院批准,中国人民银行、中国银监会和中国证监会共同确定中国工商银行等三家银行为首批直接投资设立基金管理公司的试点银行。

2005 年 4 月 28 日,中国工商银行正式获得中国银监会批准发起设立基金管理公司,是三家试点银行中第一家获得正式筹建资格的商业银行。

2005 年 6 月 4 日, 中国证监会对中国工商银行、瑞士信贷第一波士顿、中国远洋运输(集团)总公司合资成立基金公司的申请进行了批复,同意设立工银瑞信基金管理有限公司。

2005 年 6 月 21 日,工银瑞信基金管理有限公司正式成立,成为我国第一家由银行直接发起设立并控股的合资基金管理公司。

2005 年 7 月 5 日, 工银瑞信基金管理有限公司在北京举行了隆重的开业典礼及揭牌仪式。中国证监会副主席桂敏杰,中国人民银行行长助理刘士余,中国银监会主席助理车迎新,中国工商银行行长姜建清、副行长杨凯生,瑞士信贷第一波士顿亚太区主席兼首席执行官 Paul Calello 等出席了开业典礼并致辞。

2005 年 8 月 31 日,工银瑞信核心价值基金成立。

2006 年 3 月 16 日,工银瑞信引入瑞士信贷第一波士顿独有的股票估值与分析系统 HOLT,用国际化的视野分析中国证券市场,该系统专长于通过 CFROI 和 DCF 进行全方位的业绩分析和股票估值,历经 20 多年实践检验,深入分析和理解全球 18000 多家上市公司,考察范围覆盖中国 A 股,截至 2006 年 2 月末,涵盖 274 只 A 股(占 A 股总市值的 66%),139 只 H 股,19 只海外上市股票。

2006 年 3 月 20 日,工银瑞信货币市场基金成立。

2006 年 7 月 13 日,工银瑞信精选平衡基金成立。

2006 年 7 月 18 日,工银瑞信基金管理公司在京举办周年庆典。中国证券监督管理委员会桂敏杰副主席、中国证券监督管理委员会基金监管部孙杰主任、中国人民银行金融市场司沈炳熙副司长、中国银行业监督管理委员会银行监管一部董铁峰副主任、中国保险业监督管理委员会资金部孙建勇主任、劳动保障部基金监督司陈良司长等嘉宾出席会议并做发言,对公司取得的阶段性成功予以了高度肯定。

2006 年 12 月 6 日,工银瑞信稳健成长基金成立。

2007 年 5 月 11 日,工银瑞信增强收益债券型基金成立。

2007 年 7 月 18 日,工银瑞信红利股票型基金成立。

2007 年 8 月 10 日,公司通过全球投资业绩标准(GIPS)验证达标,成为国内资产管理行业首家通过 GIPS 检验并实现达标的基金管理公司。

2007 年 9 月 5 日,公司举行核心价值两周年老客户回馈活动。

2007 年 10 月 8 日,工银瑞信基金管理有限公司获得中国证监会正式批复,获准开展境外证券投资管理业务,公司成为自 7 月 5 日《合格境内机构投资者境外证券投资管理试行办法》实施后,首家拿到 QDII 资格的银行系基金公司。

2007 年 11 月 19 日,劳动和社会保障部发布《劳动和社会保障部关于公布第二批企业年金基金投资管理机构的公告》,我公司在 24 家申请的基金管理公司中脱颖而出,成为获得第二批企业年金基金投资管理人资格的 3 家基金管理公司之一。

2008 年 1 月 8 日,工银瑞信货币市场基金荣获"2007 年度开放式货币市场金牛基金"称号。

2008 年 2 月 14 日,工银瑞信中国机会全球配置股票型基金成立。

2008 年 2 月 18 日,公司正式签署获企业年金基金投资管理人资格后的首单企业年金基金投资管理合同。

2008 年 2 月 14 日,中国证监会公布包括工银瑞信在内的首批 9 家获得特定资产业务管理资格的基金公司名单。至此,工银瑞信成为首家拥有企业年金资产管理业务资格、境外证券投资管理业务资格和特定客户资产管理业务资格的银行系基金公司。

2008 年 4 月 14 日,工银瑞信信用添利债券型基金成立。

2008 年 6 月 10 日,公司正式搬入位于金融大街丙 17 号北京银行大厦 7 -8 层的新办公场所。

2008 年 8 月 4 日,工银瑞信大盘蓝筹股票型基金成立。

2008 年 8 月 19 日,公司签署获得特定资产管理业务资格后的首单合同。

2009 年 1 月 12 日,公司荣获中国证券报"2008 年度十大金牛基金公司”，在获奖的10家基金公司居第二位。工银价值同时荣获该报“2008年度同业领先开放式股票型基金”。

2009年3月5日，工银瑞信沪深300指数基金成立。

2009年8月26日，工银上证央企ETF成立。

2010年2月10日，工银瑞信中小盘成长股票基金成立。

2010年5月25日，工银瑞信全球精选股票基金成立。

2010年5月23日，工银瑞信信用添利债券型基金荣获《中国证券报》评选的“2009年度开放式债券型金牛基金”。

2010年8月16日，工银瑞信双利债券基金成立。

2010年11月9日，工银瑞信深证红利ETF及其联接基金成立。

2010年12月24日，工银瑞信获社保基金境内委托投资管理人资格。

2011年2月10日，工银瑞信四季收益债券基金成立。

2011年4月11日，公司荣获上海证券报社主办、银河证券、晨星资讯参与评选的“2010年度金基金·债券投资回报公司奖”。

2011年4月14日，工银增强收益债基金荣获《中国证券报》2010年度“三年持续优胜债券型金牛基金”称号。

2011年4月21日，工银瑞信消费服务行业股票基金成立。

2011年5月，郭特华总经理获评《亚洲投资者》(AsianInvestor)“亚洲资产管理行业最具影响力的25位女性”，成为中国大陆唯一获此殊荣者。

2011年8月10日，工银瑞信添颐债券基金成立。

2011年10月24日，工银瑞信主题策略股票基金成立。

2011年11月18日，工银瑞信资产管理(国际)有限公司获得了香港证券及期货事务监察委员会颁发的第4类(就证券提供意见)和第9类(提供资产管理)业务牌照。至此，工银瑞信香港子公司正式宣告成立。

2011年11月26日，经工银瑞信股东会审议通过并报中国证券监督管理委员会批准，公司股东进行了股权转让：中国远洋运输(集团)总公司、瑞士信贷分别将所持有的公司20%、5%的股权转让给中国工商银行股份有限公司，变更后的公司股东及其持股比例分别为：中国工商银行股份有限公司：80%，瑞士信贷：20%。

2011年12月27日，工银瑞信保本混合基金成立。

【股东概况】

排序	股东名称	持股比例
1	中国工商银行	80%
2	瑞士信贷第一波士顿	20%

【旗下基金】

基金代码	基金简称	类型	基金经理
481001	工银价值	股票型	何江旭
481004	工银成长	股票型	曹冠业
481006	工银红利	股票型	杨军
482002	工银货币	货币型	魏欣
483003	工银平衡	混合型	曲丽
485105	工银强债A	债券型	杜海涛
485005	工银强债B	债券型	杜海涛
485107	工银添利A	债券型	江明波
485007	工银添利B	债券型	江明波
481008	工银蓝筹	股票型	胡文彪
486001	工银全球配置	QDII	游凛峰、郝康
481009	工银沪深300	指数型	何江
510060	工银上证央企50ETF	指数型	何江、赵栩
481010	工银中小盘	股票型	王筱苓
486002	工银全球精选	QDII	游凛峰
159905	工银深证红利ETF	指数型	何江
481012	工银深证红利ETF联接	指数型	何江
485011	工银双利债券B	债券型	欧阳凯、胡文彪
485111	工银双利债券A	债券型	欧阳凯、胡文彪
481013	工银消费服务行业	股票型	何江旭、王勇
485014	工银添颐债券B	债券型	杜海涛、宋炳珅
485114	工银添颐债券A	债券型	杜海涛、宋炳珅
481015	工银主题策略	股票型	曹冠业、黄安乐
164809	工银中证500分级	指数型	何江
150055	工银中证500分级A	创新封闭型	何江
150056	工银中证500分级B	创新封闭型	何江
487016	工银保本	保本型	何秀红、欧阳凯、王勇
164808	工银四季债券	创新封闭型	何秀红、江明波

【公司高管】

李晓鹏先生，董事长，经济学博士。自2005年10月起任中国工商银行股份有限公司副行长。1984年加入中国工商银行，2004年9月任中国工商银行副行长，曾任中国工商银行河南省分行副行长、总行营业部总经理、四川省分行行长、中国华融资产管理公司副总裁、中国工商银行行长助理兼北京市分行行长等职。目前兼任中国工商银行(阿拉木图)股份公司董事长、中国工商银行(中东)有限公司董事长、工银金融租赁有限公司董事长、中国城市金融学会副会长、中国农村金融学会副会长、中国银行业协会金融租赁专业委员会主任和行业发展研究委员会主任。

郭特华女士，董事，总经理，博士。1989－1998年中国工商银行总行商业信贷部、资金计划部副处长，1998－2005年中国工商银行总行资产托管部历任处长，副总经理。

朱碧艳女士，督察长，硕士。1997－1999年中国华融信托投资公司证券总部经理，2000－2005年中国华融资产管理公司投资银行部、证券业务部高级副经理。

交银施罗德基金管理有限公司

【基本情况】

法定名称：交银施罗德基金管理有限公司

英文名称：Bank of Communications Schroder Fund Management Co.,Ltd.

注册地址：上海市交通银行大楼2层(裙)

办公地址：上海市浦东新区世纪大道201号渣打银行大厦10层

法人代表：钱文挥

总 经 理：战　龙

成立日期：2005年8月4日

注册资本：2亿元

公司属性：中外合资

电话：021－61055050

客服热线：400－700－5000

传真号码：021－61055034

邮政编码：200120

公司网址：www.jysld.com

【公司概况】

交银施罗德基金管理有限公司于2005年8月4日成立，由拥有百年历史的交通银行、二百年投资经验积累的施罗德投资管理有限公司、以及全球集装箱行业的佼佼者中国国际海运集装箱(集团)股份有限公司强强联合，共同发起设立的合资基金管理公司，三方持股比例分别为65%、30%、5%，注册资本为2亿元。

公司总部设于上海，并在北京、广州设有分公司。秉承"诚信百年、专业理财"的经营宗旨，交银施罗德以诚信和专业作为公司的立身之本，建立了规范的治理结构、科学的风险控制体系和严谨的投资管理流程，并以优良的投资业绩和细致周到的客户服务赢得了市场的广泛认可。2009年1月，交银施罗德在《中国证券报》主办的"第六届中国基金业金牛奖"评选中，公司荣获"2008年度金牛基金管理公司"称号；2009年3月，在由《上海证券报》举办的第六届中国基金业"金基金"评选中荣获"最具创新精神奖"。

2007年11月22日，交银施罗德获得QDII(合格境内机构投资者)资格，获准开展境外证券投资管理业务，并于2008年8月22日成功发行公司首只QDII基金——交银施罗德环球精选价值证券投资基金；2008年2月26日，经中国证监会批准，交银施罗德获得特定客户资产管理业务(以下简称"专户理财业务")资格，并成功签署国内专户理财业务第一单和国内QDII专户第一单；2009年9月1日，交银施罗德5只"一对多"专户资产管理业务全部获得中国证监会首批批复，并先后成功募集，目前公司专户理财各项业务运作顺利；

截至2011年三季度末，交银施罗德旗下共管理着18只开放式基金(包括六只股票型基金、二只指数型ETF基金、二只ETF联接基金、两只混合型基金、一只QDII基金、三只债券型基金、一只货币市场基金和一只保本基金)以及特定客户资产管理专户，截至2011年第四季度末，基金资产管理规模479亿元。

站在巨人肩上，我们将秉承百年传承的诚信，兼收千锤百炼的专业方法，勤勉尽责，规范运作，力争成为业绩出众、服务一流、深受投资者青睐的基金管理公司。

【公司大事记】

2005年9月29日，首只基金——交银施罗德精选股票证券投资基金发行成功。

2006年1月20日，第二只基金、首只银行号货币基金——交银施罗德货币市场基金发行成功。

2006年2月20日，交银精选基金实现银行号基金的首次分红。

2006年3月05日，荣膺《大众证券》、新浪网"2005年度最受市场关注金奖"。

2006年4月18日，荣膺《上海证券报》"中国最佳基金公司·最具潜力奖"，为获奖基金公司中最"年轻"的一家，也是唯一获奖的银行号基金公司。

2006年4月21日，荣膺《证券时报》"最具增长潜力基金公司奖"。

2006年6月14日，第三只基金——交银施罗德稳健配置混合型证券投资基金发行成功。

2006年7月5日，资产管理规模突破100亿元。

2006年8月11日，成立一周年庆典暨首届交银施罗德投资理财论坛隆重举行。

2006年10月23日，第四只基金——交银施罗德成长股票证券投资基金发行成功。

2006年10月27日，资产管理规模达到172.14亿元。

2007年3月15日，交银施罗德网站推出了客户服务质量调查，并通过汇总客户意见，对网站、客服电话等方面进行了进一步完善，在此后修订完成了《交银施罗德客户服务手册》。

2007年4月6日，在《上海证券报》和中国证券网主办的第四届"中国最佳基金公司奖"评选中摘得"最佳管理团队奖"。

2007年5月8日，在《证券时报》2006年度明星基金评选"中获得"2006年明星基金公司新秀奖"。

2007年8月1日，公司第五只基金——交银施罗德蓝筹股票证券投资基金成功发行，1天内申请认购金额突破380亿元。

2007年11月2日，在由"第一财经"发起，携手国内政府主管部门以及国际著名商学院、国际权威咨询机构，面向中国金融业的大型年度评选中，荣膺"2007第一财经金融品牌价值榜十佳基金公司"。

2007年11月22日，经中国证监会批准，交银施罗德获得QDII(合格境内机构投资者)资格，获准开展境外证券投资管理业务。

2008年1月11日，在由《证券时报》主办、安信证券协办的"2007年度中国明星基金暨最佳托管银行评选"中，荣获"投资者教育明星基金公司奖"。

2008年2月26日，获得"特定客户资产管理业务"(专户理财)资格。

2008年3月25日，专户理财业务第一单落户交银施罗德，资产委托金额近亿元。

2008年3月25日，公司第六只基金、公司首只债券型基金——交银施罗德增利债券证券投资基金发行成功，发行规模超百亿，刷新同期基金发行纪录。

2008年5月21日，为表达对四川汶川地震受难者的哀思和对灾区人民的援助，公司向地震灾区捐款60万元，员工募集善款16.52万元人民币。

2008年6月13日，由《南方都市报》主办、交银施罗德全程协办的"责任中国·环袋创意设计大赛"拉开帷幕。

2008年8月15日，公司第七只基金、首只海外投资基金——交银施罗德环球精选价值证券投资基金发行成功。

2008年8月29日，公司获准开发上证公司治理指数ETF基金产品。

2008年10月24日，感恩回报·放飞梦想——交银施罗德成立三周年庆典暨财富论坛隆重举行。

2008年11月27日，由《第一财经日报》发起的"2008第一财经金融价值榜(CFV)"评选活动中，公司荣膺"年度投资回报奖"。

2008年12月18日，由搜狐理财频道主办，数字100市场咨询有限公司协办的"2008搜狐金融理财网络盛典"中，公司荣获"2008年最有影响力基金新产品奖"。

2008年12月18日，由新浪网主办的"新浪·康师傅2008网络盛典"中，交银稳健基金经理郑拓荣获"2008年年度十大基金经理奖"。

2009年1月8日，由和讯网发起，中国证券市场研究设计中心等机构联合主办的大型网络评选活动"2008年度第六届中国财经风云榜"中，公司荣获"2008最具成长性的基金公司"。

2009年1月14日，由证券时报社主办、安信证券协办的“2008年度中国明星基金暨最佳托管银行评选”结果揭晓，公司荣获“2008年度十大明星基金公司”、“基金公司明星管理团队”奖。

2009年1月15日，公司旗下第八只基金、公司首只保本基金——交银施罗德保本混合型证券投资基金成功结束发行，并实现了2009年基金销售末日比例配售的第一次。

2009年3月10日，公司获准开办专户境外资产管理业务。

2009年4月7日，在中国证券投资基金年鉴举办的“2008年度中国基金行业年度评选”中获得“最佳投资者服务奖”。

2009年4月10日，公司旗下第九只基金、第四只股票型基金——交银施罗德先锋股票证券投资基金成立。

2009年6月1日，公司新版网站正式上线，除了拥有更快的浏览速度以及更好的使用体验外，新网站还新增了多项功能，方便投资者查询使用。

2009年6月30日，公司旗下基金资产净值达625.48亿元，在全国基金公司中位列第九，成为唯一一家进入前十的银行号基金公司，同时也是前十名中最年轻的基金公司。

2009年9月25日，公司旗下首只指数基金——上证180公司治理交易型开放式指数证券投资基金及其联接基金成立，首发募集共计超过80亿元。

2010年4月，交银施罗德“爱·定投”系列定投活动正式推出。

2010年5月12日，交银施罗德爱心基金会正式成立，基金会以“扶危救急，扶难助学，奉献爱心，共建和谐”为宗旨，向公司内招募志愿者，积极开展公益事业。

2010年6月30日，公司旗下第12只基金交银主题优选混合基金成立，总募集规模达到32.35亿元，成为同期发行基金中的佼佼者。

2010年8月6日，公司成立五周年特别活动“感恩同行，与您为伍”网络活动结合公司第四届“金伯乐”客户回馈活动正式启动。

2010年12月22日，公司旗下第十三只基金——交银施罗德趋势优先股票证券投资基金成立，首募规模超26亿份。

2011年1月27日，公司旗下第十四只基金、首只创新型封闭式基金——交银施罗德信用添利债券证券投资基金成立，募集规模近19亿份。

【公司荣誉】

2011年12月3日，由和讯网主办的“基金业突围与可持续发展——2011基金业发展论坛暨基金行业财经风云榜颁奖典礼”中，公司荣获“2011年度最佳基金电子商务服务平台”。

2011年4月14日，由《中国证券报》、中央电视台财经频道联合举办的“第八届(2010年度)中国基金业金牛奖颁奖盛典”评选揭晓，交银成长基金荣获“2010三年持续优胜股票型金牛基金”。

2011年4月11日，在由《上海证券报》举办的第八届“金基金”奖评选中，公司荣获“海外投资回报公司奖”。

2010年5月19日，在由《证券时报》主办、晨星资讯(深圳)有限公司提供数据支持的2009年度“中国基金业明星基金奖”评选中，凭借长期以来的优异表现，交银成长基金获得“2009年度三年持续回报股票型明星基金奖”。

2009年3月27日，由《上海证券报》举办的第六届中国基金业“金基金”评选中荣获“最具创新精神奖”。

2009年1月12日，由《中国证券报》主办的“第六届中国基金业金牛奖”评选揭晓，公司荣获“2008年度金牛基金管理公司”。

2008年4月19日，中国证券报举办的“2008年金牛基金论坛”和“纪念中国证券投资基金业十周年暨第五届(2007年度)中国基金业金牛奖颁奖典礼”，总经理莫泰山获得“中国基金业十周年特别奖”。

2008年3月29日，在上海证券报第五届“金基金”评选中，荣获“中国基金业十年特别贡献基金公司奖”。

【股东概况】

排序	股东名称	持股比例
1	交通银行股份有限公司	65%
2	施罗德投资管理有限公司	30%
3	中国国际集装箱海运(集团)股份有限公司	5%

【旗下基金】

基金代码	基金简称	类型	基金经理
519588	交银货币A	货币型	林洪钧
519589	交银货币B	货币型	林洪钧
519688	交银精选	股票型	李立
519690	交银稳健	混合型	张科兵
519692	交银成长	股票型	管华雨
519694	交银蓝筹	股票型	张媚钗
519680	交银债券A/B	债券型	李家春
519682	交银债券C	债券型	李家春
519696	交银环球	QDII	郑伟辉、陈思贤
519697	交银行业灵活配置	混合型	张迎军
519698	交银先锋	股票型	史伟
519686	交银180治理联接	指数型	屈乐伟
510010	180治理ETF	指数型	屈乐伟
519700	交银主题	混合型	史伟
519702	交银趋势优先	股票型	管华雨、张迎军
519704	交银先进制造	股票型	黄义志
519683	交银双利债券A/B	债券型	李家春
519685	交银双利债券C	债券型	李家春
519706	交银深证300联接	指数型	屈乐伟
159913	交银深证300ETF	指数型	屈乐伟
164902	交银信用添利债券	创新封闭型	林洪钧

【公司高管】

钱文挥先生，董事长，硕士学历。现任交通银行股份有限公司执行董事，副行长。历任中国建设银行资产负债管理委员会办公室主任兼上海分行副行长、资产负债管理委员会办公室主任兼体制改革办公室主任兼上海分行副行长、资产负债管理部总经理、资产负债管理部总经理兼重组改制办公室主任、交通银行股份有限公司副行长兼上海分行行长。

战龙先生，董事，总经理，CFA、CPA，硕士学历。历任安达信(新加坡)有限公司审计师，澳洲信孚基金管理有限公司投资风险管理副总监，信安资产管理亚洲有限公司投资风险管理总监，荷兰国际投资管理亚太有限公司中国区总经理，招商基金管理有限公司常务副总经理，富达国际中国董事总经理。

苏奋先生，督察长，纽约城市大学工商管理硕士。历任交通银行广州分行市场营销部总经理助理、副总经理，交通银行纽约分行信贷管理部经理、公司金融部经理、信用风险管理办公室负责人,交通银行投资管理部投资并购高级经理,交银施罗德基金管理有限公司综合管理部总监。

信诚基金管理有限公司

【基本情况】

法定名称:信诚基金管理有限公司

英文名称:CITIC - Prudential Fund Management Company Ltd.

注册地址:上海市陆家嘴东路 166 号中国保险大厦 8 层

办公地址:上海市世纪大道 8 号上海国金中心汇丰银行大楼 9 层

法人代表:张翔燕

总 经 理:王俊锋

成立时间:2005 年 1 月 12 日

公司性质:中外合资

注册资本:2 亿元

联系电话:021 - 68649788

客服热线:400 - 666 - 0066

传真号码:021 - 51085168

邮政编码:200120

公司网址:www. citicprufunds. com. cn

【公司概况】

信诚基金管理有限公司成立于 2005 年 9 月,注册资本人民币 2 亿元,其中,中信信托有限责任公司和英国保诚集团各持股权 49%,中新苏州工业园区创业投资有限公司持股 2%。

中方主要股东中信信托承接了中信集团的所有信托类资产、负债及业务,是银监会直接监管的三家全国性信托投资公司之一。中信集团作为具有较大规模的国际化大型跨国企业集团,目前拥有 44 家子公司(银行),其业务主要集中在金融、实业和其他服务业领域。截至 2010 年年底,中信集团总资产 25391 亿人民币(数据来源:中信集团)。2011 年,中信集团入选美国《财富》杂志全球 500 强排行榜,排名第 220 位。

外方股东英国保诚集团股份有限公司的母公司英国保诚集团于 1848 年在伦敦创立,是一家全球金融服务机构,在英美、欧洲和亚洲市场提供人寿保险和基金管理服务。截至 2010 年年底,英国保诚集团全球客户超过 2500 万名,管理资产达 3400 亿英镑(数据来源:英国保诚集团)。据美国《财富》杂志公布的 2011 年全球 500 强排行榜,英国保诚集团排名第 91 位。

2006 年起,信诚基金开始发展投资咨询业务,目前为 QFII(合格境外机构投资者)账户担任投资咨询顾问。

2009 年,信诚基金获得 QDII(合格境内机构投资者)牌照,在全球化金融服务领域迈出了重要的一步。2010 年 12 月,公司首只 QDII 基金——信诚金砖四国积极配置基金(LOF)的基金合同生效。2011 年 12 月,公司第二只 QDII 基金——信诚全球商品主题基金(LOF)的基金合同生效。

截至 2011 年年底,公司旗下拥有 14 只投资风格鲜明的基金,建立了较为完善丰富的产品线,为客户提供了多样化的投资选择。

【公司大事记】

2011 年 8 月 1 日,信诚基金管理有限公司旗下第十三只基金产品——信诚新机遇股票基金(LOF)基金基金合同生效,募集份额达 4.24 亿份,有效开户数达到 6952 户。

2011 年 3 月 23,信诚基金管理有限公司旗下第十二只基金产品——信诚货币市场证券投资基金基金合同生效,募集份额达 30.10 亿份,有效开户数达到 3542 户。

2011 年 2 月 11 日,信诚基金管理有限公司旗下第十一只基金产品——信诚中证 500 指数分级证券投资基金基金合同生效,募集份额达 3.74 亿份,有效开户数达到 3763 户。

2010 年 12 月 18 日,信诚基金管理有限公司旗下第十只基金产品——信诚金砖四国积极配置证券投资基金(LOF)基金基金合同生效,募集份额达 3.99 亿份,有效开户数达到 3809 户。

2010 年 9 月 29 日,信诚基金管理有限公司旗下第九只基金产品——信诚增强收益债券型证券投资基金基金合同生效,募集份额达 22.66 亿份,有效开户数达到 5849 户。

2010 年 7 月 30 日,信诚基金管理有限公司旗下第八只基金产品——信诚深度价值股票型基金(LOF)基金合同生效,募集份额达 5.24 亿份,有效开户数达到 6478 户。

2010 年 2 月 10 日,信诚基金管理有限公司旗下第七只基金产品——信诚中小盘股票型基金基金合同生效,募集份额达 6.04 亿份,有效开户数达到 7352 户。

2009 年 8 月 26 日,信诚优胜精选股票型基金基金合同生效,募集份额达 23.56 亿份。

2009 年 3 月 11 日,信诚经典优债债券型基金基金合同生效,募集份额达 15.64 亿份。

2008 年 9 月 27 日,信诚三得益债券型基金基金合同生效,募集份额达 19.92 亿份。

2008 年 6 月 4 日,信诚盛世蓝筹股票型基金基金合同生效,募集份额达 4.56 亿份。

2006 年 11 月 27 日,信诚精萃成长股票型基金正式成立,募集份额达 32.7 亿份。

2006 年 4 月 29 日,信诚四季红混合型证券投资基金成立,募集规模 30.06 亿份。

2006 年 3 月,信诚首只开放式基金信诚四季红混合型基金获准发行。

2005 年 9 月 30 日,信诚基金管理有限公司获准成立。

【股东概况】

排序	股东名称	持股数量(万股)	持股比例
1	中信信托投资有限责任公司	9800.00	49%
1	英国保诚集团股份有限公司	9800.00	49%
2	中新苏州工业园区创业投资有限公司	400.00	2%

【旗下基金】

基金代码	基金简称	类型	基金经理
550001	信诚四季红	混合型	闫志刚
550002	信诚精萃成长	股票型	吕宜振
550003	信诚蓝筹	股票型	张光成
550004	信诚三得益债券 A	债券型	王国强
550005	信诚三得益债券 B	债券型	王国强
550006	信诚优债 A	债券型	李仆、王旭巍
550007	信诚优债 B	债券型	李仆、王旭巍
550008	信诚优胜精选	股票型	黄小坚、杨建标
550009	信诚中小盘	股票型	闫志刚、程亮
165508	信诚深度 价值	股票型	谭鹏万
165509	信诚增强收益债券	创新封闭型	王旭巍

基金代码	基金简称	类型	基金经理
550010	信诚货币 A	货币型	曾丽琼
550011	信诚货币 B	货币型	曾丽琼
165510	信诚金砖四国	QDII	刘儒明
165511	信诚中证 500 分级	指数型	吴雅楠
150028	信诚中证 500A	创新封闭型	吴雅楠
150029	信诚中证 500B	创新封闭型	吴雅楠
165512	信诚新机遇	股票型	刘浩
165513	信诚全球商品主题	QDII	李舒禾
165515	信诚沪深 300 分级	指数型	吴雅楠
150051	信诚沪深 300 分级 A	创新封闭型	吴雅楠
150052	信诚沪深 300 分级 B	创新封闭型	吴雅楠

【公司高管】

张翔燕女士，董事长，硕士学位。历任中信银行总行营业部副总经理、综合计划部总经理，中信银行北京分行副行长、中信银行总行营业总部副总经理，中信证券股份有限公司副总经济师，中信控股有限责任公司风险管理部总经理。现任中信控股有限责任公司副总裁。

王俊锋先生，总经理、首席执行官，工商管理硕士。历任国泰基金管理有限公司市场部副总监、华宝兴业基金管理有限公司市场总监、瑞银环球资产管理（香港）有限公司北京代表处首席代表、瑞银证券有限责任公司资产管理部总监。现任信诚基金管理有限公司总经理、首席执行官。

唐世春先生，督察长，法学硕士，历任北京天平律师事务所律师；国泰基金管理有限公司监察稽核部法务主管；友邦华泰基金管理有限公司法律监察部总监、总经理助理兼董事会秘书。2007 年 6 月 1 日加入信诚基金管理有限公司。现任信诚基金管理有限公司督察长。

建信基金管理公司

【基本情况】

法定名称：建信基金管理公司
英文名称：CCB Principal Asset Management Co.，Ltd.
注册地址：北京市西城区金融大街 19 号富凯大厦
办公地址：北京市西城区金融大街 7 号英蓝国际
　　　　　金融中心 16 层
法人代表：江先周
总 经 理：孙志晨
成立时间：2005 年 9 月 19 日
公司属性：中外合资
注册资本：2 亿元
联系电话：010－66228888
客服热线：400－819－5533
传真号码：010－66228889
邮政编码：100034
公司网址：www.ccbfund.cn

【公司概况】

建信基金管理公司成立于 2005 年 9 月，注册地在北京，注册资本金为 2 亿元，是国内首批由商业银行发起设立的基金管理公司。股东分别为中国建设银行股份有限公司、美国信安金融集团、中国华电集团资本控股有限公司，持股比例分别为 65%、25% 及 10%。建信基金管理公司业务范围包括基金募集、基金销售、资产管理和中国证监会许可的其他业务。

公司具有特定客户资产管理业务资格和合格境内机构投资者（QDII）资格。公司构建了较为完善的公募基金产品线，拥有多个特定客户资产管理计划，并为多家机构提供投资咨询服务，特定客户资产管理业务及投资顾问业务居业内前列。

公司旗下基金整体业绩优良，投资能力不断提升，管理水平稳步提高。2010 年，公司旗下债券类基金业绩位居行业前 1/4，公司公募产品整体业绩水平位居同业前 35.39%。

建信货币市场基金 2007 年、2008 年连续两年荣获《中国证券报》等机构评选的“开放式货币市场金牛基金”奖。建信稳定增利债券型基金先后荣获《证券时报》等机构评选的“2008 年度新基金明星奖”、《中国证券报》等机构评选的“2009 年度开放式债券型金牛基金”奖。

建信核心精选股票基金荣获《证券时报》评选的“2010 年度股票型明星基金奖”。凭借固定收益产品出色的业绩表现，2010 年建信基金荣获《中国证券报》等机构评选的“债券投资金牛基金公司”奖。“金牛奖”被誉为基金行业的“奥斯卡”。

截至 2010 年 12 月 31 日，公司资产管理规模已经突破 485.66 亿元；公司旗下拥有 14 只不同风险收益特征的基金产品，为超过 310 万客户提供理财服务。

公司积极回馈持有人，截至 2010 年 12 月 31 日，公司旗下公募基金累计分红金额超过 134 亿元，分红金额占公司公募基金资产管理规模比例位居行业第 10 名，得到了投资者的广泛认可。

【公司荣誉】

2011 年

4 月 10 日，在由《中国证券报》主办的第八届中国基金业金牛奖评选榜单中，建信基金管理公司荣获“债券投资金牛基金公司”称号。

3 月 31 日，建信基金管理公司在《证券时报》主办的“2010 年度基金业明星奖”评选中获“2010 年度十大明星基金公司”奖。

3 月 31 日，建信核心精选股票基金在《证券时报》主办的“2010 年度基金业明星奖”评选中获“2010 年度股票型明星基金奖”。

2010 年

5 月 23 日，建信基金管理公司荣获由《中国证券报》等机构评选的“债券投资金牛基金公司”奖。

5 月 23 日，建信稳定增利债券基金荣获由《中国证券报》等机构评选的“2009 年度开放式债券型金牛基金”奖。

2009 年

1 月 12 日，建信货币市场基金荣获《中国证券报》等机构评选的“2008 年度开放式货币市场金牛基金”奖。

1 月 14 日，在由《证券时报》主办的“2008 年度中国明星基金暨最佳托管银行评选”中，公司荣获“2008 年度投资者教育明星基金公司奖”，建信稳定增利债券型基金荣获“2008 年度新基金明星奖”。

3 月 27 日，在由中国证券业协会主办的“2009 年中国证券投资基金业年会”上，公司荣获 2008 年度中国基金行业“最具成长奖”。

2008 年

1 月 16 日，建信货币市场基金荣获《中国证券报》等机构评选的“2007 年度开放式货币市场金牛基金”奖。

3 月 28 日，建信基金管理公司荣获由《上海证券报》等机构评选的“金基金——社会责任奖”基金公司。

4 月 20 日，建信基金管理公司在“《财富中国》-晨星网超级基金奖”的评选中荣获“2007 最具潜力创富基金公司”。

【股东概况】

排序	股东名称	出资额(万元)	出资比例
1	中国建设银行股份有限公司	13000.00	65%
2	美国信安金融集团	5000.00	25%
3	中国华电集团公司	2000.00	10%

【旗下基金】

基金代码	基金简称	类型	基金经理
530001	建信恒久价值	股票型	邱宇航、顾中汉
530002	建信货币	货币型	李菁
530003	建信优选成长	股票型	李涛
530005	建信优化配置	混合型	陶灿、李涛、顾中汉
530006	建信核心精选	股票型	王新艳
530008	建信稳定增利债券	债券型	钟敬棣
530009	建信强债 A	债券型	李菁
531009	建信强债 C	债券型	李菁
165309	建信沪深 300	指数型	梁洪昀
530010	建信责任联接	指数型	梁洪昀
510093	建信上证责任 ETF	指数型	梁洪昀
539001	建信全球机遇股票	QDII	高茜、赵英楷
530011	建信内生动力	股票型	万志勇
530012	建信保本	保本型	黎颖芳、彭云峰
165310	建信双利分级	股票型	万志勇、马志强
539002	建信新兴市场	QDII	赵英楷
530015	建信深证 60 联接	指数型	梁洪昀
159916	建信深证 60ETF	指数型	梁洪昀
530016	建信恒稳价值	混合型	李涛
530017	建信双息红利债券	债券型	钟敬棣
150003	建信优势动力	创新封闭型	万志勇、姜锋
150036	建信稳健	创新封闭型	马志强、万志勇
150037	建信进取	创新封闭型	马志强、万志勇
165311	建信信用增强债券	创新封闭型	李菁

【公司高管】

江先周先生，董事长。1986 年获财政部财政科学研究所经济学硕士学位。1993 年获英国 Heriot-Watt 大学商学院国际银行金融学硕士学位，1999 年参加哈佛商学院高级管理培训项目(PMD74)。历任中国建设银行行长办公室副处长，中国建设银行国际业务部处长，中国建设银行行长办公室副主任，中国建设银行国际业务部副总经理，中国建设银行基金托管部总经理，中国建设银行基金托管部总经理兼机构业务部总经理，中国建设银行基金托管部总经理。

孙志晨先生，总经理、执行董事。1985 年获东北财经大学经济学学士学位。历任中国建设银行总行筹资部证券处副处长，建设银行总行筹资部、零售业务证券处处长，中国建设银行零售业务部证券处处长，中国建设银行个人银行业务部债券登记与交易中心处长，建设银行总行个人银行业务部、个人金融业务部副总经理。

路彩营女士，督察长。1979 年毕业于河北大学经济系计划统计专业。历任中国建设银行副主任科员、主任科员、副处长、处长，华夏证券部门副总经理、重庆审计特派办总经理，宝盈基金管理公司首席顾问(公司副总经理级)，建信基金管理公司监事长。

华商基金管理有限公司

【基本情况】

法定名称：华商基金管理有限公司
英文名称：Huashang Fund Management Co., Ltd.
注册地址：北京市西城区阜成门北大街 6 号国际投资大厦 C 座 15 层
办公地址：北京市西城区平安里西大街 28 号院中海国际中心 19 层
法人代表：李晓安
总 经 理：王 锋
成立日期：2005 年 12 月 20 日
注册资本：1 亿元
公司属性：中资
客服电话：010-58553000
客服热线：400-700-8880
传真号码：010-66090700
邮政编码：100034
公司网址：www.hsfund.com

【公司概况】

华商基金管理有限公司是一家经中国证监会批准设立、为客户提供专业理财服务的资产管理机构。华商基金以“诚为本，智慧创造财富”为公司发展理念，坚持“以人为本”的发展战略，坚守“基金份额持有人利益至上”的价值准则，努力把华商基金打造成为广大投资者信赖的基金品牌。

华商基金旗下管理的产品覆盖了多种基金类型，均取得了较好的投资业绩。公司资产管理规模大幅增长，市场影响力迅速提升，综合实力快速提高，在投资研究、市场开拓、客户服务等方面表现出良好的发展势头，得到了越来越广泛的关注和认同。

【公司大事记】

2005 年 12 月 20 日，华商基金管理有限公司成立。

2007 年 4 月 6 日，华商基金公司旗下的第一只产品华商领先企业基金获中国证监会证监许可[2007]98 号文批准募集。

2007 年 5 月 15 日，华商领先企业基金成立。

2008 年 5 月 16 日，华商基金公司旗下的第二只产品华商盛世成长基金获中国证监会证监许可[2008]705 号文批准募集。

2008 年 9 月 23 日，华商盛世成长基金成立。

2008 年 10 月 31 日，华商基金公司旗下的第三只产品华商收益增强基金获中国证监会证监许可[2008]1250 号文批准募集。

2009 年 1 月 23 日，华商收益增强基金成立。

2009 年 9 月 4 日，华商基金公司旗下的第四只产品华商动态阿尔法基金获中国证监会证监许可[2009]892 号文核准募集。

2009 年 11 月 24 日华商动态阿尔法基金成立。

2010 年 4 月 7 日，华商基金公司旗下的第五只产品华商产业升级基金获中国证监会证监许可[2010]417 号文核准募集。

2010 年 5 月 4 日，华商基金公司旗下的第六只产品华商稳健双利基金获中国证监会证监许可[2010]590 号文核准募集。

2010 年 6 月 18 日，华商产业升级基金成立。

2010 年 8 月 9 日，华商稳健双利基金成立。

2010 年 10 月 15 日，华商基金公司旗下的第七只产品华商策略精选基金获中国证监会证监许可[2010]1393 号文核准募集。

2010 年 11 月 9 日，华商策略精选基金成立。

2011 年 1 月 6 日，华商基金公司旗下的第八只产品华商稳定增利基金获中国证监会证监许可[2011]16 号文核准募集。

2011 年 3 月 15 日，华商稳定增利基金成立。

2011 年 3 月 23 日，华商基金公司旗下的第九只产品华商价值精选基金获中国证监会证监许可[2011]440 号文核准募集。

2011 年 5 月 31 日，华商价值精选基金成立。

【公司荣誉】

2012 年 1 月，华商盛世成长基金经理孙建波荣获"优秀基金经人"奖——2012 搜狐金融德胜论坛(搜狐网主办)。

2012 年 1 月，2011 年度最佳产品创新基金公司奖——2011 年度金融理财产品服务口碑榜(口碑理财网主办)。

2011 年 12 月，2011 年度基金业最佳创意营销奖——2011 和讯财经风云榜(和讯网主办)。

2011 年 7 月，2010 年基金品牌建设进步奖——全景基金品牌研究中心主办。

2011 年 6 月，2010 年度最佳表现基金公司奖——21 世纪赢基金(《21 世纪经济报道》主办)。

2011 年 5 月，华商盛世成长基金荣获 2010 年中国基金产品年度业绩奖最佳股票型基金；华商动态阿尔法基金 2010 年中国基金产品年度业绩奖，最佳混合型基金——中国基金"民富奖"(人民网主办)。

2011 年 4 月，金牛基金管理公司奖；华商盛世成长基金 2010 年度股票型金牛基金奖；华商领先企业基金 2010 年度混合型金牛基金奖——2010 中国基金业金牛奖(《中国证券报》主办)。

2011 年 4 月，金基金 · 股票投资回报公司奖；华商盛世成长基金 2010 年度一年期金基金 · 主动型股票基金奖——第八届中国"金基金奖"(《上海证券报》主办)。

2011 年 3 月，2010 年度十大明星基金公司奖；华商盛世成长基金荣获"2010 年度股票型明星基金奖"——2010 年度中国基金业明星基金奖(《证券时报》主办)。

2011 年 1 月，2010 年最强势投资者信赖公司——2010 年华夏时报金蝉奖(《华夏时报》主办)。

2011 年 1 月，2010 年最具成长性基金公司；华商盛世成长基金经理孙建波荣获"最佳基金经理"奖——2010 和讯财经风云榜(和讯网主办)。

2010 年 12 月，华商盛世成长股基优秀业绩基金——2010 年"大众证券杯"优秀基金(《大众证券报》主办)。

2010 年 12 月，2010 年最具影响力基金新产品——2010 搜狐金融理财网络盛典(搜狐网主办)。

2010 年 12 月，年度基金理财品牌奖——2010 第一财经金融价值榜(《第一财经日报》主办)。

2010 年 11 月，2010 最佳营销创新基金公司；华商盛世成长基金经理孙建波荣获"2010 年度基金行业新锐人物"奖——2010 最受尊敬基金公司评选(《理财周报》主办)。

2010 年 6 月，2009 年度开放式股票型基金最佳表现奖——2009 年"中国赢基金奖"(《21 世纪经济报道》主办)。

2010 年 6 月，2009 年度"金基金. 成长公司"奖——第七届中国"金基金奖"(《上海证券报》主办)。

2010 年 5 月，金牛进取奖；华商盛世成长荣获 2009 年度开放式股票型金牛基金——2009 中国基金业金牛奖(《中国证券报》主办)。

2010 年 5 月，华商盛世成长荣获 2009 年度股票型明星基金奖——2009 年度中国基金业明星基金奖(《证券时报》主办)。

2010 年 1 月，最具灵活配置基金——2009 第三届中国机构投资者年会(《华夏时报》主办)。

2010 年 1 月，2009 年度最佳投研团队基金公司——2009 和讯财经风云榜(和讯网主办)。

2009 年 12 月，2009 最有影响力基金投研团队奖——2009 搜狐金融理财网络盛典(搜狐网主办)。

2009 年 9 月，2009 最具发展潜力基金公司——2009 中国最受尊敬基金公司(《理财周报》主办)。

2009 年 1 月，最具潜力基金公司——2008 年度中国(沈阳)理财总评榜(《华商晨报》主办)。

2008 年 12 月，2008 最有影响力基金公司风险提示奖——2008 搜狐金融理财网络盛典(搜狐网主办)。

2008 年 11 月，华商盛世成长荣获最受欢迎理财产品——第六届上海理财博览会(《理财周刊》主办)。

2008 年 11 月，最具慧眼奖——第六届新财富最佳分析师评选(《新财富》主办)。

2008 年 9 月，2008 最具发展潜力基金公司——2008 中国最受尊敬基金公司评选(《理财周报》主办)。

2008 年 4 月，华商领先企业荣获最受欢迎理财产品——第二届中国(深圳)国际科学生活博览会(《理财周刊》主办)。

2008 年 4 月，金牌开拓团队——北青基金年度财星榜(《北京青年报》主办)。

2008 年 3 月，2007 年度卓越团队——2007 最受中国投资者青睐的基金公司评选(《大众理财顾问》杂志主办)。

2008 年 3 月，2007 年度十佳基金公司——中国基金企业评选(中国基金网主办)。

2008 年 2 月，2007 年度最受网友信赖的十大基金公司——2007 理财产品评选(新浪网主办)。

2008 年 1 月，华商领先企业基金荣获 2007 年度新锐基金——2007 年度中国理财总评榜(中国主流媒体理财联盟主办)。

2008 年 1 月，2007 年度最具成长性的公司——第五届中国财经风云榜(和讯网主办)。

2007 年 11 月，杰出表现奖第三届北京国际金融展览会。

【股东概况】

排序	股东名称	持股比例
1	华龙证券有限责任公司	46%
2	中国华电集团财务有限公司	34%
3	济南钢铁集团总公司	20%

【旗下基金】

基金代码	基金简称	类型	基金经理
630001	华商领先	混合型	田明圣、申艳丽
630002	华商盛世	股票型	梁永强、孙建波
630003	华商强债 A	债券型	毛水荣
630103	华商强债 B	债券型	毛水荣

基金代码	基金简称	类型	基金经理
630005	华商动态阿尔法	混合型	梁永强
630006	华商产业	股票型	胡宇权
630007	华商稳健 A	债券型	毛水荣、张永志
630107	华商稳健 B	债券型	毛水荣、张永志
630008	华商策略精选	混合型	孙建波
630009	华商稳定增利债券 A	债券型	张永志
630109	华商稳定增利债券 C	债券型	张永志
630010	华商价值精选	股票型	刘宏

【公司高管】

李晓安先生，董事长，清华大学 EMBA。历任天水市信托投资公司办公室主任、副总经理、总经理、党委书记，天水市财政局副局长、局长、党组书记，现任华龙证券有限责任公司董事长兼总裁。

王锋先生，总经理，工学学士、经济学硕士。曾任博时基金管理公司研究部研究员、基金经理助理，云南国际信托投资管理有限公司资产管理总部执行总经理、华商基金管理有限公司投资管理部总经理、公司投资决策委员会成员、华商领先企业混合型证券投资基金基金经理、公司副总经理等职务。

周亚红女士，督察长，经济学博士。2011 年 7 月加入华商基金管理有限公司，曾任云南财经大学金融系副教授，博时基金管理有限公司研究员、TA 主管、产品设计师、渠道主管、市场部副总经理，国金通用基金管理有限公司（筹）总经理助理等职务。

汇丰晋信基金管理有限公司

【基本情况】

法定名称：汇丰晋信基金管理有限公司

英文名称：HSBC Jintrust Fund Management Co., Ltd.

注册地址：上海市浦东新区富城路 99 号震旦大厦 35 层 01、02、04 室

办公地址：上海市浦东新区富城路 99 号震旦大厦 35 层

法人代表：杨小勇

总 经 理：李选进

成立时间：2005 年 11 月 16 日

公司属性：中外合资

注册资本：2 亿元

联系电话：021－38789898

客服热线：021－38789998

传真号码：021－38789999

邮政编码：200120

公司网址：www.hsbcjt.cn

【公司概况】

2005 年 11 月，汇丰环球投资管理有限公司（HSBC Jintrust Fund Management Co., Ltd.）（以下简称"汇丰投资管理"）及山西信托有限责任公司（以下简称"山西信托"）共同创建汇丰晋信基金管理有限公司（以下简称"汇丰晋信"），公司总部设在上海，注册资本为人民币 2 亿元。

汇丰晋信融合了两大金融机构的成就、实力、专才和承诺；融合了中外力量和东西智慧；融合了山西信托和汇丰投资管理的深厚本土经验及国际视野。

汇丰晋信致力于为投资者提供专业实用的投资建议、适合其需求的投资产品、以及高品质的账户管理和咨询服务，让投资不再是一个令人难以涉足的领域。

【股东概况】

排序	股东名称	出资额（万元）	出资比例
1	山西信托投资有限责任公司	10200.00	51%
2	汇丰投资管理（英国）有限公司	9800.00	49%

【旗下基金】

基金代码	基金简称	类型	基金经理
540001	汇丰 2016	混合型	侯玉琦
540002	汇丰龙腾	股票型	林彤彤、廖志峰
540003	汇丰策略	混合型	邵骥咏
540004	汇丰 2026	混合型	刘辉
540005	汇丰增利 A	债券型	钟小婧
541005	汇丰增利 C	债券型	钟小婧
540006	汇丰大盘	股票型	王品
540007	汇丰中小盘	股票型	廖志峰
540008	汇丰低碳	股票型	邵骥咏
540009	汇丰消费红利	股票型	王品
540010	汇丰晋信科技先锋	股票型	邵骥咏
540011	汇丰晋信货币 A	货币型	钟小婧、李媛媛
541011	汇丰晋信货币 B	货币型	钟小婧、李媛媛

【公司高管】

杨小勇先生，董事长，硕士学历。曾任山西省委组织部正处级干部、山西省信托投资公司副总经理。现任山西省国信投资（集团）公司副总经理和山西信托投资有限责任公司副董事长。

李选进先生，总经理，硕士学历。曾任怡富证券（台湾）有限公司董事长特别助理、怡富集团（台湾）台湾区负责人特别助理、电子商务部经理、怡富基金有限公司电子商务及项目发展部经理、业务拓展总监和汇丰投资管理（香港）有限公司董事兼亚太区企业拓展及中国事业主管。

古韵女士，督察长，硕士学历。曾任国泰君安证券股份有限公司法律事务总部副经理，国联安基金管理有限公司监察稽核部副总监、监察稽核部总监、董事会秘书和总经理助理。

益民基金管理有限公司

【基本情况】

法定名称：益民基金管理有限公司

英文名称：YIMIN Asset Management Co., Ltd.

注册地址：重庆市江北区建新南路 16 号

办公地址：北京市宣武区宣外大街 6 号庄胜广场中央办公楼南翼 13A

法人代表：翁振杰

总 经 理：雷学军

成立时间：2005 年 12 月 12 日

公司性质：中资

注册资本：1 亿元

联系电话：010－63105556

传真号码：010－63100588

邮政编码：100010

公司网址：www.ymfund.com

【公司概况】

益民基金管理有限公司,是 2005 年 12 月 1 日经中国证监会(证监基金字[2005]192 号)批准设立的,注册资本 1 亿元人民币,注册地为重庆市。目前,公司主要办公场所在北京市宣武区。公司的经营范围主要是发起设立基金、基金管理业务和中国证监会批准依法从事的其他业务。

公司由重庆国际信托有限公司、中国新纪元有限公司和中山证券有限责任公司共三家公司发起设立,依次占股 49%、31%、20%。

公司注重以人为本的企业文化,“以人为本,章制为纲,自律勤勉”是我们秉承的管理思想。公司将本着诚实信用、勤勉尽责的职业操守,以优秀的人才,科学的管理,为基金投资者提供优秀的服务,为中国证券市场和基金业的繁荣发展做出应有的贡献。

2007 年 5 月 8 日,益民基金管理公司旗下的益民红利成长基金累计净值超过 2 元,距该基金成立仅 168 天,共 110 个交易日,刷新了新基金净值“翻倍”的最快纪录。2008 年年初,益民基金公司荣获《参考消息.北京参考》2007 年“金融理财大擂台最佳人气奖”。2008 年 3 月,益民红利成长基金在中国银河证券开放式基金评选中被评选为“五星级优质基金”。2008 年 4 月 8 日,益民基金公司荣获由北青报联合中国银河证券基金研究中心共同举办的首届北青基金年度财星榜“金牌竞争团队”奖荣誉称号。2008 年 12 月,益民基金获《搜狐理财 2008 金融理财网络盛典》评定的“最有影响力基金公司风险提示奖”。2008 年 12 月,益民多利债券基金荣获银河证券基金研究中心和北京青年报联合评定的“2008 年度金牌债券基金奖”。

【公司大事记】

2005 年 12 月 29 日,益民基金管理有限公司成立。

2006 年 5 月 23 日,益民基金管理公司北京分公司成立。

2006 年 6 月 27 日,益民货币市场基金发行。

2006 年 10 月 23 日,益民红利成长混合型证券投资基金发行。

2007 年 5 月 8 日,益民红利成长基金累计净值 2.0265 元,距该基金成立仅 168 天,刷新了新基金净值“翻倍”的最快纪录。

2007 年 6 月 4 日,推出免费服务热线 400-650-8808。

2007 年 7 月 11 日,益民创新优势混合型证券投资基金成立。

2008 年 5 月 21 日,益民多利债券基金成立。

2009 年 6 月 27 日,益民基金公司股权变更。股东及其持股比例分别为:重庆国际信托有限公司 49%、中国新纪元有限公司 31%、中山证券有限责任公司 20%。

2009 年 12 月,益民基金总经理祖煜上任。

2011 年 1 月,益民基金新任总经理雷学军上任。

【股东概况】

排序	股东名称	持股数量(万股)	持股比例
1	重庆国际信托投资有限公司	4900.00	30%
2	中国新纪元有限公司	3100.00	25%
3	中山证券有限责任公司	2000.00	20%

【旗下基金】

基金代码	基金简称	类型	基金经理
560001	益民货币	货币型	李勇钢
560002	益民红利成长	混合型	蒋俊国
560003	益民创新优势	混合型	李勇钢

【公司高管】

翁振杰,董事长,男,工学硕士,曾任解放军通讯工程学院教官。历任重庆益民信息系统工程公司副总经理、陕西国力实业有限公司总经理、中关村科技发展股份有限公司副总经理等职,从事企业经营管理和投资管理工作近 20 年,现任重庆国际信托投资有限公司总裁,代为履行总经理职责。

雷学军,总经理,男,硕士研究生。曾任原华夏证券有限公司投资银行部高级经理、光大证券北京投资银行部、资产管理部总经理、嘉实基金管理有限公司机构理财部总监、湘财荷银基金管理有限公司总经理助理兼市场总监、泰达宏利(原泰达荷银)基金管理有限公司副总经理。2011 年 1 月始任益民基金管理有限公司总经理。

刘伟,督察长,男,经济学硕士,曾任山西省计划与发展委员会助理研究员、光大国际投资咨询公司部门经理、总经理助理、光大期货经纪有限公司副总经理、中信证券股份有限公司研究部研究员、重庆国际信托投资有限公司基金管理部总经理。2005 年 12 月始任益民基金管理有限公司督察长。

中邮创业基金管理有限公司

【基本情况】

法定名称:中邮创业基金管理有限公司
英文名称:China Post & Capital Fund Management Co. ,Ltd.
注册地址:北京市海淀区西直门北大街 60 号首钢国际大厦 10 层
办公地址:北京市海淀区西直门北大街 60 号首钢国际大厦 10 层
法人代表:吴　涛
总 经 理:周　克
成立时间:2006 年 5 月 8 日
公司属性:中资
注册资本:1 亿
联系电话:010-82295160
传真号码:010-82295160
邮政编码:100088
公司网址:www.postfund.com.cn

【公司概况】

经中国证监会批准,中邮创业基金管理有限公司于 2006 年 5 月 8 日在北京正式成立。中邮创业基金主要从事证券投资基金的发起、发行、设立与管理业务。注册资本 1 亿元人民币,注册地为北京。核心股东为:首创证券有限责任公司、中国邮政集团公司。

中邮创业基金先后设立、管理“中邮核心优选”股票基金、“中邮核心成长”股票基金、“中邮核心优势”灵活配置混合基金、“中邮核心主题”股票基金、“中邮中小盘”灵活配置混合基金等多只证券投资基金,取得了较好的经营业绩,截至 2010 年底资产管理规模达到 408.11 亿元。本着及时回报投资者的原则,截至 2011 年 1 月,公司成立四年多时间内,中邮创业基金累计实施分红 20 次,共计分红金额93.61亿元。中邮核心优选股票基金自2006年9月28日成立以来,在16个月内实现分红12次,每10份份额累计分红12.2元。中邮核心优势灵活配置混合基金自2009年10月28日成立后28天即在封闭期分红,截至2011年1月每10份份额累计分红1.8元。中邮核心主题股票基金自2010年5月19日成立以来至2011年1月每10份份额累计分红1.6元。

成立以来,中邮创业基金先后获得过《上海证券报》"中国最佳基金公司最具潜力奖",《证券时报》"明星基金公司新秀奖"、"年度中国基金业明星基金公司奖"。中邮创业基金旗下产品中邮核心优选股票基金两次荣获《中国证券报》"年度金牛基金奖",中邮核心优势灵活配置混合基金获得《证券时报》"年度中国明星基金奖"。

中邮创业基金拥有一支谙熟中国资本市场,具有丰富投资与研究经验,具备高水准职业操守的投研团队。中邮创业基金的投资和研究人员占公司员工总数的23%以上,绝大部分具有硕士以上学历和多年金融从业经验。中邮创业基金投研团队锐意进取,力求以专业智慧实现投资理念、研究成果对投资绩效的强有力支持,努力实现基金资产的长期稳健增值。中邮创业基金拥有一支诚信、专业、高效、进取的员工队伍。公司共有员工110余名,其中博士、硕士占39%以上,半数以上员工具有5年以上金融从业经验。

中邮创业基金以人为本,积极营造"真诚沟通、和谐互助、快乐工作、快乐生活"的文化氛围,将员工个人职业发展与公司发展紧密结合,建立起一套行之有效的与员工贡献相匹配的长效激励机制和可持续的人才培养机制,保证了公司竞争力的稳定和持久。

【股东概况】

排序	股东名称	持股数量(万股)	持股比例
1	首创证券有限责任公司	4700.00	47%
2	中国邮政集团公司	2900.00	29%
2	北京长安投资集团有限公司	2400.00	24%

【旗下基金】

基金代码	基金简称	类型	基金经理
590001	中邮核心优选	股票型	王丽萍、厉建超
590002	中邮核心成长	股票型	谭春元、邓立新
590003	中邮核心优势	混合型	李安心
590005	中邮主题	股票型	刘霄汉
590006	中邮中小盘配置	混合型	刘勇燕
590007	中邮上证380增强	指数型	方何

【公司高管】

吴涛先生,公司董事长,大学本科,15年证券从业经验。曾任国家外汇管理局储备司干部、中国新技术创业投资公司深圳证券营业部总经理、首创证券有限公司总经理,现任首创证券有限公司董事长。

周克先生,中共党员,硕士研究生,12年金融从业经历。曾任中信实业银行总行开发部副总经理、首创证券有限公司副总经理,现任中邮创业基金管理有限公司总经理。

郭建华先生,硕士研究生,10年证券从业经历。曾任长城证券有限公司研发中心总经理助理、长城证券有限公司海口营业部总经理。现任中邮创业基金管理有限公司督察长。

信达澳银基金管理有限公司

【基本情况】

法定名称:信达澳银基金管理有限公司
英文名称:First State Cinda Fund Management Co., Ltd.
注册地址:广东省深圳市福田区深南大道7088号
招商银行大厦24层
成立日期:2006年6月5日
注册资本:1亿元
公司属性:中外合资
法定代表:何加武
总 经 理:王重昆
办公电话:0755-83172666
客服热线:400-888-8118
传真号码:0755-83196151
邮政编码:518040
网址:www.fscinda.com

【公司概况】

信达澳银基金管理有限公司由中国信达资产管理公司和澳洲联邦银行的全资附属公司康联首域集团共同发起,是国内首家由国有资产管理公司控股的基金管理公司,也是澳洲在中国合资设立的第一家基金管理公司。

公司注册地点在中国深圳,注册资本1亿元人民币,其中中国信达资产管理公司出资5400万元人民币,占54%;康联首域集团有限公司出资4600万元人民币,占46%。

公司建立了健全的法人治理结构,根据《中华人民共和国公司法》的规定设立了股东会、董事会和执行监事。股东会层面设立公司咨询委员会,董事会层面设立风险控制委员会和薪酬考核委员会两个专门委员会,并建立了独立董事制度。公司总经理负责公司的日常运作,并由各委员会包括投资审议委员会和风险管理委员会协助其议事决策。

公司致力于通过完善治理结构,健全绩效评价与激励机制,强化董事和管理团队的诚信勤勉义务和责任,建立良好的内部关系,提高经营者及员工的积极性,为基金投资者和全体股东创造良好的回报。

作为中外合资基金公司,信达澳银基金管理公司在借鉴外方股东成熟经验,结合中国市场特点的基础上,成功设计了公司的第一支基金产品——"信达澳银领先增长股票型证券投资基金"。该产品于2007年2月获得中国证监会批准募集。2007年3月5日,信达澳银领先增长股票型证券投资基金仅用一个工作日就完成了首次发行募集工作,募集规模近90亿基金份额。创下了中国基金业新公司新基金发行首日即以接近目标上限结束募集的新记录,树立了公司的市场形象,提高了品牌知名度。

公司建立了投研一体化的基金投资运作体系,形成了独具特色的投资研究模式和投资理念,汇聚了一批优秀的、拥有丰富从业经验的投资研究人才,为今后基金投资运作实践奠定了良好的基础。公司在外方股东康联首域集团的大力支持下,创建了一套以纯粹"自下而上"方式精选股票为理念,以科学分工、合理授权为组织方式的具有信达澳银特色的投资管理模式。从基金合同生效日2007年3月8日至9月30日,公司首只基金信达澳银领先增长基金份额净值增长至1.9061元,在今年成立的所有基金中名列前茅。

公司建立了安全高效、风险可控的基金后台运营保障系统，为公司基金业务展开奠定了良好的硬件基础。一是对公司信息技术系统进行了优化，为公司日常办公运转以及基金投资运作、市场营销等业务全面展开建立了较为完善的信息技术保障体系。二是建立了合理高效、风险可控的基金清算和基金会计业务流程。三是建立了较为完善的客户服务体系，制订了较为全面的客户服务制度和服务手册，形成了一套规范的客户服务流程。

信达澳银基金管理公司将秉持“规范、诚信、创新、回报”的经营理念，以“好公司、好团队、好产品、好回报”为发展目标，成为投资者信任的基金管理人。

【公司大事记】

2006 年

4 月 17 日，公司取得中国证监会下发的《关于同意设立信达澳银基金管理有限公司的批复》。

5 月 16 日，公司取得商务部批准证书，获准成立中外合资公司。

6 月 5 日，公司在国家行政工商管理总局正式注册登记成立。公司注册及办公地址设在深圳市福田区深南大道 7088 号招商银行大厦 24 楼。

7 月 20 日，公司开业庆典及揭牌仪式在北京人民大会堂隆重举行，澳大利亚驻华大使、中国人民银行、财政部、银监会、证监会等部门的领导同志以及相关金融机构的负责人出席了成立仪式。

9 月 16 日至 17 日，公司组织全体员工在深圳葵涌长城渡假村进行 2006 年度拓展训练活动。

11 月 11 日至 12 日，由中国信达资产管理公司主办、信达澳银基金管理有限公司承办的《证券投资基金概论与投资业务培训班》在河北香河中信国安第一城国际会议中心成功举办。证券监管部门、中国建设银行基金托管部、个人金融部的领导出席本次培训，并亲自授课，中国信达资产管理公司总公司以及信达澳银基金管理有限公司的领导和员工共一百余人参加了本次培训。

2007 年

1 月 4 日至 5 日，公司在河北三河京东第一温泉度假村成功举办《信达澳银领先增长基金代理工作座谈会》，邀请到中国建设银行个人金融部及托管部领导以及各重点分行负责人参加。

1 月 18 日，公司客户服务中心开始启动客户服务业务，服务内容主要包括受理咨询热线、网站留言、IVR 语音留言及电子邮件等项目。

2 月 28 日，公司旗下第一只基金信达澳银领先增长股票型证券投资基金获得中国证监会核准，于 3 月 5 日起开始销售，此次发行限量 90 亿份。

3 月 5 日，信达澳银领先增长基金发行首日即告罄，创造了国内基金业新公司新基金一日就以发行上限结束募集的记录。

3 月 5 日中国建设银行股份有限公司、宏源证券股份有限公司、招商证券股份有限公司、中信建投证券有限责任公司、申银万国证券股份有限公司、中国银河证券有限责任公司、海通证券股份有限公司、联合证券有限责任公司、广发证券股份有限公司开始代理销售信达澳银领先增长基金。

3 月 5 日，公司与中国建设银行合作，正式推出面向建行储蓄卡个人持卡人的基金网上交易业务。

3 月 8 日，信达澳银领先增长基金正式成立。募集首日净销售额为 8，334，367，918.42 元人民币，有效认购户数为 187，642 户。

3 月 9 日，公司在全景网络成功举行了信达澳银领先增长基金成立暨基金管理运作沟通交流会。

3 月 16 日，经中国证监会批准，并经北京市工商管理局批准注册，北京分公司公告成立。北京分公司的经营范围为基金销售和公司授权的其他业务，办公地址在北京市西城区月坛北街 26 号恒华国际大厦写字楼 606 室。

4 月 24 日至 27 日及 5 月 22 日至 25 日，公司在海南三亚天域酒店为中国建设银行 37 家分行分别举办了两场《信达澳银领先增长股票型证券投资基金代理工作座谈会》。

5 月 8 日，信达澳银领先增长基金开始办理日常申购赎回业务，同时国泰君安股份有限公司、国信证券有限责任公司开始代理销售信达澳银领先增长基金。

5 月 18 日，公司开通全国统一客服电话：400 - 888 - 8118。

5 月 22 日，公司正式开通手机短信及电子邮件服务平台，手机短信平台号码：62958118。通过手机短信和电子邮件把基金交易确认、分红、重要公告等相关信息传达给投资者。同时，投资者还可即时查阅持有基金净值、账户余额等信息。

5 月 30 日，公司第二季度基金持有人信息反馈活动抽奖仪式于在公司深圳总部举行。共抽取一、二、三等奖共 17 个获奖号码。其中，一等奖 3 名，获价值为 3000 元的奖品；二等奖 4 名，获价值 2000 元的奖品；三等奖 10 名，获价值 300 元的奖品。

6 月 15 日至 17 日，公司在珠海海泉湾度假城举办公司 2006 年工作及首支基金发行总结暨表彰会议，其中有一人荣获特别贡献奖，八人获得优秀员工奖。

6 月 30 日，信达澳银领先增长基金单位净值达 1.3484 元，基金总份额达 10，566，169，288.03 份，净资产规模为 14，247，781，974.09元。

8 月 1 日，公司开始通过中国建设银行办理信达澳银领先增长基金的定期定额投资业务。

8 月 28 日，公司与中国银联（ChinaPay）合作，正式推出面向兴业银行借记卡、上海浦东发展银行借记卡、中信银行借记卡和银联跨行转账业务银行卡个人持卡人的基金网上交易业务。

9 月 12 日，公司开通投资者交流论坛。投资者在论坛成功注册并登录后，即可使用发贴、回贴、搜索、论坛短消息、上传和下载附件等论坛基本功能。

9 月 14 日至 16 日，公司组织全体员工在北京密云云湖渡假村进行 2007 年度军事拓展活动。9 月 24 日，公司与广州银联网络合作，推出面向中国银行广东分行借记卡个人持卡人的基金网上交易业务。

9 月 25 日，深圳平安银行开始代理销售信达澳银领先增长基金。

9 月 28 日，兴业证券股份有限公司、湘财证券有限责任公司开始代理销售信达澳银领先增长基金。

9 月 30 日，信达澳银领先增长基金单位净值已达 1.9061 元，基金总份额达 11，507，067，560.97 份，净资产规模为 21，933，279，643.47元。

10 月 10 日，天相投资顾问有限公司开始代理销售信达澳银领先增长基金。

10 月 26 日，信达澳银第三季度基金份额持有人信息反馈活动抽奖仪式在公司深圳总部举行，公司总经理李克难先生亲自开奖，共抽取两个组别共27个获奖号码。

11月8日至11日，公司参加了在北京展览馆举行的第三届北京国际金融博览会。作为06年成立、崭露头角的新秀基金公司，首次参展即受到了普通投资者的广泛认可。展台前人气鼎盛，获得第三届北京金博会"杰出表现奖"。

11月16日，华龙证券有限责任公司开始代理销售信达澳银领先增长基金。

12月20日，由搜狐财经频道主办、数字100市场咨询有限公司协办的"搜狐财经2007金融理财证券财经网络盛典"颁奖典礼在京举行，信达澳银领先增长股票型证券投资基金获得"2007年最受欢迎基金新产品"奖。

2008 年

1月11日至1月13日，公司在惠州棕榈岛召开2007年度总结与考核工作会议。

1月15日，安信证券开始代销信达澳银领先增长基金。投资者可以通过安信证券在北京、上海等23个城市的53家营业网点办理对所有投资者的基金开户和交易业务。

1月30日，公司开展为期2个月的"e达通"杯电子商务广告语征集活动，一等奖可获万元重奖，以更好地体现信达澳银基金电子商务"力争创新，方便、简易、安全、优质"的特点。

2月27日，招商银行开始代理销售信达澳银领先增长基金，并同时开通定期定额投资业务，每月最低申购额为300元人民币。投资者可以在招商银行遍布43个城市的560个网点办理信达澳银旗下基金日常申购赎回及定投业务。

2月28日，信达澳银第四期基金份额持有人信息反馈活动抽奖仪式在公司深圳总部举行，公司总经理李克难先生亲自开奖，共抽取两个组别共27个获奖号码。

2月28日，信达澳银领先增长基金在由《新民晚报》、东方财富网联合主办的"2007年百姓最喜爱的十大股票基金评选"系列活动中荣获"十大最具潜力基金"殊荣。

3月3日，公司首席研究员王战强接受《证券时报》专访，发表关于自下而上寻找投资机会的观点。

3月21日，第三届中国证券投资基金业年会在全国人大会议中心举行。李克难总经理在会上做了题为"专户理财通向多元化资产管理之路"的专题发言。

3月27日，公司精华灵活配置混合型基金获证监会批准发行。

4月10日，公司旗下的领先增长基金4月10日起开通中信银行为代销机构，并同时开通定期定额投资业务，每月最低申购额为300元人民币（含申购费）。今后，信达澳银基金投资者将可以通过中信银行分布在54个城市的487个网点申购信达澳银领先增长基金。

截至目前，基金投资者可以选择19家代销渠道申购公司下基金。信达澳银领先增长基金2007年3月成立以来已在中国建设银行、招商银行、中信银行、深圳平安银行、中国银河证券开办了定期定额投资业务。

4月23日，经公司第一届董事会第一次临时会议审议通过，同意李克难先生自4月17日起辞去公司总经理职务，由公司董事长何加武先生代行总经理职务。上述事项已按规定向中国证监会和深圳证监局报告获准。

4月24日，公司董事长何加武接受《证券时报》的采访，提出了"完善治理结构，打造一流团队"的公司理念。

5月12日，与北京银行股份有限公司（北京银行）签署基金销售和服务代理协议，北京银行自2008年5月12日起将代销公司旗下的信达澳银领先增长股票型证券投资基金。

5月13日，信达澳银领先增长股票型证券投资基金增加光大证券为代销机构。

5月15日，公司及全体员工积极向四川地震灾区捐款达110万元。

5月19日，公司董事长何加武接受证券时报的采访，发表了"发挥基金中流砥柱作用稳定证券市场长期信心"的讲话。

5月20日，公司开始实施"寻找地震灾区持有人"的活动。

5月22日，在深圳市证券业协会第三届理事会第二次会议上，公司被授予了"2007年度深圳资本圈年度金融创新奖"。

5月26日，公司旗下首只混合型基金——信达澳银精华灵活配置基金于5月26日开始正式发行。同时在建行、交行、招行、华夏、中信、平安银行、各大券商及信达澳银直销中心开始发售。

6月3日，公司在全景网举行精华灵活配置基金发行网上路演。投资总监兼领先增长股票型基金基金经理曾昭雄先生和信达澳银精华灵活配置混合型基金拟任基金经理曾国富出席了路演，就精华灵活配置基金发行的相关问题回答了投资者的提问。

6月5日，经公司第一届董事会第十四次会议审议通过，并经中国证监会证监许可[2008]752号文批准通过，聘任王重昆先生、曾昭雄先生为公司副总经理。

6月16日，公司旗下的领先增长基金从2008年6月16日开始，增加华夏银行为代销机构、开通定投业务并参加其网上基金申购费率优惠活动。

6月16日，公司旗下信达澳银领先增长股票型证券投资基金于2008年6月16日起参与交通银行定期定额申购费率优惠活动。

6月25日，根据中国证监会会证监许可[2008]435号文，信达澳银精华灵活配置混合型证券投资基金已于2008年5月26日开始募集。为充分满足投资者的投资需求，公司决定原定募集期结束时间为2008年6月27日。现决定将本基金募集期延长至2008年7月25日。

7月10日，根据证监基金字[2005]96号《关于基金管理公司运用固有资金进行基金投资有关事项的通知》等法规的有关规定，公司发布了关于拟于募集期内通过代销机构认购正在发售的信达澳银精华灵活配置混合型证券投资基金2500万元的通告。

7月14日，公司旗下的领先增长股票型基金在中信建投证券有限责任公司开通定期定额投资业务，每月最低投资额度为300元人民币。同时，从开通日起参加中信建投证券的基金定期定额申购费率优惠活动。

7月14日，信达澳银领先增长股票型证券投资基金于2008年7月14日起至2009年12月31日的全部法定基金交易日参加中信建投证券的基金定期定额申购费率优惠活动。

7月30日，信达澳银精华灵活配置混合型证券投资基金成立。首发募集金额为5.34亿元人民币，有效认购户数为8,514户。其中，公司运用固有资金认购本基金2500万元，占4.68%；公司员工认购133.3万份，占0.25%。

8月29日，信达澳银精华灵活配置混合型证券投资基金开始办理日常申购赎回业务。

9月16日，为维护投资者利益，根据有关法律法规的规定和基金合同的约定，信达澳银基金对旗下基金所投资的长期停牌股票的估值方法进行了调整。

9月18日，信达澳银基金在基金销售中增加客户风险测评服务，以帮助客户在分析自己的风险收益特征、对基金公司的产品有深入了解的基础上，让客户自己做出选择。

10 月 11 日，信达澳银基金外方股东首域投资管理（英国）有限公司（FirstStateinvestmentManagement（UK）Limited）获批成为合格境外机构投资者（QFII）。

11 月 5 日，信达澳银基金开始在直销中心和代销机构办理旗下开放式基金的基金转换业务。

12 月 8 日，信达澳银基金开始通过中国建设银行办理信达澳银精华灵活配置混合型证券投资基金的定期定额投资业务，并将该业务的每月最低申购金额调整为 100 元人民币（含申购费）。

12 月 8 日，信达澳银基金新增中信证券为信达澳银领先增长股票型证券投资基金和信达澳银精华灵活配置混合型证券投资基金的代销机构。

12 月 15 日，交通银行各网点开始办理信达澳银基金旗下开放式证券投资基金的日常转换业务。

12 月 17 日，信达澳银基金增加华夏银行、招商银行、中信银行、深圳平安银行、北京银行、银河证券、中信建投证券为信达澳银精华灵活配置混合型证券投资基金的定期定额申购业务。

12 月 18 日，信达澳银基金荣获“2008 搜狐金融理财网络盛典”之“最有影响力基金公司风险提示奖”。

12 月 25 日，经信达澳银基金管理有限公司董事会决议，增聘王战强先生担任信达澳银领先增长股票型证券投资基金基金经理。

2009 年

1 月 14 日，信达澳银精华灵活配置基金在由证券时报社主办、安信证券协办的“2008 年度中国明星基金暨最佳托管银行评选”中荣获“2008 年度新基金明星奖”。

1 月 17 日，曾昭雄先生辞去公司副总经理、投资总监、信达澳银领先增长股票型证券投资基金基金经理的职务。公司聘任王战强先生为公司执行投资总监，行使公司投资总监职权。

2 月 6 日，公司旗下首只债券型基金——也是公司第三只基金产品——信达澳银稳定价值债券型基金，获得证监会批准，基金托管人为中国建设银行。

2 月 17 日，经公司第二届董事会第一次会议审议通过，并经中国证监会证监许可［2009］105 号文核准，公司聘任王重昆先生为公司总经理。

2 月 27 日，公司与中国农业银行合作，对持有农业银行金穗借记卡的个人投资者开通本公司“e 达通”网上直销定期定额申购业务。

3 月 2 日，公司旗下信达澳银精华灵活配置混合型基金实施第一次分红。

3 月 3 日，公司发布全新品牌标识语“诚者信达”。标识语中的“诚”有三层含义——诚信立身处世、忠诚履行使命、真诚奉献回报。“诚信者，可通达”，表达了信达澳银基金以诚信为本、与投资者共享兴旺发达的理念。

3 月 9 日，公司第三只基金产品——信达澳银稳定价值债券型基金正式公开发行，该基金基金经理由宏观策略部总经理昌志华担任。

3 月 13 日，公司加入百度和讯全财经网诚信倡议，与社会各界一起，承诺尊重消费者权益，积极履行企业责任，共建和谐社会。

4 月 2 日，信达澳银稳定价值债券型基金提前结束募集工作。

4 月 8 日，信达澳银稳定价值债券型证券投资基金的基金合同生效。

4 月 10 日，信达澳银精华灵活配置混合型证券投资基金自 2009 年 4 月 10 日起在交通银行开通定期定额申购业务。

4 月 13 日，公司新版网站正式上线，凸显了网站在提升服务质量、体现客户价值、进行业务及品牌形象宣传等方面的重要作用。

4 月 18 日，公司响应深圳市委、市政府“建设绿色家园，倡导生态文明”的号召，组织深圳总部全体员工参加了莲花山公园的主题植树活动，全体员工亲手植树 50 余棵。

5 月 25 日，精华灵活配置混合基金将于 5 月 25 日再次分红，每 10 份基金份额派发 1 元红利。该基金不足 3 个月内两次分红，既是出于及时回馈投资者的考虑，也得益于成立以来持续稳健的业绩增长。

8 月 19 日，信达澳银中小盘股票型证券投资基金正式获得中国证监会批准发行，这是公司旗下第四只产品。该基金将奉行“自下而上”和“自上而下”相结合的投资方法。

11 月 27 日，信达澳银中小盘股票型基金募集结束，基金合同自 12 月 1 日起正式生效，募集总额 18.68 亿元，募集的有效认购户数为 29,968 户。

2010 年

2 月 25 日，信达澳银领先增长股票型基金实施 2010 年的首度分红，以 2010 年 2 月 1 日为收益分配基准日，每 10 份基金份额派发红利 0.8 元，红利发放日为 2 月 26 日。

4 月 10 日，公司组织全体员工参加由深圳市城建局、深圳市绿色基金会等单位联合发起举办的 2010 年“绿色和谐深圳”植树活动，员工们亲手在深圳市中心公园植树 100 棵。

4 月 16 至 18 日，公司在东莞松山湖凯悦酒店举办全体员工参加的“公司 2010 年度经营工作会议暨基金发行动员会”。

4 月 20 日，公司积极响应中国证券业协会发起的“证券行业向青海玉树灾区献爱心”的捐款活动，向发生 7.1 级强震的玉树地震灾区捐款 30 万元，用于支援当地的抗震救灾工作，帮助灾区群众渡过难关、重建家园，所捐善款将通过民政部捐送灾区。

5 月 4 日，公司旗下第五只基金——信达澳银红利回报股票型基金获得中国证监会［2010］571 号文核准发行，基金代码 610005，托管行为中国建设银行。

7 月 23 日，公司旗下第五只基金——信达澳银红利回报股票型基金结束募集，募集总额 5.95 亿元，此次募集的有效认购户数为 11995 户。

9 月 3 日，公司“在线客服”平台正式上线，丰富了服务渠道。

9 月 16 日，公司“基金经理在线”平台正式开通，每月中旬将邀请公司基金经理与投资者直接进行在线交流。

12 月，完成了信达资产管理公司的集团网络办公平台子平台的建设，实现了集团信息化的前期准备工作。

12 月 4－6 日，公司参加了在深圳会展中心举行的 2010 中国（深圳）国际金融博览会，并荣获“2010 中国（深圳）国际金融博览会最佳服务奖”。

12 月 17 日，公司在由搜狐财经主办的“搜狐 2010 金融理财网络盛典”颁奖典礼中荣获“最有影响力基金客户服务奖”。

12 月 20 日，公司偏股型基金业绩获认可，投资总监王战强荣膺《投资者报》评选的“2010 年最佳投资总监 TOP10”称号。

12 月 20 日，手机网上交易系统正式上线。

【股东概况】

排序	股东名称	持股比例
1	中国信达资产管理股份有限公司	54%
2	康联首域集团	46%

【旗下基金】

基金代码	基金简称	类型	基金经理
610001	信达澳银增长	股票型	曾昭雄、王战强
610002	信达澳银配置	混合型	李坤元
610003	信达澳银债券 A	债券型	昌志华、孔学峰
610103	信达澳银债券 B	债券型	昌志华、孔学峰
610004	信达中小盘	股票型	黄敬东
610005	信达澳银红利	股票型	张俊生、周强松
610006	信达澳银产业升级	股票型	张俊生

【公司高管】

何加武先生，董事长。中南财经大学本科毕业；1982 年 8 月至 1996 年 1 月在中国建设银行总行工作，历任科长、副处长、处长、副主任；1996 年 1 月至 1997 年 6 月任中国信达信托投资公司副总经理；1997 年 6 月至 2003 年 6 月任宏源证券股份有限公司总经理；2003 年 6 月至 2005 年 1 月任宏源证券股份有限公司副董事长；2005 年 1 月至 2006 年 4 月任中国信达资产管理公司金融风险研究中心研究员；2006 年 4 月起任信达澳银基金管理有限公司董事长。

王重昆先生，总经理，中国人民大学法学学士。13 年银行、证券、基金从业经历，具有证券与基金从业资格、基金业高管人员任职资格。历任中国建设银行总行办公室法规处科员、秘书处秘书；中国信达资产管理公司总裁办公室秘书；宏源证券股份有限公司深圳管理总部副总经理、董事会秘书等职务；2006 年 1 月加入信达澳银基金公司，历任市场总监、副总经理兼市场总监。

黄晖女士，督察长，加拿大 Concordia University 经济学硕士，历任大成基金管理公司研究部分析师、市场部主管产品设计副总监、规划发展部副总监、机构理财部总监等职务；曾参与英国政府“中国金融人才培训计划”(FIST 项目)，赴伦敦任职于东方汇理证券公司(伦敦)；曾借调到中国证监会基金部工作，参与老基金重组、首批开放式基金评审等工作。现任信达澳银基金管理有限公司督察长兼董事会秘书。

诺德基金管理有限公司

【基本情况】

法定名称：诺德基金管理有限公司

英文名称：Lord Abbett China Asset Management Co.，Ltd.

注册地址：上海市陆家嘴环路 1233 号汇亚大厦 12 层

办公地址：上海市陆家嘴环路 1233 号汇亚大厦 12 层

法人代表：杨忆风

总 经 理：潘福祥

成立日期：2006 年 6 月 8 日

公司属性：中外合资

注册资本：1 亿元

联系电话：021－68604888

客服热线：400－888－0009

传真号码：021－68877727

邮政编码：200120

公司网址：www.lordabbettchina.com

【公司概况】

诺德基金管理有限公司是由美国独立资产管理公司——诺德·安博特公司(Lord Abbett & Co. LLC，以下简称“LORD ABBETT”)联合国内著名的长江证券股份有限公司(以下简称“长江证券”)和清华控股有限公司(以下简称“清华控股”)共同发起设立的基金管理公司，公司注册资本为 1 亿元人民币，其中 LORD ABBETT 出资相当于 4900 万元人民币的等额美元，占股 49%，长江证券出资 3000 万元人民币，占股 30%，清华控股出资 2100 万元人民币，占股 21%。公司总部位于上海浦东陆家嘴环路 1233 号汇亚大厦 12 层。

公司具有在业界独一无二的股东背景。作为一家中外合资的基金管理公司，诺德基金管理有限公司不仅和其他同行一样，拥有一个国际投资专家——LORD ABBETT；一个本土投资专家——长江证券，而且拥有一个为国际国内资本市场培育了众多华人投资专家的“摇篮”——清华大学的背景。这使得公司具有将先进投资经验和先进投资理论进行有机结合，从而引导市场投资风尚的得天独厚的优势。

以公司控股股东 LORD ABBETT 公司 70 多年来创下的投资传奇，公司所积累的经验正在或即将为更多的公司基金持有人所分享。

而今，这些投资智慧已植入诺德基金管理有限公司。公司将利用在海外近百年的成功投资经验，为国内投资者理财。公司的发展战略规划是：以开放式基金业务为导向，以各类金融创新业务为辅助，逐步由单一的基金管理公司向多层次、全方位的资产管理公司转变。

【公司大事记】

2004 年 4 月 29 日，LORD ABBETT、长江证券和清华控股三方正式签署《发起人协议》和《股东协议》，并正式组建诺德基金筹备组。

2005 年 9 月 22 日，正式签署位于上海浦东汇亚大厦的办公室租赁协议，全面开始办公室装修、办公家具及设备购置以及信息系统建设工作。

2006 年 1 月 4 日，办公室全部装修完毕，办公家具及设备全部购置到位，信息系统成功搭建并完成了相关调试，筹备组搬入新办公室正常办公。

2006 年 5 月 12 日，公司正式收到中国证券监督管理委员会的“关于同意设立诺德基金管理有限公司的批复”。

2006 年 6 月 8 日，公司在国家工商行政管理局正式注册。

2006 年 8 月 8 日，公司开业庆典在上海浦东香格里拉大酒店隆重举行。

2006 年 8 月 8 日，公司 2006 年股东会暨第一届董事会第一次会议在公司本部召开。

2007 年 1 月 12 日，中国证监会正式批复，核准张欣担任公司督察长。

2007 年 3 月 23 日，诺德价值优势股票型证券投资基金的募集申请获得中国证监会批准，拟募集金额 80 亿元人民币。

2007 年 4 月 3 日，诺德价值优势股票型证券投资基金的募集时间经中国证监会批准，拟于 2007 年 4 月 16 日正式对外募集。

2007 年 4 月 16 日，诺德价值优势股票型证券投资基金获得广大投资者的热情认购，认购金额逾 150 亿元，公司按照全程比例配售的方法，对认购金额予以部分确认，最终确认的认购金额约为人民币 80 亿元，对超过的部分退还给投资者。

2007 年 6 月 6 日，诺德价值优势股票型证券投资基金开始办理申购、赎回业务。

2007 年 6 月 20 日，公司 2007 年股东会暨第一届董事会第二次会议在公司本部召开。

2007 年 7 月 5 日，上海市委常委、浦东新区区委书记杜家毫，浦东新区副区长过剑飞率浦东新区区委办、金融办、人事局、财政局、社发局、税务局、陆家嘴功能区的领导十余人来我公司视察、调研。同行的还有上海证监局副局长严旭及机构监管二处处长陶耿。公司董事长李格平、总经理杨忆风、副总经理潘福祥等陪同视察，并向杜书记、严局长一行汇报了我公司的运营情况。

2007 年 12 月 13 日，公司第一届董事会第三次会议在公司本部召开。

2008 年 6 月 11 日，诺德主题灵活配置混合型证券投资基金的募集申请获得中国证监会批准。

2008 年 10 月 8 日，诺德基金旗下第二只基金——诺德主题灵活配置混合型证券投资基金公开募集，并于 2008 年 11 月 5 日正式成立。

2008 年 12 月 15 日，诺德增强收益债券型证券投资基金的募集申请获得中国证监会批准。

2009 年 1 月 19 日起，诺德基金旗下第三只基金——诺德增强收益债券型证券投资基金公开募集，并于 2009 年 3 月 4 日正式成立。

2009 年 6 月 9 日，诺德成长优势股票型证券投资基金的募集申请获得中国证监会批准。

2009 年 8 月 10 日起，诺德基金旗下第四只基金——诺德成长优势股票型证券投资基金公开募集，并于 2009 年 9 月 22 日正式成立。

2010 年 3 月 8 日，诺德中小盘股票型证券投资基金的募集申请获得中国证监会批准。

2010 年 5 月 24 日起，诺德基金旗下第五只基金——诺德中小盘股票型证券投资基金公开募集，并于 2010 年 6 月 28 日正式成立。

2011 年 3 月 4 日，诺德优选 30 股票型证券投资基金的募集申请获得了中国证监会的批准。

2011 年 4 月 1 日起，诺德基金旗下第 6 只基金——诺德优选 30 股票型证券投资基金正式公开募集，并于 2011 年 5 月 5 日正式成立。

2011 年 9 月 13 日起，杨忆风先生由总经理转任董事长；潘福祥先生由副总经理转任总经理。公司相关决议已由公司第二届董事会第七次会议审议通过，并经中国证监会核准。

2011 年 10 月 20 日，诺德双翼分级债券型证券投资基金的募集申请获得了中国证监会的批准。

2011 年 12 月 27 日，诺德基金管理有限公司从事特定客户资产管理业务的申请获得了中国证监会的批准。

【股东概况】

排序	股东名称	持股比例
1	Lord Abbett	49.00
2	长江证券股份有限公司	30.00
3	清华控股有限公司	21.00

【旗下基金】

基金代码	基金简称	类型	基金经理
570001	诺德价值	股票型	胡志伟、薛珠
571002	诺德主题	混合型	王正
573003	诺德强债	股票型	张辉、赵滔滔
570005	诺德成长优势	股票型	胡志伟
570006	诺德中小盘	股票型	向朝勇
570007	诺德优选 30	股票型	向朝勇
165706	诺德双翼分级债券 A	创新封闭型	赵滔滔
150068	诺德双翼分级债券 B	创新封闭型	赵滔滔
570008	诺德周期策略	股票型	胡志伟

【公司高管】

杨忆风先生，董事长。清华大学学士，美国 University of Wisconsin - Madison 电子材料与器件博士，金融学硕士。曾在美国多家金融机构任职，包括 General ReAsset Management，J&W Seligman & Co.，Vantage Investment Advisors，Munder-Capital Management，Lord，Abbett & Co. LLC，历任分析师、基金经理、资深基金经理、研究主管、资深投资顾问和董事经理、诺德基金管理有限公司成立后曾担任董事、总经理职务。

潘福祥先生，董事，总经理。清华大学学士、硕士，中国社会科学院金融学博士。历任清华大学经济管理学院院长助理、安徽省国投上海证券总部副总经理和清华兴业投资管理有限公司总经理，清华大学经济管理学院和国家会计学院客座教授，诺德基金管理有限公司董事、副总经理。

张欣先生，督察长，清华大学学士，美国 Wayne State University 经济学硕士，New York University 工商管理硕士，曾任美国 Alliance Bernstein L. P. 固定收益研究部副总裁、MONY Capital Management，Inc. 董事投资经理和 Moody′s Investors Service 分析师。

中欧基金管理有限公司

【基本情况】

法定名称：中欧基金管理有限公司

英文名称：Lombarda China Fund Management Co.，Ltd.

注册地址：深圳市福田区华强北路赛格广场 4502A、4503A、4504A

办公地址：上海市浦东新区花园石桥路 66 号 东亚银行金融大厦 8 层

法人代表：唐　步

总　经　理：刘建平

成立时间：2006 年 7 月 19 日

公司属性：中外合资

注册资本：1.2 亿元

联系电话：021 - 68609600

传真号码：021 - 33830351

邮政编码：200120

公司网址：www.lcfunds.com

【公司概况】

中欧基金管理有限公司（以下简称中欧基金）正式成立

于2006年7月19日。中欧基金注册地在上海，注册资本为人民币1.2亿元。其中意大利意联银行股份有限公司持股49%，国都证券有限责任公司持股47%，平顶山煤业（集团）有限责任公司持股4%。

中欧的目标：立足本土，放眼世界，融汇中西方投资文化的精髓，成为一流的具有国际视野的中国基金管理公司。中欧的定位：中欧基金将努力成为一家术业有专攻的"精品店式"的投资管理公司。在"中欧投资精品店"，我们富有经验的专业人员将用心聆听您的投资需求，为您推荐特色鲜明的基金产品，提供中肯的投资目标指引和富有针对性的投资解决方案，让您体验到最尊贵的理财服务享受。中欧的承诺："深切关注基金持有人利益"，将成为全体员工一切工作的出发点和归宿。中欧的愿景：提倡专业、勤勉，鼓励开拓、创新。在前瞻性的战略指导下，我们将提供给员工能赖以发展的职业舞台，建立起与股东多赢共荣的合作网络，做客户可信赖的投资领域商业伙伴，为赢得市场与行业的尊敬和认可不断前行！

【股东概况】

排序	股东名称	持股数量（万股）	持股比例
1	意大利意大利意联银行股份有限公司	5880.00	49%
2	国都证券有限责任公司	5640.00	47%
3	平顶山煤业（集团）有限责任公司	480.00	4%

【旗下基金】

基金代码	基金简称	类型	基金经理
166001	中欧新趋势	股票型	刘水云、周蔚文
166002	中欧新蓝筹	混合型	周蔚文
166003	中欧债券A	债券型	赖海英
166004	中欧债券C	债券型	赖海英
166005	中欧价值发现	股票型	苟开红
160006	中欧中小盘	股票型	王海
160007	中欧沪深300	指数型	林钟斌、张大方
160008	中欧强债	债券型	聂曙光、赖海英
166011	中欧新动力	股票型	周蔚文
166010	中欧鼎利分级债券	创新封闭型	聂曙光
150039	中欧鼎利分级债券A	创新封闭型	聂曙光
150040	中欧鼎利分级债券B	创新封闭型	聂曙光

【公司高管】

唐步先生，中欧基金管理有限公司董事长，中国籍。20年以上证券从业经验。历任上海证券中央登记结算公司副总经理，上海证券交易所会员部总监、监察部总监，大通证券股份有限公司副总经理，国都证券有限责任公司副总经理、总经理。

刘建平先生，中欧基金管理有限公司总经理，中国籍。北京大学法学硕士，16年以上证券及基金从业经验。历任北京大学助教、副科长；中国证券监督管理委员会基金监管部副处长；上投摩根基金管理有限公司督察长。

朱彦先生，中欧基金管理有限公司督察长，中国籍。中国人民大学经济学学士，16年以上证券从业经验。历任北京国际信托投资公司计划财务部员工，海南赛格国际信托投资公司资金计划部主管，海南华银国际信托投资公司北京证券营业部总经理，北京国际信托投资公司上海昆明路证券营业部总经理，国都证券有限责任公司上海通北路证券营业部总经理、上海长阳路证券营业部总经理。

金元比联基金管理有限公司

【基本情况】

法定名称：金元比联基金管理有限公司
英文名称：KBC GOLDSTATE Fund Management Co.，Ltd.
注册地址：上海市浦东新区花园石桥路33号
　　　　　花旗集团大厦3608室
办公地址：上海市浦东新区花园石桥路33号
　　　　　花旗集团大厦3608室
法人代表：任开宇
总 经 理：张嘉宾
成立时间：2006年11月13日
公司属性：中外合资
注册资本：1.5亿元
联系电话：021－68881801
客服热线：400－666－0666
传真号码：021－68881875、021－68882865
邮政编码：200120
公司网址：www.jykbc.com

【公司概况】

金元比联基金管理有限公司成立于2006年11月，是由金元证券有限责任公司和比利时联合资产管理公司共同发起设立的中外合资基金管理公司。公司注册地为上海，注册资本1.5亿人民币，其中金元证券有限责任公司持有51%的股份，比利时联合资产管理公司持有49%的股份。

金元比联基金管理有限公司引进了比利时联合资产管理公司享誉全球的投资机制，研究平台和风险控制体系，力争成为有社会责任感、运作规范、受投资者信任和喜爱的资产管理者和特定细分市场的领导者。

完善的公司内部治理结构是公司诚信经营的保障，优秀的团队是公司发展的基石。金元比联基金遵循有关法律法规，借鉴国际经验，建立了一支具备国际水准的专业理论素养并谙熟中国资本市场的管理团队，致力于更好的保护基金投资者的合法利益，控制基金管理的风险，为投资者创造长期价值。

【股东概况】

排序	股东名称	持股比例
1	金元证券有限责任公司	51%
2	比利时联合资产管理公司	49%

【旗下基金】

基金代码	基金简称	类型	基金经理
620001	宝石动力	保本型	侯斌、谷伟
620002	金元比联成长	混合型	侯斌、冯志刚
620003	金元比联丰利	债券型	李飞
620004	金元比联增长	股票型	潘江、冯志刚
620005	金元核心 动力	股票型	侯斌
620006	金元比联消费主题	股票型	黄奕、冯志刚
620007	金元比联保本	保本型	李飞

【公司高管】

任开宇先生，董事长，博士。曾任长春证券有限公司总裁助理，新华证券有限公司监事长，金元证券有限公司投行总监。2008年至今，任金元证券股份有限公司副总裁。

张嘉宾先生，总经理，兼任投资决策委员会主席，工商管理硕士。曾任深业美国公司（新泽西）副总裁，瑞银华宝（纽约）业务经理，富国基金管理有限公司总经理助理、市场总监，信诚基金管理有限公司副总经理、首席市场官，中国光大资产管理有限公司（香港）首席运营官，民生加银基金管理有限公司总经理，现任金元比联基金管理有限公司总经理。

符刃先生，督察长，经济学硕士学位。曾任海南国信资产管理公司总经理助理、香港海信投资有限公司总经理。

浦银安盛基金管理有限公司

【基本情况】

法定名称：浦银安盛基金管理有限公司
英文名称：AXA SPDB Investment Managers Co.，Ltd.
办公地址：中国上海市淮海中路381号中环广场38层
法人代表：姜明生
总 经 理：钱　华
成立日期：2007年8月28日
注册资本：2亿元
公司属性：中外合资
联系电话：021－33079999
客服热线：400－882－8999
传真号码：021－23212999
邮政编码：200020
公司网址：www.py－axa.com

【公司概况】

浦银安盛基金管理有限公司是一家中法合资的银行系基金公司，成立于2007年8月，是国内第二批银行系基金公司的第一家，注册资本2亿元人民币。其中，上海浦东发展银行（600000）占比51%，法国安盛投资管理公司（AXA集团子公司）占比39%，上海盛融占比10%。

诞生于2007年8月的浦银安盛基金管理有限公司，已经敏锐地观察到中国投资者对于财富管理的升级需求。

作为中国证券市场第59家基金管理公司，一家银行系的合资基金管理公司，我们将立足于为投资人提供贵宾式的投资理财服务。

【公司大事记】

2011年12月13日，浦银安盛增利分级债券型证券投资基金正式成立。

2011年11月7日，浦银安盛增利分级债券型证券投资基金开始发行。

2011年5月23日，浦银货币基金参加中信银行开通的信用卡"基金。

2011年3月9日，浦银安盛货币市场证券投资基金正式成立。

2011年2月21日，浦银安盛货币市场证券投资基金开始发行。

2010年12月10日，浦银安盛沪深300指数增强型证券投资基金。

2010年8月28日，一次有意义的周年庆活动——浦银安盛向舟曲灾区捐款。

2009年12月3日，浦银安盛红利精选股票型基金正式成立。

2009年10月28日，浦银安盛红利精选股票型基金开始发行。

2009年6月29日，浦银生活基金开放日常申购赎回。

2009年6月26日，浦银安盛开通基金转换业务，首个开通渠道为网络。

2009年6月4日，浦银安盛精致生活混合型基金正式成立。

2009年4月27日，浦银安盛精致生活混合型基金开始发行。

2009年3月19日，电子直销新增农行卡并支持定投。

2009年2月19日，浦银安盛开展2009"聪明理财"感恩回馈。

2009年1月12日，浦银收益基金开放申购赎回业务。

2008年12月30日，浦银安盛第二只基金浦银收益正式成立。

2008年11月24日，浦银安盛第二只基金浦银收益正式发行。

2008年10月15日，浦银安盛电子直销开通建行卡、定期定额申购。

2008年7月7日，浦银价值基金开放赎回业务。

2008年5月19日，浦银安盛推出定期定额申购业务。

2008年5月12日，浦银价值基金开放申购业务。

2008年4月17日，浦银安盛推出基金持有人积分计划。

2008年4月16日，浦银安盛成长价值股票型证券投资基金合同生效。

2008年3月10日，浦银安盛成为首只基金发行即开通电子直销平台。

2008年3月10日，浦银安盛首只新基金——浦银价值正式发行。

2007年8月28日，浦银安盛基金管理有限公司在上海举行了隆重的成立仪式。

2007年8月5日，浦银安盛基金管理有限公司正式成立。

2007年7月17日，中国证监会批复同意设立浦银安盛基金管理有限公司。

【股东概况】

排序	股东名称	持股比例
1	上海浦东发展银行	51%
2	法国安盛投资管理公司	39%
3	上海盛融	10%

【旗下基金】

基金代码	基金简称	类型	基金经理
519110	浦银价值	股票型	蒋建伟
519111	浦银收益A	债券型	薛铮
519112	浦银收益C	债券型	周文稠
519113	浦银生活	混合型	吴勇
519115	浦银红利	股票型	吴勇
519116	浦银沪深300	指数型	陈士俊
519509	浦银货币A	货币型	周文稠、薛铮
519510	浦银货币B	货币型	周文稠、薛铮
166401	浦银增利分级债券	创新封闭型	薛铮
150062	浦银增利分级债券A	创新封闭型	薛铮
150063	浦银增利分级债券B	创新封闭型	薛铮

【公司高管】

姜明生先生,董事长,本科学历。曾先后任职于中国工商银行总行、招商银行。2007 年 4 月加入上海浦东发展银行,任总行党委委员,并担任至今。2007 年 9 月起至今担任上海浦东发展银行总行副行长,2007 年 10 月起至今兼任上海浦东发展银行上海分行党委书记、行长,自 2009 年 11 月任本公司董事暨董事长。

钱华先生,总经理,硕士学历,具有基金从业资格。曾任中国人民银行总行研究员、国泰证券有限公司基金部副总经理,自 1998 年起先后任职于国泰基金管理有限公司任投资总监、国联安基金管理有限公司任副总经理、安信证券股份有限公司任职管理委员会委员、拟任副总裁、万家基金管理有限公司任副总经理。2010 年 12 月 23 日起任浦银安盛基金公司总经理。

喻庆先生,中国政法大学经济法专业硕士,中国人民大学应用金融学硕士研究生学历。历任申银万国证券有限公司国际业务总部高级经理;光大证券有限公司(上海)投资银行部副总经理;光大保德信基金管理有限公司副督察长、董事会秘书和监察稽核总监。现任本公司督察长。

农银汇理基金管理有限公司

【基本情况】

法定名称:农银汇理基金管理有限公司
英文名称:ABC - CA Fund Management Co. , Ltd.
办公地址:上海市浦东新区世纪大道 1600 号
浦项商务广场 7 层
法人代表:杨　琨
总 经 理:许红波
成立日期:2008 年 3 月 18 日
注册资本:2 亿元
公司属性:中外合资
联系电话:021 - 61095599
客服热线:021 - 61095599
传真号码:021 - 61095556
邮政编码:200122
公司网址:www. abc - ca. com/

【公司概况】

农银汇理基金管理有限公司(ABC - CA Fund Management Co. , Ltd.),由中国农业银行(Agricultural Bank of China)、东方汇理资产管理公司(Amundi Asset Management)及中国铝业股份有限公司(Aluminum Corporation of China Limited)共同出资组建,其中中国农业银行持股 51. 67% ,东方汇理资产管理公司持股 33. 33% ,中国铝业股份有限公司持股 15% 。公司注册地在上海,注册资本 2 亿元。

农银汇理基金致力于打造中国基金业的旗舰品牌,奉献专业智慧,为投资人提供优质、贴心的理财服务,帮助投资人实现财富增值。公司的目标是,成为一家投资人信赖、同行尊敬的优秀基金管理公司。

【股东概况】

排序	股东名称	持股比例
1	中国农业银行	51.67%
2	东方汇理资产管理公司	33.33%
3	中国铝业股份有限公司	15.00%

【旗下基金】

基金代码	基金简称	类型	基金经理
660001	农银成长	股票型	曹剑飞
660002	农银增利 A	债券型	陈加荣、史向明
660102	农银增利 C	债券型	陈加荣、史向明
660003	农银双利	混合型	付柏瑞、史向明、魏伟
660004	农银策略价值	股票型	程涛
660005	农银中小盘	股票型	程涛
660006	农银汇理大盘蓝筹	股票型	李洪雨
660007	农银货币 A	货币型	吴江
660107	农银货币 B	货币型	吴江
660008	农银沪深 300	指数型	张惟 程涛
660009	农银增强收益债券 A	债券型	史向明
660109	农银增强收益债券 C	债券型	史向明
660010	农银策略精选	股票型	张惟
660011	农银中证 500	指数型	Denis Zhang

【公司高管】

杨琨先生,董事长,经济学硕士,高级经济师。1983 年开始在中国农业银行工作,历任中国农业银行人事部、代理业务部、市场开发部等部门领导,中国农业银行安徽省分 行行长,中国农业银行行长助理。2004 年起任中国农业银行副行长。

许红波先生,总经理,工学学士,高级工程师。1982 年至 1998 年在水利部工作,先后担任处长、副司长等职务,1998 年开始在中国农业银行工作,历任中国农业银行市场开发部、机构业务部副总经理,总行总经理级干部。

孙昌海先生,督察长,硕士。1998 年 9 月起任华安基金管理有限公司督察员;2001 年 3 月起任上海浦东保险经纪有限公司董事长;2002 年 7 月起任东吴证券有限责任公司基金公司筹备组副组长;2004 年 8 月至 2008 年 1 月任东吴基金管理有限公司督察长。

民生加银基金管理有限公司

【基本情况】

法定名称:民生加银基金管理有限公司
英文名称:MINSHENG ROYAL Fund Management Co. ,Ltd.
注册地址:深圳市福田区益田路 6009 号新世界
商务中心 42 层
办公地址:深圳市福田区益田路 6009 号新世界
商务中心 42 层
董 事 长:万青元
总 经 理:万青元代
成立时间:2008 年 11 月 3 日
公司属性:中外合资
注册资本:2 亿元
联系电话:0755 - 23999888
客服热线:400 - 8888 - 388
传真号码:0755 - 23999800
邮政编码:518026
公司网址:www. msjyfund. com. cn/

【公司概况】

民生加银基金管理有限公司于 2008 年 11 月 3 日成立,由中国民生银行股份有限公司(China Minsheng Banking Corp. , Ltd.)、加拿大皇家银行(Royal Bank of Canada)和三峡财务有限责任公司共同发起设立，持股比例分别为60%、30%和10%。公司注册资本2亿元，注册地深圳。

截至2011年12月31日，民生加银基金管理有限公司管理6只开放式基金：民生加银品牌蓝筹灵活配置混合型证券投资基金、民生加银增强收益债券型证券投资基金、民生加银精选股票型证券投资基金、民生加银稳健成长股票型证券投资基金、民生加银内需增长股票型证券投资基金、民生加银景气行业股票型证券投资基金。

作为一家具有银行背景的中外合资基金管理公司，同时站在中国基金业十年发展的基础上，民生加银将牢牢把握公司的先天优势资源，善用后发优势，以专业化、市场化的经营理念打造公司"专业化投研、流程化管理、理财规划式营销服务和稳定的核心团队"为目标的核心竞争力，努力建设成为一个国际先进、诚信、稳健、专业、创新、客户高度信赖、持有人利益最大化的专业资产管理公司。

【公司大事记】

2007年12月27日，中国民生银行股份有限公司正式获得中国银行业监督管理委员会批准，由中国民生银行联合加拿大皇家银行、三峡财务有限责任公司共同发起设立民生加银基金管理有限公司。

2008年10月15日，中国证券监督管理委员会对中国民生银行股份有限公司、加拿大皇家银行、三峡财务有限责任公司合资成立基金公司的申请进行批复，核准设立民生加银基金管理有限公司。

2008年10月20日，民生加银基金管理有限公司获得中华人民共和国商务部颁发的《中华人民共和国外商投资企业批准证书》。

2008年11月3日，民生加银基金管理有限公司完成工商注册登记程序，依法正式成立。

2008年11月6日，民生加银基金管理有限公司获得中国证券监督管理委员会颁发的《中华人民共和国基金管理资格证书》。

2008年11月17日，民生加银基金管理有限公司第一届董事会第一次会议暨2008年第一次股东大会胜利召开。会议确认杨东同志担任董事长；确认聘任张嘉宾同志为总经理；确认聘任朱晓光同志为督察长。

2008年11月18日，民生加银基金管理有限公司在深圳举行了隆重的开业典礼暨揭牌仪式。中共深圳市委常 委、副市长陈应春，中国民生银行股份有限公司董事长董文标、副行长赵品璋，加拿大皇家银行首席运营官 Frank Lippa 等出席了开业典礼并致词。

2008年12月3日，经中共中国民生银行委员会研究决定，成立中国共产党民生加银基金管理有限公司委员会。并任命杨东同志为书记，赵尚恒同志为副书记，张嘉宾同志、朱晓光同志为委员。

2009年1月22日，民生加银品牌蓝筹灵活配置混合型证券投资基金获中国证券监督管理委员会核准募集。

2009年3月27日，民生加银品牌蓝筹灵活配置混合型证券投资基金成立。

2009年6月5日，民生加银增强收益债券型证券投资基金获中国证券监督管理委员会核准募集。

2009年7月21日，民生加银增强收益债券型证券投资基金成立。

2009年12月8日，民生加银精选股票型证券投资基金获中国证券监督管理委员会核准募集。

2010年2月3日，民生加银精选股票型证券投资基金成立。

2010年5月4日，民生加银稳健成长股票型证券投资基金获中国证券监督管理委员会核准募集。

2010年6月29日，民生加银稳健成长股票型证券投资基金成立。

2010年12月9日，民生加银内需增长股票型证券投资基金获中国证券监督管理委员会核准募集。

2011年1月28日，民生加银内需增长股票型证券投资基金成立。

2011年6月7日，民生加银景气行业股票型证券投资基金获中国证券监督管理委员会核准募集。

【股东概况】

排序	股东名称	持股数量(万股)	持股比例
1	中国民生银行股份有限公司	12000.00	60%
2	加拿大皇家银行	6000.00	30%
3	三峡财务有限责任公司	2000.00	10%

【旗下基金】

基金代码	基金简称	类型	基金经理
690001	民生蓝筹	开放式	傅晓轩
690002	民生强债A	开放式	傅晓轩、陈东、乐瑞祺
690202	民生强债C	开放式	傅晓轩、陈东、乐瑞祺
690003	民生精选	开放式	傅晓轩、杨军
690004	民生稳健	开放式	陈东
690005	民生内需增长	开放式	陈东

【公司高管】

万青元先生，党委书记、董事长，硕士，主任编辑。历任《金融时报》记者部副主任、中国民生银行办公室处长、主任助理、副主任，中国民生银行企业文化部副总经理、工会副主任；现任中国民生银行董事会办公室主任，兼任民生加银基金管理有限公司党委书记、董事长。

张力女士，督察长，硕士。曾任中国民生银行北京管理部投资银行处处长、公司部处长、民生加银基金管理有限公司总经理助理兼北京营销中心总经理，现任民生加银基金管理有限公司督察长。

纽银梅隆西部基金管理有限公司

【基本情况】

法定名称：纽银梅隆西部基金管理有限公司

英文名称：BNY Mellon Western Fund Management Co.,Ltd.

注册地址：上海市浦东新区世纪大道100号上海环球金融中心19层

办公地址：上海市浦东新区世纪大道100号上海环球金融中心19层

法人代表：安保和

总 经 理：胡　斌

成立日期：2010年7月20日

注册资本：2亿元

公司属性：中外合资

联系电话：021－38572888

客服信箱:service@ bnyfund. com
邮政编码:200120
公司网址:www. bnyfund. com

【公司概况】

纽银梅隆西部基金管理有限公司(BNY Mellon Western Fund Management Co. ,Ltd. ,简称“纽银基金”)于 2010 年 7 月 20 日在上海成立,注册资本 2 亿元。中方股东西部证券股份有限公司出资 51% ,外方股东纽约银行梅隆资产管理国际有限公司出资 49% 。

公司将以打造良好业绩、为投资者获取长期收益为重,辅以纽约梅隆逾两百年的金融服务业界盛誉与强大的海外投资团队的支持,以丰富的产品和周到的服务为投资者创造收益。

【公司大事记】

2011 年 12 月 13 日,纽银梅隆西部基金管理有限公司正式获得中国证监会批准的从事特定客户资产管理业务资格。

2011 年 8 月 18 日,纽银新动向灵活配置混合型证券投资基金正式成立。

2011 年 1 月 25 日,纽银策略优选股票型证券投资基金正式成立。

2010 年 7 月 21 日,纽银梅隆西部基金管理有限公司向中国证监会领取了《基金管理资格证书》。

2010 年 7 月 20 日,纽银梅隆西部基金管理有限公司完成工商注册,公司正式成立。

2010 年 6 月 28 日,纽银梅隆西部基金管理有限公司正式获得中国证监会批准。

【股东概况】

排序	股东名称	出资额(元)	持股比例
1	西部证券股份有限公司	10200,00	51%
2	纽约银行梅隆资产管理国际有限公司 (BNY Mellon Asset Management International Limited)	98,000,000	49%

【旗下基金】

基金代码	基金简称	类型	基金经理
671010	纽银策略优选	股票型	赵忆波
673010	纽银新动向	混合型	赵忆波

【公司高管】

安保和先生,董事长,硕士研究生,高级经济师。毕业于西安交大商学院,获工商管理硕士学位,17 年证券从业经历。1993 年起任陕西省科技风险投资公司经理。1994 年起任中国工商银行陕西省信托投资有限责任公司经理。1997 年起在陕西信托投资有限公司工作,历任公司总经理助理、董事会秘书、副总经理。2001 年起任西部证券股份有限公司董事总经理。

胡斌先生,总经理,博士研究生,金融分析师。毕业于上海交通大学,获管理工程博士学位,并获得美国伊利诺大学香槟分校工商管理硕士学位,15 年证券从业经历。1995 年起任香港城市大学经济及财务系亚太地区股票研究高级研究助理及博士后研究。2000 年起在纽约银行梅隆资产管理公司工作,历任 Standish Mellon 量化分析师、公司副总裁、Coefficient Global 公司创始人之一兼基金经理、纽约银行梅隆资产管理国际有限公司中国区负责人。现任公司总经理。

徐剑钧先生,督察长,博士研究生,高级经济师。毕业于陕西师范大学、复旦大学及西安西北大学,分别获理学硕士(基础数学)和经济学博士学位。曾在英国爱丁堡大学从事资本市场研究工作,15 年证券从业经历。1995 年 3 月起任陕西省证监会市场部负责人。1995 年 10 月起任陕西证券有限公司总经理助理。2001 起任西部证券股份有限公司副总经理。现任公司督察长。

浙商基金管理有限公司

【基本情况】

法定名称:浙商基金管理有限公司
英文名称:Zheshang Fund Management Co. ,Ltd.
注册地址:浙江省杭州市下城区环城北路 208 号 1801 室
办公地址:浙江省杭州市文三路 90 号东部软件园 1 号楼 2 层
法人代表:高　玮
总 经 理:周一烽
成立日期:2010 年 10 月 21 日
注册资本:1 亿元
公司属性:中资
联系电话:0571 - 28822288
传真电话:0571 - 28191830
客服信箱:sservices@ zsfund. com
邮政编码:310012
公司网址:www. zsfund. com

【公司概况】

浙商基金管理有限公司于 2010 年 10 月正式成立,是一家获中国证监会批准设立的基金管理公司,公司注册地为浙江省杭州市。

浙商基金管理有限公司股东为浙商证券有限责任公司、通联资本管理有限公司、养生堂有限公司、浙江浙大网新集团有限公司,四家股东各出资 2500 万元,公司注册资本 1 亿元人民币。

【公司大事记】

2007 年 4 月,首次发起人会议,决议筹建浙商基金管理有限公司。

2008 年 6 月,公司筹备组收到中国证监会对公司设立申请的受理通知书。

2009 年 5 月,开始两只基金全流程模拟运行。

2009 年 9 月,公司通过中国证监会现场检查。

2010 年 4 月,通过中国证监会专家评审会评审。

2010 年 9 月,公司获中国证监会核准的设立批文。

2010 年 10 月,公司于浙江省工商行政管理局注册成立。

2010 年 10 月,公司取得中国证监会核发的《基金管理资格证书》。

2011 年 3 月,公司首只基金产品“浙商聚潮产业成长股票型基金”获得中国证监会核准发售。

2011 年 5 月,公司首只基金产品“浙商聚潮产业成长股票型基金”结束募集,正式公告成立。

2011 年 12 月,公司第二只基金产品“浙商聚潮新思维混合型证券投资基金”获得中国证监会核准募集发售。

2011 年 12 月，公司经中国证监会核准取得特定客户资产管理业务资格。

【股东概况】

排序	股东名称	出资额(元)	持股比例
1	浙商证券有限责任公司	2500,00	25%
1	通联资本管理有限公司	2500,00	25%
1	养生堂有限公司	2500,00	25%
1	浙江浙大网新集团有限公司	2500,00	25%

【旗下基金】

基金代码	基金简称	类型	基金经理
688888	浙商聚潮产业成长	股票型	姜培正
166801	浙商聚潮新思维	混合型	陈志龙

【公司高管】

高玮女士，董事长，1968 年生，浙江大学数学系博士，高级工程师。历任财通证券经纪有限责任公司电脑中心副经理、市场管理总部经理、稽核部经理、职工监事。现任浙商证券有限责任公司合规总监；浙商期货有限公司董事。

周一烽先生，董事，1962 年生，复旦大学经济系学士、上海社会科学院经济学硕士、美国亚利桑那州立大学凯瑞商学院 EMBA。历任上海市社会科学院宏观经济研究室副主任、上海企业发展研究所副所长；广联（南宁）投资有限公司总经理特别助理及证券投资业务负责人；上海广联投资有限公司总经理；中泰信托投资有限责任公司副总裁；大成基金管理有限公司副总经理兼投资总监。现任浙商基金管理有限公司总经理兼投资决策委员会主席。

闻震宙先生，督察长，1975 年生，中国人民大学本科学历，会计师。历任方正证券有限责任公司清算中心主任、苏州中辰期货经纪有限公司财务部总监、浙商证券有限责任公司合规审计部合规组长。

平安大华基金管理有限公司

【基本情况】

法定名称：平安大华基金管理有限公司
注册地址：深圳市福田区金田路大中华国际交易广场 8 层
办公地址：深圳市福田区金田路大中华国际交易广场 8 层
法人代表：杨秀丽
总　经　理：李克难
成立日期：2011 年 1 月 7 日
注册资本：3 亿元
公司属性：中外合资
联系电话：0755 – 22623179
客服电话：400 – 800 – 4800
客服信箱：fundservice@ pingan. com. cn
公司网址：http://fund. pingan. com

【公司概况】

平安大华基金管理有限公司（以下简称“平安大华”）作为中国平安集团旗下成员，是中国平安“保险、银行、投资”综合金融业务架构中的关键一环，也是中国平安投资系列业务的重要组成部分。

平安大华总部位于深圳，注册资本金为 3 亿元人民币，是目前中国内地基金业注册资本金最高的基金公司。其中，中国平安集团控股子公司平安信托有限责任公司持有 60. 7% 的股份，新加坡大华资产管理有限公司持有 25% 股份，三亚盈湾旅业有限公司持有 14. 3% 。

作为一家为客户提供专业投资服务的资产管理机构，平安大华坚信“研究创造价值”，建立并不断完善投研一体化平台和风险控制体系，以对上市公司的深入调查研究为基石，同时把握安全边际、恪守投资边界，实现专业组合投资。

秉承“规范、诚信、专业、创新”企业管理理念，平安大华致力于通过持续稳定的投资业绩，不断丰富的客户服务手段及服务内容，为投资人提供多样化的基金产品和高品质的理财服务，从而实现“以专业承载信赖”的品牌承诺，成为深得投资人信赖的基金管理公司。

【股东概况】

排序	股东名称	出资额（万元）	持股比例
1	平安信托有限责任公司	19,200	64%
2	新加坡大华资产管理有限公司	7,500	25%
3	三亚盈湾旅业有限公司	3,300	11%

【旗下基金】

基金代码	基金简称	类型	基金经理
700001	平安大华行业先锋	股票型	颜正华
700002	平安大华深证 300	指数型	焦巍

【公司高管】

杨秀丽女士，董事长，硕士，高级经济师。曾任平安保险公司办公室主任；平安保险公司办公室、董事会秘书处主任、秘书长；平安保险公司总经理室总经理助理、副总经理；平安证券有限责任公司董事长兼总经理；中国平安保险（集团）股份有限公司副总经理。

李克难先生，总经理，博士。曾任湖南大学教师；湖南省政府经济研究信息中心经济预测处副处长、副研究员；湖南省政府研究室宏观经济处正处级研究员；湖南省委省政府经济发展战略研究小组成员；湘财证券公司副总裁兼研发中心总经理、副总裁兼北京管理总部总经理；湘财荷银基金管理公司总经理；信达澳银基金管理公司总经理。

肖宇鹏先生，督察长，学士。曾任中国证监会江西证监局主任科员及中国证监会上海专员办证券公司风险处置一处副处长。现任平安大华基金管理有限公司督察长。

富安达基金管理有限公司

【基本情况】

法定名称：富安达基金管理有限公司
英文名称：Fuanda Fund Management Co. ,Ltd.
注册地址：上海市浦东新区世纪大道 1568 号中建大厦 29 层
办公地址：上海市浦东新区世纪大道 1568 号中建大厦 29 层
法人代表：张华东
总　经　理：李剑峰

成立日期:2011 年 4 月 27 日
注册资本:1.6 亿元
公司属性: 中资
客服电话:400 - 630 - 6999
传真电话:021 - 61870888
客服信箱:service@ fadfunds. com
邮政编码:200122
公司网址:www. fadfunds. com

【公司概况】

富安达基金管理有限公司(以下简称"公司")经中国证监会证监许可[2011]544 号文批准设立。目前公司股东为南京证券有限责任公司,持有股份 49%;江苏交通控股有限公司,持有股份 26%;南京市河西新城区国有资产经营控股(集团)有限责任公司,持有股份 25%。注册资本为 1.6 亿元人民币。

公司设立了投资决策委员会。投资决策委员会负责指导基金资产的运作、确定基本的投资策略和投资组合的原则。

公司下设七个一级部门,分别是:投资管理部、研究发展部、市场开发部、信息技术部、基金事务部、综合管理部和监察稽核部。投资管理部负责基金资产的运作和管理,进行股票选择和组合管理。研究发展部负责完成对宏观经济、投资策略、行业上市公司及市场的研究。市场开发部负责营销策划、渠道营销、客户服务等。信息技术部负责信息系统开发、网络运行及维护。基金事务部负责基金会计、基金注册登记等。综合管理部下辖人力资源部、计划财务部、行政管理部。人力资源部负责公司的人员招聘、培训发展、薪酬福利、绩效评估、人事信息管理工作。计划财务部负责公司预算管理、财务核算、成本控制、财务分析工作。行政管理部负责公司行政后勤支持、会议及文件管理、公司文化建设、外事活动管理、档案管理、董事会、党办及工会工作。监察稽核部负责对公司投资决策、基金运作、内部管理、制度执行等方面进行监察,并向公司管理层和有关机构提供独立、客观、公正的意见和建议,负责建立和完善公司投资风险管理制度与流程,组织实施公司投资风险管理与绩效分析工作,确保公司各类投资风险得到良好监督与控制。

截至到 2011 年 5 月 5 日,公司总人数 42 人,具有基金从业资格的人数为 41 人,其中 55% 以上的员工具有硕士以上学历。

公司已经建立健全投资管理制度、风险控制制度、内部监察制度、财务管理制度、人事管理制度、信息披露制度和员工行为准则等公司管理制度体系。

【公司大事记】

2008 年 11 月 11 日,三家股东召开发起人大会及签字仪式,签署公司章程、发起人协议等文件。

2008 年 12 月 15 日,向中国证监会上报筹建申请材料。

2009 年 3 月 2 日,中国证监会正式受理申报材料。

2009 年 7 月 15 日,中国证监会同意启动公司现场筹建工作。

2009 年 12 月 10 日,向上海证监局上报现场验收申请。

2010 年 5 月 21 日,中国证监会对公司进行现场检查验收。

2010 年 10 月 22 日,公司筹建通过中国证监会组织的专家评审会。

2011 年 4 月 13 日,公司获中国证监会正式批文。

2011 年 4 月 25 日,公司股东会 2011 年第一次会议、第一届董事会第一次会议、第一届监事会第一次会议顺利召开。

2011 年 4 月 27 日,公司领取工商营业执照,正式成立。

2011 年 5 月 3 日,公司取得中国证券监督管理委员会核发的《基金管理资格证书》。

2011 年 5 月 5 日,公司网站及客服系统正式上线。

2011 年 8 月 1 日,公司首只产品——富安达优势成长股票型证券投资基金获中国证监会核准。

2011 年 8 月 16 日,富安达基金管理有限公司首只产品——富安达优势成长股票型证券投资基金(基金代码 710001)开始全国发行,发行期为一个月,至 9 月 16 日结束。

2011 年 8 月 17 日,中国证券监督管理委员会下发证监许可[2011]1309 号《关于核准富安达基金管理有限公司蒋晓刚基金行业高级管理人员任职资格的批复》,核准蒋晓刚基金行业高级管理人员任职资格,对蒋晓刚任公司副总经理无异议。

2011 年 9 月 16 日,富安达基金管理有限公司首只产品——富安达优势成长股票型证券投资基金(基金代码 710001)募集结束,本次募集的净认购金额为人民币 1,052,562,578.33 元。本次募集有效认购户数为 8,214 户,本息合计募集基金份额总额为 1,052,684,607.12 份。

2011 年 9 月 29 日,富安达基金管理有限公司张华东董事长、总经理李剑锋、副总经理蒋晓刚一行拜访了交通银行总行,受到了交通银行胡怀邦董事长的热情接见。

2011 年 9 月 30 日,富安达基金管理有限公司富安达基金管理有限公司 2011 年度临时股东会会议、第一届董事会第三次会议在南京国际会议大酒店顺利举行。

2011 年 10 月 31 日,富安达基金管理有限公司分工会正式成立。

2011 年 12 月 9 日,富安达基金管理有限公司第一届监事会第二次会议在南京国际会议大酒店召开。

2011 年 12 月 27 日,经中国证监会核准,富安达基金管理有限公司特定客户资产管理业务资格顺利获批。

【股东概况】

股东	出资额(万元人民币)	出资比例
南京证券有限责任公司	7,840	49%
江苏交通控股有限公司	4,160	26%
南京市河西新城区国有资产经营控股(集团)有限责任公司	4,000	25
合 计	10,000	100 %

【旗下基金】

基金代码	基金简称	类型	基金经理
710001	富安达优势成长	股票型	孔学兵

【公司高管】

张华东先生,中共党员,硕士研究生,正高级经济师。历任解放军战士、班长、营部代书记、南京高速齿轮箱厂办公室主任、南京市机械工业局办公室秘书、南京东风专用汽车制造总厂副厂长、总经济师、厂长、南京东风汽车工业(集团)公司副总经理、总经济师、总经理兼党委书记、南京证券有限责任公司党委书记兼副总经理,现任南京证券有限责任公司董事长兼党委书记。

李剑锋先生，中共党员，大学本科学历，高级经济师。历任南京市证券公司营业部经理、投资部经理，南京证券有限责任公司投资管理部总经理兼研究发展部总经理，公司党委委员、副总裁，分管投资管理总部、研究所等部门工作，公司自营投资决策委员会主任，现任富安达基金管理有限公司董事、总经理。

陈宁先生，中共党员，研究生学历，历任南京国际信托公司证券总部副总经理、总经理，南京国信资产管理公司总经理，现任富安达基金管理有限公司督察长。

方正富邦基金管理有限公司

【基本情况】

法定名称：方正富邦基金管理有限公司
英文名称：Founder Fubon Fund Management Co. ,Ltd.
注册地址：北京市西城区太平桥大街 18 号丰融国际大厦北区 11 层
办公地址：北京市西城区太平桥大街 18 号丰融国际大厦北区 11 层
法人代表：雷　杰
总 经 理：宋宜农
成立日期：2011 年 6 月 30 日
公司属性：中外合资
注册资本：2 亿元
客服电话：400 - 818 - 0990
传真号码：010 - 57303716
客服信箱：services@ founderff. com
邮政编码：100032
公司网址：www. founderff. com

【公司概况】

方正富邦基金管理有限公司于 2011 年 6 月 30 日正式获批，是首家获中国证监会批准设立的陆台合资基金管理公司。公司注册资本为 2 亿元人民币。其中，方正证券股份有限公司出资 66.7%，富邦证券投资信托股份有限公司出资 33.3%，公司注册地为北京市。作为首家获批的陆台合资基金管理公司，方正富邦基金管理有限公司开启了两岸基金领域合作的新篇章。

方正富邦基金管理有限公司是继两岸银行、证券及期货、保险业《两岸金融监管合作备忘录》(两岸 MOU)签署后大陆与台湾基金行业合作筹建基金公司的首例。也是《海峡两岸经济合作框架协议》(ECFA)于 2010 年 9 月 12 日正式生效后，首家获批的陆台合资基金管理公司。方正富邦基金的扬帆起航，象征着两岸的合作交流从通邮、通航、通商上升到了更深层次的金融领域合作，同时也为将来两地资本市场的进一步深化合作奠定了基础。

【股东概况】

股东名称	持股比例
方正证券股份有限公司	66.7%
富邦证券投资信托股份有限公司	33.3%

【旗下基金】

基金代码	基金简称	基金类型	基金经理
730001	方正富邦创新动力	股票型	赵楠

【公司高管】

雷杰先生，董事长，工商管理硕士。曾任光大证券有限公司投资银行部总经理，金元证券有限公司副总裁，武汉证券有限责任公司董事长、总裁，北大方正集团有限公司副总裁等职务。现任方正证券股份有限公司董事长及瑞信方正证券有限责任公司董事长。

宋宜农先生，总经理，英国雷丁大学国际证券协会研究中心国际证券与投资银行专业硕士。曾任长盛基金管理有限公司市场发展部总监、光大保德信基金管理有限公司首席市场营销官、景顺长城基金管理有限公司副总经理兼市场总监。

财通基金管理有限公司

【基本情况】

法定名称：财通基金管理有限公司
英文名称：Caitong Fund Management Co. ,Ltd.
注册地址：上海市银城中路 68 号时代金融中心 41 层
办公地址：上海市银城中路 68 号时代金融中心 41 层
法人代表：阮　琪
总 经 理：陈东升
成立日期：2011 年 7 月 5 日
注册资本：1 亿元
公司属性：中资
客服电话：400 - 820 - 9888
传真号码：021 - 68888169
客服信箱：service@ ctfund. com
邮政编码：200120
公司网址：www. ctfund. com

【公司概况】

财通基金管理有限公司由财通证券有限责任公司、杭州市工业资产经营投资集团有限公司和浙江升华拜克生物股份有限公司共同发起设立。注册资本 1 亿元人民币。注册地上海。

公司现有员工近 70 余人，管理人员和主要业务骨干的证券、基金从业平均年限在 10 年以上。公司始终秉承“持有人利益至上”的核心价值观，力争为客户实现资产长期持续的累积收益。

【公司大事记】

2011 年 5 月 31 日，财通基金管理有限公司正式。

2011 年 7 月 5 日，财通基金管理有限公司正式公告成立。

2011 年 12 月 1 日，财通价值动量混合型证券投资基金合同生效，募集份额超过 10 亿份。

【股东概况】

股东	出资额(万元人民币)	出资比例
财通证券有限责任公司	4,000	40%
杭州市工业资产经营投资集团有限公司	3,000	30 %
浙江升华拜克生物股份限公司	3,000	30%
合 计	10,000	100%

【旗下基金】

基金代码	基金简称	类型	基金经理
720001	财通价值动量	混合型	黄瑞庆、吴松凯

【公司高管】

阮琪先生，董事长，工商管理硕士，高级会计师。历任浙江省杭州市财政局综合计划处副处长、处长，兼杭州市财政局国债服务部主任、社会保障处处长，现任财通证券有限责任公司总经理助理。

陈东升先生，董事总经理，经济学硕士和工商管理硕士。历任深圳市艺术品拍卖公司总经理，国信证券有限公司总裁室主管，融通基金管理有限公司市场部总监、北京中心主任，上海金信投资控股公司业务拓展中心总经理，友邦华泰基金管理公司市场总监、总经理助理、首席市场官。

黄惠女士，督察长，工商管理硕士、EMBA。历任张家界旅游股份有限公司董事会秘书，方正证券有限责任公司北京代表处主任，中国证券投资者保护基金有限公司高级经理。

长安基金管理有限公司

【基本情况】

法定名称：长安基金管理有限公司
英文名称：Changan Fund Management Co.，Ltd.
注册地址：上海市浦东新区芳甸路 1088 号紫竹国际大厦 16 层
办公地址：上海市浦东新区芳甸路 1088 号紫竹国际大厦 16 层
法人代表：万跃楠
总 经 理：曹　阳
成立日期：2011 年 9 月 5 日
公司属性：中资
注册资本：1 亿元
联系电话：021 – 20329999
传真电话：021 – 20329888
客服信箱：service@ changanfunds. com
邮政编码：201204
公司网址：www. changanfunds. com

【公司概况】

长安基金管理有限公司（以下简称“公司”）成立于 2011 年 9 月 5 日，注册资本 1 亿元人民币。公司由长安国际信托股份有限公司作为主要发起人，联合上海美特斯邦威服饰股份有限公司、兵器装备集团财务有限责任公司共同出资设立。

遵照基金份额持有人利益优先、独立运作和相互制衡的公司治理原则，公司设立股东会、董事会、监事会。董事会下设合规与风险管理委员会和薪酬与提名委员会。每个委员会均有独立董事参与，以充分发挥独立董事的作用。

公司将本着合规、专业、创新、融合的经营管理理念，依法合规经营，加强风险管理，探索建立长效激励约束机制，构建和谐的企业文化，打造一流的投研团队，力争用较短的时间将公司建设成为“专业精良、治理完善、诚信合规、运作稳健”的现代资产管理机构。

【公司大事记】

2011 年 8 月 25 日，长安基金管理有限公司获中国证监会核准设立，成为中国境内第 67 家基金管理公司。

根据《上海市基金同业公会章程》，第一届第三次理事会审核财通基金管理有限公司、富安达基金管理有限公司、长安基金管理有限公司 3 家单位正式成为上海市基金同业公会的新成员。至此，上海市基金同业公会共有会员单位 57 家，其中 34 家本地基金公司，23 家异地基金分公司。

2011 年 12 月 9 日，长安宏观策略股票型证券投资基金获中国证监会核准。

2011 年 12 月 13 日，长安基金管理有限公司正式获得中国证监会批准的从事特定客户资产管理业务资格。

【股东概况】

股东名称	出资比例
西安国际信托有限公司	49%
上海美特斯邦威服饰股份有限公司	33%
兵器装备集团财务有限责任公司	18%
合计	100%

【旗下基金】

基金代码	基金简称	类型	基金经理
740001	长安宏观策略	股票型	吴富佳

【公司高管】

万跃楠先生，董事，中南财经政法大学经济学博士。曾任中国证监会处长、特华投资控股有限公司执行总裁、兵器装备集团财务有限责任公司副总经理和安信期货有限责任公司董事长等职，现任长安基金管理有限公司董事长。

曹阳先生，总经理，上海财经大学、英国伦敦卡斯商学院投资管理硕士。曾任深圳投资基金管理有限公司天骥基金基金经理，上海天骥投资管理有限公司副总经理（分管投资），上海盈科资产管理有限公司总经理，中银国际证券有限责任公司资产管理部负责人，中银基金管理有限公司市场总监、专户投资总监等职。

张洪水先生，督察长，中国科学院研究生院管理学博士。曾任中国证监会机构监管部副处长，中国证券业协会资格管理部、场外市场委、发展战略委主任等职。

第五编
中国期货市场

第一章　中国期货市场概况

启用新版许可证的期货公司名录

序号	公司名称	注册地
1	安徽徽商期货经纪有限公司	安徽
2	国元期货有限责任公司	安徽
3	华安期货有限责任公司	安徽
4	安信期货有限责任公司	北京
5	北京首创期货有限责任公司	北京
6	北京中期期货经纪有限公司	北京
7	第一创业期货有限责任公司	北京
8	格林期货有限公司	北京
9	冠通期货经纪有限公司	北京
10	宏源期货有限公司	北京
11	金鹏期货经纪有限公司	北京
12	经易期货经纪有限公司	北京
13	天汇期货有限公司	北京
14	五矿海勤期货经纪有限公司	北京
15	银河期货经纪有限公司	北京
16	银建期货经纪有限责任公司	北京
17	中诚期货经纪有限责任公司	北京
18	中钢期货有限公司	北京
19	中粮期货经纪有限公司	北京
20	中晟期货经纪有限公司	北京
21	北方期货经纪有限责任公司	大连
22	渤海期货有限公司	大连
23	大连良运期货经纪有限公司	大连
24	辽粮期货经纪有限公司	大连
25	中期期货有限公司	大连
26	甘肃陇达期货经纪有限公司	甘肃
27	长城伟业期货有限公司	广东
28	东莞市华联期货经纪有限公司	广东
29	广东鸿海期货经纪有限公司	广东
30	广东集成利期货经纪有限公司	广东
31	广发期货有限公司	广东
32	广晟期货有限公司	广东
33	广永期货经纪有限公司	广东
34	华南期货经纪有限公司	广东
35	江南期货经纪有限公司	广东
36	摩根大通期货有限公司	广东
37	中天期货经纪有限公司	广东
38	珠江期货有限公司	广东
39	海南金海岸期货经纪有限公司	海南
40	海南星海期货经纪有限公司	海南
41	金元期货经纪有限公司	海南
42	中银国际期货有限责任公司	海南
43	河北恒银期货经纪有限公司	河北
44	国信期货有限责任公司	河南
45	万达期货有限公司	河南
46	中期嘉合期货经纪有限公司	河南
47	中原期货经纪有限公司	河南
48	大通期货经纪有限公司	黑龙江
49	黑龙江三力期货经纪有限责任公司	黑龙江
50	黑龙江省天琪期货经纪有限公司	黑龙江
51	黑龙江延伸期货经纪有限公司	黑龙江
52	长江期货有限公司	湖北
53	美尔雅期货经纪有限公司	湖北
54	南证期货有限责任公司	江苏
55	湘财祈年期货经纪有限公司	湖北
56	德盛期货经纪有限公司	湖南
57	方正期货有限公司	湖南
58	湖南大有期货经纪有限责任公司	湖南
59	湖南金信期货经纪有限公司	湖南
60	吉粮期货经纪有限公司	吉林
61	吉林金昌期货经纪有限责任公司	吉林
62	天富期货经纪有限公司	吉林
63	天鸿期货经纪有限公司	吉林
64	兴业期货有限公司	吉林
65	创元期货经纪有限公司	江苏
66	道通期货经纪有限公司	江苏
67	东海期货有限责任公司	江苏
68	国联期货有限责任公司	江苏
69	华证期货经纪有限公司	江苏
70	江苏东华期货经纪有限公司	江苏
71	江苏弘业期货经纪有限公司	江苏
72	江苏苏物期货经纪有限公司	江苏
73	江苏文峰期货经纪有限责任公司	江苏
74	新纪元期货有限公司	江苏
75	江西瑞奇期货经纪有限公司	江西
76	鞍山五环期货经纪有限公司	辽宁
77	华海期货经纪有限公司	辽宁
78	汇鑫期货经纪有限公司	辽宁
79	沈阳建业期货经纪有限公司	辽宁
80	德邦期货有限公司	内蒙
81	宁波杉立期货经纪有限公司	宁波
82	弘信期货经纪有限公司	青岛
83	财富期货有限公司	青海
84	鲁能金穗期货经纪有限公司	山东
85	鲁证期货有限公司	山东
86	蓬达期货经纪有限公司	山东
87	烟台中州期货经纪有限公司	山东
88	招金期货有限公司	山东
89	和合期货经纪有限公司	山西
90	民生期货有限公司	山西
91	山西三立期货经纪有限公司	山西
92	晟鑫期货经纪有限公司	山西
93	中辉期货经纪有限公司	山西
94	迈科期货经纪有限公司	陕西
95	陕西省长安期货经纪有限公司	陕西
96	西部期货有限公司	陕西
97	东航期货经纪有限责任公司	上海
98	东吴期货有限公司	上海
99	光大期货有限公司	上海
100	国泰君安期货有限公司	上海

序号	公司名称	注册地
101	海通期货有限公司	上海
102	海证期货有限公司	上海
103	华闻期货经纪有限公司	上海
104	上海大陆期货有限公司	上海
105	上海东方期货经纪有限责任公司	上海
106	上海东亚期货经纪有限公司	上海
107	上海东证期货有限公司	上海
108	上海金城期货经纪有限公司	上海
109	上海金鹏期货经纪有限公司	上海
110	上海金源期货经纪有限责任公司	上海
111	上海久恒期货经纪有限公司	上海
112	上海良茂期货经纪有限公司	上海
113	上海普民期货经纪有限公司	上海
114	上海通联期货经纪有限公司	上海
115	上海永大期货经纪有限公司	上海
116	上海浙石期货经纪有限公司	上海
117	上海中财期货有限公司	上海
118	上海中期期货经纪有限公司	上海
119	申银万国期货有限公司	上海
120	中谷期货经纪有限公司	上海
121	中信东方汇理期货经纪有限公司	上海
122	海航东银期货有限公司	深圳
123	金瑞期货经纪有限公司	深圳
124	乾坤期货有限公司	深圳
125	深圳金汇期货经纪有限公司	深圳
126	深圳市平安期货经纪有限公司	深圳
127	神华期货经纪有限公司	深圳
128	五矿实达期货经纪有限责任公司	深圳
129	招商期货有限公司	深圳
130	中国国际期货经纪有限公司	深圳
131	中航期货经纪有限公司	深圳
132	中证期货有限公司	深圳
133	成都倍特期货经纪有限公司	四川
134	冠华期货经纪有限公司	四川
135	国金期货有限责任公司	四川
136	华西期货有限责任公司	四川
137	和融期货经纪有限责任公司	天津
138	津投期货经纪有限公司	天津
139	科信期货经纪有限公司	天津
140	天津金谷期货经纪有限公司	天津
141	鑫国联期货经纪有限公司	天津
142	一德期货经纪有限公司	天津
143	金友期货经纪有限责任公司	厦门
144	瑞达期货经纪有限公司	厦门
145	厦门国贸期货经纪有限公司	厦门
146	金石期货有限公司	新疆
147	新疆天利期货经纪有限公司	新疆
148	红塔期货有限责任公司	云南
149	云晨期货经纪有限公司	云南
150	宝城期货有限责任公司	浙江
151	南华期货经纪有限公司	浙江
152	新湖期货有限公司	浙江
153	信达期货有限公司	浙江
154	浙江大地期货经纪有限公司	浙江
155	浙江大越期货经纪有限责任公司	浙江
156	浙江良时期货经纪有限公司	浙江
157	浙江省永安期货经纪有限公司	浙江
158	浙江天马期货经纪有限公司	浙江
159	浙江新华期货经纪有限公司	浙江
160	浙江新世纪期货经纪有限公司	浙江
161	浙江中大期货经纪有限公司	浙江
162	大华期货有限公司	重庆
163	西南期货经纪有限公司	重庆
164	中信建投期货经纪有限公司	重庆
165	重庆三五九期货经纪有限公司	重庆
166	重庆先融期货经纪有限公司	重庆

启用新版许可证的期货公司营业部名录

序号	公司名称	注册地
1	安徽徽商期货经纪有限公司大连营业部	大连
2	安徽徽商期货经纪有限公司阜阳营业部	安徽
3	安徽徽商期货经纪有限公司马鞍山营业部	安徽
4	安徽徽商期货经纪有限公司芜湖营业部	安徽
5	安信期货有限责任公司深圳营业部	深圳
6	鞍山五环期货经纪有限公司大连营业部	大连
7	宝城期货有限责任公司临海营业部	浙江
8	宝城期货有限责任公司南昌营业部	江西
9	宝城期货有限责任公司南宁营业部	广西
10	北方期货经纪有限责任公司北京营业部	北京
11	北方期货经纪有限责任公司福州营业部	福建
12	北京首创期货经纪有限责任公司北京北辰东路营业部	北京
13	北京首创期货经纪有限责任公司哈尔滨营业部	黑龙江
14	北京首创期货经纪有限责任公司济南营业部	山东
15	北京首创期货经纪有限责任公司昆明营业部	云南
16	北京首创期货经纪有限责任公司郑州营业部	河南
17	北京首创期货有限责任公司大连营业部	大连
18	北京首创期货有限责任公司上海营业部	上海
19	北京中期期货经纪有限公司保定营业部	河北
20	北京中期期货经纪有限公司北京金融街营业部	北京
21	北京中期期货经纪有限公司上海营业部	上海
22	北京中期期货经纪有限公司天津营业部	天津
23	渤海期货有限公司北京营业部	北京
24	渤海期货有限公司长春营业部	吉林
25	渤海期货有限公司上海营业部	上海
26	渤海期货有限公司郑州营业部	河南
27	长城伟业期货有限公司北京营业部	北京
28	长城伟业期货有限公司大连营业部	大连
29	长城伟业期货有限公司东莞营业部	广东
30	长城伟业期货有限公司番禺营业部	广东
31	长城伟业期货有限公司佛山营业部	广东
32	长城伟业期货有限公司贵阳营业部	贵州
33	长城伟业期货有限公司惠州营业部	广东
34	长城伟业期货有限公司茂名营业部	广东
35	长城伟业期货有限公司南京营业部	江苏
36	长城伟业期货有限公司南宁营业部	广西
37	长城伟业期货有限公司青岛营业部	青岛
38	长城伟业期货有限公司上海营业部	上海
39	长城伟业期货有限公司韶关营业部	广东
40	长城伟业期货有限公司深圳营业部	深圳
41	长城伟业期货有限公司深圳竹子林营业部	深圳
42	长城伟业期货有限公司石家庄营业部	河北
43	长城伟业期货有限公司无锡营业部	江苏
44	长城伟业期货有限公司湛江营业部	广东
45	长城伟业期货有限公司郑州营业部	河南
46	长城伟业期货有限公司中山营业部	广东
47	长江期货经纪有限公司上海营业部	上海

序号	公司名称	注册地
48	长江期货有限公司北京新源里营业部	北京
49	长江期货有限公司潜江营业部	湖北
50	长江期货有限公司孝感营业部	湖北
51	成都倍特期货经纪有限公司北京营业部	北京
52	成都倍特期货经纪有限公司绵阳营业部	四川
53	成都倍特期货经纪有限公司上海营业部	上海
54	成都倍特期货经纪有限公司重庆营业部	重庆
55	创元期货经纪有限公司吴江营业部	江苏
56	创元期货经纪有限公司郑州营业部	河南
57	大华期货有限公司桂林营业部	广西
58	大华期货有限公司太原营业部	山西
59	大连良运期货经纪有限公司长春营业部	吉林
60	大连良运期货经纪有限公司南宁营业部	广西
61	大连良运期货经纪有限公司郑州营业部	河南
62	大通期货经纪有限公司北京营业部	北京
63	大通期货经纪有限公司大连营业部	大连
64	大通期货经纪有限公司牡丹江营业部	黑龙江
65	大通期货经纪有限公司上海营业部	上海
66	道通期货经纪有限公司北京营业部	北京
67	道通期货经纪有限公司海口营业部	海南
68	德盛期货经纪有限公司郴州营业部	湖南
69	德盛期货经纪有限公司吉首营业部	湖南
70	德盛期货经纪有限公司娄底营业部	湖南
71	德盛期货经纪有限公司岳阳营业部	湖南
72	德盛期货经纪有限公司株洲营业部	湖南
73	东海期货有限责任公司常州营业部	江苏
74	东海期货有限责任公司大连营业部	大连
75	东海期货有限责任公司福州营业部	福建
76	东海期货有限责任公司广州营业部	广东
77	东海期货有限责任公司贵阳营业部	贵州
78	东海期货有限责任公司淮安营业部	江苏
79	东海期货有限责任公司江阴营业部	江苏
80	东海期货有限责任公司上海营业部	上海
81	东海期货有限责任公司无锡营业部	江苏
82	东海期货有限责任公司厦门营业部	厦门
83	东海期货有限责任公司郑州营业部	河南
84	东航期货经纪有限责任公司大连营业部	大连
85	东莞市华联期货经纪有限公司东城营业部	广东
86	东吴期货有限公司常熟营业部	江苏
87	东吴期货有限公司昆山营业部	江苏
88	东吴期货有限公司上海长柳路营业部	上海
89	东吴期货有限公司上海肇嘉浜路营业部	上海
90	东吴期货有限公司盛泽营业部	江苏
91	东吴期货有限公司苏州营业部	江苏
92	东吴期货有限公司吴中营业部	江苏
93	东吴期货有限公司厦门营业部	厦门
94	方正期货有限公司南京营业部	江苏
95	方正期货有限公司深圳营业部	深圳
96	方正期货有限公司苏州营业部	江苏
97	方正期货有限公司扬州营业部	江苏
98	甘肃陇达期货经纪有限公司兰州营业部	甘肃
99	甘肃陇达期货经纪有限公司上海营业部	上海
100	甘肃陇达期货经纪有限公司银川营业部	宁夏
101	格林期货有限公司大连营业部	大连
102	格林期货有限公司福州营业部	福建
103	格林期货有限公司洛阳营业部	河南
104	格林期货有限公司青岛营业部	青岛
105	格林期货有限公司上海营业部	上海

序号	公司名称	注册地
106	格林期货有限公司深圳营业部	深圳
107	格林期货有限公司天津营业部	天津
108	格林期货有限公司银川营业部	宁夏
109	格林期货有限公司郑州营业部	河南
110	冠通期货经纪有限公司北京知春路营业部	北京
111	冠通期货经纪有限公司大连营业部	大连
112	冠通期货经纪有限公司贵阳营业部	贵州
113	冠通期货经纪有限公司南通营业部	江苏
114	冠通期货经纪有限公司秦皇岛营业部	河北
115	冠通期货经纪有限公司上海营业部	上海
116	冠通期货经纪有限公司郑州营业部	河南
117	光大期货有限公司北京营业部	北京
118	光大期货有限公司大连营业部	大连
119	光大期货有限公司福州营业部	福建
120	光大期货有限公司宁波营业部	宁波
121	光大期货有限公司青岛营业部	青岛
122	光大期货有限公司上海肇嘉浜路营业部	上海
123	光大期货有限公司天津营业部	天津
124	光大期货有限公司郑州营业部	河南
125	广东鸿海期货经纪有限公司顺德营业部	广东
126	广东集成利期货经纪有限公司大连营业部	大连
127	广东集成利期货经纪有限公司佛山营业部	广东
128	广东集成利期货经纪有限公司南海营业部	广东
129	广东集成利期货经纪有限公司清远营业部	广东
130	广东集成利期货经纪有限公司顺德营业部	广东
131	广东集成利期货经纪有限公司郑州营业部	河南
132	广发期货有限公司北京营业部	北京
133	广发期货有限公司大连营业部	大连
134	广发期货有限公司东莞营业部	广东
135	广发期货有限公司佛山营业部	广东
136	广发期货有限公司福州营业部	福建
137	广发期货有限公司广州营业部	广东
138	广发期货有限公司哈尔滨营业部	黑龙江
139	广发期货有限公司杭州营业部	浙江
140	广发期货有限公司江门营业部	广东
141	广发期货有限公司南宁营业部	广西
142	广发期货有限公司青岛营业部	青岛
143	广发期货有限公司上海营业部	上海
144	广发期货有限公司武汉营业部	湖北
145	广发期货有限公司西安营业部	陕西
146	广发期货有限公司肇庆营业部	广东
147	广发期货有限公司郑州营业部	河南
148	广发期货有限公司中山营业部	广东
149	广发期货有限公司珠海营业部	广东
150	广晟期货有限公司番禺营业部	广东
151	南粤期货经纪有限公司福清营业部	福建
152	广晟期货有限公司南海营业部	广东
153	广晟期货有限公司南宁营业部	广西
154	广晟期货有限公司汕头营业部	广东
155	广永期货经纪有限公司大连营业部	大连
156	广永期货经纪有限公司佛山营业部	广东
157	广永期货经纪有限公司中山营业部	广东
158	国金期货有限责任公司杭州营业部	浙江
159	国金期货有限责任公司上海营业部	上海
160	国联期货有限责任公司常州营业部	江苏
161	国联期货有限责任公司南通营业部	江苏
162	国联期货有限责任公司盐城营业部	江苏
163	无锡国联期货经纪有限公司长沙营业部	湖南

序号	公司名称	注册地
164	无锡国联期货经纪有限公司福州营业部	福建
165	无锡国联期货经纪有限公司江阴营业部	江苏
166	无锡国联期货经纪有限公司南昌营业部	江西
167	无锡国联期货经纪有限公司上海营业部	上海
168	无锡国联期货经纪有限公司郑州营业部	河南
169	无锡国联期货经纪有限公司重庆营业部	重庆
170	国泰君安期货有限公司杭州营业部	浙江
171	国泰君安期货有限公司宁波营业部	宁波
172	国泰君安期货有限公司上海期货大厦营业部	上海
173	国泰君安期货有限公司上海中山北一路营业部	上海
174	国泰君安期货有限公司四平营业部	吉林
175	国泰君安期货有限公司天津营业部	天津
176	国信期货有限责任公司北京营业部	北京
177	国信期货有限责任公司大连营业部	大连
178	国信期货有限责任公司杭州营业部	浙江
179	国信期货有限责任公司南阳营业部	河南
180	国信期货有限责任公司深圳营业部	深圳
181	国元期货有限责任公司大连营业部	大连
182	国元期货有限责任公司上海营业部	上海
183	国元期货有限责任公司涡阳营业部	安徽
184	国元期货有限责任公司芜湖营业部	安徽
185	海航东银期货有限公司北京营业部	北京
186	海航东银期货有限公司大连营业部	大连
187	海航东银期货有限公司贵阳营业部	贵州
188	海航东银期货有限公司上海营业部	上海
189	海航东银期货有限公司苏州营业部	江苏
190	海航东银期货有限公司太原营业部	山西
191	海航东银期货有限公司天津营业部	天津
192	海航东银期货有限公司厦门营业部	厦门
193	海航东银期货有限公司郑州营业部	河南
194	海南星海期货经纪有限公司沈阳营业部	辽宁
195	海通期货有限公司海口营业部	海南
196	海通期货有限公司杭州营业部	浙江
197	海通期货有限公司兰州营业部	甘肃
198	海通期货有限公司青岛营业部	青岛
199	海通期货有限公司上海期货大厦营业部	上海
200	和合期货经纪有限公司大同营业部	山西
201	和融期货经纪有限责任公司郑州营业部	河南
202	河北恒银期货经纪有限公司承德营业部	河北
203	河北恒银期货经纪有限公司衡水营业部	河北
204	河北恒银期货经纪有限公司唐山营业部	河北
205	黑龙江三力期货经纪有限责任公司大连营业部	大连
206	黑龙江三力期货经纪有限责任公司佳木斯营业部	黑龙江
207	黑龙江三力期货经纪有限责任公司石家庄营业部	河北
208	黑龙江三力期货经纪有限责任公司合肥营业部	安徽
209	黑龙江省天琪期货经纪有限公司北京营业部	北京
210	黑龙江省天琪期货经纪有限公司长春营业部	吉林
211	黑龙江省天琪期货经纪有限公司大连营业部	大连
212	黑龙江省天琪期货经纪有限公司大庆营业部	黑龙江
213	黑龙江延伸期货经纪有限公司大庆营业部	黑龙江
214	弘信期货经纪有限公司大连营业部	大连
215	弘信期货经纪有限公司郑州营业部	河南
216	红塔期货有限责任公司杭州营业部	浙江
217	红塔期货有限责任公司郑州营业部	河南
218	宏源期货有限公司北京海淀北一街营业部	北京
219	宏源期货有限公司大连营业部	大连
220	宏源期货有限公司南宁营业部	广西
221	宏源期货有限公司上海康定路营业部	上海

序号	公司名称	注册地
222	宏源期货有限公司郑州营业部	河南
223	湖北省金龙期货经纪有限公司汉口营业部	湖北
224	湖北省金龙期货经纪有限公司南昌营业部	江西
225	湖南大有期货经纪有限责任公司上海营业部	上海
226	湖南大有期货经纪有限责任公司郑州营业部	河南
227	华安期货经纪有限责任公司上海营业部	上海
228	华安期货有限责任公司芜湖营业部	安徽
229	华海期货经纪有限公司北京营业部	北京
230	华海期货经纪有限公司盘锦营业部	辽宁
231	华闻期货经纪有限公司北京营业部	北京
232	华闻期货经纪有限公司大连营业部	大连
233	华闻期货经纪有限公司武昌营业部	湖北
234	华闻期货经纪有限公司郑州营业部	河南
235	华西期货有限责任公司攀枝花营业部	四川
236	华证期货经纪有限公司上海营业部	上海
237	华证期货经纪有限公司无锡营业部	江苏
238	华证期货经纪有限公司厦门营业部	厦门
239	华证期货经纪有限公司徐州营业部	江苏
240	汇鑫期货经纪有限公司蚌埠营业部	安徽
241	汇鑫期货经纪有限公司北京营业部	北京
242	汇鑫期货经纪有限公司大连营业部	大连
243	汇鑫期货经纪有限公司上海营业部	上海
244	吉粮期货经纪有限公司上海营业部	上海
245	吉粮期货经纪有限公司厦门营业部	厦门
246	吉粮期货经纪有限公司郑州营业部	河南
247	吉林金昌期货经纪有限责任公司大连营业部	大连
248	吉林金昌期货经纪有限责任公司上海营业部	上海
249	江南期货经纪有限公司南昌营业部	江西
250	江南期货经纪有限公司深圳营业部	深圳
251	江苏东华期货经纪有限公司大连营业部	大连
252	江苏东华期货经纪有限公司上海营业部	上海
253	江苏东华期货经纪有限公司苏州营业部	江苏
254	江苏东华期货经纪有限公司泰州营业部	江苏
255	江苏东华期货经纪有限公司张家港营业部	江苏
256	江苏东华期货经纪有限公司郑州营业部	河南
257	江苏弘业期货经纪有限公司北京营业部	北京
258	江苏弘业期货经纪有限公司常州营业部	江苏
259	江苏弘业期货经纪有限公司杭州营业部	浙江
260	江苏弘业期货经纪有限公司南宁营业部	广西
261	江苏弘业期货经纪有限公司南通营业部	江苏
262	江苏弘业期货经纪有限公司青岛营业部	青岛
263	江苏弘业期货经纪有限公司上海营业部	上海
264	江苏弘业期货经纪有限公司苏州营业部	江苏
265	江苏弘业期货经纪有限公司泰州营业部	江苏
266	江苏弘业期货经纪有限公司无锡营业部	江苏
267	江苏弘业期货经纪有限公司徐州营业部	江苏
268	江苏弘业期货经纪有限公司扬州营业部	江苏
269	江苏弘业期货经纪有限公司郑州营业部	河南
270	江苏弘业期货经纪有限公司合肥营业部	安徽
271	江苏苏物期货经纪有限公司常熟营业部	江苏
272	江苏苏物期货经纪有限公司苏州营业部	江苏
273	江苏苏物期货经纪有限公司扬州营业部	江苏
274	江苏苏物期货经纪有限公司郑州营业部	河南
275	江苏文峰期货经纪有限责任公司常州营业部	江苏
276	江苏文峰期货经纪有限责任公司连云港营业部	江苏
277	江苏文峰期货经纪有限责任公司无锡营业部	江苏
278	江苏文峰期货经纪有限责任公司盐城营业部	江苏
279	江西瑞奇期货经纪有限公司赣州营业部	江西

序号	公司名称	注册地
280	江西瑞奇期货经纪有限公司吉安营业部	江西
281	江西瑞奇期货经纪有限公司九江营业部	江西
282	江西瑞奇期货经纪有限公司萍乡营业部	江西
283	江西瑞奇期货经纪有限公司上饶营业部	江西
284	江西瑞奇期货经纪有限公司新余营业部	江西
285	江西瑞奇期货经纪有限公司宜春营业部	江西
286	金鹏期货经纪有限公司大连营业部	大连
287	金鹏期货经纪有限公司郑州营业部	河南
288	金瑞期货经纪有限公司北京金融街营业部	北京
289	金瑞期货经纪有限公司大连营业部	大连
290	金瑞期货经纪有限公司南昌营业部	江西
291	金瑞期货经纪有限公司上海营业部	上海
292	金瑞期货经纪有限公司郑州营业部	河南
293	金石期货有限公司昌吉营业部	新疆
294	金石期货有限公司库尔勒营业部	新疆
295	金石期货有限公司上海营业部	上海
296	金石期货有限公司石河子营业部	新疆
297	金石期货有限公司郑州营业部	河南
298	金友期货经纪有限责任公司青岛营业部	青岛
299	金友期货经纪有限责任公司福州营业部	福建
300	金友期货经纪有限责任公司龙岩营业部	福建
301	金元期货经纪有限公司大连营业部	大连
302	金元期货经纪有限公司上海营业部	上海
303	金元期货经纪有限公司深圳营业部	深圳
304	金元期货经纪有限公司郑州营业部	河南
305	津投期货经纪有限公司秦皇岛营业部	河北
306	经易期货经纪有限公司北京樱花西街营业部	北京
307	经易期货经纪有限公司长春营业部	吉林
308	经易期货经纪有限公司成都营业部	四川
309	经易期货经纪有限公司大连营业部	大连
310	经易期货经纪有限公司青岛营业部	青岛
311	经易期货经纪有限公司上海营业部	上海
312	经易期货经纪有限公司深圳营业部	深圳
313	经易期货经纪有限公司西安营业部	陕西
314	科信期货经纪有限公司北京营业部	北京
315	鲁能金穗期货经纪有限公司大连营业部	大连
316	鲁能金穗期货经纪有限公司临沂营业部	山东
317	鲁能金穗期货经纪有限公司青岛营业部	青岛
318	鲁能金穗期货经纪有限公司上海营业部	上海
319	鲁能金穗期货经纪有限公司潍坊营业部	山东
320	鲁证期货有限公司北京营业部	北京
321	鲁证期货有限公司大连营业部	大连
322	鲁证期货有限公司杭州营业部	浙江
323	鲁证期货有限公司济南营业部	山东
324	鲁证期货有限公司济宁营业部	山东
325	鲁证期货有限公司临沂营业部	山东
326	鲁证期货有限公司青岛营业部	青岛
327	鲁证期货有限公司上海营业部	上海
328	鲁证期货有限公司沈阳营业部	辽宁
329	鲁证期货有限公司天津营业部	天津
330	鲁证期货有限公司潍坊营业部	山东
331	鲁证期货有限公司烟台营业部	山东
332	鲁证期货有限公司淄博营业部	山东
333	迈科期货经纪有限公司北京朝阳门北大街营业部	北京
334	迈科期货经纪有限公司成都营业部	四川
335	迈科期货经纪有限公司上海营业部	上海
336	美尔雅期货经纪有限公司福州营业部	福建
337	美尔雅期货经纪有限公司黄石营业部	湖北
338	美尔雅期货经纪有限公司荆州营业部	湖北
339	美尔雅期货经纪有限公司十堰营业部	湖北
340	美尔雅期货经纪有限公司武昌营业部	湖北
341	美尔雅期货经纪有限公司襄樊营业部	湖北
342	美尔雅期货经纪有限公司宜昌营业部	湖北
343	民生期货有限公司大同营业部	山西
344	民生期货有限公司天津营业部	天津
345	民生期货有限公司阳泉营业部	山西
346	民生期货有限公司郑州营业部	河南
347	南华期货经纪有限公司北京营业部	北京
348	南华期货经纪有限公司成都营业部	四川
349	南华期货经纪有限公司慈溪营业部	宁波
350	南华期货经纪有限公司大连营业部	大连
351	南华期货经纪有限公司哈尔滨营业部	黑龙江
352	南华期货经纪有限公司嘉兴营业部	浙江
353	南华期货经纪有限公司兰州营业部	甘肃
354	南华期货经纪有限公司宁波营业部	宁波
355	南华期货经纪有限公司青岛营业部	青岛
356	南华期货经纪有限公司上海虹桥路营业部	上海
357	南华期货经纪有限公司上海营业部	上海
358	南华期货经纪有限公司绍兴营业部	浙江
359	南华期货经纪有限公司深圳营业部	深圳
360	南华期货经纪有限公司台州营业部	浙江
361	南华期货经纪有限公司温州营业部	浙江
362	南华期货经纪有限公司郑州营业部	河南
363	宁波杉立期货经纪有限公司慈溪营业部	宁波
364	宁波杉立期货经纪有限公司上海营业部	上海
365	宁波杉立期货经纪有限公司台州营业部	浙江
366	乾坤期货经纪有限公司北京月坛北街营业部	北京
367	乾坤期货经纪有限公司广州营业部	广东
368	乾坤期货有限公司昆明营业部	云南
369	瑞达期货经纪有限公司成都营业部	四川
370	瑞达期货经纪有限公司广州营业部	广东
371	瑞达期货经纪有限公司晋江营业部	福建
372	瑞达期货经纪有限公司柳州营业部	广西
373	瑞达期货经纪有限公司龙岩营业部	福建
374	瑞达期货经纪有限公司泉州营业部	福建
375	瑞达期货经纪有限公司三明营业部	福建
376	瑞达期货经纪有限公司汕头营业部	广东
377	瑞达期货经纪有限公司上海营业部	上海
378	瑞达期货经纪有限公司石狮营业部	福建
379	瑞达期货经纪有限公司漳州营业部	福建
380	山西三立期货经纪有限公司大连营业部	大连
381	山西三立期货经纪有限公司晋城营业部	山西
382	山西三立期货经纪有限公司临汾营业部	山西
383	山西三立期货经纪有限公司西安营业部	陕西
384	山西三立期货经纪有限公司郑州营业部	河南
385	上海大陆期货经纪有限公司大连营业部	大连
386	上海大陆期货有限公司北京营业部	北京
387	上海大陆期货有限公司福州营业部	福建
388	上海大陆期货有限公司广州营业部	广东
389	上海大陆期货有限公司上海长寿路营业部	上海
390	上海大陆期货有限公司上海中山北二路营业部	上海
391	上海大陆期货有限公司上海中山北路营业部	上海
392	上海大陆期货有限公司天津营业部	天津
393	上海大陆期货有限公司郑州营业部	河南
394	上海金鹏期货经纪有限公司济南营业部	山东
395	上海金源期货经纪有限责任公司深圳营业部	深圳

序号	公司名称	注册地
396	上海金源期货经纪有限责任公司郑州营业部	河南
397	上海金源期货经纪有限责任公司大连营业部	大连
398	上海金源期货经纪有限责任公司铜陵营业部	安徽
399	上海良茂期货经纪有限公司北京营业部	北京
400	上海良茂期货经纪有限公司福清营业部	福建
401	上海良茂期货经纪有限公司泉州营业部	福建
402	上海良茂期货经纪有限公司郑州营业部	河南
403	上海浙石期货经纪有限公司杭州营业部	浙江
404	上海浙石期货经纪有限公司宁波营业部	宁波
405	上海中财期货经纪有限公司杭州营业部	浙江
406	上海中财期货经纪有限公司济南营业部	山东
407	上海中财期货经纪有限公司无锡营业部	江苏
408	上海中财期货经纪有限公司郑州营业部	河南
409	上海中期期货经纪有限公司大连营业部	大连
410	上海中期期货经纪有限公司上海期货大厦营业部	上海
411	上海中期期货经纪有限公司苏州营业部	江苏
412	上海中期期货经纪有限公司无锡营业部	江苏
413	上海中期期货经纪有限公司郑州营业部	河南
414	申银万国期货有限公司成都营业部	四川
415	申银万国期货有限公司大连营业部	大连
416	申银万国期货有限公司贵阳营业部	贵州
417	深圳市平安期货经纪有限公司上海营业部	上海
418	神华期货经纪有限公司北京营业部	北京
419	神华期货经纪有限公司上海营业部	上海
420	神华期货经纪有限公司郑州营业部	河南
421	晟鑫期货经纪有限公司大连营业部	大连
422	晟鑫期货经纪有限公司晋中营业部	山西
423	晟鑫期货经纪有限公司上海营业部	上海
424	晟鑫期货经纪有限公司太原营业部	山西
425	晟鑫期货经纪有限公司郑州营业部	河南
426	天富期货经纪有限公司北京营业部	北京
427	天富期货经纪有限公司大连营业部	大连
428	天富期货经纪有限公司海口营业部	海南
429	天富期货经纪有限公司吉林市营业部	吉林
430	天富期货经纪有限公司上海营业部	上海
431	天富期货经纪有限公司延吉营业部	吉林
432	万达期货有限公司北京营业部	北京
433	万达期货有限公司长春营业部	吉林
434	万达期货有限公司大连营业部	大连
435	万达期货有限公司广州营业部	广东
436	万达期货有限公司昆明营业部	云南
437	万达期货有限公司南宁营业部	广西
438	万达期货有限公司上海营业部	上海
439	万达期货有限公司温州营业部	浙江
440	万达期货有限公司乌鲁木齐营业部	新疆
441	万达期货有限公司武汉营业部	湖北
442	万杰鼎鑫期货经纪有限公司北京营业部	北京
443	万杰鼎鑫期货经纪有限公司大连营业部	大连
444	万杰鼎鑫期货经纪有限公司福州营业部	福建
445	万杰鼎鑫期货经纪有限公司上海营业部	上海
446	万杰鼎鑫期货经纪有限公司潍坊营业部	山东
447	五矿海勤期货经纪有限公司上海营业部	上海
448	五矿海勤期货经纪有限公司通辽营业部	内蒙
449	五矿实达期货经纪有限责任公司上海营业部	上海
450	五矿实达期货经纪有限责任公司郑州营业部	河南
451	西安智德期货经纪有限公司宝鸡营业部	陕西
452	西南期货经纪有限公司上海营业部	上海
453	厦门国贸期货经纪有限公司福州营业部	福建
454	厦门国贸期货经纪有限公司晋江营业部	福建
455	厦门国贸期货经纪有限公司龙岩营业部	福建
456	厦门国贸期货经纪有限公司泉州营业部	福建
457	厦门国贸期货经纪有限公司三明营业部	福建
458	厦门国贸期货经纪有限公司上海陆家嘴营业部	上海
459	厦门国贸期货经纪有限公司漳州营业部	福建
460	湘财祈年期货经纪有限公司长沙营业部	湖南
461	湘财祈年期货经纪有限公司郑州营业部	河南
462	新湖期货有限公司大连营业部	大连
463	新湖期货有限公司福州营业部	福建
464	新湖期货有限公司嘉兴营业部	浙江
465	新湖期货有限公司临海营业部	浙江
466	新湖期货有限公司青岛营业部	青岛
467	新湖期货有限公司温州营业部	浙江
468	新湖期货有限公司郑州营业部	河南
469	新纪元期货有限公司北京营业部	北京
470	新纪元期货有限公司南京营业部	江苏
471	新疆天利期货经纪有限公司克拉玛依营业部	新疆
472	新疆天利期货经纪有限公司伊犁营业部	新疆
473	鑫国联期货经纪有限公司上海营业部	上海
474	鑫国联期货经纪有限公司厦门营业部	厦门
475	信达期货有限公司富阳营业部	浙江
476	信达期货有限公司金华营业部	浙江
477	信达期货有限公司乐清营业部	浙江
478	信达期货有限公司上海营业部	上海
479	兴业期货有限公司大连营业部	大连
480	兴业期货有限公司福州营业部	福建
481	兴业期货有限公司泉州营业部	福建
482	兴业期货有限公司上海营业部	上海
483	烟台中州期货经纪有限公司大连营业部	大连
484	烟台中州期货经纪有限公司东营营业部	山东
485	烟台中州期货经纪有限公司临沂营业部	山东
486	烟台中州期货经纪有限公司青岛营业部	青岛
487	一德期货经纪有限公司北京营业部	北京
488	一德期货经纪有限公司大连营业部	大连
489	一德期货经纪有限公司上海营业部	上海
490	一德期货经纪有限公司天津滨海新区营业部	天津
491	一德期货经纪有限公司天津营业部	天津
492	一德期货经纪有限公司郑州营业部	河南
493	银河期货经纪有限公司北京营业部	北京
494	银河期货经纪有限公司大连营业部	大连
495	银河期货经纪有限公司福州营业部	福建
496	银河期货经纪有限公司哈尔滨营业部	黑龙江
497	银河期货经纪有限公司杭州营业部	浙江
498	银河期货经纪有限公司济南营业部	山东
499	银河期货经纪有限公司上海松林路营业部	上海
500	银河期货经纪有限公司沈阳营业部	辽宁
501	银建期货经纪有限责任公司南宁营业部	广西
502	银建期货经纪有限责任公司上海营业部	上海
503	银建期货经纪有限责任公司天津营业部	天津
504	银建期货经纪有限责任公司郑州营业部	河南
505	浙江大地期货经纪有限公司宁波营业部	宁波
506	浙江大地期货经纪有限公司衢州营业部	浙江
507	浙江大地期货经纪有限公司台州营业部	浙江
508	浙江大越期货经纪有限责任公司杭州营业部	浙江
509	浙江大越期货经纪有限责任公司湖州营业部	浙江
510	浙江大越期货经纪有限责任公司柯桥营业部	浙江
511	浙江大越期货经纪有限责任公司温州营业部	浙江

序号	公司名称	注册地
512	浙江大越期货经纪有限责任公司余姚营业部	宁波
513	浙江良时期货经纪有限公司湖州营业部	浙江
514	浙江良时期货经纪有限公司柯桥营业部	浙江
515	浙江良时期货经纪有限公司上海营业部	上海
516	浙江良时期货经纪有限公司绍兴营业部	浙江
517	浙江良时期货经纪有限公司越城营业部	浙江
518	浙江省永安期货经纪有限公司北京营业部	北京
519	浙江省永安期货经纪有限公司福州营业部	福建
520	浙江省永安期货经纪有限公司济南营业部	山东
521	浙江省永安期货经纪有限公司嘉兴营业部	浙江
522	浙江省永安期货经纪有限公司金华营业部	浙江
523	浙江省永安期货经纪有限公司宁波营业部	宁波
524	浙江省永安期货经纪有限公司上海营业部	上海
525	浙江省永安期货经纪有限公司绍兴营业部	浙江
526	浙江省永安期货经纪有限公司沈阳营业部	辽宁
527	浙江省永安期货经纪有限公司台州营业部	浙江
528	浙江省永安期货经纪有限公司温州营业部	浙江
529	浙江省永安期货经纪有限公司无锡营业部	江苏
530	浙江省永安期货经纪有限公司萧山营业部	浙江
531	浙江省永安期货经纪有限公司义乌营业部	浙江
532	浙江省永安期货经纪有限公司余姚营业部	宁波
533	浙江天马期货经纪有限公司杭州中河中路营业部	浙江
534	浙江天马期货经纪有限公司湖州营业部	浙江
535	浙江天马期货经纪有限公司嘉兴营业部	浙江
536	浙江天马期货经纪有限公司宁波营业部	宁波
537	浙江天马期货经纪有限公司瑞安营业部	浙江
538	浙江天马期货经纪有限公司上海营业部	上海
539	浙江天马期货经纪有限公司绍兴营业部	浙江
540	浙江天马期货经纪有限公司台州营业部	浙江
541	浙江天马期货经纪有限公司温州营业部	浙江
542	浙江天马期货经纪有限公司义乌营业部	浙江
543	浙江天马期货经纪有限公司舟山营业部	浙江
544	浙江新华期货经纪有限公司上海营业部	上海
545	浙江新华期货经纪有限公司绍兴营业部	浙江
546	浙江新华期货经纪有限公司温岭营业部	浙江
547	浙江新世纪期货经纪有限公司北京营业部	北京
548	浙江新世纪期货经纪有限公司湖州营业部	浙江
549	浙江新世纪期货经纪有限公司上海营业部	上海
550	浙江新世纪期货经纪有限公司嵊州营业部	浙江
551	浙江新世纪期货经纪有限公司温州营业部	浙江
552	浙江新世纪期货经纪有限公司萧山营业部	浙江
553	浙江中大期货经纪有限公司北京营业部	北京
554	浙江中大期货经纪有限公司福州营业部	福建
555	浙江中大期货经纪有限公司海宁营业部	浙江
556	浙江中大期货经纪有限公司温岭营业部	浙江
557	浙江中大期货经纪有限公司温州营业部	浙江
558	浙江中大期货经纪有限公司义乌营业部	浙江
559	浙江中大期货经纪有限公司永康营业部	浙江
560	浙江中大期货经纪有限公司重庆营业部	重庆
561	中诚期货经纪有限责任公司大连营业部	大连
562	中诚期货经纪有限责任公司郑州营业部	河南
563	中钢期货有限公司北京安外大街营业部	北京
564	中钢期货有限公司大连营业部	大连
565	中钢期货有限公司上海营业部	上海
566	中钢期货有限公司武汉营业部	湖北
567	中钢期货有限公司重庆营业部	重庆
568	中谷期货经纪有限公司北京营业部	北京
569	中谷期货经纪有限公司大连营业部	大连
570	中谷期货经纪有限公司郑州营业部	河南
571	中国国际期货经纪有限公司宝安宝民路营业部	深圳
572	中国国际期货经纪有限公司北京朝外大街营业部	北京
573	中国国际期货经纪有限公司大连营业部	大连
574	中国国际期货经纪有限公司广州营业部	广东
575	中国国际期货经纪有限公司宁波营业部	宁波
576	中国国际期货经纪有限公司上海营业部	上海
577	中国国际期货经纪有限公司武昌营业部	湖北
578	中国国际期货经纪有限公司武汉营业部	湖北
579	中国国际期货经纪有限公司厦门营业部	厦门
580	中国国际期货经纪有限公司襄樊营业部	湖北
581	中国国际期货经纪有限公司郑州营业部	河南
582	中国国际期货经纪有限公司罗湖深南东路营业部	深圳
583	中航期货经纪有限公司汕头营业部	广东
584	中航期货经纪有限公司上海营业部	上海
585	中航期货经纪有限公司武汉营业部	湖北
586	中辉期货经纪有限公司大连营业部	大连
587	中辉期货经纪有限公司莆田营业部	福建
588	中辉期货经纪有限公司石家庄营业部	河北
589	中粮期货经纪有限公司大连营业部	大连
590	中粮期货经纪有限公司上海营业部	上海
591	中粮期货经纪有限公司深圳营业部	深圳
592	中粮期货经纪有限公司郑州营业部	河南
593	中期嘉合期货经纪有限公司长春营业部	吉林
594	中期嘉合期货经纪有限公司大连营业部	大连
595	中期嘉合期货经纪有限公司洛阳营业部	河南
596	中期嘉合期货经纪有限公司沈阳营业部	辽宁
597	中期期货有限公司青岛营业部	青岛
598	中期期货有限公司苏州营业部	江苏
599	中晟期货经纪有限公司大连营业部	大连
600	中天期货经纪有限公司珠海营业部	广东
601	中信东方汇理期货经纪有限公司大连营业部	大连
602	中信建投期货经纪有限公司北京营业部	北京
603	中信建投期货经纪有限公司济南营业部	山东
604	中信建投期货经纪有限公司上海营业部	上海
605	中银国际期货有限责任公司上海世纪大道营业部	上海
606	中原期货经纪有限公司大连营业部	大连
607	中原期货经纪有限公司咸阳营业部	陕西
608	中原期货经纪有限公司新乡营业部	河南
609	中证期货有限公司大连营业部	大连
610	中证期货有限公司青岛营业部	青岛
611	中证期货有限公司上海营业部	上海
612	中证期货有限公司郑州营业部	河南
613	重庆先融期货经纪有限公司解放碑营业部	重庆
614	重庆先融期货经纪有限公司沙坪坝营业部	重庆
615	珠江期货有限公司番禺营业部	广东
616	珠江期货有限公司佛山营业部	广东
617	珠江期货有限公司惠州营业部	广东
618	珠江期货有限公司江门营业部	广东
619	珠江期货有限公司梅州营业部	广东
620	珠江期货有限公司南宁营业部	广西
621	珠江期货有限公司清远营业部	广东
622	珠江期货有限公司湛江营业部	广东
623	珠江期货有限公司肇庆营业部	广东
624	珠江期货有限公司郑州营业部	河南
625	珠江期货有限公司重庆营业部	重庆
626	珠江期货有限公司珠海营业部	广东

2010 年度中国金融期货交易所交易统计

品种名称	本期成交量	去年同期成交量	同比增减	本期成交额	去年同期成交额	同比增减	本期持仓量	去年同期持仓量	同比增减
沪深 300 股指期货	45873295	–	–	4106987673	–	–	29805	–	–

说明:(1) 价格:300 元/点;
(2) 成交量、持仓量:手(按单边计算);
(3) 成交额:万元(按单边计算)。

2011 年 1 月份全国期货市场交易情况统计

交易所	品种	今年 1 月成交量(手)	去年 1 月交易量(手)	同比增减百分比(%)	今年 1 月成交金额(亿元)	去年 1 月成交金额(亿元)	同比增减百分比(%)	今年 1 月成交金额所占份额(%)	去年 1 月成交金额所占份额(%)	同比增减百分比(%)
上海期货交易所	铜	1976094	4403729	-55.13%	7060.20	13250.33	-46.72%	6.65%	15.46%	-56.98%
	铝	493471	3556861	-86.13%	418.32	3131.52	-86.64%	0.39%	3.65%	-89.22%
	锌	4659537	6245629	-25.4%	4458.52	6404.19	-30.38%	4.20%	7.47%	-43.79%
	黄金	175666	430376	-59.18%	519.19	1074.79	-51.69%	0.49%	1.25%	-61.00%
	天然橡胶	7283556	10519588	-30.76%	14128.49	13042.70	8.32%	13.31%	15.22%	-12.55%
	燃料油	445044	2614285	-82.98%	213.47	1204.23	-82.27%	0.20%	1.40%	-85.69%
	螺纹钢	3503321	14715373	-76.19%	1730.36	6535.35	-73.52%	1.63%	7.62%	-78.62%
	线材	307	25575	-98.8%	0.15	10.76	-98.62%	0.00%	0.01%	-98.87%
	小 计	18536996	42511416	-56.4%	28528.68	44653.84	-36.11%	26.87%	52.09%	-48.42%
郑州商品交易所	硬麦	5021	959	423.57%	1.13	0.19	504.62%	0.00%	0.00%	388.13%
	强麦	1139741	113584	903.43%	317.71	25.77	1132.72%	0.30%	0.03%	895.21%
	棉花	8194627	3566242	129.78%	12241.02	2935.73	316.97%	11.53%	3.42%	236.63%
	白糖	10080019	30780775	-67.25%	7211.48	16996.38	-57.57%	6.79%	19.83%	-65.75%
	PTA	5631427	6330262	-11.04%	3123.89	2621.23	19.18%	2.94%	3.06%	-3.79%
	菜籽油	561411	654167	-14.18%	302.33	271.85	11.21%	0.28%	0.32%	-10.21%
	早籼稻	673904	276434	143.78%	169.26	58.99	186.93%	0.16%	0.07%	131.65%
	小 计	26286150	41722423	-37.00%	23366.82	22910.12	1.99%	22.01%	26.73%	-17.66%
大连商品交易所	黄大豆 1 号	1806374	3900488	-53.69%	815.41	1550.81	-47.42%	0.77%	1.81%	-57.55%
	黄大豆 2 号	1216	804	51.24%	0.57	0.33	74.68%	0.00%	0.00%	39.45%
	豆粕	4932901	8898527	-44.56%	1706.67	2629.35	-35.09%	1.61%	3.07%	-47.60%
	玉米	2130229	1581679	34.68%	497.39	299.16	66.26%	0.47%	0.35%	34.23%
	豆油	5787121	8979344	-35.55%	6112.57	6841.05	-10.65%	5.76%	7.98%	-27.86%
	LLDPE	4167195	2826427	47.44%	2536.80	1704.45	48.83%	2.39%	1.99%	20.16%
	棕榈油	2387311	6789945	-64.84%	2349.43	4719.49	-50.22%	2.21%	5.51%	-59.81%
	PVC	743435	1058950	-29.80%	306.11	411.08	-25.54%	0.29%	0.48%	-39.88%
	小 计	21955782	34036164	-35.49%	14324.93	18155.67	-21.10%	13.49%	21.18%	-36.30%
中金所	沪深 300	4338211	–	– –	39956.30	–	– –	37.63%	–	–
全国期货市场		71117139	118270003	-39.87%	106176.72	85719.63	23.87%	100.00%	100.00%	0.00%

2011 年 2 月份全国期货市场交易情况统计

交易所	品种	今年 2 月成交量(手)	去年 2 月交易量(手)	同比增减百分比(%)	今年 2 月成交金额(亿元)	去年 2 月成交金额(亿元)	同比增减百分比(%)	今年 1-2 月成交总量(手)	去年 1-2 月成交总量(手)	同比增减百分比(%)	今年 1-2 月成交金额(亿元)	去年 1-2 月成交金额(亿元)	同比增减百分比(%)	今年 1-2 月成交金额所占份额(%)	去年 1-2 月成交金额所占份额(%)	同比增减百分比(%)
上海期货交易所	铜	1446441	3388701	-57.32%	5376.42	9371.96	-42.63%	3422535	7792430	-56.08%	12436.62	22622.29	-45.02%	6.49%	16.34%	-60.29%
	铝	466735	1350368	-65.44%	400.85	1115.44	-64.06%	960206	4907229	-80.43%	819.16	4246.95	-80.71%	0.43%	3.07%	-86.07%
	锌	4908566	6132178	-19.95%	4835.45	5461.45	-11.46%	9568103	12377807	-22.70%	9293.96	11865.64	-21.67%	4.85%	8.57%	-43.42%
	黄金	89874	165420	-45.67%	266.76	401.25	-33.52%	265540	595796	-55.43%	785.94	1476.03	-46.75%	0.41%	1.07%	-61.54%
	天然橡胶	4690001	8411060	-44.24%	9538.72	9923.50	-3.88%	11973557	18930648	-36.75%	23667.21	22966.20	3.05%	12.35%	16.59%	-25.56%
	燃料油	424728	771322	-44.94%	205.16	341.58	-39.94%	869772	3385607	-74.31%	418.63	1545.80	-72.92%	0.22%	1.12%	-80.44%
	螺纹钢	3811026	9475938	-59.78%	1916.64	4045.74	-52.63%	7314347	24191311	-69.76%	3646.99	10581.09	-65.53%	1.90%	7.64%	-75.10%
	线材	421	13204	-96.81%	0.21	5.28	-96.03%	728	38779	-98.12%	0.36	16.04	-97.76%	0.00%	0.01%	-98.38%
	小 计	15837792	29708191	-46.69%	22540.18	30666.19	-26.50%	34374788	72219607	-52.40%	51068.86	75320.03	-32.20%	26.65%	54.42%	-51.02%

交易所	品种	今年2月成交量（手）	去年2月交易量（手）	同比增减百分比（%）	今年2月成交金额（亿元）	去年2月成交金额（亿元）	同比增减百分比（%）	今年1－2月成交总量（手）	去年1－2月成交总量（手）	同比增减百分比（%）	今年1－2月成交金额（亿元）	去年1－2月成交金额（亿元）	同比增减百分比（%）	今年1－2月成交金额所占份额（%）	去年1－2月成交金额所占份额（%）	同比增减百分比（%）
郑州商品交易所	硬麦	9418	566	1563.96%	2.25	0.11	1946.98%	14439	1525	846.82%	3.38	0.30	1039.91%	0.00%	0.00%	723.41%
	强麦	2821365	37525	7418.63%	845.95	8.49	9869.71%	3961106	151109	2521.36%	1163.66	34.26	3296.75%	0.61%	0.02%	2353.62%
	棉花	9237593	1301291	609.88%	14724.41	1053.45	1297.73%	17432220	4867533	258.13%	26965.44	3989.18	575.96%	14.07%	2.88%	388.28%
	白糖	6221797	21266869	-70.74%	4541.72	11712.95	-61.22%	16301816	52047644	-68.68%	11753.21	28709.33	-59.06%	6.13%	20.74%	-70.43%
	PTA	6148845	2816521	118.31%	3659.21	1151.19	217.86%	11780272	9146783	28.79%	6783.09	3772.42	79.81%	3.54%	2.73%	29.88%
	菜籽油	387209	228008	69.82%	207.10	91.09	127.37%	948620	882175	7.53%	509.44	362.93	40.37%	0.27%	0.26%	1.39%
	早籼稻	651614	210466	209.61%	171.40	44.06	289.05%	1325518	486900	172.24%	340.66	103.05	230.59%	0.18%	0.07%	138.80%
	小计	25477841	25861246	-1.48%	24152.06	14061.34	71.76%	51763991	67583669	-23.41%	47518.88	36971.46	28.53%	24.80%	26.71%	-7.16%
大连商品交易所	黄大豆1号	1139137	2133826	-46.62%	519.97	810.11	-35.81%	2945511	6034314	-51.19%	1335.38	2360.91	-43.44%	0.70%	1.71%	-59.14%
	黄大豆2号	434	1131	-61.63%	0.21	0.44	-53.52%	1650	1935	-14.73%	0.78	0.77	0.65%	0.00%	0.00%	-27.30%
	豆粕	3248638	5855011	-44.52%	1127.98	1630.15	-30.81%	8181539	14753538	-44.55%	2834.65	4259.49	-33.45%	1.48%	3.08%	-51.93%
	玉米	3487014	407368	755.99%	847.20	75.59	1020.82%	5617243	1989047	182.41%	1344.58	374.75	258.80%	0.70%	0.27%	159.18%
	豆油	3287571	3376341	-2.63%	3439.75	2484.46	38.45%	9074692	12355685	-26.55%	9552.32	9325.51	2.43%	4.99%	6.74%	-26.01%
	LLDPE	3712490	1404243	164.38%	2251.58	808.97	178.33%	7879685	4230670	86.25%	4788.37	2513.41	90.51%	2.50%	1.82%	37.62%
	棕榈油	1315632	3031485	-56.60%	1284.33	2051.68	-37.40%	3702943	9821430	-62.30%	3633.75	6771.17	-46.33%	1.90%	4.89%	-61.24%
	PVC	1534626	287073	434.58%	655.38	107.21	511.34%	2278061	1346023	196.96%	961.48	518.28	85.52%	0.50%	0.37%	34.01%
	小计	17725542	16496478	7.45%	10126.36	7968.58	27.08%	39631324	50532642	-21.47%	24451.28	26124.25	-6.40%	12.76%	18.87%	-32.39%
中金所	沪深300	2987165	-	-	28624.78	-	-	7325376	-	-	68581.08	-	-	35.79%	-	-
全国期货市场		62028340	72065915	-13.93%	85443.37	52696.10	62.14%	133145479	190335918	-30.05%	191620.09	138415.73	38.44%	100.00%	100.00%	0.00%

2011年3月份全国期货市场交易情况统计

交易所	品种	今年3月成交量（手）	去年3月交易量（手）	同比增减百分比（%）	今年3月成交金额（亿元）	去年3月成交金额（亿元）	同比增减百分比（%）	今年1－3月成交总量（手）	去年1－3月成交总量（手）	同比增减百分比（%）	今年1－3月成交金额（亿元）	去年1－3月成交金额（亿元）	同比增减百分比（%）	今年1－3月成交金额所占份额（%）	去年1－3月成交金额所占份额（%）	同比增减百分比（%）
上海期货交易所	铜	2247507	4563961	-50.76%	8017.40	13707.04	-41.51%	5670042	12356391	-54.11%	20454.02	36329.32	-43.70%	6.08%	15.53%	-60.82%
	铝	560530	1233610	-54.56%	471.54	1033.91	-54.39%	1520736	6140839	-75.24%	1290.70	5280.86	-75.56%	0.38%	2.26%	-82.99%
	锌	5916492	7695339	-23.12%	5437.50	7211.96	-24.60%	15484595	20073146	-22.86%	14731.46	19077.60	-22.78%	4.38%	8.15%	-46.27%
	铅	69155	-	-	328.07	-	-	69155	-	-	328.07	-	0.10%	-	-	
	黄金	153391	246996	-37.90%	462.27	610.92	-24.33%	418931	842792	-50.29%	1248.21	2086.95	-40.19%	0.37%	-	-
	天然橡胶	9068730	18537780	-51.08%	16255.79	22387.31	-27.39%	21042287	37468428	-43.84%	39922.99	45353.51	-11.97%	11.87%	19.38%	-38.75%
	燃料油	391518	624362	-37.29%	187.79	286.99	-34.57%	1261290	4009969	-68.55%	606.42	1832.80	-66.91%	0.18%	0.78%	-76.98%
	螺纹钢	10264957	21659313	-52.61%	4887.88	10115.30	-51.68%	17579304	45850624	-61.66%	8534.87	20696.39	-58.76%	2.54%	8.84%	-71.31%
	线材	439	30945	-98.58%	0.21	13.09	-98.38%	1167	69724	-98.33%	0.57	29.13	-98.04%	0.00%	0.01%	-98.64%
	小计	28672719	54592306	-47.48%	36048.46	55366.53	-34.89%	63047507	126811913	-50.28%	87117.32	130686.56	-33.34%	25.91%	55.85%	-53.62%
郑州商品交易所	硬麦	4311	1871	130.41%	0.98	0.36	172.14%	18750	3396	452.12%	4.37	0.66	563.23%	0.00%	0.00%	361.49%
	强麦	842901	67536	1148.08%	242.02	15.42	1469.63%	4804007	218645	2097.17%	1405.68	49.68	2729.63%	0.42%	0.02%	1868.90%
	棉花	24673090	3118017	691.31%	36963.05	2639.12	1300.58%	42105310	7985550	427.27%	63928.49	6628.29	864.48%	19.01%	2.83%	571.10%
	白糖	10922560	41938749	-73.96%	7679.12	21893.18	-64.92%	27224376	93986393	-71.03%	19432.33	50602.51	-61.60%	5.78%	21.63%	-73.28%
	PTA	10383683	4201614	147.14%	5972.23	1749.25	241.42%	22163955	13348397	66.04%	12755.32	5521.67	131.00%	3.79%	2.36%	60.74%
	菜籽油	490481	1072695	-54.28%	252.95	437.32	-42.16%	1439101	1954870	-26.38%	762.39	800.25	-4.73%	0.23%	0.34%	-33.71%
	早籼稻	430719	541619	-20.48%	111.13	116.25	-4.40%	1756237	1028519	70.75%	451.79	219.30	106.02%	0.13%	0.09%	43.35%
	小计	47747745	50942101	-6.27%	51221.49	26850.90	90.76%	99511736	118525770	-16.04%	98740.37	63822.36	54.71%	29.36%	27.28%	7.65%
大连商品交易所	黄大豆1号	2770537	2930298	-5.45%	1258.56	1129.47	11.43%	5716048	8964612	-36.24%	2593.94	3490.38	-25.68%	0.77%	1.49%	-48.29%
	黄大豆2号	612	1057	-42.10%	0.29	0.42	-31.28%	2262	2992	-24.40%	1.07	1.19	-10.31%	0.00%	0.00%	-37.46%
	豆粕	3544570	9132725	-61.19%	1190.70	2567.18	-53.62%	11726109	23886263	-50.91%	4025.34	6826.66	-41.04%	1.20%	2.92%	-58.97%
	玉米	3223233	650362	395.61%	776.44	123.47	528.89%	8840476	2639409	234.94%	2121.01	498.21	325.73%	0.63%	0.21%	196.23%
	豆油	5455478	5696784	-4.24%	5519.77	4288.46	28.71%	14530170	18052469	-19.51%	15072.08	13613.96	10.71%	4.48%	5.82%	-22.97%
	LLDPE	3810079	3284229	16.01%	2249.62	1868.80	20.38%	11689764	7514899	55.55%	7037.99	4382.21	60.60%	2.09%	1.87%	11.75%
	棕榈油	2127289	4649608	-54.25%	1962.36	3223.39	-39.12%	5830232	14471038	-59.71%	5596.11	9994.55	-44.01%	1.66%	4.27%	-61.04%
	PVC	1645611	417442	294.21%	680.98	157.83	331.49%	5923672	1763465	65.06%	1642.46	676.10	142.93%	0.49%	0.29%	69.03%
	小计	22577409	26762505	-15.64%	13638.70	13358.98	2.09%	62258733	77295147	-19.45%	38089.97	39483.22	-3.53%	11.33%	16.87%	-32.87%
中金所	沪深300	4464137	-	-	43756.02	-	-	11789513	-	-	112337.10	-	-	33.41%	-	-
全国期货市场		103462010	132296912	-21.80%	144664.67	95576.40	51.36%	236607489	322632830	-26.66%	336284.76	233992.14	43.72%	100.00%	100.00%	0.00%

2011 年 4 月份全国期货市场交易情况统计

交易所	品种	今年4月成交量（手）	去年4月交易量（手）	同比增减百分比（%）	今年4月成交金额（亿元）	去年4月成交金额（亿元）	同比增减百分比（%）	今年1-4月成交总量（手）	去年1-4月成交总量（手）	同比增减百分比（%）	今年1-4月成交金额（亿元）	去年1-4月成交金额（亿元）	同比增减百分比（%）	今年1-4月成交金额所占份额（%）	去年1-4月成交金额所占份额（%）	同比增减百分比（%）
上海期货交易所	铜	1684221	3736116	-54.92%	5977.59	11468.78	-47.88%	7354263	16092507	-54.30%	26431.61	47798.10	-44.70%	5.93%	14.73%	-59.75%
	铝	288207	1332882	-78.38%	242.21	1116.44	-78.31%	1808943	7473721	-75.80%	1532.91	6397.31	-76.04%	0.34%	1.97%	-82.56%
	锌	3486448	5319927	-34.46%	3121.03	5112.97	-38.96%	18971043	25393073	-25.29%	17852.49	24190.57	-26.20%	4.01%	7.46%	-46.28%
	铅	57244	-	-	267.57	-	-	126399	-	-	595.64	-	-	0.13%	-	-
	黄金	187168	241898	-22.63%	583.72	612.20	-4.65%	606099	1084690	-44.12%	1831.93	2699.15	-32.13%	0.41%	-	-
	天然橡胶	6777817	14243848	-52.42%	11724.55	17663.44	-33.62%	27820104	51712276	-46.20%	51647.54	63016.95	-18.04%	11.59%	19.42%	-40.34%
	燃料油	183137	272141	-32.71%	90.65	129.00	-29.72%	1444427	4282110	-66.27%	697.08	1961.79	-64.47%	0.16%	0.60%	-74.13%
	螺纹钢	6849973	17076374	-59.89%	3333.44	8126.50	-58.98%	24429277	62926998	-61.18%	11868.31	28822.89	-58.82%	2.66%	8.88%	-70.03%
	线材	234	28840	-99.19%	0.11	12.93	-99.12%	1401	98564	-98.58%	0.68	42.06	-98.37%	0.00%	0.01%	-98.82%
	小 计	19514449	42252026	-53.81%	25340.87	44242.26	-42.72%	82561956	169063939	-51.17%	112458.20	174928.82	-35.71%	25.23%	53.92%	-53.20%
郑州商品交易所	硬麦	8669	1275	579.92%	1.99	0.25	705.19%	27419	4671	487.00%	6.35	0.91	601.96%	0.00%	0.00%	410.98%
	强麦	390565	137072	184.93%	111.61	31.52	254.12%	5194572	355717	1360.31%	1517.29	81.19	1768.72%	0.34%	0.03%	1260.30%
	棉花	20783311	1552861	1238.39%	28909.40	1310.60	2105.82%	62888621	9538411	559.32%	92837.88	7938.89	1069.41%	20.83%	2.45%	751.25%
	白糖	8393088	35811576	-76.56%	5838.24	18280.95	-68.06%	35617464	129797969	-72.56%	25270.57	68883.45	-63.31%	5.67%	21.23%	-73.30%
	PTA	8665789	2626431	229.95%	4583.87	1126.37	306.96%	30829744	15974828	92.99%	17339.19	6648.04	160.82%	3.89%	2.05%	89.86%
	菜籽油	437128	538471	-18.82%	230.11	222.36	3.48%	1876229	2493341	-24.75%	992.50	1022.61	-2.94%	0.22%	0.32%	-29.35%
	早籼稻	294273	682878	-56.91%	74.01	144.36	-48.73%	2050510	1711397	19.81%	525.80	363.66	44.59%	0.12%	0.11%	5.25%
	小 计	38972823	41350564	-5.75%	39749.23	21116.40	88.24%	138484559	159876334	-13.38%	138489.59	84938.75	63.05%	31.08%	26.18%	18.69%
大连商品交易所	黄大豆1号	2448711	2336326	4.81%	1126.88	921.19	22.33%	8164759	11300938	-27.75%	3720.81	4411.56	-15.66%	0.83%	1.36%	-38.60%
	黄大豆2号	905	1121	-19.27%	0.44	0.46	-4.42%	3167	4113	-23.00%	1.00	1.64	-8.67%	0.00%	0.00%	-55.61%
	豆粕	2749818	8958107	-69.30%	923.53	2580.22	-64.21%	14475927	32844370	-55.93%	4948.86	9406.88	-47.39%	1.11%	2.90%	-61.70%
	玉米	2576075	1122143	129.57%	618.51	215.31	187.27%	11416551	3761552	203.51%	2739.51	713.51	283.95%	0.61%	0.22%	179.49%
	豆油	4644899	5545132	-16.23%	4792.70	4313.55	11.11%	19175069	23597601	-18.74%	19864.78	17927.00	10.81%	4.46%	5.53%	-19.34%
	LLDPE	4826904	2060421	134.27%	2866.69	1199.57	138.98%	16516668	9575320	72.49%	9904.68	5581.78	77.45%	2.22%	1.72%	29.17%
	棕榈油	1689944	2664323	-36.57%	1564.35	1853.93	-15.62%	7520176	17135361	-56.11%	7160.46	11848.47	-39.57%	1.61%	3.65%	-56.01%
	PVC	610648	624206	-2.17%	256.72	246.84	4.00%	4534320	2387671	32.47%	1899.17	922.94	105.77%	0.43%	0.28%	49.79%
	焦炭	492653	-	-	1150.29	-	-	492653	-	-	1150.29	-	-	0.26%	-	-
	小 计	20040557	23311779	-14.03%	13300.07	11331.02	17.38%	82299290	100606926	-18.20%	51390.03	50814.24	1.13%	11.53%	15.66%	-26.38%
中金所	沪深300	3122689	1429588	118.43%	30986.91	13730.25	125.68%	14912202	1429588	943.11%	143324.01	13730.25	943.86%	32.16%	4.23%	659.86%
全国期货市场		81650518	108343957	-24.64%	109377.07	90419.93	20.97%	318258007	430976787	-26.15%	445661.84	324412.06	37.38%	100.00%	100.00%	0.00%

2011 年 5 月份全国期货市场交易情况统计

交易所	品种	今年5月成交量（手）	去年5月交易量（手）	同比增减百分比（%）	今年5月成交金额（亿元）	去年5月成交金额（亿元）	同比增减百分比（%）	今年1-5月成交总量（手）	去年1-5月成交总量（手）	同比增减百分比（%）	今年1-5月成交金额（亿元）	去年1-5月成交金额（亿元）	同比增减百分比（%）	今年1-5月成交金额所占份额（%）	去年1-5月成交金额所占份额（%）	同比增减百分比（%）
上海期货交易所	铜	2627480	5831546	-54.94%	8782.90	16049.96	-45.28%	9981743	21924053	-54.47%	35214.51	63848.06	-44.85%	6.22%	13.83%	-55.00%
	铝	335367	1226340	-72.65%	279.92	948.25	-70.48%	2144310	8700061	-75.35%	1812.83	7345.56	-75.32%	0.32%	1.59%	-79.87%
	锌	4201739	10849906	-61.27%	3545.30	8783.93	-59.64%	23172782	36242979	-36.06%	21397.79	32974.50	-35.11%	3.78%	7.14%	-47.06%
	铅	37536	-	-	157.53	-	-	163935	-	-	753.16	-	-	0.13%	-	-
	黄金	224440	467954	-52.04%	703.90	1241.59	-43.31%	830539	1552644	-46.51%	2535.83	3940.75	-35.65%	0.45%	0.85%	-47.50%
	天然橡胶	10561307	17100660	-38.24%	16610.03	18976.18	-12.47%	38381411	68812936	-44.22%	68257.58	81993.13	-16.75%	12.06%	17.76%	-32.08%
	燃料油	192885	570899	-66.21%	95.73	256.95	-62.74%	1637312	4853009	-66.26%	792.80	2218.74	-64.27%	0.14%	0.48%	-70.85%
	螺纹钢	7267538	30167116	-75.91%	3519.32	13132.20	-73.20%	31696815	93094114	-65.95%	15387.63	41955.09	-63.32%	2.72%	9.09%	-70.08%
	线材	141	25559	-99.45%	0.07	10.81	-99.37%	1542	124123	-98.76%	0.75	52.87	-98.58%	0.00%	0.01%	-98.84%
	小 计	25448433	66239980	-61.58%	33694.69	59399.87	-43.27%	108010389	235303919	-54.10%	146152.89	234328.69	-37.63%	25.82%	50.75%	-49.12%

交易所	品种	今年5月成交量（手）	去年5月交易量（手）	同比增减百分比（%）	今年5月成交金额（亿元）	去年5月成交金额（亿元）	同比增减百分比（%）	今年1－5月成交总量（手）	去年1－5月成交总量（手）	同比增减百分比（%）	今年1－5月成交金额（亿元）	去年1－5月成交金额（亿元）	同比增减百分比（%）	今年1－5月成交金额所占份额（%）	去年1－5月成交金额所占份额（%）	同比增减百分比（%）
郑州商品交易所	硬麦	9364	1072	773.51%	2.11	0.21	902.01%	36783	5743	540.48%	8.46	1.12	658.53%	0.00%	0.00%	518.82%
	强麦	423555	84741	399.82%	121.37	19.36	526.89%	5618127	440458	1175.52%	1638.66	100.55	1529.63%	0.29%	0.02%	1229.49%
	棉花	24744511	3805690	550.20%	30893.09	3280.61	841.69%	87633132	13344101	556.72%	123730.97	11219.50	1002.82%	21.86%	2.43%	799.71%
	白糖	9983652	30028914	-66.75%	6539.34	14366.73	-54.48%	45601116	159826883	-71.47%	31809.91	83250.19	-61.79%	5.62%	18.03%	-68.83%
	PTA	6969466	4477171	55.67%	3356.71	1724.69	94.63%	37799210	20451999	84.82%	20695.90	8372.73	147.18%	3.66%	1.81%	101.66%
	菜籽油	551216	369128	49.33%	286.31	150.45	90.30%	2427445	2862469	-15.20%	1278.81	1173.07	9.01%	0.23%	0.25%	-11.06%
	早籼稻	987053	537471	83.65%	255.17	110.68	130.54%	3037563	2248868	35.07%	780.97	474.34	64.64%	0.14%	0.10%	34.32%
	小计	43668817	39304187	11.10%	41454.08	19652.74	110.93%	182153376	199180521	-8.55%	179943.68	104591.49	72.04%	31.79%	22.65%	40.36%
大连商品交易所	黄大豆1号	1688227	3069269	-45.00%	746.35	1203.53	-37.99%	9852986	14370207	-31.43%	4467.16	5615.09	-20.44%	0.79%	1.22%	-35.10%
	黄大豆2号	594	1780	-66.63%	0.29	0.70	-59.67%	3761	5893	-36.18%	1.78	2.34	-23.90%	0.00%	0.00%	-37.81%
	豆粕	3148593	10105037	-68.84%	1039.40	2897.63	-64.13%	17624520	42949407	-58.96%	5988.26	12304.00	-51.33%	1.06%	2.66%	-60.29%
	玉米	2404579	1887439	27.40%	573.88	366.92	56.41%	13821130	5648991	144.67%	3313.39	1080.42	206.68%	0.59%	0.23%	150.19%
	豆油	4949921	4661111	6.20%	4983.63	3554.82	40.19%	24124990	28258712	-14.63%	24848.40	21482.31	15.67%	4.39%	4.65%	-5.63%
	LLDPE	5785253	2686529	115.34%	3117.71	1425.18	118.76%	22301921	12261849	81.88%	13022.38	7006.95	85.85%	2.30%	1.52%	51.62%
	棕榈油	1907137	2189090	-12.88%	1729.22	1467.48	17.84%	9427313	19324451	-51.22%	8889.67	13315.94	-33.24%	1.57%	2.88%	-45.54%
	PVC	1039897	687358	51.29%	426.90	257.46	65.81%	5574217	3075029	-3.79%	2326.06	1180.39	97.06%	0.41%	0.26%	60.77%
	焦炭	362608	-	-	861.01	-	-	855261	-	-	2011.30	-	-	0.36%	-	-
	小计	21286809	25287613	-15.82%	13478.34	11173.68	20.63%	103586099	125894539	-17.72%	64868.37	61987.91	4.65%	11.46%	13.42%	-14.63%
中金所	沪深300	3413041	5487908	-37.81%	31690.59	47100.69	-32.72%	18325243	6917496	164.91%	175014.60	60830.94	187.71%	30.92%	13.17%	134.72%
全国期货市场		93817100	136319688	-31.18%	120317.71	137326.98	-12.39%	412075107	567296475	-27.36%	565979.54	461739.04	22.58%	100.00%	100.00%	0.00%

2011年6月份全国期货市场交易情况统计

交易所	品种	今年6月成交量（手）	去年6月交易量（手）	同比增减百分比（%）	今年6月成交金额（亿元）	去年6月成交金额（亿元）	同比增减百分比（%）	今年1－6月成交总量（手）	去年1－6月成交总量（手）	同比增减百分比（%）	今年1－6月成交金额（亿元）	去年1－6月成交金额（亿元）	同比增减百分比（%）	今年1－6月成交金额所占份额（%）	去年1－6月成交金额所占份额（%）	同比增减百分比（%）
上海期货交易所	铜	1914817	6117516	-68.70%	6498.93	16010.00	-59.41%	11896560	28041569	-57.58%	41713.44	79858.05	-47.77%	6.23%	13.55%	-54.04%
	铝	491292	1317007	-62.70%	419.48	970.51	-56.78%	2635602	10017068	-73.69%	2232.30	8316.07	-73.16%	0.33%	1.41%	-76.38%
	锌	3646001	19414276	-81.22%	3162.28	14384.70	-78.02%	26818783	55657255	-51.81%	24560.07	47359.20	-48.14%	3.67%	8.04%	-54.37%
	铅	29334	-	-	124.04	-	-	193269	-	-	877.20	-	-	0.13%	-	-
	黄金	140794	328078	-57.09%	447.90	888.71	-49.60%	971333	1880722	-48.35%	2983.73	4829.46	-38.22%	0.45%	0.82%	-45.64%
	天然橡胶	9348964	18868110	-50.45%	15245.07	20345.97	-25.07%	47730375	87681046	-45.56%	83502.65	102339.10	-18.41%	12.47%	17.36%	-28.20%
	燃料油	148333	543028	-72.68%	74.43	235.71	-68.42%	1785645	5396037	-66.91%	867.24	2454.44	-64.67%	0.13%	0.42%	-68.91%
	螺纹钢	4805155	18514854	-74.05%	2291.19	7602.94	-69.86%	36501970	111608968	-67.29%	17678.82	49558.03	-64.33%	2.64%	8.41%	-68.61%
	线材	142	12499	-98.86%	0.07	5.12	-98.65%	1684	136622	-98.77%	0.82	57.99	-98.58%	0.00%	0.01%	-98.76%
	小计	20524832	65115368	-68.48%	28263.39	60443.65	-53.24%	128535221	300419287	-57.21%	174416.28	294772.33	-40.83%	26.04%	50.01%	-47.94%
郑州商品交易所	硬麦	17324	1030	1581.94%	3.86	0.20	1805.48%	54107	6773	698.86%	12.32	1.32	834.92%	0.00%	0.00%	722.64%
	强麦	324112	71805	351.38%	91.61	16.40	458.55%	5942239	512263	1060.00%	1730.26	116.95	1379.43%	0.26%	0.02%	1201.76%
	棉花	15648340	3407584	359.22%	18904.65	2887.53	554.70%	103281472	16751685	516.54%	142635.62	14107.04	911.10%	21.29%	2.39%	789.67%
	白糖	11688227	19744717	-40.80%	7854.25	9441.56	-16.81%	57289343	179571600	-68.10%	39664.16	92691.75	-57.21%	5.92%	15.73%	-62.35%
	PTA	6479258	3390442	91.10%	3006.08	1249.22	140.64%	44278468	23842441	85.71%	23701.98	9621.95	146.33%	3.54%	1.63%	116.75%
	菜籽油	484245	459135	5.47%	254.61	187.49	35.80%	2911690	3321604	-12.34%	1533.43	1360.55	12.71%	0.23%	0.23%	-0.83%
	早籼稻	817029	427628	91.06%	209.67	87.51	139.61%	3854592	2676496	44.02%	990.64	561.84	76.32%	0.15%	0.10%	55.14%
	小计	35458535	27502341	28.93%	30324.74	13869.91	118.64%	217611911	226682862	-4.00%	210268.41	118461.40	77.50%	31.39%	20.10%	56.18%
大连商品交易所	黄大豆1号	1089169	1156071	-5.79%	485.95	442.20	9.89%	10942155	15526278	-29.52%	4953.10	6057.29	-18.23%	0.74%	1.03%	-28.05%
	黄大豆2号	221	600	-63.17%	0.11	0.24	-54.90%	3982	6493	-38.67%	1.89	2.58	-26.75%	0.00%	0.00%	-35.59%
	豆粕	3767958	5644500	-33.25%	1250.60	1581.59	-20.93%	21392478	48593907	-55.98%	7238.86	13886.09	-47.87%	1.08%	2.36%	-54.13%
	玉米	1702351	1827854	-6.87%	403.67	343.87	17.39%	15523481	7476845	107.62%	3717.06	1424.29	160.98%	0.55%	0.24%	129.63%
	豆油	4498594	3252151	38.33%	4601.59	2442.61	88.39%	28623584	31510863	-9.16%	29449.99	23924.92	23.09%	4.40%	4.06%	8.31%
	LLDPE	6794693	5150994	31.91%	3589.33	2497.02	43.74%	29096614	17412843	67.10%	16611.71	9503.97	74.79%	2.48%	1.61%	53.80%
	棕榈油	1775835	1479721	20.01%	1618.60	957.78	69.00%	11203148	20804172	-46.15%	10508.27	14273.72	-26.38%	1.57%	2.42%	-35.22%
	PVC	520535	592940	-12.21%	209.50	212.30	-1.32%	6094752	3667969	9.79%	2535.56	1392.69	82.06%	0.38%	0.24%	60.20%
	焦炭	144168	-	-	334.65	-	-	999429	-	-	2345.94	-	-	0.35%	-	-
	小计	20293524	19104831	6.22%	12493.96	8477.59	47.38%	123879623	144999370	-14.57%	77362.32	70465.50	9.79%	11.55%	11.96%	-3.40%
中金所	沪深300	3674959	5444545	-32.50%	32774.08	44862.58	-26.95%	22000202	12362041	77.97%	207788.68	105693.52	96.60%	31.02%	17.93%	72.99%
全国期货市场		79951850	117167085	-31.76%	103856.16	127653.73	-18.64%	492026957	684463560	-28.11%	669835.69	589392.75	13.65%	100.00%	100.00%	0.00%

2011 年 7 月份全国期货市场交易情况统计

交易所	品种	今年7月成交量（手）	去年7月交易量（手）	同比增减百分比（%）	今年7月成交金额（亿元）	去年7月成交金额（亿元）	同比增减百分比（%）	今年1－7月成交总量（手）	去年1－7月成交总量（手）	同比增减百分比（%）	今年1－7月成交金额（亿元）	去年1－7月成交金额（亿元）	同比增减百分比（%）	今年1－7月成交金额所占份额（%）	去年1－7月成交金额所占份额（%）	同比增减百分比（%）
上海期货交易所	铜	1517423	5553121	-72.67%	5445.22	14847.67	-63.33%	13413983	33594690	-60.07%	47158.66	94705.73	-50.21%	6.09%	12.79%	-52.38%
	铝	1511471	831070	81.87%	1353.55	626.91	115.91%	4147073	10848138	-61.77%	3585.85	8942.98	-59.90%	0.46%	1.21%	-61.66%
	锌	3251967	22422402	-85.50%	2999.18	17264.18	-82.63%	30070750	78079657	-61.49%	27559.25	64623.37	-57.35%	3.56%	8.73%	-59.22%
	铅	22755	-	-	99.63	-	-	216024	-	-	976.83	-	-	0.13%	-	-
	黄金	194446	282546	-31.18%	635.87	738.40	-13.89%	1165779	2163268	-46.11%	3619.60	5567.86	-34.99%	0.47%	0.75%	-37.84%
	天然橡胶	7336265	20113470	-63.53%	12782.53	22114.11	-42.20%	55066640	107794516	-48.92%	96285.18	124453.21	-22.63%	12.44%	16.81%	-26.02%
	燃料油	57895	328199	-82.36%	29.14	141.85	-79.46%	1843540	5724236	-67.79%	896.38	2596.30	-65.47%	0.12%	0.35%	-66.99%
	螺纹钢	3801788	23691728	-83.95%	1846.73	9707.25	-80.98%	40303758	135300696	-70.21%	19525.55	59265.28	-67.05%	2.52%	8.01%	-68.50%
	线材	77	6656	-98.84%	0.04	2.69	-98.63%	1761	143278	-98.77%	0.86	60.68	-98.59%	0.00%	0.01%	-98.64%
	小 计	17694087	73229192	-75.84%	25191.88	65443.07	-61.51%	146229308	373648479	-60.86%	199608.15	360215.40	-44.59%	25.79%	48.66%	-47.01%
郑州商品交易所	硬麦	21102	1176	1694.39%	4.62	0.24	1813.17%	75209	7949	846.14%	16.95	1.56	986.50%	0.00%	0.00%	938.96%
	强麦	272138	268634	1.30%	75.39	63.51	18.71%	6214377	780897	695.80%	1805.66	180.47	900.55%	0.23%	0.02%	856.77%
	棉花	17633219	2922334	503.40%	19431.20	2457.88	690.57%	120914691	19674019	514.59%	162066.82	16564.92	878.37%	20.94%	2.24%	835.57%
	白糖	11539865	17311400	-33.34%	8323.48	8682.50	-4.13%	68829208	196883000	-65.04%	47987.64	101374.24	-52.66%	6.20%	13.69%	-54.73%
	PTA	9577580	4808560	99.18%	4429.38	1738.37	154.80%	53856048	28651001	87.97%	28131.36	11360.32	147.63%	3.63%	1.53%	136.79%
	菜籽油	384779	387065	-0.59%	202.71	160.78	26.08%	3296469	3708669	-11.11%	1736.14	1521.33	14.12%	0.22%	0.21%	9.13%
	早籼稻	573885	889258	-35.46%	147.62	188.59	-21.72%	4428477	3565754	24.19%	1138.26	750.43	51.68%	0.15%	0.10%	45.04%
	小 计	40002568	26588427	50.45%	32614.40	13291.86	145.37%	257614479	253271289	1.71%	242882.82	131753.27	84.35%	31.38%	17.80%	76.28%
大连商品交易所	黄大豆1号	1111332	1226268	-9.37%	505.99	478.72	5.70%	12053487	16752546	-28.05%	5459.08	6536.01	-16.48%	0.71%	0.88%	-20.13%
	黄大豆2号	642	595	7.90%	0.32	0.24	33.07%	4624	7088	-34.76%	2.20	2.81	-21.72%	0.00%	0.00%	-25.13%
	豆粕	5670436	9439852	-39.93%	1903.40	2733.62	-30.37%	27062914	58033759	-53.37%	9142.26	16619.70	-44.99%	1.18%	2.25%	-47.40%
	玉米	1671444	2202882	-24.12%	386.32	423.22	-8.72%	17194925	9679727	77.64%	4103.37	1847.00	122.10%	0.53%	0.25%	112.44%
	豆油	5121905	2981003	71.82%	5235.01	2237.57	133.96%	33745489	34491866	-2.16%	34684.99	26162.48	32.58%	4.48%	3.53%	26.77%
	LLDPE	6892294	9175166	-24.88%	3980.18	4346.96	-8.44%	35988908	26588009	35.36%	20591.88	13850.92	48.67%	2.66%	1.87%	42.16%
	棕榈油	2232878	1905554	17.18%	2018.50	1234.55	63.50%	13436026	22709726	-40.84%	12526.76	15508.26	-19.23%	1.62%	2.10%	-22.76%
	PVC	436873	294553	48.32%	181.08	103.29	75.32%	6531625	3962522	216.65%	2716.63	1495.97	81.60%	0.35%	0.20%	73.65%
	焦炭	80799	-	-	186.95	-	-	1080228	-	-	2532.88	-	-	0.33%	-	-
	小 计	23218603	27225873	-14.72%	14397.70	11558.12	24.57%	147098226	172225243	-14.59%	91760.02	82023.61	11.87%	11.85%	11.08%	6.98%
中金所	沪深300	3470866	7536922	-53.95%	32060.57	60545.28	-47.05%	25471068	19898963	28.00%	239849.25	166238.80	44.28%	30.98%	22.46%	37.97%
全国期货市场		84386124	134580414	-37.30%	104264.56	150838.33	-30.88%	576413081	819043974	-29.62%	774100.23	740231.08	4.58%	100.00%	100.00%	0.00%

2011 年 8 月份全国期货市场交易情况统计

交易所	品种	今年8月成交量（手）	去年8月交易量（手）	同比增减百分比（%）	今年8月成交金额（亿元）	去年8月成交金额（亿元）	同比增减百分比（%）	今年1－8月成交总量（手）	去年1－8月成交总量（手）	同比增减百分比（%）	今年1－8月成交金额（亿元）	去年1－8月成交金额（亿元）	同比增减百分比（%）	今年1－8月成交金额所占份额（%）	去年1－8月成交金额所占份额（%）	同比增减百分比（%）
上海期货交易所	铜	3294746	4776356	-31.02%	11123.79	13735.27	-19.01%	16708729	38371046	-56.45%	58282.45	108440.99	-46.25%	6.47%	11.98%	-45.96%
	铝	3124814	1262663	147.48%	2747.31	982.22	179.70%	7271887	12110801	-39.96%	6333.16	9925.2	-36.19%	0.70%	1.10%	-35.84%
	锌	6126878	17415022	-64.82%	5226.28	14943.21	-65.03%	36197628	95494679	-62.09%	32785.53	79566.58	-58.79%	3.64%	8.79%	-58.57%
	铅	29241	-	-	121.78	-	-	245265	-	-	1098.61	-	-	0.12%	-	-
	黄金	1571030	189873	727.41%	5824.05	504.36	1054.75%	2736809	2353141	16.30%	9443.65	6072.22	55.52%	1.05%	0.67%	56.37%
	天然橡胶	6793450	15477073	-56.11%	11491.87	19272.57	-40.37%	61860090	123271589	-49.82%	107777.05	143725.78	-25.01%	11.97%	15.87%	-24.60%
	燃料油	62090	637886	-90.27%	30.83	283.35	-89.12%	1905630	6362122	-70.05%	927.21	2879.65	-67.80%	0.10%	0.32%	-67.63%
	螺纹钢	4343931	24187501	-82.04%	2100.03	10445.37	-79.90%	44647689	159488197	-72.01%	21625.58	69710.65	-68.98%	2.40%	7.70%	-68.81%
	线材	308	3389	-90.91%	0.15	1.48	-90.14%	2069	146667	-98.59%	1	62.16	-98.39%	0.00%	0.01%	-98.38%
	小 计	25346488	63949763	-60.37%	38666.08	60167.82	-3574.00%	171575796	437598242	-60.79%	238274.24	420383.23	-43.32%	26.46%	46.43%	-43.01%

交易所	品种	今年8月成交量（手）	去年8月交易量（手）	同比增减百分比（%）	今年8月成交金额（亿元）	去年8月成交金额（亿元）	同比增减百分比（%）	今年1－8月成交总量（手）	去年1－8月成交总量（手）	同比增减百分比（%）	今年1－8月成交金额（亿元）	去年1－8月成交金额（亿元）	同比增减百分比（%）	今年1－8月成交金额所占份额（%）	去年1－8月成交金额所占份额（%）	同比增减百分比（%）
郑州商品交易所	硬麦	21776	4165	422.83%	4.75	0.88	441.86%	96985	12114	700.60%	21.70	2.44	790.56%	0.00%	0.00%	794.20%
	强麦	370944	1016650	－63.51%	100.93	251.19	－59.82%	6585321	1797547	266.35%	1906.59	431.66	341.69%	0.21%	0.05%	344.10%
	棉花	10645591	1897471	461.04%	11351.70	1625.76	598.24%	131560282	21571490	509.88%	173418.52	18190.68	853.34%	19.26%	2.01%	858.55%
	白糖	15849793	23732506	－33.21%	11573.79	12644.98	－8.47%	84679001	220615506	－61.62%	59561.43	114019.22	－47.76%	6.61%	12.59%	－47.48%
	PTA	17121737	8075600	112.02%	8385.47	3141.23	166.95%	70977785	36726601	93.26%	36516.84	14501.55	151.81%	4.06%	1.60%	153.19%
	菜籽油	264094	1638924	－83.89%	137.94	713.40	－80.66%	3560563	5347593	－33.42%	1874.07	2234.72	－16.14%	0.21%	0.25%	－15.68%
	早籼稻	508664	1418391	－64.14%	131.57	307.77	－57.25%	4937141	4984145	－0.94%	1269.83	1058.20	20.00%	0.14%	0.12%	20.65%
	小 计	44782599	37783707	18.52%	31686.16	18685.20	69.58%	302397078	291054996	3.90%	274568.97	150438.47	82.51%	30.49%	16.62%	83.51%
大连商品交易所	黄大豆1号	2993440	4688487	－36.15%	1387.86	1902.02	－27.03%	15046927	21441033	－29.82%	6846.94	8438.02	－18.86%	0.76%	0.93%	－18.41%
	黄大豆2号	1325	1853	－28.49%	0.65	0.77	－15.57%	5949	8941	－33.46%	2.85	3.58	－20.40%	0.00%	0.00%	－19.84%
	豆粕	5412600	13963775	－61.24%	1801.02	4235.58	－57.48%	32475514	71997534	－54.89%	10943.27	20855.28	－47.53%	1.22%	2.30%	－47.24%
	玉米	1738991	2593616	－32.95%	413.50	515.98	－19.86%	18933916	12273343	54.27%	4516.87	2363.48	91.11%	0.50%	0.26%	92.16%
	豆油	5285013	14358704	－63.19%	5354.19	11650.06	－54.04%	39030502	48850570	－20.10%	40039.17	37812.53	5.89%	4.45%	4.18%	6.47%
	LLDPE	9091030	7939006	14.51%	4990.94	4152.46	20.19%	45079938	34527015	30.56%	25582.81	18003.37	42.10%	2.84%	1.99%	42.88%
	棕榈油	2470989	4481560	－44.86%	2200.76	3191.97	－31.05%	15907015	27191286	－41.50%	14727.52	18700.23	－21.24%	1.64%	2.07%	－20.81%
	PVC	626087	352054	77.84%	252.38	131.21	92.36%	7157712	4314576	39.81%	2969.01	1627.17	82.46%	0.33%	0.18%	83.46%
	焦炭	84231	－	－	186.16	－	－	1164459	－	－	2719.04	－	－	0.30%	－	－
	小 计	27703706	48379055	－42.74%	16587.43	25780.00	－35.66%	174801932	220604298	－20.76%	108347.44	107803.61	0.50%	12.03%	11.91%	1.05%
中金所	沪深300	4592676	6965763	－34.07%	39427.01	60523.16	－34.86%	30063744	26864726	11.91%	279276.26	226761.96	23.16%	31.01%	25.05%	23.83%
全国期货市场		102425469	157078288	－34.79%	126366.68	165156.18	－23.49%	678838550	976122262	－30.46%	900466.91	905387.27	－0.54%	100.00%	100.00%	0.00%

2011年9月份全国期货市场交易情况统计

交易所	品种	今年9月成交量（手）	去年9月交易量（手）	同比增减百分比（%）	今年9月成交金额（亿元）	去年9月成交金额（亿元）	同比增减百分比（%）	今年1－9月成交总量（手）	去年1－9月成交总量（手）	同比增减百分比（%）	今年1－9月成交金额（亿元）	去年1－9月成交金额（亿元）	同比增减百分比（%）	今年1－9月成交金额所占份额（%）	去年1－9月成交金额所占份额（%）	同比增减百分比（%）
上海期货交易所	铜	5655204	2692852	110.01%	16981.12	8026.01	111.58%	22363933	41063898	－45.54%	75263.56	116467.01	－35.38%	7.33%	11.29%	－35.09%
	铝	1070795	1005249	6.52%	897.81	792.72	13.26%	8342682	13116050	－36.39%	7230.97	10717.92	－32.53%	0.70%	1.04%	－32.24%
	锌	5199745	14345441	－63.75%	4171.7	12836.99	－67.50%	41397373	109840120	－62.31%	36957.23	92403.57	－60.00%	3.60%	8.96%	－59.83%
	铅	17877	－	－	68.59	－	－	263142	－	－	1167.2	－	－	0.11%	－	－
	黄金	2165335	160310	1250.72%	8031.87	442.95	1713.27%	4902144	2513451	95.04%	17475.52	6515.17	168.23%	1.70%	0.63%	169.41%
	天然橡胶	8911663	10747119	－17.08%	13833.26	13963.94	－0.94%	70771753	134018708	－47.19%	121610.31	157689.71	－22.88%	11.84%	15.29%	－22.54%
	燃料油	31899	586906	－94.56%	15.5	258.81	－94.01%	1937529	6949028	－72.12%	942.72	3138.46	－69.96%	0.09%	0.30%	－69.83%
	螺纹钢	4674001	20372805	－77.06%	2143.17	9006.9	－76.21%	49321690	179861002	－72.58%	23768.75	78717.55	－69.81%	2.31%	7.63%	－69.67%
	线材	264	2718	－90.29%	0.12	1.21	－89.96%	2333	149385	－98.44%	1.13	63.37	－98.22%	0.00%	0.01%	－98.21%
	小 计	27726783	49913400	－44.45%	46143.15	45329.53	1.79%	199302579	487511642	－59.12%	284417.39	465712.75	－38.93%	27.69%	45.15%	－38.66%
郑州商品交易所	硬麦	22493	1356	1558.78%	4.89	0.29	1579.08%	119478	13470	786.99%	26.58	2.73	874.71%	0.00%	0.00%	878.99%
	强麦	316381	405710	－22.02%	85.66	103.50	－17.24%	6901702	2203257	213.25%	1992.25	535.16	272.27%	0.19%	0.05%	273.91%
	棉花	4063522	9935620	－59.10%	4375.41	10040.93	－56.42%	135623804	31507110	330.45%	177793.93	28231.61	529.77%	17.31%	2.74%	532.53%
	白糖	15199492	20305526	－25.15%	10349.08	11417.89	－9.36%	99878493	240921032	－58.54%	69910.51	125437.11	－44.27%	6.81%	12.16%	－44.02%
	PTA	16059985	5636319	184.94%	7651.97	2241.14	241.43%	87037770	42362920	105.46%	44168.81	16742.69	163.81%	4.30%	1.62%	164.97%
	菜籽油	263694	492135	－46.42%	135.75	215.48	－37.00%	3824257	5839728	－34.51%	2009.82	2450.20	－17.97%	0.20%	0.24%	－17.61%
	早籼稻	205586	734611	－72.01%	52.81	159.15	－66.82%	5142727	5718756	－10.07%	1322.64	1217.35	8.65%	0.13%	0.12%	9.13%
	小 计	36131153	37511277	－3.68%	22655.57	24178.38	－6.30%	338528231	328566273	3.03%	297224.54	174616.85	70.22%	28.94%	16.93%	70.96%
大连商品交易所	黄大豆1号	4516547	3112028	45.13%	2069.82	1270.56	62.91%	19563474	24553061	－20.32%	8916.75	9708.57	－8.16%	0.87%	0.94%	－7.75%
	黄大豆2号	1416	1367	3.58%	0.70	0.59	18.96%	7365	10308	－28.55%	3.55	4.16	－14.87%	0.00%	0.00%	－14.41%
	豆粕	5291068	11599463	－54.39%	1707.32	3639.44	－53.09%	37766582	83596997	－54.82%	12650.58	24494.71	－48.35%	1.23%	2.37%	－48.13%
	玉米	1643291	2746089	－40.16%	385.93	563.59	－31.52%	20577207	15019432	37.00%	4902.80	2927.06	67.50%	0.48%	0.28%	68.23%
	豆油	5847645	8578241	－31.83%	5870.34	7078.49	－17.07%	44878147	57428811	－21.85%	45909.51	44891.01	2.27%	4.47%	4.35%	2.72%
	LLDPE	11473561	6871699	66.97%	5752.49	3639.38	58.06%	56553499	41398714	36.61%	31335.30	21642.75	44.78%	3.05%	2.10%	45.42%
	棕榈油	1937991	3228347	－39.97%	1677.81	2381.82	－29.56%	17845006	30419633	－41.34%	16405.33	21082.04	－22.18%	1.60%	2.04%	－21.84%
	PVC	384147	608774	－36.90%	141.16	235.46	－40.05%	7541859	4923350	53.19%	3110.16	1862.62	66.98%	0.30%	0.18%	67.71%
	焦炭	80610	－	－	175.74	－	－	1245069	－	－	2894.78	－	－	0.28%	－	－
	小 计	31176276	36746008	－15.16%	17781.28	18809.28	－5.47%	205978208	257350306	－19.96%	126128.71	126612.89	－0.38%	12.28%	12.27%	0.06%
中金所	沪深300	4910753	4300083	14.20%	39946.29	37798.29	5.68%	34974497	31164809	12.22%	319222.55	264560.24	20.66%	31.08%	25.65%	21.19%
全国期货市场		99944965	128470768	－22.20%	126526.28	126115.48	0.33%	778783515	1104593030	－29.50%	1026993.19	1031502.73	－0.44%	100.00%	100.00%	0.00%

2011 年 10 月份全国期货市场交易情况统计

交易所	品种	今年10月成交量（手）	去年10月交易量（手）	同比增减百分比（%）	今年10月成交金额（亿元）	去年10月成交金额（亿元）	同比增减百分比（%）	今年1－10月成交总量（手）	去年1－10月成交总量（手）	同比增减百分比（%）	今年1－10月成交金额（亿元）	去年1－10月成交金额（亿元）	同比增减百分比（%）	今年1－10月成交金额所占份额（%）	去年1－10月成交金额所占份额（%）	同比增减百分比（%）
上海期货交易所	铜	8411683	2347869	258.27%	23278.55	7431.24	213.25%	30775616	43411767	－29.11%	98542.11	123898.24	－20.47%	8.69%	10.49%	－17.17%
	铝	656874	1354735	－51.51%	539.12	1121.32	－51.92%	8999556	14470785	－37.81%	7770.1	11839.24	－34.37%	0.69%	1.00%	－31.65%
	锌	4947922	11314775	－56.27%	3689.63	11337.19	－67.46%	46345295	121154895	－61.75%	40646.86	103740.76	－60.82%	3.58%	8.79%	－59.20%
	铅	13030	－	－	48.14	－	－	276172	－	－	1215.35	－	－	0.11%	－	－
	黄金	780474	234064	233.44%	2693	679.25	296.47%	5682618	2747515	106.83%	20168.52	7194.42	180.34%	1.78%	0.61%	191.94%
	天然橡胶	9624604	10233590	－5.95%	13090.62	15966.02	－18.01%	80396357	144252298	－44.27%	134700.92	173655.74	－22.43%	11.88%	14.71%	－19.22%
	燃料油	27785	897703	－96.90%	14.45	419.89	－96.56%	1965314	7846731	－74.95%	957.16	3558.35	－73.10%	0.08%	0.30%	－71.99%
	螺纹钢	12069637	17133822	－29.56%	4946.66	7641.61	－35.27%	61391327	196994824	－68.84%	28715.41	86359.16	－66.75%	2.53%	7.31%	－65.37%
	线材	369	752	－50.93%	0.15	0.34	－55.91%	2702	150137	－98.20%	1.27	63.71	－98.00%	0.00%	0.01%	－97.92%
	小 计	36532378	43517310	－16.05%	48300.32	44596.87	8.30%	235834957	531028952	－55.59%	332717.7	510309.62	－34.80%	29.34%	43.22%	－32.10%
郑州商品交易所	硬麦	14733	8646	70.40%	3.24	1.95	66.15%	134211	22116	506.85%	29.82	4.68	537.75%	0.00%	0.00%	564.15%
	强麦	272893	2070188	－86.82%	69.57	552.58	－87.41%	7174595	4273445	67.89%	2061.82	1087.74	89.55%	0.18%	0.09%	97.40%
	棉花	1191392	13238501	－91.00%	1210.88	16599.55	－92.71%	136815196	44745611	205.76%	179004.81	44831.16	299.29%	15.79%	3.80%	315.82%
	白糖	10378881	25044912	－58.56%	6969.99	16005.04	－56.45%	110257374	265965944	－58.54%	76880.50	141442.15	－45.65%	6.78%	11.98%	－43.40%
	PTA	10373072	4132053	151.04%	4469.58	1803.16	147.87%	97410842	46494973	109.51%	48638.38	18545.85	162.26%	4.29%	1.57%	173.12%
	菜籽油	157146	1333662	－88.22%	77.39	638.31	－87.88%	3981403	7173390	－44.50%	2087.22	3088.51	－32.42%	0.18%	0.26%	－29.62%
	早籼稻	311755	6791329	－95.41%	79.36	1631.89	－95.14%	5454482	12510085	－56.40%	1402.00	2849.24	－50.79%	0.12%	0.24%	－48.76%
	甲醇	39905	－	－	62.91	－	－	39905	－	－	62.91	－	－	0.01%	－	－
	小 计	22739777	52619291	－56.78%	12942.92	37232.48	－65.24%	361268008	381185564	－5.23%	310167.46	211849.32	46.41%	27.36%	17.94%	52.47%
大连商品交易所	黄大豆1号	2399591	2612825	－8.16%	1036.74	1134.78	－8.64%	21963065	27165886	－19.15%	9953.49	10843.34	－8.21%	0.88%	0.92%	－4.41%
	黄大豆2号	2233	1455	53.47%	1.05	0.66	60.29%	9598	11763	－18.41%	4.59	4.82	－4.70%	0.00%	0.00%	－0.83%
	豆粕	4427655	16196506	－72.66%	1330.14	5485.83	－75.75%	42194237	99793503	－57.72%	13980.72	29980.53	－53.37%	1.23%	2.54%	－51.44%
	玉米	1862704	6103451	－69.48%	420.67	1337.58	－68.55%	22439911	21122883	6.24%	5323.46	4264.63	24.83%	0.47%	0.36%	30.00%
	豆油	4170911	10110649	－58.75%	3862.57	9361.81	－58.74%	49049058	67539460	－27.38%	49772.08	54252.82	－8.26%	4.39%	4.59%	－4.46%
	LLDPE	11215915	4564883	145.70%	5198.00	2609.24	99.22%	67769414	45963597	47.44%	36533.30	24251.99	50.64%	3.22%	2.05%	56.88%
	棕榈油	1150261	2289939	－49.77%	912.87	1899.02	－51.93%	18995267	32709572	－41.93%	17318.19	22981.05	－24.64%	1.53%	1.95%	－21.52%
	PVC	733342	473952	54.73%	245.49	189.55	29.51%	8275201	5397302	53.32%	3355.65	2052.17	63.52%	0.30%	0.17%	70.29%
	焦炭	56824	－	－	112.84	－	－	1301893	－	－	3007.61	－	－	0.27%	－	－
	小 计	26019436	42353660	－38.57%	13120.34	22018.43	－40.41%	231997644	299703966	－22.59%	139249.05	148631.32	－6.31%	12.28%	12.59%	－2.43%
中金所	沪深300	4132663	4472644	－7.60%	32457.39	45402.68	－28.51%	39107160	35637453	9.74%	351679.94	309962.92	13.46%	31.02%	26.25%	18.16%
全国期货市场		89424254	142962905	－37.45%	106820.96	149250.45	－28.43%	868207769	1247555935	－30.41%	1133814.14	1180753.18	－3.98%	100.00%	100.00%	0.00%

2011 年 11 月份全国期货市场交易情况统计

交易所	品种名称	本月成交量（手）	去年同期成交量（手）	同比增减（%）	上月成交量（手）	环比增减（%）	本月成交量占全国份额(%)	本月成交额（亿元）	去年同期成交额（亿元）	同比增减（%）	上月成交额（亿元）	环比增减（%）	本月交易额占全国份额(%)
上海期货交易所	铜	11657700	4352140	167.86%	8411683	38.59%	10.41%	32934.73	14042.61	134.53%	23278.55	41.48%	24.23%
	铝	563868	2254724	－74.99%	656874	－14.16%	0.50%	453.13	1886.82	－75.98%	539.12	－15.95%	0.33%
	锌	4240879	16678160	－74.57%	4947922	－14.29%	3.79%	3210.27	15931.45	－79.85%	3689.63	－12.99%	2.36%
	铅	9486	－	－	13030	－27.20%	0.01%	36.18	－	－	48.14	－24.86%	0.03%
	黄金	716656	400794	78.81%	780474	－8.18%	0.64%	2565.04	1196.63	114.36%	2693.00	－4.75%	1.89%
	天然橡胶	15280229	12319686	24.03%	9624604	58.76%	13.64%	19593.43	20644.11	－5.09%	13090.62	49.68%	14.41%
	燃料油	4763	2146181	－99.78%	27785	－82.86%	0.00%	4.52	1048.96	－99.57%	14.45	－68.70%	0.00%
	螺纹钢	13642800	22093969	－38.25%	12069637	13.03%	12.18%	5598.99	10300.72	－45.64%	4946.66	13.19%	4.12%
	线材	393	1317	－70.16%	369	6.50%	0.00%	0.16	0.61	－73.96%	0.15	6.60%	0.00%
	总额	46116774	60246971	－23.45%	36532378	26.24%	41.17%	64396.44	65051.91	－1.01%	48300.32	33.33%	47.37%

交易所	品种名称	本月成交量（手）	去年同期成交量（手）	同比增减（%）	上月成交量（手）	环比增减（%）	本月成交量占全国份额（%）	本月成交额（亿元）	去年同期成交额（亿元）	同比增减（%）	上月成交额（亿元）	环比增减（%）	本月交易额占全国份额（%）
郑州商品交易所	棉花	803824	25039460	-96.79%	1191328	-32.53%	0.72%	814.92	34751.58	-97.66%	1210.82	-32.70%	0.60%
	早籼稻	264566	13296712	-98.01%	311525	-15.07%	0.24%	65.46	3232.13	-97.97%	79.31	-17.46%	0.05%
	甲醇	181317	-	-	39905	354.37%	0.16%	261.89	-	-	62.91	316.29%	0.19%
	菜籽油	216100	1487421	-85.47%	157146	37.52%	0.19%	104.28	746.90	-86.04%	77.39	34.74%	0.08%
	白糖	9134551	24885984	-63.29%	10378724	-11.99%	8.15%	6003.86	16633.13	-63.90%	6969.88	-13.86%	4.42%
	PTA	15209346	8609170	76.66%	10372797	46.63%	13.58%	6161.42	4256.75	44.74%	4469.45	37.86%	4.53%
	强筋小麦	363164	957970	-62.09%	272893	33.08%	0.32%	87.24	254.40	-65.71%	69.58	25.39%	0.06%
	普通小麦	13870	9655	43.66%	14733	-5.86%	0.01%	3.06	2.20	39.18%	3.24	-5.71%	0.00%
	总 额	26186738	74286372	-64.75%	22739051	15.16%	23.38%	13502.12	59877.07	-77.45%	12942.56	4.32%	9.93%
大连商品交易所	黄大豆一号	1978644	7410573	-73.30%	2399591	-17.54%	1.77%	854.36	3328.78	-74.33%	1036.74	-17.59%	0.63%
	黄大豆二号	678	2204	-69.24%	2233	-69.64%	0.00%	0.32	1.03	-69.01%	1.04	-69.51%	0.00%
	玉米	2257057	12402649	-81.80%	1862704	21.17%	2.01%	499.25	2848.64	-82.47%	420.66	18.68%	0.37%
	焦炭	143234	-	-	56824	152.07%	0.13%	288.84	-	-	112.84	155.98%	0.21%
	LLDPE	17831934	9307769	91.58%	11215915	58.99%	15.92%	8575.97	5712.86	50.12%	5198.00	64.99%	6.31%
	豆粕	4533167	19829173	-77.14%	4427655	2.38%	4.05%	1306.66	6687.53	-80.46%	1330.14	-1.76%	0.96%
	棕榈油	2272729	5425369	-58.11%	1150261	97.58%	2.03%	1828.61	4871.49	-62.46%	912.87	100.31%	1.35%
	聚氯乙烯	665027	1592583	-58.24%	733342	-9.32%	0.59%	222.92	690.60	-67.72%	245.49	-9.19%	0.16%
	豆油	5064840	15969424	-68.28%	4170911	21.43%	4.52%	4563.93	15555.72	-70.66%	3862.57	18.16%	3.36%
	总 额	34747310	71939744	-51.70%	26019436	33.54%	31.02%	18140.85	39696.64	-54.30%	13120.34	38.27%	13.34%
中国金融期货交易所	沪深300股指	4964532	5646787	-12.08%	4132663	20.13%	4.43%	39905.13	56715.31	-29.64%	32457.39	22.95%	29.35%
	总 额	4964532	5646787	-12.08%	4132663	20.13%	4.43%	39905.13	56715.31	-29.64%	32457.39	22.95%	29.35%
全国期货市场交易总额		112015354	212119874	-47.19%	89423528	25.26%	100.00%	135944.53	221340.92	-38.58%	106820.60	27.26%	100.00%

交易所	品种名称	今年累计成交总量（手）	去年同期成交总量（手）	同比增减（%）	今年累计成交总量占全国份额（%）	今年累计成交总额（亿元）	去年同期成交总额（亿元）	同比增减（%）	今年累计成交总额占全国份额（%）	本月月末持仓量（手）	本月月末持仓量占全国份额（%）	上月月末持仓量（手）	环比增减（%）
上海期货交易所	铜	42433316	47763907	-11.16%	4.33%	131476.84	137940.85	-4.69%	10.35%	242627	5.94%	208794	16.20%
	铝	9563424	16725509	-42.82%	0.98%	8223.23	13726.06	-40.09%	0.65%	134026	3.28%	103445	29.56%
	锌	50586174	137833055	-63.30%	5.16%	43857.13	119672.21	-63.35%	3.45%	175222	4.29%	211146	-17.01%
	铅	285658	-	-	0.03%	1251.52	-	-	0.10%	1748	0.04%	1716	1.86%
	黄金	6399274	3148309	103.26%	0.65%	22733.56	8391.05	170.93%	1.79%	41201	1.01%	32028	28.64%
	天然橡胶	95676586	156571984	-38.89%	9.76%	154294.35	194299.84	-20.59%	12.15%	117732	2.88%	114132	3.15%
	燃料油	1970077	9992912	-80.29%	0.20%	961.69	4607.31	-79.13%	0.08%	3455	0.08%	4983	-30.66%
	螺纹钢	75034127	219088793	-65.75%	7.66%	34314.39	96659.88	-64.50%	2.70%	412134	10.09%	481362	-14.38%
	线材	3095	151454	-97.96%	0.00%	1.43	64.32	-97.77%	0.00%	16	0.00%	13	23.08%
	总 额	281951731	591275923	-52.31%	28.77%	397114.15	575361.53	-30.98%	31.28%	1128161	27.61%	1157619	-2.54%
郑州商品交易所	棉花	137616548	69772875	97.24%	14.04%	179816.57	79572.39	125.98%	14.16%	117973	2.89%	164913	-28.46%
	早籼稻	5717348	25804951	-77.84%	0.58%	1467.07	6081.02	-75.87%	0.12%	40873	1.00%	46667	-12.42%
	甲醇	221222	-	-	0.02%	324.80	-	-	0.03%	7474	0.18%	2101	255.74%
	菜籽油	4189653	8654241	-51.59%	0.43%	2187.68	3832.76	-42.92%	0.17%	66048	1.62%	57260	15.35%
	白糖	119375892	290805817	-58.95%	12.18%	82873.11	158051.64	-47.57%	6.53%	475728	11.64%	439824	8.16%
	PTA	112608636	55094433	104.39%	11.49%	54793.86	22798.90	140.34%	4.32%	210671	5.16%	153856	36.93%
	强筋小麦	7536568	5231415	44.06%	0.77%	2148.76	1342.14	60.10%	0.17%	85099	2.08%	77824	9.35%
	普通小麦	147921	31771	365.58%	0.02%	32.84	6.88	377.67%	0.00%	2657	0.07%	4252	-37.51%
	总 额	387413788	455395503	-14.93%	39.52%	323644.68	271685.71	19.12%	25.49%	1006523	24.63%	946697	6.32%
大连商品交易所	黄大豆一号	23941709	34576459	-30.76%	2.44%	10807.84	14172.12	-23.74%	0.85%	288838	7.07%	326860	-11.63%
	黄大豆二号	10276	13967	-26.43%	0.00%	4.90	5.84	-16.00%	0.00%	59	0.00%	153	-61.44%
	玉米	24696968	33525532	-26.33%	2.52%	5822.71	7113.27	-18.14%	0.46%	378581	9.26%	237048	59.71%
	焦炭	1445127	-	-	0.15%	3296.45	-	-	0.26%	4658	0.11%	3387	37.53%
	LLDPE	85601348	55271366	54.87%	8.73%	45109.26	29964.84	50.54%	3.55%	158741	3.88%	144013	10.23%
	豆粕	46727404	119622676	-60.94%	4.77%	15287.37	36668.06	-58.31%	1.20%	551211	13.49%	513595	7.32%
	棕榈油	21267996	38134941	-44.23%	2.17%	19146.80	27852.54	-31.26%	1.51%	137319	3.36%	124018	10.73%
	聚氯乙烯	8940228	6989885	27.90%	0.91%	3578.57	2742.76	30.47%	0.28%	27584	0.68%	28415	-2.92%
	豆油	54113898	83508884	-35.20%	5.52%	54336.00	69808.53	-22.16%	4.28%	362509	8.87%	373453	-2.93%
	总 额	266744954	371643710	-28.23%	27.21%	157389.89	188327.95	-16.43%	12.40%	1909500	46.73%	1750942	9.06%

交易所	品种名称	本月成交量（手）	去年同期成交量（手）	同比增减（%）	上月成交量（手）	环比增减（%）	本月成交量占全国份额(%)	本月成交额（亿元）	去年同期成交额（亿元）	同比增减（%）	上月成交额（亿元）	环比增减（%）	本月交易额占全国份额(%)
中国金融期货交易所	沪深300股指	44071692	41284240	6.75%	4.50%	391585.06	366678.23	6.79%	30.84%	42313	1.04%	41422	2.15%
	总额	44071692	41284240	6.75%	4.50%	391585.06	366678.23	6.79%	30.84%	42313	1.04%	41422	2.15%
全国期货市场交易总额		980182165	1459599376	-32.85%	100.00%	1269733.77	1402053.41	-9.44%	100.00%	4086497	100.00%	3896680	4.87%

2011年12月份全国期货市场交易情况统计

交易所	品种名称	本月成交量（手）	去年同期成交量（手）	同比增减（%）	上月成交量（手）	环比增减（%）	本月成交量占全国份额(%)	本月成交额（亿元）	去年同期成交额（亿元）	同比增减（%）	上月成交额（亿元）	环比增减（%）	本月交易额占全国份额(%)
上海期货交易所	铜	6527814	3024661	115.82%	11657700	-44.00%	8.83%	18190.25	10277.92	76.98%	32934.73	-44.77%	17.26%
	铝	390494	536486	-27.21%	563868	-30.75%	0.53%	311.94	445.19	-29.93%	453.13	-31.16%	0.30%
	锌	3077309	8756318	-64.86%	4240879	-27.44%	4.16%	2325.62	8190.60	-71.61%	3210.27	-27.56%	2.21%
	铅	7622	-	-	9486	-19.65%	0.01%	29.28	-	-	36.18	-19.07%	0.03%
	黄金	822484	248735	230.67%	716656	14.77%	1.11%	2754.48	754.91	264.88%	2565.04	7.39%	2.61%
	天然橡胶	8609813	10842928	-20.60%	15280229	-43.65%	11.65%	10942.76	18932.56	-42.20%	19593.43	-44.15%	10.38%
	燃料油	1064	689292	-99.85%	4763	-77.66%	0.00%	2.70	335.87	-99.20%	4.52	-40.33%	0.00%
	螺纹钢	6850662	6523624	5.01%	13642800	-49.79%	9.27%	2863.12	3098.69	-7.60%	5598.99	-48.86%	2.72%
	线材	147	248	-40.73%	393	-62.60%	0.00%	0.06	0.12	-47.92%	0.16	-61.73%	0.00%
	总额	26287409	30622292	-14.16%	46116774	-43.00%	35.57%	37420.21	42035.86	-10.98%	64396.44	-41.89%	35.50%
郑州商品交易所	棉花	1427604	17170239	-91.69%	803824	77.60%	1.93%	1477.57	23393.36	-93.68%	814.92	81.31%	1.40%
	早籼稻	208106	1047289	-80.13%	264566	-21.34%	0.28%	51.57	250.36	-79.40%	65.46	-21.21%	0.05%
	甲醇	94885	-	-	181317	-47.67%	0.13%	129.80	-	-	261.89	-50.44%	0.12%
	菜籽油	130462	866404	-84.94%	216100	-39.63%	0.18%	61.39	445.94	-86.23%	104.28	-41.13%	0.06%
	白糖	8817464	14448788	-38.97%	9134551	-3.47%	11.93%	5450.61	9904.12	-44.97%	6003.86	-9.21%	5.17%
	PTA	7920188	6320637	25.31%	15209346	-47.93%	10.72%	3279.81	3120.88	5.09%	6161.42	-46.77%	3.11%
	强筋小麦	373187	573227	-34.90%	363164	2.76%	0.50%	88.67	155.53	-42.99%	87.24	1.64%	0.08%
	普通小麦	4980	3324	49.82%	13870	-64.10%	0.01%	1.06	0.75	41.33%	3.06	-65.30%	0.00%
	总额	18976876	40429908	-53.06%	26186738	-27.53%	25.68%	10540.48	37270.94	-71.72%	13502.12	-21.93%	10.00%
大连商品交易所	黄大豆一号	1297823	2817141	-53.93%	1978644	-34.41%	1.76%	557.45	1253.90	-55.54%	854.36	-34.75%	0.53%
	黄大豆二号	386	742	-47.98%	678	-43.07%	0.00%	0.19	0.34	-45.59%	0.32	-42.19%	0.00%
	玉米	2152770	2474041	-12.99%	2257057	-4.62%	2.91%	481.79	570.15	-15.50%	499.26	-3.50%	0.46%
	焦炭	67607	-	-	143234	-52.80%	0.09%	133.81	-	-	288.84	-53.67%	0.13%
	LLDPE	9617710	7216940	33.27%	17831934	-46.06%	13.01%	4554.30	4390.65	3.73%	8575.98	-46.89%	4.32%
	豆粕	3442930	5959212	-42.23%	4533167	-24.05%	4.66%	980.53	1983.57	-50.57%	1306.67	-24.96%	0.93%
	棕榈油	1325965	3664872	-63.82%	2272729	-41.66%	1.79%	1047.46	3428.50	-69.45%	1828.61	-42.72%	0.99%
	聚氯乙烯	498203	1493739	-66.65%	665027	-25.09%	0.67%	171.05	617.81	-72.31%	222.93	-23.27%	0.16%
	豆油	3898652	7897354	-50.63%	5064840	-23.03%	5.28%	3439.74	7956.68	-56.77%	4563.93	-24.63%	3.26%
	总额	22302046	31524041	-29.25%	34747310	-35.82%	30.18%	11366.30	20201.58	-43.74%	18140.88	-37.34%	10.78%
中国金融期货交易所	沪深300股指	6340168	4589055	38.16%	4964532	27.71%	8.58%	46073.49	44020.54	4.66%	39905.13	15.46%	43.71%
	总额	6340168	4589055	38.16%	4964532	27.71%	8.58%	46073.49	44020.54	4.66%	39905.13	15.46%	43.71%
全国期货市场交易总额		73906499	107165296	-31.04%	112015354	-34.02%	100.00%	105400.47	143528.91	-26.56%	135944.56	-22.47%	100.00%
交易所	品种名称	今年累计成交总量（手）	去年同期成交总量（手）	同比增减（%）	今年累计成交总量占全国份额(%)	今年累计成交总额（亿元）	去年同期成交总额（亿元）	同比增减（%）	今年累计成交总额占全国份额(%)	本月月末持仓量（手）	本月月末持仓量占全国份额(%)	上月月末持仓量（手）	环比增减（%）
上海期货交易所	铜	48961130	50788568	-3.60%	4.64%	149667.09	148218.77	0.98%	10.88%	214791	5.91%	242627	-11.47%
	铝	9953918	17261995	-42.34%	0.94%	8535.17	14171.24	-39.77%	0.62%	124947	3.44%	134026	-6.77%
	锌	53663483	146589373	-63.39%	5.09%	46182.75	127862.81	-63.88%	3.36%	186834	5.14%	175222	6.63%
	铅	293280	-	-	0.03%	1280.80	-	-	0.09%	1282	0.04%	1748	-26.66%
	黄金	7221758	3397044	112.59%	0.69%	25488.04	9145.96	178.68%	1.85%	51156	1.41%	41201	24.16%
	天然橡胶	104286399	167414912	-37.71%	9.89%	165237.11	213232.41	-22.51%	12.02%	149665	4.12%	117732	27.12%
	燃料油	1971141	10682204	-81.55%	0.19%	964.39	4943.18	-80.49%	0.07%	460	0.01%	3455	-86.69%
	螺纹钢	81884789	225612417	-63.71%	7.77%	37177.51	99758.58	-62.73%	2.70%	340850	9.38%	412134	-17.30%
	线材	3242	151702	-97.86%	0.00%	1.49	64.44	-97.68%	0.00%	25	0.00%	16	56.25%
	总额	308239140	621898215	-50.44%	29.24%	434534.36	617397.38	-29.62%	31.60%	1070010	29.44%	1128161	-5.15%

交易所	品种名称	本月成交量(手)	去年同期成交量(手)	同比增减(%)	上月成交量(手)	环比增减(%)	本月成交量占全国份额(%)	本月成交额(亿元)	去年同期成交额(亿元)	同比增减(%)	上月成交额(亿元)	环比增减(%)	本月交易额占全国份额(%)
郑州商品交易所	棉花	139044152	86943114	59.93%	13.19%	181294.14	102965.75	76.07%	13.18%	133111	3.66%	117973	12.83%
	早籼稻	5925454	26852240	-77.93%	0.56%	1518.63	6331.38	-76.01%	0.11%	25662	0.71%	40873	-37.22%
	甲醇	316107	-	-	0.03%	454.60	-	-	0.03%	7446	0.20%	7474	-0.37%
	菜籽油	4320115	9520645	-54.62%	0.41%	2249.07	4278.70	-47.44%	0.16%	47445	1.31%	66048	-28.17%
	白糖	128193356	305254605	-58.00%	12.16%	88323.72	167955.76	-47.41%	6.42%	451081	12.41%	475728	-5.18%
	PTA	120528824	61415070	96.25%	11.43%	58073.67	25919.78	124.05%	4.22%	185837	5.11%	210671	-11.79%
	强筋小麦	7909755	5804642	36.27%	0.75%	2237.43	1497.67	49.39%	0.16%	83126	2.29%	85099	-2.32%
	普通小麦	152901	35095	335.68%	0.01%	33.91	7.63	344.66%	0.00%	1892	0.05%	2657	-28.79%
	总 额	406390664	495825411	-18.04%	38.55%	334185.15	308956.65	8.17%	24.30%	935600	25.74%	1006523	-7.05%
大连商品交易所	黄大豆一号	25239532	37393600	-32.50%	2.39%	11365.29	15426.01	-26.32%	0.83%	239808	6.60%	288838	-16.97%
	黄大豆二号	10662	14709	-27.51%	0.00%	5.09	6.18	-17.72%	0.00%	40	0.00%	59	-32.20%
	玉米	26849738	35999573	-25.42%	2.55%	6304.50	7683.42	-17.95%	0.46%	305787	8.41%	378581	-19.23%
	焦炭	1512734	-	-	0.14%	3430.26	-	-	0.25%	2230	0.06%	4658	-52.13%
	LLDPE	95219058	62488306	52.38%	9.03%	49663.57	34355.49	44.56%	3.61%	151549	4.17%	158741	-4.53%
	豆粕	50170334	125581888	-60.05%	4.76%	16267.91	38651.63	-57.91%	1.18%	420629	11.57%	551211	-23.69%
	棕榈油	22593961	41799813	-45.95%	2.14%	20194.25	31281.04	-35.44%	1.47%	133778	3.68%	137319	-2.58%
	聚氯乙烯	9438431	8483624	11.25%	0.90%	3749.62	3360.56	11.58%	0.27%	21429	0.59%	27584	-22.31%
	豆油	58012550	91406238	-36.53%	5.50%	57775.73	77765.21	-25.70%	4.20%	305078	8.39%	362509	-15.84%
	总 额	289047000	403167751	-28.31%	27.42%	168756.19	208529.53	-19.07%	12.27%	1580328	43.48%	1909500	-17.24%
中国金融期货交易所	沪深300股指	50411860	45873295	9.89%	4.78%	437658.55	410698.77	6.56%	31.83%	48443	1.33%	42313	14.49%
	总 额	50411860	45873295	9.89%	4.78%	437658.55	410698.77	6.56%	31.83%	48443	1.33%	42313	14.49%
全国期货市场交易总额		1054088664	1566764672	-32.72%	100.00%	1375134.25	1545582.32	-11.03%	100.00%	3634381	100.00%	4086497	-11.06%

2011 年度中国金融期货交易所交易统计

品种名称	本期成交量	去年同期成交量	同比增减	本期成交额	去年同期成交额	同比增减	本期持仓量	去年同期持仓量	同比增减
沪深300股指期货	50411860	45873295	4538565	4376585522	4106987673	269597848.7	48443	29805	18638

说明:(1) 价格:300元/点;
(2) 成交量、持仓量:手(按单边计算);
(3) 成交额:万元(按单边计算)。

中国金融期货交易所2011年1月行情数据

合约代码	月开盘价	月最高价	月最低价	月收盘价	涨跌	持仓量	持仓变化	月末结算价	成交量	成交金额
IF1101	3171.8	3230	2935.6	2985.4	-171.6	0	-21550	2986.03	2273695	212918899.632
IF1102	3215	3249.8	2935.2	3079.8	-108.6	20679	19608	3080.8	1895972	170984202.294
IF1103	3244	3290	2963.4	3106.8	-130	10723	5228	3105.6	158461	14701540.620
IF1106	3323	3363	3020	3172.2	-135.8	2305	616	3170.8	9184	873898.194
IF1109	3139	3226.8	3078	3216	141	284	284	3212.2	899	84440.556
合计						33991	4186		4338211	399562981.296

说明:(1) 价格:300元/点;
(2) 成交量、持仓量:手(按单边计算);
(3) 成交额:万元(按单边计算);
(4) 涨跌1=今收盘价-前结算价;
(5) 涨跌2=今结算价-前结算价。

中国金融期货交易所2011年2月行情数据

合约代码	月开盘价	月最高价	月最低价	月收盘价	涨跌	持仓量	持仓变化	月末结算价	成交量	成交金额
IF1102	3088.8	3262.2	3031	3214.4	134.6	0	-20679	3215.09	854516	79964660.658
IF1103	3113.2	3294.4	3052.6	3255.2	148.4	28559	17836	3253.8	2088598	201964187.058
IF1106	3177	3369.4	3120	3315.6	143.4	3897	1592	3317	22487	2215904.424
IF1109	3225.4	3411.8	3161.6	3361.6	145.6	882	598	3360.4	3186	317473.536
IF1104	3235.4	3319.6	3188.2	3277.6	43.2	1998	1998	3274.8	18378	1785559.355
合计						35336	1345		2987165	286247785.032

说明:(1) 价格:300元/点;
(2) 成交量、持仓量:手(按单边计算);
(3) 成交额:万元(按单边计算);
(4) 涨跌1=今收盘价-前结算价;
(5) 涨跌2=今结算价-前结算价。

中国金融期货交易所2011年3月行情数据

合约代码	月开盘价	月最高价	月最低价	月收盘价	涨跌	持仓量	持仓变化	月末结算价	成交量	成交金额
IF1103	3260.4	3372	3137.4	3218.8	-36.4	0	-28559	3218.49	2188088	214836938.880
IF1104	3284.4	3389	3155	3244	-33.6	28770	26772	3238.6	2197967	214975749.336
IF1106	3324.8	3427	3196.2	3282	-33.6	5700	1803	3276.6	56491	5611229.448
IF1109	3368.8	3476	3226	3326	-35.6	1291	409	3319.8	4643	466868.148
IF1105	3246.2	3352.6	3201	3259.4	25	1672	1672	3255.2	16948	1669462.176
合计						37433	2097		4464137	437560247.988

说明:(1) 价格:300元/点;
(2) 成交量、持仓量:手(按单边计算);
(3) 成交额:万元(按单边计算);
(4) 涨跌1=今收盘价-前结算价;
(5) 涨跌2=今结算价-前结算价。

中国金融期货交易所2011年4月行情数据

合约代码	月开盘价	月最高价	月最低价	月收盘价	涨跌	持仓量	持仓变化	月末结算价	成交量	成交金额
IF1104	3243.6	3382	3232.8	3340.6	96.6	0	-28770	3340.81	1098914	109475459.118
IF1105	3259.4	3396.4	3185.8	3193.2	-66.2	32313	30641	3206.8	1920776	190132532.004
IF1106	3281	3415	3200.2	3211.2	-70.8	9726	4026	3223.4	95376	9491819.538
IF1109	3323.8	3454.6	3248.6	3259	-67	2378	1087	3267.8	6747	680224.098
IF1112	3453.6	3476.8	3280.8	3313	-114.6	168	168	3313.4	876	89076.186
合计						44585	7152		3122689	309869110.944

说明:(1) 价格:300元/点;
(2) 成交量、持仓量:手(按单边计算);
(3) 成交额:万元(按单边计算);
(4) 涨跌1=今收盘价-前结算价;
(5) 涨跌2=今结算价-前结算价。

中国金融期货交易所2011年5月行情数据

合约代码	月开盘价	月最高价	月最低价	月收盘价	涨跌	持仓量	持仓变化	月末结算价	成交量	成交金额
IF1105	3203.4	3217.8	3077	3122.6	-70.6	0	-32313	3122.68	1603705	150899012.136
IF1106	3215.2	3232.4	2960.2	2996	-215.2	38618	28892	2997.6	1774310	162771265.992
IF1109	3259	3277	3002.2	3040.4	-218.6	3584	1206	3042.2	15711	1475661.552
IF1112	3315	3339	2770	3082.6	-230.4	376	208	3086.2	1810	172204.902
IF1107	3128.4	3134.2	2974.8	3007.6	-121.8	2218	2218	3011.4	17505	1587764.646
合计						44796	211		3413041	316905909.228

说明:(1) 价格:300元/点;
(2) 成交量、持仓量:手(按单边计算);
(3) 成交额:万元(按单边计算);
(4) 涨跌1=今收盘价-前结算价;
(5) 涨跌2=今结算价-前结算价。

中国金融期货交易所2011年6月行情数据

合约代码	月开盘价	月最高价	月最低价	月收盘价	涨跌	持仓量	持仓变化	月末结算价	成交量	成交金额
IF1106	2998.2	3015.4	2912.2	2915.6	-80.4	0	-38618	2915.38	1558935	138926782.110
IF1107	3009.6	3081	2863.2	3035	27.4	29394	27176	3045.8	2046263	182526285.348
IF1109	3038.2	3103	2727	3061	20.6	5042	1458	3068.4	40522	3645869.826
IF1112	3085.6	3152.4	2936	3110	27.4	825	449	3117.2	3685	336703.794
IF1108	2901.6	3088.6	2873	3045	135.8	1918	1918	3055	25554	2305120.476
合计						37179	-7617		3674959	327740761.554

说明:(1) 价格:300元/点;
(2) 成交量、持仓量:手(按单边计算);
(3) 成交额:万元(按单边计算);
(4) 涨跌1=今收盘价-前结算价;
(5) 涨跌2=今结算价-前结算价。

中国金融期货交易所2011年7月行情数据

合约代码	月开盘价	月最高价	月最低价	月收盘价	涨跌	持仓量	持仓变化	月末结算价	成交量	成交金额
IF1107	3040.2	3150	3035	3122.4	87.4	0	-29394	3121.33	1585961	147505692.012

合约代码	月开盘价	月最高价	月最低价	月收盘价	涨跌	持仓量	持仓变化	月末结算价	成交量	成交金额
IF1108	3047.2	3157	2955.2	2971.6	-73.4	26178	24260	2984.4	1812140	166364891.838
IF1109	3063.4	3168	2968	2982.4	-78.6	8394	3352	2994.6	66933	6187749.240
IF1112	3113.2	3211	3012	3016.2	-93.8	1261	436	3035.6	5250	492264.012
IF1203	3234.8	3242.8	3060.2	3063.2	-126	154	154	3075.8	582	55126.674
合计						35987	-1192		3470866	320605723.776

说明:(1) 价格:300 元/点;
(2) 成交量、持仓量:手(按单边计算);
(3) 成交额:万元(按单边计算);
(4) 涨跌 1 = 今收盘价 - 前结算价;
(5) 涨跌 2 = 今结算价 - 前结算价。

中国金融期货交易所 2011 年 8 月行情数据

合约代码	月开盘价	月最高价	月最低价	月收盘价	涨跌	持仓量	持仓变化	月末结算价	成交量	成交金额
IF1108	2985	2997	2702.6	2793	-178.6	0	-26178	2793.16	2005151	172894814.496
IF1109	2986.4	3006.8	2711.6	2846.8	-135.6	29469	21075	2844.6	2533706	216734259.300
IF1112	3029.6	3040.8	2757	2865.6	-150.6	2726	1465	2866.8	22372	1937223.882
IF1203	3075.6	3080.8	2801	2899.4	-163.8	376	222	2897.4	2716	238096.380
IF1110	2810.6	2924	2773	2852.8	47.6	2606	2606	2852.8	28731	2465698.524
合计						35177	-810		4592676	394270092.582

说明:(1) 价格:300 元/点;
(2) 成交量、持仓量:手(按单边计算);
(3) 成交额:万元(按单边计算);
(4) 涨跌 1 = 今收盘价 - 前结算价;
(5) 涨跌 2 = 今结算价 - 前结算价。

中国金融期货交易所 2011 年 9 月行情数据

合约代码	月开盘价	月最高价	月最低价	月收盘价	涨跌	持仓量	持仓变化	月末结算价	成交量	成交金额
IF1109	2855	2876.8	2673.2	2737	-109.8	0	-29469	2736.78	1938183	160763582.556
IF1110	2858.8	2883.6	2570.4	2571.8	-281	29095	26489	2588.2	2887816	231863735.874
IF1112	2877.2	2897.4	2585	2585	-280.6	4728	2002	2600	39203	3189327.330
IF1203	2911.2	2926.8	2610	2610	-289.4	1087	711	2621.2	6524	535320.294
IF1111	2725.6	2789.2	2576.8	2578	-156.8	2858	2858	2593.4	39027	3110903.814
合计						37768	2591		4910753	399462869.868

说明:(1) 价格:300 元/点;
(2) 成交量、持仓量:手(按单边计算);
(3) 成交额:万元(按单边计算);
(4) 涨跌 1 = 今收盘价 - 前结算价;
(5) 涨跌 2 = 今结算价 - 前结算价。

中国金融期货交易所 2011 年 10 月行情数据

合约代码	月开盘价	月最高价	月最低价	月收盘价	涨跌	持仓量	持仓变化	月末结算价	成交量	成交金额
IF1110	2600	2690.2	2505.8	2515.4	-56.4	0	-29095	2514.9	1645188	129290145.180
IF1111	2600.2	2745.2	2504	2693.8	115.8	31678	28820	2693.2	2388027	187412901.636
IF1112	2604.8	2749.8	2508	2699	114	7607	2879	2698.4	88209	6975291.552
IF1203	2619.8	2767.6	2536	2723.6	113.6	1726	639	2722.2	9923	789932.088
IF1206	2585.4	2781	2553.2	2735	185.8	411	411	2735.6	1316	105599.364
合计						41422	3654		4132663	324573869.820

说明:(1) 价格:300 元/点;
(2) 成交量、持仓量:手(按单边计算);
(3) 成交额:万元(按单边计算);
(4) 涨跌 1 = 今收盘价 - 前结算价;
(5) 涨跌 2 = 今结算价 - 前结算价。

中国金融期货交易所 2011 年 11 月行情数据

合约代码	月开盘价	月最高价	月最低价	月收盘价	涨跌	持仓量	持仓变化	月末结算价	成交量	成交金额
IF1111	2685	2795	2605.2	2608.8	-85	0	-31678	2609.28	2564434	210325740.720
IF1112	2698.2	2798.6	2515.2	2528	-171	36211	28604	2528	2352958	184982761.278
IF1203	2721.6	2823.4	2536.2	2548	-175.6	2844	1118	2548.4	19241	1554262.782
IF1206	2724.2	2837.6	2555	2563	-172	950	539	2565.4	4592	375721.158
IF1201	2619.8	2627.2	2523	2535.8	-83.6	2308	2308	2535.2	23307	1812785.436

合约代码	月开盘价	月最高价	月最低价	月收盘价	涨跌	持仓量	持仓变化	月末结算价	成交量	成交金额
合计						42313	891		4964532	399051271.374

说明:(1) 价格:300 元/点;
(2) 成交量、持仓量:手(按单边计算);
(3) 成交额:万元(按单边计算);
(4) 涨跌 1 = 今收盘价 - 前结算价;
(5) 涨跌 2 = 今结算价 - 前结算价。

中国金融期货交易所 2011 年 12 月行情数据

合约代码	月开盘价	月最高价	月最低价	月收盘价	涨跌	持仓量	持仓变化	月末结算价	成交量	成交金额
IF1112	2588	2642.2	2334.2	2352	-176	0	-36211	2351.63	2413607	182428738.812
IF1201	2600.4	2648.2	2293.2	2357	-178.8	37515	35207	2353	3837104	271838627.652
IF1203	2601.2	2661.2	2321.2	2382.8	-165.2	5618	2774	2377.6	47331	3451833.276
IF1206	2626	2676.2	2345.4	2404.8	-158.2	2551	1601	2400.6	10799	796881.594

说明:(1) 价格:300 元/点;
(2) 成交量、持仓量:手(按单边计算);
(3) 成交额:万元(按单边计算);
(4) 涨跌 1 = 今收盘价 - 前结算价;
(5) 涨跌 2 = 今结算价 - 前结算价。

第二章　期货交易机构

第一节　中国金融期货交易所

中国金融期货交易所

中国金融期货交易所是经国务院同意，中国证监会批准，由上海期货交易所、郑州商品交易所、大连商品交易所、上海证券交易所和深圳证券交易所共同发起设立的金融期货交易所。中国金融期货交易所于2006年9月8日在上海成立，注册资本为5亿元人民币。中国金融期货交易所的成立，对于深化金融市场改革，完善金融市场体系，发挥金融市场功能，具有重要的战略意义。

中国金融期货交易所的宗旨是发展社会主义市场经济，完善资本市场体系，发挥金融期货市场的功能，保障金融期货等金融衍生品交易的正常进行，保护交易当事人的合法权益和社会公共利益，维护金融市场正常秩序。

中国金融期货交易所的主要职能是：组织安排金融期货等金融衍生品上市交易、结算和交割；制订业务管理规则；实施自律管理；发布市场交易信息；提供技术、场所、设施服务；中国证监会许可的其他职能。

中国金融期货交易所在交易方式、结算制度等方面充分借鉴了国际市场的先进经验，并结合中国的市场实际，以高起点、高标准的原则建设中国的金融衍生品市场。

中国金融期货交易所实行结算会员制度，会员分为结算会员和非结算会员，结算会员按照业务范围分为交易结算会员、全面结算会员和特别结算会员。实行结算会员制度，形成多层次的风险控制体系，强化了中国金融期货交易所的整体抗风险能力。

中国金融期货交易所采用电子化交易方式，不设交易大厅和出市代表。金融期货产品的交易均通过交易所计算机系统进行竞价，由交易系统按照价格优先、时间优先的原则自动撮合成交。采用电子化交易方式体现了中国金融期货交易所的高效、透明、国际化的发展思路。

中国金融期货交易所肩负着建立和发展中国金融期货市场的艰巨任务。中国金融期货交易所坚持以科学发展观为指导，本着稳健发展、与时俱进的原则，打造一个健康规范、高效透明、积极创新、技术先进的金融期货交易所，为提高经济的风险承受能力、增加经济弹性以及促进经济增长发挥积极作用。

组织机构：

股东大会是公司的权力机构。公司设董事会，对股东大会负责，并行使股东大会授予的权力。董事会设执行委员会，作为董事会日常决策、管理、执行机构。董事会下设交易、结算、薪酬、风险控制、监察调解等专门委员会。

公司目前设总经理1人，副总经理2人。

公司目前设有市场部、交易部、结算部、监查部、技术部、信息部、研发部、财务部、人力资源部、总经理办公室、行政部等11个部门。

职能部门：

市场部

主要职责：负责市场开发与培育；产品和服务推广；投资者教育培训等。

交易部

主要职责：负责交易运作管理；风险监控管理；会员、投资者管理与服务等。

结算部

主要职责：负责结算服务；结算风险管理；结算会员管理等。

监查部

主要职责：负责违规行为查处；监管协作；内审及本所法律事务处理等。

技术部

主要职责：负责系统的开发、运行、维护和升级等。

信息部

主要职责：负责信息经营；信息服务；网站管理等。

研发部

主要职责：负责产品开发设计；专项课题研究；国际交流与合作等。

财务部

主要职责：负责财务预决算；日常财务会计和税务工作；资金与投资管理等。

人力资源部

主要职责：负责员工招聘录用；薪酬福利；绩效考核；培训；外事等。

总经理办公室

主要职责：负责各部门业务综合协调；对外联络等。

行政部

主要职责：负责行政服务和后勤保障工作等。

地址：浦东世纪大道1600号陆家嘴商务广场6楼
邮编：200122
电话：021－5016－0666
传真：021－5016－0606
网址：www. cffex. com. cn
电子邮件：rd@ cffex. com. cn
信访投诉电话：021－50160299
信访投诉传真：021－50160298
信访投诉邮箱：xinfang@ cffex. com. cn

中国金融期货交易所交易规则

第一章　总则

第一条　为规范期货交易行为，保护期货交易当事人的合法权益和社会公共利益，根据国家有关法律、行政法规、规章和《中国金融期货交易所章程》，制定本规则。

第二条　中国金融期货交易所（以下简称交易所）根据公开、公平、公正和诚实信用的原则，组织经中国证券监督管理委员会（以下简称中国证监会）批准的期货合约、期权合约交易。

第三条　本规则适用于交易所组织的期货、期权交易活动。交易所、会员、客户、期货保证金存管银行及期货市场其他参与者应当遵守本规则。

第二章　品种与合约

第四条　交易所上市经中国证监会批准的交易品种。

第五条　期货合约是指由交易所统一制定的、规定在将来某一特定的时间和地点交割一定数量标的物的标准化合约。

第六条　期权合约是指由交易所统一制定的、规定买方有权在将来某一时间以特定价格买入或者卖出约定标的物（包括期货合约）的标准化合约。

第七条　期货合约主要条款包括合约标的、报价单位、最小变动价位、合约月份、交易时间、最低交易保证金、每日价格最大波动限制、最后交易日、交割方式、交易代码等。

第八条　期权合约主要条款包括合约标的、报价单位、最小变动价位、合约月份、交易时间、执行价格间距、卖方交易保证金、每日价格最大波动限制、最后交易日、执行方式、交易代码等。

第九条　合约的附件与合约具有同等法律效力。

第十条　交易日为每周一至周五（国家法定假日除外）。每一交易日各品种的交易时间安排，由交易所另行公告。

第三章　会员管理

第十一条　会员是指根据有关法律、行政法规和规章的规定，经交易所批准，有权在交易所从事交易或者结算业务的企业法人或者其他经济组织。

第十二条　交易所的会员分为交易结算会员、全面结算会员、特别结算会员和交易会员。

第十三条　交易结算会员、全面结算会员和特别结算会员具有与交易所进行结算的资格。

交易结算会员只能为其客户办理结算、交割业务。

全面结算会员可以为其客户和与其签订结算协议的交易会员办理结算、交割业务。

特别结算会员只能为与其签订结算协议的交易会员办理结算、交割业务。

第十四条　交易会员可以从事经纪或者自营业务，不具有与交易所进行结算的资格。

第十五条　会员的接纳、变更和终止，须经交易所会员资格审查委员会预审，董事会批准，报告中国证监会，并予以公布。

第十六条　会员享有下列权利：

（一）在交易所从事规定的交易、结算和交割等业务；

（二）使用交易所提供的交易设施，获得有关期货交易的信息和服务；

（三）按照交易所交易规则行使申诉权；

（四）交易所交易规则及其实施细则规定的其他权利。

第十七条　会员应当履行下列义务：

（一）遵守国家有关法律、行政法规、规章和政策；

（二）遵守交易所的章程、交易规则及其实施细则和有关决定；

（三）按照规定缴纳各种费用；

（四）接受交易所监督管理；

（五）履行与交易所所签订协议中规定的相关义务；

（六）交易所规定应当遵守的其他义务。

第十八条　申请成为交易所会员应当符合法律、行政法规、规章和交易所规定的资格条件。

第十九条　申请或者变更会员资格应当向交易所提出书面申请，在获得交易所批准后，与交易所签订相关协议。

第二十条　会员发生合并、分立的，应当向交易所重新申请会员资格，由交易所进行审核。

第二十一条　交易所建立会员联系人制度。会员应当设业务代表一名、业务联络员若干名，组织、协调会员与交易所的各项业务往来。

第二十二条　会员违反交易所的会员管理规定或者不再满足会员资格条件的，交易所有权暂停其业务或者取消其会员资格。

第二十三条　交易所制定会员管理办法，对会员进行监督管理。

第四章　交易业务

第二十四条　期货交易是指在交易所内集中买卖某种期货合约、期权合约的交易活动。

第二十五条　会员可以根据业务需要向交易所申请设立一个或者一个以上的席位。

第二十六条　客户委托会员进行交易，应当事先通过会员办理开户登记。

第二十七条　会员在为客户开立账户前，应当向客户出示《期货交易风险说明书》，经客户签字确认后，与客户签订《期货经纪合同》。

第二十八条　交易所实行客户交易编码制度。会员和客户应当遵守一户一码制度，不得混码交易。

第二十九条　客户可以通过书面、电话、互联网等委托方式以及中国证监会规定的其他方式，向会员下达交易指令。

第三十条　交易指令分为市价指令、限价指令及交易所规定的其他指令。

市价指令是指不限定价格的、按照当时市场上可执行的最优报价成交的指令。市价指令的未成交部分自动撤销。

限价指令是指按照限定价格或者更优价格成交的指令。限价指令当日有效，未成交部分可以撤销。

第三十一条　会员接受客户委托指令后，应当将客户的所有指令通过交易所集中交易，不得进行场外交易。

第三十二条　交易指令成交后，交易所按照规定发送成交回报。

第三十三条　每日交易结束后，会员应当按照规定方式获取并核对成交记录。

会员有异议的，应当在当日以书面形式向交易所提出。

未在规定时间内提出的，视为对成交记录无异议。

第三十四条　交易所实行套期保值额度审批制度。套期保值额度由交易所根据套期保值申请人的现货头寸、资信状况和市场情况审批。

第三十五条　会员进行期货交易，应当按照规定向交易所缴纳手续费。

第五章　结算业务

第三十六条　结算业务是指交易所根据交易结果、公布的结算价格和交易所有关规定对交易双方的交易盈亏状况进行资金清算和划转的业务活动。

第三十七条　期货交易的结算，由交易所统一组织进行。

第三十八条　交易所实行会员分级结算制度。交易所对结算会员进行结算，结算会员对其受托的交易会员进行结算，交易会员对其客户进行结算。

第三十九条　交易所实行保证金制度。保证金是交易所向结算会员收取的用于结算和担保期货合约履行的资金。

经交易所批准，会员可以用中国证监会认定的有价证券充抵保证金。

第四十条　保证金分为结算准备金和交易保证金。结算准备金是指未被合约占用的保证金；交易保证金是指已被合约占用的保证金。

第四十一条　结算会员向交易会员收取的保证金不得低于交易所规定的保证金标准。结算会员有权根据市场运行情况和交易会员的资信状况调整对其收取保证金的标准。

第四十二条　交易所在期货保证金存管银行开设专用结算账户，用于存放结算会员的保证金及相关款项。

结算会员应当在保证金存管银行开设期货保证金账户，用于存放其客户及受托交易会员的保证金及相关款项。

第四十三条　交易所与结算会员之间的期货业务资金往来应当通过交易所专用结算账户和结算会员专用资金账户办理。

第四十四条　会员应当将客户缴纳的保证金存放于期货保证金账户，并与其自有资金分别保管，不得挪用。

第四十五条　交易所实行当日无负债结算制度。

第四十六条　结算会员结算准备金余额低于规定水平且未按时补足的，如结算准备金余额小于规定的最低余额，不得开仓；如结算准备金余额小于零，交易所可以按照规定对其进行强行平仓。

第四十七条　交易会员只能委托一家结算会员为其办理结算交割业务，交易会员应当与结算会员签订协议，并将协议报交易所备案。

第四十八条　交易会员和结算会员可以根据交易所规定，向交易所申请变更委托结算关系，交易所审批后为其办理。

第四十九条　结算会员应当建立结算风险管理制度。结算会员应当及时准确地了解客户及受托交易会员的盈亏、费用及资金收付等财务状况，控制客户及受托交易会员的风险。

第五十条　交易所应当按照手续费收入的20%的比例提取风险准备金。风险准备金应当单独核算，专户存储。

第六章　交割业务

第五十一条　期货交易的交割，由交易所统一组织进行。

第五十二条　期货交割采用现金交割或者实物交割方式。

第五十三条　现金交割是指合约到期时，按照交易所的规则和程序，交易双方按照规定结算价格进行现金差价结算，了结到期未平仓合约的过程。

第五十四条　实物交割是指合约到期时，按照交易所的规则和程序，交易双方通过该合约所载标的物所有权的转移，了结到期未平仓合约的过程。

第七章　风险控制

第五十五条　交易所实行价格限制制度。价格限制制度分为熔断制度与涨跌停板制度。熔断与涨跌停板幅度由交易所设定，交易所可以根据市场风险状况调整期货合约的熔断与涨跌停板幅度。

第五十六条　交易所实行持仓限额制度。持仓限额是指交易所按照一定原则规定的会员或者客户持有合约的最大数量，获批套期保值额度的会员或者客户持仓不受此限。同一客户在不同会员处开仓交易的，其对某一合约的持仓合计不得超出该客户的持仓限额。

第五十七条　交易所实行大户持仓报告制度。会员或者客户对某一合约持仓达到交易所规定的持仓报告标准的，会员或者客户应当向交易所报告。客户未报告的，会员应当向交易所报告。

交易所可以根据市场风险状况，制定并调整持仓报告标准。

第五十八条　交易所实行强行平仓制度。会员或者客户存在违规超仓、未按照规定及时追加保证金等违规行为或者交易所规定的其他情形的，交易所有权对相关会员或者客户采取强行平仓措施。

强行平仓盈利部分按照有关规定处理，发生的费用、损失及因市场原因无法强行平仓造成的损失扩大部分由相关会员或者客户承担。

第五十九条　交易所实行强制减仓制度。期货交易出现涨跌停板单边无连续报价或者市场风险明显增大情况的，交易所有权将当日以涨跌停板价格申报的未成交平仓报单，以当日涨跌停板价格与该合约净持仓盈利客户按照持仓比例自动撮合成交。

第六十条　交易所实行结算担保金制度。结算担保金是指结算会员依交易所规定缴纳的，用于应对结算会员违约风险的共同担保资金。

第六十一条　交易所实行风险警示制度。交易所认为必要的，可以分别或者同时采取要求会员和客户报告情况、谈话提醒、发布风险警示函等措施，以警示和化解风险。

第六十二条　期货交易出现涨跌停板单边无连续报价或者市场风险明显增大情况的，交易所可以采取调整涨跌停板幅度、提高交易保证金标准及强制减仓等风险控制措施化解市场风险。

交易所采取强制减仓措施的，应当经交易所董事会执行委员会审议批准。

采取上述风险控制措施后仍然无法释放风险的，交易所应当宣布进入异常情况，由交易所董事会决定采取进一步的风险控制措施。

第六十三条　结算会员无法履约时，交易所有权采取下列措施：

（一）暂停开仓；

（二）按照规定强行平仓，并用平仓后释放的保证金履约赔偿；

（三）依法处置充抵保证金的有价证券；
（四）动用该违约结算会员缴纳的结算担保金；
（五）动用其他结算会员缴纳的结算担保金；
（六）动用交易所风险准备金；
（七）动用交易所自有资金。

交易所代为履约后，由此取得对违约会员的相应追偿权。

第六十四条　有根据认为会员或者客户违反交易所交易规则及其实施细则并且对市场正在产生或者将产生重大影响的，为防止违规行为后果进一步扩大，交易所可以对该会员或者客户采取下列临时处置措施：

（一）限制入金；
（二）限制出金；
（三）限制开仓；
（四）提高保证金标准；
（五）限期平仓；
（六）强行平仓。

前款第（一）、（二）、（三）项临时处置措施，可以由交易所总经理决定，其他临时处置措施由交易所董事会决定，并及时报告中国证监会。

第八章　异常情况处理

第六十五条　在期货交易过程中，出现下列情形之一的，交易所可以宣布进入异常情况，采取紧急措施化解风险：

（一）因地震、水灾、火灾等不可抗力或者计算机系统故障等不可归责于交易所的原因导致交易无法正常进行；

（二）会员出现结算、交割危机，对市场正在产生或者将产生重大影响；

（三）出现本规则第六十二条情况并采取相应措施后仍未化解风险；

（四）交易所规定的其他情况。

出现前款第（一）项异常情况时，交易所总经理可以采取调整开市收市时间、暂停交易等紧急措施；出现前款第（二）、（三）、（四）项异常情况时，交易所董事会可以决定采取调整开市收市时间、暂停交易、调整涨跌停板幅度、提高交易保证金、限期平仓、强行平仓、限制出金等紧急措施。

第六十六条　交易所宣布进入异常情况并决定采取紧急措施前应当报告中国证监会。

第六十七条　交易所宣布进入异常情况并决定暂停交易的，暂停交易的期限不得超过 3 个交易日，但经中国证监会批准延长的除外。

第九章　信息管理

第六十八条　交易所期货交易信息所有权属于交易所，由交易所统一管理和发布。

第六十九条　交易所期货交易信息是指期货、期权上市合约的交易行情、各种交易数据、统计资料、交易所发布的各种公告信息以及中国证监会指定披露的其他相关信息。

第七十条　交易所发布的信息包括：合约名称、合约月份、开盘价、最新价、涨跌、收盘价、结算价、最高价、最低价、成交量、持仓量及其持仓变化、会员成交量和持仓量排名等其他需要公布的信息。

信息发布应当根据不同内容按照实时、每日、每周、每月、每年定期发布。

第七十一条　交易所应当采取有效通讯手段，建立同步报价和即时成交回报系统。

第七十二条　交易所的行情发布正常，但因公共媒体转发发生故障，影响会员和客户交易的，交易所不承担责任。

第七十三条　交易所、会员不得发布虚假的或者带有误导性质的信息。

第七十四条　交易所、会员和期货保证金存管银行不得泄露业务中获取的商业秘密。

经批准，交易所可以向有关监管部门或者其他相关单位提供相关信息，并执行相应的保密规定。

第七十五条　为保证交易数据的安全，交易所应当实行异地数据备份。

第七十六条　交易所管理和发布信息，有权收取相应费用。

第十章　监督管理

第七十七条　交易所依据本规则和有关规定，对与交易所期货交易有关的业务活动实施自律监督管理。

第七十八条　交易所监督管理的主要内容为：

（一）监督、检查期货市场法律、行政法规、规章和交易规则的落实执行情况，控制市场风险；

（二）监督、检查各会员业务运作及内部管理状况；

（三）监督、检查各会员的财务、资信状况；

（四）监督、检查期货保证金存管银行及期货市场其他参与者与期货有关的业务活动；

（五）调解、处理期货交易纠纷，调查处理各种违规案件；

（六）协助司法机关、行政执法机关依法执行公务；

（七）对其他违背公开、公平、公正原则、制造市场风险的行为进行监督管理。

第七十九条　交易所履行监督管理职责时，可以行使下列职权：

（一）查阅、复制与期货交易有关的信息、资料；

（二）对会员、客户、期货保证金存管银行以及期货市场其他参与者等单位和人员进行调查、取证；

（三）要求会员、客户、期货保证金存管银行以及期货市场其他参与者等被调查者对被调查事项做出申报、陈述、解释、说明；

（四）交易所履行监督管理职责所必需的其他职权。

第八十条　交易所、会员和期货保证金存管银行应当遵守中国证监会有关期货保证金安全存管监控的规定。

第八十一条　交易所履行监督管理职责时，可以按照有关规定行使调查、取证等职权，会员、客户、期货保证金存管银行及期货市场其他参与者应当配合。

第八十二条　会员、客户、期货保证金存管银行及期货市场其他参与者应当接受交易所对其期货业务的监督管理，对不如实提供资料、隐瞒事实真相、故意回避调查或者妨碍交易所工作人员行使职权的单位和个人，交易所可以按照有关规定采取必要的限制性措施或者进行处罚。

第八十三条　交易所每年应当对会员遵守交易所交易规则及其实施细则的情况进行抽样或者全面检查，并将检查结果上报中国证监会。

第八十四条　交易所发现会员、客户、期货保证金存管银行及期货市场其他参与者在从事期货相关业务时涉嫌违规的，应当立案调查；情节严重的，交易所可以采取相应措施防止违规行为后果进一步扩大。

第八十五条　交易所工作人员不能正确履行监督管理职责的，会员、客户、期货保证金存管银行及期货市场其他参与者有权向交易所或者中国证监会投诉、举报。经查证属实的，应当严肃处理。

第八十六条　交易所制定违规违约处理办法对违规违约行为进行处理。

第八十七条　交易所在中国证监会统一组织和协调下，与证券交易所、证券登记结算机构和期货保证金安全存管监控机构等相关机构，建立对期货市场和相关市场的信息共享等监管协作机制。

第十一章　争议处理

第八十八条　会员、客户、期货保证金存管银行及期货市场其他参与者之间发生的有关期货业务纠纷，可以自行协商解决，也可以提请交易所调解。

第八十九条　提请交易所调解的当事人，应当提出书面调解申请。经调解达成协议后，交易所制作调解书，经双方当事人签收后生效。

第九十条　当事人也可以依法向仲裁机构申请仲裁或者向人民法院提起诉讼。

第九十一条　会员与交易所发生争议，可以依照与交易所签订的协议约定申请仲裁或者向人民法院提起诉讼。

第十二章　附则

第九十二条　交易所可以根据本规则制定实施细则或者办法。

第九十三条　本规则由交易所董事会负责解释。

第九十四条　本规则的制定和修改须经交易所股东大会通过，报中国证监会批准。

第九十五条　本规则自2007年6月27日起施行。

中国金融期货交易所交易细则

第一章　总则

第一条　为规范期货交易行为，保护期货交易当事人的合法权益，保障中国金融期货交易所（以下简称交易所）期货交易的顺利进行，根据《中国金融期货交易所交易规则》，制定本细则。

第二条　交易所、会员、客户应当遵守本细则。

第二章　品种与合约

第三条　交易所上市品种为股票指数以及经中国证券监督管理委员会（以下简称中国证监会）批准的其他期货品种。

第四条　期货合约是指由交易所统一制定的、规定在将来某一特定的时间和地点交割一定数量标的物的标准化合约。

第五条　股指期货合约主要条款包括合约标的、合约乘数、报价单位、最小变动价位、合约月份、交易时间、每日价格最大波动限制、最低交易保证金、最后交易日、交割日期、交割方式、交易代码、上市交易所等。

合约附件与合约具有同等法律效力。

第六条　沪深300股指期货合约的合约标的为沪深300指数。该指数由中证指数有限公司编制和发布。

第七条　沪深300股指期货合约的合约乘数为每点人民币300元。股指期货合约价值为股指期货指数点乘以合约乘数。

第八条　沪深300股指期货合约以指数点报价。

第九条　沪深300股指期货合约的最小变动价位是0.2点指数点。该合约交易报价指数点须为0.2点的整数倍。

第十条　沪深300股指期货合约的合约月份为当月、下月及随后两个季月。季月是指3、6、9、12月。

第十一条　沪深300股指期货合约的最后交易日为合约到期月份的第三个周五，最后交易日即为交割日。最后交易日为法定假日或者因不可抗力未交易的，以下一交易日为最后交易日和交割日。

到期合约交割日的下一交易日，新的月份合约开始交易。

第十二条　股指期货的交易时间为交易日9:15－11:30（第一节）和13:00－15:15（第二节），最后交易日交易时间为9:15－11:30（第一节）和13:00－15:00（第二节）。

第十三条　沪深300股指期货合约的每日价格最大波动限制是指其每日价格涨跌停板幅度，为上一交易日结算价的±10%。

第十四条　股指期货合约到期时采用现金交割方式。

第十五条　股指期货合约的交易单位为“手”，1手等于1张合约。期货交易须以交易单位的整数倍进行。

第三章　席位管理

第十六条　席位是指会员向交易所申请设立的、参与交易与接受监管及服务的基本业务单位。会员可以根据业务需要向交易所申请一个或者一个以上的席位。

第十七条　会员申请席位，应当具备下列条件：

（一）经营状况良好，无严重违法违规记录；

（二）通讯、资金划拨条件符合交易所要求；

（三）配备符合交易所要求的业务系统及相关专业人员；

（四）有健全的规章制度和交易管理办法；

（五）业务系统的建设和管理符合中国证监会相关技术管理规范的要求。

第十八条　会员申请席位，应当提交下列材料：

（一）近两年期货交易基本情况；

（二）包含新增席位的理由、条件、可行性论证等内容的申请报告；

（三）机构、人员现状及拟负责交易管理事务的主要人员的名单、简历、专业背景等基本情况；

（四）交易管理的业务制度（包括数据安全管理制度）；

（五）计算机系统、通讯系统（包括通讯线路）、系统软件、应用软件等配置清单；

（六）交易所要求提供的其他材料。

第十九条　交易所在收到符合要求的申请报告和有关材料之日起15个工作日内，对申请报告做出书面批复。

第二十条　会员应当在收到交易所同意其席位申请的批复后5个工作日内，与交易所签订席位使用协议。无故逾期的，视为放弃。会员申请增加席位需与交易所另行签订席位使用协议。

第二十一条　席位使用费按年收取。席位年申报量不超过20万笔的，年使用费为人民币2万元；席位年申报量超过20万笔的，年使用费为人民币3万元。申报量是指买入、卖出以及撤销委托笔数的总和。

席位撤销时，已收取的席位使用费不予退还。

第二十二条　会员交易设施安装和系统调试完成之后，达到交易所规定标准且符合开通条件的，方可投入使用。

第二十三条　会员应当加强席位管理和交易业务系统维

护，主要设施需要更换或者作技术调整时，应当事先征得交易所同意。席位迁移出原登记备案地，应当事先报交易所审批。交易所有权对席位的使用情况进行监督检查。

第二十四条　有下列情形之一的，席位予以撤销：

（一）会员提出撤销申请，经交易所核准；

（二）私下转包、转租或者转让席位；

（三）管理混乱、存在严重违规行为或者经查实已不符合开通条件；

（四）利用席位窃密或者破坏交易所系统；

（五）所属会员被取消会员资格；

（六）交易所认为其不适宜拥有席位。

第二十五条　由于交易系统、通讯系统等交易设施发生故障，致使10%以上的会员不能正常交易的，交易所应当暂停交易，直至故障消除为止。

第四章　价格

第二十六条　交易所应当及时发布开盘价、收盘价、最高价、最低价、最新价、涨跌、最高买价、最低卖价、申买量、申卖量、结算价、成交量、持仓量等与交易有关的信息。

第二十七条　开盘价是指某一期货合约开市前5分钟内经集合竞价产生的成交价格。集合竞价未产生成交价格的，以集合竞价后第一笔成交价为开盘价。

第二十八条　收盘价是指某一期货合约当日交易的最后一笔成交价格。

第二十九条　最高价是指一定时间内某一期货合约成交价中的最高成交价格。

第三十条　最低价是指一定时间内某一期货合约成交价中的最低成交价格。

第三十一条　最新价是指某一期货合约在当日交易期间的即时成交价格。

第三十二条　涨跌是指某一期货合约在当日交易期间的最新价与上一交易日结算价之差。

第三十三条　最高买价是指某一期货合约当日买方申请买入的即时最高价格。

第三十四条　最低卖价是指某一期货合约当日卖方申请卖出的即时最低价格。

第三十五条　申买量是指某一期货合约当日交易所交易系统中未成交的最高价位申请买入的下单数量。

第三十六条　申卖量是指某一期货合约当日交易所交易系统中未成交的最低价位申请卖出的下单数量。

第三十七条　结算价是指某一期货合约当日一定时间内成交价格按照成交量的加权平均价。结算价是进行当日未平仓合约盈亏结算和计算下一交易日交易价格限制的依据。

第三十八条　成交量是指某一期货合约在当日交易期间所有成交合约的单边数量。

第三十九条　持仓量是指期货交易者所持有的未平仓合约的单边数量。

第五章　指令与成交

第四十条　交易指令分为市价指令、限价指令及交易所规定的其他指令。

市价指令是指不限定价格的、按照当时市场上可执行的最优报价成交的指令。市价指令的未成交部分自动撤销。

限价指令是指按照限定价格或者更优价格成交的指令。限价指令在买进时，必须在其限价或者限价以下的价格成交；在卖出时，必须在其限价或者限价以上的价格成交。限价指令当日有效，未成交部分可以撤销。

第四十一条　市价指令只能和限价指令撮合成交，成交价格等于即时最优限价指令的限定价格。

第四十二条　交易指令的报价只能在合约价格限制范围内，超过价格限制范围的报价视为无效。

交易指令申报经交易所确认后生效。

第四十三条　交易指令每次最小下单数量为1手，市价指令每次最大下单数量为50手，限价指令每次最大下单数量为200手。

第四十四条　开盘集合竞价在交易日开市前5分钟内进行，其中前4分钟为买、卖指令申报时间，后1分钟为集合竞价撮合时间。集合竞价产生的成交价格为开盘价。

集合竞价未产生成交价格的，以集合竞价后第一笔成交价为开盘价。

集合竞价期间不接受市价指令申报。

集合竞价撮合时间不能撤单。

第四十五条　集合竞价采用最大成交量原则，即以此价格成交能够得到最大成交量。高于集合竞价产生的价格的买入申报全部成交；低于集合竞价产生的价格的卖出申报全部成交；等于集合竞价产生的价格的买入或者卖出申报，根据买入申报量和卖出申报量的多少，按照少的一方的申报量成交。

第四十六条　开盘集合竞价中的未成交部分指令自动参与开市后竞价交易。

第四十七条　限价指令竞价交易时，交易所系统将买卖申报指令以价格优先、时间优先的原则进行排序，当买入价大于、等于卖出价则自动撮合成交。撮合成交价等于买入价（bp）、卖出价（sp）和前一成交价（cp）三者中居中的一个价格。即：

当 $bp \geq sp \geq cp$，则：最新成交价 $= sp$

$bp \geq cp \geq sp$，　最新成交价 $= cp$

$cp \geq bp \geq sp$，　最新成交价 $= bp$

集合竞价未产生开盘价的，以上一交易日收盘价为前一成交价，按照上述办法确定第一笔成交价。

第四十八条　新上市合约的挂盘基准价由交易所确定并提前公布。挂盘基准价是确定新合约上市首日交易价格限制的依据。

第六章　交易编码

第四十九条　交易所实行交易编码制度。交易编码是指会员和客户进行期货交易的专用代码。

第五十条　交易编码由会员号和客户号两部分组成。交易编码由十二位数字构成，前四位为会员号，后八位为客户号。如客户交易编码为001200000001，则会员号为0012，客户号为00000001。

第五十一条　客户可以在不同的会员处开户，但在交易所内只能有一个客户号。其交易编码中会员号不同，客户号相同。

第五十二条　会员应当按照交易所系统中关于客户资料录入的提示输入客户资料，不得跳栏或者漏输。

第五十三条　会员应当通过电子文档方式将客户开户、变更及销户资料向交易所备案，并保证客户资料真实、准确。

第五十四条　会员在交易所系统中录入客户开户资料后，客户交易编码由系统自动生成，经交易所审核后方可使用。

第五十五条　证券公司、证券投资基金等特定客户开立客户号应当向交易所提交书面开户申请，由交易所为其开立客户号。

第五十六条　会员应当建立客户开户、变更及销户资料档案。自然人客户资料为《自然人客户开户登记表》和本人身份证复印件；法人客户资料为《法人客户开户登记表》、营业执照复印件和组织机构代码证复印件；客户销户资料包括《客户销户申请表》等。

对上述资料，会员应当自期货经纪合同终止之日起至少保存20年。

第五十七条　有下列情形之一的，客户交易编码予以注销：

（一）客户备案资料不真实；

（二）客户被认定为市场禁止进入者；

（三）未按照交易所要求提供客户备案资料；

（四）客户申请注销；

（五）交易所认定的其他情形。

第五十八条　客户提供虚假的资料或者会员协助客户使用虚假资料开户的，交易所责令会员限期平仓，平仓后注销该客户交易编码，同时按照《中国金融期货交易所违规违约处理办法》的有关规定进行处理。

第七章　附则

第五十九条　违反本细则规定的，交易所按照本细则和《中国金融期货交易所违规违约处理办法》的有关规定处理。

第六十条　本细则由交易所负责解释。

第六十一条　本细则自2007年6月27日起实施。

中国金融期货交易所结算细则

第一章　总则

第一条　为规范期货结算行为，保护期货交易当事人的合法权益和社会公共利益，防范和化解期货市场风险，保障中国金融期货交易所（以下简称交易所）期货结算的正常进行，根据《中国金融期货交易所交易规则》，制定本细则。

第二条　结算业务是指交易所根据交易结果、公布的结算价格和交易所有关规定对交易双方的交易保证金、盈亏、手续费及其它有关款项进行资金清算和划转的业务活动。

第三条　交易所的结算实行保证金制度、当日无负债结算制度、结算担保金制度和风险准备金制度等。

第四条　交易所实行会员分级结算制度。交易所对结算会员结算，结算会员对其受托的客户、交易会员结算，交易会员对其受托的客户结算。

第五条　交易所、会员、客户、期货保证金存管银行应当遵守本细则。

第二章　结算机构

第六条　结算机构是指交易所内设置的结算部和会员的结算部门。交易所结算部负责交易所期货交易的统一结算、保证金管理、结算担保金管理、风险准备金管理及结算风险的防范。

第七条　交易所结算部的主要职责为：

（一）登录编制结算会员的结算账表；

（二）办理资金往来汇划业务；

（三）统计、登记和报告交易结算情况；

（四）处理会员交易中的账款纠纷；

（五）办理结算、交割业务；

（六）管理保证金、结算担保金、风险准备金；

（七）控制结算风险；

（八）监督期货保证金存管银行与交易所的期货结算业务；

（九）法律、行政法规、规章和交易所规定的其他职责。

第八条　会员应当设立结算部门。

第九条　在交易所成交的期货合约均应当通过交易所结算部进行结算。

第十条　交易所实行会员分级结算制度。交易所结算部负责交易所与结算会员之间的结算工作；结算会员的结算部门负责该结算会员与交易所、客户、交易会员之间的结算工作；交易会员的结算部门负责该交易会员和结算会员、客户之间的结算工作。

第十一条　交易所有权检查会员的结算资料、财务报表及相关的凭证和账册。

第十二条　会员结算部门应当妥善保管结算资料、财务报表及相关凭证、账册，以备查询和核实。

第十三条　结算交割员是指经结算会员单位授权，代表结算会员办理结算和交割业务的人员。每一结算会员应当指派两名以上（含两名）的结算交割员。

结算交割员应当符合中国证券监督管理委员会（以下简称中国证监会）关于期货从业人员资格的有关规定，经交易所培训合格，取得《中国金融期货交易所结算交割员培训合格证书》，并经所属结算会员授权后取得《中国金融期货交易所结算交割员证》（以下简称《结算交割员证》）。

第十四条　结算交割员应当履行下列职责：

（一）办理结算会员出入金业务；

（二）获取交易所提供的结算数据，并及时进行核对；

（三）办理其他结算、交割业务。

第十五条　结算交割员在交易所办理结算与交割业务时，应当出示《结算交割员证》，否则交易所不予办理。

第十六条　《结算交割员证》仅限本人使用，不得伪造、涂改、借用。结算会员在其结算交割员发生变动时，应当及时到交易所办理相关手续。

第十七条　结算机构及其工作人员应当保守交易所和会员的商业秘密。

第三章　期货保证金存管银行

第十八条　期货保证金存管银行是与交易所签订协议，协助交易所办理期货交易结算业务的银行。

第十九条　期货保证金存管银行享有下列权利：

（一）开设交易所专用结算账户和会员期货保证金账户；

（二）存放用于期货交易的保证金等相关款项；

（三）了解会员在交易所的资信情况；

（四）法律、行政法规、规章和交易所规定的其他权利。

第二十条　期货保证金存管银行应当履行下列义务：

（一）根据交易所提供的票据或者指令优先划转结算会员的资金；

（二）及时向交易所通报会员在资金结算方面的不良行为和风险；

（三）保守交易所和会员的商业秘密；

（四）在交易所出现重大风险时，协助交易所化解风险；

（五）向交易所提供会员期货保证金账户的资金情况；

（六）根据交易所的要求，协助交易所核查会员资金的来源和去向；

（七）根据中国证监会或者交易所的要求，对会员期货保证金账户中的资金采取必要的监管措施；

（八）根据交易所交易规则及其实施细则开展业务；

（九）法律、行政法规、规章和交易所规定的其他义务。

第四章　日常结算

第二十一条　交易所在期货保证金存管银行开设专用结算账户，用于存放结算会员的保证金及相关款项。

第二十二条　结算会员应当在期货保证金存管银行开设期货保证金账户，用于存放保证金及相关款项。

第二十三条　结算会员在交易所所在地的期货保证金存管银行开设的期货保证金账户称为专用资金账户。

交易所与结算会员之间期货业务资金的往来通过交易所专用结算账户和结算会员专用资金账户办理。

第二十四条　交易所对结算会员存入交易所专用结算账户的保证金实行分账管理，为各结算会员设立明细账户，按日序时登记核算每一结算会员出入金、盈亏、交易保证金、手续费等。

第二十五条　结算会员对客户、交易会员存入结算会员保证金账户的保证金实行分账管理，为每一客户、交易会员设立明细账户，按日序时登记核算出入金、盈亏、交易保证金、手续费等。

第二十六条　交易会员只能委托一家特别结算会员或者全面结算会员为其进行结算。

第二十七条　交易所实行结算担保金制度。结算担保金是指由结算会员依交易所规定缴纳的，用于应对结算会员违约风险的共同担保资金。

第二十八条　交易所在银行开立结算担保金专用账户，对结算会员缴纳的结算担保金进行专户管理。

结算会员应当在交易所指定的银行开立结算担保金专用账户，用于与交易所结算担保金专用账户之间进行结算担保金缴纳、调整的资金划转。结算担保金的缴纳、调整的标准按照《中国金融期货交易所风险控制管理办法》及其他相关规定执行。

第二十九条　交易所在结算担保金专用账户下为每一结算会员设立明细账户，并按照中国证监会和交易所有关规定进行管理，所得收入在扣除必要费用和税费后依照相关规定返还结算会员。交易所按照季度核算每一结算会员的结算担保金变化。

第三十条　交易所、结算会员应当按照有关规定和期货保证金存管银行签订期货保证金存管协议。

交易所有权在不通知结算会员的情况下通过期货保证金存管银行从结算会员专用资金账户中收取各项应收款项，并且有权随时查询该账户的资金情况。

第三十一条　结算会员开立、更名、更换或者注销专用资金账户，应当凭交易所签发的专用通知书到期货保证金存管银行办理。

第三十二条　交易所实行保证金制度。保证金分为结算准备金和交易保证金。

第三十三条　结算准备金是指结算会员在交易所专用结算账户中预先准备的资金，是未被合约占用的保证金。

第三十四条　结算会员的结算准备金最低余额标准为人民币 200 万元，应当以自有资金缴纳。交易所有权根据市场情况调整结算会员结算准备金最低余额标准。

第三十五条　交易所根据结算会员每日结算准备金余额中的货币资金部分，以不高于交易所与银行协商确定的利率标准计算利息，在每年的 3 月下旬、6 月下旬、9 月下旬、12 月下旬将利息划入结算会员专用资金账户或者转入结算会员结算准备金。

第三十六条　交易保证金是指结算会员存入交易所专用结算账户中确保履约的资金，是已被合约占用的保证金。当买卖双方成交后，交易所按照保证金标准向双方收取交易保证金。

交易所按照买入和卖出的持仓量分别收取交易保证金。

第三十七条　交易保证金的收取标准按照《中国金融期货交易所风险控制管理办法》的有关规定执行。

第三十八条　结算会员向客户、交易会员收取交易保证金的标准不得低于交易所向结算会员收取交易保证金的标准。交易会员向客户收取交易保证金的标准不得低于结算会员向交易会员收取交易保证金的标准。

第三十九条　交易所实行当日无负债结算制度。

当日交易结束后，交易所按照当日结算价对结算会员结算所有合约的盈亏、交易保证金及手续费、税金等费用，对应收应付的款项实行净额一次划转，相应增加或者减少结算准备金。

结算会员在交易所结算完成后，按照前款原则对客户、交易会员进行结算；交易会员按照前款原则对客户进行结算。

第四十条　交易所根据当日成交合约按照规定标准计收结算会员的手续费。股指期货的手续费标准为成交金额的万分之零点五。

交易所有权对手续费标准进行调整。

第四十一条　当日结算价是指某一期货合约最后一小时成交价格按照成交量的加权平均价。

合约最后一小时无成交的，以前一小时成交价格按照成交量的加权平均价作为当日结算价。该时段仍无成交的，则再往前推一小时。以此类推。合约当日最后一笔成交距开盘时间不足一小时的，则取全天成交量的加权平均价作为当日结算价。

合约当日无成交的，当日结算价计算公式为：当日结算价 = 该合约上一交易日结算价 + 基准合约当日结算价 - 基准合约上一交易日结算价，其中，基准合约为当日有成交的离交割月最近的合约。合约为新上市合约的，取其挂盘基准价为上一交易日结算价。基准合约为当日交割合约的，取其交割结算价为基准合约当日结算价。根据本公式计算出的当日结算价超出合约涨跌停板价格的，取涨跌停板价格作为当日结算价。

采用上述方法仍无法确定当日结算价或者计算出的结算价明显不合理的，交易所有权决定当日结算价。

第四十二条　期货合约以当日结算价作为计算当日盈亏的依据。具体计算公式如下：

当日盈亏 = ∑[（卖出成交价 - 当日结算价）　卖出量　合约乘数] + ∑[（当日结算价 - 买入成交价）　买入量　合约乘数] +（上一交易日结算价 - 当日结算价）　（上一交易日卖出持仓量 - 上一交易日买入持仓量）　合约乘数

第四十三条　当日盈亏在当日结算时进行划转，盈利划入结算会员结算准备金，亏损从结算会员结算准备金中扣划。

当日结算时，结算会员账户中的交易保证金超过上一交易日结算时的交易保证金部分从结算准备金中扣划，交易保证金低于上一交易日结算时的交易保证金部分划入结算准备金。

手续费、税金等各项费用从结算准备金中扣划。

第四十四条　结算准备金余额的具体计算公式如下：

当日结算准备金余额＝上一交易日结算准备金余额＋上一交易日交易保证金－当日交易保证金＋当日盈亏＋入金－出金－手续费等。

第四十五条　结算完毕后，结算会员的结算准备金余额低于最低余额标准时，该结算结果即视为交易所向结算会员发出的追加保证金通知，两者的差额即为追加保证金金额。

交易所发出追加保证金通知后，可以通过期货保证金存管银行从结算会员专用资金账户中扣划。若未能全额扣款成功，结算会员应当在下一交易日开市前补足至结算准备金最低余额。未能补足的，如结算准备金余额小于结算准备金最低余额，不得开仓；如结算准备金余额小于零，交易所按照《中国金融期货交易所风险控制管理办法》的规定进行处理。

第四十六条　交易所可以根据市场风险状况，在交易过程中向风险较大的结算会员发出追加保证金的通知，并可以通过期货保证金存管银行从结算会员专用资金账户中扣划。若未能全额扣款成功，结算会员应当按照交易所的要求在规定时间内补足保证金。结算会员未能按时补足的，交易所有权对其采取限制开仓、强行平仓等风险控制措施。

第四十七条　交易所本着安全、准确、快捷的原则为结算会员办理出入金业务。

入金是指从结算会员专用资金账户向交易所专用结算账户划入资金的行为；出金是指从交易所专用结算账户向结算会员专用资金账户划出资金的行为。

（一）入金

1. 票据支付。结算会员可以用专用资金账户开出的支票、本票和贷记凭证入金。结算会员用此类方式划入的资金，经期货保证金存管银行确认到账后，交易所将增加结算会员在交易所内的结算准备金。

2. 银行扣划。结算会员可以在每个交易日交易结束之前向交易所提出书面或者电子划款申请，经期货保证金存管银行确认到账后，交易所将增加结算会员在交易所内的结算准备金。

（二）出金

结算会员可以在每日交易结束之前向交易所提出书面或者电子划款申请，经交易所审核后通知期货保证金存管银行于当日收市后在结算会员的专用资金账户和交易所专用结算账户之间进行划转。

第四十八条　结算会员出金应当符合交易所规定。结算会员的出金标准为：

可出金额＝实有货币资金－交易保证金－结算准备金最低余额

交易所可以根据市场风险状况对结算会员出金标准做适当调整。

第四十九条　有下列情形之一的结算会员、交易会员和客户，交易所可以限制结算会员出金：

（一）涉嫌重大违规，经交易所立案调查的；

（二）因投诉、举报、交易纠纷等被司法部门、交易所或者其他有关部门正式立案调查，且正处在调查期间的；

（三）交易所认为市场出现重大风险时；

（四）交易所认为必要的其他情形。

第五十条　当日结算完成后，结算会员应当通过交易所系统获得相关的结算数据。

第五十一条　因特殊情况造成交易所不能按时提供结算数据的，交易所另行通知提供结算数据的时间和方式。

第五十二条　结算会员每天应当及时取得交易所提供的结算数据，做好核对工作，并妥善保存，该数据应当至少保存20年，但对期货交易有争议的，应当保存至该争议消除时为止。

第五十三条　结算会员对结算数据有异议的，应当在不迟于下一交易日开市前30分钟以书面形式通知交易所。情况特殊的，结算会员可以在下一交易日开市后2小时内以书面形式通知交易所。

结算会员未在前款规定时间内对结算数据提出书面异议的，视为认可结算数据的正确性。

第五十四条　交易所在每月的第一个交易日向结算会员提供上月的《中国金融期货交易所资金结算核对单》（加盖结算专用章），在每季的第一个交易日向结算会员提供上季的《中国金融期货交易所结算担保金核对单》（加盖结算专用章），作为结算会员核查的依据。

第五章　交易会员更换结算会员

第五十五条　会员出现下列情形之一的，交易所可以为交易会员办理更换结算会员手续：

（一）结算协议期满后，结算会员与交易会员不再续约；

（二）结算协议履行期间，结算会员与交易会员同意提前终止结算协议；

（三）全面结算会员或者特别结算会员因故不能为交易会员进行结算；

（四）交易所认定的其他情形。

第五十六条　发生第五十五条第（一）项情形的，交易会员和移入结算会员应当在交易会员和移出结算会员的结算协议期满前30日之前向交易所提交下列材料：

（一）《交易会员更换结算会员申请书》；

（二）交易会员和移入结算会员签订的结算协议；

（三）交易所规定的其他材料。

发生第五十五条第（二）、（三）、（四）项情形的，交易会员和移入结算会员除提交前款规定材料外，还应当提交交易会员与移出结算会员结算协议的终止协议。

第五十七条　交易所对申请材料进行审批。交易所批准后，通知交易会员、移出结算会员、移入结算会员变更结算关系的约定日期。

第五十八条　交易所在约定日结算后为交易会员、结算会员办理变更结算关系，将交易会员的持仓及相应的交易保证金从移出结算会员移至移入结算会员，并提供移转的持仓清单由交易会员、移出结算会员、移入结算会员确认。

第五十九条　会员应当核对移转的持仓清单，一经确认，不得更改。

第六十条　在约定日结算后，出现下列情形之一的，交易所可以暂停办理变更手续：

（一）市场出现重大风险时；

（二）交易所认定的其他情形。

第六十一条　交易所按照持仓移转的数量收取变更手续费。变更手续费标准为人民币10元/手，从移入结算会员的结算准备金中扣划。

交易所有权对变更手续费标准进行调整。

第六章 客户移仓

第六十二条 会员因故不能从事金融期货经纪业务或者发生合并、分立、破产时，由会员提出移仓申请并经交易所批准，或者中国证监会要求移仓的，交易所可以对该会员进行客户移仓。

第六十三条 会员提交的移仓申请材料应当包括移出会员及其客户、移入会员同意移仓的声明书及需要移转的客户持仓的详细清单。移入会员或者移出会员为交易会员的，还应当提交其委托结算的结算会员同意移仓的声明书。

第六十四条 移仓申请批准后，交易所通知会员约定移仓日。

第六十五条 交易所将在约定移仓日的当日结算完成后，为会员实施客户移仓，并提供移转的客户持仓清单由移入会员、移出会员确认。移入会员或者移出会员为交易会员的，还应当将移转的客户持仓清单提交给其委托结算的结算会员确认。

第六十六条 移仓内容包括客户的持仓及相应的交易保证金。

第六十七条 会员应当核对移转的客户持仓清单，一经确认，不得更改。

第七章 交割结算

第六十八条 期货交割采用现金交割或者实物交割方式。

现金交割是指合约到期时，按照交易所的规则和程序，交易双方按照交易所公布的交割结算价进行现金差价结算，了结到期未平仓合约的过程。

实物交割是指合约到期时，按照交易所的规则和程序，交易双方通过该合约所载标的物所有权的转移，了结到期未平仓合约的过程。

第六十九条 股指期货合约采用现金交割方式。

股指期货合约最后交易日收市后，交易所以交割结算价为基准，划付持仓双方的盈亏，了结所有未平仓合约。

第七十条 股指期货交割结算价为最后交易日标的指数最后2小时的算术平均价。交易所有权根据市场情况对股指期货的交割结算价进行调整。

第七十一条 股指期货的交割手续费标准为交割金额的万分之零点五，交易所有权对交割手续费标准进行调整。

第八章 风险与责任

第七十二条 结算会员对其在交易所成交的合约负有承担风险的责任。

第七十三条 风险管理实行分级负责。交易所对结算会员进行风险管理，结算会员对与其签订结算协议的交易会员进行风险管理，会员对其受托的客户进行风险管理。

第七十四条 结算会员无法履约时，交易所有权按照规定依次采取下列保障措施：

（一）暂停开仓；

（二）强行平仓，并用平仓后释放的保证金履约赔偿；

（三）动用该违约结算会员缴纳的结算担保金；

（四）动用其他结算会员缴纳的结算担保金；

（五）动用交易所风险准备金；

（六）动用交易所自有资金。

交易所代为履约后，由此取得对违约会员的相应追偿权。

第七十五条 交易所实行风险准备金制度。风险准备金是指由交易所设立，用于为维护期货市场正常运转提供财务担保和弥补因交易所不可预见风险带来亏损的资金。

第七十六条 风险准备金的来源：

（一）交易所按照手续费收入的20%的比例，从管理费用中提取；

（二）符合国家财政政策规定的其他收入。

当风险准备金达到一定规模时，经中国证监会批准后可以不再提取。

第七十七条 风险准备金应当单独核算，专户存储。

第七十八条 风险准备金的动用应当经交易所董事会批准，并报告中国证监会后，按照规定的用途和程序进行。

第九章 附则

第七十九条 违反本细则规定的，交易所按照本细则和《中国金融期货交易所违规违约处理办法》的有关规定处理。

第八十条 本细则由交易所负责解释。

第八十一条 本细则自2007年6月27日起实施。

中国金融期货交易所会员管理办法

第一章 总则

第一条 为加强会员管理，保护会员的合法权益，规范会员在中国金融期货交易所（以下简称交易所）的业务活动，根据《中国金融期货交易所交易规则》，制定本办法。

第二条 会员是指根据有关法律、行政法规和规章的规定，经交易所批准，有权在交易所从事交易或者结算业务的企业法人或者其他经济组织。

第三条 交易所的会员分为交易会员和结算会员。

第四条 本办法适用于会员及其从业人员。

第二章 交易会员

第五条 交易会员可以从事经纪或者自营业务，不具有与交易所进行结算的资格。

第六条 申请交易所交易会员资格的，应当符合下列基本条件：

（一）中华人民共和国境内登记注册的企业法人或者其他经济组织；

（二）承认并遵守交易所的交易规则及其实施细则；

（三）具有良好的信誉和经营历史，近3年未有不良经营记录，无严重违法行为记录或者被期货交易所、证券交易所取消会员资格的记录；

（四）具有健全的组织机构和财务管理制度及完善的期货业务管理制度、内部控制制度和风险管理制度；

（五）具备满足业务需要的期货从业人员；

（六）具有满足开展业务所需要的设备、场地；

（七）符合中国证监会期货保证金安全存管监控的有关规定；

（八）期货业务系统符合交易所的相关规定；

（九）交易所根据市场发展需要和审慎原则规定的其他条件。

第七条 期货公司申请交易会员资格的，除符合本办法第六条的基本条件外，还应当取得中国证监会金融期货经纪业务资格许可。

第八条 非期货公司申请交易会员资格的，除符合本办法第六条的基本条件外，还应当符合下列条件：

（一）依法核准登记的金融机构；

（二）符合相关主管部门的规定。

第九条　申请交易会员资格，应当向交易所提交下列文件：

（一）经法定代表人签字的交易会员资格申请书；

（二）会员入会登记表；

（三）与结算会员签订的结算协议；

（四）期货公司申请交易会员资格的，应当提供加盖公章的中国证监会核发的金融期货经纪业务许可证明文件复印件；

（五）加盖公章的营业执照复印件；

（六）加盖公章的组织机构代码证复印件；

（七）公司章程、主要股东名册及其持股比例；

（八）住所（经营场所）使用证明；

（九）《会员期货业务系统检查表》及相关文档；

（十）公司风险管理制度、内部控制制度、业务流程及相关业务制度等；

（十一）从事经纪业务的，申请日前2个月月末的期货公司风险监管报表以及公司保证其申请日前2个月风险监管指标持续符合规定标准的书面说明；

（十二）《高级管理人员情况表》、《主要部门负责人情况表》和《从业人员情况表》；

（十三）经具有证券、期货相关业务资格的会计师事务所审计的最近1年的财务报告；

（十四）交易所要求提供的其他文件或者材料。

第十条　交易所在收到符合要求的申请材料之日起30个工作日内，提出审核意见，并对符合交易会员条件的申请单位发出会员资格批准通知书。

第十一条　申请单位应当在交易所发出会员资格批准通知书之日起30个工作日内，与交易所签署《中国金融期货交易所交易会员协议》，并办理相关手续。逾期未办理的，视为自动放弃申请会员资格。

第十二条　申请单位办理完毕相关手续后，即取得交易会员资格，交易所制发会员证书，并报告中国证监会。

第十三条　交易会员可以申请席位，使用席位应当遵守交易所的有关规定。

第十四条　交易会员申请变更受托结算会员的，应当按照《中国金融期货交易所结算细则》的相关规定办理。

第三章　结算会员

第十五条　结算会员可以从事结算业务，具有与交易所进行结算的资格。结算会员按照业务范围分为交易结算会员、全面结算会员和特别结算会员。

交易结算会员只能为其受托客户办理结算、交割业务。

全面结算会员既可以为其受托客户也可以为与其签订结算协议的交易会员办理结算、交割业务。

特别结算会员只能为与其签订结算协议的交易会员办理结算、交割业务。

第十六条　申请交易所结算会员资格的，应当符合下列条件：

（一）本办法第六条规定的条件；

（二）取得中国证监会金融期货结算业务资格许可。

第十七条　申请成为结算会员应当向交易所提交下列文件：

（一）本办法第九条第（二）项、第（五）项至第（十二）项规定的文件；

（二）经法定代表人签字的结算会员资格申请书；

（三）中国证监会核发的金融期货结算业务许可证明文件；

（四）经具有证券、期货相关业务资格的会计师事务所审计的前3年度财务报告；申请日在下半年的，还应当提供经审计的半年度财务报告；

（五）经具有证券、期货相关业务资格的会计师事务所审计的控股股东的最近一期的财务报告；

（六）交易所要求提供的其他文件或者材料。

第十八条　交易所在收到符合要求的申请材料之日起30个工作日内，提出审核意见，并对符合结算会员条件的申请单位发出会员资格批准通知书。

第十九条　申请单位应当在交易所发出会员资格批准通知书之日起30个工作日内，办理下列事项：

（一）签署《中国金融期货交易所结算会员协议》；

（二）在期货保证金存管银行开设专用资金账户和结算担保金专用账户；

（三）缴纳结算担保金；

（四）办理有关人员的授权手续；

（五）交易所规定应当办理的其他事项。

逾期未办理的，视为自动放弃申请会员资格。

第二十条　申请单位办理完手续后，即取得结算会员资格，交易所制发会员证书，并报告中国证监会。

第四章　会员资格的变更和终止

第二十一条　会员不得转让其会员资格，但可以申请变更或者终止会员资格。交易所在会员资格发生变化后，报告中国证监会。

第二十二条　会员资格的变更是指交易会员、交易结算会员或者全面结算会员资格之间的转换。

第二十三条　会员申请变更会员资格的，应当符合本办法规定的条件，并向交易所提交经法定代表人签字的变更会员资格申请书及本办法规定的其他材料。

第二十四条　交易所在收到符合要求的申请材料之日起30个工作日内，提出办理意见，并对符合条件的会员发出批准变更通知书。

会员应当在交易所发出批准变更通知书之日起30个工作日内，办理下列事项：

（一）结算会员申请变更为交易会员的，按照本办法第十一条的有关规定办理手续；结清与交易所的全部债权和债务；退还各种票据和交易所颁发的各种证件；办理专用资金账户和结算担保金专用账户的销户手续；交易所规定应当办理的其他事项。

（二）交易会员申请变更为结算会员的，应当按照本办法第十九条的有关规定办理手续。

（三）交易结算会员和全面结算会员之间变更的，应当按照新结算会员资格缴纳结算担保金。

变更会员资格的，会员应当与交易所重新签署协议，原协议同时终止。

逾期未办理的，视为自动撤销变更申请。

第二十五条　会员申请终止会员资格的，应当向交易所提交下列材料：

（一）经法定代表人签字的终止会员资格申请书；

（二）交易所要求提供的其他文件或者材料。

第二十六条　交易所在收到符合要求的申请材料之日起30个工作日内，提出办理意见，并对符合条件的会员发出终止会员资格通知书。

第二十七条　会员应当在交易所发出终止会员资格通知书之日起30个工作日内，办理下列事项：

（一）了结合约持仓；

（二）结清与交易所的全部债权、债务；

（三）退还各种票据和交易所颁发的各种证件；

（四）办理专用资金账户的销户手续；

（五）交易所规定应当办理的其他事项。

第二十八条　交易所同意终止会员资格的，注销其会员资格，报告中国证监会，并予以公布。

会员资格证书自注销之日起失效。

第二十九条　会员存在下列情形之一的，不得申请变更或者终止会员资格：

（一）因经济纠纷、违法或者犯罪接受国家有关部门立案调查、处理；

（二）因涉嫌违规，被交易所立案调查；

（三）因违法、违规被交易所处以通报批评、暂停期货交易、结算业务等处罚，且处罚期满未逾3个月；

（四）与交易所存在债务纠纷且尚未结清；

（五）交易所规定的其他情形。

第三十条　会员发生合并、分立的，应当向交易所重新申请会员资格。

第五章　会员联系人

第三十一条　交易所建立会员联系人制度。会员应当设业务代表一名，代表会员组织、协调会员与交易所的各项业务往来。

业务代表由会员公司高级管理人员担任。

会员应当为业务代表履行职责提供便利条件，会员董事、监事、高级管理人员及相关人员应当配合业务代表的工作。

第三十二条　会员应当设业务联络员若干名，根据业务代表的授权行使职责。

第三十三条　会员推荐业务代表，应当向交易所提交下列文件：

（一）会员推荐文件；

（二）高级管理人员任职证明文件；

（三）拟推荐人员的联络方式；

（四）拟推荐人员的期货从业人员资格证书。

会员推荐业务联络员，应当提交前款第（一）、第（三）项和第（四）项文件。

第三十四条　交易所在收到符合要求的申请材料之日起5个工作日内，做出审批意见。

第三十五条　业务代表应当履行下列职责：

（一）组织办理交易、结算与交割等相关业务；

（二）办理交易所会员资格、席位等相关业务；

（三）报送交易所要求的公司文件；

（四）组织会员相关业务人员参加交易所举办的培训；

（五）组织与交易所期货业务相关的内部培训；

（六）配合交易所对交易及相关系统进行改造、测试；

（七）每日登录交易所系统，及时接收交易所发送的通知以及业务文件等，并予以协调落实；

（八）及时将会员更新总部、分支机构的相关资料及其他信息告知交易所；

（九）督促会员及时履行报告义务；

（十）督促会员及时缴纳各项费用；

（十一）协调、组织业务联络员的工作；

（十二）交易所要求履行的其他职责。

第三十六条　业务代表或者业务联络员出现下列情形之一的，会员应当立即予以更换：

（一）业务代表或者业务联络员离职离岗；

（二）业务代表不再担任高级管理人员职务；

（三）连续1个月以上不能履行职责；

（四）履行职责时出现重大错误，产生严重后果；

（五）交易所认为不适宜继续担任业务代表或者业务联络员的其他情形。

会员对存在前款规定情形的业务代表或者业务联络员不予更换的，交易所可以要求更换。

第三十七条　会员向交易所申请更换业务代表或者业务联络员，应当提交更换申请书及本办法第三十三条所规定的文件。

第三十八条　业务代表空缺期间，会员法定代表人应当履行业务代表职责，直至会员推荐新的业务代表并经交易所审核批准。

第六章　会员报告

第三十九条　会员向交易所报送的信息和资料应当真实、准确、完整。

第四十条　会员应当向交易所履行下列定期报告义务：

（一）每月前7个工作日内报送上月统计报表及风险控制指标监管报表；

（二）每年4月30日前报送上年度经审计的财务报告和交易所要求的年度报告材料；

（三）交易所规定的其他报告。

第四十一条　会员有下列情形之一的，应当在10个工作日内向交易所书面报告：

（一）法定代表人变更；

（二）注册资本总额或者股权结构变更；

（三）名称、住所、经营范围及联系方式变更；

（四）净资本等风险控制指标不符合中国证监会规定标准；

（五）增加或者减少分支机构；

（六）发生重大诉讼案件或者经济纠纷；

（七）取得其他交易所会员资格；

（八）因违法、违规受到司法机关、期货市场监管部门、行政执法部门或者其他交易所处罚；

（九）会员改聘会计师事务所；

（十）股东大会或者股东会、董事会决议被依法撤销或者宣告无效；

（十一）交易所规定的其他情形。

第四十二条　会员发生下列情形之一的，应当立即向交易所报告，并持续报告进展情况：

（一）重大业务风险；

（二）重大技术故障；

（三）不可抗力或者意外事件可能影响客户正常交易。

第四十三条　交易所可以根据审慎管理原则，要求会员对期货交易、内部控制、风险控制和技术系统运行等情况进行自查，并提交专项自查报告。

第七章　监督管理

第四十四条　会员及其从业人员应当遵守国家有关法律、行政法规、规章和交易所交易规则及其实施细则等规定，接受中国证监会和交易所的监督管理。

第四十五条　会员有下列情形之一的，交易所有权要求其限期整改，并有权终止其会员资格：

（一）国家主管机关撤销工商登记或者予以解散；

（二）国家主管机关撤销业务许可；

（三）法院裁定宣告破产；

（四）不能履行会员义务；

（五）违反相关法律法规或者被主管机关给予行政处分逾期仍不改正；

（六）违反交易所交易规则及其实施细则，情节严重；

（七）日常业务行为违背诚实信用原则，导致客户遭受重大损失；

（八）被中国证监会宣布为市场禁止进入者；

（九）私下转让经纪业务、结算业务，将经纪业务、结算业务委托给他人管理或承包给他人经营；

（十）交易所规定的其他情形。

第四十六条　会员不得接受下列单位和个人的委托为其进行期货交易：

（一）国家机关和事业单位；

（二）中国证监会、期货交易所、中国期货保证金监控中心和中国期货业协会的工作人员；

（三）证券、期货市场禁止进入者；

（四）未能提供开户证明材料的单位和个人；

（五）无民事行为能力人或者限制民事行为能力人；

（六）中国证监会及交易所规定的其他不得从事期货交易的单位或个人。

第四十七条　开户、变更、销户的客户资料档案应当自期货经纪合同终止之日起至少保存20年；交易指令记录、交易结算记录、错单记录、客户投诉档案以及其他业务记录应当至少保存20年。

第四十八条　会员从事经纪业务的，应当将交易所发布的即时行情和公告信息等市场信息及时在营业场所公布。

未经交易所批准，会员不得将上述信息提供给任何第三方从事经营活动，不得在非营业场所将上述信息提供给其客户以外的其他机构和个人。

第四十九条　会员应当及时、准确传递客户交易指令。委托成交后，会员应当及时通知客户。未经客户委托，不得擅自代客户进行期货交易。会员不得隐瞒重要事项或者使用其他不正当手段诱骗客户发出交易指令。

第五十条　会员收取的客户保证金归客户所有，任何单位和个人不得占用和挪用。

会员不得将收取的客户保证金用于自身经营活动或者充抵自身债务；不得允许他人擅自使用客户保证金或者擅自用客户保证金为他人提供担保。

第五十一条　结算会员对其受托结算的合约承担全部责任，交易会员、客户无法履约时，结算会员应当代替交易会员、客户先行履行结算交割义务，再向交易会员、客户追索。

第五十二条　会员为控制交易风险，需要对客户持仓实施强行平仓的，应当遵守双方合同规定的标准和条件，并以合同约定的方式通知客户。

第五十三条　会员应当维护交易所的声誉，协助交易所处理突发或异常事件。出现突发或异常事件时，会员应当做好对客户的解释工作。

第五十四条　交易所有权定期或者不定期对会员执行交易所交易规则及其实施细则的情况进行检查，会员应当根据交易所的安排积极配合。

第五十五条　会员高级管理人员和从业人员应当符合中国证监会的有关规定。

第五十六条　会员从业人员在交易所从事期货业务，应当经会员授权，会员从业人员在交易所从事的业务活动由所在会员承担全部责任。会员从业人员在同一时期内，只能受聘于一家会员，不得在其他会员处兼职。

会员变更、取消其从业人员期货业务授权的，应当及时通知交易所，并对交易所接到通知前其从业人员的业务活动承担全部责任。

第五十七条　会员资格终止后，该会员对其从业人员的授权自动失效。

第八章　附则

第五十八条　违反本办法规定的，交易所按照本办法和《中国金融期货交易所违规违约处理办法》的有关规定处理。

第五十九条　本办法由交易所负责解释。

第六十条　本办法自2007年6月27日起实施。

中国金融期货交易所风险控制管理办法

第一章　总则

第一条　为加强期货交易风险管理，保护期货交易当事人的合法权益，保障中国金融期货交易所（以下简称交易所）期货交易的正常进行，根据《中国金融期货交易所交易规则》，制定本办法。

第二条　交易所风险管理实行保证金制度、价格限制制度、持仓限额制度、大户持仓报告制度、强行平仓制度、强制减仓制度、结算担保金制度和风险警示制度。

第三条　交易所、会员和客户应当遵守本办法。

第二章　保证金制度

第四条　交易所实行保证金制度。保证金分为结算准备金和交易保证金。

第五条　股指期货合约最低交易保证金标准为10%。期货交易过程中，出现下列情形之一的，交易所可以根据市场风险状况调整交易保证金标准，并向中国证券监督管理委员会（以下简称中国证监会）报告：

（一）期货交易出现涨跌停板单边无连续报价（以下简称单边市）；

（二）遇国家法定长假；

（三）交易所认为市场风险明显变化；

（四）交易所认为必要的其他情形。

第六条　交易所调整期货合约交易保证金标准的，在当日结算时对该合约的所有持仓按照调整后的交易保证金标准进行结算。

第七条　结算准备金的管理适用《中国金融期货交易所结算细则》的有关规定。

第三章　价格限制制度

第八条　交易所实行价格限制制度。价格限制制度分为熔断制度与涨跌停板制度。熔断与涨跌停板幅度由交易所设定，交易所可以根据市场风险状况调整期货合约的熔断与涨跌停板幅度。

第九条　股指期货合约的熔断幅度为上一交易日结算价的±6%，涨跌停板幅度为上一交易日结算价的±10%。最后交易日不设熔断机制，涨跌停板幅度为上一交易日结算价的±20%。

第十条　每日开市后，股指期货合约申报价触及熔断价格且持续5分钟的，该合约启动熔断机制。申报价触及熔断价格且持续5分钟，是指只有熔断价格的买入（卖出）申报、没有熔断价格的卖出（买入）申报，或者一有卖出（买入）申报就成交、但未打开熔断价格的情形。

（一）熔断机制启动后的连续5分钟内，该合约买卖申报在熔断价格区间内继续撮合成交。5分钟后，熔断机制终止，涨跌停板幅度生效。

（二）股指期货合约申报价触及熔断价格未持续5分钟，第一节交易结束的，第二节交易开始后重新进行熔断检查。

（三）熔断机制启动后不足5分钟，第一节交易结束的，熔断机制终止；第二节交易开始后，涨跌停板幅度生效。

（四）收市前30分钟内，不设熔断机制。熔断机制已经启动的，终止执行。

（五）每日只启动一次熔断机制。

第十一条　期货合约以熔断价格或者涨跌停板价格申报的，成交撮合实行平仓优先、时间优先的原则。

第十二条　单边市是指某一合约收市前5分钟内出现只有停板价格的买入（卖出）申报、没有停板价格的卖出（买入）申报，或者一有卖出（买入）申报就成交、但未打开停板价格的情形。

第十三条　期货合约在某一交易日（该交易日称为Dt交易日，Dt前一交易日称为Dt－1交易日，Dt后一交易日称为Dt＋1交易日，依次类推，下同）出现单边市，Dt交易日为最后交易日的，则该合约直接进行交割；Dt交易日不是最后交易日的，交易所将区分下列情形采取相应措施：

（一）Dt交易日与Dt－1交易日同方向累计涨跌幅度小于16%的，Dt交易日结算时该合约的交易保证金标准按照12%收取，收取标准已高于12%的按照原标准收取。

（二）Dt交易日与Dt－1交易日同方向累计涨跌幅度大于等于16%的，交易所有权根据市场情况采取下列风险控制措施中的一种或者多种：提高交易保证金标准、限制开仓、限制出金、限期平仓、强行平仓、暂停交易、调整涨跌停板幅度、强制减仓或者其他风险控制措施。

第十四条　期货合约Dt＋1交易日未出现单边市，Dt＋1交易日结算时交易保证金标准按照正常标准收取。

第四章　持仓限额制度

第十五条　交易所实行持仓限额制度。持仓限额是指交易所规定会员或者客户可以持有的、按照单边计算的某一合约持仓的最大数量。

第十六条　同一客户在不同会员处开仓交易，其在某一合约的持仓合计不得超出该客户的持仓限额。

第十七条　会员和客户的股指期货合约持仓限额具体规定如下：

（一）对客户某一合约单边持仓实行绝对数额限仓，持仓限额为600张；

（二）对从事自营业务的交易会员某一合约单边持仓实行绝对数额限仓，每一客户号持仓限额为600张；

（三）某一合约单边总持仓量超过10万张的，结算会员该合约单边持仓量不得超过该合约单边总持仓量的25%。

获批套期保值额度的会员或者客户持仓，不受前款限制。

第十八条　会员、客户持仓达到或者超过持仓限额的，不得同方向开仓交易。

第五章　大户持仓报告制度

第十九条　交易所实行大户持仓报告制度。交易所可以根据市场风险状况，公布持仓报告标准。

会员或者客户某一合约持仓达到交易所规定的持仓报告标准的，会员或者客户应当向交易所报告。客户未报告的，会员应当向交易所报告。

第二十条　会员或者客户的持仓达到交易所规定报告标准的，应当于下一交易日收市前向交易所报告。交易所有权要求会员、客户再次报告或者补充报告。

第二十一条　达到交易所规定报告标准的会员或者客户应当提供下列材料：

（一）《大户持仓报告表》，内容包括会员名称、会员号、客户名称和客户号、合约代码、持仓量、交易保证金、可动用资金等；

（二）资金来源说明；

（三）法人客户的实际控制人资料；

（四）开户材料及当日结算单据；

（五）交易所要求提供的其他材料。

第二十二条　会员应当对达到交易所规定报告标准的客户所提供的有关材料进行审核。会员应当保证客户所提供材料的真实性和准确性。

第二十三条　交易所有权对会员或者客户提供的材料进行核查。

第二十四条　客户在不同会员有持仓，且合计达到报告标准的，应当向交易所报告。客户未报告的，由交易所指定受托会员按照本办法第二十一条报送该客户的有关材料。

第六章　强行平仓制度

第二十五条　交易所实行强行平仓制度。强行平仓是指交易所按照有关规定对会员、客户持仓实行平仓的一种强制措施。

第二十六条　会员、客户出现下列情形之一的，交易所对其持仓实行强行平仓：

（一）结算会员结算准备金余额小于零，且未能在规定时限内补足；

（二）客户、从事自营业务的交易会员持仓超出持仓限额标准，且未能在规定时限内平仓；

（三）因违规、违约受到交易所强行平仓处罚；

（四）根据交易所的紧急措施应予强行平仓；

（五）其他应予强行平仓的情形。

第二十七条　强行平仓先由会员在开市后第一节交易时间内执行，交易所另有规定的除外。会员未在规定时限内执行完毕的，由交易所强制执行。

（一）会员执行

因本办法第二十六条第（一）、（二）项情形强行平仓的，强行平仓原则由会员自行确定，强行平仓结果应当符合交易所规定。

（二）交易所执行

1. 因本办法第二十六条第（一）项情形强行平仓的：

其需要强行平仓的头寸，由交易所按照上一交易日结算后合约总持仓量由大到小顺序，优先选择持仓量大的合约作为强行平仓的合约，再按照该合约所有客户持仓比例分配。

交易所对多个结算会员强行平仓的，按照应当追加保证金数额由大到小的顺序依次选择强行平仓的结算会员。

2. 因本办法第二十六条第（二）项情形强行平仓的：

交易所对超仓头寸进行强行平仓；客户在多个会员处持仓的，按照持仓数量由大到小的顺序选择会员强行平仓。

3. 因本办法第二十六条第（三）、（四）、（五）项情形强行平仓的，交易所根据涉及的会员或者客户的具体情况确定强行平仓头寸。

当会员同时因本办法第二十六条第（一）、（二）项情形强行平仓时，交易所先按照第（二）项情形确定强行平仓头寸，再按照第（一）项情形确定强行平仓头寸。

第二十八条　强行平仓的执行程序

（一）通知

交易所以"强行平仓通知书"（以下简称通知书）的形式向有关结算会员下达强行平仓要求。通知书除交易所特别送达以外，随当日结算数据发送，有关结算会员可以通过交易所系统获得。

（二）执行及确认

1. 开市后，有关会员应当自行平仓，直至符合交易所规定；

2. 结算会员超过规定平仓时限而未执行完毕的，剩余部分由交易所执行强行平仓；

3. 强行平仓结果随当日成交记录发送，有关信息可以通过交易所系统获得。

第二十九条　强行平仓的价格通过市场交易形成。

第三十条　因价格涨跌停板限制或者其他市场原因，无法在规定时限内完成全部强行平仓的，其剩余强行平仓数量可以顺延至下一交易日继续强行平仓，仍按照第二十七条原则执行，直至符合交易所规定。

第三十一条　因价格涨跌停板限制或者其他市场原因，无法在当日完成全部强行平仓的，交易所根据当日结算结果，对该会员做出相应处理。

第三十二条　因价格涨跌停板限制或者其他市场原因，有关持仓的强行平仓只能延时完成的，因此产生的亏损，由直接责任人承担；未能完成平仓的，该持仓持有者应当继续对此承担持仓责任或者交割义务。

第三十三条　由会员执行的强行平仓产生的盈利归直接责任人；由交易所执行的强行平仓产生的盈亏相抵后的盈利按照国家有关规定执行；因强行平仓产生的亏损由直接责任人承担。

直接责任人是客户的，强行平仓后产生的亏损，由该客户所在会员先行承担后，自行向该客户追索。

第七章　强制减仓制度

第三十四条　交易所实行强制减仓制度。强制减仓是指交易所将当日以涨跌停板价格申报的未成交平仓报单，以当日涨跌停板价格与该合约净持仓盈利客户按照持仓比例自动撮合成交。

第三十五条　强制减仓的方法

（一）同一客户双向持仓的，其净持仓部分的平仓报单参与强制减仓计算，其余平仓报单与其反向持仓自动对冲平仓。

（二）申报平仓数量的确定

申报平仓数量是指在Dt交易日收市后，已在交易所系统中以涨跌停板价格申报无法成交的、且客户合约的单位净持仓亏损大于等于Dt交易日结算价10%的所有持仓。

客户不愿按照上述方法平仓的，可在收市前撤单。

（三）客户合约单位净持仓盈亏的确定

客户合约的单位净持仓盈亏是指客户该合约的持仓盈亏的总和除以净持仓量。客户该合约持仓盈亏的总和是指客户该合约所有持仓中，Dt－2交易日（含）前成交的按照Dt－2交易日结算价、Dt－1交易日和Dt交易日成交的按照实际成交价与Dt交易日结算价的差额合并计算的盈亏总和。

（四）单位净持仓盈利客户平仓范围的确定

根据上述方法计算的单位净持仓盈利大于零的客户的盈利方向净持仓均列入平仓范围。

（五）平仓数量的分配原则

1. 在平仓范围内按照盈利大小的不同分成三级，逐级进行分配。

首先分配给单位净持仓盈利大于等于Dt交易日结算价的10%的持仓（以下简称盈利10%以上的持仓）；其次分配给单位净持仓盈利小于Dt交易日结算价的10%而大于等于6%的持仓（以下简称盈利6%以上的持仓）；最后分配给单位净持仓盈利小于Dt交易日结算价的6%而大于零的持仓（以下简称盈利大于零的持仓）。

2. 以上各级分配比例均按照申报平仓数量（剩余申报平仓数量）与各级可平仓的盈利持仓数量之比进行分配。

盈利10%以上的持仓数量大于等于申报平仓数量的，根据申报平仓数量与盈利10%以上的持仓数量的比例，将申报平仓数量向盈利10%以上的持仓分配实际平仓数量；

盈利10%以上的持仓数量小于申报平仓数量的，根据盈利10%以上的持仓数量与申报平仓数量的比例，将盈利10%以上的持仓数量向申报平仓客户分配实际平仓数量。再把剩余的申报平仓数量按照上述的分配方法依次向盈利6%以上的持仓、盈利大于零的持仓分配；还有剩余的，不再分配。

（六）强制减仓的执行

强制减仓于Dt交易日收市后执行，强制减仓结果作为Dt交易日会员的交易结果。

（七）强制减仓的价格

强制减仓的价格为该合约Dt交易日的涨跌停板价格。

（八）强制减仓当日结算时交易保证金标准按照正常标准收取。

按照本条进行强制减仓造成的经济损失由会员及其客户承担。

第三十六条　该合约在采取上述措施后风险仍未释放的，交易所宣布进入异常情况，并按照有关规定采取风险控制措施。

第八章　结算担保金制度

第三十七条　交易所实行结算担保金制度。结算担保金是指由结算会员依交易所规定缴存的，用于应对结算会员违约风险的共同担保资金。

第三十八条　结算担保金分为基础结算担保金和变动结算担保金。基础结算担保金是指结算会员参与交易所结算交割业务必须缴纳的最低结算担保金数额。变动结算担保金是指结算会员结算担保金中超出基础结算担保金的部分，随结算会员业务量的变化而调整。结算担保金应当以现金形式缴纳。

（一）各类结算会员的基础结算担保金为：交易结算会员人民币 1000 万元，全面结算会员人民币 2000 万元，特别结算会员人民币 3000 万元。结算会员在签署《中国金融期货交易所结算会员协议》后的 5 个交易日内，将基础结算担保金存入交易所结算担保金专用账户。

（二）交易所每季度最后一个交易日收市后，根据市场总体情况，确定全市场的结算担保金总额，通知结算会员其应当分担的结算担保金。

每个结算会员根据业务量按照比例分担结算担保金总额。结算会员应当分担的结算担保金 = 结算担保金总额（20%　该会员上一季度日均交易量/交易所上一季度日均交易量 +80%　该会员上一季度日均持仓量/交易所上一季度日均持仓量）。

结算会员应当分担的结算担保金数额与其基础结算担保金数额取大者，作为结算会员新季度应当缴纳的结算担保金数额。交易所在新季度开始的第 5 个交易日第一节结束后，通过银行将结算担保金余额的超出部分划至结算会员结算担保金专用账户，将需要补交的结算担保金从结算会员结算担保金专用账户中扣划。

结算会员需要补交结算担保金的，应当在新季度的第 5 个交易日前将补交数额存入其结算担保金专用账户。

（三）交易所可以根据市场风险情况调整结算担保金的收取时间以及结算担保金总额，并有权对个别结算会员提高结算担保金。

第三十九条　结算会员结算准备金小于零，且未能在规定时限内补足的，交易所采取强行平仓等措施后，结算准备金仍小于零，交易所先使用该违约结算会员的结算担保金补足，不足部分再按照比例使用其他结算会员缴纳的结算担保金。

其他结算会员分摊比例为其结算担保金余额占当前未使用结算担保金总额之比，分摊的金额以其缴纳的结算担保金为限。

第四十条　结算会员缴纳的结算担保金，依本办法第三十九条使用后，应于 5 个交易日内按照原缴纳标准，将需要补足的部分存至其结算担保金专用账户。交易所于第 5 个交易日第一节结束后通过银行从结算会员结算担保金专用账户中扣划。

第四十一条　结算会员未能按期缴纳、补足结算担保金的，按照《中国金融期货交易所违规违约处理办法》有关规定处理。

第四十二条　动用结算担保金后，交易所由此取得对违约会员的相应追偿权。

第九章　风险警示制度

第四十三条　交易所实行风险警示制度。交易所认为必要的，可以分别或者同时采取要求会员和客户报告情况、谈话提醒、书面警示、公开谴责、发布风险警示公告等措施中的一种或者多种，以警示和化解风险。

第四十四条　出现下列情形之一的，交易所有权约见指定的会员高管人员或者客户谈话提醒风险，或者要求会员或者客户报告情况：

（一）期货价格出现异常；

（二）会员或者客户交易异常；

（三）会员或者客户持仓异常；

（四）会员资金异常；

（五）会员或者客户涉嫌违规、违约；

（六）交易所接到涉及会员或者客户的投诉；

（七）会员涉及司法调查；

（八）交易所认定的其他情况。

第四十五条　交易所实施谈话提醒应当遵守下列要求：

（一）交易所发出书面通知，约见指定的会员高管人员或者客户谈话，客户应当由会员指定人员陪同；

（二）交易所安排谈话提醒时，应当将谈话时间、地点、要求等以书面形式提前一天通知会员；

（三）谈话对象确因特殊情况不能参加的，应当事先报告交易所，经交易所同意后可以书面委托有关人员代理；

（四）谈话对象应如实陈述、不得故意隐瞒事实；

（五）交易所工作人员应当对谈话的有关信息予以保密。

交易所要求会员或者客户报告情况的，有关报告方式和报告内容参照大户报告制度执行。

第四十六条　交易所通过情况报告和谈话，发现会员或者客户有违规嫌疑、交易头寸有较大风险的，有权对会员或者客户发出《风险警示函》。

第四十七条　发生下列情形之一的，交易所有权在指定媒体上对有关会员和客户进行公开谴责：

（一）不按照交易所要求报告情况和谈话的；

（二）故意隐瞒事实，瞒报、错报、漏报重要信息的；

（三）故意销毁违规违约证明材料，不配合交易所调查的；

（四）经查实存在欺诈客户行为的；

（五）经查实参与分仓和操纵市场的；

（六）交易所认定的其他违规行为。

交易所对相关会员或者客户进行公开谴责的同时，对其违规行为，按照《中国金融期货交易所违规违约处理办法》的有关规定处理。

第四十八条　发生下列情形之一的，交易所有权发出风险警示公告，向全体会员和客户警示风险：

（一）期货价格出现异常；

（二）期货价格和现货价格出现较大差距；

（三）会员或者客户涉嫌违规、违约；

（四）会员或者客户交易存在较大风险；

（五）交易所认定的其他情形。

第十章　附则

第四十九条　违反本办法规定的，交易所按照本办法和《中国金融期货交易所违规违约处理办法》的有关规定处理。

第五十条　本办法由交易所负责解释。

第五十一条　本办法自 2007 年 6 月 27 日起实施。

中国金融期货交易所信息管理办法

第一章　总则

第一条　为规范信息的发布、经营、传播和使用，保障客户充分、及时、有效地获得信息，维护中国金融期货交易所（以下简称交易所）的信息权利，根据有关法律、行政法规、规章及《中国金融期货交易所交易规则》，制定本办法。

第二条　本办法所称信息是指与在交易所交易的产品有关的任何信息与数据，以及能够直接或者间接传达全部或者部分前述信息与数据的任何形式的描述，包括在交易所交易活动中产生的所有上市品种的交易行情、各种交易数据统计资料、交易所发布的各种公告和通知，以及中国证券监督管理委员会（以下简称中国证监会）指定披露的其他相关信息。

法律、行政法规、规章和监管部门禁止披露的信息，不在本办法所称的信息范围内。

第三条　交易所对信息享有所有权，未经交易所授权许可，任何单位和个人不得从事与交易所信息有关的业务，包括发布、经营、增值开发或者传播交易所信息等。

第四条　交易所可以独立、与第三方合作或者委托第三方对交易所信息进行经营管理。

第五条　交易所提供信息实行有偿原则，根据有关法律、行政法规、规章或者备忘录为协助监管部门或者其他相关单位履行监管职责而提供的除外。

第六条　因不可抗力、意外事件等原因，导致交易信息及设备传输中断或者发生故障无法正常运作时，交易所不承担任何责任。

第七条　交易所发布的信息分法定披露信息和非法定披露信息。法定披露信息是指根据有关法律、行政法规和规章，交易所必须予以披露的信息。法定披露信息以外的属于非法定披露信息。

第八条　交易所信息的发布、经营、传播和使用适用本办法。交易所、会员、信息服务机构、软件开发公司、客户，以及其他经营、传播和使用交易所信息的组织和个人应当遵守本办法。

第二章　信息内容及发布

第九条　交易所根据有关规定和市场需要发布不同层次的即时、延时、每日、每周、每月交易信息，各类统计信息以及合约历史数据。

第十条　即时信息是指与集中交易所显示的行情基本同步且连续的市场行情信息，即实时行情。

实时行情：合约名称、合约月份、最新价、涨跌、成交量、持仓量、申买价、申卖价、申买量、申卖量、结算价、开盘价、收盘价、最高价、最低价、前结算价。

第十一条　每日信息是指每个交易日结束后发布的有关当日的交易信息。

每日信息包括下列主要内容：

（一）每日行情：合约名称、合约月份、开盘价、最高价、最低价、收盘价、前结算价、结算价、涨跌、成交量、持仓量、持仓量变化、成交额。

（二）活跃月份合约前20名会员的成交量、持仓量。

第十二条　每周信息是指每周最后一个交易日结束后发布的有关本周的交易信息。

每周信息包括下列主要内容：

每周行情：合约名称、合约月份、周开盘价、最高价、最低价、周收盘价、涨跌（本周收盘价与上周末结算价之差）、持仓量、持仓量变化（本周末持仓量与上周末持仓量之差）、周末结算价、成交量、成交额。

第十三条　每月信息是指每月最后一个交易日结束后发布的有关本月的交易信息。

每月信息主要内容有：

每月行情：合约名称、合约月份、月开盘价、最高价、最低价、涨跌（本月末收盘价与上月末结算价之差）、持仓量、持仓量变化（本月末持仓量与上月末持仓量之差）、月末结算价、成交量、成交额。

第十四条　交易所通过交易所系统、互联网站、会员席位等方式发布信息，并通过经交易所授权的信息服务机构、公共媒体等机构传播信息。

第十五条　会员、信息服务机构、软件开发公司等机构对其从交易所获得的不宜公开的信息承担保密义务。

第十六条　会员、信息服务机构、公共媒体、软件开发公司等机构应当书面承诺不得发布虚假的或者带有误导性质的信息。

第三章　信息服务

第十七条　信息服务业务分为信息传播服务业务和信息增值服务业务。从事信息服务业务，应当经交易所许可或者授权，并与交易所签订信息经营许可协议。

信息传播服务业务是指经交易所许可或者授权，向其他机构传输，或者向信息终端用户（以下简称终端用户）、社会公众传播交易所信息的服务业务。

信息增值服务业务是指经交易所许可或者授权，对交易所信息进行加工，产生增值的服务业务。

第十八条　申请信息传播服务业务，应当具备下列条件：

（一）应当自行建立信息服务系统，能够提供以市场为导向的显示应用系统；

（二）具有终端收费的市场运作经验，具备有为市场提供可靠服务的切实可行的商业计划；

（三）应当设置监控中心，具有控制功能，并配置软、硬件工程师；

（四）具备必要的接收或者储存交易信息的设备或者方式，能够有效地防止交易信息的非授权接收、传播或者使用；

（五）公司财务状况良好；

（六）近2年无商业方面的不良记录；

（七）交易所规定的其他条件。

前款第四项中的设备或者方式包括：接收或者储存设备的种类、配置、数量、安置处所、有关的工作程序、规章制度。

第十九条　申请信息增值服务业务，除满足本办法第十八条第（四）、（五）、（六）、（七）项之规定外，还应当具有信息增值开发的能力和资质。

第二十条　申请信息服务业务的，应当依照交易所规定向交易所提交下列材料：

（一）交易所信息服务业务申请表，并注明申请从事的业务类型；

（二）法定代表人或者负责人身份证件；

（三）工商行政管理部门核发的营业执照；

（四）组织机构代码证；

（五）经会计师事务所审核的最近一个会计年度的财务报告；

（六）特许行业者需附主管机关的许可证照；

（七）申请成为分传播机构的，还应当提供其信息来源合法的证明文件；

（八）交易所要求提供的其他材料。

第二十一条　申请直接连接交易所系统的，应当首先通过交易所连接测试。其与交易所系统连接时，不得影响交易所交易业务，必要时交易所可以限制其连接。

从事信息服务业务的机构改变连接方式的，应当事先报交易所同意。

第二十二条　从事信息服务业务的机构以及交易所会员应当与交易所签订交易信息经营许可协议，严格依照交易信息经营许可协议接收、储存、在许可的区域内传播交易信息或者在其基础上进行增值开发,履行交易信息经营许可协议规定的义务。

未经交易所许可,从事信息服务业务的机构不得将交易信息用于信息经营许可协议载明的许可用途之外的任何目的。

第二十三条　从事信息传播服务业务的机构及交易所会员在传播交易所信息时,应当保证其真实、准确、完整,并且在传播过程中明确注明信息来源。

从事信息传播服务业务的机构或者交易所会员,发现其传输、传播的交易信息或者同时传播的新闻信息内容有错误时,应当立即通知交易所,及时更正并公开说明。

第二十四条　从事信息传播服务业务的机构或者交易所会员,在传输或者传播交易信息时,应当采取必要的技术措施以防止该信息被盗用、窃取或者外接使用。

不符合前款规定的,交易所有权自行或者要求其他从事信息传播服务业务的机构暂停或者终止向其提供交易信息。

从事信息传播服务业务的机构或者交易所会员未经交易所同意,不得将交易信息出售或者转让他人,或者以任何方式再转接到其他场所。

第二十五条　从事信息传播服务业务的机构向其他机构传输交易信息,供后者进行再传播或者增值开发的,应当通知交易所,并要求后者提供其已获得交易所合法授权或者许可的证明。后者未提供前述证明的,从事信息传播服务业务的机构不得向其提供交易信息。

第二十六条　从事信息传播服务业务的机构应当将每日传输或者传播的信息内容保留 30 日以上,以备交易所随时检查。

从事信息传播服务业务的机构,法定代表人、联系人、营业地址、联系电话、传真号码以及其他经交易所规定应当申报的事项发生变更的,应当于该事实发生之日起 10 个工作日内向交易所报告。

第二十七条　信息传播服务机构应当准确记录其客户的信息,以及与收费有关的记录和资料。前述信息、记录和资料应当保留 20 年以上,以备交易所检查。

第二十八条　为便于交易所监督,信息传播服务机构应当在签署信息经营许可协议后的 7 日内,为交易所提供并安装能正常接收其传播内容的用户接收终端。

第二十九条　从事信息增值服务业务的机构在对信息进行增值开发时,应当保证信息的真实、准确、完整。对于经其加工处理后的信息,应当明显标示增值开发机构名称及加注说明,并承担法律责任。

从事信息增值服务业务的机构发现经其加工处理后的信息有错误或者可能误导客户时,应当立即通知交易所,及时更正并公开说明。

第三十条　从事信息增值服务业务的机构对信息进行的增值开发应当仅限于信息服务的目的。未经交易所事先书面同意,信息增值服务机构不得为信息服务以外的任何目的进行增值开发。

第四章　信息使用

第三十一条　终端用户是指向交易所授权的信息服务机构订购交易信息服务的信息最终接收者。终端用户只能从交易所授权的信息服务机构处获取交易信息。

第三十二条　信息服务机构应当与终端用户签订书面协议,协议内容应当明确规定终端用户应当遵守本办法有关规定,以及终端用户盗接、转接交易信息的处罚措施及应负的责任。信息服务机构应当将其签订的用户协议报交易所备案。

第三十三条　交易所查询终端用户信息的,信息服务机构应当立即提供其与用户签订的协议副本及该用户的相关信息。

第三十四条　信息服务机构应当编制信息设备使用明细表并报送交易所,有新增或者变动的应当于每月 7 日前报送交易所。传输至境外的,应当按照其与交易所约定的时间编制境外使用说明书报送交易所。

第三十五条　信息服务机构应当通过用户协议要求其用户承诺其接收的信息仅供自身使用,不得将交易信息出售或者转让他人,或者以任何方式进行再传播。

信息服务机构应当防止其用户未经交易所授权,以任何方式将交易信息进行再传播,或者将交易信息提供给他人进行再传播。

信息服务机构应当协助交易所对其用户进行监管,不得规避或者拒绝履行协助义务。

第三十六条　发现或者认为可能存在针对交易所信息的侵权行为的,信息服务机构应当立即通知交易所,协助交易所展开调查,并配合交易所针对侵权行为采取包括诉讼在内的法律措施。

第五章　收费标准

第三十七条　从事与交易信息有关的信息传播和信息增值服务业务的,应当按照交易所规定的收费标准缴纳费用。

第三十八条　交易所可以根据实际情况变更收费项目和收费标准。

第三十九条　交易所根据有关规定和市场情况,区分法定披露信息和非法定披露信息,并根据不同档次或者深度的实时、延时、每日、每周、每月、每年等交易信息,以及各类统计信息和合约历史数据库确定不同的收费标准。

第六章　监督管理

第四十条　对未经交易所许可,擅自发布、传输和传播交易信息的机构和个人,交易所有权终止其接收、传输和传播交易所信息,要求信息传播服务机构对其进行屏蔽,并追究其法律责任。

对未经交易所许可,擅自对交易信息进行增值开发的机构和个人,交易所有权要求其停止增值开发,禁止其使用增值开发成果,要求信息传播服务机构对其进行屏蔽,并追究法律责任。

交易所要求信息传播服务机构对上述机构和个人进行屏蔽的,信息传播服务机构应当立即执行。

第四十一条　信息服务机构应当将约定的增值开发成果向交易所备案。未履行备案义务的,交易所有权终止向其提供交易信息,要求信息传播服务机构对其进行屏蔽,并可根据已签署的交易信息经营许可协议进行处理。

第四十二条　已获交易所许可传播和增值开发信息的机构违反本办法的,交易所根据已签署的交易信息经营许可协议进行处理。

第四十三条　交易所会员使用、传播交易所信息的,除遵守本办法有关规定外,还应当遵守《中国金融期货交易所会员管理办法》的有关规定。

第四十四条　交易所会员违反本办法的,交易所将根据《中国金融期货交易所违规违约处理办法》以及相关协议进行处理。

第七章　附则

第四十五条　本办法由交易所负责解释。

第四十六条　本办法自2007年6月27日起实施。

中国金融期货交易所违规违约处理办法

第一章　总则

第一条　为依法对期货市场进行管理，规范期货交易行为，保障期货市场参与者的合法权益，根据《期货交易管理条例》、《期货交易所管理办法》、《中国金融期货交易所章程》和《中国金融期货交易所交易规则》等有关规定，制定本办法。

第二条　中国金融期货交易所（以下简称交易所）对参与期货交易的会员、客户、期货保证金存管银行及期货市场其他参与者违规违约行为的调查、认定和处理适用本办法。

第三条　交易所根据公平、公正的原则，以事实为依据，依照国家法律、行政法规、规章和本办法，对期货市场的违规行为和违约行为进行调查、认定和处理。

违规行为涉嫌犯罪的，移交司法机关处理。

第四条　交易所调查、认定和处理违规行为和违约行为，应当做到事实清楚、证据确凿、程序规范、适用规定准确、处理决定适当。

第二章　稽查与立案、调查

第五条　稽查是指交易所根据其各项规章制度，对会员、客户、保证金存管银行及期货市场其他参与者的业务活动进行的监督和检查。

稽查包括日常稽查和专项稽查。

第六条　交易所履行监管职责时，可以行使下列职权：

（一）查阅、复制与期货交易有关的信息、资料；

（二）对会员、客户、保证金存管银行等单位和人员进行调查、取证；

（三）要求会员、客户、保证金存管银行等被调查者申报、陈述、解释、说明有关情况；

（四）制止、纠正、处理违规违约行为；

（五）交易所履行监管职责所必需的其他职权。

第七条　会员、客户、保证金存管银行及期货市场其他参与者应当接受交易所的监督检查，配合交易所履行监管职责，如实提供交易所要求提供的文件和资料。

第八条　交易所受理书面或者口头投诉、举报。受理口头投诉、举报应当制作笔录或者录音。

第九条　投诉、举报人应当身份真实、明确；除法律、行政法规和规章另有规定外，交易所应当为投诉人、举报人保密。

第十条　对日常稽查和专项稽查工作中发现的、投诉举报的、监管部门和司法机关等单位移交的或者通过其他途径获得的线索进行审查后，认为有违规行为发生的，交易所应当予以立案调查。

第十一条　对已立案的期货违规案件，交易所指定专人负责调查。

第十二条　调查取证应当由两名以上调查人员参加，并出示合法证件或者交易所的证明文件。

第十三条　调查人员认为自己与本案有利害关系或者存在其他可能影响案件公正处理情形的，应当申请回避。

被调查人员认为调查人员与本案有关、可能影响公正办案的，有权申请有关人员回避。

交易所认为调查人员应当回避的，指令其回避。

第十四条　证据包括书证、物证、视听资料、电子记录、证人证言、当事人陈述、调查笔录、鉴定结论等能够证明案件真相的一切材料。法律法规另有规定的，依照法律法规执行。

证据应当调查核实方能作为定案的根据。

第十五条　询问被调查人应当制作调查笔录。调查笔录应当交被调查人核对，核对无误后由被调查人和调查人员签名。被调查人拒绝签名的，调查人员应当注明原因。

书证、物证的提取应当制作提取笔录，注明提取的时间和地点，并由被调查人签名。被调查人拒绝或者无法签名的，由见证人签名。

视听资料、电子记录的收集应当注明收集或者制作的时间、地点、方式、使用的设备及保存的条件，并由被调查人或者见证人签名。

调查取证时需要复制原件的，应当注明原件的保存单位（或者个人）和出处，由原件保存单位（或者个人）签注“与原件核对无误”，并由其盖章或者签名。

鉴定结论应当由中国证监会或者交易所认可的鉴定单位做出，并由鉴定单位和鉴定人签字盖章。

第十六条　会员、客户和期货保证金存管银行涉嫌违规，经交易所立案调查的，在确认违规行为之前，为防止违规后果进一步扩大，保障处理决定的执行，交易所可以对被调查人采取下列限制性措施：

（一）限期说明情况；

（二）暂停登录新的客户编码；

（三）限制入金；

（四）限制出金；

（五）限制开仓；

（六）降低持仓限额；

（七）提高保证金标准；

（八）限期平仓；

（九）强行平仓。

采取前款第（一）至（六）项限制性措施，可以由交易所总经理决定；其他限制性措施由交易所董事会决定，并及时报告中国证监会。

第十七条　交易所调查人员在稽查、立案调查过程中，应当严格遵守保密制度，不得滥用职权。

违反前款规定的，交易所根据不同情节对其给予相应的处分。

第三章　违规违约处理

第十八条　会员具有下列违反会员管理规定情形之一的，责令改正，并根据情节轻重给予谈话提醒、书面警示、通报批评、公开谴责、限制开仓、强行平仓、取消会员资格的处罚：

（一）以欺骗手段获取会员资格或者在资格变更中具有违规情形；

（二）有重大变更事项或者会员经营状况和财务状况发生重大变化，未按照规定的期限和要求向交易所书面报告，或者未按照规定的期限和要求向交易所报送财务报表等有关材料；

（三）任用不具备资格的期货从业人员；

（四）违反交易所会员联系人制度规定；

（五）不按照规定缴纳各种费用、不履行会员义务；

（六）拒不配合交易所稽查；

（七）违反交易所会员管理规定的其他情形。

第十九条　会员或者客户具有下列违反交易管理规定情形之一的，责令改正，并根据情节轻重给予谈话提醒、书面警示、通报批评、公开谴责、限制开仓、强行平仓、取消会员资格、宣布为市场禁止进入者的处罚：

（一）接受不符合规定条件的单位或者个人委托；

（二）违规办理开户手续；

（三）违反交易编码管理规定；

（四）违反交易所席位管理规定；

（五）窃取商业秘密或者破坏交易所系统；

（六）违反交易所交易管理规定的其他情形。

上述违规行为同时构成违约的，应当按照相关协议中关于违约责任条款的约定，向交易所支付惩罚性违约金。没有违规所得或者违规所得不满 10 万元的，支付 50 万元以下惩罚性违约金；违规所得 10 万元以上的，支付违规所得 1 倍以上 5 倍以下惩罚性违约金。

会员有本条所列行为的，交易所可以给予责任人暂停从事交易所期货业务的处罚；情节严重的，取消其从事交易所期货业务的资格。

第二十条　会员具有下列欺诈客户行为之一的，责令改正，并根据情节轻重给予谈话提醒、书面警示、通报批评、公开谴责、限制开仓、强行平仓、取消会员资格、宣布为市场禁止进入者的处罚：

（一）向客户做获利保证或者不按照规定向客户出示风险说明书；

（二）在经纪业务中与客户约定分享利益、共担风险；

（三）不按照规定接受客户委托或者不按照客户委托内容擅自进行期货交易；

（四）隐瞒重要事项或者使用其他不正当手段，诱骗客户发出交易指令；

（五）向客户提供虚假成交回报；

（六）未将客户交易指令下达到交易所；

（七）交易所规定的其他欺诈客户的行为。

上述违规行为同时构成违约的，依照本办法第十九条第二款的规定处理。

会员有本条所列行为的，对责任人依照本办法第十九条第三款的规定处理。

第二十一条　全面结算会员、特别结算会员有下列行为之一的，责令改正，并根据情节轻重给予谈话提醒、书面警示、通报批评、公开谴责、限制开仓、强行平仓、取消会员资格、宣布为市场禁止进入者的处罚：

（一）不按照规定接受交易会员委托或者不按照交易会员委托内容擅自进行期货交易；

（二）未将交易会员的交易指令下达到期货交易所；

（三）向交易会员提供虚假成交回报；

（四）违反交易所交易管理规定的其他行为。

上述违规行为同时构成违约的，依照本办法第十九条第二款的规定处理。

全面结算会员、特别结算会员有本条所列行为的，对责任人依照本办法第十九条第三款的规定处理。

第二十二条　会员或者客户有下列影响期货交易价格行为之一的，责令改正，并根据情节轻重给予书面警示、通报批评、公开谴责、限制开仓、强行平仓、取消会员资格、宣布为市场禁止进入者的处罚：

（一）单独或者合谋，集中资金优势、持仓优势或者利用信息优势联合或者连续买卖合约，操纵期货交易价格；

（二）蓄意串通，按照事先约定的时间、价格和方式相互进行期货交易，影响期货交易价格或者期货交易量；

（三）以自己为交易对象，自买自卖，影响期货交易价格或者期货交易量；

（四）为影响期货市场行情囤积相关现货；

（五）不以成交为目的或者明知申报的指令不能成交，仍恶意或者连续输入交易指令企图影响期货价格，扰乱市场秩序、转移资金或者进行利益输送；

（六）利用内幕信息或者国家秘密进行期货交易或者泄露内幕信息影响期货交易；

（七）通过其他方式影响期货交易价格的行为。

上述违规行为同时构成违约的，依照本办法第十九条第二款的规定处理。

会员有本条所列行为的，对责任人依照本办法第十九条第三款的规定处理。

第二十三条　会员或者客户在进行套期保值额度申请和交易时，有欺诈或者违反交易所规定行为的，交易所有权不受理套期保值申请或者取消已批准的套期保值额度，并视情节轻重，给予谈话提醒、书面警示、通报批评、取消会员资格、宣布为市场禁止进入者的处罚；对已使用套期保值额度建仓的会员或者客户，交易所还有权采取强行平仓，并依照本办法第十九条第二款的规定处理。

第二十四条　会员具有下列违反结算管理规定行为之一的，责令改正，并根据情节轻重给予谈话提醒、书面警示、通报批评、公开谴责、限制开仓、强行平仓、取消会员资格、宣布为市场禁止进入者的处罚：

（一）未将自有资金与客户资金分户存放；

（二）未对客户保证金实行分账管理；

（三）无正当理由拖延客户出入金；

（四）向客户收取的交易保证金低于规定标准；

（五）允许客户在保证金不足时开仓交易；

（六）挪用或者擅自允许他人挪用客户资金或者套用不同账户资金；

（七）任用不具备期货从业人员资格的员工办理结算交割业务；

（八）未按照规定向客户提供有关成交结果、资金结算报表；

（九）未按照规定设立结算部门；

（十）未实行当日无负债结算制度；

（十一）违反期货保证金安全存管监控机构有关规定；

（十二）未按照规定提取、管理和使用风险准备金；

（十三）伪造、涂改或者未按照规定保存期货交易、结算、交割资料；

（十四）违反交易所结算管理规定的其他行为。

上述违规行为同时构成违约的，依照本办法第十九条第二款的规定处理。

会员有本条所列行为的，对责任人依照本办法第十九条第三款的规定处理。

第二十五条　结算会员具有下列违反结算管理规定行为之一的，责令改正，并根据情节轻重给予谈话提醒、书面警示、通报批评、公开谴责、限制开仓、强行平仓、取消会员资格、宣布为市场禁止进入者的处罚：

（一）未按时足额缴纳保证金；

（二）交易结算会员私下为交易会员进行结算；

（三）未按照规定向交易所足额缴纳结算担保金；

（四）任用不具备结算交割员资格的人员办理结算交割员业务；

（五）结算交割员未按照规定办理结算交割员业务的。

上述违规行为同时构成违约的，依照本办法第十九条第二款的规定处理。

结算会员有本条所列行为的，对责任人依照本办法第十九条第三款的规定处理。

第二十六条　全面结算会员、特别结算会员受托为交易会员结算，具有下列违反结算管理规定行为之一的，责令改正，并根据情节轻重给予谈话提醒、书面警示、通报批评、公开谴责、限制开仓、强行平仓、取消会员资格、宣布为市场禁止进入者的处罚：

（一）违反规定受托为不符合规定条件的交易会员进行结算；

（二）未与交易会员签订委托结算协议，或者未将委托结算协议向交易所报备，自行为交易会员进行结算的；

（三）未对交易会员保证金实行分账管理；

（四）允许交易会员在保证金不足的情况下进行开仓交易；

（五）向交易会员收取的最低结算准备金低于交易所规定标准；

（六）向交易会员收取的保证金低于交易所保证金标准的；

（七）挪用交易会员保证金，或者违规划转交易会员保证金的；

（八）未对交易会员执行当日无负债结算的；

（九）向交易会员收取结算担保金的；

（十）在协议有效期间，擅自终止为交易会员结算的；

（十一）违反中国证监会和交易所规定的其他行为。

上述违规行为同时构成违约的，依照本办法第十九条第二款的规定处理。

全面结算会员、特别结算会员有本条所列行为的，对责任人依照本办法第十九条第三款的规定处理。

第二十七条　结算交割员具有下列行为之一的，给予谈话提醒、书面警示、通报批评处罚；情节严重的，给予暂停结算交割员资格或者取消结算交割员资格的处罚：

（一）采取虚假、欺骗和不正当手段骗取结算交割员资格；

（二）伪造、涂改、借用结算交割员证件；

（三）未按照规定办理结算交割员业务。

第二十八条　期货保证金存管银行未履行法定或者约定义务的，责令改正，交易所对其处以谈话提醒、书面警示、通报批评、公开谴责、暂停或者终止交易所期货保证金存管业务的处罚。

期货保证金存管银行的违规行为同时构成违约的，依照本办法第十九条第二款的规定处理。

第二十九条　会员或者客户具有下列违反风险控制管理规定行为之一的，责令改正，并根据情节轻重给予谈话提醒、书面警示、通报批评、公开谴责、限制开仓、强行平仓、取消会员资格、宣布为市场禁止进入者的处罚。

（一）利用分仓等手段，规避交易所的持仓限制，超量持仓；

（二）未按照大户持仓报告制度及时向交易所履行申报义务，或者作虚假报告、隐瞒不报；

（三）会员未按照规定采取强行平仓措施；

（四）违反风险警示制度有关要求；

（五）违反交易所风险控制制度的其他行为。

上述违规行为同时构成违约的，依照本办法第十九条第二款的规定处理。

会员有本条所列行为的，对责任人依照本办法第十九条第三款的规定处理。

第三十条　会员、客户、信息服务机构、期货保证金存管银行及期货市场其他参与者具有下列违反信息管理办法规定行为之一的，责令改正，并根据情节轻重给予谈话提醒、书面警示、通报批评、公开谴责、强行平仓、限制开仓、取消会员资格、宣布为市场禁止进入者的处罚：

（一）会员未将交易所发布的即时行情和公告信息等市场信息及时在营业场所公布；

（二）未经交易所授权，擅自发布、传输和传播交易所信息；

（三）未经交易所授权，将交易信息出售或者转让他人，或者以任何方式再转接到其他地方；

（四）未经交易所授权，向其他机构传输交易信息，供其进行再传播或者增值开发；

（五）未经交易所授权，将交易信息用于信息经营协议载明用途之外；

（六）未经交易所授权，擅自对交易信息进行增值开发或者未履行约定的增值开发成果备案义务；

（七）发现传输或者传播的交易信息内容有错误，未按照规定处理；

（八）不履行保密义务，擅自公开不宜公开的信息；

（九）故意制造、散布虚假或者误导性信息；

（十）违反交易所信息管理办法规定的其他行为。

上述违规行为构成违约行为的，依照本办法第十九条第二款的规定处理。

有本条所列行为的，对责任人依照本办法第十九条第三款的规定处理。

第三十一条　会员、客户、期货保证金存管银行及期货市场其他参与者违反本办法规定，有下列行为之一的，责令改正，给予谈话提醒、书面警示、通报批评、限制开仓、取消会员资格、宣布为市场禁止进入者的处罚：

（一）故意规避或者拒绝、阻挠交易所依法对期货交易相关行为进行监督检查；

（二）进行虚假性、误导性或者遗漏重要事实的申报、陈述、解释或者说明；

（三）提供虚假的文件、资料或者信息。

第三十二条　被交易所宣布为市场禁止进入者的，自宣布生效之日起20个交易日内了结持仓、交易业务和相关债权债务。

被中国证监会或者其他期货交易所宣布为市场禁止进入者的，在市场禁止进入期限内不得从事本交易所的期货业务。

第三十三条　交易所工作人员违反有关规定的，按照法律、行政法规、规章和交易所内部规章制度处理。

第三十四条　有多种违规行为的，分别定性，数罚并用，多次违规的，从重或者加重处罚。

第四章　裁决与执行

第三十五条　交易所对违规行为调查核实后，事实清楚、证据确凿的，依照交易所章程、交易规则及本办法规定予以裁决。

第三十六条　交易所做出裁决，应当制作处理决定书。处理决定书应当包括下列内容：

（一）当事人的姓名或者名称、住所；

（二）违规事实和证据；

（三）处理或者处罚的种类和依据；

（四）处理或者处罚决定的履行方式和期限；

（五）申请复议的途径和期限；

（六）做出处理决定的日期。

第三十七条　处理决定书应当送达当事人，并同时分送有关协助执行部门。处理决定书可以邮寄送达，邮件寄出后，市内 3 日、市外 7 日视为送达；当事人非会员的，可以由会员送达。

按照中国证监会的规定需要抄报违规处理情况的，同时抄报中国证监会。

第三十八条　处理决定书自送达之日起生效。

当事人对处理决定书不服的，可以于处理决定书生效之日起 10 日内向交易所书面申请复议一次，复议期间不停止决定的执行。

第三十九条　交易所应当于收到复议申请书之日起 30 日内做出复议决定，复议决定为终局决定。

第四十条　处理决定中包括惩罚性违约金的，当事人应当在处理决定书生效之日起 5 日内将惩罚性违约金如数缴纳至交易所指定的银行账户。逾期不缴付的，当事人是结算会员的，交易所从结算会员专用资金账户中划付。当事人不是结算会员的，有关结算会员应当协助交易所划拨其在该结算会员处的资金。

对会员工作人员的惩罚性违约金，由会员代缴。

第五章　纠纷调解

第四十一条　会员、客户、期货保证金存管银行及期货市场其他参与者之间发生期货交易纠纷的，可以自行协商解决，也可以提请交易所调解。

第四十二条　交易所的调解机构是交易所董事会下设的调解委员会，其常设办事机构设在交易所监查部门。

第四十三条　调解应当在事实清楚、责任明确的基础上依据国家有关期货交易的法律、行政法规、规章和交易所的规章制度进行。

第四十四条　当事人向调解委员会提出调解申请，应当从其知道或者应当知道其合法权益被侵害之日起 30 日内提出。

第四十五条　当事人申请调解应当符合下列条件：

（一）有调解申请书；

（二）有具体的事实、理由和请求；

（三）属于调解委员会的受理范围。

第四十六条　当事人向调解委员会申请调解，应当提交书面申请和有关材料。

调解申请书应当写明下列事项：

（一）当事人的姓名、性别、年龄、职业、工作单位和住所，或者单位名称、住所和法定代表人或者负责人的姓名、职务；

（二）请求调解的事实、理由及要求；

（三）有关证据。

第四十七条　当事人根据有关规定负有举证的责任。调解委员会认为必要时，可以调查收集证据。

第四十八条　调解委员会应当在查明事实，分清是非和当事人自愿的基础上调解，促使当事人相互谅解，达成协议。

第四十九条　经调解达成的协议应当记录在案，并制作调解书，由双方当事人签收后生效。

第五十条　调解书应当写明下列内容：

（一）双方当事人的名称、住所、法定代表人或者负责人的姓名及职务；

（二）争议的事项和请求；

（三）协议结果。

第五十一条　调解委员会应当在受理调解后 30 日内结案；到期未结案的，调解委员会应当向当事人说明理由。双方当事人要求继续调解的，调解委员会应当继续调解。一方要求终止调解的，应当终止调解。

第五十二条　调解不成的，当事人可以依法提请仲裁机构仲裁或者向人民法院提起诉讼。

第六章　附则

第五十三条　本办法未作规定的违规行为处理，适用交易所其他相关规则的规定。

第五十四条　本办法所称“以上”、“以下”均含本数。

第五十五条　本办法由交易所负责解释。

第五十六条　本办法自 2007 年 6 月 27 日起实施。

中国金融期货交易所套期保值管理办法

第一章　总则

第一条　为发挥期货市场的套期保值功能，促进期货市场的规范发展，根据《中国金融期货交易所交易规则》，制定本办法。

第二条　会员、客户在中国金融期货交易所（以下简称交易所）从事套期保值业务应当遵守本办法。

第二章　套期保值额度的申请与审批

第三条　交易所实行套期保值额度审批制度。客户申请套期保值额度的，应当向其开户的会员申报，会员对申报材料进行审核后向交易所办理申报手续。

会员申请套期保值额度的，直接向交易所办理申报手续。

第四条　申请套期保值额度的会员或者客户，应当填写《中国金融期货交易所套期保值额度申请（审批）表》，并向交易所提交下列申请材料：

（一）自然人客户应当提交本人身份证复印件，会员或者法人客户应当提交营业执照副本复印件、组织机构代码证复印件以及近 2 年经审计的资产负债表、损益表、现金流量表；

（二）近 6 个月的现货交易情况；

（三）申请人的套期保值交易方案；

（四）申请人历史套期保值交易情况说明；

（五）会员对申请人材料真实性的核实声明；

（六）交易所规定的其他材料。

第五条　申请人可以一次申请多个月份合约的套期保值额度。合约最后交易日前 10 个交易日（含）内，交易所不受理该合约的套期保值额度申请。

第六条　套期保值额度由交易所根据套期保值申请人的现货市场交易情况、资信状况和市场情况审批。批准的套期保值额度不超过其所提供的套期保值证明材料中所申请的数量。

第七条　交易所在收到套期保值额度申请后 5 个交易日内完成审核，并按照下列情形分别处理：

（一）符合套期保值条件的，通知其准予办理；

（二）不符合套期保值条件的，通知其不予办理；

（三）相关申请材料不足的，告知申请人补充申请材料。

交易所应当将套期保值的审核结果报告中国证监会。

第八条　套期保值额度分合约进行审批，在合约最后交易日前（含）有效，有效期内可以重复使用。

第九条　交易所有权根据市场情况对套期保值额度进行调整。

第十条　申请人需要调整套期保值额度时，应当及时向交易所书面提出变更申请。

第三章　套期保值监督管理

第十一条　交易所对申请人提供的有关经营状况、资信情况及期货、现货市场交易行为进行监督和调查，会员及相关客户应当予以协助和配合。

交易所有权要求获批套期保值额度的申请人，报告现货、期货交易情况。

第十二条　交易所对会员或者客户获批套期保值额度的使用情况进行监督管理。

会员或者客户套期保值期货持仓超过其相应的现货资产配比要求的，交易所有权要求其限期调整；逾期未进行调整或者调整后仍不符合要求的，交易所有权对其套期保值额度进行调整或者取消其套期保值额度，必要时可以采取限制开仓、限期平仓、强行平仓等处置措施。

第十三条　获批套期保值交易的会员或者客户在套期保值额度内频繁进行开平仓交易的，交易所有权对其采取谈话提醒、书面警示、调整或者取消已批准的套期保值额度、限制开仓、限期平仓、强行平仓等措施。

第十四条　会员或者客户在进行套期保值申请和交易时，存在欺诈或者违反交易所规定的其他行为的，交易所有权调整或者取消其套期保值额度，将其已建立的持仓予以部分或者全部强行平仓，并按照《中国金融期货交易所违规违约处理办法》的有关规定处理。

第四章　附则

第十五条　违反本办法规定的，交易所按照本办法和《中国金融期货交易所违规违约处理办法》的有关规定处理。

第十六条　本办法由交易所负责解释。

第十七条　本办法自2007年6月27日起实施。

中国金融期货交易所结算会员结算业务细则

第一章　总则

第一条　为规范结算会员的期货结算行为，加强对结算会员结算业务的监督管理，根据《期货公司金融期货结算业务试行办法》和《中国金融期货交易所交易规则》，制定本细则。

第二条　本细则所称结算会员结算业务是指中国金融期货交易所（以下简称交易所）特别结算会员、全面结算会员对其受托结算的交易会员办理的期货结算业务。

第三条　结算会员从事期货结算业务，应当遵守法律、行政法规、规章和交易所交易规则及其实施细则，建立健全内部控制制度，审慎经营，履行诚信义务。

第四条　结算会员从事期货结算业务时，应当公平对待交易会员及其客户，不得从事不正当竞争。

第五条　结算会员、交易会员应当遵守本细则。

第二章　结算协议

第六条　交易会员应当委托结算会员为其进行结算，且只能委托一家结算会员为其进行结算。

第七条　结算会员受托为交易会员结算，应当签订结算协议，并报交易所备案。

第八条　结算会员与交易会员签订结算协议，应当遵守法律、行政法规、规章和交易所的规定，协议应当包括下列内容：

（一）交易指令下达方式及审查或者验证措施；

（二）保证金标准；

（三）交易会员结算准备金最低余额；

（四）风险管理措施、条件及程序；

（五）结算流程；

（六）手续费标准；

（七）通知事项、方式及时限；

（八）不可归责于协议双方当事人所造成损失的情形及其处理方式；

（九）协议变更和解除；

（十）违约责任；

（十一）争议处理方式；

（十二）双方约定的且不违反法律、行政法规、规章规定的其他事项。

第九条　结算协议期满且协议双方中的一方不再续约的，应当在协议约定期限内向另一方提出。

第十条　结算协议履行期间，协议双方中的一方欲提前终止协议的，应当在协议约定期限内向另一方提出并取得一致意见。

第十一条　结算会员与交易会员签订结算协议，发生下列情形之一的，应当于5个交易日内报交易所备案：

（一）修改结算协议条款；

（二）终止结算协议；

（三）结算协议到期；

（四）交易所规定的其他情形。

第十二条　交易会员更换结算会员的，应当在交易会员和移出结算会员结算协议期满前30日之前向交易所申请办理更换结算会员手续。

第十三条　结算会员应当保守交易会员的商业秘密。

第三章　交易

第十四条　交易会员应当按照交易所的规定为其客户申请交易编码。交易所将开户成功和交易编码的确认信息发送给交易会员后，交易会员应当及时告知结算会员。

第十五条　交易会员注销客户交易编码的，按照前条规定的程序办理。

第十六条　交易会员下达的交易指令应当通过结算会员进入交易所。

结算会员可以按照结算协议的约定对交易会员的指令采取必要的限制措施。

第十七条　结算会员应当按照时间优先的原则传递交易会员的交易指令。

第十八条　交易会员下达的交易指令进入交易所后，结算会员应当及时将从交易所取得的委托回报和成交结果反馈给交易会员。

第十九条　交易会员对委托回报和成交结果有异议的，应当在当日及时向结算会员、交易所提出。

第二十条　客户申请套期保值额度的，应当向其开户的交易会员申报，交易会员对申报材料进行审核后向交易所办理申请手续。

交易所对客户的套期保值申请材料进行审核，确定其套期保值额度后，应当及时将套期保值额度告知结算会员和交易会员。

第二十一条　交易会员申请套期保值额度的，直接向交易所办理申请手续。

交易所对交易会员的套期保值申请材料进行审核，确定其套期保值额度后，应当及时将套期保值额度告知结算会员和交易会员。

第四章　结算

第二十二条　特别结算会员应当在期货保证金存管银行开设期货保证金账户，用于存放交易会员的保证金及相关款项。

全面结算会员应当在期货保证金存管银行开设期货保证金账户，用于存放其客户和交易会员的保证金及相关款项。

交易会员是期货公司的，应当在期货保证金存管银行开设期货保证金账户，用于存放其客户保证金及相关款项。

交易会员不是期货公司的，应当在期货保证金存管银行开设期货结算账户，用于存放其保证金及相关款项。

第二十三条　结算会员向交易会员收取的保证金归交易会员所有。除用于交易会员的期货交易外，任何机构或者个人不得占用、挪用。

交易会员向客户收取的保证金归客户所有。除用于客户的期货交易外，任何机构或者个人不得占用、挪用。

第二十四条　交易会员是期货公司的，其与结算会员的期货业务资金往来，只能通过各自的期货保证金账户办理。

交易会员不是期货公司的，其与结算会员的期货业务资金往来，通过交易会员的期货结算账户和结算会员的期货保证金账户办理。

第二十五条　结算会员应当对交易会员存入结算会员期货保证金账户的保证金实行分账管理，为每一交易会员设立明细账户，按日序时登记核算每一交易会员的出入金、盈亏、交易保证金、手续费等。

第二十六条　结算会员为交易会员结算应当按照买入和卖出的持仓量分别收取交易保证金，且交易保证金标准不得低于交易所对该结算会员的收取标准。

第二十七条　结算会员和交易会员应当在结算协议中约定交易会员结算准备金最低余额。结算准备金最低余额不得低于人民币 50 万元，交易会员应当以自有资金缴纳。

第二十八条　结算会员为交易会员结算的，应当建立并执行当日无负债结算制度。

当日交易结束后，结算会员应当根据交易所公布的当日结算价，按照交易所的计算方法计算交易会员所有合约的盈亏，同时计算交易保证金及手续费、税金等费用。

当日盈利划入交易会员结算准备金，当日亏损从交易会员结算准备金中扣划。

交易会员账户中的交易保证金超过上一交易日结算时的交易保证金部分从结算准备金中扣划，交易保证金低于上一交易日结算时的交易保证金部分划入结算准备金。

手续费、税金等费用从交易会员的结算准备金中扣划。

第二十九条　结算会员应当按照结算协议的约定，为交易会员办理出入金，无正当理由不得拖延。

第三十条　结算会员应当与交易会员约定结算数据收取、查询和确认的时间和方式。结算会员应当本着安全、准确、及时的原则为交易会员发送结算数据。

结算会员对交易会员的所有结算科目的内容、格式、处理方式和处理日期应当与交易所保持一致。

第三十一条　交易会员对结算会员发送的结算数据有异议的，应当以书面形式在结算协议约定的时间内提出；交易会员对结算数据无异议的，应当按照结算协议约定的方式确认。

交易会员在结算协议约定的时间内既未对结算数据的内容确认，也未提出异议的，视为对结算数据内容的确认。

交易会员有异议的，结算会员应当在结算协议约定的时间内予以核实。

交易会员未在结算协议约定的时间内提出异议的，不得再提出异议。

第三十二条　交易会员和结算会员可以根据《中国金融期货交易所结算细则》的规定向交易所提出办理交易会员更换结算会员的申请。

交易所批准交易会员更换结算会员的，移出结算会员、交易会员和移入结算会员应当于交易所通知的日期变更委托结算关系。

第三十三条　在交易所办理交易会员更换结算会员业务过程中，交易会员和结算会员应当相互予以配合。

第五章　风险管理

第三十四条　结算会员对其受托的客户和交易会员进行风险管理，交易会员对其受托的客户进行风险管理。

第三十五条　结算会员应当依照中国证监会、交易所的规定建立对其受托的客户和交易会员的保证金管理制度。

第三十六条　结算会员可以根据交易会员的资信及市场情况调整保证金标准。

第三十七条　调整期货合约交易保证金标准的，结算会员应当在当日结算时对该合约的所有持仓按照调整后的交易保证金标准进行结算。交易会员保证金不足的，应当在下一个交易日开市前追加到位。

第三十八条　交易所开市前，交易会员结算准备金余额小于规定或者约定最低余额的，结算会员应当禁止其开仓。

第三十九条　结算会员不得向交易会员收取结算担保金。

第四十条　全面结算会员的持仓超过交易所持仓限额的，其客户、交易会员均不得同方向开仓交易；特别结算会员的持仓超过交易所持仓限额的，其交易会员不得同方向开仓交易。

第四十一条　交易会员客户的持仓达到交易所规定的持仓报告标准的，客户应当通过交易会员于下一交易日收市前向交易所报告。客户未报告的，交易会员应当向交易所报告。

第四十二条　结算会员应当建立并执行对交易会员的强行平仓制度。

第四十三条　交易会员的结算准备金余额低于约定标准的，应当及时追加保证金或者自行平仓。交易会员未在结算协议约定的时间内追加保证金或者自行平仓的，结算会员有权将该交易会员的持仓强行平仓。

第四十四条　发生下列情形的，结算会员应当按照结算协议约定的原则和措施对交易会员及其客户的持仓采取强行平仓措施：

（一）交易会员的结算准备金余额小于零且未能在结算协议约定时间内补足；

（二）交易会员或者其客户发生其他应当予以强行平仓的违规违约行为。

第四十五条　结算会员和交易会员在结算协议中应当约定强行平仓执行原则。强行平仓可以参照交易所的执行原则，也可以采取其他原则。

第四十六条　结算会员对交易会员采取强行平仓措施的，强行平仓发生的费用、损失以及因市场原因无法强行平仓造成的损失扩大部分均由交易会员承担。

交易会员承担损失后，有权向有责任的客户追偿。

第四十七条　交易所根据规定进行强制减仓的，结算会员应当配合交易所实施强制减仓，化解市场风险。

第四十八条　交易所根据规定宣布进入异常情况的，结算会员应当配合交易所化解市场风险。

第四十九条　交易会员在期货交易中违约的，应当承担违约责任。

结算会员应当先以该交易会员的保证金承担其违约责任；保证金不足的，结算会员应当以风险准备金和自有资金代为承担违约责任，并由此取得对该交易会员的相应追偿权。

第五十条　结算会员认为必要的，可以对交易会员进行风险提示。

第六章　监督管理

第五十一条　结算会员、交易会员及其从业人员应当遵守国家有关法律、行政法规、规章和交易所交易规则及其实施细则等规定，接受中国证监会和交易所的监督和管理。

第五十二条　结算会员应当谨慎、勤勉地办理期货结算业务，控制结算业务风险；建立结算业务风险隔离机制和保密制度，平等对待结算会员的客户、交易会员及其客户，防范利益冲突，不得利用结算业务关系及因此获得的信息损害交易会员及其客户的合法权益。

第五十三条　交易会员应当谨慎、勤勉地控制其客户交易风险，不得利用结算业务关系损害为其结算的结算会员及其客户的合法权益。

第五十四条　交易结算会员不得为交易会员进行结算；全面结算会员、特别结算会员只能为符合规定条件的交易会员进行结算。

第五十五条　结算会员应当将自有资金与受托结算的交易会员保证金分账管理，交易会员保证金应当专户存储，严禁挪用。

第五十六条　结算会员不得将收取的交易会员保证金用于自身经营活动或者清偿自身债务；不得允许他人使用交易会员保证金或者用交易会员保证金为他人经营活动提供担保。

第五十七条　结算会员不得以任何方式欺诈交易会员。

第五十八条　结算会员、交易会员应当维护交易所的声誉，协助交易所处理各种突发或者异常事件。出现突发或者异常事件时，结算会员应当做好交易会员和客户的解释工作。

第七章　附则

第五十九条　违反本细则规定的，交易所按照本细则和《中国金融期货交易所违规违约处理办法》的有关规定处理。

第六十条　本细则由交易所负责解释。

第六十一条　本细则自 2007 年 6 月 27 日起实施。

中国金融期货交易所会员地域分布及联系方式

会员号	会员全称	会员简称	会员类型	所属辖区	公司地址	邮编	联系电话	公司网址
0001	国泰君安期货有限公司	国泰君安	全面结算会员	上海	上海市延平路 121 号三和大厦 6c	200042	021－52138857	www. gtjaqh. com
0002	南华期货有限公司	南华期货	全面结算会员	浙江	杭州市西湖大道 193 号定安名都 3 层	310002	0571－87839234	www. nanhua. org
0003	浙江省永安期货经纪有限公司	浙江永安	全面结算会员	浙江	杭州市潮王路 208 号浙江协作大厦 6－8 楼	310005	0571－88388190	www. yafco. com
0005	一德期货有限公司	一德期货	全面结算会员	天津	天津市和平区解放北路 188 号信达广场 16 层	300042	010－88312388	www. ydqh. com. cn
0006	鲁证期货有限公司	鲁证期货	全面结算会员	山东	济南市市中区经七路 86 号 15、16 层	250012	0531－86018869	www. lzqh. net. cn
0007	光大期货有限公司	光大期货	全面结算会员	上海	上海市福山路 458 号同盛大厦 13 楼 1301－1303、1311、1312	200040	021－22169060	www. ebfcn. com
0008	东海期货有限责任公司	东海期货	全面结算会员	江苏	江苏省常州市延陵西路 23,25,27,29 号	213003	021－6878166 0519－88115814	www. qh168. com. cn
0009	浙商期货有限公司	浙商期货	全面结算会员	浙江	杭州市黄姑山路 9 号 9－10 层	310012	4007005186	www. zjtmqh. com
0010	中粮期货经纪有限公司	中粮期货	全面结算会员	北京	北京市东城区和平里东街民旺乙 19 号凯达大厦 5 层	100013	010－51230878	www. zlqh. com
0011	华泰长城期货有限公司	华泰长城	全面结算会员	广东	广州市越秀区先烈中路 65 号东山广场东楼 11 层	510095	020－22371306	www. gwf. com. cn
0012	五矿期货有限公司	五矿期货	全面结算会员	深圳	深圳市福田区益田路西福中路北新世界商务中心 4801－A、4802－B、4803、4804	518026	0755－83752338	www. starfutures. com. cn
0016	广发期货有限公司	广发期货	全面结算会员	广东	广东省广州市天河区体育西路 57 号红盾大厦 14、15 楼	510620	020－38456888	www. gfqh. com. cn
0017	信达期货有限公司	信达期货	全面结算会员	浙江	杭州市文晖路 108 号浙江出版物资大厦 12、16 楼	310004	0571－28132660	www. cindaqh. com
0018	中证期货有限公司	中证期货	全面结算会员	深圳	深圳市华富路海外装饰大厦 B 座二楼	518031	0755－83200909	www. citicsf. com
0019	金瑞期货有限公司	金瑞期货	全面结算会员	深圳	深圳市福田区福虹路 9 号世贸广场 A 座 38 层、C 层	518033	0755－83662122	www. jrqh. com. cn
0100	浙江新世纪期货经纪有限公司	新世纪	交易结算会员	浙江	浙江杭州市体育场路 335 号	310006	0571－85155690	www. zjncf. com. cn
0101	经易期货经纪有限公司	经易期货	交易结算会员	北京	北京市西城区百万庄北街 6 号经易大厦	100037	010－68331566	www. jyfco. com
0102	兴业期货有限公司	兴业期货	交易结算会员	福建	福州市鼓楼区湖东路 99 号七星大厦 16 层	350001	0591－88319977	www. xyfutures. com. cn
0103	上海良茂期货经纪有限公司	上海良茂	交易结算会员	上海	上海市打浦路 198 号	200023	021－63058548	www. 51qh. com
0105	平安期货有限公司	平安期货	交易结算会员	深圳	深圳市福田区振华路设计大厦 15 楼	518031	0755－83786060	www. pa18. com

会员号	会员全称	会员简称	会员类型	所属辖区	公司地址	邮编	联系电话	公司网址
0106	格林期货有限公司	格林期货	交易结算会员	北京	北京市西城区金融街27号投资广场B座20层	100032	010－66214406	www.greenfutures.com.cn
0107	上海久恒期货经纪有限公司	上海久恒	交易结算会员	上海	上海市浦东新区世纪大道1500号12楼北座	200122	021－68416686	www.jhqh.com
0108	国贸期货经纪有限公司	国贸期货	交易结算会员	厦门	厦门市湖滨南路国贸大厦11层	361004	0592－5898889	www.itf.com.cn
0109	银河期货有限公司	银河期货	交易结算会员	北京	北京市西城区复兴门外大街A2号中化大厦8层	100045	010－58363266 010－58363288	www.yhqh.com.cn
0110	宝城期货有限责任公司	宝城期货	交易结算会员	浙江	浙江省杭州市求是路8号公元大厦东南裙楼三层、五层	310013	0571－88151166	www.zjjdqh.com
0111	东吴期货有限公司	东吴期货	交易结算会员	上海	上海市西藏南路1208号6楼	200011	021－63128000	www.dwfutures.com
0112	北京首创期货有限责任公司	北京首创	交易结算会员	北京	北京市朝阳区北辰东路8号亚运村1号门	100101	010－84973088	www.scqh.com.cn
0113	国信期货有限责任公司	国信期货	交易结算会员	河南	郑州市郑东新区商务外环路13号5层502、503室	450008	0371－65835300 0371－65835309	www.guosenqh.com.cn
0115	中信建投期货经纪有限公司	中信建投	交易结算会员	重庆	重庆市渝中区中山三路107号皇冠大厦11楼	400014	023－63610929	www.cfc108.com
0116	长江期货有限公司	长江期货	交易结算会员	湖北	湖北省武汉市汉口解放大道单洞路口1号国际大厦A坐三楼	430022	027－85868588	www.cjfco.com.cn
0117	金元期货经纪有限公司	金元期货	交易结算会员	海南	海南省海口市南宝路36号证券大厦1楼	570206	0898－66552008	www.jyqh.cn
0118	国联期货有限责任公司	国联期货	交易结算会员	江苏	无锡市人民路97号佳福大厦四楼	214002	0510－82752315	www.glqh.com
0119	万达期货有限公司	万达期货	交易结算会员	河南	郑州市郑东新区商务内环路27号	450016	0371－69106655	www.wdfco.com
0120	和融期货经纪有限责任公司	和融期货	交易结算会员	天津	天津市河西区气象台路100号气象大厦三层	300074	022－23330060	www.hrqh.com
0121	中钢期货有限公司	中钢期货	交易结算会员	北京	北京市海淀区海淀大街8号A座19层	100080	010－62685676	www.zgfcc.com
0122	国投中谷期货有限公司	国投中谷	交易结算会员	上海	上海市东大名路638号五层	200080	021－68401202	www.zgqh.com.cn
0123	海航东银期货有限公司	海航东银	交易结算会员	深圳	深圳市深南中路2068号华能大厦18楼	518031	0755－83684268	www.dyqh.com.cn
0125	华闻期货经纪有限公司	华闻期货	交易结算会员	上海	上海浦东大道720号国际航运金融大厦22楼	200120	021－50368918	www.hwqh.com.cn
0126	渤海期货有限公司	渤海期货	交易结算会员	大连	大连市沙河口区会展路18号大连商品交易所西区355室	116023	0411－84807555	www.bhfcc.com
0127	云晨期货有限责任公司	云晨期货	交易结算会员	云南	云南省昆明市人民东路111号	650051	0871－3142012	www.ycfutures.com
0128	江苏弘业期货有限公司	江苏弘业	交易结算会员	江苏	江苏省南京市中华路50号弘业大厦9楼	210001	025－52264117	www.ftol.com.cn
0129	国金期货有限责任公司	国金期货	交易结算会员	四川	四川省成都市锦江区东大街芷泉段229号1栋2单元28层	610061	028－86713680	www.gjqh.com.cn
0130	国都期货有限公司	国都期货	交易结算会员	北京	北京市东城区东直门南大街3号国华投资大厦10层	100007	010－64008822	www.cc－futures.com
0131	申银万国期货有限公司	申银万国	交易结算会员	上海	上海市黄浦区新昌路180号1楼	200003	021－63276699	www.sywgqh.com.cn
0132	中航期货经纪有限公司	中航期货	交易结算会员	深圳	深圳市福田区深南大道2008号中国凤凰大厦2栋5层512、513、501室	518026	021－54100066	www.cafco.com.cn
0133	海通期货有限公司	海通期货	交易结算会员	上海	上海市浦东新区世纪大道1589号长泰国际金融大厦17楼	200122	021－61649910	www.hfqh.com
0135	冠通期货经纪有限公司	冠通期货	交易结算会员	北京	北京市朝阳区北三环中路2号6层	100011	010－62368907	www.gtfutures.com.cn
0136	招商期货有限公司	招商期货	交易结算会员	深圳	深圳市福田区福田区免税商务大厦9层9－15单元及5层2、3、4、5、A单元	518048	0755－82763148	qh.newone.com.cn
0137	宏源期货有限公司	宏源期货	交易结算会员	北京	北京市西城区太平桥大街19号4层4B	100140	010－88085299	www.hongyuanqh.com.cn
0138	上海通联期货有限公司	上海通联	交易结算会员	上海	上海陆家嘴环路958号7楼(华能联合大厦)	200120	021－68866986	www.tlqh.com.cn
0139	南证期货有限责任公司	南证期货	交易结算会员	江苏	江苏省南京市秦淮区长乐路226号长乐花园01幢1号	210006	025－52865001	www.klfco.cn
0145	大华期货有限公司	大华期货	交易结算会员	重庆	重庆市渝中区较场口88号得意世界A座18层	400010	023－63798622 023－63798100	www.dhqh.com.cn
0146	浙江中大期货经纪有限公司	浙江中大	交易结算会员	浙江	杭州市中山北路中大广场五矿大厦三楼	310003	0571－85777049	www.zdqh.com
0147	华安期货有限责任公司	华安期货	交易结算会员	安徽	合肥市长江中路419号华安期货大厦	230061	0551－2839058	www.haqh.com
0148	上海浙石期货经纪有限公司	上海浙石	交易结算会员	上海	上海市浦东新区浦电路438号双鸽大厦10G室	200122	021－50586903 0571－87812161	www.zsqh.com
0149	民生期货有限公司	民生期货	交易结算会员	山西	山西省太原市迎泽西大街新矿院路10号	030024	0351－6061333	www.msqh.com
0150	安信期货有限责任公司	安信期货	交易结算会员	北京	北京市东城区北三环东路36号环球贸易中心A座26层	100013	010－59113666	www.anxinqh.com.cn
0151	锦泰期货有限公司	锦泰期货	交易结算会员	江苏	江苏省南京市中央路258－28号锦盈大厦5－7层	210009	025－83116186	www.swfuture.com
0152	新湖期货有限公司	新湖期货	交易结算会员	上海	上海市裕通路100号36层	200070	4008888398	www.xinhu.cn
0153	东航期货经纪有限责任公司	东航期货	交易结算会员	上海	上海市吴中路686弄3号东航金融中心16楼	201103	021－64056666	www.kiiik.com
0155	海证期货有限公司	海证期货	交易结算会员	上海	上海市虹口区临平北路19号	200086	021－65218887	www.hicend.com
0156	上海东证期货有限公司	上海东证	交易结算会员	上海	上海市中山南路318号东方国际金融广场21层	200122	021－68400610	www.dzqh.com.cn
0157	金友期货经纪有限责任公司	金友期货	交易结算会员	厦门	厦门市东渡路61号振华大厦B座二楼	361012	0592－5619928	www.jinyouqh.com
0158	华联期货有限公司	华联期货	交易结算会员	广东	东莞市城区可园南路1号金源中心16层	523000	0769－22213338	www.hlqh.com
0159	中国国际期货有限公司	中国国际	交易结算会员	北京	北京市朝阳区建国门外光华路14号1幢1层、9层、11层、12层	100020	0755－23818333 010－65082700	www.cifco.net
0160	西部期货有限公司	西部期货	交易结算会员	陕西	西安市东新街232号信托大厦三层	710004	029－87406680	www.westfutu.com

会员号	会员全称	会员简称	会员类型	所属辖区	公司地址	邮编	联系电话	公司网址
0161	大连良运期货经纪有限公司	大连良运	交易结算会员	大连	大连市中山区五五路12号大连良运大酒店6层	116001	0411－82589097	www.lyqh.cn
0162	湘财祈年期货经纪有限公司	湘财祈年	交易结算会员	湖北	武汉市新华路139号凯盟大厦701室	430022	027－85499321	www.xcqnqh.com
0165	中银国际期货有限责任公司	中银国际	交易结算会员	海南	上海浦东世纪大道1589号长泰国际金融901－905室	200122	021－61088088	www.bocifco.com
0166	广晟期货有限公司	广晟期货	交易结算会员	广东	广东省广州市天河区珠江新城华夏路10号富力中心29层07－08单元	510623	020－38927888	www.risingqh.com
0167	北京中期期货经纪有限公司	北京中期	交易结算会员	北京	北京朝阳区东三环北路38号院1号楼泰康金融大厦22层	100016	010－64630966	www.bjcifco.net
0168	天琪期货有限公司	天琪期货	交易结算会员	深圳	深圳市福田区深南大道4009号投资大厦三楼01区、04A区	518046	0755－82912912	www.tqfutures.com
0169	天富期货有限公司	天富期货	交易结算会员	吉林	吉林省长春市长春大街500号写字楼东侧1－3层	130041	0431－88543611	www.tfqh.com
0170	瑞达期货经纪有限公司	瑞达期货	交易结算会员	厦门	福建省厦门市思明区塔埔东路169号13层	361009	0592－2290626	www.xmrd.net
0171	国元海勤期货有限公司	国元海勤	交易结算会员	北京	北京市海淀区西三环北路89号中国外文大厦A座907、908、909室	100089	021－68402806	www.gyhqqh.com
0175	英大期货有限公司	英大期货	交易结算会员	北京	北京市东城区建国门内大街乙18号院英大国际大厦2层	100005	010－51960409	www.ydfut.com
0200	徽商期货有限责任公司	徽商期货	交易会员	安徽	安徽省合肥市芜湖路260号	230061	0551－2865913	www.hsqh888.com
0201	中电投先融期货有限公司	中电投	交易会员	重庆	重庆市渝中区邹容路141－155号邹容广场A座14楼	400010	023－63799129	www.xrqh.com
0202	上海中期期货经纪有限公司	上海中期	交易会员	上海	上海市浦东新区浦电路500号11楼	200122	021－61090799	www.shcifco.com
0203	乾坤期货有限公司	乾坤期货	交易会员	深圳	广东省深圳市福田区深南大道4009号投资大厦二楼	518048	0755－83998699	www.qkfutures.com
0205	上海中财期货有限公司	上海中财	交易会员	上海	上海市浦东新区陆家嘴环路958号23楼	200120	021－68866688	www.zcqh.com
0206	浙江新华期货经纪有限公司	浙江新华	交易会员	浙江	杭州市凤起路108号	310003	0571－85783578	www.xhqh.com
0207	新纪元期货有限公司	新纪元	交易会员	江苏	江苏省徐州市淮海东路153号	221000	0516－83831118 0516－83831121	www.neweraqh.com.cn
0208	浙江大越期货经纪有限责任公司	浙江大越	交易会员	浙江	浙江省绍兴市解放北路186号7楼	312000	0574－85120647	www.dyqh.info
0209	江苏东华期货经纪有限公司	江苏东华	交易会员	江苏	江苏省南京市王府大街63号5楼	210004	025－84207734	www.dhfutures.com
0210	江苏文峰期货经纪有限责任公司	江苏文峰	交易会员	江苏	江苏省南通市环城南路128号飞马大厦三楼	226001	0513－85529853 0513－85537847	www.wfqh.com
0211	江西瑞奇期货经纪有限公司	江西瑞奇	交易会员	江西	江西省南昌市广场南路205号恒茂国际华城16号楼A座6楼	330003	0791－6663672 0791－6663536	www.jxrich.com
0212	银建期货经纪有限责任公司	银建期货	交易会员	北京	北京市丰台区方庄芳古园一区29楼	100078	87611499－100	www.yjqh.com
0213	浙江大地期货经纪有限公司	浙江大地	交易会员	浙江	杭州市延安路511号元通大厦十二楼	310006	0571－85103151	www.ddqh.com
0215	大有期货有限公司	大有期货	交易会员	湖南	湖南省长沙市芙蓉中路466号海东青大厦5楼	410011	0731－4317777	www.dayouf.com
0216	珠江期货有限公司	珠江期货	交易会员	广东	广东省广州市天河区黄埔大道西76号盈隆广场1201－1203室	510623	020－22031831	www.zjqh.com.cn
0217	广永期货有限公司	广永期货	交易会员	广东	广州市天河区体育西路57号10楼	510620	020－85598116 020－85582215	www.gyqh.net
0218	金鹏期货经纪有限公司	金鹏期货	交易会员	北京	北京市西城区金融大街27号投资广场B座九层	100032	010－66211412 010－66211413	www.jifco.com.cn
0219	创元期货经纪有限公司	创元期货	交易会员	江苏	江苏省苏州市三香路120号万盛大厦2楼、3楼	215004	0512－68278744	www.cyqh.com.cn
0220	中信新际期货有限公司	中信新际	交易会员	上海	上海市浦东大道1085号中信五牛城C座4楼	200135	021－61051166	www.citicf.com
0221	华西期货有限责任公司	华西期货	交易会员	四川	成都市青羊区通惠门路三号	610015	028－86286183	www.hxqh168.com
0222	上海东亚期货有限公司	上海东亚	交易会员	上海	上海市浦东新区松林路300号期货大厦2203室	200122	021－68400499	www.dyqh.cn
0223	中融汇信期货有限公司	中融汇信	交易会员	吉林	长春市人民大街4848号华贸国际2604－2605室	130022	0431－85805705	www.51qihuo.com
0225	红塔期货有限责任公司	红塔期货	交易会员	云南	昆明市北辰财富中心商住楼A幢28层(2801－ABCD号)	650224	0871－3614907	www.hongtaqh.com
0226	江南期货经纪有限公司	江南期货	交易会员	广东	广东省东莞市南城区体育路2号鸿禧中心六层B11－B12	523009	0769－22806989	www.scfuture.com
0227	湖南金信期货经纪有限公司	湖南金信	交易会员	湖南	湖南省长沙市芙蓉中路一段475号隆华金属大厦八楼	410005	0731－2258815	www.hnjxqh.com
0228	河北恒银期货经纪有限公司	河北恒银	交易会员	河北	石家庄市槐安东路90号国富大厦三层	050020	0311－87893568 0311－87894059	www.hbhyqh.com
0229	美尔雅期货经纪有限公司	美尔雅	交易会员	湖北	湖北省武汉市江汉北路8号	430022	027－85734992	www.mfc.com.cn
0230	华证期货有限公司	华证期货	交易会员	江苏	江苏省宜兴市人民中路135号华证大厦	214206	0510－87961121	www.hzfutures.com
0231	山西三立期货经纪有限公司	山西三立	交易会员	山西	山西省太原市府西街69号山西国际贸易中心东塔18层	30002	0351－8689068	www.sxslqh.com.cn
0232	成都倍特期货经纪有限公司	成都倍特	交易会员	四川	四川省成都市青羊区青龙街51号倍特康派大厦9楼	610031	028－86268191	www.btqh.com
0233	国海良时期货有限公司	国海良时	交易会员	浙江	浙江杭州市河东路91号	310014	0571－85237429	www.lsqh.com.

会员号	会员全称	会员简称	会员类型	所属辖区	公司地址	邮编	联系电话	公司网址
0235	中晟期货有限公司	中晟期货	交易会员	北京	北京市朝阳区光华路15号院1号楼1804－1807室	100026	010－62388810	www. crfco. com. cn
0236	宁波杉立期货经纪有限公司	宁波杉立	交易会员	宁波	宁波市中山东路796号东航大厦11楼	315040	0574－87716697	www. nbslqh. com
0237	迈科期货经纪有限公司	迈科期货	交易会员	陕西	西安市高新开发区唐延路33号迈科国际大厦22层	710075	029－88830600	www. maikefutures, com
0238	北方期货经纪有限责任公司	北方期货	交易会员	大连	大连市沙河口区中山路478号华邦上都三层	116021	0411－39779911	www. bfqh. com
0239	道通期货经纪有限公司	道通期货	交易会员	江苏	江苏省南京市鼓楼区广州路188号苏宁环球大厦5层02座	210024	025－83276958	www. doto－futures. com
0240	新疆天利期货经纪有限公司	新疆天利	交易会员	新疆	新疆乌鲁木齐市人民路33号瑞达国际大厦七楼	830002	0991－2314100	www. xjtlqh. com
0242	第一创业期货有限责任公司	第一创业	交易会员	北京	北京市西城区平安里西大街26号新时代大厦四层南侧	100034	010－63197000	www. fcfco. cn
0243	中辉期货经纪有限公司	中辉期货	交易会员	山西	山西省太原市新建路39号乡海大厦16层	030002	0351－8225066	www. zhqh. cn
0245	恒泰期货有限公司	恒泰期货	交易会员	上海	上海市浦东新区松林路通茂大厦357号19层	200122	021－68405212	www. cnhtqh. com. cn
0246	集成期货有限公司	集成期货	交易会员	广东	广州市天河区珠江新城华夏路10号富力中心11层03、04单元	510623	020－28023116	www. jclqh. com
0247	摩根大通期货有限公司	摩根大通	交易会员	广东	广东省中山市竹苑路102号	528403	0760－88880999	
0248	陕西省长安期货经纪有限公司	陕西长安	交易会员	陕西	陕西省西安市和平路99号金鑫国际大厦707室	710001	029－87206088	www. sxcaqh. com
0249	中原期货有限公司	中原期货	交易会员	河南	河南省郑州市郑东新区商务外环路10号中原广发金融大厦四楼	450046	0371－68599199	www. zyfutures. com
0251	华融期货有限责任公司	华融期货	交易会员	海南	海南省海口市海秀中路51－1号星华大厦11层	570206	0898－66779160	www. hrfutu. com. cn
0252	金石期货有限公司	金石期货	交易会员	新疆	新疆乌鲁木齐市解放北路90号	830002	0991－2331305	www. jsfco. com
0253	上海大陆期货有限公司	上海大陆	交易会员	上海	上海市凯旋路3131号明申中信大厦25楼	200030	021－54071888	www. dlqh. com
0255	华创期货有限责任公司	华创期货	交易会员	重庆	重庆市渝中区中山三路131号希尔顿商务大厦13楼	400015	023－89039818	www. 359qh. com
0256	盛达期货有限公司	盛达期货	交易会员	广东	广东省广州市解放南路123号金汇大厦6楼601	510120	020－83271198	www. ztqh. com. cn
0257	广东鸿海期货有限公司	广东鸿海	交易会员	广东	广东省深圳市福田区深南大道与金田路交界西南深圳国际交易广场2612－2616室	518034	0755－23997599	www. gdhhqh. com
0258	财富期货有限公司	财富期货	交易会员	青海	青海省西宁市城中区西大街18号12层	810000	010－85679699	www. cfqh. com
0259	江海汇鑫期货有限公司	江海汇鑫	交易会员	辽宁	沈阳市和平区和平北大街93号	110002	024－31308888	www. hxqh. com
0260	德盛期货有限公司	德盛期货	交易会员	湖南	湖南省长沙市五一西路2号第一道14楼	410005	0731－82893307	www. dsf. cn
0261	神华期货经纪有限公司	神华期货	交易会员	广东	广东省深圳市深南大道6008号特区报业大厦西区29F	518000	0755－83517606	www. shqhgs. com
0262	华海期货有限公司	华海期货	交易会员	辽宁	沈阳市沈河区团结路1－9－1	110013	010－82211853	www. hhqh. net
0263	上海金源期货经纪有限责任公司	上海金源	交易会员	上海	上海市浦东新区源深路273号	200135	021－68559999	www. jyqh. com. cn
0265	方正期货有限公司	方正期货	交易会员	湖南	湖南省长沙市芙蓉中路一段372号四楼	410008	0731－84312738	www. founderfu. com
0266	华鑫期货有限公司	华鑫期货	交易会员	上海	上海市黄浦区宁海东路200号申鑫大厦28楼	200021	021－63558998	www. shhxqh. com
0267	华元期货有限责任公司	华元期货	交易会员	上海	上海市浦电路500号1202－1205室	200122	021－68400066	www. huayuanfco. com
0268	深圳金汇期货经纪有限公司	深圳金汇	交易会员	深圳	深圳市福田区深南大道6013号中国有色大厦18楼	518040	0755－83472883	www. szjhqh. com
0269	和合期货经纪有限公司	和合期货	交易会员	山西	太原市迎泽区菜园东街2号	030012	0351－7342728	www. hhqh. com. cn
0270	东兴期货有限责任公司	东兴期货	交易会员	上海	上海市虹口区杨树浦路248号瑞丰国际大厦22楼	200082	021－65458108	www. dxqh. net
0271	中州期货有限公司	中州期货	交易会员	山东	烟台市莱山区迎春大街133－1科技创业大厦	264003	0535－6692331	www. zzfco. net
0272	鑫鼎盛期货有限公司	鑫鼎盛	交易会员	内蒙古	内蒙古呼市回民区新华大街82号奥体商务大厦10层	010030	0471－6281872	www. XDSQH. com
0273	深圳瑞龙期货有限公司	深圳瑞龙	交易会员	深圳	深圳市福田区福中三路诺德金融中心主楼33D	518026	0755－88262464	www. rlqh. cn
0275	象屿期货有限责任公司	象屿期货	交易会员	天津	天津开发区广场东路20号E4－C－5层西侧	300457	022－59997500	www. xiangyuqh. com
0276	安粮期货有限公司	安粮期货	交易会员	安徽	安徽合肥芜湖路168号同济大厦11层	230001	4006269988	www. ahcoffco. com
0277	京都期货有限公司	京都期货	交易会员	北京	北京市西城区德外大街115号德胜尚城E座1层	100088	010－59366016 010－59366036	www. jingduqh. com
0278	广州期货有限公司	广州期货	交易会员	广州	广州市天河区临江大道5号保利中心21楼04－06单元	510623	020－22139800	www. gzf2010. com. cn
0279	甘肃陇达期货经纪有限公司	甘肃陇达	交易会员	甘肃	甘肃省兰州市城关区静宁路308号信托大厦4楼	730030	0931－8894403	www. ldqh. com

第二节　上海期货交易所

上海期货交易所

上海期货交易所是依照有关法规设立的，履行有关法规规定的职责，受中国证监会集中统一监督管理，并按照其章程实行自律管理的法人。上海期货交易所目前上市交易的有黄金、铜、铝、锌、螺纹钢、线材、燃料油、天然橡胶等八种期货合约。

上海期货交易所坚持以科学发展观为统领，深入贯彻国务院关于推进资本市场改革开放和稳定发展的战略决策，依循“夯实基础、深化改革、推进开放、拓展功能、加强监管、促进发展”的方针，严格依照法规政策制度组织交易，切实履行市场一线监管职责，致力于创造构建安全、有序、高效的市场机制，营造公开、公平、公正和诚信透明的市场环境。长期目标是：努力建设成为规范、高效、透明，综合性、国际化的衍生品交易所。未来五年的目标是：建设成为一个在亚太时区以基础金属、贵金属、能源、化工等大宗商品为主的主要期货市场，发挥期货市场发现价格、规避风险的功能，为国民经济发展服务。

上海期货交易所现有会员200多家（其中期货经纪公司会员占80%以上），在全国各地开通远程交易终端300多个。

随着行业风险控制能力的强化提高、市场交易的持续活跃和规模的稳步扩大，市场功能及其辐射影响力显著增强，铜期货价格作为世界铜市场三大定价中心权威报价之一的地位进一步巩固；天然橡胶期货价格得到国内外各方的高度关注；燃料油期货在探索能源期货发展的道路上稳健运行；锌期货上市，与铜、铝期货关联，初步形成了有色金属期货品种系列；黄金期货上市，为促进黄金市场的发展，增进商品期货市场与金融市场的联系开辟了新路径；钢材期货上市，将逐步优化钢材价格形成机制，促进钢铁工业健康有序发展，进一步提高我国钢铁工业的国际竞争力。

按照《上海期货交易所章程》，会员大会是本所的权力机构，由全体会员组成；理事会是会员大会的常设机构，下设监察、交易、交割、会员资格审查、调解、财务、技术、产品等8个专门委员会。

总经理为本所法定代表人。本所设有办公室、发展研究中心、文化建设办公室、新闻信息部、国际合作部、有色金属部、能源化工部、黄金钢材部、会员服务和投资者教育部、交易部、结算部、监查部、法律事务部、技术中心、人力资源部、党委办公室（纪律检查办公室）、内审合规部、财务部、行政部、北京联络处等20个职能部门。

根据国务院颁布的《期货交易管理条例》及中国证监会发布的《期货交易所管理办法》等法规，交易所建立了交易运作和市场管理规章制度体系。

交易所拥有适用可靠的计算机交易系统，通过高容量光纤及数据专线、双向卫星、三所联网等通讯手段确保前台和远程交易的实时和安全可靠。同时，通过中心数据库实现结算、资金、交割、异地交割仓库、风险监控等系统数据的实时同步传送和交换。

为维护市场稳定和投资者合法权益，交易所建有多元结合的风险控制体系，主要包括以交易规范为准则的一系列制度措施；以量化系列指标与计算机自动化运作相结合的风险预警系统；以全程控制风险为目标，按职能分工落实相关责任制的风险动态跟踪、分析、应对的工作机制。

上海期货交易所坚持监管、服务两手抓的理念，坚持稳健运行，稳步发展，推进改革创新，深化服务，真诚地为会员及投资者提供全面及时的各项服务。

交易所实行保证金和每日无负债结算制度，通过指定的结算银行每天对会员的交易进行集中清算，会员负责对其客户交易进行清算。交易所实行实物交割履约制度，合约到期须在规定期限内，以实物交割方式履约。交易所指定交割仓库为交割双方提供相关服务。客户交割须通过会员办理。

交易所坚持维护投资者合法权益的基本宗旨，制订、实施风险控制管理制度，健全风险监控机制，保证市场规范有序地运行。

交易所通过建立的卫星广播网和公共电讯网，将实时和延时交易行情经授权的国内外信息资讯机构进行同步信息发布。通过实时行情短信播报服务系统和电话语音报价服务系统，向市场提供动态交易行情咨询服务。交易所通过自建的网站（http://www.shfe.com.cn/）及时规范地向市场发布交易、交割、持仓、库存等各类统计数据资料及相关信息。交易所还通过新闻媒体报道、电话咨询交流、举办多种形式的培训班、开展各种形式的对外交流等形式，向会员、投资者及社会提供咨询、培训等服务。

通讯地址：上海市浦东新区浦电路500号

邮政编码：200122

电话：021－68400000

传真：021－68401198

E－mail：info@shfe.com.cn

上海期货交易所大事记

2011年1月大事记

1月6日，理事长王立华会见武汉市市委书记杨松率领的党政代表团一行。

1月11－12日，理事长王立华出席浦东新区人大四次会议。

1月13－14日，总经理杨迈军、理事长王立华出席全国证券期货监管工作会议。

1月14日，纪委书记宋幼滨出席全国证券期货监管系统纪检监察工作会议。

1月15－21日，理事长王立华列席上海市第十三届人民代表大会第四次会议。

1月20日，副总经理霍瑞戎出席由证监会期货一部召开的“完善期货市场手续费制度座谈会”。

1月21日，总经理助理褚玦海会见泰国农业部长Supachal Phosu先生和泰国橡胶委员会一行。

1月26日，理事长王立华会见伦敦金属交易所董事会主席Brain Bender先生一行。

2011 年 2 月大事记

2 月 11 日，我所举行北京灾备中心正式启用仪式。证监会副主席桂敏杰，主席助理姜洋出席仪式，并按钮启动北京灾备系统正式运行。总经理杨迈军、副总经理劳光熊一同出席启动仪式。

2 月 14 日，副总经理霍瑞戎、总经理助理褚玦海出席证监会期货一部召开的农产品期货市场运行分析会。

2 月 16 日，证监会纪委书记李小雪及研究中心一行来我所张江中心调研，并听取总经理杨迈军的工作汇报。全体所领导一同出席此次调研。

2 月 17 日，总经理杨迈军出席证监会党校校务委员会工作会议。

2 月 22 日，理事长王立华出席新湖期货与创业投资落户上海闸北区揭牌仪式。

2 月 24 日，总经理杨迈军出席证监会行业协会座谈会。

2 月 25 日，总经理杨迈军、副总经理霍瑞戎出席我所 2011 年度媒体恳谈会。

2 月 24－26 日，副总经理劳光熊出席证监会期货一部主办的"期货行业信息系统风险分析会议"。

2011 年 3 月大事记

3 月 1 日，总经理杨迈军、理事长王立华、总经理助理褚玦海出席"有色金属期货市场功能发挥调研报告研讨会"。

3 月 3 日，总经理杨迈军，总经理助理褚玦海、席志勇出席"铅期货合约及规则论证会"。

3 月 8 日，总经理杨迈军会见 CME 名誉主席 Leo Melamed 先生及总裁 Phupinder Gill 先生一行五人，副总经理霍瑞戎、滕家伟陪同接待。

3 月 10 日，我所举行第二届理事会第二十次会议，会议由理事长王立华主持，全体理事出席会议。副总经理劳光熊、滕家伟，总经理助理席志勇列席会议。

3 月 11 日，总经理助理席志勇出席证监会稽查局主办的"期货盗码交易案件协调会"。

3 月 14 日，总经理杨迈军出席上海市政协经济委员会金融专题筹备会。

3 月 15 日，总经理杨迈军、理事长王立华赴京向证监会党委汇报我所工作。

3 月 16 日，副总经理霍瑞戎会见瑞士期货期权协会会长 Paul Meire 先生一行。

3 月 24 日，我所举办铅期货上市仪式。总经理杨迈军主持仪式，中国证监会主席尚福林和上海市市长韩正共同为铅期货合约揭牌，并为开盘交易鸣锣。上海市委常委、副市长屠光绍，中国有色金属工业协会会长康义，中国证监会主席助理姜洋等领导出席了上市仪式。

3 月 24 日，总经理杨迈军出席期货保证金监控中心管委会第八次会议。

3 月 25 日，副总经理霍瑞戎出席上海市政协专题会议。

3 月 25－26 日，总经理杨迈军、副总经理劳光熊出席全国期货监管工作座谈会。

3 月 28－29 日，总经理杨迈军、副总经理滕家伟出席证券期货监管系统组织人事工作会议。

3 月 30 日，我所召开中层以上干部会议，总经理杨迈军传达全国期货监管工作座谈会、证券期货监管系统组织人事工作会议精神。

2011 年 4 月大事记

4 月 1 日，理事长王立华、副总经理劳光熊会见解放军第五十六研究所一行。

4 月 1 日，副总经理滕家伟出席 2011 年上海金融业联合会第二次理事长工作会议。

4 月 14－15 日，纪委书记宋幼滨参加中国证监会工会女职工委员会第二次全体（扩大）会议。

4 月 15 日，总经理杨迈军出席大连商品交易所焦炭期货上市仪式。

4 月 21－22 日，纪委书记宋幼滨出席证监会关于工程建设领域突出问题专项治理工作培训交流会。

4 月 22 日，总经理杨迈军、总经理助理褚玦海参加国家能源局召开的原油期货推进会。

4 月 24－25 日，副总经理劳光熊出席"证券期货业信息化领导小组第六次会议"。

4 月 27 日，理事长王立华、总经理助理褚玦海会见来访的第三十期中央党校中青年干部培训班成员并座谈。

4 月 28 日，总经理杨迈军会见来访的中央党校 2011 春中青一班成员并座谈。理事长王立华，纪委书记宋幼滨，副总经理劳光熊、滕家伟，总经理助理褚玦海、席志勇一同出席。

2011 年 5 月大事记

5 月 4－5 日，理事长王立华，副总经理劳光熊、滕家伟赴四川参加理事会技术委员会 2011 年度工作会议和专业委员会组织工作研讨会。

5 月 6 日，证监会研究中心主任祁斌来我所举办讲座，纪委书记宋幼滨主持讲座。

5 月 17 日，理事长王立华主持召开我所第二届理事会第二十一次会议，全体理事出席。副总经理劳光熊列席会议。

5 月 19－21 日，总经理杨迈军出席 2011 陆家嘴论坛并作主题演讲。理事长王立华、副总经理滕家伟出席论坛。

5 月 24 日，副总经理滕家伟赴京出席第 37 届国际证监会组织年会筹备会议。

5 月 25 日，总经理杨迈军接待云南证监局范辉局长一行来所交流。

5 月 26 日，总经理杨迈军出席中国政研会"全国思想政治工作加强人文关怀和心理疏导现场经验交流会"。

5 月 27－29 日，我所举行第八届上海衍生品市场论坛。上海市副市长屠光绍、中国证监会主席助理姜洋出席并致辞；中国证监会前主席周正庆、周道炯，前副主席陈耀先、范福春出席论坛并作书面致辞。我所总经理杨迈军主持论坛开幕式。理事长王立华，纪委书记宋幼滨，副总经理劳光熊、霍瑞戎、滕家伟，总经理助理褚玦海、席志勇出席论坛并主持有关分会。

2011 年 6 月大事记

6 月 8－9 日，总经理杨迈军、副总经理滕家伟出席我所首届媒体研讨班。

6 月 9 日，纪委书记宋幼滨出席上海市党政负责干部大会。

6 月 16－17 日，副总经理滕家伟赴京出席合作媒体座谈会。

6 月 21 日，总经理杨迈军、副总经理滕家伟出席"证监会处级干部任职培训班"。

6 月 21 日，总经理杨迈军会见来访的工商银行总经理罗熹一行。

6 月 22 日，副总经理劳光熊出席"2011 年度上海证券交易所安全运行与技术发展研讨会"。

6 月 24 日，总经理杨迈军出席"证券期货监管系统纪念建党 90 周年暨表彰先进大会"。

6月26－27日，纪委书记宋幼滨参加全国纪检监察系统纪念中国共产党成立90周年表彰大会暨反腐倡廉建设理论研讨会。

6月28－29日，总经理杨迈军参加证监会期货一部主办的《期货法》立法研究座谈会。

6月29日，总经理助理褚玦海会见来访的中国（太原）煤炭交易中心党组书记、主任曲剑午一行。

6月30日，副总经理滕家伟出席纪念建党90周年暨证监会党校成立10周年座谈会。

6月30日，全体所领导出席我所"创先争优"表彰大会暨纪念建党90周年红歌会。

2011年7月大事记

7月6日，总经理杨迈军参加大商所与期货期权世界（FOW）联合主办的2011中国及全球衍生品市场发展论坛。

7月11－12日，总经理杨迈军参加中共上海市第九届委员会第十五次全体会议。

7月12日，理事长王立华在北京出席由中国黄金集团公司、世界黄金协会、英国黄金矿业服务公司三方主办的《黄金年鉴2011》中文版发布会并致辞。

7月18日，总经理杨迈军参加证监会组织召开的半年形势分析会。

7月20日，总经理杨迈军会见澳新银行首席执行官Mike Smith一行。

7月20日，总经理杨迈军出席首届沪上金融家颁奖仪式。

7月20日，总经理助理褚玦海会见浙江省国际贸易集团有限公司副总经理楼国庆一行。

7月21日，总经理杨迈军参加"沪上金融家对话国际商业精英"论坛。

7月26日，总经理杨迈军会见澳帝华（Optiver）董事长兼首席执行官京雍汉Johann Kaemingk一行。。

7月26日，副总经理滕家伟出席我所半年度保密工作会议。

7月27日，总经理杨迈军出席2011－2015中央党校经济学部调研基地挂牌仪式。

7月29日，总经理杨迈军出席上海金融业联合会第三次理事长会议。

7月29日，理事长王立华出席第二届理事会有色金属产品委员会第二次会议。

2011年8月大事记

8月2－5日，总经理杨迈军，副总经理劳光熊、滕家伟赴大连商品交易所、深圳证券交易所调研，并分别出席东北、广东地区会员座谈会。

8月3－4日，纪委书记宋幼滨出席在宁夏银川市召开的2011年全国证券期货监管系统纪检监察半年工作会议。

8月3日，理事长王立华出席上海期货交易所理事会结算委员会第一次会议。

8月9日，总经理杨迈军、总经理助理褚玦海接待宁波市党政代表团一行参观交易所。

8月11日，总经理杨迈军出席2011年"上期杯"全国金融系统桥牌赛开幕式。

8月12日，理事长王立华、副总经理劳光熊出席上海期货交易所第二届理事会财务委员会第十五次会议。

8月19日，纪委书记宋幼滨参加证监会纪律检查委员会在广州市召开的巡视工作制度研讨会。

8月24日，总经理杨迈军、理事长王立华、副总经理劳光熊出席上海期货交易所第二届理事会第二十二次会议。

8月31日，总经理杨迈军、总经理助理席志勇出席证监会期货一部举办的"推动制定期货法工作汇报会"。

2011年9月大事记

9月1日，副总经理滕家伟出席2011年我所第二期媒体研讨班。

9月2日，总经理助理褚玦海出席洋山首批大宗商品企业入驻颁证仪式暨期货保税交割试点情况发布会。

9月9日，总经理杨迈军参加国际原油市场研讨会。

9月8日，总经理助理褚玦海会见中国人寿集团公司缪建民副总裁一行。

9月14日，理事长王立华会见智利铜业研究机构CESCO总裁Patrick Cussen一行。

9月16日，总经理杨迈军赴北京参加证监会国际顾问委员会第八次会议。

9月17日，理事长王立华、总经理助理褚玦海出席第四届中国有色金属现货·期货互动峰会并致辞。

9月20日，总经理杨迈军、理事长王立华、副总经理劳光熊访问中国解放军总参谋部第56研究所。

9月26日，总经理杨迈军出席中国金融期货交易所2011年度股东大会、董事会。

9月28－29日，副总经理劳光熊出席套期保值会计准则课题中期研讨会。

2011年10月大事记

10月9日，总经理杨迈军出席中国社科院陆家嘴研究基地挂牌仪式。

10月13日，副总经理劳光熊出席上海市重要信息系统信息安全保障工作会议。

10月13日，纪委书记宋幼滨赴延安参加党支部支委培训班。

10月19日，总经理助理席志勇、副理事长武小强出席上海期货交易所第二届理事会交易委员会第十三次会议。

10月26日，副总经理劳光熊出席2011年度证券期货业科学技术奖励会。

10月26－28日，纪委书记宋幼滨参加四所工会主席联席会议。

10月27日，理事长王立华主持召开第二届理事会第二十三次会议。总经理杨迈军，副总经理滕家伟、褚玦海，总经理助理席志勇，副理事长武小强出席会议。

10月27－28日，副总经理霍瑞戎参加证监会期货一部召开的期货交易所新闻宣传工作座谈会。

2011年11月大事记

11月1日，总经理杨迈军、纪委书记宋幼滨、副总经理劳光熊参加证监会纪委会计部张江项目检查反馈意见会。

11月3日，总经理杨迈军，纪委书记宋幼滨，副总经理劳光熊、滕家伟、褚玦海，总经理助理席志勇接待中央第二企业金融巡视组专项调研小组来访参观并座谈。

11月8日，副总经理滕家伟参加证监会会管单位年终考核调研座谈会。

11月10日，理事长王立华出席"第二届期货机构投资者年会"并致辞。

11月15日，副理事长武小强出席中国期货业协会第三届理事会第四次会长工作会。

11月17日，副总经理霍瑞戎出席"2011中国·武汉金融博览会暨中国中部(湖北)创业投资大会”。

11 月 17 日,副理事长武小强出席上海期货交易所第二届理事会监察委员会第九次会议。

11 月 18 日,理事长王立华出席上海期货交易所第二届理事会黄金钢材产品委员会第二次会议以及能源化工产品委员会第二次会议。

11 月 22 日,总经理杨迈军出席 2011 年上海金融业联合会第四次理事长工作会议。

11 月 24 日,理事长王立华、副总经理褚玦海会见中钢集团公司总经理贾宝军一行。

11 月 28 日,总经理杨迈军出席“第十四届孙冶方经济科学奖颁奖大会”。

11 月 29 日,总经理杨迈军接待第一财经传媒有限公司总经理秦朔一行。

11 月 30 日,总经理杨迈军出席“开展白银期货交易座谈会”。

11 月 30 日,副总经理劳光熊出席证监会第八次会管机构财务会议。

2010 年交易概况

交易品种	交易日数	成交金额	成交金额比重	日均成交金额	交割金额
al_f	242	283424856.6	2.30%	1171177.09	904142.29
au_f	242	182919131.5	1.48%	755864.18	14593.82
cu_f	242	2964375452	24.01%	12249485.34	1133968.08
fu_f	242	98863657.09	0.80%	408527.51	302841.94
rb_f	242	1995171503	16.16%	8244510.34	248912.58
ru_f	242	4264648108	34.54%	17622512.84	322078.08
wr_f	242	1288750.07	0.01%	5325.41	26310.87
zn_f	242	2557256188	20.71%	10567174.33	537700.68
合计	242	12347947646	100.00%	51024577.05	3490548.32
交易品种	交易日数	成交量	成交量比重	日均成交量	交割量
al_f	242	34523990	2.78%	142661.12	115220
au_f	242	6794088	0.55%	28074.74	537
cu_f	242	101577136	8.17%	419740.23	38390
fu_f	242	21364408	1.72%	88282.68	69000
rb_f	242	451224834	36.28%	1864565.43	60030
ru_f	242	334829824	26.92%	1383594.31	25738
wr_f	242	303404	0.02%	1253.74	6420
zn_f	242	293178746	23.57%	1211482.42	61530
合计	242	1243796430	100.00%	5139654.67	376865

注:1. 成交量单位为手,双边计算;成交金额单位为万元,双边计算。
2. 交割量单位为手,单边计算;交割金额单位为万元,单边计算。

2011 年交易概况

交易品种	交易日数	成交金额	成交金额比重	日均成交金额	交割金额
al_f	244	170703376.3	1.96%	699604	1028632.59
au_f	244	509760793.4	5.87%	2089183.58	22953.37
cu_f	244	2993341852	34.44%	12267794.48	1062387.35
fu_f	244	19287733.47	0.22%	79048.09	199171.66
pb_f	192	25615929.78	0.29%	133416.3	48911.45
rb_f	244	743550287.4	8.56%	3047337.24	15363.9
ru_f	244	3304742296	38.03%	13544025.8	171238.15
wr_f	244	29897.99	0.00%	122.53	0
zn_f	244	923654948	10.63%	3785471.1	575693.33
合计	244	8690687114	100.00%	35617570.14	3124351.79
交易品种	交易日数	成交量	成交量比重	日均成交量	交割量
al_f	244	19907836	3.23%	81589.49	121580
au_f	244	14443516	2.34%	59194.74	726
cu_f	244	97922260	15.88%	401320.74	31720
fu_f	244	3942282	0.64%	16156.89	41770
pb_f	192	586560	0.10%	3055	1259
rb_f	244	163769578	26.57%	671186.8	3150
ru_f	244	208572798	33.83%	854806.55	10080
wr_f	244	6484	0.00%	26.57	0
zn_f	244	107326966	17.41%	439864.61	67075
合计	244	616478280	100.00%	2526550.33	277360

注:1. 成交量单位为手,双边计算;成交金额单位为万元,双边计算。
2. 交割量单位为手,单边计算;交割金额单位为万元,单边计算。

第三节　大连商品交易所

大连商品交易所

大连商品交易所成立于1993年2月28日，是经国务院批准并由中国证监会监督管理的四家期货交易所之一，也是中国东北地区唯一一家期货交易所。经中国证监会批准，目前上市交易的有玉米、黄大豆1号、黄大豆2号、豆粕、豆油、棕榈油、线型低密度聚乙烯、聚氯乙烯和焦炭9个期货品种。

成立十八多年以来，大商所规范运营、稳步发展，已经成为我国重要的期货交易中心。近几年来发展尤为迅速，2006年至2010年，成交量由2.41亿手增长至8.06亿手，成交额由5.22万亿元增长至41.71万亿元，实现了跨越式的发展。2010年在全球交易所期货期权交易量排名中，大商所位列第13名。

截至2010年年底，大连商品交易所共有会员188家，指定交割库83个，投资者开户数超过120万户，分布在全国28个省、直辖市、自治区。从1993年开业至2010年底，大商所累计成交期货合38.04亿手，累计成交额146.56万亿元，实现实物交割1332万吨，在发现商品价格、保护农民利益、引导农产品生产与流通、为市场主体提供避险工具等方面，发挥了重要作用，也为大连区域性金融中心建设、东北亚航运中心建设和东北地区振兴做出了积极贡献。

2006年底，大商所领导班子提出了用一流的人才、一流的管理、一流的技术、一流的服务建设一流期货交易所的目标，积极向综合性和全国性、国际化的交易所转变。2007年8月国务院批准的《东北地区振兴规划》提出，“依托大连商品交易所，大力发展期货贸易，建设亚洲重要的期货交易中心”，对大商所的建设提出了新的更高的要求，也为大商所的发展提供了新的机遇。目前，大商所正朝着这一崭新的目标不断努力。

组织结构：

会员大会是交易所的权力机构，由全体会员组成。

理事会是会员大会的常设机构，现有副理事长1人。理事会由13名理事组成，其中会员理事为9名，非会员理事为4名。

理事会下设监察、交易、交割、会员资格审查、调解、财务、技术等7个专门委员会。

交易所行政领导班子现有总经理1人、副总经理4人、总经理助理2人。总经理为交易所法定代表人。

交易所设有总经理办公室、理事会办公室、战略规划办公室、系统规划办公室、交易部、交割部、结算部、技术运维中心、新闻信息部、国际合作部、品种部、产业拓展部、会员服务部/期货学院、法律事务部、监察部、财务部、人力资源部、审计部、工会纪检办公室和研究中心等20个职能部门，3个派出机构：北京发展与服务总部、上海发展与服务总部、广州发展与服务总部，2个直属单位：大连飞创信息技术有限公司、大连商品交易所行政服务有限公司。

社会公益：

大商所长期致力于捐资助学、扶贫帮困、援助灾区等各项社会公益事业，积极承担社会责任。

捐资助学方面，大商所曾分别向辽宁省大连市、丹东市以及安徽省太湖县的希望工程捐赠资金，并参与援建了太湖县希望学校。自2000年以来，大商所用于捐资助学的款项已达292万余元。

扶贫帮困方面，大商所通过向上级主管部门上缴扶贫专项经费、向地方慈善总会和“残疾人联合会”捐款、资助贫困地区修建公路、加强农村学校供暖、慰问低保贫困户等多种方式进行扶贫帮困，2000年以来累积扶贫资金达586万余元。

捐助灾区方面，大商所分别于2008年向南方雪灾地区和四川汶川地震灾区捐款，于2010年向青海省玉树地震灾区、甘肃省舟曲灾区和辽宁省丹东鸭绿江水灾地区进行了捐款，积极支援灾区重建，自2008年以来捐助灾区的款项达991万余元。

附：大商所近年部分扶贫帮困、捐助灾区活动清单

2008年向南方雪灾受灾地区捐款100万元

2008年向汶川地震灾区捐款312.275万元

2008年向中国证监会上缴扶贫专项经费20万元

2010年向青海玉树地震灾区捐款150万元

2010年向甘肃舟曲灾区捐款150万元

2010年向丹东鸭绿江遭受水灾地区捐款300万元

2010年向“残疾人联合会”捐款10万元

2010年帮助庄河市吴炉镇榆书房村小学加强供暖及慰问当地低保户，共花费9537.2元

2011年向庄河市吴炉镇榆书房村资助15万元用以修建公路，并于每年春节看望村内低保户，发放慰问金及慰问品

2011年向中国证监会上缴扶贫专项经费20万元

大连商品交易所交割细则

第一章　总则

第一条　为保证大连商品交易所(以下简称交易所)期货交割业务的正常进行，规范实物交割行为，根据《大连商品交易所交易规则》，制定本细则。

第二条　黄大豆1号、黄大豆2号、豆粕、豆油、棕榈油、玉米、线型低密度聚乙烯、聚氯乙烯合约的交割采用实物交割方式。实物交割是指交易双方按照合约和规则的规定通过该期货合约所载商品所有权的转移，了结未平仓合约的过程。

第三条　客户的实物交割须由会员办理，并以会员名义在交易所进行。

第四条　个人客户不允许交割。自交割月第一个交易日起，交易所对个人客户的交割月份持仓予以强制平仓。最后交易日结束后，个人客户交割月份合约的持仓仍未能平仓的，首先由会员代为履约，会员仍未能履约的，则按照本细则第十

四章有关规定进行处理。

第五条　交易所黄大豆 1 号、黄大豆 2 号、豆粕、豆油、棕榈油、玉米、线型低密度聚乙烯、聚氯乙烯合约的交割业务按本细则进行，交易所、会员、客户及交割仓库必须遵守本细则。

第二章　期货转现货

第六条　期货转现货（以下简称期转现）是指持有同一交割月份合约的交易双方通过协商达成现货买卖协议，并按照协议价格了结各自持有的期货持仓，同时进行数量相当的货款和实物交换。

第七条　提出期转现申请的客户必须是单位客户，期转现的期限为该合约上市之日起至交割月份前一个月倒数第三个交易日（含当日）。

第八条　交易双方达成现货买卖协议后，应向交易所提交下述材料：

（一）期转现申请；

（二）现货买卖协议；

（三）相关的货款证明；

（四）相关的标准仓单、入库单、存货单等货物持有证明。

第九条　期转现分为标准仓单期转现和非标准仓单期转现。

第十条　采用标准仓单进行期转现时，会员应在交易日 11:30 前向交易所提出申请，交易所在申请的当日内予以审批。

卖方会员应在批准日结算前将相应数量的标准仓单交到交易所，买方会员应将按协议价格计算的全额货款划入交易所帐户。

第十一条　采用非标准仓单进行期转现时，交易所在收到申请后的三个交易日内予以审批。

第十二条　标准仓单期转现的仓单交收和货款支付由交易所负责办理，具体流程见《大连商品交易所结算细则》，手续费按交割手续费标准收取。

卖方客户应在期转现批准日向买方客户提交增值税专用发票，迟交或未提交增值税发票的，按《大连商品交易所结算细则》有关规定处理。

第十三条　非标准仓单期转现的货物交收和货款支付由交易双方自行协商确定，交易所对此不承担保证责任，手续费按交易手续费标准收取。

采用非标准仓单进行期转现时，交易双方应在现货交易结束后向交易所提交货物交收和货款支付证明。交易所有权对交易双方的现货行为进行监督和核查。

第十四条　期转现批准日结算时，交易所将交易双方的期转现持仓按协议价格进行结算处理，产生的盈亏计入当日平仓盈亏。

第十五条　期转现的持仓从当日持仓量中扣除，交易结果不计入当日结算价和成交量。每个交易日结束后，交易所将当日执行的期转现有关信息予以公布。

第三章　滚动交割

第十六条　黄大豆 1 号、黄大豆 2 号、豆粕、豆油、玉米合约采用滚动交割。

第十七条　滚动交割是指在合约进入交割月以后，由持有标准仓单和卖持仓的卖方客户主动提出，并由交易所组织匹配双方在规定时间完成交割的交割方式。

第十八条　滚动交割由客户提出交割申请，会员代客户办理。办理时间为交割月第一个交易日至交割月最后交易日前一交易日。

第十九条　滚动交割流程的第一日是配对日。

（一）卖方申报交割。进入交割月后，同时持有标准仓单（已办理充抵保证金的仓单除外，下同）和交割月单向卖持仓的客户可以通过会员提出交割申请，会员在交割月第一个交易日至最后交易日前一交易日闭市前，均可向交易所申报交割。提出交割申请的相应持仓和仓单予以冻结，其卖持仓对应的交易保证金不再收取。

（二）买方申报意向。持有交割月单向买持仓的买方在交割月第一个交易日至最后交易日前一交易日闭市前可以向交易所申报交割意向。

第二十条　配对日闭市后，交易所通过系统为申请交割的卖方会员找出该交割月多头持仓，按照“申报交割意向的买持仓优先，持仓时间最长的买持仓优先”的原则进行交割配对。配对结果一经确定，买卖双方不得变更。

第二十一条　配对日闭市后，买方会员的配对买持仓的交易保证金转为交割预付款。

第二十二条　滚动交割结算价为配对日结算价。配对日结算时，交易所对买卖双方会员配对持仓按配对日结算价进行结算处理，产生的盈亏在当日的《大连商品交易所会员资金结算表》中单独列示。

第二十三条　配对日闭市后，配对持仓从交割月合约的持仓量中扣除，不再受持仓限额限制。《交割通知单》和配对结果等滚动交割信息随配对日结算单通过会员服务系统发送给买卖双方会员，会员服务系统一经发送，即视为已经送达。配对结果等信息通过相关公共媒体和信息商对社会公众发布。

第二十四条　配对结果确定后，买方应及时向卖方提供有关增值税发票开具内容的事项，卖方在配对日后 7 日内将增值税发票交付买方。

第二十五条　配对日后（不含配对日）第 2 个交易日为交收日。交收日闭市之前，买方会员须补齐与其配对交割月份合约持仓相对应的全额货款，办理交割手续。

第二十六条　交收日闭市后，交易所按“最少配对数”原则将卖方交割的各仓库仓单分配给对应的配对买方。分配结果一经确定，买卖双方不得变更。

第二十七条　交收日闭市后，交易所给买方会员开具《标准仓单持有凭证》。交易所将 80% 交割货款付给卖方会员，交易所在收到卖方会员提交的增值税专用发票后，将剩余的 20% 的货款付给卖方会员。

第二十八条　滚动交割违约是指在规定期限内，买方未能如数解付货款。构成交割违约的，按本细则第十四章的有关规定处理，其中违约合约价值按配对日结算价计算，征购和竞卖在最后交割日后集中进行。

第二十九条　在合约最后交易日后，所有未平仓合约的持有者须以交割履约。最后交易日闭市后，同一客户号买卖持仓相对应部分的持仓视为自动平仓，不予办理交割，平仓价按交割结算价计算。

交割结算价是期货合约自交割月第一个交易日起至最后交易日所有成交价格的加权平均价。

第三十条　最后交易日闭市后，交易所按“最少配对数”的原则通过计算机对交割月份持仓合约进行交割配对。配对结果一经确定，买卖双方不得变更。

第三十一条　最后交易日闭市后，交易所将交割月份买持仓的交易保证金转为交割预付款。

第三十二条　最后交割日闭市后，交易所按"最少配对数"原则将卖方交割的各仓库仓单分配给对应的配对买方。分配结果一经确定，买卖双方不得变更。

第三十三条　最后交割日闭市前，卖方会员须将与其交割月份合约持仓相对应的全部标准仓单和增值税发票交到交易所，买方会员须补齐与其交割月份合约持仓相对应的全额货款。

最后交割日闭市后，交易所给买方会员开具《标准仓单持有凭证》，交易所将80%的货款付给卖方会员，交易所在收到卖方会员提交的增值税专用发票后，将剩余的20%的货款付给卖方会员。

增值税发票的流转过程为：交割卖方客户给对应的买方客户开具增值税发票，客户开具的增值税发票由双方会员转交、领取并协助核实，交易所负责监督。

会员迟交或未提交增值税发票的，按《大连商品交易所结算细则》有关规定处理。

第四章　一次性交割

第三十四条 棕榈油、线型低密度聚乙烯和聚氯乙烯合约采用一次性交割。在合约最后交易日后，所有未平仓合约的持有者须以交割履约，同一客户号买卖持仓相对应部分的持仓视为自动平仓，不予办理交割，平仓价按交割结算价计算。

交割结算价是期货合约自交割月第一个交易日起至最后交易日所有成交价格的加权平均价。

第三十五条　最后交易日闭市后，交易所按"最少配对数"的原则通过计算机对交割月份持仓合约进行交割配对。配对结果一经确定，买卖双方不得变更。

第三十六条　最后交易日闭市后，交易所将交割月份买持仓的交易保证金转为交割预付款。

第三十七条　最后交割日闭市后，交易所按"最少配对数"原则将卖方交割的各仓库仓单分配给对应的配对买方。分配结果一经确定，买卖双方不得变更。

第三十八条　最后交割日闭市前，卖方会员须将与其交割月份合约持仓相对应的全部标准仓单和增值税发票交到交易所，买方会员须补齐与其交割月份合约持仓相对应的全额货款。

最后交割日闭市后，交易所给买方会员开具《标准仓单持有凭证》，交易所将80%的货款付给卖方会员，交易所在收到卖方会员提交的增值税专用发票后，将剩余的20%的货款付给卖方会员。

增值税发票的流转过程为：交割卖方客户给对应的买方客户开具增值税发票，客户开具的增值税发票由双方会员转交、领取并协助核实，交易所负责监督。

会员迟交或未提交增值税发票的，按《大连商品交易所结算细则》有关规定处理。

第五章　黄大豆1号交割标准

第三十九条　黄大豆1号合约交割标准品、替代品的质量标准和质量升扣价详见附件1《黄大豆1号品质技术要求》和《黄大豆1号质量差异升扣价》。

黄大豆1号指定交割仓库分为基准交割仓库和非基准交割仓库（详见附件2《大连商品交易所黄大豆1号指定交割仓库名录》），交易所可视情况对黄大豆1号指定交割仓库进行调整。

第四十条　黄大豆1号合约升贴水的差价款由货主同指定交割仓库结算。

第四十一条　黄大豆1号采用麻袋包装。麻袋规定为长107±5cm、宽74±3cm不破、不漏的麻袋。麻袋卫生要求为无毒害物质污染，无油污，无霉变，无严重的煤灰、石灰、铁锈、泥土、水渍等污染。交易所可根据现货市场情况对包装物标准进行调整。

第四十二条　黄大豆1号包装物数量按每吨11条麻袋计算。麻袋重量按每条0.9公斤计重。

第四十三条　麻袋缝口可以是机器缝口或手工缝口。机器缝口必须达到两头锁紧双趟标准；手工缝口必须达到双线16针以上（含16针）标准。麻袋缝口质量达不到标准，可由指定交割仓库调换麻袋或对缝口加针，由此发生的费用由卖方货主承担。

第四十四条　黄大豆1号包装物价格包含在合约交易价格中。

第六章　黄大豆2号交割标准

第四十五条　黄大豆2号合约交割标准品、替代品的质量标准和质量差异升扣价详见附件3《大连商品交易所黄大豆2号交割质量标准（FB/DCE　D001－2005）》。

黄大豆2号指定交割仓库分为基准交割仓库和非基准交割仓库（详见附件4《大连商品交易所黄大豆2号指定交割仓库名录》），交易所可视情况对黄大豆2号指定交割仓库进行调整。

第四十六条　黄大豆2号合约升贴水的差价款由货主同指定交割仓库结算。

第四十七条　黄大豆2号可以采用散粮或包粮进行交割，包粮的包装物为麻袋。包装物价格由交易所确定并在黄大豆2号合约上市时提前公布。

第四十八条　黄大豆2号合约的交易价格为散粮价格。包装款由货主同指定交割仓库结算。

第四十九条　麻袋规定为长107±5cm、宽74±3cm不破、不漏的麻袋。麻袋卫生要求为无毒害物质污染，无油污，无霉变，无严重的煤灰、石灰、铁锈、泥土、水渍等污染。交易所可根据现货市场情况对包装物标准进行调整。

第五十条　黄大豆2号的包装物数量按每吨11条麻袋计算。麻袋重量按每条0.9公斤计重。

麻袋缝口可以是机器缝口或手工缝口。机器缝口必须达到两头锁紧双趟标准；手工缝口必须达到双线16针以上（含16针）标准。麻袋缝口质量达不到标准，可由指定交割仓库调换麻袋或对缝口加针，由此发生的费用由卖方货主承担。

第五十一条　黄大豆2号散粮入库或出库时，原则上应以整仓为单位确定入库或出库数量。

第七章　豆粕交割标准

第五十二条　豆粕交割标准品的质量标准详见附件5《大连商品交易所豆粕交割质量标准（F/DCE D001－2006）》。

豆粕指定交割仓库分为基准交割仓库和非基准交割仓库（详见附件6《大连商品交易所豆粕指定交割仓库名录》），交易所可视情况对豆粕指定交割仓库进行调整。

第五十三条　用于交割的豆粕在入库时，货主需向指定交割仓库提交豆粕的生产厂家、生产日期、产品检验员以及是否转基因的证明和标识,厂家质量检验报告复印件等。

第五十四条 豆粕包装为新的编织袋,编织袋的有效宽度为625mm－725mm,有效长度为1075mm－1225mm。编织袋要求不破、不漏。对包装物的卫生要求为无毒害物质污染,无油污,无霉变,无严重的煤灰、石灰、铁锈、泥土、水渍等污染。同一客户同一批次入库的豆粕包装要求规格统一。交易所可根据现货市场情况对包装物标准进行调整。

豆粕的每一袋包装上必须印有品名、厂家名称、厂家地址、厂家电话、重量的标识,并在编织袋上缝制印有生产日期的标签。

第五十五条 豆粕包装物不计算件数,编织袋包装价格包含在合约交易价格中。

第八章 豆油交割标准

第五十六条 豆油交割标准品的质量标准详见附件7《大连商品交易所豆油交割质量标准》。

豆油指定交割仓库分为基准交割仓库和非基准交割仓库,交易所可视情况对豆油指定交割仓库进行调整。

第九章 棕榈油交割标准

第五十七条 棕榈油交割标准品的质量标准详见附件8《大连商品交易所棕榈油交割质量标准 F/DCE P001－2007)》。

棕榈油指定交割仓库分为基准交割仓库和非基准交割仓库,分别设在广东省、上海市、浙江省、江苏省和天津市等地,交易所可视情况对指定交割仓库进行调整。指定交割仓库名录由交易所另行公布。

第十章 玉米交割标准

第五十八条 玉米合约交割标准品、替代品的质量标准和质量差异升扣价详见附件9《大连商品交易所玉米交割质量标准(FC/DCE D001－2007)》。

玉米指定交割仓库分为基准交割仓库和非基准交割仓库(详见附件10《大连商品交易所玉米指定交割仓库名录》),交易所可视情况对玉米指定交割仓库进行调整。

第五十九条 玉米合约升贴水的差价款由货主同指定交割仓库结算。

第六十条 玉米可以采用散粮或包粮进行交割,包粮的包装物为麻袋。包装物价格由交易所确定并在玉米合约上市时提前公布。

第六十一条 玉米合约的交易价格为散粮价格。包装款由货主同指定交割仓库结算。

第六十二条 麻袋规定为长107±5cm、宽74±3cm不破、不漏的麻袋。麻袋卫生要求为无毒害物质污染,无油污,无霉变,无严重的煤灰、石灰、铁锈、泥土、水渍等污染。交易所可根据现货市场情况对包装物标准进行调整。

第六十三条 玉米的包装物数量按每吨12条麻袋计算。麻袋重量按每条0.9公斤计重。

麻袋缝口可以是机器缝口或手工缝口。机器缝口必须达到两头锁紧双趟标准;手工缝口必须达到双线16针以上(含16针)标准。麻袋缝口质量达不到标准,可由指定交割仓库调换麻袋或对缝口加针,由此发生的费用由卖方货主承担。

第六十四条 玉米散粮入库或出库时,原则上应以整仓为单位确定入库或出库数量。

第十一章 线型低密度聚乙烯交割标准

第六十五条 线型低密度聚乙烯合约标准交割品的质量标准和包装物要求详见附件11《大连商品交易所线型低密度聚乙烯交割质量标准(F/DCE L001－2007)》。

原产厂家认定的不合格产品和以回收料为原料生产的线型低密度聚乙烯不允许交割。

交易所推荐厂家推荐牌号(见附件12)的线型低密度聚乙烯,货主能够提供《大连商品交易所黄大豆1号、黄大豆2号、玉米、线型低密度聚乙烯标准仓单管理办法》规定材料的,可免于质量检验。交易所可根据市场情况调整推荐厂家和牌号名录。

线型低密度聚乙烯指定交割仓库分为基准交割仓库和非基准交割仓库,分别设在上海市、宁波市、天津市、潍坊市和广州市等地,交易所可视情况对指定交割仓库进行调整。指定交割仓库名录由交易所另行公布。

第六十六条 线型低密度聚乙烯包装物价格包含在线型低密度聚乙烯合约价格中。

第六十七条 线型低密度聚乙烯交割品包装统一为25Kg/袋,每吨40袋,无溢短。

第十二章 聚氯乙烯交割标准

第六十八条 聚氯乙烯标准品为质量标准符合国家标准《悬浮法通用型聚氯乙烯树脂(GB/T 5761－2006)》的SG5型一等品。优等品作为替代品允许交割,优等品和一等品之间不设等级升贴水。

第六十九条 交易所推荐厂家推荐品牌的聚氯乙烯,货主能够提供《大连商品交易所黄大豆1号、黄大豆2号、玉米、线型低密度聚乙烯、聚氯乙烯标准仓单管理办法》规定材料,经交割仓库审核同意后,可免于质量检验。推荐厂家推荐牌号的企业资格与名录由交易所确定并公布。

第七十条 聚氯乙烯指定交割仓库分为基准交割仓库和非基准交割仓库,分别设在广东省、上海市、浙江省、江苏省等地,交易所可视情况对指定交割仓库进行调整。指定交割仓库名录和升贴水由交易所确定并公布。

第七十一条 聚氯乙烯交割品要求使用原生产厂家或者其认可的包装,包装袋上应标明商标、产品名称、产品标准号、净质量、生产厂名称及地址,并标识产品型号。

包装材料为内衬塑料薄膜袋的牛皮纸袋、聚丙烯编制袋或牛皮纸与聚丙烯编制物复合袋,应保证产品在正常贮运中包装不破损,产品不被污染,不泄漏。每袋净重25±0.2kg,每吨40袋,无溢短。

第七十二条 聚氯乙烯包装物价格包含在聚氯乙烯合约价格中。

第十三章 交割费用

第七十三条 进行实物交割的双方应分别向交易所交纳交割手续费。

黄大豆1号交割手续费为4元/吨;检验费为2元/吨。

黄大豆2号交割手续费为4元/吨;检验费为3元/吨。

豆粕、豆油、棕榈油交割手续费为1元/吨;豆粕、豆油、棕榈油检验费见《大连商品交易所豆粕、豆油、棕榈油标准仓单管理办法》相关规定。

玉米交割手续费为1元/吨;检验费为1元/吨。

线型低密度聚乙烯、聚氯乙烯交割手续费为2元/吨;取样及检验收费实行最高限价，由交易所制定并公布。

第七十四条　入库、出库费用实行最高限价。

各指定交割仓库应在每年10月1日之前将下一年度入库、出库最高费用标准上报交易所，交易所核准后，于当年11月1日之前予以公布。

新增指定交割仓库的入库、出库最高费用标准自交易所公布之日起实施。

第七十五条　指定交割仓库杂项作业服务收费实行最高限价。各指定交割仓库杂项作业服务最高收费标准由交易所制定并公布。

第七十六条　黄大豆1号、黄大豆2号仓储及损耗费（包括储存费、保管损耗、熏蒸费）收取标准为0.40元/吨天，5月1日至10月31日期间，每天加收0.10元/吨的高温季节储存费。

豆粕仓储及损耗费（包括储存费、保管损耗、熏蒸费）收取标准为0.50元/吨天。

豆油、棕榈油仓储及损耗费（包括储存费、保管损耗）收取标准为0.90元/吨天。

玉米仓储及损耗费（包括储存费、保管损耗、熏蒸费）收取标准为0.50元/吨天，5月1日至10月31日期间，每天加收0.10元/吨的高温季节储存费。

线型低密度聚乙烯、聚氯乙烯仓储费收取标准为1元/吨天。

第七十七条　从标准仓单仓储及损耗费付止日后次日起至标准仓单注销之日止，发生的仓储及损耗费在每月末由指定期货保证金存管银行从标准仓单所属会员的专用资金帐户划转到指定交割仓库。仓储及损耗费划转须在交易所的监督下进行。标准仓单仓储及损耗费付止日前和标准仓单注销日后次日起，发生的仓储及损耗费用由交割仓库与货主结清。线型低密度聚乙烯、聚氯乙烯标准仓单无损耗费。

第七十八条　交易所可根据国家政策规定和市场情况调整以上各项费用的收费标准。交易所将及时通知会员和指定交割仓库。

第七十九条　指定交割仓库对交易所未作规定的收费项目参照有关行业规定的收费标准收取。

第十四章　交割违约

第八十条　具有下列行为之一的，构成交割违约：

（一）在规定期限内，卖方未能如数交付标准仓单的；

（二）在规定期限内，买方未能如数解付货款的。

第八十一条　在计算买方交割违约合约数量时，违约部分应预留合约价值20%的违约金和赔偿金。

买、卖方交割违约合约数量的公式为：

卖方交割违约合约数量（手）＝应交标准仓单数量（手）－已交标准仓单数量（手）

买方交割违约合约数量（手）＝[应交货款（元）－已交货款（元）]÷（1－20%）÷交割结算价（元/吨）÷交易单位（吨/手）。

第八十二条　发生交割违约后，交易所于违约发生当日结算后通知违约方和相对应的守约方。违约通知通过会员服务系统随当日结算数据发送，会员服务系统一经发送，即视为已经送达。

守约方须在下一交易日11:00以前将终止交割或继续交割的选择意向书面递交交易所。逾期未递交选择意向的，交易所按终止交割处理。终止交割后，交易所交割担保责任了结。

第八十三条　构成交割违约的，由违约方支付违约部分合约价值5%的违约金，同时按以下办法处理：

（一）卖方违约的，买方可作如下的一项选择

1. 终止交割：交易所退还买方货款；

2. 继续交割：交易所在最后交割日后的三个交易日内发布标准仓单征购公告，并在最后交割日后的第7个交易日组织征购。征购成功，交易所支付给买方标准仓单；征购失败，卖方支付给买方违约部分合约价值15%的赔偿金，交易所退还买方交割货款后终止交割。卖方承担因征购产生的一切经济损失和费用。

（二）买方违约的，卖方可作如下的一项选择

1. 终止交割：交易所退还卖方标准仓单；

2. 继续交割：交易所在最后交割日后的三个交易日内发布标准仓单竞卖公告，并在最后交割日后的第七个交易日组织竞卖。竞卖成功，交易所支付给卖方交割货款；竞卖失败，买方支付给卖方违约部分合约价值15%的赔偿金，交易所退还卖方标准仓单后终止交割。买方承担因竞卖产生的一切经济损失和费用。

第八十四条　征购价格不高于交割结算价的125%，竞卖价格不低于交割结算价的75%。

第八十五条　若买卖双方都违约的，交易所按终止交割处理，并对双方分别处以违约部分合约价值5%的罚款。

第八十六条　会员发生部分交割违约时，违约会员所接标准仓单或所得货款可用于违约处理。

第八十七条　会员在实物交割环节上蓄意违约的，按《大连商品交易所违规处理办法》第二十五条规定执行。

第十五章　标准仓单征购、竞卖

第八十八条　标准仓单征购、竞卖是指发生交割违约后，在守约方选择继续交割的情况下，交易所公开买入、卖出标准仓单的行为。

第八十九条　标准仓单征购、竞卖由交易所委托具备资格的机构统一组织进行。客户参与标准仓单征购、竞卖须由会员代理，并以会员名义进行。

个人客户不允许参与标准仓单征购、竞卖。

第九十条　在最后交割日后的三个交易日内，交易所向全体会员和社会发布标准仓单征购、竞卖公告。

第九十一条　在最后交割日后的第七个交易日，交易所组织标准仓单征购、竞卖。

第九十二条　标准仓单征购、竞卖的报价是指对应期货合约的交割标准品在基准交割仓库交货的含增值税和包装物款项的价格。

第九十三条　参加标准仓单征购（竞卖）的会员在其可流通的标准仓单被冻结或将货币资金存入交易所后取得参加征购（竞卖）的资格，并在征购、竞卖完成后按成交价结算货款。

征购（竞卖）仓单数量为：

可卖出仓单量（手）＝被冻结仓单数量（手）

可买入仓单量（手）＝预交货款（元）/交割结算价（元/吨）/交易单位（吨/手）。

第九十四条　标准仓单征购、竞卖按照“价格优先，数量优先”的原则进行。

第九十五条　征购起始价格为交割结算价的125%；竞卖起始价格为交割结算价的75%。

在交易中，会员根据当前价格申报买入（卖出）的数量。

如果当前价格申报买入(卖出)的数量大于等于竞卖(征购)数量,则竞卖(征购)价格按照最小变动价位顺次提高(降低)。

会员在最新价格的申报不得撤销;除非是会员在最新价格的申报量大于其在次新价格的申报量,否则次新价格的申报不得撤销;最新和次新价格以外的其余价位的申报自动撤销。

第九十六条　最近一笔申报之后,如无人进行新的申报,则主持人可以宣布征购(竞卖)结束,并按照价格优先和相同价格按申报数量由大到小的顺序确定成交,如果数量相同则按时间先后顺序分配。

第九十七条　征购(竞卖)部分成功是指在起始征购(竞卖)中,申报数量小于征购(竞卖)数量。此时取全部申报为成交申报并在结束后将实际征购(竞卖)获得的仓单数量(货币资金)按对应违约方的违约数量占总的卖方(买方)违约数量的比例向对应守约方分配。

第九十八条　征购(竞卖)结束后,交易所将征购(竞卖)结果和配对结果予以公布;交易所并以成交价格对参与征购(竞卖)的卖方(买方)的货款进行结算(含包装物款项),并开具《标准仓单持有凭证》。

第九十九条　征购(竞卖)结束后,如果征购(竞卖)价格低于(高于)交割结算价,则以成交价对守约方进行结算,增值税发票由双方直接开具。

如果征购(竞卖)价格高于(低于)交割结算价,则以交割结算价对守约方进行结算,成交价与交割结算价之间的差额从违约方帐户中支付。增值税发票以违约方为中间票据出具人分别开具。

第一百条　征购(竞卖)结束后,如征购(竞卖)部分成功,交易所对未成功部分合约按交割结算价计算合约价值的15%违约金从违约方帐户划入守约方帐户。如果同一违约方对应多个守约方,则对违约方的未成功部分合约按对应守约方的配对数量平均分配。

第一百零一条　征购(竞卖)结束后,增值税发票应在五个交易日内开给对应客户。会员迟交或未提交增值税发票的,参照《大连商品交易所结算细则》有关规定处理。

第一百零二条　交易所向违约方收取5元/吨的征购(竞卖)费用。

由征购(竞卖)产生的其他费用由违约方承担。

第一百零三条　未成交会员(客户)持相关凭证在征购、竞卖结束后到交易所办理资金清退和标准仓单解冻手续。

第一百零四条　征购、竞卖结果由交易所予以公开发布。

第十六章　附则

第一百零五条　违反本细则规定的,则交易所按《大连商品交易所违规处理办法》的有关规定处理。

第一百零六条　本细则的解释权属于大连商品交易所。

第一百零七条　本办法自公布之日起实施。

大连商品交易所交易细则

第一章　总则

第一条　为了规范期货交易行为,保护期货交易各方的合法权益,保障大连商品交易所(以下简称交易所)期货交易的顺利进行,根据《大连商品交易所交易规则》,制定本细则。

第二条　交易所、会员、客户必须遵守本细则。

第二章　席位管理

第三条　交易席位是会员将交易指令输入交易所计算机交易系统参与交易的通道。

交易席位分为场内交易席位和远程交易席位。远程交易是指会员在其营业场所,通过与交易所计算机交易系统联网的通信系统直接输入交易指令、参与交易所交易的一种交易方式。

第四条　会员在取得会员资格后,即取得一个场内交易席位。经交易所批准,可以增加交易席位。

第五条　会员增加交易席位仅是增加该会员的交易通道,交易所对会员的持仓限额、风险控制及其他有关方面的管理规定不变。

第六条　会员申请增加场内交易席位,须具备以下条件:

(一)经营状况良好;

(二)自申请之日起前三个月成交量连续排名前50位,或从事交易所期货交易的单量较多;

(三)交易所要求应具备的其他条件。

第七条　会员申请增加场内交易席位,须向交易所提交下列材料:

(一)填写完整的《大连商品交易所会员增加场内交易席位申请表》;

(二)近一年期货经纪业务的基本情况;

(三)申请增加场内交易席位说明;

(四)交易所要求提供的其他材料。

第八条　增加场内交易席位申请经交易所批准后,会员须与交易所签订协议书,协议期限为一年。使用费按年收取,每年为2万元人民币。

第九条　协议签署后,会员须在10个工作日内到交易所办理有关入场手续。无故逾期的,交易所有权取消其申请增加的场内交易席位。

第十条　如协议尚未到期,会员提出申请终止使用场内增加交易席位,经交易所批准后可提前解除协议。

第十一条　有下列情况之一的,交易所可撤销会员场内增加交易席位:

(一)申请材料不真实的;

(二)将席位全部或部分以出租或者承包等形式交由其他机构和个人使用的;

(三)管理混乱或者有严重违规行为的;

(四)已不具备增加场内交易席位条件的;

(五)使用期满,会员未重新提出申请的;

(六)交易所认为应予撤销的其他情况。

第十二条　会员终止使用场内增加交易席位或被交易所撤销场内增加交易席位的,使用费不予返还。

第十三条　会员申请远程交易席位,应具备下列条件:

(一)经营状况良好;

(二)拟开设远程交易的所在地的通讯、资金划拨条件能满足交易所期货交易运作要求;

(三)有健全的规章制度和远程交易管理办法;

(四)有固定的远程交易场所;

(五)远程交易系统的建设和管理应符合中国证监会相关技术管理规范的要求。

第十四条　会员申请远程交易席位,须向交易所提交下列材料:

(一)填写完整的《大连商品交易所远程交易席位申请表》;

（二）近两年期货交易基本情况；

（三）交易所要求提供的其他材料；

第十五条　交易所应自收到会员提交的申请报告和有关材料之日起一个月内，对申请报告作出书面批复。

第十六条　会员在收到交易所同意其进行远程交易的批复后一周内，须与交易所签订远程交易协议书。无故逾期的，交易所有权取消其申请的远程交易席位。

第十七条　会员提出远程交易系统开通申请后，由交易所通知会员具体开通日期。

第十八条　开通远程交易的会员，其场内交易席位作为备用通道继续保留，在交易时间内，会员远程交易席位不能正常使用时，会员应通过场内交易席位进行交易。

会员如不委派出市代表进场，远程交易席位不能正常使用时，后果自负。

第十九条　会员必须加强对其远程交易的管理和远程交易系统的维护。主要设施需要更换或作技术调整时，必须事先征得交易所的同意。远程交易席位迁移出原登记备案地，须事先报交易所审批。交易所有权对远程交易席位的使用情况进行监督检查。

第二十条有下列情况之一的，交易所可撤销会员远程交易席位：

（一）申请材料不真实的；

（二）将席位全部或部分以出租或者承包等形式交由其他机构和个人使用的；

（三）管理混乱或者有严重违规行为的；

（四）已不具备使用远程交易席位条件的；

（五）利用远程交易系统从事交易以外的其他活动的；

（六）会员申请撤销的。

第二十一条　如会员丧失交易所会员资格，则其拥有的交易席位全部终止使用。

第二十二条　由于计算机终端、通讯系统等交易设施发生故障，致使10%以上的会员不能交易时，交易所应暂停交易，直至故障消除为止。

第三章　出市代表管理

第二十三条　出市代表是受会员委派并代表会员在交易大厅接受本会员的交易指令进行期货交易的人员，其在交易大厅与交易有关的行为由会员负责。

第二十四条　出市代表必须具备下列条件：

（一）年满十八周岁，具有完全民事行为能力；

（二）经交易所专业培训并取得合格证书；

（三）品行端正，有良好的职业道德；

（四）没有刑事处罚记录。

第二十五条　办理出市代表证件须提供会员法人委托书原件、出市代表申请表（加盖单位公章）、出市代表资格证、身份证、学历证等材料。

第二十六条　每个交易席位限两名出市代表进场，特殊情况须经交易所批准。

第二十七条　出市代表可在每个交易日开市前30分钟内进入交易大厅做开市准备，收市后30分钟内离开交易大厅。出市代表不得随意出入交易大厅，特殊情况须经场务管理人员批准。

交易期间出市代表不能空缺，因空缺出现的后果由会员负责。

第二十八条　出市代表须佩带有效证件、着指定的专用服装出入交易大厅。

第二十九条　出市代表应爱护交易大厅内的各种设施，严格按照交易所有关交易大厅计算机设备管理规定操作，损坏者要照价赔偿并按有关规定处罚。

第三十条　出市代表携带交易设备进出交易大厅须经交易所批准。

第三十一条　出市代表应服从交易所场务管理人员的管理。

第三十二条　出市代表应将交易所文件、通知等材料及时送交所在会员。

第三十三条　会员应妥善管理交易密码，因交易密码泄露造成的后果由会员承担。

第三十四条　出市代表不得有下列行为：

（一）无故迟到或早退；

（二）携带器械、提包、各种食品进入交易大厅；

（三）行为举止不文明，损害、破坏交易设施，影响交易大厅内的卫生环境；

（四）在交易大厅内未按要求着装；

（五）未按正常程序操作交易系统；

（六）在交易期间随意走动、互串交易席位、大声喧哗、打闹、玩游戏机等影响交易秩序；

（七）影响其它席位的正常交易或交易所场务管理人员的正常工作；

（八）借用、盗用其他会员的电话或交易终端；

（九）未经许可在交易大厅拍照、录像；

（十）伪造、转借出市代表证；

（十一）其他影响交易所声誉、交易大厅内正常秩序的行为。

第三十五条　会员辞退、更换出市代表或出市代表离开原会员须及时到交易所办理撤销委托手续，并交还出市代表证。会员如未能及时收回出市代表证，应通知交易所有关部门，得到回执后，即可免除会员责任。因未及时办理撤销手续或退回出市代表证所造成的后果由会员承担。

第三十六条　除会员合并、分立、破产以及经原会员同意外，被撤销出市代表授权的人员，交易所在三个月内不受理其到其他会员处任出市代表的注册申请。

第四章　价格

第三十七条　交易所应及时发布以下与交易有关的信息：

（一）开盘价。开盘价是指某一期货合约开市前五分钟内经集合竞价产生的成交价格。集合竞价未产生成交价格的，以集合竞价后第一笔成交价为开盘价。第一笔成交价格按《大连商品交易所交易规则》第六十条规定确定，此时前一成交价为上一交易日收盘价。

（二）收盘价。收盘价是指某一期货合约当日交易的最后一笔成交价格。

（三）最高价。最高价是指一定时间内某一期货合约成交价中的最高成交价格。

（四）最低价。最低价是指一定时间内某一期货合约成交价中的最低成交价格。

（五）最新价。最新价是指某交易日某一期货合约交易期间的即时成交价格。

（六）涨跌。涨跌是指某交易日某一期货合约交易期间的最新价与上一交易日结算价之差。

（七）最高买价。最高买价是指某一期货合约当日买方申请买入的即时最高价格。

(八)最低卖价。最低卖价是指某一期货合约当日卖方申请卖出的即时最低价格。

(九)申买量。申买量是指某一期货合约当日交易所交易系统中未成交的最高价位申请买入的下单数量。

(十)申卖量。申卖量是指某一期货合约当日交易所交易系统中未成交的最低价位申请卖出的下单数量。

(十一)结算价。结算价是指某一期货合约当日交易期间成交价格按成交量的加权平均价。当日无成交的,以上一交易日的结算价作为当日结算价。结算价是进行当日未平仓合约盈亏结算和确定下一交易日涨跌停板额的依据。

(十二)成交量。成交量是指某一合约在当日所有成交合约的双边数量。

(十三)持仓量。持仓量是指期货交易者所持有的未平仓合约的双边数量。

第三十八条　基本交易指令的种类:

(一)限价指令:指执行时必须按限定价格或更好价格成交的指令;

(二)市价指令:指执行时自动以同方向停板价格参与交易的指令;

(三)市价止损(盈)指令:指当市场价格触及客户预先设定触发价格时,指令立即转为市价指令;

(四)限价止损(盈)指令:指当市场价格触及客户预先设定触发价格时,指令立即转为限价指令;

(五)交易所规定的其他指令。

会员可以在交易开市之前或交易过程中预先制作预备指令,预备指令进入到交易系统后即为相应的基本交易指令。

黄大豆 1 号、黄大豆 2 号、豆粕、豆油、棕榈油、线型低密度聚乙烯、聚氯乙烯合约交易指令每次最大下单数量为 1000 手,玉米合约交易指令每次最大下单数量为 2000 手。

第三十九条 基本交易指令可以附加立即全部成交否则自动撤销和立即成交剩余指令自动撤销两种指令属性。

第四十条 交易所对指定合约提供套利交易指令,指令内各成分合约按规定比例同时成交。套利指令分为同品种跨期套利和跨品种套利指令,各指令具体内容如下:

名 称交易方式(从买方角度)报价方式

同品种跨期套利交易指令买入近月份合约,卖出同等数量远月份合约。买(卖)套利价格 = 近月合约买(卖)申报价格 - 远月合约卖(买)申报价格

两个品种间套利交易指令买入某品种某月份合约,卖出另一品种相同或不同月份合约。买(卖)套利价格 = 第一品种买(卖)申报价格 - 第二品种卖(买)申报价格

压榨利润套利交易指令卖大豆合约、买相同月份或不同月份豆粕和豆油合约买(卖)套利价格 = 豆粕合约买(卖)申报价格 + 豆油合约买(卖)申报价格 - 大豆合约卖(买)申报价格

套利交易指令只能为限价指令,并且不能附加任何指令属性。

第四十一条　开盘集合竞价在某品种某月份合约每一交易日开市前 5 分钟内进行,其中前 4 分钟为期货合约买、卖指令申报时间,后 1 分钟为集合竞价撮合时间。

交易系统自动控制集合竞价申报的开始和结束并在计算机终端上显示。

第四十二条　集合竞价采用最大成交量原则,即以此价格成交能够得到最大成交量。高于集合竞价产生的价格的买入申报全部成交;低于集合竞价产生的价格的卖出申报全部成交;等于集合竞价产生的价格的买入或卖出申报,根据买入申报量和卖出申报量的多少,按少的一方的申报量成交。若有多个价位满足最大成交量原则,则开盘价取与前一交易日结算价最近的价格。

第四十三条　开盘集合竞价中的未成交申报单自动参与开市后竞价交易。

第四十四条　新上市合约的挂盘基准价由交易所确定并提前公布。挂盘基准价是确定新上市合约第一天交易涨跌停板的依据。

第四十五条　新上市合约的涨跌停板为合约规定的涨跌停板的两倍,如有成交,于下一交易日恢复到合约规定的涨跌停板;如当日无成交,下一交易日继续执行前一交易日涨跌停板。如连续三个交易日无成交,交易所可对挂盘基准价作适当调整。

对曾经有成交而目前无持仓的合约,交易所可以公布新的基准价。

第五章　交易编码制度

第四十六条　交易所实行交易编码制度。交易编码是指会员按照本细则编制的用于客户进行期货交易的专用代码。

第四十七条　交易编码分非期货公司会员交易编码和客户交易编码。交易编码由会员号和客户号两部分组成。

第四十八条　客户交易编码由十二位数字构成,前四位数是会员号,后八位数是客户号。如客户交易编码为 000100001535,则会员号为 0001,客户号为 00001535。

第四十九条　非期货公司会员交易编码和客户交易编码位数相同,但后八位是其会员号,如非期货公司会员的会员号为 120,则其非期货公司会员交易编码为 012000000120。

第五十条　非期货公司会员交易编码与客户交易编码互不占用。

第五十一条　一个客户在交易所内只能有一个客户号,但可以在不同的期货公司会员开户。交易编码只能是会员号不同,而客户号必须相同。

第五十二条　期货公司会员必须按会员服务系统中关于客户资料录入的提示,输入客户资料信息的电子文档,不得跳栏或漏输。期货公司会员变更客户资料或注销交易编码,应及时通过会员服务系统更换相应的资料信息。

期货公司会员通过以上电子文档方式将客户开户、变更及销户资料向交易所备案。期货公司会员应保证备案客户资料的真实、准确。

第五十三条　期货公司会员在会员服务系统中录入客户开户资料后,客户交易编码由会员服务系统自动生成,经交易所确认后方可使用。

第五十四条　期货公司会员应建立客户开户、变更及销户资料档案。客户开户资料包括:个人客户为《期货市场个人客户开户登记表》(见附件 1)和本人身份证复印件等;单位客户为《期货市场单位客户开户登记表》(见附件 2)和具有中国法人资格或其他经济组织资格的合法证件复印件等;客户销户资料包括:《期货市场客户销户申请表》(见附件 3)等。

期货公司会员对上述资料的保管期限不得少于 5 年。

第五十五条　有下列情况之一的,客户交易编码予以注销:

(一)客户备案资料不真实的;

（二）客户被认定为市场禁入者的；
（三）客户在期货公司已办理销户手续的；
（四）其他应予以注销的情形。

应注销的交易编码，期货公司会员须在结算后通过会员服务系统销户。

第五十六条　客户提供虚假的开户资料或期货公司会员协助客户使用虚假资料开户的，交易所责令期货公司会员限期平仓，平仓后注销该客户交易编码，同时按《大连商品交易所违规处理办法》的有关规定进行处理。

第六章　附则

第五十七条　违反本细则规定的，交易所按《大连商品交易所违规处理办法》的有关规定处理。

第五十八条　本细则解释权属于大连商品交易所。

第五十九条　本细则自公布之日起实施。

大连商品交易所指定交割仓库管理办法

第一章　总则

第一条　为加强大连商品交易所（以下简称交易所）指定交割仓库的管理，规范交割行为，保证交割正常进行，根据《中华人民共和国合同法》和《大连商品交易所交易规则》的有关规定，制定本办法。

第二条　指定交割仓库是指经交易所审定注册的，为期货合约履行实物交割的指定交割地点。

第三条　交易所依据本办法对指定交割仓库进行管理，指定交割仓库及其有关工作人员必须遵守本办法。

第二章　申请和审批

第四条　申请指定交割仓库必须具备以下条件：
（一）具有工商行政管理部门颁发的营业执照；
（二）固定资产和注册资本须达到交易所规定的数额；
（三）财务状况良好，具有较强的抗风险能力；
（四）具有良好的商业信誉，完善的仓储管理规章制度；近三年内无严重违法行为记录和被取消指定交割仓库资格的记录；
（五）承认交易所的交易规则、交割细则等；
（六）仓库主要管理人员必须有五年以上的仓储管理经验；
（七）堆场、库房有一定规模，有储存交易所上市商品的条件、设备完好、齐全、计量符合规定要求以及良好的交通运输条件；
（八）有严格、完善的商品检化验制度、商品出入库制度、库存商品管理制度等；
（九）交易所要求的其他条件。

第五条　申请成为指定交割仓库，须提供下列材料：
（一）申请书；
（二）工商行政管理部门颁发的营业执照复印件；
（三）注册会计师事务所出具的近两年审计报告原件或加盖会计师事务所印章的复印件；
（四）申请单位仓库土地使用证复印件及相关文件；
（五）申请单位上级主管部门或董事会出具的同意申请指定交割仓库的批准文件及有关单位出具的担保函；
（六）仓库管理制度及简介；
（七）交易所要求提供的其他文件。

第六条　指定交割仓库的审批程序：
（一）交易所根据前条所列材料进行初审；
（二）交易所根据初审结果派员对申请单位进行实地调查和评估；
（三）指定交割仓库需根据本办法，制定相应的操作规程或细则，经交易所审定后方可开展有关期货合约的实物交割业务；
（四）交易所根据实地调查和评估结果择优选用仓储企业，并与之签订《指定交割仓库协议书》。

第七条　指定交割仓库经交易所核定批准后须办理以下事宜：
（一）指定交割仓库签发标准仓单所需各种印章须到交易所备案；
（二）期货交割业务指定专人授权书及专人签字须到交易所备案；
（三）缴纳风险抵押金；
（四）指定交割仓库期货管理人员接受交易所的交割业务培训；
（五）交易所规定的其他事宜。

第八条　指定交割仓库申请放弃指定交割仓库资格，应向交易所递交《放弃指定交割仓库资格申请书》，并经交易所审核批准。

第九条　指定交割仓库放弃或被取消资格的，应办理以下事项：
（一）交割商品全部出库或全部变成现货；
（二）结清与交易所的债权债务；
（三）按交易所规定清退风险抵押金。

第十条　指定交割仓库资格的确认、放弃或取消，交易所应及时通告会员及指定交割仓库，并报中国证监会备案。

第三章　权利和义务

第十一条　指定交割仓库的权利：
（一）按交易所规定签发标准仓单；
（二）按交易所审定的收费项目、标准和方法收取有关费用；
（三）对交易所制定的有关实物交割的规定享有建议权；
（四）交易所交割细则和《指定交割仓库协议书》规定的其他权利。

第十二条　指定交割仓库的义务：
（一）遵守交易所的交割细则和其它有关规定，接受交易所的监管，及时向交易所提供有关情况；
（二）根据期货合约规定的标准，对用于期货交割的商品进行验收入库；
（三）按规定保管好库内的商品，确保商品安全；
（四）按标准仓单要求提供商品，积极协助货主安排交割商品的运输；
（五）保守与期货交易有关的商业秘密；
（六）参加交易所组织的年审；
（七）缴纳风险抵押金；
（八）变更法定代表人、注册资本、股东或股东结构、仓储场地等事项，应及时向交易所报告；
（九）每年初向交易所提交经审计的上年年度财务报告；
（十）出现法律纠纷时，在三个工作日内应向交易所报告；

（十一）对外出具有关货物所有权证明函件时，应在证明函件落款日期的前三个工作日内向交易所报告；

（十二）交易所交割细则和《指定交割仓库协议书》规定的其他义务。

第四章　日常业务

第十三条　指定交割仓库的日常业务分为三个阶段：商品入库、商品保管和商品出库。

第十四条　指定交割仓库应保证期货交割商品优先办理入、出库。

第十五条　经交割预报的商品在入库过程中，指定交割仓库应及时进行抽样检验或者验收，并将入库数量、检验结果及时录入计算机。

第十六条　指定交割仓库对期货交割业务进行计算机管理，期货帐目及有关单据须按交易所规定的统一格式进行处理，并定期发送至交易所。

第十七条　指定交割仓库对检验后的样品应设专门地点存放，以备查验。

第十八条　期货货物须合理堆放。

第十九条　指定交割仓库应对保管的期货商品进行定期检测，检测内容包括：水分、温度、虫情、鼠情等，并做好记录以备查验。

第二十条　对水分较大或水分不均的期货商品，指定交割仓库应及时采取相应的保管措施，确保商品质量。

第二十一条　在高温季节（5 月 1 日 ~10 月 31 日），各指定交割仓库必须对露天保管的商品采取加盖顶席、苇席兜底的保管措施。

第二十二条　指定交割仓库在高温季节应及时对期货商品进行熏蒸。

第二十三条　指定交割仓库应定期灭鼠，减少期货商品损耗。

第二十四条　指定交割仓库在贮存线型低密度聚乙烯时、聚氯乙烯，应远离火种和热源，禁止阳光直接照射，禁止露天堆放。

第二十五条　指定交割仓库在贮存线型低密度聚乙烯、聚氯乙烯时，应配备托盘，防止垛位底部受潮。

第二十六条指定交割仓库在贮存线型低密度聚乙烯、聚氯乙烯时，应与氧化剂、酸碱类物品分开存放。

第二十七条指定交割仓库在贮存线型低密度聚乙烯、聚氯乙烯时，应将不同生产厂家、不同牌号商品分开存放。

第二十八条　线型低密度聚乙烯、聚氯乙烯指定交割仓库应保持库房通风、干燥、清洁，消防设施良好。

第二十九条　指定交割仓库必须积极配合货主发运商品，不得故意拖延。

第三十条　指定交割仓库应及时将出库商品的进度、垛位及发运方向等情况反馈到交易所。

第五章　监督管理

第三十一条　指定交割仓库必须对库存交割商品投保财产险。

第三十二条　指定交割仓库必须对期货交割商品单独设帐管理。

第三十三条　指定交割仓库必须确定一名负责人主管期货交割业务，指定专人负责交割商品的管理和办理标准仓单业务。

第三十四条　为保证和提高交易所指定交割仓库为会员、客户的服务质量，切实改进仓库管理水平，交易所对指定交割仓库实行仓库自查、交易所抽查和年审制度。

自查制度。各指定交割仓库根据本办法、交割细则、标准仓单管理办法和仓库的实际情况，每月选择一项或几项工作内容进行检查，并将检查结果送交易所。

交易所抽查制度。交易所根据掌握的情况或会员、客户的反映，随时对各指定交割仓库的一项或多项工作进行抽查，并做好详细记录，以检查指定交割仓库在日常工作中对交易所的各项规定的执行情况。

年审制度。交易所每一年度对指定交割仓库的工作做一次年度检查和评比。交易所将根据审核评比结果，调整交割仓库的配货量和交割限量。对确不符合指定交割仓库要求又不能做改进的仓库，交易所将取消其指定交割仓库资格。

交易所审查的内容包括仓储设施、库容库貌、业务能力、业务实绩、帐目管理、会员满意程度以及交易所认为必要的其它内容。

第三十五条　交易所有权根据市场情况调整指定交割仓库的交割限量。

第三十六条　指定交割仓库应向交易所缴纳风险抵押金作为仓库履行义务的保证。若未发生经济赔偿的，交易所将其利息返还给仓库，利息按中国人民银行公布的同期银行活期存款利率计算；若发生经济赔偿的，交易所首先用其所缴纳的风险抵押金赔偿，抵押金不足以赔偿的，交易所有权向指定交割仓库追索。

风险抵押金的具体数额和缴纳方式在指定交割仓库的协议书上明确。

第六章　附则

第三十七条　违反本办法规定的，交易所按《大连商品交易所违规处理办法》的有关规定处理。

第三十八条　本办法解释权属于大连商品交易所。

第三十九条　本办法自公布之日起实施。

大连商品交易所风险管理办法

第一章　总则

第一条　为了加强期货交易风险管理，维护期货交易各方的合法权益，保证大连商品交易所（以下简称交易所）期货交易正常的进行，根据《大连商品交易所交易规则》，制定本办法。

第二条　交易所风险管理实行保证金制度、涨跌停板制度、限仓制度、大户报告制度、强行平仓制度和风险警示制度。

第三条　交易所、会员、客户必须遵守本办法。

第二章　保证金制度

第四条　交易所实行保证金制度。黄大豆 1 号、黄大豆 2 号、豆粕、豆油、棕榈油、玉米、线型低密度聚乙烯、聚氯乙烯期货合约的最低交易保证金为合约价值的 5%。

新开仓交易保证金按前一交易日结算时交易保证金收取。

交易所可以根据市场情况调整各合约交易保证金标准。

第五条　自黄大豆 1 号、黄大豆 2 号、豆粕、豆油、棕榈油、玉米、线型低密度聚乙烯、聚氯乙烯合约进入交割月份前一个月第一个交易日起，交易所将分时间段逐步提高该合约的交易保证金。合约在某一交易时间段的交易保证金标准自该交易时间段起始日前一交易日结算时起执行。

黄大豆1号、黄大豆2号、豆粕、豆油、棕榈油、玉米、线型低密度聚乙烯、聚氯乙烯合约临近交割期时交易保证金收取标准为：

交易时间段	交易保证金(元/手)
交割月份前一个月第一个交易日	合约价值的10%
交割月份前一个月第六个交易日	合约价值的15%
交割月份前一个月第十一个交易日	合约价值的20%
交割月份前一个月第十六个交易日	合约价值的25%
交割月份第一个交易日	合约价值的30%

第六条　随着合约持仓量的增大，交易所将逐步提高该合约交易保证金比例。

黄大豆1号、豆粕、聚氯乙烯合约持仓量变化时交易保证金收取标准为：

合约月份双边持仓总量(N)	交易保证金(元/手)
N ≤100万手	合约价值的5%
100万手<N≤150万手	合约价值的8%
150万手<N≤200万手	合约价值的9%
200万手<N	合约价值的10%

黄大豆2号、豆油合约持仓量变化时交易保证金收取标准为：

合约月份双边持仓总量(N)	交易保证金(元/手)
N ≤50万手	合约价值的5%
50万手<N≤60万手	合约价值的8%
60万手<N≤70万手	合约价值的9%
70万手<N	合约价值的10%

玉米合约持仓量变化时交易保证金收取标准为：

合约月份双边持仓总量(N)	交易保证金(元/手)
N ≤150万手	合约价值的5%
150万手<N≤200万手	合约价值的8%
200万手<N≤250万手	合约价值的9%
250万手<N	合约价值的10%

棕榈油、线型低密度聚乙烯合约持仓量变化时交易保证金收取标准为：

合约月份双边持仓总量(N)	交易保证金(元/手)
N ≤25万手	合约价值的5%
25万手<N≤30万手	合约价值的8%
30万手<N≤35万手	合约价值的9%
35万手<N	合约价值的10%

第七条　当某期货合约出现涨跌停板的情况，则该期货合约的交易保证金按本办法第三章的有关规定执行。

第八条　当某期货合约连续三个交易日按结算价计算的涨(跌)幅之和达到合约规定的最大涨跌幅的2倍，连续四个交易日按结算价计算的涨(跌)幅之和达到合约规定的最大涨跌幅的2.5倍，连续五个交易日按结算价计算的涨(跌)幅之和达到合约规定的最大涨跌幅的3倍时，交易所有权根据市场情况，采取单边或双边、同比例或不同比例、部分会员或全部会员提高交易保证金的措施。提高交易保证金的幅度不高于合约规定交易保证金的1倍。

交易所采取上述措施须事先报告中国证监会。

第九条　如遇法定节假日休市时间较长，交易所可以根据市场情况在休市前调整合约交易保证金标准和涨跌停板幅度。

第十条　对同时满足本办法有关调整交易保证金规定的合约，其交易保证金按照规定交易保证金数值中的较大值收取。

第三章　涨跌停板制度

第十一条　交易所实行价格涨跌停板制度，由交易所制定各期货合约的每日最大价格波动幅度。交易所可以根据市场情况调整各合约涨跌停板幅度。

第十二条　黄大豆1号、黄大豆2号、豆粕、豆油、棕榈油、玉米、线型低密度聚乙烯、聚氯乙烯合约交割月份以前的月份涨跌停板幅度为上一交易日结算价的4%，交割月份的涨跌停板幅度为上一交易日结算价的6%。

新上市期货合约的涨跌停板幅度为合约规定涨跌停板幅度的两倍，如合约有成交则于下一交易日恢复到合约规定的涨跌停板幅度；如合约无成交，则下一交易日继续执行前一交易日涨跌停板幅度。

第十三条　当某期货合约以涨跌停板价格申报时，成交撮合原则实行平仓优先和时间优先的原则。

第十四条　涨(跌)停板单边无连续报价是指某一期货合约在某一交易日收市前5分钟内出现只有停板价位的买入(卖出)申报、没有停板价位的卖出(买入)申报，或者一有卖出(买入)申报就成交、但未打开停板价位的情况。

第十五条　当黄大豆1号、黄大豆2号、豆粕、豆油、棕榈油、玉米、线型低密度聚乙烯、聚氯乙烯合约在某一交易日(该交易日记为第N个交易日)出现涨跌停板单边无连续报价的情况，则当日结算时，该期货合约的交易保证金按合约价值的6%收取(原交易保证金比例高于6%的，按原比例收取)，第N+1个交易日黄大豆1号、黄大豆2号、豆粕、豆油、棕榈油、玉米、线型低密度聚乙烯、聚氯乙烯合约的涨跌停板幅度为4%(原涨跌停板比例高于4%的，按原比例执行)。

第十六条　若第N+1个交易日出现与第N个交易日同方向涨跌停板单边无连续报价的情况，则第N+1个交易日结算时起，该黄大豆1号、黄大豆2号、豆粕、豆油、棕榈油、玉米、线型低密度聚乙烯、聚氯乙烯合约交易保证金按合约价值的7%收取(原交易保证金比例高于7%的，按原比例收取)。第N+2个交易日该黄大豆1号、黄大豆2号、豆粕、豆油、棕榈油、玉米、线型低密度聚乙烯、聚氯乙烯合约涨跌停板幅度不变。

第十七条　若某期货合约在某交易日未出现与上一交易日同方向涨跌停板单边无连续报价的情况，则该交易日结算时交易保证金恢复到正常水平，下一交易日该合约的涨跌停板幅度按合约规定执行。

第十八条　若第N+2个交易日出现与第N+1个交易日同方向涨跌停板单边无连续报价的情况，则在第N+2个交易日收市后，交易所将进行强制减仓，如连续同方向涨跌停板系因会员或客户交易行为异常引发，则按第七章规定处理。

第十九条　强制减仓是指交易所将当日以涨跌停板价申报的未成交平仓报单，以当日涨跌停板价与该合约净持仓盈利客户(或非期货公司会员，下同)按持仓比例自动撮合成交。同一客户持有双向头寸，则其净持仓部分的平仓报单参与强制减仓计算，其余平仓报单与其对锁持仓自动对冲。具体强制减仓方法如下：

（一）申报平仓数量的确定：

在第 N +2 个交易日收市后，已在计算机系统中以涨跌停板价申报无法成交的、且客户合约的单位净持仓亏损大于或等于第 N +2 个交易日结算价的 5%（棕榈油合约标准为 4%）的所有持仓。

若客户不愿按上述方法平仓可在收市前撤单，不作为申报的平仓报单。

（二）客户单位净持仓盈亏的确定：

$$\text{客户该合约单位净持仓盈亏} = \frac{\text{客户该合约持仓盈亏总和(元)}}{\text{客户该合约净持仓量(手)}\quad\text{交易单位(吨/手)}}$$

客户该合约持仓盈亏总和，是指客户该合约的全部持仓按其实际成交价与当日结算价之差计算的盈亏总和。

（三）净持仓盈利客户平仓范围的确定：

根据上述方法计算的客户单位净持仓盈利大于零的客户的所有投机持仓以及客户单位净持仓盈利大于或等于第 N +2 个交易日结算价的 7% 的保值持仓都列入平仓范围。

（四）平仓数量的分配原则及方法：

1. 平仓数量的分配原则

（1）在平仓范围内按盈利的大小和投机与保值的不同分成四级，逐级进行分配。

首先分配给属平仓范围内单位净持仓盈利大于或等于第 N +2 个交易日结算价的 6% 以上的投机持仓（以下简称盈利 6% 以上的投机持仓）；

其次分配给单位净持仓盈利大于或等于第 N +2 个交易日结算价的 3% 以上而小于 6% 的投机持仓（以下简称盈利 3% 以上的投机持仓）；

再次分配给单位净持仓盈利小于第 N +2 个交易日结算价的 3% 而大于零的投机持仓（以下简称盈利大于零的投机持仓）；

最后分配给单位净持仓盈利大于或等于第 N +2 个交易日结算价的 7% 的保值持仓（以下简称盈利 7% 保值持仓）。

（2）以上各级分配比例均按申报平仓数量（剩余申报平仓数量）与各级可平仓的盈利持仓数量之比进行分配。

2. 平仓数量的分配方法及步骤：

若单位净持仓盈利 6% 以上的投机持仓数量大于或等于申报平仓数量，则根据申报平仓数量与单位净持仓盈利 6% 以上的投机持仓数量的比例，将申报平仓数量向单位净持仓盈利 6% 以上的投机持仓分配实际平仓数量；

若单位净持仓盈利 6% 以上的投机持仓数量小于申报平仓数量，则根据单位净持仓盈利 6% 以上的投机持仓数量与申报平仓数量的比例，将单位净持仓盈利 6% 以上的投机持仓数量向申报平仓客户分配实际平仓数量。再把剩余的申报平仓数量按上述的分配方法向单位净持仓盈利 3% 以上的投机持仓分配；若还有剩余，则再向单位净持仓盈利大于零的投机持仓分配；若还有剩余，则再向单位净持仓盈利 7% 的保值持仓分配。若还有剩余则不再分配。

分配平仓数量以“手”为单位，不足一手的按如下方法计算：首先对每个交易编码所分配到的平仓数量的整数部分进行分配，然后按小数部分由大到小的顺序“进位取整”进行分配。

（五）强制减仓的执行

强制减仓于第 N +2 个交易日收市后由交易系统按强制减仓原则自动执行，强制减仓结果作为第 N +2 个交易日会员的交易结果。

（六）强制减仓的价格

强制减仓的价格为该合约第 N +2 个交易日的涨（跌）停板价。

（七）强制减仓当日结算时交易保证金恢复到正常水平，下一交易日该合约的涨跌停板幅度按合约规定执行。

（八）由上述减仓造成的经济损失由会员及其客户承担。

第二十条　该合约在采取上述措施后若风险仍未释放，则交易所宣布为异常情况，并按有关规定采取风险控制措施。

第四章　限仓制度

第二十一条　交易所实行限仓制度。限仓是指交易所规定会员或客户可以持有的，按单边计算的某一合约投机头寸的最大数额。

第二十二条　限仓实行以下基本制度：

（一）根据不同期货品种的具体情况，分别确定每一品种每一月份合约的限仓数额；

（二）某一月份合约在其交易过程中的不同阶段，分别适用不同的限仓数额，进入交割月份的合约限仓数额从严控制；

（三）采用限制会员持仓和限制客户持仓相结合的办法，控制市场风险；

（四）套期保值交易头寸实行审批制，其持仓不受限制。

第二十三条　同一客户在不同期货公司会员处开有多个交易编码，各交易编码上所有持仓头寸的合计数，不得超出一个客户的限仓数额。

第二十四条　各合约的限仓数额，按该合约在交易全过程中所处的不同时期，分别确定。

（一）在合约上市交易的一般月份（交割月份前一个月以前的月份）期间，当该合约的市场总持仓量达到一定规模起，按市场总持仓量的一定比例确定限仓数额；在该合约的市场总持仓量达到该规模前，该合约限仓数额以绝对量方式规定。

（二）在合约进入交割月份前一个月和进入交割月期间，该合约限仓数额以绝对量方式规定。

第二十五条　当黄大豆 1 号、豆粕、玉米、聚氯乙烯一般月份合约单边持仓大于 20 万手时，期货公司会员该合约持仓限额不得大于单边持仓的 25%，非期货公司会员该合约持仓限额不得大于单边持仓的 20%，客户该合约持仓限额不得大于单边持仓的 10%。

当黄大豆 2 号、豆油、线型低密度聚乙烯一般月份合约单边持仓大于 10 万手时，期货公司会员该合约持仓限额不得大于单边持仓的 25%，非期货公司会员该合约持仓限额不得大于单边持仓的 20%，客户该合约持仓限额不得大于单边持仓的 10%。

当棕榈油一般月份合约单边持仓大于 5 万手时，期货公司会员该合约持仓限额不得大于单边持仓的 25%，非期货公司会员该合约持仓限额不得大于单边持仓的 20%，客户该合约持仓限额不得大于单边持仓的 10%。

当黄大豆 1 号、豆粕、玉米、聚氯乙烯一般月份合约单边持仓小于等于 20 万手时，期货公司会员该合约持仓限额为 50,000 手，非期货公司会员该合约持仓限额为 40,000 手，客户该合约持仓限额为 20,000 手。

当黄大豆 2 号、豆油、线型低密度聚乙烯一般月份合约单边持仓小于等于 10 万手时，期货公司会员该合约持仓限额为 25,000 手，非期货公司会员该合约持仓限额为 20,000 手，客户该合约持仓限额为 10,000 手。

当棕榈油一般月份合约单边持仓小于等于 5 万手时，

期货公司会员该合约持仓限额为12,500手，非期货公司会员该合约持仓限额为10,000手，客户该合约持仓限额为5,000手。

第二十六条　黄大豆1号、黄大豆2号、豆粕、聚氯乙烯合约进入交割月份前一个月和进入交割月期间，其持仓限额为：（单位：手）

交易时间段	期货公司会员	非期货公司会员	客户
交割月前一个月第一个交易日起	25,000	20,000	10,000
交割月前一个月第十个交易日起	12,500	10,000	5,000
交割月份	6,250	5,000	2,500

豆油、线型低密度聚乙烯合约进入交割月份前一个月和进入交割月期间，其持仓限额为：（单位：手）

交易时间段	期货公司会员	非期货公司会员	客户
交割月前一个月第一个交易日起	10,000	8,000	4,000
交割月前一个月第十个交易日起	5,000	4,000	2,000
交割月份	2,500	2,000	1,000

玉米合约进入交割月份前一个月和进入交割月期间，其持仓限额为：（单位：手）

交易时间段	期货公司会员	非期货公司会员	客户
交割月前一个月第一个交易日起	50,000	40,000	20,000
交割月前一个月第十个交易日起	25,000	20,000	10,000
交割月份	12,500	10,000	5,000

棕榈油合约进入交割月份前一个月和进入交割月期间，其持仓限额为：（单位：手）

交易时间段	期货公司会员	非期货公司会员	客户
交割月前一个月第一个交易日起	5,000	4,000	2,000
交割月前一个月第十个交易日起	2,500	2,000	1,000
交割月份	1,250	1,000	500

期货合约在某一交易时间段的持仓限额标准自该交易时间段起始日前一交易日结算时起执行。

第二十七条　会员或客户的持仓数量不得超过交易所规定的持仓限额。对超过持仓限额的会员或客户，交易所将于下一交易日按有关规定执行强行平仓。

一个客户在不同期货公司会员处开有多个交易编码，其持仓量合计超出限仓数额的，由交易所指定有关期货公司会员对该客户超额持仓执行强行平仓。

第二十八条　期货公司会员名下全部客户的持仓之和超过该会员的持仓限额的，期货公司会员原则上应按合计数与限仓数之差除以合计数所得比例，由该会员监督其客户减仓；应减仓而未减仓的，由交易所按有关规定执行强行平仓。

第五章　大户报告制度

第二十九条　交易所实行大户报告制度。当会员或客户某品种持仓合约的投机头寸达到交易所对其规定的投机头寸持仓限量80%以上（含本数）时，会员或客户应向交易所报告其资金情况、头寸情况，客户须通过期货公司会员报告。交易所可根据市场风险状况，调整改变持仓报告水平。

第三十条　会员和客户的持仓达到交易所报告界限的，会员和客户应主动于下一交易日15:00时前向交易所报告。如需再次报告或补充报告，交易所将通知有关会员。

第三十一条　达到交易所报告界限的期货公司会员应向交易所提供下列材料：

（一）填写完整的《期货公司会员大户报告表》（见附件2），内容包括会员名称、会员号、合约代码、现有持仓、持仓保证金、可动用资金、持仓客户数量、预报交割数量、申请交割数量；

（二）资金来源说明；

（三）其持仓量前五名客户的名称、交易编码、持仓量、开户资料及当日结算单据；

（四）交易所要求提供的其他材料。

第三十二条　达到交易所报告界限的非期货公司会员应向交易所提供下列材料：

（一）填写完整的《非期货公司会员大户报告表》（见附件3），内容包括会员名称、会员号、合约代码、现有持仓、持仓性质、持仓保证金、可动用资金、持仓意向、预报交割数量、申请交割数量；

（二）资金来源说明；

（三）交易所要求提供的其他材料。

第三十三条　达到交易所报告界限的客户应提供下列材料：

（一）填写完整的《客户大户报告表》（见附件4），内容包括会员名称、会员号、客户名称和编码、合约代码、现有持仓、持仓性质、持仓保证金、可动用资金、持仓意向、预报交割数量、申请交割数量等；

（二）资金来源说明；

（三）开户材料及当日结算单据；

（四）交易所要求提供的其他材料。

第三十四条　期货公司会员应对达到交易所报告界限的客户所提供的有关材料进行初审，然后转交交易所。期货公司会员应保证客户所提供的材料的真实性。

第三十五条　交易所将不定期地对会员或客户提供的材料进行核查。

第三十六条　客户在不同期货公司会员处开有多个交易编码，各交易编码持有头寸合计达到报告界限，由交易所指定并通知有关期货公司会员，负责报送该客户应报告情况的有关材料。

第六章　强行平仓制度

第三十七条　为控制市场风险，交易所实行强行平仓制度。强行平仓是指当会员、客户违规时，交易所对有关持仓实行平仓的一种强制措施。

第三十八条　当会员、客户出现下列情形之一时，交易所有权对其持仓进行强行平仓：

（一）会员结算准备金余额小于零，并未能在规定时限内补足的；

（二）持仓量超出其限仓规定的；

（三）因违规受到交易所强行平仓处罚的；

（四）根据交易所的紧急措施应予强行平仓的；

（五）其他应予强行平仓的。

第三十九条　强行平仓的执行原则：

强行平仓先由会员自己执行，时限除交易所特别规定外，一律为开市后第一节交易时间内。若时限内会员未执行完毕，则由交易所强制执行。因结算准备金小于零而被要求强行平仓的，在保证金补足至最低结算准备金余额前，禁止相关会员的开仓交易。

（一）由会员单位执行的强行平仓头寸的确定

1. 属第三十八条第（一）、（二）项的强行平仓，其需强行平仓头寸由会员单位自行确定，只要强行平仓结果符合交易所规则即可。

2. 属第三十八条第（三）、（四）、（五）项的强行平仓，其需强行平仓头寸由交易所确定。

（二）由交易所执行的强行平仓头寸的确定

1. 属第三十八条第（一）项的强行平仓，该会员所有客户按交易保证金等比例平仓原则进行强行平仓：

平仓比例 = 会员应追加交易保证金 /会员交易保证金总额 100%

客户应平仓释放交易保证金 = 该客户交易保证金总额 平仓比例

其客户需要强行平仓的头寸由交易所按先投机、后套期保值的原则；并按上一交易日闭市后合约总持仓量由大到小顺序，先选择持仓量大的合约作为强行平仓的合约。

若多个会员需要强行平仓的，按追加保证金由大到小的顺序，先平需要追加保证金大的会员。

2. 属第三十八条第（二）项的强行平仓：若系一个会员超仓，其需强行平仓头寸由交易所按会员超仓数量与会员投机持仓数量的比例确定有关客户的平仓数量；若系多个会员超仓，其需强行平仓头寸按会员超仓数量由大到小顺序，先选择超仓数量大的会员作为强行平仓的对象；若系客户超仓，则对该客户的超仓头寸进行强行平仓，若客户在多个会员处持仓，则按该客户持仓数量由大到小的顺序选择会员强行平仓。若系会员和客户同时超仓，则先对超仓的客户进行平仓，再按会员超仓的方法平仓。

3. 属第三十八条第（三）、（四）、（五）项的强行平仓，强行平仓头寸由交易所根据涉及的会员和客户具体情况确定。

若会员同时满足第三十八条第（一）、（二）项情况，交易所先按第（二）项情况确定强行平仓头寸，再按第（一）项情况确定强行平仓头寸。

第四十条　强行平仓的执行：

（一）通知。

交易所以“强行平仓通知书”（以下简称通知书）的形式向有关会员下达强行平仓要求。通知书除交易所特别送达以外，通过会员服务系统随当日结算数据发送，有关会员可以通过会员服务系统获得。

（二）执行及确认。

1. 开市后，有关会员必须首先自行平仓，直至达到平仓要求；

2. 超过会员自行强行平仓时限而未执行完毕的，剩余部份由交易所直接执行强行平仓；

3. 强行平仓执行完毕后，由交易所记录执行结果并存档；

4. 强行平仓结果随当日成交记录发送，有关会员可以通过会员服务系统获得。

第四十一条　强行平仓的价格通过市场交易形成。

第四十二条　如因价格涨跌停板或其他市场原因而无法在当日完成全部强行平仓的，交易所根据结算结果，对该会员或客户做出相应的处理。

第四十三条　由于价格涨跌停板限制或其他市场原因，有关持仓的强行平仓只能延时完成的，因此发生的亏损，仍由直接责任人承担；未能完成平仓的，该持仓持有者须继续对此承担持仓责任或交割义务。

第四十四条　由会员单位执行的强行平仓产生的盈利仍归直接责任人；由交易所执行的强行平仓产生的盈亏相抵后的盈利部分予以罚没；因强行平仓发生的亏损由直接责任人承担。直接责任人是客户的，强行平仓后发生的亏损，由该客户开户所在期货公司会员先行承担后，自行向该客户追索。

第七章　异常情况处理

第四十五条 在期货交易过程中，当出现以下情形之一的，交易所可以宣布进入异常情况，采取紧急措施化解风险：

（一）地震、水灾、火灾等不可抗力或计算机系统故障等不可归责于交易所的原因导致交易无法正常进行；

（二）会员出现结算、交割危机，对市场正在产生或者将产生重大影响；

（三）期货价格出现同方向连续涨跌停板，有根据认为会员或者客户违反交易所交易规则及其实施细则并且对市场正在产生或者即将产生重大影响；

（四）交易所规定的其他情况。

出现前款第（一）项异常情况时，交易所总经理可以采取调整开市收市时间、暂停交易的紧急措施；出现前款第（二）、（三）、（四）项异常情况时，理事会可以决定采取调整开市收市时间、暂停交易、调整涨跌停板幅度、调整交易保证金、暂停开新仓、限期平仓、强行平仓、限制出金等紧急措施；

第四十六条 在棕榈油期货交易过程中，因战争、社会动荡、自然灾害等因素对棕榈油进口正在产生或者即将产生重大影响时，交易所可以宣布进入异常情况，交易所总经理可以采取调整开市收市时间、暂停交易、终止交易的紧急措施。终止交易当天结算时，棕榈油各合约月份全部持仓按照上一交易日结算价进行平仓。

第四十七条 交易所宣布异常情况并决定采取紧急措施前必须报告中国证监会。

对棕榈油合约采取终止交易紧急措施的，应当经中国证监会批准。

第四十八条 交易所宣布进入异常情况并决定暂停交易时，暂停交易的期限不得超过 3 个交易日，但经中国证监会批准延长的除外。

第八章　风险警示制度

第四十九条　交易所实行风险警示制度。当交易所认为必要时，可以分别或同时采取要求报告情况、谈话提醒、发布风险提示函等措施中的一种或多种，以警示和化解风险。

第五十条　出现下列情形之一的，交易所可以要求会员或客户报告情况，或约见指定的会员高管人员或客户谈话提醒风险：

（一）期货价格出现异常变动；

（二）会员或客户交易行为异常；

（三）会员或客户持仓变化较大；

（四）会员资金变化较大；

（五）会员或客户涉嫌违规；

（六）会员或客户被投诉；

（七）会员涉及司法调查或诉讼案件；

（八）交易所认定的其他情形。

交易所要求会员或客户报告情况的，会员或客户应当按照交易所要求的时间、内容和方式如实报告。

交易所实施谈话提醒的，会员或客户应当按照交易所要求的时间、地点和方式认真履行。如果使用电话提醒方式，应保留电话录音；如果当面谈话，应保存谈话记录。

第五十一条　发生下列情形之一的，交易所可以向全体或部分会员和客户发出风险提示函：

（一）期货市场交易出现异常变化；
（二）国内外期货或现货市场发生较大变化；
（三）会员或客户涉嫌违规；
（四）会员或客户交易存在较大风险；
（五）交易所认定的其他异常情形。

第九章 附则

第五十二条 违反本办法规定的，交易所按《大连商品交易所违规处理办法》的有关规定处理。

第五十三条 本办法解释权属于大连商品交易所。

第五十四条 本办法自公布之日起实施。

大连商品交易所黄大豆1号、黄大豆2号、玉米、线型低密度聚乙烯、聚氯乙烯标准仓单管理办法

第一章 总则

第一条为保障大连商品交易所（以下简称交易所）期货交割业务的正常进行，加强标准仓单管理，根据《大连商品交易所交易规则》制定本办法。

第二条 交易所黄大豆1号、黄大豆2号、玉米、线型低密度聚乙烯、聚氯乙烯标准仓单的生成、流通、注销等业务按本办法执行。

第三条 交易所、会员、客户及指定交割仓库办理与标准仓单有关的各项业务必须遵守本办法。

第二章 标准仓单

第四条 标准仓单是指由交易所统一制定的，交易所指定交割仓库在完成入库商品验收、确认合格后签发给货主的实物提货凭证。标准仓单经交易所注册后生效。

第五条 交易所通过计算机办理标准仓单的注册登记、交割、交易、充抵和注销等业务。标准仓单的持有形式为《标准仓单持有凭证》。

第六条 《标准仓单持有凭证》是交易所开具的代表标准仓单所有权的有效凭证，是在交易所办理标准仓单交割、交易、转让、充抵、注销的凭证，受法律保护。

第七条 《标准仓单持有凭证》的内容包括：会员名称、会员号、客户名称、客户码、品种、有效期、仓库名称、数量等。

第八条 标准仓单数量因交割、交易、转让、充抵、注销等业务发生变化时，交易所收回原《标准仓单持有凭证》，签发新的《标准仓单持有凭证》。

第九条 会员持有的《标准仓单持有凭证》必须由专人保管，不得涂改、伪造。如有遗失，会员须及时到交易所办理挂失等手续。

第十条 标准仓单可用于交割、转让、提货、充抵等。

第十一条 标准仓单充抵按《大连商品交易所结算细则》的有关规定执行。

第三章 黄大豆1号、黄大豆2号、玉米标准仓单的生成

第十二条 标准仓单生成包括交割预报、商品入库、验收、指定交割仓库签发及交易所注册等环节。

第十三条 货主向指定交割仓库发货前，必须到交易所办理交割预报，填写《交割预报表》，交易所在3个工作日内予以答复，并按“择优分配、统筹安排”的原则安排指定交割仓库。货主须向交易所安排的指定交割仓库发货。未办理交割预报入库的商品不能用于交割。

第十四条 会员办理交割预报时，必须按10元/吨向交易所缴纳交割预报定金。

第十五条 交割预报自办理之日起有效，有效期为40天。在有效期内按交割预报执行的，交割预报定金在商品入库后予以返还；部分执行的，按实际到货量返还；未按预报执行的，交割预报定金不予返还。

第十六条 已经交割过的商品如在原指定交割仓库继续进行交割，不需办理交割预报。

第十七条 办理完交割预报的货主在发货前，须将车号、品种、数量、到货时间等通知指定交割仓库，指定交割仓库凭《交割预报表》合理安排垛位、接收商品。

第十八条 交割商品入库后，会员凭指定交割仓库及交易所确认的《交割预报表》到交易所返还交割预报定金。

第十九条 货主如未按交易所安排的指定交割仓库发货，必须到交易所重新办理交割预报，同时该批商品必须倒运到交易所新安排的指定交割仓库进行交割，由此产生的费用及出现的后果由货主承担。

第二十条 商品收发重量以指定交割仓库检重为准。商品入库、出库，货主应到库监收监发。货主不到库监收监发的，则认定货主对指定交割仓库所收所发的实物数量、质量没有异议。

第二十一条 指定交割仓库按交易所有关规定对入库商品的种类、质量、包装等进行检验。入库商品检验合格后，指定交割仓库填写《储存商品检验证明》（附指定交割仓库商品检验报告）报交易所。

第二十二条 交易所或交易所委托质检机构对指定交割仓库检验合格的商品进行核查，确认无误后，允许指定交割仓库向会员或客户开具《标准仓单注册申请表》。

第二十三条 《标准仓单注册申请表》上需注明会员号、客户码、交割品种、申请数量、水分等级、需加盖指定交割仓库公章和法定代表人章、仓库经办人签章、客户章（签字），同时注明开具日期及指定交割仓库仓储及损耗费用付止日。

第二十四条 会员或客户与指定交割仓库结清有关费用后，领取《标准仓单注册申请表》。会员或客户凭指定交割仓库开具的《标准仓单注册申请表》到交易所领取《标准仓单持有凭证》。

第二十五条 达不到期货标准的商品，货主如提出委托处理，指定交割仓库可视其自身的整理能力及商品的实际情况处理，处理费用由货主承担。

第二十六条 标准仓单自交易所注册之日起生效。

第四章 线型低密度聚乙烯、聚氯乙烯标准仓单的生成

第二十七条 标准仓单生成包括交割预报、商品入库、验收、指定交割仓库签发及交易所注册等环节。

第二十八条 货主向指定交割仓库发货前，必须到交易所办理交割预报，填写《交割预报表》，交易所在3个工作日内予以答复，并按“择优分配、统筹安排”的原则安排指定交割仓库。货主须向交易所安排的指定交割仓库发货。未办理交割预报入库的商品不能用于交割。

第二十九条 会员办理交割预报时，必须按20元/吨向交易所缴纳交割预报定金。

第三十条 交割预报自办理之日起有效，有效期为40天。在有效期内按交割预报执行的，交割预报定金在商品入

库后予以返还;部分执行的,按实际到货量返还;未按预报执行的,交割预报定金不予返还。

第三十一条　已经交割过的商品如在原指定交割仓库继续进行交割,不需办理交割预报。

第三十二条　办理完交割预报的货主在发货前,须将车号、品种、数量、到货时间等通知指定交割仓库,指定交割仓库凭《交割预报表》合理安排接收商品入库。

第三十三条　货物入库过程中,发现包装不符合《大连商品交易所交割细则》规定的,交割仓库应拒收并及时通知货主。

第三十四条　交割商品入库后,会员凭指定交割仓库及交易所确认的《交割预报表》到交易所返还交割预报定金。

第三十五条　货主如未按交易所安排的指定交割仓库发货,必须到交易所重新办理交割预报,同时该批商品必须倒运到交易所新安排的指定交割仓库进行交割,由此产生的费用及出现的后果由货主承担。

第三十六条　商品收发重量以指定交割仓库检重为准。商品入库、出库,货主应到库监收监发。货主不到库监收监发的,则认定货主对指定交割仓库所收所发的实物数量、质量没有异议。

第三十七条　货主应委托交易所指定的质检机构对入库商品进行质量检验,检验项目按《大连商品交易所交割细则》规定的标准进行。

第三十八条　线型低密度聚乙烯、聚氯乙烯的质量检验应以同一厂家、同一牌号进行组批,每批 300 吨,超过 300 吨的应分若干批检验,不足 300 吨的按一批检验。

聚氯乙烯交割品的检验方法按 GB/T5761－2006 中第 5 项规定的试验方法执行,采样规则要求符合 GB/T6679－2003 固体化工产品采样通则。

第三十九条　交易所推荐境内厂家生产的推荐牌号线型低密度聚乙烯、聚氯乙烯,货主能够提供符合大连商品交易所规定的线型低密度聚乙烯、聚氯乙烯交割质量标准的生产厂家出具的产品质量证明原件和《质量承诺书》(具体格式见附件)原件及交易所规定的其他材料的,经指定交割仓库审核同意后,可免于质量检验。

产品质量证明应载有生产厂家、牌号、批号、签证日期、质量测试项目、质量测试结果和质量检验结论等信息。

第四十条　交易所推荐境外厂家生产的推荐牌号线型低密度聚乙烯、聚氯乙烯,货主能够提供符合大连商品交易所线型低密度聚乙烯、聚氯乙烯交割质量标准的商检证书原件和货运单据、《进口货物报关单》(或者《进境货物备案清单》)、《原产地证明书》、《海关进口关税专用缴款书》、《海关代征增值税专用缴款书》等材料复印件并加盖申请入库单位公章的,经指定交割仓库审核同意后,可免于质量检验。

第四十一条　交易所指定质检机构完成入库商品质量检验后,应出具商品检验报告正本一份,副本三份,并将正本提交货主,向交易所和指定交割仓库分别提交副本一份。

第四十二条　指定交割仓库应按照交易所有关规定对入库商品的厂家、牌号、质量、包装及相关材料和凭证进行验收,验收合格后填制《线型低密度聚乙烯检验证明》、《聚氯乙烯检验证明》报交易所。

第四十三条　交易所收到完整的报送材料后,由指定交割仓库向会员或客户开具《标准仓单注册申请表》。

第四十四条　境内生产的线型低密度聚乙烯申请注册标准仓单的,申请注册日期距商品生产日期不得超过 180(含 180)个自然日;境内生产的聚氯乙烯申请注册标准仓单的,申请注册日期距商品生产日期不得超过 120(含 120)个自然日。

境外生产的线型低密度聚乙烯申请注册标准仓单的,申请注册日期距商品《进口货物报关单》进口日期(或者《进境货物备案清单》进境日期)不得超过 180(含 180)个自然日;境外生产的聚氯乙烯申请注册标准仓单的,申请注册日期距商品《进口货物报关单》进口日期(或者《进境货物备案清单》进境日期)不得超过 120(含 120)个自然日。

第四十五条　《标准仓单注册申请表》上需注明会员号、客户码、交割品种、申请数量、需加盖指定交割仓库公章和法定代表人章、仓库经办人签章、客户章(签字),同时注明开具日期及指定交割仓库仓储费用付止日。

第四十六条　会员或客户与指定交割仓库结清有关费用后,领取《标准仓单注册申请表》。会员或客户凭指定交割仓库开具的《标准仓单注册申请表》到交易所办理标准仓单注册手续。

第四十七条　标准仓单自交易所注册之日起生效。

第五章　标准仓单的流通

第四十八条　标准仓单流通是指标准仓单用于在交易所履行合约的实物交割、标准仓单交易及标准仓单在交易所外转让。

第四十九条　标准仓单进行实物交割的,按有关品种交割细则规定办理。

第五十条　有关标准仓单交易的组织和实施办法由交易所另行制定、公布。

第五十一条　标准仓单转让必须通过会员在交易所办理过户手续,同时结清有关费用。交易所向买方签发新的《标准仓单持有凭证》,原《标准仓单持有凭证》同时作废。未通过交易所办理过户手续而转让的标准仓单,发生的一切后果由标准仓单持有人自负。

第六章　标准仓单的注销

第五十二条　标准仓单注销是指标准仓单合法持有人到交易所办理标准仓单退出流通手续的过程。

第五十三条　标准仓单持有人注销标准仓单,须通过会员提交标准仓单注销申请及相应的《标准仓单持有凭证》。

第五十四条　标准仓单注销申请包括:会员名称、会员号、客户名称、客户码、注销品种、数量。

第五十五条　交易所注销相应的标准仓单,结清有关费用,并开具《提货通知单》。

第五十六条　货主在实际提货日 3 天前,凭《提货通知单》与指定交割仓库联系有关出库事宜。

第五十七条　货主提货时,须向指定交割仓库提供提货人身份证、提货人所在单位证明,同时与仓库结清自标准仓单注销日次日至提货日的有关费用。

第五十八条　货主必须在《提货通知单》开具后 10 个工作日内到指定交割仓库办理提货手续。逾期未办的,按现货提货单处理,凭现货提货单提取的商品,指定交割仓库不保证全部商品质量符合期货标准。

第五十九条　标准仓单相应的期货商品转为现货后,如需再次生成标准仓单,必须按期货合约标准重新检验,并按第三章或者第四章有关规定办理。

第六十条　国家法律、法规和其他规定禁止或限制流通、交易的货物不得进行标准仓单注册,违反上述规定的责任由原始标准仓单注册申请人承担。

标准仓单注册前产生的所有质量问题(包括未执行国家强制性标准),由原始标准仓单注册申请人承担责任。

第六十一条　所有的黄大豆1号、黄大豆2号、玉米、线型低密度聚乙烯、聚氯乙烯标准仓单在每年的3月份最后一个工作日之前必须进行标准仓单注销。

第七章　争议与处理

第六十二条　当货主与指定交割仓库就黄大豆1号、黄大豆2号、玉米的检验结果发生争议时,由交易所指定的质量检验机构进行复检,复检结果为解决争议的依据。交割质量争议的检验机构为交易所所在地的技术监督局下属的检测机构。

当货主与指定交割仓库就线型低密度聚乙烯、聚氯乙烯的检验结果发生争议时,可在接到商品检验报告或者《提货通知单》开具之日起5个工作日内向交易所提出复检申请,由交易所在指定质量检验机构中选取复检机构,复检结果为解决争议的依据。逾期未提出申请的,则视为对所交割商品质量无异议。

第六十三条　黄大豆1号、黄大豆2号、玉米复检费用由提出争议者先行垫付。复检结果与指定交割仓库的检验结果相符,由此产生的一切费用(检验费和差旅费等)和损失由提出争议者负担;复检结果与指定交割仓库的检验结果不相符,由此产生的一切费用(检验费和差旅费等)和损失由指定交割仓库负担。

线型低密度聚乙烯、聚氯乙烯入库时的复检费用由提出争议者负担。出库时的复检费用由提货方先行垫付,复检结果与大连商品交易所线型低密度聚乙烯交割质量标准相符的,由此产生的费用由提货方负担;不相符的,该费用由指定交割仓库负担。

第六十四条　买方或卖方与指定交割仓库之间产生交割纠纷,首先由双方自行协商解决,达不成一致意见的,应在发生交割纠纷后15日内以书面形式提请交易所调解,逾期交易所不再受理调解申请。调解不成的,可通过法律途径解决。交易所不受理已经出库的交割商品的质量和数量的争议。

第八章　附则

第六十五条　违反本办法规定的,交易所按《大连商品交易所违规处理办法》的有关规定处理。

第六十六条　本办法解释权属于大连商品交易所。

第六十七条　本办法自公布之日起实施。

大连商品交易所2010年会员成交排名

2010年会员累计成交量				排名2010年会员累计成交额排名			
名次	会员号	会员简称	成交量(手)	名次	会员号	会员简称	成交额(元)
1	0103	中国国际	78,132,688	1	0103	中国国际	3,954,602,506,580
2	0078	万达期货	33,046,432	2	0078	万达期货	1,537,163,844,870
3	0206	金瑞期货	20,592,348	3	0206	金瑞期货	1,472,934,686,395
4	0046	东海期货	20,089,648	4	0122	华泰长城	1,056,189,293,250
5	0173	广发期货	19,986,799	5	0046	东海期货	1,046,141,583,470
6	0160	冠通期货	19,821,134	6	0173	广发期货	1,019,765,167,465
7	0109	浙江永安	19,706,357	7	0109	浙江永安	1,002,073,703,845
8	0187	徽商期货	18,932,412	8	0160	冠通期货	1,000,937,667,765
9	0122	华泰长城	16,284,796	9	0193	珠江期货	955,182,412,670
10	0043	鲁证期货	15,929,044	10	0187	徽商期货	919,421,099,860
11	0193	珠江期货	15,809,560	11	0184	东证期货	900,694,025,920
12	0097	浙商期货	15,242,623	12	0043	鲁证期货	788,449,066,555
13	0135	上海中期	15,163,813	13	0097	浙商期货	759,447,220,620
14	0091	浙江新华	14,219,319	14	0020	渤海期货	742,754,267,640
15	0184	东证期货	13,855,726	15	0135	上海中期	734,710,322,530
16	0049	海通期货	12,683,350	16	0091	浙江新华	728,881,279,655
17	0020	渤海期货	12,610,763	17	0049	海通期货	685,475,827,190
18	0052	中粮期货	12,400,042	18	0052	中粮期货	620,023,457,385
19	0152	南华期货	11,935,282	19	0152	南华期货	616,180,836,735
20	0051	银河期货	11,837,064	20	0011	中辉期货	601,938,688,070
21	0011	中辉期货	11,791,060	21	0051	银河期货	601,869,386,080
22	0117	江苏弘业	11,545,121	22	0117	江苏弘业	593,967,868,855
23	0107	浙江中大	10,481,060	23	0070	宝城期货	562,928,327,270
24	0070	宝城期货	10,227,852	24	0156	国都期货	536,174,643,685
25	0015	新湖期货	10,091,481	25	0015	新湖期货	528,085,398,775
26	0014	信达期货	9,492,253	26	0107	浙江中大	515,761,827,390
27	0156	国都期货	9,310,573	27	0125	国投期货	447,858,472,245
28	0125	国投期货	9,238,647	28	0056	中银万国	446,968,079,850
29	0056	中银万国	9,028,188	29	0074	大连良运	423,916,382,970

2010 年会员累计成交量				排名 2010 年会员累计成交额排名			
名次	会员号	会员简称	成交量(手)	名次	会员号	会员简称	成交额(元)
30	0074	大连良运	8,855,376	30	0167	集成期货	420,707,706,885
31	0167	集成期货	8,696,392	31	0151	国海良时	419,071,829,955
32	0151	国海良时	8,269,358	32	0014	信达期货	414,672,209,110
33	0030	国泰君安	8,109,474	33	0030	国泰君安	414,415,202,415
34	0092	英大期货	6,785,835	34	0092	英大期货	378,601,818,575
35	0161	国联期货	6,495,421	35	0110	中证期货	359,063,609,005
36	0114	江苏新纪元	6,270,906	36	0060	方正期货	340,642,313,035
37	0060	方正期货	6,242,365	37	0018	宏源期货	335,684,275,345
38	0110	中证期货	6,137,761	38	0161	国联期货	332,267,541,790
39	0018	宏源期货	5,945,377	39	0176	浙江大地	296,305,007,150
40	0039	成都倍特	5,711,966	40	0039	成都倍特	291,034,381,535
41	0176	浙江大地	5,580,374	41	0114	江苏新纪元	288,376,391,985
42	0105	光大期货	5,428,935	42	0095	北京首创	287,516,226,770
43	0115	金元期货	5,399,863	43	0105	光大期货	275,005,319,685
44	0095	北京首创	5,114,715	44	0022	东航期货	264,402,068,545
45	0196	一德期货	4,965,220	45	0115	金元期货	258,006,684,365
46	0138	经易期货	4,945,983	46	0196	一德期货	245,201,005,745
47	0022	东航期货	4,919,011	47	0104	创元期货	238,363,342,230
48	0104	创元期货	4,904,704	48	0138	经易期货	236,451,005,375
49	0131	华元期货	4,809,902	49	0133	兴业期货	233,796,543,300
50	0169	国元期货	4,794,555	50	0195	瑞达期货	231,529,284,115
51	0133	兴业期货	4,765,262	51	0169	国元期货	227,927,600,105
52	0120	天琪期货	4,608,525	52	0050	浙江新世纪	223,363,053,305
53	0050	浙江新世纪	4,508,158	53	0180	国贸期货	219,164,290,220
54	0143	东吴期货	4,322,972	54	0131	华元期货	218,366,362,605
55	0195	瑞达期货	4,320,011	55	0181	格林期货	211,065,792,515
56	0229	长江期货	4,312,807	56	0057	美尔雅期货	207,443,681,305
57	0181	格林期货	4,164,544	57	0143	东吴期货	206,565,987,615
58	0057	美尔雅期货	4,080,308	58	0229	长江期货	205,340,093,135
59	0023	海航东银	4,064,332	59	0023	海航东银	203,502,867,540
60	0180	国贸期货	4,039,347	60	0129	华安期货	192,289,277,585
61	0150	中晟期货	3,934,928	61	0120	天琪期货	187,566,713,690
62	0058	北京中期	3,833,395	62	0058	北京中期	186,919,415,960
63	0216	晟鑫期货	3,704,947	63	0150	中晟期货	186,674,332,270
64	0129	华安期货	3,563,434	64	0053	迈科期货	186,595,167,860
65	0166	江苏苏物	3,542,161	65	0166	江苏苏物	184,893,050,035
66	0016	汇鑫期货	3,526,594	66	0081	北京金鹏	176,082,508,825
67	0149	上海良茂	3,493,456	67	0102	上海中财	171,602,856,520
68	0053	迈科期货	3,436,938	68	0149	上海良茂	167,955,789,650
69	0102	上海中财	3,375,892	69	0136	上海大陆	167,387,143,195
70	0212	神华期货	3,372,224	70	0016	汇鑫期货	167,026,353,220
71	0071	中信建投	3,195,035	71	0071	中信建投	166,053,845,125
72	0136	上海大陆	3,115,436	72	0201	红塔期货	164,038,909,440
73	0072	山西三立	2,912,720	73	0212	神华期货	155,355,185,050
74	0189	烟台中州	2,896,829	74	0026	浙江大越	136,747,270,815
75	0201	红塔期货	2,859,592	75	0189	烟台中州	136,745,178,780
76	0081	北京金鹏	2,796,630	76	0072	山西三立	135,081,056,945
77	0026	浙江大越	2,703,828	77	0216	晟鑫期货	135,006,435,635
78	0236	德盛期货	2,605,451	78	0240	摩根大通	128,368,396,985
79	0210	招商期货	2,426,921	79	0236	德盛期货	123,931,808,855
80	0178	南证期货	2,387,868	80	0210	招商期货	119,790,134,990
81	0227	国元海勤	2,366,403	81	0211	大华期货	119,770,151,035
82	0240	摩根大通	2,259,219	82	0101	中电投期货	119,460,623,005
83	0033	中钢期货	2,216,827	83	0178	南证期货	117,854,421,955
84	0066	国信期货	2,198,478	84	0033	中钢期货	116,540,666,070
85	0148	民生期货	2,165,478	85	0042	金石期货	111,962,797,630
86	0226	安信期货	2,156,742	86	0227	国元海勤	106,702,039,385
87	0042	金石期货	2,130,304	87	0202	中原期货	106,383,647,545

2010年会员累计成交量				排名2010年会员累计成交额排名			
名次	会员号	会员简称	成交量(手)	名次	会员号	会员简称	成交额(元)
88	0089	江西瑞奇	2,116,481	88	0218	大有期货	103,446,795,620
89	0202	中原期货	2,086,608	89	0148	民生期货	102,514,401,095
90	0211	大华期货	2,067,896	90	0021	国金期货	102,150,701,030
91	0218	大有期货	1,992,653	91	0089	江西瑞奇	101,750,187,110
92	0021	国金期货	1,963,445	92	0231	湘财祈年	99,496,878,945
93	0101	中电投期货	1,954,901	93	0066	国信期货	97,981,025,230
94	0065	和合期货	1,936,808	94	0190	招金期货	95,402,385,605
95	0153	北方期货	1,907,265	95	0226	安信期货	92,138,870,850
96	0231	湘财祈年	1,891,687	96	0153	北方期货	90,651,277,790
97	0190	招金期货	1,874,747	97	0065	和合期货	89,716,180,785
98	0093	江苏东华	1,746,682	98	0093	江苏东华	84,394,283,545
99	0177	江苏文峰	1,724,492	99	0118	上海金源	83,058,698,835
100	0118	上海金源	1,683,600	100	0177	江苏文峰	79,260,934,535
101	0012	银建期货	1,667,645	101	0139	道通期货	78,843,051,065
102	0139	道通期货	1,641,792	102	0170	宁波杉立	74,230,092,310
103	0170	宁波杉立	1,557,984	103	0012	银建期货	73,492,832,895
104	0158	天富期货	1,542,462	104	0062	华闻期货	72,723,533,535
105	0171	大通期货	1,445,030	105	0221	广永期货	70,537,702,215
106	0221	广永期货	1,381,027	106	0192	金友期货	68,690,420,970
107	0062	华闻期货	1,349,519	107	0158	天富期货	64,605,981,105
108	0192	金友期货	1,316,003	108	0239	重庆新涪	61,176,613,230
109	0239	重庆新涪	1,223,750	109	0171	大通期货	56,624,319,830
110	0175	中信新际	1,097,488	110	0175	中信新际	56,476,327,630
111	0172	湖南金信	1,094,338	111	0036	中粮集团	56,223,677,630
112	0123	华西期货	1,078,983	112	0123	华西期货	55,690,990,080
113	0100	黑龙江三力	1,073,697	113	0172	湖南金信	53,614,648,085
114	0213	深圳金汇	1,063,644	114	0213	深圳金汇	51,643,386,755
115	0036	中粮集团	1,056,803	115	0245	华鑫期货	48,646,401,095
116	0157	上海浙石	1,022,210	116	0112	广晟期货	48,600,196,960
117	0233	吉粮期货	1,002,397	117	0233	吉粮期货	48,570,938,005
118	0112	广晟期货	956,233	118	0037	中航期货	46,073,775,970
119	0245	华鑫期货	877,423	119	0106	上海通联	46,019,315,835
120	0037	中航期货	871,227	120	0223	盛达期货	43,237,972,740
121	0182	河北恒银	868,204	121	0157	上海浙石	42,774,315,585
122	0106	上海通联	850,802	122	0100	黑龙江三力	41,870,962,235
123	0223	盛达期货	843,902	123	0182	河北恒银	39,632,066,815
124	0220	华证期货	779,049	124	0048	江南期货	37,752,905,185
125	0048	江南期货	762,301	125	0098	中粮四海丰	37,264,187,730
126	0098	中粮四海丰	722,464	126	0220	华证期货	37,029,616,490
127	0147	广东鸿海	704,926	127	0147	广东鸿海	35,709,626,510
128	0113	华联期货	660,833	128	0113	华联期货	35,410,408,595
129	0242	中银国际	627,826	129	0242	中银国际	33,905,678,155
130	0215	云晨期货	616,666	130	0126	海证期货	33,168,856,705
131	0126	海证期货	592,292	131	0207	象屿期货	30,081,949,615
132	0134	五矿期货	580,950	132	0134	五矿期货	29,660,254,325
133	0207	象屿期货	577,793	133	0215	云晨期货	29,453,127,010
134	0244	第一创业	493,674	134	0084	上海东亚	23,367,336,850
135	0228	津投期货	442,182	135	0082	陕西长安	23,355,746,475
136	0168	华海期货	426,549	136	0228	津投期货	22,727,624,350
137	0164	西部期货	421,739	137	0244	第一创业	20,768,534,080
138	0080	国富期货	393,040	138	0075	深圳瑞龙	19,836,033,915
139	0084	上海东亚	384,668	139	0164	西部期货	19,543,757,575
140	0082	陕西长安	367,842	140	0168	华海期货	18,053,230,615
141	0219	重庆三五九	363,121	141	0219	重庆三五九	17,456,423,285
142	0203	平安期货	328,062	142	0241	深圳年年丰	17,368,425,940
143	0075	深圳瑞龙	308,534	143	0203	平安期货	16,535,268,945
144	0019	海南星海	243,481	144	0080	国富期货	16,336,602,330
145	0025	乾坤期货	238,992	145	0019	海南星海	13,357,653,560

2010 年会员累计成交量				排名 2010 年会员累计成交额排名			
名次	会员号	会员简称	成交量(手)	名次	会员号	会员简称	成交额(元)
146	0155	新疆天利	234,680	146	0141	西南期货	13,153,093,555
147	0141	西南期货	217,777	147	0155	新疆天利	12,566,353,415
148	0145	华南期货	213,629	148	0025	乾坤期货	11,513,052,355
149	0241	深圳年年丰	207,833	149	0205	东兴期货	9,198,329,520
150	0205	东兴期货	187,664	150	0127	国际期货	8,412,628,630
151	0235	吉林金昌	174,482	151	0145	华南期货	8,400,727,425
152	0127	国际期货	168,587	152	0235	吉林金昌	8,007,835,165
153	0069	甘肃陇达	164,348	153	0069	甘肃陇达	7,889,647,135
154	0200	中谷粮油	149,841	154	0225	广州期货	7,007,094,595
155	0225	广州期货	149,076	155	0108	上海普民	6,189,647,570
156	0108	上海普民	146,200	156	0200	中谷粮油	5,092,826,345
157	0121	鑫鼎盛期货	111,203	157	0035	和融期货	4,948,530,285
158	0035	和融期货	108,018	158	0183	路易达孚	4,867,192,730
159	0063	科信期货	105,892	159	0121	鑫鼎盛期货	4,864,150,320
160	0222	广东邦顺	104,946	160	0222	广东邦顺	4,519,835,250
161	0209	上海久恒	92,493	161	0186	恒泰期货	4,405,989,375
162	0085	黑龙江时代	85,253	162	0063	科信期货	4,371,073,630
163	0067	天津金谷	85,015	163	0209	上海久恒	4,336,112,670
164	0186	恒泰期货	83,120	164	0067	天津金谷	3,895,733,680
165	0183	路易达孚	75,231	165	0140	中期嘉合	3,816,736,320
166	0140	中期嘉合	72,511	166	0085	黑龙江时代	3,747,127,300
167	0230	财富期货	68,074	167	0096	天鸿期货	3,601,119,050
168	0096	天鸿期货	57,434	168	0230	财富期货	3,572,194,590
169	0194	海南金海岸	46,718	169	0194	海南金海岸	2,290,924,950
170	0088	河南阳光	37,531	170	0208	江海粮油	1,834,939,890
171	0208	江海粮油	25,596	171	0088	河南阳光	1,618,686,670
172	0099	吉粮集团	17,490	172	0099	吉粮集团	786,452,070
173	0246	京都期货	14,897	173	0246	京都期货	693,638,575
174	0040	中谷长春	14,610	174	0243	温氏集团	595,700,690
175	0243	温氏集团	12,162	175	0040	中谷长春	337,692,770
176	0038	辽宁粮油	2,170	176	0038	辽宁粮油	67,968,200
177	0247	东方期货	1,000	177	0247	东方期货	43,268,760
178	0165	鞍山五环	285	178	0165	鞍山五环	14,066,730
合计			806,335,502	合计			41,705,901,780,910

大连商品交易所 2010 年大事记

1 月 21 日，国家发改委东北振兴司政策体制处处长唐华一行 6 人到我所调研，郭晓利副总经理接待客人。

3 月 16 日，我所与中国银行在北京签署《全面战略合作框架协议》，中国银行董事长肖钢、副行长陈四清与刘兴强总经理、郭晓利副总经理一同出席了签字仪式。

4 月 23 日，我所在北京举办"大商所 LLDPE、PVC 华北地区产业链调研成果发布及投资策略报告会"，对 4 月 11 日至 18 日交易所组织全国 14 家重点期货公司化工产品研究员的华北地区 PE、PVC 产业链调研活动进行了总结，大商所副总经理刘化军出席了报告会并作重要讲话。

5 月 7 日，我所在大连国际金融会议中心举办了"大连商品交易所标准仓单质押业务座谈会"，来自 14 家银行、5 家期货公司、6 家仓储企业、8 家现货企业的代表以及我所相关人员共计 94 人参加了会议，副总经理郭晓利代表交易所致辞。

5 月 26 日至 27 日，我所与中国石油与化学工业联合会在杭州共同主办了 2010 中国塑料产业大会。浙江省人民政府副秘书长陈国平、中国证监会期货监管一部副主任彭俊衡、中国石油和化学工业联合会副会长赵俊贵出席大会并讲话，著名经济学家、国务院发展研究中心副主任刘世锦教授在大会上作了主题演讲，来自石化行业主管部门、行业协会以及产业链相关企业、期货公司和各类投资机构的代表参加了会议。

6 月 11 日，中央外宣办(国务院新闻办)八局鲁广锦局长一行 4 人来我所调研，副总经理刘化军及总经办、新闻信息部相关人员参加了接待。

6 月 24 日，我所召开第二届理事会十四次会议，听取、审议并通过了各项报告。与会理事对大商所 2009 年度各项工作及取得的成绩给予了充分肯定，并结合国际国内经济金融形势，对大商所继续做好市场发展和服务等工作提出了建设性的意见和建议。

7 月 8 日，美国耶鲁大学管理学院金融学教授、国际金融中心常务副主任 K · 哥特 · 罗文霍斯特先生在中国人民大学汉青经济与金融高级研究院相关人员的陪同下到我所参观座谈并作演讲，品种部、战略规划办、总经办相关人员参与接待。

7 月 9 日，我所与黑龙江省农委在黑龙江省牡丹江市联合主办“千村万户市场服务工程产业对接培训班”，交易所“千村万户”工程产业对接培训拉开序幕。

8月3日，美国罗奇农业咨询有限公司率领美国农场主一行26人来我所交流访问，我所于当天下午组织召开了中美农产品期货套期保值交流会，副理事长曲立峰主持会议，我所会员单位、经纪公司以及内部员工近百人听取报告并参与交流。

8月16日，由大商所与和讯网主办的“2010年十大期货研发团队评选”活动拉开序幕。本次评选活动将历时三个月，从9月1日开始，11月30日结束。

9月3日，大商所与山东省人民政府在济南签订战略合作协议，根据协议，大商所将与山东省建立完善推动地方经济与期货市场发展的期货市场研究和发展协作机制、期货市场服务山东实体经济发展的协作机制、期货交割库设立调研协作机制、期货市场教育培训协作机制、快捷准确的信息交流机制及畅通便利的联络互访机制，使期货市场更好地服务于产业和地方经济的发展。

9月15日，由大连商品交易所和大连市政府联合举办的第四届国际玉米产业大会在大连举行。国家粮食局副局长曾丽瑛出席大会并发表主题演讲，大连市副市长朱程清、证监会期货一部副主任刘云峰、大商所总经理刘兴强出席开幕式并致辞，大商所副总经理刘化军主持开幕式。

9月27日，经中国证监会批准，大连商品交易所正式迁至新址办公，同时启用新址信息系统。经过充分准备和多次全市场测试，大商所信息系统成功切换到期货大厦，正式启用后，大商所的交易、交割、结算等期货业务开始在大连期货大厦办理。

10月19日，伦敦国际金融期货交易所（NYSELiffe）董事会主席休·弗瑞伯格、首席执行官戈瑞·琼斯、执行总裁弗瑞则·科伊等一行四人到大商所参观访问，总经理刘兴强和副总经理李军与客人进行了座谈。

11月6日，大商所和大马交易所在广州联合举办“第五届国际油脂油料大会”，广东省人民政府副省长刘昆，中国证监会主席助理姜洋，马来西亚种植及原产业部副部长，拿督哈姆扎·翟努丁以及大商所总经理刘兴强，马来西亚衍生产品交易所董事长，拿督尤斯利为大会召开启幕并致辞，大商所副总经理刘化军主持了开幕式。

11月17日，大商所与中国炼焦行业协会在大连期货大厦签署合作协议，以加强双方的沟通协作，共促焦炭期货品种研究开发和上市，服务相关产业发展。大商所总经理刘兴强和中焦协会长黄金干分别代表双方在协议书上签字，大商所副总经理郭晓利、王凤海，总经理助理刘志强和中焦协顾问杨文彪出席了签约仪式。

12月12日，中国资本市场20周年成就展在北京展览馆隆重开幕，中共中央政治局委员、国务院副总理王岐山出席开幕式并参观展览，其间参观了大商所展区。在参观各单位专题展过程中，王岐山副总理在大商所展台前认真听取了大商所总经理刘兴强关于大连期货市场发展及功能作用发挥情况的汇报，对大商所在国家经济发展战略中的地位表示关注，并观看了大商所展区通过农民、企业代表、会员代表、学者、国际友人等典型人物主题故事所展示的市场发展成绩，对大商所近年来在服务产业、服务国民经济发展过程中所发挥的积极作用进行了全面的了解。

12月20日，大商所同城灾备系统（一期）顺利上线。

12月24日，大商所新监察系统（一期）成功上线运行。

12月27日，大商所在期货大厦召开2010年优秀会员表彰大会并举行2010年度十大期货研发团队评选颁奖典礼。根据2010年度各会员单位在合规经营、风险控制、技术进步、市场服务等方面的情况，永安期货、中粮期货、国际期货等51家优秀会员单位获得表彰。

2011年度DCE会员成交排名

名次	会员号	会员简称	成交量（手）	名次	会员号	会员简称	成交额（元）
1	0103	中国国际	31,902,598	1	0103	中国国际	1,913,089,670,065
2	0078	万达期货	19,156,909	2	0070	宝城期货	1,312,471,659,725
3	0070	宝城期货	19,131,400	3	0078	万达期货	1,312,471,659,725
4	0109	浙江永安	17,158,491	4	0109	浙江永安	972,348,097,830
5	0117	江苏弘业	14,678,409	5	0117	江苏弘业	885,419,810,550
6	0187	徽商期货	13,839,857	6	0052	中粮期货	781,974,925,330
7	0052	中粮期货	13,083,622	7	0187	徽商期货	776,383,741,060
8	0051	银河期货	11,678,886	8	0193	珠江期货	741,076,038,935
9	0193	珠江期货	11,496,854	9	0110	中证期货	667,104,765,755
10	0091	浙江新华	11,453,756	10	0091	浙江新华	665,313,110,785
11	0173	广发期货	11,345,909	11	0051	银河期货	664,301,827,300
12	0097	浙商期货	11,215,798	12	0173	广发期货	650,702,195,705
13	0122	华泰长城	10,569,157	13	0122	华泰长城	644,401,565,885
14	0043	鲁证期货	10,513,217	14	0097	浙商期货	638,496,959,580
15	0049	海通期货	10,467,143	15	0049	海通期货	632,529,695,040
16	0046	东海期货	10,339,524	16	0046	东海期货	606,159,657,665
17	0110	中证期货	9,722,450	17	0043	鲁证期货	596,107,883,040
18	0160	冠通期货	9,479,446	18	0152	南华期货	551,807,167,380
19	0152	南华期货	8,877,601	19	0160	冠通期货	528,819,342,535
20	0022	东航期货	8,167,050	20	0022	东航期货	459,047,302,980
21	0011	中辉期货	7,968,770	21	0184	东证期货	458,524,608,900

名次	会员号	会员简称	成交量(手)	名次	会员号	会员简称	成交额(元)
22	0125	国投期货	7,942,406	22	0125	国投期货	452,955,757,795
23	0056	中银万国	7,595,279	23	0151	国海良时	433,404,161,910
24	0184	东证期货	7,478,976	24	0011	中辉期货	429,196,598,880
25	0151	国海良时	7,443,227	25	0107	浙江中大	415,135,984,220
26	0015	新湖期货	7,359,813	26	0056	申银万国	414,393,868,240
27	0014	信达期货	7,135,176	27	0015	新湖期货	398,504,233,450
28	0107	浙江中大	7,073,436	28	0014	信达期货	390,622,028,425
29	0030	国泰君安	6,585,318	29	0169	安粮期货	379,679,895,205
30	0020	渤海期货	6,468,850	30	0030	国泰君安	363,463,366,005
31	0095	北京首创	5,989,736	31	0020	渤海期货	353,402,705,090
32	0169	安粮期货	5,800,551	32	0095	北京首创	348,687,232,245
33	0074	大连良运	5,651,603	33	0133	兴业期货	326,193,130,435
34	0133	兴业期货	5,530,182	34	0074	大连良运	308,576,386,900
35	0135	上海中期	5,233,650	35	0135	上海中期	304,735,224,820
36	0057	美尔雅期货	5,216,670	36	0057	美尔雅期货	298,869,526,225
37	0105	光大期货	5,183,854	37	0105	光大期货	295,202,572,120
38	0161	国联期货	5,139,920	38	0161	国联期货	282,679,208,260
39	0115	金元期货	4,628,391	39	0018	宏源期货	261,849,516,415
40	0167	集成期货	4,580,142	40	0115	金元期货	260,650,796,995
41	0229	长江期货	4,485,243	41	0060	方正期货	260,250,597,420
42	0018	宏源期货	4,436,144	42	0167	集成期货	255,712,752,795
43	0058	北京中期	4,309,583	43	0229	长江期货	253,763,417,380
44	0060	方正期货	4,242,198	44	0058	北京中期	229,698,138,830
45	0050	浙江新世纪	4,179,209	45	0050	浙江新世纪	227,900,751,280
46	0114	江苏新纪元	3,972,656	46	0196	一德期货	227,101,489,845
47	0196	一德期货	3,944,641	47	0092	英大期货	225,461,630,940
48	0129	华安期货	3,777,096	48	0039	成都倍特	222,857,168,940
49	0039	成都倍特	3,718,301	49	0023	海航东银	213,214,611,090
50	0176	浙江大地	3,586,481	50	0114	江苏新纪元	212,410,980,965
51	0195	瑞达期货	3,567,639	51	0129	华安期货	210,965,274,215
52	0181	格林期货	3,567,077	52	0195	瑞达期货	210,866,216,935
53	0092	英大期货	3,495,945	53	0176	浙江大地	210,140,939,640
54	0023	海航东银	3,487,198	54	0143	东吴期货	205,433,263,610
55	0143	东吴期货	3,459,707	55	0181	格林期货	201,036,778,710
56	0138	经易期货	3,439,945	56	0138	经易期货	191,314,053,820
57	0153	北方期货	3,235,989	57	0156	国都期货	182,794,495,230
58	0120	天琪期货	3,091,590	58	0153	北方期货	181,616,644,000
59	0071	中信建投	3,054,729	59	0071	中信建投	180,833,533,440
60	0150	中晟期货	3,039,696	60	0201	红塔期货	165,984,114,530
61	0156	国都期货	2,945,491	61	0150	中晟期货	164,242,564,835
62	0134	五矿期货	2,944,146	62	0166	锦泰期货	163,806,270,560
63	0166	锦泰期货	2,800,124	63	0180	国贸期货	162,679,957,810
64	0180	国贸期货	2,699,832	64	0120	天琪期货	157,328,882,465
65	0104	创元期货	2,556,981	65	0206	金瑞期货	156,062,899,190
66	0066	国信期货	2,531,242	66	0134	五矿期货	150,535,927,465
67	0226	安信期货	2,524,086	67	0240	摩根大通	150,108,807,770
68	0026	浙江大越	2,386,113	68	0104	创元期货	144,640,214,395
69	0206	金瑞期货	2,310,976	69	0026	浙江大越	139,611,938,295
70	0149	上海良茂	2,304,955	70	0149	上海良茂	134,898,101,000
71	0212	神华期货	2,267,175	71	0131	华元期货	134,197,635,250
72	0102	上海中财	2,260,381	72	0123	华西期货	132,663,813,645
73	0016	汇鑫期货	2,224,406	73	0066	国信期货	131,499,628,835
74	0201	红塔期货	2,219,234	74	0226	安信期货	129,173,086,350
75	0240	摩根大通	2,217,760	75	0053	迈科期货	128,066,539,030
76	0072	山西三立	2,201,118	76	0102	上海中财	127,786,281,610
77	0131	华元期货	2,182,899	77	0212	神华期货	127,338,406,510
78	0148	民生期货	2,158,963	78	0148	民生期货	123,911,004,280
79	0216	晟鑫期货	2,153,683	79	0211	大华期货	122,917,337,920
80	0053	迈科期货	2,146,101	80	0136	上海大陆	121,802,770,185

名次	会员号	会员简称	成交量(手)	名次	会员号	会员简称	成交额(元)
81	0136	上海大陆	2,064,745	81	0189	烟台中州	120,533,811,215
82	0189	烟台中州	2,051,204	82	0016	汇鑫期货	118,350,309,360
83	0178	南证期货	2,024,029	83	0072	山西三立	115,132,487,630
84	0123	华西期货	1,949,008	84	0231	湘财祈年	111,431,501,670
85	0210	招商期货	1,931,951	85	0101	先融期货	110,205,755,365
86	0089	江西瑞奇	1,910,623	86	0178	南证期货	109,720,721,105
87	0218	大有期货	1,907,956	87	0089	江西瑞奇	108,197,781,590
88	0231	湘财祈年	1,812,496	88	0210	招商期货	107,683,859,405
89	0211	大华期货	1,800,967	89	0218	大有期货	106,634,102,020
90	0236	德盛期货	1,782,855	90	0236	德盛期货	104,980,704,840
91	0227	国元海勤	1,688,244	91	0042	金石期货	97,851,697,840
92	0033	中钢期货	1,688,194	92	0216	晟鑫期货	96,589,988,810
93	0042	金石期货	1,645,409	93	0033	中钢期货	96,084,808,510
94	0101	先融期货	1,631,606	94	0227	国元海勤	90,739,258,055
95	0065	和合期货	1,627,000	95	0202	中原期货	89,132,815,650
96	0202	中原期货	1,504,608	96	0065	和合期货	88,636,799,530
97	0190	招金期货	1,492,921	97	0190	招金期货	86,329,602,505
98	0093	江苏东华	1,459,343	98	0081	北京金鹏	86,323,256,340
99	0192	金友期货	1,457,623	99	0093	江苏东华	85,372,166,680
100	0139	道通期货	1,414,973	100	0192	金友期货	79,601,735,155
101	0081	北京金鹏	1,413,389	101	0245	华鑫期货	79,374,332,695
102	0158	天富期货	1,315,937	102	0021	国金期货	77,707,379,185
103	0021	国金期货	1,284,358	103	0139	道通期货	75,682,210,270
104	0245	华鑫期货	1,260,781	104	0118	上海金源	65,704,529,885
105	0118	上海金源	1,208,912	105	0158	天富期货	61,751,293,485
106	0170	宁波杉立	1,051,571	106	0170	宁波杉立	58,093,145,035
107	0172	湖南金信	890,459	107	0175	中信新际	56,943,902,315
108	0112	广晟期货	853,579	108	0113	华联期货	53,850,823,010
109	0113	华联期货	832,618	109	0172	湖南金信	48,866,656,955
110	0175	中信新际	828,811	110	0177	江苏文峰	48,697,409,390
111	0177	江苏文峰	827,828	111	0223	盛达期货	46,818,793,215
112	0221	广永期货	793,654	112	0112	广晟期货	46,519,926,520
113	0223	盛达期货	779,166	113	0221	广永期货	45,158,227,700
114	0037	中航期货	777,669	114	0037	中航期货	42,986,123,715
115	0012	银建期货	764,095	115	0012	银建期货	41,586,958,235
116	0215	云晨期货	734,257	116	0036	中粮集团	40,949,981,600
117	0062	华闻期货	724,348	117	0215	云晨期货	39,796,957,590
118	0182	河北恒银	707,602	118	0062	华闻期货	39,455,724,250
119	0225	广州期货	664,012	119	0220	华证期货	38,465,672,840
120	0080	国富期货	660,642	120	0182	河北恒银	37,174,632,305
121	0220	华证期货	611,161	121	0098	中粮四海丰	36,854,943,690
122	0213	深圳金汇	586,433	122	0225	广州期货	36,616,645,380
123	0098	中粮四海丰	571,252	123	0147	广东鸿海	31,110,467,330
124	0036	中粮集团	568,808	124	0080	国富期货	31,011,856,420
125	0147	广东鸿海	530,646	125	0207	象屿期货	30,406,260,270
126	0207	象屿期货	520,093	126	0048	江南期货	30,247,487,565
127	0239	重庆新涪	514,321	127	0239	重庆新涪	29,965,505,250
128	0171	大通期货	511,949	128	0213	深圳金汇	29,677,192,250
129	0168	华海期货	510,004	129	0242	中银国际	28,357,626,555
130	0048	江南期货	507,450	130	0157	上海浙石	27,438,784,060
131	0157	上海浙石	498,793	131	0168	华海期货	27,348,073,275
132	0242	中银国际	483,774	132	0126	海证期货	27,345,620,815
133	0244	第一创业	468,013	133	0171	大通期货	24,158,706,795
134	0126	海证期货	444,192	134	0244	第一创业	23,213,740,000
135	0164	西部期货	404,802	135	0164	西部期货	20,909,628,310
136	0186	恒泰期货	352,570	136	0241	深圳年年丰	20,562,535,900
137	0233	吉粮期货	343,476	137	0186	恒泰期货	18,144,497,670
138	0203	平安期货	297,939	138	0233	吉粮期货	17,859,265,935
139	0222	广东邦顺	279,678	139	0203	平安期货	17,614,683,980

名次	会员号	会员简称	成交量(手)	名次	会员号	会员简称	成交额(元)
140	0228	津投期货	269,454	140	0084	上海东亚	15,372,653,885
141	0205	东兴期货	247,165	141	0228	津投期货	14,771,144,715
142	0106	上海通联	242,627	142	0219	华创期货	14,661,011,075
143	0219	华创期货	241,341	143	0106	上海通联	14,143,578,500
144	0241	深圳年年丰	228,162	144	0205	东兴期货	13,021,154,580
145	0155	新疆天利	218,555	145	0222	广东邦顺	12,251,754,735
146	0075	深圳瑞龙	189,911	146	0075	深圳瑞龙	11,927,524,525
147	0084	上海东亚	186,049	147	0155	新疆天利	11,867,211,780
148	0069	甘肃陇达	177,999	148	0082	陕西长安	10,131,235,235
149	0019	华融期货	167,851	149	0019	华融期货	9,786,631,590
150	0082	陕西长安	144,352	150	0069	甘肃陇达	8,423,451,590
151	0235	中融汇信	132,663	151	0235	中融汇信	7,303,320,060
152	0108	上海普民	116,142	152	0096	天鸿期货	6,538,173,070
153	0096	天鸿期货	94,663	153	0108	上海普民	5,663,910,455
154	0141	西南期货	89,181	154	0141	西南期货	5,278,943,925
155	0145	华南期货	77,423	155	0025	乾坤期货	3,657,291,925
156	0246	京都期货	68,990	156	0246	京都期货	3,610,795,820
157	0025	乾坤期货	65,514	157	0067	天津金谷	3,009,994,860
158	0067	天津金谷	64,267	158	0035	和融期货	2,951,645,285
159	0209	上海久恒	59,446	159	0209	上海久恒	2,882,333,760
160	0121	鑫鼎盛期货	49,696	160	0145	华南期货	2,791,031,535
161	0035	和融期货	49,243	161	0121	鑫鼎盛期货	2,395,613,650
162	0085	黑龙江时代	44,581	162	0063	财达期货	2,129,229,845
163	0063	财达期货	44,414	163	0085	黑龙江时代	1,927,069,085
164	0200	中谷粮油	36,364	164	0194	海南金海岸	1,556,531,660
165	0230	财富期货	27,478	165	0230	财富期货	1,446,611,485
166	0194	海南金海岸	26,551	166	0088	河南阳光	1,020,296,860
167	0183	路易达孚	21,797	167	0183	路易达孚	1,000,069,540
168	0088	河南阳光	16,944	168	0200	中谷粮油	906,260,590
169	0165	江信国盛	16,238	169	0165	江信国盛	885,583,245
170	0243	温氏集团	13,926	170	0243	温氏集团	663,435,150
171	0247	东方期货	12,938	171	0247	东方期货	608,202,135
172	0040	中谷长春	10,386	172	0208	江海粮油	400,423,540
173	0208	江海粮油	4,865	173	0040	中谷长春	238,023,860
174	0100	黑龙江三力	1,267	174	0100	黑龙江三力	67,685,390

大连商品交易所2011年大事记

1月21日，为贯彻落实全国证券期货监管工作会议精神，总结工作，表彰先进，推动2011年工作再上新台阶，大商所在期货大厦召开了2010年度总结表彰大会。

1月26日，大连市金融发展促进会在大连成立，在当天召开的第一次会员大会暨第一届理事会上，大商所总经理刘兴强当选为首任会长。

3月5－14日，第十一届全国人民代表大会第四次会议在北京隆重召开，全国人大代表、大商所总经理刘兴强表示：在新的形势和要求下，大商所将全力以赴，根据全国证券期货监管工作会议部署，继续落实国家稳定物价总水平的要求，遏制市场过度投机，防止市场操纵，深化市场功能发挥，配合服务宏观调控大局；同时，继续“练内功、打基础”，完善市场机制，稳妥推进期货品种和业务创新，为大连期货市场可持续发展、进一步增强服务能力注入新的活力。

4月15日，经中国证监会批准，焦炭期货合约在大连商品交易所上市交易。中国证监会主席尚福林和辽宁省委常委、大连市委书记夏德仁共同为焦炭期货合约揭牌，尚福林为开盘交易鸣锣。中国证监会主席助理姜洋宣读了中国证监会关于同意大连商品交易所上市焦炭期货的批复。来自国务院办公厅、国家发改委、工信部、商务部、证监会有关部门及派出机构负责人、辽宁省及大连市有关部门负责人、相关行业企业代表出席了上市仪式。上市仪式由大连商品交易所总经理刘兴强主持。

6月1－2日，由大商所和中国石油与化学工业联合会联合举办的“2011中国塑料产业大会”在宁波隆重召开。国家统计局总经济师姚景源，宁波市委常委、副市长余红艺，中国石油和化学工业联合会副会长赵俊贵，中国证监会研究中心主任祁斌，中国证监会期货监管一部副巡视员刘云峰等领导出席大会并做了发言或主题演讲。此次大会得到了产业界和期货界人士的热烈响应，来自中国石化联合会等4个国家级行业协会、8个省市塑料行业协会、200多家国内外石化企业、133家期货公司总计约650余位代表参加了大会，其中中石化、新疆天业、浙江远大等国内大型石油化工生产、贸易企业高层管理人员均出席了本次大会。本届大会还有来自美国、英国、日本、印度、新加坡、伊朗等境外专家和代表与会，国际化程度和影响力进一步提高。

6月29日，为纪念建党90周年，表彰先进，大商所召开“纪念中国共产党成立90周年暨表彰先进大会”。会上交易所党委书记、总经理刘兴强同志发表了重要讲话，并就加强交易所党建工作提出了几点具体要求：第一，要再提高对党建工作的认识和理解；第二，各级党员领导干部要切实落实“一岗双责”和发挥模范带头作用，为搞好党风廉政建设和所风建设站好岗、尽好责；第三，要紧密结合队伍特点和业务实际抓党建，做到虚实结合；第四，要加强党组织的思想建设和优秀人才的培养使用。会上，大商所4个先进党支部、3位优秀党务工作者和10位优秀共产党员受到表彰，8位新党员在党旗下进行了庄严的入党宣誓，各党支部进行了热情洋溢的红歌汇报演出。

7月6日，由大连商品交易所和期货期权世界（FOW）联合主办的“中国及全球衍生品市场发展论坛”在大连成功举行。中国证监会主席助理姜洋在论坛上作了题为“深化监管合作，促进共同发展”的主题讲话，大连市常务副市长肖盛峰代表大连市政府做了致辞，著名华人经济学家陈志武在本次论坛上作了专题演讲。来自全球17家衍生品交易所高层、国际金融机构和国内期货公司代表共300余人参加了论坛，围绕后金融危机时代中国及国际衍生品市场发展的有关问题进行了交流探讨。

8月2日，我国农业和农村经济问题权威专家、中央财经领导小组办公室副主任、中央农村工作领导小组办公室主任陈锡文来大商所调研并指导工作。利用此机会，大商所邀请其就我国“三农”和农业政策问题为全所员工进行了一次专题讲座。本次讲座传递了中央关于“三农”问题的有关决策，使全所员工对我国农业和农村经济发展状况有了更加全面的了解，对大商所加强和改进相关工作、更好地发挥期货市场功能、进一步推动社会主义新农村建设具有重要启示。

9月14日，大商所与中央电视台财经频道在期货大厦演播室举行“大连期货大厦演播室暨中央电视台财经频道大连分演播室落成典礼”。大连市委常委、常务副市长肖盛峰，大连市委常委、宣传部长袁克力，大连市政府副秘书长、市金融发展局局长曹煦，中央电视台财经频道总监郭振玺，大商所党委书记、总经理刘兴强为演播室落成剪彩，交易所纪委书记赵庆国主持落成典礼。

9月22日，由大商所主办、吉林粮食局等单位协办的第五届国际玉米产业大会在长春举行。吉林省副省长王守臣、中国证监会期货监管一部副主任彭俊衡、大商所副总经理郭晓利出席会议并致辞，北京大学国家发展研究院院长周其仁教授、国家发改委农经司副司长方言等在会上作了主题演讲，大商所副理事长曲立峰主持了开幕式。国家相关部委及地方政府部门、行业组织、国内大型玉米加工贸易和饲料养殖企业、期货公司、投资者代表，以及来自美国、韩国、日本等国家和地区的交易所、期货公司代表参加了当天的会议，其中现货企业代表有330多人、投资机构代表60多人，两者参会人数为历届玉米产业大会之最。

9月25日，大商所在大连市第44中学召开第二届职工运动会。交易所大连本部及三总部工作人员、飞创公司、行政公司全体工作人员和物业公司代表共近400名职工参加了运动会。本届职工运动会是大商所全体员工积极广泛参与的一次体育盛会，全体人员分别组成8支参赛代表队，共同角逐径赛、球类、趣味项目三类共14个项目的比赛。本届运动会是大商所建所以来举办的规模最大、参与人数最多的一次运动会，运动会上各代表队发扬了顽强拼搏、团结奋斗的优良传统，展现了交易所员工积极进取、昂扬向上的精神风貌。

11月12－13日，大商所和马来西亚衍生产品交易所在广州成功举办第六届国际油脂油料大会。中国证监会党委委员、主席助理姜洋，广东省人民政府副省长陈云贤，马来西亚种植及原产业部秘书长拿汀巴杜卡·诺玛拉、大连商品交易所总经理刘兴强，马来西亚衍生产品交易所首席执行官张敬成出席开幕式并致辞。大商所副总经理郭晓利主持了开幕式，来自14个国家和地区的310多家企业参加了本届大会。作为油脂油料和期货行业的高端品牌会议，国际油脂油料大会已成为国内外相关政府部门、行业组织、现货企业以及金融机构相关人员交流沟通、共谋发展的一个重要平台，在促进期现融合、推动产业发展等方面发挥了积极的作用。

第四节　郑州商品交易所

郑州商品交易所

郑州商品交易所（以下简称"郑商所"）是经国务院批准成立的我国首家期货市场试点单位、目前全国四家期货交易所之一，隶属中国证券监督管理委员会垂直管理。

郑商所按照《期货交易管理条例》和《期货交易所管理办法》履行职能，依据《郑州商品交易所章程》、《郑州商品交易所交易规则》及其实施细则和办法实行自律性管理，遵循公开、公平、公正和诚实信用的原则，为期货合约集中竞价交易提供场所、设施及相关服务，并对期货交易进行一线监管。

郑商所实行会员制，会员大会是郑商所的权力机构，由全体会员组成；理事会是会员大会的常设机构，下设战略发展、品种、监察、交易、交割、会员资格审查、调解、财务、技术等9个专门委员会。截至2010年底，郑商所共有会员215家，分布在全国27个省（市）、自治区，其中期货公司会员173家，占会员总数的80%；非期货公司会员42家，占会员总数的20%。

郑商所总经理为法定代表人。根据工作需要，内设办公室、党委办公室、理事会办公室、品种发展部、市场部、交割部、结算部、市场监察一部、市场监察二部、新闻信息部、法律事务部、技术规划与开发部、系统运行部、财务部、人力资源部、行政部、期货及衍生品研究所、纪检监察室（与党委办公室合署办公）、审计室等18个职能部门。

郑商所坚持规范运作，加强市场一线监管，安全组织交易，深化市场功能。目前上市交易的期货品种有小麦（包括优质强筋小麦和硬白小麦）、棉花、白糖、精对苯二甲酸、菜籽油、早籼稻、甲醇。各期货品种在功能发挥，促进相关产业经济发展方面的作用日益显现。

郑商所实行保证金制、每日涨跌停板制、每日无负债结算制、实物交割制等期货交易制度，并积极适应市场发展要求，不断优化制度安排，更新监管理念，丰富监管手段，及时控制和化解市场风险，确保市场平稳运行。

郑商所拥有功能完善的交易、交割、结算、风险监控、信息发布和会员服务等电子化系统。会员和投资者也可以通过远程交易系统进行期货交易。期货交易行情信息通过路透社、彭博资讯、世华信息等多条报价系统向国内外同步发布。

郑商所注重加强对外交流与合作。1995年6月加入国际期权（期货）市场协会。先后与美国芝加哥期权交易所、芝加哥商业交易所、纽约－泛欧交易所集团，日本关西农产品交易所、东京谷物交易所，巴西期货交易所、印度多商品交易所、尼日利亚证券与商品交易所、香港交易及结算所有限公司等多家期货交易所签订了友好合作协议，定期交换市场信息，进一步扩大了郑商所在国际上的影响力。

面向未来，郑商所将以坚持"三公"原则、坚定不移地走科学发展道路为核心理念，以服务实体经济为宗旨，以强化监管和深化市场功能为主线，推进市场基础性制度建设，完善风险防范机制，加强市场一线监管，拓宽功能发挥途径，安全组织交易，不断提高市场运行质量和发展质量，努力将郑商所逐步建设成为在国内和国际市场上具有重要地位和影响力的期货交易所。

郑州商品交易所通讯地址及联系方式：
地址：郑州市未来路69号
邮编：450008
电话：0371－65610069
传真：0371－65613068
管理员信箱：czce@ czce. com. cn

郑州商品交易所2010年大事记

3月31日，郑州商品交易所在江西新干举行"期货服务三农"系列活动。

4月12日，郑州商品交易所在湖南常德举行"期货服务三农"系列活动。

4月30日，郑州商品交易所举行庆祝"五一"劳动节大会，张凡总经理发表重要讲话并为新设立的优秀员工光荣榜揭幕。

5月4日，郑州商品交易所完成流程重组（BPR）工作。并在全所范围内全面推行流程管理，与内部管理制度体系、绩效管理体系相结合，互为衔接，互相补充，形成内部控制、流程标准、绩效评价较为完善的内部工作运行机制。

5月18日，郑州商品交易所在湖北荆州举行"期货服务三农"系列活动。

5月25日，郑州商品交易所在河北衡水召开期货市场服务三农研讨会。

7月9日，郑州商品交易所在广西南宁召开第五届理事会第八次会议。

8月17日，郑州商品交易所在山东济南举办"期货服务三农"系列活动山东棉花期货研讨会。

9月10日，郑州商品交易所举办郑州农产品期货（棉花）高峰论坛。

9月21日，郑州商品交易所组织职工爱国主义教育活动，向青海玉树孤儿院献爱心送温暖。

10月28日，河南省委常委、郑州市委书记连维良视察郑州商品交易所。

11月30日，国务院督察组莅临郑州商品交易所指导工作。

12月12日，国务院副总理王岐山、中国证监会主席尚福林视察"中国资本市场二十周年成就展"开幕式郑州商品交易所展区。

12月26日，郑州商品交易所举办期货市场暨郑州商品交易所二十周年庆祝活动。

12月28日，郑州商品交易所与新疆证监局签订合作备忘录，共同探索发挥期货市场功能、支持新疆跨越式发展的有效途径。

第三章　期货经纪机构

英大期货有限公司

英大期货有限公司前身是由成立于1996年4月17日的山东鲁能金穗期货经纪有限公司于2010年10月25日变更成立的，成立后公司由英大国际信托有限责任公司、英大证券有限责任公司、山东鑫源控股有限公司、山东省粮油集团总公司及山东粮食中心批发市场共同出资组建的大型期货公司，实际控制人为国家电网公司。公司注册资本3.5亿元人民币。

公司目前有潍坊、上海、大连、青岛、济南、临沂、东营、沈阳、重庆9家营业部及郑州办事处，北京营业部已获准筹建，公司是郑州商品交易所、大连商品交易所、上海期货交易所、中国金融期货交易所四家期货交易所的交易结算会员单位，并取得金融业务资质，经营范围是商品期货经纪、金融期货经纪。

为适应行业的快速发展，公司积极创新管理方式，不断提升合规管理水平，努力打造核心竞争力，经过多年发展，逐步走出了一条切合公司实际的发展路径，经营利润逐年递增，连续多年成交额排名全国前三十位，多次被交易所评为优秀会员，十余次荣获交易优胜奖，在业界树立了良好的品牌形象。

一、统筹推进重点工作，实现公司全面发展

1. 开展增资扩股、健全业务资质，夯实公司发展基础

为抓住行业快速发展的机遇，在监管部门和股东单位的支持帮助下，公司开展了增资扩股工作。2008年公司注册资本金由3000万元增至1.05亿元，并取得金融期货经纪业务和金融期货交易结算业务资格。为迎接股指期货的推出，2010年上半年公司完成了二次增资扩股，注册资本金由1.05亿元增至3.5亿元，英大国际信托有限责任公司成为公司第一大股东，国家电网公司成为公司实际控制人，成为国家电网公司金融平台金融单位之一，公司实力和抗风险能力得到了进一步提升，丰富的股东资源为公司发展提供了更大的机会和空间。

2009年公司期货业务成交量2246.72万手，成交额1.7万亿元，营业收入5811万元，实现利润总额1538万元，同比分别增长53.83%和60.46%，比2006年分别增长248%、397%、304%和805%。公司2010年上半年期货业务成交量2031万手，成交额2.11万亿元，同比分别增长173%和269%，其中成交额已超过2009年全年水平。

2. 积极推进网点建设，提升公司发展能力

为实现快速发展，公司在夯实现有期货市场业务的基础上，逐步将战略重点由区域性期货公司向全国性期货公司转变。一方面，积极谋求外延拓展，抢占市场资源。2008年以来陆续设立了临沂、济南、东营营业部，在夯实山东省内业务的基础上设立了沈阳营业部，7月底重庆营业部获得重庆证监局核准筹建，标志着公司在南方设立营业部取得突破，逐步打开公司在全国网点布局的新局面；另一方面考虑到公司长远发展，从管理资源、人才资源等方面进一步推进面向全国的战略转变。

3. 完善合规与风控体系，筑牢公司发展保障

公司始终将合规经营作为管理的前提，坚持依法治企，为公司持续健康发展奠定了基础。一是公司高度重视法人治理建设，修订完善了《公司章程》，制定了股东会、董事会、监事会议事规则，确保科学决策；二是健全首席风险官的设置，完善以首席风险官制度为基础的合规机制；三是全面推进内控制度建设，完善内控制度，并为迎接股指期货推出，建立健全了股指期货相关制度；四是完善风控、技术、审计等岗位设置，组织编写《合规管理手册》，梳理和细化业务流程，并制定了各风险环节的风险应急预案，同时推进执行力建设，加大稽核检查力度，树立全员合规、全程合规、全面合规的合规理念；五是加强投资者教育工作，提高投资者的风险防范意识，树立理性投资、稳健操作的投资理念。

4. 健全专业服务体系，打造公司核心竞争力

公司坚持以客户为中心，努力打造“三个平台”（即安全、稳定、快捷的交易平台；优质、特色、专业的服务平台；责任、保障、信赖的理财平台）。一是坚持人才强企战略，经过多年发展，逐步建立起自己的研发团队，研发水平不断提升；二是不断加强营销团队建设，创新营销方式和手段，加大产业客户开发，着力优化客户结构，提高市场营销能力；三是规范业务流程，统一服务标准和内容，提高服务质量和水平；四是为提高公司运维水平和效率，公司于2009年在北京新建了机房，经中国期货业协会和中国证监会现场检查，达到了信息系统二类标准，标志着公司核心信息系统上了一个新台阶。

二、明确战略目标和措施，全力谋求更大发展

为实现公司加快发展，尽快建成“一强三优”的现代期货公司，公司制定了“十二五”发展规划，提出“一个中心、二个坚持、三个调整、四个提高”的发展思路。为推进公司更好更快发展，公司将继续抓紧管理重点不放松，进一步夯实发展基础、做好保障建设，推进公司专业体系建设。

——以内控制度和风控体系建设为推手，夯实管理基础。

——以人力资源和信息化建设为切入点，做好发展支撑。

——以法人治理和执行力建设为重点，做好保障建设。

在市场中摸索，在实践中成长，强大的股东背景、优秀的业务平台、良好的企业形象是公司发展的信心，不断进取的企业风貌是公司前进的巨大动力，公司将继续遵循“努力超越，追求卓越”的企业精神，大力弘扬“诚信责任创新奉献”的核心价值观，坚持以规范的管理立足市场，以完善的服务赢得市场，抓紧机遇谋发展，不断创新谋进取，促进公司持续健康发展。

公司总部

公司联系电话：010－51960370

公司传真：010－51960400

客服部电话：400－618－6108

研发部：010－51960483

投诉电话：010－51960432

投诉传真：010－51960430

投诉邮箱:lnqhjh@ 126. com
公司网址:www. ydfut. com. cn
公司邮编:100005
通讯地址:北京市东城区建国门内大街乙 18 号院英大国际大厦 2 层

安粮期货有限公司

安粮期货有限公司成立于 1996 年 7 月 9 日,是经中国证监会批准设立的专业期货公司,是中国期货业协会首批团体会员、大连商品交易所和郑州商品交易所理事单位、上海期货交易所技术委员会单位,是上海期货交易所(会员号 0238)、大连商品交易所(会员号 0169 号)、郑州商品交易所(会员号 0139 号)的全权会员。

公司曾用名安徽安泰期货经纪有限公司、国元安泰期货经纪有限公司、国元期货有限责任公司,2010 年 10 月更名为安粮期货有限公司。目前公司主要从事国内商品期货经纪业务。公司注册资金 1 亿元,由国有独资大型企业安徽省粮油食品进出口(集团)公司控股,公司另两家股东单位安徽国元控股(集团)有限责任公司、安徽省投资集团有限责任公司均系安徽省内大型国有企业集团,股东单位良好的现货贸易及金融背景为公司发展壮大提供了丰富的资源和良好的运作平台。

近年来,安粮期货有限公司稳健经营,业务稳步发展,已发展成为安徽省主营业务规模最大的期货经营机构之一。公司综合排名在 2004 年位列全国第 11 位,2005 年位列全国第 21 位,2006 年位列全国第 6 位,2007 年位列全国第 8 位。分别获 2007 年度上海期货交易所交易优胜奖、大连商品交易所年度优秀会员;2008 年上海期货交易所天然橡胶交易优胜奖;2009 年大连商品交易所市场服务奖、大连商品交易所 - 和讯网最具成长性农产品期货研发团队称号;2009 年中金在线最具影响力的期货公司等荣誉。

面对 21 世纪第二个十年的发展机遇,公司将顺应金融全球化的发展潮流,不断创新经营思路和服务模式、实现企业的跨越式发展,并始终坚持"公开、公平、公正"的原则,践行"规范、和谐、务实、创新"的企业精神,以"优质高效、稳健合规、开拓创新、持续发展"为经营方针,不断为客户赢得收益,为股东创造价值,为社会构建和谐,为员工营造平台,将安粮期货有限公司打造成为国内综合实力强、行业领先的、具有影响力的一流期货企业。

地址:安徽省合肥市芜湖路 168 号同济大厦 11 层
客服电话:400 - 626 - 9988
邮编:230001
传真:2870131
网址:www. ahcoffco. com

北方期货经纪有限责任公司

北方期货经纪有限责任公司(简称"北方期货")成立于 1996 年 3 月,注册资本 5500 万元。是经中国证监会批准,国家工商行政管理总局核准的期货公司。

北方期货是天风证券旗下的专业期货公司,主要从事商品期货经纪、金融期货经纪业务。是大连商品交易所、上海期货交易所、郑州商品交易所会员单位,中国金融期货交易所的交易会员单位。公司的高管任上海期货交易所新品种委员会委员。

北方期货是中国期货业协会会员单位,大连证券期货业协会理事、副会长单位。

北方期货注重营业网点的布局与建设,目前总部设在大连,下设福州、北京、武汉、广州及贵阳营业部。

北方期货经过十余年的发展,培养和吸引了一批具有高素质、精专业的管理、研发、营销等精英人才,公司凭借自身庞大的营销网络及各种媒介,结合股东单位(天风证券有限责任公司)的优势资源和营业网点,形成遍及全国的网络布局。

多年来,北方期货始终保持稳健、高效的发展势头,良好的市场信誉和形象,持续不断的为投资者提供一系列的增值服务,提高企业核心竞争力,塑造企业品牌。

长江期货有限公司

一、公司介绍

长江期货有限公司是经中国证券监督管理委员会批准成立的金融机构,是实力雄厚的长江证券的全资子公司,公司注册资本 2 亿元。

公司是中国金融期货交易所、上海期货交易所、大连商品交易所、郑州商品交易所会员单位。2007 年获得金融期货经纪业务和交易结算业务资格;2008 年被证券时报等机构评为"中国最具成长性期货公司"之一;2009 年,被湖北省人民政府授予"支持湖北经济发展突出贡献单位"荣誉称号,成为省"十佳优质文明服务金融机构"之一。2010 年被评为"最佳 IB 服务商"、"中国最佳区域影响期货公司"。公司与行业组织、专业媒体保持了良好合作关系,是湖北省电线电缆协会、棉花协会、铝业协会、河南省有色金属等协会的理事单位,《期货日报》湖北地区总代理。

公司法人代表、总经理谭显荣先生是湖北省期货业协会会长,并先后被聘为郑州商品交易所监察委员会委员、大连商品交易所交割委员会委员、上海期货交易所技术委员会委员、中国期货业协会第三届理事会研究发展委员会委员。2010 年荣获"湖北省十大优秀青年企业家"称号。

长江期货依托长江证券雄厚的资本实力、遍布全国的营业网点、享誉业内的研究力量以及领先的 IT 技术,立足华中,面向全国,努力打造"期货理财专家、期证银合作专家"的长江期货品牌。

二、历史沿革

1996 年 7 月,湖北金良期货经纪有限公司成立,注册资本 3000 万元 ;

2004 年 7 月,湖北金良期货经纪有限公司更名为长江期货经纪有限公司;

2007 年 8 月,公司增资扩股至 1 亿元,并成为长江证券全资子公司 ;

2008 年 6 月,公司名称变更为长江期货有限公司;

2010 年 7 月,公司注册资本由 1 亿元变更为 2 亿元 。

三、公司股东:长江证券股份有限公司

四、业务范围:商品期货经纪、金融期货经纪

地址:湖北省武汉市新华路特 8 号长江证券大厦八楼
邮编:430015
咨询:9557986 - 27 - 85861133
投诉:86 - 27 - 85861133
传真:86 - 27 - 85860103
网站:www. cjfco. com. cn

大华期货有限公司

大华期货有限公司最早成立于1995年11月，注册资本3亿元人民币，是山西证券股份有限公司全资子公司，股东承诺随需增资。公司拥有中国金融期货交易所交易结算会员资格（会员号:145），上海期货交易所、大连商品交易所、郑州商品交易所全权会员资格（会员号:106、211、211）。公司现有重庆总部，太原、桂林、石家庄、大连、呼和浩特、长沙、上海、日照、武汉、重庆新南路、泉州、郑州、北京、合肥等营业网点，同时山西证券股份有限公司为我公司提供中间介绍业务。公司在网点建设上已基本形成全国性战略布局，业务架构初具规模，为促进业务良性发展打下了坚实基础。

山西证券股份有限公司是大华期货有限公司的股东，注册资本23.998亿元人民币，在北京、上海、深圳等大中城市及山西各地市设有59家营业网点。2007年8月获批创新类券商资格，2008年7月10日获批期货IB资格，荣获2007年第三届中国证券市场高成长证券公司"金钥匙奖"称号。2010年11月15日山西证券在深交所成功上市交易，代码为002500。

大华期货秉承"诚信为本，以义制利；行健不息，止於至善"的经营理念，向投资者提供专业化、个性化的优质服务，锐意进取，开拓创新，牢牢把握期货市场发展的历史机遇，与广大投资者一起共创美好明天。

公司荣誉：

2008年、2009年上海期货交易所"交易优胜奖"

2008年"中国优秀财经证券网站期货类"综合奖第三名

2009年证券时报"最佳产业服务期货公司"奖

2009年证券时报"最佳宏观经济分析师"奖

2009年证券时报"期货类网站最佳安全性能"奖

2009年大商所"十大期货研发团队"评选三次入围月度十强

2010年期货日报及证券时报"最佳IB服务商"、"最佳棕榈油分析师"

2010年荣获重庆市人民政府颁发的"2010年度金融贡献"奖

2011年在"第四届中国最佳期货经营机构暨最佳分析师评选"活动中荣获"最佳金融服务"奖

经营范围：商品期货经纪、金融期货经纪

经营宗旨：诚信、稳健、规范、创新、高效

经营理念：诚信为本，以义制利；行健不息，止於至善

公司网址：www.dhqh.com.cn

全国统一客服热线：400－653－7777

大有期货有限公司

大有期货有限公司是经中国证券监督管理委员会批准，湖南省工商行政管理局注册的大型专业期货公司，现代投资股份有限公司（000900）全资控股子公司，注册资本1.5亿元人民币，总部经营场地面积2000余平方米，拥有舒适的交易环境和一流的交易设施。其中设在运达喜来登国际广场21层的VIP专区，是目前省内功能最全的客户专区。

公司拥有上海、大连、郑州三家商品期货交易所的会员资格，代理客户从事国内所有商品期货品种的交易。同时在湖南省内首家拥有中国金融期货交易所会员资格以及期货投资咨询业务资格。公司在业内率先开 通银期转账系统，实现了与建设银行、农业银行、工商银行、中国银行以及交通银行的全国银期转帐功能 ，率先实行客户保证金封闭运行，充分保障客户的交易安全和资金安全。

公司立足省内，积极开拓全国市场，设有上海营业部、郑州营业部、南京营业部、株洲营业部、岳阳营业部、南宁营业部、合肥营业部、北京营业部（筹）、郴州营业部（筹），并大力发展网上交易，借助网上交易平台，将业务延伸至省内各主要地、州、市和国内部分重点城市 。积极探索业务创新，全面开展与银行、证券、保险等金融企业的合作，充分发挥期货市场功能，为相关企业发展提供专业的产品服务，努力为投资者打造一个全方位的金融服务平台。

公司是上海、大连、郑州三家商品期货交易所在湖南省内唯一的培训基地，分别与三家交易所联合开展了大量的品种推介与培训活动。公司还被《期货日报》社指定为其驻长沙联络处 。

公司拥有一支从业经历丰富的专家咨询队伍，能够为投资者提供专业化、个性化的投资咨询服务。并通过网络平台、培训沙龙、投资报告等方式，为投资者及时、全面地排忧解难。

公司自2002年成立以来，一直保持较快的发展速度，在省内的市场占有率处于领先地位，2004年代理成交量排名进入全国前30强，并先后被评为"中国期货市场诚信建设示范单位"和"湖南百家诚信单位"，在2004年中国证券市场年会上，公司获得"2004年度中国证券市场成长奖"，成为全国唯一获此殊荣的期货公司，在和讯网主办的中国财经风云榜评选活动中，获选为全国"十大最受喜爱的期货公司"。

公司以"回报客户、回报股东、回报员工、回报社会"为经营宗旨，始终遵循公开、公平、公正的原则，坚持"客户至上、服务第一、诚实守信、规范运作"的经营理念，以开发和培育市场为己任，走"专业化"道路，立将公司打造成在全国具有较强影响力，具备现代化 金融管理体系的大型综合类期货公司。作为一家国有全资控股的期货公司，我们有信心、有能力为您提供最优质的专业服务。

地址：湖南省长沙市芙蓉中路一段478号运达国际广场21楼

电话：0731－84409000

传真：0731－84409009

邮编：410011

网址：http://www.dayouf.com

客服热线：4006－365－058

东海期货有限责任公司

一、公司概述

东海期货有限责任公司前身为建证期货经纪有限公司，该公司由原江苏常信与常州建证两家期货公司于1999年10月合并重组形成。2006年10月20日，公司控股股东常州投资集团与东海证券签订股权转让协议，东海证券受让其持有的公司全部股权；2007年8月7日，公司增资扩股至1.2亿元获批；10月9日，公司正式更名为"东海期货有限责任公司"。2007年12月10日，公司荣获中国金融期货交易所全面结算会员资格。

2010年3月12日，中国证监会下发《关于核准东海期货有限责任公司变更注册资本和股权的批复》（证监许可〔2010〕299号），核准公司注册资金由1.2亿元变为2亿元，

新增注册资本由东海证券有限责任公司以现金方式认缴8000万元。相关变更手续完成后,公司股权结构为:东海证券有限责任公司股权占96.004%,江苏苏豪国际集团股份有限公司股权占3.996%。

二、选择东海

●业绩卓越、品牌一流

东海期货有限责任公司在近十年的发展中取得了辉煌的业绩,代理交易规模曾连续三年位居行业三甲,连续六年名列全国十强。公司连续两届当选中国期货业协会理事会会员单位,多次被三大期货交易所评为优秀会员,多次在和讯网、世界金融实验室等媒体机构的评选中入选中国十大期货公司。东海品牌的影响力已经超出了行业范围,引起了社会各界的广泛关注。

●诚实守信、运作规范

期货是风险投资,在行情波动之外,更要注重交易代理机构的选择风险。东海长期以来一直以经营诚信运作规范在业内著称,我们的经营理念就是在规范中求发展,同时经过多年的实践和磨炼,公司的期货交易运作体系也日臻完善,市场风险承受能力得到不断增强。

●技术领先、创新致胜

在近几年的发展中,东海多次领风气之先推出技术革新,在业内率先推行网上交易,率先开通全国银期转帐业务。公司具备业内领先的交易、结算等软硬件设施,拥有"富远"、"倚天"等多套行情系统,自主开发了具备"止损止盈、行情触发、成交触发、预埋单、持仓双击平仓、品种快速设置"等特色功能的交易系统,并配备先进的高速服务器,保证交易速度和效率,满足了数量在业内居前的公司客户同时在线的交易需求。在股指期货上市前的仿真交易测试中,公司交易系统也率先接入中国金融期货交易所,并在交易所对多家公司系统稳定性的内部评测中取得第一。

●用心专注、值得托付

东海拥有一流的专业人才队伍,拥有一个稳健精干的管理团队,拥有一支朝气蓬勃的员工队伍,具备持续稳健的经营管理能力和积极进取的市场开拓能力。公司绝大多数中层以上领导及业务骨干从业时间超过十年,在期货市场经营运作上积累了丰富的专业经验,对期货交易投资理念有着深刻的洞察和理解,在业内均享有一定的知名度。

三、服务体系

●开户

——更细致的开户指导

人工咨询、光盘演示开户指导 。

——更便捷的资金存取

工、建、中、农、交五大银行全国银期转账全面开通,业内领先。

交易软件直接划转,跨越时空限制,资金即时到账。

●交易

——更多样的行情界面

富远、博弈大师、文华财经等多套行情分析系统免费使用。

东海实时电子报价行情系统备份提供。

——更先进的技术手段

DDN、帧中继、100兆光纤数据接入,十余台惠普、戴尔服务器动力支持。

行情高速传输,指令即时进场。

——更多样化的交易方式

网上下单、电话下单、柜台下单等多种方式任取所需。

——更人性化的交易功能

网上交易软件不断升级,止损止盈、行情触发、成交触发……

特色功能业内领先。

●咨询

——更丰富的信息资讯

宏观经济、行业政策、市场分析、现货动态……

qh168全国获奖网站为您提供丰富全面的市场资讯。

——更实时的交易咨询

客户服务热线、网站专家在线、软件弹出窗口、网络、电话、QQ……

多个技术平台为您交易提供实时咨询指导。

——更有价值的投资报告

日报、旬报、策略报告、研究报告……

东海研发团队为您精心打造各类投资报告,帮助您把握市场机会、赢得财富增值。

——更多元化的增值服务

套期保值:为您的企业量身打造个性化的套保方案。

提供专业的价格风险管理咨询和服务。

套利交易:设计专业的套利交易方案,为您获取低风险的稳定收益。

程式交易:利用科学的系统交易方法,为您谋求资产的持续增值。

四、营业网点

公司注册地址:江苏省常州市延陵西路23-29号投资广场9楼

邮政编码:213003

公司通讯地址:上海市浦东新区世纪大道1568号中建大厦33楼01-04单元

邮政编码:200122

公司网址:www.qh168.com.cn

全国统一客服热线:400-8888-588

东航期货经纪有限责任公司

东航期货经纪有限责任公司的前身是中国东方航空公司期货部,设立于1993年,是我国特大型国有企业中较早涉足期货行业的,也是中国民航界唯一从事期货经纪的企业。国家整顿期货行业、重新审批期货经纪公司后,作为由中国证监会以监字(1994)4号文批复核准的首批期货公司,东航期货经纪有限责任公司正式成立。

1999年,国家对期货经纪公司清理整顿,东航期货经纪有限责任公司是最早获得审批通过的公司之一,并达到注册资本3000万元人民币的新规定。股东结构于2005年有所调整,其中东航金戎控股有限责任公司控股95%,东航进出口公司控股5%。在2003年6月17日正式成立了东航期货经纪有限责任公司大连营业部。2007年11月公司注册资本增加到一亿元人民币,股东结构再次进行调整:中国东方航空集团公司控股50%,东航金戎控股有限责任公司控股48.5%,东航进出口有限公司控股1.5%。2008年,公司取得金融期货结算业务资格。如今,公司已是上海期货交易所、大连商品交易所、郑州商品交易所的全权会员单位和中国金融期货交易所交易结算会员。公司经营范围变更为:商品期货经纪、金融期货经纪。

公司名称:东航期货经纪有限责任公司

英文名称：CES FUTURES BROKERAGE CO.，LTD.
公司办公地址：上海市吴中路686号东航金融中心16楼
邮编：201103
电话：021－64056666(总机)
传真：021－64068835
网址：futures. kiiik. com

东吴期货有限公司

东吴期货有限公司(以下简称“公司”)注册成立于1993年3月，现注册资本为2亿元人民币，东吴证券股份有限公司是公司的绝对控股股东，占股74.5%，苏州营财投资集团公司占股15.5%，苏州工业园区华都物资贸易有限公司占股10%。公司经国家工商总局批准注册、经中国证监会审核许可经营商品期货经纪业务、金融期货经纪业务。目前，公司营业部数量已达12家，分布于上海、苏州、厦门和沈阳四地，其中上海地区有3家营业部，分别是上海民生路营业部、上海肇嘉浜路营业部和上海牡丹江路营业部。

作为国内最早成立的期货经纪公司之一，公司多年来一直以稳健经营享誉业内。公司秉承圆融、人本的经营理念，依托专业化的经营团队和效率为先的经营机制，竭诚为国内机构和个人投资者提供多样化的期货投资服务。

公司是国内三家商品期货交易所的全权会员，会员号分别为：上海期货交易所0323号，大连商品交易所0143号，郑州商品交易所0185号。2007年11月12日，公司顺利获得中国金融期货交易所的首批交易结算会员资格，会员号111。

目前公司可代理客户在国内从事钢材、铜、铝、天然橡胶、燃料油、小麦、棉花、PTA、大豆、豆粕、豆油、早籼稻、PVC等品种的期货交易。随着股指期货的正式推出，公司将成为最早一批集商品期货和金融期货服务为一身的全能型期货公司。

公司网址：www. dwfutures. com
公司信箱：dwqh@ dwqh88. com
上海地址：上海西藏南路1208号6楼
电话：021－63128000
苏州地址：苏州市工业园区翠园路181号商旅大厦18楼
电话：0512－62938118

方正期货有限公司

方正期货有限公司是由方正证券绝对控股、北大方正集团间接控股的大型期货公司，注册资本2亿元人民币。目前，方正期货在全国设有南京、苏州、扬州、常州、岳阳、娄底、郴州、深圳等8家期货营业部，同时依托方正证券遍布全国近百家证券营业网点，为公司下一步的业务发展提供了广阔的市场空间。

方正期货是由原泰阳期货经纪有限公司通过市场方式吸收合并苏州中辰期货经纪有限公司更名而来，它是中国期货史上通过市场方式吸收合并重组的一个成功案例。

方正期货始终把稳健经营、合规经营放在首位，公司不求“一夜成名”，但求“百年老店”。近3年来，公司的业务规模、盈利能力、综合财务指标都快速攀升，2008年、2009年连续两年被评为中国最具成长力期货公司。

“持续创新，方方正正做人，实实在在做事”是公司的企业文化，“知识创造价值，专业铸就品牌”是公司的服务理念。在当今期货行业竞争日趋激烈、业务全面转型的大潮中，方正期货将在人才储备、机构设置、风险控制、技术平台完善、咨询服务、业务创新等方面不懈努力，成为一家市场有影响、行业有地位、股东有回报、员工有成就的全国一流期货公司。

方正期货有限公司总部

地址：湖南省长沙市芙蓉中路一段372号方正证券大厦四楼
邮编：410008
客服电话：95571、0731－84312738
传真：0731－84318087
公司邮箱：fzkf@ foundersc. com
市场部(长沙)：0731－84313978
金融期货部：0731－84319733

方正期货苏州业务总部

地址：江苏省苏州市竹辉路358号华新大厦二、四楼
邮编：215007
电话：0512－65105157
传真：0512－65105149
市场部(苏州)：0512－65104326
网上交易中心：0512－65105125

冠通期货经纪有限公司

冠通期货经纪有限公司成立于1996年，是国内历史最悠久的期货公司之一，公司法人治理结构完善，在服务能力、研发水平、市场开发、机构管理等方面经验丰富，公司成立至今一直保持连续盈利的经营业绩，在行业监管部门中素来以管理严谨规范著称。

公司总部设在北京，同时在北京、上海、大连、郑州、秦皇岛、贵阳、南通、柳州、青岛、天津、沈阳等地设有营业部。公司是上海期货交易所、大连商品交易所、郑州商品交易所和中国金融期货交易所国内四家交易所的结算会员。

公司的控股股东是中国中化集团成员企业——中国对外经济贸易信托有限公司。公司一直以来在金融创新方面成果卓著，打造的“信托＋期货”的全新合作模式，更是促进了公司在金融衍生品创新领域表现突出，公司在“信托＋期货”产品的研发方面亦将开创国内金融创新先河。近年来，公司投入大规模人力、物力研究集合资金信托理财产品，广大投资者将可以通过信托基金建立起更多元化的资产配置，与此同时将大幅降低投资者在单独参与期货市场时可能面临的风险，公司将紧随国内金融发展的步伐，适时为广大投资者推出多样化的金融衍生品，为中国金融市场的完善做出贡献。

标准典范

冠通期货严格按照证监会信息技术要求，拆巨资在管理总部建立了一套高规格、高冗余、高容量的交易系统，并在行业内率先建立起高标准的郑州异地机房灾备系统，系统容量满足线性增长要求，随时准备随业务规模的剧增，实现系统容量的快速增长。

股指期货——公司与中金所通过2M专线双链路冗余接入。

商品期货——公司已有到三大商品交易所SDH2M，电信、联通双链路接入，并且两条线路互为冗余，瞬时切换，充分保证交易的连通性和稳定性。

银期转账——为方便客户即时转账，公司已开通北京工行银期和工行、交行、农行、建行四家全国银期转账业务，中国银行全国银期转账业务即将上线。同时到各家银行采用

SDH2M 双线冗余互联,有效保障资金划转的及时性。

客户交易——在公司机房内建立电信和联通中心传输,与电信和联通的中心机房百兆光纤直接链接,中间无任何节点。同时还引入歌华、国研两家优质电信二级服务商的服务作为后备通信保障。保证了网络通讯的持续和稳定,并有多套交易系统供不同交易习惯的投资者选择。

增值服务

公司拥有一支充满活力与热情的交易研究团队,融合身经百战的实战专家、资深金融博士、严谨务实的 IT 精英,拥有多市场多品种多策略组合的程序化交易模型、交易投资经理、评估系统等,通过建立专业化、科学化的投资和评估体系,为市场发掘优秀的投资管理人才,为广大投资者提供个性化、专业化的优质投资和咨询服务。

公司研发中心是公司树立品牌优势、开拓专业化市场的核心竞争力。研发中心下设农产品研究组、化工能源研究组、金属研究组、宏观经济研究组、股指期货研究组、金融创新研究组。各小组在各研究领域成绩斐然,为投资者提供了强大的研发保障和支持,其中尤其是金融创新组,该组金融理论知识扎实、全面,在金融工程数量分析、模型构建方面具有丰富的国际工作经验,在国内很多领域的研究还属空缺的情况下推出了系列创新性的研究成果,为投资者在交易策略的具体可操作性、可行性、风险测算、评估等诸多方面提供很好的决策依据,在行业中保持领先水平。

部分荣誉称号

北京国际金融博览会组委会"2008 年最受信赖期货经纪公司"；

大连商品交易所"2008 年度'千厂万企'最佳辅导会员"；

郑州商品交易所"2008 年市场优胜奖二十强"；

上海期货交易所"2008 年度交易进步奖"；

郑州商品交易所"2009 年度 PTA 品种优胜奖"；

郑州商品交易所"2009 年度市场优胜奖"；

大连商品交易所"2009 年度优秀会员"。

大连商品交易所"十大研发团队评选化工品团队冠军"；

搜狐财经"2009 年度最佳期货公司营销团队"；

和讯财经"2009 年度投资者最满意的期货公司"。

创新贡献

(1)公司董事长杨冠平先生参与组织国家重点文化项目《二十四史文白对照》的编译工程；

(2)业内首家独立举办"期货实盘大赛"的期货公司；

(3)业内首创期货交易评估系统(简称 FTES):期货交易评估系统已经实现面对全国广大期货交易者的自动化交易评估,逐步将行为金融学、交易心理学等前沿学科的学术成果运用到交易评估系统中。期货交易评估系统不仅在国内填补了一项空白,在国际的相应领域也处于相当领先的领域,已经通过国家专利局专利申请。

"慎初笃行为冠,逐鹿得人则通"——公司一直以来秉承"诚信、敬业、创新、服务"的企业宗旨,树立"以客户服务为先导,以诚信规范为基石,以开拓创新为手段,以和谐敬业为追求"的全新企业文化,努力在市场开拓、客户服务、风险管理、经济效益方面争创一流。在我国"实物经济"向"虚拟经济"的转型过程中,与中国金融市场共同成长!

公司地址:北京市朝阳区朝阳门外大街甲 6 号万通中心 4(D)座 18 层(电梯楼层 20 层)

邮政编码:100020

总机:010 - 85356666

客服热线:400 - 700 - 7588

投诉电话:010 - 62365424

网址:www.gtfutures.com.cn

光大期货有限公司

光大期货有限公司(EBF),是光大证券股份有限公司全资控股公司,注册资本达 3.5 亿元,拥有国内全部期货交易所的会员席位。公司前身南都期货成立于 1993 年,是国内首批专业期货公司之一。公司自成立以来,经营稳健,管理规范,服务专业,资产优良,在业内享有着良好的声誉。

光大期货有限公司(EBF),总部位于中国金融中心上海市,在上海肇家浜路、北京、大连、福州、宁波、郑州、青岛、长沙、天津、深圳等地开设了 15 家期货营业部,并计划在国内开设约 20 家期货营业部,同时依托光大证券遍布全国的营业网点,全方位拓展金融期货和商品期货经纪业务以及其他创新业务。公司致力于将服务网络覆盖每个地区,成为投资者的最佳选择,无论何时何地,都能提供投资者所需要的服务。

光大期货有限公司(EBF),全力打造一流交易平台,主机采用 IBM560 小型机,交易结算系统采用金仕达最新的 V8T 版本:公司执行严格的保证金封闭管理,开通所有经中国证监会授权银行的银期转帐业务,为投资者提供快捷、安全服务。

光大期货有限公司(EBF),秉承"专业服务,诚信经营,创造价值,追求卓越"的经营理念,依托经验丰富,专业高效的工作团队,始终把投资者的需求放在第一位,真诚为投资者正确做出每一项投资决策提供专业高效的服务。

光大期货有限公司(EBF),本着"提升客户价值,造就员工未来"的核心价值观,倾力为投资者,为员工,为股东,为社会创造更大的价值。

公司基本情况

许可证号:31370000

经营范围:商品期货经纪;金融期货经纪

取得会员资格的期货交易所名称:

中国金融期货交易所全面结算会员(007)

上海期货交易所全权会员(0042)

大连商品交易所全权会员(0105)

郑州商品交易所全权会员(0111)

注册资本:3.5 亿元

公司住所:上海市福山路 458 号 1301 - 1303、1311、1312

法定代表人:胡世明

办公地址:上海市新闸路 1508 号 2 楼

邮编:200040

客户服务及投诉电话:021 - 22169021

公司网址:http://www.ebfcn.com

公司电子邮箱:ebf@bfcn.com.cn

广发期货有限公司

广发期货有限公司成立于 1993 年 3 月,是国内成立较早、在工商管理机关注册的大型专业期货公司之一,现公司注册资本为 11 亿元人民币,是广发证券股份有限公司的全资子公司。公司总部位于广州,分别在北京、上海、郑州、珠海、青岛、大连、南宁、福州、武汉、西安、佛山、东莞、肇庆、江门、中山、广州、哈尔滨、杭州、无锡、深圳、汕头、成都、贵阳、昆明等地设有分支机构。另经中国证监会批准，2006 年，公司在香港设有全资子公司，现已形成立足珠三角地区，覆盖全国各主要城市，并通过香港辐射全球衍生品市场的业务网络。公司的经营范围为商品期货经纪、金融期货经纪、期货投资咨询，香港子公司可代理香港地区及境外的商品期货和指数、外汇、利率等衍生品业务。

实力雄厚，资信良好

广发期货目前是期货行业中资金充裕，实力雄厚，资产质量和资信条件最好的公司之一。公司是中国期货业协会第二届和第三届理事会副会长单位、广东省证券期货业协会副会长单位、中国证监会证券期货业信息化工作专家委员会委员单位、全国金融标准化技术委员会证券分技术委员会委员单位、中国期货业协会第三届理事会申诉委员会及信息技术委员会委员单位、中国金融期货交易所全面结算会员。

经营稳健，管理规范

公司秉承广发证券的企业文化，坚持"诚信、专业、创新、图强"的经营理念，十分注重健全内部管理体制和风险防范机制，已形成了一套具有自身特色，合乎期货公司规范运作的制度化管理体系。

服务专业，地位领先

公司致力于发展与客户的长期合作关系，拥有一批专业的客户服务队伍，为客户提供优质的投资服务。依托广发证券雄厚的资本实力和金融背景，公司在全国范围内开展了期证合作，为投资者提供一站式的金融服务。根据中国期货业协会的统计，自 2003 年以来，公司连续八年被评为上海期货交易所、大连商品交易所和郑州商品交易所的优秀会员。在中国金融期货交易所的综合实力排名中，位列全国前三。

技术先进，安全快捷

公司十分重视信息技术在业务和管理中的应用，把信息技术的有效应用视为核心竞争力之一。公司是业内首家采用国家电信枢纽高标准机房的期货公司。公司主要网络机器设备都实现了双机热备，安装了先进的防火墙。公司有 7 条高速专线与各期交所进行连接并互为备份，且自建了上海、大连、郑州三地环网。公司备有多套交易系统供客户选择，开通了工农中建交五家银行的期银转账业务。此外，技术部门还开发完成多个业务和管理应用系统，形成了公司个性化服务技术平台。

精英汇聚，研究先行

公司一贯重视专业人才队伍的建设，长期坚持"知识图强、求实奉献"的核心价值，凝聚和培养了一批行业精英。目前，公司共有员工 80% 为本科以上学历，其中博士 8 人，硕士 93 人，拥有多位从事期货行业多年、经验丰富的专家型人才。公司研究力量雄厚，不但为客户提供各期货品种高水平的研究报告和咨询服务，更在金融期货的前瞻性研究方面积累了丰硕的成果，力求与客户一起创造期市制胜的先机。

展望未来，广发期货公司将致力于发展成为代理投资全球金融衍生品及商品期货交易，为客户提供优质风险管理和咨询服务，管理期货基金的世界一流的具期货综合业务的大型集团化金融服务机构。

所获荣誉

●《证券时报》与《期货日报》联合举办的第四届中国最佳期货经营机构暨最佳期货分析师评选中广发期货荣获"中国最佳期货公司"第三名和"中国期货业最佳管理团队"第二名。

●《证券时报》与《期货日报》联合举办的第四届中国最佳期货经营机构暨最佳期货分析师评选中广发期货发展研究中心荣获"中国金牌期货研究所"第一名。

●《证券时报》与《期货日报》联合举办的第四届中国最佳期货经营机构暨最佳期货分析师评选中广发期货广州营业部荣获"中国十佳期货营业部"第六名。

●《证券时报》与《期货日报》联合举办的第四届中国最佳期货经营机构暨最佳期货分析师评选中广发期货蒋婵杰荣获"最佳 PVC 期货分析师"第一名。

●《证券时报》与《期货日报》报联合举办的第四届中国最佳期货经营机构暨最佳期货分析师评选中广发期货谢贞联荣获"最佳股指期货分析师"第二名。

●《证券时报》与《期货日报》联合举办的第四届中国最佳期货经营机构暨最佳期货分析师评选中广发期货刘孝毅荣获"最佳天然橡胶期货分析师"第二名。

●《证券时报》与《期货日报》联合举办的第四届中国最佳期货经营机构暨最佳期货分析师评选中广发期货刘清力荣获"最佳白糖期货分析师"第三名。

●《证券时报》与《期货日报》联合举办的第四届中国最佳期货经营机构暨最佳期货分析师评选中广发期货马仰清荣获"最佳棕榈油期货分析师"第三名。

●《证券时报》与《期货日报》联合举办的第四届中国最佳期货经营机构暨最佳期货分析师评选中广发期货夏才俊荣获"最佳钢材期货分析师"第四名。

广发期货公司总部：

地址：广东省广州市天河区体育西路 57 号红盾大厦 14、15 楼
邮编：510620
电话：020 - 38456888
传真：020 - 38456880
公司邮箱 E - mail：futures@ futures. gf. com. cn

广发期货金融衍生品部：

地址：广东省广州市天河区体育西路 57 号红盾大厦 14 楼
邮编：510620
电话：020 - 38456831、38456883
传真：020 - 38456887

广发期货机构业务部：

地址：广东省广州市天河区体育西路 57 号红盾大厦 14 楼
邮编：510620
电话：020 - 38456856、38456850
传真：020 - 38456855

广州期货有限公司

广州期货有限公司是广州证券有限责任公司的全资子公司，注册资本 1.28 亿元，是中国新一代券商全资控股期货公司。公司具备上海期货交易所、大连商品交易所、郑州商品交易所三大期货交易所的会员资格，可代理国内所有商品期货品种交易。

广州期货 2010 年 2 月完成重组，公司才刚刚起步，我们没有值得夸耀的以往，但我们拥有的，也是我们最看重的——服务、员工和资源。

服务是我们生命的脉搏，是客户与我们相连的血脉。与客户共同成长，客户价值增值是广州期货的神圣使命。

员工是我们发展的基石，我们有年轻且极富专业素养的团队，锐意进取，众志成城，拥有把广州期货建设成行业翘楚的坚定信念。

资源是我们壮大的养分,依托越秀集团和广州证券的雄厚背景和品牌美誉,集结公司优势资源,聚焦于提升客户服务水准,使广州期货跨进高速发展的快车道。

我们把"客户价值增值"作为公司经营理念的核心价值观,把提高客户盈利能力作为贯穿整个公司运营管理的核心目标。公司倾全体员工之思想创意、执业精神和专业素养,尽客户服务、研发产品、交易通道、后台运营、人才机制之系统资源,擎红棉财富中心之无微不至、专业智慧和尊贵体验,达致公司与客户共赢之境界。

红棉财富中心是实现客户价值增值的平台,中心云集期货业内精英,在安全快捷的交易通道和稳健精细的后台运营系统保障下,细分客户服务流程,整合研发和交易资源,以立体化服务体系,向客户推送专业简明、准确灵敏的理财资讯,最大化客户价值以达到客户满意,进而实现客户忠诚。

我们秉承越秀集团和广州证券的企业精神,致力于成为"可信、亲切、专业"的新生代期货公司。

红棉财富,你我同心。

地址:广州市天河区珠江新城临江大道5号保利中心
第20层06单元,第21层04、05、06单元
邮编:510623
电话:020-22139800
传真:020-22139811
邮箱:gzqh@gzf2010.com.cn

广州期货有限公司成都营业部

地址:成都市锦江区东大街下东大街段216号
喜年广场22楼
邮编:610021
电话:028-65006999

广州期货佛山南海营业部

地址:佛山南海区大沥镇广佛新干线九龙五金不锈钢
交易中心主楼三号楼五楼
邮编:528231
电话:0757-88772666,88772626
传真:0757-81029308

国联期货有限责任公司

国联期货有限责任公司成立于1992年,1993年4月获得中国证监会颁发的首批期货经营许可证,是在江苏省工商行政管理局注册登记的经营商品期货经纪、金融期货经纪的专业期货公司,公司注册资本达1.2亿人民币,是上海期货交易所(会员号0018)、郑州商品交易所(会员号0174)、大连商品交易所(会员号0161)会员,中国金融期货交易所(会员号0118)交易结算会员,是江苏省成立最早、经营规范、稳健的专业期货经纪公司。公司可代理国内所有商品及金融期货品种的交易、结算、交割,业务范围覆盖全国主要城市和地区。2009年期货代理成交金额11099亿元,市场占有率0.85%。2009年公司资产总额8亿元,净资产1.4亿元,净资本1.31亿元,客户权益达到6.48亿元。

公司隶属于实力雄厚、信誉卓越的大型金融、实业集团无锡国联集团,创新类券商国联证券股份有限公司为公司的控股股东,国联证券出资8520万元,占公司注册资本的71%,无锡市国联发展(集团)有限公司出资2000万元,占注册资本的16.67%,无锡国联基础设施投资有限责任公司出资1000万元,占注册资本的8.33%,无锡市国联物资投资有限公司出资480万元,占注册资本的4%。无锡市国联发展(集团)有限公司(简称"国联集团"),是无锡市人民政府出资设立并授予国有资产投资主体资格的国有独资企业集团,注册资本金人民币80亿元。截止2009年底,国联集团总资产403亿元,净资产115亿元,2009年实现利润12.7亿元。

国联期货拥有务实、高效、勇于开拓创新的领导集体和勤奋、敬业、乐于奉献的高素质员工队伍,拥有一批德才兼备并在行业内有一定知名度的专业人才。公司总部设在江苏无锡,经过十几年的不懈努力,现已在上海、郑州、福州、重庆、南宁、大连、等地成立了16家营业部。由于努力拓展市场,近几年连续获得郑州商品交易所和大连商品交易所的嘉奖。

公司采用胜科金仕达最新的期货交易系统,并拥有文华财经、澎博资讯和倚天等多套国内优秀的行情资讯系统,可为客户提供全方位的交易及行情资讯服务,广泛适用于商品期货和股指期货。国联期货开通了交行、建行、工行、农行、中行全国范围银期转账业务,为投资者安全、便捷地参与商品、金融期货提供了良好的条件。国联期货专业网站提供国内外及时、专业的期货财经资讯,第一时间发表国联期货评述,及时转发国内外权威专业机构的数据和观点,并通过网站、邮件等形式向客户发送国联期货投资报告和其他专业分析投资报告,形成了一套专业、系统、完备的业务、管理、风控体系。

国联期货秉承"以服务为导向,以客户为中心"的服务理念,以客户利益为最高目标,本着"做大做强"的战略方针,以自己专业、诚挚的信念,专注研究市场,以团队的力量,专业的素质,规范的运作,为投资者提供最优质的金融服务平台!

公司地址:无锡市人民中路97号佳福大厦10楼
客服热线:4008888012
电话:0510-82752315
传真:0510-82759156
邮编:214002
网址:http://www.glqh.com
信箱:glqh@glsc.com.cn

国贸期货经纪有限公司

国贸期货经纪有限公司是厦门国贸集团股份有限公司全资子公司,于1996年成立,注册资金达1亿元人民币。2007年,公司获得中国证监会颁发的金融期货经纪业务资格和结算业务资格,并成为中国金融期货交易所首批交易结算会员。公司拥有完整的金融期货和商品期货交易、结算解决方案,能够代理中国金融期货交易所、上海期货交易所、大连商品交易所、郑州商品交易所上市交易的所有期货品种。公司总部位于厦门,目前公司拥有上海陆家嘴、福州、泉州、晋江、三明、龙岩、漳州、南平8个营业部。

国贸期货悉心研究市场,不断创新服务手段,追踪国际期货市场最新动态,挖掘全新盈利模式,以谋求投资效益的最大化;国贸期货立足福建,服务全国,致力于用两到三年将公司建设成为全国具有竞争力的现代金融服务企业。展望未来,国贸期货将一如既往,以刻苦求实的敬业精神和努力认真的工作态度,以良好的经营信誉、丰富的管理经验、专业化的人才队伍、先进的技术手段及诚挚之心,致力于为客户提供全方位的优质服务。

公司控股股东为厦门国贸集团,拥有雄厚的实力及良好的信誉,对期货市场有独到的认识和长远的发展规划。公司

资产优良，秉承上市公司守法经营、规范运作、严格自律的理念，为投资者提供可靠的资信保障。

国贸期货总部位于厦门国贸大厦11楼，占地千余平方，设有市场一部、市场二部、市场三部、交易部、结算交割部、风控部、财务部、客服部、技术部、研发部、企划部、创新部等多个部门，同时设有大户室、中户室、散户室，为广大投资者提供最优越的投资环境，设计全方位的投资方案。

公司拥有一支由博士、硕士、海外留学人员及众多资深业内人士组成的专业人才队伍，其中核心员工在期货市场已有十余年的从业经验，同中国期货市场共同成长，经历了期市的大浪淘沙，具有明晰的战略构思和敏锐的市场嗅觉，形成了层次丰富，搭配合理的专业团队。

国贸期货现有员工两百余名，大部分为重点高校金融专业毕业，还有部分为贸易、法律、计算机等专业毕业。公司从业人员全部获得中国期货业协会颁发的期货执业资格证书，具有良好的执业操守和行为准则。

公司拥有先进的异地同步交易系统，专线直达交易所，保证客户交易跑道的安全通畅。公司拥有文华、澎博、世华等先进快捷的报价和信息系统，保证行情信息的同步传递。

公司提供网上、自助、电话、委托单等多种交易方式，让客户在任何情况下都能方便快捷地下达交易指令。公司特别提供手机行情及交易软件，可利用手机浏览行情并交易。

公司提供多账户交易系统，可满足多个账户同时交易的需求。

公司提供建行、工行、农行、中行、交行等多家银行的银期自动转账服务，企业或个人均可采取电脑、电话银行、柜台等方式实现快速转账，安全、方便、高效。

公司已经建立以客户服务为中心的服务体系，涵盖开户、资金调拨、交易、咨询、结算、风控等各个环节，力争为各类投资者提供全方位、高品质的专业服务。通过定期举办各种培训活动、行情研讨会、论坛等，为不同类型的客户提供有针对性的服务，为投资者提供早报、日报、月度报告等参考信息，深度分析市场。

针对企业客户设计套期保值方案，将期现业务相结合，不断开拓业务新模式，目前研发团队已为众多国内知名企业设计了期货套利、套保方案，深受企业好评。国贸期货的研发团队致力于为企业户及个人设计跨品种、跨期限套利方案，实现无风险的稳定收益。

特别推出程序化交易培训及程序设计，与客户一起研究、建立独特的程序化交易系统。

与国外金融机构建立良好合作关系，为有涉外套期保值、投资需求的客户连续投资渠道、设计投资方案。

依托股东深厚的现货贸易背景和贸易风险管理经验，为生产企业、加工商、贸易商、消费者联系上下游渠道，提供专业的服务。

公司研发部拥有商品期货和金融期货两个研究平台，商品期货研发平台侧重于对国内外大宗商品期货进行研究；金融期货研发平台侧重于对金融期货及衍生品方面的研究。

公司与国内知名高校联手进行课题合作研究，成果丰富，依托高校资源对员工进行培训，致力于打造高水准的专业投资队伍。

地址：厦门市湖滨南路国贸大厦2层、11层

电话：0592－5898732（市场一部）

0592－5897581（市场二部）

0592－5897595（市场三部）

国泰君安期货有限公司

国泰君安期货有限公司（GUO TAI JUNAN FUTURES CO.，LTD.），是国泰君安证券股份有限公司的全资子公司。公司注册资本5亿元，具有商品期货经纪业务和金融期货经纪业务资格，是国内首批获得金融期货全面结算业务资格的期货公司，是中国金融期货交易所的一号会员，同时也拥有上海期货交易所、大连商品交易所、郑州商品交易所的会员资格和交易结算席位。公司是中国期货业协会第二届、第三届理事会理事单位、中国证监会证券期货业信息化工作专家委员会委员单位、中国期货业协会信息技术委员会委员单位。公司总部位于上海，在上海、北京、天津、深圳、杭州、宁波、长春、四平、大连、广州（筹）等城市设有营业部，另有共计69个首批取得IB资格的营业网点，服务网点遍及全国29个省、直辖市和行政区。

公司具备强大的研发能力，创新设立了专兼职的研究服务体系，在国内券商系期货公司中最早开设的独立研究所，在业内率先成立了股指期货研究中心，秉承“贴近客户、贴近市场、贴近业务”的服务理念，向客户提供更有效、更深入的金融服务，达到了促营销、提服务、帮风控、固品牌的效果。公司具有业内一流的信息技术平台，达到行业三类技术标准（目前最高级别），针对股指期货成功开发了VIP交易系统，为客户提供稳定、快捷、高效的交易服务。同时公司已全面开通交通银行、工商银行、建设银行、农业银行、中国银行五大银行的银期转账业务。

公司具有规范而稳健的管理体系，依靠强大的股东背景优势，秉承“诚信为本、专业服务”的经营理念，形成并推行一套以技术为支撑、以人为本的制度化管理体系。

公司自成立以来，规模不断扩大，业绩不断提升，社会影响力不断扩大，特别是抓住股指期货推出的机遇，实现了历史性跨越，迈上了一个新的台阶。2010年，公司实现税前利润8159万元，日均客户权益43.49亿元，股指期货交易份额全国排名第一，客户权益、利润在上海地区排名第一，服务费收入排名第二；股指期货开户数约占全国6.8%，位列全行业第一；作为中国金融期货交易所全面结算会员，目前代理结算12家交易会员单位，列全行业第一。

近年来，公司多次被证券时报社评选为“最具成长性的期货公司”，被上海证券报社评为“中国最佳期货公司品牌十强”，被评为“2010第一财经金融价值榜——年度期货公司”，获得“2010年度上海市人民政府金融创新成果二等奖”，并获得四家期货交易所多项奖项等。

公司名称：国泰君安期货有限公司

经营范围：商品期货经纪、金融期货经纪

注册资本：人民币5亿

公司住所：上海市静安区延平路121号26层

法定代表人：何晓斌

办公地址：上海市静安区延平路121号26层

公司邮编：200042

客户投诉专线电话：021－52138797、40088－95521

公司电子邮箱：service@gtjaqh.com

国投中谷期货有限公司

国投中谷期货有限公司创始于1993年，是我国成立最早、最具竞争力和影响力的期货公司之一。2006年，公司原

大股东——中谷粮油集团公司与中粮集团有限公司重组合并,公司成为中粮集团旗下的专业期货公司。2010 年,国家投资开发公司成功收购公司 60% 股权,入主国投中谷期货有限公司,同时,公司注册资本由 6000 万增至 20000 万,净资本由 13000 万增至 30000 万(证监许可[2010]851 号)。

公司主要从事商品期货经纪和金融期货经纪业务。公司是大连商品交易所(席位号:0125)、上海期货交易所(席位号:0082)、郑州商品交易所(席位号:0009)会员,中国金融期货交易所(席位号:122)交易结算会员,公司高管人员是大连商品交易所交割委员会主任委员、郑州商品交易所会员资格审查委员会委员。

公司依靠股东雄厚的现货背景,牢牢把握"为产业服务、为机构客户服务"的宗旨,逐步形成了自身的核心竞争优势,树立了"期货理财和风险管控专家"的品牌形象。

公司以良好的信誉、安全快捷的交易通道、规范严格的风险管理、丰富稳健的交易经验,竭诚为投资者提供专业化期货服务。

交易部

电子邮箱:@ sdicfutures. com

地址:上海市浦电路 500 号 1804 室

客户服务部

电子邮箱:kefu@ sdicfutures. com

电话:4006555919

信息研发部

电子邮箱:research@ sdicfutures. com

国元海勤期货有限公司

国元海勤期货有限公司成立于 1996 年 4 月,在北京工商行政管理局登记注册,是国内成立较早的期货公司之一。公司注册资本为人民币 1 亿元,是国元证券股份有限公司全资控股子公司。国元证券股份有限公司,是在深圳证券交易所挂牌上市的综合类券商,目前在全国各地拥有 70 余家营业网点,覆盖了北京、上海、天津、重庆、深圳、沈阳、青岛、大连、广州、无锡、杭州等金融中心城市以及安徽省各地市;控股和参股了国元证券(香港)有限公司、国元股权投资有限公司和长盛基金管理有限公司。全资收购国元海勤期货有限公司,为国元证券全面拓展其旗下的金融业务版图、跨越式的进入股指期货市场、积极开展 IB 业务以及未来的金融衍生品创新业务,开辟了更加广阔的驰骋空间。

国元海勤期货有限公司拥有上海期货交易所、大连商品交易所、郑州商品交易所会员资格,是中国金融期货交易所的交易结算会员,可以代理国内目前所有上市品种的期货交易。公司不仅为广大投资者提供交易、交割、培训与咨询等全方位服务;同时也致力于以产业投资者为服务目标,深入产业链的研究,不断强化信息技术的完善和创新,提供适时、丰富的研发产品和投资策略支持。公司注重专业化服务团队的建设和风险管理水平的提高,努力实现公司与客户共同提升价值的双赢局面,构筑全面的风险管理和客户服务平台。

国元海勤期货有限公司依托国元证券良好的金融行业背景及资本经营的优势和经验,坚持以"客户至上、服务为本、信誉第一"为经营宗旨,弘扬"团结、敬业、求实、创新"的企业精神,规范管理,诚信经营。公司以风险控制为前提、以市场为导向、以客户为中心、以提供全方位的优质服务和专业化的信息产品为核心竞争力,随着整个金融市场的不断延伸和产品细化,努力打造优秀的现代金融服务企业。国元海勤期货有限公司将以广博的胸怀和真挚的热情,期盼与广大投资者及海内外各界人士真诚合作,携手共创期货行业的美好未来!

公司名称:国元海勤期货有限公司

许可证号:31820000

经营范围:商品期货经纪:金融期货经纪。

金融期货业务资格类别:交易结算业务资格

取得会员资格的期货交易所名称:上海期货交易所;大连商品交易所;郑州商品交易所;中国金融期货交易所

注册资本:1 亿

公司住所:北京市海淀区西三环北路 89 号中国外文大厦 A 座 907、908、909 室

法定代表人:高竹

办公地址和邮编:北京市海淀区西三环北路 89 号中国外文大厦 A 座 901、905、906、907、908、909 室;8 层 805 - 808 室;6 层 605 - 608(100089)

客户服务及投诉电话:010 - 400 - 8888 - 218

公司网址:http://www. gyhqqh. com

公司电子邮箱:Wkqh@ vip - wkqh. net

公司员工人数:114

海航东银期货有限公司

海航东银期货有限公司(以下简称"海航东银期货")的前身为东银期货经纪有限公司,始创于 1993 年,2007 年 8 月 13 日,经中国证监会证监期货字[2007]115 号文批准,由海航集团直接控股,并于 2008 年 3 月 31 日正式更名为海航东银期货有限公司,注册资本金增至 7000 万元。2010 年 11 月 15 日,经中国证券监督管理委员会批准,西安民生集团股份有限公司以现金增资 3000 万元,注册资本金增加到 10000 万元。海航东银期货是上海期货交易所(会员号 182),大连商品交易所(会员号 023)和郑州商品交易所(会员号 026)的正式会员,并于 2007 年 11 月取得中国金融期货交易所的金融期货经纪业务资格和金融期货交易结算业务资格。

海航东银期货总部位于深圳。下设上海营业部、北京营业部、苏州营业部、郑州营业部、大连营业部、贵阳营业部、厦门营业部、天津营业部、太原营业部、合肥营业部、兰州营业部、哈尔滨营业部、海口营业部、南宁营业部等 14 家分支机构。

海航东银期货目前拥有具有高素质、精专业的管理、研究等精英人才近 200 名,拥有全国一流的电子化交易机房,为广大客户提供全面高效率的期货交易、结算等业务和优质的期货投资咨询服务。

海航东银期货以"优质服务、规范运作、诚信实干、创新奋进"为宗旨,保持了 15 年客户零投诉的业内领先记录。自 2003 年以来连续 7 年交易量和交易额综合排名位居行业前 30 位内,连续 5 年获得上海期货交易所优秀会员等奖励。

海航东银期货始终坚持"至诚,至善,至精,至美"的服务理念,以"为社会做点事,为他人做点事,为自己做点事"的从业精神,致力于为客户提供满意的专业化服务。客户的盈利和笑容,就是我们最终的愿望。

公司情况

公司法定中文名称:海航东银期货有限公司

公司法定英文名称:HNA TOPWIN FUTURES COMPANY LIMITED

公司简称：海航东银期货

公司法定代表人：王海鸥

总经理：程庆芳

注册资本：人民币 1 亿元

经营范围：商品期货经纪、金融期货经纪（持有效批准证书经营）。

公司注册地及办公地址：深圳市福田区深南中路 2068 号华能大厦 18 层

邮编：518031

电话：0755－83680538

传真：0755－83662533

公司国际互联网网址：www. dyqh. com. cn

电子信箱：topwin_sz@ 163. com

公司投诉电话及联系人

投诉电话：0755－62175092

投诉联系人：李海燕、冷强

公司客服电话：400－7700－999

海通期货有限公司

2005 年 10 月，海通证券收购上海黄海期货，11 月更名为海富期货，2007 年 11 月更名为海通期货。

公司拥有上海期货交易所、大连商品期货交易所、郑州商品期货交易所会员资格，是中国金融期货交易所结算会员。公司全面开通工商银行、建设银行、农业银行、交通银行、中国银行全国银期转账业务，可为全国投资者提供专业、快捷的期货经纪和风险管理服务。

海通期货，注册资本 10 亿元，是国内首家通过 ISO9001：2008 质量管理体系认证的期货公司。公司已经在上海、北京、大连、泉州、郑州、杭州、兰州、太原、青岛、沈阳、海口、南宁、广州、武汉、常州、重庆、石家庄开设了 18 家期货营业部，并计划在国内大中城市再开设多家期货营业部。同时依托海通证券遍布全国的近 200 家营业网点，全方位拓展金融期货、商品期货经纪业务及其他创新业务。

海通期货拥有位居前列的市场规模和市场占有率；具备持续的财务盈利能力；集聚一批业内有影响力、号召力的行业专家和卓越的员工团队；具有高效的管理平台和海通特色的管理机制；享有较高的品牌价值和社会影响力；拥有一大批忠诚的核心客户群体，致力于成为国内一流并具有较高行业影响力的期货公司。

公司优势

客户保证金上海地区居领先地位，全国市场排名前十；

采用新一代综合交易平台并提供开放 API 接口；

拥有国内第一家由证券和期货研究所联合成立的股指研究中心；

整合证券与期货研发产品优势，提供专业资讯产品；

领先的程序化交易研究与培训；

集聚了业内有影响力的行业专家和卓越的员工团队。

海通期货核心价值观

勇担责任、矢志创新、追求卓越

海通期货三步走战略

第一步，扩大市场份额；第二步，夯实管理基础；第三步，提升核心竞争力。

海通期货发展的四根支柱

人才、研发、风控、IT

海通期货经营目标

打造一流团队，提供一流服务，树立一流品牌，创造一流服务，争创国内规模大、实力强、服务全的新型期货公司。

主要荣誉

荣获中金所 2011 年度“优秀会员金奖”、“客户管理奖”、“功能发挥奖”、“投资者教育奖”、“技术管理奖”。在中金所综合排名位居行业第三。

荣获上期所 2011 年度“优胜会员奖”、“产业服务优胜奖”、“铜产业服务奖”、“铝产业服务奖”、“锌产业服务奖”、“铅产业服务奖”、“黄金产业服务奖”、“钢材产业服务奖”、“天然橡胶产业服务奖”。在上期所综合排名跃升至第二位。

荣获郑商所 2011 年度“市场发展奖”、“产业客户开发服务奖”、“企业服务奖”、“早籼稻产业服务奖”。

荣获大商所 2011 年度“优秀会员奖”。

公司行业影响力和品牌影响力再度提升。6 月 24 日，在《期货日报》、《证券时报》联合评比中荣获“中国最佳期货公司”荣誉称号；10 月 11 日，荣获“2011 上海证券报中国期货市场最佳公司品牌大奖”；12 月 2 日，荣获“2011 第一财经金融价值榜年度期货公司”大奖，是业内唯一一家入选榜单的期货公司。

2009 年度——

大连商品交易所市场服务奖；

上海期货交易所交易优胜奖；

郑州商品交易所市场优胜奖；

2009 年度中国期货市场最佳公司品牌大奖；

第五届中国优秀企业公民；

第五届中国证券市场年会“金钥匙奖”；

搜狐理财网最佳期货公司战略定位奖；

《期货日报》全国期货实盘大赛最佳指定交易商；

金融界“领航中国期货大赛”最佳组织奖、特别支持奖。

公司名称：海通期货有限公司

许可证号：31290000

经营范围：商品期货经纪、金融期货经纪

金融期货业务资格类别：交易结算业务资格

取得会员资格的期货交易所名称：上海期货交易所、郑州商品交易所、大连商品交易所、中国金融期货交易所

注册资本：10 亿元人民币

公司住所：上海市浦东新区世纪大道 1589 号 17 楼

法定代表人：徐凌

办公地址和邮编：上海市浦东新区世纪大道 1589 号长泰国际金融大厦 17 楼（200122）

客户服务及投诉电话：400－820－9133

公司网址：http：//www. htfutures. com

公司电子邮箱：office@ htfutures. com

红塔期货有限责任公司

红塔期货有限责任公司是经中国证监会批准，在工商行政管理部门注册的专业性期货公司，期货业务许可证号：32010000、营业执照注册号：530000000005545。

公司注册资本 1.01 亿元，红塔证券股份有限公司 100% 控股。公司的间接大股东为红塔集团、国家开发投资公司、云南省开发投资公司等。公司成立于 1993 年 4 月，原名日盛期货经纪有限公司，是云南省第一批介入期货行业，且唯一连续经营至今的期货公司。通过多年的积累沉淀，公司拥有一支

在期货行业执业时间长，熟悉期货市场、熟悉相关法规政策、有较强专业素质的优秀核心团队。

公司为客户提供国内所有期货交易所即时行情；提供国际、国内金融、指数、外汇和商品的期货资讯。提供网上交易、电话委托交易以及相应咨询服务，实行保证金封闭运行管理，确保客户资金安全和出入金的通畅。

地址：昆明市北辰财富中心商住楼 A 幢 28 楼（2801 - ABCD 号）

邮编：650221

邮箱：hongtaqh_2008@163.com

电话：0871 - 3614258

传真：0871 - 3636093

网址：www.hongtaqh.com

业务支持部门

综合管理部	0871 - 3614258
财务部	0871 - 3614019
研发部	0871 - 3614907
合规稽核部	0871 - 3614828
风险控制部	0871 - 3614778
结算部	0871 - 3614628
技术网络部	0871 - 3614398
交易部	0871 - 3614058
经纪业务部	0871 - 3614710
金融事业部	0871 - 3614710

昆明营业部

地址：云南省昆明市祥云街 55 - 59 号银佳大厦 16 楼

邮编：650221

电话：0871 - 3614770

传真：0871 - 3614680

曲靖营业部

地址：云南省曲靖市麒麟区麒麟北路 2 号银利大酒店 20 楼

邮编：655000

电话：0874 - 3297788

大理营业部

地址：云南省大理市建设西路 06 号建设银行五楼

邮编：671000

电话：0872 - 8895768

上海田林东路营业部

地址：上海市徐汇区田林东路 414 弄 12 号 1 楼

邮编：200233

电话：021 - 60737266

杭州营业部

地址：杭州市上城区中河中路 222 号平海国际商务大厦 21 层

邮编：310003

电话：0571 - 87560601

郑州营业部

地址：郑州市未来大道 69 号未来大厦 17 层 1715、1716 室

邮编：450008

电话：0371 - 65612718，0371 - 65612757

宏源期货有限公司

宏源期货有限公司是经中国证监会批准，从事商品期货经纪、金融期货经纪、期货投资咨询的专业化金融服务企业。公司注册地为北京，注册资本 2 亿元人民币，是上海期货交易所、大连商品交易所、郑州商品交易所全权会员，中国金融期货交易所交易结算会员，中国期货业协会理事单位。

全资股东宏源证券股份有限公司（证券代码：000562）是中国第一家上市证券公司，是经中国证监会批准的全国性、综合类、创新类券商，全国首批保荐机构之一。

公司在北京、上海、乌鲁木齐、南宁、杭州、大连、郑州、合肥、济南等地设有多家营业部，依托宏源证券 80 余家营业网点形成覆盖全国的服务网络。

公司拥有澎博、文华等行情系统，澎博闪电手、金仕达多账户、上海快期、易盛 V8、掌上财富手机行情交易、证券期货套利等交易系统，满足客户的多样化需求。开通工行、建行、交行、农行等全国银期转账系统，资金划转方便快捷。结合宏源证券研究所形成证券期货综合研究力量，为投资者提供及时准确的信息资讯、深度的研究报告和专业的投资咨询服务。

公司以市场为导向，以客户为中心，以专业化技能和高标准的服务，推动公司业绩快速成长，成为国内最具发展潜力的期货公司之一，多次荣获监管部门、交易所、行业协会和媒体奖励。

名称：宏源期货有限公司

地址：北京市西城区太平桥大街 19 号 4 层 4B

邮编：100033

成立时间：1995 年 5 月 2 日

经营许可证号：30780000

营业执照号：110000009908207

注册资本：2 亿元人民币

公司电话：010 - 88085299

公司传真：010 - 88085501

法定代表人：王化栋

华安期货有限责任公司

华安期货有限责任公司（下称"公司"）成立于 2005 年 9 月，由华安证券有限责任公司控股。公司具备从事商品期货和金融期货的业务资格，注册资本金为人民币 2 亿元，是安徽省注册资本最大的期货公司，也是目前国内注册资本较大、综合研究实力较强的期货公司之一。

公司总部位于合肥市长江中路 419 号，营业面积 1600 平方米，并在上海、青岛和芜湖设立了营业部。公司的控股股东华安证券是安徽省第一家由中国证监会核准的具备从事期货中间介绍（IB）业务资格的证券公司。华安期货有限责任公司依托华安证券遍布全国的营业网络，可以为全国各地投资者提供最及时的投资资讯服务；并根据投资者需要设计套保、套利和投资理财等多种不同类型的投资方案，适应具有各类风险偏好投资者的需求。

为保障投资者交易的安全、快捷和稳定，公司配备了先进、稳定的网络系统和双路供电系统，拥有多套最新的澎博、文华、富远等资讯行情系统。为满足各类投资者的交易习惯，公司采用了目前交易速度最快、功能最丰富的恒生、易盛交易系统和上海期货信息技术有限公司最新推出的综合交易平台等先进软件，能为投资者提供闪电手、批量委托、一键通、止损、止盈、套利以及各种策略化、程式化交易等丰富多样的交易功能和手段。

公司拥有上海期货交易所、大连商品交易所和郑州商品交易所的全权会员资格，是中国金融期货交易所的交易结算

会员，可代理股指期货、黄金、铜、铝、锌、燃料油、天然橡胶、螺纹钢、线材、小麦、PTA、白糖、棉花、玉米、菜籽油、早籼稻、大豆1号、大豆2号、豆粕、豆油、线型低密度聚乙烯（LLPDE）、棕榈油、PVC等等国内所有上市期货品种的交易，目前一直开展沪深300股指期货仿真交易。

华安期货有限责任公司奉行“严谨、活力、协作、创新”的经营理念，立是高起点，塑造投资新文化，致力于构建以塑造品质为核心，在业内具备持续竞争力和持久影响力的期货公司。公司广纳具有共同事业信念的业界精英，确立以专业拓展市场、以产品服务客户的业务战略，按照“产品、沟通、服务、诚信”的业务理念，形成了以股指期货等金融衍生品、以有色金属、天然橡胶、钢材等工业原料和以油脂、棉花等农产品为品种特色的研发方向。公司以客户的需求为导向，以客户资产的增值为目标，致力于提高公司研发水平的专业化和投资理财产品的实用性，依托股东优良的金融投资和现货实业背景，全力为投资者打造全方位投资理财平台，实现客户与公司双赢的企业宗旨。

面对中国金融市场的全面开放，华安期货有限责任公司将弘扬“厚积薄发、自强不息”的传统美德，以振兴中华民族的金融企业为己任，在世界金融市场的大潮中尽展炎黄子孙的金融投资智慧！

地址：合肥市长江中路419号华安期货大厦
邮编：230061
网址：www. haqh. com
客户服务电话：0551－28390732839083
商品期货部电话：0551－2839072
金融期货部电话：0551－2839082

上海营业部

地址：上海市浦东南路1036号隆宇大厦4层C座
邮编：200122
客户服务电话：021－58773052

芜湖营业部

地址：安徽省芜湖市新芜路100号新利商厦三楼
邮编：241000
客户服务电话：0553－38734993873937

青岛营业部

地址：青岛市闽江路2号国华大厦B－2804
邮编：266071
客户服务电话：0532－8097268180972680

华融期货有限责任公司

华融期货有限责任公司（简称“华融期货”）创建于1993年9月22日，由中国证监会批准设立、国家工商行政管理局登记注册，为中国金融期货交易所、上海商品交易所、郑州商品交易所、大连商品交易所四家交易所的会员。经营范围为商品期货经纪和金融期货经纪，公司可代理期货市场全部上市交易品种的期货交易。公司发展状况良好，经营业绩稳定增长。

华融期货成立以来，始终秉持“优质服务、稳健经营、开拓创新、持续发展”的经营理念，注重服务创新和风险管理，与时俱进，不断满足广大客户的需求，以良好的信誉、迅捷的资讯和优质的服务赢得了广大客户的赞誉和期货业界的认可。经过不懈努力，公司已形成了一套完善的管理体系，拥有高效、务实、勇于开拓创新的领导层和勤奋敬业、高素质的员工队伍，积累了良好的信誉和丰富的管理经验，培养了一批德才兼备、在行业内有一定知名度的专业人才。同时以网站、期市沙龙、期货投资报告会、研讨会、电话咨询、网上在线咨询等服务手段，突破时间和空间的限制充分服务广大客户。公司的服务水平、客户质量、盈利水平都得到进一步的提高。

目前，公司注册资本1.2亿元，并将适时增资及引进优秀的战略投资者。同时，在中国华融统一领导下，依托控股股东强大实力以及中国华融总部、各办事处、各平台公司、华融证券各营业网点的渠道和客户优势，积极开展金融期货代理业务和大宗商品期货代理业务，大力拓展创新业务，严格控制风险，力争在三年多的时间，逐渐将华融期货发展成为具备相当规模和影响力的A类期货公司。

十多载的风雨历程，十多年的探索实践，中国期货市场正日趋完善和成熟，已成为资本市场重要的组成部分。随着期货市场的环境、规模和结构发生的巨大变化，公司将面临重大的历史发展机遇和更为广阔的发展空间。公司将按照“优质服务、稳健经营、开拓创新、持续发展”的经营方针，充分发挥品牌、技术、机制等各方面的优势，以加快发展为主线，以良好的信誉和优质的服务为保证，增强公司综合竞争力，实现公司规范、持续、健康、稳步发展，努力把公司建设成为国内一流的期货机构和现代化的金融企业。

地址：海南省海口市龙昆北路53－1号三楼
邮编：570105
传真：0898－66779397
咨询电话：0898－66566456
技术支持：0898－66762592
E－mail：hrqh@ hrfutu. com. cn

华泰长城期货有限公司

华泰长城期货有限公司（原长城伟业期货有限公司）成立于1994年3月28日，注册资本6亿元人民币，是拥有商品期货、金融期货牌照的大型期货公司，在中国期货市场中创出了自己的品牌。

回首来路，岁月如歌，公司成立于中国经济改革开放、期货市场开疆拓土的年代。十五年来，公司全体员工以坚定的信念度过了艰难和困惑，迎来了中国期货行业发展的曙光。公司不但保持了规模和业绩的持续增长，同时在规范管理方面创立了品牌：2000年公司率先在全国范围内实现了在银行监管下的“期货保证金封闭运行管理机制”；2002年公司协助北京大学经济学院率先开办“金融衍生品与期货高级研修班”；2008年公司率先制定了《客户洗钱风险分级管理制度》，对期货行业开展反洗钱工作起到了积极的促进作用。面对全球金融市场的变革，我们选择与时俱进、一如既往，根据客户需求推动业务创新，我们将以诚信和勤勉共筑中国期货事业的巍峨长城！与您分享宏愿，助您迈向成功！

公司宗旨

坚持在合规经营的基础上创造业绩
坚持用专业的知识和精神服务客户
坚持把保护客户合法权益放在首位
坚持开展对投资者的风险意识教育
坚持为实现客户保值需求做出努力
坚持对客户、员工、股东永保忠诚

我们的操守

诚实、踏实、忠诚

热心、耐心、细心
稳健、专业、合规
保护客户合法权益
严守行业道德准则
履行反洗钱法义务

公司总部

地址：广州市越秀区先烈中路65号东山广场东楼11、12层
电话：4006280888 或 0755－33966329
投诉邮箱：hg@htgwf.com

期货研究所

深圳电话：0755－82537429　传真：0755－82790793
上海电话：021－68402232　传真：021－68402232

徽商期货有限责任公司

徽商期货有限责任公司成立于1996年2月，是经中国证监会批准、在国家工商局注册成立的安徽省第一家期货经纪公司，也是安徽省首家获得金融期货经纪业务资格的期货公司。

徽商期货有限责任公司由安徽省徽商集团有限公司控股，总部设在合肥，在大连、芜湖、马鞍山、阜阳设有营业部；上海、郑州设有代表处。作为中国期货业协会会员单位，公司拥有上海期货交易所、大连商品交易所、郑州商品交易所、中国金融期货交易所会员资格。公司配有先进的同步交易系统、行情分析系统、风险监控系统，实行保证金封闭式运行，确保客户资金的安全。公司成立以来得到了各级领导的高度重视和社会各界的广泛关注，1996年公司成立之初，中共中央政治局委员汪洋同志（时任安徽省委常委、常务副省长）亲笔题名："来之不易，精心操作，循序渐进，按法经营，逐步壮大，繁荣经济。"

1997年起，公司连续多年被授予安徽省"百家优质服务企业"及全国"青年文明号"称号，公司与安徽大学经济学院联合建立了国家"211工程"重点文科实验室——"安徽大学华物期货金融证券实验室"，2010年7月，公司与中国科技大学联合成立了"徽商期货中国科学技术大学实践基地"。2002年公司在铜和小麦的交易量进入全国二十强，分别得到了上海期货交易所、郑州商品交易所的表彰。2003年与中国期货业协会合作进行了《期货居间人的管理与期货居间合同》课题研究，受到行业一致好评。2006年，公司棉花期货合约的交易量在郑州商品交易所的排名进入前十强。2007年，公司荣获上海期货交易所交易优胜奖。2007年，经中国证券监督管理委员会批准，徽商期货成为安徽省首家获得金融期货经纪业务资格的期货公司。2008年，公司荣获大连商品交易所最具成长性会员、郑州商品交易所市场进步奖十强、2008年度徽商集团先进集体。2009年，在证券时报主办的第二届优秀期货公司评选中荣获最具区域影响力期货公司。2009年，公司荣获"上海期货交易所交易优胜奖、交易进步奖、钢材交易优胜奖、燃料油交易优胜奖、天然橡胶交易优胜奖"、"郑州商品交易所市场优胜奖、PTA品种优胜奖、菜籽油品种优胜奖、早籼稻品种优胜奖"、"大连商品交易所优秀会员金奖、十大研发团队第三名"、"徽商集团2009年度先进集体"等共十二项荣誉称号。2009年，徽商期货累计实现交易量4897.27万手、交易额25865.51亿元，同比分别增长311%和365%，在国内三大交易所的成交排名均位列全国前十强，各项经营指标在安徽省期货行业中排名第一，并占全省期货行业各项指标的60%左右。2010年，在证券时报社和期货日报社共同举办的"2010年第三届中国优秀期货经营机构颁奖典礼"上获得"中国最佳区域影响期货公司"称号。

2010年，公司荣获"上海期货交易所优胜会员提名奖"，"大连商品交易所2010年度优秀会员金奖"、"2010年度大连商品交易所－和讯网十大化工产品期货研发团队第三名"，"郑州商品交易所市场服务奖、菜籽油产业服务奖、小麦产业服务奖、早籼稻产业服务奖"。公司还荣获由合肥市委宣传部、市经信委、市发改委、市商务局颁发的"十一五"经济发展成就贡献奖。

公司依托徽商集团的经营优势，抓住机遇，更新观念、努力促进业务发展和内部管理创新，使期货业务向纵深化发展，保持了良好的发展势头，期货代理交易量和交易额大幅增长，近三年，公司客户数、交易量、利润均增长了20－30倍，代理业务收入稳步上升，市场占有率不断提高，公司不断发展壮大。

公司秉承徽商传统，遵循"勤勉、创新、和协、诚信"和"严控风险、规范运作、稳健经营"的经营理念和宗旨，努力为广大投资者提供安全、高效的一流服务，实现客户利益和公司利益最大化的双赢目标，为安徽的期货市场和安徽经济发展建设服务，在中国期货市场规范发展的春天里谱写新的篇章。

地址：安徽省合肥市芜湖路258号
电话：0551－2862590
传真：0551－2865899
邮箱：zhglb@hsqh888.com

江南期货经纪有限公司

江南期货经纪有限公司（以下简称"公司"）是经中国证监会审批的期货经纪公司，注册资本3000万元，拥有上海期货交易所、郑州商品交易所、大连商品交易所、中国金融期货交易所等国内全部期货交易所席位，是中国期货业协会的会员单位。

公司是中航投资控股有限公司的成员单位，是以商品期货经纪业务和金融期货经纪业务为经营范围的非银行金融机构，公司实行董事会领导下的总经理负责制，设有行政部、结算部、研发部、信息技术部、财务部、客服部、风险控制部和合规部，以及深圳、南昌、郑州三个营业部。公司有一支伴随期货业发展而成长起来的管理团队，在多年的发展过程中，逐步锻炼出一批能为客户的投资增值提供强大研发能力的业务精英，形成了"诚信、尊重、敬业、服务、创新"的基本行为准则，作为中航工业集团金融板块的重要组成部分，公司在集团"两融、三新、五化、万亿"的战略指引下，以"创新思维提供有价值金融服务，推进产融结合"为指导思想，以"建设一流的，有特色的金融服务商"为目标，坚持"以人为本，追求创新"的经营理念，严格控制风险，稳健经营，推进管理创新，不断提升服务水平。

近年来，公司业绩逐步增长，在今后的发展中，公司将在集团和中航投资的支持下，进一步加强与集团内部企业和中航证券、中航信托等中航投资成员单位间的紧密协作，发挥金融服务功能，实现公司跨越式发展，为产融结合做出积极的贡献。

总部：

地址：深圳市福田区深南中路3024号航空大厦28楼
电话：0755－83320464　0755－83247040

东莞营业部：

地址：广东省东莞市南城区体育路2号鸿禧中心六层B座B11－B12室

电话：0769－22806908

南昌营业部

地址：江西省南昌市广场南路198号3楼

电话：0791－2111152；0791－2111158

深圳营业部：

地址：深圳市福田区深南中路3024号航空大厦28楼

电话：0755－83266114；0755－83688534

郑州营业部：

地址：河南省郑州市未来大道69号未来大厦22楼2222室

电话：0371－65612802

江苏东华期货经纪有限公司

江苏东华期货经纪有限公司是经中国证监会批准、注册资本为5000万元的专业期货公司。公司成立于1993年，是江苏省首家期货试点企业。作为上海期货交易所、大连商品交易所、郑州商品交易所以及中国金融期货交易所的合法会员，代理客户交易国内所有上市的商品及金融期货品种，并为客户提供结算、交割、咨询、培训、信息等全方位服务。公司现有南京业务总部和上海、大连、郑州、张家港、苏州、无锡和泰州七家营业部。

公司现有五套行情系统（文华、澎博、富远、天狼、汇点），两套交易系统（金仕达、易盛），可采用网上交易、电话报单、临柜书面委托、手机下单等多种交易方式，方便客户自由选择；公司开通了五大国有银行的银期转账业务，并与国内四家期货交易所实时联网，交易结算快捷。公司是业内采用最高等级标准建设机房的期货公司之一，且核心机房托管在上海期货交易所期货信息技术公司专用机房大楼内，所有网络机器设备都实现了双机热备，且有多条高速专线与各期交所进行互联并互为备份，快捷安全。

公司经过近20年的发展壮大，逐步锻炼出一批能为企业生产、套期保值及客户的投资增值提供优质服务的精英人才，建立起了一系列完善、严格的管理体制。公司已经在我国期货市场形成了自身的品牌优势、特色服务和核心的竞争力，我们期待着与更多的客户共创美好的明天。

总机：025－84208666 传真：025－84206767

地址：江苏省南京市王府大街63号王府大厦E幢5楼

邮编：210004

公司网址：http://www.dhfutures.com

客服热线：（025）84205656

投诉电话：（025）84205656

信访电话：（025）84207734

信访邮箱：dhbg@vip.163.com

江苏证监局投诉电话：025－84575515

反洗钱举报：（025）84208666－1812

江苏苏物期货经纪有限公司

江苏苏物期货经纪有限公司（Jiangsu Suwu Futures Brokerage Co.，Ltd.）是1995年9月成立的专业期货公司，是江苏省最大的省属企业江苏省国信资产管理集团有限公司旗下的专业期货平台。

苏物期货公司伴随中国期货行业起伏，历经十五载逐步成长、壮大。公司秉承“稳健高效，诚信创新”的经营宗旨，赢得了行业的认同和良好的口碑，取得了中国金融期货交易所的交易结算会员资格。在2009年度江苏省平安金融创建活动中，苏物期货公司是唯一一家通过考核验收而达标的期货公司。

苏物期货公司位于“六朝古都”南京中心地段，地处雄伟的紫金山麓、秀美的玄武湖畔。公司总部座落于锦盈大厦，经营面积约3600平方米。设有先进的机房设施和便捷的信息技术通道，为投资者提供全球实时交易行情和专业信息研究报告。

苏物期货公司设有苏州营业部、扬州营业部、常熟营业部、郑州营业部、常州营业部、连云港营业部、石家庄营业部及无锡营业部等专业的服务机构。

随着金融期货品种登上中国舞台，苏物期货将依托集团公司的强大背景，构建以经纪业务为基础，为客户提供综合金融服务的现代化金融企业，为期货行业的发展谱写更辉煌的篇章。

公司基本情况表

公司名称：江苏苏物期货经纪有限公司

许可证号：30890000

经营范围：商品期货经纪；金融期货经纪

金融期货业务资格类别：交易结算资格

取得会员资格的期货交易所名称：上海期货交易所、郑州商品交易所、大连商品交易所、中国金融期货交易所

注册资本：人民币6000万元

法定代表人：单宁

办公地址：江苏省南京市中央路258－28号锦盈大厦5－7层

邮编210009

客户服务及投诉电话：025－83116186

公司网址：http://www.swfuture.com

公司电子邮箱：swqhbgs@sina.com

金瑞期货有限公司

金瑞期货有限公司成立于1997年7月，注册资本2.04亿元，控股股东为江西铜业集团。公司总部设在深圳，下辖上海、南昌、北京、大连、郑州、佛山、青岛、赣州、深圳南山营业部及香港分公司。

金瑞期货坚持规范运作，稳健经营，打造出企业套期保值和套利的核心竞争力，在经济效益、经营管理、品牌形象等方面领行业之先。

领先的经营业绩，突出的行业地位

金瑞期货十多年来发展迅猛，业绩卓越，年交易额从42亿元增长到2010年的5.6万亿元；年净利润从不足100万元增长到4000多万元；股东年回报率从8%增长到34%，综合经济效益在业内名列前茅。

金瑞期货是中国金融期货交易所的全面结算会员，是上海期货交易所、中国期货业协会的理事单位，是上期所、大商所和郑商所均居前列的优秀会员单位，是全国首家获得国际权威机构ISO9001金融服务类认证的期货公司。

知名的公司品牌，良好的市场形象

荣获深圳市“知名品牌”、“中国最佳期货公司”和“最佳产业服务奖”、“最具影响力期货公司”、“最受投资者喜爱的

期货公司”等荣誉称号。2010 年荣获“十大品牌期货公司”、“期货杰出掌门人”、“中国最佳机构服务”、“中国最佳期货公司”和“最佳产业服务奖”，三大交易所年度优秀会员奖。尤其还获得了深圳市金融创新三等奖，这是公司首次获得此项荣誉，也是 2010 年唯一获奖的期货公司。

专业的研发团队，先进的投资技术

以丰富的实践经验和专业的理论水准为基础，致力于提供“专业化、个性化、精细化”服务，形成了套期保值和套利的核心竞争力，成为行业最具责任感的风险管理专家。

公司代理客户保证金中，70% 是企业法人资金，国内最大的铜企业及规模领先的空调企业、微波炉企业以及重要的黄金、锌企业都是我们的客户。

成立了由宏观及策略、品种研究、金融期货、投资研究、套期保值小组等构成的研究所。首创了反向基差下的保值理论；首创了铜加工品远期合约点价机制；成功运作中国第一只挂钩期货的银行理财产品。

拥有由资深的“海归专家”和多年证券、基金实践经验的业务骨干组成的一流金融期货团队。运用多年在商品市场套期保值和套利业务上的经验，将数理模型和实战经验与 IT 技术相结合，开发了“股指期货套利交易系统”。

与中国金融期货交易所、《证券时报》合办了“中国股指期货机构投资者高峰论坛”；与深圳金融业协会举办了国内首次“私募基金股指期货酒会”。

与中国金融出版社合作，公开出版发行了《股指期货投资攻略》、《明明白白做期指》等专著，获得业内权威机构和广大投资者的广泛赞誉。

优质的客户服务，放心的期货公司

秉承客户至上的服务理念，以不断提升客户满意度为己任，建立了完善的服务体系和投资者培训教育体系。

通过公司网站、400 热线、短信平台和手机行情等服务平台或手段，为客户提供贴心而专业的服务。

安全便利的银期转账功能，全线开通交行、建行、工行、中行、农行的全国银期转账服务，是全国最先完成 5 大行上线运行的期货公司之一。

健全、完备的以风险管控为导向的内部控制体系，做到前、中、后台各级控制。通过先进的 IT 系统做到实时监控，实时风险试算，及时发出风险提示，妥善处置风险，有效地防止客户风险的累加，被监管部门称为“放心的期货公司”。

先进的 IT 技术，便捷的交易平台

巨资投入，采用业内专业的交易软件，系统稳定、快捷。获得国务院信息化办公室、中国证监会评选的“信息安全先进单位”称号。

先进的灾备系统，所有交易硬件线路均采用热备份方式，出现灾难性情况实时切换，做到 100% 不影响交易。

近来获得主要荣誉：

1. 2011 年获得荣誉：

第八届“深圳知名品牌”荣誉称号；

《期货日报》和《证券时报》“中国最佳期货公司”、“最佳有色金属产业服务奖”；

上海期货交易所 2010 年度优秀分析师评选活动，金瑞期货研究所高级分析师符彬、侯心强获评“有色金属优秀分析师”和“黄金优秀分析师”；

《上海证券报》“最佳服务机构奖”。

2. 2010 年获得荣誉：

深圳市金融创新三等奖，唯一获奖的期货公司；

中国财经风云榜“十大品牌期货公司”、“期货杰出掌门人”；

《证券时报》和《期货日报》“中国最佳期货公司”、“最佳产业服务奖”；

《上海证券报》“中国最佳机构服务”奖；

三大交易所的年度 8 项大奖，是深圳获奖最多的期货公司，分别为：

上海期货交易所 2010 年度优胜会员奖，铜、锌、黄金企业服务奖；

郑州商品交易所 2010 年度市场服务奖、PTA 产业服务奖；

大连商品交易所 2010 年度优秀会员奖、最具成长性农产品期货研发团队奖。

地址：广东省深圳市福田区福虹路 9 号世贸广场大厦
　　A 座 24 楼（即 C 楼总部办公）、38 楼
邮编：518033
公务电话：0755－83662122
全国统一客户服务热线电话：4008888208

鲁证期货有限公司

鲁证期货有限公司是经中国证监会批准，在山东省工商局注册登记，由齐鲁证券有限公司控股的专业期货公司。公司总部设于山东济南，目前，注册资本 5.2 亿元，员工 370 余人，在济南、北京、上海、天津、大连、郑州等大中城市设有 19 家分支机构，同时依托齐鲁证券遍布全国各地的 140 余家营业网点，形成了覆盖全国的服务网络。公司业务范围包括商品期货经纪和金融期货经纪，拥有上海期货交易所、大连商品交易所、郑州商品交易所三家商品期货交易所和中国金融期货交易所席位，是中国金融期货交易所 15 家全面结算会员之一。是中国期货业协会第二届、第三届理事会理事单位和山东省期货业协会会长单位。

公司一贯秉承“风控保障生存，合规创造价值，诚信铸就品牌”的价值观，逐步加强中介机构应有的功能定位，将服务实体产业的保值商作为业务发展的战略重点，倡导“以自身的专业能力帮助各类交易商实现其资产的保值、增值，与我们的客户共同成长”的经营理念，不断提高服务地方国民经济的能力和水平。公司自 2007 年成立以来，客户资产、盈利能力等主要经营指标连续四年大幅超越市场平均增长速度，目前综合实力跻身于行业前十名。

公司拥有一支优秀的管理团队和专业服务团队，力争以优质的服务回报客户，通过扎实的工作推动行业进步和地方经济的发展，努力将自身建设成具有感召力和文化魅力的现代金融企业。

迈科期货经纪有限公司

迈科期货经纪有限公司成立于 1993 年 12 月，原名：陕西五矿期货经纪有限公司。2003 年 11 月公司进行了重组，更名为：迈科期货经纪有限公司，是国内第一批经中国证监会核发期货经纪业务许可证的期货公司（许可证号：31060000），公司是上海期货交易所、大连商品交易所、郑州商品交易所和中国金融期货交易所会员。

公司总部位于古城西安，在北京、上海、深圳、郑州、成都、大连、青岛、榆林、西安设有 9 家营业部。

公司多年来一直秉承服务投资者、服务企业、服务产业经济的经营理念，坚持走专业化发展的道路，为投资者提供最全

面、较权威、多视角的行业资讯及服务，在全国有色金属期货领域具有很强影响力和知名度，得到了业内和有关部门的一致认可。

公司拥有一支经验丰富的高级管理团队，团队成员均为有色金属领域、期货行业管理岗位从业多年的专业人士，在期货市场建立初期就进入这个行业，有着丰富的经济管理和行业经营管理运作经验。

近年来，公司多次荣获交易所及行业奖励，其中2007年至今获得的奖励如下：

1. 荣获2007年上海期货交易所“铜交易优胜奖”；
2. 荣获2008年上海期货交易所“服务企业优胜奖”；
3. 荣获2008年上海期货交易所“交易优胜奖”；
4. 荣获2009年陕西金融办“陕西期货行业一等奖”；
5. 荣获2009年北京期货商会“北京期货行业突出贡献奖”；
6. 荣获2010年上海期货交易所“优秀会员奖”；
7. 荣获2010年上海期货交易所“会员进步奖”；
8. 荣获2010年上海期货交易所“铜企业服务奖”；
9. 荣获2010年上海期货交易所“锌企业服务奖”；
10. 荣获2010年郑州商品交易所“行业成长奖”；
11. 荣获2011年上海期货交易所“铜产业服务奖”第一名；
12. 荣获2011年上海期货交易所“优胜会员奖”
13. 荣获2011年上海期货交易所“产业服务优胜奖”；
14. 在期货日报社及证券时报社联合举办的第四届中国期货经营机构评选活动中荣获“最佳有色金属产业服务奖”。

以规范求生存，以创新求发展，迈科人始终以不懈的努力，高效的服务与您携手共进。

公司基本情况

公司名称：迈科期货经纪有限公司

许可证号：31060000

经营范围：商品期货经纪、金融期货经纪

金融期货业务资格类别：经纪业务资格

取得会员资格的期货交易所名称：上海期货交易所、郑州商品交易所、大连商品交易所、中国金融期货交易所

注册资本（元）：1.2亿

公司住所：陕西省西安市高新区唐延路33号迈科国际大厦22层

法定代表人：姜晴和

办公地址：陕西省西安市高新区唐延路33号迈科国际大厦22层

邮政编码：710075

客户服务及投诉电话：029－88830600

公司网址网址：http://maikefutures.com

公司电子邮箱：maikegroup@126.com

民生期货有限公司

民生期货有限公司（以下简称“公司”）前身为山西物产期货经纪有限公司，成立于1996年1月。2008年2月，民生证券有限责任公司成为公司控股股东，公司注册资本金增至人民币1亿元。

公司具备商品期货和金融期货经纪业务资格，是上海期货交易所、郑州商品交易所、大连商品交易所的会员，目前已获得中国金融期货交易所交易结算会员资格。公司注册地在山西太原，在郑州、天津、南宁、唐山、包头、大连、北京、山西运城、山西阳泉、山西大同设有营业部。随着公司业务发展，即将在广州、青岛、沈阳等多个中心城市设立营业部。

公司秉承“以诚信求生存，以创新谋发展”的经营理念，依靠强大的股东背景优势，健全和完善了内部管理体制和风险控制机制，形成稳健、规范的制度化管理体系。公司以风险控制为前提、以市场为导向、以客户为中心、以效益为目标，追求可持续发展，力争发展成为“资本充足、运作安全、管理规范、服务优质、效益良好、有核心竞争力”的现代金融服务企业。

公司秉承“专业、精品、特色、一流服务，客户至上”的客服、研发理念，组建了专业的研究团队，以一流的服务意识和服务质量为客户提供“量身定做”的个性化服务，定期发布期货投资分析报告，提供相关的信息资讯服务。

公司建设了高标准的交易中心机房，搭建了“安全、稳定、高效”的信息网络平台，在全国范围开通了银期转账业务，开通了闪电手、一键通、掌上期货等先进的交易服务系统，竭诚为各类机构及个人投资者提供专业的期货交易、套期保值及风险管理服务。

公司秉承“尊重人才、培养人才、提升人才”的人才任用理念，建立以绩效为导向的薪酬激励机制和以促进员工发展、人力资本增值为核心的人力资源开发体系，聚集了一批长期从事期货工作，具有丰富的期货交易及管理经验，技术过硬、研发能力强、业务素质高、一流的精英型专业人才。公司坚持以人为本，倡导员工与企业同成长，使人力资本真正成为企业的核心竞争力。

公司以“满足客户需求，提升和创造客户价值，实现客户和公司的共同成长”为目标，热切盼望继续与国内外期货业同仁和社会各界合作，共谋发展，共创辉煌！

公司拥有一支敬业的高素质员工队伍，研究生、大学本科以上学历的占到全体员工的90%以上，具有丰富的期货交易及管理经验，技术过硬、研发能力强、业务素质高。公司配备有国内先进的交易结算系统，服务器及关键网络设备采用双系统备份，信息传输快捷、安全、稳定，2006年被中国期货业协会评为“信息安全先进单位”。

公司始终坚持以诚信求生存，以创新谋发展的经营理念，通过专业化的服务，营造一个安全、高效、有利的投资环境，与广大投资者一起，共创期货市场的美好未来。

南证期货有限责任公司

南证期货是经中国证券监督管理委员会批准，并在江苏省工商行政管理局登记注册的专业期货公司，公司是上海期货交易所、大连商品交易所、郑州商品交易所和中国金融期货交易所会员单位。2009年度业务规模、职工人数、营业收入等主要指标均实现了200%以上的增长。

南证期货的经营范围包括：金融期货经纪业务、商品期货经纪业务，设有14个职能管理和业务部门，在武汉、南昌、扬州，以及北京、上海、重庆、广州、深圳、昆明等主要中心城市都设有期货营业部或IB营业部。目前公司已与大股东——南京证券有限责任公司建立了期货业务IB业务模式，通过南京证券的服务渠道和服务网络极大地拓展了自身的客户服务空间。

南证期货的前身是湖北省金龙期货经纪有限公司。2007年7月，公司被南京证券收购，2008年12月，经中国证监会核准，南证期货公司的注册资本金增加到1亿元人民币，南京证券控股比例为82.85%。

南京证券有限责任公司是江苏省第一家专业证券公司。截止 2009 年 12 月，注册资本金 17.71 亿元，净资产 35.6 亿元，在全国 20 多个中心城市设立了 50 家分支机构，员工近 1000 人。是全国唯一一家自成立以来连续 19 年从未亏损、持续盈利、高额回报的证券公司。

“以人为本、以心为桥、以诚为基、以德兴业”是南证期货的经营宗旨。“专业理财、专心服务”是南证期货的服务理念。南证期货将广泛吸引各类人才加盟，整合资源，拓展业务，以更加完善、更加专业的服务能力，成为中国期货行业的领跑者。

地址：江苏省南京市秦淮区长乐路 226 号长乐花园
01 幢 01 号
邮编：210006
总机：025 - 52865001
客服：4006170017,52865008
传真：52865017

平安期货有限公司

深圳市平安期货经纪有限公司（以下简称“平安期货”）是经中国证监会批准，并经国家工商局核准登记注册，获国家《期货经纪业务许可证》的全国性专业化期货经纪公司，目前已获金融期货经纪业务许可。公司成立于 1996 年，总部位于中国改革开放的前沿城市——深圳，在上海设有营业部，注册资本金 1.2 亿元。

平安期货的控股公司——平安证券有限公司是全国性综合类券商（简称平安证券），成立于 1995 年 10 月，注册地为北京，总部设在深圳，资本金为 18 亿元人民币。2006 年 4 月 11 日，平安证券通过中国证券业协会“从事相关创新活动证券公司”资格评审，成为国内 20 家具有“创新”资格的券商之一。平安证券的母公司——中国平安集团是中国第一家以保险为核心的，融证券、信托、银行、资产管理、企业年金等多元金融业务为一体的综合金融服务集团。截至 2007 年 6 月底，中国平安集团的整体市值已过 4900 亿港币。

平安期货现为上海期货交易所、大连商品交易所、郑州商品交易所的会员，正在申请中国金融期货交易所交易结算会员。平安期货下设人事行政部、财务部、交易部、结算部、风险管理部、合规审察部、机构部、IB 业务部、业务部、研究所、电脑部。

作为中国平安集团的专业化公司之一，平安期货成立之初，即将发展方向定位于金融期货，多年来为金融期货的推出，在人才、技术和产品等方面做了充分的准备工作。平安期货目前的业务范围包括金融期货和商品期货经纪业务、资产避险和保值服务、期货投资咨询、期货培训等多个领域。

平安期货研究所下设策略研究室、研培中心和网络事业部，研究员大多具有证券和期货两栖经历，证券、期货投资和研究经验丰富。研究所研究产品涵盖股指期货、商品期货、期权、股票、权证、基金和外汇，并已在业内形成一定影响力。平安期货可以根据机构投资者的特定需求，为机构投资者设计满足特定约束条件的投资产品，或者与基金公司、QFII 配合，就引进股指期货等金融衍生产品后的资产配置策略，以及衍生产品的设计进行合作。

平安期货研究所主要研究产品：

每日投资快报

策略周报

月度统计分析报告

年度展望和策略报告

平安期货投资 1300 多万元建立了业界领先的交易结算系统，与中国电信、中国网通、SUNGARD 金仕达共同打造了安全高速的交易通道，与文华财经、澎博资讯等国内一流信息服务商构建了及时丰富的行情资讯系统，并与建设银行、工商银行和交通银行携手推出了方便高效的银期转账服务。

站在中国平安集团和平安证券长期打造并夯实的业务基础上，平安期货享有无比强大的品牌支持、技术支持、管理支持、风险控制支持、客户资源支持、销售拓展支持、财务支持等等。这些支持将为平安期货的发展提供独一无二的竞争优势。

平安期货的目标是向最广泛的客户提供最全面的金融衍生产品和商品期货的交易结算和投资咨询服务，成为中国金融市场上最受尊敬和信赖的大型期货交易服务商，以及具有国际影响力的期货研究机构和金融资产风险管理机构。

中文全称：深圳市平安期货经纪有限公司
地址：深圳市福田区振华路设计大厦 15 楼
业务电话：0755 - 8378857883788485
投资咨询：0755 - 8378850983788274
传真：0755 - 83788519
电子邮箱：Paqh@ pasc. com. cn

上海东证期货有限公司

上海东证期货有限公司（简称“东证期货”）是东方证券股份有限公司全资子公司，注册资本 5 亿元人民币。东证期货是国内三家商品期货交易所的全权结算会员，是中国金融期货交易所的交易结算会员。东证期货专注于股指期货和金属、农产品、能源化工等商品期货的研究与服务，提供权威、及时的研发产品服务和投资策略支持；专注于信息技术的完善和创新，创建安全、快捷的交易通道，开发多样化、个性化的交易系统；专注于规范管理和诚信经营，构筑全面的风险管理和客户服务平台。东证期货管理团队管理经验丰富，业绩出众，在业内享有盛誉。东证期货目前在职总人数 115 人，具有硕士研究生学历以上人员占比 30%，具有海外专门从事股指期货研究与交易的高端人才占比 10%，人才管理机制完善。东证期货以创建一流衍生品投资服务提供商为目标，致力于打造国内最专业的期货经营机构。东证期货于 2008 年初正式营业，开业元年即实现平稳快速发展。东证期货精心完善信息产品，创新交易技术，优化交割服务，提高研发质量，全面提升服务水平，努力为客户创造价值。2009 年，东证期货全年成交总量 2775 万手，较上年增长了 210%；成交额 2.1 万亿，较上年增长了 260%；市场占有率 1.6%，较上年增长了 100%；客户资产规模较上年增长了 240%；主营业务收入较上年增长了 340%；净利润较上年增长了 26 倍。2009 年，东证期货在各商品期货品种上进步显著，成绩斐然。尤其在上海期货交易所的总成交金额排名第七，其中铜成交排名第四，螺纹钢成交排名第三。东证期货全年风险损失为零，充分体现了公司稳健经营，稳步发展的经营宗旨。

2008 年，公司以商品期货为主攻方向，以产业投资者为服务目标，在信息产品的全面、交易技术的提升、交割服务的完善、研发服务的创新等方面作出积极努力，公司客户全年盈亏相抵总盈利达到 3 亿元，且全年没有出现一例风险事件。

公司致力于打造国内期货界最优秀的期货公司之一，尤其专注股指期货、钢材期货、有色金属、黄金期货以及能源化工期货等领域的代理和研究服务。

全国统一客服热线：95503 * 期货

全国统一官网：www. orientfutures. com

上海金源期货经纪有限责任公司

上海金源期货经纪有限责任公司是经中国证监会审核批准、国家工商总局登记的期货经纪公司，由全国特大型企业——上市公司铜都铜业的控股公司——铜陵有色金属（集团）公司控股组建。注册资金4000万元人民币。

上海金源期货成立于1992年12月1日，是我国最早成立的大型期货公司之一。拥有上海期货交易所（席位号025）、大连商品交易所（席位号118）、郑州商品交易所（席位号087）全权会员资格，中国金融期货交易所会员资格，并配有路透、世华、新华财经，世纪通宝等数套行情分析系统。上海金源期货公司下设大连、郑州、铜陵、深圳四个已通过中国证监会审批的营业部。公司组织结构包括交易部、交割部、结算部、财务部、市场部、信息部、工程部、办公室等职能部门。

公司是中国期货业协会理事单位、上海期货交易所理事单位、大连商品交易所及郑州商品交易所专业委员会委员，上海期货交易所历年十佳会员及优秀会员，是上海期货俱乐部的创建者。2002年度代理交易额为699.50亿元；代理交易量1246468万元；公司跻身中国有色金属期货行业中的领先地位，处于国内一流期货经纪公司之列，至今行业年度排名一直名列交易所前几位。

公司一贯秉承"诚信至上、专业理财、精诚服务、追求卓越"的经营理念，以严谨求实的敬业精神和认真负责的工作态度，不断提高管理和服务水平，竭诚为广大投资者提供全方位服务，创造更多的发展机会。

营业地址：上海浦东源深路273号（1、2层）

注册资本：4000万人民币

上海中财期货有限公司

公司原由北京华超联股份有限公司与上海物贸中心商厦有限责任公司共同合资组建，1998年12月中国证监会核发《期货经纪业务许可证》，1999年6月经第一届第二次董事会决议注册资本由1000万元增加至3000万元。2002年11月公司第九次股东会议决议将原股权的70%转让给上海中财实业发展有限公司，北京华超联和上海物贸中心商厦各保留15%股权，并相应变更公司注册地，由上海市普陀区中山北路2550号2楼变更为上海市浦东新区银城东路139号23楼。2004年4月2日公司第十二次股东会议决议将上海物贸中心商厦有限责任公司投资占有的15%股权转让给上海中财实业发展有限公司。股权转让后，股东及股权结构变更为上海中财实业发展有限公司投资占总股本的85%，北京华超联股份有限公司投资占总股本的15%，上海物贸中心商厦有限责任公司退出上海中财期货经纪有限公司股东会。以上变更事项于2004年7月1经中国证监会上海监管局核准。2005年，经中国证监会审核批准，公司原股东之一——北京华超联所持有的15%的股权拆分为8%和7%两部分，分别转让给浙江中财管道科技股份有限公司和浙江中财担保有限公司，并于2月2日顺利完成过户工作。2007年9月公司顺利通过中国证监会审核，获得金融期货经纪业务资格，继而顺利成为中金所会员。（会员号205）。2008年4月经过中国证监会同意，公司进行了股权和注册资本的变更，并随后办理了相关手续。2008年6月公司申请股权变更的注册资本为人民币210万元，由原股东浙江中财担保有限公司将其持有公司7%的股权分别以人民币120万元转让给浙江省华业建筑设计研究院有限公司4%股权、以人民币90万元转让给浙江中财管道科技股份有限公司3%股权，同时公司申请增加注册资本3000万元，由浙江中财管道科技股份有限公司于2008年6月2日之前缴足，变更后的注册资本为人民币6000万元。其中：上海中财实业发展有限公司出资人民币2550万元，出资比例为42.5%、浙江中财管道科技股份有限公司出资人民币3330万元，出资比例为55.5%、浙江省华业建筑设计研究院有限公司出资人民币120万元，出资比例2%，业经万隆会计师事务所有限公司审验并出具万会业字（2008）第2291号《验资报告》。变更后的股东和出资比例分别调整为浙江中财管道科技股份有限公司出资3330万元占注册资本的55.5%，上海中财实业发展有限公司出资2550万元占注册资本的42.5%，浙江省华业建筑设计研究院有限公司出资120万元占注册资本的2%。2008年7月，公司经上海市工商局核准，将名称由"上海中财期货经纪有限公司"变更为"上海中财期货有限公司"，同时换取了由上海市工商行政管理局颁发的《企业法人营业执照》。

公司基本情况

公司法定中文名称：上海中财期货有限公司

公司法定英文名称：SHANGHAIZ. C. FUTURESCO. ，LTD.

法定代表人：边锡明

总经理：金优炼

经营范围：商品期货经纪、金融期货经纪

（涉及行政许可的凭许可证经营）

注册资本：6000万元人民币

注册地址：上海市陆家嘴环路958号华能联合大厦23楼

办公地址：上海市陆家嘴环路958号华能联合大厦23楼

邮政编码：200120

公司国际互联网网址：www. zcqh. com

电子邮箱：zczh@ zcfutures. com

工商营业执照编号：000000012007100900002

期货经营许可证编号：31550000

申银万国期货有限公司

申银万国期货有限公司系申银万国证券股份有限公司的控股子公司。公司注册资本金7.76亿元，在证券控股期货公司中资本金规模位列前茅。2007年8月7日，经中国证监会批准，申银万国证券股份有限公司增资控股原天意期货经纪有限公司，并于同年9月25日更名为申银万国期货有限公司。2011年8月15日，在中国期货业协会公布的2011年期货公司分类结果中，公司获得A类A级评价。2011年8月19日，经中国证监会核准，公司首批获得期货投资咨询业务资格。

申银万国期货有限公司具有商品期货经纪业务、金融期货经纪业务资格，是上海期货交易所、大连商品交易所、郑州商品交易所的会员及中国金融期货交易所交易结算会员。公司同时还是中国期货业协会的理事单位、上海市工商业联合会钢铁贸易商会金融与法律委员会副主任单位、上海钢铁服务业协会副会长单位。公司总部位于上海浦东陆家嘴金融功能区，在成都、贵阳、大连、北京、郑州、上海、杭州、广州设有营业部。

申银万国期货有限公司坚持“依法、合规、规范”的经营方针，依靠强大的股东背景优势，依托申银万国证券股份集团架构下申银万国证券研究所、申银万国巴黎基金公司、申银万国证券（香港）有限公司等专业咨询服务团队，致力于为客户提供优质的综合金融理财服务。申银万国期货有限公司获得中国金融期货交易所颁发的“2010 年度客户管理奖”、“2010 年度优秀会员金奖”，期货日报 - 证券时报联合颁发的“中国最具成长性期货公司”、“最佳金融期货服务奖”，上海证券报颁发的“最快进步奖”等诸多交易所、媒体的多个奖项。

申银万国期货有限公司聚集了大量高学历、高素质、实战经验丰富的证券与期货的专业人才，拥有由博士、硕士等精英组成的一流高管队伍，公司的业务骨干 100% 具有本科以上学历，并且与各大高校、研究所建立了学术业务联系，吸引更多优秀人才加盟。

申银万国期货有限公司研发中心拥有专业的资深分析师，同时整合申银万国证券研究所雄厚的研发资源，运用大量、及时的信息、数据和先进的挖掘分析模型，从期货的基本面和技术面为客户提供及时、全方位的咨询产品、研究报告、套利套保方案等增值服务。

申银万国期货有限公司具有安全、快捷的交易信息系统。公司投入巨资建设了高等级的计算机房主机房和灾备机房，构建了计算机网络系统和高性能的交易服务器。主机房所有服务器配备热备份设备、双链路可靠接入、数据进行主备机房实时同步，通过大容量高带宽网上交易系统，确保客户能够安全、快捷地进行交易。公司的交易技术系统通过了由期货行业、高校等技术专家的评审验收，以及上海计算机安全等级测评中心的认证。

申银万国期货有限公司以客户为中心，依托先进的信息技术系统和专业的研发资讯，组建了一支高素质、反应迅速的专业客户服务团队。目前公司已与工商银行、交通银行、建设银行、农业银行等多家银行开通了银期转账系统，旨在为客户提供安全、便捷的资金管理服务。同时，建立了个性化、高标准的客户服务和流程体系，努力实现对客户的差异化、个性化、增值化服务。同时，建立了个性化、高标准的客户服务体系。

申银万国期货有限公司以促进上海国际金融中心建设、推动中国金融衍生品创新和期货行业发展为重要使命，秉承“诚信服务、开拓创新、追求卓越、争创一流”的理念，与客户共同发展，共铸辉煌！

地址：上海浦东新区东方路 800 号宝安大厦 7、8、10 楼

电话：021 - 50588811（总机）

传真：021 - 50588822

邮编：200122

电子邮件：sf1000@ sywgqh. com. cn

公司网址：www. sywgqh. com. cn

营业执照注册号码：510000000010507

期货经纪业务许可证号码：31770000

神华期货经纪有限公司

神华期货经纪有限公司（以下简称“神华”）是 1996 年经中国证监会批准和国家工商局核准登记注册的全国性大型期货经纪公司。十几年来，神华秉承诚信为本、规范自律、尽职尽责、服务于心的理念，公司从无到有、从小到大不断发展。伴随中国经济的振兴与起飞，历经中国期货业的成长壮大，神华在经营中逐渐形成自身的特色，是国内期货业一家老牌的期货经纪公司，也是业界一家享有盛誉的期货公司。

神华特色在于：

（1）公司始终把客户赢利置于核心位置，积极贴近市场与客户，为不同类型投资偏好的客户量身定做各类一体化解决方案，以实战为根，以研究为本，将合适的投资方法与理念以及市场机会及时传递给广大客户。

（2）公司将服务到心的理念贯彻体系建设中，实行“三贴”服务于一体——贴身、贴心、贴人。视客户为衣食父母，全心全意为客户提供细致周到的服务，满足客户各种投资需求。

（3）牢牢抓住公司风险控制这条主线不放松，通过全公司工作人员与客户充分有效地互动与配合，使得公司自创立十几年以来从未发生过重大风险事故，是国内期货业界风险控制水平较高的少数公司之一。

（4）公司十几年来实行稳健经营，并有效实施成本控制。创造了公司自创立以来从未出现经营亏损而持续盈利的业界范例。

拥有上海期货交易所、郑州商品交易所、大连商品交易所以及中国金融期货交易所等四家期货交易所的直接席位。

★总部设在深圳特区报业大厦西区 29F，在深圳南山区、北京、上海、郑州、武汉、厦门、无锡（筹）等地设有营业部。

★博易、文华、富远以及财顺等多套行情软件和金士达以及易盛等下单软件。

★总经理牵头的行情研究小组和投资决策委员会。

★第一家提出期货经纪服务的“管家意识”和“服务到心”的理念。

★第一家提出“居间人”业务体系建设等等。

★第一家拥有客户“账户诊断”服务系统。

★客户保证金实行托管制，资金安全。

★工商银行、建设银行、农业银行、中国银行以及交通银行等五家银行的银期转账，资金存取方便。

服务创新，力争最好。将服务做到最好是我们的追求。

经营理念：诚信至上、规范自律、尽职尽责、服务为本。

公司始终坚持“服务永远第一，客户赢利永远第一”的经营宗旨，遵循公开、公平、公正、合法和诚实信用的自律原则，力主以一流的人才，一流的管理，一流的设备为客户提供一流服务和一流赢利机会。

办公地址：深圳市福田区深南大道 6008 号特区报业大厦西区 29F

注册资本：5000 万元人民币

互联网网址 www. shqhgs. com

电子信箱：shqhgs@ vip. 163. com

盛达期货有限公司

盛达期货有限公司，成立于 2003 年，经中国证监会批准，在广东省工商局注册登记，经营商品期货经纪、金融期货经纪业务。公司有大连商品交易所、上海期货交易所、郑州商品交易所和中国金融期货交易所的会员资格，并分别在四家交易所拥有交易席位。公司注册资本 5000 万元，公司股东具有雄厚的资金实力和人才优势。公司总部设在广东省广州市解放南路 123 号金汇大厦 6 楼，地处城市中心区域，紧靠城市主干

道，地理位置优越，交通极为便利；公司所在的金汇大厦，同时有交通银行省分行总部及营业部，方便客户进行多元化的金融投资。

公司具有技术先进的硬件设施。公司采用金仕达交易结算系统，文华加澎博行情系统组合，拥有当前业内最先进的交易与信息资讯系统。公司采用了在期货行业中最新应用的网络技术，建立了独立的期货网站，开通了网上交易及查询系统。公司与工商银行、农业银行、建设银行及交通银行签订全面合作协议，对客户保证金实施了封闭式管理，开通了多家银行的网上银行业务以及银期转账业务，投资者可在全国各地直接通过网上银行或银期转账方式划转保证金，资金进出安全快捷。

公司拥有年富力强、综合素质较高的员工团队，高管层从业经历都是十年以上，员工团队平均年龄为35岁，普遍具有多项证券、期货从业资格以及相关的从业经验，熟悉金融、贸易、信息和农业等投资领域，能够为客户提供高质量、实用性强的研究咨询产品，为客户投资决策提供强大支持。

公司秉承"盛于理念，达于机会"为导向的客户培育理念，以及"盛情服务，达您所需"为宗旨的客户服务体系，致力于追求客户最大程度的满意，将期货功能开发服务于企业，在业界树立了良好的口碑和信誉。2009年，公司研发团队荣膺大连商品交易所"十大品牌研发团队"，2010年，公司经营业绩取得长足的进展。

电话委托：020－83271265　83271275　83271285

交易咨询：020－28327089、28327083

交易部电子邮箱：sdjyb@ sdfutures. com. cn

地址：广东省广州市解放南路123号金汇大厦6楼601

邮编：510120

电话：020－28325678（总机）

020－83271198

网址：http://www. sdfutures. com. cn

万达期货有限公司

万达期货有限公司成立于1993年4月，是全国最早成立的大型期货公司之一，主营商品期货经纪、金融期货经纪、期货投资咨询，目前注册资本人民币2.4亿元，拥有员工300余人，总部设在郑州。公司是国内三家期货交易所的全权会员，是中国金融期货交易所交易结算会员。

在组织结构方面，万达期货由研发机构、市场业务部门、营业部和职能支撑部门组成。研发机构有北京研究中心，广西南宁白糖研究中心和新疆棉花研究中心。市场业务部门有期货投资一部，期货投资二部，期货投资三部，期货投资四部，期货投资五部，工业品事业部和渠道部。营业部截至目前为止共有16家，分别设在乌鲁木齐、上海、北京、南宁、昆明、长春、大连、广州、温州、武汉、兰州、湛江、青岛、重庆、太原和厦门。职能支撑部门有财务部、客服部、综合部、技术部、结算部、合规部、人力资源部、风控部等8个部门。

公司设有规范的股东会、董事会、监事会、独立董事、首席风险官，分别有相互制衡的制度及议事规则。万达期货有限公司由河南东方粮食贸易有限公司、广东粤财信托有限公司、山西东港工贸集团有限公司等多家实力雄厚的股东投资，其控股股东隶属于中国储备粮管理总公司。

公司经营理念

诚实守信、开拓创新、合规经营、追求专业、勤勉尽责、以人为本。

公司发展目标

对外将万达期货打造成商业机构套期保值交易的管理中心、策略中心及服务中心；将万达期货打造成商业机构进出口贸易的策略服务平台；将万达期货打造成国内大型的集商品期货代理、金融期货代理、境外期货代理于一身的大型专业化期货公司。积极为创新业务储备人才，始终保持国内一流期货公司行列。

企业文化

五爱三精神：爱自己、爱同事、爱期货、爱万达、爱祖国。

万达精神：克己奉公，兢兢业业的敬业精神；首战用我，用我必胜的亮剑精神；诚实重信，铁肩道义的信托精神。

企业价值观

◆齐心协力创造万达事业

◆精心服务关注客户需求

◆开拓创新重塑万达品牌

◆精细管理提高企业效益

万达人

◆开放：善于接纳新思想、乐于接受别人对自己的评价与批评；

◆主动：积极主动承担工作任务和责任；

◆可靠：保质保量，及时完成约定工作；

◆勤奋：努力工作，不断学习；

◆有序：干净利落，有条不紊；

◆高效：行动迅速，锐意革新。

公司荣誉

2011年：

6月24日，万达期货荣获"最佳农产品产业服务奖"，南宁营业部荣获"中国十佳期货营业部"，公司员工崔仕嵬荣获"最佳白糖期货分析师"称号，马丽萍荣获"最佳PVC期货分析师"称号，葛欢娜荣获"最佳玉米期货分析师"称号；

12月16日，我公司荣获上期所优胜会员提名奖，产业服务优胜奖，铝产业服务奖，铅产业服务奖；

12月19日，我公司荣获郑商所棉花产业服务奖，白糖产业服务奖，菜籽油产业服务奖，市场发展奖，企业服务奖，产业客户开发服务奖；

12月22日，我公司荣获大商所优秀会员金奖，产业拓展成就奖。

客服专线：400－6197－666（免长途费）

地址：郑州市郑东新区商务内环路27号楼1单元
3层01号、2单元3层02号

邮编：450016

传真：0371－69106660

电话：0371－69106666（客服）

Email：service@ wdqh. com

网址：www. wdqh. com（网通）www. wdfco. com（电信）

五矿期货有限公司

五矿期货有限公司前身为五矿实达期货经纪有限责任公司，成立于1993年初。公司是上期所理事单位、中金所全面结算会员；深圳市期货同业协会副会长单位、中期协理事单位。公司注册资本5亿元人民币。

股东中国五矿集团是被列入中央管理的39家国有重要骨干企业之一，在全球500强排名中列331位，是中国最大的钢材贸易商,最大的有色金属综合集团。

五矿期货借助股东背景及资源优势,以服务产业客户为重点,在套期保值和套利业务上建立起了比较优势,曾多次被评为交易所优秀会员,获得过深圳市人民政府金融创新奖。公司在股东的大力支持下,正以"突出金属、狠抓金融"为发展战略,与全国期货同行一起携手共创中国期货业的美好未来。

公司是:

上海期货交易所理事单位;

中国金融交易所全面结算会员;

深圳期货同业协会副会长单位;

中国期货业协会理事单位。

公司秉承"诚信、规范、创新"的经营理念,以"精英创造价值,效率支撑成长"为宗旨,经过多年的发展与积淀,已成为中国期货市场的一颗璀璨之星。

雄厚的股东背景——中国五矿集团公司成立于1950年,是以金属、矿产品的开发、生产、贸易和综合服务为主,兼营金融、房地产、物流业务,进行全球化经营的大型企业集团。1992年,中国五矿集团公司被国务院确定为全国首批55家企业集团试点和7家国有资产授权经营单位之一。1999年,中国五矿集团公司被列入由中央管理的44家国有重要骨干企业。2007年,在中央企业业绩考核中,中国五矿被评为A级。2008年,中国五矿总经营额为266.6亿美元,利润达到5.42亿美元。

金属期货研发第一品牌——依托股东中国五矿集团在国内金属现货领域的强大优势和丰富资源,公司深入国内外金属产业链开展现货和期货市场相结合的研发工作。经过近二十年的积淀和传承,现公司研究部已成为以金属套利交易和套保交易为核心竞争力,有极高的自主创新和独到研究方法的高水平研发团队。多年来,公司致力于推动期货套期保值这一概念在实体经济中的广泛传播,为数家大型生产、流通、贸易、消费企业提供了与之经营相适应的套期保值服务,并成功地达到规避价格波动风险的目标,得到业内的一致认可,代理套期保值量达数千亿元。

聚集国内期货精英人才——公司拥有一批与中国期货市场、与公司一起同步成长的期货专业人才,他们接受过英伦的留学培训,经历过中国期市的大浪淘沙,以严谨的态度,倡导理性的投资理念,向投资者提供专业的理财建议。面对激烈的市场竞争和广阔的市场发展前景,公司的专业人才将继续以专业、高效、前瞻、进取的精神发挥他们的能量。

国内最先进的技术支持——早在2003年5月,公司率先建成行业内7×24小时高标准无人值守生产机房,灾备机房也于2009年5月投入使用。公司的期货交易采用目前最先进的恒生期货交易系统06版本,交易系统基于LINUX+ORACLE系统平台,采用"ORACLERAC==AS组==AR组==周边客户端"多层结构,交易主机受到极好的隔离和保护;核心网络采用多种先进的网络技术,如JUNIPERNSRP、CISCOHSRP、CISCOSTACK、Bonding、Teaming等,核心网络采用全冗余设计,关键设备和通讯(中国电信、中国联通)链路全部采用实时备份及冗余技术,无任何单点故障,全方位地确保交易系统的稳定、快捷、及时、准确、安全和可靠。

与国际接轨的外向型发展规划——公司从人力资源、社会合作、业务范围方面进行多元化的外向型发展规划。连续多年派员工到伦敦、香港等地接受业务培训;积极组办大型的国际期货会议;突出金属期货优势的同时大力进军金融期货领域。公司将依托其在行业的领先地位、专业水平和资金实力,在这个日益变幻的世界上谋求长远发展。

地址:深圳市福田区益田路6009号新世界中心48层
传真:(0755)82078331
电话:电话:(0755)83004242　82895237　83506953
公司互联网网址:http://www.wkqh.cn
公司电子邮箱:wkqh@wkqh.cn

西部期货有限公司

西部期货有限公司是经中国证监会批准设立的专业从事代理期货交易的经营机构,公司成立于1993年,前身为西安智德期货经纪有限公司。2008年经增资扩股后成为创新试点类券商——西部证券股份有限公司的控股子公司,注册资本金人民币8000万元整。

西部期货已取得商品期货、金融期货经纪业务及结算业务资格,是上海、大连、郑州三家商品期货交易所会员,中国金融期货交易所交易结算会员。公司主要从事国内商品期货、金融期货的经纪代理及结算业务,是陕西地区有市场影响力的期货服务提供商。

稳健经营规范运作

期货是风险投资,在市场波动之外,更要注重交易代理机构的选择风险。西部期货一直以诚信经营、规范运作为目标,公司的经营理念就是在规范中求发展,同时经过长期的实践和磨炼,公司的期货交易客户支持体系也日臻完善,风险管理能力不断增强。

技术领先创新致胜

西部期货斥巨资引进和建设西部第一、并与国内先进同行保持同步发展的信息技术平台,推出方便快捷的网上交易、应急电话下单等交易服务方式,并开通工行、建行、交行全国银期转账业务。公司具备业内领先的交易、结算等软硬件设施,拥有"文华"、"澎博"等多套行情系统,配备先进的高速服务器,保证交易速度和效率,满足了大批量客户同时在线的交易需求。在股指期货上市前的仿真交易测试中,公司交易系统也率先接入中国金融期货交易所,并在交易所对多家公司系统稳定性的内部评测中获得好评。

专业团队高效服务

西部期货拥有一流的人才队伍,管理团队稳健精干,员工队伍素质高,服务能力强。公司依托西部证券的资源优势,凭借对期货交易投资理念的深刻洞察与理解以及多年积累的、丰富的期货服务经验,竭诚为客户提供最具专业价值的交易咨询服务与期货投资策略解决方案。

地址:西安市东新街232号陕西信托大厦3层
电话:029-87406606　029-87406629
营业执照号码:610000100071623

新疆天利期货经纪有限公司

新疆天利期货经纪有限公司,成立于1994年10月28日,是新疆最早成立的大型专业化期货经纪公司。经中国证监会核发《期货经纪业务许可证》(31920000),并于2007年11月2日取得金融期货经纪业务资格,注册资金3000万元人民币。公司股东为新疆石油企业,控股股东为新疆独山子天利高新技术股份有限公司。

公司是全国所有期货交易所(中国金融期货交易所、上海期货交易所、大连商品交易所、郑州商品交易所)的正式会员单位;是中国期货业协会团体会员。主要从事国内商品期货代理、金融期货代理、期货投资咨讯及培训等业务。

公司软硬件设备齐全、制度严谨、管理规范;公司总部及各营业部均拥有优雅的现代办公环境,安全、高效的交易设施,优秀的期货交易分析人才。致力于为广大期货投资者提供优质、高效的专业化服务,是投资者进行期货投资,企业进行套期保值业务的理想场所。

公司实力雄厚、信誉良好,深受客户信赖。作为新疆首家期货经纪公司,在成立开始就确立了"规范运作客户至上"的经营理念,坚持"需求无止境服务无极限"的服务理念和"培养一流期货人才,创造一流期货公司"的企业目标,建立了严格、系统、专业化的培训机制和充分体现人才价值的激励机制。

随着国内期货市场的不断发展,公司业务也不断扩大,目前已拥有克拉玛依、伊宁、阿克苏等三家营业部。

天道酬勤、利商载德,公司在保持现有优势的基础上,将励精图治、不断开拓创新,与广大投资者携手共创美好明天!

电话:0991 - 2314100

传真:0991 - 2833757

邮编:830002

网址:www. xjtlqh. com

地址:新疆乌鲁木齐市人民路 33 号瑞达国际大厦七楼

克拉玛依营业部电话:0990 - 6238071

地址:克拉玛依市友谊路 169 号友谊大厦五楼 511 室

伊犁营业部电话:0999 - 8071130

地址:伊宁市新伊犁河路怡安家园财信电脑城三楼

信达期货有限公司

信达期货有限公司成立于 1995 年 10 月,系经中国证券监督管理委员会核发《经营期货业务许可证》(许可证号 32060000),浙江省工商行政管理局核准登记注册(注册号 330000000014832)的专营国内期货业务的有限责任公司,公司由信达证券股份有限公司全资控股,注册资本 1.5 亿元人民币,是国内规范化、信誉高的大型期货公司之一。公司现拥有上海、大连、郑州商品交易所等三大期货交易所的全权会员资格和五个交易席位,可以为客户代理铜、铝、锌、橡胶、燃料油、黄金、钢材、大豆、豆粕、玉米、豆油、棕榈油、LLDPE、PVC、白糖、菜籽油、棉花、小麦、PTA、早籼稻等所有已上市品种的标准期货合约交易,向客户提供交易、结算、交割、信息咨询、培训等全方位服务。公司全新改版后的网站 www. cindaqh. com 将以更快捷、更丰富的信息竭诚为您的交易提供最优的服务。

经营范围:商品期货经纪、金融期货经纪。

公司是中金所 15 家全面结算会员之一,会员号 0017。

公司总部设在杭州,下设上海、金华、乐清、富阳、台州、沈阳、大连、哈尔滨、北京、石家庄、义乌等 11 家营业部。

历史沿革

公司前身为浙江金迪期货经纪有限公司,成立于 1995 年 10 月,由金华市二轻工业总公司、浙江大学快威科技产业总公司等五家公司共同投资组建,注册资金 2000 万元。

1999 年 9 月,广厦建设集团有限责任公司和浙江金华信华经济发展集团有限责任公司受让了公司全部股权,同时公司注册资本变更为人民币 3000 万元。

2005 年 9 月,公司股东变更为金华通和置业有限公司和金华市合丰物资贸易有限公司,注册资金 3000 万元。

2007 年 11 月,金华通和置业有限公司和金华市合丰物资贸易有限公司分别将其持有的股份转让给信达证券股份有限公司,同时信达证券股份有限公司增加出资 7000 万元,变更后公司注册资本为 10000 万元,信达证券股份有限公司为全资控股股东。

2008 年 4 月,公司正式将名称由"浙江金迪期货经纪有限公司"更名为"信达期货有限公司"。

2008 年 6 月,信达证券股份有限公司增加出资 5000 万元,变更后公司的注册资本为 15000 万元,信达证券股份有限公司为全资控股股东。

2011 年 6 月,信达证券股份有限公司增加出资 15000 万元,变更后公司的注册资本为 30000 万元,信达证券股份有限公司为全资控股股东。

股东背景

信达证券股份有限公司是于 2007 年 9 月成立的国内 AMC 系第一家证券公司,法定代表人张志刚。公司具有中国证监会核准的综合类证券业务资格,注册地为北京市,注册资本为 15.11 亿元人民币,拥有 46 家营业部和 21 家证券服务部(办公地址:北京市西城区闹市口大街 9 号院 1 号楼信达金融中心。邮编:100031。公司网址:www. cindasc. com)。信达证券的主要出资人及控股股东是中国信达资产管理股份有限公司。中国信达资产管理股份有限公司是经国务院和人民银行批准,由财政部出资于 1999 年 4 月设立的国有独资非银行金融机构,注册资本金 100 亿人民币,是国内第一家金融资产管理公司。经过多年的发展,信达资产管理股份有限公司取得了良好的业绩,各项指标居行业领先水平。在完成不良资产处置的同时,信达资产管理股份有限公司依据国家相关政策积极探索商业化转型之路,陆续搭建了证券、基金、保险、信托等金融服务平台,综合服务金融集团的框架初步形成。

企业文化

公司以"诚信、规范、专业、创新"为经营思想,以"客户至上"为经营原则,以"专业创造价值"为核心理念。至诚的服务和至真的信誉,诚为客户所信赖。信达期货公司视客户为上帝,视信誉为生命,尊重客户权利,严守客户秘密,竭诚为广大客户进行套期保值、规避风险、投资获利等提供快捷、高效的渠道和优质的服务,使公司在变幻莫测的现代市场经济中运筹帷幄,乘风破浪,与客户共同发展。公司将充分运用资产管理公司金融综合业务平台的优势,进行金融创新,力争为广大客户提供更多、更全面的金融交叉产品,并最终提供全方位、一站式的金融服务。

地址:杭州市文晖路 108 号浙江出版物资大厦 12、16 层

客服电话:4006 - 728 - 728

兴业期货有限公司

兴业期货有限公司(简称"兴业期货")成立于 1995 年 12 月,注册资本 3 亿元人民币。兴业期货由兴业证券股份有限公司(以下简称"兴业证券")投资控股。公司拥有上海期货交易所(会员号:0311)、大连商品交易所(会员号:0133)和郑州商品交易所(会员号:0268)的会员资格,并取得了中国金融期货交易所交易结算会员资格(会员号:0102),可以为客户提供境内所有已上市的商品期货与金融期货的交易和结算服务。

兴业期货具有券商背景。兴业证券控股兴业期货比例达

到96.9%,同时控股兴业基金并参股南方基金。兴业证券为创新类券商,法人治理结构健全,资产质量优良,业务品种齐全,经营范围涵盖证券自营和代理买卖、证券承销和上市推荐、证券投资咨询、委托资产管理、网上证券委托业务、发起设立证券投资基金等,已经形成以福建省为中心,依托上海、深圳、北京等中心城市,辐射全国的经营网络。

兴业期货风险管理制度健全,流程合理,风控得当。公司已经建立了事前事中事后的风险控制机制,强化了风险管理部在行使风险管理职权方面的独立性,建立了良性的风险管理环境以控制决策风险和操作风险;能够利用风险控制技术系统做好风险监控与风险处置工作,并有效运用信息系统功能,进行客户期货交易与持仓风险测算,积极防范期货交易风险,合理处置期货交易静态和动态风险。

兴业期货具有快捷安全的交易系统。公司投入千余万元组建了全新的中心机房,灾备中心建设正在实施中。我司拥有一支专业化的计算机人才队伍,为大规模开展期货业务构建了一个良好的技术平台,可以保证交易的快捷和安全。

兴业期货拥有一支成长中的期货研究队伍。公司与兴业证券联手打造的研发团队从基本面和技术面角度,运用定性和定量相结合的方法分析研究,定期发布投资策略报告,为客户提供个性化的信息资讯服务。

兴业期货提供个性化、高水准的客户服务。公司始终坚持以客户为中心,依托先进的信息技术系统和专业的研发团队,组建了一支高素质的客户服务团队,建立了一个对客户反应迅速、高质量、高标准的售后服务体系,并针对 VIP 客户的套保、套利需求,提供一揽子的解决方案。

在期货市场迎来高速发展之际,在金融期货平稳推出之际,兴业期货将保持原有商品期货优势,秉持"规范、稳健、服务、专业"的经营理念,提升员工价值,创造客户价值,竭诚为广大投资者提供全面、优质的金融服务。

银河期货有限公司

银河期货是经中国证券监督管理委员会批准,在中华人民共和国国家工商行政管理总局注册,隶属中国银河金融控股有限责任公司旗下,由中国银河证券股份有限公司控股的专业型金融企业,现注册资本为3亿元人民币。

银河期货是中国第一家中外合资期货公司,也是目前国内唯一一家同时具有著名国内投资银行和国际商业银行股东背景的期货公司。控股股东中国银河证券股份有限公司是由中国投资有限责任公司控股的国内知名综合类券商,在2000-2007年的经纪业务中,连续八年保持市场份额第一名;外方股东苏格兰皇家银行(RBS)也是声誉卓著、实力雄厚,根据2007年度利润排名,是当今世界第二大金融服务集团,在全球各地拥有庞大的机构网络,业务范围覆盖零售银行、公司及商业银行、金融市场、财富管理和保险。另一中方股东为银河保险经纪有限公司,银河保险经纪有限公司是经中国保监会批准的全国性保险经纪公司。银河保险经纪有限公司聚集了一大批优秀的风险顾问人士、行业工程师、雇员福利计划专家和资深投资管理人士。

2007年,银河期货率先获得中国证监会的金融期货业务资格、交易结算资格和中国金融期货交易所交易结算会员资格,为黄金期货的上市和股指期货随后的推出铺平了道路。2008年,在首届中国优秀期货公司评选中,银河期货获得"全国最具有成长性期货公司"称号,随后又在百度财经的评选中获得"亿万网民心目中的2008十大最具影响力期货公司"称号,进一步展现了自己的实力。

2008年12月底公司同时受到了国内三家期货交易所的表彰,分别获得:大连商品交易所"最具成长性会员"、上海期货交易所"交易进步奖"、郑州商品交易所"市场进步奖"等称号。

银河期货作为一家国有控股的期货公司,以强大的股东背景,稳健的经营作风,专业化、细致化、人性化的期货交易服务,为您在开户、交易、交割等环节提供便利。

所获荣誉

2011年1月21日召开的中国金融期货交易所2010年度优秀会员表彰大会上,荣获2010年度优秀会员金奖、2010年度投资者适当性制度落实奖、2010年度技术管理奖、2010年度投资者教育奖、2010年度功能发挥奖。

2010年12月17日,银河期货荣获最佳产业服务期货公司。

"2010年十大研发团队评选"第一阶段评选中,银河期货研究中心获得农产品组第一名和化工品组并列第三名。

地址:北京市西城区复兴门外大街A2号中化大厦8层

邮编:100045

电话:010-58363266,010-58363288

传真:010-58303988

网址:www.yhqh.com.cn

E-mail:yhqhzhb@chinastock.com.cn

招商期货有限公司

招商期货有限公司是招商证券股份有限公司的全资子公司,注册资本3亿元人民币,是中国第一家获批的券商全资控股期货公司。公司具备上海期货交易所、大连商品交易所、郑州商品交易所、中国金融期货交易所四大期货交易所的交易结算会员资格,可代理中国期货市场所有期货品种的交易。

2008年中国证监会核准招商证券为招商期货提供中间介绍(IB)业务资格,公司成为国内第一批与券商开展IB业务的期货公司。目前,IB业务已在总部及获得中国证监会期货中间介绍业务开业资格的招商证券营业部全面展开,投资者可在招商证券营业部直接办理招商期货开户手续,并进行期货交易。

恪守招商传统的运营理念——合规稳健,协调发展。以保障客户资金安全和客户交易安全为生命线,斥巨资搭建安全可靠、性能卓越的交易系统。完善的制度流程管理,覆盖所有业务环节的合规、风控、稽查,全面掌控风险。

凭借招商卓越的人才机制——以人为本,任人唯贤。引进期货行业翘楚,自主培养学生精英,形成专业技能精湛、发展潜力巨大的员工队伍,支撑、优化着百年招商的运行管理品牌。

秉承招商独特的研发定位——立足市场,鼓励创新。公司研究所坚持独立客观、前瞻领先、贴近市场的研究方向,已在套利、程序化交易、短线交易等应用性领域取得显著成果,推出"智睿理财"系列产品。

承载招商真诚的服务理念——服务至上,成就价值。95565客服专线无微不至地关爱着客户,一对一高端服务随时随地呵护着客户,详实多样的信息渠道全面精准地引领着客户,各类针对性培训切实真诚地辅导着客户。

"百年招商,一脉相承,励新图强,敦行致远。"我们怀着这份信仰,力争建设中国金融市场上服务一流、能力突出、品牌卓越的专业期货交易服务机构，打造客户信赖、社会尊重、股东满意、员工自豪的优秀企业。

地址：深圳市福田区福华一路免税商务大厦9楼

咨询电话：0755－82763142

下单电话：0755－83251394、83251395

邮政编码：518048

电子邮箱：qhzj@ cmschina. com. cn

招商期货北京西直门北大街营业部

地址：北京市海淀区西直门北大街60号首钢国际大厦5楼

电话：010－82292293010－82291683

邮编：100082

电子邮箱：liangyi@ cmschina. com. cn

浙江大越期货经纪有限责任公司

浙江大越期货经纪有限责任公司，创立于1995年，注册资金8000万元，由大越股份有限公司、西博投资有限公司、绍兴市期望投资信息咨询有限公司共同出资组建，是绍兴市唯一一家经中国证券监督管理委员会批准，省工商行政管理局登记注册的专业期货经纪公司，是上海期货交易所、郑州商品交易所、大连商品交易所、中国金融期货交易所的全权会员单位。公司下辖杭州、温州、余姚、柯桥、湖州、上虞6家营业部，服务范围覆盖浙江省多个重要经济区域。

自成立以来，公司一直秉承“诚信、高效、务实、创新”的经营理念，以客户为根本，以研发和技术为核心，以服务地方经济为己任，以建立专业化、现代化的一流期货公司为目标，以规范稳健的经营作风、良好的盈利能力跻身于全国期货公司前列。自2002年以来，公司业绩一直保持着稳定快速增长，各项主要指标均大幅超过行业平均水平。公司的综合实力排名从2001年第158位，跃升至2007年的第33位。2008年又成功跻身全国20强之列。2009年公司被权威财经媒体《证券时报》评为“区域最具影响力”的期货公司。

公司总部位于绍兴市解放北路186号，地处繁华闹市，交通便利，地理位置优越。1500平方米的营业面积宽敞、明亮。公司下设有交易、信息、工程、财务、结算、业务等多个部门。

公司拥有独立中心机房，技术先进，设施一流。拥有澎博、文华财经、富远等多套国内外优秀的信息系统和金仕达、恒生等多套电子交易系统，公司还在中行、建行、交行、农行、工行五家银行开通了银期自动转账服务，客户可通过网络、电话银行、银行柜面等方式实现快捷、安全、高效的资金转账。

公司研发实力雄厚，具有较高水准的产业服务能力。能为现货企业提供套期保值、套利交易、仓单生成、抵押、交割等专业金融服务，帮助企业提前锁定生产成本，规避价格波动风险，推动企业的健康可持续发展。

大越期货将以广博的胸怀与战略视野，开拓创新，锐意进取，为广大客户提供全方位、高水准、专业化的优质期货经纪服务，努力实现客户资产的保值、增值。大越期货期待与您共同成长。

荣誉：

2006年全球PTA期货上市首日成交第一单会员单位；

2007年全国198家期货公司，大越综合排名31位；

荣获上海期货交易所交易进步奖、燃料油交易优胜奖；

荣获郑州商品交易所PTA交易排名第二名；

2008年荣获郑州商品交易所市场进步奖十强单位；

荣获PTA业务开发和信息研发优秀团队；

荣获郑州商品交易所品种优胜奖（PTA）第二名；

2009年荣获“证券时报社第二届中国优秀期货公司”之“区域最具影响力的期货公司”；

荣获郑州商品交易所产业服务奖、交易优胜奖；

荣获大连商品交易所产业服务奖；

2010年获得大连商品交易所农产品十大研发团队荣誉；

荣获郑州交易所“PTA行业服务奖”；

中国金融期货交易所2010年度优秀交易会员奖。

电话：0575－88333535　0575－85120647

传真：0575－85127511

地址：绍兴市解放北路186号7楼

邮箱：dyfbco@ 163. com

浙江省永安期货经纪有限公司

永安期货创办于1994年5月，1997年7月正式注册成立，是一家国有控股的专业期货公司，经营范围为商品期货经纪、金融期货经纪、期货投资咨询，现注册资本人民币8.6亿元，拥有员工650余人，总部设在杭州。

内部组织机构上，永安有配置完整的专业研发机构、市场业务部门、异地营业部、办事处及职能支持部门五种型态。研发方面有期货研究中心、北京研究院两个专业部门；市场业务方面设有金融机构业务总部、市场营销总部、产业发展总部等3个一级部门，及机构业务一部、业务二部、业务三部等3个二级部门；异地营业部26家，分别设在北京、上海、重庆、沈阳、鞍山、长春、石家庄、济南、淄博、青岛、长沙、福州、广州、无锡、南昌、武汉、温州、宁波、绍兴、台州、嘉兴、义乌、金华、余姚、萧山及瑞安等地；职能支持部门有金融事业总部、国际业务总部、交易运作总部、计划财务总部、综合管理总部、机构管理总部、稽核督查总部、人力资源总部及山东管理总部等9个部门；此外，在上海、大连、郑州等地设有3个办事机构。

公司治理结构规范，股权比例合理。永安设有规范的股东会、董事会、监事会、独立董事、首席风险官，分别有相互制衡的制度及议事规则。股东由财通证券有限责任公司、浙江省经济建设投资公司、浙江协作大厦有限公司、浙江国际贸易集团有限公司、浙江东方集团股份有限公司、浙江瑞和、浙江德邦等7家单位组成。目前，国有股东、上市公司的股权比例94.57%，民营企业股权比例5.43%。

公司业务平台完整，具有跨境服务和期现结合服务能力。永安是国内首批经国务院批准在港设立分支机构的三家试点期货公司之一，在香港设有我方控股的、与新鸿基集团合作的中国新永安期货有限公司，主要从事期货交易和咨询，及香港本地和香港证监会（SFC）认可的境外商品、金融期货经纪业务。中国新永安作为首批内地公司境外开放的试点之一，成立至今在同类企业中一直处于经营领先地位。永安参股设立的浙江中邦实业有限公司，主要从事期货市场上市品种的现货贸易。

公司规范诚信，风控严格，形象健康、信誉良好，成立来未发生过重大客户纠纷和涉讼事件。永安是上海期货交易所交易委员会主任单位、郑州商品交易所战略发展委员会主任单位、大连商品交易所理事单位、中国金融期货交易所全面结算会员单位、浙江期货行业协会会长单位、中国期货业协会副会长单位。公司总经理施建军任中国期货业协会副会长、浙江期货行业协会会长，大连商品交易所理事、上海期货交易所交易委员会主任、郑州商品交易所战略发展委员会主任委员。

公司开拓创新，持续领跑行业。永安的交易量、交易额、客户权益、盈利能力、风险控制能力等关键指标持续名列前茅，截止2010年，公司经营规模已连续十三年排名全省第一，是国内唯一连续十二年跻身全国十强行列的期货公司。

公司以"规范诚信"、"专业创新"、"真诚服务"、"行业领跑"为核心理念，崇尚合作、分享、共赢的"伙伴文化"，以最大限度地满足投资者的需求、努力实现客户资产保值、增值为经营宗旨，努力追求客户、股东和员工的共赢。

2011 年度

★公司获得2011年度第九届中国财经风云榜"最佳期货研究院"荣誉称号

★施建军总经理获得2011年度第九届中国财经风云榜"年度期货行业接杰出掌门人"荣誉称号

★2011年度大连商品交易所十大期货研发团队评选中获得"十大能源化工产品期货研发团队"第一名

★公司员工孔亮获得"最佳能源化工产品期货研发团队领导人"荣誉称号

★2011年度郑商所市场发展奖

★2011年度郑商所产业客户开发服务奖

★2011年度郑商所企业服务奖

★2011年度郑商所早籼稻品种产业服务奖

★2011年度郑商所PTA品种产业服务奖

★2011年度郑商所小麦品种产业服务奖

★2011年度郑商所棉花品种产业服务奖

★2011年度大商所产业拓展成就奖

★2011年度大商所优秀会员白金奖

★2011年上期所优胜会员

★2011年上期所产业服务优胜奖

★2011年上期所锌产业服务奖

★2011年上期所铅产业服务奖

★2011年上期所黄金产业服务奖

★2011年上期所钢材产业服务将

★2011年上期所天然橡胶产业服务奖

★2011年上期所燃料油产业服务奖

★2011年度中金所优秀会员金奖

★2011年度中金所功能发挥奖

★2011年度中金所客户管理奖

★浙江大学金融专业学位研究生教育实践基地

★施建军总经理受浙江大学金融学院邀请，被聘请为浙江大学经济学院金融专业学位研究生兼职导师

★公司在2011浙商最信赖金融机构评选中，荣获"浙商最信赖期货公司"荣誉称号

★第六届"国际油脂油料大会"钻石赞助单位

★公司在期货日报社、证券时报社共同主办的"2011年中国期货业发展高峰论坛暨第四节中国最佳期货经营机构暨最佳分析师评选"中，获

·"中国最佳期货公司"称号

·"中国期货业最佳管理团队"称号

·公司沈阳营业部获得"中国期货十佳营业部"称号

·公司员工匡波获"最佳PTA期货分析师"第一名

·公司员工夏天获"最佳菜籽油期货分析师"第二名

★公司员工沈沁获得浙江期货业协会组织的，省内13家期货公司共同参与的"我与客户"演讲赛一等奖

公司地址：杭州市潮王路208号浙江协作大厦3、6－8楼

客户服务及投诉电话：400－7007878

公司网址：www.yafco.com

邮政编码：310005

E－mail：yaqh@yafco.com

浙江新世纪期货经纪有限公司

浙江新世纪期货经纪有限公司是1993年经浙江省人民政府批准、国家工商行政管理总局核准注册成立的国内第一批专业期货公司，也是国内首批获得金融期货结算业务资格及金融期货代理业务资格的期货公司。截止2010年12月底，公司注册资本金为5000万元，净资产为1.38亿元。

公司由国有大型企业控股，股东实力雄厚。公司总部位于杭州市繁华的武林广场南侧，营业面积达3100多平方米，下设北京、上海、浙江萧山、湖州、嵊州、温州、宁波、东阳、衢州等九家营业部。

公司系上海期货交易所、大连商品交易所、郑州商品交易所、中国金融期货交易所会员单位，从事国内期货及金融期货经纪代理。多年来，在董事会的领导和全体员工的共同努力下，公司取得了长足的发展。公司连续多年受到上海期货交易所、大连商品交易所和郑州商品交易所的表彰，多次被上海期货交易所，郑州商品交易所和大连商品交易所评为优秀会员和交易20强单位。

公司拥有现代化的交易系统和先进的通讯设备，法人治理结构健全，员工队伍素质良好，运作规范、稳健，管理专业、严谨。多年来，以"为客户保值增值"为经营理念，坚持"诚信、进取、团结、服务"的企业精神，赢得了广大客户的信赖，客户赢利水平居同行前列，在期货行业享有良好声誉。

杭州总部

杭州市体育场路335号6－8层

邮编：310006

全国统一服务热线：400－700－2828

办公室：0571－85057251

市场一部：0571－85058089

市场二部：0571－85155709

金融事业部：0571－85058106

产业发展部：0571－85102823

研究中心：0571－85165651

客服中心：400－700－2828转人工服务

应急报单：0571－85155516

浙商期货经纪有限责任公司

浙商期货（原天马期货）是中国证监会核准设立的一流期货公司，于1995年9月7日在杭州成立，注册资本1.5亿元人民币。全资控股股东为浙商证券有限责任公司。公司为大连商品交易所、上海期货交易所、郑州商品交易所会员，中国金融期货交易所全面结算会员，经营范围：商品期货经纪和金融期货经纪。

公司连续5年综合实力位居全国前15位，多次三大交易所"优秀会员"，公司坚持为机构投资者服务，为现货企业服务的营销理念，在商品期货领域取得了骄人的业绩。目前在北京、上海、大连、天津、杭州、宁波等国内大中型城市拥有15家营业网点，正通过布局优化，加强对中心城市的覆盖和延伸。未来几年，随着利率期货、期货期权等金融衍生品期货品种的推出，浙商期货将以服务、研发、技术为核心，与浙商证券

一起，为广大投资者打造证券、期货、基金、期货投资为一体的金融理财服务平台。

地址：杭州市黄姑山路9号天科大厦9－10层

邮编：310012

全国客服电话：400－700－5186

法定代表人：胡军

中国国际期货有限公司

中国国际期货有限公司创立于1992年（简称“中国国际期货”），主要股东为中期集团、中国中期（股票交易代码：000996），主营商品期货经纪、金融期货经纪、期货投资咨询业务。公司诚实守信、信誉优良、行业地位显著，是中国成立最早、规模最大、营运最规范的大型期货公司之一。

中国国际期货目前建立了覆盖东北、华北、华东、华中、华南等几大区域管理中心，形成了辐射全国的营业网点。公司拥有一支高端的、梯次配置优化的研究服务团队，云集大量留学海归、名校毕业人员等专业人才，学历上多数拥有博士、硕士学位，专注于期货与金融衍生品领域的广度和深度研究，在宏观经济、金融工程、产业服务等方面实力雄厚，致力于为各类投资者提供各种策略型投资产品、指数型投资产品及组合型投资产品等高端服务产品。公司构建了完善的产业衍生业务服务支持平台，直接与产业企业和机构投资者进行对接，帮助产业企业和机构投资者制定套保套利方案，并提供综合型的配套服务项目。为了有效服务客户，实现全国网点有效链接，公司建立了高清视频会议系统，并通过ERP系统进行业务流程标准化管理。

2006年，获中国证监会批准，中国国际期货成为首批赴香港设立分支机构的6家期货公司之一，设立中国国际期货（香港）有限公司。同年，获香港证监会批准，在香港经营香港及国际期货业务。中期香港开业当年即实现盈利，并一直保持稳健经营。2009年，中期香港成为实现境外交割的第一家国内期货公司分支机构。

秉承“始于梦想，止于至善”的服务理念，中国国际期货根植于产业客户和机构投资者，立足于期货市场基本功能的发挥，为铸造民族期货品牌不断追求卓越。多年来，公司积极关注市场需求动态，在业务管理、产品服务、技术手段等领域不断进行创新。公司推出了系列化基础分析产品，并自主研发了“快枪手”交易系统、中期数据库、衍生品实时风险预警与管理系统、策略宝变频程式化策略、中期商品指数等应用型金融产品系列。通过定期举办各种各样的精品产业会议，如“橡胶高峰论坛”、“白糖高峰论坛”、“钢材高峰论坛”、“基金高峰论坛”等，踏踏实实为企业搭建平台。公司还结合市场需求，发起了“中小企业期货市场成长计划”、“走进企业，带专家上门会诊”、“区域产业结构优化助力计划”等创新活动，进一步丰富服务内容，提升服务质量。

作为行业的领跑者，中国国际期货与时俱进，务实拓展，树立了良好的服务品牌形象，获得行业内外的积极评价与表彰。公司先后获得“中国最具影响力企业”、“中国期货业特别贡献大奖”、“中国最佳期货公司”、“十大品牌期货公司”、“深圳知名品牌”、“深圳市政府金融创新奖”、期货交易所颁发的“最佳产业服务奖”等多项荣誉。

在中国期货市场业务创新发展的新时期，中国国际期货进一步拓展战略思维空间，借助股东强大的平台优势，全新打造“柜台中期”、“网上中期”、“掌上中期”及“95162语音中期”四位一体的立体式服务体系，竭诚为广大客户提供全方位、高水准、专业化的优质期货顾问式服务，努力实现客户资产的保值、增值。

许可证号：31030000

经营范围：商品期货经纪、金融期货经纪

金融期货业务资格类别：经纪业务资格、交易结算业务资格

取得会员资格的期货交易所名称：大连商品交易所、郑州商品交易所、上海期货交易所、中国金融期货交易所

注册资本：6亿元人民币

公司住所：‖北京市朝阳区建国门外光华路14号1幢1层、9层、11层、12层

法定代表人：宫月云

办公地址和邮编：北京市朝阳区建国门外光华路14号1幢1层、9层、11层、12层邮编100020

客户服务及投诉电话：400－8888－160转4号、400－8888－160转3号及400－8888－160转1号

公司网址：http://www.cifco.nethttp://www.cifco.com.cn

公司电子邮箱：szcifco@cifco.net.cn

公司员工人数：650

中粮期货经纪有限公司

基本情况

中粮期货有限公司成立于1996年，注册资金5.5亿元人民币。大股东中粮集团（COFCO）是中国领先的农产品、食品领域多元化产品和服务供应商，主营业务包括：农产品贸易与加工、地产与酒店经营、金融服务等。中粮集团拥有中国食品（HK0506）、中粮控股（HK0606）、蒙牛乳业（HK2319）、中粮包装（HK0906）4家香港上市公司，中粮屯河（600737）、中粮地产（000031）和丰原生化（000930）3家内地上市公司。自1994年以来，一直位列《财富》世界500强企业。

企业资质

中粮期货拥有大连商品交易所（席位号0052）、上海期货交易所（席位号0139）、郑州商品交易所（席位号0068）等国内三家交易所的全权会员资格；是中国期货业协会理事单位、大连商品交易所理事单位。中粮期货可代理国内棉花、糖、小麦、PTA、菜籽油、大豆、豆粕、豆油、玉米、铜、铝、锌、天然橡胶、燃料油、黄金、棕榈油等期货品种的交易结算业务，同时向各类投资机构、保值商、投机商、个人投资者提供相关的培训及信息咨询服务。

期货公司基本情况表

公司名称：中粮期货经纪有限公司

许可证号：32210000

经营范围：商品期货经纪；金融期货经纪

金融期货业务资格类别：全面结算业务资格

取得会员资格的期货交易所名称：上海期货交易所、大连商品交易所、郑州商品交易所、中国金融期货交易所

注册资本：5.5亿元人民币

公司住所：北京市东城区东直门南大街5号中青旅大厦15层

法定代表人：吕军

办公地址和邮编：北京市东城区东直门南大街5号中青旅大厦15层100007

总机：010－59197000

传真：010－59137008

客户服务及投诉电话:010－59137092
公司网址:http://www.zlqh.com.cn
公司电子邮箱:futures@cofco.com
公司员工人数:256 人

中信建投期货经纪有限公司

中信建投期货经纪有限公司成立于 1993 年 3 月 16 日,是国内最早成立的十家专业期货公司之一,注册资金 3.5 亿元人民币,中国金融期货交易所交易结算会员(115 号)、上海期货交易所会员(268 号)、大连商品交易所会员(71 号)以及郑州商品交易所会员(168 号),专业从事金融期货经纪业务、商品期货经纪业务。

中信建投期货公司严格按照证监会信息技术要求,在北京建立了一套高规格、高冗余、高容量的交易系统,并在重庆建立了高标准的异地灾难备份机房;公司还专门为机构投资者直接开放了交易接口,并设立了专用跑道,可满足机构投资者对系统的严格要求;系统容量满足线性增长要求,随时准备随业务规模的剧增,实现系统容量的快速增长。

中信建投期货公司不仅凭借自己的北京、上海、济南、长沙、大连、南昌、郑州、廊坊、广州等 9 家营业部,还完美依托中信建投证券遍布全国 22 个省、80 多个城市的 120 家营业网点将我们优质的期货服务提供给全国各地的广大投资者。

公司将秉承"诚信赢得客户,服务创造价值"的理念,为广大投资者提供更专业化、更便捷的服务。

地址:重庆市渝中区中山三路 107 号皇冠大厦 11 楼
电话:023－86769605(总部)
客服热线:400－8877－780(023－63600049)
邮编:400014
网址:www.cfc108.com

中银国际期货有限责任公司

中银国际期货有限责任公司(以下简称"中银国际期货")由中银国际证券有限责任公司全资设立,注册资本金为 1 亿元人民币。从事商品期货经纪、金融期货经纪业务。中银国际期货是国内首家既有国有商业银行背景,又有创新类券商背景的期货公司,雄厚的股东实力在国内期货行业独树一帜。

中银国际期货拥有中国主要期货交易所的会员资格,专业代理客户进行期货交易、结算和交割等各项业务。公司由长期从事期货行业、经验丰富的精英组成,部门主管以上人员平均从业年近 10 年。公司专业的研究团队,汇聚了业内研究水平一流、实务操作成绩稳健的研究员作为核心力量;确保为客户提供高质量的专业咨询。同时,公司致力于为客户提供安全、快捷的网上交易系统、方便的银期转账和专业的交割服务。

中银国际期货依托中国银行打造的多业并举的金融业务平台,借鉴中银国际控股丰富的国际资本市场运作经验,紧密携手中银国际证券,在市场营销、研究发展、风险管理等方面进行全面合作,共同打造全方位金融服务的平台,为客户提供优质、全面及个性化的期货服务。在充满发展机遇的中国期货市场,中银国际期货致力于建成一流期货公司,与客户建立起紧密协作、共同成长的长期伙伴关系,成为客户最值得信赖的期货服务伙伴。

公司名称:中银国际期货有限责任公司
联系地址:上海市浦东新区世纪大道 1589 号
长泰国际金融大厦 901 室
邮政编码:200122
联系电话:021－61088088
传真:021－61088066

中证期货有限公司

中证期货有限公司是中信证券股份有限公司的全资子公司,总部设在深圳,拥有中国金融期货交易所全面结算会员资格和上海期货交易所、郑州商品交易所、大连商品交易所的会员资格。公司主要从事商品期货、金融期货经纪业务和金融期货的代理结算业务,注册资金 8 亿元人民币。公司前身为深圳金牛期货经纪有限公司,是由新中国第一家期货交易所——深圳有色金属交易所于 1999 年改制设立而成。公司目前在北京、上海、青岛、郑州、大连、杭州、淄博等重要城市设有营业网点。

公司依托股东雄厚的品牌、资金和客户资源优势,秉承"诚信、规范、专业、创新"的经营理念,始终坚持规范运作、稳步发展的原则,市场规模多年名列深圳地区行业前茅。公司拥有优秀而富有经验的管理团队、安全高效的技术系统、专业严谨的研究队伍,形成了管理规范、作风严谨,技术先进、交易畅通,服务优质、指导专业的服务团队,并享有一系列荣誉:上海期货交易所年度优胜会员奖、铝企业服务奖、锌企业服务奖;中国金融期货交易所年度优秀会员金奖;中国最具成长性期货公司;最受投资者欢迎的专业金融机构;深圳知名品牌……

中证期货坚持为产业客户、机构客户提供"专业化、规范化、国际化"的服务,把客户的需求作为公司服务创新的动力,不断推动业务创新,不断提高服务质量,在行业品牌、市场规模、经营效益方面实现快速发展,力争成为国内期货行业领先的现代金融企业。

网站:www.citicsf.com
地址:深圳市福田区中心三路 8 号卓越时代广场二期 14 层
邮编:518048
全国统一客服:400－6789－819

第六编
中国保险市场

第一章　中国保险市场概况

中国保险监督管理委员会

中国保险监督管理委员会(简称"中国保监会")成立于1998年11月18日,是国务院直属事业单位。根据国务院授权履行行政管理职能,依照法律、法规统一监督管理全国保险市场,维护保险业的合法、稳健运行。2003年,国务院决定,将中国保监会由国务院直属副部级事业单位改为国务院直属正部级事业单位,并相应增加职能部门、派出机构和人员编制。中国保险监督管理委员会内设15个职能机构,并在全国各省、直辖市、自治区、计划单列市设有35个派出机构。其中,15个内设部门为:

(一)办公厅(党委办公室、监事会工作部)。拟定会机关办公规章制度;组织协调机关日常办公;承担有关文件的起草、重要会议的组织、机要、文秘、信访、保密、信息综合、新闻发布、保卫等工作。拟订派出机构管理、协调工作的规章制度,负责派出机构工作落实情况检查和信息收集整理等工作。负责保险信访和投诉工作;承办会党委交办的有关工作;负责国有保险公司监事会的日常工作。

(二)发展改革部。拟订保险业的发展战略、行业规划和政策;会同有关部门拟订保险监管的方针政策及防范化解风险的措施;会同有关部门研究保险业改革发展有关重大问题,提出政策建议并组织实施;会同有关部门对保险市场整体运行情况进行分析;对保监会对外发布的重大政策进行把关;归口管理中资保险法人机构、保险资产管理公司等的市场准入和退出;负责规范保险公司的股权结构和法人治理结构,并对公司的重组、改制、上市等活动进行指导和监督;负责保监会对外重要业务工作与政策的协调。

(三)政策研究室。负责保监会有关重要文件和文稿的起草;对保监会上报党中央、国务院的重要文件进行把关;研究国家大政方针在保险业的贯彻实施意见;研究宏观经济政策、相关行业政策和金融市场发展与保险业的互动关系;根据会领导指示,对有关问题进行调查研究;开展保险理论研究工作,负责指导和协调中国保险学会开展研究工作。

(四)财务会计部(偿付能力监管部)。拟定保险企业和保险监管会计管理实施办法;建立保险公司偿付能力监管指标体系;编制保监会系统的年度财务预决算;审核机关、派出机构的财务预决算及收支活动并实施监督检查;审核会机关各部门业务规章中的有关财务规定。负责机关财务管理。

(五)财产保险监管部(再保险监管部)。承办对财产保险公司的监管工作。拟定监管规章制度和财产保险精算制度;监控保险公司的资产质量和偿付能力;检查规范市场行为,查处违法违规行为;审核和备案管理保险条款和保险费率;审核保险公司的设立、变更、终止及业务范围;审查高级管理人员任职资格。承办对再保险公司的监管工作。拟定监管规章制度;监控保险公司的资产质量和偿付能力;检查规范市场行为,查处违法违规行为;审核保险公司的设立、变更、终止及业务范围;审查高级管理人员的任职资格。

(六)人身保险监管部。承办对人身保险公司的监管工作。拟定监管规章制度和人身保险精算制度;监控保险公司的资产质量和偿付能力;检查规范市场行为,查处违法违规行为;审核和备案管理保险条款和保险费率;审核保险公司的设立、变更、终止及业务范围;审查高级管理人员任职资格。

(七)保险中介监管部。承办对保险中介机构的监管工作。拟定监管规章制度;检查规范保险中介机构的市场行为,查处违法违规行为;审核保险中介机构的设立、变更、终止及业务范围;审查高级管理人员的任职资格;制订保险中介从业人员基本资格标准。

(八)保险资金运用监管部。承办对保险资金运用的监管工作。拟订监管规章制度;建立保险资金运用风险评价、预警和监控体系;查处违法违规行为;审核保险资金运用机构的设立、变更、终止及业务范围;审查高级管理人员任职资格;拟订保险保障基金管理使用办法,负责保险保障基金的征收与管理。

(九)国际部。承办中国保险监督管理委员会与有关国际组织、有关国家和地区监管机构和保险机构的联系及合作。负责中国保险监督管理委员会的外事管理工作;承办境外保险机构在境内设立保险机构,以及境内保险机构和非保险机构在境外设立保险机构及有关变更事宜的审核工作;承办境外保险机构在境内设立代表处的审核和管理事宜;对境内保险及非保险机构在境外设立的保险机构进行监管。

(十)法规部。拟订有关保险监管规章制度;起草有关法律和行政法规,提出制定或修改的建议;审核会机关各部门草拟的监管规章;监督、协调有关法律法规的执行;开展保险法律咨询服务,组织法制教育和宣传;承办行政复议和行政应诉工作。

(十一)统计信息部。拟订保险行业统计制度,建立和维护保险行业数据库;负责统一编制全国保险业的数据、报表,抄送中国人民银行,并按照国家有关规定予以公布;负责保险机构统计数据的分析;拟订保险行业信息化标准,建立健全信息安全制度;负责保险行业信息化建设规划与实施;负责建立和维护偿付能力等业务监管信息系统;负责信息设备的建设和管理。

(十二)稽查局。负责拟订各类保险机构违法违规案件调查的规则;组织、协调保险业综合性检查和保险业重大案件调查;负责处理保险业非法集资等专项工作;配合中国人民银行组织实施保险业反洗钱案件检查;调查举报、投诉的违法违规问题,维护保险消费者合法权益;开展案件统计分析、稽查工作交流和考核评估工作。

(十三)人事教育部(党委组织部)。拟订会机关和派出机构人力资源管理的规章制度;承办会机关和派出机构及有关单位的人事管理工作;根据规定,负责有关保险机构领导班子和领导干部的日常管理工作;负责指导本系统党的组织建设和党员教育管理工作;负责会机关及本系统干部培训教育工作;会同有关部门提出对派出机构年度工作业绩的评估意见。

(十四)监察局(纪委)。监督检查本系统贯彻执行国家法律、法规、政策情况；依法依纪查处违反国家法律、法规和政纪的行为；受理对监察对象的检举、控告和申诉。领导本系统监察（纪检）工作。

（十五）党委宣传部（党委统战群工部）。负责本系统党的思想建设和宣传工作；负责思想政治工作和精神文明建设；负责指导和协调本系统统战、群众和知识分子工作。机关党委。负责会机关及在京直属单位的党群工作。

领导简介

党委书记、主席　项俊波

项俊波，男，1957 年 1 月出生，北京大学法学博士，研究员。曾任南京审计学院副院长、国家审计署审计管理司副司长、国家审计署京津冀特派办特派员，2000 年至 2002 年任国家审计署党组成员、人事教育司司长，2002 年 2 月任国家审计署党组成员、副审计长，2004 年 7 月任中国人民银行党委委员、副行长（其间：2005 年 8 月至 2007 年 6 月兼任中国人民银行上海总部主任），2007 年 6 月任中国农业银行党委书记、行长，2009 年 1 月中国农业银行股份公司成立，任中国农业银行股份公司党委书记、董事长，2011 年 10 月任中国保险监督管理委员会党委书记、主席。

副主席　李克穆

李克穆：男，1952 年 7 月生，曾任国务院发展研究中心局长、党组成员，中央财经领导小组办公室副主任兼宏观经济组组长。现任中国保监会副主席。

副主席　杨明生

杨明生，男，1955 年 8 月生，曾任中国农业银行行长、党委书记，现任中国保险监督管理委员会副主席。

副主席　周延礼

周延礼：男，1956 年 6 月生，曾任中国保监会上海保监办主任、中国保监会主席助理，现任中国保监会副主席。

纪委书记　陈新权

陈新权，男，1954 年 8 月生，曾任中共中央金融工作委员会宣传部部长、监事会工作部部长，国有重点金融机构监事会主席。现任中国保监会纪委书记。

副主席　陈文辉

陈文辉，男，1963 年 4 月生，曾任中国保监会人身保险监管部主任、主席助理，现任中国保监会副主席。

主要职责

1. 拟定保险业发展的方针政策，制定行业发展战略和规划；起草保险业监管的法律、法规；制定业内规章。

2. 审批保险公司及其分支机构、保险集团公司、保险控股公司的设立；会同有关部门审批保险资产管理公司的设立；审批境外保险机构代表处的设立；审批保险代理公司、保险经纪公司、保险公估公司等保险中介机构及其分支机构的设立；审批境内保险机构和非保险机构在境外设立保险机构；审批保险机构的合并、分立、变更、解散，决定接管和指定接受；参与、组织保险公司的破产、清算。

3. 审查、认定各类保险机构高级管理人员的任职资格；制定保险从业人员的基本资格标准。

4. 审批关系社会公众利益的保险险种、依法实行强制保险的险种和新开发的人寿保险险种等的保险条款和保险费率，对其他保险险种的保险条款和保险费率实施备案管理。

5. 依法监管保险公司的偿付能力和市场行为；负责保险保障基金的管理，监管保险保证金；根据法律和国家对保险资金的运用政策，制定有关规章制度，依法对保险公司的资金运用进行监管。

6. 对政策性保险和强制保险进行业务监管；对专属自保、相互保险等组织形式和业务活动进行监管。归口管理保险行业协会、保险学会等行业社团组织。

7. 依法对保险机构和保险从业人员的不正当竞争等违法、违规行为以及对非保险机构经营或变相经营保险业务进行调查、处罚。

8. 依法对境内保险及非保险机构在境外设立的保险机构进行监管。

9. 制定保险行业信息化标准；建立保险风险评价、预警和监控体系，跟踪分析、监测、预测保险市场运行状况，负责统一编制全国保险业的数据、报表，并按照国家有关规定予以发布。

10. 承办国务院交办的其他事项。

中国保险监督管理委员会联系方式

地址：中国北京市西城区金融大街 15 号

邮编：100140　　电话：（010）66286688

派出机构概况

目前，中国保监会在全国各省、直辖市、自治区、计划单列市设有 35 个派出机构。各派出机构根据中国保监会的授权履行辖区内保险业的行政管理职能，依照国家有关法律、法规和方针、政策，统一监督管理保险市场，维护保险业的合法、稳健运行，引导和促进保险业全面、协调、可持续发展。

派出机构的主要职责为：

（一）贯彻执行国家有关法律、法规和方针、政策，研究制订辖区内保险业发展战略规划；

（二）依据中国保监会的授权，依法对辖区内保险机构、保险中介机构的经营活动进行监督管理；

（三）根据中国保监会的规章，制订辖区内保险市场监管的相关实施细则、具体办法和工作措施；

（四）依法查处辖区内保险违法、违规行为，维护保险市场秩序，依法保护被保险人利益；

（五）监测、分析辖区内保险市场运行情况，预警、防范和化解辖区内保险风险，并将有关重大事项及时上报；

（六）负责辖区内保险公司分支机构、保险中介机构及其分支机构的市场准入、退出等有关事项的审批和管理工作；

（七）负责审查核准相关高级管理人员的任职资格；

（八）负责管理有关的保险条款及费率；

（九）归口管理辖区内保险行业协会、保险学会等行业社团组织；

（十）中国保监会交办的其他事项。

派出机构联系方式

北京保监局

局　长：丁小燕

副局长：刘　峰

局长助理：刘跃林　罗　青

地　址：北京市西城区金融大街 15 号鑫茂大厦北楼 9 层、10 层

邮　编：100032　　电　话：010－66060530

天津保监局
党委书记、局长:郭左践
副局长:李振达
局长助理:朱　迎
地　址:天津市和平区睦南道93号
邮　编:300050　　电　话:022-23145022

河北保监局
局　长:孙沛城
副局长:安秀洪
地　址:河北省石家庄市桥西区自强路35号金融大厦18层
邮　编:050051　　电　话:0311-87884612

山西保监局
局　长:慕福明
副局长:田　毅　杨春山
地　址:山西省太原市府东街89号禹皇大厦
邮　编:030002　　电　话:0351-3345015

内蒙古保监局
局　长:智鹏飞
副局长:刘　甄　徐德宁
地　址:内蒙古呼和浩特市赛罕区(金桥开发区)金桥路17号
邮　编:010010　　电　话:0471-4505390

辽宁保监局
局　长:张广增
副局长:高　翠
局长助理:刘　军
地　址:辽宁省沈阳市沈河区北京街29号
邮　编:110013　　电　话:024-22596567

吉林保监局
局　长:刘德江
副局长:张　刚
地　址:吉林省长春市经济技术开发区昆山路1088号
邮　编:130033　　电　话:0431-85862008

黑龙江保监局
局　长:齐少军
副局长:马良骏　桑秀奇
地　址:黑龙江省哈尔滨市南岗区红军街15号奥威斯发展大厦20层
邮　编:150001　　电　话:0451-53009291

上海保监局
党委书记:孙国栋
局　长:马学平
副局长:邓雄汉　邢　炜
局长助理:李　峰
地　址:上海市浦东新区合欢路39号
邮　编:200135　　电　话:021-38656666

江苏保监局
局　长:谢　宪
副局长:宋志华
局长助理:阎　波
地　址:江苏省南京市汉中路169号金丝利国际大厦12楼
邮　编:210029　　电　话:025-86793900

浙江保监局
局　长:吴勉坚
副局长:段宗华　刘　钢
地　址:浙江省杭州市体育场路105号凯喜雅大厦12楼
邮　编:310003　　电　话:0571-85777751

安徽保监局
局　长:李迎春
副局长:胡　皖　张雪峰
地　址:安徽省合肥市
邮　编:230001　　电　话:0551-5633900

福建保监局
局　长:朱增镳
副局长:王　斌　袁光林　吴朝生
地　址:福建省福州市五四路111号宜发大厦16、21、22层
邮　编:350003　　电　话:0591-87871590

江西保监局
局　长:张　兴
副局长:陈　静　邹东山
地　址:江西省南昌市永叔路15号信达大厦
邮　编:330003　　电　话:0791-6387002

山东保监局
局　长:任建国
副局长:陈进军　巩庆军
局长助理:鲁　青
地　址:山东省济南市泺源大街150号中信广场十层
邮　编:250011　　电　话:0531-85180509

河南保监局
局　长:欧　伟
副局长:卢振峰　刘殿尧　赵庆晗
地　址:河南省郑州市农业路28号报业大厦
邮　编:450008　　电　话:0371-63380612

湖北保监局
局　长:左绪文
副局长:焦清平　姚庆海
地　址:湖北省武汉市武昌区友谊大道2号2008新长江广场
邮　编:430062　　电　话:027-88937700

湖南保监局
局　长:陈　杰
副局长:熊志国　朱　正
地　址:湖南省长沙市三一大道209号
邮　编:410003　　电　话:0731-4825222

广东保监局
局　长:黄　洪
纪委书记:张辉烨
副局长:江裕棠
局长助理:赵　巍
地　址:广东省广州市东风东路 767 号东宝大厦 22 楼
邮　编:510600　　电　话:020－38361222

广西保监局
局　长:袁序成
副局长:文德旺　余利民
地　址:广西壮族自治区南宁市金湖路 52－1 号
　　东方曼哈顿大厦 17 层
邮　编:530028　　电　话:0771－5536636

海南保监局
局　长:王小平
副局长:刘　勇
地　址:海南省海口市国贸大道 45 号银通国际中心 24 楼
邮　编:570125　　电　话:0898－68510331

重庆保监局
局　长:邓季达
副局长:秦士由　刘　梅
地　址:重庆市渝中区五一路 8 号帝都广场 A 塔 12 楼
邮　编:400010　　电　话:023－86668888

四川保监局
局　长:王虎林
副局长:倪荣鸣　唐亚山
地　址:四川省成都市青龙街 51 号倍特康派大厦
邮　编:610031　　电　话:028－86252541

贵州保监局
局　长:谭　论
副局长:陈清华　张曼红
地　址:贵州省贵阳市新华路 9 号乌江水电大厦 18 楼
邮　编:550002　　电　话:0851－5830149

云南保监局
局　长:侯建新
副局长:华日新　余祖典
地　址:云南省昆明市人民东路 6 号新华大厦 9－10 楼
邮　编:650051　　电　话:0871－3164047

陕西保监局
局　长:邓良鲜
副局长:毋育生
局长助理:王根修
地　址:陕西省西安市含北路陕西公路大厦 B 座 8、9 层
邮　编:710068　　电　话:029－88416505

甘肃保监局
局　长:张　瑞
副局长:王　勉　廖小林
地　址:甘肃省兰州市静宁路 308 号甘肃信托大厦 7－10 层
邮　编:730030　　电　话:0931－8831887

青海保监局
局　长:葛　翎
副局长:韩生玉　赵衍亮
地　址:青海省西宁市五四大街 13 号二十一世纪大厦
　　10－11 层
邮　编:810001　　电　话:0971－6109909

宁夏保监局
局　长:李翰辉
副局长:朱泽潘
局长助理:亓新政
地　址:宁夏银川市金凤区新昌东路 158 号
　　和信商务中心 B 座
邮　编:750002　　电　话:0951－5699000

新疆保监局
局　长:孙建宁
副局长:朱健民
局长助理:闫　力
地　址:新疆乌鲁木齐市南湖路 89 号温州大厦 25－27 层
邮　编:830002　　电　话:0991－3333500

深圳保监局
局　长:余龙华
副局长:陈　风　赵宇龙
地　址:广东省深圳市福田区农林路 69 号深国投广场
　　1 号写字楼 9 层
邮　编:518040　　电　话:0755－82531000

大连保监局
副局长:朱进元　任春生
地　址:辽宁省大连市中山区人民路 23 号虹源大厦
邮　编:116001　　电　话:0411－82825866

宁波保监局
局　长:江先学
副局长:姜国富
地　址:浙江省宁波市江东区兴宁路 47 号
　　宁波大学商务中心
邮　编:315041　　电　话:0574－87848525

青岛保监局
局　长:王甲军
副局长:蔡兴旭　曹光中
地　址:山东省青岛市东海西路 39 号世纪大厦 28 层
邮　编:266071　　电　话:0532－85799121

厦门保监局
局　长:张柏玲
副局长:薛　江　柯甫榕
地　址:福建省厦门市鹭江道 98 号建行大厦 39 层
邮　编:361003　　电　话:0592－8122282

中国保险行业协会

中国保险行业协会成立于2001年2月23日，是经中国保险监督管理委员会审查同意并在国家民政部登记注册的中国保险业的全国性自律组织，是自愿结成的非营利性社会团体法人。2007年12月17日，根据中国保监会《关于加强保险业社团组织建设的指导意见》（保监发[2007]118号）精神，中国保险行业协会召开第三届会员代表大会并成功实现了换届，顺利开展了体制机制改革，建立了专职会长负责制，稳步推进人员队伍规范化、专业化、职业化建设。

截至目前，中国保险行业协会共有会员207家，其中保险公司135家、保险中介机构36家、地方保险行业协会36家。中国保险行业协会的最高权力机构是会员代表大会。理事会是会员代表大会的执行机构，理事会选举产生会长、副会长、常务理事。协会实行专职会长负责制，由专职会长负责协会日常工作。协会根据工作需要聘任秘书长和副秘书长。协会通过每年度召开理事会的形式共同商讨协会的工作。协会下设财产保险工作委员会、人身保险工作委员会、保险中介工作委员会、保险营销工作委员会和公司治理专业委员会五个分支机构，各分支机构的日常工作由协会相应工作部承担。协会还通过定期召开全国地方协会秘书长联席会议，交流情况，协调工作。目前，协会日常办事机构由办公室、法律事务部、信息部、培训部四个部门组成。

中国保险行业协会的宗旨是：遵守国家宪法、法律、法规和经济金融方针政策，遵守社会道德风尚，深入贯彻科学发展观，依据《中华人民共和国保险法》，在国家对保险业实行集中统一监督管理的前提下，配合保险监管部门督促会员自律，维护行业利益，促进行业发展，为会员提供服务，促进市场公开、公平、公正，全面提高保险业服务社会主义和谐社会的能力。

保险行业协会的基本职责为：自律、维权、服务、交流。

自律：维护公平竞争的市场环境，通过签订自律公约、制定行业标准和行业指导性条款来约束不正当行为；弘扬诚实守信的职业道德，建立健全保险业诚信体系；加强保险从业人员和中介机构的自律管理，监督执业行为，进行自律惩戒。

维权：参与决策论证，提出有利行业发展的建议；开展调查研究，反映行业呼声；加强与监管机关和政府部门沟通，维护会员和消费者合法权益。

服务：以会员需要和行业发展修求为导向，切实增强提供服务的主动性和针对性，努力为会员单位，保险消费者及决策机关提供服务，促进行业健康发展。

交流：通过协会会员间、与国内外保险业间、与其他行业间的交流与合作，沟通情况、收集信息、引进技术、推广经验、反映业内动态，为会员、保险公司客户和社会公众服务。

领导介绍：

金坚强会长

金坚强，中共党员，高级经济师，工商管理硕士，现任中国保险行业协会会长，兼任中国企业联合会、中国企业家协会副会长。历任国家外汇管理局南宁分局局长，中国人民银行南宁分行行长、党委书记，广东省农村合作金融办公室主任，中国保监会广西监管局局长、党委书记，中国保监会办公厅正局级巡视员等职。

1997年，荣获广西壮族自治区省、市两级劳动模范光荣称号，并先后被聘为广西壮族自治区检察院金融高级顾问，广西大学、广西财经大学、上海交通大学海外教育学院兼职教授，北京大学中国保险与社会保障研究中心顾问。《运用校园管理理论，定位保监会派出机构职能》、《让保险成为县域经济发展的稳定器和助推器》、《中国保险业的战略选择》、《对建立政府与市场相结合的巨灾保险制度探索》等多篇文章在全国重要杂志和报刊中发表。

王治超秘书长

王治超，1965年8月生，保险与社会保障博士，高级经济师，现任中国保险行业协会秘书长。1990年开始在中国人民银行从事金融监管工作，先后参与过中国复关谈判、金融市场的对外开放、外资保险监管和中资保险监管。1997年底作为国务院保险业整顿小组成员，参与补充养老保险、农村养老保险和职工互助保险的清理整顿工作。自1998年起在中国保监会工作，历任人身保险监管部监管处、精算处和制度处副处长、处长，2006年8月至2007年12月任中国保监会江苏监管局副局长。

王治超博士拥有深厚的专业理论功底和丰富的金融保险工作经验，曾公开发表过多篇论文，并出版了《保险业实证研究》、《世界主要国家保险法律法规汇编》、《人身保险发展报告》和《人身保险从业人员职业道德》等著述。

伊生副秘书长

伊生，男，1951年1月出生，籍贯山西，中共党员，高级经济师，现任中国保险行业协会副秘书长。1980年进入保险行业，历任中国人民保险公司河北分公司国际部副处长、总经理，中国人民保险公司澳大利亚理赔部总经理，中国人民财产保险股份有限公司特殊风险部、承保管理部、责任信用险部总经理。

伊生副秘书长长期从事财产保险的经营管理，具有深厚的保险理论功底，在财产保险、责任保险、船舶保险、货运保险、航空航天保险、核电能源保险和财产险再保险方面具有丰富的承保理赔管理经验。

单鹏副秘书长

单鹏，1978年生，中共党员，硕士研究生学历，经济师。2001年参加并从事保险监管工作，曾任中国保监会沈阳办公室稽核检查处科员，中国保监会辽宁监管局人身保险监管处副主任科员、综合科副科长，中国保监会辽宁监管局办公室主任助理、副主任，曾在保险监管、社团管理理论研究方面公开发表过多篇论文。2008年7月起担任辽宁省保险行业协会秘书长，2009年6月当选辽宁省保险行业协会第五届理事会副会长兼秘书长。2010年8月经公开竞聘任中国保险行业协会副秘书长。

2010年1－12月养老保险公司企业年金业务情况表

单位：万元

公司名称	企业年金缴费	受托管理资产	投资管理资产
太平养老	382060	1391827.2	1842563.9
平安养老	1023549.4	2980689.8	3844788.2
国寿养老	1736170.7	3189501	
长江养老	326907.8	2603752.3	1402241.4

公司名称	企业年金缴费	受托管理资产	投资管理资产
泰康养老	105688.5	225665.6	
合计	3574376.6	10391435.9	7089593.6

注：

1. 企业年金缴费、受托管理资产、投资管理资产的统计口径。

2. 以上数据来源于各养老保险公司报送保监会统计报表数据，未经审计，目前统计频度暂为季度报。

3. 上海市企业年金中心将上海市企业年金资产整体移交给长江养老并由其设立的企业年金过渡计划，已于今年年初完成转换。

2010 年 1－12 月保险业经营数据

单位：万元

原保险保费收入	145279714.55
1. 财产险	38956424.71
2. 人身险	106323289.84
(1)寿险	96795093.43
(2)健康险	6774658.47
(3)人身意外伤害险	2753537.94
养老保险公司企业年金缴费	3574376.60
原保险赔付支出	32004291.64
1. 财产险	17560273.50
2. 人身险	14444018.14
(1)寿险	11089892.04
(2)健康险	2640219.87
(3)人身意外伤害险	713906.23
业务及管理费	15383514.70
银行存款	139099714.25
投资	321366512.91
资产总额	504816086.47
养老保险公司企业年金受托管理资产	10391435.90
养老保险公司企业年金投资管理资产	7089593.60

注：

1. "原保险保费收入"为按《企业会计准则(2006)》设置的统计指标，指保险企业确认的原保险合同保费收入。

2. "原保险赔付支出"为按《企业会计准则(2006)》设置的统计指标，指保险企业支付的原保险合同赔付款项。

3. 原保险保费收入、原保险赔付支出和业务及管理费为本年累计数，银行存款、投资和资产总额为月末数据。

4. 银行存款包括活期存款、定期存款、存出保证金和存出资本保证金。

5. 养老保险公司企业年金缴费指养老保险公司根据《企业年金试行办法》和《企业年金基金管理试行办法》有关规定，作为企业年金受托管理人在与委托人签署受托合同后，收到的已缴存到托管账户的企业年金金额。

6. 养老保险公司企业年金受托管理资产指养老保险公司累计受托管理的企业年金财产净值，以托管人的估值金额为准，不含缴费已到帐但未配置到个人账户的资产。

7. 养老保险公司企业年金投资管理资产指养老保险公司累计投资管理的企业年金财产净值，以托管人的估值金额为准，不含缴费已到帐但未配置到个人账户的资产。

8. 养老保险公司企业年金缴费为本年累计数，养老保险公司企业年金受托管理资产和养老保险公司企业年金投资管理资产为季度末数据。

9. 养老保险公司企业年金缴费、养老保险公司企业年金受托管理资产、养老保险公司企业年金投资管理资产的统计频度暂为季度报。

10. 上述数据来源于各公司报送的保险数据，未经审计。

2010 年 1－12 月财产保险公司原保险保费收入情况表

单位：万元

资本结构	公司名称	合计
中资	人保股份	15393002.48
	大地财产	1381722.22
	出口信用	890787.44
	中华联合	1933630.93
	太保财	5152903.87
	平安财	6211569.32
	华泰	385146.59
	天安	802773.48
	大众	172513.40
	华安	396610.84
	永安	578996.38
	太平保险	534906.25
	民安	167347.35
	中银保险	249173.20
	安信农业	63563.15
	永诚	540013.12
	安邦	703028.38
	信达财险	35078.98
	安华农业	258800.45
	天平车险	314738.93
	阳光财产	1063557.52
	阳光农业	140949.09
	都邦	357550.06
	渤海	118715.09
	华农	14559.35
	国寿财产	1126548.15
	安诚	155461.24
	长安责任	161697.46
	国元农业	126101.25
	鼎和财产	66009.26
	中煤财产	1.60
	英大财产	175442.48
	浙商财产	106916.41
	紫金财产	60823.36
	小计	39840639.06
外资	美亚	102112.42
	东京海上	41334.89
	丰泰	17519.81
	太阳联合	16275.58
	丘博保险	14438.12
	三井住友	40530.22
	三星	36212.58
	安联	30241.36
	日本财产	18357.03
	利宝互助	38147.22
	安盟	6844.48
	苏黎世	18751.19
	现代财产	11131.64
	中意财产	19282.46
	爱和谊	3102.25
	国泰财产	6968.16
	日本兴亚	2505.14
	乐爱金	4414.18
	富邦财险	124.81
	小计	428293.54
合计		40268932.60

注：

1. 原保险保费收入为本年累计数，数据来源于各产险公司报送保监会月报数据。

2. 原保险保费收入为各产险公司内部管理报表数据，未经审计，各产险公司不对该数据的用途及由此带来的后果承担任何法律责任。

3. 美亚包括美亚上海、美亚广州、美亚深圳。

4. 由于计算的四舍五入问题，各产险公司原保险保费收入可能存在细微的误差。

2010年1－12月人寿保险公司原保险保费收入情况表

单位：万元

资本结构	公司名称	合计
中资	国寿股份	33303976.82
	太保寿	9199986.53
	平安寿	15906385.46
	新华	9364308.41
	泰康	8676459.71
	太平人寿	3302455.39
	民生人寿	812945.38
	生命人寿	1531810.03
	国寿存续	1454087.05
	平安养老	518380.55
	中融人寿	93608.75
	合众人寿	772221.75
	太平养老	2216.19
	平安健康	19975.46
	人保健康	928960.82
	华夏人寿	363593.20
	正德人寿	513230.34
	信泰	214468.25
	嘉禾人寿	452038.61
	长城	251538.57
	昆仑健康	17608.94
	和谐健康	278.95
	人保寿险	8242551.92
	国华	399573.76
	国寿养老	0.00
	长江养老	0.00
	英大人寿	320480.86
	泰康养老	0.00
	幸福人寿	608918.81
	阳光人寿	1516893.07
	百年人寿	102105.28
	中邮人寿	202959.76
	安邦人寿	103.02
	小计	99094121.63
外资	中宏人寿	200698.01
	太平洋安泰	103915.88
	中德安联	154536.28
	金盛	117786.78
	信诚	541415.53
	交银康联	71286.81
	恒康天安	37536.60
	中意	614610.65
	光大永明	510595.43
	友邦	847033.18
	海尔纽约	46774.07
	首创安泰	130076.87
	中英人寿	492545.30
	海康人寿	171970.75
	招商信诺	323564.05
	长生人寿	27032.04
	恒安标准	151033.09
	瑞泰人寿	135211.44
	中美大都会	253967.76
	中法人寿	22238.50
	华泰人寿	606414.03
	国泰人寿	61861.47
	联泰大都会	165712.40
	中航三星	34195.29
	中新大东方	50968.24
	新光海航	11702.98
	汇丰人寿	15853.25
	君龙人寿	14173.76
	小计	5914710.45
合计		105008832.08

注：

1. 原保险保费收入为本年累计数，数据来源于各寿险公司报送保监会月报数据。

2. 原保险保费收入为各寿险公司内部管理报表数据，未经审计，各寿险公司不对该数据的用途及由此带来的后果承担任何法律责任。

3. 友邦合计包括友邦上海、友邦广州、友邦深圳、友邦北京、友邦苏州、友邦东莞和友邦江门。

4. 由于计算的四舍五入问题，各寿险公司原保险保费收入可能存在细微的误差。

5. 本表反映各公司开办的保险业务，因太平养老、国寿养老、长江养老、泰康养老未开办此类业务，故表中不反映上述四家公司数据。

2010年1－12月全国各地区原保险保费收入情况表

单位：万元

地区	原保险保费收入	财产保险	寿险	意外险	健康险
全国	145279714.55	38956424.70	96795093.43	2753537.94	6774658.47
北京	9664550.65	2123030.12	6764897.96	136956.82	639665.74
天津	2140074.43	651335.45	1339098.16	33782.72	115858.10
河北	7464041.36	1929059.18	5135948.94	103785.57	295247.67
辽宁	4538131.73	1185761.26	3060398.62	61791.47	230180.38
大连	1510482.49	435649.33	973973.19	26214.41	74645.57
上海	8838593.41	1892201.38	6306123.31	149832.07	490436.65
江苏	11626736.01	3119064.97	7804138.20	259615.18	443917.66
浙江	6903428.91	2594736.65	3865770.70	172877.10	270044.47
宁波	1440614.77	661979.99	709927.30	30548.86	38158.62
福建	3460657.01	998918.00	2178948.37	77938.21	204852.43
厦门	775466.53	282012.95	437363.72	15880.03	40209.82
山东	8762161.50	2415716.12	5695021.71	185487.73	465935.94
青岛	1538525.65	495450.84	928477.77	22792.40	91804.64
广东	12317606.32	3090578.26	8401480.47	240755.42	584792.17
深圳	3614914.96	1205660.56	2165466.04	79287.98	164500.38
海南	479475.76	178486.17	272465.56	10918.56	17605.48
山西	3652982.88	929384.88	2535938.48	49317.25	138342.27
吉林	2392486.26	608862.29	1659264.10	28478.60	95881.26
黑龙江	3432219.94	718572.37	2544900.40	49287.07	119460.10
安徽	4382486.74	1196167.49	2955144.47	57426.84	173747.95
江西	2532587.17	692438.35	1692060.88	44075.62	104012.32
河南	7932837.71	1347209.82	6183362.88	91933.17	310331.84
湖北	5003281.78	982092.30	3722611.32	89302.23	209275.92
湖南	4385284.33	1006965.45	3056954.21	98253.54	223111.13
重庆	3210768.69	659595.53	2357665.89	77162.64	116344.63
四川	7657702.30	1915556.72	5226406.63	172797.93	342941.03
贵州	1226271.16	469215.92	676991.56	37161.16	42902.51
云南	2356815.14	942197.80	1174070.34	81012.74	159534.26
西藏	50585.33	41122.88	4294.67	3084.46	2083.33
陕西	3338080.29	854237.23	2286499.16	60966.44	136377.47
甘肃	1463353.77	388223.64	989820.81	26553.03	58756.28
青海	256967.98	103795.06	134204.99	7444.28	11523.65
宁夏	527466.25	175019.64	294573.06	14248.51	43625.04
新疆	1909238.66	630009.80	1086009.18	49292.36	143927.32
内蒙古	2155372.16	962681.94	1065873.63	45016.66	81799.93
广西	1909353.58	657646.83	1100780.10	59626.82	91299.83
全国本级	428110.95	415787.55	8166.65	2632.08	1524.67

注：

1. 集团、总公司本级是指集团、总公司开展的业务，不计入任何地区。

2. 上述数据来源于各公司报送的保险数据，未经审计。

2010 年保险中介市场报告

一、保险中介市场运行情况

截至 2010 年年底,全国共有保险专业中介机构 2550 家,兼业代理机构 18.99 万家,营销员 329 万余人。全国保险公司通过保险中介渠道实现保费收入 10941.25 亿元,同比增长 19.43%,占全国总保费收入的 75.46%。全国中介共实现业务收入 971.62 亿元,同比增长 10.17%。

(一)保险专业中介机构

1. 基本情况

截至 2010 年年底,全国共有保险专业中介机构 2550 家,比上季度末增加 4 家。其中,保险代理公司 1853 家,保险经纪公司 392 家,保险公估公司 305 家,分别占 72.67%、15.37% 和 11.96%。全国保险专业中介机构注册资本达到 90.80 亿元,同比增长 24.33%;总资产达到 135.91 亿元,同比增长 26.77%。

2. 业务情况

截至 2010 年年底,全国保险代理公司和保险经纪公司实现保费收入 794.75 亿元,同比增长 38.57%;占全国总保费收入 5.48%,同比上升 0.33 个百分点。

保险代理公司实现代理保费收入 481.68 亿元,同比增长 46.50%。其中,实现财产险保费收入 342.80 亿元,人身险保费收入 138.88 亿元,分别占全部代理保费收入的 71.20% 和 28.80%。

保险经纪公司实现保费收入 313.07 亿元,同比增长 27.96%。其中,实现财产险保费收入 261.58 亿元,占全部经纪保费收入的 83.55%;实现人身险保费收入 43.02 亿元,占全部经纪保费收入的 13.74%。同时,实现再保险业务类经纪保费收入 8.47 亿元。

保险公估公司实现评估估损金额 195.41 亿元,同比减少 12.52%。

3. 经营情况

截至 2010 年年底,保险专业中介机构实现业务收入 119.21 亿元,同比增长 33.60%;实现净利润 8.15 亿元,同比增长 71.94%。

保险代理公司实现佣金收入 63.09 亿元,同比增长 40.76%。其中,实现财产险佣金收入 42.57 亿元,同比增长 70.14%,占全部代理佣金收入的 67.48%;实现人身险佣金收入 20.52 亿元,同比增长 50.33%,占全部代理佣金收入的 32.52%。保险代理公司实现净利润 1.99 亿元,同比增长 134.12%。

保险经纪公司实现业务收入 43.96 亿元,同比增长 32.81%。其中,实现财产险佣金收入 34.10 亿元,同比增长 36.29%,占全部经纪业务收入的 77.57%;实现人身险佣金收入 4.77 亿元,同比增长 25.53%,占经纪业务收入的 10.85%;实现再保险佣金收入 6332 万元、咨询费收入 4.46 亿元,占经纪业务收入的 11.58%。保险经纪公司实现净利润 5.71 亿元,同比增长 62.22%。

保险公估公司实现业务收入 12.16 亿元,同比增长 7.52%。实现财产险公估服务费收入 11.74 亿元,其中,机动车辆险 6.37 亿元,占财产险公估服务费的 54.26%;企业财产险 2.36 亿元,占财产险公估服务费的 20.10%;家庭财产保险 315.71 万元,占财产险公估服务费的 0.27%;货运、船舶险 1.48 亿元,占财产险公估服务费的 12.61%;工程险 8248.48 万元,约占财产险公估服务费的 7.03%,其他险种占财产险公估服务费的 5.73%。人身险公估服务费收入约 877.41 万元,其他收入 3309.25 万元。保险公估公司实现净利润 0.45 亿元,同比增长 18.42%。

(二)保险兼业代理机构

1. 基本情况

截至 2010 年年底,全国共有保险兼业代理机构 189877 家,比上季度末减少 9564 家。

表 1　截至 2010 年年底保险兼业代理机构数量情况

类型	数量(家)	占比(%)
银行	113632	59.85
邮政	24845	13.08
铁路	435	0.23
航空	2171	1.14
车商	23859	12.57
其他	24935	13.13
合计	189877	100.00

2. 业务情况

截至 2010 年年底,保险兼业代理机构实现保费收入 5464.42 亿元,同比增长 22.50%;占全国总保费收入的 37.68%,同比下降 2.37 个百分点。

表 2　截至 2010 年年底保险兼业代理机构业务情况

类型	保费收入(亿元)	占比(%)
银行	3503.79	64.12
邮政	895.99	16.40
铁路	3.07	0.06
航空	7.18	0.13
车商	424.82	7.77
其他	629.57	11.52
合计	5464.42	100.00

3. 经营情况

截至 2010 年年底,保险兼业代理机构实现佣金收入 283.45 亿元,同比增长 27.61%。

表 3　截至 2010 年年底保险兼业代理机构经营情况

类型	佣金收入(亿元)	占比(%)
银行	149.87	52.87
邮政	34.34	12.12
铁路	0.36	0.13
航空	4.28	1.51
车商	51.80	18.27
其他	42.80	15.10
合计	283.45	100.00

(三)保险营销员

1. 基本情况

截至 2010 年年底,全国共有保险营销员 3297786 人,比上季度末增加了 15.13 万人。其中寿险险营销员 2879040 人,产险营销员 418746 人。

2. 业务情况

截至 2010 年年底,保险营销员实现保费收入 4682.08 亿元,同比增长 13.45%;占全国总保费收入的 32.29%,同比下降 4.77 个百分点。其中,实现人身险保费收入 3587.52 亿元,实现财产险保费收入 1094.56 亿元,分别占同期全国人身险保费和财产险保费收入的 33.84% 和 28.10%。

3. 经营情况

截至 2010 年年底,保险营销员实现佣金收入 568.96 亿元,同比微降 0.29%。其中,寿险营销员佣金收入为 471.48

亿元;产险营销员佣金收入为97.48亿元。

二、2010年保险中介监管工作情况及2011年监管工作重点

(一)2010年监管工作情况

一是保险公司中介业务检查成效初现。2009年保险公司中介业务专项检查已经表明,保险公司是保险中介业务违法违规行为的最大受益者,是保险中介市场秩序混乱的源头。为从根本上规范保险中介市场秩序、维护被保险人利益,2010年1月1日保监会印发《关于开展保险公司中介业务现场检查工作的通知》,部署在全国范围内开展保险公司中介业务检查工作。通过对21家保险法人的58个基层机构进行检查,查明保险公司利用中介业务、中介渠道、虚增成本、非法套取资金1.4亿元,保险公司与中介机构的业务关系不合法、不真实、不透明情况较为严重。同时,依法对检查中发现的严重违法违规的保险机构及其高管人员进行了严肃处理,处罚保险公司及保险中介机构127家,向15家保险总公司下发监管函,吊销1家省级公司营业部经营保险业务许可证,罚款合计1323万元;处理责任人员138名,行业终身禁入2人;向税务、公安、司法等部门移送违法犯罪线索15起。这次检查通过严查重处、责任追究、媒体监督等多种方式,在全国范围内营造了监管的高压态势,树立了监管权威,不但对被检查公司震动很大,在保险业内也引起了连锁反应,公司自查自纠和加强内控管理的意识有所增强。

二是保险营销员体制改革取得突破。在确立了"稳定队伍、提升素质、创新模式、防范风险"的改革目标后,保监会商人力资源和社会保障部、国家工商行政管理总局,下发了《关于改革完善保险营销员管理体制的意见》,明确改革的方向、目标和总体思路,表明监管部门的态度和决心,向全行业提出原则性要求,引导市场稳步推进各项改革工作。改革正式启动后,社会各方高度关注、积极反应。金融时报、上海证券报等主流媒体纷纷报道,均对改革持肯定和支持态度,同时也表现出通过改革逐步解决现有营销体制中存在问题的期望。各保险机构表示,要主动把握好改革的有利时机,调整发展战略,未来发展要与改革方向保持一致,要积极探索新的保险营销模式和营销渠道。

三是市场风险得到及时化解。根据保险风险的特点,建立覆盖风险发生和蔓延全过程的风险防范机制。密切关注相关信息,掌握风险的发展动向。完善风险排查和预警监测机制,下发《关于防范和打击保险专业中介机构涉嫌传销行为的通知》,部署在全国范围内排查保险专业中介机构涉嫌传销案件;下发《关于严格规范保险专业中介机构激励行为的通知》,高度重视辖区内保险专业中介机构实施激励机制过程中的潜在风险,加强监测预警,完善应急预案,及时跟进处置。此外,对国有及国有控股保险中介机构"小金库"情况进行专项治理。

四是制度建设逐步完备。起草《保险销售从业人员监管规定》、《保险经纪、保险公估从业人员监管规定》,理顺监管定位、坚持从业公平性、提高准入门槛、尊重各地实际,进一步加强从业人员管理;起草《保险公司委托金融机构代理保险业务监管规定》,强化保险公司的管控责任,明确金融机构代理保险业务的有关要求,细化法律责任;起草《互联网保险业务监管规定》,努力防范网络欺诈风险,对互联网保险业务进行依法、科学、有效监管,切实维护投保人或被保险人合法权益;下发《关于保险公司中介业务检查中代理人、经纪人佣金监管有关问题的通知》,明确保险公司中介业务检查中代理人、经纪人佣金监管政策;下发《关于规范保险公司相互代理业务有关事项的通知》,明确保险公司相互代理的监管要求和标准。

五是行政许可工作进一步规范。根据《行政许可法》及三部监管规定,建立分级审核制度,严把准入关,做好行政许可工作。明确保监会和保监局之间的行政许可职责分工,强化了保监局属地监管职能和责任。

六是工作透明度进一步提升。采取召开情况通报会、媒体通气会、发布新闻通稿、邀请媒体记者实地调查查处情况等多种方式,主动向媒体公开监管信息,加大信息披露力度,掌握工作主动权,提高公众知情权,一年来共组织召开1次媒体通气会,发布新闻通稿10篇。大力加强信息化建设,通过保险中介监管信息系统全面推广上线,实现了全国范围内的数据集中和信息共享;通过在线处理行政许可事项,有效提高了工作效率,增强了行政许可工作的透明度。经过不断地努力,2010年保险中介监管信息化水平有了质的提高,监管基础进一步夯实。

(二)2011年监管工作重点

1.求真务实履行监管职责

一是进一步强化保险公司中介业务查处力度。针对中介业务检查揭示出的问题,继续按照逐步深入、稳步推进、严查重处的思路,扎实开展现场检查。主要是继续围绕保险公司与中介机构合作关系是否真实、合法等内容开展检查;继续依法从重处罚违法违规行为,对涉嫌行贿、职务侵占、贪污、商业贿赂、非法集资、传销、洗钱、逃避纳税义务等案件和线索,严格依法移送相关执法部门;继续加强通报披露,及时在辖区内通报检查结果,及时向新闻媒体宣传披露违法案件处理情况。通过严查重处,增强保险公司自查自纠和加强内控管理的意识,使行业逐步形成自觉依法合规经营、自觉抵制违法违规行为的风气,推动保险中介市场秩序不断好转。

二是坚决清理整顿代理市场。在目前保险代理机构多、业务规模小、市场格局比较混乱的状况下,结合近年来专项检查工作情况,针对保险代理机构与保险公司相互勾结、违法违规普遍而严重等突出问题,集中力量对保险代理市场开展清理整顿,依法将一批严重违法违规、经营管理混乱的代理机构清理出市场,推动保险代理市场走向规范化、专业化。同时,针对保险公司利用部分党政机关、社会团体和事业单位代理保险业务存在的种种问题,联合相关部门开展调研。

三是积极推动保险营销员体制改革。在落实有关政策文件精神的基础上,按照既定的改革方向、目标和思路,逐步完善改革的配套措施,推动保险营销员管理体制改革。要求各保险公司和保险中介机构按照体制更顺、管控更严、素质更高、队伍更稳的发展方向,全面梳理本公司保险营销员管理体制,切实转换经营理念,保护保险营销员的合法权益,促进保险营销队伍稳定发展。同时,鼓励改革创新模式,充分发挥市场主体的积极作用,大力推动建立新型保险销售体系。

四是有效防范和化解风险。高度关注市场动向,及时分析市场出现的新情况新问题以及潜在的风险点,科学预测风险带来的后果,有针对性地研究制定应急预案;继续对常规违法违规行为保持高压态势,从严从快查处,及时化解风险,防止风险蔓延;完善风险防范机制,加大协调和指导力度;研究加强保险专业中介机构内部管理,提出明确的监管要求,促使保险专业中介机构提升内控意识、提高内控水平、增强防范化解风险能力,努力从源头上遏制风险。

五是进一步完善规章制度。适时启动《保险中介集团监管办法》、《保险公司委托汽车销售商代理保险业务监管规定》、《保险公司相互代理保险业务监管办法》的起草工作;抓紧制定《保险销售从业人员监管规定》、《保险经纪、公估从业人员监管规定》、《保险公司委托金融机构代理保险业务监管规定》、《互联网保险业务监管规定》实施后的具体配套办法;研究保险代理、经纪、公估机构兼业开展相关业务等问题,并出台配套规定;进一步研究完善保险中介机构市场退出制度。

六是继续加强基础性工作。围绕"十二五"规划,就如何进一步加强市场监管、如何做好保险中介市场的环境培育和结构调整、如何进一步提升监管干部业务能力等问题深入开展调研。进一步加强行政许可工作,继续实施行政许可通报制度。完善保险中介监管信息系统建设,提高使用效率。关注和支持新闻媒体曝光违法违规行为和报道保险监管举措,继续加强对外宣传,发挥舆论的监督作用。

2. 鼓励创新引导培育市场

当前,保险中介市场正处于从数量增加到质量提升的转变过程中,保险经纪、公估机构总体发展趋势良好,社会认可度不断提高,品牌优势初步显现,保险代理机构全国性保险销售网络初步形成。为更好地促进保险中介市场持续健康发展,保险中介监管要牢牢把握工作主动权,在依法严处违法违规行为、规范市场秩序的同时,还要做好保险中介市场的环境培育和结构调整工作,促进行业形成科学发展的内在动力。一要推动我国保险中介市场对外开放。只有深入推进保险中介市场对外开放,充分利用国外的资本优势,借鉴国外先进发展经验,才能快速提高我国保险中介行业的整体经营水平,加快保险中介市场走市场化、规范化、职业化和国际化步伐,稳步提高承接保险销售职能的能力。二要鼓励兼并重组。出台具体政策措施,鼓励和支持有发展空间和发展潜力的中介机构,进行机构间的兼并重组,鼓励建立全国性服务网络,逐步将现有保险中介机构培育成优势互补的大型保险中介公司。三要鼓励上市融资,壮大资本实力。鼓励自身发展条件成熟的专业中介机构,在市场环境允许的前提下上市融资,突破资本"瓶颈",提高自身的综合竞争力,走专业化、集约化发展道路,努力提升自身的专业化程度和服务水平,以适应保险市场发展的需要。四要鼓励保险公司提高创新意识,加大对新型营销模式的创新力度,通过发展专属代理公司、网络销售、电话销售等多元销售渠道,促进保险产业升级,实现专业化经营,促进可持续发展。五要鼓励保险公司充分利用保险中介渠道,采取销售服务外包、引入经纪人制度等多种方式,逐步形成保险公司与保险中介机构专业分工、稳定合作、互利共赢的全新市场格局和良性互动机制。

附件1:2010年保险代理公司业务收入前20名排名情况
附件2:2010年保险经纪公司业务收入前20名排名情况
附件3:2010年保险公估公司业务收入前20名排名情况

附件1:2010年保险代理公司业务收入前20名排名情况

排名	机构名称	业务收入(万元)	占比(%)
1	华康保险代理有限公司	45176.57	7.16
2	大童保险销售服务有限公司[1]	20496.50	3.25
3	河北盛安保险代理有限公司	12473.94	1.98
4	广东泛华南枫保险代理有限公司	10659.50	1.70
5	四川泛华保险代理有限公司	9567.58	1.52
6	东莞市南枫佳誉保险代理有限公司	7891.92	1.25
7	四川泰源保险代理有限公司	7534.73	1.19
8	河北泛联保险代理有限公司	7434.71	1.18
9	广州市泛华益安保险代理有限公司	7219.00	1.14
10	广州辉信保险代理有限公司	5032.10	0.80
11	广州市隆昊保险代理有限公司	4885.33	0.78
12	长沙育才保险代理有限公司	4874.43	0.77
13	广东神华保险代理有限公司	4710.36	0.75
14	河北圣源祥保险代理有限公司	4704.70	0.74
15	广州均邦保险代理有限公司	4435.20	0.70
16	河北泛华安信保险代理有限公司	4395.89	0.70
17	广州市宏诚保险代理有限公司	4222.65	0.67
18	福建泛华信恒保险代理有限公司	3959.81	0.63
19	四川嘉诚保险代理有限公司	3850.56	0.61
20	北京泛联保险代理有限公司	3731.89	0.59
合计		177257.37	28.10

附件2:2010年保险经纪公司业务收入前20名排名情况

排名	机构名称	业务收入(万元)	占比(%)
1	长安保险经纪有限公司	46666.63	10.60
2	北京联合保险经纪有限公司	34701.38	7.89
3	江泰保险经纪股份有限公司	22369.52	5.10
4	中怡保险经纪有限责任公司	20052.00	4.57
5	韦莱保险经纪有限公司	18530.24	4.21
6	达信(北京)保险经纪有限公司	18306.85	4.16
7	竞盛保险经纪股份有限公司	14939.57	3.39
8	华泰保险经纪有限公司	10663.77	2.43
9	中盛国际保险经纪有限责任公司	9211.90	2.09
10	中人保险经纪有限公司	9063.53	2.06
11	航联保险经纪有限公司	9021.32	2.05
12	长城保险经纪有限公司	8326.06	1.93
13	华信保险经纪有限公司	7167.45	1.66
14	中电投保险经纪有限公司	5798.55	1.32
15	北京中汇国际保险经纪有限公司	5652.22	1.29
16	北京金诚国际保险经纪有限公司	5388.75	1.23
17	上海环亚保险经纪有限公司	4678.09	1.06
18	上海东大保险经纪有限责任公司	4403.22	1.00
19	广东泛华卡富斯保险经纪有限公司	3940.21	0.90
20	怡和立信保险经纪有限责任公司	3903.84	0.89
合计		262785.10	59.78

附件3:2010年保险公估公司业务收入前20名排名情况

排名	机构名称	业务收入(万元)	占比(%)
1	民太安保险公估股份有限公司	21244.30	18.24
2	泛华保险公估有限公司	13927.80	11.96
3	深圳市联胜保险公估有限公司	4454.26	3.83
4	上海恒量保险公估有限公司	4168.47	3.59
5	深圳市智信达保险公估有限公司	4003.46	3.44
6	根宁翰保险公估(中国)有限公司	3739.01	3.22
7	上海泛华天衡保险公估有限公司	3458.41	2.98
8	北京华泰保险公估有限公司	2554.10	2.19
9	广东衡量行保险公估有限公司	2352.30	2.02

排名	机构名称	业务收入(万元)	占比(%)
10	广州市汇中保险公估有限公司	2159.14	1.86
11	广州天信保险公估有限公司	2086.50	1.80
12	竞胜保险公估有限公司	1829.74	1.57
13	上海悦之保险公估有限公司	1803.00	1.54
14	大连衡信哲保险公估有限公司	1728.71	1.49
15	平量行保险公估(上海)有限公司	1568.96	1.35
16	深圳俊通保险公估有限公司	1539.90	1.33
17	北京天诺嘉福保险公估有限公司	1426.05	1.23
18	广州正商保险公估有限公司	1303.54	1.12
19	深圳市万宜麦理伦保险公估有限公司	1282.26	1.10
20	上海东太保险公估有限公司	1174.83	1.01
合计		77804.74	66.95

注:

[1]含河南大童保险代理有限公司 3473.51 万元,四川大童保险代理有限公司 1876.98 万元,河北大童保险代理有限公司 1750.25 万元,广州大童保险代理有限公司 1617.06 万元,山东大童保险代理有限公司 1444.25 万元,云南大童保险代理有限公司 1105.29 万元,江苏大童保险代理有限公司 702.39 万元,陕西大童保险代理有限公司 385.95 万元,湖南大童保险代理有限公司 306.47万元,辽宁大童保险代理有限公司 253.19 万元,海南大童保险代理有限公司 59.34 万元,大童保险销售服务有限公司 7521.82 万元。

2011 年上半年保险中介市场报告

一、保险中介市场运行情况

2011 年上半年,全国保险公司通过保险中介渠道实现保费收入 7042.63 亿元,占同期全国总保费收入的 87.48%。其中,实现财产险保费收入 1741.78 亿元,占同期全国财产险保费收入的 71.42%;实现人身险保费收入 5300.85 亿元,占同期全国人身险保费收入的 94.45%[1]。

1. 保险专业中介机构

2011 年上半年,全国保险专业中介机构实现保费收入 455.06 亿元,占同期全国总保费收入的 5.65%。其中,实现财产险保费收入 415.22 亿元,占同期全国财产险保费收入的 17.03%;实现人身险保费收入 39.84 亿元,占同期全国人身险保费收入的 0.71%。

2011 年上半年,全国保险专业代理机构实现保费收入 265.05 亿元,其中,实现财产险保费收入 236.75 亿元;实现人身险保费收入 28.30 亿元。

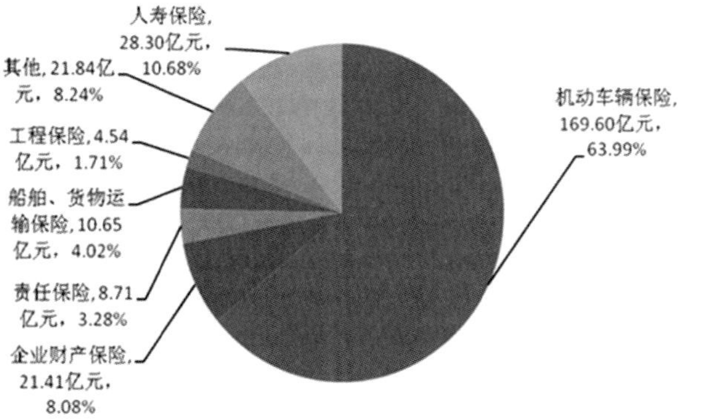

图 1　2011 年上半年保险专业代理机构实现保费收入构成情况

2011 年上半年,全国保险经纪公司实现保费收入 190.01 亿元,其中,实现财产险保费收入 178.47 亿元;实现人身险保费收入 11.54 亿元。

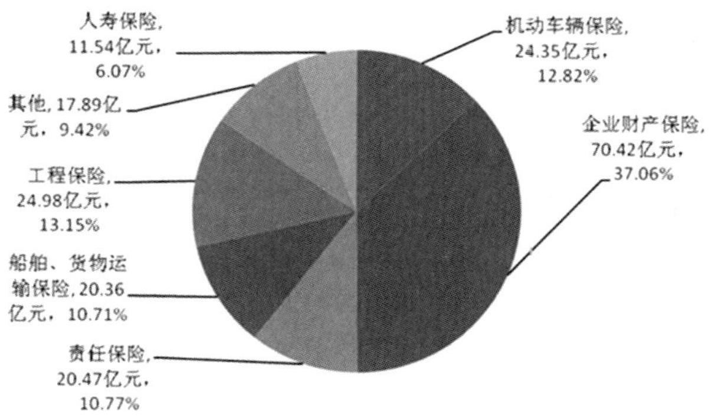

图 2　2011 年上半年保险经纪公司实现保费收入构成情况

2. 保险兼业代理机构

2011 年上半年,全国保险兼业代理机构实现保费收入 3515.00 亿元,占同期全国总保费收入的 43.66%。其中,实现财产险保费收入 667.26 亿元,占同期全国财产险保费收入的 27.36%;实现人身险保费收入 2847.74 亿元,占同期全国人身险保费收入的 50.74%。

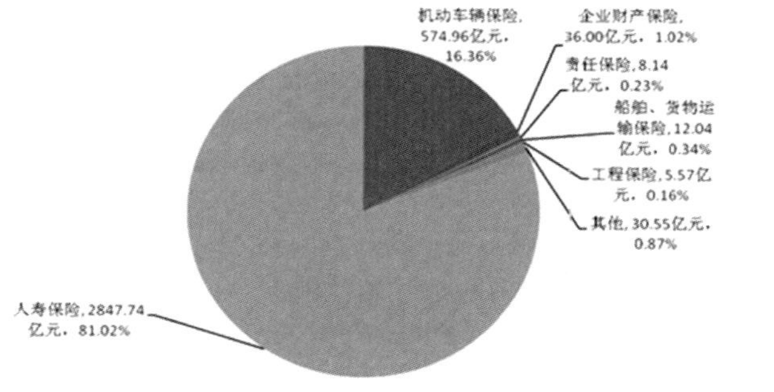

图 3　2011 年上半年保险兼业代理机构实现保费收入构成情况

3. 保险营销员

2011 年上半年,全国保险营销员实现保费收入 3072.57 亿元,同比增长 0.87%,占同期全国总保费收入的 38.16%。其中,实现财产险保费收入 659.30 亿元,占同期全国财产险保费收入的 27.04%;实现人身险保费收入 2413.27 亿元,占同期全国人身险保费收入的 43.00%。

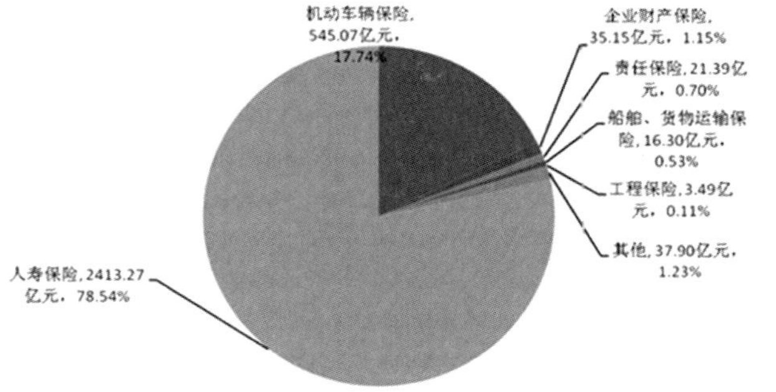

图 4　2011 年上半年保险营销员实现保费收入构成情况

二、上半年保险中介监管工作情况及下半年监管重点

(一)上半年监管工作情况

一是扎实推进保险公司中介业务检查。保监会年初以保监发 1 号文形式下发《关于进一步加大保险公司中介业务违法行为查处力度清理整顿保险代理市场的通知》,部署深入开展保险公司中介业务检查。围绕保险公司中介业务检查,

加强协调、跟踪、检查、督查促处工作，先后在山东、厦门、广西和广东召开四次现场座谈会，并下发《关于做好保险公司中介业务检查后继处理工作有关要求的通知》。经统计，共对103家各级保险机构中介业务开展现场检查，查实违法套取资金8000余万元，涉及保费约8亿多元。检查中发现了保险公司通过直接业务转挂中介渠道、虚列营销员人头、自身投保业务转挂中介业务、虚列费用等方式套取资金的违法违规问题。从检查情况来看，保险公司仍抱着法不责众的心态，对合规经营重视程度不够。

二是关注市场、关注风险。高度关注市场动向，及时分析市场出现的新情况新问题以及潜在的风险点，从严从快查处，及时化解风险，防止风险蔓延。下发《关于对保险专业中介机构激励行为进行专项整治的函》，部署各保监局以机构自查和重点抽查等方式排查风险。继续关注个别保险中介机构激励问题及有关风险。

三是引导保险公司创新营销模式和渠道。贯彻落实《关于改革完善保险营销员管理体制的意见》（保监发【2010】84号），总结行业创新做法，鼓励保险公司和保险中介机构积极探索新的保险销售模式。部分公司转换经营理念，积极改革完善销售体制，大童保险销售服务公司探索营销队伍扁平化管理，浙商、华泰、紫金、安邦等保险公司设立销售公司。

四是不断加强制度建设。完成《保险公司委托金融机构代理保险业务监管规定》、《互联网保险业务监管规定》、《保险销售从业人员监管规定》、《保险经纪、公估从业人员监管规定》和《保险中介集团公司监管办法》的起草工作。为配合清理整顿代理市场工作，下发《关于依法从严审批区域性保险专业代理公司有关事宜的通知》。

五是进一步加强政策研究。对银保、车商保险专业化问题进行了专题调研。通过对汽车行业协会、汽车销售集团和保监局的调研，初步形成了“车险销售专业化”的思路，即鼓励有规模、有能力、有意愿的汽车销售和维修服务企业成立保险专业中介机构开展保险代理（经纪）业务，鼓励市场有实力的保险专业中介机构与汽车销售和维修服务企业合作开展业务，即将出台《关于鼓励汽车销售和维修企业设立专业机构开展汽车保险代理（经纪）业务的指导意见》；完成了《我国实行银保专业化的可行性》以及《银保专业化再思考》的专题报告。同时，对寿险营销“增员利益”机制和保险公司营销渠道股权激励风险进行调研。

六是认真做好“十二五”期间保险中介市场发展规划编制工作。完成“十二五”规划编制工作，明确了“十二五”期间保险中介市场专业化、规模化、多样化和网络化的发展目标，即在加强保险销售服务人员管理的同时，通过鼓励发展新渠道新模式、鼓励兼并重组上市、加快对外开放等方式，以促进保险行业产销分离为支点，促进保险市场结构变革和产业升级。

（二）下半年监管重点

一是进一步完成2011年保险公司中介业务查处工作。下半年，要确保2011年中介业务现场检查工作保质保量按时完成，深化巩固查出成效。一要做好依法从严从重处理工作。督促各保监局落实依法从重从严处罚要求，在处罚力度、追责范围等方面与2010年保持一致。二要做好查处情况通报、披露工作。通过行业内通报会、新闻通气会、新闻通稿等多种形式全面充分披露上半年中介业务检查全貌。三要结合检查工作研究完善中介业务监管制度。要重点了解各地保监局结合中介业务检查工作出台的相关加强中介业务监管制度的实施效果，进一步研究出台针对总公司层面的相关监管制度，研究对总公司中介业务经营管理情况开展调研式检查的可行性和2012年中介业务检查重点。

二是做好清理整顿代理市场。按照年初部署，做好协调、服务、指导，对保险代理市场开展清理整顿，依法将一批严重违法违规、经营管理混乱的代理机构清理出市场，推动保险代理市场走向规范化、专业化。

三是关注市场、关注风险。继续高度关注市场动向，对违法违规行为保持高压态势，坚持抓早抓小，及时化解风险。继续关注一些全国性保险代理公司股权激励可能引发的问题。

四是鼓励营销模式创新。召开保险营销体制创新座谈会，继续加强调研和宣传，鼓励保险公司和保险中介机构创新营销模式。

五是进一步完善规章制度。推动《保险销售从业人员监管规定》、《保险经纪、公估从业人员监管规定》、《保险公司委托金融机构代理保险业务监管规定》和《互联网保险业务监管规定》尽快颁布实施，并制定相关配套办法。制定并发布《保险中介集团公司监管办法》和《关于鼓励汽车销售和维修企业设立专业机构开展汽车保险代理（经纪）业务的指导意见》。

注：

[1] 本报告数据来源于中国保险统计信息系统，为分析渠道需要，财产险保费为财产保险公司的签单保费，即为保单保费加批增保费减批减保费后的净额，业务上按起保日开始统计；人身险保费为人寿保险公司的原保险保费，即为人寿保险公司确认的原保险合同保费收入。

2011年上半年保险专业中介机构经营情况报告

2011年上半年，全国保险专业中介机构实现业务收入69.19亿元，同比增长47.78%；实现净利润4.78亿元。截至2011年6月底，全国保险专业中介机构注册资本达到99.46亿元，同比增长31.87%；总资产达到149.06亿元，同比增长42.89%。

2011年上半年，保险代理公司实现业务（佣金）收入39.18亿元，同比增长65.67%。其中，实现财产险业务（佣金）收入25.01亿元；实现人身险业务（佣金）收入14.17亿元。保险代理公司实现净利润1.37亿元。

2011年上半年，保险经纪公司实现业务收入24.32亿元，同比增长34.07%。其中，实现财产险佣金收入19.25亿元；实现人身险佣金收入2.44亿元；实现再保险佣金收入0.37亿元、咨询费收入2.26亿元。保险经纪公司实现净利润3.37亿元。

2011年上半年，保险公估公司实现业务收入5.69亿元，同比增长13.12%。其中，实现财产险公估服务费收入5.38亿元；实现人身险公估服务费收入约303.93万元；实现其他收入2818.55万元。保险公估公司实现净利润0.04亿元。

2011年上半年全国性保险代理（销售）机构业务收入前10名排名情况

排名	机构名称	业务收入（万元）
1	华康保险代理有限公司	30113.48
2	大童保险销售服务有限公司[1]	15894.36
3	河北盛安保险代理有限公司	7038.56
4	浙江浙商保险销售有限公司	2506.43
5	吉林宏大保险销售服务有限公司	1565.58
6	天勤保险代理（北京）有限公司	909.58
7	河北诚安达保险代理有限公司	754.15
8	吉林省博亿达保险代理有限公司	716.04

排名	机构名称	业务收入(万元)
9	太阳联创保险代理(北京)有限公司	456.50
10	山东亿信保险销售服务有限公司	343.01

2011 年上半年区域性保险代理公司业务收入前 20 名排名情况

排名	机构名称	业务收入(万元)
1	河北泛联保险代理有限公司	5479.92
2	四川泛华保险代理有限公司	5409.65
3	广东泛华南枫保险代理有限公司	4770.48
4	四川泰源保险代理有限公司	3961.89
5	河北圣源祥保险代理有限公司	3403.48
6	东莞市南枫佳誉保险代理有限公司	3234.68
7	上海泛鑫保险代理有限公司	3232.81
8	福建泛华信恒保险代理有限公司	3171.73
9	河北泛华安信保险代理有限公司	2716.82
10	广州均邦保险代理有限公司	2548.40
11	广州辉信保险代理有限公司	2546.91
12	江苏华邦保险代理有限公司	2459.05
13	广东神华保险代理有限公司	2454.95
14	广州市隆昊保险代理有限公司	2440.03
15	长沙育才保险代理有限公司	2433.83
16	广州市恒力保险代理有限公司	2367.08
17	山东中宁保险代理有限公司	2193.97
18	四川嘉诚保险销售服务有限公司	2131.07
19	北京美日保险代理有限公司	2110.83
20	山东泛华鑫泰保险代理有限公司	2076.02

2011 年上半年保险经纪公司业务收入前 20 名排名情况

排名	机构名称	业务收入(万元)
1	英大长安保险经纪有限公司	31205.27
2	中怡保险经纪有限责任公司	13294.89
3	江泰保险经纪股份有限公司	12523.36
4	北京联合保险经纪有限公司	9518.45
5	韦莱保险经纪有限公司	9225.67
6	达信(北京)保险经纪有限公司	8358.66
7	竞盛保险经纪股份有限公司	7971.16
8	华泰保险经纪有限公司	6109.85
9	航联保险经纪有限公司	5480.15
10	中人保险经纪有限公司	4970.85
11	中盛国际保险经纪有限责任公司	4906.00
12	长城保险经纪有限公司	4430.55
13	广东泛华卡富斯保险经纪有限公司	4278.69
14	国电保险经纪(北京)有限公司	4127.21
15	华信保险经纪有限公司	3187.33
16	深圳美臣泰平保险经纪有限公司	3071.14
17	诚合保险经纪(北京)有限责任公司	2999.24
18	上海环亚保险经纪有限公司	2934.29
19	华润保险经纪有限公司	2739.97
20	五洲(北京)保险经纪有限公司	2539.60

2011 年上半年保险公估公司业务收入前 20 名排名情况

排名	机构名称	业务收入(万元)
1	民太安保险公估股份有限公司	9100.71
2	泛华保险公估有限公司	7197.85
3	上海恒量保险公估有限公司	2332.70
4	深圳市联胜保险公估有限公司	2081.54
5	深圳市智信达保险公估有限公司	1904.52
6	上海泛华天衡保险公估有限公司	1652.83
7	北京华泰保险公估有限公司	1473.39
8	根宁翰保险公估(中国)有限公司	1420.71
9	上海悦之保险公估有限公司	966.00
10	大连衡信哲保险公估有限公司	920.46
11	北京天诺嘉福保险公估有限公司	886.47
12	广州市汇中保险公估有限公司	761.31
13	深圳俊通保险公估有限公司	688.44
14	上海鼎安保险公估有限公司	665.27
15	平量行保险公估(上海)有限公司	636.09
16	广州正商保险公估有限公司	600.91
17	深圳市万宜麦理伦保险公估有限公司	559.21
18	广东衡量行保险公估有限公司	543.90
19	山东鲁伟保险公估有限公司	525.76
20	深圳市信诚联合保险公估有限公司	523.75

注:

[1]大童保险销售服务有限公司包含大童保险销售服务有限公司、河南大童保险代理有限公司、广州大童保险代理有限公司、四川大童保险代理有限公司、山东大童保险代理有限公司、河北大童保险代理有限公司、云南大童保险代理有限公司、江苏大童保险代理有限公司、湖南大童保险代理有限公司、陕西大童保险代理有限公司、辽宁大童保险代理有限公司和海南大童保险代理有限公司。

2011 年 1 月保险业经营数据

单位:万元

原保险保费收入	17168860.35
1. 财产险	4768873.62
2. 人身险	12399986.73
(1)寿险	11426841.51
(2)健康险	684517.27
(3)人身意外伤害险	288627.95
养老保险公司企业年金缴费	-
原保险赔付支出	3555282.14
1. 财产险	1694342.51
2. 人身险	1860939.63
(1)寿险	1491541.75
(2)健康险	301004.18
(3)人身意外伤害险	68393.70
业务及管理费	1302145.29
银行存款	136090260.89
投资	334277848.50
资产总额	508106202.41
养老保险公司企业年金受托管理资产	-
养老保险公司企业年金投资管理资产	-

注:

1. 本表数据是保险业执行《关于印发〈保险合同相关会计处理规定〉的通知》(财会[2009]15 号)后,各保险公司按照相关口径要求报送的数据。

2. "原保险保费收入"为按《企业会计准则(2006)》设置的统计指标,指保险企业确认的原保险合同保费收入。

3. "原保险赔付支出"为按《企业会计准则(2006)》设置的统计指标,指保险企业支付的原保险合同赔付款项。

4. 原保险保费收入、原保险赔付支出和业务及管理费为本年累计数,银行存款、投资和资产总额为月末数据。

5. 银行存款包括活期存款、定期存款、存出保证金和存出资本保证金。

6. 养老保险公司企业年金缴费指养老保险公司根据《企业年金试行办法》和《企业年金基金管理试行办法》有关规定,作为企业年金受托管理人在与委托人签署受托合同后,收到的已缴存到托管账户的企业年金金额。

7. 养老保险公司企业年金受托管理资产指养老保险公司累计受托管理的企业年金财产净值,以托管人的估值金额为准,不含缴费已到帐但未配置到个人账户的资产。

8. 养老保险公司企业年金投资管理资产指养老保险公司累计投资管理的企业年金财产净值,以托管人的估值金额为准,不含缴费已到帐但未配置到个人账户的资产。

9. 养老保险公司企业年金缴费为本年累计数,养老保险公司企业年金受托管理资产和养老保险公司企业年金投资管理资产为季度末数据。

10. 养老保险公司企业年金缴费、养老保险公司企业年金受托管理资产、养老保险公司企业年金投资管理资产的统计频度暂为季度报。

11. 上述数据来源于各公司报送的保险数据，未经审计。

2011 年 1－2 月保险业经营数据

单位：万元

原保险保费收入	30826831.79
1. 财产险	7121990.51
2. 人身险	23704841.27
(1) 寿险	22118384.59
(2) 健康险	1117783.31
(3) 人身意外伤害险	468673.37
养老保险公司企业年金缴费	-
原保险赔付支出	6078861.31
1. 财产险	2572262.47
2. 人身险	3506598.83
(1) 寿险	2851639.48
(2) 健康险	538013.65
(3) 人身意外伤害险	116945.70
业务及管理费	2410632.07
银行存款	145991274.97
投资	336714400.54
资产总额	520771600.66
养老保险公司企业年金受托管理资产	-
养老保险公司企业年金投资管理资产	-

注：

1. 本表数据是保险业执行《关于印发〈保险合同相关会计处理规定〉的通知》(财会[2009]15 号)后，各保险公司按照相关口径要求报送的数据。

2. "原保险保费收入"为按《企业会计准则(2006)》设置的统计指标，指保险企业确认的原保险合同保费收入。

3. "原保险赔付支出"为按《企业会计准则(2006)》设置的统计指标，指保险企业支付的原保险合同赔付款项。

4. 原保险保费收入、原保险赔付支出和业务及管理费为本年累计数，银行存款、投资和资产总额为月末数据。

5. 银行存款包括活期存款、定期存款、存出保证金和存出资本保证金。

6. 养老保险公司企业年金缴费指养老保险公司根据《企业年金试行办法》和《企业年金基金管理试行办法》有关规定，作为企业年金受托管理人在与委托人签署受托合同后，收到的已缴存到托管账户的企业年金金额。

7. 养老保险公司企业年金受托管理资产指养老保险公司累计受托管理的企业年金财产净值，以托管人的估值金额为准，不含缴费已到帐但未配置到个人账户的资产。

8. 养老保险公司企业年金投资管理资产指养老保险公司累计投资管理的企业年金财产净值，以托管人的估值金额为准，不含缴费已到帐但未配置到个人账户的资产。

9. 养老保险公司企业年金缴费为本年累计数，养老保险公司企业年金受托管理资产和养老保险公司企业年金投资管理资产为季度末数据。

10. 养老保险公司企业年金缴费、养老保险公司企业年金受托管理资产、养老保险公司企业年金投资管理资产的统计频度暂为季度报。

11. 上述数据来源于各公司报送的保险数据，未经审计。

2011 年 1－3 月保险业经营数据

单位：万元

原保险保费收入	46171580.03
1. 财产险	11329333.67
2. 人身险	34842246.36
(1) 寿险	32104391.21
(2) 健康险	1868675.72
(3) 人身意外伤害险	869179.43
养老保险公司企业年金缴费	1694762.99
原保险赔付支出	9803987.24
1. 财产险	4293896.49
2. 人身险	5510090.76
(1) 寿险	4371905.46
(2) 健康险	955324.14
(3) 人身意外伤害险	182861.16
业务及管理费	3854485.43
银行存款	162571136.57
投资	338992846.85
资产总额	540640522.60
养老保险公司企业年金受托管理资产	11469332.01
养老保险公司企业年金投资管理资产	8020378.72

注：

1. 本表数据是保险业执行《关于印发〈保险合同相关会计处理规定〉的通知》(财会[2009]15 号)后，各保险公司按照相关口径要求报送的数据。

2. "原保险保费收入"为按《企业会计准则(2006)》设置的统计指标，指保险企业确认的原保险合同保费收入。

3. "原保险赔付支出"为按《企业会计准则(2006)》设置的统计指标，指保险企业支付的原保险合同赔付款项。

4. 原保险保费收入、原保险赔付支出和业务及管理费为本年累计数，银行存款、投资和资产总额为月末数据。

5. 银行存款包括活期存款、定期存款、存出保证金和存出资本保证金。

6. 养老保险公司企业年金缴费指养老保险公司根据《企业年金试行办法》和《企业年金基金管理试行办法》有关规定，作为企业年金受托管理人在与委托人签署受托合同后，收到的已缴存到托管账户的企业年金金额。

7. 养老保险公司企业年金受托管理资产指养老保险公司累计受托管理的企业年金财产净值，以托管人的估值金额为准，不含缴费已到帐但未配置到个人账户的资产。

8. 养老保险公司企业年金投资管理资产指养老保险公司累计投资管理的企业年金财产净值，以托管人的估值金额为准，不含缴费已到帐但未配置到个人账户的资产。

9. 养老保险公司企业年金缴费为本年累计数，养老保险公司企业年金受托管理资产和养老保险公司企业年金投资管理资产为季度末数据。

10. 养老保险公司企业年金缴费、养老保险公司企业年金受托管理资产、养老保险公司企业年金投资管理资产的统计频度暂为季度报。

11. 上述数据来源于各公司报送的保险数据，未经审计。

2011 年 1－4 月保险业经营数据

单位：万元

原保险保费收入	57080077.87
1. 财产险	15390266.39
2. 人身险	41689811.48
(1) 寿险	38166156.89
(2) 健康险	2370382.91
(3) 人身意外伤害险	1153271.68
养老保险公司企业年金缴费	-
原保险赔付支出	12920257.70
1. 财产险	5858112.48
2. 人身险	7062145.22
(1) 寿险	5481140.44
(2) 健康险	1338674.59
(3) 人身意外伤害险	242330.18
业务及管理费	5198692.11
银行存款	152680415.10
投资	342257203.09
资产总额	533593116.46
养老保险公司企业年金受托管理资产	-
养老保险公司企业年金投资管理资产	-

注：

1. 本表数据是保险业执行《关于印发〈保险合同相关会计处理规定〉的通知》(财会[2009]15 号)后，各保险公司按照相关口径要求报送的数据。

2. "原保险保费收入"为按《企业会计准则(2006)》设置的统计指标，指保险企业确认的原保险合同保费收入。

3. "原保险赔付支出"为按《企业会计准则(2006)》设置的统计指标，指保险企业支付的原保险合同赔付款项。

4. 原保险保费收入、原保险赔付支出和业务及管理费为本年累计数，银行存款、投资和资产总额为月末数据。

5. 银行存款包括活期存款、定期存款、存出保证金和存出资本保证金。

6. 养老保险公司企业年金缴费指养老保险公司根据《企业年金试行办法》和《企业年金基金管理试行办法》有关规定，作为企业年金受托管理人在与委托人签署受托合同后，收到的已缴存到托管账户的企业年金金额。

7. 养老保险公司企业年金受托管理资产指养老保险公司累计受托管理的企业年金财产净值，以托管人的估值金额为准，不含缴费已到帐但未配置到个人账户的资产。

8. 养老保险公司企业年金投资管理资产指养老保险公司累计投资管理的企业年金财产净值，以托管人的估值金额为准，不含缴费已到帐但未配置到个人账户的资产。

9. 养老保险公司企业年金缴费为本年累计数，养老保险公司企业年金受托管理资产和养老保险公司企业年金投资管理资产为季度末数据。

10. 养老保险公司企业年金缴费、养老保险公司企业年金受托管理资产、养老保险公司企业年金投资管理资产的统计频度暂为季度报。

11. 上述数据来源于各公司报送的保险数据，未经审计。

2011 年 1 –5 月保险业经营数据

单位：万元

原保险保费收入	67676362.83
1. 财产险	19116697.92
2. 人身险	48559664.91
(1)寿险	44234267.43
(2)健康险	2893996.28
(3)人身意外伤害险	1431401.20
养老保险公司企业年金缴费	_
原保险赔付支出	16133991.82
1. 财产险	7579102.79
2. 人身险	8554889.04
(1)寿险	6523466.54
(2)健康险	1726980.12
(3)人身意外伤害险	304442.38
业务及管理费	6645288.41
银行存款	155082910.60
投资	341736408.91
资产总额	536440951.75
养老保险公司企业年金受托管理资产	_
养老保险公司企业年金投资管理资产	_

注：

1. 本表数据是保险业执行《关于印发〈保险合同相关会计处理规定〉的通知》(财会[2009]15 号)后，各保险公司按照相关口径要求报送的数据。

2. “原保险保费收入”为按《企业会计准则(2006)》设置的统计指标，指保险企业确认的原保险合同保费收入。

3. “原保险赔付支出”为按《企业会计准则(2006)》设置的统计指标，指保险企业支付的原保险合同赔付款项。

4. 原保险保费收入、原保险赔付支出和业务及管理费为本年累计数，银行存款、投资和资产总额为月末数据。

5. 银行存款包括活期存款、定期存款、存出保证金和存出资本保证金。

6. 养老保险公司企业年金缴费指养老保险公司根据《企业年金试行办法》和《企业年金基金管理试行办法》有关规定，作为企业年金受托管理人在与委托人签署受托合同后，收到的已缴存到托管账户的企业年金金额。

7. 养老保险公司企业年金受托管理资产指养老保险公司累计受托管理的企业年金财产净值，以托管人的估值金额为准，不含缴费已到帐但未配置到个人账户的资产。

8. 养老保险公司企业年金投资管理资产指养老保险公司累计投资管理的企业年金财产净值，以托管人的估值金额为准，不含缴费已到帐但未配置到个人账户的资产。

9. 养老保险公司企业年金缴费为本年累计数，养老保险公司企业年金受托管理资产和养老保险公司企业年金投资管理资产为季度末数据。

10. 养老保险公司企业年金缴费、养老保险公司企业年金受托管理资产、养老保险公司企业年金投资管理资产的统计频度暂为季度报。

11. 上述数据来源于各公司报送的保险数据，未经审计。

2011 年 1 –6 月保险业经营数据

单位：万元

原保险保费收入	80566052.64
1. 财产险	23595586.59
2. 人身险	56970466.04
(1)寿险	51530418.91
(2)健康险	3678865.36
(3)人身意外伤害险	1761181.77
养老保险公司企业年金缴费	2141021.4
原保险赔付支出	19589615.21
1. 财产险	9368162.62
2. 人身险	10221452.59
(1)寿险	7694829.60
(2)健康险	2158781.64
(3)人身意外伤害险	367841.34
业务及管理费	8221223.70
银行存款	176576480.49
投资	343926078.61
资产总额	574698617.97
养老保险公司企业年金受托管理资产	12159371.63
养老保险公司企业年金投资管理资产	9487298.67

注：

1. 本表数据是保险业执行《关于印发〈保险合同相关会计处理规定〉的通知》(财会[2009]15 号)后，各保险公司按照相关口径要求报送的数据。

2. “原保险保费收入”为按《企业会计准则(2006)》设置的统计指标，指保险企业确认的原保险合同保费收入。

3. “原保险赔付支出”为按《企业会计准则(2006)》设置的统计指标，指保险企业支付的原保险合同赔付款项。

4. 原保险保费收入、原保险赔付支出和业务及管理费为本年累计数，银行存款、投资和资产总额为月末数据。

5. 银行存款包括活期存款、定期存款、存出保证金和存出资本保证金。

6. 养老保险公司企业年金缴费指养老保险公司根据《企业年金试行办法》和《企业年金基金管理试行办法》有关规定，作为企业年金受托管理人在与委托人签署受托合同后，收到的已缴存到托管账户的企业年金金额。

7. 养老保险公司企业年金受托管理资产指养老保险公司累计受托管理的企业年金财产净值，以托管人的估值金额为准，不含缴费已到帐但未配置到个人账户的资产。

8. 养老保险公司企业年金投资管理资产指养老保险公司累计投资管理的企业年金财产净值，以托管人的估值金额为准，不含缴费已到帐但未配置到个人账户的资产。

9. 养老保险公司企业年金缴费为本年累计数，养老保险公司企业年金受托管理资产和养老保险公司企业年金投资管理资产为季度末数据。

10. 养老保险公司企业年金缴费、养老保险公司企业年金受托管理资产、养老保险公司企业年金投资管理资产的统计频度暂为季度报。

11. 上述数据来源于各公司报送的保险数据，未经审计。

2011 年 1 –7 月保险业经营数据

单位：万元

原保险保费收入	90551815.73
1. 财产险	27265057.68
2. 人身险	63286758.04
(1)寿险	57147973.69
(2)健康险	4136722.72
(3)人身意外伤害险	2002061.63
养老保险公司企业年金缴费	_
原保险赔付支出	22549694.71
1. 财产险	11075448.87
2. 人身险	11474245.84
(1)寿险	8541033.11
(2)健康险	2496721.79
(3)人身意外伤害险	436490.94
业务及管理费	9683923.94
银行存款	159818896.51
投资	357271622.82

资产总额	560736224.82
养老保险公司企业年金受托管理资产	–
养老保险公司企业年金投资管理资产	–

注：

1. 本表数据是保险业执行《关于印发〈保险合同相关会计处理规定〉的通知》(财会[2009]15 号)后,各保险公司按照相关口径要求报送的数据。

2. "原保险保费收入"为按《企业会计准则(2006)》设置的统计指标,指保险企业确认的原保险合同保费收入。

3. "原保险赔付支出"为按《企业会计准则(2006)》设置的统计指标,指保险企业支付的的原保险合同赔付款项。

4. 原保险保费收入、原保险赔付支出和业务及管理费为本年累计数,银行存款、投资和资产总额为月末数据。

5. 银行存款包括活期存款、定期存款、存出保证金和存出资本保证金。

6. 养老保险公司企业年金缴费指养老保险公司根据《企业年金试行办法》和《企业年金基金管理试行办法》有关规定,作为企业年金受托管理人在与委托人签署受托合同后,收到的已缴存到托管账户的企业年金金额。

7. 养老保险公司企业年金受托管理资产指养老保险公司累计受托管理的企业年金财产净值,以托管人的估值金额为准,不含缴费已到帐但未配置到个人账户的资产。

8. 养老保险公司企业年金投资管理资产指养老保险公司累计投资管理的企业年金财产净值,以托管人的估值金额为准,不含缴费已到帐但未配置到个人账户的资产。

9. 养老保险公司企业年金缴费为本年累计数,养老保险公司企业年金受托管理资产和养老保险公司企业年金投资管理资产为季度末数据。

10. 养老保险公司企业年金缴费、养老保险公司企业年金受托管理资产、养老保险公司企业年金投资管理资产的统计频度暂为季度报。

11. 上述数据来源于各公司报送的保险数据,未经审计。

2011 年 1 – 8 月保险业经营数据

单位:万元

原保险保费收入	100704809.04
1. 财产险	30820074.18
2. 人身险	69884734.86
(1)寿险	63016986.82
(2)健康险	4610507.53
(3)人身意外伤害险	2257240.51
养老保险公司企业年金缴费	–
原保险赔付支出	25675487.39
1. 财产险	12972391.31
2. 人身险	12703096.08
(1)寿险	9456264.18
(2)健康险	2737114.65
(3)人身意外伤害险	509717.25
业务及管理费	11149762.86
银行存款	161747007.13
投资	358463023.46
资产总额	564383301.08
养老保险公司企业年金受托管理资产	–
养老保险公司企业年金投资管理资产	–

注：

1. 本表数据是保险业执行《关于印发〈保险合同相关会计处理规定〉的通知》(财会[2009]15 号)后,各保险公司按照相关口径要求报送的数据。

2. "原保险保费收入"为按《企业会计准则(2006)》设置的统计指标,指保险企业确认的原保险合同保费收入。

3. "原保险赔付支出"为按《企业会计准则(2006)》设置的统计指标,指保险企业支付的的原保险合同赔付款项。

4. 原保险保费收入、原保险赔付支出和业务及管理费为本年累计数,银行存款、投资和资产总额为月末数据。

5. 银行存款包括活期存款、定期存款、存出保证金和存出资本保证金。

6. 养老保险公司企业年金缴费指养老保险公司根据《企业年金试行办法》和《企业年金基金管理试行办法》有关规定,作为企业年金受托管理人在与委托人签署受托合同后,收到的已缴存到托管账户的企业年金金额。

7. 养老保险公司企业年金受托管理资产指养老保险公司累计受托管理的企业年金财产净值,以托管人的估值金额为准,不含缴费已到帐但未配置到个人账户的资产。

8. 养老保险公司企业年金投资管理资产指养老保险公司累计投资管理的企业年金财产净值,以托管人的估值金额为准,不含缴费已到帐但未配置到个人账户的资产。

9. 养老保险公司企业年金缴费为本年累计数,养老保险公司企业年金受托管理资产和养老保险公司企业年金投资管理资产为季度末数据。

10. 养老保险公司企业年金缴费、养老保险公司企业年金受托管理资产、养老保险公司企业年金投资管理资产的统计频度暂为季度报。

11. 上述数据来源于各公司报送的保险数据,未经审计。

2011 年 1 – 9 月保险业经营数据

单位:万元

原保险保费收入	112540065.08
1. 财产险	34750215.98
2. 人身险	77789849.10
(1)寿险	69816537.44
(2)健康险	5333272.26
(3)人身意外伤害险	2640039.40
养老保险公司企业年金缴费	3008505.56
原保险赔付支出	28733166.91
1. 财产险	14892592.13
2. 人身险	13840574.77
(1)寿险	10317661.85
(2)健康险	2940020.75
(3)人身意外伤害险	582892.17
业务及管理费	12884152.44
银行存款	171833006.65
投资	354276600.17
资产总额	572569887.42
养老保险公司企业年金受托管理资产	12647375.00
养老保险公司企业年金投资管理资产	12283144.00

注：

1. 本表数据是保险业执行《关于印发〈保险合同相关会计处理规定〉的通知》(财会[2009]15 号)后,各保险公司按照相关口径要求报送的数据。

2. " 原保险保费收入 "为按《企业会计准则(2006)》设置的统计指标,指保险企业确认的 原保险合同保费收入。

3. " 原保险赔付支出 "为按《企业会计准则(2006)》设置的统计指标,指保险企业支付的 的原保险合同赔付款项。

4. 原保险保费收入、原保险赔付支出和业务及管理费为本年累计数,银行存款、投资和资 产总额为月末数据。

5. 银行存款包括活期存款、定期存款、存出保证金和存出资本保证金。

6. 养老保险公司企业年金缴费指养老保险公司根据《企业年金试行办法》和《企业年金基 金管理试行办法》有关规定,作为企业年金受托管理人在与委托人签署受托合同后,收 到的已缴存到托管账户的企业年金金额。

7. 养老保险公司企业年金受托管理资产指养老保险公司累计受托管理的企业年金财产净值, 以托管人的估值金额为准,不含缴费已到帐但未配置到个人账户的资产。

8. 养老保险公司企业年金投资管理资产指养老保险公司累计投资管理的企业年金财产净值, 以托管人的估值金额为准,不含缴费已到帐但未配置到个人账户的资产。

9. 养老保险公司企业年金缴费为本年累计数,养老保险公司企业年金受托管理资产和养老 保险公司企业年金投资管理资产为季度末数据。

10. 养老保险公司企业年金缴费、养老保险公司企业年金受托管理资产、养老保险公司企业 年金投资管理资产的统计频度暂为季度报。

11. 上述数据来源于各公司报送的保险数据,未经审计。

2011 年 1 – 10 月保险业经营数据

单位:万元

原保险保费收入	122237167.75
1. 财产险	37957038.26
2. 人身险	84280129.48
(1)寿险	75545789.37
(2)健康险	5844001.46
(3)人身意外伤害险	2890338.65
养老保险公司企业年金缴费	–
原保险赔付支出	31432011.78

1. 财产险	16570069.55
2. 人身险	14861942.23
(1)寿险	11109071.11
(2)健康险	3112272.79
(3)人身意外伤害险	640598.33
业务及管理费	14378912.35
银行存款	168282008.82
投资	368481640.98
资产总额	582101275.73
养老保险公司企业年金受托管理资产	-
养老保险公司企业年金投资管理资产	-

注:

1. 本表数据是保险业执行《关于印发〈保险合同相关会计处理规定〉的通知》(财会[2009]15 号)后,各保险公司按照相关口径要求报送的数据。

2. " 原保险保费收入 " 为按《企业会计准则(2006)》设置的统计指标,指保险企业确认的原保险合同保费收入。

3. " 原保险赔付支出 " 为按《企业会计准则(2006)》设置的统计指标,指保险企业支付的的原保险合同赔付款项。

4. 原保险保费收入、原保险赔付支出和业务及管理费为本年累计数,银行存款、投资和资产总额为月末数据。

5. 银行存款包括活期存款、定期存款、存出保证金和存出资本保证金。

6. 养老保险公司企业年金缴费指养老保险公司根据《企业年金试行办法》和《企业年金基金管理试行办法》有关规定,作为企业年金受托管理人在与委托人签署受托合同后,收到的已缴存到托管账户的企业年金金额。

7. 养老保险公司企业年金受托管理资产指养老保险公司累计受托管理的企业年金财产净值,以托管人的估值金额为准,不含缴费已到帐但未配置到个人账户的资产。

8. 养老保险公司企业年金投资管理资产指养老保险公司累计投资管理的企业年金财产净值,以托管人的估值金额为准,不含缴费已到帐但未配置到个人账户的资产。

9. 养老保险公司企业年金缴费为本年累计数,养老保险公司企业年金受托管理资产和养老保险公司企业年金投资管理资产为季度末数据。

10. 养老保险公司企业年金缴费、养老保险公司企业年金受托管理资产、养老保险公司企业年金投资管理资产的统计频度暂为季度报。

11. 上述数据来源于各公司报送的保险数据,未经审计。

2011 年 1－11 月保险业经营数据

单位:万元

原保险保费收入	132576050.86
1. 财产险	41693289.84
2. 人身险	90882761.02
(1)寿险	81399808.63
(2)健康险	6354094.54
(3)人身意外伤害险	3128857.85
养老保险公司企业年金缴费	-
原保险赔付支出	35139325.33
1. 财产险	18998267.32
2. 人身险	16141058.01
(1)寿险	12076510.04
(2)健康险	3345803.59
(3)人身意外伤害险	718744.38
业务及管理费	16077156.72
银行存款	166705272.51
投资	372358589.66
资产总额	584621643.25
养老保险公司企业年金受托管理资产	-
养老保险公司企业年金投资管理资产	-

注:

1. 本表数据是保险业执行《关于印发〈保险合同相关会计处理规定〉的通知》(财会[2009]15 号)后,各保险公司按照相关口径要求报送的数据。

2."原保险保费收入"为按《企业会计准则(2006)》设置的统计指标,指保险企业确认的原保险合同保费收入。

3."原保险赔付支出"为按《企业会计准则(2006)》设置的统计指标,指保险企业支付的原保险合同赔付款项。

4. 原保险保费收入、原保险赔付支出和业务及管理费为本年累计数,银行存款、投资和资产总额为月末数据。

5. 银行存款包括活期存款、定期存款、存出保证金和存出资本保证金。

6. 养老保险公司企业年金缴费指养老保险公司根据《企业年金试行办法》和《企业年金基金管理试行办法》有关规定,作为企业年金受托管理人在与委托人签署受托合同后,收到的已缴存到托管账户的企业年金金额。

7. 养老保险公司企业年金受托管理资产指养老保险公司累计受托管理的企业年金财产净值,以托管人的估值金额为准,不含缴费已到帐但未配置到个人账户的资产。

8. 养老保险公司企业年金投资管理资产指养老保险公司累计投资管理的企业年金财产净值,以托管人的估值金额为准,不含缴费已到帐但未配置到个人账户的资产。

9. 养老保险公司企业年金缴费为本年累计数,养老保险公司企业年金受托管理资产和养老保险公司企业年金投资管理资产为季度末数据。

10. 养老保险公司企业年金缴费、养老保险公司企业年金受托管理资产、养老保险公司企业年金投资管理资产的统计频度暂为季度报。

11. 上述数据来源于各公司报送的保险数据,未经审计。

2011 年度保险业经营数据

单位:万元

原保险保费收入	143392512.22
1. 财产险	46178231.58
2. 人身险	97214280.64
(1)寿险	86955913.67
(2)健康险	6917212.77
(3)人身意外伤害险	3341154.20
养老保险公司企业年金缴费	4104683.73
原保险赔付支出	39293732.38
1. 财产险	21869338.06
2. 人身险	17424394.32
(1)寿险	13009348.85
(2)健康险	3596650.21
(3)人身意外伤害险	818395.26
业务及管理费	18823799.47
银行存款	177371710.33
投资	377366746.59
资产总额	601381032.44
养老保险公司企业年金受托管理资产	13781773.16
养老保险公司企业年金投资管理资产	13246962.68

注:

1. 本表数据是保险业执行《关于印发〈保险合同相关会计处理规定〉的通知》(财会[2009]15 号)后,各保险公司按照相关口径要求报送的数据。

2."原保险保费收入"为按《企业会计准则(2006)》设置的统计指标,指保险企业确认的原保险合同保费收入。

3."原保险赔付支出"为按《企业会计准则(2006)》设置的统计指标,指保险企业支付的原保险合同赔付款项。

4. 原保险保费收入、原保险赔付支出和业务及管理费为本年累计数,银行存款、投资和资产总额为月末数据。

5. 银行存款包括活期存款、定期存款、存出保证金和存出资本保证金。

6. 养老保险公司企业年金缴费指养老保险公司根据《企业年金试行办法》和《企业年金基金管理试行办法》有关规定,作为企业年金受托管理人在与委托人签署受托合同后,收到的已缴存到托管账户的企业年金金额。

7. 养老保险公司企业年金受托管理资产指养老保险公司累计受托管理的企业年金财产净值,以托管人的估值金额为准,不含缴费已到帐但未配置到个人账户的资产。

8. 养老保险公司企业年金投资管理资产指养老保险公司累计投资管理的企业年金财产净值,以托管人的估值金额为准,不含缴费已到帐但未配置到个人账户的资产。

9. 养老保险公司企业年金缴费为本年累计数,养老保险公司企业年金受托管理资产和养老保险公司企业年金投资管理资产为季度末数据。

10. 养老保险公司企业年金缴费、养老保险公司企业年金受托管理资产、养老保险公司企业年金投资管理资产的统计频度暂为季度报。

11. 上述数据来源于各公司报送的保险数据,未经审计。

2011 年 1 月财产保险公司原保险保费收入情况表

单位：万元

资本结构	公司名称	合计
中资	人保股份	1833107.04
	大地财产	188058.67
	出口信用	82120.31
	中华联合	179638.90
	太保财	671391.06
	平安财	885717.29
	华泰	50920.22
	天安	74655.62
	大众	19828.55
	华安	36448.43
	永安	60985.47
	太平保险	52564.22
	民安	17695.32
	中银保险	24814.56
	安信农业	5876.32
	永诚	69386.60
	安邦	58084.61
	信达财险	6214.94
	安华农业	7899.47
	天平车险	37960.22
	阳光财产	114308.21
	阳光农业	1037.72
	都邦	33998.86
	渤海	10239.00
	华农	1316.32
	国寿财产	156112.36
	安诚	15650.49
	长安责任	14951.17
	国元农业	13242.89
	鼎和财产	5599.84
	中煤财产	0.00
	英大财产	119812.37
	浙商财产	15022.59
	紫金财产	12435.30
	泰山财险	0.00
	小计	4877094.94
外资	美亚	9786.04
	东京海上	5042.47
	丰泰	2326.85
	太阳联合	2949.58
	丘博保险	1624.22
	三井住友	4213.00
	三星	2722.11
	安联	2954.65
	日本财产	3488.85
	利宝互助	4366.88
	安盟	370.50
	苏黎世	3470.43
	现代财产	999.81
	中意财产	1836.65
	爱和谊	994.25
	国泰财产	1171.98
	日本兴亚	724.11
	乐爱金	1169.40
	富邦财险	599.34
	信利保险	0.00
	小计	50811.10
合计		4927906.04

注：

1. 原保险保费收入为本年累计数，数据来源于各产险公司报送保监会月报数据。

2. 原保险保费收入为各产险公司内部管理报表数据，未经审计，各产险公司不对该数据的用途及由此带来的后果承担任何法律责任。

3. 美亚包括美亚上海、美亚广州、美亚深圳。

4. 由于计算的四舍五入问题，各产险公司原保险保费收入可能存在细微的误差。

2011 年 1 -2 月财产保险公司原保险保费收入情况表

单位：万元

资本结构	公司名称	合计
中资	人保股份	2723884.40
	大地财产	278502.80
	出口信用	119639.26
	中华联合	273983.49
	太保财	988075.12
	平安财	1309500.22
	华泰	79355.11
	天安	116208.35
	大众	29699.86
	华安	57690.11
	永安	93026.31
	太平保险	90350.73
	民安	27599.38
	中银保险	38776.83
	安信农业	9526.35
	永诚	106191.71
	安邦	99406.06
	信达财险	9522.92
	安华农业	12213.14
	天平车险	56285.34
	阳光财产	176545.37
	阳光农业	1384.63
	都邦	52129.93
	渤海	20708.60
	华农	1965.19
	国寿财产	233103.17
	安诚	25317.04
	长安责任	23951.28
	国元农业	22337.56
	鼎和财产	12552.10
	中煤财产	0.00
	英大财产	140254.93
	浙商财产	24355.14
	紫金财产	19933.39
	泰山财险	23.68
	小计	7273999.51
外资	美亚	20009.73
	东京海上	7618.18
	丰泰	4764.91
	太阳联合	3926.85
	丘博保险	2563.24
	三井住友	6448.55
	三星	6062.97
	安联	5930.33
	日本财产	4359.22
	利宝互助	7298.97
	安盟	574.98
	苏黎世	5954.81
	现代财产	1654.37
	中意财产	4679.23
	爱和谊	1265.82
	国泰财产	1983.34
	日本兴亚	900.90
	乐爱金	1520.74
	富邦财险	695.12
	信利保险	0.00
	小计	88212.26
合计		7362211.77

注：

1. 本表数据是保险业执行《关于印发〈保险合同相关会计处理规定〉的通知》（财会[2009]15 号）后，各保险公司按照相关口径要求报送的数据。

2. 原保险保费收入为本年累计数，数据来源于各产险公司报送保监会月报数据。

3. 原保险保费收入为各产险公司内部管理报表数据，未经审计，各产险公司不对该数据的用途及由此带来的后果承担任何法律责任。

4. 美亚包括美亚上海、美亚广州、美亚深圳。

5. 由于计算的四舍五入问题，各产险公司原保险保费收入可能存在细微的误差。

2011年1－3月财产保险公司原保险保费收入情况表

单位：万元

资本结构	公司名称	合计
中资	人保股份	4410798.00
	大地财产	440200.57
	出口信用	192836.13
	中华联合	458455.94
	太保财	1580816.18
	平安财	2030546.51
	华泰	121876.72
	天安	196951.37
	大众	46272.96
	华安	98863.98
	永安	160929.61
	太平保险	143152.62
	民安	47940.04
	中银保险	60833.17
	安信农业	14983.54
	永诚	155079.66
	安邦	175563.19
	信达财险	17530.17
	安华农业	23893.21
	天平车险	88745.63
	阳光财产	292180.04
	阳光农业	2783.88
	都邦	85370.49
	渤海	36411.51
	华农	3375.89
	国寿财产	379046.43
	安诚	42988.71
	长安责任	41594.51
	国元农业	36752.62
	鼎和财产	18012.64
	中煤财产	264.96
	英大财产	150205.45
	浙商财产	39924.22
	紫金财产	33535.16
	泰山财险	99.32
	小计	11628815.01
外资	美亚	28639.36
	东京海上	10526.54
	丰泰	8197.94
	太阳联合	4784.15
	丘博保险	3893.84
	三井住友	8596.04
	三星	9309.31
	安联	9598.53
	日本财产	5980.82
	利宝互助	12113.63
	安盟	895.38
	苏黎世	7540.64
	现代财产	2535.14
	中意财产	6328.40
	爱和谊	1406.12
	国泰财产	2997.94
	日本兴亚	1022.23
	乐爱金	1807.95
	富邦财险	826.51
	信利保险	0.00
	小计	127000.46
合计		11755815.47

注：

1. 本表数据是保险业执行《关于印发〈保险合同相关会计处理规定〉的通知》（财会[2009]15号）后，各保险公司按照相关口径要求报送的数据。

2. 原保险保费收入为本年累计数，数据来源于各产险公司报送保监会月报数据。

3. 原保险保费收入为各产险公司内部管理报表数据，未经审计，各产险公司不对该数据的用途及由此带来的后果承担任何法律责任。

4. 美亚包括美亚上海、美亚广州、美亚深圳。

5. 由于计算的四舍五入问题，各产险公司原保险保费收入可能存在细微的误差。

2011年1－4月财产保险公司原保险保费收入情况表

单位：万元

资本结构	公司名称	合计
中资	人保股份	5960978.12
	大地财产	585864.26
	出口信用	252990.96
	中华联合	637809.53
	太保财	2171983.22
	平安财	2726655.88
	华泰	166687.22
	天安	279676.49
	大众	63317.03
	华安	140989.34
	永安	223543.31
	太平保险	196269.63
	民安	67522.23
	中银保险	83123.48
	安信农业	18934.23
	永诚	201619.36
	安邦	247441.67
	信达财险	26146.68
	安华农业	34784.72
	天平车险	121859.34
	阳光财产	410711.64
	阳光农业	4973.42
	都邦	118188.50
	渤海	49344.98
	华农	5147.00
	国寿财产	523494.18
	安诚	60734.96
	长安责任	58940.10
	国元农业	39331.32
	鼎和财产	23254.12
	中煤财产	404.60
	英大财产	164291.30
	浙商财产	56048.78
	紫金财产	46309.85
	泰山财险	148.39
	锦泰财产	598.38
	小计	15770118.23
外资	美亚	38640.31
	东京海上	21014.79
	丰泰	9186.63
	太阳联合	5731.07
	丘博保险	5589.92
	三井住友	17420.65
	三星	12796.70
	安联	13797.16
	日本财产	8095.44
	利宝互助	16124.77
	安盟	1306.57
	苏黎世	9367.38
	现代财产	3067.45
	中意财产	9870.06
	爱和谊	1878.52
	国泰财产	4492.25
	日本兴亚	1356.30
	乐爱金	3237.77
	富邦财险	1146.12
	信利保险	0.00
	小计	184119.87
合计		15954238.10

注：

1. 本表数据是保险业执行《关于印发〈保险合同相关会计处理规定〉的通知》（财会[2009]15号）后，各保险公司按照相关口径要求报送的数据。

2. 原保险保费收入为本年累计数，数据来源于各产险公司报送保监会月报数据。

3. 原保险保费收入为各产险公司内部管理报表数据，未经审计，各产险公司不对该数据的用途及由此带来的后果承担任何法律责任。

4. 美亚包括美亚上海、美亚广州、美亚深圳。

5. 由于计算的四舍五入问题，各产险公司原保险保费收入可能存在细微的误差。

2011 年 1－5 月财产保险公司原保险保费收入情况表

单位：万元

资本结构	公司名称	合计
中资	人保股份	7364583.37
	大地财产	713570.89
	出口信用	312094.88
	中华联合	843803.19
	太保财	2679302.40
	平安财	3368905.46
	华泰	203140.72
	天安	354377.51
	大众	77789.14
	华安	180623.77
	永安	277645.95
	太平保险	240327.85
	民安	84244.53
	中银保险	109797.91
	安信农业	31251.17
	永诚	246154.86
	安邦	307218.75
	信达财险	34748.53
	安华农业	44469.60
	天平车险	150823.57
	阳光财产	513251.64
	阳光农业	7182.11
	都邦	146109.16
	渤海	60371.98
	华农	6771.62
	国寿财产	649629.43
	安诚	74808.61
	长安责任	74547.03
	国元农业	41892.85
	鼎和财产	71804.15
	中煤财产	897.13
	英大财产	177000.48
	浙商财产	70564.60
	紫金财产	57171.88
	泰山财险	263.42
	锦泰财产	877.46
	小计	19578017.57
外资	美亚	47352.72
	东京海上	24114.19
	丰泰	10955.99
	太阳联合	6960.95
	丘博保险	7307.22
	三井住友	20273.98
	三星	16786.46
	安联	17289.69
	日本财产	10208.67
	利宝互助	20050.66
	安盟	1638.84
	苏黎世	10460.25
	现代财产	3697.00
	中意财产	11416.27
	爱和谊	2326.08
	国泰财产	5991.61
	日本兴亚	1584.38
	乐爱金	3664.68
	富邦财险	1390.88
	信利保险	0.00
	小计	223470.55
合计		19801488.12

注：

1. 本表数据是保险业执行《关于印发〈保险合同相关会计处理规定〉的通知》（财会[2009]15 号）后，各保险公司按照相关口径要求报送的数据。

2. 原保险保费收入为本年累计数，数据来源于各产险公司报送保监会月报数据。

3. 原保险保费收入为各产险公司内部管理报表数据，未经审计，各产险公司不对该数据的用途及由此带来的后果承担任何法律责任。

4. 美亚包括美亚上海、美亚广州、美亚深圳。

5. 由于计算的四舍五入问题，各产险公司原保险保费收入可能存在细微的误差。

2011 年 1－6 月财产保险公司原保险保费收入情况表

单位：万元

资本结构	公司名称	合计
中资	人保股份	9121850.83
	大地财产	850096.00
	出口信用	424230.17
	中华联合	1081895.43
	太保财	3220539.87
	平安财	4073420.05
	华泰	245207.44
	天安	430184.69
	大众	92080.40
	华安	222313.48
	永安	333382.10
	太平保险	290433.26
	民安	104736.23
	中银保险	131120.54
	安信农业	41423.43
	永诚	293935.02
	安邦	362383.20
	信达财险	46404.35
	安华农业	182698.95
	天平车险	183451.61
	阳光财产	627786.14
	阳光农业	115347.66
	都邦	174325.79
	渤海	71931.51
	华农	8942.62
	国寿财产	784204.22
	安诚	89216.25
	长安责任	91053.40
	国元农业	50850.83
	鼎和财产	84397.63
	中煤财产	1543.89
	英大财产	188447.97
	浙商财产	85011.04
	紫金财产	71458.29
	泰山财险	503.74
	锦泰财产	1685.03
	小计	24178493.05
外资	美亚	56980.83
	东京海上	26067.87
	丰泰	13816.06
	太阳联合	8252.96
	丘博保险	8687.18
	三井住友	23440.82
	三星	19831.46
	安联	20382.44
	日本财产	12651.01
	利宝互助	23914.85
	安盟	1993.44
	苏黎世	13350.09
	现代财产	4113.24
	中意财产	12398.12
	爱和谊	2614.18
	国泰财产	7595.60
	日本兴亚	1781.70
	乐爱金	3878.74
	富邦财险	1803.81
	信利保险	0.00
	小计	263554.41
合计		24442047.45

注：

1. 本表数据是保险业执行《关于印发〈保险合同相关会计处理规定〉的通知》（财会[2009]15 号）后，各保险公司按照相关口径要求报送的数据。

2. 原保险保费收入为本年累计数，数据来源于各产险公司报送保监会月报数据。

3. 原保险保费收入为各产险公司内部管理报表数据，未经审计，各产险公司不对该数据的用途及由此带来的后果承担任何法律责任。

4. 美亚包括美亚上海、美亚广州、美亚深圳。

5. 由于计算的四舍五入问题，各产险公司原保险保费收入可能存在细微的误差。

2011年1-7月财产保险公司原保险保费收入情况表

单位：万元

资本结构	公司名称	合计
中资	人保股份	10482578.04
	大地财产	970513.06
	出口信用	476659.36
	中华联合	1264613.65
	太保财	3698509.64
	平安财	4730217.09
	华泰	280396.67
	天安	496388.24
	大众	105905.14
	华安	262216.00
	永安	380755.17
	太平保险	333911.11
	民安	121293.94
	中银保险	157659.23
	安信农业	47491.14
	永诚	334656.91
	安邦	427959.51
	信达财险	55911.41
	安华农业	219194.34
	天平车险	215715.32
	阳光财产	732123.76
	阳光农业	154126.19
	都邦	199388.16
	渤海	83547.44
	华农	10813.42
	国寿财产	904266.45
	安诚	102278.60
	长安责任	104318.24
	国元农业	75656.65
	鼎和财产	91317.74
	中煤财产	1843.67
	英大财产	199261.21
	浙商财产	98837.62
	紫金财产	83036.49
	泰山财险	838.62
	众诚保险	29.79
	锦泰财产	3220.19
	小计	27907449.18
外资	美亚	66421.62
	东京海上	30579.01
	丰泰	16613.60
	太阳联合	9231.60
	丘博保险	10191.97
	三井住友	29112.13
	三星	24252.23
	安联	23634.48
	日本财产	14894.62
	利宝互助	28112.86
	安盟	2460.32
	苏黎世	15185.36
	现代财产	4932.50
	中意财产	16346.44
	爱和谊	2925.36
	国泰财产	9450.92
	日本兴亚	2097.60
	乐爱金	4372.32
	富邦财险	1844.04
	信利保险	72.23
	小计	312731.22
合计		28220180.40

注：

1. 本表数据是保险业执行《关于印发〈保险合同相关会计处理规定〉的通知》（财会[2009]15号）后，各保险公司按照相关口径要求报送的数据。

2. 原保险保费收入为本年累计数，数据来源于各产险公司报送保监会月报数据。

3. 原保险保费收入为各产险公司内部管理报表数据，未经审计，各产险公司不对该数据的用途及由此带来的后果承担任何法律责任。

4. 美亚包括美亚上海、美亚广州、美亚深圳。

5. 由于计算的四舍五入问题，各产险公司原保险保费收入可能存在细微的误差。

2011年1-8月财产保险公司原保险保费收入情况表

单位：万元

资本结构	公司名称	原保险保费收入
中资	人保股份	11769211.82
	大地财产	1095905.57
	出口信用	580351.29
	中华联合	1421356.38
	太保财	4146167.67
	平安财	5391408.44
	华泰	318434.07
	天安	558035.23
	大众	118758.01
	华安	302367.47
	永安	428459.00
	太平保险	378606.70
	民安	136968.37
	中银保险	179859.60
	安信农业	52504.68
	永诚	371009.40
	安邦	488798.67
	信达财险	65811.67
	安华农业	228043.35
	天平车险	247700.34
	阳光财产	842985.75
	阳光农业	155064.38
	都邦	224850.09
	渤海	95681.75
	华农	13546.99
	国寿财产	1025609.90
	安诚	115153.53
	长安责任	118298.06
	国元农业	107742.79
	鼎和财产	98217.16
	中煤财产	2461.41
	英大财产	247189.03
	浙商财产	113524.58
	紫金财产	95423.75
	泰山财险	1476.28
	众诚保险	803.15
	锦泰财产	5397.45
	小计	31543183.81
外资	美亚	75496.77
	东京海上	34327.45
	丰泰	17751.76
	太阳联合	10186.15
	丘博保险	11476.76
	三井住友	31325.52
	三星	28550.00
	安联	27182.60
	日本财产	16370.51
	利宝互助	32148.37
	安盟	2460.32
	苏黎世	16448.66
	现代财产	7116.04
	中意财产	17108.14
	爱和谊	3075.73
	国泰财产	10698.70
	日本兴亚	2374.64
	乐爱金	4704.50
	富邦财险	2179.91
	信利保险	248.43
	小计	351230.98
合计		31894414.78

注：

1. 本表数据是保险业执行《关于印发〈保险合同相关会计处理规定〉的通知》（财会[2009]15号）后，各保险公司按照相关口径要求报送的数据。

2. 原保险保费收入为本年累计数，数据来源于各产险公司报送保监会月报数据。

3. 原保险保费收入为各产险公司内部管理报表数据，未经审计，各产险公司不对该数据的用途及由此带来的后果承担任何法律责任。

4. 美亚包括美亚上海、美亚广州、美亚深圳。

5. 由于计算的四舍五入问题，各产险公司原保险保费收入可能存在细微的误差。

2011 年 1－9 月财产保险公司原保险保费收入情况表

单位：万元

资本结构	公司名称	原保险保费收入
中资	人保股份	13260937.61
	大地财产	1240241.40
	出口信用	661115.78
	中华联合	1606765.65
	太保财	4672312.12
	平安财	6158589.83
	华泰	362268.49
	天安	619052.75
	大众	133074.78
	华安	351901.51
	永安	488914.50
	太平保险	429531.87
	民安	153338.01
	中银保险	203073.31
	安信农业	57535.25
	永诚	412466.07
	安邦	551750.12
	信达财险	78498.76
	安华农业	238117.83
	天平车险	285417.95
	阳光财产	969473.11
	阳光农业	156615.80
	都邦	253796.50
	渤海	110050.27
	华农	15891.65
	国寿财产	1174885.35
	安诚	130033.57
	长安责任	137259.90
	国元农业	121101.95
	鼎和财产	102092.85
	中煤财产	3398.43
	英大财产	261669.98
	浙商财产	131535.62
	紫金财产	110576.70
	泰山财险	2120.45
	众诚保险	1152.53
	锦泰财产	7268.88
	小计	35653827.12
外资	美亚	82781.44
	东京海上	36111.60
	丰泰	19125.74
	太阳联合	11224.82
	丘博保险	12267.22
	三井住友	33443.13
	三星	32886.85
	安联	30160.75
	日本财产	18775.75
	利宝互助	36616.37
	安盟	3329.04
	苏黎世	18923.37
	现代财产	8163.02
	中意财产	18149.77
	爱和谊	3217.37
	国泰财产	12098.53
	日本兴亚	2755.85
	乐爱金	4989.93
	富邦财险	2733.45
	信利保险	337.70
	小计	388091.70
合计		36041918.82

注：

1. 本表数据是保险业执行《关于印发〈保险合同相关会计处理规定〉的通知》（财会［2009］15 号）后，各保险公司按照相关口径要求报送的数据。

2. 原保险保费收入为本年累计数，数据来源于各产险公司报送保监会月报数据。

3. 原保险保费收入为各产险公司内部管理报表数据，未经审计，各产险公司不对该数据的用途及由此带来的后果承担任何法律责任。

4. 美亚包括美亚上海、美亚广州、美亚深圳。

5. 由于计算的四舍五入问题，各产险公司原保险保费收入可能存在细微的误差。

2011 年 1－10 月财产保险公司原保险保费收入情况表

单位：万元

资本结构	公司名称	原保险保费收入
中资	人保股份	14424067.07
	大地财产	1358277.68
	出口信用	709940.49
	中华联合	1762385.44
	太保财	5099204.61
	平安财	6769390.13
	华泰	397707.64
	天安	668457.89
	大众	144585.31
	华安	392237.87
	永安	536492.68
	太平保险	471834.09
	民安	169814.55
	中银保险	226867.87
	安信农业	61853.19
	永诚	444635.72
	安邦	615302.14
	信达财险	89307.46
	安华农业	246003.54
	天平车险	317350.85
	阳光财产	1078647.70
	阳光农业	158150.48
	都邦	278389.17
	渤海	122192.94
	华农	18122.65
	国寿财产	1302669.86
	安诚	141993.98
	长安责任	150367.31
	国元农业	124283.68
	鼎和财产	107330.86
	中煤财产	4151.41
	英大财产	271420.16
	浙商财产	146547.84
	紫金财产	121742.49
	泰山财险	2790.68
	众诚保险	1445.78
	锦泰财产	8717.14
	小计	38944680.33
外资	美亚	89667.18
	东京海上	38813.32
	丰泰	20022.01
	太阳联合	12950.25
	丘博保险	13359.71
	三井住友	37111.46
	三星	35374.41
	安联	34162.37
	日本财产	20439.31
	利宝互助	40557.11
	安盟	3766.06
	苏黎世	22387.82
	现代财产	8581.91
	中意财产	20086.91
	爱和谊	3522.08
	国泰财产	13214.39
	日本兴亚	3044.16
	乐爱金	5200.11
	富邦财险	3171.59
	信利保险	812.19
	小计	426244.35
合计		39370924.69

注：

1. 本表数据是保险业执行《关于印发〈保险合同相关会计处理规定〉的通知》（财会［2009］15 号）后，各保险公司按照相关口径要求报送的数据。

2. 原保险保费收入为本年累计数，数据来源于各产险公司报送保监会月报数据。

3. 原保险保费收入为各产险公司内部管理报表数据，未经审计，各产险公司不对该数据的用途及由此带来的后果承担任何法律责任。

4. 美亚包括美亚上海、美亚广州、美亚深圳。

5. 由于计算的四舍五入问题，各产险公司原保险保费收入可能存在细微的误差。

2011年1-11月财产保险公司原保险保费收入情况表

单位：万元

资本结构	公司名称	原保险保费收入
中资	人保股份	15750018.72
	大地财产	1485403.74
	出口信用	845284.77
	中华联合	1921470.22
	太保财	5586271.51
	平安财	7467600.62
	华泰	436414.40
	天安	723250.85
	大众	157672.49
	华安	438038.51
	永安	588458.97
	太平保险	520406.38
	民安	187677.86
	中银保险	252007.23
	安信农业	66234.99
	永诚	481383.88
	安邦	677928.60
	信达财险	102429.58
	安华农业	254995.67
	天平车险	354247.37
	阳光财产	1196873.70
	阳光农业	163600.19
	都邦	305795.38
	渤海	135159.04
	华农	20862.51
	国寿财产	1450501.85
	安诚	155708.85
	长安责任	165907.79
	国元农业	131161.45
	鼎和财产	112777.25
	中煤财产	5925.33
	英大财产	281920.20
	浙商财产	164779.40
	紫金财产	135547.88
	泰山财险	3513.99
	众诚保险	1820.51
	锦泰财产	10885.92
	小计	42739937.59
外资	美亚	97569.45
	东京海上	41807.16
	丰泰	22887.85
	太阳联合	14034.87
	丘博保险	14100.21
	三井住友	40325.94
	三星	38137.45
	安联	36811.57
	日本财产	22368.90
	利宝互助	45545.86
	安盟	5038.42
	苏黎世	24639.63
	现代财产	9217.45
	劳合社	2.00
	中意财产	21044.17
	爱和谊	3745.87
	国泰财产	14611.34
	日本兴亚	3299.11
	乐爱金	6210.29
	富邦财险	3866.82
	信利保险	964.32
	小计	466228.67
合计		43206166.27

注：

1. 本表数据是保险业执行《关于印发〈保险合同相关会计处理规定〉的通知》（财会[2009]15号）后，各保险公司按照相关口径要求报送的数据。

2. 原保险保费收入为本年累计数，数据来源于各产险公司报送保监会月报数据。

3. 原保险保费收入为各产险公司内部管理报表数据，未经审计，各产险公司不对该数据的用途及由此带来的后果承担任何法律责任。

4. 美亚包括美亚上海、美亚广州、美亚深圳。

5. 由于计算的四舍五入问题，各产险公司原保险保费收入可能存在细微的误差。

2011年度财产保险公司原保险保费收入情况表

单位：万元

资本结构	公司名称	原保险保费收入
中资	人保股份	17337226.91
	大地财产	1625562.47
	出口信用	1023427.38
	中华联合	2095460.71
	太保财	6159110.69
	平安财	8333256.04
	华泰	479777.59
	天安	782030.45
	大众	172159.87
	华安	488088.15
	永安	647204.22
	太平保险	580104.78
	民安	207985.33
	中银保险	289581.64
	安信农业	71374.09
	永诚	527584.18
	安邦	714885.18
	信达财险	121590.86
	安华农业	263501.45
	天平车险	402264.91
	阳光财产	1331669.26
	阳光农业	169191.42
	都邦	335598.07
	渤海	149996.92
	华农	24415.11
	国寿财产	1639556.86
	安诚	170992.05
	长安责任	182028.81
	国元农业	151388.74
	鼎和财产	119093.81
	中煤财产	8204.26
	英大财产	301559.51
	浙商财产	186144.69
	紫金财产	155051.72
	泰山财险	4599.60
	众诚保险	2392.52
	锦泰财产	15407.26
	长江财产	17.97
	小计	47269485.48
外资	美亚	105438.02
	东京海上	47387.43
	丰泰	24146.00
	太阳联合	14644.65
	丘博保险	15774.84
	三井住友	44836.31
	三星	42854.75
	安联	40364.91
	日本财产	29733.54
	利宝互助	51739.10
	安盟	8702.62
	苏黎世	26883.10
	现代财产	9804.55
	劳合社	2.00
	中意财产	21767.08
	爱和谊	3980.74
	国泰财产	16166.89
	日本兴亚	3471.62
	乐爱金	7001.01
	富邦财险	4888.83
	信利保险	1514.39
	小计	521102.39
合计		47790587.87

注：

1. 本表数据是保险业执行《关于印发〈保险合同相关会计处理规定〉的通知》（财会[2009]15号）后，各保险公司按照相关口径要求报送的数据。

2. 原保险保费收入为本年累计数，数据来源于各产险公司报送保监会月报数据。

3. 原保险保费收入为各产险公司内部管理报表数据，未经审计，各产险公司不对该数据的用途及由此带来的后果承担任何法律责任。

4. 美亚包括美亚上海、美亚广州、美亚深圳。

5. 由于计算的四舍五入问题，各产险公司原保险保费收入可能存在细微的误差。

2011 年 1 月人寿保险公司原保险保费收入情况表

单位：万元

资本结构	公司名称	合计
中资	国寿股份	4385339.39
	太保寿	1168697.41
	平安寿	1813624.86
	新华	1107473.60
	泰康	842288.76
	太平人寿	339253.84
	民生人寿	123915.51
	生命人寿	300600.42
	国寿存续	72519.57
	平安养老	45841.21
	中融人寿	0.00
	合众人寿	161192.30
	太平养老	1704.76
	平安健康	1783.85
	人保健康	70059.48
	华夏人寿	52178.83
	正德人寿	3746.59
	信泰	24374.73
	嘉禾人寿	35416.98
	长城	39104.81
	昆仑健康	423.55
	和谐健康	9.24
	人保寿险	942922.73
	国华	24102.97
	国寿养老	0.00
	长江养老	0.00
	英大人寿	6560.63
	泰康养老	0.00
	幸福人寿	48037.04
	阳光人寿	193296.29
	百年人寿	17947.63
	中邮人寿	45368.86
	安邦人寿	0.48
	小计	11867786.34
外资	中宏人寿	13682.56
	太平洋安泰	4015.35
	中德安联	8687.37
	金盛	15016.44
	信诚	21364.68
	交银康联	2830.70
	恒康天安	17732.32
	中意	30488.52
	光大永明	21460.18
	友邦	63254.74
	海尔纽约	4131.70
	首创安泰	10073.09
	中英人寿	38621.52
	海康人寿	7210.76
	招商信诺	29035.45
	长生人寿	2332.13
	恒安标准	4636.75
	瑞泰人寿	204.72
	中美大都会	12564.75
	中法人寿	634.60
	华泰人寿	42152.98
	国泰人寿	4577.06
	联泰大都会	5248.00
	中航三星	2346.04
	中新大东方	4560.27
	新光海航	2236.62
	汇丰人寿	941.86
	君龙人寿	1176.97
	小计	371218.10
合计		12239004.44

注：

1. 本表数据是保险业执行《关于印发〈保险合同相关会计处理规定〉的通知》（财会[2009]15 号）后，各保险公司按照相关口径要求报送的数据。

2. 原保险保费收入为本年累计数，数据来源于各寿险公司报送保监会月报数据。

3. 原保险保费收入为各寿险公司内部管理报表数据，未经审计，各寿险公司不对该数据的用途及由此带来的后果承担任何法律责任。

4. 友邦合计包括友邦上海、友邦广州、友邦深圳、友邦北京、友邦苏州、友邦东莞和友邦江门。

2011 年 1－2 月人寿保险公司原保险保费收入情况表

单位：万元

资本结构	公司名称	合计
中资	国寿股份	8458402.19
	太保寿	2189752.06
	平安寿	3211256.97
	新华	2043453.22
	泰康	1668854.48
	太平人寿	661471.82
	天安人寿	37790.21
	民生人寿	235083.94
	生命人寿	599181.23
	国寿存续	141086.75
	平安养老	77354.57
	中融人寿	0.00
	合众人寿	328772.23
	太平养老	4336.90
	平安健康	2958.12
	人保健康	99196.19
	华夏人寿	112554.29
	正德人寿	7953.01
	信泰	52706.15
	嘉禾人寿	73498.33
	长城	76919.38
	昆仑健康	813.66
	和谐健康	23.91
	人保寿险	1898452.98
	国华	81530.14
	国寿养老	0.00
	长江养老	0.00
	英大人寿	11661.44
	泰康养老	0.00
	幸福人寿	107914.98
	阳光人寿	410609.88
	百年人寿	32721.58
	中邮人寿	107042.04
	安邦人寿	2.66
	小计	22733355.31
外资	中宏人寿	27030.97
	太平洋安泰	10045.00
	中德安联	14120.25
	金盛	31072.13
	信诚	57213.06
	交银康联	7703.46
	中意	61752.54
	光大永明	72489.05
	友邦	116261.48
	海尔纽约	7131.52
	首创安泰	21661.63
	中英人寿	71631.04
	海康人寿	19115.92
	招商信诺	42144.02
	长生人寿	5189.03
	恒安标准	11063.68
	瑞泰人寿	322.42
	中美大都会	30101.80
	中法人寿	1407.00
	华泰人寿	79326.49
	国泰人寿	8224.24
	联泰大都会	12757.06
	中航三星	5681.74
	中新大东方	8869.87
	新光海航	3325.61
	汇丰人寿	2265.23
	君龙人寿	2976.34
	小计	730882.60
合计		23464237.91

注：

1. 本表数据是保险业执行《关于印发〈保险合同相关会计处理规定〉的通知》（财会[2009]15 号）后，各保险公司按照相关口径要求报送的数据。

2. 原保险保费收入为本年累计数，数据来源于各寿险公司报送保监会月报数据。

3. 原保险保费收入为各寿险公司内部管理报表数据，未经审计，各寿险公司不对该数据的用途及由此带来的后果承担任何法律责任。

4. 友邦合计包括友邦上海、友邦广州、友邦深圳、友邦北京、友邦苏州、友邦东莞和友邦江门。

2011年1-3月人寿保险公司原保险保费收入情况表

单位：万元

资本结构	公司名称	合计
中资	国寿股份	12297775.44
	太保寿	3230768.95
	平安寿	4762979.27
	新华	3023923.70
	泰康	2421750.89
	太平人寿	1017901.32
	天安人寿	41759.13
	民生人寿	334456.45
	生命人寿	883690.66
	国寿存续	255763.71
	平安养老	153903.00
	中融人寿	36.23
	合众人寿	454903.57
	太平养老	6393.23
	平安健康	3570.75
	人保健康	172909.60
	华夏人寿	156551.95
	正德人寿	12147.43
	信泰	71754.62
	嘉禾人寿	102142.29
	长城	107622.25
	昆仑健康	2104.06
	和谐健康	39.44
	人保寿险	2628769.49
	国华	120574.49
	国寿养老	0.00
	长江养老	0.00
	英大人寿	19097.67
	泰康养老	0.00
	幸福人寿	155729.66
	阳光人寿	599671.72
	百年人寿	43690.69
	中邮人寿	162868.03
	安邦人寿	2.56
	小计	33245252.25
外资	中宏人寿	47465.00
	太平洋安泰	18743.17
	中德安联	22237.28
	金盛	50002.16
	信诚	91992.78
	交银康联	10929.60
	中意	105249.22
	光大永明	123927.79
	友邦	195487.53
	海尔纽约	11589.85
	中荷人寿	38342.34
	中英人寿	107903.02
	海康人寿	31439.00
	招商信诺	55115.42
	长生人寿	7235.38
	恒安标准	17593.26
	瑞泰人寿	557.93
	中美大都会	51364.03
	中法人寿	2230.60
	华泰人寿	110202.27
	国泰人寿	13125.30
	联泰大都会	22787.04
	中航三星	9399.06
	中新大东方	11851.28
	新光海航	4561.26
	汇丰人寿	4167.73
	君龙人寿	4314.39
	小计	1169813.69
合计		34415065.94

注：

1. 本表数据是保险业执行《关于印发〈保险合同相关会计处理规定〉的通知》（财会[2009]15号）后，各保险公司按照相关口径要求报送的数据。

2. 原保险保费收入为本年累计数，数据来源于各寿险公司报送保监会月报数据。

3. 原保险保费收入为各寿险公司内部管理报表数据，未经审计，各寿险公司不对该数据的用途及由此带来的后果承担任何法律责任。

4. 友邦合计包括友邦上海、友邦广州、友邦深圳、友邦北京、友邦苏州、友邦东莞和友邦江门。

2011年1-4月人寿保险公司原保险保费收入情况表

单位：万元

资本结构	公司名称	合计
中资	国寿股份	14540061.10
	太保寿	3903795.84
	平安寿	5575408.60
	新华	3664213.49
	泰康	2902134.04
	太平人寿	1236591.44
	天安人寿	43783.79
	民生人寿	396258.63
	生命人寿	1048667.66
	国寿存续	368383.65
	平安养老	193375.06
	中融人寿	66.53
	合众人寿	506019.35
	太平养老	10387.59
	平安健康	4374.34
	人保健康	190420.72
	华夏人寿	190691.32
	正德人寿	16279.69
	信泰	90395.77
	嘉禾人寿	123838.11
	长城	134486.34
	昆仑健康	2651.34
	和谐健康	40.13
	人保寿险	3108381.57
	国华	150604.10
	国寿养老	0.00
	长江养老	0.00
	英大人寿	25031.03
	泰康养老	0.00
	幸福人寿	193500.32
	阳光人寿	716432.39
	百年人寿	53508.00
	中邮人寿	218418.72
	安邦人寿	33.02
	小计	39608233.66
外资	中宏人寿	66827.38
	太平洋安泰	25156.11
	中德安联	29847.70
	金盛	70826.07
	信诚	118875.25
	交银康联	21087.40
	中意	129577.31
	光大永明	150766.97
	友邦	261362.04
	海尔纽约	15004.02
	中荷人寿	49144.93
	中英人寿	134402.11
	海康人寿	39315.72
	招商信诺	67909.89
	长生人寿	9040.97
	恒安标准	24229.39
	瑞泰人寿	768.32
	中法人寿	2904.50
	华泰人寿	135767.73
	国泰人寿	17114.87
	中美联泰	102400.15
	中航三星	12524.28
	中新大东方	13360.11
	新光海航	6346.16
	汇丰人寿	6523.57
	君龙人寿	5824.54
	小计	1516907.50
合计		41125141.15

注：

1. 本表数据是保险业执行《关于印发〈保险合同相关会计处理规定〉的通知》（财会[2009]15号）后，各保险公司按照相关口径要求报送的数据。

2. 原保险保费收入为本年累计数，数据来源于各寿险公司报送保监会月报数据。

3. 原保险保费收入为各寿险公司内部管理报表数据，未经审计，各寿险公司不对该数据的用途及由此带来的后果承担任何法律责任。

4. 友邦合计包括友邦上海、友邦广州、友邦深圳、友邦北京、友邦苏州、友邦东莞和友邦江门。

2011年1-5月人寿保险公司原保险保费收入情况表

单位:万元

资本结构	公司名称	合计
中资	国寿股份	16653711.38
	太保寿	4643018.23
	平安寿	6412408.38
	新华	4282256.66
	泰康	3415458.41
	太平人寿	1497168.52
	天安人寿	45545.54
	民生人寿	474670.16
	生命人寿	1217921.13
	国寿存续	471382.78
	平安养老	243207.73
	中融人寿	74.54
	合众人寿	554259.47
	太平养老	13325.20
	平安健康	5113.36
	人保健康	211872.64
	华夏人寿	236601.68
	正德人寿	20791.80
	信泰	108649.69
	嘉禾人寿	145297.24
	长城	160161.60
	昆仑健康	3076.50
	和谐健康	40.13
	人保寿险	3628355.79
	国华	174611.60
	国寿养老	0.00
	长江养老	0.00
	英大人寿	30146.00
	泰康养老	0.00
	幸福人寿	230182.85
	阳光人寿	845655.84
	百年人寿	64060.47
	中邮人寿	282248.42
	安邦人寿	404.69
	小计	46071678.43
外资	中宏人寿	82071.81
	太平洋安泰	29696.33
	中德安联	38024.35
	金盛	85296.50
	信诚	150758.93
	交银康联	29855.65
	中意	163810.91
	光大永明	170445.33
	友邦	321511.36
	海尔纽约	18379.14
	中荷人寿	61423.02
	中英人寿	160886.24
	海康人寿	49235.80
	招商信诺	80992.92
	长生人寿	9983.18
	恒安标准	32365.04
	瑞泰人寿	1004.05
	中法人寿	3337.20
	华泰人寿	157902.66
	国泰人寿	20838.80
	中美联泰	79844.27
	中航三星	15620.02
	中新大东方	15126.71
	新光海航	7535.21
	汇丰人寿	9162.11
	君龙人寿	7075.98
	小计	1802183.54
合计		47873861.97

注:

1. 本表数据是保险业执行《关于印发〈保险合同相关会计处理规定〉的通知》(财会[2009]15号)后,各保险公司按照相关口径要求报送的数据。

2. 原保险保费收入为本年累计数,数据来源于各寿险公司报送保监会月报数据。

3. 原保险保费收入为各寿险公司内部管理报表数据,未经审计,各寿险公司不对该数据的用途及由此带来的后果承担任何法律责任。

4. 友邦合计包括友邦上海、友邦广州、友邦深圳、友邦北京、友邦苏州、友邦东莞和友邦江门。

2011年1-6月人寿保险公司原保险保费收入情况表

单位:万元

资本结构	公司名称	合计
中资	国寿股份	19549043.61
	太保寿	5457398.71
	平安寿	7219038.42
	新华	5066237.57
	泰康	3979242.82
	太平人寿	1765100.66
	天安人寿	47119.09
	民生人寿	564025.06
	生命人寿	1396686.46
	国寿存续	634200.04
	平安养老	291105.26
	中融人寿	551.49
	合众人寿	616242.76
	太平养老	18178.81
	平安健康	5698.95
	人保健康	297583.31
	华夏人寿	301143.27
	正德人寿	24222.00
	信泰	128705.07
	嘉禾人寿	168731.67
	长城	185806.82
	昆仑健康	3445.31
	和谐健康	45.88
	人保寿险	4369699.48
	国华	200568.89
	国寿养老	0.00
	长江养老	0.00
	英大人寿	37254.41
	泰康养老	0.00
	幸福人寿	266752.82
	阳光人寿	945425.57
	百年人寿	78317.60
	中邮人寿	336880.91
	安邦人寿	1656.61
	小计	53956109.35
外资	中宏人寿	100162.09
	太平洋安泰	39094.09
	中德安联	45787.00
	金盛	97098.16
	信诚	181891.86
	交银康联	33770.00
	中意	191133.14
	光大永明	199482.27
	友邦	387936.01
	海尔人寿	22452.76
	中荷人寿	74116.30
	中英人寿	192866.90
	海康人寿	63378.88
	招商信诺	94765.82
	长生人寿	11572.89
	恒安标准	41190.00
	瑞泰人寿	1265.05
	中法人寿	3720.60
	华泰人寿	185911.55
	国泰人寿	24375.98
	中美联泰	110653.60
	中航三星	18453.08
	中新大东方	16693.30
	新光海航	8747.63
	汇丰人寿	11815.93
	君龙人寿	8392.43
	小计	2166727.31
合计		56122836.66

注:

1. 本表数据是保险业执行《关于印发〈保险合同相关会计处理规定〉的通知》(财会[2009]15号)后,各保险公司按照相关口径要求报送的数据。

2. 原保险保费收入为本年累计数,数据来源于各寿险公司报送保监会月报数据。

3. 原保险保费收入为各寿险公司内部管理报表数据,未经审计,各寿险公司不对该数据的用途及由此带来的后果承担任何法律责任。

4. 友邦合计包括友邦上海、友邦广州、友邦深圳、友邦北京、友邦苏州、友邦东莞和友邦江门。

2011年1－7月人寿保险公司原保险保费收入情况表

单位：万元

资本结构	公司名称	合计
中资	国寿股份	21533716.66
	太保寿	6040153.73
	平安寿	7883659.48
	新华	5801134.91
	泰康	4446940.73
	太平人寿	1982475.68
	建信人寿	47473.61
	天安人寿	48450.58
	民生人寿	637492.09
	生命人寿	1565819.82
	国寿存续	710034.33
	平安养老	327542.25
	中融人寿	601.26
	合众人寿	678819.55
	太平养老	22308.84
	平安健康	6932.85
	人保健康	316222.45
	华夏人寿	348657.20
	正德人寿	26864.10
	信泰	144060.88
	嘉禾人寿	188080.90
	长城	207455.05
	昆仑健康	3830.64
	和谐健康	51.14
	人保寿险	4794854.46
	国华	220701.07
	国寿养老	0.00
	长江养老	0.00
	英大人寿	42603.48
	泰康养老	0.00
	幸福人寿	304615.48
	阳光人寿	1053173.96
	百年人寿	93928.26
	中邮人寿	397446.68
	安邦人寿	3776.87
	小计	59879878.99
外资	中宏人寿	118073.40
	中德安联	55509.89
	金盛	107491.57
	信诚	205783.09
	交银康联	35611.84
	中意	220031.41
	光大永明	225661.36
	友邦	452800.47
	海尔人寿	26177.42
	中荷人寿	86895.45
	中英人寿	216005.99
	海康人寿	70481.82
	招商信诺	109473.21
	长生人寿	13575.83
	恒安标准	48736.85
	瑞泰人寿	1558.09
	中法人寿	4278.90
	华泰人寿	208577.67
	国泰人寿	27798.87
	中美联泰	141780.51
	中航三星	22115.82
	中新大东方	18183.75
	新光海航	10203.32
	汇丰人寿	14069.38
	君龙人寿	9581.36
	小计	2450457.27
合计		62330336.26

注：

1. 本表数据是保险业执行《关于印发〈保险合同相关会计处理规定〉的通知》（财会［2009］15号）后，各保险公司按照相关口径要求报送的数据。

2. 原保险保费收入为本年累计数，数据来源于各寿险公司报送保监会月报数据。

3. 原保险保费收入为各寿险公司内部管理报表数据，未经审计，各寿险公司不对该数据的用途及由此带来的后果承担任何法律责任。

4. 友邦合计包括友邦上海、友邦广州、友邦深圳、友邦北京、友邦苏州、友邦东莞和友邦江门。

2011年1－8月人寿保险公司原保险保费收入情况表

单位：万元

资本结构	公司名称	原保险保费收入
中资	国寿股份	23698837.03
	太保寿	6692765.02
	平安寿	8617388.56
	新华	6501241.50
	泰康	4939594.65
	太平人寿	2197098.99
	建信人寿	55906.58
	天安人寿	50538.23
	民生人寿	699867.51
	生命人寿	1722038.68
	国寿存续	790794.07
	平安养老	363204.40
	中融人寿	611.63
	合众人寿	735147.78
	太平养老	36704.83
	平安健康	7705.26
	人保健康	333485.19
	华夏人寿	389192.12
	正德人寿	28889.93
	信泰	158233.84
	嘉禾人寿	212160.47
	长城	229239.66
	昆仑健康	4134.02
	和谐健康	106.40
	人保寿险	5202757.14
	国华	243780.14
	国寿养老	0.00
	长江养老	0.00
	英大人寿	47307.19
	泰康养老	0.00
	幸福人寿	338399.31
	阳光人寿	1157495.06
	百年人寿	109512.13
	中邮人寿	462563.89
	安邦人寿	5553.74
	利安人寿	1687.03
	小计	66033941.98
外资	中宏人寿	137284.04
	中德安联	63439.81
	金盛	118358.39
	信诚	229981.50
	交银康联	40464.09
	中意	245086.00
	光大永明	247192.46
	友邦	522167.32
	海尔人寿	30285.88
	中荷人寿	98424.69
	中英人寿	241824.54
	海康人寿	76036.53
	招商信诺	124683.31
	长生人寿	17246.41
	恒安标准	56539.06
	瑞泰人寿	2039.76
	中法人寿	4628.10
	华泰人寿	229122.67
	国泰人寿	32365.82
	中美联泰	174985.90
	中航三星	24131.66
	中新大东方	19584.13
	新光海航	11875.69
	汇丰人寿	16506.80
	君龙人寿	10795.94
	小计	2775050.50
合计		68808992.48

注：

1. 本表数据是保险业执行《关于印发〈保险合同相关会计处理规定〉的通知》（财会［2009］15号）后，各保险公司按照相关口径要求报送的数据。

2. 原保险保费收入为本年累计数，数据来源于各寿险公司报送保监会月报数据。

3. 原保险保费收入为各寿险公司内部管理报表数据，未经审计，各寿险公司不对该数据的用途及由此带来的后果承担任何法律责任。

4. 友邦合计包括友邦上海、友邦广州、友邦深圳、友邦北京、友邦苏州、友邦东莞和友邦江门。

2011 年 1 -9 月人寿保险公司原保险保费收入情况表

单位:万元

资本结构	公司名称	原保险保费收入
中资	国寿股份	26421669.86
	太保寿	7452802.98
	平安寿	9394607.18
	新华	7436081.53
	泰康	5446515.93
	太平人寿	2426327.40
	建信人寿	62345.76
	天安人寿	54044.22
	光大永明	262618.59
	民生人寿	775367.84
	生命人寿	1908072.22
	国寿存续	991419.82
	平安养老	405182.06
	中融人寿	753.00
	合众人寿	797952.54
	太平养老	40765.14
	人保健康	355781.70
	华夏人寿	424039.13
	正德人寿	31185.77
	信泰	175645.58
	嘉禾人寿	237934.97
	长城	251754.35
	昆仑健康	4558.55
	和谐健康	126.47
	人保寿险	5644132.37
	国华	264904.96
	国寿养老	0.00
	长江养老	0.00
	英大人寿	52588.07
	泰康养老	0.00
	幸福人寿	373498.05
	阳光人寿	1261730.04
	百年人寿	126865.32
	中邮人寿	531410.27
	安邦人寿	8484.03
	利安人寿	8717.60
	小计	73629883.33
外资	中宏人寿	158343.22
	中德安联	73624.65
	金盛	129178.37
	信诚	260195.54
	交银康联	42157.25
	中意	277626.59
	友邦	591442.77
	海尔人寿	34440.80
	中荷人寿	109009.99
	中英人寿	271790.11
	海康人寿	86303.75
	招商信诺	139794.92
	长生人寿	19504.31
	恒安标准	66418.32
	瑞泰人寿	2836.48
	中法人寿	4857.00
	华泰人寿	252092.85
	国泰人寿	36939.63
	中美联泰	207962.99
	平安健康	8832.27
	中航三星	25782.01
	中新大东方	21289.93
	新光海航	14013.30
	汇丰人寿	20710.69
	君龙人寿	11632.67
	小计	2866780.41
合计		76496663.74

注:

1. 本表数据是保险业执行《关于印发〈 保险合同相关会计处理规定〉的通知》(财会[2009]15 号)后,各保险公司按照相关口径要求报送的数据。

2. 原保险保费收入为本年累计数,数据来源于各寿险公司报送保监会月报数据。

3. 原保险保费收入为各寿险公司内部管理报表数据,未经审计,各寿险公司不对该数据的用途及由此带来的后果承担任何法律责任。

4. 友邦合计包括友邦上海、友邦广州、友邦深圳、友邦北京、友邦苏州、友邦东莞和友邦江门。

2011 年 1 -10 月人寿保险公司原保险保费收入情况表

单位:万元

资本结构	公司名称	原保险保费收入
中资	国寿股份	28209943.06
	太保寿	8151675.52
	平安寿	10165364.06
	新华	8257661.78
	泰康	5918710.84
	太平人寿	2654622.51
	建信人寿	75852.98
	天安人寿	59617.30
	光大永明	286656.12
	民生人寿	845155.07
	生命人寿	2074819.97
	国寿存续	1091725.71
	平安养老	436622.87
	中融人寿	1883.33
	合众人寿	865897.87
	太平养老	45734.07
	人保健康	380906.28
	华夏人寿	461733.51
	正德人寿	32782.62
	信泰	192728.55
	嘉禾人寿	266383.02
	长城	272349.67
	昆仑健康	6530.56
	和谐健康	137.08
	人保寿险	6067651.26
	国华	283500.02
	国寿养老	0.00
	长江养老	0.00
	英大人寿	57059.64
	泰康养老	0.00
	幸福人寿	412541.66
	阳光人寿	1370204.05
	百年人寿	146965.07
	中邮人寿	592802.14
	安邦人寿	9224.51
	利安人寿	10865.22
	小计	79706307.91
外资	中宏人寿	178724.24
	中德安联	81890.14
	金盛	139306.86
	信诚	284627.53
	交银康联	43256.74
	中意	304095.48
	友邦	656464.52
	海尔人寿	38113.43
	中荷人寿	119582.04
	中英人寿	295312.87
	海康人寿	93757.58
	招商信诺	155693.80
	长生人寿	21006.23
	恒安标准	75727.32
	瑞泰人寿	3248.87
	中法人寿	5275.40
	华泰人寿	271260.88
	国泰人寿	40113.68
	中美联泰	239464.26
	平安健康	10136.54
	中航三星	27855.26
	中新大东方	22732.77
	新光海航	15135.35
	汇丰人寿	23207.87
	君龙人寿	12376.68
	小计	3158366.35
合计		82864674.25

注:

1. 本表数据是保险业执行《关于印发〈 保险合同相关会计处理规定〉的通知》(财会[2009]15 号)后,各保险公司按照相关口径要求报送的数据。

2. 原保险保费收入为本年累计数,数据来源于各寿险公司报送保监会月报数据。

3. 原保险保费收入为各寿险公司内部管理报表数据,未经审计,各寿险公司不对该数据的用途及由此带来的后果承担任何法律责任。

4. 友邦合计包括友邦上海、友邦广州、友邦深圳、友邦北京、友邦苏州、友邦东莞和友邦江门。

2011年1-11月人寿保险公司原保险保费收入情况表

单位:万元

资本结构	公司名称	原保险保费收入
中资	国寿股份	30121416.36
	太保寿	8785988.86
	平安寿	11003155.27
	新华	8876819.92
	泰康	6367223.26
	太平人寿	2890258.72
	建信人寿	99708.22
	天安人寿	64948.01
	光大永明	319651.34
	民生人寿	922585.41
	生命人寿	2221012.05
	国寿存续	1313972.54
	平安养老	472765.52
	中融人寿	4697.77
	合众人寿	934913.29
	太平养老	49393.82
	人保健康	408322.00
	华夏人寿	489704.32
	正德人寿	34593.34
	信泰	209470.38
	嘉禾人寿	291166.37
	长城	294217.29
	昆仑健康	6949.15
	和谐健康	152.08
	人保寿险	6499794.77
	国华	299257.20
	国寿养老	0.00
	长江养老	0.00
	英大人寿	61012.71
	泰康养老	0.00
	幸福人寿	454884.58
	阳光人寿	1483933.60
	百年人寿	168622.12
	中邮人寿	671971.72
	安邦人寿	9690.73
	利安人寿	28297.51
	小计	85860550.27
外资	中宏人寿	203757.03
	中德安联	91695.39
	金盛	147625.91
	信诚	313851.27
	交银康联	44658.01
	中意	334680.02
	友邦	744045.87
	海尔人寿	42374.20
	中荷人寿	130589.33
	中英人寿	325154.61
	海康人寿	103018.94
	招商信诺	173645.64
	长生人寿	22605.06
	恒安标准	87724.60
	瑞泰人寿	3779.21
	中法人寿	5929.50
	华泰人寿	290017.99
	国泰人寿	45498.04
	中美联泰	274795.91
	平安健康	11197.81
	中航三星	29909.69
	中新大东方	25124.83
	新光海航	16068.08
	汇丰人寿	26763.70
	君龙人寿	13254.88
	小计	3507765.52
合计		89368315.79

注:

1. 本表数据是保险业执行《关于印发〈保险合同相关会计处理规定〉的通知》(财会[2009]15号)后,各保险公司按照相关口径要求报送的数据。

2. 原保险保费收入为本年累计数,数据来源于各寿险公司报送保监会月报数据。

3. 原保险保费收入为各寿险公司内部管理报表数据,未经审计,各寿险公司不对该数据的用途及由此带来的后果承担任何法律责任。

4. 友邦合计包括友邦上海、友邦广州、友邦深圳、友邦北京、友邦苏州、友邦东莞和友邦江门。

2011年度人寿保险公司原保险保费收入情况表

单位:万元

资本结构	公司名称	原保险保费收入
中资	国寿股份	31825306.37
	太保寿	9320309.84
	平安寿	11896740.73
	新华	9479667.07
	泰康	6793738.74
	太平人寿	3145794.02
	建信人寿	128118.66
	天安人寿	73553.03
	光大永明	358530.80
	民生人寿	976563.93
	生命人寿	2336544.07
	国寿存续	1395383.52
	平安养老	499512.93
	中融人寿	10766.74
	合众人寿	998249.83
	太平养老	53204.20
	人保健康	458431.50
	华夏人寿	516440.61
	正德人寿	36135.89
	信泰	224822.87
	嘉禾人寿	316277.98
	长城	314919.72
	昆仑健康	8256.59
	和谐健康	168.73
	人保寿险	7036147.43
	国华	313947.00
	国寿养老	0.00
	长江养老	0.00
	英大人寿	65862.34
	泰康养老	0.00
	幸福人寿	504597.60
	阳光人寿	1595406.73
	百年人寿	190206.12
	中邮人寿	802338.07
	安邦人寿	10423.37
	利安人寿	50090.96
	小计	91736458.00
外资	中宏人寿	231403.63
	中德安联	100489.54
	金盛	159993.69
	信诚	343104.96
	交银康联	46569.55
	中意	358392.98
	友邦	818672.87
	海尔人寿	47168.47
	中荷人寿	148066.13
	中英人寿	354151.43
	海康人寿	117424.64
	招商信诺	192669.62
	长生人寿	25793.91
	恒安标准	102679.48
	瑞泰人寿	4187.35
	中法人寿	6553.70
	华泰人寿	304250.52
	国泰人寿	49673.87
	中美联泰	317504.07
	平安健康	13143.36
	中航三星	32379.67
	中新大东方	27468.86
	新光海航	18140.26
	汇丰人寿	29738.66
	君龙人寿	13960.22
	小计	3863581.45
合计		95600039.46

注:

1. 本表数据是保险业执行《关于印发〈保险合同相关会计处理规定〉的通知》(财会[2009]15号)后,各保险公司按照相关口径要求报送的数据。

2. 原保险保费收入为本年累计数,数据来源于各寿险公司报送保监会月报数据。

3. 原保险保费收入为各寿险公司内部管理报表数据,未经审计,各寿险公司不对该数据的用途及由此带来的后果承担任何法律责任。

4. 友邦合计包括友邦上海、友邦广州、友邦深圳、友邦北京、友邦苏州、友邦东莞和友邦江门。

2011 年1－3 月养老保险公司企业年金业务情况表

单位：万元

公司名称	企业年金缴费	受托管理资产	投资管理资产
太平养老	190375.51	1456529.64	1985328.52
平安养老	697380.32	3129933.09	4552757.05
国寿养老	682747.02	3961834.71	0
长江养老	86271.45	2659145.71	1482293.15
泰康养老	37988.69	261888.86	0
合计	1694762.99	11469332.01	8020378.72

注：

1. 企业年金缴费、受托管理资产、投资管理资产的统计口径。

2. 以上数据来源于各养老保险公司报送保监会统计报表数据，未经审计，目前统计频度暂为季度报。

3. 上海市企业年金中心将上海市企业年金资产整体移交给长江养老并由其设立的企业年金过渡计划，已于今年年初完成转换。

2011 年1－6 月养老保险公司企业年金业务情况表

单位：万元

公司名称	企业年金缴费	受托管理资产	投资管理资产
太平养老	284158.75	1641125.39	2052023.95
平安养老	497097.64	3347635.87	4929989.46
国寿养老	1098480.29	4243899.21	889361.23
长江养老	165652.42	2575791.88	1615924.03
泰康养老	95632.29	350919.28	0
合计	2141021.4	12159371.63	9487298.67

注：

1. 企业年金缴费、受托管理资产、投资管理资产的统计口径。

2. 以上数据来源于各养老保险公司报送保监会统计报表数据，未经审计，目前统计频度暂为季度报。

3. 由于公司数据调整，平安养老保险股份有限公司 2011 年一季度企业年金受托业务缴费数据调整为 259718.81 万元。

2011 年1－9 月养老保险公司企业年金业务情况表

单位：万元

公司名称	企业年金缴费	受托管理资产	投资管理资产
太平养老	392901.00	1656618.90	2020765.60
平安养老	745989.20	3484732.20	5068341.10
国寿养老	1487925.61	4541626.90	3512391.70
长江养老	254372.16	2599695.40	1681645.40
泰康养老	127317.21	364701.63	0.00
合计	3008505.56	12647375.00	12283144.00

注：

1. 企业年金缴费、受托管理资产、投资管理资产的统计口径。

2. 以上数据来源于各养老保险公司报送保监会统计报表数据，未经审计，目前统计频度暂为季度报。

2011 年度养老保险公司企业年金业务情况表

单位：万元

公司名称	企业年金缴费	受托管理资产	投资管理资产
太平养老	550738.73	1798998.73	2152138.54
平安养老	957547.68	3740043.29	5392984.99
国寿养老	2068633.45	5133452.76	3891391.62
长江养老	362349.60	2725760.49	1810447.53
泰康养老	165414.26	383517.89	0.00
合计	4104683.73	13781773.16	13246962.68

注：

1. 企业年金缴费、受托管理资产、投资管理资产的统计口径见表 1；

2. 以上数据来源于各养老保险公司报送保监会统计报表数据，未经审计，目前统计频度暂为季度报。

2011 年1 月全国各地区原保险保费收入情况表

单位：万元

地区	原保险保费收入	财产保险	寿险	意外险	健康险
全国合计	17168860.35	4768873.62	11426841.51	288627.95	684517.27
北京	893086.11	247582.62	562395.42	13979.09	69128.98
天津	251218.05	86860.59	148675.95	3763.75	11917.77
河北	728620.51	177002.60	514603.61	10055.04	26959.25
辽宁	400364.22	116282.52	249165.58	6117.26	28798.86
大连	182559.72	59513.65	113067.82	2790.19	7188.07
上海	918020.73	335542.49	518248.23	19212.90	45017.11
江苏	1455587.59	421008.35	964588.63	26831.48	43159.13
浙江	920924.63	322252.28	559011.54	16905.53	22755.27
宁波	198563.52	88757.63	103844.11	2792.92	3168.86
福建	422583.54	141044.60	236108.57	7599.26	37831.11
厦门	107888.35	39202.41	61206.30	2341.59	5138.05
山东	966034.52	260163.65	651265.00	15763.43	38842.44
青岛	166442.47	61984.62	93507.83	2764.73	8185.29
广东	1619896.64	415209.61	1113415.17	24100.31	67171.55
深圳	451826.69	155775.81	266977.47	9402.64	19670.77
海南	61185.16	21798.08	36110.98	1296.76	1979.34
山西	525863.29	107364.78	398505.56	5034.55	14958.40
吉林	262903.27	63806.85	186302.03	3431.49	9362.90
黑龙江	365526.22	65882.39	277907.44	6316.94	15419.44
安徽	548595.98	130950.50	396901.67	6232.14	14511.66
江西	318938.69	84037.46	222247.20	4945.41	7708.62
河南	1038857.54	166969.52	837821.59	9367.95	24698.48
湖北	692896.17	140917.98	518149.49	10866.86	22961.84
湖南	535650.14	134940.33	374045.37	9843.65	16820.80
重庆	369655.74	83202.24	263293.98	10342.83	12816.68
四川	896829.96	192261.71	658434.63	15236.01	30897.61
贵州	148410.76	57518.80	82782.97	3609.11	4499.88
云南	255056.53	123223.68	110442.99	9541.16	11848.70
西藏	9879.84	5884.82	1263.44	570.84	2160.74
陕西	420256.04	108066.00	293916.94	7040.93	11232.17
甘肃	190095.71	50675.30	128013.51	3309.31	8097.60
青海	33061.38	12296.82	18783.60	582.55	1398.41
宁夏	58779.69	16984.29	36251.95	1201.39	4342.07
新疆	232012.91	60293.36	150216.29	5991.46	15511.80
内蒙古	226266.53	93269.89	118671.05	3948.12	10377.47
广西	276871.87	105161.88	158733.77	5235.12	7741.10
集团、总公司本级	17649.66	15183.52	1963.87	263.23	239.04

注：

1. 本表数据是保险业执行《关于印发〈保险合同相关会计处理规定〉的通知》（财会[2009]15 号）后，各保险公司按照相关口径要求报送的数据。

2. 集团、总公司本级是指集团、总公司开展的业务，不计入任何地区。

3. 上述数据来源于各公司报送的保险数据，未经审计。

2011 年1－2 月全国各地区原保险保费收入情况表

单位：万元

地区	原保险保费收入	财产保险	寿险	意外险	健康险
全国合计	30826831.79	7121990.51	22118384.59	468673.37	1117783.31
北京	1644479.42	365737.97	1114507.97	36441.99	127791.49
天津	421779.15	130069.36	267435.66	5425.85	18848.29
河北	1400030.55	293229.02	1043403.87	16949.92	46447.74
辽宁	675775.39	185189.67	444152.74	8858.27	37574.71
大连	310752.26	90936.69	203489.24	3958.85	12367.47
上海	1717949.63	475582.27	1132045.97	31692.47	78628.93
江苏	2916200.56	631815.47	2161291.82	44857.26	78236.01
浙江	1534288.26	489763.94	978479.15	27391.17	38654.00
宁波	307970.42	126779.39	170771.55	4697.95	5721.53
福建	744909.83	202097.85	471628.71	12319.03	58864.24

地区	原保险保费收入	财产保险	寿险	意外险	健康险
厦门	173478.72	56099.89	104878.93	3675.17	8824.73
山东	1701090.29	403149.57	1211656.01	24913.19	61371.52
青岛	262538.92	87392.28	158625.52	4007.54	12513.58
广东	2752145.24	593097.86	2020043.40	37416.50	101587.48
深圳	683442.17	212325.65	422967.10	17257.38	30892.04
海南	100361.56	30864.36	64700.27	1765.35	3031.58
山西	766817.73	162252.43	577872.18	6855.34	19837.78
吉林	425960.00	91886.06	315228.19	4915.84	13929.91
黑龙江	587319.07	95413.75	460424.40	8751.46	22729.46
安徽	1232389.70	211513.98	986123.36	10682.03	24070.32
江西	634995.62	124120.32	490917.66	7719.59	12238.05
河南	2039449.17	244932.98	1738665.25	15697.27	40153.68
湖北	1244805.11	192808.04	1003257.17	15126.02	33613.89
湖南	983415.85	187042.75	756943.50	13819.33	25610.28
重庆	692476.92	127267.33	528302.02	14705.70	22201.87
四川	1831440.60	314425.66	1438786.42	26461.91	51766.60
贵州	250635.72	91600.17	145301.19	5356.85	8377.51
云南	437299.31	188942.36	204804.86	14200.44	29351.65
西藏	12252.12	7595.82	1298.36	1031.84	2326.10
陕西	671830.09	157588.07	486438.65	10268.69	17534.68
甘肃	286548.63	71642.20	199388.04	4358.33	11160.06
青海	50402.01	18279.38	29354.21	779.37	1989.05
宁夏	98130.50	28093.68	60909.70	2144.23	6982.89
新疆	368676.70	96328.04	239314.15	9398.62	23635.89
内蒙古	344718.99	140734.84	184126.28	5878.38	13979.48
广西	478755.86	155254.51	300453.90	8388.45	14659.00
集团、总公司本级	41319.72	40136.89	397.24	505.78	279.81

注：

1. 本表数据是保险业执行《关于印发〈保险合同相关会计处理规定〉的通知》（财会[2009]15号）后，各保险公司按照相关口径要求报送的数据。
2. 集团、总公司本级是指集团、总公司开展的业务，不计入任何地区。
3. 上述数据来源于各公司报送的保险数据，未经审计。

2011年1－3月全国各地区原保险保费收入情况表

单位：万元

地区	原保险保费收入	财产保险	寿险	意外险	健康险
全国合计	46171580.03	11329333.67	32104391.21	869179.43	1868675.72
北京	2520368.76	552566.99	1704594.87	53480.95	209725.95
天津	665518.93	200981.07	419875.41	11547.43	33115.02
河北	2194644.24	522672.04	1561580.94	35613.73	74777.53
辽宁	1092552.84	315473.09	690286.97	18063.90	68728.88
大连	464424.09	136587.71	300857.96	7080.76	19897.66
上海	2482249.74	678880.98	1628894.43	51752.85	122721.48
江苏	4262327.43	970651.17	3070049.80	85997.52	135628.94
浙江	2305342.96	765063.34	1421134.95	51796.48	67348.19
宁波	447078.55	192083.15	237148.38	8575.17	9271.85
福建	1143172.33	309481.61	724306.08	24965.79	84418.85
厦门	255689.52	84269.16	152890.33	5851.39	12678.64
山东	2605497.21	669488.88	1781067.65	49926.52	105014.16
青岛	415341.94	137244.38	242172.81	6877.75	29047.00
广东	4125653.51	909890.08	2984451.80	67580.69	163730.94
深圳	1081450.83	327388.06	675292.61	28635.86	50134.30
海南	153494.42	47390.09	98074.47	3142.72	4887.14
山西	1166713.02	288644.60	831164.34	14279.06	32625.02
吉林	669715.58	148627.59	487911.42	8594.43	24582.14
黑龙江	933566.56	171032.32	708883.30	16577.59	37073.35
安徽	1680519.89	350606.50	1270117.69	19519.08	40276.62
江西	912791.91	205114.47	664258.98	16288.21	27130.25
河南	2912893.91	400306.05	2417549.97	29603.57	65434.32
湖北	1778040.20	301208.08	1390516.84	30005.75	56309.53
湖南	1455466.66	294216.75	1080584.34	30416.32	50249.25
重庆	1008152.20	201714.92	743635.23	24384.14	38417.91
四川	2618002.46	506814.83	1970322.74	51247.70	89617.19
贵州	389498.65	148340.42	216728.93	11564.25	12865.05
云南	698791.24	289568.43	338958.48	25163.07	45101.26
西藏	17376.40	11824.12	1852.22	1221.67	2478.39
陕西	1044400.77	263122.27	728270.61	19081.68	33926.21
甘肃	452166.72	120464.35	305052.67	8272.35	18377.35
青海	80782.42	32840.79	43240.29	1571.57	3129.77
宁夏	162332.86	52325.30	94240.52	4319.36	11447.68
新疆	592313.35	167367.04	367181.11	17088.62	40676.58
内蒙古	601785.82	249478.09	316292.35	12547.94	23467.44
广西	700207.84	225892.55	434237.62	15862.56	24215.11
集团、总公司本级	81254.26	79712.39	712.12	680.98	148.77

注：

1. 本表数据是保险业执行《关于印发〈保险合同相关会计处理规定〉的通知》（财会[2009]15号）后，各保险公司按照相关口径要求报送的数据。
2. 集团、总公司本级是指集团、总公司开展的业务，不计入任何地区。
3. 上述数据来源于各公司报送的保险数据，未经审计。

2011年1－4月全国各地区原保险保费收入情况表

单位：万元

地区	合计	财产保险	寿险	意外险	健康险
全国合计	57080077.87	15390266.39	38166156.89	1153271.68	2370382.91
北京	3163027.18	747310.94	2084852.28	65279.95	265584.00
天津	819275.70	264692.80	496555.40	15111.94	42915.56
河北	2775147.72	721814.86	1911541.17	47337.28	94454.41
辽宁	1398983.87	442219.89	850332.40	24707.35	81724.23
大连	574434.54	179333.09	359687.71	9585.58	25828.16
上海	3080517.57	876667.49	1983561.47	66067.49	154221.10
江苏	5063404.11	1305305.64	3475496.48	114051.88	168550.11
浙江	2854918.12	1029308.44	1672055.50	67902.67	85651.51
宁波	561446.14	260867.30	276769.93	11484.30	12324.61
福建	1408873.17	416570.21	859148.60	33702.99	99451.37
厦门	325189.87	114383.84	186764.88	8013.79	16027.36
山东	3304828.06	918934.33	2181724.49	68173.57	135995.67
青岛	528210.86	185784.28	297779.08	9416.73	35230.78
广东	5069051.08	1208215.02	3558415.75	92792.89	209627.42
深圳	1396601.65	447175.46	848161.58	36169.52	65095.09
海南	199611.72	69653.62	119275.19	4195.27	6487.63
山西	1440104.91	385784.53	992916.42	20275.71	41128.25
吉林	847538.97	204793.18	597662.61	12204.85	32878.33
黑龙江	1169062.62	235427.85	863291.61	22778.70	47564.47
安徽	1973613.99	475446.47	1419385.73	25448.25	53333.54
江西	1089213.59	280490.51	754783.89	20859.70	33079.48
河南	3529644.98	548352.35	2856270.46	38510.75	86511.42
湖北	2132525.46	403506.73	1618646.82	39632.56	70739.35
湖南	1781383.16	402316.58	1280183.12	37752.06	61131.40
重庆	1242888.41	280460.37	880617.87	34263.86	47546.31
四川	3221306.47	712999.31	2314555.81	70251.16	123500.19
贵州	498473.27	201967.39	262502.51	16602.05	17401.32
云南	879912.50	381239.19	414074.87	31649.84	52948.60
西藏	23579.18	16744.13	2550.89	1618.72	2665.44
陕西	1314501.31	357392.52	890239.64	24954.17	41914.98
甘肃	570093.11	168788.28	366294.63	11513.23	23496.96
青海	103345.86	45130.33	51789.67	2253.88	4171.98
宁夏	209039.13	74392.46	113367.74	6019.69	15259.24
新疆	799592.29	284651.48	433726.42	24220.91	56993.48
内蒙古	773645.41	349755.57	377586.76	17156.43	29146.66
广西	854121.94	291303.02	512815.38	20351.22	29652.32
集团、总公司本级	102969.97	101086.92	772.12	960.72	150.20

注：

1. 本表数据是保险业执行《关于印发〈保险合同相关会计处理规定〉的通知》（财会[2009]15号）后，各保险公司按照相关口径要求报送的数据。

2. 集团、总公司本级是指集团、总公司开展的业务，不计入任何地区。
3. 上述数据来源于各公司报送的保险数据，未经审计。

2011 年1－5 月全国各地区原保险保费收入情况表

单位：万元

地区	合计	财产保险	寿险	意外险	健康险
全国合计	67676362.83	19116697.92	44234267.43	1431401.2	2893996.28
北京	3718526.22	915129.26	2420058.24	77462.81	305875.91
天津	973929.55	324208.24	577877.61	18796.42	53047.28
河北	3371841.86	913897.68	2282232.73	59245.67	116465.78
辽宁	1688197.2	554792.31	1008061.04	31102.41	94241.44
大连	681163.94	218590.18	417743.79	12350.4	32479.57
上海	3647510.62	1052370.81	2315493.15	82184.27	197462.4
江苏	5878194.6	1607000.27	3926738.07	140754.47	203701.79
浙江	3412951.79	1267966.77	1953876.03	83630.19	107478.8
宁波	682577.34	321437.83	330479.71	14413.4	16246.39
福建	1678571.87	511624.5	1007890.43	42149.15	116907.79
厦门	386275.44	140370.12	215215.5	10070.71	20619.11
山东	3997080.37	1141801.3	2601019.66	84560.4	169699.01
青岛	637003.97	228343.78	355045.96	12069.08	41545.15
广东	5956874.77	1501227.66	4080771.05	116474.59	258401.47
深圳	1657776.4	550613.26	983830.45	43028.98	80303.71
海南	244665.09	93310.71	137534.53	5192.14	8627.71
山西	1718908.68	477812.63	1164878.46	25607.67	50609.92
吉林	1020960.03	259703.66	704767.51	15201.95	41286.92
黑龙江	1400239.61	294909.83	1018098.52	27807.11	59424.15
安徽	2253665.33	583197.68	1576509.87	30672.22	63285.56
江西	1282462.24	361631.63	856394.06	24923.03	39513.52
河南	4153522.87	677948.53	3318856.4	47450.46	109267.48
湖北	2482224.6	494356.76	1850743.47	49840.83	87283.54
湖南	2113369.35	502214.07	1483197.01	47874.4	80083.87
重庆	1460082.98	343715.75	1016793.86	42944.23	56629.14
四川	3756101.78	889690.64	2630707.68	86531.48	149171.99
贵州	610253.71	259998.97	308451.42	21207.16	20596.15
云南	1062807.84	468076.27	491672.54	38394.61	64664.42
西藏	38784.9	30252.31	3089.81	2104.43	3338.36
陕西	1564254.15	439283.78	1043296.01	31179.23	50495.13
甘肃	681641.54	209280.62	428083.9	15097.68	29179.34
青海	123109.63	55110.8	59093.32	3366.29	5539.22
宁夏	251794.25	93805.72	131189.38	7622.26	19176.9
新疆	1007861.81	408459.39	499315.14	31013.16	69074.11
内蒙古	947542.6	441447.76	447255.57	22914.92	35924.36
广西	1005927.29	357901.9	586919.25	24920.54	36185.6
集团、总公司本级	127706.6	125214.52	1086.34	1242.44	163.3

注：

1. 本表数据是保险业执行《关于印发〈保险合同相关会计处理规定〉的通知》（财会[2009]15 号）后，各保险公司按照相关口径要求报送的数据。
2. 集团、总公司本级是指集团、总公司开展的业务，不计入任何地区。
3. 上述数据来源于各公司报送的保险数据，未经审计。

2011 年1－6 月全国各地区原保险保费收入情况表

单位：万元

地区	合计	财产保险	寿险	意外险	健康险
全国合计	80566052.64	23595586.59	51530418.91	1761181.77	3678865.36
北京	4361325.09	1125851.69	2779431.3	90917.74	365124.36
天津	1179759.25	392191.98	690983.71	26039.68	70543.88
河北	4086281.55	1124836.65	2737546.47	73888.85	150009.58
辽宁	2083081.57	726693.62	1196746.08	39783.33	119858.53
大连	809326.73	266107.8	485725.97	15202.4	42290.55
上海	4219499.98	1244656.45	2633978.25	98513.22	242352.06
江苏	6868066.94	1927885.34	4510375.42	171303.39	258502.79
浙江	4102190.38	1530861.33	2327896.66	100989.34	142443.06
宁波	819353.03	393039.85	386994.61	17506.75	21811.82
福建	2014865.01	613411.6	1215234.52	50727.4	135491.49
厦门	452831.67	170891.69	244619.85	12128.93	25191.2
山东	4827356.55	1380390.03	3115086.16	103325.61	228554.75
青岛	764272.65	280307.04	417996.11	15073.38	50896.13
广东	6931413.7	1832856.44	4624427.27	144488.31	329641.68
深圳	1970189.91	686549.03	1130645.55	51438.03	101557.3
海南	287245.41	109267	160368.96	6306.54	11302.91
山西	2103343.55	603078.75	1398093.39	33503.16	68668.24
吉林	1295114.64	390592.12	831264.82	18967.47	54290.23
黑龙江	1802785.86	473804.99	1217720.49	33665.47	77594.9
安徽	2612478.84	703368.88	1786963.64	37245.22	84901.1
江西	1512551.77	440354.39	990665.27	30606.09	50926.02
河南	4890233.75	823374.71	3860193.2	60685.91	145979.93
湖北	2914208.07	604546.93	2136745.58	60743.57	112172
湖南	2526167.06	653505.06	1713549.75	57691.1	101421.15
重庆	1727161.04	418592.72	1183972.99	52387.33	72208
四川	4382932.6	1098879.59	2993453.38	105336.1	185263.53
贵州	728561.91	312264.62	364032.86	26409.34	25855.09
云南	1294837.45	567229.85	591792.18	46861.24	88954.17
西藏	44736.18	34507.51	4103.26	2601.22	3524.19
陕西	1879378.75	531662.23	1243089.99	40900.22	63726.3
甘肃	813227.58	256370.61	501216.72	18951.04	36689.21
青海	152268.33	70106.75	70078.51	4734.08	7348.99
宁夏	299578.26	113993.5	152027.78	9098.05	24458.93
新疆	1199688.04	484170.06	591646.66	38932.6	84938.73
内蒙古	1237652.12	601741.72	557430.03	31266.96	47213.42
广西	1189602.63	429082.73	683064.89	30878.21	46576.8
集团、总公司本级	182484.79	178561.31	1256.67	2084.47	582.34

注：

1. 本表数据是保险业执行《关于印发〈保险合同相关会计处理规定〉的通知》（财会[2009]15 号）后，各保险公司按照相关口径要求报送的数据。
2. 集团、总公司本级是指集团、总公司开展的业务，不计入任何地区。
3. 上述数据来源于各公司报送的保险数据，未经审计。

2011 年1－7 月全国各地区原保险保费收入情况表

单位：万元

地区	合计	财产保险	寿险	意外险	健康险
北京	4952812.93	1310983.6	3127129.22	101071.1	413629.01
天津	1322046.93	447484.02	763497.83	31018.62	80046.46
河北	4603406.56	1293653.46	3059320.27	83149.18	167283.64
辽宁	2353412.45	834856.93	1344761.62	44936.39	128857.51
大连	913878.72	306871.61	542527.37	17191.16	47288.58
上海	4776461.12	1427555.75	2957137.01	113252.02	278516.34
江苏	7674719.7	2226088.33	4964105.93	194008.05	290517.39
浙江	4584865.92	1770505.25	2536979.37	115679.31	161701.99
宁波	923490.42	454140.08	425810.7	19876.59	23663.05
福建	2250177.24	702179.3	1342068.91	57089.15	148839.88
厦门	514976.31	200888.37	271435.15	13787.43	28865.36
山东	5489658.71	1594233.49	3516189.36	118677.9	260557.96
青岛	870508	323106.93	473974.17	17082.1	56344.8
广东	7760359.65	2117015.96	5096796.5	167682.83	378864.36
深圳	2227347.26	793818.31	1259742.7	58473.39	115312.87
海南	326213.88	126007.07	179914.59	7431.92	12860.3
山西	2349132.3	682078.28	1552789.62	38009.2	76255.2
吉林	1446468.42	440660.83	923106.5	21769.48	60931.61
黑龙江	2052136.43	565709.98	1362401.75	37308.46	86716.25
安徽	2898929.32	826048.32	1936252.29	41763.63	94865.08
江西	1650775.41	501432.52	1060240.64	34109.36	54992.89
河南	5469954.13	954531.85	4281110.4	69061.89	165249.98
湖北	3227499.03	695755.31	2337841.81	68064.45	125837.46
湖南	2817411.4	741171.38	1897225.01	65135.96	113879.05
重庆	1948133.35	480266.89	1325814.21	60094.13	81958.12
四川	4929831.33	1273696.11	3329301.88	120454.27	206379.07
贵州	822527.52	359474.15	405000.1	29399.62	28653.65

地区	合计	财产保险	寿险	意外险	健康险
云南	1464404.65	645328.11	669792.27	53535.17	95749.1
西藏	50352.9	39243.77	4576.18	2886.59	3646.36
陕西	2116347.52	612626.91	1385408.07	46040.01	72272.53
甘肃	907725.94	296849.22	548746.78	21427.81	40702.13
青海	173436.87	81503.2	77843.76	5514.56	8575.35
宁夏	335820.45	132193.89	165319.25	10379.16	27928.15
新疆	1323263.89	541052.47	645384.81	43416.28	93410.33
内蒙古	1477196.38	772355.86	616797.63	35173.94	52868.95
广西	1333238.49	485543.88	760237.77	35421.48	52035.36
集团、总公司本级	212894.19	208146.28	1392.26	2689.04	666.61

注：

1. 本表数据是保险业执行《关于印发〈保险合同相关会计处理规定〉的通知》（财会[2009]15号）后，各保险公司按照相关口径要求报送的数据。

2. 集团、总公司本级是指集团、总公司开展的业务，不计入任何地区。

3. 上述数据来源于各公司报送的保险数据，未经审计。

2011年1－8月全国各地区原保险保费收入情况表

单位：万元

地区	合计	财产保险	寿险	意外险	健康险
全国合计	100704809.04	30820074.18	63016986.82	2257240.51	4610507.53
北京	5586540.14	1538979.83	3479671.69	113045.38	454843.25
天津	1466993.52	505359.35	838960.98	34444.70	88228.49
河北	5148657.03	1469605.05	3402011.12	92486.68	184554.18
辽宁	2612450.69	933157.41	1489022.02	51045.35	139225.91
大连	1021874.47	351891.24	598037.86	19337.53	52607.84
上海	5338346.24	1595674.27	3292480.21	129006.41	321185.35
江苏	8517316.10	2517406.67	5459669.35	216892.30	323347.78
浙江	5082413.63	2014789.55	2752777.65	130330.99	184515.44
宁波	1030037.08	515378.51	465528.39	22533.33	26596.85
福建	2498083.74	789350.48	1482177.83	64174.19	162381.23
厦门	580946.42	230833.62	301811.62	15854.62	32446.56
山东	6154236.04	1802324.27	3924002.67	133484.18	294424.91
青岛	975856.71	365042.21	529402.29	19584.85	61827.36
广东	8643374.56	2398678.61	5622573.07	193395.32	428727.57
深圳	2490481.72	893743.80	1400940.73	65827.19	129970.00
海南	362115.19	140033.43	199551.18	8427.54	14103.04
山西	2586803.75	764974.29	1696574.06	42191.79	83063.61
吉林	1594461.51	487860.40	1014630.01	24955.82	67015.28
黑龙江	2254569.70	617631.81	1501056.29	40540.30	95341.30
安徽	3196338.82	953663.37	2091258.83	46708.83	104707.79
江西	1810385.80	561613.51	1151654.46	36931.69	60186.14
河南	6056067.29	1087402.74	4704128.61	78211.43	186324.51
湖北	3556031.86	777607.00	2561595.11	76202.34	140627.41
湖南	3136836.61	837291.87	2099961.81	73085.57	126497.36
重庆	2172005.56	540970.56	1472933.43	67346.61	90754.96
四川	5457797.80	1436538.91	3656930.45	135491.62	228836.83
贵州	917545.26	403333.45	449882.11	32735.24	31594.46
云南	1632455.18	720946.49	747707.36	60931.76	102869.58
西藏	56968.53	42658.32	5066.62	3189.95	6053.64
陕西	2349213.04	686797.10	1529600.28	52536.99	80278.66
甘肃	995637.41	328187.01	598075.50	24042.34	45332.56
青海	190652.01	90724.66	84110.48	6267.38	9549.49
宁夏	374522.76	148855.10	181620.81	12032.49	32014.37
新疆	1446140.55	589130.00	705845.04	48221.98	102943.53
内蒙古	1623288.60	846278.40	678111.84	39681.33	59217.03
广西	1481053.14	537647.37	846110.38	39755.23	57540.15
集团、总公司本级	306310.58	297713.53	1514.69	6309.27	773.09

注：

1. 本表数据是保险业执行《关于印发〈保险合同相关会计处理规定〉的通知》（财会[2009]15号）后，各保险公司按照相关口径要求报送的数据。

2. 集团、总公司本级是指集团、总公司开展的业务，不计入任何地区。

3. 上述数据来源于各公司报送的保险数据，未经审计。

2011年1－9月全国各地区原保险保费收入情况表

单位：万元

地区	合计	财产保险	寿险	意外险	健康险
全国合计	112540065.1	34750215.98	69816537.44	2640039.4	5333272.26
北京	6256294.74	1751000.33	3870874.16	128158.28	506261.97
天津	1639699.94	571847.91	929777.4	39871.91	98202.72
河北	5769145	1670033.25	3786568.22	104456.37	208087.16
辽宁	2928188.74	1046894.02	1670236	57457.34	153601.39
大连	1150494.33	402687.88	663652.87	23903.04	60250.54
上海	5889848.61	1785323.38	3598548.27	147248.36	358728.6
江苏	9489561.57	2848702.74	6021426.63	248372.1	371060.1
浙江	5730254.93	2286210.36	3061800.56	158940.7	223303.31
宁波	1157034.15	584635.51	510558.4	28635.1	33205.14
福建	2788099.57	883316.99	1644579.01	74703.32	185500.25
厦门	650827.26	260850.51	335372	17847.97	36756.77
山东	6932590.45	2050757.38	4384259.96	155607.49	341965.62
青岛	1102589.52	413282.58	595539.82	23421.23	70345.89
广东	9608365.93	2712739.97	6184913.03	222116.37	488596.55
深圳	2791748.92	1021116.48	1549090.37	74259.57	147282.5
海南	416040.94	165263.09	223131.94	10545.24	17100.68
山西	2898630.98	865407.75	1889329.38	47979.04	95914.8
吉林	1773750.48	540644.17	1127395.05	28603.01	77108.25
黑龙江	2504816.34	674220.2	1669855.57	48667.3	112073.26
安徽	3507178.98	1075643.67	2257020.81	54363.55	120150.95
江西	2028680.25	638494.76	1268614.87	44504.02	77066.6
河南	6709883.03	1229013.59	5174062.77	89911.62	216895.04
湖北	3959251.14	870828.92	2826540.9	91014	170867.32
湖南	3528530.86	933027.15	2347820.09	91780.76	155902.86
重庆	2437492.8	609638.8	1645917.42	77925.93	104010.64
四川	6071932.73	1633904.01	4016278.85	157347.66	264402.21
贵州	1039371.31	451512.92	507710.78	40359.2	39788.41
云南	1862245.6	810125.61	851490.13	76745.13	123884.73
西藏	61555.79	46120.01	5867.89	3411.52	6156.37
陕西	2642647.07	773842.7	1710566.25	61530.3	96707.81
甘肃	1108187.85	363202.49	664923.68	27515.92	52545.76
青海	213799.95	102058.94	93724.33	6976.75	11039.93
宁夏	421441.18	165500.64	203763.31	13687.94	38489.29
新疆	1614235.4	642477.11	797156.78	55267.35	119334.16
内蒙古	1826993.35	932861.78	777007.11	45976.42	71148.04
广西	1676863.4	602126.46	942270.61	53732.67	78733.67
集团、总公司本级	351791.99	334901.9	8892.19	7194.92	802.98

注：

1. 本表数据是保险业执行《关于印发〈保险合同相关会计处理规定〉的通知》（财会[2009]15号）后，各保险公司按照相关口径要求报送的数据。

2. 集团、总公司本级是指集团、总公司开展的业务，不计入任何地区。

3. 上述数据来源于各公司报送的保险数据，未经审计。

2011年1－10月全国各地区原保险保费收入情况表

单位：万元

地区	合计	财产保险	寿险	意外险	健康险
全国合计	122237167.8	37957038.26	75545789.37	2890338.65	5844001.46
北京	6834685.64	1911231.65	4234047.93	139216.24	550189.82
天津	1777896.21	625058.87	1004180.27	42586.07	106071
河北	6287327.16	1841511.05	4105569.22	113078.35	227168.54
辽宁	3176280.78	1134821.01	1813071.69	63085.03	165303.05
大连	1265049.63	437649.14	734529.21	26703.76	66167.53
上海	6367156.32	1918947.73	3893238.37	163279.36	391690.86
江苏	10247362.26	3106916.08	6461526.51	271478.35	407441.32
浙江	6212724.43	2511787.59	3283531	174631.01	242774.83
宁波	1256928.71	635999.61	552015.2	31754.21	37159.69
福建	3010624.3	963244.59	1768265.66	80600.75	198513.3
厦门	703254.75	284801.94	359270.89	19387.35	39794.58

地区	合计	财产保险	寿险	意外险	健康险
山东	7595740.75	2263721.47	4782182.79	171250.35	378586.14
青岛	1213906.7	454294.63	656850.88	26178.28	76582.91
广东	10372884.8	2979334.3	6615671.46	241788.16	536090.88
深圳	3023026.64	1120082.41	1659304.46	81301.17	162338.6
海南	454748.64	179723.74	244348.92	11661.9	19014.09
山西	3157328.39	947376.38	2051702.84	51996.09	106253.09
吉林	1920401.38	585421.75	1220064.29	30644.68	84270.66
黑龙江	2705768.47	722390.82	1807821.22	52599.65	122956.78
安徽	3783900.25	1173401.91	2419902.29	59479.47	131116.58
江西	2204846.28	703103.73	1367612.35	48595.41	85534.79
河南	7308528.03	1349621.69	5620855.14	97291.14	240760.06
湖北	4304646.9	945101.32	3067346.75	99288.2	192910.63
湖南	3822861.03	1016494.6	2540600.25	99433.39	166332.79
重庆	2675249.15	666028.49	1801688.3	89524.55	118007.82
四川	6592348.46	1793124.42	4326644.17	178304.48	294275.4
贵州	1127500.23	491914.18	550260.76	42701.41	42623.88
云南	2026236.31	889126.49	921678.87	82980.64	132450.31
西藏	67322.07	50942.65	6314.23	3753.49	6311.7
陕西	2906578.41	844398.73	1888899.39	66705	106575.29
甘肃	1203211.09	393231.48	722059.89	29961.01	57958.72
青海	236896	110690.96	105773.95	7735.22	12695.87
宁夏	462450.05	180427.48	224832.97	14755.93	42433.67
新疆	1745931.11	685310.56	869387.49	60625.7	130607.36
内蒙古	1979951.74	1006606.7	845734.88	49043.43	78566.73
广西	1817630.66	655331.64	1017047.71	59135.33	86115.98
集团、总公司本级	387984.01	377866.52	1957.22	7804.08	356.19

注：

1. 本表数据是保险业执行《关于印发〈保险合同相关会计处理规定〉的通知》(财会[2009]15号)后,各保险公司按照相关口径要求报送的数据。

2. 集团、总公司本级是指集团、总公司开展的业务,不计入任何地区。

3. 上述数据来源于各公司报送的保险数据,未经审计。

2011年1－11月全国各地区原保险保费收入情况表

单位:万元

地区	合计	财产保险	寿险	意外险	健康险
全国合计	132576050.9	41693289.84	81399808.63	3128857.85	6354094.54
北京	7485795.06	2086008.8	4647426.51	149904.43	602455.32
天津	1935918.23	685352.03	1089207.67	45922.65	115435.88
河北	6804243.75	2022916.99	4411735.52	121915.21	247676.03
辽宁	3460292.32	1236823.53	1976924.08	69061.76	177482.95
大连	1374654.91	477397.48	796456.75	28745.22	72055.46
上海	6924937.7	2089125.32	4227783.39	179332.1	428696.89
江苏	11055942.25	3415846.03	6907184.49	292076.07	440835.66
浙江	6738121.87	2776609.78	3509798.88	189536.09	262177.12
宁波	1364850.85	696536.5	594535.27	33743.64	40035.44
福建	3256924.21	1053640.61	1902592.39	87802.54	212888.67
厦门	761466.12	312929.4	384265.18	21008.32	43263.22
山东	8257466.73	2502622.31	5156825.32	185778.34	412240.76
青岛	1334702.82	500821.45	722004.22	28704.4	83172.75
广东	11246916.09	3278126.33	7110102.95	266376.8	592310.01
深圳	3297400.21	1238759.26	1789585.3	88746.51	180309.14
海南	493542.67	195569.23	264502.61	12823.75	20647.08
山西	3417317.68	1034855.44	2210562.19	56424.91	115475.14
吉林	2077605.73	636351.38	1316684.9	32805.28	91764.17
黑龙江	2943934.99	784706.45	1966493.13	56587.03	136148.38
安徽	4051334.59	1283990.69	2561740.2	64470.35	141133.35
江西	2365418.98	771402.32	1450316.34	52192.66	91507.66
河南	7870808.29	1485214.39	6019497.72	104143.44	261952.74
湖北	4672151.39	1044113.91	3312294.96	106797.44	208945.08
湖南	4108970.51	1103695.62	2718395.02	107195.12	179684.75
重庆	2892280.51	732393.85	1935659.13	96885.78	127341.75
四川	7169783.26	2012196.55	4647718.1	192652.79	317215.82

地区	合计	财产保险	寿险	意外险	健康险
贵州	1220714.65	537418.74	592465.49	45442.1	45388.32
云南	2203117.76	980215.72	994654.2	89397.67	138850.17
西藏	71447.84	53988.55	6756.87	4215.07	6487.35
陕西	3168260.7	925039.68	2055791.73	71348.49	116080.8
甘肃	1306989.52	426775.66	784446.13	32276.96	63490.77
青海	255262.04	120997.05	112477.8	8133.8	13653.39
宁夏	507614.02	198940.66	246711.61	15886.48	46075.27
新疆	1892474.83	734750.29	950891.6	64978.91	141854.03
内蒙古	2140997.05	1087253.65	915539.72	52320.87	85882.81
广西	1973584.86	717789.14	1098445.65	64318.96	93031.11
集团、总公司本级	472805.88	452115.03	11335.63	8905.93	449.29

注：

1. 本表数据是保险业执行《关于印发〈保险合同相关会计处理规定〉的通知》(财会[2009]15号)后,各保险公司按照相关口径要求报送的数据。

2. 集团、总公司本级是指集团、总公司开展的业务,不计入任何地区。

3. 上述数据来源于各公司报送的保险数据,未经审计。

2011年度全国各地区原保险保费收入情况表

单位:万元

地区	合计	财产保险	寿险	意外险	健康险
全国合计	143392512.2	46178231.58	86955913.67	3341154.2	6917212.77
北京	8209122.88	2325596.82	5058257.48	162041.53	663227.05
天津	2117432.66	751036.03	1186213.45	51795.99	128387.2
河北	7328886.63	2229182.47	4702108.89	128884.22	268711.05
辽宁	3762601.79	1346073.25	2142053	74026.3	200449.23
大连	1488301.05	521719.17	857502.59	30171.49	78907.8
上海	7531052.23	2333942.96	4538718.24	193319.48	465071.55
江苏	12000238.94	3799287.66	7410921.62	310769.4	479260.26
浙江	7306706.82	3103219.35	3715502.44	203347.8	284637.23
宁波	1485985.39	772854.36	634240.33	35402.95	43487.75
福建	3503803.75	1163626.45	2017767.94	93338.11	229071.25
厦门	820276	346922.19	403854.83	22441.6	47057.38
山东	8903083.64	2762840.81	5498751.22	197664.38	443827.23
青岛	1457268.55	559843.87	776896.18	30666.29	89862.2
广东	12190590.97	3677378.27	7573636.38	288399.61	651176.71
深圳	3599047.25	1397974.6	1905349.46	96555.82	199167.38
海南	537481.1	217804.76	283653.81	13800.87	22221.66
山西	3646684.2	1132821.05	2328689.86	60554.23	124619.06
吉林	2233581.79	690026.77	1408461.88	35144.4	99948.73
黑龙江	3177866.74	844916.38	2124333.55	60702.53	147914.28
安徽	4322981.27	1428172.81	2675256	68634.89	150917.57
江西	2522341.09	851294.75	1519860.06	54883.14	96303.15
河南	8398213.44	1633325.8	6371588.98	110223.49	283075.17
湖北	5018190.27	1147139.23	3532789.01	112414.4	225847.63
湖南	4435328.17	1231782.56	2897011.79	112835.05	193698.76
重庆	3118127.12	816271.81	2061872.8	103003.76	136978.75
四川	7787004.1	2250926.29	4990192.52	205228.19	340657.1
贵州	1318114.15	590349.28	631958.63	47786.73	48019.51
云南	2411024.08	1091676.9	1065226.27	94311.47	159809.43
西藏	75984.29	57290.14	7813.2	4303.25	6577.7
陕西	3437209.84	1015066.32	2219712.47	76410.44	126020.6
甘肃	1409270.05	464949.04	841569.85	34315.35	68435.81
青海	278927.84	137183.79	118606.72	8498.55	14638.78
宁夏	553367.02	218793.98	267019.51	16902.74	50650.8
新疆	2036154.79	785100.14	1028579.64	69228.91	153246.1
内蒙古	2297777.62	1166917.89	981151.26	55672.64	94035.83
广西	2126543.58	790617.43	1167135.2	67966.59	100824.36
集团、总公司本级	545941.12	524306.17	11656.62	9507.61	470.72

注：

1. 本表数据是保险业执行《关于印发〈保险合同相关会计处理规定〉的通知》(财会[2009]15号)后,各保险公司按照相关口径要求报送的数据。

2. 集团、总公司本级是指集团、总公司开展的业务,不计入任何地区。

3. 上述数据来源于各公司报送的保险数据,未经审计。

第二章 保险经营机构

中国平安保险(集团)股份有限公司

中国平安保险(集团)股份有限公司(以下简称"中国平安"、"公司"、"集团")于1988年诞生于深圳蛇口，是中国第一家股份制保险企业，至今已发展成为融保险、银行、投资等金融业务为一体的整合、紧密、多元的综合金融服务集团。公司为香港联合交易所主板及上海证券交易所两地上市公司，股票代码分别为2318和601318。

中国平安的企业使命是：对股东负责，资产增值，稳定回报；对客户负责，服务至上，诚信保障；对员工负责，生涯规划，安居乐业；对社会负责，回馈社会，建设国家。中国平安倡导以价值最大化为导向，以追求卓越为过程，做品德高尚和有价值的人，形成了"诚实、信任、进取、成就"的个人价值观，和"团结、活力、学习、创新"的团队价值观。集团贯彻"竞争、激励、淘汰"三大机制，执行"差异、专业、领先、长远"的经营理念。

中国平安的愿景是以保险、银行、投资三大业务为支柱，谋求企业的长期、稳定、健康发展，为企业各相关利益主体创造持续增长的价值，成为国际领先的综合金融服务集团和百年老店。

中国平安通过旗下各专业子公司及事业部，即保险系列的中国平安人寿保险股份有限公司(平安人寿)、中国平安财产保险股份有限公司(平安产险)、平安养老保险股份有限公司(平安养老险)、平安健康保险股份有限公司(平安健康险)；银行系列的深圳发展银行股份有限公司(深发展)、平安银行股份有限公司(平安银行)、平安产险信用保证保险事业部(平安小额消费信贷)；投资系列的平安信托有限责任公司(平安信托)、平安证券有限责任公司(平安证券)及中国平安证券(香港)有限公司(平安证券(香港))、平安资产管理有限责任公司(平安资产管理)及中国平安资产管理(香港)有限公司(平安资产管理(香港))、平安期货有限公司(平安期货)、平安大华基金管理有限公司(平安大华)等，通过多渠道分销网络，以统一的品牌向超过6000万客户提供保险、银行、投资等全方位、个性化的金融产品和服务。

中国平安拥有约48.9万名寿险销售人员及15万余名正式雇员，各级各类分支机构及营销服务部门超过4400个。截至2011年9月30日，集团总资产达21894.06亿元，归属母公司股东的权益为人民币1211.32亿元。从保费收入来衡量，平安寿险为中国第二大寿险公司，平安产险为中国第二大产险公司。

中国平安在2011年《福布斯》"全球上市公司2000强"排名中名列第147名，同时荣登《金融时报》"全球500强"第107位，名列《财富》杂志"全球领先企业500强"第328名，并成为入选该榜单的中国内地非国有企业第一。

中国平安是中国金融保险业中第一家引入外资的企业，拥有完善的治理架构，国际化、专业化的管理团队。中国平安遵循"集团控股、分业经营、分业监管、整体上市"的管理模式，在一致的战略、统一的品牌和文化基础上，确保集团整体朝着共同的目标前进。中国平安拥有中国金融企业中真正整合的综合金融服务平台，位于上海张江的中国平安全国后援管理中心是亚洲领先的金融后台处理中心，公司据此建立起流程化、工厂化的后台作业系统，并借助电话、网络及专业的业务员队伍，为客户提供专业化、标准化、全方位的金融理财服务。通过业界首创的客户服务节及万里通、一账通等创新的服务模式，为客户提供增值服务。

作为"中国企业社会责任同盟"的发起人之一，中国平安致力于承担社会责任。在依法经营、纳税的过程中创造企业的阳光利润；在社会中尽到道德责任与慈善责任，将企业的核心价值观贯彻在教育、环境、红十字、社群、灾难救助等公益事业中。教育公益方面，截至2010年12月31日，中国平安完成了100所希望小学的援建布点；集团还出资人民币1000万元在全国平安希望小学设立了"中国平安希望奖学金"，截至2010年12月31日，已有3120名同学共获得168.25万元的奖励；连续七年开展中国平安励志计划，已奖励学生3080人，奖金总额达到人民币1069万元，2009年，中国平安启动了励志创业大赛，鼓励大学生自主创业，最高创业基金达10万元；环境方面，中国平安于2010年全面启动"绿色承诺 平安中国"低碳100行动，将100条具体的低碳举措贯穿到日常运营、业务开发及社会公益三大方面中。其中在公司运营方面，2010年全年自有物业人均单位水、电使用同比减排达10%，在业务服务方面，推出了电子保单、电子帐单，2010年节约纸张用量约89.2吨，物流运力也相应减少；在公益合作方面，为60万车险VIP客户捐赠沙棘树苗，用于改善西部气候恶劣地区的环境，捐赠款项达300万元；红十字公益方面，连续九年组织无偿献血活动，员工无偿献血量近3600万CC；我们已为近2000名造血干细胞捐献者无偿提供了一年期重大疾病、意外伤害及住院安心保险保障计划，捐赠保额累计近7亿元；社群方面，2010年，中国平安成立了由50万内、外勤员工队伍组成的"员工志愿者协会"，广泛开展志愿者活动；灾难救助方面，2010年，青海省玉树藏族自治州发生7.1级地震，中国平安捐赠1000万支持青海省玉树藏族自治州地震灾区重建；8月，甘肃省甘南藏族自治州舟曲县发生特大山洪泥石流灾害，中国平安向甘南藏族自治州舟曲县捐赠110万元，用于灾区学校或卫生医疗系统重建项目。

中国平安因此获得广泛社会褒奖：公司连续十年获评"中国最受尊敬企业"、连续六年获评"中国最佳企业公民"、连续五年获评"最具责任感企业"、两年获评"第一财经·中国企业社会责任榜杰出企业奖－社会贡献奖"。

中国人寿保险(集团)公司

中国人寿保险(集团)公司及其子公司构成了我国最大的商业保险集团，是国内唯一一家资产过万亿的国有保险集团，是中国资本市场最大的机构投资者之一。

2010年，中国人寿保险(集团)公司合并保费收入达到

3506.12 亿元，境内寿险市场份额为 37.2%；2010 年年末合并总资产达 17760.20 亿元。

中国人寿保险(集团)公司属国有大型金融保险企业，总部设在北京。公司前身是成立于 1949 年的原中国人民保险公司，1996 年分设为中保人寿保险有限公司，1999 年更名为中国人寿保险公司。2003 年，经国务院同意、中国保险监督管理委员会批准，原中国人寿保险公司进行重组改制，变更为中国人寿保险(集团)公司。集团公司下设中国人寿保险股份有限公司、中国人寿资产管理有限公司、中国人寿财产保险股份有限公司、中国人寿养老保险股份有限公司、中国人寿保险(海外)股份有限公司、国寿投资控股有限公司以及保险职业学院等多家公司和机构，业务范围全面涵盖寿险、财产险、养老保险(企业年金)、资产管理、另类投资、海外业务等多个领域，并通过资本运作参股了多家银行、证券公司等其他金融和非金融机构。

中国人寿保险(集团)公司已连续 9 年入选《财富》全球 500 强企业，排名由 2003 年的 290 位跃升为 2011 年的 113 位；连续 5 年入选世界品牌 500 强，2011 年位列第 264 位；所属寿险股份公司继 2003 年 12 月在纽约、香港两地同步上市之后，又于 2007 年 1 月回归境内 A 股市场，成为内地资本市场"保险第一股"和全球第一家在纽约、香港和上海三地上市的保险公司，目前已成为全球市值最大的上市寿险公司。

目前，中国人寿正致力于实施"资源配置合理、综合优势明显，主业特强、适度多元，备受社会与业界尊重的内含价值高、核心竞争力强、可持续发展后劲足"的集团化战略，奋力打造"实力雄厚、管治先进、制度健全、内控严密、技术领先、队伍一流、服务优良、品牌杰出、发展和谐"的国际顶级金融保险集团。

中国人寿站在讲政治、顾大局、负责任的高度，坚持把强化管理，防范风险作为公司的"生命线"，注重建立健全风险管控制度和工作机制，强化员工风险意识和风险防范能力的教育培训，提高经营管理的信息技术水平，调动行政、财务、审计、纪检监察、社会监督等多种手段开展风险管控，加强公司治理和执行力建设，防范和化解经营风险的整体能力明显增强，促进了公司又好又快发展，最大限度地维护了广大客户、投资者的利益，实现了国有资产的保值增值。

中国太平人寿保险公司

中国太平人寿保险公司历史悠久，1929 年始创于上海，1956 年移师海外专营寿险业务，曾是中国近现代史上实力最强、规模最大、市场份额最多的民族保险企业之一，也是现今中国保险市场上经营时间最长和品牌历史最悠久的中资寿险公司之一。

2001 年 11 月，中国保险(控股)有限公司(2009 年 6 月更名为中国太平保险集团公司，简称"中国太平")以"太平人寿"名义，全面恢复经营国内人身保险业务。复业后的"太平人寿"是我国第六家全国性寿险公司，目前，公司注册资本金 37.3 亿元人民币，总部设在上海，已在国内 28 个省、自治区和直辖市开设 35 家分公司和 800 余家三、四级机构，服务网络基本覆盖全国。从 2001 年至今，太平人寿坚持"以价值为导向，走内涵式发展之路"的经营发展理念，形成并强化了以"创新"、"专业化"和"体系化"为特色的核心竞争优势。公司业务发展稳健，业务结构良好，已经稳居国内中大型寿险公司行列。到 2011 年 6 月，公司总资产超过 1300 亿元，期末有效承保金额达 13358 亿元。

太平人寿保险成功发展

自从复业以来，太平人寿秉承"用心经营 诚信服务"的经营理念，致力于为客户提供周全的保险保障和金融理财服务，并依托"中国太平"综合性、多元化经营平台，为客户提供一站式、一揽子金融服务。截至目前，公司已累计为 2000 余万客户提供了保额高达 13.5 万亿元的保险保障，累计向客户支付赔款和生存金总额约 75 亿元，充分发挥了保险"社会稳定器"和"经济助推器"的职能。同时，太平人寿还勇于承担企业公民的社会责任，公司品牌形象和企业声誉获得客户、员工和社会的高度认可。

通过多年来持续不断的创新发展和深化专业化经营，太平人寿企业实力和品牌竞争力已大幅提升。2010 年 - 2011 年，国际权威评级机构惠誉国际(FITCH)连续两年为太平人寿做出"A -"评级，评级展望为"稳定"。惠誉认为公司有较好的商誉、管理水平、经营环境和发展前景，具有较强的偿付能力和抗风险能力。在此之前，太平人寿曾连续六年获得其"BBB +"评级。2007 年 - 2011 年，太平人寿连续五年跻身"中国企业 500 强"和"中国服务业企业 500 强"。

太平人寿经营范围

太平人寿是中国第六家全国性寿险公司，拥有国内寿险公司最完善的产品线，为个人和团体提供专业的寿险金融服务。太平人寿的寿险服务分为保障与投资两大门类，数以百计的产品覆盖医疗保险、养老保险、子女教育保险和意外伤害保险等各个领域。目前，太平人寿主要通过个人寿险营销(代理人)、银行代理、渠道合作、互联网及电话销售等营销模式销售保险产品，另外，太平人寿还设立了专业养老金公司拓展企业年金领域。

太平人寿官方网站：http://www.tplife.com/

太平人寿客服电话：95589

中国太平洋保险(集团)股份有限公司

历史沿革

中国太平洋保险(集团)股份有限公司(以下简称"中国太平洋保险")是在 1991 年 5 月 13 日成立的中国太平洋保险公司的基础上组建而成的保险集团公司，总部设在上海。

1991 年，中国太平洋保险公司成立；

1994 年，中国太平洋保险(香港)有限公司成立；

2001 年，中国太平洋保险公司实施体制改革，中国太平洋保险(集团)股份有限公司成立，并控股设立中国太平洋财产保险股份有限公司和中国太平洋人寿保险股份有限公司；

2006 年，太平洋资产管理有限责任公司成立；

2007 年，中国太平洋保险 A 股上市(中国太保，SH601601)；

2009 年，控股长江养老保险股份有限公司；

2009 年，中国太平洋保险 H 股上市(中国太保，HK02601)；

2010 年，中国太保投资管理(香港)有限公司成立。

经营概况

2011 年上半年，中国太平洋保险实现保险业务收入人民币 868.75 亿元，市场占比 10.8%；实现净利润人民币 58.16 亿元；产险综合成本率为 91.1%；寿险新业务价值增长率同比达到 18.3%。截至 2011 年上半年末，中国太平洋保险总资产规模超过人民币 5372 亿元，净资产达到人民币 798 亿元，投资资产规模达到4905.13亿元，偿付能力充足，各项指标均位居中国保险市场前列。

截止2010年末，中国太平洋保险旗下拥有产险、寿险、资产管理和养老保险等专业子公司，建立了覆盖全国的营销网络和多元化服务平台，拥有5700多个分支机构，7.4万余名员工和30多万名产寿险营销员，为全国5600万个人客户和330万机构客户提供全方位风险保障解决方案、投资理财和资产管理服务。中国太平洋保险全国客户服务电话95500涵盖了保险咨询、查询、理赔报案、服务预约、急难救助以及投诉受理等各项服务。

中国太平洋保险坚持“推动和实现可持续的价值增长”的经营理念，努力实现产险业务和寿险业务协调发展、保险业务和资产管理协调发展。寿险业务着力于聚焦营销聚焦期缴，持续提升一年新业务价值；产险业务将保持综合成本率行业领先，市场份额稳中有升；资产管理业务将强化资产负债管理，努力实现投资收益持续超越负债成本。

公司治理

中国太平洋保险严格遵守法律法规以及监管部门颁布的各项要求，结合公司实际情况，不断完善公司治理结构。本公司通过不断优化集团化管理的架构，充分整合内部资源，形成了较为完善、相互制衡、相互协调的公司治理体系。股东大会、董事会、监事会及高级管理层按照《公司章程》赋予的职责，依法独立运作，履行各自的权利、义务。

中国太平洋保险现任董事会由15名董事组成，其中执行董事2名，独立非执行董事5名，股东董事8名，具有年轻化、专业化和国际化的特点。董事会下设战略与投资决策委员会、审计委员会、提名薪酬委员会和风险管理委员会，为董事会决策提供有力支持。现任监事会由5名监事组成，其中股东代表监事3名，职工代表监事2名。

中国太平洋保险拥有具备丰富的国内和国际保险及相关行业经验的高级管理团队，为公司能够更好地适应快速变化的市场环境和实现更优异的经营业绩奠定了基础。

企业文化

中国太平洋保险以“做一家负责任的保险公司”为使命，以“诚信天下，稳健一生，追求卓越”为企业核心价值观，以“推动和实现可持续的价值增长”为经营理念，不断为客户、股东、员工、社会和利益相关者创造价值，为社会和谐做出贡献。

社会责任

作为一家“负责任的保险公司”，中国太平洋保险在积极追求可持续价值增长的同时，自觉履行作为一个企业公民的社会责任。致力于各类公益活动，履行企业公民的职责。公司自成立以来，积极开展关爱孤残、捐资助学、扶贫赈灾等公益活动：已建立60余所希望小学，总投资超过3000万元；在特大洪涝灾害、非典、南方雪灾、5·12抗震救灾、云南地区干旱、青海玉树地震、舟曲泥石流期间踊跃捐款捐物，总额超过1亿元。

企业愿景

面向未来，中国太平洋保险推动实施“以客户需求为导向”的战略转型，努力建设“专注保险主业，价值持续增长，具有国际竞争力的一流保险金融服务集团”。

企业荣誉

2011年

荣登美国《财富》世界500强企业，排名467位（主要根据年度营业收入排名）；

英国《金融时报》全球500强，排名289位（主要根据市值排名）；

美国《福布斯》全球前500强企业，排名289位（按销售额、利润、资产和市值综合评定）。

2010年

荣获上海证券交易所颁发的“2010年度董事会奖”，成为当年度获得该奖项的10所上市公司之一；

荣获香港上市公司商会与香港浸会大学评选的“2010年度香港公司管治卓越奖”；

荣登“2010第一财经·中国企业社会责任榜”，荣获“杰出企业奖”；

连续第四次在《21世纪经济报道》、《21世纪商业评论》组织的最佳企业公民评选中，获评中国最佳企业公民奖；

乐行天下品牌活动在《21世纪经济报道》与Interbrand联合举办的“第六届中国最佳品牌建设案例”评选中被评为“中国最佳品牌建设案例”；

福布斯（中文版）中国品牌价值排行榜第10名，连续第6次入选世界品牌实验室中国品牌价值500强；

太平洋寿险荣获由《亚洲保险评论》评选的“2010年度亚洲最佳寿险公司”奖，成为中国大陆第一家获此奖项的寿险公司；

在《21世纪经济报道》发布的“亚洲保险业竞争力排名研究报告”中，太平洋寿险列亚洲寿险业综合竞争力第5名，国内综合竞争力第3名；

在《21世纪经济报道》发布的“亚洲保险业竞争力排名”中，太平洋产险位列亚洲非寿险业综合竞争力第3名，国内综合竞争力第2名，并被评为“2010年最佳稳健经营非寿险公司”；

太平洋产险连续第9次在中国最高服务质量监督机构——中国质量万里行促进会对保险行业服务质量明察暗访中保持了第一的成绩；并被确认为“金融行业领先企业”。

2009－2010年

连续两次获中国证券报评选的“上市公司金牛奖综合百强”。

2009年

荣获上海证券交易所颁发的“2009年度信息披露奖”，成为当年度获得该奖项的10所上市公司之一。

2008年

获得中国上市公司最佳治理奖、中国上市公司最佳董事会奖，并获得财经风云榜最佳投资者关系上市公司奖；

在由金融时报社举办的“首届中国金融业呼叫中心行业评选”活动中，中国太平洋保险“客户服务中心95500”被评为金融业最佳客户服务中心。

2007－2008年

中国太平洋保险两次获得人民日报社网络中心（人民网）颁发的人民社会责任奖。

中荷人寿保险有限公司

中荷人寿保险有限公司由中国最具成长潜力的商业银行北京银行股份有限公司与享誉世界的多元化金融集团ING集团旗下ING保险组建而成，公司现有注册资本13亿元人民币。中荷人寿前身首创安泰人寿于2002年底在大连市正式成立，是中国加入世界贸易组织后，在东北地区开业的第一家中外合资寿险公司。2010年6月，北京银行成功收购北京首创集团持有股份，成为公司的中方股东，与 ING 集团各持合资保险公司 50% 股份，首创安泰人寿正式更名为中荷人寿保险有限公司。

中荷人寿各地分支机构

中荷人寿以大连总部为基础，目前已经开设了北京、辽宁、山东、河南、大连、安徽六家分公司，不仅发展成为环渤海经济圈内最具优势的中外合资保险公司，也在中国中部地区积极谋求发展。未来，中荷人寿计划在中国更多地区开设分支机构。

面对广阔的市场空间，中荷人寿将不断追求业界最高的道德指标，满足客户多样化的保险理财需求，给客户提供"更轻松的保险服务"，并努力成为中国保险最具竞争力、最优秀的企业典范。

中荷人寿业务范围：

中荷人寿致力于通过多样化的产品设计满足客户个性化的保障、理财需求。公司拥有丰富的产品线，保障内容涵盖保障、养老、健康、医疗、意外、重疾、储蓄理财等各个方面，服务对象包括个人、家庭、中小企业、大型公司、机关团体、和政府机构。

在行销渠道方面，中荷人寿提供多种不同的选择方式：通过互联网络可以帮助客户方便地获取相关的资讯，24 小时全年无休的电话咨询中心和专业的销售代理团队提供全方位的理财规划和保险产品的选择、购买、理赔、保单维护工作，客户通过指定的合作银行、经纪代理公司及电话销售同样可以方便地选择中荷人寿的商品.

中荷人寿经营特色：

1. 人性化设计——投保 10 天犹豫期，客户可以从容决定。

2. 更大选择空间——多数产品投保两年后客户拥有更约权，可在公司允许的其他产品中再次选择。

3. 保证续保——多数健康保险产品提供保证续保。

4. 凸显人文关怀——被保险人婚嫁、添丁后的首个保单纪念日，可选择加大二成保额；合同生效每满五年后的首个保单纪念日，可选择加大二成保额。

5. 尊重生命——提供全残保险金；生命末期提前给付 50% 身故保险金额。

6. 灵活变现——为投保人提供最高可达现金价值九成的保单质押贷款。

7. 宽以待人——因故在缴纳首期保费之后的分期保费缴费日未能缴付保险费，自保费到期日次日起 60 日内为宽限期。宽限期内保险合同仍然有效。

中荷人寿官方网站：www. ingboblife. com. cn

中荷人寿客服电话：400 - 816 - 1688

中宏人寿保险有限公司

中宏人寿保险有限公司是国内首家中外合资人寿保险公司，由加拿大宏利人寿保险（国际）有限公司和中国对外经济贸易信托投资公司（中化公司核心成员）合资组建。公司于 1996 年 11 月 26 日在上海正式成立，时任中国总理李鹏先生和时任加拿大总理克雷蒂安先生莅临开业典礼，并主持剪彩仪式。

中宏人寿保险股东简介：

宏利人寿保险（国际）有限公司是宏利金融集团属下的成员公司。成立于 1887 年的宏利金融是加拿大主要的财经服务企业，业务遍布全球 19 个国家和地区，并获得"国际标准普尔"授予"AAA"评级。继完成加拿大历史上最大一宗跨国合并交易，成功实施对美国恒康金融服务有限公司的合并，宏利金融成为加拿大第一、、世界第三大的寿险公司，并透过旗下庞大的雇员、保险代理及销售伙伴网络，在加拿大、亚洲及美国（主要透过恒康）为客户提供全面的财务保障及理财服务。至 2005 年 12 月 31 日，宏利金融及其附属公司管理资产达到 3720 亿加元（约合 3190 亿美元）。

中国对外经济贸易信托投资公司是中化公司旗下核心企业，拥有中宏人寿保险有限公司 49% 的股权。成立于 1950 年的中化公司，是中国最大的外贸企业之一，现已成为在全球具有相当信誉的综合型国际企业集团，连续 18 年被美国《财富》杂志评为全球 500 强企业，2008 年度排位上升到 257 位，2008 年全球最大贸易型企业排名第 5 位。

宏利集团是全球领先的革新者，并被公认为是保险保障、退休和储蓄解决方案方面的领导者。截止到 2007 年 12 月 31 日，公司在美国境内的有效寿险保单保额达到了 34,000 亿美元，使其一举成为美国最大寿险公司。目前，美国宏利集团服务于全球 70,000,000 多名客户，并为财富 500 强；中排名前 100 位的 90 多家公司提供服务。美国宏利集团为个人客户提供寿险、养老金、汽车及家居保险、零售银行业务及其它金融服务，还为企业和其它机构提供团体保险、再保险、退休及储蓄产品和服务。

中宏人寿保险大事件：

2002 年底，作为国内首家中外合资寿险分公司，中宏保险广州分公司正式开业。

2004 年 5 月，中宏北京分公司的成功开业。

2005 年，中宏已经在宁波、杭州、佛山、东莞、中山、南京开展业务，并即将在深圳、绍兴、成都、嘉兴和江门开业。中宏将继续保持快速稳健发展的态势，并以上海、北京和广州为中心，进一步向全国发展。

2005 年 1 月，中宏保险获得中国保监会批准在业务经营范围上全面提升，得以开展团体寿险和健康险；8 月，中宏保险正式开展团险寿险和健康险业务，为其所在城市的各类中外合资企业和中小型企业提供企业员工福利保障业务。

2005 年，中宏非常荣幸能够成为北京 2008 年奥运会寿险合作伙伴。中宏保险享有奥林匹克最高权益，作为 2008 北京奥运会唯一寿险合作伙伴，中宏将热忱支持北京奥运，并传承体育拼搏精神，在保险领域不断上进。

成功的经营策略，高效的管理体系，周全的客户服务使中宏保险广为客户接受，历年来在外资保险中处于领先地位，资产不断优化。随着保险市场的日益开放，竞争必将日趋激烈，中宏有绝对的信心，以思维国际化、行动本地化的战略方针面对未来保险业市场的机遇与挑战，并将在特色产品、人性化服务、专业精英人才等高度上不断进取，建筑完善系统的核心竞争力来拓展全国业务。

中宏人寿官方网站：www. manulife - sinochem. com

中宏人寿客服电话：4008188888

中华联合财产保险股份有限公司

中华联合财产保险股份有限公司成立于 1986 年 7 月 15 日，是由国家财政部、农业部专项拨款，新疆生产建设兵团组建成立，也是我国成立的第二家具有独立法人资格的国有独资保险公司。2002 年 9 月 20 日，经国务院同意，国家工商局和中国保监会批准，新疆兵团财产保险公司更名为中华联合财产保险公司,成为全国唯一一家以"中华"冠名的全国性保险公司.2010 年 12 月,公司总部正式迁址北京。

中华联合财产保险企业文化

企业精神:团结、负责、勤奋、进取;

经营理念:稳健、创新、持续、高效;服务宗旨:服务至上、信守承诺、回报社会;

奋斗目标:创建一流现代保险企业;

员工座右铭:优质服务、尽职尽责、开拓奋进、司兴我荣;

企业观:公司是学校,教人要育,公司是军队,治司要严,公司是家庭,同仁要爱。

中华联合财险企业荣誉

2007 年亚洲品牌 500 强

2007 年中国企业 500 强第 252 名

2007 年中国服务业企业 500 强第 82 名

2007 年中国最具竞争力 30 家金融机构

2007 年诚信服务消费者满意单位

2006 年中国 500 最具价值品牌排行榜第 239 位

2006 年国家 A 级守信企业

2006 年度中国保险企业消费者十大满意品牌

2006 年中国优秀企业形象单位

中华联合财险公司大事记

1986 年 7 月 15 日成立新疆生产建设兵团农牧业生产保险公司。

1992 年 2 月 21 日,中国人民银行批准新疆生产建设兵团农牧业生产保险公司扩大经营险种范围,除法定保险和外币保险外,经营兵团范围内所有的人身和财产保险业务。

1993 年 2 月 15 日,经中国人民银行批准,公司更名为"新疆兵团保险公司"。

2000 年 7 月 21 日,中国保监会批准公司更名为"新疆兵团财产保险公司",业务经营区域扩大到新疆维吾尔自治区。

2001 年 11 月 28 日,中国保监会批准公司在上海、北京、广东、江苏、浙江、陕西、四川、重庆、大连、宁波等十个省市设立分公司,业务经营区域扩大到全国。

2002 年 9 月 20 日,经国务院同意,中国保监会批准,公司正式更名为"中华联合财产保险公司"。

2004 年 4 月 7 日,中国保监会批准公司在山东、内蒙古、河南、天津、福建、河北等六个省市设立分公司。

2004 年 10 月 29 日,中国保监会批准公司在湖北、湖南、甘肃、青岛等四个省市设立分公司,公司经营区域进一步扩大。

2006 年 5 月 30 日,经中国保监会批准,成立中华联合保险控股股份有限公司。

2006 年 6 月 11 日,中华联合保险控股股份有限公司在新疆人民会堂举行揭牌仪式。

2006 年 9 月 6 日,经中国保监会批准,同意中华联合财产保险股份有限公司开业。

中华联合财险官方网站:www.cic.cn

中华联合财险客服电话:95585

中美大都会人寿保险有限公司

中美大都会人寿保险有限公司是上海联和投资有限公司和美国大都会人寿保险公司的合资公司。作为上海市国资委下属的国有独资投资公司,上海联和投资有限公司充分利用其资源和优势,专注于高科技产业与金融服务产业的投资,致力于推动上海市乃至全国的产业创新与发展,为国民经济增长做出贡献。

美国大都会保险集团简介

美国大都会集团创建于 1863 年,由一群纽约市的企业家以 100,000 美元筹组而成,原名为 National Union Life and Limb Insurance Company。经过五年的艰苦经营及多次重组,公司在 1868 年决定专注发展人寿保险业务,并针对中产阶层客户推销保险产品。由于公司的业务在被称为 Metropolitan (都会区)的纽约市最为成功,故此以美国大都会人寿保险公司命名。

中美大都会发展简史:

1995 年美国大都会集团在北京设立代表处,1996 年在上海设立了代表处。

2004 年 3 月 25 日,中美大都会人寿保险公司正式于北京成立。

美国大都会集团对中国保险业的发展充满了信心,期待在中国建立长期而又稳定的经营.自 1986 起,先后在中国投资了近 1 亿美元。早在代表处期间,美国大都会集团就积极进行各项投资和支持中国发展的项目。如为中国加入世贸组织积极游说美国国会议员;为北京大学提供赞助;关注中国的社会保障方面的发展,赞助由中国社会保障部门承办的住房金融研讨会等。

凭借 140 多年的经验,美国大都会集团公司是美国最大的人寿保险公司,现为美洲、亚太区及欧洲的 7000 万客户提供创新的服务和解决方案,致力于帮助客户建立财务自主。

2005 年,伴随着集团获得了 Travelers Life & Annuity 和几乎全部花旗集团的国际保险业务,美国大都会集团在成为了北美最大的人寿保险公司的同时,也扩大了在国际市场上的份额。

2010 年 11 月 1 日,集团以 155 亿美金收购了美国人寿保险公司,正式成为全美最大的寿险公司。

中美大都会大事记:

2001 年 12 月,美国大都会集团获得中国保险监督管理委员会许可筹建在华保险公司。

2003 年 10 月 15 日,美国大都会集团与首都机场集团公司宣布成立合资公司。

2004 年 2 月 4 日,中美大都会人寿保险公司获得中国保险监督管理委员会经营许可。

2004 年 2 月 16 日,中美大都会人寿保险公司获得国家工商行政管理局颁发的营业执照。

2004 年 3 月 25 日,中美大都会人寿保险有限公司正式开业,并在钓鱼台国宾馆举行开业典礼。

2005 年 4 月 28 日,中美大都会人寿保险有限公司重庆分公司正式开业。

2006 年 3 月 23 日,中美大都会人寿广东分公司正式开业,标志着中美大都会人寿华南区域总部的形成。

中美大都会官方网站:www.metlife.com.cn

中美大都会客服电话:400－818－8168

中新大东方人寿保险有限公司

中新大东方人寿保险有限公司成立于 2006 年 5 月,是首家总部设立在重庆直辖市的中外合资人寿保险公司,在中国经营人寿保险、健康保险、意外伤害保险等个人及团体人身保险业务。由新加坡大东方人寿保险有限公司和中国重庆市地产集团合资组建，是国际型百年老店在中国地区持续发展的桥头堡。

公司自成立以来，大量引进国外先进保险理念和管理模式，在保险产品的研发、客服质量的提高、专业人才的引进、信息技术的开发、保险资金的运用等多方面充分体现出总部优势，得到市委、市政府高度重视、支持和广大市民的关注，2006年被评为“十佳金融企业”、“最具发展潜力的保险公司”。同时，公司积极参与重庆金融市场的建设与完善，推动重庆保险总部聚集中心和保险资金运用中心“两大平台”的形成，大力推进重庆市经济社会的快速发展。

中新大东方人寿运营理念：

公司在发展的同时，秉承“回报社会、造福人民”的信念，主动承担企业的社会责任，积极参与公益事业，帮助政府排忧解难。通过重庆市慈善总会、重庆市红十字会向多方提供援助，取得了良好的社会效应；关注教育事业，注重人才培养，与重庆大学设立“中新大东方精算教育奖学金”，每年为优秀学生提供学习资助及实习就业机会，为重庆培养更多专业人才。

我们的企业使命是旨在通过为客户提供财务保障、倡导身心健康以及祥和融洽的人际关系这三大途径，创造精彩人生！我们将秉持“坚守诚信、积极进取、主动参与”的核心价值观，立足于中国市场，建立强大的专业管理体系，打造开拓创新的营销团队，加速本土化战略进程，用卓越的服务取信于众，树立中新大东方品牌，让大东方落户大中国。

中新大东方人寿荣誉：

2010 年获奖荣誉

1. 获奖名称：2010 年度—2011 年度“纳税信用 A 级纳税人”

颁奖单位：重庆市渝中区国家税务局、重庆市渝中区地方税务局

2. 获奖名称：第八届世界华人保险大会贡献奖

颁奖单位：第八届世界华人保险大会

3. 获奖名称：新加坡 45 周年国庆庆典贡献奖

颁奖单位：重庆新加坡商会

4. 获奖名称：2010 年最具社会责任金融机构

颁奖单位：重庆晨报

5. 获奖名称：2010 年最佳诚信保险公司

颁奖单位：中国主流媒体理财联盟、重庆时报、橙网

6. 获奖名称：2010 年度最佳服务保险公司

颁奖单位：重庆商报、腾讯·大渝网、渝报

2011 年获奖荣誉

获奖名称：特别奉献奖

颁奖单位：重庆市红十字会

中新大东方人寿官方网站：www.lifeisgreat.com.cn

中新大东方人寿客服电话：400－636－8888

中意人寿保险有限公司

中意人寿保险有限公司是由意大利忠利保险有限公司和中国石油天然气集团公司合资组建的人寿保险公司，于 2002 年 1 月 15 日经中国保险监督管理委员会批准在广州成立，公司注册资本 19 亿元人民币，成为中国加入 WTO 后首家获准成立的中外合资保险公司。中意人寿总部位于北京，目前在广东、北京、上海、江苏、深圳、辽宁、四川、陕西、山东、黑龙江 10 省、市设有 60 多个机构。

2009 年，中意人寿保险有限公司变更资本金的申请正式获得中国保监会的批复。中意人寿的注册资本金由 19 亿元增至 27 亿元，增幅超过 42%。随着业务量的快速攀升和法定偿付能力对资本金的要求，短短 7 年间，中意人寿已完成四次增资。厚实的“家底”为这家成立 7 年的合资保险公司的进一步发展提供了强有力的保障。此次增资后，中意人寿再次成为资本实力最雄厚的外资寿险公司，也是国内外资寿险公司注册资本金在 20 亿元人民币以上的唯一一家公司。

中意人寿保险服务

中意人寿引进国际先进的保险知识和经验，立足中国市场，为客户量身定做个性化、多样化、满足不同保障需求的保险产品，主要包括人寿保险、意外保险、健康保险、投资型保险以及团体雇员福利计划。这些产品保障面广、费率灵活、保障利益全面、可组合搭配，形成了具有鲜明特色和创新优势的中意人寿产品系列。

中意人寿秉承“以客为尊”的服务理念，竭诚为客户提供全方位、专业化、高品质的服务。理赔服务的时效与品质长期稳居行业前列。同时倡导差别化服务，不断创新服务内涵。全球紧急救援、直接付费医疗等，形成了中意人寿的特色服务，让客户尽享一流保险公司的优越与尊荣。

中意人寿两大股东简介

意大利忠利保险有限公司成立于 1831 年，迄今已有 170 多年的保险经营经验。忠利集团作为世界最大保险集团之一，其旗下的 100 多家保险及金融实体遍布全球 50 多个国家。目前，忠利集团在全球拥有 58000 多名雇员，是一家真正拥有国际化网络的跨国集团。

中国石油天然气集团公司是一家世界领先的集石油和天然气上下游业务、油气田工程技术服务、石油物资装备制造和供应于一体的综合性能源公司，是中国销售额、资产总额和利润最大的企业，也是亚洲最大的上市公司，亚洲赢利能力最好的公司。

中意人寿企业文华

1. 学习：孜孜不倦，学无止境
2. 和谐：友爱互助，合作共赢
3. 专业：精益求精，追求卓越
4. 进取：积极向上，锐意进取
5. 稳健：执着务实，持续发展

中意人寿官方网站：www.generalichina.com

中意人寿客服电话：400－888－9888

中英人寿保险公司

中英人寿保险公司 2003 年 1 月在中国广州创立，注册资本人民币 5 亿元。中英人寿保险有限公司经过五年的战略布局和市场拓展，中英人寿始终坚持财务稳健和规范经营的理念，目前业务已拓展至广东、北京、四川、福建、山东、湖南、河北、江苏、辽宁、湖北 10 个省市共 40 多个重点城市，稳居外资寿险公司第一梯队。

中英人寿企业成绩

2007 年度，中英人寿总保费累计收入 35.36 亿元，同比增长 216.6%；2007 年度，中英人寿总保费收入位居外资寿险公司第 2 名，全国寿险公司第 10 名中英人寿以 Care in Every Home（关爱万家）为企业愿景，以 C.A.R.E.（关爱）为企业文化的核心价值观（Core Value），演绎出团队情（Collaboration）、行动力（Action）、务实性（Result－oriented）、关怀心（Empathy）的中英文化，成为企业持续、高速发展的坚实基础

和源动力。

强强联手打造的中英人寿，将秉承英杰华集团300多年专业保险经验，以高效的多元化行销体系，适合不同客户需求的优质保险产品及强大的服务支持系统，立足中国市场，致力于为广大客户提供优质的寿险服务和全面的财务保障！

中英人寿财务保障

退休及养老保障

儿童教育金计划

家庭理财规划

健康医疗保障

中英人寿理念

中国人以家为本，我们将以无私的关爱精神，让中国的千家万户体验到诚信与专业的保险服务。

向公众及员工传播正确的保险观念和知识，提高寿险行业的运营与服务水平。

实现客户、员工与股东三赢，贯彻以客户为先的服务理念，为中国保险业的发展作出贡献。

中英人寿官方网站：www. aviva - cofco. com. cn

中英人寿客服电话：95545

中邮人寿保险股份有限公司

中邮人寿保险股份有限公司是由中国邮政集团公司与20个省（区、市）邮政公司共同发起设立的国有全国性寿险公司。中邮人寿从酝酿组建到完成筹建，历时两年多，按照“定结构、组团队、绘蓝图、建体系、定制度、重管控”的十八字方针，深入调研、广泛交流、统筹推进、科学筹建，于09年8月4日获得中国保监会开业批复引，2009年8月18日在国家工商总局注册成立，2009年9月9日9时9分9秒，中邮人寿保险股份有限公司在京举行了开业仪式。

中邮人寿的战略定位是：充分依托邮政现有网络和资源优势，以“服务基层、服务三农”为己任，坚持专业化与特色化并举的原则，实施“低成本、广覆盖、高产出”的发展战略，以小额保险为切入点，以促进城乡保险业均衡发展为着力点，全力打造一个体系现代化、服务大众化、管理规范化，政府满意、监管放心、百姓欢迎的新型高效商业保险公司。

中邮人寿公司作用：

中邮人寿保险股份有限公司的成立，对于整合邮政资源、深化邮政服务“三农”内涵具有重要的战略意义，对于扩大保险覆盖范围、促进城乡保险业均衡发展将发挥积极的推动作用，也将对我国社会主义新农村建设、构建社会主义和谐社会作出贡献。

中邮人寿未来发展将充分依托邮政得天独厚的资源优势。据了解，中国邮政全国服务网点5.7万处，其中县及县以下网点4万余处，邮政三农服务站超过24万个，邮政投递员队伍超过14万人；同时，邮政也有着10多年代理保险业务的经验，2008年，邮政代理保险业务代收保费达到809亿元，在邮银代理渠道中名列第一。而且据调查，邮政办保险在国内外都有着悠久的历史，在1935年前后，当时的邮政部门就开办过简易保险业务，目前日本、韩国及我国台湾地区邮政简易保险业务发展都非常成功。

成立后的中邮人寿，将秉承邮政企业的优良传统，围绕国家社会经济发展大局和保险业发展要求，承担社会责任，实现企业价值，为我国保险业的发展、国家经济建设和社会进步作出贡献。

中邮人寿开业庆典：

2009年9月9日上午，中邮人寿保险股份有限公司开业仪式在京举行。中国保险监督管理委员会主席助理陈文辉与中国邮政集团公司党组书记、总经理刘安东在仪式上共同为中邮人寿保险股份有限公司揭牌，中国邮政集团公司副总经理、中邮人寿拟任董事长冯新生、中邮人寿拟任总经理党秀茸分别致辞。

仪式上，还特别邀请了朱雪芹、康厚明、胡小燕等三位农民工全国人大代表出席，并向他们赠送了中邮人寿专门研发的务工人员意外伤害保险，体现了中邮人寿“服务基层、服务三农”的信心与决心。

中邮人寿保险官方网站：www. chinapost - life. com

中邮人寿保险客服电话：400 - 890 - 9999

安华农业保险股份有限公司

安华农业保险股份有限公司（AnHua Agricultural Insurance Company Ltd.）由中国保监会批准，于2004年12月成立的商业化运作、综合性经营，并为政府代办政策性业务的全国性农业保险公司，总部设在吉林省长春市，注册资本金为4.1亿元人民币。公司拥有完善的法人治理结构，具备专业化的研发和管理团队，建立了以竞争型用人机制、激励型分配机制、共进型福利机制、严谨型内控机制为核心的现代企业制度。公司确定了根植农村、安身农业、贴近农民、服务“三农”的企业宗旨，以创新为动力，以服务创品牌，积极探索农业保险经营发展的新思路、新模式，稳步开拓综合性保障的“三农”保险发展之路。公司的发展定位为：一是服务农业产业化建设，覆盖龙头企业产业链条的各个环节，以产业链延伸带动广大农户，推进农业保险深入发展。二是开发适合我国农村市场的“一揽子”保险产品，为农民提供种养两业保险、财产保险、健康险和责任保险全方位综合保险服务。三是通过多渠道、多形式，为政府代办政策性农业保险业务。

安华农业保险股份有限公司企业文化：

企业理念：安农安天下

服务宗旨：忠诚服务、笃守信誉、回报社会

企业宗旨：种植农村、安身农业、贴近农民、服务三农

公司科学发展观：志存高远、定位准确、以人为本、效益至上、合规经营、精细管理、履行职责、加快发展

安华农业保险股份有限公司企业业绩：

2005年，公司保费收入5500万元；2006年保费收入达到24750万元，增幅为350%。2007年，公司得到国家和地方政府的大力支持，参与中央财政支持的政策性农业保险试点，业务规模得到大幅提升，全年保费收入超过14亿元，达到上一年度的5倍以上，在全国40多家财产保险公司中位列第14位。2008年实现保费收入17.25亿。目前，公司在吉林、内蒙、山东、北京、辽宁和青岛设有6家省级分公司，各级分支机构达到100多个，保险业务得到长足发展。

安华农业保险股份有限公司大事记

2004年7月6日，中国保监会批准安华农业保险股份有限公司筹建；

2004年12月30日，安华农业保险股份有限公司成立；

2006年8月9日，安华农业保险股份有限公司北京分公司获准开业；

2006年8月7日，安华农业保险股份有限公司山东分公

司获准开业；

2006 年 6 月 13 日，安华农业保险股份有限公司内蒙古分公司获准开业；

2008 年 1 月 2 日，安华农业保险股份有限公司工会成立；

2008 年 8 月 28 日，安华农业保险股份有限公司青岛分公司获准开业；

2008 年 9 月 9 日，安华农业保险股份有限公司辽宁分公司获准开业。

官方网址：http://www.ahic.com.cn/index.asp

客服电话：95540

安信农业保险股份有限公司

上海历届市委、市政府领导都十分重视农业保险工作，起步较早。1991 年起，就积极主动地运用保险机制来化解农业生产中的自然风险，实行政府推动、保险公司代理、积余留地方、形成农业保险风险基金的模式并积累了丰富的农业保险经验。2004 年 9 月，在市委、市政府的领导下，组建了上海安信农业保险股份有限公司，开始探索用专业化的风险管理手段来运作农业保险业务，成为我国首家专业性的农业保险公司。作为探索建立我国政策性农业保险制度的一个试点，公司除经营传统的种植业和养殖业保险外，还经营经保险监管部门批准的财产保险、责任保险、短期人身意外伤害保险和健康保险等。

安信农业保险公司企业宗旨

公司成立三年多来，始终秉持"服务三农"的指导思想，紧紧依靠各级政府和有关部门的支持，较好地实现了上海农业保险从传统运作方式向现代企业经营方式的转变，农险业务和商业险业务均连续三年保持了快速发展的良好势头，初步显示了"政府政策支持、市场化运作"模式的生机与活力，农业保险在参与社会管理、减轻政府公共管理负担、保障农民生产生活、服务社会主义新农村建设等方面的积极保障作用得到了充分的发挥。

安信农业保险公司企业文化

历经风雨考验的安信农业保险股份有限公司是全国第一家专业性的农业保险公司。公司成立五年多来、始终围绕着"以服务社会民生为核心、以创造社会价值为己任"，以满腔的热情致力于探索和实践中国农业保险发展的模式，以创新的姿态投身于上海国际金融建设，以真诚的服务传递着"安为上 信为本"的经营理念，切入社会、经济发展的各个层面和角度，充分发挥保险经济补偿、转换职能和防范风险的商业价值和社会功能，取得了丰硕的成果。

安信农业保险公司 2010 年大事记

3 月，安信农业保险股份有限公司为上海市浦东新区房地产（集团）有限公司提供保额逾 1 亿元的建筑工程质量保证保险保障。

4 月，安信农业保险股份有限公司与上海市农业委员会共同牵头，为全市 76 家世博观光农园和近 150 家世博专供农产品产销对接供应单位提供保额 3.19 亿元的农业旅游综合责任保险和农产品食用安全责任保险保障。

4 月，安信农业保险公司和上海市农业委员会在青浦区试点南美白对虾养殖保险互助制模式，与 14 家自愿参加试点的农民专业合作社签订了《互助保险合作协议书》，开始了探索农业保险服务高出险率、高技术要求、高经济效益地域特色农业产业发展的帷幕。

4 月，安信农业保险股份有限公司向青海玉树地震灾区捐款超过 60 万元。

9 月，由安信农业保险股份有限公司承保的闵行区新农合医疗保险项目在全市范围内公布的"闵行区首创第三方独立完成的财政预算绩效评价"中取得 92.63 分的成绩，成为唯一取得"优秀"评价的项目。

12 月，安信农业保险股份有限公司成功中标上海市政府 2011 –2012 年度公务用车定点保险服务项目，成为 2011 –2012 年上海市国家机关、事业单位、社会团体公务车辆定点保险服务项目五家供应商之一。

官方网站：http://www.aaic.com.cn/

客服电话：400 –820 –0081

百年人寿保险股份有限公司

百年人寿保险股份有限公司于 2009 年 6 月开业，总部大连。公司注册资本 11.1 亿元人民币，由 14 家股东构成，其中，东方资产、国电电力、融达投资、华信信托、大连港集团、大商集团、时代万恒、新光集团、一方地产等 9 家股东同时以 9.01% 的持股比例并列第一大股东。强大的股东背景、良好的法人治理结构以及优秀的管理团队为百年人寿的发展奠定了坚实基础。

百年人寿秉承"创新百年，关爱永恒"的企业文化理念吸引了众多业内精英的加盟。百年人寿积极汲取业内先进经营管理经验，在公司运营管理、财务与投资管理、产品设计、信息技术以及客户服务等方面积极进行多元化创新，不断推出具有百年人寿特色的、差异化的产品和服务以及灵活的作业流程，以实现客户价值的最大化。"一保通"是百年人寿在中国保险业创造的全新保险概念，借助共享集中化、标准化、电子化的服务平台，通过客户专属号码实现全方位家庭保障的服务功能。致力于以客户需求为导向，结合销售渠道的特征，在产品开发过程中遵循市场性原则、创新和差异化原则、稳健性原则、盈利性原则以及合规性原则进行产品的开发，以适合市场、满足客户个性化保险产品需求。

百年人寿全国分公司：

截至 2011 年 7 月，百年人寿已成功开设大连、湖北、河北、辽宁、北京、河南、黑龙江、安徽、山东、江苏、四川 11 家分公司，福建分公司、陕西分公司在筹，顺利完成了在华中、华北、华东、东北、西南、西北 6 大区域的战略布局。百年人寿计划用 5 年时间在全国 20 个左右的省市建立分公司，完成全国主要城市的机构铺设并形成稳健发展的业务格局。

百年人寿未来路：

百年伟业，始于当下。百年人寿将通过自身的积极行动达成"悦客户以服务、亲员工以眷顾、馈股东以价值、报社会以和睦"的企业使命。积极创新、锐意进取、稳健经营，倡导企业高度的市场灵活性与适应性，不断提升企业抗风险能力，同时善尽社会责任，百年人寿努力发展成为中国金融服务业最值得尊重、客户首选的保险业服务标杆，最终实现百年人寿"打造百年老店，创中国保险市场杰出品牌"的企业愿景。

百年人寿企业愿景：

打造百年老店 创中国保险市场杰出品牌

百年人寿企业使命：

悦客户以服务、亲员工以眷顾、馈股东以价值、报社会以和睦

百年人寿核心价值：

诚信、创新、稳健、进取、关爱、和谐

官方网站：http://www.aeonlife.com.cn/

客服电话：4006－999－100

渤海财产保险股份有限公司

渤海财产保险股份有限公司（以下简称"渤海保险"）是由天津泰达投资控股有限公司、天津联津投资有限公司、天津泰达集团有限公司、天津保税区投资有限公司、北方国际信托投资股份有限公司五家天津市、滨海新区实力雄厚的国有骨干企业发起设立，总股本11亿元人民币。

渤海保险秉承"积极、稳健、专业"的企业文化及经营理念，确立了以环渤海地区为中心、东部沿海发达城市为重点、中西部和东北地区为两翼，逐步实现全国机构布局的发展战略。通过建设绩效导向型的企业文化、制订行之有效的员工职涯规划、设计有吸引力的激励与薪酬体系，为员工搭建一个持续发展的平台。

渤海财产保险股份有限公司企业文化

渤海保险的企业文化是一种创业的文化，强调艰苦奋斗、勇于奉献的企业精神。创业文化的内涵包括不断创新的意识、顽强拼搏的精神、不屈不挠的斗志、勇于向前的胆识、穷尽资源的魄力、真抓实干的态度。

渤海保险将通过领导示范、日常培训、会议讨论、员工考核等不同形式，宣扬创业的企业文化，提升公司员工的责任感和使命感，为渤海保险培养一支政治可靠、作风顽强、技术先进、团结协作的优秀员工队伍。

渤海财产保险股份有限公司大事记

2011年8月，渤海保险开展"爱心成就梦想"慈善助学活动。

2011年8月，渤海保险召开第一届职工代表大会第二次会议。

2011年8月，渤海保险引进战略投资者工作取得实质性进展，与澳大利亚保险集团在天津正式签订合资协议。

2011年8月，渤海保险召开2011年年中工作会。

2011年7月，渤海保险召开第二届董事会2011年第三次会议。

2011年4月，渤海保险获政府奖励20万元。

2011年4月，渤海保险第二届董事会召开2011年第二次会议。

2011年3月，渤海保险举办纪念"三八"国际劳动妇女节101周年座谈会。

2011年2月，渤海保险召开第一届职工代表大会第一次会议。

2011年1月，渤海保险第二届董事会召开2011年第一次会议。

官方网站：http://www.bpic.com.cn/

客服电话：4006－11－6666

长安责任保险股份有限公司

长安责任保险股份有限公司（以下简称"长安责任保险"）是由住房和城乡建设部牵头，10部委共同支持，历经10年组建的我国首家专业责任保险公司。2007年9月29日经中国保险监督管理委员会批准开业，总部设在北京。长安责任保险作为我国第一家专业责任保险公司，经营范围除一般性的财产保险、信用保险、保证保险等险种外，主要以责任保险为特色，并通过对高技术含量的责任保险产品与服务的创新与开发，使得我国责任保险的覆盖领域不断扩大，作用不断加强。公司秉承"忠诚、专业、创新、进取"的核心价值观，以服务社会、回馈社会为己任，专注业务产品创新，专诚提供服务。公司倡导海纳百川、和谐奋进的企业文化，关注社会、关注民生、关注员工、追求卓越，努力将公司建设成具有国际竞争力的专业责任保险公司。长安责任保险的设立，体现了政府和社会对推动我国责任保险发展的重视和期待。长安责任保险将牢记使命，大胆尝试，勇于创新，努力为推进我国责任保险事业的发展，建立市场化的灾害与事故补偿机制做出应有的贡献。

长安责任保险股份有限公司企业文化

公司理念：

6S精神的宗旨是弘扬"专业、专长、专家、专诚、专攻、专注"之精神，依托"执着、进取、开拓、创新"的"10年磨一剑"之功力，努力实现特色发展、超常发展、又好又快的发展之愿景。

公司核心价值观：忠诚、专业、创新、进取

公司6S精神：

专业（专业责任保险）

专长（专长风险规控）

专家（专家谋道理财）

专诚（专诚高端服务）

专攻（专攻制度建设）

专注（专注业务创新）

长安责任保险股份有限公司企业特色

长安责任保险股份有限公司是我国第一家专业责任保险公司，除一般性的财产保险、信用保险、保证保险等险种外，主要以土木工程项目质量责任保险为特色，在工程风险评估和控制等方面具有专业优势。

为更好的发展工程质量保险事业，年开始筹备的长安保险是唯一一家获得国家部委明确支持，以实施专业化经营为特色，突出建设领域工程保险的全国性保险公司。公司以长安保证等国家大型企业单位为主要发起人，拥有建设行业优势（市场开拓和行业管理）、风险评估和管理优势（专业优势和风险理念）、技术保证优势（产品研究和技术支持）。

官方网站：http://www.capli.com.cn/

客服电话：95592

长城人寿保险股份有限公司

长城人寿保险股份有限公司是一家经中国保险监督管理委员会批准设立的全国性人寿保险公司。长城保险志存高远、经营稳健，以"打造服务最好的保险品牌"为目标，倡导"让服务成为我们的生活方式"，致力于为客户提供适合的保险产品和便捷的服务，为员工提供良好的工作环境和成长空间。

长城人寿保险股份有限公司总部设在北京金融街。由北京金融街投资（集团）有限公司、香港大新人寿保险公司、南昌市政公用投资集团及中建集团、中冶集团旗下骨干企业等

涉及投资、金融、房地产、基础设施建设等国民经济重要行业的11家股东投资,注册资本14亿元。截至2011年6月,长城保险已设立北京、四川、山东、湖北、青岛、河南、河北、江苏、天津、广东、湖南、安徽等12家分公司。公司经营范围主要包括人寿保险、健康保险、意外伤害保险及上述保险业务的再保险业务。

长城人寿保险经营范围:

公司经营范围主要包括人寿保险、健康保险、意外伤害保险及上述保险业务的再保险业务。"尊重、合作、价值、进取"是我们的价值,"诚信、服务、专业、创新"是我们的经营理念。

长城人寿保险公司使命:

为客户:提供适合的保险产品和便捷的服务;

为股东:创造持久的投资价值和长远的利益回报;

为员工:提供良好的工作环境和成长空间;

为社会:提高民众的生活保障水平。

长城保险价值观:尊重、合作、价值、进取

长城保险经营理念 :诚信、服务、专业、创新

长城人寿保险愿景:打造服务最好的保险品牌。

长城人寿保险官方网站:www.greatlife.cn

长城人寿保险客服电话:95576

大众保险股份有限公司

大众保险股份有限公司是1995年元月在上海注册成立的股份制商业保险公司。公司由史带保险和再保险有限公司(Starr Insurance & Reinsurance Limited)、上海国际集团有限公司、上海国际集团资产管理有限公司、上海市城市建设投资开发总公司、上海大众公用事业(集团)股份有限公司、上海汽车工业销售有限公司等29家中、外资企业投资建立。现公司注册资本金为14.325亿元人民币。公司主要经营各类财产保险业务、再保险业务和资金运用业务。经过十多年的发展,公司目前已在上海、江苏、浙江、安徽、福建、山东等省市创立了良好的公司品牌。在此期间,公司的营销服务网络有序延伸,客户数量稳定增加,保费规模逐年提高,资产规模不断扩张,现已成为一家具有一定专业水平和市场积累的专业财产保险公司。

大众保险股份有限公司企业文化

责任:时刻牢记企业的社会的责任,经营回报股东的责任,公司对员工的责任,员工对岗位的责任;

诚信:企业对社会的诚信,公司对员工的诚信,员工对公司的诚信;

相融:容纳不同的文化,吸取先进企业成功经验;

进取:不安现状,永葆激情,富有创新与活力;

纪律:讲规范、讲规矩、讲统一。

大众保险股份有限公司企业成就

公司先后承保了许多国家重点工程和项目,如上海多条越江隧道、越江大桥和轨道交通,以及南京第二长江大桥、杭州湾跨海大桥、青岛海湾跨海大桥、东海平湖油气田、石洞口电厂等国家重点项目和大型市政、能源类项目。同时公司积极创新产品开发,前后设计了"设备按揭保证保险"、"民营企业综合保险"等支持"三农"经济和民营经济发展的配套险种,获得了良好的社会效益和经济效益。

大众保险股份有限公司大事记

3月,公司与中国建设银行正式签署了全面战略合作协议,这标志着我司与中国建设银行全面战略合作伙伴关系的正式确立,为我司银保业务的发展又搭建起一个新的广阔平台。

4月21日,大众保险股份有限公司党委号召全体员工积极行动起来,发扬"一方有难、八方支援"中华传统美德,伸出援助之手来帮助灾区同胞。总公司机关党委、工会、团委及时发出了"心系灾区,情暖玉树"捐款活动的倡议。倡议活动得到了总公司管理部门广大员工的积极响应,大家纷纷捐款,共募得款项27020元。

5月至10月,大众保险股份有限公司作为上海12家世博共保体之一,除了提供常规的保险服务外,利用95507服务平台,开通了世博服务热线,印制了世博服务指南,为客户提供各类增值服务。大众保险还建立绿色服务通道,为世博期间来沪、在沪车辆提供快速便捷的查勘理赔服务。世博会圆满结束后,大众保险荣获了"中国2010年上海世博会财产保险优质服务奖"、上海分公司获"中国2010年上海世博金融服务工作先进集体"等多项荣誉。

10月,"中国2010年上海世博会三项规定保险共保体总结表彰会议"在沪召开,会议表彰了在世博会筹备及运营期间为世博保险服务保障工作作出积极有效贡献的沪上保险公司,公司继此前由上海分公司获得"中国2010年上海世博会金融服务工作先进集体"的荣誉称号后,再次荣获"中国2010年上海世博会财产保险优质服务奖"。

12月大众保险荣获中金在线2010年度财经排行榜评选活动——"理赔服务最佳财险公司"称号。

鼎和财产保险股份有限公司

鼎和财产保险股份有限公司是经中国保监会批准,由中国南方电网有限责任公司、广东电网公司、广西电网公司、云南电网公司、贵州电网公司、海南电网公司、南方电网财务有限公司共同出资设立的全国性财产保险公司,总部设在深圳,于2008年5月22日成立。

鼎和保险的业务范围涵盖非寿险业务的各个领域,包括财产损失保险;责任保险;信用保险和保证保险;短期健康保险和意外伤害保险;上述业务的再保险业务;国家法律法规允许的保险资金运用业务;经中国保监会批准的其他业务。

鼎和保险将深入贯彻落实科学发展观,坚持高标准、高要求、高效率,充分依托中国南方电网公司的整体优势资源,全面构建差异化的经营特色和核心竞争力,不断拓宽发展空间和服务领域,努力建成"品牌一流、技术领先、服务优良、效益卓著"的财产保险公司。

鼎和财产保险公司企业文化

鼎和保险孕育诞生于一个伟大的时代,致力于建成为一家"品牌一流、技术领先、服务优良、效益卓越"的保险公司。

成立时间虽短,鼎和保险以博大的胸怀,深厚的文化底蕴,在全国保险业快速发展的时代大潮中,写下了浓重的起步之笔。当前,中国保险业已经站在发展的新起点,进入发展的新阶段。作为中国保险业大家庭的一员,鼎和保险肩负着做强做大中国民族保险业的历史重任!我们将深入贯彻落实科学发展观,以南网方略统揽全局,以公司战略目标为指针,坚持高标准、高要求、高效率,充分依托中国南方电网公司的整体优势资源,不断拓展发展空间和服务领域,不断提升专业水平,全面构建差异化的经营特色和核心竞争力,努力实现国家、社会、客户、股东、企业和员工利益的全面丰收。

鼎和财产保险公司大事记

2011 年 8 月 10 日，中国保监会下发《关于鼎和财产保险股份有限公司变更注册资本的批复》（保监发改[2011]1270号），同意公司注册资本变更为 15.18 亿元人民币。

2011 年 6 月 13 日，经中国保监会深圳监管局核准（深保监复[2011]121 号），深圳中心支公司改建为深圳分公司。

2011 年 3 月 22 日，公司 2010 年度股东大会暨第二届董事会第一次会议在深圳召开，会议选举了第二届董事会成员、监事会成员和董事长。

2010 年 8 月 30 日，经中国保监会深圳监管局核准（深保监复[2010]142 号），深圳中心支公司开业。

2010 年 7 月 29 日，经中国保监会上海监管局核准（沪保监复[2010]148 号），上海分公司开业。

2010 年 7 月 5 日，经中国保监会海南监管局核准（琼保监复[2010]30 号），海南分公司开业。

官方网站：http://www.edhic.com/

客服电话：4008888136

都邦财产保险股份有限公司

都邦财产保险股份有限公司（Du - Bang Property & Casualty Insurance Company Ltd.）是经中国保险监督管理委都邦财产保险股份有限公司员会批准，于 2005 年 10 月 19 日开业的全国性财产保险公司，注册地为吉林省吉林市，总部位于北京。都邦保险务实并熟悉保险行业的股东，以其务实的作风和稳健的投资理念，与高管团队在战略规划上高度一致，对经营团队充分信任，形成了都邦鲜明的和谐、稳健风格。睿智的股东团队、快乐的企业文化、灵活的服务机制、务实的管理风格推进了公司和谐、快速、健康发展，服务网点已经基本覆盖全国主要经济区域，目前已开业和在筹建分公司达到 32 家。

都邦财产保险股份有限公司企业文化

都邦核心价值观：创造快乐

都邦追求：打造中国服务最好的保险公司

都邦精神：在竞争中奋进，在创新中发展

都邦作风：求真务实

经营原则：注重品质，快速稳健持续发展

行为准则：为客户提供贴心服务

品牌理念：服务创造品牌，品牌重于生命

管理理念：简单、高效、务实、创新

用人理念：品行为先，量才适用

都邦财产保险股份有限公司企业荣誉

3·15 全国诚信维权示范单位

FIFA2007 年中国女足世界杯指定保险服务商

2007FI 摩托艇世界锦标赛中国深圳大奖赛指定保险服务商

2007 最具成长力品牌

2007 中国最受信赖 10 大财险公司

全国文明诚信窗口单位

2006 最值得信赖产险公司

2006 年中国保险业消费者十大满意品牌

维护消费者权益诚信服务满意单位

2006 中国企业诚信经营示范单位

第十一届世界青年田径锦标赛指定保险赞助商

官方网站：http://www.dbic.com.cn/

客服电话：4008895586

光大永明人寿保险有限公司

光大永明人寿保险有限公司成立于 2002 年 4 月，现有股东包括中国光大集团、加拿大永明金融集团、中国兵器工业集团公司和鞍山钢铁集团公司，总部设在天津。目前，公司已相继在天津、北京、浙江、江苏、上海、广东、重庆等一线省市开设分支机构，经营地域覆盖环渤海、长三角、珠三角以及中西部地区，并开拓了代理人、银保、团险、高端理财、电话行销、网上直销、中介等多种销售渠道。

自成立以来，光大永明人寿实现了快速发展，历年保费收入和公司总资产稳步增长。2010 年，公司注册资本金增加至 30 亿元，跃升国内寿险公司第一梯队，同时公司业务也实现了跨越式提升。未来，光大永明人寿将最大程度地利用各方股东的优势资源，快速发展，不断提升市场地位。

光大永明人寿企业文化：

远景：为优秀的人才给予栽培，为客户提供市场需求的产品，为社区的改善做出贡献，为光大永明的股东创造价值。

目标：广泛地传递如何才能得到财政保障的好消息，提供的人寿、意外、健康保险产品及服务，帮助人们达到这一目标。

任务：在中国主要城市，提供人生保障和财富累积产品及服务。

公司核心价值：

诚信正直——以至高诚信的商业行为进行运作。

以商业行为的最高标准要求自己。努力做到平等待人，及时、完全、正确地与员工、保单持有人、顾客、股东以及其它商业客户进行联络沟通。不误导股东或对股东做出任何无法实现的承诺。

以客为尊——以市场为先导，时刻铭记顾客利益至上。

重视保单持有人和顾客对公司的信任。通过建立、提供创新的理财规划方案来满足客户需求，回报客户对公司的信任。

追求卓越——以人为本，力求完美。

注重员工和代理人为公司所做出的贡献。致力于招聘杰出人才，为其创造富有挑战性的工作氛围，提供施展才华、实现自身价值的机会。

创造价值——不断累积价值，回报客户、股东与员工。

光大永明人寿股东：

中国光大集团：光大永明人寿保险有限公司中国光大集团自 1983 年成立以来，业务发展迅速，现已成为以经营银行、证券、保险、投资管理等金融业务为主的特大型国有企业集团。中国光大集团通过中国光大（集团）总公司（北京总部）和中国光大集团有限公司（香港总部）管理境内外业务。集团以全资、绝对控股、相对控股、合资参股等形式管理着 60 多家直属企业，充分利用境内外两个市场拓展业务。

至 2006 年底，集团总资产达到人民币 6200 亿元。加拿大永明金融：加拿大永明金融是当今世界最大的保险和资产管理公司之一，在金融服务领域一直处于领先地位。自 1865 年始，永明金融和它的合作伙伴在加拿大、美国、英国、香港、菲律宾、日本、印度尼西亚、中国、百慕大等世界主要市场开展业务，为个人和公司客户提供广泛的储蓄、退休、养老金、人寿和健康等保险产品和财富积累服务。1998 年至今，连续 8 年荣登"财富全球 500 强"。截至 2006 年底，管理资产达 4365 亿加元。

官方网站：www.sunlife - everbright.com/

客服电话：95105698

国华人寿保险股份有限公司

国华人寿保险股份有限公司总部位于上海陆家嘴国际金融中心的金茂大厦，是由国务院直属机构中国保监会批准设立的全国性、股份制专业寿险公司，由国内大型上市公司天茂集团等六家资金实力雄厚的企业发起组建。公司主要经营各类人寿保险、健康保险、意外伤害保险等各类人身保险业务；上述业务的再保险业务；国家法律、法规允许的保险资金运用业务以及经中国保监会批准的其他业务。

国华人寿注册资本为 10 亿元人民币，两年内增资至 25 亿元人民币；现总资产已达 120 亿元人民币。公司目前在全国成立了北京、上海、天津、重庆、辽宁、河北、河南、山东、广东、江苏、浙江、湖北、四川、山西等 14 家省级分公司，另外还有 30 家中心支公司和 33 家四级机构，初步实现全国性机构布局；两年内将完成全国 30 家省级分公司的发展目标，并计划于 2012 年在 A 股正式上市，成为中国上市速度最快的金融保险集团。

国华人寿企业文化

国华人寿秉承"人本贵和、尚德有为"的核心价值观，弘扬"诚信、专业、创新、共赢"的企业精神，通过扎扎实实、精益求精、坚韧不拔的奋斗，实现专业化、集团化、国际化的目标，并以高品质的金融保险服务努力改善和提升人们的生活，促进经济与社会和谐、稳定、快速发展。国华人寿将力争成为国内领先、国际知名的最能为客户、员工、股东创造价值的金融保险集团。

国华人寿从建司开始，就牢固树立诚信立司的基本准则，形成"诚实、守信、践约"的诚信文化，千方百计营造公司的诚信机制。牢记"做地道产品，做厚道企业"的道理，用我们的实际行动铸造国华人寿良好的品牌形象。

国华人寿所获荣誉：

2008 年 5 月，国华人寿被中国青少年发展基金会赠与捐款荣誉证书。

2009 年 3 月，国华人寿荣获中国保护消费者基金会"重质守信 3 · 15 放心品牌(单位)"殊荣。

2009 年 4 月，国华人寿在北京钓鱼台国宾馆荣获"2008 中国金融企业慈善榜 · 保险业 · 突出贡献奖"。

2009 年全年度，中资寿险公司增速排名中，国华人寿位居全行业第一名，增幅超过了 3 倍。

2010 年 6 月，由于国华人寿在慈善事业的杰出贡献，荣获《中国保险慈善榜》慈善新秀 10 强。

2010 年 12 月，国华人寿荣获搜狐 2010 金融理财盛典"2010 年最具成长性保险公司"奖。

官方网站：www. guohualife. com

客服电话：400 – 706 – 6666

国泰人寿保险有限责任公司

国泰人寿保险有限责任公司由中国东方航空集团公司与台湾地区国泰人寿股份有限公司共同发起成立，双方各持有 50% 的股权，注册资本金 8 亿元人民币。公司开业伊始就创造了一系列的"第一"：是第一家海峡两岸合资寿险公司，是台湾地区第一家进入祖国大陆市场并正式获得营业资格的金融企业，也是去年 12 月 11 日我国取消外资/合资寿险公司经营地域限制，并开放团险市场之后，第一家获准设立的合资寿险公司。国泰人寿是祖国大陆保险业第一家引进国际 LOMA 执业诚信培训及认证的寿险公司。

国泰人寿企业荣誉：

2006 年正式签约成为 2010 年上海世博会首家合作伙伴。

蝉联"旅客话民航"优质服务奖。

2001 – 2003 年"全国旅客话民航"旅客运输量 1000 万人次以上组三连冠。

2001 年"2001 年度旅客话民航"活动第一名。

2001 年五星钻石奖。

台湾地区国泰人寿保险股份有限公司成立于 1962 年 9 月，1964 年 11 月股票上市，成为台湾地区第一家财务公开、企业大众化之民营保险公司。四十多年来，在全体员工的努力及股东支持下，不断培育专业人才，并持续研发新商品及服务项目，奠定市场领导地位。

2007 年突破杂志连续八年蝉联"台湾理想品牌"大调查第 1 名。

2005 年保险事业发展中心第一届保险卓越奖"商品创新"、"人力培训"、"公益形象"等奖项，中华征信所民营服务业营收净额之冠。

2003 年中华信评 TwAAA 级，为台湾地区寿险公司第 1 名。

2003 年《财富杂志》入选全球 500 大企业，列为全球第 14 大保险集团(以国泰人寿为主体之国泰金控公司)。

2003 年美国翰威特管理顾问"亚洲企业最佳雇主"，寿险业唯一入选。

2002 年天下杂志台湾地区 100 大金融业第 1 名。

2002 年美国福布斯(Forbes)国际 500 大企业，排名第 240 名，位居台湾地区企业第 1 名(以国泰人寿为主体之国泰金控公司)。

官方网站：www. cathaylife. com. tw

客服电话：0800 – 036599

国元农业保险股份有限公司

国元农业保险股份有限公司是经中国保险监督管理委员会(保监发改〔2008〕54 号)批准成立的第一家总部设在安徽的财产保险公司。公司由安徽省金融资产规模最大的国有大型金融控股企业安徽国元控股(集团)有限责任公司等 12 家国有企业共同发起设立。注册资本 3.05 亿元人民币。注册地合肥。

国元农业保险股份有限公司企业文化

公司宗旨：立足安徽服务新农村建设

企业精神：诚信专业协作创新

经营理念：客户至上以人为本规范运作优质高效

服务宗旨：热情周到快速便捷

国元农业保险股份有限公司大事记

2011 年 4 月 28 日，公司召开二届五次董事会。

2011 年 4 月 8 日，公司召开二届四次董事会。

2011 年 3 月 15 日，公司荣获"全省金融工作最佳贡献奖(一等奖)"和"2010 年度全省金融创新工作先进单位"荣誉称号。

2011 年 3 月 13 日，公司召开 2011 年度股东大会。

2011 年 3 月 12 日，公司召开二届三次董事会、二届三次监事会。

2010 年 9 月 26 日，公司召开二届二次董事会暨二届二次监事会。

2010年4月16日，公司荣获“最佳贡献奖（一等奖）”和“2009年度安徽省金融产品创新先进单位”荣誉称号。

2010年3月29日，公司召开2010年度股东大会暨二届一次董事会、二届一次监事会。

2010年2月11日，公司增加注册资本正式获中国保监会批准。

2010年1月16日，公司召开一届七次董事会暨2010年临时股东大会。

2009年10月28日，阜阳中心支公司正式开业。

2009年10月25日，公司召开政策性农业保险工作会议。

2009年10月22日，黄山中心支公司正式开业。

2009年10月20日，池州中心支公司正式开业。

2009年9月4日，公司召开秋季作物承保总结及商业保险推动大会。

国元农业保险股份有限公司经营范围

国元保险以服务“三农”为重点，实行农业保险业务和财产保险业务并存发展的模式。经营范围不仅包括“种植业保险”、“养殖业保险”、“农房保险”、“农民工意外伤害保险”、“森林火灾保险”等农业保险业务，还包括财产损失保险、责任保险、法定责任保险、信用保险和保证保险、短期健康保险和意外伤害保险，以及上述保险业务的再保险等财产保险业务。

官方网站：http://www.gynybx.com.cn/sinocms/index.html

客服电话：96999

海尔纽约人寿保险有限公司

海尔纽约人寿保险有限公司是由海尔集团旗下的青岛海尔投资发展有限公司和美国纽约人寿保险公司共同出资设立的一家合资寿险公司，经中国保险监督管理委员会批准，于2002年11月28日正式成立，注册资本现为人民币3亿元，总部设在上海，专门为社会大众提供各类人寿保险、健康保险和人身意外伤害保险等产品。至2005年底，海尔纽约人寿共有员工330余人，代理人近1400人。

海尔纽约人寿公司核心：

海尔纽约人寿坚持以职业代理人渠道为核心，电话行销、银行保险等多元化营销渠道并举的保险销售模式。公司继承了纽约人寿已经延用了160多年的、并不断完善的、专业化的经营管理模式和培训技能，在代理人的招聘、培训和管理上有一套成熟而完善的系统。对代理人的要求除买保险也是一种投资需拥有高学历，更需要有良好的综合素质。海尔纽约人寿主张“代理人的主要任务不是推销产品，而是发现客户真正的需求”。因此，代理人进入公司后将接受纽约人寿成效卓着的“黄金系统”的培训，代理人不仅对产品熟悉，还具备了家庭理财、金融和税务等方面的综合知识，能够用财务需求分析系统”全面了解客户的财务情况，并为之提供符合需求的产品和服务。经过几年的发展，海尔纽约人寿高素质、服务专业的代理人队伍在各地市场上赢得了“学院派”代理人的美誉。

海尔纽约人寿公司服务：

银行保险在公司多渠道营销中占有相当重要的位置。客户可以在相关银行网点，根据自己的需求，结合理财计划，填妥投保单，即可轻松享受到海尔纽约人寿为其提供的保障服务。

而电话行销开始于2004年2月，近年来发展迅速。客户只需一个电话，便可以联络到海尔纽约人寿的电话行销专员。电话行销专员将根据客户的需求，为客户提供专业细致的保障设计，客户也可以选择传真投保，或者由专人上门服务。因此，电话行销业务也日益受到客户的青睐。

海尔纽约人寿产品开发：

在产品开发方面，海尔纽约人寿始终紧随市场主流，针对不同人群的不同需要，不断努力地开发新产品。从最初单一的保障型产品，到后来方便理财的两全保险、储蓄保障两用的终身寿险、满足退休需求的年金产品，再到2006年刚推出的“财溢人生终身寿险（万能型）”产品，目前公司在售的个险产品总数已超过30个，产品体系日益完善。

公司于2005年获得团险业务经营许可后，海尔纽约人寿已经初步建立起基础的团险短险产品线，现有团体交通意外伤害保险等8款团险产品，而这些产品在青岛市场已开始销售。

官方网站：www.haierinsurance.cn

客服电话：400－820－5882

海康人寿保险有限公司

海康人寿保险有限公司由荷兰全球人寿保险集团与中国海洋石油总公司2002年5月各出资50%组建，2003年5月正式获得营业执照，在中国开展寿险业务。海康保险总部位于上海，目前注册资本为13.5亿元人民币，迄今已在北京、江苏和山东、浙江、天津、广东、青岛、河北建立了省级分公司。在未来的几年内，海康保险将继续以均衡稳健发展的步伐，在全国范围内陆续设立分公司，将专业、优质、全面的保险服务带给全国的民众。

海康人寿发展与未来：

海康人寿保险自开业以来，秉承专业、诚信、开创的经营理念，在业务发展、产品开发和团队建设等方面取得了一定的成绩，业务稳步上升，保费收入实现稳定增长。展望未来，海康保险将继续秉承发展的观念、创新的理念，稳健经营。一方面大力进行产品创新，另一方面积极进行分公司的开拓，在做大做强的同时，不忘自己的社会责任，从而将更优质、更完善的服务提供给全国人民。

海康人寿社会责任：

海康保险在快速稳健发展的同时，仍将回报社会时刻铭记在心。2007年9月，海康保险与中国红十字基金会合作，正式启动了“海康保险博爱卫生站援助计划”，在严重缺乏医疗设备的贫困地区捐建卫生站，为中国农村医疗事业的发展尽一份力，以实际行动传递出保险行业“爱与关怀”的宗旨。此前，海康保险还于清华大学设立了100万美元的教育基金，用作学生奖学金，教师培训，调研经费及其他保险相关活动，同时还在上海交通大学设立海康人寿奖学金。

2003国内非典流行的时候，海康保险积极推出了保障型的银保产品；为了配合保监会发展健康险的号召，又在全国独家推出了可单独购买的终身型医疗保险（PHI）。作为一家刚开业两年的保险公司，这充分反映了海康保险的产品开发能力和对市场需求的理解。

海康人寿企业荣誉：

2007年1月，海康保险在2006年度“网络中国·消费品牌及影响力”监测中获得“保险行业活跃度及影响力十强”。

2007年6月，《解放日报》举办的第二届上海最佳保险服务公司的评选中，海康保险再次荣膺年度“优秀服务保险公司”之一。

2007 年 6 月，由《新闻晚报》主办的"爱无限"第三届保险产品博览会，海康银保渠道的"金如意"投资连接保险获得"最佳市场表现奖"，与此同时，还有多名代理人、理财规划师等海康员工分获"优秀代理人"、"优秀理财规划师"以及"服务明星"的奖项和称号。

2007 年 6 月，海康保险三度蝉联 LOMA 国际寿险管理协会颁布的"杰出教育奖"。

2007 年 11 月，第五届上海理财博览会中，海康的"金如意"投资连结险荣获最受欢迎理财产品奖。

官方网站：www. aegon - cnooc. com

客服电话：95105768

合众人寿保险股份有限公司

合众人寿保险股份有限公司是经中国保险监督管理委员会批准的一家综合性人寿保险公司。企业性质为全国性、股份制寿险公司。作为综合性人寿保险公司，公司可经营一切人身险险种（含各种法定保险）。合众人寿率行业之先提出了"合众保险，理赔不难"的服务举措，为其在行业内外赢得了广泛赞誉。

合众人寿企业文化

合众人寿以中国传统思想的精髓"和合"文化为企业理念的基石，以"和合各方利益，实现多赢共好"为核心价值理念，倡导一种简单和谐、共同分享的企业文化。"和合"文化用人与自然和谐相处的理念化解人世间的风险，用今天的积善求和应对明天的变化，通过合众人寿数万员工的共同努力，最终达到和睦共生、和谐共事、和美共荣、"司和万事兴"的完美境界。

合众人寿产品与服务

合众人寿自众成立之日起，就逐步建立了一套完善、规范的治理结构和决策机制，有效实现和所有权和经营权的分离，为公司高速发展，高效成长、科学民主决策奠定了良好的基础。合众人寿分别成立了合规、保险、产品、投资、风险管理等各项专业委员会，建立了系统的经营会议制度和沟通体系。通过良好的企业文化和完善的管理制度，公司逐渐形成了"民主、和谐、通畅、平等、开放、包容"的良好局面。

合众人寿致力于为社会大众提供人文关怀的寿险产品和服务。公司开发了一整套完备的产品体系，覆盖传统的长期寿险、分红保险、重大疾病保险和短期险产品等种类。合众人寿拥有业内领先的集中后援运营系统，公司每一份保单可以在 24 小时内经总部核保，充分保障了客户的权益。在积极的探索和实践中，合众人寿提出"理赔不难"口号，推出了"延滞付利息"等全国首创理赔六大特色服务，在产品和服务上创造了多项业内纪录。

合众人寿人才理念

合众人寿秉承"投资于人"的理念，将员工视为公司最重要的资源和最宝贵的财富，为员工提供具有竞争优势的薪酬福利待遇与学习培训机会，努力营造良好的人才成长环境，使合众人寿成为引才、纳才、聚才、留才之地。公司通过明晰的企业战略、明确的发展目标、宽松和谐的工作氛围、奖惩分明的工作制度，全面激发员工的最大潜能，实现个人与公司事业的双重成功。

合众人寿企业愿景：

通过公司全体员工的努力拼搏，相信在不久的将来，随着中国金融保险业的快速发展，合众人寿也必将达成自己的愿景：成为一流的综合金融企业集团。

官方网站：www. unionlife. com. cn

客服电话：95515

恒安标准人寿保险公司

恒安标准人寿保险公司成立于 2003 年 12 月 1 日，在国内首创职员制销售模式。公司坚持立足天津、辐射全国的发展战略，目前已经在天津、北京、江苏、山东等省市开展业务。"职员制"理财顾问营销模式、精湛的产品研发技术以及公正、公平、注重解决实际问题的公司文化是恒安标准人寿核心战略优势。恒安标准人寿利用英国标准人寿在寿险领域的先进经验，结合中国市场的特点，积极开发新型保险产品。"职员制"的专业理财顾问以客户需求为导向，根据客户的实际需求，依据客户的家庭情况、资产状况、收入水平、及社会发展等诸多因素协助客户确定合理的生活方式与财务安排，其中包括健康规划、保障规划、子女教育规划、养老规划、储蓄规划。

恒安标准人寿在推进战略发展的进程中，始终怀有建设品牌价值与实现社会认同的愿景。公司确立了"始于自律、合于知行、成于同心"的品牌价值观，并明确提出"生活比生存更广阔"的品牌主张，希望能够明确的引导公众对生活的思索，完善他们的做事准则，期待对其生活态度的转变与进步有所贡献。

恒安标准人寿公司特色：

"职员制"营销模式

恒安标准人寿自成立之日起，在国内首推"职员制"的营销模式，建立了一支高素质的销售队伍。"职员制"是一套吸引、发掘、培养、留存专业销售人才的系统，其目标是培养职业理财规划师。他们专业、高素质、高产能，真正贯彻"以客户需求为导向"的经营理念，能够为客户提供有价值和值得信赖的服务。

物有所值的产品

恒安标准人寿的产品开发以客户需求为导向，传承标准人寿传统的强大精算实力，运用国际上先进的风险管理和投资运营技术并结合对中国市场的深入理解，为中国消费者打造物有所值、量身定做的保险产品。

细致无忧的服务

每一张保单的签订都被视为一种长久关系的建立，无论十年、二十年还是更长的时间，客户服务部都将珍视与每一位客户的合作，并把客户的需要作为思考问题的核心。

源于英国的培训体系

恒安标准人寿非常重视借鉴英国标准人寿丰富的培训经验，由英国标准资深培训专家亲自开发教学资料，保证以客户需求为导向的专业理念得到良好贯彻。我们的目标是培养、塑造符合财务规划职业定位的专业人才，因此非常注重培训的全面性和长期性，除了介绍公司的产品及其功能之外，还设有有关投资理财知识以及宏观经济形势和政策方面的课程，循序渐进地提高理财年顾问的知识和技能。

恒安标准人寿公司产品：

恒安标准人寿传承了标准人寿在英国及其它国家的市场经验，运用国际上先进的风险管理和投资运营技术并结合对中国市场的深入理解，积极创新中国的寿险产品，使中国的消费者得以与欧洲消费者共享成熟的保险理财计划。

官方网站：www. hengansl. com

客服电话：400 - 818 - 8699

华安财产保险股份有限公司

华安财产保险股份有限公司（以下简称“华安保险”）是经中国人民银行批准，于1996年10月18日正式创立的一家专业性保险公司，总部设于深圳，主要经营各种财产险、责任险、信用保证险、农业险、意外伤害险和短期健康险业务。

华安财产保险股份有限公司企业文化

企业理念：责任 、专业、奋进

“责任、专业、奋进”，不仅是华安经营恪守的最高理念，同时也是华安人的人格体现。

责任，是彼此间的相互信任以及“心忧天下”的胸怀；

专业是华安的发展之本、创新之举；

奋进是要敢于否定自我、超越自我。以人为本的管理，让华安大家庭美满温馨；人性化的服务，让华安客户倍感温暖。

华安财产保险股份有限公司2011年大事记

2011年1月，在2010年度中金在线财经排行榜评选活动中，华安保险获“2010年度理赔服务最佳保险公司”称号。

2011年1月12日，2010年度深圳金融创新奖名单揭晓，华安保险“国家助学贷款信用保险”获2010年度深圳金融创新奖优秀奖。

2011年3月，华安保险参加招商银行信用卡中心2011年度旅行综合保险项目招标，赢得四项目中的三项，加强了与招商银行的合作。

2011年3月29日，华安保险与民生银行深圳分行正式签订银企战略合作协议。

2011年4月25日，华安保险五届十次董事会、2010年度股东大会、五届六次监事会在深圳召开，公司新战略投资者海航集团首次参与公司高层决策会议。

2011年4月26日，华安保险组织“拳拳华安心，点滴奉献情，助力大运，深圳有我”无偿献血活动。

2011年4月22日，华安保险总公司团委、电话中心团委获深圳市新经济和新社会组织团工委“先进基层团组织”荣誉称号。

2011年4月1日，华安保险成功承保四川“十二五”计划重点建设项目，成都市第二绕城高速公路（西段）项目建筑工程团体人身意外伤害险。

2011年5月19日，“中国保险学会2011年学术年会”在上海召开，在“中国保险学会第三届保险优秀成果”获奖名单中，华安保险董事长李光荣撰写的专著《中国金融风险经济安全论纲》荣获二等奖。

2011年6月，华安保险向参加第四届全国残疾人职业技能竞赛的黑龙江选手免费赠送共计145万元的团体人身意外伤害保险。

2011年6月30日，我司获得由深圳市委表彰的“深圳市先进基层党组织”称号。

2011年7月21日至24日，华安保险在深圳隆重召开半年工作会议，深入交流学贷险、优秀三级机构发展经验。

2011年7月29日，海航集团董事局董事长陈峰举办海航企业文化专题讲座，与华安人分享海航集团的企业文化和成长故事。

2011年8月，华安保险参与承保巴基斯坦1R通信卫星（Paksat－1R）发射加在轨保险项目共保。

官方网站：http://www.sinosafe.com.cn/

客服电话：95556

华农财产保险股份有限公司

华农财产保险股份有限公司（英文全称China Huanong Property & Casualty Insurance Co.，Ltd.）是由中国保监会批准，于2006年1月注册成立的一家全国性财产保险公司，总部设在北京，成立时注册资本金为2.1亿元人民币。2009年1月24日，经保监会批准注册资本金增至5亿元人民币。

公司由国务院国有资产管理委员会直接管理的中国农业发展集团总公司组织发起设立，经营范围为财产保险业务，包括财产损失保险、责任保险、农业保险、信用保险等；经保监会核准的短期健康险和意外伤害险业务；以及上述业务的再保险业务。

华农财产保险公司企业文化

（1）谋大事、创位势、成大业的大公司原则。每一名华农公司的员工都要有为实现公司愿景目标做贡献，并在公司愿景目标的实现过程当中成就自身事业的志向。

（2）有权威、顾大局、和谐有序的团队原则。要在公司内部树立讲谦、讲谅、讲严、讲服从讲风格的大局观。只有这样，才有可能营造一个上下有序、和谐团结的工作氛围。

（3）给机会、给舞台、以人为本的用人原则。不拘一格“营造成长空间”，用人不论资排辈，为每一名员工创造发展机会。

（4）鼓励探索、允许失败、敢为人先的创新原则。公司提倡创新，鼓励试验，允许失败，敢为人先。

（5）大事着眼、小事着手、精益求精的敬业原则。从哲学角度讲，“十全十美是上天的尺度，追求十全十美是人间的尺度”，对一个追求卓越、敬业的人来说，是要有追求十全十美精神的。

（6）强调做人，先做“人”、后成事的品德原则。诚信是保险企业的生命线，只有“诚信天下”，才能“通行四海”，才能实现公司的愿景目标。

华农财产保险公司公司管理

公司坚持以价值创造为核心，合理平衡“当期价值、行业价值与发展价值”三者的关系，牢固树立“效益、创新、控制、可持续”四项经营意识，始终坚持“效益为先”的经营理念，将公司建成“特色明显、主业突出、业绩优良、队伍精干”的专业化财产保险公司。

（1）通过体制机制建设，建立和完善现代法人治理结构；

（2）实施全面计划管理，实现管理的全面性和全过程性；

（3）强化风险控制手段，建立完善的合规及内控体系；

（4）建立以综合成本率为核心的KPI指标体系，凸显绩效考核的奖优罚劣机制；

（5）围绕公司发展战略，快速推进公司整体信息化建设，将信息系统打造成为公司的价值中心、驱动中心、资源中心和风险控制中心；

（6）加强人才队伍建设，建立“选好人，用好人，留住人”的人才机制；

（7）努力打造和传播具有华农特质的企业文化，精心培育全体员工的人生观、价值观、思想品德和行为规范；

（8）加强党的领导，以组织建设、思想建设和作风建设为重点，使公司党建工作不断迈上新台阶。

官方网站：http://www.chinahuanong.com.cn/

客服电话：95105535

华泰人寿保险股份有限公司

华泰人寿保险股份有限公司（简称“华泰人寿”）是一家由国内外实力雄厚的金融保险集团和知名企业发起设立的全国性寿险公司，股东投入资金超过20亿元。公司于2005年正式开业，总部设在北京，目前已经在北京、浙江、四川、江苏、山东、上海、河南、福建、湖南、广东（筹）等省市开设了两百余家分支机构和营业网点。

华泰人寿股东成员

华泰人寿的主要股东华泰财产保险公司，是国内唯一一家自成立以来连续十余年实现盈利和分红的保险公司；另一主要股东美国ACE（安达）集团，是世界著名的金融保险集团，是全球最大的财产险、责任险及再保险公司之一，2008年被《福布斯》杂志评为130家全球业绩最佳企业之一。

华泰人寿是华泰保险集团化组织框架内的重要成员。在“做好财险，做大寿险，做强资产管理”的集团战略下，公司遵循“规范管理、稳健经营、创新发展”的经营指导方针，依托华泰财险的市场资源和管理经验，借助华泰资产管理公司业内领先的理财经验和能力，利用美国ACE集团的全面技术支持，依据“以正合，以奇胜”的战略指引，实现了健康、平稳和较快的发展。2010年，公司实现保费收入60.6亿元，代理人队伍接近2万人，合作银行网点2600余家，稳居同期成立寿险公司的前列，并于当年被中国企业竞争力年会评选为“2010卓越竞争力成长型保险公司”。

华泰人寿企业文华

华泰人寿的企业文化植根于华泰保险深厚的历史积淀，同时又不断赋予品牌新的生机与活力，在多年发展过程中逐步打造了“开放、进取、参与、包容”的企业文化。同时，公司作为一家具有高度社会责任感的现代企业，一直以成为合格的企业公民为目标而努力。自成立以来，公司在社会教育、健康、灾难救助等多个领域开展了卓有实效的社会公益活动，体现了强烈的社会责任意识。

华泰人寿荣誉

2009年“建设创新型国家杰出企业”。

在中国管理科学研究院主办的“首届建设创新型国家年会”上，摘得“建设创新型国家杰出企业”的荣誉称号。

2008年“年度最佳中资财产保险公司”第一名。

2008年底，华泰在由金融时报社和中国社会科学院金融研究所共同举办，银监会、证监会、保监会推举专家评选的“2008中国最佳金融机构排行榜”中，被评为3家“年度最佳中资财产保险公司”的第一名。

2008年“中国保险行业十大标志性品牌”。

在享有中国企业最高品牌荣誉的第二届中国标志性品牌评选活动中，被评选为“中国保险行业十大标志性品牌”。

2007年“保险业最佳雇主（财险）”。

由搜狐网财经频道主办的“2007搜狐金融理财网络调查报告”，华泰保险荣获“保险业最佳雇主（财险）”奖。

官方网站：www. huatailife. com

客服电话：40060－95509

华夏人寿保险股份有限公司

华夏人寿保险股份有限公司（简称“华夏人寿”）成立于2006年12月，公司是由中国京安信用担保有限公司、天津港（集团）有限公司、天津市高速公路投资建设发展公司等六家大中型企业发起，经中国保险监督管理委员会批准设立的全国性综合人寿保险公司。

华夏人寿主营业务

华夏人寿主营业务包含人寿保险、健康保险和意外伤害保险等人身保险业务以及上述业务的再保险业务，同时开展国家法律法规允许的保险资金运用业务。华夏人寿倾力于产品创新，为用户提供最需要、最贴心的综合保险解决方案，率先在国内引入了“重大疾病二次赔付”，推动了我国重疾险产品的更新换代。

华夏人寿拥有强大的后援系统，尽心保障客户权益，通过全新的信息化建设获取竞争优势。华夏人寿的信息化建设以最适宜发展所需为起点，以流程革新为基础，以信息共享和协同办公为平台，构建专业化、标准化、快速化的信息技术应用体系，为客户响应时间、科学决策能力、风险控制能力等关键环节的提高提供全面、稳定的技术支撑。

华夏人寿飞速发展

华夏人寿在取得飞速发展的同时，饮水思源，回馈社会，积极履行企业公民责任，先后在江苏启动了“华夏栋梁助学计划”、在河南实施了对贫困大学生的资助行动、在北京组织爱心团队向太阳村特殊儿童救助研究中心的孩子们送去了温暖和关怀。华夏人寿是我国首个加入中国志愿者工作委员会并成为企业会员的保险公司，通过与中国志愿者工作委员会的深入合作，致力于汶川孤儿的长期资助，持续关注我国的公益事业，组织和参与各种志愿活动，将“传递爱与责任”的核心价值发扬光大。

华夏人寿作为一家新兴的人寿保险公司，在创新、灵活、积极方面具有天然优势，在经营、管理、业务方面不乏专业素养，华夏人寿全体员工志存高远，以鹰雁文化感召自己，坚持不懈。今天，华夏人寿成为业内最具发展潜力的生力军；未来，华夏人寿将成为具有核心竞争力、深受用户喜爱的优秀保险企业。

愿景：做华人首选的保险服务商

价值观：传递爱与责任

经营理念：诚信为本、创新为先、人文关怀、回馈社会

官方网站：www. hxlife. com

客服电话：4007－000－777

汇丰人寿保险有限公司

汇丰人寿保险有限公司的注册资本为5亿元，总部设于上海。汇丰保险集团（亚太）有限公司主席兼行政总裁汤德信担任董事长，国民信托董事长陈裕广将担任副董事长。汇丰保险亚洲总经理老建荣将担任汇丰人寿的首席执行官，负责统领汇丰在中国内地的人寿保险业务。

依托汇丰丰厚的全球资源以及对本地客户的深刻认知，不断为中国消费者创造出真正符合其需求的优质保险产品与服务。无论您希望实现财富增值还是规避潜在风险，亦或保障生命健康、规划子女教育、尊享幸福晚年。

汇丰人寿愿景：

通过以客为尊的服务和不争的诚信公平美誉，在目标市场中成为客户的首选。

汇丰人寿使命：

为个人客户及其家庭提供保障服务，呵护他们的今天和未来；同时，也为机构客户的资产、责任和员工提供各类保障，

以确保这些机构的持续稳定发展。

汇丰人寿服务理念：

秉持“以客为尊”的服务理念，汇丰人寿致力于对每个细节的更多用心，为每位客户提供更高品质的服务。我们不仅要提供卓越的保险产品，更会深入理解每位客户的生活与情感，与他们共同担当，共同分享，以高质量、特色化服务提升客户的尊享体验。

同时，汇丰人寿更积极投入到构建和谐社会的美好事业之中。通过支持教育环保事业以及组织员工参与社会公益活动，汇丰人寿始终以最佳企业公民的姿态，向社会、向公众、向员工，传达我们对生命的深切厚爱与赞美，与每一位心怀美好生活梦想的客户，并肩携手，共筑璀璨未来！

汇丰人寿雄厚实力：

汇丰保险是全球领先的金融服务机构汇丰集团的重要组成部分之一。汇丰保险拥有200多年的历史，在全球50多个国家和地区，为个人、商业、企业、机构及私人银行等客户提供多种保险产品与服务。我们的管理以高效严谨著称，我们拥有实力雄厚的专业保险团队，同心协力为您提供全面优质保障，确保您可以安枕无忧。

汇丰保险的实力受到了包括标准普尔和 A. M. Best 等国际知名评级机构的充分肯定，这些评级证明了我们雄厚的财政实力，强大而谨慎的管理层以及充足的偿付能力。

官方网站：www. hsbcinsurance. com. cn

客服电话：400－820－8363

嘉禾人寿保险股份有限公司

嘉禾人寿保险股份有限公司是2005年经中国保监会批准，并在国家工商管理总局注册成立的全国性人寿保险公司，由北京中关村科学城建设股份有限公司、联想控股有限公司、重庆国际信托投资公司等六家资金实力雄厚的企业发起组建。公司总部设在北京，主要经营各类人寿保险、健康保险、意外伤害保险等各类人身保险业务；上述业务的再保险业务；国家法律、法规允许的保险资金运用业务以及经中国保监会批准的其他业务。

嘉禾人寿公司规模

嘉禾人寿保险股份有限公司具有雄厚的资本实力，完善的法人治理结构，优秀的管理团队，先进的经营理念，科学的发展战略，良好的运行机制以及健全的规章制度。公司坚持以科学的发展观统揽全局，实施以人才为根本、以市场为导向、以效益为核心、以创新为动力、以专业树品牌的发展战略，坚定地走快速、协调、持续、健康的发展之路。目前，嘉禾人寿已在全国设立了15家省级分公司，并在地市级中心城市设立了132家三、四级机构，服务网络覆盖中国主要经济区域，服务能力得到进一步提升。

嘉禾人寿保险荣誉

嘉禾人寿成立伊始，就把打造“深受客户信赖的保险公司”作为公司愿景，确立了“以服务树品牌”的经营战略。公司竭尽全力为客户提供高效、便捷、周到的服务，让客户投保前有信心、投保后能放心、理赔时能安心，努力成为“最了解客户心理、最能满足客户需求、最能保障客户利益”的保险公司。基于客户至上的服务理念，嘉禾人寿的优质服务得到了社会大众的广泛认可。

2007年，公司荣获由人民日报、消费日报、中国质量信用网联合授予的“消费者信赖的中国质量500强”和“中国十大保险行业质量品牌”荣誉称号，并荣获华夏理财总评榜“保险业最具潜力奖”。

嘉禾人寿服务理念

终生对客户负责，时刻为客户服务。服务水平和质量是公司核心竞争力的一个重要方面，是公司品牌的具体表现。“当今市场竞争，也就是服务的竞争”，嘉禾人寿把为客户服务的标准定为“终生对客户负责，时刻为客户服务”，这与一般意义上的服务宗旨有着本质性的区别。首先，服务时空非常明确，对客户终生负责，即无论保险责任终止与否，无论客观情况如何变化，一诺千金，神圣而庄重；而在具体付诸实施时则落实到只要客户有需要，随时随地提供服务，以向民众提供切实所需的保险产品为当务之急，以为客户提供优质便捷的服务为一切工作的出发点和归宿。其次，这一宗旨还体现了全体员工优秀的服务意识。

嘉禾人寿特别注重培养业务员诚信为人、用心做事的意识，要求他们时时处处为客户着想，以强烈的责任心和使命感为客户提供最诚信、最满意、最及时的服务。这样的服务宗旨看得见、摸得着，既有明明白白的检验标准与尺度，又充满了实实在在的真诚与温馨。

官方网站：www. jiahelife. com

客服电话：4007795581

交银康联人寿保险有限公司

交银康联人寿保险有限公司是交通银行控股的中外合资保险机构，前身为中保康联人寿保险有限公司，成立于2000年6月16日。经中国银行业监督管理委员会和中国保险监督管理委员会同意，并报国务院批准，交通银行于2010年初收购中国人寿保险（集团）公司所持中保康联的全部股份，并于2010年1月28日正式更名为交银康联人寿保险有限公司。目前，公司注册资本2亿元人民币，其中交通银行持股51%，澳洲联邦银行持股49%。公司资本将在近期增至5亿元人民币。

交银康联目前为客户提供各类寿险投资、保障方案和服务，包括分红保险、外汇保险、人寿保险、年金保险、健康保险和意外伤害保险等数十种保险产品。交银康联是中国内地首间由中外两家知名银行强强联手投资的保险公司，旨在创建国内寿险业银保合作的第一品牌。

公司将以责任立业，秉承诚信永恒、稳健致远的经营理念，以内含价值增长为导向，适时构建全国性服务框架，依托交通银行健全的网络、卓越的品牌信誉，不懈开展产品创新和服务创新，努力满足银行渠道和其他方面客户的保险需求，积极服务于和谐社会建设，为人类社会美好的明天持续作出杰出的专业贡献。

交银康联人寿服务范围：

交银康联目前为客户提供各类寿险投资、保障方案和服务，包括分红保险、外汇保险、人寿保险、年金保险、健康保险和意外伤害保险等数十种保险产品。

交银康联是中国内地首间由中外两家知名银行强强联手投资的保险公司，旨在创建国内寿险业银保合作的第一品牌。公司将以责任立业，秉承诚信永恒、稳健致远的经营理念，以内含价值增长为导向，适时构建全国性服务框架，依托交通银行健全的网络、卓越的品牌信誉，不懈开展产品创新和服务创新，努力满足银行渠道和其他方面客户的保险需求，积极服务于和谐社会建设，为人类社会美好的明天持续做出杰出的专业贡献。

交银康联人寿经营范围：

（1）人寿保险、健康保险和意外伤害保险等保险业务。

（2）上述业务的再保险业务。

交银康联人寿经营区域：

在上海市行政辖区内及已设立分公司的省、自治区、直辖市内。

官方网站：www. bocommlife. com

客服电话：4008 – 211 – 211

金盛人寿保险有限公司

金盛人寿保险有限公司是由法国 AXA 安盛集团和中国五矿集团公司两大全球 500 强集团合资组建，是中国第一家中法合资的保险公司，亦是中国保险监督管理委员会成立后批准的首家寿险公司，于 1999 年 6 月在上海正式成立。“承诺发展，贡献中国”是金盛保险不变的信念。依托 AXA 安盛集团与中国五矿集团的雄厚实力，金盛保险以成为“首选公司”为愿景，进入中国市场数年来，始终保持着稳健的发展态势，以上海、广州、北京三个城市为区域中心，业务经营范围已覆盖华东、南方和北方等区域的重要城市，并继续有计划地向全国性保险公司的规模进行拓展。

金盛人寿发展历程：

2009 年，荣获“2009 中国最佳 100 人力资源典范企业”；天津分公司开业；独有的 AXA 安盛“个人理财需求分析”建议模式，在第四届上海优秀服务保险公司评选活动中，获得“最佳客户服务创新奖”；在第三届“金理财”奖评选活动中，金盛保险私人理财中心荣获“最佳理财中心”称号，成为业内唯一一家获此殊荣的理财中心；启动全新品牌形象——“重新定义/引领标准”。

2008 年，在 2008（第二次）全国寿险客户满意度调研结果中，被评为近两年客户满意度提升最大的寿险企业之一；荣获“2008 中国最佳 100 人力资源典范企业”和“人力资源十大单项奖”之“最佳绩效管理典范企业”。

2007 年，上海私人理财中心成立，全方位”在 2006 年度理财产品评选中荣获“最具创新奖”；荣膺“中国杰出雇主 2007（上海地区）”。

2006 年，“全方位”系列荣获“2006 年上海最受欢迎保险产品”称号；广州分公司升级成为广东分公司，营业范围获准扩大至广东全省。

2005 年，荣膺“2005 上海最值得信赖的保险公司”；“盛世佳人”产品荣获“2005 年上海最受欢迎保险产品”称号；北京分公司开业；获准经营团险业务。

2004 年，全面实施多渠道销售策略，银行保险、邮政保险均取得重大突破。

2003 年，全面推行“中国代理人发展蓝图”；广州分公司开业。

2000 年，采用世界领先技术，系统装备一流的客户服务中心正式成立；“盛世佳人”女性保险产品获得上海市妇联“妇女最喜爱产品”称号。

1999 年，正式对外营业。

金盛人寿经营理念：

“以人为本”是金盛保险的整体理念，公司使每一位金盛保险的客户、销售人员和员工的价值得到全面的体现。作为一家朝气蓬勃的寿险公司，金盛保险积极选聘高素质的员工及销售人员，创造有利的工作环境，制定最好的培训计划，注重人才的培育，并鼓励员工参加各项在职培训以提高专业技能及综合素质。

官方网站：www. axa – minmetals. com. cn

客服电话：400 – 670 – 5566

君龙人寿保险有限公司

君龙人寿保险有限公司是由厦门建发集团有限公司和台湾人寿保险股份有限公司共同出资设立，首家总部设在福建省的保险公司。公司充分利用股东资源，不断引入先进的国际寿险管理经验，坚持关怀、专业、效率、进取、创新的核心价值观，勇于拼搏，积极探索，力争成为最值得信赖的保险公司。

君龙人寿经营范围：

产品涵盖寿险、意外险、健康险等各类险种，为各个年龄阶段的客户提供养老、健康、医疗、意外伤害等方面的保障，同时提供收益稳健的分红型保险产品以及灵活运用的万能型保险产品。

君龙人寿公司荣誉：

2011 年

8 月 8 日，“中国保险公司 2010 年度信息披露评估报告”，君龙人寿以满分成绩位居 111 家险企榜首。

7 月 18 日，厦门思明营销服务部负责人赖盈宗获评“两岸四地十佳经理人金圆桌奖”。

3 月 15 日，荣获中国保护消费者基金会“2011 年维护消费者权益——诚信服务满意单位”称号。

2010 年

10 月 31 日，荣获海西理财博览会“最佳低碳金融服务”称号。

5 月 31 日，被《海峡导报社》、厦门诚信促进会授予“最佳诚信服务奖”、“最佳诚信营销奖”。

3 月 31 日，被厦门市评为“2009 年度超 200 万元纳税大户”。

3 月 15 日，荣获中国保护消费者基金会“2010 年重质守信 3·15 放心品牌”称号。

2009 年

4 月 30 日，第四届海峡两岸保生慈济文化节唯一指定保险赞助商。

2008 年

12 月 31 日，被福建电视台评为“展示福建风采推介名优先进最佳单位奖”。

君龙人寿社会责任：

君龙人寿用爱心回报社会，这种爱也渗透于企业的运营行动之中，通过赞助大型赛事活动，或推广民众健康文化，或弘扬中华传统文化，或促进两岸水乳交融，并为重大赛事活动保驾护航。

官方网站：www. kdlins. com. cn

客服电话：400 – 666 – 0123

昆仑健康保险股份有限公司

昆仑健康保险股份有限公司是经中国保险监督管理委员会正式批准，于 2005 年 12 月 29 日成立的专业健康保险公司，总部设在北京。主要经营范围包括：各种人民币和外币健康保险、意外伤害保险业务；与国家医疗保障政策配套、受政府委托的健康保险业务；与健康保险有关的咨询服务、代理、再保险业务以及资金运用等其他业务。

昆仑健康保险经营范围：

各种人民币和外币健康保险、意外伤害保险业务；与国家医疗保障政策配套、受政府委托的健康保险业务；与健康保险有关的咨询服务、代理、再保险业务以及资金运用等其他业务。

昆仑健康保险企业文化：

昆仑健康保险股份有限公司本着“和谐社会，以人为本，人以健康为本，健康以体质为本，体质以‘形神’为本，健康以保障模式为基础”的指导思想，与炎黄东方（北京）健康科技有限公司和炎黄东方（北京）文化传媒发展公司等单位，通力合作，创建了“健康文化为基础、健康管理为核心、健康保险为保障”三位一体的“昆仑－炎黄健康保障模式（KY3H模式）”，通过构筑并运行以“治未病之人”为核心理念的健康产业链，实践和发展中国特色“治未病之人”的健康保障体系。弘扬中华传统健康文化，提高国民健康素质和生命质量，开创个体化、健康为中心的新型健康保险。

昆仑健康保险股份有限公司发挥保险的社会管理、经济补偿和资金融通功能，以“未病之人”的健康状态为标的，根据传统医学“治未病”的理论和积淀，融合现代医学和现代科技成果，运用体质辨识等技术，更加准确精细地评估风险，实施“因体施保”，为客户提供更为全面、更具个性化的健康管理服务和保险保障。形成“未病先防，既病早治、已病防变”的健康保障前移的经营特色。

昆仑健康保险发展简史：

作为中国现有四大健康保险公司之一，昆仑健康保险股份有限公司于2005年12月成立，总部设于北京，于2009年5月与优保网达成战略合作协议，双方合作的第一批产品将于8月中旬上线。在构建社会主义和谐社会的新时期中，昆仑健康保险股份有限公司与合作伙伴携手共进，以前瞻性的创新思维、精湛的业务技能、高尚的职业操守，呵护“未病之人”的健康，信守保险契约的承诺，为加快民族健康保险事业的发展而努力奋斗！

美国友邦保险有限公司

美国友邦保险有限公司（简称“AIA”）是美国国际集团（AIG）的全资附属公司，自1931年在上海创立以来，已服务亚洲地区的广大客户七十多年之久。友邦保险总部设于香港特别行政区，其分支公司及联营公司遍及中国大陆（包括上海、广州、佛山、深圳、北京、苏州、东莞、江门）、澳门特别行政区、台湾地区以及澳大利亚、文莱、关岛、印度、印度尼西亚、日本、韩国、马来西亚、新西兰、菲律宾、新加坡、泰国及越南等地。

友邦保险为亚洲领先的人寿保险公司，服务于全球最具活力地区长达90年。友邦保险为客户与企业提供人寿保险、退休计划、健康意外险和理财等产品及服务。公司在14个国家和地区拥有25万名专注的营销员与2万名值得信赖的员工，客户数量逾2000万。

友邦保险在中国的发展：

友邦保险集团在中国大陆的发展始于1992年，是当年第一家获准在中国经营保险业务的外资保险公司，并于同年在上海设立友邦保险上海分公司。目前，友邦保险在中国大陆的业务范围已经扩展到北京市、广东省、江苏省、深圳市。作为第一家将寿险营销员制度引进国内的保险公司，友邦保险一直致力于建立一支专业的保险营销员队伍，并通过多元化销售渠道，为客户提供一系列人寿保险、意外伤害保险和健康保险的产品和服务。

友邦保险企业风采：

作为一家起源于中国，与中国有着数十载渊源的跨国公司，以及改革开放后第一家获准在中国开展业务 的外资保险公司，友邦保险始终怀着念兹在兹的心情，积极承担社会责任，为当地社会的教育、医疗 事业的发展贡献力量。

友邦保险发展公益事业：

自1994年以来，友邦保险先后与复旦大学、中山大学、中国科技大学及北京大学等四所国内著名高校共同成立了友邦—复旦精算中心、友邦—中大精算中心、友邦—科大精算中心及友邦—北大精算中心，旨在帮助中国学生参加北美精算协会的专业考试，促进中国寿险业的发展；除此之外，友邦保险上海分公司曾向复旦大学、上海交通大学、上海财经大学、华东师范大学、上海金融高等专科学校等高校金融专业的优秀学生颁发奖学金。

友邦保险上海分公司和深圳分公司积极投入无偿献血事业，曾捐款人民币105万元（约12.6万美元）在上海和深圳两地购置采血车及捐血采骨髓基因信息空调大巴。2001年，友邦保险获得由国家卫生部、中国红十字会及总后勤部卫生部共同颁发的“全国无偿献血促进奖”。

友邦保险荣获“最佳企业公民”：

2004年，《环球企业家》杂志公布了2003年度“最佳企业公民”评选活动的结果，友邦保险作为唯一一家保险企业获此殊荣，并位列11家获选公司榜首。此次评选是由《环球企业家》杂志联合商务部跨国公司研究中心首次针对在华跨国公司所进行的，旨在表彰那些在华积极拓展业务的同时，能迅速融入中国社会，回馈社会，从而成为当地优秀企业公民的跨国公司。

官方网站：http://www.aia.com.cn/zh/

客服电话：800－8203－588

美亚财产保险有限公司

美亚财产保险有限公司（简称“美亚保险”）是Chartis保险集团旗下在中国经营财产责任险保险的独资子公司，目前在北京市、上海市、广东省和深圳市设有分支机构。Chartis保险集团是国际领先的财产责任及非寿险保险机构，向分布在160多个国家和地区的超过4500万客户提供保险服务。Chartis的历史长达90年，在全球范围内经营财产保险、责任保险、短期意外健康保险等非人寿险业务，总部设于美国纽约市。

Chartis的服务网络遍及北美、欧洲、拉美、非洲、澳纽、东北亚、东南亚、中国大陆地区、中国香港特别行政区、中国台湾地区等，为各种规模的商业机构、家庭及个人提供包括财产保险、货物运输保险及责任保险、健康意外险等全方位的服务。

美亚财产保险公司经营业务

美亚财产保险股份有限公司是Chartis保险集团旗下在中国经营财产责任险保险的独资子公司，目前在北京市、上海市、广东省和深圳市设有分支机构。在经营业务许可范围内，美亚财险主要经营财产险，责任险，短期人身意外险等险种。

AIU凭借“核保严谨、产品创新”的经营理念在市场上始终保持着竞争优势，长期以来保持领先地位、并不断发展壮大。1992年，成为第一家在上海获准经营财产保险业务的外资保险企业；1995年，AIU旗下的美亚保险公司（简称“美亚保险”）获准成立广州分公司；1999年，美亚保险先后获准成立佛山支公司及深圳分公司。2004年，美亚保险在中国的所有分支公司均已根据中国加入世界贸易组织的协定，获准向本地所有企业及消费者提供财产及意外险服务。2006 年,美亚保险广州分公司获中国保监会的批复,可在广东省全省范围内开展业务。

美亚财产保险公司特色

全球化的网络

美国国际集团目前在全世界 140 多个国家和地区设立了超过 600 家的分支机构,深圳美亚保险是目前深圳地区唯一获准执业的全球性外资保险。

丰富的保险经验

作为美国最大的工商业保险和具有世界领导地位的保险及金融服务组织,凭借雄厚的实力和严谨负责的作风,美国国际集团赢得了世界各地客户的信赖,累积八十年丰富的保险经验,美亚保险几乎可为您提供任何方面的保险服务。

免费的防损工程服务

在美亚保险我们拥有专业的防损工程师,为客户的防损工作提出建设性意见,努力作到使客户减少损失,在增强生产能力的同时减少客户保险费用的支出。防损工程师不但协助客户制定其可以独立对待的风险管理方案,还帮助客户建立安全生产和紧急施救方面的自我检查机制,对其职员实施培训计划。

官方网站:http://www.chartisinsurance.com.cn/

客服电话:400-820-8858

民生人寿保险股份有限公司

民生人寿保险股份有限公司成立于 2002 年,是经中国保险监督管理委员会批准成立、国家工商行政管理总局注册登记的中国第一家以民营资本为投资主体的全国性专业人身保险公司,是由中国保险监督管理委员会直接管理的七家全国性保险公司之一。公司总部设在北京。

截至 2008 年底,公司已先后在北京、上海、江苏、浙江、河北、山东、辽宁、四川、河南、福建、湖南、湖北、江西、黑龙江、安徽、陕西、山西和广西等 18 家省分公司,116 家地市级中心支公司,341 家营销服务部(支公司),并正在筹备多家省分公司、中心支公司和支公司。

经中国保险监督管理委员会批准,民生人寿保险股份有限公司的业务经营范围包括人寿保险、健康保险、意外伤害保险、上述保险业务的再保险业务和资金运用业务。险种包括:个人和团体意外伤害保险、两全保险、定期寿险、终身寿险、年金保险、短期健康保险及长期健康保险等。

民生人寿保险公司发展

民生人寿保险股份有限公司由全国工商联牵头、21 家企业发起设立,注册资本金为 8.3 亿元人民币。后经中国保险监督管理委员会批准,吸收新加坡亚洲联合控股有限公司参股,现有股东 22 家,公司实收资本金为 8.73 亿元人民币。公司的主要股东有:万向集团公司、中国泛海控股有限公司、中国有色金属建设股份有限公司、山西海鑫钢铁集团有限公司、江西汇仁集团医药科研营销有限公司、东方希望集团有限公司、四川新希望农业股份有限公司、北京电信经济技术开发公司、新加坡亚洲联合控股有限公司等。

民生人寿保险企业荣誉

民生人寿保险股份有限公司是中国经济发展和金融市场开放的产物,极具生命力的资本主体和全新的运营机制为公司的长远发展奠定了坚实的基础。公司秉承"民生人寿保民生"的经营理念和"客户价值最大化、股东价值最大化、公司价值最大化"的价值取向,面向民众 、服务民生。公司将充分发挥体制优越、机制灵活、务实高效的优势,把民生人寿建设成为产品优异、服务优良的一流保险企业。公司曾荣获"中国十佳保险品牌"、"最具发展潜力保险公司"、"城市生活贡献奖"、"最佳内资寿险品牌"、"保险业最佳雇主"等荣誉称号。截至 2008 年底,民生人寿总资产已超过百亿,达到 110 亿元,市场份额跻身全国寿险主体前十位。

民生人寿产品与服务

经中国保险监督管理委员会批准,民生人寿保险股份有限公司的业务经营范围包括人寿保险、健康保险、意外伤害保险、上述保险业务的再保险业务和资金运用业务。险种包括:个人和团体意外伤害保险、两全保险、定期寿险、终身寿险、年金保险、短期健康保险及长期健康保险。

官方网站:www.minshenglife.com

客服电话:95596

瑞泰人寿保险有限公司

瑞泰人寿保险有限公司成立于 2004 年 1 月,是第一家总部设在北京的合资寿险公司,投资方为英国耆卫集团旗下的瑞典斯堪的亚公共保险有限公司和中国国电集团旗下的国电资本控股有限公司。注册资本金 6.2 亿元人民币,双方各持 50% 股权。瑞泰人寿依托中外方股东雄厚的实力和国际化管理经验,融合市场实践和消费者需求,不断推出为中国客户量身订做的保险理财一体化解决方案和提供高品质的服务,致力于成为中国金融市场长期投资理财解决方案的领导者。目前瑞泰人寿在上海、江苏、广东、浙江、重庆拥有分公司,并在深圳和无锡设有营销服务部。

瑞泰人寿公司发展:

秉承中外股东的雄厚优势 ,瑞泰人寿立求为中国客户度身定做符合其财务需求的理财方案,并希望通过公司精心研发的产品和高品质的服务,帮助人们实现一生的安康富足。

瑞泰人寿十分注重对基金公司与基金经理人的选择和评估、产品开发以及为营销机构和理财顾问提供市场推广和销售支持。我们坚信,凭借其独特的业务理念、丰富的管理经验、全球化的信息资源以及优秀的员工队伍,瑞泰人寿将会为中国长期储蓄投资保险领域的健康发展作出应有贡献!

瑞泰人寿公司愿景:

成为中国长期投资储蓄保险领域的领导者,帮助人们实现一生的安康富足。

瑞泰人寿公司使命:

为客户和合作伙伴提供世界级的创新产品与优质服务。

为股东提供满意的回报。

为员工创造富有挑战和价值提升的机会,使之得以充分发展。

企业精神:激情、创新、奉献、勇气与承诺。

官方网站:www.skandia-bsam.cn

客服电话:400-810-9339

泰康人寿保险股份有限公司

泰康人寿保险股份有限公司成立于 1996 年 8 月 22 日,公司总部设于北京。自成立以来,泰康人寿一直重视公司治理结构的不断完善。全面完成经国务院同意、保监会批准的外资募股工作,建立了国际化的公司治理结构。2010 年底,泰康人寿总资产近3000亿元，净资产超134亿元，偿付能力充足率超170%，当年利润超20亿元。2010年，泰康人寿主动防范风险，深化调整结构，坚持专业化方向和价值管理，实现业务稳健成长，全年保费规模867.65亿元。2009年—2010年，泰康人寿连续两年荣列“中国企业500强”百强企业。

未来，泰康人寿将坚持深耕寿险产业，建立人寿保险、健康保险、企业年金、资产管理和养老社区五大核心业务板块，为广大客户提供“从摇篮到天堂”持续一生的全方位金融保险服务。

泰康人寿经营管理

发展目标：努力把泰康人寿建设成为最具亲和力、最受市场青睐的大型保险金融服务集团。

品牌定位：代表日益成长的工薪白领人群的现代生活观、现代消费观和家庭价值观。

市场定位：融入21世纪大众生活，为日益崛起的工薪白领人群提供高品质的寿险服务。

泰康人寿企业文化

发展愿景：专业化、规范化、国际化经营，吸引、发展、激励和留存杰出人才，未来成为最具亲和力、最受市场青睐、全球领先的大型保险金融服务集团。

使命：融入21世纪大众生活，深耕寿险，致力于为客户提供从“从摇篮到天堂”卓越的保险金融产品和服务，帮助人们安排健康、幸福、美满的新生活。

泰康人寿大事记

2009－2010年首次跻身前中国500强再次入围百强企业，分别荣列“2010中国企业500强”第98名，“中国服务业企业500强”第37名。

2008年1月，泰康人寿荣膺中国财经风云榜“2007年度最受信赖的寿险公司”称号。

2007年11月，泰康人寿爱家理财荣获“最佳理财保险产品”称号。

2006年10月，泰康人寿荣获世界生产力大会“世界市场中国行业十大品牌”，董事长兼首席执行官陈东升荣获“推动中国品牌国际化50人”。

2004－2006年，泰康人寿连续荣登中国企业500强。2003－2006年，泰康人寿连续当选“中国企业信息化500强”。

2004－2005年，泰康人寿荣获“2004中国最值得信赖的寿险公司”和“中国10大最受赞赏保险公司”。

2004年10月，泰康人寿荣获“年度企业文化优秀奖”。

2003年，在国家工商行政管理总局、中华商标协会、中央电视台等共同举办的“第三届中国商标大赛”中，“泰康人寿”注册商标荣获“2002中国十大公众喜爱商标”。

2001年，泰康人寿在保险业内率先采用国际惯例进行信用评级，三年内从AA级跃居AAA－信用等级。

2000年11月，经国务院同意、保监会批准，泰康人寿圆满完成外资募股。

2000年8月，泰康人寿总部入驻位于中华第一街—北京长安街上的泰康人寿大厦。

官方网站：www. taikang. com

客服电话：85522

天安保险股份有限公司

天安保险股份有限公司是中国首家由企业出资组建的股份制商业保险公司，成立于1994年10月，总部设在上海。注册资本人民币21.72亿元。主要经营中国保险监督管理委员会核准的人民币、外币的各种财产保险、责任保险、信用保险、水险、意外伤害保险、健康保险、金融服务保险等业务，办理各种再保险、法定保险和资金运用保险等业务。

公司成立12年来，已从一个区域性中小保险公司迅速成长为全国性的大型现代保险公司，实现了产寿险兼营，奠定了集团化经营的基础，走出了一条“规模、品牌和效益”有机统一、协调发展的内涵式发展之路。

12年来，公司实现了业务规模和机构建设的快速发展。2006年，公司实现保费收入65亿元，连续两年光荣入榜中国企业500强。公司现拥有900家机构和营业网点，机构遍布全国各地。

公司在同行中率先建立起了现代企业制度，实施与国际接轨的经营体制，健全了业务、营销、财务、行政人事四位一体的管理体系，建立完善了“承保人制度”。运用现代化的管理技术和手段，实现了经营管理信息化和网络化。公司还先后通过了ISO9002、ISO9001：2000国际质量体系认证和ISO14001环境管理体系认证。

天安人寿的不断创新

公司不断推出符合市场需求的创新险种，形成了具有天安特色的，有较强市场竞争力的产品体系，并承保了一大批在国内外颇具影响力的重大项目，如上海黄浦江上四座着名大桥、上海地铁、南京长江二桥、江阴长江大桥、天津地铁等重大工程建设项目，参与共保了亚太卫星、中卫1号等航天保险。公司以“客户至上、服务社会、信誉为本、追求卓越”为宗旨，以诚取信，建立起一整套优质、高效的客服体系，赢得了客户的信赖和好评。

天安保险股份有限公司始终以“化险为夷，补天爱人”作为自己的神圣使命，坚持以“更及时、更全面、更专业、更道德的服务，建设中国保险第一品牌”的经营理念，为天安客户提供专业的全程服务和周全完善的风险保障。

天安人寿公司荣誉：

公司入榜2005年中国企业500强

公司荣获2003－2004年度上海市文明单位

公司荣获上海市着名商标

公司荣获“中国企业诚信经营示范单位”称号

公司荣获2005全国企业文化建设工作先进单位

公司荣获“十大行业百佳雇主企业奖”

公司荣获“2005年度最受信赖保险公司”称号

《天安保险》报荣获2005－2006年度全国企业报刊优秀奖（集体）一等奖

公司荣获“2003年度上海市职工最满意企业”称号

ISO9002、ISO14001国际质量认证

2002年6月16日，总公司与南京分公司同时获得由世界上最大的质量认证机构——瑞士SGS公司颁发的ISO9002国际质量认证证书。

官方网站：www. tianan－life. com

客服电话：95505

新华人寿保险股份有限公司

新华人寿保险股份有限公司（简称“新华保险”）成立于1996年9月，总部位于北京市，是一家总资产超过3000亿元，市场占有率位居国内寿险市场前列的大型寿险企业，旗下控股新华资产管理股份有限公司。

2011 年,新华保险在香港联交所和上海证券交易所同步上市,A 股代码为 601336,H 股代码为 01336. HK。

新华保险拥有强大的寿险销售人员队伍及 4 万余名正式员工,全国各级分支机构 1500 多个。迄今已为约 2700 万名个人寿险客户和约 5.7 万名机构客户提供了各类人寿保险、健康保险、人身意外伤害保险及养老保险服务。

2011 年公司实现保险业务收入人民币 948 亿元。

品牌价值

新华保险以强大的实力和服务能力为客户提供全面、优质的风险保障和理财服务,已成为行业领先的、具有较大品牌影响力的寿险公司之一。

多年来,新华保险在"中国企业 500 强"中的排名逐年上升,2010 年名列"中 国企业 500 强"第 82 名,"中国服务业企业 500 强"第 30 名。

在世界品牌实验室(World Brand Lab)主办的世界品牌大会上,新华保险名列"2011 年中国 500 最具价值品牌排行榜"第 110 位,品牌价值超过 98 亿元,比 2010 年增长了 24 亿元,是 2004 年的六倍,并自 2004 年以来连续第八年入围 500 强榜单。

新华保险在全国妇联"母亲水窖"十年表彰大会中荣获全国妇联中国妇女发展基金会颁发的"中国妇女慈善奖"。

在"中国质量万里行 2011 年 315 中国质量消费维权论坛"上,新华保险荣获中国质量万里行促进会颁发的"产品售后(公众公共)服务质量优秀企业"荣誉称号。

在和讯网主办的"2011 年度中国财经风云榜"中,新华保险获得"最受信赖寿险公司"和"中国保险业杰出品牌建设"两项大奖。

在"第四届中国保险文化与品牌创新论坛暨第六届中国保险创新大奖评选"中,新华保险荣获"2011 年度最具竞争力保险品牌"。

销售网络

新华保险建立了几乎覆盖全国各省、市、自治区的机构网络和多元化的销售渠道,致力于为客户提供便捷、优质的寿险服务。

截至 2011 年底,新华保险在全国拥有 34 家省级分公司、223 家地市级中心支公司、1260 家支公司及营销服务部,搭建起了完善的销售和服务网络。

华保险建立和逐步完善了个人代理、电话/网络直销、银行代理等专业和兼业代理,以及保险经纪等多元化的销售渠道,为客户提供方便的保险购买方式。

产品特色

新华保险坚持"以人为本"的产品开发理念,深入了解人生不同阶段的不同保障需求,充分体现"为客户创造价值"的原则,形成了新华保险产品的鲜明特色。"会长大的保险"在客户中深入人心,赢得了广大客户的喜爱和信赖。

针对客户的不同需求,新华保险建立了完善的产品体系,涵盖传统保障型产品和新型人身保险产品,可充分满足各个年龄阶段客户在意外伤害、医疗、养老、子女教育、家庭理财等方面的需求。

新华保险在国内寿险市场率先采用"保额分红"方式,并在此基础上形成了独具特色的分红产品体系。保额分红产品通常采用"年度红利"和"终了红利"双重红利设计,一般情况下,公司使年度红利保持相对平稳,满足客户相对合理的预期,并通过终了红利"以丰补歉",平滑回报。

服务平台

新华保险坚持"以客户为中心",不断完善服务平台建设,为客户提供便捷、温馨的服务体验。

一站式综合服务柜台覆盖公司所有机构网点,"微笑点靓生活"。

95567 全国统一呼叫服务中心可以为全国客户提供全年无休的产品咨询、保单信息查询、投保人信息修改等服务。

新华保险官网 www. newchinalife. com 为全球客户提供在线服务;手机短信通知、慰问服务等电子化服务手段不断完善。

推出专家预约挂号、导医导诊和客户服务节系列活动等附加值服务,使客户感受到新华保险的特别关爱。

快易理赔

新华保险从客户的需求出发,不断提升理赔服务水平,致力于打造更快、更易、更关怀的理赔服务。

3 天平均理赔时间不超过 3 天。

60 分钟 2000 元以下的小额赔付 1 小时内办理完毕。

30 天复杂重大的赔案 30 天之内处理妥当。

为向客户提供更加方便、快捷的理赔服务,新华保险推出了保单一号通、保单无障碍迁移、保全免单服务、保全失单保障、全国通赔、理赔款提前支付、全球化人身风险服务管理方案、理赔星级标准管理模式等一系列创新举措。

风险管控

2011 年,新华保险持续完善风控体系,风控水平显著提升。

"合规经营,打造典范":公司提出致力于打造合规经营典范公司的目标;一年内实现满足 A + H 两地上市合规要求;合规管理逐步由经验管理提升至专业化管理水平。

"三道防线,全面防控":公司建立起"三道防线"内控与风险管理工作机制,第一道防线以从事销售和服务的各业务部门和分支机构为主;第二道防线以风险管控职能部门为主;第三道防线以审计监督部门为主。

"严格考核,一票否决":公司建立起将风险管控效果与机构建设及负责人绩效考核相结合的管理制度,对发生重大违规事项的机构及其负责人实行"一票否决",各级管理人员的风险责任意识明显提升。

人才队伍

新华保险倡导"海纳百川,兼容并包"、"唯德才兼备者为用"的用人理念,凝聚了一支优秀的管理团队,培育了一支强大、专业的销售队伍,这是新华保险实现提升和超越的原动力,也是新华保险所拥有的不可比拟的优势。新华保险通过交响音乐会、高峰会、明星俱乐部、内报内刊等形式,为各类人才发挥自己的聪明才智创造了良好的工作氛围。

社会责任

新华保险坚守"以人为本,客户至上"的经营理念,致力于打造最优秀的企业,追求商业价值、社会价值最大化,自觉履行社会责任,积极投入公益慈善事业,为促进社会的和谐进步和改善人们生活质量做出了不懈的努力。

稳健经营,创新发展,成为国内具有领先优势的寿险公司之一。

关注经济民生,努力创造社会财富,发挥经济补偿功能,在社会保障制度改革中发挥积极作用。

持续致力于公益慈善事业,广泛参与捐资助学、扶危济困、健康医疗、环境保护、体育事业等公益慈善项目,为改善民生、建设和谐社会做出了积极的贡献。

1000 万元:2006 年以来,新华保险向甘肃、内蒙等严重缺水地区捐款 1000 万元,建设 1 万口"母亲水窖",受益户数为

11333户，受益人口达53421人。

100所：2007年在四川省16个地市捐资兴建100所“新华保险——四川留守学生之家”，关爱农民工“留守”在家的孩子。

35亿元：2008年，在南方雨雪冰冻灾害和“5·12”汶川地震中，新华保险均第一时间行动起来，寻找客户，主动理赔，以各种方式举全公司之力抗灾救灾。在汶川地震中，公司和员工捐款1500多万元用于救灾和灾后重建，为赴灾区救援的13000多名消防官兵赠送总保额35亿元的意外伤害保险。

600万元：2010年，在青海玉树7.1级地震中，新华保险快速反应，发起“一个不能少”寻找灾区客户行动，公司和员工向灾区捐款超过600万元。

500万元：2011年，新华保险对中国妇女发展基金会捐赠500万元，用于维护女性权益，保障女性健康，促进女性就业，以提升女性生活水平，维护家庭幸福，促进社会和谐。

信泰人寿保险股份有限公司

信泰人寿保险股份有限公司是经中国保险监督管理委员会批准，于2007年5月18日注册登记的全国性寿险公司，注册资本达6.55亿元。公司总部设于浙江杭州，可经营一切人身险险种（含各种法定保险）。目前已开设浙江、江苏、北京、河北、福建、河南、山东和黑龙江等8家分公司，下辖34家三级机构和112家四级机构。信泰人寿股东由实力雄厚的大型国有企业以及国内著名民营企业组成，其法人治理结构合理、规范，符合现代企业制度的要求。

信泰人寿始终关注我国经济和社会生活的重大变化，围绕城乡居民的消费习惯和保险需求，积极开发和销售风险保障型、长期储蓄型产品，坚持内涵价值发展，优化业务结构，大力发展核心业务，有效提升业务质量，保证公司的稳健运作和持续发展，不断为客户提供符合自身需求的保险理财服务，为代理人提供具有良好发展空间的工作机会。

信泰人寿公益事业：

君欲取之，必先予之。作为一名年轻的企业公民，在创业之初，信泰就努力践行公民之职责，将公益事业作为对社会最大的回馈，获得了广泛的公众认同和社会赞誉。信泰为北京奥运会加油！2008年3月2日，向参加北京奥运集训的全体浙江籍运动员和教练赠送总保额1.16亿的团体意外伤害保险。

信泰全面支持体育事业！2008年3月2日，向杭城首场高水平国际性赛事——中国女排对决世界劲旅古巴女排奥运热身赛的全体现场观众赠送总保额1.6亿元的人身意外伤害保险。

信泰为四川加油！截至2008年5月19日，累计向“5·12”四川省阿坝州汶川县地震灾区自发捐款超过23万元，所捐款项第一时间送抵红十字会。

信泰向台湾人民雪中送炭！2009年8月，台湾同胞深受台风“莫拉克”重创，8月19日，信泰捐款5万元，拳拳爱心，暖暖情义向灾区。

信泰人寿最终目标：

做稳健于世的百年金融控股蓝筹

稳健于世：以稳健的步伐向世界级迈进

百年：立志做“百年老店”

金控：金融保险控股集团模式

蓝筹：立志做最好的上市公司

信泰人寿企业使命：

为员工创造人生价值

为客户创造人生保障

为股东创造资本回报

为社会创造和谐安定

官方网站：www. sinatay. com

客服电话：400－600－8890

正德人寿保险股份有限公司

正德人寿保险股份有限公司是由中国保险监督管理委员会批准设立的全国性的保险公司，诞生于我国保险金融业全面对外开放之际，是“国十条”颁布执行后，中国保险市场第一家成立的人寿保险公司，正德人寿生逢佳时，任重道远。成立于2006年11月6日，是由中国保险监督管理委员会批准设立、在国家工商行政管理总局注册的全国性寿险公司，注册资本10亿元人民币，注册地在北京。

正德人寿企业组成

正德人寿由五家股东出资，各持股20%，分别是浙江凌达实业有限公司、浙江美好控股集团有限公司、五环氨纶实业集团有限公司、福州开发区泰孚实业有限公司和新冠投资集团有限公司。业务范围包括：人寿保险、健康保险、意外伤害保险等各类人身保险业务，上述业务的再保险业务，国家法律、法规允许的保险资金运用业务，经中国保监会批准的其他业务。

经中国保监会，2010年4月1日批准，同意五环氨纶实业集团有限公司将所持有的正德人寿保险股份有限公司的2亿股股份转让给福州天策实业有限公司。受让后，福州天策实业有限公司持有公司2亿股股份，持股比例为20%，五环氨纶实业集团有限公司不再持有公司股份。

正德人寿专业险伍

正德人寿拥有一支由着名经济金融保险专家、成功企业家和职业经理人组成的具有战略性思维的核心经营团队：张洪涛教授出任公司董事长兼总经理（CEO），凌国军先生和沈月华女士出任副董事长，戴凤举先生出任独立董事。邓鸿勋先生出任监事会主席，王宪章先生出任监事。

正德人寿秉承“正扬诚信，立德为民”的核心经营理念，“诚信、卓越、专业、创新、实践、发展”的企业精神，“让客户满意、让股东放心、让员工幸福”的价值观，“以诚取信，以德取胜”的市场竞争理念，坚持“低调、内敛、高效”的工作原则，致力于创建“有所为才能有其位”的用人标准，以市场和客户需求为导向，通过整合企业内外部资源，加强产品创新、管理创新和服务创新，推动公司又好又快发展，为做大做强中国保险业做出应有贡献。

正德人寿企业文化

企业理念和精神

核心理念：正扬诚信　立德为民

企业精神：诚信　卓越　专业　创新　实践　发展

工作原则：低调　内敛　务实　高效

竞争理念：以诚取信　以德取胜　服务最好　理赔最快

用人原则：有所为者有其位　有所为者有所得

服务准则：领导为员工服　二线为一线服务

全员为客户服务　公司为社会服务

官方网站：www. zdlife. com

客服电话：400－889－3311

阳光保险集团股份有限公司

阳光保险集团股份有限公司是国内七大保险集团之一，由中国石油化工集团公司、中国南方航空集团公司、中国铝业公司、中国外运长航集团有限公司、广东电力发展股份有限公司等大型企业集团于2005年发起组建，注册资本金65.6亿元人民币。公司股东实力强大，涉及行业广泛，股权结构合理，符合现代企业制度。目前拥有阳光财产保险股份有限公司和阳光人寿保险股份有限公司等多家专业子公司。

阳光保险充分发挥集团优势，有效整合产、寿险等保险资源，不断研究和开发满足客户各种保障需求的新型保险产品，着力打造强大的市场拓展能力、卓越的客户服务能力、杰出的风险管控能力和专业的资产管理能力，不断探索以客户为中心的经营模式，努力为客户提供优质稳定的服务。截至2011年6月底，集团当年保费收入超过160亿元，行业排名第8位。集团总资产突破600亿元。

阳光财产保险成立于2005年7月28日，是主要经营财产保险业务的全国性保险公司，注册资本金21.5亿元人民币。阳光产险成立以来，连续刷新国内新设保险公司年度保费规模的历史纪录，实现了又好又快的发展；公司开业23个月开始实现盈利，并连续保持盈利记录。截至2011年6月底，阳光产险保费收入62.8亿元，位列56家产险公司第七位。目前阳光产险已有36家分公司开业运营，三四级分支机构1000余家，服务网络实现全国覆盖。

阳光人寿保险成立于2007年12月17日，是主要经营人寿保险、健康保险和意外伤害保险等一切人身险业务的全国性专业寿险公司，注册资本金33.35亿元人民币。阳光人寿保险成立以来发展势头良好，公司价值不断提升。自2008年起连续三年缔造同期开业公司新单期交标准保费和规模保费纪录。截至2011年6月底，阳光人寿保费收入突破100亿元，位列60家寿险公司第九位。目前阳光人寿已有28家二级机构开业运营，三四级分支机构400余家。

与不断壮大的企业实力相匹配的是，阳光保险的责任与担当。公司成立以来，阳光保险在一系列重大事件中发挥了金融保险企业应尽的社会责任，践行着共同成长的企业使命。6年来，阳光保险累计承担社会风险超过28.1万亿元，累计支付各类赔款近138.2亿元，创造就业机会11.9万个，上缴税收47.97亿元，累计为3700多万个客户提供保险保障，累计向社会捐款2381万元，捐赠保险51.98亿元。2008年3月3日，阳光保险向中国铝业预付雨雪冰冻灾害国内单笔最大保险预付赔款6000万元；2008年5月14日，阳光保险集团向“4.28”胶济铁路遇难者赔付单笔最大保险赔款50万元。“5.12”汶川地震，捐款捐物超过300多万元；青海玉树“4.14”地震，阳光保险集团向地震灾区捐款1000万元；2010年海南洪涝灾害，阳光保险集团捐款200万元。此外，还先后开展了赞助我国第22次南极科考活动、与团中央合作的“全国青春建功新农村”暨促进农村青年转移就业创业活动，陆续在湖南、贵州、四川、福建、西藏、云南等地捐建16所阳光保险博爱学校等一系列有影响的公益活动。为使公益力量机制化、常态化，2009年3月阳光保险率先在行业内成立了全国性青年志愿者组织“阳光保险青年志愿者协会”，注资成立了“北京市阳光保险爱心基金会”。

由于经营管理的良好表现和优秀的企业文化建设，阳光保险先后获得：百佳中华儒商、五十强人民信赖品牌、十强保险行业竞争力品牌、亚洲500最具价值品牌、亚洲十大最具影响力品牌、中国最佳商业模式前三甲、中国公益50强、最佳企业文化奖、中国金融企业慈善榜保险业突出贡献奖、理赔最迅速保险公司、中国红十字勋章、金融行业首家“全国企业文化示范基地”、最佳雇主企业、最佳成长性保险公司、最具社会责任保险公司、2010－2011年度公益品牌大奖、中国企业500强（2011年度第307位）、中国服务业企业500强（2011年度第97位）等多项荣誉，公司品牌形象不断提升。

董事长兼总裁张维功先生先后获得：中国金融年度人物、中国保险年度人物、中国十大人民尊敬企业家、中国保险业十大年度人物、中国十大创业领袖、亚洲品牌十大最具影响力人物、中国品牌建设优秀企业家、“新中国60年中国保险60人”、“新中国60年中国金融60人”、全国优秀企业家等荣誉。

阳光保险秉承“打造最具品质和实力的保险公司”的公司愿景，践行“共同成长”的使命和“诚信、关爱”、“创造价值”的核心价值观，发扬“战胜自我”的企业精神，致力于成为国际领先的保险金融集团。

英大泰和人寿保险股份有限公司

英大泰和人寿保险股份有限公司是依照国家有关法律、法规以及相关保险监管政策设立的全国性保险企业。2007年7月，国家电网公司等30家大型国有企业共同出资成立英大人寿，公司总部位于北京。

英大泰和人寿主营业务

英大人寿主要经营人寿保险、健康保险、意外伤害保险等各类人身保险业务；经营上述业务的再保险业务；经营国家法律、法规允许的保险资金运用业务；经营经中国保监会批准的其他业务。

英大泰和人寿发展前景

英大人寿致力于成为中国寿险市场的领先者、和谐社会的建设者，在未来的发展中，将秉承“诚信、责任、创新、卓越”的核心价值观，本着“迅速做大、稳步做强”的发展战略，依托股东业务资源，积极开拓各项业务。

英大人寿将充分运用先进保险经验，凭借现代企业机制，依靠股东的强大实力，与中国保险市场共同成长，实现客户利益、股东价值、企业发展和员工成长的和谐统一，创建让客户更舒心、投资人更放心、员工更安心的国内一流、国际知名的现代寿险公司。

英大泰和人寿股东控股

中国保监会主席明确表示，2007年，将继续鼓励优质资本特别是信誉和经营良好的国有大型企业投资保险业，探索银行参股、重组和并购保险公司。

国家电网公司及其系统内全资、控股子公司共同发起筹建英大泰和人寿保险股份有限公司，公司法定代表人为徐伟良，此前任华东电网有限公司的总审计师。

2010年10月13日发布公告称，批准国家电网公司将所持英大泰和人寿股份，悉数转让给国网资产管理公司，国家电网将由此全身而退。公告称，国家电网公司将所持英大泰和人寿的1.亿股股份、华北电网公司持有的英大泰和人寿581.3万股股份，以及华东电网公司、华中电网公司、东北电网公司和西北电网公司各自所持的英大泰和人寿600万股股份，转让给国网资产管理有限公司。转让后，国家电网公司不再持有英大泰和人寿股份，国网资产管理公司将持有英大泰和人寿1.498亿股，占比20%，华北电网公司持有618.7万股，占比0.826%，华东电网公司、华中电网公司、东北电网公司、西北电网公司分别持有600万股，占比均为0.801%。

根据国家电网的战略，国网资产管理公司作为金融平台的统一运作载体，通过优化金融股权结构，构建出以财务公司、保险、交易经纪、投资银行、资产管理五大业务模块为基础的金融平台整体运作体系。

官方网站：www.ydthlife.com

客服电话：40088－95598

永安财产保险股份有限公司

永安财产保险股份有限公司成立于1996年9月28日，在中国经济改革开放的大潮中，历经15年，壮大于伟大的中华民族改革开放的历史进程之中。公司总部位于西安市，注册资本金26.632亿元，2010年，公司实现保费收入57.8996亿元。在全国16个省、市、自治区设有各类营业机构793个，其中：分公司20个，中心支公司147个，支公司117个，营销服务部510个，现有员工12600余人。

永安财险不断发展

开业至今，永安保险公司积极履行保险经济补偿、资金融通和社会管理职能。努力实践"为客户创造满意，为股东创造财富，为社会创造价值，为员工创造机会"的企业使命。近年来，公司参与了"嫦娥一号"、"亚太六号"等卫星、"青藏铁路"、北京国际巨星长城演唱会、2005年珠峰测量活动人员意外险、安利五城市健步走、2006年世界斯诺克中国公开赛等保险项目的承保工作。与中国农业银行等12家银行签订了全面业务合作协议，与全球60多家再保险公司和主要再保险经纪人建立了广泛而密切的合作关系。

永安财险社会责任

在2008年初冰冻雨雪灾害和5月12日汶川大地震中，公司共计赔款约2亿元。特别是"5.12"汶川大地震发生后，公司迅速出台相关措施，紧急向四川、甘肃、陕西等分公司拨付理赔、救灾资金850万元，公司及全体员工共计捐款386万元，有力支持了灾区重建。

2008年12月公司员工捐款100万元重建的白石沟乡永安保险希望小学正式奠基，2009年秋季正式投入使用。这些行动履行了企业公民的社会责任，为构建和谐社会做出了积极贡献。

永安财险企业文化

以永安保险公司英文的第一个字母"Y"正写和倒写的字母"A"变形而来，形似一颗光彩夺目的钻石，磨砺千年，终获得大自然的精华，恒久尊贵，辉耀华夏，象征着永安保险扎根于西部沃土，实现对客户的永久保护。

企业精神：诚信、创新、敬业、和谐

诚信——诚信铸就品牌

敬业——敬业创造价值

创新——创新赢得未来

和谐——共同事业追求

企业使命：为客户创造满意；为员工创造机会；为股东创造效益；为社会创造价值。

服务理念：永安——永远为客户着想

员工行为规范：格物致知，知行合一；己所不欲，勿施于人；正心修身，和而不同。

官方网站：www.yaic.com.cn

客服电话：95502

永诚财产保险股份有限公司

永诚财产保险股份有限公司是由国内大型电力企业集团和产业投资集团共同发起组建的全国性股份制财产保险公司。公司于2004年9月经中国保险监督管理委员会批准正式成立，总部设于上海。公司业务经营范围包括财产损失保险、责任保险、信用保险和保证保险、短期健康保险和意外伤害保险、机动车辆保险、再保险业务、国家法律法规允许的保险资金运用业务及经保监会批准的其他业务。

永诚财险的不断成长

成立初始，公司就确立了行业特色鲜明的发展使命，始终坚持专业化的市场定位，紧紧围绕观念创新、制度创新、产品创新和渠道创新，积极培育"成本、产品和风控"三大竞争优势，努力实现"电力能源承保技术能力领先于同业，电力能源市场份额领先于同业"的目标。经过近五年的奋力拼搏，公司的电力保险业务已跻身中国保险行业第一军团的行列。开业至今，公司已设立了27家省级分公司和160余家中心支公司及营销服务部，形成了全国性服务网络。

永诚财产保险展望未来

面向未来，公司将深入贯彻"优化管理、控制风险、调整结构、促进发展"的经营方针，坚持以电力能源保险为立足点，大力拓展大型商业风险领域项目，加快推进"两个领先"战略目标的实施。抢抓发展机遇，加大创新力度，强化内控管理，努力塑造产品和服务的核心竞争力，朝着一流的产品、一流的服务、一流的管理和一流的效益发展方向迈进，持续提升市场竞争能力，推动公司健康快速发展。

永诚财产保险企业文化

公司提倡"诚信、专业、效率、和谐"的价值观，追求"以人为本、求实创新、团结协作、锐意进取"的企业精神，积极探索民族保险专业化发展之路，努力将自身建设成为一个机制先进、经营规范、管理科学、技术领先、人才优秀的专业化综合性保险公司。

永诚财险爱心公益

作为一家负责任的公众企业，公司在加快自身发展的同时，还把主动承担社会责任作为自己义不容辞的责任。公司成立至今，累计赔款支出已超过12亿元，为帮助受灾企业迅速恢复生产发挥了重要的作用。当国家出现灾难的时候，积极伸出援助之手，向地震灾区捐建希望学校，倾尽绵薄之力，帮助灾区人民重建家园，促进社会和谐发展。

2004年12月26日，印度洋发生海啸，公司组织员工为印度洋海啸灾区捐款。

2008年5月12日，四川汶川发生特大地震。全辖员工累计捐款42万余元。

2008年7月9日，公司联合加拿大枫信集团向四川省彭州市教育系统捐资折合人民币900余万元，专项用于通济镇思文小学的灾后重建工作。

2009年9月8日，永诚思文中心小学竣工建成，举行了简朴而隆重的落成典礼。

官方网站：www.alltrust.com.cn

客服电话：95552

招商信诺人寿保险有限公司

招商信诺人寿保险有限公司是由两家信誉卓著的百年名企共同出资创立的中美合资寿险公司。投资双方股东分别为美国信诺集团和招商局集团下属子公司。

美国信诺集团始创于1792年,是美国最大的保险公司之一,信诺在全球26个国家和地区注册,拥有28600多名雇员,其核心业务包括医疗健康、人寿、意外、残疾险及相关员工福利产品。信诺是《财富》500强的成员之一,拥有资产810亿美元,年收入超过182亿美元,其在全球28个国家和地区注册,其核心业务包括医疗健康、人寿、意外、残疾险及相关员工福利产品。

招商信诺汲取了信诺集团在全球的成功保险经营理念,一直致力成为中国市场上通过非代理人的直接行销方式提供包括寿险、意外险和补充医疗等"保障型"保险产品和服务的专家和领军企业,为我们的客户及其家庭提供意外和疾病时的财务保障。

招商信诺公司荣誉:

招商信诺2004年被中央电视台网站和《世界经理人》杂志评为"2004年度中国100最佳雇主";2005年入选《财富》杂志"2005年度卓越雇主-中国最适宜工作的公司";2008年招商信诺获得了由英国标准协会颁发的ISO 27001信息安全管理体系认证,是国内首家获得ISO 27001信息安全体系认证的中外合资保险公司。招商信诺成为唯一一家在08年和09年连续两年获得由《金融时报》与中国社会科学院金融研究所联合颁发的"年度最佳外资人身保险公司"。2009年招商信诺还荣获了由世界金融实验室颁发的"中国最值得信赖的十大寿险公司"。

招商信诺的建立,创造了中国保险界的诸多第一:

第一家中国进入WTO后,获准成立的中外合资寿险公司;

第一家总部设在深圳的中外合资寿险公司;

第一家在12个月内完成筹建的合资寿险公司;

第一家不采用代理人队伍的"另类"保险公司;

第一家以销售保障型产品为主的寿险公司。

招商信诺公司特色:

通过继续沿用信诺集团在全球的成功保险经营理念,我们一直致力于成为中国市场上通过非代理人的直接行销方式提供包括寿险、意外险和补充医疗等"保障型"保险产品和服务的专家和领军企业,为我们的客户及其家庭提供意外和疾病时的财务保障。

电话行销和银行保险是我们目前的两大主要业务渠道。无论是在电话上还是在我们合作银行的大堂中,您都可以享受同样方便快捷、严谨细致的保险服务,感受我们"客户为尊"的企业理念。

信,信誉来源于我们在中国长达200多年的渊远历史背景;诺,承诺来自于我们强大的资本后盾和股东实力。秉承着"诚信百年、一诺千金"的传统和追求,我们愿真诚地陪伴您共创辉煌人生!

招商信诺保险公司使命:

帮助我们的客户更加健康、更加幸福、更加有保障。

官方网站:http://www.cigna-cmc.com/

客服电话:400-888-8288

浙商财产保险股份有限公司

浙商财产保险股份有限公司是第一家总部设在浙江的全国性财产保险公司,公司注册资金为人民币10亿元,注册地为浙江省杭州市,公司专业经营各类财产保险业务。

浙商保险的创立,是浙江省委省政府构建地方金融体系布局的重要组成部份。它的成立和发展,将对浙江经济社会发展产生积极而深远的影响。

浙商保险立足浙江,充分运用浙江优越的社会、经济、人文环境与资源,致力于把浙江市场做强做大,做精做深,并在此基础上,逐步向长三角地区、沿海及国内经济发达省份拓展。

在未来的发展中,浙商保险将依据国家政策许可积极探索进入其他金融服务领域的时机、路径和操作方案,实现资产管理、银行、证券等业务的综合经营,最终将浙商保险打造成为一家全国性的金融保险集团。

浙商财产保险公司企业特色

精简的组织架构

公司实行扁平化管理,地市中支公司定位为区域客户服务中心。通过精简管理层级,实现省级分公司对业务销售终端和后台服务前端的全方位管控,致力于形成快速高效的市场信息反应机制,切实提高经营效率和优化服务质量。

创新的销售体制

公司销售采用双轨制,实行传统销售网络铺设与以股权为纽带、利益共享为机制的新型销售模式并行的方式拓展市场,并着力在实践中将后者不断完善优化,将其逐步打造成专属于浙商保险的独立销售主体,以共创共享的理念,整合销售渠道,形成可持续有效益的发展模式。

科学的风险管控

公司风险管控实行前台销售与后台运营相互独立的管控模式。销售终端负责业务拓展。核保、理赔等运营环节分别自成体系,相互独立,由总公司实行垂直授权管理。科学设计工作流程,致力于提高工作效率,强化风险管控。

务实的机构拓展

公司秉承"稳健经营,效益为先,依法合规,逐步扩张"的经营理念,在机构拓展上,首先立足浙江,充分依托浙江优越的社会、经济、人文环境,发扬本土优势与总部资源,努力推出特色产品和服务,把浙江市场做强做大,做精做深。通过不断地探索实践,完善改进,提炼总结,形成行之有效,管理成熟的运作模式。同时,择机涉足长三角地区、沿海及国内经济发达省份,拓展机构,发展业务,由点及面,逐步走向全国。

官方网站:http://www.zsins.com/

客服电话:4008-666-777

第七编

中国证券业人物纪实与访谈

2011年中国证券业人物纪实与访谈

跑出创新高速度

——记中国南车股份有限公司董事长赵小刚先生

赵小刚，男，中国南方机车车辆工业集团公司总经理，第九届全国人大代表，湖南大学管理工程工学硕士，高级工程师。曾先后在株洲电力机车研究所、株洲电力机车厂工作，担任副所长、厂长等职。2000年9月起至今任中国南车集团总经理（法定代表人）兼党委副书记；自2007年12月起任中国南车股份有限公司董事长、执行董事、党委书记。同时兼任中国企业联合会、中国企业家协会理事会副会长，中国交通运输协会常务理事，中国铁道学会常务理事。

核心揭示：向结构调整要发展、凭技术升级闯市场、向机制改革要动力，中国南车通过自主创新，不断推出高附加值的高端产品，使中国高速铁路动车组，不仅拥有了“中国心”和“中国脑”，又有了性能更优越的“中国脸”，让我国轨道交通装备在世界舞台唱上“主角”。

近日，时速380公里的新一代高速动车亮相上海世博园。加长版流线型新车头使中国高速铁路动车组又有了性能更优越的“中国脸”。而这正是中国南车集团公司自主创新的最新成果。

截至5月1日，中国南车自主研制的时速350公里动车组已经安全运营约1000万公里，速度和安全指标双双创造世界纪录。“只有加快转变发展方式，依托自主创新推出高附加值的高端产品，企业才能笑到最后。”中国南车股份有限公司董事长赵小刚介绍。

向结构调整要发展 ——“壮士断腕”换来发展新空间

中国南车旗下的四方股份有限公司，是世界上最大的高速列车生产基地。2004年，中国南车将四方股份作为进行产业结构调整的首个一级子公司，淘汰越来越不适应市场需求和时代发展的老型内燃机车，转而生产新型动车组和城轨地铁车辆。这次结构调整在被誉为“中国机车车辆摇篮”的四方厂引起了极大震动。

“转变发展方式是很痛苦的，然而有退才能进，有舍才能得，‘壮士断腕’换来的是全新的发展空间。”赵小刚介绍，企业调结构，最主要的是把脉市场需求。

正是这次战略调整为中国南车迎来了发展的第二个春天。“南车制造”占据了我国高速动车组市场的七成江山，并在城市轨道项目中累计获得订单4924辆。新的产品结构更为中国南车频频叩开海外轨道装备新市场的大门，企业销售规模位居全球同行业第三。

凭技术升级闯市场——自主创新保持企业高增长

2009年，即使遭遇国际金融危机的冲击，中国南车仍然成功开辟了沙特、突尼斯、新加坡、土耳其等海外新市场，海外签约额同比增长逾60%。

“掌握核心技术是中国南车在逆境中依然保持高增长的法宝！”赵小刚说，“创新能力决定装备制造企业活多久、活多好。这次国际金融危机再次证明，单纯依靠扩大产能来实现增长的模式是行不通的。”

依靠技术创新，中国南车率先打破阿尔斯通、西门子等欧美企业的技术垄断，改变了国内A型地铁列车只能依靠进口的局面，使国内高端地铁列车的采购成本降低了1/3。

依靠技术创新，中国南车不断开发出世界运营速度最高的动车组，截止到2009年底，中国南车已向市场投放242列动车组，市场占有率逾70%。

还是依靠技术创新，中国南车的海外市场已扩大到五大洲的40多个国家和地区，一跃成为中国获出口订单最多、海外成长最快的轨道交通装备企业。

“中国南车加快转变经济发展方式，核心就是实施‘创新战略’。”赵小刚介绍，由中国南车制造的新一代时速380公里动车组试验车已下线，一旦成功运营，将使中国高速列车的设计制造水平真正领先于世界。

向机制改革要动力——让资本与人才双引擎发挥最大功效

实施“创新战略”说起来容易，做起来难，必须依赖于一套有效机制，让资本与人才两个引擎发挥最大功效。

“借助上市，南车建立起现代企业制度，更尊重市场的声音。”赵小刚认为，上市后，资本市场为企业的技术创新持续提供了大量经费。同时，来自资本市场的压力，也促使企业每一次技术革新都要更适应市场需要。

“借助重大项目打造人才工厂，将是中国南车人才建设的长期任务。”赵小刚介绍，用参与国际前沿攻关吸引人才，用主持国家重点项目留住人才，用科学的激励制度善待人才，用开门联合创新的模式培养人才，使中国南车的人才队伍不断壮大。目前，中国南车工程技术人员已超过1.2万名，拥有中国轨道交通装备制造业领域唯一的一名工程院院士，还有各类高级专家2000余名。

“大量高科技人才为企业提供了充足的人才储备，为创新成果的诞生并顺利产业化提供了保障。在为股东创造价值的同时也为自己赢得了新的发展实力，这种良性循环正是中国南车拥有不竭创新动力的原因所在。”赵小刚说。

转型焕发新生机

——记中国铝业股份有限公司董事长、首席执行官熊维平先生

依靠管理改革、科技创新和加快“走出去”步伐，如今中国铝业公司焕发出新的生机活力。从去年8月份开始，公司结束了长达12个月的连续亏损，在金融危机之后首次实现了月度盈利，此后盈利额逐月提升；今年一季度公司已实现整体盈利，营业收入同比增长154%，利润同比增长117%。

过去两年，受行业进入周期性低谷和国际金融危机冲击

的双重影响,中国铝业公司从往日中央企业的盈利大户变成中央企业的亏损大户。“我们认识到,中铝公司所遇到的严重的挑战和巨大的经营困难,从根本上来说,不是金融危机带来的,而是我们内部结构性和发展方式的问题。”熊维平说。

减员增效降低成本

同样面临国际金融危机冲击,但一些国内外的先进企业受的冲击却比较小。熊维平告诉记者,这主要是由于公司在管理上存在劣势:管理人员和机构偏多,导致人均劳动生产率低,经营效率低,盈利水平低。

为此,按照从单一铝业务的专业公司向多金属矿业公司转变的战略要求,中铝总部管理体制由业务操作型向战略管控型转变。新体制下,总部管发展战略规划、重大投融资、重要干部任免和监督考核,所属企业则直接面向市场,成为利润中心和成本中心。

集团公司18个部门减为12个,中国铝业股份有限公司18个部门减为6个。总部干部全部实行公开竞聘,择优录用,一般员工实行双向选择。所属企业的管理改革按照“双30%”的精简目标(即精简机构30%、精减管理人员30%)全面推开。

今年初,公司在考核和收入分配机制上,更加注重经济增加值和回报率,并将考核结果与企业工资总额分配、领导人员薪酬分配、领导人员任职考核紧密挂钩。真正实现了收入能高能低、干部能上能下。

面对巨额亏损的严酷现实,中铝公司大力展开控亏增盈的攻坚战。2009年,中铝公司全年压缩投资34亿元,压缩库存47亿元,压缩期间费用18亿元,保证了生产经营现金流正常运转。同时,生产成本同比大幅下降。

摘掉“高消耗高排放”帽子

“科技就是核心竞争力,特别是具有完全知识产权、能够实现产业化的科技成果,更是第一生产力和核心竞争力。”熊维平说,中铝公司一直对科技工作高度重视,2006年至2009年4年间,共投入107亿元。

持续不断的投入,为中铝结出累累的科技硕果。中铝公司研发的“选矿拜耳法”生产氧化铝,与传统方法相比能耗降低50%以上。具有完全自主知识产权的新型结构电解槽,生产1吨铝可节电1200千瓦时。特种铝、钛、铜合金材料,还广泛应用到“长征号”系列火箭、“神舟号”系列飞船、“嫦娥一号”绕月工程、正负电子对撞机、高速列车、大飞机等高新技术领域和军工配套工程。

“这些新技术、新成果和新材料,将成为中铝公司在后危机时代特别是低碳经济发展时代领先国内外竞争对手的撒手锏,成为支持战略转型、提高核心竞争力的重要支持。”熊维平说。目前,中铝公司申请专利总数5000余件,专利数量稳居中央企业前10名。

如今,中铝已成为世界铝工业技术的领先者。在熊维平看来,科技创新最大的意义,是为铝行业摘掉高消耗、高排放的帽子,从而创造效益。

近年来,中铝大力推广“无泄漏工厂”和工业废水零排放技术和覆盖整个产业链的资源循环利用技术。与2005年相比,2009年公司单位工业增加值二氧化碳排放量显著下降,直接碳排放强度、总碳排放强度分别降低40.2%和20.9%,相当于减排二氧化碳2064万吨。

走出去造个“海外中铝”

熊维平认为,中铝公司的战略转型很大程度上要通过国际化来实现。“只有靠走出去,才能解决我们发展中的资源约束、环境约束问题;才能参与经济的全球化,参与资源全球化的配置。”

2005年成功收购澳大利亚奥鲁昆铝土矿项目,2007年成功收购了秘鲁铜业公司,正推进在沙特阿拉伯建设100万吨的电解铝厂、在马来西亚建设33万吨电解铝的投资项目,在越南、在俄罗斯、在印度、在澳大利亚……这些项目的启动,拉开了中铝公司在全球范围内调整产业结构的序幕。

通过国内外两种资源的获取,目前,中铝公司已拥有铝土矿12亿吨,铜矿(金属量)2400万吨。通过在境外投资建厂,中铝公司已拉开了产业转移的序幕。“我们力争在‘十二五’期末实现再造一个‘海外中铝’的国际化目标,为早日实现国际化多金属矿业公司的企业战略目标奠定基础。”熊维平说。

新征剑指亿吨处

——记兖州煤业股份有限公司董事长李位民先生

李位民,工程技术应用研究员,工学博士、EMBA硕士,现任本公司董事长、兖矿集团董事、总经理党委副书记。李先生于1982年加入前身公司,2002年任本公司济宁三号煤矿矿长,2006年任兖矿集团副总工程师、安全监察局副局长,2007年12月任兖矿集团安全监察局局长,2009年5月任兖矿集团副总经理,2009年7月任本公司总经理,2010年2月任本公司副董事长,2010年12月15日任兖矿集团董事、总经理、党委副书记,2010年12月30日任本公司董事长。李先生毕业于中国矿业大学、南开大学。

开幕式很精彩

2010年,进入后危机时期,煤炭上市公司的马前卒兖州煤业却高调提出二次创业,引起公众关注。

“开局很理想。截至8月末,兖州煤业的煤炭销售量已突破2400万吨,经营结果超过预期,为实现全年的目标奠定了基础。”兖州煤业董事长李位民开门见山,说话干练。

历史为兖州煤业设了一个惊人相似的局。当年,公司创立三地上市,迎头赶上亚洲金融危机,11年过后,资产总额和营业收入达到622亿元、215亿元,原煤产量3630万吨。2009年7月24日,原总经理杨德玉功德圆满卸任退休。

李位民接任,正逢全球金融危机。而兖州煤业“危”中寻“机”,斥资30亿美元收购澳大利亚菲利克斯公司,顺利完成中澳两国近年来最大的并购案。同时,兖州煤业启动二次创业,即从2010年到2012年,实现经济总量比2009年翻一番,煤炭产量突破7500万吨;到2015年,煤炭产量达亿吨,销售收入过千亿,建成煤、化、电多产业发展的大型跨国能化公司。

6年再造一个兖州煤业,二次创业胜算多少?

“尽管金融风暴后果很严重,可我们经过磨练有了科学管理、技术创新、稳定发展三大优势,足以抗击后危机时期的挑战,交出一份企业、股东、社会都满意的答卷。”李位民信心十足。

追求优秀增量

“尽管澳元、欧元的波动致使大宗商品近期价格下滑,但市场对煤炭基础燃料的需求增势不会改变。特别是山东既是经济大省又是资源小省,这一切都为加快发展提供了机遇。”李位民透露,兖州煤业今年煤炭销售计划为4355万吨,目前已签订国内煤炭销售合同及意向3217万吨。兖煤澳洲签订的812万吨销售合同，采取按季定价，以减少价格波动对全年效益的影响。

“保障供给首先要资源充足。我们坚持两手抓，一是本部矿井技改挖潜；二是加快形成榆林、鄂尔多斯、巨野和澳洲煤炭生产基地。现在的煤矿资源已完全可支持三年内销售收入和产量均增长一倍、五年之内增至1亿吨。下一步还要继续寻求新的煤炭资源。”李位民说到这里话锋一转，“社会发展大势所要求的绝不是单纯数量级的增量”。

此前，李位民先后任济三煤矿矿长和安监局局长，亲历“3+6”安全预控管理体系创建全过程。他认为，社会关注的首先是安全。兖矿截止到6月20日连续安全生产1450天、安全产煤1.5亿多吨，是平稳发展最大的支撑。“由高危行业向安全行业转变，构建全员、全过程、全方位的安全风险预控管理模式是必由之路。”

再就是低碳经济。“不淘汰落后的生产方式，就难以赢得企业公信力。”他说，兖州煤业获得了资本市场普遍认可，先后获得“2009年度普氏全球能源企业250强”，在全球煤炭与消费燃料类别中名列第4位；2009年度上市公司金牛百强等殊荣。重要的一条就是技术创新，低碳环保。今后要在巩固发展现有综放领先技术的同时，围绕优质高效掘进、安全高效开采、薄煤层机械化开采、充填开采及边角煤开采等方面开展攻关和创新，加大节能减排科技投入和监督，以济三煤矿为试点，开展生态矿井创建工作，实现节能环保工作从末端治理向源头、全过程控制转变。

“后危机时期的风险不能低估，尤其要防范市场下滑风险。”李位民强调两个方面的防范措施：一方面优化市场、品种结构和用户，全年本部精煤总销量达1200万吨；大用户直供量比率提高到40%以上，确保经济效益最大化。再就是强化全面预算管理，健全成本费用倒逼机制，实施ZPG全面预算系统控制和“现金池”管理模式，最大限度地降低支出，提高收益。

文化跟着资本走

6月10日，澳大利亚总督布莱斯女士在京参加大使馆和商会举行的欢迎午餐会时，专门邀请兖矿集团董事局副主席、总经理、兖州煤业董事长王信坐在身边。亲切交谈中，布莱斯高度评价，兖州煤业收购菲利克斯是最成功的，兖煤澳洲公司是良好的法人典范，在安全生产、劳资关系处理、环保等方面都树立了良好的形象，带动了澳大利亚煤炭工业的进步，澳大利亚政府真诚欢迎兖州煤业在澳洲扩展投资和扩大贸易。

“布莱斯总督的褒奖是我们一直在努力的。完成收购仅仅是走了第一步，两国文化差异很大，能否整合成功对天地人和责任兖矿的企业文化是一次考验。”李位民介绍了兖煤澳洲公司整合的情况后说，尊重和规范赢得信任，以本土团队为主体的员工队伍较快适应了新的管控体系，今年可望实现产煤千万吨的目标。

“和谐、合作、共赢的文化理念加快了投资方式的转变，兖煤澳洲公司2011年上半年上市前的各项准备工作稳步推进，并且继续寻求新的并购机会。”李位民透露，下一步将通过债务融资、权益融资以及引进战略投资者等方式，筹集发展资金。鄂尔多斯、榆林和山西能化公司，择机收购一批储量大、发展前景好的矿井。兖煤澳洲公司要在寻求新的煤炭资源和战略合作伙伴的同时，以技术参股的形式，抓好综采放顶煤技术、防灭火技术和超洁净煤技术的推广。

刘宝林：鄂企巨子

——记九州通医药集团股份有限公司董事长刘宝林先生

自从九州通医药集团IPO以后，其“掌门人”刘宝林就一直很低调。可是，越是低调越是神秘。主流人士纷纷猜测：九州通为什么要上市？当刘宝林坐拥百亿财富后，他会想什么？当他成为湖北企业家队伍里的焦点后，他会做什么？当他站在了事业的巅峰，他还会担心的是什么？

2011年5月31日，记者敲开了九州通医药集团董事长刘宝林办公室的大门，带着这些问题，与刘宝林进行了一番深入交谈。

要生存，要发展，要上市

回顾九州通的发展历程，可以发现，即使不上市，九州通发展得一样很好。

九州通医药集团股份有限公司发轫于改革开放之初的1985年；15年之后，九州通医药集团第一家经营性子公司——湖北九州通医药有限公司正式创立。

2003年底，九州通开始了第一次彻底的变革。当年，九州通集团有限公司正式成立，开始建立规范的法人治理结构和完善的组织结构，其战略定位：以医药分销（批发）为主业，以医药物流、电子商务、零售连锁为主要经营模式，并为上下游客户提供差异化服务。

2007年8月，九州通成功引进外资6000万美金，成为中外合资企业。2008年6月，九州通医药集团投资1.6亿元在北京建设的现代化医药物流中心正式投入使用，标志着九州通成为中国大陆唯一具备独立整合物流规划、物流实施和系统集成能力的大型医药物流企业。该中心的药品储存量达到40万箱，日均吞吐能力达到1.5万箱，峰值吞吐量达到2.5万箱，营销网络覆盖北京及周边地区，订单配送时间控制在24小时内，药品出库差错率控制在万分之一以内。

2008年11月28日，九州通集团有限公司整体变更设立九州通医药集团股份有限公司。

从九州通公司名字的变换，就可以看出，九州通的发展历程其实就是是从一个家族型企业逐步走向社会型企业的过程。“那么，是什么促使你迈出这一步伐?”记者问。

刘宝林介绍说，上市有两方面的原因。一方面，老百姓对医药的需求越来越大，国家的投入也越来越多，这个行业有巨大的空间。再一个中国的医药市场开放得比较晚，市场还尚不成熟，存在着巨大市场空间。在这种形势下，九州通不去抢占市场，其他企业就会来抢占市场。要抢占市场，仅仅依靠九州通自有的资金和资源还不够。市场形势逼着九州通去寻求其他方面的帮助，才能迅速做大做强。

另一方面，九州通也认识到民营企业要生存、要发展，需要规范的管理体系，需要转型成为大众化的公司。上市，使得九州通不仅能拥有正常的监督体系，还要面对证监会、社会舆论、股民的压力，有利于改变九州通的管理制度和方式。

他还表示，九州通的上市的出发点，是以事业为重，希望能办成一个百年老店，打破“民营企业活不过几年”的怪圈。

“我们上市的过程比较顺利，从私募资金6000万美元到上市没有一点耽误。当时，我们内部统一意见时没有遇到多大的阻力，外部又有政府部门职能部门的支持，企业要上市离不开政府的支持！”

财富既是责任

2010 年 11 月 2 日，九州通在上海证券交易所正式挂牌交易，在发行的 14.2 亿股中，上市流通股为 1.2 亿股，实际募集资金 19.5 亿元。当天终盘报收 18.98 元，较 13 元的发行价上涨 46%。不出所料，董事长刘宝林因持有九州通股票 5.77亿股，折算身家高达 107 亿元，一举超越此前胡润富豪榜公布的湖北首富——高德红外董事长黄立和丝宝集团董事长梁亮胜，登顶湖北新首富，也成为首位进入“百亿俱乐部”的湖北富豪。

“我从来没有把公司的钱当成自己的，这些钱都是社会的，自己吃喝够用就够了。”刘宝林说。

财富意味着责任，那么坐拥百亿财富的刘宝林，又是如何将财富与责任集合到一起呢？

刘宝林说，九州通创立伊始，由于不具备国有医药商业企业的国资背景和雄厚资金支持，为了在竞争激烈的医药流通市场占有一席之地，便采用有别于国有医药商业企业的经营模式，销售对象主要是药店、诊所、民营医院、基层医疗机构和基层药品批发企业。销售的药品主要以普通廉价药、基本药物和 OTC 产品为主。以市场化的平价营销方式，以现代医药物流信息技术为支撑，具有低成本、效率高、货款结算周期短、配送快捷、服务周到等特点，行业内称其为“九州通模式”。

现在，九州通上市了，资金不愁。“但是九州通医药公司的性质，决定了其与老百姓生活密切相关的地位。药品是特殊商品，我自己也当过医生，对病人的疾苦很了解。九州通的性质决定了九州通不能唯利是图，经营行为要为社会、为老百姓带来好处。在这个前提下，再来实现利益的最大化。这是我们起码的行为准则。”

在这种思维的指导下，坐拥百亿财富的刘宝林确立了做“做中国医药健康产业最佳服务商”的企业愿景，立志“为医药健康产业提供高性价比的服务”。

“药品不能当奢侈品卖，要考虑性价比。药品质量可靠，成本不高，老百姓能够按照自己的实力选择适合自己的药品，这就是九州通的优势所在。”

提炼核心竞争力

九州通上市后，核心竞争力是什么？刘宝林一直在思考这个问题。思前想后，现在，他将九州通的核心竞争力定位为——现代医药物流技术。“在这方面，我们还要加大投入！”刘宝林说。

记者了解到，最早在九州通仓库里运行的软件，既有日本的软件系统，也有美国的软件系统。但是，国外软件与中国国情有着或多或少的差异，而物流软件体系是建立在药品编码、物流容器、运输工具标准统一的前提下，“而当时我们连一个全国统一的药品编码都没有，更谈不上其他物流标准的统一。用国外软件效率甚至都不如人工。每次请国外的专家来维护，收费要每小时 2000 元人民币！”

刘宝林曾眼见机器瘫痪，无法出货，偌大的物流中心全面停止运转，员工们无所适从，九州通损失惨重的局面。他下定决心一定要研发一套适合中国国情的医药物流软件系统。

为了打造九州通自己的物流体系，刘宝林组建起物流管理研究团队，将海内外技术骨干纷纷挖来。现在，在九州通的物流管理研究团队中，有获得哈佛大学博士学位的世界资深供应链管理专家胡建强教授，还有获得麻省理工大学工学博士学位、有着 12 年国外从业经验的资深专家谷春光，以及日本一侨大学、清华大学等多名专业技术人员，三百多人的研发团队规模甚至超过了一家 IT 公司。

时至今日，九州通所属的 35 个物流中心里的国外软件已全部替换完毕，系统也由最初的 1.0 版逐渐升至目前的 6.0 版。

“我们用自己的物流软件系统，企业效率提高，成本降低，还获得了行业内相关企业的认可。这种能为产业链上下游提供服务的能力，使得九州通在行业处于绝对领先的地位，就是九州通的核心竞争力。”

在 2010 年 8 月，九州通接到了 2600 万的上下游增值服务订单，其中包括天津金耀集团、广东众生制药、广东大参林医药零售连锁公司等。

目前，九州通自主研发并拥有自主知识产权的仓储管理系统（WMS）、设备控制系统（WCS）、运输管理系统（TMS）的绝对优势，牢牢巩固了其在行业内的主导地位。

据了解，2011 年，九州通医药集团将在武汉东西湖建立全球最大的现代医药物流产业园。其中一期项目规划占地面积约 173 亩，建筑面积 187531 平方米，建设内容包括现代医药物流分拣中心、三方物流中心及相关配套功能区，建设周期预计为 20 个月，一期建成后可实现年销售收入 60 亿元。

此项目主打科技化，未来的发展重点也将放在电子商务、医药研发等方面，其不仅集医药技术研发、孵化器、中药贸易、现代医药物流、医药学术交流及会展于一体，而且其核心系统及相关技术完全由企业自主开发设计，拥有自主知识产权。

“九州通生于湖北，长于湖北。得益于湖北的区位优势和资源优势，九州通才能有今日之成就。但是我还是要表明，湖北距离沿海还有一些差距。现在湖北提出的改善投资环境、武汉提出的‘治庸’，我认为非常好！如果能将这种行为形成一种制度，我相信，湖北将会产生更多的‘九州通’，甚至发生好的‘质变’。”刘宝林说。

（文/ 李胜）

铸造金字招牌

——记陕西延长石油化建股份有限公司
董事长张恺颙先生

张恺颙精彩语录：

- **主业做强，专业做精。**
- **如果制度不严格执行，不如没有制度。**
- **做大延长化建，做强陕西化建。**
- **管理提升，资源整合，资本运作，协同发展。**

智者，往往敢于在困境中奋起，占得先机；勇者，往往善于直面挑战，赢得主动。

他是位智者，智者先思；他是位勇者，勇者先行。那么，他是如何转动神奇的魔方，使企业这驾战车由单纯数量增长型向数量质量并重型转变，实现效益的最大化？他是怎样将企业这艘战舰从传统单一走向现代多元？他又是如何精心打造西部铁军，豪迈地跃向大延长时代？

此人姓张名恺颙，是一位在企业生产最前沿和管理岗位高低端上，打拼 27 个春秋的陕西硬汉，是一位博学睿智、果敢超前的学者型企业家，而且是一位浑身写满故事的人。那么，他在市场上是如何游刃有余，在管理上是怎样纵横驰骋，其制胜有何法宝，其成功有何秘笈？

华丽转身

已走过60载沧桑的化建人，那曾经的爱，那曾经的伤，至今难忘。尤其是隶属几经变更，其发展几经风雨，几经沉浮，始终在十字路口中面临生死抉择。2006年5月底，陕西省政府的一纸红头批文，使化建人一夜之间变成延长石油集团旗下全新的旗舰。常言道，背靠大树好乘凉，从此，化建人翻开了崭新的一页。

到了2008年底，张恺颙众望所归，由公司总经理成为公司新的掌门人。员工们上上下下瞪大了眼，他有什么锦囊妙计，带领化建人使企业走出低谷？面对员工们几许疑虑和期待的目光，张恺颙感到肩上的担子比泰山还重，他别无选择，一定要杀出一条血路来。不为别的，只为员工们困惑而期盼的眼神，暗暗抱定信念，豁出命背水一战，顽强一搏。

为了踢好头三脚，张恺颙挨个到机关各科室走访，深入到施工项目上作调研。有人当着他的面不解地问："别折腾了，还是走老路吧，小日子过得不算红火倒也算安逸。"也有人面对面提出质疑："在延长石油集团手下当孙子，那滋味不好受啊！"张恺颙苦口婆心，一一解答，直到一个个心结破解，一个个包袱卸下。终于，人们心明了，眼亮了，张恺颙才十有八九有了底数。

事实证明，张恺颙的引领是正确的。2007年6月，延长石油集团表态：化建公司按照集团的工程公司去定位，按照工程板块去发展，化建人参与集团重点项目建设，担当起集团重点项目建设主力军和排头兵。看似平平淡淡的几句话，带给化建人的是莫大的安慰。

万事开头难。如何融入集团阵营，怎样化"两张皮"为"一条龙"？为此，张恺颙与他的领导团队心思没少费，电话没少打，长路没少跑，汗水没少流，他们的身影有时出现在集团炼化公司的楼上楼下，有时出现在管输公司的大道小径，不分白天黑夜，有时甚至通宵达旦，废寝忘食，进行面对面地交流，心与心地沟通。员工们看到张恺颙眼睛熬红了，人累瘦了，他们心里再清楚不过，他到底是为了谁？天道酬勤，皇天不负，化建人终于如愿了。2007年8月，杨庄河炼化一期，延长化建以PC总承包模式承建了其配套项目和厂外工程，并通过分包的形式承建了杨庄河炼化一期五套主装置，一时成为佳话。同时，化建人马不停蹄，又积极同该项目EPC总承包方零距离沟通，如愿以偿拿到该项目6套主装置的施工任务，合同总价9.5亿元。化建人信心大增，劲头大鼓，抢工期，抓进度，日夜奋战，巧思妙干，项目于2009年5月优质、高效、按期完成施工任务，创造了陕西省化工项目规模、速度和质量新纪录。

随后，化建人一鼓作气，相继用PC总承包了吴起至延炼原油管输和延炼至西安成品油管输建设项目。这两项生命线工程，工艺技术复杂、设备装置多、施工难度大。面对极具挑战的技术难题和庞大的工程量，化建人抽调精兵强将，精心组织，密切协作，科学施工，创新管理，打造精品。就拿吴起至延炼原油管输工程来说，全长257多公里，涉及10座输油场站，储罐制作32台，化建人苦干实干加巧干，结果比原计划提前4个月投油，令人刮目相看。再拿延炼至西安成品油管输项目来讲，全长201公里，穿越河流、铁路、公路水渠184处，化建人发扬特别能吃苦、特别能战斗、特别能较真的精神，克服各种难以想象的困难，夜以继日，连续作战，项目比计划提前9个月投油，引起一片叫好声。2009年8月28日，陕西省政府召开"三大重点建设项目"表彰大会，对化建人予以表彰。当张恺颙从省政府领导手里接过了象征荣誉和业绩的锦旗时，觉得深甸甸的。

化建人精彩漂亮地打好了集团三大项目这一硬仗，引起强烈反响。化建人笑了，一方面证明了自己的实力和能力，同时坚定了集团推行重点项目由化建PC总承包模式的决心，另一方面集团市场的内部阻力得到一定程度的缓解。从此，一花引来百花开，化建人将忠诚与奉献默默写在三秦大地上，工程项目呈遍地开花之势。

化建人干工程干得不仅呱呱叫，而且在应对集团急难险重的攻坚、抢险任务时，也是冲锋在前，屡创佳绩。从延炼、延安石化厂联动检修到永炼、榆炼检修，化建人凭着敢想敢闯敢干敢为天下先的精神，总是提前交出满意的答卷。特别是在2010年10月21日，某炼油厂原油卸油台发生山体滑坡，摇摇欲坠的块状黄土随处可见，生产道路和场地被挤压、撕裂成搓板、沟缝，依附山体的26条管线遭到严重挤压、位移，其中装有120吨苯和近千吨液化气、半成品油，存留有6000多吨原油的卸油台原油罐距滑坡面仅10米左右，而山下的蒸气锅炉及其它化工装置还正在运行，随时有引爆的危险。接到抢险命令后，化建人从各工地抽调540名精兵强将，连夜赶赴现场，200多台机具、10台吊车、12台施工车辆同时到达。化建人冒着山石滚落、原油有可能泄漏爆炸的风险，奋战72小时，使13条管线的2万米管子全部高质量连接完毕，排除了安全隐患，创造应急抢险的奇迹，受到陕西省政府的表彰。

省领导的表彰和肯定，对张恺颙和延长化建来讲，已经不是第一次。化建人曾承担的多项工程领域的第一项目，张恺颙开口就能讲出一大串：建成了世界第一套万吨级DMTO工业化试验装置；安装了为"神六"、"神七"做实验的亚洲最大的火箭发动机试车台；承建了亚洲最大的甘肃白银氟化铝项目；承建了全国第一套也是亚洲最大的无氟制冷剂生产装置；承建了我国最大的米脂金泰氯碱5万吨/年粒碱装置。这些第一，彰显了化建人的精神和气慨。

在国际领域，张恺颙铁了心地走出去，化建人很快迈出了历史性的一步。2009年化建人获得伊朗阿拉克炼油厂升级改造项目，实现了进军国际市场的梦想。伊朗项目的成功实施，不仅提升了化建人参与国际项目的能力，更锻炼了一支队伍。

借壳上市

借壳上市，对张恺颙与他领导的团队来说宛若一场游戏，更像是一场梦。

说到上市，不能不提"秦丰农业"，于2000年6月在上海证券交易所粉墨上市。到了2004年，形势急转直下，不利消息接二连三，由于经营管理等各方面的原因，连续三年亏损，股票于2007年5月底暂停交易。在延长集团重组前，某公司曾接手"抢救性重组"未果，造成种业集团、秦丰农业各下属企业人心不稳，无法开展正常生产经营活动，不断发生员工集体上访，甚至围攻公司办公场所，形势极为严峻和紧迫。

2007年，化建人通过对昔日"秦丰农业"的重组，完成了从国有企业向上市公司的蜕变，公司在石油、化肥、甲醇、PVC、烧碱等领域积累了丰富的施工经验，成为国内行业公认的"甲醇专业户"、"氯碱专业户"、"尿素专业户"。

2007年11月，张恺颙出任陕西种业集团董事长，12月又依法出任秦丰农业董事长。张恺颙经过多方努力，使陕西省财政通过杨凌示范区，于2007年12月向秦丰农业补贴现金6000万元，避免了当年亏损，为重组和恢复上市赢得了时间。

对张恺颙来说，上市企业朝哪个方向走，是至关重要的。为此，张恺颙制定了重组方案遵循的原则，尽管当时面临的困难重重。首先，要在不到三个月时间内，完成重组方案制定、股东大会审议、中介机构对化建资产的评估审计、银行债务谈判等，工作量之大，时间之紧，可想而知。其次，截至 2007 年 12 月 31 日，秦丰农业拟置出的负债账面值达 4.4 亿元、或有负债 1.06 亿元，公司全部资产被查封，要在这么短时间内同所有债权方谈判，难度极大。还有令人头痛的是，上千人的安置如果解决不好，有可能就是上千人的群众性事件。

尽管重组大戏帷幕的拉开并非易事，张恺颙与他的团队着实历经了过五关斩六将的艰辛。化建人经过资产评估、财务审计、银行债务谈判等一系列工作，在规定期限内公布年度报告，经中国证监会、上海交易所批准，延长化建于 2008 年 12 月 26 日在上海证券交易所 A 股成功上市，一举成为陕西省通过资产重组成功恢复上市的第一家公司，也成为国内石油化工建设领域为数不多的上市公司。

资产重组成功，对陕西省委省政府来说，通过资产重组挽救了一家上市公司，扭转了陕西省连续三年均有上市公司退市的尴尬，保住了一家为数不多的上市公司“壳资源”，被省政府主要领导称之为“以智慧的方式解决了一个大难题”；对延长石油集团来说，作为省内企业的龙头，拥有了继“兴化股份”后的又一个融资平台，延长集团投入重组成本为 4.35 亿元，其市值达 30 亿元以上，实现国有资产的增值；对于原来“秦丰农业”的股东来说，最大程度维护了债权方利益，近十家银行、几万名股东的利益得到保障；对于被重组方，原“秦丰农业”上千名职工得到妥善安置，对稳定地方社会起到至关重要的作用；对于化建人来说，通过上市得到了规范、公开、透明的公司治理结构，使企业拥有了一个更加光明的前景，特别是上市良好的融资功能，为企业的发展提供了资金保障。

借壳之后的第一个完整会计年度，延长化建显示了强劲的增长势头，2009 年实现净利润同比增长 88%。在主营业务的支撑下，迅速实现扭亏为盈，2009 年 4 月 10 日提前 2 个月完成 ST 摘帽。在股市复杂多变的情况下，公司股价逆势稳健上扬，市值已从上市初的 14 亿元增加到目前的 50 亿元以上，在资本市场树立了良好形象。

张恺颙以非凡的勇气和智慧，硬是把负债累累、濒临倒闭的这盘上市残棋给下活了。企业上市之后，才是真正进入高成长企业，化建人就可以名正言顺地做投融资业务。通过反复调研，化建人投资 1200 万建设靖边化工园区商品混凝土搅拌站，实现当年建成并完成 4.5 万立方的混凝土生产；化建人投资 3200 万购买靖边化工园区超限厂房加工设备，购置 600 吨履带吊，公司的装备水平提升至国内同行业前茅。除此之外，还投资 1.5 亿元做大装备制造业务，投资概算 1900 万元建设管件、法兰生产线。这些投资是化建人过去连想都不敢想的，如今不仅变为现实，且在满足项目建设的同时，也成为公司新的经济增长点。

面对上市后企业的突飞猛进，员工们高兴地笑了，张恺颙也如释重负地松了口气。是啊，2010 年，化建人完成产值42.9 亿元，是“十一五”初的 824.69%；实现营业收入 35 亿元，是“十一五”初的 808.31%；实现利润 1.32 亿元，是“十一五”初的 542.59%。这些数字，是企业借壳上市后最好的见证。

管理驱动

延长化建近几年的超常规发展令人称奇，化建人也因张恺颙的大名而骄傲自豪。

短短几年时间，延长化建就像一艘从江河入海的巨轮破浪前行，营业额从不到 6 亿，飞速增加到 40 多亿，增长速度让人不可思议。在生产经营规模形成滚雪球效应的同时，化建人又徘徊在进与退的十字路口上，张恺颙凭着企业家的胆识和魄力，经过一番深思熟虑之后，及时提出“六变六未变”：公司产值连年呈几何方式增长，但管理人员的水平和能力没有明显改变；过去只干安装和少量土建，现在却要负责工程 70% 以上的设备、材料供应，项目管理的内容发生很大改变，但管理人员的工作方法没有大的变化；在管理好自己队伍的同时，还要管理好大量协作企业，需要更多的项目管理人才，但这方面人员的数量没有大的改变；企业从以前的乙方变成某种程度上的甲方，从以前的“去求人”到现在的“人求我”，从过去很少被关注，到现在成为集团甚至社会的焦点，企业地位和面对的问题发生很大变化，但管理人员的思维方式没有大的改变；企业管理的工作量和工作压力变得越来越大，但管理人员的综合素质没有大的改变；企业上市后，面临的课题发生很大变化，但管理人员的知识层面没有大的改变。

张恺颙认为，这是企业高速发展过程中不可避免地进入的一个瓶颈期，这是谁都无法否认的一个现实。为避免管理失控和管理盲点，2009 年张恺颙提出“依法治企、从严治企、规范治企”理念，其核心意在形成“决策科学、制度健全、衔接紧密、执行有力”的管理体系，确保各个管理环节都在制度监管下运行，借此将企业管理水平和综合竞争力提到一个新高度。

公司蜕蛹化蝶走过 60 年风雨历程，过去的一些老制度旧规定与现在上市公司相比，已是两股道上跑的车，而那些条条框框已与当初执行时的初衷与结果大相径庭。张恺颙看在眼里急在心中，及时布置督促，及时根据形势的需要对老制度旧规定进行了补充完善，先后梳理、制定、修订制度 108 多项，并以程序化、表格化的标准发布、宣贯，做到了每一个员工、每一个部门、每一个单位的工作都有相应的规范，真正做到有法可依。张恺颙认为，如果制度不严格执行不如没有制度。有制度得不到很好执行对企业的危害程度和对领导威信的降低都要大于没有制度。为此，张恺颙要求每年组织制度落实专项检查 2 次，凡是不执行制度的部门或个人，都会受到很严格的处罚。近两年来累计对 475 项、150 名不执行、打折扣执行制度的人员进行处罚，并限期整改，对逾期整改不到位的单位负责人予以解聘。公司机关利用周一例会集中学习集团和公司管理制度，举办 8 场全公司范围各业务制度知识竞赛，500 多名干部职工参加，达到以赛代训目的。另外，集中收缴基层单位、项目部过期印章 83 枚，实行在用印章使用三级审批制度。再者，为了统一资金账号，要求所有款项打入公司账户，实行基层单位资金使用计划审批制；对基层财务负责人实行统管、委派制，每两年轮换一次。除此之外，实行现场质量安全经理和质量安全员统管和动态考核，建立质安员、质安部长、质安经理末位淘汰和晋升机制。还有，实行项目经理 A、B、C 三级管理，按能力和级别承担不同规模项目，年终根据测评晋级或降级使用。

张恺颙事必亲躬，亲力亲为，在公司上下力推绩效考核。实行公司领导、基层单位和项目经理部、机关部门目标考核体系，这一剂剂绩效考核的猛药，搅动了所有人的神经。与此同时，公司同基层单位、项目部签订年度承包合同及重点项目工期责任书，其负责人年收入与经营业绩、管理成果考核挂钩，分为“基本收入 + 风险收入 + 奖励收入”三部分。对项目部实行项目经理责任制的“费用考核承包”模式，按7+14指标体系考核。对基层单位实行“工程直接费承包”的考核管理模式，实行经营承包指标和管理目标的7+14目标体系，即产值、上交公司费用、质量指标、安全指标、工资总额控制、合同履约率、当年工程款回收率7项核心指标和14项管理点考核指标等辅助指标。公司领导收入、机关部门奖金按照每年初公司制定的《管理总目标分解》和《机关部门重点工作目标分解》，按事项设置分值，对应奖励金额，逐月考核。公司领导年收入80%与指标完成情况挂钩，20%与年度职工测评结果挂钩；机关各部门考核与年终奖金发放挂钩。2009年共计下达管理目标2226个，其中重点目标753项，经考核兑现后，中层干部最高收入10.7万元、最低6.04万元，普通职员最高收入6.48万元、最低3.33万元，分公司经理最高收入32万元、最低7.2万元，项目经理最高32万元、最低7.97万元。通过绩效考核优化了各级人员的分配，提高了工作效率。

张恺颙对公司招标亮剑，出重拳整治，不失时机地成立公司招标领导小组，下设招标办公室、费用控制组、资质审查组、法律事务组和监督组，坚持按部门职责分工审核、招标程序公开透明、集体决定的原则。2009年以来，公司累计组织各类招标552次、预算金额30.68亿元，降低1.64亿元。对协作企业做到一视同仁，在资金支持、合同履约、协调服务等方面“善待”，在质量、安全、进度等方面“严管”，严禁任何形式的挂靠。建立协作企业考评机制，2009年以来，每年召开协作企业座谈会，累计对信誉好、业绩佳的19家优秀企业予以表彰奖励，取消43家表现差的协作企业合作资格。

如今，深谙爱拼才会赢的化建人，又站在了新的起点上。张恺颙这个机会与做好了准备的人，带领化建人按照“依托延长、一业为主、多元发展”战略定位，树立“工程立企、科技兴企、人才强企、创延长化建品牌”战略思维，坚持“一体、两翼、两支撑”产业格局，沿着“由施工总承包向EPC承包延伸、由工程施工向房地产开发延伸、由安装向制造延伸、由工程承包向投融资延伸”战略路径，通过“管理提升、资源整合、资本运作、协同发展”的发展方略，做大延长化建、做强陕西化建，使公司成为以工程总承包为核心，集装备制造、房地产开发、工程技术服务、投融资业务为一体的多元化发展的国际化工程公司，力争“十二五”末实现产值100亿元。

不苟言笑的张恺颙，在工作场合似乎总唬着脸，令人生畏；不过工余班后，他又很快换了一副面孔，与人称兄道弟，妙语连珠。张恺颙曾满怀深情地对员工们说，自己是企业的一滴水，企业的发展就像一条奔流不息的江河，而每个人正像河中的一滴水，无论是在上游、中游还是下游，都能找到自己的位置。当下，张恺颙这滴水，从涓涓细流无怨无悔地注入到滔滔江河，就像他打造延长化建铁军的梦想一样，成了开不败的浪花！

（文/肖华文）

百折不挠敢为人先的新徽商

——记安徽金种子集团有限公司董事长锁炳勋先生

锁炳勋，男，回族，安徽阜阳人，研究生学历，高级经济师，1955年12月出生，1975年6月加入中国共产党。毕业于合肥工业大学所学专业，现任安徽金种子集团有限公司董事长，十届、十一届全国人大代表、全国劳模。曾在10年创造四个里程碑：“阜麻奇迹”、“动态管理法”、“金种子酒业股份有限公司上市”、安徽省内第一条企业建管的庐铜高速公路，形成了独具特色的竞争优势。独创的“系统动态管理法”被国家轻工总会评为科学管理创新奖，荣获全国企业管理现代化科技创新成果奖，在全国、全军企业界推广，并列入安徽省十大管理法之一。

锁炳勋语录：

1. 认真、动真、顶真，是我们的管理作风。对事负责，就要认真；对人负责，就要动真；对企业负责，就要顶真。

2. 多做事，少揽权，多奉献，少索取，是我们的工作作风，多做事，就要善做小事重业绩；少揽权，就要凝心聚力抓落实；多奉献，就要争先创优比贡献，少索取就要忠诚敬业讲实干。

3. 产品经营做“加法”，资本运营做“乘法”，做好“加法”能够实现持续增长，而做好“乘法”才能实现企业跨越发展。

4. 一个人的成功不是成功，一个团队的成功才是成功，凝心聚力打造一个优秀的团队，才是经营企业的大智慧。

临危受命：继续创造新的奇迹

金种子酒业的前身是阜阳酿酒总厂，始建于1949年，是在解放前当地几家传统的手工作坊基础上发展起来的。

1993年11月5日，当时的阜阳市府任命曾创造了“百日扭亏”奇迹的阜阳麻纺厂厂长、党委书记锁炳勋兼任阜阳酿酒总厂厂长、党委书记（身兼四职）。年仅38岁的锁炳勋没有退缩，没有迟疑，没有推卸，单枪匹马，跨进了酒厂的大门。当时的酿酒总厂产品几十年一贯制，市场占有率很低，销售份额较少，发展速度较慢。面对这种困境，按照市委市政府加快发展的要求，他果断推行“抓改革、创名牌，拓市场”三大举措。

抓改革，革掉人浮于事的“机关症”，24个科室并为9个，减员40%，打破陈规，启用能人，“能者上、平者让、庸者下、劣者退”，加大工作量，实行弹性工资，上不封顶，下不保底。整治管理马虎的“混乱症”，修改完善了规章制度，提出了“十严”治厂方针，对各个岗位的工作程序作了科学合理的规定。整顿疲疲沓沓的“懒散症”，实行“快节奏、高效率、满负荷”的工作法。用人格的力量凝聚员工，用创业的激情激励员工，高压重奖敢淘汰，支持大胆改革、勇于创新者，重奖有功者，表彰鼓励实干者，鞭策促进转变者，批评教育不干者，打击处理捣蛋者，大力弘扬正气，狠刹歪风邪气。改革的举措，所到之处，旧的毛病、多年积习统统化为乌有。仅仅2个月，厂区变得井然有序，人们变得脚步匆匆，精神变得紧张振奋，作风变得扎扎实实，生产变得红红火火，销售变得直线上升，实现了“员工变勤、管理变精、产品变新、效益变佳”。成绩来自改革，成功来自创新，各项指标赶超历史最高记录，两个月利税占年度的40%，当年实现利税首次突破2000万元大关。1994年以来，企业实现了连年利税翻番的快速发展目标。

创名牌，1994年成功推出的“种子”牌种子酒以21.8元/瓶、高品质、超常规的价格定位在长沙糖酒会一炮打响，提高了种子酒知名度和美誉度。拓市场。随即在合肥市开展“美酒一杯敬功臣”活动，向离退休老干部每人赠送2瓶种子酒，这种贴近市场的运作方式，开创了徽酒公益营销的先河，种子酒迅速占领了全国500多个市场，当时白酒行业呈现出“南有茅台，北有种子”的风景线。当年荣列中国轻工200强企业榜。此后的三年间，跃过了156家竞争对手，稳居全国白酒行业前六强，白酒产销量连续六年保持了全国同行业前十强，从此奠定了金种子屹立酒林的资本积累和雄厚的产业基础。

1996 年,以白酒为核心业务的金种子集团宣告成立,金种子实现了资本积累。1997 年在当时政策背景对白酒行业上市进行限制的条件下,很多人认为安徽白酒上市融资是不可能的;在这种情况下,以锁炳勋为代表的金种子人解放思想,敢想敢干,终于 1998 年 7 月 2 日成功上市。金种子的成功上市使企业发生了质的变化,打通了一个源源不断的融资平台,实现了从产品经营到资本运营的转变。通过兼并、收购、合资、租赁、联营等方式收购兼并 14 家国有破产亏损企业,盘活存量资产 7 亿元,创造了万人就业岗位。2003 年 5 月 16 日,金种子又一次实现了重大的资本运作,快速进入高速公路基础产业,以高速公路稀缺资源好项目,打开了融资渠道,创造了强大的现金流,对支持集团公司应对逆境,加快调整,摆脱困境,起到了重要的支撑作用。

一个企业不可能在多个行业同多个企业竞争。战线较长的多元化经营,也导致了资源相对分散,给做强白酒主业和业绩提升带来了巨大压力。在市场竞争的严峻考验和在多元化经营的磨砺中,金种子围绕主业抓整合,围绕产业抓调整,自 2001 年开始,本着"突出主业、有进有退、有所为有所不为"的原则,大力推进产业、产品结构调整,2006 年以股权分置改革为契机,通过股权转让、租赁经营、破产关闭等不同的方式退出了 14 家分(子)公司,收缩战线,回归主业,为聚焦资源做强主业白酒,实现持续快速发展,奠定了坚实的基础。

金种子改革发展的道路虽不平坦,但成绩显著。累计上缴税收 32 亿元,自 2005 年以来,连续六年实现不低于 50% 的高速增长。十一五期间,企业经济效益和整体实力大幅提升,销售收入增长 614%;净利润增长 382%;上缴税金增长 569%;市值增长 1727%;公司实现了高端产品价位从百元到千元、股票市值从 6 亿到百亿的历史性跨越。继 1998 年上市、2000 年配股之后,2010 年 12 月又成功溢价发行 3433.21 万股 A 股股票,募集资金 5.5 亿,是上市以来三次募集资金总额的 45%,成为 2006 年以来非公开发行股票的中国白酒企业第一家。金种子股票 2009 - 2010 连续两年涨幅位居中国证券市场食品饮料板块第一。公司先后荣获全国"重合同、守信用"先进单位、中国企业管理杰出贡献奖、全国名优产品售后服务先进单位、全国 AAA 级信用企业、中华慈善奖等 200 多项荣誉。金种子商标被国家工商总局商评委认定为"中国驰名商标",连续三次上榜"中国品牌 500 强"。

回顾金种子的发展历程,锁炳勋不无感慨地说,金种子是一个原生态、创业型、市场化的国有企业,我们的特色就是国企机制下的民营化管理,实现了国有体制和民营机制的和谐运转,即充分发挥国企的明显优势,又充分利用民营机制的灵活性;通过民营化机制革除国企的机制不活、效率不高、作风懒散等种种陈规陋习,让国企焕发生机;同时通过国企的优势,又可以更好地争取国家政策支持,解决国企的历史遗留包袱,轻装上阵;金种子之所以能够实现持续发展,就是两种优势互补的结果。

打造团队:一个团队的成功才是成功

锁炳勋认为,一个人的成功不是成功,一个团队的成功才是成功,凝心聚力打造一个优秀的团队,才是经营企业的大智慧。他在自己努力取得成绩的同时更加注重带动整个团队一起创新。既能生产出好酒又能品评出好酒是锁炳勋对生产技术人员提出的目标和要求。

在建设品酒员队伍上,他精心挑选具有发展潜力的品酒员,每周定期进行培训和交流,提高企业整体品酒水平。为打造一流的酿造生产技术,他成立了酿造技术攻关中心,由各车间技术骨干组成攻关小组,每个月针对技术难题开展技术攻关。几年来,先后有近 10 个项目荣获省市级以上荣誉称号,其中,曲酒 QC 小组和瓶盖 QC 小组分别被授予"安徽省优秀质量管理小组"称号,曲酒整体生产技术大幅提高,在同行业具有先进水平。

在锁炳勋的推动下,一大批优秀的技术人才脱颖而出。在全国 13 届白酒技术比武中共有 13 人次获得单项冠军,3 人获得全能冠军,20 多人获得"安徽省轻工系统技术标兵和能手"称号。在品酒员队伍中,有 1 人被授予"国家级白酒评委"和"国家级品酒师",3 人被授予省级白酒评委,4 人被授予省级白酒品酒师,有 3 名技术人员荣获"安徽省五一劳动奖章",2 人获得"安徽省杰出青年岗位技术能手"称号,9 人被评为"全国高级酿酒技工",20 人被评为"安全工程师"和"质量工程师"。

有了这样的团队,锁炳勋说,才能保证产品的质量和品质。安全、卫生、健康、生态是白酒产业发展的主流方向,保持白酒品质稳定历来是技术上的一大难题,难就难在长期稳定,品质不变。因为白酒的酒质常常要受到环境、温度、贮藏等多方面因素的影响。喝过金种子酒的人,都对它的酒质赞不绝口。

"金种子"是如何保持品质绝对稳定的呢?锁炳勋说,"金种子"采用绿色食品酿造工艺,从原料基地选择到发酵酿造,从储存到调制,从灌装到运输等都有一整套的技术、质量和卫生标准。同时,按照生产规则要求,公司单独设立了绿色食品仓库、酿造车间、灌装车间等基础设施;实施清洁生产工艺,以环保节能的蒸气替代高污染的锅炉;投入四千万元建设环保治理项目,对厂区内环境污染进行了彻底的治理和控制,实现了废水的全部达标排放。投资 1.2 亿元,本着"环保、节能、绿色、健康"的理念,完全按照 GMP 技术规范建设的 4 万平方米的现代化灌装中心,环境优良、技术先进,不仅在我省白酒行业走在前列,而且也为酒的质量和品质提供了最大程度的保障。

绿色原粮选料。曲为酒之魂,粮为酒之骨。"金种子"酿酒用的高粱、小麦、豌豆等原料,产自经国家农业部、绿色食品专家检测认定的东北绿色产粮区,颗粒饱满,富含丰富的淀粉酶。经过严格筛选和粉碎—蒸煮—摊晾加曲—入池发酵—开窖蒸酒—分级摘酒—恒温窖藏贮存—调制调味等工艺流程,金种子酒基本是在封闭状态下全程无公害酿制。这就从源头上、过程中保证了金种子酒的安全、营养、健康的特性,决定了"金种子"酒的醇、柔、净、爽的独特品质。

恒温窖藏控制。恒温窖藏有两种:一是天然恒温窖藏,二是物理恒温窖藏。物理恒温窖藏的最大优点就在于可人为电脑操控,通过现代技术进行微量成分分析,从而找到最佳的温度结合点,促进微量成分平衡稳定。"金种子"采用的是长达 10 年的"物理恒温窖藏"原酒酒体,该酒体全部采用土陶酒坛盛装,长期贮存在由恒温控制(常年稳定在 23°C—25°C 的温度内)大型储酒窖内自然老熟。由于窖藏恒温,空气相对湿润,更有利于白酒酿制所需要的多种微生物繁衍生息和生化反应,使原酒醇化老熟更快,生香更好,自然挥发也少,两年的贮存即可达到一般贮藏五年的效果,品质异常稳定;更有利于酒体氢键结合作用力明显,使酒体品质绵柔无比;更有利于祛除原酒中的暴辣及杂味,使酒体极度纯净。经过恒温窖藏的原酒,酒体就会更为醇厚、芳香、优雅、细腻,具有"感官稠密而挂杯壁,手触嫩滑柔软如丝"的明显特质。

百年老窖发酵。金种子酒业系从与共和国同龄的安徽阜阳酿酒总厂发展而来，拥有近百条百年以上的老窖池，平均池龄也在五十年以上，采用的是混蒸续糟法即"混蒸混糟，续糟发酵"工艺，边蒸粮边出酒，酒醅连续使用，出甑后经摊凉、撒曲后入窖、混渣发酵，充分体现几十年不间断酿造的典型特征，使得金种子酒最大程度、可持续地保留上一轮"续糟酿造"积淀起来的精华。俗话说"千年老窖万年糟"，可以说，每一滴"金种子"都蕴藏着近半个世纪的岁月生香和余韵。

不可复制的地理环境。水是酒的血液。好的水质必须在良好的生态环境中形成。金种子酒业所在地阜阳市位于黄淮海平原南部、安徽省西北部、淮北平原西部，在我国南北气候分界线秦岭、淮河一线的交界处，淮河、颍河、泉河、茨淮河流经之地。这里温度、湿度适中，日照时间长，四季分明，风调雨顺，物产富饶，土壤酸碱适度，肥沃无砂化，属粘土型土壤，特别适合梭状芽孢杆菌、霉菌类等酿造微生物的生长繁殖和寄生；金种子酒生产、酿造用水属颍河水系下370米深处地下水系，水质矿化度较低，纯净无污染、无杂菌，微量元素丰富，微酸性，能使酒质不易产生沉淀，在酿造发酵过程中有利于曲块微生物和窖泥微生物的优势生长，避免发酵污染，从而保证了酒质优良。有人说，酒是有灵性的，讲五行相生相克，即便是同一群人、用一样的工艺，换一个场所也酿不出一样的酒，所以真正的好酒是不可复制的。

官方认定的首个《柔和型白酒》标准。"柔和型"是白酒业的一大首创，因为它突破了白酒行业以香型为分类的传统，而根据消费者口味变化和市场竞争的新趋势，提出了以"健康适口"为主的"柔和型"白酒的新概念，把"绿色、健康、低碳、时尚"的新理念溶入到"柔和种子酒"和"恒温窖藏醉三秋"和"和"徽蕴金种子"酒中；从重香转向重味、从燥辣尾杂转向醇和爽净、从窖香浓郁转向窖香幽雅，追求香型复合化、风格个体化、工艺多样化，在白酒市场再次引起强烈的轰动效应。柔和型白酒成为一种健康消费的引领，带领消费群体对白酒消费有着更加深刻的认识。2010年12月26日，安徽省质量技术监督局在合肥召开《柔和型白酒》安徽省地方标准审定会，专家组认定由金种子制定的《柔和型白酒》标准编制符合GB/T1.1－2009药酒，技术内容科学，主要技术参数先进合理，填补了省内空白，不仅能为柔和型白酒的生产加工和质量控制提供有效的依据内和保障，也为柔和型白酒的的生产起到了良好的示范作用。

新徽商精神：百折不挠敢为人先

文化是企业持续发展的不竭动力。锁炳勋认为，金种子在发展壮大中，一直在不断弘扬徽商精神，从1993年创业之初的"要吃饭、拼命干"精神，到1996年进入全国行业前十强时的"敢为天下先"精神，从1998年成功上市后"耕耘民族产业土地，铸造时代企业灵魂"，到现如今全员共同彰显的"忠诚是大智，敬业为美德"的核心价值观，无不闪耀着新徽商"百折不挠、出奇制胜、敢为人先"竞争精神的光彩。

在其发展的历程中，金种子也与众多的转型企业一样也经历过阵痛，多元化的困绕，行业低谷时的徘徊……许多企业，仿佛是一夜间就"香消玉殒"，金种子却凭籍着一股顽强的生命力，在市场经济大潮的磨砺中逐渐成熟发展，成为徽酒阵营中一颗闪亮的"金种子"。

在人类历史文化长河中，酒，不仅是一种客观的物质存在，更是文化的符号。阜阳，古称颍州，早在西周时期，即为胡国国都，后历代州府均设在此。阜阳酿酒业历史源远流长，早在北宋时期，就已形成规模，是徽派白酒的发源地，当时的名酒"风曲"、"银条"，被选为贡酒。

种子酒源自何时，民间传说很多，现以无法辨其真伪。东汉《说文解字》在解释"酒"的栏目中有：杜康作秫酒。秫，高粱，泛指种子。相传杜康是黄帝时代管粮食的官员，因霉粮而被逐出宫廷。他自感尽职不细，遂带霉谷回家，取山泉水浸泡霉谷，几经曲折，终酿成酒，杜康因而被尊为造酒鼻祖，秫（种子）酒也就成为粮食酒之源。另传魏晋年间，杜康后人来颍州，发现此地水质奇特，风景怡人，是酿酒的绝佳之地，遂开坊造酒。"竹林七贤"中的喜饮者刘伶闻香而至，一碗酒下肚，便觉神清气爽，遍体生津；两碗酒下肚，便觉香透肺腑，浑身熨贴；三碗酒下肚，顿觉头昏昏、脚飘飘，来了酒意。刘伶自知不妙，扬鞭策马赶回家中，往床上一倒，醉卧三年。醒后感慨，作《酒德颂》。宋代文学家"醉翁"欧阳修任颍州太守期间，有两大喜好，一是喜饮秫酒，二是畅游颍州西湖，并在醺醉中写下了"大千起灭一尘里，未觉杭颍谁雌雄"的千古佳句。

两千多年的历史文化积淀，给"金种子"品牌建设提供了丰富的想象空间，成就了金种子酒的经典之作。早在1994年，公司科技攻关小组在中国食品工业协会白酒专家的精心指导下，在原醉三秋老窖池的基础上，将传统工艺与现代高科技相结合，充分利用当地独特的气候条件和水土条件，采各家名酒之长，精心培育，成功研制出了50度、38度种子酒，被中国食品工业协会评为中国名牌产品。从此，金种子、种子酒成为中国白酒市场的一朵奇葩。

"种子"是生命，也是力量；是收获，也是希望；是幸福，也是成就；新生的，也是坚强的；是灵动的，也是凝重的；是平凡的，也是伟大的；是历史的，也是未来的。2005年，公司成功推出柔和种子酒，祥和种子酒、恒温窖藏醉三秋，金种子系列产品成功实现了品牌高端化转型，打造了快速消费品区域市场运作机制，在国际金融经济危机不利形势下，公司各项主要经济指标连续6年继续保持大幅增长的良好态势。

2010年，改造和提升传统纯粮酿造工艺，集60年酿造技术之大成，新推出高端政商务用酒"徽蕴金种子"，上市当日以88.8万元的价格刷新了安徽单瓶白酒最高拍卖记录，金种子高端产品价位进入了千元时代，标志着金种子跻身中国白酒价值代表性酒品。徽蕴金种子打造了金种子高端品牌新形象，适应了高端消费的新需求，开辟了金种子品牌文化的的新传奇，实现了金种子发展战略的新突破。

在改革发展中独创动态管理法，这是金种子的核心竞争力。金种子的管理特色是以动态管理打造"国企民营化"机制，既充分发挥国企的明显优势，又充分体现民营机制的灵活性。1995年7月12日，锁炳勋作为中央电视台《经济半小时》经济效益纵深行"节目推出的八位扭亏企业家之一，锁炳勋将他的动态管理经验推向全国。

1997年元月21日在无锡召开的全国企业管理工作会议上，锁炳勋作为安徽省唯一一家国有企业代表发言。动态管理法荣获"全国企业管理现代化创新成果二等奖"。动态管理的核心内容是：人员最精干，职务可变换，管理要规范，分配看贡献，果断不武断，股东说了算。

动态管理的文化精髓是"动"，动中求优，优中求新，生命在于运动，管理在于主动，沟通在于互动，改革在于推动；人动思想动，动出了危机，动出了生机，动出了压力，动出了觉悟，动出了责任，动出了忠诚；人动机制动，动出了活力，动出了效率,让合适的人做合适的事,让做事的人有舞台,让成事的人有回报,实现了"人岗匹配、岗薪匹配、薪绩匹配",推动了改革管理双动态,改革管理双推进,改革管理双和谐,改革管理双到位。

锁炳勋说,金种子的核心价值观是"忠诚是大智,敬业是美德",这是企业改革发展的源动力。金种子始终大力弘扬"五种精神":用主人翁精神管理企业,用改革精神发展企业,用创新精神铸造企业,用团队精神引领企业,用奉献精神凝聚企业;金种子始终践行"五个坚持":坚持"无功便是过,平庸就是错"的业绩观,坚持认真、动真、顶真的管理作风,坚持"多务实、少浮躁,多包容、少计较,多干事、少揽权,多奉献、少索取"的职业情操,坚持"做事从容、对人宽容、对事包容"的品格修养,坚持牢固树立"职业、专业、敬业"的人才理念;坚决摒弃小农、小商、小市民的"三小"意识,牢固树立"三归"意识,这就是:归咎、归依、归零。对自己要归咎,自我检讨,敢于否定,提高纠偏能力;对企业要归依,热爱企业,忠于职守,与企业风雨同行;对功劳要归零,就是功而思过,戒骄戒躁,时刻思考"我能为金种子再做什么";全力打造思考型的决策层,执行型的管理层,专业型的操作层,始终怀着一颗感恩的心,对股东感激,对企业感恩,对社会感谢。

金种子集团始终坚持以履行社会责任打造爱心品牌,在支持社会公益慈善事业方面一直走在行业的前列,开创了一条企业发展与社会责任相辅相成的和谐共进之路,实现了品牌价值和经营业绩的双提升。累计捐款捐物 1 亿元,爱心援助地震灾区,为汶川、玉树分别捐赠 261 万元、80 万元;积极支持文教事业,为全国第四届体育大会赞助 500 万元,出资 200 万元冠名支持第十四届亚州跳伞锦标赛,为省慈善协会捐资 160 万元,一次性捐资 140 万元资助全省 500 名大学生,在安徽黄山、砀山、萧县等 60 个县市实施"关爱留守儿童"公益慈善项目,先后资助了万余名留守儿童。大爱无疆,善举无数。金种子的爱心洒遍神州大地,金种子以责任成就了全国白酒行业唯一一家"中华慈善奖",金种子人真情演绎了无数感人的故事。

如果说,独特的企业文化,科学的管理理念,是金种子发展的源动力,那么以文化铸品牌,以爱心打造企业竞争力,实现社会经济效益和社会效益双赢,让金种子成为引领行业的"旗手",这是许多一线名酒所无法比拟的,确实难能可贵,这就是金种子持续发展的灵魂所在。

展望未来:开辟徽酒新天地

对于未来的发展,锁炳勋有怎样的思考呢? 对此锁炳勋认为,"十二五"时期,是金种子跨越发展的黄金期,也是金种子调整结构、转型升级的关键时期,金种子人必须清醒地认识到发展面临的三大机遇:

一是国家宏观经济形势带来的机遇。近 5 年白酒行业的快速发展,是在我国宏观经济高速增长带动消费升级的大背景下实现的。国家"十二五"转变经济增长方式、全面扩大内需的政策,必将持续拉动白酒消费结构的升级,推动白酒产业新一轮的发展。尤其是皖江崛起和皖北振兴互动发展,将会带动安徽主流白酒企业的加速崛起,这对金种子进一步做强做大省内市场,稳健拓展全国市场,是一个千载难逢的大好机遇。

二是资本市场给白酒产业发展带来的机遇。白酒行业的生态环境和竞争态势正在发生深刻变化,资本的介入让白酒产业的竞争格局日益趋向集中,行业整合已势不可挡。以资本运作推动区域集中化程度不断提高,是未来白酒企业发展的必然趋势。金种子要率先发现并抢抓这一历史机遇,充分利用上市公司的融资优势,通过资本运作和资本整合,积极参与区域竞争,做大做强,将资本运作的竞争优势转化为金种子产品经营的强势,是金种子未来发展的巨大机遇。

三是一线名酒纷纷涨价给金种子带来的机遇。一线名酒的超常规涨价,使白酒行业整体受益,二线名酒乘势而上,加速升级,为中高端白酒的生存和发展创造了更多的商业机会和市场空间。这对金种子做强区域市场、开拓省外市场,抢占市场中高档份额是一个巨大机遇。

锁炳勋说,金种子在品牌高端化进程中,积极推进品牌全国化,按照"稳健、创新、拓展、增效"的原则,科学布局全国市场,一是通过高档酒的成功运作,不断拓宽产品线生存空间;二是通过省外空白市场开发横向拓宽产品销售区域;三是通过区域市场深耕细作,纵向拓宽市场占有率。实施营销分离,全面提高营销的前瞻性、系统性、创新性,构建强有力的营销系统,以营统领销,以营推动市场结构的调整,实现做深做细县级市场到地级市场的转变,实现做实做强省内重点市场到一般性市场的转变,实现做强做透区域市场到省外周边市场的转变。

锁炳勋表示,我们一定要抢抓机遇,乘势而上,准确把握十二五发展阶段的新特征,坚持"做强主业白酒"不动摇,围绕"调结构(产品结构、产业结构、市场结构)、促升级"这条主线,以资本运营推动产品经营,高标准、高起点、高质量建设 1500 亩金种子生态产业园,到十二五末,实现销售收入、净利润、上缴税金、股票市值、职工收入等"五个翻两番"。

在市场竞争中,一个企业,一个品牌,要赢得消费者和市场的认同,靠的是货真价实的高质量产品,而不是弄虚作假的品牌炒作。中外著名品牌的发展史表明,从来就没有靠炒作而不靠高质量产品获得成功的品牌。只有凭借产品的高质量及积淀深厚的高品位品牌文化,才是企业和品牌长盛不衰、永葆生命力的法宝。

绿色才是品牌的底色

——访浙江医药股份有限公司董事长李春波先生

山在那里,平静澹然地苍翠了亿万年,是连绵矗立在大地上的无字史诗——李春波推开办公室的窗子,挥手指向层峦叠嶂的新昌群山,他说:"这是浙江医药的品牌底色。"

从中国到世界,浙江医药这样影响并引领了医药行业:中国第一家生产高含量天然维生素 E,并合成维生素 H(生物素)的企业,打破国外技术垄断,填补国内空白,达到了世界一流水平;作为世界唯一能生产全部脂溶性维生素的企业,维生素 H 产销量全球第一,辅酶 Q10、合成维生素 E 产销量全球第三;形成了脂溶性维生素、类维生素、喹诺酮类抗生素、抗耐药菌抗生素等系列产品的专业化、规模化生产,成为对全球市场具有影响力的医药制造企业……

续写辉煌就要翻过这一页传奇,打开浙江医药的发展远景:"开发具有高技术含量、高市场占有率、高附加值、低污染、低消耗的新产品;制剂产品要创品牌,原料药要上规模"——让企业的命运融入转型升级的时代命题,浙江医药磨砺羽翼、再谋腾飞,酝酿影响中国医药产业发展的重要转折与品牌变革。

绿色医药　传承一种优雅的文化

“东南山水，越为首，剡为面，沃洲天姥为眉目”——中国是诗的国度，浙东唐诗之路上的新昌闪耀着诗歌的光芒。浙江医药股份有限公司董事长李春波一直这样认为：可持续是一个品牌的伟大之处，也是一个品牌的优雅所在。浙江医药要成为一个绿色的医药品牌，让中国文化之美与中国山水之韵生生不息、代代相传。

绿色医药与行业可持续发展，是浙江医药在责任视角中开拓的品牌之路，李春波曾经这样感言：“每一个社会人都承担着相应的责任，角色不同，责任大小和范围也就不一样。作为一个企业家，他的社会责任相对于一般人来说要重要得多。如果说，把自己的企业带向健康长久的发展轨道，使企业员工都能过上富裕、幸福的日子界定为‘小’的话，那么，为国家创造财富，坚持走循环经济之路，保持人类社会的可持续发展就是‘大’责任了。任何一个企业家，不论是国有的还是民营的都同样担负着这两种社会责任。”

“发展生产、保护环境，保护环境就是保护生产力；做好药、少污染，就是对社会最好的贡献。”浙江医药的环保工作始终贯彻科学发展观，通过走清洁生产之路，发展循环经济，将环境保护与节能降耗紧密结合，加大力度淘汰能耗较高、污染较大、附加值低的产品，并在节约资源、降低能耗的同时，减少污染物的排放。在新昌制药厂投资3000多万元建成的每天处理污水2000吨的Ⅱ期项目，为国内首家采用高效专利微生物废水处理技术，顺利通过国家“一控双达标”验收；2001年，新昌制药厂就通过了ISO14001环境管理体系认证，并获得了英国皇家认证认可委员会认可的ISO14001认证证书；2004年，通过了OHSAS18001职业健康安全管理体系认证，为浙江省医药行业首家通过这项认证的企业；同年，还通过了省经贸委和省环保局组织的清洁生产审核，成为省内首批通过清洁生产审核的企业；2008年，投入2000多万元进行环境设备的投入与改造，涵盖了废气治理改造、应急处理设施改造、噪声治理、污水处理技术提高等。投资60多万元对3个区域的循环水系统进行了改造，水循环利用率从原先的95%增加到97%。

绿色医药为浙江医药不仅积淀了品牌的责任内涵，更为浙江医药带来了产业链的纵向延伸，并打造了变“废”为宝的绿色产品格局和环保技术格局。浙江医药新昌制药厂通过技术攻关，从提取出了维生素后的豆渣中，开发出生物柴油，替代了原先的普通柴油，每年可节约柴油2000多吨；研发完成了两个催化剂再生利用项目，通过再生改造，使原来一次利用的催化剂能多次反复使用，大幅度减少了污水排放；通过对用水系统的改造，使水的循环利用率高达95%……由于系列节能减排项目的成功实施，新昌制药厂被省经贸委授予了“省节能先进集体”称号。

为促进节能减排，新昌制药厂大力提升各产品线的装备和清洁生产水平，使品牌具备技术优势的同时更具备环保优势，大幅度削减生物制药车间的废水排放量，新昌制药厂将维生素辅酶Q10、发酵法β－胡萝卜素等通过生物制药过程产生的发酵压滤液进行处理，使发酵母液变废为宝，做成生物复合肥，并可削减30%的废水量。上海世博会期间，这一生物复合肥，广泛应用在上海世博园区，让浓郁的芬芳、葱茏的绿意与一份深远的环保内涵扮靓了这一中国盛事。

绿色，被李春波视为品牌的底色，为了浙江大地的河流一如既往地清澈如唐诗，浙江医药以建设生态文明、传承中国文化的责任定位，塑造着品牌的品格。

自主创新　树立一个民族的自信

新昌制药，是一个用创新抒写的传奇，传奇的背后是中国崛起作为全球最大原料药的制造大国的时代所趋。为中国医药崛起而创新，李春波带着一份源于使命感和责任感登上世界舞台，成为了中国医药业异军突起的见证者和先行者，并成为了国际医药业不可忽视的中国力量。

“创新演绎品牌的价值，品牌放大创新的能量。”李春波深知医药企业的发展取决于创新能力，企业的未来则取决于品牌影响力。“中国医药正面临着转型的抉择，中国制造第一桶金是通过降低成本跟国际市场竞争而取得的，那么中国企业的长久生命力，必须依靠我们自主创新的专利药与不断积淀的品牌建设。”

2010年初，浙江医药公司下属新昌制药厂生产的原料药本芴醇和蒿甲醚的现场检查报告已获得美国FDA的正式批准，允许进入美国市场销售，这是浙江医药建立专利技术产业链以来取得的一项最新成果。浙江医药确立了以技术创新为核心竞争力的长远目标，并在此基础上开发出一大批有竞争力的产品，成本、质量方面都达到了国内、国际领先水平，并确立了自己在原料药领域国内、国际领先的优势，制订了以“维生素、抗生素、制剂”为主的战略定位，加大原创性的药物技术创新，建立专利技术产业链，提高产品的附加值，在国际市场上与罗斯、巴斯夫等国际巨头展开分庭抗礼的高水平竞争。

浙江医药的品牌建设与创新之路齐头并进，浙江医药先后开发成功并已实现产业化的维生素及类维生素产品有：维生素E、天然维生素E、生物素、β－萝卜素、维生素A、维生素D3、角黄素、叶黄素、虾青素、辅酶Q10等产品，不仅能生产原料，还配套生产医药制剂、食品添加剂、饲料添加剂，形成了门类齐全的配套研发、生产、销售体系；与此同时，以“来益牌”天然维生素E为代表的系列保健产品在市场上声名鹊起。

浙江医药在国内、国际上用科技内涵丰盈了“中国品牌”的世界级品质。公司率先独家成功开发出被临床医生誉为抗耐药菌“王牌抗生素”和“最后一条防线”的糖肽类抗生素盐酸万古霉素原料及冻干粉针制剂，于2003年实现了产业化，打破了20多年来国内市场被国外大公司“稳可信”垄断的局面，以质优价廉的产品进入国内市场3年就实现市场占有率超过20%，全国二级甲等以上的200多家医院开始使用该公司开发的“来可信”。浙江医药是我国氟喹诺酮类药物的生产基地，先后成功开发氟喹诺酮类药物诺氟沙星、氧氟沙星、环丙沙星、恩诺沙星、洛美沙星、左氧氟沙星、加替沙星等产品，其中氧氟沙星、左氧氟沙星、加替沙星为国内首先研发成功，填补国内空白；同时公司在国内首先开发成功国家级新药“乳酸左氧氟沙星及其注射液、片剂”，商品名“来立信”，作为企业的品牌产品在全国推出。

品牌积累非一日之功，原创性药物研发更是道路漫长，浙江医药在“十年磨一剑”的坚韧中投身品牌制剂与原创药物研发——做国外也没有的药物，攻坚“抗肿瘤、抗病毒”等的世界难点，为中国制造更为中国品牌挑战未来。

仁笃关爱　传递一种美好的价值

“春天都是从草尖上开始的，这也正是这个季节的盛大所在。”李春波说：“品牌是有温度的，所以我们以‘关爱人类健康’为己任。而关爱人类，是从关爱身边的每个人开始的。员工的心里有春天，这个企业才能为世界带来热度。”

品牌的温度，来自于人文的关怀。2009 年，浙江医药新昌制药厂设立了"职工子女助学基金"，凡考取国家教委认可的全日制大专及以上高等院校的新昌制药厂职工子女，在读期间可享受企业给予的助学金。在荣获"全国模范职工之家"称号的浙江医药新昌制药厂，早就实施了人才"放飞"战略，对所有员工除了工资浮动、给住房、发生活安置费等优惠条件外，大中专毕业生和科技人员来去自由、不强留，采用外引和内培相结合的方法集聚人才，为人才提供优惠的待遇和宽松的环境，鼓励有能力的科技人员考研升博、出国留学，并已选送十多名科技及管理人员赴美、英、法、德、加等著名大学或科研机构深造，在国内攻读硕士、博士的有 30 多人。

浙江医药"来益"研究所的一位老院长，当年离厂攻读博士学位，其人事关系已经和企业脱离，但新昌制药厂不计回报，仍然承担了他读研费用，并为他和妻子发放了生活补助，最后这位院长却自愿回归了浙江医药——在这个"飞回来"的人才故事中，更能体悟到李春波的"在人才流动中集聚人才"的人才之道，和"仁笃关爱"品牌之道。

"人才是企业的资源，更是国家的财富，即使不在浙江医药，也会在别处为国家做贡献。"李春波曾经对全体职工说："办企业首先为员工，第二为国家，第三是为经营者自己。我们最大的成绩，就是为员工获取最大的利益，让员工生活不断富裕起来。企业稳定发展，员工安居乐业，就是我们对国家最大的贡献。"

在新昌中学，每年考入大学的优等生，都会收到来自浙江医药的助学金；在北京大学，浙江医药联合设立了"预防药学研究中心"，不计投入地支持导师们带领一批又一批博士生、研究生攻克一个个课题难关；在中科院上海有机化学研究所，浙江医药建立了"浙江医药研究和教育奖励基金"，资助最优秀的人才在国外一流的研究机构学习……

"高植梧桐，有凤来仪"，为国家培养人才的浙江医药新昌制药厂，也成为了中国医药杰出人才的高地：新昌制药每年花费在人才培养方面的费用达 1500 万元以上，通过"养用结合"的人才战略，让企业内部每个员工都处于良好的"活性"状态，营造出生生不息的创新氛围，在制药行业平均利润不到 8% 的背景下，创出利润高达 30% 的浙江医药特色。

责任是企业对社会的"仁"，是对所处时代的关爱和积极作为。一直以来，"关爱人类健康"的企业宗旨始终贯穿于企业生产经营活动的始终，小到修桥铺路、社区建设、捐资助学，大到抗洪救灾，为预防非典捐款、为援助汶川灾区，浙江医药都能慷慨解囊，热心相助。在 2003 年的非典疫情中，公司共向"抗非"这场特殊的战役捐赠药品及款物 430 多万元。李春波被中华爱国工程联合会授予"公益之星"荣誉称号。同一年，新昌制药与浙江省红十字会、浙江省扶贫办公室签署了"博爱救助项目协议书"。根据协议，从 2003 年起，新昌制药每年通过省扶贫办、省红十字会向省内欠发达乡镇的特困农户捐赠价值 360 万元左右的药品，为期 5 年，总计价值 1800 万元。这是浙江省近几年来扶贫力度最大的一次。2008 年，公司获得了中华总工会颁发的全国五一劳动奖状，这是绍兴市唯一一家，也是新昌县有史以来首家获此殊荣的单位。

从 1953 年到现在，浙江医药已经走过了 57 载，但却依然年轻，浙江医药人脚下是一条满载希冀与憧憬、洒满晨曦的路。潇洒挥手，以半个世纪的积淀为起点，无畏攀登中国医药品牌与创新的巅峰，他们相信在登顶的时刻将触摸到天空的蔚蓝，为这个行业迎来历史性的改变。

（文/齐兰兰）

资本市场潮头立

——访浙报传媒集团股份有限公司总经理蒋国兴先生

2011 年 9 月 29 日，上海证券交易所一个平常的日子，但对于浙报传媒人来说，却有着不同凡响的意义。这一天，浙报传媒借壳上海白猫，成功上市，并迎来开门红。开盘价 11.99 元，然后一路上扬，全天上涨 68.27%，成为当天市场"万绿丛中一点红"。上市之后，参与浙报传媒上市全过程的四大中介机构分别发表专题评论，认为浙报传媒的上市是"A 股资本市场罕见的快速规范上市"，"效率之高超乎想象"，"不仅仅是企业上市，更是一种团队文化"。

作为"浙报传媒"的实际控制人——浙江日报报业集团，其前身是诞生于 1949 年的浙江日报社。2000 年，浙江日报报业集团成为浙江省第一家、全国第八家报业集团。截至 2010 年，浙报集团旗下共有 28 家媒体，涉足文化产业投资等多个领域。2010 年 10 月 22 日，浙报集团的全资子公司浙报传媒控股集团有限公司启动与上海白猫股份有限公司的重大资产重组。经过这次重组，浙报传媒控股集团有限公司持有上市公司 2.7768 亿股股份，占总股本约 64.62%，上市公司实际控制人变更为浙江日报报业集团。上海白猫的原有业务全部置出，主营业务变更为报刊广告、发行、印刷、新媒体经营等，其中，基于报刊及新媒体平台的广告、发行及相关业务收入成为上市公司主要收入来源。上海白猫股份有限公司也更名为浙报传媒集团股份有限公司（简称"浙报传媒"）。

作为国内首家经营性资产整体上市的报业集团，浙报传媒的上市有着鲜明的探路者色彩，它上市后的发展状况将直接影响我国报业集团上市的整体进程。正如浙报传媒集团股份有限公司总经理蒋国兴所言："如果我们走得不好，将会堵住兄弟报社上市的门槛。"

在全国积极深化文化体制改革，推进非时政类报刊转企改制的大背景下，浙报传媒的上市是浙江省深化文化体制改革的一项重大成果，也是浙江日报报业集团实施"全媒体，全国化"战略的阶段性成果。审视浙报集团十年来的发展轨迹，我们看到，对浙报而言，上市仅仅是个起点，他们的最终目的是通过资本市场圆传媒产业的梦想。上市之后的路到底该怎么走？蒋国兴说："我们的最大追求，是通过浙报人的共同努力，把浙报传媒打造成中国资本市场最优秀的传媒上市公司。"

艰难的寻壳之旅

记者：今年国内报业界上市的热潮涌动，多个报业传媒集团准备寻求借壳上市，但目前借壳成功实现上市的只有浙报集团和广州日报报业集团。请问浙报一开始就准备要借壳上市吗？它所借的壳是如何选定的？

蒋国兴：应该说，从 2001 年开始，浙报集团就一直在探寻"传媒控制资本、资本壮大传媒"的发展之路。最近三年来我们在努力寻找机会登陆资本市场，最初的设想是并购一家传媒上市公司，通过现金收购加资产注入，来完成这一并购，这样既可以加大浙报集团的产业规模，也可以顺利实现浙报集团"全国化"发展的诉求。但由于种种原因，没有成功。一直到去年 7 月，粤传媒获批经营性资产整体上市，我们意识到这是一个难得的政策机遇，立即对广州日报的上市过程进行了详细的考察学习，并在第一时间快速启动了浙报集团的上市筹备工作，开启了浙报的寻壳之旅。

如何能够找到一只性价比高的“净壳”，是一个关键的问题。这需要相关人员在资本市场上精挑细选。首先，作为国有传媒集团收购壳公司，所有操作必须规范，甚至要做到无懈可击；其次，作为目标壳公司，股票市值越小越好，这样性价比就高；最后，要想在国内同行中抢得先机，借壳的速度越快越好，这就要求公司在资产、债务、人员方面没有特别大的纠纷隐患。符合这几个条件，才是我们理想的壳公司。经过仔细调查研究，反复比较，并征求了专业人士的意见，最终选定了上海白猫股份有限公司这只“壳”，为浙报上市准备工作迈出了关键一步。

记者：有人说，中国的报业集团上市是呼声大于实际操作。您怎么看待报业集团的上市？浙报从启动到正式上市只用了一年的时间，您认为在这么短的时间内，其上市各方面的准备的确已经做足了吗？

蒋国兴：报业集团谋求上市是加快文化产业发展的一条路径，也是做强做大报业的一条通道，但目前还在探索期。浙报传媒的上市不是心血来潮，更不是突发奇想。利用资本市场发展传媒文化产业，早在10年前，浙报集团就开始谋划了。当时，集团党委就组织专题小组做了资本运营的课题研究报告，首次提出了“传媒控制资本，资本壮大传媒”的发展理念，并进行实践探索。但由于体制的束缚，当时报业要想跨媒体跨行业跨地域发展困难重重，但浙报集团并没有放弃投资业务的拓展。后来成立的浙江新干线传媒投资有限公司作为集团的资本管理平台，在高科技产业和文化产业领域作了一系列投资运作，培养锻炼了一支专业队伍，并取得了良好的投资回报，这也为浙报传媒的上市打下了扎实的基础。

虽然从启动上市筹备工作到正式上市，浙报传媒只用了1年的时间，但我们各方面的准备已经做足，这有赖于近十年来浙报集团奠定的良好基础。2003年，中央开始文化体制改革试点，当时，浙江省和广东省是两个综合试点省份，那时，浙报集团就开始设置“一媒体一公司，两分开，一本账”的运营体制。2004年，组建了浙江日报报业集团有限公司（2009年更名为浙报传媒控股集团有限公司），负责浙报集团的经营性资产的运营和管理，在经营体制机制、财务和资产管理、市场化运作等方面打下了扎实基础，为这次改制上市创造了良好的条件。如这次浙报传媒改制上市，牵涉到350多名事业身份员工的身份转换，集团专项政策出台之后，大家二话不说，毫不犹豫就转了，使原先的改制难点变成了一大亮点。

上市公司的构成

记者：浙报集团的全部经营性资产都装入上市公司了吗？请您详细介绍一下这方面的情况。

蒋国兴：浙报集团分为事业单位和产业单位两个层面。按照“采编和经营两分开”的要求，新闻采编业务目前还不能注入上市公司，所以浙报相对应的28个媒体的编辑部和一些职能部门没有装入上市公司。这是事业这一部分。至于产业层面，现在分为两块：上市板块和非上市板块。

非上市板块包括4个媒体：第一个是和淘宝网合作的《淘宝天下》；第二个是财新传媒；第三个是和绿城房地产集团合作的绿色家园文化产业有限公司，是针对绿城住户定向开发读物的公司；第四个是红旗出版社。这4块媒体出版产业还没有装入上市公司。此外，还有浙江新干线传媒投资有限公司、东方星空文化基金，以及一些与媒体业务无关的多元经营公司。

上市板块：我们把浙报传媒控股的16家媒体类经营公司的股权注入了上市公司，这16家公司有三个特点：一是其股权由浙报传媒全资或绝对控股；二是其由浙报集团负责运营和管理；三是其都是盈利的。

反过来说，以上几个没有注入上市公司的媒体，目前都处在培育期，还没有实现盈利。我们对证监会承诺，在浙报传媒上市2年之内，根据这几个媒体经营发展的状况，如果盈利就装入上市公司，如果不盈利就剥离。我们要对股民负责。报业集团登陆资本市场后，如何兼顾社会效益和经济效益的统一？走怎样的发展之路？资本市场是否认可？这都需要我们去努力探索和实践。作为先行者和探路者，我们要有高度的责任感和使命感。

记者：与其他传媒股相比，浙报传媒有何特点和优势？

蒋国兴：与国内其他传媒股相比，浙报传媒有三个特征：一、浙报传媒的经营规模在传媒上市公司里不算最大，但是我们注入上市公司的媒体品种和数量是最多的。二、相对来说，浙报传媒的地域布局还是比较理想的。作为一个立足浙江的报业集团，浙报集团有一个非常好的传媒布局，在浙江省实现了全覆盖，有其核心市场的控制和布局权，并开始走向全国。三、浙报传媒涵盖了目前报业的整条产业链，从传统报业的印刷、发行、广告，到新媒体产品，再到传媒延伸产业等，浙报集团把这条产业链完整地注入到上市公司。

上市成功的原因

记者：您认为浙报传媒成功上市的经验有哪些？

蒋国兴：从中央主管部门的角度来讲，对于报业集团的上市持谨慎态度，现在还处于探索阶段。那么，在这个阶段，为什么浙报传媒能够成功上市呢？这有其偶然性，当然更多的是必然性。

一、是浙报集团不断努力的结果。从2001年开始，浙报就一直在寻找机会登陆资本市场，不断摸索上市的相关问题，同时也积极关注其他传媒股，一直到去年，看到中央批准了广州日报的上市方案，启发了我们。我们在第一时间，快速启动了浙报的上市筹备工作。

二、在整个中国报业集团里，浙江日报报业集团在经营体制的改革方面走在同行前列。我们的产业规模不是最大，效益不是最好，但我们的体制改革走在前列，我们有体制的优势。这次上市充分证明了这一点。

如果没有很好的体制基础和管理基础，包括从集团领导层到集团员工思想观念的开放，浙报传媒根本不可能在这么短的时间内完成上市。浙报从启动改制到上报证监会一共用了3个月时间，估计连民营企业都很难做到。浙报原来“一媒体一公司”的制度、良好的财务基础以及浙报人的市场化意识都促成了浙报传媒的快速上市。

三、在浙报改制过程中，从中央到省里对浙报上市的高度支持和重视，也是必不可少的条件之一。浙报上市的工作在中宣部、新闻出版总署、浙江省委省政府，都得到了特别的重视，对我们工作的支持力度是非常大的。其实，这一支持同时也是对我们的鞭策，我们肯定要以更好的状态去实现上市。

此外，辅助浙报传媒上市的四大中介机构选得比较好，整个浙报集团领导的决断力也非常好，这都在上市前后的一年里得到了充分的体现。

带着金手铐跳舞

记者：浙报传媒上市后的发展诉求是什么？

蒋国兴：加快实施全媒体全国化的战略，是浙报传媒上市后的核心目标。在上市后的第一阶段，浙报传媒要做的不是最大，而是最优。最优包括两个方面：一个方面是，浙报传媒要做一家值得投资者信赖的上市公司，在公司治理中追求规范和透明；第二个方面是，在方兴未艾的大传媒文化产业发展的机遇期，我们要开拓进取，成为一个值得股民期待的公司。

从产业角度具体来讲，一是做强做优浙报传媒现有的媒体企业，二是挖掘、提升浙报传媒的价值链，三是加速以新媒体为核心的传媒集团群的建设，四是加快整合文化产业资源。

记者：从 2004 年底的北青传媒上市，到现在为止，我国的传媒股已有七八家，但总体来说，其上市后的发展前景并没有像人们所预期的那样，因此，有人说，上市还不如不上市。请问您如何看待这一现象？

蒋国兴：上市的确是一把双刃剑，舞得不好就会伤到自己，但如果舞得好，就会大大增加自己的发展机遇，通过资本市场实现跨越式发展。所以，关键是舞的人和舞者的经验。

上市之后，对公司的要求和非上市的公司是完全不一样的。从中国证监会的层面而言，上市公司有其所要遵循的游戏规则，比如公司的治理结构以及信息披露的要求等等，作为公众公司，其所受到的约束要多得多。民间有个形象的比喻，“带着金手铐跳舞”。当然，对于一家上市公司，我觉得这样的规范和要求是必须的，在这个层面的规范和运营要求，也应该是企业最高层面的要求。它对于上市公司的大股东、管理团队、所有员工，都提出了非常高的要求。

上市后，浙报传媒的品牌影响力和综合影响力都大大提升，资产也实现了快速增值，从国有资产的保值增值角度来看，毫无疑问，是一个利好。当然，财富的增加并不是浙报传媒上市的最终目的，我们的最终目的是为了不断发展壮大我们的传媒产业，壮大我们的文化产业，打造大型的现代综合传媒集团。用一句话概括，就是圆传媒产业在资本市场的梦想。

大力发展新能源，打造竞争新优势

——访国电电力发展股份有限公司总经理冯树臣先生

近年来，国电电力按照国家能源政策导向，积极调整发展策略，大力实施“新能源引领企业转型，实现绿色发展”战略，在不断优化火电结构的基础上，大力推进风电、水电、太阳能等新能源和煤炭资源开发，公司的综合竞争实力和抗风险能力不断增强。当前国电电力正在进行 55 亿元可转债发行工作，广大投资者对此次可转债发行非常关注。笔者就广大投资者关心的问题专访了国电电力总经理冯树臣先生。他就有关问题做了详尽解答。

笔者：冯总，您好！目前国电电力可转债发行工作正在进行，广大投资者想对国电电力有进一步了解，请您简要介绍一下公司的基本情况。

冯树臣：国电电力发展股份有限公司（股票代码 600795）是中国国电集团公司控股的全国性上市发电公司，全国 500 强企业，全球能源企业 250 强。公司于 1992 年经辽宁省经济体制改革委员会批准正式成立，1997 年 3 月 18 日在上海证券交易所挂牌上市，2002 年底进入中国国电集团公司。

自上市以来，国电电力始终坚持规范运作、稳健经营，积极参与资本市场，增强资本实力，扩大业务规模，实现可持续发展。截至 2011 年 6 月底，公司拥有直属及控股企业 61 家，参股企业 21 家，产业涉及电力、煤炭、煤化工、金融、高科技等多个行业，所属企业分布在全国 23 个省、市、自治区。截至 2011 年 3 月底，公司资产总额达 1566 亿元。公司连续多年被评为最具发展潜力上市公司，先后入选上证 180 指数、中信标普 50 指数和 300 指数，在国内 A 股证券市场综合指标名列前茅，保持着绩优蓝筹股地位。近年来，公司先后荣获 2007 年度中国上市公司百强、全国电力可靠性管理先进单位、2008 年度企业信用评价 AAA 级信用企业、2009 年度第八届中国公司治理论坛上市公司信息披露奖、2009 年度首都文明单位等荣誉称号，2011 年被中华全国总工会授予全国“五一劳动奖状”。

笔者：近年来国电电力大力实施“新能源引领企业转型，实现绿色发展”战略，请您谈一谈国电电力在哪些方面建立了比较明显的竞争优势？

冯树臣：作为中国最大的独立发电上市公司之一，公司以优良的设备、先进的管理和雄厚的实力在市场中处于领先地位。公司正在积极推进“大力发展新能源和建设创新型企业”战略，按照“优化发展火电，大力发展风电、水电、煤炭产业，择优发展太阳能，稳健发展煤化工，积极发展核电”的总体思路，通过规模扩张进一步增强公司实力，通过结构优化进一步提升公司资产质量，通过成本控制降低公司发电成本，不断扩大公司的市场竞争新优势。具体体现在：

区位和成本优势增强。公司目前的电厂分布于东北、华东、华北、西南及西北地区，发电资产布局合理。电厂基本上分布在坑口或负荷中心，或属资源丰富地区，或属经济发达地区，具有较明显的区域优势，且合理分散的资产布局有利于降低经营地区过于集中的风险。公司主力火电企业一部分位于山西省大同市、宁夏回族自治区石嘴山市、内蒙古自治区鄂尔多斯市等地的坑口电厂，煤炭供应能够得到保证，运输成本低；一部分位于长三角负荷中心，电力需求旺盛，社会用电增长迅速，燃料主要依靠秦皇岛港等国家重大煤炭集散基地，并通过海上运输，煤炭供应有保障，运输成本相对较低。公司水电项目主要位于四川大渡河流域、新疆伊犁喀什河和大河沿河等流域，水能资源丰富，流域梯级开发、统一调度，发电成本低。

产业结构持续优化。截至 2011 年 6 月 30 日，公司发电控股装机容量达 3059.58 万千瓦，其中火电、水电、风电的控股装机容量分别为 2237.40 万千瓦、685.28 万千瓦、135.9 万千瓦，火电、水电、风电比例约为 16.5:5:1，水电、风电容量约占总容量的 27%，清洁能源比例在国内五大发电集团核心 A 股上市公司中占比最高。随着大渡河梯级水电项目、新疆公司水电项目以及一大批风电项目的陆续建成投产，公司清洁可再生能源和火电比例将更加合理，可有效降低公司经营风险，公司的产业结构将进一步优化。

煤炭开发初具规模。随着公司装机规模的不断扩大，公司适时调整发展战略，积极向上下游产业发展，加大煤炭资源的开发和控制力度。公司在内蒙古自治区和山西省投资开发煤炭项目，已掌握煤炭资源 23.29 亿吨，已投产的参股煤矿产能达 1000 万吨/年，投资效果良好；公司在新疆的煤炭开发工作也已经取得了实质性进展。公司参与煤炭资源投资既可以减轻煤炭价格上涨对公司发电成本的影响，又可为公司电厂用煤提供保障支持。

机组设备先进高效。公司 30 万千瓦及以上火电机组装机容量占公司火电控股装机容量的 87.79%，60 万千瓦及以上的火电机组占公司火电控股装机容量的 53.14%，公司投资的百万千瓦机组中已有 9 台投产，公司新建和规划的火电项目均是 35 万千瓦及以上的高参数、大容量机组，具有良好的环保性能和指标参数，随着新建项目的陆续投产，公司大机组所占比例将进一步提高。

后续项目储备充足。公司积极推进优质项目的开发，目前已储备火电项目2000万千瓦，风电3000万千瓦，水电1000万千瓦，太阳能项目220万千瓦，新能源和清洁能源占比接近70%。未来几年随着新能源项目、大型煤电一体化项目和流域梯级水电开发项目的陆续投产，将进一步提高公司盈利能力，为公司资产规模和利润增长提供持续动力。

控股股东支持有力。公司在发展过程中得到控股股东——中国国电的大力支持。2010年4月，中国国电确定将公司作为其火电及水电业务的整合平台，通过资产购并、重组等方式，将中国国电火电及水电业务资产（不含中国国电除本公司外其他直接控股上市公司的相关资产、业务及权益）注入公司，使公司面临前所未有的历史发展机遇。

企业管理水平先进。公司具有丰富的大型发电企业管理和运营经验，经过多年实践，建立了完备的规章制度、管理标准体系和安全生产管理体系，自公司成立以来未发生过重大安全事故，公司盈利能力始终处于国内同类发电企业前列。今年以来，国电电力大力推进管理创新，在公司范围内大力开展综合经营型电厂建设，效益水平有效提升；全面开展对标管理，与国内外行业先进实行全专业、全过程对标，管理水平不断提高；深入开展全员绩效考核，将公司高管到基层员工全部纳入考核体系，形成了对全员的有效激励和考核，充分激发了公司的创造活力。

笔者：投资者十分关心本次募集资金的运用，请您简要介绍一下本次募集资金的投入项目情况？

冯树臣：本次发行可转债是国电电力利用资本市场融资加快发展的重要举措，募集资金将全部投入公司水电和风电项目开发，所投项目符合国家能源政策要求，均具有良好的资源禀赋、发展前景和投资收益，有利于促进公司健康快速发展，壮大公司主营业务规模，改善公司的电源结构和资产布局，提高公司的市场竞争力。

公司本次募集资金将用于5个水电项目和11个风电项目开发。5个水电项目分别为：四川大渡河大岗山水电站项目、新疆伊犁尼勒克一级水电站项目、新疆伊犁萨里克特水电站项目、新疆伊犁塔勒德萨依水电站项目和新疆吐鲁番大河沿河梯级水电站项目。其中四川大渡河大岗山水电站项目位于大渡河流域干流中游，总装机容量为260万千瓦，是大渡河水电基地的骨干电站之一，项目建设投产后既可满足四川省用电需求，又可实施西电东送，在华中、华东范围内实现资源优化配置，项目投资效益良好。新疆伊犁尼勒克一级水电站项目、萨里克特水电站项目、塔勒德萨依水电站项目均为新疆伊犁河流域项目，总装机容量38万千瓦，三个项目的投资建设有利于调整北疆电网电源结构，实现能源优势转化，促进北疆地区经济社会进一步发展，有利于加快开发伊犁喀什河丰富水能资源，促进水电基地建设，发挥吉林台一级水利枢纽效益，实现喀什河中游河段水电梯级滚动开发。新疆吐鲁番大河沿河梯级水电站项目包括1座扩建电站和7座新建电站，总装机容量为4.2万千瓦，可以增加吐鲁番地区电网的供电能力，更好地满足电网发展及用电户对电力的需要。新疆四个水电项目预计2012年全部投产，具有良好的投资效益。11个风电项目分别为：宁夏地区盐池青山风电场一、二期项目、红寺堡石板泉风电场一期项目、青铜峡牛首山风电场一、二、三期项目；东北地区黑龙江桦川大青背山风电场二期项目、辽宁铁岭台子山风电场项目；山西右玉高家堡二期风电场项目；山东文登紫金山风电场项目、威海山马于风电场项目。这些风电项目的投资建设，将有利于改善地区能源结构，带动地区经济发展，改善生态环境，同时风电作为国家大力倡导的绿色能源，具有良好的开发前景，投资收益良好。

笔者：国电电力作为全国最大的发电上市公司之一，广大投资者十分关注公司的未来发展，请您谈一下国电电力未来五年的发展思路？

冯树臣：作为全国性的电力上市公司，国电电力始终坚持"科学发展"的理念，既积极努力、奋发有为，同时保持清醒头脑，防范各类风险，确保国电电力的发展符合国家产业政策，符合能源工业的发展方向。"十二五"期间，国电电力将照"优化发展火电，大力发展水电、风电、煤炭产业，择优发展太阳能，稳健发展煤化工，积极发展核电"的发展思路，突出效益导向，注重发展质量，统筹兼顾，协调发展，积极开发符合公司转型战略的项目，持续提升公司的综合实力，实现公司的可持续发展。火电方面，重点在资源中心区、负荷中心区及特高压通道附近，加快开发建设60万千瓦及以上超临界、超超临界机组和35万千瓦超临界热电机组，到"十二五"末，公司30万千瓦以上机组容量占到火电容量的90%以上。水电方面，重点支持大渡河公司加快流域水电项目开发，同时加强中小水电项目开发并购，做大水电规模。风电方面，在加大分散风场开发力度的同时，大力推进规模化风场和海上风电的开发，加快储备资源的转化。煤炭及煤化工产业方面，积极占领煤炭资源，重点开发资源质量好、开发条件好、投资回报高和有利于解决区域电厂用煤的煤炭项目，尽快将公司的煤炭资源优势转化为产能，同时依托英力特集团的产业和技术优势，积极推进煤化工、煤制气等项目的开发建设。太阳能方面，密切跟踪国家相关政策，重点加快光资源丰富地区的资源储备，做好大型光伏项目的开发工作。到"十二五"末，不考虑中国国电对本公司的有关注资计划以及去年新进入公司的新疆区域发展计划，公司控股装机规模将超过6000万千瓦，其中火电占装机容量的59%，水电、风电、太阳能等新能源和可再生能源比例将占总控股装机容量的41%；占有煤炭资源将超过50亿吨，形成可控煤炭产能6600万吨/年。我们要通过这五年的不懈努力，推动公司转型取得显著成效，综合实力明显增强，产业结构更加合理，抵御风险能力进一步提升，节能环保成果显著，真正把公司建设成为国内领先、国际一流的综合性电力上市公司。

创新推动冀东发展集团由大变强

——记唐山冀东水泥股份有限公司董事长张增光先生

在我国建材工业"由大变强、靠新出强"跨世纪发展战略思想指引下，冀东发展集团经历了"跨区域、多领域、加速度、高赢利"跨越式发展的15年，实现了总资产由17亿元增加到361亿元，新型干法水泥产能由129万吨增长到9000万吨（到今年年底）的飞跃，在可持续发展的道路上，铸就了新的辉煌。

作为中国建材行业的重要成员，公司15年的历程，既是我国建材工业15年巨变的生动写照和历史缩影，也是我国建材工业"由大变强、靠新出强"战略的成功实践和创新发展。15年来，公司牢牢把握国民经济快速发展、产业结构加快调整的战略机遇，快速推进规模扩张，新型干法水泥生产线由1条增加到37条，水泥产能位居国内三甲。公司逐步发展成为控制3家上市企业、拥有72家企业、布局11个省区的行业领先企业。2009年10月，根据形势的需要，冀东水泥集团公司更名为冀东发展集团公司。公司在做大做强的道路上，迈出了坚实的步伐。

回顾15年的历程，冀东发展集团公司所取得的业绩，是企业在科学发展观的引导下，坚决贯彻行业发展战略，结合实际、冲破险阻、紧抓机遇、迎接挑战，坚定不移地扩张发展的结果。15年来，公司坚持审时度势、与时俱进、创新发展，以观念创新为重要保证，以技术创新为第一动力，以管理创新为制胜之宝，以资本扩张为关键支撑，实现了规模、体制、机制、技术、管理等系统性全面创新提升，在实现企业自身快速发展的同时，为建材工业由大变强，实现"四个转变"做出了积极贡献。

观念创新是重要保证

观念决定选择，创新改变命运。公司能够走到今天，关键是紧紧把握住了国家行业发展战略，解放思想，与时俱进，推进观念创新，沿着既定方针坚定不移地实施了企业战略。

由计划经济向市场经济观念转变。"九五"之初，公司首先在资本市场上打开突破口，完成了现代企业公司制改造。1996年5月，冀东发展集团的核心企业——冀东水泥股份公司发行社会公众股6000万股，同年6月在深交所挂牌上市。同年7月26日，冀东二线在时任国家主席的江泽民同志视察时一次点火成功。公司创造了单一水泥工厂的辉煌。然而，1997年亚洲金融危机的爆发使公司面临生死攸关的考验。在此情况下，公司上下积极应对、勇于创新，调整营销策略、扩大营销网络、拓展市场空间、增加水泥品种；通过技术改造，提高产量，降低成本；精干主业、剥离辅业，搞活经营机制。通过一系列脱胎换骨的改革，公司保持了生机活力和进一步发展的后劲，而最重要的是公司干部员工的观念，实现了从计划经济向市场经济的关键性转变，彻底改变了计划经济时代"坐等市场、四平八稳经营"的状况。

由单一区域、产业，向跨区域、多领域发展观念转变。"十五"之初，面对国际、国内产业资本及金融资本的竞争压力，公司一方面加紧内部改革改制，蓄势待发，另一方面瞄准国家水泥宏观调控的政策环境及环渤海经济圈的崛起，以及开发西北、振兴东北的历史机遇，选择了"巩固华北、挺进东北、开拓西北"的"三北"发展战略，适时快速占领"三北"区域市场，保持发展规模和资源优势。2006年，公司结合实际进一步创新发展了企业战略，启动了"水泥板块区域领先，装备制造、工程建设板块跟进国际先进水平"的"一先两进"发展战略。

2009年，面对国际金融危机影响下的新形势，公司对经济发展和企业前途进行了深度思考和超前判断，寻求新的发展机遇，研究新的发展模式。随着国内不少区域水泥过剩趋势日益显现，行业内外投资水泥的热情高涨，将造成产业布局失衡、产能过剩、市场竞争激烈的局面。公司按照科学发展的要求，将企业战略进一步完善为"突出主业、相关多元"的发展战略，拓宽多元化发展道路，增加赢利手段，提升企业竞争实力。公司产业链横向延伸到水泥工程设计、装备研发制造、水泥工程建设、水泥生产线维修，纵向延伸到混凝土、房地产，同时配套发展汽运、干粉、外加剂、商贸等相关产业。经过10年的发展，公司各板块之间既相互关联又自成体系，公司可持续发展的产业链逐步延伸，成为产业结构优、经济效益好、竞争实力强、发展后劲足的大型综合企业集团。

科技创新是第一动力

提高水泥工程系统集成创新与服务能力。"十一五"以来，公司在夯实水泥装备制造的基础上，进军电气行业，收并河北建材设计院，强化水泥工程与维修业务，形成了服务型水泥装备工程产业链；通过承担公司内部部分生产线的设计、装备研制、工程建设，提升了水泥工程系统集成创新与服务能力。目前，公司已掌握了新型干法水泥生产线设计的核心技术，具有甲级设计资质，具备对外承包工程资格，累计完成10多条日产4000～5000吨水泥熟料生产线的设计。公司先后研制出水泥工业用高效冷却机、大型堆取料机、辊压机、锤式破碎机、矿渣超细粉立磨、原料立磨、水泥工业用皮带秤、料位计、高效布袋收尘器、科里奥利秤等新产品。公司年装备制造能力达8万吨，年产各种型号电气盘柜1万余个，具备同时建设8条和检修10条日产5000吨熟料水泥生产线的能力。

打造资源节约型、环境友好型、创新驱动型企业。公司坚持与社会协调发展的科学理念，大力发展以纯低温余热发电、资源综合利用为代表的清洁生产、循环经济技术，实现了企业经济责任、社会责任的协调统一。目前，公司共投资14亿多元，建成纯低温余热发电机组22套，装机容量232.85兆瓦，吨熟料平均发电量37.07千瓦时；在水泥行业率先对所有新建熟料生产线窑尾配套采用高效布袋收尘器；近4年综合利用工业废渣3000多万吨，成为名副其实的工业城市的"清道夫"。公司本部作为国家千家企业节能行动和河北省"双三十"节能减排承诺的责任主体，近5年投入1.5亿元，完成了余热发电改造等节能减排项目，提前完成"十一五"节能减排任务。

科技创新成为公司实施低成本经营战略的重要利器，成为建设资源节约型、环境友好型、创新驱动型企业的关键抓手。只有坚持不懈地推进科技创新，企业才能不断提升核心竞争力，占领可持续发展的制高点，在竞争中立于不败之地。

管理创新是制胜法宝

大力推进体制创新。公司结合大规模、跨地域、超高速发展的实际，逐步建立了矩阵式的管理模式和体制架构。其中，公司总部按照"统一规划、督促实施、评价引导、强化激励约束"的管理定位，强化了对大区及各子公司的垂直管理和部门之间的协调联动，提升了公司专业管理效能；在各区域实施了水泥板块的大区管理模式，通过区域一体化运作，对区域内各种生产力要素优化重组、盘活各种资源，提升了公司各区域的竞争力；子公司实行了工厂制，经营权由大区统一行使，大区内企业对外是独立法人、效益中心，对内是生产单元、成本中心。通过上述变革，有效平衡了企业运营中分权化与集权化问题，使各个管理部门之间相互协调、相互监督，更加高效地实现了企业工作目标，为公司由生产经营、资本运营型企业向战略管理型企业的转变奠定了基础。

加强干部队伍建设。公司按照快速发展的要求，转变用人标准，以综合素质和工作业绩为导向，加强中层干部管理和绩效考核，做到了"能者上、平者让，庸者下"。通过采取一系列措施改善了干部队伍的年龄和知识结构，提高了中层干部的危机意识、大局意识、责任意识和综合素质，使公司的执行力显著增强。

全面预算管理出效益。面对企业高速增长的风险和国内外的激烈竞争，公司积极采用现代管理方式，从"全面推广、细化分解、精确对标、强化考核、软件研发"5个方面深入推行全面预算管理。全面预算管理成为公司提高经济效益和运营质量的重要工具和战略执行平台。

提高信息化管理水平。近年来，公司坚持用现代信息技术和应用技术，改造传统产业和提升企业管理水平，建成了国内建材行业先进的管理信息系统。通过信息化技术的应用，打造统一、标准的管理环境，实现了各子公司的统一管理；通过开发全面预算系统，实现了预算体系搭建、预算编制、预算执行与对标全程管理。

资本扩张是关键步骤

15 年来，公司在资本市场大胆创新，实现了融资渠道和扩张方式的多样化，有力地支撑和促进了企业高速发展。

通过多渠道融资支撑发展。冀东水泥股份公司通过上市及 3 次转配股共融资 11.85 亿元；通过非公开发行股票融资 29.33 亿元；银行授信 200 亿元；发行短期融资券 3 亿元，发行长期债券 6 亿元，发行利得盈理财产品 4.27 亿元。冀东发展集团公司在证券市场通过资本运作实现了近 1.7 亿元的净利；银行授信 151 亿元；发行短期融资券 14 亿元。

通过兼并重组加快发展。2001 年，冀东发展集团公司成功并购原吉林松江水泥厂，在行业中第一个异地并购重组企业，至今已先后注资控股了原辽宁辽东集团诚兴水泥；兼并了原唐山隆丰水泥；购并了启新水泥；购并了山西大同水泥集团的土地、矿山等有效资产。去年以来，相继注资控股了原重庆金桥水泥；通过股权转让吸收合并了原烟台昕和水泥；注资控股了邢台奎山水泥。通过积极运作，公司已经与陕西铜川市政府达成一致意见，冀东水泥作为重组方参与秦岭水泥破产重整。公司不断增强资本运作能力，通过收购兼并实现水泥产能扩张 1500 万吨以上。

通过合资合作促进发展。公司通过与德国海德堡集团、三友碱业集团、亿利资源集团等不同性质的企业合资合作，不仅实现了用有限的资金快速发展，而且为公司向国际化发展积累了经验。

下一步，公司将进一步加强资金战略的综合管理，把股票、债权（长期、短期）、借款等方法有机结合起来，为企业发展提供充分的资金保障。

15 年的历程，证实了自主创新是企业发展的强大动力，是企业的生命。只有在创新的思维中，在创新的氛围里，才能实现企业跨越式发展。创新发展，靠新出强，是行业发展的永恒主题。

在未来发展中，应给予建材行业“由大变强、靠新出强”战略以符合时代潮流的内涵。把低碳、节能、环保、可持续发展作为“创新”的核心内容；把落实国家宏观调控政策，保证市场供应，维护国家经济安全，自觉履行社会责任作为“大”的标准；把转变经济增长方式，提升经济发展质量，作为“强”的重要目标，促进建材工业实现真正意义的“大”和“强”。

冀东发展集团公司在面对新的机遇和挑战中，将永葆创新活力，拓展发展空间，实现企业经济效益、环境效益、社会效益相协调的又好又快发展。

重塑“中国制造”形象实施“质量强国”战略推进中国名牌建设

——访全国人大代表、长城汽车股份有限公司总裁王凤英女士

背景资料：

长城汽车股份有限公司，是中国内地首家在香港 H 股上市的大型民营跨国公司。下属控股子公司 30 余家，员工 38000 余人，目前产品涵盖哈弗 SUV、腾翼轿车、风骏皮卡三大品类，2011 年已拥有 80 万辆整车及零部件生产能力，具备发动机、变速器等核心零部件的自主配套能力。

长城汽车两次入选福布斯中国顶尖企业 100 榜；连续 4 年蝉联荣列“中国 500 最具价值品牌”；被评为“最具价值汽车类上市公司”、“中国汽车上市公司十佳之首”；中国机电进出口商会的“推荐出口品牌”，也是商务部、发改委授予的“国家汽车整车出口基地企业”。

2004 年来，先后入选“民营上市公司十强”、“中国企业 500 强”、“中国机械 500 强”、“中国制造 500 强”、“中国工业企业 500 强”、“中国汽车工业销售收入三十强”等。

2010 年 5 月荣获“中国汽车工业主营业务收入 30 强”再次入选“中国企业 500 强”。

聚焦品类品牌战略，全面提升核心竞争力

长城汽车连续多年保持了中国汽车出口数量、出口额第一的位置。2009 年四款主力车型通过欧盟整车型式认证，这在中国自主品牌中是首家。2010 年长城确立“以品类优势打造品牌”的战略，旗下哈弗 SUV、腾翼轿车、风骏皮卡三大品类，实现销售 39.73 万辆，同比增长 77%，大大超过全行业平均增长水平，成为增量最高、曾都最快的自主品牌中国汽车企业。这样骄人的业绩源于长城汽车一直坚持认为：真正的品牌是消费者心智中特定品类的代表，真正强大的品牌都是某一品类的主导者，因此，长城汽车是中国第一家按照品类来建立品牌的企业。

在品类方面，长城汽车有自己独特的优势，哈弗 SUV 和风骏皮卡在细分市场中已连续多年保持了销量第一，腾翼轿车在业界树立了良好的品质口碑，且创造了“腾翼增长速度”，已经具备了品类优势的坚实基础。今后，长城继续聚焦 SUV、轿车、皮卡三大品类，定位于做细分市场的领导者，每个品牌拥有一个有力的定位：哈弗——中国 SUV 领导者；风骏——中国皮卡领导者；腾翼——家轿之王。

2011 年，长城汽车将投放市场 13 款新车型，继续聚焦三大品类，保持细分市场销量第一，经营质量自主品牌排名第一的位置。预计销量达到 50 万辆。其中，国内市场 42 万辆，国际市场 8 万辆。哈弗 SUV、腾翼轿车系列双双超过 20 万辆。风骏皮卡 10 万辆以上。在品牌管理上做到每一个品类都将公布各自独立的 LOGO，计划今年上半年公布三个品类新标识，独立终端形象。完成保持中国 SUV 销量第一、中国皮卡销量第一、进入中国 A 级家轿三甲的目标。

注重新能源与核心动力开发，以“三高”战略为发展思路

长城汽车技术中心创建于 1998 年。这几年发生了翻天覆地的变化，过往五年已投入 30 亿元。充足的资金投入，使长城汽车的研发技术迅速跃居国际一流水平。

目前，已拥有了 5000 余人的研发团队，其中技术专家 500 余人，包括外国专家 12 人，海归技术人员 20 人，博士 60 人。拥有了国际一流的研发设备和体系，被国家发改委、科技部等五部委联合认定为“国家认定企业技术中心”，“博士后科研工作站设站单位”。具备了轿车、SUV、皮卡三大系列以及动力总成的开发设计能力，可同时展开十多个车型的开发。发动机、变速器、整车造型、整车设计、CAE、试验等各个环节都形成了自主的技术、标准以及知识产权。

未来 5 年，长城采取技术资源“过剩投入”策略，追求行业领先。产品和技术研发预计再投入 50 亿元。继续扩充研发队伍，计划 2015 年专业技术人员人数过万。到 2013 年具备国际领先的研发水平和技术能力。

在研发设施上，近年来长城做了一般企业难以做到的事情。特别是“四大中心”（试验中心、试制中心、造型中心、CAE 中心）已达到国际一流、国内领先的水平。

2010 年 10 月底，总投资 50 亿元的长城新技术中心已经破土动工。新技术中心可进行前期研究、造型设计、概念设计、仿真设计等各项研发工作。中心将具备国际领先水平的八大中心，包括：造型中心、试制中心、试验中心和工程中心，以及四个产品开发中心，将分别开发 SUV、皮卡和轿车类产品，包括技术预研、BENCHMARK、概念设计、造型设计、仿真设计、工程设计、试制试验、过程设计、制造和售后支持及全生命周期技术数据管理、知识管理。

"得发动机者得天下"。在自主品牌中长城汽车是最早拥有核心动力的企业 10 年来，长城始终把发动机的研发、生产放在首位。目前已有两个发动机生产基地，产能 50 万台。

2010 年 9 月，长城自主研发的"绿静 2.0VGT"诞生。这款发动机在"排放、动力、噪音、能耗"创造四项第一，获得了 15 项国家授权专利。被权威机构评为"中国心 2010 年度十佳发动机"和"绿色内燃机暨柴油机十大品牌"。

2010 年底，自主研发的首款小排量涡轮增压发动机——1.5T(4G15T)也成功匹配在腾翼 C50 等后续轿车产品上，它比同排量发动机功率提升 25.6%，扭矩提升 36.2%；可轻松达到 1.8L 发动机的功率和扭矩，实现了更好的动力性及燃油经济性，具备了更强的市场竞争力。

在新能源车型的研发上，长城技术研究院成立了专业的技术团队，与多家国际著名的专业零部件公司合作，展开了"以我为主"新能源车型的研发。

目前，长城汽车已成功开发出了七款新能源的产品：纯电动车长城欧拉、精灵 EV、混合动力哈弗、炫丽智能起停、迪尔电动教练车、哈弗 M3 EV、嘉誉插电式混合动力等新能源产品。

在新能源汽车技术的探索、人员培养、整车试验台架、电池组试验室、电机试验台架及整车控制开发工具等方面，长城公司投入较大。作为整车厂，在新能源汽车的研发方面，我们致力于整车控制、整车系统匹配这些核心技术。结合国家"十二五"规划，在未来五年内，长城公司将投入 10 亿元加快新能源汽车研发与产业化。

长城汽车正在开发纯电动系统平台，以及插电式混合动力系统平台，会推出适合不同市场的车型。长城公司正按照严格的产品开发流程开展新能源汽车研发工作，将来会把成熟的产品交到消费者手里，我们不会为了享受补助政策，而盲目的将不成熟的产品推向市场。电动车预计 2011 年推向市场。插电式混合动力车型预计 2012 年推向市场。

长城汽车一向认为，产品品质是打造品牌的基础。经过多年的努力，长城汽车的产品品质受到了业界和消费者的普遍认可，形成了很好的品牌口碑。2011 年长城汽车提出了以提升产品品质与经营质量为核心的的"三高"战略。未来的长城汽车产品研发将充分体现"三高"：即高豪华、高性能、高科技，将不断提升产品质量作为发展重点。

精益思想、精益管理立志成为中国汽车优秀的代表品牌

长城汽车到 2015 年将实现 180 万销量目标，200 万产能目标。实现五个第一。在产能规划上，未来 5 年，将在天津、保定新增产能 150 万辆。其中内销占 70%。预计到 2015 年产能达到 200 万辆，销量 180 万辆，实现营业额过千亿，利润过百亿。未来五年产品开发投入 30 亿元，推出 30 多款全新车型。其中：腾翼轿车 8 款哈弗 SUV 13 款，风骏皮卡 3 款，新能源车 7 款。长城汽车股份有限公司总裁王凤英在采访中还透漏，公司将在 2011 年将回归 A 股市场计划已纳入工作中，力争在"十二五"期间将长城汽车全面打造成为国内精益思想，精益管理的优秀标杆企业。

努力打造自身全面影响力、同时为国产汽车产业发展献计献策

长城汽车股份有限公司总裁王凤英历任长城汽车销售有限公司总经理。自 2003 年任长城汽车股份有限公司总裁至今，以其出色的经营业绩和职业精神获得多项荣誉。2008 年当选为人大代表以来，她将精益管理思想运用于实际工作，带领全体长城汽车人精耕细作、稳健经营的同时，也在为中国汽车产业如何成为"中国制造"的强国支柱而积极探索发展之道。王凤英建议制定中国汽车"走出去"国家战略、实施"质量强国"战略，成就中国制造的真正崛起，并为如何打响"中国车"品牌营造产业政策环境支持献计献策。充分体现出了一位跨国民营女企业家的务实与胆识。

3G 终端激活产业联动

——访大唐电信科技股份有限公司董事长兼总经理曹斌先生

曹斌，男，汉族，中共党员，工学硕士，教授级高级工程师，1956 年 4 月出生于江苏省如东。

1992 年毕业于南京邮电学院计算机系，曾任邮电部南京通信设备厂副厂长、总工程师；1997 年担任南京普天通信股份有限公司董事、副总经理兼总工程师，兼任南京南方电讯公司总经理。2001 年任中国普天信息产业集团公司技术质量部总经理、系统事业本部副总裁，兼任普天研究院党委书记、副院长。现任大唐电信科技股份有限公司董事长、总裁。曾参与设计和主办设计电报复用设备等产品，荣获邮电部科技进步二等奖 1 次、邮电部科技进步三等奖 1 次和江苏省科技进步三等奖 1 次，获南京市十佳青年企业家、南京市中青年拔尖人才、江苏省杰出青年企业家等荣誉称号。享受政府特殊津贴。国家科学技术奖评审专家。

曹斌长期从事数据通信、光通信及 IP 网络产品的开发与通信企业管理工作。曾任政协江苏省第八届委员会委员、江苏省邮电标准化技术委员会委员、南京市科学技术协会常委、中国通信学会通信设备制造技术委员会委员。

终端在产业协同中发挥纽带作用

记者：我们今天的话题是关于 3G 来展开，我们看到大唐电信今年以来在 3G 频频出击，这是不是大唐电信重要的方面之一？

曹斌：近年大家看到我们在 3G 终端方面出击得比较多，实际上公司几年前就确定下来基本战略，早在 2005 年下半年的时候，我们分析了国际国内的形势和公司本身的核心竞争力，确定了从公司核心网的领域向接近用户的领域转移，并确定了公司的中期发展战略，立足微电子产业和通信技术产业，实现交换产业的调整，拓展用户端产品和服务。

这个用户端产品就是指终端产品，2006 年我们对光通信、无线等传统的通信产业进行了整合，微电子、软件、接入等产业销售规模和盈利能力得到大幅提升，为公司的战略调整和持续发展奠定了产业基础。2007 年公司继续推进产业结构优化，加大了重点产品、关键项目的产品开发和市场拓展的力度，同时对通信设备产业进行了更加彻底的调整，并且在有些符合条件的下属经营实体中实施了骨干员工持股等激励计划，公司产业发展和业绩提升取得显著成效，实现了摘星目标。

2008年我们又进一步强化微电子、软件产业的持续发展能力，发展通信接入产业和终端产业，实现了真正从通信设备向行业应用、增值业务和服务领域的转移，完善了公司的产业结构，2008年我们实现了经营性盈利，摘掉了ST帽子。

记者：我们2008年有一件非常重要的事情，将终端业务从事业部升级到了一个子公司，为什么做这样的变更，有什么样的考虑？

曹斌：刚才说了我们整体的战略从2005年就开始了，2006年由于公司的整体资源集中在产业层面进行调整，当时我们没有对终端产业进行很好的投入，到了2007年的时候，就通过业务拓展部对终端产业进行了初步的涉足，2008年我们成立了终端事业部，做足了终端产业发展的准备工作。2008年底又把它变换成一个子公司，这种考虑主要是由于终端产业和其他的产业不大一样，它是市场变化比较大的一个产业，所以它需要根据市场的变化来及时调整经营的策略和方法，把它从事业部变成子公司可以缩短管理的链条，便于对市场变化做出迅速反应，有利于终端产业的发展。

记者：我们看到大唐电信在这方面的确做了不少的努力，从2008年开始，大唐电信从终端积极推进了产业的布局，这对上市公司是有很好的推动作用，这方面您给大家介绍一下？

曹斌：很多人比较关心大唐电信，从这几年的发展来看，大家可以看一下，大唐电信这几年的年报，应该来讲，大家都知道，2005年是大唐电信业绩的一个最低谷，我们全年的营业收入只有15.6亿元，主营业务利润不到2.1亿元，经过2006年到2008年的调整，我们主营业务收入达到26.9亿元，主营业务利润达到6.6亿元，和05年相比翻了三倍还多。这其中，终端的营业收入为7.2亿元，占公司主营收入的比例为26.8%，终端的业务利润为9955万元，占公司主营业务利润的15%。所以我想，随着将来终端产业进一步的健康的发展，终端产业在公司的整体业绩中的比例将会不断上升的。

我们布局终端产业还有其他的考虑，微电子和软件是我们的传统优势产业，微电子在国内的集成电路设计企业中名列第三位，软件在国内通信支撑软件中也是一直处于前列，同时我们正在布局增值业务这个产业，今年将会完成增值业务产业的基本架构建设，终端将会在公司微电子、软件和增值业务产业中起到纽带作用。有了终端产业以后，我们能够把微电子、软件、增值业务这三个产业连起来，实现一体化互动，这也是我们对终端产业布局的主因。

记者：在您看来，大唐电信在3G终端产品这样的市场中有怎么样的优势来取胜，你们的优势和特色在哪里？

曹斌：我想对于终端厂家来讲，你要说你有优势，大家都会列出很多条来。对我来讲，我觉得任何事情都是一分为二的，任何事情从来没有什么绝对的优势，有的时候处理不好，优势可能会变成劣势，所以我不想说我到底有什么优势，但是我想，对于我们的终端产业来讲，我觉得需要做好这样几件事才能把它真正的发展起来：

第一个就是要坚持创新，因为创新本身就是企业的立身之本，同时也是我们大唐电信企业文化非常主要的一个元素。十多年来，大唐电信从1998年到现在，在技术创新方面已经形成了一套独特的体系，具有深厚的积淀，我们曾经创造过很多国内第一的成绩。终端产业要做好必须要继续坚持技术创新，除此以外，在新的意义上讲，创新已经从单纯的技术、产品创新向企业综合创新，从个体创新向整体创新转化，应该讲企业整体的创新才能使得我们终端产业具有比较强的竞争力。所以说创新型管理是我们做好终端产业的第一件事情。

第二个是快速反应。我们要能够适应我们本身的变化，变化速度要快，这里面有两个层面的意思，一是因为终端产业本身主要的需求是市场，所以我们必须要能够了解市场、研究市场，明了市场的发展趋势，从市场的需求出发，知道市场现在需要什么，判断市场未来需要什么，要有敏锐的市场洞察力。另一个是要有快速的市场反应，知道了市场需求之后，能以最快速度通过技术创新很快拿出产品来，才能适应整体市场的变化。我前面讲过，将终端事业部改制为子公司就是这方面的原因之一。

第三个是产业协同，我刚才讲，我们本身有微电子，软件，还有增值业务这样一些产业，可能我们的终端产业单独来说在国内终端产业巨头中不是最强的，但如果将微电子、软件、增值业务与终端有机结合在一起，我们的综合实力在国内是为数不多的，所以我们必须做好产业协同，我们终端产业就很有希望。因为3G时代不同于2G时代，终端不仅仅是一个终端，而是一个应用工具。人们购买3G终端肯定不满足于打打电话，发发短信，而是希望能满足自己的各种各样的应用需要。如果我们能把我们的综合优势发挥出来，一定能为用户带来前所未有的3G享受。

从终端产业今年的发展情况来看，应该说是非常不错的，在TD数据产品方面，我们在业内率先推出TD－HSDPA/EDGE双模网卡，AriCard901数据卡获得了市场的充分肯定，在国内市场占有率非常高。我们还率先推出了国内第一个兼容CMMB的数据卡AriCard901＋，这个产品目前也受到了市场的热捧。我们在国内还推出了第一款可以打电话的TD网关。最近我们还会和中国移动合作推出国内第一个TD电子阅读终端。从这几个方面来看，目前终端产业整体的情况应该还是不错的。

记者：你提到的电子阅读终端，目前有什么样的计划，现在方便给大家介绍一下吗？

曹斌：这个产品，电子阅读终端国内已经有了，但是原来的终端是没有和通信结合的，或者说没有直接和通信结合的，我们现在的电子阅读终端是直接把TD的模块放在终端里面，采用TD的技术，直接从网站上下载喜欢看的内容，另外我们这款产品本身选用的屏也是非常高级的，灰度为16阶，不像现在市场上是4阶的，4阶的看书没有问题，看漫画、图象就不行了，我们这个屏目前是16阶灰度的，看漫画等效果都是非常好的。目前我们和中国移动正在密切地合作，很快这个产品就会推向市场。

三种3G标准全面发力TD为重点

记者：我们还注意到大唐电信的3G终端涉及到TD－SCDMA，CDMA2000，WCDMA这三种，大唐电信目前进展怎么样？

曹斌：我们目前都在涉足，并进行研究，主要的目标是为不同的运营商提供差异化的终端解决方案。去年我们收购了上海优思设计公司，它是国内为数不多的具有CDMA、WCDMA和TD－SCDMA三种平台设计能力的设计公司。目前在CDMA方面，根据高通提供的数据，我们目前出货量是排在第三位。WCDMA方面，我们的数据卡，AriCard951在中国联通的集采招标中位列三甲，目前已经开始批量供货了，在TD－SCDMA方面，我们的外置数据卡处于市场领先地位，上网本中内置的上网模块与十几家知名电脑厂商紧密合作，出货量位于前列，家庭网关也创造了较好的市场业绩。

记者：去年大唐电信在中国移动 TD－SCDMA 两次上网卡的招标中表现不错，接下来 TD 是不是发展的重点？

曹斌：这个是肯定的。TD－SCDMA 是大唐电信集团代表我们国家提出的，具有国际知识产权的 3G 标准，我想支持 TD 的标准对大唐电信是则责无旁贷的，我们在 TD－SCDMA 终端领域有完整的演进路标，将会与中国移动合作，也会和整个产业链其他的产业伙伴一起，共同创造 TD—SCDMA 的辉煌的未来。

中国移动在这方面给了我们很多支持，在中国移动定制的 TD 上网本中，我们是唯一被允许贴"大唐电信 inside"标志的厂家。另外，我们马上和中国移动推出的 TD 电子阅读终端也是在中国移动的大力推动、支持下研发出的，我想在今后一段时间中，TD 终端肯定是我们的一个重点。

使终端产业进入国内第一集团

记者：我们网友特别关注大唐电信公告提到的定向增发融资，这些资金将如何使用？

曹斌：我们正在做定向增发的准备工作，主要是加大对微电子和终端这两个产业的投入，其中在终端领域，我们主要的投入是希望通过自主创新和合作开发，构筑完善的 TD－SCDMA 数据融合产品体系，包括刚才我介绍的 TD 外置数据卡，内置数据卡、家庭信息终端和电子阅读终端等四条产品线，不管是终端还是网关，通过产品推广和售后服务体系建设，我们希望能够形成年销售额 18 个亿的产业规模，实现和保持行业市场领先的地位。

同时还包括根据产品技术演进路线和市场需求变化，完成 TD 外置数据卡等 4 条产品线的一、二、三代系列产品研究和开发。通过构建自主研发与合作开发相结合的研发体系，具备整机开发、集成测试和成果转换等核心研发能力，以及同时支持 3－5 个产品项目的开发能力。

我们还要构建全国 1 千家服务中心、覆盖 3－4 级城市的售后服务体系来使得我们整体的 TD 的产品能够有一个比较好的优势，能使得我们在整体的市场上有比较好的竞争力。

记者：我们可以期待的方面还是非常多的。

曹斌：对。

记者：我们还注意到做手机终端产业的时候，一个很重要的问题，渠道的建设，关于渠道的建设，大唐电信在营销渠道、销售团队这些方面是怎么样做一些努力的？

曹斌：我想在终端的整体产业链方面，营销渠道商是非常重要的一环，在整体终端的产业链里面，涉及的环节是很多的，确定需求到产品设计，产品生产、物流、销售、售后服务等，构成一个完整的产业链，我们基本的思路，整个产业链里面我们不会从头到尾都做，而是做我们自己最擅长的，同时与产业链各环节中做得最好的伙伴合作，走一条共赢路线。

记者：我们看到您是行业内的专家，请您预测一下 3G 终端市场整体的容量，大唐电信希望在这个市场中占多大的份额？

曹斌：整体的容量不是很好去把握，一是市场本就是有变化的，另外实际上国内很多研究机构也都有自己不同的数据，这个恐怕是仁者见仁、智者见智。但是我想整体来讲，可以肯定的是，中国的 3G 应该是全球最大的 3G 市场。随着市场运营商的不断完善，我们确定的目标，是要使得我们终端的设计能力、使得我们的品牌影响力进入国内前三位，我们的终端产业能够进入国内 3G 终端第一集团，这个是我们国内的一个中期战略目标。

记者：最后请您总结一下大唐电信的终端公司，成功的关键需要靠什么？

曹斌：我要讲的是大唐电信的终端产业，实际上终端公司只是我们终端产业的其中一个，此外还包括上海优思手机设计公司，包括深圳大唐捷讯销售公司，它们三个公司一起构成了我们整体的终端产业。我想我们这个产业，要想实现成功，从内部来说，今年的目标非常明确，整体的目标就是协同、聚焦和精细化管理。我们今年按照这个目标去做，微电子、软件、增值业务也是按照这个去做，我想我们整体的终端产业一定能成功，大唐电信也一定能走向成功。

中国合力　提升未来

——访安徽合力股份有限公司董事长张德进先生

据安徽合力年报，公司 2010 年度实现营业收入 50.84 亿元，同比增长 63.43%；净利润 3.63 亿元，同比增长 224.48%；每股收益 1.01 元，利润分配预案为每 10 股转增 2 股派 3 元（含税）。作为中国民族工业车辆行业的龙头和标杆，安徽合力书写了并书写着中国工业车辆从无到有、从小到大、从弱到强的绚丽篇章。"十二五"开局伊始，笔者日前就"工业车辆行业与企业发展"专访了刚刚从台湾参加两岸工业车辆行业交流归来的安徽合力董事长张德进先生。

笔者：张董事长，合力上市十五年来保持了持续健康稳定的发展，在国内外客户、相关方和资本市场树立并巩固了良好的形象，您认为合力的核心竞争力和制胜法宝是什么？

张德进：安徽合力的前身为安徽叉车集团公司的核心企业——合肥叉车总厂，始建于 1958 年。1993 年进行股份制改造，1996 年上市，主营工业车辆、工程机械和关键零部件研发、制造。15 年来，在政府、股东、相关方和全体合力职工的努力下，公司资产总额从 6.46 亿元增长至 39.47 亿元，增长了 5 倍；营业收入从 4.35 亿元增长至 50.84 亿元，净利润从 3990 万元增长至 3.62 亿元，增长 10 倍左右。我的体会是，合力始终坚持了自主创新、自主制造、自主营销、自主品牌，坚持为顾客创造价值，为员工创造机会，为股东创造财富，与相关利益者共同发展。

自主创新是动力。合力是国家火炬计划重点高新技术企业，公司技术中心是全国首批、叉车行业唯一的国家级企业技术中心，在线生产的 1700 多种型号、512 类产品全部具有自主知识产权，产品的综合性能处于国内领先、国际先进水平。

自主制造是支撑。"十一五"公司加大技改投资力度，基本形成了以合肥总部为中心，宝鸡合力、衡阳合力两个整机厂为两翼，合肥铸造工厂、安庆车桥厂、蚌埠液力机械厂三个部件厂及配套产业园为支撑的百亿产业平台。目前公司具有年产叉车整机 10 万台、铸件 20 万吨、油缸 60 万根、转向桥 10 万台套及相应的下料、金加工、涂装、装配和试验检测能力，尤其在传动系统、液力系统和工作装置系统等方面具有核心竞争优势。

自主营销是保障。合力在国内建立了 22 个省级营销网络和 240 多家二级代理销售服务网点，是国内叉车行业最完善，最健全的服务体系之一；在海外 72 个国家或地区建立了海外代理网络，产品销往世界 130 个国家和地区，其中欧美发达国家占出口量的 60%。完整的国内外营销网络，为合力迈进行业世界五强奠定了基础。

自主品牌是载体。品牌是企业开拓市场和占领市场的最强有力的武器之一,"合力"是中国叉车市场自主创新第一品牌,"HELI"是中国驰名商标;获得"商务部重点培育和发展的出口名牌",成为中国工业车辆行业唯一获此殊荣的品牌。

笔者:请您介绍一下全球和中国工业车辆行业的发展情况。

张德进:随着国民经济持续稳定增长,工业化、城镇化进程深化,劳动成本上升和用工紧张,国内工业车辆行业近十年来取得长足发展。特别是金融危机后,2010 年,海外市场缓慢复苏,全球工业车辆市场销售超过 74 万台,同比增长 31.11%;中国市场全年市场销售 19.35 万台,同比增长 68.34%。中国市场占全球叉车市场的 26.13%,比 2009 年上升了 5.78 个百分点,继续位列世界第一。

2009 年全球前十位制造商分 3 个梯队。第一梯队为日本丰田和德国凯傲,销售收入超 60 亿美元;第二梯队为德国永恒力、美国科朗和美国纳科,销售收入在 15 亿 – 25 亿美元之间;第三梯队为三菱卡特、日本小松、合力叉车、日产叉车等,销售收入在 5 亿 – 10 亿美元之间。2009 年,合力排名世界工业车辆排名第 8 位。应该讲,以合力为首的国内工业车辆企业通过自主创新与产品结构调整,已经具备在更高层次、更大规模、更宽领域参与全球竞争的能力与实力。

笔者:未来五年中国叉车产业还会保持高增长吗?合力将如何确立自身的市场定位和拓展方式?

张德进:"十二五"中国宏观经济将保持平稳健康发展,工业化、城镇化进程不断深化,市场需求不断提升,经济增长方式将不断优化。国家相继出台了《装备制造业调整和振兴规划》、《物流业调整和振兴规划》、《关于加快培育和发展战略性新兴产业的决定》等产业政策,为叉车行业的持续健康发展奠定了良好的政策环境。需要特别指出的是政府的效能效率和中国企业家抢抓机遇、奋力争先的市场意识和奉献精神,在经济全球化与一体化进程当中具有一定优势。

业界已达成共识,叉车行业的未来五年将由中国企业独领风骚,预计"十二五"年均复合增长率 15% – 20%,2015 年产销超 40 万台甚至更高。

作为中国叉车行业龙头企业、第一品牌,合力将秉承"以人为本,以精品服务社会"的核心价值观,发挥研发能力强、产业链条长、加工装备好、资本优势明显、人力资源丰富的比较优势,立足中高端叉车和运搬设备制造商、物流解决方案供应商,提供快速的、差异化的、可靠的精品叉车,继续巩固并扩大国内市场,积极扩展海外市场,特别是新兴国际市场,实现"双轮驱动、跑步前进"。同时,我们也在积极研究真正"走出去",逐步探索建立海外区域物流服务中心、装配工厂等的可行性,加快全面进入国际市场的步伐。

笔者:我们知道,在全球工程机械领域,"中国现象"备受关注,合力作为工业车辆行业的杰出代表,始终保持行业龙头地位,引领本土品牌叉车企业占据了国内主动权。请问合力为中国工业车辆行业发展做出了怎样的贡献?

张德进:中国工程机械行业长期以来处于完全的市场竞争当中,通过吸进、消化吸收和再创新,在市场中大浪淘砂、千锤百炼,孕育出一批具有核心竞争力的企业。正是始终与"狼"共舞,才造就了中国工程机械行业今天的百花齐放、百家争鸣。

事实上,早在 20 世纪 80 年代中期,国外叉车巨头就开始大举进入中国市场,到今天几乎所有国际知名品牌的叉车整机和部件企业已经全部进入中国市场。合力敏锐地意识到,如果民族叉车工业技术与装备水平不尽快提升,中国叉车市场将会被外资品牌占领。为此,合力瞄准国际最先进的叉车制造技术,进行全方位的技术引进与创新,进行高强度的技改与投资,进行持续的内部管理提升与改善,从研发、制造、销售、配套进行系统的脱胎换骨的改造和提升,用最快的速度赶上了世界先进水平,并领先国内同行,抢占了中国叉车市场的制高点。1991 年合力跃居全国同行业第一,并连续 20 年独占鳌头!20 多年前被人不屑一顾的"学徒",如今已让"师傅"们刮目相看。中国叉车工业没有被外资垄断,合力做出了巨大贡献。

笔者:叉车市场竞争日趋激烈,下一步中国叉车市场产品结构会出现何种调整?合力将怎样迎合这种变化?

张德进:国内目前的叉车产品在中低端同质化现象较为严重,这不利于行业的产业升级与技术进步,更不利于我们参与国际市场竞争。因此,中国叉车企业在提高传统产品可靠性、节能环保的基础上,必须抓好"一大一小","大"就是重型、大型工业车辆的产业化和配套能力建设,"小"就是电动、新能源工业车辆和仓储车辆的产业化和配套能力建设,这应该成为中国叉车行业未来发展的趋势。

合力将积极发挥龙头带动示范作用和效应,一方面提高拳头产品的可靠性,不断创新,以满足用户的差异化需求;另一方面,我们将抓住"一大一小"两个产业,促进我国工业车辆产业升级。目前,我们的 46 吨内燃叉车、5 吨交流电动叉车已经交付用户,下一步,新能源工业车辆、混合动力车辆、电动仓储车辆、新一代内燃车辆及关键部件将陆续推向市场,进一步彰显合力的综合竞争优势。

据统计,工业车辆的装机容量超过汽车,我们也希望国家在工业车辆的新能源方面,也出台类似汽车产业的扶持政策,既有利于节能减排,也将促进行业的快速发展。

笔者:请介绍合力"十二五"战略规划。

张德进:"十二五"乃至更长一段时期,合力将以加快转变经济发展方式为主线,抓住黄金发展期,以全球性的战略眼光、全产业链的整体思维、全过程的高效管控、全方位的合作共赢,全面增强战略竞争实力。公司以"树百年合力、进行业世界五强"为愿景,以人为本,以市场为导向,以创新为动力,以精益为主线,延伸产业价值链,提高增值服务能力,成为中国工业车辆行业的领导者,全球工业车辆行业的领先者。

具体来讲,就是盯住一个目标,巩固并提升国内行业龙头地位的领先优势,尽快进入世界工业车辆前五;推进两项改革,即上层产权制度改革和内部机制改革;做强三大主业,即工业车辆、工程机械和关键零部件;统筹四个发展,即统筹国内与国际市场发展、统筹整机与部件发展、统筹总部与分子公司发展、统筹物质文明与精神文明发展,力争在"十二五"期间实现"三个 1/3",即国内市场占有率不低于 1/3,电动车辆占整机销量不低于 1/3,部件产值占工业总产值不低于 1/3。

笔者:合力是国内叉车行业唯一的上市公司,公司将怎样通过"资本驱动"加速发展?

张德进:合力借助资本市场,先后完成 4 次证券融资,募集资金净额计 9.55 亿元,共投向 13 个项目,为公司快速发展发挥了巨大作用,在此,通过上海证券报感谢股东、研究机构的大力支持。同时,合力努力与股东共赢,15 年间合力累计现金分红 5.59 亿,占股权融资净额的 58%。

"十二五"是合力厚积薄发,规模、能力、水平快速提升的关键时期。公司将围绕工业车辆、工程机械、核心零部件三大产业,着力推进资本运营和技术创新双轮驱动,继续保持每年 3 – 5 亿元的投资,巩固提升百亿产业新平台。通过资本运作，保障技改资金需求，有效整合业内资源，合理延伸产业链，优化产业布局，必要时通过收购兼并等方式，加快国际化进程，促进产业升级调整。

笔者：合力去年提出了全新广告词"中国合力 提升未来"，它的内涵是什么？

张德进：合力是公司的商标和简称，作为一个国际化的本土品牌和民族叉车工业的龙头企业，"中国合力、提升未来"，第一层含义：寓意全国各族人民团结一致，齐心合力，就一定能共创美好的未来，进而共同提升中国在世界的影响力；第二层含义：为了实现共创美好的未来的目标，要求全国各族人民必须团结一致，齐心合力；第三层含义：寓意"合力"的发展有着更加美好的未来；第四层含义：寓意供应商选择与"合力"合作，一定会实现美好未来；第五层含义：寓意选用"合力"的产品一定能为"合力"用户实现更美好的未来。

记深圳华侨城股份有限公司 董事、总裁刘平春先生

刘平春，男，1955年2月2日生，汉族，中共党员，本科学历，高级政工师。曾任华侨城经济发展总公司总经理助理兼策划部总经理，华侨城集团副总裁，股份公司董事兼总裁、董事长，深圳欢乐谷董事长，锦绣中华董事长，深圳世界之窗副董事长，上海华侨城董事长。现任华侨城集团公司党委常委，深圳华侨城股份有限公司董事、总裁、党委副书记；同时兼任中国旅游协会副会长、中国旅游景区协会会长、深圳上市公司协会副会长、暨南大学深圳旅游学院院长。

成就业绩

刘平春同志长期从事旅游产业战略规划、大型旅游项目投资开发与经营管理，以及上市公司运营等工作，拥有20多年的管理工作经验。参与了所属锦绣中华、世界之窗主题公园董事会工作，指导其坚持高品位与特色经营，不断更新改造，使两景区一直保持旺盛的活力与生命力；参与领导了中国新一代主题公园"欢乐谷"的规划建设及经营管理，成功实现了华侨城主题公园产品的换代与升级，并实现"欢乐谷"的全国连锁。

多年来，刘平春同志积极探索创新主题公园产业的发展模式，实现了华侨城主题公园全国布点布局和连锁发展；在探索主题公园科学管理模式，加强"软实力"培养等战略问题上也进行了长期的研究和实践，领导了中国第一套主题公园企业管理标准的编制，推动中国主题公园运营管理与国际先进水平的接轨。在长期的实践中刘平春同志对中国旅游业发展特别是主题旅游产业的发展形成了深入的认识和独到的见解，曾多次应邀参加中国旅游投资洽谈会、中国旅游发展论坛、中国文化产业新年论坛、IT经理世界年会等各类学术交流并发表主题演讲，其发言被收录在《2005中国旅游景区发展报告》、《2006中国旅游投资报告》等出版物中公开发行。

1997年，刘平春同志参与华侨城集团旅游资产上市的筹组工作，并先后担任上市公司"深圳华侨城控股股份有限公司"董事总裁、董事长，运用资本市场支持旅游企业投资发展，实现了华侨城旅游产业的快速扩张。2009年11月，华侨城集团依托股份公司平台实现主营业务整体上市，刘平春担任"深圳华侨城股份有限公司"董事总裁，为股份公司进一步整合资源、统筹运作、加速发展奠定了基础。

十三年来华侨城股份公司一直保持良好的发展状态，公司资产总值由8.02亿元增长到485亿元，净资产从上市初的5.79亿元上升到132亿元。"十一五"期间，公司的资产规模、收入水平、盈利能力按同口径较上一个五年都有大幅增长。2010年公司资产总额比2005年同期增长8.3倍，销售收入增长25.2倍，利润总额增长7.7倍，旅游接待人数突破2000万人次，增长1.4倍。

目前，华侨城已拥有主题景区13处，其中已建成经营10处，累计接待游客1.7亿人次。2007年至2010年，华侨城连续进入年入园千万人次以上的全球旅游景区集团八强，也是跻身八强的唯一亚洲企业。

2010年，在深圳市企业联合会、企业家协会和知名媒体共同主办的"深圳经济特区30年杰出贡献企业和行业领军人物"评选活动中，公司入选深圳经济特区30年杰出贡献企业；在全球知名财经杂志《世界企业家》、《蒙代尔》杂志中文版和世界金融实验室联合举办的2010年（第六届）"中国50家最受尊敬上市公司"评选活动中，公司入选中国50家最受尊敬上市公司；在2010年5月举行的第六届中国（深圳）国际文化产业博览交易会上，公司入选第二届暨2008－2009年度中国"文化企业30强"。

在这些业绩与荣誉背后，在刘平春同志的领导下，华侨城打造了中国旅游第一品牌，创造了独特的商业模式，培育了成片综合开发的核心竞争力，锻炼了一支具有国际竞争力的人才队伍，推动了中国现代旅游产业的崛起，践行了中国企业公民的社会责任。

借助上市契机　加快企业发展

——访中国冶金科工股份有限公司 副总裁兼财务总监李世钰先生

今年10月21日，是中国冶金科工股份有限公司（以下简称"中国中冶"）在上海证券交易所和香港联合交易所成功上市一周年。中国中冶的上市在两地融资超过了300亿元人民币，使中冶集团公司的净资产由原来的200多亿元升至近550亿元，总资产达2 700亿元。上市成为了中冶集团发展史上一次具有里程碑意义的体制变革，也是企业经营模式的一次重大变革，上市历程对其他拟上市的国有企业而言无疑具有一定的可借鉴的地方。在中国中冶上市一周年之际，记者为此采访了其副总裁兼财务总监李世钰。

记者：上市工作是一项系统工程，工作量极大，请您谈一谈中国中冶上市的具体历程？

李世钰：完成中国中冶这样一家大型央企的上市确实是项宏大而系统的工程，公司上下各级领导和广大员工都为此付出了艰苦的努力。具体的上市历程可以概括为四个"里程碑"。

重组上市方案获得国务院批准是上市工作的第一个里程碑。重组上市方案于2007年年底正式上报国资委，国资委分别征求证监会、发改委、财政部、商务部、国土资源部、国税总局和国家工商总局7个部门的意见后上报国务院并于2008年6月12日获得批准。

完成国有资产评估是上市工作的第二个里程碑。集团公司要把哪些资产以什么样价值纳入股份公司是一项既复杂又具体的工作，中冶集团由于历史久、层次多，情况极为复杂。公司的上市办与资产评估、矿业评估、财务审计、福利精算、土

地评估等中介机构密切配合，经过一年多的艰苦努力，于2008年7月向国资委正式报送了资产评估报告，国资委产权局组织各方面的专家进行评审后，于9月12日正式出具股份公司设立的资产评估核准报告。这项工作厘清了中冶资产的基本情况，使得上市工作得以继续推进。

股份公司的设立是上市工作的第三个里程碑。2008年11月，集团召开董事会，确定设立股份公司相关事宜，向国资委正式报送国有股权管理方案和股份公司设立申请并于11月27日获得批复。股份公司总股本为130亿股，中冶集团占总股本的99%，宝钢集团占1%，中冶集团和宝钢集团于2008年11月26日以现金首次出资共计人民币39亿元，验资机构出具了《验资报告》。11月28日召开股份公司创立大会，并召开了股份公司第一届董事会第一次会议、第一届监事会第一次会议。12月1日，公司在国家工商行政管理总局完成注册登记，领取了《企业法人营业执照》；并于同日召开了第一届董事会第二次会议、第一届监事会第二次会议和2008年第一次临时股东大会，股东大会审议并通过了关于股份公司首次公开发行A股股票并上市的议案、公开发行境外上市外资股（H股）等议案。12月17日，验资机构出具了二次《验资报告》，股份公司累计实收资本130亿元。12月25日，股份公司完成了实收资本变更，并领取了变更后的《企业法人营业执照》。公司根据《公司法》及其他有关法律建立健全了股东大会、董事会、监事会，选聘了董事、监事、管理人员，并制定了各项制度、设立了内部管理机构，中国中冶由此诞生。

股份公司的最终上市是上市工作的第四个里程碑。股份公司成立后，2008年年底进入了发行准备阶段。在经历了一系列发行申报的程序后，至2009年4月，已具备境内外发行的基本条件，进入了正式发行阶段。公司于2009年8月10日前完成了审计报告，8月14日前完成了报批，8月26日通过证监会发审会，8月27日通过香港联交所聆讯，9月1－3日进行A股路演，9月7－16日进行H股路演，9月9日A股定价，9月16日H股定价，9月21日A股上交所挂牌，9月24日H股香港联交所挂牌。发行后，中国中冶的总股本为191.1亿股，其中，中冶集团持有122.65亿股，占总股本的64.18%，宝钢集团持有1.2389亿股，占总股本的0.65%，社保基金持有3.5亿股，占总股本的1.83%，A股为35亿股，占总股本的18.32%，H股为28.71亿股，占总股本的15.02%。

记者：中国中冶在上市的过程中遇到了什么困难？公司是怎么解决的？

李世钰：中国中冶由于规模比较大，公司上市确实面临了很多的困难，具体来讲有以下几个方面：

一是资产边界的确定与清晰。集团通过无偿划转、协议转让等方式，对无法纳入上市范围的资产和股权进行了剥离，最终，进入上市公司的二级子公司有64家，三级子公司有286家，四级子公司有48家，而保留在集团的二级子公司有10家。

二是职工股的回购。我们在2007年年底正式实施了职工股回购工作，共涉及企业123家，其中二级企业30家，三级企业93家，涉及持股人员1.6万余人。

三是审计工作。审计、评估工作是这次上市工作中工作量最大、质量要求最高、政策性最强、时间要求最紧的工作，从基层到总部几乎所有财会人员都参与了这项工作，主管会计、财务主管和各二级子公司的总会计师更是一马当先、不辞辛苦，在项目最紧张的阶段，很多财会人员都吃住在办公室，昼夜工作。

四是土地处置、物业评估、境内外矿业评估和福利精算等基础工作。我们自上而下成立了土地处置专门机构来解决土地出资问题；分境内和境外两条线开展了矿权评估工作；根据H股发行的要求进行了物业评估；对拟纳入股份公司的各级企业所属“三类人员”（离退休、内退及长期离职、遗属人员）的福利义务进行精算，作为企业负债进行计提，使企业轻装上阵。

五是确定募集资金项目。根据监管要求，所募集的资金80%以上必须有对应的项目，这些项目要经过发改委的两次审核，这是中国中冶上市协调难度最大、耗时最多的一项工作。我们对各级公司上报的100多个项目进行了认真筛选，向发改委申报了27个合格项目，最终获得批准的共计18个项目（A股11个，H股7个）。

六是环保核查和房地产核查。经过集团上下历时9个月的艰苦工作，完成了10个省（市）级环保部门的环保核查，最终获得环保部的批准。同时，公司根据《国务院关于促进节约集约用地的通知》（国发［2008］3号，简称“三号令”）的规定及中国证监会关于“三号令”核查的要求对下属全资、控股子公司进行的房地产开发项目进行了调查和规范，这项工作也进行得比较艰难。

记者：能否请您具体介绍一下中国中冶在发行申报阶段做了哪些主要工作？

李世钰：公司从2008年年底进入了发行准备阶段。为顺利发行，我们一开始就制定了一整套方案并逐步完善，在股份公司设立后就进入以发行上市为主的攻坚工作，然而，一场罕见的世界金融危机不期而至，从2008年9月至2009年6月我国资本市场暂停新股发行。尽管如此，我们仍然按照发行要求积极推进了各项工作。

一是招股说明书的撰写。我们组织了专门的写作班子，紧密配合中介机构，数次征求基层意见，召开了不同层次的专题研讨会，然后对招股书的业务与技术、发展战略、竞争优势等核心部分向集团上市领导小组作了专题汇报。在提交公司各职能部门进行修改并提交公司的董事、监事、高管人员审阅修改后，最后形成了比较符合中国中冶实际的招股说明书。

二是确定关联交易。关联交易是境内外发行审核的重点内容。针对股份公司关联交易问题的复杂性和特殊性，上市办与境内外中介机构、香港联交所进行了多次咨询和沟通，并与相关中介机构协商，在尽职调查的基础上，共同确定了未来股份公司与集团之间关联交易类型和范围以及拟披露的原则。

三是确定盈利预测。盈利预测不仅可以反映企业的真实经营状况和未来发展战略，也是股份公司向潜在投资者传递企业信息的一个重要渠道，对股票的顺利发行具有重要意义。中国中冶本着谨慎性原则，确保盈利预测的准确性及与集团年度预算的相对一致性，预测2009年归属母公司的净利润为40亿元，并获得了董事会的批准。

四是准备各类专项报告和证明文件。上市办根据境内外监管机构的要求，按规定时限上报了相关企业合法纳税的证明、享受税收优惠和财政补贴的证明、合法经营证明、环保证明、安全生产证明和产品质量证明。

五是财务估值工作。股份公司设立后，上市办即召集相关中介机构着手估值模型的搭建，为股票定价奠定了基础。

六是准备其他发行申报。2008 年 12 月 31 日，上市办向国资委报送了 H 股发行的国有股减持申请材料并获得批复。

七是向监管机构等汇报沟通。在前期工作中除了向有关部委汇报之外，上市办已经分别向中国证监会、香港联交所、北京证监局等监管部门进行了数次的业务沟通和汇报，同时参加了投行组织的年度投资者见面会，使投资者提前对中国中冶有所了解。

八是完成发行上市的辅导工作。2009 年 2 月，股份公司的董事、监事、高管和各职能部门负责人参加了中信证券组织的上市辅导并顺利通过考试，相关辅导材料也报送北京证监局进行了辅导验收。

九是财务公司积极与各家金融机构沟通，及时解决了在上市过程中资金方面的困难，特别是在确定收款银行和 H 股销售方面发挥了重要作用。

十是配合上市完成了大量的、具体的内控制度建设。

十一是保密、宣传和公关工作卓有成效。公司从项目开始就强调严格的保密纪律，在进入发行阶段，上市办、办公厅、信息中心配合财经公关公司对宣传和公关进行了周密策划，圆满完成了路演、发行、答谢等重要工作。

十二是不断适时调整，满足各方面的监管要求。在整个项目进行阶段，国资委、证监会、财政部、环保部、税务总局等监管部门不断出台一些新的政策，有 38 项政策直接影响到中国中冶。我们经过认真的修改、调整和完善，直到完全符合要求。

记者：经历了企业上市这样一项复杂的系统工程后，请问您有哪些经验和体会？

李世钰：企业上市是一项十分复杂的系统工程，中国中冶能够抓住机遇、克服困难、完成上市，其间有许多经验值得总结：第一，坚决贯彻落实党中央确定的科学发展观，坚决贯彻落实国务院深化中央企业产权制度改革的方针政策，认真落实国资委的具体要求，这是中国中冶成功上市的首要经验。第二，中冶集团董事会、党委会、经营层高瞻远瞩、战略谋划、运筹帷幄，这是中国中冶成功上市的基本保障。第三，上市领导小组坚决贯彻落实董事会决议，把握大局，解决难题，具体指导，不失时机地推进各项工作，保证了上市工作的有序推进。第四，上市办公室人员精干效率高、工作认真、成绩突出，攻克了一个个难关，解决了一个个难题，实现了一个个目标，为今后的工作提供了经验。第五，广大干部职工大力支持、积极参与、努力工作、密切配合，特别是二级公司的主要负责同志，能够组织本单位准确、及时、坚决地贯彻落实集团的每一项决议、完成布置的每一项工作、满足集团的每一项要求，有力地支持了上市工作的顺利推进。

记者：请您介绍一下上市公司在面临日常监管中应注意哪些方面？

李世钰：上市公司在 A 股市场上应按照相关的法律法规和规章制度进行运作，重点关注信息披露、关联交易、对外担保和资金占用、募集资金运用、公司治理和内部控制、保荐机构督导和其他重要事项七方面的内容。在信息披露方面，需披露的信息经交易所登记后，应当在中国证监会指定的媒体上披露，信息披露义务人在其他公共传媒披露的信息不得先于指定媒体，不得以新闻发布或者答记者问等其他形式代替信息披露。在关联交易方面，对于日常性关联交易和偶发性关联交易首次发生时均要进行审议，超过规定额度需提交股东大会审议，金额较小的可以通过签订协议豁免股东大会审议，超过规定额度的则不得豁免。在对外担保及资金占用方面，《关于规范上市公司对外担保的通知》中规定了上市公司对外提供担保的审批权限，同时规定，在资金往来方面，上市公司不得以控股股东及其关联方垫付工资、福利、保险、广告等期间费用等方式将资金提供给控股股东及其他关联方。在募集资金运用方面，上市公司募集资金应当存放于董事会设立的专项账户集中管理，并严格按照招股说明书中披露的项目进行使用，发生变更应在董事会论证通过的基础上提交股东大会审议通过。在公司治理与内部控制方面，上市公司应根据《公司法》等法律文件的要求建立健全公司法人治理结构和内控制度。在保荐机构督导方面，保荐机构应对上市公司关联交易、对外担保、募集资金运用、公司治理、内部控制和其他重要事项进行持续监督和发表意见。此外，还应关注内幕交易、承诺事项是否按期兑现等其他重要事项。

在 H 股市场上，主要应按照《香港联合交易所有限公司证券上市规则》（以下简称《上市规则》）与指引的要求进行运作，重点关注信息披露、关联交易、交易监管和合规顾问工作方面的内容。

在信息披露方面，H 股监管比较关注敏感性资料的披露，对敏感性材料的定义非常广泛，包括任何“预期股价敏感的材料。”联交所通常要求公司对各种重大的或预期以外的事件做出评估，以决定其是否属于股价敏感以及是否应予披露。

在关联交易中应重点关注以下事项：一是除了全面豁免和自动部分豁免的情况外，上市公司所有一次性的关联交易都需要申报、公告及经独立股东批准。二是除了自动全面豁免的情况外，持续性关联交易必须按书面协议进行（合约期须固定，且一般不能超过三年），设有每年金额上限，且必须一次性公告并经独立股东批准，每年还要由独立董事和审计师进行审核。三是公司的独立非执行董事每年均须审核持续关联交易。四是审计师每年均须致函公司董事会（副本送联交所），确认有关关联交易。

在交易监管方面，联交所监管的交易是指资产的收购或出售等交易，不包括“收益性质”的交易及在上市发行人的“日常的业务过程中”发生的交易，也不包括上市发行人以现金代价向独立方发行新证券。不同类型的交易需要履行不同的程序。主要交易、非常重大的出售事项、非常重大的收购事项和反收购行动需要致股东通函并经其批准，由会计师出具专项报告。

在合规顾问工作方面，H 股新上市公司需要聘请合规顾问，直至上市后一个完整的会计年度结束。合规顾问的主要工作有：一是确保上市发行人遵循《上市规则》及相关法律、规则、守则及指引的要求。二是可以列席相关会议，陪同上市发行人出席与联交所举行的任何会议，但联交所另有要求的除外。三是关注上市公司自身情况，与上市发行人定期商讨营运表现、财务状况、盈利预测、豁免条款和上市公司承诺的履行等事项。四是就拟发布的公告、拟进行的交易（包括须披露的交易）以及变更募集资金用途与联交所讨论。五是评估上市发行人董事会的所有新委任成员对其本身职责及业绩的受信责任的了解，并向董事会提供相关建议。

记湖南新五丰股份有限公司董事长邱卫先生

邱卫，EMBA 硕士学位，高级经济师。历任湖南省对外经济贸易委员会进出口处副处长、湖南省工业品进出口公司党委书记、总经理、湖南省粮油食品进出口集团有限公司副董事长等职。现任湖南粮油食品进出口集团有限公司董事长、党委书记、湖南新五丰股份有限公司董事长，中国畜牧业协会猪业分会副会长、中国肉类协会理事。

随着城市化进程的不断加快和农业发展方式的不断转变，中国的生猪养殖业正朝着规模化、集约化、现代化的方向加速迈进。作为被誉为“中国生猪养殖第一股”、湖南规模最大的国有控股生猪养殖企业——新五丰的董事长，我非常荣幸能与我的同事一道，在紧紧把握中国农业大发展、大繁荣历史机遇的基础上，满怀激情的去开创这看似传统、却充满希望的“养猪”事业。

一谈起生猪养殖，很多人的脑海里可能会下意识的涌出“原始”、“传统”、“劳动密集型”等一些词汇。但在我看来，这些词汇只能说是很久以前中国养猪业的一些缩影，伴随着中国经济的高速前行和发展方式的转型升级，“科技”、“人才”、“标准化与现代化”已成为中国新形势下养猪事业的全新标签。今年的中央一号文件，将加快农业科技创新置于前所未有的战略高度，必将极大的促进农业发展方式的革命性变化，加速推动现代农业建设的发展步伐。作为农业及其重要的分支，与其说生猪养殖是农业，不如说它是与老百姓餐桌息息相关的“民生工业”。和工业一样，科技创新、人才支撑、标准化生产以及不断创新，已成为引领生猪养殖业可持续快速发展的核心动力。如今的生猪养殖，早已脱胎换骨，一片生机盎然。

作为农业产业化国家重点龙头企业和湖南省国资系统中唯一的生猪养殖旗舰企业，面对中国养殖业的重大机遇，新五丰正秉持“创新驱动、转型升级”的企业发展战略和外销向内销转变、内销向产业转变、产业向全产业链转变、全产业链向品牌打造、技术创新、核心竞争力培育的发展思路，不断致力于打造与时俱进的企业文化，实现对公司发展的重要引领；不断推进战略、机制、模式和技术的全方位创新，实现公司核心竞争能力的明显提升；不断致力于猪场环保问题的有效解决，树立规模化养殖可持续发展的典范；不断致力于员工和公司和谐共进，实现企业发展成果的共享。

好风凭借力、送我上青云。乘着中国生猪养殖业发展方式转型升级、发展步伐日新月异的浩浩东风，新五丰人志存高远、豪情满怀，我们定将紧抓机遇、乘势而上、持续创新、追求卓越，不断将转型升级战略推向深入，不断致力于提升公司核心竞争力，为早日将新五丰打造成为湖南最大、中国最有特色的生猪养殖产业链企业而不懈奋斗！

记苏宁电器股份有限公司董事长张近东先生

张近东，男，1963年出生，毕业于南京师范大学汉语言文学专业，现任苏宁电器股份有限公司董事长、中国人民政治协商会议第十一届全国委员会委员、中华全国工商业联合会副主席。

1990年，张近东先生在南京自主创业，经过21年的发展，苏宁电器连锁网络已经覆盖中国大陆300个城市，香港和日本市场，2010年苏宁电器品牌价值高达728.16亿元，年销售规模1562亿元，位居中国最具竞争力上市公司前十、中国民营企业前三，是国家商务部重点培育的“全国15家大型商业企业集团”之一，并入选《福布斯》亚洲企业50强，居《福布斯》全球2000大企业中国零售第一，被美国《财富》杂志评选为2010年、2011年“最受赞赏的中国公司”。目前，苏宁电器连锁门店总数超过1600家，员工人数超过17万名，已经成为中国3C（家电、电脑、通讯）家电连锁零售企业的领先者和中国最大的商业企业。

在创业发展早期，张近东先生就意识到以服务为企业核心竞争力，坚持“服务是苏宁的唯一产品”，首创自营服务，并依靠“淡季打款”等创新模式迅速成为中国空调销售冠军。1999年张近东先生率苏宁全面切入综合电器领域，并率先开创了家电零售连锁发展模式，引起了行业深远变革，直接推动了中国现代零售业的发展进程。凭借对家电行业的深刻理解，张近东先生紧跟消费者需求、积极调整经营思路，率先在苏宁店面引进电脑、手机、数码相机等3C产品的销售，引发中国3C家电产品销售渠道变革。在21年的发展历程中，张近东先生先后开创了“自营服务”、“3C模式”、“5315工程”（在全国建设500个服务网点、30个客服中心、15个物流基地）、“3C+模式”、“后台战略”、“智慧苏宁”等一系列经营管理创新模式，领导开发了全球领先的SAP/ERP系统，打造了自主培养为主的专业化人才梯队，构筑了国际化的管理平台。

秉承“整合资源、合作共赢”的理念，苏宁电器与海尔、三星、惠普、美的、海信、LG、西门子、夏普、索尼、戴尔、松下、诺基亚、HTC、惠而浦、TCL、联想、佳能等全球著名企业保持紧密合作。同时，苏宁还与IBM、微软、思科、SAP等世界知名IT企业建立战略合作伙伴关系，打造国际化一流信息平台。苏宁电器在与广大合作伙伴合作过程中，开创了一系列创新合作形式。如与韩国三星电子联合开设SSMS营销学院；与海尔推进ECR高效响应系统；与索尼建立SIS店中店模式；与微软公司在中国联合推进正版软件、保护知识产权；成为苹果公司iPhone系列产品在中国的首发合作伙伴；成为戴尔公司在中国实施渠道变革、从网络购物转向实体销售的主要合作伙伴等一系列的合作。

苏宁电器作为全国性家电连锁企业唯一的民族企业，张近东先生带领企业对中国本土市场精耕细作的同时，也加快了苏宁电器国际化的步伐。2009年，苏宁电器收购日本老牌电器连锁企业LAOX公司，开创了中国企业收购日本上市公司的先河。2009年12月30日，苏宁电器再次宣布收购香港镭射电器，正式进入香港市场。2011年6月，苏宁绝对控股Laox，成立Laox中国，实行Laox与苏宁双品牌运作，并规划五年内在全国建设150家乐购仕生活广场（LAOX LIFE）。

在带动企业发展的同时，张近东先生一贯非常注重承担企业社会责任。目前苏宁已经成为中国解决就业最多的民营企业，年纳税额位列中国民企第一。十多年来企业已累计捐赠公益事业7亿元，其中张近东先生本人在2008年中国四川——汶川大地震中个人捐赠5000万元，创当时个人捐赠之最。张近东先生一贯重视支持教育事业，通过资助乡村学校体育基础设施建设、设立助学金、发放奖学金、改善办学条件等方式支持教育事业的发展。近年来张近东先生先后向清华大学教育基金会捐资500万元，成立“清华大学苏宁电器研究与发展基金”、出资300万元支持南京大学商学院设立奖学金、帮助中国2008个乡村学校建设体育基础设施等，推动中国教育事业的发展。为解决苏宁大规模连锁发展的人才需求和解决大学毕业生的就业问题，张近东先生还亲自倡导成立了应届大学毕业生引进与培养工程——1200工程，自2003年以来，该工程已成功启动十期，引进培养了1万多名高素质大学毕业生，成为中国最大的大学生用人单位之一。

在自己积极参与慈善事业的同时，张近东先生还注重对员工参与公益与慈善事业的肯定与鼓励与引导，他参与光彩事业的事迹也深深感染了员工。在他的鼓励与鼓舞下，2006年，员工自发发起"1 +1 阳光行—苏宁社工志愿者行动"，号召全体员工每人每年捐出 1 天工资用于慈善捐赠，每人每年奉献 1 天时间参加社工服务，将社会公益长期化、制度化、品牌化推进。"1 +1 阳光行"社工志愿者行动自启动以来，全国共组建 1000 多支志愿者分队，年平均活动人数达到 10 多万人次。同时，苏宁电器还成为第一家定期发布 CSR 企业社会责任报告的中国商业零售企业。

由于企业经营出色、积极承担社会责任，苏宁电器经营管理案例被录入多所知名大学商学院管理教材，张近东先生也被中华青年联合会授予"中国青年五四奖章"、被中华全国工商联合会授予"优秀中国特色社会主义事业建设者"、荣获"CCTV2006 年度经济人物"、被国家民政部授予"中华慈善奖"、被中华慈善总会授予"中国十大公益楷模"、被中国扶贫基金会授予"中国消除贫困奖"、被《中国企业家》从 2007 - 2009 连续三年评为"中国最具影响力的 25 位企业领袖"、被《21 世纪经济报道》评选为"2009 年度华人经济领袖"、被美国《财富》杂志评选为"中国最具影响力的 25 位商界领袖"和"2010 年度中国商人"等等。

商业常青树

——记长春欧亚集团股份有限公司董事长、党委书记曹和平先生

曹和平，男，1956 年 1 月 6 日生，中共党员，硕士学位，正高级经济师职称，中国第一批高级职业经理人。曾任长春市百货公司组织部副部长，长春市汽车城百货大楼党委书记、总经理。现任长春欧亚集团股份有限公司董事长、党委书记。中华人民共和国第九届全国人民代表大会代表。中国共产党第十六、十七次代表大会代表。长春市九至十三届人民代表大会常务委员会委员。兼任中共吉林省委决策咨询委员会委员、吉林省上市公司协会会长等社会职务。

上世纪八十年代，欧亚集团的名称是长春市汽车城百货大楼，位于长春市西南部的中国一汽厂区，名不见经传。1984年，企业的总资产只有 205 万元，年销售额 1248 万元，年利润额 22 万元。这一年，曹和平走马上任担任总经理兼党委书记，他以创新的思想和战略智慧，睿智的目光和独特视角，经营着企业，成功的把一个无名小店发展成商业巨擘，率领企业创造了同行业的发展奇迹。

曹和平睿智善断，具有正确的决策能力，是战略运营的筹划者。从 1988 年开始，他就构想、决策并组织实施了企业发展的"三星战略"。所谓"三星战略"，分为"小三星"、"中三星"和"大三星"。"小三星"战略是以长春市繁华商业区为中心，以区域商业中心为两翼布点，站稳长春商业市场；"中三星"战略是以长春为腹地，南进北拓，辐射全国；"大三星"战略是立足国内，以东欧和东南亚为两翼，走出国门。

在这一发展战略指导下，经过 28 个年头的扩张，欧亚集团得到了快速发展。目前，"小三星"这个由点到面的格局已经到位，"中三星"布局也已开始，欧亚集团实现了经营上的"星光灿烂"，其厚积薄发的实力更使其如花般在中国大地绽放。

曹和平思想创新，具有超前的改革意识，是企业改革的先行者。1989 年，他开始研究和探讨股份制问题。1992 年 2 月，向长春市九届人大五次会议提交了《关于在长春市商业企业进行股份制改组》的议案。1992 年 3 月市政府批准汽车城百货大楼在长春市第一家进行股份制改组，1993 年 10 月在长春市第一家由定向募集公司转为社会募集公司，同年 12 月 6 日公司股票在上海证券交易所挂牌交易。

股份制改造是欧亚集团发展的重要契机，不仅创新了经营体制，为增强公司经营能力提供了良好的制度基础，而且为公司成长和发展提供了全新的机遇。实施股份制后，曹和平严格按公司法建立健全法人治理结构，设立监督机制，规范运作公司，并提出了国有企业改为股份制"三、二、一"的主张和观点。即"三个不变"：企业的社会主义性质不变，职工在企业的主人翁地位不变，职工的民主权利不变。"二会并存"：股东大会和职工代表大会两会并存。"工会主席不是一票"。得到了国家有关领导的充分肯定，产生了积极的轰动效应，被誉为北方模式。

曹和平专业全面，善于利用资本的力量，是资本经营的实践者。他始终坚持把搞产业经营与资本运营做为创建和发展企业集团的"两个轮子"。在资本运营的实践中，他提出了"量力而行、尽力而行、超力而行"的资本运作原则。量力而行是将战略性目标分解，将阶段性目标具体化。尽力而行是在知己知彼的前提下做利弊权衡，然后决策。超力而行是在为长远发展做战略选择，为后续发展储备资源的前提下，如有胜算当机立断。

运用"三力而行"的原则，欧亚集团以并购扩规模，建卖场促发展……，扩大规模的步伐稳健而不乏效率，商务经营"以大制胜"、市场覆盖"以广制胜"的竞争优势不断显现。

曹和平理念先进，具有超常的市场感悟，是新兴业态的引领者。他倡导企业经营体制的创新，坚持调结构、促转变的发展思路，进行企业经营结构、经营方式和企业组织结构的调整。他提出了"发展时尚百货主流店、国际摩尔店、超市连锁集群店"的经营构架，并把"将欧亚商都做精，将欧亚卖场做大，将欧亚车百做多"作为战略目标，使欧亚集团经营结构发生了重要变化，从以经营传统百货为主的单一经营模式，实现了向新业态，新格局的转变。目前，现代时尚百货、摩尔生活馆、综超连锁已成为欧亚集团经营的三大主力业态，打造了欧亚集团具有前瞻性和良好拓展性的商业模式，具有外延性和良好适应性的市场模式，具有独特性和良好持续性的发展模式，市场主体地位不断提高。

曹和平坚守诚信，具有优秀的职业素质，是企业生命力的构建者。在欧亚集团的发展历程中，曹和平认定并坚守了这样一条信念：人无誉不立、店无誉不兴。他把维护和提升商誉看得高于一切，并将其作为一种企业精神和价值信念不断传袭。

曹和平讲诚信，不仅是对消费者、对供货商，而是面对整个社会，面对所有与之打交道的人。欧亚上市十八年，关于公司的信息披露、财务报告，都严格依法操作，从不弄虚作假，真实反映公司状况。自上市以来，公司的财务审计结果年年都是"无保留意见"。

曹和平非常注重股东的回报，时刻想着投资人的利益。"企业不是资本市场的旁观者，资本市场也绝不是企业的提款机。上市公司是资本市场的基石，必须对中国的资本市场负责"！这是曹和平的铭志精髓。正因如此，欧亚集团显示出对资本市场投资者浓烈的"回报意识"。欧亚上市 18 年，分

红15次，至目前连续11年分红，数额稳步增长，分红额超过了融资额。

曹和平带领欧亚集团成就了基业长青、逐步从优秀到卓越的永恒品质，在发展中创造了无数的第一。第一个在长春进行股份制改革；第一个实施跨行业兼并；第一个建造单体经营面积世界第一的超级摩尔欧亚卖场……。这无数个第一叠成了欧亚不断攀新高的云梯。

曹和平本人也是殊荣连连，荣获"全国劳动模范"、"全国五一劳动奖章"、"国家有突出贡献的中青年专家"、"国务院特殊津贴"、"中国商业服务业改革开放30周年功勋人物"、"中国创业企业家"、"中国商业科技创新人物"、"全国优秀经营管理者"、"全国杰出青年企业家"、"全国优秀党务工作者"等多项荣誉称号。

2011年是曹和平执掌欧亚集团的第28个春秋。常言说"成事在天"，但谋"市"在人，我们有理由相信，以其创新超前的思想，睿智卓越的才能，曹和平必将带领崛起发展中的欧亚，乘风破浪驶向成功的彼岸，走向更高的辉煌！

记鲁银投资集团股份有限公司董事长、总经理刘相学先生

刘相学先生任职鲁银集团董事长、总经理以来，针对公司产业分散、主业定位不明确、盈利能力低的现状，以振兴发展鲁银为己任，率先垂范，以身作则，团结带领领导班子和广大员工，紧紧围绕董事会和股东大会确定的各项任务目标，开拓进取、扎实工作，通过完善制度体系、加强基础管理、化解潜在风险、调整产业结构等手段，公司经济效益发生了历史性变化，使鲁银驶入发展的快车道，生产经营各项工作保持积极、快速、健康的发展态势。

在建立健全、严格施行三会一层法人治理结构基本制度和一系列管理规章制度的基础上，以内控制度建设为契机，健全完善各项管理制度，实现了由粗放型管理向精细化管理的转变，管理的效率和效果显著提升。推进管理规范化，制定严格的经济责任制和项目节点流程管理，进一步规范招标管理制度，开展品种效益测算，建立人员薪酬动态审批制度，做好上市公司信息披露工作，加强董事监事人员培训。近年来建立健全规章制度60余项，促进了公司规范化运作水平进一步提升。

改善机关作风，积极组织各项调研活动。形成了日常调研、定期调研、管理层基层蹲点调研和专题调研相结合的调研体系。创立公司内部刊物《鲁银信息》和远程视频会议系统，为上下沟通和实时管理搭建了平台；集团公司机关服务意识、大局观念和监督指导作用大大增强。

强化计划管理、健全激励导向机制。改变单一计划指标，形成计划、奋斗和冲刺三档计划指标的经营计划体系，充分发挥经营计划对生产经营工作的引导和激励作用。建立起了以"净资产收益率"为核心的经济责任考核体系，形成了科学的业绩评价体系，实现了经济责任与经济利益的紧密结合。打破分配平均主义，进行分配体制改革，有效强化了员工钻研岗位技能、专业技术的积极性。

积极推进新产业培育，产业结构调整优化取得新成效。与青岛豪杰矿业签订股权转让与矿产资源开发合作协议，成功进入铁矿采选业，培育了公司发展新的利润增长点。使公司产业链条更趋完善。立足当前，着眼长远，积极推进公司发展战略研究，完成了"十二五"产业整合规划编制工作，进一步明确"十二五"期间公司发展方向及产业定位，为公司持续健康发展奠定了基础。

着力解决历史遗留问题。克服各种阻力圆满完成对巨额亏损、已严重资不抵债的烟台药业的股权转让工作，彻底摆脱了这一长期困扰集团发展的历史包袱，有效地改善了公司资产质量。

创新管理，促进集团跨越式发展。2010年初，在通盘考虑公司发展现状及市场形势的基础上，审时度势提出了"产品产量全面达产达效，利润指标向过亿元冲刺，实现生产经营两大跨越"的经营目标，团结带领广大干部职工，开拓创新、扎实工作、努力拼搏、抢抓机遇，圆满完成了生产经营两大跨越的任务目标，经济效益实现跨越式攀升，利润总额实现1.136亿元，净利润达到1.067亿元，实现了突破亿元大关的目标。2010年末，实现年销售收入42.94亿元，比上年增长20.21%；年利税总额1.9亿元，比上年增长71.67%，谱写出鲁银发展的崭新篇章。

强化企业文化建设。紧紧围绕企业中心任务积极推进形势任务教育和各种形式的主题系列活动，建立劳动竞赛的长效机制，推进合理化建议活动和"争先创优"活动深入开展，推行学习型组织创建工作，将学习型组织创建与企业文化创建有机结合，以先进的企业文化凝聚员工，营造积极向上的企业文化氛围，形成推动鲁银各项事业再上新台阶的强大合力。

鲁银投资集团股份有限公司董事长、总经理、刘相学先生主要荣誉：

莱钢集团劳动模范；在实现1000万吨钢奋斗目标中做出突出贡献，获个人一等功一次、二等功一次；创造的"实施钢铁成本系统优化大纲，促进成本持续降低"荣获2006年度管理创新与进步项目一等奖、2007年度山东省企业管理现代化创新成果一等奖、第二十一届山东省企业管理现代化创新及优秀应用成果一等奖；创造的"面向企业价值最大化的管理效益纵深行"荣获第二十届省级一等企业管理现代化创新及优秀应用成果。

记山东天业集团、山东天业恒基股份有限公司董事长曾昭秦先生

曾昭秦，1969年5月出生，汉族，山东聊城莘县人，中共党员，南开大学EMBA，现任山东天业集团董事长、山东天业恒基股份有限公司董事长。

曾昭秦先生1987年至1988年，任山东省体育运动学院人事处干部；1989年至1991年任山东省农委人事处干部，1992年至1996年任山东省委办公厅秘书；1997年至1999年任山东宏泰集团副经理；1999年创立山东天业房地产开发集团有限公司，任董事长兼总经理；2006年以山东天业房地产开发集团有限公司为核心，成立山东天业集团，任董事长；2006年，山东天业集团重组上市公司山东济南百货大楼（集团）股份有限公司，后更名为山东天业恒基股份有限公司，任董事长。

1999年，山东天业房地产开发集团有限公司自济南天业翠苑项目开始，正式进军济南房地产开发市场。之后陆续开发了山大路创展中心、济南国际会展中心、新东方花园、永安大厦、绣水如意、盛世花城等项目，取得了良好的社会效益和

经济效益。

2006 年,在济南市政府的支持鼓励下,曾昭秦先生与山东天业集团成功重组了济南百货后,在他的率领下,山东天业恒基股份有限公司成功开发了永安大厦、绣水如意、天业国际广场、盛世龙城等项目,在建开发项目济南天业奥体项目、东营河口项目均已成为区域焦点楼盘,同时积极进行项目储备,为持续健康发展奠定了坚实的基础。

在房地产开发过程中,曾昭秦先生始终秉承让百姓买得起房、住得起房的原则,为社会提供高标准、高质量的开发项目,付出的努力和取得的业绩得到社会各界广泛认可和赞誉。在曾昭秦先生的率领下,旗下房地产业务先后荣获:济南放心房开发企业,济南房地产企业综合实力 20 强,山东省服务业诚信服务优秀单位,山东省房地产开发企业综合实力 50 强。齐鲁房地产品牌企业 50 强,齐鲁品牌企业 20 强,山东省工商免检企业称号,30 年齐鲁地产名企;本人亦荣获山东经济风云人物、齐鲁地产十大风云人物、十大齐鲁精英人物等荣誉称号。

2007 年,随着房地产业务向上市公司转移,曾昭秦先生以敏锐的洞察力和永不止步的进取精神适时调整了旗下主导产业的战略布局,成立山东天业矿业有限公司、山东天业国际能源有限公司,作为第一大股东参股枣庄市商业银行,2008 年以来,陆续实施并购系列海内外资产项目,逐步形成了以国内外上市公司为平台,横跨房地产、矿产、能源、金融四大支柱行业的中长期发展格局。

山东天业集团及山东天业恒基股份有限公司在短短几年内取得如此成就,与曾昭秦先生不断学习,开拓创新分不开。2002 年至 2005 年期间,他修完南开大学 EMBA 全部课程,通过不断地学习、思考与实践积累,更深切地理解先进的文化、思维方式和理念,对于房地产、矿产、能源、金融多产业布局及企业的国际化发展有了较深的认识,从而更好地与实际运作相结合,加深企业创新优化,提升整体战略指引。

曾昭秦先生在多个社会团体担任职务,现任济南市工商联常委、济南高新区工商联副会长、山东青年联合会常委、山东省私营协会委员等。

在企业发展壮大过程中,曾昭秦先生始终情系公众,积极回报社会,致力于做一个对社会负责任的企业家。多年来,他及山东天业集团向汶川地震灾区捐赠款物,通过山东教育基金会早高校设立"天业助学基金",捐资教育等社会公益、慈善事业方面累计捐赠数百万元,在解决重组企业员工就业、养老、医疗保险等方面亦不遗余力,妥善安置。未来的日子,他这种"心系公益"的行动还会一如既往,时时去印证他"兼济天下"的人生追求。

"坚韧者成,毅志者立",曾昭秦先生将率领旗下地产、矿产、能源、金融四大产业继续秉承"胸纳天下、立业百年"的企业经营理念,勤勉奋进、真诚笃厚,朝着国际化企业集团的方向稳步前进。

发挥区域优势　打造特色煤化工龙头

——访云南煤业能源股份有限公司董事长张鸿鸣先生

日前,云煤能源重大资产出售及发行股份购买资产暨关联交易事项收到中国证监会批复核准文件,标志着公司历时两年的资产重组获得成功。根据重组方案,马龙产业向云天化(600096)集团出售全部资产及负债,同时以 7.94 元/股向昆钢控股发行 27400 万股股份,昆钢控股以其合法持有的昆钢煤焦化 100% 股权及部分现金进行认购,使公司最终转变成为一家以煤化工为主业的上市公司。重组后公司在煤化工产业方面具有哪些发展优势、未来的发展战略又是如何规划的? 面临哪些机遇和挑战? 带着这些问题,笔者对公司董事长张鸿鸣先生进行了专访。

销售渠道稳定,钢焦联盟优势明显

笔者:此次重组进入上市公司的资产有些什么特点? 盈利能力如何?

张鸿鸣:此次置入上市公司的主要资产——昆钢煤焦化的前身为昆钢焦化厂,昆明焦化制气厂是云南历史最为悠久、规模最大的冶金焦炭及炼焦化产品生产基地。昆钢煤焦化主要产品有焦炭、煤气和化工产品三大类,现有年产焦炭 400 万吨、煤气 16.8 亿立方米、15 万吨煤焦油深加工和 5 万吨苯加氢深加工及 10 万吨甲醇的生产能力,公司焦炭权益产能位居云南省首位。

公司焦炭产品为三级冶金焦,主要应用于钢铁行业生铁冶炼环节,产品拥有稳定的用户——昆钢,也正是因为这个特点,使公司拥有其他独立炼焦企业难以企及的稳定的销售渠道优势,能有效规避行业周期性风险。2008 年四季度至 2009 年上半年,受全球金融危机的影响,国内整个焦化行业陷入行业低谷,焦炭生产企业开工率普遍不足 60%,最严重时期限产达 80%。但昆钢煤焦化焦炭主要销往昆钢、煤气供应昆明市民,产品需求具备刚性,产销率均达到了 100%。

从盈利能力来看,昆钢煤焦化目前拥有焦化制气、师宗煤焦化、燃气工程三个子公司和安宁分公司一个分公司,2009 年、2010 年和 2011 年上半年,昆钢煤焦化实现的营业收入分别为 467600.29 万元、572218.25 万元和 312165.61 万元,实现净利润分别为 13880.29 万元、17786.23 万元和8220.76万元。截至 2011 年三季度末,实现营业收入 509909.61 万元,净利润 13030.56 万元。

此外,昆钢控股就本次重大资产重组完成后上市公司 2012 年度和 2013 年度的经营业绩还作出承诺:本次重大资产重组完成后,上市公司 2012 年度和 2013 年度实现的归属于母公司所有者的净利润不低于人民币 1.95 亿元和 2 亿元。如上市公司未达到前述承诺的净利润,则其差额部分由昆钢控股在上市公司 2012 年度和 2013 年度审计报告正式出具后 10 个工作日内以现金方式一次性补偿给上市公司。昆钢控股是全国 520 户国有重点企业之一,也是云南省政府管理和重点支持的十家大企业集团之一,他对上市公司和投资者的承诺是认真负责的,这个承诺也显示了重组方对公司未来盈利能力充满信心。

战略规划清晰,产业链拓展值得期待

笔者:公司今后还有没有进一步的资产注入计划?

张鸿鸣:从近期来说,昆钢控股承诺在本次交易完成后三个月内启动师宗县瓦鲁煤矿、大舍煤矿、金山煤矿和五一煤矿技改后共计 87 万吨煤矿资产注入工作,从而启动公司控制上游资源、完善产业链的战略实施。四个煤矿的注入,将一定程度上增厚公司的业绩。从中长期来说,昆钢控股已与云南省主要炼焦煤产煤区富源县政府达成战略合作。昆钢控股将积极参与对富源地区煤炭资源的整合,实现在富源地区的煤炭资源控制能力达到储量约 5 亿吨,并承诺相关行业项目将由公司实施。

笔者：公司目前的资产和产品显得相对单一，对此公司有没有进一步的产业发展规划？未来公司的产业链准备如何构建？

张鸿鸣：公司未来的发展战略是清晰的，主要体现为利用国家支持"延长产业链，形成新的增长点"和"推进企业兼并重组和联合重组"的指导意见，采取上游控制煤炭资源，中游通过兼并重组和等量替代方式合理扩大焦炭生产规模，下游集中副产品进行深加工，进一步延伸下游产业链，走"煤——焦——钢"联盟和"煤——焦——化"的循环经济发展模式，提高煤焦化工产业效益，将公司打造为云南省乃至西南地区煤化工的龙头企业。

昆钢煤焦化将在现有的经营模式、产品品种结构的基础上，一方面，通过并购重组、等量置换方式扩大焦炭生产规模，整合上游煤炭资源，走"煤——焦——钢"一体化发展的道路；另一方面，集中副产品进行深加工，进一步延伸下游产业链，提高煤焦化工产业效益，推进资源综合利用，发展循环经济。本次重组完成并将四个煤矿注入后，随着对上游煤炭资源的进一步掌控，煤炭供应将得到有效保障；焦炭产品因有稳固的钢焦联盟以及周边广阔的市场空间，焦炭产品的销售具有良好的保障，并为发展下游的化工产品深加工奠定了基础。

区位优势明显，市场环境优越

笔者：国内的焦炭行业市场竞争较为激烈，这个行业本身也具有一定的周期性，公司今后在行业内谋求发展实现领先的基础是什么？

张鸿鸣：云南地处我国西南边陲，基础设施尤其是铁路基础设施较为落后，导致煤炭、焦炭、钢铁等大宗商品的生产、销售具有明显的地域性特征。作为云南省主要的煤化企业，公司坐拥了优越的地理和区位以及由此带来的丰富资源和良好的市场环境。

从国内环境来看来看，昆钢煤焦化处在煤炭资源丰富的云贵地区，云南省煤炭资源总量为691亿吨，居全国第11位，已提交的煤炭资源储量居全国第9位，在南方各省区市中仅次于贵州，居第2位。此外，与云南省相邻的贵州省、四川省也是产煤大省，为公司的煤炭供应提供了资源保证。

煤炭和水是发展煤化工两项缺一不可的基础性资源条件，国家发改委发布的《煤炭产业政策》要求在水资源充足、煤炭资源富集地区适度发展煤化工，限制在煤炭调入区和水资源匮乏地区发展煤化工，禁止在环境容量不足地区发展煤化工。而云南也正是我国为数不多的煤炭资源与水资源呈正态分布的地区，具有发展煤化工产业良好的资源条件。

钢铁行业是焦炭的主要下游行业。目前，国内钢铁冶金行业焦炭消费比重达到焦炭消费总量的约85%，从本省的市场来看，由于云南特殊的地理条件，随着新一轮西部大开发、"桥头堡"战略和"富民兴边"工程的实施，可以预见，云南钢铁产业在未来5－10年内实现持续稳定增长是有条件的，这为公司持续稳定生产和快速发展奠定了基础。从周边省份市场来看，云南邻近的广东、广西地区冶金企业众多，但焦炭生产企业较少。目前，广东、广西所需大部分焦炭都是采取火车及汽车运输方式从山西、河南、湖北、贵州及云南等周边省份采购的，相对而言，云南更占有一定运输优势。并且，两广地区近年来新上钢铁项目较多，如宝钢集团的广东湛江钢铁项目，武钢集团在广西防城港的钢铁项目都正在推进中，未来数年的焦炭潜在需求量将会大幅增加。这些都将给昆钢煤焦化的焦炭产品带来巨大的市场空间和机遇。

从国际环境来看，云南地处我国西南边陲，具有连接中国、东南亚、南亚三大市场的独特区位优势。东南亚地区煤炭资源虽然丰富，但缺少炼焦煤。近些年来，越南、印度等地区对于云南焦炭资源的需求迫切，但受到国际贸易政策和交通条件限制的影响，每年的交易量却很小。随着云南建设东南亚"桥头堡"战略的实施，以及"七出省"、"四出境"铁路、公路的建设，大湄公河次区域航运的发展，综合交通运输条件将不断改善，为云南省钢铁和焦炭行业的发展提供了良好的市场及运输条件，这将非常有利于公司开拓东南亚周边市场。

抓住机遇，实现跨越式发展

笔者：公司目前面临什么样的发展机遇，如何实现快速发展？

张鸿鸣：产业政策和资本市场是公司面临的两大机遇，抓住、抓好就能实现公司跨越式的发展。

从行业来看，焦化行业政策是按照"总量控制、调整结构、节约能（资）源、保护环境、合理布局"的可持续发展原则制定的，特别是2011年3月国家发改委《关于规范煤化工产业有序发展的通知》又将煤化工准入门槛进一步提高了。2009年，云南省有大小焦化厂95家，焦炭产能约为2616万吨/年。根据2010年7月12日《云南省工业和信息化委员会关于2010年云南省淘汰落后产能的公告》要求，2010年底前，云南省已经关停了焦炭企业73家，共计淘汰焦炭产能681万吨，预计未来1到2年，还将淘汰焦炭产能235万吨。2010年云南省新建投产的焦炭近320万吨。预计未来3到5年，云南省焦炭产能在2020万吨左右。整体趋势是逐步关停达不到规模效益、能耗高、污染大的小型焦炭企业，扶持技术水平高、规模大、符合环保要求和循环经济的大型企业，公司作为省内最大的焦炭企业之一无疑会受益于相关产业政策，获得更大的发展空间。

此外，此次重组成功对公司未来发展也具有十分重大的意义。从融资渠道来说，借壳成功，拓宽了公司的融资渠道，能够借助资本市场的力量，低成本直接融入所需资金，迅速发展壮大；从产业平台来说，后续公司将不断整合煤矿资源，重组煤焦化类优质资产进来，使公司生产更加专业化，规模化。有利于发挥规模化效应，降低运行成本，提高公司的盈利能力，同时有利于开展循环经济和多联产，实现资源的优化配置，减少环境污染。实现以低消耗、低排放、高效率为基本特征的经济增长模式。通过不断发展，壮大，使公司跻身国内规模最大的独立焦化生产企业之一。从资本运作来说，今后可以通过上市公司资本运作平台，在国家产业结构调整政策的指引下，发挥资源优势，加速对云南省煤焦化行业的整合。随着未来公司师宗焦化项目达产，以及对上游煤炭资源和云南省内焦化企业的收购整合，上市公司的运营规模和盈利水平可望实现持续增长。从企业内部治理来说，公司通过借壳上市，改革企业经营管理体制，建立现代企业制度，使企业运营更加规范化。通过建立起合理的法人治理结构，并由于受来自股东、社会中介机构和证券监督机构的监督，经营管理将更加科学化、民主化、透明化，有利于公司业务的稳健发展。

此外，重组的成功也向市场显示了公司自身的实力和胆略，公司的知名度也会因此大大提高，无形资产迅速升值，这是无法用金钱来估量的。公司将以此次重组的成功为契机，把握住产业政策和资源区位优势所带来的重大发展机遇，在规范运作的基础上充分发挥资本市场的投融资功能，通过进一步的资源和资产整合，把区域的资源优势转化为市场的资本优势，实现公司“煤——焦——钢”和“煤——焦——化”特色全产业链的发展和业绩提升，实现股东利益的最大化。

新大洲，两轮世界的传奇

——访新大洲控股股份有限公司董事长赵序宏先生

编者按：大家都知道：在摩托车行业三十多年的发展史上，有着一位叱咤风云的重量级人物，他为摩托车行业探索了一条全新的企业运营模式，却从来不在世人面前炫耀；他终结了摩托车的仿制时代，却跳不出被仿制的怪圈；他掀起了摩托车行业的营销革命，却无法摆脱竞争对手频频仿效；他和世界摩托车巨擘握手，却又淡定地进入能源领域，成功地拓展着全新的发展。他就是这样一个人：外表和蔼可亲、温文尔雅，内里却宏韬大略、深谋远虑，他是企业家，却具有思想家、政治家的特质；他用企业文化凝聚人才、管理企业，做事雷厉风行、果敢决断，他是身体力行的行动者，用言行影响着每位员工，现在，他的企业是以摩托车、煤电化产业为主体，集电动车、物流、房地产开发为一体的大型股份制企业，他就是谜一样的摩托车行业的风云人物——新大洲控股股份有限公司董事长赵序宏。

赵序宏开行业先河，率先在企业实行股份制；并让新大洲成为业内最早的上市公司之一。

记者：记得当年，中国的摩托车行业各种各样的品牌呈现着百家争鸣的局面，但随着时间的推移，一个个曾经叱咤风云的企业家渐渐淡出人们的视野，而由您一手创办的“新大洲”则依然“一路欢歌一路笑”，并成为家喻户晓的中国驰名商标，这之中一定有着许多值得珍藏的故事，赵董您能给我们讲一讲新大洲成长的历程吗？

赵序宏：大家知道新大洲是以做摩托车起家的企业。回顾摩托车行业的三十多年，感慨万千，中国能发展成为摩托车大国，确实有许多的老前辈为行业做出了突出贡献，作为中国摩托车蓝图的绘制人之一，有辛酸，也有自豪，在行业的发展过程中，留下了我们的色彩，我们付出了，我们也收获了。

新大洲从创立到发展，从发展到腾飞，经历了许多，我们体验了成功的喜悦，也经历许多不为人所知的磨难和艰辛，这些有喜有悲的日子至今还历历在目，其中，有四件事却是让我终生难忘，而这恰好就是企业的四次重大转折。

一是1992年在行业内率先实行股份制改造。这为新大洲的成功打下了坚实的基础。同时，也为中国摩托车工业的发展摸索出了一种科学的企业体制。

二是1994年新大洲在深交所成功上市。此举解决了企业的融资问题，为新大洲的发展提供了资金保障，为企业的迅速持续发展创造了条件。

三是2001年与日本本田技研工业株式会社的正式合资，使新大洲本田无论在生产、管理，还是技术方面都有了很大提高。企业的整体素质、综合管理能力、市场占有率、赢利能力以及满意度都上了一个台阶。

四是2006年底正式涉足能源行业，由此奠定了新大洲树立百年企业的根本。

记者：请问赵董，您是如何想到实行股份制这样一个创新的机制，因为在当时行业内并没有这样的先例？而这个举措是在为上市创造条件，那上市在当时是否遇到了困难？而您又是如何克服的呢？

赵序宏：在嘉陵、建设、轻骑等摩托车品牌已强势形成的大背景下，为打破原有国营体制的禁锢，尝试现代企业体制，我于1988年南下海南，成立了合资企业，并于1992年率先实行股份制改造。1992年，按当时6000元/辆的市价，新大洲每月只有不足200万的进账，这个数目要想更好地发展企业是非常困难的。但生产要扩大，企业要壮大，资金问题必须解决。

于是，我想通过上市来融资。因为当时的整个市场环境非常好，需求旺盛，企业想发展，最缺乏的是资金，上市可以很好地解决融资问题，也能更好地实现企业做大做强的梦想。不仅如此，上市对企业知名度和美誉度的提升也大有好处。

有了这样的想法后，我就积极为公司的上市创造各种条件，除企业法人股外，开始试行员工内部持股。我相信机遇只会给有准备的人，只要做足准备，等待时机，一定能成功。

为早一天实现上市的梦想，我们立即行动起来，动员了各种社会力量，积极争取上市的名额。在当时，也是困难重重，因为海南的知名企业都是做房地产的。如此激烈的竞争，怎样才能让新大洲从中脱颖而出，找到一个让人无法拒绝的上市理由呢？

最后，我很坚定地向主管部门提出“我们是海南的制造企业”，几番周旋，新大洲终于于1994年在深交所成功上市。

创新的企业文化成就新大洲“行业内黄埔军校”的美誉，也成就了新大洲时代的辉煌；与本田的合资，让新大洲迅速腾飞。

记者：无论上市、合资，还是对能源的投资，赵董对资本的运作都相当成功。四个决策的出奇制胜体现出您与众不同的思想。赵董能不能透露一下，您这种思想的精髓是什么？

赵序宏：新大洲今天的存在，是因为有梦，是梦成就了新大洲，实现由大到强的转变，走到了同行的前面。

梦想成真的基础是源于低调和虚心。在当时嘉陵、建设、轻骑等企业独领风骚之时，我们学着“拿来主义”，虚心向它们学习，踏实做事，一步一个脚印地走。

梦想成真的精髓来源于自主创新的意识。一个有生命力的企业必须自主创新，必须彰显实力，必须独树一帜，才能处于不败之地。因为创新是企业生命的源泉，是企业发展的不竭动力，是企业占领市场的核心竞争力。

回想企业的每一次成功，都是因为我们抢占了先机；思考企业为何能一再成功，是因为我们在不断地创新，让别人永远只能模仿，却跟不上我们的步伐。从深圳上市到与本田合作，再到能源的开采，每次力挽狂澜，转危为安的关键就是我们在创新，我们做了别人没想到、或者是想了却没敢做的事。

特别是在用人体制上的创新，为新大洲赢得“行业内黄埔军校”的美誉。由于国营企业的体制局限了人才的发挥，降低了办事效率。我们在招揽人才时，摒弃国有企业对人才的要求，率先实行不要档案的用人体制，并在薪酬上实行按劳分配。正是这些制度的创新，为新大洲本田海纳百川，吸引了四面八方的优秀人才。正是这种由全国各地人才构成的杂交文化，让各种智慧的火花在碰撞中产生，从而，打开了企业发展的智慧源泉。

新大洲的创新还不仅仅体现在用人体制上，在产品的开发、品牌塑造、市场营销等各个领域都得到了淋漓尽致的发挥。

一个“梦”成就了新大洲，这个“梦”就是新大洲的一号产品——梦精灵50CC踏板车。在梦精灵诞生之前，国内摩托车产品清一色的拷贝车，而且拷贝都是100%拷贝，拷贝本田、铃木、雅马哈的热销产品，拷贝得越像越受欢迎。因此，拷贝成了行业产品开发的定式，没有一家企业去考虑开发真正意义的新产品。在新大洲成立初期，新大洲生产和销售的产品都是和轻骑一样的产品，为避免市场销售的冲突，新大洲的产品被轻骑限制在广东、海南等很小的区域内销售，想持续上量，几乎没有可能。在这样的背景下，我们想到了开发真正属于自己的新产品，一方面可以避免与轻骑在市场销售上的冲突，另一方面还可以拓展销售区域。结果正像我们梦想的一样，梦精灵一上市，就受到热烈欢迎，订单像雪片一样的飘向海南，上市的第二个月销量就突破了万台大关，之后，连连攀升。为了适应市场，我们相继推出梦二、梦三、梦四、梦五等后续产品，梦系列产品为企业的发展奠定了坚实的基础。在产品开发上尝到了甜头就更加坚定了我们开发新产品的信心，在梦精灵系列之后，我们还开发了国内第一款仿生原创作品——“小螳螂”50CC摩托车以及“小家庭”正三轮车和“风采”边三轮车等新产品。“小螳螂”在1996国际摩托车展览会上获好评，标志着新大洲的自主开发能力已处于国内领先水平。

新大洲还是第一个全面导入CIS系统的摩托车企业，之前，虽然轻骑等大企业已开始了使用企业LOGO，但仅仅是品牌标识而已，并没有全面导入CIS系统。新大洲敢于花巨资这么做就是想尝试品牌塑造上超前对手一步。新大洲在深圳上市之后，企业更是步入了发展的快车道，我们不仅有了规范统一的品牌形象（CIS系统），更是有了发展的资金保障，企业也就有了更多的条件去开展市场营销活动。为此，我们还邀请了国际巨星金城武代言，拿出几千万元在CCTV大肆投放广告，在摩托车行业里，新大洲可谓借助在CCTV大肆投放广告提升品牌形象的第一个吃螃蟹的企业，凭借金城武的俊郎外型和“小螳螂”耳目一新的造型，让全国人民一下子就记住了新大洲。之后，我们还相继开展了“百日优质服务大行动”（1995年）、“驾驶新大洲，驰向奥运会”（1996年）、“驾驶新大洲，’97香港游”（1997年）、“新大洲十周年，送朋友千万奖”（1998年）等让用户感动、让业界刮目的大型活动。也正是这些活动促使新大洲在产销量上节节攀升，走到行业的颠峰位置。

记者：现在外界一直都有一个疑惑，1998年，新大洲走到了行业的颠峰位置，在行业内热切期待新大洲再创辉煌的时候，新大洲却于1999年开始寻求与本田的合资之路。请问赵董当时为什么不考虑把新大洲做大做强，而是选择了和本田合资呢？与本田合资至今即将八个年头，新大洲和本田是否是像成立之初设想的那样实现了优势互补？

赵序宏：1998年，我们取得了摩托车行业中国市场同类产品销量第二名（实际是第一名，因为轻骑销量包含新大洲）的骄人成绩。这是我们十年打拼的结果。

可好景不长，内忧外患的困扰让企业一度陷入难以突破发展瓶颈的困境。因为当时，整个摩托车行业的形势发生了翻天覆地的变化，产品同质化严重，企业为增大销量，占领市场，实行低价战略，大打价格战。我们的主力产品——踏板车，利润空间逐步萎缩。

而国家禁摩、限摩的政策，对新大洲无疑又是雪上加霜，成本却无法再低了。当时，我们刚刚在上海建厂，生产是以海南为中心，在外地做零部件，而市场主要集中在华东、华北地区，这样的生产销售链无形中就将成本抬高了。1999年到2000年是新大洲生死考验的两年，这两年连续亏损，新大洲面临因连续亏损而退市的风险。

是从此低迷，还是另辟蹊径？当时很多新大洲人都充满了困惑。

但我从未想过放弃，新大洲必须求变。当时，我们已经拥有成熟的市场网络、灵活的经营体制、坚实的生产基础、强大的开发能力和良好的品牌优势，这些优势是大多数同行都赶不上的，所以我坚信新大洲不但不会低迷，还会发展得更好。

于是，我把眼光放到了国外，想到了一个既不退出摩托车舞台，又能让企业走向高端的办法——与日本本田合资。或许是新大洲深厚的文化积淀，或许是天时、地利、人和，我们成为本田对外合资速度最快的企业——前后仅一年时间。

和本田的合资就是在谋划未来，为把企业做大做强。实践证明这个决策是完全正确的。本田借助我们的生产链和市场网络，进一步打开了中国市场；我们在学习本田先进技术和科学管理的同时，依靠本田在国际的影响力，不断扩大产品的出口规模。现在，新大洲本田已成为本田全球战略的最重要的出口基地之一。

深谋远虑的赵序宏成功进军能源行业，为树立百年企业打下了坚实基础。

记者：从山东到海南，从海南到上海，从上海到世界；从琼港轻骑到海南新大洲，从海南新大洲到新大洲本田，每一次战略变化都使企业实现了跨越。赵董，新大洲还成功地进入了能源行业吧？

赵序宏：新大洲起步、发展是在海南，腾飞是在上海，现在又在海拉尔投入到21世纪的热门产业——能源行业，三个地方都是水草茂盛的地方，在中国的版图上，海南是“鸡爪”，上海是“鸡胸”，而海拉尔就是“鸡冠”，我们从“鸡爪”走到“鸡胸”，再从“鸡胸”走到“鸡冠”，每走一步，都实现了质的飞跃。在海南创业是为了尝试全新的现代企业体制，到上海是为了谋划更大发展，而到海拉尔投资能源行业则是为发展百年企业提供取之不尽、用之不竭的财富。

记者：我们知道新大洲在摩托车领域早已经是一个非常响亮的品牌，现在的摩托车企业涉足电动车的还比较少，新大洲涉足电动车行业是基于什么样的考虑？

赵序宏：众所周知，新大洲本田已经成为本田在中国最大的摩托车制造基地，不仅在国内行业中占据着重要的地位，新大洲本田摩托车还出口到日本、美国、澳大利亚等几十个国家和地区。其实，大家可能不知道的是：新大洲在1997年就开始着手研发电动车，并在2003年斥资成立了上海新大洲电动车有限公司，是电动车行业中较早研发和生产电动车的公司之一呢！

但是，当时国家对电动车行业的法律法规不是很明朗，所以我们当时在涉及这一个项目的时候比较谨慎，这也就造成在接下来的几年电动车大发展的过程中，新大洲虽然具备人才和网络等优势，但新大洲电动车并没有随着行业的井喷而得到快速的发展。

记者：请问赵董，您对电动车项目及新大洲控股股份有限公司的长远规划和未来的远景是什么？

赵序宏：新大洲控股股份有限公司经过这些年的整合和发展，已经形成了以经营摩托车、煤电化产业为主体，集电动车、物流、房地产开发为一体的大型股份制企业，我们的目标就是做百年企业。

电动车行业在中国崛起仅仅几年时间，在这短短的几年内，电动车行业由无到有，由零星分布到大范围普及，取得了高速的发展和长足的进步。2004 年，中国电动车行业已有1000 多家生产厂，年产量达 675 万辆。2005 年，中国的电动车年产量达 960 万辆，市场保有量在 1500 万辆以上。2006 年国内电动车产量达到近 2000 万辆，比上年增幅 60% 以上。2010 年，中国轻型电动车的产销量将可能达到 3000 万辆，出口量将可能达 500 万 - 600 万辆，实现工业产值 700 亿元，包括上下游带动产值的产业总体规模，将达 1300 亿元。

可以说，电动车产业是一个符合资源消耗低，环境污染小，能够满足大众需求，拉动内需的新型产业。这是一个新兴的行业，又是一个蓬勃发展的行业！而作为在两轮制造领域具备绝对技术和人才优势的新大洲，在电动车项目上当然不甘人后呢！2010 年，新大洲计划在现有厂房、资源的基础上再投资 5000 万，进一步扩大硬件设施，也将广纳精英人才，在两轮电动车、电动汽车等与大众生活息息相关的低碳生活领域大展身手。

记者眼中的赵序宏：

他没有高大魁梧的身躯，但他豪爽，自信，不畏艰苦。勇于拼搏的精神的背后是他血液中流淌着的激情和登上泰山方能感受到的“一览众山小”那种博大宽广的胸怀……他就是赵序宏，一个地地道道的山东汉子。

带着山东人天生的韧性和闯劲，他硬是在祖国南疆开辟了一个新大洲。从上市到合资，赵序宏就凭着一股不服输的牛气，一路披荆斩棘，把一个名不见经传的小公司发展成闻名世界的现代化企业。

可以说，没有赵序宏，就没有今天的新大洲。他做了许多人不敢做的事，把许多的不可能变成了可能。20 多年的风雨造就了新大洲，也塑造了两轮行业一个巨人的形象——赵序宏，一个高瞻远瞩的企业家。

相信在赵序宏的领导下，新大洲一定能实现“百年企业”的宏伟目标，为中国两轮工业的辉煌再立新功！

做行业领先的建筑智能及节能化服务商

——访深圳市达实智能股份有限公司董事长、总裁刘磅先生

刘磅，1963 年 10 月出生，中南工业大学自动控制系硕士研究生毕业，工学硕士、高级工程师，达实智能(002421)主要创始人。1988 年 6 月进入深圳金达机电科技开发中心，任部门经理；1990 年 7 月 - 1995 年 2 月，任深圳中航集团下属公司项目经理、部门经理、总经理；1995 年 3 月创立深圳达实智能股份有限公司，一直担任公司董事长、总经理。刘先生是中国自动化学会常务理事、智能建筑与楼宇自动化专业委员会副主任，深圳市人大代表、科技组组长。

达实智能主要从事建筑智能化及建筑节能服务，包括建筑智能化及建筑节能方案咨询、规划设计、定制开发、设备提供、施工管理、系统集成及增值服务，以及能源监测、能源审计、节能系统运营维护等。刘磅表示，达实智能将基于其核心自主产品及技术，在大型公共建筑、商业建筑及住宅项目等多个细分行业把公司做到全国第一，做行业领先的建筑智能及节能化的服务商。

记者：我们了解到 6 月 28 日已经建成的深圳地几条主要的地铁线路已经全部开通，那我们很高兴地看到了在地铁项目所有的线路当中，达实智能是为所有的这些线路提供了一个智能化和节能化的服务，首先请您介绍一下我们这一块业务的具体情况是怎么样的？

刘磅：在过去的六月份当中，我们一共为深圳地铁的一号线、三号线、四号线、五号线都提供了建筑智能化与节能的相关服务。那么我们所提供的主要是轨道交通的综合监控系统，这个综合监控系统它包括两大块，一部分是所有的轨道交通的机电设备全线自动化运行的控制。另外一部分是集成了轨道交通各个专项的信息化和智能化的子系统，包括通讯系统、信号系统、视频系统、售检票系统、屏蔽门系统等等，我们这个综合监控系统把它们统一地集成在一个平台上，那么这两大功能的目的是什么呢？第一，保证轨道交通在正常情况下的节能运行。第二，保证轨道交通在出现各种故障情况下的安全稳定运行，这是我们这个系统所要达到的目的，在轨道交通当中是相当重要的一个大的环节。

记者：除了深圳地铁以外，我们了解到达实智能还中标了成都的一个地铁项目，现在在地铁这一块业务上有哪些城市已经与公司达成这样的一个合作呢？

刘磅：达实公司从事轨道交通的智能化与节能业务是从十年前开始的，是从香港的轨道交通和地铁的智能化与节能系统开始的，我们做到了我们所在的深圳。去年又拓展到了西南，拓展到了成都，我们目前正在紧张地为成都地铁二号线提供全线的综合监控系统，未来还将为更多的城市提供轨道交通的综合监控服务。

记者：刚刚您也说到未来国内地铁的发展趋势，对于达实智能公司来说这次会带来什么样的机遇？

刘磅：轨道交通是我们国家在大型综合基础建筑方面投资最大的一块，在未来的十年国家要建将近一百条轨道交通线路，这一个市场的容量是非常巨大的。我们深圳刚刚结束了轨道交通二期工程，同步又展开了轨道交通三期工程，光是深圳的轨道交通三期工程就将近要投资 1000 亿人民币，这个市场是非常大的，在这个市场当中达实作为少数能够提供综合监控系统的厂家，未来我们会获得更大的收益。

记者：除了轨道交通这一项业务之外，我们达实智能其他的业务还包括哪些，请您具体介绍一下？

刘磅：达实智能它的主营业务是做建筑智能化及建筑节能，建筑我们可以把它细分成大型公共建筑，像我刚才讲的轨道交通的基础建筑，就是属于这一类。它还包括大型商业建筑，还包括大型的住宅建筑，以及大型的工厂建筑。达实公司作为行业的先发优势的企业，在建筑智能和节能领域当中，在多个细分的行业都达到了一个非常好的成绩，比方说在大型的公共建筑我们提到了增长最大，市场量也最大的一个单项叫轨道交通。那么在大型商业建筑当中我们聚焦五星级酒店智能化与节能。在去年差不多提供了新建和老的品牌五星级酒店有二十个项目，我们还在大型的住宅建筑项目提供智能化与节能服务，在这个领域我们提供了有六十个到七十个大型的住宅系统。我们在大型工厂建筑方面为一批上市公司提供了建筑的智能化与节能服务。

记者：公司在这几项主要业务份额的分配是怎么样，哪一项是主要的来源，在未来这样一个业务布局会不会有所改变？

刘磅：达实公司主营业务在建筑智能化与节能，这是我们未来长期发展的定位所在，在这几个细分领域当中，我们做了很好的布局，像去年我们在大型公共建筑方面可能占了三分之一的市场，在我们公司里面的营业收入占三分之一，在大型

的商业建筑、住宅建筑、工业建筑方面占了三分之二，这样的话对于企业持续稳健的发展，市场的划分和市场的规划是相当重要的，我们知道一个大型的轨道交通，大型公共建筑的量是非常大的，为一条轨道线路提供综合监控系统平均一条线我们能提供1.5亿价值的设备和服务，我们对一个五星级酒店大型商业建筑平均一个项目能达到1000万人民币，那么对于一个大型的住宅项目可能在500万人民币，这样有机的组合保证了公司持续和稳定的成长和发展。

记者：您刚刚说到一条地铁的一个轨道项目会给公司带来1.5个亿的营收，这1.5个亿当中公司的利润率大概是多大？

刘磅：我们在有关数据上都有一些披露，在轨道大型公共建筑当中参与竞争的企业是比较少的，相对于大型的商业建筑和住宅建筑他的竞争门槛是比较高的，相应的毛利率会高过大型的商业建筑和住宅建筑。

记者：现在这个行业的整体情况是怎么样的？

刘磅：轨道交通在我们国家发展还是比较晚的，在迅速成长和发展市场当中，目前能够进入这个门槛的企业不多，大概在五家左右，达实公司是在这个领域当中在南中国区唯一的一家公司。同时，我们在轨道交通节能技术的关键点上在行业当中是跑在最前面的。现在在建轨道交通方面应该用三句话来表示我们轨道交通的发展目标：一是科技地铁，二是人文地铁，三是绿色地铁。达实公司在绿色地铁方向，在轨道交通的节能方向在全国是走在前面的。

记者：您刚刚说得非常好，我们还了解到去年12月份达实智能是收购的黎明网络公司，对于这一项收购我们想了解一下具体的情况，公司收购之后对于我们上市公司影响是怎么样的？

刘磅：在上市之前我们的成长主要是靠内生式的，我们自己的研发、投入、拓展，上市之后为我们的成长多了一个车轮，就是收购兼并式的扩展。我们在上市半年的时间就投入收购了深圳黎明网络公司，收购了这家公司百分之百的股权，除了拥有了在轨道交通方面的自动售监票的IFC这个系统的核心竞争要素之外，我们还拥有了自己办公研发的一个建筑物，这样的话一方面加强了我们的主营业务，一方面拓展了我们的生存空间，应该是一个非常成功的收获。在6月16日深圳地铁四号线成功的投入运营，地铁四号线自动售监票IFC系统就是由我们收购的黎明网络公司所提供的。

记者：黎明公司是给我们达实智能带来非常大的业绩增长动力是吗？

刘磅：加强了我们在轨道交通方面的竞争优势，也为公司的成长提供了一个发展的空间。

记者：从1995年开始达实智能一直是坚持在建筑智能与节能领域的发展，并坚持以自主产品为主，支持您发展的信念是怎么样的？

刘磅：这个要从公司的使命说起，节能是一个辛苦的活，节能也是一个积德的活，达实公司发展的使命叫“达实智能，让建筑更节能”，节能是我们所从事的终极产业。有这么一个伟大历史使命的驱动，推动着我们在自主研发和创新方面不断的进步，在达实我们建立了一个金字塔式的研发体系，在这个塔尖是国家授予我们的博士后科研工作站，主要负责技术创新。在中间是深圳市政府授予我们的深圳市自动化工程技术研究开发中心，它的使命是做产品研发；那么在底端是我们各个细分行业的解决方案的研发。借助金字塔式的创新体系，在国家的标准主导制定方面我们推出了四项国家节能的标准，在专利制作产权国家新产品等我们有一系列的成果。

记者：除了您刚刚说的技术创新之外，达实智能与我们同行业其他公司相比有哪些核心的竞争力？

刘磅：这个核心的竞争力从骨子里来说，我们要讲是达实公司的共享的价值观，我们叫做“达则兼善天下，实则恒心如一”这个共享的价值贯穿着我们所有的业务流程，体现在各个业务的单元和每个员工的身上，这是我们事业发展的基础。除此之外，我们还有明确的战略定位，就是从事建筑智能与节能，有了明确的企业的发展宗旨，我们要让建筑更节能，我们还有核心的技术创新体系以及我们的业务运行流程等，它们共同形成了达实公司的一个竞争优势。

记者：在高新技术企业当中人才才是最宝贵的财富，达实公司的人才战略是怎么样的？

刘磅：我们公司的员工在不断的发展，我们上市的过程是持续的，在上市完了之后，我们制定了一个三年的发展规划，在第一年我们是打下基础，在第二年我们是成长的过程，第三年我们会进入一个收获期，企业是波动式的、成长和发展的。在一般的企业上市之后就是购置先进的生产设备和装备，达实公司作为一个高科技的企业，或者基于自主产品的一个提供高端节能服务的企业，我们的生产设备是什么？我们的生产设备就是我们的优质人力资源，所以我们上市之后也是大幅度地增加人力资源，我们在去年增加了差不多50%的人力资源，在今年我们又继续增加这方面的人力资源。同时，培养去年所增加的这一部分人力资源让他们发挥出效果来，从目前来看我们在按计划推进人力资源的策划，在未来应该能够获得很好的成长收益。

记者：从去年登陆中小版，到现在公司上市已经一年多了，上市这一年多以来公司有什么变化，这个上市的资本平台对于达实智能来说产生了哪些作用？

刘磅：上市之后给达实公司带来了巨大的品牌效应，同时也为达实公司增加了事业发展的资本。我们在上市这一年来，在多个细分领域取得了自己的进展。举例来说吧，达实公司从事的主营业务是建筑节能，我们采用的商用模式是合同人员管理，这个商业模式用老百姓的话来说就是你节能，我投资，省下钱我们共分享，注意到你节能是我投资，所以这个商业模式需要企业有强大的资本投入和融资的能力，上市之后为我们公司在这方面打造了一个融资畅通的平台，使得我们这个商业模式能够在全国快速、全面地去展开。

记者：目前公司的现金流情况怎么样，未来是不是有一个融资的计划？

刘磅：和资本市场的合作是一个成功高速成长企业必须的，目前我们上市才仅仅一年多一点的时间，我们自己目前的资金还是充裕的，我们的募投计划是三年实施完毕。未来达实公司一定还会有和资本层面更大的合作，包括增发和资本融资方面的各种合作，因为我们所从事的是合同人员管理的这么一种商业模式。

记者：现在达实智能目前已经成为国内领先行业的专家，接下来达实智能会如何强化这样的一个品牌？

刘磅：达实智能市场拓展策略是这样的，我们是基于自己的核心自主产品和技术沿着建筑领域当中的多个细分的行业把它做到全国的第一。从而使得达实公司在建筑智能化和节能方面能够成长为这个行业的龙头企业，比方说我们现在在大型公共建筑方面是沿着轨道交通综合监控这个领域去拓展。在大型商业建筑领域我们目前是沿着大型的五星级的高端酒店这个细分市场向全国拓展，在大型的住宅建筑领域我们是和香港、华南区的和全国的大的地产商合作,伴随着他们在全国拓展,这样使得达实公司能够走上一条快速可复制的发展路线。

记者:最后我们想请您谈谈您对公司未来的规划是怎么样,你个人对公司有何期许?

刘磅:达实公司的使命是伟大的,让建筑更节能,这个是值得我们从事一辈子的事业,在这个领域当中我们经常把它比作是一个节能好比是一个抗战,这个是需要全民族动员起来才能够完成这个使命的。达实公司从事这个领域是一个先行者,未来我们讲调动多方面的资源,发动我们的用户一起为国家和世界的节能这么一个产业做出自己的贡献。

专注化学试剂　振兴民族工业

——访西陇化工股份有限公司总裁黄伟鹏先生

西陇化工股份有限公司创立于1983年,自成立以来,始终致力于化学试剂的研发、生产和销售。经过近30年的耕耘,已发展成为具有1000多种化学试剂产品研发和生产经营能力的专业化学试剂制造商,以及国内规模最大、综合配套能力最强的化学试剂集成供应商之一。2011年6月2日,中小板新股西陇化工(002584)在深交所成功上市,《化学试剂》编辑部记者对西陇化工股份有限公司副董事长兼总裁黄伟鹏先生进行了专访。

21世纪是以科技为主导的世纪,科技和经济的发展改变了传统的生产和经营模式,推动生产力出现质的飞跃。化学试剂在我们的生产和生活中一直起着不可替代的作用。作为一个传统的化工生产和消费大国,中国的化学试剂有着自己特有的行业特色。生产规模较小、格局分散、技术工艺相对落后,行业处于低水平竞争状态。但随着我国资本市场的快速发展,化工企业纷纷利用资本市场开始做强、做大。近年来,行业整合悄然加速,技术落后的小化工厂将退出市场,取而带之的是具有规模、资源和技术优势的大型化工生产商,行业整体竞争实力得到迅速提高。西陇化工,正是其中一个非常有代表性的大型企业。

开启资本市场征程

在发审委2011年3月28日召开的2011年第58次会议上,西陇化工股份有限公司的首发申请获得了通过,2011年6月2日,中小板新股西陇化工(002584)在深交所成功上市。黄总告诉我们,西陇化工选择在此时上市,有着自己的考虑。首先,西陇化工希望借上市将企业做大做强,以振兴民族化学试剂工业的责任感。世界经常流通的化学试剂品种大约5万种,国内市场约2万种,而我国现在生产的品种不到7000种,高端试剂严重依赖进口。至"十一五"末,化学试剂产品品种的国内市场满足率仍在40%以内。因此,将企业做大、做强,是中国民族化学试剂企业的使命和社会责任。其次,上市是西陇化工发展战略的迫切需要。西陇化工的发展战略是致力于成为中国化学试剂工业的领跑者,做化学试剂行业研发能力最强、营销网络覆盖面最广、品牌影响力最大的专业制造商和集成供应商之一。实现上述发展战略的主要困难包括人才瓶颈及资金瓶颈。一方面,公司经营规模的迅速扩张,新产品的开发与推广等都需要各种层次的技术研发人员与市场营销方面的人才。另一方面,本公司未来发展计划的实施,需要大量的资金投入作为保障。虽然公司目前盈利能力较强,现金流量较为稳定,但依靠自身经营积累难以满足规模扩张的资金需要。当记者问到,IPO对公司的市场地位有什么影响时,黄总说:"调整和完善产品结构,培育新的利润增长点是一个企业保持可持续发展能力的必经之路,西陇化工本次IPO项目的实施将使公司产品结构得以完善、生产规模进一步扩大,对完善公司产业布局、丰富公司产品线具有重要意义,也有助于公司培育新的利润增长点,提高核心竞争力,巩固和提升公司市场领导者地位。"

推进募集资金投资项目建设

企业进入资本市场后,合理使用募集资金,以确保募投项目发挥预期收益,是广大投资者最为关注的问题。对此,黄总很有信心地表示,本次募集资金运用计划是根据西陇化工发展规划而制定的,对于实现发展目标至关重要,主要体现在以下几个方面:(1)确保和加快推进募集资金投资项目的建设,使之尽快实现效益,进一步提升公司的盈利能力;(2)建立资本市场的直接融资渠道,为公司持续、快速健康发展提供了可靠的资金来源;(3)公司股票发行并上市,将极大提高公司知名度和社会影响力,一方面极大地增强对优秀人才的吸引力,从而进一步提升公司的人才竞争优势;另一方面有力提升了公司的信誉和产品竞争力,从而进一步提升公司的市场占有率,进而促进发展目标的尽快实现;(4)公司成为上市公司后,将进一步促进公司完善法人治理结构、提升公司管理水平、实现产品和技术的升级,提升公司的品牌价值,为实现发展目标创造更有利的条件。

在采访中我们了解到,西陇化工的成功上市,将力争在企业内部产生一个良性循环。募集资金推进了项目的建设,而项目的成功建设又会给西陇化工下一步的发展计划起到非常积极的促进作用,这主要表现在新产品开发和市场拓展。(1)新产品开发:西陇化工的研发与技术定位于行业的领先者和行业标准的制定者。在现有研发能力的基础上,西陇化工将建设高端化学试剂工程技术研究开发中心,并在技术开发与创新上达到国内技术领先水平。公司中长期的技术开发与创新计划是重点发展高真空度技术、催化技术、精馏技术、离子纤维技术、电化学技术、节能节水技术以及污水技术等7大试剂领域的高新技术,并形成以超净高纯试剂、无机及有机合成精细产品、离子交换纤维产品、真空蒸馏产品等高新产品为主的产品体系。(2)市场拓展:在今后3-5年,通过收购、兼并等方式在长江三角洲地区、环渤海地区或东北等地区建立新的生产基地,促进生产基地合理布局,以节省物流成本和提高服务质量,达到整合行业资源的目的。

另外,随着国家"十二五"规划的出台,西陇化工将在电子化学品、化工新材料等方面加大研发力度,加强资金和人才的投入。另外,随着中国医药市场的快速发展,在原料药方面,西陇化工也将进一步加强研发的投入。

突出企业优势保持核心竞争力

想在激烈的现代市场竞争中取胜,核心竞争力极其重要。企业核心竞争力是支撑企业过去、现在和未来竞争优势,并使企业在竞争环境中能够长时间取得主动的核心能力。黄总深知核心竞争力对于一家上市公司的重要性。黄总认为,技术、人才和机制是西陇化工保持企业优势,提高企业核心竞争力的关键所在。

核心技术优势

西陇化工在化学试剂领域拥有多项国内领先、国际先进的核心技术，主要体现在：节能型试剂硫酸制备纯化工艺及关键设备的设计技术；高效利用废盐酸、稀盐酸和工业盐酸生产试剂盐酸的关键技术；低水耗试剂硝酸规模化连续生产技术及关键主体设备的设计技术；无污染高纯试剂氨水规模化连续生产技术；高效连续精馏技术；电子化学品超净高纯醇类试剂制造技术；PCB（印制电路板）用无机固体试剂高真空蒸发浓缩技术。上述生产技术所生产的主要产品均实现了大批量生产。

人才优势

西陇化工从事化学试剂的专业研发生产已20多年，积聚和培养了一批具备较强研发实力的科研人员和经验丰富的技术专家。核心技术人员来自于多所老牌化学试剂研究所或公司的总工程师，擅长于有机合成、有机蒸馏等及技术创新。在技术人才方面，公司长期贯彻执行培养和引进相结合的人才战略，采用外聘、兼职等方式吸引业内权威专家加入科研队伍，建立起精干、高效、适用的科研队伍，以人才奠定技术创新的基础，促进科研开发能力的不断提高。

黄总说，西陇化工有着人性化的企业文化氛围、开放的创新平台、完善的业绩考核和良好的激励机制，吸纳并建立了一支高素质并具有持续创新能力的人才队伍。西陇化工倡导员工的使命感和责任感，鼓励他们向先进的技术进行探索、突破；同时，充分尊重员工的自由、独立的开拓精神，鼓励他们勇于创新，不怕失败。另一方面，大力给予与外部科研机构、大学等交流、进修、提升的空间。

产学研机制助推企业技术研发更上层楼

为保持技术上的领先优势，公司聘请国内外著名的化工专家组织成立技术委员会。目前公司聘请了中山大学、华东理工大学、江南大学教授等专家担任公司技术顾问。外聘技术顾问在公司的研究开发、生产工艺等方面发挥了积极作用。未来公司将继续引进技术顾问，并进一步加强与外聘技术顾问的合作，通过产学研的紧密结合提升和加强公司的研发实力。依托专家委员会，公司和国内许多著名的高校和研究机构建立了产、学、研合作开发的关系，主要合作单位包括中山大学、华东理工大学、江南大学、中科院过程工程研究所等高校及研究机构。黄总表示，公司还积极与美国、日本、德国有关科研机构保持密切的合作关系，进一步提升了公司的技术研发水平。目前公司已取得授权的专利的共计24项，其中发明专利11项。近年来公司先后被评为“国家科技创新型企业”、“国家火炬计划重点高新技术企业”、“高新技术企业”、“广东省创新型企业”、“广东省民营科技企业”，公司拥有“广东省企业技术中心”、“广东省精细化学品工程技术研发中心”，公司的研究开发水平在国内化学试剂行业处于领先地位。

“四化”战略全国一盘棋

化学试剂的使用领域较为广泛，地域覆盖范围较大，需要有强大的营销能力和品牌影响力。拥有较高品牌知名度和全面稳固营销网络的企业将在竞争中占据优势地位。强劲的营销网络是该企业的一大特色西陇化工拥有下属企业共10家，其中全资子公司9家，控股子公司1家，遍布广东、北京、上海、四川、湖北等地，销售网络遍布全国。如此多的子公司，对西陇化工的市场拓展起到了非常积极的作用。首先，这么大的市场覆盖，使公司更加贴近市场，了解客户和市场的真正需求，更加快速地对市场做出反应；其次，以子公司为区域市场中心，更进一步填补、占有市场的空白点，使销售网络更加广泛地覆盖全国市场，使销售渠道更加畅通；第三，以子公司为区域配送中心，节省物流成本和时间成本，更加快捷响应客户；第四，以子公司为依托，能更加广泛地吸引全国各地的各类优秀人才；第五，推广公司品牌的力度会进一步加强，品牌影响力能更好地穿透各类市场和地区。

黄总同时表示，在全国各地建立销售子公司和生产基地，对于公司的集团管控水平、资源整合能力、市场区域管理及价格体系等等提出了严峻的挑战。如果集团管控管理水平差、资源整合能力不强，各个区域市场价格混乱等等，将导致各个子公司各自为战、画地为牢，一盘散沙。针对这些严峻挑战和面临的实际问题，西陇化工提出了“业务专业化、经营集成化、技术标准化、资源集约化。”，通过“四化”的战略手段，达到全国一盘棋，从而实现企业的战略目标。

“业务专业化”是公司发展规划的核心内容。西陇化工坚持“业务专业化”战略，在过去取得了极大的成功，也积淀了许多成功的经验和做法。公司坚持走专业化道路，不断研发新技术、新工艺和新产品，致力于开发超净高纯试剂等高端化学试剂产品，做强、做精化学试剂业务，保持企业在研发能力、工艺装备、生产规模上处于国内的领先优势。

“经营集成化”是公司迈向国际化学试剂大型企业的必由之路。经营集成化的涵义是在实现化学试剂一站式服务的基础上，通过提供配套技术、配套化工原料、配套设备等服务，使公司成为行业内所经营的产品品种最齐全、产品组合最丰富的企业。

“技术标准化”是公司坚持“业务专业化”战略的延伸。在坚持专业化发展的基础上，积极参与并主导化学试剂产品及技术标准的制定，以掌握行业发展趋势，引领行业发展方向。

“资源集约化”是指公司在经营集成化规模的基础上，不断整合行业的各种资源，形成相对垄断的优势。

另外，在开拓国内市场的同时，西陇化工积极实施“走出去”战略，先后在越南、新加坡等地设立了办事机构。产品远销东南亚、中东等海外地区。欧美市场也有一些销售，目前销售量还比较小。针对国外市场，西陇化工成立了专门的销售管理机构：国际贸易部。公司准备以此次上市为契机，加大海外的销售力度。

广阔的市场前景

化学试剂应用于国民经济的各行各业，被喻为“工业的味精”、“科学的眼睛”和“质量的标尺”以及“国民经济的晴雨表”。近几年，在电子、航空航天、食品、医药、环保、饲料等行业，化学试剂更广泛作为功能材料和原料使用。化学试剂中专用试剂需求和发展很快，从某种意义说，化学试剂产品完备度、产品品质及配套服务水平一定程度上影响着一个国家的科技、经济发展水平。目前我国化学试剂市场的特点是供需矛盾十分突出，特别是高纯试剂、PCB用化学试剂等高端试剂的市场缺口更大。至“十一五”末，化学试剂产品品种的国内市场满足率仍在40%以内。随着科学技术的发展，化学试剂在电子、微电子、航空航天、新材料、生物医药、石油化工等先进制造业领域的作用尤为重要，化学试剂一定程度支撑着这些行业的发展层次。因此，化学试剂的市场空间十分巨大。尤其是近年来，电子、微电子制造业的迅猛发展，我国电子化学品产业巨大的市场需求为化学试剂的发展提供了前所未有机遇。另外，化学试剂中高端产品如PCB用化学试剂、超净高纯试剂等等是化工新材料的重要组成部分。化工新材料是战略性新兴产业中新材料的一个重要组成部分，也是化工行业的高端领域，主要应用于大飞机、国防军工、新能源汽车、太阳能发电、风力发电、高铁等领域，而下一代通信网络、物联网、三网融合、新型平板显示、高性能集成电路等都需要用到化工新材料。据有关资料统计，2009 年，国内化工新材料国内市场销售额约为 1059 亿元，2010 年，我国化工新材料市场规模达 2000 亿元以上。因此，在作为化学工业中的高端产品，化工新材料早已成为国际大型公司竞相争夺的制高点。

随着西陇化工进入资本市场的历史时刻到来，西陇化工的品牌效应将更为明显，届时，西陇化工作为中华企业民族品牌也是指日可待。面对如此广阔的市场前景，黄总感慨颇深。作为国内化学试剂领先企业，西陇化工将以此次以上市为契机，立足技术优势，向专精发展；立足资本优势，向服务发展；立足客户资源优势，向纵深发展。力争尽快将企业做大做强，并不仅仅满足于成为中国化学试剂工业的领跑者，做化学试剂行业研发能力最强、营销网络覆盖面最广、品牌影响力最大的专业制造商和集成供应商；而且力争在未来成为化学试剂行业价值链上最高端的系统整合者。黄总自信地表示，化学试剂的未来，属于中国！

（文/苑晓蒙）

成就可持续发展的行业领跑者

——访浙江利欧股份有限公司董事长王相荣先生

王相荣，男，中国国籍，无境外永久居留权。1972 年 2 月生，大学本科学历，工程师，现就读于上海交通大学安泰经济与管理学院 EMBA 班；全国农业机械标准化技术委员会委员、中国农业机械协会排灌机械分会副会长、中国农业机械学会理事、中水网专家委员会副主任委员、浙江农业机械工业行业协会副理事长；中国青联第十一届委员会委员、中国青年企业家协会常务理事、浙江省青年企业家协会副会长；台州市人大代表，温岭市人大常委会委员。2001 年 5 月至 2005 年 1 月，任浙江利欧电气有限公司执行董事兼总经理，2005 年 2 月至今任本公司董事长，2009 年 8 月 8 日至今兼任本公司总经理，同时担任浙江大农实业有限公司董事长，湖南利欧泵业有限公司董事长，温岭市利欧小额贷款有限公司董事长，台州新科环保研究所有限公司的执行董事，利欧控股集团有限公司的执行董事，温岭市利恒机械有限公司的执行董事，上海磊利汽车贸易有限公司的监事。

在温岭这座“中国泵业名城”、“中国小型水泵、小型空压机、小型电机出口基地”里，林立着大大小小 3000 多家泵与电机企业，其中，浙江利欧股份有限公司是一颗耀眼的明星。这家专业生产微型小型水泵和园林机械产品的上市公司不仅是国家级高新技术企业，水泵行业标准起草单位，还是国内最大的微小型水泵的制造商和出口商，国内最大的碎枝机产品的制造商和出口商。从 2001 年公司创立，用了 6 年时间在深圳证券交易所中小企业板上市，成为国内微小型水泵行业首家上市公司，同时进入全球小型水泵制造商前 10 名之列。在这个飞速发展的过程中，我们看到的是新“四千精神”与 70 后企业家的活力、创造力完美结合的典范。

记者：在资料上看到，利欧公司出口销售收入占全部营业收入的 99%，作为一家出口导向型企业，目前的金融危机对你们公司的影响有多大？

王相荣：作为一个出口为主的企业，近几年人民币汇率升值、原材料价格波动、人工成本上升、金融环境的不稳定等诸多不利因素给公司经营带来了较大的压力和挑战。去年国际金融危机的爆发和蔓延对公司出口业务产生了进一步影响。由于欧洲、北美、日本等发达经济体同时出现经济紧缩，全球经济增速趋缓，公司主要销售市场出现需求萎缩的情况。从去年四季度开始，这种形势就有所显现。2008 年，主要原材料，如钢材、铜的价格暴涨、暴跌，使大量供应商亏损严重；另外，由于银行放贷非常谨慎，许多供应商难以从银行获得贷款，经营困难，导致公司配套件供应的稳定性受到一定影响。

记者：我看到这样一组数据，2008 年度，公司营业收入较 2007 年增长 33%，净利润较 2007 年增长约 45%，销售水泵、园林机械、电机合计约 380 万台。在这样一个经济环境之下，公司还能保持高速增长，是否有一些特别的应对策略？

王相荣：可以说过去的一年，公司是在顶着寒风跑步。能够稳健地走过来，并实现业绩持续增长，除了政府部门的大力支持外，公司管理层未雨绸缪，及时采取一系列行之有效的应对措施也是关键。

公司的上市化解了资金压力是非常重要的因素。公司自 2001 年以来一直保持高速增长态势，2004 年下半年，我们开始筹备上市，到 2007 年实现这一目标，融资净额 2.4 亿元，相当于 2006 年底公司净资产值的 2 倍。公司的成功上市大大缓解了公司的资金压力，降低了财务费用支出，是公司应对金融危机的重要基础。

为了保持供应系统的稳定性，公司利用刚刚完成上市融资、自身资金充沛的有利条件，对广大中小供应商提供强有力的资金支持，动用了约 1 亿元流动资金，通过缩短付款期、甚至采用预付款的方式帮助中小供应商缓解资金压力，抱团应对危机。作为上市公司，这项工作也是公司履行社会责任的重要内容。

公司的主要销售市场在欧洲，欧洲销售占自营出口比例的 60% 以上。在当前的金融危机形势下，欧洲市场需求出现萎缩。公司加大了对东南亚、中东、非洲、中南美洲、澳洲等新兴市场的开拓，确保了公司销售的持续增长。之前，公司因国际市场发展迅猛，没有精力开拓国内市场，国内销售的比例一直比较小。今年，公司抓住国家加大投资、刺激内需的机遇，已经全力启动国内销售。今年 2 月温岭市政府组织的中国温岭泵与电机展览会，公司借机召开国内经销商大会，推出优惠的销售政策，并取得较好的市场反应。目前，公司已基本建立了覆盖国内大部分省市的经销商网络，国内订单稳步增长。国内市场的开拓将对公司度过经济严冬及未来的可持续发展具有重要意义。一方面，为公司创造了新利润增长点；另一方面，将平衡公司国内外销售的比例，提高抵抗市场风险能力。

记者：有没有什么具体操作措施，或者具体应对危机的经验可以供其他企业借鉴呢？

王相荣：汇率波动对于出口业务的影响非常大。公司在预期人民币将持续升值的情况下，随即采取了应对措施，在银行办理外汇收入远期结汇业务。这个业务对减少汇兑损失起到了一定效果。2008 年，公司还实现了汇兑收益 309.2 万元。

从来机遇都是伴随着危机而来，及时抓住机遇，意味着握住了发展的方向盘。针对国家出台的加快新农村建设、加大基础设施投资、刺激内需的政策，我们将开发适用于农村的给排水系统、污水处理系统等水泵产品；同时深化国际技术合作，从意大利引进高端的水泵产品及生产技术，生产系列化的工程类水泵，相信今后几年将有很好的市场前景。

利用目前国外竞争对手生存艰难、国外品牌竞争力下降的有利形势，公司在东南亚、中东、非洲、中南美洲等市场力推

"LEO"品牌。争取通过两三年的努力使自主品牌的销售占比实现实质性的提升,实现从产品营销向品牌营销的转变。

记者:公司的愿景是提升中国水泵及园林机械行业形象,成就可持续发展的行业领跑者。利欧公司将如何实现这样一个宏大的目标呢?

王相荣:看一家公司是否强大,我们可以看它有多少固定资产,有多少销售收入,但是判断一家公司是否具有可持续发展能力,"软实力"是关键。"软实力"是形成公司核心竞争力的基础和保证。公司拥有一个70后的管理团队,这个管理团队的年轻、活力、创造力为公司的"软实力"发展提供了坚实的后盾,我们有信心实现可持续发展的行业领跑者这个目标。

目前,公司正在实施的重要管理提升项目包括SAP系统项目、营销系统规划项目、精益生产项目等。其中,SAP是目前世界上最先进的ERP管理软件,它代表着最先进的管理思想、最优秀的软件平台。这种集成化的企业管理应用软件,包括了财务、成本、资产、销售、原材料、生产、质量、人力资源、工厂维护、项目管理、工作流程等企业管理所有的基本功能,为企业提供了可扩展的系统平台。公司希望通过引入SAP系统将公司的管理水平提升到一个新高度。

二十六年 从小"厂房"到国内第一家民营电缆企业的上市

——访广东南洋电缆集团股份有限公司董事长郑钟南先生

郑钟南,男,1949年出生,大专学历。1970年至1982年在潮阳塑料厂工作;1983年至1993年创建汕头市公园电线厂,任厂长;1994年,企业更名为广东南洋电缆厂,任厂长;2000年3月至2003年4月,企业改组为广东南洋电缆厂有限公司,任董事长兼总经理职务;2003年5月企业组建为广东南洋电缆集团有限公司,任董事长兼总经理职务;2005年8月,企业改制为广东南洋电缆集团股份有限公司,任董事长兼总经理职务;2005年7月至今担任公司第一届、第二届董事会董事长,现兼任广州南洋电缆有限公司董事、南洋电缆(天津)有限公司董事长。中国人民政治协商会议广东省汕头市第九届、第十届委员会委员,中国人民政治协商会议广东省第九届、第十届委员会委员;荣获汕头市科技先进工作者、广东省劳动模范称号、广东省优秀民营企业家称号、中国优秀民营科技企业家称号、优秀中国特色社会主义事业建设者称号。

26年前,汕头长厦村的一个20多平方米的小屋里,潮阳一家国营电缆厂的业务推销员用借来的1000元租起"厂房"生产电线,踩着一辆破旧的自行车推销产品。26年过去了,小"厂房"已发展成为国内第一家上市的民营电缆企业,成为中国南方最具实力的综合型电线电缆制造企业——广东南洋电缆集团股份有限公司,企业的董事长就是当时的那名推销员——郑钟南。潮商拥有的优秀经商头脑和吃苦耐劳、雷厉风行的工作态度,都在郑钟南身上得到了体现。

一个白手起家的企业家,创业之路绝不平坦。"每一份事业都需要付出。"南洋电缆"当家人"郑钟南对记者坦言,"从1985年创业至今,26年一路走来,酸甜与苦辣,百味杂陈。"伴随着汕头特区发展的步伐,成为商海搏浪的成功弄潮儿,郑钟南比别人更能吃苦、更能坚持。近日,郑钟南向记者畅谈了"从小作坊到上市公司"背后的故事……

借1000元起步开办作坊

记者:南洋电缆从无到有,从小到大,走过了怎样的发展历程?

郑钟南:1985年,对电线电缆有一些了解的我向姐姐借了1000元,在汕头的长厦村租了一个20多平方米的小房子作为生产"厂房",开始生产电线。由于当时资金有限,我只请了两个亲戚帮忙,工厂的运作全靠我们三人。那个时候条件艰苦,晚上搞生产,白天做销售,拉货的车只有一辆老式自行车,我便踩着自行车去推销产品,跨出了创业的第一步。

随着生产规模的扩大,我把生产线搬到了石炮台旁一个140平方米的竹棚厂房。1992年,厂房又搬迁到珠池路尾的1000多平方米的钢筋混泥土厂房里,这下总算有了像样的厂房,生产也有了一定的规模。到1995年,厂房已达1000多平方米,但仍不能满足不断扩大的生产规模,于是我又做了一次决定——搬迁。恰好当时珠津工业区在开发,我一口气在工业区购买了12.6亩地,到那时,公司在汕头的生产基地才终于"落地生根"。后来厂房面积又扩大到30亩、50亩,越做越大。

2003年,公司进入了高速发展的时期,我和公司领导班子做了一个更大的决定,那就是在广州永和开发区购买230亩地,建设南洋电缆在珠三角地区的现代化生产基地。

公司发展至今,已形成特有的品牌优势、渠道优势和研发优势,成为广东省最大的电线电缆生产企业,为全国城乡电网改造使用产品定点企业、中国优秀民营企业、广东省百强民营企业,产品通过中国质量认证中心质量安全认证,取得CCC标志。公司的产品广泛应用于全国城乡电网改造、电力工程、输配变电系统、全国各重点工程,如天津大沽化工厂、华能杨柳青电厂、北京首都机场、北京地铁奥运支线、北京电视台、广州新白云国际机场、广州地铁二号线、广州大学城、深圳机场、厦深高铁等,打响了汕头企业、汕头产品的知名度。

在26年的发展历程中,"南牌"电缆的产品以过硬的质量先后被认定为广东省名牌、中国名牌、国家免检产品。公司的"南"牌商标也被认定为中国驰名商标。

企业成功,靠人才,靠品牌

记者:您作为一名潮商,在当今激烈的社会竞争中是如何站稳脚跟,做大做强企业的? 企业取得成功的主要因素是什么?

郑钟南:南洋电缆始终坚持"人才、诚信、质量、品牌"的管理理念,坚持潮商吃苦耐劳、敢闯敢拼的精神,抢抓机遇,不断做强做大。

企业从一个小作坊,发展成为上市公司,最关键的是人才。成本控制是企业最关注的,"没有培训好的员工就是企业最大的成本"。1992年,1000平方米的厂房盖起来后,企业开始了加快引进人才的步伐,我们瞄准了国内第二大电缆生产企业——湘潭电缆厂,从那里"挖"人。

通过高薪,良好的福利,以及唯才是用的机制把大批人才留在了汕头。之后,在这些骨干的带领下,南洋电缆逐步实现了自身造血功能,培养了大批的后备人才。

随着企业由小到大,我们的人才引进、培育思路也在不断调整,引进的人才从技能型向管理型过渡,人才储备也从靠外部输血到自我造血转变,特别是上市之后,成为公众公司,我们的人才观有了更大的转变,让专业的人做专业的事,给人才提供了更大的发展空间。

另外，就是靠品牌。公司从 29 平方米的出租屋起步，从小电线的生产和销售起家，如今已跻身于全国电力电缆生产企业的“第一军团”，在这其中，我们靠的是品牌培育，以抓质量、抓品牌造就公司口碑。公司成为国内同时进入第一批中国名牌产品和国家免检产品的 8 家电缆企业之一。随着品牌知名度的提升，南洋电缆的产品不仅在国内市场占领了不可动摇的市场份额，也陆续进入到澳大利亚、也门和蒙古。南洋电缆从来没有停止过“走出国门、走向世界”的战略。

标准化管理和技术创新提升品牌核心竞争力

记者：在激烈的竞争中，公司如何提升品牌核心竞争力？

郑钟南：公司积极对外进行技术合作，与国内许多知名的科研院所及大专院校建立了密切的技术联系，他们及时为企业提供最新的产品信息、为企业重大的产品开发和改造项目提供服务。公司拥有 4 条达到国内先进水平 35kV 及以下交联电力电缆三层共挤生产线、引进德国在线检测测偏仪、具有国内先进水平的电工机械和检测仪器设备 300 多台套，生产设备齐全，检测手段完善，技术力量雄厚。公司实施 IPO 募投项目——环保型特种高压交联电缆项目的生产基地——广东南洋超高压电缆有限公司，引进当今世界最先进的生产设备与检测设备，其立式连续硫化（VCV）生产塔也是当今世界上最先进的。项目已完工，可为快速发展的国内市场和国际市场提供最高达到 500kV 的交联电力电缆。公司的第四个生产基地位于天津空港物流加工区，总投资近 6 亿元，目前正在积极建设“新能源、船用及变频节能特种电缆项目”。

特区开放政策和政府扶持让民企更好发展

记者：政府在企业发展壮大中起什么作用，帮助企业解决什么实际问题和困难，汕头民营经济的进一步发展还要破解哪些难题？

郑钟南：特区的开放政策给我们带来“及时雨”，让我们“强筋健骨”。南洋电缆先后获得“中国名牌产品”、“国家免检产品”称号，在工程竞标中往往能占据优势，在发展中，特区给企业带来了不少好处，如特区企业所得税 15%，企业成本能够降低，这对刚起步的企业帮助很大。再如切实缓解“融资难”问题、加大财政支持、大力推进技术进步、积极解决土地制约瓶颈、优化发展环境……近年来，汕头市还制订了《关于贯彻省促进民营经济发展政策落实等七个行动方案的意见》全力以赴推进中小企业和民营企业健康发展；还积极落实国家扶持中小企业的 8 项税收优惠政策及出台的增值税转型、提高出口退税率、暂停加工贸易保证金台账“实转”、企业研究开发费税前加计扣除、取消和停止征收 100 项行政事业性收费项目等新的优惠政策；加快企业上市步伐，培育上市后备资源，对已掌握上市后备资源 50 多家企业进行重点引导、个案研究，实行重点支持与培育，引导、帮助一批成长性良好、经营业绩优秀的企业通过集合发债直接融资，还落实了奖励措施，促进我市民营经济发展。

汕头民营经济的进一步发展，需要各方的努力，包括产业政策的配套、人才环境的改善等。

“总部经济”留住企业

记者：今年，汕头利用经济特区范围扩大到全市和汕头作为海西经济区五个中心城市之一的机遇，加快总部经济的发展，将力争到 2015 年，建立起比较完善的总部企业发展环境、政策框架和服务体系，建成潮商企业在中国内地的总部集聚地。对此你有何看法？

郑钟南：发展汕头总部经济，营造良好的创业环境，实施有利于人才成长和引进的政策措施，能吸引更多人才聚集。政府应实施财政专项补贴培训，推动毕业生与民企有效对接。同时提供引导资金，培训民企高管，提升民企管理水平，增强对大学生的吸引力。

我认为，汕头发展总部经济的思路非常好，不仅能发展汕头的经济，还能宣传汕头的形象，更重要的是，能让企业有信心留在汕头。我们南洋电缆的总部也在汕头，汕头是我的家乡，是我们企业的发祥地，我非常希望汕头的经济能越来越好。

安居宝增长潜力透视

——访广东安居宝数码科技股份有限公司董事长张波先生

张波，1963 年出生，毕业于华南工学院（现华南理工大学）计算机系，获学士学位。曾任职于广东电子研究所担任技术骨干、广东省实验电子厂担任副厂长、深圳丰达通讯有限公司担任厂长，是广东安居宝数码科技股份有限公司及安居宝品牌的主要创始人，目前担任安居宝（300155）董事长兼总经理。张波是楼宇对讲行业标准的起草者之一，曾被评为“中国安防十大领军人物”，获得“中国安防十年开拓奖”和“改革开放 30 年影响中国安防 30 人”殊荣，2009 年被广东省安全技术防范行业协会聘任为“广东省安全技术防范专家委员会专家”。

社区报警行业在发达国家尤其是美国已经是一项比较成熟、大众化、普及化的产业项目。而在中国，无论从行业规模还是人们安防意识来看，报警服务尚处于导入期。国内安防领军企业安居宝于 2011 年 1 月 7 日登陆创业板，记者独家专访安居宝董事长、总经理张波，共同解析 2011 年安防行业状况，解读安居宝未来发展战略。

记者：首先我们聊一下安居宝上市以后的情况，以及未来企业的规划。安居宝是 1 月 7 日登陆创业板的，所以想请张董事长先介绍一下上市之后的资金募集情况以及之后的使用情况。

张波：我们这次上市发行 1800 万股，募集到的资金超过 8 个亿，按照我们招股书原来的计划，募集的资金是大概 2.1 亿的水平，随着资金的到位，这些资金会分两年来完成我们募投项目的投资。第一是研发中心的投入，大概有 2600 多万的投入。第二是扩产到 122 万数字安防的产能，我们会投入 8000 多万资金。第三是销售服务网的建设，我们在这两年预计投入超过 1 亿，大概 1.1 亿的水平。随着这些项目的建设，我们安居宝整个战略就是要发展成为国内智能家居以及社区防范综合方案的集成供应商。

记者：1 月 17 日安居宝也发布了 2010 年的业绩预告，您能否给我们介绍一下业绩预告的内容以及上一年的业绩增长点都是哪些？

张波：我们发布的业绩预告，2010 年大概净利润落在 6200 万—6600 万的范围，2009 年有大概百分之二十几幅度的增长，这个增长还有一些内在不一样的地方，就是我们 2009 年是免所得税的，2010 年是按照 12.5% 的所得税来征收的，所以如果刨除这个成分，我们净利润增长是超过 40% 的情况。主要的增长点是在于我们公司的高端产品比重在逐步加大，而且这些高端产品在我们公司产品线上的毛利率是比较高的，这块对我们有很好的拉动作用。

记者：这个高端产品是指哪些方面？

张波：我们行业是做社区安防的，主要是以可视对讲产品为主，另外一部分是智能家居。按照传统意义上的看法，可视对讲只有可视、对讲、开锁的功能，事实上现在发展阶段，可视对讲已经附带了很多附加的功能，比如信息发布，图象的拍录，带安防的功能等等，甚至通过网络远程可以进行功能上的控制，从而拓展到家电控制等等。说话多功能这些我们把它概括为高端产品，而且这些产品我们主要是通过软件来实现的，所以它表现出来的附加值、毛利都比较高。

记者：您刚才也介绍了一下公司有三块业务，楼宇对讲系统，智能家居系统，防盗报警系统三方面，目前主营业务90%都来自于对讲系统的，公司未来对这三块业务的发展规划是怎么样来设定的？

张波：我们主要是参考国外的发展状况，结合国内的实际情况制定的产品线和发展目标，首先楼宇对讲看上去占我们公司比重超过90%，我们楼宇对讲现在看来，它整个是往高端产品的方向发展，也就是说我刚刚说的它往很多附加的功能区发展，实际上我们可以这样做这样的看法，就是楼宇对讲实际上是往智能防范的综合产品方向发展的。刚才我们提到的高端楼宇对讲系统它也可以看成是家居的智能防范系统，所以，我们今后发展是“楼宇对讲”。

智能家居是在智能防范基础上增加了一些家电控制，信息服务，小区增值服务等等功能，就变成智能家居了，这里就不是简单的90%，那边是10%，不是这样简单的概念。而是随着高端产品比重越来越多，整个产品线的重心往高端方向去移，智能家居这一块今后我们判断它的增长幅度会越来越快，越来越快。

智能家居包括家居防范，我们现在做的产品是主控方面的，比如主机、分级，配套的产品也都还没有投入，所以刚才说我们要成为综合方案的供应商，这块配套方案的东西投入进去之后，通过技术关联，我们整个销售额就会拉动和提高。这块我们的战略主要是这样来考虑的。

另外一个是报警运营服务，安防可以理解为由四大块组成，一块是监控类的产品，目前有些上市公司，比如海康威视、大华是监控类的；另一块是出入口控制，实际上我们现在做的楼宇对讲这一类，主要是出入口控制的，包括门禁这一类。另外是报警，报警由报警服务和报警产品两方面组成。还有一块侦测类产品。

国外来看，全球最大的安防企业就是美国的ADT公司（泰科公司），他们是做报警运营的。在日本实际上最大的安防企业西科姆也做报警运营，报警运营在很多国家和地区才是安防里最大的一个蛋糕。但国内整个安防行业都是以监控行业为主流。报警产品为什么会滞后呢？这实际上有一些背景，我们国家一些政策，原来报警运营是由保安公司来操作的，保安公司是公安部门下面的一个直属企业，他们在这一块主要服务的对象是党政机关以及重要的企业、重要的名人等。

所以他们的市场化程度不够高，比较低，导致报警运营最大的蛋糕（发展）滞后了。我们考虑到把民用报警运用启动起来。同时新的《保安法》在2010年底的时候已经明确报警运营可以由民营来加入，而且保安公司会逐步和公安部门脱离开来。这都是政策上的利好，所以，我们相信报警运营商业化程度会有一个很大的促进，随着这个政策的松绑。

安防最大的一个蛋糕，我们规划要抢先去布点，为什么要这样呢？因为报警运营这种东西是谁先占据了资源，谁圈了地，谁今后就占据了可持续发展的位置，具有这样的特点。所以，我们提前布局，对我们今后盈利、可持续发展是很有战略意义的。

记者：具体我们布局到这块有哪些措施呢？是技术上的还是有一些市场切入上的部署？

张波：报警运营我们的措施主要有两方面，首先是我们开发的产品方面，结合国内报警运营的特点，我们申请了一些发明专利的，比如说可以远程控制整个产品的状况、权限，便于今后的管理。市场切入方面，开始的时候我们是与物业小区进行合作，在小区里利用现在小区的物管和保安进行分成来切入。

另外，我们最近还在这方面增加了商业用户市场的开拓，我们准备和国内现在运营的报警中心进行一定程度的结合，降低他们在商业操作的门槛。同时我们通过合作也会得到比较长远的利益分成。这一块商业市场我们也会启动，所以整个报警这块，从产品和运作方面我们今后都会有一些动作。

记者：其实能否持续开发创新的产品好象也是我们技术密集型企业非常重要的核心，我们也想了解一下安居宝在技术方面有哪些技术是领先于其他企业的？

张波：技术方面，在我们这个行业实际上还是非常重要的，它是一个企业的核心竞争力之一。我们安居宝在对讲行业里一直以来都是以技术领先，以技术品牌的面貌出现的，实际上我们目前的技术优势和核心在几个方面：

第一，联网技术，安居宝是国内联网、可视对讲标准的第一起草单位，联网系统在国内随着小区越来越大，目前这种状况，真正做得好的企业并不多，性能稳定、质量好的并不太多。我们安居宝和同行相比，我们采用了走在前面的技术，比如说声音、图象的传送，我们采取了一些压缩的做法，底层协议，软件的算法，进行了这样的压缩，通过网络线来传送，使得我们把大型小区联网方面有一个很明显的优势，无论从成本、图象、声音质量。安居宝在这块由于先推出来，所以在这块的影响力也比较大。

第二，我们通过图象声音压缩技术使得楼宇对讲主机就等同于一个24小时录像机一样，它可以拍录一些人的进出和图片寄存下来，这样使得我们产品又增加了很大的竞争力，这也是我们应用这些声音、图象压缩技术所产生的优势。

第三，网络传输上，我们公司早几年就已经提出了产品往网络化、数字化方向发展，我们也在国内推出了纯IP的智能家居系统。纯IP的智能家居系统布局比较方便。它的控制，只要能上网，在地球任何地方都可以控制到家里面的一些家电，通过网络摄像机看到家里面的情况，进行监控，使得我们整个应用范围就扩展了，而且相关的控制软件我们通过下载到手机、有线电话都能控制，使得我们进入智能家居领域就有很好的技术基础。

这一块也是我们今后发展的一个重点，我们在这个技术方面，所有的核心技术与软件、底层协议都是我们安居宝自己开发的。目前像纯IP的智能家居系统在国内能做出来的也只有几家，大部分厂家都是买方案的。买方案在市场竞争上就有一个问题，开发商要系统升级或者开发商根据他们的一些需要进行功能上的变更、修改，他们就很依赖于卖方的开发公司。我们不存在这个问题，而且还有更重要的，我们这个系统今后都要长期地维护。如果这个底层核心技术是自己的，今后系统的维护各方面保证程度就会很高，如果你买方案的话，出现比较大的技术问题还是要依赖于别人，这有本质上的不一样在市场上的竞争力。

记者：技术自主研发，也提高了企业的议价能力，因为这些东西的成本控制在自己手上比较好一些。我们企业还有优于其化企业的地方是直销中心，安居宝有40多家直销中心，也就是营销分公司，这也是领先于行业内的其他企业。您能给我们介绍一下分公司的布局销售模式对我们的发展有哪些帮助？

张波：我们建立这些分公司，为用户提供良好的售前、售中、售后服务，并且以这些分公司为基地，直接销售到工程商或房产商的扁平销售模式是我们行业的核心竞争力之一，也是很重要的因素。它在我们整个活动当中所产生的影响，可以说这个优势是很明显的。比如说我们一些工程商通过分公司派出技术服务人员，配合他们招投标，做标书，把我们一些系统的优势更大程度地展现出来，提高工程商的中标率，这个售前服务就很重要了。售中服务这方面表现为，系统要开通，很多工程商如果你没有很紧密的配合，他心里没底，就怕调试不成功或出现一些问题，工程款就收不到，这样我们给到他一个很好的保障，这是售中服务，我们派人去跟他现场调试等等。

售后服务也是这样，它服务于千家万户的产品，出现问题就会有纠纷，产生这些的时候，物管公司坐在火山口，如果有些刁民甚至不交管理费，就产生很多毛病，我们售后服务给到他们配合，解决了他的后顾之忧，这就提升了客户对我们的忠诚度以及吸引力很重要的因素。

还有扁平的销售链，大家知道了这个价格方面的竞争力，所以我们销售服务网的建设，为什么我们在募投资金利投入超过1亿，准备在这两年内建一百家分公司，这是为了在这块更好地展现我们的优势。而且今后的发展，我们把它布局在二线城市，在这边抢先占据这个市场，这样对我们今后的可持续发展会更有好处。

记者：安居宝还设立了业内首家的培训中心，这个培训中心主要是针对什么服务呢？

张波：这个培训中心也是我们业内第一家提出的，要说培训，我相信很多这一类的企业都会去办，他们每年定期邀请客户来到总部这边，大家聚一聚，进行培训。我们认为这种实际效果就差一些，一是人家要出差来，二是客户也比较忙。所以我们在2007年开始，在全国有分公司的地方，也就是全国有主要的大城市，都在我们分公司那里，召集当地的客户进行培训。这种培训，我们可以把本身有优势的产品能够比较系统，比较详细地介绍工程商，尤其是工程商的技术主管人员，使他们更好地接受、应用这些产品。另外，对于售中、售后服务，因为这样，工程商等各层面的人都可以参与进来，用我们的系统，可以从各个方面，各个角度都能更到位。

我们这个培训已经成为一个品牌，形成一个良性循环。现在很多地方都可以找到当地的大专院校、职业学校跟他们合作利用他们的多媒体科室，学校老师作为旁听生，可以跟我们交流，我们通过这样省掉一些培训费用，客户来到我们这边又感觉非常良好，而且我们与这些学校相对建立了合作的关系，今后他们实习或我们需要人等关系网就建立起来，这样的培训已经形成了一定的品牌，到了良性循环的阶段，所以，我们认为这个培训是非常有意义的。

记者：刚才我们说的都是企业的优势，企业好的方面，我们也聊聊行业的状况，目前安防行业在国内还不算是非常受关注的行业。报告显示，国外安防行业发展是非常好的，收益也非常可观，但国内受制于大家的思维差异和对安全意识比较低的情况，对安防行业并不非常得看好，您是怎么来看待国内安防行业的发展？

张波：实际这是很有意思的话题。在国外安防可以说从老百姓和个人来说认知度已经非常高，实际上国内目前的状况，政府这块认知度已经很高，我们国家平安城市建设，在街上的摄像头、公共场合的安防设施，应该说国家层面、政府层面对这方面的认知还是比较高的。老百姓对安防这块认知也比较高，但这里面老百姓对安防的认知还是停留在实体防护阶段，比如说防盗网、铁门，我们装的比世界任何国家的安装率都高。他们并不是没有安防意识，而是对电子安防这块有滞后的认识，国外家庭电子安防认知度比较高，我们国内这方面就有点缺失。

楼宇对讲所附加出来的安保功能，目前已经在新的住宅里成为一种标配的产品，安装率已经超过95%，就是可视对讲、出入口控制，报警、家庭监控、电子安防还是有些滞后，宁愿装个铁门，装个防盗网，觉得这个东西结实。这有赖于市场的宣传和推动，这确实是国内目前的状况。

记者：未来会有变化吗？

张波：未来一定会变，发达国家的今天就是我们国内的明天，而且我们国内人的安防意识还是比较向的，只是对电子安防方面的认知可能会滞后一些吧。

记者：我了解到，为了实现安防产品供应商向服务商的战略转型，安居宝有同70多家物业公司签定协议的，但目前楼盘用户使用量并不是很高，您认为这是不是也是制约国内安防企业发展的一个方面？我们的瓶颈到底在哪里？

张波：实际上这也是国内百姓、居民对安防认知的一个反应。目前报警运营模式很受到物管的欢迎，我们和物管、小区签这个这个合同，他们因为不用投入，是热烈欢迎。但安装率偏低，大家对这方面的认知还没到一个比较了解，真正能够体现它价值的阶段。所以，这是一个瓶颈。

今后我们公司在这块也会不断地宣传这种意识，加强这方面的宣传，我们企划部门也会把握一些宣传的切入点，比如说某些小区出现了事故之后，可能这方面的需求就猛地增长，我们切入点是怎么样。

另外，我们不拘一格项目往往是这样，开始在萌芽区要占据市场，等到成长期、快速发展期的时候才有回报和收获。而且报警运营是很强的圈地商业特点，所以在这块可以说我们公司有足够的耐心去等待这个机会的到来。

记者：目前我们国内安防企业的规模还不是很大，包括行业集中度也不是很高，大家是说，国内基本上集中在三个部分，而安居宝相对来说处于比较发达的珠三角地区，行业竞争会来自于哪些方面？

张波：国内安防产业基地一是珠三角地区，二是京津塘地区，三是华东地区。刚好这几块地方正好是电子信息产业比较发达的（地区），因为电子安防属于电子产业和技术基础这一类的产品。楼宇对讲也有它的特点，虽然我国电子安防在这三个地方，主要是产业区，但楼宇对讲以及智能家居产品只是在珠江三角洲和福建沿海这边有产品竞争力。这些产品一开始在广东沿海以及福建沿海引进国外的产品，而且开始的时候生产厂家也在这些地方开始生产这些产品。现在发展了这么多年，国内所有一线品牌都在这些地区，甚至华东和京津塘地区连二线品牌都没有的程度。所以这个行业有先入为主的特点。这块也是我们对讲和监控类产品与其他安防产品有显著不同的地方。

正是由于这样一些特点，我们也可以理解为这是我们这个行业的一个商业门槛的概念，为什么先做楼宇对讲，一直过来，我们认为今后智能家居都可以领先，有很好的空间。因为需求来说，人对安防方面的需求先到来，之后才是追求舒适性的需求，然后到智能家居，我们的产品线能平滑地连接在一起，而且有完整的产品线，才能支撑你各个分公司的运营服务，才可以达到盈亏平衡点。这里面都有良性循环的游戏规则在里面，无形中就形成了商业门槛，再加上品牌方面的因素，好的品牌支撑高端的产品，在高端的楼盘门当户对的游戏规则，这些结合起来就是我们的商业门槛。到现在，包括今后我也判断智能家居也在广东以及福建沿海等企业产生领先的品牌。

记者：我们与张总聊也了解到，虽然行业还处在发展的初期，企业也刚刚处于上市的阶段。但1月9号美国福布斯网发布的2011年福布斯潜力企业的前二十强企业，安居宝排在了第14位，我们被认为是非常有发展潜力的企业，而且它入选的理由是率先推出了五年保修的服务承诺，以及无线报警系统入选了2010年国家重点新产品设计。作为投资者或者作为媒体更想了解的是，我们企业的发展潜力到底在哪里？包括您说了，现在是我们布局市场的阶段，也是我们刚刚上市的阶段，募集的资金等方面还没有马上看到成效，您认为未来成效会在几年之内显现？

张波：很高兴能获得福布斯这么权威的评价，确实是这样，我们这个行业由于有我们行业的一些特点，比如说我们推行五年的保修服务，为什么这样做呢？回到我刚才说的，为什么我们建立一百个直属的分公司提供售前、售中、售后服务，我们本身就有这样的优势平台，我们把优势平台所产生的东西进行价值增值，就是说我有这个平台就能做五年的保修服务，我做五年的保修服务就比没有这个平台的成本要低，效率要高，可信度要高，我们就把它这方面转化成很好的商业竞争手段。这很难收到效果，所以我们业务部的同事都认为，我们有了这个之后，接订单的优势更大了一点。

报警运营上，刚刚我强调了这是我们安防里最大的一块蛋糕，我们可以敏锐地发现，而且切入进去，应该说大家也看好这个前景，最关键的是这里面的游戏规则是，谁先进去的，开始领先，就为今后一直领先创造有利条件的游戏规则。就这块，我们被称作很好成长性企业的评价，在这方面我们觉得还是比较客观的。

今后，我们的业绩成长会基于这些，这主要是看市场的成熟度的到来，成熟的程度。我相信在未来的两三年，报警运营这块在我们公司业务方面会进入一个高速发展的阶段。当我们原来的主业，就是楼宇对讲、智能家居也会随着我们产品需求重心往上移的话，户均销售额增加，我们成为系统集成供应商、整体方案解决商，以及每个小区里配套产品的增加，它的销售额也会增长，整体反映在我们公司业绩的成长，我们觉得还是很自信的，能够保持一个高成长。

从天涯海角走向全国各地

——访海南椰岛(集团)股份有限公司董事长张春昌先生

随着消费者的健康意识不断增强，对酒类产品品质的要求已经上升到一个新的高度，保健酒作为身体滋补产品的重要组成部分早已深入人心。时至今日，虽然很多人仍有用药材在家泡酒的习惯。但保健酒产品通过工业化定时、定量地生产，科学地提炼，具有稳定的保健成分，因此具有稳定的辅助疗效，深受消费者的欢迎。近年来，椰岛鹿龟酒、劲酒、致中和、宁夏红、张裕三鞭酒等保健酒老牌企业深耕细作保健酒市场，五粮液黄金酒、茅台白金酒也纷纷登场亮相，保健酒市场的发展进入快车道。

海南椰岛集团董事长张春昌认为，目前保健酒市场以每年30%以上的速度增长，2010年市场消费规模突破130亿元。随着人们生活水平的提高，健康意识的不断加强，保健酒的未来一定大有可为。

保健酒是民族产业

张春昌向《华夏酒报》记者介绍道，改革开放以来，全国最多的时候有5万多家酒厂，但是酒的集中度比较高，几个大品牌已经被时间和历史承认了，大家都认可"茅五剑"。消费者生活水平提高后，开始需要保健酒。

不过张春昌强调说，保健酒具有的是辅助治疗功能，不能代替药物，跟药物是两个性质的产品。海南椰岛用工业化定时、定量地生产，经过科学提炼，使保健酒具有稳定的保健成分，因此具有稳定的辅助疗效。经过工业化生产，规模产量更大，从而保证海南椰岛的保健酒可以走进千家万户。

"目前保健酒这个行业相对稳定，集中度也比较高，保健酒造假的可能性也不大，最主要的是拥有多少保健功能，在这个方面估计可能有差别。"他补充道。

据悉，鹿龟酒是海南椰岛的核心产品，它最主要的优势是有一个古老的配方，可以追溯到600多年前，是根据中医理论配置出来的。

张春昌告诉记者，鹿龟酒几十年来没有出现一例恶性事故。这么多年来，海南椰岛用工业化的办法严把质量关，所以市场上每一瓶鹿龟酒都是在现代工业和技术条件监控下生产出来的。

"海南椰岛是一个大企业，也是上市公司，肩负着提高保健酒市场集中度的责任，同时也肩负着塑造两到三个老百姓信得过的有历史价值、科技含量的保健酒大品牌的责任。目前，保健酒的上市公司就海南椰岛一家，而且我们也做了几十年的保健酒，一直被消费者所认可。"张春昌说，不过海南椰岛的发展规模还有待于扩充，有能力在未来一段时间里为中国造就一个老百姓信得过、有一定科技含量的保健酒大品牌。

椰岛鹿龟酒走出海南的关键点在1995年。1995年秋，美国一家公司经长期考察认定椰岛鹿龟酒滋补保健效果确切，欲出资1.2亿元的天价买断椰岛鹿龟酒生产权和配方，为了保护民族的知识产权，椰岛集团毅然放弃了高额的诱惑。此事也引起了新闻媒体高度关注，全国各大媒体对此竞相报道，椰岛集团为保护民族品牌立了一个大功。经权威机构评估，椰岛鹿龟酒整体无形资产价值达2.2977亿元。

"事实证明，海南椰岛这样做是正确的，虽然到今天为止，其销售收入不过10亿元左右，但每一瓶酒的保健品质都得到认可。十几年来，我们在数量上只提高了十几倍，但是我们的口碑越来越好。"张春昌表示。

工艺是关键

张春昌一直致力于将传统产品与现代科技手段相融合，来保证酒的质量。"保健酒要添加很多药材，对这些原料海南椰岛保健酒的制作是按照制药标准加以规范的，比如，生产车间空气洁净度要达到药品GMP生产要求，是用制药的标准生产酒。"他说，对于保健酒中添加的药物成分，现代保健酒的配方要经过卫生和医药部门权威检测，要确有具体可落实的功能，这样的高标准都体现出保健酒无论是发酵、配制等各个环节都有科技含量。

他指出，海南椰岛先后与三四家高校合作，针对酒加药材会产生沉淀物的问题展开研究，力求生产出不沉淀、口感好、有药物保健功效的酒。

椰岛追求稳定的发展，而不是泡沫式的发展，椰岛坚持的原则是，宁可慢不愿滥。“十二五”后期，我们可能达到百亿销售额，我们将充分利用海南独特的生态岛资源，利用得天独厚的生态地域优势，大力推动椰岛保健酒和饮料的发展。

他估计，保健酒将来会以年 30%—50% 的速度增长，越来越多的人会选择保健酒，再过几年保健酒一定会有一个跨越式的发展。

面对巨大的市场需求，海南椰岛投入了 7 个多亿建设现代化保健酒工厂，目前已做到提取车间采用数字化提取，灌装车间为无菌条件下全自动灌装，包装车间采用机械手操作包装，物流配送也是现代化配送模式的现代化工厂。

近期，海南椰岛正在准备推出高端鹿龟酒。他介绍道，对于高端鹿龟酒，要达到茅台、五粮液那样的酒感，还要用中国最好的药、最好的传统配方，从而生产出一个有保健功效的好酒。

“三全”战略促进营销模式升级

“品质 + 品牌 + 营销，这是椰岛集团长足发展的三驾马车。”张春昌表示，过硬的产品品质，超过 20 亿的品牌投入，对消费市场的持续培育，以及精耕细作的务实营销，使椰岛集团的保健酒产业一直保持稳健发展。但是，椰岛集团在目前的市场操作模式、产品线的发展等方面并没有知足，为了能适应保健酒市场的发展形势，2011 年，椰岛集团联合北京盛初营销咨询公司，全面启动“三全”战略。

张春昌解释道，“三全”即全面进行产品开发，全面启动销售渠道开发，全面启动不同类型市场的开发。

张春昌进一步阐述“三全”战略的内涵：目前在中端滋补酒方面，椰岛集团已经成功树立了业内保健酒专家形象。为实现椰岛品牌的全产品线覆盖，椰岛集团将全面启动品种开发，并针对大户和超级代理商推出品种代理商政策。

对于公司保健酒市场区域性、单一性渠道现状，张春昌信心十足地表示：“椰岛集团将启动全面渠道开发，在餐饮店、商超、BC 类门店、专卖店全面铺开，力争让消费者‘买得到、买得起、乐得买’。”

对保健酒市场有着深度了解的张春昌认为：“传统的营销思路已经不适应快速变化的市场状况，为此椰岛集团将导入新的营销模式，进行全面市场开发。巩固原有消费者，拉动现有消费者，培育未来消费者；针对不同消费人群，制定不同的营销策略，进行独特多样化的品牌营销。”

椰岛集团对保健酒行业的未来发展趋势有自己明晰的判断。张春昌认为，追求天然、崇尚健康的消费需求是人们由盲目走向理性的回归。保健酒横跨食品、酒类和饮料三大阵营，恰是迎合了人们对健康升级的需求。“未来高品质、高形象的高端保健酒市场将有强大的刚性需求，其市场潜力和潜在的消费人群是非常可观的。”

张春昌表示，凭借深厚的品牌文化基础，椰岛集团或将发力高端保健酒市场。“椰岛集团非常重视高端滋补酒市场的发展，目前高端滋补酒的开发工作已经进入了关键阶段。”他透露说，“椰岛集团出品的高端椰岛滋补酒将秉承椰岛集团一贯的品质追求，并力争做到极致。高端椰岛滋补酒将以海口珍稀火山岩泉水为水源，以火山岩大米为原料酿造基酒。”

业内有关人士指出，随着以椰岛集团为代表的保健酒领军品牌企业全面发力保健酒市场，具有历史文化传统的保健酒行业或将引发新一轮的竞争升级战。“一年兴起一个品牌，一年倒下一个品牌”，这是对保健酒行业的真实生存写照。先驱者倒下，后来者居上。硝烟弥漫，大浪淘金，在众多保健酒品牌先驱者中，以椰岛鹿龟酒为主导的椰岛品牌，却从天涯海角走来，走向全国各地。

重整河山待“日出”

——访山东鲁北化工股份有限公司董事长陈树常先生

8 月 18 日，暂停上市一年多的山东鲁北化工股份有限公司将迎来恢复交易的“日出”。

2010 年 5 月 25 日，鲁北化工暂停上市。此后，重整河山、恢复上市成为公司上上下下的一致目标。特别是山东证监局稽查之后，公司在高管层、生产经营、资产结构等方面都作出了较大调整，并收到良好的效果。在各方的合力协作下，鲁北化工 2010 年成功扭亏，2011 年主业显示出一定的持续盈利能力，为恢复上市奠定基础。目前，公司的恢复上市申请获得批准并将于 18 日复牌交易。

近日，记者奔赴无棣，专访鲁北化工董事长陈树常先生，让他为读者再现“变局”前后鲁北化工的发展状况并展望公司未来的发展之路。

过往：一半辉煌一半黯淡

记者：鲁北化工 1996 年在上交所挂牌上市，去年 5 月 25 日暂停上市。这期间，鲁北化工的资本之路波澜起伏，请您简要介绍下过去十几年鲁北化工的风雨资本路。

陈树常：鲁北化工的资本之路创造过辉煌，也经历了黯淡。在上市之初的几年里，鲁北化工利用自身优势，借助资本市场实现了快速发展；在后期，鲁北化工出现了一些问题，企业发展经历了波折和低潮。

鲁北化工是全国循环经济的首倡者，并于 1996 年以滨州第一股的身份在上海证券交易所挂牌上市，开启了滨州市资本市场的先河。上市之后，鲁北化工没有辜负股东的一片期望，业绩如芝麻开花节节高。从 1996 年伊始，净利润如翻跟头加速递增，1996 年净利润则达 6000 多万，到了 1999 年，已经突破 2.7 亿元大关，年均增长率 70.7%，在当时全国 1400 多家化肥企业中曾列居第一名。这一年，公司达到鼎盛时期，各项记录被连连刷新，“鲁北化工”股票进入上证 30 指数样板股，并列入沪市上市公司 50 强，被评为“中国大陆最具发展潜力的上市公司”之一。

企业在快速发展的同时也出现了一些问题，尤其是管理方面，由于观念和认识不到位，最终很多问题不能得到及时彻底的解决，最终在外部环境变化之后，那些积聚的问题也集中爆发出来，对企业形成较大的冲击和损伤。2001 年之后企业利润开始下滑，2006 年之后，国内高浓度磷酸复肥新建装置产能释放，国内市场总体上供求已处于基本平衡的格局，由于受取消磷酸二铵补贴等影响，再加上燃料、磷矿石价格持续上涨，公司综合盈利水平有所降低。2007 年、2008 年、2009 年公司连续三年亏损，最终被上交所暂停上市。

记者：您之前不在鲁北化工任职，进入鲁北之时，公司有

哪些棘手的问题需要解决？要治病需先找清病因，然后才能对症下药，治病救人。作为临危受命的新董事长，您认为企业的“病根”在哪里？

陈树常：2010年9月1日，无棣县促进鲁北集团健康发展领导小组进驻鲁北集团。作为该小组的一员，当时我清楚地看到企业的苍凉面目。经历了三年的亏损，鲁北化工骨干人才流失非常严重、管理不到位、投入不足、产能发挥不到1/3，加上市场萎缩，问题重重，企业发展步履维艰。

我们经过仔细调查摸底、研究分析，弄清楚了公司存在的一些问题。这些问题主要表现在，经营上，没能维护好产业链，投入不足，产能发挥不好，使企业运作产生了问题；管理上，职工的积极性没有发挥好，特别是骨干力量的流失对企业的运营造成致命的打击；再加上行业竞争加剧、市场萎缩、技术革新不及时，最终问题积聚，集中爆发，使得企业备受拖累……追根溯源的话，可能就是高管思想认识不到位，企业上市了，高管思想还没有跟上。查明问题，找出症结，为我们解决问题，推动发展提供了依据。

现在：多方协作共克时艰

记者：很多人说，自从新的领导班子上任以来，鲁北化工发生了巨大的变化，公司治理、生产经营、企业效益等多个方面都取得了巨大进步，企业焕发了新的活力和生机，请您介绍下相关情况。

陈树常：是的，在证券监管部门和无棣县委、县政府的关怀帮助下，鲁北化工领导班子带领广大职工全力以赴抓生产、抓经营、抓效益，企业面貌焕然一新，并且成功实现了2010年扭亏、2011年继续盈利，特别是主营业务实现盈利，为公司持续健康发展和恢复交易提供重要支撑。

记得刚来鲁北之时，公司境况十分苍凉。公司经过连续三年亏损之后，人员流失严重，产品研发、市场开拓都遇到较大障碍，产能发挥不足1/3，员工工资不能按时发放，企业发展陷入困境。

新的领导班子成立以来，经过多方努力，终于在2010年底实现了公司的扭亏。记得2010年三季报时，公司财报仍显示亏损。在短短三个月里通过资产处置、政府补贴、企业恢复生产经营，终于在2010年底前实现逆转，鲁北化工去年最终实现净利润1500多万元。今年一季度企业实现盈利800余万元，上半年净利更是突破2000万元，企业面貌持续向好。

记者：陈总临危受命，3个月扭转了企业此前3年连续亏损的局面，2011年以来使得企业主营业务持续盈利能力增强。您履新以来，企业发生了巨大变化，这一点监管部门在一次媒体通气会上也对公司给予了肯定。您认为公司状况能够根本改观有赖于哪些因素？

陈树常：公司实现面目改观是多方合力共同促进的结果。监管部门、政府、企业自身等协同作战，一并实现了鲁北化工的救赎。

其中不得不说的是，山东证监局进入公司现场稽查，对公司的所有问题进行详细核实，本着“惩前毖后，治病救企”的方针，通过规范促进长远发展。猛药治重症，使企业的问题早暴露、早解决，为企业长远健康发展奠定基石。虽然刚开始公司会感受到阵痛，但从长远看，山东监管局使一个困难重重的企业重新焕发了生机。

无棣县委、县政府一直十分关心企业。在鲁北化工“重生”过程中，他们专门成立帮助公司发展的工作小组进驻企业解决了大量难题；在公司困难之际，无棣县政府在2010年为公司提供了4000万元财政补贴，这笔收入对公司2010年度实现扭亏发挥着巨大作用。

从企业自身来说，通过高管人员的“换血”、产能恢复、资产处置以及人员招募和储备，使得企业焕发新生，具备了一定的持续盈利能力。具体而言，就是新一届高管大面积换血，从董事长到董事会秘书大面积更新高管层，富有激情和改变动力的新高管层为企业彻底认识和解决长期积聚的问题提供了便利。

正是在监管部门、政府和企业多方协作下，鲁北化工冲破困难重围，并迸发出新的活力。

记者：具体来讲，在公司层面，鲁北化工采取了哪些措施快速实现了企业状况的改观？

陈树常：在搞清楚公司的症结所在之后，我们开始有的放矢，根据问题制定对策，在资产梳理、规范管理、人才招募以及激励方面做了大量工作，使得资产最大限度发挥效能，有能之士充分发挥其能力，员工工作热情和积极性大大提高。

去年9月以来，公司积极梳理产业链条，一方面将盈利能力较好、未来有一定前景的资产迅速启动起来并发挥其产能；另一方面将关停的电厂资产进行了处置，充分发挥公司资产效能。同时加大技术改造力度，去年10月，公司化肥、硫酸、水泥等已经开始满负荷生产。与此同时，公司股东大会审议通过了出售公司的高氮肥、合成氨生产线和电厂化水车间等低效资产以及公司3年以上账龄的应收账款、预付账款、其他应收款等资产，进一步提高了公司的资产质量。

除了理顺原有资产外，公司为提升其持续盈利能力，收购鲁北集团旗下的溴素资产全部股权以及鲁北盐化40%股权。这两块资产的毛利较高，是十分优良的资产，它们的注入对增厚公司业绩意义重大。

除收购资产提高公司盈利能力外，公司根据自身发展需要，制度完善了日常经营管理（包括产品销售、大宗原材料采购、设备备品备件、产品出厂等16项制度）、会计与财务管理、人力资源管理、法律合同管理、行政管理制度等内部管理制度。以上内控制度的实施，有效降低了产品的生产成本和公司的经营风险，理顺了企业内部管理体制，杜绝了生产经营的各种漏洞，为公司整体运营的规范化、效率化提供了有力的保障。

必须提及的是，公司骨干人员在公司三年亏损过程中流失严重，新任班子多管齐下，广募人才。首先，公司积极游说离职的骨干员工重返鲁北岗位；其次，公司积极在社会上招募有工作经验的社会人才，其中包括大量中级甚至高级岗位；再次，公司招聘大量大学毕业生，为长远发展积极储备人才。

为了激发员工工作积极性，公司大幅上调了员工工资，同时公司正在企业附近新建住宅小区，不断改善员工生活条件。这些行为都在员工中产生巨大反响，极大激发了鲁北员工干好本职工作的积极性。

未来：重整河山规范发展

记者：经过艰苦努力，目前鲁北化工已经展现出了新的活力，并开始实现主业盈利。关于投资者关注的鲁北化工的未来，您是怎样设想的？

陈树常：市场经济大潮中，企业不发展就是倒退。“鲁北化工往何处去？”是我一直在思索的问题。继续高举循环经济大旗，强化现有产业，更加丰富和发展海洋经济将是鲁北化工的未来之路。

鲁北化工具有十分优越的地理环境、区位优势和资源优势，背靠黄骅大港，南接大济路，沿海高级公路和黄大铁路修建在即，水陆交通十分便利；同时，我们位于黄河三角洲高效生态经济区和山东半岛蓝色经济区交界地带，能同时享有两个经济区带来的发展机遇。公司坐拥渤海湾丰富的海洋资源，二百多平方公里的沿海水域，分布着公司的盐厂和溴素提取装置。恢复交易12个月内，我们将会启动对鲁北盐化剩余60%股权的收购，解决同业竞争问题，增强上市公司盈利能力。未来，紧紧抓住"黄三角"和"蓝色经济区"大发展的难得机遇，利用好我们所拥有的资源，我感觉未来公司仍然能有很大的发展潜力，尤其是在海洋经济方面我们还有更多文章可做。

记者：企业的发展除了产业上的效益提升，还应包含制度上的建立健全。您已为鲁北未来设想了一幅宏大的蓝图。鲁北化工需要哪些制度确保这个蓝图的实现？

陈树常：企业的规范发展离不开制度的保障，这一点对于上市公司尤为重要。公司的制度建设高管层一定要做表率，因此我认为企业上市，高管思想要首先上市，这样才能使得企业运作更规范、决策更科学。

山东证监局在德州举办的上市公司董事长培训班对我启发很大。通过培训学习，对于规范运作在企业发展的作用有了更清晰透彻的认识。我认为企业高管在思想上认清哪些该做，哪些不该做非常重要，行为上就会少犯错。很多情况下，企业都是因为对规则和制度不甚清楚才导致一些不合规的行为出现，而不是主观上存在故意。因此，高管思想首先上市，弄明白了《公司法》、《证券法》以及其他相关制度、规定，就能有效避免一些失误的发生，从而确保企业规范运作、健康发展。参加完培训后，我专门向公司高管传达了培训精神，并特别强调"高管思想要先上市"的观点。

公司恢复交易在即，在未来的资本市场上，鲁北化工确立了规范运作、诚信经营、创新发展的工作思路，在做好产业的同时，充分尊重和保护股东利益，力争在产业发展和制度建设上都取得好的成绩来回报广大股东。

从职业经理人到上市公司董事长

——记深圳市金新农饲料股份有限公司董事长陈俊海先生

陈俊海，男，1964年出生，中国国籍，无境外居留权。中国农业大学动物营养学博士、北京大学光华管理学院EMBA、高级畜牧师。广东省饲料行业协会副会长，深圳市饲料行业协会副会长。2005年以来，陈俊海先生一直担任金新农董事长；2007年后还兼任公司研发总监至今；2009年度，陈俊海先生被全国饲料工业办公室授予"改革开放三十年推动饲料工业发展的十大开拓人物"荣誉称号；2010年，被中国饲料工业协会评为"中国饲料企业优秀创新人才"；同年，陈俊海先生还当选中国饲料工业协会第六届理事会常务理事。

几次见到陈俊海，都感觉有些诧异。他衣着简朴，眼神柔和，讲话节奏不快。一眼望去，他更像个呆在实验室里连续做了两天实验的书生，完全不似我们所习惯的那种善于高谈阔论的上市公司老总。

他是深圳市金新农饲料股份有限公司董事长，许多人叫他陈博士。

他的履历如下：湖北仙桃人，1964年生。1981年－1985年，在华中农业大学读本科，1985－1988年，赴东北农大读硕士研究生。1991年－1994年，一边工作一边攻读中国农业大学动物营养学博士学位。

考察他20多年的工作经历，可以发现分为两段：前10年打工，后10年创业。

1988年，陈俊海硕士毕业，他希望回到家乡湖北，但当时的东北农业大学规定要离开，必须缴纳1万元培养费，否则只能留在黑龙江。在1980年，这是一笔巨款。他选择了不关心户口的外资企业——深圳正大康地公司，担任销售员。

20世纪80年代末的研究生还是比较稀少的。从一名研究生突然转变为饲料销售员，反差极大。陈俊海说，当时确实有些痛苦，因为不了解销售是怎么一回事。而且，大部分同学都是在院校做研究，读博士，或者出国，对比之下，自己相形见绌。不过，他还是忍了下来。依靠校友、同学等关系，成功卖出产品。那时候，市场热点正处于从自配料到浓缩料再到预混料转变的过程，当时的预混料能够提高猪日增重20%－30%，养殖场确实也很欢迎。他说，他应该是中国第一批硕士研究生做饲料销售的人员，正大康地在湖北的第一包猪用预混料，就是他卖出去的。

在正大康地做了一年多后，陈俊海与另外7个人一起跳槽到国有企业深圳华宝公司，原因很简单，这家企业能解决他的户口问题。两年后，留下来的只有包括他在内的三个人，后来，这几个人都成了老总级人物。华宝公司对他们这批人很重视，提供了非常好的平台。华宝公司专门成立了预混料部，由这批人来做。通过四五年时间，月销量达到七八百吨，当时在广东排名前三位。1997年，他坐到了华宝的副总经理的位置上。

1999年，陈俊海开始创业。深圳金新农公司由杨瑞生、申光荣出资成立，陈俊海担任经理，负责实际经营。

时势造英雄。可以说，这10年，恰是教槽料市场发育阶段，给金新农攻的成长带来无限机会。在陈俊海的带领下，金新农的"成农"品牌教槽料驰名于国内。根据金新农招股说明书提供的数据，2010年猪教槽料实际需求量是141.9万吨，市场实际规模25.7万吨，其中金新农约4万多吨，居国内第一。记者看到，有的报道赞誉陈俊海为"教槽料之父"。

2011年2月18日，金新农成功登陆深交所中小板，成为广东第五家上市饲料企业。陈俊海一下子站到公众瞩目的舞台上。

"当年，谁也没想到金新农能够上市。"2011年3月4日，在接受记者专访时，陈俊海感慨万千。

记深圳市铁汉生态环境股份有限公司董事长、总经理刘水先生

刘水，男，工程师，生于1969年10月，广东梅州人。曾任深圳（笔架山）狮子会会长、深圳市风景园林协会理事会副秘书长，现为深圳市风景园林协会副会长及园林企业分会会长、深圳市企业家协会副会长、深圳市商业联合会副会长、深圳市绿色产业促进会副会长、《广东科技》刊物理事、北京大学环境学院院友会第一届理事会副理事长。

1992年，刘水先生从北京大学城市与环境学系自然地理学专业毕业后供职于深圳市龙岗区布吉镇投资股份有限公司。1996年出任贵州绿之梦草坪工程有限公司总工程师。

2001年8月通过自筹资金创办了深圳市铁汉园林绿化有限公司并担任董事长兼总经理，在此后短短的几年间，带领着公司全体员工奋力拼搏，把公司迅速发展成为一家领先的大型园林绿化企业，取得了一系列令人瞩目的成果和荣耀。2009年为适应进一步扩大发展的需要，公司顺利地进行了股权改制并正式更名为深圳市铁汉生态环境股份有限公司，注册资本达4606.06万元；并于2011年3月29日在深圳证券交易所创业板成功上市，注册资本达6156.06万元，在行业内居于前列。目前公司拥有国家城市园林绿化一级资质、风景园林设计专项乙级资质、造林工程施工乙级资质、造林工程规划设计丙级资质等相关行业资质，集生态环境建设工程设计、技术研发、工程施工与养护、苗木种植、生物有机肥生产等产业链于一体，且通过了ISO9001质量管理体系认证、ISO14001环境管理体系认证和GB/T28001职业健康安全管理体系认证，是国家级高新技术企业、广东省二十强优秀园林企业、广东省诚信示范企业、深圳市守合同重信用企业、第四届中小企业诚信榜上榜企业。

刘水先生牢记"环保报国、产业报国"的理念，秉承"致力于生态修复、景观绿化的环保产业，坚持经济效益、社会效益和生态效益并重的原则，以人才为基础，以科技为先导，面向全国，力争成为国内生态修复、水土保持领域内技术最先进、产业结构最完整、品牌最响亮、环境友好型的龙头企业"的经营宗旨，致力于生态环境建设方面的技术发展和产业探索，在生态修复、水土保持、景观建设、绿地养护、苗木培植、生物有机肥生产等方面的新技术研究和开发应用上均取得了长足的发展，位居国内领先水平，为生态环境的绿化、美化做出了突出的贡献。

在坚持科技先导、研发先行的产业发展策略下，刘总亲自带头搞科研，精耕细作于生态修复、水土保持等技术领域，拥有国家专利17项，课题成果6项，并在长期的施工实践中成功开发出一整套裸露坡面生态修复技术。该技术包括裸露坡面植被配制技术体系、植物生长保障体系、种植工程技术体系多方面的内容，涵盖了岩土工程学、植物学、土壤学、肥料学、高分子化学和环境生态学等诸多学科领域，是我公司在行业内科技优势实力的集中体现。该技术成功地应用于广州南沙采石场复绿工程、深圳宝安采石场水保工程、深圳南坪快速路边坡绿化工程、京珠高速（湖北段）边坡复绿工程、海南三亚大隆水库护坡绿化工程、天汕高速公路（蕉岭段）绿化工程、江西鹰瑞高速生态景观工程等诸多重点工程项目，取得了良好的经济效益和社会效益，奠定了公司在国内工程创伤生态修复领域内的技术龙头地位。

在大型地产绿化、高端酒店景观营造方面，博采众长，创新发展，精心设计，完美施工，把"人与自然和谐"、"虽由人作、宛若天成"等前沿生态景观理念发挥极致，锐意打造景观园林精品工程。公司先后成为万科、星河、卓越、金地、中海、中粮等大型地产公司的优秀承建商，出色地完成了广州、深圳、广西等地香格里拉酒店和深圳丽思卡尔顿酒店、广州白云机场铂尔曼酒店、惠州喜来登酒店等国际著名品牌酒店，以及深圳星河·丹堤、东莞万科棠樾双城水岸、深圳金地梅陇镇花园、唐山天元帝景和骏景等大型住宅小区的景观建设，并获得业主的高度评价。其中在本人主持和管理下承建的南山园工程荣获第五届中国国际园林花卉博览会金奖、星河·丹堤绿化工程荣获"2008年度广东省风景园林优良样板工程"金奖。

此外，刘水先生高度重视苗木新品种的研发和高端苗木的培育，积极发展现代苗圃基地，拥有苗圃面积逾千亩。由公司培育的边坡绿化植物——红蝉花、黄花飘香获第七届中国国际花卉博览会盆栽植物类铜奖，体现了公司在苗木品种培育方面的科研实力。为经济合理地利用城市环卫部门裁剪下来的树枝、树叶等绿化垃圾，公司积极开展绿化垃圾循环利用研究，利用自主专利技术、通过生物堆肥工程和生物发酵技术，将绿化垃圾快速转化为无害、稳定、长效的生物有机肥，取得了突破性的成效，一举改变了长期以来绿化垃圾处理只有社会效益没有经济效益，需要政府补贴的局面。

在企业文化建设上，公司坚持以人为本，努力营造和谐融洽、友爱团结的文化氛围，关怀员工、积极为员工谋福利，被评为深圳市福田区和谐劳动关系先进企业。且积极支持企业内部党员员工的思想教育和党建工作，刘水先生也被光荣授予"积极支持党建工作企业家"荣誉称号。

另外，刘水先生更热心于社会公益事业，具有强烈的社会责任感。随着公司不断发展壮大，时刻不忘回报社会，分别在助残慈善、扶贫救灾、捐资助学上给予无私的大力支持，先后为江西省吉安县凤凰镇铁汉希望小学、国际狮子总会、广东省梅县东山中学、广东省蕉岭中学、广东省焦岭县三圳镇中心小学、广东省蕉岭县民政局扶贫救灾、2004年东南亚海啸、2008年四川汶川特大地震、2010年青海玉树地震、2010年广东省扶贫济困基金等无偿捐款共计数百万元，受到社会各界广泛的好评。

刘水先生将全心全意继续把公司业务做大做好，为生态环境建设出一份力，为行业持续发展出一份力，为社会和谐出一份力，在人类环保事业上作出应有的贡献。

记林州重机集团股份有限公司董事长郭现生先生

郭现生，男，高级经济师，在职研究生，出生于1962年5月，河南林州人。现任林州重机集团股份有限公司董事长，林州重机集团控股有限公司执行董事，七台河重机金柱机械制造有限责任公司执行董事，鸡西金顶重机制造有限公司执行董事，北京中科虹霸科技有限公司副董事长、总经理。曾任林县重型煤机设备厂厂长，林州重机（集团）公司董事长兼总经理，林州重机集团有限公司董事长兼总经理。

1987年12月，郭现生在当时的河南林县建立了林县重型煤机设备厂，注册资本70万元，专营煤矿机械配件和机件加工。1994年3月，郭现生以林县重型煤机设备厂为核心，组建了林州重机（集团）公司并担任董事长兼总经理，带领公司全体员工奋力拼搏，在短短的几年间，使公司迅速成长为当地具备一定规模的煤矿设备经销商。为了谋求更大的发展，2002年5月，郭现生等24名自然人共同发起设立了林州重机（集团）有限公司，注册资本5000万元。2008年2月，为了更好地利用资本市场，公司决定运作上市，由有限公司整体变更为股份有限公司，并引进了战略投资者，增加注册资本至13660万元。2011年1月，公司在深圳证券交易所成功上市，注册资本达到20480万元。2011年5月，公司2010年度权益分派实施完毕并经验资后，注册资本变为40960万元。目前，公司主要从事液压支架等煤炭综采支护设备的设计、研发、制造、销售及技术服务，已成为国内最大的民营煤炭综采机械设备供应商。公司通过了ISO9000/ISO14000/OHSAS18000体系认证，连续多年被评为省级“重合同、守信用”企业。系全面质量管理达标企业、全国煤矿“十佳”支护产品、综机配件、机电配件定点生产企业。是全国第一批国家级征信企业和中国质量守信企业；被河南省政府列入“河南省100户重点工业企业”、“河南省重点转型升级企业名单”、“河南省2011年度规模效益百强企业名单”。

郭现生先生牢记“开拓奋进、追求卓越、挑战极限、创业报国”的理念，以振兴我国煤炭机械行业为己任，高瞻远瞩，不断为企业谋求长远的发展动力。积极履行社会责任，将林州重机发展成果惠及社会各方，为和谐社会建设做出了突出贡献。

公司始终把科技作为第一生产力，努力培育企业的核心竞争力，积极开展技术研发，在北京、郑州等地设有技术研发中心，通过多种方式组成了由70余名行业专家、技术骨干相互协作的结构完整、力量充裕的专业技术团队。目前，已开发出具有自主知识产权的专利技术26项，成功研制生产了100多种液压支架产品，可适应国内各种类型煤层开采环境，产品的主要技术性能指标均处于国内领先水平或达到国际先进水平。

公司还十分重视生产经营过程给环境、安全、卫生等带来的社会影响，努力实施和创建安全节能环保型企业。多年来严格按照国家行业控制的标准持续进行综合治理，相继制定《特殊环境及特种作业管理规定》、《消防管理规定》、《安全检查管理规定》等，明确责任单位和责任人，并采取系统控制方法，监控环境、节能降耗、安全生产等。

在安全生产方面，公司持续开展“安全生产月”、“百日安全无事故”、“消防演练”等活动，增强员工安全意识。在节能减耗方面，工件的热处理和消应力过程中，由原来的煤炭加热改为目前所用的电加热，企业每年可节约标准煤2万吨，减排烟尘、粉尘及SO2等400吨，实现源头治理和过程消减。

在文化建设方面，公司倡导学习型团队理念，创建横向沟通学习型组织，大力开展安全生产、技术创新、模范班组、QC小组、6S管理小组等活动，鼓励开展丰富多彩的群众性文体活动；这些跨职能学习型组织在公司蓬勃发展过程中，呈现多样性，促进了员工队伍素质的提高，对打破部门壁垒、加强部门之间的横向沟通、技术创新、降低成本起到了重要作用，同时也融洽了员工关系，增强了企业凝聚力。

郭现生先生一如既往浇注着对煤炭行业的热情与对公司的感情，他将继续用企业发展来为行业发展出力、为社会和谐出力、为环保建设出力。

第八编
中国证券市场优秀企业选介

陕西延长石油化建股份有限公司

SHAANXI YANCHANG PETROLEUM CHEMICAL ENGINEERING CO.,LTD.

工程立企、科技兴企、人才强企、创延长化建品牌

陕西延长石油化建股份有限公司(简称“延长化建”，股票代码 600248)，位于闻名遐迩的国家杨凌农业高新技术产业示范区。延长化建是在陕西省委、省政府的正确决策和省国资委的大力支持下，由陕西延长石油(集团)有限责任公司以其持有的陕西化建工程有限责任公司资产通过重组杨凌秦丰农业科技股份有限公司并于 2008 年 12 月 26 日在上海证券交易所成功上市，是目前国内石油化工建设领域为数不多的上市公司之一。

“十二五”期间，延长化建将按照“依托延长、一业为主、多元发展”战略定位，树立“工程立企、科技兴企、人才强企、创延长化建品牌”战略思维，坚持“一体、两翼、两支撑”产业格局，沿着“由施工总承包向 EPC 承包延伸、由工程施工向房地产开发延伸、由安装向制造延伸、由工程承包向投融资延伸”战略路径，通过“管理提升、资源整合、资本运作、协同发展”的发展方略，做大延长化建、做强陕西化建，使公司成为以工程总承包为核心，集装备制造、房地产开发、工程技术服务、投融资业务为一体的多元化发展的国际化工程公司。

本栏目由陕西延长石油化建股份有限公司独家协办

中国证券市场优秀企业选介

上市公司

※上交所上市公司※

【600005】武汉钢铁股份有限公司

【基本情况】

武钢是新中国成立后兴建的第一个特大型钢铁联合企业，于1955年开始建设，1958年9月13日建成投产，是中央和国务院国资委直管的国有重要骨干企业。本部厂区座落在湖北省武汉市东郊、长江南岸，占地面积21.17平方公里。武钢拥有从矿山采掘、炼焦、炼铁、炼钢、轧钢及配套公辅设施等一整套先进的钢铁生产工艺设备，是我国重要的优质板材生产基地，为我国国民经济和现代化建设作出了重要贡献。武钢联合重组鄂钢、柳钢、昆钢股份后，已成为生产规模逾4000万吨的大型企业集团，居世界钢铁行业第四位。2010年武钢实现营业收入1907亿元，资产总额达到2038亿元，现排名世界500强企业第340位。

武钢现有三大主业，即钢铁制造业、高新技术产业和国际贸易。钢铁产品主要有热轧卷板、热轧型钢、热轧重轨、中厚板、冷轧卷板、镀锌板、镀锡板、冷轧取向和无取向硅钢片、彩涂钢板、高速线材等几百个品种。目前武钢三大战略产品基地基本建成，武钢已成为全球最大、质量品种一流的硅钢生产基地；自主研发的汽车面板具备中高档轿车整车供货能力；高性能工程结构用钢、精品长材等保持国内领先地位。其中，冷轧硅钢片和船板钢获“中国名牌产品”称号，汽车板、桥梁用钢、管线钢、压力容器钢、集装箱用钢、帘线钢、耐火耐候钢、电工系列用钢等优质名牌产品在国内外市场享有广泛的声誉，“武钢牌”被评为全国驰名商标。据世界品牌实验室发布的报告，武钢品牌以170.52亿元人民币位列第56名。

武钢的相关产业有，焦炭、耐火材料、化工、粉末冶金制品、水渣、氧气、稀有气体、煤焦油、粗苯、硫酸铵等钢铁副产品，并对国内外承担工程设计建设、机械制造加工、交通运输、物流仓储、自动化技术、海外资源开发和投资融资等业务。

近年来，武钢先后获得国家技术创新奖、全国质量管理奖、全国质量效益型先进企业、全国用户满意先进单位、全国企业管理杰出贡献奖、全国文明单位以及中央企业十大典型之一等荣誉称号。

50多年来，武钢历经了三次创业。1955年10月武钢青山厂区正式破土动工，武钢人开始了第一次创业，迎来了新中国兴建的第一个钢都的诞生。1974年武钢从原联邦德国、日本引进一米七轧机系统，开创了我国系统引进国外钢铁技术的先河，武钢人开始了第二次创业，走出了一条“质量效益型”发展道路。

2005年以来，武钢全面贯彻落实科学发展观，奋力开展第三次创业，推进“三个转变”，生产经营和改革发展取得了突出成就：中西南战略扎实推进，本部产能成倍增长，三大品种基地基本形成，自主创新能力大幅提升，“走出去”战略取得突破，内部改革持续深化，相关产业健康发展，节能减排成效显著，企业文化形成特色，职工生活持续改善。

奋发向上的武钢人，秉承“质量效益，诚信共赢、创新超越”的核心价值理念，正加快转变发展方式，朝着“十二五”发展目标奋进：钢铁主业营业收入达到2500亿元以上，相关产业收入达到1100亿元以上，拥有一批自主知识产权和核心技术，综合实力保持世界钢铁行业前列，成为世界500强企业中具有较强竞争力的优秀企业，向世界展示自己的光荣与梦想。

【主营业务】

热轧板卷、中厚板、大型材、高速线材、棒材、冷轧及涂镀板、冷轧硅钢等钢材产品的生产和销售，钢材产品涉及7大类、500多个品种。

【经营业绩】

2011年上半年报告期内，公司营业收入508.22亿元，同比增长23.22%；利润总额16.12亿元，同比增长13.20%。

【600008】北京首创股份有限公司

【基本情况】

作为一家国有控股上市公司，北京首创股份有限公司自成立以来一直致力于推动公用基础设施产业市场化进程，主营业务为基础设施的投资及运营管理，发展方向定位于中国环境产业领域。公司发展战略是：以水务为主体，致力于成为国内领先的综合环境服务商。

公司凭借清晰的战略规划和灵活的经营理念，短短十多年时间，潜心培育出资本运作、投资、运营、人力等各方面竞争优势，具备了工程设计、总承包、咨询服务等完整的产业价值链，成为中国水务行业中知名的领军企业。

目前，公司在北京、天津、湖南、山西、安徽等14个省34个城市拥有参控股水务项目，水处理能力1230万吨/日，服务人口总数超过2500万。截至2010年12月31日，公司总股本22亿股，总资产168.41亿元，净资产80亿元。

首创股份将根植于中国环境产业领域，努力打造成为具有世界影响力的国内领先的城市环境综合服务商。

【主营业务】

公用基础设施的投资及投资管理；住宿，餐饮等。

【经营业绩】

2011年上半年报告期内，公司实现营业收入120,527.52万元，比上年同期增加18,399.64万元，同比增长18.02%；实现利润总额26,073.85万元，比上年同期增加4,892.53万元，同比增长23.10%；实现归属于母公司所有者的净利润16,040.12万元，比上年同期增加3,619.80万元，同比增长29.14%。

【企业文化】

企业的使命：我们致力于成为一家在中国领先的基础设施综合性投资和运营管理公司，公司的核心业务是水务和环保产业。我们努力满足人类对洁净用水和清新环境的渴望，在增强经济效益的同时，注重社会效益和勇于承担社会责任，从而为股东创造最大价值，为员工发展创造最佳条件，为社会创造绿色清洁环境。

【600010】内蒙古包钢钢联股份有限公司

【基本情况】

内蒙古包钢钢联股份公司（以下简称"本公司"）是包头钢铁（集团）有限责任公司（以下简称"集团公司"）控股子公司，由于历史渊源和和生产工艺的连续性，本公司与集团公司及其子公司在原主材料、燃料动力供应、产品销售、基建施工和设备检修等方面存在着关联交易。公司从集团公司及其子公司采购铁精矿、石灰、精煤等原主材料，维持公司的正常生产经营，同时，集团公司及其子公司利用自身已有的条件，为本公司提供运输、维修、基建项目施工和安全保卫、生活服务等后勤保障。

公司是全国十大钢铁企业之一，同时也是我国西部地区最大的钢铁类上市公司，位于华北、西北的连接枢纽和西部大开发"桥头堡"的包头市，交通十分便利。公司的冷轧薄板工程已列入内蒙古自治区西部大开发结构调整工程的重点项目，同时也被列为内蒙古自治区实施百项重点工业项目推进计划的重点项目。同时公司生产的无缝钢管囊括从普通流体管、液压支架管到压力容器管、石油套管、石油井管等全套石油采掘输送所需管道，将在我国石油开发和西气东输中发挥巨大作用。此外，公司下属的轨梁厂已成为我国最大的钢型材生产厂，是全国三大钢轨生产基地。公司轨梁由一条线变为两条，成为国内第二条百米长尺高速钢轨生产线，而且使公司具备了生产 H 型钢的能力。

公司是我国西部地区最大的钢铁类上市公司，位于华北、西北的连接枢纽和西部大开发"桥头堡"的包头市，交通十分便利。公司控股股东拥有世界著名的白云鄂博铁矿，所在地区煤炭、电力充足，在资源成本方面具有良好的比较优势。公司产品结构全面，从用于建筑的线材螺纹钢，到用于工业的冷、热轧薄板，从独特市场的铁路重轨到无缝管等品种高达 38 种，主导产品为热轧薄板、无缝管和重轨。

【经营业绩】

2011 上半年，公司产钢 509.52 万吨，产铁 486.50 万吨；生产商品坯材 487.72 万吨；实现销售收入 219.37 亿元，实现净利润 3.68 亿元。

【企业文化】

企业价值观：员工为本，用户至上，强企报国；

企业宗旨：打造特色包钢，绿色包钢，人文包钢；

企业精神：坚忍不拔，超越自我；

【企业荣誉】

包钢始终致力于提高自主创新能力，并注重钢铁、稀土领域前沿技术的引进、消化和吸收。薄板坯连铸连轧和高速钢轨领域的两项技术成果获国家科技进步二等奖。是德国西马克公司亚洲第一家、世界第二家薄板坯连铸连轧技术培训基地，是意大利 Pomini 公司在中国唯一的磨床培训中心，薄板的生产、管理和无缝管生产技术等实现对国外输出。包钢稀土研究院获得多项国家专利授权，多项科研成果达到国际先进水平。

包钢始终致力于生产精品、打造品牌。铁路用钢轨和锅炉用无缝钢管先后被授予"中国名牌产品"称号；铁路用钢轨获"全国用户满意产品"称号。A、B、D 等 5 个品种的宽厚板产品通过中、法、德、美等七国船级社认证；SS235 等 24 个品种热轧薄板、热轧（热处理）宽厚板通过欧盟 CE 认证；无缝钢管通过美国石油学会 API 认证。

包钢始终致力于打造资源节约、环境友好、社会认可的绿色钢企，努力成为内陆钢厂与城市和谐相处的典范。在行业内首家实现高炉全干法除尘，率先建设全国示范生态工业园区，十一五"期间，节能环保投资累计达 63 亿元，循环经济建设走在了行业前列，为全国首批循环经济试点单位之一。

【600011】华能国际电力股份有限公司

【基本情况】

华能国际电力股份有限公司（"本公司"、"公司"或"华能国际"）及其附属公司在中国全国范围内开发、建设和经营管理大型发电厂，截至 2011 年 6 月 30 日拥有权益发电装机容量 51032.5 兆瓦，可控发电装机容量 54499 兆瓦，公司境内电厂广泛分布在中国 18 个省、市和自治区；公司在新加坡全资拥有一家营运电力公司，是中国最大的上市发电公司之一。

本公司成立于 1994 年 6 月 30 日，同年 10 月在全球首次公开发行了 12.5 亿股境外上市外资股（"外资股"），并以 3，125 万股美国存托股份（"ADS"）形式在美国纽约证券交易所上市（代码：HNP）。1998 年 1 月，本公司外资股在香港联合交易所有限公司（"香港联交所"）以介绍方式挂牌上市（代码：902），此后于 3 月本公司又成功地完成了 2.5 亿股外资股的全球配售和 4 亿股内资股的定向配售。2001 年 11 月，本公司在国内成功发行了 3.5 亿股 A 股，其中 2.5 亿股为社会公众股。2010 年 12 月，本公司完成了 15 亿股以人民币计价的普通股（"A 股"）和 5 亿股境外上市普通股（"H 股"）的非公开发行。目前，公司总股本约为 140.6 亿股。

公司的主要业务是利用现代化的技术和设备，利用国内外资金，在全国范围内开发、建设和运营大型发电厂。作为发电企业，公司成立以来，坚持技术创新、体制创新、管理创新，在电力技术进步、电厂建设和管理方式等方面创造了多项国内行业第一和里程碑工程。公司在中国首次引进了 60 万千瓦"超临界"发电机组；其拥有的华能大连电厂是国内第一家获得"一流火力发电厂"称号的电厂；华能玉环电厂一号机组是国内首台投运的单机容量 100 万千瓦的超超临界燃煤机组；华能玉环电厂是国内首座投入商业运行的国产百万千瓦等级超超临界火力发电厂；华能金陵电厂建成了国内首台数字化百万千瓦超超临界燃煤机组。华能海门电厂一号机组是世界上首台使用海水脱硫百万千瓦机组；公司是国内第一个实现在纽约、香港、上海三地上市的发电公司；公司全员劳动生产率在国内电力行业保持先进水平。公司还参股了华能石岛湾核电公司、海南核电有限公司，标志着公司进入核电领域。同时，公司积极推进产业协同，加大煤炭、港口、航运的投资力度，煤炭自供能力、港口储运中转能力及海上运输能力进一步提高，电煤港运产业协同基本形成。

多年来，公司锐意开拓、稳健经营，规模逐年扩大，竞争实力不断增强。公司的发展依赖于多方面的优势：一是先进的设备、高效率的机组、稳定运行的电厂；二是拥有高素质的员工和经验丰富的管理层；三是有规范的公司治理结构和科学的决策机制；四是电厂的地理分布具有战略优势，市场前景广阔；五是在境内外拥有良好的资信和丰富的资本运作经验。

公司的发展目标是：作为发电公司，致力于为社会提供充足、可靠和环保的电能，作为上市公司，为股东创造长期、稳定、增长的回报。作为一流公司，致力于国内领先，国际先进。

本公司的母公司及控股股东华能国际电力开发公司（"华能开发"）是于1985年成立的中外合资企业，它与电厂所在地的多家政府投资公司共同发起成立本公司。

【主营业务】

投资建设、经营管理电厂及开发、投资、经营与电厂有关的以出口为主的其他相关企业；热力生产及供应。

【经营业绩】

2011年上半年，公司抓住了经济快速增长，电力需求旺盛的机遇，同时，去年以来投产和收购的一批发电机组发挥了作用，公司发电量同比大幅增长，本期营业收入同比增长31.11%。同时，受燃料价格上涨、贷款利率上调、公司规模扩大、发电量增加的影响，公司本期营业总成本同比增长34.16%。总体上，公司归属于本公司股东的净利润为人民币11.79亿元，与去年同期相比下降41.82%。

【企业荣誉】

公司先后获得了2009年度国家优质工程银质奖，2009年度中国电力优质工程奖，华能玉环电厂作为唯一一个火电工程项目，荣获经中国建筑业协会联合11家行业建设协会共同评选、由百项经典暨精品工程评选活动委员会颁发的"新中国成立60周年100项经典暨精品工程"称号。

【600017】日照港股份有限公司

【基本情况】

日照港股份有限公司是经山东省人民政府批准，由日照港集团有限公司（原日照港务局）为主发起人，联合兖矿集团有限公司、中国中煤能源集团公司（原中国煤炭工业进出口集团公司）、淄博矿业集团有限责任公司、山西潞安矿业（集团）有限责任公司、山西晋城无烟煤矿业集团有限责任公司等5家法人单位共同以发起设立方式设立，并于2002年7月15日取得山东省工商行政管理局颁发的企业法人营业执照。

日照港位于中国海岸线中部、山东半岛南翼，隔海与日本、韩国、朝鲜相望。港区湾阔水深，陆域宽广，不冻不淤，全年作业天数在300天以上，是我国不可多得的天然深水良港，为全国沿海20个主枢纽港之一。被国家确定为"新亚欧大陆桥东方桥头堡"。

公司现有万吨级以上深水泊位27个，其中拥有20万吨级、30万吨级的矿石专用泊位各1个、10万吨级煤炭专用泊位2个。资产总额103.7亿元，拥有正式员工4080人。目前公司主要经营煤炭、矿石、水泥、镍矿、钢材、焦炭等大宗散杂货装卸、堆存业务。历经多年发展，公司现已成为国内最大的进口铁矿石中转港，年中转铁矿石过亿吨，公司煤炭、镍矿进口量，水泥、钢材吞吐量也居全国首位。

公司股票于2006年首发上市，发行股份23000万股，募集资金10.81亿元。随后于2007年10月又成功发行了880万份分离交易可转换公司债券，募集资金8.8亿元。2009年8月，公司成功采用非公开发行方式发行新股24951万股，募集资金12.8亿元。2011年3月，公司又成功实施非公开发行股票36,547.86万股，募集资金14.4亿元。公司上市六年来已成功融资46.8亿元，有效地改善了公司的资本结构，为公司的快速发展奠定了基础。

日照港是首批入选"沪深300指数"、"上证治理板块的样本股"公司，公司还先后荣获上交所"信息披露奖"，"上证380指数"样本股、"金蜜蜂·企业社会责任奖"、"上交所优秀董事会提名奖"殊荣。公司董秘也连续三届当选新财富"金牌董秘"。

随着全国及区域性经济战略的实施，全国沿海港口吞吐量稳步回升。目前，以日照港为出海口的国家重点工程"山西中南部铁路通道"已正式开工建设；山东省积极推进半岛蓝色经济区的战略，以日照港为龙头的"鲁南临港产业带"正在形成；山东省内铁路"四纵四横"工程已经全面开工建设；落户日照市的山东钢铁集团日照精品钢基地也在推进中，这些区域经济战略的实施和重点工程的建设，必将有力地促进日照港吞吐量的快速增长，日照港将以得天独厚的竞争优势和发展潜力继续保持快速发展的势头。

日照港2011年3季度末前十名流通股股东持股情况

股东名称（全称）	期末流通股的数量	种类
日照港集团有限公司	990,625,744	人民币普通股
兖矿集团有限公司	186,514,800	人民币普通股
山东高速集团有限公司	117,000,000	人民币普通股
中国华融资产管理公司	73,600,000	人民币普通股
淄博矿业集团有限责任公司	72,199,200	人民币普通股
中国建设银行－长城品牌优选股票型证券投资基金	62,314,557	人民币普通股
山东省国有资产投资控股有限公司	48,796,113	人民币普通股
山东海洋投资有限公司	39,000,000	人民币普通股
中国长城资产管理公司	39,000,000	人民币普通股
中交投资有限公司	30,460,390	人民币普通股

日照港2011年3季度末经营情况和财务状况

2011年1－9月份，公司完成货物吞吐量15,344万吨，同比增长7%。从货种分类上看，完成煤炭及制品吞吐量2,314万吨，同比增长5%；完成金属矿石吞吐量10,255万吨，同比增长7%。从内外贸货物分类上看，完成外贸货物吞吐量10,697万吨，同比增长5%；完成内贸货物吞吐量4,647万吨，同比增长13%。

2011年1－9月，公司实现利润总额为52,768.28万元，同比增长15.36%；实现归属于母公司所有者的净利润为39,817.81万元，同比增长22.96%；实现基本每股收益0.159元，同比增长11.19%。如不考虑公司2011年3月非公开发行新增股份影响，公司实现基本每股收益0.176元/股，增长22.96%。

【600022】济南钢铁股份有限公司

【基本情况】

济钢始建于1958年，是共和国缔造的第一批地方骨干钢铁企业。现有在册职工3.38万人。产品以中板、中厚板、热轧薄板、冷轧薄板为主。

目前主要装备有：$6350m^3+31750m^3+13200m^3$高炉共10座；445t＋3120t＋1210t转炉共8座；2500mm双机架中板生产线、3500mm双机架厚板生产线、4300mm双机架宽厚板生产线、1700ASP生产线、冷轧双机架生产线、小型材生产线各1条。

1991 年济钢钢产量突破 100 万吨；2003 年超过 500 万吨；2005 年钢产量达到 1042 万吨（其中主体区产量 800 万吨），从一个默默无闻的地方钢厂成长为一个具有千万吨级生产能力的特大型钢铁联合企业，济钢人实现了做大的理想。

2008 年 3 月，山东省为推进全省钢铁产业结构调整，组建了山东钢铁集团有限公司，济钢作为山钢集团的主要成员之一，迎来了新的发展时期。2009 年以来，210t 转炉、4300mm 宽厚板轧机和 3200m3 高炉相继投产，标志着济钢"十一五"技术改造主体框架基本完成，从此踏上了由大到强的转型发展之路。

近年来，济钢致力于发展循环经济，积极推进节能减排，先后荣获国家环境友好企业、山东省优秀循环经济企业等荣誉称号。被确定为国家第一批循环经济试点单位，列为国家"十一五"规划重点建设的循环经济示范企业。

国际金融危机爆发以来，国内钢铁工业遭到重创，企业盈利困难，效益直线下滑，全行业走进微利时代。由于历史的原因，济钢与其他企业比，在钢铁行业困难时期，缺乏原料优势、地域优势和产品优势，受危机冲击更加严重。

面对先天不足和行业激烈竞争形势，我们端正认识，不怨天尤人，直面现实，奋起自救，以前所未有的决心和勇气，大力转变思想观念、大力创新管理思路、大力变革体制机制、大力打造"产品 + 服务"销售模式、大力推进降本增效，牢牢掌握工作主动权，推动了济钢在克服困难、适应市场中稳定健康发展。

2010 年主体区生产钢 801 万吨、铁 842 万吨、钢材 839 万吨；出口产品 58.6 万吨，创汇 4.2 亿美元，全年进出口总额 14.1 亿美元；全年利用余热余能发电 31 亿千瓦时，实现销售收入 360 亿元。

"十二五"时期，济钢将牢牢把握科学发展主题和产业结构调整主线，在转方式调结构中实现新发展。一是生产工艺上由大小高炉、转炉并存向现代化工艺布局转变，淘汰落后工艺装备，理顺生产工艺，实现生产流程科学合理。二是在发展方式上由追求产量扩张向追求品种、质量、效率提升转变，钢铁主业"做专、做精、做强"，建设现代服务型钢厂，非钢产业重点突破新兴战略性产业；三是在产业结构上由注重钢铁主业发展向拉长产业链、多元发展转变，发展延伸加工业和现代服务业，带动主体发展，提升价值总量，实现减量增效；四是在盈利模式上由主业靠产量创利、辅业靠内部市场向主业提升产品档次、辅业向外打造新的利润增长点转变，建立现代高效商业模式，着眼于以现代工业设计为手段，在全社会范围内整合、利用已有资源实现效益最大化。

【主营业务】

钢铁冶炼、加工，钢材、水渣生产、销售等。

【经营业绩】

2011 年上半年报告期内，公司生产铁 423.03 万吨，钢 438.86 万吨，钢材 411.80 万吨. 实现营业收入 166.25 亿元，营业利润 0.276 亿元，净利润 0.199 亿元，每股收益 0.0056 元。报告期公司营业收入 166.25 亿元，较上年同期增长 4.2%；营业成本 154.49 亿元，较上年同期增长 2.5%。

【600028】中国石油化工股份有限公司

【基本情况】

中国石油化工股份有限公司（以下简称"中国石化"）是一家上中下游一体化、石油石化主业突出、拥有比较完备销售网络、境内外上市的股份制企业。中国石化是由中国石油化工集团公司依据《中华人民共和国公司法》，以独家发起方式于 2000 年 2 月 25 日设立的股份制企业。中国石化 167.8 亿股 H 股股票于 2000 年 10 月 18、19 日分别在香港、纽约、伦敦三地交易所成功发行上市；2001 年 7 月 16 日在上海证券交易所成功发行 28 亿股 A 股。截至 2010 年底，中国石化股份公司总股本 867 亿股，中国石化集团公司持股占 75.84%，外资股占 19.35%，社会公众股占 4.81%。

中国石化是中国最大的一体化能源化工公司之一，主要从事石油与天然气勘探开发、开采、管道运输、销售；石油炼制、石油化工、化纤、化肥及其他化工生产与产品销售、储运；石油、天然气、石油产品、石油化工及其他化工产品和其他商品、技术的进出口、代理进出口业务；技术、信息的研究、开发、应用。中国石化是中国最大的石油产品（包括汽油、柴油、航空煤油等）和主要石化产品（包括合成树脂、合成纤维单体及聚合物、合成纤维、合成橡胶、化肥和中间石化产品）生产商和供应商，也是中国第二大原油生产商。

中国石化建立了规范的法人治理结构，实行集中决策、分级管理和专业化经营的事业部制管理体制。中国石化现有全资子公司、控股和参股子公司、分公司等共 100 余家，包括油气勘探开发、炼油、化工、产品销售以及科研、外贸等企业和单位，经营资产和主要市场集中在中国经济最发达、最活跃的东部、南部和中部地区。

中国石化将认真实施资源、市场、一体化和国际化战略，更加注重科技创新、管理创新和提高队伍素质，努力把中国石化建设成为具有较强国际竞争力的跨国能源化工公司。

中国石化的最大股东——中国石油化工集团公司是国家在原中国石化总公司的基础上于 1998 年重组成立的特大型石油石化企业集团，是国家出资设立的国有公司、国家授权投资的机构和国家控股公司。

【主营业务】

石油及天然气和化工业务。石油及天然气业务包括勘探、开发及生产原油及天然气；管输原油、天然气；将原油提炼为石油制成品；以及营销原油、天然气和成品油。化工业务包括制造及营销广泛的工业用化工产品。

【经营业绩】

2011 年上半年，本公司营业额为人民币 12,169 亿元，同比增长 31.7%。主要归因于原油价格、炼油和化工产品价格同比上涨，本公司抓住有利时机，积极扩大产品销售量。

本公司生产的绝大部分原油及少量天然气用于本公司炼油、化工业务，其余外销给予其他客户。2011 年上半年，外销原油、天然气及其他上游产品营业额为人民币 217 亿元，同比增长 44.2%，占本公司营业额及其他经营收入的 1.8%，主要归因于原油和天然气价格上涨。

本公司炼油事业部和营销及分销事业部对外销售石油产品（主要包括成品油及其他精炼石油产品）实现的对外销售收入为人民币 7,463 亿元，同比增长 31.6%，占本公司营业额及其他经营收入的 60.5%，主要归因于炼油产品价格上涨，及销售量的上升。汽油、柴油及煤油的销售收入为人民币 5,829 亿元，同比增长 32.9%，占石油产品销售收入的 78.1%；其他精炼石油产品销售收入人民币 1,634 亿元，同比增长 27.2%，占石油产品销售收入的 21.9%。

本公司化工产品对外销售收入为人民币 1,830 亿元，同比增长 36.5%，占本公司营业额及其他经营收入的 14.8%。主要归因于化工产品价格上涨及销量的增加。

【企业文化】

企业宗旨："发展企业、贡献国家、回报股东、服务社会、造福员工"——尊重并维护利益相关者的权利。

企业愿景："建设具有较强国际竞争力的跨国能源化工公司"——我们以建设世界一流企业为目标。

企业精神："爱我中华、振兴石化"——我们热爱自己的国家和民族，也尊重世界上每一个国家和民族。我们热爱石化事业，并为此竭诚努力。

企业作风："精细严谨、务实创新"——保持精确高效、富有创造性的科学态度。

经营理念："诚信规范、合作共赢"——与有共识的各方协力共进。

【600029】中国南方航空股份有限公司

中国南方航空公司成立于2002年10月11日，是以中国南方航空（集团）公司为主体，联合新疆航空公司、中国北方航空公司组建而成的大型国有航空运输集团，是国务院国资委直接管理的三大骨干航空集团之一，主营航空运输业务，兼营航空客货代理、进出口贸易、金融理财、建设开发、传媒广告等相关产业。南航集团现有员工7万多人，运营总资产达1500多亿元人民币。

南航的发展战略目标是，建设成为具有核心竞争力和持续盈利能力的国际化规模网络型航空公司。以"顾客至上、尊重人才、追求卓越、持续创新、爱心回报"为核心价值观，以"成为顾客首选、员工喜爱的航空公司"为愿景目标和使命，打造"中国最好、亚洲一流"的服务品牌。

1997年，南航分别在纽约和香港同步上市，2003年在国内成功上市。目前，南航集团拥有上市公司中国南方航空股份有限公司等8家成员企业，在北京、澳大利亚设立飞行学院，在珠海设立模拟机飞行训练中心和航空发动机维修中心。

天合联盟成员中国南方航空股份有限公司，是中国南方航空集团公司属下航空运输主业公司，总部设在广州，以蓝色垂直尾翼镶红色木棉花为公司标志。有新疆、北方、北京、深圳、海南、黑龙江、吉林、大连、河南、湖北、湖南、广西、台湾、珠海直升机等14家分公司和厦门航空、汕头航空、贵州航空、珠海航空、重庆航空等5家控股子公司；在上海、西安设立基地，在成都、杭州、南京等地共设有18个国内营业部，在新加坡、东京、首尔、阿姆斯特丹、巴黎、洛杉矶、悉尼、拉各斯、纽约、伦敦、温哥华、迪拜、布里斯班等地设有57个国外办事处。

中国南方航空股份有限公司是中国运输飞机最多、航线网络最发达、年客运量最大的航空公司。目前，南航经营包括波音777、747、757、737，空客A380、330、321、320、319、300在内的客货运输机440余架，机队规模跃居世界前六。形成了以广州、北京为中心枢纽，密集覆盖国内150多个通航点，全面辐射亚洲40多个通航点，链接欧美澳非洲的发达航线网络，航线数量660多条，每天有1930个航班飞至全球33个国家和地区，191个目的地，投入市场的座位数可达20万个。通过与天合联盟成员密切合作，航线网络通达全球926个目的地，连接173个国家和地区，到达全球各主要城市。

南航飞行实力出众，拥有3330多名优秀的飞行人员，是目前国内唯一一家拥有独立培养飞行员能力的航空公司，与全球知名飞行模拟器制造商CAE合资建立的飞行训练中心是亚洲规模最大的飞行训练中心；机务维修实力雄厚，旗下广州飞机维修工程有限公司（GAMECO）建有亚洲最大的飞机维修机库，南航与德国MTU公司合建有国内最大、维修等级最高的航空发动机维修基地；保障体系完善，拥有获得国家科技进步二等奖的飞行运行控制系统（SOC），以及同获国家科技进步二等奖的发动机性能监控系统等国内航空业最为先进的IT系统。1995、2001、2003、2004、2007年度，南航五度夺得中国民航年度安全最高奖——"金鹏杯"。

中国南方航空股份有限公司禀承"客户至上"的承诺，通过提供"可靠、准点、便捷"的优质服务，致力满足并超越客户的期望。截至2011年底，拥有超过1200万会员、里程累积机会最多、增值最快的常旅客俱乐部——明珠俱乐部。南航在西安咸阳机场、乌鲁木齐地窝堡机场设有专用航站楼。推出中国首张电子客票，率先提供电子客票网上值机和手机值机服务。"明珠"常旅客服务、地面头等舱公务舱贵宾室服务、南航中转服务、南航销售服务热线—"95539"等多项服务在国内民航系统处于领先地位。公司先后被多家机构授予"中国最佳航空公司"荣誉，并于2004年1月，获美国优质服务科学协会授予的全球优质服务荣誉——"五星钻石奖"。

中国南方航空股份有限公司发展迅速。1997年，南航分别在纽约和香港同步上市，2003年在国内成功上市。先后联合重组、控股参股多家国内航空公司。在国内率先引进波音737、757、777、空客A330、空客A380等先进客机；首家推出计算机订座、电子客票等业务；引进开发了收益管理系统、运行控制系统、财务管理系统、人力资源系统、货运系统、办公自动化系统等广泛覆盖各流程的信息系统，信息化优势明显；建有国内第一、全球第三的超级货站，以及国内最大的航空配餐中心等设施。2005年1月，南航订购5架空客A380超大型飞机。首架和第二架A380客机已分别于2011年10月和12月投入运营，南航成为国内首家，全球第七家运营A380的航空公司。2005年8月，南航购买10架波音787－8型"梦想"飞机，成为中国购买此型号飞机最多的航空公司。2006年，南航订购6架波音777货机，目前南航货机机队规模已达到8架。

2007年1月1日，南航正式启动"三网建设"——航线枢纽网络、市场营销网络和服务保障网络，开始了建设国际化规模网络型航空公司的战略转型。2007年11月15日，南航正式加入天合联盟，成为中国首家加入世界航空联盟组织的航空公司，标志着中国民航国际化进程迈出了重要一步。2008年10月28日，南航集团与辽宁省签订战略协议，筹资百亿参股辽宁机场集团，共同打造"21世纪东北亚航空枢纽"。2009年1月15日，南航台湾办事处在台北市成立，南航成为第一家获批在台湾设立办事机构、第一家完成营业场所选定、第一家完成台湾本土员工招募的大陆航空公司。2009年8月13日，中国南方航空公司台湾分公司在台北市成立，南航成为首批在台湾取得营业执照并正式成立分公司的大陆企业。南航为推动大陆与台湾运输业界合作，为促进两岸同胞的经济文化交流不断做出贡献。

2011年，南航旅客运输量达到8067万人次，位列亚洲第一、全球第三，已连续33年居国内各航空公司之首，是亚洲唯一进入世界航空客运前五强，国内唯一连续7年进入世界民航客运前十强的航空公司。截至目前（2011年12月），南航已累计安全飞行超过890万小时，安全运输旅客已累计超过6亿人次，安全管理水平在国内、国际均处于领先地位。2008年7月16日，南航荣获中国民航局颁发的飞行安全最高奖"中国民航飞行安全五星奖"，成为国内安全星级最高、安全业绩最好的航空公司，在国际上也处于领先地位。

【600033】福建发展高速公路股份有限公司

【基本情况】

1990 年 6 月,福建省人民政府为适应全省经济发展和扩大对外开放的需要,批准成立"省福厦漳高速公路建设领导小组办公室";1993 年 3 月,福建省人民政府批准成立"福建省福厦漳高速公路建设总指挥部",作为福厦漳高速公路项目的建设单位,行使业主职能。1995 年,"福建省福厦漳高速公路建设总指挥部"更名为"福建省高速公路建设总指挥部";1997 年 8 月,经福建省人民政府批准,以福建省高速公路建设总指挥部评估后的国有净资产为注册资本,成立了福建省高速公路有限公司,注册资本为 10 亿元人民币。1997 年 12 月 15 日,福建省第一条高速公路—泉厦高速公路顺利建成通车。1999 年 6 月 28 日,经福建省人民政府闽政体股[1999]14 号文批准,福建省高速公路有限公司联合福建省汽车运输总公司、福建省公路物资公司、福建省畅达交通经济技术开发公司和福建福通对外经济合作公司,共同发起设立福建发展高速公路股份有限公司。

2001 年 1 月 5 日本公司以上网定价发行的方式在上海证券交易所向社会公众成功发行了 20000 万人民币普通股(A 股)股票。公司注册资本变更为 68500 万元。

【经营业绩】

2011 年上半年,公司实现营业收入 1,115,727,579.94 元,同比增长 15.35%,其中主营业务收入 1,112,525,751.84 元,同比增长 15.39%;营业成本支出 313,326,707.65 元,同比增长 71.17%,其中主营业务成本支出 308,414,733.73 元,同比增长 71.94%;管理费用支出 27,419,062.29 元,同比增长 8.02%,财务费用支出 204,916,148.61 元,同比增长 323.84%,实现归属于母公司所有者的净利润 261,883,745.39 元,同比下降 29.47%。

【600035】湖北楚天高速公路股份有限公司

【基本情况】

湖北楚天高速公路股份有限公司(简称:楚天高速代码:600035)是经湖北省人民政府授权湖北省经济贸易委员会批准,由湖北省高速公路集团有限公司、华建交通经济开发中心、湖北省交通规划设计院、湖北省交通开发公司、湖北通世达公路开发有限公司作为发起人,对汉荆段高速公路资产进行改制重组,发起设立的股份有限公司。公司设立时,集团公司与华建中心以经评估确认的汉荆段高速公路经营性资产出资,其他三家发起人以现金出资。公司于 2000 年 11 月 22 日在湖北省工商行政管理局登记注册成立。经中国证监会核准,公司于 2004 年 2 月 24 日向社会公开发行 2.8 亿股 A 股股票。2004 年 3 月 10 日,公司股票正式在上海证券交易所挂牌上市。

公司注册资本 93165.2495 万元人民币,主要资产为武汉至宜昌全长 278.869 公里的汉宜高速公路(其中,全长 98.9135 公里的江宜段高速公路于 2004 年 10 月 16 日正式收购)。公司经营范围为:对公路、桥梁和其他交通基础设施的投资;管辖范围内高速公路的经营、养护、道路设施的开发。

作为湖北省第一家公路上市公司,楚天高速的行业、区位、后发、管理及人文优势非常明显,主营业务十分突出,核心竞争力较强,具有良好的成长性和广阔的发展空间。公司所经营的汉宜高速公路是湖北交通流量最大的公路之一,地处东西和南北交通的汇集地、全省经济最活跃地区——江汉平原,区域优势非常明显。该地区公路网密集,综合运输网络发达,随着 107、207、318 国道,京珠国道主干线、沪蓉国道主干线湖北段的建成和以沪蓉国道主干线宜昌以西路段为代表的一大批战略性高等级公路建设进程的加快,不仅使公路运输在该地区综合运输中的地位日益突出,而且使实现汉宜交通量较快增长的目标有了更可靠的保障。同时,随着国家西部大开发战略的实施和三峡工程的完工,以及作为西南地区通往华中、华东地区最便捷通道的沪蓉高速公路的全线贯通,汉宜高速公路的辐射范围将由省内延伸扩展至重庆、四川等地,其东西向公路通道的作用将得到充分显现,也必将为本公司主营收入的稳定增长创造条件。

公司以湖北省境内高等级公路、桥梁等交通基础设施项目的融资、投资建设和经营管理为主营业务,以提高经济效益和社会效益为中心,以高效、优质服务为宗旨,以实现股东利益最大化为目标。坚持"一业为主、多种经营、规模发展"的方向,在继续巩固高速公路运营管理之主要业务的同时,努力实现从高速公路运营管理到公路设计、施工、监理咨询、工程检测和公路沿线土地开发及广告等相关业务的"一条龙"扩张,利用资本市场和资本运营培育公司新的利润增长点,使公司逐步朝着主业突出、多种经营、管理规范、经营稳健、业绩优良的现代化企业集团发展。

【主营业务】

对公路、桥梁和其他交通基础设施的投资;管辖范围内高速公路的经营、养护、道路设施的开发。

【经营业绩】

2011 年 1 - 6 月份,本公司实现营业收入人民币 4.70 亿元,与 2010 年同期基本持平.实现营业利润 2.70 亿元,比 2010 年同期下降 10.73%,归属于上市公司股东的净利润 2.02 亿元,每股收益 0.22 元,同比下降 8.33%。

【600048】保利房地产(集团)股份有限公司

【基本情况】

保利房地产(集团)股份有限公司是中国保利集团控股的大型国有房地产上市公司,也是中国保利集团房地产业务的主要运作平台,国家一级房地产开发资质企业,国有房地产企业综合实力榜首,并连续五年蝉联央企房地产第一名。2006 年 7 月,公司股票在上海证券交易所上市,并入选"2008 年度中国上市公司优秀管理团队",2009 年,公司获评房地产上市公司综合价值第一名,截至 2010 年底,公司总资产达 1514.61 亿元,实现销售认购过 661.68 亿元。

公司成立于 1992 年,2002 年完成股份制改造后,开始实施全国化战略,加强专业化运作,连续实现跨越式发展。目前公司已完成以广州、北京、上海为中心,覆盖 35 个城市的全国化战略布局,拥有 119 家控股子公司,业务拓展到包括房地产开发、建筑设计、工程施工、物业管理、销售代理以及商业会展、酒店经营等相关行业。

保利地产坚持以商品住宅开发为主,适度发展持有经营性物业。在住宅开发方面,逐渐形成了"康居"、"珍品"、"山水"、"尊享"的产品序列,涵盖中高端洋房、公寓、别墅多种物业形态;商用物业包括城市地标性写字楼、体验式购物中心、国际级标准展馆、超五星酒店、高端休闲产业及旅游地产项目等，具备多品类物业综合开发的实力。

公司奉行“和者筑善”的企业价值观，将“和谐”提升至企业品牌战略的高度，致力于创造自然、建筑、人文交融的和谐人居生活。将“和谐”理念始终贯穿于企业的规划设计，开发建设和客户服务全程，研创节能环保、自然舒适的产品，提升产品品质，通过亲情和院式服务营造，赢得了消费者的广泛喜爱。

多年来，公司一直致力于从人文、艺术、历史的角度，倡导和谐理念，继承保利集团的文化血统，以艺术魅力提升文化内涵。从“圆明园国宝展”、“佛石像展”、“青铜器展”、“改革开放30年交响音乐会”到每年举办的和乐中国系列活动，保利地产高举文化地产旗帜，收到了较好的社会效益和示范效应。

十九年来，保利地产循法尚德、诚信经营，奉行务实、创新、规范、卓越的经营理念，秉承奋发向上、团结协作、乐于奉献、规范诚信、纪律严明的企业精神和价值观念，奠定了行业领军地位。未来保利地产将凭借准确的战略规划，优秀的管理能力，专业的市场运作和不断深化的品牌影响力，不断发展，继续为实现打造中国地产长城的企业愿景而不懈努力。

【经营业绩】

2011年1－9月，公司新开工面积1061万平方米，竣工面积227万平方米，分别比去年同期增长63.48%和33.13%。本年1－9月份公司在建面积2449万平方米，比上年同期增长62.58%。本年1－9月份实现房地产销售签约面积499.28万平方米，销售签约金额572.75亿元，比去年同期分别增长3.41%和38.36%。

2011年1－9月份，公司实现营业收入218.14亿元，实现归属于母公司所有者的净利润34.67亿元。

【600057】福建省厦门象屿股份有限公司

【基本情况】

福建省厦门象屿股份有限公司（以下简称“象屿股份”）由象屿集团旗下所有物流概念的子公司重组而成，2011年8月29日在上海证券交易所重组上市（股票代码：600057）。

公司以“创造流通价值，服务企业成长”为经营宗旨，凭借完善的流通服务、专业的研发能力、强大的资源整合能力，为客户提供从原辅材料与半成品的采购供应直至产成品的分拨配送之间的全价值链流通服务，对全过程的商流、物流、资金流以及信息流进行系统、完善的计划、组织、协调、控制，协助制造和流通企业全方位打造供应链核心竞争力。

作为行业未来方向的引领者，象屿股份将致力于打造全新的绿色供应链，以绿色的理念和服务，帮助客户赢得更加美好的前景和未来，将自身打造成为具有国际竞争力的中国先进物流品牌企业！

【主营业务】

象屿股份主营大宗商品采购供应、综合物流服务及物流园区开发运营。

【核心优势】

专业的研发能力：对宏观经济、产业发展、市场结构、运营模式等进行系统跟踪和专业研究，对内为企业经营提供决策支持，对外为合作企业的购、销、存管理及运营模式提供决策参考，并通过内贸、一般贸易进出口、保税核销、在岸及离岸转口等多种贸易方式相结合的综合运营模式，帮助客户获取最优的资源和市场。

完善的流通服务：以“创造流通价值，服务企业成长”为经营宗旨，依托科学先进的管理信息系统、经验丰富的专业运营团队和高效严谨的风险控制体系，凭借健全的市场网络、完善的物流设施和良好的企业信誉，为客户提供从原辅材料与半成品的采购供应直至产成品的分拨配送之间的全价值链流通服务，对全过程的商流、物流、资金流以及信息流进行系统、完善的计划、组织、协调、控制，协助制造和流通企业全方位打造供应链核心竞争力。

强大的资源整合：有效整合大宗商品采购供应业务的市场网络资源、综合物流服务和物流平台的社会物流资源，依托资金、规模、渠道和各业协同的优势，打造吸引上下游优质客户集中交易的平台，通过与合作客户建立广泛的战略伙伴关系，最大程度压缩商品流通中的无效环节，降低交易成本，进而提升整个流通链条的竞争力。

地址：厦门现代物流园区（保税区）象兴四路21号
银盛大厦
电话：86－592－5603798
传真：86－592－5603777
网址：www.xiangyu.cn

【600058】五矿发展股份有限公司

【基本情况】

五矿发展股份有限公司（股票代码600058）于1997年5月28日在上海证券交易所挂牌上市。公司是国内黑色金属流通领域最大的综合服务商，业务涵盖黑色金属产业链的各个关键环节。2011年12月29日，公司控股股东由中国五矿集团公司变更为中国五矿股份有限公司。公司总股本为10.72亿股，其中中国五矿股份有限公司持有6.71亿股，占总股本的62.56%。

十四年来，公司经营业绩稳步增长：主营业务收入从1997年的21.74亿元增长到2010年的1314.66亿元；股东权益由1997年的11.31亿元增长到2010年的87.86亿元；截至2010年末累计实现净利润56.43亿元。

近年来，五矿发展顺应国家经济政策导向，以自身强大的综合服务能力为基础，借助控股股东中国五矿集团公司的社会影响力和国际声誉，在国内外开展了诸多具有战略意义的经营活动，为国家经济建设和对外经济合作做出了突出贡献。近期，五矿发展以提升供应链管理水平为目标，对公司发展战略进行了调整。公司将积极构建以钢铁流通供应链条为核心的增值服务体系，为客户提供整体解决方案，努力打造国际一流的综合性钢铁流通服务商。

【主营业务】

国内外贸易、国际货运、货代、仓储、国际招标、投标、酒店经营、工业生产、高新科技、金融等。

【经营业绩】

2011年上半年，公司实现营业收入695.14亿元，同比增长9.55%，实现利润总额9.31亿元，同比增长127.77%，归属于母公司的净利润6.59亿元，同比增长76.24%，效益增长明显快于规模增长。

【企业荣誉】

自上市以来，五矿发展在资本市场树立了良好形象。公司先后入选上交所“30指数”、“180指数”，沪深300成分指数”、“道琼斯中国 88 指数”、“上证公司治理板块”。2002 年到 2007 年，连续 6 年入选《财富》中国上市公司 100 强；2007 年入选《福布斯》Fab50 排行榜；2007、2008 年连续入选中国上市公司金牛奖百强。2009 年，凭借多年来优质高效的信息披露工作，五矿发展获得了上交所首度颁发的年度“信息披露奖”。

【600059】浙江古越龙山绍兴酒股份有限公司

【基本情况】

浙江古越龙山绍兴酒股份有限公司系由中国绍兴黄酒集团有限公司于 1997 年独家发起设立，以社会募集方式组建的股份制企业，公司股票于同年 5 月在上交所挂牌上市，交易代码：600059，是中国黄酒业第一家上市公司、国内最大的黄酒生产基地、行业龙头企业，规模实力和经济效益在全国黄酒企业中保持领先地位。公司现有总资产 26.93 亿元，净资产 20.09 亿元，现有总股本 634,856,363 股，其中国有法人股 257,403,167 股，占总股本的 40.55%；社会公众股 377,453,196 股，占总股本的 59.45%。现拥有职工 2900 名、国家黄酒评委 12 名和各类专业技术人员 753 名。

浙江古越龙山绍兴酒股份有限公司主要经营黄酒、白酒生产，拥有 4 只中华老字号、2 只中国驰名商标、2 只中国名牌和 25 万千升原酒储量，年产优质绍兴黄酒 14 万千升，主要产品古越龙山、沈永和、女儿红、鉴湖牌绍兴酒是中国首批原产地域保护产品，其中古越龙山是黄酒行业首只中国驰名商标、黄酒行业首只中国名牌产品、中国行业标志性品牌和唯一钓鱼台国宾馆国宴专用黄酒，早在 1915 年美国巴拿马万国博览会上就荣获金质奖章。公司产品畅销全国各大城市，远销日本、香港、东南亚、欧美等四十多个国家和地区，并进驻卡慕全球 3000 多家免税店的“中华国酒”专区，享有“国粹黄酒”的美誉。近年来，公司市场占有率、覆盖率不断上升，2005 年以来连续五年销售额增长率以两位数的速度增长，黄酒产销量始终保持行业第一。

【主营业务】

黄酒、白酒、饮料、副食品及食品原辅料开发、制造、销售。

【经营业绩】

2011 年 1 - 6 月份，公司实现营业收入 67,534.70 万元，同比增长 30.60%；实现营业利润 11,514.54 万元，同比增长 100.27%；实现归属于母公司股东的净利润 8,423.20 万元，同比增长 62.12%。

【600064】南京新港高科技股份有限公司

【基本情况】

南京新港高科技股份有限公司（股票简称：南京高科；股票代码：600064）是 1992 年 7 月 4 日经南京市经济体制改革委员会批准设立的定向募集股份有限公司，注册资本 3.44 亿元。1997 年 5 月 6 日在上海证券交易所挂牌上市。公司主营：高新技术产业投资、开发；市政基础设施建设、投资及管理；土地成片开发；建筑安装工程；商品房开发、销售；物业管理；国内贸易；工程设计；咨询服务；污水处理、环保项目建设、投资及管理。公司控股股东为南京新港开发总公司，实际控制人为南京市人民政府国有资产监督管理委员会。

上市十四年来，公司抓住资本市场大发展的机遇，依托上市公司的品牌优势、资金优势，在立足开发区建设和经营的同时，以实现持续成长为目标，积极培育公司新的利润增长点。公司培育或投资了包括高科置业、臣功制药、南京银行、栖霞建设、中信证券、南京证券、LG 新港、广州农商行等一批资产质量优良、盈利能力突出的优质企业，搭建了公司未来可持续发展的产业架构，保障了各项业务稳步增长的良好态势。公司上市后多次进行利润分配，在向股东送红股和转增股本的同时，累计分配现金红利近 9 亿元，超过了公司两次募集资金总额，充分体现了公司“为股东创造价值”的经营理念。2010 年，公司再度入选上证 180 指数样本股、180 价值指数样本股、上证红利指数样本股，入选“房地产上市公司成长能力榜”十强，并连续七年荣获省、市文明单位称号，连续九年荣获区级文明单位称号，荣获“栖霞区 2010 年度十大纳税贡献企业”！

公司董事会下设战略、审计、提名、薪酬与考核专业委员会，总部形成了包括办公室、人力资源部、计划财务部、投资管理部、运营管理部和审计部“一室五部”的组织架构，建立了高效的企业内部组织架构和完善的公司治理体系。公司旗下现有包括高科置业、高科建设、臣功制药、新创投资等 9 家控股子公司、11 家参股子公司，产业横跨房地产、市政公用、股权投资等多个领域，初步搭建了投资控股型集团公司模式。

公司积极倡导“实立本、诚取信、新致胜、同生和”的核心价值观，并根据自身优势及行业目标确立了公司未来几年的发展方向，制定了“以市政立业，以房地产强业，以优质股权投资兴业，实现产业经营和资本运营的互动融合，共同提升公司价值，致力于成为卓越的城市运营商与价值创造者”的发展战略，逐步实现从核心资源到重点产业并购整合的跨越式发展。经过十几年的努力，公司已经成长为资本市场中资产质量优良、业绩稳定、成长可期、后发优势凸显、投资者高度认可的知名上市公司。2010 年，公司各项业务再创佳绩，实现营业收入 26.8 亿元，净利润 3.14 亿元，同比增长 18.82%，每股收益达 0.609 元。

展望未来，公司将继续秉承“整合资源、创造价值”的经营理念，开拓创新，求真务实，抢抓机遇，迎接挑战，进一步提升公司盈利能力，为股东创造更大的价值！

【经营业绩】

2011 年 1 - 6 月份，公司实现营业收入 83,207.89 万元，归属于母公司所有者的净利润 18,843.76 万元，每股收益 0.365 元，同比增长 8.87%，净资产收益率 3.85%. 报告期末，公司可供出售金融资产溢价计入母公司股东权益—资本公积项目中的余额为 274,862.14 万元，若扣除可供出售金融资产溢价的影响，本期净资产收益率为 8.79%。

【文化理念】

文化核心：健行日新卓越共赢

使命：根植园区和邦兴众

愿景：致力于成为卓越的城市运营商和价值创造者

核心价值观：实立本诚取信新致胜同生和

经营理念：整合资源创造价值

管理理念：以“制”度行以“文”化心

【公司成就】

2010 年，公司再度入选上证 180 指数样本股、180 价值指数样本股、上证红利指数样本股，入选“房地产上市公司成长能力榜”十强，并连续七年荣获省、市文明单位称号，连续九年荣获区级文明单位称号，荣获“栖霞区 2010 年度十大纳税贡献企业”！

【600068】中国葛洲坝集团股份有限公司

【基本情况】

中国葛洲坝集团股份有限公司（葛洲坝：600068）是由国务院国资委直接管理的中国葛洲坝集团公司控股的上市公司，是实行国家计划单列的国家首批56家大型试点企业集团之一，享有省级对外工程承包权和进出口贸易权，拥有国家特批的企业财务公司，是国家创新型企业。

集团股份公司在实现资产总额和市场份额快速扩张的基础上，营业收入和利润总额保持了年均30%以上的复合增长，入选"2009年中国最具竞争力上市公司20强"排名第七。其股票——"葛洲坝：600068"先后入选沪深300指数样本股、上市公司治理指数样本股、上市央企50指数样本股、中证中央企业综合指数样本股、中证中央企业100指数样本股和上证180指数样本股。

集团股份公司的三大主业是：建筑工程及相关工程技术研究勘察设计及服务、水电投资建设与经营、房地产开发经营。围绕三大主业，集团股份公司形成建筑施工、高速公路运营、水泥生产、民用爆破、房地产、金融、水电、煤炭等八大板块紧密相连、协调发展的产业链。

集团股份公司拥有包括水利水电工程施工总承包特级在内的各类高等级资质70余个，在职员工3.8万余名，各类专业技术人员1.3万余名，各类施工设备4万余台（套）。具有年土石方挖填1.5亿立方米、混凝土浇筑1500万立方米、金属结构制造安装16万吨、装机总容量900万千瓦、工业炸药生产17.5万吨、水泥生产2000万吨等综合能力。

集团股份公司拥有国家级企业技术中心和博士后科研工作站，取得包括国家科技进步特等奖在内的重大科技成果900多项，多次荣获国家优质工程金质奖，技术水平在国内同行业中处于领先地位，在大江大河截流、筑坝、地下工程、大型机组安装等众多领域占领着世界施工技术制高点。

凭借独家承建葛洲坝工程形成的核心竞争优势，集团股份公司成为标志当今世界建筑施工最高水平的工程——三峡工程建设不可替代的主力军，完成了65%以上的工作量，攻克了三峡大江截流、导流明渠开挖、一、二、三期坝体浇筑、双线五级船闸巨型人字门制作安装、70万千瓦机组安装、世界最大升船机施工等一系列世界级施工技术难题，创造了世界奇迹。与此同时，集团股份公司在世界最高面板堆石坝——水布垭大坝、世界最高双曲拱坝——锦屏一级大坝、世界最高碾压混凝土大坝——龙滩大坝等一系列世界顶尖级工程中彰显了无与伦比的实力、树立了历史丰碑。在铁路、公路、核电、机场、港口、风电等建设领域同样发挥着"国家代表队"的领军作用，取得令人瞩目的业绩。

葛洲坝集团积极稳健拓展产业链相互依托的投资业务，其民爆炸药产能位居全国第二；水泥年生产能力跻身全国前十强；投资200亿元兴建的高速公路总里程近500公里；斥资参股沪汉蓉高速铁路湖北段建设；投资已建或在建的水电站近10座；拥有新疆哈密大型露天煤矿。此外，葛洲坝集团还从事国际旅游业务，拥有四星级以上酒店3家、四、五星级豪华游船4艘。

葛洲坝集团房地产开发业务发展迅速，是国务院国资委确定的21家以房地产为主业的央企之一，在湖北、北京、上海、新疆、海南等地拥有数千亩房地产土地储备，上海浦东"葛洲坝大厦"、华中第一高楼——武汉"葛洲坝国际广场"及武汉"葛洲坝世纪花园"、宜昌"锦绣天下"等一系列商用、民用300多万平方米的高档楼盘已经或正在建设与销售中。

葛洲坝品牌享誉海外。业务遍及东南亚、南亚、中东、非洲等60个国家和地区。承接的合同总价120多亿元的巴基斯坦尼鲁姆·杰鲁姆水电站，是迄今为止中国企业在海外获得的最大水电工程项目。2009年，集团股份公司成为"全球最大225家国际承包商"前百强企业。

集团股份公司奉行"强企富民"的企业宗旨，秉承"创世界品牌，铸世纪丰碑"的企业精神，实施"管理型、现代化、多元化、国际化"发展战略，正朝着世界知名跨国企业集团目标阔步前进！

【主营业务】

水泥生产销售、建筑工程承包施工、民用爆破、水力发电、高速公路营运和房地产。

【经营业绩】

2011年上半年报告期内，实现营业收入22,339,366,081.91元，比上年同期增长36.82%；营业利润1,167,736,395.70元，比上年同期增长30.98%；归属于母公司所有者的净利润874,681,904.55元，比上年同期增长26.44%。

【企业文化】

1. 诚信。就是要求诚实守信，兑现承诺。讲诚信，就是对业主、用户高度负责，严格自觉地履行合同，最大限度地承担或完成合同规定的责任与义务，把真心履约、兑现合同作为经营管理工作行为的必备准则。把诚信守约意识融入生产经营的全过程，把每一项工程都建设成信誉工程，丰碑工程。

2. 合作。就是要求对外讲多赢，对内讲协作。讲合作，就是要广交朋友、善交朋友。在交朋友中，以企业利益为重，以合作共赢为出发点，以企业获得宝贵人脉资源为前提，不能以交朋友为机会，寻求一己私利。讲合作，就是要善于与利益相关者沟通，通过有效形式，建立相互信赖的合作气氛，创造相互理解、彼此信任、互相支持的友好氛围。

3. 务实。就是要求脚踏实地，求真务实。讲务实，对领导干部而言，要树立科学的发展观和正确的政绩观，深入实际，调查研究，掌握实情，解决实际问题，力戒空谈，力戒花架子，把心思凝聚到事业上，把精力集中到办实事上，把功夫下到抓落实上，把本领用在促发展上。讲务实，对经营管理者和操作人员而言，要求在实际工作中，戒空，大兴苦干实干之风；戒软，大兴敢抓敢管之风；戒懒，大兴强企富民之风。

4. 创新。就是要求追求卓越、敢于超越。敢于超越，就是要追求卓越，创造奇迹，敢于走前人没有走过的路，敢于创造新的工程记录，敢于攀登新的技术巅峰，不仅要创中国工程的知名品牌，而且要创世界工程知名品牌。敢于超越，就是要敢于超越自我，将自身最大的创新潜力发挥出来，将自己的能力发挥到极致，追求高效率，实现高绩效。

【企业荣誉】

建企40年来，葛洲坝人披荆斩棘艰苦创业，殚精竭虑谋发展，创造了中国企业快速发展的奇迹。

集团多次荣获国家科技进步特等奖、国家科技进步一等奖、国家优质工程金质奖、中国建筑工程鲁班奖、中国土木工程詹天佑奖、全球国际承包商225强、全国五一劳动奖状、中国对外承包工程企业社会责任金奖等荣誉。

"会当凌绝顶，一览众山小。"作为行业的领军者，葛洲坝集团正朝着世界知名跨国企业集团目标迈进！

近日，国家科技部、国务院国资委和中华全国总工会公布了第三批创新型企业名单，中国葛洲坝集团公司榜上有名，在此次获评的 154 家企业中位列第十名。

在 2011 年 4 月 28 日召开的中国施工企业管理协会第二十六次年会上，公司被授予 2010 年度“全国优秀施工企业”称号，该公司董事长、总经理和建生被评为 2010 年度“中国工程建设优秀高级职业经理人”。

2011 年 4 月，基础公司申报的《工程进度精细化控制模式创新与实践》成果，在湖北省第二十二届企业管理现代化创新成果评比中喜获三等奖，这是该公司首次获此殊荣。

2011 年 2 月，继获得 2010 年度中国建筑业质量最高奖“鲁班奖”、中国水利工程行业优质工程最高奖“大禹奖”后，葛洲坝集团新疆工程局承建的新疆乌鲁瓦提水利枢纽工程再度荣获 2010 年度中国土木工程最高奖“詹天佑奖”。

2011 年 1 月，由二公司与华东宜兴抽水蓄能公司、南京水利科学研究院、上海勘测设计研究院等单位联合申报的“宜兴抽水蓄能电站上水库关键技术研究”荣获水利部 2010 年度大禹水利科学技术二等奖。

从 2011 年 1 月 14 日召开的 2010 年度国家科技奖励大会上传来消息，由清江开发公司、葛洲坝集团、长江勘测规划设计研究、长委长江科学院、清华大学、水电水利规划设计总院、三峡大学等单位联合主持完成的《水布垭超高面板堆石坝工程筑坝关键技术及应用》，喜获 2010 年度国家科学技术进步二等奖。

2011 年 1 月，中国水利工程协会发布 2010 年度中国水利工程优质（大禹）奖评选结果，由新疆工程局承建的新疆乌鲁瓦提水利枢纽工程在入选的 11 项工程中位居榜首。这是乌鲁瓦提水利枢纽工程 2010 年度继荣获“鲁班奖”后获得的第二项大奖。

2011 年 1 月，五公司申报的《以“差异化竞争”市场开发策略开拓市场》管理成果，经各地国资委、企业联合会、省直有关部门初审，省企业管理现代化创新成果评审委员会严格审核、考察后，荣获湖北省第二十二届（2010 年度）企业管理现代化创新成果一等奖。

2011 年 1 月，中国建设协会公布了 2010 ~ 2011 年度中国建设工程鲁班奖（国家优质工程）第一批入选工程名单，由葛洲坝新疆工程局等单位承建的新疆乌鲁瓦提水利枢纽工程和二公司承建、机电公司参建的江苏宜兴抽水蓄能电站荣获“鲁班奖”。

2011 年 1 月，湖北省第二十二届企业管理现代化创新成果正式公布，集团公司和所属 6 家子分公司申报的 9 项管理创新成果全部获奖，其中一等奖 3 项、二等奖 1 项、三等奖 5 项，年度获奖成果级别及数量均创集团公司申报湖北省企业管理创新成果奖历史最高纪录。

【600089】特变电工股份有限公司

【基本情况】

公司 1993 年 2 月 26 日经新疆维吾尔自治区股份制试点联审小组批准（新体改［1993］095 号），以定向募集方式设立。1997 年 5 月经中国证券监督管理委员会批准（证监发［1997］286 号），向社会公开发行人民币普通股 3,000 万股。1997 年 6 月股票在上海证券交易所发行上市，（证券名称：特变电工；股票代码：600089）。

1997 年 6 月 12 日公司在昌吉州工商行政管理局登记注册，股本 8,168 万元。

1998 年 5 月 20 日公司股东大会通过了 1998 年度配股预案，并经新疆维吾尔自治区证券监督管理办公室批准（新证监办函［1998］017 号）及中国证券监督管理委员会批准（证监上字［1998］109 号），以总股本 8,168 万股为基数，向全体股东每 10 股配售 3 股，股本变更为 9,331.96 万元。

1998 年 11 月 20 日公司临时股东大会审议通过了资本公积转增股本的方案，以总股本 9,331.96 万股为基数，向全体股东每 10 股转增 6 股，股本变更为 14,931.136 万元。

2000 年 3 月 1 日召开的 1999 年度股东大会审议通过了 1999 年度利润分配方案，以 1999 年末总股本 14,931.136 万股为基数，向全体股东每 10 股送红股 2 股，共送红股 2,986.2272 万股；以 1999 年末总股本 14,931.136 万股为基数，向全体股东每 10 股转增 4 股的比例转增股本，资本公积转增股本 5,972.4544 万股，送股和资本公积转增股本后，股本变更为 23,889.8176 万元。2000 年 3 月 1 日召开的 1999 年度股东大会审议通过了 2000 年配股方案，并经中国证券监督管理委员会乌鲁木齐证券监管特派员办事处批准（乌证监办函［2000］10 号文）及中国证券监督管理委员会批准（证监公司字［2000］47 号），以总股本 23,889.8176 万股为基数，向全体股东每 10 股配售 1.875 股，股本变更为 25,949.0176 万元。2000 年 6 月，公司内部职工股距公司股票发行期满三年，6 月 9 日，公司内部职工股 998.40 万股在上海证券交易所挂牌交易。

2002 年第二次临时股东大会审议通过了 2002 年度配股方案，公司 2004 年第一次临时股东大会决议审议通过了《关于延长配股方案有效期的议案》，并于 2004 年 9 月 16 日获得中国证监会《关于核准特变电工股份有限公司配股的通知》（证监发行字［2004］143 号文）的核准，以公司总股本 25,949.0176 万元为基数，按每 10 股配售 3 股的比例向全体股东配售，股本变更为 29,861.4976 万元。

2005 年 5 月 29 日召开的 2004 年度股东大会审议通过了资本公积转增股本的方案，以 2004 年 12 月 31 日总股本 29,861.4976 万股为基数，向全体股东每 10 股转增 3 股，股本变更为 38,819.9469 万元。2006 年 4 月 17 日公司召开了 2006 年第一次临时股东大会暨股权分置改革相关股东会议，会议通过了《特变电工股份有限公司资本公积金转增股本及股权分置改革方案》，公司以 2005 年 12 月 31 日总股本 38,819.9469 万股为基数，向全体股东每 10 股转增 1 股，转增后股本变更为 42,701.9416 万元。

公司因股权分置改革，非流通股股东以获得的全部转增股份共计 16,779,643 股及其持有的 28,872,798 股向流通股股东支付对价，非流通股股东共计向流通股股东支付 45,652,441 股对价。

2007 年 9 月 5 日召开的 2007 年第三次临时股东大会审议通过了资本公积转增股本的方案，以 2007 年 6 月 30 日总股本 42,701.9416 万股为基数，向全体股东每 10 股转增 10 股，转增后股本变更为 85,403.8832 万元。

2008 年 4 月 22 日召开的 2007 年度股东大会审议通过了 2007 年度利润分配及资本公积转增股本方案，以 2007 年 12 月 31 日总股本 85,403.8832 万股为基数，向全体股东每 10 股送 2 股派 0.25 元（含税），共送股 17,080.7767 万股，派现金 2,135.0971 万元；以 2007 年 12 月 31 日总股本 85,403.8832 万股为基数，以资本公积金向全体股东每 10 股转增 1 股，共计转增 8,540.3883 万股。送股和资本公积转增股本后股本变更为 111,025.0482 万元。

2009 年 3 月 7 日召开的 2008 年第二次临时股东大会审议通过了 2009 年度增发方案，并经中国证券监督管理委员会证监许可[2008]952 号文核准,公司于 2008 年 8 月向社会公开增发 8,800 万股,增发后股本变更为 119,825.0482 万元。2009 年 4 月 21 日召开的 2008 年度股东大会审议通过了 2008 年度利润分配及资本公积转增股本方案,以 2009 年 12 月 31 日总股本 119,825.0482 万股为基数,向全体股东每 10 股送红股 2 股、派现金 1 元(含税),共送股 23,965.0096 万股,派现金 11,982.5048 万元;以 2009 年 12 月 31 日总股本 119,825.0482 万股为基数,以资本公积向全体股东每 10 股转增 3 股,共计转增 35,947.5145 万股。送股和资本公积转增股本后股本变更为 179,737.5723 万元。

2010 年 3 月 12 日召开的 2010 年第一次临时股东大会审议通过了 2010 年度增发方案,并经中国证券监督管理委员会证监许可[2010]1055 号文核准,公司于 2010 年 8 月向社会公开增发 22,997.8 万股,增发后股本变更为 202,735.3723 万元。

2011 年 4 月 20 日召开的 2010 年度股东大会审议通过了 2010 年度利润分配及资本公积转增股本方案,以 2010 年 12 月 31 日总股本 202,735.3723 万股为基数,向全体股东每 10 股派现金 1 元(含税),共派现金 20,273.53723 万元;以 2010 年 12 月 31 日总股本 202,735.3723 万股为基数,以资本公积向全体股东每 10 股转增 3 股,共计转增 60,820.6117 万股。资本公积转增股本后股本变更为 263,555.9840 万元。

公司是中国变压器行业首家上市公司。伴随改革开放的伟大进程,围绕“输变电高端制造、新材料、新能源”国家三大战略性新兴产业,公司现已发展成为我国输变电行业的龙头企业,我国最大的电子铝箔新材料基地、大型太阳能光伏系统集成商。变压器年产能达 2 亿 kVA,位居亚洲第一位,世界前三位。公司在新疆、四川、湖南、天津、山东、辽宁、陕西等地建有十二个现代化的工业园区,形成了“以输变电产业为主导、新材料产业为支撑、新能源产业为亮点”的发展格局。公司三大产业均是关系国民经济命脉和国家安全的关键领域;是国家中长期和“十一五”重大科技攻关的核心任务;是国家转变经济增长方式和加快经济结构调整,着力培育的新兴战略产业。目前,公司已承担起引领我国输变电、新材料、新能源三大高新技术产业升级换代的历史使命,成为自主创新体系建设的核心企业,国家级资源节约、环境友好型示范企业。

【经营业绩】

2011 年上半年报告期内,公司实现营业收入 820,097.60 万元,营业利润 75,353.30 万元,利润总额 80,387.62 万元,归属于上市公司股东的净利润 68,930.60 万元,与去年同期相比分别下降了 6.35%、30.86%、28.72%、28.20%。

【公司荣誉】

公司先后荣获“国家级科技兴贸创新基地”、“中国工业大奖”、“中国驰名商标”、“全国创新型试点企业”、“全国质量效益型先进企业”、“全国首批专利试点示范企业”、“中国自主知识产权百强企业”、“全国重合同守信用单位”、“全国用户满意企业”、“中国机电企业十大品牌”和“全国先进基层党组织”、“全国文明单位”等诸多殊荣。2009 年和 2010 年两次荣获上海证券交易所年度最高奖项——“董事会大奖”。公司的品牌价值达 168 亿元,跻身中国装备工业品牌前十名。

【600096】云南云天化股份有限公司

【基本情况】

云南云天化股份有限公司是由云天化集团有限责任公司独家发起,采用社会募集方式设立的股份有限公司。1997 年 7 月,“云天化”A 股在上海证券交易所上市,是中国百强上市公司、全球优秀的共聚甲醛生产商、全球优秀的玻纤生产商。截至到 2011 年 09 月,公司拥有总资产 279 亿元,净资产 90 亿元。

公司按照“以肥为主,相关多元”发展思路,围绕化肥、有机化工、材料、商贸物流四大产业方向,通过技术改造、新建项目、参股控股、合资合作等方式,积极推动战略转型和产业升级。现已形成四大产业集群,拥有 12 家主要的成员企业,拥有年产 150 万吨合成氨、160 万吨尿素、10 万吨硝酸铵、60 万吨复合肥、32 万吨甲醇、38 万吨甲醛、10 万吨聚甲醛、1 万吨季戊四醇、50 万吨玻璃纤维、1.8 亿米电子玻纤布、1500 万平方米锂离子电池隔膜的生产能力。其中,聚甲醛产能规模位居全国第一、世界第五;玻璃纤维产能规模位居全国第二、全球第四。

聚合天地精华,共创和谐繁荣。展望未来,我们将以产业报国为己任,充分依托现有产业资源优势,按照绿色、低碳、健康、安全原则,重点发展新材料、新能源等新兴产业,集中打造研发、制造、商贸、资本四大资源互动平台,积极探索产业与资本良性互动的创新发展模式,拓展经营领域,提升价值创造,努力构建与股东、员工、顾客、社会和谐共赢的发展格局,把云天化打造成广泛涉足新兴产业的高科技、高成长、高附加值的产业金融型上市公司。

【主营业务】

化肥、化工原料及产品的生产、销售。

【经营业绩】

2011 年上半年报告期内,公司实现营业收入 499,502 万元,比去年同期增加 50.08%;利润总额 14,407 万元,比去年同期减少 16,853 万元;净利润 12,449 万元,比去年同期减少 14,914 万元;归属于母公司所有者的净利润 9,545 万元,比去年同期减少 9,420 万元。报告期内,营业收入及利润总额分别完成年度计划的 58.85% 和 32.02%。

报告期,现金及现金等价物净增加 166,814 万元,比去年同期增加 216,687 万元,增加的主要原因是本期非公开发行募集资金约 18 亿元。

截至 2011 年 6 月 30 日,公司总资产为 2,768,378 万元,比上年末增加 13.31%,股东权益合计为 886,557 万元,其中归属于母公司的股东权益为 637,782 万元,比上年末增加37.92%。

【600098】广州发展实业控股集团股份有限公司

【基本情况】

广州发展实业控股集团股份有限公司(证券简称“广州控股”,证券代码:600098)于 1997 年 6 月 27 日发行 10,000 万股社会公众股,于 1997 年 7 月 11 日设立,并于同年 7 月 18 日在上海证券交易所挂牌上市。截至 2010 年 12 月 31 日,公司总股本 205,920 万股,其中广州发展集团有限公司作为控股股东,持有流通股 138,063 万股,占总股本的 67.047%,中国长江电力股份有限公司作为战略投资者,持有流通股 23,039 万股,占总股本的 11.189%。

上市以来,公司围绕建设面向珠三角大型综合能源供应商发展战略,贯彻“注重认真、追求卓越、持续发展”的企业核心价值观,坚持产业经营与资本经营相结合的经营方针,充分利用资本市场,规范运作,稳健经营,持续发展壮大,建立了以电力、煤炭、油品、天然气为核心的综合能源业务。在国内企业中率先建立了安全、健康、环保管理体系和投资社会事务管理体系，致力于提高企业在安全、健康、环保以及社会责任方面的管理水平。与 BP、国电集团、华电集团、长江电力、粤电集团、同煤集团、IFC 等各领域行业领先者建立战略合作关系，为公司的持续发展奠定良好基础。

上市 14 年来，广州控股在中国资本市场中树立了绩优、蓝筹的良好形象，实现了公司对股东的良好回报，得到资本市场的广泛认同，公司还被列为广东省 50 家工业龙头企业集团之一，是广东省和广州市重点扶持的大型企业集团。2010 年，广州控股入选"2010 年广东上市公司综合实力 10 强"、"2006 年－2010 年广东上市公司综合实力 10 强。

展望未来，广州控股将全面壮大综合能源业务，认真履行企业社会责任，努力打造区域能源产业旗舰，走向持续发展之路。

【经营业绩】

2011 年上半年报告期内，公司实现营业收入 484，861.99 万元，营业利润 42，759.71 万元，归属于上市公司股东的净利润 24，579.21 万元，基本每股收益 0.1194 元，比上年同期下降 34.21%。

【600107】湖北美尔雅股份有限公司

【基本情况】

湖北美尔雅股份有限公司是于 1993 年 3 月 20 日经湖北省体改委鄂改［1993］122 号文件批准，以湖北美尔雅纺织服装实业（集团）公司作为主要发起人，采用定向募集方式设立的股份有限公司。1997 年 10 月 16 日，本公司成功地通过上海证券交易所公开发行人民币普通股 A 股 5000 万股，并于 11 月 6 日挂牌交易，公司现有股本 36000 万股。

本公司是以外贸为主的纺织服装企业，主要从事精毛纺织制品、服装及辅料制造、加工和销售。公司主营产品享誉海内外，在日本市场占有较高份额，其中主营产品美尔雅西服被评为"中国十大名牌服装"、"中国十大名牌西服"，并荣获欧洲质量金奖。

目前，本公司资产总额达 8 亿元，其中固定资产达 2.3 亿元，年创外汇近 8000 万美元，公司拥有年产西服 140 万套，时装 400 万套的生产能力，是构建湖北"鄂东服装走廊"的龙头企业，也是国内规模最大的西服和时装生产企业之一。

【主营业务】

毛纺织制品、服装及辅料制造、加工和销售，兼营酒店业。

【经营业绩】

2011 年上半年报告期内，公司实现营业总收入 25，919.25 万元，较上年同期增长 29.08%；利润总额 1806.12 万元，较上年同期增长 21.38%。归属于母公司净利润 1，130.71 万元，较上年同期增长 14.12%。

【600111】内蒙古包钢稀土（集团）高科技股份有限公司

【基本情况】

包钢稀土前身是成立于 1961 年的"8861"稀土实验厂；1997 年进行改制，由包钢（集团）公司、嘉鑫有限公司（香港）、包钢综合企业（集团）公司联合发起组建股份制公司，并于当年成功在上海证券交易所上市；2007 年完成了包钢稀土产业的整合与重组，实现了包钢稀土产业的整体上市。经过近半个世纪的建设与发展，包钢稀土已经形成了完善的稀土产业发展格局，拥有从稀土选矿、冶炼、分离、科研、深加工到应用的完整产业链条，是中国乃至世界上最大的稀土产业基地，是我国稀土行业的龙头企业。截至 2010 年 12 月 31 日，公司总资产达 87.90 亿元，净资产达 42.71 亿元。公司拥有 3 家直属厂（分公司）、1 家全资子公司、11 家绝对控股子公司、7 家相对控股子公司、3 家参股公司。

公司以开发利用世界上稀土储量最丰富的白云鄂博稀土资源为主要业务，拥有得天独厚的资源优势。经过 40 多年的投入，公司积累了雄厚的技术实力，旗下有科研实力强大、闻名全国、享誉世界的包头（包钢）稀土研究院。公司与多所知名学府、研究机构建立了良好的合作关系，公司的技术优势与产、研结合优势突出。公司汇集了众多的行业专家与管理人才，建立了完善的激励与约束机制，形成了公司独特的管理优势。公司通过上市，建立了资本市场融资渠道，奠定了公司发展壮大所必需的资本优势。

近年来，公司积极推动稀土行业联合重组，向下延伸稀土产业链。通过坚定不移地推进资源控制措施，并打破地区、打破所有制界限，低成本与行业内优势企业联合，不断壮大自身规模与发展实力，同时带动了其他地区稀土产业的整合，促进了我国稀土行业集中度不断提高。公司根据应用领域发展现状，选择磁性材料、发光材料、抛光材料、贮氢材料等领域为发展方向，重点发展了钕铁硼、荧光级氧化铕、抛光粉、贮氢合金粉等稀土功能材料，并向四大功能材料规模、质量、效益全国第一的目标迈进，推进稀土产业化发展。

公司不断优化内部管理，建立健全规范的公司治理结构，逐步完善以创新与发展为宗旨的母公司战略管理及决策体系，整合完善以利润中心为特征的子公司生产经营体系，构建以执行、控制、协调和服务为基本功能的母公司职能支持体系。通过三大体系的合理运行，公司的人、财、物等资源配置不断在动态中优化，产、供、销等经营活动形成了密切合作、相互制衡的运行机制。公司生产管理、销售管理、品牌管理、质量管理、财务管理、分子公司管理效益日渐体现在公司的竞争优势中。

公司坚信，随着稀土产业作为"朝阳产业"地位的不断确立，稀土在国民经济中将有更为广阔的应用与发展空间。为此，公司将继续践行"尊重客户，善待员工，以良好的业绩回报投资者"发展理念，深入贯彻落实科学发展观，努力提升公司发展能力，为实现公司全方位发展而奋斗！

【经营业绩】

2011 年上半年报告期内，公司实现营业收入 59.8 亿元，同比增长 156.8%；实现净利润 19.8 亿元，同比增长 458.5%。

【企业文化】

我们致力于世界稀土生产技术的开发和资源的综合利用。

【企业荣誉】

· 2011 年 12 月，公司董事会秘书在上海证券报主办的 2011 年度金治理上市公司优秀董秘评选活动中，荣获金治理投资者关系董秘奖。
· 2011 年 10 月，包钢稀土董秘张日辉荣膺《新财富》第七届"金牌董秘"称号。
· 2011 年 5 月，包钢稀土获得"2011 年度中国上市公司市值管理百佳"奖。
· 2011 年 5 月，包钢稀土董秘张日辉获得"2011 年度最佳创富 IR 奖"。

· 2011 年 3 月,公司被评为包头市质量信用有机企业单位。
· 2011 年 2 月,公司被高新区评为 2010 年度纳税突出单位。
· 2011 年 3 月,公司被评为包头市质量信用优级单位。
· 2011 年 3 月,公司被评为2010 年度全市质量工作先进单位。
· 包钢稀土总经理张忠被评为"2010 年度内蒙古自治区诚信人物"。
· 包钢稀土董事会秘书荣膺2010 年度"金治理 · 投资者关系公司董秘奖"。
· 2010 年 4 月,包钢稀土董秘张日辉荣膺第六届《新财富》"金牌董秘"。
· 2010 年 5 月,公司被中国上市公司市值管理研究中心等评为 2010 年中国最佳创富 IR 奖。
· 2009 年 5 月 24 日,公司被中国上市公司市值管理研究中心、经济观察日报评为 2009 年中国资本市场最佳创富 IR 奖。

【600112】贵州长征电气股份有限公司

【基本情况】

贵州长征电气股份有限公司是专业生产 500kV 及以下高、中压电器元件、风力发电设备等产品的国家大型一档企业,是西南地区最大的工业电器生产基地之一。2007 年以来,长征电气明确了"专业化发展战略",并实施了"突出电气设备主营,提升企业核心竞争力"的发展规划,公司加大技改投资和新产品的研发,陆续开发、引进了包括 MD 精品有载分接开关、固封式真空断路器、环网柜、2.5MW 直驱型风力发电整机等有较大市场需求、适销对路的高附加值产品,完善了公司产品序列、增加了新的利润增长点。

公司的主营业务由元件逐渐扩展到设备、控制系统及发电设备,产业也逐步升级,公司从单纯的元件制造商上升成为能提供完整解决方案的系统集成商和整机制造商。公司下设高、低压电器事业部,成套设备事业部及一个省级技术中心,拥有贵州长征电力设备有限公司,贵州长征中压开关设备有限公司,北海银河开关设备有限公司三个全资子公司,并控股广西银河艾万迪斯风力发电有限公司。主要生产 VM、MD、MB、M、V 精品有载分接开关等系列高压有载分接开关,固封式真空断路器、GLX24 系列 SF6 气体绝缘环网柜。具有年产变压器分接开关 5000 台、中压元件设备 4 万/套的生产能力。

公司控股的广西银河艾万迪斯风力发电有限公司研发的 2.5 兆瓦直驱永磁风力发电机已于 2009 年 2 月份下线。该项目的设计理念和产品性能在国际上处于领先地位,不仅能够弥补国内大功率机组的市场空白,同时可以加大对可再生能源的科技开发力度,使我国新能源产业在开发能力,技术水平,生产规模,国产化等方面取得大的突破。公司被评为全国 CAD 应用工程示范企业、国家 863 计划 CIMS 应用示范企业、高新技术企业、全国企事业知识产权试点单位,多项产品荣获国家和省级科技进步奖、国家级新产品奖、国和省名牌产品称号,产品广泛用于电力、石化、整流、冶金、铁路、轻工及房地产等行业,并出口到日本、马来西亚、印度尼西亚、印度、澳大利亚、越南、新加坡、土耳其、俄罗斯、尼日利亚等国家,以过硬的产品质量和优质的服务享誉国内外市场。

【经营业绩】

2011 年上半年,报告期内公司实现营业收入 20546.14 万元,较上年同期增长 12.69%,归属于母公司所有者的净利润实现 3565.81 万元,较上年同期增加 5.09%。

【600114】东睦新材料集团股份有限公司

【基本情况】

东睦新材料集团股份有限公司是由原宁波东睦粉末冶金有限公司改制而成的,第一家在国内上市的外资控股公司。公司注册资本 19,550 万元,其中日本国睦特殊金属工业株式会社持有公司 33.34% 的股份。

东睦新材料集团股份有限公司是目前国内最大的粉末冶金机械零件制造企业之一,是"国家重点高新企业"。公司目前拥有八家控股子公司或全资子公司,2010 年末公司的净资产 6.77 亿元人民币,总资产超过 14.0 亿元人民币,总产能超过 45,000 吨/年。产品广泛应用于轿车、摩托车、冰箱和空调压缩机、电动工具、家用电器等行业,其中部分产品出口到美国、日本和欧洲等国家和地区。

公司具有五十多年的粉末冶金专业生产经验,拥有包括 CNC 成形压机在内的一整套国际先进的粉末冶金生产设备和技术;同时,公司十分重视科技进步和新产品开发,建立了"宁波粉末冶金工程技术中心(省级)"和"宁波市区模具中心",能自制各种粉末冶金模具,生产各种粉末冶金零件。

东睦(天津)粉末冶金有限公司是中外合资粉末冶金企业,专业生产各种高端汽车、摩托车和家用电器粉末冶金零件,注册资本为 1,000 万元美元,年生产能力已超过 7,000 吨,东睦新材料集团股份有限公司控股 75%,是东睦新材料集团股份有限公司重要的生产基地之一和在华北地区的主要服务窗口;2010 年末公司总资产超过 1.9 亿元人民币。

连云港东睦江河粉末冶金有限公司是公司控股 60% 的子公司,注册资本为 2,000 万元人民币,专业生产各种粉末冶金摩托车、汽车零件;山西东睦华晟粉末冶金有限公司是公司控股 60% 的子公司,注册资本为 4,000 万元人民币,专业生产各种摩托车、汽车、家用电器等粉末冶金零件;天津东睦欧意工贸有限公司是公司控股 60% 的子公司,注册资本为 250 万元人民币,主要从事汽车零部件销售、物流和服务的贸易;东睦(江门)粉末冶金有限公司是公司控股 60% 的中外合资粉末冶金企业,注册资本为 350 万美元,投资总额为 700 万美元,专业生产各种含油轴承和家用电器、汽车用粉末冶金零件;长春富奥东睦粉末冶金有限公司是公司控股 70% 的子公司,注册资本 2,800 万元,主要生产各种粉末冶金汽车零件;南京东睦粉末冶金有限公司是公司控股 51.02% 的中外合资粉末冶金企业,注册资本为 589.16 万美元,投资总额为 1,200 万美元,专业生产各种汽车、电动工具用粉末冶金零件;宁波东睦贸易有限公司是公司全资子公司,注册资本 2,000 万元,专业经营集团产品销售。

公司拥有先进的技术和质量管理方法,并于 1997 年通过了 ISO9002 的质量体系认证,于 2002 年通过了 QS9000 和 VDA6.1 的质量体系认证;2004 年公司获 ISO9001 及 ISO/TS16949 质量体系认证,2010 年 5 月公司获得了 ISO14001 的环境管理体系认证和 OHSAS18001 的职业健康安全管理体系认证。

【主营业务】

设计、生产、销售各种粉末冶金制品。

【经营业绩】

2011 年上半年报告期内，公司实现营业收入 52,071.91 万元，同比增加 8.69%；营业利润 5,475.49 万元，同比增长 33.54%；利润总额 5,771.55 万元，同比增长 30.42%；实现净利润(归母公司)为 4,066.87 万元，同比增长 37.48%，扣除非经常性损益后的净利润为 3,779.74 万元，同比增长 35.50%；经营活动产生的现金流量净额为 7,643.15 万元，同比增加 151.58%；公司的粉末冶金制品总销量达 19,843 吨，同比增加 5.76%。

【600122】江苏宏图高科技股份有限公司

【基本情况】

江苏宏图高科技股份有限公司是经江苏省人民政府和中国证监会批准，采取募集方式设立的大型股份制企业，是江苏省电子信息产业首家上市公司，简称"宏图高科"，证券代码：600122，注册资本 113278.96 万元人民币。公司是集 IT 连锁产业、电子制造产业和地产业的综合类大型上市公司。公司的"宏图"商标和"宏图三胞"商标被认定为中国驰名商标。

在连锁业方面，公司努力将企业打造成中国最专业的 IT 及消费电子零售连锁企业，主营产品涵盖台式电脑、笔记本电脑、DIY 攒机与 IT 配件、通信产品、数码产品、附件与各种外部设备、网络与服务器设备、办公自动化与耗材等配套产品、软件与 IT 专业书籍、各项服务类产品等诸多领域。公司以模式创新为核心战略，首创 WDM(WeDOModel)"大规模、标准化、连锁直销"模式。截至目前，公司 IT 连锁已全面覆盖苏、沪、皖、浙、京、鲁、赣、闽全国 8 大省(市)级市场，建立了江苏、安徽、上海、浙江、北京、山东、华南等区域平台，自营连锁店面数量近 200 家，旗下第三方专业服务机构"红快服务"以店面为基础，在全国范围内成功设立了近 200 个综合服务网点。公司积极构建国内一流的 IT 供应链与物流配送体系，建立了零售、SMB(中小企业)、政府及行业招标、电子商务四种不同的销售体系。与 Intel、AMD、DELL、Apple、HP、IBM、联想、SONY、TOSHIBA、SAMSUNG、Canon、OLYMPUS、CASIO、海尔、同方等数十个国内外 IT 知名品牌建立了以直供型合作为核心，战略性合作为基础、信息化工具为桥梁的智慧型供应链体系。形成集采购、零售、行业销售、仓储、配送、调试、维修、保养、生产于一体的连锁营销综合产业模式。公司入围中国连锁业 16 强企业，先后荣膺"中国售后服务十佳企业"，"中国商业名牌"、"中国零售行业年度十佳品牌"等权威殊荣。系国家商务部、国家人事部联合授予的"全国商务系统先进集体"。

在制造业方面，公司始终立足于打造电子信息产业优秀品牌，努力创建电子信息产业龙头企业。目前，公司已形成了通信设备、光电线缆、消费类电子、计算机、打印机为主体的高科技制造产业群。公司在南京、无锡、海南等地建立了规模化的光电通信生产研发制造基地，专业从事光缆、电力电缆、通信电缆、电力载波设备、光纤接入设备、配网自动化、智能仪器仪表、视频监控、通信电源、程控调度交换设备等多门类光电通信产品的研发和制造。公司名列中国电子信息百强企业，中国制造业 500 强企业，属江苏省高新技术企业，拥有优秀省级企业技术中心资质，被授予江苏省信息化带动工业化试点企业，被评为江苏省生产型出口企业第二位。

在地产业方面，作为南京优秀地产企业先锋代表，公司秉承"造可以传给子孙的房子"的理念，长期致力于精品住宅和高档商务办公楼的开发经营，是建设高品质、高附加值时尚住宅小区的倡导者。公司拥有一支专业、年轻、团结高效的管理团队和员工队伍，凭借自生综合开发实力，先后开发了一系列精品物业，为公司赢得了良好的社会反响和业界口碑。公司获得"中国地产消费者信得过开发商"、"中国南京最具社会责任感企业"、"南京地产最具影响力品牌价值企业"、"南京地产十大诚信开发商"等称号，并荣获"建国六十周年城镇建设特别贡献奖"和"建国六十周年南京精品楼盘金奖"。

公司以"前路我创、稳健发展"为企业精神，以"为客户创造价值"为企业宗旨，以"高尚、快乐、富有"为企业愿景，秉承"厚道、讲理、明目"的企业文化，发扬"善意、道理、坦诚、责任"的企业理念，实现在发展中把企业做大、做强、做实、做美的目标，努力将宏图高科打造成为文化统一、主业突出、团队健康、管理有序的中国最有投资价值的上市公司之一！

【主营业务】

计算机(软硬件)、打印机、网络设备、系统工程集成、通信设备、电缆及激光视听类产品的开发、生产和销售。

【经营业绩】

2011 年上半年，公司实现营业收入 637,281.31 万元，同比增长 23.31%；实现净利润 9,576.80 万元，同比增长 43.42%。

【企业荣誉】

- 董事长袁亚非先生当选南京市徐州商会首任会长。
- 旗下宏图三胞获得"2011 中国(江苏)年度最佳雇主"称号。
- 旗下宏图三胞总裁陈斌先生当选"2011 中国(江苏)年度杰出 CEO 暨最关心员工企业家"。
- "2011 中国信息产业年度经济人物"。
- 2010 年公司荣获中国电子信息百强企业。
- 2009 年度公司荣获上市公司成长百强金牛奖。

【600123】山西兰花科技创业股份有限公司

【基本情况】

山西兰花科技创业股份有限公司 1998 年成立，是由山西兰花煤炭实业集团有限公司独家发起募集上市的山西省首家煤炭类上市公司。公司股票于 1998 年 12 月 17 日在上海证券交易所上市，股票简称兰花科创，股票代码 600123。

公司成立以来，根据《公司法》等有关法律、法规、规范性文件及公司章程规定，建立规范的公司治理结构，公司股东大会、董事会、监事会严格按照公司章程独立有效运行。

经过十多年的改革、创新与发展，公司已发展成为以煤和煤化工产业为主导，集精细化工、新能源等多元产业的大型煤与煤化工企业集团。主导产品年总产能煤炭 970 万吨、尿素 120 万吨、甲醇 37 万吨、二甲醚 20 万吨。截至 2010 年底，公司总资产 135.61 亿元，净资产 71.17 亿元。员工总数 1.5 万人。

公司地处全国最大的无烟煤和化肥原料煤基地——山西省晋城市沁水煤田腹地，拥有煤炭井田面积 160.76km^2，可采储量 16.77 亿吨，其中无烟煤 14.45 亿吨、动力煤 1.3 亿吨、焦煤 1.02 亿吨。煤矿生产全部采用综掘、综采、锚网支护、胶带提升运输等先进工艺装备，机械化程度 95% 以上，资源回收率 85%，精煤回收率 78%。"兰花"牌煤炭为"山西省标志性名牌产品"，备受国内外化工、电力、冶金、建材等行业用户青睐。煤化工生产工艺采用 DCS 集散控制、双甲、醇烃化、海德鲁大颗粒造粒、日本东洋两步法合成二甲醚等国内领先工艺与装备，生产自动化程度超过98%。“兰花”牌尿素畅销国内十几个省市和北美、东南亚等十多个国家和地区。

展望未来，公司将继续发挥资源、机制、管理和市场运作优势，从“强煤、调肥、上化、发展新能源新材料”四条路径推进转型跨越发展，推动经济发展由黑色向绿色、分散向集中、低端向高端转变，实现安全发展、绿色发展、低碳发展，将企业建设成为具有较强竞争实力和经营活力的现代化企业集团。

【经营业绩】

2011 年上半年报告期内，公司累计生产煤炭 313.42 万吨，同比增长 12.45%；生产尿素 75.17 万吨，同比增长 11.84%；销售煤炭 259.35 万吨，销售尿素 83.02 万吨。实现营业收入 38.17 亿元，同比增长 29.03%；利润总额 10.56 亿元，同比增长 18.10%；实现净利润 7.09 亿元，同比增长 5.65%。

【企业荣誉】

公司优异的经营业绩、良好的社会形象和强烈的社会责任感，得到了社会各界、公司股东和证券监管机构的广泛认同。公司股票先后入选上证 180 指数、沪深 300 指数样本股，多次入选“最具投资价值公司 50 强”、“上市公司竞争力百强”、“主板上市公司价值百强”、“中国蓝筹百强”、“中证回报百强”、“优秀投资者关系企业”、“上市公司纳税百强”、“中国漂亮 50”排行榜，荣获上市公司“金鼎奖”。

【600141】湖北兴发化工集团股份有限公司

【基本情况】

湖北兴发化工集团股份有限公司成立于 1994 年，座落于汉明妃王昭君故里——中国湖北省宜昌市兴山境内，是一家以磷化工系列产品和精细化工产品的开发、生产和销售为主业的上市公司，拥有 28 家控股子公司，总资产 83.37 亿元。公司于 1999 年在上海证券交易所上市，股票代码 600141，总股本 36548 万股。

公司是中国最大的精细磷酸盐生产企业，全球最大的六偏磷酸钠生产企业。现拥有工业级、食品级、牙膏级、饲料级等系列产品 50 个，主导产品出口亚、欧、美、非等全球 30 多个国家和地区，与世界 500 强企业宝洁、陶氏、联合利华等国际化工巨头建立了战略合作关系。

公司持续推进磷化工资源和企业的重组整合，完成了兴山县内磷矿和水电资源整合，巩固了电矿化结合优势。近几年来公司大力实施走出去发展战略，相继在神农架、保康等地收购了当地的磷矿资源和深加工企业，在重庆垫江、云南安宁、江苏扬州、广西柳城等地建立了规模化生产基地，基本形成了“矿电磷”一体化的发展格局。

公司深入推进管理创新，大力实施名牌战略，通过了质量、环境、职业健康安全、HACCP“四合一”管理体系认证，“兴发牌”商标被认定为“中国驰名商标”，“兴发牌”三聚磷酸钠荣获中国名牌产品，工业级次磷酸钠被认定为湖北省名牌产品，兴发牌磷化工系列产品荣获湖北省出口名牌。

公司不断加大自主创新力度，高标准搭建技术创新平台，公司被认定为国家级高新技术企业，技术中心被认定为国家级企业技术中心，检测中心被认定为国家级实验室，兴发集团宜昌楚磷工业园被认定为国家科技兴贸创新基地。积极推行清洁生产技术，不断优化循环经济发展模式，自主研发的二甲基亚砜废盐和六偏磷酸钠聚合尾气综合利用技术取得重大突破，公司荣获中国化工行业科技创新示范企业称号。

未来几年，公司将全面落实科学发展观，坚持精细化工基本方向，加快实施关联产业发展和跨区域重组整合战略，大力推行技术创新和产品升级换代，努力实现工业级磷化工产品向食品级和电子级转变，无机磷化工向有机磷化工延伸，积极开发非磷精细化工产品，持续推动节能减排工作，全面提高“四废”的资源化利用水平，加快建设国际一流的环保型精细化工企业。

【主营业务】

磷化工系列产品及精细化工产品生产销售；水力发电、供电、磷矿石的开采、销售等。

【经营业绩】

2011 年上半年报告期内，公司实现销售收入 32.73 亿元，同比增长 54.3%，归属于上市公司股东的净利润 1.13 亿元，同比增长 22.53%。

【600153】厦门建发股份有限公司

【基本情况】

建发股份（股票代码：600153）是一家以供应链运营和房地产开发为主业的现代服务型企业。业务始于 1980 年。公司于 1998 年由厦门建发集团有限公司独家发起设立，同年 6 月 16 日在上交所挂牌上市。截至 2010 年底，公司总资产超 400 亿元人民币，2010 年营业额超 600 亿元人民币。公司连续多年被评为“AAA 级资信企业”、“中国上市公司 500 强（2011 年位列第 49 位）”。

公司以“开拓新价值，让更多人过上更有品质的生活”为使命，以“专业、高效、优质、诚信”的服务理念为客户提供供应链增值服务和房地产综合服务。供应链服务主要是为客户提供包括采购、深度物流、销售、结算等在内的“一站式”服务，以满足客户更加复杂的业务需求。目前公司在供应链运营领域已形成浆纸、钢铁、矿产品、化工产品、农产品、机电产品、轻纺产品、物流服务及汽车、酒类十大核心业务品牌。

房地产综合服务以不断改善社会大众居住条件、提高人民生活水平为目标，通过建造高品质的房产和提供优质的全方位配套服务，努力为社会大众打造一个值得拥有、可以传世的家。目前“建发房产”和“联发房产”已在中国 15 个城市进行房地产开发，初步形成全国性战略布局。

通过持续不断地提升服务，开拓新价值，公司将在供应链运营领域发展成为中国领先的具有国际竞争力的供应链运营商，在房地产领域发展成为中国优秀的房地产运营商，并努力把公司打造成为员工热爱、股东信任、客户满意、社会尊重的企业。

【经营业绩】

2011 年上半年，公司实现营业收入共计 38,104,695,548.17 元，较上年同期增长 29.72%；归属于母公司所有者的净利润 1,208,071,800.87 元，较上年同期增长 53.49%。

【企业荣誉】

· 沪深 300 指数样本股(2005 年至今)。
· 上证红利指数样本股(2005 年至今)。
· 上证公司治理指数样本股(2008 年至今)。
· 上证 180 指数样本股(2004 – 2010 年)。
· 2011 中国 500 强(第 49 位，2011 年)。
· 中国上市公司 100 强(2002 – 2009 年)。
· 金牛百强榜(第 83 位，2010 年)。
· 沪市上市公司 50 强(第 47 位，2001 年)。

· 标准普尔中国百强(第 46 位,2005 年)。
· 中国 100 强上市公司(第 43 位,2006 年)。
· 2010 中国上市公司最具投资价值 100 强(2010 年)。
· 2010 中国上市公司最具竞争力 100 强(2010 年)。
· 全国守合同重信用单位(2006 年)。
· 全国外经贸质量效益型先进企业(1999 - 2009 年)。
· 中国企业 500 强(2002 - 2006 年)。
· 中国进出口额最大的 500 家企业(1999 - 2005 年)。
· 中国企业信息化 500 强(第 87 位,2005 年)。
· 中国企业信息化 500 强最佳管理创新奖(2005 年)。
· 福建省守合同重信用单位(1999 - 2008 年)
· 福建省第三产业 300 强企业(进出口业第 1 位,2000 - 2010 年)
· 福建省地税纳税 300 强(批发和零售业第 1 位,2007 年)
· 福建省企业 100 强(第 2 位,2010 年)
· 厦门企业 100 强(第 1 位,2010 年)
· 厦门市 AAA 级资信企业(1999 - 2010 年)

【600177】雅戈尔集团股份有限公司

【基本情况】

雅戈尔集团创建于 1979 年,经过 30 多年的发展,逐步确立了以品牌服装、地产开发、金融投资三大产业为主体,多元并进、专业化发展的经营格局,成为拥有员工 5 万余人的大型跨国集团公司,旗下的雅戈尔集团股份有限公司为上市公司。

2010 年集团实现销售收入 334.8 亿元,利润总额 48.99 亿元,实现税收 22.31 亿元。总资产达到 581 亿元,净资产达到 182 亿元。

【品牌服装】

品牌服装是雅戈尔集团的基础产业,经过 30 年的发展,已形成了以品牌服装为龙头的纺织服装垂直产业链。2010 年,雅戈尔在优化产业链、构建品牌方阵、加快生产基地梯度转移并向品牌运营型转型、推进面向未来的汉麻产业发展等方面精耕细作,品牌服装板块取得突破性发展。

目前,雅戈尔在全国拥有 100 余家分公司,400 多家自营专卖店,共 2000 余家商业网点。拥有衬衫、西服、西裤、茄克、领带和 T 恤六个中国名牌产品,主打产品衬衫为全国衬衫行业第一个国家出口免检产品,连续 16 年获得市场综合占有率第一位,西服连续 11 年保持市场综合占有率第一位。雅戈尔品牌多次获评最受消费者喜爱品牌和行业标志品牌。

2010 年,雅戈尔在北京发布新品牌战略,公司旗下 MAYOR、YOUNGOR、GY、"汉麻世家"和 HartSchaffnerMarx 首次集体亮相,标志雅戈尔在创建品牌道路上又立新的里程碑。MAYOR、YOUNGOR、GY 由现有雅戈尔品牌细分而来,分别面向行政公务人员、商务人员、年轻时尚人群,目标是进一步在品牌定位、风格和内涵上建立鲜明的个性;"汉麻世家"为雅戈尔自主研发的绿色环保的汉麻系列产品;HartSchaffnerMarx 则为雅戈尔代理的美国知名品牌。

【地产开发】

雅戈尔集团于 1992 年开始涉足房地产开发,相继开发了东湖花园、东湖馨园、都市森林、苏州未来城、海景花园、钱湖比华利等高品质楼盘,累计开发住宅、别墅、商务楼等各类物业 300 万平方米,在客户中树立了良好的形象和口碑,赢得广泛的市场好评。为社会创造文明、和谐、温馨、优雅的居住环境,成为"品质地产先行者"是雅戈尔置业的品牌经营理念。

近几年来,雅戈尔地产开发业务逐步向长三角区域延伸,2010 年,继雅戈尔成立置业控股公司后,房产业务得到进一步整合,继续深耕细作于沪、杭、甬、苏等长三角经济发达城市,专注中高端精品,销售额突破百亿大关,初步完成长三角的布局。未来十年,雅戈尔将通过价值创新,力争成为全国地产一线品牌。

【金融投资】

自 1993 年以来,雅戈尔即开始涉足金融投资,先后针对一些有发展潜力的企业进行了战略投资,随着近年来对金融产业、资源性企业、行业龙头企业等投资业务的进一步深化,金融投资成为集团的探索性产业。2008 年,雅戈尔成立凯石投资管理公司,集聚了诸多资深投资管理专家,主要从事投资管理及咨询,投资产业逐渐向专业化、纵深化方面发展。

2010 年雅戈尔通过凯石投资 70 多亿元,理财总额达到 100 亿的规模,取得良好的投资回报率。雅戈尔的专业化团队已经拥有强大的投研能力,通过投研一体化的管理运作,较好地适应了市场变化,创建了新的发展模式。

【主营业务】

服装服饰产品及服装辅料的设计、制造、销售、进出口贸易和房地产。

【经营业绩】

2011 年上半年报告期内,公司实现营业收入 539,003.64 万元,较上年同期增长 0.71%;实现营业利润 122,196.97 万元,较上年同期增长 64.71%;实现归属于母公司的净利润 83,744.33 万元,较上年同期增长 44.14%。

附:雅戈尔集团重要里程碑

· 1979 年,青春服装厂成立,为雅戈尔集团公司前身。
· 1983 年,横向联营,创立第一个品牌"北仑港"。
· 1990 年,中外合资,正式推出"雅戈尔"品牌。
· 1992 年,涉足地产开发领域。
· 1993 年,涉足资本投资领域。
· 1998 年,在上海证券交易所挂牌上市。
· 2001 年,国际服装城全面竣工,成为国内最大的服装制造业基地。
· 2004 年,纺织城全面竣工,成为国内重要的高端纺织面料生产基地。
· 2007 年,收购新马集团,步入跨国经营阶段。
· 2008 年,在上海成立凯石投资管理公司,主要从事投资管理及咨询。
· 2009 年,雅戈尔服装控股公司、雅戈尔置业控股公司成立。
· 2010 年,雅戈尔旗下五个品牌问世。

【600185】西安格力地产股份有限公司

【基本情况】

格力集团有限公司成立于 1985 年 3 月,是珠海目前规模最大、实力最强的企业集团之一,连续多年在中国 500 强企业名列第百位左右。经过 20 多年发展,格力集团形成了工业、房地产两翼齐飞、综合发展的格局,旗下格力电器(000651)、格力地产(600185)均为上市公司。

工业板块是格力集团的领头产业,拥有格力电器、凌达压缩机、格力磁电等一批有实力的工业企业。其中,格力电器股份有限公司已发展成为全球最大的集研发、生产、销售、服务于一体的专业化空调企业。作为中国空调行业中唯一的“世界名牌”，格力空调产销量连续15年居于全球第一位，连续8年上榜美国《财富》杂志“中国上市公司100强”。地产板块是格力集团的支柱产业，目前，格力地产已发展成为一家集房地产开发、营销、服务于一体的大型企业，在珠海、西安、重庆等地拥有10余家下属公司，业务范围遍及房地产开发的全链条，并于2009年9月成功上市。格力地产建筑项目遍布珠海，曾荣获“全国优秀示范小区”、“詹天佑优秀住宅小区金奖”、“全球人居环境生态社区”等大奖。格力集团下设非银行金融机构——珠海格力集团财务有限责任公司。作为集团发展的重要资金平台，财务公司通过集中资源，统筹协调，建立资金借贷新体系，实现全集团资金计划一盘棋，结算业务一中心，大大提高了集团的融资能力，为两大板块的发展提供有力支持。

作为珠海最具实力和影响力的房地产企业之一，格力地产的历史可以追溯到1985年，珠海经济特区工业发展总公司(珠海格力集团公司的前身)开发北岭工业区，正是格力地产最早进行的土地开发和建设项目。

珠海是全国最早实行住宅商品化的城市之一，格力地产也是最早从事商品房开发的企业之一，在土地开发和住宅建设方面积累了丰富的经验。20多年来，格力地产积极参与特区建设，不仅建造了许多工业厂房、配套用房，也建造了许多大型社区、生活小区以及安居房、民生房，还成功推出了多个商业地产项目，截至2010年，已累计开发面积超过450万平方米，赢得了业界和消费者的高度认同。

20多年以来，格力地产以珠海为根基，与“格力”这个中国、乃至世界知名品牌同步成长，不仅取得丰厚的经营成果和瞩目的业绩，也积累了丰富的技术、管理和开发经验，凝聚了一大批专业人才和精英。在总结多年经验的同时，格力地产着力打造全新的品牌形象，使“格力”这个家喻户晓的品牌在房地产领域更加丰富生动。格力地产倡导“专注城市，专筑生活”的企业理念，并将见细入微、精益求精的“工业精神”应用到建筑上，善用土地，以人为本，潜心研发产品，狠抓工程质量，使建筑与城市共生，与生活相容。

而今，格力地产下设西安格力地产股份有限公司、珠海格力房产有限公司、珠海格力置盛房产有限公司、重庆格力房地产有限公司等多家专业房地产公司，业务范围遍及房地产开发、物业服务、会所管理、营销策划等房地产开发多个领域。同时，受珠海市政府委托，格力地产全资注册成立了珠海格力港珠澳大桥人工岛发展有限公司，负责港珠澳大桥珠澳口岸人工岛项目的建设和融资工作。

目前，格力地产已进入健康、高速、持续的发展期，并呈现出强劲的发展势头。未来五年，格力地产以“根植珠海，重点布局”为发展战略，将加大在房地产领域的投资和国内区域市场的重点布局，促进销售额和利润的稳步快速增长，使格力地产不仅仅是珠海的品牌，更成为中国的品牌。

【主营业务】

实业投资、资产经营、房地产开发经营、物业管理、国内贸易(除专项规定外)、建筑材料的批发零售、代购代销。

【经营业绩】

2011年上半年报告期内，公司实现营业收入64,794万元，比上年同期增长18.04%；实现营业利润19,884万元，比上年同期增长50.36%；实现归属于母公司股东的净利润15,149万元，比上年同期增加45.39%；基本每股收益0.26元，比上年同期增长44.44%。

截至2011年6月30日，公司总资产1,065,011万元，比上年末增长10.60%；归属于母公司股东权益206,840元，比上年末增长15.92%。

【企业荣誉】

格力地产始终关注建筑所承载的生活品质，建造最适合居住的房子，营造舒适的家园环境，把产品质量摆在第一位，以安全、健康、舒适、质量过硬的产品作为载体，实施“精品战略”。同时，将“工业精神”渗透到设计、建造、销售、服务的每一个环节，以安全、健康、舒适、质量过硬的产品作为载体，创建消费者满意的建筑精品，更体现在格力地产将人文关怀融入人居环境，为消费者提供一个关爱无处不在的品质居所。

2011年

- 2011年12月，格力广场项目荣获“广东省绿色住区金奖”。
- 2011年6月，格力房产荣获广东省“守合同重信用企业”称号。
- 2011年6月，格力地产获首届中国“责任地产TOP100”称号。
- 2011年4月，格力地产旗下格力房产、格力置盛双双荣登珠海市2010年度“税收贡献百强”企业税收贡献百强榜，分别位列第13位及第26位。
- 2011年2月，格力广场项目获中国土木工程最高奖项——2010年度第十届“詹天佑奖”，并成为本届詹天佑奖住宅小区领域的唯一获奖项目。

2010年

- 2010年12月，格力·香樟项目荣获“省优良样板工地”。
- 2010年10月17－18日，格力广场项目荣获“詹天佑奖优秀住宅小区金奖”。
- 2010年6月28日，格力广场项目荣获“广东省优良样板工程”。
- 2010年6月5日，格力广场项目荣获“热心公益牌匾”。
- 2010年6月3日，格力广场项目荣获“全国优秀示范小区”称号。
- 2010年4月14日，格力房产有限公司入选“税收贡献百强”企业，位列第29位。同时，珠海格力置盛有限公司也对珠海税收做出重要贡献。
- 2010年4月9日，格力广场项目获得“珠海市优质工程”。
- 2010年1月15日，格力地产获得港珠澳大桥开工典礼“参与贡献单位”奖。
- 2010年1月11日，格力广场通过“广东省绿色住区”评审。

【600191】包头华资实业股份有限公司

【基本情况】

包头华资实业股份有限公司是中国目前甜菜制糖企业唯一一家上市公司。公司主营业务为甜菜制糖业和电子业。主要产品包括“草原”牌优级白砂糖、精制绵白糖、幼砂精糖、无硫糖、颗粒粕和“包糖”牌食用酒精、“BY”牌石英晶体谐振器等电子元器件，计算机的研制、开发、生产和售后服务以及糖机设备的制造与销售。其中“草原牌”幼砂精糖、颗粒粕及“BY”牌石英晶体谐振器均为国家级新产品。目前，公司产品已全部通过了ISO9002质是量标准体系认证。公司现有员工1951人，其中大中专毕业生1259人，各类专业技术人员480人。公司拥有总资产8.06亿元，净资产6.49亿元，主营业务收入2.7亿元，年实现利润7623万元。

主要产品包括“草原”牌糖产品和“包糖”牌食用酒精、“BY”牌石英晶体谐振器等电子元器件，计算机的研制、开发、生产和售后服务以及糖机设备的制造与销售。其中“草原”牌幼砂精糖、颗粒粕及“BY”牌石英晶体谐振器均为国家级新产品。

公司上市后，启动企业转轨变型工程，通过强强联合，优势互补，引进技术与人才，积极发展新型产业，先后成立了华资数码科技有限公司和华资伟业科技控股有限公司，形成公司新的利润增长点，成功地实现了传统产业向高科技产业的跨跃。华资数码科技有限公司充分依托北京明天控股雄厚的技术实力，积级开拓市场，目前已发展成为集计算机的研制、开发、生产、销售、售后服务及软件和全方位、多层次的系统集成、网络设计等服务为一体的专业技术型高科技公司。其高素质的员工、高品质的产品、高效率的管理，使华资数码科技有限公司以崭新的面貌立足于包头。

华资伟业科技控股有限公司是以技术开发、技术咨询、培训、互联网服务、计算机配件及外围设备、安装为主的高科技公司，相信随着国际互联网络产业的发展，公司一定会得到更大的发展。公司所属的电子仪器分公司积极推进技术进步，不断引进高科技，使公司的技术水平始终保持在行业的前列，被内蒙古自治区科委认定为自治区高新技术企业，产品出口率一直在90%以上。

公司提出稳步发展主业，积极向高科技领域进军的思路，通过不断优化公司产品结构，以不断提高企业搞风险能力，实现不断壮大公司实力的发展目标。“十五”期产，公司将充分发挥行业排头兵和自治区重点企业的龙头作用，以及自治区级企业技术中心的优势，抓紧蔗糖深加工项目，以工业方式生产低聚果糖和强化蔗糖；进行热电站改扩建工程项目，进一步提高公司的装备水平；开发玉米生物工程项目，生产L——乳酸和SOD交合酶高新技术产品；年产200万台计算机开关电源工程项目；年产1500套管理软件开发项目；年产3000套磁盘阵列柜项目；同时要筹建国家级企业研发中心，使企业的整体素质在新世纪有一个飞跃进发展。

【经营业绩】

2011年上半年报告期内，公司实现营业收入7,355.94万元，比上年同期增长46.52%；实现营业利润6,716.68万元，比上年同期增长1542.70%；实现归属于母公司净利润6,744.16万元，比上年同期增长1493.63%。

【企业荣誉】

公司多年来在产品质量方面获得多项殊荣，先后获得“内蒙古自治区免检产品”、“内蒙古自治区著名商标”、“国家绿色食品产品证书”、“出口蒙古国免检证书”、“内蒙古自治区工业产品免检证书”、“中国驰名商标”、“国家产品质量免检证书”、“中国名牌产品”等荣誉。

【600192】兰州长城电工股份有限公司

【基本情况】

兰州长城电工股份有限公司（简称长城电工）于1998年12月在上海证券交易所成功挂牌上市（股票代码为600192），现有资产总额27亿元。公司为中国电工电器行业的骨干企业，主要从事高中低压开关设备、高中低压电器元件、电气传动自动化装置、新能源装备等电工电器类产品和果蔬汁、水电的研发、生产与销售。

长城电工实行母子公司管理模式，旗下有电工电器集团、长城果蔬汁集团、新能源、水电装备集团和技术开发研究院等全资子公司，3户控股子公司和5户参股子公司。

经过多年来的发展，长城电工所属长城开关、二一三电器、天水电传、天水长控、长城果汁已成为国内同行业的知名品牌。主导产品均为省级以上名牌产品。公司拥有“长城”、“二一三牌电器”两个中国驰名商标。公司荣获高新技术企业称号，拥有2个国家级技术中心、5个省级技术中心和工程中心。

作为甘肃装备制造业的龙头企业，长城电工注重企业文化建设，坚持以人为本、以文化兴司，大力培育和弘扬“和合、忠诚、专业、创新”的企业精神，秉承“品质为本、顾客至上、依法为先、互利共赢”的经营理念，实施“发展做强高压、壮大做精中压、整合发展低压、系统集成服务、突出电工主业、两翼协调发展”产业发展战略，近年来，公司主要经济指标以每年15%以上的速度增长，新产品产值率达50%。

面对新形势、新机遇、新挑战，长城电工明确了“一二一五”“十二五”总体发展战略，即，突出一个主业、发展两个产业、设立一个园区、建设五个基地，实施“统一品牌形象，统筹资源配置；围绕系统集成，专业分工协作；发挥区域优势，提升竞争实力；推进西部电器城建设，打造长城电工产业集群”的战略举措，实现到“十二五”末经营规模达到50亿元的发展目标。

【经营业绩】

2011年上半年报告期内，公司完成营业收入87606.79万元，同比增长29.22%；营业利润1069.07万元，同比下降31.49%；利润总额1836.00万元，同比增长6.14%；归属于母公司净利润1277.53万元，同比增长15.84%。

【企业荣誉】

“十一五”以来，共获国家、部省级科技进步奖181项，其中获国家科技进步二等奖4项，填补国内空白12项。公司主导起草国家标准6项，参与行业标准制定29项，拥有106项技术专利，多种产品和技术填补了国内空白，被列为中国电气工业100强企业第30位、甘肃工业企业100强第17位、甘肃省23户重点企业之一。

【600199】安徽金种子酒业股份有限公司

【基本情况】

安徽金种子酒业股份有限公司（600199）是由安徽金种子集团有限公司采取募集方式独家设立的上市公司，于1998年在上海证券交易所上市，总股本5.6亿，主要从事白酒、生化制药的生产与经营。公司拥有两个中国驰名商标“金种子”、“醉三秋”，一个“中华老字号”颖州佳酿酒；种子酒，醉三秋成为第四届全国体育大会唯一指定用酒。目前，公司被中国绿色食品协会授予“全国绿色食品示范企业”称号。

没有品牌就没有生命力。金种子酒持续改造和提升传统纯粮酿造工艺，在白酒行业独创恒温蕴藏新技术，首定中国《柔和型白酒》新标准，2005年成功推出了柔和种子白酒，祥和种子酒、恒温窖藏醉三秋，2010年，公司集60年酿造技术之大成，新推出的高端年份酒“徽蕴金种子”，上市当日以88.8万元的价格刷新了安徽单瓶白酒最高拍卖记录，金种子高端产品价位进入了千元时代，成功实现了品牌高端化转型，标志着金种子酒跻身中国白酒价值代表性酒品。

【主营业务】

白酒的生产与销售。

【经营业绩】

2009年金种子酒股票涨幅356%，2010年涨幅140%，连续两年涨幅位居食品饮料板块80家上市公司第一，荣获2010年中国上市公司市值绩效百佳企业荣誉称号，2011年1至9月份，公司主营业务收入同比增长53.88%，净利润同比增长134%，预计全年可实现营业收入16亿元，净利润3.4亿元，各项主要经济指标再创历史新高。

【企业文化】

一、金种子的愿景：打造百年企业，铸造百年品牌。

二、金种子的使命：做行业排头兵，努力成为让顾客满意、让股东满意、让员工满意、让社会满意的"四满意"企业。

三、金种子的核心价值观：

1. 忠诚是大智，敬业是美德。

2. 稳健、创新、扎实、向上。

四、金种子作风：

1. 人人都有改进的能力，事事都有改进的余地。

2. 动中求进，进中求新，新中求优。

五、金种子的五种精神

协作精神、奉献精神、进取精神、改革精神、创新精神。

六、金种子的用人理念：

1. 坚持人岗匹配、岗薪匹配、薪绩匹配，打造研究型的决策层，执行型的管理层，专业型的操作层。

2. 五重五看五不唯：重水平、看实绩、不唯文凭；重开拓、看品质、不唯年龄；重表现、看能力、不唯身份；重长处、看主流、不唯过失；重所为，看所用，不唯所有；不拘一格选人才。

七、金种子营销理念：争第一，做唯一。

八、金种子的"四心"服务理念

将心比心，用爱心赢得客户的欢心，用诚心赢得客户的热心，用细心赢得客户的放心，用耐心赢得客户的舒心。

九、金种子质量理念

1. 质量是血，品牌是命。

2. 人品决定产品，细节决定品牌。

【社会责任】

公司成立以来，积极承担社会责任，支持各类公益慈善事业，被省民政厅、省慈善协会、省红十字会授予安徽慈善奖，荣获"爱心慈善企业"称号。同时又积极支持和参与抗洪救灾、敬老扶幼、助残助困等各种公益慈善活动，充分发挥了优秀企业公民的领军作用和示范作用。更加值得庆贺的是金种子酒荣获2010年度"中华慈善奖·最具爱心企业"称号，这是安徽省也是全国酿酒行业唯一一家获此殊荣的企业。

【600211】西藏诺迪康药业股份有限公司

【基本情况】

西藏诺迪康药业股份有限公司（以下简称公司或本公司）经西藏自治区人民政府藏政函（1998）53号文批准发起设立的股份有限公司。经中国证监会证监发行字（1999）70号文批准，公司于1999年7月6日通过上海证券交易所向社会公众公开发行面值1.00元人民币普通股股票4,500万股，股票溢价发行每股为人民币6.00元，上市后公司总股本为12,260万元。2007年9月，公司根据股东大会通过的股权分置方案，以资本公积向流通股股东每10股转增3.58股，此次股改实施后，公司股本总额变更为13,871.00万股，其中无限售条件的流通股为6,111.00万股占44.06%，有限售条件的流通股为7,760.00万股占55.94%。上述股权分置方案是与北京新凤凰城房地产开发有限公司及一致行动人周明德、斯钦、林犇、王晓增、邵马珍、陈丽晔，自然人杨晓、刘德功、赵学增、王江滨、陈景行、王志中、高自力、彭辉、王保明、曹树珍及任北辰受让公司原控股股东西藏华西药业集团有限公司持有的公司3844万股同步进行的，其股份转让的过户手续已于2008年1月28日完成，受让股份均为限售流通股。2008年，公司有限售条件的国有法人股768万股解禁变更为无限售条件的流通股。2010年7月，公司根据股东大会通过的股权分置方案之后续安排方案，以本方案实施股权登记日无限售条件流通股总数6,879.00万股为基数，向全体无限售条件流通股股东以资本公积金定向追加转增股份，追加转增比例为每10股无限售条件流通股转增1股股份。此次股改实施后，公司股本总额变更为14,558.90万股，该方案的股权登记日为2010年9月6日。

截至2010年12月31日，公司股本总额为14,558.90万股，其中无限售条件的流通股为7,566.90万股占51.97%，有限售条件的流通股为6,992.00万股占48.03%。截至本报告期末，持有本公司5%以上股份的股东为：北京新凤凰城房地产开发有限公司及其一致行动人，共持有本公司3496万股股份，占公司总股本的24.01%；西藏华西药业集团有限公司，持有本公司3148万股股份，占总股本的21.62%。

截至2010年底，公司控股子公司包括西藏康达药业有限公司、四川诺迪康威光制药有限公司、成都诺迪康生物制药有限公司、西藏诺迪康藏药材开发有限公司、西藏诺迪康医药有限公司、四川本草堂药业有限公司、成都新江房地产开发有限公司7家。

【主营业务】

生产、销售诺迪康胶囊、诺迪康颗粒，诺迪康口服液、藏药产品及医疗器械等。

【经营业绩】

2011年上半年，公司实现营业收入54,128.55万元，同比下降1.23%；净利润623.65万元，同比增长33.58%，其中归属于母公司所有者的净利润为620.10万元，同比增长45.86%。

【企业文化】

企业理念：科学成就健康，健康成就未来。

企业宗旨：弘扬、提高和发展中医药传统，大力发展生物制药，并以提高和发展人类健康水平为己任。

核心价值观：团队精神第一，公司利益第一，追求效率第一，创造价值第一。

经营方针：永远两条腿走路：处方药、OTC一并前进。类别药单品种销售位居全国第一、第二。

公司文化：在一个开放，坦诚的平台上建立无边界沟通，以每一天，每一刻，每一点为基础开始创新，以营销和顾客为导向，打造学习型组织。

公司战略：整合国内外资源，打造世界生物制药第一品牌。

【公司荣誉】

公司上市以来连续被西藏自治区认定为高新技术企业、西藏自治区农牧业龙头企业，2001年被国家科学技术部认定为国家火炬计划重点高新技术企业。2008年公司被科技部认定为创新型试点企业。公司图形商标（祥云图）经国家工商总局认定为中国驰名商标，公司产品诺迪康胶囊和十味蒂达胶囊被评为国家中药保护品种，同时，还被国家保密局、科学技术部评为秘密级国家秘密技术。

【600218】安徽全柴动力股份有限公司

【基本情况】

安徽全柴集团有限公司(以下简称“全柴”)始建于1949年,是一家集研发、生产、经营、外贸、投资为一体的大型集团企业。目前公司在职员工3000多人。公司拥有全柴动力、天利动力、天和机械、欧波管业、锦天机械、福联置业等数家全资或控股子公司。具有年产50万台系列多缸柴油机、5万吨塑料管材和20万套汽车内饰件的产销能力。

安徽全柴动力股份有限公司于1998年成功上市(股票代码为600218),是安徽省内燃机行业唯一一家上市公司,2010年国家火炬计划重点高新技术企业、中国机械工业500强企业。国内知名的柴油发动机研发与制造基地。

目前,全柴形成了以车用、农业装备用、工程机械用、发电机组用为主的动力配套体系,具备国Ⅲ、国Ⅳ产品的研发与批量生产能力,通过了欧盟CE和美国EPA认证,系列产品功率覆盖20—380马力,广泛适用于汽车、农业装备、工程机械、发电机组等,与北汽福田、江淮汽车、东风汽车、南汽、一汽金杯、长安跨越、山东凯马、东安黑豹汽车、雷沃重工、合力叉车等国内多家知名企业建立了良好的合作关系。产品远销东南亚、欧洲、非洲及其他地区。

【主营业务】

多缸柴油机、单缸柴油机及新型塑料管材的开发、生产和销售。

【经营业绩】

2011年1－6月份,公司共销售多缸柴油发动机20.76万台,同比下降13.62%;实现营业收入137599万元,同比下降4.09%;实现净利润(归属于母公司的净利润)4166万元,同比下降33.27%。

【企业荣誉】

公司先后获得“安徽省著名商标”、“国家质量免检产品”、“中国驰名商标”、“汽车柴油机十大品牌”、“中国内燃机行业排头兵企业”、“安徽省百强企业”等荣誉称号。在国内内燃机行业享有较高的声誉。

【600221】海南航空股份有限公司

【基本情况】

海南航空股份有限公司(以下简称海南航空)于1993年1月成立,起步于中国最大的经济特区海南省,是中国发展最快和最有活力的航空公司之一,致力于为旅客提供全方位无缝隙的航空服务。

海南航空拥有波音737、767系列和空客330、340系列为主的年轻豪华机队,适用于客运和货运飞行。1993年至今,海南航空在以海口为主基地的基础上,先后建立了北京、西安、太原、乌鲁木齐、广州、兰州、大连、深圳八个航空营运基地,航线网络遍布中国,覆盖亚洲,辐射欧洲、美洲、大洋洲、非洲,开通了国内外航线近400条,通航城市近90个。

自开航以来,海南航空连续安全运营18年,保持了良好的安全记录,服务赢得广大旅客和民航业界的一致认可。2011年1月,荣膺全球SKYTRAX五星航空公司;2011年12月再度获评美国高端商务杂志《GLOBALTRAVELER》评选的“中国最佳航空公司”,并首次荣登国际著名品牌咨询评估机构BRANDZ评选的2011年度“中国品牌五十强”榜单。

海南航空秉承“东方待客之道”,倡导“以客为尊”的服务理念。从满足客户深层次需求出发,创造全新飞行体验,改变旅客期望,立志成为中华民族的世界级航空企业和世界级航空品牌。

【经营业绩】

2011年上半年,公司以获得“五星航空”为契机,大力推进品牌建设,提升五星服务品质,固化五星服务标准;加大国际业务拓展力度,深入推进国际化进程,积极获取航权资源,加大新航线开航力度,同时强化境外办事处管理,提升国际航线保障运营工作水平;积极推进航班正常率预警制度,空地协调制度等,强化不正常航班处置力度,持续提升公司的正常率。

客运收入:主营业务收入9,984,911千元;主营业务成本7,915,175千元;主营业务利润率20.73%;主营业务收入比上年增减23.23%;主营业务成本比上年增减21.92%;主营业务利润率比上年增减4.28%;

货运及逾重行李收入:主营业务收入425,865千元;主营业务成本302,812千元;主营业务利润率28.89%;主营业务收入比上年增减23.80%;主营业务成本比上年增减10.34%;主营业务利润率比上年增减42.88%;

包机收入:主营业务收入309,455千元;主营业务成本226,136千元;主营业务利润率26.92%;主营业务收入比上年增减18.77%;主营业务成本比上年增减8.79%;主营业务利润率比上年增减33.14%;

出售里程积分收入:主营业务收入32,809千元;主营业务成本2,170千元;主营业务利润率93.39%;主营业务收入比上年增减－5.17%;主营业务利润率比上年增减－6.61%。

【企业荣誉】

2011年12月13日,海南航空以品牌价值4.27亿美元首次入榜由WPP集团旗下的国际权威评估机构明略行评选出的“BRANDZ最具价值中国品牌50强”。

2011年12月1日,海南航空荣获国际著名商旅杂志《GlobalTraveler》第八届读者评选活动GTAwards评出的“中国最佳航空公司”。

2011年8月,海南航空实现连续安全飞行300万小时,获民航局颁发的飞行安全三星奖。

2011年9月8日晚,在“新旅行”年度旅行品牌颁奖盛典上。海南航空获得了年度旅行品牌最佳航空公司类奖项,同时,海南航空也是国内唯一一家获奖的航空公司。

2011年6月22日,海南航空蝉联SKYTRAX2011年中国最佳航空公司及中国地区卓越服务两项大奖。

2011年1月,海南航空荣膺SKYTRAX五星航空公司,标志着海航正式跻身全球七家五星航空公司之列。

【600226】浙江升华拜克生物股份有限公司

【基本情况】

浙江升华拜克生物股份有限公司(股票简称:“升华拜克”,股票代码:600226)位于长三角经济区中心地带的浙江省德清县钟管工业区,是由升华集团控股的一家上市股份有限公司,是国内规模最大的新型农药、兽药生产企业之一,国家重点扶持的高新技术企业。

公司始终坚持“以科技求发展,以质量求生存”的宗旨,先后实施通过了ISO9001质量管理体系认证、ISO14001环境管理体系认证、OHSAS18001职业健康安全管理体系认证、

GMP 认证,公司主要产品通过了美国 FDA、EPA 及欧盟 COS 认证,产品销往全球多个国家和地区。公司拥有国家认定的企业技术中心、博士后科研工作站,并逐步形成了以生物化工产品为主导,以生物高科技、支农产品为主体的产业体系。公司先后与国内多家知名高等院校、科研单位建立了科研生产联合体,并聘请了技术、信息、行业管理等方面的专家、学者、教授担任公司顾问。

展望未来,公司坚持创新生物技术,关爱人类健康,打造绿色生态为理念,致力于生物农兽药研发与生产,为客户提供最值得信赖、最有价值的产品,成为全球动物健康、农作物保护产品和服务的专业提供商,国内动保企业和绿色农药行业的领跑者。

【主营业务】

从事兽药、农药原料药及制成品、相关饲料添加剂的生产经营。

【经营业绩】

2011 上半年报告期内,公司实现营业收入 96800.14 万元,同比增长 7.66%;实现营业利润 8991.86 万元,同比增长 23.63%;实现归属于母公司股东的净利润 7238.84 万元,同比增长 12.29%。

【企业荣誉】

经过多年的发展,公司先后获得"中国化工行业技术创新示范企业"、"浙江省技术创新优秀企业"、"浙江省自营出口优秀企业"、"浙江省 958 技术赶超骨干企业"、"浙江省首批创新型试点企业"和"浙江省首批企业重点创新团队"、"浙江省 146 家工业行业龙头骨干企业"等荣誉称号。"BIOK"商标被认定为"中国驰名商标","升华拜克"被认定为"浙江省知名商号","BIOK"品牌被国家商务部认定为"中国最具竞争力品牌"。

【600230】沧州大化股份有限公司

【基本情况】

沧州大化股份有限公司隶属于沧州大化集团有限责任公司,集团公司前身为河北省沧州化肥厂,始建于 1974 年,1977 年建成投产,经历 30 余年的建设发展,沧州大化股份有限公司已从产品单一的氮肥生产企业,发展成为以化肥为主业,以有机化工—异氰酸酯为重要发展方向的母子公司体制的企业集团。

沧州大化股份有限公司,其合成氨和尿素生产装置是从美国凯洛格公司和荷兰斯特米卡邦公司全套引进的年产合成氨 30 万吨,尿素 48 万吨的大型化肥生产线;硝酸系列装置具有年产 6 万吨稀硝酸、3 万吨浓硝酸的生产能力;本公司的控股子公司 TDI 公司拥有年产 3 万吨甲苯二异氰酸酯生产装置,聚海分公司拥有年产 5 万吨甲苯二异氰酸酯生产装置,并计划于 2011 年投产年产 7 万吨甲苯二异氰酸酯生产装置,成为国内异氰酸酯行业的主要生产厂家。

沧州大化股份有限公司是经河北省体改委同意筹建,于 1998 年 9 月 24 日以发起方式设立的股份有限公司。公司注册资金 17933 万元,公司总资产 94455 万元,固定资产原值 87232 万元,固定资产净值 22565 万元。2000 年 4 月在上海证券交易所正式挂牌成为上市公司。公司公开发行股票后,注册资本变更为 2.59 亿元,现公司总资产 410855 万元,固定资产原值 345236 万元,固定资产净值 213211 万元。

建企 30 余年来,企业在抓好引进技术消化吸收,强化内部管理的同时,不断致力于对引进主要装置的改造和创新,使装置的生产能力不断提高,物质消耗不断降低。合成氨装置现生产能力达到 36 万吨/年,尿素装置现生产能力达到 54 万吨/年。沧州大化股份有限公司于 1997 年通河北省环保局验收,成为达标排放企业,1998 年 12 月通过了 ISO9002 质量体系认证。

【主营业务】

尿素、TDI 等化工产品的生产及销售。

【经营业绩】

2011 年上半年,公司共生产合成氨 17.13 万吨,同比增加 0.1 万吨;生产尿素 27.06 万吨,同比增加 1.25 万吨;生产浓硝酸 2.40 万吨,同比减少 0.30 万吨。聚海分公司生产 TDI 产品 2.83 万吨,同比增加 0.82 万吨。TDI 公司生产 TDI 产品 1.7 万吨,同比增加 0.02 万吨。

报告期内,公司(合并)实现营业收入 124535.76 万元,营业利润 4124.32 万元;实现归属于母公司的净利润 3659.93 万元,每股收益 0.1411 元。

【公司荣誉】

- 1991 年,荣获"国家一级企业"称号。
- 2002 年,尿素产品获国家免检产品称号。
- 2003 年,获全国用户满意企业,产品享誉华北、东北地区,并远销东南亚等国家。
- 2004 年,度、2008 年度河北省清洁生产审核先进企业。
- 2004 年,获河北省名牌产品证书。
- 2005 年,沧州市环保管理先进企业。
- 2005 年,尿素产品获中华人民共和国国家质量监督检验检疫总局"产品质量免检证书"。
- 2008 年,获河北省诚信企业证书。
- 2009 年,尿素产品被评为河北省第八届消费者信得过产品。
- 2010 年,河北省深化安全生产承诺制示范点先进单位。

【600236】广西桂冠电力股份有限公司

【基本情况】

广西桂冠电力股份有限公司(以下简称"桂冠电力")创立于 1992 年 9 月,当时负责开发建设经营广西红水河百龙滩水电站,是全国第一家以股份制形式筹集资金进行大中型水电站建设的企业。1994 年 1 月,红水河大化水电厂经营性资产评估后入股桂冠电力,增强了公司滚动开发的实力。2000 年 3 月,桂冠电力 A 股股票在上海证券交易所上市,是目前国内第二大水电上市公司。公司位于广西壮族自治区首府南宁市。

桂冠电力是中国大唐集团公司的控股子公司,拥有广西岩滩、平班、大化、百龙滩、乐滩以及四川天龙湖、金龙潭、仙女堡等 8 座水电站、合山 1 座火电厂和山东东源 1 个风电场,可控装机容量为 415.8 万千瓦,其中水电 340.9 万千瓦、火电 66 万千瓦、风电 8.9 万千瓦。

桂冠电力坚持以红水河流域开发为主线,以水电开发与运营为主导产业,适当发展其他清洁能源,实现可持续发展。截至 2010 年 12 月 31 日,公司总资产 182.08 亿元、净资产 30.25 亿元、净资产收益率为 15.43%。

步入 2011 年,根据国家新一轮的五年规划发展纲要,桂冠电力将与时俱进,扎实工作,按照现代企业制度的要求,努力建立一流的人才队伍,实行一流的企业管理,争创一流的企业效益，实现公司确定的发展战略目标，把公司做强做大，为股东创造丰厚的回报，为社会作出更大的贡献。

【经营业绩】

2011 年上半年报告期内，公司完成营业收入 235479.00 万元，同比增加 18.67%，收入增长的主要原因是上网电量增长；实现利润总额 49797.78 万元，同比增加 85.30%，主要原因是上半年毛利率较高的水电上网电量同比增加 62.27%；归属于母公司所有者净利润 25865.94 万元，同比增加 38.70%。

【600238】海南椰岛(集团)股份有限公司

海南椰岛(集团)股份有限公司，成立于 1993 年，是由一家有着 70 多年历史的海口饮料厂稳健发展起来的国有股份制上市公司。公司目前总资产 13 亿元人民币，现有员工 3000 多人，涉及行业包括：保健酒类、白酒类、食品饮料类、淀粉生产销售类、房地产开发类和国内外贸易类等等。公司分别在湖南、湖北、广东、广西、上海等全国 20 多个省市自治区设立了 20 多个销售子公司，在 500 多个地市县设立了营销部，一张绵密的销售网络纵横交错而成，有效覆盖市场的每个角落，为公司高素质的销售团队提供了有力的硬件支持。

目前由公司科研人员精心研发的百余种品质优良的产品，深受广大消费者的喜爱，特别是公司的主打产品——椰岛鹿龟酒，不仅具有悠久的历史渊源和深厚文化内涵，更融合了现代高科技酿造技术，已成为家喻户晓的知名品牌，在全国获得多项荣誉和称号，在 2007 年被评为中国名牌产品，销售量多年位居保健酒市场前列；其系列产品椰岛海王酒自投入市场以来，亦获得良好的市场反映，销售量节节攀升，市场份额迅速扩张。公司白酒品牌海口大曲，是海南人民、商政宴客的首选佳酿，已成为一张响亮的海南酒类名片，更于 2010 年博鳌国际旅游论坛上成为指定用酒。公司投资年产 5.6 万吨的国内最大的变性淀粉厂已经正式启用，投入生产。公司于 2002 年成功进入贸易领域，主要经营橡胶、玉米、白糖等，每年实现销售收入超过 7 亿元人民币。中国加入 WTO 以及东盟 10 + 1 自由贸易区设立以后，公司又积极开展了国际贸易业务。

公司业绩突出，声誉卓著，是海南省企业绩效评价中的佼佼者，在 2003 年全国上市企业竞争力评估中，位居海南第一名，在 2005 年获得“最具影响力的海南知名工业企业”称号和“2004 年度海口市十大农业龙头企业”称号。“椰岛”商标于 2005 年被评为中国驰名商标。

2010 年，椰岛集团积极进军食品饮料行业。一个现代的综合性食品生产基地顺利在建。立足海南生态和资源优势，在国际旅游岛建设的大战略下，椰岛品牌必将焕发更加强大的生命力，面向全国，走向世界。

【600239】云南城投置业股份有限公司

【基本情况】

云南城投置业股份有限公司(以下简称“公司”或“云南城投”)是经云南省城市建设投资有限公司收购重组云南红河光明股份有限公司，于 2007 年 11 月 30 日在上海证券交易所复牌上市的国有控股上市公司(股票简称：云南城投，股票代码 600239)。公司法定代表人：许雷；注册资本：6.3 亿元。经营范围：房地产开发与经营、商品房销售、房屋租赁、基础设施建设投资、土地开发。截至 2011 年 2 月，公司总资产近 116.62 亿元。

云南城投自复牌上市以来，坚持立足云南、面向全国、辐射东南亚的发展方向，以房地产开发为主业，在做好省内房地产项目开发和土地储备的同时，积极向陕西、天津等省外市场拓展，并依托公司优势，与万科、中海、招商等一批优秀的省内外开发商建立了战略合作伙伴关系，为公司品牌建设，发展目标实现奠定基础。2009 年 4 月，公司充分利用资本市场融资平台，成功完成定向增发工作，募集资金 20 亿元。2010 年 1 月 4 日云南城投被调入沪深 300 指数样本股。截至目前，公司市值最高超过 216 亿元。经过两年多的快速发展，现公司麾下已拥有近二十家控股公司。

公司作为以经营性房地产开发为主营业务的上市公司，将充分发挥自身优势，以环湖东路沿线土地一级开发及城中村改造为主线，以房地产一、二级开发联动为核心竞争力，迅速壮大资金实力，完成盈利积累，充实土地储备；依托云南经济、社会、文化及自然资源特色，借助政府投融资平台地位，以广义的“房、地、产”为经营内容，以城市运营商为发展定位，本着“积极进取、开拓创新”的精神，着力于树立高品质为导向的企业形象，使云南城投逐步成长为国内一流的品牌房地产企业。

【主营业务】

商品房销售、房屋租赁、基础设施建设投资、土地开发。

【经营业绩】

截至 2011 年 6 月 30 日，公司总资产 134.9 亿元，较年初增长了 12.13%；归属于母公司的所有者权益 32.9 亿元，较年初增长了 2.13%；负债总额 96 亿元，较年初增长了 16.13%；归属于母公司的净利润 9,136 万元，较上年同期增加了 141%。

【600248】陕西延长石油化建股份有限公司

【基本情况】

陕西延长石油化建股份有限公司(简称“延长化建”，股票代码 600248)，位于闻名遐迩的国家杨凌农业高新技术产业示范区。延长化建是在陕西省委、省政府的正确决策和省国资委的大力支持下，由陕西延长石油(集团)有限责任公司以其持有的陕西化建工程有限责任公司资产通过重组杨凌秦丰农业科技股份有限公司并于 2008 年 12 月 26 日在上海证券交易所成功上市，是目前国内石油化工建设领域为数不多的上市公司之一。

陕西化建工程有限责任公司(简称“陕西化建”)是延长化建的全资子公司，是陕西省唯一从事石油化工建设的大型股份制企业。陕西化建组建于 1951 年，曾先后隶属于重工业部、冶金工业部、化学工业部、陕西省石化厅、陕西省国资委，2001 年改制成立了陕西化建工程有限责任公司，2006 年划归陕西延长石油(集团)有限责任公司，经营管理模式由施工生产型向工程设计、设备采购、建筑安装、技术服务一体化、多元化、集团化方向发展，是陕西延长石油(集团)有限责任公司工程建设板块。

【业务资质】

陕西化建现为国家石油化工施工总承包壹级资质，房屋建筑工程、机电设备安装工程、市政公用工程施工总承包贰级企业，同时具有钢结构、防腐保温、消防设施、土石方工程专业承包资质。D1、D2 类压力容器设计资质，A1、A2、A3、

D1、D2类压力容器制造资质，以及一级（420t/h）锅炉安装，GA1、GB类、GC1压力管道安装及起重机械安装资质。公司主要承揽石油、化工、天然气、电力、电子、冶金、水利、航天、医药、军工、公共事业、工业与民用建筑、路桥、长输油气管道、土石方等工程。

陕西化建秉承“质量在我心中，信誉在我手上，为社会提供满意的产品和服务”的质量方针，注重塑造金字品牌形象，不断完善法人治理结构。公司具有完整的质量、安全、环境和计量管理体系，通过了GB/T19001－2008质量管理体系、GB/T28001－2001职业健康安全管理体系、GB/T24001－2004环境管理体系、GB/T19022－2003测量管理体系认证。公司年可完成建筑安装工作量80亿元以上。

陕西化建下设19个职能处室，4个综合安装公司，建筑、钢结构、电气仪表、吊装运输、传动设备、设备制造、无损检测、物资成套等8个专业公司及多个公司级项目部，其中陕西西宇无损检测有限公司是西北规模最大的专业检测公司。

【人才结构】

陕西化建历史悠久，施工力量雄厚，技术装备先进。工种齐全、专业配套、技术精湛。公司现有职工4450名，其中管理人员1002人，技术人员665人，生产工人2169人，一级注册建造师71人，二级注册建造师148人；拥有中高级职称345人；拥有高级技师、技师107人，中高级工921人。

【企业优势】

陕西化建拥有固定资产原值3.21亿元，装备水平名列全国同行业前茅。各类机械设备4423台，其中1250吨、600吨、260吨和250吨履带起重机各1台，400吨履带起重机2台，80吨履带吊4台，450吨、200吨、130吨汽车吊各1台，50吨及以下吊车84台，各类电焊机2500余台，管道工作站14套，以及大型储罐自动焊机、旋挖钻机、螺杆式压缩机、HZS型商砼站、混凝土泵车、罐车、装载机等大型工程机械及高精端仪表调试设备等。

公司建立了完善“决策科学、制度健全、衔接紧密、执行有力”的管理体系，推行信息化和标准化管理。公司参编国家及行业标准5项，获国家实用新型专利8项、发明专利5项、国家级工法4项、部级工法18项，公司技术中心获得省级技术中心。公司焊接水平在陕西省名列前茅，多次在陕西省焊工技术比武中摘取桂冠，曾多次代表陕西省参加全国焊接比赛并获得好名次。

陕西化建先后承建了1000多项国家和省、市重点工程，工程合同履约率和单位工程合格率均达到100%，安装工程优良品率始终保持在90%以上，多项工程被评为国家、部、省优质工程。近年来，公司施工规模、经营领域不断扩大，足迹遍及全国20多个省、市、自治区，并且走出国门，参加缅甸和伊朗的工程建设。

2008年以来，公司承建的靖惠输油管道工程评为全国优质工程金质奖；延炼300万吨/年常压—200万吨/年催化裂化装置、榆天化20万吨/年甲醇项目获全国化学工业优秀施工项目奖；陕西神木化学工业有限公司Ⅱ期40万吨/年甲醇工程、安塞—永坪原油管输工程、昊华宇航化工有限公司20万吨/年离子膜烧碱－20万吨/年氯乙烯树脂工程、吴起－延炼输油管道延炼末站工程获全国化学工业优质工程奖；公司获QC小组成果奖一等奖2个、二等奖9个；长输管道水压清管、试压及吹扫施工技术、抱龙峪试验区901试车台A7911—2001A试车架安装技术分别荣获中国施工企协科技创新成果一、二等奖。兴平化建大厦、靖边化工园厂前区宾馆办公楼及延炼—西安成品油管输项目工程被评为省级文明工地。

【市场成就】

陕西化建近年来在集团内承建的主要工程项目：公司PC总承包的杨庄河炼化一期项目，创造了陕西省化工项目规模、速度和质量新纪录；吴起—延炼原油管输项目比计划提前4个月投油；延炼—西安成品油管输项目比计划提前9个月投油。承建了榆林20万吨/年醋酸工程、西橡2000万条/年子午轮胎工程、兴化大化工30万吨/年甲醇、30万吨合成氨、30万吨/年氯化铵、30万吨/年联碱工程，榆炼180万吨/年催化裂化、延安炼油厂200万吨/年催化、300万吨/年常压工程，商洛氟硅化工工程，延炼乙苯/苯乙烯等工程。集团外主要工程项目有：世界最大的新疆玉象胡杨11万吨/年三聚氰胺工程、亚洲最大的中化近代（江苏太仓）2万吨/年134a工程、亚洲最大的新疆金圣胡杨60万吨/年硝基复合肥工程、亚洲最大的新疆天辰化工二期40万吨/年粒碱装置工程、神木化工60万吨/年甲醇工程，全国最大的山西天脊潞安公司焦炉气制30万吨/年甲醇工程，安徽华塑公司100万吨/年聚氯乙烯项目乙炔装置安装工程，河南焦作昊华宇航24万吨/年离子膜烧碱、20万吨/年PVC工程，新疆锦疆化工70万吨/年尿素工程、内蒙庆华10万吨/年甲醇制芳烃工程、陕西省西－商、西－汉天然气长输管线等工程。

陕西化建分别在杨凌和靖边工业园区建有设备制造基地，主要产品为碳钢、低温钢、耐热钢、不锈钢及复合板等材质的塔器、容器、换热器、以及管件、法兰加工，具有承揽石油化工、天然气、航空航天、食品机械等塔器、换热器、反应器、容器、大型储罐的制造和安装，年生产能力在10亿元以上。公司在靖边工业园区建有四套HZS120混凝土搅拌站。

【企业荣誉】

近年来，陕西化建先后荣获“首批全国建筑业诚信企业”、“全国用户满意施工企业”、“全国重合同守信用企业”、“全国五一劳动奖状”、“中国建筑业AAA级信用企业”、“新世纪十年中国建筑业综合实力50强”、“2010年中国建筑100强”、“中国石化工业企业文化建设先进单位”、“中国石化工业党建及思想政治工作优秀单位”、“十一五全国建筑业科技进步与技术创新先进企业”、“陕西省先进集体”、“陕西省文明单位”、“陕西省建筑业优秀施工企业”、“陕西省守合同、重信用企业”、“AAA信用等级企业”、“陕西省重点推广品牌”等30多项荣誉称号。

【发展规划】

“十二五”期间，延长化建将按照“依托延长、一业为主、多元发展”战略定位，树立“工程立企、科技兴企、人才强企、创延长化建品牌”战略思维，坚持“一体、两翼、两支撑”产业格局，沿着“由施工总承包向EPC承包延伸、由工程施工向房地产开发延伸、由安装向制造延伸、由工程承包向投融资延伸”战略路径，通过“管理提升、资源整合、资本运作、协同发展”的发展方略，做大延长化建、做强陕西化建，使公司成为以工程总承包为核心，集装备制造、房地产开发、工程技术服务、投融资业务为一体的多元化发展的国际化工程公司。全面落实科学发展观，以集团公司大型工程项目建设为契机，提升石化工程施工主业资质及具备设计能力，完成化工石油工程总承包资质壹级升特级，不断完善项目管理方式方法，加快向EPC工程总承包公司的发展步伐，力争“十二五”末产值达到100亿元。

一握化建手，永远是朋友。精诚合作，共同发展是我们的心愿。让我们携手为祖国的石油化工建设做出更大的贡献。

【600262】内蒙古北方重型汽车股份有限公司

【基本情况】

内蒙古北方重型汽车股份有限公司（北方股份）是我国专业从事非公路矿用汽车、相关工程机械及其零部件研发、生产和销售的企业，是中国兵器工业集团成员单位。公司前身是中英美三国于1988年合资组建成立的北方重型汽车有限责任公司，2000年6月在沪市成功上市。作为集"军工、央企、合资、上市"四大特色于一体的大型民族矿车领军企业，在二十多年的发展历程中，企业资本实力不断增强，社会地位日益提升，在推动国家经济发展和中国矿用汽车事业壮大的过程中发挥了不可替代的作用。

北方股份位于包头市稀土高新区，占地面积近1000余亩。拥有北方股份科技园、工程机械工业园和矿用汽车工业园三大产业园区。拥有非公路矿用自卸车、旋挖钻机、液压挖掘机、液压缸及备件等四大产品板块，即TR系列载重28吨—91吨机械传动矿用自卸车、MT系列和NTE系列载重136吨—326吨电动轮矿用自卸车、NR系列扭矩15－22吨米旋挖钻机、LC系列20－33吨级液压挖掘机，矿用自卸车是公司的主打产品。系列化产品广泛应用于冶金、煤炭、有色、化工、建材、水电、交通基础设施建设七大关键领域，遍布于国内外500多个大型矿山和重点水利水电工地，特别是在国家重点建设项目长江三峡工程、黄河小浪底水电工程、北京奥运会场馆等建设中发挥了巨大作用。

公司遵循"忠毅严和，惟恒创新"的核心价值观，牢牢把持国内外矿用车技术的发展方向和矿用产品的发展趋势，坚持以人为本、人才先行理念，依靠公司强大的技术创新优势，不断开发出一系列符合市场需求的高新技术产品，2011年又成功自主研制出了具备国际一流水平的NTE260电动轮矿用车。公司始终坚持"进一座矿山、树一次品牌、交一批朋友、拓一片市场"的营销理念和"共赢的平台、保姆式服务、个性化满足、永久性支持"的服务理念，为国内外用户提供优质的产品和贴心的服务。

北方股份先后被中国科学院和国家科技部共同命名为"国家级高新技术企业"及"中国矿用汽车的生产和研发基地"；被国家经贸委确定为"先进技术企业"；被中国企业形象认定委员会评为"企业最佳形象AAA级企业"；被国家质量协会授予"用户满意服务"百家企业；被国家科技部、发改委、工信部等多部委和中国科学院、中国工程院联合授予为"重型非公路矿用车国家地方联合工程研究中心"，成为我国唯一的国家级非公路矿用车研发基地；2011年新建落成的矿用汽车工业园全面运行，北方股份具备了年产千台矿车的产出能力，标志着北方股份成功打造成为了世界产能规模最大、国内研发实力最强的中国矿车行业龙头企业。

面对新时期的发展机遇，秉持"做强矿车主业、领先矿车行业、丰富矿车产业、成就矿车伟业"的发展战略，"天时、地利、人和"兼具的北方股份正迈开"三次创业"的步伐，全力提升企业的技术地位、市场地位和战略地位，力争将公司打造成为世界一流的矿用设备供应基地，使公司在矿用车及相关工程机械的研制生产方面成为具有中国特色、跻身世界前列的集团化公司。

【主营业务】

开发、制造各种型号的特雷克斯牌的非公路自卸汽车，以及铲运机、装载机、推土机、挖掘机等工程机械及相应的零部件，销售自产产品并提供售后服务。

【经营业绩】

2011年上半年报告期内，公司共实现营业总收入10.07亿元，比上年同期增长13.45%，实现归属于母公司所有者的净利润6,520万元，比上年同期增长92.33%。

【600267】浙江海正药业股份有限公司

【基本情况】

始创于1956年的浙江海正药业股份有限公司（股票代码600267，以下简称"海正药业"）秉承"执著药物创新，成就健康梦想"的使命和"成为广受尊重的全球化制药企业"的愿景，致力于整合药物研发与生产资源，为全球客户提供更好的产品和服务，通过美国FDA、欧盟EDQM、澳大利亚TGA、韩国KFDA等官方认证的品种达到40多个，销往全球30多个国家和地区。

2009年，公司荣获"全国五一劳动奖状"，海正、HISUN及图形被认定为"中国驰名商标"，入选"中国万种微生物基因组计划"和"国家重大（磅）级药物品种产业化技术创新联盟"。因圆满完成"抗甲流药物中间体生产"的国家任务，受到省政府的通令嘉奖。

2010年，公司入选浙江省医药工业"十强企业"，并荣获"国内最佳产品线十佳工业企业"称号，同时被誉为"金蜜蜂奖成长型企业"。

【主营业务】

化学原料药，化学中间体，医药制剂、生物制药，中成药、中药制剂、医药辅料（以上五类仅限于片剂、胶囊剂、粉针剂、口服液四种品种）的生产、开发、销售。

【经营业绩】

2011年上半年，公司实现营业收入248,706.64万元，同比增长了16.42%；归属于上市公司股东的净利润22,739.60万元，同比增长了52.55%。

【600268】国电南京自动化股份有限公司

【基本情况】

国电南京自动化股份有限公司（简称：国电南自，股票代码600268）是1999年11月18日在上海证券交易所上市的国家电力系统首家高科技上市公司，被誉为中国电力高科技第一股，现为华电集团直属子公司。国电南自前身为南京电力自动化设备总厂，始建于1940年。新中国成立后，公司在电力自动化领域相继研究生产出中国第一代第二代静态继电保护产品，并创造过多个全国第一，被誉为中国电力自动化现代产品的开山鼻祖。公司是南京市工业50强企业、国家火炬计划重点高新技术企业、十佳（中国）创新型杰出企业、国家电力自动化产业基地骨干企业，公司的产品荣获"中国名牌"称号。公司主要业务领域有：电网自动化、电厂自动化、水利水电自动化、轨道交通自动化、工业自动化、信息与安防监控系统、土工与大坝安全监控系统、新能源与节能减排、水环境保护、智能一次设备等。

作为华电集团的五个上市公司之一和工程技术板块的重要组成部分，国电南自以"三足鼎立"的发展模式致力于打造电力自动化产业、新能源及节能减排产业、智能化一次设备产业三大业务板块，产业布局呈一体两翼，即以中国（南京）电力自动化工业园（国电南自总部新模范马路38

号)为龙头,以国电南自(江宁)高新科技园、国电南自(浦口)高新科技园为两翼。公司在2008年1月定向增发成功之后,实现了上市公司和南自总厂的一体化整合,并进一步加强科技创新、提高产品质量、统一品牌、统一生产,使公司步入新的快速发展阶段。

国电南自始终坚持“以人为本,发展共赢”的核心价值观,弘扬“创新、务实、和谐、超越”的企业精神,树立“领先、诚信、环保、奋进”的企业形象,不断创新体制机制,不断创新管理,积极拓展国内国际业务,为广大用户提供一流的产品和服务。

【主营业务】

电力系统各类自动化系统及装置;变电站、发电厂继电保护及自动控制设备、输变电设备、低压电器设备、铁路、交通、冶金、化工、石油、码头等行业的电气自动化系统及控制设备。

【经营业绩】

2011年上半年,公司实现订货219,383.10万元,与上年同期相比增长了40.45%.公司实现营业收入103,663.37万元,与上年同期相比增长了16.18%;实现利润总额9,370.26万元,与上年同期相比增长了118.84%;实现净利润8,695.41万元,与上年同期相比增长了191.96%,其中归属母公司的净利润达到8,645.34万元,与上年同期相比增长了343.90%。

【企业文化】

公司使命:科技服务电力发展回报社会

公司愿景:国内领先国际一流

核心价值观:以人为本发展共赢

公司精神:创新务实和谐超越

公司形象:领先诚信环保奋进

【企业荣誉】

全国电力科技进步奖13项;华电集团科技进步一等奖、二等奖10余项;获国家发明及实用新型专利授权几十项。NDT650牵引变电所综合自动化系统被列入国家级火炬计划项目;《电除尘器电源及控制系统》被中电联行环部推荐为“电力行业节能技术推荐产品”。

【600271】航天信息股份有限公司

【基本情况】

航天信息股份有限公司是集技、工、贸于一体的具有现代化企业管理机制的高新技术企业。由中国航天科工集团公司等十二家中国航天领域的知名企业和科研院所在原航天金穗高技术有限公司、原北京航天金卡电子工程公司和北京航天斯大电子有限公司的基础上于2000年11月1日共同发起成立。

公司依托航天的技术优势、人才优势和组织大型工程的丰富经验,以信息安全为主业,致力于计算机系统应用的开发、生产、系统集成和推广应用。公司拥有自己的核心技术和创新团队,建立了覆盖全国的强大的渠道和服务体系,设立了信息安全、智能商务、RFID等博士后工作站,具备信息产业部计算机系统集成一级资质,承担了“金税工程”、“金卡工程”、“金盾工程”等国家重点工程,是国家大型信息化工程和电子政务领域的主要参与者。2003年7月11日,公司在国内A股市场挂牌上市,成为国内最具实力的IT上市公司之一。

公司秉承“以人为本,协同创新”的理念,始终坚持以顾客是上帝、顾客满意为目标,采用高技术手段,依托Call-Center、公司网站等信息平台,为用户提供优质高效的服务。公司在全国31个省、市、自治区和5个计划单列市建立了36家省级服务单位、700余家基层服务单位,从业人员万余人,服务网络遍布全国各地。为保证技术服务人员具备全面的技术素质,公司不断加强对各级技术服务人员的培训和考核,建立了完善的认证管理体系,在服务人员中形成良性竞争,做到服务产品标准化、服务人员专业化、服务行为规范化、服务管理职业化,努力为客户提供至诚至善的服务。

在技术竞争日益激烈的今天,公司不断加大对研发技术的投入,壮大企业的研发实力。作为计算机软硬件、智能卡与系统集成等IT全面技术与服务的提供商,公司始终坚持以高新技术研发为核心,全面客户服务为导向,成立了多个以清华大学等国内知名学府为合作伙伴的研究所和项目组,在充分发挥航天系统的技术优势、管理优势的基础上,紧密依托高校的人才优势,不断提高公司产品的技术含量。

【经营业绩】

2011年1-6月,公司实现营业收入539,682.11万元,同比增加125,068.27万元,增长30.17%;实现利润总额82,797.45万元,同比增加16,647.70万元,增长25.17%;归属于母公司的净利润53,657.70万元,同比增加12,572.88万元,增长30.60%。

【企业荣誉】

- 2009年,全球IT百强企业。
- 2000年至2008年,连续九年进入“电子信息百强企业”。
- 2001年至2008年,连续八年被评为“中关村技术经济20强”。
- 2001年至2008年,连续八年进入“北京市海淀区纳税50强”。
- 2006年,全国纳税百强企业。
- 2006年,全国信息化先进单位。
- 2005年,度中国最具竞争力的上市公司百强企业第15名。
- 2005年,度中国上市公司百强企业第28名。
- 2004年,被评为全国电子政务百强企业第2名。
- 2004年,被评为全国二十家优秀系统集成商之一。
- 全国用户满意企业和质量先进单位。
- 全国信息产业系统先进集体。
- 国家科学进步二等奖。
- 科技部科技进步二等奖。
- 中国优秀发明专利奖。

【600276】江苏恒瑞医药股份有限公司

【基本情况】

江苏恒瑞医药股份有限公司始建于1970年,2000年在上海证券交易所上市,股票代码600276,是国内最大的抗肿瘤药和手术用药的研究和生产基地,目前是国内最具创新能力的大型制药企业之一。2010年公司实现销售收入37.5亿元,利税15亿元,各项经济指标均比去年同期有大幅增长。

恒瑞医药本着“诚实守信质量第一”的经营原则,致力于在抗肿瘤药、手术用药、内分泌治疗药、心血管药及抗感染药等领域的创新发展,并逐步形成品牌优势,其中抗肿瘤药销售已连续7年在国内排名第一,市场份额达12%以上,手术用药销售也名列行业前茅。公司年生产能力达到片剂15亿片,针剂1亿支,软袋大输液1000万袋,口服液1000万瓶,胶囊1

亿粒，软膏1000万支。公司所有剂型均已通过了国家GMP认证。另有4个原料药通过美国FDA认证。美国FDA官员已于2010年7月到公司进行了制剂的认证检查，其中注射剂的认证是我国首次接受FDA认证，为打造恒瑞医药国际性品牌凝聚辉煌。

在市场竞争的实践中，我们认识到竞争主要依赖于创新，特别是关键领域的技术创新。为此，恒瑞医药在美国、上海和连云港建有三大研究中心和一个临床医学部，拥有各类高层次专业技术人员800多名，其中有近500名博士、硕士及海归人士，有2人被列入国家"千人计划"，2人被列入"江苏省高层次创新创业人才引进计划"，并建立了国家级企业技术中心和博士后科研工作站。

几年来，公司先后承担了4项国家863计划重大科技专项项目、9个项目列入国家"重大新药创制"专项，12项国家火炬计划项目，7项国家星火计划项目，23项国家级重点新产品项目及数十项省级科技攻关项目，公司共申请了近180项发明专利，其中60项全球专利（PCT专利），有1个创新药艾瑞昔布已获批上市，另有8个创新药处于不同的临床阶段，多个创新药正申请临床，恒瑞医药正努力实现在重点领域的创新和国际水平接轨。

为了在激烈的市场竞争中取得主动权，公司建立并完善了遍及全国的销售网络系统，拥有一支3000多人的销售队伍。拥有十几个年销售额过亿元以及5亿元以上的品牌产品。公司还积极拓展美国、欧洲、印度、南美等国家和地区的市场，扩大出口渠道。

恒心致远，瑞颐人生。恒瑞医药一直秉承"科研为本创造健康生活"的理念，以建设中国人的跨国制药集团为总体目标，拼搏进取、勇于创新，不断实现企业发展的新跨越和新突破。

【主营业务】

原料药、片剂、硬胶囊剂、注射剂的剂制造、销售。

【经营业绩】

2011年中期，公司实现营业收入21.67亿元，同比增长了15.94%；净利润为4.95亿元，同比增加了22.52%。

【企业宗旨】

科技为本，创造健康生活

【公司荣誉】

公司先后被评为"全国医药系统先进集体"、"国家重点高新技术企业"，国家火炬计划新医药研究开发及产业化基地的骨干企业之一，"国家863计划成果产业化基地"，连续多年被国家统计局列为全国化学制药行业十佳效益企业；公司是国家"重大新药创制"专项创新药孵化器基地；2010年公司被国家科技部评定为"中国抗肿瘤药物技术创新产学研联盟"的牵头单位；2010年在医药上市企业最具竞争力20强评选中，公司名列第一；同年，公司以第一名身份入选中国医药工业信息中心发布的"国内最佳研发产品线"。公司连续多年上缴税收在全国化学制药行业里排名第二，连续多年被评为江苏省工业企业纳税大户。

【600277】内蒙古亿利能源股份有限公司

【基本情况】

内蒙古亿利科技实业股份有限公司现更名为内蒙古亿利能源股份有限公司，是内蒙古自治区仅有的20家上市公司之一。公司于1999年1月由亿利资源集团公司作为主发起人发起设立，并于2000年7月在沪上市。2008年7月29日更名为内蒙古亿利能源股份有司。内蒙古亿利科技实业股份有限公司注册地址为鄂尔多斯市东胜区鄂尔多斯西街30号，注册资本90,193.50万元。主要经营PVC、烧碱、PVC管材、电石、硫化碱、元明粉、盐生产销售；芒硝矿、湖盐、原碱开采利用；医药产品、食品、保健食品的科技开发和加工、销售；甘草、麻黄草等中药材的种植、收购、加工销售；煤炭开采、销售等业务。

内蒙古亿利科技实业股份有限公司按照上市公司要求，建立了完善的法人治理结构，实施了董事会领导下的总经理负责制管理体系，设立了总管理部、行政部、审计部、证券部、财务部、安全环保部、生产技术部7个职能部门。下属达拉特旗电石分公司、药业分公司、甘草分公司等三家分公司，参控股的企业有内蒙古亿利化学工业有限公司、朔北医药有限公司、包头中药有限责任公司、亿利恒利城市建设发展有限责任公司、神华亿利能源有限责任公司、内蒙古亿利冀东水泥有限责任公司等。

内蒙古亿利科技实业股份有限公司产业主要划分为能源化工、煤炭生产与运销、医药生产与商流三大板块。其中能源化工板块目前已经建成一个循环经济产业示范园区，形成了"煤—煤矸石发电—电石—离子膜烧碱—PVC—工业废渣制水泥"一体化循环产业链；煤炭生产与运销板块正在积极稳步推进；另外，公司经营的医药企业是自治区最大的医药生产、流通企业，拥有国药准字481个品种、25条生产线、490台/套生产设备，且全部通过GMP认证。

【经营业绩】

2011年1-6月份，公司累计实现营业收入530,071.33万元，比上年同期增长41.69%；实现营业利润15,295.34万元，与上年同期增长72.66%；实现净利润13,494.51万元，其中归属于母公司所有者的净利润为10,609.83万元，比上年同期相比增加108.6%。

截至2011年6月30日，公司总资产为1,351,698.69万元，净资产533,411.81万元。

【企业荣誉】

2011年10月27日，由国内主流门户网站搜狐网和国际知名咨询公司科尔尼联合主办，国际气候组织协办的第二届"中国绿金奖"评选在京揭晓，亿利资源作为唯一的中国企业与跨国公司陶氏化学、英特尔中国共同获得中国绿金奖绿色创新奖。

亿利资源集团因其在信息化建设和两化融合方面做出的卓越贡献，光荣入选"2010年中国两化融合50强"单位。

【600282】南京钢铁股份有限公司

1999年3月18日，经江苏省人民政府苏政复（1999）23号文批准，南钢集团公司作为主要发起人，联合中国第二十冶金建设公司、中冶集团北京钢铁设计研究总院（原冶金工业部北京钢铁设计研究总院）、中国冶金进出口公司江苏公司、江苏冶金物资供销有限公司（原江苏冶金物资供销公司）等四家企业共同发起设立南京钢铁股份有限公司。公司总股本设立时为30,000万股。

2000年8月22日，经中国证监会证监发行字[2000]112号文核准，公司向社会首次公开发行股票，并于2000年9月19日在上交所挂牌交易。首次公开发行后，公司总股本为42,000万股。

经公司2000年年度股东大会决议批准，公司以2000年末的总股本42,000万股为基数,按每10股送红股2股并派发现金1.00元(含税)的比例进行利润分配,共计分配红股8,400万股,派发现金4,200万元。上述分配完成后,公司总股本为50,400万股。

2003年,南钢集团公司以其所持有的南钢股份70.95%国有股股权,与复星集团公司、复星产业投资和上海广信科技发展有限公司共同投资组建南钢联合,并于2003年7月25日完成股权过户手续,股权过户后,公司控股股东由南钢集团公司变更为南钢联合。

经中国证监会证监发行字[2005]3号文核准,公司于2005年1月向社会公开发行人民币普通股(A股)12,000万股,每股面值1元,每股发行价格为6.55元,并于2005年1月20日在上交所上市交易,发行后公司总股本变更为62,400万股。

经公司2004年年度股东大会决议批准,公司以2005年2月4日总股本62,400万股为基数,以资本公积金按每10股转增5股的比例转增股本31,200万股。资本公积金转增股本后,公司总股本为93,600万股。

2006年10月16日,公司2006年第一次临时股东大会决议审议通过了《公司股权分置改革方案》,以股权分置方案实施的股权登记日(2006年10月23日)在册的全体股东按每持有10股股份派发现金分红2.80元(含税);非流通股股东将其应得的现金分红15,120万元作为对价执行给流通股股东;即流通股股东所持流通股股份每10股共获得6.62元(含税)现金对价。本次股权分置改革方案实施后,公司所有股份均为流通股股份,其中有限售条件的股份总数为54,000万股,占总股本57.69%;无限售条件的股份总数为39,600万股,占总股本42.31%。

经公司2007年年度股东大会决议批准,公司以2007年12月31日总股本93,600万股为基数,以资本公积金按每10股转增4股的比例转增股本37,440万股,同时以2007年当年实现可分配利润按每10股送红股4股的比例,分配红股37,440万股。资本公积金转增股本及送股后,公司总股本为168,480万股。

2010年10月18日,公司完成向特定对象发行股份购买资产暨关联交易事宜,实现钢铁主业资产的整体上市。截至2011年5月5日,公司总股本为3,875,752,457股。

2010年度,公司钢产量为677.10万吨,生铁产量为619.74万吨,钢材产量为631.06万吨,行业排名均为23位;实现营业收入300.55亿元,营业利润10.76亿元,净利润9.32亿元。根据中国钢铁协会资料统计,2010年列入钢铁企业可比的94项重点指标排名中,在行业排名前五的有36项;在2010年全国500万吨钢以上钢铁企业中,公司净资产收益率、全员劳动生产率、人均利税、人均利润、资本保值增值率、经济效益综合指数等指标均名列前茅。

公司的主要产品中板和中厚板卷、船板、锅炉和压力容器板、管线钢板、轴承钢等产品2010年国内市场占有率分别约为5%、9%、12%、7%和9%,在行业内排名前列;12MnNiVR高强罐板、合金管坯钢及合金焊丝国内市场占有率均在30%左右,行业排名第一。

公司位于江苏省南京市六合区卸甲甸,生产区座落于长江北岸经济发达、交通便利的南京沿江工业开发区。公司拥有从矿石采选、炼焦、烧结、炼铁、炼钢到轧钢的完整生产工艺流程,现有板、线、棒、带、型材五大类产品体系,近300个钢种、一万余个品种规格的产品系列。主要产品有管线钢、锅炉压力容器用钢、高强度船体用钢、桥梁用钢、结构钢板、建筑用钢、钢帘线、易切削钢、合金圆钢、风塔用钢、合金钢带、汽车用钢、船用球扁钢等。

公司钢材产品生产线均通过ISO9001:2008质量体系认证。船板在国内最早通过9个国家船级社认证,2010年又通过了印度船级社认证,目前共获得十个国家船级社认证。石油储罐用钢板等三个产品获国家冶金产品实物质量"金杯奖",帘线钢等三个产品获"冶金行业品质卓越产品"称号,多个产品获省、市名牌产品。主持制定的《风力发电塔用结构钢板》国家标准通过了最终审定,达到国际先进水平。石油储罐用钢板等3个产品获冶金产品实物质量"金杯奖";钢帘线等3个产品获"冶金行业品质卓越产品"称号。全年共计完成专利申请113件,同比提高28%;新获专利授权92件,同比提高171%。

2010年度,公司投入研发资金5.50亿元,先后开发出抗大变形X70HD管线钢、高强度X120管线钢等高档产品30个;攻克9% Ni钢的冶炼和探伤技术难关,并成功取得中石油大连LNG项目订单。2010年石油储罐用钢、工程机械用钢、高强板等主导产品继续保持行业领先地位,12MnNiVR高强罐板销量达7万吨,市场份额稳居行业第一。特殊用途管线钢、高标轴承钢、冷镦钢、弹簧钢、帘线钢、钻铤钻杆用钢等高附加值产品明显放量。

2010年,公司获国家、行业、省、市科技进步奖共计8项,首次获得国家科技进步二等奖和冶金科学技术一等奖各1项,获得冶金科学技术三等奖3项,江苏省科技进步二等奖1项,南京市科技进步二等奖、三等奖各1项。"战略石油储罐用调质高强度钢板N610E(12MnNiVR)"获得国家重点新产品证书,"80级钢帘线用盘条"、"AISI4145H石油钻铤用热轧圆钢"、"38CrMoAl渗氮圆钢"、"SA-213T91超临界锅炉用热轧圆管坯"、"高强韧性钢板Q800CF"、"海洋风塔用钢S355NL"、"E36海洋工程用船板"等7个产品通过江苏省高新技术产品认定。

公司坚持"以用户为中心、以市场为导向"的经营理念,实施大营销战略,站在顾客角度推进企业经营,针对用户不同需求快速反应,量身定做高端化、个性化、优质化的高技术含量、高附加值产品。积极拓展产业链、服务链、价值链,坚持"精细管理,优质低耗;超前研发,用户满意;完善体系,持续改进;打造品牌,追求卓越"的质量方针,制定严格的内控标准,确保用户满意。实施"产销研+服务"四位一体经营服务体系,实行差异化服务,满足不同客户群体差异化需求,推行"快速响应、全方位、全过程"服务,每道工序都为最终用户着想,以品牌化、标准化、精细化、技术化、超前化的服务留住、引导、拓展客户,满足并超越客户期望,增强了相互合作关系。大胆创新营销管理模式,推进"用户满意工程"建设,持续改进,打造服务品牌,全方位提升企业竞争力,赢得顾客和市场。

公司高度重视企业文化建设,通过企业文化建设工作的开展,增强员工的凝聚力和向心力,为企业发展提供精神动力,提高员工满意度和客户满意度,为企业创造良好的社会效益和无形资产。

面向未来,公司将依据国家产业政策和技术政策,以市场为导向,以提升企业盈利能力、竞争能力和可持续发展能力为目标,大力推进品牌、大营销、国际化和差异化等四大战略,打造国内一流、国际知名的产品品牌,实现向品种质量、技术创新和绿色制造型的转变,积极拓展上下游产业,把南钢建设成为行业最具竞争力和最具特色的钢铁企业。

【600295】内蒙古鄂尔多斯资源股份有限公司

【基本情况】

"南有深圳、昆山,北有鄂尔多斯"。鄂尔多斯市作为中国改革开放三十年十八个典型之一,创造了区域经济高速崛起的发展奇迹;鄂尔多斯集团作为鄂尔多斯模式的杰出代表,掀起了一次次的创业风暴。

踏着改革开放的步伐,鄂尔多斯自1979年母体企业创立以来,经过三十年的高速滚动式发展和新世纪初的大规模产业扩张,现已形成"六大事业板块有序推进、十大主导产业协同发展"的战略格局。集团进入全国520户重点企业和中国企业500强之列。目前拥有总资产逾341亿元,成员企业126家,员工26000余人。2010年随着全球经济的逐渐回暖,集团实现了销售收入236亿元、利润32.88亿元的良好业绩。"鄂尔多斯"作为中国纺织服装行业第一品牌,以303.26亿元的品牌价值连续十几年位居中国最有价值品牌前列。

羊绒产业是鄂尔多斯集团的事业基础和品牌支柱。三十年来,集团始终以"立民族志气,创世界名牌"为己任,孜孜追求"鄂尔多斯温暖全世界"的远大理想,现已发展成为当今世界产销规模最大、产业体系最为完善、营销网络最为成熟、技术装备最为先进的行业领军企业。羊绒制品的产销能力达到1000万件以上,占到了中国的40%和世界的30%,产品覆盖精、粗纺针织、梭织类各个服装领域及家居用品领域,产品品质、市场占有率、销售收入、出口创汇连续十五年稳居中国绒纺行业第一位。

一直以来,鄂尔多斯致力于对羊绒材质本质的挖掘,树立了兼具羊绒尊贵气质与时代创新精神的品牌理念。集团建有国家认定的企业技术中心、产学研合作体系以及国家认可的实验室等国内一流水平的中试基地,不断进行羊绒深加工的技术创新和提升产品的自主设计能力。同时,聘请曾获得法国总统"骑士勋章"的国际著名设计大师吉乐.杜福尔先生担任鄂尔多斯主品牌的艺术总监,聘请香港设计师协会主席杨棋彬先生担鄂尔多斯顶级品牌"1436"的设计总监,引入国际化设计理念,致力于将鄂尔多斯和"1436"打造成为国际著名服装品牌和国际羊绒奢侈品牌。

依托强势的品牌资源,鄂尔多斯已成功完成了向高端羊绒服装和羊毛衫、男装、女装、内衣、羽绒、家纺等非绒类大服装领域的全面拓展。"1436"已成为中国羊绒服装顶级品牌和中华国宾礼品,"奥群"羊毛衫成为集团旗下的又一个中国名牌,男装、女装和内衣正在向行业前三强迈进,被誉为世界绒都的鄂尔多斯大服装产业优势业已形成,鄂尔多斯正在实现向世界名牌的跨越。

集团自2009年底投入巨资在鄂尔多斯新型工业园区创建世界规模最大、装备技术一流的现代化羊绒深加工为主的高科技纺织工业园区,致力于新一轮产业全面升级。园区总用地面积1963亩,集生产、办公、生活为一体,体现了科技投入、生态环保、高效节能的产业现代化经营理念。园区2011年底将建成投产,届时,集团将进入以羊绒为主的大服装产业全面化、纵深化的大跨越时期。

志存高远、百折不挠、强者风范、精致典雅、诚以待人、充满爱心,这些要素和谐地组成鄂尔多斯品牌文化的精髓。如今,鄂尔多斯以一个全系列服装品牌的新形象展现在广大消费者面前,继续秉承历史的重任,不断开拓进取、勇往直前,立志要实现温暖全世界的远大理想。不久的将来,鄂尔多斯,这个具有如此开放性和国际化的品牌,必将屹立于世界品牌之林。

【主营业务】

无毛绒,羊绒纱,羊绒衫。

【经营业绩】

2011年上半年报告期内,公司实现营业总收入6,083,916,861.15元,比上年同期增长26.77%,实现利润总额964,146,073.49元,比上年同期增长52.47%,净利润863,170,532.18元,比上年同期增长47.74%,归属于上市公司股东的净利润501,410,322.71元,比上年同期增长54.39%。

【企业荣誉】

- 2010年4月,国家民政部鄂尔多斯集团荣膺2009年度"中华慈善奖"。
- 2010年3月,内蒙古日报传媒集团、内蒙古北方企业家联合会王林祥荣获"2009内蒙古经济功勋人物"殊荣。
- 2010年3月,中国服装协会"鄂尔多斯"品牌荣获"杰克·2009"(第六届)中国服装品牌年度公众大奖。
- 2009年11月,中国石油和化学工业协会鄂尔多斯化工集团被授予"中国石油和化学工业企业文化建设先进单位"称号。
- 2009年11月,国家科技部、国务院国资委和中华全国总工会鄂尔多斯羊绒集团有限责任公司获"国家创新型企业"称号。
- 2009年9月,中国纺织工业协会"2008－2009中国纺织服装企业竞争力500强"企业第4位。
- 2009年5月,亚洲时装协会、中国企业发展研究协会、中国纺织服装品牌企业联合会、中国企业发展研究会等"鄂尔多斯"荣获"2009亚洲服装业最具影响力十大驰名品牌"称号,"控股集团"荣获"2009亚洲服装业最具综合实力品牌企业100强"称号。
- 2009年4月,鄂尔多斯市科学技术协会鄂尔多斯羊绒集团科协荣获"先进企业科协"称号。
- 2009年4月,内蒙古出入境检验检疫局,包头出入境检验检疫局"鄂尔多斯"牌羊绒衫荣获出口免验资格。

【600300】维维食品饮料股份有限公司

1994年,维维食品饮料有限公司成立。2000年,维维食品饮料股份有限公司在上交所成功上市。

十多年来,维维股份与时俱进、积极进取,逐渐从单一豆奶经营,到食品、饮料、粮油、酒业几大产业齐头并进,形成了"国际化、大食品"布局。2010年实现全年营业收入47.63亿元,利润总额2.51亿元,总资产达到53亿元。拥有30多个现代化生产基地,几百条国内、国际先进食品、饮料生产线,是全国最大的豆奶生产企业,中国10家最大食品制造企业,荣获国际"科学与和平"贡献奖,入选"2010年度全球消费者信赖的中国食品行业十佳品牌"。

维维股份发扬"追求卓越"的企业精神,把产品质量视作企业的生命,全力打造维维精品。维维在同行业中率先通过了ISO9001质量体系认证和HACCP食品安全管理体系认证,"维维"商标被国家工商局商标局认定为"中国驰名商标"。2005年"维维牌豆奶粉"和"天山雪牌牛奶"双双荣获"中国名牌"称号,主产品"维维"牌豆奶粉、"天山雪"牌牛奶、"六朝松"牌面粉等四大类产品为"国家免检产品",成为中国最畅销商品之一。公司被国家审定为"中国学生饮用奶定点生产企业",维维豆奶粉获国家绿委颁发的"绿色食品"证书。

“维维”牌豆奶粉是中国最畅销商品之一，连续十余年名列市场占有率第一位，销量第一位，是当之无愧的“豆奶大王”。在品牌打造、产品研发、营销创新各个领域领导行业潮流。

2000年，公司开始实施以“稳定发展豆奶，全面进军乳业”为主要内容的二次创业战略。几年来，维维利用品牌、技术与资金优势，做行业整合与规模扩张，先后在山东济南、潍坊、济宁，陕西西安，湖北武汉、三峡，广东珠海，新疆南疆、北疆，宁夏银川，江苏徐州、无锡、连云港等地组建了十多个乳品加工基地及奶牛养殖基地，成功开发出高品位“天山雪”系列乳品。为了推动奶源基地建设，加快基地周边地区农民饲养的奶牛种群改良速度，维维引进万头澳洲良种奶牛，建成多个千头养殖场，一个万头养牛场。呈现了良好的发展势头。

从2006年开始，维维加快了多元化经营战略的步伐，强力介入酒业，发力粮油产业，相继推出休闲食品、饮料、白酒等系列产品。

2006年，维维股份受让江苏双沟酒业股份有限公司38.27%，成为双沟酒业第一大股东；2008年，维维茗酒坊成立，致力打造酒业连锁渠道；2009年，维维股份以51%的股份控股枝江酒业；2009年，维维全资白酒品牌维维川王酒问世。到2010年，从资本到实业、从基酒基地到渠道建设、从产品到品牌，维维全产业链酒业布局基本形成。

2008年，维维正阳粮油基地投资建成，同年，维维系列食用油推向市场。

公司在发展中，十分注重科技投入，加大技改力度，坚持自主创新，不断研发新品。目前“维维”牌豆奶系列有维他型豆奶、高钙低糖豆奶、中老年豆奶、中小学生豆奶、女士豆奶、不加蔗糖豆奶等20多个品种；“天山雪”牌牛奶有五大系列50多个品种，其中有：牛奶系列、酸奶系列、学生奶系列、中老年系列和小博士奶系列，特别是“天山雪”活性乳、高钙牛奶等都以精品著称。维维嚼益嚼掀起了健康休闲食品的风潮，维维谷动开创了粗粮饮料风气之先，维维花生油郑重承诺“小粒压榨，黄曲霉素为零”，这些产品符合现代人健康、时尚的欲求，满足了不同人群的营养需求和生理特点，在市场上都有很好的表现。

维维股份拥有完善的产品销售网络，建有华北、华南、华中、华东、西南、西北、东北七大区域配送中心，实行“地毯式”营销和深度分销相结合的策略，做到省有分公司，市有市场部，县有代理商，维维的销售网络遍布全国城乡。

维维股份积极引进科技人才，现有含博士、硕士在内的各类科技人员上千人，设立了国家级博士后科研流动站，组建了省级“营养与功能食品研究开发中心”。维维创造的“豆奶粉物理速溶”等生产工艺，已达到国际先进水平。

维维股份是国家级农业产业化重点龙头企业，始终将“企业发展，农民致富”的理念贯彻到经营过程当中。主产品豆奶、牛奶、面粉、食油、白酒等，所需原料几乎全是农产品，每年加工大量大豆、牛奶等农副产品。我们通过“订单农业”、“产销合同”、“公司+农户”、“奶牛公寓”等多种形式，最大限度地保护农民利益，和农民利益紧密地连接在一起，形成了“公司发展，农民致富”的良好态势，带动千家万户农民增收致富，有力地推动了当地农业产业结构调整，收到良好的社会效益。

胡锦涛、李鹏、朱镕基、吴邦国、姜春云、李铁映、尉建行、布赫等中央领导同志都曾亲临视察工作，对公司发展和贡献给予了很高的评价。

【600307】甘肃酒钢集团宏兴钢铁股份有限公司

【基本情况】

甘肃酒钢集团宏兴钢铁股份有限公司地处甘肃河西走廊中部、万里长城西端的嘉峪关市，距河西重镇酒泉市22公里，距天下雄关嘉峪关关城5公里，距中外驰名的文化宝库莫高窟380公里。公司南接312国道，东临嘉峪关机场，环厂区铁路与兰新铁路衔接，交通便利。

1999年4月17日经甘肃省人民政府甘证函[1999]21号文批准，由酒泉钢铁（集团）有限责任公司（以下简称“酒钢集团”）作为主发起人，联合兰州铁路局、甘肃省电力公司、金川有色金属公司、西北永新化工股份有限公司共五家发起人以发起方式设立本公司。主发起人酒钢集团以所属炼铁厂、炼钢厂、二轧厂、销售处等单位的生产经营性资产折价入股，其余四家以现金方式入股。

公司设立时的注册资本为人民币52,800万元，经中国证券监督管理委员会证监发字[2000]157号文批准，本公司于2000年11月30日向社会公众公开发行普通股20,000万股（每股面值1元）；2000年12月20日，经上海证券交易所上证上字[2000]109号文核准，公司向社会公开发行的人民币普通股20,000万股获准在上海证券交易所上市交易（股票代码：600307；股票简称：酒钢宏兴），本公司注册资本变更为72,800万元。2006年6月公司实施每10股转增2股的资本公积金转增股本方案，注册资本变更为87,360万元人民币；2009年9月21日，经中国证券监督管理委员会证监许可[2009]983号文核准，本公司向酒钢集团非公开发行股票1,172,078,712股以购买其持有的嘉峪关本部钢铁主业铁前系统、碳钢轧钢系统、辅助系统的相关资产以及榆中钢铁100%股权，实现了酒钢集团碳钢主业的整体上市，公司注册资本变更为2,045,678,712元人民币。

公司主要从事钢铁及其压延产品的生产和销售，最终产品主要有高速线材、棒材、中厚板、热轧卷板、冷轧卷板、冷轧薄板及部分连铸钢坯。良好的产品质量和完善的售后跟踪服务，赢得了客户、赢得了市场，公司产品遍及国内28个省、区，并远销韩、日、美等国家和香港、台湾等地区，深受国内外用户的好评。

公司主要设备均从美、英、法、德、瑞典、西班牙等国家引进，具有大型化、连续化、自动化的特点，并通过不断的技术改造保持着国际先进水平。

公司坚持把节能减排、保护环境、发展循环经济作为转变发展方式的内在要求，做至节能与环保并行，已通过ISO14001环境体系认证注册和欧盟CE认证注册。

公司目前已形成本部、翼城、榆中三大钢铁生产基地，具有年产700万吨生铁、800万吨钢、700万吨材的综合生产能力；拥有镜铁山矿（铁、铜矿）、镜铁山矿黑沟矿区（铁矿）、石灰石矿及白云岩矿等四座矿山，具备年产600万吨铁矿石和200万吨石灰石的生产能力；拥有采矿、选矿、烧结、焦化、炼铁、炼钢、热轧、冷轧等一整套具备现代化生产工艺流程的钢铁资产，以及与之配套的能源动力系统、销售物流系统等资产，形成一条完整的钢铁生产一体化产业链条，是西北地区实力最强、设备装备最优、经济效益最佳、具有较大影响力的钢铁联合企业之一。

【经营业绩】

2011上半年报告期内，公司实现营业总收入279.60亿元，比上年同期增长41.59%；实现利润总额12.32亿元，比去年同期增长119.16%；归属于母公司股东的净利润9.02亿元，比去年增长107.44%，主营业务、营业利润和净利润的增长主要是公司利用区域优势加强生产组织，拓宽销售渠道，销售利润较上年同期增长较大所致。

【企业文化】

在酒钢公司50年的风雨历程中，有一种精神始终激励着企业在困境中崛起，在改革中创新，在竞争中发展，在开放中前进，成为公司长盛不衰的法宝，它就是被誉为酒钢企业核心文化的"铁山精神"。

提起"铁山精神"，还得从酒钢公司建矿时说起。1958年12月，五六千人的矿山大会战在镜铁山拉开序幕。当时，没有卷扬机，没有提升设备，为了完成露天大爆破，镜铁山人愣是在不到一个月时间里，把33万余箱炸药一包包背上了山，完成惊天一爆。山上没有电，创业者人拉肩扛将设备搬上山；食堂做饭没有煤，就用红柳当柴蒸馒头。

多年后，在"铁山精神"的鼓舞下，几代酒钢人扎根高山深谷，在"千山鸟飞绝，万径人踪灭"的亘荒之地，建起了一座现代化的铁矿石生产基地。1985年8月8日，酒钢公司党委在镜铁山矿召开了千人动员大会，正式命名"铁山精神"，这种精神被赋予了"艰苦创业，坚韧不拔，勇于献身，开拓前进"的时代内涵。1997年，"铁山精神"被原冶金部确定为行业六大精神之一。

面对新的发展环境，酒钢公司党委认识到：条件好了，勤俭节约的传统不能变；环境改善了，吃苦耐劳的精神不能变；效益提高了，艰苦奋斗的作风不能变。近年来，公司党委每年以纪念"铁山精神"的各类活动为载体，有针对性地对职工进行艰苦奋斗教育，通过组织参观镜铁山矿、酒钢展览馆等爱国主义教育基地，让刚进厂的新职工了解厂史、知道厂情，牢固树立忧患意识和竞争意识。

在进入新的发展阶段，酒钢人丰富了"铁山精神"的内涵，他们以人本管理为核心理念，重视员工的主人翁地位，逐步形成了具有时代气息和行业特色的企业文化核心理念。公司倡导员工参与企业经营管理的全过程，凡是涉及企业和员工利益的重大决策，都提交职代会讨论通过，广泛听取职工的意见和建议，让员工充分享有知情权、建议权和参与决策权。同时，公司先后投入1000多万元，对周边地区环境和厂容厂貌进行治理和绿化。经过努力，公司成为全国首批工业旅游示范点，并跻身全国文明单位行列。

健康向上的企业文化，陶冶了职工的道德情操，营造了团结和谐的社会氛围，也充分调动了职工参与企业建设的积极性和创造性。近几年来，酒钢生产经营呈现出良好的发展态势，先后刷新了190多项日产、月产和年产最高纪录，其中50多项处于全国同行业领先水平。

【企业荣誉】

公司产品执行的技术标准全部达到国家和行业标准，并获得中国冶金工业质量体系认证中心颁发的质量认证证书和ISO9001－2000质量体系认证注册，其中普通低碳钢无扭控冷热轧盘条等9种产品质量达到国际先进标准，高速线材系列获"陇货精品"称号，普通高速线材和热轧带肋钢筋及20g锅炉用钢板获国家冶金局实物质量"金奖杯"，船板已通过中国、德国、英国、挪威等五国船级社认证，ER70S－6CO气体保护焊丝钢高线盘条被国家科学技术部认定为"国家重点新产品"，其他18种产品曾分别获省、部优质产品称号。

【600308】山东华泰纸业股份有限公司

【基本情况】

山东华泰纸业股份有限公司成立于1993年，是由原东营市造纸厂作为发起人，采用定向募集方式设立的股份有限公司，2000年9月28日在上海证券交易所上市，公司是同行业首家上市公司、全球最大的新闻纸生产基地和全国最大的氯碱盐化工基地，中国企业500强、上市公司百强。

公司现有总资产179亿元，年造纸生产能力300万吨，化工及造纸助剂200万吨，主要产品有高档新闻纸、高档铜版纸、双胶纸、轻胶纸、新型教材纸、超级压光纸、静电复印纸、生活用纸等100多个规格纸种及液氯、烧碱、双氧水等20多种化工产品，其中，华泰新闻纸荣获2006年度国家科技进步二等奖，是国家重点新产品和国家"火炬计划"重点项目，人民日报社指定专用报纸。公司产品远销印度、东南亚等10多个国家和地区。

公司自成立以来始终以"产业报国、造福社会、振兴民族纸业"为使命，按照"生态育林、环保制浆、绿色造纸"的发展模式，积极实施可持续发展战略。2001年－2006年，公司先后从国外引进了四条国际一流的高档新闻纸生产线，使公司的新闻纸年产能达到120万吨，成为全球最大的新闻纸生产基地，改写了中国高档新闻纸全部依赖进口的历史。"十一五"期间，公司积极实施走出去发展战略，先后投资120多亿元，完成了黄河、长江、珠江三角洲"三点一线"的战略布局，全面投资建设了本部45万吨铜版纸项目、安徽华泰林浆纸项目、广东华泰浆纸项目；重组了世界造纸巨头挪威诺斯克的河北工厂。公司先后获得全省国税百强纳税企业、全国高新技术企业、山东省节能突出贡献企业、全国守合同重信用企业、山东省首届企业管理奖等150多项荣誉称号，"华泰"商标是同行业首家中国驰名商标。

公司始终坚持经济发展与环境保护同步，在环境保护方面，公司一直秉承"产量是钱，环保是命，不能要钱不要命"的指导方针，一直视环保为企业的"生命工程"，将节能降耗减排视为企业义不容辞的社会责任。多年来，公司投资20多亿元致力于环保事业，先后引进国内国际先进的厌氧好氧生物处理系统、Fenton高级化学氧化深度处理系统、三级化学处理系统、超效浅层气浮装置、同向流净水器、回收池回收塔、多圆盘过滤机、烟气除尘脱硫设备等节能环保处理工艺装备，实现了水处理水平的大幅度提升。公司建成了亚洲最大的厌氧好氧水处理厂，日处理能力达到10万立方，经处理后的水达到鱼类存活标准。2010年6月，公司投资1.5亿元的四期深度水处理项目投入使用，该项目采用世界最新研发深度处理工艺，排水COD降到60毫克/升以下，色度小于20倍，成为国际先进的水处理样板工程。处理后的废水除部分车间回用外，其余全部用来灌溉造纸速生林，真正实现了水的封闭循环利用，达到了"生态营林、环保制浆、绿色造纸"的目标。

"十二五"期间，公司将全面贯彻落实中央"转方式、调结构"的指导思想，利用"黄河三角洲高效生态经济区和山东半岛蓝色经济区"上升为国家战略的有利时机，积极向低碳高效生态方向发展，向新能源方向发展。

一是稳定改造提升造纸主业，实施走出去战略，向上游大力发展林浆项目，解决原料瓶颈问题，逐步实现林浆纸一体化的发展规划；同时不断强化自身竞争优势，用高新技术提升和改造传统产品，加快产品结构调整，使产品品种向多样化、高端化发展。

二是充分利用黄河三角洲的天然资源优势，大力发展盐化工、精细化工，在东营港、东营开发区全面建设“双百万吨”化工基地。完成与比利时苏威集团合作的食品级、电子级高端双氧水项目，产品填补国内空白，真正实现低碳高效循环产业链。

三是向新能源、生物替代能源方向发展。积极实施国家批复的多晶硅项目，全力打造环保节能的光伏产业链。

公司力争到“十二五”末，实现年产浆纸500万吨，化工及助剂300万吨，把华泰建成国际化综合型企业集团。

【主营业务】

造纸；纸制品及纸料加工、热电等。

【经营业绩】

2011年上半年报告期内，公司生产机制纸81.69万吨，比去年同期上升16.4%；销售机制纸80.87万吨，比去年同期上升21.66%。实现营业收入46.08亿元，比去年同期上升36.27%；实现归属于母公司股东的净利润7303.72万元，比去年同期上升256.68%。

【社会责任】

“利国”——就是要以产业报国，努力把企业不断做强做大，为社会提供更优质的产品，为国家增加更多的税收，带动地方经济、全省经济乃至全国经济腾飞发展——这是企业的首要责任。“利民”——一方面要提高员工的工资生活福利待遇，提升员工素质，另一方面还要考虑如何造福社会，带动当地百姓走向富裕——这是企业的基本责任。“利业”——即不能仅仅局限于企业自身的发展，还要以企业的发展带动整个行业的进步，以行业的进步推动整个产业的繁荣——这是企业发展的真正意义，也是企业应尽的责任。

【600309】烟台万华聚氨酯股份有限公司

【基本情况】

烟台万华聚氨酯股份有限公司（烟台万华）成立于1998年12月20日，是山东省第一家先改制后上市的股份制公司。

2010年，公司实现销售收入94.3亿元、净利润15.3亿元。2004－2006连续三年入选《新财经》中国版漂亮50－中国最具成长性的A股蓝筹公司；2006年被CCTV经济频道评选为“2005年最具价值上市公司”；2007年荣获“2007·CCTV中国年度最佳雇主”称号，并凭借“年产20万吨大规模MDI生产技术开发及产业化”项目，一举获得2007年“国家科技进步一等奖”；2008年，公司宁波万华16万吨/年MDI工程获评“国家环境友好工程”；2009年、2011年公司连续两次荣获“翰威特中国最佳雇主”大奖；2009年聚氨酯行业内唯一的国家级工程技术研究中心正式落户烟台万华；2009年，宁波万华年产16万吨MDI工程摘得“国家优质工程金质奖”殊荣；2010年，“烟台万华科技创新系统工程”项目获国家科技进步二等奖。

公司主要从事MDI为主的异氰酸酯系列产品、芳香多胺系列产品、热塑性聚氨酯弹性体系列产品的研究开发、生产和销售，是亚太地区最大的MDI制造企业。目前，公司共有三套MDI装置，产能达到80万吨/年，产品质量和单位消耗均达到国际先进水平。

MDI是制备聚氨酯的最主要原料之一，聚氨酯具有橡胶、塑料的双重优点，尤其是在隔热、隔音、耐磨、耐油、弹性、挠曲性等方面有其他合成材料无法比拟的优点，广泛应用于化工、轻工、纺织、建筑、家电、建材、交通运输、航天等领域。

烟台万华作为一家负责任的上市公司，将一如既往地肩负发展中国聚氨酯工业的历史使命，积极响应国家发展循环经济和创建节约型社会的号召，以产业报国为己任，实施国际化战略，致力于创建国际一流的化工新材料公司。

【主营业务】

聚氨酯及助剂、异氰酸酯（MDI）及衍生产品开发、生产和销售。

【经营业绩】

2011年上半年报告期内，公司实现营业收入6,878,445,645.87元，比上年同期增长57.03%；营业利润1,501,163,351.91元，比上年同期增长115.34%；归属于上市公司股东的净利润998,260,867.18元，比上年同期增长64.81%。

【600310】广西桂东电力股份有限公司

【基本情况】

广西桂东电力股份有限公司（以下简称“公司”）是经广西壮族自治区人民政府桂政函［1998］114号文批准设立，由贺州市电业公司、广西壮族自治区水利厅那板水库管理处、广西贺州供电股份有限公司、广西昭平县汇能电力有限公司、广西钟山县电力公司和广西富川瑶族自治县电力公司六家企业共同发起设立的股份有限公司，设立时公司股本为11,175万元。2001年1月9日，公司获中国证券监督管理委员会证监发行字［2001］4号文批准，于2001年1月12日在上海证券交易所发行人民币普通股A股股票4,500万股，股本由11,175万元变更为15,675万元，并在广西壮族自治区工商行政管理局办理了变更股本登记手续。

2001年2月28日，公司发行的普通股股票4,500万股在上海证券交易所挂牌交易。股票简称“桂东电力”，股票代码“600310”。

2010年4月14日，公司获中国证券监督管理委员会“证监许可［2010］447”文《关于核准广西桂东电力股份有限公司非公开发行股票的批复》核准，于2010年5月24日非公开发行人民币普通股2,720万股，变更后的累计注册资本实收金额为人民币18,395万元，实收股本为人民币18,395万元，并在贺州市工商行政管理局办理了变更股本登记手续。

2011年4月15日，公司2010年度股东大会审议通过，以公司的总股本18,395万股为基数用资本公积金转增股本，每10股转增5股，经资本公积转增股本后，公司股本增至27,592.50万元，并在贺州市工商行政管理局办理了变更股本登记手续。

【市场成就】

广西桂东电力股份有限公司拥有全资企业2家，控股子公司8家，参股公司3家，以发供电为主业，涉足电子、旅游、证券等行业，公司“一业为主，多元发展”战略得到顺利推进。2009年度，公司以总资产29.03亿元、净资产5.64亿元、营业收入14.55亿元、年缴税费1.1亿元进入中国服务业500强、在广西企业100强中排名52位，成为贺州市综合实力最强的唯一上市公司。近年来，公司大力发展电源和电网建设，先后斥巨资建设平乐巴江口电站和昭平下福电站，建设多条110KV和220KV线路。现有全资和控股水电总装机容量30.4万千瓦（权益装机25.56万千瓦），110KV变电站12座，110KV线路1200公里，35KV线路475.28公里，变电容量95.7万千伏安，供电范围包括桂东区域6县3市2矿，并与临近的广东郁南县、罗定市以及湖南省永州市等进行互为网间电量交换，形成较完整的桂东电网，基本满足贺州市城乡居民生活和工农业生产需要。

【经营业绩】

2011 年上半年，报告期内公司累计实现净利润 3,453.23 万元，比去年同期增长 124.02%，实现营业收入 100,385.83 万元，同比增长 21.29%，实现净利润 9,749.63 万元，同比增加 26.47%，每股收益 0.3533 元，同比减少 26.08%。

【600316】江西洪都航空工业股份有限公司

【基本情况】

中航工业江西洪都航空工业集团有限责任公司（简称中航工业洪都）是新中国第一架飞机的诞生地，创建于 1951 年，原名为南昌飞机制造公司，前身为国营洪都机械厂，为我国“一五”时期 156 项重点建设项目之一。根据企业发展的需要，1998 年改制组建了以洪都集团公司为核心，拥有 24 个成员企业和 1 个国家级企业技术中心，是集科研、生产和经营为一体的大型企业集团。企业现隶属于中国航空工业集团公司，拥有员工万余人，是国家重点支持的 520 家大型企业和国家“重合同守信用”企业之一。

在近 60 年的发展历程中来，中航工业洪都始终坚持自主创新，创造了中国航空工业史上的“十个第一”，共研制生产了多种型号 5000 多架飞机。尤其是与埃及合作签署的 K8E 飞机项目，开创了我国成套对外输出飞机研制生产线的先河，向国际社会展现了中国航空工业的成就。

2000 年 12 月，“洪都航空”A 股股票在上海证券交易所挂牌上市，这是我国第一家以飞机整机作为主营业务的上市公司。通过上市筹措资金，为中航工业洪都的发展注入了新的活力。2006 年 3 月 13 日，利用上市筹集的资金研制的猎鹰高教机成功首飞，标志着中航工业洪都成为我国唯一一家可提供初级教练机（初级筛选）、中级教练机（基础训练）、高级教练机（高级训练）全系列教练机的专业研制生产企业。目前，中航工业洪都已经发展成为我国教练机、强击机、轻型通用飞机的科研生产基地以及航空外贸出口基地。

近年来，中航工业洪都在“寓军于民、军民并举”的发展方针指引下，努力开拓转包生产新领域。在航空转包生产领域，与美国 Goodrich（古德里奇）公司、波音公司、Eclipse（日蚀）公司、Timken（铁姆肯）公司、欧洲空客公司、沈飞公司、西飞公司等国内外知名航空企业开展转包生产合作；在非航空产品转包生产领域，中航工业洪都已成功进入了 GE 公司、Webtac（西屋制动）等世界 500 强企业的供应链。形成了“军民并重，两翼齐飞”的大好局面，成功的走出了一条“以科研带动生产、以生产促进科研”之路，发展壮大成为集科研、生产和经营为一体的大型企业集团。

中航工业洪都将秉承“航空报国，强军富民”的集团宗旨、践行“敬业诚信，创新超越”的集团理念，继续发挥自主创新优势，发挥人才优势，抓住机遇、谋变求新，为国防建设、国民经济发展做出更大的贡献。

【主营业务】

航空产品的开发与研制、生产与销售，航空制造技术的开发、咨询、服务。

【经营业绩】

2011 年上半年报告期内，公司实现营业收入 566,057,902.41 元，利润总额 15,117,387.66 元，净利润 13,440,252.75 元。

【600322】天津市房地产发展（集团）股份有限公司

【基本情况】

天津市房地产发展（集团）股份有限公司（下称“天房发展”），前身为 1981 年成立的由天津市政府统一建设办公室改建而成的天津市建设开发公司，1992 年整体改组为股份制企业。2001 年 9 月，天房发展在上海证券交易所成功发行股票并上市，成为天津市房地产行业首家上市公司。2006 年 3 月，公司完成了股权分置改革，股票定名为“G 天房”。企业注册资金为 11.057 亿元，总资产 126 亿元。

【主营业务】

天房发展已发展成为以房地产开发经营为主，物业管理为辅，集建筑设计、商品房销售、房屋出租和咨询服务为一体的房地产综合性大型企业。

【市场成就】

天房发展成立二十多年来，按照市委、市政府关于加快城市建设的战略部署，始终坚持为政府做劲，为百姓造福的工作思路，致力于天津城市开发建设，积极参与天津市政建设、安居危改工程、经济适用房和商品房开发，为提高城市载体功能做出了应有的贡献。先后开发建设用地 1200 多公顷，相继建成 30 多个功能设施配套齐全、环境幽雅的居民小区，累计建房面积 1400 余万平方米。先后参与投资建设天津站、中环线、燃气工程等一批市政府重点项目；公司为了改善城市人民居住条件，积极参与旧城区危陋平房改造、安居工程和经济适用房建设，先后建成体院北、王顶堤、万新村、民权门、小海地、川府新村、等大型居住区；建设了丁字沽二段、圣德园、长寿里、台北花苑、吉利花园等一批危改项目；建成了川北里、友谊公寓、欣苑公寓、瑞江花园、海景公寓等一批安居、经济适用房和商品房住宅工程。建设了华富宫、吉利大厦、城建大厦、华昌大厦、云翔大厦、越秀大厦等一批公建项目。

【企业荣誉】

公司被评为国家二级企业、房地产行业资质一级企业、全国房地产开发综合效益百强企业、信誉等级 AAA 企业、中房协副会长单位、全国房地产行业精神文明建设先进单位、天津市优秀企业、危改先进开发企业、“八五”、“九五”立功先进企业、天津市房地产企业二十强、中国房地产企业 200 强、中国服务业企业 500 强。2009 年，公司修订完善了未来五年发展战略，描绘了国家“十一五”规划期间公司发展的宏伟蓝图。

【600326】西藏天路股份有限公司

【基本情况】

西藏天路股份有限公司（以下简称“天路”或“公司”）成立于 1999 年 3 月 29 日，公司股票于 2001 年 1 月 16 日在上海证券交易所成功上市，募集资金 26252.08 万元；2007 年通过非公开发行股票 4800 万股，募集资金 42432 万元；2008 年实施公积金转增股本后，注册资本为 45600 万元，2009 年实施转增股本后注册资本达到 5.47 亿元。

公司具有建设部批准的公路路面工程专业承包一级资质、西藏自治区建设厅核准的公路工程施工总承包二级资质，公路路基、桥梁工程专业承包一级资质和市政公用工程施工总承包二级资质，房屋建筑工程施工总承包二级资质，铁路工程施工总承包三级资质。

公司主营业务为公路工程施工的基础设施建设，主要承担西藏自治区内的公路、桥梁的建设任务。公司公路及桥梁施工能力、工程施工质量、公路建设市场占有率、高等级公路施工市场占有率、工程机械设备的先进程度及拥有量在西藏自治区内一直处于领先地位。公司的资金和技术力量雄厚，机械化施工程度高，经营管理规范。成立以来，累计已承建公路、房建、代建、监理、市政等项目104个，完成投资超过50亿元，曾承担过青藏公路、川藏公路、中尼公路等国道和区内主要干线公路的施工任务，修建了曲水、岗嘎、妥峡等大型公路桥梁，参与施工建设西藏重点工程——拉萨至贡嘎机场公路新改建工程雅鲁藏布江大桥和拉萨柳梧大桥工程，其中拉萨至贡嘎机场公路新改建工程路面工程成为全区沥青路面样板工程，拉萨柳梧大桥工程填补了我区立交桥工程建设的空白；参与了青藏铁路建设，所承建工程多次受到青藏铁路总指挥部和拉萨指挥部以及中铁十九局好评及奖励，其中岗秀1#特大桥、岗秀车站和地下水路堑工程被评为优质样板工程；承建的国道318线中尼公路至绒布寺公路养护工程在文明施工、环境保护方面成绩突出；承建的金珠西路改扩建工程、拉萨市大昭寺周边环境整治工程、布达拉宫地下人行通道成为市政样板工程。公司所交验工程合格率达100%，优质工程达85%以上。2008年受交通厅委托管理全区第一个交通代建工程项目，为持续开展交通代建工程积累了第一手资料和丰富的工程代建经验。为有效提高公司经营能力和市场竞争力，顺利控股西藏天鹰公路技术开发有限公司，实现了拓展与延伸公路建设相关的设计、检测、监理业务目标。2006年4月公司依据ISO9001：2000《质量管理体系要求》、ISO14001：2004《环境管理体系要求及使用指南》、OHSAS18001：1999《职业健康安全体系规范》标准制定了QES管理体系，进行了三标一体化的贯标工作。2006年6月，以95.188%的赞成率顺利完成股权分置改革工作。

2007年公司非公开发行4800万股普通股股票，募集资金42,432万元人民币，主要投资28,000万元对西藏高争建材股份有限公司单方增资，投资7,981万元收购西藏公路工程总公司持有的43,597,783股高争股份股权，使公司持有高争股份的股权增至71.82%，为构建公司建材第二核心业务，完成建筑建材产业链的整合提供了现实保证。

2007年，公司全面实施战略转型，在建筑建材业竞争日趋激烈的环境下，经自治区人民政府批准，在自治区国资委的大力支持下，转入发展以特色资源为依托的国有控股企业进程，按照“政府主导、市场运作、区内企业控股开发”尼木县冲江及冲江西铜矿的合作勘查开发基本原则，公司控股勘查开发冲江铜矿，目前勘查工作进展顺利。

在取得了良好经济效益的同时也创造了良好的社会效益，荣膺全国“五一”劳动奖状、1999—2001年全国优秀施工单位、全国守合同重信用企业之列、2002年度全国上市公司综合绩效百强之列（综合排名第97位、成长性排名第38位），荣获自治区建设银行“AAA”企业、自治区国税局“A级最佳信用度纳税人”、2006年度2007年度全区国有企业纳税25强、2003年、2004年、2006年全区诚信企业、2003年全区纳税先进企业、2004年区直“青年文明号”、2005年全区优秀建筑企业、2005年安全防范先进单位、中国工程建设协会“工程质量安全先进单位”、2006年度全区安全生产先进企业、2008年度全国公路建设施工企业重点工程劳动竞赛优胜奖、2009年5月授予自治区创建园林城市先进集体、2009年7月授予全国十大国企典型、2010年11月授予“十一五”重点项目建设突出贡献先进集体等多项国家、自治区级荣誉称号。

作为区内唯一一家以基础设施建设为主业的上市公司，公司将继续完善法人治理结构和新的管理体制，不断规范相应的运行机制，并继续以市场为导向，加大投资力度。努力实现公司“一个突破，两个转变，三个提升”——“通过股权单一模式的突破，实现由粗放的经验管理向规范化的制度管理转变；由劳动密集型的施工企业向技术密集型的管理公司转变；达到市场占有率的提升、管理机制的提升、企业文化的提升”的二次创业目标，努力把西藏天路建成为主业突出、资产优良、股权多元、技术创新、管理科学、文化独特，具有强大市场竞争力的集公路、桥梁、房屋建筑、水利水电、铁路建设为一体的以特色资源为依托的现代化企业。

“十二五”期间，公司按照“巩固建筑业、配套建材业、科学发展矿产业”的发展战略，进一步增强国有资产的控制力，提高国有企业的竞争力，确保国有资产保值增值，为股东创造更好的收益，不断发展成为以特色资源为依托的大型国有控股上市公司，实现“发展企业，服务社会，造福西藏”的夙愿，为西藏经济社会的跨越式发展做出应有的贡献。

【经营业绩】

截至2011年6月30日，资产总额206,805万元，其中固定资产71,570万元，流动资产119,848万元，负债总额73,954万元，所有者权益132,851万元，归属于母公司所有者权益109,187万元。实现营业收入50,055万元，较上年同期的38,066万元增加11,989万元，增幅31.50%；利润总额5,229万元，较上年同期的3,451万元增加1,778万元，增幅51.52%；净利润4,354万元，较上年同期的2,778万元增加1,576万元，增幅56.73%；归属于母公司的净利润3,207万元，较上年同期的2,055万元增加1,152万元，增幅56.06%。加权平均净资产收益率2.98%，较上年同期增加0.94个百分点；每股收益0.0586元，较上年同期的0.0376元增加0.021元，增幅55.85%。

【600328】内蒙古兰太实业股份有限公司

【基本情况】

内蒙古兰太实业股份有限公司（简称“兰太实业”）是一家具有央企背景的上市公司，公司股票于2000年12月在上海证券交易所正式上市交易，股票代码：600328，总部位于内蒙古阿拉善经济开发区，控股股东为中盐吉兰泰盐化集团有限公司。公司现有员工4700余人，资产总额53亿元（含28亿元在建项目），年销售收入达14亿元。

在近60年的发展历程中，公司由一家位居沙漠深处的中型盐场发展成为集制盐、盐化工、生物制药、矿产资源开发于一体，横跨内蒙古、青海、江西、山东等四省（区）六地的大型上市企业。公司以其优异的经营业绩和良好的社会形象成为“中国化工企业500强”、“自治区自主创新企业50强”、“自治区用户满意企业”、“中华慈善突出贡献企业”等，被冠以“沙漠明珠”之美誉。

公司遵循“盐为基础、横向拓宽、纵向延伸、科学发展”的思路，坚持发展绿色、低碳经济，着力建设盐化工循环经济工业园区，以其雄厚的资源优势和领先的技术优势，走在了同行业的前列。

公司矿产资源储备丰富分布集中。拥有储量超过2亿吨的湖盐、1亿吨的煤炭、2亿吨的石灰石，为公司的生产经营和发展打下了坚实基础。

公司生产装置先进，产品产能位居同行业领先地位。拥有国内技术领先并已建成投入试生产的100万吨/年纯碱生产线，国内湖盐行业机械化程度较高的150万吨/年成品盐生产线、世界产能最大的4.5万吨/年金属钠生产线、全国产能最大的16万吨/年氯酸钠生产线、国内最大的生物盐藻养殖基地等。

公司注重环境保护和节能减排，大力发展循环经济。投资建成了日处理能力为3万立方米的污水处理厂、电厂脱硫、灰渣场等环保设施，从资源开采到"三废"综合利用的循环经济工业园基本建成，实现了清洁生产。

公司产品以质量过硬、信誉良好著称。"银湖"牌精制盐是国内同类产品首个通过绿色认证的"绿色食品"。"国邦"牌金属钠、"银湖"牌精制盐为自治区著名品牌，主要产品行销全国二十多个省、市、自治区，并出口美国、日本等多个国家和地区。

"十二五"期间，公司将紧紧围绕中盐总公司新一轮"两步走"发展战略，依托企业的核心竞争优势，将做强做优作为贯穿"十二五"发展的主线，力争在"十二五"末，将公司建设成为"生产环境清洁优美、资源利用节能减排，收入利润持续增长，股东员工共同受益"的中国西部一流的循环经济盐化工基地。

【经营业绩】

2011年上半年生产经营持续稳定发展。报告期内，各产品的产销量较去年同期均有所增长，营业收入较去年同期增长25.23%，其中盐产品增长27.4%，金属钠增长8.43%，氯酸钠增长38.09%，营业成本受诸多因素的影响较去年同期都有所升高，公司通过合理组织生产，节能降耗，降本增效，努力化解原材料价格上涨带来的成本上升压力，2011上半年实现利润5289.75万元，较去年同期增长90.64%。

【企业文化】

打造技术领先、质量一流、和谐发展的最具成长力的中盐成员企业。

【企业荣誉】

内蒙古兰太实业股份有限公司被评为"2011中国化工企业500强"；"自治区自主创新企业50强"、"自治区用户满意企业"、"中华慈善突出贡献企业"等，被冠以"沙漠明珠"之美誉。

【600329】天津中新药业集团股份有限公司

【基本情况】

天津中新药业集团股份有限公司是历史悠久的，以中药创新为特色的，分别于1997年在新加坡，于2001年在上海两地上市的大型医药集团。（沪市股票代码：600329）

拥有40余家分公司及参、控股公司，业务涵盖中成药、中药材、化学原料及制剂、生物医药、营养保健品研发制造及医药商业等众多领域，形成了完整的产业链、产品链、人才链。旗下天津隆顺榕、乐仁堂、达仁堂等数家中华老字号企业与中药六厂等现代中药标志性企业同时并存并荣，并与葛兰素史克、以色列泰沃、美国百特、韩国新丰等全球知名药企牵手联营。

拥有718个注册品种，其中国宝级中药四个，中新药业高级顾问、技术中心名誉主任，中国著名中药制剂专家章臣桂教授发明的速效救心丸为国家机密品种，另有国家秘密品种3个。共有中药保护品种21个，独家生产品种109个。中新药业营销网络覆盖全国，众多优质产品远销世界30多个国家和地区并享有盛誉。

中新药业以中药创新统领经营发展思路，注重自主创新研发，一直走在中药现代化发展的前列。拥有1个国家级企业技术中心、6个市级企业技术中心、1个市级中药现代化技术工程中心以及国家人事部批准的企业博士后科研工作站。拥有专利申请495件，其中发明专利313件，独家处方67个，独家剂型42种。在长期的实践探索中，集成并优化了世界最先进的中药设备和技术，形成了中新药业独特的中药现代化集成发展平台。全面执行GAP、GLP、GCP、GMP、GSP系列标准，实现全程质量控制，确保产品的安全有效。

面向未来，中新药业将继续秉承"天人同序，惠福民生"的企业宗旨，在中药现代化的发展道路上不断探索，不遗余力的推动中药的现代化和国际化。

【主营业务】

生产及出售中药、西药、保健品及医疗器械。

【经营业绩】

截至2011年6月30日，公司总资产43.88亿元人民币，比年初增长14.38%，净资产18.44亿元人民币，比年初增长2.45%；2011年上半年，公司累计实现营业收入20.88亿元人民币，同比增长28.91%；公司累计实现归属于母公司净利润1.95亿元人民币，同比增长3.83%；公司实现自营利润1.71亿元人民币，同比增长6.88%。

【600336】澳柯玛股份有限公司

【基本情况】

澳柯玛股份有限公司成立于1987年，于2000年12月29日在上海证券交易所上市。公司以"创造更美好的产品，为'中国制造'赢得世界的尊敬"为使命，以成为行业领先者和持续成长的优秀企业为目标，不断推进产业结构和产品结构调整升级，逐步形成了以制冷家电为核心业务，电动车、生活电器、洗衣机、自动售货机、医用冷柜为新兴业务，电动汽车、海洋生物、新能源家电为未来业务的多层次、多梯度的大型综合性现代化企业集团。公司拥有员工7000多人，具备年产冷柜300万台、冰箱300万台、生活家电500万台、洗衣机400万台、电动车100万辆、基于互联网的自动售货机1万台的生产能力，营销网络覆盖全球五大洲100个国家和地区。

作为民族品牌，澳柯玛实施以质量塑造品牌、以创新推进品牌、以服务提升品牌、以市场拉动品牌的品牌发展战略，牢固树立起了"精心造精品、精品铸品牌"的质量观念，致力于制造"零缺陷、用户100%满意"的产品。公司全面采用了国际先进的六西格玛（6sigma）过程控制管理，贯穿于产品设计、制造、服务全过程的1000多项严格、精密的控制，成就了澳柯玛产品的卓越品质，在国际市场享有盛誉。2002年出口北美地区的冰柜接近20万台，创造了零投诉的质量奇迹。企业连续多年获得"中国驰名商标"、"中国名牌产品"、"中国重点支持与发展的出口名牌"、"最具影响中国民众消费的品牌"、"中国十大影响力品牌"等殊荣，2007年公司冷柜产品获得出口免验资格，"澳柯玛"品牌价值不断提升，已成为中国最有价值的品牌之一，在国际上的品牌影响力也在不断扩大。

作为国家高新技术企业，澳柯玛秉承"科技让生活更美好"的科技创新理念，建立了以市场需求为导向，集市场、研发、制造三位一体的技术创新机制，通过营销与研发的无缝对接，开发更适合消费需求、更具市场竞争力的差异化、高端化系列产品。公司先后获得"国家级企业技术中心成就奖"，

"国家重点新产品"、"国家火炬计划高新技术企业"等奖项，累计申请专利1200余项，参与10余项国家标准的制定及修订工作。

澳柯玛遵循"超越用户期望，用心感动用户"的市场理念，牢记"实实在在服务，百分之百满意"的服务宗旨，不断提升服务水平。2011年，澳柯玛对旗下全线家电产品售后服务再升级，创建了"澳柯玛金海豚五星服务"品牌。凭借优质的服务和"诚实守信、义利共生"的合作理念，澳柯玛同蒙牛、伊利、汇源、青岛啤酒、GE、西门子、联合利华、可口可乐、百事可乐等跨国公司建立了良好的合作关系，得到了各国客户的高度评价。澳柯玛的足迹已遍布亚洲、欧洲、美洲和大洋洲的100余个国家和地区，在国际上的知名度和影响力正在迅速提高。

"十二五"时期是中国走向家电强国的关键时期，澳柯玛将在社会各界的大力支持下，以技术创新和管理创新为推动，全面实施"打造制冷主业第一竞争力，成为绿色、环保、高品质生活的创造者"的发展战略，在振兴民族工业、推动中国向家电强国转变中做出积极的贡献。

【主营业务】

冷柜系列、水净化设备、车用冷热转换箱、自动售货机、锂电池、新型多层复合管材、制冷机等。

【经营业绩】

2011上半年报告期内，公司实现营业收入21.01亿元，实现归属于母公司股东的净利润2104.45万元，实现每股收益0.0617元。

【社会责任】

澳柯玛遵循"满足顾客需求、保证公司利益、确保员工利益、增进企业和社会同步发展"的经营理念，在承担社会责任、促进企业与社会和谐发展方面做出了积极的贡献。历年来相继捐款捐物7000多万元参与公益事业；促进社会就业，带动经济发展，多年来累计提供了20多万人的就业岗位，并向地方累计纳税12多亿元。

公司积极响应国家政策，一直致力于节能降耗、保护环境，发展循环经济；公司于1998年实现制冷产品全无氟替代，2003年获得国家环保总局颁发的首届"保护臭氧层贡献奖"金奖，2004年获得"清洁生产企业"称号，并积极参与了国家废旧家电回收体系的建设，2006年起公司按照欧盟ROHS指令要求组织制冷产品生产。

【600348】阳泉煤业(集团)股份有限公司

【基本情况】

阳泉煤业(集团)股份有限公司是由阳泉煤业(集团)有限责任公司作为主发起人，将所属两矿一厂的经山西资产评估中心事务所出具晋资评报字(1999)第40号评估报告，并经山西省国有资产管理局晋国资评管函字[1999]第104号文件确认的生产经营性净资产499,556,700元作为出资，根据山西省国有资产管理局晋国资企函字[1999]第106号文"关于山西国阳新能股份有限公司国有股权管理有关问题的批复"投入的净资产折为国有法人股324,759,200股，联合山西宏夏建筑工程有限公司等四家发起人以现金方式投入，共同发起设立的山西国阳新能股份有限公司。经山西省人民政府晋政函[1999]163号文批准，本公司于1999年12月30日在陕西省工商行政管理局登记注册。阳泉煤业(集团)股份有限公司于2003年8月经中国证券监督管理委员会证监发行字[2003]第84号文《关于核准山西国阳新能股份有限公司公开发行股票的通知》核准，以每股人民币8.20元的价格向境内投资者发行了面值为人民币1.00元的A股股票15000万股，并于2003年8月21日挂牌上市。国阳新能为阳煤集团控股子公司，阳煤集团持有国阳新能58.34%股权。

【主营业务】

煤炭生产、洗选加工、销售；电力生产、销售；热力生产、销售；道路普通货物运输和通勤运输；设备租赁；经销汽车及施工机械配件及材料；汽车修理。

【经营业绩】

2011年上半年报告期内，公司原煤产量完成1,436万吨，同比增加12.72%；采购集团及其子公司煤炭1,115万吨，同比增长10.72%；其中收购集团原料煤479万吨。销售煤炭2,557万吨，同比增长17.35%。其中块煤293万吨，同比增长25.75%；喷粉煤301万吨，同比增长17.58%；选末煤1,862万吨，同比增长16.67%；煤泥销量101万吨，同比增长7.45%；发电量完成56,626.39万千瓦时，供热完成250.51万百万千焦。煤炭综合售价526.61元/吨，同比上涨10.89%。

报告期营业收入2,518,809万元，同比增长87.67%，其中煤炭产品销售收入1,346,438万元，同比增长30.14%。

报告期营业成本2,166,336万元，同比增长102.84%，其中煤炭产品销售成本1,017,338万元，同比增长30.42%。利润总额229,401万元，同比增加51,971万元，同比增长29.29%。净利润168,218万元，同比增加36,992万元，同比增长28.19%。

【企业文化】

公司对传统的"从严、务实、进取、奉献、求知、创新、严谨、忠诚"的企业文化，进行整合提升，确立了"诚信创新"的企业精神，"驰骋大市场，运营大资本，成就大事业"的企业目标，"路在脚下，事在人为"的企业经营理念。以此为精髓，形成公司员工奉行的价值观："利润是客户给企业的报酬，美誉是社会给企业的奖赏，竞争是同行共存共荣的激励，岗位是实现自我价值的舞台"。

【企业荣誉】

公司管理基础扎实，科学严谨。先后获得首届"中国煤炭工业优秀企业奖"、"煤炭工业优秀奖——金石奖"等荣誉。所属两个矿连续多年被评为全国"高产高效矿井"和"特级质量标准化、现代化矿井"。一矿被山西省委、省政府记"集体特等功"，荣获全国"五一劳动奖状"。瓦斯治理技术达到国际先进、国内领先水平，技术研究曾获国家三等奖和原煤炭部特等奖。连续24年杜绝了瓦斯、煤尘事故，被树为全国瓦斯治理的一面旗帜。公司一贯注重内练硬功，外塑形象，驰骋市场，追求卓越。2004－2005年国阳新能分别入选上证180指数和沪深300指数样本股。2005－2007年连续三年获得"中国A股公司最佳投资者关系管理百强"称号。公司荣获2007年度中国质量协会授予的"全国实施卓越绩效模式先进企业"2007－2009年度连续多年被评为"全国用户满意企业"称号和"重合同守信用企业"、"AAA级信用度企业"称号。

【600350】山东高速公路股份有限公司

【基本情况】

山东高速公路股份有限公司(以下简称"山东高速"或"公司")成立于1999年，由山东高速集团有限公司与华建交通经济开发中心共同发起设立，2002年3月，在上海证券交易所挂牌上市，注册资本4,811,165,857元。公司主要从事交通基础设施的投资、经营和管理，是山东省路桥行业唯一一家大型国有控股上市公司。成立十余载，山东高速以齐鲁大地广袤沃土为纸，润改革开放甘霖泽雨为墨，不断书写着科学发展的华彩篇章。

资本运作，锻造蓝筹。公司上市后充分发挥投融资平台作用，通过投资建设、收购等方式，实现了主业规模的快速增长和经营业绩的稳步提升。目前，公司运营管理的路桥有青银高速山东段、京福高速德山东段、济莱高速、潍莱高速、菏关高速、威乳高速、河南许禹高速、河南许亳高速、泰曲一级公路、济南黄河大桥、滨州黄河大桥、平阴黄河大桥和济南黄河二桥，总里程达 1452 公里，位居全国公路上市公司首位。2010 年度，公司实现营业收入 39.4 亿元，净利润 12.5 亿元。截至 2010 年底，公司总资产达 144 亿元，净资产 103 亿元，累计实现净利润 90 亿元。先后入选上证 180 指数、沪深 300 指数、上证公司治理指数和红利指数，荣获"中国上市公司市值管理百佳奖"、入选"最佳管理上市公司 100 强"，成为了我国资本市场大盘蓝筹股的代表。

改革创新，文化致胜。公司以改革创新为动力，积极构建现代企业制度，不断提升管理和服务精细化水平，先后通过 ISO9000 质量管理体系和 OHSAS18000 职业健康安全体系认证，在省内率先开展"微笑服务"，大力优化生态路域环境，不断完善畅通保障机制，加快推进数字化高速公路建设，持续为驾乘人员提供快捷、畅通、优美、文明的平安大道。公司积极推进企业文化建设，培育形成了独具特色的"和畅"文化体系，为公司发展注入生命力和文化内涵。两个文明建设成效显著，文明之花结出累累硕果，公司先后荣获山东省管理创新十佳企业、山东省质量奖等殊荣，青岛收费站荣获"全国青年文明号"荣誉称号，济南机场收费站荣获"全国巾帼文明岗"、"全国青年文明号"荣誉称号，济南收费站荣获国家级"文明示范窗口"、"杰出青年文明号"和"全国巾帼文明岗"荣誉称号，潍坊收费站荣获全国交通建设系统"工人先锋号"。

多元发展，做大品牌。公司不断加快多元化发展的步伐，依托高速公路主业成立实业公司，发展高速公路附属设施和特色服务区建设，不断延伸高速公路产业链；充分发挥自身资源优势，先后设立山东高速投资公司、济南投资公司、章丘发展公司，深化政企合作，与行业领先企业强强联合，积极参与城市基础设施建设与运营；同时，不断开拓矿产、金融股权等投资领域，着力打造"山东高速"大品牌。

承载公众希望，延伸现代文明。秉承"服务大众、奉献社会、回报股东、成就员工"的使命，山东高速未来将以科学发展观为指导，以改革创新为动力，努力将公司发展成为全国品牌第一、实力最强的路桥投资运营专业公司和全国有影响力的城市运营公司，为股东谋求最大权益，承担更大的社会责任和义务，造福公众，为社会的和谐与繁荣作出贡献。

【主营业务】

从事对高等级公路、桥梁、隧道基础设施的投资、管理、养护、咨询服务及批准的收费等。

【经营业绩】

截至 2011 年 6 月 30 日，公司总资产 15,277,112,649 元，比 2010 年末增加 836,835,295 元，增长 5.80%；公司归属于母公司的股东权益 10,608,904,931 元，比 2010 年末增加 287,768,306 元，增长 2.79%；公司净利润 637,603,506 元，较去年同期增加 103,559,551 元，增长 19.39%。

2011 年上半年，公司主营业务收入 2,069,444,581 元，比去年同期增加 266,044,639 元，增长 14.75%。

【600367】贵州红星发展股份有限公司

【基本情况】

贵州红星发展股份有限公司位于世界闻名的旅游名胜风景黄果树瀑布的故乡镇宁县境内。公司是于 1999 年 4 月经贵州省人民政府批准，由青岛红星化工集团公司镇宁红蝶钡业公司为主要发起人，联合贵州省安顺地区国有资产投资营运有限责任公司、青岛红星化工集团进出口有限公司、青岛红星化工集团自力实业公司、镇宁红蝶实业有限责任公司等四家发起人共同发起，采用发起方式设立的股份有限公司。公司于 2001 年 3 月在上海证券交易所成功上市，公司股票简称为"红星发展"，股票代码为 600367"，是首家东西部结合在西部地区上市的公司。

公司主营业务为电子磁性材料、橡胶塑料助剂、天然植物提取等 3 大系列 20 多个品种，主要产品有碳酸钡、碳酸锶、电解二氧化锰、不溶性硫磺、硫脲、硫磺、硫酸钡、硝酸锶、氯化锶、万寿菊等。

多年来，公司坚持以财务管理为龙头，以市场为导向，以企业文化建设为依托的发展战略，发扬"艰苦创业、无私奉献、开拓创新、争创一流"的企业精神，依托青岛红星化工多年来形成的信誉、市场、技术、管理等优势同西部丰富的资源结合起来继续走东西结合、优势互补、低成本扩张的道路，重点发展以电子磁性材料，橡胶塑料助剂，绿色植物提取物等为支柱的高科技多元化产业，把企业打造成为具有"一流的的效益"的现代化企业。目前公司的拳头产品碳酸钡和碳酸锶年产销量 30 多万吨，占世界产销量的 1/3 强，已形成了世界钡盐"单体生产规模最大、同行业生产环境最优美、产品质量最稳定、产品成本最有竞争力"的生产厂家。党和国家领导人温家宝、贺国强等同志视察公司，并盛赞公司为"东西合作的成功典范"。

碳酸钡和碳酸锶是生产电视机显像管、计算机显示器、工业监视器、电子元器件的重要原料，还被广泛应用于电子信息、化工、轻工、冶金、陶瓷等十多个行业。同时公司钡、锶盐产品已经在世界各大玻壳企业占据了主要份额，产品 80% 以上出口，远销亚洲、欧洲、美洲等 20 多个国家和地区，在同行业中有"世界钡王、亚洲锶王"之称。

【经营业绩】

2011 年上半年，公司整体经营业绩继续稳步回升，实现营业收入 566,726,223.82 元，利润总额 72,410,989.95 元，归属于上市公司股东的净利润 47,546,957.90 元，基本每股收益 0.16 元，分别同比增长 29.57%、646.34%、945.39%、700%。

【600368】广西五洲交通股份有限公司

广西五洲交通股份有限公司是广西唯一一家经营收费公路的上市公司。公司于 1992 年 12 月成立，于 2000 年 12 月在上海证券交易所成功首发股票上市，股票简称五洲交通，股票代码 600368，公司控股股东是广西交通投资集团有限公司。

"立足交通、投资交通、服务交通、发展交通"——从上市前的路桥投资尖兵，到上市后的融资平台，再到如今通过建设、收购与融资相结合，呈现"公路主业迅速扩展，物流和房地产稳步推进"的多元经营新格局。目前公司直接经营平王路、金宜路和南梧路部分路段，下辖5个直属收费站和1个管理所，控股广西万通国际物流有限公司、广西岑罗高速公路有限责任公司、南宁金桥农产品有限公司，全资拥有广西坛百高速公路有限公司和广西五洲房地产有限公司，开发五洲国际房地产项目。五洲交通历经风雨、千锤百炼，实现了从小到大、由弱到强的发展目标，已经成为资产总量近100亿元、享誉区内外的大型国有控股企业。

五洲风量括四海，风劲正是扬帆时。国家深入实施第二轮西部大开发，自治区继续实施交通优先发展战略以及多区域合作日益深入，广西区位优势日益明显，都为五洲交通创造了广阔的发展空间。五洲交通人将矢志不渝地坚守"为股东赢得收益、为社会创造价值"这一使命，始终遵循"人本、责任、诚信、卓越"的核心价值观，秉承"优质服务、诚信经营"的经营理念，不断发展和弘扬"优质、高效、创新"的企业精神，全力打造"路畅人和、道行致远"的企业愿景，为经济社会发展和交通建设事业做出新的贡献！

【600380】健康元药业集团股份有限公司

【基本情况】

健康元药业集团股份有限公司（以下称健康元药业集团）前身为深圳太太保健食品有限公司。由朱保国董事长92年创办成立，靠一剂"太太口服液"奠定保健品行业龙头地位；95年战略转型进军药业，更名为深圳太太药业有限公司；97年收购深圳市海滨制药有限公司完成从保健品企业到制药企业成功转型；99年股份制改造完成变更为深圳太太药业股份有限公司；2001年太太药业上海证券交易所挂牌，成功上市，发行7,000万股，募集资金17亿，为当时A股上市募集资金最多的民营企业。之后，健康元药业集团相继收购健康药业（中国）有限公司，丽珠医药集团股份有限公司等优质医药企业；2003年更名为健康元药业集团股份有限公司。依靠多年来的专注医药领域的经营，健康元药业集团从一个知名的保健品企业已经发展成为国内综合实力雄厚的民营医药集团。

现健康元药业集团旗下30余家主要控股子公司，500多种药品品种，员工9,000多人，业务范围涵盖保健品、原料药（含中间体）和制剂、处方药与非处方药、中成药与化学制剂、检测试剂等领域，并开始形成上下游产业链。保健品旗下拥有太太、静心、鹰牌等知名品牌；原料药（中间体）有抗生素系列及其中间体7ACA（酶法）、4AA、F9等；处方药包含消化道用药、心脑血管用药、抗感染用药、抗肿瘤药、神经脑血管用药、泌尿系统用药等领域；非处方药有胃肠道药品"丽珠得乐"、"丽珠肠乐"，口腔溃疡用药"意可贴"，感冒类药品"抗病毒口服颗粒"，皮肤外用药品"新肤螨灵软膏"、复方醋酸地塞米松乳膏等。2009年全国医院购药总量健康元药业集团在国内企业中排名第5，含外企排名第12（IMS数据显示）。健康元药业集团产品还远销美国、澳大利亚、新加坡、马来西亚、港澳台等地。

健康元药业集团子公司深圳市海滨制药有限公司以生产和销售抗生素为主，并把第三代抗生素碳青霉烯类作为主要发展方向，现已为全球最大的碳青霉烯类抗生素生产基地，为深圳市高新技术企业。

健康元药业集团2002年收购丽珠医药集团股份有限公司，成为丽珠医药集团第一大股东。2009年丽珠医药集团完成全国首家B股回购，健康元药业集团持股再次上升到45.31%。丽珠医药集团93年在深圳证券交易所成功发行A、B股，为国内首家同时发行A、B股的上市医药企业。丽珠医药集团产品包括化学原料药、化学制剂、中成药等共400多个品种，产品线丰富，品牌知名度广，在2009年7月国家新颁布的基本药物目录307个品种中，占90余个品种，190余个品规。

2007年健康元药业集团子公司焦作健康元生物制品有限公司全国首家环保"酶"法产业化生产医药抗生素—头孢菌素类的关键中间体7-氨基头孢烷酸（简称7-ACA），带领行业生产工艺从化学法向环保酶法转型，现已成为行业龙头。

健康元药业集团子公司新乡海滨药业有限公司生产美罗培南中间体4AA、F9，亚胺培南西司他丁等，现为新乡市重点企业，是深圳市海滨制药有限公司美罗培南中间体F9、4AA的主要供应厂家。

【经营业绩】

2011年上半年报告期内，公司实现营业收入23.95亿元，较上年同期的20.83亿元，上升3.12亿元，升幅约15%；报告期内，实现归属上市公司股东的净利润2.45亿元，较上年同期的3.67亿元相比，下降1.22亿元，下降约33%；报告期内实现归属上市公司股东扣除非经常性损益的净利润2.29亿元，较上年同期相比下降约37%。

【企业荣誉】

2010年3月18日，健康元药业集团董事长朱保国先生因为在制药领域的出色表现当选"2009年广东省十大经济风云人物"。

2010年7月，在国家食品药品监督管理局南方医药经济研究所公布的"2009中国医药板块上市公司核心竞争力50强排行榜"中，健康元以30.5分的总成绩排名第三，"2009中国医药上市公司排行榜，化学制剂类上市公司核心竞争力排行榜（20强）"排名第二，"2009中国医药上市公司排行榜，医药上市公司赚钱榜（20强）"排名第八。

2010年12月，深圳海滨正式收到德国药政官方发来的无菌美罗培南（原料药）EU-GMP认证证书，成为国内首家无菌美罗培南（原料药）通过欧盟GMP认证的企业。

【600406】国电南瑞科技股份有限公司

【基本情况】

国电南瑞科技股份有限公司成立于2001年2月28日，由南京南瑞集团公司作为主发起人，以南京南瑞集团公司下属三家分公司的资产经过重组，联合其他七家战略投资者共同发起设立，经中国证监会核准，2003年10月16日在上海证券交易所上市并向社会公众发行股票，成为国家电网公司系统内的首家上市公司，简称"国电南瑞"（NARI-TECHNOLOGY），股票代码"600406"。国电南瑞由电网控制、系统控制、配电技术、农村电气化、用电技术、轨道交通技术、电气控制、成套设备、深圳分公司九家分公司，南京中德保护控制系统有限公司和国电南瑞（北京）控制系统有限公司、安徽继远电网技术有限责任公司、南瑞中天电力电子有限公司四家全资子公司，以及国电南瑞吉电新能源（南京）有限公司、南瑞航天（北京）电气控制技术有限公司两家控股公司组成。

国电南瑞是"国家规划布局内重点软件企业"、"国家火炬计划软件产业基地骨干企业"、"江苏省高新技术企业"、"江苏省首批软件企业"。先后获得"南京市百优成长型企业"、"南京市优秀创新型企业"、"江苏省创新型试点企业"、"中央企业先进集体"等荣誉称号。

国电南瑞坚持"永远保持技术领先"的产业理念，坚持科技创新，不断寻求突破，把握行业发展趋势动态，积极拓展业务领域，丰富和完善产品线。近年来在智能电网、轨道交通、工业控制、清洁能源、电力电子等专业领域，锲而不舍地开展应用型研发和技术创新，引进先进的信息技术、软件技术和测控技术，形成多项具有核心技术和自主知识产权的、富有竞争力的产品，取得了包括诸多开创性成果在内的丰富的科研成就。

国电南瑞建立了战略决策、业务信息、财务内控、科研开发、质量控制、人力资源等多方面的管理体系。科学的组织机构，完善、高效、合理的运行体系，使公司更加适应市场竞争的需要，保持持续的竞争优势和能力，不断获得快速发展的新空间。

国电南瑞多年来以"以技术引领市场，以服务赢得用户"为经营宗旨，以"始于客户需求、终于客户满意"为服务理念，赢得了良好口碑与客户赞同，在业界树立了优秀企业形象。

国电南瑞发行股票上市募集资金后，建设大型产业化和研发基地，兼并收购优势资产，投资开发符合未来发展需求、市场前景广阔的新项目，进一步确立了公司的行业地位，为下一步跨越式发展奠定了坚实的基础。

国电南瑞将继续以产业报国和科技兴国为己任；以保持技术领先为根本；以保持利润和产业规模协调发展，保证投资者受益为宗旨，不断地进行技术创新为经营目标，以稳固企业的长期盈利和可持续发展。

【经营业绩】

2011 年上半年公司全面完成预定的经营目标，实现新签合同30.20 亿元，同比增长 68.81%；按合并会计报表口径，实现营业收入 14.30 亿元，同比增长 43.63%，归属于母公司净利润 2.55 亿元，同比增长 55.19%，实现每股收益 0.24 元。

【企业荣誉】

- 国电南瑞继远电网获合肥高新区 2011 年度"安全生产先进企业"荣誉称号。
- 国电南瑞科技股份有限公司获南京高新区"2011 年度突出贡献单位"称号。
- 南瑞(NARI)中国名牌产品。
- "中国软件业务收入前百家企业"第 42 名。
- "中国软件业务收入前百家企业"第 30 名。
- "上市公司市值百佳"第 10 名。
- 首届央视财经 50 指数十佳回报公司。

【600409】唐山三友化工股份有限公司

【基本情况】

唐山三友化工股份公司是国家"七五"重点建设项目，全国纯碱行业排头兵。多年来，按照董事长、党委书记么志义同志"产品链接、工艺衔接、资源集约、产业集群"的循环经济发展理念，通过持续技改扩建，纯碱产能由 60 万吨提高到 210 万吨。2003 年 6 月 18 日，三友化工 A 股股票在沪市挂牌上市。截至到 2011 年 6 月底，公司资产规模 116.69 亿元，净资产 38.37 亿元，公司总股本 105958.03 万股。

公司是国内生产规模最大、技术装备最先进、产品品种最齐全的纯碱企业，独占行业两个"唯一"，即同行业唯一通过 ISO9001 质量、产品和 ISO14001 环境管理体系三重认证的企业，行业内唯一兼备挤压法、固相、液相 3 种工艺的企业。散装化率、重质化率、低盐化率 3 项重要指标均居行业第一，产量、质量、成本、市场占有率、出口创汇 5 项指标连续多年行业领先。

未来，公司将围绕集团"两碱一化"循环经济整体布局，继续做强做优纯碱主业。本地依托曹妃甸浓海水综合利用项目，降低原盐、淡水依存度，实现各项指标的持续优化，外部，充分利用青海原盐、石灰石、淡水资源优势，重点建设青海 110 万吨纯碱项目，纯碱总产量达到 320 万吨，成为世界最大、技术最先进的纯碱生产企业。

【经营业绩】

2011 年上半年报告期内，公司实现营业收入 506807 万元，同比增长 35.75%，利润总额 49490 万元，同比增长 265.27%，净利 38606 万元，同比增长 252.18%，每股收益 0.3714元，同比增加 218.17%。

【600418】安徽江淮汽车股份有限公司

【基本情况】

安徽江淮汽车股份有限公司（简称"江淮汽车"），是一家集商用车、乘用车及动力总成研发、制造、销售和服务于一体的综合型汽车厂商。公司前身是创建于 1964 年的合肥江淮汽车制造厂。1999 年 9 月改制为股份制企业，隶属于安徽江淮汽车集团有限公司。2001 年在上海证券交易所挂牌上市，股票代码为 600418。公司占地面积 460 多万平方米，拥有员工 17000 余人，具有年产 70 万辆整车、50 万台发动机及相关核心零部件的生产能力。2010 年，公司销售各类汽车超过 44 万辆，实现了连续 20 年以 40% 以上增长速度的超快发展。目前公司主导产品有：6 ~ 12 米客车底盘，0.5 ~ 50 吨重、中、轻、微卡车，星锐多功能商用车，6 ~ 12 座瑞风商务车（MPV），瑞鹰越野车（SRV），C 级宾悦、B 级和悦及和悦 RS、A 级同悦及同悦 RS、A0 级悦悦轿车。

公司长期坚持走质量效益型道路，持续深入推进精益生产，积极构筑民族汽车的品质和品牌优势，并于 2010 年 10 月 21 日荣获中国质量领域最高奖——全国质量奖。

公司凭借着独具特色的企业文化，实现了连续 20 年飞速发展的"江汽现象"，受到了党和国家领导人的深切关怀和高度重视。吴邦国、贾庆林、周永康等党和国家领导人亲临公司视察，对公司的发展给与高度评价，并提出更高的要求。公司坚持创建学习型组织，每周组织一次全员的学习活动并已坚持多年，员工素质得到极大提升，公司系统创新能力强、发展潜力巨大，被"学习型组织"理论创始人彼得·圣吉称为最接近学习型组织的企业。面向未来，公司将始终保持"藐视一切困难，敢于竞争，敢于胜利"的新红军精神，始终如一的坚持"系统思考、团队学习、协调平衡、追求卓越"的核心理念，创新发展自主品牌，振兴民族汽车工业，成为世界一流汽车厂商。

【主营业务】

汽车、汽车底盘及其汽车变速箱等零部件的开发、生产和销售。

【经营业绩】

2011 年上半年，公司围绕年度经营目标，坚持走质量效益型道路，坚持产品结构优化调整，紧抓国内外两个市场，效果良好。2011 年 1 - 6 月，公司销售各类汽车及汽车底盘 268101 辆，同比增长 10.07%，超过行业增幅，其中：瑞风 MPV33565 辆，同比增长 1.52%，轻卡 116610 辆，同比增长 2.71%，轿车 80807 辆，同比增长 29.79%，客车底盘 12305 辆，同比增长 4.37%，重卡 17358 辆，同比增长 34.09%，瑞鹰

SRV7456 辆，同比下降 25.31%。报告期内，国际市场产品出口是公司经营中的一大亮点，上半年公司共出口各类汽车 35518 台，同比增长 255%，其中乘用车出口同比增长 587%，增速行业第一。

公司发动机事业也得到长足发展，上半年累计自配发动机 12.56 万台，同比增长 76%，有效降低了整车成本。上半年公司实现营业收入 174.38 亿元，同比增长 7.91%，实现营业利润 5.86 亿元，同比增长 3.19%，实现净利润 5 亿元，同比增长 2.2%。报告期内，公司高端轻卡帅铃Ⅲ，高端 MPV 和畅，T 动版 SRV，"星锐"等产品已经上市，进一步完善产品型谱的同时，优化了产品结构，提升了产品竞争力；技术研发方面，公司在新能源汽车，高效发动机，自动变速箱等重点研发项目上均按计划有效推进。报告期内，公司审议通过公开增发募集资金方案，拟增发数量不超过 1.5 亿股，募集资金不超过 28 亿元，该方案待中国证监会审核批准后实施。

【600428】中远航运股份有限公司

【基本情况】

中远航运股份有限公司（简称：COSCOL）成立于 1999 年 12 月 8 日，2002 年 4 月 18 日在上海证券交易所挂牌上市，成为中远集团（COSCO）航运主业在国内资本市场的第一家上市公司，公司按照既定目标，努力打造一支竞争力船队、拥有一批价值客户群和培育一支高素质的员工队伍。目前，中远航运是中国乃至世界最大的以特种专业船为主的多用途船运输公司之一，入选"上证公司治理板块"首批样本股。公司拥有和控制半潜船、重吊船、多用途船、汽车专用船、滚装船和杂货船等各类型船舶近百艘，形成了以中国本土为依托，以香港、韩国、东南亚、美国、欧洲、澳洲、非洲和西亚等为辐射点的全球业务经营服务网络，在远东至地中海、远东至欧洲航线、远东至波斯湾、远东至美洲、远东至非洲等航线上，形成了稳定可靠的班轮运输优势。

多年来，中远航运着力从事包括钻井平台、舰艇、火车头、挖泥船、桥吊、成套设备等远洋运输市场中超长、超重、超大件、不适箱以及有特殊运载、装卸要求的货载运输，努力打造国际特种船运输的领先者。

中远航运培育了一个懂技术、善管理、会经营的精英管理团队，拥有一支特别能战斗、特别能吃苦的优秀船员队伍，他们有着良好的教育和培训，具有丰富的航海经验，能操纵半潜船、汽车船、多用途船、集装箱船、散装船、杂货船、木材船和滚装船等各类型船舶，在满足自身业务需要的同时，还向境外开展船员输出业务，成为国际海员劳务市场上一支举足轻重的重要力量。

【主营业务】

本公司主要经营远洋及沿海运输。公司拥有的船舶类型是半潜船、滚装船、多用途船、杂货船，以不定期拼货或航租、期租的经营方式为主，主要为超长、超重、超大件、不适箱以及有特殊运载、装卸要求的特种货物提供远洋及沿海货运服务。

【经营业绩】

2011 年上半年，报告期内公司实现营业收入 2,455,022,871.39 元，比去年同期上升 21.00%；实现营业利润 148,460,465.00 元，比去年同期下跌 2.57%；实现净利润 152,950,923.28 元，比去年同期上升 6.6%；公司船舶平均期租水平美元 10,176.06/天，比去年同期上升 2.49%；总体毛利率为 10.43%，比去年同期减少 6.58 个百分点。

【600438】通威股份有限公司

【基本情况】

通威股份有限公司是由通威集团有限公司控股，以饲料工业为主，同时涉足水产研究、水产养殖、动物保健及食品安全等相关领域的大型农业科技型上市公司（股票代码：600438），系农业产业化国家重点龙头企业。目前，拥有遍布全国各地的 80 余家分、子公司，生产水产饲料、畜禽饲料及特种饲料近 500 个品种，年饲料生产能力逾 600 万吨，并被中国饲料工业协会、中国水产协会和国家相关部门权威认定，已成为全球最大的水产饲料生产企业及我国主要的畜禽饲料生产企业，水产饲料市场占有率已超过 25%，连续 18 年位居全国第一。截至目前，通威股份直接带动国内及东南亚养殖农户 90 余万户，并通过产业链条的延伸，直接、间接带动中国 3000 多万农民致富增收。

通威拥有雄厚的科研开发和自主创新实力，拥有一流的科研队伍和研发体系。通威成立以来，先后投入数千万元建立了省级企业技术中心、水产研究所、虾特饲料研究所、畜饲料研究所、禽饲料研究所、药物研究所、通威水产科技园、通威水产工程中心等八大研发基地，并于 2007 年底成为国家级企业技术中心，同时，常年与美国奥本大学、芬兰赫尔辛基大学、日本等饲料和养殖技术发达国家战略合作，与国外多家饲料企业、专业机构建立了常年的技术与战略合作关系，长期致力于动物营养、环境保护、工厂化养鱼、食品安全以及养殖业可持续发展的科学研究，开发出了国际一流的饲料产品，并引种和培育出了多种名、特、优、新水产新品种。

公司现有上百人的教授、专家、博士队伍，本科毕业的员工更是占了 7 成以上。每年完成科学试验 200 多项，写出实验报告 200 余篇。公司现已形成从评估、研究、小试、中试到批量生产的一套完善的新技术、新产品研发体系。通威和世界上最先进的饲料企业相比，其技术水平已经达到了国际水平，部分还达到了国际领先水平。通威股份的拳头产品是水产饲料，公司在产品的研究、开发、生产上已经形成了一套完整的成熟的管理体系。

通威股份有明确的质量方针，严格监控产品质量形成的开发、设计、生产、销售、使用和服务全过程，在饲料原料采购、生产过程、成品储运的每个环节，严格遵守国家药物和卫生标准。同时，通威各分、子公司共拥有电脑控制、全自动饲料生产线 100 余条，以及拥有美国、德国、瑞士和台湾等国家和地区进口的具有世界先进水平的 150 余台关键核心设备，使其成为提高产品产量及质量的重要手段。为此，通威饲料产品质量一直稳定，产品监督抽查合格率年年达到 99% 以上，产品出厂检验合格率 100%，出厂的各类饲料产品从未出现重大质量事故，产品质量更得到广大养殖户的充分认可。

通威股份还在全国饲料企业中首家通过 ISO9000 质量管理体系认证，目前，通威 85% 以上分、子公司先后通过 ISO9000 认证，并率先在全国饲料行业中开展饲料产品 HACCP 安全管理体系及饲料产品认证工作，目前有三十几家分、子公司通过相关认证，同时，已有十几家分、子公司在中国饲料行业率先获国家无公害饲料产品认证证书，从而建立起了完善的质量管理体系，给产品质量、安全架起一道坚实的屏障。

打造全程质量可控的现代农牧产业链条，是整个产业的必然趋势和发展方向。为此，通威股份一直致力于打造和完善水产及畜禽产业链，为维护食品安全、推动行业发展做出了许多卓有成效的探索。目前，通威股份旗下的“通威鱼”、通威“美鮰鱼”、通威“金卡猪”等系列产品，早已树立起一定的品牌形象和市场竞争力。2009 年 10 月，上市仅 3 个月的通威美鮰鱼风味鱼系列产品便在河南郑州举行的第三届中国食品产业成长之星颁奖盛典上获得“2010 年中国食品产业最具成长潜力新品”称号；2009 年 11 月，在京召开的第三届中国农经产业发展论坛暨 2009 全国现代新型农业龙头企业首脑峰会上，因凭借独创的全程安全可追溯体系并不断推出高端猪肉制品“通威金卡猪”被授予“2009 中国十大最具成长性的现代新型农业龙头企业”殊荣；2009 年 11 月由国家发改委组织召开的国家创新能力建设和国家信息化试点授牌表彰大会，通威股份“RFID 技术在四川生猪产业的应用”项目，更被批准并授予国家信息化试点工程，成为全国第一个利用国家金卡工程进行现代养殖的生猪产业管理信息化项目，其后，“通威金卡猪”系列冷鲜产品和腌腊制品成为广大消费者争相采购的高档生猪肉制品；12 月 28 日，成都市农委代表成都市委、政府表彰了为成都、四川乃至全国食品加工行业做出积极贡献的现代农业优秀企业与品牌，通威旗下“通威金卡猪”、“通威鱼”、“通威美鮰鱼”成为 2009 市民最喜爱的“成都味道”品牌，占据 20 个品牌席位中的 3 个，并位居 20 个获奖品牌前列。

在通威股份董事长刘汉元先生的引航下，在全体通威人的努力下，二十多年来，通威一直保持着稳健发展的节律，一次次演绎着行业的惊艳，并不断将至高荣誉收入囊中。近年来，通威股份先后被评为中国民营上市公司 100 强、中国最具竞争力民营企业 50 强、中国民营企业品牌竞争力 50 强，中国农业第一股，并先后获得“中国驰名商标”、“中国名牌”等三项国家最高殊荣，成为中国目前仅有的一家“三冠王”的农业企业。第 13 届国际认证联盟（IQNet）年会上，由于通威在 ISO9000 质量管理体系工作中的突出成绩，被授予“质量管理创新奖”，成为全国饲料行业中获此殊荣的唯一企业。2006 年 7 月，中国品牌研究院公布的 145 个中国行业标志性品牌名单中，通威品牌更成为中国饲料行业 13000 余家企业中唯一当选的标志性品牌，2006 年底，通威股份荣获“2006 中国饲料最具竞争力企业”称号，并获封全国饲料工业标准化工作先进集体的桂冠；2007 年 9 月，通威股份又斩获“国家认证企业技术中心”，其行业科技优势一骑绝尘；2007 年 12 月，通威股份更成为行业翘楚，揽获 2007 中国饲料“十大公益企业”和“最佳人本管理企业”两项大奖；2009 年 3 月，通威股份第四次入列“中国企业信息化 500 强”；2011 年，通威品牌价值以 110.68 亿元人民币连续 8 年入列“中国 500 最具价值品牌”榜。

秉承稳健快速的发展节奏，2010 年销售收入达到 306 亿元，实现了规模和效益的双重如破。目前，通威正瞄准“改善人类生活品质，成就世界水产品牌”的宏大愿景，坚定不移地发展饲料及水产主业，积极延伸产业链条，全力打造世界级健康安全食品供应商。

【主营业务】

生产、销售饲料及饲料添加剂。

【经营业绩】

2011 年上半年报告期内，公司共实现营业收入 418，169.39 万元，同比增长 10.69%。实现归属于母公司的净利润 1，232.65 万元，同比下降 46.59%。归属于上市公司股东的扣除非经常性损益的净利润，本报告期比上年同期增长 38.57%。

【600449】宁夏建材集团股份有限公司

【基本情况】

公司于 1998 年 12 月 4 日以发起方式设立，2003 年 8 月公司股票在上海证券交易所上市交易（目前公司股票简称“宁夏建材”，股票代码：600449）。公司注册资本 23915.94 万元，地处宁夏回族自治区银川市西夏区新小线 2 公里处。经营范围：水泥制造、销售；水泥制品，水泥熟料、塑料管材、精细石膏的制造与销售，混凝土骨料的制造与销售；水泥用石灰岩开采（在许可规定的期限内经营）。截至 2010 年 12 月底，公司总资产 61.64 亿元，净资产 25.95 亿元，2010 年度公司实现营业收入 24.28 亿元，实现利润总额 6.99 亿元，实现归属于母公司所有者的净利润 5.62 亿元。公司本部现有 3 条日产 2500 吨新型干法水泥生产线，拥有宁夏中宁赛马水泥有限公司（公司持有其 100% 股权）、宁夏石嘴山赛马水泥有限公司（公司持有其 100% 的股权）、固原市六盘山水泥有限责任公司（公司持有其 100% 的股权）、乌海赛马水泥有限责任公司（公司持有其 100% 的股权）、中材青海水泥有限责任公司（公司持有其 100% 的股权）、宁夏赛马混凝土有限公司（公司持有其 100% 的股权）、中材甘肃水泥有限责任公司（公司持有其 98.415% 的股权）、宁夏青铜峡水泥股份有限公司（公司持有其 86.82% 股权）、天水中材水泥有限责任公司（公司持有其 80% 的股权）6 家全资子公司和 3 家控股子公司，参股乌海西水水泥有限责任公司、包头西水水泥有限责任公司各 45% 的股权。公司年水泥生产能力 1300 万吨。

公司生产技术全部采用新型干法生产工艺，主要产品有“赛马”牌、“青铜峡”牌、“双鹿”牌、“六盘山”牌普通硅酸盐、硅酸盐水泥及道路硅酸盐水泥、中低热水泥、油井水泥等。公司通过 GB/T19001：2000idtISO9001：2000 质量体系认证。“赛马”牌、“青铜峡”牌商标为宁夏著名商标。

公司产品广泛应用于区内外的重点工程建设，远销北京、内蒙、甘肃、山西、西藏等省区，并获得了陕西咸阳国际机场、甘肃中川机场、银川河东机场、山西运城机场、宁夏贺兰山机场、拉萨贡嘎机场等重大工程项目的大量使用和好评。

【主营业务】

水泥制造和销售；水泥制品、水泥熟料、塑料管材、精细石膏、商品混凝土等的制造和销售。

【经营业绩】

2011 年 1－6 月，公司销售水泥 345 万吨、熟料 26.59 万吨，实现营业收入 118464.40 万元，比去年同期增长 29.28%，营业成本 80570.99 万元，比去年同期增长 52.96%，实现营业利润 20951.29 万元，比去年同期减少 13.42%，实现归属于母公司的净利润 18539.09 万元，比去年同期减少 10.97%。

【企业文化】

经营理念：稳健经营、精细管理、创新机制、科学发展

质量方针：始于需求、终于满意

安全理念：以人为本、安全第一

【企业荣誉】

公司先后荣获“全国质量百佳企业”、“全国环境保护先进企业”、“自治区先进企业”等荣誉称号。“赛马”牌、“青铜峡”牌商标为宁夏著名商标。

【600461】江西洪城水业股份有限公司

【基本情况】

江西洪城水业股份有限公司（以下简称“洪城水业”或“公司”）是2001年1月经江西省人民政府赣股（2001）4号文件批准，并在江西省工商行政管理局登记注册，主要从事自来水生产经营及污水处理的股份制企业。公司于2004年6月1日成功在上海证券交易所挂牌上市（股票简称“洪城水业”，股票代码600461）。控股股东为南昌水业集团有限责任公司（以下简称“水业集团”）。

2010年12月31日，洪城水业通过非公开发行8000万股A股股票，共募集资金11.6亿元，成功收购了水业集团持有的南昌供水有限责任公司、江西洪城水业环保有限公司和南昌市朝阳污水处理环保有限责任公司的100%股权。至此，洪城水业成为一个集自来水生产销售、供水管网安装维护、城市生活污水处理、供水工程设计施工、供水管网探测、给排水管理项目软件开发和给排水技术咨询等业务为一体的大型现代化水务上市公司。

一直以来，公司坚持“为人民服务”的企业宗旨和“客户至上，追求一流”的经营理念，为南昌市经济建设和社会发展提供了可靠保障。截至2010年12月31日，公司总资产39.5亿，净资产16亿。共设立10个机关职能部门，拥有控股、参股子公司9个，水厂9座、加压站6座、省内外污水处理厂84个，共有员工3000余人，日供水总设计能力134万立方米，日污水处理总设计能力132.8万立方米，供水管网长度2700余公里，向南昌市城区300万人口、300平方公里提供安全、优质的供水和污水处理服务。

洪城水业将遵循“快是前提，稳是关键，久是目的”的发展策略，坚定不移地实施“专业化经营、规模化扩张、多元化发展、资本化运作”的“四化”战略，以社会效益、经济效益协调发展为目标，依法经营，规范运作，依托资本市场，壮大企业实力，致力打造诚信企业、责任企业、百年企业，报效社会和股东，使公司逐步成为社会效益和经济效益显著、具有强劲竞争力的上市公司。

【主营业务】

城市制水供水。

【经营业绩】

2011年1-6月份，公司主营业务收入450,942,697.15元，比去年同期增长33.37%（同期调整后）；实现净利润51,373,868.91元，比上年同期（调整前）增加294.48%，比上年同期（调整后）增加66.48%。

【600467】山东好当家海洋发展股份有限公司

山东好当家海洋发展股份有限公司成立于1993年，坐落在美丽的山东半岛最东端，这里三面环海，风光秀丽，物丰人杰。附近拥有中国北方最大的渔港——石岛港，向东与日本群岛、朝鲜半岛隔海相望，毗邻威海机场、威海火车站、烟台机场，周围青威高速公路连接济南、青岛，海、陆、空交通便利，是中国山东对外开放的黄金地带。

2004年4月5日，公司在上海证券交易所成功上市，是国内第一家以海水产养殖及加工为主营业务的上市公司，公司在资本市场上实现了企业资产的溢价增值，扩大了企业品牌的影响力，尤其是公司重大发展战略、重大投资项目得以坚定执行并很好实现。

在养殖结构上，海参、海蜇、鲍鱼、对虾等名优海珍品是公司的主要养殖品种。公司水产养殖基地引用潮汐原理进行水体交换，养殖结构科学合理、投放苗种疏密有度，养殖品种全部利用水中的浮游生物及底栖硅藻等天然饵料自然生长，是真正的绿色无公害养殖基地。其所产刺参，已被评为“中国名牌农产品”，好当家水产养殖区被列为全国水产养殖标准化示范区。目前，公司共拥有养殖面积24万多亩，并且已形成了育苗、养成一体化，建成了6000立方米水体的育苗场，繁育着海参、鲍鱼、扇贝、牙鲆鱼、美国红鱼、海藻等苗种，实现了公司养殖业苗种的自给自足，降低了养殖风险和生产成本，提高了整体经济效益。公司主导产品的海参、海蜇、鲍鱼、文蛤、泥蚶、牙鲆鱼等海珍品均属于中高档海产品，产品品质优良，营养价值高，具备海珍品所特有的防病治病、益智健美、软化血管、滋补保健、排毒养颜、提高免疫力等一系列特殊功效。

公司以“发展绿色食品，维护生命健康，振兴海洋经济”为使命，按照“建一流企业，做一流产品，创一流效益”的发展思路，坚持以海洋资源优势为依托，以产业和产品结构调整为突破口，以两大市场为导向，以科技创新为动力，以强化管理为保障，大力发展营养价值高，科技含量高，附加值高，市场占有率高的绿色海珍品养殖和冷冻食品加工，积极为社会提供质优价廉的海珍品和冷冻方便食品。

随着中国经济发展所带来的挑战和机遇，山东好当家海洋发展股份有限公司将进一步调整产业结构，与时代同步，与世界同步。

【600470】安徽六国化工股份有限公司

【基本情况】

安徽六国化工股份有限公司是经安徽省政府批准，省体改委批复，由铜陵化学工业集团有限公司、铜陵通源投资服务有限公司、铜陵三佳电子（集团）有限责任公司、铜陵精达铜材（集团）有限责任公司、东华工程公司共同出资发起设立，于2000年12月28日正式挂牌成立。公司座落在中国古铜都-安徽省铜陵市，西临长江，距皖江第一桥-铜陵长江公路大桥仅2公里；南距中国佛教圣地九华山90公里，距世界著名风景胜地黄山180公里；铁路专用线与宁铜干线相联，建有两座长江货运码头，公路四通八达，交通十分便利。

安徽六国化工股份有限公司是国家重点发展的大型磷复肥生产骨干企业。公司设立于2000年12月，由铜陵化学工业集团公司为主发起人并控股。现有1个本部、8个子公司，即：六国化工本部，全资子公司宿松六国矿业有限公司，控股子公司宜昌市鑫冠化工有限公司、颍上鑫泰化工有限公司、铜陵鑫克精细化工有限责任公司、江西六国化工有限责任公司、铜陵国星化工有限责任公司，参股子公司铜陵市绿阳建材有限责任公司和宜昌明珠磷化工业有限公司。公司本部占地132公顷，总资产30亿元，员工1230人，主要从事磷复肥生产与销售，年销售收入22亿元。2004年3月5日，六国化工8000万股A股（股票代码600470）在上海证券交易所成功上市，是国内大型磷铵企业中唯一一家上市公司。

公司四套高浓度磷复肥生产装置，年产能为112万吨。第一套12万吨/年磷铵生产装置是我国80年代中期从国外引进的第一套大型磷铵生产装置,也是国家"七五"重点建设项目。第二套24万吨/年磷铵技改工程于2001年7月18日投产,项目投资3.2亿元,是当时安徽省地方企业最大的技改项目,与该工程配套建设的12万吨/年磷酸装置,是国内最大一套磷酸国产化装置。第三套60万吨/年装置是省861重点工程,工程于2004年7月18日开工建设,2005年7月28日一次性试车成功,并达产达标。

【经营业绩】

2011年中期,报告期内整体经营情况的讨论与分析:

国内化肥市场呈现价格前低后高、行情先抑后扬态势,公司继续保持平稳、良好的经营发展态势。在国家为应对通胀而不断加息的宏观经济环境下,公司按照年初董事会制定的经营方针和策略,经营层以"现金为王"的资金策略、"快进快出"的营销策略、"严防投机"的市场风险管控策略,全面实现预期经营目标,以良好的现金流和资金管理充分化解央行持续加速给市场带来的压力。

今年作为公司"项目管理年",公司狠抓项目建设管理,通过优化项目建设业务流程管理制度、加大项目管理考核力度,密切与监理服务商合作,确保在建募集资金重点工程－年产28万吨合成氨项目严格按照网络计划图实施。3万吨/年工业磷酸一铵项目正式建成投产。公司国际化战略发展目标取得实质性进展,对外投资与合作实现新的突破。公司与韩国三星物产株式会社、三星物产香港有限公共同出资,于2011年4月8日在铜陵正式设立中韩合资铜陵国星化工有限责任公司,建设年产20万吨硫磷铵复合肥项目,合资公司中外股东按照合资合同、章程约定已按时、足额缴付出资额,项目建设正在按计划实施。公司与四川大学签署的预计开发期为两年的磷酸铁、磷酸铁锂技术研究与生产应用开发项目小试达到预期目标,正按开发计划推进。

实现营业收入15.75亿元,比上年同期增加29.37%,营业利润7883.29万元,归属于上市公司股东的净利润6461.87万元,分别比上年同期增长61.07%、38.97%。

【企业文化】

企业精神:团结实干、争创一流。

企业定位:集"六国"优势,创中华名牌。

经营理念:以人为本,尊重个性,把最佳的产品、最优的服务带给顾客。

管理模式:五化模式——数据化,表格化,模版化,规范化,职业化。

公司质量方针:提供优质的"六国"牌产品,使顾客满意。

企业文化:"三讲五心"文化——讲感恩、讲服从、讲奋斗,有忠诚心、有团结心、有责任心、有上进心、有奉献心。

市场定位:驻点直销,服务三农。

【600481】双良节能系统股份有限公司

【基本情况】

双良节能系统股份有限公司创立于1982年。自成立之日起,就以实现节能减排、绿色环保为己任,不断开拓创新,致力于为航天、电力、核能、石油、冶金、化工、纺织等工业领域以及酒店、商场、写字楼、交通设施等民用领域量身定做集安全可靠、节能环保与经济效益为一体的中央空调系统解决方案,从中国走向世界。2003年,双良节能(600481)在上海证券交易所挂牌上市。

公司拥有中央空调行业00001号全国工业产品生产许可证,取得ISO9001、ISO14001、职业健康安全管理体系认证、国家机械安全认证、计量体系认证、美国ASME、CE、中国节能产品等相关认证。拥有行业唯一的国家级企业技术中心和博士后科研工作站,成功申报中央空调相关技术专利200余项。采用世界先进的DFM制造技术和生产管理流水线。

【主要产品】

溴化锂吸收式空调机组(蒸汽型、直燃型、热水型、烟气型)、空冷器、热管换热器、海水淡化等四大类300多个品种,以及HRH/HRC余热利用技术,提供制冷/供热服务的同时,全面满足电力不足地区节电需求、高能耗企业节能降耗需求、缺水地区的节水需求以及沿海地区的淡水需求,并有效减少CO_2、SO_2排放,实现节能环保。

【行业地位】

- 全球最大的溴化锂中央空调生产基地。
- 中国溴化锂吸收式机组国家及行业标准制订者。
- 拥有行业唯一的国家级企业技术中心和博士后科研工作站。
- 成功申报中央空调相关技术专利200余项。
- 采用世界先进的DFM制造技术和生产管理流水线。
- 产品远销世界100多个国家和地区。

【企业文化】

30年栉风沐雨,双良人执着地追求自己的光荣和梦想,以永不涣散的激情和自信,从容面对风起云涌的市场;30年励精图治,双良人以深谋远虑的大家风范,成就了举世公认的卓越品牌。

【经营业绩】

2011年上半年,报告期内公司共实现营业收入2,494,743,609.11元,较上年同期比上升28.55%,实现净利润69,084,287.87元,较上年同期比下降了28.02%。

【600491】龙元建设集团股份有限公司

【基本情况】

龙元建设集团始创于1980年,前身为浙江象山二建集团股份有限公司,1984年进入上海建筑市场,1993年集团总部迁址上海,2004年4月首次发行股票上市。2009年5月8500万股股票增发成功。

集团拥有房屋建筑工程总承包特级资质、市政公用工程总承包一级资质、机电安装工程总承包一级资质、地基与基础工程专业承包一级资质、建筑装修装饰工程专业承包一级资质和园林古建筑工程专业承包一级资质。同时,具有钢结构工程专业承包一级资质,钢结构、网架工程专项设计甲级资质以及建筑和装潢设计、工程咨询、建筑工程监理、房屋质量检测、抗震鉴定甲级资质,建筑幕墙施工壹级资质,建筑幕墙专项设计甲级资质的大型建筑企业。

公司注册资本:947,600,000元,资产总额近百亿元。能独立承担工业、民用、市政、交通、水利及大体量、高标准、精装饰等各类复杂的建筑施工任务。

集团通过ISO质量和安全、环境体系三个体系认证,已创鲁班奖、全国优质样板工程、白玉兰奖、钱江杯、浦江杯、上海市优质结构等优质工程400多项,获安康杯、市文明工地、标化样板工地、创安工地等荣誉500多项,连续十年14次荣获QC(质量管理)成果"国优"称号,年年被评为浙江进沪施工企业先进单位，次次名列上海市进沪施工企业综合考评前2名。现为浙江省重点骨干企业、信誉AAA级企业、上海市优秀企业、上海市立功竞赛优秀公司、全国质量管理优秀企业、全国用户满意企业、全国质量效益型特别奖企业、全国优秀建筑企业……

集团以服务社会为宗旨，坚持“奉献、务实、诚信、奋进”的企业精神和“管理上一流、质量出精品、服务创信誉”的质量方针，坚持“人才是企业的资本、学习是一种生活方式、创新是生命之源”，以质量拓市场，以管理求发展。公司坚持以人为本，坚持企业共同目标，坚持社会责任，提倡员工追求协作创新和发挥个性，实现企业和个人的良性互动。公司倡导员工追求有兴趣的工作、志趣相投的同事、健康的体魄、开放的心态和乐观向上的精神。公司为员工提供可持续发展的机会和空间，努力创造公平竞争的环境，坚持工作和家庭、健康、物质、精神生活协调一致。

【主营业务】

民用、工业、市政及公共设施等各类工程的建筑施工、工程安装。

【经营业绩】

2011年上半年报告期内，公司共实现合并营业总收入550,262.94万元，合并营业利润21,375.43万元，合并净利润14,804.33万元，分别比上年同期增长16.56%，46.71%，19.31%。

【企业荣誉】

- 公司连续三年荣列中国企业500强。
- 公司连续两年荣列《财富》中国500强，其中2011年排名287位，2010年排名第292位。
- 公司荣列2007年度中国企业集团纳税五百强榜单第389位。
- 荣列2003－2004年度中国建筑业领先企业。
- 2004－2009年连续六届荣列中国承包商60强。
- 公司荣登2007福布斯中国顶尖企业榜第84位。
- 公司荣登《华商天下》两岸三地1000大排行榜第326位。
- 公司荣登2008、2009连续两年荣列中国民营企业五百强榜单。

【600497】云南驰宏锌锗股份有限公司

【基本情况】

云南驰宏锌锗股份有限公司位于美丽的珠江源头第一市——曲靖，成立于2000年7月18日，是云南冶金集团股份有限公司控股的A股上市公司，是一户以铅锌产业为主，集地质勘探、采矿、选矿、冶金、化工、深加工和科研为一体的国家第一批循环经济试点企业。公司现拥有25个分子公司，在云南会泽、昭通、内蒙古拥有多座自备矿山，原料自给率达50%以上，职工11000余人。公司注册资本1,007,765,961元人民币，2010年末资产总额达92亿元。

公司前身为云南会泽铅锌矿，始建于1951年1月，是我国第一个五年计划156个重点建设项目之一，也是中国最早从氧化铅锌矿中提取锗用于国防尖端工业建设的企业，为“两弹一星”的成功研制作出过贡献。公司现已形成年采选矿石90万吨、电锌18万吨、电铅10万吨、硫酸32万吨、锗产品30吨、白银180吨、黄金120千克的综合生产能力，铅锌产品产量居国内前五强，其装备、环保和工艺技术处于“国内一流、国际先进”水平，综合竞争力名列国内同行业前茅。

公司于1998年通过ISO9002质量标准体系认证，2007年通过了中国质量认证中心审核，取得了质量、环境、职业健康安全“三标一体”化体系认证，通过“国家AAAA级标准化良好企业”验收。公司拥有“ISA－YMG富氧顶吹熔炼粗铅技术”、“湿法炼锌—深度净化—长周期电积”专有知识产权，“隐伏矿体定位预测方法”、“矿山井下膏体胶结充填”等数十项核心技术；先后荣获国家科技进步奖两项、省部级科技进步奖十多项，授权专利25项，并取得国家高新技术企业认证。当前“银鑫”牌锌锭、“金沙”牌铅锭、“银晶”牌锗系列产品、“华达”牌硫酸已在市场上获得较高的知名度和美誉度，“银鑫”牌锌锭、“金沙”牌铅锭均为英国伦敦金属交易所注册产品，享有铅锌金属国际市场绿色通道。为进一步实施名牌战略，公司自2010年起将不同产地的产品统一使用“驰宏锌锗”商标，并在伦敦金属交易所完成注册产品商标更换。近年来，公司先后荣获全国首批资源综合利用先进企业、全国设备管理优秀单位、国家科技攻关授奖成果单位、全国冶金系统职工教育先进单位、全国首批循环经济试点单位、全国企业文化建设优秀单位、全国绿化模范单位、全国创新型企业、云南省全面质量管理达标单位、云南省创新型企业试点单位、云南省“五一”劳动奖状和云南省文明单位等数百项荣誉称号。2011年，公司被列为国家资源节约型、环境友好型试点企业之一。

公司坚持信誉至上、用户至上的经营思想，采用先进和科学的管理方法，充分利用社会资金，发挥资源优势，以市场为导向，积极开拓国内和国际市场，高质量、高效益地从事经营活动。公司坚持股权平等、同股同利、风险共担的原则，本着对投资者负责的态度，积极实现公司利润最大化，确保公司资产的保值和增值，促进公司稳步发展，使全体股东获得良好的投资回报。

展望未来，公司将继续发扬“驰骋天下、宏图高远”的企业精神，秉承“科学发展、和谐共荣的发展理念；市场为先、理性繁荣的市场理念；善待自然、和谐发展的环保理念”，加快转变发展方式，发展循环经济，做大做强铅锌锗主导产业，不断延伸产品精深加工链，力争到“十二五”末，实现铅锌产能100万吨、资源保有量1000万吨、销售收入达到200－300亿的具有驰宏特色的以铅锌为主的有色金属国际性矿业公司，打造成为世界铅锌行业领军企业之一，为云南经济和中国有色金属工业的进步做出更大的贡献。

【经营业绩】

2011年1－6月累计完成产品产量：铅＋锌总量14.59万吨，比上年同期减少7.07%，其中：锌锭6.48万吨、锌合金2.78万吨；铅锭5.33万吨；高纯锗4,192.08kg、二氧化锗8,100.00kg；银产品71.59吨；硫酸14.76万吨。累计完成销售量：锌锭7.63万吨、锌合金2.03万吨；电铅5.38万吨；高纯锗508.16kg、二氧化锗4,880kg；硫酸16.05万吨；银锭76.13吨。

2011年上半年报告期内，公司实现营业收入28.47亿元，较上年同期增长2.39%；营业利润2.05亿元，较上年同期增长14.21%；归属于母公司股东的净利润1.86亿元，较上年同期增长18.12%。

【600500】中化国际（控股）股份有限公司

【基本情况】

中化国际（控股）股份有限公司（简称：中化国际）是在化工品物流、橡胶、农化、化工品分销、精细化工、冶金能源等领域从事物流、分销、实业投资、贸易等国际化经营的大型国有控股上市公司(股票代码:600500),客户遍及全球100多个国家和地区。1998年12月,脱胎于中国中化集团橡胶、塑料、化工品和储运业务的中化国际在北京成立,并于次年12月在上交所首次公开发行A股1.2亿股,融资9.46亿元。2000年3月,中化国际股票挂牌上市。2010年,中化国际的业务收入达到396亿元,总资产248亿元。

中化国际的实际控制人——中国中化集团公司是国务院国资委监管的国有重要骨干企业,已先后20次进入《财富》全球500强,2010年名列第203位。

中化国际以市场化经营为价值导向,坚持向产业上下游延伸的发展战略,努力从外贸代理型企业向具有市场营销能力和稳定盈利能力的综合服务商转变,化工品物流、橡胶、农化、化工品分销、精细化工、冶金能源等核心业务的市场地位不断提升。

中化国际的发展方向是围绕核心业务进行上下游和国内外市场延伸,强化在核心业务领域对资源和市场的组织能力和服务能力,最终成为"以品牌产品和卓越服务,创新化工产业价值的优秀公司"。

【主营业务】

化工品的贸易分销及物流服务。

【经营业绩】

2011年1-6月,公司实现销售收入267.87亿元,同比增长49.28%;报告期实现净利润5.07亿元。

【600503】华丽家族股份有限公司

华丽家族股份有限公司是上海著名房地产开发集团之一,拥有国家建设部颁发的一级开发资质,2010年获上海市著名商标。公司以地产开发为核心业务,同时涉足建筑装饰(国家一级资质)、绿化环保等相关产业,并正在拓展商业地产、旅游地产、城市基础设施建设等业务。目前正积极开辟第二主业、涉及金融投资、生物制药、新能源、节能环保等股权运作投资,从而逐步培育公司新的业务增长点。

华丽家族的前身为上海华丽家族房地产开发有限公司,公司成立于2001年1月,由上海南江企业发展有限公司(南江集团的前身)和4位自然人投资设立,注册资本为人民币5,000万元。

2004年6月,经公司股东会审议通过并经上海市工商行政管理局批准,上海华丽家族房地产开发有限公司变更公司名称为上海华丽家族(集团)有限公司。

2008年6月,新智科技股份有限公司完成了资产负债整体出售暨以新增股份吸收合并上海华丽家族(集团)有限公司重大重组事宜,并将新智科技股份有限公司更名为华丽家族股份有限公司,从而实现华丽家族的间接上市。

华丽家族自创立之日起,就一直专注于上海中心城区精品住宅的开发,以"开发的是土地,经营的是艺术,创造的是价值"为经营理念,凭借专业和富有活力的团队,成功开发了"浦东华丽家族花园"、"华丽家族·古北花园"等沪上知名的精品楼盘,累积数年开发的"檀香别墅"项目更是奠定了公司在上海房地产市场的领先地位。

通过多年的经验积累和不断探索,华丽家族逐渐形成了"契合房地产消费品味,引领房地产消费趋势"的精品住宅设计理念和较为成熟的精品住宅房地产运作模式,主营业务取得了长足进步。公司已经从单个项目开发、单一的上海城区开发的项目型公司,逐渐发展成多个项目同时开发、跨区域开发的集团化运作的专业房地产开发商。

【600510】黑牡丹(集团)股份有限公司

黑牡丹(集团)股份有限公司座落于大运河畔的历史文化古城——江苏省常州市。公司始建于1940年,于2002年在上海证券交易所挂牌上市,股票代码600510。公司目前已发展成为集纺织服装、城市建设、产业投资三大板块于一体的城市资源综合功能开发平台型企业,拥有总资产约60亿元、净资产36亿元、员工4000多人,下辖10家分子公司。

纺织服装业务是公司的基础产业,从1940年公司创建初始即投身纺织产业,并于80年代初专业生产牛仔布,是全国最早生产牛仔布的企业之一;"黑牡丹"商标荣获中国驰名商标称号、"黑牡丹"牌牛仔布被评为中国名牌产品,并被国家质量监督检验检疫总局批准为国内牛仔布行业第一个出口免验商品,60%的产品直接出口,远销至欧洲、美国、日本、俄罗斯、香港、澳大利亚等50多个国家和地区;目前,公司积极推进纺织服装业务的产业升级,先后设立了涵盖纺纱、织造、面料后整理等主要业务的黑牡丹集团纺织分公司和专门从事服装品牌运营的黑牡丹国际时尚服饰常州有限公司,2010年推出了牛仔系列休闲服饰品牌。

城市建设业务是在2009年重大资产重组完成后公司形成的主要业务板块。公司城建业务目前立足于常州市,承接了常州市新北区城市基础设施、安置房等保障性住房和其他重大项目的建设。公司通过业务创新,积极探索了房地产合作开发模式。2010年,公司承接了北部新城高铁片区土地前期开发和万顷良田工程建设项目,从而使公司在原有城市基础设施建设、安置房工程建设、房地产开发等业务基础上,增加了土地一级开发、万顷良田工程建设,形成了城镇化建设的完整产业链。

产业投资是公司开拓的新业务板块。2010年,公司独立出资3亿元设立服务于产业升级和城市资源拓展的常州牡丹江南创新产业投资有限责任公司。创新产业业务立足常州、面向全国,配合公司产业链的延伸,以及公司和区域的产业升级,主要通过对未上市企业进行股权投资、并购优质资产、孵化优秀中小企业、引进先进技术等方式进一步增强公司城市资源开发的业务深度。

2009年以来,公司借重大资产重组的契机,改善公司业务结构,将公司业务范围从纺织服装领域拓展为集城镇化建设、传统产业升级和新兴产业开拓等为一体的城市资源综合功能开发平台,使公司整体盈利能力大大增强,提高了公司抗风险的能力;公司通过制定战略规划、完善治理结构、明确板块分工、加强内部管理等措施,基本形成了以城市资源综合功能开发为主业的控股型集团公司。2008年年末,公司总资产由重组前的140,489.24万元增加至594,326.84万元,净利润由367.24万元增加至16777.50万元。2009年公司实现营业收入239,553.72万元,同比增加1.60%;实现净利润36,461.25万元,同比增加117.32%。

2010年,在国际经济形势复杂多变的情况下,国家积极鼓励加快推动城镇化进程,发展低碳高效型社会,增强经济发展的自主性。当前尤其鼓励通过加快城镇化进程扩大内需,推动经济增长转型,推动产业升级;抑制不合理房地产价格,促进和谐社会发展。公司城市资源综合功能开发主业的产业前景非常广阔。

2010年，黑牡丹集团整体搬入黑牡丹天宁科技园。黑牡丹天宁科技园占地近1000亩，规划为高新产业的聚集区、低碳生态的示范区、都市产业实践区，将进一步深化公司城市资源综合功能开发主业。目前科技园的建设正在紧锣密鼓的进行中。

【600511】国药集团药业股份有限公司

国药集团药业股份有限公司的前身是中国医药公司，于1999年12月21日由中国医药集团总公司发起并组建成立，2002年在上海证券交易所成功上市。2006年7月中国医药集团总公司将其持有公司全部58.67%的股权以增资的方式投入国药控股股份有限公司。公司通过2007、2008年分配、转股方案的实施，目前注册资本为人民币47,880万元。

国药集团药业股份有限公司是全国百强央企—中国医药集团旗下的首家A股医药商业上市公司，是中国最大的药品及医疗保健产品分销商及领先的供应链服务商——国药控股股份有限公司的子公司。

公司以经营麻特药品和高端处方药为主要特色，立足北京市场辐射全国医药市场，致力于为客户提供专业的第三方医药物流服务。目前，公司共经营药品品规3000多个，拥有供应商600余家、商业客户700余家，覆盖全国31个省份。公司拥有国药物流有限责任公司，国瑞药业有限责任公司，国药前景口腔科技（北京）有限公司，国药空港（北京）国际贸易有限公司4家控股子公司，形成了集商业、物流、工业三位一体的集约化经营模式。同时，公司对外参股投资也取得了良好回报。2010年，股份公司共实现销售收入59.18亿元，实现利润3.98亿元。

国药股份公司秉承其前身中国医药公司半个多世纪的光荣传统，肩负着人民大众防病治病、康复保健、灾情疫情急救及中央储备等神圣使命，是国家疾病防控体系的重要组成部分！本着对国家、对患者高度负责的精神，坚决执行国家各项政策，切实保障医药用品供应，严把药品质量关，快速、高效地完成救灾药品、医疗器械等相关物资的调拨和供应任务。在2003年抗击非典、2008年的抗震救灾及2009年防控H1N1流感战役中受到了国家发改委、卫生部等政府部门的高度赞扬！

国药股份在努力提升国内市场占有份额的同时，积极引进国际先进的经营理念，加强交流与合作，精心打造质量效益型的品牌企业，力争以优良的业绩，一流的服务回报股东、回报社会。

【600513】江苏联环药业股份有限公司

【基本情况】

江苏联环药业股份有限公司是一家制造和销售化学原料药、化学药制剂及有机中间体的股份制医药企业，由扬州制药厂（现江苏联环药业集团有限公司）、上海联创投资有限公司、国药集团药业股份有限公司、江苏省高科技产业投资有限公司和苏州工业园区药科大新药开发中心有限公司共同发起，经江苏省人民政府批准，于2000年2月22日正式创立。2003年3月4日，经中国证券监督管理委员会批准，在上海证券交易所公开发行A股股票2000万股，并于3月19日成功上市，股票简称“联环药业”，股票代码“600513”。公司现注册资本11700万元，是江苏省高新技术企业。

公司的经营范围是：片剂（含激素类）、硬胶囊剂（含激素类）、颗粒剂、栓剂（激素类）、冻干粉针剂（激素类）、原料药等（按许可证规定范围）的生产、销售，经营本企业自产产品的出口业务和本企业所需的机械设备、零配件、原辅材料的进口业务（国家限定公司经营或禁止进出口的商品及技术除外）。

公司按照现代企业制度要求建立了法人治理结构，实行董事会领导下的总经理负责制，拥有健全的管理机构、完备的规章制度和现代化的管理手段。董事长姚兴田毕业于南京药学院（现中国药科大学）药学专业，高级工程师，江苏省医药行业协会副会长、江苏省药学会理事，曾荣获江苏省医药行业优秀企业家、江苏省医药系统劳动模范、扬州市劳动模范、扬州市优秀企业家、扬州市首届当代儒商等荣誉称号。

公司拥有健全、严密的质量保证体系，由总经理、总工程师、质量保证部、质量控制部负责人、车间和班组质检员组成的质量管理网络，始终按GMP管理的要求，定期开展质量检查、质量分析和质量跟踪活动。质量控制部检测中心配备了合格的化验人员和满足各类检测需求的精密仪器设备，严格按照企业内控质量标准，采取先进的测试方法和手段，有效地保证了产品的质量。

公司建立了遍及全国各省、市、自治区的营销网络，拥有一支经验丰富、业务能力强的专业销售队伍。公司在北京设有营销中心，在全国大部分省区设有销售办事处。

公司产品涵盖泌尿系统药、抗组胺药和心血管药等三大系列。主要产品有创新药物爱普列特片（川流），新药特非那定片（敏迪）、依巴斯汀片（苏迪）、非洛地平片（联环尔定）、辛伐他汀片（征之）、达那唑胶囊及栓剂、注射用硫酸普拉睾酮钠、巴洛沙星片、蚓激酶胶囊、盐酸舍曲林胶囊（联环优定）、二甲双胍格列齐特片（度和）等20多个。公司所有生产线和产品均通过GMP认证。

公司高度重视科技创新，具有较强的研发实力。成功上市的系列新药，具有科技含量高，部分产品填补国内空白，主导产品具有自主知识产权，原料药与制剂配套开发、生产等特点。公司主导产品创新药物爱普列特片是国内首创的对因治疗前列腺良性增生症的有效药物。1999年8月获得国家一类新药证书；2001年2月被科技部、财政部、国家计委、国家经贸委评为“九五”国家重点科技攻关计划优秀科技成果；2004年7月获得科技部、商务部、国家质监总局、国家环保总局颁发的国家重点新产品证书。公司从创立之日起即获得爱普列特的非专利技术知识产权，为该药品的唯一生产企业，享受12年的独家生产保护期。主要产品新药特非那定片（敏迪）成功地克服了传统药物的嗜睡反应，是国内第一个非镇静型抗过敏药物。特非那定颗粒剂，对儿童和片剂吞服困难者尤为适合。该产品曾获得全国高新技术博览会金奖、江苏省新产品“金牛奖”。主要产品新药依巴斯汀片（苏迪）是新一代非镇静型抗过敏药物，是一种强效、长效、高选择性的组胺H1受体阻断剂，并对中枢神经系统的胆碱能受体没有拮抗作用。该产品曾被认定为国家重点新产品、江苏省高新技术产品。主要产品新药非洛地平片（联环尔定）是一种新型钙离子拮抗剂，能选择性地舒张小动脉，改善心、肾功能，广泛适用于各种高血压患者的治疗需要。公司为该药品质量标准参与起草单位之一。该产品曾被认定为江苏省高新技术产品。主要产品新药达那唑胶囊是填补国内空白的治疗子宫内膜异位症的首选药物。达那唑栓剂，改变了给药途径，直接作用于患病部位，起效快，不良反应小，且日用量仅为胶囊剂的1/12。该产品曾获得江苏省新产品“金牛奖”、全国百病克星大赛金奖。

目前，公司还有十多个新品正在开发过程中，有的已进入临床研究，有的即将获批量产。随着这些产品的上市，公司将为广大医患者提供疗效更好、质量更高的药品，并将为中国医疗卫生事业作出更大的贡献。

【所获荣誉】

个人荣誉：扬州市劳动模范，扬州市优秀企业家，扬州市首届当代儒商，江苏省医药行业优秀企业家，江苏省医药系统劳动模范，全国体育先进个人等。

公司荣誉：江苏省高新技术企业，江苏省AAA级重合同守信用企业，江苏省循环经济示范单位，江苏省依法治企诚信经营先进单位，全国五一劳动奖状等。

担任社会职务——江苏省医药行业协会副会长，江苏省药学会理事，《中国药学年鉴》编委等。

【公司理念】

1. 天地孕生命，联环护健康。
2. 制药人时刻想着用药人。
3. 树立以人为本，提升核心竞争优势；坚持科技兴企，增强自主创新能力；构筑和谐联环，促进又好又快发展。

【600516】方大炭素新材料科技股份有限公司

【基本情况】

方大炭素新材料科技股份有限公司（以下简称“方大炭素”）本部位于甘肃省兰州市红古区海石湾镇，东距甘肃省省会兰州市113公里，西距青海省省会西宁市120公里，地理位置十分重要，区位优势明显；公司交通运输、航空运输均十分便利；南临黄河支流大通、湟水两河，水资源丰富；厂区附近有刘家峡、龙羊峡、李家峡、盐锅峡等大型水电站，涩北——兰州输气管道从这里通过，水、电和天然气供应充沛，资源丰富，为公司的发展提供了得天独厚的条件。

方大炭素的前身——“兰州炭素厂”（行业代号205厂）始建于1965年，1996年改制为国有独资的兰州炭素有限公司，2000年3月经甘肃省批准更名为“兰州炭素集团有限责任公司”，属国家大型一类企业和国家经贸委确定的1000家重点国有企业。2001年4月由兰州炭素集团公司发起设立兰州海龙新材料科技股份有限公司，并于2002年8月在上海证券交易所上市。2006年9月28日，辽宁方大集团实业有限公司成功竞买到兰州炭素集团有限责任公司所持海龙科技公司51.62%的法人股，成为海龙科技公司的控股股东，顺利实现并完成了对海龙科技公司的并购、转制和重组。2006年12月底，经国家工商行政管理总局批准，“兰州海龙科技新材料科技股份有限公司”更名为“方大炭素新材料科技股份有限公司”。

改制重组后，方大炭素成为辽宁方大集团实业有限公司控股的大型跨地区炭素企业。现拥有抚顺炭素有限责任公司、成都蓉光炭素股份有限公司、合肥炭素有限责任公司、北京方大炭素科技有限公司、抚顺莱河矿业有限公司等子公司，形成了前所未有的产业优势，已成为中国最大的民营炭素企业，是亚洲第一、世界前列的优质炭素制品生产供应基地，国内唯一新型炭砖生产基地。

方大炭素是亚洲最大的炭素制品生产供应基地。公司炭素制品综合生产能力达到23万吨，其中石墨电极和炭素新材料20万吨，炭砖3万吨。方大炭素按照各子公司设备和技术水平，优势互补，规范生产，分工协作，可生产国内外客户所需的各品种、规格的石墨电极和炭素制品。产品分为3大系列，38个品种，126种规格，主导产品有超高功率、高功率、普通功率石墨电极；高炉用微孔炭砖、半石墨质炭砖，铝用普通阴极炭砖、大截面半石墨质阴极炭砖，石墨化阴极炭砖，各种矿热炉用内衬炭砖；高档炭糊；特种石墨制品、生物炭制品、炭毡和炭/炭复合材料等炭素新材料产品，其中多项为国内首创。产品广泛应用于冶金、化工、机械、医疗、生物等行业和高科技领域，畅销全国30个省、市、自治区，并远销日本、欧美、东南亚及非洲等国家和地区。

方大炭素拥有国际先进水平的炭素制品生产设备。先后从美国、日本、德国引进了电热混捏机、二次焙烧隧道窑、电极清理机、高压浸渍等国际先进水平的关键性设备，特别是从日本引进的全自动配料、40MN立捣卧压机设备，是当今世界最先进的大规格电极生产装备，还拥有国内先进水平的内串石墨化炉和20000KVA直流石墨化炉。公司现装备技术水平达到了国内一流、世界领先。

方大炭素基于四十多年炭素制品的研发、生产、经营历史，建立和健全了与炭素制品研发与生产特点相适宜的研发、生产、质量、设备、安全环保等管理体系。已经取得了ISO9001质量体系认证证书，产品质量达到了国际标准，公司整体工艺技术能力达到国际先进水平。

方大炭素先后获国家银质奖12项，冶金部优质产品奖22项，省优产品奖3项。高功率、超高功率石墨电极和高炉炭砖被甘肃省人民政府列为全省首批“陇货精品”。超高功率石墨电极、长寿高炉炭砖被国家五部委联合命名为国家重点新产品，核石墨、生物炭等炭素新材料的研究和生产保持国内领先地位。企业管理先后被授予“全国五一劳动奖状”等五十多个国家、省、部荣誉称号。

在今后的发展历程中，公司将继续坚持以科学发展观为指导，紧紧瞄准“产业报国，打造中国炭素航母，打造世界炭素旗舰”的企业发展目标，遵循办企业要有利于政府、有利于企业、有利于职工的企业价值观，坚持“以人为本，诚信为先”的企业精神，践行“取之于社会，回报于社会”的企业宗旨，依靠技术进步和精细管理，加快产品结构调整，优化资源配置，发挥装备优势，实施品牌战略，继续做优做强做精石墨电极、炭砖和炭素新材料三大拳头产品，形成优先发展炭素新材料，重点发展炭砖，稳定发展石墨电极的整体发展思路，走以科技创新带动企业发展的产业化、资源节约型、环境友好型可持续发展之路，努力实现公司经济又好又快发展。

我们坚信在辽宁方大集团董事局主席方威先生为核心的董事局领导下，方大炭素将乘风破浪，再接再厉，不断超越，在国际化的竞争环境中，成为世界一流炭素知名企业。

【经营业绩】

2010年上半年报告期内，公司生产炭素制品9万吨，生产铁矿精粉44万吨，煅烧焦产量3.9万吨。营业总收入完成208,614.69万元，同比增加49.26%；归属于母公司的净利润38,674.28万元，同比增长150.06%；基本每股收益0.3024元。

【企业文化】

企业精神：以人为本诚信为先

企业宗旨：取之于社会回报于社会

企业口号：谋方略韬远铸大成基业

企业价值观和经营理念：

经营企业一定要对政府有利对企业有利对职工有利

【企业荣誉】

2011年度方大炭素公司被评为“甘肃省私营企业100强”，并排名第三位。方大炭素被评为“甘肃省十大慈善单位”。国家科技攻关奖、重大科研成果奖、冶金科学技术奖。

【600519】贵州茅台酒股份有限公司

【基本情况】

贵州茅台酒股份有限公司是由中国贵州茅台酒厂有限责任公司、贵州茅台酒厂技术开发公司、贵州省轻纺集体工业联社、深圳清华大学研究院、中国食品发酵工业研究所、北京糖业烟酒公司、江苏省糖烟酒总公司、上海捷强烟草糖酒（集团）有限公司等八家公司共同发起，并经过贵州省人民政府黔府函字（1999）291号文件批准设立的股份有限公司，注册资本为一亿八千五百万元。

公司主营贵州茅台酒系列产品的生产和销售，同时进行饮料、食品、包装材料的生产和销售，防伪技术开发，信息产业相关产品的研制开发。

目前，贵州茅台酒股份有限公司茅台酒年生产量已突破一万吨；43°、38°、33°茅台酒拓展了茅台酒家族低度酒的发展空间；茅台王子酒、茅台迎宾酒满足了中低档消费者的需求；15年、30年、50年、80年陈年茅台酒填补了我国极品酒、年份酒、陈年老窖的空白；在国内独创年代梯级式的产品开发模式。形成了低度、高中低档、极品三大系列70多个规格品种，全方位跻身市场，从而占据了白酒市场制高点，称雄于中国极品酒市场。

【经营业绩】

2011年上半年报告期内，公司共生产茅台酒及系列产品29，325吨，与上年同一生产轮次相比增长10.14%；实现营业收入982，582.34万元，同比增长49.16%；营业利润688，959.31万元，同比增长57.27%；实现净利润490，717.71万元，同比增长58.31%。

【600535】天津天士力制药股份有限公司

天津天士力制药股份有限公司是中国最具代表性的创新型制药企业之一，公司成立于1994年，2002年8月在上海证券交易所挂牌上市。现为民营控股，公司总股本为5.16亿股。2010年末公司总资产55亿元，2010年实现主营业务收入47亿元，实现净利润4.5亿元。

天士力在国家发改委、中医药管理局等政府及社会各界的支持下，特别是通过实施复方丹参滴丸系列中药高技术产业化示范工程项目、现已成长为拥有涵盖标准化中药种植（GAP）、现代中药数字化提取（GEP）、制剂生产（GMP）、及药品营销（GSP）规范，具有中国特色、符合国际标准的一体化现代中药产业链的药品生产企业。2010年8月，公司主导产品复方丹参滴丸成为国内第一个通过美国食品与药品监督管理局（FDA）Ⅱ期临床试验的中药产品。

天士力倡导并推动实施项目化管理，经过多年的组织变革项目，已完成对原组织结构的重构，在原等级形态的母体组织中嵌入了项目型组织的特征，形成了扁平的、矩阵型的柔性组织结构，打破了部门和层级间的界限，将企业内部的各利益团体通过项目的方式连接起来消除了协作和沟通的阻碍，为企业带来了显著的经济效益和社会效益。

天士力“在小小的滴丸中滴进了丰田汽车、戴尔电脑和IBM的管理思想”（引自《福布斯》），公司先后获得“中国最有投资价值企业”、“中国十佳最重分红回报上市公司”、入选2006《福布斯》首届“中国顶尖企业榜”100强，并于2006年获得“IPMA国际项目管理大奖银奖”（PrizeWinner）；2007年天士力入围第三届新财经“漂亮50”获奖企业榜单；公司首批入选“上证公司治理板块”样本股。2009、2010连续两年入选上交所“上市公司董事会奖提名奖”，2011年入选上交所“上市公司董事会奖”。

“基础市场在国内，目标市场在国外”。天士力经过十多年的发展，经过多年的国际市场的探索，在产品体系、人才优势、营销模式以及市场基础等方面，已经基本具备了全面进入国际化的条件，天士力将继续在中药现代化与国际化的道路上进行更多的有益探索。

【600549】厦门钨业股份有限公司

【基本情况】

厦门钨业股份有限公司是在上海证券交易所上市的集团型股份公司，福建冶金（控股）公司为控股股东。公司前身是厦门氧化铝厂，始建于1958年，1982年开始转产钨制品，1984年更名为厦门钨品厂。1997年12月，厦门钨品厂以发起设立方式整体改制为厦门钨业股份有限公司。2002年11月，公司股票在上海证券交易所上市，公司现股本总额68，198万股。公司是国家级重点高新技术企业、国家火炬计划钨材料产业基地、国家首批发展循环经济示范企业。

公司主要从事钨精矿、钨钼中间制品、粉末产品、丝材板材、硬质合金、切削刀具、各种稀土氧化物、稀土金属、稀土发光材料、磁性材料和稀土贮氢、系列锂电池材料等其他能源新材料的生产、销售与研发。目前公司拥有包括钨矿山、钨冶炼、硬质合金、钨钼丝材、稀土矿山开发、稀土冶炼加工、国际贸易和房地产开发等共14个分公司、控股子公司，打造了从钨钼矿山→冶炼→深加工→钨钼二次资源回收的完整的产业链，形成了含稀土矿山开发、冶炼加工、稀土新材料、科研应用等较为完整的稀土产业体系。其中钨冶炼产品的生产能力达22000吨，居世界第一，是国内最大的仲钨酸铵、氧化钨、钨粉、碳化钨粉生产商和出口商，硬质合金占全国出口量的31%，厦钨的钨钼丝材的产销量占全国的60%以上，公司正加速深加工发展，争取在十二五期间，精密刀具将成为国内最重要的制造商。

近年来，公司制定并实施“以钨为主业，以钼和能源新材料为两翼”的战略规划，在拓展、巩固钨钼产业市场地位的同时，积极发展包括稀土在内的能源新材料产业。厦钨已成为国内电池材料行业的重点企业，现拥有5000吨贮氢合金粉、6000吨各种锂离子正极材料产能，电池材料产销量已居国内前三位，其中贮氢合金粉产品市场占有率已连续三年居国内第一。

公司从2006年开始涉足稀土产业，已投资8亿元，建成了包括稀土贮氢合金、稀土发光材料、稀土磁性材料、稀土研发中心共四条稀土生产研发线。公司现已具4000吨稀土标矿分离能力、15种稀土元素全分离和生产高纯产品的独具特色生产线，装备水平居国内领先。在福建省政府及龙岩市政府的支持下，公司与龙岩市政府合资成立了由厦钨控股的龙岩稀土开发公司，统一开发龙岩地区稀土矿产资源，为厦钨未来做大能源新材料产业提供可靠的资源保障。

厦钨自创建以来一直注重技术发展，建立了国家级的企业技术中心和国家钨材料工程技术中心，汇聚了众多相关产业的专家，从事研究工作。在快速发展的同时，力争占领技术制高点，不断完善产业结构，培育新的市场增长点，增强企业可持续发展能力，为打造最具竞争实力的、国际性一流公司而不懈奋斗。

【主营业务】

钨及有色金属冶炼、加工和销售，兼营房地产开发与经营。

【经营业绩】

2011 年上半年报告期内，公司实现合并营业收入 415,476 万元，比上年同期增长 69.63%；实现归属于上市公司股东的合并净利润 45,804 万元，比上年同期增长 139.04%；其中，下属长汀金龙稀土有限公司实现营业收入 52,595 万元，比上年同期增长 186.53%，实现净利润 16,146 万元，比上年同期增长 708.51%。

【600551】时代出版传媒股份有限公司

【基本情况】

2008 年 9 月 18 日，经中国证监会正式批复核准，安徽出版集团以其所持有的出版、印刷等文化传媒类资产，认购科大创新定向发行股份，成为上市公司第一大股东，在全国率先以出版业务整体上市。上市公司更名为"时代出版传媒股份有限公司"，成为出版主营业务净资产收益率最高、极具成长潜力和投资价值的文化传媒类上市公司。

新组建的时代出版传媒股份有限公司包括安徽省教材出版中心、安徽人民出版社、安徽科学技术出版社、安徽教育出版社、安徽文艺出版社、安徽少年儿童出版社、安徽美术出版社、黄山书社、安徽电子音像出版社、安徽画报社、安徽新华印刷股份有限责任公司、安徽旭日光盘公司、安徽省印刷物资公司、安徽新九雅图书有限公司、原科大创新股份有限公司 15 家出版、传媒及相关业务单位。

根据资产特点，时代出版传媒股份有限公司将主要从事出版传媒、印刷复制、高科技研发与成果转化三大主业。一是出版传媒主业。始终坚持正确出版导向，重点开展内容的创作、开发、经营、推介，主要从事教材教辅、图书、期刊以及数字出版、新媒体业务等的开发、策划、出版、发行等业务。二是印刷复制主业。重点推动印刷复制、传媒新技术等改造、推广与应用，主要从事书刊印制、商业印刷、彩盒包装、高科技彩印、数字印刷、光盘复制等业务。三是高科技研发与成果转化。重点开拓电子信息工程等高科技研发与应用，主要从事信息传播技术、信息控制技术以及其他电子信息类产品的研发与推广。

时代出版传媒股份有限公司将严格恪守既坚持正确导向、又遵循资本市场规则的原则，着力抓长远战略投资与当前商业运作的结合、有效产业扩张与核心竞争力提升的结合，着力打造文化内容商业运营、文化产业拓展与文化投融资平台等业务板块，着力寻找经济与社会效益投入产出比良好的项目，着力寻求新的、跳跃的经济增长点，加快向跨媒体、跨地区、跨行业方向拓展，努力打造面向国际、品牌突出、实力雄厚、影响广泛的大型现代文化传媒集团。

【主营业务】

出版传媒、印刷复制以及与其密切相关的高新科技研发与成果转化。公司主要从事教材教辅、图书、期刊以及数字出版、新媒体业务等的开发、策划、出版、印刷复制、发行等业务。

【经营业绩】

2011 上半年报告期内，公司累计实现销售收入 11.36 亿元，利润总额 15,506.61 万元，营业利润 13,470.74 万元，归属母公司净利润 15,066.24 万元，比上年同期分别增长 23.61%、20.55%、12.53% 和 20.62%。公司销售收入、营业利润及归属母公司的净利润的显著增长主要源于公司长久坚持主业明确发展思路的成效逐步并将持续显现，公司前期的各类资源性、技术性投入以及各类并购重组也已开始产生回报。

【600566】湖北洪城通用机械股份有限公司

【基本情况】

湖北洪城通用机械股份有限公司（以下简称"公司"）是由具有 50 多年历史的湖北沙市阀门总厂为主体发起设立的，现有资产总额 8.2 亿元，占有面积 22.2 万平方米，是国家定点生产阀门、水工机械、环保设备、机床的重点骨干企业，中科院和科技部认定的国家级高新技术术企业，集科工贸为一体的大型企业，并拥有自营进出口权，现为境内上市公司，中国机械 500 强。

公司拥有先进的计算机中心，建立了 CAD 工作室，采用了国际流行的先进设计手段，集成了 CAD/CAE/CAPP/CAM 系统软件建立了 ERP 企业资源计划系统，实现了公司内部局域网与外部网络资源的完全共享，公司被科技部评定为"全国 CAD 应用工程示范企业"。

公司拥有先进的加工、检测手段，现已装备了 10M 数控立车、3.5 米数控卧车、200 毫米数控落地镗铣床、12M 数控等离子切割机、大型进口加工中心、大型热处理设备、大型喷丸设备、万能材料实验机、残余应力分析仪、美国精密三座标测量仪、超声波诊断探伤仪、X 探伤仪、磁粉探伤仪等设备 1500 多台套，已建成加工装配线 15 条，年生产能力达到 45000 吨，具备了 8 米口径水轮机进水蝶阀和 3 米口径水轮机进水球阀的生产能力，现已成为我国最大的阀门和流体控制机械的制造基地。

公司所属机械设计院为省级技术中心，全院共有科技人员 260 人，其中具有博士、硕士及高级职称人员 84 人。公司建立了"博士后科研工作站"和"湖北省流体控制机械工程技术研究中心"，与遍布全国的电力、冶金、石化、市政等行业的专业设计院所或用户建立了不同程度的技术业务联系，大学、华中科技大学等近十所大学建立了博士后产业基地和产学研基地，并聘请了一批国内知名的专家组成强大的"智囊团"，使公司成为高等院校、科研院所高科技成果转化为生产力的实践基地。

公司现有产品 4 大类、20 个系列、1400 多个品种、10000 多个规格。其中，34 个产品获国家专利，12 个产品为国家级新产品，8 个产品获国家和省部级科技成果奖，主导产品全部通过 API、ISO9001 及 CE 认证、并获得水利部及国家技术监督局颁发的生产许可证。公司先后承担并完成国家重点科技发展项目三峡水利枢纽电站全自动滤水器；国家重大技术创新项目城市污水处理 SBR 法大型滗水器；国家重大国产化项目 ROTO 系列控制阀，现已纳入国家 863 计划；湖北省重点科技攻关项目大型泵站液压蓄能式快速闸门启闭系统等一大批重点科技攻关项目。其中:特大口径水轮机进水液动蝶阀、环喷式流量调节阀、NK阀、耐氟蝶阀、ROTO控制阀、蓄能式双速闸门,阀门智能控制系统、转塔分度定位机构等填补了国内空白并替代进口,具有国际领先水平。这些产品广泛地应用于电力、石化、冶金、水利、建材及城市给排水、污水处理等行业并出口远销埃及、马来西亚、西班牙等40多个国家和地区。

【主营业务】

各类阀门、水工机械及环保设备的生产、销售等。

【经营业绩】

2011年上半年报告期内,公司实现主营业务收入110,720,402.52元,比上年同期98,926,394.04元增加11.92%,实现净利润3,370,723.94元,比上年同期3,813,483.69减少11.61%。

【企业荣誉】

公司先后荣获"专利明星企业"、"科技成果推广应用示范先进单位"、"全国质量效益型先进企业"、"全国企业管理优秀单位"、"全国企业职工培训先进单位"、"中国最具市场竞争力品牌"、"中国机械工业AAA级信用等级企业"等一系列荣誉称号。

【600567】安徽山鹰纸业股份有限公司

安徽山鹰纸业股份有限公司前身为马鞍山市造纸厂,始建于1957年,1994年改制为马鞍山市山鹰造纸有限责任公司,1999年变更为安徽山鹰纸业股份有限公司。2001年,公司成功在上海证券交易所上市,股票简称"山鹰纸业",股票代码"600567"。

公司现为国家大型一档企业、高新技术企业、全国30家重点造纸企业、安徽省50强企业,生产规模和经济效益连续多年位居安徽省造纸行业首位和全国同行业前列。

公司主导产品为箱纸板、瓦楞纸、瓦楞箱板纸箱、新闻纸和胶印书刊纸。箱纸板、瓦楞纸和瓦楞箱板纸箱被广泛用于家电、纺织、医药、电子、水果、饮料等多种商品的外包装,满足商品的贮运要求;新闻纸、胶印书刊纸则主要用于报纸书刊的印制,满足人们的阅读需要。

回顾过去,公司始终秉承外延扩张和内涵提高并重的发展方针,不断加大技术改造投入,辅以自备电站和港口码头的造纸综合配套项目建设,公司主业持续做大做强。目前,公司造纸年生产能力已接近100万吨,瓦楞箱板纸箱年生产能力已达6亿平方米。在马鞍山、扬州、苏州、杭州、常州、嘉善等地,公司合计拥有9家控股子公司,其中:6家全资纸制品公司,专门从事瓦楞箱板纸箱的生产和销售;1家集装箱港口公司,年吞吐量达145万吨,专门从事港口物资装卸等项业务。公司自备电站年发电能力4亿度,年供热能力200万吨。目前,公司已拥有较为完善的造纸综合配套能力,已形成包装纸、新闻纸和瓦楞箱板纸箱三大产品系列互动发展格局。公司正在着手实施总规模为年产80万吨的造纸项目,以继续巩固并提升市场地位,争取跻身行业前三甲。

展望未来,公司将继续坚持走发展生态纸业和循环经济之路,进一步做大、做强、做优,把公司打造成为产品一流、装备先进、管理规范、环境友好的百年企业。山鹰纸业将不只是一只不畏风雨雷电、搏击长空的"山鹰",还将成为扶摇直上、展翅九万里、背负青天、雄视天下的"鲲鹏"。山鹰的明天一定会飞得更快更高,愿与各界朋友携手共进、共谋发展、再创辉煌。

【600572】浙江康恩贝制药股份有限公司

【基本情况】

浙江康恩贝制药股份有限公司是一家集研发、生产、销售为一体的药业企业,注册资本70360万元,总资产25亿元,净资产17亿元,员工6000余名。公司于2004年4月在上海证券交易所上市,股票代码为600572。

公司总部设在浙江省杭州市,在浙江杭州、兰溪、金华等地拥有先进规范的药品生产基地,并在兰溪建有国内最大的现代植物药制造基地——康恩贝植物药产业园。公司旗下拥有浙江康恩贝医药销售有限公司、浙江金华康恩贝生物制药有限公司、浙江康恩贝药品研究开发有限公司、杭州康恩贝制药有限公司、浙江康恩贝集团医疗保健品有限公司、江西天施康中药股份有限公司、上海康恩贝医药有限公司等颇具规模和实力的全资及控股子公司。

公司为国家火炬计划重点高新技术企业、国家创新型企业、国家知识产权试点企业、国家中药50强企业、科技部中药现代化科技产业基地先进单位、浙江省"五个一批"重点骨干企业、浙江省专利示范企业、浙江省创新型示范企业,建有国家认定企业技术中心、国家博士后科研工作站、浙江省中药制药技术重点实验室、省级研发中心和技术中心,是浙江省首批重点企业技术创新团队。公司拥有一支由博士、硕士和高、中级职称的技术人员组成的实力雄厚、专注于现代植物药和特色化学药研发的团队,与国内外知名科研机构、大专院校建立了长期的战略合作伙伴和战略联盟,已建立新药研发的多个技术平台,通过聘请行业权威人士组成研发专家委员会,在心脑血管系统用药、泌尿系统用药、抗糖尿病用药、呼吸道系统用药、消化系统用药和抗感染药等药物的研发,以及植物提取分离和结构改造、新型药物释放系统应用等诸多方面,以现代植物药、特色化学药和保健食品发展为主线,研发具有自主知识产权的新药,在药材种植、原料药和植物提取、新药研发、制剂生产、市场营销等各环节,已建立起规范高效的产业体系。

公司自成立之日起就以市场为导向,建立起了"聚焦、扁平、高效"的营销网络体系,并全力拓展国际市场,已培育出了"前列康"、"天保宁"、"可达灵"、"刻停片"等植物药品牌以及"阿乐欣"、"金奥康"等化学药知名产品品牌,在同类竞争产品中已树立起了较具领导优势的市场地位。

公司历来十分重视产品品牌和企业品牌的培育和保护,在泌尿系统及心脑血管系统等多个领域树立了较为强势的品牌,如今,公司已成为浙江省拥有著名商标和名牌产品最多的企业之一。其中,"康恩贝"、"前列康"被认定为中国驰名商标,而"前列康"作为公司主导植物药产品,已成国内中药前列腺治疗领域第一品牌;"天保宁"作为中国第一个符合国际质量标准的现代植物药制剂,已成为中国银杏叶制剂第一品牌;"可达灵"属国家中药保护独家品种,是公司又一个心脑血管领域的战略性品牌。此外,"金康"、"金奥康"、"贝贝"、"元邦"等均在各自领域拥有较高的品牌知名度。

展望未来,公司将秉承"集天下才智,创宏伟事业,为人类健康、献至诚至爱"的企业宗旨,倡导并培育公司和谐与激情并进的文化氛围,一如既往地致力于现代植物药领域的创新发展,发扬"艰苦创业、开拓进取、团结拼搏、创新发展、追求卓越"的康恩贝精神,发挥公司整体实力和品牌优势,在推进中药现代化、国际化的进程中,致力于将康恩贝打造成中国最具品牌价值的医药企业之一和世界植物药领军企业!

【主营业务】

"前列康"牌普乐安片、"天保宁"牌银杏叶片、"康恩贝"牌肠炎宁、"珍视明"、"金奥康"、"阿乐欣"、"元邦"、"夏天无"等。

【经营业绩】

2011 年上半年报告期内,公司实现营业利润 18,450.81 万元,较上年同期增长 117.65%;实现归属于上市公司股东的净利润 16,182.04 万元,较上年同期增长 66.49%;实现归属于上市公司股东的扣除非经常性损益后的净利润 8,975.17 万元,较上年同期增长 28.11%。

【600577】铜陵精达特种电磁线股份有限公司

【基本情况】

铜陵精达特种电磁线股份有限公司(简称精达股份)位于中国古铜都——安徽省铜陵市,1990 年 2 月建厂,作为一家专业生产特种电磁线的制造商,精达股份经过 20 多年的不断发展,已经成为中国最大、全球第三大的特种电磁线制造商。公司拥有 12 个子公司,一个省级技术开发中心。其中 6 个中外合资生产型公司、3 个内资生产型公司、2 个贸易公司。员工总数 2500 人,工厂占地面积 800 亩。公司主要生产设备、检测仪器从意大利、德国、奥地利、美国、丹麦等国家和中国台湾地区引进,自动化程度高,具有当代国际先进水平。主要产品及生产能力:13 万吨特种漆包圆铜线、2.1 万吨特种漆包圆铝线,2 万吨汽车线和电子线、1 万吨工程线。其他产品有:5 万吨无氧铜杆、2 万吨铝杆、11 万只漆包/拉丝模具的维修/制作等。精达主要产品广泛适用于家用电器、电子材料、电力设备、通讯仪器、汽车电机、电动工具等行业产品配套。在全国制冷压缩机领域,市场覆盖面达 80%,市场占有率为 50%。已经形成安徽、广东、天津、江苏四大生产基地,产品覆盖长三角、珠三角和环渤海地区,并有部分产品销往欧美、南亚地区。精达股份 2002 年 9 月在上海证券交易所上市,股票代码 600577,2011 年末公司资产总额近 48 亿元。

精达股份是国家重点高新技术企业,2007 年被评为中国 500 家最大制造业之一。"精达"牌漆包线 2007 年被国家质量监督检验检疫总局授予"中国名牌产品"。公司于 1996 年通过 ISO9002 标准质量保证体系认证,2002 年通过 ISO9001 和 QS/9000 标准质量管理体系认证,2004 年通过了 ISO14001 环境管理体系认证和 OHSAS18001 职业健康安全管理体系认证。主导产品于 1997 年通过美国 UL 安全认证。精达股份总部设在风景秀丽的中国古铜都—安徽省铜陵市经济技术开发区精达工业园内,交通便利,四通八达。

【主营业务】

漆包电磁线制造和销售。

【经营业绩】

2011 年末期:经营情况分析与讨论

(1)报告期内,受宏观经济政策影响,家电下乡补贴政策取消,房地产市场调控政策出台,直接影响国内家电市场的消费,下半年逐渐订单量减少;整个漆包线行业及下游家电行业已处在较为艰难的状况。报告期内全公司产品生产和销售总量分别为 166,974 吨和 166,051 吨。基本完成预算目标。其中:特种电磁线产品产量 125,687 吨,销量 127,283 吨,分别比去年增加 3.93%,7.44%。公司全年实现主营业务收入 939,971.77 万元,营业利润 17,374.79 万元,净利润 10,863.76 万元,分别比去年增长 25.31%,-7.12%,0.07%。产销量,销售收入等指标完成了年初预算。

(2)金融政策偏紧,影响到中小型企业(客户)正常经营和经营规模扩张,减少了市场需求。

(3)贷款利率和银行票据贴现成本的上升大幅增了加财务费用,削减了企业大部分利润。

(4)人民币升值及欧债危机导致下游机电产品出口乏力,并可能持续影响到 2012 年。

(5)公司向前五名供应商采购金额合计 6,827,609,790.64 元,占采购总额的 73.14%;向前五名销售客户销售金额合计 2,188,164,960.29 元,占销售总额的 22.79%。

2. 公司未来发展与展望

(1)目前因影响宏观经济的政策及重大因素的不确定,2012 年下游市场总体需求趋势还不确定。空调,冰箱制冷市场需求预计不会低于 2011 年,但增幅有限;普通机电产品的出口有待于美国经济回升和欧债危机的缓解;房地产调控政策仍会继续影响家电需求。全年经营可能会面临较多困难。

(2)目前的信贷政策将会给流动资金的贷款及财务成本造成巨大压力,公司必须妥善应对因物价波动及产量增加所面临的资金和财务费用上升的困难。

(3)微细铝基电磁线技改项目已经基本建成;新型高效节能压缩机及电机用电磁线项目一期工程进展顺利,预计在 2012 年 5 月也将建成投产,随着这两个募投项目的陆续投产,公司的产品结构进一步优化,生产能力进一步扩大,行业领跑地位更进一步稳固。

(4)在取得顶科公司的控股权后,公司将投入资金进一步扩大其适销对路产品的生产能力,开发风能,太阳能和核能行业所需的特种缆线产品和市场,提高公司产品在该部分市场的占有率,力争成为公司新的利润增长点。

(5)2012 年公司经营计划:产品总产销量 192,865 吨,其中电磁线 143,825 吨,汽车电子线 20,040 吨,铜杆铝杆 29,000 吨,比上年均有所增长。销售费用 91,020,908.35 元,管理费用 180,322,490.84,财务费用 213,811,939.25 元,营业收入 10,361,459,047.45 元。

【企业文化】

公司宣言:在熟悉的领域乘风破浪,在边缘市场寻找商机,造"精达"之品牌、铸百年之"精达"。

企业核心价值观:对国家负责,对社会负责,对员工负责,对股东负责;确保国家利益、客户利益、员工利益、股东利益都得到体现。

企业精神:团结拼搏,进取敬业,全心服务,精益求精。

企业目标:创新、发展、共赢,成为同行业国内领先、世界先进企业。

企业宗旨:重质量"精益求精",讲信誉"追求永恒"。

经营法则:成功的关键是进取。

经营理念:崇尚责任,崇尚竞争,追求品质,追求高效,以质量求生存,以市场带发展。

质量服务:质量第一、用户至上、满足客户的利益为最高利益。

【600580】卧龙电气集团股份有限公司

【基本情况】

卧龙电气集团股份有限公司(股票代码:600580),地处长三角中心区域——浙江省上虞经济开发区。公司现有 4 个事业部、8 家控股子公司。控股子公司包括有与全球 500 强日本松下合资经营的家用电机公司、与意大利欧力合资经营的欧力卧龙振动机械有限公司等，目前已拥有浙江上虞、浙江绍兴、浙江杭州、宁夏银川、湖北武汉、北京六大生产基地、六大产业园区，具备了年产上亿台的生产能力。

公司主营各类电机及控制系统、输变电、电源电池三大产业，在电机及控制系统、电源电池、电气化高速铁路牵引变压器、城市轨道交通成套牵引整流机组、无轨电车牵引直流变电站、油浸及干式电力变压器等领域居国内领先地位；主导产品在国内市场占有率达20%以上。公司综合指标连续十年位居全国微分电机行业首位，综合实力位居中国电机制造行业榜首，是中国分马力电机行业协会、中小型电机行业协会和微电机行业协会副理事长单位、浙江省电机行业协会理事长单位。

公司技术力量雄厚，设有博士后科研工作站，在浙江杭州设有技术研究院，公司被认定为国家重点高新技术企业，并拥有250余项专利技术。卧龙牌商标被认定为中国驰名商标，卧龙牌"小功率电机"被评为"中国名牌"产品，被全球进出口商协会授予"中国最佳供应商"称号。公司全面推行精细化管理，导入了ERP系统、PLM系统和OA自动化办公系统，建立了快捷、高效的运作管理体系。

公司坚持产业经营扩张与资本经营扩张联动发展，突出自主创新，加速产品集成化，全面打造集发电、储电、输变电、电机、工业自动化于一体的电气产业链，为进一步打造成为市场国际化、资本社会化、管理现代化的高科技、高成长、高效益的现代制造业企业而不懈努力。

【主营业务】

设计、生产、销售各种微分电机及其电子控制装置和电动车等产品。

【经营业绩】

2011年上半年报告期内，实现营业收入153,187.12万元，比上年同期增加了4.54%，实现营业利润12,189.61万元，同比下降了9.56%，实现净利润10,740.28万元，同比下降了7.84%。

【600581】新疆八一钢铁股份有限公司

【基本情况】

新疆八一钢铁股份有限公司(以下简称"公司"或"本公司")系经新疆维吾尔自治区人民政府《关于同意设立新疆八一钢铁股份有限公司的批复》(新政函[2000]145号)批准，由原新疆八一钢铁集团有限责任公司、南京联强冶金集团有限公司、邯郸钢铁集团有限责任公司、新疆华顺工贸有限公司、新疆维吾尔自治区技术改造投资公司共同发起设立，于2000年7月27日在新疆维吾尔自治区工商行政管理局登记注册，注册资本279,427,850元(27,942.7850万股)。经中国证券监督管理委员会核准，公司于2002年8月1日采用100%向二级市场投资者定价配售方式，在上海证券交易所成功发行了13,000万股人民币普通股(A股)，流通股于2002年8月16日在上海证券交易所挂牌交易，股票简称："八一钢铁"；沪市股票代码："600581"。

截至2010年末，公司总股本为76,644.8935万股，总资产为121.81亿元，净资产为33.8亿元。公司主要从事钢铁冶炼、轧制、加工及销售。现有综合产钢能力800万吨/年，产品覆盖棒、型、带、线、管、板等。生产的钢种有普碳钢、螺纹钢、焊条钢、棉花打包丝钢、冷轧带钢筋专用钢、抽油杆钢、弹簧钢、合金结构钢、优质碳素结构钢、中厚板、热轧薄板、冷轧薄板、彩涂及镀锌板等品种。

公司主导产品的实物质量已达到国际公认的高精度产品的标准，产品曾多次荣获自治区名牌称号，其中"互力"牌螺纹钢荣获全国"冶金产品实物质量金杯奖"并于2001年3月通过国家首批质量免检认定。

【经营业绩】

2011年1－6月，公司累计产钢318万吨、同比减少2.75%；产材304万吨，与去年同期持平。实现营业收入140.25亿元，同比增长23.15%，实现净利润3.89亿元，同比增长18.73%。

【企业文化】

以"严格苛求的精神、学习创新的道路、争创一流的目标"为主线，以"诚信、协同，追求企业价值最大化"为核心价值观的具有宝钢特色的企业文化。

【公司荣誉】

公司自成立以来，先后荣获"全国守信誉工作先进单位"、"中国市场知名企业"、"中国企业最佳形象AAA级"、"全国精神文明建设工作先进单位"和自治区首批"重合同、守信誉企业"等荣誉称号。

【600588】用友软件股份有限公司

【基本情况】

用友公司成立于1988年，长期坚持自主创新，致力于用信息技术推动商业和社会进步，以先进的产品技术和专业的服务成为客户信赖的长期合作伙伴。2001年5月18日，用友软件股份有限公司成功在上海证券交易所发行上市(股票简称：用友软件；股票代码：600588)。

用友公司是亚太本土最大的管理软件、ERP软件、集团管理软件、人力资源管理软件、客户关系管理软件、小型企业管理软件、财政及行政事业单位管理软件、汽车行业管理软件、烟草行业管理软件、内部审计软件及服务提供商，也是中国领先的企业云服务、医疗卫生信息化、管理咨询及管理信息化人才培训提供商。中国及亚太地区超过150万家企业与机构使用用友软件，中国500强企业超过60%使用用友软件。

用友公司拥有由总部研发中心(北京用友软件园)、南京制造业研发基地、重庆PLM研发中心、上海先进应用研究中心、上海汽车行业应用研发中心、深圳电子行业应用开发中心等在内的中国最大的企业应用软件和企业云服务研发体系和超过3500人的研发队伍。用友公司的100多家分子公司、3000多名服务专家、3000多家合作伙伴组成了中国管理软件业最大的服务生态系统。在日本、泰国、新加坡等亚洲地区，用友建立了分公司或代表处；在法国，用友与源讯合资成立云安公司，为欧洲、中东和非洲(EMEA)的企业用户提供从ERP管理软件、财务系统到IT咨询的一站式创新型产品、服务和云应用。

以用友软件股份有限公司为主体的用友集团，定位于企业及政府、社团组织管理与经营信息化应用软件与服务提供商，旗下还拥有北京用友政务软件有限公司、畅捷通信息技术股份有限公司、用友汽车信息科技(上海)有限公司、厦门用友烟草软件有限责任公司、用友医疗卫生信息系统有限公司、用友新道科技有限公司、北京用友华表软件技术有限公司、北京用友审计软件有限公司、用友长伴管理咨询(上海)有限公司、北京用友幸福投资管理有限公司、成都财智软件有限公司等在内的投资控股企业。

用友公司的发展目标是成为世界级管理软件与云服务提供商。

【主营业务】

电子计算机软件、硬件及外部设备的技术开发、技术咨询、技术转让、技术服务;企业管理咨询;数据库服务;销售电子计算机软硬件及外部设备,销售打印纸和计算机耗材;图书零售。

【经营业绩】

2011 年上半年报告期内,公司实现营业收入 1,462,540,279 元、归属于上市公司股东的净利润 121,986,752 元、扣除非经常性损益后的净利润 104,355,506 元、扣除非经常性损益和股权激励成本后的净利润 110,616,258 元,同比增长率分别为 60.9%、360.3%、1011.3%、515.7%。

【企业荣誉】

用友软件股份有限公司连续多年被评定为国家"规划布局内重点软件企业",2010 年获得工信部系统集成一级资质企业认证;2011 年获"年度中国经济十大领军企业"、上交所"年度董事会奖"。"用友 ERP 管理软件"系"中国名牌产品"。

【600590】泰豪科技股份有限公司

【基本情况】

泰豪科技股份有限公司是江西省和清华大学"省校合作"在南昌国家高新开发区设立,具有良好发展和成长业绩的科技型上市公司(股票代码:600590,简称"泰豪科技")。

公司被国家首批认定为"高新技术企业",入选"国家级创新型企业",并拥有"国家认定企业技术中心"。公司被国家工商总局评为全国"首批 520 家重合同、守信用企业","泰豪"商标为"中国驰名商标",产品为"中国名牌产品"。在智能节能领域,公司拥有设计、制造和安装节能型中央空调、静音型发电机组、安全型配电设备等楼宇智能化电气产品的综合实力,引领国内智能建筑电气产业的发展。在军工装备领域,公司将清华科技融入三波电机数十年的制造技术中,创造了行业内唯一荣获国家发明奖的产品,服务我国国防现代化建设。

公司的发展得到了胡锦涛总书记,以及江泽民、吴邦国、贾庆林等党和国家领导人的亲切关怀、热切鼓励。

【公司愿景】

我们希望并为之努力,使泰豪成为"中国的泰豪,世界的泰豪"。为体现我们是一家承担责任的公司,我们必须肩负一个使命:"创导智能技术、产品和服务,以提高人类生活的品质"。为此,我们需要高度认同一家企业赖以生存的价值观念,即"个人的成功在于承担责任的实现,人生的价值在于不断地承担责任";并使全员始终保持客户意识和品牌意识,始终保持职业精神和团队精神。

【公司战略】

致力信息技术应用,创导智能科技生活;使泰豪科技成为引领中国智能建筑电气产业发展的企业并实现电机产业的专业国际化;使泰豪软件和泰豪军工成为中国有行业影响力的企业。

【经营业绩】

2011 年上半年,报告期内实现营业收入 1,093,812,622.43 元,比上年同期增长 6.71%,实现利润总额 47,959,067.60 元,比上年同期减少 16.21%,归属于母公司净利润为 36,721,101.07 元,比上年同期减少 20.86%。

【企业荣誉】

创立以来连续荣获南昌国家高新开发区先进企业,江西省与清华大学"省校合作"重点企业;全国首批 520 家重合同、守信用单位;国家火炬计划重点高新技术企业;我国军工电源生产基地和机电产品出口扩权企业;科技成果转化先进单位、全国质量管理先进企业。

【600593】大连圣亚旅游控股股份有限公司

【基本情况】

大连圣亚旅游控股股份有限公司(以下简称"大连圣亚")于 1993 年 12 月成立;1995 年 6 月,建成中国第一座海底通道式水族馆;2002 年 7 月在上海证券交易所上市,成为中国唯一一家以人造景观为主营业务的上市企业;2008 年 9 月,圣亚获评"中国驰名商标";2010 年 9 月,进入《辽宁省文化产业振兴规划纲要》,成为大连、丹东沿海沿江文化创意产业先导区重点项目之一;2010 年 12 月,获评国家文化产业示范基地。大连圣亚现有员工 500 余人,截至 2011 年 9 月 30 日,公司资产总值为 6.5 亿元,市值超过 13.64 亿元。公司成立 16 年来累计接待游客 1600 余万人次;2010 年,大连圣亚接待游客数为 136 万人次,收入 1.26 亿元;净利润 523 万元。

多年来,大连圣亚一直专注于旅游产业,项目先后多次升级、改版,在本地发展成为以圣亚海洋世界、圣亚极地世界、圣亚珊瑚世界为核心的文化旅游景区,营业面积近 5 万平方米,与亚洲最大的广场——星海广场、百年历史的星海公园及东北最大的游艇码头,共同组成大连最具休闲娱乐特色的旅游目的地,2001 年 1 月获评国家首批 AAAA 级旅游景区(点)。大连圣亚同时跨地域经营建设,于 2005 年独资建成"世界首座极地演艺游乐展馆"——哈尔滨极地馆,建成后不久即成为哈尔滨国际冰雪节四大景区之一,并于 2009 年获评国家 AAAA 级旅游景区(点)。

【本地项目】

大连圣亚海洋世界于 1995 年 6 月建成开放,这是中国第一座海底通道式水族馆,拥有当时亚洲最长的 118 米海底通道,开创了中国第三代水族馆建设的先河。2005 年 7 月,在全国海底通道式水族馆遍地开花的情况下,大连圣亚海洋世界全新改版,突破普通海洋馆以海洋生物展示为主的思路,用原创剧本指导项目建设,用完整的情节串联游览内容,采用充满文化色彩又不乏娱乐调性的方式拉近人与海洋的距离,让游客如同一出海洋情景剧中的角色,完成"从陆地进入海底,再从海底回到海上"的奇幻旅程,圣亚海洋世界也因此成为中国乃至世界第一座情景式海洋主题乐园,海底通道享誉 16 年而不衰,成为大连圣亚的两大王牌之一。

大连圣亚极地世界于 2003 年 4 月建成并对外开放,这是大连圣亚携同美国 HHCP 国际设计公司、美国 ODYSSEY 影幻制作公司联手打造的中国第一家世界级极地探险文化旅游景观,通过文化、艺术、娱乐等表现形式,向游客全面展现极地世界的真实风貌,营造参与探险的文化娱乐空间,填补了中国极地文化旅游的一项空白。其中南极企鹅岛是国家级南极企鹅种源繁育基地。沉稳的王企鹅与活跃的金图企鹅,组成了中国最大的南极企鹅社区,在水陆两栖的仿原生态环境中每日上演真实逗趣的企鹅"生活秀",是大连圣亚的两大王牌之一。

大连圣亚珊瑚世界于2006年5月推出，这是一个以珊瑚为主题的海洋生物科普文化展览馆，汇聚了来自世界的百余种、1000多个珊瑚礁生物群。

【产品优势】

（一）建设国内首家“3D功夫海象秀场”

2011年，公司完成对极地世界“功夫海象表演场”的全面升级改造，将原有的露天表演场变身成为全天候的室内剧场。亦真亦幻的极地景观，1248米的国内最大环幕，全新的灯光音响设备，将声光电技术与传统的舞美设计相结合，使绚丽多姿、变化多端的舞台背景与人类及动物演员的表演完美融合，带给游客全新的视觉体验。

（二）建设国内最大的“白鲸表演水下剧场”

2011年，公司全新表演产品《白鲸传奇》惊艳推出，在长16.8米，宽6.6米，水深6米的国内最大的水下剧场中，驯养师不借助任何潜水器具，与美丽的白鲸翩翩共舞，演绎一段震撼浪漫的海底传奇，让游客如痴如醉。

（三）圣亚核心产品“三大表演，两大王牌”确立优势地位

2011年，圣亚的大型动物表演增加到三场，即三大表演：《海豚湾之恋》、《白鲸传奇》、《功夫海象》，动物明星涵盖最受市场欢迎的白鲸、海豚与海象、海狮，风格或浪漫唯美，或惊奇震撼，或幽默搞笑，在同业中保持领先地位。展示类产品“两大王牌”：海底通道——中国第一座海底通道，南极企鹅岛——中国最大的南极企鹅基地，都是国内同类项目的经典之作。

【发展规划】

2011年，公司董事会拟在2011年底至2013年，充分利用“国家文化产业示范基地”的优势，投资3.3亿元左右，对公司现有场馆进行部分改造；同时拟开发建设海上看大连及温泉度假等新项目、新景点，打造全天候的旅游项目，满足游客不断增长的多元化消费需求。实现公司产业链的全面拓展和延长，提高公司市场竞争力，拉动公司业绩增长，扩大公司产业规模，使公司能够达到长期可续发展。

【600598】黑龙江北大荒农业股份有限公司

黑龙江北大荒农业股份有限公司（以下简称“北大荒股份”）1998年11月27日成立，下辖友谊、七星、新华、青龙山、八五二、八五三、宝泉岭、庆丰等16个农业分公司和浩良河化肥分公司，控股北大荒米业集团有限公司、北大荒纸业有限责任公司、北大荒龙垦麦芽有限公司、北大荒希杰食品科技有限责任公司、北大荒鑫亚经贸有限责任公司、北大荒鑫都房地产开发有限公司和北大荒鑫都建筑工程有限公司。拥有936万亩耕地和360万亩可垦荒地。

北大荒股份是我国目前规模最大、现代化水平最高的农业类股份有限公司和商品粮生产基地，具有明显的规模、资源、技术、装备、管理及绿色产品优势。

2002年3月29日，北大荒股份A股30000万股股票在上海证券交易所上市，这标志着“北大荒”（股票代号：600598）正式走进了中国资本市场。

上市以来，北大荒股份公司积极实施现代农业装备工程，建立优质农产品基地，稳定提高粮食生产能力，扩大无公害、绿色、有机食品的生产比重，实施以龙头企业为牵动力的产业化经营，实施大招商、大流通及资本运作，积极培育新的经济增长点，展现出农业稳健增长、工业产能迅速扩张、经贸流通业快步跃升、区域内社会事业欣欣向荣的崭新局面。凭借出色的业绩成长，丰厚的股东回报，诚信规范的管理和积极履行社会责任，“北大荒”股票先后入选上证180指数、红利指数、沪深300指数、中证100指数和上证50指数样本股。

上市公司是资本市场的重要基础。作为中国农业第一股，北大荒股份将一如既往地秉承“诚信、务实、创新、卓越”的理念，以股东利益最大化为原则，充分发挥自身规模、资源、技术、装备、管理及绿色产品优势，规范运作、稳健经营，不断增强核心竞争力，努力为资本市场的繁荣发展做出贡献。

【600600】青岛啤酒股份有限公司

【基本情况】

青岛啤酒股份有限公司（以下简称“青岛啤酒”）的前身是1903年8月由德国商人和英国商人合资在青岛创建的日耳曼啤酒公司青岛股份公司，它是中国历史悠久的啤酒制造厂商，2008年北京奥运会官方赞助商，目前品牌价值426.18亿元，居中国啤酒行业首位，跻身世界品牌500强。

1993年7月15日，青岛啤酒股票（0168）在香港交易所上市，是中国内地第一家在海外上市的企业。同年8月27日，青岛啤酒（600600）在上海证券交易所上市，成为中国首家在两地同时上市的公司。

上世纪90年代后期，运用兼并重组、破产收购、合资建厂等多种资本运作方式，青岛啤酒在中国19个省、市、自治区拥有50多家啤酒生产基地，基本完成了全国性的战略布局。

青啤公司2010年累计完成啤酒销量635万千升，同比增长7.4%，实现主营业务收入人民币196.1亿元，同比增长10.4%；实现净利润人民币15.2亿元，同比增长21.6%。继续保持利润增长大于销售收入增长，销售收入增长大于销量增长的良好发展态势。

青岛啤酒远销美国、日本、德国、法国、英国、意大利、加拿大、巴西、墨西哥等世界70多个国家和地区。全球啤酒行业权威报告BarthReport依据产量排名，青岛啤酒为世界第6大啤酒厂商。

【主营业务】

生产及销售啤酒。

【经营业绩】

2011年上半年，公司共完成啤酒销售375万千升，同比增长20.6%；实现销售收入118.7亿元，同比增长21.1%；实现归属于上市公司股东的净利润9.9亿元，同比增长21.6%。

【企业文化】

用我们的激情酿造出消费者喜好的啤酒，为生活创造快乐。

【企业荣誉】

- 2010年，荣膺“中国绿色公司百强企业”。
- 2010年，荣获“首届中国绿金奖”。
- 2010年，荣获“2010中国最佳雇主企业”称号。
- 2010年，入选《财富》“2010最受赞赏中国公司”。
- 2010年，荣获“2010中国最佳企业公民”。
- 2010年，获得“受推崇知识型机构及卓越知识管理项目大奖”。
- 2010年，荣获2010“中国最佳领导力培养公司”。
- 2010年，荣获“2010年食品饮料行业A股上市公司最佳社会责任报告”。
- 2010年，入选“中国500最具价值品牌”。

【社会责任】

作为社会的一份子，青岛啤酒始终不忘回馈社会，关注社区和公众的需要，做有责任感的企业公民。1998 年至今，青岛啤酒共参与社会公益活动 200 余次，捐款近 3000 万元，为和谐社会的建设贡献着自己的力量。

近年来，青岛啤酒在公益活动上更加注重形式的创新，在提供物质帮助的同时，更以独特的形式，鼓励和帮助需要帮助者充满激情，实现梦想。

青岛啤酒 - QSL 青少年体育发展基金

2009 年 9 月 3 日，青岛啤酒签署了青岛啤酒 - QSL 青少年体育发展基金合作协议。此后 5 年，青岛啤酒每年将定额拿出资金用于扶持贫困小学的体育设施建设，以推动贫困地区青少年的体育发展教育。当天签约晚宴现场，青少年体育发展基金通过拍卖在场嘉宾捐赠的拍品进行善款募集，最终筹得善款 674.5 万，仅青岛啤酒公司一家捐赠及其合作伙伴拍得的善款就高达 500 多万元。

2009 年 11 月 24 日，青岛啤酒 · QSL 青少年体育发展基金向吉林省希望工程捐赠价值 100 万元的体育器材，旨在推进吉林省农村地区青少年体育运动发展。在仪式现场，基金还组建了一支青岛啤酒 · QSL 希望工程小东北虎篮球队，球员都由希望小学的孩子组成。

【600611】大众交通(集团)股份有限公司

【基本情况】

1988 年，时任上海市长朱镕基大刀阔斧地整顿出租汽车行业，大众交通集团的前身——上海市大众出租汽车公司于同年 12 月 24 日应运而生，以服务至上的全新理念刮起了“红色旋风”，开创了出租汽车行业的新风尚。

1992 年 7 月，公司改制为上海大众出租汽车股份有限公司，同时发行 A、B 股，走上了效益稳步增长的高速发展之路。

1999 年 8 月，公司更名为大众交通(集团)股份有限公司。

创业 22 年，公司逐步形成了以城市综合交通服务等产业为主体，以房地产业、金融及股权投资产业为两翼的集团化发展格局。至 2009 年 12 月 31 日，集团总资产 91.16 亿元，净资产 50.36 亿元，历年以现金及送股方式分红回馈股东共计 20.37 亿元。

集团是上海和长三角区域最大的综合交通服务供应商，拥有出租车、租赁车、物流车、旅游车等各类车辆 1.6 万余辆，曾成功为 2007 年特奥会、2008 年奥运会提供官方指定综合交通配套服务。

在 2010 年上海世博会中，集团旗下大众调度中心中标成为世博专属出租汽车指定调度平台，统一指挥 4000 辆世博出租汽车为中外宾客提供交通服务。同时，公司旗下大众出租公司、大众租车公司、大众物流公司、大众国旅和交通大众等业内领先企业，积极投身世博，分别为世博出租汽车供应、高端会务接待、世博园区物流配送和长三角世博体验之旅提供高品质服务。

【主营业务】

主营城市客运和城市货运相关产业，参与旅游商贸、房地产和高科技业的经营和投资。

【经营业绩】

2011 年上半年报告期内，公司共计实现营业收入 131946.45 万元，比上年同期减少 28.72%，实现净利润 23533 万元，比去年同期增加 1.21%，本期公司每股收益 0.15 元，净资产收益率 4.39%。公司总资产规模 103.88 亿元；归属于母公司的净资产 53.64 亿元；资产负债率 45.27%。

【企业文化】

公司以“员工为本、品牌为魂、社会为根”的企业之道，贯彻“一切为大众”的核心价值观，即“提供大众客户温馨满意的服务、回馈大众股东稳定良好的收益、创造大众员工和谐美好的生活”，形成了特色鲜明的大众企业文化。

公司同时积极参与各项社会公益事业，热心为大众服务。公司旗下的出租汽车、物流车和租赁车，素有“城市名片”之称，长期以来，以热心公益、助人为乐而被市民认同和称道，具有十分良好、健康的企业形象。

【企业荣誉】

· 全国质量管理奖。
· 全国“工人先锋号”。
· 全国企业文化优秀奖。
· 中证 · 亚商中国最具发展力上市公司 50 强。
· 中国道路运输资质企业 100 强。
· 上海市质量金奖。
· 上海市名牌企业。
· 上海企业百强榜。
· 上海本地上市公司盈利 15 强。
· 上海市群众文化先进集体称号。
· 2010 年上海世博会出租汽车指定调度中心。

【社会责任】

公司坚持立足主业，关注社会需求，勇于承担社会责任，追求员工、品牌和社会的共同进步，不断提升社会大众的生活质量。

公司以良好的职业道德和社会公德来共同促进社会的文明，提供充分就业，积极增加税收、倡导规范竞争、推动行业进步、保障股东权益、注重环境保护、融入公益事业，努力成为和谐社会的典范，塑造和谐企业。

· 大众集团为玉树灾区捐款。
· 大众交通邀请玉树师生六一游世博。
· 大众集团为汶川地震赈灾义运大众集团援建都江堰塔子坝中学并设教育奖励基金。

【600612】老凤祥股份有限公司

【基本情况】

老凤祥创建于公元 1848 年(清道光 28 年)，距今已有 163 年的历史，老凤祥银楼几经变迁，历经沧桑，已发展成为中国首饰业历史最久、规模最大、珠宝门类最全、文化底蕴最深的珠宝首饰龙头企业。

老凤祥品牌已连续囊括所有国家级的品牌荣誉，不仅获得“中国驰名商标”、“中国名牌”、“中国商业名牌”、“中国商业服务名牌”、“中华老字号百强”等称号，还曾经被国际品牌权威机构评为“中国 500 最具价值品牌”、“亚洲品牌 500 强”、“全球珠宝 100 强”，其品牌价值达 43.5 亿元，在国内珠宝首饰企业名列前茅。2009 年，老凤祥金银细工工艺荣列国家非物质文化遗产名录，2010 年老凤祥被中国黄金协会授予“中国黄金首饰第一品牌”称号。

上海老凤祥有限公司长期坚持品牌发展战略和品牌营销的市场策略，以品牌为先导，拓展全国市场，完善营销网络布局。目前，老凤祥在全国范围内拥有银楼分号 600 余家，15 个地区实行总经销，销售网点 1000 余家。企业的跨越式发展战略成效显著,全国的总销售额从 2001 年的 7.5 亿元已上升到 2010 年的 140 多亿元,在行业处于领先地位。

上海老凤祥有限公司长期致力于人才机制创新和科技创新,以中国工艺美术大师领先的 100 多位融设计、科研、制作为一体的专业技术队伍,成为企业的核心竞争力。历年来不仅在国内外重大设计制作大赛上摘得 150 余个大奖,每年均有 300 多个项目上报国家专利,而且成为企业新产品的开发之源。由此,老凤祥产品不仅有金、银、铂、钻,还有翠、玉、珠、宝和象牙、旅游工艺品、纪念品等涵盖十大门类。

老凤祥拥有一条完整的产业链,既有首饰研究所、大师创意工作室,珠宝首饰分公司,还有钻石加工中心;既有象牙、玉石、翡翠的专业分厂、礼品加工厂,又有企业营销专业公司,还有拍卖行,典当行等服务产业。

老凤祥被誉为中国珠宝首饰业的金凤凰、常青树和航空母舰。

【主营业务】

黄金首饰、铅笔制造、铅笔机械、化工原料、制笔零件等。

【经营业绩】

2011 年上半年报告期内,公司营业总收入和利润总额分别达到 116.78 亿元和 4.89 亿元,同比增长 50.32% 和 81.53% 。

【企业荣誉】

老凤祥获得了众多国家级的荣誉:中国驰名商标、中国名牌(黄金及贵金属镶嵌饰品)、国家商务部颁发的第一批中华老字号、全国用户满意企业、全国用户满意产品、中国商业名牌、中国商业服务名牌、全国商业质量管理奖、轻工业卓越绩效先进企业特别奖、全国实施卓越绩效模式(2008 年)先进企业、2009“全国售后服务十佳单位”……等等。

老凤祥在珠宝首饰企业中率先通过了从生产到销售全过程的 ISO9001 国际质量认证体系,连续几届荣登“中国 500 最具价值品牌”榜,“亚洲品牌 500 强”;“老凤祥金银细工制作技艺”荣列国家非物质文化遗产保护名录。

【600619】上海海立(集团)股份有限公司

【基本情况】

上海海立(集团)股份有限公司成立于 1954 年,1992 年改制为股份有限公司。海立股份旗下拥有上海日立电器有限公司等七家被投资企业,主要产品包括家用空调压缩机、除湿机压缩机、热泵专用压缩机、特种制冷设备、铸造、商用冷柜及汽车起动机等。

目前,公司主业空调压缩机的年产规模达 1800 万台,位列全球第二,产品销往世界 160 多个国家和地区。

在科学发展观统领下,海立股份始终坚持以科技创新为企业的生命力与竞争力,公司建成了国家级企业技术中心(中国空调压缩机行业内唯一)、国家认可实验室(中国空调压缩机行业内唯一),集聚和培养了一大批优秀专业人才,产品从早期的 2 个系列 7 个品种,扩展到目前的 9 大系列 500 多个机种,涵盖了家用制冷领域。我们率先开发与自主开发的变频压缩机、5 匹双转子压缩机、热泵专用压缩机、二氧化碳压缩机等技术水平分别达到了国内领先、国际先进水平,成功闯出了一条“引进技术、消化吸收、联合开发、自主开发、自主创新”的发展路径。我们精心打造的“海立”品牌已名扬海内外,赢得了广大客户信赖。

海立股份忠实秉承“真心奉献”的企业经营理念,肩负起“改善人们的居住环境,保护人类的生存环境”神圣使命,追求人与自然、企业与社会的和谐发展,甘当制冷技术先驱与节能减排先锋。公司及被投资企业先后荣获了全国质量奖、上海市长质量奖、出口免验产品、国家知识产权试点企业、国家创新型试点企业、上海市知识产权示范企业等荣誉。连续多年,海立股份荣登第一财经·中国企业社会责任榜杰出企业奖,获得第一财经年度绿色产品绿色勋章奖。2011 年海立股份荣获中国杰出雇主奖,海立股份旗下的上海日立电器有限公司获得全国通用机械行业第一张能源管理体系认证证书。

近 20 年的市场博弈,上海海立(集团)股份有限公司见证并引领了中国空调压缩机产业从无到有、从小到大、从承接到创新,始终领跑在行业发展的前列。2010 年 8 月 18 日,海立股份率先实现产销 1 亿台空调压缩机,昂首屹立于同行业世界领先行列。在做大做强主业的基础上,近期我们自主研发了节能、环保的空气源热泵产品,拓展应用到商用热水与家庭采暖领域,为创建绿色社会再献一份力量。

时下,面临世界新能源革命、节能减排、低碳经济带来的发展机遇,海立股份精心编制“十二五”新一轮发展规划,以改革创新精神再次创业,引领行业健康发展。2011 年度我们的口号是:“减少排放,为了更蓝的天空”——我们将继续努力向社会提供更加高效、节能、环保的变频、新冷媒等新一代绿色环保产品,追求“零”碳排放,为社会和人居环境做出新贡献。

【主营业务】

生产销售空调压缩机、冰箱压缩机以及除湿机压缩机等。

【经营业绩】

2011 年上半年报告期内,公司生产空调压缩机 1,019.72 万台,比去年同期增长 21.95%。销售空调压缩机 1,124.16 万台,比去年同期增长 32.25%,其中出口 179.90 万台,同比增长 6.16%。根据中国家用电器协会统计数据,2011 年上半年本公司空调压缩机销售占全国市场份额为 17.06%,继续保持空调压缩机行业市场的领先地位。

报告期内,公司实现营业收入 510,418 万元,与上年同期相比增长 42.07%;营业利润 23,718 万元,与上年同期相比增长 54.01%;归属于母公司的净利润 14,620 万元,与上年同期相比增长 74.49%。

【企业荣誉】

- 2011 年 3 月,海立股份上海日立荣获“优秀文化案例单项奖”。
- 2011 年 3 月,海立股份上海日立荣获“2010 上海企业文化建设优胜单位”称号。
- 2010 年,公司被上海市企业文化促进会列为“上海市企业文化建设示范基地”。
- 2011 年 2 月,海立股份荣获 2010 年度全国机械行业企业文化先进单位荣誉称号。

【600644】乐山电力股份有限公司

【基本情况】

乐山电力股份有限公司(简称“乐山电力”)是于 1988 年 3 月 8 日成立的中国第一家电力股份制企业。1993 年 4 月 26 日,公司股票在上交所挂牌交易。截至 2010 年期末,公司总股本 32648.0131 万股,总资产 36.224 亿元。

乐山电力拥有相对完整的电力系统,公司网上电站

(厂)、用户分布在乐山市和眉山市的8个区、市、县。公司自身拥有水电站13座,火电厂1座,并网电站共计89座,装机181台,装机容量达32.12万KW。公司电网有110KV变电站5座,变电容量26.45万KVA;110KV输电线路17条,长364.49公里;35KV变电站24座,变电容量22.895万KVA;35KV输电线路57条,长438.26公里。公司电网于1990年投运,于2007年3月30日并入国家电网。

乐山电力拥有6个分厂、分公司,10个控股企业。乐山市市中区生活、商业、部分工业用水和乐山市市中区、五通桥区生活、商业、部分工业用气分别由自来水、燃气这两个控股公司提供;乐山电力还拥有四星级宾馆1个、三星级宾馆1个。公司与天威保变公司共同投资组建、由公司控股的乐电天威硅业科技有限责任公司3000吨/年多晶硅项目于2008年3月28日开工建设,于2010年4月正式投入生产经营。

乐山电力自创建以来,积极发挥体制、机制、人才、技术管理等方面的优势,以科学发展观统领全局,推进公司可持续发展。公司大力开发电源,加强电网建设和经营管理,加强多晶硅产业建设,加强燃气、自来水、煤业、宾馆业市场拓展和优质服务,不断提高公司的经济效益;公司严格按照股份制规范化运作,不断加强内部规范管理,使乐山电力实现了全面、协调、可持续发展。

乐山电力近年来先后获得全国模范职工之家、四川省五一劳动奖状、四川省重合同守信誉企业、乐山市劳动模范单位、乐山市十大突出贡献企业等诸多荣誉称号,为乐山经济社会发展做出了应有的努力和贡献。

【经营业绩】

2011年上半年报告期内,公司实现营业收入115,758.47万元,比去年同期72,874.56万元增长58.85%,营业利润9,213.24万元,比去年同期5,257.12万元增长72.25%,归属于母公司所有者的净利润6,002.57万元,比去年同期4,073.38万元增长47.36%。

【600660】福耀玻璃工业集团股份有限公司

【基本情况】

福耀集团(全称福耀玻璃工业集团股份有限公司),1987年在中国福州注册成立,是一家专业生产汽车安全玻璃和工业技术玻璃的中外合资企业,也是名符其实的大型跨国工业集团。1993年,福耀集团股票在上海证券交易所挂牌,成为中国同行业首家上市公司,股票简称:福耀玻璃,股票代码600660。

福耀集团已在福建福清、吉林长春、双辽、上海、重庆、北京、广东广州、湖北荆门、河南郑州、内蒙通辽、海南文昌、俄罗斯等地建立了现代化的生产基地,形成了一整套贯穿东南西北合纵联横的产销网络体系,还在美国、日本、韩国、澳大利亚、俄罗斯、德国、中国香港等国家和地区设立了子公司和商务机构。

随着我国改革开放地进一步深入,人民生活水平不断提高,汽车步入寻常百姓家。目前排行国内第一、世界第二的福耀集团必将借着这股东风,乘势而上,在"我们正在为汽车玻璃专业供应商树立典范!"这一目标指导下,本着"质量第一、效率第一、信誉第一、客户第一、服务第一"的经营宗旨,使福耀成为具有汽车玻璃系列产品、相关材料、设备的研究、设计、开发制造能力的特大型企业,同时将福耀玻璃研究所建设成为具有国际影响力的科研机构,并通过上下游相关产业链的开发建设,将福耀打造成一个代表中国玻璃工业的国际品牌。

【产品优势】

福耀重视品牌经营,产品质量可靠、稳定,所有产品均获得美国DOT标准、欧共体ECE标准、澳大利亚SAA标准、中国3C标准的认证。产品的标志"FY"商标还是国内乃至亚洲唯一一家于2000年度获得全球三大汽车制造商之一的美国福特汽车公司颁发的全球优秀供应商金奖的汽车玻璃制造企业,是2007年度国际上唯一获得美国PACCAR"2006年度零部件最佳供应商"称号的汽车玻璃制造企业,公司还于2008年度获得美国通用汽车公司颁发的"通用2007最佳供应商"奖和德国Volvo集团授予的2007年度"VolvoA级供应商"奖。2009年,再次获得美国通用公司颁发的"通用2008最佳供应商"奖,并于同年6月获得德国大众集团"2009年度最佳供应商"奖,2011年获得美国克莱斯勒汽车"2011年优秀产品质量奖"。

【管理优势】

福耀按照国际制造业先进的管理模式和业务流程,建立了ORACLEERP系统信息化管理平台;福耀重视人力资源的开发与培养,与厦门大学联合成立福耀管理学院,并获准设立博士后科研工作站;福耀实施质量成本控制体系,是中国同行业中首家通过ISO9002、QS9000、VDA6.1、ISO14001、TS16949体系认证的汽车玻璃生产销售企业。

【市场成就】

在国内的整车配套市场,福耀为各著名汽车品牌提供配套,市场份额占据了全国的半壁江山。在国际汽车玻璃配套市场,福耀已经取得了世界各主要汽车厂商的认证,为Audi、Bentley、BMW、VW、GM、Ford、Daimler、NISSAN、VOLVO、HYUNDAI、Fiat、LANDROVER、Chrysler、HONDA等提供全球OEM配套服务。

高品质的产品、领先的研发中心、完善的产品线加上巨大产能,决定了福耀产品强劲的市场开拓力,印着"福耀"商标的汽车玻璃在主导国内汽车玻璃配套、配件市场的同时,还成功挺进国际汽车玻璃配套、配件市场,在竞争激烈的国际市场占据了一席之地。2006年,福耀集团研究院被国家发改委、科技部、财政部、海关总署、国家税务总局等联合认定为"国家认定企业技术中心"。2009年7月被国家科技部、国务院国资委、中华全国总工会确认为"全国第三批创新型试点企业"。2010年7月福耀集团入选第二批全国企事业知识产权示范创建单位,示范创建期2年。

【经营业绩】

2011年上半年报告期内,公司实现营业收入465,731.79万元,比去年同期增长了19.79%。实现净利润79,987.96万元,同比下降8.74%。

【企业荣誉】

福耀集团是国内最具规模、技术水平最高、出口量最大的汽车玻璃生产供应商,产品"FY"商标是中国汽车玻璃行业第一个"中国驰名商标",自2004年起连续两届被授予"中国名牌产品"称号,2009年荣获"中国品牌百强榜——自主创新品牌20强"称号;福耀玻璃股票为"上证50指数"样本股,于2009年被上海证券交易所授予"年度董事会奖",并于2011年获颁"央视财经50指数"2010年最佳成长性上市公司等等。福耀集团同时还是有评选以来连续三届的"中国最佳企业公民"、"2007CCTV年度最佳雇主"。2009年,董事长曹德旺作为首位华人企业家,登顶具有世界企业界奥斯卡之誉的"安永全球企业家大奖"。

【600664】哈药集团股份有限公司

【基本情况】

哈药集团有限公司是于2005年通过增资扩股改制而成的国有控股的中外合资企业。拥有2家在上海证券交易所上市的公众公司(即哈药集团股份有限公司和哈药集团三精制药股份有限公司)和27家全资、控股及参股公司。注册资本共计37亿元人民币,资产总额146.5亿元人民币,所有者权益89.6亿元。目前从业人数18382人,集团下属医药生产企业户数12户。

哈药集团融医药制造、贸易、科研于一体,主营业务涵盖抗生素、化学药物制剂、非处方药品及保健食品、中药、生物工程药品、动物疫苗及兽药、医药流通七大产业领域。共生产抗生素原料药及粉针、中成药、中药粉针、综合制剂等7大系列、20多种剂型、1000多个品种。具有年产生产能力抗生素及中间体13000吨、西药粉针30亿支、水针4亿支、片剂200亿片、胶囊125亿粒、口服液30亿支、动物疫苗450亿头羽份。哈药集团所属生产企业已全部通过GMP认证,主要流通企业已通过GSP认证,哈药总厂、三精制药等部分集团所属企业通过了ISO9001、ISO14001、OHSAS18001国际管理体系认证。哈药集团在全国30余个主要城市区建立了130多个销售办事处,并拥有200余家零售连锁药房,形成覆盖广、功能强的营销网络。

多年来,哈药集团秉承"做地道药品,做厚道企业"的企业宗旨,市场份额迅速提升,业务领域不断扩大,部分产品打入欧洲、亚洲、非洲、中北美洲市场,年出口创汇1亿美元以上。凭借"以正合、以奇胜、以德存"的企业理念,积极实施品牌创新战略,赢得了社会各界的普遍赞誉。经国内品牌价值权威评估机构——北京名牌价值资产评估有限公司的评估,哈药集团以166.79亿元的品牌价值成为国内最具价值的医药品牌之一。哈药集团目前拥有"哈药"、"三精"、"世一堂""钙中钙"等四件中国驰名商标,创全行业及东北三省之最。

【经营业绩】

2011年上半年报告期内,公司实现营业收入76.70亿元,同比增长16.98%,净利润6.50亿元,同比增长15.13%。

【600674】四川川投能源股份有限公司

【基本情况】

成都,天府之国,人杰地灵,是我国中西部地区重要的中心城市、西南地区政治中心、文化中心、科技中心、商贸中心、金融中心和交通通信枢纽。李白有诗云:"九天开出一成都,万户千门入画图。草树云山如锦绣,秦川能及此间无",是对成都极高的赞誉。长居于此的诗圣杜甫对成都也有"花重锦官城"的美誉。

四川川投能源股份有限公司(简称"川投能源")就坐落在这青山绿水之间,植根于千里沃野之上。

川投能源于1993年在上海证券交易所上市,证券代码600674,前身是四川峨铁,主营业务有能源电力、多晶硅新能源和高铁信息产业三大板块。截至2011年9月,川投能源资产总额达134亿元,净资产62亿元,控参股电力总装机容量达978万千瓦,权益装机286万千瓦,资产和装机规模在全国31家地方国资电力上市公司以及省内71家上市公司中名列前茅,在全省6家电力上市公司中位居第一。公司总股本9.33亿股,控股股东四川省投资集团有限责任公司(简称川投集团)持有国有法人股5.96亿股,持股比例为63.88%。川投能源现拥有田湾河、嘉阳电力、天彭电力、交大光芒4家控股公司;拥有二滩水电、新光硅业(相对控股)、长飞四川、国电大渡河4家参股公司。

在控股股东川投集团和社会各界的关心支持下,川投能源通过一系列的资产重组,走上了健康、可持续发展的道路。2005年,经过重大资产置换,奠定了主营业务由铁合金向电力主营的转变。2006年,川投能源顺利完成股权分置改革工作。2007年以来,通过非公开发行股票和现金收购等方式,将田湾河水电站80%股权优质水电资产、新光硅业38.9%股权优质新能源资产、二滩水电48%股权优质水电资产注入上市公司,川投能源确立了以水电为主、多晶硅新能源和高铁信息产业为辅的发展格局,逐步成长为主业突出、业绩优良、运作规范、公司治理好、市场形象佳的国有控股大型上市公司。川投能源连续三年入选"上证治理板块"、"上证180指数样本股"、"沪深300指数样本股"。2008年获得"第四届中国证券市场年会金凤凰奖"、2009年获得"中国上市公司市值管理百家优秀公司"、2010年获得"最守诚信上市公司"、"最具投资价值上市公司"等荣誉、2008年获得中华全国总工会授予的"抗震救灾恢复重建工人先锋号"、1998－2011年连续荣获"四川省重合同守信用先进单位"称号、荣获上海证券报评选的2010年度"公司治理·资本创新公司奖"、2011年8月荣获"全国模范劳动关系和谐企业"称号、2011年10月入选《每日经济新闻报》主办的全国优秀上市公司"口碑奖""最具成长潜力上市公司20强"。

川投能源秉承科学发展的理念,始终把全体股东利益最大化作为追求的目标,坚持优化资产结构,完善公司治理,规范经营管理,拓展融资平台,提高营运水平,提升公司形象,持续健康发展,努力实现"行业蓝筹、明星旗舰"的发展愿景,为回报股东、报效社会做出贡献。

【主营业务】

电力开发、电力生产经营、电力行业技术服务和咨询。

【经营业绩】

2011年上半年报告期内,公司实现营业收入50,909.23万元,同比上升12.62%;实现利润总额15,071.91万元,同比增长42.41%;实现净利润11,833.13万元,同比增加3660.35万元,增长44.79%。

【600684】广州珠江实业开发股份有限公司

广州珠江实业开发股份有限公司(简称"珠江实业"),前身为广州珠江房产公司,成立于1985年4月,是广州市成立最早的房地产综合开发企业之一。公司注册资本为18,703.94万元,经营范围:经营土地开发、承建、销售、租赁商品房;实业投资、物业管理;承接小区建设规划和办理拆迁、报建,工程咨询及自用有余的建筑物业展销;车辆保管;批发和零售贸易。

在激烈的房地产竞争中,公司始终以服务社会、服务广大消费者为出发点,坚持经济效益、社会效益和环境效益相统一,努力向社会提供高质的产品和优良的服务,公司的社会声誉不断提高,在广州市房地产行业中树立了良好的品牌形象。公司连续多次荣获国家、省、市和有关行业颁发的各种荣誉和奖项。1987年被评定为一级城市建设综合开发公司;1990年9月,由于公司在房地产开发产量、质量、成本、经济效益、社会效益五个方面,共十二项指标均达到省级先进企业标准,被授予"省级先进企业"称号;同年10月,公司被授予"全国房地产开发先进企业”称号；1994 年 8 月，公司荣获广州“一九九三年度开发综合经济实力十强企业”的称号；2001 年获国家建设部颁发的“房地产开发企业一级资质证书”，公司目前是广东省房地产协会、广州市房地产协会副会长单位。

1993 年 9 月经中国证券监督管理委员会审查批准，公司向社会公众发行股票。同年 10 月 28 日，公司股票在上海证券交易所上市挂牌交易，是广州市第一批上市公司之一，它标志了广州珠江实业开发股份有限公司创业的新纪元。

大浪淘沙，风云际会。十多年来，珠江实业始终关注城市的和谐构建，促进实现人居的最大理想，构筑健康有序的生活空间，营造丰富多彩的居住文化。经过十多年的艰苦创业，公司在房地产业中异军突起，业绩优良。公司秉承“开拓、求实、优质、高效”的企业方针，严格贯彻“质量第一，信誉第一”的经营宗旨，先后开发和建设了了广州市华乐大厦、淘金北小区、站前路小区、昌岗中路小区、百事佳新村、文昌南路建筑组团、金山阁、金威大厦、金昌大厦、淘金华庭、金盛大厦等小区和楼宇。这些楼宇造型美观、风格各异、质量优良、设计布局合理、环境优美、生活设施配套齐全、售后服务完善，深受社会各界人士的赞赏与欢迎。

珠江实业在广州市中央商务区——珠江新城等城市中心繁华地段还拥有 4 万多平方米的土地储备。在立足广州的同时，公司积极开拓泛三角地区的市场，尤其是强势地进入了长沙市场。目前正在当地规划开发大型的都市生态文化共生社区项目——“珠江花城”，项目规划总占地 917 亩，总建筑面积约 100 万平方米，是一个低密度、高绿化率的高档精致楼盘，首期开盘市场反响热烈，深受消费者欢迎。公司正逐步形成广州和长沙两极互动、协调发展的战略格局，发展前景非常光明。

珠江实业作为国有骨干房地产开发企业，开发建设的房地产项目种类繁多，除一般的中高档住宅、商住楼外，还积极参与建设了广州市多个公共建筑和市政设施，为广州市的城市建设也做出了突出贡献。

珠江实业在房地产开发行业取得长足发展的同时，与时俱进，形成了土地一级开发到各类房地产开发以及物业管理、物业经营、车场经营管理、建材供应等比较完整的产业链结构。

在新世纪，面对新形势、新机遇、新挑战，公司在总结企业发展与改革实践经验的基础上，积极地实施一系列的创新措施，进一步调整和制定企业发展的战略。公司将坚持开发和经营并重的经营特色，努力寻求新的经济增长点，谋求更大的发展，通过精品化定位、集约化经营、规范化管理和实施跨地域发展战略，不断深化提高珠江实业的品牌内涵和价值，占据和扩大市场份额，提升利润空间，增强主导产业和核心业务的竞争能力，壮大和提高企业的资产规模和质量，努力实现企业持续稳定的发展。

广州珠江实业开发股份有限公司执著于“信誉为重、品质为先”的企业文化与服务精神，贯彻“诚信服务，构筑精品”的企业质量方针，继续发扬“奋发图强、主动竞争、积极奉献、实业报国”的企业精神，迎接新世纪的挑战，并诚邀国内外商家，联合发展，携手创造美好的明天。

【600600】青岛海尔股份有限公司

【基本情况】

海尔集团创立于 1984 年，创业 27 年来，坚持创业和创新精神创世界名牌，已经从一家濒临倒闭的集体小厂发展成为全球拥有 8 万多名员工、2011 年营业额 1509 亿元的全球化集团公司。海尔已连续三年蝉联全球白色家电第一品牌，并被美国《新闻周刊》(Newsweek) 网站评为全球十大创新公司。

海尔创新人单合一双赢模式。海尔要创造互联网时代的世界名牌，互联网时代世界名牌的特点是能快速满足用户的个性化需求，企业需要大规模定制而非大规模制造。海尔抓住互联网的机遇解决这一挑战，积极探索实践“人单合一双赢模式”，通过“倒三角”的组织创新和“端到端”的自主经营体建设，实现从“卖产品”到“卖服务”的转型，创造出差异化的、可持续的竞争优势。模式创新已带来初步成效，在流动资金零贷款的基础上，海尔 CCC(现金周转天数) 达到负的 10 天。

海尔致力于成为全球白电行业领先者和规则制定者。成为引领者即成为行业主导及用户心智的首选，海尔的某些产品已经做到了引领，欧美一些国际著名品牌也在模仿海尔。海尔希望创新出更多引领潮流的产品，创新的制高点即是掌握专利和标准的话语权。目前，海尔累计申请专利 1 万多项，居中国家电企业榜首，并率先实现国际标准的零突破。海尔累计参与了 77 项国际标准的起草，其中 27 项标准已经发布实施。海尔通过标准输出，带动整个产业链的出口。

海尔以虚实网融合打造全球第一竞争力通路商。海尔在国内市场有强大的市场营销网络优势，并与互联网进行充分的融合，以“零距离下的虚实网融合”创出第一时间满足用户第一需求的竞争力。“虚网”指互联网，通过网络社区形成用户黏度；“实网”指营销网、物流网、服务网，第一时间送达用户满意。因此许多世界名牌将他们在中国的销售全部或部分委托给海尔；海尔也通过他们在国外的渠道销售海尔产品，形成了资源互换，加快了海尔进军世界市场的步伐。

海尔紧扣物联网时代的需求适应未来发展。海尔将 U－Home(智能家居) 集成作为重点，掌控专利标准的话语权，进一步发展全球营销网络创造更多的用户资源。同时，以“三位一体”的本土化模式整合全球研发、制造、营销资源，创造全球化品牌。

【主营业务】

空调器、电冰箱、电冰柜、洗碗机、燃气灶等家电产品的生产与销售。

【经营业绩】

2011 年上半年报告期内，公司实现收入 379.95 亿元，同比增长 17.99%；实现净利润 19.9 亿元，同比增长 24.76%；实现归属于母公司股东的净利润 15.27 亿元，同比增长 19.14%；盈利能力持续提升，销售净利率同比提升 0.29 个百分点。

【企业荣誉】

· 海尔人单合一双赢模式获全国企业管理现代化创新成果一等奖第一名。
· 海尔集团首席执行官张瑞敏荣获“2011 年度中国十大自主创新人物”。
· 海尔集团荣获“2011 年度中国十大创新型企业”。
· 海尔人单合一双赢模式创新获美国管理会计师协会大奖。
· 欧睿国际公布：海尔集团连续三年蝉联大型家电全球第一。
· 海尔集团连续十年蝉联国家认定企业技术中心评价排行榜榜首。
· 海尔集团获得“20 年创新领航奖”。
· 海尔集团总裁杨绵绵获“上海白玉兰质量贡献奖”。
· 海尔集团获得“全球化市场运营奖”。
· 海尔集团蝉联全球竞争力品牌中国十强排行榜。
· 海尔集团总裁杨绵绵入选“全球 50 位最有影响力的

商界女性”。

· 青岛海尔股份有限公司入选2011亚太地区最佳上市公司50强。
· 海尔荣获“2011品牌中国华谱奖”，
· 海尔荣获首批“国家技术创新示范企业”称号。
· 海尔名列山东省节能环保产业示范企业名单榜首。
· 青岛海尔荣获“2011年中国上市公司最佳投资者关系奖”。
· 海尔荣获“影响世界的全球消费电子领袖品牌”称号。
· 海尔入选全球最具声誉公司榜。
· 海尔入围“本土企业绿色管理50强”。
· 海尔物联网冰箱及卡萨帝太阳能热水器夺得红点设计大奖。
· 海尔集团总裁杨绵绵荣获“最具创新女企业家”奖。
· 2010年顾客满意度手册出炉海尔冰箱用户满意度最高。
· 海尔荣获“中国创新力十大企业”。

【社会责任】

海尔在发展的同时积极履行社会责任。截至到2011年底，海尔已经援建了144所希望小学和1所希望中学。目前，海尔制作了212集儿童科教动画片《海尔兄弟》，是2008年北京奥运会全球唯一白色家电赞助商。

【600693】福建东百集团股份有限公司

【基本情况】

福建东百集团股份有限公司前身为1957年成立的福州东街口百货商店，50多年来始终坚持“质量、信誉、品牌、规模”的经营宗旨，赢得了消费者的信赖。1993年公司股票在上海证券交易挂牌上市，企业经营迈上了新台阶。2001年新股东入主后，进一步深化企业内部改革、夯实零售主业、使得2002年至2007年的六年间，成为公司历史上最好、最快发展时期。

现在东百集团已成功打造成“一流商品、一流服务、一流环境、一流管理”的福建一流商贸企业，成为福建商业界的龙头，被誉为“八闽商界的璀璨明珠”。历年来，集团荣获“全国百家无假货优秀商店”、“全国执行物价计量政策法规最佳单位、“文明经营十佳单位”等全国及省、市各级荣誉称号三百多项，党和国家领导人贾庆林、习近平、贺国强、孙起孟、费孝通等都曾莅临本公司，并为公司题词祝贺。

东百集团将秉持“东方人的本色百姓家的向往”的经营理念，以多种方式进行百货连锁扩张，立足福州，辐射整个海峡西岸经济区乃至周边省区。

【主营业务】

商品零售、批发业务、兼营进出口贸易、房地产开发、旅游餐饮、加工实业、广告信息等。

【经营业绩】

2011年上半年报告期内，公司实现营业收入109,786.92万元，同比增长19.59%；实现营业利润7,366.01万元，同比增长2.04%；实现净利润28,669.98万元，同比增长459.14%。

【600697】长春欧亚集团股份有限公司

【基本情况】

长春欧亚集团股份有限公司是国内大型商业企业，行业知名企业。1984年起步发展，1992年8月以定向募集方式成立股份有限公司，1993年10月转为社会募集公司，同年12月6日，公司股票在上海证券交易所挂牌交易。

多年来，在董事长曹和平的带领下，欧亚集团秉承“唯旗是夺，诚实守信，勤俭善持，团结互助”的企业精神，遵循“调整经营机制，理顺产权体制，提升管理手段，扩充企业规模”的发展思路，坚持“合法经营、合格质量、合理价格、合情服务、合适管理”的经营准则，践行“员工富裕，企业兴旺，社会发展”的目标责任，在市场竞争中实现了企业的持续健康发展，奠定了行业主导地位。

经营版图逐步扩展。过去单一门市的商业小店，目前已形成了三省（吉林省、辽宁省、山东省）八市（长春市、沈阳市、济南市、吉林市、四平市、通化市、白城市、辽源市），8个分公司、11个子公司，总建筑面积140万平方米的企业规模。

经济效益持续提高。2010年末，欧亚集团总资产39.45亿元，2010年实现营业收入52.28亿元，实现利润2.25亿元。分别较1984年增长了1923倍、417倍、1021倍，不仅在吉林省的商业市场中扮演着领跑者的角色，而且腾跃于国内行业的前列。

品牌形象不断增强。公司先后获“中国商业名牌企业”、“全国商业信誉企业”、“全国五一劳动奖状”、“全国精神文明建设先进单位”、“全国内贸系统先进集体”、“中国商业服务业改革开放30周年卓越企业”、“全国执行物价计量政策法规最佳单位”、“资金信誉评估AAA级企业”、“2010中国上市公司十佳法律风险管理奖”等百余项殊荣。

【经营业绩】

2011年上半年报告期内，公司主营业务收入实现324,108.23万元，同比增长29.40%，营业利润实现11,908.97万元，同比增长22.97%，净利润实现7,051.47万元，同比增长20.74%。

【企业荣誉】

公司先后获“中国商业名牌企业”、“全国商业信誉企业”、“全国五一劳动奖状”、“全国精神文明建设先进单位”、“全国内贸系统先进集体”、“中国商业服务业改革开放30周年卓越企业”、“全国执行物价计量政策法规最佳单位”、“资金信誉评估AAA级企业”、“2010中国上市公司十佳法律风险管理奖”等百余项殊荣。

【600702】四川沱牌舍得酒业股份有限公司

【基本情况】

四川沱牌集团有限公司位于“观音故里，诗酒之乡”四川省遂宁市射洪县沱牌镇，地处北纬30.9°——世界最佳酿酒核心地带，是“中国名酒”企业和川酒“六朵金花”之一，拥有“沱牌”、“舍得”两块“中国驰名商标”。

悠悠岁月酒，滴滴沱牌情。从“唐代春酒”到“明代谢酒”，再到“清代沱酒”，沱牌曲酒、舍得酒一脉相承。唐·代宗宝应元年（762年）11月，诗圣杜甫到射洪凭吊先贤、开唐朝诗风的“一代文宗”陈子昂时，曾赞誉“射洪春酒寒仍绿，极目伤神谁为携”。宋·绍兴年间，著名学者王灼曾赞誉“射洪春酒旧知名，更得新诗意已倾”。明·万历中，四川抚军饶景晖曾赞誉“射洪春酒今仍在，一语当年重品题”。清·康熙四十九年（1710年），浙西词人吴陈琰曾赞誉“射洪春酒美，曾记少陵诗”。民国三十五年（1946年）正月，举人马天衢根据店前牌坊“沱泉酿美酒，牌名誉千秋”之寓意而命名为“沱牌曲酒”。

自党的十一届三中全会实行改革开放以来，公司在上级党委政府的领导和社会各界的关心支持下，在全国人大代表、享受国务院特殊津贴的专家、中国酿酒大师、知名企业家李家顺先生的带领下，继承和发扬传统工艺，秉承“天地人和，润泽人间”和“以人为本，科学发展，安全和谐，质量求真，为人求善，生活求美”的企业理念，坚持走“质量经营和生态化经营相结合”的循环经济发展模式和新型工业化发展道路，先后进行五期规模宏大的技改工程，顺利完成了2万吨名优曲酒、2万吨陶瓷罐储酒库、4万吨不锈钢储酒罐、4万吨制曲、2.5万吨净水工程、10万吨金属粮仓、15万吨玻瓶、自动化灌装中心、汽车运输公司迁建、热电联产和废水处理站等一大批重大项目的建设，倾力打造“实力沱牌，科技沱牌，生态沱牌，效率沱牌，和谐沱牌”！

公司是全国首批100户现代企业制度试点企业，其控股公司四川沱牌曲酒股份有限公司于1996年在上海证交所挂牌上市。现发展为占地5.6平方公里，年产能30万吨，高端陈年老酒贮量全国第一的中国最大规模优质白酒制造企业；形成了以酒业为支柱，集科技、工业、贸易为一体，跨地区、跨行业、多元化的大型企业集团，拥有玻瓶、制药、热电等子(分)公司20个，总资产38亿元，沱牌品牌价值达90.88亿元，舍得品牌价值达20.77亿元，员工7000多人。

公司在全国首开“生态酿酒”先河，建有全国首座酿酒工业生态园，以“生态循环、绿色环保”著称于中国白酒行业。先后投资4000多万元建成屋顶花园、三四五期工程、312、花苑小区等厂区大型绿化工程；投资1000余万元进行滨江公园、废水处理站及沱牌镇绿化建设；投资5000余万元，栽植银杏、楠木、香樟、桂花、柳树等绿化树木60余种165万余株，绿化覆盖面积达14万平方米，厂区绿化率达98.5%，绿化覆盖率达48.2%。公司先后被评为“全国文明单位”、“全国环保先进单位”和首批“四川省工业生态园”，被授予全国“五一劳动奖”，获“中国食品文化遗产”、“国家级非物质文化遗产”、“中国质量鼎”、“中国用户满意鼎”、“全国质量奖”等称号。

【主营业务】

中国名酒“沱牌曲酒”及其系列产品的生产和销售。

【经营业绩】

2011年上半年报告期内，公司实现营业收入54,169.80万元，较上年同期增长10.19%，实现营业利润7,778.99万元，较上年同期增长41.58%，实现净利润5,960.97万元，较上年同期增长49.17%。

【600703】三安光电股份有限公司

【基本情况】

三安光电股份有限公司(证券代码:600703)是目前国内成立最早、规模最大、品质最好的全色系超高亮度发光二极管外延及芯片产业化生产基地，是国家发改委批准的“国家高技术产业化示范工程”、国家科技部认定的“半导体照明工程龙头企业”。承担国家“863”、“973”计划等多项重大课题，并拥有国家级博士后科研工作站及国家级企业技术中心。

三安光电主要从事全色系超高亮度LED外延片、芯片、化合物太阳能电池、高倍聚光光伏产品等的研发、生产与销售，产品性能指标居国际先进水平。目前拥有100级到10000级的现代化洁净厂房、数千台(套)国际最先进的外延生长和芯片制造设备、高倍聚光光伏自动化生产线等。

三安光电总部坐落于美丽的厦门，产业化基地分布在厦门、天津、芜湖、淮南、泉州等多个地区。

三安光电拥有由美国、台湾、日本及国内光电技术顶尖人才组成的高素质专家团队，累计申请及获得近两百项发明专利与专有技术，多项自主研发的专有技术填补了国内空白。公司严格按照国际质量管理体系及国际环境管理体系标准进行全员、全方位、全过程的运作，并于2003年通过了ISO9001:2000质量体系认证，2008年通过ISO14001:2004环境管理体系认证。2009年通过ISO/TS16949汽车行业生产件与相关服务件质量管理体系认证。

三安光电产品已广泛应用于室内外照明、背光、显示屏、信号灯、电子产品及航天航空、太阳能发电等领域，产品远销海内外，深受客户的一致好评。

三安光电以打造拥有独立自主知识产权的民族高科技企业为已任，以引领“芯”潮流、奉献新能源为愿景，以领先的技术水平、雄厚的技术力量和先进的设备为基础，以更高的站位、更快的速度，向着更高的目标奋进，力促中国光电业的发展，成为世界有影响力的光电产业化基地。

【主营业务】

LED外延片及芯片的研发、生产和销售。

【经营业绩】

2011年上半年报告期内，公司实现销售收入71,948.91万元和归属于上市公司股东的净利润45,901.37万元。与上年同期相比，销售收入增长了97.38%，归属于上市公司股东的净利润增长了127.20%。

【600718】东软集团股份有限公司

【基本情况】

1991年，东软创立于中国东北大学。公司原名为沈阳东软软件股份有限公司，经沈阳市体改委体改发(1993)47号文批准，于1993年6月7日在中华人民共和国注册成立的中外合资股份有限公司。公司及纳入合并范围的子公司是以软件开发和软件服务、系统集成及提供全面解决方案、医疗系统产品生产和销售为主要业务领域的高科技企业。软件开发及系统集成主要面向各基础行业提供全面解决方案；医疗系统产品主要是充分发挥公司在软件方面的技术优势。

目前，公司拥有员工20000余名，在中国建立了6个软件研发基地，8个区域总部，在40多个城市建立营销与服务网络，在大连、南海、成都和沈阳分别建立3所东软信息学院和1所生物医学与信息工程学院；在美国、日本、欧洲、中东设有子公司。

东软以软件技术为核心，通过软件与服务的结合，软件与制造的结合，技术与行业管理能力的结合，提供行业解决方案和产品工程解决方案以及相关软件产品、平台及服务。

【经营业绩】

2011年上半年报告期内，公司实现营业收入2,315,430,285元，比上年同期增长18.98%，实现净利润(归属于母公司所有者的净利润)152,222,339元，同比下降9.77%，扣除非经常性损益后的净利润100,699,408元，同比下降14.10%。

【所获奖项】

· 东软获得“2006CCTV年度雇主”称号(中央电视台)。
· 东软连续获得“中国杰出创新企业奖”和“中国IT创新企业奖”(《计算机世界》、《IT经理世界》杂志)。
· 东软获得“2008中国信息产业年度公益企业奖”、“2008中国信息产业年度高成长性企业”称号(中国电子信息产业发展研究院、赛迪集团)。

· 东软入选“2008 年最具全球竞争力中国公司 20 强”(罗兰 · 贝格国际管理咨询公司和《环球企业家》杂志)。
· 东软入选“中国上市公司价值评选百强”榜单(证券时报)。
· 东软入选央视评选的“60 年 60 品牌”榜单(CCTV)。
· 东软获得“2009 中国最佳人力资源典范企业”称号(前程无忧)。
· 东软获得“中国最佳客户服务”和“中国最佳外包服务商”称号(中国服务贸易协会)。
· 东软入选“Chinasourcing2009 年度中国服务外包企业最佳实践 TOP50”榜单(中国外包网)。
· 东软董事长兼首席执行官刘积仁成功入选“2009 年度10 位全球外包杰出人物”称号(亚太总裁协会)。
· 东软董事长兼首席执行官刘积仁入选“2009 中国经济年度人物”(CCTV)。
· 东软董事长兼首席执行官刘积仁入选“中国最具影响力的 25 位商界领袖”(《财富》(中文版))。
· 东软获得“辉煌十年卓越企业”奖;东软董事长兼首席执行官刘积仁获得“辉煌十年领袖人物”奖。
· 东软入选“最受赞赏的知识型公司明星榜 TOP20”(《经理人》杂志)。
· 东软入选“《财富》中国 500 强”榜单(《财富》)。
· 东软获“2010 年度上市公司董事会奖”(上海证券交易所)。
· 东软成为新认定方法下首批“国家火炬计划重点高新技术企业”。
· 东软 2010 年第六次入围全球服务 100 强排名以及最优秀的 IT 外包提供商排名(Global Services 杂志)。
· 东软 2010 年第四次入围”全球外包 100 强排名”,并成为榜单中最领先的中国公司(IAOP)。
· 东软入选 2010 年全球最受赏识的知识型企业(MAKE)报告中信息技术——外包行业排名。
· 东软跻身“全球软件提供商 100 强”榜单并荣登“中国软件提供商 100 强”榜首(普华永道)。

【600720】甘肃祁连山水泥集团股份有限公司

【基本情况】

甘肃祁连山水泥集团股份有限公司是中央企业——中国中材集团有限公司所属 H 股上市公司中国中材股份有限公司的控股子公司、国家支持的 12 户重点水泥企业之一,是甘青地区最大的水泥生产企业集团、西北地区特种水泥制造商。公司于 1996 年,在“一五”时期国家重点建设项目——“永登水泥厂”的基础上改制设立,是甘肃省第二家上市公司。

公司围绕“汇聚能量、执着进取”的企业精神,坚持“突出主业、做大做强”的发展战略,秉承“浇铸真诚、凝固永恒”的经营理念,践行“材料创造繁荣”的光荣使命,目前已经形成甘肃永登、红古、天水、甘谷、平凉、成县、漳县、文县、酒钢宏达、古浪峡、夏河及青海湟中、民和等十三大水泥熟料生产基地和兰州四大水泥粉磨、商品混凝土基地,掌控兰州、青藏、天水、陇南、平庆和河西六大区域销售市场,构建了以水泥系列产品为主,发展骨料和商品混凝土,延伸上下游的产业链格局,实现了由单一生产向生产经营、兼并重组和资本运营综合一体化的转变。截至 2011 年底,公司水泥产能达到 2000 万吨;商品混凝土产能超过 200 万 m3;总资产 100 亿元;销售收入 40 亿元。

站在新的起点上,公司将按照“并购为主、新建为辅”的发展思路,努力实施“两圈两带”区域市场布控战略(即:努力构建以兰州、白银为中心的陇中水泥产业圈,以西宁为中心的青海海东水泥产业圈,以平凉、庆阳、天水、陇南为一线的陇东南水泥产业带和以武威、张掖、酒泉为一线的河西走廊水泥产业带),向着“十二五”末产能达到 4500 万吨的战略目标努力奋进,推动企业又好又快发展,强力践行中国中材集团“西部战略”,为地方经济建设和西部水泥工业健康发展做出新的更大的贡献!

【主营业务】

水泥及其系列产品的生产、研制和技术咨询服务。

【经营业绩】

2011 年上半年报告期内,生产水泥 464.66 万吨,同比增长 27.40%;销售水泥(含外销熟料)499.14 万吨,同比增长 27.84%;公司实现营业收入 16.85 亿元,同比增长 19.39%。

【企业荣誉】

公司先后荣获“五一劳动奖状”、“甘肃省优秀企业”、“全国文明单位”、“全国建材百强企业”、“中国企业信息化 500 强”、“水泥行业信息化和工业化融合示范企业”等荣誉称号,公司系列产品多次被认定为“国家免检产品”、“甘肃名牌产品”,公司“祁连山”商标是甘肃省著名商标,并入选 2011 年“中国水泥十大品牌”。目前可生产的水泥品种达 21 个,是全国品种最全、质量最优的水泥供应商之一。

【600725】云南云维股份有限公司

【基本情况】

云南云维股份有限公司是一家煤化工行业产业链完整、竞争力较强的上市公司,其主要产品包括煤焦产品、化肥产品、化工和建材产品等。“云维”牌聚乙烯醇(PVA)和“珠源”牌纯碱为“云南名牌产品”,且“云维”牌聚乙烯醇(PVA)荣获“湖北市场畅销产品”及“质量信得过产品”证书。2010 年节能减排工作再上新台阶,超额完成年度目标。“燃煤工业锅炉节能改造项目”和“高效节能泵技改项目”获得省级节能专项资金奖励,“200 万吨/年焦化精煤调湿项目”获得国家发改委专项资金补助,“电石渣资源化利用技术”获省政府“云南省职工百佳节能减排创新成果”奖励,公司被省政府授予“节能先进集体”称号。

云南云维股份有限公司(以下简称“本公司”)是 1995 年 12 月 26 日经云南省人民政府“云政复(1995)105 号”文批准,以募集方式设立的股份公司,设立时注册资本 11,000 万元。2005 年 3 月末本公司按每 10 股送 2 股转增 3 股的比例,以资本公积和未分配利润向全体股东转增股份总额 5,500 万股,每股面值 1 元,共计增加股本 5,500 万元。其中:由资本公积转增 3,300 万元,由未分配利润转增 2,200 万元。变更后的注册资本为人民币 16,500 万元。2006 年 1 月 23 日本公司召开的股权分置改革相关股东会议审议通过了本公司的股权分置改革方案:本公司非流通股东以支付公司股票的方式作为对流通股股东的对价安排,在方案实施股权登记日登记在册的流通股股东每 10 股流通股可以获得非流通股股东支付的 3.5 股对价股份,对价安排股份合计为 1,968.75 万股。股权分置改革后,本公司有限售条件股份合计为 8,906.25 万股,占总股本的 53.98%;无限售条件流通股份合计为 7,593.75 万股,占总股本的 46.02%。根据本公司第四届董事会第十一次会议决议、第四届董事会第十四次会议决议和 2006 年第一次临时股东大会决议，并经证监会的批准，本公司于2007年8月完成了向特定对象非公开发行股票12,512.9478万股，增加股本12,512.9478万元，变更后的注册资本为人民币29,012.9478万元，股本人民币29,012.9478万元。根据本公司第四届董事会第二十五次会议决议、2007年第一次临时股东大会决议，并经中国证券监督管理委员会证监许可[2009]713号文核准，本公司于2009年11月完成了公开增发股票5,222.33万股，增加股本5,222.33万元，变更后的注册资本为人民币34,235.2778万元，股本人民币34,235.2778万元。根据公司第五届董事会第十一次会议决议及2009年度股东大会决议规定，公司于2010年5月12日按每10股送2股转增6股的比例，以资本公积和未分配利润向全体股东转增股份总额27,388.22万股，每股面值1元，共计增加股本27,388.22万元。其中：由资本公积转增20,541.17万元，由未分配利润转增6,847.05万元。变更后的注册资本为人民币61,623.50万元。

【主营业务】

聚乙烯醇、水泥及其相关原料、半成品等系列产品的生产加工和销售。

【经营业绩】

2011年上半年报告期内，累计实现营业收入429,155.32万元，较去年同期增长53.02%；实现利润总额6,036.94万元，较去年同期下降18.06%；归属于母公司所有者净利润575.16万元，较去年同期下降80.08%。

【600728】新太科技股份有限公司

【基本情况】

新太科技股份有限公司（以下简称新太科技）成立于1986年，座落于国家级软件产业基地广州天河软件园内，办公面积8000多平方米，拥有一个技术研究院，一个市级重点工程中心，一个市级技术中心，研究开发机构占地3000多平方米，现有员工400多人，学士以上学位占80%以上，拥有博士学位或高级技术职称近20人。1999年新太科技在国内A股上市（股票代码:600728）。

新太科技是中国最早进入电信增值业务和拥有语音增值业务产品的企业，先后推出了语音增值业务平台、综合应用交换平台、企业应用构建平台、融合通信平台、多媒体呼叫中心、电信增值应用软件、视频安防监控系统等150多项自主知识产权的软件产品，在电信运营商、政府信息化、大中型企业等行业客户领域得到了广泛应用。20多年积累使新太科技成为信息和通讯技术（ICT）领域中通讯增值业务软件开发与服务的龙头企业。

公司连续多年被认定为国家规划布局内重点软件企业、国家高新技术企业、广州软件园骨干企业、国家计算机信息系统集成一级资质企业、重信用守合同企业、省级安全技术防范一级企业。2003年获得由美国SEI认可的CMM（软件能力成熟度模型）3级证书，2011年被认定为“广东省创新型试点企业”。

2007年底，通过资本运作，国内最大的IT分销与服务企业之一广州佳都集团有限公司和广州市番禺区国资委下属番禺管道通信投资建设有限公司成为新太科技的第一、第二大股东。新股东的入主和资源整合，为新太科技在高科技信息产业创造了稳健发展的平台。2009年，公司顺利完成股权分置改革及重整事项，迈入高速成长的新阶段，通过产业升级，公司业务从单一的电信增值跨越性扩展到通讯增值领域、智能安防领域、呼叫中心领域、移动互联网和云计算领域，并在2009－2010年中得到了全面提升和快速发展：参与制定第五代“呼叫中心业务”NGCC业务规范；运用众多自主研发技术，在与广州亚运会的合作中承建了全国最大的视频监控系统；承担了“十二五规划”五个云计算试点项目中的三个，与全球桌面虚拟化第一品牌Citrix以及诺西、AVAYA、ORACLE、BEA等建立了云计算产品战略合作伙伴关系等等。

经过两年里程碑式发展，公司盈利能力良好，技术团队稳步增长，业务开拓得到长足发展，与Ctrix、HP、McAfee、华为等全球多个通信企业、ICT高增值产品领导厂商建立了战略合作。公司已发展成为中国ICT增值服务领域可持续发展的领军企业之一。

2011年，公司战略转型与发展先后受到了工信部软件司司长陈伟，广东省委书记汪洋、省长黄华华的肯定，中共中央胡锦涛总书记亦亲临公司，勉励公司继续做大做强，成为世界一流企业。未来，新太科技将保持平稳、高速和在ICT增值服务领域全面发展的态势，加速实现向现代卓越企业的跨越，以领跑者的行业角色自励，力争在规模效应和盈利能力上较大突破，并充分利用资本市场平台，保持健康、持续发展，迅速迈入中国ICT服务领域的第一梯队。

【经营业绩】

2011年上半年，报告期内公司实现营业收入29,154万元，较上年同期增长132.63%；营业利润1765万元，较上年同期增长399.51%；实现净利润2026万元，较上年同期增长244.65%，每股收益为0.0624元，每股净资产为0.95元。

【600729】重庆百货大楼股份有限公司

【基本情况】

重庆百货大楼股份有限公司始建于1950年，是重庆市最早的国有商业企业和唯一的商业上市公司。建店60年来，通过几代人不懈的艰苦奋斗、改革创新，公司已发展成为以百货、超市、电器三大业态为主业，涉足食品、电子器材、劳保等经营领域的西部一流的大型区域性商业零售连锁企业。公司2010年实现销售96.53亿元、利润2.22亿元，圆满实现“十一五”规划总体目标，实现了业绩规模翻番，“再造一个重百”的宏伟愿景；拥有各类商场、门店130家，营业面积达77.97万平方米，总资产达32.70亿元，继续雄踞西部零售市场一流前列。

重百公司自1993年股份制改制以来，确立并坚持“壮大主业、推进两翼、多种模式、连锁发展”的战略方针和“改革与管理同步，发展与效益并重”的发展原则，积极实施连锁扩张战略，坚定地走“内涵强壮、外延扩张”的质量效益型连锁发展道路。按照公司的“十一五”战略发展规划和“根植重庆、延伸西部、强化主业、多种模式、连锁发展”的发展思路和战略目标，公司一方面抓组织结构、业态调整、人力资源、财务管理、信息物流、质量管理、企业文化建设等方面的管理创新，不断提高公司综合管理水平和管控能力；另一方面狠抓市场扩张网络建设，坚持以重庆为核心，以长江和高速公路为主轴，向重庆市“一圈两翼”地区延伸和辐射，并在重庆市外布局上取得重大突破进展，加快向西部市场连锁扩张的步伐。目前，商场、门店遍及重庆27个区、县以及四川广安、泸州、乐山、武胜、岳池和贵州遵义，从而使公司始终保持连锁发展稳健、业绩增长快速、形象影响扩大的良好态势。

2010年10月8日,“重百”商标被国家工商行政管理总局商标局认定为“中国驰名商标”;2010年12月21日,重百公司重大资产重组申请顺利获得中国证监会正式书面核准批复,同月29日,重百公司所发行的1.69亿股份获中国证券登记结算有限责任公司上海分公司登记,重大资产重组已胜利完成。面对复杂的经济形势和难得的有利时机,充满使命感、进取心的重百将以“十二五”战略发展规划为蓝图,努力实现阵地经营加快发展、打造“五个重百”实现跨越发展、开展资本运作实现超常规发展,争取在未来3-5年实现公司绩效的再翻番,创造“西部一流、全国前列”的新辉煌!

【经营业绩】

2011年上半年报告期内,公司全年实现营业收入135.70亿元,同比增长21.00%;实现利润总额4.35亿元,同比增长26.76%;实现净利润(归属于母公司)3.71亿元,同比增长27.81%;加权平均净资产收益率15.73%,继续保持了较高水平。

【企业荣誉】

公司多次跻身“全国零售100强”、“中国连锁30强”前列,并先后荣获“全国五一劳动奖状”、“全国百城万店无假货示范店先进单位”、“企业信用评价AAA级信用企业”、“2009年全国商业质量效益型—先进企业”、“中国商业服务业改革开放30年功勋企业”、“全国品牌文化建设十强”和“重庆市最佳文明单位”、重庆市国资委年度“国企贡献奖”、“重庆市著名商标”、“重庆老字号”等殊荣。

【600738】兰州民百(集团)股份有限公司

【基本情况】

兰州民百(集团)股份有限公司是甘肃省最大的商业流通企业,也是全国百家大型商业零售企业之一,其主要经济指标列全国百家大型零售业前五十位。兰州民百(集团)股份有限公司是1992年4月经甘肃省政府批准,由原国营兰州民主西路百货大楼整体改制,以社会募集方式设立的股份公司。现有员工2600人,经营面积4.64万平方米,仓储面积2.62万平方米,现辖亚欧、民百、兰百三大商场和餐饮娱乐分公司、仓储分公司等子、分公司。公司自1992年成立至今,共完成销售62亿元,累计上缴国家各种税金3.42亿元,成为甘肃省商贸龙头企业,对推动兰州地区乃至甘肃商贸经济的发展起了举足轻重的作用。十多年来,公司对教育、文艺、救灾、扶贫等社会公益事业的捐赠支出达1800万元,社会贡献总额累计达9.5亿元。目前,兰州民百(集团)公司已发展成为拥有总资产12亿元,年销售7.5亿元,集内外贸一体、科工贸结合、多元化规模发展的大型商贸企业。

【经营业绩】

2011年上半年报告期内,公司实现营业收入6.199亿元,与去年同期相比增长41.72%,净利润为2893.31万元,与去年同期相比增长28.18%。

【企业文化】

提高自我,一切让顾客满意。

【企业荣誉】

公司跻身全国大型零售商业50强之列。近年来,先后荣获“最佳效益企业”、“全国百家用户满意商场”、“全国执行物价计量政策法规最佳单位”、“全国百家无假冒伪劣商品商场”等荣誉称号,并被国家列为“全国百户建立现代企业制度试点企业”。

【600742】长春一汽富维汽车零部件股份有限公司

【基本情况】

长春一汽富维汽车零部件股份有限公司是一汽集团公司控股子公司,于1993年6月正式创立,1996年8月26日在上海证券交易所挂牌上市,现总股本21,152.34万元。

公司下辖车轮厂、冲压件分公司、运输经贸分公司、成都车轮分公司等4家全资企业,成都一汽富维延锋彼欧汽车外饰有限公司、长春一汽富维高新汽车饰件有限公司、长春一汽富维东阳塑料制品有限公司3家控股公司,并参股长春富维江森自控汽车饰件系统有限公司、长春一汽富维江森自控汽车金属零部件有限公司、长春一汽富维江森自控汽车电子有限公司;重庆延锋彼欧富维汽车外饰有限公司、长春曼·胡默尔富维滤清器有限公司、长春富维梅克朗汽车镜有限公司、天津英泰汽车饰件有限公司以及长春塔奥金环汽车制品有限公司;同时,参股一汽财务公司、吉林亿安保险经纪股份有限公司两家金融机构。

近年来,伴随着整车行业的激烈竞争,公司适应市场需求,以一汽集团为依托,进行了大规模的产业结构和产品结构调整。企业根据汽车行业发展趋势,结合自身优势,确定了汽车内饰(仪表板、座椅、门内板)、汽车外饰(保险杠、车灯)、车身电子、车轮等四大核心产品。

目前核心业务均已成功通过了TS16949质量体系认证和ISO14001环境体系认证。企业除为一汽大众、一汽轿车和一汽丰田等公司配套各类轿车产品,为一汽解放公司配套各类卡车产品外,还为国内其他整车企业配套汽车零部件产品,并部分出口。

企业秉承“深根固抵、长生久视、建百年基业”的经营理念,全力打造核心竞争力,为整车企业自主创新提供服务和支撑。

【经营业绩】

2011年上半年报告期内,公司实现营业收入34.5亿元,同比增长21.68%,实现利润总额26,656万元,同比增长0.21%,实现净利润(归属于上市公司股东的净利润)21,388万元,同比下降12.51%。

【600744】大唐华银电力股份有限公司

【基本情况】

大唐华银电力股份有限公司(以下简称“本公司或公司”)原名湖南华银电力股份有限公司,1993年1月16日经湖南省体改委湘体改字(1993)10号文件批准,由湖南省电力公司、工行湖南省信托投资公司、湖南华天实业集团公司、中国湖南国际经济技术合作煤炭公司、建行湖南省信托投资公司、湖南省华厦房地产开发公司6家法人共同发起,于1993年3月22日正式成立。

1996年8月经中国证监会证监发审字(1996)151号文批准,向社会公开发行社会公众股4,800万股;经上海证券交易所上证上(1996)70号文审核同意,于1996年9月5日在上交所上市交易。公司总股份为19,200万元。

1997年4月30日经湖南省证监委湘证监字(1997)第115号文件同意,以总股份19,200万股为基数向全体股东以10:6的比例送红股和10:4的比例由资本公积金转增股本,送转共计19,200万股,公司总股份增至38,400万股。

1999 年 8 月，经湖南省证监委湘证监字［1999］17 号文批准，并经中国证监会证监公司字［1999］67 号文复审同意，以 1998 年末总股份 38,400 万股为基数向全体股东按 10:4 的比例配售新股，每股配股价 8.80 元。配售股后，公司总股份增至 53,760 万股。

1999 年 10 月，以总股份 53,760 万股为基数，对全体股东每 10 股用资本公积转增 2 股，实施转增后公司总股份增至 64,512 万股。

2001 年，经中国证券监督管理委员会证监公司字（2001）92 号文核准，公司实施配股。配股股权登记日为 2001 年 12 月 10 日，以 2000 年末的股本 64,512 万股为基数，配股比例为每 10 股配 3 股，配股价为每股 7.00 元。共计增加流通股份 6,652.8 万股，配售股后公司总股份增至 71,164.8 万股。2002 年 2 月 1 日变更工商登记，注册号为 4300001000064，注册资本 71,164.8 万元。

2005 年 5 月根据国务院国有资产监督管理委员会《关于广西桂冠电力股份有限公司和湖南省华银电力股份有限公司国有股持股主体变更有关问题的批复》（国资产权［2005］172 号），公司 30,985.5 万股国家股（占公司总股本的 43.54%）由湖南省电力公司行政划转中国大唐集团公司持有。至此中国大唐集团成为公司的实际控制人。

2006 年公司进行股权分置改革，公司非流通股股东为获得所持公司非流通股上市流通权向公司流通股股东执行对价安排的基本情况为：由公司全体非流通股股东向方案实施股权登记日（2006 年 7 月 14 日）在册的流通股股东支付股票 100,416,496 股，中国大唐集团公司向全体流通股股东支付现金 9,764,831 元人民币，流通股股东每持有 10 股将获得 3.48320 股股票和 0.34 元现金。至此，本公司无限售条件流通股合计 388,704,496 股，有限售条件流通股合计 322,943,504 股，其中：中国大唐集团公司持有限售条件流通股 237,263,477 股，可上市流通时间为 2009 年 7 月 18 日；其他非流通股股东持有限售条件流通股合计 85,680,027 股，可上市流通时间为 2007 年 7 月 18 日。

2007 年 7 月 18 日，公司有限售条件流通股 85,680,027 股获准流通。中国大唐集团公司持有限售条件流通股 237,263,477 股待股改承诺兑现后可以解禁。目前，公司总股份 711,648,000 股，其中流通股 474,384,523 股，有限售条件流通股 237,236,477 股。

【主营业务】

主要经营电力生产、销售，兼营电力工程施工、房地产开发及高科技项目开发等业务。

【公司治理】

公司严格按照《公司法》、《证券法》、中国证监会和原国家经贸委发布的《上市公司治理准则》等规范性文件和《上海证券交易所股票上市规则》的要求，完善公司法人治理结构，逐步按现代企业制度规范运作。公司目前治理结构情况如下：

1. 关于股东与股东大会：公司能够确保所有股东，特别是中小股东与大股东享有平等地位和充分行使自己的权力，建立了公司网站，保持与股东有效的沟通渠道；公司已制定《股东大会的议事规则》，按照《公司章程》的要求召集、召开股东大会，在会场的选择上考虑尽可能让更多的股东能够参加股东大会，行使股东的表决权，并有律师出席见证；公司关联交易公平合理，关联股东在表决时放弃表决权。

2. 关于董事与董事会：公司按照《公司章程》规定的董事选聘程序选聘董事；公司董事会的人数和人员构成符合法律、法规和《公司章程》的要求；公司董事能够以认真负责、勤勉诚信的态度出席董事会和股东大会，了解有关法律法规以及作为董事的权利、义务和责任；董事会依法选出 4 名独立董事，并按照有关规定修改公司章程，成立了董事会战略委员会、董事会提名委员会、董事会薪酬与考核委员会和董事会审计委员会 4 个专门委员会。

3. 关于监事和监事会：公司监事会已建立《监事会议事规则》；公司监事能够履行自己的职责，能够本着对股东负责的精神，对公司财务以及公司董事、公司经理和其他高级管理人员履行职责的合法合规性进行监督。

4. 关于相关利益者：公司能够充分尊重和维护银行、法人等债权人、员工、客户、消费者、社区等其他利益相关者的合法权益，共同推动公司持续、健康发展。

5. 关于信息披露与透明度：公司指定董事会秘书负责信息披露工作、接待股东来访和咨询，加强与股东交流；公司能够按照法律、法规和公司章程的规定，努力做到真实、准确、完整、及时地披露有关信息，力争做到所有股东有平等的机会获得信息；公司能够按照有关规定，及时披露大股东或公司实际控制人的详细资料和股份的变化情况。

【经营状况】

2010 年是公司加快产业结构调整、“双增双节、盈利攻坚”之年。在公司董事会及管理层的正确领导下，通过全体员工的共同努力，公司成功打赢“华银反击战”，实现扭亏为盈。全年完成发电量 105.54 亿千瓦时，同比增加 10.91 亿千瓦时，增幅 11.53%，完成上网电量 98.51 亿千瓦时，实现电力销售收入 36.35 亿元（不含税，下同）；全年实现营业总收入 75.31 亿元，同比增加 19.81 亿元，增幅 35.70%；实现利润总额 0.6 亿元，同比增加 0.08 万元。

【成就业绩】

公司 96 年上市时，装机容量 25 万千瓦，总资产 1,481,965,892 元，截至 2011 年三季度，公司在役装机容量 252.7 万千瓦，其中火电总装机容量 242 万千瓦，占全省统调火电装机容量 1416.5 万千瓦的 17.08%，1－9 月份火电发电量 85.34 亿千瓦时，占全省统调火电发电量 509.35 亿千瓦时的 16.75%，总资产 14,288,394,610.81 元。

【企业文化】

公司核心价值观：人为本和为贵效为先

企业精神：务实和谐同心跨越

团队理念：上下同心协同高效

【社会责任】

我们始终把科学发展、安全生产、绿色运营、员工成长、和谐共赢作为全面履行社会责任的重要内容，不断提升企业可持续发展能力，全力打造本质安全型、资源节约型、环境友好型、科技创新型企业，努力实现企业与社会和谐共赢。

【600755】厦门国贸集团股份有限公司

【基本情况】

厦门国贸集团股份有限公司是一家综合性企业，始建于 1980 年并于 1996 年上市。现已形成流通整合服务与房地产开发两大主业以及围绕双主业的产业群支撑体系，是中国企业 500 强和中国上市公司 100 强。公司锐意进取、不断创新，正全力把企业打造成“流通整合服务商”和“城市精品地产商”。

【经营业绩】

2011 年上半年报告期内，公司实现营业收入 203.20 亿元，实现归属于母公司所有者的净利润 3.22 亿元，净资产收益率 7.08%。

【企业文化】

愿景：成为中国服务业内领先的、令人尊敬的绩优上市公司。

使命：持续创造新价值。

核心价值观：坚定 Integrity 恒信 Trust 成长 Growth

【企业荣誉】

报告期内，公司荣获《董事会》杂志评选的第七届中国上市公司董事会"金圆桌奖"，入选《财富》杂志评选的 2011 年中国企业 500 强排行榜及中国外商投资企业协会等机构发布的 2011 年中国企业社会责任榜，公司被世界品牌实验室选为中国品牌 500 强，被上海证券交易所选为上证基本面 200 指数及上证基本面 500 指数样本股。

【600761】安徽合力股份有限公司

【基本情况】

安徽合力股份有限公司的前身是安徽叉车集团公司的核心层企业——合肥叉车总厂，始建于 1958 年。1993 年 9 月，安徽叉车集团公司通过定向募集方式，独家发起设立了本公司。1996 年 9 月，本公司公开向社会发行 3000 万股股票，并于当年 10 月 9 日在上海证券交易所挂牌上市，股票简称"安徽合力"，股票代码"600761"。

公司目前主要经营叉车、装载机、工程机械、矿山起重运输机械、铸锻件、热处理件制造及产品销售。金属材料、化工原料（不含危险品）、电子产品、电器机械、橡胶产品销售；机械行业科技咨询、信息服务等业务；房产、设备资产租赁。公司的主导产品"合力"牌叉车及各类仓储机械广泛的应用于工矿企业、交通运输、仓储物流等行业的装卸及短距离搬运作业。

公司自 1993 年成立以来，就树立了"以高新技术改造传统产业"的经营理念，致力于叉车及配套零部件新产品的研究开发。陆续推出了 X 系列、α 系列、H2000 系列、G 系列叉车产品，尤其是 2000 年推出的 H2000 系列叉车，具有性能优越、安全可靠、低噪音等优点，具备了与国际同类产品相抗衡的竞争优势，目前是公司主导产品；2005 年公司又推出了新一代环保型 G 系列叉车，进一步增强了公司在未来的竞争优势。公司还开发了绿色环保型的电瓶车、石油液化气叉车等新型系列产品。目前，公司的叉车和零部件产品在国内同行业中规格最全、规模最大，叉车的综合性能处于国内同行业领先地位，部分产品达到国际先进水平。公司拥有国内同行业最完整的产业体系，拥有国内叉车行业最大的消失模铸件生产基地、最大的油缸生产基地、最大的转向桥生产基地公司，具备国内领先的叉车设计开发生产制造和试验检测能力，各项主要经济指标已连续十九年高居全国同行业之首。

公司地处中部省份安徽合肥、所属装备制造行业的发展符合国家促进中部崛起、大力发展装备制造业的政策精神，公司还被列入安徽省政府"861"行动计划和重点支柱产业，是解放军总后勤部军事装备定点生产企业。

公司已通过 ISO9001（2000）质量体系认证，进出口商品 CE 认证、ISO14001 环境管理体系认证，被安徽省科技厅评定为国家高新技术园区内"高新技术企业"。"HELI"品牌先后荣获"中国叉车第一品牌"、"中国叉车行业最具影响力品牌"及国家商务部"重点培育和发展的出口名牌"、"中国驰名商标"等荣誉。被中国质量检验协会用户委员会评为"全国用户满意产品"，荣获"全国用户满意服务"和"全国用户满意企业"称号。

【主营业务】

叉车、工程机械、矿山起重运输机械及配件、铸锻件、热处理件制造及产品销售等。

【经营业绩】

2011 上半年报告期内，公司实现营业收入 33.30 亿元，同比增长 42.04%；实现利润总额 2.80 亿元，同比增长 17.35%；实现归属于母公司所有者的净利润 2.11 亿元，同比增长 14.12%。

【600770】江苏综艺股份有限公司

【基本情况】

江苏综艺股份有限公司（600770.SH）是江苏综艺集团核心企业，1996 年 10 月 22 日经中国证券监督管理委员会证监发（1996）279 号文批准上市，1996 年 11 月 20 日公司股票在上海证券交易所正式挂牌交易。公司主营业务范围包括各类中高档服装、木制品和饮料，信息产品流通，电子商务（网络在线销售）等。公司控股的江苏省高科技产业投资有限公司是我国最优秀的 PE（私募股权投资）公司，先后投资了多家上市公司，常铝股份、红宝丽、洋河酒厂、南通精华已先后在中小企业板上市，目前公司还拥有一大批优秀的待上市如综艺超导、连邦软件、南通兆日、神州龙芯等。

公司全面布局光伏产业，积极构建比较完善的光伏产业链，重点开拓海外光伏系统集成业务，在公司业务体系中确立了新能源产业的龙头和核心地位。综艺光伏作为拥有先进生产设备及核心研发能力的薄膜太阳能电池生产企业，其薄膜太阳能电池产品顺利获得 TUV 认证并成功进入欧洲市场，公司在德国、意大利、美国等地投资建设的多个光伏电站实现并网发电，从而推动其海外光伏电站业务的发展，公司先后出资设立江苏综艺太阳能电力股份有限公司及其全资子公司综艺（开曼）太阳能电力股份有限公司，专注于海外光伏电站的投资建设，提高了公司拓展海外光伏电站业务的综合竞争力。2011 年，综艺光伏以产能大幅提升为契机，借助合作方在全球薄膜太阳能电池研发领域的领导地位，不断加大研发投入及技术创新力度，积极开发新结构高效率薄膜太阳能电池，不断加快推进欧美及其他市场的产品认证工作，从而扩大了市场份额，为公司在太阳能产业的发展提供有力的产品支持，形成在国际光伏电站系统集成和建设中的核心竞争力和优势的地位。与此同时，公司加大了信息产业的业务整合，业务创新和产业化力度，取得了多项重大业务突破。

公司的股权投资业务也实现了良性滚动发展。公司大力推进信息产业，实现股权投资业务的自我良性发展公司通过多年的对外投资，在信息产业为核心的高科技行业已集聚多家业内知名企业，目前公司在新材料，芯片设计与应用，软件销售与服务等领域均颇有建树。公司在信息产业耕耘多年，目前已经投资了连邦软件、深圳毅能达、神州龙芯、综艺超导、天一科技等一批业内知名企业，形成了从信息接收、处理、应用到终端产品的产业链。其股权投资的神州龙芯把云计算技术基础上的龙芯产品研发和应用推广作为未来的重要发展方向。为做强做大公司集成电路产业，实现产业整合，提升资源效率，神州龙芯实施了大规模增资，并成功受让了公司持有的另一家芯片设计企业南通兆日微电子有限公司的股权，为公司进一步进行资源整合打下了基础。另外公司股权投资的连邦软件经过多年的转型努力，在形成了以远程服务，地面服务中心，互联网服务平台相结合的全新业务模式，目前已在全国重要省会城市建立起区域分公司以及数千家集 IT 产品服务与销售一体的“连邦 IT 服务中心”。2011 年连邦软件将提供更加专业，安全，快捷的 IT 服务，打造集互联网和 IT 服务及销售渠道相结合的现代服务企业。公司的这些股权投资为自身发展也不断迎来新的发展契机。

公司在以新能源为龙头，信息产业和 PE 投资为两翼的产业布局下，将会不断实现了企业、环境和社会的可持续发展。

【主营业务】

各类中高档服装、木制品和饮料的生产、销售，信息产品流通、电子商务（网络在线销售）、电脑教育培训、信息资讯服务、软件开发以及自营、代理各类商品进出口业务等。

【经营业绩】

2011 年上半年，公司实现营业收入 51，170.09 万元，同比增长 24.87%；营业利润 21，226.27 万元，同比增长 323.24%；净利润 11，271.20 万元，同比增长 175.97%。

【企业文化】

团结、创新、廉洁、奉献

【企业荣誉】

· 董事长昝圣达先生荣获“全国劳动模范”；第九届“中国十大杰出青年”、“全国优秀乡镇企业家”；荣膺“2010 南通经济年度人物”等。
· 公司荣获国家技术发明二等奖殊荣。

600778 新疆友好（集团）股份有限公司

【基本情况】

新疆友好（集团）股份有限公司，作为中国百强商业企业集团之一，中国商业股份制企业经济联合会成员，是新疆第一家大型股份制商业零售企业，融商业、酒店餐饮、娱乐旅游、电子商务、生物技术、城建热力、房地产、汽车加油加气服务为一体的综合性、多元化、跨地区、跨行业的集团化股份公司；是新疆 30 户重点扶持发展企业和 30 户成长型企业集团之一。

新疆友好（集团）股份有限公司前身是乌鲁木齐友好商场，始建于 1958 年，属老字号国有商业零售企业。1987 年经乌鲁木齐市人民政府批准在原址上改扩建，1989 年投入营业；1993 年以定向募集方式改制为股份有限公司，1996 年股票在上海证券交易所挂牌上市，由此转为公众上市公司，注册资本为人民币 3.11 亿元。1998 年实施资产战略性重组，与乌鲁木齐市天山百货大楼强强联合，组建了新疆友好（集团）股份有限公司。

目前，集团公司总资产 28.91 亿元，净资产 10.14 亿元。股本总额 31149.14 万股，拥有友好商场、天山百货大楼、友好大酒店、美美友好百货分公司、独山子金盛时尚百货分公司、独山子金盛时尚百货分公司友好超市、友好宜和分公司，控股：友好利通物流有限公司、乌鲁木齐万嘉热力有限公司、新疆友好集团库尔勒天百商贸有限公司、新疆友好集团华骏房地产开发有限公司、友好广告有限责任公司、天升电子有限责任公司、上海申友生物技术有限责任公司、友好旅行社有限公司、新疆阳光物业管理有限公司等。协议托管：天百名店，出资参股乌鲁木齐市商业银行股份有限公司、新疆中粮可口可乐饮料（新疆）公司、新疆城建股份有限公司、新疆友好百盛商业发展有限公司、新疆汇友房地产开发有限责任公司。公司主业经营面积 19 余万平方米，经营品种 10 万余种，现有员工 3084 人，各类专业技术人员 229 人，销售人员 1095 人，综合经济实力评比连年名列新疆商业流通领域首位。

友好集团牢牢把握“做好做强主营业务，关联产业协调发展”的战略目标，贯彻“新文化、新时尚、新生活”的经营理念，着力打造“新百货”形象，抢抓机遇谋发展。近年来经营规模和盈利水平都有了长足的发展，进一步巩固了友好集团在新疆商业市场中的领跑地位。面对机遇和挑战，友好集团以只争朝夕的紧迫感和使命感进行“再次创业”，充分运用上市公司融资优势，以百货零售、超市连锁服务业、旅游业、房地产并举，向有发展前途的社会公用事业、信息网络产业、高科技领域发展为主导思想，通过以托管、并购、控股、参股、联合、资产置换等形式加大资本运作的力度和扩张的质量，力争主业经营收入达到 35 亿元，跻身全国商业集团五十强先列，为把乌鲁木齐市建设成为国际商贸中心而努力奋斗。

【经营业绩】

2011 年上半年报告期内，公司实现营业收入 172，368.36 万元，较上年同期增长 29.30%，实现营业利润 7，534.07 万元，较上年同期增长 49.05%，实现归属于母公司所有者的净利润 6，619.80 万元，较去年同期增长 46.89%。

【公司荣誉】

公司连续多次荣获“全国百家最大规模最佳效益商店”、“全国百城万店无假货示范店”、“全国创建精神文明行业工作先进单位”、“全国商业企业消费教育先进单位”、“全国诚信商厦、无假货市场”、“全国内贸系统先进集体”等多项光荣称号。2009 年荣获“全国五一劳动奖状”、“全国安康杯先进集体”、国家商务部“全国金鼎百货店”、自治区“重信用守合同”企业等殊荣。作为乌鲁木齐市的纳税大户，从 2000 年至 2006 年友好集团连续六年荣获乌鲁木齐市“突出贡献企业”、“功勋企业”、“模范纳税企业”称号。

【600779】四川水井坊股份有限公司

【基本情况】

四川水井坊股份有限公司是由四川成都全兴集团有限公司（中外合资的投资性企业）控股 39.71% 并在上海证券交易所挂牌的上市公司，股票简称“水井坊”，股票代码“600779”，为沪深指数和上证 180 指数样本公司。

公司属饮用酒制造业，主营酒类产品生产和销售，主要酒类产品有水井坊品牌系列、全兴品牌系列等，其中“水井坊”品牌系列有：水井坊礼盒装（世纪典藏、风雅颂、公元十三等）、水井坊典藏装、水井坊井台装、天号陈、小水井、琼坛世家、往事等主要品种。

元末明初“水井街酒坊遗址”是公司独有的重要生产资源和品牌基础，是不可复制的、极为珍贵的历史文化遗产和有极高使用价值的“活文物”，被国家文物局列为“1999 年全国十大考古新发现”，誉为“中国白酒第一坊”，国务院批准为“全国重点文物保护单位”；“水井街酒坊遗址”区与公司土桥工厂区被国家质检总局批准为“国家地理标志（原产地域）产品”保护区域；“水井坊酿酒技艺”被国务院列为“国家非物质文化遗产”;“水井坊”商标被国家工商总局认定为“中国驰名商标”。

公司以“科技兴企,质量第一”为重要抓手。在质量管理方面,公司已通过ISO9001质量管理体系和产品认证体系、HACCP食品安全、ISO14001环境管理体系认证、ISO22000食品安全管理体系、国家酒类质量等级和计量体系等一系列认证,以确保“产品出厂合格率达100%”、“国家抽检合格率达100%”、“产品卫生指标100%符合国家标准”,并率先实现酒体的国际国内“双重检测”和包装材料的专项检测;在科研方面,公司拥有酿酒世家历代传承的固态发酵蒸馏白酒酿造的独特工艺和现代微生物技术等独立知识产权,在酿酒生物发酵菌方面获得的多项科技成果荣获市、省、国家级奖项;在产品创新方面,公司遵循“传统和现代相结合、艺术和技术相结合、文化和经济相结合”,突出产品、包装标识、品牌形象、文化内涵上的差异化、智能化、人本化,努力打造出高品质、高品味、高品格产品,致力于为消费者提供高品质的物质精神享受和体验。

未来,公司将集中主要优势资源和资金,做实、做大、做强白酒产业;在外部强势资本和本土资源合力推动下,以水井坊酒为高端标志性产品,使其成长为国际一流的中国白酒品牌。

【主营业务】

生产销售酒、生物材料及其制品(国家限制产品除外);从事房地产开发、经营业务。

【经营业绩】

2011年上半年报告期内,公司累计实现营业收入66,013.12万元,比去年同期下降4.37%;营业利润21,935.19万元,比去年同期增长21.12%;实现净利润(归属于母公司)15,904.94万元,比去年同期增长34.10%。

【600782】新余钢铁股份有限公司

【基本情况】

新余钢铁集团有限公司(简称新钢集团)位于江西省新余市。新余市地处赣西中部,历史悠久,人杰地灵,是江西省最美丽的城市之一,是中国神话传说中七仙女下凡的地方,是现代国画大师傅抱石及世界风云人物、美籍华裔医学家何大一博士的故里,也是一座快速崛起的现代化新型工业城市。新余市交通便利,京九铁路傍市而过,浙赣铁路横贯东西,沪昆、大广两条高速公路在此交汇。

新余钢铁集团有限公司是国有大型钢铁联合企业,由新余钢铁有限责任公司整合洪都钢厂、乌石山铁矿之后更名。现有在岗员工25896人,专业技术人员5055人,其中高级专业技术人员559人,中级专业技术人员1743人。企业占地面积2015万平方米。集团公司现有1家上市公司——新余钢铁股份有限公司(股票代码:600782),直属单位及全资子公司15家,控股、参股企业及其他企业15家。新钢集团围绕“打造绿色精品基地,成为基业长青,共享繁荣钢铁强企”的企业愿景,坚持科学发展观,以品种结构调整为重点,大力实施精品战略,优化产品结构,实现了跨越式发展。通过三期技术改造,全面提高了工艺装备水平,跨入1000万吨级钢铁企业行列。

新钢集团质量、环境、职业健康安全、计量检测四大管理体系按ISO9001、ISO14001、OHSAS18001及ISO10012标准建立了四标一体化综合管理体系并通过第三方认证;检测中心通过国家实验室认可;技术中心是国家认定企业技术中心;组建了江西省船用钢工程技术研究中心、博士后科研工作站和院士工作站。

新钢集团拥有中厚板、热轧卷板、冷轧薄板、线材、螺纹钢、圆钢、钢管(坯)、钢带、金属制品等产品系列800多个品种、3000多个规格。“袁河”、“山凤”商标是“江西省著名商标”。“袁河”牌船体结构用钢板和优质碳素结构钢热轧盘条获“中国名牌产品”称号;碳素结构钢热轧厚钢板、低合金结构钢热轧厚钢板、船体用结构钢板、压力容器用钢板、锅炉用钢板、桥梁用结构钢板、建筑结构用钢板、低碳钢热轧圆盘条、优质碳素钢热轧盘条、预应力混凝土用钢绞线、高压锅炉用无缝钢管等11个产品获得全国冶金产品实物质量“金杯奖”。热轧盘条、热轧螺纹钢、热轧中厚板、焊接钢管获得“江西省名牌产品”称号;船板通过10国船级社工厂认可;出口结构钢板、热轧卷板通过了欧盟“CE”认证和新加坡“FPC”认证;出口压力容器板通过了英劳“PED”认证。船板、容器板市场占有率位居全国前列。产品远销欧洲、美国、巴西、中东、韩国、日本、东南亚、印度等20多个国家与地区。

【主营业务】

生产销售钢丝、钢绞线、铝包钢线三大系列产品。

【经营业绩】

2011上半年报告期内,公司实现营业总收入1,994,910.76万元,实现利润总额25,860.99万元,归属于母公司股东的净利润22,101.45万元,分别比上年同期增长20.22%,-22.47%,-19.15%。

【企业荣誉】

曾获全国“五一”劳动奖状、全国爱国拥军模范单位、全国为奥运会场馆建设做出贡献的钢铁企业和江西崛起十强企业、江西税利突出贡献企业、江西重点名牌产品生产企业等殊荣。

【600785】银川新华百货商业集团股份有限公司

【基本情况】

银川新华百货商业集团股份有限公司是宁夏唯一一家商业上市公司,成立与1997年1月3日,公司业态涉及百货、超市及电器连锁,现拥有3家子公司(银川新华百货连锁超市有限公司、宁夏物美新华商业有限公司、银川新华百货东桥电器有限公司),7家百货店(新华店、东方红店、购物中心店、老大楼店、中卫店、西夏店、现代城),公司各业态近百余家店铺遍及宁夏全区,是本地区最大的商业连锁集团及最重要的商贸流通企业。

经过上市前后几十年的稳健发展,公司本着“为股东创利润、为社会创财富、为员工创机会、为顾客创服务”的经营宗旨,不断传承和发扬“进我新华、就是一家”的新华百货独特文化,以优质的服务、商品及不断带给消费者全新的消费体验为发展目标,赢得了宁夏区内外消费者的一致好评。公司完善的管理体系、专业的优秀团队、健全的内控制度使得公司实现了向科学管理的转变,并为公司各项业务的拓展奠定了坚实的基础。目前公司形成以七家百货店为龙头的传统百货业,以大卖场、生活超市及便利店为主体的超市业态,以家电、数码通讯器材销售为主导的电器连锁等形成了公司整体经营业态的布局,作为一家业绩优良、管理规范、发展前景良好的上市公司,公司多次被评为全国内贸系统先进集体,全国执行物价、计量政策法规最佳单位,全国三八红旗集体,全国巾帼文明岗等,是全区文明单位。2010年,实现营业收入39.85

亿元，净利润 2.15 亿元，每股收益 1.04 元，跨入全国商业百强企业。

在为社会经济发展做出贡献，谋求股东、企业利益与社会利益共同发展的同时，公司在切实履行必要的社会责任，始终视社会责任为己任，积极参与社会捐助、救济等公益事业，在非典侵袭、汶川地震、甲流肆虐、玉树抗震等各种考验面前挺身而出，踊跃捐助、积极救助失学儿童、贫困大学生，关爱孤儿，近几年累计捐款数百万余元。公司以企业自身的发展影响和带动地方经济的振兴，促进公司与社会、股东、客户、员工的协调和谐发展。

随着国家西部大开发政策的逐步落实实施，赋予了西部地区未来经济发展的较大机遇，同时伴随本区域城市化发展进程的加快，城市人口的相应增长，新的消费商圈将在未来逐步建立形成，消费市场面临大发展的有利时机，公司百货、超市、家电三业态同时面临机遇与外来挑战并存的局面，未来几年公司将坚持区域零售做强、做大战略目标不动摇，充分利用百货、超市、家电三业态近佰余家店铺分布于宁夏主要城市核心商圈的优势，在夯实发展基础的同时，加快拓展速度，积极抢占市场先机，进一步增强公司内生性增长动力，三业态将坚持规模扩大，不断加强营销网点布局建设、创新经营管理手段，以公司整体核心竞争力的提升，来促进公司的可持续发展，努力将公司打造成为西北地区最具竞争力和影响力的商业零售集团。

【主营业务】

零售及批发百货、文化用品、服装鞋帽、针纺织品、家电家具、钟表工艺、副食品等商品。

【经营业绩】

2011 年上半年，公司实现营业收入 254,859.74 万元，同比增长 30%，实现归属于母公司股东的净利润 13,594.94 万元，同比增长 15.11%。

【企业荣誉】

- 全国总工会授予模范职工之家。
- 2005 年百强纳税企业。
- 自治区劳动关系和谐模范单位。
- 经济发展突出贡献企业。
- 自治区五一劳动奖状。
- 全国商务系统先进单位。
- 宁夏改革开放 30 年行业功勋奖。
- 2009 - 2011 诚信建设先进单位。
- 2009 年度安全生产先进单位。

【600795】国电电力发展股份有限公司

【基本情况】

国电电力发展股份有限公司（股票代码 600795）是中国国电集团公司控股的全国性上市发电公司，是中国国电集团公司在资本市场的直接融资窗口和实施整体改制的平台。公司于 1992 年经辽宁省经济体制改革委员批准正式成立，1997 年 3 月 18 日在上海证券交易所挂牌上市，2002 年底进入中国国电集团公司。截至 2010 年 12 月，公司股本总额 153.94 亿股，其中中国国电集团公司持股 51.72%，社会公众股东持股 48.28%；公司总资产 1501.51 亿元，净资产 365.40 亿元。

国电电力目前拥有直属及控股企业 51 家，参股企业 19 家，筹建处 10 家。公司资产结构优良，所属企业分布东北、华北、华东、华南、西南、西北等地 23 个省、市、自治区。近年来，国电电力大力推进新能源发展和创新型企业建设，积极转变发展方式，不断加快结构调整和企业转型步伐，形成了突出发电业务，煤炭、煤化工、多晶硅、铁路、金融等相关产业多元发展的模式。截至 2010 年 12 月，公司控股装机容量 2879.08 万千瓦，其中新能源和清洁可再生能源装机占总装机容量的 26.91%；控制煤炭资源储量 23 亿吨，在建煤矿年产量 2100 万吨。

【企业文化】

核心理念：

企业核心价值观：严格、高效、正义、和谐

企业精神：永无止境、创造一流

企业愿景：家园・舞台・梦

职业道德观：诚信尽责、忠诚敬业

战略理念：

指导方针：解放思想、改革创新、科学发展、构建和谐

中心任务：转型企业、挖掘潜力、提高质量、创造一流

战略目标：以大力发展新能源引领转型、建设一流综合性电力集团

管理理念：

安全理念：安全第一、生命至上

人才理念：人人能成才、个个有舞台

责任理念：职责对等、奖惩并重

廉洁理念：廉洁从业、干净做事

【企业荣誉】

公司股票在二级市场表现良好，连续多年被评为最具发展潜力上市公司，先后入选上证 180 指数、中信标普 50 指数和沪深 300 指数，保持着国内 A 股证券市场综合指标名列前茅的绩优蓝筹股地位。先后荣获了 2007 年度中国上市公司百强、全国电力可靠性管理先进单位，2008 年度企业信用评价 AAA 级信用企业，2009 年度上市公司信息披露奖，2010 年度上市公司董事会提名奖，2000 年至今连续 11 年大连市工商局免检企业，2006 年至今连续五年中国国电集团一级奖状，2008 年至今连续三年首都文明单位等荣誉称号。

【600798】宁波海运股份有限公司

【基本情况】

宁波海运股份有限公司是在上海证券交易所挂牌交易的 A 股上市企业。1996 年 11 月，以宁波海运（集团）总公司为主体发起人，以其所属的货轮运输分公司为基础，联合浙江省电力燃料总公司等四家发起人，以募集方式改建设立了宁波海运股份有限公司。经中国证监会批准，公司于 1997 年 3 月 20 日向社会公开发行 4,100 万股 A 股股票，并于同年 4 月 23 日在上海证券交易所上市交易。公司是浙江省第一家上市航运企业，主要经营我国沿海、长江中下游货物运输、国际远洋运输和交通基础设施、交通附设服务设施的投资等业务，自营和代理货物和技术的进出口。

截至 2011 年 9 月 30 日，公司总资产 72.65 亿元人民币，净资产 20.92 亿元人民币，总股本为 87117.45 万股。近年来公司主要经济技术指标在全国同行业中名列前茅，跻身全国交通百强企业行列，在全国海运企业运力规模排名中位列前十名。同时，公司积极致力于实现股东回报的最大化，上市 13 年来，公司累计现金分红达到 8.82 亿元，为投资者提供了实实在在的回报，确立了公司主业突出、经营业绩良好的行业地位。

【业务发展】

公司积极奉行"诚信服务、稳健经营、规范运作、持续发展"的经营理念，坚持"提升海运主业，培育公路产业，优化投资企业，促进海陆并举，稳健持续发展"的发展战略。目前公司已形成以沿海和国际煤炭运输为主的专业化散货运输经营格局，经营辐射全国沿海港口和长江流域，航迹遍布世界30余个国家60多个港口。2011年，公司着力于优化船队结构，1艘57,500吨级散货船建成投入营运，3艘47,500吨级散货船开工在建；全资子公司宁波海运(新加坡)有限公司自筹资金购置的75,000吨级散货船投入国际远洋运输；同时公司加速淘汰落后产能船舶，船队结构得到进一步改善。至2011年底，公司拥有一支从20,000吨级至75,000吨级国内沿海和远洋散货船为主体、共计18艘自有船舶、总运力规模近90万载重吨的海运船队。同时，公司"海陆并举"初显轮廓，公司控股的宁波海运明州高速公路有限公司投资建设的全长42.135公里的宁波市绕城高速公路西段项目车流量呈现平稳发展态势，产生了良好的社会效益。

公司拥有的全资子公司宁波海运(新加坡)有限公司和参股公司上海协同科技股份有限公司、宁波港海船务代理有限公司，主要涉及远洋运输、船舶代理、高新技术产业开发及投资等业务，通过优势互补和利益共享，提高了企业的抗风险能力、赢利能力和综合实力。

公司在坚持外抓市场、内抓管理的同时，审时度势，踩准节奏，2011年成功发行上市7.2亿元可转换公司债券，充分利用证券市场融资优势为企业规模发展、效益增长提供稳定的资金保障。

【公司治理】

公司严格按照《公司法》、《证券法》、《上市公司治理准则》等有关法律、法规，建立和完善了"三会一层"工作制度及规章制度，自觉接受股东的监督，规范公司运行，做到公司的决策和经营程序化、规范化、制度化和科学化，建立了比较完善的治理结构。

2011年根据法律法规及政府有关规章的调整情况，公司及时修订和完善与公司治理相关的内部管理制度：为规范公司董事会秘书的选任、履职、培训和考核工作，制订了公司《董事会秘书工作制度》；结合年内可转债发行和上市工作的完成，对《公司募集资金管理办法》进行了修订，进一步规范了募集资金的使用与管理工作；根据中国证监会《关于上市公司建立内幕信息知情人登记管理制度的规定》的要求，对《公司内幕信息知情人登记制度》作了修订。

【投资者关系管理】

公司严格执行《公司投资者关系管理办法》，在不违反信息披露制度等规定的前提下，客观、真实、准确、完整地介绍公司经营情况，使普通投资者能通过电话、传真及电子邮箱等方式方便地与公司进行沟通以及反映有关情况；公司在拓展投资者关系管理模式上下功夫，提供多层次的投资者服务，构建多种形式的信息沟通渠道及平台，按照监管机构要求及时准确地进行指定信息和重大事件的披露，整合投资者所需要的投资信息实现与投资者之间及时便捷的双向沟通与联系，与投资者、媒体和监督部门建立良好的公共关系；收集公司现有和潜在投资者的信息，将投资界对公司的评价和期望及时传递到公司决策层；认真履行信息披露义务，有效执行相关的信息披露事务管理制度，使所有股东都有平等的机会获得信息，维护投资者和公司的合法权益。

【社会责任】

公司积极推进企业的可持续发展，切实履行企业的社会责任，牢固树立企业公民意识，遵守社会公德、商业道德，接受政府和社会公众的监督。在进一步追求经济效益、保护股东利益的同时，积极保护职工的合法权益，加强对员工社会责任的培训教育，诚信对待客户，积极从事环境保护、节能减排等可持续发展工作，努力实现员工、客户、社会公众之间的利益和谐。

【600801】华新水泥股份有限公司

【基本情况】

华新水泥股份有限公司始创于1907年，是我国水泥行业最早的企业之一，被誉为中国水泥工业的摇篮。华新1993年实行股份制改造，是中国建材行业第一家A、B股上市公司；1999年，与全球最大的水泥制造商之一的瑞士Holcim集团结为战略伙伴关系。2008年2月公司完成A股定向增发后，Holcim集团持有华新水泥的股份由26.11%上升为39.88%，成为华新水泥的第一大股东。

华新水泥是国内水泥行业中首家通过GB/T19001—ISO9001质量体系认证的企业，企业资信为"AAA"级，生产的全部15个水泥品种均为国家首批质量免检产品，"华新堡垒"为中国驰名商标，在全国水泥质量评比中始终名列前茅。

纵观华新百年历史，虽然历尽沧桑巨变，但华新水泥的高品质，无论在什么阶段都未改变。从中国第一坝——丹江口大坝，到举世闻名的长江三峡大坝；从中国长江第一桥——武汉长江大桥到长江中下游沿线的数十座长江大桥，以及向建国十周年献礼的北京十大建筑等国家重点工程，均选用华新生产的优质水泥。

进入21世纪，华新抓住我国水泥工业结构调整带来的发展机遇，坚持走"低能耗、低排放、高技术、高效益"，可持续发展之路，在发展水泥主业的同时，以水泥主业为轴心，充分发挥主业的辐射和带动作用，大力发展预拌混凝土、水泥设备、水泥包装制品、废物处理等的生产与销售，具有世界一流的技术，一流的设备，一流的信誉和一流的服务，生产着国内最优良的产品。

截至2010年年底，华新在湖北、湖南、江苏、云南、西藏、河南、四川、重庆等地拥有40余个分(子)公司，年水泥生产能力6000余万吨、商品混凝土生产能力800余万立方、水泥设备制造能力5万吨，总资产达180余亿元，员工总数11000余人，企业综合实力位居国内同行业前列。

面对未来，华新人将以"美好的世界从我们开始"为愿景，继续坚持科学发展观，在追求经济效益的同时，积极履行社会责任，关注客户，创造价值，实现企业发展与股东的利益、员工的发展相一致，与社会、环境相和谐，真正成为受社会尊重、客户认同、同行尊敬的国际化一流企业。

【主营业务】

水泥技术服务、水泥设备的研究、制造及安装修理、水泥进出口贸易的专业化公司。

【经营业绩】

2011年上半年报告期内，公司实现水泥及熟料销量1710万吨，较去年同期增长402万吨，增幅为30.7%，销售混凝土84.26万方，同比增长22.56%；实现主营业务收入5,550,645,019元，比上年同期增长71.19%；水泥平均售价304.98元/吨(不含税)，较上年同期上涨76.52元/吨；营业利润率为 28.65%，比上年同期上升了 13.37 个百分点；利润总额 816,326,594 元，比上年同期增长 560.87%；归属于母公司股东的净利润 542,055,969 元，比上年同期增长 603.36%。

【600804】成都鹏博士电信传媒集团股份有限公司

【基本情况】

成都鹏博士电信传媒集团股份有限公司（原名成都鹏博士科技股份有限公司、成都工益冶金股份有限公司）成立于 1985 年 1 月，1994 年 1 月 3 日，公司股票在上海证券交易所挂牌上市，股票简称鹏博士，股票代码 600804。公司目前主要从事电信增值服务、安防监控、网络传媒业务，拥有独立的研发、生产、采购和销售系统，具有独立完整的业务及自主经营能力。

电信增值服务：公司专业从事基于互联网服务业务的电信增值服务业务，主要包括互联网专线接入、电子政务、互联网数据中心（IDC）、专网构建及运营以及网络安全监控、城市监控、长话分流等网络增值服务，目前拥有近两万公里的城域光纤网，城域网覆盖整个北京城区，是北京市主要的“最后一公里”网络运营商，在高端商业客户互联网专线接入、网吧专线接入、互联网数据中心业务均占有较高的市场份额。除进一步巩固和拓展现有的优势业务高端商业客户专线接入和互联网数据中心外，公司目前正在大力拓展社区个人家庭用户市场的光纤接入业务，进一步补充和扩大公司城域网覆盖范围，掌握终端客户资源。

安防监控业务：公司安防监控业务主要围绕全国范围的平安城市建设项目开展业务，围绕以自主开发产品和独家代理产品为核心的产品体系的建设、销售和运营服务。公司重点建设了“平安北京”城市安防监控网络系统项目，即配合北京市公安部门，在北京市建成城市安防监控网络系统并负责后续的运营，该监控网络系统包括对内保单位提供监控摄像头安装、线路连接、资料存储、监控中心建设、维护服务、运营服务等。目前，公司充分利用积累的技术和运营经验，作为城市安防体系框架的搭建者，继续发展其他城市的安防监控业务和专项安全防护监控项目和业务。

网络传媒业务：公司目前独家代理《成都商报》、成都电视台、《明日・快一周》杂志，以及《成都晚报》、《成都日报》、《汽车时尚报》、成都电台环球资讯广播、成都全搜索网站等媒体的部分广告业务。未来，公司将依托独有的光纤网络资源，与公司现有的网络资源、数据图像及视频分发技术和业务相整合，进行网络媒体服务和内容传输业务，为用户提供视频业务服务，快速促进公司电信增值服务业务的拓展和客户资源的扩大。

公司所从事的电信增值服务、城市安防、网络传媒都是基于 IP 技术的互联网服务业务。随着我国经济持续稳步增长，居民对宽带和互联网的需求逐渐刚性化，目前我国互联网的普及率已经超过了 10% 的临界点，进入快速增长期。基于国家调结构、促发展的经济发展规划，未来，公司将紧紧抓住互联网产业升级的机遇、积极参与到“三网合一”、云计算、物联网的突破发展的大潮流中，把公司打造成为集平台与应用于一身的综合业务运营商。

【主营业务】

应用软件开发和销售；教育软件及网络系统集成工程；钢材贸易；钢铁冶金等。

【经营业绩】

2011 年上半年报告期内，公司实现营业总收入 106244 万元，较上年同期增长 27.28%；实现归属于母公司所有者的净利润 11062 万元，较上年同期增长 6.87%。

【600811】东方集团股份有限公司

【基本情况】

东方集团创建于一九七八年，是在中国改革开放的大背景下发展起来的一家投资控股型企业集团。目前主要投资和经营的产业有：银行、证券等金融业、粮油食品业、矿产资源开发、港口运输业、家居建材流通业等行业。是中国民生银行股份有限公司、中国民族证券有限责任公司、锦州港股份有限公司的大股东之一；是东方集团粮油食品有限公司、赤峰银海金业有限责任公司、东方家园有限公司的控股股东。

东方集团股份有限公司 A 股股票于 1994 年 1 月 6 日在上海证券交易所挂牌交易，1996 年入选道 - 琼斯中国 88 家指数股和上证 30 指数样本股，2002 年入选上证 180 指数成份股，2003 年、2007 年入选上证 50 指数样本股，2005 年入选沪深 300 指数成分股。东方集团实业股份有限公司为东方集团股份有限公司的控股股东。锦州港股份有限公司是国家一类开放港口，中国最北部的国际海港，锦州港股份有限公司 B、A 两种股票先后在上海证券交易所上市。中国民生银行股份有限公司，2000 年成功向社会公开发行 A 股股票。

东方集团的宗旨是最大限度地实现资产证券化、资本国际化、股权社会化，目标是成为具有国际竞争力的大型企业集团，实现企业社会价值的最大化。

【经营业绩】

2011 年上半年报告期内，公司实现营业收入 160,654 万元，同比增长 103.85%；实现营业利润 19,191 万元，同比增长 94.56%；实现净利润 26,587 万元，同比增长 94.61%。

【600815】厦门厦工机械股份有限公司

【基本情况】

厦门厦工机械股份有限公司（简称厦工），创建于 1951 年，1993 年 12 月由厦门工程机械厂改制为上市公司（股票代码 600815），是国家重点生产装载机、挖掘机等工程机械产品的骨干大型一类企业。

截至 2010 年底，厦工总资产 80.7 亿元、净资产约 32.3 亿元，在职员工 6000 多人，专业技术人员 1000 多人，员工平均年龄 31 岁，20% 以上员工具有大专以上学历。厦工拥有年生产装载机 40000 台、挖掘机 15000 台、叉车 5000 台、路面机械 3000 台的生产能力，是当今中国最大的工程机械制造基地之一。厦工产品高效、节能、灵活、可靠，覆盖装载机、挖掘机、叉车、小型机械、路面机械、环保机械及桩工机械与混凝土机械等 8 大类，形成完整的产品系列，广泛运用于矿山、工程、农林水利建设、港口码头等领域。厦工是中国人民解放军总装备部、总后勤部、武警总队、驻港澳部队、维和部队指定的供应商，是中国极地科考唯一指定品牌。

厦工设有国家级技术中心（1995 年福建省第一批国家级技术中心）、企业博士后工作站（2001 年全国第一批企业博士后工作站）和福建省院士专家工作站。技术中心的人才实力、软硬件条件、研发能力和研发成果居全国前列。由国家发改委组织的 2009 全国 575 家企业技术中心评价结果，厦工技术中心排名第 105 位，名列工程机械行业第二位，福建省第二位，厦门市第一位。技术中心现有专业研发人员 400 余人，其中博士4人,硕士35人,教授级高级工程师2人,高级工程师40人,具有雄厚的人才基础,先后研制了中国第一台轮式装载机、轮式推土机、中轴距装载机、越野叉车及天然气装载机等突破性成果。

60年来,厦工敢为超越,不懈努力,始终致力于积极参与中国重大工程项目与助力国家科学考察事业发展,扎根中国,展望全球,以高品质的产品与服务协助客户创造价值。厦工设施配套齐全,生产工艺先进,技术力量雄厚,检测试验完善,拥有多项专利技术、创新技术,始终保持行业技术领先。厦工产品具有节能高效特点,广泛运用于矿山、基建、工程、农林水利建设、港口码头、货场的铲运、推堆、装卸、挖掘、起重牵引、物料抓运、运载等施工作业。厦工在国内外拥有众多优秀的服务代理商,以快捷的物流供应系统与技术支持体系,为客户提供专业工程机械系统解决方案,产品已出口到中东、非洲、东欧、东南亚等几十个国家和地区,在国内外广大用户中享有良好信誉。2010年,厦工再次入选"中国500最具价值品牌",品牌价值110.83亿元,代表中国民族工程机械民族品牌的先进水平。

厦工重视对员工的培养,积极倡导创建学习型企业。建立知识管理制度,按归口管理、分块负责的原则,收集、整理企业内部知识,将显性知识模块化,隐性知识文字化,将个人的智慧变成集体的智慧。并通过信息化平台,让所有的知识可以共享、传承。每年投入教育培训的费用达到数百万元,每年培训计划完成率在95%以上。公司的职业技能鉴定站是厦门市机械行业唯一的技能鉴定站,是福建省高技能人才认定的试点单位,与十几所院校共建实习基地。获得厦门市"2005年度职业技能培训鉴定先进单位"称号。2008年还获得人力资源与社会保障部颁发的"国家高技能人才培养示范基地"及"福建省高级技师培养基地"称号。2009年厦工荣获"全国职工教育职业培训先进单位"称号。涌现出全国、省、市劳动模范、"技术状元"、"技术能手"。

为实现公司战略目标与员工职业价值双赢,公司对包括高层领导在内的所有员工进行职业生涯发展规划与设计工作,共同制订员工的职业生涯发展目标与行动计划。公司为员工提供四种职业通道:技术通道、管理通道、业务通道以及技术工人通道。

技术厦工、品质传承!今天,承载民族工业品牌腾飞的梦想,厦工正不断加大技术研发和改造投入,快速推出新产品;完善产品质量,提升产品的市场竞争力,梳理完善国内市场销售渠道,积极实施国际化战略,健全海外营销网络;完善和发展工程机械产业链;实施资本运作,快速发展壮大企业规模;继续深化改革,建立有竞争力的企业运营机制、管理机制和人才机制,建设资产优良、技术领先、管理科学的国际化工程机械企业,构建中国领先、国际一流的"大厦工"。

【经营业绩】

2011年上半年,报告期内公司实现营业收入71.37亿元,同比增长42.58%;净利润4.67亿元,同比增长11.72%。

【企业荣誉】

自1988年以来,厦工历年被评为"全国500家最大工业企业"、"全国500家最佳效益企业"、"中国的脊梁——国有企业500强"。2003年10月在行业内率先实现年产销装载机超万台,2004年9月荣获"中国名牌产品"称号,2005年荣获"中国驰名商标"。厦工拥有年生产装载机35000台、挖掘机12000台、叉车5000台、路面机械3000台的生产能力,是当今中国最大的工程机械制造基地。

【600867】通化东宝药业股份有限公司

【基本情况】

东宝集团地处巍巍长白山麓,素有"中国医药城"美誉的吉林省通化市,创建于1985年12月1日。

企业的生命在于探索,事业的生命在于创新。自主创新是东宝集团和东宝人不断发展、跨越前行的根脉所系和动力之源,东宝集团在总裁李一奎的带领下,怀着"科技报国,造福人类"的远大理想,熔魂冶智,闯基兴业。东宝不畏艰难困境,靠两万元借款创业,做出了影响中国、惊迴世界的业绩。从珠峰之上的"鲜人参王浆",到风行十余年不衰的"镇脑宁胶囊",再到中国第一支"基因重组人胰岛素"的研究诞生,以及兼并驻地行政村的首创之举。集团从传统制药企业,向高科技生物制药企业迈进,带动相关生物技术产业发展,构建和谐企业,参与国际竞争。现已发展成为一家产业多元化、资产股份化、产品尖端化、管理现代化、商贸国际化的大型现代企业。

看山看东宝,层林叠神韵,莺歌绕恒德,一枝发三春。经历20年的创业和发展,集团以制药业为主,横跨环保建材、葡萄酒酿造、国际商贸、房地产开发、印刷、绿色农业等多种行业。现拥有控股、参股、合资企业23家。相继研制开发了"镇脑宁胶囊"、"东宝肝泰"等中药和"特尔津"、"特尔立"、"特尔康"、"甘舒霖"等生物注射剂,以及"通化"牌葡萄酒、"波菲丽斯"环保建材等一系列名优产品。20年来,东宝集团先后创造了诸多"全国之最",自主产品获得国家级奖励31项,省级奖励37项,硕果盈枝。"东宝"牌商标是中国驰名商标,"通化"牌葡萄酒是中国最有价值的品牌之一。

布局通化,谋局全球。东宝集团在北京、上海、厦门等10多个省市建有分厂或分支机构。仅东宝研制的"基因重组人胰岛素"产品一项,已在俄罗斯、波兰、墨西哥等10多个国家注册,目前正在注册的还有40多个国家和地区,先后有60多个国家的企业到东宝考察并寻求合作。俄罗斯联邦议会上院主席C·M米罗诺夫在"中俄合作生产人胰岛素产品项目推介会"上致辞中指出:"东宝的可靠高质量药品,在解决俄罗斯国家卫生健康事业的主要问题上,有实质性的突破!"

气韵北天成大虹,惊魂指向贯东西。在未来的征程上,东宝人在总裁李一奎的带领下,紧紧抓住振兴东北老工业基地的历史机遇,一如既往地走自主创新之路。全心投入,演绎激情,开拓进取.励精图治,引领中华民族医药事业和人类健康事业不断向世界高峰迈进!

【主营业务】

以生产、销售中西成药、生物制品、非PVC软袋大输液产品及建材。

【经营业绩】

2011年上半年报告期内,公司实现营业收入为333,528,025.99元,比上年同期增长14.15%;实现营业利润62,323,896.19元,比上年同期减少35.73%;实现归属母公司所有者的净利润55,979,142.68元,比上年同期减少32.57%。

【600869】三普药业股份有限公司

【基本情况】

三普药业股份有限公司(原名青海三普药业股份有限公司)系经青海省经济体制改革办公室[1994]第021号文批准,于1994年5月17日采取募集方式设立的股份有限公司。1994

年 8 月 11 日经中国证券监督管理委员会证监发字[1994]30 号文批准向社会公开发行股票，并于 1995 年 2 月 6 日在上海证券交易所挂牌交易，股票代码"600869"。公司注册地址：青海省西宁市城东区德令哈路 58 号，法定代表人：蒋锡培，注册号：630000100009098。公司总股本 42743.2684 万元。

公司下属子公司有远东电缆有限公司、江苏新远东电缆有限公司、远东复合技术有限公司、远东买卖宝网络科技有限公司、青海省医药有限责任公司、上海宝来企业发展有限公司。

公司前身是成立于 1969 年的青海中药制药厂，改制后成为青海省首家上市公司。经过多年的拼搏和资本运作，成为电线电缆产品和天然植物药生产销售两大主业的上市公司，是电缆行业上市公司新龙头，电缆业务连续 13 年行业产销量第一，是青海省最大的天然药物生产基地，以青藏高原天然药材基地为依托，成功开发了具有自主知识产权的天然药物系列品种，深受广大客户的认可和信赖。

公司电缆产业拥有电力电缆、电气装备用电线电缆、裸导线、碳纤维复合芯软铝导线等四大类 18000 多个品种，医药产业拥有治疗心血管系统、呼吸系统和保健品等三大类 100 多个品种。

【主营业务】

主要生产和销售电力电缆、电气装备用电线电缆、裸电线、碳纤维复合芯软铝导线等四大类产品。

【经营业绩】

2011 上半年报告期内，公司实现营业收入 498,309 万元，同比增长 27.14%，实现净利润 21,836 万元，同比增长 38.45%。

【600873】梅花生物科技集团股份有限公司

【基本情况】

梅花生物科技集团股份有限公司，总部设在河北省廊坊市，注册资本 26 亿元，总资产 90 亿元，员工 1.3 万人，是一家以生物发酵为主的大型产业集团，主营业务涵盖氨基酸和调味品两大领域，拥有食品添加剂、医药中间体、饲料添加剂、调味品等四大产业群，产品行销全球 50 多个国家和地区，与国内外的食品、饲料、医药等知名企业形成了战略合作关系。2010 年底，梅花集团在上海证券交易所上市，股票代码 600873。

梅花集团是世界氨基酸品类最多、产业链最长的企业之一，产品涵盖食品类氨基酸（味精、核苷酸）、医药类氨基酸（脯氨酸、谷氨酰胺、异亮氨酸）、饲料类氨基酸（苏氨酸、赖氨酸、色氨酸）等领域。

梅花集团坚持"科技强企"的理念，力争建成一家"科技创新型、资源节约型、环境友好型和质量安全型"的现代化企业。2010 年，梅花再度启程，确立了极具雄心的"双领先"战略目标，即致力于成为世界领先的氨基酸企业和中国领先的调味品企业。

未来，梅花集团将积极响应国家产业政策，大力发展新型的氨基酸产品和绿色健康的调味品，拓展终端消费市场，为消费者打造美好生活，实现"一品梅花中国人家"的品牌愿景。

【经营业绩】

2011 年上半年报告期内，公司实现销售收入 29.39 亿元，同比增长 24.54%，实现净利润 3.925 亿，基本每股收益 0.1450 元（股本按照 27.08 亿计算），加权平均净资产收益率 7.66%。

【600875】东方电气股份有限公司

【基本情况】

东方电气股份有限公司（简称东方电气），总部位于四川省成都市，是中国东方电气集团有限公司控股的特大型企业之一。目前拥有东方电机、东方汽轮机、东方锅炉、东方重机、东方武核等多家核心企业，以大型发电成套设备、电站工程承包、电站服务、电控设备、环保节能设备制造为主业，是我国最大的发电设备制造基地之一。

东方电气作为国家重大技术装备国产化基地、国家级企业技术中心，拥有中国发电设备制造行业中一流的综合技术开发能力，通过自主开发、产学研合作、引进和消化吸收国外先进技术以及二次开发，形成了一批拥有自主知识产权的重大技术装备产品。东方电气始终瞄准世界发电设备制造前沿技术，以超前意识调整产品结构，着力改善人类生存环境，积极发展核电、风电等清洁能源，已形成"多电并举"的产品格局，具备大型水电、火电、核电、风电、燃机等发电设备的开发、设计、制造、销售、设备供应及电站工程总承包能力。

东方电气目前已形成年生产发电设备 3000 万千瓦的能力，可批量生产 30 万千瓦、60 万千瓦、100 万千瓦大型火电机组；40 万千瓦、55 万千瓦、70 万千瓦水轮发电机组；100 万千瓦等级核电机组；1500 千瓦风电机组；大型燃气轮机及大型电站锅炉烟气脱硫脱硝、大型化工容器等产品。

强大的人力资源优势、雄厚的技术力量、丰富的经验积累、先进的质量管理是东方电气向国内外用户提供优质工程项目的坚实基础。

展望未来，东方电气以创建国内领先、世界一流，具有国际竞争力的大型企业为宏愿，以产业报国、造福人类为己任，为国民经济又好又快发展提供有力保障。

【主营业务】

水力发电设备、汽轮发电机、交直流电机、控制设备制造销售等。

【经营业绩】

2011 年 1－9 月，公司实现营业总收入 300.91 亿元，比上年同期增加 15.88%；实现归属于上市公司股东的净利润 22.78亿元，比上年同期增加 33.48%；实现基本每股收益1.14 元，上年同期为 0.85 元。

【600881】吉林亚泰（集团）股份有限公司

【基本情况】

亚泰集团创立于 1986 年，组建于 1993 年，1995 年在上海证券交易所上市（股票代码：600881）。经过多年的快速发展，亚泰集团已成为以建材、地产、金融为主业，并涉足煤炭、医药、商贸等领域，资产、营业收入双双超过 150 亿，跻身国内 500 强（位居 292 位）的大型企业集团。

亚泰集团是一家充满激情与活力的成长型综合类企业，亚泰人发扬"团结、诚信、高效、开拓"的企业精神，遵循"以人为本、求实创新、服务社会、厚报股东"的经营理念，抢抓机遇、拼搏进取、实现了超常规、跨越式发展。

在未来发展中，亚泰集团将以"产业报国"为己任，以"为客户提供高品质的产品和服务"为宗旨，再创新业绩，实现新发展，力争五年内综合实力跻身中国大企业集团 100 强，创新、创利、创财富，全面开创亚泰集团新时代，为国家和社会作出新的更大的贡献。

【主营业务】

房地产、水泥、证券、制药等。

【经营业绩】

2011年上半年报告期内,公司实现营业收入517,817.10万元,实现营业利润52,011.51万元,实现净利润32,148.15万元。

【企业荣誉】

· 集团公司工会在中国机冶建材工会第三届全国委员会第一次全体会议上获得多项荣誉。
· 亚泰集团荣获"2011年度长春市统计调查工作先进集体"称号。
· 亚泰集团荣列全国工业重点行业"效益十佳"、"销售十强"企业。
· 亚泰集团被评为"企业景气调查先进集体"。
· 亚泰集团被长春市国税局、地税局评为"A级纳税人"。
· 亚泰集团被评为长春市"十一五"期间档案管理先进集体。
· 2010中国制造业企业500强发布亚泰集团列197位。
· 亚泰集团荣获"就业工作先进单位"和高校毕业生就业"见习基地"荣誉称号。
· "上财中国500强企业竞争力指数"在沪发布,亚泰集团名列234位。
· 亚泰集团荣获"2009年度全省职业能力建设先进单位"等。

【600886】国投华靖电力控股股份有限公司

【基本情况】

国投华靖电力控股股份有限公司(股票简称"国投电力",股票代码"600886")于2002年由湖北兴化与国家开发投资公司(简称"国投公司")进行资产置换后变更登记设立。2011年11月16日公司增发完成后,公司总股本2,345,102,751股,其中,国家开发投资公司持股1,444,604,341股,占公司总股本的61.60%,社会公众股股东持股占公司总股本的38.40%。

截至2011年9月底,公司总资产1142亿元,归属于母公司所有者权益95亿元,资产负债率82.53%;2011年1–9月实现归属于上市公司股东的净利润3.34亿元;公司投产控股装机规模1269万千瓦,权益装机规模848万千瓦。

公司主要竞争优势:

一、水火并举、风光互补,电源结构合理。公司水电权益装机比例达到33%以上,有效抵御煤炭价格波动和供应风险,增强公司抗风险能力。

二、资源储备丰富,在建装机规模大,公司未来规模增长迅速。二滩水电独家享有雅砻江全流域开发权,占据优质稀缺水电资源。雅砻江位列我国十三大水电基地第三位,水量丰沛、落差集中、水库淹没损失小,规模优势突出,梯级补偿显著,经济技术指标优越,全流域资源理论蕴藏量3,340万千瓦,技术可开发量2,985万千瓦,多年平均发电量1,540亿千瓦时。根据雅砻江水能资源开发规划,2012年至2015年,雅砻江流域开发下游在建的1140万机组将逐步全面投产,二滩水电装机规模年复合增长率超过40%;至2025年,雅砻江流域开发全面完成,二滩水电将拥有发电装机约3,000万千瓦,迈入国际一流大型独立发电企业行列。

三、全国性布局,跨区域经营,有效防范区域电力市场风险。目前,公司拥有18家控股电力生产企业,4家参股电力生产企业,主要分布于华北、华东、华南、西南、西北,属经济发达或资源丰富地区,降低了不同地区经济发展不平衡带来的经营业绩波动的风险。

公司自2002年重组上市以来,长期坚持规范运作,不断加强投资者关系管理。2005年入选沪深300指数、上证180指数,2007年入选上证红利指数,2007年末公司入选"上市公司治理板块",2010年入选沪深380指数,2007年–2009年连续三年获得"A股上市公司投资者关系管理百强"称号,2011年荣获中国上市公司市值管理研究中心"2011年度最佳创富IR奖"。

【经营业绩】

2011年上半年报告期内,公司实现营业收入96.08亿元,同比提高26.75%;实现利润总额3.56亿元,同比提高12.32%;实现归属于母公司所有者的净利润1.22亿元,同比提高2.84%;实现每股收益0.061元,同比提高2.84%。

【企业荣誉】

2005年入选沪深300指数、上证180指数,2007年入选上证红利指数,2007年末公司入选"上市公司治理板块",2010年入选沪深380指数,2007年–2009年连续三年获得"A股上市公司投资者关系管理百强"称号,2011年荣获中国上市公司市值管理研究中心"2011年度最佳创富IR奖"。

【600900】中国长江电力股份有限公司

【基本情况】

中国长江电力股份有限公司(以下简称长江电力或公司)是经原国家经贸委报请国务院同意后,以《关于同意设立中国长江电力股份有限公司的批复》(国经贸企改[2002]700号文)批准,由中国长江三峡集团公司(公司控股股东中国长江三峡工程开发总公司已公告更名为中国长江三峡集团公司)作为主发起人以发起方式设立的股份有限公司,公司创立于2002年9月29日。2003年10月28日,公司首次公开发行人民币普通股2,326,000,000股,总股本为7,856,000,000股。2005年8月15日,公司实施股权分置改革方案,总股本变更为8,186,737,600股。2007年5月,"长电CWB1"认股权证成功行权,总股本变更为9,412,085,457股。2009年9月28日,公司实施重大资产重组,总股本变更为11,000,000,000股。

公司是目前我国最大的水电上市公司,主要从事水力发电业务。截至报告期末,公司拥有葛洲坝电站及三峡工程已投产的全部发电机组,机组装机容量为2,107.7万千瓦。公司还持有广州发展实业控股集团股份有限公司(以下简称广州控股)11.189%的股份,广州控股装机容量约229.86万千瓦;持有上海电力股份有限公司(以下简称上海电力)8.77%的股份,上海电力装机容量约600.77万千瓦;持有湖北能源集团股份有限公司(以下简称湖北能源)41.69%的股份,湖北能源装机容量约452.77万千瓦。

根据三峡工程初步设计,三峡左右岸电站设计总装机容量为1,820万千瓦,由26台单机容量为70万千瓦的水轮发电机组组成,设计多年平均发电量为847亿千瓦时,三峡电站26台机组已全部投产。为提高三峡电站的检修、备用容量和调峰能力,充分利用长江汛期的水能资源,国务院三峡工程建设委员会批准三峡工程右岸扩建地下电站,地下电站共安装6台单机容量为70万千瓦的水轮发电机组,2012年将全部建成投产。同时,为确保三峡工程运行安全,完善和提高三峡电站厂用电和其他建筑物用电的可靠性,国务院三峡工程建设委员会同意在三峡电站左岸建设自备电源电站,三峡电源电站共安装2台单机容量为5万千瓦的发电机组,已于2007年全部投产运行。三峡工程全部竣工后,三峡电站的范围包括左岸和右岸电站26台机组(单机容量为70万千瓦)、地下电站6台机组(单机容量为70万千瓦)、电源电站2台机组(单机容量为5万千瓦),总装机容量为2,250万千瓦。

【主营业务】

电力生产、经营和投资;电力生产技术咨询;水电工程检修维护。

【经营业绩】

2011年上半年,公司共实现营业收入8,336,440,821.94元,营业利润2,814,482,590.93元,净利润2,686,350,425.70元,基本每股收益0.1628元。

【600975】湖南新五丰股份有限公司

【基本情况】

湖南新五丰股份有限公司(以下简称新五丰)是一家国有控股农业类上市公司。公司成立于2001年6月26日,由湖南粮油食品进出口集团有限公司作为主发起人,联合香港五丰行有限公司、中国农业大学、中国农业科学院饲料研究所、澳门南光粮油食品有限公司等其他四家发起人组建的股份有限公司。公司2002年成为国家级农业产业化重点龙头企业,2004年A股上市,是国内最早以生猪产业化发展为主业的上市公司。

新五丰下辖19家分子公司。其中:生猪养殖基地分子公司11家,肉品销售公司3家,饲料生产分公司2家、其他类分、子公司4家。公司成立以来一直致力于安全优质猪产业化体系建设,以生猪产业经营及出口业务为主业,涵盖生猪养殖出口、种猪销售、活大猪销售、饲料生产、肉品加工、冷链物流配送、品牌鲜肉超市店中店链锁经营及电子商务销售等业务。

新五丰作为中国入世前夕设立的农业现代化股份公司,采用全新的管理机制,在产品质量、科技创新、品牌建设、人才培养等方面实行与国际全方位接轨,奉行脚踏实地、博采众长、不断创新的经营管理理念,实施优质、高产、高效规模化生产,开拓畅通的生猪出口营销渠道。新五丰立足生猪养殖资源优势,突出主业和区域特色;依托出口猪的品质、品牌优势;实现生产与贸易并重、资本和产业并举、高科技与传统产业相结合、国内市场与国外市场一体化,向生猪产业经营出口与肉类食品加工销售两头延伸,逐步打造有市场竞争力的产业链和形成产业群体,稳步发展。

新五丰以"为人类健康生活多做实事"为使命,以振兴生猪产业为己任,严格按照国家动植物检验检疫部门的安全卫生食品标准,参照欧盟标准组织生猪生产、加工与销售,通过不断引进、消化、吸收国际先进的养殖技术、工艺、设备和管理模式,基地先后获得了农业部无公害农产品产地、ISO9001:2000、HACCP(食品安全认证)、GAP(良好农业规范)等一系列认证,达到国际一流生猪养殖基地水准。新五丰自有11家高标准规模猪场年出栏生猪超过40万头,自有基地生猪全部达到出口生猪标准。公司建立发展内贸业务渠道,建立、稳定优良客户群体,与湘潭、韶山、武汉、广州、深圳、惠州等地区多家企业建立供销合作关系,树立了良好生猪内销品牌形象。此外,公司还对省内77家规模猪场进行出口认证注册,并建立了长期的生猪贸易战略合作关系,年供生猪200万头,公司出口港澳生猪最多时达到40万头/年,出口生猪占内地口岸供港、澳五分之一强,是全国内地口岸供港、澳最大的生猪供应商、国家级农业产业化重点龙头企业、中国食品土畜进出口商会理事单位及活畜分会会长单位,也是经国家动植物检验检疫部门认证的国内规模最大、食品安全标准最高的生猪产业化规模经营企业。

新五丰国内国外市场双管齐下,比翼齐飞。大力拓展国内和港澳市场,形成运行良好的营销通道,保持公司在港澳市场的行业领先地位;在"港澳市场创品牌"的基础上,国内市场重点面向四大领域(一是安全优质商品猪销售;二是以安全优质商品猪开发加工的安全冷鲜肉;三是种猪;四是安全饲料),迅速增加国内市场份额。

新五丰下辖两家饲料生产分公司,年生产能力20万吨以上。公司规模生产基地建成与投产,是我司安全优质猪产业化经营的良好基础,从源头确保了公司生猪产业化经营的品质安全,是供应国内外安全优质猪及其猪肉制品的保障。

新五丰肉品销售子公司——湖南优鲜食品有限公司和深圳晨丰食品有限公司,从事安全优质品牌冷鲜肉销售业务。分别定为湖南本土市场和珠三角市场,生产加工高品质"U鲜"冷鲜肉,以品牌连锁经营的模式,辐射长株潭和珠三角大型市场,并借用现代电子商务和银联支付平台,打造U鲜自有的安全食品呼叫订购配送服务平台,建立了从屠宰、加工、贮藏、运输、销售以及宅配到家全过程实现冷链控制,实施"农场到餐桌全过程无公害质量可追溯管理体系",让消费者真正吃到安全、新鲜、美味、健康的冷鲜肉。"U鲜"品牌已成为放心肉的代名词。

此外,新五丰还设有几家子公司从事与生猪产业化经营相关的其他原料贸易、动物保健产品销售等相关业务,这也是新五丰安全优质猪产业化经营的有效保障。

生物高科技与传统产业有机融合,新五丰充分发挥公司和股东在科研和人才方面的优势,在生猪养殖方面,推广批进批出休栏饲养和猪群多点饲养技术、母猪高产技术、疫病综合防治技术;在育种繁育方面,采用BLUP法育种技术,利用基因技术改良猪肉品质、增强抗病能力;在安全饲料生产方面,不断优化饲料配方技术降低成本和进行饲料安全项目检测;在肉类食品加工方面,保持工艺技术水平和监控检测手段的先进性,与国内外肉类食品加工技术和质量标准接轨,在实践生产中不断探索肉类食品加工的先进技术。在依托农业高科技的基础上,以种猪、饲料为龙头,以输出管理、技术、服务为手段,全过程无公害控制作保证,改造、控制一批适度规模农场,扩大安全饲料和安全肉制品加工生产规模,实施规模集约化经营。新五丰整合行业和企业等多种资源,打造立体农业、循环经济、生态养殖的行业龙头,带动产业发展,实现农民增收、企业发展、社会获益的农业多赢发展目标。

【主营业务】

生猪养殖和供港澳出口与内销。

【经营业绩】

2011年上半年,公司实现营业收入40,535万元,较上年同期增长27.67%;利润总额1,656.22万元,较上年同期增长63.23%;归属于母公司所有者的净利润1,526.37万元,较上年同期增长375.56%。

【600991】广汽长丰汽车股份有限公司

广汽长丰汽车股份有限公司是由长丰集团有限责任公司与日本三菱自动车工业株式会社等企业于1996年11月共同发起设立的企业。2009年5月21日，广州汽车集团股份有限公司（以下简称“广汽集团”）与长丰集团有限责任公司（以下简称“长丰集团”）达成股权转让协议，长丰集团将其持有公司29%的股份转让给广汽集团，上述股份的转让过户事宜已于2009年11月19日办理完毕，广汽集团成为公司第一大股东，长丰集团为第二大股东。现公司主要从事汽车及其零部件制造、销售，提供与上述产品有关的技术咨询服务，总股本为520,871,390,股，是目前国内最大的轻型越野汽车专业制造商之一，为国家和军队定点的轻型越野汽车制造商。2004年5月28日公司向社会公众成功发行人民币普通股7800万股，并于2004年6月14日在上海证券交易所成功挂牌上市交易。

公司通过引进日本三菱PAJERO系列轻型越野汽车制造技术，成功开发出“猎豹”系列中高档轻型越野汽车，具备了年产10万辆轻型越野汽车的生产能力。在国内越野汽车行业中，公司已具备明显的规模优势、市场优势、专业优势、品牌优势，主要经济指标已经已连续多年居行业领先地位，是国内最大的最具市场竞争能力的轻型越野汽车生产企业。公司先后获“全国五一劳动奖状”、“湖南省优秀企业”、“湖南省产品质量奖”、“湖南省高新技术企业”、“湖南省质量管理奖”、“消费者信得过的绿色产品”、“环境保护先进单位”、“湖南省清洁文明工厂”等多项荣誉，公司自2004年起连续获得全国场地越野赛六连冠和全国汽车拉力赛五连冠的好成绩。

公司拥有湖南长沙、永州两个整车制造基地，湖南衡阳、广州惠州两个零部件生产基地，建立了较为完善的零部件配套协作体系。

公司新车型“猎豹飞腾1.5L时尚版”于2010年5月27日上市，猎豹飞腾1.5L时尚版上市，标志着公司正在从集团消费逐步转向私人消费领域，从主业SUV制造商向乘用车市场转型，未来公司将形成更为完善的产品体系，市场竞争能力将进一步增强。

广汽长丰，传承六十余载造车科技，执着于精益求精的不断创新，以精良的产品品质和优质的营销服务为广大消费者创造高品质的汽车生活。

新时期，广汽长丰积极实施“国际化、专业化、精品化”战略，坚持“三个转型、两个提升、打造一流品牌”的经营思想，充分集成股东各方优势资源，全面推进流程再造、内外资源整合和管理水平提升，实现新的跨越，演绎新的精彩！

【600993】马应龙药业集团股份有限公司

马应龙创始于公元1582年，是一家经国家商务部认定的中华老字号企业。经过多年持续快速健康发展，马应龙已经成为一家涉足于药品制造、药品研发、药品批发零售、连锁医院等多个领域的专业化多功能国际化的医药类上市公司。

不平凡的发展历程

马应龙药业始创于1582年（明万历年间）。创始人马金堂在定州开办小型眼药铺，创制“八宝”眼药。其八宝眼粉取名贵中药材入药，如麝香、牛黄、珍珠、琥珀等，组方严谨，配伍精妙，历经四百余年盛久不衰。

20世纪80年代后期，马应龙人根据市场信息的反馈和需求，在眼药古方的基础上研制出马应龙麝香痔疮膏、麝香痔疮栓以及治疗皮肤外疾的龙珠软膏等主导产品，让百年古方，老树新花，散发独特幽香。

1995年7月，马应龙由国有企业正式改制为股份制企业，开始了新的历程。2004年5月17日马应龙股票正式在上海证券交易所隆重上市，由此马应龙获得了持续融资的通道和规范营运的平台，并提升了马应龙的品牌形象。

上市促进跨越发展

自上市以来，马应龙药业进入了历史上的快速发展时期，各项经营指标始终保持两位数的正增长，公司的综合实力跃上了新的台阶。

经营业绩大幅提高，股东财富持续增长

2010年公司实现主营业务收入11.78亿，实现净利润1.23亿元，分别是2005年度的2.86倍和2倍。公司治痔类主导产品市场占有率超过40%，持续保持国内市场占有率第一的位置。

公司资产总额由2005年末的7.7亿元上升到2010末的14.48亿元，增长88%；公司净资产由2005年末的5.69亿元上升到2010年末的11.27亿元，增长98%。2006年起，公司连续四年入选全国医药工业百强，2010年公司入选“湖北省医药行业生产企业十强”。

公司规范的运营体制和有效的经营机制保障股东财富的持续增长。自上市以来，公司以其持续的成长性和良好的经营业绩获得了广大投资者的青睐。截至2010年末，马应龙股票市值达到75.65亿元，与2005年底股票市值12.31亿元相比增长5.15倍，公司累积现金分红达1.4亿元。

公司因完善治理结构，和谐、稳定、协作的股东关系，成功入选上证公司治理指数样本股，在2010年第五届“大众证券杯”中国上市公司竞争力公信力top10调查中，荣获“最重股东权益上市公司”称号。

经营功能不断丰富完善，核心竞争力日益巩固

十多年来，马应龙从过去传统的生产型企业发展成为一个专业化复合型的药业集团上市公司，涉足于药品生产、药品批发零售、药品研发、专科医疗等多个领域，旗下控股子公司及参股子公司超过20个。

公司不断强化肛肠治痔及下消化道领域的核心定位，在公司原有治痔产品线的基础上引进开发定位差异化、功能互补化、剂型多样化、梯队合理化的新产品，已实现7个品种10种规格的产品梯队，治痔新产品地奥司明片、痔炎消片、金玄痔科熏洗散、聚乙二醇4000散陆续上市销售，成功实现了治痔产品向肛肠乃至下消化道产品的延伸，更好的满足了顾客的需求，进一步巩固了国内肛肠治痔第一品牌的市场地位。

公司坚持“提高技术创新能力、提高整合运作能力”方针，加强创新体系构建，加快技术进步。目前正在开发的第2代马应龙麝香痔疮膏应用了国内领先的纳米技术，疗效较第1代马痔膏有质的突破，被作为重点列入省十一五规划和国家科技部科技支撑计划项目。2010年新型镇痛栓剂硫酸吗啡栓被列如科技部火炬计划项目。2008年，公司被认定为国家级高新技术企业，2009年马应龙企业技术中心被认定为国家级企业技术中心，标志着技术创新体系建设进入全新发展通道。

公司根据“目标客户一元化、服务功能多元化”的思路，围绕肛肠及下消化道领域向肛肠诊疗行业延伸产业链。

2009 年公司成立武汉马应龙医院投资管理公司，以品牌为纽带整合社会资源介入肛肠医疗服务领域，在全国范围内稳步扩张，目前已新建和投资武汉、北京、沈阳、西安、南京等 5 家肛肠专科医院，医院连锁经营已步入良性循环。在布局医疗服务领域的同时，公司积极向肛肠诊断领域拓展，分别与中山大学达安基因公司出资设立武汉马应龙达安基因诊断技术有限公司、与哈佛大学公共健康研究院徐谋胜博士共同投资设立湖北维达健基因技术有限公司，开展肛肠疾病基因诊断技术和产品开发。通过上述布局，马应龙在核心定位领域已初步形成了药品经营、诊断技术、医疗服务一体化的战略格局，实现了由药到医的有效延伸，医药互动效应逐步显现。

为丰富马应龙的品牌内涵，深入挖掘 400 年八宝组方的功效价值，公司按照"一个故事、两个支撑、全新经营模式"的发展策略，在传统八宝组方的基础上萃取中药精华，研制生产出"马应龙八宝去黑眼圈眼霜"，奏响了百年老字号进军药妆市场的序曲。产品上市以来销售势头良好，赢得了消费者的青睐和好评。公司联合中国中医科学院对马应龙八宝组方的功效、作用机理强化专项研究，得出权威验证结论，验证了 400 年古方的传奇功效。2010 年末马应龙眼药制作技艺成功获评国家级非物质文化遗产，药妆系列产品再获强力支撑。公司将以眼部护理产品为基础，不断完善产品系列，并向护肤品领域延伸。

品牌内涵不断丰富，品牌影响力持续扩大

公司深化实施品牌经营战略，不断充实马应龙的品牌内涵，扩大马应龙品牌的影响力。2005 年，马应龙在人民日报、中国企业文化促进会、中国质量与品牌杂志社等 6 家公共传媒的联合评选中荣获"中国痔疮药物最具影响力品牌"。2006 年，马应龙荣获国家工商总局认定的"中国驰名商标"，成为中国治痔领域唯一的"中国驰名商标"。2011 年，公司拥有的"马应龙眼药制作技艺"正式获批国家级非物质文化遗产。公司产品市场抽检合格率始终保持在 100%，得到了监管部门和消费者的认可，荣获"湖北省名牌产品"、"最受消费者喜爱产品"等荣誉。2011 年，公司还获评湖北省政府设立的最高质量荣誉奖——长江质量奖，是省内第 3 家获此殊荣的企业。根据世界品牌实验室公布的最新信息，公司品牌价值达到 71.08 亿元。

积极履行社会责任

近年来，公司本部提供新增就业岗位 500 余人，增长 53.8%，并通过投资、并购等方式，为近 2000 多名子公司员工提供了良好的职业发展通道。

公司终坚持依法诚信纳税，2010 年缴纳各项税金 1.17 亿元，十一五期间累计上缴税收达 4.63 亿元，为构建和谐社会贡献了自己的一份力量。

公司建立了马应龙慈善基金，并以该基金为平台，从上至下广泛参与社会公益事业，在扶危济困、资助教育和赈灾救助等方面勇作表率，历次社会大灾大难均积极捐赠，过去 5 年累计向社会捐赠现金及药品 1400 余万元，在业内树立了榜样，获得了良好的社会反响。公司坚持开展捐资助学活动，在武汉大学、中南财经政法大学、湖北中医学院等高校相继设立"马应龙助学金"，共资助贫困学生 269 人次，并为在校大学生提供了大量的勤工俭学机会、节假日实习机会。公司还连续 2 年开展公益助医活动，面向社会征集了 200 名肛肠手术患者，全程免费进行手术。

2008 年 9 月，马应龙获中国医药企业管理协会和人民网联合评选的"2008 中国医药企业社会责任优秀奖"，2008 年 11 月，马应龙被中国红十字总会授予"最佳企业红十字会"荣誉称号，2009 年荣获"中国(湖北)最佳企业公民大奖"。

【600995】云南文山电力股份有限公司

【基本情况】

云南文山电力股份有限公司位于祖国西南边陲的文山壮族苗族自治州州府所在地—文山县境内。文山州东与广西壮族自治区百色地区相连，南与越南社会主义共和国接壤，国境线长 438 公里。全州辖文山、砚山、西畴、麻栗坡、马关、邱北、广南、富宁 8 个县，国土面积 31456 平方公里。州内资源丰富，为名贵药材"三七"的主产地；各种有色、黑色和稀有贵重金属以及非金属蕴藏丰富，其中锡、锑、锰的储量分别居全国第二、第三和第八位，锑、锰、铝土等 8 种矿储量居云南省首位；境内的清水江、南盘江、西洋江、盘龙河、普厅河等数十条江河依山势飞流跌宕，水资源总量达 127.5 亿立方米，水能理论蕴藏量达 323 万千瓦，可开发利用 134 万千瓦。

为建立"产权清晰、权责明确、政企分开、管理科学"的现代企业制度。1996 年 10 月，文山州电力公司经云南省经贸委、云南省企业改革领导小组云经贸企[1996]548 号批准列为 1996 年第一批省级现代企业试点单位，本着精干主体、剥离辅助的原则，经云南省人民政府办公厅云政办函[1997]157 号文批准同意实施《文山州电力公司现代企业制度试点方案》，云南省人民政府云政复[1997]112 号同意设立云南文山电力(集团)股份有限公司，1997 年 12 月 29 日，文山州电力公司采取分立式改制，以经营性净资产其他四家法人共同发起组建云南文山电力(集团)股份有限公司。

2000 年 6 月 21 日经省经贸委云经贸企(2000)353 号批准，公司名称由"云南文山电力(集团)股份有限公司"变更为"云南文山电力股份有限公司"。

2004 年 5 月 25 日经中国证监会证监发行字[2004]64 号批准，同意公司面向社会公众发行人民币普通股股票 3600 万股。5 月 31 日，公司股票在上海证券交易所面向二级市场投资者定价配售发行。

2004 年 6 月 15 日，文山电力 A 股股票在上海证券交易所成功上市，股票简称：文山电力，股票代码：600995。公司成为文山壮族苗族自治州第一家上市公司、云南省第一家电力上市公司。此次公司股票发行上市，成为公司发展历程中的一个重要里程碑，对进一步提升公司的核心竞争力，为公司快速发展提供了一个良好的机遇。从此公司跻身资本市场，迈上了一个更广阔的发展平台。

公司属水利电力行业，主营水力发电、供电业务，并经营文山州地方电网，是集发供用电为一体的中型企业，担负着全州工农业生产的供电任务，肩负着全州电网的运行维护管理工作，并为社会提供发送变电工程施工、电气试验、电测仪表修理、检定等服务的地方电力企业。

【主营业务】

水力发电、供电和配电。

【经营业绩】

2011 年上半年报告期内，公司完成自发供电量 15412 万千瓦时，比上年同期增长 19.1%；完成供电量 184217 万千瓦时，比上年同期增长 17.1%；完成售电量 177330 万千瓦时，比同期增长 20.3%；其中：直供电量 138654 万千瓦时，比同期增加 23816 万千瓦时，增长 20.7%；累计趸售电量 38676 万千瓦时，比上年同期增长18.7%。

趸售电量中：趸售广西23615万千瓦时，比上年同期增长9297万千瓦时；趸售州内三县12544万千瓦时，比上年同期减少5651万千瓦时；趸售给平远公司1563万千万时。外购地方中小水电57801万千瓦时，比上年同期增长74%；外购云南省网电量111004万千瓦时，比上年同期增长49.8%。公司参与对越送电948万千瓦时。

2011年上半年报告期内，公司实现营业收入73399.74万元，比上年同期增长23.01%，实现营业利润9995.67万元，比上年同期增长59.49%；实现净利润8542.25万元，比上年同期增长46.17%；

【企业荣誉】

公司成立以来，多次荣获国家、水利部及云南省颁发先进单位等荣誉称号，1998年以来，公司先后评为"水利系统水电先进单位"，"全国水利系统质量效益型先进单位"、"全国群众体育先进集体"、"云南省模范职工之家"、"云南省水利系统地方电力工作先进集体"、"云南省退役士兵安置工作先进单位"、"云南省厂务公开先进单位"、"云南省'三八'红旗集体"、"云南省管理达标企业"、"云南省管理优秀达标企业"，获云南省"科技进步奖"，入选"中国优秀企业数据库"，被命名为"省级文明单位"，2003年1月27日，被云南省企业调查队评为"2001－2002年度云南省重点企业建立现代企业制度跟踪监测调查统计工作先进单位"等。

【600997】开滦能源化工股份有限公司

【基本情况】

开滦能源化工股份有限公司成立于2001年6月30日，由开滦集团公司作为主发起人，联合中国信达、上海宝钢、中国华融、煤科总院、西南交大共同设立。2004年6月2日，首次公开发行15000万股A股股票在上海证券交易所挂牌上市；2008年12月5日，公开增发5612万股A股股票上市交易。目前，公司总股本123464万股。

公司产品主供鞍钢、宝钢、首钢、唐钢、上焦、韩国浦项等大型冶金化工企业。公司技术力量雄厚，装备水平先进，处于国内及同行业前列。公司地处环京、津和环渤海经济区有利区位，具有良好的资源优势、交通优势和经济优势，产品可直抵东北、华东、华南市场，远销海外。

公司自成立以来，坚持以建设科学发展示范型企业为导向，秉承"聚才聚力，求精求快，回报股东，造福员工"的宗旨，发挥资源优势，强化资本运营，加快煤基产业链延伸和企业转型，兼顾企业与员工、股东、社会、自然和谐发展，经营规模迅速扩大，经济实力显著增强，在同行业上市公司中走出了一条独具开滦特色的科学发展之路。

近年来，公司按照"行业示范、国内领先、世界先进"的科学发展示范型能源化工企业的目标要求，坚持"强强联合、互利共赢"的开放发展思路，在巩固和发展范各庄、吕家坨两矿业分公司煤炭生产及洗选加工能力的基础上，先后与首钢、唐钢、美国考伯斯、山西义棠煤业联合，分别投资设立了迁安中化煤化工有限公司、唐山中润煤化工有限公司、唐山考伯斯开滦炭素化工有限公司、山西介休倡源煤炭有限责任公司，构建形成了"三矿三厂"多元产业发展的经营格局，并通过突出做大做强、做精做细煤化工产业，推进各产业的协调统筹发展，实现企业经济总量的跨越式增长，已形成550万吨/年焦炭、20万吨/年甲醇、30万吨/年焦油、10万吨/年粗苯加氢精制生产能力，确立了在河北省区域内煤化工产业"领头羊"的地位，成为绿色循环经济发展的典范。

目前，公司海外煤炭资源开发扩张顺利进行，京唐港区域煤化工产业整合有序推进，煤基产业链延伸和新项目建设加速实施，建设现代新型煤化工企业的发展战略在实施进程中不断完善和提升。按照公司"3年双百亿，打造新园区；5年翻一番，建设新开滦"的发展战略目标，到"十二五"末，在唐山区域打造成具有千万吨级焦炭、百万吨级焦油深加工和多种精细化工产品的国内煤化工行业的旗舰企业，逐步建成规模世界最大、综合功能最齐全、产业链延伸最完全、循环经济发展最具优势的煤化工航母。

【主营业务】

煤炭及半生资源开采；原煤洗选加工；煤炭产品的经营销售。

【经营业绩】

2011年上半年报告期内，公司实现营业收入937,522.80万元，与上年同期相比增长31.04%；利润总额61,691.19万元，与上年同期相比增长8.41%；归属于母公司股东的净利润45,909.54万元，与上年同期相比增长9.02%。

【600998】九州通医药集团股份有限公司

【基本情况】

九州通医药集团股份有限公司（简称"九州通"，证券代码600998），成立于国家允许民营资本进入医药流通领域的1999年，2010年11月在上海证券交易所挂牌上市，是在中国医药商业行业处于领先地位的上市公司。

九州通以药品、医疗器械等产品批发、零售连锁、药品生产与研发及有关增值服务为核心业务，是现全国最大的医药商业流通企业之一，同时也是医药商业领域仅有的具有全国性网络的两家企业之一。九州通已连续6年位列中国医药商业企业第3位、中国民营医药商业企业第1位，入围"中国企业500强"。

截至2010年12月31日，集团公司拥有总资产81亿元、员工7,412人、下属公司70余家，直营和加盟的零售连锁药店709家，2010年实现销售收入212.52亿元，税费总额3.26亿元。

公司拥有完善的品种结构和丰富的客户资源，目前经营品规达14,000多个，拥有上游供货商4,200多家，下游客户60,000多家，取得了国内230多种药品的全国或区域总经销或总代理资格；现有20家省级子公司（大型医药物流中心）、25家地级分销公司（地区配送中心）及300多个业务办事处（配送站），初步形成了覆盖全国大部分县级行政区域的物流配送网络，是国内唯一具备独立整合物流规划、物流实施、系统集成能力的医药物流企业。

【主营业务】

药品，医疗器械等产品的批发，零售连锁及药品生产和研发以及有关增值服务。

【经营业绩】

2011年上半年报告期内，公司实现营业收入120.30亿元，营业利润1.66亿元及净利润1.28亿元（其中归属于上市公司股东净利润1.26亿元），较上年同期的营业收入102.81亿元，营业利润1.54亿元及净利润1.21亿元（其中归属于上市公司股东净利润1.18亿元）分别增长17.01%，8.07%，5.79%（其中归属于上市公司股东净利润增长7.49%）；扣除非经常性损益后归属于上市公司股东的净利润为 1.18 亿元，较上年同期的 1.10 亿元增长 6.99%。实现基本每股收益 0.09元，稀释每股收益 0.09 元，扣除非经常性损益后基本每股收益 0.08 元，稀释每股收益 0.08 元。

【企业荣誉】

九州通曾获得"第二届中国优秀民营企业"、"2006 年 CCTV 中国（武汉）年度最佳雇主"、"2007 年度湖北省具有带动力民营龙头企业"、"中国物流改革开放 30 年旗帜企业"、"湖北省最具影响力民营企业"、"中国第九届'未来之星——最具成长性的新兴企业'"、"全国就业与社会保障先进民营企业"、"5A 级物流企业"等多项荣誉。

【601000】唐山港集团股份有限公司

【基本情况】

唐山港集团股份有限公司坐落于唐山港京唐港区，位于唐山市东南 80 公里，于 2003 年 1 月在京唐港务局基础上改制设立，是主导京唐港区建设发展的大型上市港口企业集团，主要从事码头和其他港口设施经营、货物装卸等业务，优势货种为钢铁、铁矿石、煤炭等。2010 年 7 月，集团公司在上海证交所正式上市，成为河北省首家上市港口企业，上市后，公司净资产市值达 70 多亿元，注册资本增加到 10 亿元人民币；公司职工总数 2500 余人；对外投资参股控股企业 20 余家。公司建立了完善的法人治理结构，劳动生产率、收入利润率居全国港口前列，先后获得全国"五一劳动奖状"、全国"模范职工之家"、全国"青年文明号"、全国"最具成长性企业"、全国文明诚信示范单位、中国"交通百强企业"等多项国家级荣誉称号。

目前，京唐港区已建成第一、第二港池全部和第三、第四、第五港池部分泊位，泊位总数达 33 个，年设计通过能力 10,368 万吨/25 万 TEU，其中，公司拥有散杂、件杂、多用途、煤炭、水泥等多种功能的泊位 22 个，公司建设的 2 个 25 万吨级专业矿石泊位和 20 万吨级航道也于 2011 年 12 月正式投产运营，已建成各类货物堆场 700 多万平米。港区具有完善的进口保税与出口监管功能，集团公司与其下属分子公司可为客户提供融资监管、信息贸易、综合运输、临港加工、船舶租赁等增值服务。以港口为原点，已形成了发达便捷的海陆集疏运网络，高速公路、电气化铁路直达港口，除对接直接腹地唐山外，服务范围已覆盖华北、西北广大地区，水路通达 50 多个国家（地区）、120 多个港口，成为在能源、重点物资运输中发挥着重要作用的国家战略层面上的重要港口。2009 年港区货物吞吐量首次突破亿吨，2010 年吞吐量再次突破亿吨，完成 1.2 亿吨，同比增长 12.6%。其中，公司完成货物吞吐量 7475.46 万吨，同比增长 11.66%，钢铁发运量排名沿海港口第二位，煤炭运输为北煤南运作出了突出贡献，其中进口焦煤位居沿海港口第一位，矿石运量也位居沿海港口前列。

【主营业务】

港口装卸、运输、堆存仓储等物流业务。

【经营业绩】

2011 年上半年，公司实现营业收入 140,713.57 万元，同比增长 7.48%，剔除商品销售收入的影响，报告期营业收入同比增长 18.94%，主要是内贸煤炭下水量大幅增长，毛利较高的镍矿、液化产品、粮食等新货种吞吐量增加；实现利润总额 37,362.09 万元，同比增长 38.88%；实现净利润26,223.40 万元，同比增长 40.51%；实现每股收益 0.2622 元。

【601001】大同煤业股份有限公司

大同煤业股份有限公司（简称"大同煤业"，英文全称：Datong Coal Industry Co.,Ltd）是由大同煤矿集团作为主发起人，联合中煤能源、秦皇岛港、华能集团、宝钢国贸、煤科总院等其他 7 家发起人共同发起设立，并于 2001 年 7 月 25 日在山西省工商行政管理局注册成立的股份有限公司。

大同煤业于 2006 年 6 月 23 日成功登陆 A 股市场，成为股改后沪市首家全流通的上市公司，公司先后荣获"2007 年、2008 年年度中国主板上市公司价值百强"、"2008 年度上市公司 100 强绩优公司榜前 10 强"、"2008 年度中国上市公司百强金牛奖"、"2009 年度上市公司市值管理百佳榜"、"中国 20 家最具活力新锐上市公司奖"等多项荣誉。

大同煤业上市以来通过募集资金建成了年设计生产能力 1500 万吨的国内最大井工矿井——同煤塔山煤矿，并以塔山煤矿为龙头，建设配套的洗煤厂、电厂、建材厂、铁路等"一矿八厂一条路"，形成了我国第一个完整产业链的煤炭循环经济园区——塔山循环经济园区。提升了煤炭产能，增强了公司煤炭主业经营规模和盈利能力，同时在进一步完善公司治理的基础上，积极与投资者沟通，加强形象塑造，提升公司价值，提高在资本市场的竞争力，为公司稳定和可持续发展奠定了坚实的基础。

【601006】大秦铁路股份有限公司

大秦铁路股份有限公司（股票代码 601006）是一家以客货运输为主营业务的区域性、多元化铁路运输企业。2006 年 8 月 1 日在上海证券交易所正式挂牌交易，是我国铁路首家以路网核心干线为资产主体 IPO 的上市公司。

公司管辖大秦、北同蒲、南同蒲、侯月、石太、丰沙大、太焦、京原、侯西等 9 条铁路干线，口泉、云冈、宁岢、平朔、忻河、兰村、西山、介西、太岚等 9 条铁路支线，路网东起能源大港秦皇岛，西至黄河要津禹门口，北到煤都大同，南至古迹风陵渡，纵贯三晋南北，横跨晋冀京津两省两市，线路营业里程 2725 公里，总延展长度 7561 公里。

大秦铁路主要担负着山西省的客货运输和冀、京、津、蒙、陕等省市区的部分货运任务，货物发送量约占全国铁路货物发送量的六分之一，煤炭运输量约占全国铁路煤运量的三分之一，主要用户包括中西部各大煤企、全国 4 大电网、5 大发电集团、10 大钢铁公司和数以万计的工矿企业，经济区辐射全国 26 个省市自治区、15 个国家和地区。

公司管内的大秦线，全长 658 公里，是我国第一条单元双线电气化重载运煤专线，是国家"西煤东运"的重要战略通道，享有"中国重载运输第一路"的美誉。"十一五"期间，经大秦线输送的煤炭超过 16 亿吨，仅 2010 年就完成年运量 4 亿吨，"十二五"开局的 2011 年又大幅增量，完成年运量 4.4 亿吨，在保障国家能源安全、推动产业结构调整和促进区域经济协调发展中发挥出重要作用。

上市以来，大秦铁路借力资本市场，盘活存量资产，先后运用中期票据、公开增发和公司债券等多元融资方式，满足外延收购和日常经营的资金需求。凭借成功的资本运作实践，2011 年 12 月 19 日，在由上海证券交易所主办，国务院国有资产监督管理委员会和经济合作与发展组织（OECD）共同支持的"第十届中国公司治理论坛"暨 2011 年度公司治理专项奖评选颁奖会议上，大秦铁路从1000多家沪市上市公司中脱颖而出，荣获“典型并购重组案例奖”。

截至2011年末，大秦铁路资产总额逾千亿元。以2011年12月最后一个交易日收盘价7.46元计算，大秦铁路总市值达到1109亿元，名列国内上市公司第22位，居A股交通运输行业板块和山西省辖区上市公司第1位。2011年9月3日，大秦铁路以2010年度420亿元的营业收入荣登由中国企业联合会和中国企业家协会联合发布的“中国企业500强”榜单，名列第199位。

【601008】江苏连云港港口股份有限公司

江苏连云港港口股份有限公司成立于2001年10月15日，由连云港港口集团有限公司和中国信达资产管理股份有限公司等五家发起人发起设立，2007年4月26日公司股票在上海证券交易所上市交易。

公司依托“水深流顺风浪小，不冻不淤陆域大”的天然深水良港连云港港，紧临国际主航运线。公司下设董事会秘书处、办公室、企业文化部、投资发展部、审计部、资产装备部、生产业务部、财务部、人力资源部9个部门和东联、东源、东泰和东润4个港务分公司；控股经营江苏灌河国际港务有限公司、连云港港口国际石化港务有限公司；参股经营连云港中远船务工程有限公司、连云港中韩轮渡有限公司、连云港中韩轮渡株式会社、新陆桥（连云港）码头有限公司和连云港新东方国际货柜码头有限公司；拥有24个生产泊位，其中万吨级以上泊位21个，主要从事港口货物的中转装卸、堆存及相关港务管理业务，涵盖集装箱、铁矿石、粮食、液体化工品及散杂货装卸，客货班轮运输，国际修造船等领域。其中，煤炭出口享有“唯一无索赔港”盛誉，氧化铝、木薯干、胶合板、有色矿和铝锭接卸量国内领先，焦炭出口沿海第二，化肥、活性畜接卸排名第三，机械设备出口港稳居第四，粮食进出口位列第五。

作为国内最早以城市命名的股票，“连云港”凝聚着市委、市政府领导的心血，肩负着“以港兴市”的使命，承载者广大投资者的期盼，担当着发展港口主业板块、对接资本市场的重任。

展望未来，公司将充分发挥连云港作为新亚欧大陆桥东桥头堡和中国中西部地区最便捷进出海口岸的区位优势，以多年来积累的品牌、信誉、管理、人才等优势为平台，坚持科学发展观，强化责任，优化管理，增强核心竞争力，以高效快捷优质的港口综合服务，不断拓展和扩大市场份额，提升公司的市场价值，在资本市场的强力助推下，建设和谐企业和效益企业，为实现中国沿海重要的、江苏最大的具有国际竞争力的现代化综合港口运营商战略目标而不懈努力。

【601009】南京银行股份有限公司

【基本情况】

南京银行于1996年2月8日发起成立，是一家由国有股份、中资法人股份、外资股份及众多个人股份共同组成的股份制商业银行，实行一级法人体制。2001年，南京银行吸收国际金融公司（IFC）投资入股。2005年，引进境外战略投资者法国巴黎银行。2007年7月，南京银行成功在上海证券交易所上市，股票代码601009，成为全国第一家登陆上交所的城商行。

南京银行抓住发展机遇，推进机构建设，区域性布局已经初步形成。自2007年设立第1家异地分行以来，跨区域经营不断推进，先后设立了泰州、上海、无锡、北京、南通、杭州、扬州、苏州8家分行，机构战略布局持续深化。目前拥有分支机构88家，员工3000余人。

南京银行积极探索多元化经营。2006年，参股日照银行18%的股份，成为其第一大股东。2009年，参股江苏金融租赁有限公司，探索“银租合作”；发起组建宜兴阳羡村镇银行、昆山鹿城村镇银行，参股芜湖津盛农村合作银行成为第一大股东，涉足农村金融。

南京银行始终把小企业视为自己的天然盟友与生存的土壤，将发展小企业业务作为打造自身可持续发展能力的战略目标。2009年成立了总行一级部制的小企业金融部，从组织架构、业务流程、标准化模板、风险管理、市场定位等各方面全面打造南京银行小企业发展模式，推出“鑫动力”金融服务品牌，切实做到“专心、专业、专注”。2008－2010年间，我行小企业贷款余额年均复合增长率达到了50.4%。2011年前三季度增幅为44.7%，且不良率仅为0.32%。为了表彰南京银行在支持小企业发展中得突出贡献，中国银监会授予南京银行“2010年度全国小企业金融服务先进单位称号”。

南京银行全力打造中高端财富管理、高效灵活的消费金融及有选择拓展的个人经营性贷款三大业务亮点。凭借资金业务优势，打造零风险的“金梅花”、“创富”以及“珠联璧合”系列理财产品。借助巴黎银行经验和模式，开发了“信易贷”、“房易贷”、“购易贷”和“诚易贷”等消费信贷产品以及经营性个人贷款产品“商易贷”。同地方政府合作，推出便民一卡通“市民卡”。

南京银行在货币市场长期耕耘，享有“货币特色商业银行”盛名。南京银行是首批进入全国银行间债券市场的城商行，是最早成为中国人民银行公开市场一级交易商的城商行，是全国首批债券做市商，是首批Shibor报价商，多次获得“优秀承销团成员”、“优秀交易成员”、“优秀结算单位”等荣誉称号。2003年起，南京银行发起城市商业银行资金联合投资项目，打造“珠联璧合”理财业务品牌，并与其他城商行建立多领域合作。2009年南京银行成立了金融市场部上海分部，2010年获得代客黄金交易和衍生产品交易业务资格，联动多条线业务部门，为客户提供综合化的金融服务和产品支持。

南京银行稳步推进重大系统建设，逐步树立电子银行业务品牌。2011年启动了客户信息管理系统、定价系统、信贷系统二期等重大系统建设。网上银行交易金额达1119.5亿元，同比增长125.19%，电子银行业务交易笔数替代率达到67.78%，同比增长19.43个百分点。三季度重点推出了“e－bank易伴”电子银行形象标识，树立“时刻相伴，如e相随”的电子银行服务理念，有力提升了电子银行品牌形象。与此同时，网上银行企业版功能升级工作全面完成，推出了IPAD版手机银行。

展望未来，南京银行将始终以科学的战略规划统领全行发展。将“稳健发展”和“业务转型”作为两大核心目标，聚焦业务模式、交叉销售、区域扩张以及核心能力建设四大战略重点，通过打造小企业、金融市场及投行、个人和公司4大业务条线的差异化竞争模式和业务亮点，来确立未来差异化、特色化、可持续的发展道路，努力实现在发展中转型，在转型中提升发展质量和效益。

【财务状况】

截至2011年9月末，我行资产总额2632.14亿元，同比增加 18.84%；贷款余额 979.42 亿元，存款余额 1596.64 亿元，累计实现净利润 23.42 亿元，同比增加 19.43%。各项监管指标良好，资本充足率为 11.67%，核心资本充足率为 10.89%，存贷比为 60.62%，准备金覆盖率为 292.82%。

【601011】七台河宝泰隆煤化工股份有限公司

七台河宝泰隆煤化工股份有限公司是集煤炭开采、洗选加工、炼焦、化工、发电、供热于一体的新型煤炭资源综合利用的大型股份制企业。公司是上海证券交易所上市公司，于 2011 年 2 月 24 日公开发行 9700 万股公众股，并于 2011 年 3 月 9 日挂牌上市，股票简称“宝泰隆”，股票代码“601011”，注册资金 3.87 亿元。

公司始建于 2003 年，7 年来，企业规模不断发展壮大，七台河宝泰隆煤化工股份有限公司下设洗煤厂、焦化厂、干熄焦热电厂和独资的七台河宝泰隆甲醇有限公司、七台河宝泰隆圣迈煤化工有限责任公司、鸡西市宝泰隆投资有限公司、七台河宝泰隆矿业有限责任公司、七台河宝泰隆供热有限公司、七台河宝泰隆环保建材有限公司，鸡西市宝泰隆投资有限公司下属控股子公司鸡西市宝泰隆煤业有限公司和参股子公司鸡西市东源煤炭经销有限责任公司，七台河宝泰隆矿业有限责任公司下属子公司七台河宝泰隆龙西矿业有限责任公司、七台河宝泰隆宏岚矿业有限责任公司、勃利县宏泰矿业有限责任公司，公司参股的抚顺新钢铁有限责任公司、龙江银行股份有限公司、新疆宝泰隆煤化工有限责任公司、七台河鹿山北兴选煤股份有限公司。企业主要产品有冶金焦炭、煤焦油、粗苯、中煤、甲醇、杂醇油、燃料油、石脑油、煤焦油沥青等，除销往东北各大钢厂和化工企业外，还远销俄罗斯。

公司资产从 2003 年的几千万元猛增到 40 多亿元，占地面积 130 公顷，拥有每年 390 万吨煤炭洗选加工能力、158 万吨的焦炭生产能力、3 万吨的粗苯生产能力、10 万吨的甲醇生产能力、10 万吨的煤焦油深加工能力、90 万吨煤炭开采能力，发电 4 亿度，供热 116 万平方米。企业通过了 ISO9001 质量管理体系认证和 ISO14001 环境管理体系认证，跻身黑龙江省非公有制企业纳税 50 强、黑龙江省规模以上工业企业 50 强、黑龙江省企业 50 强之列，连续多年被金融机构评为 AAA 级信用企业，全国二十佳节能减排企业，被黑龙江省评为煤炭循环经济试点企业和省级高新技术企业。公司拥有国家级博士后工作站和省级企业技术中心。

为响应国家发展循环经济，建设生态工业园区的号召，七台河宝泰隆煤化工股份有限公司经过几年来的筹划建设，加快发展了煤炭循环经济，公司的循环经济产业链如下：公司开采和采购的原煤进入洗煤工序进行洗选加工，主产品精煤供给焦化工序炼焦，副产品煤泥、煤矸石等供应干熄焦电厂；焦化工序生产的焦炭主要供给东北三省的钢铁厂用户，副产品煤焦油、粗苯、萘油等继续深加工或直接外销；焦炭生产采用干法熄焦，回收的余热用于干熄焦电厂发电和生产蒸汽，电力和蒸汽主要供应公司内部使用，剩余电量上网销售；电厂余热用于公司生产生活区和欣源小区、七星花园小区供暖，电厂的供热锅炉产生的废渣经加工后，用于生产建筑材料。宝泰隆甲醇利用炼焦产生的焦炉煤气和宝泰隆甲醇空分车间生产的氧气制取甲醇。生产甲醇的驰放气经过变压吸附，制成纯度 99.96% 的氢气后，与公司炼焦产生的煤焦油一起提供给宝泰隆圣迈用于生产燃料油品。募集资金投资项目实施后，宝泰隆圣迈将在煤焦油加氢工艺前对煤焦油进行预处理，在提炼出价值较高的工业萘等产品后，将中油加氢生产燃料油品，将煤沥青生产针状焦。公司通过完整的循环经济产业链条将煤炭资源最大化利用，实现良好经济效益和社会效益。

公司成立至今，吸引了全国各大中专毕业生 300 余人，共为社会提供了 4500 余人的就业岗位，缓解了社会就业压力。公司在环保及社会公益事业上，也做出了积极的努力和贡献。公司通过了省环保验收，达到了国家焦化行业准入条件，成为国家环保第一批准入企业之一。公司始终重视公益事业发展，成立至今，在公益事业上投入 500 余万元。2007 年公司成立了“黑宝石基金”，从 2007 年至今出资 100 余万元支助七台河贫困大学生，现支援学生 300 余人；2008 年 5 月，公司向四川地震灾区出资 100 万元，援建了四川剑门关供水站；2009 年 4 月 10 日公司向黑龙江省青少年发展基金会捐款 40 万元，在七台河新兴区红旗镇援建了一所希望小学，小学建成后命名为宝泰隆安乐希望小学。公司实现了企业发展不忘回报社会。

公司本着坚决落实科学发展观、坚持以人为本的原则，打造一支煤化工专业技术团队，走员工与企业共同发展之路，在广大员工的努力下，谱写着企业的辉煌篇章。

在未来的发展建设中，宝泰隆公司力争用 3－5 年的时间，建成东北三省最大的煤化工企业，从而为进一步做强、做大企业，为国家和地方经济发展做出更大的贡献。

【601101】北京昊华能源股份有限公司

北京昊华能源股份有限公司是由京煤集团作为主发起人，联合中煤集团、首钢总公司、五矿发展以及煤科总院 4 家股东共同发起设立的股份有限公司。本公司在北京市工商局注册登记，设立日期为 2002 年 12 月 31 日，目前注册资本近 10 亿元，法定代表人为耿养谋。2010 年 3 月 31 日，昊华能源成功在上海证券交易所挂牌上市。

本公司主营煤炭生产、销售及贸易业务，主导产品为洁净、环保、优质的“京局洁”牌无烟煤，产品种类为末煤（0－13mm）、混中块（13－40mm）及中块（40－80mm）。本公司所生产无烟煤具有特低硫、特低磷、低氮、中低灰、低挥发分、高发热量和较高稳定性等特点。

本公司属下已投产煤矿共计 4 个，分别为木城涧煤矿、大安山煤矿、长沟峪煤矿及高家梁煤矿，上述 4 个煤矿共建有五处矿井。截至 2010 年 12 月 31 日，本公司拥有煤炭工业储量为近 25 亿吨。2008 年、2009 年和 2010 年，本公司煤炭产量分别为 463 万吨、513 万吨和 705 万吨。

本公司国内煤炭销售采用直销方式，出口煤销售通过国家特许煤炭出口专营权的中煤集团和中国矿产代理出口完成。最近 3 年，本公司煤炭销售形势良好，2008 年、2009 年和 2010 年，本公司煤炭销量分别为 558 万吨、544 万吨和 707 万吨。

本公司所在的京西煤田系中国 5 大无烟煤生产基地之一，本公司无烟煤国内主要销售市场为华北、东北和华东地区。本公司国内煤炭的主要客户为国内大型冶金及化工企业等，如河北钢铁集团、鞍本钢集团及首钢总公司等。

本公司是国内无烟煤出口量最大的企业。2008 年、2009 年和 2010 年，本公司出口煤销量分别为 185 万吨、132 万吨和 195 万吨，占本公司煤炭销售总量的 33.20%、24.32% 和 27.55%。本公司生产的无烟煤主要销往日本、韩国及巴西，主要客户为日本新日铁、韩国浦项制铁等。

本公司生产的无烟煤主要应用于国内冶金、电力、化工及建材等行业。本公司是中国北方距港口最近的无烟煤生产企业,具有交通运输便利及运输成本较低的优势。本公司煤炭销售主要是通过铁路和港口运输方式完成。

本公司已通过了 ISO9001:2000 质量管理体系认证和 OHSAS18001:1999 职业健康安全管理体系认证,拥有先进的质量检测技术和完善的储运系统。

截至 2011 年 9 月末,昊华能源实现资产总额 105.84 亿元,归属上市公司股东的所有者权益 62.60 亿元,税前利润 15.08 亿元。昊华能源不断加大安全投入,强化安全管理,安全生产形势连续多年保持稳定。

凭借着骄人的业绩,昊华能源上市第 1 年便成功入选上证 180 指数和沪深 300 指数样本股,2011 年更入选上市公司治理指数样本股,成为资本市场一颗升起的能源新星。公司先后获得“2011 中国上市公司最具竞争力 10 强”和“2011 中国上市公司最具投资价值 10 强”等荣誉。在由香港《大公报》组织的 2011 中国证券“金紫荆奖”评选活动中,管理层荣膺“最佳管理团队奖”。

【601107】四川成渝高速公路股份有限公司

【基本情况】

四川成渝高速公路股份有限公司由四川高速公路建设开发总公司独家发起设立,是四川省政府批准专门投资、建设和营运管理收费公路的上市公司。公司于 1997 年 8 月 19 日正式注册成立,是中国西部唯一的基建类 A + H 股上市公司。公司成立以来,投资、建设、经营的高速公路包括:成渝高速公路(四川段)226 公里、成雅高速公路 144.20 公里、成乐高速公路 86.4 公里、成都城北出口高速公路 10.35 公里、成都至眉山(仁寿)高速公路 106.61 公里,总里程达 573.56 公里。截至 2010 年末,公司总资产、净资产分别达到 118.98 亿元和 83.20亿元。

在内部管理中,公司坚持“采用现代化管理,建设及经营优质高速公路”的企业宗旨,倡导“诚信、爱岗、敬业,力求以新的思路,实现新的发展”的企业文化精神。目前,公司已获得全国文明单位、全国三八红旗集体、全国青年文明号等称号。

成渝公司经营范围:高等级公路、桥梁、隧道等基础设施的投资、设计、建设、收费、养护、管理、技术咨询及配套服务;与高等级公路配套的加油站、广告位及仓储设施的建设与租赁;汽车拯救及清洗。

1997 年 10 月 7 日,成渝公司 H 股在香港联交所成功上市,首次募集资金折合人民币约 14.35 亿元。公司总股本为 25.58 亿股,其中国家股 16.63 亿股,四川高速公路建设开发总公司占 39.3%。华建交通经济开发中心占 25.7%;H 股(境外公众股)8.95 亿股,占 35%。

2009 年 7 月 27 日,公司 A 股在上海证券交易所挂牌上市,本次发行募集资金 18 亿元。A 股上市后,公司注册资本变更为 30.58 亿元。公司总股本增为 30.58 亿股,其中,川高公司持有 31.88% 的股权,华建中心(现更名为招商局华建公路投资有限公司)持有 20.85% 的股权,社保基金理事会持有 1.64% 的股权,H 股的比例为 29.28%,普通投资者持有 A 股的比例为 16.35%。

2010 年 4 月 16 日,经四川省人民政府同意,组建四川省交通投资集团有限责任公司。2011 年 3 月 25 日,川高公司所持我司 9.75 亿股股份划转至省交投集团。省交投集团成为成渝公司的控股股东。

公司成立以来,积极维护国家和股东利益,坚持规范运作,建立与境内外监管机构及投资者良好的沟通平台。在四川省委、省政府及交通运输厅、省交投集团的关心、支持下,公司逐步发展成为拥有成雅、成仁分公司,成乐、蜀工、蜀厦、蜀南 4 个全资子公司,控股蜀海公司、成都城北出口高速公路公司,参股成都机场高速公路公司的大型集团公司。

展望未来,公司将借力于四川经济的腾飞,抓住国家实施西部大开发战略机遇,以市场为导向,积极培育公司新的利润增长点。按照“整合内部资源,突出核心主业,发挥融资优势,扩张相关产业”的发展定位,形成以高速公路投资运营为主业,交通基础设施投资、施工以及高速公路延伸的相关产业为两翼的“一主两翼”可持续发展战略,实现公司又好又快可持续发展,努力为四川省经济和社会发展作出更大贡献。

【主营业务】

高速公路的运营管理和投资建设。

【经营业绩】

2011 年上半年报告期内,本集团实现营业收入人民币 1,535,925千元(2010 年同期:人民币 1,252,200 千元),同比增长 22.66%,其中通行费总收入人民币 1,203,865 千元(2010 年同期人民币:1,113,972 千元),同比增长 8.07%;利润总额人民币 770,306 千元(2010 年同期:人民币 742,443 千元),同比增长 3.75%;归属于本公司股东的净利润人民币 567,538 千元(2010 年同期:人民币 617,965 千元),同比下降 8.16%;基本每股收益人民币 0.1856 元(2010 年同期:人民币 0.2021 元),同比下降 8.16%。

截至 2011 年 6 月 30 日止,本集团总资产已达人民币约 14,560,064 千元,净资产约人民币 8,613,324 千元。

【601116】三江购物俱乐部股份有限公司

【基本情况】

三江购物俱乐部股份有限公司是浙江省目前最大的连锁超市之一,中国连锁业百强,是浙江省政府重点扶持大型连锁企业。

公司目前拥有两座大型配送中心,共占地 13 万多平方米。有员工近万名,会员顾客 130 多万人,每天有近 50 多万的顾客在三江的各连锁商场购物消费。

从坚持“用较少的钱,过更好的生活”的经营宗旨,到推出一项项诚实可信的服务措施和承诺;从刚开始的数千个商品到目前已涉及生鲜食品、包装食品、日用杂货、针织家纺、服装鞋帽、工艺文化、家居家电等 15000 多个品种;从只有一辆小货的到拥有占地两百多亩大型物流仓储基地;从手工抄写与传递订单到一整套以计算机和因特网技术支持的科学、高效的经营管理体系,经过全体三江人艰苦奋斗,公司从 1995 年创立至今已成功开办了大中型综合超市 147 家,目前网点已遍布浙江省的宁波、舟山、杭州、金华、台州、丽水、湖州、嘉兴、绍兴等三十多个城市和地区,年销售规模达 50 多亿元。

多年来,公司以一步一个脚印的稳健步伐,走入了老百姓心坎,赢得了良好的口碑。据宁波市消费者协会和宁波商报对广大消费者的调查,三江购物商场是宁波消费者最受欢迎的商场;“三江购物”这一企业字号已经被依法认定为浙江省知名商号,在全省范围得到保护,这是浙江省、也是全国连锁商业第一个被依法保护的知名商号。面对机遇和挑战，全体三江人将继续以让老百姓"用较少的钱，过更好的生活"为己任，努力把西方先进的管理科学与东方优秀的文化结合起来，将公司建设成国内一流管理水平，有规范、上规模的民族连锁企业，"筑中华连锁长城、创民族商业品牌"将是我们永远的追求。

【主营业务】

社区平价超市的连锁经营。

【经营业绩】

2011 年上半年报告期内，公司实现营业总收入 2,648,453,855.15 元，同比增加 8.94%；其中，主营业务收入 25.45 亿，同比增长 9.17%；利润总额 129,411,358.63 元，比上年增长 3.84%；实现净利润为 100,449,531.38 元，比上年增长 7.19%；扣除非经常性损益后的净利润为 80,179,997.07 元，比上年增长 4.1%。

【601118】海南天然橡胶产业集团股份有限公司

【基本情况】

海南天然橡胶产业集团股份有限公司成立于 2005 年 3 月，是农业产业化国家重点龙头企业。公司注册资本人民币 39.31 亿元，拥有胶园面积约 353 万亩，覆盖海南省 17 个市县，年产干胶能力 21 万吨，胶园面积和干胶产量分别占全国的 30% 左右，是中国最大的天然橡胶资源的拥有者和控制者，也是中国最大的天然橡胶加工企业，年加工能力达到 32 万吨。公司目前拥有 25 家橡胶基地分公司、1 家种苗分公司、11 家子公司、13 家加工厂，员工共计 70000 余人。公司是集天然橡胶种植、初加工、深加工、贸易、物流、研发及橡胶木加工与销售等为一体的大型综合企业集团。

作为中国天然橡胶行业的开拓者和领军者，公司传承了海南农垦核心产业。海南农垦成立于 1952 年，当时是为了"打破帝国主义对我国的经济封锁和橡胶禁运"，党中央作出了"建立我们自己的橡胶生产基地"的决策，华南垦殖局海南分局宣告成立，随后中国人民解放军林业工程第一师，开始了在海南大规模垦殖种胶事业。经过 3 代农垦人近 60 年的努力，建成了我国最大的天然橡胶生产基地，形成了从天然橡胶种苗到加工配套的技术体系。

2011 年 1 月 7 日，公司成功登陆国内 A 股市场，实现了从传统的农业企业向现代企业的转变。当前，公司正处于崭新、充满勃勃生机的新时代，未来我们将严格按照上市公司要求，以合规稳健经营为立足点，培养创新品格，弘扬创新精神，提高创新能力，进一步提高企业核心竞争力，努力实现公司从传统生产型向现代经营型、从资源拥有型向资源控制型，产品由低端、单一化向高端、差异化转变，建立以全产业链协同管理为基础的双核运营模式，提升公司在中国橡胶市场的话语权和在国际天然橡胶市场的影响力，成为有社会责任感的农业与橡胶领域优秀的上市公司。

【主营业务】

天然橡胶的种植、加工、销售，以及橡胶林木的采伐和销售。

【经营业绩】

2011 年上半年，公司实现营业收入 43.05 亿元，同比增长 89.90%；实现营业利润 4.13 亿元，同比增长 56.76%；实现归属于上市公司股东的净利润 4.22 亿元，同比增长 54.11%；实现橡胶产品销售 11.76 万吨，同比增长 20.74%。

【601168】西部矿业股份有限公司

西部矿业股份有限公司是一家地处我国西部地区的以矿产资源综合开发为主业的大型矿业上市公司。公司由西部矿业集团有限公司为主发起人，2000 年 12 月 28 日发起设立，总部位于青海省西宁市五四大街 52 号，法定代表人汪海涛。公司主要从事铜、铅、锌、铝、铁等基本金属、黑色金属的采选、冶炼、贸易等业务，注册资本 23.83 亿元。截至 2010 年公司总资产达到 224.57 亿元，全年实现营业收入 185.11 亿元，实现利润总额 11.93 亿元。

公司累计拥有已探明资源储量超过千万吨。旗下主要经营 8 座矿山和 5 家冶炼厂，其中，青海锡铁山铅锌矿是我国年采选规模最大的独立铅锌矿山，内蒙古获各琦铜矿是位居国内资源储量第 6 位的大型铜矿，四川呷村银多金属矿以银铅锌铜富集于一体而著称，西藏玉龙铜矿将极有潜力发展成为我国资源储量最大的铜矿。根据安泰科统计数据，公司为我国 2010 年第 2 大铅精矿生产商、第 4 大锌精矿生产商和第八大铜精矿生产商。

公司以"开发西部、报效国家"为宗旨，以"信念、忍耐、务实、奋进"、"忠诚、包容、立业、报国"为企业精神，坚持科学发展观，取得了良好的经济效益和社会效益。近年来，公司先后获得"全国五一劳动奖状"、"国家 A 级守信企业"、"中国工业行业排头兵企业"、"中国矿业十佳企业"、"中国工业经济先进集体示范单位"、"中国最佳诚信企业"、"国家级创新型企业"、"国家技能人才培育突出贡献奖"、"2009 年度上市公司收入及市值百强金牛奖"、"中国企业社会责任杰出上市公司"等荣誉。2010 年，公司连七年蝉联国家统计局"铅锌矿采选行业全国效益十佳企业"第一名，五年在"铜矿采选行业全国效益十佳企业"中排名第一，并连续第五年被青海省人民政府授予"青海省财政支柱企业"称号。

公司高度注重人才的培养及科研队伍的建设。2006 年，公司被国家科技部认定为"国家级技术中心、科研中心和研发中心"，在坚持企业自身创新的同时，还承担了多项国家科技攻关项目，建有青海省首家国家级博士后科研工作站。

20 多年的行业经验和得天独厚的地域条件，铸就了西部矿业在我国西部地区乃至周边国家和地区开发矿产资源的雄厚优势。公司将继续秉承竞争、开放的经营理念，坚持科学的发展观，努力把西部矿业建设成为主业突出，资产优良，管理规范，在国内资源储量与资源开发方面居于前列，具有一定国际竞争力的采、选、冶一体化的大型基本金属矿业公司，最终实现"矿业报国"的理想。

【601169】北京银行股份有限公司

【基本情况】

北京银行成立于 1996 年 1 月，是一家中外资本融合的上市银行。成立 15 年来，北京银行秉承"为客户创造价值，为股东创造收益，为员工创造未来，为社会创造财富"的企业使命，依托中国经济持续快速发展的大好形势，不断实现发展重大跨越，先后实现引进境外战略投资者、公开发行上市等重大突破，目前已在北京、天津、上海、西安、深圳、杭州、长沙、南京、济南及南昌等 10 大中心城市设立分行，发起设立北京延庆村镇银行，成立香港代表处、荷兰阿姆斯特丹代表处，发起设立国内首家消费金融公司——北银消费金融公司，合资设立中荷人寿保险公司，成为首家入股保险公司的中小银行，开辟和探索了中小银行创新发展的经典模式。

截至2011年6月30日，北京银行资产8158亿元，存款5886亿元，贷款3755亿元，实现利润总额66亿元，人均创利超过百万元。资产利润率1.32%，资本利润率23.04%，成本收入比23%，不良贷款率降至0.59%，拨备覆盖率增至334.24%，资本充足率12.27%，核心资本充足率9.68%，各项经营指标均达到国际先进标准，成为人均创利最高、效益最优的精品上市银行。

【经营业绩】

2011年上半年，本公司实现利润总额65.96亿元，比上年同期增加16.15亿元，增长32.44%；实现归属于母公司股东的净利润51.00亿元，比上年同期增加11.98亿元，增长30.69%。

截至2011年6月30日，本公司资产总额突破8000亿元，达到8158.02亿元，较年初增加825.91亿元，增幅11.26%；存款总额5886.35亿元，较年初增加309.11亿元，增幅5.54%；贷款总额3755.09亿元，比年初增加407.77亿元，增幅12.18%。

截至2011年6月30日，本公司不良贷款比例0.59%，较年初下降0.1个百分点，不良贷款余额21.98亿元，较年初减少1.23亿元，继续保持"双降"，资产质量持续提升。截至2011年6月30日，本公司资本充足率12.27%，核心资本充足率9.68%，拨备覆盖率334.24%，保持较高水平，风险抵御能力进一步提高。

【经营情况】

1.公司业务

本行公司银行业务将继续坚持"以利润为中心"、"以客户为中心"，紧抓一个重点、推进两项转型和强化三项管理，即以稳存增存为重点，积极推进中小企业准事业部制和大投行两项营销模式转型，强化公司业务核心大客户、拳头产品和指标网点三项精细管理，大力提升核心存款拓展能力、行业客户深挖能力、产品渠道融合能力，不断加强公司业务与零售业务、金融市场业务的联动和交叉销售，全力实现公司业务各项经营指标。

具体来说：一是推进中小企业准事业部制营销模式转型，实现中小企业专业化和特色化发展。二是积极推进"大投行"营销模式转型，为核心客户和优质中小企业提供高端拳头投行产品。三是强化核心大客户行业化和团队化营销管理，通过客户细分促进结构调整和稳存增存。四是强化拳头产品差异化营销管理，为核心大客户和优秀中小企业提供组合产品方案，带动公司业务、零售业务和金融市场业务的交叉销售。五是强化指标网点和内部精细化管理，不断提升业务线精细化、科学化和专业化管理水平。

2.零售业务

2011年，本行继续推进零售网点转型，开展"赢在网点"销售流程优化项目，持续推进低柜销售系统二期建设，推出客户综合签约服务。开发绩效考核系统零售积分模块，提供业绩管理工具，实现零售指标、业绩管理、客户经理队伍的系统化管理。

产品服务方面，完善并升级"爱薪计划"，整合"明师卡"服务，推出教师专属服务方案；打包个贷客户综合服务方案，加强交叉销售力度，提升客户综合贡献度，以"短贷宝"业务为突破，加速个贷业务由抢占市场向提高收益全面转型；推出新一期出国留学金融服务方案，增加国际信用卡、出国留学保险等新产品推荐，提升高端客户服务水平；发布I-DO联名信用卡和时尚西城卡，升级信用卡增值服务。落实北京市便民缴费"三通"工程，开通自助缴费终端他行银联卡缴费功能，荣获北京市金融局表彰。

渠道建设方面，在"质量优先、兼顾数量"的原则下，上半年新增合作商户804家，新增POS机具1685台，同比增长分别为25%和69%，合作商户消费交易量233亿元，同比增长35%。扩大信用卡店面分期业务，积极拓展优质商户，促进刷卡交易量稳步增长。

3.金融市场业务

本行金融市场业务以"加快转型、开拓创新、强化风险、提升业绩"为指针，积极应对上调存款准备金率及加息等市场环境变化，加快业务创新，抢抓市场机遇，强化精细管理，实现了规模与效益快速增长。以同业代付、国内人民币信用证等创新方式为推动力，实现国际业务跨越式增长；加强同业机构合作，充实同业部门人才，推动了同业和票据业务的快速发展；大力拓展托管产品，进一步丰富代销基金产品，资产托管业务与基金代销业务稳步发展；创新理财产品，抢抓市场机遇，理财业务规模再上新台阶；加强市场研究，及时把握市场时机，精细化投资管理，债券投资收益率显著提高。

4.中间业务

2011年，本公司中间业务发展面临新的机遇：一是外部逆周期监管下，流动性收紧、信贷调控为发展中间业务提供良好机遇；二是依托综合化经营平台拓宽中间业务销售渠道，增加交叉销售机会，提高代销收入，提升中间业务收入水平；三是不断完善的经营网络带来新的业务发展机遇；四是借助北京银行品牌影响力带动中间业务发展。

下半年，本公司将准确把握监管政策及经济形势，积极抢抓市场机遇，提升投行、理财、国际结算等业务占比，扩大销售规模，将优势业务打造成稳定的市场品牌，实现中间业务的快速发展。一是转变观念，推动董事会战略转型落到实处；二是改进产品创新方式，实现由单一产品研发向产品推广方式创新和服务范畴创新的转化；三是建立中间业务全面风险管理机制，形成与中间业务快速发展相匹配的风险管理能力；四是构建专业化、国际化团队，有效支持全行中间业务占比提升目标；五是提升中间业务系统开发速度，发挥业务发展"助推器"作用；六是合理匹配财务资源投入，创新考核激励方案，有效激励中间业务发展；七是加大中间业务跟踪评价力度，提升中间业务工作措施落实效果。

5.人力资源

本行将持续深化人力资源管理体制机制改革，为战略转型和业绩提升提供有力人才保障。完善人才补充机制，引进发展所需的国际化、高层次、复合型人才；围绕"2551"人才建设工程，持续加大各层级培训力度，打造精英团队；完善干部管理体制机制，规范干部选拔培养机制，加强后备干部储备；完善员工职业发展通道，落实任职资格动态调整，拓宽专业人才发展空间；完善薪酬激励机制，搭建多层次福利保障体系，激发员工活力和工作激情；强化人力资源系统建设，提升人力资源信息化管理水平。

6.IT和电子银行业务

本行IT建设以"科技强行"战略为指引，努力推进"四五"IT战略发展规划，积极部署和实施重点项目，全力保障特色业务产品和重点业务系统开发建设，有力支撑我行区域化布局发展方向，着力支持我行综合化发展战略，支持我行业务发展战略转型。持续关注科技创新发展和基础技术平台优化,全面支持我行风险与内控建设,同时着力提升软件研发科学化管理水平。继续以"稳健运营"为核心,以提升安全运营管理水平为目标,不断创新运营管理模式,着力打造系统运营新局面。为深入贯彻我行四五时期"四化一型"的总体战略目标,电子银行继续围绕"以客户为中心"的经营理念、"产品丰富化、发展品牌化、业务普及化、风险可控化"的发展方向,持续推进"电子渠道建设"和"客服中心转型"项目,在强化电子渠道风险防控的基础上,注重渠道创新、产品创新和服务创新,实现电子银行业务及客户规模的快速发展。

7.品牌建设

2011 年上半年,本行品牌影响力持续提升。荣获了各项荣誉。本行将持续深化品牌化经营战略,全力打造中小企业服务、社区银行等特色品牌,在全国范围内标准化推进经营管理,为客户带来最好体验,不断提升品牌价值和市场地位。

【企业荣誉】

在英国《银行家》杂志2011 年最新公布的全球1000 家大银行排名中,北京银行按一级资本排名第 145 位;在亚洲银行竞争力综合排名中位居第 13 位,在中国银行业位居第 7 位;品牌价值 89.62 亿元,在中国银行业排名第 9 位。2011 年(第八届)《中国 500 最具价值品牌排行榜》中,本行品牌价值 89.62 亿元,排名第 139 位,总排名比上一年度上升 3 位。

凭借优异的经营业绩和优质的产品服务,北京银行赢得了社会的高度赞誉,近年来先后荣获"2010 年度最具影响力企业"、"中国最佳城市商业零售银行"、"2010 中国最具品牌影响力中小银行"、"卓越城市商业银行"、"亚洲银行家 2011 年度中国最佳网点建设银行"、"中国银行业 2010 年度最佳社会责任机构奖"、"中国银行业 2010 年度最佳社会责任创新奖"、"最具持续投资价值上市公司"及"建党 90 周年全国党建创新十大杰出贡献单位"称号,并入选"2011 中国慈善排行榜";本行董事长闫冰竹连任中国银行业协会副会长、荣获"2010 中国金融年度人物"、"2010 年度最受关注企业家"及"建党 90 周年全国企业优秀党委书记"等荣誉称号;本行行长严晓燕荣获"卓越银行家"、"2010 年度银行业金融机构小企业金融服务'十大'领军人物"及"25 商业女杰年度女企业家"等荣誉称号。

【601186】中国铁建股份有限公司

【基本情况】

中国铁建股份有限公司前身是铁道兵的中国铁建股份有限公司(中文简称中国铁建,英文简称 CRCC),由中国铁道建筑总公司独家发起设立,于 2007 年 11 月 5 日在北京成立,为国务院国有资产监督管理委员会管理的特大型建筑企业。2008 年 3 月 10 日、13 日分别在上海和香港上市(A 股代码 601186、H 股代码 1186),公司注册资本 80 亿元。

中国铁建是中国乃至全球最具实力、最具规模的特大型综合建设集团之一,2011 年《财富》"世界 500 强企业"排名第 105 位,"全球 225 家最大承包商"排名第 1 位,"中国企业 500 强"排名第 7 位,是中国最大的工程承包商,也是中国最大的海外工程承包商。2010 年底,企业总资产 3502 亿元,净资产 582 亿元,新签合同总额为 7472 亿元,营业收入 4702 亿元,实现利税总额 228 亿元。

公司业务涵盖工程建筑、房地产、特许经营、工业制造、物资物流、矿产资源及金融保险,已经从以施工承包为主发展成为具有科研、规划、勘察、设计、施工、监理、维护、运营和投融资的完善的行业产业链,具备了为业主提供一站式综合服务的能力。并在高原铁路、高速铁路、高速公路、桥梁、隧道和城市轨道交通工程设计及建设领域确立了行业领导地位。

公司经营范围遍及除台湾以外的全国 33 个省(市)、自治区、香港、澳门特别行政区以及世界 40 多个国家。公司专业团队强大,拥有 1 名工程院院士、5 名国家勘察设计大师和 191 名享受国务院特殊津贴的专家。

63 年来,公司秉承铁道兵令行禁止、勇于创新、一往无前的优良传统和工作作风。形成了以"诚信、创新永恒,精品、人品同在"为核心价值观的卓越文化,企业具有强大的凝聚力、执行力和战斗力。在董事长、党委书记孟凤朝和总裁赵广发的带领下,中国铁建正向"中国建筑业的领军者,全球最具竞争力的大型建设集团"的目标迈进。

【企业文化】

企业价值观:诚信、创新永恒精品、人品同在

企业精神:不畏艰险勇攀高峰领先行业创誉中外

企业管理方针:以人为本、诚信守法、和谐自然、建造精品

【企业荣誉】

自上世纪八十年代以来,在工程承包、勘察设计咨询等领域获得了 400 项国家级奖项。其中,国家科技进步奖 59 项,国家勘察设计"四优"奖 80 项,詹天佑土木工程大奖 46 项,国家优质工程奖 140 项,中国建筑工程鲁班奖 74 项,中国专利奖优秀奖 71 项。

【601188】黑龙江交通发展股份有限公司

黑龙江交通发展股份有限公司系原东北高速公路股份有限公司经国务院批准、中国证监会核准分立重组的公路版块的上市公司。2010 年 3 月 1 日,经黑龙江省工商行政管理局核准公司注册成立,注册资本 12.132 亿元人民币。公司发起人股东为黑龙江省高速公路集团公司和华建交通经济开发中心,所持公司股份分别占公司总股本的 49.19% 和17.92% 。2010 年 3 月 19 日,公司股票在上海证券交易所挂牌上市,股票简称"龙江交通",股票代码 601188。

公司成立以来,严格按照《公司法》、《证券法》等法律、法规的规定,以"三会"为核心,建立健全了现代企业制度。公司秉承"开拓创新、锐意进取、服务社会、持续发展、诚信经营、回报股东"的经营理念,全力打造法人治理结构完善、经营管理体系科学、资产质地优良、主营业绩突出、规模效益稳步增长、综合竞争力强的公路版块上市公司。

同时,公司与时俱进,结合实际制定了以"股权结构多元化、经营渠道多元化、人才结构多元化"为主的多元化发展战略,开创了龙江交通持续稳定发展的良好局面。经营上,积极整合优质资产,清理盘活低效资产,扩大经营规模,拓宽经营渠道,努力探求利润增长空间,树立全面、协调、可持续的发展观,紧紧围绕企业中心任务开展工作;管理上,务实创新,组建文化先进、作风过硬、业务精尖,团结向上、敬业爱岗的管理团队和员工队伍。以实施人性化、知识化、制度化以及不断创新为管理目标。为社会提供优质服务,为股东提供稳定增长的收益,收到了良好的经济效益和社会效益。

"服务社会,实现股东价值最大化"是龙江交通人的不懈追求。作为黑龙江省交通系统所属的唯一一家上市公司,龙江交通在省委、省政府的高度重视和关怀下,在广大股东和社会各界的支持与帮助下,以繁荣地方经济发展为己任,积极履行社会责任,承担社会义务,勇于投身黑龙江省"十大工程"

和“八大经济区”的建设之中。恪守诚信经营、稳健发展的经营理念，努力打造文化先进、作风过硬、团结向上、行业竞争力强的高速公路企业。

乘风破浪会有时，直挂云帆济沧海！龙江交通人将紧紧抓住历史机遇，以高速公路的快速发展为契机，以科学的发展观为统领，从战略角度出发，加大资本运作力度，推进重点项目建设，不断完善资本结构，探索新的利润增长点，不断提高企业的企业核心竞争能力，树立良好的社会形象和资本市场形象努力将龙江交通打造成为知名企业和重要的融资平台，不断为振兴地区经济做出更多的贡献，携手广大投资者共创龙江交通的美好未来！

【601208】四川东材科技集团股份有限公司

四川东材科技集团股份有限公司是一家专业从事绝缘材料、功能高分子材料和相关精细化工产品的研发、制造和销售的高新技术企业。2011 年 5 月，公司在上海证券交易所成功上市，现股本为 30,788 万元。公司拥有四川东方绝缘材料股份有限公司、绵阳东方绝缘漆有限责任公司、四川东材绝缘技术有限公司、绵阳市东方绝缘材料加工有限公司和连云港东材绝缘材料有限公司等 5 家下属公司。

公司主要产品包括电工聚酯薄膜、电工聚丙烯薄膜、电工云母带、电工柔软复合绝缘材料、电工层（模）压制品、绝缘油漆及树脂、无卤阻燃片材等 200 余个品种，耐热等级包括 E、B、F、H、C 级。广泛应用于发电设备、输变电设备、牵引机车、电机、电器、电子、通讯、新能源等多个行业。

公司是四川省高新技术企业、四川省建设创新型试点企业、全国企事业知识产权试点单位；拥有国家级企业技术中心、博士后科研工作站、获准组建国家绝缘材料工程技术研究中心并通过科技部验收，与中国科学院化学研究所、四川大学、东华大学、西南科技大学等十几所知名高校和科研院所开展了产、学、研联合研发合作，创新平台建设和技术创新能力在国内同行业处于领先地位。公司现有科研人员 199 人，其中博士 5 人，硕士 43 人，已形成一支由博士、硕士领军的高素质专业技术队伍，新产品新技术研究水平和产业化开发能力在同行业中位列前茅。

公司始终坚持走自主创新之路，先后承担了国家 863 项目、“十五”国家科技攻关计划项目、“十一五”科技支撑计划项目、国家发改委技术创新能力建设项目、工信部产业振兴计划项目和省市重点研究项目，已取得多项国家发明专利，目前有效的为 17 项，另有 1 项实用新型专利及 20 项国家发明专利申请已获受理，获得国家级新产品 2 项、省部级科技进步 8 项、市级科技进步 4 项。

公司在技术创新过程中，主动跟踪国内外先进技术标准，积极开展技术标准创新研究，形成完整的技术标准体系。推进自主创新技术的转化，以标准领先带动行业技术水平的进步。公司先后主持或参与制定了近 50 项国家标准和行业标准。参与了国家重大技术专项“重要技术标准研究”绵阳地方试点，自主起草了具有自主核心技术的聚酯薄膜产品、特种层压板、耐电晕漆包线漆等 5 项国家标准。

公司在国内多个城市建立了销售网络，以强大的技术支持和超前的服务理念赢得客户信赖，形成了以客户为导向，以专业化服务为支撑的区域化营销管理模式，与国内众多知名企业建立了长期稳定的合作关系。公司积极拓展海外市场，“东方”牌商标已在马德里联盟成员国及我国台湾、泰国等地区和国家成功申请注册。公司产品远销美、日、德、意等 20 多个国家和地区，“东方”牌绝缘材料在国际市场上享有良好的声誉。

伴随全球经济的迅速发展和全面变革，新材料的应用与发展将面临空前的发展机遇。公司将秉承“以人为本，以客为尊，以质为生，以信为重”的经营理念，致力于发展新型绝缘材料和环保型绝缘材料，并通过技术关联化拓展功能高分子材料和相关精细化工材料，牢牢把握上市机遇，努力将东材科技打造成世界知名的化工新材料服务商。

【601216】内蒙古君正能源化工股份有限公司

内蒙古自治区，幅员辽阔，资源富集，素以优质的煤炭、天然气等资源著称于世。位于鄂多斯高原西部的乌海市，享有“乌金之海”、“塞外煤城”的美誉。近几年来，乌海市抢抓西部大开发的历史机遇，经济快速发展，正在迅速崛起为重要的能源化工基地和区域中心城市。

内蒙古君正能源化工股份有限公司，自 2003 年成立以来，依托乌海当地煤炭、石灰石等优势资源，坚持资源综合开发利用，不断提高资源转化效率，建成了目前国内最为完整的“煤－电－化工”一体化的循环经济产业链，在国内众多能源化工企业中脱颖而出，成为塞北大地冉冉升起的一颗明珠，谱写了一曲高速腾飞的传奇篇章。

公司业务涉足采矿、电力、冶炼、化工、建材等多个领域，主要产品包括聚氯乙烯树脂、烧碱、煤炭、铁合金和水泥等，完整的产业链为公司开展资源综合利用提供了有利条件。君正矿业生产的优质石灰石，用于公司的电石冶炼，石灰石尾矿全部用于生产水泥；露天煤矿每年开采的 200 万吨原煤，经洗选加工后，精煤用于炼焦，中煤和矸石用于发电。公司自备电厂使用循环流化床锅炉，以劣质煤和煤矸石为燃料，被国家认定为资源综合利用电厂；公司水泥厂采用新型干法技术，以电石废渣、石灰石尾矿和电厂粉煤灰为原料，被自治区认定为资源综合利用企业。

公司不断追求技术进步，创造了国内同行业的多个第一：第一家同步建设 4 台大型密闭电石炉，后成为制定电石行业国家准入标准的样本；第一家将 600 吨套筒式气烧石灰窑引进电石行业，为推动行业进步作出了贡献；第一家将电石法 PVC 单线生产能力提高到 25 万吨以上，实现了装置大型化；第一家引进技术建成年产 20 万吨片碱装置，单线规模达到世界第一；第一家使用年产 15 万吨聚氯乙烯旋风干燥床，大幅度降低了投资成本；第一家使用自主创新的邻炉点火技术，减少了发电燃油消耗。2010 年君正化工被国家认定为高新技术企业。

超越自我、不断成长是君正孜孜不倦的追求。几年来，公司管理团队精诚协作、不断学习、不断变革，从“以人为本、科学管理”，到“科学高效的专业化管理”，再到“否定自我、追求卓越”，提出了与公司发展相适应的管理思想，解决了不同阶段制约公司发展的瓶颈问题。公司管理团队视野开阔，思维超前，率先确立了资源综合利用和循环经济的产业发展模式，制定出纵向一体化的发展战略，实现了公司快速增长，全面应用信息化管理技术手段，提高了公司整体运营效率和风险管理能力，为公司进一步做大做强奠定了坚实的基础。

过去几年是君正和君正人共同成长、共同进步的几年。公司为员工的成长提供了广阔的发展空间，许多员工积极参与形式多样的培训，开展管理创新和技术创新，已经成为了业务尖子和管理骨干。尊重人才、积极向上的文化氛围及公司的快速发展、不断壮大,吸引了大批技术人员和多名行业专家的加盟,为公司未来的发展提供了可靠的人才保障。

公司在快速发展的同时,致力改善职工生活,积极承担社会责任,始终坚持节能环保、环境友好的发展理念,充分展现出良好的企业形象,得到了各级政府的大力支持和社会各界的广泛认同。

随着40万吨PVC项目和神华君正120万吨煤矿项目的建成投产,公司的规模效益将成倍增长。今后几年,公司将在鄂尔多斯获得更多的资源支撑,通过引进国际最先进的技术,在蒙西工业园区高起点投资建设一组资源转化项目,使公司的盈利能力持续快速增长。

"天行健,君子当自强不息;地势坤,君子以厚德载物"。今天的君正生机勃勃,蓄势待发,相信在不久的将来,通过我们的不懈努力和奋勇拼搏,将会以卓越的经营业绩,实现君正人的庄严承诺,创造价值,不断成长,服务社会,回馈股东!

【601218】江苏吉鑫风能科技股份有限公司

【基本情况】

江苏吉鑫风能科技股份有限公司前身为江阴市吉鑫机械有限公司,创办于2003年12月。2008年6月,经有限公司股东会决议通过,整体变更设立为江苏吉鑫风能科技股份有限公司。公司于2011年5月6日在上海证券交易所挂牌,股票代码601218,简称"吉鑫科技"。

公司总投资超过10亿元,是一家拥有自主知识产权,集研发、生产、销售于一体的专业大型风力发电机组零部件企业,目前主要产品为兆瓦级大型风力发电机组用轮毂、底座、轴及轴承座、梁等铸件产品。

公司生产设备先进,建成了具有国内领先水平的MW级风机大型零部件生产线,形成风电关键零部件铸造、加工、表面处理一条龙配套生产能力。公司2010年风电铸件铸造能力达14万吨,机加工能力10万吨。根据中国农业机械工业协会风力机械分会提供的数据,公司是全国乃至全球规模最大的风电铸件生产企业。根据中国铸造协会2010年5月公布的"全国首届铸造行业综合百强"名单,公司位列铸造行业综合排名第九位,并位居铸造行业铸铁分行业排名第一位。

公司产品系列齐全,产品规格涵盖600KW、750KW、1MW、1.25MW、1.5MW、1.65MW、2MW、2.1MW、2.5MW、3MW、5MW系列等几十种风电铸件产品,是国内首先实现海上3MW风机轮毂研发和批量生产的企业,产品已于我国海上风电示范工程——上海东海大桥海上风电场安装运行;公司生产工序完整,覆盖模具制造、毛坯铸造、机加工和表面处理全部生产流程;公司研发实力雄厚,新品开发能力突出,自主研发的风电铸件材质质量达到国际先进水平;公司工艺水平先进,质量优势、成本优势明显。目前,公司的综合实力、经营业绩在行业中成绩突出,是我国风电铸件行业的龙头企业,也是目前全球规模最大的风电铸件生产基地之一。

公司始终坚持自主研发和科技创新,注重知识产权建设,拥有省级工程技术研究中心和企业研究生工作站,并参与了"风力发电机组球墨铸铁件"国家标准的起草制定工作;公司先后申报发明专利7项、实用新型专利2项,已获得发明专利授权5项、实用新型专利授权2项;公司拥有多项低温球墨铸铁材质和工艺方面的专利和非专利技术,并通过多项科技成果鉴定,其中有4件产品通过"省高新技术产品"认定。上述技术均为大功率风电铸件生产方面的关键和核心技术,并已成功转化用于生产经营。其中,"铸态无镍低温球铁铸造大型高韧部件的方法"获得国家知识产权局的发明专利授权,填补了国内低温球铁铸造技术的空白;MW级风电机组用轮毂获国家重点新产品证书,JIXIN牌大功率风力发电机主要零部件(轮毂、底座等)获江苏省名牌产品;MW级风机用轮毂等金属部件生产的关键技术及应用获2009年度江苏省科学技术进步二等奖;无冷铁无冒口铸造大功率风电低温球铁件轮毂底座新技术获中国机械工业科学技术三等奖。

凭借独特的材质优势和完善的服务体系,公司与国内风电整机龙头企业金风科技、华锐风电、东方汽轮机、湘电风能、上海电气以及美国GE、印度Suzlon、日本制钢所等世界著名风电设备制造商建立了长期、稳定的合作关系。公司连续两年(2009年、2010年)获金风科技授予的"特殊贡献奖",并被美国GE公司评为"2007年度最佳新供应商",被印度Suzlon公司评为"2007~2008年度最佳新供应商"。公司凭借领先的铸造技术和优异的产品质量,在风电铸件行业中树立了很高的市场影响力及产品美誉度,在行业内拥有良好的品牌优势,产品一直供不应求。

面对未来的机遇与挑战,吉鑫将继续秉承"和谐,务实,创新,诚信,共赢"的企业精神,坚持以客户的满意为目标,充分发挥自身的品牌优势、规模优势、质量优势、成本优势,不断提升核心竞争力,快速融入国际化竞争舞台,让"吉鑫"(JIXIN)品牌享誉世界。

【主营业务】

大型风力发电机组零部件的研发、生产及销售。

【经营业绩】

2011年上半年报告期内,公司实现营业收入88,583万元,较上年同期降低5,163万元,同比降低5.51%;实现营业利润11,681万元,较上年同期降低7,223万元,同比下降38.21%;实现净利润9,611万元,较上年同期降低6,521万元,同比下降40.42%;实现归属母公司净利润9,388万元,较上年同期降低6,558万元,同比下降41.12%。

【企业文化】

企业目标:做风能铸件行业的领跑者

企业精神:和谐,务实,创新,诚信,共赢

职工誓言:爱岗敬业、恪尽职守、求实创新、乐于奉献

广告语:集聚自然力量,奉献再生能源

【企业荣誉】

公司为"国家火炬计划重点高新技术企业"、"江苏省高新技术企业"、"江苏省优秀民营企业"、"江苏省百强民营科技企业"、"江苏省出口基地骨干企业"、"无锡市十佳效益型企业"、"江苏省风电产业技术创新联盟骨干单位",受到政府部门、行业协会多次表彰。

【601258】庞大汽贸集团股份有限公司

庞大汽贸集团股份有限公司是以汽车销售服务为主业的大型汽车营销企业,原隶属于唐山市冀东物贸集团有限责任公司,其前身"唐山市冀东机电设备有限公司"最早可追溯至1988年成立的滦县物资局机电设备公司,注册资金26.215亿元,法人代表庞庆华。

多年来,公司在董事长兼总经理庞庆华的带领下,以追求卓越、回报社会为永恒目标,致力打造优秀汽车经销商和服务品牌,培树了"勤实、严信、拼搏、高效"的企业精神和"以人为

本，客户至上，诚信立业，以诚兴企”的经营理念。通过深入实施“科学发展，创新发展，跨越发展，国际发展”四大发展战略，抢抓机遇，创新经营，强化管理，取得了巨大发展。

截至2011年6月30日，公司在中国23个省市及自治区及蒙古国建有1095家营销网点，分、子公司及子公司的分支机构达1347家，其中包括汽车专卖店836家（其中4S店468家）、各类汽车市场259家。公司可销售的汽车、工程机械品牌达89种，涵盖了目前绝大多数品牌，形成了布局合理、品牌齐全、服务优质的汽车营销网络。

公司销售一直保持高速增长的态势，其中2009年销售各类汽车36万辆，实现销售收入355亿元、利润10.1亿元，向国家纳税10.1亿元。2010年销售各类汽车47万辆，实现销售收入537.74亿元、利润12.43亿元，向国家纳税10.87亿元，所经销的20个品牌销售量名列全国同行业第一名。2011年上半年销售各类汽车约20万辆，实现销售收入约268亿元，利润约4.1亿元。

2005年以来，原母公司及本企业已连续七年跻身中国企业500强，2011年，公司名列中国企业500强第152位，同时名列中国服务业企业500强第53位。自行业评比以来，公司一直保持了“中国汽车销售服务十大企业集团”第一名的地位。2011年4月28日，公司在上海证券交易所正式挂牌上市，成为国内第一家通过IPO实现登陆A股的汽贸集团，在全球汽车经销业上市公司中市值最大、IPO融资额最大，中国民营企业IPO融资额最大。

1999年，公司与中国银行唐山分行合作，独创了汽车消费信贷“冀东模式”，并将GPS卫星定位系统成功运用于汽车消费信贷风险防范，建立健全了“六级风险防范体系”，有效解决了消贷风险问题，不仅给银企双方带来了显著的经济效益，且拉动了内需，刺激了消费，为国民经济的发展作出了积极贡献，成为公司的核心竞争力。

公司在不断发展壮大同时，始终不忘履行社会责任，连续多年蝉联当地第一纳税大户，累计吸纳就业人员30000余人，积极支持全国各地公益事业，受到社会各界广泛赞誉。公司曾先后被授予“全国质量·服务诚信示范企业”、“全国优秀汽车经销商”、“全国十佳商用车经销商”、“超级汽车营销集团”、“改革开放30年中国汽车流通行业最具影响力十大经销集团”等荣誉称号，连续多年被金融机构评为“AAA级信用企业”和“最守信用贷款企业”。

【601299】中国北车股份有限公司

中国北车股份有限公司是经中国国务院同意，国务院国资委批准，由中国北方机车车辆工业集团公司联合大同前进投资有限责任公司、中国诚通控股集团有限责任公司和中国华融资产管理公司，于2008年6月26日共同发起设立的股份有限公司，于2009年12月在上海证券交易所上市。目前公司注册资本83亿元。总部设在北京。2010年末总资产达到771亿元，拥有全资和控股子公司25个，其中全资子公司19个，控股子公司5个，分公司1个。员工8万余人。中国北车股份有限公司是中国轨道交通装备制造行业的领军企业，也是世界轨道交通装备制造行业的重要成员之一。

中国北车汇集了一大批机车车辆专业及其他学科技术人才，技术开发实力雄厚，取得了一大批国家级重大科研成果。在首批“十一五”国家科技支撑计划重点项目立项中，承担了轨道交通运输装备所有自主研发项目。“机车战略超越，客车再创辉煌，货车持续领跑”战略取得显著成果。公司现拥有两个国际领先的动车组技术平台，CRH5动车组批量投入运营，CRH3动车组创造了时速394.3公里“中华第一速”，成为北京奥运会配套交通的重要运输工具。拥有国际领先的3个产品系列的大功率交流传动电力机车技术平台，和谐2型、和谐3型电力机车大批量投入运营，占和谐型电力机车总量的70%以上，担当了大秦、京沪、京广等重要线路的牵引任务；具有国际领先水平的国内首台国产化和谐3型大功率交流传动内燃机车成功下线；两个国际领先水平的大型养路机械项目也落户北车。铁路机车车辆和城市轨道车辆产品占国内市场份额的一半以上。相关多元化业务呈现出良好的发展势头。国际市场进一步拓展，产品现已出口到30多个国家和地区。在海外建立合资企业，实现了技术输出。骨干企业技术装备达到国际先进水平，机械加工、铸锻、钢结构制造和组装、电机电气等有显著优势。目前，拥有年新造电力机车370台、内燃机车460台、铁路客车和动车组2300辆、城市轨道车辆1100辆、各型货车26000辆，年修理电力机车260台、内燃机车600台、客车2500辆、各型货车32000辆的能力，同时具有较强的配件配套生产能力。

中国北车的使命是：接轨世界，牵引未来。

愿景是：成为轨道交通装备行业世界级企业。

未来主要战略构想是：开拓三大市场、实施四大战略、打造四大产业，实现“三步走”发展目标。

开拓三大市场：即轨道交通市场、相关多元市场和国际市场。

实施四大战略：即创新、整合、并购、国际化。

打造四大产业：即轨道装备产业、机电装备产业、工程装备产业和现代服务产业。

“三步走”发展目标：第一步，三年再造一个北车，到2011年实现销售收入700亿元；第二步，四年时间再翻一番，到2015年实现销售收入1500亿元；第三步，2020年前进入世界500强。

【601311】骆驼集团股份有限公司

骆驼集团股份有限公司成立于1994年7月2日，主要从事铅酸蓄电池的制造和销售。铅酸蓄电池主要用于汽车起动、动力和后备与储能（固定）。汽车起动电池是铅酸蓄电池最大的应用领域，占整个铅酸蓄电池市场的一半以上。公司目前的产品结构中，95%以上是汽车起动铅酸蓄电池，包括9大系列、300多个型号，基本覆盖了机动车辆的各类产品，是汽车起动电池行业产品规格型号最齐全的企业之一。公司产品全部是免维护电池，其中超过2/3是高性能低铅耗的全密封免维护产品，属于国家产业政策鼓励的高技术绿色电池，此类产品供不应求，利润率较高。

2008年以来，公司经营业绩优良，净利润快速增长，2008年净利润为7,400多万元、2009年为1.7亿余元、2010年为超过2.6亿元，公司盈利能力和成长性发展趋势良好。

公司是国家重点支持的高新技术企业，拥有省级技术中心和研发中心。公司多项产品与技术在行业内处于领先地位，“骆驼”商标已被认定为“驰名商标”、“中国电器工业最具影响力品牌”等称号。

公司产品的市场分为配套市场和维护市场。在配套市场，公司是通用、东风、雪铁龙、福特、现代、吉利、比亚迪等80余家车辆生产企业的主要供应商；在维护市场，公司销售渠道覆盖全国31个省、自治区和直辖市，在地市级区域发展了300多个一级经销商，这些一级经销商均由公司业务经理直接管理，销售网络扁平化，公司的销售政策得以高效执行，市场得到不断开拓、巩固，取得了很好的效果。

【601390】中国中铁股份有限公司

【基本情况】

中国中铁前身是成立于1950年3月的中华人民共和国铁道部工程总局和设计总局，1958年合并为铁道部基本建设总局，1989年7月1日，组建为中国铁路工程总公司，2003年5月起隶属国务院国资委管理，为中央特大型骨干企业。2007年9月，整体重组创立中国中铁股份有限公司，于当年12月3日和7日分别在上海、香港两地上市。

中国中铁业务覆盖勘察设计、施工安装、工业制造、房地产开发、资源矿产、金融投资等多个领域，总资产3118亿元，净资产663.6亿元，是全球第二大建筑工程承包商，连续七年进入世界企业500强，2010年排名第137位。目前，中国中铁在中国企业500强中排名9位，在中央企业排名第6位。

成立60年来，中国中铁先后修建了64327公里的铁路，占全国铁路总里程的三分之二以上；建成电气化铁路接触网35844公里，占全国电气化铁路的95%；参与建设的公路超过11065公里，其中高速公路超过5834公里，约占全国高速公路总里程的十分之一；参与建设了全国五分之三的城市轨道工程；修建了武汉长江大桥、南京长江大桥、东海大桥、杭州湾跨海特大桥等9000多座大桥，总长达5675公里；建成秦岭隧道、太行山隧道、厦门翔安海底隧道、武汉长江隧道等长大隧道，共计4707公里。公司建设者8次远征南极，承担了我国中山站、长城站、昆仑站建设和维护任务。公司还先后参加了国内外4000余项公路、机场、码头、水电、地铁、高层建筑、市政等大型工程的设计与施工，经营范围覆盖到土木建筑的各个领域，工程项目遍布全国各省市自治区和全球60多个国家和地区。

目前，公司现拥有46家二级公司，其中特大型施工企业16家，大型特大型勘察设计咨询企业6家，大型工业制造和科研开发企业3家，以及多家国际业务、房地产开发、矿产资源开发、投资建设管理、信托投资公司。现有职工28万余人，拥有高级专业技术职务人员11974人，其中教授级高工694人、高级工程师8381人。拥有高层次技术专家700多人，其中中国工程院院士4名、国家级突出贡献专家6名、国家勘测设计大师6名、享受国务院政府特殊津贴专家人员278名、省部级和公司级专家109名、公司青年科技拔尖人才360名。先后有58人获得詹天佑大奖、34人获得茅以升奖。

中国中铁是科技部、国资委和中华全国总工会授予的全国首批“创新型企业”，拥有“高速铁路建造技术国家工程试验室”和“盾构及掘进技术国家重点实验室”，及4个博士后工作站，14家经国家实验室认可委员会认可的检测实验中心。拥有2个国家认定的技术中心和17个省部认定的技术中心，并先后组建了桥梁、隧道、电气化、先进工程材料、轨道和施工装备6个专业研发中心。截至2009年底，共荣获国家科技进步和发明奖84项，其中特等奖4项、一等奖10项，荣获省部级科技进步奖791项。公司拥有有效专利650项，其中发明专利104项，在诸多领域达到世界先进水平。

同时，中国中铁还被中央和国家有关部委授予全国最佳诚信企业、全国学习型组织标兵单位、全国西部大开发突出贡献集体、全国抗震救灾先进集体、全国农民工工作先进集体、全国体育工作先进单位等称号，荣获全国五一劳动奖状。

【经营业绩】

2011年1－6月，公司新签合同额2,387亿元，同比减少35.9%。实现营业总收入2,228.95亿元，同比增长13.92%。截至2011年6月30日，未完工合同额9,779.92亿元，较2010年12月31日上升1.2%，其中，基建建设8,575.33亿元，勘察设计与咨询服务139.83亿元，工程设备和零部件制造业务114.63亿元。公司相继承揽了昆明轨道交通3号线、新建吉林至珲春铁路重点控制工程、新建天津新港北铁路集装箱中心站工程、青海省共和至玉树（结古）公路一期工程GYI－SGB7标、沈阳四环快速路投资－建设项目等多项重点工程。目前，公司参与的各项工程施工生产总体进展顺利。上半年，公司共获铁路优质工程（勘察设计）奖38项，取得省部级工法99项，授权专利289项，其中发明专利87项。在最近公布的2011年度美国《财富》杂志世界500强企业排名中，公司名列第95位，较2010年上升42位。

【601518】吉林高速公路股份有限公司

【基本情况】

吉林高速公路股份有限公司是经中国证监会批准，由原东北高速公路股份有限公司分立后设立的上市公司。公司于2010年3月1日在吉林省长春市成立，注册资本为12.132亿元人民币。公司股票于2010年3月19日在上海证券交易所上市，股票代码为601518。公司经营范围包括：公路投资、开发、建设、养护和经营管理；建筑材料生产、经销；公路工程咨询；设计、制作、代理发布国内各类广告业务；房地产开发（凭资质证书经营）；农林牧产品加工；进出口贸易（国家禁止的品种除外）；生物工程开发；汽车清洗；汽车配件及金属材料、机电设备及配件、通讯设备销售。公司主营业务是收费公路的投资、开发、建设和经营管理。

本公司系吉林省唯一一家从事高速公路、桥梁等交通基础设施投资、经营和管理的国有控股上市公司，主营业务为收费公路的投资、开发、建设和经营管理。公司的核心资产是长平高速公路，并持有长春绕城高速63.8%股份。公司现有员工548人，管理的收费公路里程为151.7公里。

【主营业务】

为投资、开发、建设和经营管理收费公路。

【经营业绩】

报告期内，公司在董事会的正确领导下，在管理层及全体员工的共同努力下，公司主业高速公路通行费收入稳步增长，实现了良好的经济效益，股东利益得到了进一步增长。实现营业利润122,734,700.60元，实现净利润100,121,105.97元，其中归属于母公司所有者的净利润94,803,226.21元。

2011年上半年报告期内，公司实现营业收入367,714,182.38元，较去年同期254,718,261.38元增加112,995,921.00元，增长了44.36%。

【601566】九牧王股份有限公司

九牧王是中国领先的商务休闲男装品牌企业，截至2010年，公司主导产品九牧王品牌男裤综合市场占有率连续11年位居全国第一，茄克综合市场占有率连续3年位居全国第二，九牧王品牌商务休闲男装2010年首获市场综合占有率第一

（以上市场占有率来自中华全国商业信息中心对全国重点大型零售企业、商业集团的统计数据）。

公司采用业务纵向一体化的模式，集品牌推广、研发设计、生产、销售为一体，经营九牧王品牌的男裤、茄克及其他服饰类产品。公司始终专注于以男裤为核心的中高档商务休闲男装的战略发展方向，致力于让男士拥有高性价比的精工时尚服饰，满足不同消费者在不同场合的穿着需求。

九牧王品牌自推出以来，公司管理层始终视高品质为企业的立命之本。为保证产品的质量始终如一，公司通过了IS09001 质量管理体系与产品质量双认证，主导产品分别通过IS014001 环境管理体系及中国环境产品双认证，取得"国家质量检测合格产品"证书。公司荣获了"全国产品质量、售后服务信誉双保障企业"的美誉。公司还是参与制定《中华人民共和国国家标准西裤》（GB/T2666－2009）、《中华人民共和国国家标准水洗整理服装》（GB/T22700－2008）的主要起草单位。

长期以来，公司凭借优质的产品品质获得了消费者信赖，"男裤专家"、"专业好品质"已逐渐成为九牧王品牌的象征。近年来，公司获得了"中国最受消费者欢迎的休闲装品牌"、"中国驰名商标"、"中国名牌产品"、"中国十大最具影响力品牌"、"中国家庭最受欢迎十大服装品牌"、"中国西裤行业最具影响力第一品牌"、"中国行业领先品牌"、"品牌中国金谱奖－中国服装行业年度十佳品牌"、"2007－2008 中国服装品牌年度大奖（品质大奖）"、"2009 年中国 500 最具价值品牌"、"2010 年中国纺织十大品牌文化"等荣誉。

公司重视企业文化建设、员工福利与社会公益事业。公司 2008 年通过了职业健康安全管理体系认证，并先后被评为"全国学习型组织先进单位"、"2006 年度全国和谐劳动关系优秀企业"、"全国厂务公开民主管理先进单位"、"福建省模范职工之家"、"全国模范职工之家"。公司热心参与社会公益与教育事业，被中国儿童少年基金会授予"中国儿童公益明星企业"、"中国儿童慈善奖—突出贡献奖"，被福建省人民政府授予"福建省捐赠公益事业贡献奖"，被福建省红十字会授予"福建省红十字人道奖"。

2011 年 5 月 30 日，公司 A 股股票成功在上海证券交易所挂牌上市（股票简称九牧王，股票代码 601566），为公司的长远发展提供了一个新的平台。

面对二十一世纪日益激烈的市场竞争，相信在全体九牧王人的共同努力下，定能使九牧王逐渐成为中国商务休闲男装的领导者，并为中国服装事业的腾飞做出新的贡献。

【601601】中国太平洋保险（集团）股份有限公司

【基本情况】

中国太平洋保险（集团）股份有限公司（以下简称"中国太平洋保险"）是在 1991 年 5 月 13 日成立的中国太平洋保险公司的基础上组建而成的保险集团公司，总部设在上海。

1991 年，中国太平洋保险公司成立。

1994 年，中国太平洋保险（香港）有限公司成立。

2001 年，中国太平洋保险公司实施体制改革，中国太平洋保险（集团）股份有限公司成立，并控股设立中国太平洋财产保险股份有限公司和中国太平洋人寿保险股份有限公司。

2006 年，太平洋资产管理有限责任公司成立。

2007 年，中国太平洋保险 A 股上市（中国太保，SH601601）。

2009 年，控股长江养老保险股份有限公司。

2009 年，中国太平洋保险 H 股上市（中国太保，HK02601）。

2010 年，中国太保投资管理（香港）有限公司成立。

中国太平洋保险坚持"推动和实现可持续的价值增长"的经营理念，努力实现产险业务和寿险业务协调发展、保险业务和资产管理协调发展。寿险业务着力于聚焦营销聚焦期缴，持续提升一年新业务价值；产险业务将保持综合成本率行业领先，市场份额稳中有升；资产管理业务将强化资产负债管理，努力实现投资收益持续超越负债成本。

截至 2010 年末，中国太平洋保险旗下拥有产险、寿险、资产管理和养老保险等专业子公司，建立了覆盖全国的营销网络和多元化服务平台，拥有 5,700 多个分支机构，7.4 万余名员工和 30 多万名产寿险营销员，为全国 5,600 万个人客户和 330 万机构客户提供全方位风险保障解决方案、投资理财和资产管理服务。中国太平洋保险全国客户服务电话 95500 涵盖了保险咨询、查询、理赔报案、服务预约、急难救助以及投诉受理等各项服务。

面向未来，中国太平洋保险推动实施"以客户需求为导向"的战略转型，努力建设"专注保险主业，价值持续增长，具有国际竞争力的一流保险金融服务集团"。

【主营业务】

人民币和外币的各种财产保险、短期健康保险和意外伤害保险业务。

【经营业绩】

2011 年上半年，中国太平洋保险实现保险业务收入人民币 868.75 亿元，市场占比 10.8%；实现净利润人民币 58.16 亿元；产险综合成本率为 91.1%；寿险新业务价值增长率同比达到 18.3%。截至 2011 年上半年末，中国太平洋保险总资产规模超过人民币 5,372 亿元，净资产达到人民币 798 亿元，投资资产规模达到 4,905.13 亿元，偿付能力充足，各项指标均位居中国保险市场前列。

【企业文化】

中国太平洋保险以"做一家负责任的保险公司"为使命，以"诚信天下，稳健一生，追求卓越"为企业核心价值观，以"推动和实现可持续的价值增长"为经营理念，不断为客户、股东、员工、社会和利益相关者创造价值，为社会和谐做出贡献。

【企业荣誉】

2011

- 荣登美国《财富》世界 500 强企业，排名 467 位（主要根据年度营业收入排名）。
- 英国《金融时报》全球 500 强，排名 289 位（主要根据市值排名）。
- 美国《福布斯》全球前 500 强企业，排名 289 位（按销售额、利润、资产和市值综合评定）。

2010

- 荣获上海证券交易所颁发的"2010 年度董事会奖"，成为当年度获得该奖项的 10 所上市公司之一。
- 荣获香港上市公司商会与香港浸会大学评选的"2010 年度香港公司管治卓越奖"。
- 荣登"2010 第一财经·中国企业社会责任榜"，荣获"杰出企业奖"。
- 连续第四次在《21 世纪经济报道》、《21 世纪商业评论》组织的最佳企业公民评选中，获评中国最佳企业公民奖。

· 乐行天下品牌活动在《21 世纪经济报道》与 Interbrand 联合举办的“第六届中国最佳品牌建设案例”评选中被评为“中国最佳品牌建设案例”。

· 福布斯(中文版)中国品牌价值排行榜第 10 名;连续第 6 次入选世界品牌实验室中国品牌价值 500 强。

· 太平洋寿险荣获由《亚洲保险评论》评选的“2010 年度亚洲最佳寿险公司”奖,成为中国大陆第一家获此奖项的寿险公司。

· 在《21 世纪经济报道》发布的“亚洲保险业竞争力排名研究报告”中,太平洋寿险列亚洲寿险业综合竞争力第 5 名,国内综合竞争力第 3 名。

· 在《21 世纪经济报道》发布的“亚洲保险业竞争力排名”中,太平洋产险位列亚洲非寿险业综合竞争力第 3 名,国内综合竞争力第 2 名,并被评为“2010 年最佳稳健经营非寿险公司”。

· 太平洋产险连续第 9 次在中国最高服务质量监督机构——中国质量万里行促进会对保险行业服务质量明察暗访中保持了第一的成绩;并被确认为“金融行业领先企业”。

2009 - 2010

· 连续两次获中国证券报评选的“上市公司金牛奖综合百强”。

2009

· 荣获上海证券交易所颁发的“2009 年度信息披露奖”,成为当年度获得该奖项的 10 所上市公司之一。

2008

· 获得中国上市公司最佳治理奖、中国上市公司最佳董事会奖,并获得财经风云榜最佳投资者关系上市公司奖。

· 在由金融时报社举办的“首届中国金融业呼叫中心行业评选”活动中,中国太平洋保险“客户服务中心 95500”被评为金融业最佳客户服务中心。

【社会责任】

作为一家“负责任的保险公司”,中国太平洋保险在积极追求可持续价值增长的同时,自觉履行作为一个企业公民的社会责任。致力于各类公益活动,履行企业公民的职责。公司自成立以来,积极开展关爱孤残、捐资助学、扶贫赈灾等公益活动:已建立 60 余所希望小学,总投资超过 3,000 万元;在特大洪涝灾害、非典、南方雪灾、5·12 抗震救灾、云南地区干旱、青海玉树地震、舟曲泥石流期间踊跃捐款捐物,总额超过 1 亿元。

【601666】平顶山天安煤业股份有限公司

【基本情况】

平顶山天安煤业股份有限公司于 1998 年 3 月 17 日在河南省工商行政管理局注册成立,于 2006 年 11 月 23 日在上海证券交易所上市,股票简称“平煤股份”,股票代码 601666,现注册资本为人民币 236116.4982 万元。平煤股份的控股股东为中国平煤神马能源化工集团有限责任公司,持股比例为 56.12%。

平煤股份主营业务为煤炭开采、煤炭洗选加工,煤炭销售。下属生产单位包括 17 个生产矿井和 3 个精煤选煤厂。公司位于中国中部,区位优势明显,铁路、公路运输便利。公司的煤炭品种主要有 1/3 焦煤、焦煤及肥煤。煤炭产品主要有动力煤和冶炼精煤两大类。动力煤低硫、低磷,符合国家环保政策要求,主要用于电力、石油化工和建材等行业;冶炼精煤主要用于钢铁制造业,平煤股份“天喜”牌精煤为河南省免检产品。

平煤股份自成立以来,生产经营稳健,安全状况良好,主营业务收入逐年增长,得到了社会各界的广泛认同,目前已成为上证 180、沪深 300 和中证 100 指数样本股,连续多年位列中证上市公司百强之列。平煤股份丰富的煤炭储量为企业快速发展提供了充足的战略资源。公司奉行用户至上的经营宗旨,坚持质量为本,信誉第一;遵循互惠互利,共同发展的经营原则,愿与各界同仁携手共进、同创造美好未来。

【主营业务】

煤炭开采、煤炭洗选加工及煤炭销售。

【经营业绩】

2011 上半年报告期内,公司原煤产量 1,914.24 万吨,同比减产 149.64 万吨,减幅 7.25%;精煤产量 289.50 万吨,同比减产 20.36 万吨,减幅 6.57%。商品煤销量 1,773.93 万吨,同比减少 171.28 万吨,减幅 8.81%。其中原煤销量 1,294.06万吨,同比减少 133.44 万吨,减幅 9.35%;精煤销量 286.36 万吨,同比减少 16.30 万吨,减幅 5.39%。商品煤综合售价 541.48 元(不含税,下同),同比上升 57.69 元,增幅 11.92%。其中原煤售价 418.84 元,同比上升 36.34 元,增幅 9.50%;精煤售价 1,383.85 元,同比上升 148.70 元,增幅 12.04%。实现营业收入 1,196,610.25 万元,同比增加 9,851.44万元,增幅 0.83%。实现利润总额 149,438 万元,同比减利 19,176.18 万元,减幅 11.37%。利润减少的主要原因为:一是受煤炭安全形势影响,煤炭产,销量有所下降;二是安全投入增加;三是受市场因素的影响,材料费有所上涨。

【601678】滨化集团股份有限公司

【基本情况】

滨化集团股份有限公司(简称“滨化股份”,股票代码 601678)注册资本 6.6 亿元,总资产 41.4 亿元。滨化股份具有 40 年丰富的烧碱和环氧丙烷生产经验,是全国最早生产油田助剂的厂商之一,是我国最大的环氧丙烷及油田助剂供应商、国内最大的三氯乙烯供应商和重要的烧碱产品生产商,拥有良好的环氧丙烷、三氯乙烯、油田助剂和烧碱四大主营业务格局及独具特色的循环经济一体化生产模式,为国内化工氯碱行业具有较大影响力的企业,在业内享有良好的知名度和美誉度。现为中国氯碱工业协会常务理事、中国 PO/PG 行业协会会员、全国表面活性剂协作组理事会会员。2010 年,滨化股份实现销售收入 35.75 亿元,实现利润 4.63 亿元,实现利税 6.52 亿元,企业综合竞争实力不断增强。

多年来,滨化股份先后获得了“全国五一劳动奖状”、“全国先进基层党组织”、“全国重合同守信用企业”、“全国工业重点行业效益十佳企业”、“全国行业经济效益百强企业”、“国家一级安全标准化企业”、“全国信息工作先进集体”、“全国设备管理优秀单位”、“2008 年度中国化工行业技术创新示范企业”、“2008 中国节能减排贡献企业”、“山东省高新技术企业”、“山东省管理创新优秀企业”等众多荣誉称号,公司拥有省级企业技术中心和国家级企业博士后工作站,是中国先进生产力示范研究基地。2010 年 6 月,荣获“2010 企业社会责任特别大奖”。

作为山东省 3 年以来在沪市 A 股挂牌的首家上市公司,

滨化股份于2010年2月23日正式在上交所挂牌上市，融资20.9亿元，公司的成功上市，在企业形象和企业合规性管理方面将得到很大提升，同时也为资源配置、产业整合和资本运作及后续发展奠定了良好基础。2010年11月，滨化股份入选2009－2010年度新上市公司“创星50”排行榜，荣获2010年最具成长性新上市公司称号。

【主营业务】

有机、无机化工产品的生产、加工与销售。

【经营业绩】

2011年上半年公司业绩好于去年，有较大幅度增长，主要原因是上半年全国化工行业景气度上升，公司综合配套和循环经济产业链得到良好发挥，公司抓住机遇，优化产品结构，装置满负荷运行，主要产品环氧丙烷，烧碱产品价格大幅度上涨，另一方面，去年底完成的四氯乙烯新增产能得以发挥，也是公司实现效益增长的主要原因。

报告期实现营业收入23.28亿元，较去年同期增长37.34%，实现营业利润4.82亿元，较去年同期增长131.65%，实现归属于母公司的净利润3.53亿元，较去年同期增长126.93%。

【601699】山西潞安环保能源开发股份有限公司

【基本情况】

山西潞安环保能源开发股份有限公司成立于2001年7月19日，系经山西省人民政府以晋政函[2001]202号文件批准，以山西潞安矿业（集团）有限责任公司作为主发起人，联合郑州铁路局、日照港（集团）有限公司、上海宝钢国际经济贸易有限公司、天脊煤化工集团有限公司和山西潞安工程有限公司5家单位共同发起设立的股份有限公司。

公司位于山西省东南部上党盆地北缘，所辖煤田属沁水煤田东部边缘中段，总面积约为1334平方公里，地质总储量98.15亿吨，可采储量56.65亿吨。矿区地理位置优越，交通便利。公司开采煤层的主要煤种为瘦煤、贫瘦煤、贫煤。

山西潞安环保能源开发股份有限公司简称潞安环能，证券代码601699，于2006年9月22日在上海证券交易所正式挂牌上市，共发行新股1.8亿股，每股发行价11元，融资额度19.8亿元，广发证券股份有限公司为公司所发行股票的保荐人和主承销商。当时为全国煤炭行业和山西省A股上市公司中首发价位最高，融资额度最大的一支股票。在资本市场上树立了煤炭企业高价值、高成长的良好形象，成为山西板块和煤炭类A股上市公司的第一绩优股。2008年度、2009年度、2010年度的每股收益分别是1.83元、1.83元和2.99元。

【主营业务】

原煤开采（只限分支机构）。煤炭洗选；煤焦冶炼；洁净煤技术的开发与利用；煤层气开发；煤矸石砖的制造；煤炭的综合利用；勘查工程施工（钻探）；固体矿产勘查；水文地质、工程地质、环境地质调查；住宿、餐饮、会务、旅游服务（只限分支机构）。

【经营业绩】

2011年上半年报告期内，公司生产原煤1,721.50万吨，同比增加167.83万吨，增长10.82%；商品煤销量1,435.22万吨，同比增加145.96万吨，增长11.32%；商品煤平均售价为713.12元，同比增加90.02元/吨，增长14.45%；生产焦化产品30.44万吨，同比增加0.95万吨，增长3.22%；销售焦化产品25.97万吨，同比减少3.81万吨，为同期的87.21%。

报告期内，实现营业总收入1,097,170.89万元，同比增加238,315.91万元，增长27.75%；利润总额252,367.50万元，同比增加46,935.65万元，增长22.85%；净利润192,759.38万元，同比增加39,234.62万元，增长25.56%；每股收益达到0.86元。

【601808】中海油田服务股份有限公司

【基本情况】

中海油田服务股份有限公司（中海油服，China Oilfield Services Limited或COSL）是中国近海市场最具规模的综合型油田服务供应商。服务贯穿海上石油及天然气勘探，开发及生产的各个阶段。业务分为四大类：物探勘察服务、钻井服务、油田技术服务及船舶服务。COSL于2002年11月20日公开发行H股，并在香港联合交易所主板上市，股票代码2883。2004年3月26日起，COSL之股票以一级美国存托凭证的方式在美国柜台市场进行交易，股票编号为CHOLY。COSL于2007年9月28日在上海证券交易所上市，A股股票简称：中海油服，股票代码601808。

COSL拥有中国最强大的海上石油服务装备群。截至到目前，公司共运营和管理31座钻井平台（包括27座自升式钻井船（其中租用1艘）、4座半潜式钻井船）、2座生活平台、4套模块钻机和6台陆地钻机。另外，COSL还拥有和操作中国最大、功能最齐备的近海工作船队，包括75艘各类工作船和3艘油轮；5艘化学品船；9艘地震船；4艘勘察船及包括FCT（增强型储层特性测试仪）、FET（地层评价测试仪）、LWD（随钻测井仪）、ERSC（钻井式井壁取芯仪）等众多先进的测井、泥浆、定向井、固井和修井等油田技术服务设备。

作为中国海上最大的油田服务上市公司，本公司既可以为用户提供单一业务的作业服务，也可以为客户提供一体化整装、总承包作业服务。COSL的服务区域包括中国海域，并延伸至世界其他地区，例如：南美、北美、中东、非洲、欧洲、东南亚和澳大利亚。COSL的员工始终坚持最高的健康、安全、环保标准，并专注于为客户提供一流的优质服务。2010年，COSL的DOC（Doucumentof Compliance）通过了中华人民共和国海事局的换证审核，COSL的ISO9001证书、ISO14001证书、OHSAS18001证书通过了DNV的年度审核，上述证书持续有效。

在我们必须做得更好企业理念下，COSL竭诚为中外客户提供安全、优质、高效、环保的服务，实现与股东、客户、员工、伙伴共赢，向国际一流油田服务公司迈进。

【经营情况】

截至2011年6月30日，集团共运营31艘钻井船（包括27艘自升式钻井船、4艘半潜式钻井船）、2艘生活平台、4套模块钻机和6台陆地钻机。集团的钻井船有10艘在中国渤海作业，5艘在中国南海作业，1艘在中国东海作业，8艘在印度尼西亚、澳大利亚等海外地区作业，2艘刚出厂的200英尺自升式钻井船等待作业者验收，1艘去年出厂的半潜式钻井船在进行作业前整改，另有4艘自升式钻井船正在进行修理。除此之外，2艘生活平台、4台模块钻机仍在北海和墨西哥海域为客户服务，5台原在利比亚作业的钻机由于利比亚内战已经停止作业，另有1台陆地钻机在中国新疆。

2011年上半年，集团营业收入达到人民币8,357.7百万元，较去年同期的人民币8,993.6百万元减少了人民币635.9百万元，减幅为7.1%。

【企业文化】

中海油服在多年的生产、经营、管理实践中形成了自己独特的企业形象、文化理念、行为准则、核心价值观和员工操守。

围绕公司的发展战略和使命,中海油服努力践行“我们必须做得更好”的企业理念,持之以恒的广泛开展丰富多彩、形式多样,员工喜闻乐见的企业文化建设活动,不断的丰富企业文化内涵,以企业文化凝聚人、培养人、激励人、营造和谐的企业氛围。经过多年的精心培育和提炼而形成的公司企业文化,已经逐步内化于动力外化于形,以巨大的影响力、凝聚力、感召力、推动力和竞争力,为公司的发展提供了不竭的动力。

【社会责任】

中海油服作为一家上市公司,一贯追求企业的可持续发展,在企业创造价值的过程中,也在履行自己的社会责任,不断追求企业与人、社会和自然的和谐进步。

中海油服不仅在经济发展上追求给股东以最好的回报,也在安全、环境保护、节能降耗、减排增效、公司治理、提高就业率等方面做出努力。中海油服以客户为关注焦点,奉行“信誉至上,保证质量”的理念,为客户提供安全、优质、高效的服务。中海油服一贯遵循“以人为本”的理念,为员工提供安全健康的作业环境以及实现员工与企业共同成长进步。同时,中海油服也积极参与资助希望小学、以商保形式扶弱救贫、救灾抢险等大量社会公益活动,为经济发展、环境保护、社会进步和人类更加美好的未来贡献自己的力量。

2009 年,公司荣登社会责任 100 强名单,位列前 20 强,并获得“2009 中国企业社会责任特别大奖”。

【601877】浙江正泰电器股份有限公司

【基本情况】

浙江正泰电器股份有限公司(股票代码 601877)是中国产销量最大的低压电器生产企业。专业从事配电电器、控制电器、终端电器、电源电器和电力电子等 100 多个系列、10000 多种规格的低压电器产品的研发、生产和销售。“正泰”商标被认定为中国驰名商标,“正泰”牌万能式断路器、塑料外壳式断路器系列产品荣获“中国名牌产品”称号。公司于 2004 年荣获中国质量管理领域的最高奖——全国质量管理奖。正泰电器坚持自主创新,研究开发了一系列拥有自主知识产权、达到国际先进水平的低压电器产品。公司先后承担了国家“八五”、“九五”、“十五”等重点科技攻关项目,拥有数百项国内外专利。2004 年 NM8 系列塑料外壳式断路器获得机械工业科技进步二等奖;2006 年 NA8 - 1600 智能型万能式断路器获得机械工业科技进步一等奖。截至目前公司已开发 100 多个系列、200 多个基型的具有正泰自主知识产权的新产品,3 大系列产品——可通信智能型万能式断路器、电子式过载继电器、智能型模块式塑壳断路器列入了国家科技部火炬计划项目。

正泰电器产品畅销全球 90 多个国家和地区,为电力、电网、石油化工、制造业、房地产、建筑业等各行业用户提供高效、便捷的电器产品与技术服务。公司在全国同行中率先通过 ISO9001 质量管理体系认证、ISO14001 环境管理体系认证、OHSAS18001 职业健康安全管理体系认证,并通过国际电工协会(IEC)CB、美国 UL、芬兰 FL、比利时 CEBEC、荷兰 KEMA、德国 VDE 等国际体系认证。

经济全球化时代,正泰电器坚持“国际化、科技化、产业化”发展战略,大力开展制度创新、科技创新和管理创新,实现产品由中低档向中高档扩展,市场由国内向全球扩展,价值链由提供单体产品向提供系统解决方案扩展,经营由以线性为主向包括并购与资本运作在内的全面现代企业运营方向扩展,力争使正泰成为世界一流的低压电器全面解决方案提供商。

【主营业务】

低压电器研发、制造、销售。

【经营业绩】

2011 年 1 - 6 月,公司实现营业收入 400,189.89 万元,同比增长 40.85%。实现营业利润 53,487.93 万元,同比增长 9.95%。实现净利润 44,172.94 万元,同比增长 11.01%。实现归属于母公司净利润 40,499.74 万元,同比增长 9.59%。

【601888】中国国旅股份有限公司

【基本情况】

中国国旅股份有限公司(以下简称中国国旅,英文全称:China International Travel Service Co. Ltd)是经国务院和国务院国资委批准,由中国国旅集团有限公司和华侨城集团公司共同发起设立的。

中国国旅是集旅游服务及旅游商品相关项目的投资与管理,旅游服务配套设施的开发、改造与经营,旅游产业研究与咨询服务为一体的大型股份制企业,注册资本 8.8 亿元人民币。2009 年 10 月 15 日,中国国旅在上海证券交易所正式挂牌上市,标志着中国国旅正式登陆 A 股市场,翻开了中国国旅发展史上新的一页。“国旅 · CITS”是中国驰名商标和海内外知名品牌,在 2011 年世界品牌实验室(WBL)公布的中国 500 最具价值品牌中,“国旅 · CITS”以 196.68 亿元的品牌价值再度跻身中国 500 最具价值品牌,排名列第 48 名,在旅游服务类品牌中仍位居第一名。

中国国旅下属中国国际旅行社总社有限公司、中国免税品(集团)有限责任公司及国旅(北京)投资发展有限公司三大子公司,分别负责公司的旅行社业务、免税业务、旅游投资业务。

中国国际旅行社总社有限公司(其前身为中国国际旅行社总社,以下简称国旅总社)成立于 1954 年,目前已发展成为国内规模最大、实力最强、享有国际盛誉的旅行社企业集团。国旅总社是新中国第一家接待海外游客的旅行社、第一批获得国家特许经营出境旅游的旅行社、世界旅游组织在中国的第一家企业会员、中国旅行社协会会长单位。2008 年,作为奥运会火炬接力境内外传递的后勤保障服务单位、唯一进驻奥运村和奥林匹克总部饭店的旅游服务提供商和奥组委邀请宾客(配偶)的唯一接待服务单位,国旅总社圆满完成了各项任务,为北京奥运会的成功举办做出了积极的贡献。2010 年,作为上海世博会北京地区唯一指定服务商,国旅总社成立了“中国国旅 2010 上海世博联盟”,联合各地参控股国旅、理事成员单位,通过全方位一体化经营模式,确保了世博游的高品质服务,国旅总社也赢得北京市场发团量第一的杰出成绩,取得了良好的经济效益和社会效益。

中国免税品(集团)有限责任公司(其前身为中国免税品(集团)总公司,以下简称中免公司)成立于 1984 年,是唯一一家经国务院授权在全国范围内经营免税业务的国有专营公司,是中国免税业的代表和旗舰企业。作为免税行业的龙头企业,中免公司成立后,一直保持着良好的发展势头,先后实施了开办控股免税店、引进国产精品进店、建立物流配送中心、进行管理咨询和变革、向旅游零售业发展等重要举措，迅速提升了公司的核心竞争力，连年保持业务的高速增长，始终占据中国免税市场份额的第一位，并作为中国免税业代表跻身世界免税品运营商前20强。作为北京奥组委授权的第一批奥运特许产品零售商，中免公司奥运产品销售额累计超过3亿元人民币。上海世博会期间，中免公司成功开拓上海世博园商业项目，成为上海世博会园区公共区域零售服务商，并被授予首批世博园区“文明零售店”荣誉称号。2009年，中免公司以“百日建店奇迹”建成了具有国际一流水平的三亚市内免税店。2011年4月，海南离岛旅客免税购物政策正式启动，中免公司三亚免税店开门迎宾。作为首家试点实施离岛旅客免税购物政策的企业，中免公司再次彰显了在所在行业的排头兵作用。

国旅（北京）投资发展有限公司（以下简称国旅投资公司）成立于2010年，注册资金1.5亿元人民币，是国旅股份公司第三板块业务的对外投资和经营管理平台，是适应国旅股份公司上市后的发展要求，进一步做强做大旅游主业，大力推进产业链延伸与整合战略的平台。

在未来，国旅股份公司除将继续保持旅行社业务和免税业务的持续稳定健康增长外，还将秉承“以客户为中心，以市场为导向”的理念，突出旅游主业，通过网络建设形成规模客源，以此为基础，向上控制客源，向下控制资源，逐步向旅游产业链中的高利润要素资源渗透和发展，形成客源和资源互动发展的格局，最终使公司成为掌控多项关键要素资源的综合性旅游服务运营商和具有国际影响力的跨国旅游服务集成商，实现股东利益和社会效益的最大化，为中国从旅游大国迈向旅游强国做出新的更大的贡献。

【主营业务】

旅游服务及旅游商品相关项目的投资与管理，旅游服务配套设施的开发、改造与经营，旅游产业研究与咨询服务。

【经营业绩】

2011年上半年报告期内，公司实现合并主营业务收入50.12亿元，同比增长27.12%，实现合并利润总额5.05亿元，同比增长35.71%，实现归属母公司净利润3.31亿元，同比增长44.85%。

【601989】中国船舶重工股份有限公司

【基本情况】

中国船舶重工股份有限公司是经国务院国有资产监督管理委员会批准，由中国船舶重工集团公司、鞍山钢铁集团公司、中国航天科技集团公司作为发起人，以发起设立方式成立的股份有限公司，于2008年3月18日在国家工商行政管理总局登记注册。根据中国证券监督管理委员会的批复，公司于2009年12月采取公开发行股票方式向社会公众发行股份19.95亿股。2009年12月16日，公司在上海证券交易所挂牌上市。上市发行完成后公司总股本为66.51亿股，中国船舶重工集团公司持有65.13%的公司股份。

根据现代企业制度和资本市场的法律法规，公司建立了较为科学、完善的管理制度和治理结构。公司总部设有8个职能部门对28家全资及控股子公司的研发、生产经营、财务、投资、资本运营等业务进行对口管理，并按照证券主管部门的法规要求，设立了专门机构统一管理投资者关系工作、信息披露等业务，与资本市场形成了良好的互动关系。

【主营业务】

船用动力及部件、船用辅机和运输设备及其他3个业务板块。

【经营业绩】

2011上半年报告期内整体经营情况的讨论与分析

总体情况：本公司2011年2月15日正式完成重大资产重组，通过向控股股东中国船舶重工集团公司在内的7家交易对方发行股份购买大连船舶重工集团有限公司、渤海船舶重工有限责任公司、青岛北海船舶重工有限责任公司和山海关船舶重工有限责任公司等4家目标公司的相关股权。重大资产重组完成后，本公司业务板块在原有基础上新增船舶制造、船舶修理及改装、海洋工程等业务，形成船舶制造及舰船配套、船舶修理及改装、舰船装备、海洋工程和能源交通装备及其他五大业务板块，成为我国规模最大的造修船及海洋工程制造企业之一。

本公司在继续强化生产经营、确保订单交付的同时，加大了市场拓展力度，一方面实现了各业务板块良好的经营业绩、完成各项经营目标、保持在优势行业中的领先地位，另一方面新增订单（尤其是海洋工程方面）实现了明显提升，为公司未来的业绩增长奠定了良好的基础。2011年1－6月，公司新承接合同324.1亿元，较2010年1－6月同期增长达57.48%。截至2011年6月底，公司手持合同金额合计为967.4亿元。

2011年上半年报告期内，公司实现营业收入284.85亿元，同比增长16.11%，归属母公司所有者的净利润33.04亿元，同比增长26.19%，继续保持较快增长。

※深交所主板上市公司※

【000001】深圳发展银行股份有限公司

【基本情况】

深圳发展银行股份有限公司(简称:深圳发展银行,股票简称:深发展A,股票代码:000001)是中国第一家面向社会公众公开发行股票并上市的商业银行。深发展于1987年5月首次公开发售人民币普通股,并于1987年12月22日正式成立,总部设在深圳。

经过二十多年的快速发展,深圳发展银行综合实力日益增强,成为了一家在北京、上海、广州、深圳、杭州、武汉等22个经济发达城市设立了约300家分支机构的全国性商业银行,在北京、香港设立代表处,并与境外众多国家和地区的600多家银行建立了代理行关系。

2004年,深发展成功引进了国际战略投资者——美国新桥投资集团(Newbridge Asia AIV III,L.P.),成为国内首家外资作为第一大股东的中资股份制商业银行。秉承"专业、创新"的客户服务理念,深发展有效结合国际先进管理技术与本土经验,在经营理念、风险管理、财务管理、市场开拓等各个领域取得了长足进步。

2010年6月,中国平安保险(集团)股份有限公司("中国平安")及其关联公司通过受让美国新桥投资集团持有的深发展股份完成过户和认购非公开发行股份成为深发展第一大股东,持股比例为29.99%。

2011年7月20日,深发展以每股17.75元的价格向中国平安非公开发行约16.38亿新股,换取中国平安所持平安银行的约78.25亿股股份(约占平安银行总股本的90.75%)以及现金约26.9亿元交易完成。目前,深发展持有平安银行约90.75%的股份,平安银行成为深发展的控股子公司;中国平安及其控股公司持有深发展股份共计约26.84亿股,占比约52.38%,深发展成为中国平安旗下的控股子公司。

【市场成就】

面对纷繁多变的经营环境,深发展以出色的适应力积极应对,扎实推进各项改革,稳步实施发展战略,在包括供应链金融、零售业务等核心业务领域方面继续加大投入,进一步夯实竞争优势。

在公司业务方面,深发展确立了"面向中小企业,面向贸易融资"的发展战略,在全国率先推出围绕核心企业、开发上下游企业的全方位授信模式——"供应链金融",并保持在国内同业间的领先优势,品牌价值持续提升。同时,国际业务、离岸业务稳健发展,作为国内首家获得离岸网银业务资格的商业银行,深发展已为公司客户搭建起跨时空、全方位的银行服务体系。

自2005年将零售业务作为战略转型的方向以来,深发展坚持客户为中心、不断创新产品和服务,构建起了零售银行的产品和服务体系。针对中高端客户的专业理财品牌"天玑财富"不断提升产品和服务能力,获得更多客户认可。信用卡业务继续推行环保、时尚的核心价值定位;面对房地产调控政策密集出台,市场波动加大的局面,个贷业务继续调整结构,增加高收益业务的比重,积极拓展个人经营性贷款、汽车贷款和无抵押贷款等。

资金同业业务在多领域展开与中小金融机构合作,新获多项业务资格,金融产品链进一步延伸。同时把握国内市场阶段性盈利机会,取得快速发展,同业市场份额稳步提升。

深发展在国内率先建立了财会、信贷、稽核垂直管理体系,积极引进现代企业人力资源管理方法。在系列改革措施的推进下,深发展不断完善公司治理结构,提升科学决策能力,全面加强风险控制,资产质量明显提高,资本实力显著增强。

【企业荣誉】

2010年,深发展荣获"最受尊敬银行"、"最佳企业社会责任奖"、"最强势盈利银行"、"最佳零售银行"、"中国最佳供应链金融服务提供商"等殊荣。总行营业部、深圳江苏大厦支行等15家网点荣获年度"中国银行业文明规范服务千佳示范单位"称号。

【经营业绩】

2011年3季度,深发展合并报表。截至2011年9月底,两行合并后的总资产达12,072亿元,总贷款达6,083亿元;总存款达8,322亿元;其中,深发展总资产达9,305亿元,总贷款4,597亿元,总存款6,286亿元。截至2011年9月底,两行合并后的净利润76.9亿元,不良贷款率为0.43%,资产质量保持在较好水平,拨备覆盖率366%;资本充足率和核心资本充足率分别为11.46%和8.38%,符合监管要求。

2011年1-9月份,深发展实现净利润71.2亿元,加权年化平均净资产收益率达18.9%。资产质量保持在很好水平,截至2011年9月30日,全行不良贷款率仅为0.46%,拨备覆盖率达383%,资本充足率和核心资本充足率分别为11.08%和9.97%。

【社会责任】

深发展通过业务和管理的发展不断提升企业品牌形象,并积极履行社会责任。多年来深发展积极履行和实践企业社会责任的价值标准和行为准则,坚持诚信合规经营,维护客户利益,为社会提供优质金融产品和服务,保障员工合法权益,注重环保、热衷公益、回馈社会。

【000002】万科企业股份有限公司

【基本情况】

万科企业股份有限公司成立于1984年5月,是目前中国最大的专业住宅开发企业。2010年公司完成新开工面积1248万平方米,实现销售面积897.7万平方米,销售金额1081.6亿元。营业收入507.1亿元,净利润72.8亿元。

【市场成就】

万科1988年进入房地产行业,1993年将大众住宅开发确定为公司核心业务。至2010年末,业务覆盖到以珠三角、长三角、环渤海三大城市经济圈为重点的46个城市。

万科1991年成为深圳证券交易所第二家上市公司,持续增长的业绩以及规范透明的公司治理结构,使公司赢得了投资者的广泛认可。

经过多年努力,万科逐渐确立了在住宅行业的竞争优势:"万科"成为行业第一个中国驰名商标,旗下"四季花城"、"城市花园"、"金色家园"等品牌得到各地消费者的接受和喜爱;公司研发的"情景花园洋房"是中国住宅行业第一个专利产品和第一项发明专利;公司物业服务通过全国首批ISO9002质量体系认证;公司创立的万客会是住宅行业的第一个客户关系组织。同时也是国内第一家聘请第三方机构,每年进行全方位客户满意度调查的住宅企业。

公司致力于不断提升产品品质。至2009年,万科共有

26个项目获得“詹天佑大奖优秀住宅小区金奖”，其中天津公司水晶城、广州公司四季花城、中山公司城市风景项目先后获得“中国土木工程詹天佑大奖”。

公司持续推进住宅产业化。2009年，万科北京假日风景项目B3#、B4#楼被授予“北京市住宅产业化试点工程”称号。东莞市万科建筑技术研究有限公司获得由广东省科学技术厅、广东省财政厅、广东省国家税务局、广东省地方税务局联合颁发的高新技术企业证书，是行业内第一家被认定的高新技术企业。2010年实现工业化开工面积达106万平方米。

公司积极参与绿色建筑的研发和推广。2009年6月，深圳万科城四期项目荣获国家首个颁发的“绿色建筑设计评价标识”三星级奖。2010年全年，公司共落实75万平米绿色三星住宅，占同期全国获批项目总量的54%。

万科认为，坚守价值底线、拒绝利益诱惑，坚持以专业能力从市场获取公平回报，是万科获得成功的基石。公司致力于通过规范、透明的企业文化和稳健、专注的发展模式，成为最受客户、最受投资者、最受员工、最受合作伙伴欢迎，最受社会尊重的企业。凭借公司治理和道德准则上的表现，公司连续八次获得“中国最受尊敬企业”称号。

【企业文化】

自创建以来，万科一贯主张“健康丰盛人生”，重视工作与生活的平衡；为员工提供可持续发展的空间和机会，鼓励员工和公司共同成长；倡导简单人际关系，致力于营造能充分发挥员工才干的工作氛围。2010年，在全球人力资源咨询公司翰威特组织的“2010年中国最佳雇主”评选中，万科成为10家上榜企业中唯一的房地产企业。

【企业荣誉】

公司在发展过程中先后入选《福布斯》“全球200家最佳中小企业”、“亚洲最佳小企业200强”、“亚洲最优50大上市公司”排行榜；多次获得《投资者关系》等国际权威媒体评出的最佳公司治理、最佳投资者关系等奖项。

【经营业绩】

2011年1－9月，公司累计实现销售面积841.2万平方米，销售金额970.8亿元，分别比2010年同期增长39.9%和35.9%；实现营业收入293.1亿元，比去年同期增长31.0%。其中第三季度营业收入93.2亿元，同比增长66.0%；实现净利润6.1亿元，同比增长31.9%。

【社会责任】

公司努力实践企业公民行为。万科从2007年开始每年发布社会责任报告。2009年，万科捐资并建设的遵道镇中心幼儿园、遵道镇便民服务中心、向峨乡政务中心以及遵道梨花广场先后建成交付，均达到最高抗震设防等级。

【000061】深圳市农产品股份有限公司

【基本情况】

深圳市农产品股份有限公司以投资、开发、建设、经营和管理农产品批发市场为核心业务，是行业内最具规模的农产品批发市场连锁经营企业，国内农产品流通行业首家上市公司。经过22年的发展，公司成长为总资产106亿元、净资产42亿元的大型现代化农产品流通企业集团。

公司先后在深圳、南昌、上海、长沙、北京、成都、西安、柳州、合肥、惠州、昆明、沈阳、长春、南宁、银川、蚌埠、济南、广州、天津、九江、武汉等21个城市投资经营管理了32家大型农产品综合批发市场和大宗农产品网上交易市场，初步形成了一个全国性农产品交易、物流及综合服务平台，成为国内经营管理农产品批发市场的第一品牌。2010年下属批发市场（含网上交易市场）农副产品年度总交易量近2300万吨，年度总交易额达1060亿元，约占全国规模以上批发市场交易总额的近10%。公司旗下批发市场每天有4万批发商、4万车辆、20万人次进场交易，每天向城市居民餐桌供应近7万吨农产品，向2亿多消费者提供优质安全的农产品。

公司始终坚持改革创新，通过构建全国性农产品批发市场体系，在保障城市食品供应、确保食品安全与质量、平抑和稳定食品价格、提高农产品供应链的流通效率、帮助农户实现产品价值并增加农民收入、带动农业产业化发展、促进各地三农问题的解决等方面发挥着不可替代的作用，取得了良好的经济效益和社会效益。

近几年来，公司用信息技术装备传统产业，以产业升级为突破口，以运营模式的转型为契入点，实现了从“单点经营”向“网络化经营”的经营方式转变，从传统的以租金收入为主要业务的批发市场向打造绿色交易高端批发市场转型，使传统批发市场脱胎换骨为现代农产品物流综合服务平台：

一是大刀阔斧进行产业结构调整。集中优势资源，建立一流的农产品流通网络，实现保障供给，平抑物价的目标。近几年来，公司共退出16个非主业项目，回笼资金十多亿元用于主业扩张，在全国重要节点城市拓展了31家批发市场和大宗农产品网上交易市场，成为国内外最大的农产品批发市场网络。该网络内的批发市场，均是各大中心城市的重要“菜篮子”。网络内的市场通过发挥协同效应，物流、信息共享，提高市场间互通互联的交易总量，实现在应急条件下，不同城市的批发市场之间及时调货，共同保障供应。此外，通过分析市场网络内农产品交易价格行情和单品种的走势分析，以及多市场之间的价格对比分析等为市场及时组织农产品供应，保障供需平衡，平抑物价，同时为政府监控农产品价格提供信息参考。如公司下属惠州市场被授予广东省“菜篮子应急储备基地”，在自然灾害时期，为保障本地农产品供应和平抑价格发挥了农产品“水库”的重要作用。布吉市场在2008年南方特大冰雪灾害期间，组织200多经营大户，深入到海南、云南、广西等地调运农产品累计达2万多吨，并对运输车辆减免费用60多万元，确保了深圳市场的供应。

二是通过技术升级和信息服务，实现产销对接，带动农民增收。通过提供资源和信息整合、供应链融资、缩短供应链降低物流成本，将保障城市供应与保障农民收入结合起来，以大中城市实体批发市场所辐射的人群日常需求为消费终端，引导、组织批发市场经营户与产地农村合作组织或农村经纪人对接并签订订单，使得农民在解决销售问题后可以放心地扩大产能和改进工艺，从而促进农业产业化的发展。公司遍布全国的实体批发市场的网络布点与网上交易市场的仓储物流体系成为现货交易所业务的重要支撑，形成从产地到销地、服务全国的农产品集散网络。目前，白糖、茧丝、棉花、香蕉、苹果等现货农产品的网上交易取得实效，产销对接促进了农民的产品销售。公司下属广西糖网通过“电子商务＋现代物流”模式的创新，将食糖流通周期从传统贸易7－15天缩短到1－3天，吨糖购销成本从传统贸易25元/吨降低到7元，年均承载全国四分之一食糖购销和配送，有效促进产业发展和三农稳定。因流通成本降低，而使蔗农年增收1亿元以上。

三是传统批发市场转型升级，打造农产品供应的高端品牌。通过创导绿色交易，探索全新食品安全保障机制，满足城市居民消费品质提升的需求。在国内率先建设“海吉星”

绿色交易市场,实现了国内批发市场业态升级。海吉星市场在设计时做到汽车不进档位,杜绝食品被尾气污染,交易大棚装设空调,保持农产品新鲜品质;太阳能利用,污水回收,节能环保等,这种新型的绿色交易市场,既确保了农产品的品质,也提高了交易效率,实现了低碳环保。建立反应快速的食品安全监管机制,通过绘制批发市场质量风险地图,加强市场网络的风险预警;建立第三方实验室,实现检测模式的升级和创新。

为提升食品安全保障能力,公司属下深圳平湖海吉星国际农产品物流园,首家引进 FQT 第三方实验室,检测能力极大提高,覆盖农药残留、常规理化、微生物、营养成分及转基因成分等检测项目;同时,检测结果与交易环节挂钩,有效保障农产品质量安全,建立起较完善的食品安全追溯体系。

【经营业绩】

2011 年上半年报告期内,公司累计实现营业收入 74,600.14 万元,比上年同期增长了 19.17%;实现营业利润 8,990.41 万元,比上年同期降低了 76.05%;实现净利润 18,574.02 万元,比上年同期降低了 39.65%,其中归属于母公司所有者净利润 15,492.32 万元,比上年同期降低了 48.97%。

【000089】深圳市机场股份有限公司

【基本情况】

深圳宝安国际机场是中国境内集海、陆、空联运为一体的现代化国际空港,也是中国境内第一个采用过境运输方式的国际机场。深圳宝安国际机场于 1991 年 10 月正式通航。它是中国第一家由地方自筹资金兴建的机场。截至到 2011 年 2 月,深圳宝安国际机场已经通航国内外的 100 多个城市,开通航线 141 条。其中,国内航线 109 条,港澳台航线 3 条,国际航线 32 条。

在近二十年的发展历程中,深圳宝安国际机场的发展创造了令世界瞩目的奇迹。实现通航以来,深圳宝安国际机场旅客吞吐量和货邮吞吐量高速增长,多年来保持全国第四大机场的地位,经济效益位居全国同行首列。客运方面,1996 年 12 月,深圳宝安国际机场一跃而成为国内第四大机场。2003 年,旅客吞吐量突破 1000 万人次,正式跨入全球百强机场行列。2007 年,深圳宝安国际机场旅客吞吐量突破 2000 万大关,跨入世界最繁忙机场行列。2010 年完成旅客吞吐量 2671.3 万人次,同比增长 9.1%;货邮吞吐量 80.88 万吨,同比增长 33.6%;航空器起降 21.69 万架次,同比增长 7%。因 2010 年在货运方面的系列突出表现,深圳宝安国际机场在 2011 年 3 月被世界权威货运杂志《AirCargoNews》授予全球"年度最佳货运机场"奖。这是国内首次有机场获得该荣誉。

目前,深圳宝安国际机场正在紧锣密鼓地进行扩建工程建设,扩建工程包括飞行区扩建和航站区扩建两部分。目前,长 3800 米宽 60 米的机场第二跑道已投入使用。该跑道飞行等级为 4F,可以满足目前世界上最大型客机起降其中包括"空中巨无霸"——空客 A380 客机。T3 航站楼建筑面积达 45 万平方米,将于 2012 年底投入使用。

深圳宝安国际机场"十二五规划"中计划把深圳空港建设成为区域客运枢纽机场、货运门户、主要快件集散中心。2015 年,航空客运业务量方面在国内机场排名前列;在航空货运方面稳定保持全国第四的地位。围绕规划目标的实现,深圳宝安国际机场将重点实施"安全优先"、"航空城"、"深港合作"、"国际化"、"快件集散中心"五大战略。

【经营业绩】

2011 年上半年报告期内,深圳机场完成旅客吞吐量 1,385.92万人次,同比增长 5.13%;完成货邮吞吐量 39.77 万吨,同比增长 5.19%;完成航空器起降架次 11.04 万架次,同比增长 2.21%。公司实现营业收入 100,290.69 万元,利润总额 45,684.56 万元,归属母公司所有者净利润 35,190.52 万元,分别同比增长 8.42%、-3.36%、-3.98%。

【000099】中信海洋直升机股份有限公司

【基本情况】

中信海洋直升机股份有限公司前身中国海洋直升机专业公司是为促进海洋石油开发和通用航空发展,经国务院常务会议决定,由原国家经委、计委批准,于 1983 年 3 月成立的全国性通用航空公司。公司 1999 年 2 月改制为股份公司,2000 年 7 月发行股票并在深圳证券交易所挂牌上市,公司简称"中信海直",股票代码"000099"。系中信集团旗下目前中国通用航空业首家及唯一的上市公司。

中信海直目前是中国规模最大的通用航空企业,具有通用航空全业务运营资质和能力,其主要经营范围是:陆上石油服务、海洋石油服务、人工降水、医疗救护、航空探矿、直升机引航作业、通用航空包机服务、公务飞行、空中游览、出租飞行、直升机机外载荷飞行、航空器代管业务、私用飞行驾驶执照培训、航空摄影、空中广告、海洋监测、渔业飞行、气象探测、科学实验、城市消防、空中巡查、航空护林、空中拍照。

中信海直总部设在广东省深圳市,在深圳、天津、湛江、海南东方建有直升机场;在北京、上海、浙江、福建等地设有作业基地;下辖中信通用航空有限责任公司、中信海直通用航空维修工程有限公司两个子公司和上海、天津、湛江三个分公司。业务遍布中国三大海域和全国主要城市。是国内通用航空业务涉及地域最多、保障能力最强的通用航空企业。

中信海直现拥有亚洲最大的直升机队,主力机型包括欧直超美洲豹系的 EC225 型、AS332L1 型,海豚系的 EC155B/B1 型、SA365N 型,意大利阿古斯塔的 A109E 型等航空器 30 多架,还拥有 DX900 型、Faicon2000 型公务机 2 架和 A-60+型、A-170 型飞艇 2 艘,执管 Z-9、Z-11 型直升机和 AS350B3 型直升机 5 架。

中信海直现拥有一支技术精湛、训练有素、经验丰富的飞行员、机务人员和保障人员队伍,飞行员中有一批持有英国民航局的 JAA、美国民航局的 FAA 等国际飞行执照,另聘用部分持有 JAA 执照外籍飞行员,机长平均飞行小时在 6000 以上;机务人员有一批获得了欧洲航空安全局(EASA)颁发的机务维护执照,具有多年的使用机型维护经验和直升机维修资质;航务保障人员具有通讯、气象、航管等资质及保障能力。

中信海直有完善的管理体系,通过了英国标准协会的 ISO9001 质量体系认证,编制出了规范化管理的《营运总册》,在国内通航业界率先实行了标准化、规范化、程序化的管理。公司积极推进安全管理体系建设,保持了持续的安全。2002 年、2006 年和 2007 年度公司三度获得了中国民航总局颁发的中国民用航空企业最高荣誉奖项"金鸥杯"。

中信海直已先后为中海油、ACT、AMOCO、OXY、JHN、ES-SO、BP、TEXACO、CHEVRON、TOTAL、STATOLL、PHILLIPS、HUSKY、ROC、DEVON 等 30 多家中外石油企业提供了飞行服务,为中国政府部门和企事业单位提供了公务飞行、抢险救灾、医疗救助等飞行服务。安全飞行时间逾 15 万小时,年飞行小时占全国通用航空飞行总量的22%，海上石油直升机服务市场占有率在60%以上，经营规模和盈利能力在中国同行业处于领先地位。

在国家经济增长的大背景下和国家建设民航强国、加快通用航空发展的重大战略决策的大环境下。中信海直作为中国通用航空业的领先企业，将保持和扩大直升机海上石油服务的发展优势，积极拓展陆上通用航空和航空维修业务，努力开发通用航空新业务，为中外客户提供优质安全的全方位服务，为把中信海直打造成为国内领先、国际知名的通用航空综合服务提供商的目标而奋斗！

【经营业绩】

2011年1－6月，公司实现营业总收入43,489.96万元，同比增8.51%；实现营业利润8,473.39万元，同比增5.88%；实现利润总额8,730.82万元，同比增10.42%；实现归属于上市公司股东净利润6,527.64万元，同比增8.06%；实现扣除非经常性损益后的净利润6,429.68万元，同比增5.07%。

【社会责任】

中信海直积极履行社会责任，为国家和社会作出了贡献。中信海直参与了中国第21次、26次南极科学考察和第4次北极科学考察；中信海直直升机曾跨出国门赴泰国参与印度洋海啸灾区救援工作；中信海直还担负中国交通部在东海、南海、渤海海域的海上救助任务。B－7951号直升机机组曾因创造单机一次海上救起17人的记录，被中国国务院授予"海上救灾英雄机组"的光荣称号，被国际直升机协会命名为"最佳机组"。在"5·12"汶川抗震救灾中，中信海直迅速组织装备精良的12架直升机和经验最丰富的飞行员和机务保障人员飞赴灾区参加抗震救灾，出色地完成抗震救灾飞行任务。受到了中央国家机关、全国总工会、中国民航局、广东省、深圳市、中信集团等上级的表彰。得到了社会的普遍赞誉。

【000153】安徽丰原药业股份有限公司

【基本情况】

丰原药业前身创制于上世纪60年代，1997年，由丰原集团凝合多家地方大型医药企业发起成立丰原药业。如今，丰原药业已发展成为以大容量注射剂为主导，解热镇痛、心血管、抗生素系列产品为配套，集医药研发、生产、销售于一体的大型医药企业。2000年，公司在深交所上市（股票代码：000153），为企业发展插上了腾飞的双翼，逐步迈入中国主流医药企业的行列；是国家高新技术企业、全国"百姓放心药品牌"，自2007年起连续荣膺中国医药工业百强。

公司下设7家制药、2家药包材生产企业、6家医药营销公司、1家大药房连锁公司。拥有45条GMP生产线，产品涉及生物制药、化学制药、中成药、中药饮片四大领域，10余个剂型、300多个品种。丰原药业除拥有遍布全国的药品自销网络外，还具备良好的药品物流和零售商业，"丰原大药房"是安徽省最大的医药零售企业，下设200家连锁药房，连续多年位居全国医药零售企业50强之列；丰原医药营销公司在合肥、铜陵、马鞍山、蚌埠、无为、宿州等地设有多家分公司，业务网络覆盖安徽省各个地市、县。

【主营业务】

生物药、中药、化学合成药及其制剂等方面的研究、开发、生产和销售。

【经营业绩】

2011上半年报告期内，医药行业竞争仍趋激烈，公司坚持稳步提升的经营方针，积极应对市场变化，集中精力做好药品招标与市场营销的管理工作，实现营业收入68,304.73万元，比去年同期增长30.21%，保持稳步增长态势。同时，受大宗原辅材料价格上涨，人力成本增加及产品降价等诸多因素的影响，报告期内，公司实现营业利润1,196.39万元和净利润1,315.88万元，分别比去年同期下降49.98%和39.29%。

【000301】江苏吴江中国东方丝绸市场股份有限公司

【基本情况】

江苏吴江中国东方丝绸市场股份有限公司，原名吴江丝绸股份有限公司（上市公司代码000301，以下简称公司），座落于"国家级丝绸星火密集区"的江苏省吴江市盛泽镇。公司由"江苏吴江丝绸集团有限公司"，联合"江苏省丝绸集团有限公司"等四家发起人共同发起设立。经中国证监会核准，公司于2000年成功登陆A股市场。2007年5月，公司顺利完成股权分置改革。公司注册资本121823.6445万元。

公司于2007年12月，与其控股股东江苏吴江丝绸集团公司进行了重大资产置换，公司主业中盈利能力较弱的纺织加工业资产被置出，同时置入了东方丝绸市场区域相关土地、商业房产和市场环境治理等资产。2008年公司树立了"轻资产、抗周期、高收益"的战略目标，确立了"以市场为中心的纺织业现代综合服务商"的商业模式。公司针对纺织业未来发展趋势，通过一系列资本运作，充分整合现有资源和比较优势，增强公司盈利能力。

2010年公司牢牢把握区域经济的提前复苏及纺织产业加速升级的发展机遇，落实和细化经营计划，在稳步发展传统业务的同时快速发展新兴业务，实现了公司各项业务的可持续发展。完成营业收入91,660.59万元，同比增长23.33%，实现营业利润9,986.30万元，同比增长33.31%，公司主营业务发展良好，生产经营秩序健康稳定，较好地实现了年初制定的年度经营目标。

2011年是国家"十二五"规划的开篇之年，对于我们"东方市场"而言，更是挑战与机遇并存的关键之年。公司管理层将紧紧依托盛泽镇"十二五"发展总目标，紧紧抓住盛泽地区纺织产业优化升级及区域经济快速发展所提供的良好外部环境，牢牢把握发展机遇，积极化解市场风险，带领公司全体员工不断开拓创新服务模式，充分发挥以市场为核心的纺织业现代综合服务商的作用，在实现公司自身战略规划的同时，为纺织产业的转型升级和区域经济的健康发展尽智出力。

【主营业务】

房地产开发、营业房出租、热电、石油、天然气。

【经营业绩】

2011年上半年，公司以"十二五"发展战略为指导，紧紧围绕董事会年初制定的经营计划，在稳抓效益的同时，强化内控建设，努力提高基础管理和风险防控水平，公司各项业务有序开展，保持平稳发展态势。

报告期内，公司实现营业总收入40,611.20万元，较上年同期下降40.66%，实现营业利润7,965.37万元，较上年同期增长0.46%，实现归属于上市公司股东的净利润6,151.86万元，较上年同期下降19.68%。由于本公司房地产开发业务，土地整理业务结算具有阶段性的特点，导致本期可确认的营业收入，净利润较上年同期出现减少。公司经营活动现金流同比增长 8,511.53%，显示出公司主营业务保持良好的发展势头，生产经营秩序较为稳定。

【企业文化】

企业使命：公司秉持感恩之理念，积极承担股东的勤谨之德，对客户的诚信之德，对员工的关爱之德和对社会的回报之德，向社会展示一个充满活力的纺织业现代综合服务商形象。

企业愿景：全球纺织品生产商和交易商首选的市场服务商。

企业精神：创新、高效、服务、和谐。

企业战略：轻资产、抗周期、高收益。

社会责任：勇于挑战、勤于回报、乐于反哺、善于关怀、诚于付出。

商业模式：以市场为中心的纺织业现代综合服务商。

【企业荣誉】

苏州市信贷诚信企业、节能减排先进单位、提升整体竞力先进企业、盛泽镇纳税大户、江苏省文明创建先进单位、苏州市文明单位。（特约撰稿人：汪钟颖）

【000338】潍柴动力股份有限公司

【基本情况】

潍柴动力股份有限公司是由原潍坊柴油机厂（2007 年 8 月改制为"潍柴控股集团有限公司"）联合境内外投资者设立的符合现代企业制度的企业，是中国第一家在香港 H 股上市，并回归内地实现 A 股再上市的企业，是中国最大的汽车零部件企业集团。公司三大业务板块（动力总成（发动机、变速箱、车桥）、商用车、汽车零部件），在国内各自细分市场均处于绝对优势地位。公司旗下拥有了由陕西重型汽车有限公司、陕西法士特齿轮有限责任公司、株洲湘火炬火花塞有限责任公司、牡丹江富通汽车空调有限公司等 40 家优质企业组成的子公司集群。构筑起了以动力总成（发动机、变速箱、车桥）、商用车、汽车零部件三大产业板块协同发展的新格局，成为国内唯一的同时具有三大业务板块的集团。整合后的公司三大业务板块齐头并进、协同发展，在国内各自细分市场均处于绝对优势地位。其中，高速发动机在总重 14 吨以上重型汽车和 5 吨装载机配套市场的占有率分别达到 36% 和 82% 以上；法士特变速箱在 14 吨以上重型汽车市场的占有率达到 92% 以上；陕西重汽重卡市场占有率达到 12% 以上。公司在国内主要市场均设有办事处，在市场辐射地区设有特约维修服务中心，基本形成了售后服务中心在半径 50 公里内提供 24 小时服务支持的格局，构成了集营销、服务、信息于一体的科学、完善的市场网络。潍柴的国际化进程也在向纵深方向发展，公司在国外建设销售网点 12 个，产品远销印度、越南、俄罗斯、东南亚、中东等 30 多个国家和地区，并以高技术、高性能、高质量的产品和一流的服务饮誉海内外。

【主营业务】

研究、生产及销售发动机及其零部件、重型汽车、重型汽车车桥、变速箱及其他汽车零部件等业务。报告期内，公司利润构成，主营业务或其结构，主营业务盈利能力没有发生重大变化。

【经营业绩】

进入 2010 年，中国政府保持货币政策的连续性和稳定性，继续实施适度宽松的货币政策，着力提高政策的针对性和灵活性，支持经济发展方式转变和经济结构调整，全年宏观经济保持了回稳向好的态势。2010 年，国内 GDP 达到 39.8 万亿元，同比增长 10.3%，增速同比加快 1.1 个百分点；货币供应量稳定增长，新增贷款 7.9 万亿元；全社会固定资产投资 27.8 万亿元，同比增长 23.8%；全年进出口总额近 3 万亿美元，同比增长 34.7%，其中出口增长 31.3%。中国经济的高速发展，奠定了汽车产业可持续发展的基础，也为重型汽车，工程机械等装备制造行业的发展创造了条件。

2010 年，商用车市场需求回升，继续保持高速发展。重型卡车产销双双突破 100 万辆，其中生产重卡 105.86 万辆，同比增长 65.44%；销售重卡 101.74 万辆，同比增长59.93%。根据中国汽车工业协会统计资料，公司主要客户如：陕西重型汽车有限公司、北汽福田汽车股份有限公司、包头北方奔驰重型汽车有限责任公司、安徽江淮汽车股份有限公司等，与 2009 年同期相比全部实现大幅增长。2010 年，公司共销售重卡发动机 41.4 万台，同比增长 83%，高于同行业增幅 23.1 个百分点。根据中国汽车工业协会数据，公司发动机在总重 14 吨以上重卡配套市场占有率达到 40.7%，同比提升 5.1 个百分点；本公司的控股子公司陕西重型汽车有限公司共销售重型卡车 10 万辆，同比增长 70.98%，位居中国重卡行业第四位；本公司的控股子公司陕西法士特齿轮有限责任公司共销售变速箱 85.2 万台，同比增长 60.20%，继续保持了我国最大的重型汽车变速器生产企业的地位。

2010 年，中国工程机械行业极大受益于四万亿投资政策的拉动作用，实现了快速发展.中国工程机械全行业销售收入高达 4000 亿元，共销售约 75.33 万台，同比增长 51.50%，其中 5 吨装载机销售 15.1 万台，同比增长 56.38%。根据中国工程机械协会统计数据，公司主要客户如：中国龙工控股有限公司、山东临工工程机械有限公司、徐工工程机械集团有限公司、成都成工机械有限公司、山东山工机械有限公司等较去年同期均实现大幅增长，进而带动了本公司产品销量增长。2010 年，公司共销售工程机械发动机 14.1 万台，同比增长 72.15%，销售 5 吨及以上装载机 12.8 万台，同比增长 66.72%。根据中国工程机械信息网数据，公司发动机在载重 5 吨及以上装载机的配套市场占有率达到 84.8%，与去年同期相比提升 4.8 个百分点。

2010 年，公司依靠科技创新，继续引领中国动力技术进步潮流。自重型卡车实施国Ⅲ排放标准以来，公司具有自主知识产权的大功率高速"蓝擎"发动机，以环保，节能，可靠等优势，赢得了市场广泛认可，市场销量创历史新高，共销售 10－12L 国Ⅲ发动机 37.6 万台，继续巩固了在重卡市场，装载机配套市场的优势地位。同时，公司自主研发的具有知识产权的蓝擎 WP7 发动机，与挖掘机，客车实现批量配套，标志着公司发动机产品系列进一步拓宽，组合竞争优势更加明显。陕西重汽着力打造 F3000 产品平台，试制了 M3000 及纯电动港口牵引车，天然气及混合动力客车底盘等新能源汽车产品，整车龙头带动作用更加突显。法士特公司产品多元化战略成果显著，新产品销售占比不断加大，12，16 档系列，AMT，轻量化，大中心距系列，10 档，6DS，小八档系列增长明显，为公司开辟了新的增长点。

报告期内，公司实现营业收入约为 6,327,956.44 万元人民币，较 2009 年同比增长 78.13%。股东应占净利润约为 678,214.54 万元人民币，较 2009 年同比增长 99.04%。每股基本盈利为 4.07 元人民币，较 2009 年同比增长 98.54%。

（一）主营业务经营状况

报告期内，本公司凭借市场核心竞争优势，营业利润，净利润等指标均实现了大幅的增长。

（二）公司主营业务范围及经营情况

报告期内，公司及子公司的主要业务为：研究、生产及销售发动机及其零部件，重型汽车，重型汽车车桥，变速箱及其他汽车零部件等业务。

（三）供应商和客户情况

公司前五名供应商合计的采购金额为554,499.25万元，占年度采购总额的11.36%；公司前五名客户销售收入总额为1,819,022.66万元，占公司主营业务收入总额的30.03%。

【企业文化】

企业使命——绿色动力，国际潍柴

企业宗旨——用户满意是我们的宗旨

核心价值观——务实创新，诚信共盈，团结公平，高效卓越

企业愿景——成为全球领先的以动力总成为核心的运输及工程设备提供商

【企业荣誉】

2010年2月，潍柴动力被科技部认定为"制造业信息化科技工程应用示范企业"。2010年3月，潍柴—博杜安（新加坡）公司正式成立；潍柴动力成为国家"创新联盟试点单位"；潍柴动力获"2009年工程机械年度发动机供应商"。2010年4月，潍柴控股集团位列2009年度中国机械工业百强企业第三名；荣获"国家级企业管理现代化创新成果"一等奖；潍柴动力举行陕西板块发展战略发布会。2010年5月，潍柴月产高速大功率发动机首次突破五万台；潍柴动力荣获第六届"金圆桌奖"上市公司优秀董事会奖。2010年6月，"蓝擎"系列发动机的研制与开发荣获首届山东省企业重大创新成果；潍柴动力2009年信息披露被深交所考评为"优秀"。2010年7月，潍柴列中国机械500强第9位；潍柴动力荣获"2009年度中国上市公司金牛百强奖"。2010年8月，谭旭光董事长获评"汽车零部件业杰出企业家"。2010年9月，潍柴列中国企业500强第117位；潍柴蓝擎II代面市；潍柴动力荣获2010中国主板上市公司最佳董事会和中国上市公司最佳治理董事会两项大奖。2010年10月，谭旭光董事长荣获"中国汽车十年突出贡献企业家"；潍柴三项新产品顺利通过省级鉴定；潍柴动力荣获"中国汽车十年影响力发动机企业品牌"荣誉称号；潍柴荣获推行卓越绩效模式"卓越组织奖"。2010年11月，潍柴顺利通过ISO/TS16949:2009质量管理体系监督审核；潍柴动力荣获"动力原件最具影响力品牌"；"2009年度投资者关系管理百强奖"；入选山东省首批"省级海外人才创业基地"。2011年1月，谭旭光董事长荣膺"2010CCTV中国经济年度人物"，"2010年度最受关注企业家"荣誉，潍柴控股集团有限公司被评为2010年度最具影响力企业。2011年4月，潍柴控股集团荣获第二届中国工业大奖；潍柴控股集团居"2010年山东纳税百强企业"第18位。2011年5月，潍柴动力成为潍坊市首家国家创新型企业；荣获第七届"金圆桌奖"三项大奖。

【000401】唐山冀东水泥股份有限公司

【基本情况】

唐山冀东水泥股份有限公司是中国上市公司500强企业，是在原河北省冀东水泥厂的基础上，1994年5月由河北省冀东水泥集团公司独家发起、以定向募集方式正式设立、组建的股份制企业。1996年冀东水泥A股股票在深圳证券交易所上网发行并挂牌上市，是中国北方最大的水泥生产商和供应商。公司前身河北省冀东水泥厂于1981年开工建设，1983年12月建成，经过国家验收和中日双方交接，于1985年1月1日正式投入生产，是中国新型干法水泥工业的摇篮。

企业先后荣获"全国环境优美工厂"、"全国'五一'劳动奖状"、"全国优秀企业（金马奖）"、"全国文明单位"、"全国企业文化建设先进单位"等荣誉称号，被誉为"中国水泥工业排头兵"。公司"盾石"商标于2005年被国家工商总局评定为中国驰名商标。

公司现拥有50家控股子公司、2家分公司、4家合营公司，总资产375亿元，水泥年产能1亿吨，是一个以水泥生产为主业，集干粉砂浆、水泥外加剂、水泥助磨剂等新型建筑材料为一体的大型绿色环保型建材企业集团。

近年来，公司深入实施水泥板块"巩固华北、挺进东北、开拓西北"的"三北"发展战略，积极投身东北老工业基地振兴、西部大开发之中，以唐山为大本营，不断向东北、西北、京津冀、内蒙古区域发展，致力于打造横跨"三北"地区的大型水泥企业集团。目前，公司在全国12个省、区、直辖市拥有43条新型干法水泥生产线。公司第一条水泥熟料生产线全套设备由日本引进，是国家"六五"期间重点项目之一，是国内第一条日产4000吨熟料新型干法水泥生产线；第二条水泥熟料生产线是国家"八五"科技攻关"十二条龙"项目之一，是国内第一条日产4000吨熟料新型干法水泥国产化示范线，填补了国内自行设计、制造、安装日产4000吨熟料新型干法水泥生产线的空白，1996年7月26日，原国家主席江泽民视察公司时水泥窑点火一次成功。

公司以著名的"盾石"牌硅酸盐水泥为主导产品，其中包括：中标、英标、美标等通用硅酸盐水泥，道路、油井、博格板超早强等专用水泥，中热/低热、抗硫酸盐等特种水泥，三个系列几十个品种，产品响誉中国华北、东北、西北地区以及亚洲、北美、中东、非洲等国家和地区，"盾石"商标被中国工商总局认定为"中国驰名商标"，也是中国建材行业最著名的品牌之一。首都国际机场、秦沈客运专线、京沪高速铁路、京津铁路客运专线、曹妃甸港口、北京奥林匹克中心等国家重点工程均应用了"盾石"水泥。

冀东水泥股份公司以国家建材产业政策为导向，在保持水泥主业竞争优势的同时，积极促进产品、产业优化升级，于2000年组建唐山盾石干粉建材有限责任公司，引进奥地利90年代国际先进的干粉砂浆生产线，年产全系列环保型"盾石"干粉砂浆15万吨，是中国最大的干粉砂浆生产企业。于2003年组建唐山冀东水泥外加剂有限责任公司，年产5000吨水泥助磨剂、20000吨混凝土外加剂，是国内具有自主创新研发能力和自主知识产权助磨剂配方的为数极少的助磨剂生产企业之一，也是全国最大的液体助磨剂制造商。

【主营业务】

硅酸盐水泥制造、销售。

【经营情况】

报告期内，公司继续推进"区域领先"的发展战略，通过存量整合与新项目建设相结合的方式做大做强水泥产业。2011年上半年，公司生产水泥2,578万吨，同比增长48%；生产熟料2,500万吨，同比增长44%；销售水泥及熟料3,281万吨，同比增长47%；实现营业收入714,299万元，同比增长56%；实现归属于母公司的净利润74,829万元，同比增长38%。

截止到2011年上半年，公司合川、璧山、江津二期、包头、涞水、平泉、阳泉、永吉、秦岭新线等9条水泥熟料生产线的建设工作有序进行中。滦县二期、烟台、江津、启新、阿旗公司纯低温余热发电项目建成发电。全公司余热发电项目共投产

27 台机组，总装机容量达到 268.3MW，利用余热发电 7.5 亿度，节约标煤 26.6 万吨，利用余热发电、电石泥配料减少二氧化碳排量 91.7 万吨，为社会清理工业综合固体废弃物 1200 万吨，水泥企业作为循环经济产业链上"工业城市的清道夫"地位更加凸显。

【企业文化】

公司以"共创、共赢"为核心价值观，以"让生活的基础更坚实"为宗旨，以"团结、创新、诚信、敬业"的企业精神，以"紧扣市场，追求高效"的经营理念，力求"为你做的多一点、细一点"。

展望未来，公司将坚持科学发展观，坚持存量优化与增量发展互动，以国家产业结构调整升级政策为导向，抓住开发西北、振兴东北以及环渤海经济区建设的历史机遇，以一流的产品、一流的质量、一流的服务回报用户，回报社会。

【000404】华意压缩机股份有限公司

【基本情况】

华意压缩机股份有限公司于 1996 年 6 月 19 日在深交所挂牌上市，是江西省第二家、景德镇市第一家上市公司。公司总部位于瓷都景德镇，专业生产用于冰箱、冷柜、饮水机、制冰机及除湿机等制冷电器的各类压缩机。下辖两家子公司(嘉兴加西贝拉压缩机有限公司、荆州华意压缩机有限公司)。现压缩机年生产能力 2000 万台，总资产 33 亿元，员工 5000 多人，市场占有率达 22%，居行业首位。

20 世纪 90 年代初，公司引进美国泰康公司最新无氟技术，从日本、德国、澳大利亚等国引进现代化设备，建成我国首条年产 100 万台无氟压缩机生产线。率先在国内举起环保大旗，是国内最先淘汰 R12 而采用 R134A 新制冷工质的企业，并首家推出无氟制冷压缩机。1996 年公司通过 ISO9001 质量体系认证，成为我国无氟压缩机的主要生产、出口基地之一。公司所制造的无氟压缩机在当时是比较先进的绿色环保产品，公司的生产规模曾引起了中华人民共和国高层领导人的重视。李鹏、乔石、朱镕基、刘华清、吴邦国、吴官正等政府高层官员先后来公司视察，并对华意无氟环保产业给予高度评价和大力支持。联合国环保署也先后两次赠款 233 万美元，支持华意新工质制冷示范线的扩建与改造。

公司制造的压缩机各项技术指标均达到国际先进水平。产品先后通过 CCEE、CB、VDE、TUV、UL 和 3C 等认证。"华意"牌压缩机先后荣获"中国名牌"和"中国驰名商标"称号。

自 2007 年长虹入主华意压缩后，本着"员工满意、顾客满意、股东满意"的企业宗旨，公司的发展驶入了更高水平的快车道。展望未来，华意压缩将成为世界领先的冰箱压缩机研发制造基地!

【企业文化】

第一，企业要像一个军队。干事的时候有干事的样，雷厉风行。

第二，企业要像一个学校。要让来的人学到东西。

第三，企业要像一个家庭。我们要像家人一样，在遇到困难的时候互相帮助，体现组织的关怀和集体的温暖，要让我们的员工在这个组织里有一种"归属感"。

【经营业绩】

2011 年 1－6 月，公司共生产压缩机 1,425 万台，销售压缩机 1,358 万台，销量比去年同期增长 11.66%；实现营业收入 301,358.76 万元，同比增长 13.27%，上半年整体销售收入完成全年任务的 64%，市场占有率继续名列行业首位；报告期内实现净利润 3,985.79 万元，其中归属于母公司所有者的净利润 1,541.13 万元。

【000407】山东胜利股份有限公司

【基本情况】

山东胜利股份有限公司成立于 1994 年 5 月，1996 年在深圳证券交易所挂牌上市(股票代码:000407)，是山东省政府重点扶持的骨干企业、山东省高新技术企业、山东省品牌价值百强企业。先后被授予"全国守合同、重信用企业"、"山东省诚信企业"、"山东省十佳雇主"等荣誉称号，连年被银行系统确认为"AAA 级信用企业"。公司拥有生物、农化、塑胶三大产业，六个功能完善的生产基地，一个国家级实验室和两个省级实验室。拥有世界一流的生产、检验设备与技术，全面通过国家 GMP 以及质量、环境、职业健康安全管理体系认证。已形成胜利生物、胜邦绿野、胜邦管道三大产业品牌，建立起遍布全球的营销网络和服务体系。胜利生物名列中国兽用原料药生产企业十强，是全球最大的泰妙菌素、黄霉素生产企业。胜邦绿野是国家大型专业除草剂生产基地，山东省十强农药生产企业。胜邦管道是国内著名的专业聚乙烯管道系统供应商，为聚乙烯系列管道国家标准主持、参与制定单位。公司重视研发与技术引进的再创新，设立生物化工研究院，积极与国内外同行、资深专家建立合作关系，多项国家专利和科研成果填补了国内空白。透过技术、人才、产品与市场的交流，持续提升公司能力，生物化工研究院被认定为山东省动物专用抗生素工程技术研究中心、山东省重点培育的新药创制平台、济南市高新区博士后工作站。公司还拥有地产与投资两大业务板块。成功完成青岛市四方区 3000 亩围海造地工程，投资建设青岛市欢乐滨海城项目，该项目集商务、酒店、休闲、居住为一体，具有广阔的发展前景。公司是中石油、中石化在青岛地区的重要合作伙伴，拥有成品油批发经营权与进口燃油经营权，在成品油批发市场上具有较强的区域影响力。公司追求与股东、客户、员工、社会的和谐进步，以创造财富、回报社会为己任，积极参与改善生态环境、发展区域经济、扶贫济困、投资教育等工作，全面履行企业社会责任。公司致力于长远的发展，秉承"敢为人先，求真务实，激励创造，生生不息"的企业精神，为打造一间国际化的百年企业，为社会创造更多的价值而不懈努力。

【主营业务】

生物产业、塑胶产业、农化产业和贸易产业。

【经营业绩】

2011 年上半年实现营业收入 13 亿元，同比增长将近 50%，但由于能源，原材料及人工成本大幅上升导致部分产业毛利率下降，以及公司整体财务费用大幅增加，报告期实现净利润 1,132.41 万元，同比减少 25.74%。

【企业文化】

企业精神:敢为人先、求真务实、激励创造、生生不息

释义:想别人想不到和不敢想的事，做别人不敢做和做不到的事;重实际，说实话，务实事，求实效;鼓励创造，尊重付出;以不断的创新与变革推动公司发展，实现价值共赢，成就百年胜利。

核心理念:用未来思考明天，运营今天

释义:机遇偏爱有准备的头脑，成功眷顾识时务的豪杰。公司的成长源自思想与行动的互动与统一，思想引领行动，观

念创造价值。

经营理念:顾客至上,品质取胜

释义:为顾客提供高品质的产品和贴切的服务生我们的职责,诚信是企业的立业之本。我们拒绝任何短期行为,决不允许为了暂时利益损害顾客利益,更不允许欺骗和违法。

管理理念:科学治理,目标管理

释义:科学的公司治理是实施企业管理现代化的重要基础,是公司健康发展的保障。我们注重公司治理的不断完善,努力推进公司治理水平的提高。目标管理的核心在于充分发挥员工进行资助管理的积极性。公司各级员工利用岗位赋予的权力,在职责范围内享有最大限度的工作自主权。

工作理念:严谨、创新、合作、效率

释义:严谨是企业进取的保障。通过扎实的工作使胜利的发展基石更加牢固。创新是企业持续成长的动力。通过关注内外需求的每一个变化,通过专注于每一个思想的落地。合作是开展工作的基础。通过合作发挥自己的聪明才智,通过合作学习他人的思想和方法。效率是企业的生命。没有效率就没有效益,没有效率就会丧失机遇,没有效率就意味着落后和失败。

竞争理念:合作竞争,争取第一

释义:在竞争中合作,在合作中竞争,任何情况下,合作是第一位的。我们以追求与竞争者的共同发展为基础,积极从今与竞争者的联盟与合作。竞争力的体现企业生命力的根本,我们努力做市场竞争中的领先者。

【社会责任】

"创造财富,与社会共同进步"是胜利的发展宗旨,公司以"敢为人先,求真务实,激励创造,生生不息"的企业精神书写了过去十余年的发展历程,参与、分享了中国经济的发展和取得的成功,以实际行动践行着对国家、社会的责任承诺。胜利的未来是一间国际化的公司,一家百年企业。胜利的成长始于肩负的责任。因此,我们始终强调持续改进,每年都会采取措施进一步将社会责任这一发展的核心命题更加深入地融合进公司的决策、文化之中。我们以坚定的信念做出承诺:以持续的创新创造新的增长机遇,支持我国生物产业的自主创新、促进国际产业合作。紧密配合国家经济发展方式转变,以健康和谐为基础,加强环境保护和资源节约,加大绿色产品的研发和生产应用;升级涉农建设和城市基础设施工程的服务。继续积极参与社会公益事业,加强与利益相关方的交流与合作,努力与社会各界形成可持续发展的共识。全面履行企业社会责任,争做全国典范。成长始于肩负责任……

【000411】浙江英特集团股份有限公司

【基本情况】

浙江英特集团股份有限公司(以下简称英特集团)是由中国中化集团控股的大型国有上市企业集团,前身为号称中国丝绸第一股的"凯地丝绸",系经浙江省股份制试点工作协调小组批准设立的股份制试点企业,于1992年8月20日登记注册,并于1996年7月16日登陆A股市场,公司股票在深圳证券交易所挂牌交易,股票代码为SZ000411。

2001年12月30日通过资产重组,"凯地丝绸"控股英特药业;资产重组后,于2002年7月14日经浙江省工商行政管理局核准,更名为浙江英特集团股份有限公司。2008年,中国中化集团公司入主浙江省石化建材集团(公司实际控制人,2009年更名为中化蓝天集团),英特成为央企一员,集团迎来了发展的新机遇。

集团以药品分销、中药产业、生物器械三大业务为主营业务,下设药品分销中心、中药产业中心、生物与器械拓展中心、战略支持中心、营销网络中心五大经营中心,下属控股公司包括浙江英特药业有限责任公司、浙江省英特医药药材有限公司、浙江省医疗器械有限公司、浙江英特生物制品营销有限公司、浙江英特疫苗医药有限公司、浙江英特物流有限公司、宁波英特药业有限公司、温州市英特药业有限公司、嘉兴英特药业有限公司、浙江英特海斯医药有限公司等十余家企业,公司及其子公司在医药流通行业有着深远的影响力。

集团以致力于人类的健康事业为使命,以成为中国最优秀的专业医药供应链综合服务商为愿景,实践着中化集团"创造价值、追求卓越"的核心价值观,努力打造成为一个行业地位突出,管理先进的现代化企业集团。

【经营业绩】

2011年上半年,实现营业总收入403,388.99万元,同比增长28.84%,实现净利润17,228.57万元,同比增长768.08%。

【企业荣誉】

英特连续多年荣获"中国医药流通百强企业"、"浙江省重点流通企业"、"浙江省医药商业十强企业"、"浙江省服务业百强"、"中国服务业五百强"、"中国医药商业企业信用AAA级信用企业"、"杭州市大企业大集团竞争力百强"、"中国电子商务医药行业龙头企业"等荣誉称号,"英特医药物流服务"被评为"浙江服务名牌","英特"商号被认定为"浙江省知名商号",是浙江省省级医药储备、现代物流、药品第三方物流的重点核心企业,是中国医药商业协会、浙江省医药行业协会和浙江省预防医学会副会长单位。

【社会责任】

浙江英特药业有限责任公司是国有控股的大型区域性医药流通企业,于1998年重组设立,前身为成立于1950年的浙江人民医药公司。英特药业拥有华东一流的现代物流基地,具备健全的质量保障体系以及先进的信息服务系统。2010年,公司销售规模突破66亿元,位列中国医药流通百强第12位。

在不断地创造经济效益的同时,英特药业公司以企业公民的高度使命感和责任感回馈社会,参与了一系列的社会公益活动,有效实现了经济效益与社会效益的协同发展。此外,公司还将一如既往地做好全省灾情疫情应急药品的储备工作,为保障民生发挥了不可或缺的重要作用。

致力于人类健康事业的英特人,将一如既往地秉承"创造价值,追求卓越"的核心理念,明确定位、创新方法、开拓思路,提供品质服务,打造品质英特,并在社会责任领域作出更多新的贡献。

【000422】湖北宜化化工股份有限公司

【基本情况】

湖北宜化化工股份有限公司(简称"湖北宜化"),位于美丽的三峡门户城市－宜昌市,主要经营化肥、化工产品的生产与销售,是湖北省重要的支农骨干企业,是宜昌市发展现代化工业的重要基地。公司产品涵盖化肥、化工、热电3大领域10余个品种,具备年产40万吨合成氨、60万吨尿素(其中大颗粒尿素25万吨)、3亿度电、3万吨季戊四醇的主导产品生产能力。宜化是亚洲最大的季戊四醇生产经营企业和全国最大的尿素生产企业之一,居全国氮肥行业前列。宜化牌尿素为国家免检产品,多次出口到美国、新加坡等国;季戊四醇在全国市场占有率为33%，多次出口到韩、日等国。湖北宜化的前身是创建于1977年的湖北宜昌地区化工厂。1992年，作为中国第一批股份制规范化改制试点企业之一，改制为湖北宜化化工股份有限公司，1996年7月，公司向社会公开发行1635万股人民币普通股，并于1996年8月，在深圳证券交易所成功上市，是我国第一家氮肥类上市公司，被誉"中国氮肥第一股"。公司目前的股本结构为：总股本213880370股，其中国有股62875822股，占总股本的29.40%；社会法人股42154183股，占总股本的19.71%；境内人民币普通股108850365股，占总股本的50.89%。

【经营业绩】

2011年上半年报告期内，公司实现营业总收入733,211.11万元，比上年同期增长46.08%；实现营业利润686,597.61万元，比上年同期增长20.2%，实现归属于母公司所有者的净利润46,533.88万元，比上年同期增加41.73%。

【000423】山东东阿阿胶股份有限公司

【基本情况】

公司地处的东阿县做为阿胶发祥地，生产阿胶已有两千多年的悠久历史，故有"阿胶之乡"的美称。生产经营中成药、保健品、生物药、用辅料、医疗器械等6大产业门类的产品百余种，阿胶年产量、出口量分别占全国的75%和90%以上，远销东南亚各国及欧美市场。公司下辖一个核心公司，17个控股子公司。复方阿胶浆为国家保密品种、全国医药行业十大名牌产品、全国十大畅销中药、名列全国扶正药第五，畅销全国30年，累计销量超过120亿支。公司"东阿"牌阿胶在阿胶制品中唯一荣获传统药"长城"国际金奖，并被认定为中国驰名商标。山东东阿阿胶股份有限公司前身为山东东阿阿胶厂，1952年建厂，1993年由国有企业改制为股份制企业。1996年成为上市公司，同年7月29日"东阿阿胶"A股股票在深交所挂牌上市，系国内最大的阿胶及系列产品生产企业。隶属央企华润集团。现有员工5420人，总资产35.98亿元，生产经营中成药、保健品、生物药、药用辅料等6大产业门类的产品百余种，远销东南亚各国及欧美市场。

【主营业务】

中成药、生物制药、保健食品、药用辅料、医疗器械、包装印刷等生产经营。

【企业文化】

源远流长的民族传统文化是东阿阿胶取之不尽，用之不竭的资源宝库。长达两千多年的历史，使东阿阿胶在中华文明的长河中得到了最充分的培育，融汇吸取了中国传统医药宝库中最优秀的精华，被誉为中药"圣药"，举世闻名，代代相传。东阿阿胶企业文化与中国传统文化一脉相承，从儒、道、禅三大文化体系汲取了中国传统文化的优秀精华，并使之与现代工业生产和管理体系相融汇，拥有丰厚的底蕴和独特的风格。

儒家的"仁道"思想，使东阿阿胶关注人与人、人与社会的和谐发展，将"仁爱之德"作为企业的根本之德，特别关注企业内部和谐与外部和谐的同步同构及驱动升华。

道家的"天道"精神，使东阿阿胶更加注重人与天地、人与自然的和谐发展，将"天人合一"作为企业的根本观念，注重企业的内部环境与外部环境的可持续发展。

禅宗的"心道"功夫，使东阿阿胶特别重视自我品质的培养和自我境界的锻炼，拥有和谐稳定的发展理念和核心价值观，确保企业沿着健康的发展轨道不断前进。

东阿阿胶乘天时与人和之厚德，得地利之优势，承文明之根脉，成功地将具有两千多年历史的阿胶品牌做大、做强，使之迈向现代化、国际化。

【经营业绩】

2011年上半年报告期内，公司实现营业收入12.80亿元，比上年同期增长2.92%，营业利润5.35亿元，比上年同期增长46.43%；实现净利润4.56亿元，比上年同期增长46.57%。

【000425】徐工集团工程机械股份有限公司

【基本情况】

徐工机械其控股股东徐工集团成立于1989年7月，成立22年来始终保持中国工程机械行业排头兵的地位，目前位居世界工程机械行业第7位，中国500强企业第123位，中国制造业500强第53位，是中国工程机械行业规模最大、产品品种与系列最齐全、最具竞争力和影响力的大型企业集团。

徐工集团年营业收入由成立时的3.86亿元，发展到2010年的660亿元，在中国工程机械行业位居首位。

徐工集团建立了以国家级技术中心和江苏徐州工程机械研究院为核心的研发体系，徐工技术中心在国家企业技术中心评价中持续名列工程机械行业首位，被国家发改委、科技部等五部委联合授予"国家技术中心成就奖"。建立了覆盖全国的营销网络，100多个国外徐工代理商为全球用户提供全方位营销服务，徐工产品已销售到世界130多个国家和地区。9类主机和3类关键零部件市场占有率居国内第1位。5类主机出口量和出口总额持续位居国内行业第1位。

徐工集团秉承"担大任、行大道、成大器"的核心价值观和"严格、踏实、上进、创新"的企业精神。先后获得"全国五一劳动奖状"、全国机械行业文明单位等荣誉。公司党委被中共中央组织部评为"全国先进基层党组织"。徐工集团已为抗震救灾、建设徐工希望小学等各类社会公益事业捐款6075万元，捐衣物14.9万余件，被国家民政部授予"中华慈善奖"，被中共中央、国务院、中央军委授予"全国抗震救灾英雄集体"。

徐工集团的企业愿景是成为一个极具国际竞争力、让国人为之骄傲的世界顶级企业。徐工集团的战略目标是，到2012年实现营业收入突破1000亿元，到2015年营业收入突破3000亿元，跻身世界工程机械行业前3强，进入世界500强企业。

徐工机械是中国工程机械行业的排头兵，在国内工程机械行业主营业务收入排名前三强，是全国工程机械制造商中产品品种与系列最多元化、最齐全的公司之一，也是国内行业标准的开发者与制定者，拥有业内领先的产品创新能力和国内最完善的零部件制造体系。徐工机械是目前中国工程机械领域最具竞争力和影响力的上市公司之一。

公司提供工程机械类优质产品和服务组合并为客户提供全面的系统化解决方案，产品包括工程起重机械、铲土运输机械、压实机械、路面机械、混凝土机械、消防机械以及其他工程机械，其中汽车起重机、随车起重机、压路机、沥青混凝土摊铺机、平地机、冷铣刨机、举高喷射消防车等多项核心产品以及工程机械液压件等多项零部件产品国内市场占有率第一。同时，公司拥有布局全球的营销网络，是国内最大的工程机械出口商之一，汽车起重机、压路机、平地机等多项产品出口市场份额第一。

【主营业务】

压路机、装载机、摊铺机及沥青拌合站等四大门类产品的开发、制造和销售业务。

【经营业绩】

2011 年上半年报告期内，公司实现营业收入 19,514,587,234.84 元，较去年同期（调整后）13,595,063,336.39 元，增长 43.54%；营业利润 2,600,684,507.69 元，较去年同期（调整后）1,548,585,311.01，增长 67.94%；归属于上市公司股东的净利润 2,228,918,953.64 元，较去年同期（调整后）1,378,391,087.88元，增长 61.70%。

【企业荣誉】

- 徐工科技荣获“中国标准创新贡献奖”。
- 2011 年 5 月，徐工位列“全球工程机械制造商 50 强排行榜”第 7 位。
- 2011 年 6 月 25 日，徐工机械荣登金牛上市公司百强榜首，董事长、总裁王民先生荣获金牛最佳企业领袖大奖。
- 2011 年 7 月 10 日，徐工机械荣获“最佳持续投资价值奖”。
- 2011 年 7 月 9 日，徐工机械荣获“2011 中国上市公司最佳信息披露奖”。

【000430】张家界旅游集团股份有限公司

张家界旅游集团股份有限公司（简称“张旅集团”，股票代码：000430）成立于 1992 年，为中国旅游版块第一家上市公司，被誉为“山水旅游第一股”，属综合型旅游企业。现任法定代表人李智勇，总裁罗选国，现有职工 1000 余人。公司主要从事旅游资源开发，旅游基础设施建设，旅游配套服务，与旅游有关的高科技开发，提供证券投资咨询服务。

2007 年 11 月，张家界市经济发展投资集团有限公司成功重组张旅集团，通过项目优化，资产重组，使我公司成为一家以投资、开发、经营自然景区为主业的国有控股上市公司。目前，张旅集团旗下共有 10 个成员公司，分别为：张家界易程天下环保客运有限公司（以下简称“环保客运公司”，二级道路运输企业，专营武陵源核心景区环保客运）、张家界宝峰湖旅游实业发展有限公司（5A 级景区）、张家界旅游集团股份有限公司武陵源分公司（经营十里画廊 5A 级观光景点）、湖南周洛旅游开发有限公司、张家界市杨家界客运索道有限公司、张家界市中国旅行社有限责任公司、张家界易程天下国际旅行社有限公司、张家界易程天下信息技术有限公司、张家界国际大酒店（4 星级），参股临湘山水旅游产业发展有限公司（占 20%）。

张旅集团经过 19 年的发展变迁，在完善法人治理结构、依法开展经营管理活动方面取得了良好的成绩，形成了具有自身特色的经营管理文化。拥有较为完善的 SOP/STP/SMP 制度系统、规范的财务管理系统、成熟的市场开发系统、先进的人力资源开发系统、健全的战略绩效考核系统及内控系统。其成员公司也在不断地发展和长足的进步，其中，张旅集团旗下之环保客运公司于 2003 年通过 ISO9001 国际质量管理体系认证、ISO14001 国际环境体系认证，2004 年通过了 OHSAS18001 国际职业健康安全管理体系认证；还先后获得了“湖南省基层党的建设示范点”、“湖南省模范职工之家”、“湖南省青年文明号”等 13 项省级及以上的荣誉。宝峰湖景区于 2006 年被评为国家首批 5A 级景区，2010 年 3 月被央视网评为“中国十大魅力休闲湖泊”之一，并获得“最佳风情单项奖”。2009 年 12 月公司导游班被团中央和国家旅游局联合授予“国家级青年文明号”的称号。

面对旅游市场的发展新趋势，作为湖南省的旅游龙头企业之一，张旅集团将严格遵循市场经济和旅游产业的规律进行运作，以市场为导向，多元化经营，努力探索科学的经营管理模式，打造完整的服务体系；秉承“创造和保护文化”、“可持续发展”的理念，不断充实和丰富经营项目的人性化内涵，致力于国际旅游精品线路的营建和民族文化神韵的展现，以期吸引更广大的中外游客。

【000488】山东晨鸣纸业集团股份有限公司

【基本情况】

山东晨鸣纸业集团股份有限公司是以制浆、造纸为主业的大型企业集团，全国首家 A、B、H 三种股票上市公司，拥有武汉晨鸣、晨鸣热电、齐河晨鸣、湛江晨鸣、江西晨鸣、延边晨鸣、吉林晨鸣等 10 多家生产子公司。总资产 375 亿元，年纸品生产能力实现 600 万吨，进入中国企业 500 强和世界纸业 30 强，被评为中国上市公司百强企业和中国最具竞争力的 50 家蓝筹公司之一，“晨鸣”商标被认定为中国驰名商标。目前，集团拥有国家级技术中心、博士后科研工作站及多条国际一流水平的造纸生产线，主导产品为高档铜版纸、白卡纸、轻涂纸、新闻纸、双胶纸、电话号簿纸、静电复印纸、箱板纸、书写纸、高密度纤维板、强化木地板等，其中 7 个产品被评为“国家级新产品”，23 个产品填补国内空白，4 种产品列入“国家免检产品”，产品远销英国、日本、美国、澳大利亚等 50 多个国家和地区。企业经济效益主要指标连续 15 年保持全国同行业首位，在全国同行业率先通过 ISO9001 质量体系认证、ISO14001 环保体系认证和 FSC－COC 体系认证，先后荣获全国五一劳动奖状、轻工业全国十佳企业、中国企业管理杰出贡献奖、全国精神文明建设先进单位等省级以上荣誉称号 150 余项。面对全球经济一体化的机遇和挑战，晨鸣集团致力于建设绿色生态、持续发展的国际一流造纸企业，以发展为主题，以创新为动力，大力实施国际化战略，努力把企业做强做大，两三年内，公司产能、效益实现翻番，跻身世界造纸行业前列。

【主营业务】

机制纸及板纸和造纸原料、造纸机械、电力、热力的生产与销售。

【经营业绩】

2011 年上半年报告期内，公司实现机制纸产量 166.28 万吨，销量 156.54 万吨，与去年同期相比分别增长－1.24%，0.99%. 实现营业收入 89.17 亿元，同比增加 9.06%；营业利润 4.74 亿元，同比降 39.03%；归属于母公司股东净利润4.84 亿元，比上年同期降低 20.45%，主要是由于 2011 年上半年，受原料成本增加影响，本期毛利率比上年同期下降。

【企业文化】

企业使命：打造纸业精品真诚回报社会

企业愿景：建设绿色生态、持续发展的国际一流造纸企业

企业核心价值观：诚信为本共赢共享

企业精神：学习超越领先

企业作风：日事日毕日清日高

管理理念：用制度管人按标准做事

生产理念：全面过程控制，稳定生产工艺，严格质量标准，创造知名品牌

用人理念：培养人引进人用好人留住人

营销理念：诚信双赢共创未来

【000506】山东中润投资控股集团股份有限公司

【基本情况】

山东中润投资控股集团股份有限公司是一家在深圳证券交易所挂牌上市的以房地产开发为主，集不动产及相关公司股权投资、资源类公司股权投资、策划咨询、房地产经纪为一体的大型股份制企业。公司注册资本 77418 万元，总资产逾 35 亿元，下辖四家房地产开发企业，分别拥有国家一、二级开发资质，开发产品包括商业写字楼、住宅、公寓等。

公司汇聚了一批精通经营管理、有专业知识、不断追求卓越的高素质人才，形成了一支朝气蓬勃、纪律严明、同舟共济、奋发向上的精英团队。公司在房地产开发中坚持专业、规范、诚信的开发理念，以树立中润品牌为最高的经营目标，受到了社会各界的良好赞誉，先后荣获"广厦奖"、"城市建筑地标"、"齐鲁时尚名盘"、"山东 60 年 60 品牌企业"、"山东十大最具竞争力品牌"等荣誉称号。

公司经过十几年发展，创立了中润高端地产品牌，实现了中润地产与资本的结合，完成了公司向优秀的公众持股公司的转变。面对未来复杂的社会经济变革和日益激烈的市场竞争，公司将不断完善战略布局，倡导品质建设、规模经营、创新服务的企业理念，提升核心竞争力，以"美好生活缔造者"的角色，充分发挥自身雄厚的资金实力、丰富的人才经验，不断创新，和谐共生，积极承担社会责任，努力成为卓越的公众公司和优秀的企业公民。

【主营业务】

不动产及相关公司股权投资；房地产租赁、策划咨询；房地产经纪；资源类公司股权投资。

【企业荣誉】

济南市十佳房地产开发企业；1998 年山东省房地产开发企业综合经济实力 100 强；济南高新开发区纳税十佳单位；2008 年度山东省文明诚信民业企业；2008 年度慈善赈灾突出贡献单位；2009 年度济南市房地产开发企业综合信用评定 AAA 级企业。

【000514】重庆渝开发股份有限公司

【基本情况】

重庆渝开发股份有限公司（前身系重庆市城市住宅统建办公室、重庆市房屋开发建设公司、重庆市房地产开发股份有限公司）是经重庆市人民政府批准，于 1978 年成立的重庆市最早的一家房地产开发企业，公司 1992 年进行了股份制改造，1993 年公司股票在深交所上市，公司简称渝开发，股票代码 000514。1999 年，更名为"重庆渝开发股份有限公司"，具有房地产开发一级资质。公司注册资金 63393.7616 万元。公司的控股股东为重庆市城市建设投资公司。

公司在职员工 116 人，各类专业技术人员 60 人，其中大专以上学历占总数的 77% 以上，拥有博士学位 1 人，硕士学位 1 人，研究生 7 人、学士学位 31 人。公司总部设置五部二室（发展计划部、财务部、法律审计部、房地产事业一部、房地产事业二部、综合办公室、董事会办公室）及四个下设子公司、三个项目部。

公司成立 29 年来，严格按照"全面规划、合理布局、综合开发、配套建设"的方针，坚持开发新区与改造旧城相结合；坚持经济效益、社会效益、环境效益相结合，先后在重庆主城的北区、中区、长江路三条干道沿线的人民路、民生路、五一路、聚兴村、上大田湾、中二路片区等几十个片区进行了旧城改造，同时新开发建设了南坪工贸区、后堡小区、南坪二、三、四居住小区及江北鹞子丘、大坪九坑子等十几个新开发区。累计建成并交付使用的各类房屋 350 余万平方米，提供成套住宅 35000 余套，向社会提供公共配套建筑设施 35 万平方米，向国家交缴税费近 2 亿元，具有较强的开发能力。为实施城市总体规划，改变城市面貌、改善人民群众住房条件，推动住宅商品化，繁荣城市经济等方面做出了重要的贡献。渝开发在 20 多年的开发历程中，锤炼了一支敢打硬仗的员工队伍，积累了丰富的房地产开发经验。

近年来，公司在市政府和大股东市城投公司的领导和有力支持下，迅速走上了二次创业之路。2005 年 11 月，公司顺利实施了股权分置改革。在新的历史发展形势下，公司以股改为契机，结合宏观经济形势及房地产行业发展趋势，适时制定了未来 3 - 5 年的发展规划，并着力推进企业内部改革和经营机制创新，确立了公司新的发展战略：即推动"以房地产开发带动，土地整治和市政工程联动，资产经营推动，资本营运拉动"的"四动战略"，全面整合公司内外部资源，通过资本市场再融资做大公司规模，进而支持以房地产开发为核心的相关多元化业务，搭建资产证券化平台加以金融房地产为核心的利润中心，为公司获取新的利润增长点和持续健康发展创造条件，实现渝开发的跨越式发展。

【经营业绩】

2011 年上半年报告期内，公司实现主营业务收入 176,407,351.87 元，与去年同期比较减少 50.62%；实现营业利润 40,613,787.98 元，与去年同期比较减少 47.75%；实现净利润 29,649,253.00 元，与去年同期比较减少 45.68%。

【000517】荣安地产股份有限公司

【基本情况】

荣安地产股份有限公司前身为宁波中元股份有限公司，创建于 1965 年，主要生产经营金属切削机床。公司股票于 1993 年 8 月 6 日在深圳证券交易所挂牌上市，是宁波市第一家上市公司，股票简称"甬中元 A"，股票代码为"0517"。

1999 年 10 月，公司进行重大资产重组，主营业务变更为通信设备和网络产品的开发、研制、销售。1999 年 11 月 3 日公司更名为"宁波成功信息产业股份有限公司"。2003 年 8 月 28 日，公司更名为"成功信息产业（集团）股份有限公司"（股票简称：甬成功，股票代码：000517）。

2009 年 6 月，公司完成第二次重大资产重组，向荣安集团股份有限公司定向发行 82800 万股 A 股购买其拥有的八家房地产公司股权和三处房产，全面退出通信及相关设备制造业，进军房地产经营与开发业。2009 年 6 月 16 日，公司更名为"荣安地产股份有限公司"。

目前，公司拥有宁波康园房地产开发有限公司、宁波荣安房地产开发有限公司、江苏荣安置业有限公司、宁波市人民房地产开发有限公司、宁波永元置业有限公司、宁波荣安物业管理有限公司、宁波同城置业有限公司、荣和置业集团有限公司等八家子公司，成为一家纯地产类的上市公司。

在公司控股股东荣安集团股份有限公司十几年的精心培育下，公司现拥有国家一级房地产开发资质，积累了专业房地产开发经营的丰富经验。同时，公司已汇聚了一大批优秀的房地产专业人才，形成了稳健的开发理念和高效的项目运作能力。十几年来,公司已成功开发了欢乐家园、欢乐精品园、荣安世家、荣安佳境、都市风华、水尚阑珊、尚湖中央花园、荣安和院、荣安琴湾、荣安花园等十多个足以提升城市品味的高品质楼盘。

公司将始终秉承"正德厚生,笃学敏行"的企业训言,以"让员工分享快乐,让客户感受尊贵,让城市提升品位,让社会充满和谐"为企业使命,坚持以房地产为主业,立足市场、务实创新,构建地产品牌优势,培育企业核心竞争力,促使企业长期盈利和可持续发展,更好地回馈社会、回报股东。

【企业荣誉】

- 2012 年 1 月,董事长王久芳被评为浙江省"光彩之星"。
- 2011 年 10 月,台州荣安华府项目获批台州市康居示范工程实施项目。
- 2011 年 8 月,董事长王久芳被授予第二届海曙慈善奖个人奖。
- 2011 年 4 月,荣安琴湾项目部被授予宁波市五一劳动奖状。
- 2011 年 4 月,公司被授予宁波市和谐企业创建先进单位。
- 2011 年 3 月,荣安琴湾项目部荣获宁波市"工人先锋号"称号。
- 2010 年 10 月,荣安花园项目入围 2010 年度宁波市住宅开发项目"人居环境奖"。
- 2010 年 9 月,荣安地产入围 2009 中国房地产新上市企业实力十强。
- 2010 年 7 月,荣安集团获"浙江省服务业百强企业"第 34 位。
- 2010 年 7 月,荣安集团获"浙商全国 500 强"第 284 位。
- 2010 年 7 月,荣安集团获宁波市"最佳效益企业"。
- 2010 年 7 月,荣安集团获"宁波市服务业百强企业"16 位。
- 2010 年 7 月,荣安集团获得"宁波市综合百强企业"第 43 位。
- 2010 年 7 月,王久芳董事长获第九届"宁波市优秀企业家"称号。
- 2010 年 4 月,荣安集团获"009 年度宁波市房地产建筑业纳税 20 强"第 4 位。
- 2010 年 4 月,荣安集团获"2009 年度宁波市纳税 50 强"第 24 位。
- 2010 年 1 月,荣安集团入围"金融危机下宁波民营企业功勋榜样企业"。

【社会责任】

荣安在长期的经营实践中,提出了以"六个感恩"为核心,以承担社会责任为最高宗旨的企业文化:其一,感恩时代,因为荣安是时代造就的,荣安理应以承担社会责任为报;其二,感恩客户,因为客户是企业存在的全部理由,荣安理应以提供优质产品与服务为报;其三,感恩合作企业,因为荣安向前的每一步都离不开合作企业的协同,荣安理应在合作中体现多赢;其四,劳资双方相互感恩,因为劳资双方是一种共生共荣的关系,资方理应以真诚善待员工为报,而员工也应以勤奋工作为报;其五,员工之间相互感恩,因为个人的成功缘于整体的配合,同事之间理应以真诚合作为报;其六,感恩家人,荣安员工能专注于事业,皆因有了温馨祥和的精神港湾,每位员工理应以对家庭尽责为报。总之,"感恩文化"要求企业和员工用感恩的心态来对待身边的一切。

这种感恩文化如今已成为荣安人发展企业回报社会的原动力,也成为荣安人构建和谐企业的关键要素,更是荣安人形成强大凝聚力和竞争力的核心。自荣安成立以来,先后向各种慈善和公益事业捐款达到 1800 万元。

痴心办学

2002 年,荣安集团从宁波市慈善总会手中接过了明州中学,改名为荣安实验中学。5 年来,荣安集团先后投入 1.2 亿元改造教学设施和设备,聘请知名教育家改善学校教育质量,荣安实验中学面貌焕然一新,就学人数增加了 10 倍,现在的荣安实验中学已经成为宁波市民办中学的第一品牌。

建立教育基金

荣安集团投入 100 多万元,在江西、贵州、宁波等地先后设立了多个助学基金会,帮助了上千人实现就学梦。

成立帮困基金

荣安集团与宁波慈善总会合作,捐款 300 万元,设立了以荣安命名的专门基金会,由慈善总会支配,用以帮助生活困难的群众。

自发慈善行为

2004 年 12 月 26 日,东南亚的印度尼西亚发生海啸,给当地民众造成了极大的经济损失和人道灾难,引发全世界的关注。三天后,荣安集团向宁波市红十字会捐出了 20 万元,成为宁波市为海啸捐款的第一人。

2008 年 5 月 12 日,四川汶川发生 7.8 级大地震。5 月 13 日一早,荣安集团向宁波市红十字会捐送救灾款 30 万元,成为宁波市向灾区的第一笔善款。后来,集团又向宁波市慈善总会再捐助善款 200 万元。

捐助各类慈善机构和慈善活动几十次。

【000521】合肥美菱股份有限公司

【基本情况】

(一)基本情况介绍

1. 法定名称:合肥美菱股份有限公司
2. 英文名称:HEFEIMEILINGCO. LTD.
3. 法定代表人:赵勇
4. 注册地址:安徽省合肥市经济技术开发区莲花路 2163 号
5. 总股本:636,449,338 元
6. 股票上市地:深圳证券交易所(以下简称"深交所")
7. 股票简称及股票代码:美菱电器(A 股) 000521(A 股)
皖美菱 B(B 股) 200521(B 股)

(二)公司设立、上市及重大股权变动情况

公司系经安徽省体改委《关于组建合肥美菱股份有限公司的批复》(皖体改函字(1992)第 039 号)及中国人民银行安徽省分行(92)皖人银字第 427 号文批准,由其前身合肥美菱电冰箱总厂联合合肥电冰箱配件厂、合肥纸箱厂和合肥拉链厂共同发起、定向募集设立的股份有限公司,于 1992 年 11 月 25 日在合肥市工商行政管理局注册成立。

1993 年 8 月 30 日,经安徽省政府政秘(1993)166 号文批准,并经证监会证监发审字(1993)27 号文复审同意,公司首次向社会公开发行 3,000 万股,发行价格为人民币 4.8 元/股,并于同年 10 月 18 日在深交所上市。此次发行后,公司的总股本为 12,000 万股。

1994 年 12 月 26 日至 1995 年 3 月 8 日公司向全体股东以 10 股配 2 股方式进行配股,每股配售价为 3.88 元人民币/股,共配售 2,607 万股普通股。

1996 年,经中国证监会批准于同年 8 月 14 日发行境内上市外资股(B 股)10,000 万股,发行价格为人民币 3.30 元,

并于1996年8月28日在深交所挂牌交易。

1997年7月29日至8月11日进行了A股的配股，共配售3,341.67万股，并于1997年8月23日上市交易。至此公司总股本增加至413,642,949股。

2007年8月24日，公司实施股权分置改革方案，本公司非流通股股东为获得其所持非流通股份的上市流通权，以其所持有的股份向A股流通股股东执行对价安排，A股流通股股东每持有美菱电器10股A股流通股获得1.5股股份的对价安排，公司总股本不变。

2010年12月底，公司以非公开发行股票的方式向特定投资者发行11,673.15万股人民币普通股（A股），发行价格为10.28元/股，公司总股本增加至530,374,449股。2011年1月10日，本公司新增股份11,673.15万股在深圳证券交易所上市。

2011年8月，公司实施2010年度利润分配，以公司总股530,374,449股为基数，向全体股东每10股送2股派发现金红利人民币0.5元（含税），利润分配实施前本公司总股本为530,374,449股，利润分配实施后总股本增至636,449,338股（其中：A股500,729,338股；B股135,720,000股）。

（三）公司股东及控制关系

1. 公司前10大股东持股情况

截至2011年6月30日，公司前十名股东持股情况如下表所示：

股东名称	持股总数（股）	持股比例（%）	持有有限售条件股份数量（股）
四川长虹电器股份有限公司	113,402,452	21.38%	38,910,500
合肥兴泰控股集团有限公司	33,210,696	6.26%	500,970
中国人寿资产管理有限公司－正德人寿保险股份有限公司－万能保险产品	20,000,000	3.77%	20,000,000
富国基金管理有限公司	20,000,000	3.77%	20,000,000
长虹（香港）贸易有限公司	17,150,815	3.24%	
方正证券股份有限公司	15,325,863	2.89%	9,000,000
东海证券有限责任公司	15,023,399	2.83%	9,000,000
GUOTAI JUNAN SECURITIES（HONGKONG）LIMITED	11,440,224	2.16%	-
中国太平洋人寿保险股份有限公司－分红－个人分红	11,000,000	2.07%	-
国泰君安证券股份有限公司	10,000,000	1.89%	10,000,000

2. 公司实际控制人为四川省绵阳市国有资产监督管理委员会，其结构如下图所示：

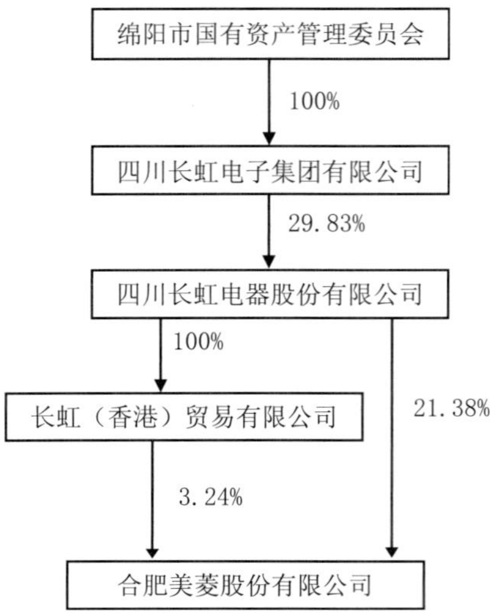

（四）公司发展概况

1983年，合肥市第二轻工机械厂（美菱前身）转产家用冰箱，开始了26年的专业制冷之路。

1984年，美菱第一台冰箱BY－158正式下线。

1992年，合肥美菱股份有限公司正式成立。

1993年，美菱A股成功上市，成为安徽省第一家上市企业。

1996年，美菱B股在深圳成功上市，成为安徽第一家同时具有A股和B股的上市公司。

2002年，美菱联合中科院成立中科美菱低温科技公司。

2005年，四川长虹与合肥美菱进行战略重组，拉开了黑白联合的序幕。

2006年，建设美菱合肥新厂区，全部建成后，将具有年360万台的冰箱（柜）生产能力，成为亚洲单体产能最大的冰箱制造基地。

2007年，美菱合肥新厂区一期工程建成投产；江西美菱制冷有限公司11月18日举行揭牌仪式。

2008年，美菱绵阳生产基地建成投产，美菱合肥新厂区二期工程建成投产。

雅典娜BCD－450ZE9获（CIDF）"中国企业产品创新设计金奖"。

美菱主持制定"中国家用深冷冰箱标准"。

美菱研发出日耗电量仅0.27度的超级节能冰箱。

美菱顺利入驻新厂区，开始了新的征程。

美菱连续四次中标家电下乡，抢占市场先机。

2009年，美菱在中国质量万里行服务诚信企业明察暗访活动公布中，以满分100分的成绩位列行业第一，获产品售后服务质量优秀企业。

4月，美菱推出"家电下乡冰箱十年免费保修"活动。

在"2009中国高端冰箱流行趋势暨行业发展高峰论坛"上，美菱冰箱被评为"2008～2009年度高端冰箱品牌BEST-BUY"，美菱雅典娜BCD－518HE9B冰箱获评"2008～2009年度经典对开多门冰箱"奖。

获得"2009年度家电产品消费者满意度调研（冰箱类）最佳使用满意度品牌"；"2009年度家电产品消费者满意度调研（冰箱类）最佳售后服务满意度品牌"；2009年全国用户满意企业"等称号。

8月，公司正式通过了国家质量技术监督检验总局的审核，获得了出口免验资格，成为安徽省首家获得出口免验资格的家电企业。

12月，收购长虹空调和中山长虹空调股权资产，丰富了公司白电产品线，拓展新的盈利增长点，进一步做大做强白电产业。

2010年美菱技术中心再度获得"2009年度安徽省优秀企业技术中心"荣誉称号。

2月，美菱荣获"安徽省第一批产学研示范企业"称号，这也是安徽唯一荣获此称号的家电企业。

美菱荣膺"质量诚信会员企业"，成为安徽省惟一获此殊荣的家电企业。

通过近五年的科学研究，美菱终于攻克超低温冰箱电磁阀泄漏这一世界性难题，使改造后的电磁阀永不泄漏，美菱再次站到制冷冰箱科技制高点。

3月，美菱股份有限公司收购美菱集团，品牌实现统一。

4月，美菱成为首批"合肥市中小学生素质拓展基地"，这无疑是对美菱工业游活动的巨大肯定，同时也为公司进一步开展工业游相关工作奠定了基础。

8 月,美菱推出"冰箱品质服务美菱追求公平"品牌主张,将品质服务进行到底。

2011 年 2 月,美菱联手中国消费者协会设立"品质服务先行赔付保证金",开创中国家电制造业先行赔付先河。

4 月,美菱获安徽省首家"自主创新品牌示范企业"。

美菱荣获"2010 年服务质量先进单位"称号,树立中国式服务典范。

5 月,美菱在由国家信息中心信息资源开发部主办的"2011 中国冰箱行业发展高峰论坛"中一举夺得 2010 - 2011 年度"行业卓越品质"和"行业畅销品牌"两项品牌大奖。美菱 BCD - 237ZE3BR(D)和 BCD - 350w 两款产品还分别荣获行业经典三门冰箱之星和经典多门冰箱之星。

【主营业务】

本公司属于家电制造业,目前主营电冰箱、冰柜、空调及洗衣机的生产与销售。经营范围:制冷电器、空调器、洗衣机、电脑数控注塑机、电脑热水器、塑料制品、包装品及装饰品制造,经营自产产品及技术出口业务和本企业所需原辅材料、机械设备、仪器仪表及技术进出口业务,百货销售,运输。

公司以"中国冰箱大王,世界白电航母"为愿景,通过冰箱、冰柜业务,拉动洗衣机、空调业务发展,为消费者提供一流品质的产品,将美菱打造成一流的"白电"制造企业。

【公司治理】

公司严格按照《公司法》、《证券法》、《上市公司治理准则》、《深圳证券交易所股票上市规则》和中国证监会有关法律法规等的要求,不断地建立和完善公司的治理结构,建立和健全了内部管理和控制制度,持续深入开展公司治理、内部控制规范实施等活动,进一步规范公司运作,提高公司治理水平。根据监管机构的相关法律法规,公司修订和完善了《公司章程》、《股东大会议事规则》、《董事会议事规则》、《监事会议事规则》、《内幕信息知情人登记制度》、《董事、监事、高级管理人员持有本公司股份及其变动管理办法》、《关联交易管理制度》、《重大信息内部报告制度》、《外部信息报送和使用管理制度》、《年报信息披露重大差错责任追究制度》等相关制度,并经董事会决议通过,同时组织公司相关单位、人员进行学习,根据相关制度切实地予以实施,完善了公司的治理结构,切实保护了全体股东特别是中小股东及利益相关者的利益,促进了公司的规范运作。

公司在股东与股东大会、控股股东与公司、董事与董事会、监事和监事会、绩效评价与激励约束机制、利益相关者和信息披露与透明度等关系处理上,均严格按照中国证监会和深圳证券交易所的相关规定执行,运作规范。

1. 关于股东与股东大会。公司严格按照《上市公司股东大会规则》和《公司股东大会议事规则》等的规定和要求,召集、召开股东大会,能够确保全体股东特别是中小股东享有平等地位,充分行使自己的权力。

2. 关于公司与控股股东。公司拥有独立的业务和自主经营能力,在业务、人员、资产、机构、财务上独立于控股股东,公司董事会、监事会和内部机构独立运作。公司控股股东能严格规范自己的行为,没有超越公司股东大会直接或间接干预公司的决策和经营活动的行为。

3. 关于董事与董事会。公司严格按照《公司章程》规定的选聘程序选举董事;公司目前有独立董事四名,占全体董事的九分之四,董事会的人数及人员构成符合法律法规和《公司章程》的要求。公司全体董事能够依据《董事会议事规则》、《独立董事制度》等制度开展工作,认真出席董事会和股东大会,积极参加相关知识的培训,熟悉有关法律法规。充分发挥独立董事监督、协调等职能作用,维护中小投资者利益。

4. 关于监事与监事会。公司严格按照《公司法》、《公司章程》等的有关规定产生监事,监事会的人数及构成符合法律、法规的要求。公司监事能够按照《监事会议事规则》等的要求,认真履行自己的职责,对公司重大事项、关联交易、财务状况、董事和高管的履职情况等进行有效监督并发表独立意见。

5. 关于绩效评价和激励约束机制。公司正逐步建立和完善公正、透明的董事、监事和高管人员的绩效评价标准和激励约束机制,公司经理人员的聘任公开、透明,符合法律法规的规定。

6. 关于相关利益者。公司充分尊重和维护相关利益者的合法权益,实现社会、股东、公司、员工等各方利益的协调平衡,共同推动公司持续、稳健发展。

7. 关于信息披露与透明度。公司严格按照有关法律法规的规定和《公司信息披露管理制度》的规定,加强信息披露事务管理,履行信息披露义务,确保所有投资者公平获取公司信息。

【企业文化】

企业精神:亮剑、创新、奉献、团队。

企业宗旨:员工满意、客户满意、股东满意。

企业价值观:诚信、纪律、责任、公开、公平。

企业愿景:中国冰箱大王,世界白电航母。

【经营状况】

2010 年家电行业品牌竞争进一步加剧。公司以"从营销推动型和机遇推动型,向战略推动型和能力推动型转变"为战略指引,围绕"产品为纲、质量是命、创新营销、砍掉成本"的经营方针,持续推进各项经营管理改善活动,立足自身,做强内功,提升管理,主动变革,强化营销,提升服务,取得了较好业绩。

2010 年,产销量较 2009 年同期有较大幅度提升,公司实现营业收入 82.27 亿元,同比增长 30.09%;实现归属于母公司所有者的净利润 32,585.05 万元,同比增长 8.18%。同时,根据统计,2010 年度公司在一二级市场销量累计占有率达 10.83%(中怡康),同比上升了 0.64 个百分点;在家电下乡市场销量累计占有率为 9.47%(买卖提市场研究中心),同比上升了 0.83 个百分点。

2010 年,冰箱、冰柜业务实现销售收入 596,909.86 万元,较 2009 年同期增加 28.08%;空调业务实现销售收入 162,936.03万元,较 2009 年同期增加 17.49%;洗衣机业务实现销售收入 6,909.98 万元;其他产品实现销售收入 4,260.30 万元。公司销售业绩稳步上升,充分展现了公司雄厚的综合实力及产品竞争力。

【成就业绩】

公司是中国重要的电器制造商之一,拥有合肥、绵阳和景德镇三大冰箱(柜)制造基地,以及冰箱、冷柜、空调、洗衣机等多条产品线。公司主导产品美菱冰箱是首批中国名牌产品,出口免验产品。"美菱"商标被评为中国驰名商标,美菱品牌被列入中国最有价值品牌,并通过了 ISO9001、ISO14001、OHSAS18001、IECQQC080000 等认证,取得了开拓国际市场的通行证。美菱冰箱(柜)凭借良好的质量、健全的网络、可靠的性能和优质的服务等优势,更获国家商务部、财政部青睐,连续五次成为国家"家电下乡"工程指定品牌。

28 年来,公司在技术研发方面一直坚持自主创新,一直矢志不移地专注制冷专业。公司不断壮大研发队伍,成立了两院两中心:研究院、工程院和产品开发中心、技术中心。其中,美菱企业技术中心为省内首批国家级企业技术中心。美菱国内首创首席科学家机制,在节能、保鲜、深冷、绿色设计等领域取得突出的研究成果,先后研发出数百款不同型号的冰箱产品,满足了不同层次的消费者需求,质量水准持续跃升,提高了美菱的核心竞争力。其中包括对开多门雅典娜系列高端冰箱、-192℃世界最冷冰箱、日耗电仅0.23度的顶级节能冰箱等多款引领行业发展潮流的产品。

如今,美菱产品已远销110多个国家和地区,美菱还积极参与更大范围和更高层次的全球化竞争与合作,充分整合国内资源,合理运用全球资源,用品牌美誉驱动国外市场销量,让更多国外用户能享受到高品质、高标准的美菱产品。

2010年,公司融资12亿元,用于雅典娜豪华冰箱生产基地项目、冰柜扩能项目、环保节能冰箱扩能项目等项目的建设。项目建成后,公司将新增200万台豪华冰箱、60万台环保节能冰箱以及120万台冰柜的生产能力。公司力争于2013年实现产销1000万台的宏伟目标。

在行业价格战、概念战、广告战如火如荼之际,美菱创造性的提出"冰箱品质服务,美菱追求公平"的发展战略,敢于把服务作为企业发展的战略,通过"家电下乡冰箱十年免费保修"、"冰箱开机不制冷,美菱免费送给您"、美菱联手中国消费者协会设立"品质服务先行赔付保证金"等举措,将过硬的质量和贴心的服务置于台前,为冰箱企业发展创造一个健康、向上的竞争环境。

面向未来,在"诚信、责任、纪律、公开、公平"的企业价值观指引下,公司将用成长证明专业的力量,专注制冷,提升自身的核心竞争力,不断研发满足消费需求的产品,逐步把企业打造成冰箱(柜)、空调、洗衣机的重要白电技术提供商和产品制造商。"中国冰箱大王,世界白电航母",将品质服务进行到底,美菱脚步,继续!

【投资者关系管理】

公司一直高度重视投资者关系管理工作,按照公司《投资者关系管理制度》、《投资者等接待和推广工作制度》等要求,公司不断加强投资者关系管理工作,认真做好投资者来电的接听、答复以及传真、电子信箱的接收和回复。审慎对待媒体的报道,规范接待机构对公司的咨询事项。通过公司官网(http://www.meiling.com)的"投资者关系"专栏及深圳证券交易所的"投资者关系互动平台"等积极参与投资者网上交流互动活动,拓宽投资者沟通渠道,保证投资者对公司的了解。

同时,公司严格按照有关法律法规的规定和《公司信息披露管理制度》的规定,加强信息披露事务管理,履行信息披露义务,自2011年1月26日起,公司指定《证券时报》、《中国证券报》、《香港商报》和巨潮资询网为公司信息披露的报纸和网站,真实、准确、及时完整地披露信息,确保所有投资者公平获取公司信息。

【社会责任】

(一)公司的社会责任观

我们将企业社会责任奉为公司的基本价值观,公司不但致力于为股东创造价值,也为客户、供应商、员工及社会其他各界的相关人士谋求福祉,同时尊重和保护环境,并致力于保障健康和安全,这一价值观也构成公司企业文化的重要环节,并见诸于公司现有发展的项目和计划新发展的项目上。

我们的行为准则是做优秀企业公民。我们的社会责任观是以公司的发展实现股东受益、员工成长、客户满意、政府放心,坚持科学发展观,促进经济、社会和谐发展。

我们在从事经营管理活动中,亦恪守上述行为准则和积极履行社会责任观。历年来,公司不单为客户提供优质的家电类产品,而且一直坚持遵循自愿、公平、等价有偿、诚实信用的原则,遵守社会公德、商业道德,接受政府和社会公众的监督,坚持回报社会,支持社会公益事业,推动区域发展。

(二)股东和债权人权益保护

1. 完善治理结构,促进公司发展

公司按照国家有关法律法规及监管部门的有关规定,健全、完善法人治理结构,从董事会经营决策、经理层日常管理、与大股东的"五分开"、与控股股东的关联交易行为、募集资金的使用、公司经营风险的控制与规范,以及信息披露等各个环节,严格遵守相关制度,规范运作。

2. 加强公司内部管理,完善企业制度

公司已经按照《公司法》、《证券法》、《深圳证券交易所股票上市规则》、《企业会计制度》、《企业会计准则》等法律法规,建立了较为完善的、健全的、有效的内部控制制度体系,主要包括重大投资决策、关联交易决策、财务管理以及研发管理、人力资源管理、授权管理、采购管理、生产和销售管理等各个方面,定期对各项制度进行检查和评估,各项制度建立之后得到了有效地贯彻执行,对公司的生产经营起到了很大监督、控制和指导的作用。并本着勤勉尽责、严格自律、诚实守信、对全体股东负责的态度,做好内控制度的完善。

3. 回报股东

公司诚实经营,敬业奉献,以股东满意为企业经营的目标。公司深刻认识到只有提高盈利水平,才能给投资者以更丰厚的回报,才能真正实现股东利益最大化。公司立足主营业务,努力提高盈利能力。

2010年,国际金融危机影响逐步减弱,国内经济企稳向好。

2010年,面对激烈的行业竞争,公司积极把握"家电下乡"、"节能惠民工程"、"家电以旧换新"等产业振兴政策,在研发、生产、销售、管理创新等各方面采取了多项措施,推动各产业持续、良性发展,取得了较好的经营业绩。

2011年,公司将进一步加强公司治理,降低成本,立足主营业务,提升公司产品的科技含量和附加值水平,提高盈利能力,力争给股东带来更加丰厚的回报。

(三)职工权益保护

1. 尊重员工,依靠员工,帮助员工成长,让员工满意

公司帮助员工做好个人职业规划,为员工安居乐业做实事。倡导全员沟通,鼓励跨团队协作;注重员工培训,提升员工核心能力;鼓励员工创新,通过创新创造个人、团队和企业的价值。

2. 建立安全生产长效机制,保障职工安全健康

公司始终坚持"以人为本,关爱生命"的理念,按照"安全第一,预防为主"的方针,公司不断提高安全生产管理水平,积极推进安全生产管理的科学化、标准化、制度化、法制化进程,强化安全生产宣传教育,提高员工安全生产技能以及自我保护能力、群体防护意识,建立安全生产长效机制,促进企业健康发展。

3. 公司已依据《公司法》和公司章程的规定,建立职工监事选任制度,确保职工在公司治理中享有充分的权利。

(四)供应商、客户和消费者权益保护

1. 为客户、消费者提供高品质服务

为客户、消费者提供优质的产品,实施顾客满意战略是公

司多年来不断追求的目标和方向。公司实施以顾客为导向的营销战略，在产品研发、营销等诸多环节考虑顾客的客观期望和需求。包括对市场产品建立了三包机制，设立了全国服务热线。建立了包括经销商在内的全国性的售后服务网点，为消费者提供全天候的服务等等。

2. 与供应商共同成长

公司坚持诚信经营、利益共享、互惠互利的原则，尊重供应商的合理报价，合作共赢，求得共同发展。以信息透明、对称等方式确保供应商的利益，树立了公司在供应商中的良好形象，在货源供给、采购价格、付款期限等方面公司也得到了供应商的大力支持，实现双方利益共享。

（五）环境保护和资源节约

公司环境保护方针、年度环境保护目标及成效：

2010 年，公司积极关注国家在节能环保、绿色发展方面的政策和市场技术动态，强化企业转型过程中对于绿色、节能环保发展的引导和实施。在促进绿色环保和节能增效方面，从核心技术能力的积累入手，努力贯彻绿色设计与绿色制造的理念，提升产品的环保性能，以技术创新促进节能减排和清洁生产。公司的节能技术、环保节能产品成为行业中的典范。同时，公司重点开展了节能降耗、减排和清洁生产工作，提高环境绩效，多角度落实社会责任，进一步加强和细化了对环境管理过程的监控，在全公司的共同努力下，公司总体环境方针得到有效贯彻，关键环境绩效指标全部达成，实现了全年无重大环境事故，无相关方恶性投诉的良好绩效，充分发挥整机企业的龙头带动作用，提升了公司的社会责任信誉度，带动绿色产业链的发展。

（六）坚持推进家电下乡致力改善农户生活

在“家电下乡”活动中，凭借在家电下乡中的产品、渠道、技术、研发、服务等的强大实力，全力推进实现农民得实惠、政府得民心、企业得长远利益的目标，取得了家电下乡的丰硕成果。

（七）积极推进“以旧换新”，致力节能减排

家电以旧换新工作是党中央、国务院继家电下乡之后实施的又一项惠民政策，不仅能够拉动内需、扩大消费，提升人民群众的生活品质；而且有利于提高资源利用效率，减少环境污染，促进节能减排，加快转型发展。自公司进入“以旧换新”试点企业以来，公司全面推进家电以旧换新项目在各推广省（市）的开展。

（八）积极投身社会公益事业

多年来，公司始终坚持回报社会，积极支持社会公益事业，通过农村扶贫、捐资助学、爱心工程、基础建设等多种方式，投身教育、体育、慈善、文化等领域，推动区域经济与社会和谐发展，努力成为具有使命感和责任感的优秀企业公民。

公司与四川长虹电器股份有限公司共同在合肥成立“助学基金会”，持续资助贫困大学新生。

2008 年汶川大地震发生后，公司迅速召开紧急会议，专门成立“抗震救灾援助指挥部”，并连夜组织采购大量灾区人民急需的食品、药品、饮用水、帐篷等首批物资，昼夜兼程运赴地震重灾区四川绵阳。随后，公司向灾区捐赠了一批专业用于保存血液的医用冷藏箱，并向地震灾区捐款 80 万元；2009 年，向台湾“莫拉克”台风灾区捐款 50 万元；2010 年，公司向青海玉树地震灾区捐款约 20 万元。公司与灾区人民心连心，长期支持公益事业，还多次向省内灾区捐款捐物，履行公民义务和企业的社会责任。

2010 年，公司在环保、公益事业、职工保护、股东权益保护等诸多承担社会责任方面做了一些工作，取得了一定成绩。今后，公司将进一步遵循自愿、公平、等价有偿、诚实信用的原则，遵守社会公德、商业道德，接受政府和社会公众的监督。公司在追求经济效益、保护股东利益的同时，进一步积极保护债权人和职工的合法权益，诚信对待供应商、客户和消费者，积极从事环境保护、社会公益事业，加强对员工社会责任的培训教育，从而促进公司本身与全社会的协调、和谐发展。

【000528】广西柳工机械股份有限公司

【基本情况】

广西柳工机械股份有限公司（以下称公司）是由原柳州工程机械厂实行股份制改组而设立的股份有限公司，是广西柳工集团的核心成员单位，于 1993 年 11 月 9 日注册，并于当月 18 日在深圳证券交易所挂牌上市，成立时注册资本为人民币 2 亿元。公司注册地：广西柳州市柳太路 1 号。公司属工程机械制造行业，主要经营业务为：装载机、挖掘机、路面机械、叉车、起重机等工程机械产品的开发、生产、销售、维修、技术服务等。目前主要产品有 1－5 立方米 ZL 系列轮式装载机、履带式液压挖掘机、压路机、叉车、起重机等。公司经历年送配股、2008 年度发行的可转换公司债券转股、资本公积转增股本；2010 年 12 月非公开发行 A 股募集资金到位后，2010 年末公司股本变更为 750，161，424 元。2011 年 5 月公司按资本公积每 10 股转 5 股转增股本后，公司股本变更为 1，125，242，136 元。公司的母公司为广西柳工集团有限公司，本期末对本公司的持股比例为 34.86%。

【市场成就】

广西柳工机械股份有限公司是从事工程机械研发、生产、销售的行业大型骨干企业，是中国工程机械第一家上市公司。公司主营业务为装载机、挖掘机、起重机、压路机、叉车、平地机、推土机、铣刨机、摊铺机、滑移装载机、挖掘装载机等工程机械及配件的生产、销售。2010 年装载机、挖掘机出口量均居行业第一。2010 年，“国家土方机械工程技术研究中心”列入 2010 年国家工程技术研究中心组建项目计划，柳工成为行业土方机械唯一一个国家级研究中心；公司被国家科技部认定为“柳州国家工程机械高新技术产业化基地”；2010 年公司 CLG856 型装载机和 CLG922LCII 型液压挖掘机分别入围“市场表现金奖”和“应用贡献金奖”；公司 4 项六西格玛项目在全国质量技术大会暨第七届全国六西格玛大会上获全国优秀奖；公司荣获全国质量奖十周年“卓越组织奖”，作为工程机械行业唯一一家企业喜获此项殊荣；公司在 2010 中国经济和信息化年会中获“新世纪十大优秀信息化先进企业”称号；公司自 2006 年以来已连续四年荣获深交所信息披露考评“优秀”，成为深交所所有主板上市公司中连续四年荣获信息披露“优秀”评级的 10 家上市公司之一；公司在“第五届中国投资者关系年会”活动中，荣获“2009 年度投资者关系管理百强”奖。自 2006 年以来，公司已经三次荣膺该奖项；公司荣获中国质量协会“2010 年全国用户满意企业”；公司荣获中国机械工业质量管理协会“全国机械工业质量奖”，这是公司自 2007 年以后再次获此殊荣。

【企业文化】

柳工使命

致力于为客户提供卓越的工程机械产品和服务

柳工愿景

成为工程机械行业世界级企业

柳工核心价值观

客户导向品质成就未来

以人为本合作创造价值

【经营业绩】

2011 上半年报告期内，公司实现营业收入 1,079,054 万元，比上年同期增长 32.27%，营业利润 125,906 万元，比上年同期增长 14.87%，净利润 109,414 万元，比上年同期增长 19.22%。

【000529】广东广弘控股股份有限公司

【基本情况】

广东广弘控股股份有限公司（股票代码 000529）是原广东美雅集团股份有限公司经重组后更名的大型省属国有控股上市公司，于 2009 年 9 月 11 日在深交所复牌。上市后企业迅速发展壮大，2010 年即进入广东省 500 强企业行列（201 名）。截至 2010 年 12 月 31 日公司股本总额为 5.84 亿股，资产总额为 9.93 亿元，2010 年实现营业收入 12.37 亿元，实现净利润 6035 万元。公司主营业务为肉类食品供应和教育出版物发行，现有员工近千人。

在肉类食品供应领域，公司拥有华南地区最大的食品冷藏库和最大的肉类冷冻食品批发市场。冷藏库年吞吐量近 50 万吨，冻肉年销售量约占广东省市场的 15%；批发市场占地 20000 多平方米，成为影响华南地区和全国多个省市的冻品购销集散地、价格中心、信息中心，年交易额超过 40 亿元，经营的肉类冷冻食品约占广州市 70% 的市场份额。公司以冷冻食品仓储和销售为基础，大力发展上游养殖、屠宰和深加工以及下游货运物流，建立了以广州为中心，覆盖珠三角和港澳市场的肉类冷冻食品物流配送网络，培育出了"狮山牌"南海黄鸡系列省名牌产品和"狮山牌"省著名商标，开发了"广食"牌冻猪肉精品礼盒，"粤桥牌"月饼、腊制品礼盒套装，"狮山牌"土鸡蛋礼盒、"广丰牌"贵妃鸡礼盒等产品。

在教育出版物发行领域，公司全资子公司广东教育书店作为我省中小学教材发行的两条渠道之一，秉承"服务教育、服务社会"的宗旨，积极实施教材发行和市场产品经营"双轮驱动"发展战略，大力推进连锁经营模式，积极参与各类（级）教材、书刊、音像制品的发行工作，目前已在省内各市县（区）开设了 60 家连锁发行网点，形成了一张覆盖全省、服务优良、触觉灵敏、反应快捷的配送网络。

展望未来，公司将遵循科学发展观，加快技术创新和产业升级，不断提高产品质量，提升企业核心竞争力，科学处理融资、发展、价值提升、投资回报的关系，充分利用资本市场，发展现代食品冷藏物流业、食品加工业、现代畜禽业和教育出版物发行业，提升企业在行业中的地位和影响力，推动企业又好又快发展。

【经营业绩】

2011 年上半年报告期内，实现营业总收入 64,784.13 万元，比上年同期增长 18.95%；营业利润 4,123.80 万元，比上年同期增长 51.59%；净利润 3,595.29 万元，比上年同期增长 24.95%，归属于母公司所有者的净利润 3,429.53 万元，比上年同期增长 21.83%。

【企业荣誉】

2010 年公司即进入广东省 500 强企业行列（201 名）。培育出了"狮山牌"南海黄鸡系列省名牌产品和"狮山牌"省著名商标。

【000536】华映科技（集团）股份有限公司

【基本情况】

公司前身系闽东电机（集团）股份有限公司，于 1993 年 11 月在深圳证券交易所正式挂牌上市（股票代码"000536"股票简称"闽闽东"）。公司于 2009 年取得中国证监会重大资产重组批复。公司以发行股份购买资产方式，购买了中华映管股份有限公司旗下四家液晶模组公司各 75% 的股权。中华映管股份有限公司和大同股份有限公司成为公司的实际控制人。公司于 2011 年 1 月更名为"华映科技（集团）股份有限公司"。

2010 年初，华映科技（集团）股份有限公司完成了重大资产重组，发行股份购买中华映管股份有限公司旗下大陆四家液晶模组公司——福建华映显示科技有限公司、福建华冠光电有限公司、华映视讯（吴江）有限公司、深圳华映显示科技有限公司各 75% 的股权，新增股份于三月份在深圳证券交易所成功上市（股票代码：000536），成为台资企业参与重大资产重组，注入资产并控股的首家 A 股上市企业。

2010 年 12 月，公司注册成立境外全资子公司——华映科技（纳闽）有限公司。

经过重大资产重组，华映科技已成为全球重要的核心平板显示零部件专业制造商。华映科技以多年厚植的视讯产品研发与量产的丰富经验为基础，密切关注市场需求，在不断提升产品品质与服务的同时，致力于绿色、节能、环保、超薄、高清、高对比等新技术、新产品研发，并强力推出一系列背光液晶显示模组。

【经营业绩】

2011 年 1－6 月份，公司实现合并营业收入 14.10 亿元，同比下降 2.08%；归属于母公司的净利润 1.35 亿，同比下降 19.60%。

【000538】云南白药集团股份有限公司

云南白药集团股份有限公司（股票代码：000538）是云南省国资委下属云南白药控股有限公司的上市公司。1993 年 12 月 15 日经中国证券监督管理委员会批准，公司社会公众股（A 股）在深圳证券交易所挂牌上市。十余年来，凭借公司管理层的精细化管理和全体员工的奋力打拼，云南白药经历了持续高速的业绩增长，已成长为国内首屈一指的医药企业，其创造的奇迹在中国医药业界颇为罕见，令人叹为观止。

2011 年，对于云南白药是崭新的一年，特殊的一年，里程碑式的一年。公司在刷新百亿营业收入后，充分认识医改带来的机遇和挑战，全面审视自身的优势劣势，正确评价自己的资源和能力，对战略定位做了全新调整，提出了"新白药，大健康"的产品战略方针。这蕴含了新的品牌内涵、新的产业基础、新的发展平台。未来的云南白药，希望努力做到既有中医药文化的内涵，又是传统中药与现代生活完美结合的典范，同时能够兼容人类最新的医药科技和医药成就，介入医疗卫生、营养保健、健身休闲、健康管理等多个与人类健康紧密相关的生产和服务领域。

2011 年，公司顺利完成了行政体系及商业物流的搬迁，并开始启动呈贡新产业园区的运行，随后其他生产线还将陆续搬迁入驻园区。呈贡新产业园区代表着企业新的品牌、新的形象，无论是装备还是制造能力都达到了国际一流水平，堪称中国制药企业的典范。搬迁后,公司各种剂型产能将放大3 -5 倍,这昭示着长期以来困扰云南白药的产能瓶颈将被打破,公司产业将实现全面升级,一个全新的产业平台已初现雏形,公司将站在新的起跑线上,规划和布局下一个百亿。

过去五年,公司笃行“稳中央、突两翼”的产品战略,牢抓全球资源聚焦中国市场的契机,采取内生性增长与外延式扩张并举,技术创新与销售拉动同步的发展策略取得了傲人的成绩。

未来“十二五”,公司睿智砥砺,厚积薄发,布局“大健康”,诠释“新白药”。全力以赴新品牌、新结构、新基础、新平台的长远规划与精心打造。(特约组稿人:朱芮影)

【000540】中天城投集团股份有限公司

【基本情况】

中天城投集团股份有限公司根植贵州30余年,是贵州省第一家上市公司,惟一一家房地产类上市公司,具有壹级房地产开发资质,AAA级信誉等级,以土地开发、地产运营、城市建设为主业、产品类型囊括了住宅、酒店、商业中心、工业园区、会议展览场馆等。总资产逾150亿人民币。

作为贵州房地产行业的龙头企业,中天城投集团陆续开发的项目截至2010年共40余个。优秀的产品为中天城投树立了良好的品牌形象。一流的物业管理服务、教育教学水平、康体设施更为公司品牌提供了强有力的支持。迄今为止,中天城投集团已为5.5万个家庭、近20万人提供了幸福快乐的家园。

中天城投集团的品牌定位为——创领未来,也就意味着集团的发展将符合城市未来的发展方向,并致力在城市建设的各专业领域成为创领者。2011年中天城投集团的发展紧跟贵州省十二五规划,在城市开发运营的同时,致力文化旅游会展、工业产业运营、矿业及新能源开发,形成以城市开发建设为核心,集居住、文化旅游、工业产业运营、生态能源为一体的集团化企业。

在专注于主营业务的同时,中天城投集团始终坚持奉行和实践现代企业公民理念,积极主动承担社会责任,对社会公益事业的长期投入已经成为中天城投长期发展战略的重要组成部分。自2007年至今,中天城投集团进行的各种社会捐赠及赞助逾一亿一千万元。

【经营业绩】

2011年上半年,报告期公司营业收入101,684.45万元,较去年同期增加7.74%;营业利润22,198.26万元,较去年同期减少,主要是报告期主营业务成本、管理费用增加。净利润26,309.30万元,较上年同期增加,主要是本期会展项目收到的政府补助所致。

公司以房地产开发为主业,主要产品为商品房与经济适用房。项目开发地目前在贵阳、遵义。本报告期结转销售面积为16.70万㎡,结转销售收入95,098.38万元,分别较上年同期减少9,079.37 ㎡、增加46,365,578.15元,主要是商场销售增加收入所致。

【000544】中原环保股份有限公司

【基本情况】

公司前身为白鸽(集团)股份有限公司(以下简称“白鸽股份”),是河南省第一家上市公司,股票代码000544。白鸽股份是经河南省经济体制改革委员会豫体改字(1992)111号文批准,由第二砂轮厂进行股份制改造并采取社会募集方式设立的股份有限公司,经中国证监会批准以募集方式向社会公开发行A股股票并于1993年12月8日在深圳证券交易所上市交易,是以磨料磨具及相关产品生产经营为主,集科、工、贸为一体的大型企业。2003年11月,郑州市热力总公司(以下简称“热力公司”)对白鸽股份进行第一步资产重组,将城市集中供热优质资产置入公司,白鸽股份主营业务变更为以磨料磨具及相关产品生产经营和城市集中供热为主。2006年4月郑州市污水净化有限公司(以下简称“净化公司”)受让郑州亚能热电有限公司所持白鸽股份的股份,成为白鸽股份第二大股东。同年,根据白鸽股份股权分置改革方案,郑州市污水净化有限公司将所属的王新庄污水处理厂经营性资产与白鸽股份的磨料磨具业务相关资产和负债进行资产置换,彻底完成了对白鸽股份的资产重组,使白鸽股份成为市政公用事业上市公司。

2007年1月26日,原“白鸽(集团)股份有限公司”更名为“中原环保股份有限公司”,2007年1月30日,公司股票简称由“白鸽股份”变更为“中原环保”,股票代码仍为“000544”。公司主营业务定型为城市污水处理和集中供热。

截至2010年12月31日,公司资产总计9.97亿元,流动资产4.13亿元,固定资产净值为1.40亿元。国有股份占总股本的57.63%。公司第一大股东为郑州市热力总公司,持有股份89405937股,占公司总股本的33.18%;第二大股东为郑州市污水净化有限公司,持有股份65875236股,占公司总股本的24.45%;其余为无限售条件的社会流通股股东,持有股份114178626股,占公司总股本的42.37%。

截至2010年12月31日,公司在册员工472人,其中中高级管理人员40人,占员工总数的8.5%;中共党员132人,占员工总数的28%。

公司两大主业为城镇污水处理和集中供热。污水处理有王新庄水务和登封水务两个污水处理厂,日处理水量43万吨,集中供热有西区供热、登封热力和新密热力三家供热单位,供热面积共有692万平方米。

【公司治理】

根据《公司法》、《证券法》、《上市公司治理准则》(以下简称“《准则》”)等法律法规和规范性文件的要求,公司不断完善治理结构,改善治理状况,取得了良好成效。现公司治理状况如下:

1.股东与股东大会

为了使股东,尤其是中小股东享有平等的地位,保证全体股东均能够充分行使自己的权利,公司在《公司章程》中明确规定了可以使用网络投票的形式,为股东表决提供便利,为确保公司规范运作,提高股东大会议事效率,保证大会程序及决议的合法性,公司逐步修改完善《股东大会议事规则》,并严格贯彻执行。公司股东大会提案、召集、召开、表决以及决议的形成均符合《上市公司股东大会规则》、《公司章程》、《股东大会议事规则》的规定。

2.董事与董事会

《公司章程》中明确规定了董事、董事会的权利和义务,董事的组成和选举的程序、方法,以及董事会的运作程序。制定并实施了《董事会议事规则》,保证董事会的高效运作和科学决策。根据《关于在上市公司建立独立董事制度的指导意见》建立了独立董事制度。按照《准则》的有关规定设立了战略、审计、提名、薪酬与考核等董事会专门工作委员会,并修订完善了各专门工作委员会的工作细则,设立各专门工作委员会办公室为其常设办事机构,便于各专门工作委员会开展工作。

3. 监事与监事会

《公司章程》中明确规定了监事、监事会的权利和义务,监事的组成,选举的程序方法,以及监事会的运作程序。职工代表监事占监事成员的三分之一以上。制定并实施了《监事会议事规则》,确保监事会的高效运作和科学决策,公司监事及监事会认真履行了义务。

4. 控股股东与公司的关系

公司控股股东行为规范,严格依法行使出资人的权利,没有超越股东大会直接或间接干预公司的决策和经营活动的行为;没有超越股东大会、董事会任免公司高级管理人员的行为。控股股东没有对公司资产的违规占用行为,公司也没有违规为控股股东提供担保或借款。

公司基本做到与控股股东在人员、资产、财务方面的分开和机构、业务方面的独立。公司董事会、监事会和内部机构完全独立运作。

5. 同业竞争和关联交易

公司城市集中业务和污水处理业务的主要经营性资产,是从控股股东郑州市热力总公司和第二大股东郑州市污水净化有限公司以资产置换的方式置入的,与两大股东所从事的主营业务属同一行业。

公司与两大股东或其他关联关系方没有发生关联交易。

【经营状况】

报告期内,公司主营业务没有发生变化,仍为城市污水处理和城市集中供热,两大主营业务运营平稳增长。报告期内,公司实现营业收入 320,227,789.12 元,较上年同期增长 10.55%;营业成本 195,739,973.82 元,较上年同期增长 6.08%;净利润 73,738,567.12 元,较上年同期增长 25.57%;经营活动产生的现金流量净额 138,284,307.59 元,较上年同期增长 399.59%。截至 2010 年 12 月 31 日,公司资产总额为 997,023,346.39,较上年同期增长 33.81%;归属于上市公司股东的所有者权益 588,066,856.73,较上年同期增长 14.34%。

报告期公司所经营的业务具有较强的区域性,主要经营区域为郑州地区,在该地区市场的占有率为污水处理 50%、热力供应 40%。

【社会责任及成就】

公司以落实科学发展观,构建和谐社会,推进社会可持续发展为宗旨,以维护股东、员工等各方利益为己任,树立立足环保产业服务社会的理念。切实保护股东、债权人、员工、客户、消费者、供应商等各方的合法权益。努力做好城镇污水处理和城镇集中供热两大主营业务,为保护环境、服务民生、促进社会可持续发展做出应有的贡献。

1. 股东和债权人权益保护

股东大会是公司的最高权力机构,公司董事会极为重视股东大会的规范性,切实维护全体股东的权益。根据《公司法》、《上市公司股东大会规范意见》等法律法规以及《公司章程》的有关规定,制定了《中原环保股份有限公司股东大会议事规则》,确保做好股东大会的通知、召开、表决等相关工作。并在 2007 年度股东大会的表决中,提供了网络表决平台,切实保障中小股东充分行使权利。

中原环保自 2006 年底重组完成以来,始终把实现股东利益最大化作为公司的经营目标之一。公司连续四年保持稳定的盈利水平,使每股净资产由 2006 年底的 1.238 元增长至 2010 年底的 2.19 元,可供分配利润由 2006 年底的 -430,412,609.33 元增长至 2010 年底的 -175,876,279.06 元,切实保障了股东利益的增长。

公司不仅重视对股东利益的保护,还高度重视对债权人合法权益的保护。公司以稳健的财务政策保证公司资产、资金安全,维持合理的资产负债率,保持良好的现金支付能力,有效保障债权人的权益。

2. 员工权益保护

公司始终坚持以人为本的原则,尊重和关心员工,维护员工的合法权益,提供优良的环境,促进员工的价值实现和能力提升,实现企业与员工的共同成长。公司严格遵守《劳动法》、《劳动合同法》、《劳动合同法实施条例》等法律法规,建立了包括《中原环保股份有限公司全员劳动合同制管理规定》等在内的一整套符合法律规定的人力资源管理体系,并不断加以完善。

公司遵循按劳分配、同工同酬的原则,及时足额支付员工工资。全面推行绩效工资制,有效激发员工的劳动积极性。实现公司利益与员工利益的共同增长。

公司建立了符合国家政策的社会保障体系,为员工提供社会养老保险、医疗保险、工伤保险、生育保险、失业保险五大社会保险以及住房公积金。

员工是公司的重要资源,公司注重员工的职业发展,重视后备人才建设,鼓励员工岗位成才。在公司内部建立了竞聘上岗的用工机制,为员工提供了公平的晋升通道,鼓励员工在最适合自己的岗位上最大能量地发挥作用。

公司依据《公司法》、《公司章程》的规定,选举职工监事进入监事会,并达到监事会成员的三分之一,确保职工在公司治理中享有充分的权利。公司按照国家有关政策,设立职工代表大会,涉及职工重大利益的事项,需经职工代表大会批准方可实施。职工代表大会选举产生工会委员会,作为职工代表大会闭会期间的常设机构,保证职工代表能够充分表达员工意愿,代表员工参与公司的民主管理。

员工安全和健康是企业发展和员工个人发展的基本保证,公司把员工的安全健康纳入安全管理工作中,予以高度重视。公司以以人为本、预防为主、防消结合为方针,坚持安全与效率的有机结合,建立了严格完善的安全生产管理制度,自上而下的安全生产管理体系,及时对员工进行安全教育和相关培训,使公司上下时刻保持高度的安全意识。公司定期组织员工体检,积极为员工创造安全、卫生、舒适的工作环境,努力使员工能够保持良好的健康状态。

3. 供应商、客户和消费者权益保护

公司积极保护供应商、客户和消费者权益,通过实施《中原环保股份有限公司招投标制度》,有效防范了商业贿赂的发生;

公司视供应商为公司发展必不可少的合作伙伴,根据公司的战略方针,积极开发良好的战略伙伴,与之建立长期稳定、互惠互利的合作关系。认真履行与供应商所签订的商业合同,维护了供应商的合法利益。

公司以用户至上的原则,向客户和消费者提供优质服务。公司所从事的城市集中供热业务面对着千家万户的消费者,本着"辛苦我一个,幸福千万家"的服务理念,向用户提供优质服务。不仅建立了 24 小时不间断的供热服务信息平台,借助商业银行建立便捷的热费收缴渠道、还组织多个服务小分队进入社区和家庭,及时解决用户采暖中出现的问题,为用户打造温暖舒适的生活环境。

4. 环境保护与可持续发展

公司所从事的两大主业符合国家节能减排、环境保护政策，通过公司主营业务的健康发展，将为实现社会环境保护，促进社会可持续发展做出更大的贡献。

公司所属的王新庄水务分公司是淮河流域最大的污水处理厂，日处理能力40万吨，全年共完成消减COD53698.93吨、BOD525268.32吨、SS42436.78吨、NH3－N6101.926吨。公司通过深入挖潜，精细管理，连续三年满负荷生产，实现达标排放，为淮河治理做出了积极的贡献。2008年，该污水处理厂再次被评为“全国十佳污水处理厂”。

公司所属的供热分公司利用热力发电余热实现集中供暖服务，服务面积占郑州市集中供热面积的40%。利用热力发电余热实现集中供暖，大大提高了能源利用效率，减少能源消耗及烟尘、SO2对大气环境的污染，减少耗煤量67.2万吨，灰渣29.7万吨，烟尘排放减少量2.8万吨，SO2排放减少量3.3万吨。有力地支持了节能减排环境保护目标的实现。

公司所属的两家全资子公司水务登封有限公司和热力登封有限公司，分别从事登封市的污水处理和集中供热服务。登封市位于中岳嵩山脚下，是享誉海内外的旅游城市，城市环境的治理与保护显得尤为重要。该两家子公司的运营与发展，使城镇污水得到了治理，减少了大气污染物的排放，为登封市创建环境优美的旅游城市，发挥了积极的作用。

报告期内，公司投资设立热力新密有限公司，从事新密市的城镇集中供热服务，将结束新密市没有集中供热的历史，为改善新密市的大气质量，提升新密人民的生活品位，创建优美人居环境，做出有益的贡献。

报告期内公司还与沃能公司携手通过技术创新，变废为宝，完成了将沼气生产转化为洁净燃气的工程项目建设，顺利投产，结束了沼气点天灯的历史，将洁净燃气输入我市燃气管网系统，初步满足2万户居民的日用气需要，在资源再生利用、节能减排、净化蓝天等方面为全国首例。

【000547】神州学人集团股份有限公司

【基本情况】

神州学人集团股份有限公司即原福建省福发股份有限公司（2002年6月更名），公司改制前为原国有企业福州发电设备厂。企业创建于1955年6月，从1959年开始制造发电设备，是国内最早生产成套发电设备的厂家之一，是原国家机械部发电设备定点生产厂。1993年11月23日，经中国证券监督管理委员会批准，改制为规范化的股份制公司，同年11月30日公司股票“闽福发A”在深圳证券交易所挂牌上市。1999年12月公司被福建省科委批准认定为高新技术企业。

2002年11月福建国力民生科技投资有限公司成为公司第一大股东后，通过一系列资产重组和产业结构调整，公司的产业结构已由原有单一的柴油发电机组行业转为以通讯产业为核心，同时已股权投资、机电产业及教育产业为辅助的新格局，目前已拥有重庆金美通信有限公司、福州福发发电设备有限公司、大华大陆投资有限公司等多家控股子公司，并是燕京华侨大学的唯一投资者。

公司控股子公司重庆金美通信有限责任公司的前身是原国营重庆无线电厂，2000年改制成股份制高新技术企业，公司先后取得原人事部授牌的“博士后科研工作站”、中国人民解放军总装备部颁发的首批“装备承制单位资格证书”和原信息产业部颁发的“军工电子装备科研生产许可证”。公司主要从事军、民用通信系统及产品的开发、生产、销售和工程服务，曾先后荣获国家“科学技术进步奖”特等奖、“科技进步奖”一等奖、“国家级新产品奖”一等奖、“国防科学技术奖”二等奖等，并被授予重庆市2005年度“工业企业进步奖”。2006年度“优秀诚信企业”和“市级文明单位”、2007年度“首届知名品牌企业”、2008年度“最佳诚信企业”等殊荣。重庆金美公司始终坚持自主创新，不仅在科研开发、技术创新方面取得了一系列重大成果，而且承担了多个国家重点项目的系统总体和关键设备的研制任务，形成了系统集成、综合交换、无线传输、有线传输、网络电台、信息处理应用、终端设备等七大技术门类80多种产品，并致力于民品市场开拓，在人防通信等方面的积极作为，使企业经营效益连年攀升。2007年销售收入突破3.2亿元，净利润为6295万元，2008年销售收入达3.5亿元，净利润6422万元；全员劳动生产率近60万元。

公司涉足教育投资，是燕京华侨大学唯一的投资者，该校是北京市侨联创办的一所全日制高校，现是首都经济贸易大学直属学院，学校经过20多年的发展，积累了丰富的教学和管理经验，拥有优美的校园环境和现代化的教学设施。是国家学历文凭考试的首批试点学校，在教学安排、学生管理和指导学生参加自学考试等方面积累了丰富的经验，逐步形成了自己的办学特色，取得了丰硕的教学成果，赢得了良好的社会声誉。全院学生参加国家学历文凭考试连续二十四次在北京地区成绩最好。教育质量和管理工作曾多次受到市政府和上级主管部门的表彰奖励，曾荣获“全国侨界十杰”、“全国精神文明建设工作先进单位”、“中国侨联科教兴国示范基地”、“首都精神文明单位标兵”、“首都创建文明单位活动示范点”等荣誉称号。现已跻身全国民办高校的先进行列。

福州福发发电设备有限公司生产的柴油发电机组荣获国家质量银质奖（为至今同类产品全国质量最高奖），产品以其优越的性能被选为我国三大卫星发射基地的主电源，并为成功发射通讯卫星提供主电源受到中共中央、国务院、中央军委的贺电表彰。专用柴油发电机组作为替换中国南极中山考察站使用多年的美国产品获得国家海洋局颁发的“贡献奖”并被认定为南极科学考察站设备定点生产厂，产品性能及技术指标均达国际同类产品九十年代先进水平。

公司参与股权投资业务，参股了广发证券、福州商业银行等项目，并与新加坡大华银行集团的全资子公司大华投资管理（上海）有限公司共同投资建立了大华大陆投资有限公司，公司充分运用投资公司股东的各项资源，通过投资那些具有中长期增长潜力的中国企业，为所投资企业提供增值服务，并为股东获取最大投资回报。公司于07年投资太平洋证券，该公司于07年年底在上交所成功挂牌上市，为股东带来超额回报，在此期间公司还参与了奇瑞汽车、今日家具等项目的投资。

【经营业绩】

2011年上半年，伴随国家“调结构、稳物价、保民生、促改革”的战略转型，公司紧紧围绕市场，继续巩固军品市场的领先地位，大力拓展民品市场、汽车电子等领域，抓机遇，求发展，全体员工齐心协力，实现了公司上半年经营业绩较上年同期有了大幅增长。2011年1－6月，公司实现营业收入18,602.97万元，比去年同期增长24.50%；营业利润4,899.17万元，比去年同期增长119.89%；实现净利润2,724.42万元，比去年同期增长239.60%。

【企业荣誉】

公司先后取得原人事部授牌的“博士后科研工作站”、中国人民解放军总装备部颁发的首批“装备承制单位资格证书”和原信息产业部颁发的“军工电子装备科研生产许可证”。2006 年度“优秀诚信企业”和“市级文明单位”、2007 年度“首届知名品牌企业”、2008 年度“最佳诚信企业”。1999 年 12 月公司被福建省科委批准认定为高新技术企业。

【000550】江铃汽车股份有限公司

【基本情况】

江铃于二十世纪八十年代中期在中国率先引进国际先进技术制造轻型卡车，成为中国主要的轻型卡车制造商。1993 年 11 月，公司成功在深圳证券交易所发行 A 股，成为江西省第一家上市公司，并于 1995 年在中国第一个以 ADRs 发行 B 股方式引入外资战略合作伙伴。美国福特汽车公司（“福特”）现为公司第二大股东。

作为江西较早引入外商投资的企业，江铃凭借战略合作伙伴——福特的支持，迅速发展壮大。1997 年，江铃/福特成功推出中国第一辆真正意义上中外联合开发的汽车——全顺轻客。公司吸收了世界最前沿的产品技术、制造工艺、管理理念，并以合理的股权制衡机制、高效透明的运作和高水准的经营管理，形成了规范的管理运作体制。

目前公司建立了研发、物流、销售服务和金融支持等符合国际规范的体制和运行机制，成为中国本地企业与外资合作成功的典范。公司产品有“全顺”汽车、“凯运”轻卡、“宝典”皮卡、“宝威”多功能越野车，这些产品已成为节能、实用、环保汽车的典范。

深受中国消费者青睐的福特全顺汽车，在中高端商务车、城市物流客货两用车等市场，一直稳步增长，成为中国高档轻客市场的主力军，中高端轻客市场同类柴油商用车销量第一。公司自主品牌的江铃“JMC”宝典皮卡、凯运及 JMC 轻卡系列的销量连续占据中高端市场的主导地位。2008 年元月，集当代国际轻客最先进技术于一体、性能卓越的福特新世代全顺，在全国上市，强大的动力、轿车化的设计及先进功能配置、达到欧 4 超低排放标准、出众的驾驶性能，引领中国轻客市场“轿车化、安全化、柴油化、环保化”新主流，使江铃在中国高档轻客领域处于绝对领先地位。

公司在中国汽车市场率先建立现代营销体系，构建了遍布全国的强大营销网络。按照销售、配件、服务、信息“四位一体”的专营模式，公司拥有近百家一级经销商，经销商总数超过 600 家。公司海外分销服务网络快速拓展，海外销量高速成长，是中国轻型柴油商用车最大出口商，并被商务部和国家发改委认定为“国家整车出口基地”，江铃品牌成为商务部重点支持的两家商用车出口品牌之一。江铃以顾客为焦点，采用福特在全球实施的服务 2000 标准模式，贯彻 JMCCares 江铃服务关怀体系，全力追求服务过程品质，顾客服务满意度评价在福特全球企业中居于前列。优质的营销、健全的网络和快速、完备的顾客服务，成为江铃在中国市场的核心竞争力。作为中国驰名商标，江铃汽车树立起中国商务车领域知名品牌的形象。

公司建立了 ERP 信息化支持系统，高效的物流体系实现了拉动式均衡生产；建立了 JPS 江铃精益生产系统，整体水平不断提升；建立了质量管理信息网络系统，推广 NOVA－C、FCPA 评审，运用 6sigma 工具不断提升产品质量、节约成本，荣获中国质量协会颁发的全国六西格玛管理推进十佳先进企业称号。全顺车以优异的品质连续三年荣获福特全球顾客满意金奖，被评为 2006、2007、2008 年度中国最佳商用车。在与供应商共赢的发展理念下，公司借鉴福特 Q1 评审模式完善供应商评价，优化整合供应体系，成为国内率先通过 TS16949 一体化管理审核的汽车企业。

通过吸收国际先进技术，江铃不断提高自主开发能力，江铃股份产品开发技术中心被认定为“国家级技术中心”。

为了把公司做强做大，江铃人正寻求更宽广的发展视野，力争成为中国乃至亚太地区重要的商用车生产基地。

【企业文化】

江铃企业文化建设始终以追踪最先进的产品技术、最新的经营理念和管理手段，做行业内领先的现代化企业，通过开放的理念和富于进取性的系统规划、企业文化发展战略，造好车、培训最优秀员工、塑一流企业形象，取得了企业经济发展和文化建设并举的优良业绩。形式多样、体制灵活、激励有效的员工队伍建设机制。江铃实行员工绩效动态评价，不拘一格使用人才，中青年优秀人才不断脱颖而出。实行“技术三主师（主任工程师、主管工程师，主管技师）”聘任和“日薪制”等灵活的用工形式，薪酬、激励机制与市场接轨。追踪全球最新技术、经营管理理念，全方位的员工国内外培训，建设学习型企业。给予员工不断的培训、深造机会，激发工作热情和创新活力。

【经营业绩】

2011 年 1－9 月份，公司销售了 149，352 辆整车，比去年同期上升 12%，包括 53，666 辆 JMC 系列卡车，51，913 辆 JMC 系列皮卡及 SUV 和 43，773 辆福特全顺系列商用车。营业收入 133.10 亿元，比去年同期上升 14%；净利润 14.80 亿元，比去年同期上升 2%。

【000551】创元科技股份有限公司

【基本情况】

创元科技股份有限公司是一家投资控股型企业，成立于 1993 年，1994 年在深圳证券交易所挂牌上市。截至 2010 年底，注册资本为 2.67 亿元人民币，净资产 12.11 亿元。目前拥有全资、控股企业 7 家。

公司以“追求最佳的经济规模，实现更高的效益，谋求稳定的回报”为经营理念。公司主营业务为研发、生产及销售输变电高压绝缘子、洁净环保设备及工程。公司业务还涉足测绘仪器、磨料磨具、滚针轴承、进出口贸易等。公司控股股东苏州创元投资发展（集团）有限公司持有公司 34.10% 股份，为国有独资公司。

公司主营产品均具有自主知识产权，在各自细分行业占居领先地位。

输变电高压绝缘子——旗下控股企业苏州电瓷厂有限公司和抚顺高科电瓷有限公司产品服务于输变电线路、高速铁路、城市轨道交通、电站电气等领域。两公司在资源和业务上优势互补。未来我国电网和铁路以及城市轨道交通建设高景气将长期持续，公司的发展空间巨大。

洁净环保设备及工程——旗下控股企业江苏苏净集团有限公司被誉为中国超净化领域的领跑者，是国家级创新型试点企业和国家高新技术企业，研发生产各类净化厂房系统工程、净化设备及空气过滤器、环保工程与设备、洁净手术室及三级生物安全实验室等产品，广泛服务于医药、化工、汽车、冶金、航空航天、节能减排、生物工程、电子信息等行业，已获得 127 项授权专利。

测绘仪器——旗下控股企业苏州一光仪器有限公司，集五十年专业制造测绘仪器之经验，拥有全系列测绘产品经纬仪、全站仪、GPS 全球定位系统的研发、生产、销售能力，产品应用于大地测绘、城市测量、建筑和工程测量等领域，在同行业具有明显竞争优势，其高精度全站仪已被我国南极考察队用于南极考察测绘，经受了严寒复杂环境的考验。

磨料磨具——旗下全资子企业苏州远东砂轮有限公司经过整体搬迁扩建实现了产业升级，形成了固结模具和涂附模具两大系列产品，其中，涂附磨具全套设备、工艺从德国引进，属世界最新技术，现已形成年产中高档涂附磨具 1000 万平方米能力。

滚针轴承——旗下控股企业苏州轴承厂有限公司为汽车及零部件行业、家用电器、电动工具和工程机械提供各种精密轴承。它是国内轴承行业的重点骨干企业，拥有国际上最先进的滚针轴承工艺设备和检测设备，专业研发、生产各类滚针轴承、圆柱滚子轴承和滚针。该公司也是我国国防配套用滚针轴承唯一定点研制和生产单位。

创元科技坚持科技创新的发展战略，在 7 家子公司中，2 家为国家火炬计划重点高新技术企业、5 家为省级高新技术企业；并拥有国家博士后科研工作站 1 座、苏州工业园区博士后科研工作站 1 座、国家级企业技术中心 1 家、省级企业技术中心 3 家、省级工程技术研究中心 5 家。

创元科技注重文化建设及团队精神的缔造，激发员工的创新精神和创造力，着力构建以“诚信”、“创新”、“合作”、“和谐”、“共享”为核心内容的企业文化，“让我们共同再创造”已经成为公司员工的核心价值观。

创元科技以诚信为本，以回报股东为己任，坚持做精做强主业的各个“单元”，并加速培育具有高成长性的核心主业，进一步聚优做强，努力打造成为一家具有良好效益和社会公信力的优秀上市公司。

【经营业绩】

2011 年 1 - 6 月，公司实现营业收入 13.47 亿元，营业利润 7,220.56 万元，归属于母公司所有者的净利润 3,536.78 万元，分别比去年同期增长 30.28%、40.52% 和 31.17%，公司重点培育的输变电高压绝缘子产业以及洁净环保设备及工程产业两大板块继续保持较高增长速度。

【000552】甘肃靖远煤电股份有限公司

【基本情况】

甘肃靖远煤电股份有限公司（原甘肃长风特种电子股份有限公司，以下简称“本公司”）是经甘肃省经济体制改革委员会以[1993]34 号文件批准筹建，在国营长风机器厂股份制改组的基础上，联合中国宝安集团股份有限公司、甘肃电子集团物业公司等发起人，经甘肃省人民政府[1993]89 号文批准，中国证券监督管理委员会证监发审字[1993]82 号文复审通过，深圳证券交易所深证所字[1993]322 号文审核批准，于 1993 年 11 月 17 日向社会公众募集 4,600 万 A 股设立的股份有限公司。本公司经批准发行的普通股总数为 12250 万股，成立时向三家发起人发行 6900 万股，占公司普通股总数的 56.33%。公司前身 ST 长风，在自身扭亏无望下重组，获得了全国科技创新典型王家山煤矿全部优质资产的注入。2005 年 6 月起，靖远煤业成为公司控股股东。资产置换后公司主营业务由家用电器和电子产品的生产制造转为煤炭开采、洗选和销售。公司 2003 年完成的急 - 倾斜特厚易燃煤层高效综放开采研究与改造技术，该技术达到国内和国际领先水平，创造了七项国家实用型专利，列入中国企业新纪录第九批；2005 年被评为中国煤炭科技创新示范性矿井。该技术的运用，使公司矿井生产能力从 100 万吨提高到目前的 200 万吨，最终将达到 300 万吨。

【主营业务】

煤炭生产及销售；发电；铁路专用线营运；建筑材料、矿山专用设备、机电设备的制造与销售（涉及行政许可的项目凭许可证经营）。

【经营业绩】

2011 年上半年报告期内，公司实现营业收入 43,652.02 万元，同比增长 17.26%，营业利润 5,673.1 万元，同比增长 23.69%，净利润 4,538.9 万元，同比增长 15.84%，每股收益 0.26 元，同比增长 18.18%。

【企业文化】

生命无价、平安是福。

【企业荣誉】

公司名列全国煤炭工业百强和甘肃工业 60 强。“十五”期间，靖煤公司大力实施跨越式发展战略，以自主研发的国际国内领先开采技术为支撑，建成了全国“双十佳煤矿”、全国高产高效矿井和瓦斯发电等一批新型产业项目。公司连续被评为全国煤炭工业优秀企业，荣获全国厂务公开先进单位、甘肃省优秀企业和重合同守信用企业等荣誉称号。

【000560】昆明百货大楼（集团）股份有限公司

【基本情况】

昆明百货大楼（集团）股份有限公司（以下简称“公司”或“本公司”）的发起人昆明百货大楼创建于 1959 年，是建国后国家兴建的第一批大型商业企业。1992 年经昆明市体改委昆体改（1992）33 号文批准，以昆明百货大楼作为独立发起人，以定向募集方式设立的股份有限公司。本公司于 1992 年 11 月 30 日在云南省工商行政管理局登记注册，企业法人营业执照注册号为 530100000007025。1993 年 10 月由中国证券监督管理委员会证监发审字（1993）83 号文复审通过，批准本公司为上市公司，向社会公开发行股票 3,000.00 万股，并于 1994 年 2 月在深圳证券交易所挂牌交易，成为云南省首批上市公司。1995 年 10 月经中国证监会证监发审字（1995）第 57 号文复审同意，向社会公众股配股 1,440.00 万股，配股完成后公司总股本为 13,440.00 万元。本公司的母公司为华夏西部经济开发有限公司（以下简称“华夏西部”），持有本公司 31.13% 的股权；本公司最终控制人为何道峰。

【经营业绩】

2011 年上半年，公司实现营业收入 73,750.88 万元（其中主营业务收入 72,479.96 万元）、营业利润 1,914.01 万元、归属于母公司所有者的净利润 1,199.96 万元。与上年同期相比，营业收入增长 12.41%、营业利润减少 24.39%、归属于母公司所有者的净利润减少 15.97%。

【000561】陕西烽火电子股份有限公司

【基本情况】

陕西烽火通信集团有限公司位于欧亚大陆桥的枢纽、中国西部工业重镇宝鸡，始建于 1956 年，占地 43 万平方米，现有资产总额 5.4 亿元，员工人数 2800 人，其中各类专业技术人员 1200 余人，高级工程技术人员近 300 余人。从 1998 年开始企业商品产值和销售收入连续保持 30% 以上高速增长，职工收入年增幅达 20% 以上，是国家通信装备及电声器材科研生产骨干企业。

公司全面推进企业内部改革，不断完善法人治理结构，建立健全现代企业制度，形成了以集团总部为决策和投资中心，各分公司为经营利润中心的分层管理模式。公司努力实现多元化投资和专业化管理，力争成为一个生态型、智慧型、学习型和可持续发展的现代化通信企业集团。

公司研制和生产的主导产品有：短波、超短波通信设备及其终端设备、电声器件、精梳机和电线电缆等五大系列，广泛应用于专业通信、抗震防汛、林业矿山、海洋运输、电器制造及精密纺织等领域，产品远销东南亚、北非及欧美等国际市场。公司于 1998 年通过了 ISO9001 质量体系认证。

公司始终走科技兴企之路，瞄准国际先进水平，争创国内一流产品。先后研制生产了我国第一部全半导体短波电台等系列产品。公司产品曾荣获两项全国科学大会奖、两项国家银质奖、87 项部、省级科技进步奖。

烽火将秉承和光大新时期“勤奋团结、以诚取信；求实创新、勇争第一”的企业精神，热忱欢迎广大新老朋友进行合作、交流、投资，携手并进，共创辉煌！

【主营业务】

军民用通信装备及电声器材科研生产等。

【经营业绩】

2011 年上半年，公司实现营业收入 28,790.19 万元，归属于母公司的净利润 2,384.38 万元，与去年同期相比基本持平。

【企业文化】

勤奋团结：团结就是力量，团结出凝聚力，出战斗力，出生产力。团结是企业一贯的精神，是干任何事业不可缺少的首要条件。

“勤”意为：尽力多做或不断地做；“奋”意为：鼓起劲来；“勤奋”就是不懈地努力工作或学习。“团结”，包括员工之间、员工与领导之间、领导与领导之间、企业与客户之间的广泛的团结与合作。有一个团结和谐的集体，大家同心协力，扬长避短，优势互补，才能出色地完成各项工作任务，才能创造和谐的氛围，才能充分发挥团队的作用，从而推动我们的事业向前发展。

以诚取信：古语：“言必信，行必果”、“诚者天之道也，诚之者人之道也”。以真诚、善意的态度去工作，去做人，恪守承诺，讲求信誉，真诚相待，不欺不诈，是市场经济条件下取胜的法宝。

“诚”就是真诚、诚实、诚恳，中肯、实在；“信”就是信誉、信用、信任、信守。简单地说也就是用诚实争取他人的信任，确立自己的信誉。诚信作为烽火“立身处世”的准则，已被外界所广泛认同，也是烽火区别于其他企业的显著特征之一。古人云：“以诚求信，为善必真。取义得义，成仁得仁。仁义礼智，皆以诚信。”诚信不光是一种美德或礼仪，诚信也是一种无形的资产，它能产生生产力，转化成有形财富。

求实创新：这是与新时期、新的形势相适应的一种精神风貌。

“求实”是一种工作态度，是一种做人的态度。“求”就是研究、探索，“路漫漫兮，吾将上下而求索”说的就是这个道理。“实”就是真实、客观事物、实实在在。“创新”是一种精神境界。创新是企业发展的源泉和动力。创新是一项实践活动，既然是实践我们就必须本着“求实”的态度，因此，我们所说的创新是在求实的基础上的创新，是在立足企业实际情况上的创新，是在对企业实际情况充分研究、探索基础上的创新。

勇争第一：是新的历史时期工作奋斗的精神状态，是竞争意识的一种具体表现，是永不停息的奋斗目标，是在激烈的市场竞争中立足的法宝。

“勇”就是“敢”的意思，“争”就是不言放弃的意思。面对全球经济一体化的挑战，我们必须要有“勇争第一”的精神，要有一种不畏艰难一往直前的勇气，要有敢于争先的大气魄，只有如此我们才能在市场竞争中站稳脚跟，获得发展。

【企业荣誉】

- 1983 年，陕西省文明企业——陕西省委、省政府。
- 1985 年，陕西省“六好”企业——陕西省委、省政府。
- 1986 年，质量管理奖——陕西省人民政府。
- 1987 年，陕西省先进企业——陕西省人民政府。
- 1987 年，第二次全国工业普查国家级先进单位——国务院工业普查领导小组。
- 1988 年，质量管理奖——机械电子工业部。
- 1989 年，陕西省文明单位——陕西省委、省政府。
- 1989 年，国家二级档案管理企业——国家档案局。
- 1990 年，全国电子企业管理优秀单位——机械电子工业部。
- 1991 年，质量管理奖——陕西省人民政府。
- 1993 年，陕西省重合同守信用先进单位——陕西省人民政府。
- 2001 年，城市先进基层党组织——中共陕西省委。
- 2005 年，陕西省园林式企业——陕西省人民政府。
- 2005 年，全国“安康杯”竞赛优胜单位——中华全国总工会。
- 2006 年，全国五一劳动奖状——中华全国总工会。
- 2006 年，陕西省国有企业“四好”领导班子——中共陕西省委、省国资委党委。
- 2007 年，陕西省高技能人才工作先进集体——陕西省委组织部、省人事厅等。
- 2007 年，“烽火”商标被认定为陕西省著名商标——陕西省工商局。
- 2007 年，陕西省节水型企业——陕西省建设厅。
- 2008 年，李荣家董事长荣获全国五一劳动奖章——中华全国总工会。

【000564】西安民生集团股份有限公司

【基本情况】

西安民生集团股份有限公司，是陕西省西安市一家以经营百货零售业为主的大型商贸企业集团，全国大型百货贸易联合会成员企业。公司成立于 1959 年，1992 年在西安市率先实行股份制改革，1994 年 1 月 10 日公司股票在深圳证券交易所正式挂牌上市，是西安市乃至西北地区最早的商业上市公司之一，也是西安市历史最为悠久的大型商业企业之一。2003 年 5 月，在西安市政府的直接领导下，公司实现了国退民进的股权重组，进一步推进了公司的体制改革，使公司迈上了进一步现代化、市场化的改革发展进程。近年，公司发展非常迅速，已成为拥有百货、超市两大主流业态，网点遍及西安、咸阳、宝鸡、汉中、延安等陕西省主要城市以及甘肃东部地区，公司总资产11亿元人民币，年销售额逾20亿元人民币，集团总公司年利税额近7000万元人民币，共有员工5000余人。经营中，民生集团倡导"知生活、乐生活"的消费理念，确立了"以中高档为主，实施品牌化、时尚化"的经营定位，不断对商品结构和经营布局进行统筹性的调整，民生百货正在从"传统百货店"向"现代百货店"逐步升级，其品牌形象不断提升，核心竞争力逐步增强。发展上，民生集团认真分析商业发展态势，立足民生现有资源及环境，制定了公司未来9年商业战略发展规划。即：采取收购、兼并重组、商业+地产捆绑、租赁、管理输出等扩张手段，突出发展百货零售主营业务，探索商业企业发展更广阔的途径，努力实现民生创建百年商业老店的目标。西安民生集团股份有限公司，是陕西省西安市一家以经营百货零售业为主的大型商贸企业集团，全国大型百货贸易联合会成员企业。公司成立于1959年，1992年在西安市率先实行股份制改革，1994年1月10日公司股票在深圳证券交易所正式挂牌上市，是西安市乃至西北地区最早的商业上市公司之一，也是西安市历史最为悠久的大型商业企业之一。2003年5月，在西安市政府的直接领导下，公司实现了国退民进的股权重组，进一步推进了公司的体制改革，使公司迈上了进一步现代化、市场化的改革发展进程。近年，公司发展非常迅速，已成为拥有百货、超市两大主流业态，网点遍及西安、咸阳、宝鸡、汉中、延安等陕西省主要城市以及甘肃东部地区，公司总资产11亿元人民币，年销售额逾20亿元人民币，集团总公司年利税额近7000万元人民币，共有员工5000余人。经营中，民生集团倡导"知生活、乐生活"的消费理念，确立了"以中高档为主，实施品牌化、时尚化"的经营定位，不断对商品结构和经营布局进行统筹性的调整，民生百货正在从"传统百货店"向"现代百货店"逐步升级，其品牌形象不断提升，核心竞争力逐步增强。发展上，民生集团认真分析商业发展态势，立足民生现有资源及环境，制定了公司未来9年商业战略发展规划。即：采取收购、兼并重组、商业+地产捆绑、租赁、管理输出等扩张手段，突出发展百货零售主营业务，探索商业企业发展更广阔的途径，努力实现民生创建百年商业老店的目标。

【企业文化】

西安民生秉承"以诚待人、以信服人、以情感人"的为商之道和"为社会做点事、为他人做点事"的文化内涵，始终坚持"知生活、乐生活"的消费理念，倡导和引领时尚、健康的生活方式，全方位满足消费者的生活需求，立志打造一个连锁化、专业化、集约化、品牌化的现代百货集团。

【企业荣誉】

经过多年的努力，民生的企业形象和商业信誉得到公众和政府的认可，历年来获得了多种殊荣。1999年被中央文明委授予全国创建文明工作先进单位；2002年被中国商业名牌管理委员会办公室评为中国商业名牌重点扶植企业；2003年被中国商业名牌管理委员会办公室评为中国商业名牌企业；同年获陕西省纳税守信用企业单位；2003、2004年被陕西省委、省政府授予"创佳评差"竞赛活动最佳单位；2004年获中国商业服务业先进企业，陕西省商业服务业先进企业、陕西最具活力企业50强；获西安市A级纳税人企业称号；2005年荣获全国创建精神文明建设先进单位、陕西经济百强企业；2006年荣获陕西省商务系统创佳评差先进单位、全国商业顾客满意企业、中国商业信用企业、全国商业及服务型企业售后服务行业十佳称号。再获西安市A级纳税人企业称号。2007年获得全国商业服务业先进企业。

【000566】海南海药股份有限公司

【基本情况】

海南海药股份有限公司（简称海药）创立于1965年，前身为海口市制药厂。1992年改制为股份公司，1994年在深圳证券交易所上市至今（股票代码：000566）。下属有海口市制药厂有限公司、重庆天地药业有限责任公司、上海海药营销咨询有限公司、海南海药房地产开发有限公司等子公司。

海药是中国医药产业领域中的常青树，也是发展中的现代化高新技术企业。现有省级技术中心、研发中心、测试中心和筹建中的制药业生产力促进中心，具备各类先进的研究分析设备和成熟的技术队伍。

海药产品结构合理，剂型丰富，品类达40余种。知名产品有：以特素为主品牌的抗肿瘤药物系列；以枫蓼肠胃康颗粒为主品牌的中成药系列；以注射用头孢唑肟钠、头孢曲松钠、头孢西丁钠为主要品牌的抗生素系列等。产品市场对路、销售遍布全国、口碑良好。药品主要服务于中国民众，部分产品远销东南亚等地区。

海药经过二次重组，浴火中获得新生。依托海南得天独厚的自然资源和社会各界支持，海药着力于强化管理、技术创新、加强营销、提升企业的核心竞争力。海药潜心人类健康事业，造福海南经济，并回报社会和投资者，为努力成为中国一流医药现代化集团公司而不懈追求。

【经营业绩】

2011年1－6月，公司实现销售收入32,279.39万元；利润总额12,278.39万元；归属于上市公司股东的净利润11,086.24万元；扣除非经常性损益后的净利润3,343.62万元。

【企业荣誉】

海药屡获殊荣，成为中国大型制药企业之一，随后海药公司又先后荣获了全国制药行业先进集体等荣誉称号，并是海南首家通过GMP和GSP认证的制药企业。二次重组后，海南海药又率先成为海南首家通过股权分置改革的上市公司和海南唯一一家医药类出口龙头企业，并在全国医药环境普遍不景气下连续四年实现稳步增长。连续四年被海口市政府评为纳税三十强企业，近四年均被评为海南工业企业五十强之一。

【000568】泸州老窖股份有限公司

泸州酒业，始于秦汉，兴于唐宋，盛于明清，发展在新中国，与之一脉相承的泸州老窖集团是享誉海内外的百年老字号名酒企业，是在明清36家古老酿酒作坊群的基础上，发展起来的国有大型骨干酿酒集团。

泸州老窖源远流长，是中国浓香型白酒的发源地，以众多独特优势在中国酒业独树一帜。拥有我国建造最早（始建于公元1573年）、连续使用时间最长、保护最完整的1573国宝窖池群，1996年12月经国务院批准为行业首家全国重点文物保护单位，2006年被国家文物局列入"世界文化遗产预备名录"。"泸州老窖酒传统酿制技艺"作为川酒和我国浓香型白酒的唯一代表，于2006年5月入选首批"国家级非物质文化遗产名录"，使泸州老窖成为行业首家拥有"双国宝"的企业。泸州老窖特曲是中国最古老的四大名酒，1915年获巴拿马太平洋万国博览会金奖，1952年在中国首届评酒会上被国家确定为浓香型白酒的典型代表，是唯一蝉联五届"中国名酒"称号的浓香型白酒。其"泸州"牌注册商标是中国首届十大驰名商标。“国窖”牌商标在2006年获得白酒类唯一的国家“驰名商标”。“泸州老酒坊”商标又在2008年获得国家驰名商标。泸州老窖是行业内唯一荣获三枚中国驰名商标的企业。

公司资源丰富。拥有全球最大的窖池群落，该窖池群落由10086口窖池组成，其中百年以上的窖池有1619口。公司近年来加快了基础设施、技术设施、人才体系和管理体系建设，原酒库存规划增长到20万吨，现代化包装加工能力已达到30万吨，通过泸州酒业集中发展区建设可达100万吨。公司拥有“中国酿酒大师”3名、教授级高工4名、享受国务院特殊津贴专家7名、学术和技术带头人1名、博士8名、工程硕士70余名，同时拥有包括国家级白酒评委、酿酒高级技师、技师在内的技能型人才数百名，人才优势行业领先。实力雄厚的管理人才队伍、科技人才队伍和营销人才队伍，共同构成了“泸州老窖人才乐园”。公司以“让中国白酒的质量看得见”作为质量理念，在产品质量上永远精益求精，生产高品质的国窖1573、泸州老窖特曲、百年泸州老窖等产品。

泸州老窖集团确立了2016年实现综合性收入1000亿元的发展目标，致力于打造中国最大的酒业集中发展区——中国白酒金三角酒业集中发展区。实施“双品牌塑造、多品牌运作”的品牌战略和可持续发展战略，以酒业为核心，以传统制造业与资本运营的有机结合实现扩张，形成融入经济全球化的大型现代集团企业，把泸州老窖建成“全球酒类市场中的航空母舰”，使其成为全球酒精饮料行业骨干企业。

泸州老窖集团现已形成三大产业、九大骨干子公司。一产：泸州老窖现代农业示范区；二产：泸州老窖股份有限公司和泸州酒业集中发展区；三产：华西证券、泸州市商业银行、龙马兴达小额贷款等金融产业。九大骨干子公司：泸州老窖股份有限公司、泸州酒业集中发展区有限公司、四川中国白酒产品交易中心有限公司、泸州红高粱现代农业开发有限公司、华西证券有限责任公司、泸州市龙马兴达小额贷款股份有限公司、四川优派科技有限公司、泸州市商业银行、泸州老窖房地产开发公司。

泸州老窖奉行“天地同酿，人间共生”的企业哲学，以“敬人敬业，创新卓越”为企业精神，与社会同行，与环境相依，与人类共存，追求“在中国灿烂名酒文化熏陶中，全人类共享幸福美满的生活”。

【000572】海马汽车集团股份有限公司

【基本情况】

海马投资集团股份有限公司（简称“海马股份”）位于海口市金盘工业区金牛路2号，在深交所挂牌上市，股票代码000572。海马股份注册资金10.45亿元，总资产79.66亿元。主要以汽车产业为投资方向，致力于民族汽车工业的发展。

海马股份控股一汽海马汽车有限公司、海马（郑州）汽车有限公司、上海海马汽车研发有限公司、海南一汽海马汽车销售有限公司、海马财务有限公司和海南金盘实业有限公司等企业。

20余年来，海马立足紧跟国际汽车产业发展趋势，贴近中国汽车消费市场，坚持“先做精、后做强、再做稳、不争大”的经营理念，坚持“开放合作、学习创新、自主多赢”的发展理念，形成了海口、郑州两个生产基地和上海研发中心的产业布局。

海口基地“立足A、B，做精家轿”，打造中级车专家的行业形象；郑州基地“立足两微（微客和微轿），做强城乡市场”，打造微车主流品牌。目前，海马已经形成A级、A0级、A00级和B级四个平台七大系列产品，普力马、福美来、福仕达等品牌产品享誉市场。此外，海马积极实施新能源战略，产品处国内领先水平。

【经营业绩】

2011年上半年，公司实现营业收入562,839万元，比上年同期增长14.43%；营业利润22,794万元，比上年同期增长91.16%；利润总额28,054万元，归属上市公司股东的净利润19,197万元，同比增长0.5%。

【企业文化】

海马文化理念立足于西方法治文明和中国优秀文化的和谐统一，立足于“脚踏实地、感恩惜福”的为人立业之本。“办好一家企业，创新一种体制，塑造一个品牌，锤炼一支团队，建设一宗文化”是海马人的基本理念；致力民族汽车工业发展，勇担社会责任，践行国家战略，是海马人的大理大念。

【企业荣誉】

海马汽车集团股份有限公司（以下简称海马汽车）位居“2011中国民营企业500强”榜单第214位，海马汽车还是海南省唯一入围“2011中国民营制造企业500强”的企业，位居榜单第151位。

【000584】四川友利投资控股股份有限公司

【基本情况】

四川友利投资控股股份有限公司（以下简称公司）是一家民营控股的大型综合性上市公司，其前身“成都市工业展销信托股份公司”，成立于1980年，是新中国设立最早的规范的股份制企业，同年经政府批准，公司发行了新中国改革开放以来第一张股票。1990年公司更名为成都蜀都大厦股份有限公司（蜀都A），2004年更名为四川舒卡特种纤维股份有限公司（舒卡股份），2009年更名为四川友利投资控股股份有限公司（友利控股）。1995年在深圳证券交易所上市，目前总股本408,882,893股。员工总数1,175人。

2000年至2002年，公司成功实施战略调整，在稳定原有经营基础上，妥善处理了若干历史遗留问题，化解了公司财务和经营风险。改善和提高了公司的资产质量，公司内部管理、组织结构和经营结构调整成效明显。

2003年12月，江苏双良集团入主蜀都之后，逐步将江苏双良特种纤维有限公司70%的股权和江阴恒创科技有限公司持有的江阴舒卡纤维60%股权置换入公司，并通过资产转让的方式将四川恒创特种纤维有限公司75%的股权以及江阴友利特种纤维有限公司75%的股权注入公司，公司完成了以氨纶为主营业务的战略转变，逐步形成了年产氨纶3.2万吨的生产规模，提升了公司的资产质量和盈利能力，对公司获得持续发展能力、恢复融资功能，具有重大意义和显著成效。同时，公司抓住房地产发展的机遇，加大了房地产开发业务力度，先后倾力打造出桂林“金色嘉苑”、成都“帕丽湾”、天府新城CBD“蜀都中心”城市综合体等知名楼盘，“蜀都房产”已跻身于成都实力房产企业的行列。

公司的奋斗目标是：“在资本结构调整取得重大成果的基础上，坚持以新材料新技术产业为主导，实现主营业务的全面提升；加大房地产开发力度，选好项目，把房地产打造成公司新的经济和利润增长点；以增强公司核心竞争力为目标，强化管理、狠抓经营、开拓市场，为把公司建设成为成长型的绩优上市公司的目标而努力奋斗。”

【经营业绩】

2011 上半年报告期内,公司实现营业收入 61,801.16 万元,比去年同期减少 3.07%;实现营业利润 4,444.94 万元,比去年同期减少 52.91%;实现净利润 3,057.06 万元,比去年同期减少 49.46%。

【企业荣誉】

"2010 年成都最具投资价值的物业"、"2010 年最佳城市综合体"、"2010 年最具投资价值的商业地产"、2005 年,荣获成都市政府授予的"住宿和餐饮企业十强"、"最佳纳税大户"等荣誉称号。

【000598】成都市兴蓉投资股份有限公司

【基本情况】

成都市兴蓉投资股份有限公司于 1996 年 5 月 29 日在深圳证券交易所挂牌上市交易,原名蓝星清洗股份有限公司,股票代码 000598。2010 年,公司重大资产重组成功实施完成,原蓝星清洗全部化工类资产、负债、业务置出公司,成都市兴蓉集团有限公司持有的成都市排水有限责任公司 100% 股权置入公司,公司名称由蓝星清洗股份有限公司变更为成都市兴蓉投资股份有限公司,证券简称兴蓉投资,公司由精细化工行业转型为以污水处理为主的环保类上市公司。2011 年 3 月,公司完成了非公开发行股票募集资金收购控股股东成都市兴蓉集团有限公司持有的成都市自来水有限责任公司 100% 股权工作,公司实现了供排水业务一体化经营,公司主营业务由提供污水处理服务转变为自来水供应业务与污水处理业务并重的格局。

现公司下属全资子公司两家,分别为成都市排水有限责任公司和成都市自来水有限责任公司。成都市排水有限责任公司污水处理能力为 150 万吨/日,规模居西部地区第二;成都市自来水有限责任公司供水能力为 178 万吨/日,供水规模居西部地区首位、在国内城市供水企业中名列第七。公司具有丰富的自来水生产供应、污水处理行业经验、先进的管理理念、优秀的管理团队,专业技术优势突出,在全国供、排水行业中享有盛誉,多次获得"全国文明单位"、"全国十佳污水处理厂"及"全国优秀污水处理厂"等殊荣。

【经营业绩】

2011 年上半年报告期内,公司实现营业收入 191,764.36 万元,较上年同期(调整后)增长 19.08%;主营业务收入 188,279.59 万元,较上年同期(调整后)增长 21.16%;营业利润 67,792.76 万元,较上年同期(调整后)增长 50.43%;归属于上市公司股东的净利润 58,774.95 万元,较上年同期(调整后)增长 40.24%.公司总资产为 709,044.84 万元,归属上市公司股东净资产为 372,592.04 万元。

【000608】阳光新业地产股份有限公司

【基本情况】

阳光新业地产股份有限公司(以下简称"本公司")的前身是广西虎威股份有限公司(以下简称"广西虎威"),经中国证券监督管理委员会批准,广西虎威于 1996 年 9 月 5 日通过深圳证券交易所(以下简称"深交所")向社会公开发行人民币普通股,并于 1996 年 9 月 19 日在深交所上市并交易(股票代码 000608)。1998 年 9 月,广西虎威更名为"广西阳光股份有限公司"(以下简称"广西阳光");2008 年 5 月,广西阳光更名为"阳光新业地产股份有限公司",即现用名。本公司的注册地址为广西壮族自治区南宁市江南路 230 号南宁经济技术开发区。经中国证券监督委员会证监发行字[2007]110 号文批准,本公司于 2007 年 5 月 28 日完成向特定投资者新加坡 RecoShinePteLtd.(以下简称"Reco")定向发行人民币普通股 120,000 千股,每股面值 1 元,发行后,总股本增至 412,040 千元。其中,Reco 持有的股份占总股本 29.12%,为本公司的第一大股东。根据约定的 3 年限售期,截至 2010 年 12 月 31 日,所有 Reco 持有的股份均已实现流通。于 2007 年 9 月 21 日,经 2007 年第二次临时股东大会批准,本公司向全体股东分派现金股利和股票股利,按照 2007 年 6 月 30 日总股本约 412,040 千股计算,每股分派人民币 0.05 元(含税),共计约 20,603 千元;每股分派红股 0.3 股(含税),共计约 123,612 千股。分派后,本公司总股本增至 535,652 千股,Reco 持有的股份增至 156,000 千股,股东持股比例不变。于 2010 年 3 月 10 日,经 2009 年年度股东大会批准,本公司向全体股东分派现金股利和股票股利,按照 2009 年 12 月 31 日总股本 535,652 千股计算,每股分派人民币 0.06 元(含税),共计 32,139 千元;每股分派红股 0.4 股(含税),共计 214,261 千股。分派后,本公司总股本增至 749,913 千股,Reco 持有的股份增至 218,400 千股,股东持股比例不变。本公司及子公司(以下合称"本集团")主要在北京、天津、四川和山东等地区从事房地产开发、自有商品房的租赁以及相关的咨询服务等。

【主营业务】

房地产开发;自有商品房的租赁以及相关的咨询服务等。

【经营业绩】

2011 上半年,公司实现营业收入 297,912 千元,营业利润 23,181 千元,归属于母公司所有者的净利润 5,467 千元,与去年同期相比,公司营业收入减少 88.35%,营业利润减少 96.26%,归属于母公司所有者的净利润减少 98.75%,主要原因为房地产开发项目结算面积减少。

报告期内,公司地产项目销售结算收入 154,632 千元,占公司半年度营业收入 51.9%,主要来源于阳光上东项目;商业物业租赁收入 120,241 千元,占公司半年度营业收入 40.36%,主要来源于北京阳光大厦项目、北京 A－ZTown 项目;资产交易服务及运营管理费收入 22,539 千元,占公司半年度营业收入 7.57%。公司营业收入的主要构成未发生重大变化。

【企业荣誉】

· 2011 年 9 月,公司获得"2011 年中国商业地产杰出贡献企业"奖。
· 2011 年 9 月,成都阳光新业中心获得"2011 最值得期待的商业地产项目"奖。
· 2011 年 8 月,公司荣获 2011 商业地产价值榜企业。
· 2011 年 2 月,北京分钟寺新生活广场获得"DFOM 商用不动产中国最具投资潜力商业地产项目"称号。
· 2011 年 2 月,天津友谊路新业广场获得"DFOM 商用不动产中国最具投资潜力商业地产项目"称号。
· 2011 年 2 月,青岛南京路新业广场获得"DFOM 商用不动产中国推动区域发展商业地产项目"称号。
· 2011 年 2 月,公司获得"DFOM 商用不动产中国领军企业"称号。
· 2010 年 12 月,阳光 878 项目获"北京市结构长城杯金杯"和"朝阳杯金杯"。
· 2010 年 8 月,阳光上东安徒生花园入围 LEAF-Awards2010 大奖。

·2010 年 8 月，阳光上东安徒生花园入围世界建筑节（World Architecture Festival）。

·2010 年，公司获得“华北地区房地产开发企业十强”称号。

【000619】芜湖海螺型材科技股份有限公司

【基本情况】

芜湖海螺型材科技股份有限公司是安徽海螺集团投资控股的化学建材企业，是中国首家以塑料型材为主业的上市公司，2000 年在深圳证券交易所借壳上市，股票简称：海螺型材，股票代码：000619，是世界塑料型材行业产销规模最大的企业，是中国化学建材行业的引领者，2008 年被评为国家级高新技术企业。公司始建于 1995 年，主要从事高中档型材、门窗、栅栏、板材、管材等新型节能环保化学建材领域的技术研发、产品生产、销售及服务，是国际同行业品种最丰富的企业之一，其生产的“海螺牌”型材代表了中国塑料门窗的发展趋势，被誉为“欧式塑料门窗在中国的典型代表”。

海螺型材分别在安徽芜湖、浙江宁波、河北唐山、广东英德、新疆乌鲁木齐、四川成都、山东河口建有七大生产基地，下属 12 家子公司，总资产达 30 亿多元，型材年产能达 70 万吨，全国市场占有率达 30% 以上，并出口至欧洲、北美、中亚、东南亚等 10 多个国家和地区，产销量连续 8 年位居世界第一，塑造了中国塑料型材行业的第一品牌，得到了党和国家领导人的殷切关怀和高度称赞。海螺型材将围绕国家十二规划中提出的大力发展循环经济和低碳经济的要求，坚持以塑料型材为主，积极拓宽化学建材领域，发展与主业相关联的产业，努力把公司建成跨地区、跨行业的化学建材企业集团。

【主营业务】

公司主营高中档型材、门窗、栅栏、板材、管材等新型节能环保化学建材领域的技术研发、产品生产、销售及服务。

【经营业绩】

2010 年，化工原料市场价格快速上涨，公司经营压力较大，同时，房地产宏观调控也对公司产品销售产生了一定的影响。面对上述困难，公司快速反应，贴近市场及时决策，进一步优化客户结构，丰富产品结构，通过在部分中心城市建立精品门窗展示厅，加大彩色型材等高新产品的推广，积极通过市场终端转嫁部分成本压力，争取经营主动权。同时，加快推进新疆、成都两个 4 万吨塑料型材项目建设，完善西部战略布点；强化内部管理，加强产销对接，统筹六大生产基地资源，优化生产组织和物流调配，实施降本增效，一定程度上缓解了公司经营压力。

2010 年，公司实现营业收入 396，265.07 万元，实现营业利润 19，462.74 万元，实现归属于上市公司股东的净利润 16，258.62万元。

【企业荣誉】

2008 年元月 12 日，胡锦涛总书记视察海螺集团，殷切希望海螺的同志们继续努力，把海螺建成国际知名品牌。

2005 年 8 月 11 日，国务院总理温家宝到公司视察，鼓励海螺集团加速发展，为中部崛起做贡献。

2006 年，公司产品通过美国塑料型材行业协会准入认证（AAMA 认证）；2007 年，海螺型材入选 2007 年第一批中国塑料门窗行业名牌窗；2008 年，海螺型材荣获 2007 年度“品牌中国金谱奖”－中国建材行业年度 10 佳品牌；2008 年，海螺型材荣获安徽省上市公司“2007 年度信息披露先进单位称号”；2008 年，公司通过国家高新技术企业资格认定；2010 年，公司生产的俄式 60 系列内平开窗，70 系列内平开窗被中国建筑金属结构协会塑料门窗委员会评选为中国塑料门窗行业名牌窗；2010 年，公司荣获中国塑料行业（首批）信用等级评价 AAA 级企业；2010 年，公司“MC 共挤高性能 PVC 型材关键技术攻关”项目获得芜湖市科学技术奖一等奖；2010 年，公司荣获 2009 年度中国轻工业塑料加工行业十强企业，名列第七位。

【000623】吉林敖东药业集团股份有限公司

【基本情况】

吉林敖东药业集团股份有限公司的前身是 1957 年成立的国营延边敦化鹿场，于 1981 年建立敖东制药厂，1993 年 3 月经省体改委批准改制为吉林敖东药业集团股份有限公司，1996 年 10 月 28 日在深交所挂牌上市。2010 年 12 月末，公司共控股 7 家从事现代中药、生物化学药和植物化学药的专业制药子公司，2 家医药销售子公司，3 家医药配套子公司，2 家高端保健品公司，1 家公路建设收费公司及参股广发证券股份有限公司、通钢集团敦化塔东矿业有限责任公司，拥有种植、养殖基地，建立了“公司＋标准化基地＋特许农户”的产业链经营模式，逐步发展成为“资源共享、管理科学、持续发展”的集医药业、证券业、采矿业、公路建设业为一体的控股型集团上市公司。

截至 2010 年末，公司经审计的总资产为 789，819.26 万元，净资产为 724，576.35 万元，资产负债率为 8.26%。2010 年度实现销售收入 111，332.78 万元，利润总额 128，930.82 万元，净利润 123，765.65 万元。

公司 1998 年被国家经贸委认定为国家级技术中心，成为企业技术进步和技术创新的主要技术依托。2001 年 12 月 11 日国家人事部批准设立博士后工作站，在“十五”期间吉林敖东国家级技术中心建设成为新技术研究开发中心和产学研合作交流中心以及技术决策咨询中心；2002 年，公司被农业部等九部委批准为农业产业化国家重点龙头企业；2003 年 9 月，被国家科技部评为“火炬计划优秀高新技术企业”；2002 年 1 月被评为中药现代化科技产业基地示范企业；2007 年 4 月获得全国五一劳动奖状，再次被国家农业部等九部委评为农业产业化重点龙头企业；2008 年 1 月被评为吉林省企业信息化示范单位，连续多年获吉林省 A 级纳税企业，AAA 级银行信用等级，守合同重信用单位等荣誉；2009 年 12 月荣获第十六届国家级一等企业管理现代化创新成果。“敖东及图”商标 1999 年被国家工商总局认定为中国驰名商标，连续六年成为“中国 500 最具价值品牌”。

【经营业绩】

2011 年上半年报告期内，公司实现营业总收入 55，160.01 万元，同比增长 2，797.17 万元，增长 5.34%；实现利润总额 45，603.90 万元，同比下降 12，482.36 万元，下降 21.49%；归属于上市公司股东的净利润 44，303.07 万元，同比下降 11，751.67 万元，下降 20.96%。

【000625】重庆长安汽车股份有限公司

【基本情况】

长安汽车源自于 1862 年，是中国近代工业的先驱，隶属于中国兵器装备集团公司，位居中国汽车行业第一阵营。现有资产 633 亿元，员工近 5 万人。

长安汽车拥有重庆、江西、江苏、河北、北京、云南6大基地，15个整车和发动机工厂，具备年产汽车200万辆，发动机200万台的能力。多年来，长安汽车一直位居全国工业企业500强、中国制造企业100强、中国上市公司20强之列，重庆市工业企业50强之首。

长安汽车始终坚持“科技创新，关爱永恒”的核心价值，以“美誉天下，创造价值”为品牌理念，致力于用科技创新引领汽车文明，努力为客户提供令人惊喜和感动的产品和服务。经过多年发展，现已形成微车、轿车、客车、卡车、SUV、MPV等低中高档、宽系列、多品种的产品谱系，拥有排量从0.8L到2.5L的发动机平台。2010年，长安汽车自主品牌产量排名世界第14位、中国第1位。2011年品牌价值达到305.15亿元，位居中国最有价值品牌第13位。

长安汽车坚持走“以我为主，自主创新”发展道路。已建立重庆、上海、北京、哈尔滨、江西、意大利都灵、日本横滨、英国诺丁汉、美国底特律“五国九地，各有侧重”的研发格局；推出了长安汽车产品开发流程（CA－PDS），获得了管理创新一等奖；拥有核心研发人员3500余人，专家人115人（含外聘专家、博士、职业经理人），外籍专家53人（国内35人，海外分中心18人），海外雇员189人，10人入选国家“千人计划”。2009年，长安汽车研发实力排名中国汽车行业第一、中国企业第七。

长安汽车坚持以“绿色、科技、责任”为已任，大力发展新能源汽车。率先推出中国第一辆产业化的混合动力轿车，并成为国务院机关事务局唯一示范运行车。2009年，长安纯电动汽车成功下线。在新能源汽车的研发、产业化、示范运行方面，走在了全国前列。

长安汽车先后与铃木、福特、马自达建立战略合作关系，成立长安铃木、长安福特马自达汽车、长安福特马自达发动机等中外合资企业，拥有蒙迪欧、福克斯、嘉年华、马自达、天语、雨燕、新奥拓等多款产品。

长安汽车正以“引领汽车文明，造福人类生活”为使命，以“打造世界一流汽车企业”为愿景，高举自主大旗，勇担社会责任，坚定不移推进事业领先计划，力争到2020年，产销汽车600万辆，收入4000亿元，努力向世界一流企业迈进！

【经营业绩】

2011年上半年报告期内，公司及下属子公司、合营公司共生产汽车907,245辆，同比下降5.14%；销售汽车925,245辆，同比下降5.05%。其中微车销售361,873辆，同比下降25%，自主品牌轿车销售116,516辆，同比增长23.80%。产销量继续居于中国汽车业前4位。

【000629】攀钢集团钢铁钒钛股份有限公司

【基本情况】

攀钢集团钢铁钒钛股份有限公司是由攀钢集团有限公司主要经营性资产整体上市设立的股份制企业（股票简称：攀钢钒钛，股票代码：000629）。公司注册资本为57.26亿元，2010年末总资产为597.28亿元，净资产为163.75亿元。

公司具有独特资源优势，所处的攀西地区是中国乃至世界矿产资源最富集的地区之一，蕴藏着超过百亿吨的钒钛磁铁矿资源。公司近年来采矿能力增长较快，目前已经具备年产钒钛铁精矿800万吨、钛精矿48万吨的综合生产能力，铁精矿自给率处于国内领先水平。

公司致力于钒钛磁铁矿资源综合利用，依靠自主创新形成了一批国际国内领先和拥有自主知识产权的专有技术。普通高炉冶炼高钛型钒钛磁铁矿、钒氮合金生产等工艺技术世界领先获国家技术发明奖；高速重载钢轨、大口径无缝钢管、高钒铁、微细粒级钛精矿等技术装备处于国际先进水平；核电用钢材、核电管等核电新产品、新材料研发达到国内领先水平。

公司产品独具资源特色，钒、钛、钢铁三大领域的系列产品广泛应用于冶金、石油、铁路、化工、军工、建筑、家电等领域，并远销欧美、东南亚等20多个国家和地区。钒产业拥有五氧化二钒、中钒铁、高钒铁、三氧化二钒、钒氮合金等系列产品；钛产业拥有钛精矿、钛白粉、高钛渣、钛材等系列产品；钢铁产业拥有大型材、板材、管材、特殊钢和棒线材等系列产品。其中，高速铁路用钢轨、高压锅炉用无缝钢管是“中国名牌产品”，重轨获得国家出口免验资格，攀枝花牌St系列、连续热镀锌系列冷轧产品、热轧带肋钢筋获得国家免检资格，限制有害物质家电用板首家通过RoHS认证，核电管填补国内空白。

公司坚持“诚信；让顾客满意，让职工满意，让社会满意”的经营理念，积极履行社会责任，先后荣获中国国有上市企业社会责任榜百强企业、中国A股上市公司投资者关系百强企业、全国冶金绿化先进单位等荣誉称号。

公司将始终坚持“做大钒钛、做精钢铁、做好资源、做强企业”战略思路，着力资源利用、竞争实力、品种规模、经济效益“四个上水平”，奋力推进二次创业，不断提升企业的可持续发展能力，以良好的业绩回报股东和社会。

【经营业绩】

2011年上半年，公司完成铁378.95万吨，同比下降0.04%；钢374.09万吨，同比增长0.21%；钢材338.12万吨，同比下降2.04%；钒制品1.01万吨，同比下降6.01%；钛白粉2.98万吨，同比下降0.72%；钒钛铁精矿401.25万吨，同比增长5.54%；钛精矿25.73万吨，同比增长83.42%；高钛渣5.21万吨，同比增长125.73%。上半年累计实现营业总收入237.80亿元，同比增长14.34%，归属于母公司所有者的净利润1.75亿元，同比下降69.77%。

【000630】铜陵有色金属集团股份有限公司

【基本情况】

铜陵有色金属集团股份有限公司是以铜金属采选、冶炼、加工为主业的上市公司。公司位于长江经济带，总部坐落在素有“中国古铜都”之誉的安徽省长江南岸城市铜陵，临江近海，发展区位优势明显。

公司原名铜都发展股份有限公司，1992年6月经安徽省体改委皖体改函字（1992）第024号文批准，由铜陵有色金属公司等八家单位共同发起并采用定向募集方式设立，是安徽省第一家股份制试点企业。1996年6月28日，公司更名为“安徽铜都铜业股份有限公司”，2007年9月19日，公司定向收购控股公司与铜主业相关七项资产，再次更名为“铜陵有色金属集团股份有限公司”。1996年10月24日，公司公开发行A股，同年11月20日，公司股票在深圳证券交易所挂牌上市，为中国铜工业板块第一股。

1992年6月设立时，公司注册资本为4000万元，总股本4000万股。上市以来，通过强化管理，稳健经营和资本运作，公司发展规模与经营业绩大幅提升，实现了股本扩张与经济效益的同步增长。截至2010年底，总股本由1.4亿股增长至12.94亿股，增长9.24倍；总资产由4.6亿增长至321.72亿，增长 69.94 倍；净利润由 0.47 亿增长至 8.99 亿，增长 19.13 倍；净资产由 3.10 亿增长至 82.70 亿，增长 26.68 倍。公司先后入选深证 100 指数样本股、沪深 300 指数首批样本股，2010 年公司利润总额首次进入 2010 年度中国上市公司 200 强，以 12.22 亿元的利润总额位居排行榜第 174 位。公司坚持技术创新和管理创新，产品质量指标稳中有升。公司生产的"铜冠"牌电解铜是英国伦敦金属交易所和上海金属交易所的注册铜，多次荣获"中国名牌产品"称号。"铜冠"牌黄金 2003 起在为上海黄金交易所注册交易产品，白银 2003 年 9 月份在申请伦敦贵金属交易协会注册。公司生产的副产品硫酸、硫精矿作为重要的化工原料，市场口碑良好。

公司与世界 30 多个国家和地区建立了经济技术和贸易合作关系，产品分别出口到日本、德国、美国等 10 多个国家和地区。公司树立"求实、创新、合作、自强"的企业精神，践行"高效利用资源、贡献社会进步"的企业使命，实现"打造世界铜冠、人企共同发展"的企业愿景，努力并持续打造"国内一流、国际领先"的上市公司。

【企业文化】

公司的经营宗旨：依靠科技进步和现代化管理，发挥铜陵的地域与资源优势，大力发展铜业这一基础产业，实行一业为主、多元化经营，把公司办成中国一流的现代化大型企业，使公司获得较好的效益，为股东增加投资收益。

产业发展战略：创造条件控制资源深挖潜力提升冶炼优化结构发展加工

企业精神：求实、创新、合作、自强

企业价值观：创造成就未来

【企业荣誉】

- 2003 年 9 月，中国质量协会、全国用户委员会授予公司全国用户满意企业。
- 2004 年 12 月，铜陵市工商行政管理局授予公司"重合同，守信用"单位称号。
- 2004 年 12 月，安徽省质量技术监督局授予公司安徽省质量管理先进企业。
- 2006 年 4 月 20 日，安徽省地方税务局授予公司纳税信用 A 级企业。
- 2007 年 3 月，国家外汇管理局铜陵市中心支局授予公司 2006 年度进口核销业务先进集体称
- 2007 年，中国证券报社评价公司为中证综合百强、中证成长性百强、中证主营百强企业。
- 2007 年，公司荣获中国证券市场高成长蓝筹公司"金鼎奖。
- 2005－2008 年，公司连续几年入选深证 100 指数、巨潮 100 指数样本、深证成分指数样本、深证成分指数、中小 100 指数样本等指数。
- 2002－2008 年度，公司信息披露考评连续荣获优秀、良好等级。
- 2008 年，安徽省科学技术厅授予子公司金隆铜业高薪技术企业称号。
- 2008 年 8 月，合肥海关授予公司 A 级企业称号。
- 2006－2008 年，公司连续三年进入上市公司百强企业。

【产品荣誉】

生产的"铜冠"牌电解铜 2004 年 9 月 1 日获得"中国名牌产品"称号。

生产的"铜冠"牌电解铜 2002 年 10 月获得"全国用户满意产品"称号。

【000631】顺发恒业股份公司

【公司简述】

2010 年，公司在房地产政策调控和市场经济环境的双重压力下，围绕着"调整、完善、提高"六字方针，保持稳健经营一贯作风，积极采取应对措施，一方面严格贯彻时间与数字的目标管理、强抓各在建项目的工程进度，另一方面完善内部管理体制、提升企业品牌形象，凭借准确的市场判断能力，抓住市场机遇，创造了令人满意的经营业绩。公司全年确认营收 188533.97 万元，实现利润总额 60348.29 万元，净利润 42389.11 万元。

【公司股本变动情况】

1. 股份变动情况表如下：

截至 2010 年 12 月 31 日数量　　单位：股

	本次变动前		本次变动增减(＋,－)					本次变动后	
	数量	比例	发行新股	送股	公积金转股	其他	小计	数量	比例
一、有限售条件股份	832,512,534	79.63%				－15,458,278	－15,458,278	817,054,256	78.15%
1、国家持股									
2、国有法人持股	28,916,501	2.77%				－15,458,278	－15,458,278	13,458,223	1.29%
3、其他内资持股	803,596,033	76.86%				0	0	803,596,033	76.86%
其中：境内非国有法人持股	803,596,033	76.86%				0	0	803,596,033	76.86%
境内自然人持股									
4、外资持股									
其中：境外法人持股									
境外自然人持股									
5、高管股份									
二、无限售条件股份	212,997,219	20.37%				15,458,278	15,458,278	228,455,497	21.85%
1、人民币普通股	212,997,219	20.37%				15,458,278	15,458,278	228,455,497	21.85%
2、境内上市的外资股									
3、境外上市的外资股									
4、其他									
三、股份总数	1,045,509,753	100%				0	0	1,045,509,753	100.00%

2. 限售股份变动情况表如下：

截至 2010 年 12 月 31 日　　数量单位：股

股东名称	年初限售股数	本年解除限售股数	本年增加限售股数	年末限售股数	限售原因	解除限售日期
万向资源有限公司	33,651,838	0	0	33,651,838	股改限售股份	2011 年 7 月 14 日
万向资源有限公司	736,344,195	0	0	736,344,195	重大资产重组限售	2012 年 6 月 04 日
深圳合利实业有限公司	33,600,000	0	0	33,600,000	股改限售股份	2011 年 7 月 14 日
长春高新光电发展有限公司	15,458,278	15,458,278	0	0	股改限售股份	2010 年 7 月 16 日
长春高新光电发展有限公司	13,458,223	0	0	13,458,223	股改限售股份	2011 年 7 月 14 日
合 计	832,512,534	15,458,278		817,054,256	－	－

公司为股东长春高新光电发展有限公司办理了有限售条件的流通股解除限售 15,458,278 股，占公司总股本的 1.48%。上述股份已于 2010 年 7 月 16 日实现可上市流通。2010 年 10 月 25 日，长春高新光电发展有限公司通过深圳证券交易所大宗交易系统，将持有公司的 30,916,556 股可上市流通股份出售。该公司尚持有公司限售股份 13,458,223 股。

【公司股东情况】

公司前10名股东情况如下：

股东总数					43,010
前10名股东持股情况					
股东名称	股东性质	持股比例	持股总数	持有有限售条件股份数量	质押或冻结的股份数量
万向资源有限公司	境内非国有法人股	73.65%	769,996,033	769,996,033	0
深圳合利实业有限公司	境内非国有法人股	3.21%	33,600,000	33,600,000	0
长春高新光电发展有限公司	国有法人股	1.29%	13,458,223	13,458,223	0
北京和嘉投资有限公司	境内非国有法人股	1.03%	10,722,941		
唐新友	境内自然人	0.31%	3,276,087		
中轻贸易中心	境内非国有法有股	0.31%	3,199,945		
肖红平	境内自然人	0.23%	2,400,698		
郑忠华	境内自然人	0.23%	2,366,000		
吴珍娟	境内自然人	0.17%	1,792,000		
陆来宝	境内自然人	0.17%	1,789,300		

股东名称	持有无限售条件股份数量	股份种类
北京和嘉投资有限公司	10,722,941	人民币普通股
唐新友	3,276,087	人民币普通股
中轻贸易中心	3,199,945	人民币普通股
肖红平	2,400,698	人民币普通股
郑忠华	2,366,000	人民币普通股
吴珍娟	1,792,000	人民币普通股
陆来宝	1,789,300	人民币普通股
朱亚蓉	1,632,000	人民币普通股
浙江亿汇控股有限公司	1,569,660	人民币普通股

【治理目标】

通过建立健全现代企业内部控制体系，构建良好企业内部运行环境，规范公司法人治理结构，保证公司经营管理合法合规，保护公司资产安全完整，保障公司信息披露真实完整，提高公司经营管理水平，确保公司战略目标实现，提升上市公司质量，增加对公司股东的回报，特别是中小股东的利益。

【公司建立和完善内部控制制度所进行的重要活动及工作】

2010年，为加强内部控制，提高风险防范能力，公司建立和完善了《独立董事年报工作制度》、《年报信息披露重大差错责任追究制度》、《内幕信息知情人管理制度》和《高级管理人员薪酬管理办法》、《内部审计制度》。目前，公司各项内部制度运行正常，各种经营活动均处于受控状态，有效地保证了公司经营活动的正常进行及公司的规范运作。

另外，公司按照吉林证监局下发的"吉证监发[2010]95号《关于开展解决同业竞争、减少关联交易，进一步提高上市公司独立性工作的通知》"，全面地对公司与控股股东及实际控制人之间的同业竞争情况、关联交易情况进行自查。经自查，公司与控股股东及实际控制人之间不存在同业竞争；公司与控股股东及其关联方之间的关联交易属公司持续发生的日常交易，并已履行相应审批程序，关联交易事项并未对公司生产经营造成不利影响，不存在损害公司股东利益的情况，不会影响上市公司的独立性，公司主要业务不会因关联交易事项的发生，而对关联人形成依赖或者被其控制。

【公司经营概况】

2010年，公司在国家对房地产行业宏观政策的调控下和复杂的市场经济环境下，积极采取应对措施，保持一贯稳健的经营作风，加强公司内部控制管理，提高盈利水平，提高自身的市场竞争能力，并凭借准确的市场判断能力，抓住市场机遇，取得了较好的经营效益，也是公司自设立以来完成效益额最高的一年，公司资产规模、经营业绩保持持续地增长，财务状况稳健。

【公司主要财务数据和指标】

单位：元

项目	2010年	2009年	本年比上年增减(%)
营业总收入	1,885,339,748.62	1,616,395,017.27	16.64%
利润总额	603,482,886.94	431,555,708.63	39.84%
归属于上市公司股东的净利润	423,891,094.75	286,099,190.10	48.16%
归属于上市公司股东的扣除非经常性损益的净利润	416,961,539.88	100,044,278.26	316.78%
基本每股收益	0.41	0.27	51.85%
稀释每股收益	0.41	0.27	51.85%
扣除非经常性损益后的基本每股收益	0.40	0.11	263.64%
加权平均净资产收益率	27.69%	23.89%	3.80个百分点
扣除非经常性损益后的加权平均净资产收益率	27.24%	9.52%	17.72个百分点
经营活动产生的现金流量净额	-2,312,448,009.37	1,012,806,164.92	-328.32%
每股经营活动产生的现金流量净额	-2.21	0.97	-327.84%
项　目	2010年末	2009年末	本年比上年增减(%)
总资产	9,532,826,245.27	7,217,186,615.18	32.09%
所有者权益(或股东权益)	1,749,999,182.52	1,308,524,437.50	33.74%
归属于上市公司股东的每股净资产	1.67	1.25	33.60%
股　本	1,045,509,753.00	1,045,509,753.00	0.00%

【公司经营情况】

分行业或分产品	营业收入	营业成本	毛利率(%)	营业收入比上年增减(%)	营业成本比上年增减(%)	毛利率比上年增减(%)
房地产行业	172,583.94	103,328.32	40.13%	8.21%	8.31%	-0.06%
物业管理服务	1,533.29	1,159.18	24.40%	-1.07%	1,883.33%	-71.83%
合　计	174,137.23	104,487.51				

2010年，公司取得了较好的经营效益，实现营业收入188,533.97万元，比上年同期增长了16.641%，主要是本报告新增达到交付条件的项目结算量增加；实现营业利润59,793.04万元，比上年同期增长40.69%；实现归属于上市公司股东的净利润的42,389.11万元，比上年同期增长48.16%，实现归属于上市公司股东的扣除非经常性损益的净利润41,696.15，增幅为316.78%。

【投资者关系管理】

公司积极做好投资者关系管理，公司网站建设了"投资者关系"栏目，拓宽与投资者的沟通渠道，及时更新公司信息，增强公司经营管理透明度，让投资者能够及时、全面地了解公司的生产经营情况及发展态势，提高投资者对公司的认同度；在日常接待投资者来电、来访工作中，公司投资者关系管理负责人热情、耐心地回答投资者的问题，对投资者比较关心的问题事先做好充分准备；公司在临时股东大会召开前积极做好筹备工作，为股东参加股东大会提供便利。2010年公司信息披露评级为"优秀"。

为便于广大投资者更深入全面地了解公司情况，公司副董事长兼总经理沈志军先生、公司副总经理兼董事会秘书程捷先生、公司财务负责人祝青先生参加了由深圳证券信息有限责任公司举办的"2009年年度报告业绩说明会"，与投资者通过"吉林上市公司投资者关系互动平台"进行交流，建立和维护了与投资者的良好互动关系。

【公司荣誉】

优秀投资者关系管理上市公司——公司荣获由广发证券授予的"优秀投资者关系管理上市公司"称号。

优秀学习型房地产企业——公司荣获由百锐高阶培训授予的"优秀学习型房地产企业"称号。

中国房地产品质品牌金牌浙商——公司下属全资子公司顺发恒业有限公司荣获由中国房地产报社授予的"中国房地产品质品牌金牌浙商"称号。

2010 年南岸地产风云名企——公司下属全资子公司顺发恒业有限公司荣获由杭州南岸地产年会主委会、萧山日报共同授予的"2010 年南岸地产风云名企"称号。

中国(浙江)房地产品质品牌领军企业——公司下属全资子公司顺发恒业有限公司荣获由中国房地产报授予的"中国(浙江)房地产品质品牌领军企业"称号。

【产品荣誉】

2010 年度最具投资价值楼盘——公司下属全资子公司顺发恒业有限公司所承建的"顺发·康庄"项目荣获由 365 地产家居网授予的"2010 年度最具投资价值楼盘"称号。

2010 年度浙江省优秀园林工程金奖——公司下属子公司浙江工信房地产开发有限公司所承建的"风雅钱塘"项目荣获由浙江省风景园林学会授予的"2010 年度浙江省优秀园林工程"金奖。

2010 年金钥匙品位服务奖——公司下属子公司浙江纳德物业服务有限公司所管理的"顺发·旺角城"荣获由金钥匙国际联盟总部授予的"2010 年金钥匙品味服务奖"。

中国物业金牌小区——公司下属子公司浙江纳德物业服务有限公司所管理的"顺发·佳境天城"小区荣获由中国物业管理行业协会授予的"中国物业金牌小区"称号。

【000635】宁夏英力特化工股份有限公司

【基本情况】

宁夏英力特化工股份有限公司位于宁夏回族自治区石嘴山市惠农河滨工业区，东临黄河，西倚贺兰山，北与内蒙古接壤，南接银川平原。公司紧靠包兰铁路，119、110 国道穿城而过，交通便利。石嘴山素有"塞上煤城"之称，不仅煤炭资源丰富(储量达 22 亿吨)，而且电力工业发达，已建和在建电厂装机总容量达 300 万 KW，为公司的工业发展提供了充足、廉价的能源保证和得天独厚的竞争优势。

主要业务为发电、生产经营氯碱类、氰胺类产品。有着三十多年的生产经验和辉煌业绩，产品一直畅销不衰，深受国内外用户的欢迎。主导产品聚氯乙烯产能在行业内排名 11 位，在电石法聚氯乙烯企业中排名第 5 位，是宁夏十二家大型企业之一。

公司始建于上世纪 70 年代初，有着三十多年的生产经验和辉煌业绩。公司于 1996 年在深圳交易所挂牌上市，股票名称"英力特"、股票代码：000635，主要业务为发电、生产经营氯碱、氰胺类产品。三十多年，产品一直畅销不衰，深受国内外用户的欢迎。

公司现有员工 3429 人，其中生产人员 2876 人，销售人员 50 人，技术人员 299 人，财务人员 34 人，行政人员 170 人，研究生以上学历 3 人，大学学历 204 人，大专学历 759 人，中专学历 460 人。公司设有总经理工作部、企业管理部、财务部、制造部、安监部、人力资源部、党群工作部、证券部、供应部、审计监察部十个职能部室；五个分公司："氰胺分公司、氯碱分公司、检修分公司、内蒙乌海石灰制品分公司、销售分公司"；两个控股子公司："宁夏西部聚氯乙烯有限公司、石嘴山市青山宾馆有限责任公司。

【经营业绩】

2011 年上半年报告期内，公司实现营业总收入 144,359.25 万元，同比增长 41.90%；营业利润 11,826.45 万元，同比增长 223.94%；净利润 10,353.40 万元，同比增长 358.94%；每股收益为 0.585 元，同比增长 360.63%。

【企业文化】

英力特化工的企业文化为"快乐文化"，即"快乐工作、快乐学习、快乐生活"。核心价值观是"快乐工作"；弘扬"诚信、规范、高效、卓越"的企业精神；践行"只争朝夕"的企业作风；遵循"管理无小事"的管理理念；肩负着"为股东创造丰厚回报，为员工创造美好生活"经营宗旨；坚持"依托资源，发展优势，集约经营，追求卓越"的经营理念；奉行"以美好的愿景吸引人，以合理的薪酬留住人，以良好的机制成就人"的人才理念；秉承"以人为本，用户至上"的经营方针；依照"依托资源优势，打造链式产业，引领循环经济，促进和谐发展"的发展方针，努力实现"把公司建设成为集电力、化工为一体的现代化企业"的共同愿景。

企业的战略定位，指明了公司未来的发展方向；公司愿景，是公司全体员工的奋斗目标和理想信念；核心价值观，是公司最核心的理念；企业精神，是公司的基本理念；人才理念、管理理念、企业作风、行为理念等，是以核心价值观和企业精神为基础的涉及多个具体方面的思维理念。

【000652】天津泰达股份有限公司

【基本情况】

天津泰达股份有限公司是以生态环保、高科技人造纤维材料、土地资源整理、公共交通为主营的综合型上市公司。截至 2004 年底，公司注册资金 8.1 亿元人民币，资产总额达 56 亿元人民币，拥有控股子公司 10 家，参股子公司 10 余家。天津泰达股份有限公司以城市环境运营商为基本定位，以"营造美好生活空间"为主要经营理念，经过几年的整合，目前已经具备了四大重点产业系列，初步形成了控股式的产业格局。公司的重点产业包括：

生态环保产业：由控股子公司天津泰达环保有限公司投资的天津双港垃圾焚烧发电项目和贯庄垃圾综合处理项目，目前已投入资金 6 亿元人民币，项目在 2004 年底开始陆续建成投产，全部投产后将能够使天津市二分之一的城市生活垃圾得到无害化处理，并同时进行发电。随着已有项目的进展，天津泰达环保有限公司还将在垃圾处理领域继续拓展，形成产业系列化。控股子公司天津泰达生态园林发展有限公司是具有一级绿化施工资质的大型专业公司，公司拥有员工 600 余人，资产 3.3 亿，专业技术力量雄厚，设备配置齐全。公司先后承建了泰丰公园、泰达公园、泰达森林公园、泰达热带植物园等数百项园林绿化工程并负责天津开发区 300 余万平方米公共绿地的养护。控股子公司泰达生态商贸有限公司和天津泰达环保有限公司合作，利用泰达现有的资源，建立了泰达户外运动俱乐部，主要开展生态旅游和拓展训练服务，将成为天津市健康、时尚生活方式的新亮点。

高科技人造纤维材料产业：控股子公司天津泰达洁净材

料有限公司是专业从事高科技人造纤维材料生产的高新技术企业。公司拥有两条从美国引进的熔喷材料生产线及系列检测仪器，设备技术水平在国内居领先地位。公司的产品包括各种保暖材料、空气液体过滤材料、防尘材料、医用 SMS 材料、吸油材料等，其中拥有自主知识产权的新型服装用保暖材料——泰达生态棉，已经被军队采用为军冬服指定保暖材料，应用于高寒地区军队的保暖服装、鞋帽、手套、睡袋等，并将陆续在公安、武警系统中推广。

土地资源整理业：以参股子公司天津泰达城市开发有限公司为主导，借力海河开发，承担了位于海河源头的"红桥运河文化商贸区"（泰达城）项目运作。该项目总占地面积 85 万平方米，将陆续投资 70 余亿元，建成海河源头的标志性高级生活区域。此外，公司还收购了天马国际俱乐部项目和海南西秀海景园项目，将陆续进行别墅开发和综合商业旅游开发。

公共交通产业：公司目前的公共交通产业包括天津经济技术开发区滨海大桥 15 年的运营权和天津市天润美纶出租汽车公司。目前，公司正在对天润美纶出租汽车公司进行改制和增资，并将以其为平台，结合天津市出租车行业的改革，在出租车等公共交通行业进行收购扩张，力求做大做强，成为公司新的经济增长点。

【经营业绩】

截至 2011 年 6 月底，公司总资产 107.38 亿元，较年初增长 14.72%；净利润 4,323.82 万元，同比减少 30.46%。产业经营、市场拓展、项目建设等方面均取得较好的阶段性工作成绩，为全年工作目标的完成夯实了基础。

【000683】内蒙古远兴能源股份有限公司

【基本情况】

内蒙古远兴能源股份有限公司坐落在素有"地下煤海"之称的鄂尔多斯市，是一家以天然气化工、煤化工为主导，新能源化工及精细化工为发展方向的现代化能源化工企业。

公司创立于 1997 年 1 月 23 日，并于当年 1 月 31 日在深圳证券交易所挂牌上市，股票代码 000683。2007 年 8 月，公司由"内蒙古远兴天然碱股份有限公司"更名为"内蒙古远兴能源股份有限公司"，证券简称变更为"远兴能源"。

公司目前拥有全资、控（参）股企业 11 家，这些企业主要分布在乌审召生态化工园区（天然气制甲醇及下游产品）、蒙大新能源化工基地（煤制甲醇及下游产品）、湾图沟矿区（煤化工产业）和乌兰察布兴和县煤炭循环经济产业园等几大工业园区。

公司主营甲醇、煤炭等能源及化工产品，综合生产能力 500 多万吨。其中甲醇产能达 135 万吨、煤炭产能 300 万吨，是目前全国最大的天然气制甲醇企业。公司"远兴"商标为中国驰名商标；"远兴"牌纯碱是中国名牌产品；公司"大牛地"牌甲醇被国家科技部列为"国家重点新产品计划"，荣获中华人民共和国科学技术部授予的国家重点新产品荣誉证书，是内蒙古自治区名牌产品。公司在国内建立了完善的营销网络和物流配送体系，产品远销日本、韩国、东盟及南美等国家和地区。

"十二五"期间，公司将以科学发展观和循环经济理念为指导，走资源开发高效化、园区布局规范化、产业集群化、产品链条化的集中发展道路，着力构建天然气化工、煤炭及煤化工、精细化工、新材料循环经济产业链，把公司发展成为一个成长性好、主业突出、运作规范、具有可持续发展能力的大型能源化工企业和绩优上市企业。

"倚德者致远，维信者长兴"，今天的远兴正在用昂扬进取的公众形象、和谐创新的企业文化和过硬的产品质量、良好的经济效益，塑造着远兴能源全新的企业形象；以熔铸长青基业、构建和谐企业为目标的远兴公司正沿着持续、健康、协调的和谐发展之路阔步前行！

西部大开发风帆正举，资源富集、投资环境优越、人文环境和谐的鄂尔多斯高原，是投资的热土、创业的摇篮，公司真诚地希望国内外有识之士和我公司开展合作、共抓商机、共创伟业、共享成果。

【经营业绩】

2011 年上半年，公司共实现主营业务利润 20460.36 万元、归属于母公司的净利润 7117.83 万元，分别与去年同期相比上升 236% 和 72%。

【企业文化】

倚德者致远，维信者长兴。

【企业荣誉】

公司总资产近 60 亿元，是全国最大的天然气制甲醇企业，是中国化工百强企业，被列为国家 520 户重点企业、是中国信息化建设 500 强企业、内蒙古自治区 60 户重点企业，成为内蒙古自治区天然气化工产业排头兵企业。

【000701】厦门信达股份有限公司

【基本情况】

厦门信达股份有限公司致力于发展信息产业，以信息技术、信息服务和电子元器件制造为主营业务，同时经营国内外贸易、房地产，目前公司已经形成了以电子信息产业为主体，外贸、房地产开发为两翼的"一体两翼"的产业架构，成长为以信息产业为核心的大型高新技术企业集团。公司股票于 1997 年初在深交所上市（股票代码：000701），总股本 24025 万股，是全国有影响的 IT 产业股。公司主产业信息产业形成了以超高亮度 LED 封装、应用研发与生产、电子元器件、电子标签研发与生产、应用软件开发等为主要支柱的产业架构。公司投资建设的国内第一条片式铝电解电容器生产线，被列入国家计委高新技术产业化示范工程，铝电解电容器产量规模在国内同行业中名列前三名，其中片式产品产量国内第一。公司还从国外引进第一条倒贴式电子标签生产线，可生产高频电子标签。公司自行研发的"机关事业单位人事管理系统"软件是福建省著名的人事管理软件。公司目前投资设立厦门市信达光电科技有限公司，主要从事建立超高亮度 LED 封装、应用研发与产业化基地。本项目属国家重点支持的高新技术产业化项目，项目生产的半导体 LED 照明产品是新一代环保、节能照明替代产品，市场规模巨大，前景良好。

【经营业绩】

2011 年上半年报告期内，公司实现营业收入 65.60 亿元，比去年同期增长 31.69%；归属于母公司所有者的净利润 4720.96 万元，比去年同期增长 44.50%。

【企业文化】

信乃立足之本，达则兼济天下。

【企业荣誉】

公司被国家工商总局授予"全国守合同重信用企业"称号，公司注册商标是福建省著名商标。稳健务实的作风，高度前瞻的战略眼光和坚定不移的创业精神，已形成鲜明的信达特色。公司将继续集中精力重点发展信息产业，进一步扩大品牌知名度、美誉度，保持领先优势。

【000713】合肥丰乐种业股份有限公司

【基本情况】

合肥丰乐种业股份有限公司(简称丰乐种业)是中国种子行业第一家上市公司,被誉为“中国种业第一股”,注册资本2.99亿元。丰乐种业的前身是合肥市种子公司,成立于1984年。经过近30年的发展,丰乐种业现已成为中国民族种业领军品牌,综合实力与规模位居同行业前列。

丰乐种业是一家以种业为主,跨行业、跨地区的综合性公司,产业分为三大板块——种业、农化和香料。公司各项产业蓬勃发展,种业方面,拥有各类良种及农产品生产基地2万公顷,每年向社会提供玉米、水稻、西甜瓜、棉花等几十个种类500多个优良品种,是中国产销量最大的“两系”杂交水稻种子公司和西甜瓜种子公司;公司农化产业是国家农药定点生产骨干企业,安徽省创新型试点企业,拥有农药产品登记证80多个,行业排名50强;香料产业产销量国内第一,被誉为“亚洲之香”。丰乐种业产品遍及欧、美、东南亚等几十个国家和地区。

【主营业务】

农作物种子、农药、专用肥、植物生长素、农化产品、薄荷油及其衍生产品、农副产品及其深加工产品等。

【经营业绩】

2011年中期:

公司实现营业总收入674,77.84万元,与去年同期相比减少9.68%;营业利润和归属母公司所有者的净利润分别为5129.40万元和5048.16万元,比上年同期分别减少49.42%和39.38%;公司经营活动产生的现金流量净额为-3783.52万元,比上年同期增加37.23%。造成本期归属于上市公司股东净利润比去年同期下降39.38%的主要原因是上年6月底前丰乐房地产开发有限公司开发的“丰乐世纪公寓”项目全部交付,实现销售收入22077.18万元,毛利9237.14万元。丰乐房地产开发公司100%股权于去年7月15日已经转让,本报告期公司已没有房地产开发业务收入。总体来看,报告期公司生产经营稳健,去除房地产业务后同口径相比,营业收入较上年同期增长28.2%;净利润较上年同期增长51.20%。种子业务营业收入有所下降。农化业务,香料业务,酒店服务业收入均较上年同期有所增长,农化,香料营业收入增长迅速。种业销售收入,成本,毛利总额均有所下降,毛利率较上年同期略有增长。国际种业集团抢夺国内种业市场的行为愈演愈烈,玉米种业市场竞争进一步加剧,冲击公司主要品种市场,玉米销售量和毛利率均有所下降;公司水稻种子销售形势良好,实现了销售收入,毛利率双增长。

农化产业继续面临行业竞争激烈,国外高端产品冲击市场,原材料价格持续攀升,环保成本持续增加等局面,虽销售势头良好,销售收入增长了57.88%,但成本增长高收入增加,导致毛利总额下降,毛利率下滑8.18%。

香料产业把握市场机遇,保持了良好的发展势头,销售收入增长了63.51%。国内国际市场产品价格持续走高,收入增长速度大幅度高于成本增长幅度,毛利空间扩大,毛利率提高了4.77%。

旅游服务业较上年经营形势好转,实现销售收入1890.42万元,较上年同期上涨25.88%,毛利率同时也有所提升。

2010年:

在公司董事会带领下主要做了以下工作:

一、重经营,主业实现了新突破,其他产业取得了新业绩

水稻产业完成销售额2.1亿元,玉米种子销售收入2.3亿元;农化公司全年取得了3.84亿元的销售收入,并迈入农药行业50强。

香料公司全年实现销售收入3.28亿,利润大幅度提升,突破了三年徘徊的局面,公司的销售收入和主导产品总销量均创历史新高。

二、再融资,着眼未来,结束了公司在资本市场11年没有再融资的历史

公司非公开发行A股股票申请顺利通过了中国证监会发行审核委员会审核,获得无条件通过,发行2888万股,募集资金4.47亿元,募集资金全部投资于种业和农化等公司主业。

三、抓创新,提升科研,自主创新工作取得新突破

(一)加强自主创新,科研工作取得新突破

1.公司水稻产业3个新品种同时通过安徽省审定,1个通过广东省审定,1个不育系通过安徽省技术鉴定,6个水稻品种顺利完成区试程序,已报请国家和安徽省审定,即将通过审定。

公司玉米产业第一个自主科研选育的品种“丰乐21”通过安徽省审定,在试验示范中表现良好,有望成为玉米种子公司新的利润增长点。

2010年公司首个自育转基因棉花新品种国丰棉198顺利通过安徽省审定。

2.丰乐农化公司参加了2项国家标准的起草,发明专利申请突破10项,获得实用新型专利授权2项,有2个产品获得“合肥市名牌产品”和“安徽省自主创新产品称号”;公司获得“国家第二批知识产权示范创建单位”称号。

丰乐香料公司起草申报的“WS-23国家标准”已正式颁布;参与了“生姜油”国家标准制定;1个产品被评为“安徽省重点新产品”。

(二)加大新品种引进力度,为可持续发展打下了基础。

在黄淮海市场引入“鲁单818”、“陕科6号”和“京科739”等3个玉米新品种,为玉米产业的可持续发展奠定坚实的基础;购买了2010年唯一一个常规转基因抗虫棉花新品种“冀棉169”,为进军黄河流域棉区做好了铺垫。

(三)加强科研基础建设,完成了3个生态育种站建设。在河南新乡重建了玉米育种站,使之成为丰乐玉米面向黄淮海区域的育种试验中心;在四川温江重建了长江上游生态试验站,进行水稻、玉米育种试验和合作育种工作;在海南三亚重新建设了南繁育种试验站,保证了公司南繁科研顺利实施。

【企业荣誉】

公司是首批农业产业化国家级重点龙头企业、国家高新技术企业、国家级企业技术中心、安徽省西瓜甜瓜工程技术研究中心、合肥市两系杂交水稻工程技术研究中心,公司玉米种子、水稻种子两大系列产品先后荣获“中国名牌产品”称号,丰乐商标被国家工商总局授予“中国驰名商标”。

- 1999年,被国家人事部授予博士后科研工作站,属行业首家。
- 2002年,公司被国家农业部等八部委评定为第一批农业产业化国家级重点龙头企业。
- 2006年6月,丰乐农化公司正式被国家科技部评定为“国家火炬计划重点高新技术企业”。
- 2006年9月,丰乐玉米种子荣获“中国名牌产品”称号,结束了中国种子行业没有国家名牌的历史。
- 2007年5月,“丰两优四号”被农业部确认为超级稻推

广示范品种。

· 2007 年 9 月，丰乐水稻种子荣获“中国名牌产品”称号。
· 2007 年 9 月，丰乐种业商标被国家工商总局商标局认定为“中国驰名商标”。
· 2008 年 12 月，丰乐种业、丰乐农化、丰乐香料同时被认定为国家高新技术企业。
· 2009 年 9 月，丰乐种业技术中心被国家发改委、科技部、财政部、海关总署、国家税务总局等五部委认定为国家级企业技术中心。

【社会责任】

公司秉承“团结、奉献、拼搏、创新”的精神，致力于“把丰收的快乐带给农民”，将企业、“三农”、社会紧密结合。国务院《现代农作物种业发展意见》的出台及国家对种业发展的高度重视，如今中国民族种业已被提高到关乎国家粮食安全、战略性基础性产业地位，种业发展面临着前所未有的历史机遇，公司将紧紧抓住机遇，加快发展步伐，以高度的使命感和责任感，积极不懈地努力，把丰乐品牌打造成国内竞争力最强、影响力最大、辐射带动范围最广的“中国种业领军品牌”，充分发挥其在农业产业中的先导、示范和推动作用。向“三农”提供优质良种，为社会创造更多财富，给亿万家庭带来无限欢乐。

【000715】中兴－沈阳商业大厦（集团）股份有限公司

【基本情况】

中兴－沈阳商业大厦（集团）股份有限公司自 1987 年 12 月 10 日创建开业，在成长史上历经三次跳跃式发展：1995 年沈阳第一家商业集团——中兴商业集团创立；1997 年完成股改上市，中兴－沈阳商业大厦（集团）股份有限公司成立，开沈阳商业转制之先河；2000 年 9 月完成了二期工程的改造扩建，总建设面积近 15 万平方米，成为集购物、餐饮、休闲健身、文化娱乐等为一体的现代化、多功能、一站式服务的大型购物中心，从而完成了由传统百货业向现代商业的成功转型，企业的核心竞争力大大增强。

过去的几年，中兴全面落实可持续发展战略，实现了又好又快发展。呈现出优势提升、基础扎实、统筹推进的良好态势。近五年，企业商品零售额、利润额和上缴国家税金三项主题指标年均增 12.6 %、14.5 % 和 16.3 %，经营规模居全国商场前位，上缴国家税金居全省大型商城之首。

2010 年 9 月 28 日，曾在商界留下无数闪光足迹的中兴再一次献给世人一个惊喜。9.2 万平方米的崭新营业方城盛装启幕。中兴方城与一、二期主楼精妙结合在一起，总建筑面积近 24 万平方米，充分发挥规模宏大、布局合理、门类齐全、功能完善、环境优雅，氛围宜人的独特优势，成为及商品展示、时尚潮流发布、休闲购物、餐饮娱乐等多功能为一体的东北地区最聚人气的购物场所。如今，中兴强大的客流吸纳能力、牢固忠诚的消费群体以及不断增强的盈利能力，必将成为国内外广大厂商和知名品牌扩展市场、展示形象和扩大销售的最佳舞台！

【经营业绩】

2011 年上半年报告期内，公司实现营业收入 179,512.55 万元，同比增长 29.48%；利润总额实现 6,890.73 万元，同比增长 17.61%。

【000717】广东韶钢松山股份有限公司

【基本情况】

广东韶钢松山股份有限公司（以下简称“韶钢松山”、“公司”）是 1997 年 3 月经广东省人民政府粤办函 1997〗117 号文批准，由广东省韶关钢铁集团有限公司独家发起，采用募集方式设立的股份公司。1997 年 4 月 21 日，公司在深交所上网发行 8000 万股人民币普通股。5 月 8 日，公司股票“韶钢松山”在深交所挂牌上市交易。现公司总股本为 166,952.441 万股，其中国有法人韶钢集团持有 60,551.289 万股，占股本总额的 36.27%；社会公众股 106,401.152 万股，占股本总额的 63.73%。

韶钢松山是以钢铁生产为主业的上市公司，是广东省最大的钢铁生产企业，主要产品有：中板、棒材、线材三大系列产品。经过十多年来的快速发展，公司已形成了年产钢 600 万吨的生产平台，装备水平和产品附加值较高，是全国率先将循环经济导入公司发展战略的企业。公司的三大系列产品均按国际或国内先进标准生产，畅销全国十多个省、市、自治区，并批量出口，在用户中享有良好的信誉。其中船体用结构钢板通过中、美、德、英、日、法、韩、意、挪威九国船级社工厂认可，通过国际先进水平质量认证，并获得“广东省名牌产品”称号和冶金产品实物质量“金杯奖”；

【经营业绩】

公司设立以来，以良好的业绩为依托、充分发挥资本市场的资源配置功能，实现配股 2 次、增发新股 1 次、转债 1 次，共实现 5 次融资，从社会筹集资金 34 亿元。借助资本市场融资，公司不断对铁、钢、材各环节实施投资改造，同时结合公司自身的滚动发展，公司的生产规模不断扩大，产品结构日益完善，公司核心竞争力大幅提高，同时也走出了一条利用上市公司的机制来改造传统的国有企业的路子。公司规模由上市前年产钢 69 万吨发展到现在的年产 600 万吨钢的平台，增长了 8 倍；净资产由 3.59 亿元增长到 2010 年末的 58.17 亿元增长了 16 倍；总资产由 9.97 亿元增长到 230.99 亿元，增长了 23 倍。在公司快速发展的同时，也给予了股东良好的回报。韶钢松山上市 14 年来，共 11 次现金分红，2 次公积金转股。累计分派现金近 14 亿元。2004 年，被中央电视台评为 CCTV2003 年度最具投资价值的 10 家上市公司之一；2005 年，被评选为投资者心目中最亲切的上市公司之一；现为深证 100 指数和巨潮 100 指数样本股。

（一）公司历年来主要产品产量

年度＼产品产量	铁（万吨）	钢（万吨）	钢材（万吨）
1997 年	95.01	87.11	94
1998 年	103.13	98.62	115.06
1999 年	116.1	114.2	154.9
2000 年	126.45	122.36	145.21
2001 年	162.11	202.56	185.09
2002 年	180.48	225.63	211.27
2003 年	240.49	287.65	235.03
2004 年	287.10	350.26	291.04
2005 年	322.93	353.47	339.46
2006 年	417.56	426.46	406.88
2007 年	424.00	441.00	405.00

年度 \ 产品产量	铁（万吨）	钢（万吨）	钢材（万吨）
2008 年	392.00	407.00	387.00
2009 年	419.00	423.00	406.00
2010 年	502.00	504.00	482.00

（二）主要财务及利润指标

年度 \ 项目	主营业务收入（亿元）	净利润（亿元）	每股收益（元）	每股净资产（元）	净资产收益率
1997 年	22.51	1.70	0.55	3.566	15.43%
1998 年	26.71	1.81	0.44	4.61	9.47%
1999 年	30.47	1.83	0.44	4.82	9.13%
2000 年	33.46	2.25	0.50	5.11	9.87%
2001 年	39.39	2.59	0.58	5.32	10.87%
2002 年	44.31	3.49	0.78	6.10	12.79%
2003 年	71.61	9.82	1.17	5.15	22.73%
2004 年	103.29	9.48	1.13	5.98	18.91%
2005 年	106.17	1.36	0.10	3.71	2.74%
2006 年	124.06	4.17	0.31	3.97	7.83%
2007 年	149.61	8.27	0.59	4.44	14.16%
2008 年	191.08	-16.12	-0.97	3.42	-24.55%
2009 年	133.50	0.93	0.06	3.47	1.61%
2010 年	188.36	0.21	0.01	3.48	0.36%

（三）上市以来历年分红情况

时间	方案
1998 年中期	每 10 股派 4 元（含税）
1998 年度	每 10 股派 2 元（含税）
1999 年度	每 10 股派 2 元（含税）
2000 年度	每 10 股派 2 元（含税）
2001 年度	每 10 股派 4 元（含税）
2003 年中期	每 10 股派 3 元（含税）、每 10 股转增 5 股
2003 年度	每 10 股派 3 元（含税）
2004 年度	每 10 股派 2 元（含税）、每 10 股转增 6 股
2005 年度	每 10 股派 0.5 元（含税）
2006 年度	每 10 股派 0.5 元（含税）
2007 年度	每 10 股派 0.5 元（含税）

上市 14 年来共分红 11 次，累计派发现金近 14 亿元。

【企业文化】

公司愿景：全力打造具有国际竞争力的钢铁公司

企业精神：团结、奋斗、求实、创新

公司信念：追求卓越、以人为本、价值最大化

公司品质文化：韶华永铸、钢铁意志、集思广益、团队一流

公司核心价值观：诚信为本、规范高效、创新业绩、真诚奉献

【000721】西安饮食股份有限公司

【基本情况】

西安饮食股份有限公司隶属于西安旅游集团，是以餐饮服务、酒店宾馆、食品加工、旅游休闲四大产业为支柱的大型上市公司，股票简称“西安饮食”。公司目前拥有 14 家分公司、8 家子公司，国内外开设联营企业 18 家，市内营业网点近 40 个。公司资产总额 9 亿元，总股本 19952.796 万股。公司所属西安饭庄、老孙家、五一饭店、德发长、东亚饭店、春发生、西安烤鸭店、同盛祥等 10 多家企业均为地方特色鲜明，具有区域代表性的餐饮“老字号”。

公司坚持“以质量求生存，以特色占领市场，以科学管理求得企业发展”的经营方针，近年来呈现出健康快速发展的态势，年经营收入以 10% 以上的速度递增。企业连续多年位居“全国餐饮百强企业”前列，荣登“中国餐饮十强榜”，荣获“品牌中国金谱奖—中国餐饮行业年度十佳品牌”称号。

【经营业绩】

2011 年上半年，公司实现营业收入 30,815.32 万元，与上年同期相比增长 14.36%；实现利润总额 4,188.97 万元，与上年同期相比增长 301.64%；实现净利润 3,000.68 万元，与上年同期相比增长 371.35%。

【000726】鲁泰纺织股份有限公司

【基本情况】

鲁泰纺织股份有限公司为外商投资股份制企业，A、B 股上市公司，拥有从棉花育种、棉花种植，到纺纱、漂染织布、整理、制衣的生产，直至双线品牌市场营销的完整纺织服装产业链，是全球产量最大的高档色织面料生产商和全球顶级品牌衬衫制造商。

公司现有总资产 73 亿元，净资产 50 亿元，拥有纺纱、漂染、织布、整理、制衣等二十九个生产工厂，8 家控股子公司。公司拥有纱锭 58 万枚，线锭 8.4 万枚，年产色织面料 16400 万米、匹染面料 6000 万米、衬衣 2000 万件。2010 年全年实现营业收入 50.2 亿元，出口创汇 5.8 亿美元，利润总额 9.3 亿元，2011 年上半年实现营业收入 29.8 亿元，出口创汇 3.67 亿美元，利润总额 6.28 亿元，继续保持增长趋势，名列全国色织行业前茅。

面对日趋严峻的市场竞争和复杂多变的国际、国内经济形势，公司将在“世界一流，百年鲁泰”总体发展目标的指引下，抓住历史发展机遇，继续深入学习和实践科学发展观，坚持“对社会负责、对国家负责、对员工负责、对股东负责”的企业宗旨，不断提升科研创新能力，积极应用新技术、新工艺，生产无甲醛、免熨烫等健康型、低排碳纺织品，大力实施品牌战略，完善和优化公司企业文化体系建设，以振兴民族纺织业为己任，为中国纺织品高档化、国际化和品牌化而努力，争取获得更大的成绩回报国家，回报社会。

【市场成就】

公司主要产品为精梳纱线、色织面料、匹染面料、衬衣四大系列。产品具有质量好、档次高、技术含量大、花色品种多等特色。公司产品衬衫、色织布、高支高密纯棉坯布、精梳纱线分别在 2004 年、05 年、06 年、07 年被国家质检总局认定为“中国名牌”，“鲁泰格蕾芬”衬衫于 2007 年再次通过“中国名牌”认定；2005 年，“鲁泰格蕾芬”被评为“商务部重点培育和发展的出口名牌”并于 08 年初被国家工商总局认定为“中国驰名商标”。2006 年公司被中国产品质量协会评为“质量信誉 AAA 级企业”；产品 100 支纯棉色织面料荣获“出口商品免验”资格。2007 年 10 月鲁泰公司被评为“国家认定企业技术中心”。2008 年 8 月公司被认定为国家色织面料研发基地，年底公司被认定为高新技术企业。2009 年 11 月被中华商标协会评为“2009 中国商标战略创新奖”。公司采用现代化的管理模式，自 1995 年至今，先后通过了 ISO9000 质量管理体系、ISO14000 环境管理体系、OHSAS18000 职业健康安全管理体系、SA8000 社会责任管理体系、有机棉等 12 个体系认证，实现了公司管理的国际化、标准化和规范化。

【经营业绩】

2011年上半年报告期内，公司实现营业收入298,081.31万元，营业利润62,305.98万元，归属于母公司所有者的净利润49,164.71万元，分别比去年同期提高了32.67%，40.46%，34.01%。

【企业荣誉】

公司现为"中国纺织品进出口商会四届副会长单位""中国棉纺织行业协会副会长单位"、"中国外商投资企业协会纺织服装专业委员会副主席单位"、"中国色织行业协会副理事单位"、"世界华商联合会副理事长单位"、"中国服装协会第五届理事单位"等。公司先后获得"全国五一劳动奖状"、"全国外商投资双优企业"、"2005中国纺织十大品牌文化企业"、"中华慈善事业突出贡献奖"、"国家职业卫生示范企业"、"节能减排优秀企业"、"履行社会责任贡献突出奖"、"全国纺织技术创新企业"、"企业信用评价AAA级信用企业"、"质量信用AAA级企业"、"全国纺织行业实施卓越绩效模式先进企业"、首届"山东省省长质量奖"、"2010中国纺织品牌文化创新企业"、"2010全国纺织劳动关系和谐企业"、首届"低碳山东模范单位"、首批"山东省履行社会责任示范企业"、"全国纺织工业先进集体"、"中国纺织工业两化融合示范企业"、"中国两化融合突出贡献企业"、中国工业大奖"入围企业"等荣誉称号。公司董事长刘石祯先生现兼任"中国纺织品进出口商会四届副会长"、"中国棉纺织行业协会副会长"、"中国外商投资企业协会纺织服装专业委员会副主席"等职，曾获得"全国五一劳动奖章"及"中国三资企业英才奖"、"全国纺织企业家创业奖"、"2005年中国纺织品牌文化建设杰出人物"、"2006年度中国纺织十大创新人物"、"全国现代管理领域专业技术人才知识更新工程(653工程)客座教授"、"2009中国商标战略创新领军人物"等称号。

【000729】北京燕京啤酒股份有限公司

【基本情况】

燕京1980年建厂，1993年组建集团。在发展中燕京本着"以情做人、以诚做事、以信经商"企业经营理念；始终坚持了：走内涵式扩大生产道路，在滚动中发展，年年进行技术改造，使企业不断发展壮大；坚持依靠科技进步，促进企业发展，建立国家级科研中心，引入尖端人才，依靠科技抢占先机；积极进入市场，率先建立完善的市场网络体系，适应市场经济要求，目前全国市场占有率达到12%以上，华北市场50%，北京市场在85%以上；积极完成股份制改造，由产品经营转向产品与资本双向经营，1997年两地上市，独特的"红筹背景、A股身份"股权结构模式，为燕京快速稳定的发展提供了雄厚的资金保障；精心打造企业文化，长期培育的"尽心尽力的奉献精神，艰苦奋斗的创业精神，敢打硬仗的拼搏精神，顾全大局的协作精神，为企业分忧的主人翁精神"以奉献机制与激励机制相结合的分配模式，促进企业快速发展。

经过31年快速、健康的发展，燕京已经成为中国最大啤酒企业集团之一。2010年啤酒产销量503万千升，进入世界啤酒产销量前八名、销售收入144.19亿元、实现利税32.26亿元、实现利润10.52亿元。——燕京用20年的时间跨越了世界啤酒业100年的发展历程。2011年燕京发展成为拥有有形资产160亿元、2011年燕京商标商誉价值总计288.18亿元，其中子品牌漓泉啤酒商誉价值为45.86亿元，惠泉啤酒商誉价值为27.26亿元，雪鹿啤酒商誉价值为15.06亿元。员工33500人，占地389万平方米，拥有控股子公司(厂)42个，其中啤酒生产企业30个，相关和附属产品企业8家。燕京总部是亚洲最大的啤酒生产厂。

【经营业绩】

2011年上半年报告期内，共销售啤酒272万千升(含托经营企业)，同比增长14.8%；实现营业收入618,925万元，同比增长22.91%；实现利润63,403万元，同比增长11.25%；实现净利润43,916万元，同比增长10.16%，实现了销量、收入、利润的持续增长，有效消化了成本上升因素。

【企业荣誉】

公司连年被评为全国500家最佳经济效益工业企业、中国行业百强企业。高品质的燕京啤酒先后荣获"第31届布鲁塞尔国际金奖"，"首届全国轻工业博览会金奖"，"全国行业质量评比优质产品奖"，并获"全国啤酒质量检测A级产品"，"全国用户满意产品"，"中国名牌产品"等多项荣誉称号。燕京啤酒被指定为"人民大会堂国宴特供酒"、中国国际航空公司等四家航空公司配餐用酒，1997年燕京牌商标被国家工商总局认定为"驰名商标"，2004年通过中国绿色食品发展中心审核，符合绿色食品A级标准。2005年8月10日燕京成为国内首家北京2008年奥运会啤酒赞助商。

【000753】福建漳州发展股份有限公司

【基本情况】

福建漳州发展股份有限公司(原福建双菱集团股份有限公司)，是1994年11月经福建省人民政府闽政体股[1994]01号文批准成立，于1997年6月26日在深圳证券交易所挂牌上市，是福建省漳州市第一家国有控股上市公司。公司2001年9月完成了重大资产重组，退出原有陶瓷制造业，转向城市公共设施建设产业。公司主要经营范围为道路公路的投资与开发、城市基础设施开发与建设、城市供水(制水)、房地产开发、汽车贸易。

公司自上市以来，秉承"以人为本，规范管理，创新发展"的经营理念，稳健经营，建立、健全法人治理结构，完善各项规章制度，使公司的经营管理和对外投资逐步走向法制化、科学化和规范化，充分发挥证券市场的融资功能，致力于漳州地区的城市基础设施建设。

重组后的漳州发展提出了打造核心资产，把路和水做大，同时积极、稳妥地参与相关领域，适度谋求多元化发展，争创优良业绩，回报广大投资者。

【经营业绩】

2011年上半年，公司实现营业收入(合并)92,540.48万元，同比增长23.30%；实现营业利润4,140.10万元；实现净利润(归属于母公司所有者)3,417.58万元，同比下降52.58%。

【000756】山东新华制药股份有限公司

【基本情况】

新华制药的前身是1943年成立于胶东抗日根据地的山东新华制药厂。公司占地近300多万平方米，现有职工5000多人。是我国重点骨干大型制药企业、亚洲最大的解热镇痛类药物生产与出口基地，以及国内重要的心脑血管类、抗感染类及中枢神经类等药物生产企业。在我国化工及医药行业具有较高的企业地位和影响力。公司是H股、A股上市公司，是中国医药工业十佳技术创新企业，中国制药工业 50 强。目前旗下有 9 家控股子公司。“新华牌”商标是中国驰名商标，是商务部重点培育和发展的出口品牌。

目前，公司年产化学原料药总量 2.5 万吨以上，是全球最大的安乃近、布洛芬、阿司匹林、咖啡因、左旋多巴等药物生产企业，拥有乙氧苯柳胺等 10 个原料药独家品种，8 个原料药主导品种市场占有率居国内第一位，制剂年生产能力为片剂达 80 亿片、针剂 3 亿支、胶囊 2 亿粒。公司从创业之初，始终坚持技术第一、质量第一，奉行“产品质量关系企业生命，药品质量关系人的生命”的质量理念，生产上严把质量关，精益求精。公司是国内首家通过 ISO9001、ISO14001、ISO10012 三项认证的医药化工企业，所有在产原料药产品、制剂剂型均已通过 GMP 认证，茶碱、布洛芬等 8 个产品通过了美国 FDA 认证，茶碱、阿司匹林等 10 个产品获得了欧洲 COS 证书，咖啡因产品通过了美国用户的社会责任认证、环境认证，以及中国食品安全体系（HACCP）认证。同时有多个产品在俄罗斯、印度等国家完成了注册。大部分主导品种主要技经指标居国内领先地位，高于国内国际认证标准。

公司建有较为完备的科研开发体系，为国家级高新技术企业、国家火炬计划重点高新技术企业，拥有首批国家级企业技术中心和博士后工作站在国内同行业首创产学研模式，与 50 多家科研机构开展深层次合作并取得若干科研成果。目前拥有国家一类新药文号 7 个，获得授权专利 106 项。

公司经过 60 多年发展，已建成总厂区、新华国际医药工业园东园、西园、新园区四大生产园区，形成了化学原料药、医药制剂、医药化工中间体、医药商业四大板块齐头并进的合理布局。未来公司将坚持以科学发展观统领全局，以四大园区、四大板块为依托，以自主创新为动力，以结构优化升级为抓手，以主导产品为龙头，以收购扩充产业链为发展策略。以药为主、精干主业，做好辅业——以房地产置业反哺制药主业的发展，做精做大原料药、医药化工中间体，突出做强制剂的发展思路。坚定不移地走科学发展、和谐发展、国际化发展之路，练内功，拓市场，调结构，增效益，实现又好又快发展，为我国医药事业发展做出新的更大的贡献！

【主营业务】

开发、制造及销售化学原料药、制剂、化工及其他产品。

【经营业绩】

2011 年上半年本集团实现营业收入人民币 1,522,812 千元，比去年同期增长 11.27%，营业收入增长的主要原因是本报告期内出口创汇较上年同期增长 21.37%，化工产品销售额较上年同期翻番；现金及现金等价物净减少额为人民币 9,696 千元，去年同期净增加额为人民币 47,131 千元，变化的主要原因是本报告期经营活动产生的现金流量净额比去年同期减少人民币 109,470 千元；营业利润为人民币 79,497 千元，比去年同期增长 11.75%，增长的主要原因为本报告期通过积极开拓市场，主导产品销售规模扩大使毛利增加，同时控制采购成本得力，通过技术攻关，原料、动力消耗降低而增利。

2011 年 6 月 30 日，本集团总资产为人民币 2,852,288 千元，较年初人民币 2,739,565 千元增加人民币 112,723 千元，上升 4.11%，总资产上升的主要原因是本报告期内在建工程增加；银行借款为人民币 594,949 千元，较年初人民币 475,528 千元增加人民币 119,421 千元，银行借款增加的主要原因是本集团为确保生产和工程项目资金供应，本报告期内从银行取得了部分借款；于 2011 年 6 月 30 日归属于上市公司股东权益为人民币 1,713,019 千元，较年初人民币 1,676,524 千元增加人民币 36,495 千元，上升 2.18%，上升的主要原因是 1、本报告期内本集团经营产生盈利增加人民币 60,702 千元；2、分配 2010 年度现金红利减少人民币 22,866 千元。

【企业文化】

新华制药坚持民主、务实、创新型的企业文化建设，以科技、市场、文化来共同推动企业快速发展，打造企业核心竞争力。逐步构建并完善了以“保护健康、造福社会”为企业使命，以“品质至上、科学发展”为企业核心价值观，以“传承、创新、和谐、奉献”为企业精神，以“务实、求严、高效、诚信”为企业作风，以“高科技的新华、国际化的新华、充满人文精神的新华”为企业愿景的企业价值体系，及诸多以企业组织行为管理理念为支撑的独具“新华”特色的企业文化体系。新华制药企业文化体系以传承、开放、创新、兼容为特点，凝聚了全公司员工的集体智慧，秉承了企业历史发展过程中的优良传统和作风，依照价值规律和企业文化的合力作用，打造文化力，培育软实力，提升竞争力，着力打造国内有影响的医药制剂供应商和最具竞争力的全球原料药生产基地，不断取得一项又一项骄人的业绩。

【企业荣誉】

- 新华制药被表彰为“第二十二届省运会贡献奖”。
- 新华制药被表彰为山东省医药行业企业文化建设示范单位。
- 新华制药荣获“山东省循环经济示范单位”荣誉称号。
- 新华制药在“金扳手”颁奖典礼上荣获“卓越贡献奖”。
- 公司《新华药业》报荣获 2010 年度“坤升杯”全市优秀企业报评选。
- 《新华药业》报荣获全市优秀企业报评选金奖。
- 公司被中国计量测试学会授予 2010 年计量诚信优秀单位（★★级）。
- 公司获得 2010 年度山东省企业管理现代化创新成果奖。
- 新华制药申报技术成果被山东省经济和信息化委员会评为一等奖。
- 集团公司工会被中华全国总工会授予“全国模范职工之家”称号。
- 新华制药荣获“山东省思想政治工作十佳企业”殊荣。
- 公司被认定为山东省危废规范化管理达标单位。

【000758】中国有色金属建设股份有限公司

【基本情况】

中国有色金属建设股份有限公司（简称中色股份，英文缩写 NFC）1983 年经国务院批准成立，主要从事国际工程承包和有色金属矿业资源开发。1997 年 4 月 16 日进行资产重组，剥离优质资产改制组建中色股份，并在深圳证券交易所挂牌上市（证券代码：000758）。

中色股份是国际大型技术管理型企业，在国际工程技术业务合作中，本着“诚信为本、创新为实、追求卓越”的企业宗旨，凭借完善的商务、技术管理体系，高素质的工程师队伍以及强大的海外机构，公司的业务领域已经覆盖了设计、技术咨询、成套设备供货，施工安装、技术服务、试车投产、人员培训等有色金属工业的全过程，形成了“以中国成套设备制造供应优势和有色金属人才技术优势为依托的，集国家支持、市场开发、科研设计、投融资、资源调查勘探、项目管理、设备供应网络等多种单项能力于一身”的资源整合能力和综合比较优势。在有色金属矿产资源开发过程中，中色股份把环保作为主要考虑因素，贯彻于有色金属产品生产的各个环节，使自然资源得到更加合理的有效利用，促进社会经济发展，使人与自然更加和谐。

多年来，中色股份重视培植企业的核心竞争能力，形成了独具特色的社会资源整合能力和大型有色工业项目的管理能力，工程承包业务确立了以伊朗为基地的中东地区，以哈萨克斯坦为中心的中北亚地区，以赞比亚为中心的中南非洲地区以及越南、老挝、蒙古、朝鲜、印尼、菲律宾等周边国家的几大主要市场区域。资源开发业务稳步推进，基本形成了蒙古资源基地、赤峰战略资源基地、南方稀土资源基地、老挝铝土矿资源储备基地为模式的资源开发格局。同时，在澳大利亚等发达矿业资本市场积极寻求新的资源项目。通过不断的开拓进取，资产总额和盈利能力稳步增长，成为"深证 100 指数"股、"沪深 300 综合指数"股。

【经营业绩】

2011 年上半年本报告期内，公司完成营业收入 4,369,258.93 千元，较上年同期增长 60.90%；实现营业利润 272,777.85 千元，较上年同期增长 902.13%；实现归属于上市公司股东的净利润 128,753.84 千元，上年同期因转让四川泸州黄浦电力有限公司和四川叙永黄浦煤业有限公司股权而发生亏损。

【企业文化】

企业愿景：在"诚信为本、创新为实、追求卓越"的企业宗旨引导下，经过全体员工的共同努力，将中国有色金属建设股份有限公司打造成为管理先进、技术雄厚、和谐发展的"国际化矿业公司和国际知名的工程承包企业"。

管理方针：每个岗位、每个环节、确保项项合格；

每项履约、每项工程、都让业主满意。

防治污染、节能降耗、保护人类家园；

控制风险、关爱生命、保障健康安全。

【企业荣誉】

公司连续数年被《美国工程记录》杂志评选为全球 225 家承包商和 200 家设计公司之一，2008 年获评中国机电产品进出口商会首批大型成套设备 AAA 级信用等级企业和中国对外承包工程 AAA 级信用等级企业。连续荣登年度中国主板上市公司价值百强榜；累计 13 次当选深证 100 指数样本股；以优异成绩荣获"第十届（2007 年度）中国上市公司金牛奖百强、成长性百强和股东回报百强"3 项大奖；2008 年，入选中国最具竞争力的上市公司 20 强（第 16 名）。

000762 西藏矿业发展股份有限公司

【基本情况】

西藏矿业发展股份有限公司（以下简称"本公司"）是经西藏自治区人民政府于以藏政函[1997]23 号文批准，由西藏自治区矿业发展总公司（以下简称西藏矿业总公司）为主要发起人，联合西藏藏华工贸有限公司、西藏山南江南矿业有限责任公司（原名：西藏山南地区铬铁矿）、西藏自治区电力公司（原名：山南地区泽当供电局）和四川都江堰海棠铁合金冶炼有限公司（原名：四川成都都江堰海棠电冶厂）五家共同发起，以西藏矿业总公司全资所属的西藏罗布萨铬铁矿为改制主体，以募集方式设立的股份有限公司。本公司业经中国证券监督管理委员会以证监发字[1997]332 号文批复，公开向社会发行人民币普通股 3,500.00 万股（含内部职工股350.00 万股），每股面值 1.00 元，并于在深圳证券交易所上市交易，股票代码 000762。本公司于在西藏拉萨市注册设立，股本为 9,905.00 万元。

根据本公司董事会决议及临时董事会决议，并经本公司股东大会决议同意，以截至止本公司总股本 9,905.00 万元为基础，按 10:4 的比例向全体股东以资本公积转增股本，按 10:5 的比例派送股票股利，本公司注册资本和股本变更为人民币 18,819.50 万元。

根据本公司临时股东大会决议，并经中国证券监督管理委员会以证监公司字[1999]133 号文批准，本公司于 2000 年度实施配股，共配售人民币普通股 1,231.50 万股，实施配股后，本公司股本为人民币 20,051.00 万元。

根据国务院《关于推进资本市场改革开放和稳定发展的若干意见》，中国证监会、国资委、财政部、中国人民银行、商务部联合发布的《关于上市公司股权分置改革的指导意见》、中国证监会《上市公司股权分置改革管理办法》等文件的精神，2006 年 2 月 10 日本公司股权分置改革完成，注册资本和股本变更为人民币 25,063.75 万元。

根据本公司召开的第四届董事会第九次会议决议，并经本公司召开的 2007 年度股东大会审议通过，以截至止本公司总股本 25,063.75 万元为基础，以每 10 股转增 1 股比例，向全体股东实施资本公积转增股本 2,506.375 万股。此资本公积转增股本实施完毕，本公司注册资本和股本变更为人民币 27,570.125 万元。

根据本公司 2010 年第三次临时股东大会决议，并经中国证券监督管理委员会《关于核准西藏矿业发展股份有限公司非公开发行股票的批复》（证监许可[2011]381 号）核准，非公开发行人民币普通股 41,615,335 股（每股面值 1 元），增加注册资本（股本）人民币币 41,615,335.00 元，分别由西藏自治区矿业发展总公司、天津旺根股权投资管理合伙企业（有限合伙）、周艳、上海力利投资管理合伙（有限合伙）、江西新拓投资股份有限公司、鹰潭瑞民投资管理有限合伙企业、昆明盛世景投资中心（有限合伙）、上海科祥股权投资中心（有限合伙）等八名股东以货币资金认购，本公司注册资本变更为人民币 317,316,585.00 元。

本公司企业法人营业执照注册号为 5400001000707，注册地址：拉萨市中和国际城金珠二路 8 号，法定代表人：曾泰。

【主营业务】

铬铁矿开采和销售，铬铁合金加工与销售，铜、锂、硼等矿的开采。

【经营业绩】

2011 年上半年，公司生产铬矿石 17,373.10 吨，铬盐 5,293.37吨，电解铜 304.52 吨，工业级碳酸锂 739.68 吨，氢氧化锂 226 吨。实现营业收入 27,116.52 万元，同比增长 83.90%，营业利润 2,193.41 万元，同比增长 189.04%，归属于母公司股东的净利润 2,269.06 万元，同比增长 150.40%。

【000778】新兴铸管股份有限公司

【基本情况】

新兴铸管股份有限公司由新兴际华集团有限公司（原新兴铸管集团有限公司）独家发起募集设立，前身为始建于 1971 年的三线军队钢铁厂，1997 年发行上市，目前总股本 1,916,871,574股，其中新兴际华集团有限公司持有比例 50.01%。

多年来，公司在"以钢铁为基础、以铸管为主导"的战略思想指导下，不断延伸和完善产业链和价值链，通过战略并购、重组、控股或参股等方式，形成以华北为核心，覆盖华东、中南的芜湖新兴铸管有限责任公司、桃江新兴管件有限责任公司和黄石新兴管业有限公司，覆盖西南、西北的四川省川建管道有限公司和新疆金特钢铁股份有限公司、新兴铸管（新疆）资源发展有限公司、新兴铸管新疆有限公司的生产基地，实现了以市场为导向，以产品结构为重点的国内战略布局。目前，公司拥有河北邯郸、安徽芜湖、新疆巴州、湖北黄石、湖南桃江、四川崇州等多个生产基地和遍布全国各地的 17 个销售分公司，是跨行业、跨区域的大型企业公司。现已成为年产 800 万吨以上金属制品综合加工企业，形成新兴铸管、新兴钢材、新兴特种钢管、新兴格板、新兴铸件、新兴复合管等系列产品，达到年产 630 万吨钢材、180 万吨球墨铸铁管、4 万吨管件、18 万吨特种钢管及 8 万吨钢格板的生产规模。

公司离心球墨铸铁管、钢格板生产规模居世界首位；具有自主知识产权、国际首创的特种钢管生产技术填补国内空白；公司钢铁生产工序主要经济技术指标位于全国同行业前列。公司铸管生产技术、产品质量居世界领先水平，是全球离心球墨铸铁管最大的供应商之一，具有明显的竞争优势，产品国内市场占有率约占 45%，出口比例约为 30%，产品行销 100 多个国家和地区，被商务部评为“重点培育和发展的出口名牌”，公司钢材和球铁管产品获得了“冶金产品实物质量金杯奖”、“全国用户满意产品”、“冶金行业品质卓越产品”、“中国绿色环保建材产品”及“中国驰名商标”等称号。

【经营业绩】

2011 年上半年报告期内，公司实现营业总收入 2,699,120.82 万元，比上年同期增长 38.74%；净利润 80,859.26 万元，比上年同期增长 14.93%。

【公司荣誉】

公司先后荣获“全国模范劳动关系和谐企业”、“全国质量效益型先进企业”、“全国环境保护先进企业”、“全国用户满意单位”、“水业用户满意设备品牌”、全国“五一”劳动奖状、“中国杰出管理贡献奖”、“十佳上市公司”、“中国企业新纪录优秀创造单位”、“中国铸造行业突出贡献奖”、“河北省质量管理奖”、“中国企业连续十年创新纪录奖”、“中国最具价值著名诚信品牌 500 强”、“建国 60 周年供排水行业突出贡献奖”、“中国最佳投资回报上市公司”和“中国企业信息化 500 强”等荣誉称号。

【000779】兰州三毛实业股份有限公司

【基本情况】

兰州三毛实业股份有限公司是由兰州三毛纺织（集团）有限责任公司独家发起，经甘肃省人民政府批准，在对三毛集团核心企业（原兰州第三毛纺织厂，始建于 1972 年）精纺呢绒生产系统进行改组的基础上，采取募集方式设立的股份有限公司，于 1997 年 5 月首次向社会公开发行股份，并在深圳证券交易所成功上市（股票简称三毛派神，股票代码 000779）。

改革开放 30 年来，兰州三毛以企业发展为中心，抓住机遇，锐意创新，艰苦奋斗，在技术进步、产品开发、市场开拓和品牌建设等方面取得了长足发展。公司现拥有从瑞士、比利时、西班牙、法国、德国、美国、意大利等国家引进的具有当代世界先进水平的纺织设备 300 多台（套）。实现了纺纱无接头化、织布无梭化和染整现代化。特别是完成国家重点技改项目——“顶替 100 万米进口面料生产线”后，企业的整体装备达到了国内一流水平，接近国际先进水平。公司设有一流水平的产品设计中心，现有高级研发设计人员数十人。通过三十多年来的发展壮大，公司已经成为我国毛纺行业的骨干企业，也是目前西北地区唯一一家集条染复精梳、纺纱、织造、染整为一体的全能型综合毛精纺企业。

公司现有职工 3000 多人，资产总额 4.84 亿元，总股本为 18644.1 万股，兰州三毛纺织（集团）有限责任公司为第一大股东，持有本公司的国有法人股 2631.8168 万股，占总股本的 14.12%。公司主导产品为精纺呢绒，年产能 600 万米。近年来，公司注重利用高新技术改造传统产业，加强了多元化纤维的应用，相继开发推出了羊绒、OPTIM（拉细羊毛）、麻、莱塞尔、桑蚕丝、绢丝、天丝、竹、莫代尔、大豆、玉米、牛奶纤维等混纺交织系列产品；不断加强功能性产品的开发，成功开发吸湿排汗、抗紫外线、防水、防油、防尘、纳米三防、芳香、抗静电、抗皱、弹力、可机洗等一批高新技术毛纺面料，公司不断创新、持续改进，通过新原料、新工艺、新技术提高产品的科技含量，提升产品品质。

公司多次受到表彰奖励，曾被授予“全国质量效益型先进企业”“全国纺织管理优秀企业”“全国企业职工培训先进单位”等荣誉称号。2009 年 8 月荣获中国纺织工业协会评选的中国毛纺行业竞争力 10 强企业，公司名列第六位。2010 年公司被中国纺织工业协会授予“AAA 级信用企业”。党和国家领导人胡锦涛、江泽民、吴邦国、朱镕基等先后视察过公司，对公司改革发展取得的成绩给予了充分肯定。

兰州三毛实业股份有限公司依靠精良的装备、科学的管理和独到的技术创新优势，不断为消费者开发生产出引领时尚潮流、展现鲜亮生活的毛精纺产品。公司将以引领时尚、追求卓越、推崇完美为方向，为装扮人们多姿多彩的生活奉献出更多的精品。

【经营业绩】

2011 年 1－6 月，公司完成营业收入 12014 万元，比上年同期增长了 47.74%；完成精纺呢绒产量 243.2 万米，比上年同期增长 6.15%；上半年净利润为亏损 656 万元，比上年同期减亏 39.37%。

【企业文化】

引领时尚、追求卓越、推崇完美。

【企业荣誉】

公司不断创新、持续改进，通过新原料、新工艺、新技术提高产品的科技含量，提升产品品质。公司通过了 ISO9001：2008 国际质量管理体系认证和 ISO14001：2004 环境体系认证，拥有国际羊毛局纯羊毛及毛混纺标志执照。产品曾先后荣获“国产精品”、“中国名优产品”、“毛纺面料精品”、“毛纺面料优质产品”、“甘肃名牌产品”等资格和称号，其中“派神”牌“高支毛涤贡丝锦”、“毛涤加厚哔叽”和“毛涤细纹华达呢”精纺面料获得国家免检产品资格。近 5 年有 30 多个产品入围“中国流行面料”、有 10 多个产品获“‘唯尔佳’奖”和“盖奇杯”产品设计花样大赛“花型奖”。产品畅销全国及美国、欧洲、日本、科威特、韩国等 20 多个国家和地区。国家领导人、国务院部委办及省、市许多领导，都曾亲自选用过公司的面料。国内外众多名牌服装厂家，长年采用公司的面料。公司生产的精品，被第 27 届奥运会中国体育代表团选为礼服面料。

【000786】北新集团建材股份有限公司

【基本情况】

北新集团建材股份有限公司(以下简称北新建材或公司)是国务院国资委直属中央企业中国建材集团旗下的A股上市公司,1979年在邓小平同志的亲切关怀和指示下在北京市海淀区划地一平方公里由原国家建材部投资成立,目前已发展成中国最大的新型建材产业集团和亚洲最大的石膏板产业集团。

公司1994年被选定为国务院建立现代企业制度100家试点企业之一,1996年被批准建立国家级企业技术中心,1997年在深交所挂牌上市(股票代码:000786),1999年被确定为国务院520户重点联系企业,2000年被批准成为国家级中关村科技园区北新材料园,2002年被建设部批准成为国家级住宅产业化基地,2009年被科技部、国务院国资委、全国总工会列为全国第三批国家级创新型试点企业,荣获全国五一劳动奖状、全球石膏行业年度公司等荣誉称号。

北新建材是我国建材工业"靠新出强"的典范。1979年引进我国第一条年产2000万平方米大型现代化石膏板生产线,开创了我国现代石膏板工业的新纪元。通过自主创新,2004年建设了中国最先进的年产3000万平方米石膏板生产线,2006年建设了中国第一条100%以电厂废弃物脱硫石膏为原料的年产3000万平方米石膏板生产线。公司按照国务院国资委"央企要做行业排头兵"的要求,秉承中国建材集团"善用资源,服务建设"的核心理念,贯彻以"五化+KPI"为核心的"三五"管理模式,强化主业发展,石膏板业务用3年时间发展成为中国第一,用2年时间成亚洲第一。目前公司在全国20个省市拥有石膏板生产线43条,业务规模超过10亿平米,并计划再用3年时间在国内及海外市场进一步发展到超过65条大型石膏板生产线,业务规模超过15亿平米,成为世界第一的石膏板产业集团。

公司以"制高点策略"推动企业快速发展,将"品牌建设"和"技术创新"作为两大战略引擎,并取得了一系列骄人的成绩。公司连续五年保持30%左右的持续稳健增长。北新建材以打造世界级中国自主名牌为己任,从中国第一家五星级饭店长城饭店、第一个大型钢结构建筑北京京广中心、北京第一高楼330米的国贸三期、中国第一高楼492米的上海环球金融中心、亚洲最大的单体综合酒店澳门威尼斯人酒店、全球最大的航站楼首都机场T3航站楼、华北第一高楼建筑群天津津塔津门系列、华南面积最大的综合型建筑广州西塔,到人民大会堂、国家大剧院、故宫改造等国家重点工程;从八一军委大楼、外交部、公安部、建设部、国资委等政府大楼,到中国工商银行总行、中石油、中海油、国电大厦、韩国三星等企业总部大楼;从国家体育场"鸟巢"、国家游泳中心"水立方"等奥运会所有的体育场馆到上海世博园所有场馆建设,北新建材龙牌系列产品都在激烈的全球品牌竞标中以国际水平的质量、服务,赢得了设计院、业主和建设单位的一致认同,奠定了北新建材的行业领导地位。在全面推进住宅产业化的进程中,北新建材在万国城MOMA项目中实现中国首例住宅分室墙全面采用石膏板,在山西大同保障房建设项目中创建以奥运世博品质服务民生的精品工程。

北新建材高度重视企业社会责任,通过自主创新掌握了以100%燃煤电厂烟气脱硫石膏为原料替代天然矿石生产新型墙体材料石膏板的成套技术,按10亿平米石膏板规模计算,每年消纳工业废弃物脱硫石膏近1000万吨,折合减排二氧化硫400万吨,减少碳排放190万吨,产品替代实心粘土砖可以减少耕地破坏1万6千亩,为资源节约和节能减排做出自己的贡献。公司还拥有以100%钢铁厂高炉矿渣为原料直接生产保温材料和矿棉板的核心专利、节能省地型房屋系统成套设计和建造技术。

北新建材的战略目标是到2015年,发展成为核心业务世界第一,有自主品牌、有自主知识产权、有国际竞争力的世界级新型建材产业集团。

【经营业绩】

2011年上半年报告期内,公司实现营业收入2,525,429,624.47元,比上年同期增长39.42%;营业利润277,800,427.13元,比上年同期增长37.65%;归属于公司普通股股东的净利润186,717,312.68元,比上年同期增长23.46%;扣除非经常性损益后归属于公司普通股股东的净利润167,050,203.41元,比上年同期增长28.23%。

【企业荣誉】

近几年来先后荣获中国驰名商标、中国名牌产品、中国石膏板行业第一品牌、2009年全国五一劳动奖状、全球石膏行业年度公司、全国质量效益型先进企业、全国质量信誉AAA级企业、中国A股上市公司投资者关系100强、全国和谐劳动关系企业、全国大学生最满意诚信招聘雇主100强、参与奥运建设贡献奖、参与世博建设贡献奖等众多殊荣。在世界品牌实验室2010年评选的"中国500最具价值品牌"中位居第87位,品牌价值93.21亿,名列同行业第一,评选的2010年"亚洲品牌500强"中名列第199位,排名位列亚洲建材行业品牌三强。公司拥有国家级企业技术中心,技术创新管理体系全国企业现代化管理创新成果一等奖,专利申请量和保有量在建材行业名列第一,在北京地区排名前十。2009年被科技部、国务院国资委、全国总工会批准确定为国家级创新型试点企业。2010年入选全国50多家知识产权示范创建企业之一(全国建材行业唯一入选),并成为入驻"未来科技城"(由中组部国资委北京市联合打造的国家级创新基地)建立创新研究院的第一批央企之一。

【000792】青海盐湖工业股份有限公司

【基本情况】

青海盐湖工业股份有限公司(中文简称盐湖股份,英文全称QingHai SaltLake Industry Co.,Ltd,证券代码000792,属化学原料及化学制品制造业)是青海省国有资产监督管理委员会管理的省属企业,公司位于中国最大的干涸内陆盐湖-察尔汗盐湖,是中国目前最大的钾肥工业生产基地,是青海省四大优势资源型企业之一,也是柴达木循环经济试验区内龙头骨干企业。

公司前身为青海钾肥厂,1996年作为青海省的首批现代企业制度试点单位,进行了公司制改造,更名为青海盐湖工业集团有限公司。集团实行母子公司的组织结构,与所属各公司之间为资产纽带关系,各公司自主经营、自负盈亏,集团公司是决策和资产中心,各公司是成本和利润中心。盐湖集团1997年将氯化钾生产经营主业重组为青海盐湖钾肥股份有限公司,"盐湖钾肥"股票在深圳证券交易所上市。1998年公司成功地按照"加强控制、加快发展"的工作思路,实现了三年扭亏目标。

2007年11月29日,中国证监会批准了盐湖集团收购数码网络整体上市方案，“盐湖集团”股票于2008年3月11日复牌上市交易。目前公司的注册资本为30.6762亿元人民币，现有职工9400多人。现全集团有5个控股子公司，3个分公司，5个全资子公司，3个参股子公司，1个国家级技术中心。集团现拥有230万吨钾肥生产能力，资产总额达到226亿元。

作为国内首家大型钾肥工业生产企业，地区的艰苦性，企业代表行业的唯一性和钾资源的集中性，构成了企业的鲜明特征。经过多年的发展，盐湖集团已形成了一套比较完善的集科研开发、生产经营、化工产品生产、后勤服务、建筑安装、工程监理、酒店和物业管理、百货、资本运作为一体的大型现代化集团公司。

【资源情况】

“察尔汗”是蒙古语的音意，意为“盐的世界”。察尔汗盐湖总面积为5856平方公里，是中国最大的可溶性钾镁盐矿床。湖中蕴藏着极为丰富的钾、钠、镁、硼、锂、溴等自然资源，总储量为600多亿吨，其中仅氯化钾表内储量为5.4亿吨，占全国已探明储量的97%；氯化镁储量为16.5亿吨，氯化锂储量800万吨，氯化钠储量426.2亿吨，均占全国首位。整个盐湖潜在的开发价值超过12万亿元，是发展我国盐化工业的战略宝地。盐湖开发和综合利用具有广阔的前景，在国民经济中占有十分重要的地位。

【生产经营情况】

1996年盐湖集团研制成功了反浮选冷结晶技术，1996年年实施了40万吨扩能改造，使盐湖集团氯化钾生产能力达到50万吨，实现了盐湖集团发展的第一次飞跃。2000年，青海100万吨钾肥项目被列为国家西部大开发的首批十大项目之一，也是十大项目中唯一一个产业化项目。2000年5月开工建设，2005年生产钾肥90余万吨，2006年实现达标、达产，产量达到105万吨。2007年盐湖集团生产氯化钾195.98万吨，销售钾肥186万吨，实现氯化钾销售收入36亿元，全集团实现利润20亿元，全集团上缴税金4.2亿元。2009年盐湖集团生产氯化钾222万吨，销售钾肥208万吨，实现氯化钾销售收入55亿元，全集团实现利润28.98亿元，全集团上缴税收6.8亿元（不含增值税）。

【技术进步情况】

企业多年成为青海省支柱企业；“盐桥”牌注册商标被评为“中国驰名商标”，“国家质量免检产品”，“中国名牌产品”；“盐桥”牌钾肥通过ISO9001国际质量管理体系认证。专利——反浮选冷结晶技术获得世界知识产权组织和国家知识产权局颁发的金奖；水采船制造技术获得国家重大技术成果奖，该技术达到了世界领先水平；盐湖集团被认定为“中国钾肥制造行业排头兵企业”，荣获2009中国制造业企业500强第496名，中国企业效益200佳第83名，化学原料及化学制品制造业第34名。所属“盐湖钾肥”进入上市公司综合业绩前30名企业并已连续10年进入上市公司50强，荣获第十届中国上市公司金牛奖百强、A股市值百强、股东回报百强，中国上市公司金牛奖百强评选十周年特别奖基业长青奖，中国化肥企业100强，中国A股公司最佳投资者关系管理百强；企业继续成为青海省财政支柱企业、青海省优秀企业、青海企业50强、青海省最具影响力十大诚信单位、循环经济项目建设先进单位，国际信用企业、百万吨钾肥产品综合利用优秀项目、国家高新技术产业化十年成就奖，在全国化肥行业效益十佳企业中名列第二；青海省安全生产管理先进企业、海西州安全生产月活动先进单位、青海省安康杯竞赛活动先进单位、2008年度外经贸质量效益型先进企业、2009年度青海省保增长促发展先进企业、2009年度青海省工业投资贡献奖、2009年度青海省安全生产监督管理先进企业、2009年度海西州环境保护先进单位、国家西部大开发突出贡献集体奖。

【盐湖资源综合利用项目建设情况】

盐湖集团已成为中国的钾工业基地，目前已经开工建设的盐湖资源综合利用项目一、二期、金属镁一体化工程，将实现盐湖资源与天然气资源、煤炭资源的结合，使产业链自然延伸，无污染、无排放，实现钾盐向钾碱、无机向有机、有机向精细化工、化工行业向有色金属行业的跨越，实现盐湖资源的深度开发、综合利用、循环利用。

（一）盐湖综合利用一、二期项目建设情况

“十一五”、“十二五”期间盐湖集团投资130多亿元，分两期建设盐湖资源综合利用项目，装置包括：66万吨尿素/年装置、22万吨/年PVC装置、20万吨硝酸钾/年装置、13万吨氯化铵/年装置、7万吨/年碳酸钾装置、10万吨甲醇/年装置、10万吨烧碱/年装置、6万吨氢氧化钾/年装置（固状片碱），空分装置，配套建设供热中心、1万吨碳酸锂/年装置、10万吨/年装置ADC发泡剂、5万吨/年装置乌洛托品、5万吨轻质氧化镁、20万吨硫化碱。项目建成后可增加年销售收入（含税）45亿元，年利润总额11亿元。

目前综合利用一期项目已经建成，正进入试运行阶段。综合利用二期项目已于2008年开工建设，项目计划2010年年底建成，2011年8月投料试车。

（二）盐湖资源综合利用金属镁一体化项目

项目总体规划建设规模为：40万吨/年金属镁、240万吨/年甲醇、240万吨/年MTO制烯烃、40万吨/年丙烯、200万吨/年聚氯乙烯、200万吨/年纯碱、240万吨/年焦炭、200万吨电石、10万吨氯化钙项目及配套相应的供热中心。总投资约600亿元，全部建成后，可实现产值近400亿元，由于规模宏大，跨行业、跨地区、关联度高、根据现实条件与可能，采取分步实施的建设。

其中启动项目规模为：10万吨/年金属镁、100万吨/年甲醇、100万吨/年甲醇制烯烃、50万吨/年聚氯乙烯、100万吨/年纯碱、240万吨/年焦炭、40万吨电石、10万吨氯化钙项目及配套相应的供热中心。项目总投资199亿元，项目建成后，可实现销售收入98亿元，利润25亿元，总投资收益率达17.34%。

目前工程筹备工作基本就序，完成了项目可行性研究报告、项目环境评价报告、安全影响评价报告、水资源论证报告、地震评价报告；召开了项目土地征用预算会；完成了由省工行、省建行、省中行、省开行、省农行组成的银团贷款的上报工作；委托有关公司进行电解金属镁技术资料转化和基础设计；委托青藏铁路公司牵头，进行了园区铁路支线规划设计工作；委托有关公司对原5万吨装置一次优化设计达到10万吨规模；委托兰州铁路设计院对现场进行了踏勘，35KV供电线路已完工；引进了先进金属镁技术；引进了法国PVC项目工艺技术；引进了国外大型密闭电石炉；与海西供电公司签订了高压供电合同；供热中心建设、设计招标工作正在抓紧准备；由海西州政府、格尔木市政府、盐湖集团三家共同出资建设的金属镁一体化项目园区至格尔木道路已完成12公里修建；完成了连接化工一、二期跨铁路管廊桥工程设计、330千伏变电站建设方案工作。目前各项工作正有序进行中，项目计划2012年年底建成，2013年进入试车阶段。7月27日举行了金属镁一体化项目开工典礼，项目已全面进入建设阶段。

上述综合利用项目建成后，届时盐湖集团资产总额将突破450亿元，按现行价格计算，年销售收入可突破300亿元以上，年利润70亿元左右，可提供劳动就业岗位2万人，为国家和地方实现各种税收30亿元左右。

【发展蓝图】

青海盐湖中蕴藏着丰富的钾、镁、钠、锂、硼等资源，潜在经济价值达12亿元。做为柴达木盆地循环经济试验区的龙头骨干企业，省委、省政府已把盐湖资源的综合开发放在了突出位置，优先发展，重点建设，着力推进，盐湖集团将立足盐湖资源的开发，依托柴达木盆地丰富的矿产资源，做好钾、钠、镁、锂等资源的综合利用。通过多种矿产资源的结合，建设具有地方资源优势、技术先进成熟、市场容量大、发展前景好、竞争力强的大型项目。未来10年的主要发展目标是建成三大基地，即：大型钾工业基地、大型镁工业基地、大型氯碱工业基地。

【经营业绩】

2011年上半年，原青海盐湖钾肥股份有限公司换股吸收合并原青海盐湖工业集团股份有限公司工作基本完成。合并后两公司原持续存在的矿产资源使用费用、药剂、编织袋、给排卤、水、电等关联交易事项自行消除，从而使氯化钾产品的制造成本下降，管理效率提升，公司资源得到统一调配和利用，合并后的优势逐渐体现。目前，公司仍然以氯化钾产品为公司的主要盈利点。报告期，公司也在加快化工项目的建设和试车进度，争取早日实现盐湖资源综合利用带来的循环经济新的利润增长点，实现股东利益最大化。

鉴于钾肥在农业生产中的重要作用，为确保国家粮食安全，报告期，企业积极开拓市场，努力提高现有装置的产品生产产量、质量，公司钾肥生产区察尔汗盐湖较往年持续低温天气的情况下，通过调整工艺等技术手段，使氯化钾产品产量、质量都有稳步提升，各氯化钾生产装置基本实现了时间过半，产量过半。上半年，钾肥产品市场需求有较大好转，产品销售价格持续稳中有升，报告期，氯化钾产品运费目前仍由公司承担；水泥产品的生产也完成了半年度的生产经营目标；面对今年以来通货膨胀的经济形势，化工产品的价格也达到较高水平，公司加快了化工一期项目的试车进度，部分装置已生产出合格产品，目前化工一期正在准备整体项目的联动投料试车，争取下半年尽早产出合格的化工产品投放市场；化工二期的工程建设已进入收尾阶段；同时本公司从质量、成本、安全、节能减排入手，不断优化工艺，加强设备标准化管理，促进了各系统稳定、优质、高效的运行。

截至2011年6月30日，本公司实现营业收入368,792.53万元，营业利润194,604.71万元，归属于母公司股东的净利润164,002.66万元，分别较上年同期增长13.3%，31.55%，8.43%，。公司本报告期生产氯化钾产品114万吨，销售氯化钾产品142万吨，报告期氯化钾产品平均不含税销售单价为2275元/吨，比去年同期增加317元/吨。

【企业文化】

坚定信心迎挑战，抓住机遇促发展，力求实现盐湖开发事业新跨越。

【企业荣誉】

在不断发展中，企业综合实力不断增强，获得了多种荣誉。1999年5月，公司被《人民日报》测评为知名企业；1999年9月，“盐桥”牌氯化钾荣获“99中国国际农业博览会名牌”；1999年10月，公司被评定为“中国企业形象AAA级单位”；2000年8月，公司“盐桥”牌商标被青海省工商行政管理局认定为“青海著名商标”；2000年11月，公司通过了国际标准ISO9002国际质量体系认证；2004年9月完成完成国际标准ISO9001；2000国际质量管理体系认证的换版工作；200年3月，公司被中国质量管理协会评为“全国质量效益型先进企业”；2002年2月，“盐桥”牌商标被国家工商行政管理总局认定为“中国驰名商标”，实现了青海省中国驰名商标史零的突破；同年被国家质量监督检验检疫总局评为“全国质量管理先进企业”；2003年1月，公司被国家工商行政管理总局评为“重合同、守信用”单位；2004年8月，“盐桥”牌氯化钾被青海省人民政府评为“青海省名牌产品”；同年，“盐桥”牌氯化钾被国家质量监督检验检疫总局批准为产品质量免检产品；2005年1月，“盐桥”牌氯化钾荣获“中国化工行业十大最具国际竞争力品牌”；1999年至2005年，“盐湖钾肥”连续七年被中证·亚商测评为中国最具潜力、最具发展力、最具竞争力上市公司50强；2005年9月，“盐桥”牌氯化钾荣获“中国名牌产品”，影响力增强，成为中国知名企业，“盐桥”牌氯化钾为中国农村发展、农业增产和农民富强做出了重大贡献。

企业多年成为青海省支柱企业；“盐桥”牌注册商标被评为“中国驰名商标”，“国家质量免检产品”，“中国名牌产品”；专利——反浮选冷结晶技术获得世界知识产权组织和国家知识产权局颁发的金奖；水采船制造技术获得国家重大技术成果奖，该技术达到了世界领先水平；盐湖集团被认定为“中国钾肥制造行业排头兵企业”，荣获2009中国制造业企业500强第496名，中国企业效益200佳第83名，化学原料及化学制品制造业第34名。所属“盐湖钾肥”进入上市公司综合业绩前30名企业并已连续10年进入上市公司50强，荣获第十届中国上市公司金牛奖百强、A股市值百强、股东回报百强，中国上市公司金牛奖百强评选十周年特别奖基业长青奖，中国化肥企业100强，中国A股公司最佳投资者关系管理百强；企业继续成为青海省财政支柱企业、青海省优秀企业、青海企业50强、青海省最具影响力十大诚信单位、循环经济项目建设先进单位，国际信用企业、百万吨钾肥产品综合利用优秀项目、国家高新技术产业化十年成就奖，在全国化肥行业效益十佳企业中名列第二；青海省安全生产管理先进企业、海西州安全生产月活动先进单位、青海省安康杯竞赛活动先进单位、2008年度外经贸质量效益型先进企业。荣获2009年度青海省保增长促发展先进企业、2009年度青海省工业投资贡献奖、2009年度青海省安全生产监督管理先进企业、2009年度海西州环境保护先进单位。在2010年玉树抗震救灾的伟大斗争中，盐湖集团荣获“海西州支援玉树抗震救灾先进集体”称号；盐湖集团党委荣获“玉树抗震救灾先进基层党组织”称号；盐湖集团赴玉树抗震救援队荣获“全省抗震救灾模范集体”荣誉称号和“全国抗震救灾英雄集体”称号。2010年5月，盐湖集团获得“青海省第六届优秀企业”。2010年7月5日，盐湖集团获得“国家西部大开发突出贡献集体”称号。

【000799】酒鬼酒股份有限公司

【基本情况】

酒鬼酒股份有限公司前身为始建于1956年的吉首酒厂，1997年07月上市，公司股票上市地为深圳证券交易所，证券代码为000799，股票简称“酒鬼酒”。自上市以来，企业不断发展壮大，酒鬼成为“中国驰名商标”，公司曾先后荣获“全国酒文化优秀企业”、全国“五一劳动奖状”、“全国轻工业系统先进集体”、“全国先进集体”、“中国公众形象优秀企业”、“全国质量效益企业”、“全国酿酒行业优秀企业”、“全国酒文化优秀企业”、“中国公众形象优良企业”、“全国食品行业质量效益型先进企业”、“全国食品工业科技进步优秀企业”等多项荣誉。

公司主营业务为生产、销售酒鬼酒、湘泉酒、内参酒等系列白酒产品，产品畅销全国30多个省、市、自治区，远销美国、日本、俄罗斯、韩国、东南亚及港澳台等20多个国家和地区。

公司传承湘西悠久的民间传统工艺，依托湘西独特的自然地理环境和地域文化资源，独创中国白酒“馥郁香型”。酒鬼酒、湘泉酒曾荣获法国波尔多世界酒类博览会金奖、比利时布鲁塞尔世界酒类博览会金奖、中国首届食品博览会金奖、全国轻工博览会金奖、北京国际经贸博览会金奖、中国国际新产品新技术博览会金奖和中国白酒典型风格金杯奖，曾荣获“中国十大文化名酒”、“国产精品”、“中国名牌消费品”、“世界名牌消费品”等称号。

酒鬼酒公司位于湖南吉首市北郊酒鬼工业园区，旁依枝柳铁路和1828省道，为风景名胜区张家界、猛洞河、王村古镇至德夯苗寨、凤凰古城的必经之地，这里群山环抱，风景如画，酒鬼生态工业园已被国家旅游局列为全国首批工业旅游示范点。

2007年，酒鬼酒公司在湖南省委、省政府及湘西州委、州政府的支持下，在社会各界的关心下，完成企业重组和改制工作。中国糖业酒类集团公司子公司中皇有限公司成为公司第一大股东。目前公司总股本30305万股，中皇有限公司持有10943.4万股，占总股本的36.11%；中国长城资产管理有限公司持有3636.6万股，占总股本的12%；其他7家社会法人股东持有5000万股，占总股本的16.5%；社会流通股东共持有10725万股，占总股本的35.39%。企业重组改制工作的成功告罄，标志着公司进入了一个崭新的发展阶段。

【企业文化】

企业精神：艰苦创业、团结奋斗。求实创新、以优取胜。

借山水胸怀，做惊世美酒。

【经营业绩】

2011年是公司的“市场拓展年”。报告期内公司紧紧围绕“巩固优势、创新机制、提升形象、加快发展”的指导思想展开各项工作，取得了较好工作成效：上半年实现营业总收入398,228,730.87元，较上年同期增长68.97%%；实现净利润60,857,638.12元，较上年同期增长24.44%%；扣除非经常性损益后的净利润39,054,972.74元，较上年同期增长215.90%。

【000807】云南铝业股份有限公司

【基本情况】

云南铝业股份有限公司是由云南冶金集团总公司将其全资企业——云南铝厂的生产经营性资产，以独家发起，整体改制，社会公开募集股份方式设立的股份有限公司。公司始建于1970年，1998年改制上市，经过38年的发展，目前已形成铝电解40万吨、铝加工16万吨、炭素制品18万吨，综合生产能力超过70万吨，总资产近60亿元，现有员工4000余人，销售收入近70亿元的集铝冶炼、炭素制品、铝加工为一体的综合性大型铝企业。主要产品有重熔用铝锭，预焙阳极，铝板带，铸造铝合金，电工圆铝杆等。其中“YL—YL”牌和“云海”牌重熔用铝锭分别在伦敦金属交易所和上海金属交易所注册。重熔用铝锭、铝合金、电工圆铝杆、铝铸轧卷分别获得行业和省级名牌产品多项荣誉。目前，公司拥有“云南涌鑫金属加工有限公司、云南润鑫铝业有限公司、云南文山铝业有限公司”三个控股子公司。

多年来，云南铝业股份有限公司始终坚持“依靠科技进步，定位世界一流”的发展思路，通过“九五”、“十五”期间投入近40亿元，得到国家重点支持并被列入国债项目的两期“环境治理、节能技术改造”工程的实施，使公司主要技术装备达到国际先进、国内一流水平，综合实力明显增强。公司大力推行循环经济，坚持“清洁生产”，严格按照ISO9001质量管理体系、ISO14001环境管理体系、ISO10012测量管理体系、OHSMS18001职业健康安全管理体系、ISO/TS16949质量管理体系等五个国际标准组织生产管理，实现了企业经济效益与环境保护的和谐发展。

公司先后荣获“国家环境友好企业”、“全国文明单位”、全国“五一”劳动奖状、全国百佳环保高新技术企业、全国绿化先进单位、全国200户重点授信企业、中国最具发展潜力上市公司50强、2006年中国成长百强、中华环境奖、全国有色行业创建节约型企业先进单位等多项国家荣誉称号。

【经营业绩】

报告期内，公司共生产原铝263,584吨，同比增长14.05；生产铝锭及铝加工产品260,862吨，同比增长11.85%；销售铝锭及铝加工产品262,005吨，同比增长20.42%；实现营业收入3,991,092,706.64元，同比增长24.14%；实现营业利润18,094,884.63元，同比增长141.65%；实现净利润38,931,260.03元，同比增长228.09%；实现归属于母公司净利润31,355,145.48元，同比增长177.49%。

【企业荣誉】

2010年公司所获荣誉：

- 荣获全国“安康杯”竞赛优胜企业。
- 荣获云南省百户企业知识产权试点示范工作优秀试点企业。
- 被认定为“云南省首批创新型企业”。
- 荣获“云南省劳动关系和谐企业”称号。
- 荣获云南省能源计量示范单位。
- 荣获“2009年度昆明地区工业企业”100强第6名。
- 荣获“2009年度昆明地区工业企业纳税大户”100强第15名。
- 被工信部、财政部、科技部等国家3部委列为全国首批“资源节约型、环境友好型”企业创建试点企业。

【000822】山东海化股份有限公司

【基本情况】

公司是以发展海洋化工新兴产业为主导的现代化特大型企业，现为“全国120家建立现代企业制度试点企业集团”和“山东省重点培育的23家大型骨干企业集团”之一，现有20个分子公司。公司主要生产与销售纯碱、氯化钙、氯化镁、硫酸钾、白炭黑、泡花碱、溴素、三聚氰胺、硝酸钠、亚硝酸钠等海洋化工产品，生产规模、产品产量及质量、市场占有率、技术水平都有相当的竞争实力，在行业中处于领先地位，连续两年被授予全国质量效益型先进企业称号，是我国目前最大的海洋化工产品生产和出口创汇基地。

【主营业务】

纯碱、工业溴及溴素、醋酸乙酯、苯胺、二氯甲烷、三氯甲烷、盐酸、硫酸（仅限下属分子公司生产经营）、氯化钙、白炭黑等苦卤系列产品的生产、销售。

【经营业绩】

2011年上半年报告期内，公司共实现营业总收入395，180.22万元，营业利润29，916.01万元，其中利润总额30，310.27万元，归属于母公司所有者的净利润20，268.51万元，与去年同期相比分别增长了20.63%，539.31%，422.14%，914.99%。

【000823】广东汕头超声电子股份有限公司

【基本情况】

广东汕头超声电子股份有限公司是由汕头超声电子（集团）公司独家发起、募集设立的股份有限公司，于1997年9月5日成立，同年10月8日"超声电子"A股股票在深圳证券交易所挂牌上市。

公司主要从事印制电路板、液晶显示器、超声电子仪器、超薄及特种覆铜板等高新技术产品的研究、生产和销售，是国内电子行业技术含量高、成长性强的高新技术企业。公司产品远销美国、欧盟、澳大利亚、日本等发达国家和香港地区。

面向未来，公司将紧抓市场战略机遇，不断提高企业自主创新能力，加快产品结构调整步伐，在全力推动现有产品业务更进一步向国际产业分工链条高端升级发展的同时，适时切入新兴产业领域，积极培育新的经济增长亮点，大幅度提高公司国际竞争力，将公司打造成为以"技术先进、品质优良、绿色环保"而著称的国际一流、国内顶尖的电子信息产品制造及服务商。

【经营业绩】

2011上半年，公司实现营业收入153，000.80万元，实现净利润9，917.60万元，同比分别增长10.38%、29.47%。

【企业文化】

质量方针："技术创新、管理创新、质量创新、产品创新，向顾客提供高技术含量、高性能价格比、高可靠性的产品和优质服务"。

经营宗旨："勇于创新，将实现顾客的需求和期望作为我们的最终目标"。

【企业荣誉】

公司通过ISO9001：2000版本的国际质量管理体系认证，被广东省科委评审认定为先进科研开发机构。多项产品获国家、部、省、市的科技进步奖和新产品奖，多项产品被列为行业指定的检测仪器。产品畅销全国各地，并有部分出口，产品技术含量高、质量稳定可靠，被誉为"中国超声第一家"。

2011上半年，公司荣获工信部颁发的"2011年电子信息百强企业"称号；公司属下汕头超声印制板公司荣获中国印制电路板行业协会颁发的"第二届优秀民族品牌"称号和"第十届（2010）中国印制电路行业百强企业"称号以及工信部和中国电子元件行业协会颁发的"2011年（第24届）中国电子元件百强企业"称号。

【000825】山西太钢不锈钢股份有限公司

【基本情况】

太原钢铁（集团）有限公司（简称太钢，英文简称TISCO）始建于1934年，地处汾河之滨龙城太原。

太钢是集铁矿山采掘和钢铁生产、加工、配送、贸易为一体的特大型钢铁联合企业，也是目前全球最大、工艺技术装备水平最高、品种规格最全的不锈钢企业，具备年产1000万吨钢（其中300万吨不锈钢）的能力，营业收入连续五年超过1000亿元人民币。

太钢致力于不锈钢、特殊钢和高等级碳素钢的研究开发和生产加工，拥有雄厚的研发实力和可靠的质量保障能力。太钢技术中心在全国729家国家认定企业技术中心中排名第二。目前已形成了以不锈钢、冷轧硅钢、高强韧系列钢材为主的高效节能长寿型产品集群，重点产品批量进入石油、化工、造船、集装箱、铁路、汽车、城市轻轨、大型电站、"神舟"系列飞船等重点领域和新兴行业。铁路行业用钢、双相钢、耐热钢、车轴钢、9% Ni钢等30多个品种国内市场占有率第一。

太钢坚持绿色发展，以科技创新和技术进步为支撑，大力倡导节约、环保、文明、低碳的生产和生活方式，坚持走新型工业化道路，走可持续发展之路，先后成功实施了干熄焦、煤调湿、焦炉煤气脱硫制酸、烧结烟气脱硫脱硝制酸、高炉煤气联合循环发电、高炉煤气余压发电、饱和蒸汽发电、钢渣处理、膜法工业用水处理、城市生活污水处理、酸再生、冶金除尘灰资源化、钢渣肥料制造等节能环保项目，万元产值能耗、吨钢综合能耗、新水消耗、烟粉尘排放、二氧化硫排放、化学需氧量排放等主要指标居行业领先水平。

太钢坚持推进国际化经营，实施海外资源开发，参与山西省内煤炭资源整合，推动煤钢战略联盟，构建起安全、稳定的战略供应链；加快建设不锈钢生态工业园，发展不锈钢深加工业，建设钢材加工配送中心，延伸产业链；整合资源，发挥优势，开展冶金工业新工艺、新技术、新材料和新装备的开发和成套技术输出；积极开展国际贸易，同美、德、法、英、日、韩、澳大利亚等80多个国家和地区保持稳定的经济贸易关系。

"十二五"期间，太钢将以科学发展为主题，以转型发展为主线，以科技创新为动力，以能力建设为核心，以队伍建设为保障，全面推进"三个转变"，坚持做强主业、多元发展、延伸发展、绿色发展、和谐发展，建设全球最具竞争力的不锈钢企业，到2015年，营业收入达到2000亿元以上，成为国内一流、世界著名的大型企业集团。

【经营业绩】

2011年上半年报告期内，公司实现钢产量498.80万吨，比上年同期497.05万吨增长0.35%，其中不锈钢产量145.55万吨，比上年同期141.12万吨增长3.14%。公司上半年实现营业收入458.37亿元，比上年同期434.19亿元增长5.57%；实现利润总额9.08亿元，比上年同期9.01亿元增长0.82%；实现净利润8.48亿元（其中：归属于母公司所有者的净利润为8.38亿元），比上年同期8.27亿元增长2.54%。

【企业荣誉】

太钢先后荣获"全国质量奖"、"全国最具社会责任感企业"、"全国模范劳动关系和谐企业"、"全国企业文化建设先进单位"、"全国绿化模范单位"、"山西省模范企业"、"山西省五一劳动奖状"、"全国质量工作先进单位"、"全国法制宣传教育先进单位"、"山西省信用示范企业"、山西省"红十字奉献之星"和"博爱一日捐银奖"等荣誉。

【000826】桑德环境资源股份有限公司

【基本情况】

桑德环境资源股份有限公司（原合加资源），长期致力于废物资源化和环境资源的可持续发展，主营业务为固废处置工程系统集成和特定地区市政供水、污水处理项目的投资及运营服务。是目前A股市场唯一一家主营业务为固废处置的上市公司（股票代码：000826），连续两年获得"上市公司中国成长百强”等荣誉。下辖湖北合加环境设备有限公司、宜昌三峡水务有限公司等企业。

公司已快速成长为中国固废处置产业领域的先锋。在固废处置领域拥有完善的产业链条,可为客户提供从项目咨询、工艺设计、产品提供、工程建设等“一站式”服务。公司拥有强大的水务投资和运营能力,在全国投资的水务项目已达十几个,为国内知名的水务投资和运营商。投资和运营的多个水务项目多次获得环保部和各级地方政府的表彰,也得到了央视长江行动栏目组等媒体的赞扬。

桑德环境是国家级高新技术企业,拥有博士、硕士、高级工程师等组成的一流技术研发团队,具有几十项专利和专有技术,掌握了城市生活垃圾、城市污泥、工业废弃物、医疗垃圾和电子垃圾处置的最前沿技术。根据国内固废特点,在城市生活垃圾处理等众多领域开创了一条适合中国国情的固废处理崭新之路,在国内成功实施了世界上规模最大的生活垃圾综合处理项目;在工业危险废弃物处置领域有极高的市场占有率;公司投资兴建的大型环境资源设备研发制造基地,进一步完善了公司产业链条,增强了公司核心竞争力,也引领了中国固废产业的发展。桑德环境将继续秉承持续创新、追求完美、勇担责任的核心价值观,为相关利益群体持续创造卓越价值,使公司稳定、快速的成长为国际化、现代化、专业化的大型环保企业。鲲鹏激浪从兹始,为中华碧水蓝天的早日实现,桑德环境任重而道远。

【企业文化】

桑德环境决心树立中国环保产业的世界品牌,为改善人类的工作、生活环境质量以及人与环境和谐共处贡献全部的力量,成为令客户满意、令员工满意、令股东与合作伙伴满意、令社会满意的“四满意企业”。

桑德环境的核心价值观:持续创新、追求完美、诚朴取信、勇担责任

【经营业绩】

2011 年上半年,公司实现营业收入 633,464,276.31 元,较上年同期增长 58.73%;净利润为 125,119,055.04 元,较上年同期增长 43.53%;归属于母公司所有者净利润 121,948,675.57 元,较上年同期增长 43.70%。

【000830】鲁西化工集团股份有限公司

【基本情况】

鲁西化工集团股份有限公司是 1998 年 3 月经中国证监会的批准,于 1998 年 5 月在深圳证券交易所挂牌交易的上市公司,股票代码:000830,股票简称:鲁西化工。

公司现有资产近百亿元,职工万余人。主导产品包括五大系列五十多个品种,集精细化工产品和化肥生产、装备制造安装及化工研究设计于一体,企业技术中心为国家级技术中心,拥有化工石化医药行业乙级、化工工程专业甲级设计资质和三类高压容器制造资质。

集团原主导产品化肥主要消耗指标和经济效益位居全国同行业先进水平,化肥产销量曾连续多年全国排名第一,连续多年列入中国石油和化工行业综合效益百强、销售收入百强和中国化学肥料制造业销售收入百强企业。公司生产的尿素、复合肥、磷酸二铵三种化肥产品全部为国家免检产品,“鲁西牌”复合肥为“中国名牌产品”,“鲁西”商标为“中国驰名商标”。

未来几年,鲁西化工将继续在各界朋友的关心支持下,牢牢抓住国家鼓励调整结构、技术创新的有利时机,按照“存量调强、增量调优”思路,在化肥总量不减少的基础上,继续加大优质高效投入,重点发展高附加值的精细化工、医药化工、生物化工,向建设综合性绿色循环经济产业基地的宏伟目标迈进。

【主营业务】

化肥、化工产品的生产与销售,主要产品为尿素、复合肥、磷酸二铵、硫酸钾、烧碱、液氯、氯化苄、甲醇、氯磺酸等。

【企业文化】

多年来,鲁西化工坚持“创鲁西品牌、做百年企业”的经营理念,秉承“忠诚、敬业;勤奋、严谨”的企业精神和作风,形成了独具特色的企业文化,企业具有强大的凝聚力、执行力和战斗力。

【企业荣誉】

- 2010 年荣获山东省省长质量奖。
- 2009 年度荣获山东省节能先进企业。
- 2008 年度荣获山东省服务品牌。
- 2007 年荣获山东省化肥行业企业创新先进单位。
- 2006 年荣获中国驰名商标。

【000852】江汉石油钻头股份有限公司

江汉石油钻头股份有限公司是国家一级企业,国家重点高新技术企业,亚洲最大、世界先进的石油钻头制造商。公司前身江汉钻头厂始建于 1973 年,80 年代成功引进国外石油钻头先进技术,1998 年改制上市,总部设于武汉东湖新技术开发区,拥有潜江钻头事业部和上海分公司两个钻头制造基地,下设承德江钻等子公司。

公司面向市场开展“产、学、研、用”合作,持续推进技术创新和产品研发,发展自主知识产权,积极构建具有自主知识产权的技术体系,目前已取得中国专利 110 项,美国、俄罗斯、伊朗等国外专利 11 项,专有技术 115 项。

公司建立了遍布全国各大油田、覆盖世界五大洲的营销服务网络,有国内服务站 18 个,国外办事处 6 个。主导产品油用牙轮钻头国内市场占有率多年保持在 60% 以上,国际市场占有率达到 10%,产品远销美国、加拿大、伊朗、俄罗斯、哈萨克斯坦和苏丹等 31 个国家和地区。

公司坚持推行精益生产,加大技术改造和新工艺应用力度,拥有当今世界先进水平的沙尔曼加工中心、FMS 柔性生产线等先进设备 341 台套,制造技术保持了国内领先、国际先进水平,形成了 9 个标准系列、1400 个品种的钻头制造能力。连续取得美国 API 会标使用权,通过国际 ISO9001 质量认证复审、HSE 体系认证审核。

公司视技术创新为核心,视产品质量为关键,视客户满意为标准,多年来凭借雄厚的实力、良好的信誉以及严格的质量管理、优质的客户服务,赢得了广大客户的高度认可,先后被授予“全国专利系统先进集体”、“全国质量效益型先进企业”、“全国产品质量售后服务双达标先进企业”、“世界市场中国(石油机械)十大年度品牌”、“第五届中国最具创新力企业”等荣誉称号。以创新的技术和卓越的产品推动石油工业的持续发展,是我们不懈的追求！进入新的发展时期,面对新的发展机遇,江钻将“依托钻头,稳步发展,围绕油气做强做大”、实施“技术创新,研产销一体化、资源价值优化和经营国际化”战略,大力发展石油装备领域的其他相关产业,努力建成中石化石油装备制造基地,成为国际一流的钻头制造商、国际知名的石油装备制造及服务的现代企业集团。

【000858】宜宾五粮液股份有限公司

【基本情况】

五粮液集团有限公司前身是50年代初8家古传酿酒作坊联合组建而成的“中国专卖公司四川省宜宾酒厂”，1959年正式命名为“宜宾五粮液酒厂”，1998年改制为“四川省宜宾五粮液集团有限公司”。

公司的成名产品“五粮液酒”是浓香型白酒的杰出代表。她以高粱、大米、糯米、小麦和玉米五种粮食为原料，以“包包曲”为动力，经陈年老窖发酵，长年陈酿，精心勾兑而成。她以“香气悠久、味醇厚、入口甘美、入喉净爽、各味谐调、恰到好处、酒味全面”的独特风格闻名于世，以独有的自然生态环境、600多年明代古窖、五种粮食配方、古传秘方工艺、和谐品质、“十里酒城”宏大规模等六大优势，成为当今酒类产品中出类拔萃的珍品。自1915年代表中国产品首获“巴拿马万国博览会”金奖以来，1995年在“第十三届巴拿马国际食品博览会”上又再获金奖，铸造了五粮液“八十年金牌不倒”的辉煌，并被第五十届世界统计大会评为“中国酒业大王”。2002年6月，在巴拿马“第20届国际商展”上，再次荣获白酒类唯一金奖，续写了五粮液百年荣誉。同时，五粮液酒还四次蝉联“国家名酒”称号；四度荣获国家优质产品金质奖章；其商标“五粮液”1991年被评为首届中国“十大驰名商标”；子品牌“五粮春”2008年被评为中国驰名商标，“五粮醇”2009年被评为中国驰名商标。2009年，五粮液被评为中国商标注册百强单位、中国最具影响力驰名商标、中国最佳地理标志产品。2011年，“2011中国最有价值品牌100榜”中，五粮液以586.26亿元跃登榜单第三位，连续17年蝉联食品行业榜首！公司已具备年酿造五粮液及其系列酒40多万吨的生产能力，以及年包装各类成品酒40多万吨的配套生产能力。系统研制开发了永福酱酒、六和液、五粮春、五粮神、五粮醇、长三角、两湖春、现代人、金六福、浏阳河、老作坊、京酒等几十种不同档次、不同口味，满足不同区域、不同文化背景、不同层次消费者需求的系列产品。特别是十二生肖五粮液、一帆风顺五粮液、五粮液巴拿马纪念酒、五粮液年份酒等精品、珍品系列五粮液的面世，其在神、形、韵、味各方面精巧极至的融合，成为追求卓越的典范。同时，以开发的“仙林青梅果酒”和“亚洲干红”等优质产品来开拓国内外果酒市场。

公司十分重视产品技术研发和质量管理，以科技创新为龙头，下大功夫、真功夫推进企业自主创新，数十项科研成果获得国家和省市奖励，多次被评为科技创新先进企业，连续七次荣获“全国食品工业科技进步优秀企业”称号。在发展过程中，五粮液始终沿着质量道路稳打稳扎，通过质量方针的明确和严格实施、质保体系的建立和高效运转、严密的过程控制和卓越的硬件保障、限量保质的理念和执着的优中选优做法，确保了出厂产品零缺陷，被授予全国推行全面质量管理30周年优秀企业、四川省质量管理特别奖等殊荣，树立了质量先进典范；被授予“中国食品安全最具社会责任感企业”和“中国食品安全十强企业”称号、世界低碳环境（中国）推动力百强企业称号、“全国资源综合利用十佳”企业称号。公司坚持科学发展，用高新技术改造传统产业，大力发展循环经济，为和谐社会和经济发展作出了显著贡献。五粮液研制出的科研成果100多项，其中不少都是在国内或行业内首创，极大地推动了白酒行业技术进步。特别是循环经济科技项目取得了显著成效，不但极大地减轻了“三废”对周边环境的污染压力，而且变废为宝，取得了显著的社会效益、环保效益和经济效益，被国家六部委确定为全国首批循环经济试点单位，并被国家环保总局确定为2006年度清洁生产示范单位，中国酿酒工业协会发文号召全行业学习五粮液发展循环经济，增强可持续发展。

【经营业绩】

2011年上半年，公司实现营业收入105.95亿元，营业利润46.04亿元，净利润34.91亿元（其中：归属于上市公司股东的净利润33.63亿元），营业收入较上年同期增长39.84%，营业利润较上年同期增长49.03%，净利润较上年同期增长48.98%，超半年目标任务。

【企业文化】

在生产经营高质量、高速度发展的同时，公司企业文化建设不断加强，并有效推动和保证企业的发展。今天的五粮液集团公司，享有“花园公司”的美名，独具匠心的雕塑、气势恢宏的建筑、四季常青的花木，构筑起极富特色的五粮液企业文化。企业的环境建筑艺术被国际建筑师协会第20届大会授予“当代中国建筑艺术展创作艺术成就奖”，公司成为中国惟一获此殊荣的企业。这里有全国最高的企业形象雕塑——奋进塔，全国规模最大的酒文化博览馆，气势宏大的鹏程广场，美丽幽雅的文化公园酒圣山，雄伟壮观的东大门……浓郁的文化气氛，优美的工作环境，先进的技术设备，一流的科技人才和员工伍，使酿酒这一古老的传统行业，在五粮液焕发出勃勃生机。据不完全统计，慕名而来参观、学习的业内人士和海内外宾客，每年高达20万人次。

【社会责任】

在发展经济的同时，公司坚持公益事业为己任。早在1996年，五粮液就与屏山县宜宾红丰村对口扶贫帮困，帮助修建抽水站、微型水窖、堰塘、道路和良种猪场，并让上百名失学儿童重返校园。近三年，五粮液共捐资捐物上亿元，积极支持并参与抗洪救灾、对口扶贫、希望工程、朝霞工程、公共设施建设、社会办学等。特别是汶川特大地震灾难发生后，公司反应迅速，在第一时间派出28辆货车和大客车，承担抗震救灾物资运输任务；公司高层领导带头交纳两个月工资，成为全市24个国有企业中交纳“特殊党费”最多的企业；员工积极捐款89.8万元，800余名员工参加志愿献血者队伍。在做强做大过程中，五粮液为社会提供了4万多个劳动就业岗位；在当地大力发展粮食原料基地，推动了农业生产力的发展和新农村建设；充分发挥爱国主义教育基地的作用，积极配合地方教育部门加强青少年教育，每年接待前来参观的青少年学生数万人。公司以实际行动向社会展示了勇担责任的社会形象，受到社会各界的高度关注和一致好评，被授予“2008年中华慈善奖”、“2009年度最具社会责任感企业”称号，并在“最具爱心内资企业奖”评定活动中，以食品饮料行业第一的身分跻身榜单前50名。

【000862】宁夏银星能源股份有限公司

【基本情况】

宁夏银星能源股份有限公司前身吴忠仪表厂始建于1959年，具有五十年机械制造历史，是国家重点高新技术企业，拥有国家级企业技术中心、院士科研工作站及自治区风电设备工程技术研究中心。1998年在深圳证券交易所挂牌上市，股票代码：000862，宁夏发电集团是公司第一大股东。

公司主营业务：自动化仪表、风电设备制造、太阳能发电设备制造和风力发电。截至2010年底，公司资产总额27亿元。现有员工1655人，其中：工程技术人员389人，具有高级职称的 50 人,高级以上技术工人占职工人数 60% 以上。

在"十二五"期间建成风电设备和光伏发电设备制造两条产业链,风电设备引进 3.5MW 及以上制造技术,形成以整机制造为龙头,以零部件配套为集群的新能源装备制造基地。力争到"十二五"末,达到风机 1000MW、齿轮箱 1000MW、塔筒 10 万吨、电池 500MW、组件 1000MW、跟踪器 500MW 的生产能力。努力实现装备制造业生产能力 100 亿,风力发电和光伏发电装机规模超过 100 万千瓦的"双百"目标。

【经营业绩】

2011 年上半年报告期内,公司实现营业收入 635,804,014.55 元,营业利润为 28,287,464.67 元。

【000877】新疆天山水泥股份有限公司

【基本情况】

新疆天山水泥股份有限公司(简称:天山股份,证券代码 000877),1999 年在深圳证券交易所上市的股份制企业。公司注册资本 38895 万元,主营业务为水泥、熟料、商品混凝土的生产、销售。公司是国家重点支持结构调整的 12 家大型水泥企业集团之一和西北地区最大的水泥生产厂家、最大的油井水泥生产基地和全国重要的特种水泥生产基地,隶属于国务院国资委所属的大型企业 - 中国中材集团有限公司。公司拥有自治区水泥行业唯一的国家级技术中心和博士后工作站,先后研制开发了六大系列 30 多个水泥品种,是国内拥有水泥品种最多的企业之一。

公司拥有代表世界水泥工艺先进水平的窑外分解工艺线,于 1999 年 4 月通过国家建材质量体系认证中心 ISO9002 质量体系认证,是目前疆内唯一一家通过产品质量和质量体系双认证的水泥生产企业,也是自治区环保治理"一控双达标"的首家水泥企业。公司获得产品质量和 ISO9002 质量体系双认证,油井水泥通过美国油井 API 花押字的认证。公司拥有的"天山"牌、"屯河"牌、"多浪"牌产品连续多年获得自治区名牌产品称号,产品广泛应用于铁路、机场、水利、交通、石油等国家和自治区的重点工程。同时,公司被中国质量协会用户委员会评为"全国用户满意企业",是新疆水泥行业唯一被中国质量协会和中国建筑协会授予"质量满意产品"称号的企业。2010 年 12 月,天山水泥股份有限公司入选国家第一批"两型"企业创建试点企业名单,2010 年 12 月天山股份疆内企业已全部通过清洁生产审核。目前公司向着低煤、环保循环经济的方向跨跃发展。

从公司设立至今的十一年多时间里,公司积极实施主业发展战略,提出了"创造以低成本为优势的核心竞争能力"的经营理念,通过市场资源整合、向国内经济发达地区迈进,使企业规模快速放大、水泥生产经营能力由上市最初从乌鲁木齐市 45 万吨,发展到目前在疆内十二个地州分布有 30 家水泥生产企业,以及疆外业务辐射到江苏的苏州、无锡、常州,广东的云浮、珠海等沿海经济发达地区,目前控制水泥产能约 1900 万吨,商品混凝土 330 万方。天山股份已从一个区域的单体生产企业快速发展成为新疆区域市场连片、华东—华南市场布点、纵延产业链、居中国水泥前列的大型水泥企业集团。

天山股份秉承"凝聚坚强创造卓越"的企业精神和"责任和谐创新"的管理理念,在努力提升企业盈利能力、做优做强水泥主业的同时,始终坚持诚信为本,以最优质的产品、服务和最大的回报奉献给社会,追求和谐发展,互利共赢,为新疆的经济建设和社会进步做出积极的贡献。

【企业文化】

新疆天山水泥股份有限公司在快速发展及不断提高运营水平的过程中,始终把企业文化建设作为公司一项长期战略任务,为促进公司资本运营、战略发展规划的实施和科学管理提供了支持,使公司在为时代和社会作出贡献的同时,获取自身最大经济效益并快速、健康地发展。公司建立了天山股份融合、创新型企业文化体系,明确提出本公司的价值体系与理想追求,确立了统一的"凝聚坚强,创造卓越"的企业精神和"为股东、员工、客户负责"的经营理念,建立了天山股份行为规范和识别系统,对所有新设的企业和新上项目坚持推进和发展天山文化的创新思维、发展理念,坚持多种文化的融合和统一,有力地推动了职工职业道德建设和整体素质的提高,培育了一支能长期为股东创造效益、为员工负责、为客户提供优质产品和良好服务的优秀团队,为实现天山股份企业发展愿景,从企业文化建设的高度奠定了坚实的基础。

【经营业绩】

2011 年上半年,公司紧紧围绕"抓住机遇,产销最大化,实现跨越式发展;深化对标,强化运营质量;以人为本,打造和谐、创新、负责任的企业"的经营方针,在中央继续深入落实新疆经济工作会议的要求下,新疆对固定资产的投资力度明显加快,公司紧紧把握发展与市场的双重机遇,快速完善产业布局,迅速推进项目建设,采取积极有效的措施,使公司各项运营指标及整体运营质量均好于去年同期。2011 年上半年销售水泥较去年同期增长 23.3%,销售商混较去年同期增长 58%,确保了公司上半年经济运行呈现良好的增长态势。

【000878】云南铜业股份有限公司

云南铜业股份有限公司是由云南铜业(集团)有限公司独家发起,将原云南冶炼厂主体生产经营性资产剥离改制成立的上市公司,于 1998 年 5 月 8 日正式挂牌运行。截至 2011 年 6 月,公司总资产 348.12 亿元,净资产 80.92 亿元,总股本为 1,416,398,800 股,其中国有法人股 682,348,800 股,占总股本的 48.17%。

公司现已成为集采、选、冶及深加工为一体的以铜为主的上市公司,拥有达亚公司、玉溪矿业、楚雄矿冶、金沙矿业、迪庆矿业、星焰公司和景谷矿冶七家矿业公司,冶炼加工总厂、赤峰云铜、滇中有色、易门铜业四个冶炼单位。目前,公司拥有 333 以上铜矿资源金属量约为 181 万吨,具备年产铜精矿 7 万吨、矿产粗铜 43 万吨,电解铜 63 万吨、硫酸 104 万吨,黄金 10 吨,白银 400 吨的生产能力。

公司建立了 ISO9001:200 和 GB/T28001 - 2001 质量、职业健康安全"二合一"的管理体系,主产品"铁峰牌"电解铜在伦敦金属交易所注册,荣获中国名牌产品、国家免检产品称号。公司是国内西南五省被国家认定的标准金锭生产单位,上海黄金交易所会员单位,国家白银生产标准的主要制订者,在伦敦金银市场协会注册。

按照"做大资源、做强矿山、做优冶炼、做精加工"的发展战略,"优化结构、突出主业、加强管理、效益优先"的发展思路,公司努力打造一流的现代铜企业。

2011 年 5 月 17 日,公司非公开发行股票获得中国证监会《关于核准云南铜业股份有限公司非公开发行股票的批复》(证监许可[2011]717 号),核准公司非公开发行不超过 30,000 万股新股。公司于 2011 年 6 月 30 日在中国证券登记结算公司进行登记并于 7 月 14 日正式进行非公开发行情况公告,这标志着本次非公开发行股票事项在资本市场上顺利完成。

非公开发行完成后，公司的总股本为 1,416,398,800 股。本次非公开发行募集资金总额人民币 297,699.44 万元，扣除发行费用后实际募集资金净额人民币 291,696.65 万元，为云南省上市公司近三年来非公开发行募集资金总额规模最大的一次。

【000886】海南高速公路股份有限公司

【基本情况】

1991 年 7 月，经海南省政府（1991）5 号文批准，成立海南省东线高速公路建设工程指挥部办公室，其职能是负责东线高速公路的征地拆迁、施工管理和经营管理。1993 年 4 月，经海南省证券委员会琼证字（1993）6 号文批准，在海南省东线高速建设工程指挥部办公室的基础上，以定向募集方式设立了海南高速公路股份有限公司。经中国证监会批准，公司于 1997 年 12 月 1 日在深圳证券交易所上网定价发行了 7700 万股 A 股，1998 年 1 月 23 日公司股票挂牌上市。公司将立足海南，面向全国，放眼世界。以高速公路为依托，公司以市场为导向，以资本经营为重点，发挥公司自身优势，继续投资基础设施建设，同时大力开拓新的经营领域，发展高科技产业。目前，公司已发展成为一家集公路建设、旅游运输、信息、房地产为一体的大型规范化股份制企业。

【经营业绩】

2011 年上半年，公司共完成营业收入 36,301 万元，实现净利润（即归属于上市公司股东的净利润）10,709 万元，同比增长 661.13%，经营效益较上年同期实现了大幅增长，为公司“十二五”期间实现快速发展打下坚实的基础。

【000893】广州东凌粮油股份有限公司

【基本情况】

广州东凌粮油股份有限公司，证券简称：东凌粮油，证券代码：000893，国内 A 股市场首家大豆加工企业，业务包括油脂压榨、粮食贸易、基础物流等，下属的大豆压榨企业有广州植之元油脂实业有限公司及其全资子公司广州植之元油脂有限公司。“植之元”历经十年发展，以其稳定的质量、优良的服务在市场中享有崇高的品牌声誉。

公司拥有三条大豆油粕生产线，全套引进比利时 De－Smet（迪斯美）公司的大豆加工工艺、技术和设备，从原粮接收到产品出厂，全部自动化控制，每天可加工处理 7,800 吨大豆，年加工能力超过 220 万吨。

公司拥有干散货库容 9 万吨，油罐 2.5 万吨，自备 3,000 吨级泊位一座和 1,000 吨级泊位两座，物流配送体系完善，日发货能力达 16,000 吨。

公司为我国最重要的商品期货交易所——大连商品交易所的注册交割库，在保障本区域粮食安全及城乡居民菜篮子工程建设方面发挥着积极重要的作用。

【经营业绩】

公司主营业务为大豆油脂加工，2011 年上半年公司共加工大豆 66.93 万吨，较上年同期减少 12.23%，销售豆粕 55.55 万吨、豆油 11.60 万吨，分别较上年同期减少 5.08%、15.14%。

【企业荣誉】

- 2010 年，南沙、增城生产基地被列入广东省现代产业 500 强名录。
- 2011 年 1 月，被增城市新塘镇政府评为“2010 年度新塘镇工商企业纳税大户”。
- 2011 年 2 月，被中国工商银行评为“2010 年度国际业务钻石 AAA 级客户”。
- 2011 年 3 月，被广州市工商管理局评为 2010 年度“广东省守合同重信用企业”。
- 2011 年 4 月，广州市总工会授予我司南沙工厂预浸车间“广州市工人先锋号”的荣誉称号。
- 2011 年 4 月，被中国粮食行业协会评为 2010 年度全国食用植物油加工“50 强企业”。
- 2011 年 6 月，被中国粮食行业协会评为第二批“全国放心粮油示范企业”。

【社会责任】

作为公众企业，东凌粮油秉承社会、股东和员工赋予的充分信任，在创造利润、对股东承担法律责任的同时，还承担着对员工、消费者、社区和环境的责任。公司以切实的行动回馈社会：

奉献爱心，真情回馈社会

2008 年 5 月 12 日，中国四川汶川发生特大地震。我们第一时间发动群体员工向灾区捐款现金 120 多万元，资助灾区人民重建家园，并对公司四川籍员工予以慰问和关怀，以负责任的企业公民的形象展示在世人面前，树立“取之于社会回报于社会”的文明理念，起到促进人际间的互助关怀积极的示范作用。

遵纪守法，依法纳税

在遵纪守法方面做出表率，遵守所有的法律、法规，完成所有的合同义务，带头诚信经营，合法经营，带动企业员工共同遵纪守法，共建法治社会。同时多年来我们一直积极履行纳税人义务，以发展为前提，不断扩大企业规模，扩大纳税份额，完成纳税任务，为国家发展做出大贡献。

保护环境节能减排

全套引进先进的大豆加工工艺、技术和设备，从原粮接收到产品出厂，全部自动化控制，既能保证产品质量，提高生产效率，又降低了成本。同时环境责任意识对现代企业至关重要，我们把节能减排作为公司创新最重要的要素之一，贯彻到规划、设计、研发和制造中。在公司内部大力推行节能减排，在企业发展同时最大限度地保护环境。

以人为本，关爱员工

资源是社会的宝贵财富，也是企业发展的支撑力量。为了承接国际上对企业社会责任标准的要求，我们的企业承担起保护职工生命、健康和确保员工待遇的责任，爱护企业的员工，做好劳动保护，在公司内外组织员工活动，不断丰富大家的精神生活。

【000903】昆明云内动力股份有限公司

【基本情况】

昆明云内动力股份有限公司是我国多缸小缸径柴油机行业及轻型载货车的开发、生产和销售的首家上市公司。公司主要产品包括“102、100、95、90”系列柴油发动机、轻型载货车、轻型载货车及农机等。公司具有 40 余年从事柴油机开发生产的历史，属国家大一型企业，是国家重点扶持的 520 户企业之一，开发和生产能力居同行业前列。

昆明云内动力股份有限公司是 1998 年 7 月 2 日经云南省人民政府云政复（1998）49 号文批准，由云南内燃机厂独家发起,以社会募集方式设立的股份有限公司。经中国证券监督管理委员会证监发行字(1999)11、12、13 号文批准,于 1999 年 1 月 27 日向社会公开发行 6,000 万股人民币普通股,并于 1999 年 4 月 15 日在深圳证券交易所上市交易,发行后总股本 18,000 万股。2002 年 9 月本公司成功实施了 2001 年度配股方案,配股完成后股本增至 19,980 万股。2006 年 2 月 13 日本公司实施股权分置改革后,有限售条件股份合计为9,450 万股,占总股本的 47.30%;无限售条件流通股份合计为 10,530万股,占总股本的 52.70%。2007 年 4 月 12 日本公司实施资本公积金转增股本方案,本公司总股本由 19,980 股增加至 29,970 万股,2007 年 5 月 9 日本公司办理了工商变更登记,变更后注册资本人民币贰亿玖仟玖佰柒拾万元整。2007 年 12 月 24 日经中国证券监督管理委员会证监发行字[2007] 408 号文核准,公司实施了公开增发 A 股股票,增发完成后股本增至 37,820 万股,注册资本为人民币 37,820 万元。2011 年,公司根据 2010 年利润分配方案,以资本公积每 10 股转增 8 股,转增股本 30,256 万股,转增完成后公司总股本变为 68,076万股。截至目前,公司尚未完成注册资本变更。

【经营业绩】

2011 年上半年,在“奋斗 2011、展望 2015,抓机遇、精管理、拼市场”的工作方针指引下,公司紧紧围绕年度经营目标,精心组织生产经营等各项活动。

通过市场拓展、库存优化、成本控制、产品结构调整以及营销、财务基础数据收集分析提升等工作的开展,在产品市场需求持续低迷以及原材料价格持续上涨的宏观环境下,总体保持了生产经营的平稳,产品产销量同比增速与汽车用柴油机行业相比基本持平,配件业务和新产品业务继续保持稳定增长。同时,报告期内公司持续推进新产品开发及管理提升工作,以新产品规划为核心,提出了未来 5 - 10 年总体战略规划,并通过母子公司采购、生产业务整合的实施,业务计划的制订、跟踪及效果评价分析工作的强化,提升了公司整体的协同运营水平及战略管理水平。

报告期内,公司实现营业收入 115,789.98 万元,同比下降 1.94%;实现利润总额 2,084.96 万元,比上年减少 61.49%;归属于上市公司股东的净利润 2,482.94 万元,比上年减少 45.99%。

【000905】厦门港务发展股份有限公司

【基本情况】

厦门港务发展股份有限公司原名为“厦门路桥股份有限公司”,于 1999 年 2 月 3 日向社会公开发行人民币普通股 9500 万股(A 股),并于 1999 年 4 月 29 日在深圳证券交易所挂牌交易。经中国证监会批准和公司 2004 年 7 月 29 日第一次临时股东大会审议通过,公司与厦门港务集团有限公司(以下简称港务集团)于 2004 年 8 月 1 日进行了重大资产置换。资产置换后,公司于 2004 年 11 月 22 日变更为现名。

公司以“立足港口综合物流服务,实现企业价值最大化”为宗旨,主营以港口为依托的综合物流业务以及件散杂货、内贸集装箱的装卸、堆存、仓储和助轮船靠离泊等业务。是厦门口岸唯一一家以港口为依托、拥有完善的物流通道、完整的物流链条及高端物流专业人才和信息网络的企业,在船舶代理、装卸、公证交接、助靠离泊、仓储、运输等等港口物流领域处于行业领先者的地位。

公司拥有东南沿海实力最强的国际船舶代理企业、全省规模最大的散杂货装卸码头、厦门港唯一的内贸集装箱装卸码头、福建省规模最大的集装箱运输车队、厦门港唯一提供海上专业拖轮服务的企业和先进的物流信息管理系统;同时拥有密集的物流网络,与世界一百八十多个国家和地区的客户建立了密切的业务关系,在国内经济发达的沿海和沿江地区形成密集的业务网络,并延伸至内陆经济开发地区和铁路枢纽城市。公司业务贯穿货物进出港所涉及的航运代理、理货公证、报关、陆运、集拼、报关、仓储、集装箱堆存等各环节,构成了完整而高效的港口综合物流服务供应链。

【经营业绩】

2011 年上半年报告期内,公司实现营业收入 99,876 万元,实现营业利润 10,534 万元,净利润 7,584 万元,营收比上年同期增长 54.06%,营业利润及净利润比上年同期分别增长 56.80%、79.13%。

【企业文化】

立足港口综合物流服务,实现企业价值最大化。

【企业荣誉】

公司拥有东南沿海实力最强的国际船舶代理企业、全省规模最大的散杂货装卸码头、厦门港唯一的内贸集装箱装卸码头、福建省规模最大的集装箱运输车队、厦门港唯一提供海上专业拖轮服务的企业和先进的物流信息管理系统。

【000919】金陵药业股份有限公司

【基本情况】

金陵药业股份有限公司(000919)是按现代企业制度要求,于 1998 年 9 月由南京金陵制药(集团)有限公司等五家单位以优质资产共同发起设立的科工贸一体化、产学研相结合的大型现代化上市公司。

公司秉承“以诚信为本,做现代中药”的经营理念,形成了以中成药为主,中西药相结合为发展目标的战略格局。现拥有总资产 16 亿元,净资产 12 亿元,员工 2000 余人。先后荣获国家 520 户重点企业、全国用户满意企业、国家高新技术企业、中国企业管理杰出贡献奖企业、中国企业管理现代化创新成果二等奖企业、江苏省知识产权重点保护单位、江苏省及南京市“文明单位”、“优秀企业”等荣誉称号。

公司于 1999 年 8 月在深圳证券交易所成功发行上市 8000 万 A 股股票以来,每年净资产收益率均保持在 10% 以上,资产负债率在 20% 左右,在货币市场和资本市场上具备良好的融资能力和资本扩张能力。

公司拥有投入巨资兴建的南京金陵制药厂、合肥利民制药厂、福州梅峰制药厂、浙江天峰制药厂四大药品生产基地,且已全部通过国家 GMP 认证。工厂具备生产加工固体制剂、小针剂、大输液、口服液、海绵剂、滴眼剂、霜剂、搽剂等多种制剂、二百多个中西药品种的能力,同时建有年处理能力近万吨的现代化中药材提取生产线。其中投入 2.4 亿元兴建的南京金陵制药厂为国家中药现代化生产示范基地。

公司依托两大商业公司——南京华东医药有限公司与南京益同药业有限公司,在全国建立了较为健全的市场网络。两大商业公司均已通过了国家 GSP 认证,在全国主要城市和地区设有办事处,下属三十家金陵大药房。

公司拥有企业博士后科研工作站、国家中药注射液中试基地。公司技术中心建有装备先进的研究室、与上海中医药大学联建的中药新药研究联合实验室,科研人员中研究生学历占 40% 以上,高级职称占 15% 以上,目前在研品种二十多个。其中脉络宁的二次开发、研究项目已被列入国家科技部“十五”重大专项。

公司分别在云南、浙江、河南等地建有五大原料药材现代化GAP种植基地，旨在运用先进的组培办法和育苗技术，推进原料药材规范化绿色种植工程，实现中药材种植的GAP目标。

【经营业绩】

2011年1－6月公司实现营业总收入115,576.57万元；利润总额15,439.49万元，归属于上市公司股东的净利润10,308.24万元。

【企业荣誉】

公司先后荣获国家520户重点企业、全国用户满意企业、国家高新技术企业、中国企业管理杰出贡献奖企业、中国企业管理现代化创新成果二等奖企业、江苏省知识产权重点保护单位、江苏省及南京市“文明单位”、“优秀企业”等荣誉称号。其下属企业金陵大药房进入“中国药品连锁企业百强”。公司产品“脉络宁注射液”入选《国家基本药物目录》等。

【000926】湖北福星科技股份有限公司

湖北福星科技股份有限公司经过31年发展，现已成为国家大型企业、国家重点高新技术企业、A股上市公司。先后获得“全国五一劳动奖状”、“全国质量管理先进单位”、“全国守合同重信用单位”、“全国诚信守法乡镇企业”、“中国最具挑战潜力十在民营企业”、“中国优秀诚信企业”、“全国文明单位”等荣誉，从2005年开始，连续五年被评为“中国工业行业排头兵”。企业所在地福星村被国家有关部门评为“中国十大特色名村”，中南六省仅此一家。现拥有员工8000多人，资产总额155亿元。2010年实现销售收入56亿，利税6.8亿元，出口创汇2100万美元。

公司已形成金属制品业、房地产业两大核心产业。金属制品业方面，主导产品有子午轮胎钢帘线、预应力PC钢绞线、钢丝绳、钢丝等四大系列、80多个品种、1000多种规格。产品广泛用于交通、运输、通讯、航空、航海、电力、煤炭、建筑、石化、农业等国民经济领域。在国内外设有50多个经销部、办事处，拥有稳定客户千余家，产品覆盖全国并出口80多个国家和地区。公司具备年产各种金属丝绳50万吨的能力，是中国行业排头兵企业。公司质量管理通过了ISO9001、ISO/TS16949、欧盟CE的认证、标准化良好行为企业AAA级、英国劳氏船级社认证，“福星牌”商标被评为“中国驰名商标”，PC钢绞线、钢帘线2008年分别被评为“湖北名牌产品”。地产业方面，公司全资子公司福星惠誉房地产有限公司具备房地产一级开发资质，先后打造了“福星城市花园”、“金色华府”、“汉口春天”、“水岸星城”等著名楼盘，树立起了“实力＋信誉”的品牌形象，连续多年被评为“中国名企”。目前，公司已具备年开发300万平方米的能力，其综合实力位居武汉市房地产开发企业第一名、全国第十七名。今后，公司将继续秉承企业理念，提升管理水平，着力技术创新，坚持做大做强，努力实现发展规模最大化、经济效益最大化、股东投资回报最大化，保持企业又好又快发展。

【000927】天津一汽夏利汽车股份有限公司

【基本情况】

天津一汽夏利汽车股份有限公司是中国第一汽车集团公司控股的经济型轿车制造企业，是一家集整车制造、发动机、变速器生产、销售以及科研开发于一体的上市公司。

公司的前身是天津市微型汽车厂，1997年改制成立天津汽车夏利股份有限公司，1999年在深圳证券交易所挂牌上市。2002年6月14日，一汽集团与天汽集团签署重组协议，一汽集团受让了原由天汽集团持有的公司50.98%的股份，对公司拥有控股权，企业正式融入一汽体系之中，天津一汽夏利汽车股份有限公司由此得名。

公司目前拥有居于国内先进水平的冲压、车身、涂装、装配生产线，整车质量检测线，汽车发动机铸造及机加工生产线、变速器生产线、计算机工作站、产品开发及检测实验室等，主要生产“夏利”、“威姿”、“威乐”、“威志”系列轿车，天内牌系列汽车发动机、天齿牌变速器也是企业的拳头产品。作为中国经济型轿车的摇篮，20余年来我们心系国情民需，始终坚持自主发展道路，坚定实施自主创新战略，开发制造中国家庭买得起、用得起的国民车，成功地走出了一条“引进、消化吸收、再创新”的成长之路，累计销量已突破180万辆，连续22年蝉联自主品牌轿车销量冠军，产品远销墨西哥、俄罗斯、伊朗、叙利亚、阿尔及利亚、厄瓜多尔等国家。

十一五”期间，我们将秉承“造小车精品、做小车大师、建和谐企业”的发展愿景，推出九款新车，形成“国际有竞争力、国内有领导力”的经济型轿车产品阵容，打造“用最经济的办法、以最快的速度开发、制造、销售最高品质的经济型轿车的核心竞争力”，向产销40万辆的目标发起挑战。

天津一汽是生产经济型轿车的企业，服务的对象是每一个家庭，关注的热点是百姓的生活，为用户提供更加安全、节油、环保的“买得起、用得起”的国民车始终是我们努力的方向。展望未来，我们将以做优秀的企业公民为己任，回报用户、回报员工、回报股东、回报伙伴、回报社会。

【经营业绩】

2011年上半年，报告期内公司共生产轿车147,126辆，同比上升17.27%，销售轿车140,635辆，同比上升12.47%。实现营业收入545826万元，同比上升11.81%。但是，由于报告期内日本地震影响了我公司参股的天津一汽丰田汽车有限公司的生产，导致投资收益下降，报告期内公司实现归属于母公司股东的净利润4603万元，比上年同期下降84.00%。

【发展战略】

公司“十二五”的发展战略是打造新夏利、开启新征程、实现新突破。就是要通过产品结构升级和体系能力做强，树立起公司产品“品质优势、技术优势、服务优势和品牌优势”的崭新形象，在“产品竞争力、质量管理、市场开拓、企业经营、基地建设和管理创新”等六个方面实现新的突破，实现产品转型、营销转型、管理转型和文化转型，使公司的产销规模和效益大幅增长，努力实现“造小车精品、做小车大师、建和谐企业”的企业愿景。

“十二五”期间，公司将积极拓宽产品系列，努力形成包括从A000、A00、A0到A全系列产品，以及CUV、SUV、CROSS等新的车型，同时兼顾国内外市场需求，实现产品结构的优化升级，全体提升产品竞争力。

【000929】兰州黄河企业股份有限公司

【基本情况】

兰州黄河企业股份有限公司成立于1993年12月，是甘肃省最早设立的股份制企业之一，同时也是目前兰州市属企业唯一一家国内A股上市公司。1999年6月23日黄河股票在深交所上市,目前总股本18576.6万股。公司主营啤酒、饮料、大麦、麦芽、饲草的生产、加工和销售,目前拥有兰州黄河嘉酿啤酒有限公司、青海黄河嘉酿啤酒有限公司、甘肃天水奔马啤酒有限公司、酒泉西部啤酒有限公司四家中外合资的啤酒生产企业以及兰州黄河啤酒有限公司、兰州黄河麦芽有限公司、兰州黄河(金昌)麦芽有限公司、兰州黄河高效农业发展有限公司、兰州黄河投资担保有限公司、兰州黄河精美包装有限公司等10家子公司。

黄河啤酒自1985年成立以来,以规范运作、科学管理、促进发展、回报股东和社会为企业宗旨,遵循严、精、细、实的企业作风,打破常规,创新管理,依托市场经济的经营体制、高科技的质量体系和顽强拼搏的企业精神,短短二十一年间便成为一个全国知名的啤酒品牌,销售市场遍及31个省市区。2002年2月,黄河啤酒商标被国家工商总局认定为中国驰名商标,成为国内啤酒行业继青岛、燕京之后的第三件驰名商标,甘肃省工业消费品领域唯一一件驰名商标。

为保证企业具有足够的可持续发展能力,公司立足区位优势、企业经营优势和地方资源优势,啤酒饮料、大麦麦芽、包装印刷三大业务并举,依靠内联外引、大资金投入和高技术装备,逐步做强做大,实现规模效益。2004年8月,公司成功引入啤酒主业的战略投资者丹麦嘉士伯啤酒厂有限公司和丹麦发展中国家工业化基金会,按照合资合同约定,不仅引入外资1.5亿元,在甘肃和青海两省组建了四家合资的啤酒企业,使本公司啤酒产能近期达到40万吨,中期达到70万吨,稳居西北第一,而且可以借鉴世界第五大啤酒商丹麦嘉士伯啤酒厂有限公司的企业管理、技术工艺、市场营销理念,提升本公司整体经营管理水平,借助嘉士伯的国际营销网络,将黄河这一中国驰名品牌打造成国际品牌。目前合资目标已顺利实现。

【经营业绩】

2010年上半年,公司合并实现营业收入40,164万元,同比下降4.56%,其中:啤酒、饮料实现营业收入30902万,同比下降12.13%,麦芽销售实现营业收入6838万元,同比上升36.8%,合并实现净利润2680万元,扣除非经常性损益后,归属于母公司所有者的净利润同比增长了9.93%。

报告期内,公司产品结构调整效果明显,中、高端产品在啤酒销量中的比例继续保持快速增长,高档类产品同比提高0.77%;中档类产品同比提高3.69%,公司的产品结构继续优化,盈利能力得以进一步提升。

【企业文化】

团结、拼搏、改革、攀高。用文化经营企业。

【企业荣誉】

2002年2月,黄河啤酒商标被国家工商总局认定为中国驰名商标,成为国内啤酒行业继青岛、燕京之后的第三件驰名商标,甘肃省工业消费品领域唯一一件驰名商标。

【000937】冀中能源股份有限公司

【基本情况】

公司前身河北金牛能源股份公司(以下简称"金牛能源")是经原国家经贸委和中国证监会批准,由邢台矿业(集团)有限责任公司独家发起,于1999年8月26日以募集方式设立,公司股票于1999年9月9日在深圳证券交易所上市。

经中国证券监督管理委员会核准,2004年8月11日,公司采用网上向社会公众投资者公开发行和网下向机构投资者定价发行相结合的方式,发行了7亿元可转换公司债券,转债简称:金牛转债。金牛转债自2005年2月11日起开始可转换为本公司发行的A股股票,截至2008年2月20日,金牛转债有699,900,900元转换为本公司发行的A股股票,占发行总额的99.99%。公司于2008年3月11日赎回了在赎回日之前尚未转股的全部金牛转债。

2005年根据国务院《关于推进资本市场改革开放和稳定发展的若干意见》和中国证监会《关于上市公司股权分置改革试点有关问题的通知》的精神,邢矿集团作为金牛能源唯一非流通股股东,于2005年5月3日向河北省政府国资委正式上报了进行股权分置改革试点工作的意向,拟向流通股股东支付一定数量的对价股份以使非流通股股份获得流通权。经保荐机构推荐,2005年5月9日,金牛能源与其他三家企业一起被中国证监会确定为首批实行股权分置改革试点单位。经公司董事会、股东大会审议通过股改方案,并获得国务院国有资产管理委员会的正式批复,公司最终以向流通股股东每10股股票支付2.5股股票对价的股改方案向所有流通股股东支付获权对价股份65,799,732股,次日获权对价股份上市流通。至此,公司作为我国第一批试点企业股改获得圆满成功。公司同时也成为深交所第一家、全国煤炭行业第一家、全国国有企业第一家改革成功的试点企业。

公司股改工作的成功得到了中国证监会、国务院国资委、河北省国资委以及广大中小投资者的充分肯定。作为我国首批股权分置改革试点企业中唯一获得通过的国有控股上市公司,公司的成功经验为后续进行股权分置改革的国有控股上市公司起到了积极的示范作用,为我国证券市场解决历史遗留问题做出了积极有益的探索。

2007年12月21日,金牛能源以7000万元拍得河北沧州化工实业集团有限公司所持有的沧化股份12765.48万股股份,占沧化股份总股本的30.29%;以10万元拍得河北沧州化工实业集团有限公司所持有的深圳市贵速实业发展有限公司90%股权,深圳市贵速实业发展有限公司持有沧化股份4451.10万股,占沧化股份总股本的10.56%。本次收购完成后,公司合计控制沧化股份40.85%的股权,成为沧化股份的控股股东。

本次成功竞拍收购沧化股份,是公司依托资本市场进行资产重组、实现做大做强的重大举措,可以充分发挥公司资金、管理、人才、资源等优势,使公司保持长期可持续发展,实现公司做强做大的战略发展目标,同时,也为金牛能源培育和打造后续战略支撑产业,实现由内陆向沿海的发展奠定坚实的基础。

公司从2008年11月开始与峰峰集团、邯矿集团、张矿集团就重大资产重组事宜进行洽谈协商,经过将近两年的不懈努力和积极运作,在重组过程中克服了重重困难,先后取得了河北省国资委、公司2009年度第一次临时股东大会以及中国证监会的批准,并于2010年6月8日圆满完成了本次重大资产重组工作,公司非公开发行368,489,569股股票成功在深交所上市。

本次资产重组完成后,公司实现了历史性跨越,新增9对生产矿井,三座洗煤厂和与煤炭业务相关的资产,公司总资产飙升至211亿元,可采储量增加29,206万吨,核定生产能力增加1,254万吨/年,煤炭资源储量和生产能力都得到大大提高,公司的煤炭主业更加突出,盈力能力进一步增强,公司综合实力得到进一步提升。通过本次资产重组,公司拥有了更加广阔的发展平台,进一步增强了市场话语权和竞争力,使企业在争取资源、项目、政策等方面拥有了更大的优势，为公司实现又好又快可持续发展提供保障，同时，也成为公司为股东创造持续稳定回报的强大支撑。

【经营业绩】

报告期内，公司通过不断优化采掘布置，强化生产组织，细化经营运作，大力推进科技创新和装备升级，生产原煤1,750.02万吨，同比增加171.02万吨，增幅10.83%；生产精煤1,027.61万吨（外购煤入洗697.36万吨，自产煤入洗1,262.83万吨），同比增加81.61万吨，增幅8.67%，其中，冶炼精煤703.32万吨，喷吹精煤66.42万吨，无烟精煤258.03万吨；实现营业收入1,939,320.64万元，同比增长20.70%；实现营业利润225,937.55万元，同比增长28.63%；实现归属于上市公司股东的净利润166,945.43万元，同比增长28.29%。公司的化工、建材等非煤业务也保持了稳定发展的态势。

报告期内，公司为加快推进资源整合，在内蒙古自治区设立了全资子公司冀中能源内蒙古有限公司（以下简称"内蒙古公司"）；与鄂尔多斯市乾新煤业有限责任公司（以下简称"乾新煤业"）原股东签订了《股权转让协议》，并控股了乾新煤业51%的股权；与鄂尔多斯市东胜区铜川镇武媚牛煤矿（以下简称"武媚牛煤矿"）投资人郝彦兵签订了《兼并重组协议》，约定设立有限责任公司，通过股权转让的方式最终持有该公司51%的股权。

报告期内，公司严格按照中国证监会、深交所等部门的相关要求，组织了40亿元公司债券的发行和上市。2011年4月29日公司收到中国证券监督管理委员会证监许可[2011]627号《关于核准冀中能源股份有限公司公开发行公司债券的批复》，核准了公司向社会公开发行面值不超过40亿元的公司债券；2011年5月3日，公司通过网上路演推介和网下向机构投资者进行票面利率询价，确定了本次发行的公司债券票面利率为4.90%；2011年6月3日，公司本次发行的40亿元公司债券（债券简称：11冀能债，债券代码：112028）在深交所上市交易。

【公司荣誉】

公司上市十年多，凭借多方面优势，连年取得良好的经营业绩，先后荣获"中国上市公司纳税百强企业"、"中国十佳最重分红上市公司"、"中国最具价值上市公司50强企业"、"全国纳税500强企业"、"河北省明星企业"、"河北省诚信企业"、"中国最具影响力企业"等多项荣誉称号。公司同时还连续入选"深证成指"、"深证100"及"巨潮100"指数。

【000938】紫光股份有限公司

【基本情况】

紫光股份有限公司是主营信息产业的高科技A股上市公司（简称UNIS紫光股份，股票代码000938），是清华大学为加速科技成果产业化成立的全校第一家综合性校办企业。1988年，清华大学科技开发总公司成立，这是紫光的前身。1993年，公司更名为清华紫光（集团）总公司，确立"紫光"商号。1999年，总公司发起设立清华紫光股份有限公司，同年11月在深交所成功上市。2000年，紫光股份创高106元股价，成为中国股市百元股王。2002年，紫光股份进行资产重组，成为主营信息产业的高科技公司。2006年，紫光股份顺利完成股权分置改革，并更名为紫光股份有限公司。

紫光股份有限公司以"品牌、资源、资金"为发展支点，以"简单、高效、健康"为管理思想，业务领域广泛覆盖信息产业的主流方向：形成三大业务群组——自有品牌产品群组、自有技术应用群组、渠道增值分销群组；突出五大板块业务——信息产品、软件集成、数码分销、通讯科技、智能交通。公司稳步实施大科技发展战略，全方位进行科技经营、科技投资和科技支撑工作，力求以多样化的产品、系统化的技术应用和服务，多层次、持续性地满足用户不断增长的需求。

紫光是国家520户重点企业、国家重点高新技术企业、国家"863计划"成果产业化基地、中国电子信息"百强"企业，曾荣获国家技术发明奖、创新奖以及名牌产品等上百项奖励。

紫光源自清华，依托清华大学的综合性人才和科技资源优势，稳步健康发展，目前年产值已超过40亿元。紫光以"承担社会责任，推动科技进步"作为企业宗旨，并在清华校训"自强不息、厚德载物"和紫光格言"文行忠信、恭宽敏惠"的指引下，构建校园文化与企业文化的完美结合。在新的历史时期，紫光希望以科学发展观和不断的自主创新，积极推进国家的各项建设和区域经济的繁荣腾飞，与股东、与员工、与合作者一起，携手同行、共创辉煌！

【经营业绩】

2011年上半年，公司实现营业收入23.69亿元，同比增长19.74%，实现净利润1226.11万元，同比增长23.30%。

【企业荣誉】

- 国家520户重点企业。
- 国家"863"计划成果产业化基地。
- 全国电子信息"百强"企业。
- 全国高新技术"百强"企业。
- 国家科委评定的"实施火炬计划先进高新技术企业"。
- 北京工业系统"双十佳"企业。
- 北京市软件产业基地骨干企业。
- 连续多年获北京市新技术开发试验区"经济二十强"企业。
- 工商行、建行的"银企合作"企业。
- 被科技部认定为"国家重点高新技术企业"。

【000948】南天电子信息产业股份有限公司

【基本情况】

南天电子信息产业股份有限公司（简称南天信息），是以信息产品业务、系统集成业务、软件业务、服务业务和支付业务为主体，兼顾其他领域发展的现代化高科技企业。于1999年8月18日在深圳证券交易所上市（股票代码000948），具有三十多年建设金融行业和国家部分重点行业信息化工程的丰富经验，具备较高水平的IT专业服务能力和技术积累，致力于信息产业高新技术的研发和推广应用。

南天是国内专业生产金融电子化专用设备的主导厂商，其生产的PR系列专用存折打印机10多年来被列为国家级重点新产品，市场占有率均达70%，居国内同类产品市场份额第一位。BST（金融自助多功能打印设备）系列产品业被国家科技部、国家税务总局等五个部委列为国家级重点新产品，金融市场占有率45%，连续8年居国内同类产品市场份额第一位。南天BP系列磁卡读写设备市场占有率50%。高速打印机、POS终端均有良好的市场份额。近年来，为积极应对行业竞争，扩大赢利范围和自身优势，南天信息又开发出了城市信息亭、轨道交通设备、自助发卡机、网银终端、网点排队机、自助缴费机、机场自助值机等产品。

经过四十余年的精耕细作，南天信息在中国金融行业信息产品市场中取得了突出的优势地位。产品不仅覆盖国内各大商业银行、专业银行及新生银行，而且已出口到台湾、香港、新加坡、韩国、马来西亚、越南、中东、俄罗斯、德国、意大利、蒙古等28个国家或地区。

南天信息具有三十多年软件开发与系统集成的丰富经验，涉及业务涵盖计算机软件、硬件、网络、行业知识、集成技术及专业服务等各方面。南天已实施金融应用软件产品解决方案和计算机应用系统1000多个，应用的网点达5万个，产品的先进性和实用性已受到国内银行的认同。

南天信息从事IT专业服务已达二十余年，与IBM、思科等众多国际知名IT厂商建立起了广泛的战略合作伙伴关系。随着行业转型步伐的加快和自身升级的需要，南天信息加强了IT服务平台的建设力度，成功开发了ATM终端运营服务、BST自助缴费终端运营服务、手机支付POS终端运营服务等项目。

【主营业务】

信息产品业务

南天信息产品包括：PR系列存折打印机、BST自助服务设备、ATM设备自动柜员机、BP设备、轨道交通设备等各类信息设备产品及解决方案，广泛应用于金融、政府、电信、交通等领域，满足用户在专用存折打印、自助服务终端、磁条读写、轨道交通设备等多层次多方面的需要。

系统集成业务

南天系统集成业务是南天专业从事IT基础架构建设和数据中心服务的业务单元，它包括：主流厂商网络设备、系统设备、存储设备、呼叫中心系统、代理软件产品等的集成与解决方案，广泛应用于各大商业银行数据中心建设和服务领域，是国内数据中心服务的中坚力量。

软件业务

南天软件业务包括：应用系统资讯与解决方案、南天自有软件产品销售、软件开发与软件服务、非自有软件产品技术开发和专业化软件服务。南天软件广泛应用于国内大、中、小型银行、资产管理公司、政府机关、国有企事业单位等，是国内银行业十大解决方案主要提供商之一。

服务业务

南天服务业务包含信息产品服务、数据中心服务、软件外包服务在内的服务产品和服务方案，目前已提供：IT咨询服务、IT基础设施的外包服务、软件开发及人员外包服务、ATM的运营与服务、POS的运营与服务等。

支付业务

南天支付业务是为各运营商的支付业务提供从终端到平台、从运营到服务的整体解决方案，包含：支付软件平台、支付终端、支付终端运营服务、增值业务运营。该业务与电信运营商、第三方支付公司、金融机构开展广泛深入的合作，成为支付行业业务完整产业链的优秀供应商。

【资本市场运作】

1999年8月18日，南天在深圳证券交易所挂牌上市（简称南天信息，股票代码000948），成为云南省第一家上市的IT企业。2008年，南天信息再次成功发行5000万股股票，募集资金净额4.7亿元，用于南天信息产品产能扩建项目，南天自主软件研发、IT服务及软件外包项目，南天货币自动处理设备服务及运营项目三个项目的建设，为企业的后续发展提供了有力支持。

2009年，南天信息成功收购植物药厂，拓展了新的投资方向。在未来几年的发展中，南天信息将继续利用资本运作的方式进行业务扩展，收购各类符合自身战略发展的公司。

公司股票上市地：深圳证券交易所

股票简称和代码：南天信息（000948）

聘请的会计师事务所：中瑞岳华会计师事务所有限公司

【企业荣誉】

“十一五”期间南天所获主要荣誉有：

· 中国电子信息百强企业。
· 中国软件收入前100名企业。
· 中国电脑商500强金融行业十佳方案商（电脑商报）。
· 中国商业科技100强上榜企业（信息周刊）。
· 中国信息产业首选系统集成商（中国计算机用户协会）。
· 中国信息产业行业IT专业服务优秀服务商、服务优质企业（中国计算机用户协会）。
· 银行业综合业务系统优秀解决方案提供商（中国计算机用户协会）。
· 金融行业中国IT服务专家（计算机世界）。
· 中国IT服务用户满意度调查——中国最具竞争力的IT系统集成服务品牌企业（中国电子信息产业发展研究所）。
· 中国邮政储蓄统一版本工程建设最佳合作伙伴（国家邮政局）。
· PR9获云南省科技进步二等奖。
· PR9获中国电子学会电子信息科学技术三等奖。
· BST、PR2E、PR9国家重点新产品证书。
· “Nantian”获得云南省著名商标；PR、BST云南省名牌产品证书。
· PR9、PR2E、BST、ATM、排队机获得3C认证和节能认证。
· 思科金融行业最佳合作伙伴

【000952】湖北广济药业股份有限公司

【基本情况】

湖北广济药业股份有限公司始建于1969年，是以生产、销售医药原料药及制剂、食品添加剂、饲料添加剂为主的国家重点高新技术企业，1999年在深交所上市（股票代码000952）。公司立足高新技术，坚持走自主创新之路。通过“引进、消化、吸收、提高、创新”，主导产品核黄素（即维生素B2）得以做强做大，产、销量居世界第一，树立起民族VB工业的强势品牌。核黄素高产菌株工业化大生产技术获国家进步二等奖，湖北省科技进步一等奖，被专家评定为“国际首创”技术，并被国家商务部列入禁止出口技术目录；自主开发的“核黄素清汤发酵技术”经省科技厅鉴定为“达到国际先进水平”，获湖北省科技进步二等奖；β－胡萝卜素技术达到国际先进水平，2009年公司与华中科技大学合作成立了产学研合作基地。

公司立足环保治理，实现节能减排。先后投资2600万元建成日处理2500吨污水的污水处理厂；投资4000多万元建成多效蒸发装置，废水经处理后实现达标排放；投入5000万元用35吨循环流化床锅炉代替4台小锅炉，年节煤1.38万吨；采用布袋除尘使烟尘排放量控制$50mg/m^3$以下，采用新型发酵电机，年节电达2000多万度，被国家发改委列为资源节约和环境保护国债项目。

公司注重产品质量体系建设，公司产品六条生产线全部通过国家GMP认证，核黄素生产遵循国际标准，通过了国际ISO9001（国际质量管理体系标准）、HACCP（联合国食品法典委员会推荐的预防性的食品安全卫生控制体系）、ISO14001（国际环境管理体系标准）认证，并通过了FAMI－QS（欧盟有关饲料添加剂和预混饲料添加剂质量管理规范）、ISO22000（食品安全管理体系）认证。公司注重品牌建设。“”、“广济药业”和“JIVITA”商标不仅在国内注册，而且“JIVITA”商标在香港、美国和欧盟获得注册；“”商标评为湖北省著名商标，饲料添加剂维生素B2被评为湖北省出口名牌产品，被国家饲料协会评为信得过产品；“”牌饲料级维生素被评为“中国名牌”产品。

公司现有总资产13.9亿元，员工1145人（其中执业药师15人，工程技术人员256人）。为培育新的利润增长点，进一步增强综合竞争实力，公司计划征地1800亩，建设“广济药业生物产业园”，计划建设期为6～8年，计划总投资25～30亿元，重点投资建设维生素、氨基酸、甾体药物等类项目，投资将分步、分期进行。2010年，公司与两家合作伙伴共同投资成立湖北惠生药业有限公司，建设年产1000吨维生素B6扩建项目。进入“广济药业后时代”的2010年乃至今后很长一段时间内，公司工作的总体思路与奋斗目标是：“再展宏图开创广济药业后时代，低碳发展恪守‘四大’（大智慧、大手笔、大勇气、大魄力）、‘三高’（高质量、高品位、高附加值）新理念，自主创新提升企业核心竞争力，服务世界争进‘医药行业五十强’。公司将在科学发展观的指引下，力争建成主导产品在技术上达到世界领先水平、具有较强国际竞争力的生物制药企业。

【主营业务】

生产经营医药原料药、医药制剂、食品添加剂、饲料添加剂，出口本企业自产的各类药。

【经营业绩】

2011年上半年报告期内，公司实现营业总收入253,854,166.58元，比上年同期下降4.79%；利润总额15,813,785.20元，比上年同期增长13.83%；净利润13,878,096.50元，比上年同期增长13.50%。

【企业荣誉】

公司曾获全国“五一劳动奖状”，是国家人事部“博士后科研工作站”、国家科技部认定的“火炬计划”重点高新技术企业并被授予“国际科技合作基地”，国家发改委认定的“高新技术成果示范基地”，并承担了国家“863计划”《微生物转化植物甾醇生产雄烯二酮（AD）和雄二烯二酮（ADD）工业化生产工艺开发研究》科研项目；公司先后被湖北省发改委、财政厅、税务局、武汉海关联合授予“省级企业技术中心”；被中国饲料工业协会评为“全国饲料添加剂科技创新优秀企业”、“全国五十强饲料企业”；荣获上市公司市值管理百佳奖，跻身“深证100指数”样本公司，被省政府授予“湖北外贸企业百强”称号，被省人大列为全省立法工作基层联系点，董事长何谧当选为湖北省生物医药产业发展专家咨询委员会委员。

【000960】云南锡业股份有限公司

【基本情况】

云南锡业股份有限公司（以下简称“公司”）是云南锡业集团有限责任公司控股、国内锡行业唯一的一家上市公司，是中国最大的锡生产、加工、出口基地，2005以来，公司锡金属产量位居全球第一。2000年2月，“锡业股份”A股在深圳证券交易所挂牌上市，股票代码：000960。公司自上市以来，生产规模和资产规模不断扩大，现有年产8万吨锡、2.4万吨铅、2.4万吨锡化工产品、2.5万吨锡材产品的生产能力。总资产由1999年的16.34亿元增加到2010年的113.31亿元。公司主要产品有锡锭、铅锭、铟锭、银锭、铋锭、铜精矿、锡铅焊料及无铅焊料，锡材、锡基合金、有机锡及无机锡化工产品等40多个系列1470多个品种。主导产品“云锡牌”精锡是“中国名牌产品”、国家质量免检产品，公司“云锡牌YT”商标是“中国驰名商标”、国际知名品牌。公司产品国际市场占有率16.75%，国内市场份额占了41.59%左右。

公司拥有世界上最先进的采、选、冶、深加工成套技术，拥有世界上最完整的锡采选冶及深加工产业链，拥有矿山勘探、采掘、选冶、锡化工、锡、铜、铅及其他有色金属深加工纵向一体化的产业格局。公司坚持走新型工业化道路，通过资本运作，不断稳步推进发展战略的实施，加快技术进步和产业升级，积极抢占技术制高点，在国内同行业中首家成功地引进了世界最先进的澳斯麦特技术，锡熔炼技术整体上领先世界先进水平。公司积极实施“走出去”战略，生产和经营范围不断发展，在湖南郴州形成采、选、冶一体的产业链，形成云南以外的另一生产基地，保证公司持续发展。公司除在昆明、北京、上海和全国各地的经销机构以外，在美国、德国也有营销公司。目前，公司有11下属分公司、7控股子公司、2全资子公司。

公司形成了具有鲜明自身特色的管理优势和优良的企业文化，有很好的社会形象、企业信誉和融资渠道。先后被评为“云南省文明单位”、“全国用户满意企业”、“全国精神文明建设工作先进单位”、“上市公司竞争力百强企业”等荣誉称号。

云南锡业股份有限公司将以其雄厚的实力、稳健的经营、先进的技术、精湛的工艺、优异的质量、一流的业绩以及最好的服务，厚报社会，实现产业报国，再创中国锡工业的辉煌。

【经营业绩】

2011年1－6月份，公司生产有色金属总量70,142吨，为年计划的38.68%，同比增长88.87%。其中，生产锡化工产品8,058吨，为年计划的51.98%，同比减少4.74%；生产锡材产品9,185吨，为年计划的55.67%，同比增长2.08%。

实现营业收入635,703万元，同比上升40.27%；实现净利润35,443万元，同比上升92.98%，每股收益0.3910元，同比上升83.22%。其中：二季度实现销售收入316,140万元，比一季度减少1.07%；实现利润总额23,681万元，比一季度下降4.42%；实现净利润16,962万元，比一季度减少8.43%。

【000962】宁夏东方钽业股份有限公司

【基本情况】

宁夏东方钽业股份有限公司（以下简称“公司”）由原国家经贸委批准设立，1999年4月30日注册成立，1999年11月22日公开发行A股6500万股，2000年1月20日，公司股票在深圳证券交易所挂牌上市。先后入选沪深300指数、深圳100指数、巨潮100指数、道中80指数、深圳创新指数等。

公司坐落于塞上湖泊水乡——宁夏石嘴山市，主要从事稀有金属钽、铌及铍合金等的研发、生产、销售和进出口业务。1965年，根据中央三线建设的要求，公司主发起人由北京搬迁宁夏建成。公司聚集了主发起人生产钽粉、钽丝等主要优良资产和科研成果，经过四十余年的积淀，目前已形成钽金属及合金制品、铌金属及合金制品、铍合金材料、钛金属及合金材料、碳化硅刃料和能源材料六大类产品。上述产品被广泛应用于电子、通讯、航空、航天、冶金、石油、化工、照明、体育、医疗、原子能、太阳能等领域。

公司主产品电容器级钽粉、电容器用钽丝无论品种、规格、质量均居同行之首。电容器级钽粉产销量多年位居世界前三名，电容器用钽丝连续十年稳居世界首位，全球市场占有率分别为钽粉 25% 以上，钽丝 60% 以上。与美国，英国，德国，日本，韩国等国的主要钽电容器制造商建立了长期稳定的供需关系。

公司长期坚持把技术进步放在首位，走生产和科研相结合的发展道路，钽粉研究水平已达 250,000 微法·伏/克，钽丝研究水平达到直径 0.06 毫米以下。共完成国家和省部级科研课题 594 项，新产品试制 1604 项，获国家和省部级科研进步奖 82 项，有 24 项产品被评为国家级新产品，拥有三项国际专利。是科技部认定的国家重点高新技术企业，是国家高新技术研究发展计划成果产业优化基地；是国内最大的钽铌产品生产基地和科技先导型的钽铌研究中心；是国际钽铌研究中心(TIC)组织在中国最早的的正式成员，亚洲唯一的执委单位；是我国高新技术领域里的一个非常重要的稀有金属钽、铌、铍新材料供应基地和出口外向型高新技术企业，是国家钽铌特种金属材料工程技术研究中心，宁夏第一个国家级博士后工作站、宁夏新材料工业科技园和宁夏特种材料重点实验室均设在这里。

胡锦涛、江泽民、吴邦国、温家宝、贾庆林、李岚清、吴仪、邹家华等党和国家领导人先后到企业视察，十分关心公司的发展和成长。原中共中央总书记江泽民同志"科技创新，再攀高峰，为国争光"的题词鼓舞和鞭策着企业和员工不断进取。

改制上市以来，公司共实现主营业务收入 75.52 亿元，实现利税 10.98 亿元。截至 2008 年末，公司资产总额 21.90 亿元，净资产 12.81 亿元，每股收益 0.1930 元。

公司现有职工 1695 人，其中中国工程院院士 1 人，享受国家特殊津贴人员 25 人，具有高级职称 32 人，中级职称 161 人，各类专业技术人员 601 人。

公司分别通过了 ISO9001 质量管理体系认证，ISO14001 环境管理体系认证和 OHSMS18001 职业健康安全管理体系认证。钽、铌及其合金制品等系列产品多次荣获"对外贸易出口名牌"、"中国名牌产品"称号。除了稳固发展主业外，近年来公司钽铌金属、合金、加工材，化合物，人工晶体，化工防腐材料，照明材料，碳化硅韧料、钛金属及其制品、电池材料及铍合金等多种产品销往国内外市场，初步形成了主业突出和新品多样化的格局。

电子行业是朝阳产业，公司实施的"十一五"计划和 2010 年经济发展远景规划的目标，将继续加大研发力度，保持技术领先，积极开发新产品，拓展产品线，拉长产业链，发展相关产业以及有科技含量的产业领域，开辟新的经济增长点。壮大企业，力争将公司建成世界一流的钽铌铍和有色金属新材料加工基地及中国有影响的上市公司。

【经营业绩】

2011 年上半年，报告期共实现主营业务收入 128,480.78 万元，同比增长 84.06%；实现营业利润 15,954.46 万元，同比增长 665.72%；实现净利润 14,612.90 万元，同比增长 640%；实现每股收益 0.4096 元，同比增长 630%。

【企业荣誉】

公司已成为我国高新技术领域里一个极其重要的稀有金属钽、铌、铍新材料供应基地和出口外向型企业，在钽冶炼加工领域，位居国内第一、世界第三，被科技部认定为国家级重点高新技术企业。多次荣获"对外贸易出口名牌"、"中国名牌产品"称号。

【000967】浙江上风实业股份有限公司

【基本情况】

浙江上风实业股份有限公司前身是上虞风机厂，创建于 1974 年，公司现在占地面积 130.000 平方米，建筑面积 70.000 多平方米，企业自有资产 47,000 多万元，2004 年实现销售收入 6 亿多元，利税超亿元，外贸出口 1000 多万美元，各项经济指标连续五年名列全国风机行业第一。

公司引进不同专业的强项技术，在与上海交通大学建立长期合作的基础上，还与浙江大学、上海同济大学、上海理工大学、上海水产大学、北京航空航天大学等 8 所高校实行产、学、研合作，运用高校不同学科的专业强项技术，同时还引进德国、日本等国的国际先进技术进行优化组合。公司开发的 28 个系列、3000 多个品种规格的高新技术产品，30 多次荣获国家级、省(部)级科技成果奖、技术进步奖、优质产品和国家发明奖；17 个系列的产品申请了国家实用新型专利，各类专用风机被评为省、部名牌产品；"上风"牌商标荣获浙江省著名商标和全国消费者协会命名的"信得过产品"；上风的主导产品被国家四大部委列入"十五"重点推广项目。

于 2006 年进入漆包线制造领域。目前，上风公司在国内建有浙江上虞、四川西充(专业生产风机)，广东佛山、安徽芜湖、辽宁丹东(专业生产漆包线)等 5 个生产基地，辐射华东、西南、华南、华中、东北五大区域，业务主要面向核电、地铁、隧道、大型工业民用建筑四大领域。公司主要产品为漆包线及各类轴流、混流、离心风机及其他辅助设备(包括烘干设备、送排风管道、电控箱、集流装置、消声装置、软连接装置等)。

公司坚持积极推行现代质量管理，提高了企业的社会信誉。公司在 1990 年就荣获了全国中小企业唯一的国家质量管理奖，尔后又推行 ISO－9001(2000 版)、ISO－14001(1996)质量/环境体系认证，为高新技术产品产业化、成套化、工程化、国际化提供了可靠的保证，并于 2008 年 12 月被认定为国家高新技术企业。

公司拥有先进的风机研究所和风机检测实验室，有较强的研究开发和试验检测能力，其中风机检测实验室通过中国合格评定国家委员会认可，是国内通风与空气处理行业的国家级实验室，于 08 年 12 月获得 CNAS 国家试验室认证。

公司在国内核电、地铁、公路隧道市政大型工程项目的通风设备高端产品应用领域的市场占有率达到 55%。在核电领域，已经成为福清方家山、防城港、秦山、三门等核电站的风机合格供应商；在地铁领域成为深圳地铁、广州地铁、上海地铁、南京地铁、成都地铁、北京地铁、杭州地铁、沈阳地铁、香港地铁、新加坡、韩国釜山地铁等大型地铁公司的风机合格供应商及战略合作伙伴；为北京奥运场馆、北京新 T3 航站楼、北京人民大会堂、钓鱼台国宾馆、北京西客站、亚运村、九珑纸业、亚太纸业、太阳纸业、西门子、法玛通、ABB 等大型建筑及工业企业提供优质产品并成为优秀的战略合作伙伴。

上风公司在为客户创造超出期望的价值，为员工提供完善的发展平台，为股东创造领先的投资回报，为社会承担更多的社会责任的使命指引下，秉承诚信、专业、效率、创新的核心价值观，不断超越自我，实现公司永续发展。

【主营业务】

各类轴流风机、混流风机、离心风机和各类风冷、水冷、制冷、速冻装备等高新技术产品的研究开发,生产销售和技术服务。

【企业荣誉】

· 各项经济指标连续五年名列全国风机行业第一
· 浙江省著名商标
· 浙江省知名商号
· 2009 年度最具竞争力行业优势企业
· 2009 年度工业综合实力百强企业
· 浙江省诚信示范企业

【000977】浪潮电子信息产业股份有限公司

【基本情况】

浪潮致力于成为中国领先的云计算解决方案供应商,已经形成涵盖 IaaS、PaaS、SaaS 三个层面的整体解决方案服务能力,凭借浪潮高端服务器、海量存储、云操作系统、信息安全技术为客户打造领先的云基础架构,基于浪潮企业、行业、政务信息化软件、终端产品和解决方案,全面支撑企业云、行业云、政务云建设。浪潮还拥有智能终端、移动通信、半导体照明等产业群组,为全球二十几个国家和地区提供 IT 产品和服务,全方位满足政府与企业信息化需求。浪潮集团拥有浪潮信息、浪潮软件、浪潮国际三家上市公司,2010 年实现销售收入 305 亿元人民币,综合实力位居中国 IT 企业前两位、中国自主品牌 IT 服务商第二名、中国自主品牌软件厂商第一位、中国大企业集团竞争力 500 强第三位,被评为中国云计算创新典范企业。多年来,浪潮始终以超前的技术和独特的软硬件综合实力,在中国 IT 品牌中独树一帜,并在中国信息产业发展的关键阶段,引领中国信息产业的发展。浪潮是中国最早的 IT 品牌之一。上世纪六十年代,浪潮的前身——山东电子设备厂在开始生产计算机外围设备和低频大功率电子管。1970 年,中国第一颗人造卫星“东方红 1 号”就采用了浪潮生产的晶体管作为电子元件。由此,浪潮开始了 40 余年以技术创新为本的 IT 征程。浪潮万程一直秉承创新的理念,数次在中国信息产业发展的重要历史阶段,以极具前瞻性的技术突破引领中国 IT 产业的发展。

——1983 年,第一台浪潮微机在济南诞生,这是中国 IT 发展的新起点。以浪潮为代表的三大 PC 厂商将中国 PC 产业带入了一个变被动为主动的新时代。

——1990 年,浪潮研制出全球第一台中文寻呼机,并开发制定了全球第一个汉字寻呼标准,这一标准沿用至今。

——1993 年,浪潮在新加坡的技术人员研制出中国第一台小型机服务器,现任浪潮集团董事长兼 CEO 的孙丕恕先生是这次开发的主持者。在接下来的十几年中,浪潮打破了国外服务器厂商在中国多年的垄断,开创了中国服务器产业的新纪元。自 1996 年开始,浪潮服务器连续 15 年蝉联国产服务器第一品牌。

——2004 年 9 月,浪潮服务器刷新世界商用智能 TCP－H 世界记录,这是中国服务器首次打破世界纪录。迄今为止,浪潮已先后六次在世界服务器领域打破或创造世界纪录。

——2005 年,浪潮 64 位服务器获得国家科技进步二等奖,这是该年度 IT 技术成果获得的最高科技进步奖项,同年 12 月 9 日,浪潮集团“面向事务处理的高性价比、高性能服务器体系结构设计和优化技术”项目荣获 2005 年信息产业领域最高奖“信息产业重大技术发明奖”。

——2007 年,IT 领域唯一设在企业的国家重点实验室——浪潮高效能服务器和存储技术国家重点实验室落户浪潮。

——2008 年,“十一五”“863”计划信息技术领域重大专项——“浪潮天梭高端容错计算机系统研制与应用推广”项目立项获批。

——2009 年,十一五”“863”计划信息技术领域重大专项——“浪潮海量信息存储系统及应用示范项目”项目立项。

——2010 年,浪潮“高效能服务器与存储技术创新工程”荣获 2009 年度国家科技进步奖“企业技术创新工程奖”,“天梭 TS30000 高端商用服务器系统”荣膺国家科技进步二等奖,成为计算机领域唯一一家包揽技术产品奖与企业奖的企业。

——2010 年,浪潮在国内率先发布云海战略,并推出中国首款自主研发的云操作系统。

雄厚的软硬件综合实力,使浪潮成为中国最具影响力的 IT 品牌之一。目前浪潮是科技部首批认定的创新型企业,拥有 IT 领域唯一设在企业的国家重点实验室——浪潮高效能服务器和存储技术国家重点实验室,以及亚太地区最大最先进的柔性服务器生产线和研究中心,拥有首批认证的国家级企业技术中心、国家级企业博士后工作站,首批国家规划布局内的重点软件企业。浪潮服务器成为“国家 863 成果转化基地”、“国家服务器产业化示范工程”。浪潮 ERP 被列入国家 863 计划的“适合中国国情的 ERP 软件”、浪潮 ERP、SCM、CRM 三个项目全部入选国家 863 计划,浪潮还在香港、日本和美国硅谷设立了技术研发中心。为了让用户能够享受到更简单快捷与更全面的 IT 服务,通过创新的软硬一体化技术的整合应用,浪潮的计算平台产品与应用解决方案一脉相承,使用户系统兼容性、稳定性与可维护性大大提升。浪潮也同全球众多优秀的 IT 企业达成战略合作伙伴关系。透过技术、人才与市场的合作,浪潮同这些优秀企业一起为行业用户提供先进完善的 IT 应用解决方案,共创领先科技。与此同时,凭借软硬件产品和 IT 服务,浪潮迅速走出国门,在美国、日本等国家设立研发中心,为亚洲、北美、拉美、非洲等地数十个国家和地区提供 IT 产品和服务,并在委内瑞拉建立经贸合作区和产业基地。作为中国大陆软硬件综合实力俱佳的大型 IT 企业集团,浪潮以创新的精神、务实的态度,致力推动中国各行业的信息化建设,使得 IT 应用以前所未有的速度改变人们的生活、实现着人们的梦想。浪潮相信,务实造就成功,创新成就未来。浪潮将一如既往地保持着创新的精神,不断以新的高品质的产品服务于用户,使 IT 应用推动社会的发展。浪潮正同用户携手,满怀探索世界的热情,不断实现着新的梦想。

【主营业务】

计算机及软件、电子产品及其他通讯设备、商业机具、电子工业用控制设备。

【企业荣誉】

· 中国电子信息百强 IT 企业综合实力前两位。
· 中国云计算创新典范企业。
· 国家“十一五”“863 计划”信息技术领域重大专项——“浪潮天梭高端容错计算系统研制与应用推广”项目承担单位。
· 国家“十一五”“863 计划”信息技术领域重大专项“浪潮海量信息存储系统及应用示范”项目承担单位。
· 国家首批创新型企业。

·国家 520 家重点企业之一。
·国家重点高新技术企业。
·首批认定的国家级企业技术中心。
·高效能服务器和存储技术国家重点实验室。
·国家级博士后流动工作站。
·浪潮被国家商标局认定为中国驰名商标。
·首批认定的一级计算机信息系统集成资质。
·智能建筑专项工程设计甲级资质企业。
·通过 ISO9001、ISO14001、18000 三项认证的企业。
·国家"863"服务器成果转化基地。
·国家服务器产业化基地。
·浪潮服务器、计算机被国家质检总局认定为中国名牌产品。
·软件产业通过 CMML5 认证。
·"中国软件欧美出口工程"A 级示范企业。
·首批国家规划布局内的重点软件企业。
·浪潮"适合中国国情的 ERP 软件"列入国家 863 计划。
·浪潮 ERP、SCM、CRM 三个项目全部入选国家 863 计划。
·国家密码委认定的商用密码产品销售许可证单位。
·税控收款机产品生产企业。
·中国电子信息百强 IT 企业综合实力前两位。
·中国自主品牌软件厂商第一名。
·浪潮服务器连续十五年占据国产服务器品牌市场份额第一位(1996－2010)。
·浪潮存储设备连续七年市场占有率全国第一(2004－2010)。
·浪潮 ERP2010 年集团管理市场占有率第一。
·集团财务管理软件市场份额国内前三甲。
·浪潮烟草行业软件市场占有率位列连续八年国内第一名(2003－2010)。
·浪潮税控机产品市场占有率连续八年位列中国税控机市场第一名(2003－2010)。
·中国第一台基于 10 颗 Intel 处理器的小型机,获得国家科技进步二等奖。
·浪潮 64 位服务器获国家科技进步二等奖。
·浪潮高性能服务器技术获信息产业部颁布的重大技术发明奖。
·"高效能服务器与存储技术创新工程"荣获国家科技进步奖"企业技术创新工程奖"。
·"天梭 TS30000 高端商用服务器系统"荣膺国家科技进步二等奖。
·浪潮税控机荣获山东省科技进步一等奖。

【000980】黄山金马股份有限公司

【基本情况】

黄山金马股份有限公司系国内最大的车用仪表生产企业之一,国家火炬计划重点高新技术企业、国家高新技术企业、安徽省博士后工作站、安徽省车用仪表及电器工程研究中心、安徽省企业技术中心、安徽省创新型试点企业、安徽省车用仪表及电器高新技术产业(骨干)基地。2000 年 6 月公司在深交所上市,证券简称:金马股份,证券代码:000980,注册资本:31700 万元。公司均通过 ISO/TS16949 国际质量体系认证及中汽产品认证,电子式汽车组合仪表及摩托车仪表均获得安徽省名牌产品。

公司历经几十年的发展,已形成了以汽车关键零部件(含汽车车身、汽车仪表、摩托车仪表、车用电器、整车线束)及防盗门等为主的产品多元化、支柱产品规模化格局。公司主导产品在国内市场占有率达 30%,生产能力在全国同行业位居前列。

黄山金马将致力于汽车零部件新产品、新技术、新工艺的开发和应用,并以安徽省车用仪表及电器高新技术产业基地为龙头,带动了地方企业的产业化发展,为地方的经济效益和社会效益作出了应有的贡献。

【主营业务】

车用仪表及车用零部件、防盗门的生产和销售。

【企业文化】

企业核心价值观:执事而敬与人为谦。

企业经营方针:以质量为根本,以市场为导向,以管理求效益,以科技求进步,以产品求发展。

企业经营宗旨:优质产品和优质服务相结合,经济效益与社会效益相统一。

企业精神:比、学、赶、帮,力争上游,多、快、好、省。

企业人才观:唯才是举,人尽其用。

【000983】山西西山煤电股份有限公司

【基本情况】

山西西山煤电股份有限公司(以下简称西山煤电股份公司)作为中国焦煤资源第一股,经山西省人民政府晋政函[1999]第 12 号文批准,由西山煤电(集团)有限责任公司、太原西山劳动服务公司、山西庆恒建筑(集团)有限公司、太原杰森木业有限公司、太原佳美彩印包装有限公司等五家股东共同发起,于 1999 年 4 月 26 日注册成立。2000 年 7 月 26 日,西山煤电股票在深圳交易所挂牌交易,股票简称西山煤电,证券代码:000983,融资 18.69 亿元,创当时山西省上市公司首次融资之最。

西山煤电股份公司总部位于山西省太原市西矿街 318 号西山大厦,地理位置优越,交通便利,距太原市中心 11.5 公里。矿区内公路主干道与太旧、大运高速路相连,各矿铁路专用线与石太、京原等大动脉相接。煤炭资源品种齐全,煤质优良,其中焦煤、肥煤为世界稀缺资源,具有粘结性强、结焦性高等多种优点。主要煤炭产品有焦精煤、肥精煤、瘦精煤、喷吹煤、电精煤、焦炭等,是冶金、电力、化工行业的首选原料,畅销全国 20 多个省、市、自治区,并出口到日本、韩国、德国、印度、巴西、西班牙等国家。

【主营业务】

煤炭生产、洗选加工、电力生产及销售;矿山开发及设计施工;矿用电力器材生产、经营。

【企业荣誉】

·2011 年最佳持续投资价值上市公司。
·2011 年最佳股东回报上市公司。
·2011 年先进党总支部。
·2011 年中国上市公司最受尊敬 10 大功勋企业家(西山煤电－金智新董事长)。
·2011 年中国上市公司最具竞争 10 强。
·2011 年中国上市公司最佳信息披露奖。
·2011 年中国能源煤炭行业最具影响力上市公司。
·2010 年中国投资满意十佳最具价值上市公司。
·全国煤炭工业优秀企业等荣誉。

※中小板上市公司※

【002001】浙江新和成股份有限公司

【基本情况】

浙江新和成股份有限公司地处浙江省新昌县，创建于1999年，现有总资产60亿元，已在新昌、上虞、山东等地建立了四个现代化生产基地，是一家专业生产营养品、原料药、药品、保健品、食品添加剂、饲料添加剂、香精香料的国家级重点高新技术企业。2004年，公司成为国内中小企业板第一股在深交所成功上市。2010年实现销售收入超30亿元，利税总额超15亿元，出口创汇超20亿元。

公司拥有国家级企业技术中心，国家级博士后科研工作站，成功开发国家重点新产品13个、实施国家火炬计划项目12项，承担国家科技攻关引导项目1项，国家科技型中小企业技术创新基金项目2项，取得授权专利51项。主导产品维生素E、维生素A及乙氧甲叉的产销量和出口量均居全国第一位，公司已成为世界四大维生素生产企业之一，全国大型的维生素类饲料添加剂企业。“新和成NHU”牌商标被评为中国驰名商标，NHU牌饲料级维生素为中国名牌产品。2010年，脂溶性维生素及类胡萝卜素的绿色合成新工艺及产业化获得国家科技发明二等奖（一等奖空缺）。

公司将坚持走“专业化”道路，专注于精细化工产业领域，遵循“技术专业化、产品系列化、生产规模化、市场国际化”的四化策略，做大做强主业，把新和成打造成国际著名的精细化工大型跨国企业，为“创新精细化工技术，改善人类生活品质”不懈努力。

【主营业务】

有机化工产品及饲料添加剂的生产、销售。

【经营业绩】

2011年上半年报告期内，公司共实现营业总收入203,221.92万元，同比增长25.11%。实现净利润63,421.24万元，同比增长15.82%。

【002004】重庆华邦制药股份有限公司

【基本情况】

重庆华邦制药股份有限公司位于重庆北部新区，是一家注册资金13200万，员工近1000名，总资产数十亿元的股份制高新技术制药企业。

2000年3月，华邦制药荣获国家科技部“全国重点高新技术企业”称号；2000年4月，重庆市首家全厂通过国家GMP认证企业；2003年荣获“全国五一劳动奖状”；连续五年被评为“重庆工业企业五十强”；连续七年被评为“重庆市高新技术开发区优秀企业”；2004年6月25日，公司在深圳证券交易所挂牌上市。

作为国家重点高新技术企业，华邦制药自成立之初，就认准了“科学立业”的目标，把科研和新药开发作为企业安身立命的根本，将高科技、高水准、专业化作为企业应对挑战的核心竞争力。经过十年的不懈努力，华邦在皮肤病治疗领域、结核病治疗领域树立了良好的企业品牌形象，已经成为了开发、生产、销售维甲酸类药物的专业厂家。

华邦制药在向制药业相关多元化发展过程中，实施以制药业为基础，以产业链为纽带，以市场为先导，以科技为支撑，以人才为根本，以产品经营和资本经营为依托的高水准发展战略，构筑企业核心竞争力。目前，华邦制药相继以控股与参股的方式涉足旅游业、能源业、制药业，投资兴建重庆汉邦天然药业有限公司、重庆汇邦旅业有限公司、重庆华邦酒店旅业有限公司、重庆华邦能源科技有限公司，从而迈开了公司“同心多元、发展未来”的战略步伐。

【经营业绩】

2011年上半年报告期内，公司实现营业收入291,981,530.42元，比上年同期增长12.85%，营业利润64,887,490.94元，比上年同期增长35.31%，实现净利润58,851,458.09元，比上年同期增长28.50%。

【002006】浙江精功科技股份有限公司

【基本情况】

浙江精功科技股份有限公司始创于1992年，2000年9月改制成为规范化的股份公司，2004年6月25日在深圳证券交易所中小企业板成功上市。股票代码：002006，股票简称：精功科技。

精功科技拥有员工1300多人，资产近12亿，主要从事机电一体化的太阳能光伏专用装备、建筑建材专用设备、轻纺专用设备、专用改装汽车等高新技术产品的科研开发、生产制造、经营销售和技术服务。精功科技现拥有浙江精功新能源有限公司等4家控股子公司及2家分公司，主导产品连续多年保持生产规模和市场占有率国内第一，使用的“精大”牌注册商标在国内外具有相当的知名度，产品远销欧美等发达国家和地区。

公司系国家重点高新技术企业，已实施了国家级火炬项目14项，开发国家级重点新产品14项，32次获省、市、县科技进步奖，组织实施3项国家、省创新基金，完成15项国家级、省级技改、科技计划项目和28项省级新产品开发试制的实施，现已拥有68项具有自主知识产权的专利技术。公司是全国工商联新能源商会副会长单位、中国建材机械工业协会常务理事单位、中国纺织机械器材工业协会常务理事单位、中国绝热隔音材料协会副会长单位、中国钢结构冷弯成型钢协会理事单位。公司还先后被评为中国建材机械行业20强企业和建材行业龙头企业。

精功科技秉承“勇于创新，精益求精”的企业精神，坚持“科技为先、内联外合”的发展战略，与北京理工大学、武汉理工大学、浙江大学等国内多所知名院校建立战略伙伴关系；并与美国BRADBURY集团、德国GERGEN公司、芬兰FORMIA公司、意大利SAIP公司等国际知名公司进行了广泛的技贸合作。

同时，依托自身的技术实力，精功科技加快光伏产业布局，以国内外首台500kg太阳能级多晶硅铸锭炉的问世，站在了光伏专用装备制造行业的高点，提升了企业核心竞争力，力争打造全国乃至全球重要的先进装备制造业生产基地。

【主营业务】

机电一体化的建筑、建材专用设备及轻纺专用设备等。

【经营业绩】

2011年上半年报告期内，公司实现合并营业收入125,567.17万元，比上年同期增长183.55%；公司营业利润、利润总额以及归属于上市公司股东的净利润与上年同期相比分别增长1400.12%、1381.00%和1510.61%，基本每股收益1.52元，加权平均净资产收益率为37.70%；经营活动产生的现金流量净额-1,453.08万元，比上年同期下降215.32%。

【002009】江苏天奇物流系统工程股份有限公司

【基本情况】

江苏天奇物流系统工程股份有限公司，位于江南名城无锡。创建于1984年，2004年6月在深圳证券交易所上市，是国内同行业唯一的上市公司，技术和销售在国内处于同行业首位。公司有职工1480人，专业技术人员和管理人员450人。

公司是国家级高新技术企业、国家知识产权试点单位，拥有省级工程技术研究中心。公司是国内外现代制造业物流自动化技术装备知名供应商，主要产品有汽车总装物流自动化系统、汽车焊装物流自动化系统、车身储存物流自动化系统、汽车涂装物流自动化系统、机场物流自动化系统、自动化立体仓库系统，产品还涉及到散料输送设备、风力发电设备的风叶、塔桶等。公司核心业务主要有三大类即自动化物流集成设备、散料输送设备、风电设备，主要应用于汽车、家电、机场、机床、内燃机、冶金、化工、煤炭、码头、造纸、食品、能源等十多个行业。

公司以市场需求为导向，以技术创新为动力，以资本运作为手段，以质量保证体系为基础，以信息管理为平台，以规模效益为目标，立足长远，在市场开拓、产品研发、内部管理、资本运营等方面均衡发展，取得了令人瞩目的成绩。李鹏、乔石、王光英等国家领导人先后莅临视察，新加坡资政李光耀先生参观后题词，盛赞天奇股份是“一个独创企业的出色典范”。

【主营业务】

物流机械设备、风电产业及房地产业。

【经营业绩】

2011年上半年报告期内，公司营业收入65757万元，实现营业利润6913万元，同比上升61.29%和80.95%。

【002017】东信和平智能卡股份有限公司

【基本情况】

东信和平智能卡股份有限公司（以下简称“东信和平”或“公司”）是全球知名的智能卡产品及相关系统集成与整体解决方案的提供商和服务商。成立于1998年，目前注册资本2.18亿元人民币，2004年在深圳证券交易所中小企业板上市，是国家火炬计划重点高新技术企业、国家规划布局内重点软件企业，是“广东省工程技术研究开发中心”、“广东省企业技术中心”的依托单位，设有博士后工作站，为目前国内经营规模最大的智能卡行业上市公司（股票代码：002017.SZ）。

公司的产品和服务广泛应用于电信、金融与支付与安全、社会与公共事业、终端通讯等主要智能卡及相关应用领域。产品和技术服务涵盖卡类、增值业务类、解决方案类、终端与工具类。其中卡类产品包括接触式智能卡、非接触式智能卡、双界面卡、磁条卡以及刮刮卡等。公司在研发能力、产业规模、管理水平、市场份额等方面均处于行业前列。

经过十余年的发展，公司已形成了强大的智能卡芯片封装、模块封装、个人化生产能力和智能卡相关系统解决方案的研发能力。累计向市场提供了芯片卡16亿张，刮卡40亿张，曾获“国际质量领袖金星奖”。拥有向全球70多个国家和地区提供产品与技术服务和相关解决方案的经验。随着第三代移动通信技术的发展，公司成为活跃在一卡通、移动支付、信息安全加密等新技术和新市场领域的一支生力军。

站在新的起点上，公司将积极捕捉新一代宽带移动通信网络发展机遇，继续保持和扩大在通信卡类产品领域的优势；加快电信领域高端产品、EMV金融卡、非接触卡等高毛利产品的市场推广；紧密跟进国内银行IC卡升级趋势和EMV标准迁移带来的市场机会；继续推进全球业务布局，着力培育新业务，持续提升技术创新能力，形成卡、终端和系统的整体解决方案能力。为早日实现“国际化的智能卡产品及相关系统解决方案提供商和服务商”的发展目标而不懈努力。

【经营业绩】

2011上半年，公司营业收入继续保持增长，达到4.34亿元，同比增长6.05%。累计实现利润总额2,715万元，同比减少13.70%；累计实现归属于母公司的净利润2,053万元，同比减少9.70%。

【企业荣誉】

- 2010年中国移动电话卡销售数量第一名。
- 国家重点新产品（自主智能卡服务终端EPT产品）。
- 国际质量领袖金星奖。
- 2010国家金卡工程优秀成果金蚂蚁奖市场开拓奖。
- 中国智能卡最受欢迎卡片供应商。
- 2010年中国国家金融展发展潜力奖（VGP智能卡平台产品）。
- 广东省优秀工程技术研究开发中心。
- 第十四届中国国际博览会金奖。
- 2010年中国软件行业知识产权自主创新十大品牌。
- 2010国家金卡工程优秀成果金蚂蚁奖自主创新奖。
- 国家规划布局内重点软件企业。
- 2011年度国家金卡工程优秀成果金蚂蚁奖创新产品奖。
- 第十五届中国国际软件览会金奖（2011）。
- 2011年（第十届）中国软件业务收入前百家企业。

【002024】苏宁电器股份有限公司

【基本情况】

苏宁电器1990年创立于江苏南京，是中国3C（家电、IT、消费类电子）家电连锁零行业的领先者，国家商务部重点培育的“全国15家大型商业企业集团”之一。经过20年的发展，已从一家200平米的空调专营店成为中国最大的商业零售企业。2004年7月，苏宁电器在深交所上市，成为国内首家IPO上市的家电连锁企业，市场价值位居全球家电连锁企业前列。

2010年，苏宁电器销售规模1562亿元，先后入选《福布斯》亚洲企业50强、全球2000大企业中国零售业第一，是中国第三大民营企业，位居中国企业500强第51位，品牌价值728.16亿元。截至2011年三季报期末，苏宁在中国内地、香港地区、日本市场共拥有连锁店1575家，覆盖中国大陆300多个城市。

目前，苏宁电器已经形成了超级旗舰店、旗舰店、邻里店、精品店等多业态和实体零售、B2C网络购物、对公销售等多渠道相结合的发展格局。2010年初，苏宁电器旗下电子商务平台苏宁易购正式上线，于2011年开始实行独立化运营，截至至2011年三季报期末，苏宁易购销售规模已达到40亿，跻身行业前列。

【连锁发展】

苏宁电器建立了覆盖直辖市—省会城市—副省级城市—地级城市—县（县级市）—发达乡镇六级市场的连锁网络。2009年，苏宁电器控股、收购日本LAOX公司、香港镭射电器，成功进入日本和香港市场，并以香港为海外发展桥头堡，探索国际化经营道路。2011年6月，苏宁绝对控股Laox，成立Laox中国，实行Laox与苏宁双品牌运作，并规划五年内，在全国建设150家乐购仕生活广场（LAOXLIFE）。

【市场营销】

苏宁电器依托SCS平台，与全球数万名知名家电供应商建立了紧密的合作关系，并坚持市场导向、顾客核心，不断创新经营产品品类，承诺"品牌、价格、服务"一步到位。目前经营的商品涵盖空调、冰洗、彩电、音像、小家电、通讯、电脑、数码、OA办公、厨卫等综合品类。除门店常规电器产品外，苏宁对公销售还提供中央空调系统、地暖系统、净水系统、锅炉系统、办公集成系统、影音集成系统等商用电器产品整体解决方案。

【客户服务】

苏宁电器在全国建立了区域配送中心、城市配送中心、转配点全国三级物流网络体系，依托WMS、DPS、TMS、GPS等先进信息系统，实现了长途配送、短途调拨与零售配送到户一体化运作。苏宁电器依托遍布城乡的数千家售后服务网络，2万多名专业服务工程师时刻响应顾客需求，24小时内快速上门，为顾客提供专业、可信赖的售后保障。苏宁电器还推出了阳光包、IT帮客、服务管家卡等自主服务产品，自主推广的系列家用电器安检标准也成为行业或国家标准，拥有多项国家发明专利，是业内首家国家职业技能鉴定资质单位。

【智慧苏宁】

依托SAP/ERP系统，苏宁电器完成了涵盖SCS、B2C、BI、WMS、TMS、CRM、CallCenter、OA、SOA、HR等10多类、120多项的信息应用模块开发，实现了"高效采销运营、精益客户服务、精细内部管理"三位一体的全流程信息管理。目前拥有4000多名专业IT人员，2005年以来，苏宁电器先后携手IBM、SAP、思科等世界知名IT企业开展信息系统建设战略合作，打造国际化一流信息平台。未来，苏宁将充分运用云的理念和技术，高度整合、灵活调动企业内外部资源，在供应链合作、消费者服务、企业内部管理等方面都形成云服务平台和瘦客户端的模型，全面转型为苏宁"云服务"商业模式。

【人力资源】

秉承"自主培养、内部提拔"的人才培养方针，苏宁电器陆续实施了1200梯队、总经理梯队、采购经理梯队、店长梯队、督导梯队、销售突击队、蓝领工程等10多项人才梯队计划，保障了企业持续快速的发展，并建立了新员工、企业文化、业务能力与领导力等培训领域，涵盖入职、在职、脱岗、E—Learning自学以及厂商联合培训、校企合作、外部机构合作等多种形式的培训体系。苏宁形成涵盖员工福利、各类奖励、晋升加薪、期权激励等多方面的激励体系，鼓励员工树立远大的事业理想，并立足苏宁平台，与企业共同成长，成为苏宁的事业经理人。

【社会责任】

苏宁电器通过吸纳就业、缴纳税收、慈善公益等方式，不断回馈与服务社会，为推动经济发展与社会和谐奉献力量。目前累计纳税超百亿元，直接解决就业17万人，间接支撑就业人数上百万，多次荣获国家、省、市税务部门颁布的纳税先进企业称号，在抗灾救民、扶贫救弱、捐赠教育、环境保护等领域累计捐赠7亿多元。2006年，苏宁创立"1+1阳光行—苏宁社工志愿者行动"，号召全体员工每人每年捐出1天工资用于慈善捐赠，每人每年奉献1天时间参加社工服务，成为中国第一家将社会公益长期化、制度化推进的企业。"1+1阳光行"自启动以来，共在全国组建1000多支志愿者分队，年平均活动人数达到10多万人次。

2011年6月，苏宁电器举行未来十年发展战略发布会，从连锁发展、营销创新、科技转型、电子商务等方面阐述公司整体发展战略，立志将苏宁打造成一个在连锁地域、经营规模、科技创新、服务能力等方面都具备全球化竞争力的世界级企业。

【002025】贵州航天电器股份有限公司

【基本情况】

贵州航天电器股份有限公司，中国航天科工集团旗下的上市公司，"全国五一劳动奖状"获得者。成立于2001年12月30日，前身是国营朝晖电器厂和国营朝阳电器厂，是"全国五一劳动奖状"获得者，中国电子元件百强企业，中国市场电子元件领军厂商，2007年被认定为"国家级企业技术中心"，2009年被认定为"国家火炬计划重点高新技术企业"。2004年7月公开发行股票并上市。

主要从事高端继电器、连接器和组件线缆的研制生产和技术服务，是我国电子元器件行业高端领域、高端产品研制生产的主要企业之一。公司跨地域、集团化经营，分别在上海、苏州、泰州和遵义设有子公司。

公司80%以上的产品销售给航天、航空、电子及舰船等领域的高端客户。公司承担了我国载人航天飞行试验和探月工程的配套产品研制任务，为我国航天事业作出了贡献。

公司以"勇于争先，体现我们的价值"为价值准则，"能拼善搏，精雕细琢"为精神要旨，以"连接世界，控制未来"的恢宏气势和信心，力争把公司建设成为"具有显著影响力和竞争力的一流高科技企业"。

【经营业绩】

2011年1－6月，公司实现营业总收入434,407,882.02元，较上年同期增长27.26%；营业利润91,596,066.64元，较上年同期增长31.48%；实现利润总额94,718,011.09元，较上年同期增长29.86%；净利润70,507,840.01元，较上年同期增长29.41%。

【002033】丽江玉龙旅游股份有限公司

【基本情况】

丽江玉龙旅游股份有限公司是一家主要从事经营旅游索道、五星级度假酒店等多项旅游业务及旅游文化演艺业务；对旅游、房地产、酒店、交通、餐饮等行业投资、建设的公司。目前公司主要运营玉龙雪山旅游索道、云杉坪和牦牛坪旅游索道及其相关配套设施；公司丽江和府皇冠假日酒店目前委托洲际酒店集团管理。丽江玉龙雪山景区是国家5A级景区、国家重点风景名胜区、国家地质公园、省级自然保护区和旅游开发区，是丽江市旅游的品牌景点。玉龙雪山拥有我国距赤道最近的现代海洋性冰川，被誉为"冰川博物馆"和"动植物宝库"。公司投资的和府皇冠假日酒店是世界文化遗产丽江古城内唯一一家国际五星级标准的休闲会议酒店，由国际知名酒店管理集团洲际集团负责营运管理。

丽江玉龙旅游股份有限公司（以下简称"本公司"）成立于2001年10月18日，是经云南省经济贸易委员会《关于变更设立丽江玉龙旅游股份有限公司的批复》（云经贸企改[2001]526号）批准，以丽江玉龙雪山旅游索道有限公司2001年6月30日经审计后的净资产74,323,048元按照1:1

的比例折合股份74,323,048股,整体变更设立的股份有限公司。2004年8月10日,经中国证券监督管理委员会《关于核准丽江玉龙旅游股份有限公司公开发行股票的通知》(证监发行字[2004]125号)核准,本公司首次向社会公开发行人民币普通股股票2,500万股。

2005年10月25日本公司召开的股权分置改革相关股东会议审议通过了本公司的股权分置改革方案:本公司非流通股股东以支付公司股票的方式作为对流通股股东的对价安排,在方案实施股权登记日在册的流通股股东每10股流通股股份可以获得非流通股股东支付的的3.5股对价股份,对价安排股份合计为875万股。

2010年4月14日,经中国证券监督管理委员会《关于核准丽江玉龙旅游股份有限公司非公开发行股票的批复》(证监许可[2010]384号)核准,本公司向云南省旅游投资有限公司非公开发行1,700万股新股,发行价格为每股人民币11.91元。

2011年4月27日,经2011年4月1日召开的2010年度股东大会通过的权益分配方案,本公司以股本116,323,048股为基数,以资本公积金向全体股东每10股转增三股,分红后总股本增至151,219,962股。截至2011年6月30日,本公司注册资本15,122.00万元,其中:有限售条件的流通股份A股57,757,985股;无限售条件的流通股份A股93,461,977股。

【主营业务】

经营旅游索道及其他相关配套服务;对旅游、房地产、酒店、交通、餐饮等行业投资、建设。

【经营业绩】

2011上半年,由于玉龙雪山索道技改工作完成并开始恢复运营,公司索道业务共接待游客112.85万人次,较去年同期的88.11万人次增加了24.74万人次,增长幅度为28.08%。公司索道接待游客数的增长主要来自于玉龙雪山索道,2011年上半年玉龙雪山索道接待游客37.32万人次,较上年同期增加25.74万人次,增长222.28%;云杉坪索道今年上半年接待游客73.27万人次,与上年同期基本持平;牦牛坪索道今年上半年接待游客2.26万人次,较上年同期下降了30.85%。今年上半年,公司酒店业务收入为4,312.54万元,实现营业利润为1,537.15万元。

2011上半年报告期内,公司实现营业收入13,640.40万元,营业利润42,01.00万元,归属于母公司所有者的净利润3,021.25万元,分别较去年同期增长62.89%、205.55%、367.19%。

【002035】中山华帝燃具股份有限公司

【基本情况】

中山华帝燃具股份有限公司(股票简称华帝股份,股票代码002035)成立于2001年11月28日,其前身为成立于1992年4月中山华帝燃具有限公司,主要从事生产和销售燃气具系列产品、太阳能及类似能源器具、家庭厨房用品、家用电器及配件、企业自有资产投资、经营货物和技术进出口业务。2004年9月1日公司成功登陆深圳证券交易所,为厨卫行业第一家上市的中小板企业,现公司已形成燃气灶具、热水器(电热水器、燃气热水器和太阳能热水器)、抽油烟机、消毒柜、橱柜等种类为主的强大产品阵容,燃气灶具连续多年稳居国内销量第一,为中国灶具第一品牌,抽油烟机销量进入全国行业三强,燃气热水器、消毒柜销量均进入全国行业前十。早在2005年6月"华帝"就被国家工商总局商标局认定为"中国驰名商标"。目前"vatti华帝"热水器、灶具、家用橱柜为国家质量监督检测检疫总局评选的"中国名牌产品","vatti华帝"抽油烟机为"国家免检产品"。

公司全力打造优秀企业公民形象,凭借自身的综合实力,先后成为北京2008年奥运会燃气具独家供应商,以及广州第16届亚运会燃气具和火炬供应商,并为第九届、第十届、第十一届全国运动会、香港2009年东亚运动会、深圳2011世界大学生运动会等重大赛事提供火炬、配套器材及技术服务。

公司高度重视新产品、新技术的开发利用,公司技术中心具有完善的设计实验设备,如三维设计系统、燃烧数据实验室、自动配气、电子实验、气相分析等高科技试验设备,是广东省重点技术中心,与并北京理工大学、上海同济大学、华中科技大学等进行技术合作。公司拥有世界领先地位的低氮氧净燃烧技术、离子感应式意外熄火保护技术,同时公司专注聚能燃烧技术开发,主导推广的聚能灶在2010年底入选国家发改委《国家重点节能技术推广项目第三批目录》。

公司致力于做全国厨卫领导品牌,成为全球有影响力的厨卫制造和服务商,成为世界上最具有竞争力、被公众和投资者认为是卓越的具有文化特色的专业企业,公司始终坚持"诚信、责任、创新、共赢"作为企业文化核心,秉承"永不满足现状、为消费者及利益共同体创造最大价值"的经营理念,不断超越,快速发展。

【主营业务】

燃气灶具、热水器(燃气热水器、电热水器、太阳能热水器)、抽油烟机等三大系列产品的研制、生产和销售。

【经营业绩】

2011上半年报告期内,公司实现营业收入90,683.71万元,较上年同期增长18.35%,实现净利润(归属于母公司所有者的净利润)5,563.53万元,较上年同期增长64.45%。

【002051】中工国际工程股份有限公司

【基本情况】

中工国际工程股份有限公司(简称"中工国际")隶属于中国机械工业集团有限公司,是经中华人民共和国商务部批准,由国内著名的外贸公司、设计院、机械制造商和施工单位共同发起设立的股份有限公司,中工国际于2006年6月在深圳证券交易所挂牌上市(股票代码:002051),为全流通条件下的IPO第一单。

中工国际核心业务是国际工程总承包、进出口贸易和海内外投资业务。中工国际具有丰富的国际工程总承包管理经验,截至目前已完成数十个大型交钥匙工程和成套设备进出口项目。业务范围覆盖东南亚、南亚、中亚、中东、非洲、南美洲及加勒比地区诸国,业务涉及水务工程、农业工程、电力工程、工厂建设、交通工程等领域,已完成的项目获得了所在国家业主的广泛认可和好评。

中工国际拥有广泛的信息获取渠道和高效的管理团队,拥有长期而稳定的战略合作伙伴和良好的融资能力。展望未来,在广阔的国际工程领域和投资领域,中工国际将积极进取、开拓创新,创造更加辉煌的明天!

【经营范围】

承包各类境外工程及境内国际招标工程;上述境外工程所需的设备、材料出口;对外派遣工程、生产及服务行业所需的劳务人员(不含海员);经营和代理各类商品及技术的进出口业务(国家限定公司经营或禁止进出口的商品及技术除外）；经营进料加工和“三来一补”业务；经营对销贸易和转口贸易。

【经营业绩】

2011年上半年报告期内，公司实现营业总收入17.91亿元，比上年同期增长0.84%；实现营业利润20,085.73万元，比上年同期增长35.77%；实现利润总额20,126.56万元，比上年同期增长36.42%；实现净利润16,228.39万元，比上年同期增长29.62%。

【002053】云南盐化股份有限公司

【基本情况】

云南盐化股份有限公司（以下简称“公司”）前身为云南省盐业总公司（国有全资公司），是由云南轻纺集团有限公司作为主发起人，联合云南有色地质矿业有限公司、云南创立投资管理有限公司、云南省国有资产经营有限责任公司、云南省开发投资有限公司、中国盐业总公司、安宁市工业总公司，于2002年7月以发起设立方式设立的股份有限公司（国有控股公司）。2003年6月，云南省实施化工行业整合，云南轻纺集团有限公司整体划入云天化集团有限责任公司，云天化集团有限责任公司成为公司的实际控制人。

2006年6月，公司7000万A股股票在深圳证券交易所上市，公司注册资本18,585万元人民币，其中云南轻纺集团有限公司占股本总额的40.59%，成为云天化集团有限责任公司控股的第三家上市公司。

公司是由5个生产企业（昆明盐矿、一平浪盐矿、乔后盐矿、普洱制盐分公司、天塑分公司）、1个全资企业（云南天聚化工有限责任公司）、3个控股企业（云南普阳煤化工有限责任公司、文山黄家坪水电开发投资有限责任公司、云南天南冶化工有限责任公司）、4个参股企业（勐腊天勐对外经济贸易有限责任公司、云南云天化联合商务有限公司、云南聚通实业有限公司、云南四方化工有限公司）和遍布全省的15个营销分公司组成的大型盐和盐化工企业，同时也是云南省政府授权唯一经营合格碘盐的企业，经营范围包括食盐、工业盐、营养盐、日化盐、芒硝、PVC、烧碱、盐酸、液氯、电石等系列产品。

【经营业绩】

2011年上半年报告期内，公司实现营业收入84,438.21万元，同比上升10.10%；利润总额2,116.67万元，同比上升579.41%；归属于上市公司股东的净利润2,477.99万元，同比上升360.16%；经营活动现金流量净额8,323.52万元，同比上升5912.94%。

【002074】江苏东源电器集团股份有限公司

江苏东源电器集团股份有限公司由通州市十总集体资产投资中心、南通通能投资实业有限公司等共同出资设立，系华东地区成套高低压开关设备生产基地，全国电器开关行业重点骨干企业，高成长性上市公司，目前拥有东源阿斯通、东源泰富、东源天利、东源钢构、东源互感器5家控股子公司（简称）。公司注册资本14076万元，现有员工1128名，其中科技人员占总数的36.8%。公司主营高压电器、高低压开关成套设备，电器数字化设备、配网智能化设备、风电电控设备、船舶电器、环保电器、铁路电器及各类元器件的制造和销售。公司年产各类高、低压开关设备及系列化真空开关等主产品6万多台（套）。

公司视管理为基石。公司建立了现代企业管理制度，走上了标准化、规范化、现代化的运行轨道。公司经营管理以及各项基础和专业管理水平不断向高层次提升，通过ISO9001、ISO14001、OHSAS18001质量、环境、安全整合型管理体系认证，产品通过PCCC认证、3C认证。公司还实行风险管理责任制、“双新”管理、“倒逼成本法”等一系列行之有效的管理制度，以现代化的管理模式保证了上市公司的规范、高效运行，树立了上市公司良好的公众形象。

公司视创新为源泉。公司发展二十多年来，每年都投入数千万元购置现代化软硬件设施、加大科技开发力度、推广应用科技成果及信息化的建设。公司设立了博士后科研工作站，建立了自己的省级技术中心，从事科研和技术开发，先后与中国电力科学院、清华大学、南京理工大学、西安交通大学、上海同济大学等全国多家电力系统和科研院所建立了长期友好的技术合作关系，并与ABB、西门子等国际知名品牌公司共同合作，强强联手，联合制造了ArTu配电控制柜、126kV系列智能化断路器、ZFC—12、24、40.5kV智能封闭充气式开关设备、12、24、40.5kV系列数字程序化开关设备、12－24kV系列环网智能化开关设备、配网自动化配套设备等系列高科技产品。多项高科技产品被列入国家重点火炬与星火计划、国家重点新产品计划和国家高新技术产业化推进项目以及省级重点技术创新、重大科技成果转化专项资金项目、经济新增长点扶持资金项目、中国名牌和省名牌产品等，10多项产品获得省市级科技进步奖。目前公司拥有主要专利产品或技术52项，其中发明专利3项。

公司视发展为动力。公司不断进行大规模的技术更新和改造，拥有国际先进、国内领先水平的各种数控生产制造设备和检测试验设备，形成了适应市场的高效率自动化生产能力。产品产销总量持续攀升。公司利用A股股票上市募集资金加快了项目实施进程，实现了规模扩张和总量提升，从资产规模、业务收入、盈利能力等方面全方位提高了企业综合实力和发展后劲。07年10月成功收购苏州天利电器，标志着东源电器迈开了资本运作的坚实步伐。目前，一座现代化电器产业城——东源电器高科技工业园已初具规模，逐步形成东源高科技开发基地、产业生产基地、培训服务基地及后勤保障基地，展示着企业蓬勃的发展生机。

公司视人才为支柱。人才是企业最重要、最稀缺的战略资源，一个企业能不能吸引和凝聚集团内部人才，吸纳和留住社会上的高层次人才，将关系到企业的生存和发展。公司在人才发展战略上，首先抓好人才培养工程：采用内培外训、委托代培等多种形式，利用高等院校、科研院所、再教育培训基地等提高员工的思想素质和综合能力，为公司培养了一批熟悉业务、精通技术、懂得管理的优秀人才。其次，构建绿色通道，加大人才引进和交流力度：公司每年都从对口高等院校、人才市场以及社会广泛招聘多层次的科技人才和管理人才，并在选人机制上，采取从学历取向逐步转为业绩取向。第三，公司建立和完善了相关机制和政策，积极创造良好的工作环境，营造尊重知识、尊重人才的浓烈氛围，在用人机制上，采取“量才使用，用人之长”，在分配机制上，严格考核，优胜劣汰、注重激励，力求做到以事业留人、以环境留人、以制度留人、以待遇留人、以感情留人。另外，公司还建立了双向选择、合同约束、契约管理的平等法律关系为公司的健康发展在机制上提供了保证。

公司视品牌为生命。始终坚持以诚信经营和品牌质量开拓市场、服务用户。目前在全国各地设立办事处和直销、代销机构，形成遍布江苏、浙江、北京、上海等全国二十多个省、市、自治区的营销网络，并外销伊朗、苏丹、印尼、南非、越南、亚美尼亚等国家和地区，中国名牌、中国驰名商标"顶塔"电器以一流的品质为国内外数万家大型、重点工程配套使用，广泛赢得了专家和用户的赞誉和信赖。两项产品产销量连续多年居全国同行业第一，树立起强大的诚信和质量品牌形象。

东源电器一直坚持走以内涵为主、内涵和外延相结合的发展道路，依靠不断创新和不断发展，特别是在抓住国家发展和电网建设机遇的同时，利用资本运作平台，实现总量的快速增长、规模的迅速扩张和企业发展的大步跨越。东源电器这艘输配电行业巨舰满载企业成就的辉煌和美好愿景，肩负着为电力事业打造精品、传输命脉的企业使命，结合国家振兴重大装备制造业的要求，由单一输配电电器产业向风电、环保、船舶、铁路、新能源等多种装备制造业为一体的产业板块发展，建立以仓储、物流、工程安装及开发等集聚多种功能的、完整的服务体系，同时在金融、证券、投资等方面积极营造资本市场运作的崭新空间，全面推进和形成多产业开发、多领域发展。

目前，东源电器环保产业基地已正式形成，风电产业基地正在建设之中，东源电器已跨入了新的发展征程，将热诚期待与国内外客商携手合作，共谋发展，共创辉煌！

东源电器在今后的发展中，坚持"以高科技推动产业升级，以高品质铸造名优品牌，以高效率创造一流企业，以高效益回报股东（股民）、奉献社会"的企业宗旨；"团结拼搏、求实进取"的企业精神；"一业为主、多业并举"的经营战略；"不断创新、持续发展"的行动纲领；"以人为本、和谐共赢"的企业文化，矢志不渝地保持和推动东源电器基业常青、永续发展。

东源的今天有目共睹，东源的明天不同凡响！东源人正紧紧依靠科技创新和现代化管理，扎实推进实施东源电器中长期发展规划，不断壮大和稳步提升东源电器在国内输配电设备行业的龙头地位，为东源电器成为国际知名品牌公司而努力奋斗！

【002075】江苏沙钢股份有限公司

【基本情况】

江苏沙钢股份有限公司（简称"公司"）位于长江之滨的新兴港口工业城市张家港，东临上海、南靠苏州、西接无锡、北依长江，高速公路四通八达，区位优势得天独厚。公司前身是国有控股企业——高新张铜股份有限公司（以下简称"高新张铜"），2006 年 10 月 25 日高新张铜在深圳证券交易所中小板挂牌上市。2008 年 12 月 19 日，高新张铜与江苏沙钢集团有限公司（简称"沙钢集团"）共同签署了重大资产重组协议，2010 年 12 月 24 日，高新张铜重大资产重组方案获得中国证监会核准，高新张铜向沙钢集团非公开发行股份购买其持有江苏沙钢集团淮钢特钢股份有限公司（简称"淮钢特钢"）的 63.79% 股权。2011 年 3 月 18 日，经高新张铜股东大会批准，公司名称变更为江苏沙钢股份有限公司。2011 年 4 月 8 日公司股票在深圳证券交易所恢复上市交易，公司股票简称变更为"沙钢股份"，证券代码仍为"002075"。

公司控股股东为沙钢集团，拥有总资产 1500 多亿元、职工 4 万余名。年生产能力炼铁 2900 万吨、炼钢 3500 万吨、轧材 3300 万吨，是江苏省重点企业集团、国家特大型工业企业、全国最大的民营钢铁企业、世界 500 强企业，并被国家发改委、科技部等六部委认定为国家创新企业。其主导产品宽厚板、热轧卷板、不锈钢热轧和冷轧板、高速线材、大盘卷线材、带肋钢筋、特钢大棒材已形成 60 多个系列和 700 多个品种近 2000 个规格。

公司主要控股子公司淮钢特钢，拥有总资产 105 亿元，职工 7000 余名，其中各类专业技术人员 3000 余名，拥有从意大利引进的具有国际先进水平的 70 吨超高功率电炉 - 精炼炉 - 连铸 - 热送/热装 - 连轧"四位一体"的短流程优钢中小型棒型材生产线和一条国内先进水平的 100 吨转炉 - LF 钢包精炼炉 - RH 真空脱气炉 - 连铸 - 配套中、小型棒型材连轧生产线各一条；一条从意大利引进的可生产直径 380 - 600mm 的大圆坯生产线，及与之配套的直径 90 - 250mm 特钢大棒材生产线，年产弹簧钢、轴承钢、船用锚链钢、合金管坯钢、汽车用钢等优特钢、材 300 万吨。

公司始终以创新为理念，以科技进步和企业管理为着力点，以经济效益为中心，实现高起点、集约化、国际化。按照市场需求自主组织经营，实现产品结构多元化，通过不断提高生产力水平和经济效益，实现全部资产的保值增值，建立具有行业特色和较强竞争力的大型企业。保护股东的合法权益，使全体股东获得良好的投资回报。

【主营业务】

优特钢、中厚板钢铁产品及铜制品的生产与销售。

【经营业绩】

2011 年上半年，公司实现营业总收入 815,620.95 万元，较上年同期增加了 26.89%；实现归属于上市公司股东的净利润 17,043.34 万元，较上年同期下降了 37.47%。

【002078】山东太阳纸业股份有限公司

【基本情况】

太阳纸业是一家全球先进的跨国造纸集团和林浆纸一体化企业，是中国最大的民营造纸企业、中国最大的高档涂布包装纸板生产企业、中国食品级包装用纸领军企业。集团在深圳证券交易所上市，业务涉及造纸、化工、外贸、电力、科研、林纸、酒店、投资等领域，拥有资产总额 186 亿元，年浆纸产能 350 万吨，员工 1 万余人。集团总部设在孔孟之乡山东兖州，拥有 15 个分公司，旗下企业主要分布在中国、东南亚和美国，产品主要服务于中国、美国、非洲、东南亚、香港等国家和地区。企业曾荣获"全国造纸行业十佳企业"、"全国诚信守法企业"、"全国关爱员工优秀民营企业"、"全国工商联系统优秀纳税会员企业"、"中国最具生命力企业"等多项荣誉称号。

太阳纸业连续四年荣登中国最具生命力百强企业榜，在行业内率先通过了质量管理、环境管理、职业健康、食品安全、森林监管链五大体系认证。集团主要品牌有金太阳、华夏太阳、天阳、威尔、乐考、酷印等，主导产品为高档涂布包装纸板、高级美术铜版纸、非涂布高级文化办公用纸三大系列。集团与当纳利、中华商务、深圳雅昌、鹤山雅图仕、外研社、人民教育出版社等用户建立了长期稳固的战略合作伙伴关系，产品服务于麦当劳、肯德基、LG、三星、摩托罗拉、诺基亚、茅台、五粮液、红塔、红云、白沙、青啤、伊利、蒙牛、康师傅等国内外知名品牌。

打造资源节约型和环境友好型企业，追求企业、环境、社会的和谐统一和互惠共赢，是太阳人不懈的努力方向。太阳纸业累计投入 16 亿多元人民币用于污染治理，实施循环经济，使综合废水 COD 稳定在 60mg/L 左右，BOD 达到 10mg/L 以下，达到国际先进治理水平。集团投资 3 亿元建设深度治理和中水资源化工程，让废水得到进一步的生物降解和自然氧化，出境水质达到地表水四类水标准,最终实现废水充分循环利用及区域“零排放”,这在全国造纸行业也是第一家。集团荣获山东省环境友好企业、山东省节能先进企业、山东省循环经济和绿色环保十佳品牌企业等荣誉称号。由于太阳纸业的突出业绩和出色表现,全国工商联纸业商会会长、集团董事长李洪信先生被授予“2010 锐思亚洲造纸业最佳 CEO 奖”。

【主营业务】

机制纸、纸板制造;纸制品制造、加工;建筑材料、五金交电、化工产品(不含化学危险品)销售热电的生产等。

【企业荣誉】

· 中国最大的民营造纸上市企业。
· 中国最大的高档涂布包装纸板生产基地。
· 中国高档文化用纸第一品牌。
· 中国食品级包装用纸领军企业。
· 中国最具竞争力的造纸企业。
· 首家通过环境、质量、卫生、安全、森林五种管理体系认证。
· 2011 中国企业 500 强第 341 位、中国民营企业 500 强第 67 位。
· 连续四届荣登“中国最具生命力百强企业榜”。
· 连续三届入选福布斯“中国顶尖企业榜”。
· 山东省环境友好企业。
· 山东省循环经济和节能减排十佳企业。

【社会责任】

绿色环保:

太阳纸业以高度的社会责任感和使命感,加快推进企业转型升级,积极进行污染治理,以强有力的措施和优异的污染治理成绩,打造资源节约型和环境友好型企业,追求企业、环境、社会的和谐统一和互惠共赢。目前太阳纸业已累计投入16 亿多元人民币用于污染治理,实施循环经济,使综合废水COD 稳定在 60mg/L 左右,BOD 达到 10mg/L 以下,实现了固废的资源化利用和外排废气的综合治理,达到国际先进水平。

清洁生产:

企业依托丰富的废弃物治理经验以及各种完善的处理系统,对生产过程中产生的废水由原先的末端治理到现在的全程控制,实现了以低消耗实现低排放、以再循环实现减量化。厂区内生产废水实施分级处理、分质回用,重复利用率达85% 以上;投资 3 亿元实施中水资源化工程,确保了出境水质达到地表水四类水质标准;1000 吨碱回收系统回收的白泥取代石灰石进行脱硫后制作石膏板;新建八万方水处理系统所产沼气可以用来发电,创造可观的经济效益;此外,又相继淘汰 13 万吨麦草浆生产线和 10 万吨废纸浆生产线,实现了清洁、高效的全木浆生产工艺。

低碳经济:

企业在严格过程控制,实施清洁生产的同时,还紧抓深度治理不放松。聚全力、投巨资,强力推进污染治理。目前公司拥有各种污水处理设施十余套,2011 年公司又在城郊处建设八万方污水处理系统,替代厂区原有的三万方、六万方处理系统,实现了厂区废水治理设施全面的整合升级,全部采用目前国内外最为先进的处理工艺,出水可稳定在 60mg/l 以下,同时污染治理辅助设施均实现双配套,为污染治理提供了强有力的保障。摒弃传统的混合填埋处理方式,实现固体废弃物资源化、无害化利用。引进了先进的生物质发电技术,每天通过燃烧废水治理后的绝干污泥,用来产蒸汽、发电回用于生产。新上五万千瓦背压汽轮发电机项目,淘汰抽凝式发电机组及小锅炉,废气脱硫率达 97% 以上,年节约标煤达 15 万吨左右。引进国际先进技术,对废气进行回收再利用,减少了对周边环境的影响。

环保荣誉:

“造纸从种树开始”、“林浆纸一体化”的营运模式、污水综合整治,使太阳纸业在可持续发展的高速轨道上留下了串串闪光的印记,结出了累累硕果。

2007 年,太阳纸业建设的中水资源化工程完工,可使外排放废水出境水质 COD 达到 30mg/l 以下,用于城市绿化用水和农业灌溉用水,并全部封闭循环使用,为全国首创。

2008 年初,太阳纸业新建的 10 万吨化机浆项目顺利投产,这个项目实现了林浆纸一体化向纵深发展,首次实现废水“零排放”,达到世界领先水平。

2003 年底,太阳纸业顺利通过 ISO14000 环境节能体系认证,并获得了中国环境友好企业称号。

2006 年荣获被山东省水资源管理先进单位称号。

2008 年荣获山东省节能先进单位称号。

2008 年荣获山东省循环经济和节能减排十佳品牌企业。

2008 年董事长李洪信被授予山东省循环经济最具社会责任感企业家荣获称号。

2010 年荣获山东省循环经济示范单位称号。

公益事业:

在近三十年的发展历程中,太阳纸业始终遵循“利国、利民、利业、利己”的发展宗旨,自觉履行社会责任。公司积极回报社会,造福一方,积极参与公益光彩事业,让社会共享企业发展的成果,为扶贫、救灾、教育、文化等慈善和公益事业进行各种形式的捐赠、资助、扶持。董事长李洪信先后荣获2009 年度山东慈善奖最具爱心捐赠个人、庆祝共和国六十周年最受尊敬的企业家 60 人、首届中国儒商等称号。

1993 年起为周围群众无偿修路、安装自来水,每逢传统佳节专门走访当地敬老院、学校奉献爱心,累计金额达 300 多万元;

1996 年设立“太阳杯”奖学金,已经累计奖励学生数百人,奖励金额 100 多万元;

2007 年,投资 7500 万元建设了高标准的吴村新村社区,提高了周边群众的生活水平,让老百姓奔向幸福新生活;

2008 年投资 3 亿元,建设太阳花园城职工住宅小区,让职工安居乐业;

2008 年为“5.12”汶川地震灾区一次性捐款达 500 万元;

2010 年为青海玉树地震灾区一次性捐款 200 万元;

2010 捐款 1 亿元建设兖州市新一中,支持当地教育事业实现新发展;

2010 投资 9 亿元建设五星级国际酒店,完善当地基础设施,提升兖州新城区服务功能;

和谐社区:

多年来,太阳纸业勇担社会责任,坚持以人为本,注重人与自然和谐共生,努力形成企业与社区良性互动和谐发展的新局面。企业以“公共开放日”为契机,走出了一条企业与地方携手共建和谐社区的新路子。不定期组织社区群众代表来企参观,虚心听取他们的想法和建议,利用我国传统节日,送优秀文艺活动进社区,丰富群众的精神文化生活。制作企业宣传资料,送社区、学校,使广大群众对公司有一个近距离的了解。创设暑期实践基地,为广大师生搭建一个实践锻炼的平台,开阔了学生们的知识范围,拓宽了老师的教学思路。目前我们已与兖州六中、东方中学、军民学校、兖州一中等单位建立了校企友好关系。种种努力,旨在加强企业与社会的联系，共同寻找一条经济效益与社会效益双丰收的可持续发展道路。

公司与新兖镇吴家村实施“村企合一”，2007 年，投资 7500 万元，对吴家村实施了旧村搬迁改造，建设了高标准的吴村新村社区，提高了群众的生活水平，让老百姓圆了楼房梦、城市梦。

安全生产：

安全文化是企业在生产及经济活动中保护人的健康、尊重人的生命、实现人的价值的文化，太阳纸业多年来高度重视安全文化建设，在建设、弘扬安全文化过程中，从传统中汲取养分，和当今经济社会发展与时俱进，从“人本”思想的角度，建设了适应企业自身特点和需求的安全文化，企业曾连续多年被山东省政府评为“山东省轻工行业安全管理示范企业”。

【企业文化】

以理念引导人奠定安全文化基础

通过汲取、借鉴传统和当代安全理念，整合多年开展安全文化建设的经验，创造了“5 + 1”安全文化体系，即坚持 1 个真理、2 个信念、3 种观点、4 个相互、5 个必须，牢记一个确认，并用这些先进的，切合实际的理念去武装头脑，对职工的观念、意识、态度、行为等形成从无形到有形的影响，营造了浓厚的安全生产氛围。

以制度约束人强化安全文化基准

先进的思想和文化只有融入到制度中才会释放出巨大的力量。太阳纸业从制度建立健全方面入手，实施岗位标准作业，控制人、物和环境的不安全因素，不断强化安全基准。先后制定《零能源安全管理办法》、《全员四个能力达标管理办法》、《“三违”人员学习制度》等 36 项规章制度，形成了较为完备的安全生产制度体系，逐步实现人、设备、物料、环境的合理配置。

以考核激励人严格安全文化建设

安全考核是落实安全责任制的核心，通过加强考核来激励人，严格安全文化建设。公司推行安全生产控制指标制度，掀起“反三违、抓安全的高潮。公司明确各单位、部门，特别是车间、班组领导的责任，层层签订安全承诺责任书，各单位部门把安全指标放入年度工作目标中去，与各级管理干部的工资、奖励直接挂钩，严格奖惩。制定企业内部安全考核标准，引导全体员工学标准、用标准、形成自我约束、自我改善，从我做起的自觉行为。

以环境影响人培育安全文化土壤

分批次进行安全培训，利用活生生的事故案例，进行安全教育，在岗位实施自主保安、相互保安、监督保安，不断强化安全观念和行为。在公司网站、内刊《太阳人》开设安全专栏，设立安全栏、制作大型条幅标语，各类标识标记，营造浓厚的宣传氛围，目前共设大型宣传标语牌 10 余处，警告类 800 余处，提示类 300 余处，禁止类 500 余处。同时，强化现场管理，严格落实季度、月度、周检查制度以及专业领域的抽查、夜查，通过查员工的思想、查制度建设、查问题的整改，来规范员工的操作行为，确保安全生产。2005 年顺利通过职业健康安全管理体系和环境管理体系认证

【002080】中材科技股份有限公司

【基本情况】

中材科技股份有限公司是我国特种纤维复合材料的技术发源地，是我国特种纤维复合材料行业惟一的集研究开发、设计、制造于一体的高新技术企业。本公司承继了原南京玻璃纤维研究设计院、北京玻璃钢研究设计院和苏州非金属矿工业设计研究院三个国家级科研院所四十多年的核心技术资源和人才优势，是我国特种纤维复合材料行业的技术装备研发中心，也是我国国防工业最大的特种纤维复合材料配套研制基地，引领着中国特种纤维复合材料的技术发展方向。

2006 年 11 月 20 日，中材科技股份有限公司 A 股股票在深圳证券交易所上市。2008 年 7 月公司荣获科学技术部、国务院国资委和中华全国总工会联合获准首批国家“创新型企业”称号。

本公司主要从事特种纤维复合材料及其制品的制造与销售，并面向行业提供技术与装备服务。主要产品为风电叶片、高压复合气瓶、高温过滤材料、玻璃微纤维纸、高强玻璃纤维及制品、汽车用复合材料、先进复合材料、工程复合材料，并从事万吨级玻璃纤维池窑拉丝工程和大型非矿工程的设计、关键装备制造及技术服务。

本公司业务产品紧扣航空航天、国防军工、能源交通、资源环境等应用领域，坚持专业化经营原则，遵循“诚信、尊重、创新、高效”的核心价值观，秉承“员工、客户、股东、社会和谐发展”的经营理念，坚持自主研发和自主创新，以“推动新材料产业发展，促进社会技术进步”为使命，以技术研发为先导，以特种纤维复合材料产品制造及其相关技术装备集成为主导产业，以满足客户需求、提升客户价值为目标，始终追求和不断实现公司持续稳健运营和价值最大化，立志将公司建设成“最为客户尊重与员工、股东信赖的中国材料工业知名科技企业”。

【主营业务】

特种纤维复合材料及其制品的制造与销售，并面向行业提供技术与装备服务。

【经营业绩】

2011 年上半年报告期内，公司实现营业收入 111,067.03 万元，较上年同期增长 6.71%；实现营业利润 6,218.97 万元，较上年同期下降 59.63%；实现利润总额 9,630.46 万元，较上年同期下降 47.95%；实现归属于母公司所有者的净利润 7,156.34万元，较上年同期下降 12.82%；归属于上市公司股东的扣除非经常性损益后的净利润 5,732.35 万元，较上年同期下降 24.87%。

【002081】苏州金螳螂建筑装饰股份有限公司

【基本情况】

金螳螂建筑装饰股份有限公司成立于 1993 年 1 月，是一家以室内装饰为主体，融幕墙、家具、景观、艺术品、机电设备安装、智能、展览等为一体的专业化装饰集团。

公司已连续 9 年成为中国建筑装饰百强企业第一名，并成为中国装饰行业首家上市公司。公司已连续入围“中国民营企业 500 强”，连续三年入围“中小板上市公司 50 强”和“中小板上市公司 10 佳管理团队”。目前公司市值已在苏州地区所有上市公司中排名第一。2010 年公司共上缴国家各类税收 4 亿多元，被省政府授予“民营企业纳税大户”和“就业先进单位”。

公司拥有 10 多万平方米厂房的木制品加工、幕墙、石材生产基地，通过工业化生产、装配化施工保证了工程的质量、环保、工期等，为此公司装修的 2008 年奥运会主会场（鸟巢）、国家大剧院、国家博物馆、人民大会堂常委厅、江苏厅、

无锡灵山胜境梵宫等重点工程，以及洲际、万豪、希尔顿、凯悦、香格里拉、凯宾斯基等国际知名酒店管理集团的项目都获得了业主的认可和好评。

截至到 2011 年金螳螂已获得中国建筑工程鲁班奖 37 项、国家建筑工程装饰奖 116 项，成为行业获得“国优”最多的装饰企业。

公司还拥有 1600 多人的国内最大室内设计师团队，其中有 30 名全国最具影响力资深设计师和 183 名全国杰出中青年设计师，公司还拥有一支 2000 多人的施工管理团队和 500 多人的注册一、二级建造师，为每个项目的效果和质量提供了充足的人才保证。

【主营业务】

承接各类建筑室内、室外装修装饰工程的设计及施工；承建公用、民用建设项目的水电设备安装等。

【经营业绩】

2011 年上半年，公司实现营业收入 374,724.42 万元，比上年同期增长 53.10%；实现营业利润 33,537.27 万元，比上年同期增长 97.98%；实现归属母公司的净利润 24,353.90 万元，比上年同期增长 104.01%；实现每股收益 0.51 元；三项费用率由去年同期的 5.38% 下降至 3.83%，毛利率从去年同期的 15.80% 提升至 16.75%，净利率由去年同期的 5.10% 提升至 6.67%。

【002089】苏州新海宜通信科技股份有限公司

【基本情况】

苏州新海宜通信科技股份有限公司成立于 1997 年，2001 年整体变更设立为股份有限公司，2006 年 11 月首次公开发行股票并在深圳证券交易所上市，股票代码 002089。目前公司已形成包括母公司和 8 家控股子公司及 4 家参股公司的集团型企业，总资产逾 12 亿元，母公司注册资本 2.35 亿元。

新海宜是国家火炬计划重点高新技术企业、江苏省高新技术企业和江苏省知识产权重点保护单位。公司在苏州工业园区和深圳软件园拥有两大研发、生产基地，并在北京、上海、西安、常州设立了研发生产的分支机构。位于苏州工业园区的新海宜科技园占地约 200 亩，建筑面积逾 20 万平方米。公司已通过 ISO9001:2000 质量管理体系认证、ISO14001:2004 环境管理体系认证、OHSAS18000 职业健康安全管理体系认证。2006 年，“NSU 新海宜”商标被认定为江苏省著名商标。2008 年，新海宜技术中心被认定为江苏省省级技术中心。

成立以来，新海宜一直把技术创新作为公司发展的原动力，专注研发生产三大系列产品：FTTx 通信系列，软件外包与软件服务，视频及互联网系列产品。公司拥有 64 项国家专利和软件著作权，在通信网络配线管理系统和光接入设备方面拥有创新技术：GXC－01 光纤槽道列入 2006 年国家火炬计划，拥有 6 项专利，公司是国内惟一在光纤优化管理系统光纤槽道产品上拥有自主知识产权的企业；江苏省高新技术产品户外机柜、光缆交接箱共拥有 8 项专利、3 项软件著作权。2009 年，通信网络接配线及监测系统评为江苏省名牌产品，宽带移动视频接入网关被列为省级研发及产业化项目，下一代互联网流量暨内容级智能流量管理设备被列为国家级产业化项目。

新海宜覆盖全球的销售和服务网络，为运营商及大型通信企业提供优质快捷的售前、售中和售后全程服务，赢得了良好的市场声誉。公司是中国电信、中国移动、中国联通、华为、诺西、爱立信、美国新美亚、美国 KMT 等众多国际知名品牌的长期合作伙伴。公司销售收入年稳步增长，纳税额位居苏州工业园区民营企业前列。

【主营业务】

通信网络设备及配套软件、相关电子产品、安装线缆、电器机械及器材等。

【经营业绩】

2011 年 1－6 月，公司实现营业收入 330,781,587.68 元，较上年同期增长 47.52%；实现营业利润 84,480,277.96 元，较上年同期增长 53.16%；归属于母公司所有者的净利润 76,939,918.02元，较上年同期增长 62.73%。

【社会责任】

新海宜通过设立扬州大学校友助困奖学金、捐建四川马边彝族希望小学、捐助光彩事业扶贫基金、赞助大型文体活动等方式，鼎力支持社会各项公益活动，积极回馈社会。公司优异的经营业绩和高度的社会责任心受到社会各界高度赞扬，先后被授予江苏省工商免检企业、苏州市百佳民营企业、苏州工业园区十强民营企业、苏州工业园区十佳科技创新小巨人、苏州工业园区民营纳税十强等荣誉称号，历年被审定为资信等级 AAA 企业和重合同守信用企业。

【002092】新疆中泰化学(集团)股份有限公司

【基本情况】

新疆中泰化学(集团)股份有限公司(以下简称“公司”或“中泰化学”)系新疆化工(集团)有限责任公司(以下简称“新疆化工集团”)、乌鲁木齐环鹏有限公司(以下简称“环鹏公司”)、新疆维吾尔自治区技术改造投资公司、新疆准噶尔生态工程股份有限公司、新疆盐湖制盐有限责任公司等五家法人股东经新政函【2001】166 号文批准，共同发起成立。于 2001 年 12 月 18 日取得了新疆维吾尔自治区工商行政管理局核发的企业法人营业执照，法定代表人为王洪欣；设立时注册资本人民币 6,000 万元。2003 年 6 月公司增资扩股，公司的注册资本增加到 13,600 万元；2006 年 11 月公司向社会公开发行人民币普通股 10,000 万股，公司的注册资本增加到 23,600 万元；2006 年 12 月 8 日公司股票在深圳证券交易所中小企业板挂牌上市交易。2007 年 11 月公司向社会公开发行人民币普通股 3,243 万股，公司的注册资本增加到 26,843 万元；2008 年 3 月公司向全体股东每 10 股送 2 股资本公积转增 8 股，公司的注册资本增加到 53,686 万元；2010 年 3 月公司非公开发行人民币普通股 23,270 万股，公司的注册资本增加到 76,956 万元；2010 年 9 月公司向全体股东每 10 股资本公积转增 5 股，公司的注册资本增加到 115,434 万元。截至 2011 年 6 月 30 日公司股本(注册资本)115,434 万元。

公司自 2001 年 12 月设立以来，连续 10 年保持年均 40% 以上的经济发展速度，生产能力已达到年产 90 万吨聚氯乙烯树脂、65 万吨烧碱，跻身全国氯碱行业前三位。公司作为自治区循环经济试点单位，已基本形成了煤、电、化工、节能减排四位一体的循环经济产业链，公司生产装置工艺技术具世界先进水平。生产过程中产生的电石废渣循环用于制水泥熟料，废水采用国内先进的膜法、生化法清洁生产技术处理后回用和绿化，实现了资源循环、综合利用。公司发展的同时带动了新疆煤炭、电力、电石、石灰、原盐、石油、化工、造纸、运输等上下游行业的发展。

为贯彻落实自治区党委七届九次全委(扩大)会议精神,切实抓住中央新疆工作座谈会的历史性机遇,在"十二五"时期,公司分别在米东区、阜康、奇台、库尔勒建设五大工业园,到"十二五"末公司主要产品的生产能力达到聚氯乙烯树脂300万吨/年、离子膜烧碱220万吨/年、煤炭1500万吨/年、发电机组210万千瓦等。中泰化学将在深入实施优势资源转换战略、发展循环经济、带动上下游产业发展和解决社会就业等方面发挥更重要的作用。

【经营业绩】

2011上半年报告期内,公司主要产品聚氯乙烯树脂产量40.23万吨,同比增长73.63%;烧碱产量30.27万吨(含自用量),同比增长67.52%。报告期内公司实现营业收入346,589.75万元,同比增长99.39%;实现营业利润48,736.10万元,较上年同期增长378.23%;实现净利润37,497.59万元,同比增长324.80%。

【002099】浙江海翔药业股份有限公司

【基本情况】

浙江海翔药业股份有限公司(简称:海翔药业,证券代码:002099)位于浙江台州,是一家生产、销售精细化学品和特色原料药的上市公司;是全国医药工业企业创新能力百强企业之一,位列全国化学原料药企业销售收入100强的前列;是浙江省首批诚信示范企业、浙江省自营出口优秀生产企业、浙江省工商联民营会员百强企业;是国家火炬计划重点高新技术企业、浙江省高新技术企业、台州市绿色企业。公司拥有川南公司、泉丰公司、销售公司、普健制药、海阔生物、上海科技公司等控股子公司,员工1700余人,2010年实现销售收入10.74亿元。

公司产品70%以上出口海外。生产的原料药包括人药和兽药,按照产品用途可分为抗生素类、抗病毒类、心血管类、降糖类、驱虫类。生产的精细化工品包括医药中间体和其他国际定制加工产品。公司克林霉素系列、4-AA等碳青霉烯培南系列、甲砜霉素、氟苯尼考、伏格列波糖等主要产品具有技术、产销量显著优势,稳居国内龙头、国际领先地位。公司长期注重质量体系建设、EHS体系建设。已有4个产品通过美国FDA认证,4个产品通过欧盟COS认证,3个品种通过日本GMP认证,10个产品通过国内的GMP认证。

同时公司与全球知名制药公司开展广泛合作,成为Pfizer辉瑞公司、德国BI勃林格殷格翰、BASF、Sanofi、Novatis、比利时杨森等公司的重要合作伙伴。公司正处于转型阶段,立足中国、布局全球、高端合作、中外联动,不断提高企业竞争优势,将企业发展成为集化学制药和生物制药为一体的国际化知名医药企业。

我们力行"诚信、合作、进取、求精"的企业精神,实践"做健康企业、为健康事业"的愿景,期望为人类社会的健康事业作出更多的贡献。

【主营业务】

原料药及医药中间体的制造与销售。

【经营业绩】

2011年上半年报告期内,公司实现主营业务收入64,744.15万元,比去年同期增长30.39%;实现利润总额7,144.99万元,比去年同期增长31.27%;实现归属于上市公司股东的净利润5,640.56万元,比去年同期增长20.61%;经营活动现金净流量7,722.85万元,同比上升22.65%。

【002101】广东鸿图科技股份有限公司

【基本情况】

广东鸿图科技股份有限公司(简称"广东鸿图")位于风景秀丽的肇庆市。公司成立于2000年12月,是由高要鸿图工业有限公司、广东省科技创业投资公司、广东省科技风险投资有限公司、高要市国有资产经营有限公司、广东省机械研究所等股东共同发起设立的一家国有控股企业,是国内压铸行业的龙头企业,华南地区规模最大的精密铝合金压铸件专业生产企业,广东省高新技术企业,拥有广东省唯一的省级精密压铸工程技术研究开发中心。公司具备国家汽车零部件出口基地企业资格,并已通过ISO14001、ISO9000、ISO/TS16949等国际质量体系认证。2006年12月29日,公司股票在深圳证券交易所正式挂牌上市。

自上市以来,得益于资本市场的支持,公司务实经营、规范运作,在市场开拓、技术研发、人才培养、生产管理等方面取得了长足的发展,生产规模和产品质量得到大幅提升,国内外市场开拓成效显著。目前公司铝合金压铸件年生产能力已达36000吨;2010年,公司实现8.94亿元的年销售收入,现已形成了内销与出口并重的格局,并与国内外多家知名企业建立了长期的战略合作伙伴关系;公司产品以过硬的供货质量和服务效率得到了客户的高度认可和赞誉,2007-2010连续四年获得美国通用汽车年度"全球优秀供应商"奖,同时也获得了日产、康明斯、克莱斯勒、东风本田等客户的多项嘉奖。

为进一步开拓市场和巩固客户关系,公司于2011年1月19日在江苏省南通市通州经济开发区成立了首家全资子公司——广东鸿图南通压铸有限公司,为实现公司"跨出去"的战略布局迈出了重要的一步。

多年来,公司一直以做优做强主业为宗旨,坚持科技创新,重视技术研发,坚持以市场为导向,积极开拓新兴领域,着力提高公司核心竞争力。新时期,新目标,广东鸿图将继续以高瞻远瞩的战略眼光、创新的精神、坚定的信念以及更从容的姿态迎接经济全球化浪潮中的各种的机遇和挑战,领跑铝合金精密压铸行业发展。

【经营业绩】

2011年上半年报告期内,公司实现主营业务收入58,716.26万元,同比上升86.82%,实现利润总额为4,939.02万元,较去年同期增长62.14%,实现归属于上市公司股东的净利润4,185.99万元,较上年同期增长61.88%。

【002111】威海广泰空港设备股份有限公司

【基本情况】

威海广泰空港设备股份有限公司(简称"威海广泰")由李光太先生创办于1991年,位于美丽的海滨城市威海,是从事空港地面设备研发与制造的专业公司。

2007年,威海广泰于深圳证券交易所上市,至2010年底,注册资本14743万元,总资产12.06亿元,固定资产2.96亿元,2010年销售收入5.05亿元。

威海广泰占地57万平方米,下属控股子公司及合营公司:北京中卓时代消防装备科技有限公司、威海广泰空港电源设备有限公司、威海广泰加油设备有限公司、威海广泰环保科技有限公司、广泰空港设备香港有限公司及深圳广泰空港设备维修有限公司等。

公司具有一支敬业的职业化员工队伍，员工人数900余人，其中26%的人员从事研发工作，有高级职称人员35名，中级职称人员112名，硕士以上学位人员28名。

目前，威海广泰拥有161项技术专利，其中10项发明专利、1项美国专利，有国家级重点新产品16种，取得国家和省部级科技进步奖项32个。

威海广泰在不断提高标准化管理水平的过程中，通过了军品和民品质量体系认证、保密认证、武器装备科研生产许可审查和环境体系认证，是国家级火炬计划重点高新技术企业、国家创新型企业，拥有国家认定的企业技术中心，2009年获批组建“国家空港地面设备工程技术研究中心”，标志着公司已成为我国空港地面设备全行业的科研开发和产业化基地。

威海广泰现有的26个系列120余种型号产品，覆盖了机场机务、客舱服务、飞机货运、场道维护、油料加注和消防六大领域，能为一架飞机配齐所有地面设备，部分主导产品国内市场占有率达40%～60%，是全球空港地面设备品种最全的供应商。公司产品遍布除台湾外的中国各大航空公司、机场、飞机制造公司和试飞院，大量装备海、陆、空三军和二炮部队，出口到亚洲、非洲、欧洲和大洋洲等30多个国家和地区。

在北京、上海、深圳、成都、昆明、西安、乌鲁木齐、哈尔滨和香港，公司还设有专门的售后服务基地和备件库，实现24小时到位服务的郑重承诺。

威海广泰始终遵循“以客户价值为导向，持续为客户提供高质量的产品和优质的服务”的质量方针，不断开拓创新，矢志追求，向着“创世界一流品牌，广泰设备服务于全球每个机场”的愿景目标阔步迈进。

【经营业绩】

2011年上半年报告期内，公司实现营业收入30,363.94万元，较上年同期增长49.95%；利润总额3,934.97万元，较上年同期增长27.12%；归属于上市公司股东的净利润3,387.99万元，较上年同期增长21.75%。

【002121】深圳市科陆电子科技股份有限公司

【基本情况】

深圳市科陆电子科技股份有限公司，成立于1996年，注册资本为26446万元，2007年3月在深圳证券交易所成功上市，股票代码“002121”，2008年被认定为国家高新技术企业，目前拥有近36,000平方米的研发基地和近86,000平方米的生产基地。

科陆电子是智能电网、新能源、节能减排产品设备研发、生产及销售方面的龙头企业，较早涉足物联网行业，独立开发、自主研制并生产了100多种主要产品，荣获多项省市级科技进步奖和广东省重点新产品称号，公司已申请300多项国家专利和软件著作权，产品全部具有自主知识产权。主要包括智能变电站、智能用电系统、智能电能表、标准仪器仪表、风电变流器装置、储能与电力电源、机场专用中频静态电源、大功率光伏逆变器、高中低压变频器、高压大功率静止无功发生器SVG、电动汽车充放电设备及检测产品、电子资产全生命周期管理系统等十几类产品。科陆电子掌握着本行业最先进的核心技术，是业内公认的智能电网领域产业链最完整的A股上市公司。

科陆电子借助新能源开发、低碳经济建设的良好发展机遇，通过自主创新以及产学研结合和产业联盟合作的技术创新多元化机制，合作承担了多项国家863计划等科技项目，并设立了“智能电网院士工作站、博士后科研工作站、深圳市企业技术中心”，建立了“深圳市智能电网产学研创新联盟”，高起点介入新能源和节能减排等新兴产业领域，积极拓展发展空间。目前，公司已基本完成在智能电网、新能源和节能减排产业领域的战略布局，努力构建智能电网、新能源和节能减排的产业结构，形成三翼一体的发展战略。

科陆电子立足先进的项目管理和创新管理模式，全心全意为用户提供专业、稳定、最具价值的产品和服务，凭借“开放务实、包容尊重、快乐执行”的独特企业文化魅力，目前已凝聚2200多名技术、销售、管理精英，其中38.4%为研发人员，并且80%以上的专业技术人才在电力行业具有3年以上的工作经验，该比例在同行业公司中位居前列。

截至目前，科陆电子的分支机构和营销网络遍布国内30多个主要城市，并已设立了科陆新能、科陆能源服务、科陆电源、科陆变频器、科陆电气、科陆软件、成都科陆洲等专业子公司。同时，公司以标准仪器仪表和电子式电能表为突破口，成功进入印度、巴基斯坦、丹麦、意大利、韩国、俄罗斯、厄瓜多尔、秘鲁、智利、保加利亚、孟加拉、泰国、新加坡、印度尼西亚等全球40多个国家和地区市场，公司国际化的经营格局正在形成。

展望未来，科陆电子将继续提高在电力测量和标准仪器领域的技术领先水平，推出更加精准的高新技术产品，力争进入世界先进行列；同时还将深入高压变频器、灵活互动的智能用电、无功补偿和能源高效转换等关键技术领域的研究，为我国的节能减排和电网治理、电能质量以及新能源开发与利用改善贡献力量。公司将通过持续的自主创新、产学研结合以及产业联盟合作等技术创新多元化机制，不断加大研发投入，把握智能电网发展的新机遇，积极拓展新能源和节能减排等新兴产业领域。以国际化的眼光，满怀信心迎接挑战，努力打造全球知名的科陆电力设备品牌，建设世界级的百年科陆企业集团。

【主营业务】

从事电力自动化产品及电工仪器仪表的研发、生产及销售。

【经营业绩】

2011年上半年报告期内，公司实现营业总收入42,390.42万元，比上年同期增长48.79%；实现营业利润5,105.20万元，比上年下降13.24%；实现归属于上市公司股东的净利润5,699.05万元，比上年增长12.17%。

【企业荣誉】

·国家863计划引导项目承担单位。
·国家人事部批准设立博士后科研工作站。
·国家重点高新技术企业。
·国家规划布局内重点软件企业。
·国家火炬计划软件产业基地骨干企业。
·国家火炬计划项目承担单位。
·广东省著名商标。
·深圳市重点软件企业。
·深圳市50强民营企业。
·深圳市高新技术企业。
·深圳市企业技术中心。
·深圳市知名品牌。
·中小板上市公司价值50强。
·深圳市第一批自主创新行业龙头企业。
·中国成长百强最具发展潜力的上市公司。
·2008年度中国上市公司市值管理百佳。

【002125】湘潭电化科技股份有限公司

【基本情况】

湘潭电化科技股份有限公司(以下简称“公司”)是湘潭电化集团有限公司(国有独资企业,以下简称“电化集团”)作为主发起人,联合其他四家法人于 2000 年 9 月 30 日共同发起设立,总股本 7540 万元。2007 年 4 月 3 日公司股票(股票代码:002125SZ)在深交所成功上市。公司经营范围包括研究、开发、生产和销售电解二氧化锰、电解金属锰、电池材料和其他能源新材料。

公司是全球单厂生产规模最大、技术力量最强、质量最优的电解二氧化锰生产企业,在电解二氧化锰生产行业处于行业龙头地位。公司的宗旨为致力于打造世界一流的 EMD 生产企业。

公司主要产品为电解二氧化锰和电解金属锰。其中,电解二氧化锰分为 P 型电解二氧化锰、无汞碱锰电解二氧化锰、一次锂锰电池专用电解二氧化锰和锰酸锂专用电解二氧化锰四种类型。目前公司拥有和控制 5 条电解二氧化锰专业生产线,电解二氧化锰年生产能力为 5.1 万吨,占全球产能的 11.52%,占国内产能的 19.61%。

2001 年电解二氧化锰的“潭州”牌商标被认定为湖南省著名商标,2008 年被认定为全国驰名商标。从主发起人 1964 年生产第一吨电解二氧化锰开始,经过 40 余年的摸索和积累,公司已建立广泛、稳定的全球性客户网络,国际知名电池生产商均是本公司的主要客户,产品已经被广泛运用到几乎所有全球知名品牌的电池产品之中。

【优势分析】

1. 行业龙头优势

从全球电解二氧化锰生产能力来看,公司是全球单厂生产规模最大的电解二氧化锰生产企业,目前拥有和控制 6 条电解二氧化锰专业生产线,其中 4 条用于生产无汞碱锰电解二氧化锰,2 条主要用于生产 P 型电解二氧化锰,且公司掌握了利用现有生产线实现两种产品之间相互转换的生产技术,可以更好地适应市场的需求变化调节产品结构。

截至 2010 年 12 月 31 日,公司电解二氧化锰年生产能力为 51,000 吨,占全球主要电解二氧化锰企业总产能的 11.52%,占国内主要电解二氧化锰企业总产能的 19.61%;公司 2010 年生产入库电解二氧化锰 53,294.7 吨;完成销售电解二氧化锰 53,654.3 吨,是国内产量最大、出口最多的电解二氧化锰生产企业。

公司所处电解二氧化锰行业具有良好的发展前景,公司是行业内最大的电解二氧化锰生产企业,与竞争对手相比,管理规模和技术优势明显。

2. 产业政策优势

电解二氧化锰行业的发展与电池行业的关联度很高,电池行业的产业政策对电解二氧化锰行业的发展有着重要的指导意义。

随着日本锰酸锂动力电池在电动汽车方面的运用,全球都在加快研究锰酸锂动力电池用于电动汽车的技术。根据《中国化学与物理电源(电池)行业“十二五”发展规划》,锂离子电池和锂一次电池年增长率将达到 20%,这将给电解二氧化锰的分支产品——锰酸锂专用电解二氧化锰行业带来了很大的发展空间。

国家发展改革委员会在国家“十二五”规划中正在着手制定动力汽车及动力电池的相关政策。电池行业的政策导向为我国电解二氧化锰行业发展指明了方向,有利于行业快速实现技术进步和产品升级,为我公司的经营提供了广阔的发展空间。

3. 资本平台优势

湘潭电化科技股份有限公司是深交所的上市公司,上市公司未来可以不断增发股票,注入一些业绩良好、前景广阔的项目。从而不断实现规模做大,价值提升。

4. 技术优势

公司是国内规模化生产电解二氧化锰历史最悠久的企业,在国际上首先开发出以碳酸锰贫矿为原料生产无汞碱锰电解二氧化锰的新工艺技术,在世界电池工业史上具有重要意义,公司与众多国内外大型知名锌锰干电池生产厂商如 Duracell、高能、松下、Rayovac&Varta、南孚、中银等,保持着长期稳定的合作关系,在国内外电解二氧化锰行业享有较高的声誉。公司采用“两矿法”的生产工艺已成熟,在目前碳酸锰矿价格居高不下的情况下,相较于传统的生产工艺,两矿法生产成本较低,而且可大大减轻公司的碳酸锰原材料紧张、价格上涨等问题,降低生产成本。

5. 产品质量管理优势

根据电池生产工艺的不同,各电池生产厂商对电解二氧化锰产品的质量要求不尽相同。公司自成立以来,产品质量已获得了众多国际国内知名电池厂商的认可和信赖,湖南省湘潭市质量技术监督局出具证明,认为“公司产品完全按技术标准组织生产,产品在国内同行业中质量好、产量大、出口多、国内市场占有率高。公司近三年来,未有因产品质量违反有关质量法律法规而受到处罚的情况”。公司电解二氧化锰产品 1986 年被国际电池材料协会选定为国际电解二氧化锰产品共同样品,1991 年获得“中华人民共和国国家质量奖”,2000 年、2001 年公司产品均通过中国进出口质量认证中心质量体系认证。公司的产品质量管理体系已与国际接轨,是我国电解二氧化锰行业第一家通过 ISO9002 质量体系认证的企业。

6. 品牌优势

公司目前拥有“潭州”牌商标,该商标被认定为中国驰名商标和湖南省著名商标。公司的产品由于其优秀的放电能力及超长的持久力,在国际上享誉盛名。

7. 环境保护治理优势

公司的环保压力主要来自于含锰废水的排放和对大量废渣的处理。随着全球范围内环保意识的提高,各国对电池和电解二氧化锰生产均制定了相应的环保政策及对污染物排放的控制标准。公司投入大量的环保处理设施,掌握了含锰废水、废渣的处理技术,排放达到了国家标准。

公司 2005 年投资 4500 万元兴建的热电联产项目利用锅炉余热发电,热电联产项目实现了资源综合利用,每年为公司创造上千万元的利润,成为公司新的经济增长点。2006 年公司投资 1200 万元兴建的环保二期工程通过“清污分流”,回收工业污水能用于公司生产设施冲洗,实现资源循环综合利用。2010 年公司投入 300 万元,进行水处理三期工程建设,公司排放水锰含量仅 0.4PPM,远远低于国家 2PPM 排放标准,环保治理成为同行业的标杆。公司目前已掌握了锰渣制作水泥辅料技术,该产品于 2009 年 5 月 20 日,通过了湖南省质量技术监督局和湖南省建筑材料质量监督检验授权站的检测鉴定并已进入试生产阶段,我们将尽快完善好锰渣处理系统,创新管理模式,进一步降低环保处理成本。

【发展思路】

公司坚持以科学发展观为指导，积极贯彻长株潭“两型”社会建设的重大决策和部署，打造世界一流的电解二氧化锰企业，确保龙头地位；紧跟国家产业政策，瞄准新能源产品开发，增加新的利润增长点；充分利用资本市场平台，拉长产业链，做大做强，实现跨越式发展。

【002129】天津中环半导体股份有限公司

【基本情况】

天津中环半导体股份有限公司是深交易所上市的公众公司，股票代码002129。公司致力于半导体节能产业和新能源产业，是一家集半导体材料－新能源材料和半导体器件－新能源器件科研、生产、经营、创投于一体的国有控股企业，拥有全球独特的双产业链，是天津市高新技术企业，拥有1个博士后科研工作站、2家省部级研发中心。

公司单晶硅品种齐全，其中区熔系列单晶硅产品产销规模全球排名第三、国内市场份额超过70%，产量和市场占有率已连续多年居国内同行业首位；直拉单晶及硅片技术和产销规模方面居国内前列；抛光片产业采用国际一流的新技术、新工艺流程，独立开发具有自主知识产权的大直径硅抛光片生产技术，研发和产业化水平处于国内领先位置；太阳能硅材料产业经过产业化生产验证，与国内同行业相比单位兆瓦直拉晶体生长投资下降了33%以上，生产效率提高了60%以上，生产成本降低了25%以上；半导体整流器件产业经过多年技术创新的积淀，掌握了从芯片到封装的全套核心技术；节能型半导体功率器件产业在净化间设计、动力配套、装备水平、产品品种、产品技术方面均处于国内同行业领先水平。

公司凭借独特的产业链优势、持续不断的技术创新能力和友好的商业界面，进一步完善以节能型产品和新能源产品为导向的产业格局，为股东、合作伙伴、员工创造最大价值，实现企业、社会、环境可持续发展。

【主营业务】

半导体分立器件和单晶硅材料的研发、生产和销售，公司主要产品有高压硅堆、硅桥式整流器、快恢复整流二极管、单晶硅及单晶硅片等。

【经营业绩】

2011年上半年报告期内，公司实现营业总收入147,492.74万元，同比上升215.45%；实现归属于母公司的净利润18,528.05万元，同比上升1,114.18%；基本每股收益为0.2558元，同比增加了1114.24%；总资产53.10亿元，较年初增长30.91%；归属于母公司的净资产17.06亿元，较年初增长11.13%；股本7.24亿股，较年初增长50.00%。

【002130】深圳市沃尔核材股份有限公司

【基本情况】

深圳市沃尔核材股份有限公司（简称：沃尔核材，股票代码：002130）是国家重点支持发展的高新技术企业，专业从事高分子核辐射改性新材料及系列电子、电力新产品和新设备的研发、制造和销售。

公司产品包括：热缩套管、热缩母排、热缩电缆附件、冷缩电缆附件、电缆分支箱、环网柜、高低压开关柜、WQFB全绝缘封闭母线、环保高温硅胶电线、耐高温PTFE套管、导体连接管、热缩复合双壁管、硅橡胶管、聚四氟乙烯套管、民用防滑花纹管、无卤环保PE交联电线、KTG管和空调铜铝连接管等2500多种产品，广泛应用于电子、电力、冶金、石化、煤矿及航天航空等领域，销售分公司遍及全国40多个大中城市，产品远销欧美、东南亚等60多个国家和地区，其质量稳定、性能可靠，已形成沃尔品牌效应。

公司拥有全部产品自主知识产权和多项国际、国内发明和专利，通过ISO9001和ISO14001国际认证、UL认证、CSA认证、KEMA认证、SGS环保检测及国家电力工业部电器设备质量检测及国家强制性产品（3C）认证。引进国际最先进每台价值近千万元电子加速器多台，是国内热缩材料及产品的生产基地，其中热缩套管产销量连续三年蝉联国内第一，居全国同行业之首，被中国工经联认定为创中国企业新纪录。与中科院电工所共同完成的国家863计划“高温超导电缆”是当时世界上最长的高温超导电缆，处于世界领先地位。

公司实施ERP多年，管理上全面实现了信息化、标准化、内部市场化和人性化的管理，创建了“人人有机会、成功靠奋斗”、“人人为公司、公司为人人”的企业哲学，公司秉承“诚实守信、追求第一”的卓越精神，打造了一支善于创新、勇于拼搏的高效管理团队。

沃尔核材迈着坚定的步伐，全力打造世界品牌，力争为全球客户提供优质、便捷、安全的电子、电力产品，为推动民族工业的发展做出贡献。

【主营业务】

公司作为新型绿色核辐射化工产业的领先企业，专业致力于高分子核 辐射改性新材料及系列电子、电力新产品和新设备的研发、制造和销售，是电子、电力等行业的基础材料和产品供应商，公司产品广泛应用于电子设备和电力行业等领域。

【经营业绩】

2011年上半年报告期内，公司实现营业总收入29,862.70万元，较上年同期增长23.00%，实现净利润3,690.04万元，较上年同期增长2.91%，与上年同期基本持平。

报告期内公司完成了配股工作，发行新股46,311,345股，募集资金总额332,515,457.10元，募集资金净额317,250,520.50元。该募集资金主要用于“环保型改性新材料及系列产品生产基地建设项目”，产品涉及环保型电子类产品、环保型电力类产品和环保型辐射交联特种线缆产品等三个系列，该项目的实施将大大提高公司核心竞争力。该项目目前正在按计划实施中。

【企业荣誉】

公司先后获得了“广东省著名商标”、“中国最具竞争力中小企业500强”、“中国自主创新能力行业十强”、“深圳市自主创新百强中小企业”、“最具影响力的深圳知名品牌”、“深圳市首届AAA进出口诚信企业”、“科技创新大奖”、“深圳市企业新纪录”金奖、“杰出中小企业”、“深圳市诚信企业”等荣誉称号。

【002141】广东蓉胜超微线材股份有限公司

【基本情况】

广东蓉胜超微线材股份有限公司，前身为珠海蓉胜电工有限公司，始建于1985年，2007年7月20日公司股票成功登陆深圳证券交易所。本公司专业研制、生产与电子信息、家用电器和国防科技配套的微细及特种漆包线，目前已成为拥有11368万元注册资本，销售额近5亿的中国最大的专业微细漆包线生产基地。

公司一向注重产品的技术创新,1996 年即被广东省科学技术厅认定为"广东省高新技术企业";公司位于三灶科技园的"163 项目"被列入 2003 年度省技改导向计划,并于同年被评为"珠海市优秀技改项目";2005 年被评为珠海市十佳民营企业;2006 年入选"德勤中国高科技、高成长 50 强";2007 年,公司技术中心还被省经贸委认定为"广东省省级企业技术中心"。2009 年公司再次被评为珠海市十强民营企业。此外,公司主导产品微细及特种漆包线还曾荣获"广东省科技进步三等奖","155 级聚氨酯漆包铜圆线"获广东省优秀新产品二等奖。公司在高技术方面取得的优良业绩,为公司长远发展创造了良好的技术条件。

公司在提高生产效率的同时严把质量关,已相继通过 QS9000、ISO9001 质量管理体系认证、ISO14001 环境体系认证、美国 UL 安全认证、TS16949 质量管理体系认证及索尼 GP 认证,蓉胜已成为一个绿色环保型企业,在造福社会的同时,也为中国民族工业树立了一面辉煌的旗帜。

在近二十年的发展历程中,善纳精华的蓉胜既聚集了一大批高精尖的科技人才,又积累了丰富的经验和技术,综合实力始终位于行业前列。我们有理由相信,拥有一支年轻化、知识化、专业化的高素质员工队伍,本着诚信、前瞻、创新、合作的经营理念,蓉胜一定能成为中国未来漆包线行业的龙头企业,而蓉胜这一品牌也将逐渐成长为具有国际竞争实力的强势民族品牌!

【主营业务】

生产和销售自产的各种漆包线、电工电器产品、附件、技术咨询。

【经营业绩】

2011 年上半年报告期内,公司实现合并营业收入 612,528,307.44 元,较同期增长 32.95%;营业利润 8,175,368.00 元,较同期增长 4.26%;利润总额 9,977,295.93 元,增长 19.94%;归属于母公司净利润 8,263,809.46 元,较同期增长 23.69%。

【002142】宁波银行股份有限公司

【基本情况】

宁波银行股份有限公司(以下简称"宁波银行")成立于 1997 年 4 月 10 日,是一家具有独立法人资格的股份制商业银行。2006 年 5 月,宁波银行引进境外战略投资者——新加坡华侨银行。2007 年 7 月 19 日,宁波银行在深圳证券交易所挂牌上市(股票代码:002142),成为国内首批上市的城市商业银行之一。2007 年 5 月 18 日,上海分行正式开业。至此宁波银行顺利

实现引进战略投资者、公开上市和跨区域经营三大发展战略。

截至 2011 年 4 月末,宁波银行已拥有 121 个营业机构,其中 8 家分行,分别为上海、杭州、南京、深圳、苏州、温州、北京、无锡分行,1 个总行营业部,112 家支行。

近年来,宁波银行积极推进管理创新和金融技术创新,努力打造公司银行、零售公司、个人银行、信用卡、金融市场五大利润中心,实现利润来源多元化。截至 2010 年 12 月末,全行总资产 2632.74 亿元,各项存款 1458.28 亿元,各项贷款 1015.74亿元;资本充足率 16.20%,核心资本充足率12.50%;不良贷款率 0.69%,拨备覆盖率 196.15%。全年实现净利润 23.22 亿元,每股净资产 5.51 元。宁波银行为中国银行业资产质量好、盈利能力强、资本充足率高、不良贷款率低的银行之一。在英国《银行家》杂志评选的 2010 年度全球 1000 强银行中排名 419 位;2009 年中国银行业百强排名第 22 位。

【主营业务】

吸收公众存款;发放短期、中期和长期贷款;办理国内结算等。

【企业文化】

诚信敬业

诚信:信誉是银行的生命,是宁波银行的品格准线,信誉直接关系到银行的内在价值。宁波银行始终恪守现代商业伦理和行业规范,坚持依法合规经营,诚信对待每项经营业务;确保客户资产安全,严格核算经营成果,真实披露经营信息;信守对客户、员工、股东和社会的承诺。诚信是宁波银行人最基本的品格和职业操守,每个员工要努力做到待人诚信、做事坦诚、忠于职守和信守承诺;要做到清清白白做人,明明白白做事;要诚信对待客户,不隐瞒、不欺骗、不歧视、不误导客户。

敬业:敬业是宁波银行人应该具备的基本职业素养,敬业的前提是爱岗,敬业的最高层次是专业。每个员工要具备较高的专业知识、技能和正确的职业伦理道德,在坚持客户第一的基础上为客户提供专业、优质、高效的服务;要重视务实执行,注重方法,关注效果,严守纪律,用职业人的态度,用心做好每项工作;要拥有进取心、好奇心和敏锐的洞察力、前瞻性,自我挑战,自我超越,将工作做得更好。

合规高效

合规:合规是宁波银行防范风险和持续发展的重要保证。宁波银行始终坚持合规经营,严格遵守国家法律法规和监管部门监管要求,严禁违法、违规、违德的行为发生,严肃处理各类违规行为。通过独立完善的合规体系、合规流程和良好合规文化建设,切实做到经营管理的每一环节和过程首先确保依法合规、严谨审慎与风险可控。

高效:高效是宁波银行保持竞争优势和持续发展的关键。宁波银行通过建立高效的决策机制、业务流程、沟通机制与渠道,加强风险控制,杜绝官僚作风,优化组织流程,促进管理提升,确保各项业务高效决策、高效运行,追求最好效果,实现最佳效益。

融合创新

融合:融合是宁波银行打造学习型企业和持续发展的基础。宁波银行将保持良好的吸收性,善于融合吸纳各类优秀人才、经营理念和管理技术;保持良好的宽容性,善于营造和谐与进取的环境,调动各级员工的积极性和创造性;保持良好的开放性,善于包容理解不同区域文化的差异,与各地文化做到和谐共生。

创新:创新是宁波银行实行差异化竞争策略和持续发展的不竭动力。宁波银行通过建立促进创新的组织、政策和支持系统,培养创新的理念,掌握创新的技巧,营造鼓励创新的环境,努力做到顺应行业发展趋势,不断进行产品、营销、流程、管理、文化、人才培养的变革和创新。

【002146】荣盛房地产发展股份有限公司

【基本情况】

荣盛房地产发展股份有限公司(简称"荣盛发展",证券代码 002146,SZ)成立于 1996 年,注册资金约 18.6368 亿元,一直致力于中等规模城市地产开发,通过专业化经营与高档产品品质诠释现代人居住理念。经过 10 余年的发展,公司现

已成为集建筑设计、商品住宅开发、物业经营及酒店管理为一体，具有国家一级开发资质、甲级设计资质的大型综合体。2007 年 8 月 8 日，荣盛发展成功登陆深圳证券交易所，成为河北省首家通过 IPO 上市的房地产企业。

一直以来，荣盛发展以“创造财富、培育人才、服务社会、报效国家”为宗旨，以“追求卓越”为核心价值观，秉持“诚信、谦和、认真、苦干、拼搏、创新”的企业精神，立足中等城市，稳步涉足风险较小的大城市，努力为崇尚新生活和需要改善居住环境与条件、提高生活品质的消费者打造“自然的园、健康的家”。

凭借独特的市场定位、良好的品质观念和客户意识，先进的管理模式及卓越的运营效率，荣盛发展经营业绩持续、快速增长，企业规模不断扩大。目前公司项目遍及沈阳、盘锦、唐山、廊坊、沧州、邯郸、石家庄、聊城、成都、临沂、南京、徐州、蚌埠、长沙、湛江等 10 多个城市，业务延伸至辽宁、河北、山东、江苏、安徽、湖南、四川、广东等省。截至 2010 年底，荣盛发展总资产 212.5 亿元，净资产 47.6 亿元，拥有土地储备可开发面积超过 1700 万平方米。

在取得卓越成绩的同时，荣盛发展不忘肩负的企业社会责任，在董事长耿建明先生“产业报国”理念指引下，公司连续多年在廊坊市纳税超亿元，并积极参与光彩事业，关注民生，回馈社会，先后为 1998 年抗洪抢险、2003 年抗击“非典”、2008 年汶川地震等捐款逾两千万元、2011 年荣盛慈善基金会成立捐资 5000 万元扶贫助困。

在新的产业政策和市场环境下，荣盛发展开始探索新的利润增长模式，先后在聊城、廊坊、沧州、南京、唐山等地建设多家五星级酒店，并陆续开业经营，以此来促进主业的提升。未来，荣盛发展将充分利用资本市场渠道和国内上市公司的有利地位，不断开拓市场新空间、提升企业核心竞争力，并通过精心策划、优化设计、严格管理、完善服务，不断提升管理水平，实现社会资源配置的最优化和股东权益的最大化。

【主营业务】

普通商品房开发。

【经营业绩】

2011 年上半年报告期内，公司实现营业收入 3,987,811,781.73 元，同比增长 39.53%，利润总额 825,144,683.26 元，同比增长 54.74%，净利润 613,372,484.56 元，同比增长 53.10%。

【公司荣誉】

公司先后多次被评为中国房地产企业信誉 AAA 级单位、AAA 级信用企业等，并荣膺 2007 年度特级明星企业、河北省房地产开发综合实力企业突出贡献奖、中国房地产百强企业等诸多奖项、公司旗下品牌“阿尔卡迪亚”被评为中国房地产“十大连锁品牌”、2008 年中国人居环境与新城镇发展推进工程授予“人居环境建设突出贡献企业”、2010 年中国中小板上市公司价值五十强、2010 年中国中小板上市公司最具成长性十强、第十三届(2010 年度)中国上市金牛奖等。

【002152】广州广电运通金融电子股份有限公司

【基本情况】

广电运通是全球领先的货币处理设备及系统解决方案提供商。在中国，广电运通是规模最大的 ATM(银行自动柜员机)产品及系统解决方案供应商，实力最雄厚的 AFC(轨道交通自动售检票)设备及核心模块提供商，也是最值得信赖的 ATM 智能化全托管服务品牌。广电运通产品及服务覆盖金融电子、轨道交通两大领域，涉及电信、电力、石油等泛金融领域，并成功进入高端金融服务外包市场。在全球，广电运通 60000 多台设备每天在为 1000 多万人次提供便利的自助服务。

广电运通由拥有 50 多年历史的国有企业广州无线电集团组建，自成立之日起便坚持以持续的技术创新为用户创造价值，目前广电运通研究院是亚洲乃至全球首屈一指的 ATM 和 AFC 权威研究机构。此外，广电运通拥有全套现金处理技术(包括取款、存款和现金循环)的自主知识产权，是全球掌握核心现金循环技术的几大企业之一。

广电运通还建设有全球最大的高端 ATM 生产基地，并精心构筑起强大的国际营销体系，在东南亚、美洲、中东、非洲等地设有海外办事处或代理机构，建立起完善的全球备件库和强大的服务网络，凭借灵活的需求定制能力、持续创新的技术能力、随时响应的服务能力，广电运通正赢得越来越多全球用户的信赖与合作。

时至今日，广电运通的 ATM 产品及解决方案已经广泛应用于“农、中、建、交、邮储”等中国各大主流金融机构，并远销全球 50 多个国家和地区。在 ATM 市场的激烈竞争中，广电运通稳健快速成长，连续多年位居中国 ATM 市场销售占有率第一，在全球 ATM 行业排名前 6 强。同时，广电运通 AFC 设备及核心模块在中国 20 多条城市轨道交通与高速铁路客运专线都得到广泛应用，极大推动了中国轨道交通的智能化进程。

“以创新的科技，便利人类生活”为使命，广电运通人将立足中国，走向世界，致力于引领全球货币识别与货币处理技术的发展，为人类创造“科技与便利完美融合”的新生活。

【主营业务】

ATM 和 AFC 等货币自动处理设备及相关系统软件的研发、生产、销售和服务以及 ATM 营运业务。

【经营业绩】

2011 上半年报告期内，公司实现营业总收入 86,790.44 万元，同比增长 7.71%；实现利润总额 27,349.29 万元，同比增长 6.82%；实现归属于上市公司股东的净利润 23,082.37 万元，同比增长 4.87%。

【002164】宁波东力传动设备股份有限公司

【基本情况】

宁波东力传动设备股份有限公司创立于 1998 年，现有总资产 180000 万元，注册资本 22000 万元，生产基地分设于宁波国家高新区、江北工业园区、江东仇毕工业区，总占地面积 26 万 m2，拥有现代化标准厂房 18 万 m^2，现有员工 1400 余人。

公司以工业齿轮和工业电机为核心业务，以大功率重载齿轮箱、模块化减速器、模块化减速电机、风力发电齿轮箱和变频、辊道、冶金电机为核心发展产品，在齿轮行业中占有重要的地位。

2007 年 8 月，公司首次公开发行股票成功(证券简称：东力传动，证券代码：002164)，成为齿轮行业最早在 A 股上市的企业。

公司建有省级高新技术研究开发中心，座落于宁波国家高新区研发园，是一家集齿轮标准、信息、研发、设计、工艺与试验研究及齿轮失效分析于一体的专业研究机构。目前，中心由中国齿轮行业专家委员会 5 位委员担任首席专家，汇集了一大批国内优秀的传动设备研究人才。近年来，东力作为组长单位负责起草了《中国齿轮行业中小功率工业通用减速箱》系列标准，负责起草《高效率三相异步电动机技术要求》、《YEJ 系列电磁制动三相异步电动机技术条件》、《YCJ 系列齿轮减速三相异步电动机技术条件》等多项国家和行业标准。近年来，东力共获各类国家专利 70 余项，开发研制的模块化减速电机、模块化减速器、大型智能化减速器、柔性液压行星减速器、深水双向惯流泵专用行星齿轮系列减速器、立式磨煤机专用锥行星齿轮系列减速器等多项重点新产品。

公司建有国家一级计量检测中心，下设标准计量室、理化室、机械性能室、齿轮精检室、三坐标室、型式试验室，拥有德国蔡司、克林贝格、斯派克等公司生产的三坐标检查机(2500＊2000＊1500)、齿轮测量中心(P100)、螺旋锥齿轮测量仪、直读光谱仪、万能材料试验机、超声波探伤仪、磁粉探伤机、金相显微镜等一批高精检测设备，以及德国西门子产型式试验台(3MW)、电机测试中心、耐压试验台、出厂试验台等试验设备，保证每个环节有序监控。

东力产品广泛应用于冶金、起重、矿山、电力、石化、建材、轻工、筑路、制糖、环保等行业，获得了国内外客户的赞誉和推崇。产品销售网络遍布全国 32 个省市，并出口意大利、乌克兰、巴西、阿根廷、孟加拉、越南、泰国、印度、阿曼、莫桑比克等国家和地区。

专注于传动设备，服务于高端市场，东力以卓越的品质向客户提供整体的传动解决方案。

【主营业务】

减速电机、齿轮箱等传动设备的设计、制造与销售。

【企业文化】

专注品质，一路走来，东力留下足迹无数。

【企业荣誉】

· 国家科技部认定首批重点高新技术企业。
· 中国制造业 1000 家最具成长性中小企业。
· 省级高新技术研究开发中心。
· 中小板上市公司诚信考核“优秀”企业。
· 浙江省质量管理先进企业。
· 浙江省“守合同重信用”单位。
· 浙江省慈善贡献奖。
· 宁波市百家重点企业。
· 宁波市工业企业纳税 50 强。
· 宁波市创建劳动关系和谐企业先进单位。
· 宁波市十大慈善民营企业。
· 十大风云甬商奖(最佳上市公司)。
· 宁波专利试点企业。
· 宁波工业创业创新综合示范企业。

【002170】深圳市芭田生态工程股份有限公司

【基本情况】

深圳市芭田生态工程股份有限公司，是一家集科研、生产、销售为一体，以生产复合肥、控释肥、绿色生态肥为主业，开发利用工农业废弃物变废为肥的环保型高新技术企业、国家科技创新型星火龙头企业。其产品包括四大系列的 100 多个品种，可有效提高农产品的内在品质，保护生态环境，远销全国各地及东南亚。

芭田公司奉行“收获在于创新，收获在于投入，收获在于共享”的企业价值观，一直重视科技自主创新。公司设“深圳市生态肥业工程技术研究开发中心”、“国家钙镁磷复合肥研究中心深圳中心”、“企业博士后工作站”、“全国农化服务中心”，承担二项国家“863”计划项目、一项国家农业科技成果资金转化项目、一项国家“十一五”国家科技支撑计划重点项目，组织制定了我国“有机－无机复混肥国家标准”。芭田公司与华南农业大学、中国农业大学、郑州工业大学和广东省农科院等高等院校、科研机构密切合作，对涉及行业有重大影响的技术进行攻关，积极推进肥业科技成果产业化。公司现已形成无机复合肥的养分高效复合技术、控释复合肥的养分控释技术、微生物肥料的生物工程技术、有机生态肥的有机废弃物的高效利用技术等四大类生态型复合肥制造技术，其技术水平在国内处于领先地位，拥有高塔熔融喷浆造粒生产工艺在内的多项国家发明专利。

芭田公司将品牌文化定位为“芭田——食物链的营养专家”。公司确立了“缺啥，补啥，吃好不浪费，吃好人健康”的科学施肥理念，不仅为植物提供最全面合理的营养，同时为农民提供最完善的农业科技服务，赢得了广大农民朋友的信赖。2003－2006 年“芭田”复合肥连续被评为广东省名牌产品；2004 年 9 月被国家质量监督检验检疫总局批准为国家免检产品。2005 年 3 月“芭田”商标被广东省工商行政管理局认定为广东省著名商标；2006 年 10 月，被国家工商行政管理总局认定为中国驰名商标。2007 年 1 月“芭田”被深圳市知名品牌评价委员会评定为深圳市知名品牌，同月被人民日报市场报等八家机构联合评定为“中国肥料行业十大影响力品牌”，并上榜由中国品牌研究院评介的“中国最有价值商标 500 强”。

芭田公司以“科技予农，富强大地”为企业使命，致力于发展民族肥业，为保护生态环境，促进我国农业可持续发展尽心尽力。

【主营业务】

复合肥产品的研发、生产和销售，主要包括无机复合肥、有机复合肥、控释肥等。

【经营业绩】

2011 年上半年报告期内，公司主营业务收入实现 94，308.89 万元，较去年同期增长了 34.11%；营业利润、净利润和归母公司净利润分别比去年同期上升了 5.58%、2.52% 和 1.39%。

【002176】江西特种电机股份有限公司

【基本情况】

江西特种电机股份有限公司是一家专业从事起重冶金电机、高压电机等特种电机研发、生产和销售的国家高新技术企业，国家电机行业骨干企业，江西省 100 强企业，深圳证券交易所上市公司，股票简称“江特电机”，股票代码 002176。公司现有员工 1300 余人，占地近 400 亩，总资产 5.4 亿元。

公司具有较强的技术创新能力和市场营销实力。自公司成立以来，先后有 3 项产品获“国家重点新产品奖”，2 项产品被评定为“国家火炬计划项目”，2 项目产品被认定为“科技型中小企业科技创新基金项目”，19 项产品获“江西省优秀新产品”、“江西省重点新产品”奖，4 项产品被评定为“江西省高新技术产品”。主要产品有起重冶金电机、高压电机、港口电机、风电电机等，其中在起重冶金电机细分行业，公司具有比较明显的竞争优势。

公司高度重视产品质量管理，先后通过了 ISO9001:2000 质量管理体系认证，国家强制性产品认证(3C 认证)，中国船级社船用产品型式认证，欧共体安全认证(CE 认证)，出口产品质量许可认证。2000年,公司被江西省质量技术监督局授予“实施标准优秀企业”称号;2006年,“江特牌三相异步电动机”被江西省名牌战略推进委员会授予“江西省名牌产品”称号。

公司坚持可持续发展战略,立足“高附加值,高科技含量,特殊专用”的产品发展方向,走“做精做强”的发展道路,通过电机与新能源两大产业的快速发展,力争在3–5年内实现双10亿元的中期发展目标。

为了尽快实现公司发展目标,一方面,利用股票上市所募集的资金,加快募投项目“大功率变频调速等特种电机制造自动化项目”的建设,为提高产品质量、提升产品档次、扩大生产能力、做强做大企业规模奠定扎实的基础,最终把江特电机公司打造成为全国特种电机的主要生产基地;另一方面,借助江西省《鄱阳湖生态经济区规划》的实施和宜春市“亚洲锂都”的建设,瞄准宜春锂资源贮量丰富的优势,以公司设立的“江西江特锂电池材料有限公司”为平台,从锂电池材料入手,逐步向锂电池、电动汽车驱动总成、新能源汽车产业链方向发展,做强做大公司新能源产业。

【主营业务】

交流电动机生产与销售。

【经营业绩】

2011年上半年报告期内,公司实现营业收入3.86亿元,比上年同期增长96.10%;实现净利润2638.50万元,比上年同期增长163.73%。

【企业荣誉】

公司以其优良的经济效益和社会效益获得了一系列荣誉,从1999年开始,连续9年荣获“江西省优秀企业”称号,并先后获得“中国优秀民营科技企业”,“江西省优秀高新技术企业”,“江西省A级纳税诚信单位”,“江西省劳动保障诚信等级A级单位”等荣誉。

【002186】中国全聚德(集团)股份有限公司

【基本情况】

1993年5月,中国北京全聚德集团成立。1994年6月,由全聚德集团等6家企业发起设立了北京全聚德烤鸭股份有限公司。2004年4月,首都旅游集团、全聚德集团、新燕莎集团实施战略重组。首都旅游集团成为北京全聚德烤鸭股份有限公司的第一大股东。2005年1月,北京全聚德烤鸭股份有限公司更名为中国全聚德(集团)股份有限公司。随即,中国全聚德(集团)股份有限公司进一步收购了聚德华天控股有限公司30.91%股权,与北京华天饮食集团并列成为聚德华天控股有限公司的第一大股东。2007年4月,北京著名老字号餐饮企业仿膳饭店、丰泽园饭店、四川饭店也进入全聚德股份公司,至此中国全聚德(集团)股份有限公司已发展成为涵盖烧、烤、涮,川、鲁、宫廷、京味等多口味,汇聚京城多个餐饮老字号品牌的餐饮联合舰队。

全聚德股份公司成立以来,秉承周恩来总理对全聚德“全而无缺,聚而不散,仁德至上”的精辟诠释,发扬“想事干事干成事,创业创新创一流”的企业精神,扎扎实实地开展了体制、机制、营销、管理、科技、企业文化、精神文明建设七大创新活动,确立了充分发挥全聚德的品牌优势,走规模化、现代化和连锁化经营道路的发展战略。十几年来,以独具特色的饮食文化塑造品牌形象,积极开拓海内外市场,加快连锁经营的拓展步伐。现已形成拥有70余家全聚德品牌成员企业,年销售烤鸭500余万只,接待宾客500多万人次,品牌价值近110亿元的餐饮集团。

在取得良好经济效益的同时,全聚德股份公司其他各项工作也取得了优异的成绩。先后被中央文明办、全国总工会、国家质检总局、中国商业联合会等单位授予“全国文明行业示范点”、“全国五一劳动奖状”、“全国质量管理先进企业”、“国际餐饮名店”、“国际质量金星奖、白金奖和钻石奖”、“国际美食质量金奖”、“全国商业质量管理奖”、“中国十大文化品牌”、“中国餐饮十佳企业”、“中国最具竞争力的大企业集团”和“北京十大影响力企业”等荣誉和奖励。

经评估,“全聚德”无形资产价值1994年1月1日是2.69亿元人民币;2004年6月28日在世界品牌实验室和世界经济论坛主办召开的世界品牌大会上,全聚德品牌评估价值上升到84.58亿元人民币;2005年8月6日,世界品牌实验室宣布全聚德品牌评估价值为106.34亿元人民币。2007年9月,在第二届亚洲品牌盛典中,“全聚德”品牌荣获第320强,是亚洲餐饮行业唯一进入亚洲500强品牌的企业。2007年11月20日本公司在深圳交易所正式挂牌上市。

“全聚德”既古老又年轻,既传统又现代,她正在向着“中国第一餐饮,世界一流美食,国际知名品牌”宏伟愿景而奋勇前进!

【经营业绩】

2011年上半年报告期内,公司实现营业收入8.03亿元,较上年增加19,070.42万元,同比增长31.15%;实现利润总额9,107.01万元,较上年增加1,836.95万元,同比增长25.27%;实现归属于上市公司股东的净利润6,518.66万元,较上年增长1,292.86万元,同比增长24.74%;接待宾客347.15万人次,同比增长51.40%。

【公司治理】

公司上市以来,严格按照《公司法》、《证券法》及《上市公司治理准则》、《深圳证券交易所股票上市规则》和中国证监会有关法律法规及中小企业板上市公司的特殊规定的要求,不断完善内部控制,自觉履行信息披露义务,提高公司治理水平,做好投资者关系管理,促进企业规范运作水平的不断提升。

报告期内,公司不存在向大股东或实际控制人提供未公开信息等公司治理不规范情况。截至报告期末,公司治理的实际情况符合中国证监会等部门发布的有关上市公司治理的规范性文件的要求。公司今后将持续强化公司治理工作,建立公司治理的长效机制,更好地完善内控制度建设,为公司持续、健康、稳步发展夯实基础。

【公司荣誉】

公司先后被中央文明办、全国总工会、国家质检总局、中国商业联合会等单位授予“全国文明行业示范点”、“全国五一劳动奖状”、“全国质量管理先进企业”、“国际餐饮名店”、“国际质量金星奖、白金奖和钻石奖”、“国际美食质量金奖”、“全国商业质量管理奖”、“中国十大文化品牌”、“中国餐饮十佳企业”、“中国最具竞争力的大企业集团”和“北京十大影响力企业”等荣誉和奖励。

【002202】新疆金风科技股份有限公司

【基本情况】

新疆金风科技股份有限公司(“本公司”)是一家在中华人民共和国新疆维吾尔自治区注册的股份有限公司,于2001年3月26日经新疆维吾尔自治区人民政府[新政函2001]29号文批准,由新疆风能有限责任公司、中国三峡新能源公司

(原名中国水利投资集团公司)、新疆风能研究所、新疆太阳能科技开发有限公司、北京君合慧业投资咨询有限公司及7位自然人共同发起设立,并经新疆维吾尔自治区工商行政管理局核准登记,企业法人营业执照注册号:650000410001060号。本公司所发行人民币普通股A股和H股股票,已分别在深圳证券交易所和香港联合交易所有限公司("香港联交所")上市。

本公司于2001年3月26日于新疆维吾尔自治区成立,于注册成立时的总股本为3,230万股,每股面值为人民币1元。经历三次增资扩股,截至2007年3月25日本公司股本增至人民币45,000万元。经中国证券监督管理委员会《关于核准新疆金风科技股份有限公司首次公开发行股票的通知》(证监发行字[2007]453号)核准,于2007年12月,本公司通过深圳证券交易所公开向社会发行5,000万股每股面值人民币1元的A股,股本总额变更为人民币50,000万元。2008年2月27日本公司以未分配利润派红股、派现金,资本公积转增股本,股本总额变更为100,000万股。2009年4月14日,本公司以未分配利润派红股、派现金,股本总额变更为140,000万股。2010年3月25日,本公司以未分配利润派红股、派现金,股本总额变更为224,000万股。

2010年9月27日至9月30日期间,本公司通过香港联交所发行了395,294,000股每股面值人民币1元的H股,发行价为每股17.98港元,于未扣除发行费用前的总筹资额约71亿港元。该些H股已于2010年10月8日开始于香港联交所主板挂牌交易。本公司四家国有股东新疆风能有限责任公司、中国三峡新能源公司、新疆风能研究所、新疆太阳能科技开发公司于2010年9月30日将39,529,400股国有法人股划转为H股并转给中华人民共和国社会保障基金理事会。

2010年10月12日,本公司行使了全额H股超额配售权而再次发行59,294,000股每股面值人民币1元的H股,发行价为每股17.98港元,于未扣除发行费用前的总筹资额约10.7亿港元。该些H股于2010年10月14日通过香港联交所主板开始挂牌交易。本公司四家国有股东新疆风能有限责任公司、中国三峡新能源公司、新疆风能研究所、新疆太阳能科技开发公司于2010年10月21日将5,929,400股国有法人股划转为H股并转给中华人民共和国社会保障基金理事会。完成本次境外首次公开发行连同减持国有法人股并转为境外上市外资股后,本公司累计实收股本和注册资本变更为人民币2,694,588,000元。

截至2011年6月30日,本公司累计发行股本总数2,694,588,000股。

【主营业务】

风力发电机组生产及销售。

【经营情况】

2011年上半年,公司实现营业收入人民币519,441.70万元,较上年同期减少111,036.93万元,同比降低17.61%;实现营业利润人民币52,624.99万元,较上年同期减少44,112.07万元,同比降低45.60%;实现净利润人民币49,062.80万元,较上年同期减少32,264.69万元,同比降低39.67%;实现归属母公司净利润人民币42,464.75万元,较上年同期减少34,810.29万元,同比减少45.05%。

【企业文化】

企业使命:"为人类奉献白云蓝天,给未来创造更多资源"

企业愿景:"做世界新能源价值发现者和创造者"

企业核心价值观:"创造价值,成就人生"

【002206】浙江海利得新材料股份有限公司

【基本情况】

浙江海利得新材料股份有限公司成立于2001年,经过几年的艰苦创业,已发展成为集生产、科研、销售为一体的国家重点高新技术企业、浙江省诚信示范企业、浙江省绿色企业、国内A股上市企业。

【产品范围】

1. 涤纶工业丝

涤纶工业长丝产品系列:高模低收缩型、汽车安全带丝、高强型、低收缩型、汽车安全气囊丝、表面活化丝、有色丝、合股丝、加捻丝、海事绳缆专用丝、中空工业丝和抗芯吸型等涤纶工业长丝。包括上游产品:纤维级聚酯切片。

2. 数码喷绘材料

灯箱广告材料系列:灯箱广告布料、网格涂层喷绘布、双面喷绘布等,最大门幅达5.1M。

涂层材料、装饰材料系列:涂层篷盖材料、水池布、充气玩具布;装饰天花软膜、印刷膜、窗帘布、投影幕布(膜)等。

3. 轮胎帘子布

【生产能力】

涤纶工业长丝120,000吨/年,聚酯切片120,000吨/年,涤纶浸胶帘子布3万吨/年,灯箱广告材料10000万平方米/年,PVC压延材料40,000吨/年,装饰材料系列5000万平方米/年。

【市场地位】

海利得涤纶工业长丝以高品质、高起点、专业化、差别化服务于轮胎、安全带、安全气囊等车用纤维领域及其他工业。海利得属于国内首家从事灯箱布生产的企业,也是国内灯箱布制造企业中第一家生产5.1米宽幅的高端灯箱布产品的企业。海利得涤纶工业长丝和灯箱广告布产品销售区域遍及全国三十多个省、市、自治区,远销美洲、欧洲、东南亚及中东等80余个国家和地区。

公司严格按ISO9001质量管理体系、ISO14001环境管理体系的要求组织生产,确保为客户提供优质、满意的产品服务。"海利得"牌柔性灯箱布被评为浙江省名牌产品,"海利得"牌商标获浙江省著名商标,"海利得"牌工业涤纶长丝荣获中国名牌和国家免检产品。

海利得公司努力以全球经营的战略思维、国际先进的核心技术、领先的制造能力、卓越的企业品牌,致力于涤纶工业丝、数码喷绘材料与轮胎帘子布三大产业基地建设,打造成为世界领先的涤纶工业丝、数码喷绘材料与轮胎帘子布供应商。

海利得公司热忱欢迎国内外客商、新老朋友与我们广泛合作,共创辉煌。

【经营业绩】

2011年上半年报告期内,公司营业总收入1,225,229,984.04元,同比增长86.91%,营业利润130,208,151.86元,同比增长164.07%,利润总额135,813,787.33元,同比增长114.23%,归属于母公司股东的净利润114,935,588.21元,同比增长108.45%。

【002212】广东南洋电缆集团股份有限公司

【基本情况】

广东南洋电缆集团股份有限公司创建于1985年。2008年2月1日在深圳证券交易所成功挂牌上市,股票简称:"南洋股份”，股票代码：“002212”。2010年10月完成了再融资。公司总部设在汕头，现有2家全资子公司——广东南洋超高压电缆有限公司、南洋电缆（天津）有限公司及1家控股子公司——广州南洋电缆有限公司。专业生产电线电缆以及配套生产电线电缆用PVC料等产品。我司生产的NAN南牌电线电缆是中国名牌产品，NAN南牌商标被认定为中国驰名商标。生产基地总面积约40万平方米，年生产能力约40亿元，是华南地区最大型的生产电线电缆的企业，是国家经贸委全国城乡电网改造使用产品定点企业，全国煤炭行业机电设备定点生产企业，是中石化入网单位，中石油一级供应网络成员单位，ISO9001质量管理体系认证企业，ISO14001环境管理体系认证企业，国家重点高新技术企业，产品通过中国质量认证中心安全认证，取得CCC认证标志。

经过二十多年的开拓进取，企业不断发展壮大，拥有4条达到国内先进水平35kV及以下交联电力电缆三层共挤生产线、引进德国在线检测测偏仪、具有国内先进水平的电工机械和检测仪器设备300多台套，生产设备齐全，检测手段完善，技术力量雄厚，积累了丰富的生产和技术经验，不断开发新产品，拥有省级的工程技术研究开发中心和技术中心。我司实施IPO募投项目——环保型特种高压交联电缆项目的生产基地——广东南洋超高压电缆有限公司，引进当今世界最先进的生产设备与检测设备，其立式连续硫化（VCV）生产塔也是当今世界上最先进的。项目已完工，可为快速发展的国内市场和国际市场提供最高达到500kV的交联电力电缆。公司的第四个生产基地位于天津空港物流加工区，总投资近6亿元，建设“新能源、船用及变频节能特种电缆项目”。

公司的主要产品有220kV、110kV、35kV及以下交联电力电缆、低压电线电缆、控制电缆、架空电缆，耐火电缆、阻燃电缆、低烟低（无）卤电线电缆、预制分支电缆、变频环保电缆、耐高温、防水、防鼠、防蚁电线电缆等特种电缆等，目前正致力于发展核电站用电缆、风能电缆、变频节能电缆及船用特种电缆的生产。

NAN南牌电线电缆广泛应用于全国城乡电网改造、电力工程、输配变电系统、全国各重点工程，如北京奥运主会场－国家体育馆（鸟巢）、北京首都机场三号航站楼、北京地铁奥运支线、北京奥运会兴奋剂检测中心、北京电视台、北京国防大学、厦门大学、福州大学城、浙江杭州湾大桥、南京地铁、山西阳煤百万吨水泥项目、山西阳泉氧化铝工程、天津帝景温泉酒店、天津电力局、天津港务局、大沽化工厂、华能杨柳青电厂、和黄地铁广场、武汉电气化铁路工程、广州白云国际机场、广州火车东站、广州地铁二号线站台、广州大学城、广州电视塔、广州国际会展中心、广州新体育馆、深圳机场、深圳地王大厦、东莞行政中心；陕西国华锦界发电厂、福建龙岩坑口发电厂、华能武汉阳逻发电厂、重庆珞璜发电厂、江苏华能太仓发电厂、天津华能杨柳青发电厂、华能海口发电厂、华能汕头发电厂、大唐国际潮州发电厂、广东国华台山发电厂等均采用本公司产品。

NAN南牌电线电缆已出口到澳大利亚、也门、尼日利亚、蒙古、澳门等国家和地区。南牌电线电缆通过长期运行，以性能安全、质量稳定，赢得国内外广大用户的信赖。

广东南洋电缆集团股份有限公司依托科学的管理手段、稳定的产品质量、热情周到的服务、诚实规范的商业信用，在广大用户中享有良好的声誉。

【主营业务】

主要从事电力电缆、电气装备用电线电缆的研发、生产和销售。

【经营业绩】

2011年上半年报告期内，公司实现的营业总收入844,414,510.73元，同比增长9.39%；利润总额98,909,433.33元，同比增长7.19%；归属于上市公司股东的净利润61,971,812.34元，同比增长4.70%。

【002219】甘肃独一味生物制药股份有限公司

【基本情况】

甘肃独一味生物制药股份有限公司是以现代制药产业为核心，集天然植物药和生物制药技术应用研究、开发、生产、经营一体化的高科技公司。公司自创立以来，稳健成长，在行业中具有良好的信誉和高科技公司形象。多年来，公司一直秉承“在稳定中求创新，在创新中求稳定”的战略原则，坚持走科技兴企，科技强企的发展道路，产值、销售、效益快速增长，在中国改革开放和西部大开发政策以及国家经济发展的外部有利环境支持下，已成为西部重要的中成药和原料药生产基地，并有力地带动了地方经济的发展，为西部地区脱贫作出巨大的贡献。为此，公司多次被当地政府评为：甘肃省高新技术企业、甘肃省农业产业重点龙头企业，公司的拳头产品“独一味胶囊”也被评为甘肃省名牌产品和陇货精品。

公司还与北京中医药大学、北京协和医科大学、成都中医药大学、四川中医药研究所、兰州大学、甘肃中医学院等科研院所建立了密切的合作关系，通过科技成果转让、合作项目开发、共建研究机构、共同组建高新技术企业等多种产学研合作方式，优化资源配置，致力于企业核心技术的发展和增强自身竞争能力。目前正在开发具有自主知识产权的国家中药新药有软胶囊、冻干粉、中药注射剂等现代中药产品。

公司地处甘肃省陇南市康县独一味工业园区内，占地53亩，总建筑面积21000平方米，员工500多人，其中符合GMP规范的生产车间达15000平方米，有片剂、硬胶囊剂、软胶囊剂生产线各两条，糖浆剂、颗粒剂、酒剂生产线各一条，新建植化药车间一个，年产硬胶囊2亿粒，片剂1亿片，软胶囊500万粒，糖浆10万瓶，颗粒剂100万袋，酒剂10万瓶，植化药提取3000千克。公司也在全国不断建立健全完善的销售网络，有效地为全国的医生和患者提供药品应用咨询、临床用药研究、学术支持等服务。

在现有产品中，公司以中成药为主，同时拥有化学原料药和植物化学药，涉及抗感冒药、止血镇痛药、循环系统用药、呼吸系统用药、内分泌系统用药等几个系列，共有片剂、硬胶囊剂、颗粒剂、软胶囊剂、糖浆剂、酒剂六个剂型的30余个品种，全部通过国家GMP认证。其中国家药典品种2个，国家中药保护品种4个；6个品种被列为全国独家生产品种。传统产品独一味胶囊为国内医药的知名品牌，保持治疗镇痛、止血同类产品中的领先地位，为《中国药典》2005年版品种、国家基本药物、国家基本医疗保险药品，市场前景极为广阔；参芪五味子片入选为国家基本药物目录品种。

当前，公司正抓住机遇，开拓进取，着力于实施人才战略，加快技术创新步伐，致力于生物药、植物化学药及缓释、控释、透皮技术的研究与开发，精心孕育着“中药强国”的梦想，为促进人类健康事业，加快中药现代化、国际化进程，以期利用最短的时间，实现公司新的飞跃，在新世纪初叶将公司建成中国的知名企业而奋斗。

【主营业务】

片剂、糖浆剂、散剂、酒剂、硬胶囊剂、软胶囊剂、口服液、合剂等。

【经营业绩】

2011 年上半年报告期内,公司累计完成营业总收入 146,337,813.47 元,比去年同期增长 6.97%;实现利润总额 37,031,160.64 元,同比增长 10.66%;实现净利润 31,582,020.18 元,同比增长 9.55%,主营收入、利润均实现了平稳增长。

【企业文化】

用科技关注健康。全心全意服务于人类健康事业。

【企业荣誉】

公司获"2011 年全国五一劳动奖状",多次被当地政府评为:甘肃省高新技术企业、甘肃省农业产业重点龙头企业,公司的拳头产品"独一味胶囊"也被评为甘肃省名牌产品和陇货精品。

【002226】安徽江南化工股份有限公司

【基本情况】

安徽江南化工股份有限公司是国家定点的民用爆破器材产品生产企业,是一家集产品研发、生产、销售和爆破工程技术服务一体化的大型民爆集团。公司注册资本为 3.96 亿元,拥有 1 家分公司,12 家子公司,共计 40 多个成员单位,3000 余名员工,业务范围已覆盖了全国三分之一国土面积。公司前身是 1985 年成立的宁国江南化工厂,1997 年改制为安徽省宁国江南化工有限责任公司,2005 年 12 月整体变更设立为安徽江南化工股份有限公司。2008 年 5 月在深圳证券交易所上市(股票代码 002226),成功登陆中国资本市场。2011 年 6 月,完成重大资产重组,资产规模快速壮大、生产能力和盈利能力迅速提升,成为国内大型民爆企业集团之一,是全国民爆行业并购重组的典范。

公司炸药许可能力为 26.85 万吨,生产各类品种、规格齐全的工业炸药、震源药柱、工业雷管和工业导爆索等民用爆破器材,产品广泛应用于矿山开采、水利水电、交通建设、城市改造、地质勘探、爆破加工及国防建设等领域,产品主要销售区域为安徽、新疆、宁夏、河南、四川、福建、湖北等省市,并辐射周边其他省份,公司于 2011 年获得了民爆业务的自营出口权,业务已成功进入中亚地区。

公司重视产品质量管理、生产安全管理等基础管理工作,产品质量优良,产品质量达到或超过国家标准。公司所属子公司、分公司基本通过了 ISO 质量管理体系认证和质量、环境和职业健康安全综合管理体系认证。

公司重视创新工作,公司近几年来连续被评为安徽省民营科技企业,安全生产先进单位,国家火炬计划重点高新技术企业、安徽省高新技术企业,并于 2009 年、2010 年连续两年荣获中国中小企业上市公司价值五十强。

公司重视法人治理工作,已建立了完善的法人治理结构,运作规范,资产结构良好,银行资信和市场信誉良好。

公司在董事会和管理层的带领下,依靠一支刻苦耐劳、能征善战、团结奋进、开拓创新的职工队伍,一定能把江南化工建设成为一家实力雄厚、管理规范、效益一流的现代化企业,实现"百年和谐江南"宏伟目标。同时致力于打造"具有国际竞争力的民爆产业集团",以优良的经营业绩服务社会、回报股东!

【主营业务】

工业炸药的生产、销售,主要产品为胶状乳化炸药、粉状乳化炸药。

【经营业绩】

2011 年中期:管理层讨论与分析

(一)总体经营情况分析

2011 年是"十二五"规划的开局之年,"十二五"规划将转变经济发展方式,谋求可持续发展提到了一个前所未有的高度我公司紧紧把握这一机遇,围绕民爆行业"推进民爆企业的兼并重组,淘汰落后,优化结构和提高竞争力"的指导思想,顺利完成与盾安控股集团的重大资产重组工作,使公司由区域性优势企业快速转变为集研发、生产、销售和爆破服务为一体化的全国性民爆企业集团之一。

报告期内公司实现营业收入 29,764.42 万元,与上年同期相比增长 120.40%;实现利润总额 7,154.88 万元,比上年同期增长 91.83%;实现净利润 5,022.41 万元,比上年同期增长 69.49%;实现每股收益 0.36 元,同比增长 71.43%。

报告期末,公司资产总额为 310,526.94 万元,比期初增长 531.29%;归属于上市公司股东的权益为 222,477.68 万元,比期初增长 422.42%;每股净资产为 8.43 元,比期初增长 177.30%。

(二)公司主营业务及经营情况

主要指标变化原因:

(1)报告期内公司实现营业收入 29,764.42 万元,同上年同期相比增长 120.40%;实现利润总额 7,154.88 万元,比上年同期增长 91.83%;实现归属于上市公司股东的净利润 5,022.41 万元,比上年同期增长 69.49%;实现每股收益 0.36 元,同比增长 71.43%,主要原因是:公司于 6 月份完成与盾安控股集团的重大资产重组,合并报表纳入了资产交割日后注入公司资产 6 月份实现的收入、利润,从而导致营业收入、归属于上市公司股东的净利润、基本每股收益大幅上升;

(2)报告期末公司总资产为 310,526.94 万元,较期初增加 261,337.62 万元,增长 531.29% 主要系期末合并增加了注入资产所致;

(3)报告期内总股本较上年增幅为 88.45%,系经资产重组以后,增加了注册资本;

(4)经营活动产生的现金流量净额较上年增加 2,536 万元,增幅为 96.43%,影响经营活动现金流变动的主要因素为主营业务收入相较同期增长所致;

(5)净资产收益率上涨主要是报告年度内公司净利润增加所致。

【002228】厦门合兴包装印刷股份有限公司

【基本情况】

1993 年 5 月,厦门合兴包装印刷股份有限公司诞生于人杰地灵、风光旖旎的海港城市厦门。经过 10 多年专注于行业的发展,2008 年 5 月,合兴包装 A 股在深圳证券交易所上市(股票简称:合兴包装,股票代码:002228)。公司现在中国大陆各地拥有 23 家子公司,共有员工 5000 余人,近 10 亿平方米的产能及完善的产品线。

作为国内领先的大型综合包装印刷企业,合兴包装及控股子公司长期从事中高档瓦楞纸箱及各类包装制品的研发与设计、生产、销售及仓储、配送等服务,公司主要产品有中高档瓦楞纸箱、彩盒、缓冲包装材料(EPE、蜂窝产品、纸浆模塑)、书刊等,能够为客户在中国大陆提供一站式的包装服务。公司已有十年以上为众多国内外知名客户提供 CPS、VMI 等服务的经验,并赢得了广大客户的信赖。

合兴包装将秉承"志合兴业、人合兴世；持续创新、务实发展"的经营理念，坚持"诚信、快乐、分享"的核心价值观，面向全国，不断优化"标准化工厂"复制流程，力争成为中国"专业化、规模化、一体化"的最强综合包装企业。

【主营业务】

生产中高档瓦楞纸箱及纸、塑等各种包装印刷品，研究和开发新型彩色印刷产品。

【经营业绩】

2011 年上半年，公司实现营业收入 92,350.43 万元，同比增长 41.01%，实现归属于上市公司的所有者的净利润 3,088.78万元，同比增长 4.58%，基本每股收益 0.09 元。

【企业荣誉】

· 中国包装龙头企业。
· 厦门市重点高新技术企业。
· 厦门市 2007 年度纳税 1000 万元。
· 优秀供应商(柯达)。
· 厦门市守合同重信用企业。

【002234】山东民和牧业股份有限公司

【基本情况】

山东民和牧业股份有限公司成立于 1997 年，是亚洲最大的父母代肉种鸡生产企业，已形成以父母代肉种鸡饲养和商品代肉鸡苗生产为核心，肉鸡养殖、屠宰加工与生物科技相结合的较为完善的产业链。先后被授予农业产业化国家重点龙头企业、全国农业标准化示范区、国家出口鸡肉标准化示范区和全国畜牧优秀企业等荣誉称号。

2008 年 5 月，公司股票在深圳证券交易所成功挂牌上市，民和股份也成为国内肉种鸡养殖行业首家上市公司。目前公司下设种鸡场、孵化厂、饲料厂、商品鸡基地、食品公司、进出口公司、生物科技公司等 37 个生产单位，年可孵化肉鸡苗 1.7 亿只、饲料 40 万吨、鸡肉食品 6 万吨，2010 年公司资产达 11.1 亿元，实现销售收入 10 亿元。

民和股份立足种禽繁育，发展产业经营，实现可持续发展。自主研发的"肉用种鸡全程笼养新技术开发"获国家星火计划奖；"鸡鲜精稀释及冻业技术研究"获山东省科技进步二等奖；"商品肉鸡全程笼养技术研究"获山东省科技进步三等奖。公司以领先的技术优势和行业主导地位入选"亚洲家禽行业 50 强企业"。

公司通过了 ISO9001:2000、HACCP、EUREPGAP 等体系认证，产品通过了"中国绿色食品认证"，并先后获得"中国国际农业博览会名牌产品"、"中国放心食品品牌"、"山东省著名商标"、"山东名牌"等荣誉称号。

放眼未来，民和股份秉承"兴牧强国"的企业理念，以振兴民族畜牧业为己任，坚持产业经营与资本经营协调发展，以肉鸡产业为基础，打造大农业下的多产业集群。民和股份将不断致力于发展健康养殖、生产绿色食品，发展循环经济，打造民和百年品牌，兴牧强国！

【主营业务】

包括父母代肉种鸡的饲养、商品代肉鸡苗的生产与销售；商品代肉鸡的养殖与销售；饲料、鸡肉制品的生产与销售。公司已形成了以父母代肉种鸡饲养和商品代肉鸡苗生产销售为核心，肉鸡养殖、屠宰加工与肉鸡苗生产相结合的经营模式。

【经营业绩】

2011 年上半年报告期内，公司实现营业收入 58,813.96 万元，比去年同期增加 43.46%，实现营业利润 8,570.11 万元，比去年同期增加 374.16%，实现归属于母公司所有者的净利润 8,536.10 万元，比去年同期增加 416.71%。

【002235】厦门安妮股份有限公司

【基本情况】

厦门安妮股份有限公司(股票代码:002235，下称"安妮股份")是以商务信息用纸的研发、生产、销售以及综合应用服务为主的大型企业集团，2009 年荣获"国家火炬计划重点高新技术企业"，同年入选福布斯"中国潜力企业"榜，是中国最大的商务信息用纸综合供应商之一。

安妮股份拥有以"安妮"为核心的多个产品品牌，产品覆盖热敏纸、无碳纸、彩色喷墨打印纸、双胶纸等 4 大系列、7000 多个规格与品种。产品主要包括 POS 机用纸、电脑打印纸、相片纸、传真纸、复印纸，其他办公用纸品，以及金融、彩票、税务、电信、物流等行业应用票据、标签等，广泛应用于商务与办公活动的各个领域。多年来，安妮股份的产品与服务深受市场好评，"安妮"商标被国家工商总局认定为"中国驰名商标"，"安妮"品牌被评为"中国办公用纸行业十大影响力品牌"。

安妮股份建有覆盖全国的生产、营销、服务网络以及特种涂布造纸、终端成品加工及印刷一体化生产体系，为广大客户提供"更快捷、更周到、更节省"的产品与服务。同时，安妮股份还致力于为核心客户提供"客户化整体解决方案"，不断提高客户价值。目前，安妮股份是中国福利彩票、各商业银行、各电信运营商、政府部门等大型企事业单位的指定供应商。

安妮股份十分重视生产与管理的科学性和社会效益，公司先后通过了 ISO9001 质量管理体系、ISO14000 环境管理体系、FSC/COC 产销监管链体系认证。

安妮股份始终秉持"服务、伙伴、价值"的经营理念，致力于为客户和股东创造更高价值，并以回馈社会为己任积极参与各项社会公益事业。

【经营业绩】

2011 年 1－6 月份，公司实现营业收入 312174048.44 元，同比增长 4.51%；实现营业利润 9974581.32 元，同比增长 161.87%；归属上市公司母公司所有者的净利润为 5,615,529.24元，同比增长 180.40%。

【企业荣誉】

2009 年荣获"国家火炬计划重点高新技术企业"，同年入选福布斯"中国潜力企业"榜，是中国最大的商务信息用纸综合供应商之一。"安妮"商标被国家工商总局认定为"中国驰名商标"，"安妮"品牌被评为"中国办公用纸行业十大影响力品牌"。

【002238】深圳市天威视讯股份有限公司

【基本情况】

深圳市天威视讯股份有限公司(以下简称:天威视讯)成立于 1995 年，是我国有线电视网络行业的第一家股份制企业，负责深圳地区有线电视网络的建设、经营和维护，提供有线电视收视服务、电视增值业务以及互联网接入服务等。

在各级政府和领导的重视和支持下，公司坚持以正确舆论为导向，以市场为出发点，以数字化为突破口，推动技术创新，提升服务品质，建立现代企业机制，逐步形成了以传输视频信息和开展网上多功能服务为主，向产业链的上下游渗透、多业务并举的文化产业发展模式，探索出一条广电事业和文化产业协调发展的新路。目前，公司已形成了数字电视业务、交互数字电视增值业务、宽带数据业务相结合的全业务体系，为用户提供了高、标清点播、时移、网络录制、宽带数据等丰富的交互式数字媒体信息服务。

筚路蓝缕，峥嵘往昔。带着成为中国最好的有线数字电视网络综合信息运营商的愿景，公司秉承着“服务社会、服务人群”的企业理念，不停飞翔，实现了跨越式发展。2006 年 5 月，中共中央政治局常委李长春同志赴深圳考察数字电视发展情况，对天威视讯的有线电视数字化工作和业务发展给予充分肯定。国家广电总局张海涛副局长对天威视讯的发展模式进行了高度评价，他指出，天威视讯在有线电视数字化方面所取得的成功，关键在于能不断追求观念创新、科技创新、体制创新与服务创新。

追求之路，永无止境。十余年来，天威视讯立志做视音频服务专家，为客户提供高端前沿的视频产品和丰富多彩的融合业务，目前，公司已逐步发展成为集管理科学化、经营规模化、产业多元化为一体的现代企业，凭借科学的经营规划，超前的技术研发，良好的业务结构和优质的服务水平，公司经营业绩逐年稳步增加，2010 年收入达 8 个亿，净利润 8700 余万。

登高望远，更上层楼。今天，面对“三网融合”给有线电视网络运营商带来的新的机遇与挑战，天威人将与时俱进，以更饱满的热情、创新的技术、优质的产品和贴心的服务翱翔在数字浪潮的前沿，为成为中国领先的综合信息服务运营商而努力奋斗。

【经营业绩】

截至 2011 年 6 月 30 日，公司共拥有的有线数字电视用户终端数为 109.04 万个，互动电视用户终端数为 29.03 万个（其中高清互动电视用户终端数为 22.85 万个），付费频道用户终端数为 4.64 万个，有线宽频在网用户数为 32.29 万户。

2011 年上半年报告期内，公司实现营业收入 39,525.62 万元，较上年同期增长 2.19%；实现营业利润 5,479.47 万元，较上年同期增长 27.84%；实现归属于上市公司股东的净利润 5,770.82 万元，较上年同期增长 68.21%。

【企业文化】

激情、创新、协作、责任、学习。

【企业荣誉】

· 2006 年，天威“有线交互数字电视系统”荣获国家广电总局科技创新奖突出贡献奖一等奖。
· 2007 年，公司“数字媒体内容集成交换平台”等 4 个项目，作为“中国互动新媒体网络与新业务科技工程”被列入科技部“十一五”国家科技支撑计划重点项目。
· 2008 年，天威公司历经 6 年成功上市，成为深圳第一家文化类上市企业。
· 2008 年，荣获“全国文化体制改革优秀企业”称号，是深圳市唯一获此殊荣的文化企业。
· 2009 年，天威“全业务智能调度管理系统”荣获国家广电总局科技创新奖一等奖。
· 2009 年，公司营业厅荣获国家商务部颁发的“中国最佳营业厅”称号，成为业内唯一获此殊荣的广电运营商。
· 2010 年，被深圳市委组织部评为“深圳市百优处室”。

【002241】歌尔声学股份有限公司

【基本情况】

歌尔声学自创立以来，始终专注于电声行业微型电声元器件和消费类电声产品的研发和制造，主要产品包括微型麦克风、微型扬声器/受话器、蓝牙系列产品和便携式音频产品，广泛应用在移动通讯设备及其周边产品、笔记本电脑、个人数码产品和汽车电子等领域。经过持续的努力，公司已经由从事微型电声元器件制造和销售的单一业务企业，成长为业务涵盖微型电声元器件和消费类电声产品的声学整体解决方案提供商。

公司凭借研发实力、生产工艺水平、成本优势和高素质的管理团队，赢得了包括三星、惠普、思科、LG、松下、西门子、NEC、富士康、伟创力、宏碁、华硕、联想、京瓷、中兴通讯、缤特力、哈曼、罗技等在内的优质客户资源，在电声行业取得了有利的竞争地位。

歌尔声学坚持自主创新，专注声学科技；致力成为世界一流的声学整体解决方案提供商。

【主营业务】

微型电声元器件和消费类电声产品的研发、制造和销售。

【经营业绩】

2011 年上半年报告期内，公司营业收入 146,613.39 万元，归属于上市公司股东的净利润 17,952.48 万元，同比分别增长 41.28% 和 80.76%。

【002242】九阳股份有限公司

【基本情况】

九阳股份有限公司成立于 1994 年，2008 年 5 月 28 日在深圳证券交易所成功上市。是一家专注于健康饮食电器的研发、生产和销售的现代化企业。

九阳现有员工四千余人，平均年龄不超过 30 岁，其中管理层本科以上学历人员占 90% 以上，企业科技创新人员近千人。公司一直保持着健康、稳定、快速的发展已形成了跨区域的现代管理架构，在济南、杭州、苏州等地建有多个生产、研发基地，产品覆盖全国 30 多个省、市、自治区，并远销日本、美国、新加坡、印尼、泰国等二十多个国家和地区。

九阳公司在健康饮食电器领域不断拓展，新产品层出不穷，主要产品涵盖了豆浆机电压力煲、电磁炉、料理机、榨汁机、紫砂煲、开水煲、电饭煲等八大系列两百多个型号。

作为豆浆机行业的开创者和领导者，九阳持续引领新兴健康饮食电器的技术进步和发展，还积极把健康产业向上游延伸，开发了专供于酒店、写字楼的“原磨豆浆”商用豆浆机和出品自东北肥沃黑土的非转基因优质大豆“阳光豆坊”豆浆原料。2011 年初，九阳斥巨资进军净水领域，推出九阳“冰蓝”系列净水机产品，全力打造“好机 + 好豆 + 好水 = 好豆浆”的健康产业链条。

九阳倡导健康饮食生活方式，致力于产品和服务的持续创新，为客户创造健康便捷、高品质的饮食解决方案。自 1994 年发明豆浆机至今，十七年来经历了 11 次重大技术革新，先后自主研发的文火慢熬、智能不粘等技术，攻克了制约豆浆机市场发展的诸多重大难题，带动了行业的崛起和大发展，引领豆浆机行业发展的方向。截至目前为止，公司拥有专利技术 520 项，其中发明专利 27 项，实用新型 252 项，外观专利 241 项，新增专利申请权 230 项，参与国家行业标准制修订超过 30 项，2009 年 11 月，由九阳担任组长的豆浆机国家标准审定通过，这是豆浆机行业发展的里程碑，豆浆机行业自此结束多年来鱼目混珠、无章可循的混乱局面。2010 年 10 月，国际电工委员会（IEC）在西雅图召开了第 76 届 IEC 会议，九阳公司代表中国豆浆机行业提交了《豆浆机国际标准立案申请》并获得通过，代表着中国的豆浆机国家标准晋级“国际标准”取得了重要的突破。

健康和创新动态性的结合成为九阳DNA基因，带动九阳品牌和企业形象的建立。九阳现为国家知识产权试点企业、国家AAAA级标准化良好行为企业、国家商标战略实施示范企业、国家诚信典型示范企业，入选“国家名片”，九阳品牌被评为“中国最有影响力的小家电品牌”、“国家重点保护品牌”，九阳商标是中国驰名商标，九阳豆浆机是中国名牌产品，2010年“九阳营养王豆浆机”更荣获“中国小家电原创奖”行业最高殊荣。

未来，九阳将继续秉持“健康、快乐、生活”的理念，聚焦于健康饮食电器，走品牌和精品之路，以市场为导向，以健康为基因，以创新为手段，全面推进科技创新和产业化发展，实现健康饮食电器产品的多元化经营，持续为客户创造价值，将公司发展成为中国健康饮食电器行业的第一品牌。

【主营业务】

豆浆机和厨房小家电产品的研发、生产和销售。

【经营业绩】

2011上半年报告期内，公司实现营业总收入259,615.97万元，较上年同期增长7.83%，实现利润总额39,251.94万元，较上年同期增长2.16%；实现归属于上市公司股东的净利润27,522.57万元，较上年同期0.80%，公司经营业绩实现了平稳增长。

【企业荣誉】

· 荣获国家商标战略实施示范企业荣誉称号。
· 荣获国家企事业知识产权试点单位荣誉称号。
· 成功认定为国家AAAA级标准化良好行为企业。
· 九阳豆浆机荣获中国小家电原创奖。
· 荣获第六届中国家用电器创新奖中国最具影响力的小家电品牌。
· 荣获第十二届中国专利优秀奖（金奖提名奖）。
· “高效、节能、环保豆浆机的研究与开发”被列入国家火炬计划项目。
· 荣获中国轻工业联合会科技进步二等奖。
· 荣获中国优秀企业公民荣誉称号。
· 荣获国家重点保护品牌荣誉称号。
· 荣获第六届中国家用电器创新奖最佳工业设计奖。
· 荣获第六届中国家用电器创新奖最佳技术创新奖。
· 荣获山东省省长质量奖。
· 挂牌山东省工业设计中心。
· 荣获山东省工业设计大赛金奖。
· 荣获山东省轻工业联合会科技进步一等奖。
· 荣获济南市科技最高奖。
· 荣获济南市科技发明二等奖。

【002245】江苏澳洋顺昌股份有限公司

【基本情况】

江苏澳洋顺昌股份有限公司是一家外商投资股份有限公司，于2008年6月5日在深圳证券交易所上市，股票代码002245，股票简称：澳洋顺昌。公司目前总股本36,480万元，下属10家控股、参股公司。2010年营业收入超过10亿元，实现利润超过一亿元。

澳洋顺昌本部位于中国经济最发达、最具发展活力的长三角地区，全国百强县（市）名列前十位的江苏张家港市，坐拥沿江和沿海两大经济带，业务范围辐射整个华东地区。本部占地面积九万六千多平方米，拥有多幢现代化厂房及花园式的办公环境，为所有员工营造了良好的工作氛围。

自2002年公司成立以来，澳洋顺昌先后涉足金属物流配送、小额贷款及创业投资等三个行业，目前已经形成以金属物流配送为主业，准金融行业为支撑的业务体系。2010年底，公司设立澳洋顺昌能源技术（苏州）有限公司，从事合同能源管理业务。这是公司向新行业进军的又一次尝试。

作为中国IT金属物流配送行业的领跑者，澳洋顺昌的金属物流配送业务规模已经在行业中处于领先地位。张家港本部的年加工配送能力可达钢板15万吨、铝合金板2.5万吨。2010年四季度开业的广东东莞的铝板配送基地将在2011年为公司新增超过1万吨铝合金板加工能力。而公司在上海的钢板配送基地也在紧锣密鼓的建设中，预计于2011年下半年形成新的产能。公司凭借高效的管理和客户服务能力赢得了众多客户的信任，为超过300家IT产品制造商提供金属材料的仓储、分拣、套裁、包装、配送等完整供应链服务。

公司已经通过ISO9001（质量管理体系）、ISO14001（环境管理体系）、QC080000（有害物质管理体系）国际认证。

2009年3月，澳洋顺昌响应国家在金融服务业支持“三农”建设的号召，结合公司的发展战略，投资设立了张家港首家农村小额贷款公司——昌盛农贷。昌盛农贷通过快捷、灵活、方便的金融服务，有力地支持了张家港中小企业的发展及“三农”建设。

展望未来，澳洋顺昌将在管理层和全体员工的共同努力下，不断追求稳健且可持续的发展，为商业伙伴提供更优质的增值服务，为员工提供更为广阔的发展平台，为社会作出更大的贡献，为投资者提供更好的回报！

【主营业务】

面向IT产品制造商提供金属材料的仓储、分拣、套裁、包装、配送等完整供应链服务。

【经营业绩】

2011年1-6月，公司实现营业总收入7.86亿元，比上年同期增长35.44%；实现营业利润9,009.32万元、净利润7,628.30万元、归属于上市公司股东的净利润5,284.90万元，分别比上年同期增长了38.33%、38.61%、30.12%。

【社会荣誉】

公司先后被评定为“海关诚信管理企业”、“江苏省重点物流企业”、“苏州市服务业发展重点企业”；2007年11月被中国物流与采购联合会认定为“AAAA级综合服务型物流企业”。

【002250】联化科技股份有限公司

【基本情况】

联化科技股份有限公司始建于1985年，其前身是黄岩县城关联合化工厂，总部位于中国东南沿海风景秀丽的现代化港口城市——浙江省台州市，下属控股和参股公司主要分布在浙江台州、上海、江苏盐城等地，主要从事医药、农药和其他精细化工品的生产和定制生产，可从实验室的小量定制合成，一直到商业化定制大生产，近80%产品销往美国、欧洲和日本等国际市场。2007年营业总收入9.87亿元，位居台州市黄岩区工业企业首位，税利和出口创汇均达到历史最好水平。

二十余年的风雨历练，联化人锐意进取，坚守使命和信念，敢于争先、勇于开拓，公司经营规模不断扩大，总占地面积达到34.34万平方米。目前联化科技本部及联化药业主要生产原料药、医药中间体及其他特色化工品，江苏联化主要生产农药、农药中间体。公司已通过ISO9001:2000质量管理、ISO14001:1996环境管理、OHASA18001职业健康安全管理三项体系认证，日常经营和管理日臻规范化和国际化，为积极开拓国际市场和客户网络奠定了坚实的基础。

联化科技始终坚持"以人为本，科技兴厂"的经营理念，大力提升产品的科技含量，不断引进各类技术人员，公司科技人员占到员工总数的24%，近年来完成多项省级以上科技开发项目，其中3个产品被列为国家级新产品。公司被认定为"国家火炬计划重点高新技术企业"，浙江省"五个一批"企业、省级高新技术企业。

随着经济全球化的日益深化，联化科技紧紧把握全球市场脉搏，锐意进取，开拓创新，致力于打造亚太地区乃至全球领先的精细化学品制造基地。

【主营业务】

精细化学高级中间体的研发、生产和销售。

【经营业绩】

2011年上半年报告期内，公司实现营业收入123,342.01万元，比上年同期增长32.62%；其中实现工业业务收入80,982.44万元，比上年同期增长42.43%；实现利润总额15,187.90万元，比上年同期增长33.59%；实现归属于上市公司股东的净利润12,946.64万元，比上年同期增长49.53%。

【企业荣誉】

科技创新方面：

· 国家火炬计划重点高新技术企业。
· 浙江省高新技术企业。
· 浙江省高新技术产业科技创新重点企业。
· 省级技术进步优秀企业。

在企业规模方面：

· 全国民营企业500强。
· 全省百强企业。
· 浙江省"五个一批"重点骨干企业。
· 浙江省诚信示范企业。

出口创汇方面：

· 国家级出口创汇先进单位。
· 国家级自营出口先进企业。
· 全国出口创汇先进乡镇企业。
· 全国自营出口民营企业100强。
· 浙江省外贸出口优秀企业。

环境保护方面：

· 浙江省绿色企业。
· 浙江省污染治理先进企业。
· 台州市级环境保护十佳企业。

【002263】浙江大东南股份有限公司

【基本情况】

中国浙江大东南集团，地处"西施"故里——浙江诸暨，始建于1975年，经过三十年的奋发拼搏，已发展成为世界塑料制品业500强企业。现有职工2200人，总资产达29.6亿元。公司主要生产塑料薄膜和各种规格的塑料包装袋、塑料衣架及钢丝绳、钢绞线等，技术力量雄厚，先后从香港、日本、德国、英国、意大利等国家和地区引进了一系列具有国际先进水平的技术设备，开发生产了适应市场需求的高档次塑料包装基材和塑料包装产品，使企业形成了"一流的设备、一流的技术、一流的产品"的竞争优势，曾先后获得"全国500家综合效益最优工业企业"、"全国塑料包装制品行业龙头企业"、"全国乡镇企业出口创汇二十强企业"、"国家级重点高新技术企业"、"中国名牌产品"、"中国驰名商标"等荣誉。

【主营业务】

生产销售塑料薄膜、塑料包装制品、服装、纺织品的生产、销售，经营进出口业务。

【经营业绩】

2011年上半年报告期内，公司实现营业收入61,718.42万元，同比下降6.81%；实现营业利润5,792.34万元，同比增长21.76%；实现归属母公司所有者的净利润4,077.75万元，同比增长20.01%。

【002264】福建新华都购物广场股份有限公司

【基本情况】

福建新华都购物广场股份有限公司是福建省最大的商业企业之一，主营业务为大卖场、综合超市及百货的连锁经营。自1999年12月创立福建省第一家大型综合超市——新华都购物广场福州五四店以来，依靠先进的经营理念，脚踏实地，稳扎稳打，一步步发展至今。"新华都"先后获得中国改革开放三十周年卓越企业、福建省著名商标、福建省流通龙头企业等称号。在2004－2009年连续五年跻身国家商务部公布的全国商业连锁企业排名前百强，并与诸多国内外知名品牌保持紧密、友好、互助的战略合作伙伴关系，是众多知名品牌在福建最大的终端零售商。

新华都购物广场本着"天天平价、为您省钱"的经营宗旨和"真诚服务、追求完美"的服务理念，稳健经营，于2008年7月31日，在深交所成功上市(股票简称：新华都；股票代码：002264)，成为国内A股上市民营连锁超市的先行者。目前，新华都已在福州、厦门、漳州、泉州、三明、龙岩、莆田、南平等地市拥有了大规模优质的门店网络。截至到2010年12月31日，销售额完成近50亿元，门店总数达近百余家。凭借快速发展而取得的规模优势以及高效便捷的信息操作体系，新华都正逐步建立起具有自身特色的全省性的现代物流配送系统，并通过不断的完善与改进，以优化、改造农产品流通渠道和DC流通方式，建立起可追溯的农产品质量信息安全管理体系，推动了食品安全控制体系的建设，提升食品卫生管理水平，为周边数十万消费者提供健康、安全与超值的日常用品。

未来，新华都将始终坚持"顾客第一、保证满意"的服务承诺，在满足广大顾客需求的基础上，结合当前先进的发展管理理念，不断壮大自己，加快向外拓展的步伐。公司作为一个有志向成为全国性跨区域的连锁零售企业，目前的布点主要局限于福建本土尤其是福州沿线和闽南地区，随着公司的不断壮大，向福建本土的二三线县市以及省外地区的拓展已成为维持公司业绩增长的必要条件。因此，公司将排除内外制约因素，在巩固公司在福建省连锁经营行业中龙头地位的同时，加快省外市场拓展的步伐，致力于使公司成为国内零售连锁行业的龙头企业之一。

【主营业务】

批发零售百货、纺织品、仪器仪表、通讯设备、五金交电化工(不含危险化学品)、电子计算机及配件、建筑材料、工艺美术品；收购农副产品（不含粮食、种子）；商务咨询服务。

【经营业绩】

2011年上半年报告期内，公司实现营业收入284,883.41万元，比去年同期增长36.53%，归属于上市公司股东的净利润为8,039.78万元，比去年同期增长73.78%。

【002267】陕西省天然气股份有限公司

【基本情况】

陕西省天然气股份有限公司（以下简称"公司"）是以天然气长输管网建设运营为核心，集下游分销业务于一体的大型综合天然气供应商。公司于2005年11月整体改制为股份有限公司，2008年8月13日，首次公开发行A股股票在深圳证券交易所正式挂牌上市，股票代码为002267。

公司是陕西省目前唯一的天然气管道运营商，负责全省天然气长输管道的规划、建设和经营管理。经过十余年的发展，公司现已建成靖边至西安一线和二线，咸阳至宝鸡一线、二线，西安至渭南、西安至商洛，宝鸡至汉中、汉中至安康等8条长输管线，总里程达1899公里，形成了从陕北靖边到西安纵贯南北、延伸关中东西两翼、覆盖陕北和关中大部分地区的输气干线网络，年输气能力达到40亿立方米。截至2010年底，公司总资产达40亿余元，供气范围已覆盖省内10市69个县区，直接气化人口约800万人，累计向下游供气123亿立方米，为全国同类省属公司中规模最大、管网覆盖最广的专业化公司。

十多年来，公司依托陕西丰富的天然气资源，抓住机遇，加快发展步伐，一手抓建设，一手抓生产经营，实现了安全平稳送气，受到了广大用户和各级政府的肯定和信任，树立起了良好的社会公众形象。陕西省政府已将西气东输二线、川气入陕等天然气资源利用和陕南天然气长输管道建设经营等交由本公司负责实施，公司今后的发展空间更加广阔。

作为一家上市企业，公司法人治理结构健全、管理制度科学完善、技术先进、运营规范、业绩良好。已建成的管线均采用国际先进的SCADA控制系统和卫星通讯方式进行生产管理和数据传输。2005年，公司通过了ISO9001质量管理体系、ISO14001环境管理体系、OHSMS18001职业健康安全管理体系认证。目前已形成较为完善的管理体系，有较强的投资运营能力。近三年公司的主营业务收入及净利润复合增长率分别超过了20%和27%，业绩持续稳定增长。司发展战略和规划，最终将建成基本覆盖陕西全省的"四纵、两横、一枢纽、以七个市场组团为轴心辐射周边的管网输配系统"，在"十二五"末实现气化陕西省的目标。

【主营业务】

天然气长输管道的建设与运营。

【经营业绩】

2011年上半年报告期内，公司实现营业总收入169,033万元，较上年同期增长40.68%；实现利润总额33,591万元，较上年同期增长14.14%；实现净利润28,647.8万元，较上年同期增长14.65%。

【002271】北京东方雨虹防水技术股份有限公司

【基本情况】

北京东方雨虹防水技术股份有限公司成立于1998年，于2008年9月10日起在深圳证券交易所上市，股票简称"东方雨虹"，股票代码"002271"。

从创立伊始，公司就致力于系统解决防水问题的探索和研究，现已发展成为一家集防水材料研发、生产、销售及施工服务于一体的防水行业龙头企业，是国家高新技术企业、我国防水行业首家上市公司，拥有业内首家国家级企业技术中心和博士后科研工作站。

北京东方雨虹防水技术股份有限公司控股上海东方雨虹、岳阳东方雨虹、广东东方雨虹、四川东方雨虹、锦州东方雨虹和昆明风行防水材料有限公司，在北京顺义、上海金山、湖南岳阳、辽宁锦州、广东惠州和云南昆明建有六大生产基地，总占地面积60多万平米，拥有世界领先的多功能进口改性沥青防水卷材生产线、冷自粘沥青防水卷材生产线和世界先进的环保防水涂料生产线。年产SBS、APP、自粘、高分子等各类防水卷材8000万平方米，聚氨酯系列、聚脲系列、丙烯酸系列、水泥基系列、沥青系列等各类涂料10万吨。

人类所有的防水问题，东方雨虹都有责任去解决；人类所有的防水难题，东方雨虹都有信心去攻克。作为系统防水解决方案的提供者，东方雨虹将各种雨虹专项防水系统成功应用于包括房屋建筑、高速公路、城市道桥、地铁及城市轨道、高速铁路、机场、水利设施等众多领域。特别是在人民大会堂、国家粮、棉库以及鸟巢、水立方等85%以上的奥运场馆等国家标志性建筑和大量高铁、地铁等国家重大基础设施建设项目中，东方雨虹均发挥了防水系统优良的应用效果，获得用户及社会各界高度评价。在民用建筑领域，东方雨虹同诸多关注建筑品质的大中型地产商、建筑企业、家装公司建立了长期战略合作关系，构筑了遍布全国的工程和零售渠道网络，为构筑和谐人居贡献力量，全面践行"为人类为社会创造持久安全的环境"的企业使命。随着国际化战略的实施，公司生产的优质防水产品已远销四十多个国家和地区。

【主营业务】

新型建筑防水材料的研发、生产、销售和防水工程施工业务。

【经营业绩】

2011年上半年度，公司实现营业收入103,169.99万元，同比增长16.75%；基本每股收益0.14元，加权平均净资产收益率为4.46%。

【002276】浙江万马电缆股份有限公司

【基本情况】

浙江万马电缆股份有限公司，创建于1996年，经过多年持续发展，已经成为集科研、设计、制造、销售于一体的大型电缆专业生产企业，是国家科技部认定的国家火炬计划临安电线电缆产业基地骨干企业。多年来，万马电缆凭借先进的工艺与技术，不断优化的产品结构，与电力系统、钢铁、石化等行业大客户建立了良好的长期稳定的合作关系，公司产品广泛运用于全国三十二个省市的城、农网改造、全国各大电厂、铁路、石油化工系统以及各大城市地铁、轻轨、机场等重点工程。作为一家专注于高端电力电缆产品研发、生产经营的企业，万马电缆近年来主营业务收入和利润水平均保持了稳定而快速的增长，已逐步成长为国内电缆行业的领军企业。

公司制造的"万马神"牌交联电缆先后获得了"中国电工器材行业协会首家优等品证书"、"浙江名牌产品证书"、"中国质量万里行采购首选品牌"等荣誉，并荣获"国家产品质量免检证书"。公司被评为"全国企业管理先进单位"、"浙江省最大工业企业”，是国家经贸委全国城乡电网建设与改造推荐企业。2007 年公司名列“第八届中国电气工业 100 强”第 25 位，并入榜“中国电气工业创新力 10 强”，是电线电缆行业中唯一同时获取双项殊荣的企业。2007 年公司 110kV 超高压交联聚乙烯绝缘阻水电力电缆产业化项目入选国家科技部认定的国家火炬计划项目，2008 年公司再次名列“中国电气工业 100 强”。

2009 年 7 月 10 日，公司成功上市，标志着企业发展迈上了一个新台阶。上市后公司将凭借长期稳健的资金渠道，进一步优化治理结构，推动经营管理水平的提高，促进业务目标的实施，确保公司“做专做强做大电力电缆产业”战略目标的全面实现。

与社会和谐共处、为员工创造幸福，是企业赖以生存发展的长久之道。万马电缆始终秉承打造“实力型企业、创建百年万马”的企业愿景，力所能及地尽好社会责任，回馈社会，造福一方百姓。面对新的历史机遇，公司将一如既往地发扬“正人、正事、正品”的企业精神，锐意进取，勇于开拓，以良好的经营业绩回馈社会和广大股民对公司的支持和厚爱！

【主营业务】

电力电缆的研发、生产和销售。

【经营业绩】

2011 年上半年报告期内，公司实现营业收入 114,702.24 万元，比上年同期增长了 24.02%，实现归属于上市公司普通股股东的净利润 5,232.84 万元，比上年同期增长了 5.20%。

【002283】天润曲轴股份有限公司

【基本情况】

天润曲轴股份有限公司是以生产“天”牌发动机曲轴为主导产品的中国规模最大的曲轴专业生产企业之一。自 1985 年以来，企业各项经济技术指标始终稳居全国同行业前列。

公司现有员工 2000 多人，各类专业技术人才 400 多人，厂区占地面积 36.6 万平方米，总资产 14.7 亿元。公司拥有全国行业首家“曲轴工程技术研究中心”、“国家博士后科研工作站”、“国家级技术中心”，是“国家 863 计划 cims 工程应用示范企业”、“高新技术企业”、“中国百家最佳零部件供应商”、“中国汽车零部件百强企业”、“中国公众良好信誉企业”、“中国企业教育百强先进单位”、“山东省首批诚信示范企业”，连续多年荣获“省级文明单位称号”。公司先后通过 iso9002、qs9000、ts16949 国际质量体系认证。

公司拥有主要生产设备 1130 台，金切设备 790 台，高精尖设备 125 台；拥有年产 50 万支曲轴毛坯的德国 kw 铸造生产线、15 万支的德国 beche 锻造生产线、奥地利气体软氮化曲轴生产线和德国轿车曲轴生产线，以及由美国、意大利、英国、德国等发达国家高精尖加工与检测设备组建的、具有国际先进水平的重卡、中卡、轻卡、轿车曲轴机加工生产线和胀断连杆生产线，年产锻钢曲轴、球墨铸铁曲轴 50 多万支。

生产的“天”牌曲轴被认定为“中国公认名牌产品”，成为潍柴、东风康明斯、上汽、一汽锡柴、大柴、玉柴、上柴、哈东安等国内著名主机厂首选整机配套产品，并随主机远销 20 多个国家和地区，部分系列型号的产品以及铸件产品，直接出口韩国、印度、土耳其、英国、意大利、日本、美国等国外著名公司。天润公司拥有完善的营销网络体系，国内设立 200 多家区域重点代理与专卖商，产品覆盖全国 31 个省市区，主导产品市场占有率达 30% 以上。

【主营业务】

曲轴、机床、机械配件的生产、销售；备案范围内的货物进出口。

【经营业绩】

2011 年上半年，公司实现营业总收入 80,718.23 万元，同比增长 31.69%，其中主营业务收入 77,865.73 万元，较去年同期增长 31.59%，占全部营业收入的 96.47%；2011 年上半年实现归属于上市公司的净利润 12,920.77 万元，同比增长 41.40%，其中实现归属于上市公司股东的扣除非经常性损益后的净利润 12,556.23 万元，同比增长 36.82%。

【002287】西藏奇正藏药股份有限公司

【基本情况】

西藏奇正藏药股份有限公司（以下简称“公司”或“本公司”）系由西藏林芝奇正藏药厂（有限公司）整体变更设立的股份有限公司，于 2007 年 10 月 9 日取得西藏自治区工商行政管理局颁发的 5400001001123 号企业法人营业执照，组织机构代码为 71091057－8，公司设立时总股本为 36,500 万股，每股面值为人民币 1 元，注册资本为人民币 36,500 万元。

根据公司 2009 年第二次临时股东大会会议决议，并经中国证券监督管理委员会《关于核准西藏奇正藏药股份有限公司首次公开发行股票的批复》文核准，2009 年 8 月 19 日公开发售方式发行 A 股，公开发售结束后本公司注册资本 40,600 万元，每股面值 1 元，公司注册资本变更为 40,600 万元。本公司首次公开发行人民币普通股 4,100 万股已在深圳证券交易所挂牌交易，公司证券代码“002287”，证券简称“奇正藏药”。

本公司股本中甘肃奇正集团有限公司持股 69.22%，西藏宇妥文化发展有限公司持股 20.68%，社会公众股股东持股 10.10%，最终控制人为雷菊芳女士。本公司所属行业为制药行业。

【主营业务】

藏药的研发、生产和销售，包括外用止痛药物、口服药等。

【经营情况】

2011 年上半年报告期内，公司实现营业收入 31,727.05 万元，较上年同期增长 38.42%，实现营业利润 9,742.47 万元，较上年同期增长 19.28%，实现的归属于上市公司股东净利润 8,330.29 万元，仅比上年同期增长了 1.53%。

【企业文化】

企业使命：弘传健康智慧回归身心自在。

核心价值观：向善利他正道正业。

企业愿景：成为特色传统医药领域的领导者成为员工爱戴、客户信赖、社会尊重、投资者受益的长寿企业。

【002293】罗莱家纺股份有限公司

【基本情况】

罗莱家纺创立于 1992 年，是国内渠道规模最大、品牌知名度最高、综合实力最强的家纺企业之一，也是国内最早涉足家用纺织品行业，并已形成自己独特风格的家纺企业。经过近 20 年的发展，罗莱 LUOLAI 现已成为中国十大家纺品牌之一，是中国 500 强最具价值品牌，更是国内综合实力最强的家纺企业之一，罗莱家纺经典、优雅的品牌形象日趋完善，品牌内涵日渐成熟，为国内家纺品牌树立了良好的标杆效应。

罗莱家纺致力于为消费者创造高品质家居生活和优质睡

眠体验。凭借欧式化、经典的品牌风格定位，罗莱以其与生俱来的高贵气质和优雅精致风格深受亿万消费者喜爱，卓越的产品品质和鲜明的品牌形象在市场上独树一帜。

作为国内家纺时尚潮流引领者，罗莱在欧洲和中国拥有两大研发设计中心，并于国内外顶级家纺专业设计机构及面料商长期紧密合作，敏锐捕捉家纺流行趋势，通过产品、服务的创新满足日益多元化家居生活需求，成为精英人群的生活标签。经典罗莱，品味生活——罗莱也已成为优质家居生活的代名词。

【主营业务和发展状况】

公司所属行业为家用纺织品行业，主要产品包括：套件类、被芯类、枕芯类、夏令产品、其他饰品类等。公司主营床上用品，拥有具有重要市场影响力的核心品牌「罗莱」，并经营或代理（授权）经营「SHERIDAN（雪瑞丹）」、「SAINTMARC（尚·玛可）」、「DISNEY（迪士尼）」等国际品牌，产品涵盖豪华套件、欧式套件、儿童套件、盖毯、家居服饰、靠垫、毛浴巾、床垫、被子、枕芯和夏令床品等11大类2,000多个品种。近年来，公司不段加强渠道建设、实现销售快速增长，至2010年底各品牌门店达到了2085个，当年净增门店275个，同时不断提升店面形象；加强队伍建设，加大培训力度，提升培训质量，销售队伍得到了不断壮大，为销售的快速增长提供了人才保证。另外也加大研发投入，以扩大了企业的竞争优势。公司成立了省级工程技术研究中心——江苏省睡眠产品新型材料工程技术研究中心，开发新产品300项；开发新材料，并在产品生产中广泛采用新型面料和新技术。近两年来，公司共取得174项专利，其中：发明专利2项、实用新型30项、外观设计142项。

【社会责任】

罗莱一直认为，企业的发展离不开社会的支持，所以当社会需要的时候，企业应责无旁贷地伸出支援之手，这也是企业的责任。罗莱家纺积极参与温暖家园行动支持灾区建设；“扶贫中国行10699999全民公益行动”；设立罗莱温暖基金，致力于传播公益文化、搭建公益平台、推动公益事业的发展，用自己的实际行动展现现代企业在自身发展同时，不忘承担社会责任，做企业公民优秀典范的意愿和决心，让孤儿不再孤独。

【002298】安徽鑫龙电器股份有限公司

安徽鑫龙电器股份有限公司于1998年经安徽省人民政府批准成立，注册资本1.65亿元人民币，是国家火炬计划重点高新技术企业。2009年9月在深圳A股市场成功上市（股票代码：002298）。公司生产和科研基地设在安徽省芜湖市经济技术开发区，占地面积600余亩，专业生产各种高低压成套开关设备、高低压元件、自动化、电力变压器和铁路专用智能型箱式变电站，年产50000台（套）新型电控及输配电设备，已连续十二年获得“AAA”级信用等级称誉，“鑫龙牌”图形商标于2003年12月被评定为安徽省著名商标，“鑫龙牌”高低压开关柜连续三届获安徽省名牌产品称号，“鑫龙牌”高低压预装式变电站于2010年荣获安徽省名牌产品称号，公司的研发中心被安徽省经贸委确认为“省级技术中心”，2006年荣获“产品质量国家免检”称号，是全国输配电行业综合实力最强的制造企业之一。

公司现有员工1400余人，大中专以上学历占60%以上，其中享受国务院津贴专家3名，中国机械工业有突出贡献的青年科技专家1名，中高级技术管管理人员300余名，一批实践经验丰富的技术员工，专业从事各类产品的生产和经营工作。

公司通过了ISO9001：2008质量管理体系、ISO14001：2004环境管理体系和GB/T28001－2001职业健康安全管理体系等三项体系认证，有24类产品通过产品型式试验，21类产品获得国家强制性产品认证（3C）证书。公司目前拥有51项实用新型专利、6项发明专利、34项外形专利。2001年以来，公司相继与法国施耐德、美国通用、德国西门子、瑞士ABB等国际知名公司建立了技术、应用及商务合作伙伴关系。

【002309】中利科技集团股份有限公司

【基本情况】

中利科技集团股份有限公司前身为常熟市唐市电缆厂，成立于1988年9月5日，公司于2007年8月6日改制为股份有限公司，并于2009年11月27日成功在深交所发行上市，股票代码：002309。

公司总部位于江苏省常熟市沙家浜镇，主营特种电缆、光缆和光伏产品业务。90年代初，中利科技首创国内第一根阻燃耐火软电缆。经过20多年的发展，公司以“阻燃耐火软电缆”单品为突破，顺应市场的发展，产品经营范围已扩大至通信电缆、船用电缆、矿用电缆、铁路及轨道交通用电缆、电力电缆、新能源电缆、光缆、太阳能电池片及其组件等多范围产品；并拥有江苏总部、东北、华南三大生产基地，以及新加坡、德国、美国、香港等研发和销售基地，服务体系已遍布全球，国内各省市均有服务网点，产品销往十多个国家；为全球的通信行业、设备制造行业、轨道交通行业、船用及海洋工程行业、电力行业、矿业行业、太阳能行业和新能源行业等市场提供优质的产品和服务，并与客户建立了良好和稳定的战略合作关系。

中利科技集团股份有限公司为国家级高新技术企业，集团下设：中利腾晖光伏科技有限公司、深圳市中利科技有限公司，广东中德电缆有限公司，常熟市中联光电新材料有限公司，中利科技集团（辽宁）有限公司，常州船用电缆有限责任公司，利星（亚洲）科技有限公司，常熟市中利光电技术研究中心，江苏长飞中利光纤光缆有限公司，苏州科宝光电科技有限公司等9个控股、参股子公司和一个研究中心。

中利科技集团秉承“诚信、敬业、团结、创新”的企业精神，为市场持续提供安全、可靠的产品以及高效优质的服务，以满足客户的需要和期望，为各行业的腾飞作出贡献。

【主营业务】

特种电缆业务，特种电缆业务，目前主要从事以“阻燃耐火软电缆”为主的特种电缆的研发、生产和销售。

【经营业绩】

2011年1－6月，公司实现营业收入18.77亿元，比上年同期增长55.94%；利润总额1.36亿元，比上年同期增长了8.10%；归属于上市公司股东的净利润1.18亿元，比上年同期增长了9.60%。

【社会荣誉】

·2011年12月，光伏电缆获省高新技术产品称号。

·2011年7月，中利荣列2011通信设备技术供应商50强。

·2011年5月，中利荣登纳税光荣榜。

·2011年2月，中利列入火炬计划重点高新技术企业。

·2011年1月，中利蝉联中国民企500强。

·2011年1月，中利获苏州市地标型企业称号。

【002310】北京东方园林股份有限公司

【基本情况】

北京东方园林股份有限公司(以下简称"本公司"或"公司")前身为北京东方园林有限公司,2001 年 9 月 12 日,经北京市人民政府经济体制改革办公室《关于同意北京东方园林有限公司变更为北京东方园林股份有限公司的通知》(京政体改股函〔2001〕48 号)批准,公司由有限公司整体变更为股份有限公司,变更后公司注册资本(股本)为 3,366.13 万元。2007 年 12 月 25 日,公司新增注册资本(股本)192.00 万元,变更后注册资本(股本)变更为 3,558.13 万元。

2009 年 11 月 18 日,公司向社会公开发行人民币普通股(A 股)1,450 万股,并于 2009 年 11 月 27 日在深圳证券交易所挂牌上市,注册资本(股本)由 3,558.13 万元变更为 5,008.13 万元。2010 年 3 月 19 日,公司以资本公积转增注册资本(股本)2,504.065 万元,转增后的注册资本(股本)为 7,512.195 万元;2010 年 8 月 26 日,公司以资本公积转增注册资本(股本)7,512.195 万元,转增后的注册资本为 15,024.39 万元。公司企业法人营业执照注册号:110000004168964,注册资本:人民币 15,024.39 万元,注册地址:北京市朝阳区酒仙桥甲 12 号(电子城科技大厦)313 室,办公地址:北京市朝阳区北苑家园绣菊园 7 号楼,法定代表人:何巧女。

【主营业务】

主要从事园林环境景观设计和园林绿化工程施工。

【经营情况】

2011 年上半年,公司实现营业收入 11.94 亿元,同比增长 117.70%。实现净利润 2.07 亿元,同比增长 131.04%。

【002312】成都三泰电子实业股份有限公司

【基本情况】

成都三泰电子实业股份有限公司是国内领先的金融电子产品及服务提供商,专业从事金融电子设备及系统软件的研发、生产、销售和服务以及金融外包服务业务,主要产品包括电子回单系统、ATM 监控系统及银行数字化网络安防监控系统、金融外包服务。其中,公司电子回单系统、ATM 监控系统市场占有率全国第一,银行数字化网络安防监控及金融外包服务业业务处于行业龙头地位。

公司成立于 1997 年 5 月,2005 年 12 月,经四川省人民政府批准,整体改制为股份有限公司,2009 年 8 月经中国证监会核准,2009 年 12 月 3 日首次公开发行股票在深圳证券交易所中小企业板挂牌上市。(股票代码:002312)

公司总部位于成都市金牛区高科技产业园区,拥有占地近 50 亩、建筑面积近 10,000 平方米集研发、生产、办公于一体的智能化和生态型三泰科技园产业基地。在十余年的发展历程中,三泰电子务实稳健,保持持续高速发展的态势,公司现有员工近 3400 人,85% 以上员工具有大专以上学历。

迄今为止,三泰电子系列产品已覆盖中国工商银行总行、中国农业银行总行、中国银行总行、中国建设银行总行、交通银行总行、招商银行总行、上海浦东发展银行总行、华夏银行总行等国内全部国有商业银行和股份制银行,已有近 30,000 个银行网点在使用。并与 NCR、日立、迪堡、柯达、惠普等知名厂商建立了长期的合作关系。

三泰电子具备长期的金融电子行业研发经验,自主知识产权技术的开发和卓越的技术整合能力构成三泰电子的核心竞争力。占员工人数 68% 以上研发与技术支持团队,掌握着多项核心技术,具备芯片级、算法级技术开发能力。已取得 82 项国家专利(含发明专利 5 项),158 项计算机著作权和 39 项软件产品登记证书。并以每年近三十项专利和软件著作权的速度递增。另外,三泰电子是国家多项重点新产品研制单位,同时也是国家密码管理局认定的商用密码产品生产和销售企业,拥有计算机信息系统集成、安防产品生产及安全技术防范工程设计、安装、维修资质,公司是国家数字音视频编解码技术标准工作组成员、中国安防协会会员、全国安标委委员、中国电子视像行业协会副会长单位、国家规划布局内重点软件企业、四川省建设创新型企业培育企业、四川省重点企业信息系统先进单位、四川省守合同重信用企业、四川省高新技术企业和软件企业、四川省 30 家重点培育的信息产业成长性创新企业之一,成都市 A 级纳税信用企业,连续四年被中国诚信信用管理有限公司评为 AAA 级信用等级。在行业内享有良好的声誉。

三泰电子以质量管理为核心,坚持持续不断地改进,建立了一套完整的符合三泰电子的企业管理制度,已通过 ISO9001:2000 质量管理体系、中国国家强制性产品认证、环境管理体系认证及职业健康安全管理体系认证,为公司正常运行、持续改进产品与服务质量提供了可靠的保证,也为保持公司的竞争力发挥了重要作用。

三泰电子秉承"关注电子科技最新发展,致力金融服务现代化"的经营理念,立足金融外包服务行业与金融电子研发领域,按照已确定的战略发展目标,以创新为基础,实施差异化策略,以产品差异、营销差异和服务差异来满足客户的多样需求。重点立足环渤海湾地区、珠江三角洲地区、长江三角洲地区、成渝经济开发区,依托遍布全国的销售和服务机构,采用全球最大的企业管理软件供应商 SAP 公司提供的 ERP 系统,满足客户需求,为客户创造价值。公司将采用"双引擎"战略的发展思路,在巩固银行对公自助设备的行业龙头地位的同时,保持金融安防监控业务高速增长,全力拓展金融服务外包业务,努力成为推动行业发展的开拓者和领导者

【主营业务】

主要从事电子回单系统、ATM 监控系统及银行数字化网络安防监控系统相关电子设备及系统软件的研发、生产、工程应用和技术服务。

【经营业绩】

2011 年上半年,公司实现营业收入 16,739.18 万元,比上年同期增长 24.39%;归属于母公司所有者的净利润 980.58 万元,比上年同期增长 15.49%。截至 2011 年 6 月 30 日,公司资产总额为 84,853.35 万元,比年初下降 4.79%;归属于母公司股东权益 64,694.35 万元,比年初增长 1.54%。

【002316】深圳键桥通讯技术股份有限公司

【基本情况】

深圳键桥通讯技术股份有限公司成立于 1999 年,是专业从事专网通讯技术解决方案的服务商,多年来致力于为电力、城市交通、轨道交通、煤炭、石油等系统的企业提供专网通讯技术解决方案,以及相关软硬件产品的设计、开发和制造。在国内 20 多个省市设立了专业营销服务中心。主要提供工业

系统使用的调度通信解决方案、RPR 工业数据解决方案和工业多媒体监控解决方案，满足能源交通行业自动化、远动、继电保护、工业调度等调度控制信号所需的专业通讯信息服务平台，领导并推动专网通信技术市场从通讯设备供应型向综合服务型转变，立志成为国内能源交通领域最大的通讯技术解决方案服务商。

公司自成立以来，先后自主研发了具有独立知识产权的多业务智能交叉复接系统、多业务传输平台、ITS、基于 RPR 的工业级数据传输系统和数据透传时隙复用系统等多项国内能源交通专用通信领域领先的核心技术产品。凭借着公司管理团队多年从事专网通信的丰富经验和较强影响力，及时准确地把握市场发展动态，将国内外先进的通信技术应用到专网通信领域。公司利用率先在专网领域引入的 IEEE802.17 弹性分组环技术，成功开发出具有较强市场竞争力的 RPR 工业数据解决方案，并将该方案在电力、煤炭、地铁、交通等领域规模应用，成为国内专网 RPR 市场最大的设备、服务提供商之一，也是运用此技术最成功的企业之一。该技术已成为国家电网公司、煤炭、轨道交通等行业"十一五规划"中工业数据网的主要标准之一。

在电力领域，公司的调度通信解决方案在国家电网公司和南方电网公司所属的近 20 个省级以上电网公司的变电站中广泛使用，公司与各省市电网公司形成了良好的合作关系，赢得了客户的广泛认可，竞争优势明显。

在煤炭领域，公司采用自主研发的基于 RPR 工业数据解决方案承建了国家发改委确定的"煤炭采掘业信息化示范工程"四个项目中的平煤集团网络平台传输路由交换子系统工程和兖矿集团 IP 宽带业务网络工程等项目。

在轨道交通领域，公司打破国外跨国公司在轨道交通调度通信系统建设中的垄断地位，承担了 2008 年北京奥运会重点配套建设项目——北京地铁 1、2 号线改造项目中的调度通讯系统建设，成为国内企业中第一家有能力在轨道交通调度通讯系统解决方案中提供全套系统设备和服务的公司。2009 年成为苏州市轨道交通一号线专用通信系统集成和设备采购总包商，负责整个工程通信系统 5 个标段的系统集成服务，成为国内为数不多的轨道交通通信系统集成服务的供应商。

在智能交通领域，公司在 2004 年建设了以 RPR 为传输平台的中国——东盟博览会重要交通指挥系统——南宁市快速环道智能交通系统项目，该项目是我国第一个基于 RPR 光传输技术，并结合计算机网络技术、交通信息技术建成的实时、开放的城市交通综合管理信息系统平台，是目前国内专网系统中规模最大、应用最全面的 RPR 技术案例，具有国内领先水平。荣获"2005 年度广西计算机推广应用成果奖贰等奖"、"2006 年南宁市人民政府科技进步奖二等奖"和"南宁市 2006 年度计算机及电子信息推广应用一等奖"等荣誉称号。

【主营业务】

专网通讯技术解决方案业务的服务商，主要为能源交通等行业提供通讯技术解决方案，包括相关软硬件产品的研发、制造与服务 。

【经营业绩】

2011 年上半年报告期内，公司实现营业收入 121,463,234.62 元，比上年同期增长 47.33%；营业利润 17,958,116.82 元，比上年同期增长 28.39%；归属于上市公司股东的净利润 16,238,405.80 元，比上年同期增长 5.82%。

【002327】深圳市富安娜家居用品股份有限公司

【基本情况】

深圳市富安娜家居用品股份有限公司成立于 1994 年 8 月，是一家集研发、设计、生产、营销和物流于一体的综合型家纺企业。公司以"创造美好睡眠生活，打造百年家居品牌"为经营理念，拥有国内外资深专业设计师近百人，创立"富安娜"、"馨而乐"、"维莎"、"圣之花"四大主打品牌。2009 年 12 月 30 日，富安娜家纺在深圳证券交易所 A 股上市，股票代码：002327。

自成立以来，富安娜家纺专注研发、设计，坚持走原创道路，在品牌化、时尚化、个性化、规模化上形成独有的核心竞争力，让"艺术家纺"这四个字深入消费者心中，形成独特的品牌定位。励精图治十七载，富安娜已发展成为家纺行业的龙头企业，产品现已涉及床上用品、家纺饰品、家居用品等多个系列，为上千万消费者引领了独特的艺术家居生活方式。目前，富安娜拥有深圳龙华、江苏常熟、四川南充三大工业园，并采用国际先进的德国 SAP 公司 ERP 系统实施信息化管理。截至 2011 年 6 月，公司在全国已拥有 24 家子公司和 1500 多家专卖店/柜，全面进驻全国一、二线城市知名商圈，确立了其在家纺行业的领导者品牌地位。

【主营业务】

套件、被芯、枕芯等床上用品及其他家纺产品的研发、设计、生产和销售 。

【经营业绩】

2011 年上半年报告期内，公司共实现营业收入 60,758.81 万元，同比增长 34.06%，实现营业利润 11,161.89 万元，同比增长 81.60%；实现归属上市公司股东净利润 8,566.95 万元，比上年同期增长 79.28%。

【002330】山东得利斯食品股份有限公司

【基本情况】

山东得利斯食品股份有限公司是以生猪屠宰、冷却肉、低温肉制品、调理食品加工为主的大型食品专营企业。公司被确定为首批农业产业化国家重点龙头企业、中国肉类十强企业、中国食品行业百强企业，获得中国驰名商标、中国名牌产品、中国最具市场竞争力品牌、山东省政府质量管理奖、首届省长质量奖等荣誉称号。党和国家领导人温家宝、曾庆红、吴官正、吴仪、回良玉、乔石、田纪云、姜春云、何鲁丽、宋平、陈慕华等先后视察公司并给予高度评价。

公司创立以来，始终以企业文化为先导，坚持树人、创新、诚信、自律，谨守"制欲感恩"生存理念，奉行"增强国人体魄、提高民族素质"企业宗旨，遵循"贸工农一体化"、"农业产业化"发展方向，引领冷却肉、低温肉制品消费潮流，不断完善全程控制的肉食品产业链条。

1989 年，公司在国内率先研制成功低温肉制品并进行工业化生产，十几年来致力于中西合璧的低温肉制品开发，攀登肉食科学高峰。该产品采用低温蒸煮工艺，不破坏肉类纤维组织和自然营养成份，其蛋白质、氨基酸、维生素和多种矿物质等含量是普通肉制品的 2－8 倍!

2000 年，公司投资 2 亿元全套引进欧盟先进设备建成百万头生猪屠宰项目，采用国际上目前最先进的低压脉冲三点击晕、卧式真空采血、立式蒸汽烫毛、纵向横向桑拿按摩、气体火焰瞬间二次灭菌、快速冷却降温、脱酸排毒 24 小时等工艺技术，进行“绿色”屠宰加工，其产品冷却肉达到纯生可食的无菌程度，通过了 HACCP 认证、欧盟 SGS 认证及香港、新加坡、俄罗斯的出口认证。

得利斯获得了广泛的市场认同，商标价值高达 12.57 亿元，产品进入人民大会堂、钓鱼台国宾馆，出口港澳、俄罗斯、新加坡等国家地区。

2010 年 1 月 6 日，公司成功登陆深交所中小板，成为山东省第 100 家上市公司，上市首日市值突破 55 亿元。

“十一五”期间，公司将加快完善以冷却肉、低温肉制品、传统肉制品为主的肉食产业体系，打造物流商业体系，在主要城市建设 100 家城市展示服务中心，从而全面提升公司竞争力，为实现“百城万店、百社万场、百亿企业、百年品牌”的目标奠定基础，为农民增收、农村改观、农业增效、建设社会主义新农村贡献力量。

【主营业务】

低温肉制品、酱卤肉制品及其他肉制品、蛋制品、速冻面米食品、水产加工品、动物副产品生产、加工；销售本公司产品。

【经营业绩】

2011 年上半年，实现营业收入 92,451.76 万元，同比增长 36.82%，归属于上市公司股东净利润为 3,750.14 万元，同比增长 9.88%。

【002332】浙江仙琚制药股份有限公司

【基本情况】

浙江仙琚制药股份有限公司前身为仙居制药厂，创建于 1972 年，是国内规模最大、品种最为齐全的甾体药物生产厂家，是国家计划生育药物定点生产厂家、国家火炬计划重点高新技术企业、全国守合同重信用企业、浙江省优秀创新型单位。公司总股本 34140 万元，占地面积 337607 平方米，现有员工 2000 多人，其中工程技术人员占 30%，销售人员占 36%，是原料药和制剂综合生产厂家。

公司产品独树一帜，主营业务为甾体原料药和制剂的研制、生产与销售。主要生产皮质激素类药物、性激素类药物（妇科及计生用药）和麻醉与肌松类药物三大类。共有近 100 多个品种。拥有 200 吨原料药、70 亿片片剂、5 亿粒胶囊、2 亿支水针、1000 万支冻干粉针剂、1000 万支乳膏剂、1000 万袋颗粒剂的生产能力。

公司与中国科学院上海有机所、中国药科大学等 20 多个国内著名科研院（校），建立了长期的合作关系，并投资建立了浙江仙琚制药技术开发有限公司。近几年，成功地开发了 20 多个高科技新药品种，取得了近 30 余项省级以上科研成果。公司的维库溴铵及其制剂（仙林）、米非司酮片（含珠停）与胶囊、复方戊酸雌二醇片、匹多莫德及其制剂等 22 个产品为国家级新药；维库溴铵及其注射剂项目、匹多莫德原药及颗粒制项目和糠酸莫米松及乳膏项目被列入国家级火炬计划项目；醋酸烯诺酮及其一根型皮下埋植剂被列入“十五”国家科技攻关项目；抗早孕一类新药 ZXH951 项目列入国家 863 计划。地塞米松系列产品的“绿色生产技术与示范”列入国家科技支撑计划（获得的国家资助与“863”项目相当）；甲基泼尼松龙为浙江省重大科技攻关项目。抗早孕药物“含珠停”和肌松药物“仙林”是浙江名牌产品。

截至目前，公司已拥有 6 项专利发明。公司已在 6 个国家和地区总计 23 种产品取得了国际认证，其中，泼尼松龙、醋酸泼尼松、醋酸甲羟孕酮、维库溴铵等四个产品通过美国 FDA 认证。泼尼松龙、醋酸环丙孕酮等两个产品获得法国 GMP 证书。泼尼松龙通过欧洲 COS 和韩国 KFDA 认证。全部产品均已通过国家 GMP 认证。

公司拥有一支超过 700 人的制剂产品销售队伍，形成了医院线和 OTC 线两个完整的销售网络，并摸索出了有效的销售管理和市场推广策略。公司医院线的销售网络已覆盖全国地级市以上的主要医院，与 2800 多家医院的妇产科和 3500 多家医院的麻醉科建立了业务联系；OTC 线的销售人员管理的药店已达到 6 万多家。公司国际贸易部已与美国、印度、英国等 30 多个国家的 40 多家原料药加工企业、制剂生产厂家和贸易商建立了业务联系。

目前，公司控股和投资了浙江仙居制药销售有限公司等企业。2010 年 1 月 12 日，公司已正式在深交所挂牌交易，成功登陆资本市场。为实现规模经营，公司分别在浙江省化学原料药基地及仙居工业园区共征地面积 254119 平方米，作为原料药新产品生产基地。

未来的五年中，公司总体战略将以营销为导向，“先做强后做大”，提升核心竞争力，在提高盈利能力的前提下扩大销售规模。

【主营业务】

为甾体原料药和制剂的研制、生产与销售。

【经营业绩】

2011 年上半年报告期内，实现营业收入 82,428.11 万元，同比增长 10.86%；实现利润总额 6,846.88 万元，同比减少 6.95%；实现净利润 5,785.00 万元，同比增长 7.06%；归属于上市公司股东的净利润 6,224.02 万元，同比增长 11.43%。

【002333】苏州罗普斯金铝业股份有限公司

【基本情况】

苏州罗普斯金铝业股份有限公司成立于 1993 年，是专业生产、加工、安装、经营铝型材的中外合资企业。公司占地面积 21 万平方米，在职员工 2000 余人，其中门窗设计研发工程师及专业技术人员 285 人。企业采用 SAP 的 ERP 及 CRM 客户管理系统，并通过 ISO9001 质量体系认证、ISO14001 环境体系认证、GJB/Z9001A、GJB9001A 军工质量管理体系认证等认证，是目前中国铝合金挤型生产行业中，开发种类多、产品范围广、规模和实力一流的专业性企业。

以“罗普斯金®”“LPSK®”“第一勇®”商标注册的系列铝门窗产品不仅在市场上享有良好的声誉，更是罗普斯金集团数十年致力于铝合金型材研究开发的结晶，多年来荣获国家七百多项专利。公司开发出的一系列气密性、水密性、隔音性和节能性俱佳的高品质高强度铝窗，是同类产品中的佼佼者。目前已全面上市的节能珐琅推拉气密窗、节能珐琅平开气密窗、珐琅百页窗、珐琅采光罩、幕墙、珐琅防盗门系列以及珐琅穿梭管安全窗系列已深受广大用户的青睐，也赢得专家的一致好评和肯定。

公司在十多年的经营中，已发展成为行业中的知名企业，产品获得了苏州市名牌产品，江苏省名牌产品，江苏省高新产品，全国免检产品，全国铝合金型材十佳产品，中国名牌产品，企业荣获江苏省高新企业，江苏省双密企业，江苏省先进外商企业，信用等级 AAA 级，注册商标荣获江苏省著名商标，中国驰名商标等荣誉。

【主营业务】

铝挤压材产品的研发、生产和销售。

【经营业绩】

2011 年 1－6 月，公司实现营业利润 4,915.92 万元，同比增长 38.41%，归属上市公司股东的净利润 4,184.29 万元，同比增长 37.40%，其中归属于上市公司股东的扣除非经常性损益后的净利润 4,168.78 万元，同比增长 38.24%。预计 2011 年 1 月 1 日－2011 年 12 月 31 日归属于上市公司股东的净利润为盈利 8,278.29 万元－8,940.55 万元，比上年同期增长 25%－35%。

【公司理念】

理念：精益求精求新求变

坚持：勇要更勇好上加好

期许：创意无限尽善尽美

【公司荣誉】

- 第四届国家科学技术最佳成果进步奖、第四届国家专利技术优秀发明奖一等奖。
- 苏州相城区年度纳税一等奖、苏州市科学技术进步奖、苏州相城区科技创新先进集体。
- 中国节能型材创新企业十强荣誉证书、驰名商标荣誉证书、中国免检产品荣誉证书。
- 中国名牌产品荣誉证书、先进集体荣誉证书。

【社会责任】

设立了罗普斯金助学基金会，在青海省、贵州省、云南省、辽宁省捐资兴建 11 所希望小学，资助一千多名贫困学员完成初中、高中、大学各阶段学业。

【002365】潜江永安药业股份有限公司

【基本情况】

潜江永安药业股份有限公司成立于 2001 年，是一家拥有自营进出口权的高新技术企业。

公司主要产品为牛磺酸，已获得药品生产批准文号、GMP 证书和相关部门出具的《工业产品生产许可证》、《药品生产许可证》等。公司为国内乃至全球牛磺酸行业的龙头企业，现有产量占国内总产量近 50%。产品牛磺酸质量标准符合 JP8、JP15、USP31 版、GB14759－93、CP2005 版。

公司具有雄厚的技术开发能力，技术中心被认定为省级企业技术中心，运用自创工艺技术“环氧乙烷法”生产牛磺酸。公司具有完善的质量控制体系，已通过 ISO9001：2000 国际质量管理体系认证和 HACCP 体系认证，并获得了 KOSHER 国际犹太洁食认证证书和国际伊斯兰营养委员会 HALAL 清真认证证书。公司地处湖北省潜江市经济技术开发区，占地二十余万平方米。地理位置优越，紧靠 318 国道及汉宜高速公路，全程直达武汉天河机场 140 公里。傍依汉水连接长江，运输四通八达，交通十分便利。

公司秉承“团结、诚信、拼搏、创新”的企业理念，坚持“质量第一，信誉第一”的经营方针，以“提供优质产品，保证优良服务”为宗旨。2008 年，公司被评为“全省医药行业十强企业”，湖北省“创汇二十强企业”，湖北省“百佳纳税人”。公司将进一步扩大生产能力，且积极拓展业务范围，调整产品结构，以牛磺酸产品为支撑，以技术中心为科研和产业化平台，以酒精法生产环氧乙烷和牛磺酸下游产品的开发为突破口，构筑企业产业一体化，进一步提高公司的核心竞争力，力争在“十一五”末期发展成为湖北省乃至全国具有竞争实力的优势企业之一。

【主营业务】

主要从事牛磺酸产品的研发、生产和销售。

【经营业绩】

2011 年 1－6 月份，公司共实现营业总收入 20,939.20 万元，较上年同期增长 33.55%；实现营业利润 3,858.40 万元，较上年同期增长 44.35%；实现净利润 3,427.72 万元，较上年同期增长 34.94%。

【002367】康力电梯股份有限公司

【基本情况】

康力电梯股份有限公司是一家集设计、开发、制造、销售、安装和维保于一体的现代化专业电梯企业，注册资本为 24030 万元人民币。产品涵盖多种电梯类别，包括乘客电梯、观光电梯、医用电梯、载货电梯、液压货梯、杂物电梯、自动扶梯、自动人行道产品，具有国家质量监督检验检疫总局颁发的电梯制造、安装、改造和维修保养的 A 级资质。公司被誉为“中国电梯业的希望和骄傲”。

康力电梯股份有限公司自 1997 年成立以来，以打造民族品牌为己任，经过 14 年的发展与自主创新，在激烈的市场竞争中迅速发展壮大。中国行业企业信息发布中心（CIIIC）的统计数据显示，康力电梯销量 2005 年、2006 年、2007 年、2008 年、2009、2010 年连续六年在全国市场同类产品国产品牌中排名第一。

2008 年 7 月，建筑面积达 45,000 平方米的康力二期新车间正式投入生产运行，该车间是亚洲乃至全世界最大的自动扶梯生产车间。截至目前，康力电梯股份有限公司拥有占地面积超过 250,000 平方米，建筑面积 118,000 平方米的大型电梯生产基地；拥有一座高达 92 米的电梯专用试验塔，该试验塔曾被誉为中国电梯的“第一高度”。康力电梯股份有限公司构建了包括柔性生产线、数控激光切割机、多工位数据冲床、喷涂流水线、数控折板机、加工中心、焊接机器人等全套世界先进水平的各类现代化制造设备，公司具备自主设计、开发及规模生产各类电梯、扶梯系统的实力，不断引领电梯技术发展的新潮流。

康力电梯技术中心成立于 2003 年，2005 年被江苏省经济贸易委员会认定为“省级企业技术中心”，2009 年被江苏省科技厅认定为江苏省级工程技术研究中心。中心拥有一支实力雄厚的技术研发队伍，拥有较为完备的研究开发机构和试验条件。中心十分重视并不断推动产学研合作，先后与三家院校签署机构合作协议，形成了中国建筑科学研究院建筑机械化研究分院——康力电梯“关于电扶梯整机和部件检测与标准”研发机构、南京工业大学电梯技术研究所——康力电梯“电梯扶梯关键零部件技术及控制系统”研发机构、康力电梯－浙江大学“电梯扶梯技术基础研究及电梯产品数字化设计、制造、管理关键技术及应用”院士工作站，并与哈尔滨工业大学联合开展了“十一五”国家科技支撑计划课题“既有建筑设备改造关键技术研究”。

2011 年 11 月，康力电梯技术中心被认定为“国家级企业技术中心”，成为中国电梯行业首家被认定“国家级企业技术中心”的内资企业。

公司开发的产品系列覆盖占市场总容量 98% 以上的常用电梯与自动扶梯产品市场，重点面向普通高层住宅、商务办公楼、购物中心、轨道交通等各类建筑。2008 年 12 月，公司承接了苏州市轨道交通一号线全线车站 199 台自动扶梯工程项目，成为我国内资品牌中第一家包揽国内城市轨道交通全线自动扶梯工程的企业。2009 年 6 月，公司中标南昌昌北机场扩建工程自动扶梯、自动人行道采购项目，是我国内资品牌中第一家中标国内省会以上机场（主候机楼）工程的企业。2008 年 12 月，公司获得贵阳世纪金源大饭店 8 台群控 4 米/秒（提升高度 150 米）高速电梯的订单；2009 年 6 月，公司与上海长峰地产集团就沈阳"龙之梦"大型商业地产项目签订了 12 台 6 米/秒（提升高度 240 米）高速电梯订单。4 米/秒、6 米/秒高速电梯项目及超大高度自动扶梯项目的实施，极大地增强了公司技术、市场及品牌的综合竞争实力。

康力电梯，一个以民族品牌为己任的电梯专家，通过不断创新发展，必将成为具有国际竞争力的综合电梯制造商和品牌运营商。

【主营业务】

电梯、扶梯及关键零部件的研发、生产、销售、安装和维保业务。

【经营业绩】

2011 年上半年，公司实现营业收入 67，111. 98 万元，比上年同期增长 41. 74%，其中母公司实现营业收入 48，760. 01 万元，同比增长 45. 33%；实现净利润 6，983. 56 万元，比上年同期增长 24. 37%，其中母公司净利润 5，080. 89 万元，同比增长 29. 01%

【企业荣誉】

康力电梯股份有限公司在 2002 年荣登"人民大会堂全国精品展示金榜"；2003 年荣获"江苏省名牌产品"称号；公司在 2003 年"中国名牌战略推进成果展览会"榜上有名；2003 年被批准为"江苏省高新技术企业"、"自营进出口企业"；被评为"苏州私营企业科技十强"和"AAA 级资信企业"。2004 年通过欧洲 CE 认证。2005 年"康力"商标荣获"中国驰名商标"称号。2006 年 6 月公司被认定为"火炬计划国家重点高新技术企业"。2006 年 8 月《省级科技名牌评定办法》制定后，康力从全国省级科技名牌中脱颖而出，入选"中国科技名牌 500 强"。2007 年 9 月康力电梯被中国质量协会评为"全国用户满意产品"；同年 11 月，康力公司荣获 2006 年"全国大中型工业企业（起重运输设备制造业）自主创新能力十强企业"。公司荣获 2008 年、2009 年、2010 年度"政府采购电梯自主创新品牌"。2009 年，康力电梯被评为"中国电梯行业十大用户满意品牌"。2010 年，康力电梯荣获"用户满意产品"及"用户满意服务单位"双项殊荣。2011 年，康力电梯获得"2011 年度政府采购电梯自主创新品牌"。2011 年 11 月，康力电梯技术中心被认定为国家级企业技术中心

【002387】黑牛食品股份有限公司

【基本情况】

黑牛食品股份有限公司成立于 1998 年，总部座落在广东省汕头市。经过十年的精心耕耘，现已发展成为全国大型的豆奶粉生产企业之一和国内最具核心竞争力的营养麦片生产企业之一，并在食品行业具有举足轻重的地位，旗下的子公司包括揭东县黑牛食品工业有限公司、辽宁黑牛食品工业有限公司、安徽省黑牛食品工业有限公司、陕西黑牛食品工业有限公司、黑牛食品（苏州）有限公司。公司现拥有含博士、硕士在内的各类专业技术人才及国内先进的全自动生产设施。

其中位于广东揭阳市的揭东县黑牛食品工业有限公司占地面积近 100 亩，是早期国内大型的豆奶粉生产基地；坐落于辽宁省沈阳东陵区的辽宁黑牛食品工业有限公司占地面积近 200 亩，是目前国内最大、最先进的豆奶粉生产基地之一；落户于安徽合肥的安徽省黑牛食品工业有限公司，占地面积近 300 亩，是黑牛食品股份有限公司为响应国家"大豆行动计划"而率先投资的国内第一个双蛋白液态豆奶生产基地，其建成投产将为国人提供一种高科技、安全、绿色、健康的优质双蛋白营养饮品，促进高品位健康生活的全面升级；2008 年黑牛食品股份有限公司通过设立陕西黑牛食品工业有限公司，优化了战略布局，陕西基地建成以后，将有效降低成本，保证西北、西南地区的产品供应，提高公司的整体竞争力。绿色、安全、均衡营养一直是我们黑牛食品的孜孜追求，改善国人营养结构、改善中国人体质是我们黑牛人的共同梦想。

【主营业务】

公司主要从事大豆及谷物类营养饮品的研发、生产和销售。

【经营业绩】

2011 年上半年报告期内，公司实现营业收入 363，835，737. 41 元，营业利润 61，061，287. 03 元，净利润 47，889，535. 99 元，同比增长 17. 52%，17. 97% 和 18. 32%。

【002391】江苏长青农化股份有限公司

【基本情况】

江苏长青农化股份有限公司系国家定点农药生产企业，国家高新技术企业，江都市工业十强企业。公司于 2010 年 4 月在深圳证券交易所上市，证券简称"长青股份"，股票代码 002391。公司现有员工 800 多人，占地面积 32 万多平方米，总资产 17. 41 亿元，净资产 15. 99 亿元。2010 年公司净利润 1. 06 亿元，在 18 家农药类上市公司中排名第六，公司设备精良、自动化程度高，以合成农药、农药中间体为主，同时生产多种剂型制剂，现已具备年产万吨原药和数万吨制剂的生产能力。

公司管理严格、信誉优良，先后通过 ISO9001 质量体系认证、ISO14001 环境管理体系认证、GB/T28001 职业健康安全管理体系认证，被农业部评为"全国诚信守法企业"，被国家工商行政总局评为"守合同重信用企业"，连续 14 年被评为江苏省"AAA 级"资信企业。

公司注重科技进步和技术创新，与国内众多科研院所建立了产学研合作关系，聘请多名国内知名专家担任公司技术顾问，拥有国家级"博士后科研工作站"和"省级企业技术中心"两个技术平台、一个国家石化行业"A 类质检机构"、一支高素质的科技攻关团队，承担过多项国家级、省级研发及技改项目，是"国家火炬计划重点高新技术企业"。

公司的"长青"商标为"中国驰名商标"，现有产品中拥有中国名牌产品，国家重点新产品，省高新技术产品，省名牌产品。一流的产品质量和完善的售后服务使长青产品畅销国内 20 多个省、市、自治区，远销欧美、东南亚。

公司地处古城扬州东郊，水陆交通便利，投资环境优越。公司始终坚持"质量第一、真诚服务"的宗旨，热诚希望与国内外客商开展信息交流、技术合作和贸易往来，共同促进中国农用化学工业的发展。

【经营业绩】

2011 年上半年，公司生产原药 3，885 吨，销售原药（含

制剂领用)4,392吨,实现营业收入49,423.21万元,比去年同期增长31.44%,营业利润5,836.95万元,比上年同期增长2.97%;净利润6,363.53万元,较上年同期增长10.04%。

【002394】江苏联发纺织股份有限公司

【基本情况】

江苏联发纺织股份有限公司是一家集纺纱、染色、织造、整理、印染、制衣于一体的大型纺织企业。

公司现占地730亩,资产总额11.07亿元,现有员工5000多人,拥有8家控股子公司(南通联发热电有限公司、南通联发制衣有限公司、海安县联发制衣有限公司、淮安市联发纺织有限公司、海安联发棉纺有限公司、南通联发印染有限公司、江苏占姆士纺织有限公司、上海豪恩服饰有限公司);4个主体分厂(染纱分厂、前织分厂、织造分厂、整理分厂)。

公司主要产品为纱线、色织布、衬衣三大系列。色织布年接单量9000万米,衬衫年接单量500万件,公司主要生产40-160S纯棉、莱卡、天丝、麻类等十大系列1500多种色织布,近万个花色。产品销往全国20多个省市,出口日本、美国、英国、意大利等36个国家和地区,公司生产色织布占国内比重为2.04%,占全国出口量5.4%。公司"DOUBLECOIN"色织布商标被认定为"江苏省著名商标"、荣获江苏省"十大纺织面料品牌""DOUBLECOIN"色织布被认定为"江苏名牌"产品,国家"出口免验"产品。产品在国内外色织行业有较大的影响和较高的知名度。

据中国棉纺织行业协会统计,公司2006、2007、2008年连续三年主要经济指标列"全国色织行业十强"。在2008年全国色织行业主要经济效益指标排名中,出口交货值(出口创汇)排名第三、主营业务收入排名第四、人均利税排名第五、社会贡献率排名第四。2007年度、2008年度蝉联江苏省民营企业纳税大户、江苏省纺织企业国税20强。公司是江苏省规模最大、业绩最好的色织企业。

公司现为中国棉纺织行业协会常务理事单位、国家级高新技术企业、江苏省民营科技企业、江苏省循环经济试点企业、江苏省"十五"技术改造先进单位,江苏省节能减排科技创新示范企业、南通市环境友好企业、南通市节能型企业。

公司围绕"做世界一流的衬衫面料供应商,做国内一流的衬衫服装品牌"的愿景目标,坚持以产品创新、技术创新为主导,以品牌建设为依托,抢占技术制高点、增强企业核心竞争力。公司是国家色织产品开发基地,建有江苏省首家色织行业国家认可重点实验室(CNAS)、江苏省企业技术中心、江苏省色织纺织工程技术研究中心。每年自主开发的新品种、新花型、新材料的色织面料1000多个,其中多项产品被认定为国家、省高新技术产品和自主创新产品。主持参与制定国家和行业标准《棉色织布》和《色织提花》。公司现有发明专利16个,实用新型专利15个,软件著作权16个,外观设计专利169个。荣获2008年度中国纺织工业协会"产品开发贡献奖"。

公司装备精良。主要设备都是2003年以后购进的先进设备,其中70%以上的关键生产设备从日本、意大利、德国、瑞士、香港等纺织技术发达的国家和地区引进,在国内同行业中处于领先地位。

公司已经形成上下游一体化的产业布局。形成了棉花纺纱—色织布生产—成衣缝制一体化的产业链,在价值链中占据了较为有利的地位,拥有较高的成本优势,具备较大的盈利空间,抗风险能力较强;公司技术先进,根据美国纺织行业权威杂志《Textileworld》公布的世界纺织行业25项最先进技术中,公司正在应用的有16项,即将应用的有6项,先进技术利用率合计达到88%。

公司产品质量可靠。通过了由瑞士纺织检定有限公司组织的欧洲生态环保纺织品"Oeko-TexStandard100"标准认证,执行国家标准GB/T18885-2002及日本JIS、英国M&S、美国AATCC国际纺织产品的质量标准,引进了全套的纺织品检测仪器,物测中心通过了国家认可委认可实验室的认可(CNAS)、国际上公认的ITS检测机构的验证,还通过了美国HAGGAR、GAP、PVH、LIZ等公司的认证。

公司管理体系健全。通过了ISO9001:2008质量管理体系、ISO14001:2004环境管理体系、AAA标准化良好行为认证、OHSAS18001:1999职业健康安全管理体系认证。公司积极导入卓越绩效管理模式,2009年荣获"江苏省质量奖"、被授予"2009年度全国纺织行业实施卓越绩效模式先进企业"荣誉称号。

【主营业务】

生产销售色织布、服装、纺织品。

【经营业绩】

2011年上半年,实现营业总收入134,210.56万元,比上年同期增长42.95%,实现归属于上市公司股东的净利润11,110.16万元,比上年同期增长44.64%。

【002399】深圳市海普瑞药业股份有限公司

做受人尊敬的全球化制药企业

深圳市海普瑞药业股份有限公司(以下简称"海普瑞"或"公司")是全球最大的肝素钠原料药的研究、生产及销售企业,产品出口全球,客户包括世界知名的跨国医药企业,如Sanofi-Aventis,FreseniusKabi,Novartis等。

公司成立于1998年,2007年改制为股份有限公司,2010年5月6日在深交所挂牌上市,证券简称"海普瑞",证券代码为"002399"。公司注册资本80,020万元,拥有全资、控股子公司八家、总部位于环境优美的深圳市高新技术园。多年来,肩负为全球患者带来福音的崇高使命,秉承"科学、实证、勤勉、和谐"的经营理念,海普瑞在肝素纳产品研发生产的专业领域精耕细作、稳健前进。

2007至2010年的4年里,公司营业收入从2.99亿元增加到38.53亿元,净利润从0.68亿元增加到12.09亿元,公司在中国肝素钠出口市场份额也从2007年的20.1%增长至2010年的51.28%。

技术创新成就核心竞争力

创立之初,海普瑞人内心深处就种下了科技报国的梦想。为了使中国在具有资源优势的肝素产业真正体现出应有的价值,海普瑞潜心技术研发,独创了世界领先的肝素钠"杂质与组合分离技术"、"基团完整性保护和活性释放技术"等核心工艺技术体系,拥有使产品质量更稳定、收率更高、成本更低等诸多优势;海普瑞还先后承担了国家生物高技术产业化示范工程项目、国家火炬计划项目、国家重点技术创新项目等国家级科技项目,为我国肝素产业的技术进步、产业升级、出口创汇能力的提高做出了重要贡献,公司先后取得"国家技术创新优秀新产品奖"、"深圳经济特区30年杰出贡献企业"、"深圳市优秀民营企业"、"深圳市优强中小企业"、"深圳市民营领军骨干企业”等荣誉，成为国家和深圳市的重点高新技术企业。

全球一流的质量管理标准

海普瑞按照我国药品 GMP 规范以及美国和欧盟 cGMP 药品规范和理念，建立了与技术工艺相适应的全面的质量管理体系，建立了完全独立的质量管理团队，质量管理人员与生产人员人数相同，通过 1,600 余份的生产标准操作规程（SOP）文件，使经营生产全程制度化并确保其有效执行。自信和开放的海普瑞，通过积极参与国际医药市场的竞争与合作，一路挑战全球药政和技术堡垒，不仅顺利通过了美国 FDA 及欧盟 CEP 的药政批准，还是美国药典标准修订的主要参与者和标准提供者。海普瑞产品以持久恒定的高品质、稳定安全的供应保障赢得了世界众多知名药企的信赖，海普瑞品牌成为质量安全可靠的象征，海普瑞已成为全球公认的生产规模最大、装备领先的肝素钠原料药生产企业，具备了对肝素钠行业发展举足轻重的关键影响力。

锐意进取大胆变革

在保持肝素纳原料药生产领先地位的同时，海普瑞锐意进取，沿肝素产业链整合发展，积极布局，夺取未来经营的主流增长空间，大胆迎接生命科学朝阳产业的机遇和挑战。

在企业管理中，海普瑞不断超越自己，通过与众多国际一流的企业机构，如埃森哲咨询顾问公司、普华永道会计师事务所、IBM 公司等，建立起合作伙伴关系，开始在公司业务的各个领域建设全面、科学、一流的管理体系。通过持续推动管理和业务体系的优化与变革，并辅以信息化系统的建设，提升公司在全球化和信息化时代的组织能力、强化核心竞争优势，为发展注入新的动能。

和谐发展打造百年企业

多年来，海普瑞善尽社会责任，始终如一地践行和谐世界观。2010 年，公司出口创汇 6.15 亿美元，实现纳税 2.37 亿元人民币，为深圳市的经济和社会发展进步做出了应有的贡献，同时也通过上下游产业连动，有力带动了合作企业所在地域的发展。公司争做热爱自然、永续发展的企业典范，采取高出政策要求的环保标准，投资上百万建设了环保预处理池等环保设施，生产排水清洁处理做到了零污染排放，海普瑞还为员工建造了优美宜人的工作场所，在员工和合作伙伴中积极倡导环保理念。

海普瑞以人为本，追求员工与企业共同发展。首先，公司为全体员工购买法定保险、提供多重福利和丰富的文化生活，努力营造起有归宿感的幸福空间；同时，公司搭建了不同层次的培训体系，为员工提供专业提升、学习成长的机会和平台；另外，为持续回馈员工的辛勤奉献，公司与全球一流的咨询公司埃森哲合作，建立了全方位、多层次的科学激励体系，将员工利益和公司未来紧密结合，真正做到尊重和保障员工长期权益。

未来的海普瑞将始终不渝、牢记使命，不断挑战更高目标，持续打造受人尊敬的全球化制药企业。

【002404】浙江嘉欣丝绸股份有限公司

【基本情况】

嘉兴，中国古代的“丝绸之府”，当代的“中国绸都”，茧丝绸资源极为丰富，丝绸历史源远流长。在这块散发着浓浓的丝绸文化气息的土地上，浙江嘉欣丝绸股份有限公司为弘扬古老的丝绸文化，默默地耕耘着。

公司主营高档丝、绸、服装等产品制造。总部及属下企业从事蚕茧收烘、制丝、织造、印染、针织、服装的生产和销售，与全球众多的知名品牌联手打造最具震撼力的丝绸及服装产品，是我国最大的丝绸产品生产销售企业之一。

近年来，公司在与国际著名品牌商成功合作的基础上，积极开拓自主品牌和内销市场，自主品牌“金三塔”秉持“天然舒适时尚”的品牌理念，已成功开发出家居系列，礼品系列和时尚女装等产品，深受广大顾客的青睐。“金三塔”丝绸服装已被评为浙江省名牌产品和重点发展出口产品，国家免检产品，中国驰名商标，赢得国内外客户普遍信赖和支持。

公司投资的占地 30 万平方米的嘉欣丝绸工业园，环境优美，是先进的丝绸工业制造基地，同时也是国家级工业旅游示范点和 3A 级旅游景点。工业园地处嘉兴市中山西路，距沪杭苏高速公路出口仅 300 米，与上海、杭州、宁波、苏州等重要城市仅一小时左右车程，交通极为便利。园区内水、电、汽和污水处理全部配套。整个工业园集栽桑、养蚕、缫丝、织绸、印染、成衣、辅料、仓储、后勤保障、产品销售于一体。为传承古丝绸文化，公司之倾力之作嘉兴丝绸博物馆坐落在园区中央。先进的丝绸制造工业和浓郁的古丝绸文化的有机结合，以及优质的丝、绸、服装产品，让来访的中外来宾流连忘返。

历经多年发展，公司现已成为以市场为龙头，实业为基础，研发和品牌为推动力，产品结构多元发展，集生产、研发、贸易为一体的全国知名丝绸企业。公司股票于 2010 年 5 月 11 日在深圳证券交易所成功上市，成为纯丝绸的第一股。嘉欣丝绸是全国丝绸行业重点骨干企业，全国民营企业 500 强。连续多年被评为中国纺织工业全行业销售收入、出口百强企业，中国纺织服装行业出口百强企业，中国丝绸行业竞争力前十强企业，丝绸行业销售前三名。浙江省最具成长力企业，浙江省绿色企业（清洁生产先进），嘉欣（丝绸）企业商号被认定为浙江省知名商号，嘉兴市市级文明单位。

【主营业务】

丝、绸、服装等产品的研发、生产和销售。

【经营业绩】

2011 年上半年报告期内，公司实现营业总收入 832,186,274.36 元，比上年同期增长 3.56%；由于处置上海嘉欣丝绸进出口有限公司部分股权，该公司不再纳入合并范围，影响公司营业收入下降 6.92%，如同口径比较，本报告期营业收入比上年同期增长 10.48%。公司实现营业利润 61,364,003.32 元，比上年同期增长 20.97%；公司实现利润总额 65,897,500.96 元，比上年同期增长 26.08%；实现归属于母公司所有者的净利润 42,161,028.94 元，比上年同期增长 21.83%。

【企业荣誉】

· 被评为 2011 年度安全生产综合管理工作先进单位荣誉称号。
· 被授予“2011 年度嘉兴市走新型工业化道路十强企业”荣誉称号。
· 授予“2011 年度产学合作先进单位”荣誉称号。
· 荣获“2011 年度中国纺织工业联合会产品开发贡献奖”荣誉称号浙江嘉欣丝绸股份。
· 被授予“2011 年全省丝绸行业统计（市场监测）工作先进集体”荣誉称号。
· 荣获“2011 年度嘉兴市示范企业技术中心”荣誉称号。
· 荣获“浙江省品牌文化建设优秀企业”荣誉称号。
· 获得中国纺织工业协会科学技术奖（科学技术进步奖三等）。

· 被评为"2008—2010 年度浙江省内部审计先进单位。
· 荣获浙江省十大蚕丝被品牌浙江嘉欣丝绸股份。
· "金三塔"品牌为"市民最喜爱的服务品牌"。
· 2011 嘉兴品牌力量榜"品牌创新 · 转型嘉兴典范企业"。
· 《嘉欣丝绸》报被授予全国纺织优秀企业报刊。
· 2010－2011 年度中国纺织服装企业竞争力 500 强。
· 2010－2011 年度中国纺织服装行业出口百强企业。

【002408】淄博齐翔腾达化工股份有限公司

【基本情况】

淄博齐翔腾达化工有限公司整体变更为淄博齐翔腾达化工股份有限公司。2007 年 10 月 31 日，淄博市工商行政管理局对本公司核发了《企业法人营业执照》（注册号为370300228122121）。公司下设甲乙酮厂和有机厂两个生产企业，拥有全资子公司青岛思远化工有限公司。截至 2009 年底，公司员工合计 383 名，其中大专以上技术人员 238 人。公司法人代表车成聚先生是淄博市第十三届人代会代表，先后荣获"中国石油化工集团公司科学技术进步一等奖"和"山东省富民兴鲁劳动奖章"，获得 2002 年度、2007 年度"山东省优秀企业家"荣誉称号，连续三年"淄博市优秀企业家"获得者，被评为"淄博市劳动就业服务企业优秀经理"。

本公司一直专注于对石油加工副产品碳四进行深加工以转化成高附加值精细化工产品业务，主要研发、生产和销售的产品有甲乙酮、MTBE、异丁烯、叔丁醇等，其中甲乙酮为公司主导产品。

甲乙酮是一种重要的低沸点有机溶剂和精细化工原料，以优异的溶解能力和干燥性著称，广泛应用于涂料、胶粘剂、人造革、润滑油脱蜡、磁带、油墨、萃取合成等众多领域。作为一种优良环保型溶剂，甲乙酮是纯苯、甲苯、二甲苯、丙酮等溶剂的最佳替代产品。与苯类溶剂相比，甲乙酮对人体危害程度较小，环保性能突出。国家环保总局发布的行业标准和准则的实施，为甲乙酮对苯类溶剂大面积替代提供了良好的政策环境。与丙酮相比，甲乙酮挥发性适中、溶解性能更强，不会致使空气中挥发性有机化合物（VOC）含量增高，单位溶剂的甲乙酮用量也少于丙酮。

MTBE 是一种良好的高辛烷值汽油掺加组分。在无铅汽油生产过程的添加剂中，MTBE 的辛烷值较高，是我国及世界主流市场首选的改善汽油抗爆性能和燃烧性能的添加剂。MTBE 裂解后可以制取高纯度的异丁烯。MTBE 还可以作为化工反应溶剂、萃取剂等。

异丁烯是一种广泛用于医药、农药、抗氧剂、合成高级润滑油和其他精细化工产品的重要的有机化工原料。其中高纯度的异丁烯可用于生产丁基橡胶和聚异丁烯，丁基橡胶主要用来生产轮胎和医用瓶塞，聚异丁烯主要用于生产润滑油添加剂或润滑油粘度指数改进剂，同时粘合剂、密封剂、电绝缘材料、食品包装等领域对聚异丁烯的需求也不断增加。

叔丁醇广泛用于合成农药、除草剂、香精及变性酒精。作为有机合成原料可用于生产有机玻璃及合成塑料行业重要的抗氧剂和稳定剂，并可作蜡用溶剂、油漆溶剂、医疗溶剂、硝化纤维素以及合成树脂的溶剂和稀释剂。此外，叔丁醇还可用于生产缩丁醛树脂涂料和氨基醇酸树脂涂料等，以及用作人造麝香及医药中间体的原料，其加入汽油中可提高汽油的辛烷值。

【主营业务】

本公司自成立以来，一直专注于对石油加工副产品碳四进行深加工以转化成高附加值精细化工产品业务，主要研发、生产和销售的产品有甲乙酮、MTBE、异丁烯、叔丁醇等，其中甲乙酮为公司主导产品。

【经营业绩】

2011 上半年，公司实现营业总收入 1,464,130,277.21 元，同比增长 39.00%；实现营业利润 430,791,100.02 元，同比增长 152.70%；归属于上市公司股东净利润 344,357,593.22 元，同比增长 156.15%。

【002428】云南锗业股份有限公司

【基本情况】

云南锗业（股票代码 002428），中国最具实力的锗系列产品生产商和供应商，产品远销美国、德国、法国、日本、比利时等国家和地区，锗系列产品销占全国总销量的 45%，居亚洲之首。

公司主要产品有：区熔锗锭、锗单晶、锗光学元件、红外光学锗镜头、光伏级太阳能锗单晶片等。公司不断优化产品结构，大力拓展市场，产业链不断延伸，经济效益显著。

公司率先在国内成立了第一家锗业研究所，拥有一批锗行业优秀人才。创建了以中国科学院士冼鼎昌、中国工程院院士叶铭汉、中国科学院高能物理研究所原所长郑志鹏、"中国锗业第一人"吴绪礼研究员及惠峰研究员等为核心的科研团队；参与起草制定及修改国家标准和行业标准 14 项；获得科技进步奖 2 项，技术专利 6 项；承担了国家"十一五"科技支撑计划重大研发项目两项；成功地研制了高效太阳能锗单晶片，填补了国内空白，满足了我国国防军工和科技发展的需求。

持续创新增强公司的核心竞争力，稳妥经营提升公司的持续发展力，以"股东利益最大化"作为公司的宗旨，立足生产高附加值高科技含量的锗高端系列产品，谋求更广阔的发展空间！

【主营业务】

公司主要业务为锗矿开采，火法富集，湿法提纯，区熔精炼，精深加工及研究开发，目前主要产品为区熔锗锭，红外级锗单晶（光学元件）及锗镜片。公司主导产品的最终运用领域主要包括红外光学，太阳能电池等行业。

【经营业绩】

2011 上半年报告期内，公司实现营业收入 12,272 万元，实现净利润 4,426 万元，分别与去年同期相比增长 47.67% 和 24.37%。

【002440】浙江闰土股份有限公司

【基本情况】

浙江闰土股份有限公司创建于 1986 年，是一家专业生产和经营分散、活性、直接、混纺、阳离子、还原等系列染料及化工中间体、纺织印染助剂、保险粉、硫酸的大型企业，系国家重点高新技术企业，中国染料工业协会副理事长单位，全国民营企业 500 强，浙江省百强企业，省 AAA 级纳税企业。

公司占地面积 79 余万平方米，员工 3500 余人。公司建有国际上先进的封闭式、自动化染料生产流水线，年生产能力 15 万吨以上，其中分散染料年产 10 万吨，活性染料 3 万吨，为全球大型染料生产基地之一。公司通过了 ISO9001:2008 国际质量体系认证和 ISO14001:2004 环境管理体系认证,且已通过了浙江省省级清洁生产验收。产品注册“闰土”、“龙宇”和“DRAGONPERS”商标,其中“闰土”商标、“瑞华素”商标被国家工商行政管理总局认定为“中国驰名商标”,“嘉成”等三个商标为浙江省著名商标,“闰土”牌分散染料、活性染料为浙江名牌产品,“闰土”商号为浙江省知名商号,“闰土”品牌被评为浙江省出口名牌。

2006 年公司被国家科技部认定为国家重点高新技术企业。

在国家统计局公布的中国大企业集团竞争力 500 强名单中,浙江闰土股份有限公司荣登第十三位。在由国家统计局评选的全国大中型工业企业自主创新能力行业十强企业榜单发布中,浙江闰土股份有限公司列全国行业创新能力第一位,摘得了行业创新之冠。

公司于 2010 年 7 月 6 日在深圳证券交易所成功上市!闰土股份进入资本市场是公司发展的里程碑,对于闰土人是鼓舞、挑战、机遇,是新的征程。闰土人将以此次上市为契机,以更饱满的热情投入到企业的发展壮大中去,力求实现企业稳健、快速发展的同时,履行好企业责任与社会责任,打造“百亿闰土,百年闰土”,成为民族品牌的一面旗帜,为民族工业的健康发展作出闰土人应有的贡献!

【主营业务】

主要从事纺织染料、印染助剂和化工原料的研发、生产和销售。

【经营业绩】

2011 年上半年报告期内,公司实现销售收入 1,431,670,155.55 元,比去年同期增加 26.99%;实现营业利润 268508541.53 元,比去年同期增加 35.69%;实现归属于母公司的所有者的净利润 219567658.76 元,比去年同期增加 34.59%。

【企业文化】

公司十分注重企业文化的积淀和宏扬,举办各种文体活动,改善了职工和群众的业余文化生活,并积极投资社会、回报社会,赞助闰土小学,修建马路,造福了一方百姓,为社会带来更多效益。

【002442】龙星化工股份有限公司

【基本情况】

龙星化工股份有限公司创建于 1994 年 1 月,是一家专业从事橡胶用炭黑生产的上市公司。十多年来,公司坚持“诚铸品牌德报社会”的企业理念,“做精、做专、做强、做大”的企业方针,大力推进技术创新,采用国内最先进的生产技术和设备以及集散控制系统,在产品结构、工艺技术和自主知识产权方面不断优化,是国内第二大炭黑生产基地,成为中国民族炭黑工业的领跑者。

公司现有总资产 17 亿元,有 8 条新工艺湿法造粒炭黑生产线,其中硬质炭黑生产线 6 条,软质炭黑生产线 2 条,炭黑产能 22 万吨/年,可生产 6 个系列 10 多个品种的橡胶用优质炭黑,同时还拥有三台套共计 36MW 尾气发电装置以及年产 48 万吨炭黑油的全资子公司—沙河市龙星精细化工有限公司。

公司坚持以质量求生存,以科技求发展,积极推行先进的科学管理体系并持续有效运行。在获得 ISO9001 质量管理体系认证的基础上,率先在行业内通过 ISO/TS16949 质量管理体系认证、ISO14001 环境管理体系和 OHSAS18001 职业健康安全管理体系,公司检测中心被国家认可委认定为国家级实验室。

公司坚持清洁生产和节能减排,配套尾气余热发电、中水处、烟气脱硫等环保设施,充分实现了经济效益和环境效益的双丰收,2005 年企业通过了清洁生产审核,2007 年被评为省化工行业唯一的“河北省环境友好企业”。6S 先进管理理念的实践使龙星化工现场管理井然有序,使用白色包装袋作为炭黑的包装物更是龙星的一大创举,堪称世界第一。

公司恪守诚信经营,用户满意,将稳定国内市场,面向国际市场,开发高端市场作为市场经营策略。以“品牌营销、绿色营销、创新营销、个性化营销”为经营理念。多年来,龙星与国内外优秀轮胎企业建立了良好的合作关系。龙星产品销畅京津、东北、华东、华南、长三角、珠三角等 16 个省、市、自治区。主要客户有;米其林、固特异、佳通、住友、中策、双钱、风神、华南及大王地区的优秀轮胎公司,并出口到东南亚、欧洲、美国等国家和地区。

公司坚持以人为本,博天下之众长,纳世间之人才,求贤纳士组成了一支富有创造力和核心竞争力的高效团队。十几年来,以董事长刘江山、总经理俞菊美为首的智囊团,知人善用,积极发挥群体优势,以创新型文化缔造了龙星文化的灵魂,夯实管理基础,创企业声誉,在行业中傲然挺立,成为民族炭黑工业的一面旗帜。

在未来的发展中,龙星化工将优化资产,培养高新技术,打造核心竞争力,不断推进技术进步、创新管理机制、优化管理体系,使企业发展呈现出资产质量优、经济效益好、发展后劲足、竞争能力强的良性发展态势,全力打造中国资本市场又一个科学经营、发展迅速、业绩优良的优质上市公司,将企业发展为具有国际竞争力的民族工业,以优异的业绩回报社会、回报广大投资者、回报全体员工!

【主营业务】

炭黑的生产和销售。

【经营业绩】

2011 年报告期内,公司实现主营业务收入 204,257.15 万元,较上年同期增长 53.18%,实现营业利润 12,712.56 万元,较上年同期增长 67.94%,实现归属于母公司股东的净利润 12,222.97 万元,比上年同期增长 69.57%。

【企业文化】

企业理念:诚铸品牌德报社会。

企业方针:做精做专做强做大。

企业精神:信誉至上管理为先永不满足卓越发展。

人才开发理念:博天下之众长,纳世间之人才。

营销理念:品牌营销绿色营销创新营销个性化营销。

市场经营策略:稳定国内市场面向国际市场开发高端市场。

服务理念:诚信经营,用户满意,以优秀的质量,优良的服务,赢得客户的认可。

【企业荣誉】

公司坚持信誉至上,管理为先,永不满足,卓越发展的企业精神,使“龙星”品牌在橡胶行业中得到了广泛的认可和信赖,公司拥有的“龙星”商标是炭黑行业内目前唯一的中国驰名商标,是“协会推荐品牌”,公司获得“科技创新先进企业”、“中国炭黑工业二十年发展历程新星企业”、“中国炭黑十佳名优品牌”、“河北省质量效益型先进企业”等荣誉称号。

【002457】宁夏青龙管业股份有限公司

【基本情况】

宁夏青龙管业股份有限公司始建于1974年10月，前身是宁夏水利制管厂，隶属于自治区水利厅。自治区政府为了引黄河水到南部山区而建立的管道生产企业。

1986年同心、固海扬水工程结束后，企业因无生产任务一度陷入困境。在此情况下，1989年3月水利厅决定民主选举厂长，选出了以陈家兴同志为首的新的领导班子，大胆进行改革，加强企业管理和技术进步，面向市场不断开发产品，使企业得到持续的发展。

1996年，公司根据自治区政府55号、83号文件精神，进行股份合作制改造的申请，并于1998年5月完成了改制工作。

2007年企业整体变更设立为"宁夏青龙管业股份有限公司"，并在区政府各部门大力帮助和支持下，于2010年8月3日公司在深圳交易所挂牌上市。

2010年公司实现销售收入8.3亿元，上缴税收9599.67万元。企业现有净资产15亿元，员工2100余人，各类专业技术人员400余人。公司员工队伍整体结构合理，形成了研发、设计、生产、营销及售后服务为一体的运营机制。企业生产规模和综合实力位居全国同行业前列。

公司主要产品有：预应力钢筒混凝土输水管；预应力钢筋混凝土输水管；钢筋混凝土排水管；聚氯乙烯塑料管材；聚乙烯塑料管材及各种配套的塑料管件、钢塑管件等。产品主要应用于供排水和燃气使用。产品销售的主要市场区域为：西北地区的陕、甘、宁、青、新，以及华北地区的京、津、冀、内蒙、山西等省（市）、自治区。

公司一贯秉承"质量为本，满足需求，注重细节，精益求精"的质量理念，生产过程中建立了严格的质量保证体系，并取得了ISO9002国际标准质量体系认证。

三十多年来，公司为多项国家级、省级重点工程和其他工程提供了优质的产品和良好的服务，得到了用户的普遍认可和赞誉。公司在区外内蒙古包头、河北燕郊、天津汉沽、新疆阜康设立了子公司。

"青龙牌"预应力钢筋砼输水管被自治区人民政府授予"宁夏名牌产品"称号，"青龙牌"商标被宁夏工商行政管理局授予"宁夏著名商标"。宁夏青龙塑料管材有限公司被国家建设部评为全国塑料行业十大名牌企业之一，被宁夏科技厅认定为高新技术企业。公司生产的PVC塑料管材被宁夏质量技术监督局推荐为"质量信得过产品"。PVC、PE塑料管材2004年被自治区名牌战略推进委员会评为"宁夏名牌产品"，并于2006年12月经过省级技术监督部门、国家质量监督检验检疫总局的审定被授予"国家免检产品"。公司研发的大口径、高公压PVC塑料管材于2009年获得国家轻工业"技术进步二等奖"。

水利是农业的命脉，公司通过制定多项措施，提供各类给水管材，强有力地支持了移民村建设和扶贫项目建设。

公司始终秉承"追求一流，持续进步"的企业精神，"为客户提供好的产品和服务，为人们生活提供健康源泉，为员工成长和生活更美好，为社会进步贡献力量"为使命，全力打造"诚信、责任、高效、创新、团队、共赢"为核心价值观的现代企业，创一流公司，铸百年基业，为我国的管道事业做出新的贡献。

【主营业务】

水泥混凝土制品制造、销售；塑胶、橡胶制品制造、销售；水泥预制构件制造、销售。

【经营业绩】

2011上半年报告期内，公司认真学习2011年"中央一号文件"精神，坚持"深耕西北、开拓华北"的既定方针，加大应收款的清欠力度，共实现营业收入400,737,828.85元，同比增长5.49%；实现净利润51,780,516.27元，同比增长0.5%。其中，归属于母公司股东的净利润50,561,336.22元，同比增长0.09%。

报告期内，公司继续推进募投项目建设，其中，天津海龙二期PCCP项目已基本建设完毕，正在履行订货合同；钢丝网骨架增强塑料（聚乙烯）复合管技改项目和企业技术中心建设项目正在抓紧与银川经济技术开发区洽谈建设用地等事宜，预计很快便能安排开工建设。截至2011年6月30日，公司已累计投入募投项目建设资金11,967.22万元，其中，报告期投入募投项目建设资金1,950.28万元。

此外，报告期内超募资金计划使用16,698.75万元，实际使用6,810.17万元，其中，暂时补充流动资金5,000万元、对子公司增资509.80万元、设立子公司投资1,300.37万元。

【企业荣誉】

公司是中国混凝土与水泥制品协会副会长单位和中国塑料加工工业协会副理事长单位。企业还先后荣获水利部"企业技术进步奖"、"全国水利系统先进企业"、"全国优秀水利企业"、"安全生产先进单位"、"全区思想政治工作优秀单位"、"重合同守信用"企业、自治区"先进企业"、全区"纳税信用单位"等荣誉称号。

【002458】山东益生种畜禽股份有限公司

【基本情况】

山东益生种畜禽股份有限公司始建于1990年，经过20年的发展壮大，益生股份已逐步形成了以市场为导向，以科技为依托，以质量为保证，以信誉谋发展，以推广高端种畜禽良种为核心竞争力的农业产业化重点龙头企业。

公司所处的胶东半岛是全国五个国家无规定动物疫病示范区之一，被联合国评为最适合人类居住的城市。其三面环海，狭长的半岛地理位置，造就了天然的封闭隔离条件，也为公司进行种畜禽的繁育生产提供了得天独厚的自然条件。

益生股份是目前中国最大的祖代种鸡养殖企业。公司拥有现代化养鸡场40余处、孵化场5处、饲料厂2处、原种猪场2处及子公司6家，场区设备先进并全部实现自动化控制，布局合理，配套齐全。公司2010年进口祖代肉种鸡33.5万套，进口祖代蛋种鸡9.46万套，进口量均居全国第一。

【主营业务】

祖代种鸡的引进与饲养，父母代种雏鸡的生产与销售，商品肉雏鸡的销售，饲料的生产和销售，种猪和商品猪的饲养和销售。

【经营业绩】

2011上半年报告期内，公司实现营业收入32,219.90万元，比上年同期增长70.19%；营业利润6,254.29万元，比上年同期增长168.28%；净利润6,275.69万元，比上年同期增长151.00%。

【社会责任】

支援教育，奉献爱心

社会，如何担当起更多的社会责任。公司一直秉承"为社会创造效益，为企业创造利润，为股东带来收益"的企业使命而立德、立言、公司董事长、总经理曹积生先生率先垂范，热心参与社会公益事业，为推动社会共同进步和发展，担当起了一个企业领袖应该担当的社会责任。

公司自 1994 年以来，一直在山东农业大学设立奖学金。先后在山东农大、青岛农大、青海大学常年设立贫困生助学金、特困生助学金和助学基金。多年来，已出资数百万元，资助数千名贫困大学生完成学业。

感恩博爱

公司先后出资为养殖场周边多个乡镇、进行道路、电路和自来水管道改造，受到社会广泛赞誉；

2008 年向汶川地震灾区捐款累计 151 万元人民币；

2010 年向玉树、舟曲灾区伸出援助之手，累计捐款 70 余万元。

【002463】沪士电子股份有限公司

【基本情况】

沪士电子股份有限公司自 1992 年 4 月成立以来一直立足于印制电路板的研发设计和生产制造。在全体员工的努力下，经过多年的市场拓展和品牌经营，现已发展成为我国中高端印制电路板的领先者，是印制电路板行业内的重要品牌之一，在行业内享有盛誉。公司多层印制电路板销量在我国已多年蝉联第一。

公司是国内规模最大、技术实力最强的 PCB 制造商之一，从事印刷电路板的制造、销售及相关售后服务，主要产品为印制电路板、组装电路板、电子设备使用的连接线和连接器等。公司目前拥有 160 万平方米印制电路板的生产能力，涉足 PCB 行业多年，经过多年的市场拓展和品牌经营，成为 PCB 行业内的重要品牌之一，在行业内享有盛誉。产品已被广泛应用于网络通讯，个人通讯，手机 PDA，网络基础设施，数据存储，汽车及航空领域。公司目前拥有“一种深度钻孔中辅助去除孔壁铜工艺”等 3 项中国大陆专利；“直接 CO2 镭射钻孔方法”等 2 项技术已获得中国台湾地区专利。

我公司坚持实施差异化产品竞争战略，即依靠技术、管理和服务的比较竞争优势，重点生产技术含量高、应用领域相对高端的差异化产品，避免生产准入门坎低、市场竞争激烈的标准化产品。公司主导产品为 14－28 层企业通讯市场板，并以高阶汽车板、工业设备板和航空航天板为有力补充，上述主要产品系列可广泛应用于 3G 等基础通讯设施、汽车、高铁、智能电网、航空航天、微波射频等众多领域。目前我公司位于昆山市吴淞江工业园内新厂区正在紧张建设中，新厂区投产后，公司产能将进一步扩大，这将为公司持续稳定的发展和成长奠定坚实基础。我们力争经过 3－5 年的努力，将公司打造成世界一流的中高端印刷电路板（PCB）厂。

【主营业务】

印制电路板的研发、生产和销售。

【经营业绩】

2011 年中期，公司实现营业收入 16.56 亿元，同比增长 16.44%；实现利润总额约 2.05 亿元，同比增长 20.27%；归属于上市公司股东的净利润 1.69 亿元，同比增长 16.79%；经营活动产生的现金流量净额约 1.66 亿元，同比增长 6.13%。

【经营理念】

成长、长青、共利

【所获荣誉】

- 2011 年 11 月，公司荣获江苏省名牌产品证书。
- 2011 年 5 月，公司获昆山市唯一一家“节能工作先进集体”称号。
- 2011 年 3 月，公司荣获第二届“中国民族优秀品牌企业”。
- 2010 年底，公司产品获得中国质量万里行颁发的“国家监督检查产品质量稳定合格知名品牌”证书。

【002472】浙江双环传动机械股份有限公司

【基本情况】

浙江双环传动机械股份有限公司成立于 2005 年 8 月，其前身是玉环县振华齿轮厂，始创于 1980 年。公司依托“专业化大生产”，本着“好一点，好很多”的经营理念，在中国齿轮行业脱颖而出，成为我国齿轮散件生产规模最大、实力最强的齿轮生产企业之一。公司于 2010 年 9 月 10 日成功在深圳交易所上市，股票代码为 002472。

公司现有员工 2500 余人、占地 590000 平方米，建筑面积 350000 平方米。公司在浙江、江苏两地拥有四大生产基地，分别座落在玉环县城关的南大岙厂区，玉环县机电工业园区，玉环宾港工业园区、江苏淮安楚州工业园区。生产产品主要涉及汽车、工程机械、摩托车、电动工具四大领域，具有年生产量超 3500 万件，年产值超 15 亿元的齿轮散件生产能力。

公司拥有美国格里森数控高效滚齿机，德国格里森 ZH125 强力珩齿机，德国格里森—胡尔特公司剃刀磨床、德国卡普公司的高精度 KAPP 磨齿机，日本清和数控高效滚齿机，法国 ECM 公司低压真空渗碳淬火炉，YK7232 和 YK7236 型蜗杆磨齿机，YH601CNC 型数控弧齿锥齿轮铣齿机，热处理连续线等国内外先进设备 2000 多台。

【主营业务】

传动用齿轮及齿轮零件的生产与销售。

【经营业绩】

2011 年 1－6 月份，公司实现营业总收入 478,633,502.22 元，较上年同期增长 4.98%；实现营业利润 99,955,097.97 元，较上年同期增长 18.87%；归属于上市公司股东的净利润为 86,040,921.61 元，较上年同期增长 23.17%。

【企业荣誉】

- 2010 年 1 月，东安汽车颁发的“2009 年度优秀质量供应商”。
- 2010 年 1 月，唐山爱信齿轮有限责任公司颁发的“新新魅力奖”。
- 2010 年 3 月，齿轮行业统计工作优秀单位。
- 2010 年 3 月，慈善基金冠名企业。
- 2010 年 6 月，五十强民营工业企业。
- 2010 年 8 月，浙江省绿色企业。
- 2010 年 9 月，浙江名牌产品。
- 2010 年 11 月，2010 年度最佳技术支持奖。
- 2010 年 11 月，台州市企业文化协会副会长单位。
- 2010 年 12 月，浙江省首届绿色低碳经济标兵企业。
- 2010 年 12 月，第七届全国百家优秀汽车零部件供应商。
- 2011 年 2 月，2010 年度百强工业企业。

【002478】江苏常宝钢管股份有限公司

【基本情况】

江苏常宝钢管股份公司是一家专业从事各种能源管材的生产服务商，是国内油井管重点制造商和全国小口径合金高压锅炉管重点制造商之一，是中国石油销售总公司“能源一号网”会员单位和锅炉业三大龙头企业的A级(优秀)供应商。公司产品应用于石油、电力、核电、天然气等能源行业，并广泛出口到欧美、中东、独联体、东南亚和非洲等多个国家和地区。

公司于2008年2月2日整体变更设立为股份有限公司，2010年9月21日在深圳中小板发行上市。股票代码002478，发行后总股本40010万股。在未来的3年内，公司将借助资本市场的力量，完成布局四大能源管材行业，即石油开采业用管、大型电站用高压锅炉管、天然气输送管、核电用管。

公司地处长三角发达地区的江苏常州市，本部厂区占地26万平方米，毗邻沪宁高速公路和京杭大运河，有铁路专用线通往沪宁铁路，交通十分便利。

公司装备了我国第一套引进CPE工艺的φ102顶管热轧钢管机组，年产能力18万吨；控股的常州常宝精特钢管有限公司拥有精密冷拔、冷轧管生产线，年产能力10万吨；控股的江苏常宝普莱森钢管有限公司装备了φ177热轧钢管机组，年产能力15万吨。生产的油井管、锅炉管、精密机械管、地质管、船用管、石化管、结构管、管线管等品种形成系列。主要产品成品油井管生产能力达35万吨，高压锅炉管生产能力达10万吨。

公司技术装备先进、工艺技术完备、检测手段齐全。通过ISO9001、14001、18001管理体系认证、美国API会标认证、TUV认证的欧盟PED及ADW2000认证、俄国GOST认证，拥有中石油“能源一号网”会员证书和国内一些大油田供应商准入证书、以及我国三大动力集团锅炉厂A级供应商认定、上海电气核电设备公司合格供方认定等证书。

公司为高新技术企业、江苏省名牌产品企业、常州市工业五星级企业，自行研发的多项新产品成为国家、省级科研成果。

公司将坚持“持续、和谐、共赢”和“专、精、特”的经营发展理念，以高端能源管材制造商定位，以转型升级和资本运营为重点，系统整合资源、调整产品结构、推进技术创新和管理创新。

在未来的二到三年时间内，公司将立足现有油井管、小口径高压锅炉管产品，加速发展高端品种，扩大独有和优势产品，完善形成品种系列；同时加快募投项目和高附加高压锅炉管的投资建设。从而成为国内一个技术水平先进、国际竞争能力较强、年产达80万吨油井管、高压锅炉管及天然气输送管线管等的专业化能源管材生产企业，并成为顺应国际钢管技术发展趋势，产品同时覆盖无缝钢管、焊管领域的现代钢管企业，实现又好又快发展。

【主营业务】

石油天然气用管和锅炉管等专用钢管的生产和销售。

【经营业绩】

2011年中期，公司实现营业收入163,076.50万元，比上年同期增长33.89%；实现营业利润12,722,96万元，比上年同期增长13.37%；归属于上市公司股东的净利润8,907.34万元，比上年同期增长7.44%。其中：高压锅炉管实现销售54324万元，比上年同期增长24%；石油油套管实现销售87609万元，比上年同期增长48.51%。

【002480】成都市新筑路桥机械股份有限公司

【基本情况】

成都市新筑路桥机械股份有限公司始建于2001年，现注册资本28000万元，总占地面积约1000亩，资产总额30亿余元，员工4000余人。新筑股份公司已于2010年9月成功上市。

公司产品获得了“全国用户满意产品”的光荣称号。公司被京沪高速铁路、杭州湾跨海大桥、武汉天兴洲长江大桥等具有国际影响力的工程业主评为“优秀供应商”；公司盆式支座及预应力锚具产品被评为“中国交通企业名牌产品”“中国桥梁伸缩装置十强企业”；“四川省名牌产品”；“新筑”牌注册商标被评为“中国驰名商标”等。

历经10余年非凡历程，作为国际路桥建设装备产业主要供应商之一，新筑拥有完整的产业链和跨地区的产业布局，形成了桥梁功能部件板块、混凝土机械板块、黑色路面施工及养护机械板块、噪声及污水处理环保板块、土方工程机械板块、隧道施工装备板块等基本产业单元，在全国布局了多个生产基地，拥有覆盖全国的营销服务网络，为客户提供专业化的产品和服务，是我国唯一在桥梁功能部件与工程机械两大领域，同时有着优异市场业绩的综合性企业。

【主营业务】

从事桥梁支座，桥梁伸缩装置，预应力锚具等公路，铁路桥梁功能部件的研发，设计，生产，销售和服务。公司还从事路面施工和养护设备(包括摊铺机，挖掘机等)，混凝土机械等产品的研发，生产，销售和服务。

【经营业绩】

2011年上半年，公司实现营业收入131,964.96万元，较上年同期增长1.73倍；实现营业利润15,000.85万元，较上年同期增长2.04倍；实现利润总额15,028.85万元，较上年同期增长1.32倍；归属于母公司净利润12,302.68万元，较上年同期增长1.23倍；基本每股收益0.44元，较上年同期增长69.23%。

【002483】江苏润邦重工股份有限公司

【基本情况】

江苏润邦重工股份有限公司(Jiangsu Rainbow Heavy Industries Co., Ltd. 简称润邦股份)致力于成为国际知名的技术研发型完整装备提供商。公司成立于2003年，现有员工1500余人，各类中高级职称人员300余名，目前主要从事各类起重装备、船舶工程装备、矿山机械设施、港口机械设备设施及其他各类重型装备产品的研发、生产和销售及售后服务。

通过多年的快速发展，公司现已成长为全球最专业、最具规模的船舶舱口盖制造基地，是国际著名企业芬兰卡哥特科(Cargotec)集团的长期战略合作伙伴，为麦基嘉(MacGregor)和卡尔玛(Kalmar)提供各种解决方案。同时，公司还与法国易赛尔公司、奥地利安德里茨集团等世界知名企业建立了长期稳定的合作关系。

公司自主品牌——“杰马”起重装备，定位于中高端市场，致力于以有竞争力的价格，快速的服务响应能力，向市场提供各类港口机械、工矿起重机、海上风电工程起重机、特种船舶起重机等高品质产品。

公司旗下自主停车设备品牌——“普腾”PARKTEC，致力于解决日益困扰城市的停车难问题，立志成为国际领先的专业停车系统方案提供商。

公司凭借雄厚的技术研发能力和精干高效的企业团队以及先进完善的生产设备设施，将不断为顾客提供完善的系统解决方案、优质的产品和贴心的服务。

公司在运营管理过程中注重充分的事前准备和严谨的过程控制，质量管理体系、环境管理体系、职业健康安全管理体系均已通过国际一流机构认证。同时，公司已通过世界著名船级社 DNV、GL、ABS、LR、BV、NK、KR 工厂认证及 WPS（焊接工艺）认证。“普腾”智能型立体停车系统获得国家质量监督检验检疫总局颁发的特种设备制造、安装改造维修许可证，同时产品性能经国家起重运输机械质量监督检验中心检验认定。

公司始终坚持“用心为顾客”的服务理念，“满足顾客需求，超越顾客期望”是公司追求的最终目标。秉承“励精图治共赢未来”的核心价值观，公司追求与顾客、员工、社会、供应商、股东（投资者）的多方共赢。

公司建立有完善的员工培训机制，积极支持并鼓励员工通过学习不断提升自我。公司为员工量身定做“三年成才计划”，希望每一位员工通过在公司的三年的工作和学习，个人价值及社会价值都能得到大幅提升。公司始终坚持“人人皆可成才”的人才观，在公司内部建立“公平、公正、公开”的人员选聘机制，不断选拔优秀人才助推公司成长。此外，公司还十分注重后备人才的选拔和培养，每年定期开展技师和助理的选拔，在为员工提供职业发展空间的同时，也为公司储备了更多优秀人才。

公司拥有国际一流的数控切割、焊接、机加工、起重运输设备 500 多台套，世界一流的全天候温湿度控制的涂装生产线，建立了专业的设备保障体系以保证设备的稳定高效运行。通过实施即时制生产（Just in time）、工时定额管理、工艺菜单、看板管理等系统管理模式，公司的生产效率已超越国内同行，达到国际一流水平，从而使得公司具备了领先的成本控制能力。

公司视质量为企业发展的生命线，全员参与，持续改进，按照“追求顾客满意，超越顾客期望”的质量方针，始终以高于行业标准的要求进行产品的研发、设计与制造。公司十分注重产品质量的事前控制，对产品的每一道工序均严格把关，建立内部客户流机制，切实落实“不合格产品绝不流入下道工序”的要求；同时建立有产品制造可追溯程序，通过材质跟踪、作业人员、检查人员实名制等方法，实现了材料、部件、产品的可追溯。公司还通过开展“免检个人”、“免检班组”、“QC 小组”以及形式多样的质量培训等活动，有效提高员工的质量意识，从而保证产品质量的稳步提升。公司产品的高品质赢得了国内外顾客的一致赞誉。

公司始终坚持“员工的生命高于一切”、“企业发展不应以牺牲环境为代价”的安全、环境管理理念，建立了完善的环境管理体系及职业安全健康管理体系，并切实落实体系管理要求，努力成为对社会和员工高度负责的企业公民。

针对公司自主停车设备品牌“普腾”，公司十分注重技术研发和攻关，积极引进行业优秀人才并借鉴国内外同行业企业的优秀经验。同时，营销网络建设也是公司工作的重中之中，公司设立营销部专门负责停车设备营销及市场开拓工作，并着手在全国各主要城市设立营销办事处，持续提高公司营销能力。

取义润邦，即通过自身不断地努力，依靠先进高效的管理模式、富有特色的企业文化，立志成为工业装备行业领跑者，不断开拓、锐意创新，用心打造民族工业品牌，推动民族产业发展。润邦愿以企业自身的不断成长与壮大，成为从中国制造向中国创造转变的坚定执行者与见证人。润业兴邦，我们坚信，秉信念以润民生、造器物以兴华邦。作为民族工业发展的一个缩影，我们愿以中国企业特有的勤力、坚韧、创新，在中国民族产业的发展史上，书写属于自己的华丽篇章。

【主营业务】

重型装备的设计、生产、销售及服务。

【经营业绩】

2011 年上半年，公司实现营业收入 70，168.48 万元，营业利润 11，027.34 万元，同比分别增长 22.57%，0.74%；实现利润总额 11，066.94 万元，归属于母公司所有者的净利润 8，359.52 万元，同比分别下降 0.03%，8.17%。

【企业荣誉】

· 公司获 2009－2010 年度“文明单位”称号。
· 公司获“安全生产规范化市级企业”称号。
· 润邦股份获海关“AA 类企业”授牌。
· 润邦股份荣膺 2010 年度南通市民营企业 500 强称号。
· 润邦股份荣膺 2010 年度工业上缴税收 50 强企业。

【002491】江苏通鼎光电股份有限公司

【基本情况】

通鼎集团创建于 1999 年，产业涉及光通信、通信电缆、铁路信号电缆、房地产、金融等多元领域。集团是中国民企 500 家、中国竞争力 500 强、中国制造业 500 强、中国机械 500 强、中国民营 500 强、中国通信设备供应商 50 强、中国光纤光缆最具竞争力企业 10 强，并获得全国守合同重信用企业、中国优秀民营科技企业、国家火炬计划重点高新技术企业、江苏省高新技术企业、江苏省优秀民营企业、江苏省百强民营企业、江苏省创新型试点企业、苏州市地标型企业等资信荣誉。“通鼎光电”被认定为中国驰名商标、中国 500 最具价值品牌。

江苏通鼎光电股份有限公司地处江、浙、沪交界的国家火炬计划光电缆产业基地——吴江市，是通鼎集团旗下专业从事通信光纤、通信光缆、通信电缆、铁路信号电缆、射频同轴电缆、特种光电缆、分布式光纤传感系统等产品的研发、生产、销售和工程服务的光电缆业界优秀创新型企业。公司于 2010 年 10 月在深交所成功上市，开启企业快速发展的新篇章。

公司坚持科技兴企和人才强企战略，吸纳、整合一批国内外享有盛誉的专家和高级技术人才，成立了院士工作站、国家级博士后科研工作站、省级企业技术中心、光纤技术联合实验室、集科研型和适用性为一体的企业检测中心，组建企业科协，与南京大学等十多所著名高等院校、科研机构、设计院等建立广泛合作，提高企业的自主创新能力和持续创新能力。与北京邮电大学合作的分布式光纤传感定位系统被列入国家火炬计划项目，产品填补国内空白。公司铁路内屏蔽数字信号电缆、射频同轴电缆等多项产品获得高新技术产品认证。截至目前，公司拥获自主知识产权专利 173 项，其中发明专利 26 项。

公司注重先进设备和生产工艺的引进和应用，强化生产过程控制，生产高品质的产品，满足市场需要。从芬兰、奥地利、法国、德国、美国、日本等国家引进具有国际先进水平的多条光纤、光电缆生产设备和检测仪器，在相继通过 ISO9001：2008 质量管理体系认证、ISO14001：2004 环境管理体系和 OHSAS18001 职业健康安全管理体系认证的基础上，产品通过泰尔认证中心产品单项认证，铁路信号缆产品获得中国铁路产品认证中心 CRCC 证书。凭借稳定可靠的产品质量和优良的售前、售中、售后服务，公司成为中国移动、中国电信、中国联通三大运营商重要供应商之一，获得铁道部、广电、总参、国电通信中心的进网许可证，产品覆盖全国各省、市、自治区，并远销海外。

凭借雄厚的实力和不断创新、追求卓越的精神，公司被认定为国家火炬计划重点高新技术企业、江苏省高新技术企业，荣获中国光通信市场最佳创新企业、中国通信设备供应商50强、中国光纤光缆最具竞争力企业10强、全国质量信得过企业等资质荣誉，“通鼎光电”被认定为中国500最具价值品牌和中国驰名商标。

公司在快速发展的同时，不遗余力回馈社会，多年来，董事长沈小平先后向慈善机构和社会公益事业捐款超亿元，当选为江苏省人大代表，连续两次荣膺中华慈善奖，并荣获环球慈善人物奖、建国60年创新人物、江苏省首届慈善之星、苏商十大风云人物社会责任大奖、江苏省劳动模范、中国通信工业领袖人物、中国通信光电线缆产业突出贡献奖等多项殊荣。

公司始终坚持优化发展、集约发展、安全发展、和谐发展，紧跟行业发展趋势，聚焦主业、着眼长远，拓展产业链，完善产品系列，巩固并不断提升竞争力，以质量铸就百年通鼎品牌，以诚信镌刻企业未来。

【主营业务】

市内通信电缆、光缆和铁路信号电缆的生产和销售。

【经营业绩】

2011年中期，公司实现营业总收入831,831,328.33元，比去年同期增长32.32%；实现营业利润105,133,037.37元，比去年同期增长32.65%；实现利润总额105,907,015.83元，比去年同期增长32.75%；实现归属上市公司股东的净利润90,153,417.24元，比去年同期增长35.08%。基本完成公司年初制定的经营目标（公司2011年度经营目标为：实现归属于上市公司股东的净利润19,550.00万元，同比增长36.32%）。

【公司理念】

核心理念：通容天下鼎立久远

核心价值观：诚信镌刻未来

企业使命：致力于用户满意，提供卓越的产品和服务；致力于员工成长、创造一流的就业发展机会；致力于投资者利益，创造丰实的经济价值；致力于社会进步，创造更多的社会财富。

【公司荣誉】

- 2011年度，荣获AAA级资信企业、公司再次入选苏州市企业知名字号。
- 通鼎光电”商标上榜吴江市“二十大杰出品牌牌”、公司入围中国机械500强。
- 公司生产的“GYFXTF微型光缆”、“增加型管道蝶形光缆”、“环保型贯通地线”，被认定为江苏省高新技术产品。
- 通鼎荣膺“中国民营企业500家”称号。

【个人荣誉】

- 2011年9月，董事长沈小平获“中国通信工业领袖人物奖”、“十一·五卓越苏商”荣誉称号。
- 2011年7月，第六届“中华慈善奖”，董事长沈小平再度荣膺“中华慈善奖·最具爱心慈善捐赠个人”。
- 2011年5月，董事长沈小平喜获江苏省劳动模范荣誉称号。
- 董事长沈小平获“环球慈善人物”殊荣，获选江苏省慈善总会荣誉会长。

【002493】荣盛石化股份有限公司

【基本情况】

荣盛石化股份有限公司位于杭州市萧山区益农镇，毗邻杭州萧山国际机场和中国轻纺城，前身为荣盛化纤集团有限公司，创建于1995年，目前已形成了拥有总资产约100亿元、员工3500余人、产销超100亿元的规模。公司位列全国化纤行业前列，为中国500强企业、浙江百强企业。2007年9月，公司经批准变更为荣盛石化股份有限公司。

公司主要从事PTA、聚酯纤维相关产品的生产和销售，主要产品为PTA以及涤纶牵伸丝（FDY）、涤纶预取向丝（POY）、涤纶加弹丝（DTY）三大系列、各种规格的涤纶长丝、PET切片。公司是全国大型的涤纶长丝生产企业，截至2009年12月31日，公司已形成聚酯60万吨、涤纶纺丝（FDY、POY）57万吨、涤纶加弹丝（DTY）25万吨的年设计生产能力，子公司逸盛大化和参股公司浙江逸盛分别具备年产120万吨、106万吨PTA的设计生产能力。

公司建有省级企业技术中心，拥有一支优秀的研发队伍，并与相关科研机构建立了合作关系，具备较强的技术创新和产品开发能力。近年来，公司新产品和新技术不断涌现，有多项产品或技术获得大奖，其中，“环保健康多功能纤维的开发”项目被列入“浙江省技术创新重点项目”、“多重功能聚酯改性纤维的系列开发”等多个项目获中国纺织工业协会“科学技术进步奖”。截至目前，公司多项核心技术处于国内领先或国际先进水平。

公司以“诚信立业，追求卓越”为经营理念，不断追求企业与社会的和谐发展。多年来，公司始终致力于管理的规范和提升，严格按照ISO9000质量管理体系的要求提升产品品质，并通过绩效考核、信息化建设等手段促进企业管理的升级。在此基础上，公司还通过ISO14000环境管理体系的认证和执行，切实加强环保工作，坚持与环境的和谐发展。此外，公司始终牢记社会责任，积极参与公益事业建设，尤其在支持教育事业和城镇建设方面作出了积极的贡献，受到社会各界的广泛好评。

【主营业务】

PTA，聚酯纤维相关产品的生产和销售。

【经营业绩】

2011年上半年报告期内，公司实现了营业收入1,075,364.77万元，比去年同期增长52.38%；实现利润总额171,726.41万元，比去年同期增长63.93%；归属上市公司股东的净利润104,524.29万元，同比增长81.71%，各项指标显示了公司良好的产品竞争力和市场持续拓展能力。

【002497】四川雅化实业集团股份有限公司

【基本情况】

四川雅化实业集团股份有限公司（以下简称“雅化集团”）是国家民爆产品定点生产企业、四川省规模最大的综合性民用爆炸物品生产厂商。集团占地近300万平方米，主要生产点位于雅安、绵阳、广元、凉山州、攀枝花等四川省五个地区以及内蒙古包头市。

集团现有全资和控股子公司27个，包括民爆生产公司、经营公司、爆破公司、运输公司等，能为客户提供自产品生产、配送至爆破施工的“一体化服务”，系业内领先的爆破工程一体化方案解决专家。

集团生产各类品种、规格齐全的工业炸药、工业雷管、工业导爆管和工业导爆索等民用爆破器材。各类产品广泛应用于矿山开采、水利水电、交通建设、城市改造、地质勘探、爆破加工及国防建设等领域，产品销售范围覆盖四川全省，并远销至重庆、西藏、甘肃、陕西、湖南、内蒙、贵州等省、市。

经过多年的快速发展，雅化集团已成长为国内优势民爆器材生产企业，2010 年集团工业生产总值居四川省民爆行业第一位，全国民爆行业第四位。

2010 年 11 月 9 日，雅化集团在深圳证券交易所挂牌上市，标志着雅化集团正式登陆中国资本市场。集团的实力和核心竞争力得到进一步增强。集团将借以资本的辅佐，加大科研投入，进一步提升企业的产品创新、管理创新和技术创新能力，以创建“技术领先、管理一流、规模前茅、实力雄厚、产销服务一体化的新型民爆企业”为目标，打造“具有国际竞争力的民爆产业集团”，为振兴中国民爆行业作出卓越贡献。以优良的经营业绩服务社会、回报股东。

【主营业务】

各类工业炸药和起爆器材的生产与销售。

【经营业绩】

2011 年上半年报告期内，公司实现营业收入 54,017.81 万元，比去年同期增加 16,806.28 万元，增幅 45.16%；实现营业利润 14,334.47 万元，较去年同期增加 4,436.96 万元，增幅 44.83%；实现净利润 12,132.96 万元，较去年同期增加 3,195.75 万元，增幅 35.76%；实现归属于母公司股东的净利润 11,397.14 万元，较去年同期增加 2,641.54 万元，增幅 30.17%；实现扣除非经常性损益归属于母公司股东的净利润 11,093.52 万元，较去年同期增加 3,107.07 万元，增幅 38.90%。

【002516】江苏旷达汽车织物集团股份有限公司

【基本情况】

江苏旷达汽车织物集团股份有限公司，专业从事交通工具内饰面料及专用有色差别化涤纶丝的研发、生产和销售，生产规模和研发能力领先国内同行，是国内唯一具备汽车内饰面料完整产业链的企业，具有“汽车内饰面料用有色丝差别化涤纶丝生产—织造—(染色)—后整理—复合—剪裁—汽车内饰面料成品”的完整产业链。公司总部座落于长三角风景秀丽的太湖湾旅游渡假区，生产研发基地位于常州市武进纺织工业园区，企业拥有省级工程技术中心和企业技术中心，并在长春、上海、天津、武汉、广州和美国密歇根州设有子公司。

公司是国内外多家大型知名汽车制造商的内饰面料供应商，产品有机织、针织经编、针织纬编三大类十二个系列，最终用户包括一汽大众、上海大众、上汽通用五菱、吉利汽车、东风汽车、一汽解放、金龙客车、长城汽车、奇瑞汽车、宇通客车、北京现代、江淮汽车等，涵盖了国内主要的汽车整车制造商。

【主营业务】

从事汽车及其他交通工具座椅面料以及其他内饰面料和车内饰面料用有色差别化涤纶丝的研发，生产和销售。

【经营业绩】

2011 年中期，公司共实现营业收入 464,020,196.12 元，同比增长 31.71%，实现利润总额 79,365,050.90 元，同比增长 18.46%；实现归属于上市公司的净利润 65,275,610.44 元，同比增长 18.96%，公司总体经营业绩稳步增长。

【企业荣誉】

公司是中国产业用纺织品协会的副理事长单位、中国汽车工业协会汽车相关工业分会常务理事单位，曾先后获得“中国汽车零部件内饰件行业龙头企业”、“全国百佳汽车零部件供应商”、“江苏省优秀民营企业”等称号；“旷达”牌汽车座椅内饰面料先后获得“中国国际与品牌博览会金奖”、“江苏省名牌产品”等称号，“旷达”商标被评为“中国驰名商标”、“江苏省著名商标”。公司先后有 20 余项、次的产品分别荣获国家和省部级荣誉称号和奖励。

【002529】福建海源自动化机械股份有限公司

【基本情况】

福建海源自动化机械股份有限公司是中国机、电、液一体化压制成型装备领域唯一一家具有多门类、多规格产品体系的领军企业。2010 年底公司成功登陆资本市场，在深圳证券交易所挂牌上市(证券简称：海源机械，证券代码：002529)。目前，公司规模年产各类全自动液压机 500 台套，行业归属于国家重点扶持的装备制造业和环保产业，是全球产品门类最多、规模最大的液压成型技术和装备的供应商之一。

公司是中国大型机电装备骨干企业和省级高新技术企业，荣膺“2007 中国成长百强”第 4 名、“2009 福布斯最具潜力中小企业榜”第八位、“中国民营 500 强”、“中国建材机械制造 20 强”等，是 3 项国家行业标准的主要制定者，荣获“中国液压成型装备制造第一家”、“中国陶瓷机械龙头企业”、“中国墙体机械龙头企业”等称号。公司通过 ISO9001－2008 质量管理体系、ISO14001－2004 环境管理体系、OHSAS18001－2007 职业健康安全管理体系三体系认证，获批设立博士后科研工作站，企业技术中心被认定为省级企业技术中心。董事长李良光先生被评为“2010 年全国劳动模范”、“2006 年全国机械工业优秀企业家”、“福建省第二届杰出科技人才”、“第十一届福建省优秀企业家”等，并享受国务院政府特殊津贴。

公司秉承高度的社会责任感和强大的自主创新能力，创造了多个“中国第一”：(1994 年)千吨级陶瓷砖全自动液压机，(2001 年)1100 吨透水广场砖全自动液压机，(2003 年)1100 吨墙体材料全自动液压机，(2006 年)2100 吨耐火材料全自动液压机等。目前，HF 系列(600－1390t)墙体材料全自动液压机占据中国 80% 的市场份额，HC 系列(600－3600t)耐火材料全自动液压机保持“中国唯一制造商”的优势，HP 系列(1100－6790t)陶瓷砖全自动液压机市场占有率位居中国前三甲。各类压机技术成熟可靠，综合性能达国际先进水平，批量出口多个国家。

海源机械，为你为世界，公司始终围绕环保、节能、利废、减排等“绿色”适用领域不断开发适应市场需求、具有前瞻性的高新技术产品，全力打造海西最强装备制造基地，为中国、为世界创造更多绿色明天！

【主营业务】

从事全自动液压设备以及配套设备的研发、生产与销售。

【经营业绩】

2011 年 1－6 月，公司实现营业总收入 17,464.78 万元，较上年同期增长 14.71%；实现主营业务收入 17,323.00 万元，较上年同期增长 15.85%；实现营业利润 3,191.03 万元，较上年同期增长 47.66%；实现利润总额 3,263.25 万元，较上年同期增长 42.16%；实现净利润(归属于母公司所有者的净利润)2,766.07 万元，较上年同期增加 761.30 万元，同比增长 37.97%。

【企业荣誉】

公司是中国大型机电装备骨干企业和省级高新技术企业，荣膺“2007 中国成长百强”第 4 名、“2009 福布斯最具潜力中小企业榜”第八位、“中国民营500强”、“中国建材机械制造20强”等，是3项国家行业标准的主要制定者，荣获“中国液压成型装备制造第一家”、“中国陶瓷机械龙头企业”、“中国墙体机械龙头企业”等称号。

【002535】林州重机集团股份有限公司

林州重机集团股份有限公司位于河南省林州市河顺镇申村，占地面积20.5万平方米，拥有总资产20.5亿元，是国内最大的民营煤炭综采机械设备供应商，为国内A股上市公司（股票简称：林州重机，股票代码：002535），注册资本为20480万元。

公司是一家跨地区的集团公司，现有4个子公司，即七台河重机金柱机械制造有限责任公司、北京中科林重科技有限公司、鸡西金顶重机制造有限公司和鄂尔多斯市林重煤机制造有限公司。

公司主要产品有煤矿液压支架、刮板输送机、采煤机、掘进机、带式输送机、偶合器、单体液压支柱、金属顶梁等煤炭综采机械设备，具备较强的煤炭综采设备成套生产能力，产品销售遍及全国20余个主要产煤省区及大型煤炭基地。

公司拥有较强的技术研发和自主创新能力，与中国科学院自动化所、中国矿业大学等著名科研院所、高校建立了研发战略合作关系，公司主要生产装备和技术水平位于全国同行业前列。2003年，通过了ISO9001:2000质量管理体系认证，建立了完善的质量管理体系；公司在北京、郑州设立有产品研发中心，2006年，被河南省发改委等单位认定为省级企业技术中心。

2002年，公司被农业部授予“全国乡镇企业创名牌重点企业”；2004年，公司被中国煤炭物资流通协会、中国煤炭物产集团公司评为“2003－2004年度中国煤炭工业支护产品十佳定点企业”；2005年，公司被评为河南省质量管理先进企业；2006年，公司被评为河南省诚信民营企业、河南省银行业信用优良客户；2007年，公司被河南省发展和改革委员会授予2007“河南之星”最佳企业；2008年，公司被河南省人民政府确定为“河南省100户重点工业企业”；2009年，公司被河南省委、省政府评为“河南省高成长型民营企业”；2010年，公司荣获安阳市首届市长质量奖。

公司秉承“缔造卓越品质，打造一流品牌”的经营理念；以“开拓经营市场，诚信至诚服务”作为公司的发展主题；坚持“优质、安全、低耗、高效；循序渐进、持续改进”的质量方针；以“恪守信誉、优质服务、交货及时”为公司经营宗旨；本着“用户的计划就是公司的计划，用户的成本就是公司的成本，用户的效益就是公司的效益”这一与用户结为一体的经营思想，打造煤矿机械精品，以一流服务满足用户，与用户共同创造辉煌，实现共赢。

【002538】安徽省司尔特肥业股份有限公司

【基本情况】

安徽省司尔特肥业股份有限公司（简称“司尔特”）是从事高浓度磷复肥产品研发、生产和销售的专业性企业，主要产品为高浓度缓释NPK复合肥系列产品以及磷酸一铵，中间产品包括硫酸、磷酸等。目前，公司已具备年产53万吨高浓度缓释NPK复合肥、30万吨磷酸一铵、25万吨硫酸、15万吨磷酸的生产能力。其中，磷酸一铵产量位列全国第十位，硫铁矿制酸产量位列同行业第八位（2009年），综合实力跻身中国复合肥行业十强、中国化肥行业百强、安徽企业百强、安徽省民营企业十强行列。

司尔特作为国家火炬计划重点高新技术企业，2007年，“司尔特”商标被国家工商总局评为“中国驰名商标”，2008年12月第一批通过国家新一轮高新技术企业认定，2009年被列入安徽省第一批产学研联合示范企业，2010年还被列入安徽省第二批创新型企业。同时，公司还被安徽省政府评为“安徽省节能先进企业”，列入“安徽省环保创新试点单位”。

十多年来，司尔特依托本地硫资源优势和位于农业腹地的市场优势，坚持做专、做深、做强、做大，由传统复混肥龙头企业发展成为规模化、专业化、现代化磷复肥一体化生产企业。主要产品高浓度缓释NPK复合肥在安徽、江西等区域市场享有较高声誉和市场占有率，磷酸一铵产销规模迅速扩大，成长为具有明显特点和竞争优势的磷复肥行业优势企业，行业地位突出。

【主营业务】

高浓度磷复肥产品研发、生产和销售。

【经营业绩】

2011年1－6月，公司面临各类原材料价格上涨，极端天气频发的局面，公司通过内部挖潜，充分利用公司上市募集资金的优势，大力推进信誉兴企、管理活企、人才为本、环境友好的发展战略，带领全体员工与时俱进、开拓创新，以强化部门职能、完善内部管理为基础，推动企业全面发展；以技改创新、循环产业为动力，促进企业跨越式发展；以保障生产、降低成本为核心，加大供应采购力度，努力克服并化解各类增本减利因素，经济运行质量进一步改善；加快技术进步，在新品开发及产业化方面取得突破；抓好市场营销，稳步推进各项工作，经营业绩大幅增长。公司上半年实现营业收入71286.05万元，比上年同期增长45.79%，实现净利润7081.26万元，比上年同期增长178.25%。

【企业荣誉】

公司先后荣获“国家火炬计划重点高新技术企业”、“全国优秀民营科技企业”、“全国守合同重信用企业”、“全国供销合作总社大型工业龙头企业”、“安徽省高新技术企业”、“安徽省民营科技十强企业”、“安徽省诚信企业”、“安徽省银行诚信客户”、“安徽省质量管理奖企业”等荣誉；企业资信等级连续十五年被安徽省农行评为“AAA”级，并被国家农总行认定为公开授信单位。“司尔特”牌系列优质复合肥先后荣获“国家免检产品”、“国家重点新产品”、“全国用户满意产品”、“全国无公害农产品生产用肥”、“全国供销合作总社名牌产品”、“安徽省名牌产品”、“安徽省高新技术产品”等称号。2007年，“司尔特”商标被国家工商总局评为“中国驰名商标”；2008年第一批通过国家新一轮“高新技术企业”认定；2009年被列入“安徽省第一批产学研联合示范企业”；2010年被列入“安徽省第二批创新型企业”。

【002550】常州千红生化制药股份有限公司

常州千红生化制药股份有限公司（股票简称：“千红制药”，股票代码：002550）成立于2008年3月15日，2011年2月18日在深圳证券交易所中小板挂牌上市。

公司位于江苏省常州市国家高新技术开发区，是国家级高新技术企业，江苏省技术密集知识密集型企业，国家“新型生化酶高技术产品产业化示范工程”和国家“三药基地”重点骨干企业。公司高质量肝素钠和胰激肽原酶大品种生化药物被江苏省科技厅认定为"重大技术创新及产业化转化项目";一类生物制品靶向性重组人抗血栓蛋白的临床前研究被国家科学技术部列入"国家科技重大专项课题"。旗下三家控股子公司,其中常州生物制药工程技术中心有限公司和常州千红通用细胞工程研究所有限公司,主要从事天然药物、基因工程等方面的研究和开发;湖北润红生物科技有限公司,主要从事肝素钠原料、肠衣的生产和销售。

公司主要从事生化药品的研发、生产和销售,以生产多糖和酶类生化药品为主。主要生产冻干粉针剂(含抗肿瘤药)、小容量注射剂(非最终灭菌)、片剂、硬胶囊剂、颗粒剂、原料药。代表产品有肝素钠、胰激肽原酶、胰弹性蛋白酶、复方消化酶、L-门冬酰胺酶等。目前共拥有39个药品生产批准文号;其中22个品规的药品被列入《国家医保目录》;3个品种被列入《国家基本药品目录》;胰激肽原酶制剂被列为国家发改委单独定价(优质优价)药品,公司"怡开"暨胰激肽原酶及其制剂和肝素钠及制剂被评为"江苏省名牌产品","怡开"的企业内部质量标准被国家药典委提升为国家药典标准。

公司生产的所有产品均通过我国药品GMP质量认证,其中出口的肝素钠、小分子肝素钠、门冬酰胺酶原料药还分别通过美国FDA、欧共体COS、澳大利亚TGA、日本、德国、韩国及巴西等国的相关质量认证。主要产品的生产技术和质量水平已经到达国际同步、国内领先水平。

公司通过多年的营销实践,在生物制药领域获得了良好的市场地位。在国内主要发达地区的城市中与具有国家GSP认证资质的三十家余药品营销公司建立了稳定的合作关系,并已在国内二十多个省市地区建立了区域营销办事机构,形成了一支专业化营销团队和较完善的营销网络。部分产品远销德国、意大利、美国、日本、韩国、印度及巴西等国家。

随着公司成功上市,公司将利用好资本市场的平台,为公司未来的发展壮大打好基础。公司将利用募集资金完成公司主营业务扩产项目的建设及建成国际水平的生物医药合资研究院—江苏众红生物工程创药研究院有限公司,致力于基因药物的研发,实现从天然药物向基因工程药物的华丽转身,为公司未来健康、持续和快速发展打下良好的战略基础。夺取公司战略发展的致高点。

展望未来,公司将秉持"用心做好药、造福全人类"的崇高使命和"更安全、更有效、更经济"的经营理念,建立科学、完善的质量预防和控制体系,和自主创新;增强核心竞争力。不断引进高素质适用型人才,加大研发队伍和药品营销队伍的建设;积极参与国内外医药市场的竞争与合作,成为国内外大型生物医药中具有竞争力的企业之一,为全体股东利益最大化而不懈努力奋斗。

【002566】吉林省集安益盛药业股份有限公司

【基本情况】

吉林省集安益盛药业股份有限公司始建于1997年6月,是一家主要从事中成药的研发、生产与销售的上市公司。公司注册资本11032万元,资产总额15.7亿元,员工总数1700余人,银行信用等级为AAA,11种剂型获得国家药品GMP证书,与国内20多家大专院校和科研机构建立了紧密的技术协作关系,形成了由国内知名学者、专家为技术带头人的科技创新体系。在公司生产的11种剂型,116个品种,129个批准文号的产品中,6个品种为独家生产品种;4个品种为国家中药保护品种;51个品种列入《国家基本医疗保险药品目录》;13个品种列入《国家基本药物目录》,"益盛"商标被认定为中国驰名商标。公司在北京设立营销策划中心,已在30个省、自治区和直辖市设立省级市场部,产品行销全国。

公司成立以来,秉承"传承中华文明,服务人类健康"的宗旨,坚持"关爱众生,诚信笃实,以人为本,创新为先"的经营理念,依托"世界自然保留地"长白山当地特产的人参、西洋参、五味子等道地药材,开发出了以人参、西洋参提取物为主要原材料的系列产品,逐步在产品、研发、营销、原材料资源、质量及品牌建设等方面形成了自己的核心竞争优势。

【主营业务】

中成药的研发,生产与销售。

【经营业绩】

2011年上半年,公司实现营业收入2.67亿元,较上年同期2.20亿元增长20.99%;实现营业利润4568.10万元,利润总额4696.31万元,归属于上市公司股东的净利润4063.82万元,分别比上年同期增长了26.13%、16.36%、21.04%。

【企业文化】

经营理念:关爱众生,诚信笃实,以人为本,创新为先。

经营宗旨:传承中华文明,服务人类健康。

【企业荣誉】

公司被认定为国家火炬计划重点高新技术企业、国家火炬计划通化生物医药产业基地骨干企业、农业产业化国家重点龙头企业、全国"守合同重信用"单位、全国价格信用A级单位;中国医院协会授予"公益事业特殊贡献奖";中华全国总工会授予"全国五一劳动奖状";中国医药质量管理协会授予""20年20星"医药管理质量明星企业"等荣誉称号,"益盛"商标被国家工商总局商标局认定为中国驰名商标;荣获吉林省质量管理先进企业、吉林省药品生产企业质量检验机构AAA级企业、吉林省明星企业、吉林省"小巨人"明星企业、吉林省民营经济纳税明星企业、吉林省诚信守法民营企业、吉林省模范集体、吉林百强民营企业等荣誉称号。

【002569】浙江步森服饰股份有限公司

【基本情况】

浙江步森服饰股份有限公司是步森集团有限公司控股子公司,成立于1995年,专注于"步森"品牌男装的设计、开发、生产和销售。公司采用单品牌、多系列发展战略,以"步森"品牌为主打品牌,以"舒适商务男装"作为产品核心理念,开发了"时尚潮流"、"都市新贵"和"经典正装"三大系列产品。时尚潮流系列产品强调个性化的着装姿态,贴近国际流行趋势;都市新贵系列以日常的都市生活为主题,同时满足较为正式的社会场合和部分休闲生活的着装需求;经典正装强调高品质、风尚优雅,以满足正式商务场合着装需求。

"步森"商标系"中国驰名商标","步森"衬衫、西裤被评为"中国名牌产品"。"步森"被商务部认定为"重点培育和发展的中国出口名牌"和"最具市场竞争力品牌",步森服饰集中国名牌、中国驰名商标、中国最具市场竞争力品牌等五大国家级荣誉于一身,业内罕见。

步森服饰的良好品质和卓越的口碑,不仅源于德国、意大利、日本等国的先进制衣、后整理设备及检验检测仪器,还取决于步森的卓越管理机制和经营理念。步森是较早通过ISO9001质量管理体系认证、ISO14001环境管理体系认证的企业。以合理的价位向广大消费者提供高品质的产品和服务，成为步森的卓越经营理念。

步森还一直致力于构建完整顺畅的营销网络体系，营销网点不断拓展，销售网络覆盖国内各主要大中城市强大的产品销售能力逐步凸显，步森牌西裤和衬衫已连续十年被国家统计局认定为全国同类产品销量第一和前三。

选择步森，选择高品质的产品和服务。

【主营业务】

服装、服饰、针织品、皮革制品的生产、销售，经营进出口业务。

【经营业绩】

2011 年上半年报告期内，公司营业收入和净利润取得良性增长。共实现营业收入 25,701.90 万元，同比增长 26.99%；利润总额 2,217.81 万元，同比增长 3.84%；净利润 1,689.53 万元，同比增长 10.22%。

【企业荣誉】

“步森”商标系“中国驰名商标”，“步森”衬衫、西裤被评为“中国名牌产品”。“步森”被商务部认定为“重点培育和发展的中国出口名牌”和“最具市场竞争力品牌”，步森服饰集中国名牌、中国驰名商标、中国最具市场竞争力品牌等五大国家级荣誉于一身，业内罕见。

【002574】浙江明牌珠宝股份有限公司

【基本情况】

浙江明牌珠宝股份有限公司是国内专业生产、销售珠宝首饰产品的大型企业，拥有黄金饰品、铂金饰品与镶嵌饰品三大产品生产线和集研发、设计、生产、销售于一体的完整产业链。作为中国珠宝玉石首饰行业协会副会长单位，公司一直以质量第一、用户至上为宗旨，实行从设计、生产、销售到售后各个环节的制度化管理，已获得 ISO9001 质量管理体系的认证。公司整体实力位于行业前列，现已发展成为中国大陆珠宝首饰的知名企业和市场领导者之一，主要产品市场占有率处于同行业前列。2010 年 12 月中宝协授予公司“创建中国珠宝品牌龙头企业”荣誉称号，被中国工业报社认定为“2010 珠宝首饰及有关物品的制造行业排头兵企业”。“上海黄金交易所 2009 年度交易铂金单项奖优秀会员”荣誉称号。2008－2010 年，公司“明”牌铂金饰品销售额在行业内排名第一，“明”牌黄金饰品和镶嵌饰品销售额在业内位于前列。公司在凭借“品牌经营自主设计连锁销售”三位一体的盈利模式下，有效实现了产业链的全控制，品牌价值的塑造，配合自主设计生产以及初具规模的营销网络，促进了公司盈利水平的持续提升，从而使得公司经营业绩保持稳定快速增长。2010 年公司销售收入达到40.28亿元。

2011 年，黄金珠宝行业呈现快速增长态势，公司各部门紧抓行业发展机遇，认真贯彻执行年度计划，借助于成功上市给公司带来的良好发展契机，通过积极拓展经销网点和自营门店，大力提升专营店的运营效率，确保了公司的良好发展。公司现拥有业内领先的渠道规模（专营店 308 家，经销商 654 家），品牌优势及完备的产业链，可使其充分分享行业增长，网络拓展进度发展较快，公司各项业务开展顺利，主营业务增长较快。未来明牌珠宝将继续推进品牌建设，重点加大镶嵌饰品的营销推广力度和推进产品门类多元化，进一步提升公司盈利能力，提高公司销售能力，从而提升公司的整体竞争力。

【主营业务】

珠宝首饰的设计，生产和销售，主要产品包括黄金饰品，铂金饰品及镶嵌饰品。

【经营业绩】

2011 年中期总体经营情况：

（1）上半年实现营业收入 307，194.60 万元，同比增长 47.67%，主要受黄金价格走高和黄金消费需求的快速增长所致，以及公司加大节假日促销，增加黄金首饰款式的开发投入等，使销售有较大增长。

（2）上半年实现营业利润 18201.32 万元，同比增长 27.23%，主要是销售增长较快所致。

（3）上半年实现净利润 13080.68 万元，同比下降 10.18%，主要是去年同期非经常性损益占净利比重较大所致。扣除非常性损益后，今年上半年比去年同期净利润增长 15.51%。

（4）上半年公司总资产增幅较大，主要公司 4 月份首发募集资金所致；总负债下降较大，主要是公司将部分超募资金归还部分银行贷款所致。

【企业荣誉】

2010 年 12 月中宝协授予公司“创建中国珠宝品牌龙头企业”荣誉称号，被中国工业报社认定为“2010 珠宝首饰及有关物品的制造行业排头兵企业”。

“上海黄金交易所 2009 年度交易铂金单项奖优秀会员”荣誉称号。

2006 荣膺中国珠宝首饰行业标志性品牌，中国最具价值商标 500 强。

2007 基于日月集团在全球铂金首饰行业的杰出贡献，在其 20 周年华诞之际，国际铂金协会（PGI）授予“铂金首饰推广特别贡献奖”殊荣。

2004 获评中国名牌、中国驰名商标。

1999 作为国际铂金协会（PGI）在中国唯一指定铂金首饰企业，参加瑞士巴塞尔国际珠宝展。同年获评中国珠宝首饰业驰名品牌。

【002590】浙江万安科技股份有限公司

【基本情况】

浙江万安科技股份有限公司自设立以来，一直致力于汽车制动系统的研发、生产和销售，公司研发力量雄厚，拥有国家认定企业技术中心及国家认可实验室，是全国企事业知识产权示范创建单位、国家知识产权工作试点单位，参与起草多项国家和行业标准，位于北京清华科技园的北京金万安电子汽车控制系统有限公司是公司的汽车电子研发中心。公司主导产品：汽车电子控制系统、汽车制动系统、离合器操纵系统、汽车工程塑料等。

现代企业的竞争，不仅是单个企业实力的比拼，更是供应链间的较量。公司一向重视供应商的培养，带动供应商与万安共同成长，打造出了一支优秀的供应商队伍。为控制核心原材料品质，公司还努力将经营触角向上游延伸。

从创业阶段的手工生产，到上规模后的规模化生产，到发展壮大后的精细化生产，公司的生产方式已经过两次质的飞跃，一直走在国内汽车零部件产业的前列。现在，万安正在进行第三次生产方式变革，适应国际汽车产业要求，系统化设计、模块化供货，与主机厂更紧密地联系，共同为中国汽车工业的腾飞贡献自己的力量。

在战略布局上，万安坚持承“1 + N”的模式，除了店口镇总部的工业园区以外，还积极在全国各地主机厂周边设置卫星厂。目前，万安正按计划有条不紊地在整车厂周边设厂，初步构建起整车厂半小时送货圈。

公司主要为一汽集团、北汽福田、江淮等国内主要商用车厂商以及比亚迪、奇瑞、吉利等国内主要乘用车厂商提供配套，构筑了完善的采购与配套网络，努力打造汽车零部件的世界品牌。

【主营业务】

汽车制动系统的研发，生产和销售和配套服务。

【经营业绩】

2011 年上半年，报告期内公司共实现营业收入 49,022.84 万元，较上年同期相比增加 16.79%；营业利润 5,158.60 万元，较上年同期增加 6.80%；归属于母公司的净利润 3,876.69万元，较上年同期相比增加 -8.02%。

【企业文化】

在不断导向成功未来的征途中，万安孜孜以求成为一个新时代的创造者。

倾力打造国际化的汽车零部件先进制造基地。

【企业荣誉】

· 中国驰名商标

· 中国汽车工业协会制动器委员会理事长单位。

· 国家认定企业技术中心。

· 国家级火炬计划重点高新技术企业。

· 中国企事业知识产权工作试点单位。

· 建设部科技委城市车辆专家委员会优秀委员单位。

· 博士后科研工作站。

· 全国机械工业质量奖。

【002591】江西恒大高新技术股份有限公司

【基本情况】

江西恒大高新技术股份有限公司（英文名称：Jiangxi-HengdaHi - TechCo.，Ltd）成立于 2007 年 10 月 30 日，公司上市后注册资本为 8,000 万元，注册地址为：江西省南昌市高新区金庐北路 88 号，法定代表人：朱星河。

作为国内防磨抗蚀产业的龙头企业，公司一直致力于防磨抗蚀新材料的研制以及工业系统设备的防磨、抗蚀、节能等技术工程服务。开发应用的防磨抗蚀防护产品有：HDS 防磨抗蚀喷涂丝防护、KM 高温抗蚀耐磨涂料防护、MC 高温抗蚀耐磨衬里材料防护、MT 耐磨抗蚀陶瓷片防护、MHC 高耐磨合金衬板防护、JHU 高温远红外节能涂料防护；应用的主要技术有：防磨抗蚀新材料的制造技术以及超音速电弧喷涂、超音速火焰喷涂、等离子喷涂等金属热喷涂技术，冷喷技术、抗蚀耐磨涂料扎网技术、循环流化床综合防护技术等。

公司运用自主研制的防磨抗蚀新材料，采用相关防护技术，目前主要为电力、钢铁、水泥等企业的工业系统设备提供集防护材料、个性化防护方案设计、工程技术服务为一体的防磨抗蚀综合防护方案，产品和技术工程服务应用领域正在不断拓展。目前已经在国内拥有华能集团、大唐集团、华电集团、国电集团、中电投集团、中国神华、中石油、中石化、首都钢铁、武汉钢铁、邯郸钢铁、攀枝花钢铁、马鞍山钢铁等一批核心的集团客户。2005 年 - 2009 年在国内电力等企业燃煤锅炉“四管”等设备的金属热喷涂耐磨抗蚀防护市场中占有率第一。

公司设有经国家人事部批准的博士后科研工作站，具备较强的产品自主研发和技术创新能力，公司及控股子公司目前拥有发明专利 7 项，实用新型专利 11 项，专有技术 10 项。公司产品研发技术水平在业内处于领先地位，拥有防磨抗蚀新材料生产和技术工程服务相关的核心技术。自主研发的多个产品和技术列入了国家级项目计划并多次在国内获奖：KM 高温抗蚀耐磨涂料列入了国家火炬计划项目、国家科技部科技型中小企业技术创新基金项目和重点新产品，并荣获十二届全国发明博览会金奖，达到同类技术的国际先进水平；KJ 高温抗渣防结焦涂料被列入国家重点新产品计划和国家科技部科技型中小企业技术创新基金项目；MC 高温抗蚀耐磨衬里材料、KR 高温隔热防超温涂料列入了国家重点新产品；JHU 高温远红外节能涂料被评为国家优秀节能新产品。循环流化床综合防护产品于 2010 年 5 月取得了国家火炬计划项目证书。

公司是全国金属与非金属覆盖层标准化技术委员会组织编写“锅炉‘四管’高速电弧喷涂技术规范”行业标准的主要起草单位之一，并参与“热喷涂—抗高温腐蚀和氧化保护涂层”国际标准转为国家标准的起草工作。

公司是经江西省科技厅、江西省财政厅、江西省国家税务局和江西省地方税务局共同认定的国家级高新技术企业，拥有热喷涂行业企业从业一级资质，防腐保温工程专业承包二级资质（目前为行业中最高资质），炉窑工程专业承包二级资质，通过了 ISO9001:2000 质量管理体系认证。2002 年，荣获国家质量监督检验检疫总局和中华全国工商业联合会联合授予的“重质量守信誉企业”称号；2005 年，被江西省中小企业诚信工程领导小组评为“江西省 2005 年度特级诚信企业”；2007 年，被全国工商联、团中央、科技部等单位联合评为“2007 年度中国最具成长性科技型中小企业 100 强”；2006 至 2009 年，公司连续四年被江西省国家税务局和地方税务局联合评为“A 级纳税信用企业”；2000 年至 2009 年，公司连续十年被评为“南昌国家高新技术产业开发区先进企业”；2008 年至 2009 年连续两年被评为“南昌国家高新技术产业开发区纳税重大贡献企业”。公司还多次荣获江西省高新技术产业协会授予的“江西省优秀高新技术企业”称号。公司是全国热喷涂协作组的理事单位，中国标准化协会团体会员单位，中国钢协粉末冶金分会硬面技术专业委员会副理事长单位，中国表面工程协会热喷涂专业委员会理事单位，江西省表面工程专业委员会副理事长单位，江西省百家重点企业之一。2010 年公司被江西省工业和信息化委员会、江西省科学技术厅、江西省国资委及江西省总工会联合认定为创新型试点企业。

【沿革介绍及改制情况】

公司是由江西恒大高新技术实业有限公司整体变更发起设立。2007 年 10 月 25 日，恒大有限六名股东签订《发起人协议》，同意整体变更设立股份有限公司，将经中磊会计师事务所出具的《审计报告》（中磊审字[2007]第 2096 号）审验的截至 2007 年 8 月 31 日公司净资产 8,453.59 万元折为股本 5,600 万股（每股面值 1 元），其余计入资本公积，整体变更设立股份公司前后各股东的持股比例不变。2007 年 10 月 30 日，公司领取了由南昌市工商行政管理局颁发的《企业法人营业执照》，注册资本为 5,600 万元。

【经营情况】

公司依靠技术创新起家，自创立以来一直大力发展具有自主知识产权的核心技术，长期致力于新材料和技术工程服务设备的研究与开发，取得多项国内领先的技术成果。目前主要从事防磨抗蚀综合防护服务，采取"产品＋技术工程服务"的经营模式，已成功的为数千家客户提供防磨抗蚀节能服务，积累了丰富的经验，以此为依托，公司建立了完善的技术工程服务数据库，指导一线员工针对各种工况进行规范化的涂层设计；同时由于使用产品均为自主研发、生产，有利于质量控制，避免行业内大多数企业经常出现的产品质量无法控制和售后服务无法及时解决等问题。

依靠稳定的产品质量、良好的销售渠道、优质的施工服务和快速的售后响应，公司与许多国内大型企业建立了长期合作关系，先后为五大电力集团下属200多家电厂提供锅炉等设备防磨抗蚀防护服务；为中国神华、首都钢铁、武汉钢铁、马鞍山钢铁、中石油、中石化等企业提供了设备防磨抗蚀防护服务；自2009年下半年以来，公司在开拓水泥行业的客户方面取得重大突破，拓宽了业务领域。此外，公司通过与工程总承包商配套合作的方式，积极拓展海外市场，公司产品已在印度、印尼、越南等国家得到实际应用。

随着企业对工业设备防护意识的不断增强，防护工程的经济效益和社会效益的逐渐体现，导致电力、钢铁、水泥等企业对防磨抗蚀业务的需求持续增长。同时随着防磨抗蚀新材料在电力、钢铁、水泥等行业的运用，其产生的经济效益逐渐显现并逐步受到其他行业的关注。目前，在化工、造纸、矿业、交通、机械、航空航天、信息、农业、海洋开发和基础设施等行业中已逐步开始使用防磨抗蚀新材料对设备进行防护处理。如在化工行业化工反应罐、储罐、搅拌装置和管道、蒸馏塔以及各种化工容器等设备进行防磨抗蚀防护；在造纸行业对造纸机械上的烘缸和辊类零部件的防磨；此外，桥梁钢构防腐、机械设备零部件防腐等各个领域也有着广阔的市场发展空间。

作为在工业设备防磨抗蚀防护领域的龙头企业，公司将专注于工业设备防磨抗蚀防护产品的研发、生产、销售和技术工程服务，坚持"以市场为导向，以效益为中心"的指导思想，通过"产品＋技术工程服务"综合防护解决方案的业态组合，充分发挥公司的自主创新优势、规模优势和品牌优势等，在稳步提升公司工业设备防磨抗蚀防护产品现有生产规模和市场占有率的基础上，将公司建设成为具有国际先进水平的工业设备防磨抗蚀防护产品和技术的生产与研发基地，成为"全国一流的防磨抗蚀节能专家"。继续领跑国内工业设备防磨抗蚀产业，为建设"资源节约型、环境友好型社会"，发展我国的循环经济做出应有的贡献。

【002597】安徽金禾实业股份有限公司

【基本情况】

安徽金禾实业股份有限公司（股票代码：002597）是一家主要从事精细化工产品和基础化工产品生产、研发和销售的国家高新技术企业，已拥有7项国家专利和一系列的非专利技术，在自主创新、专利技术方面，均处于国内领先地位。公司精细化工产品主要包括安赛蜜、甲基麦芽酚、乙基麦芽酚等食品添加剂；基础化工产品主要包括液氨、硫酸、甲醛、三聚氰胺、硝酸、新戊二醇、碳酸氢铵等。在精细化工领域，目前，公司是全球第二大安赛蜜生产商，甲、乙基麦芽酚总产能居全球第一位。在基础化工司领域，公司凭借产业链延伸优势、区位优势、技术优势等在华东地区占据了重要的市场地位。金禾实业凭借领先的核心技术优势、先进的管理方法、过硬的产品质量、舒适的生产环境及领跑行业的循环经济发展模式得到了社会各界的充分肯定，已快速成长为食品添加剂细分行业中最具规模、最具竞争力的企业之一。首次发行3350万股A股于2011年7月7日成功登陆深圳证券交易所中小板，成为安徽省上市的第一家氮肥企业。

金禾公司将以资本市场为纽带，大力发展循环经济、低碳经济，努力开发新型的环保型、节约型、低能耗无污染的化工产品项目，进一步提升企业的核心竞争力，全力保持企业平稳较快发展。

【企业荣誉】

公司建有省级"认定企业技术中心"，拥有"自营进出口权"，是省"优秀民营企业"，省级"节能先进企业"、"文明单位"、"诚信单位"、"重合同守信用单位"，全国"安康杯"安全生产竞赛优胜单位。通过了ISO9001质量管理体系、ISO14001环境管理体系、GB/T28001职业健康安全管理体系、ISO22000食品安全管理体系认证，"京达"牌香精香料和安赛蜜是省名牌产品，"京达"、"半塔"牌商标是安徽省"著名商标"。

【经营业绩】

2011年上半年实现销售收入105887.58万元，较上年同期增长34.23%，实现归属上市公司股东的净利润9950.46万元，较上年同期增长81.80%。

【002600】广东江粉磁材股份有限公司

【基本情况】

广东江粉磁材股份有限公司（原江门市粉末冶金厂有限公司）成立于1975年，是目前国内最大的铁氧体磁性材料元件制造商之一。主要产品包括铁氧体永磁元件、铁氧体软磁元件。江粉磁材本部主业产品是广泛应用于汽车、IT、办公设备、电动工具、家用电器中微电机的铁氧体永磁元件。产品主要销往日本、香港、台湾、美国等著名电机生产厂家，2009年实现销售收入6.8亿元（含合资公司），出口6000万美元（含合资公司）。是广东省民营科技企业、广东省高新技术企业、广东省名牌产品、中国电子元件百强企业（2009度年排名第43名）。

江粉磁材具有较强的技术开发和研究能力。在铁氧体永磁和软磁的高特性材料开发方面处于国内前沿技术水平。公司倡导"以人为本，技术为先"的管理理念，积极和国内在相应基础材料研究学术前沿享有盛名的各高等院校（如华中科技大学、五邑大学）开展材料研究及产学研的合作，为公司的持续发展奠定了坚实基础。

江粉磁材拥有较规范的管理体系：1999年通过了ISO9002:1994质量管理体系认证；2003年1月通过了ISO9001:2000质量管理体系认证；2004年1月通过了QS－9000:1998质量管理体系认证；2006年10月通过了ISO14001:2004环境管理体系认证；2007年5月通过了ISO/TS16949:2002质量管理体系认证。

【主营业务】

永磁铁氧体和软磁铁氧体的研发、生产和销售。

【经营业绩】

2011年1－6月，公司实现营业收入42,320.07万元，较上年同期增长26.60%，其中永、软磁铁氧体实现收入39,700.70万元，占总收入的93.81%，上升25.29%；其他业务实现收入2,619.37万元，占总收入的6.19%，增长50.41%。本期实现净利润（归属于母公司所有者）3,853.00万元，较上年同期增长8.78%。

【企业文化】

经营方针:围绕一切为客户着想的宗旨,不断地对产品质量进行改善和自我提升。并在这一过程中,使员工的素质得到提高。同时,不断地致力于降低生产成本,务求提高本公司的市场竞争力。为企业和员工谋取最佳的利益并为全社会的繁荣进步作出贡献。一句话就是:抓质量、降成本、求效益。

质量方针:以不断创新的产品,迎合市场的需求。以无比的毅力,去追求生产各环节直至到最终产品的尽善尽美。以有远见的谋略去建立适合公司产品生产和经营的管理系统。最终令客户能满意地接受本公司的产品和服务。一句话就是:开拓创新、追求更好,系统管理,客户满意。

【企业荣誉】

· 2010 年 6 月,第 2 届广东优秀民营科技企业。
· 2010 年 4 月,被评为江门市质量信用“AAA 级企业”。
· 2009 年 12 月,获江门市蓬江区科学技术奖一等奖。
· 2009 年 2 月,第 5 届全国双爱双评先进企业。
· 2008 年 12 月,获国家高新技术企业称号。
· 2008 年 12 月,获得广东省著名商标称号。
· 2008 年 6 月,第 21 届中国电子元件百强企业第 56 名。
· 2008 年 5 月,JPMF 牌产品被评为广东省名牌产品。
· 2008 年 5 月,2007 年度广东省诚信示范企业。
· 2008 年 4 月,三星级劳动关系和谐企业。
· 2007 年 3 月,广东科学技术奖励(厌氧—化学氧化—混凝气浮法处理乳化液废水三等奖)。
· 2007 年 5 月,2004 - 2005 年度江门市 30 强民营企业。
· 2007 年 5 月,第 20 届中国电子元件百强企业第 64 名。
· 2007 年 4 月,江门市守合同重信用企业。
· 2007 年 2 月,连续三年荣获 AAA + 级信用企业。
· 2006 年 11,月江门市先进私营企业。
· 2006 年 6 月,江门市纳税信用 A 级纳税人。
· 2006 年 6 月,广东省科学技术奖励:三等奖。
· 2006 年 5 月,第 19 届中国电子元件百强企业第 58 名。
· 2006 年 1 月,广东省优秀民营企业。
· 2004 年 10 月,中国优秀民营科技企业奖。
· 2004 年 10 月,全国质量信用企业。
· 2004 年 8 月,江门市“30 强民营企业”。
· 2004 年 4 月,江门市“A 级纳税人”。
· 2004 年,2003 年度中国电子元件百强企业第 46 名。
· 2003 年 8 月,江门市“信息化试点企业”。
· 2003 年 5 月,广东省“高新技术企业”(有效期二年)。
· 2002 年 2 月,江门市创建国家园林城市先进单位。
· 2002 年 7 月,“广东省高新技术产品出品先进企业”、“外经贸部重点支持和发展的名牌出品商品”。
· 2001 年 4 月,广东省“高新技术企业”(有效期二年)。
· 1999 年 8 月,江门市“高新技术企业”。
· 1999 年 6 月,“广东省民营科技企业”。
· 1999 年 6 月,江门市“促创新、比贡献”先进集体。
· 1998 年 8 月,江门市“促创新、比贡献”先进集体。
· 1994 年 6 月,江门市“AA 级信用企业”(改制第一年)。
· 1992 年 2 月,1991 年度出品创汇特别进步奖。
· 1995 年 3 月,广东省先进企业。
· 1994 年 3 月,93 年度“全国机电产品出品先进单位”。
· 1993 年 5 月,江门市“先进团组织”。
· 1992 年 6 月,江门市“先进基层党组织”。
· 1992 年 2 月,广东省先进企业。
· 1991 年 7 月,江门市先进基层党组织。
· 1991 年 4 月,1990 年度广东省“双增双节立功竞赛先进集体”。

【002604】山东龙力生物科技股份有限公司

【基本情况】

山东龙力生物科技股份有限公司(股票简称:龙力生物,股票代码:002604)成立于 2001 年 6 月。以“成为世界级生物技术产业集团”为企业发展愿景,以资源的高效、循环利用为开发方向,着眼长远,走“产学研”合作之路,坚持“生物炼制”新理念,将“玉米全株”产业做精、做细,使循环经济模式的优势更加凸显。目前已形成功能糖、淀粉糖、新能源、新材料四大产业。2011 年 7 月 28 日,龙力生物在深圳证券交易所 A 股成功上市。

坚持绿色循环实现可持续发展新跨越

大力发展以“低能耗、低污染、低排放”为基础的低碳经济,是党中央、国务院对我国经济发展方式转变和产业结构调整做出的重大部署。山东龙力生物科技股份有限公司是国家级高新技术企业、生物产业国家高技术产业基地骨干企业、中国功能糖城重点支柱企业、全国创新型企业、全国低碳发展突出贡献企业、全国发酵行业循环经济试点企业、山东省环境友好企业、山东省环境保护优秀科技成果单位、山东省优秀循环经济企业、山东省农业产业化重点龙头企业,公司以打造“玉米全株产业链”为发展目标,坚持“生物炼制、绿色循环”新理念,以再生资源的高效、循环综合利用为开发方向,立足于绿色健康产业,致力推进循环经济。经过十年发展,现已形成功能糖、淀粉糖、新能源、新材料四大产业。

在经营战略上,寻求突破性发展,大力培育新能源(纤维素燃料乙醇)、新材料(高分子材料 - 酶解木质素)二大新兴、潜力产业,同时,巩固已趋向成熟的功能糖产业,实现了三大新兴、潜力产业的优势互补,协调发展,基本形成了一条低碳、环保、绿色的循环经济发展模式,努力提升企业的产业层次和综合竞争力,构建具有鲜明特色的低碳经济产业体系。

在发展方向上,公司定位为“从‘芯’做起,全株利用”,龙力生物率先实现对玉米芯“吃干榨净“式的综合利用。从科研开发入手,坚持“生物炼制”新理念,在资源综合利用上积极开拓创新,力争将植物秸秆深加工产业做精、做细。

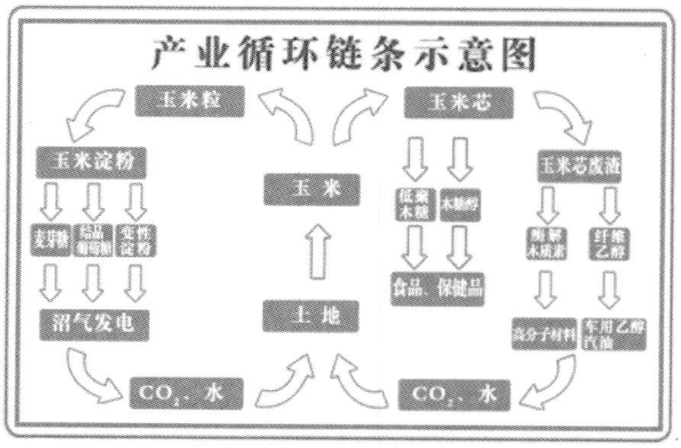

公司以玉米芯、玉米为原料,采用现代生物工程技术生产功能糖、淀粉及淀粉糖等产品,循环利用功能糖生产中产生的玉米芯废渣生产第 2 代纤维素燃料乙醇新能源和高分子木质素材料,通过对玉米全株各组分的循环利用,降低了公司各产品在原料、运输、生产和研发上的成本,彰显了绿色、低碳的环

保优势和产品多元化优势，形成了循环经济产业链。

首先，利用具有自主知识产权的专利技术从玉米芯中开发出在当前国内外市场上具有广阔发展前景的新型糖源－低聚木糖与糖醇的相关产品，并开发衍生系列保健品，拓展功能糖的应用领域。其次，在生产功能糖系列产品的同时，又深入挖掘玉米芯废渣价值，进军新能源纤维素燃料乙醇与高分子材料两个新领域。

功能糖下脚料玉米芯废渣富含纤维素，是生产燃料乙醇的极佳原料。为此，公司与山东大学合作开发了利用玉米芯废渣生产纤维素乙醇项目，利用现代生物技术，通过采用纤维素酶酶解的方式生产纤维素乙醇，建成世界第一条以玉米芯废渣为原料的纤维乙醇生产装置；纤维乙醇项目是目前公司最具成长潜力的高技术项目，在当前全球石化资源紧缺、环保压力不断增大的背景下，该项目越发显示出它的价值，既实现了废弃资源“变废为宝”，减少因石油等高碳能源消耗而导致的温室气体的排放，又为经济社会的发展提供了“新动力”。在“低碳中国论坛”首届年会上，公司纤维乙醇备受瞩目，以其在低碳经济发展、低碳理论研究以及节能减排工作方面取得的显著成绩而当选“最受关注的低碳项目”，有力推动了公司低碳经济发展模式的延伸，同时，该成果又荣获2009年度山东省技术发明一等奖。目前，正在积极争取纤维素燃料乙醇国家核准定点，争取成为我国首家纤维素燃料乙醇国家核准定点企业。

同时，公司继续对玉米芯资源进行更深开发，玉米芯废渣提取木质素的技术成果国际首创，实现了第三代生物质能研究技术的研发，将项目产品应用于合成聚氨酯、橡胶塑料改性剂等替代石油化工产品，为植物纤维中木质素的产业化应用开拓新局面。

随着公司产业链条的不断完善，产品附加值得到提高，生产成本显著降低，尤其是发展低碳经济，实现了与环境、资源的和谐共赢，优化了资源配置，提升竞争能力和抗风险能力，发展空间越来越大、发展道路越走越宽，为公司实现平稳较快发展提供了强力推动，为长远发展奠定了坚实基础，也为企业进一步扩大生产规模、靠拢国家产业政策奠定了坚实的基础。

公司围绕玉米资源的全株利用，以生物科技为核心，以循环经济模式，实施农业产业化，专注于健康产业，走国际化和品牌化发展之路，走健康可持续发展之路，矢志打造循环经济，资源节约，环境友好型企业，最终实现公司“成为世界级生物科技产业集团”的战略愿景。（特约组稿人：刘春耀）

【002610】江苏爱康太阳能科技股份有限公司

【基本情况】

江苏爱康太阳能科技股份有限公司始建于2006年，坐落于江南名镇江阴市华士镇，这里是中国经济最活跃的区域，也是光伏太阳能行业蓬勃发展的福地。2011年随着全球经济形势的变化，公司提出了从“太阳能配件专业供货商”到“成为以光伏太阳能一体化为基础的规模化、集约化，富有创新精神、责任意识、品牌美誉的可持续发展的控股企业集团”的重大战略转型。实现企业“从制造优势向管理优势、研发优势和一体化优势”的华丽转身。2011年8月15日公司在深圳证券交易所中小板挂牌上市，是第一家在国内上市的太阳能配件公司，股票简称“爱康科技”，股票代码002610，公司人民币普通股股份总数为200,000,000股。

公司目前提供太阳能电池专用铝边框、EVA胶膜、光伏支架系统、光伏专用接线盒等产品和配套解决方案，2011年下半年公司开始介入光伏太阳能发电领域，并在青海省海南州建立了25MW的太阳能电站，实施了产业链延伸的重大举措。从日本到德国，从西班牙到南非、从澳大利亚到巴西，爱康太阳能的产品和服务已经遍布全球30多个国家和地区，卓越的产品服务品质、良好的客户关系和对和谐环境深沉的热爱造就了一个飞跃发展的行业领先者。

公司坚持“科技领先、以人为本”的发展理念，高度重视技术进步和创新发展，依托产学研合作、无锡市院士工作站，江苏省工程技术中心等研发平台，开展技术的实用性研究和前瞻性开发，目前已申请并获得了多项国家专利。公司良好的企业文化，丰富的培训机会、广阔的晋升空间、灵活的用人机制使得爱康太阳能能始终保持人才队伍的生生不息。

【品牌文化】

爱康核心企业品牌文化——鲁班锁精神

爱康的产品根源就是以组合为重点，鲁班锁完全契合了爱康所有产品的特性，对于一个专业的太阳能配件企业来说最为重要的就是如何将专业、严谨而不缺少现代感的产品完美的交到客户面前，如同鲁班锁一样轻松中带有严谨。而爱康正是本着这个理念，在太阳能产业中挥洒智慧的结晶，将鲁班锁最核心的组合概念不断地发展与延伸，从企业内部的个体组合到企业产品的全面组合，以鲁班锁从6块到12块以至更多块的追求完美精致的发展为目标，不断地创造新的科技、探寻新的领域，成为太阳能配件行业“追日人”的领跑者。鲁班锁全方位诠释了爱康的产品属性、管理属性、企业精神。

爱康核心企业品牌文化——爱康人鲁班心

企业再大也是一个家，在家里就需要家长、儿女、兄弟姐妹，作为一个讲专业、讲诚信、讲团队的爱康大家庭，爱康无疑给企业儿女、兄弟姐妹提供了一个创造平台，建立企业创新之门的精神之柱。在这种精神之柱的推动下，企业员工以专业的态度、高效的团队精神，打造太阳能行业团队、为追日人注入新的源动力。“爱康”视企业每一个员工都为“鲁班锁”的组成部分，缺少每一组成部分必将成为企业不完美的瑕疵，大家共同打造以团队带动企业的专业管理精神。

“爱康”的目标是致力发展成为全球知名的太阳能配件供应商及系统集成商。

“爱康人”的目标是拥有一颗像鲁班一样不断为追求精益求精而奋进的心。

鲁班在工艺中追寻着巅峰。

爱康人在制造业中追寻着辉煌。

我们都拥有一个共同的目标——在自己的行业领域内不断开拓进取，成为行业的倡导者。

【主营业务】

公司主营业务为光伏太阳能配件的研发设计，生产与销售，产品主要包括太阳能边框，EVA胶膜以及安装支架、接线盒、焊带等。公司主要客户为无锡尚德，夏普，三菱，REC，肖特，常州天合等大型太阳能电池组件制造商。

公司自2006年成立以来，一直致力于生产和销售光伏太阳能配件，主营业务未发生变化。自2011年开始公司开始涉足太阳能发电的终端应用领域。

【社会责任】

公司响应政府号召成立工会组织。2011年工会在员工关怀和企业文化建设方面发挥了桥头堡的作用，全年累计为困难员工放困难补助和慰问金5万多元。全年累计发放结婚贺金、生日贺金、生育贺金近8万元。累计为困难员工发放借款约 100 万元。爱康关怀活动极大地解决了员工的后顾之忧,增强了员工的归属感,强化了爱康人的荣誉感,为公司赢得了良好的社会口碑。2011 年爱康工会被评为无锡市职工之家。2011 年与爱康相关的对外捐赠达数百万元。

【002647】浙江宏磊铜业股份有限公司

【基本情况】

浙江宏磊铜业股份有限公司创建于 1998 年,自成立以来始终专注于铜加工行业,从最早的铜棒、铜线的简单加工企业,发展到目前成为以漆包线及高精度铜管材生产为主业的大型企业,目前公司注册资本 12668 万元。

公司主营漆包线以及高精度铜管材的研发、生产与销售。公司是国内领先的漆包线供应商之一,拥有从常规漆包线到微细漆包线的全系列产品,公司漆包线总产销量居全国前三位,其中中小型电机用漆包线产销量排名第一,市场占有率接近 30% 。在高精度铜管材领域,公司自主研发的无缝高翅片铜管采用特制的三辊旋轧一次成型等先进工艺生产,代表热交换用材料和产品的发展方向,广泛应用于能源、电力、海水淡化等机械制造领域大型结构件上,并可向航空、航天等更广阔的领域延伸,产品高效、节能,是热交换领域理想的换代产品。该产品被科技部等 5 部委评定为国家重点新产品、国家高新技术产品。与此同时,公司是空调制冷用蚊香盘管国内最大的生产基地之一,出口量位居前列。

公司以"科技兴企"为发展理念,坚持"应用一代、试制一代、探索研究一代、思考规划一代"的自主创新战略,不仅拥有省级高新技术研究开发中心、省级企业技术中心和博士后科研工作站,而且与省内外 10 多家高校、科研院所建立了合作关系,建立了长期产学研合作关系。近年来,公司的发展得到国家发改委、科技部、商务部等国家部委的大力支持,累计承担国家重点项目 8 项,省重点科技项目有 21 项,研发新产品 35 只,拥有专利 36 项,其中发明专利 5 项。

公司为国家重点高新技术企业、全国"守合同重信用"单位、浙江省"五个一批"重点骨干企业、浙江省诚信示范企业、江西省一级诚信企业,综合实力进入中国制造业 500 强、中国大企业大集团竞争力 500 强、中国民营 500 强、中国电器工业最具竞争力企业。漆包线和高精度铜管材 2 只产品先后荣获"中国名牌"称号、"宏磊"商标为中国驰名商标。通过了 ISO9001、ISO14001、OHSAS18001 等管理体系认证和美国 UL、美国 nsf、德国 SGS 等产品检测。

宏千秋伟业,磊百年铜城。集团以"诚信铸就品牌,合作创造共赢"作为企业核心价值观,立足中国,放眼世界,宏磊产品进一步向高、精、尖、节能、环保方向发展,为中国制造业的发展做出新的贡献。

【主营业务】

漆包线、铜管、铜线、铜棒、铜配件、铜工艺品的生产、销售,经营进出口业务(国家法律法规限制、禁止的除外),铜材料的研究开发、技术成果转让。

【经营业绩】

公司的主营业务收入为漆包线、铜管、铜线和坯管等产品的销售收入。报告期内,公司主营业务收入占营业收入的比重均在 99% 以上,是公司收入和利润的主要来源,2010 年度,公司主营业务收入为 387,213.03 万元,较 2009 年度增加 124,923.59 万元,主要系:公司主营产品销售均价较 2009 年度上涨 15,244.39 元/吨,主营产品销量较 2009 年度增加 3,511.98吨所致。

2009 年度,公司主营业务收入为 262,289.45 万元,较 2008 年度下降 33,616.06 万元,主要系:受益于国家经济刺激计划,整个行业的下游需求逐步回升,2009 年公司主营产品销售数量较 2008 年增加 13,082.84 吨;但受铜价影响,2009 年公司主营产品销售均价较 2008 年度下降 14,604.30 元/吨,主营产品销售均价下降幅度较大,使得 2009 年度销售收入较 2008 年度有所减少。

2011 年 1 -6 月、2010 年度、2009 年度和 2008 年度,公司的主营业务成本分别为 199,729.32 万元、366,418.14 万元、243,917.13 万元和 280,639.49 万元。报告期内,公司电解铜、铜杆等铜材占主营业务成本比重达 95% 左右,公司主营业务成本与主营业务收入均受铜价变动影响较大,变动趋势基本同步。

【企业文化】

宏磊坚持"用户第一"理念,从创造用户价值、社会价值开始,从而提升企业价值,同时促进社会文明的繁荣。宏磊与所有合作伙伴一起成长,分享成长的硕果。

宏磊重视员工利益,激发员工潜能,在企业价值最大化的前提下追求员工价值的最大实现。

宏磊通过成熟有效的营销、管理机制,实现企业健康、持续的利益增长,给予股东丰厚的回报。

宏千秋伟业,磊百年铜城。宏磊铜业这艘铜加工行业的"航母",正向着"创建世界知名品牌,打造国际一流企业"的远大目标一路高歌,奋勇前进。

【企业荣誉】

宏磊不仅通过 ISO9001、ISO14001 和 GB/T28001 管理体系认证;还积极与国际接轨,先后获得美国 NSF、美国 UL、欧盟 RoHS、德国 TUV 等产品认证。宏磊是国家重点高新技术企业、全国"守合同重信用"单位、浙江省"五个一批"重点骨干企业、浙江省诚信示范企业、江西省一级诚信企业,综合实力进入中国制造业 500 强、中国大企业大集团竞争力 500 强、中国民营 500 强、中国电器工业最具竞争力企业。

高品质的产品质量和完善的营销服务网络体系,使宏磊在铜加工行业享有了极高的知名度和美誉度,先后荣获"全国质量检验稳定合格产品"、"质量无投诉产品"、"有色金属实物质量金杯奖"。"宏磊"牌高精度铜管材产品荣获"中国名牌"称号,"宏磊"商标被认定为中国驰名商标,"宏磊"商号荣获浙江省知名商号。

※创业板上市公司※

【300003】乐普(北京)医疗器械股份有限公司

【基本情况】

乐普(北京)医疗器械股份有限公司创立于1999年,主要从事冠状动脉介入医疗器械的研发、生产和销售。是国内高端医疗器械领域能够与国外产品形成强有力竞争的为数较少的企业之一。

自成立以来,乐普公司相继完成了支架、导管等多项介入医疗核心产品的研制开发和产业化工作,在业内第一个获得国家药监局颁发的"冠状动脉支架输送系统"产品注册证(III类)。

公司主要产品包括用于冠心病治疗的血管内药物(雷帕霉素)洗脱支架系统、冠脉支架输送系统、PTCA球囊扩张导管、药物中心静脉导管等。公司的控股子公司上海形状主要产品为动脉导管未闭(PDA)封堵器、房间隔缺损(ASD)封堵器、室间隔缺损(VSD)封堵器等;控股子公司天地和协主要产品为麻醉类介入医疗产品、心脏介入手术用鞘管和导丝等;控股子公司卫金帆主要产品为用于心脏病治疗的WIN-MEDIC2000血管造影机等。

公司总部位于北京中关村科技园区昌平园,营销中心位于北京市区西环广场。目前拥有生产用洁净厂房11300平方米,拥有先进的生产、检测设备和仪器1000多套,已建成国内初具规模的产业基地。2007年,乐普成为国内第一家通过国家药监局实行的《医疗器械生产企业质量管理体系规范》(GMP)试点检查审核的支架系统生产企业。

截至到2010年8月,乐普及其控股子公司拥有实用新型专利50项,正中申请的专利45项,在科技创新、成果转化方面走在了行业前端。乐普将依托现有技术优势和产业化基础,加快支架、封堵器、导管和导丝等介入医疗核心产品的规模化、系列化、配套化建设,力求将乐普医疗打造成国内领先、国际一流的"高技术、高疗效、高性价比"的高端介入医疗器械及诊疗设备研发企业集团,推动行业技术与产业进步,以期真正创立中国介入医疗器械产品的民族品牌,进一步打破国外垄断,降低医疗费用,使国内更多的患者能够广泛使用介入医疗产品。

【主营业务】

医疗器械及其配件的技术开发、生产、销售等。

【经营业绩】

2011年1-6月,公司实现营业收入4.69亿元,比上年同期增长22.57%、;实现营业利润3.01亿元,归属普通股股东的净利润2.63亿元,分别比去年同期增长24.79%、25.88%。

【公司荣誉】

公司先后被认定为"北京市高新技术企业"、"中关村科技园区百家创新型试点企业"、"北京市市级企业技术中心",被评为"2006年度新材料产业最具成长性企业",并成为中国医疗器械行业协会外科植入物专业委员会常务理事,2009年1月,乐普被《福布斯》中文版评为"2009中国潜力企业"第三名;2009年3月,被评为"中关村20周年突出贡献企业单位"称号;2009年6月,乐普荣获"北京市著名商标",2009年10月,公司于国内创业板A股成功上市;2010年,乐普成功入选"十百千企业"及"G20工程"。

【300008】上海佳豪船舶工程设计股份有限公司

上海佳豪船舶工程设计股份有限公司(BESTWAY)创立于2001年10月29日,是目前国内规模最大、实力最强的专业民用船舶与海洋工程综合性研究设计企业之一,也是国内船舶科技类首家在深圳证券交易所挂牌的上市公司(股票代码:300008)。公司作为行业内第一家由国家认定的高新技术企业和行业内最先获得中国船级社船舶和海上设施设计最高资质评估证书的科技企业,十年来已独立研发和设计了400余型船型,成功交付了2000余艘(项)各类船舶和海洋工程项目。公司曾获得多项省部级科技进步成果一等奖、二等奖、发明专利奖等等,并已拥有20项授权专利技术(其中1项发明专利,19项实用新型专利)和1项已申请受理待授权的发明专利。根植于技术和创新,公司正致力于从单一的船舶设计型企业向船舶行业技术服务全面提供商转型。努力打造"国内领先、世界一流"的科技集团公司。

公司与国内外航运界和造船界有着广泛良好的合作关系,拥有最为完整的包括研发设计、基本设计、详细设计、生产设计以及技术监理的技术服务链,可以为客户提供各种运输船舶、海洋工程及船舶、特种船舶和军用辅助船舶等项目的设计、咨询业务,同时还提供船舶机电工程项目的工程监理(监造)、投资顾问以及设计工程承包等全方位服务。公司推行的"同仁持股模式"的治理结构和市场化的灵活高效的运行机制已培养和引进了一大批船舶和海洋工程研发设计领域的优秀人才和专家团队,公司下设船舶工程和海洋工程两个设计研发中心,拥有三个船舶专业设计部,一个海洋工程专业设计部,一个数字化设计信息中心和"船舶与海洋工程电力推进系统仿真"和"船舶与海洋工程虚拟仿真"二个实验室。公司先后设立了科技发展有限公司、船舶与海洋工程研发有限公司、上海佳豪罗尔斯-罗伊斯联合设计团队以及游艇发展有限公司和游艇营运有限公司,近期又成功收购上海美度沙家具制造有限公司(持有70%的股份)。公司业务正从单一的设计向技术服务链两端拓展,发展至目前具有设计、服务、产品三大板块内容的勃勃生机的创业板上市公司。公司现有在职专业科技人员420余名,其中具备中高级专业技术职称的有190余名,高工及以上专业职称的有80余名,研究员和教授级高工20余名。

公司已形成了强大的计算机辅助设计能力,并构建了较为完整的协同设计信息平台,除自主开发了一些设计软件外,还引进了国内外专业设计软件:如TRIBON、NAPA、HYDRO-STAR、ARIANE、NASTRAN、MASTERSHIP、SB3DS等总体性能、耐波性、结构有限元计算分析软件和全三维立体设计建模软件等,确保了设计水平和效率的不断提升。公司一万多平米的基于数字化船舶设计标准建设的高度智能化、现代化的研发大楼的启用也为公司全面实现数字化船舶设计目标,进一步提升各类船舶和海洋工程装备的设计能力、研发水平、设计周期奠定了坚实的基础。

公司依靠持续不断的全方位技术创新和研发投入,已完全具备设计满足国际上所有船级社规范、国际公约要求的各类大型、复杂的现代运输船舶、客船、特种船以及海洋工程船舶和装备的业务能力,并为国内外船东研发设计灵便型散货船、杂货船、多用途船、硫磺运输船、新型沥青专用运输船、化学品船、大型起重船、海洋铺管船、自卸转载平台、海上顶推船组、水工型拖轮、超大型打桩船、沙桩船、特种砼搅拌船等船舶,VLCC 及 VLOC 等船改装设计技术也取得了市场的首肯。公司设计的船型除推向国内市场外,许多产品还出口到欧美、东南亚、中东等国家,受到了国内外业界的高度关注和赞誉。

公司下属全资子公司上海佳船工程设备监理有限公司是中国设备监理协会的副理事长单位,现有 50 余名资深专职监理工程师,并已获得国家级的设备监理单位资格和上海市工程设备监理单位甲级资质。公司 2004 年成立以来已为国内外船东和业主监造和监理了 100 多艘船舶和海洋工程产品以及 30 余项水工及起重机监理项目,也是目前国内最大的船舶监理单位之一。

公司已全面进入游艇产业,主要涉及游艇研发、设计、制造、销售、使用、保养、修理、旅游和赛事等一系列活动,从游艇俱乐部的服务到与游艇相关的度假、休闲、旅游及各种商务活动,并包括游艇驾照培训和考核、专用码头建设和管理、游艇维修、俱乐部建设和运营管理、零配件制造、内部环境装修、专业保险等。目前已与意大利 FIPA 游艇集团公司签订战略合作协议,得到 FIPA 公司的技术转让和支持,将在上海奉贤游艇基地生产 MAIORA20S 型游艇以及获得 FIPA 授权独家代理 MAIORA 其他艇型的销售。

公司将始终秉承"以人为本、科技创新"的企业理念,而且"创新"更将成为公司转型发展的最大推力。公司坚持"追求完善服务、技术不断创新"的质量方针和"产品合格率 100%,顾客满意率 100%"的质量目标,努力将企业打造成国内最具国际竞争力的创新型船舶和海洋工程科技企业。我们将会以更为进取开拓的精神全心全意为广大客户提供周到、完善、迅捷的一流技术服务。

【300014】惠州亿纬锂能股份有限公司

【基本情况】

惠州亿纬锂能股份有限公司自 2001 年成立以来,围绕着"追求卓越、质量优先、创造价值、言而有信、团队合作"的企业核心价值观,历经 10 年的快速发展,现已成为中国锂电池行业的领先企业;公司于 2009 年 10 月在深圳创业板上市,是首批 28 家创业板企业之一(股票代码:300014)。

亿纬锂能始终坚持自主开发和技术创新,目前已拥有 59 项国家专利,其中 2 项发明专利获得国家知识产权局授予的"中国专利优秀奖",并在锂/亚硫酰氯、锂/二氧化锰和锂/二硫化铁等一次锂电池领域拥有技术和生产规模的优势。公司的主要产品锂/亚硫酰氯电池在国内市场的占有率遥遥领先,并已成为具有国际先进技术水平的绿色高能锂电池的全球主要供应商之一。产品广泛应用于全球智能表计、汽车电子、安防、数据通信和智能交通等领域。

在全球新能源产业不断升级的背景下,亿纬锂能引进了先进的自动化生产设备和尖端的分析测试仪器,研发并生产各种规格的高性能的锂二次电池,包括聚合物锂离子电池、方形和柱形液态锂离子电池、锂离子动力与储能电池等,产品广泛应用于消费类电子产品、便携式电子设备、电动工具、电动自行车和储能动力等应用领域。同时,公司正在不断提升生产规模,积极打造具有国际竞争力的锂二次电池生产基地,力争在 2011 年实现日产 30 万只锂离子电池的阶段目标。

公司拥有了一支以董事长/总经理刘金成博士为统帅和以二院院士为代表的资深专家顾问组成的高素质的研发团队,并采用同美国 Nano Mas Technologies, Inc. 和中国科学院物理所、武汉大学、华南理工大学等业界机构合作的方式,确保公司始终保持锂离子电池行业技术前沿的行列;公司也先后被认定为国家火炬计划重点高新技术企业、省级企业技术中心和广东省锂电池工程技术研究开发中心。在发展各种安全可靠的锂离子电池体系的同时,公司也充分发挥近 10 年的电池组合业务的经验,积极开发智能电池管理系统,形成完整的锂离子电池组的设计、电芯制造、和电池组合的综合能力。

公司也建立了完整的质量管理体系,分别通过了 ISO9001 质量管理体系和 ISO14001 环境管理体系的认证。2010 年又成功通过了 ISO/TS16949:2009 的质量体系认证,打开了通向汽车电子领域 OEM 市场的大门。目前,公司大部分产品均已通过了 UN、UL、CE 和 CCC 认证,符合 RoHS 指令要求。

亿纬锂能致力于成为一个技术领先的高能锂能源领域的先进制造企业。所以亿纬人以"做世界上最好的锂电池,成为行业领先企业"为公司愿景,以"为社会提供高可靠性的锂电池"为使命,不断强化技术的领先地位,努力提高产品品质,积极开拓全球的战略市场,持续提升客户满意度。

【经营业绩】

2011 年 1－9 月,公司实现营业收入约 31825 万元,比去年同期增长 71.59%;实现净利润 5911 万元,比去年同期增长 70.22%。

【企业荣誉】

- 2010 年评定为创新基金实施十周年先进企业。
- 2010 年由科技厅认定为广东省"百强创新型企业培育工程"示范企业。
- 2010 年由国家人力资源部批准建立"博士后科研工作站"。
- 2011 年锂电池研发中心即将建成,目标 2012 年由省级升级为国家级技术中心。
- 2011 年被认定为"广东省战略性新兴产业骨干企业"首批 50 强之一。

【300017】网宿科技股份有限公司

【基本情况】

网宿科技股份有限公司(股票代码:300017)前身是上海网宿科技发展有限公司,成立于 2000 年 1 月,于 2009 年 10 月在深圳证券交易所创业板挂牌上市。网宿科技是国内领先的互联网业务平台提供商,持有中华人民共和国工业和信息化部颁发的《中华人民共和国增值电信业务经营许可证》。在全国拥有北京、上海、广州、深圳四个营销分公司以及位于厦门的研发中心,在南京、济南、厦门、深圳、天津、香港设有 8 家子公司。

【主营业务】

公司自 2000 年成立以来一直致力于为客户提供国内领先的互联网业务平台服务。主营业务是为各类网站提供配套的互联网业务平台综合服务,目前主要产品包括 CDN(内容分发加速网络)服务与 IDC(互联网数据中心)服务,为各类门户网站、新闻媒体类网站、视频音频类网站、电子商务类网站、企业类网站、社交类网站、政府类网站、广播电视类网站等客户提供服务器的托管与网络接入、内容的分发与加速等互联网业务平台解决方案。

内容分发网络业务(Content Delivery Network)简称 CDN,指公司通过在现有的 Internet 中增加一层新的网络架构,将网站的内容发布到最接近用户的网络边缘,使用户可以就近取得所需的内容,解决 Internet 网络拥挤的状况,提高用户访问网站的响应速度，从技术上全面解决由于网络带宽小、用户访问量大、网点分布不均等原因所造成的用户访问网站响应速度慢的问题。公司 CDN 业务具体包括：网页加速、流媒体加速、下载加速、全站加速（WSA）、CDN 配套服务及增值服务等。其中，网宿全站加速（WSA）是国内唯一提供全站加速的解决方案，可一键实现全面、高效、快捷的全站加速。WSA 的推出彻底打破了以往行业内单项内容加速的局面，可以对网站所有内容进行整体加速与实时优化。为客户轻松解决加速难题并提供良好的安全性和稳定性保障。

互联网数据中心业务（Internet Data Center）简称 IDC，指公司利用已有的互联网通信线路、带宽资源，建立标准化的电信专业级机房环境，为企业、政府提供服务器托管、租用以及相关增值等方面的全方位服务服务。本公司 IDC 业务包括：主机托管（带宽租用、空间租用），主机租用，增值服务等。

【经营业绩】

秉承扎实稳健、和谐融洽、志存高远、厚积薄发的企业文化，网宿科技致力于成为卓越的互联网业务平台提供商。

2011 年上半年，中国互联网行业继续保持稳步发展，公司在董事会和管理层的领导下，紧密围绕市场需求进行深度挖掘和创新，加大自主研发力度及新产品开发，同时，进一步加强销售管理体系、客户服务能力及团队管理等方面的建设，实现主营业务收入 2.33 亿元，较上年同期增长 55.31%；实现营业利润 1,633.47 万元，较上年同期增长 12.49%；实现净利润为 1,984.34 万元，较上年同期增长 32.44%。报告期内，公司主营业务收入已恢复较快的增长速度，同比增长超过 50%，扭转了近两年收入增长缓慢的局面，进一步巩固了公司在行业中的地位，综合竞争力得到加强。尤其是 CDN 产品收入增长加快，较去年同期增长了 76.20%。

【企业荣誉】

经过十多年的发展，公司积累了丰富的行业经验，其专业的产品和服务得到了业界的一致认可，公司被评为“国家火炬计划重点高新技术企业”、“上海市名牌”、“上海市著名商标”、并顺利通过了 ISO9001：2008 质量管理体系认证；公司自主研发的网宿全站加速软件（WSA）被评定为“上海市高新技术成果转化项目”，“网宿 CDN 平台软件 V2.0”被凭为国家重点新产品并被纳入火炬计划项目。另外，作为中国 CDN 及 IDC 业务的领军企业，公司率先发布了《2011 年第一季度互联网报告》，以通过定期发布报告的方式，为公众及互联网企业提供一个崭新的视角来了解中国互联网的发展状况。

【投资者关系】

公司不断学习先进投资者关系管理经验，以更好的方式和途径使广大投资者能够平等地获取公司经营管理、未来发展等信息，构建与投资者的良好互动关系。

公司互联网地址：http://www.chinanetcenter.com

电子信箱：wangsudmb@chinanetcenter.com

联系电话：021－64685982

凭借专业的运营经验，敏锐的市场前瞻性，坚实的客户基础，强大的技术开发能力，诚信的品牌形象，网宿科技正在联合国内外合作伙伴，不断创新，共同为各类互联网业务量身打造不同类型的互联网业务平台。在今后的发展中，公司将围绕经营目标和任务，切实加强科学管理，大力发展主营业务，加大自主创新力度，完善新产品功能与服务能力，凝聚优秀人才，提升营销能力、完善营销体系，加强运维与服务质量，增强管理力度与效率，致力于成为卓越的互联网业务平台提供商。

【300020】银江股份有限公司

【基本情况】

银江股份有限公司由银江科技集团、美国 INTEL 公司、浙江省科技厅等共同投资建立，目前已发展成为中国领先的城市智能化整体解决方案提供商。公司是中国创业板第一批上市的 28 家公司之一，股票代码 300020。

公司是国家规划布局内重点软件企业、国家火炬计划重点高新技术企业、浙江省百强高新技术企业、福布斯（Forbes）2010 年中国最具潜力中小企业 100 强、改革开放 30 年中国信息化建设杰出贡献单位，是国内行业内综合业务资质等级最高且种类最齐全的公司之一。

公司长期专注于为城市交通、数字医疗、智能建筑行业用户提供智能化技术、产品和应用服务，上述三个行业均为国家目前和今后大力扶持和发展的产业且市场容量巨大。公司坚持以“引领智能技术未来，开启物联网新时代”为企业发展理念，在智能识别、移动计算、数据融合三大技术领域拥有完整的核心技术、系列化的自主研发产品、成熟领先的行业整体解决方案，实现了公司业务的高速增长，是国内领先的城市交通智能化、医疗信息化和建筑智能化行业整体解决方案提供商和工程商。其中，城市交通智能化业务综合竞争力全国排名第一，医疗数字化无线医护系统和临床移动信息解决方案综合竞争力均全国排名第一，建筑智能化拥有国家一级资质且业务量全国排名前 50 强（CCID2008－2009）。

公司拥有计算机信息系统集成一级资质、建筑智能化工程专业承包一级资质、建筑智能化系统集成专项工程设计甲级资质、电子工程专业承包二级资质、国家保密局涉及国家秘密的计算机信息系统集成乙级资质，并通过 ISO9000 管理体系认证、ISO14001 环境管理体系认证、OHSMS18001 职业健康安全管理体系认证和软件 CMMI 三级认证。

公司采用直属分公司、战略联盟企业和合作伙伴三级渠道营销策略，实现公司业务的营销本地化、实施本地化和服务本地化，营销和技术支持网络遍布全国市场。公司同时十分注重与国际大公司的紧密合作，公司是 INTEL 成员企业，并与 MOTOROLA、SIMENS 等国际著名跨国企业建立了长期良好的合作关系。

公司十分注重技术创新，拥有强大的企业研发中心和技术实力，并拥有完整的技术支持和技术服务团队，还与清华大学、浙江大学等著名高校建立联合研究机构。公司是国家“十一五”科技支撑计划“国家数字卫生关键技术和区域示范应用研究”课题主要承担单位，并与美国 INTEL 公司合作推出了全球第一款移动临床信息助手（电脑医生）MCA 设备产品。公司自主研发的“基于 UNIX 平台的视频监控与管理系统”、“BRT 嵌入式信号优先控制系统”、“银江视频监控存储与管理系统”、“银江无线医护系统”、“银江病患管理系统”等多个产品和科技成果获还得了中国优秀软件产品、国家火炬计划项目、浙江省名牌产品、浙江省科技进步二等奖等 15 项奖励和荣誉。公司拥有国家专利 8 项、各类软件著作权 52 项，并作为主要成员承担或参与了多个国家标准和行业标准的制定和修改工作。

【主营业务】

向交通、医疗、建筑等行业用户提供智能化系统工程及服务。

【经营业绩】

2011 年上半年,公司实现营业收入 366,574,884.95 元,同比增长 39.03%;营业利润 33,812,385.06 元,同比增长 51.27%;归属于上市公司股东的净利润 28,553,199.12 元,同比增长 26.51%。

【300022】吉峰农机连锁股份有限公司

【基本情况】

吉峰农机始创于 1994 年,正式运营于 1998 年,2008 年完成股份改制。公司主要从事国内外名优农机产品的引进推广、品牌代理、特许经营、农村机电专业市场开发,已形成传统农业装备、载货汽车、农用中小型工程机械、通用机电产品等四大骨干业务体系,同时开展泵站及节水灌溉工程勘测设计、设备供应、安装施工等设施农业业务。

截至 2011 年 3 月 31 日,公司已形成直营店 160 余家、乡镇经销服务网络近 2000 家,网络覆盖四川、重庆、云南、贵州、陕西、江苏、安徽、辽宁、黑龙江、福建、浙江、甘肃、吉林、宁夏、湖南、广东、广西、江西、新疆 19 个省(市、区),系我国最大的农机流通企业,也是我国农机流通行业首家上市公司。

公司现为中国农业机械化协会副会长单位、中国农机流通协会副会长单位、中国农机学会常务理事单位、中国连锁经营协会理事单位、国家 AAA 级农机营销企业、中国证券市场 20 年最具活力新锐上市公司、中国最具创新商业模式创业板上市公司、2009 上市公司成长百强金牛奖、2010 中国特许经营连锁 120 强企业、中国特许经营社会责任奖、全国农机流通杰出贡献单位、全国农机行业优质服务先进单位、全国和谐商业企业、全国促创业带就业特许加盟 50 家示范单位、2010 中国营销杰出企业、四川大企业大集团、四川农业大学毕业生就业基地、四川职业技术学院联合人才培训基地、云南农业大学毕业生见习基地、2009 年四川最佳诚信企业,集团董事长王新明被评为全国"农机工作杰出贡献者"。

【主营业务】

传统农机、载货汽车、农用工程机械、通用机电产品等现代农业装备的销售与售前售后服务。

【经营业绩】

2011 年上半年报告期内,公司营业收入为 3,775,151,006.88 元,较上年同期增长 66.43%;净利润 89,664,906.87 元,较上年同期增长 77.72%;归属于母公司所有者的净利润 58,627,780.19 元,较上年同期增长 33.80%。

【300029】江苏华盛天龙光电设备股份有限公司

【基本情况】

江苏华盛天龙光电设备股份有限公司(原名常州华盛天龙机械有限公司、江苏华盛天龙机械股份有限公司)成立于 2001.12,注册资本 2 亿元,是一家专业的光伏设备研发生产企业,是目前国内太阳能电池硅材料生产、加工设备领域中产品种类最齐全的企业之一。

目前主要产品包括单晶硅生长炉、单晶硅切断机和单晶硅切方滚磨机等光伏设备,覆盖了人工晶体生长和加工的多个工序范围。

作为高新技术企业,公司始终将创新作为企业生存的源泉,以科技领先作为企业的质量方针,积极研发新的产品,坚持走在市场的前端。采取自主研发创新和合作研发创新相结合的方式,在硅晶体生长设备和硅晶体加工设备制造方面拥有多项核心技术。公司已实现批量生产的产品和在研项目的技术水平在国内同行业中处于领先地位,部分达到国际先进水平。截至目前,公司累计承担省、市级科技项目 3 项,获得国家知识产权专利 10 项,正在受理专利申请 9 项,拥有专有技术 1 项。2008 年,公司 85A 型单晶炉还获得江苏省科技进步三等奖。

公司先后获得江苏省民营科技型企业、江苏省百强民营科技企业、江苏省高新技术企业、常州市民营科技型企业、常州市认定企业技术中心、常州市创新型试点企业等荣誉,被江苏省发改委评为"江苏省人工晶体设备工程中心",被江苏省科技厅、江苏省财政厅、江苏省国家税务局和江苏省地方税务局联合认定为高新技术企业。同时,公司已通过 ISO9001:2000 质量管理体系认证。2003~2007 年,公司连续被常州市企业信用(合同)评审委员会评定为"信用(合同)AAA 级企业"。

2009 年 12 月 25 日,公司在深交所正式敲响上市宝钟,由此成为全国光伏生产设备制造行业首家上市公司,常州市首家成功登陆创业板的企业,同时也是金坛第一家上市公司。

目前,根据公司制订的发展战略,结合国家产业发展政策及公司目前在行业中所处的地位,公司制定了有层次、有重点、有保障措施的两步走发展目标。第一步目标是:通过资本市场为平台增强企业综合实力,通过优化研发机制和集聚科技人才进一步提升创新能力,通过纵向一体化和专业化分工相结合的方式进一步提高产品品质,在三至五年内达到太阳能级单晶硅生长炉的市场占有率国内第一,多晶炉的市场占有率稳定在国内前三名的目标;第二步目标是:立足于第一步目标实现后公司在规模、信息、市场方面的优势,在全球范围内寻找技术、人才方面的合作。不断创新经营服务模式,为用户创造最大的利润价值。在五至八年内达到国际领先水平,成为国际公认的一流的光伏设备供应商。

面对光伏行业的发展前景和金坛良好的投资环境,我们一定会把握历史机遇,在市委、市政府的领导下,在全体员工的共同努力下,充分发挥自身优势,将天龙光电打造成一个高标准、高效率的国际化上市公司,跻身世界一流企业之列,创造出最高的经济效益和社会效益,为世界光伏行业的发展作出更大的贡献。

【主营业务】

硅材料生长、加工设备的研发、生产和销售。

【经营业绩】

2011 年上半年,公司实现营业收入 41,753.05 万元,同比增长 124.73%,营业利润 10,310.16 万元,同比增长 166.54%,归属于上市公司股东净利润 6,132.16 万元,同比增长 71.08%。

【社会责任】

· 2008 年 8 月 20 日,由公司出资 1000 万元成立的"天龙奖(助)学基金"在金坛市慈善总会的组织下进行了首次发放。
· 2009 年 7 月 23 日,公司办公室会同生产部一同看望了患白血病的钳工车间俞欣跃的家属,并送上大家的捐款。
· 2009 年 8 月 30 日,第二届天龙奖(助)学基金进行了发放。
· 2010 年 8 月 30 日,第三届天龙奖(助)学基金进行了发放。
· 2011 年 8 月 18 日,第四届天龙奖(助)学基金进行了发放。

【300030】广州阳普医疗科技股份有限公司

【基本情况】

广州阳普医疗科技股份有限公司(以下简称“阳普医疗”)成立于1996年,公司是一家为临床检验实验室与临床护理提供相关技术、产品和服务的高新技术企业,目前公司主要产品为第三代真空采血系统,并已成功研发、生产和试销微生物拭子、体外诊断试剂、压脉带、输液泵等临床检验实验室与临床护理领域系列产品。

公司主营产品真空采血管现有约3000多种品规,公司是全球真空采血管品规最多、全球专项检查专用检测管最多、全球血清类采血管血清制备速度最快的供应商和国内真空采血系统高端市场的领军企业。公司研发的第三代真空采血系统在帮助医务人员迅速获得合格人体静脉血液标本的同时,可有效抑制血液标本离体后的变异,并可同时实现对人员、标本、设备以及环境安全的全过程保护。目前,阳普医疗的产品和服务已覆盖全球七十多个国家与地区,为近2,000家医疗机构提供产品和技术服务。

阳普医疗视创新为企业生存和发展的动力源泉。阳普医疗拥有一支专业研发团队,团队成员经验丰富,承担着国家部委、省、市、区级多项科技项目计划,研发方向包括与产品相关联学科的基础研究以及建立在充分基础研究之上的技术和产品开发研究,并与境内外多家高校及医疗机构保持紧密的合作,截至目前,公司现拥有8项非专利核心专有技术、41件专利申请,其中12件发明专利申请,26件实用新型专利申请,3件外观设计专利申请,从而把企业的自主研发成果转换成有效的知识产权保护起来。另外,为适应国家的863计划的实施,公司在免疫系统和血培养系统的自主创新课题中已取得较大进展,开拓了中国生物技术研究的新局面。

阳普医疗视质量为企业的生命,公司提出的“公司管理就是质量管理”的质量理念深入人心,质量管理方法和工具的应用被拓展到了企业管理的各个层面。阳普医疗以“一流品质,一流服务”为质量方针,建立了一整套严格的内部质量控制体系,配置包括各类先进专用检测装置在内的软硬件,并确保员工培训达标,确保设计、制造、销售、服务的全过程受到严格质量控制。2001年,公司在国内真空采血系统行业率先通过德国TüVPS(现更名为德国TüVSüD公司)ISO9001:2000、欧盟EN46002:1994质量体系认证;2003年公司在全国同行业率先获得医疗器械行业国际权威认证公司德国TüVSüD颁发的ISO13485:2003和ISO9001:2000国际质量体系证书;真空采血管和采血针均通过CE权威认证。2010年7月,采血管产品获得美国FDA510(K)注册批准。

阳普医疗积极致力于市场拓展和渠道建设,每年定期参加国际国内专业展会,举办国内外经销商培训等,与合作伙伴携手共同成长,目前全球有超过两百个专业经销商在帮助公司拓展产品业务。阳普医疗坚持“以学术促进销售”,“销售与服务并重”的营销理念,致力于打造一支专家型的销售团队,在同行业独创“驻院式顾客服务模式”(Turn - keyService),为顾客近距离提供售后服务和技术指导,优异的产品性能和贴心的售后服务得到了用户的肯定,促进了业务的快速增长。

阳普医疗重视品牌的建设与维护,坚持自主品牌的建设和推广,经过十多年来的发展,现拥有“阳普”(Improve)和“阳普医疗”(ImproveMedical)两大核心品牌。公司Improve(阳普)系列品牌是全球临床检验实验室与临床护理领域的知名品牌,“Improvacuter”更已成为优质真空采血系统的代表和象征,深受国内外用户的认可和喜爱。2007年“Improve”商标被认定为“2007年广州市著名商标”,2008年“阳普(Improve)”品牌被评为“改革开发三十年广东省医疗器械产业最具影响力品牌”。2009年12月成为创业板上市企业。2010年“Improve”商标被认定为“广东省著名商标”。

阳普医疗积极履行企业公民义务,热心投身社会公益事业。2005年起联合中华医学会面向国内检验医学中青年学者定期举办阳普优秀论文评选活动,该活动举办以来已成功帮助一大批国内检验医学优秀中青年学者脱颖而出;2008年,阳普医疗倡议创办并独家赞助了《海外检验医学》杂志的出版,该杂志是国内惟一的反映国际检验医学最新研究进展的公益性中文学术刊物,深受到国内读者喜爱。2010年,阳普医疗成功承办首届检验医学频道中南地区“检验与临床学术研讨会”。

阳普医疗的发展业绩获得了用户和社会的肯定和认同,2003年至2006年公司连续4年被评为“广东省医药行业优秀企业”;公司自2003年起担任“全国医用临床检验室和体外诊断系统标准化技术委员会(SAC136/TC212)”单位委员;2005年公司被广州市科技局认定为“广州市高新技术企业”,于2008年被广东省科技厅、财政厅、国税局、地税局联合认定为高新技术企业;2006年公司被评为“广州市富有竞争力企业”;2007年公司被国家科技部评为“优秀民营科技企业”;被广东省知识产权局评为“知识产权优势企业”。2008年公司自主开发的VBCT安全环保型真空采血管被列入广东省重点新产品计划。2009年公司环保型自动定量PET塑料真空采血管被认定为2009年广东省第一批自主创新产品。

未来,阳普医疗将继续秉承“关爱人类健康”的企业宗旨,“安全、卓越、诚信、愉悦”的核心价值观,“标本专家、护理专家、检验专家”的产品战略,我们通过持续的技术与管理创新,为临床诊断实验室和临床护理提供标准化作业的最佳解决方案,矢志成为全球行业内产品、服务与技术的主要供应商,最大限度地达成顾客、员工、社会和股东的共赢。

【主营业务】

为临床检验实验室与临床护理提供以专业解决方案为依托的技术、产品和服务.主要产品为第三代真空采血系统 。

【经营业绩】

2011年1-9月份,公司实现营业总收入16,737万元,比上年同期数增加5,789万元;营业总成本14,015万元;实现净利润2,757万元,归属于上市公司股东的净利润2,502万元,归属于上市公司股东的扣除非经常性损益后的净利润2,030万元,归属于上市公司股东的扣除非经常性损益后的净利润比上年同期增加20.05%。

【300046】湖北台基半导体股份有限公司

【基本情况】

湖北台基半导体股份有限公司位于襄樊市襄城南郊,岘山北麓,是外商投资股份制企业。台基公司是湖北省09年13家上市重点后备企业、湖北省100家优秀纳税企业、省重合同守信用单位,湖北省著名商标和精品名牌企业。公司注册资本4420万元,主营TECHSEM牌晶闸管及其模块的研发、制造和销售,是中国功率半导体器件的主要制造商之一,综合实力位居国内功率半导体行业前三强。产品广泛应用于金属熔炼、工业加热、电机调速、软启动、发配电等领域，以品种齐全、质量可靠、服务诚信享誉和畅销全国，并销往欧美、韩国、台湾及东南亚等国家和地区。

台基公司人才齐全，产能优势突出。现在职员工 510 人，其中享受国务院津贴专家 1 名，工程硕士 8 人，高级工程师 12 人，技术研发人员 32 人。公司是国家电力电子行业协会副理事长单位、湖北省高新技术企业，拥有省级企业技术中心。公司一直专注于大功率晶闸管及模块的研发、制造、销售及相关服务。目前，公司已形成年产 80 万只大功率晶闸管及模块的生产能力，是我国销量最大的大功率半导体器件供应商。经过持续的技术引进和自主研发，公司已经掌握大功率晶闸管的核心技术。目前，公司正在研制具有国际级技术水平的 6500V 全压接大功率晶闸管、焊接式模块的制造技术以及 IGBT 的封装技术，技术水平位于国内同行前列。

公司建立了遍及全国的销售网络，在国内拥有约 850 家直营客户（整机设备制造商），其中 75 家大客户为电力电子应用领域的龙头和骨干企业；同时还拥有 49 家特约经销商，5 家一般经销商，触角延伸至全国各地，销售渠道在同业中具有明显的比较优势。报告期内，公司主导产品在国内连续保持年销售数量第一位，销售收入前三位，其中在感应加热应用领域的市场占有率超过 50%，保持全国第一。综合实力长期位居国内大功率半导体行业前三强。

公司是国内大功率半导体器件领域为数不多的掌握前道（扩散）技术、中道（芯片制成）技术、后道（封装测试）技术并掌握大功率半导体器件设计、制造核心技术并形成规模化生产的企业。公司现拥有 5 项专利，8 项专利申请权（其中 2 项发明专利申请权），22 项非专利技术。公司主要技术人员累计参与起草了 11 项国家或行业标准。公司以技术中心总协调、以技术开发部为依托开展研发，并与华中科技大学联合设立仪华电力电子技术研究所（非法人机构）；公司先后承担了国家发改委、科技部、商务部的国家级重点火炬计划项目等多项重点项目。

公司 2005 年 12 月通过 ISO9001：2000 质量体系认证；2006 年初公司产品通过了 SGS 通标公司的 ROHS 检测；2007 年 12 月，公司产品通过了 CE 认证，并录入了铁道部《机车重要件定点验收目录》；2009 年 7 月，公司通过了 ISO9001：2008 质量体系认证。公司 2004 年起一直被评为高新技术企业。

【主营业务】

功率晶闸管、整流管、电力半导体模块、电力半导体用散热器等大功率半导体元器件及其功率组件的研发、制造、销售及相关服务。

【经营业绩】

2011 年上半年报告期内，公司实现营业总收入 156，127，663.41 元，同比增长 27.40%；营业利润 55，332，973.61 元，同比增长 36.64%；归属于上市公司股东的净利润 47，086，534.30 元，同比增长 26.66%；加权平均净资产收益率 5.64%，同比上升 0.15 个百分点。

【300049】内蒙古福瑞中蒙药科技股份有限公司

【基本情况】

内蒙古福瑞中蒙药科技股份有限公司前身为内蒙古福瑞制药有限责任公司，于 1998 年 11 月 26 日成立。公司主要股东有董事长王冠一、中国高新投资集团公司、深圳鄂尔多斯资产管理有限公司等企业及自然人。2010 年 1 月 20 日，公司在深圳证券交易所创业板挂牌上市，股票代码 300049，现有注册资本人民币 9620 万元。

公司坚持“专业服务于肝病领域，以抗肝纤维化为核心”的发展战略，致力于建立具有福瑞特色的专业服务体系。公司自设立之日起即以为社会创造价值为己任，通过全体同仁的共同努力，提高全社会对肝纤维化的认知水平，为肝病患者提供先进准确的肝纤维化诊断手段和切实有效的肝纤维化治疗药物，给肝病患者带来健康，在此基础上体现公司存在和发展的价值。

作为肝纤维化诊治领域的开拓者，公司以立足国内、放眼全球的大视野，提供全面的专业肝纤维化诊治方案，现已成为了集科研、生产、销售、网络服务为一体的现代化医药企业，拥有自主知识产权的高端核心技术，提供肝纤维化领域诊断和治疗解决方案，提供切实有效的肝纤维化治疗药物，是肝纤维化领域内的龙头企业。公司主导产品复方鳖甲软肝片，1999 年获国家科技进步三等奖，2001 年被内蒙古自治区科技术厅认定为高新技术成果，2003 年被国家食品药品监督管理局批准中药保护，被国家专利局授予发明专利，自 1999 年上市以来一直保持肝纤维化治疗领域市场占有率第一的位置。为进一步完善产品和业务结构，公司依托自身的研发实力和创新优势，初步形成了肝纤维化在线诊断服务平台，建立了专业抗肝纤维化公司的品牌形象，随着技术的日臻完善，业务规模逐步增长，为公司未来持续稳定增长奠定了基础。

公司于 2000 年 10 月通过了国家食品药品监督管理局组织的 GMP 认证，成为自治区首家通过 GMP 认证的药品生产企业，2002 年被国家科技部认定为高新技术企业，2008 年获得内蒙古自治区经委、科技厅等七厅局联合颁发的自治区级技术中心资格认证。公司现拥有各类大中型生产设备 200 多台（套），可同时进行片剂、胶囊剂、橡胶膏剂三大类五十多个品种药品的生产，达到了制药行业的先进水平。

公司坚持专业化学术推广的营销思路，注重以肝纤维化领域的学术制高点为目标的学术品牌建设，通过与国内外大型科研机构、高等院校及知名企业的合作，形成强大高效务实的研发体系，在肝病的诊断和治疗领域不断突破，形成独有的核心竞争力。经过多年的不懈努力，目前公司已在全国建立了以医院和零售药店为主要渠道的学术推广网络，拥有一支训练有素的专业化、正规化营销队伍和一个覆盖全国主要省市的高效运转的营销系统。

在发展公司业务的同时，公司也勇担社会责任，积极参加多项公益事业，公司捐资人民币 5000 万元，与中国肝炎防治基金会合作设立“王宝恩肝纤维化研究基金”，以求提高我国的肝纤维化研究水平和肝病患者生存质量，推动我国肝病防治事业的进一步发展。

为了拓展药品销售渠道，让百姓吃上安全有效、价格合理的放心药，2001 年公司本着“惠泽百姓，奉送健康”的经营宗旨，组建成立了内蒙古福瑞药业有限责任公司，建立了符合 GSP 标准的库房、计算机网络化管理的物流配送系统和质量检验、检测中心及其他配套设施，2002 年通过了国家食品药品监督管理局组织的 GSP 认证，形成了以内蒙为中心辐射全国的自主销售网络。2006 年 7 月，成立了北京赛福利康网络科技发展有限责任公司，建立了“中华爱肝网”，为医院、医生、患者搭建一个三位一体的健康服务平台，并为我国的肝病患者提供长期的经济资助和肝病知识教育。

【主营业务】

提供肝病领域诊断及治疗手段以及配套服务。

【经营业绩】

2011年1-9月，公司实现营业总收入17325.99万元，比去年同期增长23.51%；营业利润为4166.05万元，比去年同期减少4.72%；利润总额为4190.88万元，比去年同期减少0.73%；归属于母公司的净利润为3489.25万元，比去年同期增长11.54%。

【300054】湖北鼎龙化学股份有限公司

【基本情况】

湖北鼎龙化学股份有限公司是全球著名的电荷调节剂、商业喷码喷墨及树脂着色剂、彩色聚合墨粉、分散液及乳液等化学品新材料供应商，国家火炬计划重点高新技术企业，国家创新型企业。自成立以来，始终坚持"研发前瞻化、技术前沿化、市场国际化"的发展战略，通过不断创新及自主知识产权建设参与国际高端竞争，运用6SIGMA、ISO、OHSAS、ERP等先进、科学的管理系统，致力于为客户提供近乎完美的产品与服务。经过多年不懈的努力，已成为多家世界500强企业的主要供应商。为客户提供稳定、优质、安全、环保的化学品新材料一直是我们最大的使命。

鼎龙股份致力于化学品新材料的开发与技术创新的同时，在所有事业活动领域，都十分注重资源节约、环境友好和人体安全，努力构筑与股东、员工、顾客、社会和自然的和谐关系；在向客户提供最好的产品和服务、与员工共同发展、谋求股东利益最大化的同时，忠实履行对社会所应承担的责任。

鼎龙股份将一如既往地专注于化学品新材料和新技术的开发，推动行业进步与技术革新，发展成为全球卓越的化学品新材料供应商。

【主营业务】

从事电子成像显像专用信息化学品的研发、生产和销售及相关贸易业务。

【经营业绩】

2011年1-6月，公司实现营业收入14,856.89万元，较去年同期增长20.94%；实现营业利润2,418.13万元，较去年同期增长27.29%；实现利润总额3,046.37万元，较去年同期增长10.92%；实现归属于上市公司股东的净利润2,596.74万元，较去年同期增长11.77%。

【企业荣誉】

鼎龙股份致力于成为卓越化学品新材料供应商的努力获得国家、社会和合作伙伴的认可，鼎龙股份先后被国家相关部委认定为"国家级高新技术企业"、"国家创新试点企业"，承担国家863研发项目，经湖北省政府批准设立博士后产业基地，承担多项国家及地方创新基金项目，先后荣获"国家民营企业科技创新奖"，获得多项省市科技进步奖、科学技术成果、技术创新奖，多项产品荣获"国家重点新产品"，通过多家美欧日韩等全球500强企业进行的现场考察并成为他们的合格供应商。

【300056】厦门三维丝环保股份有限公司

【基本情况】

厦门三维丝环保股份有限公司是一家集高性能高温除尘滤料研发、生产、销售和服务为一体的国家级火炬高新技术上市企业，股票代码：300056。公司主营PUNATE、普耐、窑之星、三维丝等系列产品，产品广泛应用于火力发电、水泥、垃圾焚烧、钢铁冶炼、化工等行业。

公司拥有目前国内滤料行业中设备齐全、人才队伍结构合理的省级技术中心。研发出"针刺复合过滤毡"、"聚酰亚胺纤维面层针刺过滤毡"、"混合针刺过滤毡"、"复合微孔滤料"等一系列高新技术产品，先后获得《一种聚四氟乙烯纤维针刺过滤毡的制作工艺》等10项发明专利和《一种混合针刺过滤毡》等若干项实用新型发明专利。公司还积极参与行业标准的制定，先后主持起草《燃煤电厂袋式除尘器用滤袋安装技术要求与验收规范》《燃煤电厂袋式除尘器用滤料标准》《垃圾焚烧发电袋式除尘器用滤料标准》等三项行业标准，并参与制定数十项国家和行业标准制修订。公司严格推行规范化、流程化、专业化生产管理，通过导入ERP管理系统，持续开展6S运动，不断提高生产管理效率；通过引进全套德国DILO公司针刺、FLESSINER公司水刺、MONFORTS公司后整理等国际领先的高端设备，生产出高性能、高品质的产品。产品性能远高于国家标准，具有高精度、低阻力、易清灰、长寿命等特点，能适宜各种复杂工况客户个性化的需求。

公司通过不断创新营销理念，打造三维丝在高温滤料细分市场核心竞争力，连续三年产销排名全国滤料行业前三甲。公司通过内部培养和外部引进，打造了一支活力迸发、分工合理、协作紧密的销售工程师和除尘技术顾问营销队伍，持续地为客户提供顾问式营销服务，先后成立了北京销售分公司，重庆销售分公司，同时积极实施"走出去"战略，奋力拓展海外市场，先后成立了亚洲销售分部和欧美销售分部，海外市场业绩持续攀升。

公司在保持火电等高温滤料供给传统优势地位的同时，积极开拓水泥、钢铁冶炼、垃圾焚烧等其他行业市场，谋求企业均衡可持续性发展，并取得了明显的市场效果，在火电行业，三维丝以20%以上的高温滤料市场占有率稳居第一；在水泥行业，2010年以来公司先后成功入围国家重点扶持的海螺水泥等大型水泥企业集团滤料采购商体系，海外市场，在继成为世界第二大水泥企业集团HOLCIM亚洲采购商体系后，又成功入围美国某跨国大公司的全球滤料采购商体系；在垃圾焚烧行业，公司通过新的经营机制组建了厦门佰瑞福环保科技有限公司专司垃圾焚烧行业细分市场滤料研发、生产和销售。

国家近期出台的《十二五规划纲要》，为公司发展指明了发展方向，公司将以此为契机，凝聚企业智慧，在产能扩张、新产品开发、人才培养、市场网络建设等方面制定明晰的发展策略，力争实现公司"十二五"战略发展目标。

【主营业务】

袋式除尘器核心部件高性能高温滤料的研发、生产、销售和服务。

【经营业绩】

2011年前三季度，公司营业收入实现198,739,889.34元，比上年同期增长79.84%；实现净利润21,975,430.69元，比上年同期增长29.6%。

【企业文化】

愿景使命：为净化地球环境提供坚实保障，把客户和社会的利益和人类的健康安全放在最为重要的位置；以防护人居环境远离烟气粉尘危害为己任，尽心尽力，服务环境。

公司宗旨：以高新技术和卓越经营管理模式为驱动力，使公司成为环保、高温滤料产品研发和生产的领导者，在服务社会的同时为股东和利益相关者带来较高的经济和社会效益。

【300062】福建中能电气股份有限公司

【基本情况】

福建中能电气股份有限公司(简称"中能电气")前身为福建中能电气有限公司,成立于2002年。2007年11月,公司依法整体变更设立为福建中能电气股份有限公司。2010年3月,公司在深圳证券交易所首次公开发行股票并成功上市,股票代码300062。中能电气致力于在国内快速发展的电缆化输配电系统,为达到绝缘全封闭、智能免维护、环保小型化的目标,提供拥有自主知识产权核心技术的、能与国际品牌企业产品抗衡、符合坚强智能电网规划方案的中压等级输配电设备。中能电气在其主要产品细分市场领域发扬自主创新精神,市场地位突出,技术水平领先,同时公司在产品开发乃至企业发展规划上表现出比较专业的前瞻性。城乡电网改造与建设中的电缆配电网建设为公司产品提供了很大的市场需求,而2009年我国提出建设"坚强智能电网"的规划,则进一步拓宽了公司未来发展的空间。

公司坚持引进消化与自主创新的战略,经过十多年的发展研究开发出具有世界先进水平、适合中国国情的预制插拔式可分离连接器、冷缩电力电缆附件、电缆分支箱、户内外环网柜、箱式变电站、高低压开关柜、动力配电箱、地埋式配电设备、户内外真空断路器、故障指示器等配电自动化所需的系列产品。其中中压预制式电缆附件是国内品牌企业中的龙头;12KVC－GIS环网柜产品本地化特点突出,在国际品牌企业主导的市场中,该产品在国内品牌企业中居于领先位置。目前中能电气已成为以经营0.4kV—110kV低压、中压、高压各类预制式及冷缩式新型电力电缆附件,0.4kV—35kV低压和中压各类户外式及地埋式电缆分支箱,全绝缘、全密封、全屏蔽组合式和地埋式变压器专用配件,配电系统故障寻址指示器,APG环氧树脂绝缘件和SMC电气设备箱体等高性能复合材料绝缘制品,以及相关输配电设备产品的企业集团。

中能电气主营业务产品之一——电缆附件,还通过了欧洲著名电力实验室荷兰KEMA的型式试验以及北美著名电力实验室LAPEM的认证,不仅在国内各地区大量长期安全运行,还出口到美国、墨西哥、澳大利亚、日本、韩国、英国、沙特、印度、巴西等三十多个国家和地区。

本公司在技术开发、产品研制、经营管理和产品质量控制等方面精益求精,以ISO9001质量管理、ISO14001环境管理和OHSAS18000职业健康安全管理三合一管理体系为基础,建立了完善的全面质量、环境和职业健康安全管理体制。

【主营业务】

输配电设备产品的研发、生产和销售。

【经营业绩】

2011年1－9月,公司实现营业收入231,124,392.68元,同比增长89.22%;利润总额为55,122,372.92元,同比增长76.50%;归属于上市公司股东的净利润39,938,464.53元,同比增长55.92%。

【企业荣誉】

- 公司获得质量、环境和职业健康安全三合一管理体系认证证书。
- 2011年7月20日,2项产品获福州市产品质量奖。
- 2011年7月20日,环网柜产品荣获2010年福州市优秀新产品二等奖。
- 2011年7月20日,福州市知识产权示范企业。
- 2011年7月20日,中能商标荣获福建省著名商标。
- 2011年7月20日,获"安康"杯安全竞赛优胜班组称号。
- 2010年1月29日,祝贺我公司产品获得福建省自主创新产品证书。

【300066】江西三川水表股份有限公司

【基本情况】

江西三川水表股份有限公司于2004年5月经江西省工商行政管理局登记设立,主要发起人为江西三川集团有限公司,目前注册资本为10400万元,主要产品有节水型水表、智能卡式水表、网络远传水表、直读式电子远传水表、环保不锈钢水表、复式水表、多路共管供水系统、给排水管材管件、水司管理应用软件等。公司是中国城镇供水排水协会常务理事单位、中国仪器仪表行业协会理事单位、中国计量协会水表工作委员会副秘书长单位。公司建有江西三川、山东三川南北两大生产基地,水表年生产能力800万台。产品覆盖中国大陆,远销东南亚、美洲、非洲等海外市场,国内市场占有率连续十年保持同行业领先。

公司系国家高新技术企业,拥有发明专利、实用新型专利及外观专利授权共计22项,是国内水表行业拥有专利最多的企业之一,具有引领和推动行业技术发展的能力;公司主导产品通过了江西省科技厅新产品新技术鉴定及科学技术成果鉴定,其核心技术——滴水计量级智能型水表成套技术在国内同行业中处于领先地位,达到国际先进水平。公司产品先后荣获中国名牌、国家免检、全国用户满意产品、建设部推广产品、中国水协推荐产品称号。"三川牌"注册商标,是国内水表行业目前唯一由国家工商行政管理总局认定的中国驰名商标。

2010年3月26日,三川股份正式在深圳证券交易所挂牌上市,成为中国资本市场首家以水表为主业的上市公司。三川股份的正式上市,开启了公司发展的新格局,预示着公司将在资本市场助推下插上快速腾飞的翅膀。三川股份将秉承"务实、创变、卓越"的企业精神,以务实的精神,不断创新、追求卓越,努力打造中国水工行业一流品牌。

【主营业务】

主营各种水表产品的研发、生产和销售。

【经营业绩】

2011年前三季度,公司累计实现营业收入32,820.93万元,同比增长33.23%;实现营业利润5,179.63万元,同比增长33.84%;实现归属于上市公司股东净利润4,383.90万元,由于上年同期公司收到大额政府补助,受此影响公司报告期归属上市公司股东净利润同比下降9.39%,扣除非经常性损益后公司报告期归属于上市公司股东的净利润同比增长15.96%。

【300068】浙江南都电源动力股份有限公司

【基本情况】

浙江南都电源动力股份有限公司(简称:南都电源,股票代码:300068)是国家高新技术企业。公司创立于1994年9月,2010年4月在A股创业板上市。公司主营业务为通信后备电源、动力电源、储能电源、系统集成及相关产品的研发、制造、销售和服务;主导产品为阀控密封蓄电池、锂离子电池、燃料电池及相关材料。产品广泛应用于通信、电力、铁路等基础性产业;太阳能、风能、智能电网、电动汽车、储能电站等战略性新兴产业;电动自行车电池、通讯终端应用电池等民生产业。经过十余年的发展,公司已成为国内外电池行业的领导者,公司品牌"NARADA"已成为中国驰名商标和享誉全球的知名品牌。

公司拥有卓越的技术创新能力。设有南都电源研究院、国家认可实验室、博士后科研工作站和杭州市院士专家工作站,配备了国际最先进的科研试验和综合测试设备。拥有以院士为首,国内外教授、专家组成的具有丰富理论与实践经验的研发团队。公司迄今已提出百余项自主知识产权申请,其中发明专利几十项,已获得57项专利授权。在储能应用领域,拥有大型储能、离网储能、分布式储能的系统设计及集成技术;在动力应用领域,拥有电动汽车、电动叉车、电动自行车等车用超级电池、锂离子电池技术;在通信应用领域,拥有IDC等交换机房用、基站用、UPS用等阀控电池、锂电池、燃料电池技术,其中适用于高温环境下的环保节能电池为国际首创,具有巨大的经济及生态效益;在新型材料方面,拥有锂离子电池正负极材料、阀控电池正负极材料、电解质材料等多项核心技术。

公司形成了全球销服一体化的营销体系,拥有最具专业化、国际化的营销团队,是国内同行业中海外市场占有率最高的企业。营销网络遍及世界五十余个国家和地区,中国市场覆盖29个省、市、区,海外市场已进入欧洲、中东、非洲、亚太、美洲等70余国,先后成立了南都亚太、南都英国、南都菲律宾、南都马来西亚、南美办事处等营销服务机构,构建了迅捷、优质的物流通道。

公司秉承"严选材、精制造、高技术、诚服务"的质量方针,导入精益生产理念,建立了涵盖研发、生产、销售全过程的质量管理体系;坚持绿色环保的制造理念,注重全员职业健康安全,打造敬业、创新、开放、进取的企业文化,成为具有高度社会责任感的企业公民。公司先后通过了挪威船级社(DNV)ISO9001和TL9000质量管理体系认证,ISO14001环境管理体系认证,OHSAS18001职业健康安全管理体系认证和法国BV公司SA8000社会责任体系认证,为实现企业的国际化开辟了一条绿色通道。

公司确定以"通信、动力、储能"为未来发展的三大支撑产业,逐步从提供通信后备电源产品的制造商向提供通信、动力及储能电源系统解决方案的供应商发展。公司以技术、品牌为核心,参与国际竞争,借助资本力量,助力企业做强做大,南都电源以务实、创新、进取的精神推动全球新能源发展。

【主营业务】

化学电源、新能源储能产品的研究、开发、制造和销售。

【经营业绩】

2011年上半年,公司实现营业收入为57,947.83万元,比去年同期64,525.34万元下降10.19%;公司上半年主营业务毛利率为15.84%,比去年同期下降3.41个百分点;净利润为1,679.41万元,比去年同期下降48.52%。

【企业荣誉】

- 中国驰名商标。
- 2011年清洁生产环境友好型企业。
- 中国最具环保社会责任企业家。
- 电子信息科学技术奖三等奖。
- 中国电池工业协会第六届理事会常务理事——陈博。
- 科学技术奖证书(《通信网络设备……》等6项国家标准)。
- 中国电器工业协会会员证书副理事长单位。
- 2008年度信息统计先进单位。
- 中国电子学会第八届理事会理事单位。
- 国家火炬计划项目证书(高分子胶态锂离子二次电池)。
- 机修组荣获信息产业部2003年电子工业优秀质量信得过班组一等奖。
- 警报质量管理小组荣获信息产业部2003年电子工业优秀质量信得过班组一等奖。
- 机修涂板片质量管理小组荣获信息产业部2003年电子工业优秀质量信得过班组一等奖。

【300072】北京三聚环保新材料股份有限公司

【基本情况】

北京三聚环保新材料股份有限公司(股票简称:三聚环保,股票代码:300072)是为基础能源工业的产品清洁化、产品质量提升及生产过程的清洁化提供产品、技术、服务的高新技术企业。主要从事脱硫净化剂、脱硫催化剂、其他净化剂(脱氯剂、脱砷剂等)、特种催化材料及催化剂等的研发、生产、销售、技术咨询和技术服务。

公司成立于1997年,注册资本19,454万元,是经北京市科学技术委员会、北京市财政局、北京市国家税务局和北京市地方税务局联合认定的国家级高新技术企业,是经北京市人民政府、科学技术部、中国科学院联合认定的中关村科技园区创新型试点企业,是北京市专利试点先进单位,是中石油能源一号网、物资装备网成员,是中石化"三剂"协作网成员单位,是中石油和中石化一级生产供应商。"三聚"商标于2009年被评为北京市著名商标。

公司是国内产品种类齐全、生产规模较大的能源净化企业,拥有第一分公司、沈阳三聚凯特催化剂有限公司、苏州恒升新材料有限公司三大生产基地,通过了GB/T19001－2000idtISO9001:2000质量管理体系认证,具备年产11,000吨的脱硫净化剂、脱硫催化剂、其他净化剂(脱氯剂、脱砷剂等)、特种催化材料及催化剂四大系列近百个产品,年产500套"一站式"脱硫成套设备,以及石化、煤化工、油气田等领域的脱硫成套工艺技术。

公司坚持"以技术创新为先导,以管理创新为保障,以服务客户为宗旨,净化能源,服务环保,回报社会,为员工提供舞台,为股东创造价值"的经营理念,通过持续不断的技术、管理创新,致力于创造出更多的具有国际领先水平的技术及产品,服务于能源行业,解决能源产品的净化问题,成为国内一流、国际知名的能源净化产品、技术及服务及整体解决方案的供应商,为中国乃至全球环保事业做贡献。

【主营业务】

脱硫净化剂、脱硫催化剂、其他净化剂(脱氯剂、脱砷剂等)、特种催化材料及催化剂等的研发、生产、销售、技术咨询和技术服务 。

【经营业绩】

2011年第三季度报告期内,公司实现营业总收入20,375.78万元,同比增长129.40%;净利润2,959.92万元,同比增长47.60%。

2011年1－9月,公司实现营业总收入40,947.25万元,同比增长53.69%,净利润6,025.54万元,同比增长43.84%。

【企业文化】

我们的追求:团结、诚信、效率、品牌。

团结：团结一切可以团结的力量，建设和谐的企业、和谐的客户关系。

诚信：对客户诚信，对股东诚信，对员工诚信。

效率：资金的使用效率、人才的使用效率、业务运作的效率。

品牌：树立良好品牌形象，促进公司品牌发展。

【企业荣誉】

· 公司荣登“中关村 TOP100”活动“创新榜”，成为中关村在创新能力方面最优秀的 100 家企业之一。
· 公司是北京市科学技术委员会、北京市财政局、北京市国家税务局、北京市地方税务局联合认定的国家高新技术企业。
· 公司是中关村科技园区管理委员会认定的中关村高新技术企业。
· 公司是北京市人民政府、科学技术部、中国科学院认定的中关村科技园区创新型试点企业。
· 公司“三聚”商标被北京市工商行政管理局认定为北京市著名商标。
· 公司通过 GB/T19001 - 2008/ISO9001：2008 质量管理体系认证。
· 公司是中石油中石化一级生产供应商。
· 公司被北京市知识产权局评为北京市专利试点先进单位。
· 公司是北京中关村企业信用促进会会员。
· 公司是北京民营科技实业家协会常务理事单位。
· 公司是北京知识产权保护协会会员。

【300084】兰州海默科技股份有限公司

【基本情况】

兰州海默科技股份有限公司设立于 2000 年 12 月。公司是国际多相计量领域的技术领导者，是亚洲市场上领先的油田多相计量整体解决方案提供商。多相计量技术被国际能源界列举为“决定未来油气工业成功的五大关键技术”之一。公司自主创新的多相流量计产品被国家发改委批准为“国家工业过程自动化重大专项”，并获得科技部“中小型科技企业创新基金”的无偿资助。该技术的推广应用对于在新的油气田（特别是海洋、沙漠油田和边际油田）的开发中节省大量投资、缩短建设周期、简化生产操作、保护环境和提高能源综合利用水平等具有重要意义。

公司在多相计量领域拥有完整的、自主的知识产权，已在中国、美国、英国等国家取得多项发明专利，并获得了“第十届中国专利奖”优秀奖。公司的技术和产品经英国国家工程实验室（NEL）等国际权威机构的测试和认证，主要性能指标超过国外同类产品，技术上达到国际领先水平。由于采用了自主创新的核心技术和生产工艺，加上利用中国和印度等地富有竞争力的人力资源，公司的产品和服务的成本明显低于竞争对手。“技术领先”和“成本领先”是公司的两大核心竞争优势。

公司是目前国际市场上主要的提供多相计量产品和服务的四家厂商之一，已获准成为阿曼石油、阿布扎比石油、壳牌、道达尔、康菲、中国海油和中国石油等二十几家国内外主流的石油公司的合格供应商，产品和服务远销中东、北非、东南亚、中亚和欧洲等地区，公司在国际市场上有着广阔的发展空间。公司目前在中国、阿曼和阿联酋等市场上占有较大的市场份额，处于市场领导地位。

公司主要业务是为向石油天然气上游工业的客户提供代表当前技术发展水平的多相计量产品，多相测井服务，以及多相计量产品的应用和售后技术服务。上述产品和服务涵盖了油田勘探、开发和生产全过程中对多相计量技术的需求，从产品、服务和应用等三个层面上构成了油田多相计量整体解决方案。公司提供的产品解决方案具体包括：油井多相流量计、总量计量多相流量计、湿气多相流量计、低产油井测量装置（LPT）和高性能油井测量装置（HPT）等；服务解决方案具体包括：生产井计量测试服务、作业井评价测试服务和勘探井试油测试服务等；产品应用解决方案具体包括：多相计量产品的安装调试及试运行服务、预防性维护服务、现场标定及检定服务和性能保障服务等。

无论是通过上述设备、服务还是整体解决方案，公司为客户提供的最终产品都是石油天然气勘探和开发过程中所需的准确、可靠、实时的油气井产量数据以及其他过程信息；客户利用这些数据和信息，可以实施生产优化和改善油藏管理的有效措施，以达到增加产量、提高采收率或延长油气井生命周期等目的。与传统的测试分离器相比，多相计量技术能够实现油气井的连续、在线和实时的测量和监控，并且为客户节省大量的投资、降低操作费用和提高作业效率。与同行业竞争对手相比，我们的多相计量设备测量范围更广、精度更高、性能价格比更优；我们提供的多相测井服务作业效率更高、服务总成本更低。公司的核心能力在于，根据客户的个性化需求提供量身定制的多相计量整体解决方案并且将其快速投放市场。

综上所述，由于我们的存在，显著提高了油气井产量数据和过程信息的准确性、实时性和可获得性，并且大幅度降低了获取这些数据和信息的成本，从而使得客户通过生产优化措施实现油气增产和通过改善油藏管理实现油田可持续开采的战略在技术上和商业上都变得更加可行。

【主营业务】

多相流量计的研发、生产、销售和售后技术服务。

【经营业绩】

2011 年 1 - 9 月，公司实现营业总收入为 9386.67 万元，比上年同期增长 57.27%；实现营业利润 815.37 万元，比上年同期增长 81.76%；实现利润总额 828.90 万元，比上年同期增长 31.10%；实现净利润 727.48 万元，比上年同期增长 40.31%，归属于母公司的净利润为 724.55 万元，比上年同期增长39.39%。基本每股收益为 0.0566 元，比上年同期增长 19.92%。

【300091】江苏金通灵流体机械科技股份有限公司

【基本情况】

江苏金通灵流体机械科技股份有限公司是国家科技部认定的国家火炬计划重点高新技术企业，多年来一直专注于离心风机领域，以“服务 + 制造 + 服务”的业务模式向用户提供风系统需求分析、风系统研发设计、离心风机产品制造、风系统节能改造等端到端完整的全生命周期的风系统解决方案。目前，公司占地面积 16.6 万平方米，建筑面积 8 万平方米，总资产 61129 万，固定资产 9010.2 万，拥有各类先进的机械设备及专业检测设备共 500 台（套）。公司职工总数 932 人，工程技术人员 119 人，其中高级职称 12 人，中级职称 56 人。2009 年实现销售总值 5.99 亿元。

公司以“科技进步、质量取胜、行业领先”为宗旨，建立了行业内领先的流体机械工程技术研究中心，下设：大型风机设计研究所、高压离心鼓风机设计研究所、轴流鼓风机设计研究所、新型压缩机设计研究所、电气研究所、工艺工装研究所、测试站、试制车间、专家组；建成了化学试验室、机械性能试验室、金相分析试验室、无损探伤试验室、工艺评定试验室、空气动力性能试验室、超速试验台。公司还与西安交通大学流体机械及压缩机国家工程研究中心、西安热工研究院有限公司、重庆钢铁设计研究院等科研院所建立了长期战略合作关系，不断提升技术创新能力。多年来，公司形成了大量自主知识产权的专利技术，多项开发成果获国家级重点新产品、国家火炬计划重点项目及省级高新技术产品。

为了满足生产及研发的需求，公司不断加大技改投入，近年来，公司陆续添置了进口五轴联动数控加工中心、进口数控磨齿机、数控龙门镗铣床、数控落地镗床、数控卧式车床、数控立式车床、超速试验装置，进口三坐标测量仪等大型加工检测设备，建成了4000KW压缩机试验检测平台，形成了设计、制造、试验、检测、服务的专业化格局。

多年来，公司服务的主要用户有：宝钢集团、鞍本集团，武钢集团；神华集团、国电集团、华电集团；华新水泥、华润集团、山水集团；中石化、中石油；中国水务集团等。同时，公司产品还出口到东南亚、南亚、中东、非洲、美洲等地区。

公司将始终坚持走专业化的道路，把金通灵打造成全球知名的风机品牌，最终实现“树百年企业、创世界一流”的企业长远发展战略目标。

【主营业务】

工业用各类大型离心通风机、大型离心鼓风机、高压离心鼓风机等五十多个系列、四百多种规格的产品，广泛应用于钢铁冶炼、火力发电、新型干法水泥、石油化工、污水处理、余热回收、核电等领域，为上述领域的工业生产提供气体动力，同时服务于上述行业的节能、工业环境保护。

【经营业绩】

2011上半年报告期内，公司完成主营业务收入42,788.20万元，较去年同期增长35.78%，实现营业利润5,703.91万元，同比增长39.00%，实现净利润4,858.99万元，同比增长40.11%，扣除非经常损益后实现净利润4,870.24万元，同比增长41.48%。

【企业荣誉】

公司连续三年被授予国家机械行业500强企业称号，荣获全国守合同重信用企业、中国机械工业优秀企业、全国机械行业文明单位、江苏省和谐劳动关系模范企业、南通市节能减排科技创新示范企业。

2010年，我司获“江苏省（首批）质量信用A级企业”、“南通市质量标兵企业”荣誉称号，生产的大型工业鼓风机、通风机续获“江苏名牌”产品、“南通名牌”产品称号，ISO9001/1SO14001/OHSAS18001三体系获方圆认证集团授予的“优秀获证组织”称号，公司的产品质量、环境质量、安全质量和服务质量位居全省先进行列。

2011年8月15日，江苏金通灵流体机械科技股份有限公司被评为“全国模范劳动关系和谐企业”。

【300095】江西华伍制动器股份有限公司

【基本情况】

江西华伍制动器股份有限公司主要从事工业制动器及其控制系统的研发、设计、制造和销售。公司是目前国内生产规模最大、产品品种最全、行业覆盖面最广并具备较强自主创新能力的工业制动器专业生产商和工业制动系统解决方案提供商，是我国工业制动器行业标准的第一起草单位，现行六项行业标准中有五项标准是由公司起草的，公司目前正负责修订行业标准《工业制动器制动轮和制动盘》。行业协会最新统计资料表明，公司市场占有率多年来连续居行业首位，是我国工业制动器行业的龙头企业。

公司新厂区占地300亩，已初步完成标准厂房、综合办公楼和员工宿舍等生活设施的建设。新厂区以优美的环境，现代化的办公条件，先进的数字化生产设备为华伍员工提供高起点的工作学习与发展的平台。公司注重对员工进行综合素质和和工作技能的培训，公司倡导全体员工和谐团结、积极进取，共创华伍美好家园的企业文化，华伍员工以主人翁的精神奉献着智慧、制造着精品、收获着快乐。

公司于2010年7月在深圳证券交易所成功上市（股票代码:300095），是我国工业制动器行业唯一上市公司。

华伍股份以“通过科技创新，为客户提供最优配套方案和服务，推动工业装备技术进步，把华伍建成员工安居乐业的和谐家园”为使命，致力于工业装备传动安全，精心打造中国制动精品，全力塑造世界制动名牌。为中国工业制动器行业的腾飞和走向世界贡献自己的力量。

【主营业务】

从事工业制动器及其控制系统的研发、设计、制造和销售；制动器是使机械中的运动件停止或减速的传动部件，工业制动器主要作为起重运输机械、冶金设备、船舶及海上重工、新能源等装备制造业领域的关键配套部件。

【经营业绩】

2011年1－9月，公司实现营业收入233,212,043.11元，同比下降0.81%；实现利润总额17,071,624.46元，同比下降30.44%；归属于上市公司股东的净利润为14,142,164.27元，同比下降30.33%。

【300096】易联众信息技术股份有限公司

【基本情况】

易联众信息技术股份有限公司于2009年6月29日以有限责任公司整体变更方式设立为股份有限公司。公司自成立以来，依托信息技术和知识管理能力，立足于惠及人民群众生老病死、关系社会和谐发展的民生行业，在核心技术领域和商业模式上保持持续的自主创新，以将公司发展成为“中国最专业的民生行业应用解决方案提供商和领先的民生信息服务提供商”为战略目标。

公司立志于“建立民生网为社会公众提供民生信息服务”，公司的经营愿景是：构建一个以公司产品和服务为主体的“民生网”应用服务平台（民生信息化网络服务平台ASP），该网络平台覆盖政府相关部门、社会服务机构及参保单位等业务衍生机构和社会公众，并通过网络的互联互通和软件系统、社保IC卡、读卡机具及民生服务信息机等，便捷的为社会公众提供民生信息发布、就业服务、教育培训、社会保障、医保医疗健康、城乡统筹、新农合、特殊人群帮扶、社保业务结转等一系列民生信息服务，并通过金融平台与公司民生行业技术经验的融合，面向社会公众提供市场化的民生信息服务和增值服务。

【主营业务】

公司长期专注于民生行业软件技术及服务的研究，开发，应用和推广工作，主营“以劳动和社会保障为核心”的民生行业应用解 决方案与服务，主要产品和服务包括软件及嵌入式软件（IC 卡），硬件及系统集成和技术服务外包，民生信息服务等。

【经营业绩】

2011 年前三季度，公司主营业务继续保持较好的发展势头，经营状况良好。报告期内，公司实现营业收入 270,632,089.68 元，比上年同期增长 129.58%；营业利润 58,251,034.98 元，比去年同期增长 173.18%；利润总额为 62,237,664.09 元，比上年同期增长 140.33%；归属于母公司股东的净利润为 51,292,431.03 元，比去年同期增长 142.70%。

【企业文化】

专注、创新、民生。

【企业荣誉】

- 2010 年 1 月，成立"福建省医疗卫生信息化工程技术研究中心"。
- 2010 年 7 月，被认定为"福建省自主创新试点企业"。
- 2010 年 11 月，被认定为"厦门市自主创新示范企业"。
- 2010 年 11 月，入选"中国上市公司年度质量信用十佳企业"。
- 2010 年 12 月，被认定为"国家火炬重点高新技术企业"。
- 2011 年 1 月，被认定为"厦门市优秀高新技术企业"。
- 2011 年 4 月，顺利通过 ISO9001 换机构审核。
- 2011 年 5 月，被认定为"厦门市守合同重信用企业"。
- 2011 年 6 月，顺利通过"计算机信息系统集成企业一级资质"换证审核。
- 2011 年 7 月，荣获"第四届厦门市技术市场协会金桥奖"。
- 2011 年 7 月，荣获"2011 年度福建第三产业企业 300 强"。

【300102】厦门乾照光电股份有限公司

【基本情况】

乾照光电（股票代码：300102）是专业从事红、黄、橙四元系 LED 外延片、芯片以及高性能砷化镓太阳电池研发、生产和销售的高新技术企业。现旗下 2 家公司，分设在福建厦门和江苏扬州，其中扬州子公司是目前国内最大的红黄光四元系 LED 外延、芯片生产基地。

乾照光电专注创新，依靠拥有丰富光电技术积累及产业化经验的专家团队研发出拥有自主知识产权的外延片、芯片，并将其迅速产业化。凭借均匀性、一致性、可靠性等综合性能方面的领先优势，公司生产的四元系外延片、芯片在质量和产销量方面均处于国内领先水平，广泛应用于数码、点阵、显示屏、交通信号灯等领域；生产的高效砷化镓太阳电池外延片达到了国际先进水平，是国内空间飞行器的主电源。

乾照光电秉承着"用光改变世界"的信念，始终致力于研发、生产高品质的绿色环保产品，竭诚为广大客户提供最满意的产品和服务，朝着光电领域卓越企业的目标不断前进。

【主营业务】

从事半导体光电产品的研发、生产和销售业务。

【经营业绩】

2011 年度，公司实现营业收入为 37,690.80 万元，比上年同期增长 26.85%；利润总额为 20,915.38 万元，比上年同期增长 26.76%；净利润为 17,784.10 万元，比上年同期增长 29.70%，圆满完成了公司制定的年度经营目标。

【企业文化】

乾照文化：团结奋进、专注创新、诚信求实、追求共赢。

质量方针：用户至上、服务用心、持续改善、精益求精。

【企业荣誉】

- 2010 年 1 月，"大面积高效率三结砷化镓电池外延片"、"四元系超高亮度 LED 芯片"分获厦门市 2009 年度优秀新产品奖一等奖和二等奖。
- 2010 年 4 月，荣获"2010 年度厦门市最具成长性中小企业"。
- 2010 年 5 月，"大面积高效率三结砷化镓电池外延片"荣获国家重点新产品。
- 2010 年 7 月，评为"福建省第三批创新型试点企业"。
- 2010 年 11 月，"大面积高效率三结砷化镓电池外延片"荣获福建省 2010 年度优秀新产品奖二等奖。
- 2010 年 12 月，评为"国家火炬计划重点高新技术企业"。
- 2010 年 12 月，评为福建省"省级企业技术中心"。

【300106】新疆西部牧业股份有限公司

西部牧业公司成立于 2003 年 6 月 18 日，前身为新疆西部牧业有限责任公司，2008 年 12 月改制为新疆西部牧业股份有限公司（国有控股），现注册资本 11700 万元人民币。主要股东由石河子国有资产经营（集团）有限公司、上海联创永宣投资企业、新疆恒和源投资有限公司及自然人构成。2010 年公司实现营业总收入 29463 万元，净利润 3415.7 万元，资产总额已达 7.375 亿元。

"十一五"期间，西部牧业成为石河子国家级畜牧科技示范园区企业，是国家绒毛用羊产业技术体系石河子试验站，近年还相继被自治区批准为循环经济试点企业，被兵团批准为省级农业产业化龙头企业、兵团农产品协会肉类加工分会理事长单位、兵团首批创新型试点企业和兵团级畜牧工程技术研究中心，形成了以西部牧业为主体、以市场为导向、产学研相结合的畜牧技术创新体系和较完整的畜牧产业链，在师市畜牧业发展中的龙头地位和示范作用得以充分体现。

西部牧业目前拥有天源奶业（鲜奶收储配送）、泉牲牧业（饲料生产）、喀尔万食品科技（牛羊屠宰加工）、绿洲牧业（高产奶牛养殖）、澳瑞新生物科技（高产奶牛育种技术）、饲草料综合开发利用（高档油脂加工）及国家级紫泥泉种羊场、兵团级肉种羊场、高产奶牛繁育中心、沙依巴克畜产品交易市场等十余家分（子）公司。主要产品有荷斯坦奶牛，安格斯肉牛，美利奴细毛羊，杜泊、道赛特种羊、高档油脂、排酸牛羊肉（清真产品）等。

2010 年 6 月 25 日，公司通过中国证监会创业板发审委审核，8 月 9 日公司在深圳证券交易所创业板发行（证券简称：西部牧业股票代码：300106），募集资金达 3.57 亿元，8 月 20 日开始交易。公司通过上市，将募集的资金用于 6000 头高产奶牛标准化养殖基地建设项目、生鲜乳综合服务体系升级改造项目、牛羊良种繁育技术工程研究中心扩建项目，将已经育成的优良种畜迅速繁殖，以提高新疆优良种畜的比例，可提高广大农牧民的收入，有效保障新疆畜产品，特别是牛羊肉的供给，并保持合理价格，是新疆社会稳定，建设小康社会的基本保证。将区域性的服务模式在其他地区推广，使广大农牧民受益，通过完整的服务体系建设和创新模式，增强企业的盈利能力。把西部牧业建成新疆最好，全国知名的畜牧业龙头企业，为新疆的现代畜牧业建设贡献力量。

西部牧业做为国内首家在创业板上市的农业产业化龙头企业，以产业报国为己任，推进畜牧业现代化进程，在中国农业深化发展的进程中正发挥着重要的推动作用。

【300108】通化双龙化工股份有限公司

【基本情况】

通化双龙化工股份有限公司是国内最早生产沉淀法白炭黑的企业，也是国内唯一定点生产国防化工用沉淀法白炭黑的企业。曾为国防化工和载人航天器配套工程作出较大贡献，得到中共中央、国务院、中央军委、国防科工委的通令表彰。公司生产的36－5白炭黑被用于载人飞船获得圆满成功，受到中国航天科技集团的来信祝贺。

公司生产的雪珠牌系列白炭黑有二十余个型号，其产品质量在国内处于领先地位，可以满足不同客户需求。公司研制的TM白炭黑曾获得国家科技进步三等奖、TMG白炭黑获省级科技进步三等奖。TMG白炭黑在硅橡胶中的应用性能达到了国际先进水平，该产品加工的硅橡胶混炼胶出口欧洲、东南亚地区，深受用户的好评。公司开发的TMG白炭黑、T20薄膜开口剂、T系列消光剂的制备技术已申请发明专利，公司所有型号的产品的制备技术拥有自主知识产权。

双龙化工在“博采高新技术，提供一流产品，诚信守约，携手双赢”的发展战略理念指导下，产品的质量保证体系不断完善，以满足市场和社会需求为宗旨，不断开发和支持生产高新技术产品，以满足不同客户需求。

公司生产的雪珠牌系列白炭黑获吉林省“名牌产品”，是省“守合同、重信用AAA企业”，公司已通过ISO9001:2000质量管理体系认证，2008年认定为省级企业技术中心，国家高新技术企业。

【主营业务】

从事高分散白炭黑的研发、生产和销售。

【经营业绩】

2011年以来，公司继续秉承“立足高新技术，提供一流产品，诚信守约，携手双赢”的经营理念，加强生产管理水平，确保产品质量，不断提高科研技术水平，强化营销能力。2011年8月26日公司“二万吨高分散沉淀法白炭黑募投项目”正式达产，产能由原来的1.6万吨提升到3.6万吨，提高了公司在白炭黑行业的竞争能力。公司截至9月末，实现销售收入9,105.7万元，比上年同期增长了9.38%，净利润完成了2,032.43万元，较上年同期增长了8.78%。

【300110】青岛华仁药业股份有限公司

【基本情况】

青岛华仁药业股份有限公司（简称华仁药业）成立于1998年5月，2001年8月完成股份制改造，是专业生产非PVC软袋输液的高新技术企业。公司是由华仁世纪集团控股，红塔创新投资控股有限公司、广发信德投资股份有限公司、中国药科大学等国内知名企业、院校参股的集产、学、研一体的新型股份公司。公司注册资本2.136亿元，总资产11.6亿元，公司拥有普通型输液、治疗型输液、营养型输液三大类产品，共有二十七个品种、六十七个规格的产品成功上市。2010年8月25日，公司在深圳证券交易所创业板正式挂牌上市，首次公开发行股票5360万股，股票简称“华仁药业”，股票代码为“300110”。

公司位于青岛市高科技工业园西北侧，毗邻海尔工业园、惠特工业园和崂山风景度假区，风景秀丽，空气清新，水源来自崂山地下水，水质优良，符合制药厂的环境及水源要求。公司占地面积5.9万平方米，一期工程建筑面积1.36万平方米，二期工程建筑面积2.08万平方米。厂区布局合理，绿化优良。

公司一期工程是由国际著名医药工程建设公司意大利STERIL公司设计、安装、调试并实施“交钥匙工程”。1998年公司从欧洲引进了世界最先进的制水、配液、制袋灌封、灭菌等核心生产设备，保证了产品品质的领先优势；双室袋生产线的引进，更是填补了国内空白。

随着市场的不断增长，华仁药业二期工程于2008年4月5日开工，并于2009年8月27日整体通过国家GMP认证；该工程拥有国内同行业最先进的自动化生产线，以及一个全自动的现代化立体仓库，它的投产成功是华仁药业发展史上的又一个里程碑；二期工程的建成使我们不但拥有了近亿的产能，更增强了我们的产品在质量和成本上的市场竞争力。

医药行业是关系国计民生的大行业，是一个决不允许出现劣质不安全产品的行业；正是本着这样一种对生命健康负责的态度，公司秉持“健康从点滴做起”的企业精神，实施全员、全方位、全过程的质量管理；坚持“健康、环保、安全”的生产理念，严格按照国家GMP标准及SFDA要求，对人员、设备、仪器、工艺方法、环境等进行全方位的验证、管理和控制，并从原料、中间品到成品全过程进行物理、化学、生物学的检测、管理和控制，达到美国FDA、欧洲药典标准和国家标准，处于国内领先水平。

在研发方面，公司新扩建的研发中心研发的附加值极高、市场适用性与竞争力较强的腹膜透析液、脂肪乳、氨基酸、代血浆、肠外营养双室袋等非PVC软包装输液项目也取得了可喜的进展与突破。

公司还坚持管理创新、技术创新、服务创新，积极推进和实施ERP系统的建设，以优化工作流程，提高工作效率。凭借着卓越的产品质量和完善的售后服务，公司产品被客户广泛接受和认可，产品成功进入北京、上海、广东、南京、浙江、湖北、山东、东北三省等全国26个省市；全国已建立了12个销售中心，在全国非PVC软袋输液市场占有率居前三甲。

经过十余年的发展，公司先后取得了“国家重点技术改造‘双高一优’项目”、“全国AAA级信誉企业”、“山东省质量管理奖”、“山东省著名商标”、“山东省名牌”、“2008青岛市最具有成长型中小企业”、“青岛市改革开放三十年风云企业”、“建国六十周年山东省医药行业卓越企业”、“2009年消防安全工作先进单位”、“2009年度红十字博爱银奖”、“2009年度中国诚信企业”、第三届中国优秀医院服务商品牌“金如意奖”、“中国驰名商标”等一系列荣誉，被福布斯评为“2009福布斯最具潜力中小企业”，并成为中国人民解放军总后勤部、卫生部应急储备的定点输液生产企业。

作为专业生产非PVC软袋输液的高新技术企业，华仁药业以改善人类“后健康”为己任，秉承“输液质量肩负生命之托，责任重于泰山”的企业理念，用安全、优质的输液产品和完善的客户服务回报社会，致力于打造国内一流的非PVC输液生产基地。

【主营业务】

非PVC大输液产品的研发设计、生产和销售。

【经营业绩】

2011年上半年报告期内，公司实现营业收入180,099,348.20元，比上年同期增长5.06%；实现营业利润45,682,210.87元，比上年同期增长8.23%；实现净利润38,346,547.06元，比上年同期增长10.56%。

【300114】中航电测仪器股份有限公司

【基本情况】

中航电测仪器股份有限公司始建于1965年，是中国航空工业集团公司控股的机载设备骨干企业，主营电阻应变计、应变式传感器及汽车综合性能检测设备等应变电测产品及相关应用系统的研发、生产和销售。目前已发展成为以生产应变计、传感器、航空机载和地面测力系统、汽车检测设备和公路超限超载检测设备等电测产品为主，兼营人造宝石及其他晶体制品的多元化现代高新技术企业。

多年来，中航电测依靠自主研发的应变计技术，通过生产线网络化测试及管理，采用世界领先的灵敏度高低温检测及控制手段，实现了传感器的逐个补偿和调校。主导产品电阻应变计、传感器生产完全贯彻欧洲 RoHS 环保指令，29 种传感器通过 OIML 认证，23 种传感器通过 NTEP 认证，79 种传感器通过乌克兰计量认证，53 种传感器通过俄罗斯认证，58 种传感器获得欧洲 ATEX、美国 FM、加拿大 cFM 防爆证书，105 种型号的传感器及其产品均通过 CE 认证。截至目前，中航电测已经自主研发出十几种具有自主知识产权的高精度称重、测力传感器，确立了企业在国内称重、测力传感器制造及研发领域内的领先地位。

在市场开拓方面，中航电测已具备国际水平的设计能力、接近国际水平的工艺装备及工艺制造技术，在国内中高端应变计和传感器市场占据主导地位；同时，公司产品已经销往北美、欧洲等世界各地，是世界范围内应变计及其传感器的主要供应商之一。

中航电测的"ZEMIC"商标已在中国及其他 70 多个国家和地区注册，在全球行业内中高档品牌的位置已得到普遍认同，在称重衡器、工业过程测量控制等行业具有较高的国际知名度。2010 年公司首次发行股票并在深交所挂牌上市，成为中航工业首家在创业板上市公司，国内衡器行业首家上市公司。2011 年收购上海耀华公司 45% 股权，成为其最大股东，开启应变电测和衡器产业新历程。

目前，中航电测已被认定为"陕西省高新技术企业"、"汉中绿色企业"；产品被评为"陕西省名牌产品"；研发的"汽车综合性能检测关键技术研究、系列产品开发及其产业化"曾获得 2007 年度国家科技进步二等奖。

中航电测将不遗余力地致力于科技创新和技术进步，为中国乃至世界衡器和电测行业的发展提供支持和服务，推动电测技术不断向前发展，实现"世界电测先锋"的理想。

【经营业绩】

2011 年 1－6 月，公司实现营业总收入 210922306.00 元，比去年同期增长了 44.57%；实现营业利润 34040112.32 元，比去年同期增长了 20.36%；实现利润总额 34124993.85 元，比去年同期增长了 20.36%；实现归属于上市公司股东的净利润 27793558.07 元，比去年同期增长了13.70%。

【300132】福建青松股份有限公司

【基本情况】

福建青松股份有限公司位于福建省建阳市，2009 年 5 月份由建阳市青松化工有限公司整体变更为福建青松股份有限公司并逐步发展成为一家生产医药原药、合成香料、染料助剂等产品的集研发、生产、销售于一体的高新技术企业。经过 8 年的锐意进取，青松公司在日益激烈的竞争中脱颖而出，成长为全球最大的合成樟脑生产企业，同时也成为全国最大的可再生天然原料松节油的深加工企业。

公司于 2008 年 7 月从位于建阳民主南路的老厂整体搬迁至回瑶工业园，生产樟脑、冰片、乙酸异龙脑酯、莰烯、对伞花烃等产品。

公司药用级樟脑、冰片生产线按照 GMP 标准建成生产，是全国最大规模生产医药级樟脑的企业。产品符合美国、欧盟、德国、英国、日本等国家的药典标准，在高级别药典规格的樟脑上占有 50% 以上的市场份额。公司注重营销网络的建设，自营出口比例逐年上升，国内和国际终端客户的比例稳步增长，青松品牌被广大客户认可和接受，产品远销亚洲、欧洲、北美、南美及非洲。

青松股份生产基地拥有 8000 吨的松节油储罐，完好的资源控制能力，确保了原料的稳定供给。

青松公司不断引领技术革新，以提高对资源充分、合理地利用为不变的追求；以满足客户对产品和服务的差异化需求为永恒的目标，持续致力于为客户提供高附加值的产品和服务。公司注重与高校及科研机构的交流与合作，与厦门大学、福州大学、南京林业大学及南京林化研究所在技术更新、新产品研发等领域广泛开展合作，并已着手建立国家级林化产品研发中心。

青松股份将一如既往的以专业的团队、先进的技术、始终如一的优质产品、稳定及时的供货为客户提供快速高效的全面服务。

【主营业务】

从事松节油深加工产品的研发、生产和销售。

【经营业绩】

2011 上半年报告期内，公司实现营业收入 40551.80 万元，比上年同期增长 21.95%；营业利润为 2050.03 万元，比去年同期下降 50.07%；利润总额为 2651.18 万元，比去年同期下降后 36.84%；归属于母公司股东的净利润为 2112.37 万元，比去年同期下降后 34.63%。

【企业文化】

源于自然，回馈绿色。

【企业荣誉】

公司在业内具有较高的品牌知名度。2006 年，公司"青松"商标被认定为福建省著名商标；"青松"牌合成樟脑于 2006 年被福建省人民政府认定为福建省名牌产品，于 2007 年被福建省质量协会认定为福建省用户满意产品；2007 年，公司被福建省科学技术厅认定为高新技术企业；2007 年和 2009 年，公司连续被福建省林业厅和福建省财政厅联合认定为福建省林业产业化龙头企业。

【300133】浙江华策影视股份有限公司

【基本情况】

浙江华策影视股份有限公司创立于 2005 年 10 月，是一家致力于制作、发行影视产品的文化创意企业，旗下全资子公司有浙江金球影业有限公司、浙江金溪影视有限公司、杭州大策广告有限公司，是国内目前规模最大、实力最强的民营影视企业之一，也是经国家商务部、文化部、国家广电总局、新闻出版总署四部委批准的首批国家文化出口重点企业。2010 年 10 月 26 日，公司于深圳证券交易所创业板上市，成为国内第一家以电视剧为主营业务的上市企业。

公司以“做全球最好的华语影视剧，传播优秀中华文化”为宗旨，抓住国内文化产业快速发展的机遇，坚持精品、大片的产品定位，题材规划齐全，涵盖古装、年代、现代、偶像、家庭伦理、情景剧等，实施“策划一批，投拍一批，外购一批，发行一批，储备一批”的滚动式发展策略，成功制作了上千集思想性、艺术性、商业性俱佳的精品电视剧，多部作品荣获中宣部“五个一工程”奖、全国电视剧“飞天奖”、“金鹰奖”及国际电视节所设电视剧最高奖项。

公司建立起企划制作、投资控制、营销研发的完整产业链，自制剧、合拍剧、外购剧三大业务并举，制作与销售并举，国内与海外两个市场并举，以强大的发行营销能力、有效的风险成本控制能力、以剧本为核心的资源整合能力及国际化的理念与合作，实现了电视剧业务的产业化、规模化发展，成为国内最专业、最优质的影视内容提供商。公司目前长期稳定合作的电视台已覆盖全国所有省份（含港、澳、台），影视剧产品热销海内外，并率先开发网络、新媒体及衍生业务，在全球华语影视市场呈现出强势的发展态势。

公司秉承“诚信为本、互利共赢”的理念，以领先的行业地位、快速增长的业绩收益、可持续发展的经营模式，成为中国最具盈利能力和品牌美誉度的华语影视企业。未来，公司将继续强化精品化、国际化、商业化的优势，提升团队的创新理念与竞争力，致力于传播中华文明，全力以赴打造华人文化传媒旗舰。

【经营业绩】

2011 年上半年报告期内，公司实现营业收入 169，171，764.83 元，比上年同期增长 13.61%；利润总额为 107，753，046.28 万元，比上年同期增长 33.06%；归属于公司普通股股东的净利润为 80，381，277.83 万元，比上年同期增长 33.96%。

【企业文化】

华策，承五千年文化之底蕴，博览天下，纵观大势。

华策，随新时代文化之潮流，高瞻远瞩，洞悉先机。

华策，务实创新，成就卓越品牌。

华策，开拓进取，打造影视旗舰。

华策，弘扬中华传统文化，创造人文艺术瑰宝，书写中国影视之华彩篇章。

【企业荣誉】

1. 最具实力民营电视剧制作机构。

2. 改编自张爱玲同名小说的 36 集电视剧《倾城之恋》，获中华人民共和国商务部、文化部、广电总局、新闻出版总署授予为“2009－2010 国家文化出口重点项目”；并荣获浙江省电视剧“牡丹奖”一等奖；浙江省第十届精神文明建设“五个一工程”入选作品奖；杭州市第十届精神文明建设“五个一工程”入选作品奖；2009 韩国首尔国际电视节最佳女演员提名奖；第二届杭州文艺“桂花奖”广播影电视艺术类“优秀成果奖”；第四届中国（浙江）电视观众节“年度观众最喜爱的十大电视剧”。

3.（商务部）07 年影视工作出口奖励。

【300134】深圳市大富科技股份有限公司

【基本情况】

深圳市大富科技股份有限公司是全球领先的移动通信基站射频器件生产服务商，被认定为国家级高新技术企业、深圳市市级企业技术中心、博士后创新实践基地。企业成立于 2001 年 6 月，2010 年 10 月 26 日于深圳市证券交易所创业板挂牌上市（股票代码 300134）。企业总部位于深圳市宝安区，在北京、上海、深圳、成都、意大利设有研发中心，在深圳和安徽蚌埠设有生产基地，员工逾 5000 人。公司自成立以来，一直守法经营，截至 2011 年 9 月底累计销售收入逾 40 亿元，累计纳税逾 4 亿元。

公司秉承“认真领悟行业技术之根本，持续探寻技术演进之规律，诚恳思索客户所需之良策，坦然给予各相关方之利益”的经营理念，通过多技术集成的研发服务和纵向一体化的精密制造，为全球领先的通讯主设备商提供移动通信射频器件、射频结构件产品，凭借自主设计、核心制造、集成创新的能力优势，与华为、爱立信、阿尔卡特－朗讯、博世等客户保持了稳定的合作关系。

【主营业务】

射频器件、射频结构件和其他射频产品。

【经营业绩】

2011 年 1－9 月，公司实现营业务收入 78，068.69 万元，较上年同期增长 47.39%；实现营业利润 19，214.17 万元，利润总额 24，610.38 万元，归属于上市公司股东的净利润 21，031.00 万元，较上年同期增长 29.37%。归属于上市公司股东的扣除非经常性损益后的净利润 16，444.21 万元，较上年同期增长 16.56%。

【企业荣誉】

- 2011 年 10 月，荣获 2011 中国创业板最具投资价值前 10 名。
- 2011 年 7 月，被评为深圳市“宝安区 2011 年知识产权优势企业”。
- 2011 年 7 月，被评为“2010 中国创业板上市公司市值 20 强”。
- 2011 年 6 月，荣获“2010－2011 年中国通信产业榜通信设备技术供应商 50 强”。
- 2011 年 1 月，被评为“博士后创新实践基地”。
- 2010 年 12 月，被评为华为 2010 年度全球核心供应商、战略合作伙伴。
- 2010 年 12 月，荣获“2010 德勤亚太地区高科技高成长 500 强”。
- 2010 年 7 月，被认定为“深圳市大企业直通车企业”。
- 2010 年 7 月，被认定为“宝安区第一批总部企业”。
- 2010 年 6 月，通过“深圳市市级研究开发中心（技术中心）”认定。
- 2010 年 4 月，被认定为“宝安区开放性研究开发基地”。
- 2010 年 3 月，被评为“深圳市成长型中小企业 500 强”。

安徽全资子公司——安徽省大富机电技术有限公司的荣誉

- 2011 年 11 月，通过省级企业技术中心认定。
- 2011 年 10 月，被蚌埠市第十三届运动会组委会授予“蚌埠市体育发展杰出贡献单位”称号。
- 2011 年 4 月，被评为蚌埠市 2010 年度先进单位。
- 2010 年 12 月，被评为“蚌埠市自主创新示范工程”。
- 2010 年 11 月，被认定为“国家级高新技术企业”。
- 2010 年 4 月，被评为怀远县“2009 年度工业企业纳税十强企业”。

【300147】广州市香雪制药股份有限公司

【基本情况】

广州市香雪制药股份有限公司总部位于广州经济技术开发区科学城，是一家以中成药制药和研发为主业，集西药制药、生物医学工程和药材规范种植于一体的现代化高新技术医药企业。

公司秉承“厚生臻善维新”的企业理念，坚持“崇尚品质关爱健康”的质量方针，坚持自主创新、自主品牌，在品质、技术、研发、品牌和规模等多方面成长为行业领先者，得到消费者、行业和政府主管部门的高度评价和广泛认可，其中“香雪”商标获评中国驰名商标，“香雪抗病毒口服液”获评广东省名牌和广州市名牌产品，香雪制药获评“《福布斯》中国成长企业潜力榜 100 强”前五位，香雪制药获评“广东省医药产业 50 强企业”和“广州 2010 年亚运会药品供应商”等。

【主营业务】

现代中药生产与销售，辅之医疗设备等业务。

【经营业绩】

2011 年 1－9 月，公司实现营业总收入为 40,920.5 万元，比上年同期增长 19.58%；营业利润为 6,667.4 万元，比上年同期增长 14.76%；利润总额为 6,954.2 万元，比上年同期增长 20.22%；归属于上市公司股东的净利润为 5,794.3 万元，比上年同期增长 20.29%。

【300154】深圳市瑞凌实业股份有限公司

深圳市瑞凌实业股份有限公司是一家专业从事逆变焊割设备研发、生产、销售的国家高新技术企业，注册资本 22350 万元，法定代表人为邱光。公司成立于 2003 年 6 月 25 日，位于深圳市宝安区福永街道凤凰第四工业区。公司现有员工 1,220 多人。在国内逆变焊割设备细分行业市场处于领先地位，现正向国内焊割设备龙头企业和国际逆变焊割设备首席供应商稳步迈进。

公司主导产品为逆变直流手工弧焊机、逆变氩弧焊机、逆变半自动气体保护焊机、逆变空气等离子切割机、焊接小车。公司现有瑞凌 Riland、锐龙 Rilon、高创 HiTronic、天憾 T&R 等四大品牌，包括：迷你型与便携式直流弧焊机、氩弧（单弧、手氩两用、脉冲、方波）焊机、多功能（手焊、氩弧、切割）三用机、等离子切割机、半自动气体保护焊机、埋弧焊机、电容储能螺柱焊机、自动焊接小车、数字化焊接电源等九大系列 580 多种型号的产品。公司产品在技术水平、制造能力、服务能力相对同行都有绝对优势，可广泛运用于石油管道、化工、汽车、造船、锅炉、电建、核电、航天、军工、工业安装、桥梁建筑等行业，品牌影响力正在日益提升。

作为国内专业的逆变焊割设备供应商，公司产品具有完全的自主知识产权，早在 1987 年公司的创始人——邱光先生就研制出了国内第一台逆变场效应管手工电弧焊机，随后又率先推出逆变氩弧焊机、CO2 气保焊机、逆变空气等离子切割机等系列产品，并首创 100KHz 频率逆变技术。率先实现了产品的集约化、轻量化，引领逆变焊割设备的技术潮流，公司已成为国内逆变焊割设备领域的标志性企业和国家标准的起草、制定单位。截至 2010 年 12 月 31 日，公司参与制订或修改的国家焊割标准达 19 项，已获得国家专利 35 项，另有 32 项发明专利正在申请中。

公司自成立以来即精心构建经销商网络，一方面在国内各市场区域严格筛选经销商，截至 2010 年 12 月末拥有国内经销商 857 家，经销商网络基本覆盖全国各地级市（或地区、州）及经济发达地区的县、市，形成焊割设备行业首屈一指的经销商销售网络。另一方面公司积极拓展全球市场，并建立了广泛的国际客户关系，已拥有 60 多个国家或地区近百家海外客户或经销商。因此，公司对市场及客户的需求具有深刻的理解和认知，能够敏锐地把握市场现在和未来的发展趋势。

公司通过 ISO9001 质量管理体系认证，公司全员质量保证体系的建立，使得产品质量持续改进，公司生产产品已通过国家 3C 认证，出口产品也均通过欧盟 CE、北美的 CSA 安规认证等。

正是由于坚持自主创新、品牌经营等方面的取得了突出成绩，公司陆续被认定为：国家高新技术企业、广东省中小企业创新产业化示范基地、深圳市级工程中心、宝安区民营成长计划工程企业、宝安区民营百强企业、宝安区自主创新型优势科技企业、宝安区开放性研发基地等。

2010 年 12 月 29 日，公司首次公开发行人民币普通股股票在深圳证券交易所创业板上市，股票简称“瑞凌股份”，股票代码“300154”。瑞凌股份顺利登陆深圳证券交易所创业板，实现与资本市场的成功对接是公司发展历程中辉煌的一笔，也是开启未来高速发展之路的重要起点。

未来，公司以实现“全球首席逆变焊割设备供应商”为战略目标，始终专注逆变焊割设备的研发和创新，致力于引领焊接行业技术潮流，进一步扩大产能，积极拓展国际市场，提高公司产品在全球范围内的市场影响力和竞争力，使公司逐步成为国际一流的逆变焊割设备供应商。

【300162】深圳雷曼光电科技股份有限公司

【基本情况】

深圳雷曼光电科技股份有限公司（证券简称：雷曼光电，股票代码：300162）是中国领先的专业化、国际化、高品级的 LED 制造商，同时也是亚太地区乃至国际市场有影响力的厂商之一。作为深圳首家上市的 LED 国家高新技术企业，公司始终致力于高品级的发光二极管（LED）的研发、制造、应用，其超高亮全彩系列、大功率多规格 LED 产品，涵盖高品级 LED 封装器件、LED 显示屏、LED 照明三大领域，将性能与价格完美平衡的 LED 产品带到世界各个角落，在全球的销售已扩展至近 50 个国家和地区。

作为 LED 业界领先厂商之一，雷曼光电以其富有竞争力的价格，向成功企业提供可靠性出众的众多产品系列，其稳定性、ESD 指标、衰减幅度、一致性、配光曲线均具有出色性能。

雷曼光电总部位于深圳市南山区百旺信高科技工业园，注册资本为 13400 万元，是 2010 年国家火炬项目承担单位、国家认定的高新技术企业。拥有 11000 平方米超洁净、防静电厂房，国际最先进全套固晶、焊线、封胶、分光分色等全自动设备；拥有自主科技专利；通过自主创新，目前共拥有科技专利 39 项，其中发明专利 19 项；掌握国际最新封装技术；研发、制造团队逾 10 年的经验，发展出卓越的 LED 设计及生产技能；原材料全部采自品牌供应商；交期准时迅速。雷曼光电致力于向客户提供最高质量的产品、服务和解决方案，创造更多价值，以赢得客户信任和忠诚度。作为中国 LED 光电产业界的优秀标杆企业，2011 年 1 月 13 日，雷曼光电正式在深交所创业板挂牌上市，证券简称“雷曼光电”，证券代码“300162”。雷曼光电就此成为深圳市 LED 产业界首家上市企业，同时也是中国 LED 光电产业界的第二家创业板上市企业。

雷曼光电管理层由有十余年现代企业经营管理经验的 EMBA 硕士研究生为首的行业精英和技术专家组成。高层管理人员和骨干均具有国内著名高校教育背景，并有多人曾在海外留学、进修或在跨国高新技术企业接受过良好的培训，年富力强,忘我追求。

雷曼光电已全面通过瑞士 SGS 权威机构的 ISO9001:2008 质量体系和 ISO14001:2004 环境体系认证、RoHS 检测、欧盟 CE 认证、北美 ETL 认证,中国光学光电子行业协会显示应用分会常务理事、国家半导体照明工程研发及产业联盟成员、广东省照明电器协会 LED 专业委员会副主任、深圳市 LED 产业联合会常务副会长、深圳市平板显示行业协会常务理事、深圳市高新技术协会常务理事、中国光学光电子协会光电器件分会常务理事;工业和信息化部电子工业标准化研究所半导体照明技术标准工作组成员、工业和信息化部电子工业标准化研究所平板显示技术标准工作组成员、国际 ISA(International Sign Association)和美国 USSC(United States Sign Council)成员。2009 年 5 月荣获由中国电子报、中国 LED 光电器件协会、中国 LED 显示应用协会共同评选的中国 2008 年度 LED 优秀企业;2009 年 8 月成为国庆六十周年华诞庆典天安门广场超大显示屏唯一指定国产 LED 封装品牌;2010 年 5 月荣获由中国电子报、中国 LED 光电器件协会、中国 LED 显示应用分会共同评选的 2009 年度中国 LED 最具成长性企业和 LED 应用工程优秀奖,2010 中国 LED 行业领军人物,2010 中国 LED 技术创新奖,2010 年度中国光电显示产品创新设计奖,2010 年度中国 LED100 强企业前十强,法国甲级足球联赛球场屏供应商,中国足协战略合作伙伴,中超 LED 球场广告显示屏唯一供应商。

雷曼光电将秉承"提升产业水平,创造核心价值,跻身行业翘楚"的使命,依托雄厚财力和济济人才,致力在高端 LED 领域坚持创新,坚持领先,为世界和中国光电子高科技的发展,为国家半导体照明工程作出贡献!

【主营业务】

发光二极管及 LED 显示、照明及其他应用产品。

【经营业绩】

2011 年 1 - 9 月,公司实现主营业务收入 187,255,550.29 元,较上年增长 30.31%;实现净利润 25,152,673.58 元,较上年同期下降 18.65%;总资产 818,268,351.90 元,比上年增长 270.74%,期末净资产总额达到 727,292,586.29 元,比上年同期增长 601.21%。归属于上市公司股东的每股净资产 5.43 元,同比增长 162.32%。

【300165】江苏天瑞仪器股份有限公司

【基本情况】

江苏天瑞仪器股份有限公司成立于 2008 年 12 月,注册资本为 4,500 万元,法定代表人:刘召贵。

公司作为我国 X 射线荧光光谱仪的市场领先者,长期专注于 X 射线荧光光谱仪产品及配套分析软件的研发、生产及销售。X 射线荧光光谱技术是一种环保、快速、无损、精确的化学分析技术,已经被广泛用于环境保护、消费品安全、工业测试与分析、政府监管、科学研究等众多领域。X 射线荧光光谱仪是现代化学分析必备的工具,已经成为 RoHS 检测等领域的国际标准检测手段,是应用最为广泛的化学分析仪器之一。

公司通过自主研发形成了在 X 射线荧光光谱仪方面独有的核心竞争优势,在我国 X 射线荧光光谱仪市场拥有较高知名度和影响力。

截至 2010 年 6 月 30 日,公司已经获得国家专利共计 67 项,其中发明专利 4 项,实用新型专利 35 项,外观专利 28 项;软件著作权 29 项,获得了软件产品登记证书 16 项,此外 83 项专利(其中发明专利 44 项)已获得国家知识产权局的受理。公司还拥有 15 项非专利技术。公司全面掌握了探测器、脉冲幅度分析器、高压发生器、X 光管、分光系统等五大核心部件的技术及分析软件核心算法,大幅提高了产品的稳定性和可靠性,使得公司技术和产品性能达到国际水平。公司核心产品能量色散型 X 射线荧光光谱仪拥有的核心技术、产品种类、产品性能及市场占有率在国内同类产品中均名列前茅。公司研发中心被江苏省科学技术厅选定为"江苏省光谱分析仪器工程技术研究中心",并获得江苏省经济和信息化委员会颁发的"江苏省认定企业技术中心"。

经过多年快速发展,公司树立了国内领先的 X 射线荧光光谱仪制造专家的形象,巩固了高性能化学分析仪器国产化领先者的市场地位。公司及全资子公司深圳天瑞、邦鑫伟业均为高新技术企业,公司及深圳天瑞均已获得软件企业认证。公司被评为江苏省自主创新行业龙头企业与质量信得过企业;获得中国民营科技促进会颁发的"2008 年民营科技发展贡献奖";获得江苏省经济和信息化委员会颁发的"2010 年度江苏省规划布局内重点软件企业称号";获得中国仪器仪表行业协会办法的"中国分析仪器发展贡献奖";被仪器信息网评为"2008 最受关注的国内十大厂商";公司入选清科"2009 年中国最具投资价值企业 50 强",位列第 17 位。公司新产品手持式能量色散 X 射线荧光光谱仪获得中国仪器仪表学会分析仪器学会颁发的《科学仪器优秀新产品》和仪器信息网颁发的《2007 最受用户关注仪器 TOP60》两项殊荣;THICK800A 获得中国仪器仪表行业协会办法的"自主创新银奖";EDXP730 获得中国科学仪器发展年会(ACCSI2010)评选的"2009 科学仪器优秀新产品";公司软件产品《天瑞 X 荧光光谱仪成分分析软件 V1.0》还获得江苏省经济和信息化委员会颁发的"江苏省优秀软件产品金慧奖"。

【沿革介绍及改制情况】

公司的前身江苏天瑞信息技术有限公司,成立于 2006 年 7 月 4 日,成立时注册资本 1,000 万元,2008 年 9 月注册资本增加到 3,000 万元;2008 年 12 月公司整体变更设立为江苏天瑞仪器股份有限公司,注册资本为 4,500 万元,发起人为刘召贵先生,公司在江苏省苏州工商行政管理局办理工商变更登记手续,并领取了注册号为 320583000136773 的企业法人营业执照。

2009 年 6 月,苏州高远创业投资有限公司、江苏高投中小企业创业投资有限公司、苏州国发创新资本投资有限公司、深圳市同创伟业创业投资有限公司等四个法人股东对公司增资 700 万元,公司注册资本增加至 5,200 万元;2009 年 8 月,胡晓斌等十三位自然人对公司进行增资 350 万元,公司注册资本增加至本次发行前的 5,550 万元。

【经营情况】

公司是专业从事化学分析仪器及其应用软件的研发、生产、销售的高新技术企业,主要产品是基于 XRF 技术的能量色散、波长色散 X 射线荧光光谱仪。公司在为客户提供化学分析仪器的同时,还为客户提供应用解决方案和相关技术服务。

XRF 技术是一种环保、快速、无损、精确的化学分析技术,已经被广泛用于环境保护、消费品安全、工业测试与分析、政府监管、科学研究等众多领域。X 射线荧光光谱仪是现代化学分析必备的工具,已经成为 RoHS 检测等领域的国际标准检测手段,是应用最为广泛的化学分析仪器之一。子公司邦鑫伟业是目前国内唯一可以生产波长色散 X 射线荧光光谱仪的企业。公司是国内全面掌握 X 射线荧光光谱仪核心部件、分析软件技术并拥有自主知识产权的少数厂家之一，已经在 RoHS、贵金属等领域建立了领先的市场地位。

公司产品家族包括 36 个型号的产品。

产品 EDX3000D、手持式能量色散光谱仪 EDXPocketII（EDXPocketIII 的上一代产品）获得"高新技术产品认定证书"；EDXPocketII 获得中国仪器仪表学会分析仪器学会颁发的《科学仪器优秀新产品》和仪器信息网颁发的《2007 最受用户关注仪器 TOP60》两项殊荣；THICK800A 获得中国仪器仪表行业协会办法的"自主创新银奖"；EDXP730 获得中国科学仪器发展年会（ACCSI2010）评选的"2009 科学仪器优秀新产品"；公司软件产品《天瑞 X 荧光光谱仪成分分析软件 V1.0》还获得江苏省经济和信息化委员会颁发的"江苏省优秀软件产品金慧奖"。

公司部分产品属于《中华人民共和国依法管理的计量器具目录》范围。公司获得了江苏省苏州质量技术监督局颁发的"中华人民共和国制造计量器具许可证"，证号（苏）制 05830032 号，涉及的计量器具分别为：1. 原子荧光光谱仪（AFS200T 型）；2. 气相色谱仪（GC－5400 型）；3. 原子吸收分光光度计（AAS6000 型）。证号（苏）制 05830032 号－2，涉及的计量器具为 1、波长色散 X 荧光光谱仪（WDX 系列）。子公司邦鑫伟业获得了北京市昌平区质量技术监督局颁发的"中华人民共和国制造计量器具许可证"，证号为（京）制 02210160 号，涉及的计量器具分别为：波长色散 X 荧光光谱仪 WDX200 和 WDX400。

公司产品主要应用在环境保护、工业测试和分析、政府监管、科学研究等众多领域。公司在 RoHS、玩具安全等环境保护领域具备较强的优势，并将优势逐步拓展到水泥建材、镀层测厚、合金检测、矿产和资源等工业测试和分析领域及政府监管、科学研究等其他领域。

积极推广公司优势产品能量色散、波长色散 X 射线荧光光谱仪系列产品在 RoHS、钢铁、贵金属、水泥等领域的应用；推广公司手持式能量色散 X 射线荧光光谱仪（EDXPocketIII）在地质、矿产、合金等领域的应用；推广能量色散 X 射线荧光光谱仪 THICK800A 等在电镀、涂层等测厚市场的应用，巩固公司在 RoHS、贵金属等元素成分分析市场的优势地位，逐步建立在手持式产品市场和测厚市场等新兴领域的领先地位。

公司未来三年发展目标是进一步保持国内领先的元素分析和有害元素检测的专家形象，巩固高性能 X 荧光光谱仪国产化领先者的市场地位。公司未来将通过资本市场不断充实资本实力，尽快突破资金瓶颈，快速扩张规模以抢占市场先机，建立覆盖全国并能向国际辐射的营销及服务网络，进一步提升公司产品在行业的知名度，逐步发展成集合光谱、色谱类分析仪器研发、生产、销售、服务和应用能力于一身，成为处于国内领导地位的分析仪器及系统解决方案供应商；同时，公司也将利用自身技术和营销网络优势，加大国际市场开拓力度，使公司产品的外销比例进一步提升。

【公司和个人荣誉】

- 2011 年 4 月，天瑞仪器喜获"2010 年度最具影响力国内仪器厂商"、"2010 年度最佳网络营销奖"两大奖项。
- 2010 年度最具影响力国内仪器厂商。
- 2010 年度最佳网络营销奖。
- 2010 年董事长刘召贵先生荣获"国务院政府特殊津贴"。
- 2009 荣获中国创业百强企业。

【300171】上海东富龙科技股份有限公司

上海东富龙科技股份有限公司成立于 1993 年，是一家以医用冻干机及冻干系统的研发、设计、生产、销售和服务为一体的高新技术企业。医用冻干是一种使药物在低温、真空和无菌环境下脱水干燥的冷冻干燥工艺，广泛应用于血制品、疫苗、生物制品、化学药品等医药领域，并向中药制剂、诊断试剂、保健品、兽药等领域延伸。公司产品主要包括冻干机、自动进出料系统、无菌隔离装置装置，公司自创立以来，一直专注于冻干系统的行业发展，为制药企业提供专业化、个性化、定制化的冻干系统解决方案。公司为国内最大的冻干机设备制造商，是我国替代进口冻干系统产品的代表企业，冻干机产销量居国内行业首位。主要产品已出口至美国、加拿大、印度、俄罗斯等 25 个国家与地区，从设立至今已有超过 1800 台冻干机产品服务于全球制药领域。

公司在冻干系统领域拥有国内领先的研发、设计能力，目前已拥有 61 项专利技术、在申请专利 37 项、6 项高新技术成果转化和 6 项软件著作权。公司为中国制药装备行业协会会员单位，2005－2008 年连续四年进入上海市高新技术成果转化项目百佳企业行列，并获得中国制药装备科技成果一等奖、中国医药设备工程协会 AAA 级企业信用等级、上海市科技小巨人培育企业、上海市重点新产品企业、上海市自主创新产品企业、上海市装备制造业与高新技术产业自主创新品牌企业、上海市最具活力科技企业（成长型）、上海科技企业创新奖、上海名牌、上海市著名商标等多项奖励和荣誉证书。公司产品通过了德国 TüV 公司 ISO9001 国际质量体系认证、欧盟 CE 认证及美国 FDA 要求的 21CFR PART 11 认证，具备中国压力容器设计和制造资质、美国 ASME 压力容器资质和欧洲 PED 压力容器资质，在国内市场上具有领先的技术优势。

近年来，公司凭借领先的技术创新能力、显著的成本优势、高素质的管理团队，业绩取得了高速增长，在冻干系统行业取得了有利的竞争地位。公司主要产品覆盖国内制药百强中 51 家企业和国外知名制药公司，典型客户包括国药集团及下属六大生物研究所、哈药集团、石药集团、上药集团、扬子江药业、广药集团、天药集团、华北制药、恒瑞医药、天士力、海普瑞、辽宁成大、信立泰、亚太药业、丽珠集团、华兰生物、科华生物、复旦复华、复星医药、誉衡药业、中牧股份、昆明制药、海正药业、双鹤药业、康缘药业、康恩贝、仙琚制药、天坛生物、梅里亚（Merial Animal Health Co., Ltd.）、印达思（Intas Pharmaceuticals Ltd.）、阿拉宾度（Aurobindo Pharma Ltd.）等全球著名制药厂商。

东富龙于 2007 年底筹备上市，2008 年 4 月完成企业改制，2008 年 5 月申请上市辅导，2010 年 3 月正式申报创业板上市材料，2010 年 11 月 26 日通过发审会，2011 年 2 月 1 日正式挂牌上市，发行新股 2000 万股，发行价 86 元/股，募集资金 17.2 亿元，扣除发行费用后募集 15.7 亿元，超募资金 11.39 亿元。通过运作上市，为企业提供了充足的资金，加速了企业的发展，为企业能够做大做强、规范运作、全球布局奠定了坚实的基础。

公司秉承"专业技术服务于制药工业"的经营理念，坚持国际化发展战略，以企业成功上市、新版 GMP 颁布实施为契机，大力发展高端化、系统化的冻干产品，充分运用公司现有的核心技术、销售网络、品牌优势和客户服务，不断满足市场需求，为客户提供具有前瞻性的冻干系统整体解决方案。

公司2010年度实现营业总收入48,061万元,较上年同期增长56.01%,实现营业利润15,773万元,较上年同期增长85.49%,归属于母公司股东的净利润14,284万元,较上年同期增长88.26%。

2011年上半年,公司实现营业总收入33,513万元,较上年同期增长39.75%,实现营业利润12,579万元,较上年同期增长61.04%,归属于母公司股东的净利润9,579万元,较上年同期增长38.24%,公司继续保持快速增长和稳健发展。

由于公司上市以来的经营业绩突出,成长性明显,信息披露完整,根据创业板指数编制规则,深圳证券交易所于2011年10月10日将东富龙等5家企业调整为创业板指数实施样本公司,充分体现了监管部门及市场对东富龙的认可。

【发展展望】

1. 公司所处行业宏观环境变化趋势

新版GMP已于今年3月1日正式实施,要求血液制品、疫苗、注射剂等无菌药品生产企业,必须在2013年12月31日前达到新版GMP的要求,其他类别药品的生产均应在2015年12月31日前达到要求。预计现有无菌药品生产企业将在5年的过渡期内逐步完成设备改造,该部分冻干设备更新改造需求的市场规模有望达到60－90亿元。国内近500家生产冻干药品的药企需要更新设备,东富龙作为国内冻干行业的龙头企业将成为制药企业的首选设备供应商,GMP的升级将通过冻干存量改造带来冻干"量"的增长以及"高端化、系统化"带来的价值提升。

2. 公司未来的发展战略

公司将以"创新驱动、转型发展"为核心,坚持"冻干机——冻干系统——冻干工程"的发展战略,以大冻干产业为主线,打造冻干产业集成。保持公司在国内冻干系统行业的领先地位,积极参与国际市场的竞争,东富龙将迎来一个新的高速发展期,为上海市的经济发展做出贡献、为中国制药工业的发展而努力,未来东富龙将致力于发展成为全球冻干工程方案的主流提供商!

【300174】福建元力活性炭股份有限公司

【基本情况】

福建元力活性炭股份有限公司创立于1999年,注册资本2100万元,是国内综合实力最强的木质粉状活性炭生产企业,年生产能力达20000吨活性炭。十年来,元力精耕细作、悉心打造,从年产500吨的小厂迅速发展成为国内活性炭行业的佼佼者,产品市场占有率达15%。

在发展壮大中,元力确立了自主创新方面的优势和能力,使产品的技术优势和市场优势始终保持领先地位,并填补了一系列的技术空白。公司自主研发的"处理废气用的带有非金属电极电场的环保装置"、"化学炭生产转炉"、"物理炭生产转炉"和"物理法化学法一体化活性炭生产工艺"已向有关部门申请发明专利权和实用新型专利权。

元力以满足客户需求为导向,为客户提供创新性、专业化的产品和服务,帮助客户实现持续赢利和成功。凭借高性价比的产品与服务,元力在国内建立起了体系完备、响应快速的营销网络,并积极实施海外市场拓展,目前海外业务已布及至法国、俄罗斯、意大利、土耳其、日本、泰国、印度、阿根廷、巴西、南非等几十个国家和地区。

丰富的产品生产制造经验和良好的品质控制能力是元力的竞争优势之一。元力正进一步提高管理水平,深入开展ISO9001:2000、ISO14001:2004和OHSAS18001:2007体系认证,将质量管理、环境保护和社会责任在更高层次上统一起来。

放眼未来,元力以"技术＋创新"走专业化之路、"合作＋发展"走规模化之路、"品牌＋市场"走国际化之路为发展战略,积极迎接挑战,全力以赴为客户创造价值和成功,缔造最具创新力和竞争力的活性炭企业。

【经营业绩】

2011上半年报告期内,公司营业收入实现6,003.48万元,同比增长67.05%;实现归属于上市公司股东的净利润为1,030.85万元,同比增长59.11%;2011年1月－9月,公司累计实现营业收入16,161.47万元,同比增长54.75%,实现归属于上市公司股东的净利润为2,477.62万元,同比增长52.60%。

【企业荣誉】

·2002－2009年,企业守合同重信用单位。
·2009年度,工业纳税大户。
·2009－2010年度,福建省林业产业化龙头企业。
·2009年7月,荣获高新技术企业。
·2009年8月,荣获市级企业技术中心。
·2009年12月,荣获福建省著名商标。
·2010年1月,荣获福建省名牌产品。
·2010年6月,荣获福建省自主创新产品。
·2010年8月,荣获市企业知名字号。
·2010年2月,荣获福建省技术创新工程创新型试点企业。
·董事长卢元健先生荣获2010年度"突出贡献企业家"。
·2010年,荣获延平区工业纳税大户。
·2010年12月,荣获省科学技术厅颁发"福建省技术研发平台奖"。
·2011年3月7日,荣获"南红捐赠"证书。
·2011年7月,荣获年度质量管理先进单位。

【300175】朗源股份有限公司

【基本情况】

朗源股份有限公司(股票简称:朗源股份,代码:300175)是山东省首家农业行业创业板上市公司,坐落在山东省烟台市龙口高新技术产业园区,系由烟台广源果蔬有限公司整体变更设立的股份有限公司,成立于2002年。是中外合资企业。公司的经营范围包括水果、蔬菜、葡萄干、坚果、果仁的种植、储存、加工、销售。朗源公司拥有水果基地80000多亩,拥有5.2万吨保鲜库(气调库、保鲜库)和厂区3处,占地面积380多亩。

多年来,朗源股份有限公司秉承"诚信做人,踏实做事"的企业道德准则,致力于标准化果园种植管理和制度化生产经营,建立了有效的食品安全控制体系和追溯管理系统。

民以食为天,产品健康安全是企业的发展命脉。公司的各个业务环节包括种植管理、采购,仓储和加工采用标准化模式管理,使得公司的产品安全性得到保障。公司部分协议基地获得GLOBALGAP(全球良好农业操作规范)认证,主要产品生产环节获得HACCP(食品加工过程中的危害分析及关键控制点)认证及BRC(英国零售商工会为食品供应商专门制定的质量体系审核标准)认证,主要产品获得KOSHER(洁食/犹太食品安全)认证及QS(中国食品质量安全)认证。

我们一直致力于自主品牌的经营,以"广源"和"朗源"品牌出口鲜苹果和葡萄干产品,在东南亚鲜果市场和欧洲葡萄干市场有较高的品牌知名度和认可度,建立了坚实可靠的客户基础,与众多国际及当地知名的大型公司保持良好合作。朗源品牌葡萄干在欧洲市场是唯一可以替代土耳其葡萄干的中国葡萄干产品。公司将先进设备和技术有效结合,自主创立了一整套符合欧美标准化加工要求的加工生产线,成为国内唯一一条通过英国 BRC 认证的自动化葡萄干加工生产线,产品可直供英国超市,是国内同行业中唯一一家将葡萄干产品大规模出口到西欧高端市场的企业。公司在农产品种植环节和消费市场之间建立了紧密的纽带,建立并施行了一套从果园种植一直到销售终端的标准管理体系。这套产品上的体系与公司构建的"公司+协议基地"的组织架构相结合,使得公司的产品赢得极高的市场信任。而高的市场美誉度反过来促进了公司每年的采购规模,又赢得了农户的信任,如此形成了良性循环。

经过 10 多年的经营,产品远销欧洲、北美、东南亚、中东、澳洲等几十个国家和地区,奠定了公司在新鲜苹果和葡萄干加工出口领域的龙头地位。我们将继续坚持"倡导绿色、保障健康、诚信为本、质量立业"的经营理念,继续实践与创新,力求为消费者提供鲜美可口、绿色健康、安全优质的产品。

【经营业绩】

2011 年 1 -6 月份,公司营业收入、营业利润、利润总额和净利润分别为 23604.47 万元、2720.25 万元、2720.33 万元和 2670.16 万元,分别同比增长 36.48%、23.13%、23.21% 和 21.69%。

【300177】广州中海达卫星导航技术股份有限公司

【基本情况】

广州中海达卫星导航技术股份有限公司(以下简称中海达)是专业从事 GNSS 研发、生产、销售的高科技产业集团。

中海达于 2000 年在广州正式成立,在全国建有 7 大技术服务中心、30 多家分支机构及覆盖全国的销售网络,员工 900 多人,年产值近 3 亿元,是国内最具实力的 GNSS 龙头企业之一。

中海达致力于 GNSS 核心技术研发,积累了大量的自主知识产权,双频 GPS 接收测量技术、高精度 GIS 数据采集处理技术、超声波测深测量技术等被评定为"国内领先,国际先进水平",是国家高新技术企业和优秀软件企业,公司设有博士后工作站,多年来一直以前瞻的技术引领行业技术发展。

中海达拥有四大核心业务和全系列 GNSS 产品,涵盖了高精度测量型 GNSS 产品系列;超声波数字化测深仪系列;GIS 数据采集系统;海洋工程应用集成系统;地质灾害监测系统;并能根据用户需求量身定制、提供全面系统解决方案。

2011 年 2 月 15 日,中海达在深圳创业板成功上市(股票代码 300177),公司将借助资本力量,进一步做大做强,推动我国地理信息产业大发展。

【经营业绩】

2011 年 1 -9 月,公司实现营业收入 202,553,444.96 元,较去年同期增长 27.90%,实现营业利润 36,410,561.50 元,较去年同期增长 39.81%,实现归属于上市公司股东的净利润 34,391,263.77 元,较去年同期增长 15.43%,实现归属于上市公司股东的扣除非经常性损益后的净利润 34,173,171.28 元,较去年同期增长 22.70%。

【300178】深圳市腾邦国际票务股份有限公司

【基本情况】

深圳市腾邦国际票务股份有限公司是商旅服务领域首家登陆国内资本市场的上市公司(股票简称:腾邦国际;股票代码:300178)。腾邦国际专注从事电子商务业务 13 年,并持续为电子商务领域提供信息处理服务,在人才、技术、经验、设施等方面具备强有力的保障条件,业务网络覆盖全球。作为中国个性化出行服务领域的开创者与引领者,腾邦国际成功整合了现代高科技产业与传统商旅行业,自主研发的第三方支付平台"腾付通"获颁互联网支付、移动电话支付全国性《支付业务许可证》,建立了以腾邦国际飞人网为窗口、呼叫中心为运营载体、电子支付为支撑的新型电子商务模式,实现了机票销售、酒店预订、商务管理、度假旅游等商旅服务细分市场的全面覆盖。是国内各大航空公司金牌合作商、80 多家国际航空公司战略合作伙伴。

【企业文化】

我们的愿景:成为中国个性化出行服务的持续领跑者。

我们的使命:让出行更便捷,让生活更美好。

【企业荣誉】

腾邦国际坚持不懈的创新精神及持续的盈利能力受到多家投资机构青睐和投资,被评为"中国最具投资潜质创新企业"。中央财经领导小组等中央省市领导和国家有关部门先后到腾邦国际考察电子商务和现代服务业。腾邦国际在行业内首家被评为"国家级高新技术企业",同时被国家商务部纳入"国家商贸服务典型企业(电子商务类)",并被深圳市推荐为"商务部电子商务示范企业"。腾邦国际先后被市区两级政府评为"深圳市总部企业"、"深圳市民营领军骨干企业"、"纳税百佳企业"。

【经营业绩】

2011 年 1 -9 月,公司实现营业收入 13982.39 万元,比去年同期增长 7.5%;营业利润为 5784.10 万元,比去年同期下降 25.04%;利润总额为 6387.35 万元,比去年同期下降 19.01%;归属于母公司股东的净利润为 5383.53 万元,比去年同期下降 11.78%。

【300182】北京捷成世纪科技股份有限公司

公司前身北京捷成世纪科技发展有限公司成立于 2006 年 8 月 23 日,2009 年 10 月 28 日整体变更为股份有限公司,注册地址位于中关村国家自主创新示范区。公司于 2011 年 2 月 22 日在深圳证券交易所创业板成功上市,证券简称为"捷成股份",证券代码为"300182",人民币普通股股份总数为 5600 万股。捷成股份是北京市科学技术委员会认定的软件企业,北京市科学技术委员会、北京市财政局、北京市国家税务局和北京市地方税务局联合认定的高新技术企业,科学技术部、中国科学院和北京人民政府联合认定的创新型试点企业。

捷成股份属于音视频制作、控制和管理系统行业,专业从事音视频整体解决方案的设计、开发与实施,是目前国内最具实力的专业音视频整体解决方案产品提供商之一。目标市场涵盖广电行业、部队、互联网科技公司、科研院校、政府机关、事业单位及其他音视频领域。

公司主要产品包括媒体资产管理系统解决方案、高标清非编制作网解决方案、全台多元异构一体化网络解决方案和全台统一监测与监控解决方案，广泛应用于中央电视台、上海文广等各级广播电台、电视台、有线电视网络公司，以及部队、新闻出版总署、国家气象局等多家行业用户。作为一家重点为广电等行业服务的提供商，公司与央视国际网络、华数数字等三网融合内容提供商也建立了良好的合作关系。

捷成股份还积极参与国家和行业多个标准的起草和制定。公司是国家广电总局标准化工作委员会成员单位，中国广播影视数字版权管理论坛执行委员单位，国家新闻出版总署标准化技术委员会成员单位。

捷成股份秉持“融合领先科技，铸就卓越品牌，诚信开拓进取，勤奋严谨创新”的理念，致力于音视频领域的信息技术创新，公司的多个产品和实施项目都荣获了国家广电总局的“科技创新一等奖”，也获得了中国广播电视设备工业协会、中国电子学会等多个奖项。近年，公司还获得了“广播电视十大民族品牌奖”、“科技创新优秀企业奖”等多项大奖。

捷成股份将努力成为国内自主知识产权技术水平最高、响应客户要求最快、综合服务能力最强的音视频整体解决方案提供商，并向世界领先的音视频整体解决方案提供商的战略目标不断迈进！

【300189】海南神农大丰种业科技股份有限公司

【基本情况】

海南神农大丰种业科技股份有限公司是《种子法》实施后，于2000年12月29日注册成立的种业科技股份有限公司，是首批获得农业部核发《全国农作物种子经营许可证》和“国家农作物种子进出口权”的四家股份公司之一，公司股票于2011年3月在深圳证券交易所上市，股票代码“300189”，股票简称“神农大丰”。公司注册资本1.6亿元，经营范围包括粮食、棉花、油料等农作物种子的选育、生产、销售和技术服务以及农药、化肥的销售等，主营杂交水稻种子的选育、制种、销售和技术服务。

公司是经认定的2010年“中国种业骨干企业”；公司的杂交水稻制种超高产方法和杂交水稻制种方法专利技术处于国际领先，公司董事长黄培劲先生获得世界知识产权组织颁发的“杰出青年发明家”金质奖章，是继袁隆平获得“杰出发明家”金质奖章之后，中国获得的又一重要奖项，也是迄今为止世界知识产权组织颁发的杂交水稻领域的两个最高奖项；公司是我国种子行业的“国家高技术产业化示范基地”；公司是农业产业化国家重点龙头企业、全国扶贫龙头企业、国家火炬计划重点高新技术企业、海南省高新技术企业、海南省农业产业化重点龙头企业；通过了ISO9001国际标准质量管理体系认证和英国皇家UKAS认证；经过十年的发展，公司在杂交水稻制种技术、新品种、渠道网络、经营规模和效益上均位居行业前列，已经成为国内少数具备育繁推一体化经营能力的农作物种业企业之一。

【经营业绩】

2011年1－9月，公司实现营业收入31,319.28万元，比上年同期增长6.04%；利润总额4,798.30万元，比上年同期增长0.31%，归属于上市公司股东的净利润为4,531.79万元，比上年同期增长1.17%。

【企业文化】

一粒种子，开启文明。一粒种子，改变世界。一粒种子，承载使命。一粒种子，寄托梦想。一粒种子，承担国家战略的神圣使命。一粒种子，寄托世界粮食的美好未来。

【企业荣誉】

- 农业产业化国家重点龙头企业。
- 国家级火炬项目证书(项目名称：杂交水稻超高产制种)。
- 2000－2001海南省文明诚信企业。
- 高新技术企业。
- 海南省农业产业化重点龙头企业。
- 中国种业五十强企业。
- 国家超高产优质杂交水稻种子产业化示范工程。
- 海南省十佳高新技术企业。
- 国家扶贫龙头企业。
- 国家大型农业种子企业电子商务示范工程。
- ISO9001：2000国际标准质量管理体系认证及UKAS认证。
- 湖南省省级高新技术产品。
- 海南省著名商标。
- 中国种子协会第四届理事会理事单位。
- 国家高技术产业化示范工程。
- 中国杰出营销奖总决赛铜奖。
- 中国杰出营销奖快速消费品类总决赛一等奖。
- 海南省十佳农业产业化龙头企业。
- 国家火炬计划重点高新技术企业。
- 中国种业骨干企业。
- 海南省自主创新企业十大楷模。
- 企业信用评价AAA级信用企业。

【300194】重庆福安药业(集团)股份有限公司

【基本情况】

重庆福安药业(集团)股份有限公司前身为重庆福安药业有限公司，成立于2004年2月25日，控股了重庆市庆余堂制药有限公司、重庆生物制品有限公司、重庆礼邦药物开发有限公司。2009年9月改制为股份制有限公司，2011年3月22日成功登陆深交所创业板(股票代码：300194)。集团公司是一家按照国家食品和药品监督管理局规定及GMP要求，主要以生产和销售抗生素类原料药为主要经营范围，在长寿经开区内修建的第一家现代化制药企业。厂区占地面积100亩(净用地70亩)，建筑面积2万平方米，厂区总投资3.5亿元。旗下拥有独立的研发中心、销售公司和制剂厂，并实现了从研发、生产、乃至销售的集团化管理模式。

研发中心——重庆礼邦药物开发有限公司。专业从事化学药物以及药物中间体的研究、生产和销售的现代化高科技企业。

销售公司——重庆生物制品有限公司。主要从事化学原料药及其制剂、抗生素及其制剂、生化药品、中成药和生物制品等销售，药品技术转让、咨询服务，货物及进出口。

制剂厂——重庆市庆余堂制药有限公司。现有三类药品取得了GMP证书，包括胶囊剂(含青霉素类、头孢菌素类)、片剂、粉针剂(青霉素类、头孢菌素类)、冻干粉针剂。

集团公司于2006年获得高新技术企业称号；公司主要产品氨曲南、替卡西林钠、磺苄西林钠获得高新技术产品称号；2008年氨曲南获得国家重点新产品；氨曲南、替卡西林钠分别获得市级优秀新产品称号；2008年度、2009年度公司分别获得“长寿工业十强企业”称号。

集团公司现有职工600余人，其中博士3名、硕士21名，本科以上学历129人。公司注重企业文化的建设与培养，为员工提供了具有激励性和保障力的绩效管理制度，良好的培训途径和健全的福利保障，逐步建立了从决策层、执行层直至基层的良好的团队合作精神，并以此成为企业的核心竞争力。集团公司秉承团结、进取、诚信的核心管理理念，坚持人无我有、人有我新、人新我优的技术创新理念，努力成为中国制药行业的引导者。

【经营业绩】

2011 年 1－9 月，公司实现营业总收入 274,091,427.02 元，同比下降 21.87%，净利润 85,072,782.90 元，同比下降 9.8%。

【300195】天津长荣印刷设备股份有限公司

【基本情况】

天津长荣印刷设备股份有限公司是一家专业研发、生产、销售印后设备的高新技术企业。公司注册资本 1 亿元，占地 9 万余平方米，拥有员工近 500 人，2010 年实现营业收入突破 4 亿元。公司的主导产品为：高精密高速自动模切机、高精密自动平压平电脑全息烫印模切机以及高速自动糊折盒机等。公司生产的设备以技术先进、功能齐全、操作方便可靠，受到客户的欢迎，产品遍布全国，并出口至美国、日本、瑞士、等二十多个国家和地区。2006 年公司的“有恒”商标被天津市认定为著名商标；公司被中国包装联合会评定为“中国包装龙头企业”；公司研发中心被天津市认定为“企业技术中心”；2004 年至 2008 年连续三次被认定为高新技术企业；2010 年 1 月公司有恒商标被国家工商行政管理总局认定为中国驰名商标。2010 年 12 月公司被认定为国家火炬计划重点高新技术企业；2011 年 3 月 29 日公司股票在深圳证券交易所正式挂牌交易，股票简称：长荣股份，股票代码：300195。

公司自成立以来一直致力于高新技术及其产品的研究和生产，立足于自主研发，重视技术创新，每年都推出多款新产品。开发的技术和产品均拥有自主知识产权，取得了多项专利成果，多项技术填补国内空白。目前公司拥有已授权专利 52 项，申报已受理审查中的专利 79 项。2009 年公司被确定为天津市专利试点单位。公司研发的多款新产品技术水平达到国内领先或国际先进，多机组模烫机三款产品属世界首创。2009 年、2010 年两年中公司共获得省部级以上技术创新奖项 5 项。2010 年被天津市授予“技术创新先进企业”称号。2009 年、2010 年公司经济效益综合指数指标均位列全国印刷机械行业重点企业第一名。

为满足公司创新发展的需要，公司在 2009 年斥资 2.75 亿元投建高速精密多功能新型印刷设备产业化建设项目，项目建成以后能形成年产值 10 亿元的生产规模。该项目被列入天津市重点工程项目和国家“振兴装备制造业技术改造资金”支持项目。项目自 2009 年一季度开工建设，第一期工程 35000 平米新型印刷设备研发试制加工装配中心已于 2010 年末投入生产运行，目前项目生产能力正在快速释放。

长荣股份将坚持以客户利益为中心的经营指导思想，利用登陆资本市场的有利条件，以专业化、产业化、国际化为发展方向，不断进取，持续创新，依托自身雄厚的技术实力，开发研制新一代的印刷设备，实现更多的中国创造。积极向产业链的上下游延伸。建立国际营销网络，逐步实现国内外市场并重的营销策略转变。用好超募资金，做好靠内涵提升和外延发展两个方面的工作。努力实现“力创世界一流品牌，提供世界领先印刷包装设备，服务全球印刷包装业”发展目标！为广大客户和投资者创造更大价值！

【企业文化】

企业使命：创造价值提供令客户满意的产品和服务来提升中国人的尊严和社会幸福

企业宗旨：为客户创造价值，追求完美，精益生产

经营理念：诚信有恒品质有恒服务有恒

员工文化：具有责任感、荣誉感、严于律己等敬业精神；具有富于积极性、诚实性等精神能力；具有健康的行动力，以及改变不良习惯的能力；具有专业知识及技能；并永远保持积极热忱的态度。企业不仅为员工提供良好的工作环境，还建立了一整套良好的激励机制和分配制度，并开展各种丰富多彩的活动，用多种方式激发员工的工作热情和工作积极性。

【经营业绩】

2011 年上半年报告期内，公司实现营业收入 24,908.15 万元，比去年同期增长 64.5%，利润总额 8,963.40 万元，同比增长 117.36%，实现归属于母公司的净利润 7,489.64 万元，同比增长 120.33%。

【300197】深圳市铁汉生态环境股份有限公司

【基本情况】

深圳市铁汉生态环境股份有限公司成立于 2009 年 9 月 9 日，由深圳市铁汉园林绿化有限公司整体变更设立，注册资本 4,606.06 万元，注册地为深圳市福田区车公庙天祥大厦 4D，主营业务为生态环境建设工程施工。

公司自设立以来以建设和谐的生态环境为己任，一直致力于被破坏地表植被的修复及城市景观环境营造事业。公司在生态修复领域树立了良好的口碑，并擅长用生态的方式建设园林景观，公司综合施工能力强，擅长复杂地形、不同环境的跨区域施工，先后承建了广州南沙开发区采石场整治绿化工程、海南三亚大隆水库边坡水土保持工程、深圳市南坪快速路绿化景观工程、江西鹰瑞高速绿化景观工程、江西前湖国宾楼、商务楼绿化工程、深圳市星河丹堤展示区入口道路及样板绿化工程等标志性生态环境建设精品工程项目。

公司坚持“科技先导、研发先行、创新为本、服务人类”的理念，专注于生态环境建设技术的研发及应用。公司共获得国家专利 9 项、已受理申请专利 7 项、科技成果登记证书 4 项。拥有裸露坡面生态恢复新技术，有机物垃圾高温发酵生物肥、抗旱型植物生长调节剂的产业化技术，环境友好、节能减排的液压客土喷播技术，裸露坡面生态恢复新技术，边坡复绿特种专用植物的繁育技术，园林大乔木免剪移植技术研究等多项生态修复技术等，其中“裸露坡面生态恢复新技术研究”荣获第七届中国花卉博览会科技成果技术研发类银奖，并入编《高新技术产品及成果推荐目录》，2009 年 6 月 1 日被确定为农业科技成果转化资金项目。

公司秉承“铮铮铁汉，顶天绿地”的服务理念，视工程质量为安身立命之根本，注重环境保护及员工的职业健康安全管理，先后有广州南沙开发区采石场整治绿化工程、广东天汕高速公路绿化工程、深圳市星河丹堤展示区入口道路及样板绿化工程、江西鹰潭至瑞金高速公路建设项目绿化景观工程等多个工程被业主评为第一名、“优良工程”或“优质工程”，公司通过与此相关的 ISO9001：2000、ISO14001：2004、GB/T28001：2001 认证。

公司为国家级高新技术企业，拥有城市园林绿化企业一级资质、风景园林工程设计专项乙级资质；造林工程施工乙级资质；造林工程规划设计丙级资质；市政公用工程施工总承包

三级资质(市政公用工程施工总承包、土石方工程专业承包、园林古建筑工程专业承包)。

21世纪,环境保护已成为国家经济和社会可持续发展的重大课题,人与自然的关系由对立转为和谐。人们渴望回归自然,追求高品位的环境质量。公司把满足人们的这种追求作为企业奋斗的目标,愿与各界人士竭诚合作,携手进步,共创辉煌明天!

【主营业务】

生态环境建设工程施工,以及园林养护、风景园林工程设计、苗木的生产和经营等。

【经营业绩】

2011年上半年,在货币政策持续紧缩,国家继续加强房地产行业调控,国民经济增速放缓的宏观经济背景下,公司把握政府继续加大对城市建设,水利建设等基础设施投入以及深圳申办第26届世界大学生运动会的市场机遇,依靠灵活高效的招投标策略和紧密的团队合作精神,不断扩大公司的业务,保持公司业务的持续增长。

经广东正中珠江会计师事务所有限公司审计(广会所审字[2011]第10006310013号),2011年上半年,公司实现营业总收入341,127,547.00元,比去年同期186,084,028.35元增长83.32%;实现营业利润60,225,544.55元,比去年同期32,062,575.53元增长87.84%;实现净利润51,685,760.06元,比去年同期27,778,273.49元增长86.07%。公司业绩增长主要原因是公司营业收入增加,主营业务保持良好的发展势头。

截至2011年6月30日,公司总资产为1,374,992,680.59元,比年初332,578,865.85元增长313.43%;净资产为1,280,946,325.64元,比年初228,978,645.88元增长459.42%。资产负债率为6.84%。

2011年7-9月,公司累计实现主营业务收入21,029.68万元,比去年同期10,935.82万元增长92.3%;实现净利润3,605.40万元,比去年同期1,683.65万元增长114.12%。

【企业荣誉】

公司注重品牌及信用建设,2009年4月被中国国际经济科技法律人才学会、全国市场信用共建联盟、中国信用4.16高峰论坛组委会评为"重信用企业";2009年5月被中国工程建设行业协会、北京国信联合信用管理有限公司评为"中国园林绿化AAA级信用企业";2009年7月被中国绿化行业监督管理中心、中国工程建设与管理联合会评为"全国绿化工程百强企业"、"全国花卉十佳信誉示范企业";2009年6月被广东省风景园林协会评为"广东省优秀园林企业";2010年10月被深圳市风景园林协会评为"2008-2009年度'深圳市优秀园林企业'第一名"、"'深圳市十强优秀园林企业'第一名"、"'深圳市特色园林企业(生态修复)'第一名"。

公司担任专业学术、社会团体和公益事业团体职务

1.深圳市花卉协会团体会员。

2.深圳市风景园林协会副会长单位,公司董事长刘水先生历任协会理事会副秘书长、副会长、园林企业分会会长。

3.2006年公司董事长刘水先生被选为深圳(笔架山)狮子会会长。

4.广东省风景园林协会常务理事单位。

5.2009年公司董事长刘水先生被选为深圳市商业联合会副会长。

6.2009年公司成为深圳市企业联合会副会长单位,公司董事长刘水先生被选为深圳市企业家协会副会长。

7.2010年公司董事长刘水先生被选为深圳市绿色产业促进会副会长。

8.2010年公司成为《中国园林》学刊的常务理事单位。

9.2010年公司董事长刘水先生被选为《广东科技》刊物理事。

10.2010年公司成为中国风景园林学会会员单位。

【社会责任】

公司在不断壮大发展的过程中,亦不忘回报社会:公司先后为江西吉安县凤凰镇铁汉希望小学、国际狮子总会、广东梅县东山中学、广东省肇庆市云安县希望小学、广东省蕉岭中学、广东省蕉岭县民政局、2004年东南亚海啸、2008年四川汶川特大地震等无偿捐款共计叁佰多万元,受到社会各界广泛的好评。

【300198】福建纳川管材科技股份有限公司

福建纳川管材科技股份有限公司成立于2003年,是一家集研发、生产、销售为一体的大口径埋地塑料排水管道上市公司,股票代码:300198。公司自成立以来一直致力于以先制造技术生产和推广有利于环保、节能减排的新型排水管材,主营业务是HDPE缠绕增强管及配套管件的研发、生产和销售,以及为HDPE缠绕增强管系统的设计和施工提供技术支持服务。公司先后获得多项国家产品技术专利,被评为"高新技术企业",是泉州市行业技术中心。

纳川人秉承"诚实做人,结实做管"的企业理念,以"纳百川,容万物"的开拓精神和客户至上的服务准则,凭借着"质量可靠、技术领先、客户至上、服务优良"的产品和服务体系,赢得了广大客户的认可和支持。公司是中核总、中电投、中广核等新建核电项目的合格供应商,是中石油、中石化的一级供应商,是大唐能源、国电、华电、华能、华润、中铁、中冶等重大新建项目的埋地排水管的主要供应商。公司产品已在核电、火电、炼油、化工、冶金、交通(机场、铁路交通枢纽、港口)、市政等领域的埋地雨污水管网中大量使用,是中国工程建设标准化协会认定为工程建设推荐产品。

为确保产品优异的性能,纳川人引进国际上最先进的生产线和质量检测设备,建立了严格标准化的内控体系,从原料采购到产品出厂,对每一个环节都严格把控,产品通过了ISO9001、ISO14001、OHSAS18001等认证体系,当前公司产品年生产能力超万吨。

作为一个快速成长的公众公司,我们将承担更多的社会责任,继续立足于企业研发创新,为我国城市建设提供更多的安全、环保、性能优异、高性价比的产品,并将持续地致力于社会节能减排的环保事业。我们甘当被选择者,并在被选择中展现企业价值。

【300199】深圳翰宇药业股份有限公司

【基本情况】

深圳翰宇药业股份有限公司(简称翰宇药业,股票代码300199)是专业从事多肽药物研发、生产和销售的国家级高新技术企业,位于深圳市高新区中区科技中二路37号。建有国家高技术产业化示范工程多肽药物生产基地、国家多肽创新药物公共实验中心、国家多肽药物制备中试技术平台、广东省多肽药物工程技术研发中心。

翰宇药业秉承"天下之道,仁心为药"的核心价值观,牢固树立"药品质量第一责任人"意识,遵守《药品管理法》等国

家法律法规和政策,在严格按照GMP进行生产管理和质量控制的基础上,通过引进消化、自主创新等模式,突破了多肽药物规模化生产技术瓶颈。先后申请发明专利38项、拥有发明专利5项、国家新药证书7个、新药临床试验批件5个、药品注册批件45个。药品主要应用于消化道、心脑血管、糖尿病、传染病、肿瘤及老年性等疾病治疗。公司先后承担了国家"863计划"、国家"十五"、"十一五"科技重大专项、国家级火炬计划、国家"重大新药创制",以及广东省重大科技、产学研、关键领域重大突破等20多项重大科技攻关项目。连续4年获得"深圳市科技创新奖",并获得"深圳市重点自主创新产品"、"广东省科技术二等奖"各1项。2008年被深圳市人民政府授予"深圳市自主创新行业龙头企业"称号;2009年被认定为"国家级高新技术企业";2010年被国家发改委授予"国家高技术新型多肽药物产业化示范工程"称号;2011年经中国证券监督管理委员会核准,翰宇药业首次公开发行股票并在创业板上市,成为我国合成多肽第一股。

近年来,公司销售收入、利税等各项运营指标快速增长。2007年公司被评选为"中国最具成长性科技型企业100强"。2008年被评为"德勤中国高科技、高成长50强"企业。2009年被入选为"清科－－最具投资价值企业50强"、"创业邦100强"。2010年被《福布斯》杂志评选为"2010中国潜力企业200强"并位列第59位。

翰宇药业拥有一批从美国、加拿大、英国等国留学回国的技术人才,从事多肽药物研发人员占企业员工总数的近30%。经广东省科技厅批准,有2名科技特派员常驻企业从事校企合作产学研项目。此外与国内外多家科研院所建立了紧密的合作关系,聘请了一批知名专家作为公司的技术顾问。

翰宇药业是目前国内拥有化学合成多肽药物品种最多的企业之一,主要产品醋酸去氨加压素注射液、注射用胸腺五肽、注射用生长抑素、注射用特利加压素在国内市场占有率均名列前茅,其中特利加压素还被评选为国药励展全国药品交易会"2009中国十大处方药重磅新品"。

建设中的国家级高技术产业化多肽药物生产基地,位于深圳坪山新区国家生物医药基地,完全参照欧美cGMP标准兴建,被深圳市委、市政府确定为"十二五"期间体现深圳未来城市发展新路径和产业转型升级新方向的60个标志性重大建设项目之一。

【主营业务】

化学合成多肽药物的研发、生产和销售。

【经营业绩】

2011年上半年报告期内,公司实现营业收入3,949.3万元,相比去年同期增加1,088.7万元,增长率为38.06%;2011年1月－9月,公司累计实现营业收入11,192.9万元,相比去年同期增加3,140.2万元,增长率为38.99%。

【企业文化】

天下之道,仁心为药。

【企业荣誉】

2003年,顺利通过并获得《药品生产许可证》和《药品GMP证书》;同时承担了广东省关键领域重点突破项目。

2004年,多肽规模化制备技术及新型多肽药物高技术产业化项目被列为"国家高技术产业化示范工程";部分多肽药物进入规模化生产和销售。

2005年,公司承担的国家"863"项目和国家"十五"重大科技专项顺利通过科技部验收;多肽药物研发中心被列为广东省工程技术研究开发中心。

2006年,公司承担的国家高技术产业化项目,顺利通过国家发改委验收。

2007年,多肽药物规模化生产基地被列为"国家高技术产业化示范工程";顺利通过"全国产品质量和食品安全专项整治第三次现场会议"的检查;承担了国家"十一五"重大科技专项。

2008年,与赛富亚洲投资基金、深圳市创新投资集团战略融资合作,首期融入风险投资基金1500万美元;广东省多肽药物工程技术研究开中心顺利通过验收;被深圳市政府授予"深圳市自主创新行业龙头企业"称号。

2009年,认定为"国家级高新技术企业";承担和参与了3项"国家重大新药创制"重大科技专项、2项国家高技术产业化项目;获得了"广东省科技术二等奖";完成股份制改造。

2010年,被国家发改委授予"国家高技术新型多肽药物产业化示范工程"称号;被《福布斯》杂志评选为"2010中国潜力企业200强",入选"德勤亚太高成长500强"。

2011年,经中国证监会核准,翰宇药业首次公开发行股票并在创业板上市,成为我国合成多肽第一股。

【300203】聚光科技(杭州)股份有限公司

【基本情况】

聚光科技,总部位于中国杭州,是国内最大的分析仪器厂商,主要为客户提供环境与安全领域高端分析行业解决方案和服务,产品广泛应用于环保、冶金、石化、食品、水利、航空及科学研究等行业。

自成立以来,公司始终坚持自主创新,以市场、研发、服务为核心,组建了一支跨学科的、国际一流的产品研发团队,取得了百余项技术专利,多项技术居于国际领先水平,产品获"国家科技进步二等奖"、"中国专利金奖"等奖项。公司拥有国家级企业技术中心,并负责建设"国家环境保护监测仪器工程技术中心",公司还被认定为第三批"国家创新型试点企业"、"国家火炬计划重点高新技术企业"。

经过9年的发展,公司销售业绩持续快速增长,行业地位不断稳固,盈利能力不断增强,已经成功发展成为相关领域的龙头企业,市场占有率连续多年在环境监测和工业过程分析等市场位列国内第一,连续三年作为唯一的分析仪器企业入选"中国最具生命力百强企业",连续四年上榜"福布斯－中国最具潜力企业百强"。

2011年4月15日,聚光科技成功登陆深交所创业板(证券代码300203)。这为公司发展提供了新的发展机遇。未来,公司将充分借助资本市场的力量,不断提升企业核心竞争力,为广大股民和客户创造更大的价值,实现中国创造的高端仪器理想。

【经营业绩】

2011年上半年报告期内,公司在抓紧实施募投项目的同时,根据市场情况,积极调整生产和销售结构,实现了营业收入、利润的持续增长。报告期公司收购了北京吉天仪器有限公司,实现了仪表行业自主创新企业的强强联合,为公司进入实验室分析仪器行业奠定了坚实基础。报告期公司营业收入实现22,195.14万元,同比增长34.36%;实现归属于上市公司股东的净利润为4542.83万元,同比增长13.67%;2011年1月－9月,公司累计实现营业收入52,160.39万元,同比增长27.74%,实现归属于上市公司股东的净利润为8439.36万元,同比增长16.47%。

【自主创新】

截至2011年9月30日，公司已取得专利144项，其中发明专利44项，实用新型98项，外观设计2项。报告期内，公司新增专利17项，其中发明专利新增3项，实用新型新增14项。正在申请专利共103项，其中发明专利79项，实用新型专利24项。已取得计算机软件著作权94项。报告期内新增计算机软件著作权11项。

截至2011年9月30日，公司及下属子公司拥有注册商标总计12项，向国家商标局申请但尚未核准的商标共1项。

【企业荣誉】

2010年－2011年

· 入选《福布斯》"中国潜力企业榜"百强。
· "原位抽取热湿法在线紫外/可见光纤光谱气体分析系统研制及产业化"项目获国家科技进步二等奖。
· 入选《福布斯》"中国潜力企业榜"百强（荣登排行榜第三位。）。
· 聚光科技企业技术中心被国家发改委等五部委认定为"国家级企业技术中心"。
· 被国家环保部认定为"环境保护监测仪器工程技术中心"。
· 被国家人力资源和社会保障部认定为"国家博士后科研工作站"。
· 开发GC－MS、VOC系列产品，进入便携式仪器领域。
· 公司主持制定的两项国家标准："可调谐激光气体分析仪"、"在线紫外/可见分光光谱分析仪"经国标委审批通过，正式发布有效。
· 经国家标委会批准，牵头制订"便携式气相色谱质谱联用仪技术要求及试验方法"的国家标准。
· "CEMS排放连续监测系统"获国家重点新产品证书。
· "新型在线水质分析系统研制与产业化"获"中国机械工业科学技术奖一等奖"。
· "聚光烟气连续监测系统软件"被浙江省软件行业协会评为："浙江最佳创新软件产品"。
· 获得"计算机信息系统集成企业"二级资质。
· 获得环境保护部《中国环境报》主办的"2009全国环保优秀品牌企业"。
· 公司被浙江省软件行业协会评为："浙江最佳创新软件企业"。
· 被浙江省工商行政管理局、浙江省企业信用促进会认定为"浙江省信用管理示范企业"。

【300215】苏州电器科学研究院股份有限公司

【基本情况】

苏州电器科学研究院股份有限公司位于历史悠久文化名城——苏州，主要从事各类输配电设备（变压器、避雷器、电容器、电抗器、互感器、绝缘子、架空线、电力金具）、高压电器、高压成套开关设备、低压电器、低压成套开关设备、机床电器、船用电器、核电电器、汽车电子电气、风力发电、太阳能光伏系统、节能产品、RoHS、EMC等领域的检测、研究、人员培训、标准情报和检测装备研制，是具有独立法人资格的科研检测机构。

"国家电器产品质量监督检验中心"经国家质量监督检验检疫总局和国家认证认可监督管理委员会批准，经中国合格评定国家认可委员会认可，并通过国家质量监督检验检疫总局和国家认证认可监督管理委员会机构认可和计量认证，是国家质量监督检验检疫总局批准的全国生产许可证检测单位，国家认证认可监督管理委员会批准的"CCC"认证指定检测机构，是中国质量认证中心"CQC"、电能（北京）产品认证中心"PCCC"、荷兰KEMA、美国UL、欧洲合格评定"CEM"签约实验室。"机械工业高低压电器及机床电器产品质量监督检测中心"、"机械工业汽车电子电气产品质量监督检测中心"、"机械工业电器检测（苏州）重点实验室"、"机械工业第二十六计量测试中心站（苏州）"、"江苏省质量技术监督小容量电器产品质量检验站"、"江苏省电磁兼容专业测试中心"、"江苏省苏州太阳能和风能发电设备检测公共技术服务中心"、"苏州电器产品质量监督检验技术服务平台"、"苏州大学教学实习基地"、"河北工业大学电器可靠性试验研究基地"、"北京工业大学教学实习基地""苏州科技学院教学实习基地"、"苏州大学电子信息学科工程硕士培养基地"等均设在院内，为开展产品检测、新技术开发、人员培训、检测装备研制提供了坚定的基础。

院内现有试验面积85000m^2，检测设备3500多台（套），建有计算机数据采集和计算机管理系统及计算机现场监视系统。公司现有员工550多名，其中高级职称技术人员24名，其中包括研究员级高工7名；中国质量认证中心"CCC"工厂检查员18名；中国机械工业联合会计量检定员10名；国家标准化技术委员会委员2名；中国认证认可协会质量管理体系高级审核员2名；国家认可委实验室评审员2名；技术人员占总人数80%。

院内机构设置齐全，实验装备先进完善，建有抗电子老化实验室、抗电磁干扰（EMC）实验室、有毒有害物质（RoHS）检测实验室、防雷电冲击实验室、防尘防水（IP）实验室、冲击碰撞及振动实验室、高低温实验室、防紫外线照射实验室、防盐雾及二氧化硫实验室、着火危险和CTI值测定实验室、电气耐久性实验室、机械耐久性实验室、拉力及扭弯实验室、温升及保护特性实验室、短路能力实验室、通断实验室、湿热实验室、防霉实验室、可靠性实验室、低压实验室、高压实验室、风力发电设备实验室、太阳能光伏实验室、节能实验室、仪器仪表计量测试实验室等各类专业检测室。

由本院创办的《电工电气》杂志三十年来已发行100多万册，是CNKI中国期刊全文数据库收录期刊、中国学术期刊综合评价数据库统计源期刊；是中国核心期刊（遴选）数据库收录期刊、万方数据－数字化期刊群收录期刊、中文科技期刊数据库收录期刊。经权威统计，至2008年，国际个人读者分布在15个国家和地区，被美国国会图书馆、法国国防部、日本国会图书馆、新加坡国家图书馆、台湾国防大学等国家和地区收录。被中国国家图书馆、首都图书馆、外交部、清华大学、北京大学、浙江大学等收录。本院作为江苏省高低压电器科研开发基地，创造了科研、开发、服务的基本条件，提供了为行业服务的基础。

本院坚持"质量第一、用户第一、信誉第一、科学管理、测试公正、数据准确"的质量方针，在国家质量监督检验检疫总局和国家认证认可监督管理委员会及各级政府部门的监督管理下，坚持科学发展观，与时俱进，做到"守信、守约、守法"，服务于国内外电器技术及检验市场，为建成"中国第一、世界知名"的检测机构而努力。

【经营业绩】

2011年上半年报告期内，公司实现营业收入1.21亿元，同比增长84.97%。营业利润5753.08万元，同比增长69.49%。净利润4356.05万元，同比增长72.18%。

【企业荣誉】

公司多次获得国家级及省部级的技术奖项：2001 年及 2008 年两次获得国务院颁发的"国家科学技术进步二等奖"；2008 年获得中国机械工业联合会和中国机械工程学会联合颁发的"中国机械工业科学技术奖三等奖"；2008 年获得中国质量认证中心"国家'十五'攻关计划项目贡献奖"；1999 年和 2001 年两次获得天津市人民政府颁发的"天津市科学技术进步奖二等奖"；拥有专利技术两项。

【300220】武汉金运激光股份有限公司

【基本情况】

金运激光，是一家专业致力于为全球用户提供中小功率激光加工解决方案的上市企业（股票代码：300220）。

历经多年的不断创新，金运已成长为中国极具领导力和全球知名的激光设备制造商，营销网络遍及全球 100 多个国家和地区。特别是在纺织服装激光应用领域，金运激光已成为中国第一品牌。

作为中国光谷骨干企业，公司拥有政府授牌研发中心和一家国外技术合作机构，并建成了完备的激光设备制造产业链。金运产品涵盖激光雕刻、激光切割、激光打标、激光焊接、刺绣激光系统等系列 100 余种机型，应用领域涉及纺织、服装、工业面料、广告、工艺、印刷、包装、电子、家具、装饰、地毯、汽车内饰、金属加工等众多行业，多项产品及技术获得国家专利和软件著作权。

展望未来，金运激光将继续坚持以行业突破为主线的发展战略，不断强化以技术创新、管理创新和营销创新为核心的创新体系优势，力争在未来三年，将金运激光打造成世界中小功率激光解决方案的世界知名提供商。

【主营业务】

从事中小功率激光切割行业应用解决方案的研发，服务以及设备的生产和销售。

【经营业绩】

2011 年上半年报告期内，公司实现营业收入 7496.39 万元，较上年同期上升 37.43%；市场占有率进一步提高；实现净利润 918.64 万元，同比下降 13.34%。

【300229】北京拓尔思信息技术股份有限公司

【基本情况】

北京拓尔思信息技术股份有限公司是一家致力于自主研发核心技术的高科技信息技术企业，是国家规划布局内重点软件企业。公司秉承"搜索信息、整合内容、发现知识"的技术理念，专注于海量非结构化信息处理为核心的软件研发、销售和技术服务，通过领先的云计算技术和平台帮助组织和企业实现对知识资产的管理和挖掘。据第三方调查数据表明，TRS 在中国企业搜索软件、Web 内容管理软件、垂直搜索和舆情监测软件领域的市场占有率均为第一名，是中国非结构化信息处理技术领域的领导者，公司的发展目标是研发一流的非结构化信息智能处理技术，领导中国乃至亚洲非结构化信息处理技术的发展潮流，成为中国信息技术服务业的领先厂商。

公司自主研发的 TRS 系列软件产品已被国内外各行各业 3000 多家企业级机构客户广泛使用，覆盖了众多国家部委和地方政府部门、国内主要新闻媒体、大型企业集团等，其中包括中共中央办公厅、国务院办公厅、国家发改委、新华通讯社、人民日报社、中央电视台、新华网、国家图书馆、中国电信、中国移动、中国联通、中国银行、中国农业银行、中国石油、中国石化、中国海洋石油、国家电网等高端客户，并进入国际市场。

2011 年 6 月公司在国内 A 股市场首次公开发行 3000 万股股票并在创业板上市，股票简称"拓尔思"，股票代码 300229。发行后总股本 12,000 万股，公司注册资金 12,000 万元。公司现有员工 500 多名，总部设在北京，并已在上海、广州、成都、深圳、杭州、南京、长沙、济南等地设有分公司或办事处。

【经营业绩】

2011 上半年报告期内，公司总体经营状况良好，保持了持续增长的势头。随着公司成功上市，募集资金到位，公司一方面扩大研发投入，按募投计划展开募集资金项目建设；另一方面，大力加强市场营销，积极覆盖和拓展行业及区域市场，紧抓热点应用领域，提高了拓尔思品牌影响力，获得了较好的市场效益。报告期内公司实现营业收入 5,586.85 万元，较上年同期增长 18.52%，营业利润 2,730.15 万元，较上年同期增长 10.86%，受到暂未能收到报告期内软件产品增值税款的影响，公司实现净利润 2,364.06 万元，同比略减 3.34%。

【企业文化】

搜索信息、整合内容、发现知识。

【企业荣誉】

TRS 在中国企业搜索软件、Web 内容管理软件、垂直搜索和舆情监测软件领域的市场占有率均为第一名，是中国非结构化信息处理技术领域的领导者。

1996

· 电子工业部科技进步一等奖。

1997

· 国家科技进步二等奖。

2006

· 中国企业搜索最满意品牌奖。
· 中国内容管理最满意品牌奖。
· 政府信息化创新－企业创新奖。
· 中国十大创新软件产品。

2007

· 中国十大创新软件企业。
· 入选中国计算机事业 50 周年 37 件大事。
· 中国电子政务行业管理软件 TOP10。
· 中国管理软件 TOP100。

2008

· 内容管理类 SaaS 产品创新奖。
· 国家重点布局内软件企业。
· 中国十大创新软件产品。

2009

· 国家重点布局内软件企业。
· 产品经北京市科委、市发展改革委、市建委、市工促局、中关村管委会认定为北京市自主创新产品。
· 入选"2009 福布斯最具潜力中小企业榜"。
· 入选"清科－2009 中国最具投资价值企业 50 强"。
· 入选中国软件行业协会评选的"中国十大创新软件企业"。
· 入选中关村百强创新企业。
· 入选中关村最具投资价值的企业。

2010

· 入选中关村自主创新示范企业。
· 入选首批中关村“瞪羚计划”重点培育企业。
· 国家重点布局内软件企业。
· 国家火炬计划重点高新技术企业。
· 国家规划布局内重点企业。
· 2008 – 2010 拓尔思连续入围国家规划内重点布局软件企业。
· 火炬计划重点高新技术企业。
· 拓尔思荣膺科技部火炬高新技术产业开发中心评选的国家火炬计划重点高新技术企业。
· 内容管理市场份额榜首。
· 2009 年上半年国内品牌网站内容管理系统软件市场份额出炉，拓尔思力挫群雄，名列榜首。
· 舆情监测市场份额第一。
· 拓尔思获 2009 年上半年中国舆情监测分析软件市场份额第一位。

【300231】北京银信长远科技股份有限公司

【基本情况】

北京银信长远科技股份有限公司（简称银信科技）是一家全国性、专业化的 IT 运维整体解决方案提供商，主要面向政府和企事业单位数据中心的 IT 基础设施，提供 IT 支持与维护服务、IT 专业服务、IT 外包服务、系统集成服务、以及 IT 运维管理软件的研发与销售。

银信科技前身为北京银信长远科技有限公司，成立于 2004 年。为适应公司业务及分支机构的快速发展，2007 年，公司提出改制上市的战略发展构想。在不断的发展和积累下，2009 年，公司董事会决定增资改制，注册资本增资到 3000 万人民币，并于 12 月整体变更为北京银信长远科技股份有限公司；同时，于 4 月注册成立了全资子公司——北京银信长远软件技术有限公司，从事 IT 运维管理软件的研发与销售。

银信科技秉承“贴近、专业、双赢”的服务宗旨，不断跟踪客户信息化运营的实际需求，不断提高专业技术和规范管理的水平，立志成为电子商务时代负责任的 IT 服务专家。

银信科技自成立之日起就将主营业务定位在专业从事数据中心的 IT 基础设施服务，业务发展经历二个阶段。第一阶段：2004 年至 2007 年，对外市场重点向银行业系统发展渗透，对内管理重点构建 IT 基础设施服务体系；第二阶段：2007 年至今，积极开拓其他行业的 IT 基础设施服务市场，进一步扩大 IT 基础设施服务产品线，自主研发 IT 运维管理软件，成功转型为 IT 运维整体解决方案供应商。

凭借专业化服务，银信科技已成为中国建设银行总行、中国银行总行、中国农业银行总行、中国交通银行总行入围的 IT 运维服务提供商；客户行业已涉及银行、证券、保险、电信、电力、航空、政府、商业、制造业等众多行业；客户区域已覆盖全国所有的直辖市、省会城市、以及经济发达的三线城市；公司的客户数、服务收入、净利润等经营指标逐年稳步上升。

凭借规范化管理，银信科技已获得北京市科学技术委员会颁发的高新技术企业证书，已获得信息产业部颁发的计算机信息系统集成二级资质证书，已获得中国软件测评中心颁发的信息系统运维服务能力二级资质证书，并通过 ISO9001：2000 国际质量管理体系认证。

迄今为止，银信科技已积累丰富的 IT 运维服务解决方案，对外提供较完善的 IT 运维服务产品和软件产品；拥有一支人数众多、统一调度、专业化水平高的工程师队伍；拥有一个覆盖全国主要城市的技术服务网络，以及与之配套的三级备机备件库；拥有一套完整、科学的技术服务流程，以及为确保这些流程有效运行和控制所需的管理办法。

放眼未来，银信科技将不断跟踪计算机科技的发展，掌握最新技术，不断拓展服务网络、完善服务体系、丰富服务产品，以确保服务竞争力的领先；同时，将运用自身的雄厚技术及资源优势，提供满足客户不断增长的个性化需求，树立起高品质的银信服务品牌。

【经营业绩】

2011 年 1 月 – 9 月，公司实现营业收入 127,933,140.52 元，较上年同期增长 29.93%；实现营业利润 25,830,776.29 元，较上年同期增长 13.70%；实现净利润 22,260,153.38 元，较上年同期增长 14.40%。

【所获荣誉】

· 2008 年 8 月，银信长远获计系统集成三级资质证书。
· 2008 年 9 月，银信长远入围中国农业银行总行维护供应商。
· 2009 年，银信长远在中国银行业数据中心 IT 基础设施第三方服务市场排名中名列第一。
· 2009 年，银信长远喜获信息系统运维服务能力（二级）认证。
· 2010 年 1 月，银信长远获系统集成二级资质。
· 2010 年 10 月，银信科技喜获 ITSS 工作组授予“全权成员单位”证书。
· 2011 年 10 月 18 日，银信科技正式被纳为“瞪羚企业”成员单位。
· 2011 年 11 月 1 日，银信科技喜获 2011 年度“四个一批”工程企业。
· 北京市“2011 – 2012 年度纳税信用 A 级企业”评选活动中被北京市国税、地税局评为“纳税信用 A 级企业”。

【300233】山东金城医药化工股份有限公司

【基本情况】

山东金城医药化工股份有限公司（简称“金城医药”）成立于 2004 年，前身为山东金城医药化工有限公司。公司占地面积 45 万平方米，总资产为 95,795 万元，拥有山东金城柯瑞化学有限公司、山东汇海医药化工有限公司和山东金城钟化生物药业有限公司三家全资子公司。公司作为国家高新技术企业，国家火炬计划、山东省科技攻关计划实施单位，拥有一个院士工作站、一个博士后工作站、两个省级技术中心及三个专业实验室，已获得和正在申请的国家发明专利 16 项。

公司自设立以来，一直致力于头孢类医药中间体的研发、生产和销售。公司已发展成为国内最大的头孢抗生素侧链中间体生产厂商，并形成了较为完整的头孢类抗生素医药中间体产业链。主导产品有 AE – 活性酯、头孢他啶活性酯、呋喃铵盐等三十多种，与哈药集团制药总厂、福抗药业、齐鲁安替、珠海联邦、丽珠医药、苏州东瑞、广州白云山等几十个国内知名制药企业达成战略合作关系，产品远销美国、意大利、瑞士、奥地利、印度、日本、韩国、伊朗等十几个国家和地区。

【经营业绩】

2011 年上半年报告期内，公司营业总收入为 40317.14 万元，较上年同期增长 15.28%。营业利润，利润总额较上年同期分别降低 17.15%,11.54%,归属于普通股股东的净利润较上年同期降低 11.66%。

【企业荣誉】

山东金城医药化工股份有限公司素以产品质量过硬、服务优良而取信于国内外广大客户,企业始终坚持"质量第一,用户至上"的经营宗旨,不断上新创新,产品销售遍布国内各大制药企业,并远销欧亚等十几个国家和地区,深得客户信任和好评。

· 国家火炬计划重点高新技术企业。
· 中国化工 500 强企业。
· 中国医药原料药行业百强企业化工产品。
· 中国化学原料药及中间体行业百强企业。
· 国家博士后科研工作站头孢克肟列入国家星火计划。
· 山东省企业技术中心。
· 山东省头孢类工程技术中心。
· 山东省重合同守信用企业。
· 山东省专利明星企业。
· 山东省管理创新优秀企业。
· 淄博市安全消防工作先进单位。
· 头孢他啶、头孢克肟产品列入国家重点新产品。
· DCC 获全国高新技术专利产品金奖。
· AE 活性酯、呋喃铵盐列入国家火炬计划。

【300239】包头东宝生物技术股份有限公司

【基本情况】

包头东宝生物技术股份有限公司成立于 1997 年,是专业的明胶及延伸产品胶原蛋白生产企业。公司注册资本 7598 万元,总资产 3.9 亿元,主营明胶系列产品、胶原蛋白及磷酸氢钙。1998 年通过 ISO9002 国际质量体系认证;2001 年公司技术中心被认定为自治区级技术中心;2007 年骨制明胶产品获得内蒙古自治区名牌产品荣誉。2008 年被认定为国家级高新技术企业。2010 年公司产业化示范工程被国家发改委授予"国家高技术产业化示范工程"牌匾,以表彰东宝生物对我国生物领域高技术产业化工作所做的贡献。同年,东宝生物与中科院理化所历时两年多时间共同开发出千位级道尔顿"圆素"牌小分子量骨胶原蛋白,并成功进入市场。系列粉剂、果汁饮品、面膜、眼膜、眼霜产品等深受消费者欢迎。该技术已成功申报中国发明专利,并获自治区科技成果。经权威机构检测质量指标达国际同类产品水平。

2011 年 7 月 6 日,公司在深圳证券交易所创业板成功上市。股票简称"东宝生物",股票代码"300239"。是内蒙古自治区第一家在创业板上市的民营企业,也是包头市第一家登陆国内 A 股的民营企业。

东宝生物科学严细的管理,精益求精的制造理念和对品质的不断追求。保证了产品能持续稳定地满足用户需求。"客户至尊"、"超客户需求服务"等市场理念赢得了更多的客户。产品畅销国内外,受到用户认可。

东宝生物地处内蒙古,拥有丰富的骨料资源,立足高档生物制品的专业化生产,借助资本市场的融资手段,争取利用 3－5 年的时间,把企业发展成为以明胶生产为基础,以胶原蛋白等延伸产品为发展方向的生物高技术企业,为我国生物产业做出新的贡献,为人们对健康和美的追求提供最大的需求。

【经营业绩】

2011 上半年报告期内,公司经营情况良好,经营业绩较上年提高 12.27%,增长步伐虽然较前两季度有所减慢,但整体发展情况依然良好,经营性现金流供给充裕,较上年同期有很大改善。新产品推广稳步推进,第三季度广告投入加大,为国内市场开拓奠定了基础;国外市场拓展取得进展,外销市场逐步打开。募集资金到位后,在确保项目工期的同时,根据建设项目内在联系,有序展开项目建设。第 4 季度,公司将在完成明胶及其副产品磷酸氢钙生产销售任务的同时,加大费用控制力度,提高销售回款率,确保实现年度经营目标。在新产品推广方面,公司将继续沿着"直销 + 网销 + 经销"的模式加快营销网络建设,提高产品知名度,进一步提高经济效益。

【企业荣誉】

1998 年通过 ISO9002 国际质量体系认证;2001 年公司技术中心被认定为自治区级技术中心;2004 年开始实施国家高技术产业化示范项目建设工程,投资 2 亿元,在包头稀土高新区新建一座年产 3000 吨明胶的现代化工厂;2006 年药用明胶获得药品生产许可证;2007 年食用明胶获得国家级生产许可证;2007 年骨制明胶产品获得内蒙古自治区名牌产品荣誉;2008 年公司通过了 HACCP 食品安全管理体系认证;2008 年取得了国家食品药品监督管理局药品批准文号。同年被认定为国家级高新技术企业。2010 年在产业化项目基础之上,通过技术改造,明胶产能达到了 4000 吨。从 2008 年开始经过两年的时间,公司与中科院理化所共同研发的新产品——骨胶原蛋白成功申报中国发明专利,并通过内蒙古自治区科技成果鉴定。胶原蛋白产品经国家三胶监督检测中心(北京)检测,质量指标已达到国际同类产品水平,具有广阔的市场前景。该产品已投入批量生产。公司占地 100 亩,交通便利,环境优美。公司首家引进丹麦阿法拉伐和美国 GEA 一流制胶设备,技术先进;首家按照 GMP 要求建成洁净厂房;首家对整个生产线实施了自动化监控。明胶生产装备达到国内外一流水平。

【300240】江苏飞力达国际物流股份有限公司

【基本情况】

江苏飞力达国际物流股份有限公司(证券代码:300240)是由昆山亚通汽车维修服务有限公司、昆山飞达投资管理有限公司、昆山吉立达投资咨询有限公司、昆山市创业控股有限公司和苏州东吴投资有限公司作为发起人,以昆山飞力国际货运有限公司截至 2008 年 4 月 30 日经审计的账面净资产折股,依法整体变更设立的股份有限公司。2008 年 7 月 17 日,飞力达物流取得股份公司《企业法人营业执照》,注册资本 8,000 万元,注册地址为江苏省昆山开发区,法定代表人:沈黎明。2011 年 7 月 6 日公司股票在深圳证券交易所 A 股成功上市,证券简称:飞力达;证券代码:300240。

【主营业务】

设计并提供一体化供应链管理解决方案,由综合物流服务和基础物流服务构成。

【市场成就】

根据中国国际货运代理协会组织的排名,公司位列 2009 年度中国国际货代物流百强第 40 名、2009 年度中国国际货代物流空运 50 强第 35 名、2009 年度中国国际货代物流陆运 20 强第 17 名、2009 年度中国国际货代物流仓储 20 强第 7 名、2009 年度中国货代物流民营 50 强第 13 名。根据海关总署对 2010 年度中国进口企业 200 强排名,公司控股子公司飞力仓储及飞力达物流(深圳)分别以进口值 76.61 亿美元、

10.08 亿美元在上榜专业物流服务商中位居第 1 位和 23 位。

【经营情况】

公司以货运代理、国内运输和通关等基础物流业务起步，经过多年的发展，形成了较完善的基础物流服务体系。近年来，公司不断完善货运代理体系，积极巩固和拓展精品航线业务，稳固了细分市场的竞争优势，同时积极研究通关服务模式的创新，形成了快进快出和关务外包两大基础物流的延伸增值服务。

在综合物流领域，公司定位于 IT 制造业供应链管理的品牌商服务战略，紧随现代物流发展的最新趋势，不断加大对仓储服务设施和物流资讯系统等现代物流服务关键节点的投资力度，积极推行以品牌商 VMI 模式为核心的综合物流服务，并不断进行延伸拓展与适应性创新，推出品牌商备品备件管理、制造商 VMI 模式和供应商 DC 模式等高端综合物流服务。近年来，综合物流服务已迅速成长为公司主要的利润来源，成为公司一体化供应链解决方案的核心环节。

随着基础物流服务和综合物流服务的快速发展，公司加快推进两大业务的整合，业务协同效应日益显现，物流服务模式的研发创新实力得到进一步增强。目前公司已成为能够主动为客户设计并提供一体化供应链管理的现代物流服务商，从事包括国际货运代理、运输、快进快出、关务外包、库存管理、物料分拨、喂料至生产线、组装出货、备品备件管理、不良品退换、贴标制单和 EDI 信息交换等一系列完整的、系统的、专业的现代物流服务。

同时，公司通过高质量的物流服务和较高的品牌知名度，现已与宏碁、联想、华硕、索尼和爱立信五家 IT 制造业品牌商在华东和华南地区建立了以一体化供应链管理为物流服务核心的战略合作关系。双方合作的方式主要体现在：公司主要为品牌商客户提供包括但不限于品牌商 VMI 模式和备品备件管理等综合物流服务，合作领域涵盖 IT 制造业前端原材料生产、中端产品制造和后端成品售后服务一体化的物流供应链管理，同时，公司通过与品牌商良好的业务合作关系，将业务迅速拓展到众多与品牌商紧密合作的知名制造商和供应商，为其提供制造商 VMI 模式、制造商 VMI +（叠加 FTL、CKD 等特色服务的高端 VMI 模式）模式以及供应商 DC 模式等综合物流服务，以及为综合物流服务进行配套的基础物流服务，从而成为能够全面整合 IT 制造业一体化供应链的专业现代物流服务商。

作为专注于 IT 制造业一体化供应链管理的现代物流服务商，公司以综合物流服务为核心，以物流资讯技术为支撑，以高端客户体系为依托，整合各种物流资源，倾力打造专业化的现代物流服务体系，立志成为国内 IT 制造业最专业的现代物流服务商，并通过为国内 IT 制造业提供更加优良的物流环境，提升中国在全球 IT 制造业领域的综合竞争力。

【300241】深圳市瑞丰光电子股份有限公司

【基本情况】

深圳市瑞丰光电子股份有限公司（以下简称“瑞丰光电”）成立于 2000 年，于 2011 年 7 月成功上市（股票代码：300241），增资至 10700 万元。瑞丰光电是国家半导体照明技术标准工作组成员单位、国家半导体照明工程研发及产业联盟成员单位、深圳市首批国家级高新技术企业、深圳市 LED 产业标准联盟核心会员单位，肩负“十二五”国家科技支撑计划半导体照明重大项目、广东省现代产业 500 强项目之战略性新兴产业项目的重任。

瑞丰光电目前注册资本 10700 万元，采用最先进 LED 自动生产设备，主要生产 ChipLED、TOPLED、PowerLED、LED-Module 等产品，月产能 4 亿只，满足国内、外中高端市场客户的需求，同时公司建立了完善的质量管理体系，通过了 ISO9001 质量管理体系认证、ISO14001 环境管理体系认证、TS16949 质量管理体系认证，确保提供的是高品质 LED。

瑞丰光电一直坚持技术领先的方针，与清华大学、深圳大学建立半导体照明技术联合研发中心，与康佳集团成立联合实验室，与 Avago 共同成立封装材料研发团队，真正做到产学结合，在 LEDTV 背光、LED 照明取得突破性的发展，研发水平达到国际先进水平，确保产品做到与全球 LED 发展前沿一致。

瑞丰光电拥有覆盖面广、服务完善的营销服务网络，深圳总部、宁波分部及各片区办事处，营销范围遍及整个中国；同时，与安富利、友尚等国际知名代理商良好的战略合作关系，为全球客户提供专业、快速、及时的贴心服务，已逐渐形成瑞丰国际形象的品牌。

十年磨一剑，面对日益成熟的 LED 市场，瑞丰光电一直坚持只做封装、做高品质封装的信念，赢得了全球众多高端客户及业界的一致好评。面向未来，瑞丰光电正以崭新的形象，以创新为动力，以市场为导向，以环保节能为己任，努力打造一个世界级的中国 LED 品牌。

【发展历程】

- 2000 年，深圳市瑞丰光电子有限公司成立。
- 2002 年，建立国内第一条 SMDLED 封装线。
- 2003 年，通过 ISO9001:2000 认证。
- 2004 年，高功率陶瓷 LED 取得国家专利，被授于“深圳市高新技术企业。
- 2005 年，通过 ISO14001:2000 认证；成为松下的绿色合作伙伴。
- 2007 年，通过 TS16949:2002 认证。
- 2008 年，公司进入新址，厂房面积扩大至 10308 平方米，总产能提升到 120kk/M，获得国家高新技术企业称号。
- 2009 年，成为第四大 LED 巨头 Avago 的国内唯一 SMDLED 合作伙伴；国内第一个满足电视用宽色域高亮中功率 LED 研发成功。
- 2009 年，公司增资至 8000 万元，引进 LEDTV 战略合作伙伴——康佳集团；设立公益关爱基金，在广西柳州捐建第一所希望小学。
- 2010 年，新增生产线，产能提升超过 400KK/M；成立独立的 LED 高功率事业部、背光源事业部；完成股份制改制，进入上市辅导期。
- 2011 年，成功上市，股票代码：300241，公司增资至 10700 万元。

【企业文化】

诚信

外部：对供应商、客户以及政府机构、社团组织、个人瑞丰都以诚实信用为基础相待。

内部：员工之间、员工与公司之间也以诚信为准则，思想行为以诚信为自律标准。

和谐

外部：追求公司与社会和谐。表现为公司在发展过程中，时刻关注社会责任、国家利益、地球环境、公共道德等共同使命，力求与整个社会和谐发展。

内部：追求员工之间的和谐融洽的工作、生活关系，追求公司股东利益与员工利益之间的和谐，更多关注员工福利、教育、职业规划之间的和谐发展。

创新

每年营业收入8%以上的研发投入是创新的根本保证。

进取

任何伟大的事业，都需要有一群有激情的人去完成。只有进取之心，才会激发员工内心深处对事业的激情。瑞丰小的时候，进取之心使我们成长；瑞丰成长的时候，进取之心使我们更强大；瑞丰强大的时候，进取之心使我们卓越。瑞丰会为每个认同瑞丰公司核心理念的人拓建的一个公平、公正的舞台，每一个员工在这里能感受到工作的压力，更能感受到动力以及工作成就感带来的快乐。这是一种完美的和谐。

【市场成就】

最近两年，LED企业大幅扩产，使得未来一段时间的产能扩充明显，整个行业将进入一个机遇与挑战并存的全新阶段，巨大的产业发展机遇将伴随着更为激烈的市场竞争和格局调整，行业洗牌、企业整合将在所难免。2008年至2010年，公司LED芯片平均采购价格每K分别为76.32元、54.13元和55.27元，支架平均采购价格每K为96.97元、55.62元和39.65元。2008年至2010年，公司产品平均销售价格每KK分别为33.69万元、29.52万元、22.12万元。报告期内，公司主要原材料采购价格和产品销售价格呈现下降的趋势。主要原材料芯片和支架等的采购价格持续下降，主要是由于MOCVD设备和芯片制造技术日趋成熟，行业技术壁垒逐步降低，MOCVD设备得到大规模投入，LED芯片的产业化速度加快，促进了LED芯片价格的持续降低；国内模具产业的发展促进了国内支架企业迅速崛起，同时台湾支架大厂在大陆设厂生产，进一步促使支架价格下降。由于上游原材料采购价格的下降以及行业竞争的加剧，报告期内公司产品平均售价呈下降趋势，符合LED行业发展的规律。从上游LED芯片、中游LED封装产品、下游LED应用产品的销售价格均呈现出逐年下降的趋势。随着行业的发展和行业竞争的加剧，LED封装产品的成本在降低的同时，销售价格也会相应呈下降趋势。作为国内SMDLED封装领域的先行者，公司始终把握LED封装行业的技术发展趋势和产品应用潮流，具有较强的市场竞争力和议价能力。针对公司产品和原材料价格下降对公司未来盈利能力可能带来的不利影响，公司将持续强化"技术研发、市场应用为先导，整体解决方案提供"的核心竞争优势，针对不同客户的差异化需求，结合公司创新的"三级立体研发机制"积累的基础研究、产品研究、应用研究的研发成果，为客户提供从LED封装工艺结构设计、光学设计、驱动设计、散热设计、LED器件封装、技术服务到标准光源模组集成的LED光源整体解决方案，通过整体解决方案提供服务来提升公司价值和客户价值，实现公司可持续发展。

【300254】山西仟源制药股份有限公司

【基本概况】

山西仟源制药股份有限公司是由山西仟源制药有限公司于2010年6月6日整体变更设立的股份有限公司，经过六年的不懈努力，通过自身建设积累和并购等手段，实现跨越式发展。公司于2011年8月19日首次公开发行A股并在深圳证券交易所创业版成功上市。公司自2005年创立以来，从创业之初的品种较少，种类分散，无明显优势产品的公司，发展成为一家以研发、生产和销售抗感染药物为主，产品品种丰富、结构合理，成为新一代青霉素领域中具备较强竞争力的科技型医药企业。

【主营业务】

公司是以提供解决细菌耐药问题的抗感染综合产品和方案为战略核心，在新一代青霉素领域具备较强竞争力，同时拥有呼吸系统药、心脑血管药、抗抑郁药和原料药等药品种类。抗感染药物覆盖半合成青霉素复方制剂、半合成青霉素、单环内酰胺类、磷霉素类、硝基咪唑等多类别的粉针剂、固体制剂品种。

公司主要产品有注射用美洛西林钠舒巴坦钠、注射用阿莫西林钠舒巴坦钠、阿莫西林克拉维酸钾片、注射用阿莫西林钠克拉维酸钾、注射用美洛西林钠、注射用阿洛西林钠、注射用氨曲南、注射用甲硝唑磷酸二钠、磷霉素氨丁三醇散、盐酸氟西汀胶囊、盐酸舍曲林片、盐酸氨溴索分散片、银杏叶分散片等。

【研发项目】

公司在研产品项目达12项，分别处于完成临床前研究、临床试验以及申报生产批件等各个阶段。除对"半合成青霉素复方制剂"类产品持续投入研发新品种外，还将扩展开发"喹诺酮类"、"碳青霉烯类"等新类别产品，加大对磷霉素氨丁三醇系列产品的再研投入，同时增加慢性病领域内的产品研发储备。不断完善、优化产品结构，分散公司经营风险，保证公司持续快速增长，促进核心竞争能力的提升。

【销售终端】

公司在市场营销方面创造了独特的"精细化创值招商模式"，即为实现经销商的价值成长，从招商战略、战术两个层面建立公司与经销商之间的协作、顾问和服务一体化的精细化销售模式。通过该模式，公司为经销商终端推广提升了产品附加值，更好地掌控了营销环节的全价值链过程，以此为基础公司已建立起一支专业的营销队伍和营销网络，在全国拥有2,200余家经销商，覆盖范围超过10,000个销售终端。

【投资者关系】

为进一步完善公司治理结构，规范公司投资者关系工作，加强公司与投资者和潜在投资者之间的沟通，促进公司和投资者之间长期、稳定的良好关系，除《公司章程》规定的对股东权益的保护条款外，公司还制定了《投资者关系管理制度》、《信息披露管理制度》，以保障投资者依法获取公司信息，享有资产受益、参与重大决策以及管理者的权利。

【市场成就】

公司2011年销售规模达3.20亿元，2009年已跻身全国青霉素市场和半合成青霉素复方制剂市场前十位，在该领域民营内资企业中名列前茅。公司为山西省科学技术厅、山西省财政厅、山西省国家税务局、山西省地方税务局联合认定的高新技术企业，拥有发明专利1项、实用新型专利1项、已受理专利申请1项。新药证书产品10个，其中注射用阿莫西林钠舒巴坦钠、注射用甲硝唑磷酸二钠两个品种为国内首家上市新药品种；注射用氨曲南为国内首家获批仿制药品种。公司拥有272个药品批准文号，其中有81个被列入《基本药物目录》，189个被列入《国家医保目录》。2009年、2010年公司产品注射用美洛西林钠舒巴坦钠、盐酸氨溴索分散片陆续被《健康报》评为"百姓心目中的放心药"和"最受百姓关注的药品"。

【发展规划】

公司将抓住医药行业当前面临的历史性发展机遇，不断提升研发能力，加速推进产业规模化、产品结构调整产业深化，并将借助上市的推动力，始终关注上市的发展方向，继续扎实推进公司各项工作，保证公司持续、稳定、常效、常态地蓬勃发展，力争成为具备产品领域扩张潜力的国内领先医药企业！

【300263】洛阳隆华传热科技股份有限公司

【基本情况】

洛阳隆华传热科技股份有限公司是洛阳首家深圳创业板上市企业、国家高新技术企业，是河南省工业传热节能设备工程技术研究中心依托企业；是中国最大的高效复合型冷却（凝）设备的研发、制造基地，中国最优秀的冷却（凝）设备制造商之一。产品广泛应用于石油、化工、冶金、电力、食品等行业。

公司开创了中国冷却（凝）技术更新换代的新理念，形成具有自主知识产权的高效复合型冷却（凝）器技术的系列产品，把流程工业的工程转化为工厂的标准产品制作，引领着中国工业领域高效复合型冷却（凝）技术的发展方向。高效复合型冷却（凝）技术，以潜热换热先进机理为基础，将蒸发换热和空冷换热优化组合，大幅度提升了蒸发式冷却（凝）设备的适用性和综合效能，在节能、节水、环保等方面优势明显。公司的核心换热技术深层次的研发团队，换热技术市场应用的推广团队，产品检测、验证、反馈和服务的保障团队，三者相辅相成紧密配合，形成了从技术研发成果快速向高技术产品的转化、从高技术品质产品向市场产业化应用推广的良性运行。

公司以“为了人类有限资源的充分利用”为宗旨，按照“创业人为本、发展靠科技、管理出效益、信誉是生命”的理念，致力于中国工业传热领域的高品质设备的研发和应用，努力发展成为国内最强、国际著名的工业换热设备研发、制造企业。

【经营业绩】

2011 年 1 - 9 月，公司实现营业收入 33060.48 万元，比去年同期增长 37.99%；利润总额为 6868.36 万元，比去年同期增长 64.13%；归属于母公司的净利润为 5784.56 万元，比去年同期增长 62.63%。

【企业文化】

企业宗旨：为了人类有限资源的充分利用

企业理念：创业人为本、发展靠科技、管理出效益、信誉是生命。

【企业荣誉】

公司是国家高新技术企业，河南省工业传热节能设备工程技术研究中心依托企业；中国最大的高效复合型冷却（凝）设备的研发、制造基地、中国最优秀的冷却（凝）设备制造商之一。多年来连续荣获“河南省名牌产品”、“河南省优质产品”。是中国化肥设备制造百强企业第七名。

【300269】深圳市联建光电股份有限公司

【基本情况】

深圳市联建光电股份有限公司是一家专业从事 LED 应用产品开发、生产和销售的股份制企业，2009 年被评为国家级高新技术企业，公司以 LED 显示和软件控制系统为核心技术，开展 LED 显示屏、LED 绿色照明、LED 亮景等产品的研发、生产、销售和工程服务，为政府和企业形象工程、商业广告工程、网络型信息发布工程提供“交钥匙”解决方案；此外，联建光电为演出、庆典、会议等提供 LED 显示屏租赁服务。公司注册资本 7358 万元，净资产超过 5 亿元，现生产经营场所面积近 6 万平方米，近 10 年行业经营经验，是 LED 显示应用行业的龙头企业。

联建光电本着“聚联天下贤达、共建光电翘楚”的经营理念，聚集了一大批具有 LED 应用产品研究开发经验、生产管理经验、工程实施服务经验的人才队伍，现有员工近 1500 人，其中研发和工程技术人员超过 150 人。公司始终坚持科技创新为第一生产力，紧跟世界 LED 技术的发展方向，加强同高等院校、研究所的合作，结合公司及行业产品的应用经验，加快新产品的研制、新工艺的应用；公司获得了 50 项国家专利，是“中国光学光电子行业协会 LED 显示应用分会”的副理事长单位，每年都有超越用户需求的新产品推出，始终引领行业的发展。

联建光电是行业内生产线规模最大、自动化程度最高、检测设备最先进齐全的 LED 应用产品制造商，随着高、精、尖设备的不断投入和惠州新生产基地的启用，每月近 10000 平方米 LED 显示屏的产能能满足公司业绩增长的需要，力争成为 LED 应用产品世界前二强。

联建光电的经营宗旨是“从用户需求的角度做持续改善”，专注于产品研发和生产工艺的改善。公司已经通过了 ISO9001:2008 质量管理体系认证，ISO14001 环境管理体系认证，公司产品通过了专业和权威机构进行的 RoHS、UL、CCC、CE、ETL、IP65 防尘防水、节能、阻燃、防震动，防太阳光眩目、电磁兼容测试、高低温、重金属含量评测和认证。

公司的四大销售服务中心（华南销售服务中心、华北销售服务中心、华东销售服务中心、海外销售服务中心）、美国子公司、香港子公司为全球客户提供专业的售前咨询、贴心的售中、售后服务；以最快的响应速度满足客户的需求。经过近十年的市场洗礼，联建光电产品在显示屏行业获得了“质量有保证”的口碑，得到同行和用户的认可；公司产品出口到德国、日本、美国、俄罗斯、印度、埃及等 90 多个国家和地区；埃及 NEWGIZA、北京西客站、北京京澳中心、北京四达枢纽大厦、深圳星河世纪大厦、深圳爱家超级广场、深圳博物馆、深圳皇岗口岸联检楼、澳门皇冠酒店、巴西十五届泛美运动会、香港九龙洲立电影院、国庆 60 周年彩车、英国利物浦中心车站、美国田纳西高速公路大型广告屏、台湾洲际棒球场、韩国首尔、以色列超市、东京中心区秋叶原、加拿大索尼中心、上海汇金百货、广州海印缤纷广场、广州市新华书店、苏州百货大楼、南京奥体中心十运会、南京苏宁环球购物中心、郑州商城大厦、武汉电脑大世界、武汉平安大厦、苏州食品大厦、青岛流亭国际机场、深圳凤凰卫视大厦、大连天安国际广场、大连星海广场、深圳南山电信大厦、温州时代广场、台洲市世纪联华超市、天津科技馆、天津光大银行、天津津湾、海南三亚、重庆日月光广场、绵阳博物馆、中国移动山西分公司、中国石油等项目近万块 LED 显示屏运行稳定、获得了用户的好评。

公司的行业优势，清晰的法人治理结构得到了创投资本的青睐，李嘉诚旗下上市公司对公司进行增资，于 2011 年 10 月 12 日在创业板成功上市（股票代码：300269），并力争成为世界级前二名的 LED 显示先锋！

【经营业绩】

2011 年 1 - 9 月，公司实现营业收入月公司实现营业收入 34,526.08 万元,较去年同期增长 48.28%;实现归属于上市公司股东的净利润 3,234.66 万元,较去年同期增长 38.08%。

【300277】深圳海联讯科技股份有限公司

深圳海联讯科技股份有限公司(以下简称“海联讯”),2000 年 1 月 4 日成立;法定代表人:邢文飚;注册地址:深圳市南山区深南大道市高新技术园 R2 厂房 B 区 3a 层。

海联讯是一家专注于电力行业信息化建设的解决方案提供商,根据电力行业用户的实际需求,公司通过综合解决方案的研发和销售模式代替传统的软硬件产品研发和销售的模式,为客户提供适应于业务和管理需求的综合性整体解决方案。

海联讯主营业务划分为系统集成、软件开发与销售、技术及咨询服务等三类。公司一直坚持“基于解决方案经营客户、以品质服务赢取客户、核心技术带动解决方案”的战略经营理念,在为客户提供专业化、个性化的行业综合解决方案过程中,公司形成了迅速将定制化产品标准化、模块化的核心竞争力。

海联讯提供的电力信息化解决方案可广泛应用于电力行业产业链各个环节。公司致力于更好地将信息技术融入到电力行业工业化建设之中,同时全面提升用户信息化水平,为客户创造价值。

海联讯是国家规划布局内重点软件企业和国家高新技术企业,拥有国家计算机信息系统集成一级资质、信息安全服务工程一级资质、CMMIⅢ认证证书,多款软件产品获得优秀软件产品证书、中国国际软件博览会创新奖及金奖。

海联讯整体经营目标是:以“智能电网”建设规划等众多历史性发展机遇为契机,在继续巩固公司在电力信息化领域已有优势的基础上,将公司建设成为国内领先的电力行业信息化解决方案提供商。

基于多年行业应用经验的积累及对客户需求的深刻理解,秉承“服务电力,追求卓越”的核心价值观,使我们能更好的满足行业特定需求。从协助客户完成信息化建设的规划构想,到各阶段信息、通信网络建设,通过长期与国内外知名公司的合作,融合了软件与硬件、设备与服务,从多元化的技术中汲取精华,使我们后续的技术服务支持涵盖面广、体系完备,从而多角度、全流程融入客户的发展,实现了双方相携成长、业务共赢的局面。

海联讯长期与清华大学、中国电力科学研究院等高等院校充分合作,背靠其人才和科研优势,聘请院士、专家作为公司顾问,使我们对市场的把握更具前瞻性。随着智能电网概念的提出以及电网公司对智能电网建设的大力度推进,海联讯将充分运用我们在行业的多年积累,不断扩展、完善自身的业务应用系统及技术服务,在行业中取得更辉煌的成就,为我国电力行业的信息化发展增添一抹亮丽的色彩。

证券服务机构

※会计师事务所※

天职国际会计师事务所

天职国际概况

天职国际会计师事务所（Baker Tilly China，以下简称“天职国际”）创立于1988年12月，是中国本土最早创办的会计师事务所之一。经过二十三年的卓越成长，天职国际已发展成为一家拥有从事证券、期货相关业务，特大国有企业审计业务，金融相关审计业务，司法会计鉴定以及美国上市公司审计业务等执业资质的大型综合性会计师事务所。在中国注册会计师协会公布的2010年度《会计师事务所综合评价前百家信息》中，天职国际位列第12位，在北京注册会计师协会最新公布的北京地区会计师事务所业务收入排名中，名列第7，已连续多年走在本土事务所前列。

天职国际始终将“规范化、集团化、国际化”作为战略发展目标，通过不断地实践与探索，逐步构建了“按专业分工设置部门、按地域布局设立分所”，“人力资源、执业标准和利益分配完全统一”的高度集中型一体化管理模式。截至2011年7月，除北京总部外，天职国际在大陆地区分别设有上海、深圳、湖南、安徽、成都、云南、西安、沈阳、新疆、重庆、山东、武汉、江苏、广州、株洲等15个分所，在香港地区设有天职（香港）会计师事务所有限公司，整体业务服务能力已遍及全国。此外，天职国际还是Baker Tilly International（以下简称BTI，全球第八大国际会计公司）在中国大陆及香港地区的唯一成员所，拥有广泛的国际联系和资源网络。

高速发展依靠专业团队。目前，天职国际已打造了一支专业能力强、执业经验多、学历素质高的精英团队，全所从业人员共计2000余人，其中，中国注册会计师677人，拥有ACCA、CGA、ACA、HKICPA和其他境外执业资格的员工30余人，注册会计师行业领军人才8人，优秀的团队为天职国际提供专业化、标准化、一体化服务，进而实施“走出去”战略打下了良好的人才基础。

凭借多年执业经验和专业人才优势，天职国际形成了与国际大所专业水准管理水平基本相当、服务领域细化分工、集团资源优化共享的服务模式和经营机制。目前，天职国际已为不同行业的8000多家客户提供了包括审计鉴证、资本市场服务、管理咨询、税务咨询、破产管理人、工程项目管理与咨询以及资产评估等在内的多领域、多元化的专业服务。在大型企业集团审计领域，天职国际凭借丰富的专业实力致力于大型国有企业集团的审计、清产核资、经济责任审计、绩效评价等业务，共担任了12家中央企业集团年报审计的主审所，11家中央企业集团年报审计的参审所，在中央企业审计市场中占据优势地位。此外，天职国际在资本市场领域具有良好的执业记录，目前担任了包括7家H股在内的60余家上市公司的签字会计师，协助筹划融资及实施并购重组的企业超过200家。天职国际凝聚了来自英国、北大、清华、社科院、财科所等著名高校和机构的博士，长期跟踪研究国内外最新的内部控制理论和实务，现已发表学术论文和专题研究报告10余篇，为包括中国石油天然气集团公司在内的20余家企业或上市公司提供了内部控制规划和建设服务。近年来，天职国际转变市场发展战略，积极面向境外资本市场，以天职国际统一管理的分支机构为依托，借助BTI广阔的国际联系网络，通过各成员所之间的互相支持和国内外私募基金的帮助，为客户提供快捷妥当的海外融资（包括美国纳斯达克、伦敦证券交易所、香港、东京及新加坡等国家和地区的资本市场），为中国本土企业走出国门参与海外竞争创造良好的融资平台。

秉承“开诚立信、务实求真、廉洁协作、勤奋严谨”的企业理念，天职国际始终坚持以诚信表于行业，以专业立于市场，自执业以来，多次被评为“中国最具信任会计师事务所”称号，多个中央企业、上市公司审计项目成为国务院国资委或中国证监会经典执业案例，天职国际中国品牌已得到境内外资本市场及社会各界的广泛认可。

随着中国经济全球化的日益深入，天职国际必将凭借自身良好的专业素养和高效的团队合作为客户提供更为精细、更为科学的专业化服务，与客户携手一起，共创卓越。

天职国际研究能力

天职国际致力于打造专家型团队，注重对专业研究和创新能力的提高，近年来，先后完成4项国务院办公厅、国务院国资委、中国会计准则委员会、中国注册会计师协会科研课题，出版专著5本，有多名合伙人担任中国会计准则委员会、中国企业内部控制标准委员会、财政部企业会计信息化委员会咨询专家委员。

1999年，天职国际主任会计师陈永宏等编写的《税务会计学》由中国经济出版社出版，该书已成为财经院校的系列教材之一；

2003年，由天职国际主编、中国财经出版社出版的《清产核资操作实务手册》，成为清产核资全国行业专业规范；

2004年，天职国际与国务院统计评价局共同完成财政部会计准则委员会委托的“合并会计报表研究”课题，并由中国经济科学出版社出版了《合并会计报表理论与实务研究》；

2006年，天职国际与国务院国资委统计评价局、产权局共同完成了国务院委托的关于“部分国有资产划转全国社保基金”的课题，天职国际出任课题组副组长，该项研究成果已在前不久作为国家政策法规发布；

2008年，受国务院国资委统计评价局委托，天职国际与国务院国资委统计评价局共同开展“国有企业出资人财务审计与监督”课题研究，天职国际出任课题组副组长；

2008年，完成由世界银行资助、中国注册会计师协会委托，天职国际独家承担的“会计师事务所员工薪酬与激励机制”课题。

天职国际专家团队

陈永宏

天职国际董事长、主任会计师，高级会计师、中国注册会计师、中国注册资产评估师，湖南大学兼职教授。中国注册会计师协会理事，北京注册会计师协会常务理事，全国会计领军（后备）人才主任会计师班第一期学员。

1993年加入天职国际，历任副所长、所长、主任会计师等职，会计、审计、咨询行业从业26年，具有深厚的实务经验和理论功底。近年来先后担任：《税务会计学》主编（中国财经出版社出版，高等财经院校教材）；《清产核资操作实务手册》主编（中国财经出版社出版，经济责任审计规范），《合并会计报表理论与实务》副主编（经济科学出版社出版），国务院“部分国有资产划转全国社会保障基金课题组”成员、世界银行援助、中国注册会计师协会课题《会计师事务所员工薪酬与激励机制》课题组组长。

谭宪才

天职国际总经理，集团主管业务运营合伙人，高级会计师、中国注册会计师，全国优秀会计工作者，财政部企业内部控制标准委员会咨询专家，中国注册会计师协会会计师事务所内部治理指导委员会委员，全国工商联执委，湖南省政协委员，全国会计领军（后备）人才主任会计师班第二期学员。

2009 年加入天职国际，在会计、审计、咨询行业从业 26 年，主要从事会计师事务所内部管理及审计、税务筹划、管理咨询等工作。近年来主持《现代企业财务预算体系研究》和《作业成本法在现代制造业应用研究》2 项省部级科研课题，先后发表学术论文 20 余篇，著有专著《中国独立审计》，为中国五矿股份、时代新材（SH.600458）、中联重科（SZ.000157）、岳阳纸业（SH.600963）等 20 多家大型企业、上市公司提供审计、内部控制、预算管理服务。

邱靖之

天职国际副董事长、副主任会计师，集团主管审计业务合伙人，中国注册会计师、中国注册资产评估师，中国证券监督管理委员会上市公司并购重组委员会第一、二、三届委员，全国会计领军（后备）人才主任会计师班第二期学员。

1999 年加入天职国际，会计、审计、咨询行业从业 12 年。历任助理审计员、审计员、高级审计员、项目经理、高级项目经理。具有丰富的上市公司、金融企业、特大型企业集团审计执业经验，曾经担任招商证券（SH.600999）、安泰科技（SZ.000969）、金自天正（SH.600560）、株冶集团（SH.600961）等 10 余家上市公司，中国医药集团公司，中国中钢集团公司、中国钢研科技集团、中国农业机械化设计院等中央企业集团审计项目合伙人。

许娟红

天职国际董事、副主任会计师，集团主管人力和财务合伙人，高级审计师，中国注册会计师、中国注册资产评估师。

1990 年加入天职国际，会计、审计、咨询行业从业 27 年，历任审计员、高级审计员、项目经理、高级项目经理，具有丰富的上市公司审计、并购、评估经验。曾主持湖南有色（HK.2626）、郴电国际（SH.600969）、华银电力（SH.600744）、湘邮科技（SH.600476）等 20 多家境内外上市公司审计、并购重组或评估项目；永利化工、天鹅工业、天舟文化、艾华电子等 10 余家拟上市公司 IPO 上市审计项目；五凌电力集团、中谷粮油、湖南省烟草集团、湖南粮油进出口集团等多家大型企业财务审计、清产核资、资产评估、股份制改造及并购重组方案制作及策划等项目。

文武兴

天职国际董事，副主任会计师，集团审计风险控制合伙人，中国注册会计师、中国注册资产评估师、审计师，北京注册会计师协会惩戒委员会委员。

1999 年加入天职国际，会计、审计、咨询行业从业 20 多年，具有丰富的审计实务经验，在会计、审计领域有较高的理论水平，曾担任《清产核资实务操作手册》（中国财政经济出版社）副主编，财政部会计准则委员会《合并会计报表理论与实务》（经济科学出版社）撰稿人，《审计工作底稿指引》（经济科学出版社）编委和主要撰稿人，组织编写了《新旧会计准则科目转换账户余额结转操作手册》，对中国注册会计师执业准则和审计风险控制有较深入的研究。曾担任黑龙江黑化股份有限公司（SH.600179）年报审计项目合伙人，东方广视科技股份有限公司 IPO 审计项目合伙人，安泰科技股份有限公司（SZ.000969）等 10 家上市公司年报审计独立合伙人，中国电力投资集团公司等 5 家国务院国资委管理的中央企业年报审计独立合伙人。

联系我们

天职国际集团总部
地　址：中国北京海淀区车公庄西路乙 19 号华通大厦 B 座二层
电　话：（8610）88827799　传　真：（8610）88018737
邮　编：100048　网　址：www.tzcpa.com

天职国际会计师事务所上海分所
地　址：上海市浦东新区陆家嘴东路 161 号招商局大厦 35 层
电　话：（8621）51028018　传　真：（8621）58402702
邮　编：200120

天职国际会计师事务所深圳分所
地　址：广东省深圳市福田区车公庙深南大道 6009 号绿景广场 B 座 17 楼
电　话：（86755）61372885　传　真：（86755）61372899
邮　编：518048

天职国际会计师事务所湖南分所
地　址：湖南省长沙市韶山北路 216 号维一星城国际 27 楼
电　话：（86731）82183800　传　真：（86731）82183808
邮　编：410001

天职国际会计师事务所安徽分所
地　址：安徽省合肥市芜湖路 130 号万达广场 6 号写字楼 21 层
电　话：（86551）6100660　传　真：（86551）6100667
邮　编：230088

天职国际会计师事务所成都分所
地　址：四川省成都市福兴街 1 号华敏翰尊国际大厦 33 层 6－10
电　话：（8628）82006601　传　真：（8628）86621110
邮　编：610016

天职国际会计师事务所云南分所
地　址：云南省昆明市东风西路 123 号三合商利写字楼 16 层
电　话：（86871）3648687　传　真：（86551）3629177
邮　编：650032

天职国际会计师事务所西安分所
地　址：陕西省西安市高新区高新国际商务中心 22 层
电　话：（8629）87990831　传　真：（8629）87990833
邮　编：710075

天职国际会计师事务所沈阳分所
地　址：辽宁省沈阳市和平区和平北大街 156 号光大大厦 20 层
电　话：（8624）23283366　传　真：（8624）23283416
邮　编：110003

天职国际会计师事务所新疆分所
地　址：新疆省乌鲁木齐市新华南路9号汇源酒店13楼
电　话：(86991)2835927　传　真：(86991)2835927
邮　编：830002

天职国际会计师事务所重庆分所
地　址：重庆市江北区建新南路1号21－11
电　话：(8623)67862116　传　真：(8623)67724525
邮　编：400020

天职国际会计师事务所山东分所
地　址：山东省济南市顺河街176号齐鲁银行大厦26层
电　话：(86531)86071310　传　真：(86531)86071120
邮　编：250001

天职国际会计师事务所武汉分所
地　址：湖北省武汉市汉口建设大道568号新世界国贸大厦3405室
电　话：(8627)59353616　传　真：(8627)59353613
邮　编：400022

天职国际会计师事务所江苏分所
地　址：江苏省南京市中山南路1号南京中心39层D区
电　话：(8625)66080671　传　真：(8625)66080670
邮　编：210005

天职国际会计师事务所广州分所
地　址：广东省广州市天河北路189号中国市长大厦18楼
电　话：(8620)28308666　传　真：(8620)28308668
邮　编：510620

天职国际会计师事务所株洲分所
地　址：湖南省株洲市河西长江路1号招投标大厦10－11层
电　话：(86731)22866632　传　真：(86731)22866266
邮　编：412000

天职(北京)国际工程项目管理有限公司
地　址：北京市海淀区车公庄西路乙19号华通大厦北塔一层
电　话：(8610)88827801　传　真：(8610)88018550
邮　编：100048　网　址：www.tzepm.com

沃克森(北京)国际资产评估有限公司
地　址：北京市海淀区车公庄西路乙19号华通大厦B座2层222室
电　话：(8610)88018767　传　真：(8610)88019300
邮　编：100048

北京天职税务师事务所有限公司
地　址：北京市海淀区车公庄西路乙19号华通大厦B座2层
电　话：(8610)88827799　400－898－1118
传　真：(8610)88018737
邮　编：100048　网　址：www.tzcta.com

华鼎方略国际咨询有限公司
地　址：北京市海淀区车公庄西路乙19号华通大厦B座2层
电　话：(8610)88827799　传　真：(8610)88018737
邮　编：100048

苏亚金诚会计师事务所

江苏苏亚金诚会计师事务所有限公司成立于1996年5月(原隶属于江苏省审计厅)，具有财政部和中国证监会批准的执行证券、期货相关业务资格，财政部和中国人民银行批准的从事金融相关审计业务资格，法院指定的破产案件管理人资格，司法鉴定资格等，为AAA级信誉咨询企业。在历年全国百家会计师事务所排名中均位居前列。

苏亚金诚总部设在南京，内设证券金融审计部、审计业务一部、审计业务二部、审计业务三部、审计业务四部、质量控制与技术支持部、培训部和办公室，分别负责证券期货业务、财务审计业务、工程财务审计业务等。下设北京、安徽、连云港、扬州、苏州、无锡、常州、镇江八个分支机构。目前，有从业人员500人，其中注册会计师178人，注册资产评估师36人，注册造价工程师42人，注册咨询工程师15人，注册建造师与注册结构工程师20人，注册咨询专家14人，高级会计师、高级工程师等各类高级技术职称人员38人，拥有注册会计师行业领军人才7名，ACCA和ACA学员8名。

苏亚金诚在市场竞争中始终坚持以信誉求生存、以质量求发展的经营理念，严格执行《中国注册会计师执业准则》和中注协《中国注册会计师职业道德守则》，建立和完善内部质量控制制度，恪守独立、客观、公正的执业原则，坚持诚信为本、质量为重、遵循规范、服务至上的宗旨。在发展过程中，事务所注重培养员工的敬业精神和团队精神，着力提高员工专业胜任能力，积累了解决各种问题的专业经验，树立了良好的执业形象，赢得了社会的信赖。

苏亚金诚业务涉及年度财务报表审计、财务收支审计、经济责任审计、企业绩效评价审计、企业改制重组审计、企业破产清算审计、IPO审计、清产核资审计、工程造价审计、内部控制审计、发债审计、司法鉴定等。服务的客户涉及上市公司、拟上市公司、国有大中型企业、证券公司、期货公司、基金管理公司、商业银行、外商投资企业、高新技术企业、出版发行企业、电力企业、石油化工企业、通信企业、烟草生产与贸易企业、航空运输业、港口运输业、城市建设企业、建材企业、外贸企业、房地产开发企业、施工企业、广播电视企业、采掘企业、粮食企业等，业务服务范围遍及全国25个省级行政区。

事务所1998年11月年被英国特许公认会计师公会指定为ACCA学员实践基地；2000年4月被南京大学指定为会计专业实验基地；2008年4月被英格兰及威尔士特许会计师协会指定为ICAEW培训机构；2006年5月被江苏省注册会计师协会授予“江苏省2004－2005年度先进会计师事务所”；2008年10月被江苏省注册会计师协会授予“江苏省2006－2007年度先进会计师事务所”；2010年12月“江苏省2008－2009年度先进会计师事务所”。

事务所党支部2004－2009年连续6年被江苏省注册会计师协会党总支评为先进党支部；2009年7月被江苏省注册会计师协会党总支于授予“2008－2009年度五好党支部”荣誉称号；2011年6月被中国注册会计师行业党委表彰为“全国先进会计师事务所党组织”；2011年6月被江苏省注册会

计师协会党委表彰为“先进会计师事务所党支部”。

事务所2008年3月入围审计署审计机构名单(全国20家),2008年6月入围国务院国资委审计项目会计师事务所名单(全国40家);2009年8月入围财政部投资评审审计机构名单(全国50家);2010年9月入围“财政部国家农业综合开发办公室社会中介机构资源库”;2011年2月入选工业和信息化部审计中介服务机构备选库(全国40家);2011年8月入围“财政部投资评审中心聘用社会中介机构”(全国30家);2011年10月入选财政部民口科技重大专项财务验收审计会计师事务所(全国95家)。

公司名称:江苏苏亚金诚会计师事务所有限公司
地　　址:江苏省南京市中山北路105－6号
中环国际广场22楼
邮　　编:210009
电　　话:025－86258323－1630
传　　真:025－86258323－5046
联 系 人:蔡美琳
电子邮件:js. suya@163. com
网　　址:www. syjc. com

大信会计师事务所

大信会计师事务所(以下简称大信)系由我国现代会计先行者吴英豪先生创建于1945年。由其学子——武汉大学兼职教授吴益格先生重建于1985年,是我国注册会计师行业恢复重建后成立的第一家合伙会计师事务所。

目前大信总部(注册地)设在北京,在上海、武汉、山东、深圳设有四个区域性业务总部,分辖24个直属审计业务部及重庆、四川、河南、广西、青岛、江苏、广东、云南、浙江、贵州等分所,还在香港设立大信梁学濂(香港)会计师事务所。常年客户达3000余家,包括中央企业30家,省属大型国企86家,H股、B股、A股上市公司近百家,拟上市公司近百家。遍布全国二十余个省、市、自治区。

2009年全所员工达到2518人,其中CPA873人,包括英国皇家特许CPA及香港CPA。2010年实现业务收入过6亿元,居中国注册会计师协会2011年“百强所”综合排名第十位(本土所第六位);上市公司客户量连续十二年居中国证监会排名前十位;国务院国资委备选中介机构综合排名第五位;国家审计署备选中介机构综合排名第六位。被媒体誉为“一家受上市公司欢迎的会计师事务所”、“注册会计师行业一个知名品牌”。

大信的专业力量在发展中壮大成长。现已形成一支以“四师”(注册会计师、注册税务师、注册评估师、注册造价师)为核心,人数逾1000人的专业团队。并以其规模和实力,获得会计中介机构各种执业资格,包括H股企业审计资质;财政部、中国证监会颁发的证券、期货相关业务审计、评估资质;建设部批准颁发的工程造价咨询(甲级)资质;国土资源部颁发的土地咨询A级资质;国务院国资委授予的中央企业审计资质。

大信在不断发展壮大的过程中,逐步建立健全了内部治理结构和质量控制标准,同时形成了“五大”服务专长:即上市公司审计与股份制改制服务,金融审计及其他法定审计服务,资产评估服务,工程造价咨询服务,企业管理咨询服务。大信常年服务的客户主要有中国保利集团、中国华电集团、中国核工业建设集团、国家开发投资公司、中国化学工程集团、武汉钢铁(集团)公司、中国兵器装备集团、中国船舶重工集团等大型、特大型企业。

大信恢复重建以来,事业取得了长足发展,成为目前中国实力较强、服务功能较齐全、品牌信誉度较高的全国性大型会计中介机构。2010年12月,大信荣获财政部和中国证监会批准的H股企业审计资质。2010年11月,大信正式加盟PKF国际会计网络。PKF国际在IAB《国际会计公告》2010年度排行榜中位居第十位。大信是PKF国际在中国的唯一成员所,通过PKF国际的网络支持,帮助中国客户实现全球境外并购、上市等境外业务。

立信会计师事务所

立信会计师事务所由中国会计泰斗潘序伦博士于1927年在上海创建,是中国最早建立和最有影响的会计师事务所之一,于1986年复办。2000年6月由朱建弟、李德渊、周琪、戴定毅、郑帼琼、王德霞、钱志昂、施国樑、孟荣芳等人发起设立立信会计师事务所有限公司(原名上海立信长江会计师事务所有限公司),注册资本500万元。经国家批准,依法独立承办注册会计师业务,具有从事证券期货相关业务的资格。根据美国萨班斯. 奥克斯法案之规定,非美国审计机构如需对美国上市公司之海外子公司进行审计,需要在PCAOB(Public Company Accounting Oversight Board)进行注册,立信已于2004年8月获得该资格。

立信继承发扬中国会计泰斗潘序伦先生倡导的“信以立志、信以守身、信以处事、信以待人”的准则,一贯注重职业道德、服务质量,立信于社会、似万里长江奔流不息。经过近几年的长足发展,立信在业务规模、执业质量和社会形象方面都取得了国内领先的地位。2001年起,立信在全国会计师事务所签发国内上市公司审计报告数量排行榜上保持第一;经中注协会计师事务所全国前百家排名统计,2002、2003、2004及2005年度立信排名均列第五位(前四家均为国际四大会计师事务所在中国设立的中外合资企业)。

2000年10月,经财政部批准,立信加入国际会计师事务所集团,业务扩展到为委托人提供海外需要而作的审计服务(包括境外审计业务)。2000年至2003年间,经财政部门批准,立信又相继在新疆、江苏、杭州设立分所,由此使立信成为国内颇具影响力的、跨地区的会计师事务所之一。

立信现有从业人员1,000多名,其中执业注册会计师500多名,具有中国证券期货从业资格的注册会计师70人,拥有多名经验丰富、在会计界有影响的资深专家。总所设在上海,下设审计业务部21个、国际业务部、审核部、技术部、培训部、管理咨询部,以及资产评估部、工程造价咨询部、税务咨询部、法律服务部等。现有客户遍布全国各地,其中股份制公司120余家,已上市的公司90多家,外商投资企业2,000多家,并与多家商业银行、证券公司、期货经纪公司、保险公司、基金、大型国有及民营企业保持良好的审计业务关系。

独立、公正、客观是立信一贯秉持的原则,在信用经济和信息社会化的时代中,立信将继续坚守职业道德,重视执业质量,为国内外委托人提供优质可靠的服务。

江苏天衡会计师事务所

江苏天衡会计师事务所的前身是江苏会计师事务所,由江苏省财政厅于1985年10月创建。1999年1月6日,江苏会计师事务所整体改制为江苏天衡会计师事务所有限公司。

1993年，经中华人民共和国财政部和中国证券监督管理委员会批准，成为中国首批取得从事证券、期货相关业务财务审计许可证的会计师事务所。1993年，经国家国有资产管理局和中国证券监督管理委员会批准，成为中国首批取得从事证券、期货相关业务资产评估许可证的会计师事务所。2000年，经中华人民共和国财政部和中国人民银行批准，成为中国首批取得金融机构财务审计资格的会计师事务所。2009年2月9日，取得中华人民共和国财政部和中国证监会新换发的证券、期货相关业务许可证。

2002年5月22日，社会培训业务单独成立江苏天衡会计师事务所培训中心。

2005年3月15日，工程造价咨询业务从事务所分立，成立江苏天衡工程造价咨询有限公司，并于2007年1月1日取得中华人民共和国建设部颁发的工程造价咨询企业甲级资质证书。

2008年6月6日，资产评估业务从事务所分立，成立江苏天衡资产评估有限公司，并于2009年2月13日取得财政部和中国证券监督管理委员会批准的从事证券、期货相关业务评估资格证书。

天衡理念

服务理念：为客户提供最有价值的专业服务，让我们的每一次服务都让客户真切感受到我们的与众不同。

文化理念：诚信客观，勤奋务实。

品牌理念：每一天我们以“天衡”品牌为客户提供服务，每一次服务我们为“天衡”品牌增添光彩，让“天衡”品牌成为“诚信、专业品质、公信力和社会责任感”的象征。

执业理念：诚信是每一位员工的基本价值观之一，恪守执业道德规范是每一位员工的庄严承诺。

团队精神：天衡团队有着相同的执业理念，诚信是我们共同的价值观，精诚团结，勤勉敬业。在天衡浓厚的专业氛围里，我们互相学习，互相熏陶，积极进取，共同成长，在追求远大理想，实现个人价值和天衡发展的的同时，时刻牢记肩负的社会责任，为社会创造价值。

希格玛会计师事务所

希格玛所是经国家工商总局核准设立的大型综合性会计师事务所，是全国最早成立的八家会计师事务所之一。希格玛所机构建全，队伍精干，资格齐全，管理规范，以雄厚的实力位居中国百强会计师事务所之列。

希格玛所注册地中国西安，在北京、甘肃、厦门等地设有分所，在北京设有管理总部。事务所现有员工400多人，其中具有注册会计师、注册评估师、注册税务师、造价工程师等各类资格的专业人员占员工总数的70%以上，平均年龄37岁。

希格玛所具有证券期货相关业务资格、大型国有企业审计资格、工程造价咨询甲级资格，招投标代理甲级资格，同时也是国家国资委常年聘请的特别技术助理单位。

希格玛所秉承“诚信、严谨、求实、”的职业精神，坚持“独立、客观、公正”的执业原则，依靠科学的管理和雄厚的人才优势，提供各类专业服务，特别是在企业重组、改制上市、税务筹划和管理咨询等方面具有丰富的实践经验。

希格玛所现已形成以证券期货相关业务为龙头，财务审计、工程造价审核、管理咨询为核心，集税务筹划、司法鉴定和专业培训等业务于一体的服务网络，业务涉及各行各业、市场分布全国20多个省、市和自治区。希格玛所以优质高效的服务赢得了社会各界的充分认可，正以全新的姿态，立足中国，走向世界。

大华会计师事务所

大华会计师事务所（原名“立信大华会计师事务所有限公司”），是国内最具规模的八大会计师事务所之一，是国内首批获准从事H股上市审计资质的事务所，是财政部大型会计师事务所集团化发展试点事务所，BDO国际会计公司中国成员所，2010年业务收入达到5.6亿元人民币。

大华拥有一支能够提供高度专业服务的团队，截至到2010年12月从业人员近2000人，具有中国注册会计师资格者662人，其中具有5年以上审计经验的注册会计师400多人，具有美国、英国和澳大利亚等国外发达国家注册会计师资格、能够提供国际业务服务的专业人员22人；获得“中国注册会计师行业领军后备人才”称号的专家有近10人；此外还有业内外知名的各类杰出业务专家30余人，这些专家在财务会计、审计、税务、公司治理和战略管理咨询、内部控制、风险管理、全面预算管理、企业购并重组、IT审计和国际化业务等方面具有业内领先的水平。大华管理团队和专家团队中的很多成员都具有博士和硕士学位。同时，大华还与上海财经大学、东北财经大学等院校有人才和专业研究等方面的合作，由此形成了以国内著名的上海财经大学和东北财经大学作为专业学术依托的战略合作关系。

大华各类业务资质齐全，不仅能够从事国内上市公司审计、特大型中央和地方国有企业审计、大型金融保险企业审计，同时经PCAOB认可具有美国上市公司审计业务执业资格，2010年取得H股上市公司审计业务资质。尤其是我们依托BDO国际会计公司的全球服务网络，可以为进入中国的国际公司和走进国际的中国企业提供全球化的审计和咨询等优质专业服务。公司常年审计客户二千余家，业务范围包括审计鉴证、管理咨询、资产评估、工程咨询、税务服务等，服务对象主要为上市公司、大型国有企业、金融保险企业、外商投资企业等，涉及航空、金融、电子、电力、化工、造纸、旅游、房地产、电信、交通运输、能源、机械、农业、林业、餐饮、食品、酒店、医药等多个行业领域，并多次接受政府部门和国际组织委托承担其他特殊目的专项审计。事务所2008年至2010年的业务收入均在5亿元以上。

大华坚持按照新起点规划未来、高标准开展工作、高水平科学发展的企业宗旨，坚持“以人为本、精益求精”的内部管控理念，构建“规范、协调、高效”的一体化管理机制，以维护公众利益为目标，建立有效的内部管理制度体系，全面提升执业水平，着力打造业内公认、社会信赖、管理规范、服务一流的品牌事务所，竭诚为社会提供优质、高效的专业服务，传承大华的优秀文化，再造民族会计品牌的辉煌。

深圳市鹏城会计师事务所

深圳市鹏城会计师事务所有限公司（以下简称鹏城所）成立于1992年，是一家具有证券、期货审计资格的大型会计师事务所。本所现有从业人员500余人，其中中国注册会计师200多人，具有证券、期货相关业务资格注册会计师50余人，高级会计师、高级工程师、高级经济师30人，资产评估专业人员、工程技术人员60人，是一个以中国注册会计师为主体,拥有多方面专业人才的大型社会中介机构。

鹏城所前身为深圳市审计局的深圳市审计师事务所,擅长于国有企业审计领域,业务涉及不同类型的国有大中型企业,特别是在 2006 年顺利完成了广东水电二局股份有限公司的 A 股发行审计,在国有企业改制上市审计中具有明显的优势。自 1993 年以来,先后独立完成了上百项大型国有企业清产核资、审计、评估业务项目。2003 年本所接受委托对国家国资委直接管辖的中国大唐电信、中国糖业集团、中华通信、南方电网、三九集团等大型国有企业进行年度会计报表审计和清产核资审计。本所接受有关部门委托,对广东核电、广州东华实业公司进行清产核资工作。从 1993 年开始本所对深圳市能源集团、市交通运输公司、市运发实业公司、市客货运公司、市西湖汽车公司、市公共汽车公司、特发集团、城建集团、赛格集团、机场集团、自来水集团、深房集团、建材集团、园林集团、旅游集团、奥康德集团、物业集团、外贸集团、盐田港集团等几十个国有企业集团公司进行过清产核资审计、年度会计报表审计、整体资产评估、经理经济责任审计与离任审计等。

鹏城所除具有一般会计师事务所的审计验证资格外,还具有执行证券、期货相关审计业务资格、金融相关审计业务资格、会计鉴定、中央及地方国有企业审计查证资格、外债审计资格、资产评估资格、土地房屋评估资格、建筑工程造价咨询资格。鹏城所总部设在深圳,并在北京、上海、广州、济南、沈阳、香港等地设有分所。鹏城所客户现以上市公司、金融机构、国有大中型企业为主,业务范围遍及全国 20 多个大中城市。现承办中金岭南等近百家上市公司的年度审计业务,在全国名列第三。拟上市的公司审计客户有 100 多家。鹏城所 2010 年审计业务收入 1.5 亿多人民币,居全国前列。本所精于上市公司审计业务,拥有一支高素质、经验丰富、业务过硬的上市公司审计队伍,能为上市公司提供一流的服务。

2004 年 5 月,本所接受中国证监会的委托对南方证券公司进行审计,审计结果得到中国证监会的好评。2004 年 10 月接受中国人民银行稳定局的委托对辽宁证券进行全面清产核资审计,并对其发行四十多亿元的个人债券进行专项审计,审计结果得到中国人民银行及国家有关监管部门的充分肯定。

鹏城所在发展过程中始终坚持"以质量求信誉,以信誉求发展"的执业理念,制订了严格的内部管理制度和一系列科学的业务规范,建立了以三级审核为核心的质量控制体系,通过各种形式的培训和研讨保障专业人员知识的及时更新和业务水平的不断提高,尤其重视现代化审计手段的充分利用,编制使用合并会计报表软件、金融业务专用审计软件等电脑应用软件,大大提高了审计的效率与质量。我们谨记会计师事务所的社会责任,坚持"诚信为本",以谨慎的执业态度、科学的工作方法为客户提供高质量的服务。几年来,鹏城所的服务得到了客户和政府有关部门的广泛赞誉。

鹏城所在执业过程中与国际著名四大国际会计公司以及香港、台湾、新加坡等地的会计师事务所建立了卓有成效的业务合作关系,积累了与境外会计师事务所合作的丰富经验,充分了解国际会计师的执业惯例,熟悉国际会计准则及有关监督和管理规范,吸取了国际会计公司的先进经验和成熟的审计方法。在为客户提供审计服务的同时,为帮助客户改善经营管理,加强内部控制,加快与国际惯例接轨进程,适应加入 WTO 后面临新形势环境新的机遇与挑战,提供专业咨询,努力追求与客户共同发展的目标。

鹏城所通过建立民主与集中合理统一的科学管理体制,保证了事务所健康、稳定的持续发展,保证了事务所资源的合理配置和业务质量的有效控制。

福建华兴会计师事务所

福建华兴会计师事务所有限公司是在原福建省财政厅所属的福建华兴会计师事务所基础上于 1998 年脱钩改制组建的,于 1999 年元月正式成立,注册资本 200 万元。福建华兴会计师事务所有限公司具有中国证监会、财政部颁发的从事证券期货相关业务审计资格,中国人民银行、财政部颁发的金融审计资格以及国有大中型企业审计、资产评估、房地产评估和基建工程预决算审核等资格,是中国银行间市场交易商协会会员,服务范围包括:会计审计服务、工商登记服务、税务咨询服务、资产评估服务、基本建设项目审计、工程造价咨询服务、管理咨询服务等。2008 年实现收入近 5000 万元,连续多年被中国注册会计师协会评为中国百强会计师事务所。

福建华兴会计师事务所有限公司从诞生至今已走过了二十多年不平凡历程,在工作中积累了丰富经验,建设了一支高素质、高学历的人才队伍,现拥有从业人员 180 多名,其中,注册会计师 97 名、注册资产评估师 30 名、注册税务师 24 名、此外还有注册造价师、房地产估价师、土地估价师等多种专业人才。

我公司最高权利机构为股东大会。公司董事、监事由股东大会选举产生,并分别组成董事会、监事会,董事会聘用经营管理层。各职能部门设置由董事会研究批准决定,现设有业务一部、业务二部、业务三部、业务四部、业务五部、业务六部、业务七部、业务八部、专业标准部、信息咨询部、业务发展部、人力资源部、行政部、财务室、电算化部、顾问室等职能部门,并在发展中以福建华兴会计师事务所有限公司为核心组建了福建华兴会计师集团,开办了北京分所、厦门分所、福建华兴资产评估房地产土地估价有限公司和福州华兴正风财务咨询有限公司,初步形成了跨区域的服务能力,能够为客户提供全面的审计、会计、评估和咨询等服务。

福建华兴会计师事务所有限公司经过了二十多年的的市场锤炼,始终坚持"独立、客观、公正"的执业道德规范,本着"务实、高效、服务第一"的办所宗旨,建立了一套科学有效的经营管理机制和科学的执业规范体系,利用先进的电脑网络管理系统,进行业务管理和质量控制,无违法违纪行为。同时,组建了相关的法律法规文档库、专业技术咨询范本库、典型案例分析资料库等专业数据库,增强了服务能力。

福建华兴会计师事务所有限公司为各类客户提供的服务中,以为证券、期货、金融企业、股份制企业、国有企业、外资企业和其他大中型企业提供审计、资产评估和财务顾问服务见长,涉及的行业有能源、交通运输、石油、化工、冶金、机械、矿业、电子、建筑以及金融、证券等,客户遍布全国各地。本所客户包括福建东百集团股份有限公司、厦门钨业股份有限公司、中国武夷实业股份有限公司、福建省南纸股份有限公司、福建七匹狼实业股份有限公司、兴业银行股份有限公司等 27 家上市公司及兴业证券股份有限公司、福州市商业银行等金融企业,东南(福建)汽车工业有限公司、福建 JVC 电子有限公司、百事可乐饮料有限公司、LG 麦可龙(福建)电子公司等外商投资企业及外国企业,福建省东南电化股份有限公司、福建省南平电缆股份有限公司、福建省交通运输(控股)公司、福建石油化工集团公司等大中型国有企业,是一家具有较大影响的会计师事务所。业务收入近5000万元，在会计服务行业具有较强的社会影响力。

在多年的工作中，我们一贯恪守以质量求生存、以信誉求发展的建所方针，认真执行财政部、中注协制定的各项执业规范，不断完善业务工作质量控制制度，严格遵守《中国注册会计师职业道德准则》，在社会上和客户中牢固树立了"独立、客观、公正"的良好形象。目前我公司以不断提高执业质量为突破口，推动业务健康快速发展。

广东正中珠江会计师事务所

广东正中珠江会计师事务所是根据国家之有关规定，以及财政部关于扩大会计师事务所规模的指导精神，强强联合，由广东正中会计师事务所与广州市珠江会计师事务所相关注册会计师共同发起设立。

广东正中珠江会计师事务所具有悠久的历史渊源，数十年服务客户之经验，使其在业界地位卓然不群。其中，广东正中会计师事务所改制前为华南地区首家会计师事务所－广州会计师事务所，成立于1981年；广州市珠江会计师事务所制前为成立于1985年的珠江会计师事务所。两所均为具有证券、期货相关业务执业资格、资产评估资格、税务代理资格的会计师事务所，上述两所的优秀人才汇聚广东正中珠江会计师事务所，使其包容更卓越的专业实力，其秉承"以质量求信誉、以信誉求发展"的传统宗旨，恪守"客观、独立、公正"的职业道德，致力于为客户提供更加卓有成效的专业服务。

正中珠江是由原广州会计师事务所和原广州市珠江会计师事务所的一批经验丰富的注册会计师发起设立的有限责任的会计师事务所，股东大会为公司的最高权力机构，董事会和监事会是公司日常运作的决策机构和监督机构；董事会下设质量管理委员会，专业标准组负责制定专业标准、解答专业问题，内核部独立于业务部门负责检查业务质量；公司设立三大审计业务部门、税务部、并在中山设立了分所；信息技术部、人力资源部和行政管理部为整个事务所的运作提供了强有力的技术、人员及后勤保障；部门种类设置齐全，业务内容全面，体现了我所开展多元化经营的发展思路，也为我所提升内部管理水平提供了高效的配套手段。

正中珠江汇集原广州和原珠江之优秀人才，拥有一批既有专业知识，又具有丰富经验的会计、审计、税务、金融、管理、法律、评估、基建工程、计算机等各类高素质专业人才，绝大部分拥有中级以上职称，其中具有高级职称、博士、硕士学位的有十多人，全所百分之五十以上人员具有注册会计师、注册税务师、注册评估师、律师或两种以上执业资格，具有证券期货相关业务执业资格的注册会计师人数在广东地区的会计师事务所中亦名列前茅。

我所历来重视员工的培训和自身素质的提高，经常由培训部组织公司内部的业务知识讲座和各种形式的业务研讨，每年定期邀请国家财政部、证监会和行业内的专家学者对会计、审计领域的最新变化举行专题讲座，前往参加的不仅是本所的员工，还有本所的客户，各种形式的培训有效的提高了本所人员的业务水平，同时获得许多客户的一致赞许；多年来，我所的内部培训水平一直获得行业主管部门的肯定，省注协和市注协经常聘请我所资深从业人员为注册会计师的申办执业和注册会计师后续教育担任授课讲师。

正中珠江具有以下资格：

· 证券期货相关业务资格；
· A股补充审计及证券发行业务专项复核审计资格；
· 金融业务资格；
· 国有大型企业审计资格；
· 税务代理资格。

我们本着"以质量求信誉，以信誉求发展"的宗旨，为客户提供全方面而高效率的服务；以客观公正的态度，依据有关法规及审计准则，从事专业工作以昭社会公信。

国富浩华会计师事务所

国富浩华会计师事务所是一家专业化、规模化、国际化的大型会计师事务所，具有证券期货相关业务审计特许资格和H股企业审计资格，为美国PCAOB(公众公司会计监督委员会)登记机构，业务涉及股票发行与上市、公司改制、企业重组、资本运作、财务咨询、管理咨询、税务咨询等领域，是我国最大的会计师事务所之一。国富浩华总部设在中国北京，在全国设有28家分所，遍及23个省市，分布在上海、湖北、山东、甘肃、重庆、辽宁、广东、深圳、吉林、陕西、黑龙江、江苏、安徽、福建、青海、河南、山西、四川、江西、新疆、浙江、云南等地，执业网络完善。

国富浩华具有雄厚的专业技术力量，凝聚了一大批具备深厚专业素养、丰富实践经验、良好沟通能力及团队精神的行业精英。事务所现有从业人员近3000人，其中，注册会计师近1000人，资深注册会计师11人，行业领军人才8人，财政部咨询专家1人，证监会发审委委员1人，银监会兼职监事1人，多人被各地注协聘为专家委员，一大批专业技术人员具有海外工作、留学背景，持有境外执业资格。

国富浩华具有广泛的客户基础，客户遍及全国大部分省市及香港、澳门特别行政区，业务涉及制造业、电力、采掘、石油、房地产、建筑、金融、水利、交通、航运、农林、教育、医药、信息与通讯等行业，具有丰富的执业经验。

2010年6月30日，国富浩华首席合伙人杨剑涛应邀参加中共中央召开的座谈会，受到了胡锦涛总书记、习近平副主席、贺国强书记等中央领导的亲切接见。2010年1月29日，习近平副主席在中央政治局委员、书记处书记、中组部部长李源潮，财政部部长谢旭人，副部长王军等领导的陪同下，到国富浩华进行视察，对国富浩华的发展给予充分肯定。2010年6月4日，习近平同志作出重要批示，对国富浩华的发展寄予厚望。2011年1月30日，李源潮同志对国富浩华作出重要批示，充分肯定了国富浩华取得的科学发展新成绩！

作为国富浩华国际(Crowe Horwath International)在中国的惟一成员所，国富浩华具有遍及全球的执业网络联系，可以为客户提供综合性、全球化的专业服务。国富浩华在香港设有成员所国富浩华香港会计师事务所，香港所具有上市公司客户52家，业务收入1.6亿元，员工360人，具有丰富的H股审计、海外上市审计等专业经验，可以为内地企业香港上市、H股年报审计等提供全方位服务。

为贯彻落实国办发[2009]56号文件，响应财政部做大做强的号召，国富浩华于2010年10月份完成了从公司制向特殊普通合伙制的转换。在新的起点上，国富浩华将继续坚持"稳中求进、进中求好、好中求快"的指导思想，构建"运作规范、运转协调、快乐高效"的管理机制，以维护公众利益为宗旨，建立风险管理严格、质量控制有效的制度体系，全面提升执业水平，着力打造业内公认、社会信赖、管理规范、服务一流的品牌事务所。

立信羊城会计师事务所

一、沿革

立信羊城会计师事务所有限公司(BDO CHINA GUANG DONG SHU LUN PAN CERTIFIED PUBLIC ACCOUNTANTS)(以下简称“立信羊城”)是一个建所已 25 年的事务所,成立于一九八四年初,原隶属于广州市财政局。一九九八年十二月三十一日脱钩转制为有限责任会计师事务所,二〇〇四年二月,经广东省财政厅批准,更名为“广东羊城会计师事务所有限公司”。

在做大做强本土事务所的大潮下,二〇〇六年十月十日,广东羊城会计师事务所(简称“广东羊城”)、上海立信长江会计师事务所、北京中天华正会计师事务所在上海签署了立信会计师事务所管理有限公司章程、管理协约,组建立信会计师事务所管理有限公司。2006 年 10 月 28 日,立信会计师事务所管理有限公司在上海正式成立。作为民族品牌,意在成为中国本土最大的会计师事务所。

2007 年 6 月 12 日,广东羊城更名为立信羊城会计师事务所有限公司。

2009 年 1 月 14 日,作为国内龙头会计师事务所,在北京与全球第五大会计师事务所“BDO 国际会计师事务所”签署合作协议,立信旗下中国大陆的五家成员所正式加盟“BDO 国际”。

二、机构

立信羊城所组织架构包括:南沙办事处,佛山分所,惠州分所。事务所内设审计一、二、三、四、五、六部,税务部,电脑工程部,审计风险管理部,行政人事部。关联中介服务机构包括:广州市广永税务师事务所,广州弘智财务咨询公司,羊城(香港)会计师事务所。

三、经营范围

承办企业的查帐、验资、清算、验证、会计电算化评审、设计财务会计制度、提供会计、财务、审计、经济管理咨询、培养财务人员、代办税务申报、外文资料翻译。

四、员工队伍

立信羊城所现有员工(不含分所)253 人,其中执业注册会计师(不含分所)127 人;执业注册税务师(不含分所)74 人;大专以上学历的员工占总人数的 98%,其中有 16% 的人在境外国际会计师公司接受过半年以上专业培训。

五、经营业绩

立信羊城所(不含分所)2007 年审计业务收入 6,536 万元,2008 年审计业务收入 6,045 万元,2009 年审计业务收入 5,286 万元。

成立 26 年来,特别是 1993 年取得证券、期货相关业务审计资格以来,我们为 30 多家各类企业完成股份公司改制并上市提供专业的审计服务,主要包括:广州控股、穗恒运、青海华鼎、广电运通、广州药业、白云山、广船国际、中远航运、广百股份、粤高速、粤传媒、达安基因等,特别是为广州市第一家在创业板上市的公司——阳普医疗提供专业审计服务。

今年以来,一共有四家公司通过中国证监会审核,其中:珠江啤酒、国星光电、海格通讯已发行上市,安居宝已过会,等待发行。目前正在为广州港、广州建筑集团、21 世纪传媒、冠昊生物等 20 多家公司进行改制和 IPO 上市的专业审计服务。

利安达会计师事务所

REANDA,中文简称利安达,在中国注册会计师协会注册的名称为利安达会计师事务所有限责任公司。利安达注册资本为 600 万元人民币,累计提取的职业风险金 2000 多万元人民币,职业责任保险累计赔偿限额达到 8000 万元人民币。利安达集团目前具有财政部和中国证监会批准的执行证券、期货相关业务审计资格、财政部和中国证监会批准的执行证券、期货相关业务评估资格、财政部和中国人民银行批准的从事金融审计相关业务资格、中国注册会计师协会和国务院国资委核准的承担大型及特大型国有企业审计资格、北京市司法局批准的司法鉴定资格及在美国 PCAOB 和加拿大 CPAB 注册,具有为在美国和加拿大等北美国家证券市场上市的公司提供专业服务的资格。

利安达自 1993 年成立以来,经过 17 年的长足发展,先后在香港、哈尔滨、珠海、沈阳、长春、天津、济南、深圳、大连、长沙、杭州、郑州、成都、上海、秦皇岛、厦门、武汉、重庆、青岛、昆明等主要城市设有 20 多个分支机构或战略联盟,系具有相当规模的会计集团网络之一,拥有了一大批在国内外享有很高知名度的客户网络。2009 年度业务收入约 4 亿人民币,进入了全国注册会计师行业前十名的行列。

利安达本着守法自律、客观公正、薄利重义、优质高效的宗旨,不断加快规模化、规范化、国际化发展的步伐,努力与国际会计师行业接轨,培养了一批熟悉国内外会计、审计准则的注册会计师队伍,目前利安达已经具备了在审计、会计、税务、财务、投融资及管理咨询等领域,特别是便利地为客户进入国际资本市场提供满意的、全方位、全球性的专业服务,并且仍在继续扩大服务范围。

山东天恒信会计师事务所

山东天恒信会计师事务所(以下简称“天恒信”)其前身系成立于 1985 年 12 月的山东临沂会计师事务所,隶属于临沂市财政局,1998 年脱钩改制为有限责任会计师事务所,注册资本 400 万元,是山东省最先改制的 5 家会计师事务所之一。

经财政部和中国证监会批准,天恒信于 1996 年获取证券期货相关业务审计资格,系全国具有证券期货相关业务审计资格 54 家事务所之一、山东省具有证券期货相关业务审计资格 3 家事务所之一;2001 年经中国人民银行和财政部批准,具有金融相关业务审计资格;天恒信还拥有独立的评估公司、工程造价(甲级资质)咨询公司和招标代理公司,为社会提供资产评估和工程造价咨询服务。

天恒信总部设在山东临沂市,在济南、济宁设有分所,在北京有独立执业机构。连续 8 年稳居中国注册会计师协会“会计师事务所综合评价”百强之列。

天恒信是我国恢复注册会计师制度后最早成立的会计服务机构之一,拥有一批既有专业知识,又有丰富实践经验的审计、会计、税务、管理咨询和工程技术等各类专业人员 300 多人。其中:注册会计师 103 人,具有中高级专业技术职务人员占员工总数的 60% 以上,已成为国内注册会计师行业执业资质比较齐全、技术力量雄厚、内部管理规范、社会信誉良好的大型事务所之一。各项业务已辐射全国。先后为 14 家上市公司提供了年报审计服务和 6 家公司首发 IPO 上市审计服务;为鲁能集团、鲁商集团、鲁信集团、枣矿集团、浪潮集团、国投控股等多家国有大型企业集团提供会计、审计和咨询服务；为临商银行、济宁商业银行、山东兰山农村合作银行等多家金融企业提供年报审计服务；为中化国际、招金集团提供多项企业兼并、收购审计和尽职调查咨询服务。我们的工作，得到各级政府、行业监管部门及服务客户的广泛好评。

天恒信始终秉承"诚信天下、执信永恒"的办所宗旨，恪守"独立、客观、公正"的执业原则，以"为客户创造价值、与客户共同成长"为理念，培养了一支优秀的注册会计师队伍，确保"优质、高效"的执业水平，为社会提供全方位的会计、审计、咨询、评估、工程造价咨询和企业并购等方面的专业化服务。

注册会计师行业正处在快速发展的时代，机遇和挑战同在，发展和竞争并存。天恒信人将以饱满的热情和开拓进取的精神，只争朝夕，与社会各界同仁携手并肩，为社会提供高水准的专业服务，永无止境地追求卓越！

上海公信中南会计师事务所

公司规模

公司成立于1987年，是上海最早成立并从事会计审计专业服务的会计师事务所之一，法定代表人：陈德，注册资本695万元。经过20余年的磨砺，公司规模不断扩展，业务收入自2001年起已连续十年名列全国百强会计师事务所前位，2011年度中国注册会计师协会官方网站公布的全国综合排名为55位，位列上海前三。

公司团队

公司已拥有专业人员260余名，其中：注册会计师100余名，司法鉴定会计师39名，注册资产评估师33名，注册造价工程师20名，注册房地产估价师20名，土地估价师8名，注册税务师28名，各类中高级职称人员比例达85%。公司拥有一支经历丰富的中青年专业队伍，能为客户提供多元化的专业服务，适应反应快，难度高，强度大的工作要求，提升了公信中南的品牌，也让客户切实感受了公信中南的服务品质。

公司的国际成员所的地位

公司于2000年8月经中华人民共和国财政部批准为华利信国际（Morison International）成员所，与全球范围的成员所保持密切的业务合作，提供跨国咨询服务，并每年派出专业人员赴境外培训学习，提升专业队伍的素质。

公司执业资质

公司已取得以下专项执业资质，包括但不限于：

上海公信中南会计师事务所有限公司

· 财政部、证监会颁发的证券、期货相关业务许可证；
· 高级人民法院授予的破产管理人资格；
· 审计署颁发的国有企业审计查证资格；
· 财政部中国人民银行批准从事金融相关审计业务资格；
· 上海市司法局颁发的司法鉴定许可证；
· 上海市公安局经济犯罪侦查总队指定的司法会计鉴定机构。

上海公信中南工程造价咨询有限公司

· 国家建设部颁发的全国工程造价咨询单位甲级资质；
· 上海市建设委员会颁发的工程招标代理资质。
· 国家发展和改革委员会颁发的工程咨询单位丙级资质。

上海公信中南资产评估有限公司

· 资产评估资质。

上海立公信房地产估价有限公司

· 国家建设部颁发的一级房地产及土地评估资质。

公司宗旨

本公司以"公正审计，诚信服务"为宗旨，竭诚为国内外客户服务。

天健会计师事务所

天健会计师事务所（以下简称天健），成立于1983年12月，是由一批我国资深注册会计师投资创办的全国性大型专业会计中介服务机构。2010年根据中国注册会计师协会排序，位列全国内资所第四。现有从业人员2200余人，注册会计师924人，公司注册地和总部设在杭州，并在北京、上海、湖南、深圳、广东、山东、安徽、云南、湖北、重庆、香港、台湾等地设有执业机构。

天健拥有包括财政部和中国证监会批准的证券期货相关审计业务、证券期货相关的资产评估业务、中国人民银行和财政部批准的金融相关审计业务等20多项执业资格；2010年12月7日，天健获得从事H股企业审计资格，位列全国第二；天健也是国务院国有企业监事会工作办公室推荐的全国27家从事特大型国有企业审计的会计师事务所之一。

天健拥有20多年的丰富执业经验和雄厚的专业服务能力。截至2011年12月底，拥有包括省内外A股、B股、H股上市公司、大型国企、外商投资企业等在内的固定客户2000多家，并为200余家企业担任常年会计顾问；目前拥有上市公司客户近200家，按承办上市公司家数排名，位居全国第一。

2004至2011年，由天健作为申报会计师，实现境内IPO的上市公司130余家，位居全国第一；自2009年下半年首次公开发行股票（IPO）重启以来至2010年12月底，由天健承办的69家企业顺利过会，其中IPO企业50家，名列全国前茅；截至2010年底，天健承办的深圳中小企业板上市公司90余家，在具有证券、期货相关执业资格的会计师事务所中，位居全国第一。

在长期的执业工作中，天健一贯坚持以质量求信誉，以信誉求发展的企业宗旨，管理层和执业团队以丰富的专业知识和勤勉敬业的精神，为客户创造价值，与企业共同发展。

我们将在规范执业、稳健经营的基础上，专注务实、勇于创新、超越自我、追求卓越，以更好地帮助客户在不断变化的改革和发展环境中，应对和破解相关现实专业问题，以实现客户价值的最大化。

五洲松德会计师事务所

五洲松德联合会计师事务所是天津市规模最大的会计师事务所，也是中国颇具规模的知名专业服务机构之一。其前身天津会计师事务所成立于1984年，是新中国恢复注册会计师制度后成立最早的会计师事务所之一，后经脱钩改制和数次机构重组，整合了若干家具有各种资源优势及业务背景的专业机构，并于2007年底更名为五洲松德联合会计师事务所。

五洲松德发展目标采取内涵发展与外延扩张并举的发展战略，依托天津在国家经济布局中的区位优势，推动事务所母体规模提速发展，并运用兼并重组等现代运营手段，有计划、有步骤地在中国境内若干地域设立分支机构或成员机构，不断扩大事务所的规模及影响力，着力塑造并保持卓越、协作、创新、和谐的企业文化，持续提高专业团队的整体素质，强化及提升事务所的核心竞争力，积极创造条件实现国际化经营，将事务所打造成为品牌及信誉卓著的中国本土大型会计师事务所。

五洲松德专业团队五洲松德拥有一支年轻的高素质的专业团队，目前专业人员近450余人，绝大多数具有大学本科以上学历，其中，中国注册会计师200余名。五洲松德专业团队凭借其丰富的专业知识和行业阅历，可以帮助客户有效地考虑到可能遇到的问题并提出前瞻的、可执行的专业建议，并随时跟进行业准则，以保证在任何时候都能满足客户的专业性要求。

五洲松德服务领域五洲松德有审计、资产评估、管理咨询、税务服务、工程造价咨询等业务板块，并拥有：证券期货业务审计资格、证券期货业务资产评估资格、国有大型企业审计资格、金融业务审计资格、工程造价甲级资格、房地产评估资格、司法鉴定资格等。五洲松德所拥有的资质条件能够有力地支撑我们为客户提供高品质、全方位的一站式专业化服务。

五洲松德经营网络五洲松德总部设在天津，并已在新疆和深圳设立分所，根据发展需要，还将在北京、上海、山东等地设立分支机构。五洲松德是浩信国际会计公司（HLB）之中国成员机构，依托HLB的全球网络和经验，五洲松德可以为跨国经营的中国企业和在华投资的国际跨国公司提供更为优质的审计咨询等专业化服务。

五洲松德经营业绩近年来，五洲松德业务收入和人员规模持续提升，连续两年在中国注册会计师行业综合评价中居于前50位之列。随着整体发展战略的付诸实施，五洲松德的核心竞争力将不断增强，服务领域和服务范围将不断扩大，五洲松德也将会取得跨越式发展。

中国经济快速发展以及经济全球化进程的加快，使中介服务行业面临前所未有的机遇和挑战，五洲松德将审时度势，把握契机，直面挑战，秉承持续超越自我、追求卓越品质的经营理念，向更高层次、更高标准、更高水平的规模化经营目标迈进。

信永中和会计师事务所

信永中和会计师事务所的发展历史可以追溯到上个世纪八十年代初期。近30年来，伴随中国改革开放的历程，由小到大、由大到强，以其专业人员2700余人、数亿元的收入、可信赖的质量、高品质的专业能力，成为当今国内最具声望、最具规模的综合性会计师事务所之一。

信永中和在坚持自己一贯不为外界所动的定力、稳扎稳打的做风的前提下，顺应做大做强之势，把握时机、主动进击，成功地合并了12家机构，使信永中和的整体力量再上层楼。形成了总部位于北京，并在上海、深圳、成都、西安、天津、青岛、长沙、长春、大连、广州、银川、济南、昆明和福州设有14家境内分所，在香港、新加坡、日本、澳大利亚设有4家境外成员所。信永中和的境内分支机构均实行一体化管理，迄今为止，国内会计师事务所真正做到一体化管理唯此一家。

成立至今，信永中和的专业服务领域不断向纵深发展，并逐步扩大，目前，信永中和拥有证券期货相关业务审计、工程造价甲级资格等执业资质，业务范围涉及审计、管理咨询、会计税务服务和工程造价等多个领域。无论是审计还是造价咨询，信永中和都拥有相关行业的所有执业资质，而且全部为该行业最高资质。信永中和可以同时为客户提供符合中国内地和香港地区要求的专业服务，在为国内企业提供符合中国会计准则服务的同时，也能够为在香港联交所上市的H股公司提供审计等服务。

信永中和拥有一批年富力强、充满活力、团结和谐且富有理想和责任的国际化的以合伙人为核心的高级管理团队。截至2009年10月31日，共有八十位涵盖审计、管理咨询、工程造价和税务领域的合伙人，其中包括10多位香港、新加坡、日本和澳大利亚合伙人。他们具有资深的专业工作经历、精湛的专业素养和丰富的执业和管理经验，平均年龄约为42岁。信永中和成立以来，尽管期间进行了多次合并重组，规模也不断扩大，但在健康的信永中和合伙文化以及在此基础上建立起来的内部治理结构和符合行业发展规律的管理体系和制度的保证下，高级管理团队一直保持高度和谐稳定的关系。大家拥有共同的理念，同心同德、和衷共济、真正达到了“人和智和”的境界。合伙人之间相互支持，优势互补，共同发展，共享事务所的发展成果。应该说，多年来，我们的合伙人虽然来自五湖四海，但内部团结和谐，没有帮派，合伙人及高管之间没有发生过重大矛盾和冲突，更从没有发生到处告状的情况。合并加入的合伙人也都能很快融入，稳固而团结的合伙人团队令国内其他大所艳羡。这种强调协同、相互支持、共同发展的合伙文化成为信永中和快速、和谐、健康发展的有力保障。

信永中和拥有健全的内部管理制度。总部对全国各分所实行高度一体化管理体制，并据此建立了涵盖各方面的全国统一的内部管理制度，包括人力资源管理制度、财务管理制度、业务管理制度、IT管理制度、培训管理制度、行政管理制度及分所管理办法等。并通过组织体系、职能委员会并借助强大的事务所管理平台（协同管理系统、财务管理信息系统等）得到贯彻落实。

信永中和具有强大的合并整合能力，在连年成功完成数次联合兼并后，规模得以不断扩大，我们并未因大规模合并而改变改变信永中和一贯的追求和经营方略，依托优秀的内部治理系统，依然是大而不散，大而不乱，大而有序；依然保持高度一体化、集约化的管理体系，依然被业内外认为是最强大的事务所。

我们正在朝着又大又强的目标稳步前行。

亚太（集团）会计师事务所

亚太（集团）会计师事务所有限公司是跨省区组建的全国性、综合性大型会计中介集团，成立于1984年，现注册地为北京。目前具有财政部、中国证监会批准的执行证券期货相关业务的审计资格和评估资格，财政部、中国人民银行批准的金融相关业务审计资格，最高人民法院批准的财务审计和资产评估司法鉴定人等资格。

一、机构及人员情况

集团现有从业人员480余人，其中注册会计师160余人（证券注册会计师约60人）、注册评估师约40人、注册造价工程师20余人，设北京总部、深圳总部（南方），机构广涉北京、深圳、郑州、上海、云南、济南等地。深圳总部现有从业人员约100人，其中注册会计师约30人，注册评估师约10人、注册造价工程师3人，分上市部、审计部、业务监管部、业务发展部、咨询部等部门。具有审计、验资、资产评估、工程造价咨询、财会培训、司法鉴定等多项职能，集团人员和业务收入规模居于全国前列，年营业收入达亿元。

2001年，亚太与摩斯伦国际会计组织达成协议，成为其成员所，在专业标准、执业规范方面与国际接轨。

2006 年，亚太与香港陈锦福事务所签订战略合作协议，成为美国 PCAOB 注册及美国证监会确认之会计师事务所。

二、执业情况

近年来，集团依靠辐射全国的服务网络优势和成龙配套的服务体系，依法为客户提供优质、快捷、高效的上市推荐、顾问、审计和评估等服务。先后独立完成了安阳钢铁、神马实业、莲花味精、漯河银鸽、安彩高科、神火股份、洛阳春都、焦作万方、太太药业、冰熊股份、天方药业改制和 A 股上市，以及焦作轮胎、鹤壁煤电、天元铝业、连云港港务局等数十家改制拟上市公司，中川国际和渝汰白的资产置换，西南铝加工厂（中国第一大铝加工企业）、大同矿务局（中国第一大矿务局）、洛阳单晶硅公司、甘肃金昌化工集团、大连大化、沈阳星光物质集团、四川湄潮河电厂、长城铝业公司等数十家大型企业债转股项目的评估和审计业务。同时完成了多家金融企业的审计、评估业务，如郑州、洛阳等六市城市商业银行的组建，十家信托投资公司的改制重组，河南证券公司、中原证券公司、吉林省证券公司及重庆新华信托投资公司的重组改制等，有力的促进了产权制度的改革。

2009 年开始，相继为湖南郴州发行 20 亿、云南楚雄州发行 15 亿、黑龙江双鸭山发行 8 亿的地方城投债提供了高质量的审计报告，对地方城市经济做出了巨大贡献，受到当地政府的好评。

多年来与国际会计公司合作，高质量地完成了安彩高科（H 股）、鼎新集团（H 股）、焦作制动器（香港创业板）、生茂光电（香港创业板）等拟在境外上市的审计业务，获得合作所的首肯。

最近，创业板 IPO 项目“西安启源机电装备股份有限公司”已于 2010 年 11 月 12 日成功上市，中小企业板 IPO 项目“河南佰利联化学股份有限公司”已于 2011 年 7 月 15 日成功上市。

三、执业优势

作为服务辐射全国、综合性大型会计中介机构，亚太的实力、信誉和服务是一流的。我们对于委托方在 IPO、审计、评估等过程中遇到的问题都能够提出圆满的解决方案和合理化建议。

我们在处理企业改制重组过程中积累了丰富的企业架构变动和资产整合等经验，能为客户制订切合实际的上市或重组方案。熟悉国家的相关法律、法规及政策，能衔接处理好改制改组中审计和上市过程中财政、税收、国资等方面的关系。

我们具有丰富的上市推荐、顾问、审计、评估经验，其一流的服务质量在中国证监会、财政部等主管部委树立了高质量、高标准的执业形象，客户对我们的上市方案均为满意，所出具的审计报告、资产评估报告均一次性获得通过。

我们信息丰富、数据处理快捷，已实现了与中注协信息中心、资产评估协会联网，并与物价、商检、国土资源等部门建立了物价信息沟通渠道，组建了百余人包含各行业技术专家队伍、且在事务所内部建立了庞大的数据库、资料库，在资产评估、审计方面实现了电算化。

四、业绩概况

自 93 年改组至今，亚太集团以管理科学、监管严格、质量优良著称并赢得社会的赞誉，十多年来，共完成上市推荐、顾问及融资项目 300 多个、审计、评估、验资、工程咨询等项目约 4000 多项，涉及资产额达 6000 多亿元，在推动企业改制上市、服务市场经济建设、改善投资环境、促进市场经济发育等方面发挥了重要作用，并与数百家客户建立了稳定良好的关系。

中汇会计师事务所

中汇是一家全国性的专业服务机构，在审计、税务、咨询、评估、工程服务领域具有专业领先性。经过近 20 年的探索和积累，中汇已成为具有财政部、证监会批准的从事证券、期货相关业务许可证资格，以及具有国家税务总局和中国注册税务师协会批准从事税务鉴证、税务服务资格的 AAAAA 级大型综合性专业服务机构。

中汇在全国近 20 个重要商业城市均设有分支机构，拥有跨领域专业人才 1500 余人，能为国内外各行业客户提供资本市场财务鉴证、审计、税务、评估、工程咨询、内部控制与风险咨询、IT 审计与 IT 咨询、人力资源咨询、会计服务、专业培训、国际业务等全方位的专业服务。

为了始终能够向客户提供值得信赖的高品质专业服务，中汇自觉遵守法律、重视政府部门及行业主管机构的认可，并在审计、评估、税务、工程等多个领域具备行业最高等级的专业资质。

审计专业资质

·经财政部和证监会批准具有从事证券期货业务审计资格

·经国务院国资委批准具有中央企业审计资格

·经财政部和中国人民银行批准具有金融机构审计资格

评估专业资质

·经财政部和证监会批准具有从事证券期货业务评估资格

·经财政部批准具有的资产评估资格

税务专业资质

·经国家税务总局批准具有税务鉴证及代理资格

工程专业资质

·经国家建设部批准具有工程造价咨询单位甲级资质

·经国家发展改革委员会批准具有工程咨询单位资质

中勤万信会计师事务所

中勤万信会计师事务所（以下简称中勤万信）创建于 1992 年，其前身为湖北万信会计师事务所，2000 年 1 月与柏勤会计师事务所合并变更为中勤万信会计师事务所，经财政部批准成立，在北京工商行政管理局登记注册，注册资本 300 万元，法定代表人张金才，主任会计师胡柏和。1994 年成为 DFKINTERNATIONAL 会计师联合组织的正式成员，为客户提供全球性的服务。

公司在全国范围内独立执业，在北京有办公场所 1800m^2，武汉办公场所 1500m^2，深圳办公场所 1200m^2；并在上海、郑州、西安、邯郸、海南、辽宁等省市设立了分所、办事处等机构。公司目前客户遍布全国二十多个省市，服务领域涉及工业、交通、运输、金融、证券、期货、保险、商业、农业、邮电通讯、医药卫生、房地产业等。

中勤万信拥有一批具备财务、会计、审计、税务、金融、机电、土木建筑、电脑软件、管理咨询等方面知识和经验的专业人员，现有从业人员 350 人，其中，注册会计师 163 人，注册评估师 32 人，注册造价师 12 人，注册税务师 12 人。高级项目经理以上人员曾到欧美、澳大利亚、香港接受业务培训和工作。事务所执业人员平均年龄在 30 岁左右，现已形成一支职业道德优良、整体业务素质良好、人才结构合理的执业队伍。中勤万信与国际知名的会计师事务所建立了合作关系，定期与国外同行互访、交流、业务考察。

十几年的发展历程，为我们积累了丰富的事务所管理经验，形成了具有中勤万信特色的企业文化，培养和锻炼了每位职员正直豁达、团结进取的观念与意识。优秀的品格培养、艰苦的工作磨炼、宽松的人文环境，使每一个项目服务团队都能在欢愉的心境下努力完成各种具有挑战性的工作。这种企业文化是我们的宝贵财富。

我们拥有全新的现代审计理念，审计业务服务不仅仅停留在审计技术、审计程序与审计报告上，更专致于为客户提供超值服务，致力于为客户解决问题，提出改进建议、解决方案，以期达到最佳效果。全新的服务理念与服务意识，使我们同众多的客户建立了长期战略合作伙伴关系。

我们深知每个人的素质提高一小步，整个团队的素质就提高一大步的道理。为客户提供优质高效的服务，始终是我们锲而不舍追求的目标，为实现这一目标我们采取了全方位的管理手段与措施，从职员的职业道德教育开始到综合知识的学习、掌握，以及对实际问题的解决能力进行严格的立体培训。承传先进事务所管理理念和先进的项目管理经验，不断总结实际工作中的经验教训，使我们在项目的时间管理，业务操作系统控制、质量与风险控制和审计程序恰当运用等方面驾轻就熟，从而保证了我们有能力为客户提供优质高效的服务。

中瑞岳华会计师事务所

中瑞岳华会计师事务所拥有30年发展历史，是我国第一家转制的特殊普通合伙制会计师事务所，被财政部、证监会授予第一批H股审计资格。中瑞岳华会计师事务所凝聚科学发展的强大合力，致力于集团化、规模化发展和民族品牌的创建，为客户提供一流服务。在中国注册会计师协会发布的2008－2011年度《会计师事务所综合评价前百家信息》中，中瑞岳华连续四年名列本土所第一，成为国内最大的本土会计师事务所。

中瑞岳华具备强大的人力资源优势，通过不断提高个体素质，增强群体协作能力，建立科学的专业技能考评体系、专业级别体系以及分层次、针对性、系统化、制度化的专业培训体系，充分挖掘人合潜力，实现以人为本的发展目标。目前，中瑞岳华拥有执业人员三千余名，财政部、中注协培养的行业领军人才11名。

中瑞岳华坚持做大做强“走上去”、国际化发展“走出去”的跨越式战略，不断完善内部治理结构，在上海、天津、辽宁、青海、福建、河南、四川、山东、吉林、江苏、山西、陕西、云南、深圳、湖北、湖南、黑龙江、青岛、浙江、重庆、广东、新疆等省市设立了22家分所，在香港设立了中瑞岳华（香港）会计师事务所，在新加坡设立了中瑞岳华（新加坡）会计师事务所，形成了强大的国际市场服务网络。

近年来，中瑞岳华以严谨的专业态度、成熟的工作经验、良好的沟通能力，为国家电网、南方电网、中海油、中远集团、航空工业集团、鞍钢集团、中煤集团、中外运集团等40余家国务院国资委直属中央企业、120余家上市公司、近2000家常年审计客户提供高品质、全方位的中介服务。

中瑞岳华始终坚持诚信为本、勤勉尽责的执业理念，通过先进的技术手段、一流的工作效率、国际化的执业网络，为中国资本市场的稳定和繁荣，为中国经济社会的发展作出贡献。

中审国际会计师事务所

中审国际于1988年8月成立，原系国家审计署司局级事业单位，即中国审计事务所；1999年6月经财政部批准改制，更名为中审会计师事务所；2009年1月更名为中审国际会计师事务所有限公司。2009年9月，为实现做大做强的战略目标，实施强强联合，中审国际会计师事务所与深圳南方民和会计师事务所有限责任公司合并，成立新的中审国际会计师事务所有限公司。

深圳南方民和会计师事务所创立于1990年9月，原系国家审计署驻深圳特派员办事处处级事业单位，1997年12月改制。现有从业人员400余人，其中注册会计师，注册资产评估师，造价工程师，注册税务师近200余人，为全国60多家上市公司，50余家拟上市公司提供审计服务，在中国资本市场审计服务中名列前茅。2009年9月与中审国际合并后更名为中审国际会计师事务所有限公司。

现中审国际旗下设有中审华国际造价咨询有限公司（甲级资质），中审华国际评估有限公司两家独立法人机构，另在深圳、辽宁、四川、山西、湖南、山东、河南、福建、天津、江西、上海等省市设有11家分所和11家造价及评估分公司，从业人员达1680余人，注册会计师、注册造价师、注册评估师、注册税务师等各类专业人员800余人，营业收入3亿多元人民币，形成了为各类客户提供审计鉴证、工程造价咨询、资产评估、财税咨询、管理咨询等专业服务体系和服务网络。为满足国有大中型企业及跨国公司的需要，我们正在香港启动分支机构，同时亦着手在境外其他国家或地区筹建分支机构，做到客户在哪里，哪里就有中审国际。

中审国际为马施云国际会计师事务所成员所。马施云国际为全球十大会计公司之一，总部设在英国伦敦，在亚洲、美洲、欧洲、澳洲及非洲均有其分支机构或成员所。中审国际通过马施云国际旗下的分支机构或成员所可为全球客户提供优质、高效服务。

中审国际在借鉴国际先进管理模式的基础上，整合内部管理体系，统一专业标准，规避执业风险；同时凭借多年服务于大型国企、民营企业、三资企业，特别是上市公司审验的丰富经验，形成了将国际先进理念、方法与中国国情相结合的风险控制系统，借此帮助企业在新经济时代的挑战中立于不败之地。

中审国际秉承“服务全国，走向国际”的发展战略，致力于创建具有核心竞争力的中国特大型会计师事务所，创新服务，立信百年。

中喜会计师事务所

中喜会计师事务所有限责任公司是在国家工商局注册登记的国内大型事务所，现有从业人员356人，其中注册会计师196人，证券特许会计师27人，注册税务师60人，平均年龄32岁。

经中国证监会、财政部批准，具有证券期货相关业务审计资格，并经中国人民银行总行、财政部以银发［2000］358号文件批准首批具有金融相关业务审计资格。依法承办报表审计、资本验证、基建审计、税务代理、管理咨询、财会培训等业务，优质高效地为社会各界服务。

中喜会计师事务所业务范围涉及北京、河北、河南、辽宁、上海、山东、湖南、广东、天津、山西、内蒙等地，先后为数千家企业提供服务。包括：（一）上市或拟上市公司：邯郸钢铁集团股份有限公司、攀枝花新钢钒股份有限公司、河北化学工业股份有限公司、锦州石化股份有限公司、大连起重机械厂、上海国嘉实业股份有限公司、河北华玉股份有限公司、河北威远生物化工股份有限公司、常山纺织股份有限公司、石家庄宝石电子股份有限公司、内蒙古鄂尔多斯集团公司、河北威远集团公司、河北太行水泥股份有限公司、洛阳石化股份有限公司、河北马头电力股份有限公司、沧州明珠股份有限公司、广东顺德陶瓷股份有限公司、长沙中联重科股份有限公司、保定天鹅股份有限公司、天津海豚股份有限公司、中国保利集团广州保利房地产开发公司、承德帝贤股份有限公司、广东科达机电股份有限公司等；(二)国有企业：首都机场集团公司、中国石化总公司、中国电信集团公司、中国烟草总公司、山东华能实业公司、河北天同集团公司、河北制药集团、峰峰矿务局、深圳市交通运输公司、深圳市罗湖区投资管理公司等；(三)金融企业：中国华融信托投资公司、中国长城资产管理公司、招商银行成都支行、中国人民银行沈阳分行、石家庄商业银行、沧州商业银行、秦皇岛信托投资公司、华北制药财务公司、国家开发银行石家庄分行、山西证券公司、大同证券公司、河北证券公司、财达证券公司等；(四)外商投资企业：秦皇岛浅野水泥有限公司、沧州渤海能克钻杆有限公司、友利电子(深圳)有限公司、深圳美阳注塑有限公司等；(五)民营企业：北京市德易生物技术有限公司、泊头市天纶纺织有限公司、北京市全向电子技术开发公司等。

中喜会计师事务所位于北京市崇文门外大街11号新成文化大厦A座11层，下设四个分所：石家庄分所、邯郸分所、山西分所、深圳分所，正在筹建“中喜会计师事务所集团”。

中喜会计师事务所树立“至诚、至精、至公”的执业理念，恪守“独立、客观、公正”的执业原则，建立和完善了经营管理机制和业务质量管理制度，视优秀专业人才为发展之本，并以持续的专业培训为后盾，使员工具备良好的职业操守。

中喜会计师事务所注重与国内同行、国际著名的会计及评估机构交流与合作，学习国际先进经验，不断提高服务质量与执业水平。

中喜会计师事务所愿与社会各界精诚合作，共同发展。

北京中证天通会计师事务所

北京中证天通会计师事务所有限公司是经北京市财政局批准，依据《公司法》和《注册会计师法》设立的有限责任公司，是原北京中证国华会计师事务所有限公司与原北京天通会计师事务所有限公司实施实质合并的一家综合性大型中介服务机构。注册资本500万元。公司业务范围包括：企业会计报表审计；企业注册资本(金)验证；办理企业合并、分立、清算事宜中的审计；经济效益、经营业绩专项审计；企事业单位领导任期经济责任审计；企事业单位领导离任审计；证券、期货相关业务审计；从事金融相关审计业务；国有及非国有资产评估；基本建设施工预决(结)算审计验证；甲级工程造价咨询；财务咨询业务；法律、行政法规规定的其他审计业务。事务所以苦练内功、严谨执业、开拓进取、服务至上作为自己的服务理念。

一、是成立最早、资质最全的大型会计师事务所之一

原北京中证国华会计师事务所是由湖北省审计厅、财政厅所属的事务所改制、发展形成的，成立于80年代初，是我国第一批获准设立的事务所之一，第一批获准从事证券相关业务审计资格的事务所之一，并为我国首批8家具有甲级工程造价咨询资质并能进行混业经营的大型事务所之一，业务范围遍及全国，拥有一大批资深的注册会计师、资产评估师和造价工程师，具有很高的专业水准、较强的业务能力和丰富执业经验。原北京天通会计师事务所是经北京市财政局批准、财政部核准于2004年3月设立，由知名的财务专家和资深的注册会计师发起，主要业务骨干均来源国内一家具有证券业资格的大型会计师事务所，由于其出色的服务理念和能力，迅速建立了包括中国石油天然气集团总公司、中国烟草总公司、国家开发投资公司、中国节能投资公司等知名企业和机构在内的客户群，事业获得了快速发展，合并前拥有专业人员110名，均为富有进取精神和专业能力的青年才俊，其专业才华和服务水平受到了广泛的认可和好评。合并后的中证天通会计师事务所优势互补，实质融合，不仅扩大了规模(2010年度在中国注册会计师协会依据2009年度情况综合评价全国百强事务所中位于第40名)，而且核心竞争力有了明显增强，各项事业呈现出快速、稳健发展发展的良好局面。

二、有众多的专业人才和优秀的团队领导人

北京中证天通会计师事务所有限公司把人才建设作为事务所发展的基石。截至2009年底，北京总部及湖北分所、广东分所、安徽分所、山东分所，共有从业人员330名，平均年龄30.2岁，具有三年以上事务所工作经验的专业人员近80%，五年以上事务所工作经验的的专业人员近60%。其中注册会计师208名(含具有证券从业资格人员22名)、注册资产评估师30名；北京总部拥有从业人员206名，注册会计师103名。注册资产评估师25人，注册造价师33人，已通过注册税务师资格考试20人。从业人员中具有审计、会计、经济、工程等中级以上技术人员193人，占职工总人数的58%，人才素质较好，业务能力较强。北京中证天通会计师事务所具有特许从事证券期货业务审计在内的各种业务审计资质。事务所对外提供的专业服务及良好的内部治理机制均受到了主管机关、监管机构的充分肯定，深受客户的欢迎与好评。事务所及专业人员在多年的执业过程中没有任何不良记录。我们服务的客户遍布除台湾地区、香港及澳门特别行政区以外的国内各省、市、自治区，涉及金融、电信、机械、轻工、冶金、电力、石油、化工、汽车、造船、电子、电器、仪表、建材、建筑、农业、交通、航空、高科技、房地产、旅游、内外贸、证券、投资等国民经济各个行业。北京中证天通会计师事务所荣誉董事长孙耀南先生，曾于湖北省审计厅多个岗位担任处长，领导和管理大型会计师事务所多年，是我国知名的政府审计及社会审计方面的专家，兼任中国工程造价协会常务理事、湖北省上市促进会副理事长等职务。董事长、主任会计师张先云先生是国内知名的财务会计专家，曾在财政部会计司从事近十年的会计制度及准则的研究和拟定工作，并先后担负国家政策性银行总行财务管理、大型国企及股份公司财务总监等岗位的领导工作，具有较高的政策理论水平和丰富的实务经验，兼任中国成本研究会和中国中青年财务成本研究理事或常务理事。先后编篡《金融企业会计制度讲解》、《企业会计实务》、《财务管理》、《事业单位财务与会计》、《基本建设投资与管理》、《新编基本建设财务与会计》等专业著作400余万字。北京中证天通会计师事务所在孙耀南先生的指导与支持下，在张先云先生的带领下，专业团队秉承苦练内功、严谨执业、开拓进取、服务至上的服务理念，把自己从事的注册会计师职业作为一项孜孜以求的事业，刻苦学习，勤奋工作，打造一流的服务品牌，为广大客户提供高品质的专业服务。北京中证天通会计师事务所还积极投身财会及相关领域的理论研究，为中国成本研究会和中国中青年财务成本研究会理事单位，具有很强的理论水平和专业实力。积极支持财经院校财会专业的教学和科研工作，现为中国人民大学商学院、北方工业大学会计系本科教学实习基地，并与北方工业大学共同设立“天通会计专业知识竞赛杯”，鼓励并奖励在会计知识学习中获得好成绩的青年学子。

中准会计师事务所

中准会计师事务所是1996年经财政部批准并改制为由注册会计师发起设立的有限责任会计师事务所，按公司法的规定在国家工商行政管理局注册登记。总部设在北京市海淀区首体南路22号国兴大厦四层，在吉林长春、辽宁沈阳、辽宁大连、海南海口、湖南长沙、青海西宁、山东济南设有七个分所。在黑龙江、山东、上海、广东、湖北、四川、江苏、浙江、新疆、内蒙古等省（市）区设有成员所。

中准会计师事务所是全国百强会计师事务所之一。具有财政部、证监会批准的证券、期货相关业务审计资格；具有人民银行、财政部批准的金融相关审计业务A级资格；具有建设部批准的工程造价咨询甲级资质；具有司法鉴定资格。

中准会计师事务所实行董事会领导下的主任会计师负责制。所内设有综合管理部、质量标准管理部、集团发展与管理部、专家咨询委员会和八个业务部门。全所有执业人员500多人，其中注册会计师180人，注册资产评估师40人，造价工程师20人，注册税务师40多人。业务人员素质较高，经验丰富，知识结构合理。执业人员具有丰富的执业经验，平均年龄35岁，是一支知识化、专业化、年轻化的队伍。

建所以来，所内各项业务健康发展，服务领域不断扩大。为股份有限公司、国有中央企业、地方企业、外商投资企业、私营企业、证券公司、银行和金融保险企业、房地产企业、外经商贸企业、电信邮政企业、民航及服务企业、烟草企业、电力企业、工业制造企业、建筑业、行政事业单位等单位提供了优质的的年度会计报表审计、经济责任审计、专项审计、资产评估、基本建设工程预决算审核、税务代理、清产核资、企业改制重组咨询、管理咨询等服务。业务范围覆盖全国。

我所在实践中不断总结、与时俱进，建立了完善的内部管理与业务质量控制制度，形成了符合企业需要和市场发展的运行机制。为业务的管理、协调和质量提供了科学的保证，每个员工敬业负责，具有保守企业秘密的意识。

我所具有现代化的文件处理系统和通讯工具。业务人员配备了先进的电脑设备，所内具有先进的快速装订系统和网络服务设施，能快速处理各种文件和以最快的速度传递各种信息和资料。同时，所内的信息资料中心可以及时为客户提供各项法规和信息咨询服务。

※律师事务所※

国枫律师事务所

国枫简介

国枫是一家具有高度专业化并提供综合性法律服务的合伙制律师事务所。其总部设在北京，并在上海、西安、深圳设有分所。国枫的宗旨是：以全新的现代法律服务意识，调动整体资源与优势，竭诚为客户提供优质、专业、高效的法律服务。

国枫集中了一批高素质、经验丰富的专业法律人才，国枫律师均在国内外著名高等学府受过正规、严格的法学教育及专业训练，其中众多律师拥有国内外著名法学院的博士或硕士学位。通过制度化的培训和“师徒制”等行之有效的方法，国枫培养了一支稳定的、具有较高专业素养的、不断扩大的专业律师队伍。

国枫为国内外客户提供全方位、多层次的专业法律服务。国枫内部按照专业化分工设立专业部门，如公司证券部、金融事务部、房地产部、涉外业务部、知识产权部、诉讼与仲裁部、反垄断和反倾销业务部等。在执业过程中，国枫奉行专业分工与团队协作并举的原则。在国枫，客户得到的不仅是某个律师的专业服务，而是国枫集体的经验、智慧和判断力，以及专业化、高效率协作机制的有效支持。

公司证券业务是国枫的核心特色业务，国枫为数百家境内外企业的改制、上市、重组及并购、境内外债券发行等业务提供过法律服务。多年来，在中国证监会公布的国内首次公开发行（IPO）、国内再融资及涉外证券业务排名中，国枫一直名列前茅。2010年度，国枫被评为“2010年中国上市公司最信赖律师事务所”、“年度最佳上市法律服务机构”。

国枫和社会各界、政府机构、世界主要国家和地区的若干律师事务所保持着良好的业务联系与合作。国枫是Meritas国际律师事务所组织的唯一中国会员。该组织在世界近70个国家拥有170多个会员，约6000余名专业律师，可在全球范围内提供优质、高效的法律服务。

良好的法律专业能力、丰富的律师实务经验、广泛的社会资源整合、高效率的办公方式和为客户高度负责的执业精神是国枫为客户提供优质法律服务的基础。

国枫文化

国枫是一个整体。

国枫的每一位律师均以建设一流律师事务所为己任，互相尊重，精诚团结，将自己的经验、智慧和判断力，都凝结成国枫整体的资源和财富，最大限度地服务于国枫的每一位客户。

国枫为每一位律师提供平等的发展机会和宽松的工作环境，使其均能在国枫的发展中不断成长和进步。

国枫律师愿以服务国家、奉献社会为己任，以优质、高效的专业化法律服务为客户创造价值、与客户共同发展、共铸辉煌！

国枫律师，永远追求理想、追求卓越！

社会责任

国枫注重服务国家，奉献社会，培养每位律师及员工的社会责任感。

国枫积极参与各类公益事业，为社会弱势群体提供法律援助。

2008年5月四川汶川地震、2010年4月青海玉树地震发生后，国枫全体律师向灾区提供了大额捐款。

国枫投入大量人力物力，支持基础教育项目、设立奖学金，在贵州、新疆的一些小学捐资助学。

联系方式

北京总部：

地址：北京市西城区金融大街一号A座12层

邮编：100033

电话：（010）6609－0088

传真：（010）6609－0016

上海分所：

地址：上海市浦东南路360号新上海国际大厦12E室

邮编:200120
电话:(021)6886－2162
传真:(021)6886－3034
西安分所:
地址:陕西省西安市高新区科技路50号金桥国际广场C座1705室
邮编:710075
电话:(029)8886－0510/11
传真:(029)8886－0501
深圳分所:
地址:深圳市南山区海德三道199号天利中央商务广场B座2302室
邮编:518054
电话:0755－86595160/86595183
传真:0755－86595196
网址:www.grandfieldlaw.com

嘉源律师事务所

关于我们

嘉源律师事务所是中国境内从事资本市场专业法律服务的领先机构之一。本所秉承“勤勉、稳健、专业、服务精良”的执业精神,有所为有所不为地长期致力于证券、金融、企业产权、公司治理以及投资、并购、涉外法律等领域法律事务。嘉源创立于2000年,总部设于北京,在上海、深圳设有分支机构。

嘉源律师团队熟悉中国法律及国际惯例,既洞察中国资本市场发展变化,又谙悉国际资本市场运作规则,嘉源律师良好的专业能力与上佳表现获得市场的广泛认同,以卓越的专业服务使嘉源成为每个客户最值得信赖的伙伴。十余年来,我们协助数百家境内外集团性、行业龙头型企业进行了重组改制、境内外股票发行上市融资和境内外投资、收购兼并、国际合作等工作,是十二家世界五百强企业、五十余家全国五百强企业长期法律服务机构。

嘉源屡获殊荣,多次获得Chambers 、Asian Legal Business、China Law & Practice、及全国律师协会颁发的奖项,并连续多年在彭博社公布的全球及亚洲法律顾问排行榜中名列前茅。Chambers对嘉源的评价为:“该律师事务所以参与无数重大项目而闻名”,并将嘉源列为亚洲资本市场领先律师事务所。

专业团队

嘉源从事证券业务的专业团队逾百人,均接受过高等法律教育,百分之九十以上的律师具有硕士以上学位。嘉源部分律师除接受法学教育外,还分别接受过MBA、物理、机械、能源、知识产权等专业教育。

嘉源部分律师曾留学海外的著名法学院,在国际知名律师事务所供职多年,熟悉国际资本市场及国际惯例,并以英文作为工作语言。

嘉源聘请了部分在国内外享有较高声望的投资、金融、证券、税务等方面的专家、学者担任顾问,具有对企业融资法律服务的强大技术支持。

嘉源具有高效、联动的工作特点,在服务于大范围、多业务板块、大规模企业法律需求中具有显著优势。

业务领域

· 证券、金融、基金
· 投资、并购
· 企业产权、公司治理
· 涉外法律
· 房地产及工程建设
· 海商海事
· 国际贸易、反倾销、反垄断
· 矿业及能源领域

各地办公室的分支机构如下:

北京总所:
地址:北京市西城区复兴门内大街158号F408室
邮编:100031
电话:010－66413377
传真:010－66412855
上海分所:
地址:上海市黄浦区西藏中路18号港陆广场2703－2704室
邮编:200001
电话:021－60452660
传真:021－61701189
深圳分所:
地址:深圳市福田区金田路4028号荣超经贸中心2511室
邮编:518035
电话:0755－82789766
传真:0755－82789577

北京市天元律师事务所

天元创建于1992年,是中国最早的合伙制律师事务所之一,也是最早获得证券业从业资格的律师事务所之一。天元的总部位于北京,并在上海浦东设有分所。经过了多年的不断实践与持续发展,目前天元的业务已涉及:金融与证券、收购与兼并、投资和商务、房地产、大型项目、知识产权、资讯服务、海商和海事、诉讼和仲裁等各个领域。

天元拥有一支高素质的律师队伍,现有合伙人49名,共190多位律师,并按照合理的比例配备了律师助理和行政辅助人员。天元的专职律师中有多人获得海内外著名法学院校的硕士、博士学位,熟悉欧美、日本、韩国、新加坡及香港等国家和地区的法律制度及文化背景。为满足中外客户的不同需求,天元的每一名律师均熟谙数个领域的专业知识,并各有专长,在各自的业务领域中拥有丰富的实务经验。对于专业要求高和综合性强的业务,天元通常指派最有经验的律师,以团队的方式协作完成。为了不断更新知识结构,提高服务水准,天元特别注重后备力量的培养,每年都从国内外著名的法学院校吸收优秀人才加盟律师队伍,为事务所注入新的活力。

随着法律服务的国际化,除汉语、英语外,天元律师还提供法语、日语、韩国语的法律服务。

时至今日,在社会各界的大力支持和天元同仁的不懈努力下,天元已发展成为国内大型综合性律师事务所之一并且获得多项荣誉及排名,本所律师也获得多项荣誉及排名:

· 全球知名的法律服务指南机构钱伯斯(Chambers and Partners)发布2012年亚太区法律服务指南,天元律师事务所在资本市场、公司业务/并购、争议解决领域获得排名;
· 2011年4月荣获西城区金融街街道工会颁发的“西城区金融街街道工会‘双爱双评’;
· 2011年荣获中华全国律师协会颁发的“全国优秀律师

事务所”荣誉称号；

- 2011 年 7 月荣获中国上市公司企业联合会等单位联合颁发的“2011 中国上市公司信赖律师事务所 ”荣誉称号；
- 2010 年 12 月荣获首都慈善公益组织联合会颁发的“商界彩虹心”荣誉称号；
- 2010 年 11 月荣获北京市西城区司法局颁发的“北京市西城区律师队伍警示教育工作优秀律师事务所 ”荣誉称号；
- 2009 年元月荣获西城区金融街街道工会颁发的“西城区金融街街道工会 2008 年“‘双爱双评’活动先进企业”荣誉称号；
- 2008 年荣获中华全国律师协会颁发的“全国优秀律师事务所”荣誉称号；
- 2008 年 10 月荣获北京市律师协会颁发的“北京市律师行业奥运工作先进集体”荣誉称号；
- 2008 年 10 月荣获北京市律师协会颁发的“北京市律师行业奥运工作奉献奖”荣誉号；
- 2008 年 4 月荣获北京市司法局、北京市人事局颁发的“北京市司法系统先进集体”荣誉称号；
- 2006 年 4 月荣获北京市司法局颁发的“北京市法律服务先进集体”荣誉称号；
- 2006 年 6 月荣获北京市律师协会颁发的“北京女律师才艺展示最受欢迎奖”荣誉称号；
- 2005 年 1 月荣获北京市律师协会颁发的“北京市优秀律师事务所”荣誉称号；
- 2004 年 3 月荣获北京市司法局、北京市人事局颁发的“北京市司法系统先进集体”荣誉称号；
- 2000 年 3 月荣获北京市司法局、北京市人事局颁发的“北京市司法系统 人民满意的先进集体”荣誉称号；
- 任燕玲律师于 2007 年 11 月被授予“北京市妇女法制宣传教育工作先进个人荣誉称号”；
- 朱小辉律师于 2008 年 6 月荣获中国并购公会的“最佳并购法律服务奖”；
- 任燕玲律师于 2008 年 10 月被授予“奥运巾帼奉献奖”；
- 孙彦律师于 2009 年 10 月荣获“十佳知识产权著作奖”；周研律师的《股东诉讼案件中律师的利益冲突》一文于 2010 年 11 月 27 日荣获“2010 年第二届北京律师论坛”论文叁等奖；
- 周研律师于 2011 年 6 月被评为“西城区司法行政系统 2010 - 2011 年度优秀共产党员”；
- 周研律师于 2011 年 6 月被评为“西城区直属机关优秀共产党员”；
- 任燕玲律师于 2012 年 1 月荣获“首届北京市十佳女律师”荣誉称号；
- 郭威律师于 2012 年 1 月荣获“2009 - 2011 年度北京市优秀青年律师”荣誉称号；
- 刘艳律师于 2005 年 6 月被中华全国律师协会授予“全国优秀律师荣誉称号”；
- 刘艳律师于 2009 年 11 月被授予“杰出律师奖”；
- 全球知名的法律服务指南机构钱伯斯（Chambers and Partners）发布 2012 年亚太区法律服务指南本所合伙人王立华律师、朱小辉律师、吴冠雄律师在资本市场领域获得排名，刘艳律师在公司业务/并购领域获得排名。

大型项目

天元律师具有国家计委、司法部认可的从事招、投标法律业务的资格，曾接受政府部门、国际投资公司、建筑工程公司、石油公司等相关机构的委托，为大型工程项目，诸如：大型电站、天然气和输煤管道、路桥建设、石油和矿藏勘探等提供综合性的法律意见。对于此等大型项目的法律服务，天元通常指派在各个领域最有经验的律师参与完成。

- 设计投资、合作方案
- 尽职调查
- 参加项目谈判
- 就合作或项目投资中的有关问题出具书面的法律意见
- 起草、审阅和修改相关交易文件
- 办理有关的政府程序
- 与大型项目有关的运输、保险、融资、结算等法律事务
- 项目相关的环境保护事务、知识产权事务和劳动法事务

金融与证券

天元的律师具有银行从业经历或者长期担任银行的法律顾问，在商业银行和投资银行领域，均具有丰富的实践经验和广泛的客户基础；在证券业务方面，天元是国内最早取得从事证券业务资格的律师事务所之一，在公司重组、股票发行和上市方面有着丰富的经验和良好的业绩，与中央和地方有关公司重组、股票发行等的业务主管部门和金融证券业机构建立了良好的工作关系，赢得可靠、诚信的评价和声誉。在金融与证券业务领域，天元的主要法律服务包括：

- 企业的股份制改革和证券发行上市的法律服务
- 证券投资基金的设立与发行、证券投资基金管理公司的设立和各种常年法律顾问工作、产业投资或风险投资的私募基金的设立与投资管理
- 为投资银行业务提供法律服务
- 重大贷款项目的法律服务
- 国际融资（项目融资、船舶和航空器融资、银行贷款）的项目安排
- 融资租赁业务
- 银行业务制度及日常业务制度方面的法律服务
- 资产重组业务
- 与上述业务有关的资信调查、法律安排、谈判、法律文件的起草、办理担保手续以及出具法律意见书

并购与资产重组

从事境内或与中国相关的收购、兼并及资产重组等产权交易，不仅应该遵循民商法的一般规定，更重要的是必须服从大量的行政规章制度的规定。天元律师对有关投资、收购和兼并的法律及行政规章制度有着充分的研究，积累了丰富的经验，擅长为客户提供以下方面的优质法律服务：

- 在能源、基础设施、信息产业（IT）、与上市公司相关的收购、重组项目提供全方位的法律服务——包括进行尽职调查、参与谈判、起草相关法律文件和协助办理有关的政府程序等
- 就并购项目相关或后续的融资或发行上市提供完整的方案和法律服务
- 就并购与重组项目提供相关的税务安排
- 与并购、重组事务相关的环境保护、知识产权保护和劳动法事务

投资和商务

天元有多名律师拥有欧美及日本等国的法律学位和执业经历，同时谙熟中国有关外商投资和公司运作方面的法律法

规，了解国际商业规则和惯例。在密切合作的基础上，天元的律师能够准确地理解客户的意图，为实现客户预定的商业目标，提供以下各方面最低风险的商务方案：

· 外国投资者在中国境内投资，包括：设立代表处、外商投资企业、特许权（Franchise）经营、收购国内企业及其他有关外商投资的法律事务
· 国内主体从事境外投资
· 国际和国内贸易
· 与上述贸易有关的运输、保险、支付、结算、融资等法律事务
· 相关文件的起草、审阅和修改
· 服务协议和劳动合同
· 税费安排

诉讼和仲裁

诉讼和仲裁是对客户利益的最终保障手段。天元律师已承办过包括各类合同纠纷、房地产纠纷、侵权纠纷、融资租赁纠纷、票据纠纷、存单纠纷、证券回购纠纷、信用证欺诈纠纷、知识产权纠纷等近万件诉讼或仲裁案件。其中不乏在国内外有重大影响、疑难的案件，天元律师藉于自身丰富的经验、对法律、法规、司法解释、政策的全面了解、深刻精湛的认识和灵活运用的熟练诉讼技巧及勤勉敬业的职业精神最终为客户赢得诉讼。尤其在 1991－1992 年，天元作为唯一被联合国赔偿委员会接受的中国律师事务所，代表中国建筑工程总公司等近二十家特大型、大型企业就海湾战争向伊拉克提出战争赔偿。

· 提供处理争议的意见和建议
· 调查和收集证据
· 起草、审阅和修改与诉讼和仲裁有关的法律文书
· 代表客户参加和解和/或调解
· 出庭参加诉讼和仲裁
· 执行
· 其他与诉讼和仲裁有关的法律事务

知识产权

每一家希望在中国拓展业务的公司都需要运用和保护自己的知识产权。天元在知识产权方面的丰富经验和优质服务可以使客户充分实现知识的价值。天元律师在此领域的优良业绩已赢得了众多知名公司的信任并受聘担任常年法律顾问，为他们的产品和服务提供保障。天元在知识产权方面的主要服务包括：

· 著作权、商标、专利的申请、登记、注册等事宜
· 与计算机技术、互联网及其他媒体传播有关的知识产权
· 专有技术
· 与知识产权的转让、许可使用等有关的法律事务
· 技术引进与转让
· 反不正当竞争及商业秘密的保护
· 知识产权侵权纠纷的解决

媒体与资讯服务

天元自 1998 年下半年起开始发展及大量介入方兴未艾的与信息产业相关的法律业务，并通过近几年的努力，取得了良好的业绩。目前，天元在 IT 领域的法律服务已经广泛涉及：

· 电影电视、杂志期刊、报纸、互联网、户外广告等各种媒体相关的业务运营及其投资融资咨询
· 基础电信
· 与互联网相关的业务经营（包括 ISP、ICP、ITP、ASP 服务、WAP 信息服务、服务器托管与数据港（IDC）服务
· 商业、证券业、交通行业、房地产及建材行业、软件业、旅游业、酒店业、娱乐业等行业的电子商务，包括有线及无线电子商务
· 防火墙等网络安全系统、电子商务身份认证（CA 业务）、网络加密技术业务等网络安全事务
· 互联网域名事务（包括域名纠纷）及与网络有关的技术、版权保护
· 与上述业务有关的互联网业务公司结构和业务重组、收购兼并、风险基金投资、境内外上市及其他融资安排等

房地产

天元律师在房地产业务方面的优势在于投资安排，为客户设计合法安全、程序简捷、节省税费的投资方案，从法律方面保障客户的投资安全及收益。天元律师还提供房地产项目从项目公司设立、项目立项直至项目销售和物业管理全过程的法律服务。天元律师曾代表房地产项目中不同利益的人，为其提供法律服务，如投资人、土地使用权人、供应商、设计单位、施工单位、购房者等。天元曾接受联合国计划开发署的委托，成功地发起并主持大连房地产投资高级国际研讨班。天元律师在房地产领域主要提供以下法律服务：

· 策划、设计投资方案，并作方案分析和比较
· 参与商务谈判、与各方当事人进行协调和沟通
· 房地产项目公司的设立
· 房地产项目的招投标
· 集体土地征用、土地使用权出让、土地使用权抵押、租赁等
· 房地产工程建设
· 房地产销（预）售、租赁、抵押（按揭）等
· 房地产物业管理
· 为其他涉及房地产的事宜提供法律服务，如企业兼并、收购、企业债务抵偿等涉及房地产的法律安排
· 房地产税务安排和设计

海商和海事

致力于海商和海事业务的天元律师，凭籍对该领域相关法律的深刻理解和丰富的司法实践与航运实务经验，以业内人士熟知的航运术语，一直向中外客户提供着最具专业水准的国际化法律服务。拥有国际保赔协会通讯代理和远洋船舶航行经历的律师们，擅长为船舶所有人、管理人和经营人、保险公司及经纪人、贸易公司、银行、船舶和货运代理人、港口、船厂等办理以下法律事务：

· 货损、货差和迟延交付
· 提单
· 光租、期租和航租
· 海上保险和共同海损
· 船舶碰撞和船舶触碰
· 货运代理及船舶代理
· 船舶买卖、建造和修理
· 拖航、救助和打捞
· 船舶融资
· 人身伤亡
· 事故调查和取证，参加诉讼和仲裁

北京总部：
地址：北京市西城区丰盛胡同 28 号太平洋保险大厦
B 座 10 层
邮编：100032
电话：010－5776－3888

传真:010 - 5776 - 3777
网址:www. tylaw. com. cn
电子邮件:tylawf@ tylaw. com. cn
上海分所:
地址:上海市浦东新区银城中路 200 中银大厦
2709 - 2712 室
邮编:200120
电话:021 - 5108 - 9632
传真:021 - 5879 - 6758

金诚同达律师事务所

北京金诚同达律师事务所最早创立于 1992 年年底。今天,金诚同达已发展成为中国境内规模最大、最富活力的律师事务所之一,拥有 260 多位优秀专业律师。2000 年金诚同达被司法部命名为"部级文明律师事务所",2005 年被中华全国律师协会评为"全国优秀律师事务所",2006 年被《亚洲法律事务》杂志(ALB)评选为"亚洲地区蓬勃发展中的 30 家律所",成为中国大陆获得这一荣誉的 12 家律所之一。

金诚同达在诸多业务领域,都已成为行业里的领先者。各地区的分所与北京总所紧密合作,形成覆盖全国的网络,为客户提供广泛的法律服务,从公司、证券、金融、房地产、项目融资、基础建设、资产管理、保险、并购、税务、知识产权、反垄断,到外商投资、国际贸易、WTO 争端解决、商事仲裁诉讼等等。金诚同达的客户包括政府部门、大型跨国公司、中央企业、国内外金融机构、保险公司、对冲基金、私募基金、风险投资基金、房地产企业、基础设施开发商、制造商、IT 公司、高新技术产业、传媒娱乐业等。

金诚同达以其在中国各类的法律事务中的每个领域内能够提供客户化的、综合战略性的和专业性的法律咨询服务而赢得客户的赞誉。金诚同达集萃了众多跨领域的专家,绝大部分律师拥有中国知名法学院的教育背景,有些还有美国或者欧洲、日本等知名法学院的教育背景,和曾经在美国、英国、德国、日本和香港的律师事务所里从事国际法律业务的工作经验。金诚同达秉承"守信金诚,励志同达"的理念和"同心合力,事业腾达"的目标,倡导"法理精神、一品服务"和"服务创造价值",其制胜法宝就是运用资深的专业技术和丰富的实践经验竭诚为每位客户提供最为专业和完备的法律服务。金诚同达律师能够切实地从每位客户的立场和观点出发,同时坚持结合具体情况,在每个业务层面提供高水准的优质服务。金诚同达以学者型的严谨态度、专家型的服务水平、团队型的合作模式和国际化的质量标准严格要求自己。金诚同达正在成为客户最信赖的重要资源。

金诚同达还拥有国际化的业务网络,与美国、欧洲、日本、加拿大、澳大利亚、新加坡、印度等国家、地区和港澳台的相关同行保持着广泛而深入的业务合作关系,力求在全球范围内实现最优化的资源共享和业务互动。随着日益扩展的客户群,金诚同达不仅志在成为中国专业法律服务的领先者,还希望跻身一流国际律师事务所的行列。

金诚同达亦是中国公共法律服务的推动者和热衷实践者。金诚同达律师经常受邀在政府机构、专业协会、民间团体主办的会议上发表演讲,参与人大和政协提案的草拟,参与中央与地方的立法或者修法,参与相关司法解释的讨论,担任政府法律顾问,进行法律实施的调研,积极投身于中国的法制化建设进程。

大成律师事务所

大成律师事务所("大成")成立于 1992 年,是中国成立最早、规模最大的综合性律师事务所。

大成自 2004 年起进行了从个体化作业向团队化作业转型,向规模化、规范化、专业化、品牌化、国际化方向发展的探索和改革。通过一系列的研究和改革,大成目前已实现了跨越式发展,不仅规模化建设取得明显成效,而且规范化、专业化、团队化建设也取得了丰硕成果。大成现已建立了先进的管理体制和专业化团队作业模式,奠定了有效控制业务质量的基础,建设了资源共享机制的路径。大成将坚持不懈地积极探索中国律师事务所品牌化、国际化的建设和发展道路。

大成拥有 2600 余名律师及其他专业人员。其中,大多数律师毕业于国内外知名的法学院校;多数律师取得了美、英、法、日、韩、俄等国一流法学院校学位,并具有在国际知名律师事务所工作的经验;相当数量的律师还具备国际贸易、金融、建筑工程、工商管理、会计、税务等其他专业背景。大成的律师及其他专业人员能够以英、法、日、韩、俄、蒙古等语言为客户提供服务。

大成作为一家大型的、综合性的律师事务所,始终贯彻最大程度维护客户利益的执业宗旨,为国内外客户及时提供专业的、全面的、务实的法律及商务解决方案。大成的主要专业领域包括:公司综合类业务、公司收购、兼并与重组、公司融资与资本市场、私募股权与投资基金、国企改制与产权交易、银行与金融、外商直接投资与外资并购、境外投资、反垄断与国家安全审查、税务、国际贸易、国际贸易救济与 WTO 业务、海商海事、知识产权、房地产与建设工程、矿业、能源与自然资源、争议解决与强制执行、刑事辩护及劳动法等。

大成已建立了覆盖全国、遍布世界重要城市的全球法律服务网络,大成的境内外机构均可共享大成全球法律服务网络内的项目信息、专业知识、业务经验、专业人才、社会关系等资源。大成的总部设在北京,在长春、长沙、常州、重庆、福州、广西、广州、哈尔滨、海口、杭州、合肥、吉林、济南、昆明、南昌、南京、南通、内蒙、青岛、上海、沈阳、深圳、四川、太原、天津、武汉、乌鲁木齐、无锡、厦门、西安、西宁、银川、郑州、舟山 34 个境内城市均设有分所。同时,大成在芝加哥、法国、香港、洛杉矶、纽约、新加坡及台湾等境外均设有当地律师事务所。

大成作为中国区唯一成员,加入了世界最大的、汇集全球顶级律师事务所、会计师事务所、投资机构、金融机构等专业性服务公司的独立专业服务组织 WorldServiceGroup("WSG"世界服务集团)。大成与 100 多个国家的律师事务所、会计师事务所、投资机构、金融机构的 8 万多名专业人士建立起了长期稳定的信息交换渠道和业务合作平台,更有效地满足国内外客户的全球化的法律及商务服务需求。

金杜律师事务所

金杜律师事务所是中国律师界居于领先地位的综合性律师事务所之一,为中外客户就各类境内及跨国交易提供全方位的法律解决方案。

我们秉持客户至上的理念,尽心竭力为客户提供优质法律服务。

我们崇尚团队合作精神,对事务所采取一体化管理,内部的紧密合作和相互支持,是我们业务发展的坚实基础。

我们致力于提供务实的解决方案，细致的专业分工使我们不但能为客户提供充分的法律分析，而且还能根据客户的具体情况建议可行的商业解决方案。

我们追求卓越，精益求精，不断超越自我。

金杜律师事务所成立于1993年，是中国司法部最早批准设立的合伙制律师事务所之一。金杜总部设于北京，在上海、深圳、成都、广州、重庆、杭州、天津、苏州、青岛、济南、香港、日本东京、美国硅谷和纽约均设有分支机构。秉承创始合伙人不断创新及追求卓越的现代法律理念，金杜目前已成为中国律师业中规模最大并居于领先地位的综合性律师事务所之一，拥有990余名律师、代理人及专业人员，为全球不同需求的客户提供优质的法律服务。

金杜追求卓越：卓越的人才、卓越的制度和卓越的法律服务。金杜绝大多数律师毕业于国内外著名的法律学府，其中很多律师都曾有在国际知名律师事务所工作或执业的经历。金杜律师杰出的业务能力不仅体现在专业化分工下诸多业务领域的深度法律服务经验，还体现在金杜综合法律服务为客户所提供的全方位支持上。无论是在我们传统优势领域，如银行融资、外商投资、公司事务、证券业务、并购、国际贸易、争议解决业务，还是在新兴的业务领域，如知识产权保护、劳动法、反垄断、公司合规业务、破产重整、不良资产处置、资产证券化、风险投资和杠杆收购业务，金杜律师一直处于法律服务的最前沿。数年来，金杜所取得的杰出成绩已经在国内外商界和同行中赢得了很高的声誉和评价。

金杜总部位于中国首都北京的中央商务区核心地带，毗邻大部分国家中央政府机关、司法机构、办事处，以及众多知名跨国公司。

我们在中国境内主要城市，如上海、深圳、成都、广州、重庆、杭州、天津、苏州、青岛、济南、及香港的办公机构也均位于所在城市的商业金融活动中心地带。此外，东京、硅谷和纽约分所的支持、协作，使我们能够更好地为拓展中国境内业务的国外客户和寻求海外发展的国内客户提供服务。

金茂凯德律师事务所

金茂凯德律师事务所（Jin Mao Partners）（以下简称“金茂凯德”），是一家为了更好地服务于境内外中高端客户而成立的综合性合伙制专业法律机构，是上海市商务委员会和上海市司法局确认的上海市首批专业服务贸易重点单位。目前拥有执业律师、律师助理和工作人员70名左右，在上海、北京和青岛等地设有办公机构。

成立以来，金茂凯德律师杰出的业务能力体现在全方位的法律服务上，无论是在我们传统优势领域，如一般公司法律业务、银行业务及融资、外商投资、房地产及工程建设、国际贸易、争议解决以及证券业务中，还是在新兴的业务领域，如兼并收购、资本市场、反垄断、风险投资和私募基金、知识产权与信息技术等，金茂凯德律师为许多国内外知名的企业提供全方位的法律服务。金茂凯德的合伙人均毕业于国内外著名的法律院校，其中许多人都曾有在世界500强跨国公司法律部工作或国际知名律师事务所执业的经历，多人被国际权威的法律评级杂志评为“亚洲领先律师”。

金茂凯德具有中国人民银行认可的中国银行间市场交易商协会会员资格。金茂凯德的法律服务理念是以德育人、团队合作、客户为要、永奏凯歌，为境内外不同需求的客户提供着优质的全方位法律服务。

执业范围：

一般公司法业务

公司设立及重组
公司破产与清算
公司日常营运
公司秘书业务
公司融资业务

兼并收购

公司合并与分立
公司资产收购
公司股权收购
公司资产重组
公司业务重组

资本市场

内资股份有限公司设立
外商投资股份有限公司设立
股票首次公开发行与上市
境内设立的股份有限公司发行境外上市外资股
企业以红筹方式在海外交易所上市
上市公司定向发行股份
上市公司重大资产重组
上市公司收购
上市公司合并、分立、股份回购
企业短期融资券发行
公司债券（含可转换债券、可分离债券及金融债）发行与上市

房地产及工程建设

土地使用权出让、转让和租赁
工程承发包、施工
房地产开发及转让
房地产预租及出租
房地产预售及出售
楼宇按揭
基础设施、房地产开发融资

反垄断

经营者集中申报
价格垄断
市场垄断

银行业务及融资

银团贷款
政府、国际金融机构贷款及转贷款
项目融资
一般贷款业务
押汇、打包贷款及其他贸易融资
担保
债务重组及清算
融资租赁

投资业务

投资架构设计和进行审慎调查
外商直接投资
私募及股权投资
风险投资
海外投资
离岸公司注册及持续法律服务

知识产权及信息技术

专利、商标的文献检索和调查

专利、商标的申请、审查

有关专利、商标的行政诉讼和侵权诉讼,著作权诉讼

专利权的维持、许可和转让,注册商标的续展、变更、许可和转让

计算机软件登记

域名法律咨询和域名登记

电子商务

办理有关知识产权海关保护的事务

企业知识产权保护制度的设计

信息技术

技术许可

IT 外包服务

诉讼与仲裁

代理民商事领域内的诉讼案件

代理行政复议、诉讼案件

代理仲裁案件

锦天城律师事务所

锦天城律师事务所是一家提供全方位法律服务的、全国领先的中国律师事务所,在北京、杭州、深圳、苏州、南京、成都和重庆设有分所。锦天城是唯一一家总部设在上海的全国性律师事务所。锦天城致力于在瞬息万变的商业环境中为境内外客户制定高水平的法律解决方案并提供高效率的法律服务。

锦天城坚持优质、高效的服务理念和整体的团队服务方式,对客户的每一个项目和案件提供细致的法律分析,落实流畅的沟通机制,提供切实可行的法律建议,并通过诉讼与非诉讼的手段积极进取地解决问题。

我们的荣誉

锦天城多次被司法部、地方司法局、律师协会以及国际知名法律媒体和权威评级机构列为中国最顶尖的法律服务提供者之一,位居全国十大品牌律师事务所前列。

锦天城多次获得中华全国律师协会颁发的"全国优秀律师事务所"荣誉称号以及上海市司法行政系统先进集体、上海市文明单位、上海市司法局集体三等功、浦东新区文明单位、浦东新区司法行政系统政务信息工作一等奖等荣誉。此外,锦天城在杭州、深圳等地的分所也多次获得当地优秀律师事务所和先进集体称号。

Asia Pacific Legal500 曾在《中国商业律师事务所指南》中评价锦天城是一家在外商直接投资、公司和商业法律领域顶尖的上海律师事务所,是"其他律师事务所希望成为的公司和商业律师事务所"。

《亚洲法律杂志》(ALB)在其每年举办的"中国法律年度大奖"中多次授予锦天城重大奖项和提名。近几年来,锦天城所获奖项和提名包括"中国律师事务所大奖"、"上海律师事务所大奖"、"年度最佳中国公司法务"等综合性奖项和各主要业务领域奖项。此外,我们曾获得"年度管理合伙人奖"提名和多次"中国律师事务所最佳雇主"称号。

钱伯斯法律评级机构(Chambers and Partners)近期授予锦天城连续三年"领先中国律师事务所"证书。

我们的团队

锦天城有执业律师约500 人,其中合伙人(含高级国际法律顾问)180 余人。除以中文(普通话、上海话、粤语)为日常工作语言之外,我们的许多律师还精通英文、日文、德文、法文等主要语种,并拥有美国(包括纽约州、加州、华盛顿特区、密西根州、华盛顿州、威斯康辛州)、英国英格兰与威尔士、法国及日本等地的执业资格。

锦天城的合伙人和高级国际法律顾问由专业精通、资历丰富的律师组成。我们有许多商业律师曾在国际顶尖律师事务所和/或领先跨国企业工作多年。我们的许多诉讼律师曾任职于最高人民法院、高级人民法院和各级人民检察院,也有多位合伙人目前担任着各地仲裁机构的仲裁员。另外,我们还有多位合伙人和律师曾就职于各级政府部门和立法机构。因此,我们对法律法规的适用、政府审批与监管要求以及各种复杂的法定程序有深刻理解,并能为客户提供行之有效的解决方案。

锦天城多位合伙人和律师曾应邀参与了多部重要法律法规的起草和制定工作,其中多数法律法规直至今日仍频繁应用于日常法律事务中。我们的合伙人和高级国际法律顾问也在多部国际投资、贸易和其他国际经济合作条约的起草工作中发挥了重要作用。

此外,锦天城拥有一支庞大的优秀青年律师队伍以及扎实的法律助理团队和翻译团队。通过紧密的团队合作,我们帮助大量企业客户实现了多个复杂、高端的商业交易,并成功代理了多个具有里程碑意义的案件。

我们的客户

锦天城的客户遍及全国和全球。我们的客户包括国有大中型国有企业、事业单位、跨国集团、外商投资企业、民营企业、投资银行、商业银行、非银行金融机构、私募基金、产业投资基金、高科技企业、互联网公司等等,行业分布广泛。同时,依托上海和长三角地区活跃的国际投资与商业贸易环境,我们的客户中有为数众多的大型国企和民企、世界 500 强企业、跨国公司、国际金融机构及投资基金。该等客户已成为锦天城良好合作伙伴。

我们的全国网络和全球视野

为适应世界经济一体化和法律服务国际化的需求,锦天城在上世纪九十年代就加入加盟了世界律师事务所联盟——Terralex,同全球共 145 家律师事务所建立了稳定的合作关系。此外,我们还定期同许多国家和地区的其他律师事务所在争议解决、商业投资和贸易往来案件中开展合作。锦天城每年参与国际律师培训项目,这一培训项目为锦天城培养了很多具有国际视野的专业律师。

为进一步完善全国服务网络,我们还与全国多个地区的优秀律师事务所共同发起成立了中世律所联盟(SGLA),这也是中国大陆地区第一个国际性的律师事务所合作网络,十四家成员律师事务所直接覆盖中国十多个最主要城市和地区,并能以最高的效率提供当地最为优质的法律服务。

我们的专业能力

锦天城具备多项国家颁发的专业法律服务资格,包括:

司法部、中国证券监督管理委员会颁发的从事证券法律业务资格;

司法部、中国证券监督管理委员会颁发的从事涉及境内权益的境外公司相关证券业务资格;

外经贸部批准的外商投资项目咨询代理资格;

司法部、国家科委、国家国有资产管理局(国资委前身)颁发的从事集体科技企业产权界定法律业务资格;

上海市司法局批准的涉外见证法律事务资格;

具有从事国有资产产权法律服务资格;

上海市工商行政管理局批准的企业登记代理资格等各项

专业法律服务资格；

司法部、国家计委颁发的从事基本建设大中型项目招投标法律业务资格。

锦天城在以下业务领域，锦天城具备行业领先优势：

公司商事与并购

证券与资本市场

银行与金融

私募基金、产业基金和风险投资

房地产与项目建设

争议解决（诉讼与仲裁）

国际贸易

知识产权保护

我们的愿景

锦天城的服务宗旨是：优质、高效、诚信、敬业。通过汇集法律行业的顶尖人才、提供良好的职业发展环境并有效地利用丰富的地方资源。我们致力于为每一个客户提供国际标准的法律服务，并在每一个法律服务项目中为客户创造最大商业价值。

国浩律师事务所

国浩律师事务所成立于1998年6月，由北京市张涌涛律师事务所、上海市万国律师事务所、深圳市唐人律师事务所基于合并而共同发起设立，并在中华人民共和国司法部登记注册。前述三家事务所业已于1992年及1993年间组建，至今已有逾十七年的历史。

国浩律师事务所是中国最大的跨地域合伙制律师事务所之一，在北京、上海、深圳、杭州、广州、昆明、天津、成都、宁波、福州、西安与香港等十二地设有分支机构，在北京设立的国浩锐思知识产权代理公司也已正式开业，国浩巴黎事务所正在筹建中。

在《内地与香港关于建立更紧密经贸关系的安排》（CEPA）公布后，经中国司法部批准，国浩律师事务所与在香港享有相当声誉和规模的胡关李罗律师行在二00四年八月签署联营协议并实施联营。这是内地与香港两地大型律师机构的首次联营。

国浩律师事务所现有140余名合伙人，90%以上的合伙人具有硕士、博士学位和高级职称，其中多名合伙人为我国某一法律领域及相关专业之著名专家和学者。国浩律师事务所拥有执业律师、律师助理、律师秘书及支持保障人员近1500人。

国浩律师事务所律师与客户合作无间，真实、彻底地了解每一位客户的业务特点和法律需求，并提出准确、精深的专业意见，提供富于创新的法律服务。国浩律师事务所的业务范围业已覆盖整个中国及世界多个国家和地区。

国浩律师事务所律师经司法部、中国证券监督管理委员会审核，具有从事证券业务之专业资格。经司法部、原国家科委、原国家国有资产管理局审核，具有从事产权界定之专业资格。经司法部、原国家计委审核，具有从事国家基本建设大中型项目招投标业务之专业资格。经司法部、原经贸部审核，具有从事外贸企业股份制改造职工持股业务之专业资格。

本所系香港联合交易所、美国纽约证券交易所、美国NASDAQ证券交易市场、澳大利亚悉尼证券交易所、新加坡证券交易所等境外证券交易机构认可的可为证券发行上市及公司并购项目出具法律意见的中国律师事务所。

国浩律师事务所业务遍及证券与资本市场、公司与商业、金融与银行、国际投资、基础设施建设、知识产权、海商海事、新能源等所有经济发展的重点领域。尤其是在资本市场，国浩在境内外IPO、再融资、重大资产重组、收购兼并等综合指标上几乎每年均排名行业第一。

国浩律师事务所设有证券与资本市场专业委员会、公司与商业专业委员会、银行与金融专业委员会、国际投资专业委员会、基础设施建设专业委员会、知识产权专业委员会等六个专业化法律服务机构，开创了中国律师业规模化、专业化、团队化之先河。

国浩律师事务所对涉及的众多服务领域，都特别强调出色的专业服务、对交易的商业理解、成本的控制以及快速的反应。

国浩律师事务所建立高效和负责的内部汇报制度，工作气氛友好轻松，以确保内部信息迅速传递，使处理客户事务的专业委员会及相关律师之间保持紧密联系和配合。

国浩律师事务所设有专门的研究机构为相关专业委员会及执业律师搜集资料并协助律师了解有关法律和产业的发展情况。

国浩律师事务所出版的内部刊物《国浩法律研究》受到广大客户的关注，已成为与客户联系的桥梁，宣传财经法律的论坛。本集团还先后与法律出版社合作出版了《国浩法律文库》，与北京大学出版社合作出版了《国浩财经文库》。

国浩律师事务所以人为本，注意培育人才成长和发展的环境和氛围。专家主事、学者掌舵，成为国浩律师事务所人力资源积聚和配置最鲜明的特点之一。

国浩律师事务所相信，为使学识精湛高深，业务蒸蒸日上，一定要坚持律师的忠诚独立和勤勉尽责，确保全体专业人员经验丰富、热爱工作，保持国浩律师事务所处理客户事务的一贯作风，即：高效、诚实、信用、审慎、果断。

广发律师事务所

1. 概述

广发是一家致力于投资银行、公司与商业、金融、房地产等领域提供法律服务的专业机构，以上述领域的领跑者为期许而不懈努力。专业化的特色较之许多综合性律所在上述业务领域更具有竞争优势。

我们的客户大部分是行业的有力竞争者和领先者。和客户一起成长是我们坚实的理念。广发为中国财富400强10%以上的企业、部分世界财富500强企业以及其他各种实体担任外聘律师，或提供重要的法律代理服务，其范围涵盖上市公司、拟上市公司、国有大中型企业、民营公司、金融机构、投资公司等。广发特别在金融证券领域颇有建树，已成功为数十家上市公司提供法律服务，涵盖国内A、B股、新加坡红筹、香港H股和红筹（创业板或主板）、纳斯达克、纽约交易所上市等，赢得众多客户赞许。

2. 组织

我们相信，管理模式是一个律师事务所能否可持续发展的关键。广发是实行统一公司制管理的律师事务所。事务所由一名首席管理合伙人领导，并由不同业务组别的协调人和区域管理合伙人协助其工作。部门之间相互协助、相互配合，旨在就某些特别复杂的法律专业及受法规高度监管的行业提供跨部门的服务。

公司制的管理模式有利于最大可能的利用广发的各种资源优势。

公司制的管理模式有别于大多数律所的松散型管理,为项目作业提供强有力的后勤保障和支持,同时也加强了对项目质量的监控。广发对各项目采取团队化作业模式,其优点在于能发挥团队律师的各自优势,便于项目的整体衔接与充分沟通;

公司制的管理模式有利于广发与包括同行在内的各类中外中介机构建立良好的合作关系;

公司制的管理模式有利于广发与各级地方政府、行业监督管理部门及其他部门建立良好的沟通能力。

3. **处事方式**

我们坚持与客户沟通。公司制的管理、团队化的服务方式确保客户与我们的联系畅通无阻;规范、亲切并具有效率,以最好最快的服务帮助客户达到目标。我们的专业能力保证我们异常敏锐地洞察客户的目标,充分理解我们所处理的问题的实质及客户的忧虑。我们认为,无限的沟通有助于为客户提供更全面的解决方案,提升我们的服务价值。

4. **法律费用**

费用、效率和价值始终是我们与客户共同关注的事项。

我们相信管理模式是提供有效法律服务的关键,而公司制的管理能保证法律费用的一致性。

虽然我们可以就事务所之间的费率和执业作比较,但是,客户最关心的是解决问题的能力和效率,我们的管理模式确保以事务所的资源和能力提供客户最合理的方案并最有效率的解决问题,在此基础上,从而最有效的控制成本。

鉴于我们在执业管理中的利益,以及我们不断努力提高的办事效率,我们仍然沿用了国际上通行的传统收费惯例,即根据完成工作所花的时间按小时向客户收费。然而,我们也认识到许多客户愿意采用其他非计时方法收费;所以,我们在多种情况下与客户共同做出了适宜于特定情况的既公平又有效的其他收费安排。

在有些情况下,审慎地为客户做出特定的收费安排能促进客户与事务所的关系,也有助于双方达到更远大的目标。

5. **人员配备**

广发的一位合伙人专职监管事务所与每一位客户之间的关系。该合伙人深受客户信赖。客户委托的事项均由对该领域最富有经验、驻于适当地点的律师负责承办。我们提供团队化服务,每一个客户由一支由数名律师组成的核心队伍提供服务,其成员都谙熟客户的特殊需求和目标,包括业务、人事、办事程序,以及该客户与事务所之间的整体关系。

我们相信这种安排能为客户提供法律服务上的连贯性,节省延续法律咨询的费用,并且使客户能获得精通其业务和所涉行业的律师提供法律服务。我们承诺,保证每位客户对我们的人员调配安排都感到满意。

6. **技术**

广发承诺以创新的、符合成本效益的方式应用技术,以期更好地满足客户的需要。事务所内部以及事务所与客户之间的合作联系可以通过先进的通讯网络、网站和通行的应用软件进行。

现有技术和及时的更新,确保我们能在第一时间获得大量专业信息和行业信息,以应对不断提升的客户要求。

我们关心技术的进步,任何有助于提升法律服务价值的技术在力所能及的前提下我们都愿意尝试,我们深刻理解技术对于法律服务水准和客户层次提升所带来的巨大影响。

通力律师事务所

通力律师事务所是一家执业领域包括金融、公司和商业的中国领先律师事务所。

我们坚持与客户一起工作的理念,通过与客户的良好沟通,在充分理解客户商业需要的基础上,坚持务实但又富有建设性的法律问题处理方法,以帮助实现客户的商业追求。

通力自 1998 年在中国的金融中心设立时起,就始终走在金融法律和公司法律发展的最前沿。许多国际金融机构和跨国公司客户向通力律师寻求创造性、战略性的法律服务,以适应其在中国本土化的进程,并寻求中国本地法律环境的保护,以避免在中国适用外国法律所带来的风险。我们运用专业技术,发挥想象力,不断创新,迅速成为了银行金融、资本市场以及公司领域的中国法律服务市场领先者。

通力曾为中国第一家外商控股上市公司设计法律框架,帮助通过收购兼并设立外商投资股份公司;为中外客户就其国内商务活动创造了资产信托融资模式,帮助外资银行建立人民币融资和信贷操作规程及制订人民币标准文本;参与中国第一只开放式基金和第一只指数基金的发行设立;为香港上海汇丰银行和香港上海商业银行对上海银行的投资提供法律服务,开创了境外银行入股中国本地银行的先河。

中国加入世界贸易组织这一事件对中国和其他国家的经济发展产生了深远的影响。通力对在这一背景下收购兼并和公司融资交易量的迅速增长和交易复杂度的增加做出了最为敏锐和迅捷的反应,并已成为该市场上的先驱者。在我们 2002 年完成花旗银行对上海浦东发展银行战略投资这一开创性的交易后,银行领域的市场化和重组业务及日益活跃的并购活动占据了我们的公司和银行的业务领域。我们参加了恒生银行对兴业银行的投资、澳洲联邦银行对济南商业银行及杭州商业银行的投资,以及法国巴黎银行对南京商业银行的投资和通用电器消费信贷与深圳发展银行的信用卡合作。我们在中国并购领域的领先地位也包括上海汽车集团对韩国双龙汽车的收购、杜邦向 Koch 出售 DTI 业务、中远太平洋对中国最大的集装箱码头和其他码头的投资、摩根大通和摩根斯坦利对中国房地产的投资,这一切均表明和应和了日益活跃的国际公司整合其中国业务布局、中国市场及中国公司“走出去”的市场趋势。

近年来,通力在公司并购、银行金融、项目融资和基础设施以及基金等业务领域持续保持着国内领先的地位,越来越多的跨国公司、金融机构和国内大型公司成为我们的日常客户。同时,通力在诉讼仲裁、私人股权投资、知识产权等业务领域亦日渐壮大,如《学习的革命》版权诉讼和瑞士银行出口信贷诉讼等均金额巨大、社会影响力广泛。通力亦致力于继续扩大和强化日本业务的同时,以更好地为客户提供专业并且有效的法律服务。

服务于客户,实现交易

我们的宗旨是帮助客户实现其商业目的,我们的工作不仅是帮助客户避免风险,而且是解决问题,促使交易成功。客户的成功就是衡量我们成功的标准。我们富有实践经验且具有商业意识的律师团队正是通力与客户共同成功的最大保证。

国际性的眼光与当地经验的结合

我们的合伙人和业务律师中许多人均具有在境外(美国、英国、法国、日本、香港、澳大利亚、韩国)从业、执业或接受教育和职业培训的经历。这些背景使得我们对于法律服务具有国际性的眼光并对跨国商业活动拥有更多、更深的理解。同时，作为中国这个新兴法律服务市场的参与者，我们在中国市场的执业实践，在本土市场上的扎根发展以及我们对中国市场和文化的了解和专业优势则是我们的立身之本。

与市场同步发展

我们敏锐的市场意识和与政府机构良好的合作关系使得我们能充分关注活跃发展的市场动向，并始终透析最前沿的法律变革。我们始终坚持让客户了解最新的市场发展动态，以使得我们的客户能够清晰明确地把握随时涌现的商机。

承义律师事务所

安徽承义律师事务所经安徽省司法厅批准成立于2000年12月28日，受安徽省司法厅直接监督与指导。"弘扬法治、秉承正义"是本所的执业目标，"规范诚信、专精高效"是本所的执业理念。十年以来，本所完成了人才汇集、规模整型、专业分工的巨大飞跃。2009年5月，本所被安徽省司法厅评定为"全省律师事务所建设与发展综合实力"前十强之首。

2001年2月8日，本所获得国家司法部和中国证监会颁发的从事证券业务资格证书；2002年4月，本所合伙人汪利民被选拔任命为安徽省高级人民法院副院长；2002年5月，安徽省司法厅、安徽省民政厅批准设立"承义应用法学研究所"；2002年8月本所在安徽省首家通过"ISO9001:2000质量管理体系认证"；2004年3月，被安徽省司法厅、安徽省律师协会评定为"安徽省优秀品牌律师事务所"；2004年7月，在上海设立"承义律师事务所上海分所"；2004年8月9日，安徽省司法厅党委批准成立"承义律师事务所党支部"；2009年1月，本所"承义"字号被合肥市工商局认定为著名商标；2009年10月，被安徽省律师协会授予"安徽省优秀律师事务所"；2010年6月，安徽省司法厅党委确定"承义律师事务所党支部"为"基层党建工作示范点"。

承义律师事务所本部办公地址位于合肥市庐阳区濉溪路278号被誉为"全国百家优秀写字楼"财富广场首座15层，办公面积1000平方米；拥有网络办公、联网登记、高档文印和即时通讯系统，具有安徽省内乃至全国律师行业一流水准的办公环境及设施；本所拥有20余部高档轿车、商务车作为律师交通工具；在国际互联网上注册设立了开放互动网站。

承义律师事务所聚集了一批精通民事、刑事、行政、公司、金融、证券、涉外、房地产、建筑工程、知识产权等法律专业知识的高素质人才，其中既有业精资深的高级律师，又有崭露头角的年轻律师。现有谙熟法律、擅长经济、精通外语的律师50名，他们在律师执业过程中相互补充、彼此协调，充分发挥集体整合优势。本所现有合伙人11人，分别为：鲍金桥、耿建生、唐民松、张云燕、王磊、胡国杰、方向东、刘文斌、李鹏峰、孙卫东、孙艺茹。他们均毕业于国内知名高等学府，具有长期的律师执业资历和丰富的法律服务经验，承办过大量在国内颇具影响的民商、刑事、行政等各类诉讼案件和证券、融资、公司清算改制重组等非诉讼法律事务。本所律师均为接受良好而系统的法学教育和专门培训的专业法律人士，其中近一半律师拥有硕士学位。他们或者具有法律教学、法学研究经历，或者曾在各级人民法院、人民检察院担任过法官、检察官，或者精通外语、谙熟国际商贸业务，或者具有工程技术、财务审计、医学科学等专业领域的交叉学科专业知识和工作经验。承义律师以其良好的专业素养，严谨的工作作风，勤勉的服务精神赢得了广大客户的信任和赞誉，先后担任了数百家党政机关、企事业单位和社会团体的常年法律顾问，承办了大量重大、疑难、复杂的诉讼案件及非诉讼法律事务。近年来，承义律师的敬业精神和优质服务广泛赢得国内外客户和有关人士的认可和好评。多年来，承义律师尤其注重提倡团队精神，发挥律师团队的整体优势，在律师执业过程中精诚团结、紧密协作、认真负责地向社会各界提供全方位、高质量的法律服务。

承义律师事务所为适应市场需求，逐步实现专业化分工，现设立证券业务部、金融业务部、公司业务部、民商业务部、地产建筑业务部、涉外业务部、刑事业务部、行政业务部和知识产权业务部等部门，每一部门均由本领域内的资深律师领衔，带领多名律师及律师助理进行专业研究和办理相关法律事务。律师专业化分工保证了本所能够向国内外客户提供全方位、多层次、高精专的法律服务。本所率先在省内律师事务所设立行政管理部，协调所内各部门工作，沟通与社会各机构的关系，行政管理部与财务部共同为本所各业务部门开展工作提供有效的后勤保障。本所现有业务遍及全国大部分省市区，涉及国际贸易、国际商事仲裁、外商投资、合资企业设立、股票发行与上市、公司破产清算重组、企业兼并收购改制、各种金融业务、项目投资融资、融资担保、信用证及商业票据等法律事务，涉及知识产权、房地产、建筑工程、人身财产损害赔偿、劳动争议、婚姻家庭纠纷处理以及项目谈判、合同等法律文件的起草、审查等领域。本所全面接受客户委托，参与处理各类民事、刑事、行政诉讼案件，各类仲裁案件，非诉讼调解和其他各类非诉讼法律事务。本所接受党政机关、企事业单位、社会团体和个人聘请担任其常年法律顾问，依法维护委托人的合法权益。

承义律师事务所将与时俱进，不断进取，尽快扩大规模化发展和不断完善专业化分工，积极探索适应国际国内市场需要的律师服务模式，大力推动我国民主法制建设进程。

德恒律师事务所

德恒律师事务所是中国规模最大的综合性律师事务所之一，于1993年1月创建于北京，原名中国律师事务中心，1995年更名为德恒律师事务所。自创始之日起，德恒就恪守勤勉尽责、竭诚服务、追求公正的宗旨，致力于为客户提供优质、高效的法律服务，经过近二十年辛勤耕耘，获得中外社会各界的高度赞誉，现已形成遍布中国和世界主要城市的服务网络和客户群。自2007年起，德恒一直排名全国律所前三强（据ALB排名）。

机构与人员

德恒在中国首倡全球合伙制度，除北京总部外，还在上海、广州、深圳等地设立了十二个国内分所，在纽约、海牙、巴黎等地建立了二十九个国外分支与合作机构，凭借多种语言优势、信息资源和现代化办公手段，形成了全球化、网络化、紧密型服务体系，可为国内外客户提供全方位、高质量的法律服务。

德恒拥有一流的律师队伍，全球员工逾千人，其中北京总部350人。德恒律师80%以上有硕士、博士学位，具备在国内外立法、司法、行政机关，跨国公司、大型国企，金融证券机构的工作经验。德恒律师持有美国联邦最高法院、联邦上诉法院、纽约州、新泽西州、佛罗里达州、俄亥俄州、加利福尼亚州、欧洲共同体、巴黎上诉法院等律师执照，能熟练运用英语、法语、德语、日语等多种语言从事法律服务。

优势领域

德恒以"法律服务的国家队"来要求自己,积极投身于国家经济发展的主战场,与大型国企和政府部门保持了良好的长期合作关系,先后为三峡工程、南水北调、中铁建 A + H 股上市、农行 A + H 股上市等重大项目提供法律服务,并担任财政部、卫生部、国家能源局等部委的法律顾问。

德恒的传统优势领域,包括国内外股票、债券的发行、承销、上市,投资基金,国内外企业分拆、购并,公司改制,资产重组,破产清偿,有形与无形产权交易,中国企业海外融资、投资,海外投资者对中国投资、融资,国际招投标,信息通信,房地产开发经营、重大建设项目等。德恒在这些领域已经积累了极为丰富的经验,多次获得"年度最佳本地 IPO 项目奖"、"年度最佳股权市场项目大奖"、"最佳股权交易"等各项殊荣。

特色

德恒创新管理机制,建立了公司证券、融资并购、知识产权、建设地产、国际业务、诉讼仲裁、研究发展等六大中心平台,统一调配人力和业务资源,创造了系统集成、重点支持、全面服务的一站式服务模式,拥有强大的团队协作服务能力。这也是我们在重大项目办理中如此成功的原因之一。

德恒高度重视研发工作,以此推动业务提升和创新。德恒通过对经济发展趋势和客户需求等方面的研究,不断拓展法律服务产业链,做到"研究在前,布局在先,做好预案,积极服务,持续跟进"。德恒近年来在新能源、中国企业"走出去"等领域积极展开布局,同时开发了声誉管理、风险控制等新型综合性业务,使自身一直处于法律服务行业的领先地位。

德恒律师事务所参加了第三批深入学习实践科学发展观活动。期间,国家副主席、中央深入学习实践科学发展观活动领导小组组长习近平等领导同志视察我所,对学习实践活动给予有力指导,极大鼓舞了全所律师。

未来

德行天下,恒信自然。德恒人将精益求精,继续为中外客户提供一流的法律服务。

观韬律师事务所

概况

观韬律师事务所成立于 1994 年 2 月,是总部设于中国北京的专业化、综合性大型律师事务所。经过数年不断的开拓、创新和发展,观韬律师事务所在法律服务、专业建设和律师团队等方面已成为中国优秀律师事务所之一。坚持追求卓越,诚信勤勉,高效优质是观韬律师事务所的理念,委托人利益高于一切是观韬律师事务所的价值观。

2000 年 11 月,国家司法部授予本所为《中华人民共和国司法部部级文明所》。2005 年 6 月,中华全国律师协会授予本所为《全国优秀律师事务所》。2008 年 10 月,中华全国律师协会授予本所为《全国优秀律师事务所》。在《亚洲法律年鉴 2009》和《亚太法律 500(2008 - 2009)》中,观韬律师事务所在资本市场、能源和项目融资、并购、证券、破产、房地产、金融、国际投资、诉讼与仲裁、知识产权、行政法、招投标及海商海事等法律业务领域内,均位居中国律师事务所前列;并被《钱伯斯全球 2009》、《钱伯斯亚洲 2009》、《国际金融法律评论 2008》收录为中国区领先的律师事务所。

观韬律师事务所的法律服务范围涵盖了银行、证券、保险、电信、大型基本建设、房地产、机械制造、交通、能源、环境保护、化工、医药、科研和服务业等领域。法律服务业务涉及国际投资、国际贸易、反倾销、收购与兼并、风险投资、资产重组、银行和非银行金融机构风险处置和破产清算、产权界定、股份制改造、股票和债券的发行、知识产权、高新技术、金融、招标与投标,以及反洗钱、行政法业务等诸多方面。同时,在传统的商业诉讼与仲裁法律事务方面亦具有良好业绩。

观韬律师事务所除北京总部以外,在上海、深圳、大连、西安、成都、济南、厦门、香港、天津等地设有分所,以便为不同地区的委托人提供更加有效、及时的法律服务。观韬律师事务所在相关专业方面还与境外和港、澳地区的律师行具有良好的业务合作关系。

观韬律师事务所拥有一支理论深厚、经验丰富、勤勉尽责、服务诚信、业绩良好、追求卓越的律师工作团队,并拥有多名相关专业的法律专家,能够为不同行业、不同客户提供全过程的综合性法律服务。

荣誉

观韬荣获 2011 年中国法律与实践"年度重组团队"大奖

2011 年 6 月,观韬律师事务所党支部被中共北京市司法局机关委员会授予"五好党支部"荣誉称号。

2011 年 6 月,观韬律师事务所党支部被中共北京市西城区司法局机关委员会评为西城区司法行政系统 2010 - 2011 年度"先进党支部"。

2011 年 5 月,亚太法律 500 强(Asia Pacific Legal 500)公布了 2011 年业务领域排名。观韬律师事务所在资本市场、公司与并购、工程与能源、公司与并购(上海区域)等业务领域获得较高排名。

观韬荣获 2011 年 ALB 中国法律大奖"破产清算和重组律师事务所"大奖

2011 年 2 月,观韬因在重组与破产、工程基础设施与能源、争议解决(北京地区)、国际贸易(应诉方)、银行与金融、公司与并购、资本市场(债券与股权)等七个业务领域具有良好的业绩和声誉,获得 Chambers Asia Pacific 2011 较高排名;合伙人杨光、萧红明、孙韶松、孙东莹、刘榕也在各自业务领域被评价为较高级别的杰出律师。

业务领域

反垄断业务

资本市场业务

公司、并购与商事业务

大型基建和房地产业务

银行与金融业务

诉讼与仲裁业务

破产业务

知识产权与电信传媒业务

国际投资与贸易业务

海事海商及船舶融资业务

能源与项目融资业务

行政法业务

招投标业务

华联律师事务所

华联律师事务所原名华联经济律师事务所,1985 年 1 月经中华人民共和国司法部审核批准,由司法部和中国侨联共同在北京创立。华联经济律师事务所是受司法部直接领导和管理的最早设立的几家律师事务所之一。1998 年经司法部批准,华联经济律师事务所更名为华联律师事务所。2001年6月,华联律师事务所改制为合伙制律师事务所。经过二十余年的发展,华联律师事务所已成为一家规范化的综合性律师事务所。已建成深圳、呼和浩特分所,目前郑州分所正在筹建中。

早在1990年,华联律师事务所率先在深圳经济特区开设了分支机构,几年来,由于卓有成效的工作,分所负责人当选为深圳市政协委员。

1993年7月,华联律师事务所获得司法部和中国证监会颁发的证券从业资格,成为第一批获得该资格的律师事务所之一。

1994年以来,随着业务的发展,华联律师事务所逐步确立了与美国、加拿大、日本、澳大利亚、新加坡和香港等国家和地区的事务所的合作关系。

2007年9月,华联律师事务所经北京市高级人民法院核准,成为北京市第一批获得企业破产管理人资格的律师事务所之一。

以事实为根据,以法律为准绳,恪守律师职业道德和执业纪律,为国内外客户提供优质、高效、规范的法律服务。诚信、专业、责任是华联所对客户一如既往的承诺。

华联律师事务所致力于在各个领域为客户提供广泛的法律服务。业务领域涉及投资、金融、贸易、房地产开发、知识产权、公司组建、产权交易、股份制改组、资产重组、税务、各种合同、行政诉讼、民事诉讼、刑事诉讼、仲裁等;服务对象包括中外公司和其他经济组织、各级国家机关、各种社会团体、各类事业单位及公民个人;服务方式包括诉讼或仲裁代理、提供法律咨询、制作各种法律文件、代理谈判、担任法律顾问等;工作语言为中文和主要的外语语种。

华联律师事务所共设立六个业务部门:公司证券法律事务部、金融法律事务部、国际法律事务部、房地产法律事务部、知识产权法律事务部、诉讼仲裁法律事务所部。

华商律师事务所

广东华商律师事务所创立于1993年,是中国第一批获准设立的合伙制律师事务所之一。历经近二十年的不懈努力,华商已成为国内最具规模的综合性律师事务所之一:截至2011年8月,华商共有240多人,其中执业律师140多人(合伙人律师43人);华商总部设在深圳,位于深圳中央商务区的自购物业——时代金融中心14楼整层,地理位置优越,交通联络便捷;华商已在悉尼设立分所,国内主要城市的分所也在筹办之中。

华商拥有广泛的客户群体,其中既包括世界五百强的大型跨国公司,也包括各类大、中型国有企业和成长型民营企业;既包括传统的制造型企业,也包括国内外知名的银行、金融保险企业、投资基金、通讯、信息技术、房地产等各类型机构或企业;同时也为政府、行业协会、事业单位以及广大公民提供法律服务。

华商的核心竞争优势体现在为客户提供具有本土优势、行业优势和国际视野的法律服务:华商扎根深圳近二十年,与深圳市以及珠三角的政府部门、司法部门、企业界建立了密切和稳定的业务联系,树立了良好的华商口碑;华商也与中国证监会、沪深交易所、国资委等监管机构建立了良好的工作联系;华商与各证券服务机构联系密切、关系融洽;经由华商参与发起成立的"中世律所联盟(SGLA)",华商法律服务的地理范围可以覆盖到国内十几个大中城市并延伸至境外。

多年来,华商稳健发展,在专业法律服务领域取得了一系列成绩,具有良好的行业影响力和卓越的品牌形象。华商是"全国优秀律师事务所",也是深圳唯一荣获"深圳知名品牌"的律师事务所;华商不仅是证监会、全国律协评定的全国证券业务综合排名前15名的律师事务所,也是《亚太法律500强》评选出的在公司法和商业法等领域领先的中国律师事务所之一;作为创始成员所,华商和全球排名前列的霍金路伟国际律师所以及中国10大城市的优秀律所共同成立了中世律所联盟;华商还是深圳市公安局维护公安民警正当执法权益法律援助的唯一合作伙伴。

展望未来,华商渴望更大的发展,成就百年华商的梦想。华商将积极探索科学的管理模式,以"法律维护正义、法律创造价值"为己任,恪守高度自我奉献精神及对社会的责任心,不断创新法律服务产品,尽心竭力为客户提供专业、精细、高效的法律服务,用五到十年的时间发展成为我国法律服务业的领导性品牌。

京都律师事务所

京都律师事务所系一九九五年成立的合伙制律师事务所,为国内建立较早、规模较大的著名综合法律服务机构。

京都律师事务所("京都")由著名律师田文昌教授和一批知名青年律师、学者创立,在十几年的精诚努力中,于法律业务、律师事务所管理和社会活动诸多领域皆有卓越表现,获得业内和社会广泛赞同,曾获得"北京市优秀律师事务所"称号。

京都律师曾办理过数千件诉讼、仲裁和非诉讼法律案件,代理案件具有较高的社会关注度,部分案件曾被评为优秀案例或被作为经典案例录入有关数据库。京都具有提供综合性法律业务服务的出色能力,京都律师的业务操作水准和案件解决结果始终获得高度评价,在疑难、复杂、跨专业诉讼领域,京都享有盛誉。

京都总部位于北京市中央商务区,另在上海、深圳和大连设有分所,均具有现代化的办公条件和一流商务环境。新的分支机构正在建立之中。这些机构正在整合各地资源,为委托人提供更有成效的法律服务。

京都拥有合理的律师人力资源结构,现有执业律师三百余名,大多毕业于国内外著名法学院,均获得法学学士、硕士或博士学位,部分律师还兼有金融、知识产权、国际贸易等其他专业学位,能够熟练应用外语工作,多数律师还具有在企业、行业协会、大学、司法机关或外国律师事务所的工作经历。京都现有合伙人二十二名,平均年龄约四十岁,从事法律工作均在十年以上。部分专家律师身兼法学会、律师协会和其他行业学术组织的成员或负责人,参加或主持部分法律研究项目,他们还先后参与多部重要法律的修改论证工作。

此外,京都还常年聘请十余位在国内外享有盛誉的法律、经济和管理专家担任顾问,精心指导京都的业务和管理活动。

现设立有民商事、刑事、金融、房地产、知识产权、国际、公司、证券、破产、环境能源、信息技术和法律风险防控等十二个业务部门,另设有业务部,负责业务常规管理和业务拓展。在各主要法律业务领域,京都均有一批出色的专家律师担当业务主办人,并由主管合伙人负责解决方案的设计与实施领导。

在市场对综合性法律服务需求突出的形势下,京都重视律师事务所业务结构的综合化和律师分工专门化的结合,并以团队化管理为保障,能够有效应对客户面临的各种错综复杂的法律事务。

京都是国内较早实行管理合伙人制度的社会中介组织，在律师事务所管理中借鉴国内外优秀管理经验，持续研究并探索建立适合中国内地特点的管理模式。在决策、执行与监督的分工上，在合伙人、业务部门和行政系统管理以及律师事务所发展战略设计与律师个人发展模式等方面，京都已积累丰富经验。

京都的客户行业广泛，分布于海内外众多地区，那些与当前经济发展关系紧密或有前景的新兴行业的客户，对京都的综合服务能力始终给予信任。

在拥有常年客户群体的同时，京都与北京和中国内地众多的司法机关、行政机关、工商界、学术界和新闻媒体等相关部门保持长期、稳定、密切的工作关系，同港澳台地区、英国、美国、加拿大、日本、德国和俄罗斯等国家的相关政府部门、部分专业机构以及律师事务所仍在继续长期的项目合作和学术交流。

在积累客户资源之外，京都重视提升律师的多种理论素养，探索理论与实务的有效结合途径。京都律师注重以学术著作的方式总结执业经验，进一步提升执业水准，在法律专业以及综合报刊上，不断有京都律师富有创见的文章刊出。除坚持律师业务培训和支持个人著述外，京都还编撰《京都辩护词精选》、《京都代理词精选》、《京都论证集》等京都特色的系列著作，全面展示京都律师风采的大型所刊《京都律师》、《京都应用法律研究》以其丰厚的内容和精美设计而受到各方瞩目。

在提供专业法律服务的同时，京都持续关注社会民生法治，以演讲、调研、提案、办刊等多种方式参与社会公共法律事务，已成为京都律师的一项重要工作内容。京都认为，当代中国律师不仅要具备高超的法律技能，还需要博大的视野和人文情怀。

多年以来，京都以其敬业精神和高效、优质的法律服务不断赢得国内外众多客户的赞誉及法律界的认可。“真诚、高效”、“理论素养好”、“善于钻研创新”已成为公认的京都律师特色。京都律师的法律活动、社会活动经常引起新闻媒体的关注，在很多重要的报纸、刊物等平面媒体中，常刊有京都律师的案例报道，中央电视台、北京电视台、CNN 电视台等重要媒体的有关视频节目中，经常会出现京都律师的形象。

“强化责任观念，修炼气质风度，树立精品意识，提供系统服务”是京都一直推崇和坚持的执业理念。

我们将秉承这一宗旨，持续提升自身素质，超越过去，以继续依法维护海内外客户的最大合法权益，在法治进程中实现自身价值。

君合律师事务所

君合律师事务所成立于一九八九年四月十五日，是中国最早设立的合伙制律师事务所之一。自其成立以来，君合即致力于提供一流的商业与诉讼法律服务，其在中国律师业重建和发展过程中的先锋作用为业内所共知。历经十几年的发展，君合现已成为一家提供全方位法律服务、在许多法律服务专业领域占据领先地位的律师事务所，并将继续努力不断提高其专业服务水平。

君合总部设于北京，在上海、深圳、广州、大连、海口、香港、纽约和硅谷设有分支机构。君合现有执业律师及其他专业人员四百余名，工作语言有中文（包括普通话、上海话、粤语）、英文、日文等。全所范围内一体化的计算机管理系统及一流的通讯设施，更从硬件上保证了君合可及时向客户提供高质量的法律服务。

君合在以其卓越的服务水准和出色的工作业绩获得客户高度赞誉的同时，还获得了国内外专业机构的认可和奖励。

君合是两大国际律师组织 MULTILAW 及 LEXMUNDI 中唯一的中国律师事务所代表。

丰富的业务经验

与大多数中国律师事务所不同，君合经受住了时间的考验并在经济变革及社会变迁的浪潮中坚持不懈。在中国改革开放之初，社会对成熟法律体制的需求日渐明显。君合的创始人迎合了这样的需求，并成为中国最早设立的私人律师事务所之一。

君合创业之初颇为不易。我们没有其他律师事务所的先例可以参考；君合本身就是一个先例。君合将私有化律师执业从例外变成了常规。如今，二十年过去了，君合已经成为一家卓越的、全方位服务的律师事务所，在世界各地均设有分支机构。

管理及团队

要成为一名出色的律师不仅仅需要积累经验。这同样需要正直、创新的思考能力以及团队合作的精神和素质。君合在聘用律师时十分看重这些素质和能力。从第一天始，君合的创始人坚信，君合事务所的大门永远向有潜力的律师开放。

君合依赖于这些有无限潜力的律师，以在所内建立一个良好的内部管理系统。团队合作是交易成功的基础。君合参与的国际商业交易往往十分复杂并涉及多个领域的法律问题。每一个交易都要求很多君合律师发挥其特长，也正是通过这样的合作，我们能够全面有效地为我们的客户提供服务。

尽职勤勉

仅仅看到自身需求的律师事务所是无法成为一个好的律师事务所的。君合设立的宗旨永远是将客户的利益放在第一位，我们也因为坚守这一宗旨而知名于这个行业。九十年代，君合引入利益冲突检索规则，而这一做法后来为中国律师协会所采纳。律师与客户之间的忠诚往往是双向的，对客户持续的忠诚意味着客户对律师事务所持续的忠诚。君合每年获得的无数奖项见证了我们对这一原则的承诺。

创新的思考能力

君合许多律师海外的学习或工作经历，并将他们国际化的视角融入到中国法律体系中。数十年前，君合为新的商业交易建立了当时法律中并无先例的法律架构。

如今，君合超过 90% 的合伙人毕业于国外法学院或曾在国外生活、工作。我们对国外法律行业和国外商业模式有着很深的理解和认知。

将来

没有人能预测二十年后的君合会是如何，但我们拥有一个良好的基础继续保持君合领先律师事务所的地位。

我们并非要成为最大的律师事务所；我们希望基于客户的需求去发展，而无损我们服务的质量。中国正发展为一个全球商业枢纽，君合愿为未来法律和商业发展开拓新的道路。

君泽君律师事务所

君泽君律师事务所于 1995 年在北京成立，是国内最早设立的大型合伙制律师事务所之一。得益于中国经济的快速发展，法律参与国家经济社会程度的提高，以及君泽君律师不断开拓和勤奋的工作，君泽君的业务领域日益展宽，专业团队日见壮大，客户资源日见丰富，并跻身国内名列前茅的以从事商事领域法律服务为主业的法律服务机构之列，在上海、深圳设有分所。

君泽君汇聚了二百余名来自法学界各个专业领域的、具有广博知识、丰富经验及专业特长的优秀法律职业人员；他们绝大多数都毕业于国内外著名的法律学校，半数以上律师具有硕士、博士学位或海外留学的经历；许多律师还具有政府部门、金融证券、产业投资、司法系统和高教单位等双重或多重工作阅历；多名律师参与国家重要法律法规的起草和修订工作。君泽君律师能够充分运用所拥有的专业技能、经验及社会资源为客户服务，提供最佳的问题解决方案、安排交易、规避经营风险及创新增值服务。

专业化的分工和优秀的业务团队使君泽君律师得以全方位地向国内外客户提供高质量的法律服务。君泽君拥有一大批深刻理解金融、投资、贸易等行业特点的法律专家，并在金融机构理财、信托业务、金融机构改组和重组、股票发行和上市、外商投资、反倾销、海商、税务、诉讼与仲裁、房地产、劳动、知识产权等领域的法律服务中居于国内领先地位。

君泽君现有金融部、国际业务部、投资银行部、公司事务部、税务部、房地产与建筑事务部、诉讼与仲裁部、国际贸易与政府规章部、知识产权部等九个业务部门。同时，为了提升专业素养，君泽君设有研究与信息部；为了更了解客户需求，不断改善服务质量和效率，确保业务合规和避免利益冲突，君泽君还设有客户服务部。

君泽君的理念：客户利益至上，并与客户共同发展。

君泽君律师团队：合伙人40余名，律师专业人员200多人；半数以上具有硕士、博士学位；半数以上具有五年以上的专业律师从业经验；绝大多数律师具有政府部门、金融证券、产业投资、司法系统、高教单位等双重或多重工作阅历；多名律师参与信托法、证券投资基金法、公司法证券法及许多法规和部门规章等文件的起草和修订；经常受邀出访境外客户、合作伙伴以及出席国际性专业会议。

君致律师事务所

北京市君致律师事务所（简称“君致”）总部位于北京，是一家专长于证券、金融、投资（PE）、并购、企业治理以及国际商事等领域的综合型合伙制律师事务所，具有银行间市场交易商协会会员资格、天津股权交易所会员资格等从事资本市场业务的相应资质，业务领域包括证券与资本市场、银行与金融、并购与重组、私募股权投资与风险投资、外商投资与境外投资、反垄断与反不正当竞争、知识产权、房地产与建筑工程、国际贸易救济、诉讼与仲裁。

多年来，君致承办了数百宗境内外股票发行与上市、债券发行与上市及投资、资产重组、收购兼并业务，在业内树立了良好的口碑。君致所与境内外众多知名证券公司、会计师事务所、评估机构、评估级机构等建立了广泛的联系与业务合作，与业务主管部门建立了良好的沟通渠道。

君致律师团队均受过良好的法学教育，熟通中国及境外法律，谙悉资本市场运作规则，秉持客户至上的理念，致力于为客户提供一流的法律解决方案，以卓越的专业服务使君致成为客户值得信赖的伙伴。

君致愿与国内外客户一道，缔造财富、创造和谐！

君致团队

北京市君致律师事务所（简称“君致”）秉承“格物求真，君方致正”的理念，以高素质的律师人才为基础，实行严格、科学的管理，凭借优良的办公环境和现代化的办公设备，积累了丰富的执业经验。

君致的合伙人、执业律师，均受过良好的法学教育，他们大都毕业于北京大学、中国人民大学、武汉大学、中国政法大学等著名学府，多数具有法律硕士或博士学位。

君致的合伙人和执业律师大多为执业多年的资深律师，具有较高的执业素质和专业水平，能够熟练运用中英文进行工作，部分律师曾赴美国、英国、加拿大等国家留学，具有在国外的律师事务所执业的经验。这些聚集在君致的优秀律师以其精深广博的专业知识、扎实的专业能力、丰富的执业经验、广泛的社会联系，为客户提供高质量的法律服务。

君致实行严格、科学的管理，对于客户的每一项具体工作，君致都指派相关领域的资深律师组成专门的律师团队、为客户提供高水准、专业化的法律服务。

在执业过程中，君致与政府部门、社会团体、企事业单位及相关的中介组织建立了长期、紧密的合作关系，还专门聘请政府部门、大专院校、科研院所的有关专家学者作为本所顾问。同时君致还向客户、相关的行业协会和其他专业机构及时提供中国最新的民商事法律、法规、规章、政策的信息和动态。

业务领域

作为一家致力于提供全面商业法律服务的律师事务所，在多年的执业过程中，君致为众多的国内外客户提供了各专业领域的法律服务。为保证提供高质量的法律服务以适应法律服务专业化的要求，君致的每个律师通常专注并专长于某一两个业务领域。当客户需要涉及不同领域的综合法律服务时，各业务领域的律师可随时提供支持和紧密协作。

君致的主要业务领域包括：

证券与资本市场

银行与金融

并购与重组

私募股权投资与风险投资

外商投资与境外投资

反垄断与反不正当竞争

贸易救济

房地产与建筑工程

知识产权

诉讼与仲裁

凯文律师事务所

凯文律师事务所是由一批既有理想又勇于实践的资深法律人士，通过总结过去中国律师事业发展中的成功经验，创造性地建设和发展起来的一家致力于提供商业领域内全方位法律服务的新型全国性规模化律师事务所。

凯文按规模化的思路，打造律师团队工作平台，力求为国内外客户提供高效、全方位、一体化的法律服务。目前，凯文总部设在北京，并已在上海、广州、重庆、深圳、成都组建了分支机构，现有法律专业人员100余名，工作语言有中文、英文、日文、韩文等。通过这些机构，凯文能够与在当地从事商业活动的客户，以及中央及各相关地方的政府、司法部门保持密切联系，使凯文的服务直接覆盖到中国经济发展最为活跃的核心地区。凯文各个机构互为依托，协同作战，能够为客户特别是全国性大型客户提供跨地区、全接口的延伸服务。

凯文按专业化的思路，打造律师团队的专业品牌。凯文的核心业务是提供金融、证券、公司、工程与地产及配套的商业诉讼与仲裁争议解决法律服务。凯文的主要发起律师均有服务于上述领域的丰富的从业经验，这使得凯文始终专注于这些核心服务领域，不断提高专业品质，向客户提供一流的专业服务。

凯文按系统化、集约化的思路，打造律师团队的核心竞争力。凯文通过知识管理系统以及绩效管理体系真正实现凯文团队的一体化。构成有机整体的凯文的各个机构之间，已实现了电子管理系统联网和资源共享以及跨地域的相互支持。凯文各地分所不具有实体上的独立性，属工作站性质，即各分所的律师均可由全所统一调配并酌情加以使用。通过统一的平台，凯文既可以自如调动整体资源，又能使律师充分施展个人才华，为客户提供优质、高效的服务。

凯文在银行与金融法律服务领域已取得了一定的优势，在业界具有良好的口碑。凯文律师不仅拥有熟练的法律专业技能，而且熟悉金融行业客户情况，对各种大型和复杂金融及投融资交易有着丰富的经验。为国内外众多银行机构（包括大型国有控股银行、股份制银行、政策性银行、外资银行、城市商业银行以及合作金融机构等）、非银行金融机构（资产管理公司、金融租赁公司、信托公司、财务公司、证券公司、期货公司、基金公司等）和投融资机构（金融控股集团、产业投资基金、私募股权投资基金、风险投资基金、担保公司等）提供过专项或综合性法律服务。

基于对金融法律法规、监管机构规范性文件以及金融行业商业实践的深刻理解和把握，凭借丰富的本土经验和深谙国际规则的视野，凯文律师帮助众多金融机构、投融资机构完成大量复杂的金融交易，在金融机构收购兼并重组、项目融资、银团贷款等方面都已形成一系列的标准化流程和范本。在业界处于领先地位。

在开展金融业务的过程中，凯文与中国政府监管部门，包括中国人民银行、中国银监会、中国证监会、国家发展和改革委员会及相关地方政府部门均建立了良好的工作关系，同时还受聘作为若干金融监管机构的专项法律顾问参与金融机构的监管协调工作。

康达律师事务所

康达律师事务所成立于 1988 年，原为国资所，2001 年转制为合伙制律师事务所。康达经二十年的发展已成为中国律师业时间最久、服务网络最为广泛的综合性大型律师事务所。并被授予全国优秀律师事务所。

康达自成立之日即以维护民主法制，追求社会公正为己任，以“高效、优质、诚信、求实”为宗旨，以规模大型化，服务优质化、设施现代化、结构稳定化、组织集团化为方向。

康达总部设在北京，下设管理部门和若干专业部，在上海、广州、深圳、西安、杭州、沈阳、海口、南京、青岛、太原、石家庄等地设有分所，建立了广泛的服务网络。现如今康达已形成了几百名有志于法律事业，专业特长突出的执业律师团队。其中拥有一批执业 15 年以上的优秀资深律师。

在实践中，康达形成了全面综合的法律服务体系。在各类诉讼、仲裁业务中，在各类不动产、自然资源、知识产权等物权法律，在设立、重组、改制、收购、兼并、上市、资产及股权置换、破产清算等公司法律方面，在银行、保险、证券等金融法律服务，在劳动、社会保险以及环境保护等法律方面，特别是在国际商事法律方面，办理了上万件业务，积累了丰富的经验，康达以多种形式向客户提供及时、明确、中肯的法律分析和最佳方案。

康达律师事务所成立于 1988 年，原为国资所，2001 年转制为合伙制律师事务所。康达经二十年的发展已成为中国律师业时间最久、服务网络最为广泛的综合性大型律师事务所。并被授予全国优秀律师事务所。

康达自成立之日即以维护民主法制，追求社会公正为己任，以“高效、优质、诚信、求实”为宗旨，以规模大型化，服务优质化、设施现代化、结构稳定化、组织集团化为方向。

康达总部设在北京，下设管理部门和若干专业部，在上海、广州、深圳、西安、杭州、沈阳、海口、南京、青岛、太原、石家庄等地设有分所，建立了广泛的服务网络。现如今康达已形成了几百名有志于法律事业，专业特长突出的执业律师团队。其中拥有一批执业 15 年以上的优秀资深律师。

在实践中，康达形成了全面综合的法律服务体系。在各类诉讼、仲裁业务中，在各类不动产、自然资源、知识产权等物权法律，在设立、重组、改制、收购、兼并、上市、资产及股权置换、破产清算等公司法律方面，在银行、保险、证券等金融法律服务，在劳动、社会保险以及环境保护等法律方面，特别是在国际商事法律方面，办理了上万件业务，积累了丰富的经验，康达以多种形式向客户提供及时、明确、中肯的法律分析和最佳方案。

启元律师事务所

湖南启元律师事务所（简称“启元”），原名“湖南楚天律师事务所”，成立于 1994 年 7 月，是湖南省第一家合伙制律师事务所。现有成员 50 余名，律师 36 名（其中合伙人律师 7 名）。国家一级律师 1 名。启元以能向客户提供迅速、有效、收费公道和有创新的专业法律服务而自豪。

启元是湖南省最早全面实现电子化办公的律师事务所之一，启元建有自己的内部网络，每位律师与律师助理均配备有笔记本电脑，已实现网络办公、实时办公，有效地保证了及时、有效地为客户提供高质量的法律服务。

启元是以从事公司、证券和投资法律服务为主的专业性律师事务所，具备从事证券法律业务资格，在办理企业股份制改造、资产重组、证券发行与上市、公司兼并与收购以及合资企业、房地产与物业、项目融资、知识产权保护等法律业务方面有着丰富的经验。同时启元也积极代表客户处理诉讼、公司日常法律事务管理、税法、知识产权等法律服务。

启元是湖南金融证券及投资市场的主要法律顾问，客户主要包括湖南省内外若干实力雄厚、信誉良好的实业公司、高科技企业和证券公司。自成立以来，启元律师运用其在金融证券市场和投资业务方面的专长为客户提供了高效优质的法律服务。启元的成绩赢得了客户的一致赞誉和业界的瞩目。启元为湖南华菱钢铁集团有限责任公司与全球最大钢铁公司 MittalSteel 股权交易项目提供的专项法律服务入围了 Asian-LegalBusiness 杂志主办的“2006ALB 中国法律大奖”之“年度最佳能源和资源项目大奖”，该交易项目荣登由全国工商联并购公会、全球并购研究中心和中国并购交易网推出的“2005 年度中国十大并购事件”榜首。作为湖南省人民政府化解证券市场金融风险的法律顾问，全面参与了湘财证券、泰阳证券、财富证券和鸿仪系上市公司的重组工作，受到好评。自2009年A股发行重新启动以来，启元2009年和2010年连续两年位居A股IPO市场发行人律师市场份额前十位。启元先后被评为“湖南省优秀律师事务所”、“为国企改革服务工作先进集体”、“全国优秀律师事务所”。

启元客户的每一项服务都将由卓有经验的合伙人指导处理；启元的全部人力物力均可提供给任何一位客户使用。每个律师对启元全部业务范围均有足够的了解和理解，同时也可依靠全所的人力物力资源满足客户对任何特别专长和经验的需求。

“启元开泰共创未来”是启元宗旨所在，启元愿与您携手，助您走向辉煌。

天禾律师事务所

安徽天禾律师事务所，成立于1987年，原系安徽国办省直律师事务所。1998年整所转制为省内第一家合伙制律师事务所。自成立以来，天禾人以“诚信勤勉”为执业信条，伴随安徽经济的崛起走过了二十多个春秋。二十多年来，天禾所规划不断发展壮大，业务上不断取得突破，制度建设不断完善，人文天禾的氛围基本形成，发展为安徽及至中部地区规模大所。

本所现有人员共70人，其中专职，兼职律师48人，律师助理和实习律师18人，行辅人员4人。现有合伙人律师十五人，合伙人年富力强，均具有扎实的法学理论功底和丰富的执业经验，有三名合伙人曾先后赴英国和美国接受金融、证券和WTO法律知识培训。本所拥有一千三百多平方米的办公场所，现代办公设备一应俱全，设立了档案室、资料室、会议室、党员活动室以及多个独立的接待室，并配有专业文秘人员。

事务所重点从事金融、证券，投资、融资，涉外，房地产，劳动等法律事务，在上述业务领域中都曾取得过良好的业绩。

证券业务方面。本所已先后为省内外三十余家上市公司的公开发行股票和上市提供专项的法律服务，参与公司股票发行、上市、配股、增发、可转换公司债券及股改等工作，现还担任省内外五十多家拟在主板、中小企业板和创业板上市的企业专项法律顾问，为企业改制及发行股票并上市提供全过程法律服务，成为中西部地区从事证券业务业绩最突出的律师事务所之一。

本所律师先后参与了合肥－安庆高速公路项目、合巢芜高速公路回购项目、庐江－铜陵高速公路项目收购并建设项目、合肥新机场高速公路建设项目、琅琊山蓄能抽水电站、淮沪煤电有限公司田集电厂/丁集煤矿银团贷款项目以及部分省内重点建设工程项目中的有关法律事务，为组建项目法人、设计融资方案、缮制有关法律文件提供了卓有成效的法律服务。本所律师先后为我省第一个利用奥地利政府出口信贷及商业贷款建设的滁州抽水蓄能电站项目提供全过程法律服务，参与了安徽省发展史上最大工业项目“皖北煤化－盐化一体化”建设项目的法律服务。

并购重组活动法律服务方面。本所为青岛海尔集团兼并黄山电子有限公司、安徽江淮汽车集团兼并皖东机械厂、安徽金种子集团兼并含山啤酒厂及庐江啤酒厂、安徽安科生物工程股份有限公司兼并安庆余良卿药业公司、亳州市国资委转让亳州古井集团国有股权、美菱集团股权转让、四川长虹股权转让、荣事达集团与法国ELCOBRANDTS. A. 及美的集团股权转让、黄山金马股份与浙江铁牛集团股权转让、安徽长江农业装备股份与浙江精工钢构集团股权转让、淮南矿业集团十亿元信托持股计划、安徽国风集团有限责任公司产权转让项目等省内外多宗企业并购案设计重组方案，出具法律意见，参与考察、谈判，拟定并购协议，为上述企业顺利实现资产重组提供了有力的法律服务保障。

劳动人事法律方面。本所律师先后为合肥荣事达三洋电器有限公司、合肥市美菱股份有限公司、安徽叉车集团有限责任公司、中国科学技术大学、安徽省国家税务局等十家国家机关、企事业单位起草、修订劳动合同管理制度、考勤管理制度、薪酬管理制度、招聘管理制度、培训制度、员工手册等规章制度。

本所还为循环经济环保事业方面提供法律服务。自2004年开始，在从事联合国清洁发展机制（CDM）法律事务方面，本所先后为北京环卫集团垃圾填埋气利用项目、安徽皖北矿务局瓦斯发电项目、安徽淮南矿务局煤层气利用项目、天津泰达集团垃圾焚烧发电项目、江苏丰城矿务局煤层气发电项目、新疆天风公司风力发电项目、广州珠江天然气公司燃气（LNG）联合循环发电项目、杭州天远环境技术公司南昌填埋气收集利用项目及北京华晨风环保科技公司填埋气利用项目提供了CDM项目的专业法律服务。

天禾人在业务方面取得一定成绩的同时，更加注重社会责任的承担，积极参加社会公益活动，参与社会救助，参政议政，真情回馈社会，受到社会各界的良好评价。2008年5月20日，天禾所全体同仁向汶川地震灾区捐款设立希望学校款共计95600元；5月26日，本所党员律师交纳特殊党费12000元。2009年参与“爱心圆梦大学”活动，本所党员捐款10000元资助贫困大学生圆梦大学。本所律师先后被授予“全国司法行政系统劳动模范”、“全国优秀律师”、安徽省“十佳律师”、“安徽省十大杰出青年”、“中国律师业特殊贡献奖”、“首届安徽省十位优秀中青年法学法律专家之法律专家称号”等光荣称号；本所先后获得了“全国优秀律师事务所”、“全国优秀青少年维权岗”、“安徽省司法行政系统先进集体”、“安徽省优秀品牌律师事务所”、“安徽省文明律师事务所”、“安徽省律师事务所综合实力十强”、“安徽省优秀律师事务所”等光荣称号；本所党支部先后获得了中共安徽省直工委“效能建设红旗党支部”、安徽省司法行政系统“优秀党支部”等光荣称号。

天禾所积极投身安徽经济腾飞的大潮中，以建设“百人”所为目标，向规模化、规范化进一步发展，力争成为中部地区的最强所之一。

广东信达律师事务所

广东信达律师事务所，原名“深圳信达律师事务所”、“信达律师事务所”，于一九九三年在深圳设立，是深圳市最早获得批准设立的合伙制律师事务所，开创了深圳律师界的先河，也是我国最早设立的合伙制律师事务所之一。经过十几年的发展，信达已成为以证券、公司、投资、银行、知识产权和房地产等法律业务为主导的综合性律师事务所，是深圳市目前规模最大、从业时间最久的律师事务所之一，也是在全国证券法律领域享有盛名的律师事务所之一。

从引进外资、设立合资合作企业、安排银团项目贷款和融资租赁，发展到现阶段以权益类证券发行为主要特征的企业融资浪潮，信达律师始终在市场经济实践的前沿迎接挑战。

凭借深厚的法律功底、良好的外语水平、得天独厚的区域优势、强烈的竞争意识、灵敏的职业悟性以及长期的艰苦努力，信达律师在公司设立和改组、分立合并、收购兼并、外商投资、银行贷款、破产清算、证券发行与交易、资产债务重组以及企业日常经营管理和运作等法律业务领域积累了相当丰富的经验，在对手如林的证券法律业务中确立了强有力的竞争优势，并与境内外有关政府机关、投资银行、律师、会计师、上市公司及其他客户等建立了广泛而长期的良好合作关系。鉴于信达在业界的良好声誉，信达成为 Legal500 及亚洲法学推荐的中国律师事务所之一。信达总部设在深圳，并在上海及美国设立了分所。信达美国分所于一九九七年在华盛顿设立，是经中国司法部批准在美国设立的第三家分所，也是中国华南地区律师服务机构在美国设立的第一家分支机构。信达上海分所成立于二〇〇二年，主要由数名同时拥有中美两国律师职业资格的律师以及其他有海外留学或工作背景的律师组成，以涉外、金融及投资法律业务见长。

作为在深圳经济特区建立并壮大起来的法律服务机构，信达秉承了发展、创新以及超越的理念，为全球不同需求的客户提供着优质高效的专业法律服务。信达将继续发扬开拓、创新精神，积极拓展新兴的法律前沿领域，满足经济快速发展中各类客户日益增长的法律服务需求。

信达的总部设在毗邻港澳的深圳，办公地点位于深圳中心商务区核心地带、交通干道深南大道旁的高档写字楼航天大厦，与深圳市政府仅一路之隔，地理环境优越，交通十分便利。信达上海分所位于中心商务地带的人民广场附近的成都北路峻岭广场，办公环境优越，商务机构林立，交通联络便利。此外，信达美国分所也设在华盛顿的中心商务地带。

信达总部及分所办公环境舒适美观、办公设备先进齐备，为信达的客户及工作人员提供了一流的服务和工作环境。

瑛明律师事务所

瑛明律师事务所成立于 1998 年，是中国领先的商务律师事务所之一，并在中国内地和香港都具有从事中国法律业务的资格。我们为客户提供全面的法律服务，尤其擅长资本市场、投资并购、公司法、证券法、破产法、房地产法、知识产权和反垄断法律服务。

瑛明所在上海、北京和香港都设有办公室，并拥有超过 90 名员工，为国内外客户提供量身定制的法律服务。

言而有信，言之有据，言之有理是我们一贯秉承的执业理念。

尽职尽责地为客户提供全面、务实，且收费适当的优质法律服务是我们的承诺。我们向客户提供专业负责、并能实现利益最大化的法律服务，能针对客户的问题提供综合性、可操作性强的解决方案。

视客户为商务上的战略伙伴是我们服务的特色。基于我们丰富的法律实践经验和对中国商业运作环境的深刻理解，我们充分理解客户的商业目标，因此我们不仅仅狭隘地解答单一的法律问题，而是为实现客户的商业目标作出周详完整的考虑。

本所律师来自中国和普通法国家，熟悉相关法域的商业和投融资法律问题，能熟练地使用中文和英文与客户交流，并擅长于和不同国家、不同法域的合作伙伴共同工作，为客户提供高质量的法律服务。

我们的客户包括业内领先的跨国公司、金融机构，以及国内各行业的知名国有企业、民营企业、社会团体和政府部门。多年来，瑛明所取得的杰出成绩在业内赢得了很高的声誉和评价。

多年来，瑛明所取得的接触成绩在业内赢得了很高的声誉和评价。

中伦律师事务所

中伦概况

中伦律师事务所创立于 1993 年，是中国司法部最早批准设立的合伙制律师事务所之一。经过数年快速、稳健的发展壮大，中伦已成为中国规模最大的综合性律师事务所之一。中伦目前在北京、上海、深圳、广州、武汉、成都、东京和香港设有办公室。

中伦是一家综合性律师事务所，旨在为客户的商业活动提供全面的法律支持。中伦拥有近 120 名合伙人和近 500 名专业人员。各合伙人分别专精于特定的专业领域。通过合理的专业分工和紧密的团队合作，中伦有能力在各个领域为客户提供高质量的中国法律服务。在长期执业过程中，中伦并与多家境外知名律师事务所建立起了良好的合作关系，通过与其密切的合作，中伦有能力为客户在中国境外的投资及商务活动提供有力的法律支持。

中伦拥有一批既有丰富经验，又有深厚理论基础的律师。中伦的合伙人大多毕业于国内外著名法学院，不少合伙人并在国际著名律师行工作多年。在成为中伦的合伙人之前，均已在其相关专业领域执业多年，并已经取得良好的业绩。中伦的律师及助理律师在加入中伦前，均需接受严格的遴选，且均为遴选中的佼佼者。中伦并通过各种各样的培训以提高助理律师的服务水平。

中伦拥有广泛的客户群体，其中既包括世界五百强这样的大型跨国公司，也包括业绩良好的大型国有企业和成长型企业；既包括传统的制造业企业，也包括国内外著名的投资银行、保险公司、私募基金、地产商、通讯、信息技术、旅游等服务型企业；中伦同时也为政府机构、国际组织、外国驻华使（领）馆、商会等提供中国法律服务。

执业理念

客户至上

客户是我们的衣食父母。我们所有的价值：成就感、荣誉、社会地位等等，均依赖于客户的成功。在帮助客户成功的同时，也就实现了自身的成功。

客户至上也来源于我们对客户所负有的受信义务（fiduciaryduty）。我们在制度上保证了当客户利益与其他利益构成竞争时，客户利益将受到绝对优先的保护。

团队合作

中伦认识到：建立在科学分工基础上的团队合作能够保证客户在任何一方面的事务都能够得到最优秀的服务。团队合作也有助于控制客户的支出，从而增强事务所的竞争力。基于这些认识，中伦较早地通过制度化的安排，以保证团队合作。

务实创新

作为扎根中国，但又具有国际视野和经验的律师事务所，中伦熟悉中国的政治、社会和人文环境，能够提供契合客户需求的法律服务及切实可行的专业意见和建议。

中伦认识到，在一个快速发展的转型社会，商业需求永远领先于法律。为真正解决客户的问题，律师需要具备较强的学习、研究能力，富有创新精神。中伦的创新能力从早在20世纪90年代初期引进香港房地产法律服务经验以及在资产证券化等新兴业务的深入研究可以得到最好的说明。

关注细节

魔鬼常藏于细节中。在为客户提供服务的过程中，中伦力求完美，不放过任何一个细节。

中银律师事务所

中银律师事务所成立于1993年1月，是我国最早的合伙制律师事务所之一，也是我国最早以金融证券法律服务和企业法律风险管理为主业的大型综合性律师事务所，是中国十大律师事务所之一。

中银现有律师等各类专业人员近800人，大部分律师拥有博士、硕士学位。现已完成IPO上市的客户100多家，曾经或正在服务的上市公司超过300家，为全国社保基金理事会、国家开发银行、中国石化等上千家机构提供了优质的法律服务。

2010年1月23日，中银律师事务所在2010年度品牌颁奖盛典暨大型系列论坛活动中，荣获“中国金融证券领域最佳律师事务所”。2011年，在《亚洲法律杂志》评选的2010年中国成长最快的律师事务所中，中银律师事务所被评为“中国发展最迅速的十家律师事务所之一”，这是中银律师事务所连续三年摘得该项荣誉。在2009年的《亚洲法律杂志》评选中，原事务所主任赵曾海被评为“最佳管理合伙人”。中银律师入选《法律互联》评选的2009年中国律师事务所300强，位列第7名；中银律师连续2年入选《亚洲法律事务》（ALB）杂志评选的中国律师事务所规模二十强，均名列前十。

中银律师总部设有十大法律业务中心，即：金融证券法律服务中心、法律风险管理法律服务中心、公司业务法律服务中心、房地产与建筑工程法律服务中心、知识产权法律服务中心、国际业务法律服务中心、贸易救济与WTO法律服务中心、争议解决法律服务中心、刑事法律服务中心和不良资产法律服务中心。

中银律师的工作语言包括英语、法语、德语、日语、韩语和俄语，能为全球不同需求的客户提供优质高效的法律服务。

中银律师至今已为四十多个行业（如能源、石油、矿产、冶金、化工、电力、造纸、生物医药、交通、航空、铁路、汽车、贸易、银行、保险、证券、房地产、通讯、软件和高新技术等）的数千家国内外企业提供了各类法律服务，其中为数百家企业（全国具有重要影响的中国企业和外商投资企业）发行股票与上市提供了法律服务。其中包括：重组与公司化、国内A股与B股首发、海外股票发行与上市、增发与配股、境内外并购、外商投资、债务重组、资产证券化、银行或银团贷款、商业与贸易融资、项目融资、保险等相关资本市场法律服务业务。同时还为上百家跨国公司、大型国内公司及行业组织提供法律风险管理。

无论是在传统法律服务领域，如银行融资、外商投资、企业改制、公司事务、国际贸易、知识产权保护、劳动法、争议解决以及证券业务中，还是在新兴的业务领域，如私人股权投资、破产、税务、不良资产、金融衍生产品、资产证券化和杠杆收购业务中，中银律师一直是处于各个领域的最前沿和领先地位的律师事务所之一。

中银律师与包括中国人民银行、中国银行业监督管理委员会、中国证券监督管理委员会、中国保险业监督管理委员会、国务院国有资产监督管理委员会、国家发展和改革委员会、财政部、商务部、工业和信息化部等在内的各个政府部门保持着良好的工作关系；与各级司法部门、仲裁机构有着良好的业务关系和交流渠道。立足于中国本土资源，中银律师总能为客户所面临的各种棘手问题寻找到最好的解决办法。同时，中银律师还与法国、美国、加拿大、英国、德国、澳大利亚、韩国等国外律师机构建立了合作关系，藉此以保障中银律师的客户在世界范围内迅速获得优质的法律服务。

中银律师事务所秉持“客户至上、团结合作、勤勉尽责、优质高效”的服务理念，致力于为客户提供优质高效的法律服务、为员工创造温馨进取的发展平台、为合伙人实现卓越稳健的价值回报。专业卓著的法律服务让中银律师成为每个客户最认可最信赖的伙伴。

※资产评估机构※

四川华衡资产评估有限公司

（一）公司简介

资产评估机构名称：四川华衡资产评估有限公司，企业性质：有限责任公司，法定代表人：屈仁斌，企业住所：成都市锦江区天仙桥南路3号汇江楼5楼，邮编：610021，联系电话：028—86650030 86651713。

（二）公司历史沿革

四川华衡资产评估有限公司的前身是四川省资产评估事务所。四川省资产评估事务所创立于一九九二年四月，直属四川省财政厅、国有资产管理局。

一九九三年五月取得原国家国有资产管理局、中国证券监督管理委员会联合颁发的从事证券业务资产评估许可证，从而成为西部地区首家，也是全国公开审批中第一批获得从事证券业务资产评估资格的专业评估机构，目前是我省唯一一家从事证券业务的资产评估公司。一九九九年底经四川省国有资产管理局批准，四川省资产评估事务所改制设立为四川华衡资产评估有限公司，改制后的公司承继了原事务所的所有业务。二〇〇九年一月重新取得由财政部、中国证券监督管理委员会颁发的从事证券期货相关业务评估资格证书。

二〇〇三年一月，本公司通过了ISO9001国际质量管理体系认证，成为国内率先、我省唯一通过国际质量管理体系认证的评估机构。

（三）公司组织结构和人员结构

公司部门设置有综合业务部、房地产估价部、设备估价部、稽核培训部、行政部、以及西藏分公司。

四川华衡资产评估有限公司现有员工70多人，包括会计经济、房屋建筑、机器设备、法律等多方面专业人员，其中中国注册资产评估师42人，中国注册房地产估价师16人，中国注册土地估价师12人，矿业权评估师5人，职员均经过了评估专业培训，评估实践经验丰富，业务素质较高。

（四）公司专业资质证书

由财政部、中国证券监督管理委员会颁发的从事证券期货相关业务评估资格证书，证书编号0280023001号；

由中华人民共和国财政部颁发的资产评估资格证书，证书编号51020001号；

由国土资源部颁发的从事探矿权、采矿权评估资格证，证书编号为矿权评资[2002]003号。

（五）公司业务范围

公司为客户提供全方位、专业化、高质量的资产评估服务，具体业务范围如下：

业务种类	服务内容
资产评估	境内外公开发行股票、上市公司配售股份、企业改制、资产重组、产权转让、公司设立、兼并、合并、破产、司法诉讼等。知识产权、探矿权和采矿权、土地使用权、特许权及商誉等无形资产
房地产评估	土地、房地产评估；土地、房地产价值咨询；项目投资策划和可行性研究；房地产信息咨询、经纪代理等
咨询业务	企业改制咨询、企业财务咨询、项目可行性研究、投资项目调查
金融服务	贷前评估、贷款期间抵（质）押物资产价值动态监测、处置抵（质）押物资产评估、咨询代理业务等

公司业绩介绍

我公司评估项目涉及行业广且经济行为多样：涉及经济行为有境内外公开发行股票、上市公司配售股份、企业改制、资产重组、产权转让、清产核资、公司设立、兼并、合并、破产、抵押贷款、司法诉讼等，涉及行业有证券、电力、钢铁、学校、科研院所、电器、商业、机械、化工、旅游、纺织、公路、制药、金融、信息、水产养殖、煤炭、铁路、航空等，项目分布有四川省、重庆市、北京市、上海市、天津市、海南省、广东省、广西壮族自治区、湖南省、湖北省、西藏自治区等多个省、市、自治区以及外国部分国家及境外地区。我公司作为省内成立时间最早、规模最大的评估机构，在多年的评估工作中，沉淀、积累了大量的评估工作经验，在评估思路、评估工作涉及面、以及项目组织形式上有着行业公认的优势。公司每年完成评估项目几百个，评估资产几百亿元，收入数仟万元。（本公司近年来的客户名单附后）

部分客户名单

中央企业单位	
中国航空工业集团公司	中国兵器装备集团公司
中国铁道建设总公司	中国东方电气集团公司
中国电子科技集团公司	中科院成都计算机应用研究所
中国航天科技集团公司	中国第二重型机械集团公司
中国南方车辆集团公司	中国华融资产管理公司
中国东方资产管理公司	中国工商银行
中国长城资产管理公司	中国国家开发银行
中国银行	中国石油天然气股份有限公司西藏分公司
机械工业部成都工具研究所	中国嘉陵工业股份有限公司
中国轻骑集团有限公司	中国南方汽车工业股份有限公司
中国水电顾问集团华东勘测设计院	中国人寿股份有限公司
中科院成都有机化学所	中国交通银行
中国信达资产管理公司	中国建设银行
卫生部生物制品研究所	
上市公司	
广东英豪科技教育投资股份有限公司（A股）	深圳市长园（集团）股份有限公司（A股）
重庆三峡油漆股份公司（A股）	重庆长江水运股份公司（A股）
涪陵建筑陶瓷股份公司（A股）	西藏明珠股份有限公司（A股）
西藏城市发展投资股份有限公司（A股）	西藏银河科技股份有限公司（A股）
西藏天路交通股份公司（A股）	西藏拉萨啤酒股份公司（A股）
峨眉山旅游发展股份公司（A股）	东新电碳股份有限公司（A股）
泸天化股份有限公司（A股）	长城特殊钢股份有限公司（A股）
东方锅炉（集团）股份公司（A股）	东方电气股份有限公司（A股）
西南合成制药股份有限公司（A股）	四川川化（集团）股份公司（A股）
四川银山化工（集团）股份公司（A股）	四川美亚（集团）股份公司（A股）
四川广华化纤股份公司（A股）	四川双马水泥股份公司（A股）
四川峨嵋柴油机股份公司（A股）	四川金顶水泥股份公司（A股）
四川天齐锂业股份有限公司（A股）	四川沱牌实业股份公司（A股）
重庆百货大楼股份公司（A股）	四川锦华股份公司（A股）
西藏圣地股份有限公司（A股）	通威股份有限公司（A股）
蝶泉乳业有限公司（A股）	成都蜀都大厦股份公司（A股）
泸州老窖股份公司（A股）	国金证券股份有限公司（A股）
乐山电力股份公司（A股）	四川长江企业（集团）股份公司（A股）
川投能源股份有限公司（A股）	四川天歌股份有限公司（A股）
长征机床股份有限公司（A股）	四川成渝高速公路股份公司（A、H股）
四川新希望农业股份有限公司（A股）	四川岷江水利电力股份公司（A股）
四川长虹电器股份公司（A股）	成都旭光电子股份公司（A股）
四川路桥建设股份公司（A股）	成商集团股份公司（A股）
四川湖山电子股份有限公司（A股）	四川新华文轩连锁股份有限公司（H股）
四川高金食品股份有限公司（A股）	成都托普科技股份公司（A股）
四川明星电力股份公司（A股）	成都市新筑路桥机械股份有限公司（A股）
四川科伦药业股份有限公司（A股）	成都市新都化工股份有限公司（A股）
四川省外企业单位	
坦桑尼亚TSA公路项目公司	中国人寿股份公司云南分公司
亚洲电力科技投资有限公司	重庆重型汽车集团公司
重庆乌江电力集团公司	重庆高速公路发展有限公司
中贯（黔江）电力实业有限公司	嘉陵机器厂
西藏那曲地区交通客运有限公司	西藏高争（集团）有限责任公司
西藏证券经纪有限责任公司	西藏自治区藏药厂
西藏旅游股份公司	西藏制药股份公司
青岛市奶业总公司	新疆广电集团公司
广东迈达威科技发展有限公司	深圳南瑞科技有限公司
嘉陵本田发动机有限公司	西藏信托公司
重庆有价证券公司	西安惠安化学工业有限公司
重庆水利电力产业（集团）公司	东方汽轮机厂
安徽铜陵有色金属（集团）公司	宁夏捷美化工有限公司
西藏拉萨产业发展有限公司	
四川省内企业单位	
中广核能源开发有限责任公司	宜宾天原集团股份公司
峨嵋半导体材料厂	九禾农资股份有限公司
东风电机厂	宜宾丝丽雅股份有限公司
总府皇冠假日酒店	宜宾长江大桥开发有限责任公司
四川川投能源股份有限公司	中国四川国际合作股份有限公司
四川省锦弘集团有限责任公司	四川省石油总公司
四川岷山饭店	四川天华股份有限公司
泸州北方化学工业有限公司	恩威集团
华西证券有限责任公司	四川华西集团有限公司
川财证券公司	四川绿科高科技股份公司
四川成飞集成科技股份有限公司	四川际天时股份有限公司
四川航空公司	四川阳坪乳业集团
四川宾馆	四川格瑞现代农业股份公司
四川旅游集团有限公司	四川省信托投资公司
四川东华机械厂	四川省建设信托投资公司
四川锦江宾馆	四川电力股份有限公司
四川省古叙煤田开发股份有限公司	四川省旅游汽车公司
四川电力股份有限公司	四川省公路桥梁建设集团有限公司
四川省国有资产经营投资管理公司	四川省交通工程开发公司
四川里伍铜业股份有限公司	四川成雅高速公路股份有限公司
四川省国际信托投资公司	四川迈普数据通信股份有限公司
四川省博物馆	四川明珠集团有限责任公司
四川省现代化农业（集团）有限公司	成都高速公路建设开发有限公司

四川华西乳业有限责任公司	成都三旺农牧股份有限公司
四川省食品总公司	成都光明光电股份有限公司
四川省川投化学工业集团有限公司	成都市兴蓉投资有限公司
四川日机密封件有限公司	成都飞机工业(集团)有限责任公司
成都锦丰纸业有限公司	成都市煤气总公司
成都高科技发展股份有限公司	四川剑南春(集团)有限公司
成都蜀都大厦宾馆	四川九寨沟旅游股份公司
成都艾特航空制造有限公司	四川永丰纸业股份公司
成都机场高速公路有限公司	四川出版集团
成都市新都化工集团有限公司	四川省广播电视网络有限责任公司
成都天奥集团公司	四川省农科院
成都正光科技有限公司	四川万通燃气股份有限公司
成飞电喷有限公司	四川省锦鑫物流有限公司
成都发动机集团有限公司	四川省地方铁路建设总公司
成都蓝风实业股份公司	四川省纺织集团有限责任公司
四川日报报业集团	四川省轮船公司
四川成乐高速有限公司	四川迈普数据通信股份有限公司

评估师人员信息

序号	姓名	性别	注册证号
1	唐光兴	男	51000001
2	屈仁斌	男	51000008
3	傅文捷	女	51000007
4	史万强	男	51000005
5	樊先明	男	51040103
6	郑　旭	男	51000013
7	佘彩虹	女	51000045
8	何玉蓉	女	51000010
9	廖邦元	男	51000044
10	赵秀梅	女	51000047
11	柳　兵	男	51070028
12	陈庆红	女	51000034
13	杨　梅	女	51000020
14	胡晓娟	女	51000029
15	高　翔	男	51000030
16	张能荣	男	51000032
17	唐　燕	女	51000035
18	先　媛	女	51000016
19	余　相	男	51000015
20	经旭丽	女	51070033
21	侯文胜	男	51050013
22	袁仕荣	女	51000401
23	艾　菊	女	51070064
24	陶　红	男	51000017
25	王　森	女	51080026
26	彭云强	男	51000041
27	江永贵	男	51000027
28	朱　琳	女	51000049
29	冯先惠	女	46020009
30	吕　嘉	男	51000039
31	庞　勇	男	51040003
32	刘承彬	女	51000813
33	程　宏	女	51000024
34	刘　勋	男	51070065
35	王云碧	女	51080002
36	杨　希	女	51000043
37	唐春华	男	51000793
38	祝　婧	女	51100001
39	唐高英	女	51110003
40	许茂全	男	51000036
41	徐万松	男	11001117
42	彭云霞	女	51100002

北京中天华资产评估有限责任公司

公司背景

北京中天华资产评估有限责任公司成立于2000年1月5日，是我国第一批完成脱钩改制并获批继续执业的具有资产评估资格、矿业权评估资格和证券期货相关业务评估资格的大型综合性评估机构之一。公司前身为成立于1982年的财政部直属会计师事务所——中华会计师事务所资产评估部，中华会计师事务所是国内第一家从事资产评估并获得相关执业资格的中介机构。公司评估业绩在行业内排在前列。

专业资质

中天华资产评估公司拥有财政部和证监会联合颁发的0100035015号证券期货相关业务评估资格证书；北京市财政局颁发的11020122号资产评估资格证书；国土资源部颁发的矿权评资[2002]028号探矿权采矿权评估资格证书；入围最高人民法院司法技术专业机构，中国知识产权研究会团体会员单位，北京国际金融交易所服务会员单位。

业务范围

中天华资产评估公司业务范围广泛，主要有涉及公司设立和注册需要的资产评估；公司改制和上市的资产评估；上市公司配股的资产评估；中外合资合作和企业联营的资产评估；企业增资、转让、并购、拍卖、破产清算的资产评估；企业租赁、抵押、保险、课税等经济行为的资产评估；探矿权、采矿权评估；矿产资源勘查开发技术、经济、政策的咨询；无形资产评估；企业管理和投资咨询等服务。

人力资源

中天华资产评估公司聚集了一批知识层次高、业务素质强、富有开拓精神、具有组织才能和服务意识的专业人员。目前北京总部从业人员近100人，包括注册资产评估师、注册矿权评估师、土地估价师、房地产估价师、注册会计师等各专业人才。

我们的优势

1. 资质等级高、公信力强

中天华评估公司具有标志着资产评估行业最高等级的证券期货相关业务评估资格。业务涉及电力、金融、制造、房地产、服务等各个行业，为海内外多种投资主体的收购、重组改制、IPO、M & A、主辅分离、融资、抵押、清算、无形资产等多种业务的不同市场价值标准提供资产评估服务。

中天华评估公司具有国土资源部颁发的“探矿权采矿权评估资格证书(矿权评资[2002]028号)”。可在全国范围内从事探矿权、采矿权出让、转让、出租、抵押、作价入股、上市、兼并、破产等涉及探矿权采矿权评估的所有业务。

2. 同时开展资产评估和矿业权评估工作的优势

中天华评估公司同时具有财政部、证监会颁发的从事证券期货相关业务资产评估资格和国土资源部颁发的矿业权评估资格，可同时承接资产和探矿权采矿权的评估业务，这使得中天华在进行此类具有综合资产大型企业的资产评估业务时具有人员统一调配、信息资料共享、沟通对接便捷高效等优势。

3. 与其他中介机构的协调优势

中天华评估公司十分注重在项目进程中与财务顾问和其他中介机构的沟通协调，与在中国境内开展业务的国际及香港各大投资银行、券商、律师，以及国际四大会计师事务所、国内律师、境外物业评估师，均有着十分密切的合作关系。具有和境内外中介机构沟通协调的丰富经验，并建立了良好的合作关系。

4. 与中央和地方政府相关部门的协调优势

中天华评估公司与国家各政府部门（国资委、国土资源部、财政部、证监会、国家发改委等）保持着密切的工作关系，并有着良好的信誉。

5. 技术优势

中天华主要合伙人接受中国资产评估协会委托，主持起草了《资产评估报告准则》、《资产评估工作底稿准则》、《资产评估能力准则》、《资产评估档案管理准则》、《资产评估参数选择及专家咨询准则》。

6. 经验优势

中天华评估公司累计为千余家企业提供了资产评估服务及企业改制与资产重组咨询服务，涉及行业包括石油化工、电力、能源、矿业权、航空机场、通信通讯、汽车制造、钢铁、港口、运输、生物制药、高科技、农业、商业服务业、房地产、高速公路、电器、旅游、纺织、机械制造、造纸、传媒、食品饮料等几乎所有领域，评估项目遍及全国各地，评估资产金额总计过万亿。

主要管理人员

李晓红　董事长

高级工程师，从事证券相关业务的注册会计师，注册资产评估师和注册税务师。1982 年毕业于北京工业大学微电子学系，2002 级北京大学经济研究中心工商管理硕士（EMBA）。1984 年加入原中华会计师事务所，先后从事合资企业的项目可行性研究、企业年度会计审计、财务咨询和资产评估等专业咨询服务近三十年，曾在国际“四大”之一的香港安永会计师事务所学习和工作。在原中华会计师事务所担任副总经理和首席评估师。现任中天华资产评估有限责任公司董事长，中国资产评估协会理事，北京市注册会计师协会常务理事，北京注册会计师协会行业发展与宣传委员会委员，首届中国资产评估协会珠宝首饰艺术品评估专业委员会委员。撰有《无形资产评估方法与案例》、《资产评估项目的组织与管理》、《资产评估的风险认定与防范》等论著。合作译著为《以财务报告为目的的公允价值评估》一书。作为较早一批中国资产评估准则起草委员会成员，参加了《中国资产评估准则》的起草工作并多次被聘为中国注册资产评估师后续教育的主讲老师。

万　众　总经理

1982 年毕业于重庆大学动力系。1995 年加入原中华会计师事务所并任高级项目经理和评估部经理。现任中天华资产评估公司总经理。万众先生熟悉企业投资、管理及运营。自一九八九年以来主要从事大型项目的投资管理和资产评估管理，曾对美国、瑞士、香港等地的许多大型国际企业进行过调研考察，能够进行中英两种文字和语言的交流，近年来主要为大型国有企业提供管理及投资专业咨询服务。万众先生个人在这一领域的实践能力使其能够在资产评估实践中为资产交易各方清楚地阐释资产评估结果，并在许多关键问题上能够为各方找到公正合理的专业解决方案。丰富的工作经历和管理经验运用于评估实践中，使其在组织大型评估项目和处理评估疑难问题方面具有独到见解。参加起草了中国资产评估准则中的计划准则、合同准则等，译著有《以财务报告为目的的公允价值评估》。主持参加了原中华所大部分大型评估项目的组织管理工作。积累了丰富的评估经验并受到客户赞誉。

戎　军　副总经理

高级工程师、注册矿业权评估师。1988 年毕业于中国科学技术大学地球与空间科学系地球化学专业；2005 年 7 月，获工商管理硕士学位证书。2002 年，作为股东之一参与组建了北京矿兴源咨询有限公司。2004 年 11 月至今，在北京中天华资产评估有限责任公司任副总经理，主要从事矿业权评估业务工作及公司的相关管理工作。作为主要评估人员参与了 500 余项矿业权评估工作，涉及煤炭、有色金属、黑色金属及贵金属等矿种，主持了钼、铅、锌、钒、煤炭等多矿种模拟矿产资源开发利用方案的编制工作 20 余项。2007 年 9 月，受中国矿业权评估师协会委托，负责编制了《中国矿业权评估准则 – 收益途径评估方法规范》（CMVS12100 – 2008）。

张　亮　副总经理

注册资产评估师，北京市注册会计师协会理事，北京注册会计师协会注册资产评估师惩戒委员会委员，民建会员。1991 年毕业于首都经贸大学（原北京经济学院），1994 年 7 月加入原中华会计师事务所，1999 年作为发起人之一创立中天华资产评估公司，任副总经理。专业从事资产评估工作近二十年，拥有资深专业服务经验，参加起草了中国资产评估准则《档案管理准则》，在资产评估（包括大型企业集团及银行、信托、证券期货公司等金融类等）、IPO（首次公开发行上市）、清产核资、偿债能力分析、司法鉴定、项目可行性研究、企业收购兼并筹划等领域积累了丰富的经验，对企业改组改制、资产重组、管理咨询等方面也有着深入的研究和探讨。作为项目总负责人或总协调人参与了众多大型制造业、能源、交通、公用事业、房地产业、基建业、零售业、金融业和高新技术等产业的评估、咨询工作，拥有相当的资产评估实务背景及操作经验。

杨剑萍　首席评估师副总经理

注册资产评估师、注册会计师。1989 年毕业于中央财经大学（原中央财政金融学院），获经济学学士学位。北京注册会计师协会注册资产评估师专业技术指导及教育培训委员会委员。曾就职于通诚资产评估事务所和原中华会计师事务所，现任中天华资产评估公司副总经理兼首席评估师。自 1993 年以来一直从事资产评估实务工作，主持和参与了众多国有大中型企业改制上市、中外合资和企业并购重组等项目。作为评估业内资深专家，曾多次参与财政部、国资委、证监会及资产评估协会组织的行业检查及评估报告的审核工作。并 2 次荣获全国“资产评估行业检查先进个人”称号。对企业重组、并购和上市等资产评估业务有着丰富的经验。根据检查工作编写的评估案例被中国资产评估协会编入《资产评估执业质量检查案例集》。在从事资产评估业务的同时，还参与了《资产评估前后会计处理》（企业管理出版社）一书的编写工作。

于永生　首席矿业权评估师

博士、注册矿业权评估师。1989 年毕业于河北地质学院矿产普查与勘探专业；1993 年 – 1996 年，在石油大学（北京）攻读石油地质专业硕士研究生；1996 年 – 1999 年，在中国地质大学（北京）攻读石油地质专业博士研究生。2004 年至今，在北京中天华资产评估公司矿业权评估部从事矿业权评估工作，任首席矿业权评估师。从事矿业权评估工作 10 年，参与和负责完成的矿业权评估项目近500项。在能源矿产、黑色金属、有色金属、非金属及贵金属等各矿种的探矿权及采矿权评估上具有非常丰富的评估经验。2007年,受中国矿业权评估师协会委托,参与编制了《矿业权评估收益途径评估方法规范—CMVS12100－2008》。

李历兵　副总经理

北京市注册会计师协会常务理事。1992年毕业于中央财经大学国际企业管理专业,获经济学学士学位。1995年加入原中华会计师事务所,先后从事企业股份制改造审计及咨询、企业IPO和上市公司并购重组的审计及咨询、企业年度会计审计、财务咨询和资产评估等专业服务近15年。曾在著名国际评估机构美国评值公司进行学习和研讨。作为具有丰富经验的专业人士,曾多次参与财政部、大型国企及北京市注册会计师协会组织的行业检查及报告审核工作。

主要客户

1. 金融证券类

中国工商银行
中国建设银行
中国人民保险公司
泰康人寿保险
北京国际信托投资公司
中国经济开发信托投资公司
汕头商业银行
中国银河证券有限责任公司
中信证券股份公司
华夏证券有限公司
中国信达资产管理公司
中国华融资产管理公司
中国东方资产管理公司
中国长城资产管理公司
中国农业银行
中国光大国际信托投资公司
中国光大银行股份有限公司
中国民族证券有限责任公司
新华人寿保险
国泰君安证券
深圳金牛期货经纪有限公司

2. 上市公司

中国石油化工股份有限公司(A＋H)
中国石油天然气股份有限公司(A＋H)
中国工商银行股份有限公司(A＋H)
中信银行股份有限公司(A＋H)
大唐国际发电股份有限公司(A＋H)
中国神华能源股份有限公司(A＋H)
中国电信股份公司(H股)
大连港集团有限公司(H股)
南京熊猫电子股份有限公司(H股)
首都机场股份有限公司(H股)
中国有色金属建设股份有限公司(A股)
北京昊华能源股份有限公司(A股)
北京城建投资发展股份有限公司(A股)
广州海鸥卫浴用品股份有限公司(A股)
陕西兴化化学股份有限公司(A股)
顺发恒业股份公司(A股)
内蒙古包钢钢联股份有限公司(A股)
张家界旅游开发股份有限公司(A股)
北京三元种业股份有限公司(A股)
中钨高新材料股份有限公司(A股)
苏宁环球股份有限公司(A股)
湖南电广传媒股份有限公司(A股)
贵州盘江精煤股份公司(A股)
浙江宏达经编股份有限公司(A股)
北京京西风光旅游股份公司(A股)
朝华科技(集团)股份有限公司(A股)
承德帝贤针纺股份有限公司(B股)
荣安地产股份有限公司(A股)
山东鲁抗医药股份有限公司(A股)
中山华帝燃具股份有限公司(A股)
山东东阿阿胶股份有限公司(A股)
长春高新技术产业(集团)股份有限公司(A股)
青岛啤酒股份有限公司(A股)
上海望春花股份有限公司(A股)
黑龙江省科利华网络股份有限公司(A股)
深圳市海王生物工程股份有限公司(A股)
西藏金珠股份有限公司(A股)
上海交大昂立股份有限公司(A股)
辽宁成大股份有限公司(A股)
武汉中商集团股份有限公司(A股)
松辽汽车股份有限公司(A股)
徐州工程机械科技股份有限公司(A股)
江西赣能股份有限公司(A股)
岳阳林纸股份有限公司(A股)
中国东方红卫星股份有限公司(A股)
广东电力发展股份有限公司(A股)
朝华科技(集团)股份有限公司(A股)
深圳立讯精密工业股份有限公司(A股)
科林环保装备股份有限公司(A股)
北京四方继保自动化股份有限公司(A股)

3. 外资客户项目

北京可口可乐饮料有限公司(可口可乐委托)
北京吉百利食品公司(吉百利委托)
一汽大众汽车有限公司(德国大众委托)
家乐福超市系列(CARREFOUR委托)
北京佐竹精麦面粉有限公司(日本佐竹委托)
北京富国海底世界娱乐有限公司
伊莱克斯中意(长沙)电冰箱有限公司(伊莱克斯委托)
中联食品(大连)有限公司
甲骨文公司(Oracle)
深圳科兴生物制品公司股份(美国汉鼎公司委托)
河北蒙特费罗导轨有限公司(中外双方委托)
浙江沙基诺萧山转向机有限公司
广东广合电力有限公司
中国迅达电梯公司(迅达委托)
香港金卫医疗科技有限公司
金光纸业(中国)投资有限公司(APP委托)
中汽长电股份公司(BOSH委托)

4. 房地产项目

中国建筑工程总公司
中国路桥集团公司
中建建筑承包公司

北京城建投资股份发展有限公司(600266)
保利房地产(集团)股份有限公司(600048)
北京天鸿集团
北京天鸿宝业房地产股份有限公司(600376)
亿城集团股份有限公司(000616)
北京道丰建筑工程公司(北京总部基地)
北京懋源苑房地产开发公司(三环新城)
世纪中天投资股份有限公司(000540)
北京世纪城市房地产开发公司
北京五洲庄园房地产开发公司
北京亦庄新城实业公司
北京丰台科技园建设发展有限公司
北京汇和房地产开发有限公司
舜丰高尔夫球场
北京回龙观饭店
北京天伦王朝饭店
大连鑫亿房地产开发有限公司
北京国华置业有限公司(华贸中心)
5. 矿业权评估项目
神华集团有限责任公司
河南煤业化工集团有限责任公司
陕西煤业化工集团有限责任公司
万华实业集团有限公司
鹤壁煤电股份有限公司
贵州省煤田地质局
澄合矿务局
内蒙古平庄煤业(集团)有限责任公司
滕州市东大矿业有限责任公司
滕州郭庄矿业有限责任公司
内蒙古自治区鄂尔多斯市准格尔煤田
新疆若羌县萝北凹地钾盐矿
内蒙古自治区桌子山煤田鄂托克前旗焦化厂
甘肃省天水市黑沟金矿
广西河池市北香银铅锌锡锑
山东省滕县煤田(北部)大坞井田
遵义市红花岗区冯家湾锰矿
包头钢铁(集团)有限责任公司
河南龙宇能源股份有限公司
四川省广安市宝丰矿业有限公司
攀枝花钢铁(集团)公司
华亭煤业集团有限责任公司

中天华企业理念

经营理念:为客户投资成功贡献智慧!

执业理念:探赜索隐,洁静精微

座右铭:养信

愿景:以自主、独立、客观、进取的精神,努力成为一个有魅力的咨询企业,放眼世界,创造新世纪的文化和环境!

“为客户投资成功贡献智慧”体现了机构全体成员的经营理念和核心价值观,是企业持久追求的目的,是企业长久不变的信条,是激励企业发展的动力。

执业理念、座右铭和愿景都是经营理念的具体表达:

“探赜(音泽)索隐”源自《系辞传》意为“以探究之态度领悟万事之(赜)道理,以索求之精神发现万物之(隐)本质”。是中天华的执业精神。

“洁静精微”源自孔子对《易经》的评价。洁静是做人,精微是做事。中天华将其发扬光大为“洁身自好君子风范;宁静志远思想境界;精益求精职业精神;体贴入微服务理念”。是中天华的执业追求。

中天华把“探赜索隐”“洁静精微”中国传统文化的精神作为经营企业重要的执业理念,是力所能及地把善的力量和创新能力引导到我们所能影响的范围的一个过程。

地址:北京市西城区车公庄大街 9 号院五栋大楼
B1 栋 13 层
邮编:100044
电话:010－88395166
传真:010－88395661
邮箱:zhongtianhua@ zthcpv. com
网址:http://www. caa－bj. com. cn

安徽国信资产评估有限责任公司

安徽国信由安徽国信资产评估有限责任公司、安徽国信房地产评估有限公司、安徽国信土地评估有限公司、安徽国信会计师事务所有限公司、安徽国信税务师事务所有限公司等专业机构组成,具备资产评估、证券期货业务评估、工程造价咨询、房地产评估、土地评估、财务审计和税务咨询等资质,可以为社会各界提供全方位的服务。

公司由一批多年从事资产评估、基建审计、财务审计、税务咨询等的各行业经验丰富的人员组成,现有专职员工 92 人,均具有大专以上学历,其中:中高级职称 52 人,注册资产评估师 44 名,注册房地产估价师 5 名,注册造价师 6 名,注册土地估价师 5 名,注册会计师 21 人,注册税务师 5 人。

公司常年派出专家参与资产管理部门和行业协会的专家评审、业务检查及行业建设工作,历年多人多次担任了原国家国有资产管理局、中评协、中国证监会安徽省证监局、安徽省财政厅、安徽省国资委、安徽省审计厅、安徽省评协、国元证券等单位的审核专家、检查指导顾问、评审委员和专业委员会委员,为安徽省市场经济及中介行业的健康发展发挥了积极作用。

安徽国信一贯热心公益事业,2002 年、2003 年分赴国家级贫困县太湖县和宿松县进行“扶贫助学”活动;2003 年参与中国儿童少年基金会“春蕾计划”,向霍山县失学儿童捐款;2008 年四川省汶川地震、2010 年青海省玉树地震,安徽国信及全体员工进行了抗震救灾捐款,以实际行动谱写着爱的奉献赞歌。

安徽国信秉承“客观公正、诚信服务、勤勉尽责、专业进取”的企业理念,竭诚为各新老客户提供优质服务。

北京北方亚事资产评估有限责任公司

北京北方亚事资产评估有限责任公司创始于 1993 年,是由原国家国有资产管理局批准成立,财政部和中国证监会联合授予证券期货从业资格的大型综合性资产评估机构。

公司成立至今,坚持以“恪守职业道德、遵守资产评估准则、保障服务质量”为宗旨,成功为数千家不同规模、不同类型的企业提供了以企业并购重组、改制上市、合资合作、融资、财务报告、战略管理为目的的专业评估服务,尤其在无形资产评估领域有杰出建树,受到了财政部、国资委、证监会及客户的高度评价。

主要客户有:中石油、中国神华集团、中国铝业总公司、中国保利集团、中种集团、中国包装总公司、中冶集团、北汽福田、双鹤药业、青岛双星、鲁能集团、汇源果汁、华龙面业、露露集团、河南许继集团、山西潞安集团、罗蒙服饰、浙江飞跃集团、正大(中国)、红牛饮料、格兰仕集团、志高空调、柳钢股份、山西焦化、泸州老窖等。

公司总部设在北京市,目前下设河北、山西、湖北、河南、海南、浙江、甘肃、四川、内蒙、广西、山东、江西等十几家分公司,新疆、宁夏、福建分公司正在筹备中。汇聚了国内一批评估领域的资深专家,形成了阵容强大的评估专家团队,其中中国注册资产评估师120名,中国注册会计师、土地估价师、房地产估价师、矿业权估价师、注册税务师数十人,能够以多年积累的专业知识和经验,为企业发展过程中遇到的资产评估需求提供全面、周到、细致的服务。

公司为适应企业全球经营管理、资本运作的需求,与美国、欧盟及港、台评估机构有着密切的合作,具有与境内外中介机构沟通协调的丰富经验,可为企业进入国际资本市场提供优质服务。

我们愿与海内外各界精诚合作,共谋发展,为二十一世纪人类进步和经济发展献计献策!

北京恒信德律资产评估有限公司

北京恒信德律资产评估有限公司的前身是广东恒信德律会计师事务所有限公司。

广东恒信德律会计师事务所有限公司经广东省财政厅批准成立于1985年,是广东省成立较早的会计师事务所之一。1993年取得国家证监会和财政部颁发的证券许可证。

2008年7月经广东省财政厅批准,广东恒信德律会计师事务所有限公司分立为广东恒信德律资产评估有限公司和广东恒信德律会计师事务所有限公司。2010年12月注册地迁至北京,并更名为北京恒信德律资产评估有限公司。

北京恒信德律资产评估有限公司拥有资产评估资格、证券类评估资格、土地评估资格。目前有注册资产评估师37人,土地估价师10人,房地产估价师6人,造价工程师2人,高级工程师3人。

北京恒信德律资产评估有限公司以“评估+管理建议或咨询(增值服务)”的方式,在改制上市、上市公司并购、增股、融资、产权转让、资产重组、资产处置、拍卖、抵押评估等方面为客户提供综合配套服务;并用丰富的实践经验,依据企业实际情况提供增值服务的解决方案。

北京恒信德律资产评估有限公司崇尚以最简单的形式,最可行的方案,让客户直观、真切感受服务的价值。

北京天健兴业资产评估有限公司

天健兴业资产评估有限公司是由原天健兴业资产评估有限公司和原中华财务会计咨询有限公司资产评估业务及原北京德威评估有限责任公司整合而成的大型评估机构。评估业务始于1991年,是国内最早从事资产评估业务的专业机构。

目前,天健兴业资产评估有限公司在业务规模、评估师数量、专业水准、服务理念等诸多方面均保持行业领先优势,成为中国注册资产评估行业最具竞争能力、最具创新能力的专业评估机构之一。

核心价值观

以质求信恪守德操

奉行“服务、勤勉、协作、卓越”的执业宗旨

恪守“独立、客观、公平、公正”的执业准则

以人为本共同发展

坚持以人为本的发展理念

谋求个人与集体利益的统一

实现天健兴业与客户的共同发展

术业专工融贯中西

承继中华民族文化的优秀传统

以高品质的专业服务赢得市场

以优秀的专业才能获得社会认同

创新进取追求卓越

以振兴和推进中国注册资产评估师行业做大作强为己任

以卓越的专业水准为客户提供高品质的专业化增值服务

北京天圆开资产评估有限公司

北京天圆开资产评估有限公司创立于1984年,是资产评估行业中最早从事评估业务的中介机构之一,伴随着中国资产评估业的发展而不断发展、壮大。持有北京市财政局颁发的资产评估资格证书以及由国家财政部和中国证券监督管理委员会联合授予的证券业务资产评估资格。在二十多年的发展过程中,天圆开人不断进取,逐步形成了自己的企业文化。专业的人才队伍、积累丰厚的评估实践、规范的工作程序,为客户提供了最佳的服务,取得了良好的成绩。

天圆开具备本行业较强的评估专业阵容,汇聚了评估专业领域的人才,并拥有各行各业专家组成的评估专家人才库,在长期的业务实践中积累丰富的经验。现从业人员58名,注册评估师43名,土地估价师7名,房产评估师3名,高级会计师13名,各类工程、机械等专业评估人员17名。整体素质高、知识年龄结构合理的职工队伍,有效地为客户提供最佳的解决方案,在客户中享有专业过硬、服务过硬、质量过硬赞誉。

二十多年来,公司为1500多家企事业单位进行了各类用途的评估,评估范围涵盖设立公司、企业股份化改制、发行股票上市、股权转让、企业兼并、收购或分立、联营、组建集团、中外合作、中外合资、融资、抵押贷款、法律诉讼、破产清算等项目或事项涉及的整体性企业资产评估以及单项资产评估。业务涉及酿酒、机械、冶金、电力、化工、汽车、电子、电器、仪表、建材、建筑、农业、交通、高科技、金融、房地产、旅游、内外贸、投资等国民经济各个行业领域。如服务于上百亿的吉林通化钢铁、吉林建龙钢铁改制项目评估;几十亿的云南三环股份、云南云锋化工、云南富瑞化工等的化工行业资产重组股权转让项目评估;财政部的国家农发办参股的投资项目的评估;招金励福贵金属有限公司、东诚生物有限公司拟改制上市评估项目;中国粮油进出口集团公司、烟台氨纶集团公司、烟台张裕集团公司、万华超纤股份公司、枣庄矿业集团公司等国有企业改制,以及东方管理公司不良资产债权评估与分析业务等,高效、优质的服务使我们赢得了客户,扩大了影响,提高了知名度,也多次在资产评估机构综合评价中位居前列。

天圆开始终坚持“以人为本,信誉至上,追求完美”的企业精神。在发展过程中,始终体现以人为本的思想,尊重每个员工,发挥每个员工的才智,创建员工发展的平台和空间是一贯秉承的信条。本着对社会负责,对天圆开负责,对个人负责的精神,我们始终把信誉放在第一位,让选择我们的客户永远感到决策的英明,享受公司带给他们的优质服务。

天圆开始终坚持“宁要发展一百年,不要风险收入一百

万”的核心价值观。强化自律意识，规范的工作程序，完善质量管理体系，加强风险控制是我们始终坚持的质量管理要求，不断完善质量控制制度，强化监督手段，改进监督模式，加强责任意识教育，遵守职业道德，廉洁执业是执业人员共同遵守的执业准则。倡导天圆开的专业人员要出具自律报告，放心报告和信得过报告成为每个人的行为准则。

天圆开始终坚持“以质量求信誉，以信誉求发展”的企业宗旨和“公平、公正、优质、高效”的经营理念。天圆开的发展，依靠的是周到的服务、高质量的服务和超价值的服务。也正是“公平、公正、优质、高效”的经营理念使其得到不断的发展。由于“天圆开”人视客户责任，社会责任及公司责任为已任，追求卓越的执业风格，得到社会、政府和行业主管部门的认可和好评。

天圆开始终坚持“内强素质，外树品牌，和谐发展”的核心理念。注重员工专业水平的提高，不断提高事务所的整体水平，以适应社会主义市场经济不断完善，发展的要求。凭着对资产评估的良好理解，以打造“百年老店”的不懈追求，让“评估成为客户利益的天平”的经营理念成为我们不断努力的目标。

面对新的征程，天圆开公司将一如既往，开拓奋进，为服务评估业务、为改革开放的健康发展、为中华民族的伟大复兴而努力奋斗。

北京中锋资产评估有限责任公司

中锋资产评估公司原隶属财政部，是财政部批准的第一批具有资产评估资质的评估机构，以及由证监会、财政部批准的第一批具有从事证券评估资质的评估机构。1999 年，脱钩改制成为以注册资产评估师为投资主体的有限责任公司。

公司是国内大型专业评估机构之一，中国资产评估协会常务理事单位。具有财政部认证的资产评估资格（证书编号：11020074），以及财政部和中国证券监督管理委员会共同确认的从事证券业务资产评估资格（证书编号：0100026012）、公司还具有国家国土资源部颁发的土地估价 A 级资格（全国范围内从事土地评估业务）（证书编号：A201011035）、经国土资源部批准取得探矿权、采矿权评估资格（证书编号：矿权评资[2000]003 号）、经北京市国土资源和房屋管理局批准取得城市房屋拆迁资格（文号：京国土房管拆字[2002]318 号）。

中锋评估公司评估师曾经负责了中国第一家赴香港上市的公司（青岛啤酒）、第一家赴美国上市（华能国际电力）、第一家赴新加坡上市的公司（中国航油）、第一家在美国、英国、香港、上海四地上市的公司（中国石化）的评估工作，负责了中国第一例矿业权评估、第一例无形资产评估项目。

我们的业务网络遍布全国 30 个省市自治区及香港特别行政区，作为国内专业服务的佼佼者，客户包括国内大型重要企业及美国、德国、日本等二十余个国家，业务涉及机械、轻工、冶金、电力、石油、化工、铁路、汽车、造船、电子、电器、仪表、建材、建筑、农业、交通、航空、高科技、金融、房地产、旅游、内外贸、证券、投资等国民经济各个行业领域。

中锋资产评估有限责任公司十分重视按照国际评估规范进行执业，公司评估师受国内外客户和国际组织的聘请，曾先后赴美洲、欧洲、非洲、大洋洲和亚洲其他国家和地区进行资产评估执业工作，积累了大量的国际评估经验，近年来为境内外矿业企业并购、重组行为提供了优质的资产评估服务；与此同时，还先后派出评估师赴美国、日本、加拿大、香港等国家和地区研修，多次参加在中国举办的国际评估论坛和其他研讨活动，促进了中国资产评估与国际的接轨。

此外，我们受国际大型知名企业和众多国内企业的委托，为这些企业提供了编制项目建议书、预可行性研究报告、可行性研究报告，以及企业改制策划、法律咨询等多方面的服务。

北京中天衡平国际评估有限公司

北京中天衡平国际资产评估有限公司（或简称“中天衡平”）前身为成立于 1989 年的广州资产评估公司，是中国最早组建的专业资产评估机构。1994 年广州资产评估公司第一批获得证券业评估资格（全国共 21 家评估机构首批获得证券业评估资格）。1999 年按照国家要求进行脱钩改制，设立“广州中天衡资产评估有限公司”，并依法继承了原公司的所有执业资格。2001 年根据建设部、国土部的要求，分设组建“广州中天衡房地产与土地评估有限公司”，获得房地产评估和土地评估一级资质，与广州中天衡资产评估有限公司统一经营管理。2010 年，广州中天衡资产评估有限公司将公司注册地迁往北京，改名为“北京中天衡平国际资产评估有限公司”（CVI），并继承所有专业资质。

中天衡平汇集专业精英，为客户提供最优质、专业的估值服务。

目前拥有：

专职中国注册资产评估师 48 人

中国注册房地产估价师 17 人

中国注册土地估价师 12 人

英国皇家特许测量师学会资深评估师（FRICS）1 人

美国评估师协会高级评估师（ASA）1 人

国际企业价值评估分析师（CVA）1 人

专业优势

中天衡平以专业能力为核心竞争力，注重专业胜任能力培养和提高，不仅在国内外评估理念和经验方面具有较强优势，更重视持续跟踪国内外评估行业的最新发展，持续保持公司和执业人员的专业胜任能力，凭借专业理念和经验为客户提供优质服务。

独立性

中天衡平以独立性为立身之本，严格遵守职业道德，在诚信、保密、利益冲突等方面按最高要求执行，保持与客户、专业服务使用者、其他利益相关人及管理部门在形式和实质上的独立，在提供优质专业服务的同时，切实保证所提供专业服务的公正性。

执业经验丰富

中天衡平为客户提供服务所涉及的经济行为、行业领域和地域十分广泛，在多年的执业过程中积累了丰富的实践经验，能够胜任各种资产类型的价值评估项目。

长于评估理论及方法的创新

中天衡平非常注重对评估理论、方法和实务的研究与创新。针对每一个项目深入分析、评估目的和资产特性等因素，力求以最佳的方式和途径为客户提供最优质的服务；遇到特殊项目或疑点、难点项目时，不局限于传统评估理论和方法的束缚，勇于创新，完成客户企业的委托。

服务于国内、国际客户的经验

中天衡平专业人员长期为国内企业、跨国企业等提供专业评估服务，熟悉国内企业和跨国企业管理文化和沟通方式，有着国内企业与跨国企业及其财务顾问等进行有效合作的丰富经验。

良好服务意识

中天衡平在遵守专业准则的前提下从客户的实际需要出发，倾全力为客户服务，注重质量，讲究效率，为客户提供全面、持续的优质专业服务。

全国性辐射网络

中天衡平以北京和广州两大城市为基地，构建辐射全国的网络，有利于根据客户的特点提供长期服务，并有效降低相关费用。

与有关主管部门具有良好的沟通能力

中天衡平认真执行相关政策法规，遵守政府监管和行业自律规程，赢得主管政府部门的信任。十多年来，中天衡平承办的评估项目在相关政府部门备案通过率达到100%。

※资信评估机构※

鹏元资信评估有限公司

鹏元资信评估有限公司原名为“深圳市资信评估公司”，成立于1993年，先后经中国人民银行、中国证监会、国家发改委认可，在全国范围内从事信用评级业务。作为中国最早成立的评级机构之一，鹏元始终坚持“独立、客观、公正”的评级理念，遵循“客户至上、保证质量、服务先行”的经营宗旨，将防范金融风险和维护社会信用作为经营使命。

1993年3月，经中国人民银行深圳特区分行批准，鹏元获得从事贷款企业评级业务资格；1997年12月，经中国人民银行批准，鹏元成为首批具有在全国范围内从事企业债券评级业务资格的9家评级机构之一；2007年9月，经中国证监会核准，鹏元成为首批获得证券市场资信评级业务资格的评级机构之一；2008年9月，经国家发改委批准，鹏元获得从事企业债券评级业务资格，成为全国第一家正式获得国家发改委书面批文的评级机构；2009年11月，经中国人民银行贵阳中心支行核定，鹏元获得贵州省信贷市场企业主体信用评级资格；2010年3月，经中国人民银行上海分行核定，鹏元获得上海市信贷市场企业主体信用评级资格。

目前，鹏元的业务品种包括上市公司债券评级、非上市公司（企业）债券评级、结构类融资评级、贷款企业信用评级、上市公司治理评级、商业银行信用评级、综合实力评级、招投标评级、个人征信、企业信贷贷前调查、中小企业融资推荐等十余种，公司整体评级技术一直处于国内领先水平。

迄今为止，鹏元已累计完成了30,000余家（次）工商企业资信评级，为全国六百余家发债企业进行了债券信用评级。

同时，鹏元拥有一支专业化、高素质的研究团队。2011年，中央财经大学与鹏元合作创建“中财——鹏元地方财政投融资研究所”，对地方财政投融资问题进行持续、深入的研究；2010年，公司作为唯一的非政府机构被邀请参与“十二五”期间报国务院审批的重点专项规划——社会信用体系建设规划的编制工作；2009年，鹏元参与研究的课题“国家开发银行商业化改制对债券市场的影响”荣获“国家开发银行创新成果特殊贡献奖”，负责研究的课题“全覆盖债券的国际经验及中国的现实选择”荣获“国家开发银行创新成果一等奖”。

此外，鹏元与深圳证券信息有限公司共同开发的“上市公司治理评级体系”为深圳证券交易所投入使用，是国内首个付诸于实际应用的公司治理评级体系。目前，鹏元已初步建成包含深沪两地全部上市公司治理等级结果的“上市公司治理评级数据库”。同时，鹏元还积极参与中国证监会发起的“公司治理专项活动”，协助监管机构和证券交易所对上市公司进行公司治理知识培训。自2007年以来，鹏元连续作为特别支持机构为上市公司“百强”暨中小板“50强”评选活动提供专业的公司治理评级。

鹏元作为一直致力于打造民族品牌的信用评级机构，希望以多年在信用评级领域积累的经验服务于国内外资本市场，向全世界的投资者发布来自中国的评级资讯，提升中国信用评级行业的国际影响力，确立与金融强国相匹配的评级地位，维护国家金融安全。

资质资历

2010年3月16日，经中国人民银行上海分行批准，我公司获得上海市信贷市场企业主体信用评级从业资格。

2009年11月30日，经中国人民银行贵阳中心支行批准，我公司获得贵州省信贷市场企业主体信用评级从业资格。

2008年9月22日，我公司收到国家发展和改革委员会财政金融司《关于同意鹏元资信评估有限公司开展企业债券评级业务的复函》，公司的企业债券评级业务资格正式获得批准。

2007年9月30日，我公司获得中国证券监督管理委员会《关于核准鹏元资信评估有限公司从事证券市场资信评级业务的批复》（证监机构字[2007]249号），成为全国首批获取证券市场资信评级资格的机构，并于2008年2月26日获得中国证券监督管理委员会颁发的“证券市场资信评级业务许可证”。

1997年12月，经中国人民银行批准，我公司成为首批具有在全国范围从事企业债券评级业务资格的9家评级机构之一（银发[1997]547号）。

1993年3月，经中国人民银行深圳市中心支行批准，我公司具备工商企业资信等级及有价证券信用等级评定资格。

大公国际资信评估有限公司

大公国际资信评估有限公司（简称“大公”）1994年经中国人民银行和原国家经贸委批准成立，是面向全球的国际信用评级机构。

作为新型国家信用评级标准的创建者，大公是世界第一家向全球提供国家信用风险信息的非西方国际评级机构，财政部推荐参加亚洲债券市场建设的评级机构，是参与国际信用评级体系改革，争取国际评级话语权的中国信用评级机构的代表。

作为中国信用评级行业和评级市场的创建者，大公具有国家特许经营的全部资质，是中国唯一可为所有借款和发行债券的企业进行信用等级评估的权威机构。

作为中国行业、地区、企业信用评级标准的创建者，大公参加了国内大部分债务工具的创新设计与推广应用，先后为万余家企业与项目进行信用评级，债券发行总额度逾万亿元。

作为多元化的金融信用信息服务商，大公建立了我国评级业第一个博士后科研工作站，为资本市场提供前沿风险评价技术与研究服务；与天津财经大学联合创建了我国第一所以培养信用评级和风险管理高端专业人才的高等院校——大公信用管理学院。

作为中国最具规模化、规范化的评级机构，大公拥有员工400余人，其中，硕士和博士分析师200多名，博士后科研人员 30 多名;在国内设有 30 多个分支机构,每年为国内外客户提供信用信息服务。

作为致力于民族品牌国际化发展的评级机构,大公把自己的命运与国家战略发展和民族伟大复兴紧密联系在一起,正在努力通过研究中国和国际信用问题的本质规律和解决方案,向资本市场提供公正的信用信息,建设并发展成为一个拥有国际资本市场话语权的民族信用评级机构。

评级资质

大公拥有银行间和证券业两大债券市场,四个国家政府部门认定的中国全部债务工具类信用评级资质。

1. 中国人民银行认定的全国性企业债券及银行间债券信用评级机构。

2. 中国证监会认定的从事证券市场资信评级业务信用评级机构。

3. 国家发改委认定的企业债券、中小企业、担保公司信用评级机构。

4. 中国保监会认定的对保险公司投资债券进行信用评级的机构。

东方金诚国际信用评估有限公司

东方金诚国际信用评估有限公司是经财政部批准由中国东方资产管理公司以资本金投资控股的全国性、专业化信用评级机构。公司先后获批中国证监会、中国人民银行和国家发改委三个国家政府部门认定的证券市场及银行间债券市场两大债券市场国内全部债务工具类信用评级资质,以及各地人民银行批准的信贷市场评级资质。公司注册资本 1.25 亿元人民币,在全国各地设立了 26 家分公司,并全资控股一家专业数据公司——北京东方金诚数据咨询有限公司,是中国境内经营资本实力最雄厚的信用评级机构之一。

作为第一家获批证券市场和银行间债券市场信用评级业务资质的国有控股信用评级机构,东方金诚具有高度的社会责任感,在涉及国家秘密的军工、航空、航天企业及相关关系到国计民生的敏感行业和核心企业的信用评级领域具有独特的地位。

公司自成立以来,通过积极参与各地方政府的信用数据信息平台建设及区域、行业信用体系建设,开拓了多元化的信息收集渠道,建立了庞大的行业和企业信用信息数据库。同时,公司全资控股的专业数据公司拥有国内第一个,也是目前最大、最全的贷款违约损失 LossMetrics 数据库。基于行业和企业信用信息数据库,公司对影响企业和债务工具信用风险的因素进行统计分析和模型化处理,开发了"信用评级管理系统"和"信息支撑管理系统",为公司信用评级业务的开展,以及评级质量和效率的提升奠定了坚实的基础。公司自主研发的"实现可扩展的数据存储方法"获得了国家专利,"信用评级管理系统"荣获 2010 年度中国金融博览会金融创新奖。

公司与中科院数学与系统科学研究院建立了战略合作关系,联合成立了"金诚中科信用风险与数据分析实验室";与政府部门、金融机构、行业协会紧密协作,开展了与信用评级相关课题的研究和开发。自 2003 年开始,共完成了财政部、人民银行、证监会及地方政府委托的多项重大课题研究。

公司控股股东中国东方资产管理公司进入评级行业,符合监管部门对资产管理公司商业化转型的要求,得到了政府相关部门的大力支持和肯定。东方资产及旗下证券、实业投资、融资租赁、保险、信托等一体化金融服务平台公司不仅能够为东方金诚评级业务的开展提供数据、人才和技术支持,也能够为广大客户提供一体化和专业化的金融服务,提升公司整体研发能力和评级技术的创新性应用能力。

联合信用评级有限公司

联合信用评级有限公司(以下简称"联合评级")原名天津中诚资信评估有限公司,是国内专业从事资信评级业务的全国性公司之一,公司总部设在天津,目前拥有专职信用分析师近 40 人。

联合评级是联合信用管理有限公司(以下简称"联合信用")的全资子公司。联合信用是中国规模最大和最具影响力的专业信用信息服务机构,是我国目前唯一一家资质齐全的国有控股信用评级公司,在全国设有 32 家分支机构,其中全资子公司——联合评级和控股子公司——联合资信评估有限公司分别从事证券市场和银行间市场信用评级业务。

联合评级自成立以来,长期专注于中国信用评级市场的研究和实践工作,先后获得中国国家发展和改革委员会和中国人民银行总行的认可,开展相关信用评级业务,2008 年 5 月获得中国证券监督管理委员会行政许可,从事证券市场资信评级业务。

基本情况

联合评级将秉承"独立、客观、公正"的执业准则,为推动中国信用评级行业的发展与进步做出贡献。

联合评级是一家全国性的专业信用评级机构,注册资本 3000 万元;

联合评级的业务范围包括:证券市场资信评级,信贷市场资信评级,担保机构资信评级,以及信用管理咨询;

联合评级目前拥有专职信用分析师近 40 人,部分高级分析师有 5 年以上的从业经验;

2008 年 5 月 22 日,联合评级获得中国证监会证券市场资信评级业务许可。

主营业务资质

联合评级是国内专业从事资信评级业务的全国性公司之一,具有证券市场资信评级资格,是中国证监会、中国人民银行、中华人民共和国国家发展和改革委员会等监管部门认可的信用评级机构。

(1)2008 年 5 月 22 日,取得中国证监会许可,从事证券市场资信评级业务。

(2)2005 年 5 月,获得人民银行总行认可,从事全国范围内的信贷市场资信评级

(3)2004 年 5 月,获得中华人民共和国国家发展和改革委员会认可,从事中小企业资信评级和担保机构资信评级。

上海新世纪资信评估投资服务有限公司

新世纪公司成立于 1992 年 7 月,是中国最早一批成立的评级公司之一。公司成立之初正是我国资本市场启动的阶段,先后为 80 余家上市公司编写、发布投资价值分析报告,开创了我国证券投资咨询服务的先河。

1997 年,新世纪公司获得人民银行批准,成为具有从事全国范围内债券评级资格的评级机构之一。

1998 年,新世纪公司获得中国人民银行上海总部的认可,开始全面从事上海市借款企业信用评级业务。

2005 年,中国人民银行启动短期融资券市场,允许符合

条件的企业在银行间债券市场发行短期融资券筹集资金，新世纪公司成为首批具备评级资质的机构之一。

2007年8月，中国证券监督管理委员会正式启动公司债券融资工具，新世纪公司获得中国证监会核准的从事证券市场资信评级业务资格，成为第一批获得该业务资质的评级机构之一。

至此，新世纪公司成为我国信用评级行业第一家取得全部评级资质的评级机构。

公司目前拥有的资质

中国人民银行总行批准的从事全国企业债券信用评级业务资格；

中国人民银行总行认定的全国银行间债券市场评级业务资格；

中国国家发展和改革委员会认可的从事全国企业债券信用评级业务资格；

中国保险监督管理委员会认可的信用评级机构资格；

中国证券监督管理委员会核准的从事证券市场资信评级业务资格；

中国证券监督管理委员会颁发的证券投资咨询业务资格；

中国人民银行上海总部认可的从事上海市借款企业主体信用评级、集团企业评级、担保公司评级和中小企业评级业务资格。

中诚信证券评估有限公司

中诚信证券评估有限公司（中文简称“中诚信评估”，英文缩写“CCXR”），成立于1997年8月，获得中国证券监督管理委员会和中国人民银行的业务许可，主要从事证券市场资信评级业务和信贷市场资信评级业务。

2007年9月，经中国证券监督管理委员会核准，中诚信证券评估有限公司成为首家按照公司债券新的发行机制取得证券市场评级业务许可的评级公司。

中诚信评估是中国诚信信用管理有限公司旗下的全资子公司。公司注册地址为上海，设有北京总部。

中诚信证券评估有限公司的业务资质：中国证券监督管理委员会核准公司债券评级资格（证监机构字［2007］223号）；中国人民银行上海分行核准贷款企业评级资格。

业务范围

中诚信评估的业务范围包括：

中国证监会依法核准发行的债券、资产支持证券以及其他固定收益或者债务型结构性融资证券；

在证券交易所上市交易的债券、资产支持证券以及其他固定收益或者债务型结构性融资证券（国债除外）；

上述各类证券的发行人、上市公司、非上市公众公司、证券公司、证券投资基金管理公司；

中国证监会规定的其他评级对象；

公司治理评级；

借款企业评级业务等。

业务资质

中国证券监督管理委员会批准的《关于核准中诚信证券评估有限公司从事证券市场资信评级业务的批复》（证监机构字［2007］223号）；

中国证券监督管理委员会颁发的证券市场资信评级业务许可证（ZPJ001）；

中国人民银行上海分行核准的信贷评级资格。

※投资咨询机构※

上海申银万国证券研究所有限公司

上海申银万国证券研究所有限公司（简称“申万研究”）创建于1992年，是申银万国证券股份有限公司的控股子公司，是中国大陆成立最早、规模最大、具有独立法人资格的综合性证券研究咨询机构。申万研究拥有约200人的证券研究服务团队，以500家中国上市公司为重点，对涉及中国经济、制度、金融市场、各类行业、上市公司和股票、债券、基金、衍生品、金融产品设计和投资策略等领域实行全覆盖、成体系的证券研究和咨询服务。

投资研究服务

申万研究致力于为投资中国的全球机构提供投资研究服务，客户包括了中国大陆几乎所有的基金管理公司、主要的保险公司与保险资产管理公司、商业银行、信托以及以信托为平台的各类资产管理机构、财务公司、私募资产管理机构，以及其他包括QFII在内的海外投资机构。

财务顾问服务

申万研究还致力于为快速成长的中国企业提供财务顾问服务，以企业的CEO和CFO为主要服务对象，服务的内容包括以提升上市公司市值为主线的公司治理、战略规划、绩效提升、资本结构和收购兼并等特色财务顾问服务，客户包括主流的央企集团，业务高速发展、急切需要改进资本运作的企业也包括战略转型中的企业和一些拟上市的企业。

在中国资本市场快速发展的进程中，申银万国证券研究所秉承“以人为本、务实创新”的企业精神，致力于培育“中国资本市场最优秀的百年研究咨询团队”，坚持“以市场为导向、以客户为中心”的经营理念，在经历创立、扩股、改制和创新发展后，以其骄人的市场表现，在中国证券市场上产生了广泛影响，树立了崭新的证券研究咨询服务品牌，目前已拥有近一百五十人的高素质专业研究咨询队伍、独立的网络咨询服务平台和中国机构投资者市场知名的《财经大师》服务品牌，并创立了《大赢家》、《申银万国股价系列指数》等产品。

申银万国证券研究所长期致力于机构投资者的专业证券研究咨询服务，连续多年在中国基金服务市场名列前茅。在《新财富》杂志2004－2006年度推出的基金经理问卷评选活动中，申银万国证券研究所连续3年当选“中国资本市场最具影响力研究机构”第一名，并获得“最具独立性研究机构”第一名等荣誉。在Asiamoney组织的2005年亚太最佳券商、最佳分析师评比中，申银万国证券研究所名列亚太区最佳研究与销售第25位，中国区最佳研究与销售第9位。

黑龙江省容维投资顾问有限责任公司

黑龙江省容维投资顾问有限责任公司经中国证监会审核批准，于一九九八年荣获全国第一批证券投资咨询资格，是黑龙江省唯一一家证券投资咨询从业机构。公司注册资本2756万元，是目前全国同类业务公司中，规模最大、实力最强的公司之一。公司拥有国际、国内的信息渠道，拥有来自全国不同城市的专、兼职著名投资咨询专家，他们分布在全国各地的资本市场，是公司最宝贵的财富。黑龙江省容维投资有限责任公司主营业务有：资本市场独立财务顾问、资产重组、并购方案设计、股份制策划与运作、资产委托管理、证券市场投资信息咨询、高科技及专利产品投资、信息产业、投资办学等。

黑龙江省容维投资顾问有限责任公司以资本运营业务为中心，以开放、创新、诚信、共荣为原则，以信息及人才为优势，立足长远，在低风险的前提下追求利润的合理化、最大化。容维投资公司有着良好的社会形象及友善广泛的社会关系，与全国多家证券公司及中介机构建立了合作关系；与省内的新闻界及部分全国性新闻媒体建立了长期的友好关系；与多家上市及非上市公司有着密切的业务往来。为企业改制、策划资产重组业务、提供投资价值分析、行业研究报告、充当独立财务顾问，为企业资本运作，谋求境内外上市都是容维投资公司的业务所及。公司拥有大量的成功案例，拥有行业的顶尖人才，专业、实力、守信是公司的形象特征。

公司的信息产业以高科技信息产业项目为先导，以包括INTERNET网络技术、多媒体技术在内的技术手段为依托，以网上投资咨询及其电子商务应用软件开发为业务重心，以获取合法的最佳经济效益为目标。依托于自主开发、拥有独立知识产权的容维创富大趋势股票分析预测系统是世界性的独创，用户对市场脉博的把握和对个股买卖点位的判断都能做到准确、明晰，从而使股票市场的效益问题首次得到完美的量化、逻辑化，对用户市场操作策略起到了决定性的作用。公司以软件的形式发展自身的客户群体，为其提供信息服务；使公司与世界、公司与社会、公司与客户之间的联系有了更加快捷而紧密的通道。

作为“容维创富”的系列服务，容维投资公司已开发出了容维创富证券商务网（www. caipaiwang. com）和语音平台。容维创富证券商务网（www. caipaiwang. com）可为用户提供大盘分析、热点分析、强势股推荐、上市公司资料、国内外财经信息等，容维创富大趋势图表形态更能使用户通过容维创富大趋势的上升价格与下降价格真正的明了为什么它能如此的准确的告诉您何时买，何时卖。不具备上网条件的用户则只需拨通公司800咨询电话就可自由选择收听容维提供的所有信息，并有容维投资公司的咨询专家为您实时解答盘中疑点，而所产生的长途通话费用全部由容维投资公司承担。在此基础上延伸开发的“容维创富卡”依托公司网络和语音平台为客户提供了更为全面、及时、专业、详实的信息咨询服务，操作简单实用，使投资者对市场走势的分析判断一目了然，增强了抗风险和盈利的能力。

北京新兰德证券投资咨询有限责任公司

新兰德集团自1992年1月创办至今，历经十年风雨，是国内第一家专业性的证券投资咨询集团。集团拥有近百名专业投资专家，以其准确的市场预测和丰富的资讯信息在广大投资者中树立了良好的信誉，创造了业内的一个神话。

北京新兰德证券投资咨询有限责任公司是新兰德集团在北京设立的专业性证券投资咨询公司，是我国最早涉及证券咨询的元老级咨询公司之一，伴随着中国证券投资咨询业的发展，已经走过了近十个年头。1993年9月在京注册，2000年获中国证监会批准授予证券投资咨询资格证书[证券咨询资格0018号]。2001年4月北京新兰德证券投资咨询有限责任公司进行股权置换，成为自主经营，独立核算的证券投资咨询企业。

北京新兰德证券投资咨询有限责任公司的主要业务是：提供股份经济，证券市场的研究分析报告及相关对策；策划企业股份制改造和证券事务，包括企业证券发行及上市，企业兼并与收购，企业管理咨询，上市公司年度分红派息方案设计，上市公司形象设计等；针对机构投资者和个人投资者的国内证券投资咨询，包括宏观经济分析，行业分析，指数及个股价格分析，投资策略分析，传统投资组合和现代投资组合的设计和改良等。

北京新兰德证券投资咨询有限责任公司聘请著名经济和金融专家，组成高级顾问团，并拥有一支熟悉市场经济和现代企业管理、熟悉证券市场、证券事务、证券法规的专家队伍，拥有一批政策嗅觉敏锐、市场经验丰富、技术功底深厚、具有执业资格的证券分析师和投资理财顾问。公司经过改制后现设有的主要业务部门有：研究发展部，投资咨询部，投资银行部等。北京新兰德证券投资咨询有限责任公司自成立以来其稳健扎实、高效务实的作风深受客户称道，已在中国证券业内赢得了较高声誉，客户遍及全国各地。

北京新兰德证券投资咨询有限责任公司的另一大优势是拥有覆盖面很大的信息网络，与海内外许多证券机构和主管部门建立了广泛的联系，同时拥有自己的信息协会，每天均能获得大量的第一手信息，准确掌握上市公司动态，及时了解券商动向，从容把握股市脉搏。

北京和众汇富咨询有限公司

公司概况

和众汇富：2000年春北京和众汇富咨询有限公司在北京正式成立，2002年获得证监会投资咨询牌照（牌照号：ZX0155）

业务结构：投资咨询 + 实战培训

投资咨询：为广大投资者提供深入、及时、稳健的证券资讯，并提供稳健的投资计划、资金管理、投资组合及操作建议等咨询服务

实战培训：为广大投资者提供简明实用的实战短线操盘技巧和投资心智模式培训

历史沿革

1993－1999年历史萌芽期

北京和众汇富咨询有限公司的创始团队亲历新生的中国股市，耳闻目睹了“327”国债风波、国泰与君安合并等历史大事，领教了证券江湖的各路风云人物和炒作手法，体会了股指的跌宕起伏和波谲云诡，看尽了市场的浮躁和喧嚣，后赴华尔街潜心学习先进成熟的投资理念，学成归国后立志成立一家惠及大众的投资咨询公司。

2000－2008年潜心积累期

北京和众汇富咨询有限公司于2000年正式成立，开始致力于市场特性、公司价值以及主力行为等研究，提出了“股市群氓理论”、“走到K线背后，发现黑马”等理念。2002年，和众汇富获得证监会颁发的投资咨询牌照，和众汇富人开始深入到中国的产业和上市公司当中，短则几周，长则数月，做深入调研，对相关投资机会做出深入、及时和稳健的判断！

2009年至今快速发展期

2009年，和众汇富人秉承十年磨一剑练就的证券研究和投资顾问能力，走近广大投资者，惠及大众的“和－众－汇－富”之旅顺风起航。

企业文化

企业使命：推广投资者教育，帮助广大投资者健康快乐的投资，为中国证券市场的规范发展贡献自己的力量！

企业愿景：成为全球卓越的综合性金融服务平台！

企业宗旨：全心全意为广大投资者服务！

企业价值观：和衷共济，众志成城，汇涓成海，富民强邦！

北京金美林投资顾问有限公司

北京金美林投资顾问有限公司成立于 2000 年 4 月 12 日，注册资金为 500 万元人民币。公司于 2001 年 8 月获得中国证监会批准证券投资与咨询执业资格。是中国证券业协会的法人会员单位。公司是一家集证券投资与咨询、财务顾问、实业投资、房地产开发与经营、高速公路经营与管理等多种经营的综合类投资公司，其中在投资银行业务和证券投资咨询业务方面取得了优异的成绩，获得了业内同行的好评。

自成立以来，公司以完善的管理制度和专业的研发力量不断地发展规模。目前，公司共有员工 22 名，其中高层管理人员 4 名，专业咨询人员 13 名，研究发展与投资银行人员 5 名，都具有较高的业务水平和学术水平。公司董事长兼总经理张永明为中国第一届证券投资专业毕业生，现在是中欧国际工商学院 EMBA 研究生，张先生曾在多家大型金融机构担任研发部经理，主持过大量行业研究工作，成功策划大型投行项目，具有丰富的管理经验和较高的理论水平。公司的专业咨询人员都取得了中国证监会颁发的证券投资咨询从业资格证书，并接受了相关法律、法规的培训。公司秉承“服务于我国资本市场，服务于广大投资者”的经营理念，取得了良好的经营业绩。

在财务顾问业务方面，公司先后担任了北大高科、方正指级科技、大庆联谊、科瑞奇科技、广东粮丰、广州药业和钢联股份等十多家上市公司和拟上市公司的财务顾问和独立财务顾问业务。在证券投资与咨询业务方面，公司与多家电视、报刊、网络媒体建立了良好的合作关系。目前已成为中央电视台和甘肃、海南、湖北、东南、上海、四川、辽宁、安徽、浙江、山东、新疆等电视台的特邀撰稿人，并有专业分析师定期参加中央二台《证券时间》节目和上海电视台、广东电视台、四川电视台等电视台的证券节目，并不定期地为《中国证券报》、《上海证券报》、《证券时报》、《大江南》、《金融投资报》、《证券日报》以及其他证券、财经类报刊撰文，与和讯网、鑫牛网、中财网、搜弧网、新浪网等网络媒体也有良好的合作关系。公司在证券市场树立了全心全意为投资者服务的宗旨，保持良好的市场形象，并以独特、准确的投资分析赢得了市场的赞誉。

公司凭借雄厚的实力，先厚夺得《中国证券报》2001 年证券投资锦标赛冠军，《人民日报》所主管的《大江南证券报》2002 年证券投资邀请赛连续三个季度的总冠军。公司不断加大证券投资与咨询业务的开发力度，除为部分个人投资者提供证券投资咨询服务外，还先后与申银万国证券公司、湘财证券、中国国际金融投资公司、建设银行、工商银行等相关机构建立了良好的合作关系。

公司除了在证券投资与咨询方面取得骄人的成绩外，还将凭助股东雄厚的资金实力和广泛的人脉关系，致力介入房地产开发、科技产品的开发与生产等实业领域。

北京君之创证券投资咨询有限公司

北京君之创证券投资咨询有限公司创立于 1996 年，注册资本 1000 万，是国内最早的专业咨询机构之一，1998 年 3 月获得中国证监会首批颁发证券投资咨询业务资格证书（证书编号：ZX0014）。

十多年来公司以稳健的经营风格，全方位地开展证券投资咨询、企业并购重组、财务顾问等业务，积累了丰富的实践经验和大量的成功案例。公司着力与各种类型的客户建立长期战略合作关系，共创双赢、多赢的未来。

企业使命、核心价值观

奉行企业使命：携君之手，创财富人生；

秉承核心价值观：着力提升客户服务体验、员工职业体验；

恪守研发策略：价值投资、全球视角、投资逻辑、风险控制。

公司发展策略

着力提高高端业务－财务顾问的业务量着力研发高端证券资讯产品和行情产品着力开发高端个人客户的投资顾问业务着力拓展阳光信托和私募基金的投资管理着力打造证券市场投资的算法交易系统着力获取基金销售资格的努力着力打造中国第一财顾、第一投顾。

目标达成的努力

努力打造高度专业化、职业化的团队

努力架构高效、灵活的研发体系

努力拓展社会资源和公司品牌效应

努力将风险控制成为目标达成的保障

公司实力

先进的硬件平台

公司在北京、上海有办公楼 800 平方米，新建上海营销中心 1000 平方米；

公司采用服务行业最先进的呼叫中心电话集成技术，配置全球第一品牌的 AVAYA8800 程控交换机等系列产品，组成了业界最先进的呼叫中心平台。

专业化的研发

历年来公司着力提升投资顾问业务、证券分析软件的证券专业水平；

公司建立了一整套行之有效的年度－季度－月度投资策略研发机制；

着眼于全球视野、投资思维、逻辑判断、风险控制；

验证：自 2004 年以来，用正确投资策略准确地把握了市场 2005－2007、2008、2009－2010 大波动的投资机会。获得了远超指数收益。

强大的软件研发实力

公司自行研发了国内咨询行业首款 CRM 客户资产服务管理软件；

公司基于分账户式的集合资产管理系统从投资组合、资产动态风险管理、指令化交易系统、投资及风险评估等诸方面充分体现了公司资产管理的交易水平和风险控制水平；

公司研发的前景证券分析系统以数据深度精确还原机制、修正经典交易系统重大缺陷的多因素交叉分析综合选股机制、算法交易机制为三大特色。

北京中方信富投资管理咨询有限公司

北京中方信富投资管理咨询有限公司是一家面向国内和国际资本市场，从事资本市场投资咨询及相关服务业务的全国性投资管理咨询公司。公司注册资金 1000 万元，是经中国证监会批准，具备证券投资咨询执业资格的专业公司（资格证书编号：zx0121）。公司总部位于北京，拥有 8 家分公司，竭诚为上海、广州、大连、成都、武汉、沈阳等地投资者提供专业的金融理财服务。

北京中方信富投资管理咨询有限公司是一家面向国内和

国际资本市场，从事资本市场投资咨询及相关服务业务的全国性投资管理咨询公司。公司注册资金 1000 万元，是经中国证监会批准，具备证券投资咨询执业资格的专业公司（资格证书编号:0121）。公司自 1997 年正式成立以来，始终恪守“执中方正，信本创富”的经营原则，以最好的人才，最好的服务全面开展各项业务，迄今已初步形成以投资管理咨询为主、财经公关、投融资讯与服务、财经媒体经营等诸业并举的发展格局。北京中方信富投资管理咨询有限公司用经验、智慧和富于创造性的经营参与中国资本市场的各个领域，以一流的专业人才、良好的公共关系、勤勉的敬业精神为客户提供优质服务。

专注于投资者关系，推进金融营销理念

中方信富公司凭借自身所具有的优势，利用对国内资本市场、上市公司，投资群体以及财经传媒的透彻理解与需求的准确把握，帮助上市企业精确的推介自己；中方信富致力于投资者关系管理在国内的推广，是国内最早引入投资者关系管理概念和开展上市公司投资者关系顾问业务的专业公司之一。拟与名校合作建立的专业的投资者关系研究中心（IRDP），研究并传播 IRM 的专业知识，用专业公司系统化、程序化和公开化的业务将上市企业简单的信息披露转变为金融营销，在资本市场塑造优秀企业品牌形象，增加无形资产，提高投资价值。

构筑海内外资本领域沟通与交流的平台

与海外的多家投资机构有着战略合作关系，中方信富协助上市公司和企业集团搭建与海外投资者或潜在投资者相互沟通的平台；帮助他们解决因地域差异，市场环境差异，文化差异等方面给工作带来的挑战；帮助在华投资的机构提供行业政策、行业投资信息等方面的咨询和顾问服务。

全面知识转移

中方信富为客户提供的服务的过程是与客户交流互动、携手促进，共同提高的过程，咨询服务的过程也是知识转移的过程，在这个过程中，中方信富将与客户进行充分的交流和沟通，并希望由此将先进的观念、理论、方法和经验传递给客户。

整合中方信富多年专业优势，是领先于市场的财经资讯与理财服务网站。我们为投资者提供富有前瞻性的财经信息，传播投资之道；为高端客户建立私人理财档案，实现“一对一”客户理财。

北京中富金石咨询有限公司

北京中富金石咨询有限公司成立于 1997 年，前身北京清华紫光投资顾问有限责任公司，是中国证监会首批批准的专业证券投资咨询机构，资格证号:ZX0017。目前公司是中国证券业协会理事单位之一。

公司作为国内最早的专业投资银行，秉承“与客户共同有质量成长”的理念，致力于为企业境内外上市、融资、兼并收购、重组改制等相关投资银行业务提供专业化服务。公司成立至今，已为一百多家客户提供了各类专业投资银行服务，得到了客户及业界的普遍认同，积累了一批优质客户，形成了长期合作的战略关系。

当前，随着中国证券市场的迅猛发展，公司积极开展证券投资顾问业务，力争向机构及广大中小投资者提供专业化、规范化、个性化的证券投资咨询服务，力争打造国内最具专业、最具实力的证券投资顾问品牌，以及最具价值、最具影响力的证券资讯网站。

中富证券网为中富金石倾力打造的专业证券咨询网站，网站涵盖金石直通车、财讯大放送等品牌栏目，目前已有一定规模的固定受众群体，受到投资者的喜爱。

作为证监会首批专业证券咨询机构，中富金石成立十多年来，凝聚了强大的投资顾问团队，汇聚行业的精英，倡导敬业奉献的开拓精神，形成了坚不可摧的核心竞争力。为了让更多的投资者享受财富增值，经过决策层研究决定，公司于 2011 年正式开放个人投资者证券咨询业务，公司致力于用真心与真诚，将专业实战继续深耕，为投资者提供准确、及时、专业、个性化的证券投资咨询服务，让更多的投资者分享中国经济增长带来的饕餮资本盛宴！

东方高圣投资顾问有限公司

专业的投资银行

东方高圣投资顾问公司成立于 1998 年，是中国本土最大的，专注并购（M&A）业务的投资银行，中国证监会《上市公司收购管理办法》起草小组的专家委员，是中国证券业协会理事单位、中国证券分析师协会专家委员，首批中国证监会批准的证券投资咨询机构。

东方高圣在北京、上海两地办公，为企业提供上市公司收购、企业并购、私募融资等财务顾问服务。我们凭借十年的积累建立了良好的政府关系，同时运用我们在专业领域敏锐的洞察力、非凡的见地协助客户促成交易。

核心的领导团队

东方高圣核心团队多数毕业于清华大学、北京大学等著名学府。公司创始人、董事长陈明键先生毕业于清华大学经济管理学院，2003 年被《英才》杂志评为最有影响力的投资银行家之一，2006 年荣膺中国并购菁英俱乐部主席。东方高圣积聚了一批在投资银行、财务、法律等领域职业素养高、有丰富实战经验、有交易情结的专业人才。

广泛的客户资源

我们拥有广泛的客户资源，担任北京奥组委财务顾问，为 2008 北京奥运会服务。东方高圣是国内投资银行业 500 强客户最多的专业机构，服务法国 Lafarge 集团、Shell、Scottish&NewCastle、SK 等国际客户；拥有国家开发银行、中国外运集团、中国建材集团、中国诚通集团、中国出版集团、天津泰达控股、承德露露、宜宾天原等中央国企、地方国企客户；担任万通地产、新城股份、美的集团、三胞集团、华旗资讯等多家民营企业的融资或资本策略顾问。担任创业板客户：立思辰、乐视网、金亚科技财务顾问。

深厚的知识积累

东方高圣致力于创建具有自主知识产权的并购技术体系，知识管理是东方高圣持续发展的核心动力、安身立命之本。我们建立了项目库、模板库、高圣沙龙、高圣知识库等知识管理体系和全员学习、研究的机制。东方高圣为中国证监会并购案例管理的数据库，拥有 14 年的并购数据和 700 多个案例；项目管理体系积累了公司成立十年以来的 200 多个项目的操作档案，其中包括上市公司收购（买壳）、战略性并购、私募融资、战略性资产出售、改制重组、股权激励、资本策略等多个业务类型。

东方高圣主编的《中国并购评论》是国内罕见的专业的并购季刊；《交易致胜》是国内较早的并购技术专著；《路线》是国内较早将混合经济理论应用于并购实践的理论专著；《交待》是国内较早的关于本土投资银行业发展道路的梳理和反思。

福建天信投资咨询顾问有限公司

福建天信投资咨询顾问有限公司成立于1996年，目前是福建省唯一一家被中国证监会批准从事投资咨询业务的专业性公司。

自1996年以来，公司的业务飞速发展，盈利能力迅速提高，规模逐步扩大，在广州设有分公司，实力大大增强，在投资咨询界树立了良好的声誉，全国范围内具有较大的影响力。

天信咨询公司的经营范围有：证券投资、企业购并整合、股权转让、股票发行、上市策划、财务、商务、法律等事务的代理、经济专题课题研究；代理发布信息、证券电视节目与广告制作等。

天信咨询公司的宗旨是：依照国家法律，为客户提供优质，可靠的中介服务，引导投资商家正确运用财政、金融等经济杠杆，不失时机地抓住市场新格局中投资机遇进行有效的投资，从而获得良好的经济效益。

风险投资方面：我司专门寻求和投资各层次处于草创初期、概念新、有特质、极具长期高发展潜力的中小创业公司、高科技、媒介、广告、通讯等多类型领域的公司或商业概念。创造动力关注与所投资公司的长期合作关系，除了参与策略规划，管理，和资金支持，我们凭借自身丰富的行业内运营经验和累积的行业资源和人脉关系，弥补所投资公司的不足，为他们寻求合作机会、客户、后续融资以及并购或上市机会，由此为我们投资的公司创造更美好的前景，也从而为双方获取长期可持续的回报。

证券投资方面：2000年底，公司确定了将投资咨询业务由传统型向商业化与市场化方向转变的思路。2001年9月，公司在广州正式推出天信咨询全新专业性股评节目——“股市888”，2003年1月，公司在东南卫视的专业股评节目“天信直播室”进一步将公司的影响和业务从南方诸省扩展到全国。同期又在内蒙、贵州等多个卫视台联合开办专业股评节目，全部都大获成功。

天信公司在发展中建立了一支资深的、高素质的、极具进取心和专业精神的工作团队。公司有着国内证券咨询业黄埔军校的美称，培养出一大批国内知名的证券投资分析师。公司现有员工中，70%以上具备本科以上学历，并且都是由具有多年实战经验的优秀人员组成；公司60%的员工通过证监会统一组织的全国证券从业人员资格考试，并有28名经证券业协会认定的执业证券分析师，从而组建了一支优秀的客户服务中心队伍。

公司在上海研究分支机构研究人员，负责定期在《中国证券报》、《上海证券报》、《证券时报》、《证券市场周刊》、《证券市场研究－金周刊》、《上海国资》、《上海金融报》，《了望东方周刊》等权威的金融证券类报刊上发表大型专栏研究文章。

公司目前是中金在线（全国前三大财经网站）的战略合作伙伴。双方的资源与优势已经实现了战略性的共享。2007年福建天信主办，中金在线协办，2007投资理财全国巡回报告会，先后在上海、广州、福州、苏州、南昌、昆明、青岛、无锡等大中城市举办，在全国的影响力十分巨大。

目前天信公司向用户提供每周七天、每天12个小时即时相应的电话咨询和专家理财服务。同时积极响应中国证监会关于做好投资者风险教育的要求，为广大投资者提供多种形式的教学理财产品，陆续推出“证券大学堂”、“888潜力股”、“888操作手”为主导的三大服务产品，以此来满足各层次客户的投资理财需求，所有产品在形式上摒弃了传统电视股评，采取了全新的专业化、市场化、个性化、大众化的特点，获得了各方面的一致好评。

公司以价值加成长为投资核心理念，成功把握了2006年以有色金属板块为主线的大行情，给客户带来了丰厚的收益。2007年化纤产品大涨价概念，捕捉的化纤三龙头：吉林化纤、南京化纤、山东海龙全部走出翻番行情。2008年又以VC产品涨价题材为研究分析核心，在市场震荡期中，率先发布华北制药、东北制药两大价值品种研究报告，准确快速把握市场核心价值脉搏。天信投资有着一个由博士、硕士及证券业资深人士组成的核心队伍，具有强大的研究分析能力，善于抓住市场的脉搏，为投资者的投资理财提供及时贴心的服务。公司在发展中紧扣诚信、专业和服务三大主题。

公司拥有20条咨询热线，每天均有专人值守公司向客户提供个性化定制的信息。公司向客户提供专家指引的贴身化服务。公司数量众多的业务营销售人员，具备了多年的证券行业营销开发经验。业务开发上采取了全新的专业化、市场化、个性化、大众化的特点，获得了各方面的一致好评。同时公司还组建了一支优秀的客户服务中心队伍。

在今后的发展中，公司将秉承与巨人同行的发展战略，与多家重量级的证券公司结成战略伙伴，与海外知名的证券机构建立良好的友好合作关系，携手推进中国证券投资市场的拓展，探寻新时代中国证券咨询业发展的新道路，更好地满足投资者日益增长的投资咨询服务需求。

广东博众证券投资咨询有限公司

广东博众证券投资咨询有限公司，简称“博众投资”或“博众研究”，是中国极具影响力与知名度的专业证券机构，在深圳、珠海、香港三地均设有金融研究基地。其前身为“珠海博众证券投资咨询有限公司”，在2011年8月正式变更为现名。公司是中国证监会核准具有投资咨询资格的正规机构，证监会授牌资格证：ZX0127。

公司在业内最早成立了“经济政策研究中心”、“证券市场研究中心”、“资讯数据信息中心”、“上市公司调研中心”等多个研究中心，拥有同类机构中人数最多的持牌资深投资顾问，汇聚了大批中国第一代注册分析师、知名专家、以及海外归国人才，被誉为中国证券界的“黄埔军校”，研究实力与规模均处国内一流水平。

公司的控股股东为首华金融集团（香港上市，股票代码：HK08123），是中国境内唯一一家在香港交易所上市的投资咨询机构。公司依托首华金融集团强大的资本背景，享有其他同类持牌机构无法比拟的优势。多年来，公司与境内外各方机构保持着密切的合作关系，所著报告成果也一直被全国60%以上的证券公司总部、基金公司、投资企业订阅参考。

公司旗下的官方网站——股市在线网，是国内独具特色的证券视频与互动网站。

广东科德投资顾问有限公司

广东科德投资顾问有限公司成立于1995年8月，是首批经过中国证监会认证的证券投资咨询机构（资格证号：ZX0025）和国内首家通过ISO9001质量管理体系认证的具有证券投资咨询资格的公司，也是迄今为止国内唯一通过国际专业认证的证券咨询公司。

并在2005年获得了"全国质量、服务、诚信示范单位"、2006年"中国名优数据库知名商标"、2006年"中国名优数据库优秀企业"、2006年－2007年"全国证券投资咨询行业质量服务信誉AAA级单位"、"2006－2007年中国广州客户服务优质示范单位"、"2006－2007年广东省社会责任杰出贡献单位"、2008年"连续五年中国广州最具诚信度百强企业"等称誉。科德公司凝聚了强大的分析师团队，拥有在经济界、证券界享有较高声誉的知名人士、资深执业分析师30余名，汇聚行业的分析师精英，倡导敬业奉献的开拓精神，形成了坚不可摧的核心竞争力。同时致力于为投资者提供准确、及时、专业的证券投资咨询服务，使越来越多的投资者享受到稳健投资的回报。

公司的研究文章每天都被发表在各大专业知名的财经媒体，并与多家报社建立了长期约稿的栏目，与更多的投资者分享研究成果。

科德公司成立至今已有十四周年，它见证了我国金融市场和证券市场的改革和发展。一直以来，公司以稳健的风格致力于证券投资咨询业务，开展专业、全方位的证券咨询业务及企业资产重组、财务分析、财务顾问、企业重组兼的咨询策划等业务，并以其雄厚的集团式背景和强大的咨询实力跻身于国内知名的咨询公司前列。

"用科学的决策和道德的观念帮助更多的投资者回避风险和资本增值，最终实现资本利润最大化"是科德公司的使命。科德公司将以十四周年为新的起点，继往开来，在遵守国家法律法规，遵循中国证监会相关规定及行业规范的前提下，接受广东证监局的监管指导，进一步完善公司制度，创新经营，打造品牌，在资本市场中积极寻求发展机遇，为客户创造更大的价值空间，继续推动中国证券市场的稳步健康发展。

广州万隆证券咨询顾问有限公司

发展简史

广州万隆证券咨询顾问有限公司创建于1992年，1998年获得中国证券监督管理委员会首批颁发证券投资咨询执业资格证书(证书编号:0030)。公司拥有一批高素质的证券研究、分析、操作专业人士和资深的法律、财务、资产经营方面的专家，在证券市场投资、企业购并与资产重组动作方面有丰富的实践经验，特别是在大资金的投资管理方面成绩卓著。

企业文化

广州市万隆证券咨询顾问有限公司经过十多年的稳健发展，已拥有一批高素质的证券研究、分析、操作专业人士，成为国内证券投资咨询行业的佼佼者，在证券市场投资方面有丰富的实战经验。广州万隆开创广东地区证券咨询投资理财之先河，培养出众多知名的专业证券分析人才，被誉为广州证券分析专业人才的"黄埔军校"，饮誉国内证券界。同时为广州地区培养出第一批知名的高素质的证券精英，其中许多人已经成长为易方达等基金公司、广发等证券公司、同业同行咨询机构等业界顶尖级人物

其他相关

股市如战场，在中国股市沉浮十几载，广州万隆由于它不断创新的管理思路、顺应市场的投资理念、实力强大的研究队伍，不仅在众多同行一个个灰飞烟灭中仍然立于不败之地，更是跻身投顾行业领跑之位。这些全都依赖于广州万隆在多年实战中的非凡战绩。从2004年底到2005年熊市中的伊利股份(600887)、2005年中到2006年底的ST江纸(600053)，再到2006年到2007年的ST金岭(000655)，2007年的厦门国贸(600755)等涨幅超过100%的个股的捕获，都充分地显示了广州万隆对市场热点的把握能力，与强大的研究实力。广州万隆的客户实战收益均远远跑赢大市。

哈尔滨新思路投资咨询有限公司

哈尔滨新思路投资咨询有限公司是经中国证券监督管理委员会批准(证券投资咨询业务资格证书编号:zx0176)，在哈尔滨市工商行政管理局登记注册的一家专业证券投资咨询公司，公司成立于2001年1月，实收资本1480万元，是国内规模最大的专业投资咨询机构之一。

公司的主要业务为证券市场研究、投资顾问、财务顾问、管理咨询、证券信息咨询和专业培训。公司拥有一支在经济、财务、法律、管理咨询、信息技术领域中具有良好理论基础和丰富实践经验专家组成的高级顾问团队，为公司决策的科学性提供了强有力的保证；公司拥有一支由15名证券投资咨询执业分析师组成的理财咨询团队，这是一支具有丰富的研究、分析、操作实战经验的高素质队伍，在证券市场资产管理特别是在大资金的投资管理方面成绩卓著；公司拥有一支深谙资本市场运营、具有实践经验、理论功底深厚、以上市公司财务顾问为专业特长的投资银行团队。

公司对国际、国内资本市场有着深刻的理解，凭借市场化的经营机制，诚信、严谨、务实的工作作风，职业化的专业服务，良好的沟通能力和与业内各界广泛密切的联系，使公司的研究和服务水平在业内位居前列。

公司秉承"专业、敬业、诚信、务实"的经营理念，竭诚为公司客户提供一站式贴心服务。

湖南金证投资咨询顾问有限公司

湖南金证投资咨询顾问有限公司(简称金证顾问)成立于1997年，由实力雄厚的上市公司、企业集团、证券研究团体等法人股东和金融证券界知名中国证券分析师、教授、研究员等自然人股东发起创立，是荣获中国证监会批准的全国第一批、湖南省唯一具有证券投资咨询执业资格的专业顾问机构，主要从事投资顾问——"证券投资咨询、投资产品营销、市值管理顾问、理财策划中介、财经公关培训"和财务顾问——"资本运营规划决策咨询、公司治理改制上市策划、项目投资融资中介顾问、收购兼并重组策划顾问、股权薪酬激励机制设计"等两大领域的十大核心顾问业务，先后担任100多家地方政府及经济主管部门、企业集团、券商、信托公司等金融机构、上市公司、高科技企业的首席顾问；拥有十分丰富的从业经验和诸多成功案例。金证公司在专业理论研究方面也全国独树一帜——全国第一本信托投融资专著《中国信托投融资策划暨经典案例借鉴》；全国第一本股市《涨跌停板实战策略》专著。

金证顾问创立以来诚信为本、商誉卓著；培养和造就了一支精于资本市场运营、熟悉证券投资理财管理、掌握专业顾问策划技巧的高素质人才队伍；随着研发总部迁址于长沙市芙蓉中路111号华菱大厦8楼，金证公司高水准的专业顾问策划整合能力和高质量、规范化的咨询创新服务体系业已走在同行业前列。

金证顾问形成了以首席分析师陈自力先生为核心的一流研究团队，共有30余名专业证券分析师和行业研究员，精心打造"内参研究报告"、"潜龙1号股票池"、"金元宝短信平台"、"财富早班车/黄金两点半"、"财富智囊"、"妙手搏金"等六大资讯产品，以及金证顾问六大研究军团主管组成"首席军团"，在首席分析师陈自力先生带领下，针对机构大客户和资产超过500万元以上的个人客户提供专业的投资顾问服务。

华讯投资咨询有限公司

华讯财经网（www.591hx.com）创建于2007年3月，是大连华讯投资咨询有限公司（证券投资咨询证号ZX－0153）旗下财经网站，是目前国内最权威、最专业的财经即时分析门户网站。与CCTV央视证券频道，中国号码百事通，3G门户等都建立了长期的合作关系。公司成立以来，获得了众多奖项：2011年APEC"中国最具成长性新锐企业奖"、"2011年中国成长型中小企业100强"、"成长中国"高峰年会"最具投资潜力奖"，"2010年度最具行业影响力的财经门户网站"等，被誉为"炒股必上的十大财经网站"之一。

华讯财经始终秉持"帮助投资者树立科学投资理念，实现财富稳健增长"的公司使命，以"国内最优秀的财经信息服务商"为企业愿景，构建了"研究、咨询、网站、产品"四大模块，形成了完整的财经门户架构。不仅满足了投资者日益增长的资讯需求和理财教育需要，还为广大投资者提供了一系列高品质的理财工具、研究报告和金融数据服务。华讯财经拥有自己独立的证券投研中心和研究团队，兼具专业性和实战性，更有国内权威分析师和财经评论人士坐镇实时点评，帮助用户轻松分析各项股市重要数据，及时、精准把握大盘走势，抓住市场脉搏，明确投资方向，是为个人投资者定制的一站式服务平台。

与此同时，华讯财经还与国内众多知名金融研究机构开展广泛合作，携手中国人民大学经济学院开展了为期五年的"上市公司价值研究"项目；与中国科学院心理研究所联合进行了为期三年的"中国股民心理研究"课题。在专业研究领域建立硕果的同时，还积极参与希望小学援建、抗震救灾等社会公益事业，努力承担社会责任，以自己的实际行动回馈社会。华讯财经是国内最权威、最专业的财经即时分析门户网站。拥有兼具专业性和实战性的独立证券投研中心及研究团队，更有国内权威分析师和财经评论人士坐镇实时点评。帮助用户轻松分析各项股市重要数据，及时、精准把握大盘走势，抓住市场脉搏，明确投资方向，是为个人投资者定制的一站式服务终端。公司成立以来，以"国内最优秀的财经信息服务商"为企业愿景，构建了"研究、咨询、网站、产品"四大模块。获得了众多奖项，被誉为"炒股必上的十大财经网站"之一。

江苏天鼎投资咨询有限公司

江苏天鼎投资咨询有限公司成立于1995年，是证券投资咨询资格的专业金融服务机构，依照法定程序设立的专业性投资顾问公司。公司依托资本市场，积极致力于为企业投融资、并购重组、上市发行等资本运作提供具有专业水准和全局眼光的投资顾问服务，不断实现客户的稳健经营和可持续发展的理想。江苏天鼎投资咨询有限公司，是以国际规范之投资银行理念与结构组建的知识型、研究型并以合伙人制为发展目标的智力密集型企业。江苏天鼎的业务围绕资本市场的金融创新，以"原创咨询、系统咨询、精品咨询"为经营理念，致力于引领行业方向、创建行业标准。江苏天鼎强调"以人为本，以智聚财"的经营理念，以实现价值为己任，以价值发现和价值创造为主要业务思路，依托有效的知识型组织和网络化资源，聚集一批业内精英，不断推出专业化、精品化、个性化的高层次财经企划和资本运营咨询服务，从而提升企业价值和实现企业家的价值。公司拥有全国专业的证券研究分析专业团队和媒体策划团队，成为华东地区最早的也是最为专业的集投资咨询与基金管理与一身的智力密集型企业之一。公司目前业务不断扩大，人员招募中，力争在最短时间内使公司在业务模式、咨询水平等方面更上一层楼，将公司建设成为集咨询、财务顾问、基金管理为一体的新型综合性咨询公司。公司拥有完善的员工晋升与培训制度，为员工提供广阔的发展空间，努力为员工创造更多的社会福利望更多的有志之士加入我司，共同发展、共创远景！

我国证券市场还处于初级发展阶段，中小投资者占绝大比重，他们的专业投资知识和经验相对不足，迫切需要专业投资咨询服务。江苏天鼎投资咨询有限公司的设立，一方面适应了证券市场专业化的要求，另一方面也符合证券市场的公开、公平、公正原则。根据国务院证券委员会发布的《证券、期货投资咨询管理暂行办法》及其他相关法律的规定，江苏天鼎投资咨询有限公司的服务对象是作为证券投资者的职业性指导者，包括机构和个人。主要是向顾客提供参考性的证券市场统计分析资料，对证券买卖提出建议，代拟某种形式的证券投资计划等。

江苏天鼎投资咨询有限公司经营方向及内容为：根据客户的要求，收集大量的基础信息资料，进行系统的研究分析，向客户提供分析报告和操作建议，帮助客户建立投资策略，确定投资方向。咨询业务主要包括：①接受政府、证券管理机关和有关业务部门的委托，提供宏观经济及证券市场方面的研究分析报告和对策咨询；②接受证券投资者的委托，提供证券投资、市场法规等方面的业务咨询；③接受公司委托，策划公司证券的发行与上市方案；④接受证券经营机构的委托，策划有关的证券事务方案，担任顾问；⑤编辑出版证券市场方面的资料、刊物和书籍等；⑥举办有关证券投资咨询的讲座、报告会、分析会等；⑦发表证券投资咨询的文章、评论、报告，以及通过公众传播媒体和电信设备系统提供证券投资咨询服务。

江苏天鼎投资咨询有限公司还将努力在以下各方面发挥自身的作用：①咨询人员运用自身专业知识和丰富经验，通过对证券市场各相关因素的系统分析和研究，形成报告公布给投资者，从而有利于提高证券市场的透明度；②公司可以为市场上的发行人、投资人出谋划策，帮助他们选择筹资、投资的最佳方案，从而有利于减少投资者的盲目性，提高资金运作效率；③公司结合宏观经济因素，运用大量的事实数据对上市公司经营情况进行分析研究，引导投资者理性投资，从而有利于证券市场稳定发展；④公司通过对上市公司的深入研究，并在有关媒体发表分析报告文章，对规范上市公司经营运作也起到一定的监督和促进作用。

江苏天鼎投资咨询有限公司在从事上述各项业务时将接受国家监管部门对证券市场的严格监管，规范投资咨询活动，加强对公司从业人员的内部管理，按国家法律规范的要求经营，在引导投资人行为方面发挥更加积极的作用。

九鼎德盛投资顾问有限公司

九鼎德盛投资顾问有限公司是中国证监会首批认证的专业证券投资咨询机构，同时具有国家旅游局认证的乙级旅游规划资质。公司分设北京、郑州两大总部，拥有数十名投资银行、管理咨询、证券咨询、旅游规划方面的专家，是一家高起点、高素质、专家型的咨询顾问团队。

公司现拥有员工近百人，其中博导、博士后6人，博士及在读博士20人，硕士52人，硕士以上学历占机构总人数的80%以上；行业分析师近20人、旅游规划师30余人、证券执业分析师20余人，旅游规划师、执业分析师人数在国内机构中位居前列；此外70%以上的员工拥有律师、注册会计师、高级会计师、高级税务师、高级经济师、高级咨询师等专业职称。

九鼎德盛不断追求科学的经营模式与先进的管理思想，创新具有时代发展前景的相关理论，以国际化的视野、高端的思维境界洞悉国内外行业、市场及企业，帮助政府部门、企业高级管理层诊断解决战略、资本、组织机构和经营运作、重大活动安排等方面的关键性议题，为政府、企业制定切合实际、操作性强的实施方案。

公司目前主要开展的业务有投资银行（财务顾问）业务、证券咨询业务、管理咨询业务、旅游创意规划业务、文化创意业务等，并由此分设投资银行总部、证券咨询总部、管理投资咨询总部、旅游创意规划中心及文化创意总部五大部门。

经过十余年的发展，九鼎德盛已形成了自己独具特色的业务规程和服务模式，在国内同行业中具有极强的竞争优势，并在知名度较高的报刊、杂志、网站等媒体上发表有价值的分析报告和证券咨询文章近万篇，在国内及同行业中享有盛誉；九鼎德盛以高水平的操作，热情、勤勉、高效的服务，赢得了社会各界的广泛信任，已经成为政府的智囊、企业的朋友！

上海金汇信息系统有限公司

上海金汇信息系统有限公司创办于1996年，注册资本1000万，为上海市高新技术企业。1999年，公司获得中国证监会首批证券投资咨询资格认证，是中国证券咨询业的第一批法定准入机构，执业资格证书编号ZX0111。公司现为中国证券业协会会员单位，上海市证券同业公会会员单位。公司也是中国最早进入金融证券电子信息咨询服务的专业咨询公司之一。早期主要从事证券分析软件的开发、销售和服务，其中，公司自主研发的软件产品“金汇2000证券投资分析系统”在市场上有着良好的口碑。2009年，公司经过多年的研究和开发，成功开发出国内一流的证券投资决策分析系统—“易富赢家”证券智能决策分析系统。“易富易家”的推出，标志着公司进入了智能证券软件分析与财经资讯相结合的新的发展阶段。

公司坚持“以人为本”的原则，建立了一支团结、高效的精英分析师研究团队。15年的行业研究积累，具备丰富的专业咨询服务经验，目前包括部分基金公司、保险机构都是公司的客户，公司定期举办讲座，策略会，分析会，定期邀请上海第一财经节目嘉宾作点评，让广大股民朋友受益匪浅。

公司具备如下优势：

信息优势：第一时间掌握国家政策面，行业新动向、上市公司最新消息、投资机构动向以及国际金融动向。

技术优势：全新的技术研制方法、贴近市场的分析预测、最可靠的实战策略。

经验优势：最优秀的分析师、最直接的活力手段。

公司秉承专业、务实的投资理念，任何时候以客户资金安全为已任，以稳健获利为服务标准，力争打造国内一流的咨询服务品牌。通过科学的运用信息数据与分析方法，建立了全国首屈一指的研发体系与风险控制系统。多年来一直以最具实战性的原创证券分析和实战决策指导为特色，在行业内久负盛名，为广大的证券投资者提供优秀有效的投资方案。

2001年4月，公司成为中国移动公司的短信服务供应商（SP），取得了中国移动短信增值服务经营资格、全国跨地区电信增值业务经营资格，经营许可证编号为：B2－20090149。并于2002年7月开通了全国的短信增值服务，为服务好全国的用户，公司分别在上海浦东、北京、长沙、重庆、大连、陕西设立了分公司。公司自2002年开始，电信增值业务重点发展短信理财业务，核心业务分为：证券投资咨询、易富财经数据库和财经资讯短信增值服务，开办了以哈老板工作室为品牌的衍生产品，主要产品有金汇投资咨询系统、哈老板工作室、易富短信咨询系列产品、野山资讯系列产品。

凭借公司早年投资互联网站的成功经验和在软件行业的技术实力，自2007年开始，公司成立游戏事业部，自主开发竞技休闲类游戏，凭借着公司成熟的技术研发实力、熟练的网络运营能力，2010年3月，公司获得国家文化部颁发的《网络文化经营许可证》，公司将业务扩大到网络游戏领域，成为经营性互联网文化单位。

公司自1996年创业以来，坚持企业自主创新，保持了良好发展态势。已建立起信息技术、证券咨询、互连网络、电信增值业务等主要产业，构建了遍布全国的服务营销网络。公司秉承“人才是企业的最大财富”的理念，注重人才队伍建设，充分发挥人才、技术优势，经过多年的培养和磨练，公司已拥有一支年轻的、充满朝气和创新意识的开拓型团队。大专以上学历的管理和技术人员占80%以上。优良的人才组合、高精尖的技术队伍是公司生存发展的命脉，增强了企业核心竞争力，一批拥有自主知识产权的产品和项目打入国内外市场，并获得各级政府颁发的科技进步奖和高新技术成果奖。

上海荣正投资咨询有限公司

上海荣正投资咨询有限公司创立于1998年7月，是以国际规范之投资银行理念与结构组建的股份化、知识型、并以合伙人制为发展目标的智力密集型企业。荣正咨询定位于围绕资本市场的金融创新、从事非承销（公募融资）类投资银行业务和人力资本业务的专业机构。创业多年来，荣正咨询秉承“原创、团队、系统、精品”的咨询服务理念，不断推出专业化、精品化、个性化的高层次财经企划和资本运营咨询服务，获得了客户、政府、媒体的一致好评，成为于引领行业方向、创建行业标准的权威、领先机构。

在荣正咨询发展历程中经历了多次创业，在一次创业中，以“股权激励”为拳头产品，强调为特定企业和企业家度身定制，在企业（特别是上市公司）内部推行从ESOP到MBO的多层次的全面解决方案。经过多年的辛勤耕耘，荣正咨询已经被业内公认为国内该领域的第一品牌和中国新经济时代领先的人力资本运营服务商。

当成功完成一次创业的同时，荣正咨询及时自我否定、自我创新、自我挑战，于2003年启动二次创业，从单一的"人力资源资本运作"向包括并购重组在内的"广义的资本运作"拓展，继续秉承"专一、专注、专业"的精神，从股权激励的第一品牌向并购重组等非承销类投资银行财务顾问的一线机构转型。

经过中国证监会的严格审查，2004年初，荣正咨询成为2003和2004两年间上海证监局推荐并唯一获得中国证监会授予证券咨询从业资格的咨询机构，这是对荣正坚持不从事公众股评和理财等高风险业务的纯财务顾问商业模式的肯定。2005年初，荣正咨询又被正式吸收为中国证券业协会会员。

2007年初，荣正咨询抓住中国资本市场发展的黄金十年机遇，正在探索从"咨询服务提供商"向"私募股权投资运营商"转型的三次创业，给公司客户、股东和员工创造更好的回报和发展空间。

上述的三次创业，展示了公司的业务定位，三驾马车齐头并进，为公司的进一步发展奠定了坚实的基础。

市场在变，业务内涵在拓展，荣正咨询的业务理念却是永恒的——"只因专业，才有价值"！

上海亚商投资顾问有限公司

公司介绍

上海亚商投资顾问有限公司成立于2000年8月8日，公司隶属于亚商集团旗下的一家证券公司，初始注册资本为500万。2005年，经中国证监会核准，上海亚商投资顾问有限公司增资扩股至1.70亿元人民币，股市操作资金13.78亿.

公司历史

亚商集团有限公司成立于九十年代初，座落于美丽的天津城市——天津国家新材料产业园内，是集科工贸于一体、跨行业、多领域经营的综合性企业，下设三个子公司：天津亚商化工实业有限公司、天津亚商商贸有限公司、北京联合亚商生物科技开发有限公司，业务涉及橡胶、涂料、精细化工、建筑工程材料、医药中间体、生物保健、医疗器械、分析仪器及进出口业务等领域。产品遍及全国各地，并以优良的产品和服务享誉欧美国外市场。2000年8月公司在上海成立上海亚商投资顾问有限公司，经营证券金融业务。

公司业务

范围包括：证券的代理买卖；代理证券的还本付息、分红派息；证券代保管、鉴证；代理登记开户；证券自营买卖；证券的承销；证券投资咨询（含财务顾问）；中国证监会批准的其他业务。业务资格有：受托投资管理业务资格、股票主承销商资格、网上证券委托业务资格、证券发行上市保荐机构、开放式证券投资基金代销业务资格、"上证50ETF"参与券商业务资格、上海证券交易所国债买断式回购交易资格、IPO询价对象、股权分置改革保荐机构、权证交易资格、经营外汇业务资格、代办系统主办券商业务（三板业务）预备资格、全国银行间同业拆借业务资格和上交所固定收益证券综合电子平台一级交易商资格。

组织结构

公司的组织结构高度民主、透明，从体制上保证了公司的管理规则和决策程序，使公司决策更具科学性和合理性。并顺应发展需要不断借鉴先进的国际经验，强化了公司控制风险、创造价值的能力。

以专业赢得信任，用服务体现价值；
将每一项工作都细化；
使每一个环节都能协调运作；
让每一个系统都相互补充、服务；
用一整套完善的系统来协调控制；
铸就了安全、有序、高效、专业、卓越的金融体系。

公司文化

公司一贯重视企业文化建设，秉承"严格苛求、追求卓越"的工作理念，以专业、谦和、勤勉尽责的思想品质及稳健、诚信、务实的工作作风，为客户提供一流的服务。

海德证券在深刻理解国家宏观经济及行业发展趋势以及中国公司向市场化转变的特殊文化背景的基础上，在股东的大力支持下，公司在集团主业的上下游及相关领域建立了良好的关系，在钢铁、贸易、金融、电力、交通运输等重要领域，公司与中国一大批优秀的企业建立了金融服务的业务关系，协助客户实现其金融方向的目标。

风险控制：

风险控制部　直接由董事会负责，以"控制风险、创造价值"的风险管理理念，使风险管理能力成为国联证券的核心竞争力之一。通过对内部控制制度和风险控制制度的修订、完善，对各部门进行定期的核查，对各项业务进行技术监控、比对，建立风险预警机制等手段对风险进行有效的管理。通过合理的安排及实施一系列决策、管理、操作政策和程序，保证经营管理活动的连续性和有效性。

稽核审计部　稽核审计部受公司总裁室直接领导，独立于公司各业务部门以外，根据国家金融、证券法律法规及公司有关规定，结合公司实际情况，建立、完善内部稽核审计制度和实施方法，稽核、查阅公司及所属分支机构的业务、财务资料，监督其业务的合法、合规性，判断其资产的安全、流动性，评价其经济效益的真实、有效性。

独立存管部　独立存管部是公司为保障客户资金的安全和完整而设立的中台业务支持与控制部门。充分贯彻落实证监会颁布的《客户交易结算资金管理办法》、《证券公司客户资金独立存管试行标准》及其他相关规定，建立公司客户资金独立存管运作机制，以认真负责的态度对客户资金进行独立存管，并实行封闭式管理，加强对客户资金的集中管理。

三板上市公司

【430002】中科软科技股份有限公司

中科软科技股份有限公司是中国科学院软件所实施知识创新试点工程的产物，是研究所的技术研究及开发主体转制的结果，成立于1996年，总部设在北京，股东包括中科院软件所、北京海国投等，注册资本金11250万元，是专门从事计算机软件研发、应用、服务的智能密集型高新技术企业。公司拥有多年从事软件工程实施、国内外合作开发及推广的丰富经验。公司现有员工4000多人。拥有一支以博士、硕士为骨干的老中青三结合的科技队伍，形成了若干个由领域专家、软件开发人员组成的行业应用软件开发团队、专业化系统集成团队。

公司的主要业务涉及金融保险、政府、能源、卫生、新闻媒体等领域。

在保险领域，保险行业IT应用解决方案在国内保险行业市场中连续六年均排名第一（数据来源：IDC），IT服务商综合实力（市场竞争力、技术竞争力、服务竞争力、渠道竞争力和发展潜力）评估中，连续五年也均居第一位（数据来源：赛迪顾问），目前的客户（财产险、寿险）已达到98家，其中核心业务系统的客户占有率64%以上，该核心业务系统支持保险公司全险种、全流程、全组织、全核算的业务处理和管理，除了保险核心业务系统外，还可为保险公司提供全套保险解决方案，如：财务管理、销售管理、客户管理、统计分析、呼叫中心、电子商务等。公司已成为中国保险IT业的龙头、行业应用的优质服务商。产品已走出国门推向了国际市场。

在政府领域，公司根据相关部门的需求自主开发的有关信息系统已成功应用于中央纪委信息中心、外交部领事司、财政部、公安部、国家知识产权局、国家质检总局、国家邮政总局、国家外国专家局、国家外汇管理局、气象局、地震局、国家安全机关等部门；公司为北京首都机场开发的西区航显系统，替代了国外产品，成为国内首个自主开发的航显系统。公司承接了大量外包项目，成为其应用软件和大型系统集成项目的主要承建方和系统集成商。其中，“外交部领事司电子护照项目管理支撑软件”、“外交部全球签证数据中心软件”等已在正式使用。公司为北京等省、市开发的的相关的电子政务系统、信访平台、公路路网管理与应急处置系统等等，也已在正式使用。

在新闻媒体领域，公司研发的“新华社多媒体编辑系统”，2007年获得我国新闻传媒行业最高层次的科学技术奖项—“王选新闻科学技术奖”一等奖（省部级）。公司研发的“新华社2008奥运移动报道系统”已成功用于2008奥运会，并获得2009年“王选新闻科学技术奖”特等奖（省部级）；利用数字水印技术实现了音频文件的版权保护，成功用于中央人民广播电台版权保护系统中；同时在国家博物馆，开发了基于数字水印的版权保护平台，实现了博物馆高精度图片的版权保护，目前，公司已成为新闻媒体行业核心业务系统服务的主要提供商。

在卫生领域，公司在2003年，承担了中国疾病预防控制中心“突发公共卫生事件应急机制监测信息系统”的建设工作并获得成功，使公司成为我国公共卫生和疾病控制领域信息化建设的业界领先者。目前，公司为客户提供国内领先的、全方位的公共卫生监测与预警、突发公共卫生事件应急反应机制的监测信息系统；突发公共卫生事件应急指挥；中国疾病预防控制信息系统”、“社区卫生服务系统”；网络化社区卫生服务管理、以及社区卫生信息解决方案与应用系统，覆盖了“监测、分析、预警、应急”等核心环节，并已成功实施和应用，今年，又为国家药监局开发了“国家药品不良反应监测系统”。在2010－2011年中国医疗行业IT应用市场研究年度报告中，在公共卫生监测预警与应急指挥信息化平台的主力提供商综合竞争力分析中，中科软排名第一。目前公司已成为我国公共卫生和疾病控制领域信息化建设的业界领先者、优秀“解决方案供应商”；客户已经覆盖国家、省、地市、区县等多种级别。

在银行领域的产品包括网上银行系统、办公自动化系统、资金管理系统等等。其技术来源均为自主开发。

公司近几年来承担了多项国家级重点工程项目、国家科技攻关项目、国家发改委软件产业化项目、核高基国家科技重大专项、863项目、科技部创新基金项目、国家科技支撑计划项目以及北京市科技计划重点项目等。公司承担的国家高技术产业化项目被国家发改委于2010年授予“国家高技术产业化示范工程”。

经过十五年的发展，公司在业界已占有相当的地位。2010年度公司承担了2010年度国家核高基重大专项“给予过长基础软件的重大应用平台与集成环境”项目；公司首批入选北京市四个一工程企业。

目前，公司是“国家规划布局内的重点软件企业”、软件百强企业、中国创新软件企业，国家高新技术企业、AAAzc级信用企业，纳税信用A级企业。

公司已获得ISO9000、ISO14000、ISO18000质量体系认证证书；通过了SEICMMIL5评估。获得信息产业部计算机系统集成一级资质、涉及国家秘密的计算机信息系统集成甲级资质、涉及国家秘密的计算机信息系统集成资质（软件开发单项）、工程设计与施工壹级资质、安防工程企业资质（壹级）等多种资质。

遵循“以用立研、以研促用、不断创新、确保持续发展能力”的宗旨，采用以自主创新模式为主，与中科院软件所合作创新为辅的技术创新战略。即，通过自身的努力和探索实现技术突破，攻破技术难关，并在此基础上依靠自身的能力推动创新的后续环节，完成技术的商品化、产业化而获取商业利润，达到预期目标的创新活动；通过与中科院软件所联合共建技术研究开发中心，针对企业的技术创新需求开展联合研究开发工作。目前，公司拥有发明专利一项、申请发明专利一项、获得的软件著作权登记的产品145个。

获国家级、省部级奖情况如下：

1. 保险业务综合管理信息系统——1997年获中国科学院科学技术进步奖二等奖、1999年获国家科技进步奖三等奖；

2. 新华社多媒体编辑系统——2007年获“王选新闻科学技术奖”一等奖；新华社2008奥运移动报道系统——2009年获“王选新闻科学技术奖”特等奖；该奖是经国家科技部批准，面向全国新闻行业的科学技术奖，是我国新闻传媒行业最高层次的科学技术奖项；

3. 公司为国家开发银行开发的“国家开发银行柜台前移系统”，国家开发银行申报获得金融科技进步二等奖；

4. 公司与中科院软件所合作研发的网络软件基础架构平台（网驰ONCE）技术和系统2011年获北京科学技术奖一等奖；

5. 基于保险应用支撑平台的保险核心业务系统的研究与应用获北京科学技术奖三等奖。

从2003年开始，公司依托在业界的广泛渠道及良好的合作关系，连续举办了八届“中国软件技术大会”，以“张杨个性、促进创新、引爆争鸣、激发活力”为口号，以中立、开放为宗旨，容纳并汇集当今软件业的多种技术和流派，获得了社会的广泛关注与认可。

为适应国内外经济发展的需要，公司将继续以服务客户，真诚至上为宗旨，立足自主创新，坚持把服务放在首位，通过在管理、技术、市场和产品上的不断投入，努力成为国内行业信息化解决方案的先导、应用软件产品的首选供应商，国内领先的软件企业。

中科软科技股份有限公司按照公司治理的规定，建立了较为完善的法人治理结构。公司设董事会，负责执行股东会决议，负责对公司的战略规划、经营方针、财务法律、安全生产、技术革新、对外交易等内部管理工作提供总体规划和合理建议。公司设监事会，依法对公司的财务、业务状况，董事、总经理及其他高管人员是否履行职责情况和股东会决议执行等情况进行合理、合法的监督。

中科软科技股份有限公司已经建立了完善的人事管理、财务管理和合同管理等制度，对于公司日常运营和销售工作具有普遍的指导作用和约束意义，能够保证公司必要管理程序的执行。公司在制度建设上能够针对具体情况进行细化，提高了管理制度的执行力，保证了企业既有行之有效的制度，又有很强的执行能力和良好的执行效果。

公司三年来通过强化内部管理，提升员工团队整体素质，盈利能力有所提高。从公司近三年的主营业务利润率数值来看，呈上升趋势，说明公司主营业务盈利能力在增强。

从公司的费用成本率来看，三年数值略有下降趋势，说明公司对成本费用的控制有待进一步加强。

从资产的综合利用效率指标分析，公司三年的净资产收益率分别为19.18%、22.34%、22.27%，三年数值稳中有升，说明公司的净资产的获利能力较强。公司总资产报酬率从指标值看，三年数值呈波动状态，2010年较2009年略有减小，主要由于公司2010年资产总额较前两年有较大幅度增加所致。总体来看，企业运用全部资产的获利能力较强。

综合分析，近三年公司通过不断提高综合管理，整体盈利水平较高。

地址：北京市海淀区中关村科学院南路新科祥园甲6号
邮编：100190
电话：010－62570007
传真：010－82523227
网址：www.sinosoft.com.cn

【430003】北京时代科技股份有限公司

【基本情况】

北京时代科技股份有限公司成立于2001年初。它是由时代集团公司发起并联合清华紫光、联想集团、大恒集团、四通集团等公司共同创建的一个全新的股份公司，主要从事逆变焊机、大型焊接成套设备、专用焊机及数控切割机的开发、生产与销售。2006年3月31日北京时代科技股份有限公司在深交所代办股份转让系统挂牌上市，成为中国焊机制造业的第一家上市公司。2006年10月26日“北京时代”开“三板市场”融资先河，定向募集成功，为公司的迅速发展提供了更好的机会和条件。

时代公司坚持“科技立司、产业立司、出口立司”的立司原则。经过多年的发展公司已经形成了一套严密的技术开发、产品制造、质量控制、资金运作、市场策划、客户服务的管理体系。目前，时代公司生产的电焊机均通过国家“3C”认证并连续四年被评为“北京名牌产品”。1995年时代公司通过了ISO9001质量体系认证。2008年公司获得环境管理体系（ISO14001：2004）和职业健康安全管理体系（OHSMS18001：2001）的认证。由此时代公司成为中国焊机制造业首家通过上述管理体系认证的企业。在中国的焊机企业当中，时代公司是唯一建立博士后流动站的企业。时代公司在中国建有40余家销售服务型子公司，销售及售后服务网络遍及全国。

时代公司从1993年开始从事IGBT逆变焊机的开发、生产、销售。公司现在生产的全部是IGBT逆变焊机。目前时代逆变焊机国内销量第一，时代公司连续多年成为国内最大的逆变焊机研发、制造、销售企业。公司的焊机产品现已形成十余个系列70多种产品型号，2003年时代公司在国内焊机领域率先采用了数字化DSP技术，占据了国内焊机技术的制高点。2007年10月公司组建济南时代新纪元科技有限公司。该公司目前是时代公司的全资子公司，主要从事大型焊接成套设备、专用焊机、数控切割机的开发、生产与销售。时代的各类大型成套焊接设备在风电、锅炉、压力容器等众多行业得到了广泛应用。在“杰出的高技术产品、令人放心的质量、让您满意的服务”的质量方针的指引下，时代焊机为电力、水利、造船、冶金、化工、桥梁、石油天然气、安装及其他众多行业提供了优质的施工保障，并在“三峡工程”、“南水北调”、“奥运场馆建设”等重点工程中得到了广泛应用。由于产品技术水平高，与国外同类产品具有较强的竞争力，从2003年开始，时代焊机批量出口至俄罗斯、荷兰、澳大利亚、泰国、马来西亚、巴西、南非、以色列、印度等40多个国家。

2010年北京时代科技股份有限公司被列入中关村国家自主创新示范区首批“十百千工程”重点培育企业，北京市委市政府将对中关村国家自主创新示范区入选“十百千工程”的具有一定规模，创新性强，处于行业龙头地位的重点企业，实行“一企一策”的支持方式，集中政策资源给予支持。公司将在技术创新，市场开拓，政府补贴和人才引进等方面享受更多的政府支持与优惠。

【主营业务】

焊机产品及智能电器产品的生产销售等，此外还经营来料加工等其他业务。

【所获荣誉】

· 2010年4月，中国焊接协会第六届理事会常务理事单位。
· 2010年7月，全国机械工业优秀质量管理小组活动成果一等奖。
· 2010年9月，2010年中国机械500强。
· 2010年11月，2010年第三届技工院校技能大赛突出贡献奖。
· 2011年4月，2011年全国职业院校技能大赛最佳赞助单位。
· 2011年8月，2011年中国机械500强。

地址：北京市海淀区上地信息产业基地开拓路17号
电话：010－62988048；010－62971588
传真：010－62980810
服务热线：4006609391　8008109393（仅适用于座机）
邮编：100085

【430005】原子高科股份有限公司

原子高科股份有限公司(以下简称“原子高科”)前身是北京原子高科核技术应用股份有限公司,于2001年由中国原子能科学研究院作为主发起人,联合多家单位共同发起设立的高新技术企业,注册资本为6628万元。

原子高科以中国原子能科学研究院为依托,致力于核应用技术的产业化。在放射性同位素技术应用方面,拥有我国目前规模最大、产品覆盖面最广的放射性同位素综合性研制、生产基地以及国家科技部批准的“国家同位素工程技术研究中心”。批量生产体内诊断和治疗用放射性药物、体外免疫分析试剂盒、各种放射源、放射性医疗器械、放射性标记化合物及示踪剂、放射性参考标准物质等共70余种核素、300多个品种的产品。在辐射技术应用方面,拥有自屏蔽电子束灭菌加速器系统、高能大功率辐照加速器、无损检测用直线电子加速器、60Co源辐照装置以及集装箱检查系统的核心技术和专业化设计与制造能力,可为用户定制各种产品,提供完整解决方案并承担配套工程。

公司在同位素和加速器领域经过多年的发展,已经积蓄了进一步发展的动力,在科研,开发,经营方面具有一定的实力,拥有一支具有较强研发实力的科研,生产和经营队伍,在国内已经形成了一定的知名度。目前公司与全国2000多家大中型医院建立稳定的供应关系,为公司保持经营和盈利能力的连续性提供了保证。同时随着公司新产品的投放,市场的进一步扩大和市场竞争力的提升以及国内公众对放射性医药产品认知度的提高必将进一步促进公司的快速发展。2010年公司实现营业收入3.8922亿元,同比增长27.99%,其中母公司同位素产品及服务实现收入2.58亿元,其中体内药物完成收入1.79亿元,体外药物完成收入1,055万元,工业放射源完成收入4,785万元,其他产品及服务收入共计2,021万元;辐射技术产品及服务收入588万元。2010年3月5日,公司荣获“中关村中小创新企业十佳年度企业”荣誉称号公司成功入选“2010中关村高成长企业TOP100”。

原子高科秉承“以人为本、诚信务实、开拓进取、永创一流”的企业精神。以市场为导向,不断进行技术创新和制度创新,强化核心竞争力,为我国核应用技术的发展做出更大的贡献。公司凭借真诚,专业的服务,赢得了大量客户的信赖,实现了自己持续,稳定地成长。同时,经过多年的努力,公司已在全国形成较为完善的放射性药物配送体系,这些,都为公司进一步发展奠定了基础。

地址:北京275信箱12分箱
邮编:102413
传真:010-69357195
网址:http://www.atom-hitech.com
行政电话:010-88414277　69357239
订货电话:010-69357816　69357450

【430009】北京华环电子股份有限公司

【公司简介】

北京华环电子股份有限公司(简称“华环”,原名北京清华华环电子股份有限公司),始创于1989年,是由清华大学控股的高新技术企业,是清华大学重点支持和发展的骨干企业。华环公司以清华大学为技术支撑,拥有雄厚的技术实力和储备,以信息网络为主要方向研制的各类通信传输和接入设备,致力于推动我国民族信息产业的进步。公司注册资本为5242万元,总资产1亿多元。

公司总部华环大厦位于首批国家电子信息产业园—北京上地信息产业基地核心地区,并在北京市密云工业开发区建立了占地40余亩的生产基地“华环科技园”。公司于2006年11月28日正式登陆代办股份转让系统(俗称“三板”)。证券简称为“华环电子”,证券代码为“430009”。

母公司:清华控股有限公司

清华控股有限公司是清华大学在整合清华科技产业的基础上,经国务院批准,出资建立的国有独资有限责任公司,注册资本20亿元人民币。2003-2006年度,清华控股有限公司连续四届被列入中国最大500家企业集团,营业收入达215亿元;2005年-2009年度,被列入首届、第二届中国大企业竞争力500强。

【研究与开发】

华环公司的研发理念——最先进的技术和最适用的产品。

公司对研发的注重与投入领先于同行业,每年将不少于收入的10%投入研发。大大加快产品推向市场的速度,满足客户不断变化的需求。

公司与清华大学密切合作,以此加速科研成果向生产力转化的进程。公司在国内率先以专用集成电路开发带动整机研制,技术创新和自主知识产权研发能力是华环的核心竞争力所在。华环公司拥有多项国家知识产权局颁发的发明专利,还承担了多个国家科技部的“国家级火炬计划项目”。连续多年被北京市科委评为“高新技术企业”。

【产品与销售】

华环公司产品主要包括MSAP多业务接入平台,SDH/MSTP光传输设备,PDH光传输设备,多功能PCM综合业务复用设备,网络接口转换设备,光纤收发器设备,TDMoverIP设备,视频编解码设备等,可为客户提供从传输到接入领域的全面解决方案。华环公司产品具有种类齐全、集成度高、功能卓越、稳定可靠、操作简便等诸多特点。

应用区域已遍布全国三十一的省,自治区和直辖市,广泛应用于全国运营商(包括中国电信,中国网通,中国移动,中国联通和中国铁通等)及各类专网客户(包括军队,电力,公安,交通,石油,煤炭,铁路,广电等行业)。在举世瞩目的国庆五十周年大庆中,华环公司为国庆阅兵通信指挥系统和天安门电力网调度通信系统提供了全面的光纤通信系统及综合业务接入设备。在连续2005、2006年度的全国政协、人大“两会”会议期间,华环公司设备以优异性能满足了“两会”警卫指挥信息系统的需要,保证了“两会”的顺利召开,获得了公安部门等部门的嘉奖。在国庆六十周年大庆、第29届奥林匹克运动会和第13届残奥会期间,华环公司服务于北京军区通信部、国家电网等。为全军阅兵及奥运会期间通信方面提供了安全、稳定、快速的通信保障。并得到了北京军区通信部及国家电网等相关部门的高度评价。

【客户服务】

今日华环倡导“全员服务”理念,推行标准化服务,为客户提供热情、高效的专业服务。我们拥有一支训练有素的工程师团队及一套完善的服务体系,根据客户需求,为客户提供全方位的售后服务保障。

工程安装现场维修返厂维修备品备件

售后技术支持客户培训

7×24 小时服务热线：
客服中心：+86-10-62988820
专网专线：+86-10-82890301
+86-15811051992
公网专线：+86-10-82890502
+86-18600036213

【生产制造】

华环公司为提高批量生产能力，扩大生产规模，在北京市密云工业开发区建立了占地40余亩的生产基地，先期建成万余平米的现代化厂房，并于2002年5月正式投产。作为国内最早采用表面贴装技术(SMT)的通信设备制造商之一，华环公司引进世界一流的高速高精度贴片生产设备，可以组装从0201(公制0603)CHIP的超小型贴片元件到BGA、MBGA、CSP等高精密器件的贴装，贴装精度可达±0.05mm，可对元件间距0.15mm的PCB进行高密度贴装。

· SMT生产设备
· 先进的高精密度焊膏印刷机
· 高速、高精度贴片机
· 热风、红外、氮气回流焊炉

除承担本公司生产任务外，生产基地可提供对外产品加工，为客户提供从表面贴装、焊接、调测、老炼、包装和发运等全程的电子产品制造服务。

华环公司是从元器件采购到生产管理、库房管理及市场销售诸多环节全面采用信息化管理。

【质量保证】

华环公司中长期的质量方针："关注顾客需求，把握市场动向，坚持科技为本，创新求实进取"。公司于1998年通过SGS公司审核认证，获得了英国工贸委注册的ISO9001质量保证体系标准证书。多年来坚持"系统管理，施行法治，预防为主，自我完善"的指导思想，始终保持着质量体系的持续有效运行，为客户不断地提供了高质量的产品与服务。2003年6月，顺利完成了ISO9001:1994到ISO9001:2000的转版工作，2008年公司完成了更为严格的"国军标质量管理体系"认证工作按新标准的要求全面改进公司的质量管理，以此提高公司的综合竞争能力，满足顾客的要求，超越顾客的期望，使顾客满意，实现公司持续发展的战略目标，为国家和社会作贡献。

华环公司自主开发的产品均获得中华人民共和国工业与信息化部(原信息产业部)颁发的电信设备进网许可证。

【成绩和荣誉】

· 中关村科技园区"五十优高新技术企业"称号。
· 主要产品被中关村科技园区评为"百项表彰拳头产品"奖。
· 2008-2010年，连续被评为"中国光传输与网络接入设备最具竞争力企业10强"称号。
· 2007年，被评为"中国光传输与网络接入设备最具竞争力企业10强"称号。
· 2006年，连续被评为"中国通信设备制造企业综合实力50强"称号。
· 2005年，被评为中国电信设备制造企业50强之一。
· 2005年，"城网直通车"解决方案入选"2005年度中国市场优秀光接入解决方案"。
· 2004年，"城网直通车"解决方案入选"2004年中国通信业百个成功解决方案"。
· 2004年，荣获中国民用工业企业技术与产品参与国防建设展览会暨研讨会"特别贡献奖"。
· 2003年，被通信产业报社评为"中国通信业十大新兴技术型企业"。
· 2000年，被评为"中关村科技园区优秀新技术企业"。
· 1999年，被评为北京市第四届"科技之光"奖优秀企业。

【430010】现代农装科技股份有限公司

现代农装科技股份有限公司是以中央直属大型科技企业——中国农业机械化科学研究院为主发起人，联合钢铁研究总院、清华紫光股份有限公司、北京首创资产管理有限公司和机械科学研究院，共同发起设立的从事"中农机"品牌现代农业装备研发、生产和经营的高新技术企业。公司具有自营外贸进出口权，通过了ISO9001质量管理体系认证，为中关村科技园区信用AAZC级企业。至2011年6月底，公司实现净利润1813.97万，同比增长17.52%，营业收入3.49亿，同比增长6.61%。

2006年12月，公司正式登陆中关村股份报价转让系统，即"新三板"，成为中关村科技园区非上市股份有限公司股份报价转让系统的第10家试点企业；2007年6月，公司作为行业骨干企业，成为由中国农业机械化科学研究院牵头组建的"农业装备产业技术创新战略联盟"重要成员单位；2008年12月，公司被北京市科委、北京市财政局、北京市地税局、北京市国家税务局评定为"国家高新技术企业"；2009年11月，公司被北京市昌平区科委评定为"昌平区产、学、研一体化示范企业"；2009年12月，公司被北京市政府、科技部、中科院认定为"中关村国家创新示范区创新型企业"。

公司聚集了一大批从事现代农业装备和加工机械领域产品研究开发的创新型技术专家和专业人才。目前，拥有员工1461人，其中北京本部有员工452人、中机南方公司874人。公司北京本部现有专业研发人员182人，本科以上229人，硕士学历以上有42人；具有研究员(教授级)职称的有37人(其中5位专家享受国家政府特殊津贴)，高级工程师职称的有43人。

公司设有设施农业装备事业部、收获后加工事业部、节水灌溉装备事业部、畜禽机械事业部、经济作物事业部、技术中心和国际贸易合作部等；公司拥有两个国家重点实验室，涉及农业装备和加工领域，设备完善、手段先进，具有高速摄影、图象数据自动化处理系统，为新产品开发提供了理论基础。公司还在河北省保定市设立了现代农业装备生产制造基地——现代农装科技股份有限公司保定分公司；公司还有两个控股子公司，即中机南方机械股份有限公司和中机美诺科技股份有限公司。公司产业基地和控股公司各种设施完善、设备精良、手段先进，完全按ISO9001质量认证体系管理，为生产技术先进的农业装备产品奠定了基础。

公司承担的国家"九五"、"十五"和"十一五"多项重大科技攻关项目《免耕深施肥精量播种机》、《蝗虫应急治理关键装备产业化示范工程》、《风送式远射程喷杆喷雾机》、《大型喷灌机》、《长绒棉加工工艺及成套技术装备》、《有机肥生产成套技术装备》、《种子加工成套设备》、《循环式水稻干燥机》及《多功能农业装备与设施研制》等30余项，都圆满的完成了任务，达到了国外同类产品的先进技术水平，并实现了产业化批量生产，为农业现代化提供了急需关键的技术装备。目前公司拥有专利35项，专有技术216项，荣获国家和省部级科技奖励100多项。2011年6月，现代农装科技股份有限公司的注册商标"丰美"被认定为北京市著名商标。现代农装公司也正式认定为北京市企业技术中心，进入中关村自主创新示范区“十百千工程”重点培育企业。

公司生产的“中农机”品牌的产品主要有系列免耕施肥播种机、系列喷杆喷雾机、大型系列喷灌机、系列气吸式精密播种机、甘蔗收获机、稻、麦、玉米联合收割机、马铃薯种植收获机、悬挂式青饲收获机、大蒜种植机、牧草打捆机、牛饲料搅拌喂料车、饲料膨化机、粗饲料压块机、禽畜粪便处理设备、畜禽舍用喷雾降温设备、种子丸粒化包衣机、籽棉烘干机、皮辊轧花机、锯齿轧花机、温室大棚、园林机械等200多种农业装备和加工机械领域产品。

公司可承建的工程项目有：饲料加工工程、种子加工工程、棉花加工成套技术装备，养鸡、养猪场成套设备、养牛、挤奶成套设备、有机肥成套设备、板栗、杏仁成套加工设备、粮食干燥和加工工程、园林及温室成套技术装备等30多项。

作为国内综合类农机企业龙头单位，公司十分重视国际科技交流与经贸合作。现已经与世界80多个国家和地区的政府部门、科研单位、学术机构以及国际行业组织建立了密切的联系。是多家国外著名跨国集团公司产品在中国的A级代理商。公司的产品出口到韩国、日本、巴基斯坦、南非、马达加斯加、马里、菲律宾、斯里兰卡等多个国家和地区，产品种类和出口数量在逐年增多。

公司始终坚持“科技领先、质量一流、顾客至上、诚信为本”的管理和经营理念，充分发挥在农业装备和农产品加工机械领域的雄厚科研开发实力及长期积累的研发成果和高端产品的优势，致力于为“三农”服务，为我国农业现代化、和谐社会创建、社会主义新农村建设提供适用、先进的农业装备。

地址：北京市德胜门外北沙滩一号33号箱
邮编：100083
电话：010－64883619　010－64883506　010－64883619
网址：http://www.xdnz.com.cn
邮箱：mae@caams.org.cn

【430012】北京博晖创新光电技术股份有限公司

【基本情况】

北京博晖创新光电技术股份有限公司成立于2001年，是一家专门从事临床人体元素分析检测系列产品的研发、生产、销售以及售后服务的高新技术企业。博晖公司自成立以来，一贯秉承以质量求生存，靠诚信求发展的经营宗旨，始终如一地坚持正直、诚信、平等、尊重的企业原则。在科技飞速发展的时代，愿与各界朋友携手并进、共同发展、共铸辉煌！

适用于临床的研发理念：

博晖公司成立至今一直专注于医用原子吸收光谱仪的研究、开发。目前已经开发出两大类多个系列专门用于临床检验的BH系列原子吸收光谱仪。BH系列医用原子吸收光谱仪，在传统原子吸收技术基础之上，加入了创新的设计理念，省去了传统检测过程中复杂的操作流程，更加适用于临床检验。

同时博晖公司经过不断的完善与发展，率先在国内人体元素检测领域建立了首个完整的临床检测系统。通过提供分析仪器＋－配套专用试剂＋校准品（国家二级标准）形成了一个完整的检测系统，保证了检测结果的可溯源性。顺应了国际检验医学界倡导的溯源性要求。

完备的售后服务体系：

博晖公司具有完备的售后服务体系，开通了常年无节假日服务800热线，提供免费的电话支持和问题解答，对客户的需求能做到24小时内及时响应，并在全国十多个城市设立了专业的维修网点，服务网络覆盖全国，训练有素的客服工程师，随时准备向客户提供专业技术解决方案。

客户信赖的产品：

博晖公司凭借先进的技术和一流的服务，产品自投放市场以来得到了广大用户的认可，服务于全国31个省市自治区的近2000家医疗保健机构，2008年标本检测量超过700万人次，并且逐年递增30%以上。在医用人体元素检测设备高端市场具有很高的占有率，是业内名符其实的领跑者。

【主营业务】

从事临床医疗检测系统（含检测仪器，检测软件，检测试剂，校准品，质控品，国家标准物质，试剂卡，参考品等）的研究，开发，生产，销售。

【经营分析】

2011年中期：

2011年公司工作重心是提高综合盈利水平，提升产品和服务质量。为此，公司围绕年初制定的经营方针和工作计划，“明确销售任务，强化运营管理，提升品牌质量，稳固运作发展”，上半年公司抓住行业规范治理和医疗体制改革加速推进的有力时机，取得良好的业绩回报。报告期公司实现营业收入4,871.73万元，比去年同期增长24.46%.实现净利润2,048.21万元，同比增长26.21%。公司上半年微量元素检测仪器销售超过350台，试剂销售超过700万支。公司研制的肠道多病毒联合检测试剂盒产品于2011年5月取得了产品注册证，该试剂盒为公司新产品免疫荧光层析法肠道多病毒联合检测系统之试剂部分，用于该系统的分析仪器已于2010年5月取得注册证书。报告期内公司已着手开展该检测系统的市场推广工作，并实现少量销售。截至报告期，公司共有11项专利，其中报告期内新增4项。

【公司2011年所获荣誉】

· 博晖创新公司25－羟基维生素D3检测试剂盒（酶联免疫法）获得医疗注册证。
· 博晖创新荣膺“2011最具投资价值的新三板公司”称号。

地址：北京市海淀区北坞村路甲25号静芯园G座
邮编：100195
电话：010－88850168
传真：010－88856244

【430017】北京星昊医药股份有限公司

北京星昊医药股份有限公司成立于2000年10月，总部位于北京经济技术开发区。依托北京的特殊地理优势和人才优势，在星昊人的共同努力下，公司迅速发展壮大，形成以药品研发为龙头，研发、生产和销售一体化经营的研发驱动型企业。公司于2007年8月成功在深圳证券交易所中关村三板挂牌，证券代码为430017。现资产总额约2.3亿元，员工总数近300人。

公司在丰富发展原有核心技术的基础上，积极开发新的核心技术，充分利用公司已有的核心技术创新优势，药物发现能力优势，中试生产优势，服务模式创新优势和研发制度创新优势，提升产品研发外包服务能力和药品生产规模，药品技术转让收入取得较大增长，同时继续加大自主创新投入，提升各平台研发创新能力，加强专项技术的开发和应用，不断提升竞争力，加强自主知识产权的保护，在关键技术领域取得独占权，已取得专利授权10项。

公司自始至终秉承"超越自我，共创发展"的企业文化理念，一直专注于对药物的研发，经过多年的发展，通过与高校、科研院所及国内外医药企业的广泛合作，积累了丰富的药品研发与产业化的经验，掌握了多项核心技术和核心工艺，并将技术产业化。公司致力于通过把深厚的技术积累逐步应用到产品生产与上市销售，发展成为以研发驱动生产，生产反哺研发的大型医药企业。

星昊医药多年来取得了诸多荣誉：北京医药行业协会会员；第二批百家创新型企业；北京市高新技术企业；ABO联盟成员单位；2010年公司的氯雷他定片，甲钴胺片，醋酸奥曲肽注射液3个上市品种被评定为北京市第十批自主创新产品；2010年被北京君维诚信用评估有限公司评定信用等级为Azc+，公司也是北京中关村科技园区创新型试点企业，北京市"专利引擎计划"和"北京市专利试点单位"。

地址：北京市经济技术开发区中和街18号
总机：010－67888388
传真：010－67875630
邮箱：xhyy3203@126.com
招商电话：010－67887158

【430018】北京合纵科技股份有限公司

【基本情况】

北京合纵科技股份有限公司（以下简称合纵科技）是中国电力系统内集生产、销售、服务于一体的民营高科技股份制企业，拥有省部级研发中心及众多区域销售分支机构。作为国家高新技术企业，合纵科技一直活跃在我国发电、输配电以及市政建设、铁路、城市轨道交通、供电等行业的各个领域，不仅能为建立节能、环保的供电网络提供高技术含量的输配电成套设备设施，确保电能安全、高效传输给消费者，同时承接着国内众多输配电工程、铁路工程及房地产配套电力工程的设备供应。

公司成立于1997年，位于中关村科技园区上地信息产业基地。公司下设3个子公司和一个中美合资公司（北京合纵科沃尔电力科技有限公司）。历经十余年，合纵科技已经发展成为一家国内电力制造的知名企业。2007年，公司正式在深圳证券交易所的股份转让平台成功挂牌（股票代码430018），注册资本8218万元。随着市场的不断拓展，公司的销售业绩每年以30%以上的速率快速增长。随着公司规模的不断增长，合纵科技生产基地于2005年1月在北京市密云开发区建成投产。经过不断扩建，现基地占地面积84亩，厂房25000平方米，办公综合楼2500多平方米，配套设施近4000平方米。

公司主要产品包括环网开关柜系列、箱式变电站系列、电缆分支箱系列、电缆附件系列、接地短路故障检测系列等，共计五大类。合纵科技致力于电力系统的新技术和新产品的研发、引入、推广与应用，公司凭借深厚的行业背景、强大的营销网络、坚实的技术基础、诚信务实的作风以及丰富的国际国内商务运作经验，吸引了众多世界知名电力企业成为合作伙伴。先后分别与美国COOPER电力系统公司、意大利SEL、德国DRIESCHER公司在中压配网领域建立广泛深入地合作关系。

合纵科技一直致力于自主知识产权的开发，建立了专业实验室，配备了先进的实验设备、实力雄厚的研发队伍，先后推出了配电网故障定位系统装置、环网柜温度监测装置、箱式变电站、预铸式电缆连接件、环网开关柜、带开关分支箱系列等多种高、精、尖产品，获多项国家专利，其中接地故障检测系统装置获国家发明专利，被国家经贸委认定为国家重点新产品，获得科技部中小企业创新基金资金支持；全绝缘户外环网开关柜被认定为国家发改委产业化项目。

公司先后通过了ISO9001质量管理体系认证、中国国家强制性产品"CCC"认证、CQC、PCCC、AAA资信等级认证，获批中关村首批"瞪羚"企业名单。并先后获得多项部级和北京市及中关村科技园区的荣誉证书和奖励。雄厚的实力和良好的信誉是我们发展企业、拓展市场、赢得客户的基础。由于合纵科技具有的巨大发展潜力，2001年被北京市确定为重点扶持的50家民营企业之一。2010年成为中关村高成长企业TOP100强之一。

合纵科技以良好的运营模式和工作氛围，有效融合国内外先进的高科技资源优势，凝聚了大批优秀的国内外专业人才，为强大的技术支持和完善的售后服务提供了有力保障；严格高效的管理机制、和谐温馨的工作环境、科学完善的激励政策、专业有效的培训体制也为公司的健康、快速、协调发展奠定了坚实的基础，使我们在无数挑战和机遇面前始终能够快速反应、从容应对、把握主动、走在前端。

公司秉承"客户至上"的理念，以客户为根本、以科技为动力，遵循"梦想、勤奋、坚韧、团结"的公司精神，并提出"主动服务、快速反应"的战略，置身于客户角度，立志为客户提供"价值源于实效"的一系列周到热情的服务，为社会创造更多的价值。并积极迎接挑战，打造一流品牌，建设中国电力领域的卓越企业，与您携手共创美好未来！

【经营范围】

电子、计算机软硬件及外围设备的技术开发；销售五金交电、化工产品（不含危险化学品及一类易制毒化学品）、机械电器设备、化工材料；生产电器设备；法律、行政法规、国务院决定禁止的，不得经营；法律、行政法规、国务院决定规定应经许可的，经审批机关批准并经工商行政管理机关登记注册后方可经营；法律、行政法规、国务院决定未规定许可的，自主选择经营项目开展经营活动。

【经营分析】

公司2011年1－6月经营情况良好，公司总资产359,014,475.85元，负债168,625,579.30元，资产负债率46.97%；净资产190,388,896.55元。实现营业收入151,217,423.12元，较上年同期增长46.62%；营业利润实现20,726,743.03元，较上年同期增长187.93%；实现归属于母公司股东净利润17,322,947.4元，较上年同期增长161.13%。

【文化理念】

企业宗旨

负报国之责任、联天下之英才、创美好之明天。

企业精神

梦想、勤奋、坚韧、团结。

愿景目标

将合纵打造成为一家值得尊重的国际化公司。

在10年内，跻身国内电力领域第一集团阵营。

经营理念

——致力电力领域

在未来十年，心无旁骛地在该领域发展，不受其他领域机会利益的干扰和诱惑。

——技术的领先

在学习国内外先进技术的基础上，力求创新，在国内同行业确保领先位置。

——品牌经营

以高技术、高质量、高服务作为市场竞争的核心，为用户提供满意的增值服务。

——整合资源

规模扩展，整合相关资源，以收购、兼并、联合等方式完成公司的快速发展。

地址：北京市海淀区上地三街九号嘉华大厦D座1211室
邮编：100085
电话：010－62973188
传真：010－62975911
邮箱：hezong@ chinahezong. com

【430019】北京新松佳和电子系统股份有限公司

北京新松佳和电子系统股份有限公司是沈阳新松机器人自动化股份有限公司旗下的控股子公司，成立于2003年10月。公司是以原北京三九佳和信息科技发展有限公司的技术与市场骨干为基础，由沈阳新松机器人自动化股份有限公司、江苏自动化研究所和上述业务骨干为个人股东发起并投资组建的高新技术企业。公司于2003年12月通过了ISO9001：2000国际品质认证。

作为新松公司全国战略一盘棋的重要组成部分，北京新松佳和电子系统股份有限公司的建立，在企业发展过程中，形成了以沈阳为中心，以深圳（珠江三角洲地区）、上海（长江三角洲地区）、北京（环渤海地区）三足鼎立的全国产业架构。为新松公司未来发展成为高科技集团、实现"技术创业、资本扩张、国际运营"的三步发展战略奠定了基础。

北京新松佳和电子系统股份有限公司及其前身多年专注于CPCI产品的研发及COTS应用。依靠公司的强大研发队伍以及坚实的技术后盾（中科院沈阳自动化所、江苏自动化研究所），北京新松佳和电子系统股份有限公司在巩固自己独特地位的同时不断地对前沿技术进行研究（其中包括：PowerPC和DSP等）。在以x86为核心的嵌入式处理器板的研制、嵌入式显示子系统的研制、各种功能I/O板的研制、高速背板的研制和仿真、宽温电子盘的研制、网络接口板的研制、硬件底层驱动的开发以及各种密封加固传导散热机箱的研制方面已占据独特的领先地位。其应用领域遍及各个行业，包括航空/航天、电力/能源、铁路/轻轨、远程医疗、远程教育、通讯、国防等多种领域。

2010年公司提出了现阶段的产品发展指导方针：以嵌入式应用解决方案为核心，以前沿技术率先产品化为手段。铁路，国防建设应用等产业是公司产品目标的主体。稳定与加强抗恶劣环境产品项目，特别是国产化平台开发，注重非通用化与客户应用密切结合的产品是公司突出产品差异性，维持抗恶劣环境产品板卡和系统类研发优势的重点，目前在基于国产化平台的VXWORKS操作系统OPENGL三维开发包的研制工作，以及在通用嵌入式平台上OpenGL2D/3D嵌入式图形软件vividGL的开发工作均已完成，并申报了相应的软件著作权。该技术的实现使国产化显控终端产品跨越了一个新的平台。基于IntelI7架构的系列产品的研制标志着公司系统设计能力和紧密跟踪最新技术的提升，给公司带来了新的市场机遇。公司注重在新市场，新领域的开拓，如：智能交通一体化解决方案，工业自动化控制的嵌入式应用解决方案等，目前公司已研制出了基于IntelI7架构的嵌入式模块，CPCI－E主板，XEM－1通用控制器模块，Mini－ITX面向智能交通卡口控制器等产品。这些产品是2011年公司市场增长的主流产品。

2011年中期：报告期内整体经营情况，公司营业收入33，027，241.65元，与上年同期相比增长28.04%；营业利润5，178，066.49元，与上年度同期相比增长4.17%；净利润为5，347，312.55元，与上年度同期相比增长18.89%。

地址：北京市海淀区北小马厂6号华天大厦10层
电话：010－63364836
传真：010－63361768
邮编：100038
邮箱：sales@ bjsiasun. com

【430021】北京海鑫科金高科技股份有限公司

北京海鑫科金高科技股份有限公司（海鑫科技，原名：北京海鑫科金信息技术有限公司）成立于1998年，专业从事以多生物特征识别技术和智能监控技术为核心的基础技术研究、产品研发、信息化系统建设、系统集成和技术服务。是中国生物特征识别行业的领导者和公安信息化建设的重要参与者。

作为生物特征识别领域无可争议的领导者，海鑫科金专注于为客户提供全系列生物特征识别产品与服务，提供一站式全方位解决方案。海鑫科金汇聚和融合了国际领先的包括指纹、掌纹、人脸、DNA、手写汉字笔迹和视频车牌等在内的多生物识别技术，研发和生产中国性能最优的公共安全产品和解决方案，为用户构建更全面的社会防范体系提供坚实基础，为海鑫科金合作伙伴创造巨大的发展空间。海鑫科金凭借多年来在对生物特征识别行业技术发展脉络的理解与对用户需求的充分把握，早在公司成立之初就开始酝酿全新的生物特征识别全系列产品的研发，为用户搭建了基于指掌纹、人脸、笔迹、DNA等生物识别技术的公共安全信息化系统，得到用户的高度认可。

海鑫科金是北京市高新技术企业、软件企业，是中关村百家创新试点企业。几年来，二十多项产品取得了国家专利，成功实现了多项高新技术成果的转化，并多次获得国家有关部委及北京市、中关村的表彰和支持。

经过十多年的发展，公司取得了众多的创新成果，持续创新能力较强，同时公司是国内最早从事专业的生物特征识别技术研发及推广的企业，行业运营经验丰富；公司的技术横跨指掌纹识别，人脸识别，笔迹识别，DNA识别，车牌识别等多种生物特征识别领域，产品线完善，有力的推动了企业稳定，快速成长。

面向未来，海鑫科金将通过拓宽销售渠道，完善产品体系，优化队伍建设，降低成本消耗，在保持原有业务领域优势的基础上，进一步开拓新的业务领域，延长产品线，扩大营销覆盖区域及服务水平，实现公司主营业务收入大幅增加。长期发展战略而言，公司将完善制度管理，实行人才战略，激发员工创新能力，提高综合竞争能力，在未来的市场竞争中获得更大的优势，确立海鑫在生物特征识别领域的领先地位，保持自己旺盛的创新能力和蓬勃的发展活力，为客户提供更加强大、简约的基于生物识别技术和产品的信息化系统，秉承与客户共同成长的服务理念，在技术服务、业务交流、需求定制等多个层次上，提供更加丰富的客户服务，为用户、为公司、为社会的福利增长和文明进步，贡献自己的力量。

地址：北京市丰台区海鹰路6号院29号楼
邮编：100070
传真：(86) -10 -63323420
电话总机：(86) -10 -63269992

【430022】北京五岳鑫信息技术股份有限公司

【基本情况】

北京五岳鑫信息技术股份有限公司创立于2000年，现有注册资本4920万元，是集科研、开发、销售及服务于一体的股份制创新型企业，被认定为北京市高新技术企业和北京市重点软件企业。2007年6月公司完成股份制改造，并于同年10月18日在深交所"非上市公司股份报价转让系统"成功挂牌，证券代码：430022。

公司自成立以来，依托雄厚的技术实力和研发背景，一直致力于自有知识产权软硬件产品的研制和开发，在数据处理产品（OMR、ISR）领域及通讯产品（CTI）领域推出了一系列具有国内外先进水平的产品，为广大用户提供专业而完善的解决方案，可靠而安全的系统集成，优质而周到的技术服务，应用范围覆盖了教育、邮电、通讯、金融、证券、税务、统计等诸多领域，产品远销海内外多个国家和地区。

扎根民族产业沃土，专注数据处理和通讯产品领域。具有自主知识产权的考试、阅卷系列软硬件产品和TELEWIND系列电话语音卡产品，已分别成功应用于众多招生考试领域的各类考试和以通过电话为媒体的各类电信业务中，在社会上拥有良好的声誉和广泛的影响力。自有产品ISR8001高速图像扫描阅读机还获得了国家科技部创新产品基金的支持和中关村科技园高新产品基金的资助，并于2004年9月28日通过了教育部组织的部级鉴定，鉴定结果为：国内领先，国际先进。此外，ISR8001高速图像扫描阅读机和TWI -8GC无线接入模拟语音卡都荣获了国家科技部等四部委颁发的"国家重点新产品"证书。

作为中国从事考试评卷技术服务领域十年之久的资深考试服务机构，作为通讯产品CTI领域的领军企业，五岳鑫公司拥有一支实力超群、技术领先、经验丰富的研发团队，拥有多项具有自主知识产权的专利核心技术。

五岳鑫ISR系列智能扫描阅读产品采用独有专利技术的高速扫描头，创造性地融入彩色、红外光源，提供高清晰度、低存储量的彩色、灰度图像，扫描识别速度为同档次通用文档扫描仪的2-3倍，而且实时识别OMR、OCR、BAR信息，实时切割、存储图像，实时判断识别信息的合法性，实时控制筛选合格和不合格信息卡。技术水准和产品性能已达到国际领先水平。

五岳鑫网上评卷系统软件把传统的纸质阅卷积累起来的丰富经验与大容量存储技术、网络通信技术、大型数据库技术相结合，具有高性能、高安全性、高度可配置等特点。经过充分优化的阅卷系统支持大量用户同时在线评卷和实时的评卷进度统计和质量监控，独有的小题区域设置和卷面打分技术使评卷操作直观方便，图像加密校验技术和首创的按小题误差计算模式有效规避了评卷过程中的误操作。

五岳鑫TELEWIND品牌系列语音卡具有大容量、高密度、高处理能力的特点，在单卡上集成了2~240个话路的中继接口以及高达6400MIPS处理能力的数字信号能力，配以完全自主知识产权的DSP算法，能够同时准确高效地完成所有话路的CID收发、DTMF按键码检测、信令收发、回音消除、G3传真、交互式电话会议、数据Modem、变音、录放音、语音压缩、通道交换等语音信号处理功能，支持USB/PCI/CPCI等多种主机接口。带GSM/CDMA无线接入功能的语音卡开辟了CTI技术在移动通信领域内的新应用、而无模块的新型模拟语音卡结构实现了模块底板的一体化设计，极大地方便了用户的选择与使用。

凭着对卓越产品的不断追求，五岳鑫公司在数据处理产品领域和通讯产品领域瞄准国际先进水平，不断创新进取。依靠强大的技术实力、诚信的服务理念和优秀的产品性能，五岳鑫公司在业界树立了良好的口碑，在社会上产生了深远的影响。继往开来，五岳鑫公司任重而道远，我们将以十余年的技术积累和从业经验，持之以恒，自强不息，为广大用户提供更加完善的产品和服务；以更为专业化、国际化的运营理念，着力打造自主创新品牌，振兴民族高科技产业，立足本土，走向世界。

【主营业务】

生产制造并销售语音卡、阅读机。

【企业文化】

企业精神：科技强国，五岳己任。

企业理念：务实、创新、诚信、共赢。

企业目标：以客户需求为导向，以客户满意为目的。
以科技创新求发展，以互惠共赢促提高。
打造专业民族品牌，创建优质民族企业。

【企业荣誉】

- 2011年11月，五岳鑫公司成功入选国家火炬计划重点高新技术企业。
- 2011年10月，五岳鑫公司获北京市信用企业证书。
- 2011年4月，五岳鑫公司自主研发的ISR8001智能高速图像扫描阅读机荣获2009年度北京市科学技术进步奖三等奖。

地址：北京市海淀区上地信息路22号上地科技综合楼B座五层
邮编：100085
电话：010 -62976668（总机）
传真：010 -62976668转206
邮箱：maystar@ maystar. com. cn

【430026】北京金豪制药股份有限公司

【基本情况】

北京金豪制药股份有限公司是从事生物技术领域的高新技术企业。1993年成立，公司位于北京经济技术开发区，占地面积6000平方米，拥有标准的GMP生产厂房。2006年，公司通过了ISO13485:2003和ISO9001:2000体系认证，在生产质量管理方面迈上新台阶，大大提高了自身竞争力。公司本着锐意进取、求实创新的精神，重视基础研究，自行研发了多项基因工程抗原和单克隆抗体，并相继推出了酶联免疫试剂、免疫快速诊断试剂、分子诊断试剂、血型试剂、生化试剂等产品，品种多达80余种。

随着国际生物技术的快速发展，金豪公司始终保持走在生物技术领域的前列，逐步成为该领域具有一定影响力的企业；承担着卫生部艾滋病确证试剂研制与开发的项目，以及国家生物反恐等重大科研项目；成功地建立了国内一流的集信息、科研、生产和销售四位一体的操作平台，先后与欧洲、北美、日本和澳大利亚等数十家相关企业和科研机构建立了广泛的技术交流与合作，并与国内数百家血站，医院和科研机构等单位保持良好的业务往来，企业实现了良好的增长。

公司本着"追求卓越奉献社会"的质量方针，建立多品种生产线，设定不同目标客户群体，成为为客户提供包括产品、服务、技术和方案的体外诊断试剂行业的领先者。实现从产品战略到技术集成战略的飞跃，通过引进或合作研发新技术进行资本运行，成为诊断试剂行业技术研发的先导者，加速企业价值的提升。

【主营业务】

主要从事体外诊断试剂的研发、生产和销售。

【经营业绩】

2011 年中期：报告期内，公司实现营业收入 2540.35 万元，营业利润 247.55 万元，分别较去年同期下降 23.83% 和 75.93%。报告期内实现净利润 370.51 万元，较去年同期下降 62.76%。公司盈利水平下降的主要原因是公司公司研发项目增加，研发费用支出加大，销售较去年同期有所下降所致。报告期内，公司新增流动资金贷款 1000 万元。

【企业文化】

企业宗旨：追求卓越、奉献社会。

企业理念：诚信、严谨、勤奋、创新。

【企业荣誉】

· 公司入选北京生物医药产业"G20 工程"。
· 公司员工入选 2010 年度北京市科技新星计划。
· 公司获得了全球认可的使用 BED 试剂盒针对艾滋病新发感染检测的认证。

地址：北京经济技术开发区运成街 7 号
邮编：100176
电话：010－67878866
传真：010－67881632
网址：http://www.kinghawk828.com
客服专线：010－67881759
技术支持：010－67868073
电子邮件：market@kinghawk828.com

【430028】北京京鹏环球科技股份有限公司

【基本情况】

北京京鹏环球科技股份有限公司是北京市农业机械研究所成功孵化的集研发、产业和资本运营于一体的高科技企业，是我国工厂化农业装备技术研发与制造的领军企业，已成为中国温室行业民族品牌的代表。京鹏始终坚持以科技创新为先导，依靠优质的产品和服务全力打造国际化的"ChinaKingpeng"，为我国设施农业的发展做出了突出贡献。2008 年 4 月 30 日，京鹏科技在深交所正式挂牌，成为我国设施农业装备行业第一家"新三板"上市企业。

京鹏科技始终坚持"立足三农、创业报国"，积极投身于社会主义新农村建设，全面致力于现代设施农业装备的研发和推广，京鹏科技产业化取得累累硕果，实现了价值创新，推动了京郊乃至全国设施农业总体水平的提升。倡导"国产温室、民族品牌、服务世界"的企业发展理念，积极推进"走出去"战略。自 2001 年京鹏温室首次出口海外至今，印有"中国京鹏"商标的温室已先后在美国、俄罗斯、伊朗、韩国、卡塔尔、埃及、哈萨克斯坦等数十个国家扎根落户，自主知识产权的产品出口正迅速成为京鹏科技新的经济增长点。

创新是京鹏团队永不懈怠的宗旨和追求，紧紧围绕"人文北京、科技北京、绿色北京"战略，大力提升自主创新能力；京鹏借助首都科技资源优势，以企业为创新主体，推进"产－学－研－用"创新体系的建设，提升核心竞争能力。截至目前，京鹏已拥有国家专利 50 余项，完成国家科技部、农业部以及北京市科研课题和科技开发项目 30 余项，荣获各级奖励 46 项，相继开发了"屋面全开启式连栋温室"、"屋顶平拉膜温室"、"植物检验检疫隔离温室"、"植物生理生态监测系统"、"植物工厂"等核心专利技术，核心技术达到国际先进水平，成为我国设施农业装备技术研发的生力军。

"京鹏温室满园春，科技促进新农村"，如今的京鹏正以提高科学发展能力为着力点，推进产业结构优化升级，转变经济发展方式；加快实施"一二三四"工程战略；建立农业高新科技集成中心、科技成果转化中心、新经济推动中心和人才聚集中心，促进人才、研发、产业、效益"良性循环"。

【主营业务】

工厂化现代农业设施与装备的研究和开发；生态酒店设施和现代化花卉，苗木及蔬菜交易市场，植物展览温室的设计与建造；系列现代化温室及其配套系统；温室智能化环境控制装备与现代节水设施；现代农业多功能性研究与应用，植物检验检疫隔离负压温室，生态休闲会所，温室公园等延伸产品的开发；农业工程包括现代农业科技园区，都市型现代农业及循环农业，休闲观光农业的规划设计与咨询服务。

【发展战略】

整体成长战略

统筹京鹏产业的技术、市场、信息、人力、品牌、专家、政府资源以及社会资源和国际资源，充分调动内部与外部的资源力量，发挥产业集成的综合资源优势，形成现代农业装备技术研发和制造的主体产业集群。

资本运营战略

充分利用京鹏品牌的影响力，加快投资和融资，推进资本运作，实现创业板上市的目标。通过资本运作，培育新兴产业，拓展市场领域，实现从单一的产业结构向效益型产业结构的转变。

科技蓝海战略

立足自主创新，以市场为导向，以产业为主体，整合技术资源，集成高校和科研院所的优势，吸收社会技术创新要素，形成产学研结合的科技创新体系，增强自主创新能力。以"北京都市型现代农业科技与农机产业创新示范园"为支撑，着力提升设施农业装备、节水、环保、都市型现代设施等主要产品的科技含量，摆脱低附加值"红海"，开创核心竞争力"蓝海"。

品牌强企战略

树立以客户为中心的价值观，建立并推进用户服务全面满意系统，提高客户忠诚度，通过优化产品品质、服务品质、文化品质，扩大品牌辐射力，不断提升"京鹏"品牌的价值。

国际贸易战略

立足"中国创造"，打造国际京鹏。借助京鹏科技资源整体优势，建立国际市场运作协调机制，拓展国际贸易渠道，形成稳定的国际市场，提高国际贸易对产业发展的贡献率。

和谐发展战略

创新"责任、创新、健康、和谐"的企业文化，全面实施"共建和谐京鹏、共享发展成果"企业核心价值观创新工程，坚持"快乐也是生产力"，造就身心健康和工作快乐的人；尊重员工的首创精神、体现员工的价值、造就心态平衡的人；组织员工参与管理，造就具有主人翁责任感和使命感的人。

【发展目标】

实现"一个跨跃"——京鹏科技"新三板"挂牌，仅仅是资本运作乐曲中的一个音符，乐曲的高潮则是创业板。我们的目标是全力向"创业板"冲刺，创建中国现代农业装备知名企业。拓展"两个市场"——立足国内市场，开拓国际市场。国内中高端市场占有率突破30%，国际贸易贡献率突破30%。提高"三项能力"——进一步优化产业结构和布局，着力增强创造力；进一步加强科技创新和人才强企，着力增强核心竞争力；进一步改善职工福利待遇，提高股东回报，着力增强持续发展力。形成"四个中心"——农业高新科技集成中心、科技成果转化中心、新经济推动中心和人才聚集中心。

【经营理念】

理念：责任创新健康和谐

愿景：立足"三农"，创业报国；科技支撑，和谐发展；打造中国现代农业装备第一品牌！

地址：北京市海淀区丰慧中路7号新材料创业大厦705号
邮编：100094
电话：4008188108
传真：010－58711560
邮箱：kingpenggf@ sina. com
网址：www. jingpeng. cn

【430030】北京安控科技股份有限公司

【基本情况】

北京安控科技股份有限公司（简称"安控科技"），是专业从事工业级RTU产品研发、生产、销售和系统集成业务的高新技术企业。基于RTU技术在油气、环境在线监测行业开发出多款专业化经典产品，产品广泛应用于石油天然气的开采、处理、管输、储配等各个环节以及环境在线监测、城市燃气、供水供热等管网监控领域，并已远销美国、加拿大、墨西哥、土耳其、哈萨克斯坦、土库曼斯坦、伊拉克、伊朗、韩国、泰国、马来西亚等国家。安控科技严格执行ISO9000质量管理体系、建立了先进的生产和检测平台，并获得了多项国际认证（如UL、CE、EMC四级认证等），产品品质达到国际先进水平。

安控科技是行业领先的工业级RTU产品供应商和系统集成服务商，拥有完善的远程控制终端（RTU）产品链，拥有完善的油气田自动化和环保在线监测专用产品。提供工业自动化产品的OEM/ODM服务。提供SCADA和DCS等自动化系统和企业管理信息系统的集成服务。

安控科技成立于1998年，位于北京市中关村科技园区海淀园上地信息产业基地。安控科技始终坚持以人为本的人力资源发展战略，建立了一支以高级工程师和专业研究生为骨干的研发团队，打造了一支经过市场历练的高效经营团队，锻炼和培养了一支优秀的管理团队。安控科技始终坚持自主创新的企业发展战略，已经拥有了商标、专利、软件著作权等各类知识产权百余项，覆盖了所提供的所有自动化产品和控制系统。安控科技的研发项目多次获得国家、北京市政府的研发资金支持，部分产品被认定为国家级火炬计划项目、国家重点新产品项目、科技部创新基金项目、商务部出口研发资金项目，受到政府嘉奖与资助。

安控科技的油气行业产品先后在国内第一个百万吨级沙漠整装自动化油田－彩南油田成功替代进口产品应用；承担国内第一个国产化沙漠整装自动化油气田－莫北油气田自动化控制系统建设项目；建成了我国新世纪第一个亿吨级储量的沙漠整装油气田－陆梁油气田SCADA系统；在国内率先开展研究并实施数字化油气田管理和建设模式，开创了中国陆地石油开采领域规模最大、国产化率最高的油田自动化、数字化管理系统的新纪录。安控科技提出了第一套国产油气田自动化整体解决方案并实现其产品化，ECHO5000系列油气田生产自动化产品，填补了我国在该领域的空白。

安控科技结合自身RTU优势和环保行业特点自主研发的全线水质、烟气环保在线监测产品包括E680X系列数据采集传输仪、E681X系列总有机碳（TOC）在线自动监测仪、E682X系列化学需氧量（CODCr）在线自动监测仪、E683X系列等比例自动采样仪、E684X系列氨氮（NH3－N）在线自动检测仪、E6900烟气在线自动监测系统和ECHO污染源自动监控平台等，已在全国二十多个省市得到规模应用。安控科技拥有国家环境保护部颁发的环境污染治理实施运营资质，在提供在线监测系统解决方案的同时，还提供在线监测系统的运营维护服务，为推动我国节能减排目标的实现而努力。

作为中国自动化学会理事单位、中国自动化学会专家咨询工作委员会常务理事单位、中国自动化学会仪表与装置专业委员会委员单位、北京市中关村企业信用促进会的第一批信用企业，安控科技在国内同行业中较早的通过ISO9001质量管理体系认证，拥有系统集成、建筑施工、环保设施运营等各类资质。

本着"卓越品质，源于更高要求"的核心理念，"勤奋、严谨、协作、卓越"的企业精神，安控人必将以更可靠的工业RTU产品、更先进的自动化解决方案和更完善的服务答谢用户、回报社会，为振兴民族自动化事业、创建民族自动化品牌而努力奋斗。

【主营业务】

工业自动化控制产品的研发、生产、销售及系统集成。

【企业文化】

企业精神：勤奋、严谨、协作、卓越。

企业价值观：成就自我、回报社会。

经营理念：卓越品质、源于更高要求。

企业资质：ISO9001质量管理体系认证证书、ISO14001环境管理体系认证证书、高新技术企业认定证书、建筑企业资质证书、计算机信息系统集成资质证书、环境污染治理设施运营维护资质证书、软件企业认定证书、能源一号网会员证书、计量器具型式批准证书、环境保护产品认证证书、CE认证证书。

奖励荣誉：国家级火炬计划项目、管理体系认证奖励。

知识产权：拥有注册商标6项、拥有国家专利50余项、拥有计算机软件著作权40余项。

地址：北京市海淀区上地四街一号
邮编：100085
电话：010－62971668
传真：010－62979746
邮箱：info@ echocontrol. com
网址：www. echocontrol. com

【430033】北京彩讯科技股份有限公司

【基本情况】

北京彩讯科技股份有限公司(Triolion Tech)成立于2000年1月31日,2007年8月24日,有限公司通过《北京彩讯科技有限公司临时股东会决议》,全体股东一致同意以净资产折股方式整体将有限公司整体变更为股份有限公司,公司原股东均作为股份有限公司发起人,改制基准日为2007年6月30日是一家提供大屏幕显示系统(Large - scale Display System)、大屏幕图像处理设备(Large - scale Display Image Processors)、大屏幕信号处理设备(Large - scale Display Signal Devices)、大屏幕显示设备(Large - scale Display Signal Equipments)的高新科技企业。彩讯致力于大屏幕行业,在市场竞争中逐步锻造"科技创新"和"服务第一"两大竞争力。

公司主要产品或提供的劳务为数字图像处理设备,数字显示设备,数字信号传输、切换设备,大型数字显示系统及其相关软件等产品的研发,制造,销售及租赁,技术服务。

【发展历程】

· 2008年,彩讯科技"新三板"挂牌上市,股份代码为:彩讯科技,证券代码为:430033。

· 2007年,通过了ISO质量管理体系认证、中国国家强制性产品认证证书(3C认证)。

· 2006年,大屏幕拼接系统获国家火炬计划项目证书。

· 2003年,开始彩讯逐步建立覆盖全国(北京、沈阳、上海、南京、广州、深圳、成都、重庆、昆明、武汉、西安、长沙)的销售网络。

· 2003年,中关村国际孵化园入资彩讯。

· 2003年,彩讯被海淀区科学技术委员会授予海淀区科技项目任务书。

· 2002年,彩讯获得中关村科技园区创新资金资助。

· 1999年,被北京市科委认定为高新技术企业同时入园国家高新技术海淀中关村园区。

【企业文化】

价值观:我们遵从公平、诚信的原则,承担义务与责任,提高思想与技能,追求卓越,共享成果

精神:诚信、敬业、团队、创新

目标:争创同行业第一

口号:彩讯科技服务第一

【经营理念】

周到的客户服务是彩讯的生存之道,彩讯凭借高品质服务谋求与客户永续合作;

彩讯的企业精神、技术创新、平台建设、内部管理无不围绕着打造一流服务的企业经营理;

通过功能强大的客户关系管理系统(CRM),彩讯实现即时通信、数据共享,无论您身处何地,都将享受彩讯统一水准的个性化服务;

彩讯遍布各大区域的销售与技术团队竭诚为您服务,24小时咨询热线随时为您答疑解惑。

【产品应用】

调度中心:生产调度、电力调度、水利调度、铁路调度……

监控中心:安全监控、通信网管、机场监控、高速公路……

指挥中心:部队、三警合一、武警……

演示中心:会议厅、演播厅、展示厅、购物中心、机场……

地址:北京市海淀区上地信息产业基地三街9号
嘉华大厦C座10层1009室
传真:010－82783988(24小时)
邮编:100085
24小时电话热线:
大屏幕拼接及投影大屏幕方案:010－51267880
大屏幕多屏处理器及大屏幕方案:010－51267881
室内外全彩色LED大屏幕方案:010－51267882
大屏幕售后服务:021－22818085、010－51663822

【430034】北京九州大地生物技术集团股份有限公司

【基本情况】

北京九州大地生物技术集团股份有限公司是以饲料工业为主,同时涉足动物保健领域的农业科技型上市公司(股票代码:430034)。公司始创于1995年5月,前身为北京大地生物技术发展有限公司,2000年3月经北京市工商局批准成立,2007年10月份变更为集团有限公司,2008年4月改组为股份有限公司。

公司根据当前国内外最新养殖技术,结合我国现阶段的养殖现状,推出了适合目前养殖水平、更具时效性的各种畜禽、水产、反刍动物、特种动物类的预混料、蛋白浓缩料、配合饲料和动物药品等系列产品。产品涵盖了多种不同经济用途的动物种类,包括种鸡、蛋鸡、肉用仔鸡、种鸭、肉鸭、蛋鸭、鹌鹑、种猪、商品猪、乳猪、兔、奶牛、肉用牛、肉用羊、毛用羊、淡水鱼和特种养殖动物,公司适销对路和定型的注册产品已达200多个。这些产品已远销东北、华北、西北、华东、华中、华南等地区并得到广大用户的一致好评。

"九州大地"拥有一支专业化、高素质、善管理的队伍,群英荟萃、人才济济。公司的博士、硕士及高、中级职称以上的各类专业人才近百人,从事着研发、品控、服务各项工作,超过90%的员工具有大专以上的学历。经过十年发展,公司在北京、上海、内蒙古、陕西、黑龙江、河南、山东等地拥有控股子公司十余家,经营项目涵盖了饲料、动物保健品、工贸等方面,并桶过ISO9001:2000质量管理体系认证和HACCP管理体系认证,成为业内名列前茅的企业集团。公司建设的《中国预混料网》,是国内第一家以预混料的研发、生产、销售为报道内容的专业电子媒介,执预混料宣传之牛耳,并进而搭建行业电子商务的平台。

2011年公司坚持夯实基础,突出主业的经营战略,积极落实经营计划以及公司既定的营销模式和营销方案,坚持以"到农村去","聚焦,统一,示范,推广","精耕细作,决胜终端"为主题,着力推广以高档犊牛料和高档乳猪料引领的系列反刍饲料和猪浓缩配合饲料,积极应对奶牛养殖户养殖积极性下降,奶牛存栏普遍下降,饲料原料价格持续升高等不利局面,取得了产品销量和盈利增长的双丰收,2011年1－6月份公司共销售饲料9.1万吨,比上年同期增长12.35%,其中公司主推产品反刍料销售7.03万吨,比上年同期增长8.15%,占公司饲料总销量的77.25%。国内饲料原料价格波动较大,大宗原料如玉米等农产品价格持续上涨,饲料企业成本压力明显加大。在奶牛养殖行业,受饲料原料价格和疫情及防疫成本的推动,养牛成本不断上涨,但收奶价格波动不大,奶牛养殖业的利润水平大幅下滑,严重打击了养牛的积极性,造成奶牛存栏量不足。在生猪养殖方面,上半年生猪价格虽已突破历史最高位,但母猪存栏严重不足,受仔猪补栏困

难,价格高位运行的影响,尽管生猪养殖利润丰厚,但养殖量难以在短时间内迅速扩大;在原料价格上涨以及养殖业存栏量不足的情况下,饲料行业的利润空间被压缩,中小企业亏损压力普遍加大,饲料企业利润水平受农产品储备能力和采购优势方面的影响表现的越来越大。公司上半年坚持以反刍和猪饲料的销售为主线,以高档幼龄动物饲料推广为重点,并逐步扩大市场占有率;同时,灵活调节原料库存,适时增加了玉米及与之相关的副产品的库存,有效保持了相对较低的原料库存成本,保证了公司利润的正常增长。目前,由于行情与政策都支持养殖户集中补栏,养殖业的景气度将传导到饲料行业,公司下半年在销量,收入及利润上将会稳中有升。

集团坚持夯实基础、突出主业、实业扩张、做强做大的原则,将公司发展成为科技含量高、产品附加值高、市场占有率高、具有强大竞争力的国内一流饲料企业。以"滋育生命、厚德载物"的大地精神,实践"根植大地、共享成长"的理念,与中国经济一起飞速发展,为成为世界一流的中国农牧企业而奋斗!

【经营范围】

生物技术开发;制造(限分公司经营)、销售预混合饲料、浓缩饲料;自营和代理各类商品及技术的进出口,但国家限定公司经营或禁止进出口的商品和技术除外。法律、行政法规、国务院决定禁止的,不得经营;法律、行政法规、国务院决定规定应经许可的,经审批机关批准并经工商行政管理机关登记注册后方可经营;法律、行政法规、国务院决定未规定许可的,自主选择经营项目开展经营活动。

【所获荣誉】

· 中国饲料工业协会常务理事单位。
· 北京市饲料工业协会副会长单位。
· 北京市科委认定"北京市高新技术企业"。
· 北京市质量技术监督 12365 咨询中心首批理事单位。
· 北京市饲料行业先进集体。
· 中国饲料百强企业。
· 中国饲料行业信得过产品。

地址:北京市丰台区科学城富丰路 4 号工商联科技大厦 B 座 21 层
邮编:100070
电话:86-10-63711800
传真:86-10-63712036
信箱:jzddzc@jzdd.com.cn
网址:www.jzdd.com.cn

【430035】北京中兴通科技股份有限公司

中兴通(证券代码 430035)成立于 1994 年,于 2007 年改制为北京中兴通科技股份有限公司(简称中兴通)。中兴通总部位于北京市中关村上地信息产业基地,在全国 20 多个省市、自治区设有子公司及办事处,注册资金 1.1 亿元人民币。目前,中兴通旗下拥有两家全资控股子公司:北京市中兴通电子技术有限公司、北京中兴通信息技术有限责任公司。

中兴通致力于为政府机关、企事业单位提供信息化产品的研发、生产、集成、销售及服务,具备强大的系统软件研发、嵌入式产品研发,以及系统集成能力,不断为行业用户推出领先的信息化产品和完善的解决方案,其创新性能和高超表现在市场和客户群中得到极高的评价,屡获殊荣。

中兴通拥有经国家工业和信息化部(原国家信息产业部)颁发的计算机信息系统集成二级资质和国家相关政府部门认定的高新技术企业证书,业务涵盖了税务行业、环保行业、铁路行业、电力行业、医疗卫生等行业,产品范围覆盖应用软件、嵌入式产品、系统集成等领域

2011 年公司大力促进以产品技术为核心,面向全国市场进行布局拓展业务,在税务信息化领域将进一步开发完善技术平台,产品平台,在保证公司已有产品不断完善升级的同时,研发的多个新产品逐步进入市场,新年度内税务信息化的产品及服务进一步提升,税务信息化的软件,电子产品与服务市场认可率将持续走高;由于国家环保政府部门的信息化建设速度日益加快,公司的环保信息化业务也将顺应市场的发展速度,加快完善环保信息化技术平台,在此基础上以"数字环保","仪器仪表"两大产品平台开发一系列的产品,于此同时,加大力度培养和提高市场营销队伍,公司环保信息化的业务拓展及实现能力将大幅度提高。

2011 年,公司将持续推进标准化,规范化,成体系化的业务管理体系,业务管理执行能力再上一个台阶,公司稳固,扩大在北京,天津,甘肃等已有区域的市场占有率,积极的关注并提供资源给其他区域市场新设立的全资,控股子公司,以保持公司竞争优势地位,使得公司业务平台的本地化运营服务产生较大的突破。

地址:北京市海淀区上地三街 9 号嘉华大厦 C 座 10 层
电话:010-82781589、82781590、82890537、62987668
传真:010-62979854
邮编:100085
网址:www.chinazxt.com

【430036】北京鼎普科技股份有限公司

【基本情况】

北京鼎普科技股份有限公司坐落于中关村软件园,是中国信息防泄漏的领航企业。鼎普科技创建于 2003 年,经过 8 年的快速成长,已成为国内信息防泄漏产品与解决方案的专业提供商,公司拥有 200 多人的专业团队,在全国各地拥有 5 家分公司和 7 个办事处,同时在北京、上海、成都、郑州、石家庄设立了五大客服中心,为众多的军队、军工企业、政府、高校、科研院所、金融系统和大型央企等客户提供及时、便利、真诚的服务。

鼎普科技拥有国际性标准水平的安全产品研发中心,中心设有信息安全攻防实验室、信息安全检查与评估实验室及新品研发等机构。在安全产品研发中心从事计算机、网络、电子信息应用等领域的顶级科技人才,通过长期对客户需求的理解与信息技术的研究,使鼎普科技的技术成为国内内网安全产品的标杆典范。专业从事信息安全的咨询顾问以其精湛的技术,帮助客户解决实际面临的安全问题,为客户呈现具有鼎普产品个性化、高效率的解决方案。

卓越的管理团队使鼎普科技通过了 ISO9001 质量体系认证、CMMI 三级认证、军工保密二级资格认证,获得了涉密信息系统集成资质、计算机信息系统集成资质,成为商业密码定点生产单位。取得了权威机构的各类资质认证 70 余项、证书 26 项。

作为"中国计算机学会计算机安全专业委员会"、"中国计算机学会信息保密专业委员会"和"全国信息安全标准化

技术委员会”的成员企业，鼎普科技荣获了最具成长科技型100强企业、北京市专利试点企业、国家互联网应急服务支撑单位等多项国家级荣誉称号。为国防、国家奥运、神舟飞船等大型信息安全项目提供高品质的产品及服务，更获得了高度评价及认可。

鼎普科技旗下拥有信息防泄漏领域的领军品牌“鼎普”，同时拥有信息安全检查类第一品牌“猎隼”，秉承“更底层、更安全”的技术创新理念，与客户共同分享信息安全时代的无限精彩！

未来，公司将继续秉承“诚信为本，一言九鼎，民族创新，广普中华”的理念，充分利用国家鼓励自主创新与软件企业发展的政策，加大在信息安全行业技术研发和技术创新，为提升公司的核心竞争力，使公司做大做强，打下坚实基础。

【主营业务】

主要从事信息防泄漏安全应用软硬件开发，系统集成和安全服务。

【企业文化】

(一)关于鼎普座右铭

诚信为本，一言九鼎，民族创新，广普中华

(二)关于鼎普标识

(三)关于鼎普的目标和愿景

创新民族科技，服务全球用户，构建和谐安全信息新世界

(四)关于鼎普价值观

以满足客户需求为宗旨，坚持诚信为本，创新为魂，经营为基

(五)关于鼎普精神

金鼎精神

(六)关于鼎普使命

为人类提供创新的技术，让信息的使用更安全更高效。

【企业荣誉】

- 2011 年，鼎普“三合一”喜登国家保密局目录——首批入选。
- 2011 年 11 月，鼎普获得了信息防泄漏行业中唯一一项“产品质量创新贡献奖产品质量奖——优秀奖”。
- 2009 年最值得 PE 关注企业。
- 2008 年中关村高新技术年度十佳。
- 2007 年中关村最具潜力十佳。

地址：北京市海淀区农大南路 1 号硅谷亮城 2 号楼 C 座二、三层
邮编：100084
电话：(010)57328000
传真：(010)57328111
网址：www. tipfocus. com
全国客户服务热线：400 - 706 - 0588(工作时间)

【430037】北京联飞翔科技股份有限公司

【基本情况】

北京联飞翔科技股份有限公司坐落于北京市东城区，成立于 1995 年，公司一直致力于高科技领域的技术开发及高科技产品的生产销售，主要从事节能环保、环境友好、人体健康科学新材料技术及产品的开发、生产、销售、服务，目前，公司将自主研发的无机非金属材料技术应用到车用环保节能型空气滤清器、燃油滤清器和机油滤清器；低碳环保润滑油、负离子清新空调滤清器；动物养殖微环境改造项目等高新技术产品和项目，主要在汽车环保节能和环境健康两大领域发展。公司凭借技术创新和团队的核心竞争力，从 10 万元资金、5 人的联飞翔科技发展中心发展到今天拥有 7500 万元注册资金、总资产近两个亿、同时拥有 1 个全资子公司、3 个控股子公司的国家级高新技术企业。尤其是自 2006 年新材料技术开发完成，实现产品转化以来，每年营业额和利润都以 30% 以上的速度增长。并于 2008 年 12 月，作为中关村非股份报价转让系统的第一批试点企业在深圳证券交易所股份代办转让系统挂牌上市(证券简称：联飞翔，证券代码：430037)，直接融资上亿元，为企业的发展创新奠定了坚实的基础，使企业成为集贸、工、技为一体的具有现代企业经营理念与管理机制的高科技股份有限公司。

【技术成果及项目介绍】

公司在技术和产品不断创新的基础上，已拥有大量自主知识产权，其中授权专利 13 项、著作权 13 项、注册商标 14 项，还有数项知识产权正在申请。并且核心技术已通过国家部级科学技术成果鉴定、经过技术查新属于国内外首创。其中的“具有活化流体燃料分子及助燃功能的陶瓷材料及应用开发”获 2006 年北京市科技进步三等奖；“具有活化流体燃料分子及助燃功能的陶瓷材料及其制备方法和用途”获第十五届全国发明展览会银奖；利用五项专利技术转化的汽车高效环保节能产品荣获中国国际专利技术与产品交易会金奖，并分别入选国家重点新产品计划和北京市自主创新产品目录；公司项目“机动车节能减排技术的推广及产业化”被列入 2008 年度北京市火炬计划项目和 2008 - 2009 年度国家级火炬计划项目；“环保节能型空气滤清器滤芯 SZ - C - K”被评为 2007 年北京市高新技术成果转化项目，在北京市的 18 个区县中只筛选出 6 个项目，联飞翔公司的节能环保项目位列其中。

公司因具有较强的创新能力和多项自主知识产权，不断得到国家各级政府部门的支持与表彰，先后多次得到东城区科委科技三项立项，东城区财政局专项资金立项，北京市创新资金项目立项，北京市科委“高成长企业自主创新科技专项”立项、高新技术成果转化项目立项、“企业创新应用自主知识产权与技术标准试点”专项资金立项，北京市科技型中小企业技术创新资金项目立项，北京市和国家级火炬计划项目等立项支持。

【产品介绍及市场开发】

利用关键技术成功开发的汽车用环保节能型滤清器产品先后通过了 ISO9001:2008 及 ISO/TS16949:2002 质量管理体系认证，而且其环保性能通过中国环境科学研究院检测、节油性能通过交通部权威部门检测，具有明显的节油减排功效，推动了汽车节能环保领域的技术革新，产品的升级换代，此技术成果对改善大中城市的环境质量及缓解当前匮乏的石油资源具有重大的现实意义。同时，还将该技术的核心材料运用于药物包装、空调等领域，使技术创新为企业为社会创造了价值。

2009 年，公司在前期研发基础上，推出具有释放负离子及除氡等净化空气有益健康功能的空调滤清器产品，较传统空调滤清器增加了释放负离子等多种功能，起到杀菌除臭、净化空气、降低甲醛、氡气等含量的有益健康及环保功能。将新材料技术拓展到环境健康领域，已申报了“具有改善负离子与氡气功能的空调过滤网材及用途”等 3 项发明专利。日前已与北京首农集团签署了战略合作协议，开始

进行动物养殖微环境调控与健康功能化项目改造，将高新技术与养殖专业相结合，并已申报国家发明专利4项，实用新型专利1项。公司凭借技术创新优势，在短短两年时间中，成功开发环保节能滤清器、负离子清新空调滤清器等环保节能产品和环境健康产品，实现了产品的小试、中试、小批量生产和批量生产，并将产品在民航总局、出租、公交等行业推广使用，并在全国发展了200多家代理商，覆盖全国主要的配件市场。同时，在北京、江苏、四川成都、河南信阳等地先后建立了多家"环保节能·滤清器"连锁旗舰店，品牌在行业和市场均形成了一定的影响力。实现了科研成果向生产力的迅速转化，创造直接经济效益上千万，间接经济效益几千万。

【技术团队与技术支持】

2004年，公司与河北工业大学建立了以企业为主体、以市场为导向的产学研合作基地，在固安工业开发区投资建立了近3万平米的核心材料及产品的研发、生产基地，形成华北最大的滤清器生产研发技术中心，确保了产品的技术含量及规模化生产。同时，联飞翔科技聚集了一批优秀的高层次人才，形成了一个富有活力的团队，核心技术骨干是多次承担国家"863"计划及重点学科实验室的负责人。其中大学以上学历的技术研发团队占公司员工总数的30%以上。此外，公司还拥有产品设计开发人员，并具有懂材料、懂汽车的专门的技术检验人员，制定了一整套产品工艺标准、生产标准、检验标准，并进行质量管理体系认证，保证产品在技术上不断创新，在质量上稳定可靠。同时，公司还拥有技术服务人员，负责技术咨询、技术培训和售后服务等工作。

【获奖情况】

公司自创立以来，一直恪守商业道德、维护企业信誉，在社会、行业、市场中具有良好的信誉和口碑。在最新的企业信用等级评定中获得了Azc－的高信用等级；连续多次被认定为国家级高新技术企业及中关村园区内的高新技术企业；连续2年被北京市工商管理局授予"守合同、重信用"企业；2006年全国优秀民营科技企业创新奖；2007年北京市第七届"科技之光"百强创新品牌企业奖；2009年6月公司成为北京市东城区北新桥街道高校毕业生见习基地；2010年，入选"2010福布斯中国潜力企业榜"；中关村"瞪羚计划首批重点培育企业"；"2010年德勤高科技、高成长中国50强"企业；"2010年德勤高科技、高成长亚太区500强"企业。2011年度北京市信用企业；商务部国际贸易经济合作研究院诚信综合等级AAA等荣誉称号；2011年"北京市第四批专利示范单位"；获得"北京市品牌企业注册备案证书"。

【公司愿景】

公司计划在未来利用技术和资本的优势，以不断提高产品质量、提升技术含量、完善售后服务为宗旨，不断实现技术创新、产品创新、以科技与质量并进将企业做强做大。目前，公司充分利用在新三板平台的优势，筹集资金，投资7000多万元建立高科技产品的研发生产基地，最终将创造上亿元的产值，上千万的税收，并创造几百人的新增就业机会，同时每年生产环保节能产品上千万只，为企业和社会创造更多的"绿色产品"。同时不断提高企业的核心竞争力，完善法人治理结构，争取在两年内转到创业板。我们将持续秉承团结、进取、勤奋、守信的企业精神，服务客户、回报社会，为社会创造符合人类生存发展需要的高科技产品，为职工创造适合他们发挥才能的平台、为股东创造理想的投资回报，最终创造一个伟大的公司，为社会做出贡献。

地址：北京市东城区安定门外大街136号
皇城国际A507室
电话：010－64097234
邮编：100011
总机：010－64259568、64259668、64259768、64259968

【430038】北京信维科技股份有限公司

信维科技成立于2002年，是一家年轻、充满活力和具有创新精神的企业。我们的经营团队在光纤、光电子领域有着多年丰富的经验。尖端精密的实验、生产和测试设备使公司在光纤通信行业不仅能够提供标准的产品，而且可以根据客户的特殊要求进行设计制造。

目前信维公司可在光通信网络测试维护领域提供先进的产品和解决方案。公司产品主要针对全球光通信运营商和网络服务商，他们利用公司独特的手持光测试产品进行网络安装和维护、监控和故障定位等应用。

信维公司独特的手持式光纤测试产品具有很大的实用价值，可帮助客户在瞬息万变的市场中降低运营成本。我们相信，只有通过与客户密切配合，才能够保证现在以及未来为客户提供最好的解决方案和专业的售后服务。信维公司通过听取客户和行业专家的意见和建议，预测和甄别用户需要，并在制造技术、研发及设计工程等方面不断进行投资和创新。

公司产品的主要用户有通信运营商，如：中国电信，中国移动，中国联通等；网络工程及代维公司，主要用于光纤网络的铺设及开通，以及日常的运营与维护服务；专用网络，如：国防，电力，广电等；政府与教育系统，主要用于内部网络日常维护与教学。公司目前已推出的产品包括25个系列，100多种型号，可全面满足光网络物理层测试与维护需求，同时公司已经启动无线，射频和以太网传输类的测试产品研发，该等产品与原有产品面对的客户群体和销售渠道完全相同，市场前景一样看好。

国内市场方面，公司已树立了自己的品牌"Shineway-Tech"并积累了丰富经验。在报告期内，公司加大对国内市场的拓展力度，发展经销商，在经销商销售网络没有覆盖的区域拓展自己的营销渠道。由于国内光纤宽带网络建设投资强劲，电信运营商对网络性能和运行方面的维护依然保持着对测试产品的较高需求，而且2010年4月，工业和信息化部，国家发展改革委，科技部，财政部，国土资源部，住房和城乡建设部，国家税务总局联合印发了《关于推进光纤宽带网络建设的意见》，意见明确要求：3年内光纤宽带网络建设投资超过1500亿元，新增宽带用户超过5000万。因此，未来三年光纤宽带网络建设对光纤测试产品的刚性需求，有力的保障了光纤测试产品的行业景气度。这将大大提升公司现有产品的市场空间和容量，明确了公司未来的发展重点，为公司光纤测试行业提供了充分的政策保障；另一方面国内"三网融合"的进一步推进，物联网产业的兴起以及国家智能电网投资启动为公司通信测试产品提供了新的市场增长空间，公司在国内市场的销售收入实现了大幅的增长，市场占有率得到进一步的提升和巩固。

国外市场方面，公司凭借拓展海外营销渠道方面多年经验，进一步节约营销成本，通过参加大型通信行业的展会和对国外市场的考察推介等方式，继续开发海外市场，建立和完善国外营销渠道。由于全球经济逐步复苏，但各地区复苏步伐不同，由于继续发展经销商数量，适度放宽信用政策，加强国际 OEM 合作，致使公司业务实现了预期的增长，国外市场的销售收入达到预期的增幅。

信维公司是一家具有高度灵活性和市场竞争力的企业。遵循"诚信、求实、创新、卓越"的企业精神，公司将不断向全球客户提供高性价比的产品及解决方案。

地址：北京市海淀区花园北路 14 号环星大厦 A 座 5 层
邮编：100191
电话：010 - 51551122
传真：010 - 62386994
电邮：info@ shinewaytech. com
网址：www. shinewaytech. com

【430040】北京康斯特仪表科技股份有限公司

【基本情况】

北京康斯特仪表科技股份有限公司位于北京市中关村科技园区核心创新区——上地信息产业基地。经过不断的创新与积淀，"康斯特"已成为中国压力、温度校准领域内的领导品牌。康斯特人经过十几年的艰苦努力，秉承"让校准更轻松"的核心理念，走自主创新之路，坚持品牌发展战略，真诚地为广大用户提供优质产品与优质服务，不断将企业做大做强。康斯特于 2008 年在新三板成功挂牌，这标志着公司的产品与服务得到了广大用户的认可，更是得到了资本市场的认同，新三版的上市为公司未来的快速发展提供了充足的资金保障。

目前，康斯特有两名科技人员分别被聘为中国压力计量技术委员会委员与中国温度计量技术委员会委员。公司参与起草了多项国家检定规程、校准规范与行业标准，大多数产品通过了 CE 认证，部分产品通过了防爆认证，公司导入 ISO9001：2000 质量管理体系认证以确保产品质量。目前为止，康斯特拥有两大类，数十个具有完全自主知识产权的产品，并拥有多项处于世界领先地位的专有技术与原创技术。截至 2010 年 9 月，已获得的发明专利与其他专利共 50 余项。

公司的产品在全国电力、石油、化工、冶金、计量、铁路、军工等行业过万家单位得到了广泛的应用，并超过同类进口产品，占据了国内市场的主要份额，确立了我们在中国市场的领导地位。公司拥有自营进出口权，凭借产品卓越的创新与品质，获得了国际市场的充分认可。目前，主要产品已经批量出口到以欧美为代表的，全球大部分国家和地区。

我们的目标是将康斯特打造成位列世界三甲的压力、温度校准产业集团，为全球的广大用户提供专业的、至善至美的压力、温度校准解决方案，通过实现"让校准更轻松"的理念，不断为用户创造更大的价值！面对未来，康斯特人目标坚定，踌躇满志，我们一定会创造出一个属于中华民族的国际一流品牌。

【企业荣誉】

· 康斯特公司生产的 ConST711 全自动气压检定系统喜获中国仪器仪表协会颁发的科学技术奖中的"优秀产品奖"。
· 公司压力校准仪器系列产品被认定为自主创新产品。
· 北京康斯特仪表科技股份有限公司被认定为高新技术企业。

【社会责任】

· 2009 年向吉林省辉南县质量技术监督局捐赠价值达 10 万元的压力计量设备。
· 2008 年，北京康斯特捐助汶川地震灾区。
· 2007 年，北京康斯特捐助计量学院。

通讯地址：北京市海淀区信息路甲 28 号科实大厦 D 座 5、6 层
咨询热线：010 - 82782288
客户服务：010 - 82781199
图文传真：010 - 82782266
电子邮箱：office@ constgroup. com
邮政编码：100085

【430043】北京世纪东方国铁科技股份有限公司

北京世纪东方国铁科技股份有限公司（中文简称："世纪东方"、英文简称"BCECR"）成立于 2002 年 12 月，注册于北京中关村科技园区丰台园，是一家在通信信号技术和专网建设领域中集研发、生产、销售和系统集成为一体的高新技术企业。

公司 2003 年被认定为高新技术企业，并通过 ISO9001 质量管理体系认证；2005 年首批通过铁路运输安全设备生产企业认定，并入选中关村通信产业高成长前十名企业；2006 年成为中关村科技园区瞪羚企业和北京市火炬计划企业，并成功入驻北京总部基地；2007 年成为北京市专利试点企业和中关村科技园区改制上市重点培育企业，并获得北京市丰台区经济发展突出贡献奖；2008 年成为中关村科技园区百家创新型试点企业、中关村科技园区信用评级 A + 级企业和北京通信信息协会副理事长单位，获得北京市丰台区经济发展贡献奖，通过美国 EMD 现场评审，取得合格供应商资格；2009 年公司在深圳证券交易所代办股份报价转让系统成功挂牌，并获得工业和信息化部颁发的计算机信息系统集成二级资质证书、中国安全防范产品行业协会颁发的安防工程企业一级资质证书、中国铁路产品认证中心颁发的铁路产品认证证书（CRCC），并成为全国企事业知识产权试点单位、北京市纳税信用 A 级企业和北京民营科技实业家协会理事单位；2010 年成为中关村示范区"瞪羚计划"首批重点培育企业、北京市专利示范单位、丰台科技园上市融资突出贡献企业、2010 年度 AAA 级诚信企业、北京市工商业联合会会员单位、北京轨道交通产业技术创新战略联盟理事单位、中日物联网联盟理事单位、中关村丰台科技园博士后工作分站，并获得 2010 年信息城市推进奖、公益事业先进单位奖。

公司拥有无线通信、自动化控制、传输技术、信息技术、计算机技术及网络技术等多专业的高级技术人才，同清华大学、北京邮电大学、北京交通大学、华中科技大学、北京工商大学、中国铁道学会等国内通信信号研究领域的知名学府和机构展开多方技术协作，并同建伍、摩托罗拉、北美 Safetran 铁路集团公司、美国 Lilee 公司、美国 Twenty - twenty 公司、ZTE 中兴、上海贝尔等国际著名的无线电设备生产商进行全面合作。强强联合、优势互补使公司具有雄厚的技术实力，在国内通信信号领域始终保持技术领先的优势，在日益激烈的市场竞争中具备强大的生存能力。

公司产品面向铁路、公安、消防、石化、煤矿、电力、城市轨

道交通、市政等领域，主要产品有：800MHz 列尾和列车安全预警系统、450MHz 列尾系统、GSM－R 机车综合无线通信设备、WXTY－05 应急通信系统、地铁 PIDS 旅客服务系统、煤矿安全预警系统、光缆线路动态监测及管理系统、视频综合监控管理系统、全路无线电台站数据信息管理系统等 15 大系列、60 多种硬件产品、软件产品和集成产品。

公司坚持走自主创新道路，始终紧跟国内外先进科学技术的发展步伐，紧密结合各行业的实际发展需要。公司拥有专利 21 项、计算机软件著作权 17 项、软件产品登记 9 项。公司自主创新产品被列入北京市自主创新产品、国家重点新产品项目、北京市火炬计划项目、北京市高新技术成果转化项目、北京市优秀人才培养资助项目等并相继获得北京市金桥工程奖、北京市科学技术奖、北京市发明专利奖、丰台区科学技术奖和云南省科学技术进步奖。

公司坚持“诚信为先、质量为本、客户至上、不断创新、求实奉献”的质量方针，崇尚民主创新的思维方式和科学严谨的工作作风，以现代企业管理制度为标准，以优秀的人才和先进完善的基础设施为依托，以市场为导向进行自主研发和科技创新，努力为客户提供国内一流的产品和解决方案，确保客户的要求在专业和优质的服务支持下得到圆满实现，努力将公司建设成为“国内专网通信领域具有特色竞争优势的设备供应商和系统服务商”。

地址：北京市丰台区南四环西路 188 号 12 区 31 楼
世纪东方大厦
邮编：100070
总机：010－63703588021－53575（路电）
无线总机：13381299292
传真：010－63703007021－53567（路电）
客服热线：010－63703036021－53529（路电）
短信平台：发送短信“世纪东方”到 12114
网址：www. bcecr. com
股份名称：世纪东方
股份代码：430043
交易平台：http://bjzr. gfzr. com. cn

【430045】北京东土科技股份有限公司

北京东土科技股份有限公司专注于机器与机器之间通信技术的研究，在通信技术中不断融合数据采集技术和控制数据管理技术，为构建工业信息化的智能“神经网络”平台提供先进可靠的解决方案和产品。

东土科技是参与起草和制定中国自主制定的第一个工业自动化国际标准 EPA/IEC61158 的唯一通信企业，并与浙江大学共同主导起草了中国又一个工业自动化国际标准 IEC62439，是国家标准“测量和控制用工业以太网交换机技术标准”的编制承担单位，是多项国家 863 计划课题的研究单位。

东土科技是科技部、中科院和北京市人民政府共同认定的中关村国家自主创新示范区第一批创新型企业（共 56 家，电子信息类 7 家），2010 北京信息网络产业新业态创新企业 30 强之一（排名第二），2010 福布斯中国潜力企业榜第 82 位，入选“德勤 2010 年高科技、高成长中国 50 强”、“德勤 2010 年高科技、高成长亚太区 500 强。

东土科技的产品已在智能电网、工业控制、船舶等行业获得了多项国际高端认证，如电力行业的荷兰 KEMA 认证，工业控制行业的美国 UL508 认证，船舶行业的挪威船级社 DNV 认证，以及 CE、FCC、ROHS 等认证；同时，公司产品也获得了中国铁路电务设备认证及海军标 GJB151A/152A 等认证。

公司主要研究，开发，生产和销售工业以太网交换机，并提供工业数字化控制系统数据传输解决方案。本公司产品主要分为工业以太网交换机，工业级数据光端机，工业级光纤收发器等类别，各个系列产品在多个行业具有通用性，同时也可为某一特定行业提供各种不同性能的多样化订制产品。目前，公司 30 多种型号工业以太网交换机产品正在电力，交通，工业自动化等各个行业销售。

东土科技的产品广泛应用于国家重点工程，如北京奥运会 31 个主场馆电力配网工程，京津高铁信号控制系统、武广高铁供电系统，青藏铁路全线综合监控系统、杭州湾大桥综合监控系统、北京奔驰克莱斯勒生产线、北京首都机场 T3 航站楼部分工程，北京、深圳、上海地铁，沪蓉西高速公路，中国军用舰船，美国高速公路信息化改造、哥伦比亚及哥斯达黎加电网，印度高速公路，西班牙高铁，叙利亚油田等项目。

让机器与机器之间通信“一网无余”，为工业控制简单化、集约化、智能化提供最新解决方案，是东土科技长期坚持的发展理想。

地址：石景山区实兴东街 18 号崇新创意大厦
电话：010－88798888
传真：010－88796678
邮编：100041

【430049】北京双杰电气股份有限公司

【基本情况】

北京双杰电气股份有限公司是一家股份制高新技术企业，公司成立于 2002 年，注册资本 7821.6 万人民币，在职员工 400 余人。公司总部位于北京市中关村上地信息产业基地，生产基地位于怀柔雁栖开发区，占地 36 亩，现有建筑面积 24800 平方米，主要从事输配电领域 35kV 及以下电压等级的配电设备与配网自动化硬件设备的研发、制造、销售和对外贸易。

公司是北京市中关村“十百千工程”重点培育企业、北京市级企业技术中心、北京专利试点单位和北京市纳税信用 A 级单位，并于 2010、2011 年连续两年被评为“福布斯中国潜力企业”。2009 年 2 月，北京双杰电气股份有限公司正式在深圳证券交易所挂牌（股票代码：430049；股票名称：双杰电气）。

公司是国内第一批独立研发、制造生产环网配电设备的企业，产品共分开闭站、电缆网设备、架空网设备、高低压成套开关设备、智能开关设备、配电远程监测系统、故障检测设备、电缆附件等共八大类百余种产品，其中开闭站、环网柜、电缆分支箱、箱式变电站、柱上开关等产品在国家电网公司、中国南方电网公司及下属省市电力公司、电厂、风电、铁路航空系统、石化系统、煤炭系统等等有着大量广泛、稳定的运行经验与实例。

公司核心技术产品“固体绝缘环网柜”是国内外高压开关行业领域典型的低碳环保产品，各项技术指标全面优于传统气体绝缘环网柜，属国际发明、国内首创，已被列为国家重点新产品、北京市自主创新产品和《北京市火炬计划》重点推广新产品目录。目前，公司已为该产品申请专利 50 余项，其中 25 项已获得授权，拥有完全自主知识产权。2011 年 9 月，该产品正式入围《国家电网公司第一批重点推广新技术目录》，市场前景广阔。

公司生产基地拥有先进的数控剪板、折弯、冲压等设备 35 台(套)，拥有技术专家和技术人员近 200 人，是我国配电领域内一支颇具实力和发展潜力并以提供优质服务而著称的年轻队伍。目前，公司正积极筹备生产基地二期建设工作，以满足产品大规模产业化需求，项目投产后公司将拥有全国最大的固体绝缘环网柜生产基地，新增产值超十亿元。

未来 3 - 5 年内，双杰人将继续致力于输配电及控制设备的制造，专注于环网柜细分市场为业务发展方向，在未来让 SOJO 创造的高附加值产品在收入中达到 70% 以上，努力将 SOJO 品牌打造成为国内环网柜第一品牌，实现“做输配电领域国内一流的设备供应商，引领国内设备制造业的进步，负责社会，福泽国人”的双杰愿景。

我们将与时代同步，以稳健的步伐迈向未来！

【企业文化】

文化：厚德载物、铸就真诚

产品：追求卓越、铸造精品

营销：商道乃德、智慧为信

服务：尚守承诺、臻于至上

【所获荣誉】

- 2011 年 11 月，双杰电气荣获 2011 电力行业创新企业 50 强。
- 2011 年 8 月，双杰电气董事长出席“第五届优公司贡献中国高峰会”并获封成长英才商业榜样。
- 2011 年，杰电气荣获中关村“十百千工程”重点培育企业。
- 2011 年 4 月，双杰电气再次荣登 2011 福布斯中国最具潜力企业榜。

地址：北京市海淀区上地三街 9 号 D 座 1111

邮编：100085

电话：010 - 62979948

传真：010 - 62988464

邮箱：sojo@ sojoline. com

【430056】北京航材百慕新材料技术工程股份有限公司

【基本情况】

北京航材百慕新材料技术工程股份有限公司(简称“百慕新材”)成立于 1996 年，注册资金 3630 万，是中航工业航空材料研究院控股的高新技术公司，以航空涂料为核心技术，并延伸至军工和民品高端涂料市场，专门从事先进工业涂料产品的研发、生产、销售，并承接防腐、保温、防水工程。

2009 年 7 月 1 日，百慕新材在中关村代办股份转让系统(新三板)正式挂牌，股份代码 430056，当年被评为“中关村最具投资价值高新企业”，公司目前已形成航空及军品涂料、节能环保涂料、先进功能涂料三大业务板块，拥有授权专利 8 项，参与国家及行业标准编制共 6 项，第一批入选中关村标准化示范企业，走在我国防腐与防护领域科技前沿。

公司基于几十年航空涂料研发的科技积累，为给航空工业企业提供飞机油箱涂料，防雨蚀、防静电等几十种功能涂料，系列地坪涂料也被广泛应用到各航空园区建设中。电子、航天、兵器、船舶等其他军用设施也正在使用公司涂料产品满足特殊使用要求。

公司还致力于节能环保涂料的推广，开发的水性系列、无溶剂系列、自洁氟碳系列等涂料品种，在食品储罐、饮用水管道，风机叶片等领域得到用户认可。

特殊功能涂料的大规模应用，首先在桥梁长寿命高耐久性方面实现突破，几十座大型桥梁钢结构及混凝土涂装业绩，奠定了公司在这一细分市场中的优势地位。公司拥有防腐一级资质，杭州湾跨海大桥涂装，三峡大坝混凝土涂装等世界级重点工程防腐项目的实施，积累了大型项目的管理经验，同时奥运火炬耐温涂层以及天安门画像保护涂层的成功应用，也体现了公司技术创新实力。

目前公司已经通过 GB/T19001 质量管理体系标准、GB/T24001 环境管理体系标准和 GB/T28001 职业健康安全体系标准“三合一”认证及中国船级社的工厂认可。2010 年公司在天津滨海新区签订了投资协议，计划建设 6 万平方米的先进功能涂料生产基地和研发中心，新基地建成之后，公司的生产规模和设施条件将实现新的跨越。

百慕新材不断追求——航空报国、科技领先、商业成功的发展模式，以高质量产品和服务回馈客户。

【主营业务】

航空涂料、高性能军民品功能涂料、环保涂料的研发、生产销售及施工。

【企业文化】

公司使命：

提供最专业的涂料涂装解决方案，创造高品质多彩生活

公司愿景：

将公司打造成航材院民品发展的标杆品牌，在涂料行业成为高科技涂料的专业制造厂商，做精、做专、做强；在专项工程领域追求第一、行业领先，成为具有核心竞争力和快速市场应变能力的专业化企业，并沿着发展相关多元化的道路，依靠品牌发展壮大。

公司理念：

与自然和谐共处，营造美好生活；为客户提升品质，创造更高价值

公司文化：

信任和谐务实高效不断进取永创新业

公司“十二五”发展目标：

实现“百慕新材”在创业板或中小板的上市，成为“新材料板块”的创新型快速增长的高科技企业。2015 年达到年销售收入 6 亿元，年净利润 5000 万元。

百慕新材公司：航空 + 科技 + 商业成功的发展模式——

(1)融入航空集团——实现航空报国的理想，实现国有资产的大幅增值，使百慕新材成为其中一支在奋斗中体现社会贡献的优秀团队；

(2)依靠科技贡献——为院百亿十亿目标做贡献，成为科研成果产业化的标杆，院成果资本运作的平台，成为中关村高科技示范企业；

(3)追求商业成功——成为先进功能涂料行业先锋，防腐施工龙头企业，实现创业板或主板上市，实现战略合作共赢。

【企业荣誉】

- 中关村最具投资价值高新技术企业。
- 中关村最值得 PE 关注企业。
- 中国腐蚀和防护学会科技进步一等奖。
- 2009 保增长突出贡献企业。
- 2010 腐蚀与防护协会科技进步一等奖。

· 2011 年 6 月，百慕新材喜获《悬索桥吊索涂胶密封设备》专利。
· 2011 年 8 月，百慕新材被聘为中国腐蚀与防护学会企业理事会副理事长单位，并获得了科技进步三等奖。
· 2011 年 9 月，百慕新材氟碳涂料获“华夏神舟杯”论文获三等奖。

地址：北京市海淀区温泉镇太舟坞北京航空材料研究院院内
通讯地址：北京市 81 信箱 18 分箱
邮编：100095
邮箱：info@ biam. net. cn
公司网址：http://www. biam. net. cn
综合办公室电话：010 - 62497081
市场营销中心电话：010 - 62497084
工程管理部电话：010 - 62497082
技术研发中心电话：010 - 62496455

【430065】中海阳新能源电力股份有限公司

【基本情况】

中海阳新能源电力股份有限公司（证券代码：430065），注册资本 1.4 亿元，国家级高新技术企业，资信等级为 AAA，专业从事以太阳能发电为主的新能源行业。公司在自主研发创新领域拥有以太阳能电站集散控制系统（DCS）为代表的近 80 项核心专利技术；光伏及光热系列产品已获得 TUV、CE、ROHS、金太阳等多项权威认证；ISO9001 质量管理体系、ISO14001 环境管理体系和 OHSMS18001 职业健康安全管理体系在公司均得到很好的贯彻推行。

公司自 2005 年成立至今，形成了以大型太阳能光伏、光热电站系统集成为主业，聚光热发电镜场、光伏发电阵列及太阳能电站智能控制系统研发制造为配套的两级架构。在大型太阳能电站建设领域，拥有一批核心技术人员和优秀现场管理人员，他们对高压并网系统安装及调试有着丰富的实战经验。截至 2010 年底，公司总承包（EPC）或参与建设集成的太阳能并网、离网电站累计装机容量近 100MWp，其中国家级“金太阳”、“光电建筑一体化”（BIPV）等项目已辐射北京、浙江、山东、福建、安徽、云南、新疆、内蒙古、广西等十余个地区。

公司在北京、上海、成都等地设立多家控股子公司，其中，北京桑纳斯太阳能电池有限公司主要从事太阳能光伏阵列的研发、生产和销售；上海禅德智能科技有限公司主要从事太阳能发电智能化设备的研发、生产和销售；成都禅德太阳能电力有限公司主要从事太阳能聚光热发电反射镜项目，该项目总投资 20 亿元，一期工程竣工投产后，预计年产能可以满足 800MWe 太阳能光热电站对镜场的建设需求。

【主营业务】

太阳能光伏发电项目（主要包括太阳能路灯、大型太阳能电站）系统集成，LED 绿色照明产品、太阳能光伏组件、太阳能应用小产品的研发、制造和销售。

【企业文化】

企业愿景：让太阳能电站遍及全世界

企业理念：

经营理念——务实创新高效优质质量方针——严格控制精益求精

工作作风——迅速反应立即行动用人制度——优胜劣汰奖罚分明

人文理念——开诚布公团结协作服务理念——以客户为尊

历史使命：实现自我；惠泽社会；造福子孙

核心价值：格诚信；结果第一；开放分享；客户至上人

【企业荣誉】

· 中国人民解放军南京军区科技进步叁等奖。
· 质量、信誉双保障示范单位证书。
· 北京市和谐劳动关系先进单位荣誉证书。
· 北京市私个协系统文明单位荣誉证书。

公司地址：北京市昌平区高科技园区超前路 17 号
运营中心：北京市朝阳区北辰西路 8 号北辰世纪中心 A 座 12 层
电话：0086 - 10 - 51294999
传真：0086 - 10 - 51294999 - 8002
邮箱：rayspower@ rayspower. com
中文域名：http://www. rayspower. cn
英文域名：http://www. rayspower. com

【430076】北京国基科技股份有限公司

【基本情况】

北京国基科技股份有限公司成立于 2004 年，注册资本 4292.5 万元，是北京市首批认证的高新技术企业、中关村高新园区自主创新重点企业，具备 ISO9001 - 2008 质量管理体系认证资质，承接了多个政府研发基金项目。

公司专业从事行业应用软件平台、宽带无线网络设备、智能网络与控制产品的研发、生产与服务。公司主营业务覆盖了新兴的物联网产业链中的采集，传输，信息应用三大环节，能够为行业用户，专网用户的物联网应用需求提供“一站式”的整体解决方案和持续服务，是专业的物联网应用服务提供商，产品和服务覆盖了嵌入式计算机，通信控制设备，宽带无线网络系统，行业应用软件及系统集成四大方面。公司的产品、技术研发和服务均围绕物联网产业链进行，契合物联网在行业应用的技术发展趋势，被广泛应用于军事电子、电信和网络、石油、轨道交通、电力、公安等行业。公司的目标是成为物联网在行业应用领域内提供产品、技术和服务的领先公司。

公司重视在相关领域的投资，目前控股一家从事智能交通行业的公司，参股一家从事军事电子设备研发的公司，初步形成了协同发展的态势。

公司重视人才队伍建设，注重骨干员工培育；倡导“服务、奉献、责任、创新、成长”的价值观和健康的公司文化；努力实现公司、客户、员工、合作伙伴、股东、社会的利益长期均衡发展。

公司重视同国内外、上下游、产学研的合作和资源整合，同国内外多家公司及大学研究院所建立了良好的合作关系。

公司秉承“诚信为本，科技创新，精诚合作，重视细节，追求卓越，服务社会”的经营原则，植根于电子信息产业，加快自主创新研发步伐，从用户需求出发，努力用服务和技术为社会创造价值。

【主营业务】

通信控制及信息应用系统设备制造和整体解决方案的设计和实施。

【企业文化】

公司价值观

公司价值观是员工对公司存在的意义的根本看法,是公司在追求经营成功的过程中,对生产经营和目标追求以及自身行为的根本看法和评价。

国基科技公司员工在工作中应努力倡导统一的价值观。

国基公司倡导的价值观:服务、奉献、责任、创新、成长

服务:服务创造价值,专业知识和勤勉的工作态度是提供优质服务的基础。

奉献:奉献在先、获取在后,没有奉献的精神,就没有获取的机会。

责任:公司承担对客户、员工、股东、合作伙伴、社会的责任,员工承担对公司和家人的责任。

创新:进行技术、服务、商业模式、管理、思维等方面创新,适应市场需求和时代发展。

成长:成长代表着能力的提高、物质利益的增长、及精神世界的充实,公司和个人追求持续成长并享受成长的乐趣。

在数年的公司经营活动中,国基科技公司形成了能保障公司持续发展的健康公司文化,即公司员工在日常工作中形成的思维和行动的特性及方式。这些特性和方式有以下特点:

追求公司的整体实力和利润能力的不断增强。

鼓励每位员工在工作中不断提高自身素养,鼓励个人特点发挥和兴趣发展,公司要努力成为有进取心员工的发展平台。

每个员工都是知识型员工,能从管理者角度思考、规划、执行自己的工作职责。

倡导公司内部的充分沟通与合作,养成彼此支持的习惯。

培养公司学习的习惯,重视公司知识的积累,鼓励员工对公司知识积累的贡献。

敢于承担责任,鼓励公司任何成员都可向公司各级管理者提出批评和建议,工作中的问题和缺陷要及时曝露在阳光下。有管理责任的员工要有自我反省的习惯和能力。

每位员工要对自己的职责充满激情,对每个环节精益求精,有每日进步一点的追求。

视问题、困难和挫折为进步的机遇,积极努力去寻求解决问题、提高业绩的方法和途径,不推诿、不怨天尤人。

真诚地对待同事,尊重他人的人格和生活习俗、平等交流,讲究机会均等,公司内部的人际关系应有利于工作目标的完成,而不是相反。

各级经理不仅关心公司业绩和提高公司管理水平,同时也关心员工的成长和需求、公司健康文化的建设和传播。

鼓励员工自我约束和自我监督,而不应依赖于建立事事涵盖的复杂的规章制度。

倡导实事求是地精神,鼓励内部不同意见诉求的充分表达;鼓励积极的、可承受失败的创新尝试。

要求员工对成本控制具有高度的敏感性。

【企业荣誉】

· 国基科技公司被授予2011年度"双爱双评活动先进企业"称号。
· 国基科技连续第六年荣获奥维通全球金牌合作伙伴。
· 国基科技获奥维通2009年度全球"金牌代理商"荣誉称号。
· 国基科技获"中关村高新技术企业"及"海淀区创新企业"两项证书。
· 国基科技荣列北京市首批重新认定的高新技术企业行列。

地址:北京市海淀区上地七街汇众大厦1-A三层
邮编:100085
电话:010-62965536
传真:010-82895211
邮箱:bnc@ bnc. com. cn
网址:http://www. bnc. com. cn

【430084】北京星和众工设备技术股份有限公司

北京星和众工设备技术股份有限公司(简称"公司")成立于2003年5月22日,注册资本为4200万元。公司于2011年3月14日取得中国证券业协会关于推荐北京星和众工设备技术股份有限公司挂牌报价文件的备案确认函。公司股份代码:430084;股份简称:星和众工;挂牌日期:2011年3月28日。

公司是国内金属板带深加工领域的高新技术企业,专业从事金属板带加工生产设备的设计、制造、安装和调试。主要提供金属板带酸洗生产线、脱脂清洗线、可逆冷轧机组、多机架连轧机组、平整机、光整机、热镀锌(铝)生产线、电镀锌生产线、电镀锡生产线、彩涂(木纹)板生产线、工业退火炉、酸再生等成套技术和设备公司主营业务是研发、销售、安装、调试金属板带生产线,公司的产品主要包括酸洗生产线、镀层生产线、彩涂板生产线、脱脂生产线、聚氨酯发泡夹芯板生产线、集装箱板预处理生产线、冷轧机、工业退火炉、酸再生系统、工业废气废液处理装置等。公司部分产品被评为"北京市自主创新产品"、"北京市政府采购项目",项目获得政府专项资金支持。

国内市场方面,公司已树立了自己的品牌并积累了丰富的工程经验。加大了对国内市场和国际市场的拓展力度,公司的集装箱侧板全自动生产线被列入北京市第二批自主创新产品目录,作为政府采购项目试点产品。这将大大增强公司的产品品牌优势,拓展营销市场份额,同时也充分显示了公司的竞争实力。公司在国内市场的销售收入有了巨大增幅。

国外市场方面,公司在拓展海外营销渠道方面积累了一定经验,为节约营销成本,依然通过参加大型展会和对国外市场的考察推介等方式,继续开发海外市场,建立和完善国外营销渠道。

公司在国内外拥有众多的客户和合作伙伴,并拥有良好的业绩和声誉。客户遍及广东、北京、浙江、江苏、河北、天津、辽宁、山东以及印度、越南、约旦、乌兹别克斯坦等地。

地址:北京市北京经济技术开发区西环南路18号
A座508室
邮编:100176
电话:010-51570198　51570197
信箱:market@ bjsri. cn
网址:www. bjsri. cn

证券公司精品营业部推介

国信证券上海北京东路营业部

营业部简介

国信证券股份有限公司是全国性大型综合类证券公司，注册资本70亿元，在全国43个城市拥有64家营业网点，法定代表人为何如，现有员工11579人，其中本部员工1271人，本科以上学历人员占90%以上。截至2010年12月31日，公司总资产648.7亿元，净资产173.75亿元，净资本124.9亿元。

国信证券各项业务市场地位和竞争优势突出。经纪业务以业内排名第22位的营业部数量连续三年稳居股票基金交易额排名行业第三，同时业务净收入2010年进入行业前三；投资银行业务股票发行家数2006－2009年连续四年排名行业第一，2010年排名行业第二，是当年发行家数、承销金额同时进入行业前十的两家券商之一；资产管理业务规模排名行业前列，2010年主要产品均跑赢上证指数，投资回报在券商同类产品中居于前列；研究业务2005－2010年连续在《新财富》"最佳分析师"评选中获得"最具影响力研究团队"称号，共80多人次获得"最佳分析师"奖项。在中国证券业协会主持的全国证券公司经营业绩排名中，国信证券近三年的总资产、净资产、净资本、营业收入、净利润、代理买卖证券业务净收入、承销保荐业务项目发行家数、受托管理资金本金总额等主要指标均排名行业前十位。

公司旗下的全国十佳证券营业部——上海北京东路证券营业部，早在1994年就已进入上海市场。植根上海17年以来，营业部在上海地区坚持精耕细作，凭借高绩效的经营管理、高品质的产品服务和高素质的员工队伍树立了上海地区的翘楚地位，市场交易份额连续多年排名数一数二，受到监管部门和同业单位的高度认可，并多次荣获《上海证券报》、《证券时报》评选的"中国十佳证券营业部"、"中国明星证券营业部二十强"等殊荣。作为首家在营业部中设立合规风控部门的券商，营业部秉承"合规创造价值，诚信铸就未来"的合规文化全力打造差异化精致服务品牌，为客户提供"金色阳光"证券账户、"金太阳"手机证券、V客专属服务、95536电话理财等便捷、安全、专业的投资理财服务，其95536电话理财中心还是业界首个通过CCCS五星认证的客户服务中心，以功能强大的互动资讯系统平台确保客户真正享受到全面、优质的星级服务，赢得了社会的广泛认可和高度赞誉。

营业部总经理介绍

荆伟先生，自1994年涉足证券行业，于2001年加盟国信证券，2004年取得证券公司营业部高管资格。现任国信证券上海分公司执行总经理兼上海北京东路证券营业部总经理。

1989年毕业于上海铁道学院获工学学士

1999－2001年于中欧国际工商学院攻读EMBA，获工商管理硕士学位

营业部服务介绍

·通道服务

服务时间：周一至周五：8:30－20:00；节假日：9:00－16:30

为尊贵的VIP客户提供便捷开户及综合业务办理而特设VIP通道。提前预约，无需等待，享受贵宾服务。

·网上交易

1.提供国信证券独有的金太阳网上交易客户端，只要您的电脑能上网就能把您的大户室搬回家。

2.功能齐全的网上营业厅让您免受办公室代理服务器的限制，轻松完成交易和各种业务办理。

·手机证券

国信证券自主研发的金太阳手机证券，目前共支持手机型号近百种，为您提供全方位的证券行情、证券买卖、账户查询、证券资讯等服务，真正做到让您随时随地完成投资心愿。

·客服热线95536

服务时间：周一至周五：8:30－21:00；节假日：9:00－17:00

营业部目前拥有70余人的电话理财服务团队，所有客服人员均是通过层层选拔而来的精英，凭借业界首个通过CCCS五星认证的客户服务中心，足够为客户提供全方位专业化理财服务。

·VIP服务

采用国际金融"一对一"的立体服务模式，由专业理财精英为国信证券的VIP客户提供"尊贵"的金融理财一站式享受，通过理财咨询、沟通答疑、业务办理等优质服务，力争成为每一位VIP客户的贴身"理财规划师"。

·品牌业务——金色阳光证券账户

金色阳光证券账户是集多种交易方式和理财产品于一体的综合性证券服务平台，于2006年荣获"深圳市金融创新奖"，是国内证券经纪业务的第一品牌。金色阳光证券账户涵盖金通道、金智慧、金锦囊3系列三大服务级别，是国信证券全面整合资源，借鉴国际财富管理专业规则，专注为机构客户和高端私人客户提供的高端的财富管理规划和咨询服务的金融创新产品。

·短信快车

"金色阳光"短信快车集合众人智慧，涵盖理财服务类、账户通知类、股票信息类和行情服务类等四大类别，帮助投资者把握市场机遇。

·电话互动

倾听投资需求，交流理财观点，量身定制方案，轻松理财就是这么简单。

·星级报告

顶尖资讯、权威内参、精选研报，独家资料，一切尽在"星级报告"中。

·模拟基金

洞察市场机会快速选股，觉察市场风险科学控仓，模拟基金就是您的理财专家。

·理财学校

致力培育成熟的证券市场投资者，适时举办各类沙龙、讲座和报告会，打造投资者交流沟通平台。

营业部荣誉称号

2011年：

- 上海北京东路证券营业部荣获《上海证券报》"2010年度十佳证券营业部"称号
- 上海北京东路证券营业部荣获《证券时报》"中国明星证券营业部二十强"称号
- 上海北京东路证券营业部荣获《理财一周报》"2010年度最佳证券营业部"

2010年：

- 荣获上海市金融服务领导小组"金融服务工作先进个人"
- 上海北京东路证券营业部荣获黄浦区委宣传部"世博

会志愿者活动月度先进集体”
· 上海北京东路证券营业部荣获《证券时报》“中国明星证券营业部二十强”称号
· 上海北京东路证券营业部荣获《上海证券报》“2009 年度最佳服务营业部”称号
· 上海分公司当选上海市同业公会第四届理事会副会长单位
· 上海北京东路证券营业部荣登“2009 年度国信荣誉榜”
· 上海北京东路证券营业部荣获国信证券“2009 年度经纪业务红旗奖”
· 上海北京东路证券营业部综合服务平台荣获国信证券“2009 年度技术创新奖”

2009 年：
· 上海北京东路证券营业部荣获《上海证券报》“2008 年度十佳营业部”、“2008 年度上海证券报股民学校优秀授课点”称号
· 上海北京东路证券营业部荣获《证券时报》“中国明星证券营业部二十强”称号
· 上海北京东路证券营业部荣获国信证券“2008 年度经纪业务红旗奖”

2008 年：
· 上海北京东路证券营业部荣获《上海证券报》“2007 年度十佳营业部”称号
· 上海北京东路证券营业部荣获《证券时报》“中国明星证券营业部二十强”称号
· 95536 电话理财中心成为业界首个通过 CCCS 五星级认证的客户服务中心

地址：上海市北京东路 668 号科技京城东楼 1 楼、30 楼
邮编：200001
交易委托电话：021－962788，021－53083366
咨询电话 95536，联通用户请拨打：021－53599696
投诉电话 95536，联通用户请拨打：021－53599696
沪 A 席位：22498　　沪 B 席位：22780
深 A 席位：008300　　深 B 席位：008300
三板席位：720300　　营业部总经理：荆伟

中信建投证券北京东直门南大街营业部

一、营业部概况

中信建投证券有限责任公司是经中国证监会批准设立的全国性综合类证券公司。目前在全国共设有近 130 个营业网点，覆盖全国 20 个省（市）近 70 个城市，是国内网点覆盖面较广的证券公司之一。公司主要业务指标均位于同行业前十名，是证监会认定的 A 类 AA 级证券公司。

中信建投证券北京东直门南大街营业部成立于 1993 年，前身是著名的“华夏东四营业部”，是中信建投证券（原“华夏证券”）在北京成立的第一家营业部，也是北京证券市场最早的开拓者之一。营业部曾单独完成了北人机、同仁堂、歌华有线等公司的上市发行工作。目前，东直门营业部是中信建投乃至全国证券系统中规模最大、管理最完善的旗舰营业部之一，市场份额常年保持在全国前 10 名。

多年来，东直门营业部始终坚持规范经营、合规运作的发展模式，将风险控制尤其是客户的资金安全放在首位，是全国唯一一家被中央金融工委授予“全国金融系统先进文明单位”称号的证券经营机构。同时，营业部一直在进行着由简单的营销平台向拥有自主创新能力的财富管理中心的转型，成为业界知名的创新型营业部。目前营业部已拥有近百人的员工队伍，创建了 10 余个专业化的理财团队，打造了从低风险到高风险的全方位理财产品线，在固定收益、股票、期货衍生品、信托产品、私募基金、融资融券、专户一对多等业务领域跻身于全国营业部的一流水平。2011 年，营业部总资产高达 370 亿元，客户数量高达 10 万，在业界位于领先水平。

二、营业部服务特色

在传统的股票经纪业务萎缩的时候，仅仅针对于客户证券资产的投顾服务已经无法满足客户的全面理财需求，证券公司经纪业务线的竞争实质从外在市场的拓展转向了内部架构的设计，创造客户需求产品的速度和满足客户需求的能力成为了竞争力的新体现。

东直门营业部依赖其前期与客户建立深度联系、细致了解客户需求的优势，先于市场对金融全产品线进行了布局，组建了 10 余个专业化的产品团队，吸引了大约近百位专业人才。产品线的设计全方位覆盖了从低风险需求到高风险需求的各类投资品种，涉及内容包括：

（一）低风险类投资品种
国债回购与逆回购
货币市场基金
保本型基金
（二）中低风险类投资品种
国债
信用债
普通开放式债券型基金
分级债基 A 类份额
封闭式分级债基
（三）中等风险类投资品种
可转债
分级债基 B 类份额
分级股票基金 A 类份额
混合型基金
股指期货期限套利
可转债套利
事件套利
（四）中高风险类投资品种
股票型基金
基金一对多专户
阳光私募投资产品
资产管理计划
基金超市
（五）高风险投资品种
商品期货
股指期货
融资融券
分级股票基金 B 类份额
（六）机构特色服务
限售股服务
企业融资平台
财务顾问业务
新三板业务
私募股权投资

定向增发

股指期货套期保值

（七）营业部其他特色服务

投顾咨询服务

财富管理

私人客户交流会

B股之家

延伸平台

……

三、营业部经营理念及业绩

营业部长期以来一致致力于服务广大投资者，秉承“服务创造价值诚信赢得信赖”的经营理念，成为中信建投乃至全国证券系统中规模最大、管理最完善的旗舰营业部之一。

在市场上刚刚出现散户机构化、产品服务化趋势时，东直门营业部已能够依据客户需求，及时、准确、灵活的运用金融工具和金融产品，实现对客户全方位的财富管理，帮助客户实现跨领域、跨地域的金融投资。在此基础上，东直门营业部又组建了私人银行业务团队，为资产过千万的高端客户量身定制产品，如私募股权投资、养老规划等。

尤其令人惊喜的是，东直门营业部逐渐改变了传统的经纪业务利润结构，从90%利润来源于股票交易的创收模式转变成为了非通道式业务收入超过30%的新型创收模式，率先在追求多元化利润来源的道路上迈出了具有前瞻性的一步。

行业佣金的不断下滑，使券商经纪业务的发展举步艰难，在2011年市场低迷的背景下，东直门营业部逆势而为，走在行业的前列，率先抵住低佣金的压力，大力发展各专业化产品线，抢占创新业务高地，获取了新的利润增长点，为后期打造多元化、差异化服务做了充足准备。东直门营业部2011年创收1.1亿，市场占比高达1.01‰，成为了证券业的一朵奇葩，2010年曾入选了清华大学金融家论坛的优秀案例。

目前，营业部各项业务的排名多数都名列前茅，显示出较为强劲的竞争力，为下一阶段打造业内最领先的产品事业部奠定了雄厚的基础。

四、营业部所获奖项

近年来，东直门营业部分别在架构建设、人才培养、产品布局、价值管理等方面做出了有益的探索，得到了业界广泛认可，获得了一系列嘉奖：

2000年荣获中国证券业协会“2000年度全国优秀证券营业部”称号。

2001年荣获证券系统唯一的“全国金融系统文明建设先进单位”称号。

2003年荣获2003年度“首都文明单位”称号。

2004年荣获首都金融业创建文明行业活动“先进网点”称号。

2007年荣获2006年度“首都文明单位”称号，并获中信建投“突出贡献”金奖。

2008年荣获2007年度“首都文明单位”称号，并获中信建投“优秀营业部”称号。

2008年荣获证券时报首届“大智慧杯”评选的中国明星证券营业部“二十强”。

2008年荣获中信建投“先进集体”称号，营业部在全国3000多家营业部交易量排名中名列第5名。

2010年荣获2009年度中信建投系统“明星营业部”和“服务模式创新奖”。

2010年荣获2009年度中国券商势力榜“中国证券公司十大营业部”称号。

2010年荣获“2009年明星营业部”称号。

2011年荣获北京市总工会“首都工人先锋号”称号。

2011年荣获证券业协会“自律工作先进单位”称号。

2011年荣获2010年度CCTV证券财经频道首届营业部之星”最佳分析师团队”、“特别贡献奖”称号。

2011年荣获2010年度证券时报“第四届‘大智慧杯’中国明星营业部二十强”称号。

2011年荣获中信建投系统“五年功勋营业部”称号。

2011年荣获中信建投系统首届“扬帆杯”知识技能大赛冠军。

国泰君安证券石家庄建华南大街营业部

一、营业部概况

国泰君安证券石家庄建华南大街营业部成立于1996年，是最早进入河北地区的全国知名券商营业部之一，也是目前国泰君安证券河北分公司的旗舰营业部。营业部坐落于石家庄建华南大街与槐北路交叉口，毗邻繁华的万达广场商业圈，营业面积2000余平方米，内设营业厅、交易大厅、大客户室、“君弘”贵宾室、股指期货仿真交易室、ETF套利专用操作室等，给投资者提供舒适、愉悦、专业的投资理财环境。

十几年来，石家庄建华南大街营业部紧紧围绕以客户需求为中心，秉承“诚信、亲和、专业、创新”的服务理念，赢得了广大投资者的尊重和认可，已发展成为河北地区最具市场影响力、全国范围内知名的证券营业部。据沪深证券交易所系统统计，在全国近5000家证券营业部中，石家庄建华南大街营业部股票基金交易总额连年位列河北地区第一、全国前30强之列。

利用公司“全牌照”业务优势，营业部现已开通沪深A、B股、基金、债券、创业板、代办股份转让等常规交易业务，并且在全国范围内率先取得股指期货IB业务、融资融券业务等创新业务资格，ETF套利业务、研究咨询服务在全国范围内具有领先优势。营业部配备稳定、高效的卫星传输系统，充分保证了交易的快速、便捷；电视显示屏、终端机、宽带网络和内部广播系统提供了立体化的信息传输渠道；多台高端服务器互为备份，自动切换，使行情及交易做到实时容错，保障了业务系统和行情系统的连续、稳定运行。

二、营业部服务特色

1. 君弘财富俱乐部

君弘财富俱乐部是由国泰君安证券倾注十年专业智慧，为证券高端客户精心打造的俱乐部式理财服务。2009年6月26日，国泰君安首家君弘财富俱乐部在石家庄建华南大街营业部落成，历经两年多的运行，目前已日趋成熟。俱乐部采取分级管理、分类服务，根据客户的级别分别提供不同的理财顾问服务、资讯和交易通道。目前，俱乐部已为各类会员开通多达80余项的行情交易、资讯、咨询、理财顾问等方面的专业服务，并借助国泰君安证券与其商业伙伴的服务资源，为会员提供生活、休闲、投资的全方位享受。

2. 专属的投资顾问团队

石家庄建华南大街营业部组建了实力强大的投资顾问团队。投资顾问团队成员既有证券从业多年、久经市场历练的实战专家，又有依托公司资源的知名专家、学者、研究员，还包括我们从投资成功的客户中特聘的客座分析师。投资顾问团队为钻石级高端客户提供专属五星级投资顾问服务,并根据每位客户的差异化投资需求,制定全方位财富管理计划,为高端客户提供更周全的尊荣理财服务。

3."鑫财富"系列资讯

"鑫财富"系列资讯是由营业部金牌投资顾问团队倾力打造的地区性证券投资服务品牌。研发团队按照不同客户的服务需求,开发出系列化的证券投资资讯服务,主要包括广谱类资讯——"鑫财富"早看盘、"鑫财富"重要事件点评系列;高端资讯——"鑫财富"久盛理财、"鑫财富"赢讯系列;以及互动类资讯——"鑫财富"上市公司调研、"鑫财富"高端投资论坛等。

4.其他创新性服务

ETF 套利服务,从 2006 年推出以来在同行业一直保持领先。营业部汇聚了业内多家顶尖套利公司,套利规模和业绩在国内均处于领先水平。

阳光私募服务,由营业部发起、上海精熙投资管理公司作为管理人的的"精熙优胜回报 1 期"日前已经正式成立,开启了河北区域证券营业部阳光私募业务新纪元。

三、荣誉成就

2009 年,在证券时报举办的第二届"大智慧杯中国明星证券营业部"评选中获得"中国最具市场开拓力证券营业部"荣誉称号,成为河北省内首家获此殊荣的证券营业部。

2010 年,在上海证券报举办的第三届"中国最佳证券经纪商暨十佳营业部"评选中获得"最佳服务证券营业部"奖。

2011 年,获河北新闻网(河北日报官网)"2011 年度河北网民最信赖证券投资品牌"。

中国银河证券北京金融街营业部

中国银河证券股份有限公司北京金融街证券营业部原名北京月坛证券营业部,于 2009 年 11 月更名,成立于 1994 年 5 月 5 日,时为北京工总行信托证券营业部;1998 年 9 月,更名为中国华融信托投资公司北京证券交易营业部;2000 年 8 月,并入中国银河证券公司为中国银河证券有限责任公司北京月坛证券营业部;2007 年 4 月更名为中国银河证券股份有限公司北京月坛证券营业部;现为中国银河证券股份有限公司北京地区的中心营业部。服务上"客户至上"、经营上"数一数二"是金融街营业部历来弘扬的企业精神,其精髓文化"比学赶超传帮带"塑造出一支与时俱进、拼搏进取的职业队伍。十几年来,在广大客户的关爱下,营业部每年一个台阶,正以日新月异的快速变化发展着,取得了不菲的成绩:客户队伍不断壮大,目前已 7 万多户,客户资产总值 7000 亿元左右;各项经营指标在北京 220 多家营业部中名列前茅;先后获得"首都文明标兵单位"、"证券业规范化服务优秀单位"、2006 年"全国金融系统'五一'劳动奖状"、2008 年"迎奥运、讲文明、树新风"活动先进集体、2008、2009、2010、2011 连续四年获评"中国明星证券营业部二十强",2011 年由北京证监局推荐参评全国文明单位。

金融街营业部毗邻金融街,地处繁华市区,交通十分便利;设有大、中户室和散户交易厅,交易环境宽敞舒适;开通了工行、招行、建行、中行等 16 家银行的三方存管业务,实现客户交易保证金的实时划转;拥有 1620 条电话委托线路,提供网上交易服务,保证了交易通道的畅通、快捷、高效;取得代办股份转让主办券商资格,提供三板股份确权、交易和过户以及中关村园区股份转让服务;提供期货 IB 业务服务;首批获融资融券业务资格;首批获买断式购回业务试点资格。

金融街营业部一贯秉承规范经营、以客户为中心的价值理念,致力于为客户提供更优的金融产品、更好的服务、更具人文特色的交易环境。

1. 地铁路线:地铁复兴门站下车,向北 200 米,路口再向东走约 500 米;

2. 乘车路线:乘 7 路、38 路至辟才胡同站下车;68 路、48 路至辟才胡同西口站下车;

3. 自驾路线:北京市西城区丰汇园 21 号楼,月坛南桥向东走约 800 米,路北(中国大唐东侧);

4. 现场办理沪、深股东账户、基金账户、国债账户,免费开立资金账户;

5. 取得代办股份主办券商资格,提供三板股份确权、交易和过户以及中关村园区股份转让服务;

6. 开通工行、招行、建行、中行、交行、农行、民生、华夏、光大、兴业、广发、浦发、中信、北京、上海、深圳发展共 16 家银行三方存管,实现资金实时转账;

7. 功能强大的网上交易系统,更加方便、快捷、安全地为投资者提供服务;

8. 代销所有开放式基金产品;

9. 现场每日举办证券知识讲座或股评,为投资者答疑解惑,指引投资方向;

10. 手机短信提供交易信息提醒、重大政策提示、当日盘面点评服务;互联网邮件发送独家资讯;

11. 建立客户服务视频网站,推出早间财富观点、机构观点集萃、热点跟踪、视频收市股评等资讯信息;

12. 周日不休息,方便上班族办理开户、并开户理财课堂。

齐鲁证券青岛香港中路营业部

一、营业部概况

齐鲁证券有限公司成立于 2001 年,是全国性大型综合类证券公司,16 家 AA 级券商之一,现有注册资本 52.12 亿元,员工 6000 余人,在全国 27 个省、市、自治区设有 150 多家分支机构,控股鲁证期货有限公司、鲁证创业投资有限公司,参股万家基金管理有限公司。截至 2010 年底,公司总资产 425 亿元,净资产 108 亿元。2010 年 5 月,公司荣获"中国最佳证券经纪商"称号;2010 年 6 月,公司荣获"最具成长性投行"称号;2010 年 11 月,公司连续第四年荣膺"金钥匙奖"。

公司旗下的全国十佳证券营业部——齐鲁证券青岛香港中路营业部前身为天同证券青岛香港中路营业部。2007 年 1 月齐鲁证券收购天同证券后,正式更名为齐鲁证券有限公司青岛香港中路营业部。营业部成立十五年来致力于为客户提供先进、周到、全面的金融服务,努力建设成为具有自主创新能力和核心竞争力的部门,倍受社会认知。

齐鲁证券青岛香港中路营业部位于青岛市最繁华的香港中路 100 号,营业面积 1600 多平方米。营业部环境优雅,有宽敞明亮的交易大厅,开放式柜台,客户网上交易演示区,高档舒适的大中户室及 VIP 室,客户培训室等,各项软、硬件设施齐备,堪称国内一流。营业部具有较强大的营销能力和研究力量,建立了一支适应市场需求的高素质营销队伍,能满足各类投资者不同层次的需求。营业部经营范围:证券代理买卖;代理还本付息、分红派息;证券代保管、鉴证;代理登记开户。

齐鲁证券青岛香港中路营业部在工作中不断探索创新，为广大的投资者提供了更多的投资渠道，以更专业更敬业的态度为客户真诚提供以下产品和服务：

第一类：投资产品

1. 股票投资
2. 基金投资
3. ETF 基金套利
4. 期现套利
5. 权证交易
6. 齐鲁证券集合理财

第二类：基础性服务

1. 专属二对一服务：从开户开始享受专属客户经理 + 理财顾问的双重服务。

2. 账户动态管理服务：专业账户分析，投资建议书。

3. ETF 衍生套利：与国内研究机构合作，利用 ETF 基金的套利机会真正做到低风险和较高的稳定收益。

4. 期现套利：引入研究所成熟研究成果，为客户提供一个无风险的套利盈利模式，也可作为客户套保的工具，在宏观经济不乐观的情况下，可以利用股指期货对冲系统性风险，获取收益。

5. 融易网客户服务系统、VIP 客户服务系统：针对客户的资产组合提供综合的产品信息和投资分析及建议。

6. 短信服务：根据客户要求定制证券要闻、持仓信息、基金发行认购通知等。

7. Email 发送宏观经济、行业、上市公司调研报告服务：公司具备专业的研究报告平台，可以提供所有五星级以内各大研究机构研究报告。

2009 年 1 月齐鲁证券青岛香港中路营业部综合排名进入全国券商近 4000 家营业部前 100 名，较 2006 年底综合排名大幅提升 1100 多名，年底位居第 9 名。全年累计交易量突破了 2200 亿元，同时营业部 ETF 交易业务列全国各营业部第一名。截至 2010 年底，营业部的总资产为 29 亿元，资产份额完成计划指标的 141.36%（计划目标 0.0074%），市场份额为 0.1275%，完成计划指标的 140.50%（计划目标 0.0908%），较去年上升幅度为 14.26%。而截至 2011 年 6 月 26 日，营业部的总资产为 71.69 亿元（含法人股托管 48 亿）较去年同期增长了 229.16%。营业部三年接连跃上三个台阶，经纪业务驶入快速增长的快车道。

在经纪业务稳固发展的同时，营业部树立创新意识，优化业务结构，面对现在严峻的市场环境和激烈的市场竞争，面对越来越多的客户对高品质理财服务的需求，投资顾问团队的建设和 IB、融资融券业务的发展成为营业部现在及今后发展的重点，构筑新的业务模式，寻求新的业务增长点，以全产品线、全业务链的的思维，满足客户的需求。

营业部一直以创新服务为导向，在特色上做文章。实行差别化服务战略，实现由大众化服务向个性化服务转变。充分利用全国十佳营业部的品牌和信息优势，多次举办较大规模的股评报告会、股民老股大赛等多种方式与客户交流，为投资者提供多方位服务，满足了不同客户的个性化需求。营业部还坚持以团队精神为纽带，在形象上树品牌，同时品牌也给营业部带来了效益。

二、营业部总经理介绍

尹戈，1979 年 6 月出生，经济学学士，管理学硕士，中共党员。现任齐鲁证券有限公司青岛香港中路营业部总经理，齐鲁证券青岛联合协作中心党委委员，青岛香港中路营业部党支部书记。

2007 年 1 月，28 岁的尹戈被任命为齐鲁证券青岛香港中路营业部总经理。他做事雷利风行，敢说敢做，绝不拖泥带水。面对困难，他凭借自己的激情，改变着、激励着身边的每一个人。他能敏锐捕捉行业的热点，审时度势，树立远大目标，敢为人先，能从发展中不断寻求创新改革，大胆搞业务创新，利用 ETF 套利交易、期现套利交易业务，使营业部的业绩大幅跃升。同时他以人为本，广开言路，知人善任，对员工一视同仁，始终坚持让广大员工发表自己的看法，亮出自己的观点。他在成绩面前头脑清醒，锐意改革，不断进取，为营业部未来的发展打下了坚实的基础。

正是凭借他的激情和热情，把一个业绩滞后的营业部锤炼成了让业内瞩目的营业部。2009 年底，齐鲁证券青岛香港中路营业部综合排名位居全国第 9 名，营业部 ETF 交易业务列全国各营业部第一名。在由《上海证券报》主办的"第三届中国最佳证券经纪商暨十佳证券营业部"评选活动中，齐鲁证券青岛香港中路营业部荣获"2009 年度中国十佳证券营业部"殊荣。

2008 年尹戈同志被评为公司年度优秀服务明星，青岛香港中路营业部首次被评为公司年度优秀营业部。

2009 年尹戈同志被评为公司年度优秀岗位明星，青岛香港中路营业部再次被评为公司年度优秀营业部，同时荣获公司颁发的"2009 年度全国百强营业部"称号。

2010 年，由于业绩突出，尹戈同志被授予首届"山东省省管企业青年五四奖章"。

三、营业部经营业绩及经营理念

近几年营业部获得的成绩及荣誉：

1. 2008、2009 年连续两年在齐鲁证券系统内被评为先进营业部；2009、2010 年评为"全国百强营业部"。

2. 荣获"2009 年度中国十佳证券营业部"称号。在由《上海证券报》主办的"第三届中国最佳证券经纪商暨十佳证券营业部"评选活动中，齐鲁证券青岛香港中路营业部从全国近 4000 家营业部中脱颖而出，荣获"2009 年度中国十佳证券营业部"殊荣。

3. 2009 年营业部完成交易量青岛市第一名，山东省第一名，进入全国券商前十名。

齐鲁证券青岛香港中路营业部秉承"专心为您"的服务理念，坚守"客户第一，服务至上，资产保值增值"的经营理念，始终把客户的需求放在首位，思客户之所思，想客户之所想，尽心完成每一客户之所需；优雅舒适的交易环境和优质高效的差异化服务，尽力做到每一客户之所想；专业的理财分析师和优秀的投资顾问团队，为客户提供高质量的投资服务。

"创新、规范，团结，奉献"是营业部员工的工作作风，在营业部的运营上坚持"稳健规范、长远发展"的经营原则，确立"立足长远发展、谋求持续盈利"的价值取向。始终把合规经营、稳健运作放在重要位置上，致力于建立完善的内控机制合内控制度，规范业务流程，规范各项管理，加强内部风险防范。

齐鲁证券青岛香港中路营业部充分发挥自身的优势，不断丰富和完善各类金融产品，全力为投资者提供优质服务，数万客户的忠诚选择证明了营业部实力。为客户提供满意服务，为员工提供发展空间，为股东提供稳定回报，为社会做出应有贡献是营业部永远的宗旨。

西南证券重庆惠工路营业部

一、营业部概况

西南证券成立于1999年，注册资本23.23亿元，是唯一一家注册地在重庆的全国综合性证券公司，经营范围包括：证券经纪、证券承销保荐及财务顾问、证券自营、资产管理、融资融券、证券投资基金代销。2009年2月26日，西南证券在上海证券交易所挂牌上市，成为中国第九家上市证券公司，是重庆第一家A股上市金融机构。公司现有员工近3000名，41家营业网点遍布国内19个经济中心城市，在北京、上海、深圳、成都、重庆5地设有投资银行业务部，并于2010年设立了从事直接投资业务的全资控股子公司——西证股权投资有限公司，注册资本4亿元。

近年来，在重庆市委、市政府、国资委的正确领导与大力支持下，依托资本市场的高速扩张和重庆区域经济的快速发展，公司坚持市场化发展道路，先后完成改革重组、借壳上市、增发融资等战略性举措，净资产一举突破百亿元，总资产突破两百亿，实现了超常规、跨越式发展。在金融经济形势纷繁复杂的2010年，公司取得了优良的经营成绩，全年累计实现营业收入19.36亿，利润总额10.45亿，经纪业务市场份额增速位列15家上市券商第1位，净资产规模位居行业第13位，资本实力接近券商第一阵营，并顺利完成重庆有史以来单笔规模最大的60亿A股市场融资，一举拿下融资融券、资产管理、直接投资、场外交易等四块业务牌照，为“全牌照”经营打下了坚实的基础。

西南证券股份有限公司重庆惠工路证券营业部是重庆地区最具影响力的证券营业部之一，2011年实现A股基金交易量512.8亿元，交易量和净利润双双名列重庆地区行业第1名。该部成立于1993年，位于重庆市南岸区步行街中心，坐拥2600平方米的高端营业场所和300平方米的中庭花园，是重庆地区规模最大的证券营业部。

二、营业部总经理介绍

刘文棋，女，汉族，本科。现任西南证券股份有限公司重庆惠工路证券营业部总经理，重庆证券期货业协会副秘书长，2010年被评为重庆市“五一巾帼标兵”，2011年被评为重庆市“国企贡献奖－先进个人”。

刘文棋同志长期从事营业部的管理和经营工作，她带领西南证券惠工路营业部在短短的3年时间里业绩实现了高速增长，完成了辉煌的业绩提升，从老牌传统营业部华丽蜕变为令人瞩目的创新型旗舰营业部。

三、营业部特色服务

惠工路营业部秉承“开拓进取、务实求精”的经营理念，凭借强大的金融产品创新能力，在上市公司、基金、信托、银行及机构客户中建立起良好的声誉和品牌。该部配置了超音速行情交易系统、摩旗ETF套利软件、新干线沪深10档行情系统、金典钱龙、大智慧、同花顺、WIND资讯等分析交易软件，拥有以投资顾问为核心的理财服务团队，依托总公司买方分析师的研发力量，为客户提供“专家坐席”、“实战咨询”、“金点子组合”等专业化理财服务。

四、营业部荣誉

- 2000年荣获西南证券有限责任公司工会“模范职工小家”称号
- 2000年荣获西南证券有限责任公司“先进集体”称号
- 2001年荣获西南证券有限责任公司“先进团支部”称号
- 2003年荣获西南证券有限责任公司“先进集体”称号
- 2003年荣获中共重庆市国资委员会“巾帼文明示范岗”称号
- 2003年荣获共青团重庆市委企业工作委员会“五四红旗团支部”称号
- 2003年荣获共青团重庆市委“重庆五四红旗团支部”称号
- 2006年荣获重庆市金融工会“先进职工小家”称号
- 2007年荣获西南证券有限责任公司“先进集体”称号
- 2008年荣获中共重庆市国资委员会“巾帼文明岗”称号
- 2008年荣获重庆市证券期货业协会“投资者教育工作红旗单位”称号
- 2009年荣获重庆市证券期货业协会“投资者教育工作红旗单位”称号
- 2009年荣获重庆市财贸金融轻纺工会“模范职工小家”称号
- 2009年荣获重庆市总工会“工人先锋号”称号
- 2010年荣获重庆市证券期货业协会“投资者教育工作红旗单位”称号
- 2011年荣获西南证券股份有限公司“先进集体”称号
- 2011年荣获西南证券股份有限公司“优秀工会小组”称号

国泰君安证券宁波彩虹北路营业部

一、营业部概况

国泰君安证券是国内规模最大、经营范围最宽、机构分布最广、服务客户最众的证券公司之一。拥有金融证券服务全业务牌照。旗下设国泰君安金融控股有限公司（注册地香港）、国泰君安期货有限公司、国泰君安证券资产管理有限公司、国泰君安创新投资有限公司、国联安基金管理有限公司5家子公司，在全国29个省、自治区、直辖市设有26家分公司、193个营业部（含35个直属营业部）。国泰君安证券被誉为最受尊敬的证券公司，是品牌美誉度最高的证券公司之一。多年致力打造“钻石文化”为精髓的企业文化，坚持“诚信、亲和、专业、创新”的经营理念，秉持“创建一流、追求卓越”的企业精神，落实“满足和创新客户需求、提升和创造客户价值”企业使命，赢得了各方的良好称赞，在各类评奖中屡获殊荣。2004－2010年，公司连年位居《世界品牌实验室》中国500最具价值品牌评比“中国券商品牌价值第一”。2008－2010年连年获评中国证监会券商分类评价A类AA级。

国泰君安证券宁波彩虹北路营业部于1994年设立，1999年由原国泰证券宁波营业部和原君安证券宁波营业部合并而成，是宁波最早成立的营业部之一，十几年来营业部始终奉行以客户为中心的服务理念，良好的社会信誉，各项业务不断发展，取得了骄人的成绩，在宁波树立了较好的服务品牌，经营规模、经济效益和管理水平在宁波的券商中均名列前茅，是甬城最具竞争力的证券营业部之一。

国泰君安证券宁波彩虹北路营业部位于宁波市高端金融贸易集聚区域——波特曼商圈，繁华的彩虹北路97号。营业部于2009年重新装修改造，现有经营面积2900平方米，宽敞明亮的交易大厅以及大户室、贵宾室、君弘俱乐部等交易、理财场所，给投资者提供一个舒适的交易、理财环境。营业部现已开通沪深A、B股、基金、债券、创业板、代办股份转让等常规交易业务，并且已取得股指期货IB业务和融资融券业务等创新业务资格，并实行专人、专岗、专项服务制。营业部现支持键盘热自助、电话、网上交易、手机证券等多种委托方式，且建有安全快速的交易系统，拥有一流的硬件设施，采用先进的千兆网络集成技术，最先进的两地双向卫星数据传送和电脑自助撮合无形席位报盘方式，真正实现了即时行情、即时委托、即时回报，行情揭示准确及时，委托下单快捷无误，为广大投资者提供安全快捷的交易平台。

二、营业部总经理、经营业绩介绍

朱雪泉，1969年6月出生，复旦大学经济学硕士，现任国泰君安证券股份有限公司宁波彩虹北路证券营业部总经理。

2006年，朱雪泉被任命为国泰君安证券宁波彩虹北路营业部总经理。他出任营业部总经理以来，一直秉承克己奉公、努力开拓的精神，带领营业部全体同仁齐心协力，积极开展各项工作，并取得了很好的成绩，近三年的业务数据如下：

2009年全年累计完成股票基金成交量828.4亿元，累计市场份额万分之7.5939。成交金额、业务收入及税后利润均居宁波市场前三。

2010年全年累计完成股票基金成交量845.78亿元，累计市场份额万分之7.64（公司经纪业务信息发布数据），较2009年的7.5939微升0.61%。成交金额、业务收入及税后利润均居宁波市场前三、公司单一营业部排名前六。

2011年上半年（6月30日截至）累计完成股票基金成交量460.42亿元，累计市场份额万分之9.223（浙江分公司经济业务信息发布数据），较去年同期的万分之7.37提高了25.14%。成交金额、业务收入及税后利润单一营业部排名列公司前五、宁波市场第一！

三、服务特色与经营理念

国泰君安证券宁波彩虹北路营业部在全国率先实施前后台资源整合、三级管理架构制度，建立由总公司、分公司和营业部分级管理的模式。后台营运严格按照总公司标准化流程贯彻执行，合规严谨；前台以客户经理制，实行“以老带新，团队协作”的经营模式：由投资顾问和客户经理组成营销服务团队，融合各人之所长，使客户专享客户经理服务，团队协作服务，切实将客户服务工作做细、做深，并通过量化指标，定期考核，达到提高客户经理及团队营销服务质量的目的。

国泰君安证券宁波彩虹北路营业部一贯奉行“诚信为本、合规至上”经营理念，以“专业创造价值”为核心价值观，以“稳健、求实、高效”的经营作风，以客户需求为导向的服务宗旨，尊重客户的服务理念。在不断创新和积累的过程中，营业部已实现95521客户服务热线，智博汇高端咨询平台，多方银行存管业务；根据客户不同喜好，提供国泰君安钱龙、国泰君安大智慧、国泰君安睿智版、易阳指手机证券等交易软件及独立交易软件；营业部建有完善的信息发布平台，投资者可通过短信平台、现场咨询、登陆总公司和浙江分公司网站等渠道获取即时信息；营业部还设立客户服务中心，建立了业务素质较高的营销团队和理财咨询小组，积极依托总公司研究所强大的研究力量，定期提供最新行业研究报告，定期组织各种形式的证券学堂、产品推介会和咨询服务活动，为广大投资者提供个性化服务；针对核心客户，依托国泰君安证券雄厚的研究力量和扎实的服务基础，打造了证券服务领先品牌——君弘财富俱乐部。国泰君安证券宁波彩虹北路营业部通过服务创新、产品创新、技术创新，为客户提供专业、高效的优质服务，坚持与客户共同成长，努力追求客户财富增长和营业部价值最大化，实现共赢！

齐鲁证券青岛江西路营业部

一、营业部概况

齐鲁证券有限公司成立于2001年，是全国性大型综合类证券公司，16家AA级券商之一，现有注册资本52.12亿元，员工6700余人，在全国27个省市区设有150家分支机构，控股鲁证期货有限公司、万家基金管理有限公司和鲁证投资管理有限公司。截至2010年底，公司总资产达426亿元，净资产108亿元。2010年5月，公司荣获“中国最佳证券经纪商”称号；2010年6月，公司荣获“最具成长性投行”称号；2010年11月，公司连续第四年荣膺“金钥匙奖”。

公司旗下的优秀营业部——齐鲁证券青岛江西路营业部前身为天同证券青岛江西路营业部。2007年1月齐鲁证券收购天同证券后，正式更名为齐鲁证券有限公司青岛江西路证券营业部。

齐鲁证券青岛江西路营业部是青岛市最早的证券经营机构之一，营业部坐落于人气鼎盛的江西路与云霄路交界处，营业面积4500平方米，环境优雅，交易大厅宽敞明亮，设有大屏幕行情显示及多台自助终端，高档舒适的大客户室及贵宾室，装修清新典雅，设备先进配套齐全。营业部具有较强大的营销团队和投资顾问团队，满足各类投资者不同层次的投资需求。

齐鲁证券青岛江西路营业部17年来全力为投资者提供优质的产品与服务：

第一类：投资产品

1. 股票投资
2. 基金投资
3. ETF基金套利
4. 期现套利
5. 权证交易
6. 齐鲁证券集合理财

第二类、基础性服务

1. 智能的投资顾问团队：专业的投资顾问团队为您量身定制适合您的理财建议。

2. ETF衍生套利：由江西路营业部引进的ETF业务真正做到低风险和较高的稳定收益。

3. 融易网客户服务系统、VIP客户服务系统：针对不同客户提供综合的产品信息和投资分析及建议。

4. 短信服务：根据客户要求定制证券要闻、持仓信息、基金发行认购通知等。

5. Email发送宏观经济、行业、上市公司调研报告服务。

十万客户的忠实选择证明了我们的实力，各项业务近几年快速发展均名列青岛券商前茅，2010年度青岛辖区综合排名列居第三。齐鲁证券青岛江西路营业部在复杂的经济背景与行情轨迹中前行，收获了丰硕的果实，经营业绩持续高速成长，营业部管理水平再上台阶，金融创新走向深入，整个营业部呈现出良好的发展势头。

（一）资产规模进一步扩大，托管资产市场份额继续上升。

截至2010年12月31日，营业部实际托管客户资产31.8亿，较09年末25亿增长6.8亿，同比增长27%。同期，上证指数跌幅13%，若以相同口径计算证券资产的减值，则2010年度我部托管资产实际增长10亿左右。

（二）证券交易市场份额继续保持快速增长势头，金融创新层次推进。

2010 年度，营业部全品种证券交易额为 809.3 亿元，已连续实现市场份额的高速扩张。实现如此业绩，主要源于两大推动力，首先是优质的客服工作对客源形成强大吸引力，让客户实现战胜指数的资产保值增长成为其他手段无法匹敌的挽留客户、引进客户的服务法宝。第二是金融创新产品大大提升了经营效率，也为营业部增加了扩大交易量，提升市场份额和手续费收入的高效率经营手段。

（三）组织管理工作超前求变，贴近市场，提高执行力。

营业部客户服务工作已在转型的道路上取得长足进步，以投资顾问为主要内容的智能型服务手段和内容建设风生水起。营业部致力打造一支综合素质较高的投资顾问团队。投资顾问服务有效地提升了营业部客户服务工作质量，带来了可观的效益。营业部过去一年间托管客户资产增值幅度战胜指数就是这种服务升级正向效益的体现。

（四）关于新业务开发，由江西路营业部引进的 ETF 业务继续发挥影响力，套利规模不断扩大。

（五）举办投资者教育活动、热心公益事业。

营业部积极参与青岛证监局举办的“证券投资促进月”与“证券投资百日讲坛”活动，邀请专家现场授课，组织了数场规模较大的投资者教育活动，受益人群逾 5000 人，获得了青岛证监局授予的“证券投资促进月”先进营业部称号。

营业部热心公益事业，每年定期组织员工献爱心，走访慰问孤寡老人，受到社会各界广泛好评。

二、营业部总经理介绍

陈庆之，经济学学士，管理学硕士，高级经济师，中共党员。现任齐鲁证券有限公司青岛江西路营业部总经理，青岛证券会协会副会长、经纪业务委员会主任。

从业 17 年来，先后担任营业部总经理、青岛联合协作中心主任等职务，具有扎实的专业知识及先进的管理经验，做事果敢，能够敏锐捕捉行业热点，锐意改革，在她的领导下营业部各项工作节节攀升，2009 年、2010 年连续两年被公司评为“优秀营业部”称号，2011 年 3 月营业部被青岛市政府评为“青岛市金融发展先进单位”。

三、营业部经营业绩及经营理念

1. 2009、2010 年连续两年在齐鲁证券系统内被评为先进营业部。

2. 2010 年 8 月在青岛证监局举办的“证券投资促进月”与“证券投资百日讲坛”活动，获得了青岛证监局授予的“证券投资促进月”先进营业部”称号。

3. 2011 年 3 月营业部被青岛市政府评为“青岛市金融发展先进单位”。

4. 2011 年 11 月营业部被青岛市金融办、青岛市证监局授予“最佳上市公司调研团队一等奖”、“公益之星标兵三等奖”。

5. 2011 年 12 月获“2011 年青岛金融风云榜十佳证券营业部”称号。

齐鲁证券青岛江西路营业部秉承“合规创造价值、人才提升效率、创新推动发展、诚信铸造口牌”的经营理念，坚守“客户至上、诚信为本”的服务理念，致力于服务广大投资者，十多年来，江西路营业部凭借优质的服务和专业的理财分析师团队，为投资者提供高质量的投资服务，未来，齐鲁证券青岛江西路营业部将充分发挥自身优势，不断丰富和完善各类金融产品，为客户提供满意的差异化服务，实现资产的保值增值！

华龙证券兰州东岗西路营业部

一、营业部概况

华龙证券兰州东岗西路营业部地处兰州市中心繁华地段，交通便利，面积 2000 余平方米，拥有贵宾室 31 间（200 个点位），每个房间都配备了沙发、电视、上网电脑、公共广播系统，保证客户及时接收到第一手证券资讯。中、大户室 300 多点位，全部配备液晶显示器。自助委托终端机 60 余台，可容纳客户 300 人左右。营业部安装全新一流的硬件设备，有自助委托、电话委托、网上交易、手机委托等多种可供选择的交易方式。优雅的交易环境，先进的电脑配置，完善的交易系统，保证交易的通畅、及时、准确，使客户在瞬息万变的资本市场随时掌控、运用自如。

营业部员工专业素质较高，本科率达 95% 以上。已经培养了一支专业的投资顾问团队，团队由兼具优秀专业能力和丰富经验从业年限均超过 5 年的专业人员组成。提供服务包括：每日盘外提示、当日信息解读、热点板块提示、签约客户账户诊断等，根据客户的自身情况，为客户提供个性化全方位的投资理财方案。

营业部还拥有一支 20 余人有良好素质和专业能力的营销团队。下设营销部与培训部，营销部主要负责营销渠道开发与维护、营销客户经理的团队组建、管理与考核，培训部负责组织安排营业部营销客户经理的培训工作。员工在市场实践中积累经验，在培训中不断提高技能，已打造出了一支学习进取型的营销团队。我们的特色就是励精图治，锐意创新、齐心协力、共同发展，不断开拓进取争取取得更大的成绩。

二、营业部服务特色

1. 提供华龙 E 智汇资讯软件。此软件是华龙证券独创的服务产品，汇集高端资讯、机构研报、黑马摇篮、盘中热点、资金流向等。

2. 营业部还提供了华龙点金手机炒股软件。该软件集安全、免费、快捷、资讯服务于一身，通过手机实现行情浏览、证券交易和银证转账等功能，它支持中国联通、中国电信、中国移动所有网络，且均有 100M 专有线路，为您提供手机交易高速路，下载地址为：http://wap.ehlzq.com 或 http://218.203.215.130:96668。

3. 客服热线业务。该业务致力于为广大客户提供全面的标准化服务，您只需拨打 96668 就可轻松享受到华龙证券方便、快捷的证券业务服务。

4. 华龙证券 OTO 短信平台服务。该服务旨在通过短信服务实现一对一的客户服务，您持有股票的公告将自动以短信方式发至您手机，营业部每天还会对市场做简单的研判，编制成短信发送到您手机上方便投资者了解市场信息，体现出我们对投资者贴心服务。

三、营业部总经理介绍

王保国，从业 14 年，先后任公司深圳营业部副总经理、经纪业务管理总部副总经理、人力资源总部副总经理、天水广场证券营业部总经理等职位，多次被甘肃证券业协会、公司评为优秀营业部经理和优秀共产党员。2010 年在天水广场证券营业部任总经理期间，取得了利润在甘肃辖区排名第一的好成绩。

四、营业部经营理念和经营业绩

营业部长期以来一直致力于服务广大投资者，秉承“客户至上、诚信为本、规范经营、创新服务”的经营理念，依托公司强大的研发实力和全国众多营业网点优势，已经发展成为华龙证券公司精品营业部之一。

作为华龙证券公司精品营业部之一的兰州东岗西路证券营业部，2008、2009年连续两年获得甘肃辖区利润总额排名第一；2010年甘肃辖区利润总额排名第三的好成绩，屡获“最佳区域证券营业部”等荣誉称号。并在2011年的第四届“大智慧”杯“中国最佳证券经纪商暨中国明星证券营业部”评选活动中再获“中国明星证券营业部”殊荣，连续蝉联两届。这也是甘肃区唯一获得此殊荣的证券营业部。

中信建投证券南京珠江路营业部

一、营业部概况

中信建投证券股份有限公司成立于2005年11月2日，是中国证监会批准设立的全国性大型综合证券公司。总部设在北京，目前在全国设有130余家营业部，遍布全国27个省份近百个大中城市，其中江苏地区有10家营业网点。中信建投证券拥有实力强大的股东背景，北京国有资本经营管理中心、中央汇金投资有限责任公司、世纪金源投资集团有限公司与中信证券股份有限公司均为拥有雄厚资本实力，成熟资本运作经验与较高社会知名度的大型企业。

中信建投证券自成立以来，经营业绩与主要业务指标排名持续位居同业前列。公司股票及债券承销金额与主承销家数连续多年位于同业前茅，公司股票基金代理交易量和市场占比始终稳居同业前十名。

公司旗下南京珠江路证券营业部，位于江苏省南京市珠江路电子一条街上，近期营业部已经完成搬迁，新址迁往南京市河西新城，位于南京河西龙江板块黄金位置的龙园西路58号黄河大厦，营业面积近两千平方米，搬迁后营业部更名为中信建投证券股份有限公司南京龙园西路证券营业部。前身中信建投证券股份有限公司南京珠江路证券营业部，成立于1996年。营业部成立以来，始终坚持“服务创造价值，诚信赢得客户”的经营理念，始终以稳健、规范、诚信的经营方针和良好的信誉取信于投资者。营业部设备安全先进，环境优雅舒适，交易大厅宽敞明亮。具备一流硬件设施的多功能演示厅，高档舒适的VIP室，服务配套周致，营业部拥有大型培训室和会议室，可以满足员工和投资者培训和各类会议的需求。珠江路营业部的交易品种齐全，员工从业经验丰富，营业部凭借资深的投资顾问团队，依托总公司全国一流的研究实力，积极倡导“诚信、专注、成长、共赢”的文化理念，竭诚为社会各界朋友和广大客户提供优质金融服务，打造一流证券营业部而不懈努力。

中信建投证券南京珠江路证券营业部全体员工以源于专业、忠诚的服务理念和锐意进取的创新精神为广大投资者提供一系列产品和特色服务：

（一）投资产品

1. 股票投资
2. 债券投资
3. 基金投资
4. ETF基金套利
5. 期现套利
6. 权证交易
7. 融资融券业务
8. 各类信托产品
9. 中信建投证券集合理财系列产品

（二）增值服务特色

1. 优质投顾服务：营业部财富管理中心汇集了一批经验丰富的投资顾问，依托总公司的强大实力，经过数年研究试行，研发“智多星”投资顾问服务，通过专业的投资建议、盘中指导、一对一专属投资咨询，为中高端客户提供高品质的金融专家服务。

2. 强大客服平台：建立强大的客户服务平台，资深的专业人士随时响应投资者的需求，及时向场内、外客户提供盘面动态变化的分析，及时提示市场机会或注意回避的风险，分析师提供实时在线咨询；理财规划师提供一对一专属服务。

3. 丰富产品渠道：全面丰富的产品线满足客户资产配置的需求。营业部在重视证券基础业务的同时，开拓了信托等不同风格投资品种，以求满足不同风险偏好投资者的不同投资需求，并依托该产品线为客户提供更科学、更完善的资产配比建议。

4. 全面资讯支持：免费的专业邮箱系统向核心客户发送各种专业机研究报告、行业研究、政策点评；QQ群、短信中心为每一位订阅客户发送所需个性化信息，及时跟踪市场动向。

5. 各类投资沙龙：营业部定期举办各类专题讲座、股评报告会、培训班，满足投资者不同需要，培养投资者的市场分析能力。根据投资者的实际情况，由浅入深，内容涵盖基本面分析、技术分析、实战技法及投资品推介等主要层面。

（三）方便快捷的交易通道

1. 网络一流：营业部网络设备一流，采用千兆网络系统、软件系统达到C2级安全标准，卫星传送深沪行情，高速准确。电话委托：95587，24小时服务热线：025－58006232。

2. 转账方便：目前我部已经开通工商银行、建设银行、招商银行、中国银行、农业银行、交通银行、浦东发展银行、兴业银行、华夏银行、中信银行、深圳发展银行、广东发展银行、光大银行、民生银行、北京银行等十几家银行的转账业务通道。单客户多银行业务开通后，支持投资者资金在不同银行主辅账户间自由划转。

3. 网上交易：中信建投通达信、同花顺网上交易专业版，下载快捷，操作便利。

4. 手机炒股：中信建投同花顺，真实直观、操作简单方便快捷。

二、营业部总经理介绍

龚如舜，男，现任中信建投证券股份有限公司江苏分公司总经理，兼南京珠江路证券营业部经理。具15年证券从业经历。1987年毕业于中国人民大学财政金融专业，1990年进入湖南省建设银行益阳中心支行工作，先后担任国际业务部、信托投资公司、证券部门经理，1996年12月至2003年4月被聘任为泰阳证券有限责任公司益阳证券营业部、北京证券营业部营业部经理。2006年6月进入中信建投证券投资银行部工作，历任南昌子固路证券营业部经理，2010年1月，公司内部调动，被聘任为江苏省分公司筹备组负责人，2011年兼任南京珠江路证券营业部经理。

今年证券投资环境更难把握，行业竞争更趋严峻。券商牌照放开，轻型营业部的准许设立加剧了市场环境的竞争。券商经纪业务中占最重要的佣金收入的份额将进一步被瓜分和萎缩，优质客户资源的争夺战愈演愈烈。面对这样艰难的市场环境，南京珠江路营业部在营业部经理的带领下，另辟蹊径，券商传统经营模式和盈利模式无法适应发展需求，我们就尝试经营转型，避开佣金战拉客户难的市场困扰，走出了与众不同的探索之路。根据客户投资需求，开发不同的产品满足客户的需要，大力拓展信托业务的发展，尝试新三板及 IPO 等投行项目的开发，引入新利润增长点，目前营业部自主设计开发结构化和管理型信托产品 12 单，产品托管总规模达 10 多亿，资产规模的快速提升保障了市场份额。在全营业部上下共同努力下，珠江路营业部实现了 2008 至 2010 年连续三年市场占比、佣金贡献率双增长，营业部占比从 0.017% 提升至 0.032%，营业部在公司系统内排名从 87 位急速上升到前 30 名。这对一家基础薄弱规模偏小的营业部实属不易。

三、经营业绩与理念

在营业部总经理龚总的正确领导下，珠江路营业部学习型营业部建设活动开展的如火如荼，通过学习"促进营销、促进服务、促进管理、促进团队建设，从而实现各项工作的全面发展"的经营理念，为逆境中的营业部点亮一盏明灯。2011 年营业部更加明确转型思路，工作重点坚持以公司提出的"提升创新能力，加快转型步伐，着力打造经纪业务核心竞争力"为经纪业务工作主基调，加快营业部经纪业务有效转型的步伐。

营业部尝试转型试点，积极拓展信托业务的开发，以产品促销售，丰富产品线，根据客户结构变化和需求变化，开发产品来满足客户不同需求，服务客户，增强客户忠诚度，从而有效改善收入结构，促进收入多元化发展。从而进一步遏制市场份额的下降趋势，通过不断扩大客户资产规模，提升客户资产增值能力，开发新增客户和维护盘活老客户，齐头并进，通过产品、服务和营销的联动，逐步树立公司品牌，实现市场份额的稳步提升。2011 年营业部资产规模为 17.3 亿元，2011 年市场占比 0.366‰，营业部共计开发结构化管理型信托产品 12 单，产品总规模达 10 亿元。2009 年营业部荣获公司授予的"基金销售最佳营业部"奖，2010 年营业部因各项业务表现突出，被公司授予"2010 年度先进营业部"称号。成绩的取得极大地调动和鼓舞了员工的工作激情和团队战斗力，团队竞争力得以迅速提高。

相信 2012 年，入驻新址的南京珠江路营业部将会以崭新的面貌迎接未来的挑战，以一流的环境与服务，为广大投资者提供更加高效、周全的优质服务，满足各界朋友和投资者的需要。

中信建投证券南京江宁金箔路营业部

一、营业部概况

中信建投证券股份有限公司成立于 2005 年 11 月 2 日，是全国性大型综合证券公司。2010 年，公司在《新财富》杂志年度评选中当选"本土最佳投行"及"进步最快研究机构"第 2 名，"最具影响力研究机构"第 10 名；在《证券时报》年度评选中一举揽获"最具成长投行"，"主板最佳投行"，"最具影响力项目"，"最具投资价值保荐项目"等奖项。2010 年，中信建投证券在中国证监会组织的证券公司分类评价中获得目前业界最高的 A 类 AA 级评级。2011 年公司获得第四届《证券时报》中国最佳证券经纪商，"智系列资讯产品"获最佳经纪业务服务品牌，在《和讯网》评选中获得"最佳风险管理券商"。

中信建投证券股份有限公司南京江宁金箔路营业部，坐落于南京市江宁区中心位置，营业面积 1500 平方米，成立于 1996 年。是一家历史悠久的证券营业部。营业部成立 15 年来，始终坚持"诚信、专注、成长、共赢"的经营理念，并将"让客户满意"作为我们为之努力的目标。

中信建投证券股份有限公司南京江宁金箔路营业部是一支年青的团队，员工平均年龄 28 岁，他们来自五湖四海，满怀激情地追逐梦想，分享中国证券资本市场地快速成长；营业部是一支成长的团队，市场份额连续 4 年增长 20% 以上，他们脚踏实地，练好内功，积极面对营业部业务的转型；营业部是一支专业的团队，员工学历均在本科以上，其中硕士学历占 30%，他们大部分来自全国"211 工程"名牌大学，营业部投顾团队成员从业年限均在 10 年以上，经验丰富，专业过硬，是您最具责任感的投资顾问。2011 年被证券时报评选为中国最佳营业部投顾团队。

二、营业部近年成绩

- 2009 年 2 月荣获基金销售"优秀营业部"
- 2009 年 11 月荣获公司银证合作"明星营业部"
- 2010 年 12 月荣获公司 2010 年度先进集体
- 2011 年 6 月荣获公司"扬帆杯"专业技能大赛江苏赛区冠军
- 2011 年 7 月荣获 2011 年度"中国最佳营业部投顾团队"

三、总经理介绍

伍凝辉，曾分别就职于江苏省淮海投资公司、南方证券南京分公司、华夏证券龙蟠中路营业部、中信建投证券珠江路营业部，具有丰富的证券投资经验。十几年的证券工作经历，造就了诚信、务实、进取、共赢的工作作风。2007 年，伍凝辉被任命为中信建投证券珠江路营业部江宁服务部经理。在投顾团队建设方面，储备与培养了一批实力超群的投顾人员。他们个个身经百战，屡获殊荣。2011 年，被证券时报评选为中国最佳投顾团队。

西南证券重庆沧白路营业部

一、营业部概况

西南证券成立于 1999 年，注册资本 23.23 亿元，是唯一一家注册地在重庆的全国综合性证券公司，经营范围包括：证券经纪、证券承销保荐及财务顾问、证券自营、资产管理、融资融券、证券投资基金代销。2009 年 2 月 26 日，西南证券在上海证券交易所挂牌上市，成为中国第九家上市证券公司，是重庆第一家 A 股上市金融机构。近年来，在重庆市委、市政府、国资委的正确领导与大力支持下，依托资本市场的高速扩张和重庆区域经济的快速发展，公司坚持市场化发展道路，先后完成改革重组、借壳上市、增发融资等战略性举措，净资产一举突破百亿元，总资产突破两百亿，实现了超常规、跨越式发展。同时，公司还一举拿下融资融券、资产管理、直接投资、场外交易等四块业务牌照，为"全牌照"经营打下了坚实的基础。

西南证券股份有限公司重庆沧白路证券营业部，位于重庆市渝中区解放碑核心中央商务区。营业部成立于 1991 年 3 月，依托优越的经济基础，以"至诚，至精"的服务理念，充分发挥高超的专业技能，历经二十载风雨，发展成为重庆地区规模最大的营业部之一，在重庆资本市场占有举足轻重的地位。作为辖区内营业部的翘楚，营业部长期与多家上市公司、基金及各大机构客户保持良好的战略合作关系，并拥有以多名投资顾问为核心的投资理财服务团队，依托公司强大的研发力量和投行资源，以专业服务量身定制投资理财规划，以实战经验提供专业的理财指导，以产品配置引导全新投资理念，不断提升咨询服务核心竞争力。

二、营业部经营理念及经验业绩

营业部还将于 2012 年年初实施同城搬迁，旨在解放碑地区打造以价值客户为主的"商务高端投资会所"，树立行业服务典范。营业部曾荣获《证券时报》颁发的“2008 年度最佳区域明星营业部”、中共重庆市委颁发的“红旗党支部”、重庆市政府颁发的“巾帼文明岗”、共青团重庆市委、中国人民银行重庆分行颁发的“青年文明号”、重庆市金融工会颁发的“先进职工小家”、重庆市证券期货业协会颁发的投资者教育工作“红旗单位”等荣誉称号，在 2006 年 - 2009 年连续 4 年保持重庆地区交易量排名前 3 名。

三、营业部特色服务

营业部场地宽敞，环境优雅，拥有最齐全、最先进的交易渠道及交易手段，提供西南证券新干线行情系统、金典钱龙、大智慧、同花顺、WIND 资讯、ETF 专业套利工具、超音速快速交易跑道、手机炒股等多种特色专业分析交易软件，并可进行大宗交易。

中信建投证券深圳深南中路中核大厦营业部

一、营业部概况

中信建投证券股份有限公司成立于 2005 年 11 月 2 日，是全国性大型综合证券公司。公司总部位于北京，截至 2010 年底，公司在境内拥有 125 家证券营业部和 11 家期货营业部，分布在北京、上海、天津、重庆等直辖市，以及华北、东北、华东、中南、西南、西北等地区 27 个省份近百个大中城市。中信建投证券拥有实力强大的股东背景，北京国有资本经营管理中心、中央汇金投资有限责任公司、世纪金源投资集团有限公司与中信证券股份有限公司均为拥有雄厚资本实力、成熟资本运作经验与较高社会知名度的大型企业。2010 年，公司在《新财富》杂志年度评选中当选“本土最佳投行”及“进步最快研究机构”第 2 名、“最具影响力研究机构”第 10 名；在《证券时报》年度评选中一举揽获“最具成长性投行”、“主板最佳投行”、“最具影响力项目”、“最具投资价值保荐项目”等奖项。经过多年努力，公司已经成为一家资产优良、内控严密、管理先进、效益良好的优质证券公司。2010 年，中信建投证券在中国证监会组织的证券公司分类评价中获得目前业内最高的 A 类 AA 级评级。

公司旗下的深圳深南中路中核大厦营业部，位于深圳市主干道深南大道中段核心位置，营业面积 1100 多平方米。前身为华夏证券振华路营业部，成立于 1993 年，是深圳一家历史悠久的证券营业部之一。营业部成立十八年来，始终坚持“服务创造价值，与客户共同成长”的经营理念，并将“让客户满意”作为我们为之努力的目标。营业部自开业以来，始终以稳健、规范、诚信的经营方针和良好的信誉取信于投资者。营业部设备安全先进，环境优雅舒适，周边生活服务配套设施应有尽有，交易品种齐全，员工从业经验丰富，拥有一批资深的投资顾问团队，并凭借总公司全国一流的研究实力，能够为投资者提供优质的信息咨询服务。

中信建投证券深圳深南中路中核大厦营业部全体员工以“源于专业、忠诚的服务理念和锐意进取的创新精神”为广大投资者提供以下产品和特色服务：

（一）投资产品

1. 股票投资；
2. 债券投资；
3. 基金投资；
4. ETF 基金套利；
5. 期现套利；
6. 权证交易；
7. 融资融券业务；
8. 中信建投证券集合理财系列产品。

（二）增值服务特色

1. 依托总公司的强大实力，营业部财富管理中心汇集了一批经验丰富的投资顾问，通过专业的投资建议、一对一专属投资顾问服务，为高端客户提供高品质的金融专家服务。

2. 建立强大的客户服务平台，资深的专业人士随时响应投资者的需求。

3. 精心制作了覆盖股票、债券、基金及融资融券、期现套利等衍生产品的全系列资讯产品。通过营业部的中央广播系统、个性化咨询等方式等及时向场内、外客户提供盘面动态变化的分析，及时提示市场机会或注意回避的风险。

4. 证券分析师提供实时在线咨询服务，免费的专业邮箱系统向核心客户发送各种专业级研究报告、行业研究、政策点评；短信中心为每一订阅客户发送所需个性化信息。

5. 投资者学习园地：为培养投资者的市场分析能力，我们定期举办各类专题讲座、股评报告会、培训班，满足您的不同需要。根据投资者的实际情况，由浅入深，内容涵盖了基本面分析、技术分析及实战技法的主要层面。

（三）方便快捷的交易通道

1. 营业部网络设备一流，采用千兆网络系统、软件系统达到 C2 级安全标准，卫星传送深沪行情，高速准确。电话委托：95587，24 小时服务热线：13570844423。

2. 第三方存管：目前我部已开通工商银行、建设银行、招商银行、中国银行、农业银行、交通银行、浦东发展银行、兴业银行、华夏银行、中信银行、深圳发展银行、广东发展银行、光大银行、民生银行、北京银行等十几家银行的转账业务通道。

3. 网上交易：中信建投通达信、同花顺网上交易专业版，下载快捷，操作便利。

4. 手机炒股：中信建投同花顺，真实直观、操作简单方便快捷、专为出差在外的您的量身订做。

二、营业部总经理介绍

钱锐，学士，中共党员，具有丰富的金融行业经历，曾分别就职于交通银行哈尔滨分行、海通证券哈尔滨营业部、广发投资控股有限责任公司、平安证券深南中路营业部。十几年的金融工作经验，造就了严谨、务实的工作作风，现任中信建投证券股份有限公司深圳中心营业部总经理兼深圳深南中路中核大厦营业部总经理，

2008 年 6 月，钱锐被任命为中信建投证券振华路（我部曾用名）营业部总经理，2008 年上半年中信建投证券振华路营业部由于诸多原因，市场占比、排名等迅速下降，并且历史遗留问题众多，使营业部陷入了经营困局。她临危受命，并没有消极等待，而是面对困难，凭借着自己激情，审时度势，通过重新搭建组织架构、快速解决历史遗留包袱、建立创新的营销体系和客户服务模式等一系列举措，经过两年多的努力拼搏，营业部的各项经营指标得到较为惊人的改观，重塑了营业部的核心竞争力，使营业部在深圳这个竞争最激烈的市场上，排名稳步上升。

2011 年，深圳深南中路中核大厦营业部升级为中信建投证券深圳中心营业部，钱锐同志担任中心营业部总经理。

三、营业部经营业绩及经营理念

1. 1998 年、1999 年、2000 年、2002 年、2005 年、2006 年六度连续荣获深圳市证券业协会颁发的“优秀证券营业部”称号。

2. 2006 年获公司系统内“经纪业务市场占比提升最快”金奖。

3. 2010 年获公司系统内“优秀集体奖”。

4. 2010 年获公司系统内“跨越障碍、走向成功”优秀营销案例奖。

5. 在深圳这个竞争激烈的市场上，营业部的市场占比从 2008 年的 0.024%、2009 年的 0.026% 到 2010 年的 0.03%，近几年保持着 10% 的复合增长。管理的客户总资产规模从 2008 年 13.86 亿元，上升到 2010 年底的 61 多亿元，两年间资产规模增长了近 3.4 倍。

6. 2011 年，营业部升级为中信建投证券深圳中心营业部，下辖深圳地区四个营业部。

深圳深南中路中核大厦营业部在业务经营中不断提高客户服务质量，在 2009 年初举行了“首届客户服务节”，充分利用市场行情，因势利导地加强对客户的投资指导和咨询服务：以“客户服务节”形式，全新推出了“金股信平台”、“短信通服务”、“玉锦囊远程服务台”、“财富直通车投资者俱乐部”、“24 小时服务热线”“咨询产品采购篮”、“首问负责制”等多项个性化的服务内容。2010 年，营业部组建了财富管理中心，将全力为投资者提供优质、高效、个性化服务提升到了更高的层次。

西南证券深圳滨河大道营业部

一、营业部概况

西南证券股份有限公司深圳滨河大道营业部地处深圳市滨河大道与彩田路交汇处联合广场 B 座三楼，地理位置优越、环境良好、交通便利。营业部拥有先进完备的硬件设施，功能强大的计算机信息系统，高速的网络传输保证了信息传输安全快捷，“通达信”网上委托系统，为投资者提供闪电式快速交易。营业部内设客户室及培训室，多套行情分析系统，充分满足专业投资者的看盘需求。我部首席投资顾问、“大型财经证券电视直播节目——《交易日》常设特约评论员刘艾先生带领着营业部经验丰富、专业精湛的投顾团队，以专业化的服务水准，为投资者决策提供专业建议。

营业部总经理寄语：

我们是一个渴望成功，富有主见，追求不断超越的优秀团队……

在信仰、希望、挚爱和顿悟中，成就一生中最美好的时光……

二、营业部特色服务

1. “西南金点子”系列资讯产品：依托我公司高端的“369 理财”系列资讯产品，为投资者提供专业理财服务。内容包括：盘中实时资讯、盘前、盘后分析、金点子投资组合等。

2. 专业化投资顾问服务：

(1) 我部定期举办投资报告会和投资者联谊活动，为投资者提供专业、周到的服务。

(2) 具备执业资格的专业投资顾问为投资者提供个性化投资服务，包括向公司研发中心定制行业及个股研究报告、收集整理深度专业资讯、邀请客户参加 VIP 客户沙龙、通过电话等方式对大盘走势及市场热点进行实时交流等等，指导投资者专业和理性投资、踩准市场节奏。

中信建投证券西安南大街营业部

一、营业部概况

中信建投证券股份有限公司是经中国证监会批准，于 2005 年 11 月 2 日在中国北京正式注册成立，注册资本为 61 亿元人民币。中信建投证券拥有实力强大的股东背景，北京国有资本经营管理中心、中央汇金投资有限责任公司、世纪金源投资集团有限公司与中信证券股份有限公司均为拥有雄厚资本实力、成熟资本运作经验、较高社会知名度的大型企业。

中信建投证券先后多次获得由上海证券交易所颁发的“优秀投资银行家”奖，被中国证券业协会评选为“最佳基金代销券商”，被中国外汇交易中心暨全国银行间同业拆借中心评选为“优秀交易商”。

2010 年，公司在《新财富》杂志年度评选中当选“本土最佳投行”及“进步最快研究机构”第 2 名、“最具影响力研究机构”第 10 名。

2010 年，中信建投证券在中国证监会组织的证券公司分类评价中获得目前业内最高的 A 类 AA 级评级。

中信建投证券的宗旨：诚信、专注、成长、共赢

中信建投证券西安南大街证券营业部，地处西安市中心，主要经营证券经纪业务，代理 A 股、B 股、封闭式基金、开放式基金、国债、企业债、转债、国债企业债回购、商品期货、股指期货、融资融券业务、私募信托业务、固定收益类产品、柜台交易、新三板业务、市值管理、现金管理、大宗交易、理财产品等。

二、营业部经营业绩

西安南大街证券营业部曾连续七年交易量名列陕西地区营业部第一名。

西安南大街证券营业部的服务遍及西安及周边地区。

西安南大街证券营业部客户理财及资产规模在陕西地区名列前茅。

西安南大街证券营业部利用总公司强大的后台支持向西安及省内多家企业集团、投资公司、财务中心提供理财建议、财务咨询。

西安南大街证券营业部在公司系统内 2006 年被评为“先进集体”和“先进基层党组织”；2007 年被评为“先进集体”；2008 年荣获“市场开拓奖”；2009 年荣获“业绩持续增长奖”，被评为“明星营业部”及银证合作明星营业部第一名，2010 年被评为“基金理财优秀营业部”；2011 年被评为先进集体。

三、营业部特色服务

西安营业部为投资者全面提供专家组微博实时解盘；以客户需求为出发点的一站式理财服务支持；基金等投资理财产品全解析；股指期货模拟盘实战展示及分析；专家信息服务及时雨；定期的投资者主题沙龙活动；“智多星”系列投资顾问产品。

中信建投证券海口海府大道营业部

一、营业部概况

中信建投证券海口海府大道营业部，位于海口市海府大道 38 号。目前已扎根海南 18 年，现有员工 45 名，具有一支投资经验丰富的专业理财团队，为投资者提供股票投资、基金理财、股指期货及融资融券平台和一系列专业化的中高端理财服务。

二、营业部经营理念

百川坚守“归”之本色终成沧海而永不涸，大海坚守“容”之本色乃成浩瀚之洋。中信建投证券海口营业部始终坚守企业“诚信、专注、成长、共赢”的经营理念，日益积淀其 A 类 AA 级品牌券商的功力和底蕴。其“交易量、净利润、市场占比”多项指标在海南各券商营业部中长期居首位。营业部坚决贯彻公司各项经营方针，积极响应各监管部门监管思想，强化内

部管理、积极创新、稳健经营，2012 年度营业部总经理薛祥秋同志被选举为海南证券业协会兼职副会长、营业部并荣获了 2010 年度海南省金融发展专项资金突出贡献奖、2010 年度公司级利润增长奖、2010 年度公司基金理财优秀营业部、2011 年度海南证券业界庆建党 90 周年红歌赛三等奖。

量身定制的特色化服务

1. 贴心服务

客户重仓股跟踪提醒：与客户共享喜悦、分担忧虑

电子邮件服务：随时提供专业的深度分析报告

手机短信服务、飞信服务：短信互动

MSN、QQ 平台：实现客服人员与客户的实时交流

营业部互联网子站、共用邮箱：专业资讯、轻松共享

经常性的电话回访：时刻关心客户投资方向

新股申购、配股、新股上市、实时性理财产品提示：不遗漏任何的投资机会

专职客服人员服务：贴心的服务、亲切的交流

2. 个性化理财服务

每日分析师盘中实量解盘：及时捕捉短线机会

资深专家实时操作指导：投资趋势、长短机会尽在掌握

理财产品推荐：配置合理化、个性化的理财产品组合

周末股市沙龙：每周定期与分析师面对面交流

客户俱乐部：为客户提供交流、健身休闲、理财一体化的周到服务

三、营业部总经理介绍

薛祥秋，1998 年毕业于重庆大学，具有 12 年证券从业经验。2001－2005 年曾任职华夏证券，曾担任证券投资分析师、理财中心负责人等职务，深入研究与分析股票、债券等投资产品，对证券市场方向的发展具有前瞻性和敏锐性。薛祥秋先生对股票、国债、基金、可转换债券、以及金融创新产品分析方面具备丰富的投资管理经验，对信托、有限合伙等形式的阳光私募基金产品有深入研究，曾在 2007 年参与设计推出第一支套利型阳光私募基金。2005 年起任职中信建投证券，2008 年至今任职中信建投证券股份有限公司海口海府大道证券营业部总经理，全面负责、主持海口营业部各项工作，海口营业部历经三年的发展，交易量、市场占比、利润等各项指标稳居海南省首位。

东方证券杭州体育场路营业部

一、营业部概况

东方证券是一家经中国证监会批准的大型综合证券公司，成立于 1998 年。公司现有注册资本金为 42.82 亿元人民币，员工 3100 余人（含全资子公司）。公司资产质量优良，业务品种齐全，涵盖了证券交易代理、证券承销、自营买卖、投资咨询、财务顾问、企业并购、基金和资产管理等众多领域。公司以上海为总部所在地，在 20 个城市设有 62 个分支机构，形成了依托上海、立足中心城市、辐射全国的大型证券公司的经营网络。公司控股东证期货、东证资本、东方证券资产管理、东方（香港）、汇添富基金五家子公司。2011 年度，公司实现营业收入 25.72 亿元，完成利润总额 11.70 亿元，取得净利润 9.55 亿元。总资产 401.83 亿元，净资产 143.58 亿元。

二、营业部经营理念及经营业绩

公司的经营理念是：稳健经营、专业服务、以人为本、开拓创新。公司着力打造具有向心力和凝聚的企业文化，提炼出和谐、创新、进取、竞争等企业文化的核心价值观，为公司发展提供强大的精神动力。公司将以创新促发展，迈向一流券商行列，发展成为一家真正的现代金融服务企业。

杭州体育场路营业部自 2002 年成立以来，恪守“规范经营、开拓创新、持续发展”的方针，以卓越的专业水准和诚心的行业精神为根本，锐意进取，经营能力逐步提高。融资融券、股指期货等业务资格齐全。在营业部总经理鲁哲红女士的带领下，取得了一系列的成绩。基金销售、股指期货、融资融券等业务方面排名都在公司名列前茅。还被评为浙江省优秀营业部。

三、营业部特色服务

杭州体育场路营业部以其高速安全带交易系统，舒适温馨的投资环境，热情周到的个性化服务为投资者提供了高品位的投资殿堂。

先进的硬件环境：

1. 先进的大屏幕背投。

2. 智能化、集成化、模块化千兆网络系统，单双向卫星传送系统。

3. 委托方式多样化。数字中继电话委托、网上交易、手机炒股，拉近了投资者同营业部的距离，使您无论身处何方都可迅速、准确、安全的进行委托。

4. 开通建行、工行、农行、交行、华夏、光大、中信、广发、深发、浦发、上海、南京、民生、兴业、北京、平安、中国银行第三方存管业务，以及单客户多银行业务，资金划转安全、便利。

5. 大中户室配备上网直通车，使您在炒股的同时可以一览天下信息，体验上网冲浪的感觉。

独特的个性化服务：

1. 整合东方优势资源，度身定制专业咨询，提供点对点个性化服务，每日业界权威定期交流，纵览全局，指点迷津。

2. 多套知名咨询信息，使您及时了解多方市场热点分析。

3. 每日“东方赢家”奉献最新行情动向和研究成果。

4. 每周六的投资者教育沙龙，介绍最新的。

国信证券深圳泰然九路营业部

一、营业部概况

国信证券股份有限公司是全国性大型综合类证券公司，是国内前八家创新试点券商之一。2007 年 7 月，国信证券在中国证监会组织的证券公司分类监管评选中，成为全国的两家 AA 级券商之一。2007 年净资产收益率排名行业第一；2007 年投资银行业务股票发行家数排名第一；2007 年净利润排名行业第三；2008 年经纪业务股票基金权证交易量排名第三。2009 年，公司抓住市场机遇，实现利润总额 52.39 亿元，净利润 41.4 亿元，净资产收益率 31.6%，经纪业务股票基金交易额排名行业第三，投资银行业务股票发行家数排名行业第一，承销总金额排名行业第三。

国信证券深圳营销中心（即泰然九路营业部）成立于 2003 年，是国信证券在深圳地区的分支机构，也是中国最具规模的大型证券营业部。营业部位于深圳福田中心区，紧邻 CBD 核心商务区域。

二、营业部经营理念及经营业绩

自成立以来，营业部恪守产品创新核心理念，力争通过卓有成效的服务创新、产品创新、技术创新，推动中国证券行业的发展和进步。

2009 年，国信证券深圳营销中心持续了强劲的上升势头，在业内的知名度大幅提升，品牌形象上保持了旺盛的平稳

提升趋势，各项指标均位居深圳第一，中国前列（多项位于第一）。在沪深两市成交总额的排名中，2007、2008、2009 年交易额排名第一。

业绩斐然的泰然九路营业部赢得了多项荣誉，营业部多年被评为国信证券最佳营业部。2007 年，在中国证券网、《上海证券报》举办的首届中国最佳经纪券商和十佳营业部评选活动中，泰然九路营业部评为中国十佳证券营业部。2008 年，在《证券时报》举办的首届中国明星证券营业部评选中，营业部被评为中国明星证券营业部。2009 年，分别获得《证券时报》和《上海证券报》中国明星证券营业部和中国十佳证券营业部称号。

率先推出经纪业务品牌“金色阳光”，是倡导品牌服务的领导者，“金色阳光”证券账户更为深圳营销中心在深圳地区乃至全国确立了领先地位。截至到 2009 年 12 月 31 日，国信证券深圳营销中心员工人数达 1000 人，客户突破 50 万，客户资产超过 600 亿，拥有投资者数量位居中国证券营业部首位。在市场占有率、营销水平和客户服务水平上，均处于全国领先地位。

三、营业部特色服务

营业部首创证券服务品牌“金色阳光”，是惟一荣获“深圳市金融创新奖”的证券服务品牌。由金色阳光品牌衍生金色阳光财富管理、金色阳光 V 客服务等多层次的服务产品体系，引领中国证券经纪业务发展的潮流和方向。

作为全国最具规模的大型证券营业部，泰然九路营业部不仅能够为尊贵的社会精英提供多样化、个性化的资本增值服务，同时也为高端的贵宾提供私密的理财空间。营业部以科学管理、标准化质量控制建立起的全面服务体系，满足客户的各类投资服务需求。

营业部拥有数十名纵横股市投资市场超过十年的投资顾问及强大的专业投研团队，可以为投资者提供最具价值的投资信息。同时，投资者也可以随心选择心仪的投资顾问作为私人理财师，满足其追求持续性的资产长期增值等私人理财需求。

依托公司非凡的研究实力，提供最新、最快、最全的专业研究报告与资讯，营业部还专门设置了 7×24 小时客户服务中心，随时为客户提供优质服务。

国泰君安证券上海江苏路营业部

一、营业部概况

国泰君安上海江苏路证券营业部是国泰君安证券所有分支机构中规模最大、综合实力最强、交易设施最完备的旗舰证券营业部。营业部客户资产规模超过 1000 亿，主要由高价值个人客户和专业机构客户构成。各项业务指标不仅在国泰君安内部位列第一，在全国所有营业部中也名列前茅。十多年来营业部始终坚持“研究创造价值、服务缔造品牌”的理念，实践着服务广大投资者的承诺。

二、营业部总经理介绍

江伟，女，国泰君安证券有限公司江苏路营业部经理。自加入国泰君安五年以来，工作上雷厉风行、一丝不苟，凭借她专业细致的经营管理思路和管理能力，推动营业部各项业务能稳步向前；她的亲和使员工拥有融洽的工作氛围；她在营业部中营造了一种积极向上的工作作风，并用女性所特有的执著，使营业部成为一个具有凝聚力和战斗力的团结集体和战斗集体。她用专业精湛的能力、勤勉敬业的精神、真诚周到的服务，诠释出国泰君安企业文化的真正涵义。

三、营业部经营理念及经营业绩

长期以来，国泰君安上海江苏路营业部以专业化战略提升服务品质，以创新思维推动经纪业务的全面发展。营业部的经营模式从单一的提供交易通道服务逐步转变为集传统经纪业务、金融产品销售、财务管理规划和研究咨询服务为一体的综合性金融服务供应商。营业部坚持以客户为中心，以服务树品牌，以研究力量为核心，以技术平台为基础，以产品创新为手段，变通道服务为增值服务，树立以专业为本，以创新求发展的服务品牌，在市场上树立了良好的口碑。在面对激烈的市场竞争中，营业部一方面加大基础服务的投入力度，另一方面重点提升研究咨询能力，全面改善服务水平，提升综合服务能力，达到树立强势品牌的目的，以服务和品牌吸引客户，走可持续发展的道路。

同时，江苏路营业部高度重视与金融机构的合作。在互利共赢的基础上，营业部与银行、信托等金融机构保持密切合作，共同开拓证券市场，发展高端客户。我部充分发挥在证券领域多年积累的专业能力和经验，与金融伙伴强强联手，优势互补，专业分工，在合作中发挥了积极作用。目前，国泰君安上海江苏路证券营业部聚集了大量包括企业年金、保险公司、信托公司、公募基金、私募基金在内的机构客户以及一大批在市场上具有影响力的个人高端投资者。营业部将锲而不舍地提高专业化服务能力，依托国泰君安的全方位支持，与广大投资者携手，一同分享中国资本市场的硕果。

2007 和 2008 年，在“上海证券报”主办的“最佳证券经纪商暨十佳营业部”评选中，江苏路营业部蝉联年度“中国最佳证券经纪商”。此外，在 2007、2008 和 2009 年度，营业部在“证券时报”举办的“大智慧杯”中国明星证券营业部评选中，连续三年被评为“中国明星证券营业部”。

国信证券深圳红岭中路营业部

一、营业部概况

国信证券深圳红岭中路证券营业部（以下简称“红岭部”）成立于一九八九年九月，是深圳最早成立的三家证券部之一。国信证券是全国性大型综合类证券公司，坚持走“精品营业部”的发展道路，市场地位和盈利能力突出，红岭部是国信证券精品营业部的优秀代表之一。

二、营业部经营理念

红岭部深知：证券营业部的行业本质就是客户服务；在竞争中领跑的唯一秘诀就是为客户提供最好的服务。过去二十年，红岭部靠过人一筹的服务在投资者中赢得声誉；未来，红岭部仍将坚持通过细致专业的服务成就卓越。

红岭部坚持：证券行业客户服务的核心是资讯与咨询产品服务，因此营业部高度重视投资咨询工作，强调通过优质、准确、专业的投资咨询建议帮助客户回避风险，把握机会。2008 年的极端下跌市场中，红岭部果断建议客户特别是机构客户与个人高端客户清仓，极大地保存了客户和营业部托管的资产实力。

三、营业部经营业绩

二十年股市，二十年红岭。红岭部见证了中国股市的成长与发展，并且伴随着中国经济与资本市场的发展创造了证券市场的奇迹，在证券市场赢得了良好的口碑，确立了举足轻重的市场地位与企业品牌。1990 年至 2007 年，红岭部连续十八年名列深交所成交量冠军；在深沪股市主要指标排行榜中，每年均获单个营业部成交总额、利润总额、人均创利第一名。2008 年,伟海证券精英网对全国证券公司营业部价值排行榜评价显示:3178 家参与该排行的证券营业部在 2008 年平均价值为 0.86 亿元,红岭部高居榜首,价值达 32.83 亿元。

2007 年,在中国机构投资者日益成熟壮大的背景下,红岭部实施以机构客户与大客户为业务重心的发展战略转型,逐步成为全国大客户与机构客户的重要聚集地,是全国数量最多、规模最大的阳光私募基金证券交易平台。截至 2010 年 2 月 28 日,红岭部托管证券投资类信托计划(俗称"阳光私募")数量 70 多支,资产总值达 80 亿元。

从 1990 年— 2006 年连续十七年名列深交所成交量冠军,并荣登深圳首届"十佳证券商"之首。

在深沪股市主要指标排行榜中,每年均获单个营业部成交总额、利润总额、人均创利第一名。

全国数量最多、规模最大的阳光私募基金证券交易平台。

国泰君安证券北京知春路营业部

一、营业部概况

北京知春路营业部成立于 1994 年 11 月,地处海淀区知春路中段、毗邻著名的中关村高科技产业区,周围高等学府及科研院所众多,经济、学术气氛十分浓郁。目前是公司中规模量最大、服务水平一流的营业部。截至 2000 年底,营业部共有客户逾 4 万名,股票、基金、国债交易总额 377 亿元,在全国两千余家营业部中排名第六,并被中国证券业协会评选为优秀营业部。世纪更新之际,在营造自我的过程中,营业部始终以"想客户之所想"为着眼点,为客户提供优质而又极具特色的服务。凭借国泰君安研究所全国一流的研究实力,营业部将为您提供优质的信息咨询服务。

二、营业部经营理念

营业部全体员工深信:事业的成功,源于专业、忠诚的服务理念和锐意进取的创新精神。

三、营业部特色服务

优越的环境

拥有宽敞明亮的交易场所,使投资者从容交易。中户交易大厅交易电脑终端人手一机,星级贵宾室使您充分享受舒心与惬意,资料阅览室、餐厅及近百个地下停车位,向您提供全方位的服务。

稳定的系统

配备小型机和千兆 SWITCH,超级 UPS 可持续供电两个交易日,定期的系统自查和测试,确保交易系统运行稳定、快捷。

完善的网络

实现全国范围内的卫星电视联网,实时报道丰富、全面的金融证券信息。备有 30 个散户专用行情终端及自动交割机,100 部柜台自助委托系统,350 条电话委托中继线,1800 台新型电脑。

特色服务私募大联盟——直击私募管理人独家视点特色资讯——知春路君弘会员独享一对一理财顾问——您的财富管理专家君弘半月谈——深度解密行情脉络智博汇——全面资讯,发现智"汇"。

国信证券广州东风中路营业部

一、营业部概况

国信证券广州东风中路营业部地处广州主干道东风中路,面对广东省人民政府,银行网点分布周围,居于广州政治金融中心;东风路上写字楼密集,是白领聚集之地,同时,作为交通主干道,地铁及各路公交车可辐射市区各个角落,独享天时地利人和的有利条件,是投资理财的风水宝地。

二、营业部经营业绩

营业部自 1993 年创建以来,坚持"稳健、规范、诚信"的宗旨,跻身广州证券营业部前列,市场交易份额一直名列前茅,在广大投资者中享有很高的信誉。

广东省证券业协会授予"广东省证券业文明单位"、"广东省证券业职业道德建设先进单位"、"股民学校教育先进单位"。

三、营业部特色服务

客户电话服务中心,全国唯一一家开通 7 * 24 小时服务热线:83639228(工作时间),13682229418(非工作时间)。专家进行个股诊断,解决一切投资疑难,满足您全方位的投资需求。

采用全广州最大规模的数字中继委托电话系统,交易跑道畅通无阻。

金色阳光咨询服务产品专享 VIP 服务。

地址:广州东风中路 318 号嘉业大厦 3、5 楼
邮编:510030
交易委托电话:95536,020 - 83388228
咨询电话:95536、020 - 83639228
投诉电话:95536、020 - 83630540
沪 A 席位:42095/21818　沪 B 席位:22780
深 A 席位:002500　深 B 席位:002500
三板席位:720300

兴业证券厦门兴隆路营业部

一、营业部简介

兴业证券股份有限公司是目前海西经济区内规模最大、经营业务最齐全、营业网点分布最广泛的综合类证券公司之一。经过 20 年的创业,兴业证券业务范围已涵盖证券、基金、期货、直接投资和香港业务等专业领域,主要业务和经营指标均已进入行业 20 强。兴业证券于 2010 年成功 A 股上市,已迅速成长为在业界具有相当影响力的全国性证券公司。

兴业证券厦门兴隆路营业部的前身为兴业银行厦门证券部,业务运行始于 1991 年,是厦门地区成立最早的营业部之一。营业部位于厦门市湖里区兴隆路信宏大厦二楼,交通便利、环境优美、设备先进、交易品种齐全、服务措施完善。我们始终秉承"客户第一、服务第一、质量第一"的服务的宗旨,向广大客户提供最优质的服务和最理想的投资环境。营业部面积 3000 多平方米,设有客户区、中户区、大户室及宽敞优雅的贵宾室,也是目前福建省最大面积的证券营业部之一,为了提供更好的空气流通,营业部还购进了新风系统设备,每天 24 小时为室内提供新鲜的经过过滤的室外空气,为客户创造了创造优雅舒适的交易环境。

二、营业部总经理、经营业绩介绍

黄旭先生,1962 年 3 月出生,硕士研究生学历。1979 年进入银行系统从事管理工作,1999 年调入兴业证券,先后担任三明营业部总经理、哈尔滨营业部总经理,深圳营业部总经理,2004 年 12 月至今担任兴隆路营业部总经理。至黄旭担任兴隆路营业部总经理以来,一直秉承"专业化、规范化、市场化"的经营理念,带领营业部全体员工积极进取,取得了较

好的成绩，奠定了营业部在海峡西岸的旗舰地位。近年营业部业务数据如下：

2005－2010 年连续六年股票、基金和权证的交易量在厦门45 家营业部中稳居第一位。截至 2010 年年底，我部在厦门当地的市场份额稳步增长至 9.47%，交易量较排名第二的营业部高出 39.39%。2011 年 1－9 月份营业部股票基金交易总量为 880 亿元，继续稳居厦门市场第一位。由于兴隆路营业部出色的表现，获得了社会的一定认可，08 年，我部获得有证券时报颁发的“中国明星证券营业部”称号，2011 年，我部再获证券时报颁发的“中国最佳区域营业部”殊荣。

三、服务特色与经营理念

多年来，兴隆路营业部一直秉承“提升员工价值创造客户价值”的经营理念，营业部深知：客户价值是由服务于客户的员工创造的，尊重和信任员工个人，公司才能取得长期的发展。为进一步为客户创造价值，营业部今年在全国率先将客服部与市场部合并设立了财富管理中心。该中心为客户提供了更为便捷、安全、低成本的交易通道服务和个性化的投资建议，使客户资产配置更有效率，较大幅度地提升客户满意度。

兴隆路营业部注重客户服务，不断加强客户的适当性服务，在地区率先推行了客户风险测评，通过识别客户的交易行为对客户进行分类，针对客户的风险承受力提供适当性的服务，客户适当性服务获得监管局好评，并在辖区内进行推广。营同时，业部积极改善投资者的投资理念，提升投资者的专业能力。兴隆路营业部是厦门市唯一一家被上证报授予股民学校优秀授课点，我部不定期举办了 IB 业务、融资融券业务的专场讲座。

在总部推动下，营业部大力推广了 AFA 财富管理平台、优理宝系列理财资讯、95562 服务热线，为投资者提供多元化的理财服务及完善地售后服务。

同时，营业部重视员工专业能力的提升，适时推出了理财顾问专向定级考试，严格把关，将员工的专业水平与岗位级别相结合，以提升营业部整体专业水平。

安信证券汕头金砂路第一证券营业部

一、营业部概况

安信证券汕头金砂路第一证券营业部是汕头市成立较早、规模最大的证券营业部。营业部经历了从汕头证券、中关村证券到安信证券的历史沿革，于 2008 年顺利完成了对原汕头迎宾路证券营业部和汕头金砂路第二证券营业部的整合，进一步壮大了营业部规模，强化了在区域内的领先地位。

安信证券汕头金砂路第一证券营业部位于汕头市区金融中心地段，交通便利、配套齐全，营业面积近 5500 多平方米。业务柜台实现“快速开户通道”，大大缩减投资者开户及办理业务时间。交易环境及硬件设备一流，是粤东地区经营规模最大、服务领先的营业部。

二、营业部经营理念及经营业绩

安行四海，信达天下。长期以来，营业部坚持稳健、合规的经营方针，资产规模及市场占有率等综合排名居区域内首位。营业部始终坚持以客户为中心，致力构建为客户提供全方位投资理财服务的大平台，以满足客户多样化的投资需求。近年来，营业部在期货 IB、融资融券、阳光私募、交叉销售、企业 IPO 服务等创新业务方面成绩喜人。同时，营业部在投资者教育工作上常抓不懈，通过股民学校等多样化的咨询服务来帮助客户学习专业的投资知识，进而掌握投资技巧，充分认识投资风险，引导客户理性投资。

营业部荣获 2011 年证券时报“大智慧杯”“中国最佳投资者教育证券营业部”。

三、营业部特色服务

建立贵宾 VIP 服务通道，包括业务办理、专家咨询、度身设计理财服务。特别为企业客户提供现金管理、上市融资等需求的专业贴身服务。

业务品种齐全，为投资者提供包括股票、基金、理财产品、债券、衍生品种、商品期货及股指期货 IB、融资融券、阳光私募、交叉销售、企业 IPO 服务等一系列投资理财产品的销售服务。

服务水平高，拥有一批经验丰富、优秀的投资顾问团队，在当地电视台、电台等媒体专栏节目为投资者提供咨询服务。

设有场外客户服务中心，为非现场客户提供手机炒股、在线答疑、专家热线等即时的投资咨询服务。

开办股民学校，提供投资者入市培训及技术分析、权证、基金、股指期货、商品期货、融资融券等各项专题的讲座培训。

地址：广东省汕头市金砂路 116 号汕融大厦首层
邮编：515041
传真：0754－88361868
客服电话：0754－88160202
委托电话：95517
席位号：064500（深 A 股）　066800（深 B 股）
21684（沪 A 股）　90015（沪 B 股）

国信证券北京平安大街营业部

一、营业部概况

国信证券股份有限公司是全国性大型综合类证券公司，全国仅有的两家连续两年获得 AA 评级的证券公司之一，注册资本 70 亿元，注册地在广东省深圳市。

国信证券股份有限公司北京平安大街证券营业部原名国信证券北京三里河证券营业部，是国信在北京市设立的第二家证券营业部，2008 年 10 月迁址到北京市西城区平安里西大街 28 号光大国际中心 1 号楼五层，同时更名为北京平安大街证券营业部，注册资本金为人民币 1000 万元。

营业部于 2000 年 7 月正式对外营业，目前营业面积为 2400 多平方米，工作人员均已获得证券从业资格；营业部是目前经纪代理机构中品种最全面，可以从事股票、国债及国债回购、企业债及其回购、特别股权转让股票、封闭式开放式基金、ETF 基金、权证等品种的交易。

二、经营业绩及荣誉

自成立至今已发展成为北京市场名列前茅的营业部。北京平安大街证券营业部多次荣获《上海证券报》、《证券时报》评选的“中国十佳证券营业部”、“中国明星证券营业部二十强”等殊荣。

三、营业部特色服务

国信证券在北京地区坚持精细化服务，凭借专业化的营销团队、高品质的产品服务和高素质的员工队伍，在北京地区树立了良好的企业形象。在北京地区的市场交易份额连续多年排名前列，受到监管部门、同业单位、合作伙伴的高度认可。

国信证券有限责任公司北京平安大街营业部制定有完善的管理规章制度，经营作风规范稳健，交易设备先进可靠。开业以来，营业部严格贯彻中国证监会及其派驻机构和其他主管部门的政策规定，没有出现一例挪用客户交易结算资金及个人柜台债务的情况，也没有出现私设经营网点及其他违法违规经营的情况。

财通证券绍兴营业部

一、营业部概况

财通证券有限责任公司（以下简称“公司”）注册地在中国杭州，其前身是成立于1993年5月的浙江财政证券公司。2003年6月，根据国务院有关文件的精神，改制为财通证券经纪有限责任公司。公司注册资本14亿元，现有营业网点52家（分布在北京、上海、深圳、福州、青岛、大连、南京、无锡、重庆等城市及浙江省内各市县），员工2000余人。

公司经营范围为：证券经纪，证券自营，证券承销与保荐，证券资产管理，证券投资咨询，证券投资基金代销，为期货公司提供中间介绍业务以及中国证监会核准的其他业务。

财通证券绍兴营业部位于绍兴人民中路399号。毗邻人民银行绍兴支行、工商银行、农业银行、中国银行、建设银行、交通银行等金融机构，地处绍兴市金融一条街，交通便利，环境优雅，风光秀丽。大楼建筑面积10000多平方米，营业大楼内设600平方米的散户大厅，中户室、大户室共计800个座位，装修豪华，宽敞明亮。拥有宽大的地下停车场地，可容纳100余辆车辆停放，交通便利，设施齐全，是广大证券投资者最理想的投资乐园。

二、营业部特色服务

1. 24小时电话委托96336或85222114；

2. 设现场交易专业化服务：现场客户顾问温馨服务，传统的交易风格，亲切的服务是您必不可少的选择；

3. 手机炒股：是先进、便利、快捷的手机炒股系统，能让您随时随地把握投资先机；

4. 短信服务：如您在我部开户均可申请免费短信服务；

5. 财通网上营业厅：让您足不出户即可得到各类研究报告；

6. 设客户投资顾问：为大客户服务；

7. 设短线俱乐部：为短线交易者提供培训交流沟通平台。

长城证券南宁营业部

一、营业部概况

长城证券有限责任公司（以下简称“长城证券”）是1995年11月经中国人民银行总行批准、在原深圳长城证券部和海南汇通国际信托投资公司所属证券机构合并基础上，设立的一家全国性专业证券公司，是我国最早成立的证券公司之一。长城证券的战略定位是“专长于以资源为核心的基础产业领域的国内一流投资银行”。

长城证券凭借规范稳健的经营作风，经过15年努力，已经成长为一家资质齐全、业务覆盖全国的综合类证券公司。长城证券的战略定位是“专长于以资源为核心的基础产业领域的国内一流投资银行”。目前长城证券已在经纪业务、投资银行、固定收益、证券投资、证券研究、融资融券、资产管理等业务方面，形成了多功能协调发展的金融业务体系，业务能力不断得到加强。

长城证券南宁营业部于2001年5月16日正式开业，地处南宁市民族大道93号，新兴大厦西侧裙楼2层，兴桂大厦旁，南宁检察院斜对面，蓝色尖顶的大楼。营业部现拥有营业面积1300平方米，交通便利，环境优美。

二、营业部经营理念及经营业绩

营业部自开业以来，始终秉承“诚信、稳健、卓越、创新”的经营理念，以维护客户利益为首要宗旨，竭诚为广大投资者提供优质、高效、专业的服务，以最高的工作效率和热忱的客户服务取得了广大投资者的信任，赢得了良好的市场信誉，分别于2006年、2008年荣获广西证券、期货业协会“十佳营业部”荣誉称号；于2007年荣获广西证券、期货业协会“诚信营业部”荣誉称号。

三、营业部特色服务

（1）专业团队方面：具有一支专业素质高、营销能力强、勇于创新、充满活力的团队，为客户提供优质服务；

（2）客户服务方面：我们有客户服务部、市场咨询部等专设机构，透过严格培训的专业人员，为客户提供专业一对一的咨询服务；

（3）投资者教育方面：我们定期召开投资者教育讲座、及时揭示市场风险；

（4）客户环境方面：2008年重新装修后，营业部客户环境、办公环境焕然一新，拥有宽敞明亮的中户厅、雅致的大户室，客户环境舒适。

我们始终以为客户创造财富为服务宗旨，及时为客户提供丰富、安全、快捷的理财服务，努力做好您的投资顾问。欢迎到长城证券南宁营业部投资。

长城证券重庆前进路营业部

一、营业部概况

长城证券重庆前进路营业部成立于1997年。经过十三年的稳健发展，我部已经发展成为重庆市业务量大的证券营业部之一。

在全国首创了“智能会所”式证券营业部。这里是集交易、办公、交流等功能为一体的场所，真正做到了商务办公投资一体化，将彻底颠覆传统证券营业部在重庆投资者心目中的形象。投资者在这里不仅能获得顺畅快捷的交易通道及专业理财指导，还能够以长城证券为平台扩大自己的人脉网络、提升自身价值。

我部可办理一切常规证券业务及融资融券业务；正在申请股指期货IB业务资格。

已与工行、建行、招行等二十余家合作银行开通三方存管业务。

二、营业部经营理念及经营业绩

营业部的战略目标：

重庆证券行业第一品牌

营业部的发展愿景：

重庆市最适宜员工与客户发展的证券机构

营业部总经理系长江商学院EMBA，客户加盟到我部相当于介入了长江商学院这个中国首屈一指的工商界精英团队。

获得荣誉

· 荣获2011年度中国最佳投资者教育证券营业部。
· 荣膺2010年度五个重庆建设突出机构。
· 荣获2010年度市民最满意证券营业部。
· 荣获2010年度最佳财富管理证券营业部。
· 荣获2009年度重庆金融行业十大创新机构。
· 荣获2009年度最具创新力证券营业部。

· 荣获 2009 年江北区政府重点企业。

· 荣获 2008 年度、2009 年度重庆投资者教育十佳红旗单位。

三、营业部特色服务

全国首家智能会所式证券营业部，硬件设施居全国领先地位。

全国首家为现场贵宾客户提供私人管家式服务的证券营业部。

全国首家配置“证券视频互动”服务系统的证券营业部，客户可与证券分析师实现跨越空间的无障碍交流。

拥有重庆证券营业部系统中唯一的国际注册理财 CFP 团队，为客户量身定做个性化综合理财方案。

拥有专属的资深证券分析师进行“一对一”的交流，为您量身打造个性化的高端理财咨询服务。

定期举办国学、中国传统文化、说禅、风水知识、健康管理、艺术品鉴赏、奢侈品消费等客户交流活动。现已组织了重庆证券行业唯一的养生保健、摄影、越野车友等客户俱乐部，为客户发展生活爱好圈、扩大人脉资源提供最好的平台。

每周重庆电视台“新财经”频道在营业部休闲厅举办高端访谈节目，营业部为客户创造与社会名流交往的机会。

人工电话报单、手机炒股等便携非现场交易手段使客户运筹帷幄，决胜于千里之外。

四、优秀投资者教育营业部

长城证券重庆观音桥步行街证券营业部（以下简称“我部”）一直将投资者教育工作放在重要位置，从营业部总经理到所有员工在工作中均能自觉做好投资者教育工作，致力于为客户提供及时有效的投资信息、提示市场风险、传导正确的投资理念。我部连续几年被评为“重庆投资者教育十佳红旗单位”，2011 年在“第四届“大智慧”中国明星证券营业部评选“活动中，荣获了“全国最佳投资者教育证券营业部”称号。现将我部 2010 年以来投资者教育工作做以总结。

（一）完善的制度建设

1. 我部在 2008 年就建立了以总经理郑海涛同志为组长，将责任落实到个人，从宣传培训、业务办理等方面把投资者教育融入到营业部各项工作中。

2. 每年年初，我部召集各部门经理根据本部门工作，提交投资者教育总结及工作计划，形成书面报告。

3. 舍得投巨额专项经费开展投资者教育工作。

4. 我部建立了健全的客户服务制度，各部门及员工均能做到严格遵循制度，使投资者教育工作规范化、流程化。

（二）积极做好投资者教育宣传工作

1. 我部在现场大厅显著位置设立投资者教育园地，设有“风险教育、股票、基金、债券、权证、法律法规”等板块内容。

2. 我部还利用互联网进行投资者教育。在长城证券公司门户网站“财富长城”上的营业部网页，我们开设了“投资者教育专栏”，内容包括：“投资大讲堂”视频、“证券基础知识电子书”、“交易流程演示动画”等。

3. 我部与重庆电视台新财经频道、重庆经济广播电台、重庆人民广播电台新闻频率紧密合作，共同做好投资者教育工作，除参加电视电台日常的财经节目外，还参与“投资者风险教育”节目录制，同时与“重庆电视台财经频道”合作创办演播室，开展“财经众议院”专访合作。

4. 自 2008 年以来，我部固定于每周六下午 14 点 - 17 点开设“投资者大讲堂”，长城总部研究所分析师与营业部投资顾问从宏观到微观为投资者分析讲解，帮助投资者树立正确的投资理念，明晰投资与投机、风险与收益的关系。

5. 营业部积极开展“投资大讲堂入社区”活动。

6. 我部投资者教育工作的独特创新

我部在 2010 年向重庆新闻出版局申请正式刊号“渝内字第 638 号”，创办了国内第一本证券文化杂志《弘牛汇》季刊，办刊宗旨是“理念传播、时尚生活”。

（三）规范的业务环节

1. 证券营销环节

我部对新进营销人员除业务知识、专业技能的培训外，还专门对法律法规、证监会、行业协会的相关规定制度进行培训。

2. 客户开（销）户环节

根据客户投资意向进行对应的投资风险测评，通过测评结果建议其投资适宜自己的证券投资品种。

3. 客户证券交易、资金存取环节

对于客户账户的交易情况，我部通过风险控制系统进行监控，对于嫌疑账户及时跟踪调查，对有异常交易的账户进行反洗钱质询，注意规范投资者的交易行为。

4. 信息披露环节

我部严格按照证监会、证券业协会的要求在大厅醒目位置设有信息披露专栏。

5. 客户服务环节

我部专设了 call - center 中心和 VIP 客户理财室，由 6 名工作人员运用先进的电话坐席系统（全程录音）处理客户的呼入呼出咨询电话。

（四）内容丰富的投资者园地

我部在营业大厅的显著位置设了投资者教育园地，对长城证券及长城证券重庆营业部均有详细介绍，教育园地还设有“风险教育、股票、基金、债券、权证、法律法规”等板块内容。

（五）坚持做好从业人员教育管理

1. 从业人员投资者教育工作岗位责任制

2. 从业人员在职培训

（六）及时完善的投诉处理

我部有完善的客户投诉制度，大厅醒目位置设有投诉电话、投诉信箱、意见箱，以便收集更多更好的意见，完善我部的服务工作。

（七）规范化的风险应急措施

我部制定了严密的信息系统应急处理系统并做备份，明确应急领导小组成员及相关责任人工作职责。

长江证券上海锦绣路营业部

一、营业部概况

长江证券上海锦绣路证券营业部位于浦东新锦绣路 1829 - 1833 号（浦建路口），营业部成立于 1998 年 12 月，2009 年 10 月初由东方路搬迁到锦绣路。营业部地理位置优越，毗邻浦东新区政府和世纪公园以及未来的上海证券交易广场，周边高端社区林立。公交线路四通八达、快速便捷。营业部环境舒适、幽雅，是机构和个人投资的首选之地。

营业部现有面积 820 平方米，共三层工作区域。营业部拥有一支从业经验丰富的理财团队和营销团队，凭借对中国资本市场的深入理解和研究，依托公司强大资讯平台，为客户提供高水准的理财服务齐全的交易品种：

营业部受理沪深 A 股、B 股、基金、国债、企业债券的交易；代办股份转让；代理国债、企业债的分销和兑付；与业内已打造优质品牌形象的基金公司建立了合作关系，代理各类销售开放式基金。

交易席位：

沪 A：62005

沪 B：90009

深 A：216000

深 B：006800

三板：720700

二、营业部经营理念

营业部全体员工励精图治，开拓进取，以客户的信任作为我们最大的资本，在拓展业务平台的同时，致力于技术手段和服务方式的创新，把握 IT 技术的发展，通过电子化集中、高效、快捷地受理客户的业务需求，同时通过投资咨询型的经纪服务，达到客户的价值实现和资产增值。

三、营业部特色服务

1. 每日资讯速递：第一时间让您知晓天下财经大事。

2. QQ 在线释疑：选股困惑尽在适时在线。

3. 手机证券：无论何时何地，行情和委托让您泰然不惊。

4. 理财沙龙：与行业精英、与民间高手一起互动，登高而致远，胜券在握。

5. 投资者教育：各类形式的投资教育，让客户消除成长的烦恼。

6. 金长江理财大本营：集合各大券商最新深度研究报告，及时了解行情动态。是中高端客户的最爱。

7. 客户关怀：体检、度假、生日祝福等让客户备感温馨。

8. 体育俱乐部：营业部选定的各类训练场地为喜欢体育的朋友提供一个健身交友的平台。

9. 延时服务：周一至周五，延时到 19：00，周六全天。

国泰君安证券北京金融街营业部

一、营业部概况

国泰君安证券股份有限公司作为目前国内规模最大、经营范围最宽、机构分布最广的创新类券商之一，经纪业务连续多年位居行业前三甲，在营业部经营模式、资金存管模式、基金承销等诸多方面引领了行业的发展，并打造了一支具有丰富经验、高素质的客户经理团队。

2007 年 12 月 20 日，国泰君安证券总结多年经营经验，有效整合内部资源，突破传统经营模式，于北京设立了北京金融街证券营业部。

国泰君安北京金融街营业部位于北京的金融中心——金融街，毗邻各国有银行总行、非银行金融机构、国有集团公司总部、外资在京企业、优势民营企业等。交通便利，地铁复兴门站往北 500 米盈泰中心 2 号楼 10 层，北京证监局对面。

二、营业部特色服务

为了给客户提供一个更具私密性和尊贵感的交易环境，金融街营业部设立于盈泰中心二号楼十层，会所级装修，只接纳证券资产超过 20 万元的客户，使您的投资更从容，服务更全面。

齐全的证券类投资产品

1. 传统业务：股票、债券、封闭式基金。

2. 业内首家代销全部开放式基金的券商——名副其实的“基金超市”。

3. 国泰君安系列集合理财计划。

4. 以创新产品、衍生产品为核心的系列资产委托管理计划，风险可控、收益稳定，可满足从现金管理、股权管理、风险管理等全方位的投资需求。

5. 与信托、银行合作设立的信托计划及理财产品。

6. 产品定制服务。

国信证券杭州体育场路营业部

一、营业部概况

国信证券杭州体育场路证券营业部（原保淑路证券营业部）是国信证券股份有限公司在浙江省开设的首家证券营业部，地处繁华商圈，宽敞明亮的大户室，舒适优雅的贵宾室，优质高效的服务、强大的咨询系统、方便灵活的交易方式，为客户打造安全、畅通的交易平台。

国信证券杭州体育场路证券营业部欢迎您来开户投资，您的需要就是我们努力的目标，您的满意就是我们的成绩。我们将以最优质的服务，来报答您对我们的信任与支持。选择国信证券，是您证券投资成功的第一步。

二、营业部经营理念

营业部在公司“高效、创新、诚信”的企业精神指导下，以市场为导向，以客户为中心，以诚信为根本，以亲和专业的服务、丰富的交易手段和先进的技术系统构建起全方位、个性化、专业化的服务平台。

三、营业部特色服务

营业部可进行 A 股、B 股、债券、封闭式基金、开放式基金、三板等交易。投资者可采用多种委托方式，如：网上交易、手机交易、电话委托等。

地址：杭州市下城区体育场路 105 号凯喜雅大厦五、六层

邮编：310004

传真：0571－85215111

交易委托电话：95536

咨询电话：95536

投诉电话：95536

沪 A 席位：42095/21818　　沪 B 席位：22780

深 A 席位：053700　　深 B 席位：049599

三板席位：720300

国元证券上海斜土路营业部

一、营业部概况

国元证券上海斜土路证券营业部位于斜土路 500 号，地处卢湾区繁华地段，交通十分便捷。前身是合肥信托投资公司上海斜土路证券营业部，成立于 1997 年 1 月，经中国证监会批准，2007 年 10 月 30 日以股权分置改革为契机，公司借壳“北京化二”成功在深圳证券交易所上市，并更名为国元证券股份有限公司上海斜土路证券营业部。营业部现场交易环境舒适宽敞，营业面积达 2 千多平方米，辟有适合各个投资层次的中户室、大户室、贵宾室。营业部拥有 25 间贵宾室，配备多联中央空调系统及新排风系统，舒适明亮的贵宾室配备专职分析师帮您把握股市节奏。散户区宽敞明亮，液晶显示屏电脑，LED 电子大屏，几十台钱龙机委托柜，快速把握机会，决胜弹指间。

齐全的交易品种

沪深两市 A、B 股业务，基金、权证、国债、企业债、回购业

务,三板(退市)的所有股票,支持大宗交易平台。拥有沪深 A、B 股电话委托、网上委托、手机炒股等多种委托方式。保证您能够迅速快捷地下单交易,并且提供 ETF 套利等创新业务。支持工商银行,农业银行,建设银行、中国银行、交通银行、招商银行、光大银行、兴业银行、浦发银行、中信银行等联网开办第三方存管业务,存取款自如方便,设备先进、安全高速。

沪深行情传送采用高速单向卫星,委托报单采用快速专用线路,另配有多条备用专线,确保交易安全、快捷。高品质服务器,畅通快速的交易通道,卫星接收行情,营业部配备最新 HPDL580 服务器,CISCO 交换机,配备 40KVA/10KVA 双 UPS 电源,延时 4 小时,停电无忧。拥有国内领先的委托系统,电话、自助、网上交易、手机炒股等多种委托形式供您选择,系统不断升级,始终为您提供最好的交易平台。

二、营业部经营理念

营业部长期以来遵循"法制、监管、自律、规范"八字方针,弘扬"团结、敬业、求实、创新"的企业精神,秉承"诚信为本、规范运作、客户至上、优质高效"的经营理念,严格执行公司相关内控规章制度,合规经营,力求为投资者提供先进的设备、优良的环境、完备的交易方式、优惠的交易费用、高效便捷的信息服务。切实保障投资者的利益。营业部以其一流的硬件设施、优雅的环境、严谨的作风以及良好的企业文化获得了广大投资者的青睐。

三、营业部特色服务

营业部依托公司总部强大的资讯信息网络和研究力量,为广大投资者提供多品种、多功能、个性化、全方位的优质服务。营业部及时发布内部财经快讯,将每天更新的最新消息张贴在大厅的咨询栏上,广播系统实时为您提供建议。电话回访、QQ 群、计算机短信平台,专人为您一对一、面对面的答疑解惑,为您带来我们的专业服务。钱龙、港澳资讯、国元 E 报、短信定制……各类分析软件咨询信息,针对您不同需求,为您提供个性化服务。

海通证券大庆昆仑大街营业部

一、营业部概况

海通证券大庆昆仑大街营业部(前身是大庆西二路营业部)成立于 1994 年,是大庆地区最早的证券营业部之一。营业部服务区总面积 5360 平方米。营业部现有客户 8.1 万户。占全大庆证券行业客户总量的 40%。2008 营业部进行装修改造后以全新的、更为人性化的服务模式面对新老客户。散户大厅拥有 80 台委托机和 20 台行情机。并为散户配备了 50 平米的娱乐休闲活动场所。散户大厅可容纳客户数高达 1200 多人。

营业厅配备了八个业务窗口。我部同时与多家银行合作办理三方存管业务。大、中户室总使用面积 1280 平方米,可容纳大中户 600 多人,营业部现拥有特户室 30 个,可容纳近 60 个特户。大、中、特户皆配备全新的电脑主机和液晶显示屏。并同时为 VIP 客户配备了宽敞明亮的活动室。活动室总使用面积为 400 平方米,配备多种健身器械供 VIP 客户使用。根据大庆地区客户特点,我部设置了客户服务中心(5555552)为客户提供远程咨询服务,我部由有证券投资咨询资格的四名客户经理组成讲师团,为客户现场解读大盘,提供操作建议。长年举办周期性的"证券基础知识培训班"。定期邀请海通证券金融研究所的首席分析师来营业部作现场指导,并与 VIP 客户面对面的交流。

二、经营理念及经营业绩

我部一直秉承海通证券公司的"务实、开拓、稳健、卓越"的经营理念,追求"管理一流、人才一流、服务一流、效益一流"的经营管理目标。以全新的设备、高速的运行网络、精良的服务质量、精湛的技术水平、孜孜以求的创新精神为大庆地区的客户服务。成长中的海通证券昆仑大街营业部正在用一双真诚的手携您走向光明的未来。营业部连续七年被证监会评为优秀营业部,与此同时连续七年被海通证券总公司评为十佳营业部。

三、营业部特色服务

1. 为您提供"贴心式"服务,从证券账户开立、资金划转、交易软件使用到专业的投资建议,我们提供全方位、跟踪式服务,为您资产的保值增值尽最大努力。

2. 为您提供丰富的信息资源,依托公司总部雄厚的研究力量,结合多家咨询机构的研究成果,帮您把握大势、精选个股。

3. 通过广播,宣传栏,手机短信,电子邮件等方式为您提供每日市场分析,新股提示,基金推荐等相关信息。

4. 成立专业的客户服务中心(5555552),随时为您提供远程咨询服务。

5. 由专业的投资咨询人员组成讲师团,于每天收盘后为您现场解读大盘。

6. 长年举办股民培训班,组织投资者沙龙,帮助您树立正确的投资理念,使您的投资生涯更加成熟、理性。

7. 定期邀请海通证券金融研究所的首席分析师来营业部作现场指导,并与您进行面对面的交流。

宏源证券乌鲁木齐北京南路证券营业部

一、营业部概况

宏源证券股份有限公司乌鲁木齐北京南路证券营业部成立于 1996 年 5 月 18 日,是新疆成立最早的营业部之一。营业部位于乌鲁木齐市主干线北京南路的黄金地段,我营业部现场环境在疆内首屈一指,营业部场所分散户、中户、大户、机构户等不同规格,方便各种投资者。拥有近 3000 平米的散户交易大厅、二百多台电脑机位的中户厅、vip 大户室,环境幽雅,宽敞明亮,我部拥有先进完备的硬件设施,功能强大的计算机信息系统;高速的网络传输,保证了信息传输安全快捷。

我营业部提供"宏源证券增强版"、"宏源证券大智慧"和"大智慧专业版"等多款网上委托系统供投资者选择使用,同时又在宏源证券官网为投资者提供了网页交易以满足各类投资者不同层次的需求。场内客户可通过钱龙或通达信系统进行证券分析和交易;场外客户可选择电话委托、网上交易、手机炒股等方式进行委托交易。

我营业部提供 A 股、B 股、基金、权证、国债、企业债、三板交易等业务,同时还提供"融资融券"和"股指期货 IB"业务的办理。

三方存管方面可供用户选择的银行有工商银行、建设银行、农业银行、招商银行、中国银行、光大银行、交通银行、兴业银行、浦发银行等多家银行。网上交易方便快捷。除此以外根据客户需求我营业部还提供各类服务产品,包括资讯产品"金宏源"、"财富中心签约客户"服务、"宏源 1、2、3 号"集合理财产品及各类基金产品。

二、营业部经营理念及荣誉

营业部的咨询专家均为证券投资分析师,理财规划师,丰富的投资经验为您提供全方位、个性化的理财服务。我们将以“用心创造价值”的企业理念，为您提供优质、高效的服务。

历年来我营业部奋勇争先获得的荣誉：

2005－2010年连续六年占据新疆证券市场规模排名第一。

2010年取得了“乌鲁木齐市级文明单位”荣誉称号。

2008－2010年被评为乌鲁木齐市级平安（治安模范）单位。

2008年中国证券投资者调查十佳营业部。

2008－2009年连续二届被证券时报评为“大智慧杯”中国最佳区域明星证券营业部。

2009年度“维稳工作先进营业部”。

营业部所属第五党支部被宏源证券党委评为“先进党支部”。

被中共宏源证券股份有限公司委员会评为“党员先锋号”。

被中共中国建银投资有限责任公司委员会评为中国建投系统“先进基层党组织”。

2010年被公司评为“四好领导班子”。

三、营业部特色服务

（一）客户服务向标准化，规范化，个性化发展

1.提升客户服务质量：通过加强人才的培养，提高客户管理能力，提升客户服务质量，保障客户服务工作持续进行。

2.保证客户服务覆盖率：让每个客户感受到宏源的服务，梳理和细化客户服务内容，优化客户服务流程和标准。

3.通过数据分析客户偏好，实现精准营销，精准服务：对客户细分的基础上，根据客户投资偏好，推荐适合的理财产品及基金产品。

（二）坚持以创新推动发展，树立公司品牌形象

在公司期货中间介绍业务、融资融券业务获得中国证监会批准之际，充分把握市场发展的机遇和有利条件，在防范经营风险和维护市场稳定的前提下，在创新业务发展和提升服务水平上有了新突破，在两类创新业务中健全制度和规范内部风险管理。通过给现场报告会、大客户交流会、网络媒体等方式加强宣传报道，扩大创新试点业务在客户中的影响力。同时近年来为疆内多家上市企业提供了优秀的资产管理服务。通过创新发展理念的践行，树立公司在当地的品牌形象。

咨询短信服务：提供每日盘前盘后的策略分析，个股分析及推荐、重大事项提示。

金宏源资讯产品：内容包括原创性的深度观察、宏观经济数据点评、主流机构策略分析、市场热点分析研究、机构动向、全球市场分析和股票池。

股民交流会：解析最新市场走向，热点背景。

财富中心一对一的个性化服务。

华泰证券江阴营业部

一、营业部概况

华泰证券江阴营业部成立于1993年11月8日。多年来，营业部以至诚的服务、严格的管理，积极适应市场变化并迅速发展壮大，已成功地跃登为一个拥有多项业务品种、先进技术装备和较高素质员工的颇具竞争实力的证券经营机构。

华泰证券江阴营业部地处江阴最繁华地段——虹桥北路，拥有6000多平方米营业用房，其规模、格局列华东地区之首。各类营业设施配套齐全，电脑、通讯等设备多达2000多台套，并开通与上海证券交易所直接连接的点对点卫星小站，电话委托中继线528门，另备有相当部分应急、辅助设备，以确保投资者正常交易。

华泰证券江阴营业部内部管理及风险控制日趋完善，各类交易数据实行双备份，确保投资者利益不受损害。华泰证券江阴营业部以良好的投资环境吸引了众多的投资者，目前客户量已超过十万人。

二、营业部经营理念

华泰证券江阴营业部将秉承“高效、诚信、稳健、创新”的公司宗旨，严格内部管理，提高服务水平和服务质量，全力为广大投资者服务，做最具责任感的理财专家。

三、营业部特色服务

1.客户呼叫中心95597：高质量、高效率地为您打造全方位的服务平台，随时为您解答交易疑难问题。

2.短信服务（移动95597；联通106550252525168）：利用网络优势，为您提供个股推荐、新股提醒、最新业务推荐等个性化服务。

3.特色化的“基金精品店”：汇集国内众多精品基金、华泰证券紫金系列理财产品，在享受专业化理财咨询同时使您享受最优惠的费率折扣。

4.机构理财顾问：为企业设计专业化的理财方案，提供新股申购、优质基金投资组合方案。

5.华泰尊贵客户服务：依托华泰证券网提供一流的咨询和信息服务平台。

6.便捷、快速、完善的交易通道：多门数字电话委托系统，高速、安全的网上交易系统，全新的“随身行”手机炒股业务，让您随时随地驰骋股市。

7.华泰证券网站：www.htsc.com.cn，投资者足不出户即可及时了解丰富的证券市场资讯、最新业务、个股推荐、新股信息、理财产品介绍等信息。

联系地址：江苏省江阴市福泰路8号新百业广场5楼

咨询电话：0510－86812900

传真电话：0510－86812777

交易委托电话：95597、0510－86817700

0510－86817711、4008888168

华西证券成都高升桥路营业部

一、营业部概况

经四川证监局川证监机构［2008］151号文批准，华西证券成都东大街营业部于2009年3月2日迁往位于成都市武侯区高升桥路9号罗浮广场3楼01号的新址经营，并正式更名为华西证券高升桥路营业部。

同时，东大街营业部原经营地址（成都市东大街55号友谊广场B座8楼）自2009年2月27日收市后已予以关闭并停止营业。

二、营业部经营理念

我们为您组建的管理团队，从业时间长、专业分工明确、服务经验丰富，并且拥有一支强大的一线服务队伍。同时依托华西证券有限责任公司的整体区域优势，设立了独立的客户服务中心，配有先进的Call－center呼叫中心系统，为您提供24小时专业的后台服务。

我们为您组建的证券研究团队，将一直秉承“通过创新为客户节约成本、通过服务为客户创造价值”的理念，适时设计不同风险配置的金融理财产品，为您提供全新的个人资产科学设计、分散配置的理财服务，实现价值最大化的长期目标，力争成为您“低风险投资的最佳选择；家庭理财的专业顾问”。

我们还将作为无缝隙金融服务(现代+传统)的倡导者,将现代科技、现代营销及管理理念和传统的通道服务、传统的业务模式有效结合,提炼客户投资需求,整合内外资源,开创新型的经纪业务营销模式,为广大投资者提供优秀的证券经纪业务体验。

三、营业部特色服务

华西证券高升桥路营业部——是华西证券有限责任公司专门为您提供新一代“3S”(soon—便捷、safe—安全、satisfied—满意)网上交易平台的专业证券服务机构。

我们通过与建设银行、中国银行、农业银行、工商银行、民生银行、中兴银行、交通银行、浦发银行、华夏银行等国内各大银行的良好合作,为您提供安全便捷的三方存管业务,并藉此建立一个遍布成都市的销售和服务平台。

华西证券北京紫竹院路营业部

一、营业部概况

华西证券有限责任公司北京紫竹院路证券营业部成立于2001年2月,是华西证券在北京设立的首家证券营业部。秉承“以人为本、诚信服务”的企业理念,为广大投资者提供专业化、人性化、个性化的优质高效服务,为投资者资产保值增值、资本成功运营提供全方位、多层次的金融服务。

独特的地理位置:营业部位于北京海淀区紫竹院路,三面环水,背靠香山,毗邻西三环、香格里拉饭店、摩托罗拉北京总部及高档文化社区美林花园、紫竹花园等,经济、文化氛围浓厚,交通极为便利,是您投资首选的理想之地。

二、营业部经营理念

华西北证作为华西证券有限责任公司在北京的唯一的证券服务部门,多年来秉承公司“助你成功、共享成果”的经营宗旨,依托其雄厚的实力、先进的技术支持,以及优秀的管理团队,竭诚为广大投资者提供优质服务。

三、营业部特色服务

优越的环境:2000多平方米宽敞明亮的交易场所格调高雅、通风采光,中户交易区115台终端人手一机,17间星级贵宾室使您充分享受舒心和惬意,另外,高速的宽带上网、内部闭路电视、独立的吸烟区以及大量充足的免费停车位,和高素质的员工团队更让您体会到投资的轻松和乐趣。

稳定的系统:营业部分别采用高速单、双向卫星系统接收两市行情和发送委托、接收回报数据。另外设立总部与营业部之间双向通讯卫星以备交易异常中断,同时特备地面专线(DDN)通信网络。真正实现“天地备份”万无一失。

营业部内部网络选用千兆CISCO交换机,100兆交换到桌面系统。30B+D中继线可同时接受300个客户电话委托、查询,并配备高品质康柏服务器、全新的联想工作站及超大功率UPS,确保交易系统运行稳定、快捷,让您在瞬息万变的市场上运作自如。

齐全的业务种类:已开设的业务有:两市A、B股;基金;债券;国债回购;个人银证通业务;机构银证通业务。

专业的资讯、咨询服务:针对客户的不同需求和不同个性特征,为客户分别提供不同层面的优质服务。

对机构客户,针对客户不同方面的投资研究需求,为客户提供全方位、多角度的优质服务:以优势信息交流为主的“无限优势”和需要专家解答投资疑问的“全面解决方案”等机构客户理财产品。

对私人客户,我们根据其资金量和投资偏好的不同,研究设计了“投资导航”和“卓越顾问”等私人客户理财产品。

便利措施:免开户费、委托费、磁卡费、通讯费、查询撤单费,开户无保证金限制及代办股东卡的开立。

公司地址:北京市海淀区紫竹院路31号华澳中心
公司网站:http://www.hx168.com.cn
E-mail:beijing@hx168.com.cn
咨询电话:010-88519988
委托电话:010-68419988、010-68418088
投诉电话:010-68435885
传真号码:010-68713999
深圳席位号:A股　231100　　B股　231199

民生证券郑州西太康营业部

一、营业部概况

民生证券郑州西太康营业部位于郑州市西太康路139号,是民生证券有限责任公司所属的规模最大营业部之一,也是河南乃至全国成立最早的证券营业部之一,成立十几年来为河南乃至全国培养了大批成熟的证券投资者。

营业部拥有近4000平方米的营业面积,现场设施可为近2000人同时提供行情和交易,营业部附近有停车场和便利的购物娱乐场所,是理想的投资兼休闲环境。营业部85%的业务员工达到本科学历,成为营业部提供高质量服务的有力保障。

二、营业部特色服务

一站式服务的客户服务中心

需要办理临柜业务的客户携带相关的证、照、卡、折,就可以在这里一次性办理完毕股东开户、资金开户、银证转帐、签定代理配售协议、指定交易等业务。

财富管理部服务

营业部设立了财富管理部,由专业的投资顾问现场为客户提供投资理财咨询服务;每日定期进行盘中及收盘点评和研判;每周六定期举办投资者交流活动。

多渠道的理财信息服务

依托公司总部和河南分公司的研发团队和研发产品,能通过短信、网络邮箱等为客户提供多渠道的非现场理财信息服务。

西部证券宝鸡中山东路营业部

一、营业部概况

西部证券股份有限公司是经中国证券监督管理委员会批准设立,于2001年元月正式注册开业的证券经营机构。公司注册资本金壹拾亿元人民币,在陕西、北京、上海、深圳、山东、江苏共设有58家证券营业部,在上海设有从事自营业务、客户资产管理业务的第一、二分公司和研究发展中心。西部期货有限公司作为公司控股子公司与公司主营业务协同运作,独立经营。公司与美国纽约梅隆(BNY Mellon)合资设立的纽银梅隆西部基金管理有限公司将在公募和私募基金管理业务领域为客户提供一流服务。

西部证券股份有限公司宝鸡中山东路证券营业部,前身为西部证券股份有限公司宝鸡汉中路证券营业部,地处宝鸡市中山东路72号(天鹅湖大酒店),地理位置优越,交通十分便利。证券营业面积1644平方米,营业部环境优雅、宽敞明亮，功能齐备。是西部证券股份有限公司功能最齐全、设施最完善、装修最精美的营业部之一，是投资者理想的投资场所。

二、营业部经营理念

"确保客户资产安全，力争客户资产增值"是我们一贯坚持的服务理念。"客户至上、服务为先"是我们不变的服务宗旨。营业部高素质的服务团队在总经理的领导下，紧密配合，依托公司的强大实力，将竭诚为您提供一流的服务，为您在快速发展的中国资本市场实现财富增值提供最大的便利。

三、营业部经营业绩

多年来，宝鸡中山东路证券营业部凭借公司的良好品牌和背景优势，在宝鸡地区迅速发展壮大，并在2011年"第四届中国明星证券营业部"评选中获得"中国最佳投资者教育营业部"奖项。

招商证券深圳益田路免税商务大厦营业部

一、营业部概况

招商证券深圳益田路免税商务大厦营业部前身为招商证券振华路营业部，是招商证券最大最早的营业部之一。我司正式员工超过三十人，为客户提供一条龙式的投资理财服务，其中，核心团队——投资顾问队伍阵容强大。投资顾问中包括从业逾20年的投资顾问，以及曾经在私募主持研究工作的研究员，国内外名牌大学毕业的金融专业人才，北京大学EMBA毕业生等等；全部投资顾问获得了证券投资咨询资格，同时许多投资顾问正在获取注册国际金融分析师CIIA、美国金融分析师CFA资格等，从而希望为客户提供国际专业水平的投资服务！我司客户经理队伍超过五十人，所有成员都具备优良的业务素质和专业知识，他们将和投资顾问一起为您提供最全面的专业投资咨询服务！

二、营业部经营业绩

我部股基交易市场份额、利润总额等数据多年位居深圳各券商营业部第二名，连续9年被评为"深圳优秀证券营业部"，连续获得2007年度、2008年度、2009年度"上海证券报""中国十佳证券营业部"、"证券时报""中国明星营业部二十强"、"上海证券报中国最佳经纪商"等荣誉称号。招商证券深益田营业部客户总权益超过1000亿元，客户总数超过13万户。

三、营业部特色服务

除了提供关于股票、基金、国债和其他理财产品服务等传统业务外，我们还提供以下创新业务。

创新业务：

1. ETF套利业务
2. 融资融券业务
3. 股指期货业务
4. 信托产品设计接洽与咨询

营业部常规服务：

1. 每周三晚7:00~9:00股市沙龙，旨在为客户分析市场走势、解读重大财经新闻捕捉市场热点。
2. 每周六下午3:00股民学校，针对不同的主题开展专题培训，以提升客户的独立分析能。
3. 短信荐股服务，旨在利用强大的投资顾问团队为客户提供短线投资标的。
4. 年度、季度投资策略报告会，邀请业内权威人士为客户剖析市场未来动向。

针对高端客户还提供以下特色服务：

1. 阳光私募经纪和推介
2. 每日研究报告速递
3. 高端研究报告会
4. 个性化资产配置和交易安排
5. 大宗交易撮合
6. 研究员一对一咨询
7. 综合交易服务
8. 上市公司调研
9. 投行项目

公司/企业债券发行人

长沙高新控股集团总公司

长沙高新控股集团总公司原名长沙高新技术产业开发总公司,2012 年 2 月根据发展需要更名。公司成立于 1992 年 1 月,注册资金 5 亿元,是长沙国家高新技术产业开发区管委会直属的国有独资企业,主要承担园区开发建设、投资融资和市场经营“三位一体”的主体职能。2011 年,公司拥有资产总额 197 亿元、净资产 122 亿元。

公司以“立足麓谷、面向市场、内外并举、多元经营”为指导方针,在长沙高新区创建国家级创新型科技园区进程中,紧紧围绕总规划面积 110 平方公里的“麓谷科技新城”开发建设,大力度融通建设所需资金,全方位完善城市基础设施,高起点配优城市发展元素,近年各项工作取得突破性建树:分二期发行了 45 亿元企业债券,确保了开发建设所需资金;基本拉开园区 110 平方公里路网主骨架,城市建成区 20 平方公里;保障性住房铺开 100 多万平方米建设规模,成为长沙市试点工程、湖南省示范项目;开发的工业地产项目一期 27 万平方米一年全部建成主体,并销售一空。

公司以“集团化管理,专业化运作,多元化经营”为发展方略,以股权为纽带,搭建“1 + N”的集团公司运营架构。集团总公司实行长沙高新区管委会领导下的总经理负责制,管委会对公司经营“授全权,负全责”,现有的 9 家全资或控股子公司按现代企业制度要求和《公司法》完善治理结构,集团统筹各子公司发展战略、风险控制、投资融资、绩效考核和经营班子配备等重大事项,各子公司分公益性领域和竞争性领域实行“专业公司运作,专业团队管理”,其经营范围覆盖高新区市政配套、工业地产和商住地产开发、保障性住房建设、汽车世界运营管理、高新技术产业投资、园林景观绿化、麓谷文化传播等多个领域。

公司以“挑战自我,追求卓越,提升能力,服务公司”为核心价值观,在此基础上不断大力营造“真诚(获得信任)、敬业(取得成效)、创新(求得突破)、合作(赢得和谐)”的工作氛围,积极培育“正直、善良、诚信、承担、宽容、感恩”的做人理念,不断深化了企业文化理念和体系建设,进一步增强了全体员工对公司的认同感和凝聚力,浓厚了强烈的“团队精神”和执行能力。

公司以“服务高新区工作大局、服务园区经济社会发展”为根本宗旨,立足树立国有企业责任和担当的标杆,以勇于承担政治、经济、社会三重责任为衡量企业发展的标尺,更加注重发展的综合效益和效果,把公司的持续发展作为永恒目标,把项目的品牌效应和示范作用作为第一要务。公司 2011 年实施的 45 个项目中,共获评 21 项国家、省、市质量、安全、绿色工地等奖项,安置保障住房、公共租赁住房获得各级领导和人民群众一致好评,工业地产、商住开发产品得到市场广泛青睐。近八年来,公司连续获评湖南省、长沙市“守合同重信用”单位,长沙市房地产开发企业诚信金牌单位。

高新区开发先锋工程——园区基础设施建设

作为高新区建设主体,历年来,我公司累计投入 110 多亿元,全面完成了长沙高新区建成区 20 平方公里范围征地拆迁、土地整理、道路及其它市政配套设施建设任务,初步拉开园区 110 平方公里路网骨架。2011 年新设立全资子公司长沙高新区公共基础设施建设管理有限公司承担该项业务,加快了其专业化、精细化推进进程,当年基础设施建设投资总额超过了前三年总和。

“两型社会”示范项目——麓谷企业广场

麓谷企业广场是我公司控股的长沙麓谷实业投资有限公司倾心打造的工业地产升级力作,项目以集约节约用地、聚集高新技术产业为显著特征,通过配优产业要素和城市元素,实现“一体化工业地产解决商”和“一站式经营服务提供商”定位。项目占地 366 亩,总建筑面积 43 万平方米,建设内容包括加速器、孵化器、创业大楼和相关配套服务设施,一期工程 27 万平方米今年接纳企业入住。

民生保障“亮点工程”——拆迁安置保障住房和公租房

长沙高新区拆迁安置保障住房已形成七处布点、180 多万平方米建设面积、逾 50 亿元投资的总体规模。全部工程由我公司作为项目法人、控股设立麓谷保障住房开发有限公司具体实施,现已建成麓谷和馨园 31.4 万平方米,在建工程 71 万平方米。

长沙高新区公共租赁住房是长沙市的试点工程,由我公司全资的长沙高新区公共租赁住房开发有限公司负责开发建设和运营管理,计划三年内在高新区建成 150 万平米的公租房房源,并盘活 2 万套拆迁农民安置住房作为公租房使用。新建项目麓城印象已动工建设。

广东肇庆星湖生物科技股份有限公司

广东肇庆星湖生物科技股份有限公司是以生物发酵和生物化工为核心技术的制造型企业。公司的前身是 1964 年创建的农业微生物药厂,1981 年转产味精,1992 年在原国有企业肇庆味精厂的基础上转制成立股份公司,是广东省首批八家股份制改革试点企业之一。1994 年 8 月在上海证交所上市,证券简称“星湖科技”,股票代码:600866。公司总股本 5.21亿股,为无限售条件的全流通股。员工 2700 多人。公司拥有国家级企业技术中心和博士后科研工作站,为公司发展提供技术创新的源动力。

公司下属企业有:星湖生物工程基地核苷酸厂、生物发酵厂、利巴韦林厂、热电厂、星湖生物化学制药厂、肇庆科汇贸易有限公司、深圳市星创投资发展有限公司。主要控参股企业有:广东星湖新材料有限公司、安泽康(北京)有限公司、上海博星基因芯片有限公司。

公司主导产品有:星湖牌食品系列。其中呈味核苷酸二钠(I 加 G)是填补国内空白,拥有自主知识产权和民族品牌的国家重点新产品,并受到国家两次对外反倾销措施保护,是国内产能最大的单体生产厂;淀粉糖是新开发的产品。星湖牌饲料添加剂—L - 苏氨酸、赖氨酸;粤宝牌医药系列——肌苷、利巴韦林、脯氨酸、鸟苷、阿德福韦酯、腺苷、缬氨酸、精氨酸等。其中肌苷和利巴韦林的生产规模居全球之首。利巴韦林在国内同类产品中唯一获得美国 FDA 认证。

星湖科技通过了 ISO9001:2000 质量管理体系认证。利巴韦林产品通过了美国 FDA 认证、澳大利亚 TGA 检查,苏氨酸通过 FAMI - QS 认证,核苷酸产品和原料药通过了 KOSHER 认证,脯氨酸产品通过了 COS 认证,粤宝牌原料药通过了国家 GMP 认证,核苷酸厂通过 HACCP 认证。完善的质量管理体系保证了产品质量达到国际先进水平。

2009 年 12 月,由广新控股集团和星湖科技联手打造的广新·星湖科技产业园在鼎湖区永安工业园奠基，年产10万吨高精度铝板带项目动工兴建，公司进军有色金属加工高端产业迈出了重要步伐。

经上海证券交易所同意，本期公司债券将于2011年7月29日起在上海证券交易所挂牌交易。本期债券证券代码为“122081”，证券简称为“11星湖债”。本期债券已向上海证券交易所提出申请，上市后可以进行新质押式回购交易，具体折算率等事宜按中国证券登记结算有限责任公司相关规定执行。

公司坚持以科学发展观为指导，继续解放思想，坚持改革创新，着力提高企业管理水平、提高自主创新能力、提高核心竞争力、提高盈利能力、提高国际化水平、提高可持续发展能力。大力实施产业发展高端化和企业经营国际化战略，“双主业”齐头并举，加快转型升级，推动跨越发展。打造核心产业、核心业务，建设华南生物工程产业生产研发基地、华南有色金属高端产业生产研发基地，把星湖科技建设成为中国名牌优质企业。

企业荣誉：

- 广东省医药工业综合实力六十强企业。
- 广东省食品工业综合实力五十强企业。
- 广东省优秀自主品牌。
- 广东省制造业100强。
- 广东省最具核心竞争力企业。
- 改革开记三十年广东省食品行业节能减排贡献奖。
- 全国食品行业质量效益型先进企业。

凌源钢铁股份有限公司

【基本情况】

凌源钢铁股份有限公司（以下简称公司）是经辽宁省体改委辽体改发［1993］第154号文件批准，于1994年5月4日由原凌源钢铁公司（1997年12月29日改制为凌源钢铁集团有限责任公司）独家发起，以定向募集方式设立的股份有限公司。

公司的主营业务为生产、经营、开发冶金产品（含副产品）；进出口业务。现经营的主要产品有热轧中宽带钢，螺纹钢，线材，圆钢，焊接钢管。

公司现有职工5652人，具有大学本科及以上学历的有544人，大专学历的866人，75人具有高级职称，373人具有中级职称。

【主体生产设备】

铁系统：高炉总容积2880m^3。

钢系统：120吨顶底复吹转炉1座，35吨氧气顶吹转炉3座；600吨混铁炉2座，单吹颗粒镁铁水预处理设施3套，LF钢包精炼炉2台；七机七流高效方坯连铸机1台，双机双流高效板坯连铸机2台，五机五流高效连铸机3台。

材系统：年产100万吨的880mm中宽热带轧机1套；年产150万吨的全连续棒材生产线2套，年产60万吨的中型材生产线1套；年产30万吨的直缝焊管机组6套和螺旋焊管机组2套；年产50万吨的全连续式高速线材生产线1套。

2011年末，公司总股本为80400.22万股，已全部上市流通，其中国家股43147.3万股，占股本总额的53.67%。

【债券发行情况】

凌源钢铁股份有限公司2011年公司债券主体评级为AA，债券信用等级为AA+。本期债券上市前，本公司最近一期末的净资产为379,589.34万元（截至2011年3月31日合并报表中的所有者权益），资产负债率为54.14%（合并口径）；公司最近三个会计年度实现的年均分配利润为41,085.37万元（2008年、2009年及2010年合并报表中归属于母公司所有者的净利润的平均值），预计不少于债券一年利息的1.5倍。

南京钢铁股份有限公司

【基本情况】

南京钢铁股份有限公司（以下简称“公司”）由南京钢铁集团有限公司（以下简称南钢集团）部分改制设立。1999年3月18日，经江苏省人民政府苏政复（1999）23号文批准，南钢集团公司作为主要发起人，联合中国第二十冶金建设公司、中冶集团北京钢铁设计研究总院（原冶金工业部北京钢铁设计研究总院）、中国冶金进出口公司江苏公司、江苏冶金物资供销有限公司（原江苏冶金物资供销公司）等四家企业共同发起设立南京钢铁股份有限公司。公司总股本设立时为30,000万股。

2000年8月22日，经中国证监会证监发行字［2000］112号文核准，公司向社会首次公开发行股票，并于2000年9月19日在上交所挂牌交易。首次公开发行后，公司总股本为42,000万股。

经公司2000年年度股东大会决议批准，公司以2000年末的总股本42,000万股为基数，按每10股送红股2股并派发现金1.00元（含税）的比例进行利润分配，共计分配红股8,400万股，派发现金4,200万元。上述分配完成后，公司总股本为50,400万股。

2003年，南钢集团公司以其所持有的南钢股份70.95%国有股股权，与复星集团公司、复星产业投资和上海广信科技发展有限公司共同投资组建南钢联合，并于2003年7月25日完成股权过户手续，股权过户后，公司控股股东由南钢集团公司变更为南钢联合。

经中国证监会证监发行字［2005］3号文核准，公司于2005年1月向社会公开发行人民币普通股（A股）12,000万股，每股面值1元，每股发行价格为6.55元，并于2005年1月20日在上交所上市交易，发行后公司总股本变更为62,400万股。

公司的主要产品中板和中厚板卷、船板、锅炉和压力容器板、管线钢板、轴承钢等产品2010年国内市场占有率分别约为5%、9%、12%、7%和9%，在行业内排名前列；12MnNiVR高强罐板、合金管坯钢及合金焊丝国内市场占有率均在30%左右，行业排名第一。

公司位于江苏省南京市六合区卸甲甸，生产区座落于长江北岸经济发达、交通便利的南京沿江工业开发区。公司拥有从矿石采选、炼焦、烧结、炼铁、炼钢到轧钢的完整生产工艺流程，现有板、线、棒、带、型材五大类产品体系，近300个钢种、一万余个品种规格的产品系列。主要产品有管线钢、锅炉压力容器用钢、高强度船体用钢、桥梁用钢、结构钢板、建筑用钢、钢帘线、易切削钢、合金圆钢、风塔用钢、合金钢带、汽车用钢、船用球扁钢等。

公司钢材产品生产线均通过ISO9001:2008质量体系认证。船板在国内最早通过9个国家船级社认证，2010年又通过了印度船级社认证，目前共获得十个国家船级社认证。石油储罐用钢板等三个产品获国家冶金产品实物质量“金杯奖”，帘线钢等三个产品获“冶金行业品质卓越产品”称号，多个产品获省、市名牌产品。主持制定的《风力发电塔用结构钢板》国家标准通过了最终审定，达到国际先进水平。石油储罐用钢板等3个产品获冶金产品实物质量“金杯奖”；钢帘线等3个产品获“冶金行业品质卓越产品”称号。全年共计完成专利申请113件，同比提高28%；新获专利授权92件，同比提高171%。

【债券发行概况】

本次债券合计发行人民币40亿元，扣除发行费用之后的净募集资金已于2011年5月11日汇入发行人指定的银行账户。公司聘请的安永华明会计师事务所有限公司上海分所（以下简称“安永华明”）对本次债券网上发行认购冻结资金、网下配售认购冻结资金以及募集资金到位情况分别出具了编号为安永华明（2011）专字第60593792_B07号、安永华明（2011）专字第60593792_B06号安永华明（2011）验字第60593792_B03号的验资报告。

【经营理念】

公司坚持“以用户为中心、以市场为导向”的经营理念，实施大营销战略，站在顾客角度推进企业经营，针对用户不同需求快速反应，量身定做高端化、个性化、优质化的高技术含量、高附加值产品。积极拓展产业链、服务链、价值链，坚持“精细管理，优质低耗；超前研发，用户满意；完善体系，持续改进；打造品牌，追求卓越”的质量方针，制定严格的内控标准，确保用户满意。实施“产销研+服务”四位一体经营服务体系，实行差异化服务，满足不同客户群体差异化需求，推行“快速响应、全方位、全过程”服务，每道工序都为最终用户着想，以品牌化、标准化、精细化、技术化、超前化的服务留住、引导、拓展客户，满足并超越客户期望，增强了相互合作关系。大胆创新营销管理模式，推进“用户满意工程”建设，持续改进，打造服务品牌，全方位提升企业竞争力，赢得顾客和市场。

【企业文化】

公司高度重视企业文化建设，通过企业文化建设工作的开展，增强员工的凝聚力和向心力，为企业发展提供精神动力，提高员工满意度和客户满意度，为企业创造良好的社会效益和无形资产。

公司发展战略：做精、做强、做大

经营战略：品牌战略、大营销战略、国际化战略、差异化战略

企业愿景：创建国际先进、国内一流的现代化精品钢材基地

企业使命：共同成长贡献社会

企业核心价值观：以人为本同心共进

企业经营宗旨：诚实守信合作共赢

企业精神：艰苦创业开拓创新

泰豪集团有限公司

【基本概况】

泰豪集团有限公司是在江西省政府和清华大学“省校合作”推动下发展起来的一家科技型企业。公司自1988年7月创立以来，始终秉承“自强不息，厚德载物”的清华校训精神，坚持走“承担、探索、超越”的创业之路，积极实践“技术+资本”的发展模式。公司致力信息技术的推广和应用，积极参与国有企业的改制重组，先后对江西三波电机总厂、湖南衡阳四机总厂等国有大中型企业进行整体兼并或投资重组，成为当地有影响的国企改制成功案例。公司还重点面向高新技术产业进行投资参股，先后有清华同方、联创光电等一批上市公司。

公司主营业务涉及智能节能、电机电源、军工装备、软件动漫、创业投资领域并成为中国电子信息百强企业，“泰豪”商标被国家工商总局认定为“中国驰名商标”，发电机产品被国家质监总局评定为“中国名牌产品”。2010年上海世博会上，公司作为智能节能建设服务企业和民营企业联合馆的参展企业，充分展示了中国民营企业的活力。

公司的发展受到了海内外和社会各界的关心支持，党和国家领导人胡锦涛、江泽民、吴邦国、贾庆林、曾庆红、黄菊、吴官正以及王刚、汪洋、张德江、俞正声等先后莅临视察，清华大学现任校长顾秉林院士和前任校长王大中院士也先后到公司考察并题词。公司先后荣获“全国就业和社会保障先进民营企业”、“全国双爱双评先进单位”、“全国模范职工之家”、“全国模范和谐劳动关系企业”和全国非公有制企业“双强百佳党组织”。

在机遇与挑战并存的今天，泰豪正朝着“做中国的泰豪、世界泰豪”

【债券发行概况】

本期债券的信用级别为AA+，符合“债券须经资信评级机构评级，且信用级别良好”的规定；本公司的债项评级不低于AA；债券上市前，公司最近一期末的净资产15.65亿元，不低于15亿元人民币；债券上市前，公司最近三个会计年度（2008－2010年发行人净利润分别为4,616.01万元、4,440.95万元、18,418.17万元）实现的年均可分配利润为9,158.38万元，不少于债券一年利息的1.5倍；公司近期财务指标仍然符合公司债券上市的相关标准；本期债券申请上市时仍符合《证券法》、《企业债券管理条例》和《国家发改委关于推进企业债券市场发展、简化发行核准程序有关事项的通知》所规定的公司债券发行的实质条件。

【公司愿景】

我们希望并为之努力，使泰豪成为“中国的泰豪、世界的泰豪”。为体现我们是一家承担责任的公司，我们必须肩负一个使命：“创导智能技术、产品和服务，以提高人类生活的品质”。为此，我们需要高度认同一家企业赖以生存的价值观念，即“个人的成功在于承担责任的实现，人生的价值在于不断地承担责任”；并使全员始终保持客户意识和品牌意识，始终保持职业精神和团队精神。

新疆众和股份有限公司

【基本概况】

新疆众和股份有限公司（以下简称新疆众和）于1996年在上海证券交易所上市，是新疆维吾尔自治区第一家上市的工业企业，是全球产量最大的高纯铝生产基地和最大的电子铝箔研发和生产企业之一，产品工艺技术和质量均达到世界先进水平。

目前，公司总资产超过60亿元，员工4000余人，其中专业技术人员和科研人员占57%，拥有近百名工程硕士及行业学术带头人。公司现已形成以“高纯铝、电子铝箔、电极箔”为主导产品的煤电化电子铝箔新材料循环经济产业链。公司是国家首批“创新型企业”、“国家火炬计划重点支持高新技术企业”；拥有“国家认定企业技术中心”、“博士后科研工作站”，被批准设立“铝电子材料国家地方联合工程实验室”，引

领着国内电子新材料行业技术发展方向。“众和”被认定为中国驰名商标。公司先后荣获“全国五一劳动奖状”、“全国双爱双评先进企业”等荣誉称号。公司产品广泛应用于航空、航天、国防及电子工业领域，并远销欧美等近 20 个国家以及中国香港、台湾地区。

近年来，公司注重加强自主创新能力建设，先后在国家 863 新材料领域承担了六项与电子信息关键材料、极大规模集成电路制造关键材料、大尺寸 LCD 生产制造关键材料等相关的 863 计划项目，为国内半导体生产企业提供芯片高纯铝硅丝引线，靶材用超高纯铝，将中国的电子工业用铝原料纯度提高到了 99.9995%，牢牢占据我国电子材料行业举足轻重的地位。公司现已拥有百项知识产权和发明专利，多项产品荣获国家、自治区级科技成果奖。公司“高纯铝技术产业化示范工程”和“非铬酸电子铝箔高技术产业化示范项目”被列入国家高技术产业示范项目。

在今后的发展中，公司将大力推进国家战略性新兴产业——新材料产业链建设，围绕优势矿产资源开发利用，实现向其他金属深加工领域的延伸战略。“十二五”期间，公司将进一步坚持利用两个市场、两种资源，围绕自主创新，全面落实自治区新型工业化发展要求，致力于开发应用于航空、航天、国防军工、交通领域（包括大飞机、汽车工业、轨道交通等）的国家鼓励类项目的研发，大力开展与国内外知名企业、科研院所的技术合作，实现电子领域、轨道交通、国防军工配套高纯金属制品及其他铝基能源材料的研发及产业化，加快配套研发及服务平台建设，实现产销过 100 亿元，新增直接就业岗位超过 2000 人，成为带动中国高纯金属材料和铝深加工新材料产业和产品升级换代的主导企业之一，为国民经济和社会发展做出更大的贡献。

【经营宗旨】

以人为本和谐建企

“众和”是一种态度，众和期许优势互补，资源互换，和谐有序，外和内合的融和境界；

“众和”是一种能力，聚众之力，和德之心，用远见、智慧、创新实践、发展；

“众和”是一种责任，承载历史责任，振兴民族工业事业，着眼于事业的进步，着眼于众和人人生使价值的实现；

“众和”是一种境界，天地人和，百年众和，以坚持不懈的努力维护人与自然的和谐，在不断创新与发展中为社会的进步，人类的文明贡献力量。

【服务宗旨】

新疆众和致力于为客户提供优质的产品和服务，秉承“顾客至上”的服务宗旨，零距离服务市场，快速有效的响应客户需求，公平公正地处理客戶异议，保证用户利益，维护企业信誉，用户满意是我们的工作标准。

产品生产理念：科技领先质量致胜服务信赖

人才培养理念：事业留人待遇留人文化留人发展留人

品牌建设理念：创世界名牌，走品牌之路

文化建设理念：质量品牌责任

对待自己：诚信务实学习创新

对待工作：精细管理清洁生产

对待生活：快乐工作健康生活

对待事业：众志成城和谐发展

【社会责任】

新疆众和致力于电子新材料产业的研发、生产、服务，为振兴中国的新材料产业（民族工业）做出贡献！

新天绿色能源股份有限公司

【基本情况】

新天绿色能源股份有限公司于 2010 年 2 月 9 日由发起人股东河北建投以其拥有的新能源和天然气资产与河北建投水务（河北建投的全资附属公司）共同出资设立。2010 年 10 月 13 日本公司在香港联交所主板上市，在悉数行使超额配售权后，公司共发行 H 股约 12.38 亿股。截至 2010 年 12 月 31 日，公司总股数约 32.38 亿股，其中河北建投合并持有内资股约 18.76 亿股，占总股数的 57.9%，为本公司的控股股东。河北建投是一家由河北省国资委直接监管的国有独资企业，其主要从事能源、交通、水务、商业地产等基础产业、基础设施和省支柱产业的投资与建设。

本集团是进行清洁能源开发与利用的专业化公司，经营范围包括：对天然气、煤层气、煤制天然气等开发利用项目进行投资；投资开发风电、太阳能等新能源项目；新能源技术开发和技术服务。

本集团是河北省最大的天然气分销商，现拥有一条天然气长输管道、四条高压分支管道、五个城市天然气管网、九座天然气分输站以及一座压缩天然气加气母站。管道输气能力达到 15 亿立方米，2010 年本集团销售天然气量 9.35 亿立方米。

【债券发行概况】

本期债券评级为 AAA 级；本期债券上市前，发行人最近一期末（2011 年 6 月 30 日）合并报表中所有者权益合计为 58.39 亿元，合并报表口径资产负率为 52.11%，母公司口径资产负债率为 8.75%；本期债券上市前，发行人 20 年、2009 年和 2010 年合并报表中归属于母公司所有者的净利润分别为人民 0.87 亿元、1.68 亿元和 2.78 亿元，最近三年实现的平均净利润为 1.78 亿元预计不少于本期债券一年利息的 1.5 倍。发行人在本次发行前的财务指标符合关规定。

【经营宗旨】

根据国民经济健康稳定和可持续发展对电力增长的需要，依托国内外先进技术和现代化管理经验，投资开发利用风能、太阳能等新能源，为社会提供清洁电力，投资天然气利用设施项目，促进清洁能源的利用和发展，参与创造经济繁荣，推动社会进步，塑造自身健康、卓越、具有社会责任感的优秀企业形象。

【经营范围】

对风能、太阳能、核能等新能源项目的投资，对电力环保设备制造项目的投资，对天然气、液化天然气、压缩天然气、煤制气、煤层气开发利用项目的投资（以上范围属于国家限制类或淘汰类的除外）；新能源、清洁能源技术开发、技术服务、技术咨询。

【公司的目标】

保持公司清洁能源业务在华北区域领先的市场地位，不断提升公司运营效率和核心竞争力，形成国内和行业知名品牌，成为新能源行业一流企业。

扬州经济技术开发区开发总公司

公司成立于 1992 年 6 月 15 日，是由扬州经济技术开发区管理委员会出资组建的全民所有制企业，是扬州开发区唯一的开发建设主体和资产运营实体，承担扬州开发区范围内土地开发、基础设施建设及配套服务的职能。

经江苏苏亚金诚会计师事务所审计，截至 2010 年 12 月 31 日，公司资产总额 1,436,435.80 万元，负债总额 968,240.55 万元，归属于母公司所有者权益为 461,526.13 万元。2010 年公司实现主营业务收入 92,935.50 万元，归属于母公司的净利润 15,122.35 万元，2008 年～2010 年三年实现的归属于母公司的净利润平均为 12,291.09 万元。

公司位于扬州，扬州地处江苏省中部，东连上海，西接南京，南临长江，北接淮水，是长江三角洲地区的一座重要城市。近年来扬州区域经济持续快速发展，综合实力明显增强。2010 年，扬州市地区生产总值达到 2200 亿元，同比增长 13.6%；财政总收入达到 400.88 亿元，其中一般预算收入 167.78 亿元，同比分别增长 29.3% 和 31%。

扬州经济技术开发区是扬州经济发展的重要组成部分，依靠现有的资源优势和发展基础，积极推进先进产业集聚，开发区产业集群优势吸引了众多企业入驻，带来了大量的建设开发需求。大规模的投资建设为开发区的发展提供了保障，为公司创造了良好的外部发展环境，提供了巨大的发展机会，公司在基础设施建设、房地产、生产性服务等方面形成了很强的规模优势。

公司经营范围：基础设施建设及房地产开发、经营，融通开发建设资金，投资兴办中外合资、合作企业和内联企业，商品进出口业务，开展对外经济技术合作业务，商品销售，办理包装仓储和国际国内联运，提供对外经贸信息咨询服务。

债券发行概况：

本期债券信用级别为 AAA 级；根据江苏苏亚金诚会计师事务所有限公司出具的扬州经济技术开发区开发总公司 2008－2010 年度审计报告（苏亚诚专审[2011]018 号），公司资产总额 1,436,435.80 万元，负债总额 968,240.55 万元，归属于母公司所有者权益为 461,526.13 万元。2010 年公司实现主营业务收入 92,935.50 万元，归属于母公司的净利润 15,122.35 元，2008 年～2010 年三年实现的归属于母公司的净利润平均为 12,291.09 万元。

公司的基础设施建设：

公司承担扬州经济技术开发区内所有道路、桥梁、地下管网等基础设施的建设项目。自成立以来，开发总公司累计投入 100 多亿元，用于开发区基础设施建设和功能配套。

路网工程方面，公司完成了多条园区道路建设改造任务，以及雨污水、电、气、自来水管网等铺设工作。2010 年，公司建成道路 13 条，长度为 13.44 公里；整治河道 4 条，长度为 5 公里；铺设水电气管道（架线）24.5 公里，迁移杆线 38.8 公里；新增绿化面积 120 万㎡；完成拆迁面积 34 万㎡。

功能配套设施方面，公司在完善排污、排水、供电、供气等系统的同时，建成了港口环保热联供中心、污水处理厂、海关直通点和 11 万伏变电所等一批功能配套项目；已修建三个水利泵站，总设计达 33 个流量，完善了园区防洪排涝体系；已修建一个 3 万吨码头和一个 20 万标箱的集装箱专用码头。

受开发区管委会委托，公司投资建设了“扬州经济开发区新光源产业园基础设施建设项目”，总投资达 11.71 亿元，完善新光源产业园基础设施建设水平有利于开发区相关产业资源集聚，发挥规模效应，促进扬州 LED 产业进一步的发展壮大，未来将新光源产业园打造成百亿级 LED 产业集聚区。此外，由国家科技部批准纳入国家火炬计划的“扬州绿色新能源特色产业基地”建设项目，将由公司完成该项目配套基础设施建设，该项目的建设将为发行人在扬州开发区基础设施建设领域开创新一轮的发展机遇。

公司的项目建设内容：

1. 区域路、桥工程

工程新建主、支干道及支路 17 条，总长 19061 米；新建中、小桥梁 31 座，总长 641 米，总面积 19400 平方米，连接主干道桥梁设计荷载等级为城－A 设计，连接次干道、支路桥梁设计荷载等级为城－B 设计。设计防洪水频率按百年一遇。

2. 管道敷设工程

给排水方面，该工程新敷设给水管线总长 19061 米，管径为 DN300－DN600；敷设雨水排水管线总长 27286 米，管径为 DN600－DN1000；敷设污水收集管线总长 14721 米，采用 UPVC 加筋管，管径为 DN300－DN800。

供电管线方面，该工程拟新建 8 个 10KV 开闭所，敷设电力排管总长 19702 米。

集约化信息管线方面，该工程按电话装机容量约为 19750 门设计，敷设集约化管道总长 19702 米，沿各道路设置通信井 205 个。

燃气管道方面，该工程敷设 DN150－DN300 的中压配气管网，燃气管道总长 19702 米。

供热管道方面，该工程仅考虑热力管网的建设，供热管道从扬州二电厂和亨威热电厂接入，敷设供热管道总长 12796 米，管径 DN200－DN500。

3. 区域征地拆迁工程

该项目涉及的土地需要征用，据测算，项目建设需征地 5017 亩；拆除民房 1254 户，建筑面积 313000 平方米；拆除企、事业单位房屋建筑面积约 27596 平方米。场地内部平整土方量为 385833 立方米。

4. 河道整治工程

该工程整治河道 10 条，总长为 12100 米，清淤量约为 87805 立方米，护岸总面积约为 145200 平方米，两岸绿化面积 357310 平方米。

中国第一重型机械集团公司

【基本概况】

中国第一重型机械集团公司（Chinafirstheavyindustries，英文缩写“CFHI”，中文简称“中国一重”）前身为第一重型机器厂，始建于 1954 年，是目前中央管理的涉及国家安全和国民经济命脉的 53 户国有重要骨干企业之一。2008 年 12 月发起设立中国第一重型机械股份公司，2010 年 2 月成功实现了整体上市。截至 2010 年底，拥有在岗职工 11679 人，其中工程技术人员 2270 人，资产总额达 291 亿元。

中国一重主要为钢铁、电力、能源、汽车、矿山、石化、交通运输等行业及国防军工提供重大成套技术装备、高新技术产品和服务，并开展相关的国际贸易。现已形成以核电、水电、风电成套设备及煤化工设备、石油开采与加工设备为代表的能源装备，以冶金成套设备、汽车成套设备、热锻设备、海水淡化设备、重型机床为代表的工业装备，以钢渣处理成套设备、城市垃圾焚烧成套设备为代表的环保装备，以核电铸锻件、火电铸锻件、水电铸锻件、重型容器铸锻件、船用铸锻件、冶金备件为代表的装备基础材料等四大产业板块。到目前为止，中国一重共为国民经济建设提供机械产品 200 余万吨，开发研制新产品 300 多项，填补国内工业产品技术空白 400 多项，先后装备了鞍钢、宝钢、武钢、首钢、本钢、攀钢等各大钢铁企业，一汽、二汽等各大汽车企业，中石油、中石化、中海油所属各大石油化工企业，东北轻合金、西南铝、渤海铝业等有色金属企业，平朔、准噶尔等大型煤炭生产基地。不仅提升了我国重型机械产品的制造水平，而且有力地支持了国家重点工程建设。同时，中国一重积极实施走出去战略，不断开拓国际市场，与德国西马克、美国P&H、法国阿海珐、奥地利奥钢联、韩国斗山重工等国际知名公司建立了广泛的合作关系。

"十二五"期间，中国一重将继续认真贯彻落实科学发展观，坚持成长持续化、管理集团化、市场国际化、技术集成化的发展战略，加快建设富拉尔基、大连、天津以及长三角地区等四大基地；加快形成能源装备、工业装备、环保装备和装备基础材料等四大产业；加快实现由产品经营为主向产品和资本经营并重转变，由工业装备为主向能源装备、工业装备、环保装备和装备基础材料并重转变，由国内市场为主向国内、国际市场并重转变，由产品制造为主向制造、服务并重转变等四个并重转变，不断提升公司业务规模，更加注重科技创新、管理创新和职工队伍素质提高，力争早日把中国一重建设成为具有国际知名品牌、拥有核心制造能力的大型重大技术装备供应商。

【债券发行概况】

中国第一重型机械股份公司（以下简称"中国一重"）发行公司债券已获得中国证券监督管理委员会证监许可[2011]1925号文核准。中国一重本次债券采取分期发行的方式，其中2011年中国第一重型机械股份公司公司债券（以下简称"本期债券"）发行规模为25亿元。本期债券每张面值为人民币100元，发行价格为100元/张。本期债券信用等级为AAA级；本期债券上市前，发行人最近一期末的净资产为165.43亿元（截至2011年9月30日合并报表中所有者权益合计）；本期债券上市前，公司最近三个会计年度实现的年均可分配利润为9.95亿元（2008年、2009年及2010年合并报表中归属于母公司所有者的净利润平均值），预计不少于本次债券的一年利息的1.5倍。

【企业文化】

·企业愿景

装备中国，立身世界。

把一重建设成为具有国际知名品牌、拥有核心制造能力的大型国际重大技术装备供应商。

经过不懈努力，一重将成为企业受社会尊重、技术国际领先、员工充满自豪感、产品受用户信赖的具有国际竞争力的大企业集团。

·战略目标

"三大基地"建设：在富拉尔基建成世界一流的铸锻钢生产基地、在大连建成世界一流的核电和石化容器设备制造基地、在天津建成世界一流的成套产品生产基地。

"四化"发展战略：成长持续化、管理集团化、市场国际化、技术产业化。

·企业精神

以一为重，永争第一。

道生一，一生二，二生三，三生万物。

一重是中国装备制造业的先行者，她的历史和责任都是沉甸甸的。建厂伊始，一重人便把"第一"这两个字牢牢地种在了自己的心底。为了这个"第一"，几代一重人用艰苦奋斗、不懈努力写下了一幅长长的历史画卷。中国一重已经创造了无数个第一，无数个第一铸就了"中国一重"，无数个第一在等待着中国一重去追求。

"以一为重"就是培养一流的队伍、研制一流的产品、创造一流的业绩、提供一流的服务、树立一流的形象、营造一流的环境、创建一流的企业"。

"以一为重"诠释了一重人崇高的使命感和责任感，是一重人在激烈的市场竞争中发出的宣言和挑战，也是一重人回报社会、实现和谐、科学发展的出发点和归结点"。

·核心理念

创新求实，勤奋和谐。

创新——创新是一个民族的灵魂，是一个国家兴旺发达的不竭动力，是一个企业科学发展的永恒主题。求实——求思想之实、求措施之实、求作风之实、求成果之实。勤奋——对待工作和事业保持一种不辞辛劳、尽心竭力、永不懈怠、积极向上的精神面貌。和谐——和而共生，谐而共进，全体员工共同创造内外部的和谐环境。

·企业使命

为全球经济提供装备服务。

以精益求精的态度、一流的设计、一流的工艺和一流的质量回报用户；保持自身稳健发展，积极履行社会责任，为人类、国家、股东和员工创造最大的价值。

华锐风电科技（集团）股份有限公司

【基本情况】

华锐风电科技（集团）股份有限公司（股票代码：601558）是中国第一家自主开发、设计、制造和销售适应全球不同风资源和环境条件的大型陆地、海上和潮间带风电机组的专业化高新技术企业。公司实现了跨越式发展，2008年至2010年年度新增风电装机容量由1403MW增至4386MW，增长三倍以上，行业排名由全球第七跃升为全球第二，连续三年排名中国第一。

华锐风电肩负重大装备国产化的历史使命，以向全世界、全人类奉献清洁能源为己任，以"挑战、创新、超越"为核心企业文化，以技术创新、国产化、规模化、大型化、国际化、服务一体化作为长期发展战略，创造了中国风电设备制造业多个第一和奇迹：

·第一家引进国际先进的兆瓦级风电机组技术，开发出可适应全球各种风资源条件和环境条件的1.5MW系列化风电机组，并打造完成完善的兆瓦级风电机组国产化配套产业链，实现了国产化兆瓦级风电机组的规模化生产。

·第一家完成了具有自主知识产权的国际主流、技术先进的3MW系列陆地、海上及潮间带风电机组的研制工作，并批量生产。

·第一家完成了拥有自主知识产权的中国首台5MW及6MW风电机组的研发和生产。

·为欧洲以外全球第一个海上风电场、中国第一个国家海上风电示范工程——上海东海大桥风电场提供了全部34台3MW风电机组，目前所有机组已顺利并网发电。

·正在建设全球技术水平最高、设备最先进、研发和实验能力最强的国家能源海上风电技术装备研发中心。

展望未来，华锐风电将继续迎接挑战、开拓创新、勇于超越，将公司打造成为全球最具竞争力的风电设备企业，实现五年内挑战全球第一的战略目标。

【债券基本概况】

本公司拟于中国境内公开发行本金总额不超过人民币55亿元（含55亿元）的公司债券。本次债券将分期发行。中国证监会于2011年10月10日签发了"证监许可[2011]1610号"文，核准发行本次债券。

本公司在国内同行业中率先实现 1.5MW 及 3MW 风电机组批量生产，具有先发优势。随着国内主要风电机组制造企业 1.5MW 机型实现量产，行业竞争也日益加剧，竞争对手数量增加及其竞争实力的增强可能对本公司的市场份额、销售收入和毛利率产生不利影响。2009 年 9 月 26 日，国务院批转同意了国家发改委等部门《关于抑制部分行业产能过剩和重复建设引导产业健康发展的若干意见》（国发[2009]38号），该意见要求抓住大力发展风电等可再生能源的历史机遇，把我国的风电装备制造业培育成具有自主创新能力和国际竞争力的新兴产业；严格控制风电装备产能盲目扩张，鼓励优势企业做大做强。本公司作为风电行业排名国内第一、全球第二的优势企业，将大力发展 3MW 以上大型陆地及海上风电机组，维持和扩大市场占有率，做大做强，并积极开拓国际市场，努力应对市场竞争及其他不利影响。但如果产业政策导向未来发生重大不利变化，可再生能源发展目标出现重大不利调整则可能影响公司的经营业绩。

本公司经营活动现金流入的主要构成为销售商品、提供劳务收到的现金，经营活动现金流出的主要构成为购买商品、接受劳务支付的现金。2008 年度、2009 年度、2010 年度和 2011 年 1－6 月，本公司合并口径经营活动产生的现金流量净额分别为 202,291.25 万元、138,118.10 万元、－101,637.20 万元和－408,644.37 万元，逐年减少。其原因在于本公司的主要客户是从事风电场投资的国有电力企业，其对贷款依赖性较强，2009 年以来受国家宏观调控政策的影响，电力企业的资金流动性压力加大，付款周期有所延长，导致本公司销售回款速度暂时有所减慢。这种情况存在于整个风机制造行业。但由于本公司客户绝大多数具有国有大型企业背景，其信誉和抗风险能力较强，本公司未来经营活动现金流将随着宏观经济形势的好转而得到改善。

【公司业绩】

2011 年 9 月，上海临港海上风电一期示范项目中标 10.2 万千瓦，采用华锐风电 6MW 风电机组。

2010 年 11 月，新疆哈密 180 万千瓦风电特许权中标 80 万千瓦；河北张家口 150 万千瓦风电特许权中标 55 万千瓦。

2010 年 10 月，国家首轮 100 万千瓦海上风电特许权中标 60 万千瓦。

2010 年 7 月，承接国内首个陆上大容量 3MW 示范工程——华能黑龙江 20 万千瓦风电项目。

2009 年 4 月，内蒙古、河北 525 万千瓦国家特许权中标 200 万千瓦。

2009 年 2 月，承接国家五期风电特许权—华电通辽北清河 30 万千瓦项目。

2008 年 7 月，甘肃 380 万千瓦风电国家特许权中标 180 万千瓦。

2008 年 5 月，承接国家五期风电特许权—华电通辽、河北建投 45 万千瓦项目。

2007 年 12 月，承接第一个国家海上风电示范工程—上海东海大桥 10 万千瓦海上风电场项目。

2007 年 12 月，承接国家四期风电特许权—北方联合电力内蒙古锡盟灰腾梁 30 万千瓦项目。

2007 年 10 月，承接国家风电特许权—张北百万风电场 70 万千瓦项目。

2006 年 12 月，承接国家专项—华能阜新 50 万千瓦风电项目。

2006 年 11 月，承接国家三期风电特许权—国华江苏东台 20 万千瓦项目。

2006 年 6 月，承接国家二期风电特许权—华能吉林通榆 20 万千瓦项目。

2011中国证券市场优秀人物汇展

（排名不分先后）

崔殿国	张建台	吴永平	杨绍清	于少波	张房有	何国纯	谢长军
林　复	潘卫东	耿养谋	冯焕培	杜传志	包士金	焦　云	刘平春
李春宏	丁尔民	多吉罗布	郭本恒	邱　卫	刘国本	杜江涛	袁　泽
付守杰	夏　平	汪海涛	杨建东	高宝玉	张相军	任志强	锁炳勋
吴永敏	李　玮	林聪颖	石维国	何　如	杨华辉	李爱华	赵学军
姜喜运	刘晓亚	郭　友	李舫金	高　庆	马金声	刘世春	孙耀忠
张近东	曹和平	刘相学	王宜明	张恺颙	詹立雄	张增光	徐义民
王龙雏	于国权	盛希泰	于九洲	李渝勤	龚寒汀	张利国	曾　丹
曾年生	林　辉	崔　岭	罗腾子	吕建杰	刘　水	曾昭秦	郭现生
王　军	龚永福	薛伟成	虞兔良	钱忠良	张洪本	钟百胜	胡士勇
卢忠奎	王耀方	周建林	陈建飞	戚建萍			

崔殿国 先生

中国北车股份有限公司 董事长

崔殿国，男，1954 年 2 月出生，先后毕业于西安交通大学气体动力工程专业、东北财经大学工商管理专业，获工学学士和工商管理硕士学位，中共党员，教授级高级工程师，享受国务院政府特殊津贴。现任中国北方机车车辆工业集团公司总经理、党委副书记，中国北车股份有限公司董事长、党委书记。

崔殿国先生运用科学先进的经营管理理念，推动了中国北车快速发展。领导构建了集团母子公司管理体系，主持制定了中国北车中长期发展规划纲要，主持建立了效绩目标管理和考核体系。中国北车总资产规模由 2000 年的 172 亿元增长到 2010 年的 839.5 亿元。

崔殿国先生组织并主持了铁路机车、货车、动车组和城市轨道车辆的升级换代和自主创新。产品占有我国轨道交通装备 50% 以上的市场份额，覆盖国内全部铁路市场和 90% 以上已开通城轨交通的城市，出口 40 多个国家和地区。CRH380BL 新一代高速动车组创造了时速 487.3 公里的最新速度纪录，是京沪高铁主力车型。

2008 年规划成立了中国北车股份有限公司，2009 年在上海证券交易所成功上市，致力打造优秀上市公司典范。2010 年，中国北车获选成为上证 180、上证 50、中证 100、两岸三地 500 指数样本股，2011 年入选上证公司治理指数、上证公司基本面指数，获得资本市场高度认可。

崔殿国先生先后主编了《SSJ3 型电力机车》、《机车车辆可靠性设计及应用》、《中国铁路货车发展的回顾与展望》、《现代制造企业信息化》等著述，主持并参与制定了《中国铁路机车车辆工业科技发展“十五”计划纲要》等重大规划。

崔殿国先生是中国内燃机协会常务理事、中国铁道学会常务理事，中国企业联合会、中国企业家协会理事会副会长。

张建台 先生

天津市房地产发展（集团）股份有限公司 董事长

张建台先生，1955 年出生，中共党员，在职研究生，正高级工程师。现任天津市房地产发展（集团）股份有限公司董事长。历任公司总经理助理、总经济师、总经理。

公司董事会带领经理班子和全体员工通过不懈努力，积极应对政策调控，保障房和商品房销售均取得历史最好成绩，超额完成了年度经济指标，实现了历史性突破。2010 年在建工程面积达到 207.15 万㎡，竣工面积 68.9 万㎡，完成商品房销售面积 58.07 万㎡；实现利润总额 3.88 亿元，净利润 2.26 亿元；总资产 126.83 亿元，净资产 40.09 亿元。

吴永平 先生

大同煤业股份有限公司 董事长

吴永平，1959年7月出生，党员，研究生学历，高级工程师。曾任大同矿务局挖金湾矿矿长、同家梁矿矿长、晋华宫矿矿长，大同煤矿集团公司副董事长、总经理、党委常委；现任大同煤矿集团公司董事长、党委书记、大同煤业股份有限公司董事长。

吴永平先生1984年参与完成了"煤峪口矿矿井均压防火实验研究"并成功实施，该项目获原煤炭部科技进步一等奖；1990年主持完成了"均压灭火自动监视与调节"，并成功实施，该项目获大同矿物局科技进步特等奖；2001年主持完成的"大同两硬条件大倾角煤层综采技术研究"，通过了山西省科学技术成果鉴定。撰写的论文《两硬特厚煤层综采上分层放顶煤开采研究》、《晋化宫矿推行超前管理的理论与实践》、《论试论矿长如何抓好安全生产》、《在复杂地质条件下应用综采技术的实践》、《从煤炭企业发展战略谈人力资源的开发》及《试论综采过大面积冲刷区的技术方法》相继发表在《山西煤炭》、《煤炭科学技术》和《中国煤炭》等杂志上。从1989年至2003年，先后获得了山西省煤炭系统先进工作者、山西省"五一"劳动奖章，山西省劳动模范、山西省"优秀和杰出青年企业家"、省"优秀企业经营者"和省市"优秀企业家"等荣誉称号。

庞庆华 先生

庞大汽贸集团股份有限公司 董事长

庞庆华先生，中共党员，1955年8月26日生于河北滦县，中国国籍，无境外居留权，1989年中国食品大学函授经济管理专业毕业，2004年上海复旦大学汽车营销EMBA毕业。1971年参加工作，先后就职于河北省滦县机械厂、滦县城建指挥部、滦县商业局饮食服务公司；1984年6月至1993年12月，任滦县物资局副局长兼机电设备公司经理；1992年10月，任唐山市冀东机电设备公司经理；1994年10月任唐山市冀东物贸企业（集团）公司总经理、党总支书记；1995年8月至1997年3月，兼任中国远大发展总公司副总经理，中国远大国际贸易公司总经理；1999年至2008年3月，任冀东物贸董事长兼总经理、党委书记。现任本公司董事长兼总经理，冀东物贸董事长，中冀乐业（北京）房地产开发有限公司执行董事，中国汽车流通协会副会长。

多年来，公司在董事长兼总经理庞庆华的带领下，以追求卓越、回报社会为永恒目标，致力打造优秀汽车经销商和服务品牌，培树了"勤实、严信、拼搏、高效"的企业精神和"以人为本，客户至上，诚信立业，以诚兴企"的经营理念。通过深入实施"科学发展，创新发展，跨越发展，国际发展"四大发展战略，抢抓机遇，创新经营，强化管理，取得了巨大发展。

杨绍清 先生

大秦铁路股份有限公司　董事长

杨绍清，1959年2月出生，男，中国国籍，大学本科学历，工学学士学位，高级工程师，本公司第二届董事会董事、董事长。杨先生自1991年9月至1999年7月历任北京铁路局天津分局天津东车辆段技术室主任、副段长、段长、党委副书记，1999年7月至2002年3月任北京铁路局车辆处处长，2002年3月至2004年6月任铁道部运输指挥中心（运输局）装备部副主任，2004年6月至2005年3月任郑州铁路局西安分局分局长，2005年3月至2008年3月任西安铁路局局长、党委副书记，2008年3月至2008年9月任北京铁路局局长、党委副书记，2008年9月至2010年4月任铁道部运输局副局长兼装备部主任，自2010年4月起任太原铁路局局长、党委副书记。

于少波 先生

四川东材科技集团股份有限公司　董事长

于少波，男，中国国籍，满族，辽宁丹东人，无境外永久居留权，1968年生，北京理工大学精细化工专业本科，清华大学高级工商管理硕士，高级工程师，中共党员，绵阳市五、六届人大代表。

1989年毕业于北京理工大学精细化工专业，曾在北京化工三厂、国家化工部生产协调司等单位工作，曾任广州金发科技股份有限公司销售副总经理、监事长及重庆八菱汽配公司总经理。

2005年6月进入四川东材企业集团有限公司。

曾获四川省杰出企业家、四川省优秀创业企业家、绵阳市杰出青年企业家、绵阳市“抗震救灾”先进个人、绵阳市灾后恢复重建先进个人、绵阳市劳动模范等荣誉称号，当选“绿动2011中国经济优秀人物”。

现任四川东材科技集团股份有限公司董事长、总经理。

张房有 先生

广汽长丰汽车股份有限公司 董事长

张房有，男，1956 年 10 月出生，中国国籍，研究生学历，工商管理硕士，高级经济师，中共党员。第六届、第九届中共广州市委委员，广东省第十一届人民代表大会代表，广东省第十次党代会代表。1974 年 12 月至 1979 年 4 月任广东省广州市增城县腊圃公社黄村大队党支部副书记，公社党委常委、革委会副主任；1979 年 4 月至 1987 年 4 月任广东省广州市增城县委组织部干事、干部科科长、组织部副部长、部长；1987 年 4 月至 1991 年 11 月任广东省广州市增城县(市)委常委、县委副书记兼组织部部长；1991 年 11 月至 1995 年 8 月任广东省广州市增城县（市）委书记兼人民武装部党委第一书记；1995 年 8 月至 1995 年 12 月任广州市政府副秘书长，增城市委书记；1995 年 12 月至 2000 年 6 月任广州市政府副秘书长，广州市汽车工业办公室党组书记、主任；1997 年 7 月至 2000 年 6 月兼任广州汽车集团有限公司董事长、党委书记；2000 年 6 月至 2004 年 9 月任广州汽车工业集团有限公司董事长、党委委员，广州汽车集团有限公司董事长、党委书记；2004 年 9 月至 2008 年 8 月任广州汽车工业集团有限公司董事长、党委委员，广州汽车集团股份有限公司董事长、党委副书记、书记，广州丰田汽车有限公司董事长；2008 年 8 月至 2009 年 10 月任广州汽车工业集团有限公司董事长、总经理、党委委员，广州汽车集团股份有限公司董事长、书记，广汽丰田汽车有限公司董事；2009 年 10 月至今任广州汽车工业集团有限公司董事长、总经理、党委书记，广州汽车集团股份有限公司董事长、党委书记。

何国纯 先生

广西五洲交通股份有限公司 董事长

何国纯先生，1958 年 8 月生，在职研究生学历，高级会计师，中共党员。1978 年 10 月至 1980 年 11 月在广西交通学校财会专业读书；1980 年 11 月至 1985 年 9 月在广西百色公路段工作；1985 年 9 月至 1987 年 7 月在西安公路学院公路运输财会专业大专班学习；1987 年 7 月至 1989 年 1 月在广西百色公路段工作；1989 年 1 月至 1990 年 2 月在广西航运学校任教师；1990 年 2 月至 2008 年 7 月在广西区交通厅财务处工作，先后任副主任科员、主任科员、副处长、处长职务（其间 :1996 年 9 月 -1999 年 7 月在广西大学社会科学与管理学院政治经济专业研究生班学习）；2008 年 7 月至今在广西五洲交通股份有限公司任董事长、党总支书记。目前兼任广西五洲交通股份有限公司下属企业职务：广西万通国际物流有限公司、广西凭祥万通国际物流有限公司董事长(2008 年 10 月至今)，广西五洲房地产有限公司董事长(2009 年 11 月至今)，广西坛百高速公路有限公司董事长(2010 年 12 月至)。兼任中国交通会计学会常务理事、广西交通会计学会会长。

林 复 先生

南京银行股份有限公司 董事长

林复，男，1956年1月出生，中国国籍，大专，高级会计师。历任南京市财政局预算处主任科员、副处长、处长，南京市财政局副局长。现任本行董事长、党委书记，南京市国有资产投资管理控股(集团)有限责任公司、南京紫金投资控股有限公司董事。2001年9月至今任南京银行股份有限公司董事长、党委书记。

潘卫东 先生

上海国际信托有限公司 董事长

潘卫东先生，经济学硕士研究生，中共党员，高级经济师。曾任职于银行、证券等金融机构，具有丰富的金融从业经验，现任上海国际集团有限公司副总裁，上海国际信托有限公司党委书记、董事长、法人代表。

耿养谋 先生

北京昊华能源股份有限公司 董事长

耿养谋先生，中国国籍，汉族，1962年出生，1984年西安矿业学院采矿工程专业本科毕业，获工学学士学位；1996年中央党校函授学院研究生毕业，获经济管理硕士研究生学位；2001年中国矿业大学研究生毕业，获工商管理硕士研究生学位；2004年取得教授级高级工程师职称。

1984年参加工作，历任北京矿务局大台煤矿采掘五段技术员、副段长、副总工程师、副矿长、矿长，北京矿务局副局长、北京京煤集团有限责任公司副总经理。2000年12月至今任京煤集团党委常委、董事。2002年12月至今任公司党委书记、董事长。

2000年，《描固控制无人工作面耙装开采新技术》获北京市科技进步三等奖；2002年，《木城涧大台井急倾斜"三下"采煤技术研究》和《缓倾斜厚煤层悬移液压支架放顶煤采煤法》获京煤集团科技进步一等奖；2003年，《坚硬顶板条件俯伪斜走向分段密集采煤法研究》获京煤集团科技进步一等奖；2007和2010年，两次被北京企业联合会等单位评为北京优秀创业企业家，2010年，被煤炭工业协会评为煤炭系统优秀党委书记。

冯焕培 先生

北京京运通科技股份有限公司 董事长

冯焕培先生，中国国籍，46岁，现任北京京运通科技股份有限公司董事长兼总经理。

1985年9月至1988年12月任江苏省无锡市灯泡厂业务员；1988年12月至1993年8月任江苏省无锡市不锈钢公司销售经理；1993年9月至2002年7月任北京东方朝阳不锈钢材料销售中心总经理。

冯焕培先生具有丰富的企业管理和市场营销经验，在太阳能光伏行业具有较高知名度和较深资历；2008年起任北京经济技术开发区产业发展顾问；曾获2007年度、2008年度、2009年度北京市西城区先进科技工作者称号；为公司所拥有的多项专利的设计人之一。

看好光伏行业的发展前景，冯焕培先生于2002年8月8日创立本公司，并一直担任本公司董事长兼总经理。在冯焕培先生的带领下，公司从创业初期资产仅几百万元、员工几十人发展到现如今的总资产46亿元、员工1200多人的规模，成为中国太阳能光伏设备行业的领军企业。

出于敏锐的商业洞察力，冯焕培先生认为光伏发电必将在世界未来能源格局中占据重要的地位。在公司成立之初，冯焕培先生便把公司的目标定位为太阳能光伏行业，致力于通过为客户提供更好的产品与服务，为中国太阳能光伏行业的发展贡献力量。经过几年的苦心经营，终于把公司打造成公司成为中国太阳能光伏设备行业的领军企业。

2011年9月8日，在冯焕培先生的带领下，公司成功在上海证券交易所上市，股票代码601908，证券简称"京运通"。

杜传志 先生

日照港股份有限公司　董事长

杜传志，男，1961年12月生，籍贯山东郓城，工程技术应用研究员。中共党员。历任石臼港建设指挥部工程计划处干部、计划协调部经理、工程计划处副处长、处长、日照港建设指挥部副指挥兼工程处处长、日照港务局局长助理、建港办主任、副局长、党委书记，日照港（集团）有限公司党委书记、副董事长、副总经理，日照港股份有限公司监事会主席。现任日照港集团有限公司董事长、党委书记，日照港股份有限公司董事长。

包士金 先生

江苏吉鑫风能科技股份有限公司　董事长

包士金先生，董事长，1959年12月出生，高级经济师。2003年12月，作为最大股东创办了江阴市吉鑫机械有限公司（公司前身，以下简称为“吉鑫机械”），担任执行董事兼总经理；2008年6月公司股份制改制后担任公司董事长兼总经理，目前担任公司董事长，同时担任江阴市恒华机械有限公司执行董事、江阴长龄新能源设备有限公司董事长、江阴嘉鑫风电轴承有限公司董事。包士金先生现任中国铸造协会副理事长、江阴市人大代表，2010年5月被中国铸造协会评选为“第五届全国铸造行业优秀企业家”，2009年7月被中国机械工业联合会、中国机械工业企业管理协会联合授予“第四届（2007-2008）全国机械工业优秀企业家”的荣誉称号。

焦云先生

七台河宝泰隆煤化工股份有限公司　董事长

焦云，男，汉，1956年2月出生，民建委员，清华大学EMBA，高级工程师，现任七台河宝泰隆煤化工股份有限公司董事长。

1975年至1977年在七台河矿务局新建煤矿任采煤工，1977年至1984年在七台河矿务局新建煤矿任车工，1984年至1989年创办机云废旧轧钢厂并任总经理，1989年至1996年机云废旧轧钢厂转为国有，继任总经理，1996年至2001年任七台河银河煤矿矿长，2001年至2003年任黑龙江宝泰隆焦化有限公司董事长，2003年至2008年任七台河宝泰隆煤化工有限公司董事长，2008 年至今任七台河宝泰隆煤化工股份有限公司董事长。

主要社会职务：中国民主建国会黑龙江省委员会委员；七台河市工商联副会长；七台河市人大常委；七台河市新兴区人大副主任；黑龙江省工商联副主席；黑龙江省人大代表。

主要荣誉：2005 年 4 月被七台河市人大常委会评为特等劳动模范荣誉称号；2005年6月被黑龙江省煤炭工业协会评为2004年度黑龙江煤炭工业优秀厂矿长（处长、经理）荣誉称号；2006年4月被黑龙江省总工会评为全省“五一”劳动奖章荣誉称号；2007年4月被黑龙江省总工会评为劳动模范荣誉称号；2007年6月被全国工商联评为“全国关爱员工的优秀企业家”荣誉称号；2009年被省工商联评光彩事业优秀企业家。

刘平春先生

深圳华侨城股份有限公司　总裁

刘平春，男，1955年2月2日生，汉族，中共党员，本科学历，高级政工师。曾任华侨城经济发展总公司总经理助理兼策划部总经理，华侨城集团副总裁，股份公司董事兼总裁、董事长，深圳欢乐谷董事长，锦绣中华董事长，深圳世界之窗副董事长，上海华侨城董事长。现任华侨城集团公司党委常委，深圳华侨城股份有限公司董事、总裁、党委副书记；同时兼任中国旅游协会副会长、中国旅游景区协会会长、深圳上市公司协会副会长、暨南大学深圳旅游学院院长。

刘平春同志长期从事旅游产业战略规划、大型旅游项目投资开发与经营管理，以及上市公司运营等工作，拥有20多年的管理工作经验。参与了所属锦绣中华、世界之窗主题公园董事会工作，指导其坚持高品位与特色经营，不断更新改造，使两景区一直保持旺盛的活力与生命力；参与领导了中国新一代主题公园“欢乐谷”的规划建设及经营管理，成功实现了华侨城主题公园产品的换代与升级，并实现“欢乐谷”的全国连锁。

目前，华侨城已拥有主题景区13处，其中已建成经营10处，累计接待游客1.7亿人次。2007年至2010年，华侨城连续进入年入园千万人次以上的全球旅游景区集团八强，也是跻身八强的唯一亚洲企业。

在这些业绩与荣誉背后，在刘平春同志的领导下，华侨城打造了中国旅游第一品牌，创造了独特的商业模式，培育了成片综合开发的核心竞争力，锻炼了一支具有国际竞争力的人才队伍，推动了中国现代旅游产业的崛起，践行了中国企业公民的社会责任。

李春宏 先生

江苏连云港港口股份有限公司　董事长

李春宏先生，1961年出生，中共党员，高级工商管理硕士，高级会计师。曾任连云港港务局财会处副处长，江苏连云港港口股份有限公司（以下简称“公司”）董事会秘书、财务总监、副总经理，连云港港口集团有限公司总经济师，现任连云港港口集团有限公司党委副书记、公司董事长。

李先生是一位知识渊博、思维敏捷、具有高瞻远瞩眼光和丰富资本运作经验的企业家。他为公司筹备和叩开资本市场之门倾注了大量心血。自2009年担任公司董事长以来，矢志建设和谐效益企业，吞吐量、收入、利润和资产规模3年间累计增长了37%、52%、33%和54%；他先后领导组织实施了连云港新东方国际货柜码头公司和新陆桥（连云港）码头公司股权收购、发行6.5亿元公司债、零租金租赁港口散粮专业泊位、定向增发募集5亿元资金、投资设立控股公司江苏灌河国际港务公司和连云港港口国际石化港务公司等一系列资本运作成功案例，升华了公司战略合作关系、改善资金状况和债务结构、切入专业散粮物流领域、破解港区泊位紧张、堆场不足难题，为实现资产增值、规模扩张和功能拓展打开了思路和通道。他敏锐把握全球首个焦炭期货将在大交所上市商机，将公司建成我国首批焦炭期货交割库，成功跻身焦炭期货交易市场。自登陆资本市场以来，公司连续多年入选“上证公司治理板块样本股”。

目前，公司在李春宏先生的带领下，正成为响应江苏沿海开发、把连云港市建设成为国家东中西合作示范区、长三角一体化和国家创新型试点城市，服务区域经济又快又好发展的中坚力量和龙头旗舰企业。

丁尔民 先生

义乌华鼎锦纶股份有限公司　董事长

丁尔民先生，1965年11月出生于浙江省义乌市廿三里镇，中国国籍，无境外永久居住权，浙江大学企业管理专业毕业，高级经济师。

丁尔民先生自学校毕业后就一直在小商品交易非常活跃的义乌从事小商品流动购销业务，1984年起进入义乌小商品市场经营摊位，并从事小商品手工加工、批发贸易业务，负责摊位管理、成品批发销售。

1994年起历任义乌市环球制带有限公司董事、总经理并兼任浙江三鼎织带有限公司董事、总经理，三鼎控股集团执行副总裁，义乌市恒鼎房地产开发有限公司董事长，金华金鼎织带有限公司董事，江苏三鼎织造有限公司董事。

现任义乌华鼎锦纶股份有限公司董事长兼总经理、中国化学纤维工业协会副会长。

多吉罗布 先生

西藏天路股份有限公司 董事长

多吉罗布，男，藏族，党员，1973年5月出生，1997年8月参加工作，硕士研究生，工程师；曾任西藏自治区交通厅科研所技术员；西藏天路交通股份有限公司副总工程师；西藏天路交通股份有限公司党委委员、董事会秘书兼董事会办公室主任；西藏天路股份有限公司副董事长、党委副书记、总经理，西藏自治区青年企业协会第三届副会长，西藏自治区第七届青联常委，现任西藏天路建筑工业集团有限公司董事长、党委副书记，西藏天路股份有限公司董事长、党委书记，中国青年企业家协会常务理事，区直机关青年联合会第一届委员会副主席，西藏青年企业家协会副会长。

郭本恒 先生

光明乳业股份有限公司　总裁

郭本恒，男，1963年8月生，食品学博士，中共党员。现任光明乳业股份有限公司总经理，党委副书记，上海市人大代表。兼任江南大学、上海水产大学教授和博士生导师，博士后流动站站长，中国食品科技学会理事，上海奶业协会理事长，上海食品学会副理事长，中国畜产品加工学会副理事长，国家营养咨询委员会顾问等职。曾任东北农业大学食品学院副院长，省重点学科带头人，光明乳业股份有限公司新产品开发部经理，乳品培训研究中心主任，生产技术总监，技术中心主任，副总经理等职。曾获中国乳业十大科技精英、全国星火计划带头人标兵、上海市优秀科技人才、上海星火计划带头人标兵、上海科技创业领军人物等荣誉。

郭本恒先生自1996年进入光明，与公司共成长，伴随着光明品牌的成长壮大，郭本恒先生曾带领着光明的技术团队奋斗在中国乳业市场，取得了累累硕果。2007年接任光明总裁，新帅新政，实施了一系列的改革，针对公司发展现状和行业竞争态势，推出组织架构改革、产品聚焦、供应链整合、企业文化打造等一些列措施。聚焦策略实施，光明一系列明星产品在乳品市场上扬帆启航，各自撑起了一片天地，为员工、消费者、客户和股东交出来了一份满意的答卷。

邱 卫 先生

湖南新五丰股份有限公司 董事长

邱卫，EMBA 硕士学位，高级经济师。历任湖南省对外经济贸易委员会进出口处副处长、湖南省工业品进出口公司党委书记、总经理、湖南省粮油食品进出口集团有限公司副董事长等职。现任湖南粮油食品进出口集团有限公司董事长、党委书记、湖南新五丰股份有限公司董事长，中国畜牧业协会猪业分会副会长、中国肉类协会理事。

刘国本 先生

骆驼集团股份有限公司 董事长

刘国本先生，1944 年 3 月生，大专学历，中共党员，高级经济师；1980 年进入湖北谷城县蓄电池厂，1981 年至 1994 年，先后担任该厂技术副厂长、厂长；1994 年至 2003 年任公司董事长兼总经理；现任公司董事长。刘国本先生曾任武汉汽车行业协会第五届理事会常务理事、第六届理事会副理事长；曾被评为湖北省劳动模范、全国优秀乡镇企业厂长(经理)、先进个人；2002 年曾当选第十届全国人大代表。

杜江涛 先生

内蒙古君正能源化工股份有限公司 董事长

杜江涛，男，中国国籍，无国外永久居留权，1969 年 11 月出生，北京理工大学管理与经济学院毕业，研究生学历，2007 年—2009 年参加长江商学院高级管理人员工商管理硕士学习，并取得毕业证书，中国农工民主党党员。

历任君正投资董事长、总经理，君正国际董事长，农工党乌海市委员会副主委，兵器财务董事等职务。2006 年荣获乌海市优秀企业管理人才称号、2007 年荣获内蒙古自治区优秀企业家称号、2009 年荣获乌海市科学技术特别贡献奖。现任北京博晖创新光电技术股份有限公司董事长，锡林浩特市君正能源化工有限责任公司董事长，北京博昂尼克微流体技术有限公司董事长，内蒙君正董事长，并担任中国初级保健基金会理事、政协内蒙古自治区第十届委员会委员、全国工商联执行委员、内蒙古自治区工商联总商会常委、乌海市工商联总商会名誉主席、农工党内蒙古自治区委员、农工党中央经济委员会副主任。

袁 泽 先生

新疆新鑫矿业股份有限公司 董事长

袁泽，男，汉族 1949 年 6 月生，研究生学历。

1968 年元月至 1973 年 6 月，伽师农场二场教师、会计；

1973 年 6 月至 1975 年 7 月，野云沟农场中学教师；

1975 年 7 月至 1980 年元月，乌拉斯台农场中学教师会计；

1980 年元月至 1985 年 7 月，乌拉斯台农场任办公室主任、劳资科长；

1985 年 7 月至 1992 年 5 月任乌拉斯台农场场长、书记；

1992 年 5 月至 1994 年 4 月，任巴州轮台县县委书记；

1994 年 4 月至 1998 年 10 月，任巴州党委常委兼库尔勒市市委书记；

1998 年 10 月至今任新疆有色金属工业(集团)有限责任公司党委书记、董事长；

2005 年 9 月至今，任新疆新鑫矿业股份有限公司董事长；

2008 年 3 月，当选为第十一届全国人民代表。

付守杰 先生

广汽长丰汽车股份有限公司 董事、总经理

付守杰，男，1963年7月出生，中国国籍，研究生学历，工商管理硕士，中共党员。1982年9月至1983年10月任职于沈阳税务局铁西分局；1983年10月至1994年10月任职于沈阳税务局集体企业财务处（1983年9月至1986年7月沈阳市广播电视大学财政学专业学习，取得大专学历）；1994年10月至1998年4月任沈阳市地方税务局所得税管理处副处长、流转税管理处处长；1998年4月至2000年11月任沈阳市地方税务局苏家屯分局局长、调研员；2000年11月至2004年7月任沈阳市苏家屯区副区长兼沈阳松辽企业集团党委书记，沈阳松辽汽车股份有限公司党委书记、副董事长、总经理；2004年7月至 2005 年 6月任广州汽车工业集团有限公司、广州汽车集团有限公司总经理助理；2005年6月至2006年1月任广州汽车集团股份有限公司董事、副总经理，广州本田汽车有限公司董事、副总经理；2006年1月至2008年7月任广州汽车工业集团有限公司董事，广州汽车集团股份有限公司董事、副总经理，广州本田汽车有限公司董事、执行副总经理；2008年7月至今任广州汽车工业集团有限公司董事，广州汽车集团股份有限公司董事、副总经理，广州本田汽车有限公司董事长。

夏 平先生

南京银行股份有限公司 行长

夏平先生，曾任中国建设银行江苏省分行副行长、党委委员，中国建设银行苏州分行行长、党委书记。2009年2月加入南京银行股份有限公司，任行长、董事、党委副书记。

2009年以来，在夏平行长的带领下，南京银行管理团队精诚合作、审时度势，科学研判国内外经济金融形势，前瞻监管政策变化，适时提出“在发展中转型，在转型中提升发展质量和效益”的科学理念，确立了南京银行未来差异化、特色化、可持续的发展道路。2009年提出将小企业业务作为全行转型发展的战略业务，并成立小企业金融部，从组织架构、业务流程、标准化模板、风险管理、市场定位等各方面全面打造南京银行小企业发展模式，切实做到“专心、专业、专注”，2008-2010年间，南京银行小企业贷款余额年均复合增长率达到了50.4%，2011年前三季度增幅为44.7%，且不良率仅为0.32%。为了表彰南京银行在支持小企业发展中的突出贡献，中国银监会授予南京银行“2010年度全国小企业金融服务先进单位称号”。

在各项业务发展的同时，南京银行高度重视风险防范。2009年开始，着重加强内控制度建设，强化风险管理的定量分析，全力推行垂直风险管理；注重资本补充，提升风险抵御能力，2010年成功实施了配股，共募集资本金48.64亿元，2011年顺利发行了45亿元次级债券，资本充足率保持上市银行前列；提高拨备覆盖率，防范外部环境波动带来的风险，南京银行的拨备覆盖率由2008年的170.05%提升到2011年9月末的292.82%。在《银行家》“2011中国商业银行竞争力评价报告”中，南京银行荣膺年度“最佳城市商业银行”和“资产规模在1000亿元以上城市商业银行综合排名第一”两项大奖。

2009年以来，南京银行坚持以科学发展观为指导，加快发展方式转变，推动转型发展，坚守风险底线，坚定不移走“差异化、特色化、精细化”发展道路，明确了四大业务条线的战略定位，不断塑造各项业务品牌特色，全行的经营管理呈现良好态势。其中：总资产由2009年初的919亿元人民币增长到2011年9月末的2632亿元人民币，增幅186%；存款由2009年初的627亿元人民币增长到2011年9月末的1597亿元人民币，增幅155%；贷款由2009年初的402亿元人民币增长到2011年末的979亿元人民币，增幅144%；净利润2008年为14.56亿元，至2011年9月末已实现净利润23.41亿元，按年化增幅115%；不良贷款率由2008年的1.64%下降到2011年9月末的0.82%，降低0.82个百分点；拨备覆盖率由2008年的170.05%上升到2011年9月末的292.82%，上升122.77个百分点。

汪海涛 先生

西部矿业股份有限公司　董事长

汪海涛，男，1968 年 8 月出生，中共党员，高级经济师，武汉大学法学硕士、经济学博士，美国芝加哥大学商学院 MBA。中国青年企业家协会副会长，中国国际商会副会长，中国矿业联合会主席团主席，北京市青海企业商会会长。汪先生自 2011 年 3 月至今任本公司第四届董事会董事、董事长；现兼任西部矿业集团有限公司董事长、西部矿业集团（香港）有限公司董事、西宁特钢集团有限责任公司董事；2009 年 9 月至 2011 年 2 月任本公司第三届董事会董事长；2006 年 2 月至 2009 年 9 月任西部矿业集团有限公司总裁。汪先生还曾先后在国泰证券有限责任公司、大连商品交易所、光大证券有限责任公司等单位工作。

杨建东 先生

云南盐化股份有限公司　董事长

杨建东，男，白族，1955 年 5 月生，1974 年 6 月参加工作，硕士研究生，中共党员。

历任云南省司法厅公证管理处副处长；迪庆州维西县委副书记；云南省司法厅公证管理处处长，监察审计处处长，计财处处长，厅党组成员，政治部主任（副厅）；云南轻纺集团有限公司党委副书记、纪委书记。现任云天化集团有限责任公司纪委书记，云南盐化股份有限公司董事长。

1992 年曾任云南省委赴澜沧县"社教"工作队副队长；

1995 年曾任云南省委赴中甸县"村建"工作队队长；

1999 年曾在解放军出版社出版个人专著《为将之道》获云南省社科奖三等奖。

担任社会职务：云南盐业协会理事长、中国监察学会化工分会副会长、云南监察学会企业分会副会长。

高宝玉 先生

营口港务股份有限公司　董事长

高宝玉，男，汉族，工学硕士学位，高级工程师，1954 年 10 月出生于辽宁省台安县，1974 年 8 月加入中国共产党，1977 年 10 月参加工作，营口市第十三届、十四届人大代表，全国十届、十一届人大代表。现任营口港务集团有限公司(以下简称“港务集团”总裁、党委副书记，营口港务股份有限公司(以下简称“营口港”)董事长。

1999 年底起，高宝玉同志担任港务集团主要负责人以来，认真贯彻落实“三个代表”重要思想和科学发展观，在省委省政府、市委市政府的正确领导和大力支持下，始终坚持把科学发展作为港口管理的第一要务，不断提高战略决策和经营管理能力。港口吞吐量持续稳定增长，规模迅速壮大，社会影响力及经济牵引力不断提升，在营口市乃至辽宁省对外开放工作中发挥着越来越重要的窗口作用。

高宝玉同志始终坚持依靠职工群众办好企业的方针，坚持职代会制度和厂务公开，对事关企业发展和职工切身利益的重大事项全部通过职代会讨论通过。他始终坚持以人为本，全心全意为员工办好事、办实事，全港职工收入水平逐年提高。他时刻关心每一名职工，积极致力于职工工作环境、生活环境的改善与提高。

在高宝玉同志的领导下，整个港口年吞吐量 1999 年 1945 万吨，2011 年完成货物吞吐量 2.61 亿吨，集装箱 403.3 万标准箱；货物吞吐量位列全国沿海港口第 9 名。

高宝玉同志先后荣获了辽宁省劳动模范、优秀共产党员、优秀青年企业家、全国优秀科技工作者、全国“五一”劳动奖章、首届全国青年企业家、全国治安综合治理先进工作者等多种荣誉称号。

他领导下的港务集团多年来形成了“自加压力、勇于吃苦、不畏风险、敢为人先”的企业精神，同时先后荣获了全国“五一”劳动奖状、全国文明单位、全国思想政治工作优秀企业、全国精神文明建设先进单位、全国交通运输节能减排优秀贡献企业、全国交通战备规划建设先进单位、全国军民共建社会主义精神文明先进单位、全国守合同重信用企业等多种荣誉称号。

从担任营口港董事长以来，积极促进营口港的上市事宜，经过不断的努力，营口港于 2002 年 1 月 31 日正式在上海证券交易所上市。经过 10 年的不断发展，股本由 IPO 时的 2.5 亿股增加至近 11 亿股，总资产由 3.86 亿元增加至 11.33 亿元，净资产由 2.51 亿元增加近 50 亿元。10 年来，高宝玉同志领导的营口港充分利用资本市场，为营口港生产规模的不断扩大，吞吐能力的不断增强，经营效益的不断增长而努力奋斗。

张相军 先生

山东金岭矿业股份有限公司　董事长

张相军，男，生于 1962 年，高级工程师，采矿工程专业大学本科毕业。1985 年 7 月起在山东金岭铁矿工作，历任召口分矿见习技术员、技术组组长、召口分矿副矿长。1993 年 2 月起担任山东金岭铁矿副矿长。1997 年 1 月至 2009 年 3 月担任山东金岭铁矿矿长。2006 年 10 月起担任山东金岭矿业股份有限公司董事、董事长。2009 年 2 月起任山东钢铁集团有限公司总经理助理、山东钢铁集团矿业有限公司董事、总经理。现任山东金岭矿业股份有限公司董事长、总经理，山东钢铁集团有限公司总经理助理、组织部部长、山东钢铁集团矿业有限公司董事。

任志强 先生

华远地产股份有限公司 董事长

任志强先生，现任华远地产股份有限公司董事长、北京华远浩利投资股份有限公司董事长和北京银行股份有限公司董事。在华远地产持有股权的合资公司或下属公司担任董事长、总经理等职。

任志强有12年军人生涯，1984年进入华远，1991年起任华远经济建设公司总经理，1993年至今任华远集团总裁，北京市华远集团公司董事长兼总经理。1993年至2001年任北京市华远房地产股份有限公司董事长兼总经理，1994年至2001年任香港华润置地公司董事、总经理，领导华远地产完成第一次创业，业绩斐然。2001年底，任志强带领团队开始华远地产二次创业。2002年至2008年任北京市华远地产股份有限公司董事长并率华远地产成功实现A股借壳上市。

任志强先生积极参政、议政，曾当选为北京市西城区人大代表、北京市第九届、第十届政协委员，现任北京市第十一届政协委员。作为业界领军人物，担任全国工商联房地产商会副会长、中国房地产研究会副会长；作为知名企业家，任职阿拉善SEE生态协会理事、中国企业家论坛理事、中国经济体制改革研究基金会副理事长。

著书《任人评说》、《任我评说》、《任你评说》，多次发表各种房地产理论、市场、法规、管理等方面的文章，并影响到政府政策的制定，尤其是多次参与国务院、建设部政策法规的制定，包括2003年国务院18号通知的制定。

锁炳勋 先生

安徽金种子酒业股份有限公司 董事长

锁炳勋，男，回族，安徽阜阳人，研究生学历，高级经济师，1955年12月出生，1975年6月加入中国共产党。毕业于合肥工业大学，现任安徽金种子集团有限公司董事长，十届、十一届全国人大代表、全国劳模。曾在10年创造四个里程碑："阜麻奇迹"、"动态管理法"、"金种子酒业股份有限公司上市"、安徽省内第一条企业建管的庐铜高速公路，形成了独具特色的竞争优势。独创的"系统动态管理法"被国家轻工总会评为科学管理创新奖，荣获全国企业管理现代化科技创新成果奖，在全国、全军企业界推广，并列入安徽省十大管理法之一。

吴永敏 先生

东吴证券股份有限公司　董事长

吴永敏先生，中国国籍，1955 年 10 月出生；硕士，高级审计师、高级经济师、注册会计师（非执业会员）。1980 年 2 月至 1983 年 11 月在苏州市财政局任科员。1983 年 11 月至 1991 年 2 月在苏州市税务局任科长、分局长。1991 年 2 月至 2000 年 2 月在苏州市审计局任副局长。2000 年 2 月至 2002 年 4 月在苏州证券任董事长；2002 年 4 月至 2006 年 7 月在东吴证券有限责任公司任董事长；2006 年 7 月至 2010 年 5 月在东吴证券有限责任公司任董事长、总裁。现任本公司董事长、总裁；兼任东吴基金董事长，国发集团副董事长，中国证券业协会财务会计与风险控制专业委员会主任委员，中国上市公司协会常务理事，江苏证券业协会副会长。

李　玮先生

齐鲁证券有限公司　董事长

李玮，男，1962 年 4 月出生，山东省莱芜市人，中共党员，经济学博士，高级会计师。现任齐鲁证券有限公司董事长、党委书记，兼任山东证券业协会会长、山东省金融学会第七届理事会副会长、山东省金融家与企业家俱乐部理事、山东大学校董等社会职务。

工作经历，1983 年 -2000 年在莱钢集团有限公司财务处工作，历任会计、副科长、科长、副处长、处长；2000 年 9 月任莱钢集团有限公司副总经理兼总会计师；2002 年 10 月任莱钢集团有限公司总会计师、鲁银投资集团股份有限公司党委书记、董事长、总裁；2003 年 1月当选为莱钢集团有限公司董事；2003 年 7 月兼任齐鲁证券有限公司董事长；2007 年 8 月任齐鲁证券有限公司董事长；2008 年 4 月任齐鲁证券有限公司党委书记、董事长，主持齐鲁证券有限公司全面工作。

工作业绩：李玮同志就任齐鲁证券之际，公司曾一度陷入严重的生存危机。按照省委省政府决策和部署，莱钢集团控股齐鲁证券，李玮同志临危受命，出任公司董事长，在随后的几年，着力化解公司风险、重组整合山东证券资源、带领公司积极优化创新发展，使齐鲁证券由年亏损上亿元的高风险经纪类小型券商，跃升为拥有 140 余家分支机构，控股期货、基金和直投公司，年盈利达几十亿元，具有较高行业地位的大型综合创新类券商。

在长期的工作实践中，李玮同志以科学发展观为指导，将科学发展、和谐发展的理念贯彻到各项工作中，为山东资本市场的发展付出了巨大的努力。担任齐鲁证券有限公司董事长以来，脚踏实地，富于创新，锐意进取，带领齐鲁证券不断实现新的跨越。

林聪颖 先生

九牧王股份有限公司 董事长

林聪颖，九牧王股份有限公司董事长，男，1960 年出生，香港居民，长江商学院 EMBA 在读、高级经济师。

林聪颖先生曾任福建晋江九牧王制衣有限公司董事长及副总经理、九牧王(福建)服饰发展有限公司董事长、泉州九牧王洋服时装有限公司总经理及九牧王(中国)有限公司总经理等。2010 年 3 月九牧王股份有限公司设立后至今担任公司董事长，现同时担任九牧王国际投资控股有限公司董事、厦门九牧王投资发展有限公司执行董事、九牧王零售投资管理有限公司董事等职务，林聪颖先生现任晋江市政协常委委员、中国服装协会副会长、晋江市纺织服装协会会长、福建省商业联合会第二届理事会副会长、晋江市工商联(总商会)第九届执委会副会长、福建省红十字会荣誉常务理事、泉州市慈善总会名誉会长。

林聪颖先生上世纪 80 年代末开始从事服装贸易业务，90 年代开始介入服装的生产。林聪颖在企业经营中锐意创新，不断进取。在他的卓越领导下，九牧王成长为中国商务休闲男装的领先品牌，陆续获得“中国名牌产品”、“中国驰名商标”等荣誉。九牧王公司的战略发展规划、企业文化建设、品牌经营与管理、渠道拓展管理、目标管理、绩效管理、企业内部管控体系等成为中国民营企业学习的典范。

2011 年 5 月 30 日，九牧王 A 股股票成功在上海证券交易所挂牌上市，截至 2010 年，公司主导产品九牧王品牌男裤综合市场占有率连续十一年(2000-2010)位居全国第一，九牧王成为行业公认的“男裤专家”。林聪颖亦被誉为中国服装行业的领军人物。

杰出的表现和高度关心社会公益事业，林聪颖曾荣获“2005 中国企业商标 50 人”、“2005 福建经济年度管理奖”、“第十一届福建省优秀企业家”、“全国关爱员工优秀民营企业家”、“纪念改革开放 30 周年泉州市 30 位杰出经济人物”、“2009 海西经济年度杰出人物”、“2010 中国纺织品牌文化建设杰出人物”、“福建省五一劳动奖章”、“亚洲品牌十大创新人物”等诸多荣誉。

石维国 先生

中天城投集团股份有限公司 副董事长

石维国，男，生于 1966 年，大学文化，曾任贵州燃气（集团）有限责任公司董事长；现任金世旗国际控股股份有限公司董事，华润贵阳城市建设有限公司董事，中天城投集团股份有限公司董事、副董事长。

简历介绍：

1984.9-1988.7	北京大学计算机系软件专业
1988.7-1991	北大计算机研究所
1991-1995	北京正明科贸公司
1995-1999	北京融通技术公司
1999-2002	北京北大融通公司
2002-2003	中诚信托投资有限公司
2003.12-2006.8	贵州燃气（集团）有限责任公司董事长
2006.8	金世旗国际控股股份有限公司董事
2007.2 - 至今	中天城投集团股份有限公司董事、副董事长

何 如先生

国信证券股份有限公司　董事长

何如先生，1963年10月出生于浙江杭州，经济学硕士，高级会计师。现任国信证券股份有限公司董事长、党委书记，兼任鹏华基金管理有限公司董事长、中国证券业协会副会长、上海证券交易所理事、深圳证券业协会会长、深圳市第五届人大常委会委员。

2005年，何如同志就职国信证券之际，正值中国证券行业最低潮，市场环境极为艰难。何如同志带领公司经营班子秉承“务实、专业、和谐、自律”的企业精神，坚持走“经营市场化、服务专业化、经营规范化”的发展道路，回归金融服务中介本色，着力打造专业团队，提升服务能力，鼓励创新，重视技术，规范运作，稳健发展，不仅带领国信证券迅速走出经营困境，还实现了公司业绩快速增长，赢得了市场和监管部门的高度认同。

在何如同志领导下，2005年以来国信证券各项业务市场份额大幅增长，主要指标行业领先，市场地位快速提升。经纪业务方面，国信证券市场份额以年均9.89%的增幅高速增长，从2004年的2.55%上升到2010年的4.49%，比2004年上升76%；交易量排名从行业第7名跃居到第3名；2010年全国市场股票基金交易量最大的前十个营业部国信证券占六家。投行业务方面，从2006开始，国信证券连续四年股票主承销发行项目数量排名行业第一，2010年在承销家数、募集资金等多项指标再创历史新高，成为发行家数、承销金额同时进入行业前10的两家券商之一。截至2010年底，国信证券共拥有保代、准保代194人，专业团队实力排名行业第一，连续四年被深交所评为“最佳保荐机构”。

何如同志以其出色的业绩获得业内外高度评价，有代表性的荣誉包括：“改革开放三十年影响深圳三十个经济人物”(2008)、“纪念改革开放三十年深圳市百名杰出企业家”(2008)、“亚洲品牌年度人物大奖”(2009)、“新中国60年60位卓越企业家”(2009)、“中国100最具影响力企业家”(2010)、“深圳经济特区三十年行业领军人物”(2010)等。

杨华辉 先生

兴业国际信托有限公司　董事长

杨华辉先生，中共党员、高级经济师、经济学博士。现任兴业国际信托有限公司董事长、代理总裁。曾任兴业银行总行上海证券部总经理，兴业证券公司上海业务部总经理，兴业银行上海分行副行长，兴业银行杭州分行行长等职；兼任福建省金融学会副会长等社会职务。

杨华辉先生十分重视实践与理论的结合，目前已在《经济管理》、《当代经济科学》、《浙江金融》等权威刊物上发表了《上市公司效绩及风险度量》、《健全信贷管理与防范消费信贷风险》、《股份制商业银行收购城市信用社的实践与意义》等文章十余篇，出版了个人专著——《我国股份制商业银行内部控制理论与设计》一书，并负责主编并出版了《世界经济新编》、《商业银行分支行管理与领导艺术论析》、《发展管理与诚信》等多本专业书籍。

李爱华 先生

中国银行托管及投资者服务部 总经理

李爱华，男，1966 年 12 月出生，中共党员，硕士研究生(中国人民银行研究生部国际金融专业，意大利乔达诺阿莫瑞基金学院金融专业硕士学位)，1988 年 7 月入行参加工作，曾任总行金融机构部助理总经理，副总经理；曾任约翰内斯堡分行总经理；现任金融市场总部托管投资服务模块总经理。

赵学军 先生

嘉实基金管理有限公司 总经理

赵学军先生，博士，嘉实基金管理有限公司董事、总经理。中共党员，毕业于北京大学光华管理学院，获经济学博士学位。2000 年 10 月至今任嘉实基金管理有限公司董事、总经理。曾就职于天津通信广播公司、外经贸部中国仪器进出口总公司、北京商品交易所、天津纺织原材料交易所、商鼎期货经纪有限公司、北京证券有限公司、大成基金管理有限公司。现任中国证券业协会副会长，中国证券业证券投资基金业委员会委员。

嘉实基金成立于 1999 年 3 月，2002 年获首批全国社保基金投资管理人资格，2005 年被劳动和社会保障部选为首批企业年金投资管理人，2007 年获得 QDII 资格，2008 年成为第一批获准开展特定客户资产管理业务的基金管理公司。2005 年 6 月，德意志资产管理公司参股嘉实，使嘉实成为国内最大的合资基金公司。截至 2008 年年末，管理规模超过 1900 亿元。

姜喜运 先生

恒丰银行股份有限公司　董事长

姜喜运先生，现任恒丰银行党委书记、董事长。高级经济师，教授级高级政工师。1949年11月生人，祖籍山东莱西，1970年1月参加工作，1976年6月入党，本科学历。历任山东黄县建委副主任、烟台住房储蓄银行副行长、行长、党组书记。2003年组织领导烟台住房储蓄银行整体更名改制为恒丰银行，列全国第11家股份制商业银行。因业绩卓著，被推选为中共烟台市九届、十届全会代表。曾获“山东省优秀企业思想政治工作者”、“烟台市五一劳动奖章”、“烟台市优秀共产党员”、“烟台市精神文明建设先进工作者”、“烟台市优秀思想政治工作者”等10多项荣誉称号。

刘晓亚 先生

和兴证券经纪有限责任公司　董事长

刘晓亚，男，1962年9月25日出生，汉族，中共党员、研究生学历，现任和兴证券经纪有限责任公司党委书记、董事长；兼任中国证券业年鉴理事会理事、四川证券期货业协会副会长。

刘晓亚同志1980年就读于西南财经大学政治经济学系，1984年在四川省经济技术协作办公室工作，历任科员、副处长；1992年7月调入四川省信托投资公司，被派往公司所属上海证券业务部任经理；1994年2月因工作需要调回四川省信托投资公司证券总部任经理；1996年8月调入该公司计划部任经理。此间，于1997年在西南财经大学研修班完成了两年的研究生在职学习。同年，任四川省信托投资公司总经理助理、公司党组成员；1998年至2001年，任四川川信大厦有限公司副总经理、总经理。2001年8月，按照国务院和四川省政府的要求，信托与证券行业实施分业经营、分业管理，四川省的6家信托投资机构剥离其证券资产组建了和兴证券经纪有限责任公司。从成立至今，刘晓亚同志先后任公司总裁、董事长、党委书记。其间，刘晓亚同志于2002年3月被派往中共中央党校中青班在职学习一年。

刘晓亚同志在和兴证券公司10年的工作中，与班子成员一道恪尽职守、力排众难、务实开拓，在有关上级领导和监管部门的指导帮助以及全体股东的关心支持下，在全员长此以往的奋力拼搏下，和兴证券公司走上了规范健康发展之路，绩效状况在全国证券业中处于良好水平。10年来，在刘晓亚同志的带领下，和兴证券积累了丰富的证券业务经验、优秀的人力资源和广众的客户资源，见证了中国经济的腾飞和资本市场的发展，实现客户资产增长和公司健康发展的双赢。截至2010年12月31日，公司资产总额达39.57亿元，净资产7.41亿元；2010年实现主营业务收入4.45亿元，实现利润总额2.22亿元；公司在2010中国证券业协会对全国106家券商排名中，公司成本管理能力和净资本收益率排位靠前；公司在2011年开展的全国证券公司分类评价获“BB”评级，公司站上了新的发展起点。

郭 友先生

中国光大银行 行长

郭友先生，自2004年8月起任公司执行董事、行长。现任中国光大(集团)总公司副董事长。1994年11月至1998年8月，曾任国家外汇管理局外汇储备业务中心外汇交易部主任、国家外汇管理局中国投资公司(新加坡)总经理、中国人民银行外资金融机构管理司副司长。1998年加入公司，历任中国光大银行副行长、副董事长，中国光大(集团)总公司执行董事、副总经理兼光大控股行政总裁等职务。毕业于黑河师范学校、黄河大学美国研究所，后获西南财经大学金融学专业博士学位，高级经济师。

李舫金 先生

万联证券有限责任公司 董事长

李舫金先生，汉族，1962年1月出生，中共党员，经济学硕士。1980年4月参加工作，现任万联证券有限责任公司董事长、广州市商业银行副董事长、广州国际控股集团有限公司副总经理等职。

李舫金先生具有扎实的专业知识和丰富的金融企业管理经验，长期从事金融机构的管理工作，曾在证券监管部门和多家大中型金融企业担任重要职务。1997年至今，历任广东省证监会国际部部长，中国证监会广州证管办国际部部长、机构监管一处处长，广东证监局案件调查一处处长。2004年11月起，担任万联证券有限责任公司董事长。

李舫金先生担任公司董事长以来，全面统筹公司的发展战略、经营方针、年度计划、财务预算、投资及日常经营工作等重大事项；积极推动公司的业务创新、机构调整和管理制度改革。通过逐步扩展业务规模和业务种类，进一步优化盈利模式，使公司的营销能力、研发创新能力、客户服务水平以及企业文化等核心竞争能力得到不断提升，公司的治理机制进一步完善，风险控制能力持续增强。

面对日趋激烈的市场竞争环境，李舫金先生将带领公司经营班子和全体员工紧紧围绕广州市区域金融中心建设的战略构想，抓住机遇，使公司沿着规范、高效、创新的发展道路大步迈进，以优异的成绩回报社会、回馈股东。

高庆先生

南方产权联合交易中心有限责任公司 董事长

高庆先生，广东人，1962年2月出生，中共党员，2006年广东省劳动模范。历任广东省政府法制局办公室副主任、省经贸委法规处处长、省国资委综合法规处处长，现任南方联合产权交易中心董事长、党委书记。

高庆先生于2006年受命组建南方联合产权交易中心，经过两年多的努力开拓，带领南方产权中心完成了9688平方米的经营场地以及1800平方米交易大厅的建设，软硬件设施、机构规模均跻身全国前列，建成华南地区最大、最先进的产权交易平台。在优越的平台基础上，他注重提高服务水平和服务质量，贯彻落实“公开、公平、公正”原则，坚持规范、严谨运作，全力打造产权交易阳光平台。2007年1月至2008年12月，南方产权中心各类产权交易总额达316.94亿元。2007年，南方产权中心的国有产权交易量约占广东省国有产权交易总额的42%。

作为一家新型国有企业的经营者，高庆先生以科学发展观为指导，敢于解放思想，开拓创新。2008年初，率先推出全国首家“中小企业产权交易市场”，为中小企业投融资涉及资产近20亿元，为在金融海啸中求生存的中小企业搭建新型融资渠道。2008年6月，广东省政府指定由南方产权中心承接2008年全省经济体制改革重点之一的“创新产权交易品种，建设多层次资本市场试点”项目，南方产权中心成为承担广东省五大改革重点项目之一的唯一企业。

高庆先生善于把握时代脉搏，坚定发展资本市场平台的理念，为维护国有资产保值增值和促进广东省发展多层次资本市场发展做出了卓越的贡献。

马金声先生

新时代证券有限责任公司 董事长

马金声先生，中共党员，大学学历，高级经济师。曾任旅大警备区战士、宣传干事、党委秘书，北京卫戍区司令部秘书，人民银行总行办公厅副处长、副主任，金银司司长，办公厅主任兼金银管理司司长，中国农业发展银行总行副行长，国泰君安证券公司党委书记兼副董事长，华林证券公司党委书记。现任新时代证券有限责任公司董事长。

刘世春 先生

金融街控股股份有限公司　董事长

刘世春先生，1968 年 3 月生，中共党员，香港科技大学工商管理硕士，高级工程师。2000 年 6 月起任金融街控股股份有限公司董事，2001 年 4 月至 2011 年 6 月任金融街控股股份有限公司总经理，2 011 年 7 月至今任金融街控股股份有限公司董事长。

刘世春先生为北京市西城区人大代表，获得北京市第十九届“五四奖章”、首届“西城区十大杰出青年”、第八届“北京十大杰出青年”和第十一届“中国五四青年奖章”等荣誉称号。

孙耀忠 先生

河南省西峡汽车水泵股份有限公司　副董事长、总经理

孙耀忠，男，汉族，出生于 1960 年 7 月，中共党员，大专学历，高级经济师。1978 年 12 月至 1980 年 11 月在部队服役；1980 年 12 月至 1995 年 7 月任河南省内乡县石油公司副总经理、党支部副书记；1995 年 8 月至 2002 年 9 月任宛西制药副总经理；2002 年 10 月至今任西泵股份副董事长、总经理、党委书记，并兼任河南省汽车工业协会副会长。2003 年被南阳市总工会授予“五一劳动奖章”，2004 年被评为河南省劳动模范，2005 年被评为西峡县第九届拔尖人才，还曾被评为河南省最具影响力企业家、河南省品牌推动力人物。2011 年 7 月，担任中国内燃机工业协会冷却水泵、机油泵分会理事长。

河南省西峡汽车水泵股份有限公司建于 1952 年，主导产品为汽车水泵、发动机进、排气歧管和飞轮壳等，是国内生产汽车零部件的重要基地。资产总额 18 亿元，辖设 4 个全资子公司：河南飞龙(芜湖)汽车零部件有限公司、南阳飞龙汽车零部件有限公司、西峡县飞龙铝制品有限责任公司和西峡县西泵特种铸造有限公司。公司通过 ISO/TS16949、ISO14001 和 OHSAS18001“三标一体”认证，先后被上海大众、一汽 - 大众、上汽通用五菱、奇瑞等公司评为“优秀供应商”、“核心供应商”和“质量卓越奖”，连续多年被中国汽车报评为“全国百家优秀汽车零部件供应商”，被河南省工商行政管理局评为“河南省守合同重信用企业”，被河南省质量技术监督局评为“质量管理 100 强企业”，被河南省工商联、国税局、地税局、财政厅评为“河南省纳税百强企业”；“飞龙牌”汽车水泵、进排气歧管被评为“河南省名牌产品”，2008 年 3 月公司“飞龙”商标被国家工商管理总局商标局认定为“中国驰名商标”。2011 年 1 月，公司被河南省人民政府评为百高企业。

2011 年 1 月 11 日，西泵股份在深圳证券交易所成功上市，为公司注入了新的活力和发展后劲。在集团公司及总经理孙耀忠的带领下，西泵公司以“做行业先锋、创世界品牌”为愿景目标，坚持“两抓两创”的经营方针，践行追求卓越的经营理念，高效运用募集资金，快速扩大产能；坚定不移的实施创新战略，加大科技投入，增强创新能力；深化市场调整战略，调整产品结构；强化质量管理，打造企业核心竞争力，促进企业快速健康发展。

张近东 先生

苏宁电器股份有限公司　董事长

张近东，男，1963 年出生，毕业于南京师范大学汉语言文学专业，现任苏宁电器股份有限公司董事长、中国人民政治协商会议第十一届全国委员会委员、中华全国工商业联合会副主席。1990 年，张近东先生在南京自主创业，经过 21 年的发展，苏宁电器连锁网络已经覆盖中国大陆 300 个城市、香港和日本市场，2010 年苏宁电器品牌价值高达 728.16 亿元，年销售规模 1562 亿元，位居中国最具竞争力上市公司前十、中国民营企业前三，是国家商务部重点培育的“全国 15 家大型商业企业集团”之一，并入选《福布斯》亚洲企业 50 强，居《福布斯》全球 2000 大企业中国零售第一，被美国《财富》杂志评选为 2010 年、2011 年“最受赞赏的中国公司”。目前，苏宁电器连锁门店总数超过 1600 家，员工人数超过 17 万名，已经成为中国 3C（家电、电脑、通讯）家电连锁零售企业的领先者和中国最大的商业企业。

在创业发展早期，张近东先生就意识到以服务为企业核心竞争力，坚持“服务是苏宁的唯一产品”，首创自营服务，并依靠“淡季打款”等创新模式迅速成为中国空调销售冠军。1999 年张近东先生率苏宁全面切入综合电器领域，并率先开创了家电零售连锁发展模式，引起了行业深远变革，直接推动了中国现代零售业的发展进程。凭借对家电行业的深刻理解，张近东先生紧跟消费者需求、积极调整经营思路，率先在苏宁店面引进电脑、手机、数码相机等 3C 产品的销售，引发中国 3C 家电产品销售渠道变革。在 21 年的发展历程中，张近东先生先后开创了“自营服务”、“3C 模式”、“5315 工程”（在全国建设 500 个服务网点、30 个客服中心、15 个物流基地）、“3C+ 模式”、“后台战略”、“智慧苏宁”等一系列经营管理创新模式，领导开发了全球领先的 SAP/ERP 系统，打造了自主培养为主的专业化人才梯队，构筑了国际化的管理平台。

秉承“整合资源、合作共赢”的理念，苏宁电器与海尔、三星、惠普、美的、海信、LG、西门子、夏普、索尼、戴尔、松下、诺基亚、HTC、惠而浦、TCL、联想、佳能等全球著名企业保持紧密合作。同时，苏宁还与 IBM、微软、思科、SAP 等世界知名 IT 企业建立战略合作伙伴关系，打造国际化一流信息平台。苏宁电器在与广大合作伙伴合作过程中，开创了一系列创新合作形式。如与韩国三星电子联合开设 SSMS 营销学院；与海尔推进 ECR 高效响应系统；与索尼建立 SIS 店中店模式；与微软公司在中国联合推进正版软件、保护知识产权；成为苹果公司 iPhone 系列产品在中国的首发合作伙伴；成为戴尔公司在中国实施渠道变革、从网络购物转向实体销售的主要合作伙伴等一系列的合作。

苏宁电器作为全国性家电连锁企业唯一的民族企业，张近东先生带领企业对中国本土市场精耕细作的同时，也加快了苏宁电器国际化的步伐。2009 年，苏宁电器收购日本老牌电器连锁企业 LAOX 公司，开创了中国企业收购日本上市公司的先河。2009 年 12 月 30 日，苏宁电器再次宣布收购香港镭射电器，正式进入香港市场。2011 年 6 月，苏宁绝对控股 Laox，成立 Laox 中国，实行 Laox 与苏宁双品牌运作，并规划五年内在全国建设 150 家乐购仕生活广场（LAOX LIFE）。

在带动企业发展的同时，张近东先生一贯非常注重承担企业社会责任。目前苏宁已经成为中国解决就业最多的民营企业，年纳税额位列中国民企第一。十多年来企业已累计捐赠公益事业 7 亿元，其中张近东先生本人在 2008 年中国四川——汶川大地震中个人捐赠 5000 万元，创当时个人捐赠之最。张近东先生一贯重视支持教育事业，通过资助乡村学校体育基础设施建设、设立助学金、发放奖学金、改善办学条件等方式支持教育事业的发展。近年来张近东先生先后向清华大学教育基金会捐资 500 万元，成立“清华大学苏宁电器研究与发展基金”、出资 300 万元支持南京大学商学院设立奖学金、帮助中国 2008 个乡村学校建设体育基础设施等，推动中国教育事业的发展。为解决苏宁大规模连锁发展的人才需求和解决大学毕业生的就业问题，张近东先生还亲自倡导成立了应届大学毕业生引进与培养工程——1200 工程，自 2003 年以来，该工程已成功启动十期，引进培养了 1 万多名高素质大学毕业生，成为中国最大的大学生用人单位之一。

在自己积极参与慈善事业的同时，张近东先生还注重对员工参与公益与慈善事业的肯定与鼓励与引导，他参与光彩事业的事迹也深深感染了员工。在他的鼓励与鼓舞下，2006 年，员工自发发起“1+1 阳光行—苏宁社工志愿者行动”，号召全体员工每人每年捐出 1 天工资用于慈善捐赠，每人每年奉献 1 天时间参加社工服务，将社会公益长期化、制度化、品牌化推进。“1+1 阳光行”社工志愿者行动自启动以来，全国共组建 1000 多支志愿者分队，年平均活动人数达到 10 多万人次。同时，苏宁电器还成为第一家定期发布 CSR 企业社会责任报告的中国商业零售企业。

由于企业经营出色、积极承担社会责任，苏宁电器经营管理案例被录入多所知名大学商学院管理教材，张近东先生也被中华青年联合会授予“中国青年五四奖章”、被中华全国工商联合会授予“优秀中国特色社会主义事业建设者”、荣获“CCTV2006 年度经济人物”、被国家民政部授予“中华慈善奖”、被中华慈善总会授予“中国十大公益楷模”、被中国扶贫基金会授予“中国消除贫困奖”、被《中国企业家》从 2007-2009 连续三年评为“中国最具影响力的 25 位企业领袖”、被《21 世纪经济报道》评选为“2009 年度华人经济领袖”、被美国《财富》杂志评选为“中国最具影响力的 25 位商界领袖”和“2010 年度中国商人”等等。

刘相学 先生

鲁银投资集团股份有限公司 董事长

刘相学先生任职鲁银集团董事长、总经理以来，针对公司产业分散、主业定位不明确、盈利能力低的现状，以振兴发展鲁银为己任，率先垂范，以身作则，团结带领领导班子和广大员工，紧紧围绕董事会和股东大会确定的各项任务目标，开拓进取、扎实工作，通过完善制度体系、加强基础管理、化解潜在风险、调整产业结构等手段，公司经济效益发生了历史性变化，使鲁银驶入发展的快车道，生产经营各项工作保持积极、快速、健康的发展态势。

在建立健全、严格施行三会一层法人治理结构基本制度和一系列管理规章制度的基础上，以内控制度建设为契机，健全完善各项管理制度，实现了由粗放型管理向精细化管理的转变，管理的效率和效果显著提升。推进管理规范化，制定严格的经济责任制和项目节点流程管理，进一步规范招标管理制度，开展品种效益测算，建立人员薪酬动态审批制度，做好上市公司信息披露工作，加强董事监事人员培训。近年来建立健全规章制度 60 余项，促进了公司规范化运作水平进一步提升。

改善机关作风，积极组织各项调研活动。形成了日常调研、定期调研、管理层基层蹲点调研和专题调研相结合的调研体系。创立公司内部刊物《鲁银信息》和远程视频会议系统，为上下沟通和实时管理搭建了平台；集团公司机关服务意识、大局观念和监督指导作用大大增强。

强化计划管理、健全激励导向机制。改变单一计划指标，形成计划、奋斗和冲刺三档计划指标的经营计划体系，充分发挥经营计划对生产经营工作的引导和激励作用。建立起了以“净资产收益率”为核心的经济责任考核体系，形成了科学的业绩评价体系，实现了经济责任与经济利益的紧密结合。打破分配平均主义，进行分配体制改革，有效强化了员工钻研岗位技能、专业技术的积极性。

积极推进新产业培育，产业结构调整优化取得新成效。与青岛豪杰矿业签订股权转让与矿产资源开发合作协议，成功进入铁矿采选业，培育了公司发展新的利润增长点。使公司产业链条更趋完善。立足当前，着眼长远，积极推进公司发展战略研究，完成了“十二五”产业整合规划编制工作，进一步明确“十二五”期间公司发展方向及产业定位，为公司持续健康发展奠定了基础。

着力解决历史遗留问题。克服各种阻力圆满完成对巨额亏损、已严重资不抵债的烟台药业的股权转让工作，彻底摆脱了这一长期困扰集团发展的历史包袱，有效地改善了公司资产质量。

创新管理，促进集团跨越式发展。2010 年初，在通盘考虑公司发展现状及市场形势的基础上，审时度势提出了“产品产量全面达产达效，利润指标向过亿元冲刺，实现生产经营两大跨越”的经营目标，团结带领广大干部职工，开拓创新、扎实工作、努力拼搏、抢抓机遇，圆满完成了生产经营两大跨越的任务目标，经济效益实现跨越式攀升，利润总额实现 1.136 亿元，净利润达到 1.067 亿元，实现了突破亿元大关的目标。2010 年末，实现年销售收入 42.94 亿元，比上年增长 20.21%；年利税总额 1.9 亿元，比上年增长 71.67%，谱写出鲁银发展的崭新篇章。

强化企业文化建设。紧紧围绕企业中心任务积极推进形势任务教育和各种形式的主题系列活动，建立劳动竞赛的长效机制，推进合理化建议活动和“争先创优”活动深入开展，推行学习型组织创建工作，将学习型组织创建与企业文化创建有机结合，以先进的企业文化凝聚员工，营造积极向上的企业文化氛围，形成推动鲁银各项事业再上新台阶的强大合力。

鲁银投资集团股份有限公司董事长、总经理、刘相学先生主要荣誉：

莱钢集团劳动模范；在实现 1000 万吨钢奋斗目标中做出突出贡献，获个人一等功一次、二等功一次；创造的“实施钢铁成本系统优化大纲，促进成本持续降低”荣获 2006 年度管理创新与进步项目一等奖、2007 年度山东省企业管理现代化创新成果一等奖、第二十一届山东省企业管理现代化创新及优秀应用成果一等奖；创造的“面向企业价值最大化的管理效益纵深行”荣获第二十届省级一等企业管理现代化创新及优秀应用成果。

曹和平 先生

长春欧亚集团股份有限公司　董事长

曹和平，男，1956 年 1 月 6 日生，中共党员，硕士学位，正高级经济师职称，中国第一批高级职业经理人。曾任长春市百货公司组织部副部长，长春市汽车城百货大楼党委书记、总经理。现任长春欧亚集团股份有限公司董事长、党委书记。中华人民共和国第九届全国人民代表大会代表。中国共产党第十六、十七次代表大会代表。长春市九至十三届人民代表大会常务委员会委员。兼任中共吉林省委决策咨询委员会委员、吉林省上市公司协会会长等社会职务。

上世纪八十年代，欧亚集团的名称是长春市汽车城百货大楼，位于长春市西南部的中国一汽厂区，名不见经传。1984 年，企业的总资产只有 205 万元，年销售额 1248 万元，年利润额 22 万元。这一年，曹和平走马上任担任总经理兼党委书记，他以创新的思想和战略智慧，睿智的目光和独特视角，经营着企业，成功的把一个无名小店发展成商业巨擘，率领企业创造了同行业的发展奇迹。

曹和平睿智善断，具有正确的决策能力，是战略运营的筹划者。从 1988 年开始，他就构想、决策并组织实施了企业发展的“三星战略”。所谓“三星战略”，分为“小三星”、“中三星”和“大三星”。“小三星”战略是以长春市繁华商业区为中心，以区域商业中心为两翼布点，站稳长春商业市场；“中三星”战略是以长春为腹地，南进北拓，辐射全国；“大三星”战略是立足国内，以东欧和东南亚为两翼，走出国门。

在这一发展战略指导下，经过 28 个年头的扩张，欧亚集团得到了快速发展。目前，“小三星”这个由点到面的格局已经到位，“中三星”布局也已开始，欧亚集团实现了经营上的“星光灿烂”，其厚积薄发的实力更使其如花般在中国大地绽放。

曹和平思想创新，具有超前的改革意识，是企业改革的先行者。1989 年，他开始研究和探讨股份制问题。1992 年 2 月，向长春市九届人大五次会议提交了《关于在长春市商业企业进行股份制改组》的议案。1992 年 3 月市政府批准汽车城百货大楼在长春市第一家进行股份制改组，1993 年 10 月在长春市第一家由定向募集公司转为社会募集公司，同年 12 月 6 日公司股票在上海证券交易所挂牌交易。

股份制改造是欧亚集团发展的重要契机，不仅创新了经营体制，为增强公司经营能力提供了良好的制度基础，而且为公司成长和发展提供了全新的机遇。实施股份制后，曹和平严格按公司法建立健全法人治理结构，设立监督机制，规范运作公司，并提出了国有企业改为股份制“三、二、一”的主张和观点。即“三个不变”：企业的社会主义性质不变，职工在企业的主人翁地位不变，职工的民主权利不变。“二会并存”：股东大会和职工代表大会两会并存。“工会主席不是一票”。得到了国家有关领导的充分肯定，产生了积极的轰动效应，被誉为北方模式。

曹和平专业全面，善于利用资本的力量，是资本经营的实践者。他始终坚持把搞产业经营与资本运营做为创建和发展企业集团的“两个轮子”。在资本运营的实践中，他提出了“量力而行、尽力而行、超力而行”的资本运作原则。量力而行是将战略性目标分解，将阶段性目标具体化。尽力而行是在知己知彼的前提下做利弊权衡，然后决策。超力而行是在为长远发展做战略选择，为后续发展储备资源的前提下，如有胜算当机立断。

运用“三力而行”的原则，欧亚集团以并购扩规模，建卖场促发展……，扩大规模的步伐稳健而不乏效率，商务经营“以大制胜”、市场覆盖“以广制胜”的竞争优势不断显现。

曹和平理念先进，具有超常的市场感悟，是新兴业态的引领者。他倡导企业经营体制的创新，坚持调结构、促转变的发展思路，进行企业经营结构、经营方式和企业组织结构的调整。他提出了“发展时尚百货主流店、国际摩尔店、超市连锁集群店”的经营构架，并把“将欧亚商都做精，将欧亚卖场做大，将欧亚车百做多”作为战略目标，使欧亚集团经营结构发生了重要变化，从以经营传统百货为主的单一经营模式，实现了向新业态，新格局的转变。目前，现代时尚百货、摩尔生活馆、综超连锁已成为欧亚集团经营的三大主力业态，打造了欧亚集团具有前瞻性和良好拓展性的商业模式，具有外延性和良好适应性的市场模式，具有独特性和良好持续性的发展模式，市场主体地位不断提高。

曹和平坚守诚信，具有优秀的职业素质，是企业生命力的构建者。在欧亚集团的发展历程中，曹和平认定并坚守了这样一条信念：人无誉不立、店无誉不兴。他把维护和提升商誉看得高于一切，并将其作为一种企业精神和价值信念不断传袭。

曹和平讲诚信，不仅是对消费者、对供货商，而是面对整个社会，面对所有与之打交道的人。欧亚上市十八年，关于公司的信息披露、财务报告，都严格依法操作，从不弄虚作假，真实反映公司状况。自上市以来，公司的财务审计结果年年都是“无保留意见”。

曹和平非常注重股东的回报，时刻想着投资人的利益。“企业不是资本市场的旁观者，资本市场也绝不是企业的提款机。上市公司是资本市场的基石，必须对中国的资本市场负责”！这是曹和平的铭志精髓。正因如此，欧亚集团显示出对资本市场投资者浓烈的“回报意识”。欧亚上市 18 年，分红 15 次，至目前连续 11 年分红，数额稳步增长，分红额超过了融资额。

曹和平带领欧亚集团成就了基业长青、逐步从优秀到卓越的永恒品质，在发展中创造了无数的第一。第一个在长春进行股份制改革；第一个实施跨行业兼并；第一个建造单体经营面积世界第一的超级摩尔欧亚卖场……。这无数个第一叠成了欧亚不断攀新高的云梯。

曹和平本人也是殊荣连连，荣获“全国劳动模范”、“全国五一劳动奖章”、“国家有突出贡献的中青年专家”、“国务院特殊津贴”、“中国商业服务业改革开放 30 周年功勋人物”、“中国创业企业家”、“中国商业科技创新人物”、“全国优秀经营管理者”、“全国杰出青年企业家”、“全国优秀党务工作者”等多项荣誉称号。

2011 年是曹和平执掌欧亚集团的第 28 个春秋。常言说“成事在天”，但谋“市”在人，我们有理由相信，以其创新超前的思想，睿智卓越的才能，曹和平必将带领崛起发展中的欧亚，乘风破浪驶向成功的彼岸，走向更高的辉煌！

王宜明 先生

山东联合化工股份有限公司 董事长

王宜明先生，1965 年出生，中国国籍，本科学历，高级工程师。历任山东省药用玻璃股份有限公司生产技术处副处长、处长、总经理助理、副总经理、常务副总经理、总经理兼党委副书记、山东东风化肥厂厂长。2003 年 4 月至 2006 年 3 月，担任山东联合化工有限公司董事长、总经理、党委书记，2006 年 3 月至 2008 年 7 月任本公司董事长、总经理、党委书记，2008 年 7 月至今任本公司董事长、党委书记。

王宜明先生在联合化工通过推行精细化管理，革新干部任用、劳动用工、工资分配、奖惩考核等各项管理制度，建立了比较完备的管理考核措施。在中高层管理人员中推行岗位竞聘制、绩效考核制和目标责任制，建立完善激励考核措施，企业管理职能得到了充分发挥，形成了完善有效具有特色的企业管理体系。公司设立了“双增双节”奖来鼓励员工创新性工作，参与企业的管理。通过这种方式，公司不但提高了公司的生产效率，节约了成本，更为公司发现人才，储备人才提供了新的途径。在生产技术和设备工艺方面，把技术革新、创新和项目建设作为提升企业产能和推动企业发展的突破口，逐步形成了“主业突出、产品多元、结构优化、规模经营、成本领先”的经营战略格局。

以推动公司上市为契机，王宜明先生要求按照现代企业制度的要求，不断建立、健全和完善公司各项管理制度和内部控制制度；建立科学合理的法人治理结构；深化企业人事、劳动和分配制度改革，建立健全激励机制和约束机制，发挥民主决策、民主管理、民主监督的作用。公司于 2008 年 2 月成功登陆资本市场，首次在深圳证券交易所发行 A 股股票，是当年山东省第一家上市公司。公司的成功上市为企业发展开启了新的篇章。

上市以来，公司专注主业，心无旁骛，2008 年 5 月，公司在山东省枣庄市台儿庄区与当地一家企业共同投资设立了控股子公司山东联合丰元化工有限公司(现控股 88%)，并通过收购当地一家破产化工企业资产及投建新项目方式实现了规模扩张。2008 年 12 月，公司在山东省新泰市设立了全资子公司山东新泰联合化工有限公司，2009 年竞拍竞得当地一家破产化工企业资产及土地使用权。2010 年竞拍竞得新泰市楼德镇原泰安市楼德化肥厂破产财产及土地使用权，再次实现规模扩张。公司规模扩张不忘履行社会责任，上述两个子公司均为当地原有失业职工安置了岗位，为地方经济、社会的发展和稳定做出了重要贡献。

公司注重企业文化建设。在逐步发展中，公司形成了“内涵充实提高，外延扩张壮大”的经营理念，“严谨，主动，高效，创新”的工作作风，“企业利益最大化”的工作原则。

沧海横流，方显英雄本色；十年辛苦，只为百年基业。联合化工在以王宜明先生为核心的管理团队的精心培育下，已经从小到大，从弱到强。面对新的形势，公司将继续加大科技、管理创新力度，强化质量管理和品牌建设，完善和强化循环经济产业链，推动企业向规模化、集团化、高技术、高附加值的方向发展，把联合化工建设成为国内一流的现代化化工企业，为客户为社会创造更大价值。

张恺颙 先生

陕西延长石油化建股份有限公司 董事长

张恺颙，男，汉族，1965年12月1日出生，陕西兴平人，大学文化程度，高级工程师，1995年加入中国共产党。1985年7月由陕西工学院电气自动化专业毕业并参加工作，现任陕西延长石油(集团)有限责任公司副总经理，陕西省石油化工建设公司总经理，陕西化建工程有限责任公司党委书记、董事长，陕西延长石油化建股份有限公司董事长。

工作简历：

2001.12至2008.11任陕西化建工程有限责任公司党委副书记、总经理、副董事长；

2005. 6至今陕西省石油化工建设公司总经理；

2007.11至2011. 2任陕西省种业集团公司董事长；

2008.12至今任陕西化建工程有限责任公司董事长；

2009.1至今任陕西延长石油化建股份有限公司董事长；

2009.1至2010. 4任陕西延长石油化建股份有限公司总经理；

2009.12至今任陕西化建工程有限责任公司党委书记；

2011年8月至2012年2月陕西延长石油(集团)有限责任公司总经理助理；

2012年2月至今陕西延长石油(集团)有限责任公司副总经理。

所获荣誉：

1991年获公司级劳动模范称号；1995年获公司级劳动模范称号；1997年获全国优秀项目经理、共青团陕西省优秀青年实业家称号；荣获第三届陕西省诚信个人称号；荣获全国石油和化学工业劳动模范。

詹立雄 先生

北京银信长远科技股份有限公司 董事长

詹立雄先生，1962年出生，中国国籍，无境外永久居留权，1983年毕业于厦门水产学院，获学士学位；2010年7月毕业于北京大学光华管理学院，获EMBA硕士学位；1983年至1992年任福建省漳州市无线电一厂电脑部技术员、经理；1993年至1998年任福建省漳州市金利电脑公司总经理；1998年至1999年任福建省漳州市金利电脑有限公司总经理；1999年至2001年任福建省金利电脑有限公司总经理；2001年至2007年就职于北京银信国风科技有限公司；2007年至2009年任银信有限监事；2009年至今任银信科技董事长；现任厦门金利众成电脑科技有限公司董事长、北京银信长远投资管理有限公司董事长。

张增光 先生

唐山冀东水泥股份有限公司 董事长

张增光，男，汉族，山东招远人，中共党员，研究生学历，高级工程师，1981 年至 1989 年在冀东水泥厂(冀东发展集团公司前身)制造车间工作，1989 年至 1990 年担任伊拉克卡尔巴拉水泥厂厂长助理，1990 年至 1995 年担任冀东水泥厂制造车间主任，1995 年至 1996 年担任冀东水泥厂长助理，1996 年至 1998 年担任河北省冀东水泥集团公司副总经理、唐山冀东水泥股份有限公司副总经理，1997 年至 1998 年担任河北省冀东水泥集团公司总经理、党委副书记，唐山冀东水泥有限责任公司总经理、党委副书记，2002 年至 2005 年担任河北省冀东水泥集团公司党委书记、总经理、唐山冀东水泥股份有限公司党委书记、总经理，2005 年担任河北省冀东水泥集团公司(2009 年更名为冀东发展集团公司)党委书记、董事长，唐山冀东水泥股份有限公司党委书记、董事长。

张增光担任冀东发展集团公司主要领导以来，公司总资产由 1997 年的 36.4 亿元增长到 325 亿元，水泥产能由 280 万吨增长到 6000 万吨。冀东发展集团公司由单一的水泥生产企业发展成为以水泥生产、装备制造为主业，集水泥工厂设计、机电设备与自动化控制系统设计与制造、工程建设、物流配送、商品混凝土、干粉砂浆等多种经营为一体的大型综合企业集团。冀东发展集团公司先后荣获了“全国优秀企业(金马奖)”、全国“五一劳动奖状”、“全国思想政治工作优秀企业”、“全国先进基层党组织”、“全国精神文明创建工作先进单位”、“全国建材系统先进集体”、“中国企业信息化 500 强”、“中国建材系统质量管理优秀企业”等 100 多项荣誉称号。他本人先后荣获“河北省优秀企业家”、“河北省建材行业功臣厂长(经理)”、“河北省企业家创业奖”、“河北省优秀党务工作者”、“河北省科技成果完成者”、“全国劳动模范”等荣誉称号。

徐义民 先生

新疆西部牧业股份有限公司 董事长

徐义民同志自1982 年石河子大学园林系本科毕业后留校任教，参与了石河子大学食品科学系的筹建工作。1982 年至 1994 年陆续担任食品科学系讲师、教研室主任、副教授、系副主任、系党总支副书记、副主任，曾发表多篇论文，取得多项科研成果。1995 年至 2003 年分别担任石河子科林食品公司总经理、新疆天业集团公司副总经理、农八师 149 团党委委员、常委、副团长。2003 年 6 月任新疆西部牧业有限责任公司总经理、副董事长、书记(主持董事会工作)，2005 年 1 月至今任新疆西部牧业股份有限公司董事长、书记。

具体如下：

1982 年 8 月 参加工作，1984 年 3 月加入中国共产党
1982 年 8 月 石河子农学院园林系助教
1987 年 10 月 石河子农学院食品科学系讲师
1990 年 9 月 石河子农学院食品科学系教研室主任
1992 年 9 月 石河子农学院食品科学系副主任、副教授
1994 年 12 月 石河子农学院食品科学系总支副书记、副主任
1995 年 3 月 石河子科林食品公司总经理
1997 年 10 月 石河子科林食品公司总经理(正处级)
2001 年 1 月 新疆天业集团公司副总经理
2001 年 7 月 农八师 149 团党委委员、常委、副团长
2003 年 6 月 新疆西部牧业有限责任公司总经理、副董事长、书记(主持董事会工作)
2005 年 1 月 至今 新疆西部牧业股份有限公司 书记、董事长

王龙雏 先生

福建省厦门象屿股份有限公司 董事长

王龙雏先生，1960年出生。籍贯福建石狮，现任厦门象屿集团有限公司党委书记、董事长，福建省厦门象屿股份有限公司董事长。并担任厦门市物流协会会长，中国物流与采购联合会副会长、中国对外贸易合作协会副会长。2006年荣膺福建省经济年度杰出人物，2008年荣膺福建省第十二届“优秀企业家”称号，厦门市第二届“十大杰出企业家”称号。

十几年来，他引领着象屿团队在坚持服务社会发展、服务企业成长的同时，将象屿集团发展成为大型国有企业集团，主营业务包括以象屿股份为核心的采购供应及综合物流服务；以象屿建设集团为核心的土地成片开发及房地产；以象屿资产为核心的类金融服务及股权投资等。象屿集团连续多年位列中国五百强企业，金融评信AAA级企业，中国AAAAA物流企业，中国物流杰出企业。从2009年-2011年，他带领团队，以卓越的智慧、坚韧的毅力完成了夏新电子破产重整和资产重组，实现了象屿集团旗下所有物流概念的子公司重组而成的福建省厦门象屿股份有限公司（以下简称“象屿股份”）在上海证券交易所成功上市。成为中国证券史上借壳上市的又一个成功范例。

于国权 先生

江苏长青农化股份有限公司 董事长

于国权，男，中国国籍，1960年12月生，本科学历，高级经济师，全国优秀乡镇企业家。1978年进入江都农药厂工作，1985年至1999年历任江都农药厂财务科长、副厂长、厂长，1999年至2001年任江苏长青集团有限公司董事长、总经理。2001年1月起任本公司董事长、总经理。

盛希泰 先生

华泰联合证券有限责任公司 董事长

盛希泰，男，43岁，山东人，汉族，从事证券行业近20年，南开大学会计系研究生，北京大学EMBA，全国青联常委、中央国家机关青联副主席。历任君安证券投资银行部副总经理，山东证券公司（齐鲁证券前身）董事、常务副总裁，民生资产管理公司董事、常务副总裁，联合证券有限责任公司投资银行部总经理、公司副总裁，广东证券总裁，联合证券有限责任公司（现华泰联合证券有限责任公司）董事、总裁。现任华泰联合证券有限责任公司董事长。

于九洲 先生

唐山冀东水泥股份有限公司 总经理

于九洲先生，毕业于美国伊利诺依大学，工商管理硕士，1999年3月至2000年7月曾任河北省冀东水泥集团有限责任公司机械副总工程师。2002年3月至2005年4月曾任河北省冀东水泥集团有限责任公司副总经理、渤海水泥控股集团公司规划发展部部长。现任唐山冀东水泥股份有限公司总经理、副董事长。

1976.09—1978.01：湖北汉川杜庙小学 教师
1978.01—1982.01：武汉理工大学机械系 读书
1982.02—1988.11：河北省冀东水泥厂 工程师
1988.11—1990.09：伊拉克卡尔巴拉水泥厂总经理助理
1990.09—1992.11：河北冀东水泥厂机械处处长助理
1992.11—1994.10：河北冀东水泥厂机械处副处长
1994.10—1995.08：河北冀东水泥厂扩建指挥部设备处第一处长
1995.08—1996.04：河北冀东水泥厂扩建指挥部机械处处长
1996.04—1998.02：冀东水泥集团公司机械副总工兼扩建指挥部副指挥
1998.02—1998.07：冀东水泥集团公司机械副总工兼总工程师办公室主任
1998.07—1999.03：冀东水泥集团公司机械副总工兼技术管理部副部长
1999.03—2000.07：冀东水泥集团公司机械副总工
2000.11—2001.11：美国伊利诺依大学学习
2002.03—2005.04：冀东水泥集团公司副总经理、渤海水泥控股集团公司规划发展部部长
2005.04至今：出任本公司总经理、副董事长。

李渝勤 女士

北京拓尔思信息技术股份有限公司 董事长

李渝勤女士，北京拓尔思信息技术股份有限公司董事长，1985年毕业于成都电子科技大学计算机工程专业，毕业后在北京信息工程学院从事科研工作，副研究员。1993年作为最早的创业员工之一加入北京易宝北信信息技术有限公司（拓尔思公司前身），是TRS全文检索系统2.0和3.0版的主要开发者，在公司历任工程师、高级工程师、项目主管、行政总监、财务总监、常务副总经理等职务。1996年获电子工业部科技进步一等奖，1997年获国家科技进步二等奖。

龚寒汀 女士

平安证券投资银行事业部 董事总经理

龚寒汀女士，硕士、保荐代表人、注册律师、经济师。平安证券投资银行事业部董事总经理、内核小组成员。1997年进入君安证券（国泰君安）从事投资银行业务，2000年加盟平安证券，从事投资银行业务十余年，曾主持或参与了三佳科技、方兴科技、合肥三洋、天邦股份、金螳螂、新海宜、红宝丽、合肥城建、富安娜、瑞康医药、沃森生物等IPO项目以及北京城建、合肥城建、科陆电子再融资、丰原生化可转债的承销和保荐工作；负责了宝光股份的外资收购；作为财务顾问参与了中国平安回归国内A股的发行。目前全面负责项目管理、发行定价与承销、内部运营管理、内外部沟通协调等工作。在平安集团内部曾获"优秀经理"、"三级平安勋章"、"十年长期服务纪念章"等荣誉。

2011年在《新财富》杂志评选中，龚寒汀女士凭借沃森生物IPO项目荣膺"百佳保荐代表人"称号。

张利国 先生

北京国枫律师事务所 主任、合伙人

张利国律师，国枫律师事务所主任、合伙人。1982年考入北京大学法律系，1986年取得北京大学法学学士学位、1989年取得北京大学国际经济法法学硕士学位。研究生毕业后，曾就职于北京市医药总公司、中国汽车工业进出口总公司等企业，在此期间，处理过大量国际贸易、国际投资、中外合资企业等方面的法律业务，并赴美国一家律师事务所接受专门的律师培训。

1993年，张利国律师参加了律师事务所的创办，并获得司法部、中国证券监督管理委员会授予从事证券法律业务的专业资格，此后一直从事证券法律业务。在16年的证券从业经历中，先后为上百家企业的股票发行、兼并重组、增发、配股、证券投资基金设立、股权激励项目提供了法律服务，证券种类涉及H股、A股、B股、红筹股、企业债、公司债等，在投资、并购、证券发行、重组、仲裁等业务领域均取得了不俗业绩。曾在若干证券公司担任内核委员，在华夏银行等多家上市公司担任独立董事职务，得到了这些机构的认可和尊重。

张利国律师撰写或与他人合作撰写的主要著作有《新中国法制建设四十年要览》(群众出版社出版)、《实用经济法》(经济出版社出版)、《律师从事证券法律业务规范(试行)释义》(中国民主法制出版社出版)，并在《中国投资》等杂志上发表过多篇文章。张利国律师在北京大学法学院定期举办讲座，为研究生讲授资本市场及证券法律实务等内容。张利国律师多次参与中国证监会等部门法规、规章的修改、研讨。

张利国律师拥有较高的理论水平和丰富的实践经验，既对公司法、证券法及相关的法律、法规有全面的理解和深刻的掌握，也对公司经营管理、财务管理及发展战略有相当的了解和掌握；既能处理公司改制发行及上市公司再融资过程中涉及的一般性法律问题，亦能对疑难复杂问题进行深入研究并提出可行的解决方案，深得客户和相关机构人士的尊敬，拥有良好的信誉。

张利国律师被评为“2008中国证券业年度人物”、“2011年度中国优秀律师”。

曾 丹先生

北京银信长远科技股份有限公司 总经理

曾丹先生，1963年出生，中国国籍，无境外永久居留权。毕业于南京航空学院自动化控制系(现南京航空航天大学)，学士学位。1983年至1987年任航空工业部602研究所第六科研室技术员；1987年至1988年任福建漳州业余大学老师；1988年至1993年任中国银行漳州分行电脑部工程师；1993年至1996年任兴业银行漳州分行电脑部经理；1996年至2001年任兴业银行总行科技部副总经理；2001年至2002年任厦门东南融通系统工程有限公司技术总监；2002年至2004年任北京银信国风科技有限公司总经理；2004年至2007年任银信有限监事；2007年至2009年任银信有限执行董事；2009年至今任银信科技董事，总经理。

曾年生 先生

平安证券总经理助理兼投资银行事业部行政负责人

曾年生先生，安徽大学管理学学士、保荐代表人、注册会计师、律师。1995 年始，先后在中共合肥市委党校、安徽华安律师事务所、安徽华安会计师事务所工作，2000 年加盟平安证券。现任平安证券有限责任公司总经理助理，投资银行事业部行政负责人。从业投资银行 10 余年，拥有丰富的资本市场经验。曾年生先生主持或参与过多家 IPO 项目及众多大中型企业的改制重组工作。其中“好当家”、“獐子岛”、“壹桥苗业”占据 A 股被保荐上市的水产类公司的 67%。在平安集团内部曾获“优秀员工奖”、“二级平安勋章”、“杰出经理人”、“十年长期服务纪念章”等荣誉。2011 年在《新财富》杂志评选的中国最佳投行排行榜中，平安投行荣获了“本土最佳投行团队”、“最受尊敬投行”、“中小项目业务能力最佳”三项荣誉，曾年生先生凭借南方航空过百亿增发项目荣膺“百佳保荐代表人”称号。曾年生先生一直积极参与推动未来投行业务的多元化格局建立，为国内资本市场发展做出卓越贡献。

林 辉 先生

平安证券投资银行事业部董事总经理兼北京区域行政负责人

林辉先生，保荐代表人，平安证券投资银行事业部董事总经理(北京区域负责人)。2000 年 8 月加入平安证券投行部，具有十一年投资银行工作经验，现全面负责平安投行北京部的工作。曾负责和主持了山东药玻、华芳纺织、华兰生物、鲁阳股份、东方雨虹、奥普光电、金正大、大北农、利源铝业、凯美特气、中科电气、通源石油、弘业股份、宏达新材、北京城建、福田汽车等三十多个 IPO 或再融资项目。具有优秀的项目运作能力，在 IPO、企业改制辅导及再融资业务方面均具有丰富的业务经验。在平安集团内部曾获“优秀经理”、“十年长期服务纪念章”等荣誉。

崔 岭 先生

平安证券投资银行事业部董事总经理兼上海区域行政负责人

崔岭先生，中国金融学院经济学学士，复旦大学 MBA，中欧国际工商学院 EMBA，全国首批保荐代表人之一。1997 年 7 月，加入平安证券投资银行部，历任业务经理、高级经理、高级业务总监、投行部总经理助理、投行部副总经理，现任投行部董事总经理，内核小组成员，全面负责平安证券投行一部(上海区域部)的业务和行政工作。自 1997 年 7 月开始从事投资银行业务以来，曾先后主持或参与了山鹰纸业、好当家、合肥三洋、东华科技、合兴包装、罗莱家纺、爱尔眼科、金通灵等 IPO 项目以及海螺水泥定向增发及公司债、国元证券定向增发、南方航空定向增发等再融资项目的保荐承销工作，先后已担任十余个项目的签字保荐代表人，具有丰富的项目运作、协调和业务创新能力。在平安集团内部曾获“十年长期服务纪念章”、“三级平安勋章”、“20 周年纪念奖”、“二级平安勋章”等各项荣誉。2006 年及 2008 年被《证券时报》先后评选为全国“最佳保荐代表人”之一。

罗腾子 先生

平安证券投资银行事业部董事总经理兼深圳区域行政负责人

罗腾子先生，经济学学士、保荐代表人、注册会计师、注册律师、注册税务师。平安证券投资银行事业部董事总经理(深圳区域部负责人)、平安证券投行内核小组成员。2001 年加盟平安证券，从事投资银行业务十年，现全面负责平安投行深圳部的工作。参与了三佳科技、亨通光电等项目，负责保荐了华兰生物、华星化工、鲁阳股份、皖维高新、诺普信、世纪鼎利、宇顺电子、神农大丰、群兴玩具等数十个 IPO 或再融资项目。曾获平安集团“十年长期服务纪念章”。2005 年度被《证券时报》评选为“保荐之星”。

吕建杰 先生

深圳市天威视讯股份有限公司　董事长

吕建杰先生，毕业于陕西财经学院金融专业；后入清华大学经管学院学习，获工商管理硕士。吕建杰先生曾历经银行、证券、出版社、房地产企业和电视频道经营等多种工作，具有良好的管理理论水平和丰富的实践经验。

【缘起天威】

吕建杰先生于 1994 年到深圳有线电视台工作，1995 年参与策划组建天威视讯，2002 年任天威公司总经理，2005 年至今任天威公司董事长兼总经理。有缘一路见证天威公司从无到有，从弱小走向强大所经历的峥嵘岁月，吕建杰先生深有感触，也积极带领团队激情创新，奋勇拼搏，从此奠定了天威目标成为中国领先的综合信息服务运营商的美好愿景。

【天威之路】

天威的发展之路是一条充满艰辛与泪水的曲折路，在吕建杰先生的带领下，公司不断发展壮大，截至 2010 年底，公司总资产已逾 17 亿元，年营业收入 8 亿元，净利润 8000 万元，营业收入和净利润近三年保持稳定增长，实现了国有资产的保值增值。

一、网建之路：

2005 年，吕建杰先生率先垂范，带领公司全体员工奋力拼搏，仅用半年多时间，基本完成了深圳特区内近 100 万有线电视用户的整体转换工作，创造了整体转换的“深圳速度”和“深圳质量”，为深圳获得“全国有线数字电视示范城市”荣誉称号作出了重大贡献。

2009 年，吕建杰先生带领公司克服一系列困难，在全国 10 套高清卫视频道落地之际，全面推广高清互动业务，并创造性提出“以规模化带动互动化”的推广策略，利用租售结合的方式为广大市民奉献了费用低廉、内容丰富的高清互动盛宴。两年的营销实践证明，天威的高清互动商业模式取得很大成功，市民对高清政策的认可度很高。截至 2010 年 12 月底，天威公司已拥有高清互动用户 17 万余户。天威的高清互动推广模式妥善处理了市场化与公益性关系，兼顾了眼前利益与长远利益，富含高度的市场精神与社会责任，成为国内拓展高清互动业务的典范之作。

吕建杰先生带领天威公司投入建设了优质高效的宽带 IP 城域网络，组建了灵活高效的宽带事业部，抓住有利机遇，于 03 年在行业内率先大规模推广有线宽频业务。经过 8 年努力，天威公司已大规模推广 Docsis 3.0 技术，极大提高了带宽利用率和业务承载力。2010 年，新推出机顶盒上网和 4M 大带宽业务，市场反应良好。凭借优质的带宽网络和可靠的品牌信誉，天威视讯成为深圳地区仅次于电信运营商的第二大网络接入商，有线宽频用户渗透率居全国广电行业首位。

吕建杰先生带领公司于 2010 年推出了电视时移、频道回看、频道录像等互动电视新项目，于 2011 年联合移动、同洲等知名企业推出了“甩信”等三网融合新项目，得到了市场的积极响应和广大市民的喜爱。

【个人成就】

凭借在广电技术领域的理论创新和项目实践，吕建杰同志先后荣获国家广电总局授予的“有线电视科技杰出贡献奖”和“科技创新一等奖”。

荣获“深圳经济特区 30 年行业领军人物”

荣获“广东上市公司 10 大杰出企业家”

荣获全国宣传文化系统“四个一批”经营管理人才称号。

深圳市第四、五届政协委员及“社会法制和民族宗教委员会”成员。吕建杰先生在参政议政、履行职能的过程中，深入基层调研、视察，关注社会，体察民情，替深圳市民办实事，解难题，并在工作中与各位委员相互学习、相互帮助。他向政协领导提交了《关于加快发展深圳数字电视产业链的建议》，《关于发展以广电为主导的三网融合新兴信息产业，促进深圳信息产业向服务和文化产业升级的提案》，为推动深圳信息化建设，促进深圳数字电视产业链发展作出了积极贡献，充分发挥了“政治协商、民主监督、参政议政”的委员职责。

兼任中国广播电视协会有线电视工作委员会副会长、深圳市数字电视产业协会会长、深圳青年企业家联合会理事会副会长、中国电视购物协会副会长、深圳市城市信息化协会副会长、深圳市通讯与互联网协会副会长、深圳市专家工作联合会以及信息化专家工作委员会委员等社会公职，积极发挥专业特长，推动企业参与协会工作，获得了社会各界的好评。

在吕建杰先生的带领下，天威公司圆满完成历年安全播出任务，连续多年获得市广电局授予的“广播电视安全播出先进单位”称号，建杰同志也多次荣获国家广电总局“先进个人维护奖”、深圳市“安全播出先进个人”和“深圳市先进生产（工作）者”等荣誉称号。

刘 水先生

深圳市铁汉生态环境股份有限公司 董事长

刘水先生，工程师，生于1969年10月，广东梅州人。曾任深圳(笔架山)狮子会会长、深圳市风景园林协会理事会副秘书长，现为深圳市风景园林协会副会长及园林企业分会会长、深圳市企业家协会副会长、深圳市商业联合会副会长、深圳市绿色产业促进会副会长、《广东科技》刊物理事、北京大学环境学院院友会第一届理事会副理事长。

1992年，刘水先生从北京大学城市与环境学系自然地理学专业毕业后供职于深圳市龙岗区布吉镇投资股份有限公司。1996年出任贵州绿之梦草坪工程有限公司总工程师。2001年8月通过自筹资金创办了深圳市铁汉园林绿化有限公司并担任董事长兼总经理，在此后短短的几年间，带领着公司全体员工奋力拼搏，把公司迅速发展成为一家领先的大型园林绿化企业，取得了一系列令人瞩目的成果和荣耀。2009年为适应进一步扩大发展的需要，公司顺利地进行了股权改制并正式更名为深圳市铁汉生态环境股份有限公司，注册资本达4606.06万元；并于2011年3月29日在深圳证券交易所创业板成功上市，注册资本达6156.06万元，在行业内居于前列。目前公司拥有国家城市园林绿化一级资质、风景园林设计专项乙级资质、造林工程施工乙级资质、造林工程规划设计丙级资质等相关行业资质，集生态环境建设工程设计、技术研发、工程施工与养护、苗木种植、生物有机肥生产等产业链于一体，且通过了ISO9001质量管理体系认证、ISO14001环境管理体系认证和GB/T28001职业健康安全管理体系认证，是国家级高新技术企业、广东省二十强优秀园林企业、广东省诚信示范企业、深圳市守合同重信用企业、第四届中小企业诚信榜上榜企业。

刘水先生牢记“环保报国、产业报国”的理念，秉承“致力于生态修复、景观绿化的环保产业，坚持经济效益、社会效益和生态效益并重的原则，以人才为基础，以科技为先导，面向全国，力争成为国内生态修复、水土保持领域内技术最先进、产业结构最完整、品牌最响亮、环境友好型的龙头企业”的经营宗旨，致力于生态环境建设方面的技术发展和产业探索，在生态修复、水土保持、景观建设、绿地养护、苗木培植、生物有机肥生产等方面的新技术研究和开发应用上均取得了长足的发展，位居国内领先水平，为生态环境的绿化、美化做出了突出的贡献。

在坚持科技先导、研发先行的产业发展策略下，刘总亲自带头搞科研，精耕细作于生态修复、水土保持等技术领域，拥有国家专利17项，课题成果6项，并在长期的施工实践中成功开发出一整套裸露坡面生态修复技术。该技术包括裸露坡面植被配制技术体系、植物生长保障体系、种植工程技术体系多方面的内容，涵盖了岩土工程学、植物学、土壤学、肥料学、高分子化学和环境生态学等诸多学科领域，是我公司在行业内科技优势实力的集中体现。该技术成功地应用于广州南沙采石场复绿工程、深圳宝安采石场水保工程、深圳南坪快速路边坡绿化工程、京珠高速(湖北段)边坡复绿工程、海南三亚大隆水库护坡绿化工程、天汕高速公路(蕉岭段)绿化工程、江西鹰瑞高速生态景观工程等诸多重点工程项目，取得了良好的经济效益和社会效益，奠定了公司在国内工程创伤生态修复领域内的技术龙头地位。

在大型地产绿化、高端酒店景观营造方面，博采众长，创新发展，精心设计，完美施工，把“人与自然和谐”、“虽由人作，宛若天成”等前沿生态景观理念发挥极致，锐意打造景观园林精品工程。公司先后成为万科、星河、卓越、金地、中海、中粮等大型地产公司的优秀承建商，出色地完成了广州、深圳、广西等地香格里拉酒店和深圳丽思卡尔顿酒店、广州白云机场铂尔曼酒店、惠州喜来登酒店等国际著名品牌酒店，以及深圳星河•丹堤、东莞万科棠樾双城水岸、深圳金地梅陇镇花园、唐山天元帝景和骏景等大型住宅小区的景观建设，并获得业主的高度评价。其中在本人主持和管理下承建的南山园工程荣获第五届中国国际园林花卉博览会金奖、星河•丹堤绿化工程荣获“2008年度广东省风景园林优良样板工程”金奖。

此外，刘水先生高度重视苗木新品种的研发和高端苗木的培育，积极发展现代苗圃基地，拥有苗圃面积逾千亩。由公司培育的边坡绿化植物——红蝉花、黄花飘香获第七届中国国际花卉博览会盆栽植物类铜奖，体现了公司在苗木品种培育方面的科研实力。为经济合理地利用城市环卫部门裁剪下来的树枝、树叶等绿化垃圾，公司积极开展绿化垃圾循环利用研究，利用自主专利技术、通过生物堆肥工程和生物发酵技术，将绿化垃圾快速转化为无害、稳定、长效的生物有机肥，取得了突破性的成效，一举改变了长期以来绿化垃圾处理只有社会效益没有经济效益，需要政府补贴的局面。

在企业文化建设上，公司坚持以人为本，努力营造和谐融洽、友爱团结的文化氛围，关怀员工、积极为员工谋福利，被评为深圳市福田区和谐劳动关系先进企业。且积极支持企业内部党员员工的思想教育和党建工作，刘水先生也被光荣授予“积极支持党建工作企业家”荣誉称号。

另外，刘水先生更热心于社会公益事业，具有强烈的社会责任感。随着公司不断发展壮大，时刻不忘回报社会，分别在助残慈善、扶贫救灾、捐资助学上给予无私的大力支持，先后为江西省吉安县凤凰镇铁汉希望小学、国际狮子总会、广东省梅县东山中学、广东省蕉岭中学、广东省焦岭县三圳镇中心小学、广东省蕉岭县民政局扶贫救灾、2004年东南亚海啸、2008年四川汶川特大地震、2010年青海玉树地震、2010年广东省扶贫济困基金等无偿捐款共计数百万元，受到社会各界广泛的好评。

刘水先生将全心全意继续把公司业务做大做好，为生态环境建设出一份力，为行业持续发展出一份力，为社会和谐出一份力，在人类环保事业上作出应有的贡献。

曾昭秦 先生

山东天业恒基股份有限公司　董事长

曾昭秦，1969年5月出生，汉族，山东聊城莘县人，中共党员，南开大学EMBA，现任山东天业集团董事长、山东天业恒基股份有限公司董事长。

曾昭秦先生1987年至1988年，任山东省体育运动学院人事处干部；1989年至1991年任山东省农委人事处干部，1992年至1996年任山东省委办公厅秘书；1997年至1999年任山东宏泰集团副经理；1999年创立山东天业房地产开发集团有限公司，任董事长兼总经理；2006年以山东天业房地产开发集团有限公司为核心，成立山东天业集团，任董事长；2006年，山东天业集团重组上市公司山东济南百货大楼(集团)股份有限公司，后更名为山东天业恒基股份有限公司，任董事长。

1999年，山东天业房地产开发集团有限公司自济南天业翠苑项目开始，正式进军济南房地产开发市场。之后陆续开发了山大路创展中心、济南国际会展中心、新东方花园、永安大厦、绣水如意、盛世花城等项目，取得了良好的社会效益和经济效益。

2006年，在济南市政府的支持鼓励下，曾昭秦先生与山东天业集团成功重组了济南百货后，在他的率领下，山东天业恒基股份有限公司成功开发了永安大厦、绣水如意、天业国际广场、盛世龙城等项目，在建开发项目济南天业奥体项目、东营河口项目均已成为区域焦点楼盘，同时积极进行项目储备，为持续健康发展奠定了坚实的基础。

在房地产开发过程中，曾昭秦先生始终秉承让百姓买得起房、住得起房的原则，为社会提供高标准、高质量的开发项目，付出的努力和取得的业绩得到社会各界广泛认可和赞誉。

在曾昭秦先生的率领下，旗下房地产业务先后荣获：济南放心房开发企业，济南房地产企业综合实力20强，山东省服务业诚信服务优秀单位，山东省房地产开发企业综合实力50强。齐鲁房地产品牌企业50强，齐鲁品牌企业20强，山东省工商免检企业称号，30年齐鲁地产名企；本人亦荣获山东经济风云人物、齐鲁地产十大风云人物、十大齐鲁精英人物等荣誉称号。

2007年，随着房地产业务向上市公司转移，曾昭秦先生以敏锐的洞察力和永不止步的进取精神适时调整了旗下主导产业的战略布局，成立山东天业矿业有限公司、山东天业国际能源有限公司，作为第一大股东参股枣庄市商业银行，2008年以来，陆续实施并购系列海内外资产项目，逐步形成了以国内外上市公司为平台，横跨房地产、矿产、能源、金融四大支柱行业的中长期发展格局。

山东天业集团及山东天业恒基股份有限公司在短短几年内取得如此成就，与曾昭秦先生不断学习，开拓创新分不开。2002年至2005年期间，他修完南开大学EMBA全部课程，通过不断地学习、思考与实践积累，更深切地理解先进的文化、思维方式和理念，对于房地产、矿产、能源、金融多产业布局及企业的国际化发展有了较深的认识，从而更好地与实际运作相结合，加深企业创新优化，提升整体战略指引。

曾昭秦先生在多个社会团体担任职务，现任济南市工商联常委、济南高新区工商联副会长、山东青年联合会常委、山东省私营协会委员等。

在企业发展壮大过程中，曾昭秦先生始终情系公众，积极回报社会，致力于做一个对社会负责任的企业家。多年来，他及山东天业集团向汶川地震灾区捐赠款物，通过山东教育基金会早高校设立“天业助学基金”，捐资教育等社会公益、慈善事业方面累计捐赠数百万元，在解决重组企业员工就业、养老、医疗保险等方面亦不遗余力，妥善安置。未来的日子，他这种“心系公益”的行动还会一如既往，时时去印证他“兼济天下”的人生追求。

“坚韧者成，毅志者立”，曾昭秦先生将率领旗下地产、矿产、能源、金融四大产业继续秉承“胸纳天下、立业百年”的企业经营理念，勤勉奋进、真诚笃厚，朝着国际化企业集团的方向稳步前进。

郭现生 先生

林州重机集团股份有限公司　董事长

郭现生，男，高级经济师，在职研究生，出生于1962年5月，河南林州人。现任林州重机集团股份有限公司董事长，林州重机集团控股有限公司执行董事，七台河重机金柱机械制造有限责任公司执行董事，鸡西金顶重机制造有限公司执行董事，北京中科虹霸科技有限公司副董事长、总经理。曾任林县重型煤机设备厂厂长，林州重机（集团）公司董事长兼总经理，林州重机集团有限公司董事长兼总经理。

1987年12月，郭现生在当时的河南林县建立了林县重型煤机设备厂，注册资本70万元，专营煤矿机械配件和机件加工。1994年3月，郭现生以林县重型煤机设备厂为核心，组建了林州重机（集团）公司并担任董事长兼总经理，带领公司全体员工奋力拼搏，在短短的几年间，使公司迅速成长为当地具备一定规模的煤矿设备经销商。为了谋求更大的发展，2002年5月，郭现生等24名自然人共同发起设立了林州重机（集团）有限公司，注册资本5000万元。2008年2月，为了更好地利用资本市场，公司决定运作上市，由有限公司整体变更为股份有限公司，并引进了战略投资者，增加注册资本至13660万元。2011年1月，公司在深圳证券交易所成功上市，注册资本达到20480万元。2011年5月，公司2010年度权益分派实施完毕并经验资后，注册资本变为40960万元。2011年11月，公司的股权激励计划实施完毕并经验资后，注册资本变为41417.96万元。目前，公司主要从事液压支架等煤炭综采支护设备的设计、研发、制造、销售及技术服务，已成为国内最大的民营煤炭综采机械设备供应商。公司通过了ISO9000/ISO14000/OHSAS18000体系认证，连续多年被评为省级“重合同、守信用”企业。系全面质量管理达标企业、全国煤矿“十佳”支护产品、综机配件、机电配件定点生产企业。是全国第一批国家级征信企业和中国质量守信企业；被河南省政府列入“河南省100户重点工业企业”、“河南省重点转型升级企业名单”、“河南省2011年度规模效益百强企业名单”。

郭现生先生牢记“开拓奋进、追求卓越、挑战极限、创业报国”的理念，以振兴我国煤炭机械行业为己任，高瞻远瞩，不断为企业谋求长远的发展动力。积极履行社会责任，将林州重机发展成果惠及社会各方，为和谐社会建设做出了突出贡献。

公司始终把科技作为第一生产力，努力培育企业的核心竞争力，积极开展技术研发，在北京、郑州等地设有技术研发中心，通过多种方式组成了由70余名行业专家、技术骨干相互协作的结构完整、力量充裕的专业技术团队。目前，已开发出具有自主知识产权的专利技术26项，成功研制生产了100多种液压支架产品，可适应国内各种类型煤层开采环境，产品的主要技术性能指标均处于国内领先水平或达到国际先进水平。

公司还十分重视生产经营过程给环境、安全、卫生等带来的社会影响，努力实施和创建安全节能环保型企业。多年来严格按照国家行业控制的标准持续进行综合治理，相继制定《特殊环境及特种作业管理规定》、《消防管理规定》、《安全检查管理规定》等，明确责任单位和责任人，并采取系统控制方法，监控环境、节能降耗、安全生产等。

在安全生产方面，公司持续开展“安全生产月”、“百日安全无事故”、“消防演练”等活动，增强员工安全意识。在节能减耗方面，工件的热处理和消应力过程中，由原来的煤炭加热改为目前所用的电加热，企业每年可节约标准煤2万吨，减排烟尘、粉尘及SO_2等400吨，实现源头治理和过程消减。

在文化建设方面，公司倡导学习型团队理念，创建横向沟通学习型组织，大力开展安全生产、技术创新、模范班组、QC小组、6S管理小组等活动，鼓励开展丰富多彩的群众性文体活动；这些跨职能学习型组织在公司蓬勃发展过程中，呈现多样性，促进了员工队伍素质的提高，对打破部门壁垒、加强部门之间的横向沟通、技术创新、降低成本起到了重要作用，同时也融洽了员工关系，增强了企业凝聚力。

郭现生先生一如既往浇注着对煤炭行业的热情与对公司的感情，他将继续用企业发展来为行业发展出力、为社会和谐出力、为环保建设出力。

卢忠奎 先生

通化双龙化工股份有限公司 董事长

卢忠奎，男，1958年6月出生，汉族，中央党校学习毕业，大学学历，高级经济师，中共党员，通化市第三、四、五、六届人大代表，多次被评为省劳动模范、优秀共产党员、优秀青年企业家。

卢忠奎董事长出生在于一个普通的农民家庭，自幼勤奋好学，善于专研，勇于吃苦，早年于部队服役，后曾任二道江区三道江村白灰厂厂长、三道江村党支部书记、二道江乡工业办主任、二道江区洗煤厂厂长和党支部书记，金马洗煤总经理，通化金马董事。现任通化双龙化工股份有限公司董事长兼总经理。

卢忠奎董事长接受党和部队教育多年，思想解放，锐意进取，以创业报国，服务社会为己任。2000年卢忠奎涉足化工行业，秉承着“立足高新技术，提供一流产品，诚信守约，携手双赢”的发展战略，经过10年坚持不懈的努力，将通化双龙化工股份有限公司的白炭黑生产能力从年产不到1000吨发展到6.6万吨。在他的带领下通化双龙化工股份有限公司快速步入持续、健康、稳步发展的良性运营轨道，迅速成为国内白炭黑行业的领跑者，市场综合实力位居全国同行业前列。2010年8月通化双龙化工股份公司成功在深交所挂牌上市，成为吉林省的首家创业板上市企业。

卢忠奎董事长倡导“以人为本，以德治厂”的企业文化，深受员工拥戴，极大地增强了企业的凝聚力和核心竞争力。在卢忠奎董事长的带领下双龙人充满壮志豪情，继续为双龙股份的做大做强努力拼搏、不断创造新的辉煌！

王耀方 先生

常州千红生化制药股份有限公司 董事长

王耀方，男，1953年3月出生，江苏常州人，高级工程师、高级经济师、国家执业药师、国务院特殊津贴享受者、江苏省有突出贡献优秀中青年专家。现任常州千红生化制药股份有限公司董事长，控股子公司江苏众红生物工程创药研究院有限公司、湖北润红生物科技有限公司、常州生物制药工程技术中心有限公司、常州千红通用细胞工程研究所有限公司等公司董事长。兼任常州市第十、十一、十二、十三、十四届人大代表、中国生化制药工业协会副会长、中国药学会生化制药分会酶学业组副组长、江苏省省药学会常务理事、江苏省生物技术协会副理事长、江苏省生物化学和分子生物学会委员、江苏省医药行业协会副会长、《中国生化药物》和《药物生物技术》杂志编委。

“追求卓越、开拓进取”，成就了千红昨天，同样也将造就千红更加美好的明天。

如今，千红人站在了新的起点上。王耀方先生将继续带领全体千红人积极进取，以献身生命科学，永不停步的决心迎接新的挑战，去创造新的辉煌，为人类健康事业与社会和谐作出一份贡献。

郭现生 先生

林州重机集团股份有限公司　董事长

郭现生，男，高级经济师，在职研究生，出生于 1962 年 5 月，河南林州人。现任林州重机集团股份有限公司董事长，林州重机集团控股有限公司执行董事，七台河重机金柱机械制造有限责任公司执行董事，鸡西金顶重机制造有限公司执行董事，北京中科虹霸科技有限公司副董事长、总经理。曾任林县重型煤机设备厂厂长，林州重机（集团）公司董事长兼总经理，林州重机集团有限公司董事长兼总经理。

1987 年 12 月，郭现生在当时的河南林县建立了林县重型煤机设备厂，注册资本 70 万元，专营煤矿机械配件和机件加工。1994 年 3 月，郭现生以林县重型煤机设备厂为核心，组建了林州重机（集团）公司并担任董事长兼总经理，带领公司全体员工奋力拼搏，在短短的几年间，使公司迅速成长为当地具备一定规模的煤矿设备经销商。为了谋求更大的发展，2002 年 5 月，郭现生等 24 名自然人共同发起设立了林州重机（集团）有限公司，注册资本 5000 万元。2008 年 2 月，为了更好地利用资本市场，公司决定运作上市，由有限公司整体变更为股份有限公司，并引进了战略投资者，增加注册资本至 13660 万元。2011 年 1 月，公司在深圳证券交易所成功上市，注册资本达到 20480 万元。2011 年 5 月，公司 2010 年度权益分派实施完毕并经验资后，注册资本变为 40960 万元。2011 年 11 月，公司的股权激励计划实施完毕并经验资后，注册资本变为 41417.96 万元。目前，公司主要从事液压支架等煤炭综采支护设备的设计、研发、制造、销售及技术服务，已成为国内最大的民营煤炭综采机械设备供应商。公司通过了 ISO9000/ISO14000/OHSAS18000 体系认证，连续多年被评为省级“重合同、守信用”企业。系全面质量管理达标企业、全国煤矿“十佳”支护产品、综机配件、机电配件定点生产企业。是全国第一批国家级征信企业和中国质量守信企业；被河南省政府列入“河南省 100 户重点工业企业”、“河南省重点转型升级企业名单”、“河南省 2011 年度规模效益百强企业名单”。

郭现生先生牢记“开拓奋进、追求卓越、挑战极限、创业报国”的理念，以振兴我国煤炭机械行业为己任，高瞻远瞩，不断为企业谋求长远的发展动力。积极履行社会责任，将林州重机发展成果惠及社会各方，为和谐社会建设做出了突出贡献。

公司始终把科技作为第一生产力，努力培育企业的核心竞争力，积极开展技术研发，在北京、郑州等地设有技术研发中心，通过多种方式组成了由 70 余名行业专家、技术骨干相互协作的结构完整、力量充裕的专业技术团队。目前，已开发出具有自主知识产权的专利技术 26 项，成功研制生产了 100 多种液压支架产品，可适应国内各种类型煤层开采环境，产品的主要技术性能指标均处于国内领先水平或达到国际先进水平。

公司还十分重视生产经营过程给环境、安全、卫生等带来的社会影响，努力实施和创建安全节能环保型企业。多年来严格按照国家行业控制的标准持续进行综合治理，相继制定《特殊环境及特种作业管理规定》、《消防管理规定》、《安全检查管理规定》等，明确责任单位和责任人，并采取系统控制方法，监控环境、节能降耗、安全生产等。

在安全生产方面，公司持续开展“安全生产月”、“百日安全无事故”、“消防演练”等活动，增强员工安全意识。在节能减耗方面，工件的热处理和消应力过程中，由原来的煤炭加热改为目前所用的电加热，企业每年可节约标准煤 2 万吨，减排烟尘、粉尘及 SO_2 等 400 吨，实现源头治理和过程消减。

在文化建设方面，公司倡导学习型团队理念，创建横向沟通学习型组织，大力开展安全生产、技术创新、模范班组、QC 小组、6S 管理小组等活动，鼓励开展丰富多彩的群众性文体活动；这些跨职能学习型组织在公司蓬勃发展过程中，呈现多样性，促进了员工队伍素质的提高，对打破部门壁垒、加强部门之间的横向沟通、技术创新、降低成本起到了重要作用，同时也融洽了员工关系，增强了企业凝聚力。

郭现生先生一如既往浇注着对煤炭行业的热情与对公司的感情，他将继续用企业发展来为行业发展出力、为社会和谐出力、为环保建设出力。

王 军 先生

包头东宝生物技术股份有限公司　董事长

王军先生，1951年出生，1984年开始创业。高级经济师，北京大学高层经理工商管理高级研修班结业。内蒙古自治区九届、十届、十一届人民代表大会代表，被评选为“全国乡镇企业家”，“内蒙古自治区优秀中国特色社会主义建设者”。兼任包头东宝实业（集团）有限公司执行董事、中国明胶协会副理事长。

多年来，王军董事长带领东宝生物团队取得了一个又一个丰硕成果，不断体现出其卓越的领导才能。2008年，他引领的东宝生物公司被认定为国家级高新技术企业。2009年，他主持的国家高技术产业化示范工程通过验收，2010年该工程被国家发改委授予“国家高技术产业化示范工程”牌匾，以表彰其对我国生物领域高技术产业化工作所做的贡献。2008年开始到2011年，他主持的东宝生物胶原蛋白项目组与中科院理化所专家共同成功开发出千位级道尔顿小分子量骨胶原蛋白。“圆素”牌骨胶原蛋白已成功申报中国发明专利，并获自治区科技成果。经权威机构检测质量指标达国际同类产品水平，系列粉剂、果汁饮品、面膜、眼膜、眼霜等成功进入市场，深受消费者欢迎。2011年7月6日，公司在深圳证券交易所创业板成功上市。股票简称“东宝生物”，股票代码“300239”。是内蒙古自治区第一家在创业板上市的民营企业，也是包头市第一家登陆国内A股的民营企业。

2011年是“十二五”开局之年，我们相信在王军董事长的正确领导下，借力资本市场的东宝生物必将不断提升企业竞争力，取得新的、更大的成绩。

龚永福 先生

万福生科（湖南）农业开发股份有限公司　董事长

龚永福先生，1959年8月出生，大专学历，常德市人大代表，湖南省粮食行业协会第三届、湖南省粮食经济科技学会第五届理事会副会长。

龚永福先生1976年至1980年在广州军区42军坦克团服役，其间参加对越自卫还击战，英勇负伤，被评为八级伤残军人；1980年转业后至1994年在桃源县陬市镇粮站工作；1995年桃源县粮食系统改制，开始自主创业；2003年，创立本公司前身桃源湘鲁万福。2010年1月荣获“2009(第六届)全国建设社会主义新农村十大杰出复转军人”称号。

龚永福先生是国内稻米精深加工及副产物高效综合利用的循环经济生产模式的倡导者和践行者。作为万福生科的创始人，龚永福先生以其锐敏的市场判断、独特的创新理念和超前意识，带领本公司研发团队进行技术创新，国内首创以大米淀粉糖、大米蛋白为核心产品的稻米精深加工及副产物高效综合利用的循环经济生产模式，并将万福生科打造为循环经济水平和副产品综合利用效率最高、产业链条最长的企业之一，不断提升公司核心竞争力，确立了本公司在我国稻米精深加工行业的领先地位，带动了行业的发展。

龚永福先生2006年被评为“常德市劳动模范”，2006年至2008年连续三年被评为“常德市十佳优秀企业家”，2008年1月被湖南省农业产业化协会授予“推进新农村建设领头人”荣誉称号，2009年10月被农业部乡镇企业发展中心、农业部乡镇企业局等单位授予“全国发展县域经济突出贡献人物”荣誉称号。

薛伟成 先生

罗莱家纺股份有限公司 董事长

薛伟成先生，1958年出生，中国国籍，无境外永久居留权，高级经济师，1976年起历任江苏通州市川港工艺绣品厂科长、南通华源绣品有限公司总经理、南通罗莱家居用品有限公司董事长。中国家用纺织品行业协会第四届理事会副会长、南通市总商会副会长、南通家纺商会会长、名誉会长。南通"三名"年度人物。感动中国•2008十大公益品牌人物，《商界》封面人物，公司罗莱家纺更是首家登上《封面》家用纺织品公司。

虞兔良 先生

浙江明牌珠宝股份有限公司 董事长

虞兔良先生，1963年12月出生，汉族，中国国籍，无境外永久居留权，浙江绍兴人，中共党员，MBA，经济师。虞兔良先生于1989年至1994年，任浙江老凤祥首饰厂副厂长；1994年至1995年，任浙江华雅金银珠宝有限公司总经理；1995年至2010年2月，任日月集团副董事长兼总经理；1999年至2010年5月，任浙江明牌实业股份有限公司董事长兼总经理；2007年12月至2009年11月，任本公司副董事长兼总经理；2009年11月至今，任本公司董事长兼总经理。虞兔良先生为中宝协副会长、中国工艺美术协会常务理事、绍兴市青年企业家协会会员、浙江省第十一届人大代表、绍兴市第六届人大代表。

张洪本 先生

环旭电子股份有限公司　董事长

张洪本先生，1947年生，中原大学工业工程本科毕业。张洪本先生目前为上海A股主板上市公司——环旭电子股份有限公司董事长，同时身兼为全球最大半导体封装测试制造服务集团日月光集团的副董事长暨总裁。

张洪本先生和兄长张虔生先生1984年创立日月光集团，以专业的半导体代工技术迅速领导日月光进一步投资，扩大产能，超越竞争对手，成为全球第一的半导体封装测试专业厂商。

日月光集团于1989年于台湾上市后，自1999年，日月光集团更陆续展开一系列的策略性并购计划，分别于1999及2010年完成并购全球前20强的电子设计制造服务公司-环隆电气。集团版图自此从电子产业上游半导体封装测试扩及到下游的电子设计制造产业。另外收购了摩托罗拉台湾中坜厂、韩国摩托罗拉封装测试公司与美国第一大专业测试公司ISE Labs。2011年，集团年营收达约美金六十亿元，全球员工人数超过五万名。

2012年完成环隆电气子公司环旭电子在上海交易所挂牌上市，日月光集团市值将近30 亿美金。目前在大陆整体营运规模已达年营收美金二十七亿元以上，全球各地的营运据点还包括台湾、新加坡、马来西亚、韩国、日本、美国、及墨西哥等地。

张洪本先生及其家族在房地产开发领域也有长达三十年以上的成功经验。所负责的开发案遍及世界各地，项目包括住宅、办公、基础建设及其它多用途商业地产等，目前积极在大陆的重点地区开发，如上海、北京及重庆等主要都市精华地段皆有重大项目持续进行及发展。

环旭电子在张洪本先生之策略眼光及丰富产业经验领导之下，正蓄势待发、未来的营运将永续成长。

钱忠良 先生

四川仁智油田技术服务股份有限公司　董事长

钱忠良，男，中国国籍，1962年出生，大专学历，中共党员，高级经济师。1988年毕业于西南财经大学经济管理专业。曾任中石化集团西南石油局十一普计财科总经济师、绵阳市仁智实业发展有限责任公司董事长兼总经理，自2006年本公司设立起任本公司董事长。曾多次荣获绵阳市经济工作突出贡献奖，并多次被绵阳市政府授予“绵阳市优秀经济工作者”、“绵阳市优秀企业经营者”称号。

钟百胜 先生

深圳市腾邦国际票务股份有限公司　董事长

钟百胜先生，1965年4月生，高级物流师，现为政协深圳市常委、深圳市企业联合会&企业家协会副会长、深圳市物流与采购联合会副会长，中国物流与采购联合会常务理事，中国企业家协会常务理事，中国保税区出口加工区常务理事、深圳市总商会常务理事等。

1998年创立腾邦集团，现任腾邦集团董事长，兼任旗下深圳市腾邦物流股份有限公司董事长、深圳市腾邦国际票务股份有限公司（股票代码：300178）董事长，先后荣获中国物流行业劳动模范、中国民营物流企业十大杰出人物、中国物流诚信建设杰出企业家、广东省优秀企业家、深圳物流业十大精英人物、深圳市百名行业领军人物等殊荣。钟百胜领导的腾邦集团主要涉足现代供应链及物流、商旅电子商务两大领域，率先就物联网理论和实践进行探索。集团两大业务均符合国家及深圳市产业规划，属于深圳市优先发展的高端服务业范畴，旗下腾邦国际和腾邦物流均为各自领域内的领军企业，领跑民族品牌。

胡士勇 先生

江苏华宏科技股份有限公司　董事长

胡士勇先生，华宏科技董事长，1949年8月出生，中国国籍，无永久境外居留权，高级经济师，初中学历。

胡士勇先生于1969年至1972年在贵州参加三线建设；1972年至1988年先后在周庄钣焊厂、周庄焊接厂工作，并任厂长；1988年至1992年任周庄镇孟巷村村委工业副主任；1992年起任周庄镇孟巷村(后变更为华宏村)村委书记；1992年起在华宏集团工作，先后任总经理、董事长。现任华宏科技董事长。

胡士勇先生2005年期间荣获“周庄镇劳动模范”、“建设新周庄十佳功臣”、“江阴市优秀共产党员、优秀党务干部”、“无锡十大经济年度人物”；2006年期间荣获“无锡市劳动模范”、“江阴市时代先锋提名奖”；2007年期间荣获“江阴市十佳党组织书记”、“无锡市优秀企业家”；2008年期间荣获“江阴市优秀企业家”、“江苏省人大代表”、“08奥运火炬手”、“江阴改革开放30年30事30人(30人之一)”、“无锡市优秀民营企业家”；2009年期间荣获“十大风云苏商”、“江阴市优秀企业家”。2010年期间荣获“无锡市杰出民营企业家”、“江阴市先进企业家”。

正确的经营理念，是一个企业得以长足发展的条件；核心技术是一个企业的灵魂，是一个企业有无竞争力的标志；技术创新更是引领企业走向成功的关键。华宏始终坚持“科技兴企”的发展战略，我们相信凭借华宏人勇于开拓创新的工作精神，定能将华宏推向一个更为广阔的全球舞台。

卢忠奎 先生

通化双龙化工股份有限公司　董事长

卢忠奎，男，1958年6月出生，汉族，中央党校学习毕业，大学学历，高级经济师，中共党员，通化市第三、四、五、六届人大代表，多次被评为省劳动模范、优秀共产党员、优秀青年企业家。

卢忠奎董事长出生在于一个普通的农民家庭，自幼勤奋好学，善于专研，勇于吃苦，早年于部队服役，后曾任二道江区三道江村白灰厂厂长、三道江村党支部书记、二道江乡工业办主任、二道江区洗煤厂厂长和党支部书记，金马洗煤总经理，通化金马董事。现任通化双龙化工股份有限公司董事长兼总经理。

卢忠奎董事长接受党和部队教育多年，思想解放，锐意进取，以创业报国，服务社会为己任。2000年卢忠奎涉足化工行业，秉承着“立足高新技术，提供一流产品，诚信守约，携手双赢”的发展战略，经过10年坚持不懈的努力，将通化双龙化工股份有限公司的白炭黑生产能力从年产不到1000吨发展到6.6万吨。在他的带领下通化双龙化工股份有限公司快速步入持续、健康、稳步发展的良性运营轨道，迅速成为国内白炭黑行业的领跑者，市场综合实力位居全国同行业前列。2010年8月通化双龙化工股份公司成功在深交所挂牌上市，成为吉林省的首家创业板上市企业。

卢忠奎董事长倡导“以人为本，以德治厂”的企业文化，深受员工拥戴，极大地增强了企业的凝聚力和核心竞争力。在卢忠奎董事长的带领下双龙人充满壮志豪情，继续为双龙股份的做大做强努力拼搏、不断创造新的辉煌！

王耀方 先生

常州千红生化制药股份有限公司　董事长

王耀方，男，1953年3月出生，江苏常州人，高级工程师、高级经济师、国家执业药师、国务院特殊津贴享受者、江苏省有突出贡献优秀中青年专家。现任常州千红生化制药股份有限公司董事长，控股子公司江苏众红生物工程创药研究院有限公司、湖北润红生物科技有限公司、常州生物制药工程技术中心有限公司、常州千红通用细胞工程研究所有限公司等公司董事长。兼任常州市第十、十一、十二、十三、十四届人大代表、中国生化制药工业协会副会长、中国药学会生化制药分会酶学业组副组长、江苏省省药学会常务理事、江苏省生物技术协会副理事长、江苏省生物化学和分子生物学会委员、江苏省医药行业协会副会长、《中国生化药物》和《药物生物技术》杂志编委。

“追求卓越、开拓进取”，成就了千红昨天，同样也将造就千红更加美好的明天。

如今，千红人站在了新的起点上。王耀方先生将继续带领全体千红人积极进取，以献身生命科学，永不停步的决心迎接新的挑战，去创造新的辉煌，为人类健康事业与社会和谐作出一份贡献。

周建林 先生

广东明家科技股份有限公司　董事长

周建林，男，汉族，1971 年 9 月出生。1991 年参加工作，先后在宏达电子厂、东莞市东大电业有限公司工作，2002 年起在东莞市明家电子工业有限公司工作，先后任公司监事、执行董事兼总经理、董事长兼总经理，现任公司董事长。

陈建飞 先生

浙江步森服饰股份有限公司　董事长

陈建飞，男，1965 年生，现任省政协委员、省青联委员、绍兴市青联副主席、绍兴市人大代表、诸暨市政协常委、诸暨市政协企业家之友社理事长、浙江省服装行业协会第五届理事会副会长、诸暨市服装协会副会长、步森集团有限公司董事长，浙江步森服饰股份有限公司董事长。

陈建飞同志自 1996 年进入步森任职以来，一直以高度的责任感和强烈的事业心，在各项工作上兢兢业业、恪尽职守，为步森产品走出浙江，走向全国，面向世界作出了很大的努力，为地方经济作出了较大的贡献。在担任副总经理期间，他积极开拓市场，建立健全营销网络，通过买断经营等措施，稳定全国市场，并积极开拓国际市场业务，为步森集团上一新台阶作出了不懈的努力。

陈建飞自担任步森集团总经理始，坚持科学发展、和谐发展，把步森由一家主营单一衬衫品种的企业，逐步发展成为涵盖所有男装产品的著名男装企业，并勇敢走出多元化步伐，先后进军房地产、建材水泥、百货流通等领域，企业规模不断扩大，社会影响力持续提升，短短六年时间，产值从 3 亿元上升到 13 亿元，员工人数由 1000 人增长到 3000 余人，纳税额每年以 20% 的速度增长。

为打造“百年步森”，建立和完善现代企业制度，2005 年 6 月份，陈建飞总经理发起设立了浙江步森服饰股份有限公司，并担任董事长，新成立的股份公司吸引了一批中高层管理人员进入股东队伍。目前，步森服饰股份有限公司管理规范，运作有序，经济效益良好，已于 2011 年 4 月 12 日正式在深交所中小板首发上市。

驰骋大市场 运营大资本 成就大事业

地址：山西省大同市矿区新平旺　邮编：037003　电话：0352-7010476　传 真：0352-7011070
E-mail：public@dtmy.com.cn

企业精神

勇于奉献，争创一流

企业作风

不干则已，干就干好

企业发展理念

发展慢了就是退步

企业经营理念

人人精打细算，个个当家理财。
不花该省的钱，不省该花的钱。

企业管理理念

从宏观处着眼，从细微处着手。

企业目标

做强同煤，造福员工；建设新型能源集团，
跻身世界煤炭“十强”，实现“五个同煤”目标

企业发展战略

走现代化、集团化、洁净化、多元化、国际化道路，建设商品煤基地、出口煤基地、煤炭深加工基地和市场投资主体，成为具有核心竞争力的特大型煤电化能源集团。

Y.COM.CN

WWW.DTMY.COM.CN
地址：山西省大同市矿区新平旺 邮编：037003 电话：0352-7010476 传真：0352-7011070
E-mail：public@dtmy.com.cn

企业精神
勇于奉献，争创一流

企业作风
不干则已，干就干好

企业发展理念
发展慢了就是退步

企业经营理念
人人精打细算，个个当家理财。
不花该省的钱，不省该花的钱。

企业管理理念
从宏观处着眼，从细微处着手。

企业目标
做强同煤，造福员工；建设新型能源集团，
跻身世界煤炭“十强”，实现“五个同煤”目标

企业发展战略
走现代化、集团化、洁净化、多元化、国际化道路，建设商品煤基地、出口煤基地、煤炭深加工基地和市场投资主体，成为具有核心竞争力的特大型煤电化能源集团。

WWW.DTMY.COM.CN

CRH

北辰购物中心
北辰购物中心
NORTH STAR SHOPPING CENTER

安全重载、优质高效、文明和谐、业绩一流

实现技术装备现代化、运输组织现代化、运营管理现代化

大秦铁路主要担负着山西省的客货运输和冀、京、津、蒙、陕等省市区的部分货运任务，货物发送量约占全国铁路货物发送量的六分之一，煤炭运输量约占全国铁路煤运量的三分之一，主要用户包括中西部各大煤企、全国四大电网、五大发电集团、十大钢铁公司和数以万计的工矿企业，经济区辐射全国 26 个省市自治区、15 个国家和地区。

公司管内的大秦线，全长 658 公里，是我国第一条单元双线电气化重载运煤专线，是国家“西煤东运”的重要战略通道，享有“中国重载运输第一路”的美誉。“十一五”期间，经大秦线输送的煤炭超过 16 亿吨，仅 2010 年就完成年运量 4 亿吨，“十二五”开局的 2011 年又大幅增量，完成年运量 4.4 亿吨，在保障国家能源安全、推动产业结构调整和促进区域经济协调发展中发挥出重要作用。

上市以来，大秦铁路借力资本市场，盘活存量资产，先后运用中期票据、公开增发和公司债券等多元融资方式，满足外延收购和日常经营的资金需求。凭借成功的资本运作实践，2011 年 12 月 19 日，在由上海证券交易所主办，国务院国有资产监督管理委员会和经济合作与发展组织 (OECD) 共同支持的“第十届中国公司治理论坛”暨 2011 年度公司治理专项奖评选颁奖会议上，大秦铁路从 1000 多家沪市上市公司中脱颖而出，荣获“典型并购重组案例奖”。

截至 2011 年末，大秦铁路资产总额逾千亿元。以 2011 年 12 月最后一个交易日收盘价 7.46 元计算，大秦铁路总市值达到 1109 亿元，名列国内上市公司第 22 位，居 A 股交通运输行业板块和山西省辖区上市公司第 1 位。2011 年 9 月 3 日，大秦铁路以 2010 年度 420 亿元的营业收入荣登由中国企业联合会和中国企业家协会联合发布的“中国企业 500 强”榜单，名列第 199 位。

DAQIN RAILWAY

北京昊华能源股份有限公司

BEIJING HAOHUA ENERGY RESOURCE CO.,LED.

董事长：耿养谋先生

昊华能源是由京煤集团作为主发起人，联合中煤集团、首钢总公司、五矿发展以及煤科总院四家股东共同发起设立的股份有限公司。本公司在北京市工商局注册登记，设立日期为2002年12月31日，目前注册资本近10亿元，法定代表人为耿养谋。2010年3月31日，昊华能源成功在上海证券交易所挂牌上市。

公司主营煤炭生产、销售及贸易业务，主导产品为洁净、环保、优质的"京局洁"牌无烟煤，产品种类为末煤(0-13mm)、混中块(13-40mm)及中块(40-80mm)。本公司所生产无烟煤具有特低硫、特低磷、低氮、中低灰、低挥发分、高发热量和较高稳定性等特点。

公司属下已投产煤矿共计四个，分别为木城涧煤矿、大安山煤矿、长沟峪煤矿及高家梁煤矿，上述四个煤矿共建有五处矿井。截至2010年12月31日，本公司拥有煤炭工业储量为近25亿吨。2008年、2009年和2010年，本公司煤炭产量分别为463万吨、513万吨和705万吨。

昊华能源国内煤炭销售采用直销方式，出口煤销售通过国家特许煤炭出口专营权的中煤集团和中国矿产代理出口完成。最近三年，本公司煤炭销售形势良好，2008年、2009年和2010年，本公司煤炭销量分别为558万吨、544万吨和707万吨。
公司所在的京西煤田系中国五大无烟煤生产基地之一，本公司无烟

广深铁路股份有限公司
GUANGSHEN RAILWAY CO.,LTD.

董事长：徐啸明先生

总经理：申毅先生

广深铁路股份有限公司（公司）于 1996 年 3 月 6 日按照《中华人民共和国公司法》在中国深圳市注册成立。

1996 年 5 月，公司发行的 H 股（股票代码：00525）和美国存托股份 (ADSs)（股票代码：GSH）分别在香港联合交易所有限公司（香港联交所）和美国纽约证券交易所上市；2006 年 12 月，公司发行的 A 股（股票代码：601333）在上海证券交易 所上市。公司是目前中国唯一一家在上海、香港和纽约三地上市的铁路运输企业。

公司主要经营深圳 — 广州 — 坪石间铁路客货运输业务及长途旅客列车运输业务，并与香港铁路有限公司合作经营广九 直通车旅客列车运输业务。公司亦经营铁路设施技术综合服务、商业贸易及兴办各种实业等与公司宗旨相符的其他业务。

股票简称：广深铁路　股票代码：601333

地址：广东省深圳市和平路1052号 • 邮编：518010 • 电话：0755-2556 5424 / 2589 4117 • 传真：0755-2559 1480

公司独立经营的深圳 — 广州 — 坪石铁路，营业里程 481.2 公里，纵向贯通广东省全境。其中广坪段为中国铁路南北大 动脉 — 京广线南段；广深段是目前中国内陆通往香港的唯一铁路通道，连接京广、京九、三茂、平南、平盐和香港九 广铁路，是中国铁路交通网络的重要组成部分，亦是国内第一条全程封闭、四线并行、客货分线运输的铁路。

客运业务是公司最主要的运输业务。截止 2010 年 12 月 31 日，公司每日开行旅客列车 224 对，其中广深城际列车 110 对（含备用线 19 对），直通车 13 对（广九直通车 11 对、肇九直通车 1 对、京沪九直通车 1 对），长途车 101 对。公司致力于 推动广深城际列车公交化计划，广深间旅客运输主要由时速 200 公里的（和谐号）电动车组担当，在客流高峰期平均每 10 分钟就有 1 对（和谐号）电动车组开行，基本实现了城际铁路（公交化）运营。

货运业务是公司重要的运输业务。公司经营的铁路线路与周边港口、物流基地、建材市场及大型厂矿连接紧密并建立业 务合作。公司拥有完善配套的货运设施，能有效地进行整车、零担、集装箱、笨重货物、危险货物、鲜活货物、超限货 物的运输，在中国内陆中长远距离运输方面具有竞争优势。

在 2007 年公司完成收购广坪段铁路运营资产后，公司经营范围已从区域铁路进入全国重要铁路骨干网络，客货运输服务 的吸引范围、经营规模和客货运输的发展空间均显著扩大，综合竞争能力和整体经营效益得到大幅提升。随着中国经济 持续稳定增长，铁路改革发展的逐步深入，「泛珠三角」区域经济合作的加强，以及内地与香港、澳门经贸往来的日益频 繁，公司未来发展的前景将更加广阔。

南京银行
BANK OF NANJING

www.njcb.com.cn
地址：中国江苏省南京市淮海路 50 号 210005
电话：(0086)025-84544100
传真：(0086)025-84546951

董事长：林复先生

行长：夏平先生

南京银行于 1996 年 2 月 8 日发起成立，是一家由国有股份、中资法人股份、外资股份及众多个人股份共同组成的股份制商业银行，实行一级法人体制。2001 年，南京银行吸收国际金融公司(IFC) 投资入股。2005 年，引进境外战略投资者法国巴黎银行。2007 年 7 月，南京银行成功在上海证券交易所上市，股票代码 601009，成为全国第一家登陆上交所的城商行。

南京银行抓住发展机遇，推进机构建设，区域性布局已经初步形成。自 2007 年设立第一家异地分行以来，跨区域经营不断推进，先后设立了泰州、上海、无锡、北京、南通、杭州、扬州、苏州 8 家分行，机构战略布局持续深化。目前拥有分支机构 88 家，员工 3000 余人。

南京银行积极探索多元化经营。2006 年，参股日照银行 18% 的股份，成为其第一大股东。2009 年，参股江苏金融租赁有限公司，探索"银租合作"；发起组建宜兴阳羡村镇银行、昆山鹿城村镇银行，参股芜湖津盛农村合作银行成为第一大股东，涉足农村金融。

南京银行始终把小企业视为自己的天然盟友与生存的土壤，将发展小企业业务作为打造自身可持续发展能力的战略目标。2009 年成立了总行一级部制的小企业金融部，从组织架构、业务流程、标准化模板、风险管理、市场定位等各方面全面打造南京银行小企业发展模式，推出"鑫动力"金融服务品牌，切实做到"专心、专业、专注"。2008-2010 年间，我行小企业贷款余额年均复合增长率达到了 50.4%。2011 年前三季度增幅为 44.7%，且不良率仅为 0.32%。为了表彰南京银行在支持小企业发展中的突出贡献，中国银监会授予南京银行"2010 年度全国小企业金融服务先进单位称号"。

南京银行全力打造中高端财富管理、高效灵活的消费金融及有选择拓展的个人经营性贷款三大业务亮点。凭借资金业务优势，打造零风险的"金梅花"、"创富"以及"珠联璧合" 系列理财产品。借助巴黎银行经验和模式，开发了"信易贷"、"房易贷"、"购易贷"和"诚易贷"等消费信贷产品以及经营性个人贷款产品"商易贷"。同地方政府合作，推出便民一卡通"市民卡"。

造福社会 回报股东 服务大众

成为独具特色、历久恒新的百年金融老店
成为国内领先、国际知名的现代商业银行

股票简称：南京银行
股票代码：601009

南京银行在货币市场长期耕耘，享有"货币特色商业银行"盛名。南京银行是首批进入全国银行间债券市场的城商行，是最早成为中国人民银行公开市场一级交易商的城商行，是全国首批债券做市商，是首批 Shibor 报价商，多次获得"优秀承销团成员"、"优秀交易成员"、"优秀结算单位"等荣誉称号。2003 年起，南京银行发起城市商业银行资金联合投资项目，打造"珠联璧合"理财业务品牌，并与其他城商行建立多领域合作。2009 年南京银行成立了金融市场部上海分部，2010 年获得代客黄金交易和衍生产品交易业务资格，联动多条线业务部门，为客户提供综合化的金融服务和产品支持。

南京银行稳步推进重大系统建设，逐步树立电子银行业务品牌。2011 年启动了客户信息管理系统、定价系统、信贷系统二期等重大系统建设。网上银行交易金额达 1119.5 亿元，同比增长 125.19%，电子银行业务交易笔数替代率达到 67.78%，同比增长 19.43 个百分点。三季度重点推出了"e-bank 易伴"电子银行形象标识，树立"时刻相伴，如 e 相随"的电子银行服务理念，有力提升了电子银行品牌形象。与此同时，网上银行企业版功能升级工作全面完成，推出了 IPAD 版手机银行。

展望未来，南京银行将始终以科学的战略规划统领全行发展。将"稳健发展"和"业务转型"作为两大核心目标，聚焦业务模式、交叉销售、区域扩张以及核心能力建设四大战略重点，通过打造小企业、金融市场及投行、个人和公司四大业务条线的差异化竞争模式和业务亮点，来确立未来差异化、特色化、可持续的发展道路，努力实现在发展中转型，在转型中提升发展质量和效益。

经营范围

吸收公众存款；发放短期、中期和长期贷款；办理国内结算；办理票据承兑与贴现；发行金融债券；代理发行、代理兑付、承销政府债券；买卖政府债券、金融债券；从事同业拆借；买卖、代理买卖外汇；从事银行卡业务；提供信用证服务及担保；代理收付款项及代理保险业务；提供保管箱服务；经中国银行业监督管理委员会批准的其它业务。

财务状况

截至 2011 年 9 月末，我行资产总额 2632.14 亿元，同比增加 18.84%；贷款余额 979.42 亿元，存款余额 1596.64 亿元，累计实现净利润 23.42 亿元，同比增加 19.43%。各项监管指标良好，资本充足率为 11.67%，核心资本充足率为 10.89%，存贷比为 60.62%，准备金覆盖率为 292.82%。

RIZHAO PORT 日照港

股票简称：日照港

股票代码：600017

董事长、党委书记：杜传志先生

总经理：王建波先生

阳光港口 装卸真诚

SUNSHINING PORT SINGERE SERVICE

日照港股份有限公司是经山东省人民政府批准，由日照港集团有限公司（原日照港务局）为主发起人，联合兖矿集团有限公司、中国中煤能源集团公司（原中国煤炭工业进出口集团公司）、淄博矿业集团有限责任公司、山西潞安矿业（集团）有限责任公司、山西晋城无烟煤矿业集团有限责任公司等五家法人单位共同以发起设立方式设立，并于 2002 年 7 月 15 日取得山东省工商行政管理局颁发的企业法人营业执照。

日照港位于中国海岸线中部、山东半岛南翼，隔海与日本、韩国、朝鲜相望。港区湾阔水深，陆域宽广，不冻不淤，全年作业天数在 300 天以上，是我国不可多得的天然深水良港，为全国沿海 20 个主枢纽港之一。被国家确定为“新亚欧大陆桥东方桥头堡”。

公司现有万吨级以上深水泊位 27 个，其中拥有 20 万吨级、30 万吨级的矿石专用泊位各 1 个、10 万吨级煤炭专用泊位 2 个。资产总额 103.7 亿元，拥有正式员工 4080 人。目前公司主要经营煤炭、矿石、水泥、镍矿、钢材、焦炭等大宗散杂货装卸、堆存业务。历经多年发展，公司现已成为国内最大的进口铁矿石中转港，年中转铁矿石过亿吨；公司煤炭、镍矿进口量，水泥、钢材吞吐量也居全国首位。

公司股票于 2006 年首发上市，发行股份 23000 万股，募集资金 10.81 亿元。随后于 2007 年 10 月又成功发行了 880 万份分离交易可转换公司债券，募集资金 8.8 亿元。2009 年 8 月，公司成功采用非公开发行方式发行新股 24951 万股，募集资金 12.8 亿元。2011 年 3 月，公司又成功实施非公开发行股票 36,547.86 万股，募集资金 14.4 亿元。公司上市六年来已成功融资 46.8 亿元，有效地改善了公司的资本结构，为公司的快速发展奠定了基础。

日照港是首批入选"沪深 300 指数"、"上证治理板块的样本股"公司，公司还先后荣获上交所"信息披露奖"，"上证 380 指数"样本股、"金蜜蜂•企业社会责任奖"、"上交所优秀董事会提名奖"殊荣。公司董秘也连续三届当选新财富"金牌董秘"。

随着全国及区域性经济战略的实施，全国沿海港口吞吐量稳步回升。目前，以日照港为出海口的国家重点工程"山西中南部铁路通道"已正式开工建设；山东省积极推进半岛蓝色经济区的战略，以日照港为龙头的"鲁南临港产业带"正在形成；山东省内铁路"四纵四横"工程已经全面开工建设；落户日照市的山东钢铁集团日照精品钢基地也在推进中，这些区域经济战略的实施和重点工程的建设，必将有力地促进日照港吞吐量的快速增长，日照港将以得天独厚的竞争优势和发展潜力继续保持快速发展的势头。

日照港 2011 年 3 季度末经营情况和财务状况

2011 年 1-9 月份，公司完成货物吞吐量 15,344 万吨，同比增长 7%。从货种分类上看，完成煤炭及制品吞吐量 2,314 万吨，同比增长 5%；完成金属矿石吞吐量 10,255 万吨，同比增长 7%。从内外贸货物分类上看，完成外贸货物吞吐量 10,697 万吨，同比增长 5%；完成内贸货物吞吐量 4,647 万吨，同比增长 13%。

2011 年 1-9 月，公司实现利润总额为 52,768.28 万元，同比增长 15.36%；实现归属于母公司所有者的净利润为 39,817.81 万元，同比增长 22.96%；实现基本每股收益 0.159 元，同比增长 11.19%。如不考虑公司 2011 年 3 月非公开发行新增股份影响，公司实现基本每股收益 0.176 元 / 股，增长 22.96%。

光明乳业股份有限公司
BRIGHT DAIRY & FOOD CO LTD

董事长：庄国蔚先生

总裁：郭本恒先生

良心做好奶
精心保生产
诚心铸品质
爱心报社会

曾几何时，牛奶是很多国人眼中的“奢侈品”，对其的记忆仅仅停留在孩提时代。如今，随着人们生活水平的不断提高，饮食质量也有了质的飞跃。而乳制品也早已“飞入寻常百姓家”，甚至已成为很多家庭的生活必需品。

从原先的品种单一、普及率较低，到今天巴氏奶、酸奶、常温奶的大放异彩，乳品行业实现了高速发展，其收入平稳增长，盈利能力也得到了显著提高。

在这样的大背景下，作为国内乳品行业的老牌企业——光明乳业同样业绩喜人。早在2009年，公司就确立了三大支柱产业：新鲜、常温、奶粉，并全面推进“聚焦乳业、领先新鲜、做强常温、突破奶粉”的战略目标。

在我们眼中，“领先”强调的是不能丧失自己的既有优势，即意味着牢牢占据市场领导者地位；“做强”意味着重规模更重效益；“突破”则代表用聚焦策略强势打造“尖锥子”主导产品，以此带领整个品类实现战略性发展。

南极科考合作伙伴新闻发布会

员工培训

培儿贝瑞

股票简称:光明乳业　股票代码: 600597

地址：上海市吴中路 578 号　邮编：201103　网址：www.brightdairy.com
电话：021-54584520　传真：021-64013337　邮箱：600597@brightdairy.com

创新生活 共享健康

Better health　Better life

2011 年，光明乳业销售业绩突破百亿，公司重点产品莫斯利安、畅优、健能、优倍、优 + 这“五朵金花”的销售规模大幅度增长，新西兰新莱特项目瓜熟蒂落，为 2012 年高端婴幼儿奶粉销售打下了坚实基础。新鲜、常温、奶粉——“三驾马车”的全面提速，也换来了公司市场意识空前增强、明星产品市场耳熟能详。然而，" 突破百亿 " 虽是一个标志性的里程碑，但它已经画上句号，更大的梦想已经启程，2012 年将成为光明乳业新时期“腾飞之旅”的启动元年！

光明乳业取得的成绩离不开股东、投资者、员工和社会各界的大力支持，因此我们也始终积极地践行企业的社会责任，以此来回报整个社会。作为一家食品生产企业，我们通过精益求精的全程质量管理体系，全球首创的“工厂千分”、“牧场千分”质量管理标准，继千分标准后又独创乳业链下游“百分标准”精准化质量考核体系，将企业社会责任贯穿“从牧场到餐桌”全程，确保光明拥有更安全、更优质、更健康的奶制品，从食品安全等多角度来履行企业社会责任。

光明乳业的真正愿景就是成为一家“履行全面社会责任的优秀企业公民。”对于光明而言，全面社会责任并不限于感动之际的捐款捐物，还包括长期对消费者、员工、股东、社区、政府和环境所应承担的经济责任和社会责任；对于光明而言，践行企业社会责任只有起点，没有终点！

光明乳业股份有限公司董事长、总经理

www.brightdairy.com

王者装备 演绎传奇

公司拥有湖南长沙、永州两个整车制造基地，湖南衡阳、广州惠州两个零部件生产基地，建立了较为完善的零部件配套协作体系。

公司新车型“猎豹飞腾 1.5L 时尚版”于 2010 年 5 月 27 日上市，猎豹飞腾 1.5L 时尚版上市，标志着公司正在从集团消费逐步转向私人消费领域，从主业 SUV 制造商向乘用车市场转型，未来公司将形成更为完善的产品体系，市场竞争能力将进一步增强。

广汽长丰，传承六十余载造车科技，执着于精益求精的不断创新，以精良的产品品质和优质的营销服务为广大消费者创造高品质的汽车生活。

新时期，广汽长丰积极实施“国际化、专业化、精品化”战略，坚持“三个转型、两个提升、打造一流品牌”的经营思想，充分集成股东各方优势资源，全面推进流程再造、内外资源整合和管理水平提升，实现新的跨越，演绎新的精彩！

国际化 专业化 精品化

Internationalization Specialization Industrialization

江苏吉鑫风能科技股份有限公司

Jiangsu JIXIN Wind Energy Technology Co.,Ltd.

董事长：包士金先生

江苏吉鑫风能科技股份有限公司前身为江阴市吉鑫机械有限公司，创办于2003年12月。2008年6月，经有限公司股东会决议通过，整体变更设立为江苏吉鑫风能科技股份有限公司。公司于2011年5月6日在上海证券交易所挂牌，股票代码601218，简称“吉鑫科技”。

公司总投资超过10亿元，是一家拥有自主知识产权，集研发、生产、销售于一体的专业大型风力发电机组零部件企业，目前主要产品为兆瓦级大型风力发电机组用轮毂、底座、轴及轴承座、梁等铸件产品。公司为“国家火炬计划重点高新技术企业”、“江苏省高新技术企业”、“江苏省优秀民营企业”、“江苏省百强民营科技企业”、“江苏省出口基地骨干企业”、“无锡市十佳效益型企业”、“江苏省风电产业技术创新联盟骨干单位”，受到政府部门、行业协会多次表彰。

公司生产设备先进，建成了具有国内领先水平的MW级风机大型零部件生产线，形成风电关键零部件铸造、加工、表面处理一条龙配套生产能力。公司2010年风电铸件铸造能力达14万吨，机加工能力10万吨。根据中国农业机械工业协会风力机械分会提供的数据，公司是全国乃至全球规模最大的风电铸件生产企业。根据中国铸造协会2010年5月公布的“全国首届铸造行业综合百强”名单，公司位列铸造行业综合排名第九位，并位居铸造行业铸铁分行业排名第一位。

公司路演推介会

项目竣工典礼

吉鑫科技上市仪式

公司在技术创新过程中，主动跟踪国内外先进技术标准，积极开展技术标准创新研究，形成完整的技术标准体系。推进自主创新技术的转化，以标准领先带动行业技术水平的进步。公司先后主持或参与制定了近 50 项国家标准和行业标准。参与了国家重大技术专项"重要技术标准研究"绵阳地方试点，自主起草了具有自主核心技术的聚酯薄膜产品、特种层压板、耐电晕漆包线漆等 5 项国家标准。

公司在国内多个城市建立了销售网络，以强大的技术支持和超前的服务理念赢得客户信赖，形成了以客户为导向，以专业化服务为支撑的区域化营销管理模式，与国内众多知名企业建立了长期稳定的合作关系。公司积极拓展海外市场，"东方" 牌商标已在马德里联盟成员国及我国台湾、泰国等地区和国家成功申请注册。公司产品远销美、日、德、意等 20 多个国家和地区，"东方"牌绝缘材料在国际市场上享有良好的声誉。

伴随全球经济的迅速发展和全面变革，新材料的应用与发展将面临空前的发展机遇。公司将秉承"以人为本，以客为尊，以质为生，以信为重"的经营理念，致力于发展新型绝缘材料和环保型绝缘材料，并通过技术关联化拓展功能高分子材料和相关精细化工材料，牢牢把握上市机遇，努力将东材科技打造成世界知名的化工新材料服务商。

无卤阻燃片材生产线

电工聚丙烯薄膜分切设备

电工层（模）压制品

电工聚丙烯薄膜

电工云母带

电工柔软复合绝缘材料

电工聚酯薄膜生产线

电工柔软复合绝缘材料生产线

电工聚酯薄膜

无卤阻燃聚酯片材

www.emtco.cn

YKPLC

股票代码：600317　股票简称：营口港

营口港务股份有限公司

地址：辽宁省营口市鲅鱼圈区新港大路1号　邮编：115007　网址：www.ykplc.com

电话：0417-6268506　传真：0417-6268506

勇立潮头敢为先　百舸争流看今朝

营口港务股份有限公司是 2000 年 3 月 6 日经辽宁省人民政府辽政 [2000]46 号文批复，由营口港务集团有限公司作为主发起人，联合其他四家公司共同发起设立的股份有限公司。公司于 2000 年 3 月 22 日在辽宁省工商行政管理局登记注册成立，注册资本为 15,000 万元，总股本 15,000 万股。营口港务股份有限公司的成立标志着营口港向资本市场迈出了关键的一步。经营范围：港口装卸、堆存、运输服务，钢结构工程，机件加工销售，港口机械、汽车配件、钢材、建材、橡胶制品销售，苫垫及劳保用品制作、销售，尼龙绳生产、销售等。

一、正式上市，向资本市场迈进第一步

2002 年 1 月，经中国证监会证监发行字 [2001]102 号文批准，公司公开发行人民币普通股 10,000 万股，发行价格为 5.9 元 / 股，公开发行后公司总股本为 25,000 万股。2002 年 1 月 31 日，公司 10,000 万股社会公众股在上海证券交易所上市流通。股票代码 600317，简称“营口港”。

公司上市之初，就确定了公司的发展模式，即集团公司和上市公司同步发展的模式。利用上市公司在资本市场的融资平台，通过直接融资解决上市公司发展的资金问题，并将集团公司优质资产不断注入上市公司。港口行业作为基础性行业，建设的周期比较长，风险系数比较大，不确定因素比较多，把这些不利因素由集团公司承担，待资产建设完毕后再注入上市公司，形成收购之后就能马上产生效益的有利局面。这样的方式保证了上市公司的快速发展，为上市公司的资本运作提供了更大的舞台。

二、发行可转债，不断扩大公司股本规模

公司成立的时候，所涉及的生产领域都为大宗散杂货业务，生产领域比较单一。为了扩大公司的生产规模，保证公司盈利能力的快速提高，实现公司的可持续发展，公司董事会经过严谨的论证，决议发行可转换公司债券。2004 年 5 月，公司发行 70,000 万元可转债，可转债募集资金用于收购集团公司的三期工程多用途泊位和成品油及液体化工品码头相关的在建工程并进行后续建设。

通过此次的收购，公司进一步扩充到集装箱、油品和液体化工品领域，成为多功能综合性的港口公司。公司的经营业绩有了较大的增长，保证了公司的可持续发展。

三、完成股权分置改革，公司治理更加规范

公司于 2005 年 9 月份制订了股权分置改革草案，开始进入申报程序。11 月末取得辽宁省及吉林省国资委的原则同意。此后，经过与机构投资者"一对一"沟通、网上路演等方式对股改方案进行修改，最终确定了股改方案。12 月，公司股改方案以 98.93% 的比例一次性顺利通过股东大会审议。2006 年 1 月，公司完成股权分置改革。

营口港股权分置改革方案充分考虑并保护了流通股股东、非流通股股东、可转债持有人及上市公司这四个方面的权益。股改使股东利益更加趋于一致，公司治理更加规范，企业经营目标更加明确。

四、重大资产购买，进一步扩大公司生产规模

由于公司现有泊位吞吐能力有限，且已基本达到满负荷运转，同时为了实现公司的可持续发展，消除同业竞争，向整体上市目标迈进，2008 年公司通过定向发行股份和支付现金相结合的方式，购买港务集团公司鲅鱼圈港区 16#、17#、22#、46#、47#、52#、53# 共计 7 个泊位的资产和业务。

这次收购上述泊位后，实现了营口港鲅鱼圈港区泊位资源及港口业务的整合，公司将拥有散杂货深水泊位，成品油及液体化工品泊位和集装箱专业泊位，综合吞吐能力将得到极大的提高，有利于增强企业核心竞争力，确保公司的可持续发展和提升行业竞争力。同时，可以减少关联交易，有效避免同业竞争，进一步朝整体上市的目标迈进。最终实现公司向专业化、大型化、深水化、集装箱化的现代化港口方向发展的战略发展目标。

五、发行公司债券，调整负债结构

为调整负债结构，缓解短期偿债压力，降低财务费用，2008 年末，公司决定申请发行公司债。2008 年 12 月，发行 12 亿元公司债的议案经 2008 年第二次临时股东大会审议通过。2009 年 12 月 2 日，发行公司债的申请顺利通过中国证监会的审核。2010 年 3 月 23 日，公司债正式上市，简称为"10 营口港"。

公司债的成功发行，调整了公司负债结构，缓解短期偿债压力，有利于公司进一步的发展。

西部矿业股份公司 WESTERN MINING

股票简称：西部矿业
股票代码：601168

董事长: 汪海涛先生

信念 忍耐 务实 奋进

西部矿业股份有限公司是一家地处我国西部地区以矿产资源综合开发为主业的大型矿业上市公司。公司由西部矿业集团有限公司为主发起人，2000 年 12 月 28 日发起设立，总部位于青海省西宁市五四大街 52 号，法定代表人汪海涛。公司主要从事铜、铅、锌、铝、铁等基本金属、黑色金属的采选、冶炼、贸易等业务，注册资本 23.83 亿元。截止 2010 年公司总资产达到 224.57 亿元，全年实现营业收入 185.11 亿元，实现利润总额 11.93 亿元。

公司累计拥有已探明资源储量超过千万吨。旗下主要经营八座矿山和五家冶炼厂，其中，青海锡铁山铅锌矿是我国年采选规模最大的独立铅锌矿山，内蒙古获各琦铜矿是位居国内资源储量第六位的大型铜矿，四川呷村银多金属矿以银铅锌铜富集于一体而著称，西藏玉龙铜矿将极有潜力发展成为我国资源储量最大的铜矿。根据安泰科统计数据，公司为我国 2010 年第二大铅精矿生产商、第四大锌精矿生产商和第八大铜精矿生产商。

公司以"开发西部、报效国家"为宗旨，以"信念、忍耐、务实、奋进"、"忠诚、包容、立业、报国"为企业精神，坚持科学发展观，取得了良好的经济效益和社会效益。近年来，公司先后获得"全国五一劳动奖状"、"国家 A 级守信企业"、"中国工业行业排头兵企业"、"中国矿业十佳企业"、"中国工业经济先进集体示范单位"、"中国最佳诚信企业"、"国家级创新型企业"、"国家技能人才培育突出贡献奖"、"2009 年度上市公司收入及市值百强金牛奖"、"中国企业社会责任杰出上市公司"等荣誉。2010 年，公司连续第七年蝉联国家统计局"铅锌矿采选行业全国效益十佳企业"第一名，五年在"铜矿采选行业全国效益十佳企业"中排名第一，并连续第五年被青海省人民政府授予"青海省财政支柱企业"称号。

公司高度注重人才的培养及科研队伍的建设。2006 年，公司被国家科技部认定为"国家级技术中心、科研中心和研发中心"，在坚持企业自身创新的同时，还承担了多项国家科技攻关项目，建有青海省首家国家级博士后科研工作站。

二十多年的行业经验和得天独厚的地域条件，铸就了西部矿业在我国西部地区乃至周边国家和地区开发矿产资源的雄厚优势。公司将继续秉承竞争、开放的经营理念，坚持科学的发展观，努力把西部矿业建设成为主业突出，资产优良，管理规范，在国内资源储量与资源开发方面居于前列，具有一定国际竞争力的采、选、冶一体化的大型基本金属矿业公司，最终实现"矿业报国"的理想。

四川呷村银多金属矿

锌业分公司冶炼车间电解工序

锡铁山铅锌矿斜坡道

鲁银投资集团股份有限公司

LUYIN INVESTMENT GROUP CO.,LTD.

公司地址：山东济南经十路20518号　公司网址：www.luyin.cn　电话：0531-82024169　传真：0531-82024179

董事长、总裁：刘相学先生

鲁银投资集团股份有限公司原名鲁银实业（集团）股份有限公司，是 1993 年 3 月经山东省人民政府批准以定向募集方式设立的股份有限公司。公司于 1996 年 12 月公开发行 A 股，并在上海证券交易所挂牌交易。

公司位于济南市经十路 20518 号，总部设 9 个部门，下辖有带钢分公司、粉末冶金有限公司、粉末冶金制品有限公司、山东鲁邦房地产开发有限公司、济南鲁邦置业有限公司、禹城羊绒纺织有限公司、山东毛绒制品有限公司、青岛豪杰矿业有限公司等 18 家全资或控股子公司。截至 2010 年末，公司拥有员工 2699 人。

公司注册资本 248,306,873 元，主要经营范围：股权投资、经营与管理；投资于高新材料、生物医药、网络技术等高科技产业；高科技项目的开发、转让；机械、电子设备的销售；批准范围内的进出口业务；热轧带钢产品的生产、销售；羊绒制品的生产、销售。

公司主要产业包括钢铁、粉末冶金及制品、房地产、羊绒纺织、矿业开采、商贸及对外投资。

公司钢铁产业带钢分公司资产优良、生产平稳、效益稳定、市场占有率高，主导产品为 620mm 低合金结构钢热轧钢带，具备年 100 万吨生产能力。

公司粉末冶金及制品产业拥有粉末冶金有限公司和禹城粉末冶金制品有限公司，已经具备了较强的生产能力和研发能力，形成了比较良好的产业链和产业布局。粉末冶金有限公司是国家级高新技术企业，也是国家高技术研究发展计划（863 计划）成果产业化基地，还原铁粉、水雾化粉合计产量居国内首位，公司 3 种产品被国家评为“国家级重点新产品”，具有良好的品牌效应和技术优势，市场占有率较高。以该公司为主承担的国家科技支撑计划“ 高性能钢铁粉末冶金材料关键技术研究与

创蓝筹企业，铸百年鲁银，
实现股东、客户、员工、社会和谐共赢

股票简称：鲁银投资　　股票代码：600784

应用”等 4 个项目通过了国家科技部的专家论证和项目评审。禹城粉末冶金制品有限公司主要生产铁基粉末冶金汽车同步器齿毂及汽车、家电、办公机械、纺织机械等粉末冶金配件，产品达 300 余种，生产能力在汽车同步器齿毂领域处于国内同行业的领先地位。

公司所属山东鲁邦房地产开发有限公司、济南鲁邦置业有限公司、莱芜鲁邦置业有限公司等三个全资子公司近年来先后开发了“悦海豪庭”、“鲁邦广场”、“鲁邦新天地”、“济南经十东路写字楼”等项目，形成了较好的品牌效应。在青岛开发的“悦海豪庭”房地产项目入选“中国十大名盘”；济南经十东路写字楼项目获得中国房地产协会评选的“中国城市魅力经典楼盘奖”。随着国家对房地产市场的逐步规范，房地产业将为公司今后的发展带来新的机遇。

公司羊绒产业现拥有半精纺生产线 60 个台（套），年生产能力 1500 吨，产品主销日、韩、欧洲等市场。禹城羊绒纺织有限公司是半精纺行业国家标准参与起草单位，被中国毛纺织行业协会授予改革开放三十年推动中国纺织产业升级重大技术进步奖。公司纱线产品获得中国毛纺织行业协会评选的毛纺绒线（纱线）类产品精品奖 2 个、毛纺绒线（纱线）类产品优质产品奖 3 个。“鲁银”牌半精纺纱线，被山东省质量技术监督局认定为山东名牌产品。

公司于 2010 年 6 月通过收购青岛豪杰矿业有限公司 55% 股权进入铁矿石开采领域。该公司拥有面积为 15.1 平方公里区块的探矿权，勘探区块内共有 5 处铁矿矿体，其中 2 号矿体已探明储量 484.5 万吨，目前矿区建设正在积极推进，该项目建成达产后，预计年产铁精粉 20 万吨。

公司参股 26.58% 的烟台万润精细化工股份有限公司专注于发展液晶显示 (LCD) 行业的上游液晶材料产品，主营业务为液晶材料的开发、生产和销售，液晶单体和液晶中间体是公司主要的业务收入和利润来源。其产品主要销往欧洲、日本著名企业。

公司上市十余年来，得到了各级政府、监管部门和广大股东的大力支持，公司秉承“为客户创造价值，为股东创造效益，为职工创造机遇，为社会创造财富”的企业宗旨，团结实干，精细经营，规范运作，公司各项工作稳定运行。近年来，通过强化内部管理、积极调整产业结构，公司开始步入发展的快车道。

2010 年，公司实现了生产经营两大跨越，不仅产品产量全面达产达效，而且利润指标超过亿元大关，开创了公司发展的新纪元。公司将以“创蓝筹企业，铸百年鲁银，实现股东、客户、员工、社会和谐共赢”为愿景，继续发扬“不畏艰难、不懈追求、不断创新”的鲁银精神，群策群力，奋力拼搏，努力实现公司的健康、快速、可持续发展。

不畏艰难 · 不懈追求 · 不断创新

2011
中國證券業年鑒
CHINA SECURITIES YEAR BOOK

总第十九期 上

图书在版编目(CIP)数据

中国证券业年鉴. 2011/ 中国证券业年鉴编辑委员会 编.
上海:复旦大学出版社, 2012.5
ISBN 978-7-309-08752-9

Ⅰ.中… Ⅱ.中… Ⅲ.资本市场—中国—2011—年鉴 Ⅳ.F832.51-54

中国版本图书馆 CIP 数据核字(2012)第 030431 号

中国证券业年鉴(2011·总第十九期)
中国证券业年鉴编辑委员会 编

责任编辑　王联合　张咏梅　鲍雯妍　宋朝阳　岑品杰
封面设计　上海众证文化传播有限公司
出版发行　复旦大学出版社有限公司出版发行
　　　　　上海市国权路 579 号　　邮编 200433
经　　销　新华书店
印　　刷　上海泰业印刷有限公司
开　　本　850mm×1168mm　1/16
印　　张　160
插　　页　260
字　　数　4500 千字
版　　次　2012 年 3 月第 1 版　2012 年 3 月第 1 次印刷

定　　价　人民币 1980 元　港币 2680 元　美元 400 元

编 辑 说 明

《中国证券业年鉴》以客观、公正、全面、权威的历史使命，忠实记录了我国证券市场的发展轨迹，向海内外各界人士宣传、展现我国证券市场的发展成就，做出了应有的贡献；并给后人查阅、研究我国证券市场历史年度的动态，提供了权威资料。做好中国证券业历史的编辑整理工作，保证中国证券业历史记录的有序延续，是我们的历史使命。自 1993 年创刊以来，《中国证券业年鉴》已经逐渐成长为一个展示公司业绩、总结市场成就、记录中国证券业历史、向海内外各界人士展现和推介中国证券市场形象的权威窗口。《中国证券业年鉴》每年出版一次，分上、中、下三册向国内外公开发行。

《中国证券业年鉴》(2011. 总第十九期) 主要反映本年度中国金融、证券、基金、期货、保险、债券市场及企业制度建设和发展方面的情况和最新动态，供海内外有关机关、社团、学校、研究部门、企事业单位及社会各界人士做进一步研究参考使用。为推动中国证券业的规范化和国际化、建设有中国特色的社会主义市场经济服务。

《中国证券业年鉴(2011)》内容设置专论、中国金融市场、中国证券市场、中国基金市场、中国期货市场、中国保险市场、中国证券业人物纪实与访谈、优秀企业选介等部分，另有彩色图片 1260 幅。

《中国证券业年鉴(2011)》的资料直接来源于公司的公告和报告、国务院有关部委及各省、市相关单位提供的材料，保证了《年鉴》的权威性和准确性。《中国证券业年鉴(2011)》基本保持上一期的内容和体例，同时充实了原有的编章，重点充实了各省、市、自治区证券市场的详细资料，突出反映了 2011 年我国证券市场的整体发展状况。但由于中国证券业仍处于快速发展阶段，加上各地区的发展不平衡以及我们的水平有限，难免出现一些疏漏，敬请读者谅解和指正。

《中国证券业年鉴》由上海、深圳证券交易所和中国证券业年鉴编辑委员会共同主办，总编辑由张育军、宋丽萍担任。在编辑出版过程中得到了国务院有关部门及中国证券监督管理委员会及各省、直辖市、自治区证监局、上海证券交易所、深圳证券交易所、香港联合证券交易所、中国证券报社、中国证券登记结算有限责任公司、大同煤业股份有限公司及证券界有关领导、专家的指导和支持，在此我们表示最诚挚的感谢。

中国证券业年鉴编辑部

杨建东	云南盐化股份有限公司	董事长
高　庆	南方产权联合交易中心有限责任公司	董事长
张恺颙	陕西延长石油化建股份有限公司	董事长
刘世春	金融街控股股份有限公司	董事长
张增光	唐山冀东水泥股份有限公司	董事长
锁炳勋	安徽金种子酒业股份有限公司	董事长
曾昭秦	山东天业恒基股份有限公司	董事长
邱　卫	湖南新五丰股份有限公司	董事长
于九洲	唐山冀东水泥股份有限公司	总经理
徐义民	新疆西部牧业股份有限公司	董事长
王龙雏	福建省厦门象屿股份有限公司	董事长
傅　帆	上海国际信托有限公司	总经理
刘相学	鲁银投资集团股份有限公司	董事长
曹和平	长春欧亚集团股份有限公司	董事长
谢长军	龙源电力股份有限公司	总经理
张永年	四川成渝高速公路股份有限公司	董事会秘书
王宜明	山东联合化工股份有限公司	董事长
付守杰	广汽长丰汽车股份有限公司	总经理
龚永福	万福生科(湖南)农业开发股份有限公司	董事长、总经理
薛伟成	罗莱家纺股份有限公司	董事长

编 辑 说 明

《中国证券业年鉴》以客观、公正、全面、权威的历史使命，忠实记录了我国证券市场的发展轨迹，向海内外各界人士宣传、展现我国证券市场的发展成就，做出了应有的贡献；并给后人查阅、研究我国证券市场历史年度的动态，提供了权威资料。做好中国证券业历史的编辑整理工作，保证中国证券业历史记录的有序延续，是我们的历史使命。自 1993 年创刊以来，《中国证券业年鉴》已经逐渐成长为一个展示公司业绩、总结市场成就、记录中国证券业历史、向海内外各界人士展现和推介中国证券市场形象的权威窗口。《中国证券业年鉴》每年出版一次，分上、中、下三册向国内外公开发行。

《中国证券业年鉴》(2011. 总第十九期)主要反映本年度中国金融、证券、基金、期货、保险、债券市场及企业制度建设和发展方面的情况和最新动态，供海内外有关机关、社团、学校、研究部门、企事业单位及社会各界人士做进一步研究参考使用。为推动中国证券业的规范化和国际化、建设有中国特色的社会主义市场经济服务。

《中国证券业年鉴(2011)》内容设置专论、中国金融市场、中国证券市场、中国基金市场、中国期货市场、中国保险市场、中国证券业人物纪实与访谈、优秀企业选介等部分，另有彩色图片 1260 幅。

《中国证券业年鉴(2011)》的资料直接来源于公司的公告和报告、国务院有关部委及各省、市相关单位提供的材料，保证了《年鉴》的权威性和准确性。《中国证券业年鉴(2011)》基本保持上一期的内容和体例，同时充实了原有的编章，重点充实了各省、市、自治区证券市场的详细资料，突出反映了 2011 年我国证券市场的整体发展状况。但由于中国证券业仍处于快速发展阶段，加上各地区的发展不平衡以及我们的水平有限，难免出现一些疏漏，敬请读者谅解和指正。

《中国证券业年鉴》由上海、深圳证券交易所和中国证券业年鉴编辑委员会共同主办，总编辑由张育军、宋丽萍担任。在编辑出版过程中得到了国务院有关部门及中国证券监督管理委员会及各省、直辖市、自治区证监局、上海证券交易所、深圳证券交易所、香港联合证券交易所、中国证券报社、中国证券登记结算有限责任公司、大同煤业股份有限公司及证券界有关领导、专家的指导和支持，在此我们表示最诚挚的感谢。

中国证券业年鉴编辑部

中国证券业年鉴理事会

（以下排名不分先后）

顾伟国	中国银河证券股份有限公司	总裁
毛　勇	泰豪科技股份有限公司	董事长、总裁
马宝平	金堆城钼业股份有限公司	董事长
宫少林	招商证券股份有限公司	董事长
牛冠兴	安信证券股份有限公司	董事长、党委书记
盛希泰	华泰联合证券有限责任公司	董事长
蔡　咏	国元证券股份有限公司	总裁
张招兴	广州证券有限责任公司	董事长
马金声	新时代证券有限责任公司	董事长
钱　卫	中银国际证券有限责任公司	执行总裁
李舫金	万联证券有限责任公司	董事长
张广慧	山西证券股份有限公司	党委书记、董事长
李晓安	华龙证券有限责任公司	董事长
高良玉	南方基金管理有限公司	总经理
尚　健	国投瑞银基金管理有限公司	总经理
杨光裕	长城基金管理有限公司	董事长
潘卫东	上海国际信托有限公司	董事长
赵学军	嘉实基金管理有限公司	总经理
范勇宏	华夏基金管理有限公司	总经理
刘平春	深圳华侨城股份有限公司	总经理
张相军	山东金岭矿业股份有限公司	董事长
陆　涛	金元证券股份有限公司	总裁
徐建平	东吴基金管理有限公司	总裁
王德贤	安徽山鹰纸业股份有限公司	董事长
王文京	用友软件股份有限公司	董事长、总裁
任志强	华远地产股份有限公司	董事长
张近东	苏宁电器股份有限公司	董事长
袁　泽	新疆新鑫矿业股份有限公司	董事局主席
石维国	中天城投集团股份有限公司	副董事长
闫希军	天津天士力制药股份有限公司	董事长
刘　达	大连圣亚旅游控股股份有限公司	董事长
王道明	黑龙江北大荒农业股份有限公司	董事长
张建台	天津市房地产发展(集团)股份有限公司	董事长
陈　平	马应龙药业集团股份有限公司	董事长
何国纯	广西五洲交通股份有限公司	董事长
包士金	江苏吉鑫风能科技股份有限公司	董事长
焦　云	七台河宝泰隆煤化工股份有限公司	董事长
夏　平	南京银行	行长
李春宏	江苏连云港港口股份有限公司	董事长
丁尔民	义乌华鼎锦纶股份有限公司	董事长
于少波	四川东材科技集团股份有限公司	董事长、总经理
杜江涛	内蒙古君正能源化工股份有限公司	董事长

杨建东	云南盐化股份有限公司	董事长
高　庆	南方产权联合交易中心有限责任公司	董事长
张恺颙	陕西延长石油化建股份有限公司	董事长
刘世春	金融街控股股份有限公司	董事长
张增光	唐山冀东水泥股份有限公司	董事长
锁炳勋	安徽金种子酒业股份有限公司	董事长
曾昭秦	山东天业恒基股份有限公司	董事长
邱　卫	湖南新五丰股份有限公司	董事长
于九洲	唐山冀东水泥股份有限公司	总经理
徐义民	新疆西部牧业股份有限公司	董事长
王龙雏	福建省厦门象屿股份有限公司	董事长
傅　帆	上海国际信托有限公司	总经理
刘相学	鲁银投资集团股份有限公司	董事长
曹和平	长春欧亚集团股份有限公司	董事长
谢长军	龙源电力股份有限公司	总经理
张永年	四川成渝高速公路股份有限公司	董事会秘书
王宜明	山东联合化工股份有限公司	董事长
付守杰	广汽长丰汽车股份有限公司	总经理
龚永福	万福生科（湖南）农业开发股份有限公司	董事长、总经理
薛伟成	罗莱家纺股份有限公司	董事长

地　　址：上海浦东桃林路 18 号环球广场 B 座 2809 室

邮　　编：200135

电　　话：021－22819146

传　　真：021－22819145

邮　　箱：shcwq@163.com

中国证券业年鉴编辑委员会

地　　址：上海浦东桃林路 18 号环球广场 B 座 2809 室
邮　　编：200135
电　　话：021 －22819146
传　　真：021 －22819145
邮　　箱：shcwq@163.com

目　录

第一编　专　论

第二编　中国金融市场

第三编　中国证券市场

第三节 深圳证券交易所上市公司/财务指标 …… 1479

第四编　中国基金市场

第五编　中国期货市场

第六编　中国保险市场

第七编　中国证券业人物纪实与访谈

第八编　中国证券市场优秀企业选介

■上市公司

※上交所上市公司※

※深交所主板上市公司※

※中小板上市公司※

※创业板上市公司※

插页目录

上　册

中　册

下 册

中国证券业年度人物

象屿股份
XIANGYU CO.,LTD.

[股票代码：600057]

福建省厦门象屿股份有限公司

2011年8月29日，象屿股份（股票代码：600057）在上海证券交易所成功上市。

原厦门市人民政府叶重耕副市长及象屿股份王龙雏董事长共同敲锣开盘

象屿股份王龙雏董事长与上海证券交易所副总经理周勤业共同签订《上市协议书》

王龙雏董事长代表象屿股份领取国家AAAAA级物流企业荣誉

流通创造价值 绿色链动未来

福建省厦门象屿股份有限公司由象屿集团旗下所有物流概念的子公司重组而成，2011年8月在上海证券交易所重组上市。

公司主营业务为大宗商品采购供应及综合物流服务、物流平台开发运营。

公司以“创造流通价值，服务企业成长”为经营宗旨，紧跟中国制造业的发展步伐，为客户提供原材料的计划、采购、物流、销售、融资等端到端的流通服务。公司已形成覆盖全国的市场网络，并拥有完善的海外代理网络，已成为国内外一批大型企业的战略合作伙伴。

作为行业未来方向的引领者，象屿股份将致力于打造全新的绿色供应链，以绿色的理念和服务，帮助客户赢得更加美好的前景和未来，将自身打造成为具有国际竞争力的中国先进物流品牌企业。

绿色供应链

创新：全新模式，智赢未来，为客户提升核心竞争力。

高效：有效整合，高效有序，为客户打造市场生命力。

阳光：阳光心态，透明服务，为客户提供无忧服务。

低碳：绿色环保，节能低耗，为人类创造更加美好的生存和发展环境。

公司荣誉

国家AAAAA级物流企业

全国物流行业先进集体

商务信用等级AAA级企业

第十届中国公司治理论坛“典型并购重组案例奖”提名奖

www.xiangyu.cn

地址：厦门现代物流园区（保税区）象兴路21号银盛大厦　电话：86--592--5603798

Hong Kong Exchanges and Clearing Limited
香港交易及結算所有限公司

主席夏佳理

公司简介

香港交易及结算所有限公司（香港交易所）是香港证券及衍生产品市场营运机构以及有关结算所的控股公司。香港交易所于 2000 年 6 月 27 日在其属下的证券市场上市。

香港交易所的主要职能包括监管及营运上市集资市场，所有在香港交易所属下香港联合交易所（联交所）主板或创业板上市的上市申请，均须由联交所的上市委员会审批，而联交所亦是监管上市公司的前线机构，负责执行上市规则。香港交易所亦提供广泛的交易前及交易后投资服务，以及市场信息服务。

香港位处亚洲为全球投资者及发行人提供最佳机会的国际市场，亦是中国的国际金融中心；结合中国与国际市场的双重优点，香港交易所致力成为内地投资者和发行人的国际交易所，以及国际间的发行人和投资者的首选中国市场。

在香港交易所买卖的产品

香港交易所一直致力在证券及衍生产品市场推出多元化产品组合，以巩固香港作为国际金融中心的地位，并为公众提供更多的投资选择，以配合他们在不同市况的投资策略及风险管理需要。

1、证券市场方面，除了股本证券、预托证券、股本权证及衍生权证外，香港交易所还推出可收回牛熊证、交易所买卖基金、房地产投资信托基金、股票挂钩票据及债券等。

2、衍生产品市场方面，香港交易所提供股市指数产品（包括恒生指数期货及期权、小型恒生指数期货及期权、H 股指数期货及期权、小型 H 股指数期货等）；同时拓展股票期货及期权的种类，包括股息期货，并提供外汇基金债券期货、港元利率期货、黄金期货等产品。

集团行政总裁李小加

香港交易所2011年截至12月15日证券市场表现

上市公司数目	1,319	市值（亿港元）	170,244
新上市公司数目	81*	总成交金额（亿港元）	167,730.97
股份集资总额(亿港元)	4508.46^	－ 股份（亿港元）	117,842.21
－首次上市集资额(亿港元)	2511.48	－ 衍生权证（亿港元）	25,869.47
－上市后集资额(亿港元)	1,996.97	－ 牛熊证（亿港元）	18,101.54
平均每日成交金额（亿港元）	707.73	－ 交易所买卖基金(亿港元)	5,352.64

* 包括12家从创业板转到主板上市的公司

^ 截至2011年12月15日的暂计数字

注册地址
地址：香港中环港景街1号国际金融中心一期12楼
电话：+852 2522 1122
传真：+852 2595 3106
电邮：info@hkex.com.hk
网址：www.hkex.com.hk

北京代表处
地址：北京东方广场西二办公室1002室
电话：+8610 8518 3088
传真：+8610 8518 3288
电邮：bjo@hkex.com.hk

首次上市集资额连续三年全球称冠

尽管年内市况波动影响投资气氛，香港交易所连续三年成为全球首次上市集资额最高的市场，年内为新上市企业集资达 2,589 亿港元；连同交易市场再融资计香港交易所 2011 年的股本集资总额达 4,882 亿港元。年内新上市公司来源亦多元化；按集资额计，年内新上市国际企业占首次上市集资额的 42.0%，内地企业占 36.5%、而香港企业亦占 21.5%。过去十年，香港交易所首次上市集资额亦一直高锯全球前五位，足证香港证券市场的深度可持续地满足企业的融资需要。展望未来，香港交易所将继续在国际、内地及香港向准发行人介绍香港证券市场可提供的服务。

人民币相关业务的开展

发展人民币相关业务是香港交易所战略规划的一大重点，香港交易所期望在本港市场发展出一系列全面而又可持续发展的人民币产品。在过去一年，香港交易所与各市场参与者紧密合作，并在各项技术及操作层面上准备就绪。

香港首只以人民币计价的首次公开招股 -- 汇贤产业信托，于 2011 年 4 月 29 日在交易所上市，成功集资人民币 105 亿元。汇贤产业信托成功上市，是香港发展人民币相关产品的重要里程碑，除汇贤产业信托外，在香港交易所上市的人民币产品还包括 11 只债券。

企业在香港交易所进行人民币首次公开招股集资，可采用「单币单股」或「双币双股」模式。「单币单股」指公司发行人民币交易股票，而「双币双股」模式则让发行人同时将其人民币交易股票与港币交易股票进行首次公开发行。在「双币双股」模式下，两币股份各自按本身货币（即人民币与港币）在两个柜台分开买卖，犹如两只不同股份。

香港交易所也容许已在其证券市场上市的发行人透过上市后发售人民币证券筹集资本，在港元股票以外推出人民币股票。

香港交易所发展的「人证港币交易通」系统亦已准备就绪。这是一个备用设施，让投资者在没有足够人民币、或未能通过其他渠道取得人民币时，也可以透过港元在交易市场投資人民币股票。

普拉达于 2011 年 6 月 24 日于香港交易所挂牌上市，成为首间于意大利注册的本港上市公司，普拉达集资逾 192 亿港元。

香港交易所2011年截至12月15日衍生产品市场表现（合约张数）

期货及期权合约总成交量	136,738,575	期货及期权平均每日成交量	576,956
期货合约成交量	49,137,952	期货平均每日成交量	207,333
期权合约成交量	87,600,623	期权平均每日成交量	369,622
		未平仓期权及期货合约张数(截至12月15日)	9,815,261

江苏连云港港口股份有限公司
Jiangsu Lianyungang Port Co., Ltd.

江苏连云港港口股份有限公司成立于 2001 年 10 月 15 日，由连云港港口集团有限公司和中国信达资产管理股份有限公司等五家发起人发起设立，2007 年 4 月 26 日公司股票在上海证券交易所上市交易。

公司依托“水深流顺风浪小，不冻不淤陆域大”的天然深水良港连云港港，紧临国际主航运线。公司下设董事会秘书处、办公室、企业文化部、投资发展部、审计部、资产装备部、生产业务部、财务部、人力资源部 9 个部门和东联、东源、东泰和东润 4 个港务分公司；控股经营江苏灌河国际港务有限公司、连云港港口国际石化港务有限公司；参股经营连云港中远船务工程有限公司、连云港中韩轮渡有限公司、连云港中韩轮渡株式会社、新陆桥（连云港）码头有限公司和连云港新东方国际货柜码头有限公司；拥有 24 个生产泊位，其中万吨级以上泊位 21 个，主要从事港口货物的中转装卸、堆存及相关港务管理业务，涵盖集装箱、铁矿石、粮食、液体化工品及散杂货装卸，客货班轮运输，国际修造船等领

李春宏董事长在公司债券发行网上路演现场致辞

市委常委、港口管理局局长丁军华在非公开增发庆祝会上讲话

第四届连云港港口发展与资本经营论坛

股票简称：连云港　股票代码：601008

地址：江苏省连云港市连云区　邮编：222042
电话：0518-8237588　传真：0518-82380588　网址 :www.jlpcl.com

域。其中，煤炭出口享有“唯一无索赔港”盛誉，氧化铝、木薯干、胶合板、有色矿和铝锭接卸量国内领先，焦炭出口沿海第二，化肥、活牲畜接卸排名第三，机械设备出口港稳居第四，粮食进出口位列第五。

作为国内最早以城市命名的股票，“连云港”凝聚着市委、市政府领导的心血，肩负着“以港兴市”的使命，承载者广大投资者的期盼，担当着发展港口主业板块、对接资本市场的重任。展望未来，公司将充分发挥连云港作为新亚欧大陆桥东桥头堡和中国中西部地区最便捷进出海口岸的区位优势，以多年来积累的品牌、信誉、管理、人才等优势为平台，坚持科学发展观，强化责任，优化管理，增强核心竞争力，以高效快捷优质的港口综合服务，不断拓展和扩大市场份额，提升公司的市场价值，在资本市场的强力助推下，建设和谐企业和效益企业，为实现中国沿海重要的、江苏最大的具有国际竞争力的现代化综合港口运营商战略目标而不懈努力。

庆祝港口股份成立十周年全国交通行业书画联展

海港新姿

收购新东方、新陆桥股权

中国驰名商标

SUN ASIA 圣亚®

一、公司简介

大连圣亚旅游控股股份有限公司（以下简称“大连圣亚”）于 1993 年 12 月成立；1995 年 6 月，建成中国第一座海底通道式水族馆；2002 年 7 月在上海证券交易所上市，成为中国唯一一家以人造景观为主营业务的上市企业；2008 年 9 月，圣亚获评“中国驰名商标”；2010 年 9 月，进入《辽宁省文化产业振兴规划纲要》，成为大连、丹东沿海沿江文化创意产业先导区重点项目之一；2010 年 12 月，获评国家文化产业示范基地。大连圣亚现有员工 500 余人，截止 2011 年 9 月 30 日，公司资产总值为 6.5 亿元，市值超过 13.64 亿元。公司成立 16 年来累计接待游客 1600 余万人次；2010 年，大连圣亚接待游客数为 136 万人次，收入 1.26 亿元；净利润 523 万元。

多年来，大连圣亚一直专注于旅游产业，项目先后多次升级、改版，在本地发展成为以圣亚海洋世界、圣亚极地世界、圣亚珊瑚世界为核心的文化旅游景区，营业面积近 5 万平方米，与亚洲最大的广场——星海广场、百年历史的星海公园及东北最大的游艇码头，共同组成大连最具休闲娱乐特色的旅游目的地，2001 年 1 月获评国家首批 AAAA 级旅游景区（点）。大连圣亚同时跨地域经营建设，于 2005 年独资建成“世界首座极地演艺游乐展馆”——哈尔滨极地馆，建成后不久即成为哈尔滨国际冰雪节四大景区之一，并于 2009 年获评国家 AAAA 级旅游景区（点）。

二、本地项目简介

大连圣亚海洋世界于 1995 年 6 月建成开放，这是中国第一座海底通道式水族馆，拥有当时亚洲最长的 118 米海底通道，开创了中国第三代水族馆建设的先河。2005 年 7 月，在全国海底通道式水族馆遍地开花的情况下，大连圣亚海洋世界全新改版，突破普通海洋馆以海洋生物展示为主的思路，用原创剧本指导项目建设，用完整的情节串联游览内容，采用充满文化色彩又不乏娱乐性的方式拉近人与海洋的距离，让游客如同一出海洋情景剧中的角色，完成“从陆地进入海底，再从海底回到海上”的奇幻旅程，圣亚海洋世界也因此成为中国乃至世界第一座情景式海洋主题乐园，海底通道享誉 16 年而不衰，成为大连圣亚的两大王牌之一。

大连圣亚极地世界于 2003 年 4 月建成并对外开放，这是大连圣亚携同美国 HHCP 国际设计公司、美国 ODYSSEY 影幻制作公司联手打造的中国第一家世界级极地探险文化旅游景观，通过文化、艺术、娱乐等表现形式，向游客全面展现极地世界的真实风貌，营造参与探险的文化娱乐空间，填补了中国极地文化旅游的一项空白。其中南极企鹅岛是国家级南极企鹅种源繁育基地。沉稳的王企鹅与活跃的金图企鹅，组成了中国最大的南极企鹅社区，在水陆两栖的仿原生态环境中每日上演真实逗趣的企鹅“生活秀”，是大连圣亚的两大王牌之一。

大连圣亚珊瑚世界于 2006 年 5 月推出，这是一个以珊瑚为主题的海洋生物科普文化展览馆，汇聚了来自世界的百余种、1000 多个珊瑚礁生物群。

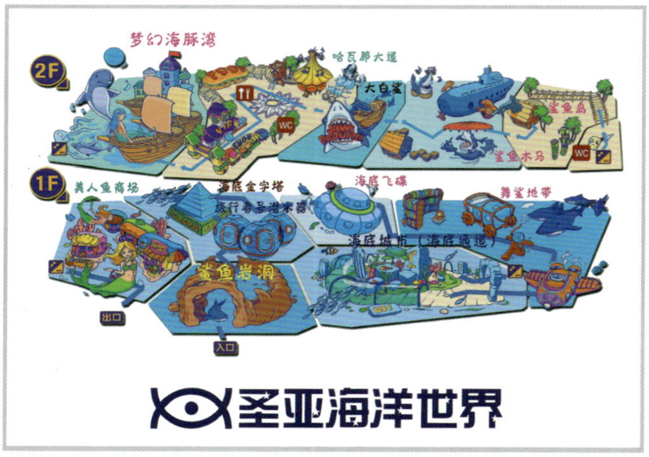

中国驰名商标

大连圣亚®旅游控股股份有限公司

DALIAN SUN ASIA TOURISM HOLDING CO.,LTD.

股票简称：大连圣亚　股票代码：600593

三、2011 年圣亚项目升级，表演产品优势倍增

（一）建设国内首家"3D 功夫海象秀场"

2011 年，公司完成对极地世界"功夫海象表演场"的全面升级改造，将原有的露天表演场变身成为全天候的室内剧场。亦真亦幻的极地景观，12×48 米的国内最大环幕，全新的灯光音响设备，将声光电技术与传统的舞美设计相结合，使绚丽多姿、变化多端的舞台背景与人类及动物演员的表演完美融合，带给游客全新的视觉体验。

（二）建设国内最大的"白鲸表演水下剧场"

2011 年，公司全新表演产品《白鲸传奇》惊艳推出，在长 16.8 米，宽 6.6 米，水深 6 米的国内最大的水下剧场中，驯养师不借助任何潜水器具，与美丽的白鲸翩翩共舞，演绎一段震撼浪漫的海底传奇，让游客如痴如醉。

（三）圣亚核心产品"三大表演，两大王牌"确立优势地位

2011 年，圣亚的大型动物表演增加到三场，即三大表演：《海豚湾之恋》、《白鲸传奇》、《功夫海象》，动物明星涵盖最受市场欢迎的白鲸、海豚与海象、海狮，风格或浪漫唯美，或惊奇震撼，或幽默搞笑，在同业中保持领先地位。展示类产品"两大王牌"：海底通道——中国第一座海底通道，南极企鹅岛——中国最大的南极企鹅基地，都是国内同类项目的经典之作。

四、大连圣亚的近期发展规划

2011 年，公司董事会拟在 2011 年底至 2013 年，充分利用"国家文化产业示范基地"的优势，投资 3.3 亿元左右，对公司现有场馆进行部分改造；同时拟开发建设海上看大连及温泉度假等新项目、新景点，打造全天候的旅游项目，满足游客不断增长的多元化消费需求。实现公司产业链的全面拓展和延长，提高公司市场竞争力，拉动公司业绩增长，扩大公司产业规模，使公司能够达到长期可续发展。

品牌内涵不断丰富，品牌影响力持续扩大

公司深化实施品牌经营战略，不断充实马应龙的品牌内涵，扩大马应龙品牌的影响力。2005 年，马应龙在人民日报、中国企业文化促进会、中国质量与品牌杂志社等六家公共传媒的联合评选中荣获“中国痔疮药物最具影响力品牌”。2006 年，马应龙荣获国家工商总局认定的“中国驰名商标”，成为中国治痔领域唯一的“中国驰名商标”。2011 年，公司拥有的“马应龙眼药制作技艺”正式获批国家级非物质文化遗产。公司产品市场抽检合格率始终保持在 100%，得到了监管部门和消费者的认可，荣获“湖北省名牌产品”、“最受消费者喜爱产品”等荣誉。2011 年，公司还获评湖北省政府设立的最高质量荣誉奖——长江质量奖，是省内第三家获此殊荣的企业。根据世界品牌实验室公布的最新信息，公司品牌价值达到 71.08 亿元。

积极履行社会责任

近年来，公司本部提供新增就业岗位500余人，增长53.8%，并通过投资、并购等方式，为近2000多名子公司员工提供了良好的职业发展通道。

公司终坚持依法诚信纳税，2010 年缴纳各项税金 1.17 亿元，十一五期间累计上缴税收达 4.63 亿元，为构建和谐社会贡献了自己的一份力量。

公司建立了马应龙慈善基金，并以该基金为平台，从上至下广泛参与社会公益事业，在扶危济困、资助教育和赈灾救助等方面勇作表率，历次社会大灾大难均积极捐赠，过去五年累计向社会捐赠现金及药品 1400 余万元，在业内树立了榜样，获得了良好的社会反响。公司坚持开展捐资助学活动，在武汉大学、中南财经政法大学、湖北中医学院等高校相继设立“马应龙助学金”，共资助贫困学生 269 人次，并为在校大学生提供了大量的勤工俭学机会、节假日实习机会。公司还连续两年开展公益助医活动，面向社会征集了 200 名肛肠手术患者，全程免费进行手术。

2008 年 9 月，马应龙获中国医药企业管理协会和人民网联合评选的“2008 中国医药企业社会责任优秀奖”，2008 年 11 月，马应龙被中国红十字总会授予“最佳企业红十字会”荣誉称号，2009 年荣获“中国（湖北）最佳企业公民大奖”。

证券简称: 马应龙　证券代码: 600993

马应龙药业集团股份有限公司

www.chinacamel.com

骆驼
驼

骆驼集团股份有限公司

GAMEL GROUP CO.,LTD.

董事长:刘国本先生

骆驼集团股份有限公司成立于 1994 年 7 月 2 日，主要从事铅酸蓄电池的制造和销售。铅酸蓄电池主要用于汽车起动、动力和后备与储能(固定)。汽车起动电池是铅酸蓄电池最大的应用领域，占整个铅酸蓄电池市场的一半以上。公司目前的产品结构中，95% 以上是汽车起动铅酸蓄电池，包括 9 大系列、300 多个型号，基本覆盖了机动车辆的各类产品，是汽车起动电池行业产品规格型号最齐全的企业之一。公司产品全部是免维护电池，其中超过 2/3 是高性能低铅耗的全密封免维护产品，属于国家产业政策鼓励的高技术绿色电池，此类产品供不应求，利润率较高。

2008 年以来，公司经营业绩优良，净利润快速增长，2008 年净利润为 7,400 多万元、2009 年为 1.7 亿余元、2010 年为超过 2.6 亿元，公司盈利能力和成长性发展趋势良好。

公司是国家重点支持的高新技术企业，拥有省级技术中心和研发中心。公司多项产品与技术在行业内处于领先地位，“骆驼”商标已被认定为“驰名商标”、“中国电器工业最具影响力品牌”等称号。

公司产品的市场分为配套市场和维护市场。在配套市场，公司是通用、东风、雪铁龙、福特、现代、吉利、比亚迪等 80 余家车辆生产企业的主要供应商；在维护市场，公司销售渠道覆盖全国 31 个省、自治区和直辖市，在地市级区域发展了 300 多个一级经销商，这些一级经销商均由公司业务经理直接管理，销售网络扁平化，公司的销售政策得以高效执行，市场得到不断开拓、巩固，取得了很好的效果。

2011 年 6 月 2 日，“骆驼股份”在上海证券交易所隆重上市

安徽山鹰纸业股份有限公司

AN HUI SHAN YING PAPER INDUSTRY CO., LTD.

山鹰纸业新厂区

安徽山鹰纸业股份有限公司前身为马鞍山市造纸厂，始建于 1957 年，1994 年改制为马鞍山市山鹰造纸有限责任公司，1999 年变更为安徽山鹰纸业股份有限公司。2001 年，公司成功在上海证券交易所上市，股票简称“山鹰纸业”，股票代码“600567”。公司现为国家大型一档企业、高新技术企业、全国 30 家重点造纸企业、安徽省 50 强企业，生产规模和经济效益连续多年位居安徽省造纸行业首位和全国同行业前列。

公司主导产品为箱纸板、瓦楞纸、瓦楞箱板纸箱、新闻纸和胶印书刊纸。箱纸板、瓦楞纸和瓦楞箱板纸箱被广泛用于家电、纺织、医药、电子、水果、饮料等多种商品的外包装，满足商品的贮运要求；新闻纸、胶印书刊纸则主要用于报纸书刊的印制，满足人们的阅读需要。

回顾过去，公司始终秉承外延扩张和内涵提高并重的发展方针，不断加大技术改造投入，辅以自备电站和港口码头的造纸综合配套项目建设，公司主业持续做大做强。目前，公司造纸年生产能力已接近 100 万吨，瓦楞箱板纸箱年生产能力已达 6 亿平方米。在马鞍山、扬州、苏州、杭州、常州、嘉善等地，公司合计拥有 9 家控股子公司，其中：6 家全资纸制品公司，专门从事瓦楞箱板纸箱的生产和销售；1 家集装箱港口公司，年吞吐量达 145 万吨，专门从事港口物资装卸等项业务。公司自备电站年发电能力 4 亿度，年供热能力 200 万吨。目前，公司已拥有较为完善的造纸综合配套能力，已形成包装纸、新闻纸和瓦楞箱板纸箱三大产品系列互动发展格局。公司正在着手实施总规模为年产 80 万吨的造纸项目，以继续巩固并提升市场地位，争取跻身行业前三甲。

展望未来，公司将继续坚持走发展生态纸业和循环经济之路，进一步做大、做强、做优，把公司打造成为产品一流、装备先进、管理规范、环境友好的百年企业。山鹰纸业将不只是一只不畏风雨雷电、搏击长空的“山鹰”，还将成为扶摇直上、展翅九万里、背负青天、雄视天下的“鲲鹏”。山鹰的明天一定会飞得更快更高，愿与各界朋友携手共进、共谋发展、再创辉煌。

JOEONE

证券简称：九牧王 证券代码：601566

地址: 福建泉州经济技术开发区清蒙园区九牧王工业园
电话: 0592-2955789 传真: 0592-2955997
邮箱: ir@joeone.net 邮编: 362005
网址: www.jiumuwang.com

董事长：林聪颖先生

九牧王是中国领先的商务休闲男装品牌企业，截至2010年，公司主导产品九牧王品牌男裤综合市场占有率连续十一年位居全国第一，茄克综合市场占有率连续三年位居全国第二，九牧王品牌商务休闲男装2010年首获市场综合占有率第一（以上市场占有率来自中华全国商业信息中心对全国重点大型零售企业、商业集团的统计数据）。

公司采用业务纵向一体化的模式，集品牌推广、研发设计、生产、销售为一体，经营九牧王品牌的男裤、茄克及其它服饰类产品。公司始终专注于以男裤为核心的中高档商务休闲男装的战略发展方向，致力于让男士拥有高性价比的精工时尚服饰，满足不同消费者在不同场合的穿着需求。

九牧王品牌自推出以来，公司管理层始终视高品质为企业的立命之本。为保证产品的质量始终如一，公司通过了IS09001质量管理体系与产品质量双认证，主导产品分别通过IS014001环境管理体系及中国环境产品双认证，取得“国家质量检测合格产品”证书。公司荣获了“全国产品质量、售后服务信誉双保障企业”的美誉。公司还是参与制定《中华人民共和国国家标准西裤》(GB/T2666-2009)、《中华人民共和国国家标准水洗整理服装》(GB/T22700-2008)的主要起草单位。

长期以来，公司凭借优质的产品品质获得了消费者信赖，“男裤专家”、“专业好品质”已逐渐成为九牧王品牌的象征。近年来，公司获得了“中国最受消费者欢迎的休闲装品牌”、“中国驰名商标”、“中国名牌产品”、“中国十大最具影响力品牌”、“中国家庭最受欢迎十大服装品牌”、“中国西裤行业最具影响力第一品牌”、“中国行业领先品牌”、“品牌中国金谱奖-中国服装行业年度十佳品牌”、“2007-2008中国服装品牌年度大奖(品质大奖)”、“2009年中国500最具价值品牌”、“2010年中国纺织十大品牌文化”等荣誉。

上市仪式贵宾与公司领导合影留念

董事长林聪颖与泉州市长李建国敲响开市铜锣

2011年5月30日，九牧王股份有限公司A股股票成功在上海证券交易所挂牌上市，为公司的长远发展提供了一个新的平台。

男裤专家 专业好品质

公司重视企业文化建设、员工福利与社会公益事业。公司 2008 年通过了职业健康安全管理体系认证，并先后被评为“全国学习型组织先进单位”、“2006 年度全国和谐劳动关系优秀企业”、“全国厂务公开民主管理先进单位”、“福建省模范职工之家”、“全国模范职工之家”。公司热心参与社会公益与教育事业，被中国儿童少年基金会授予“中国儿童公益明星企业”、“中国儿童慈善奖——突出贡献奖”，被福建省人民政府授予“福建省捐赠公益事业贡献奖”，被福建省红十字会授予“福建省红十字人道奖”。

2011 年 5 月 30 日，公司 A 股股票成功在上海证券交易所挂牌上市（股票简称：九牧王，股票代码：601566），为公司的长远发展提供了一个新的平台。

面对二十一世纪日益激烈的市场竞争，相信在全体九牧王人的共同努力下，定能使九牧王逐渐成为中国商务休闲男装的领导者，并为中国服装事业的腾飞做出新的贡献。

2011年5月至6月，九牧王男装“裤领天下”裤文化巡展在全国13个重点城市盛大上演

裤文化巡展杭州站夜景

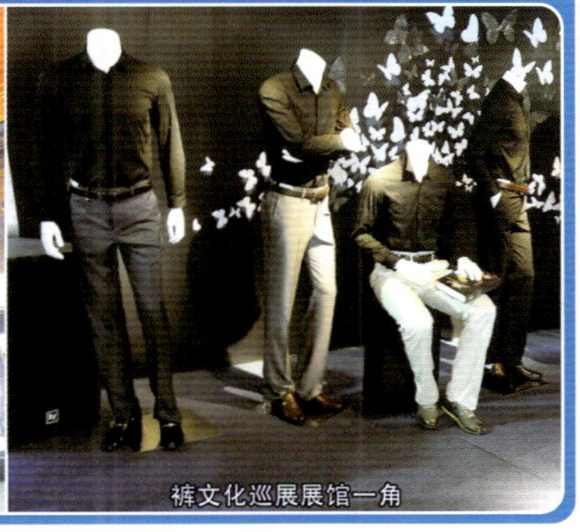

裤文化巡展展馆一角

2011年10月20日，公司300万捐建的德阳市旌阳区九牧王春蕾学校正式落成

学校校长向董事、总经理陈加芽赠送锦旗

落成典礼领导合影留念

以质理为生命 以顾客为中心
以市场为导向 以诚信为根本
创全国知名房地产企业
天房美域
天房峰阁

京运通　证券代码: 601908

董事长：冯焕培先生

北京京运通科技股份有限公司（以下简称“公司”）成立于2002年8月8日，注册资本为42988.5136万元人民币，是一家以光伏设备制造业务为核心、光伏设备与晶体硅生长和晶片业务互补发展的高新技术企业，主导产品包括单晶硅生长炉和多晶硅铸锭炉等光伏设备以及硅棒、硅锭和硅片等光伏产品。公司光伏设备产品质量稳定可靠、技术指标先进、使用性能优越，具有较高的性价比优势，在国内市场占有率名列前茅。截至2011年6月30日，公司已销售单晶硅生长炉超过2200台，销售多晶硅铸锭炉超过500台。

公司于2011年9月8日在上海证券交易所成功上市，股票简称：京运通，股票代码：601908。截至2011年9月30日，公司总资产达46.04亿元人民币，净资产达36.62亿元人民币。2011年前三季度，公司实现营业收入15.31亿元人民币，实现净利润4.25亿元人民币，基本每股收益1.15元/股。

公司是中国电子专用设备工业协会会员单位，2002年获得“高新技术企业”称号。公司现已通过ISO9001：2008质量管理体系认证。

2003年研发的JRDL-700型软轴单晶炉获得北京市西城区科技进步二等奖，2004年研发的JRDL-800型软轴单晶炉获得北京市西城区科技进步一等奖，2005年研发的QR-400区熔高阻单晶硅炉获得北京市西城区科技进步三等奖。2007年和2008年，JRDL-900型软轴单晶炉和JZ-660型多晶硅铸锭炉连续荣

2011年9月8日，“京运通”在上海证券交易所隆重上市

www.jingyun

地址：北京经济技术开发区经海四路 158 号 邮编：100176
电话：010-80803016-8080/3016 传真：010-80803016-8298
公司网址：www.jingyuntong.com

规范管理 科技创新 顾客至上

获中国半导体行业协会、中国电子材料行业协会、中国电子专用设备工业协会和中国电子报社联合授予的“中国半导体创新产品和技术奖”。2009 年，公司被评为“德胜科技园年度优秀自主创新企业”和“德胜科技园年度高成长企业”。2010 年，公司被评为“德胜科技园年度优秀自主创新企业”。2011 年 2 月，公司 JZ-660 多晶硅铸锭炉获得“北京市科学技术进步三等奖”；同月，公司技术中心被认定为“北京市企业技术中心”；2011 年 10 月，公司入选中关村“十百千工程”企业；2011 年 11 月，公司被北京市产品评价中心评为“产品质量创新企业奖”、公司的 JZ-460/660 多晶硅铸锭炉被评为“产品质量奖”。

2008 年，本公司的“JRDL-900 型软轴单晶硅炉”被认定为北京市高新技术成果转化项目。2009 年，“JZ-460/660 多晶硅铸锭炉”被认定为北京市高新技术成果转化项目。

2006 年，本公司承担了“北京市火炬计划项目”的“QR-400 区熔高阻单晶硅炉产业化项目”。2008 年，本公司承担了“北京市高成长企业自主创新科技专项”的“JZ-460 多晶硅关键生长设备的研发项目”。2009 年，本公司承担了“金太阳示范工程”的“北京京运通厂房屋顶光伏发电项目”，以及工业和信息化部电子信息产业发展基金的“JZ-660 节能高效多晶硅铸锭炉研发及产业化项目”。2010 年，本公司承担了“国家火炬计划项目”的“JZ-550/800 定向凝固结晶法多晶硅铸锭炉产业化项目”。

未来，京运通将秉承“规范管理、科技创新、顾客至上”的经营理念，依托本地区良好的资源与政策环境，充分发挥自身设备制造的优势，不断为客户提供高附加值的产品和服务。通过实施创新、整合、并购和国际化四大战略，巩固自身在国内太阳能光伏产业中的市场领先地位，并逐渐发展成为以先进装备制造业务为核心的国际一流企业，创“京运通”的自主民族品牌，为推动中国光伏产业的发展作出更大的贡献。

tong.com

好当家 HOMEY

建一流企业，做一流产品，创一流效益

董事长：唐传勤先生

山东好当家海洋发展股份有限公司成立于 1993 年，坐落在美丽的山东半岛最东端，这里三面环海，风光秀丽，物丰人杰。附近拥有中国北方最大的渔港——石岛港，向东与日本群岛、朝鲜半岛隔海相望，毗邻威海机场、威海火车站、烟台机场，周围青威高速公路连接济南、青岛，海、陆、空交通便利，是中国山东对外开放的黄金地带。

2004 年 4 月 5 日，公司在上海证券交易所成功上市，是国内第一家以海水产养殖及加工为主营业务的上市公司，公司在资本市场上实现了企业资产的溢价增值，扩大了企业品牌的影响力，尤其是公司重大发展战略、重大投资项目得以坚定执行并很好实现。

在养殖结构上，海参、海蜇、鲍鱼、对虾等名优海珍品是公司的主要养殖品种。公司水产养殖基地引用潮汐原理进行水体交换，养殖结构科学合理、投放苗种疏密有度，养殖品种全部利用水中的浮游生物及底栖硅藻等天然饵料自然生长，是真正的绿色无公害养殖基地。其所产刺参，已被评为"中国名牌农产品"，好当家水产养殖区被列为全国水产养殖标准化示范区。目前，公司共拥有养殖面积 24 万多亩，并且已形成了育苗、养成一体化，建成了 6000 立方米水体的育苗场，繁育着海参、鲍鱼、扇贝、牙鲆鱼、美国红鱼、海藻等苗种，实现了公司养殖业苗种的自给自足，降低了养殖风险和生产成本，提高了整体经济效益。公司主导产品的海参、海蜇、鲍鱼、文蛤、泥蚶、牙鲆鱼等海珍品均属于中高档海产品，产品品质优良，营养价值高，具备海珍品所特有的防病治病、益智健美、软化血管、滋补保健、排毒养颜、提高免疫力等一系列特殊功效。

甘蓝菜卷

海珍华礼水产品

股票简称：好当家
股票代码：600467

www.sdhaodangjia.com

电子产品
设计
与制造的
领导者

www.newwf.com

地址：湖南省长沙市五一西路2号"第一大道"19-20楼

电话:0731-84449588　　传真：0731-84449593

邮箱：nwf_123456@126.com　　邮编：410005

0731 96516 电话订购服务热线

新五丰国内国外市场双管齐下，比翼齐飞。大力拓展国内和港澳市场，形成运行良好的营销通道，保持公司在港澳市场的行业领先地位；在"港澳市场创品牌"的基础上，国内市场重点面向四大领域（一是安全优质商品猪销售；二是以安全优质商品猪开发加工的安全冷鲜肉；三是种猪；四是安全饲料）迅速增加国内市场份额。

新五丰下辖两家饲料生产分公司，年生产能力 20 万吨以上。公司规模生产基地建成与投产，是我司安全优质猪产业化经营的良好基础，从源头确保了公司生猪产业化经营的品质安全，是供应国内外安全优质猪及其猪肉制品的保障。

新五丰肉品销售子公司——湖南优鲜食品有限公司和深圳晨丰食品有限公司，从事安全优质品牌冷鲜肉销售业务。分别定为湖南本土市场和珠三角市场，生产加工高品质"U 鲜"冷鲜肉，以品牌连锁经营的模式，辐射长株潭和珠三角大型市场，并借用现代电子商务和银联支付平台，打造 U 鲜自有的安全食品呼叫订购配送服务平台，建立了从屠宰、加工、贮藏、运输、销售以及宅配到家全过程实现冷链控制，实施"农场到餐桌全过程无公害质量可追溯管理体系"，让消费者真正吃到安全、新鲜、美味、健康的冷鲜肉。"U 鲜"品牌已成为放心肉的代名词。

此外，新五丰还设有几家子公司从事与生猪产业化经营相关的其它原料贸易、动物保健产品销售等相关业务，这也是新五丰安全优质猪产业化经营的有效保障。

生物高科技与传统产业有机融合，新五丰充分发挥公司和股东在科研和人才方面的优势，在生猪养殖方面，推广批进批出休栏饲养和猪群多点饲养技术、母猪高产技术、疫病综合防治技术；在育种繁育方面，采用 BLUP 法育种技术，利用基因技术改良猪肉品质、增强抗病能力；在安全饲料生产方面，不断优化饲料配方技术降低成本和进行饲料安全项目检测；在肉类食品加工方面，保持工艺技术水平和监控检测手段的先进性，与国内外肉类食品加工技术和质量标准接轨，在实践生产中不断探索肉类食品加工的先进技术。在依托农业高科技的基础上，以种猪、饲料为龙头，以输出管理、技术、服务为手段，全过程无公害控制作保证，改造、控制一批适度规模农场，扩大安全饲料和安全肉制品加工生产规模，实施规模集约化经营。新五丰整合行业和企业等多种资源，打造立体农业、循环经济、生态养殖的行业龙头，带动产业发展，实现农民增收、企业发展、社会获益的农业多赢发展目标。

新五丰 U鲜肉品

股票代码：600975

U-FRESH MEAT

www.newwf.com

陕西延长石油化建股份有限公司

SHAANXI YANCHANG PETROLEUM CHEMICAL ENGINEERING CO.,LTD.

1905 延长石油 YANCHANG PETROLEUM

地址：陕西省杨凌农业高新技术产业示范区康乐路西段化建大厦　邮编：712100
电话：86-29-87016795　传真：86-29-87016795　信箱：zhaoyonghong@vip.sina.com

董事长：张恺颙先生

化建领导

陕西延长石油化建股份有限公司（简称"延长化建"，股票代码600248），位于闻名遐迩的国家杨凌农业高新技术产业示范区。延长化建是在陕西省委、省政府的正确决策和省国资委的大力支持下，由陕西延长石油（集团）有限责任公司以其持有的陕西化建工程有限责任公司资产通过重组杨凌秦丰农业科技股份有限公司并于2008年12月26日在上海证券交易所成功上市，是目前国内石油化工建设领域为数不多的上市公司之一。

陕西化建工程有限责任公司（简称"陕西化建"）是延长化建的全资子公司，是陕西省唯一从事石油化工建设的大型股份制企业。陕西化建组建于1951年，曾先后隶属于重工业部、冶金工业部、化学工业部、陕西省石化厅、陕西省国资委，2001年改制成立了陕西化建工程有限责任公司，2006年划归陕西延长石油（集团）有限责任公司，经营管理模式由施工生产型向工程设计、设备采购、建筑安装、技术服务一体化、多元化、集团化方向发展，是陕西延长石油（集团）有限责任公司工程建设板块。

陕西化建历史悠久，施工力量雄厚，技术装备先进。工种齐全、专业配套、技术精湛。公司现有职工4450名，其中管理人员1002人，技术人员665人，生产工人2169人，一级注册建造师71人，二级注册建造师148人；拥有中高级职称345人；拥有高级技师、技师107人，中高级工921人。

公司建立了完善"决策科学、制度健全、衔接紧密、执行有力"的管理体系，推行信息化和标准化管理。公司参编国家及行业标准5项，获国家实用新型专利8项、发明专利5项、国家级工法4项、部级工法18项，公司技术中心获得省级技术中心。公司焊接水平在陕西省名列前茅，多次在陕西省焊工技术比武中摘取桂冠，曾多次代表陕西省参加全国焊接比赛并获得好名次。

陕西化建先后承建了1000多项国家和省、市重点工程，工程合同履约率和单位工程合格率均达到100%，安装工程优良品率始终保持在90%以上，多项工程被评为国家、部、省优质工程。近年来，公司施工规模、经营领域不断扩大，足迹遍及全国20多个省、市、自治区，并且走出国门，参加缅甸和伊朗的工程建设。

延长化建敲钟仪式

近年来，陕西化建先后荣获"首批全国建筑业诚信企业"、"全国用户满意施工企业"、"全国重合同守信用企业"、"全国五一劳动奖状"、"中国建筑业AAA级信用企业"、"新世纪十年中国建筑业综合实力50强"、"2010年中国建筑100强"、"中国石化工业企业文化建设先进单位"、"中国石化工业党建及思想政治工作优秀单位"、"十一五全国建筑业科技进步与技术创新先进企业"、"陕西省先进集体"、"陕西省文明单位"、"陕西省建筑业优秀施工企业"、"陕西省守合同、重信用企业"、"AAA信用等级企业"、"陕西省重点推广品牌"等30多项荣誉称号。

"十二五"期间，延长化建将按照"依托延长、一业为主、多元发展"战略定位，树立"工程立企、科技兴企、人才强企、创延长化建品牌"战略思维，坚持"一体、两翼、两支撑"产业格局，沿着"由施工总承包向EPC承包延伸、由工程施工向房地产开发延伸、由安装向制造延伸、由工程承包向投融资延伸"战略路径，通过"管理提升、资源整合、资本运作、协同发展"的发展方略，做大延长化建、做强陕西化建，使公司成为以工程总承包为核心，集装备制造、房地产开发、工程技术服务、投融资业务为一体的多元化发展的国际化工程公司。全面落实科学发展观，以集团公司大型工程项目建设为契机，提升石化工程施工主业资质及具备设计能力，完成化工石油工程总承包资质壹级升特级，不断完善项目管理方式方法，加快向EPC工程总承包公司的发展步伐，力争"十二五"末产值达到100亿元。

一握化建手，永远是朋友。精诚合作，共同发展是我们的心愿。让我们携手为祖国的石油化工建设做出更大的贡献。

协作企业座谈会

创造精致优雅的生活

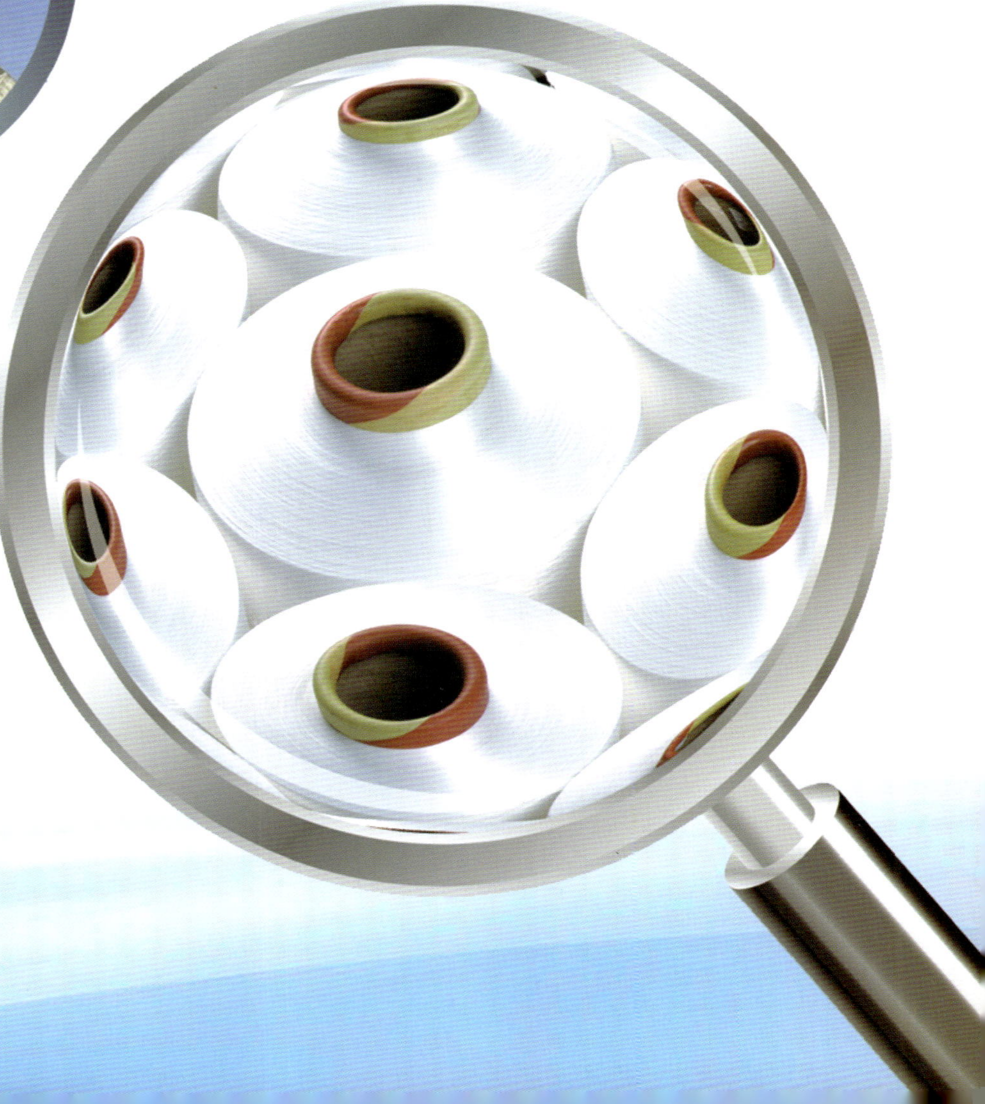

内蒙古君正能源化工股份有限公司

地 址：乌海市乌达工业园区 电 话：0473-6988853 传 真：0473-6986686 邮 编：016040
www.junzhenggroup.com

董事长：杜江涛先生

参加内蒙君正挂牌上市的自治区及乌海市领导

2011 年 2 月 22 日"内蒙君正"在上海证券交易所成功挂牌上市

内蒙古自治区，幅员辽阔，资源富集，素以优质的煤炭、天然气等资源著称于世。位于鄂多斯高原西部的乌海市，享有"乌金之海"、"塞外煤城"的美誉。近几年来，乌海市抢抓西部大开发的历史机遇，经济快速发展，正在迅速崛起为重要的能源化工基地和区域中心城市。

内蒙古君正能源化工股份有限公司，自 2003 年成立以来，依托乌海当地煤炭、石灰石等优势资源，坚持资源综合开发利用，不断提高资源转化效率，建成了目前国内最为完整的"煤－电－化工"一体化的循环经济产业链，在国内众多能源化工企业中脱颖而出，成为塞北大地冉冉升起的一颗明珠，谱写了一曲高速腾飞的传奇篇章。

内蒙君正自备电厂

年产 40 万吨 PVC 项目

煤炭项目

公司业务涉足采矿、电力、冶炼、化工、建材等多个领域，主要产品包括聚氯乙烯树脂、烧碱、煤炭、铁合金和水泥等，完整的产业链为公司开展资源综合利用提供了有利条件。君正矿业生产的优质石灰石，用于公司的电石冶炼，石灰石尾矿全部用于生产水泥；露天煤矿每年开采的 200 万吨原煤，经洗选加工后，精煤用于炼焦，中煤和矸石用于发电。公司自备电厂使用循环流化床锅炉，以劣质煤和煤矸石为燃料，被国家认定为资源综合利用电厂；公司水泥厂采用新型干法技术，以电石废渣、石灰石尾矿和电厂粉煤灰为原料，被自治区认定为资源综合利用企业。

公司不断追求技术进步，创造了国内同行业的多个第一：第一家同步建设 4 台大型密闭电石炉，后成为制定电石行业国家准入标准的样本；第一家将 600 吨套筒式气烧石灰窑引进电石行业，为推动行业进步作出了贡献；第一家将电石法 PVC 单线生产能力提高到 25 万吨以上，实现了装置大型化；第一家引进技术建成年产 20 万吨片碱装置，单线规模达到世界第一；第一家使用年产 15 万吨聚氯乙烯旋风干燥床，大幅度降低了投资成本；第一家使用自主创新的邻炉点火技术，减少了发电燃油消耗。2010 年君正化工被国家认定为高新技术企业。

超越自我、不断成长是君正孜孜不倦的追求。几年来，公司管理团队精诚协作、不断学习、不断变革，从"以人为本、科学管理"，到"科学高效的专业化管理"，再到"否定自我、追求卓越"，提出了与公司发展相适应的管理思想，解决了不同阶段制约公司发展的瓶颈问题。公司管理团队视野开阔，思维超前，率先确立了资源综合利用和循环经济的产业发展模式，制定出纵向一体化的发展战略，实现了公司快速增长，全面应用信息化管理技术手段，提高了公司整体运营效率和风险管理能力，为公司进一步做大做强奠定了坚实的基础。

过去几年是君正和君正人共同成长、共同进步的几年。公司为员工的成长提供了广阔的发展空间，许多员工积极参与形式多样的培训，开展管理创新和技术创新，已经成为了业务尖子和管理骨干。尊重人才、积极向上的文化氛围及公司的快速发展、不断壮大，吸引了大批技术人员和多名行业专家的加盟，为公司未来的发展提供了可靠的人才保障。

公司在快速发展的同时，致力改善职工生活，积极承担社会责任，始终坚持节能环保、环境友好的发展理念，充分展现出良好的企业形象，得到了各级政府的大力支持和社会各界的广泛认同。

随着 40 万吨 PVC 项目和神华君正 120 万吨煤矿项目的建成投产，公司的规模效益将成倍增长。今后几年，公司将在鄂尔多斯获得更多的资源支撑，通过引进国际最先进的技术，在蒙西工业园区高起点投资建设一组资源转化项目，使公司的盈利能力持续快速增长。

股票简称：内蒙君正
股票代码：601216
否定自我 追求卓越
“天行健，君子当自强不息；地势坤，君子以厚德载物”。今天的君正生机勃勃，蓄势待发，相信在不久的将来，通过我们的不懈努力和奋勇拼搏，将会以卓越的经营业绩，实现君正人的庄严承诺，创造价值，不断成长，服务社会，回馈股东！
内蒙古君正能源化工股份有限公司

广西五洲交通股份有限公司

董事长：何国纯先生

广西五洲交通股份有限公司是广西唯一一家经营收费公路的上市公司。公司于1992年12月成立，于2000年12月在上海证券交易所成功首发股票上市，股票简称五洲交通，股票代码600368，公司控股股东是广西交通投资集团有限公司。

“立足交通、投资交通、服务交通、发展交通”——从上市前的路桥投资尖兵，到上市后的融资平台，再到如今通过建设、收购与融资相结合，呈现“公路主业迅速扩展，物流和房地产稳步推进”的多元经营新格局。目前公司直接经营平王路、金宜路和南梧路部分路段，下辖5个直属收费站和1个管理所，控股广西万通国际物流有限公司、广西岑罗高速公路有限责任公司、南宁金桥农产品有限公司，全资拥有广西坛百高速公路有限公司和广西五洲房地产有限公司，开发五洲国际房地产项目。五洲交通历经风雨、千锤百炼，实现了从小到大、由弱到强的发展目标，已经成为资产总量近100亿元、享誉区内外的大型国有控股企业。

五洲风量括四海，风劲正是扬帆时。国家深入实施第二轮西部大开发，自治区继续实施交通优先发展战略以及多区域合作日益深入，广西区位优势日益明显，都为五洲交通创造了广阔的发展空间。五洲交通人将矢志不渝地坚守“为股东赢得收益、为社会创造价值”这一使命，始终遵循“人本、责任、诚信、卓越”的核心价值观，秉承“优质服务、诚信经营”的经营理念，不断发展和弘扬“优质、高效、创新”的企业精神，全力打造“路畅人和、道行致远”的企业愿景，为经济社会发展和交通建设事业做出新的贡献！

公司经营领导班子

交通部部长李盛霖（右五）视察坛百高速

庞大集团

PDGROUP

证券简称：庞大集团

证券代码：601258

董事长：庞庆华先生

庞大汽贸集团股份有限公司是以汽车销售服务为主业的大型汽车营销企业，原隶属于唐山市冀东物贸集团有限责任公司，其前身"唐山市冀东机电设备有限公司"最早可追溯至1988年成立的滦县物资局机电设备公司，注册资金26.215亿元，法人代表庞庆华。

多年来，公司在董事长兼总经理庞庆华的带领下，以追求卓越、回报社会为永恒目标，致力打造优秀汽车经销商和服务品牌，培树了"勤实、严信、拼搏、高效"的企业精神和"以人为本，客户至上，诚信立业，以诚兴企"的经营理念。通过深入实施"科学发展，创新发展，跨越发展，国际发展"四大发展战略，抢抓机遇，创新经营，强化管理，取得了巨大发展。

截至2011年6月30日，公司在中国23个省市及自治区及蒙古国建有1095家营销网点，分、子公司及子公司的分支机构达1347家，其中包括汽车专卖店836家（其中4S店468家）、各类汽车市场259家。公司可销售的汽车、工程机械品牌达89种，涵盖了目前绝大多数品牌，形成了布局合理、品牌齐全、服务优质的汽车营销网络。

公司销售一直保持高速增长的态势，其中2009年销售各类汽车36万辆，实现销售收入355亿元、利润10.1亿元，向国家纳税10.1亿元。2010年销售各类汽车47万辆，实现销售收入537.74亿元、利润12.43亿元，向国家纳税10.87亿元，所经销的20个品牌销售量名列全国同行业第一名。2011年上半年销售各类汽车约20万辆，实现销售收入约268亿元，利润约4.1亿元。

www.pdqmjt.com
地址: 北京市经济技术开发区荣华南路16号中冀斯巴鲁大厦C座 邮编: 100176
电话: 010-59767095 59767090 传真: 010-59767091

勤实 严信 拼搏 高效
以人为本 客户至上 诚信立业 以诚兴企

2005 年以来，原母公司及本企业已连续七年跻身中国企业 500 强，2011 年，公司名列中国企业 500 强第 152 位，同时名列中国服务业企业 500 强第 53 位。自行业评比以来，公司一直保持了“中国汽车销售服务十大企业集团”第一名的地位。2011 年 4 月 28 日，公司在上海证券交易所正式挂牌上市，成为国内第一家通过 IPO 实现登陆 A 股的汽贸集团，在全球汽车经销业上市公司中市值最大、IPO 融资额最大，中国民营企业 IPO 融资额最大。

1999 年，公司与中国银行唐山分行合作，独创了汽车消费信贷“冀东模式”，并将 GPS 卫星定位系统成功运用于汽车消费信贷风险防范，建立健全了“六级风险防范体系”，有效解决了消贷风险问题，不仅给银企双方带来了显著的经济效益，且拉动了内需，刺激了消费，为国民经济的发展作出了积极贡献，成为公司的核心竞争力。

公司在不断发展壮大同时，始终不忘履行社会责任，连续多年蝉联当地第一纳税大户，累计吸纳就业人员三万余人，积极支持全国各地公益事业，受到社会各界广泛赞誉。公司曾先后被授予“全国质量•服务诚信示范企业”、“全国优秀汽车经销商”、“全国十佳商用车经销商”、“超级汽车营销集团”、“改革开放 30 年中国汽车流通行业最具影响力十大经销集团”等荣誉称号，连续多年被金融机构评为“AAA 级信用企业”和“最守信用贷款企业”。

庞大集团上市仪式

21 世纪中国汽车产业高峰论坛

宝泰隆

BAOTAILONG

证券简称：宝泰隆

证券代码：601011

董事长：焦云先生

总裁：宋希祥先生

宝泰隆 BAOTAILONG

七台河宝泰隆煤化工股份有限公司是集煤炭开采、洗选加工、炼焦、化工、发电、供热于一体的新型煤炭资源综合利用的大型股份制企业。公司是上海证券交易所上市公司，于 2011 年 2 月 24 日公开发行 9700 万股公众股，并于同年 3 月 9 日挂牌上市，股票简称“宝泰隆”，股票代码“601011”，注册资金 3.87 亿元。公司始建于 2003 年，七年来，企业规模不断发展壮大，七台河宝泰隆煤化工股份有限公司下设洗煤厂、焦化厂、干熄焦热电厂和独资的七台河宝泰隆甲醇有限公司、七台河宝泰隆圣迈煤化工有限责任公司、鸡西市宝泰隆投资有限公司、七台河宝泰隆矿业有限责任公司、七台河宝泰隆供热有限公司、七台河宝泰隆环保建材有限公司，鸡西市宝泰隆投资有限公司下属控股子公司，鸡西市宝泰隆煤业有限公司和参股子公司鸡西市东源煤炭经销有限责任公司，七台河宝泰隆矿业有限责任公司下属子公司七台河宝泰隆龙西矿业有限责任公司、七台河宝泰隆宏岚矿业有限责任公司、勃利县宏泰矿业有限责任公司，公司参股的抚顺新钢铁有限责任公司、龙江银行股份有限公司、新疆宝泰隆煤化工有限责任公司、七台河鹿山北兴选煤股份有限公司。企业主要产品有冶金焦炭、煤焦油、粗苯、中煤、甲醇、杂醇油、燃料油、石脑油、煤焦油沥青等，除销往东北各大钢厂和化工企业外，还远销俄罗斯。

省委书记吉炳轩来我公司视察

黑龙江省长王宪魁来我公司视察

晚 宴

公司资产从 2003 年的几千万元猛增到 40 多亿元，占地面积 130 公顷，拥有每年 390 万吨煤炭洗选加工能力、158 万吨的焦炭生产能力、3 万吨的粗苯生产能力、10 万吨的甲醇生产能力、10 万吨的煤焦油深加工能力、90 万吨煤炭开采能力，发电 4 亿度，供热 116 万平方米。企业通过了 ISO9001 质量管理体系认证和 ISO14001 环境管理体系认证，跻身黑龙江省非公有制企业纳税 50 强、黑龙江省规模以上工业企业 50 强、黑龙江省企业 50 强之列，连续多年被金融机构评为 AAA 级信用企业，全国二十佳节能减排企业，被黑龙江省评为煤炭循环经济试点企业和省级高新技术企业。公司拥有国家级博士后工作站和省级企业技术中心。

为响应国家发展循环经济，建设生态工业园区的号召，七台河宝泰隆煤化工股份有限公司经过几年来的筹划建设，加快发展了煤炭循环经济，公司的循环经济产业链如下：公司开采和采购的原煤进入洗煤工序进行洗选加工，主产品精煤供给焦化工序炼焦，副产品煤泥、煤矸石等供应干熄焦电厂；焦化工序生产的焦炭主要供给东北三省的钢铁厂用户，副产品煤焦油、粗苯、萘油等继续深加工或直接外销；焦炭生产采用干法熄焦，回收的余热用于干熄焦电厂发电和生产蒸汽，电力和蒸汽主要供应公司内部使用，剩余电量上网销售；电厂余热用于公司生产生活区和欣源小区、七星花园小区供暖，电厂的供热锅炉产生的废渣经加工后，用于生产建筑材料。宝泰隆甲醇利用炼焦产生的焦炉煤气和宝泰隆甲醇空分车间生产的氧气制取甲醇。生产甲醇的驰放气经过变压吸附，制成纯度 99.96% 的氢气后，与公司炼焦产生的煤焦油一起提供给宝泰隆圣迈用于生产燃料油品。募集资金投资项目实施后，宝泰隆圣迈将在煤焦油加氢工艺前对煤焦油进行预处理，在提炼出价值较高的工业萘等产品后，将中油加氢生产燃料油品，将煤沥青生产针状焦。公司通过完整的循环经济产业链条将煤炭资源最大化利用，实现良好经济效益和社会效益。

98 万吨每年捣固焦化厂

七台河宝泰隆焦化厂

圣 迈

污水处理

七台河宝泰隆干熄焦电厂

公司成立至今，吸引了全国各大中专毕业生 300 余人，共为社会提供了 4500 余人的就业岗位，缓解了社会就业压力。公司在环保及社会公益事业上，也做出了积极的努力和贡献。公司通过了省环保验收，达到了国家焦化行业准入条件，成为国家环保第一批准入企业之一。公司始终重视公益事业发展，成立至今，在公益事业上投入 500 余万元。2007 年公司成立了"黑宝石基金"，从 2007 年至今出资 100 余万元支助七台河贫困大学生，现支援学生 300 余人；2008 年 5 月，公司向四川地震灾区出资 100 万元，援建了四川剑门关供水站；2009 年 4 月 10 日公司向黑龙江省青少年发展基金会捐款 40 万元，在七台河新兴区红旗镇援建了一所希望小学，小学建成后命名为宝泰隆安乐希望小学。公司实现了企业发展不忘回报社会。

公司本着坚决落实科学发展观、坚持以人为本的原则，打造一支煤化工专业技术团队，走员工与企业共同发展之路，在广大员工的努力下，谱写着企业的辉煌篇章。

在未来的发展建设中，宝泰隆公司力争用 3—5 年的时间，建成东北三省最大的煤化工企业，从而为进一步做强、做大企业，为国家和地方经济发展做出更大的贡献。

七台河宝泰隆煤化工股份有限公司

QITAIHE BAOTAILONG COAL&COAL CHEMICALS PUBLIC CO., LTD.

责任地产
品质建筑

同时，华远地产积极开拓外埠市场，在青岛、西安、长沙等地逾百万平米项目正在开发中。2006 年华远首发青岛，标志着华远启动全国重点区域开发。2008 年，华远•君城（西安）一期正式面世。2009 年 7 月华远•君城（西安）二期业已启动工程实施；2009 年，华远•汤米公馆（青岛）如期开工。2010 年各个外埠项目取得丰硕成果：3 月，华远•君城（西安）一期顺利实现入住；6 月，华远•华中心（长沙）一期完成拆迁；9 月，华远•君城（西安）二期、华远•汤米公馆（青岛）盛大开盘；新增华远•海蓝城（西安）项目约 34 万平方米土地储备；11 月，华远•华中心（长沙）一期开始基础施工……树立起华远外埠拓展的一座又一座里程碑。

在专业服务同时，华远地产还以尊重和维护业主权益、树立行业规范为重要责任，以诚信为立业之首，先后推出“业权分配”、“工程保证担保”等创新理念并积极实践，成为维护市场公平和行业规范的中坚力量；“产品标准”已成为华远品牌产品卓越品质的保障。2009 年，正式推出的华远地产会员组织 -- 华远会，其倡导的“建筑家、分享爱”的主题，更为华远高端客户提供了尊贵及专享服务。

华远 • 海蓝城（西安）

华远 • 华中心（长沙）

华远 • 汤米公馆（青岛）

华远 • 君城（西安）

山东天业恒基股份有限公司

山东天业恒基股份有限公司前身为山东济南百货大楼（集团）股份有限公司（以下简称济南百货），1994年1月3日在上海证券交易所上市交易。2006年底，公司由山东天业房地产开发集团有限公司成功重组，并于2007年5月28日更名为山东天业恒基股份有限公司，股票简称“天业股份”，股票代码：600807，公司的主营业务由百货经营为主向营利能力较强的“房地产+商业”转型，成为山东省房地产业上市公司之一，开启了发展的新篇章。

公司注册总资本为321,151,200元，其中山东天业房地产开发集团有限公司占总股本的比例为32.79%，将军控股有限公司占总股本的18.52%，社会公众股占总股本的47.73%。

目前，公司以房地产开发、销售为主，具有房地产开发二级资质，同时从事物业管理、租赁以及商业经营，

公司有一支专业从事房地产开发的优秀管理团队，先后成功开发了天业翠苑、山大路创展中心、济南国际会展中心、新东方花园、潍坊中央丽景、章丘绣水如意国际商都、盛世花苑等项目，均取得了良好的经济效益和社会效益，先后被评为济南房地产品牌企业、济南房地产企业综合实力20强、山东省房地产开发50强。公司重组后，陆续开发项目主要有：

⊙东营盛世豪庭⊙

项目位于山东省东营市河口区政府南部，物业形态主要为小高层电梯洋房、多层花园洋房、高层住宅等，户型主要有90平方米—180平方米中高档房型，约1300户。

⊙天业国际⊙

天业国际项目（永安大厦二期工程）位于济南市市中心泉城路商业街黄金地段，总建筑面积3.3万平方米。1-6层商用，7-14层办公，地下一层、二层为停车场。

⊙绣水·如意国际商都⊙

项目地处经十东路与章莱路交叉口西南角，总建筑体量近25万m^2，被列为济南市十大重点工程之一，是华东地区最大的商业多功能组团式商业综合体。

■公司地址：济南市高新开发区新宇南路1号 ■联系电话：0531-82685365 82685388

企业精神： 诚信、勤勉、合作、创新

企业目标： 坚持诚信卓越的经营理念，积极开拓，不断创新，使公司成为管理科学，服务规范，产品优质，效益领先的大型房地产企业

经营理念： 以诚信开拓市场，以质量赢得市场，打造天业百年品牌

服务理念： 以服务客户为目的，以客户满意为标准

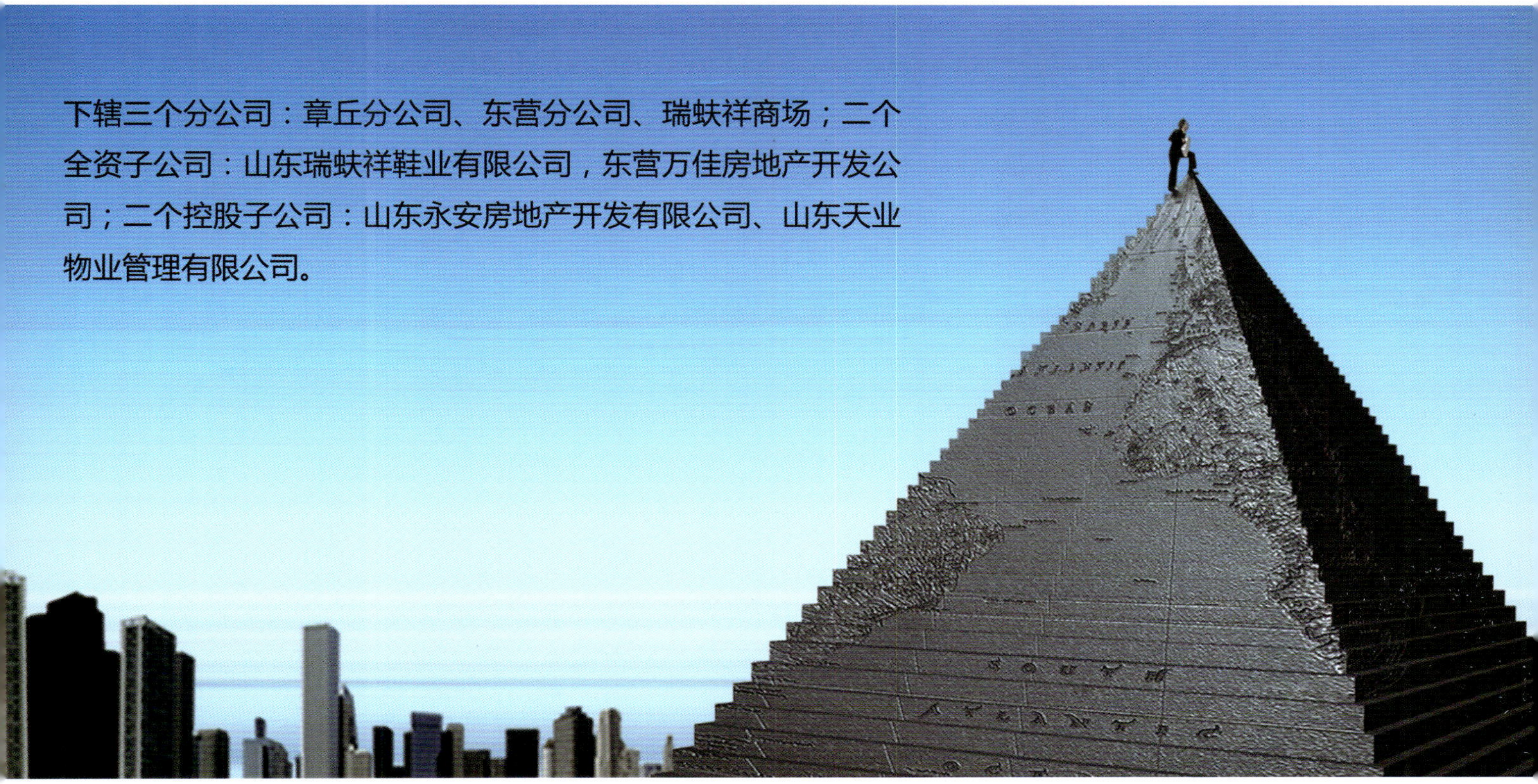

下辖三个分公司：章丘分公司、东营分公司、瑞蚨祥商场；二个全资子公司：山东瑞蚨祥鞋业有限公司，东营万佳房地产开发公司；二个控股子公司：山东永安房地产开发有限公司、山东天业物业管理有限公司。

⊙东营市盛世龙城⊙

项目规划建设用地23.7万平方米，建筑面积50万平方米，绿化率42%以上，由69栋楼宇，3400多套景观住宅和5万多平方米的公建配套组成，可容纳近1.2万人居住，是东营市规模最大的综合生态社区之一。该项目位于东营市次商圈核心，未来将发展为市区主要休闲商业中心，东营市唯一城市景观河---广利河紧沿盛世龙城，根据规划，盛世龙城区域为东营综合休闲商业区，未来升值潜力巨大。

⊙天业奥体项目⊙

由子公司山东永安房地产开发有限公司开发建设的大型商业综合体，位于济南东部新城的核心片区——奥体文博片区，是济南新政务中心所在地，在政务功能、总部经济等带动下，该片区将逐渐成长为济南的新都心。项目规划建设用地面积3.2万平方米，规划总建筑面积约23万平方米，由一幢140多米的超高层和三幢近100米的高层组成，俯瞰济南奥体中心“一场三馆”及市政务中心。

公司在几年的发展中，取得了良好的业绩，在房地产领域呈现出跳跃式发展，得到了社会各界的广泛认可和赞誉。公司全体员工将秉承"胸纳天下，立业百年"的企业理念，以无限的热情和踏实的作风，以上市公司为平台，抢抓机遇，实现"服务公众，回报社会"的美好理想，领军山东房地产业，谱写公司发展的新篇章。

董事长：曹和平先生

长春欧亚集团股份有限公司是国内大型商业企业，行业知名企业。1984 年起步发展，1992 年 8 月以定向募集方式成立股份有限公司，1993 年 10 月转为社会募集公司，同年 12 月 6 日，公司股票在上海证券交易所挂牌交易。

多年来，在董事长曹和平的带领下，欧亚集团秉承“唯旗是夺，诚实守信，勤俭善持，团结互助”的企业精神，遵循“调整经营机制，理顺产权体制，提升管理手段，扩充企业规模”的发展思路，坚持“合法经营、合格质量、合理价格、合情服务、合适管理”的经营准则，践行“员工富裕，企业兴旺，社会发展”的目标责任，在市场竞争中实现了企业的持续健康发展，奠定了行业主导地位。

经营版图逐步扩展。过去单一门市的商业小店，目前已形成了三省（吉林省、辽宁省、山东省）八市（长春市、沈阳市、济南市、吉林市、四平市、通化市、白城市、辽源市），8 个分公司、11 个子公司，总建筑面积 140 万平方米的企业规模。

经济效益持续提高。2010 年末，欧亚集团总资产 39.45 亿元，2010 年实现营业收入 52.28 亿元，实现利润 2.25 亿元。分别较 1984 年增长了 1923 倍、417 倍、1021 倍，不仅在吉林省的商业市场中扮演着领跑者的角色，而且腾跃于国内行业的前列。

品牌形象不断增强。公司先后获“中国商业名牌企业”、“全国商业信誉企业”、“全国五一劳动奖状”、“全国精神文明建设先进单位”、“全国内贸系统先进集体”、“中国商业服务业改革开放 30 周年卓越企业”、“全国执行物价计量政策法规最佳单位”、“资金信誉评估 AAA 级企业”、“2010 中国上市公司十佳法律风险管理奖”等百余项殊荣。

长春欧亚集团股份有限公司

CHANG CHUN EURASIA GROUP CO. LTD.

股票名称：欧亚集团

股票代码：600697

全年城镇新增就业 1168 万人，比上年增加 66 万人。年末城镇登记失业率为 4.1%，比上年末下降 0.2 个百分点。全年农民工[3]总量为 24223 万人，比上年增长 5.4%。其中，外出农民工 15335 万人，增长 5.5%；本地农民工 8888 万人，增长 5.2%。

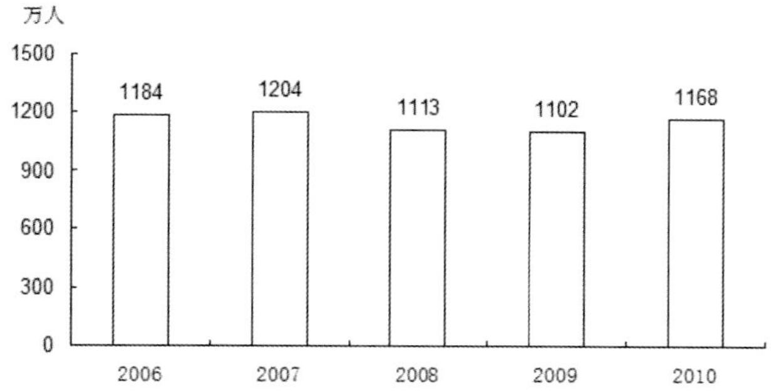

图 5　2006－2010 年城镇新增就业人数

年末国家外汇储备 28473 亿美元，比上年末增加 4481 亿美元。年末人民币汇率为 1 美元兑 6.6227 元人民币，比上年末升值 3.0%。

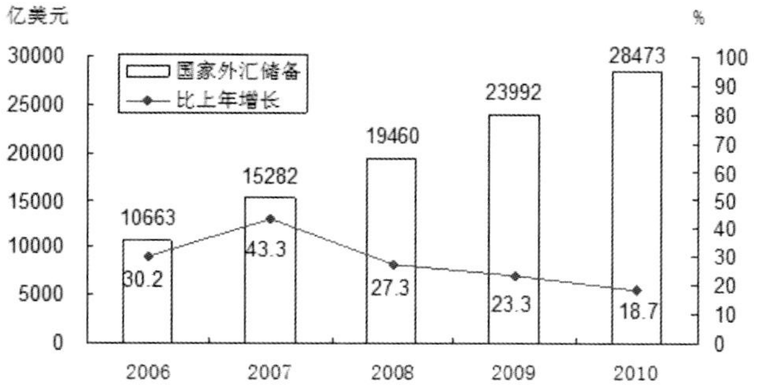

图 6　2006－2010 年年末国家外汇储备及其增长速度

全年财政收入 83080 亿元，比上年增加 14562 亿元，增长 21.3%；其中税收收入 73202 亿元，增加 13680 亿元，增长 23.0%。

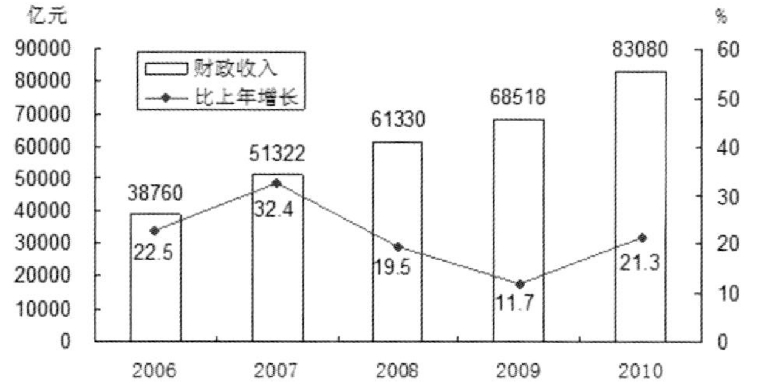

图 7　2006－2010 年财政收入及其增长速度

二、农业

全年粮食种植面积 10987 万公顷，比上年增加 89 万公顷；棉花种植面积 485 万公顷，减少 10 万公顷；油料种植面积 1397 万公顷，增加 32 万公顷；糖料种植面积 192 万公顷，增加 3 万公顷。

全年粮食产量 54641 万吨，比上年增加 1559 万吨，增产 2.9%。其中，夏粮产量 12310 万吨，减产 0.3%；早稻产量 3132 万吨，减产 6.1%；秋粮产量 39199 万吨，增产 4.8%。

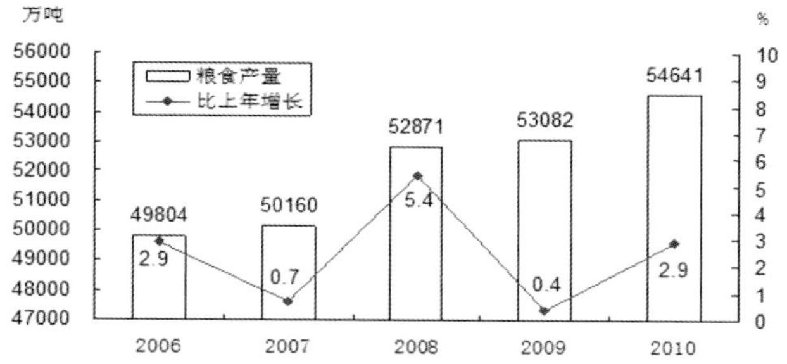

图 8　2006－2010 年粮食产量及其增长速度

全年棉花产量 597 万吨，比上年减产 6.3%。油料产量 3239 万吨，增产 2.7%。糖料产量 12045 万吨，减产 1.9%。烤烟产量 271 万吨，减产 3.9%。茶叶产量 145 万吨，增产6.4%。

全年肉类总产量 7925 万吨，比上年增长 3.6%。其中，猪肉产量 5070 万吨，增长 3.7%；牛肉产量 653 万吨，增长 2.7%；羊肉产量 398 万吨，增长 2.2%。生猪年末存栏 46440 万头，下降 1.2%；生猪出栏 66700 万头，增长 3.3%。禽蛋产量 2765 万吨，增长 0.8%。牛奶产量 3570 万吨，增长 1.5%。

全年水产品产量 5366 万吨，增长 4.9%。其中，养殖水产品产量 3850 万吨，增长 6.3%；捕捞水产品产量 1516 万吨，增长 1.4%。

全年木材产量 7284 万立方米，比上年增长 3.1%。

全年新增有效灌溉面积 163.4 万公顷，新增节水灌溉面积 197.5 万公顷。

三、工业和建筑业

全年全部工业增加值 160030 亿元，比上年增长 12.1%。规模以上工业增加值增长 15.7%。在规模以上工业中，国有及国有控股企业增长 13.7%；集体企业增长 9.4%，股份制企业增长 16.8%，外商及港澳台商投资企业增长 14.5%；私营企业增长 20.0%。轻工业增长 13.6%，重工业增长 16.5%。

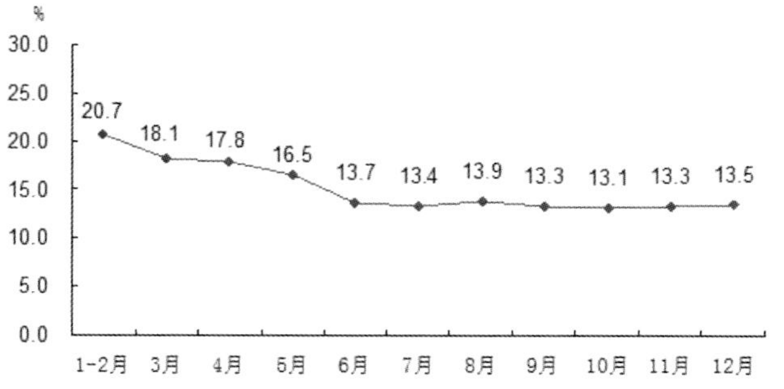

图 9　2010 年规模以上工业增加值增长速度（月度同比）

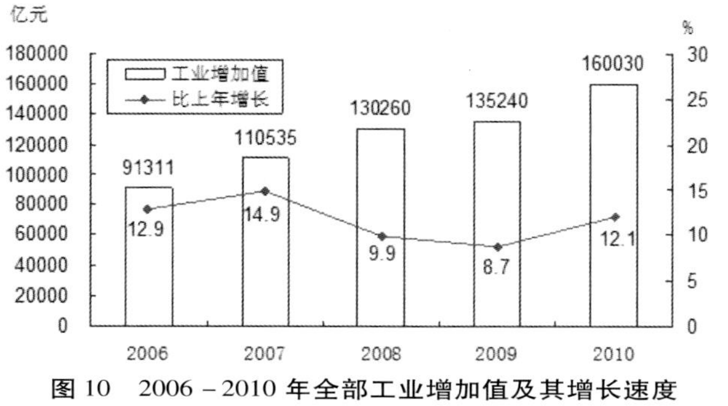

图 10　2006－2010 年全部工业增加值及其增长速度

全年规模以上工业中，农副食品加工业增加值比上年增长 15.0%；纺织业增长 11.6%；通用设备制造业增长 21.7%；专用

专　论

2010年国民经济和社会发展统计公报[1]

中华人民共和国国家统计局　2011年2月28日

2010年，面对复杂多变的国内外经济环境和各种重大挑战，全国各族人民在党中央、国务院的坚强领导下，以邓小平理论和“三个代表”重要思想为指导，深入贯彻落实科学发展观，坚持实施应对国际金融危机冲击的一揽子计划，加快转变经济发展方式和经济结构战略性调整，国民经济保持了平稳较快发展，各项社会事业取得新的进步。

一、综合

初步核算，全年国内生产总值[2] 397983亿元，比上年增长10.3%。其中，第一产业增加值40497亿元，增长4.3%；第二产业增加值186481亿元，增长12.2%；第三产业增加值171005亿元，增长9.5%。第一产业增加值占国内生产总值的比重为10.2%，第二产业增加值比重为46.8%，第三产业增加值比重为43.0%。

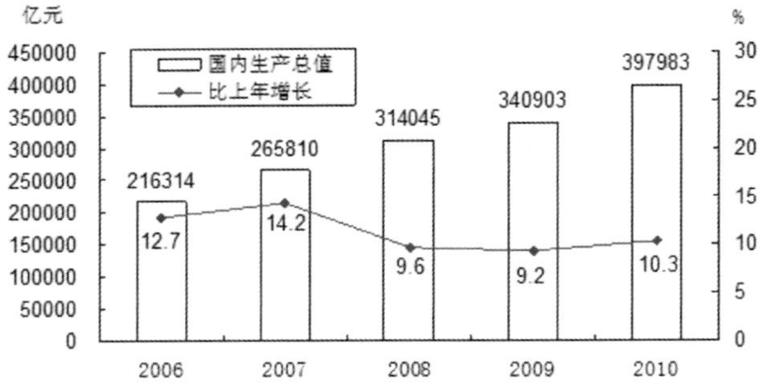

图1　2004－2008年国内生产总值及其增长速度

居民消费价格一季度同比上涨2.2%，二季度上涨2.9%，三季度上涨3.5%，四季度上涨4.7%，全年平均比上年上涨3.3%，其中食品价格上涨7.2%。固定资产投资价格上涨3.6%。工业品出厂价格上涨5.5%。原材料、燃料、动力购进价格上涨9.6%。农产品生产价格上涨10.9%。

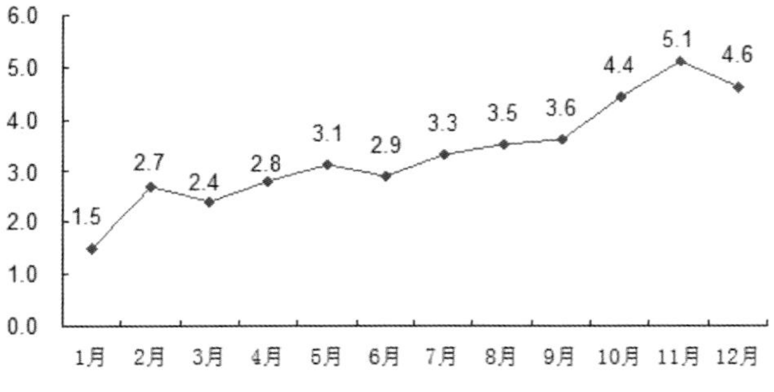

图2　2010年居民消费价格涨跌幅度(月度同比)

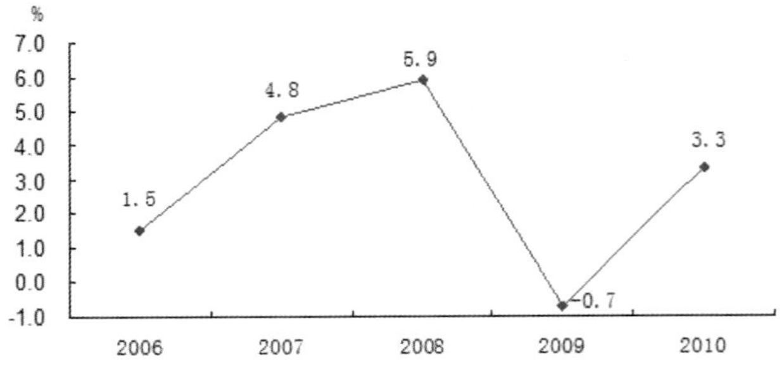

图3　2006－2010年居民消费价格涨跌幅度

表1　2010年居民消费价格比上年涨跌幅度

单位:%

指　　标	全国	城市	农村
居民消费价格	3.3	3.2	3.6
食品	7.2	7.1	7.5
其中:粮食	11.8	11.5	12.3
肉禽及其制品	2.9	2.6	3.5
油脂	3.8	3.4	4.4
蛋	8.3	8.4	8.2
鲜菜	18.7	17.8	21.3
鲜果	15.6	15.0	17.5
非食品	1.4	1.3	1.8
其中:家庭设备用品及维修服务	0.0	－0.1	0.1
医疗保健和个人用品	3.2	3.2	3.2
交通和通信	－0.4	－0.6	0.3
居住	4.5	4.5	4.5

70个大中城市房屋及新建商品住宅销售价格月度同比涨幅呈现先上升后回落趋势。

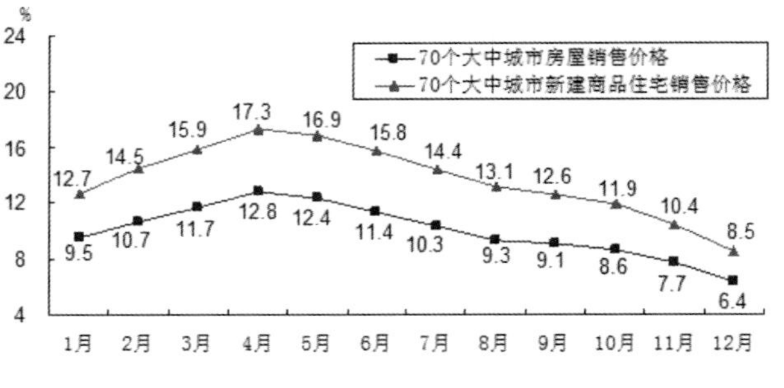

图4　2010年70个大中城市房屋及新建商品住宅销售价格涨跌幅度(月度同比)

第一编
专论

勇立潮头敢为先　百舸争流看今朝

营口港务股份有限公司是2000年3月6日经辽宁省人民政府辽政[2000]46号文批复，由营口港务集团有限公司作为主发起人，联合其他四家公司共同发起设立的股份有限公司。公司于2000年3月22日在辽宁省工商行政管理局登记注册成立，注册资本为15,000万元，总股本15,000万股。营口港务股份有限公司的成立标志着营口港向资本市场迈出了关键的一步。

面对历史赋予难得的机遇，面对千载难逢的发展契机。营口港将充分依托《振兴东北老工业基地》和《辽宁沿海经济带发展规划》两大国策，利用东北地区最近的出海口这一良好的区位优势，不断发展公司生产规模，大力建设适应区域经济发展所需的大型化、深水化、集装箱化码头，充分发挥港口的辐射和聚集作用，带动腹地临港工业的发展，通过港口经济本身的乘数效应，临港产业集群的集聚效应，循序渐进的示范效应，促进区域经济一体化，从而推动营口地区乃至辽宁中部城市群的发展，进而推动辽宁省甚至东北地区经济的发展。

设备制造业增长 20.6%；交通运输设备制造业增长22.4%，其中汽车制造增长 24.8%，铁路运输设备制造增长 25.4%；通信设备、计算机及其他电子设备制造业增长16.9%；电气机械及器材制造业增长 18.7%。六大高耗能行业[4]比上年增长 13.5%，其中，非金属矿物制品业增长20.3%，化学原料及化学制品制造业增长 15.5%，有色金属冶炼及压延加工业增长 13.2%，黑色金属冶炼及压延加工业增长 11.6%，电力、热力的生产和供应业增长 11.0%，石油加工、炼焦及核燃料加工业增长 9.6%。高技术制造业增加值比上年增长 16.6%。

表 2 2010 年主要工业产品产量及其增长速度

产品名称	单 位	产 量	比上年增长%
纱	万吨	2717.0	13.5
布	亿米	800.0	6.2
化学纤维	万吨	3090.0	12.5
成品糖	万吨	1102.9	-17.6
卷烟	亿支	23752.6	3.7
彩色电视机	万台	11830.0	19.5
其中：液晶电视机	万台	8937.5	32.1
家用电冰箱	万台	7300.8	23.1
房间空气调节器	万台	10899.6	34.9
一次能源生产总量	亿吨标准煤	29.9	8.7
原煤	亿吨	32.4	8.9
原油	亿吨	2.03	7.1
天然气	亿立方米	967.6	13.5
发电量	亿千瓦小时	42065.4	13.2
其中：火电	亿千瓦小时	33301.3	11.6
水电	亿千瓦小时	7210.2	17.1
核电	亿千瓦小时	738.8	5.3
粗钢	万吨	62695.9	9.6
钢材[5]	万吨	79775.5	14.9
十种有色金属	万吨	3092.6	16.8
其中：精炼铜（电解铜）	万吨	457.3	10.6
原铝（电解铝）	万吨	1565.0	21.4
氧化铝	万吨	2893.9	21.6
水泥	亿吨	18.8	14.4
硫酸	万吨	7090.8	19.0
纯碱	万吨	2029.3	4.3
烧碱	万吨	2086.7	13.9
乙烯	万吨	1418.9	32.3
化肥（折 100%）	万吨	6740.6	5.6
发电机组（发电设备）	万千瓦	12880.2	9.8
汽车	万辆	1826.99	32.4
其中：轿车	万辆	957.6	27.9
大中型拖拉机	万台	38.4	3.3
集成电路	亿块	652.5	57.4
程控交换机	万线	3133.3	-24.5
移动通信手持机	万台	99827.4	46.4
微型计算机设备	万台	24584.5	35.0

1-11 月规模以上工业企业累计实现利润 38828 亿元，比上年同期增长 49.4%。

表 3 2010 年 1-11 月规模以上工业企业实现利润及其增长速度

单位：亿元

指 标	利润总额	比上年同期增长%
规模以上工业	38828	49.4
其中：国有及国有控股企业	11924	59.1
其中：集体企业	689	34.6
股份制企业	21100	49.4
外商及港澳台商投资企业	11131	46.3
其中：私营企业	10430	49.4

全年全社会建筑业增加值 26451 亿元，比上年增长 12.6%。全国具有资质等级的总承包和专业承包建筑业企业实现利润 3422 亿元，增长 25.9%，其中国有及国有控股企业 990 亿元，增长 35.0%。

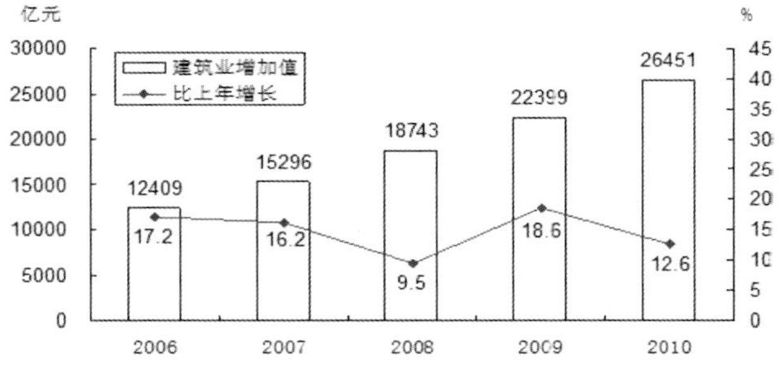

图 11 2006-2010 年建筑业增加值及其增长速度

四、固定资产投资

全年全社会固定资产投资 278140 亿元，比上年增长 23.8%，扣除价格因素，实际增长 19.5%。其中，城镇投资 241415 亿元，增长 24.5%；农村投资 36725 亿元，增长 19.7%。东部地区投资[6] 115970 亿元，比上年增长 21.4%；中部地区投资 62894 亿元，增长 26.2%；西部地区投资 61875 亿元，增长 24.5%；东北地区投资 30726 亿元，增长 29.5%。

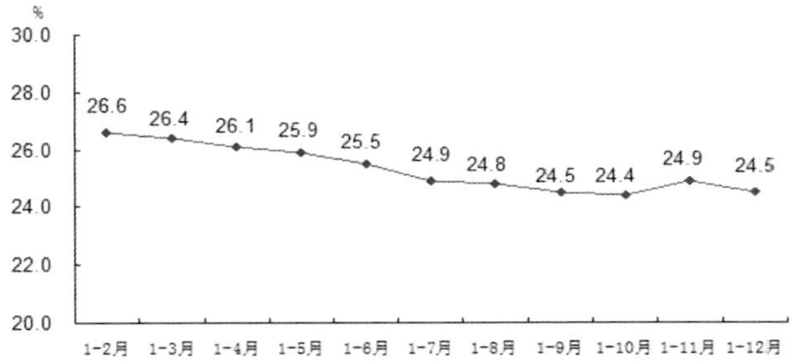

图 12 2010 年城镇固定资产投资增长速度（累计同比）

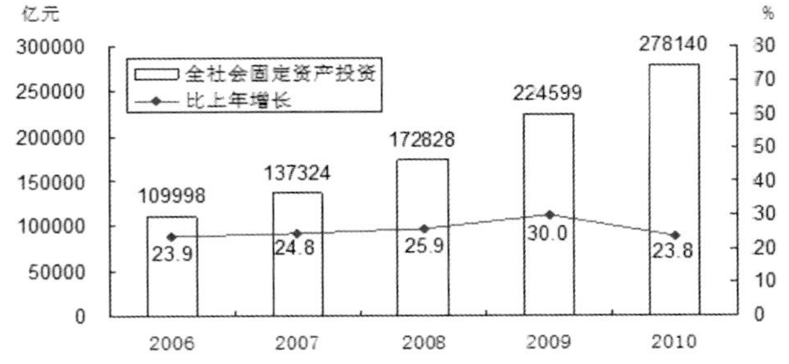

图 13 2006-2010 年全社会固定资产投资及其增长速度

表 4 2010 年分行业城镇固定资产投资及其增长速度

单位：亿元

行 业	投资额	比上年增长%
总计	241415	24.5

行　　业	投资额	比上年增长%
农、林、牧、渔业	3966	18.2
采矿业	9653	18.1
其中:煤炭开采及洗选业	3770	23.3
石油和天然气开采业	2893	3.6
制造业	74528	27.0
其中:农副食品加工业	3626	28.1
食品制造业	1944	28.8
纺织业	2230	26.4
纺织服装、鞋、帽制造业	1412	34.4
石油加工、炼焦及核燃料加工业	2076	12.9
化学原料及化学制品制造业	6863	14.8
非金属矿物制品业	7556	28.0
黑色金属冶炼及压延加工业	3465	6.1
有色金属冶炼及压延加工业	2924	35.8
金属制品业	3622	28.6
通用设备制造业	5459	22.4
专用设备制造业	4154	35.1
交通运输设备制造业	6554	31.7
电气机械及器材制造业	4996	40.4
通信设备、计算机及其他电子设备制造业	3889	48.2
电力、燃气及水的生产和供应业	14535	7.3
其中:电力、热力的生产与供应业	11869	6.6
建筑业	2332	48.6
交通运输、仓储和邮政业	27820	19.5
信息传输、计算机服务和软件业	2392	-6.0
批发和零售业	5216	16.2
住宿和餐饮业	2971	27.6
金融业	476	36.5
房地产业[7]	57557	33.5
租赁和商务服务业	2490	32.4
科学研究、技术服务和地质勘查业	1288	18.8
水利、环境和公共设施管理业	22261	24.5
居民服务和其他服务业	758	46.1
教育	3717	14.6
卫生、社会保障和社会福利业	1967	15.9
文化、体育和娱乐业	2596	22.1
公共管理和社会组织	4891	21.2

在城镇投资中,第一产业投资3966亿元,比上年增长18.2%;第二产业投资101048亿元,增长23.2%;第三产业投资136401亿元,增长25.6%。

表5　2010年固定资产投资新增主要生产能力

指　　标	单　位	绝对数
新增发电机组容量	万千瓦	9118
新增22万伏及以上变电设备	万千伏安	25816
新建铁路投产里程	公里	4986
其中:高速铁路	公里	1554
增建铁路复线投产里程	公里	3747
电气化铁路投产里程	公里	5948
新建公路	公里	104457
其中:高速公路	公里	8258
港口万吨级码头泊位新增吞吐能力	万吨	27202
新增光缆线路长度	万公里	166
新增数字蜂窝移动电话交换机容量	万户	6433

全年房地产开发投资48267亿元,比上年增长33.2%。其中,商品住宅投资34038亿元,增长32.9%;办公楼投资1807亿元,增长31.2%;商业营业用房投资5599亿元,增长33.9%。

全年各类保障性住房和棚户区改造住房开工590万套,基本建成370万套。

表6　2010年房地产开发和销售主要指标完成情况

指　　标	单　位	绝对数	比上年增长%
投资完成额	亿元	48267	33.2
其中:商品住宅	亿元	34038	32.9
其中:90平方米以下住宅	亿元	10665	27.4
房屋施工面积	万平方米	405539	26.6
其中:商品住宅	万平方米	314943	25.3
房屋新开工面积	万平方米	163777	40.7
其中:商品住宅	万平方米	129468	38.8
房屋竣工面积	万平方米	75961	4.5
其中:商品住宅	万平方米	61216	2.7
商品房销售面积	万平方米	104349	10.1
其中:商品住宅	万平方米	93052	8.0
本年资金来源	亿元	72494	25.4
其中:国内贷款	亿元	12540	10.3
其中:个人按揭贷款	亿元	9211	7.6
本年购置土地面积	万平方米	40970	28.4
完成开发土地面积	万平方米	21254	-7.7
土地购置费	亿元	9992	65.9

五、国内贸易

全年社会消费品零售总额156998亿元,比上年增长18.3%,扣除价格因素,实际增长14.8%。按经营地统计[8],城镇消费品零售额136123亿元,增长18.7%;乡村消费品零售额20875亿元,增长16.2%。按消费形态统计,商品零售额139350亿元,增长18.4%;餐饮收入额17648亿元,增长18.1%。

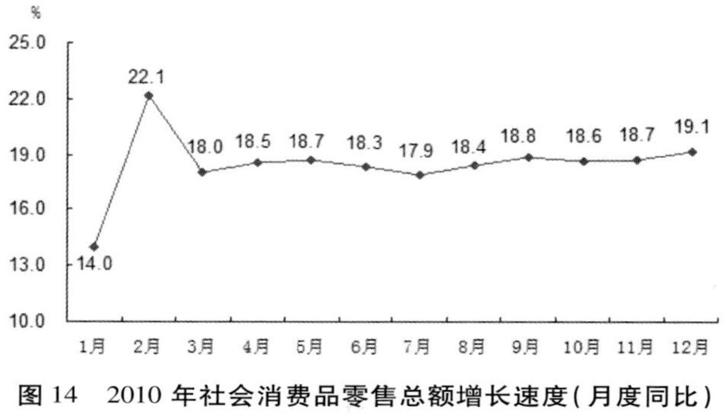

图14　2010年社会消费品零售总额增长速度(月度同比)

在限额以上企业商品零售额中,汽车类零售额比上年增长34.8%,粮油类增长27.9%,肉禽蛋类增长21.7%,服装类增长25.8%,日用品类增长25.1%,文化办公用品类增长23.5%,通讯器材类增长21.8%,化妆品类增长16.6%,金银珠宝类增长46.0%，中西药品类增长23.5%，家用电器和音像器材类增长27.7%，家具类增长37.2%，建筑及装潢材料类增长32.3%。

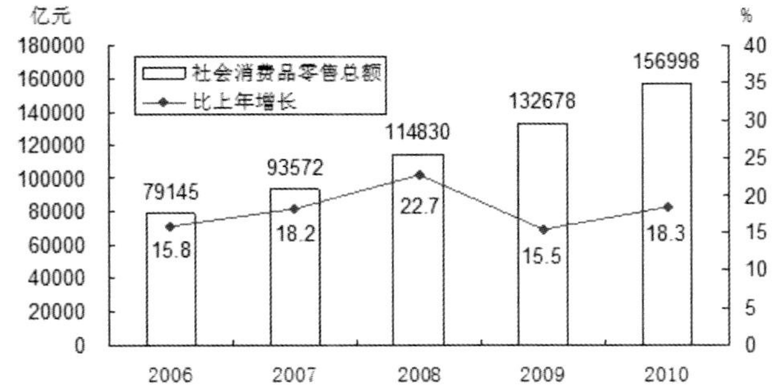

图15 2006－2010年社会消费品零售总额及其增长速度

六、对外经济

全年货物进出口总额29728亿美元，比上年增长34.7%。其中，货物出口15779亿美元，增长31.3%；货物进口13948亿美元，增长38.7%。进出口差额（出口减进口）1831亿美元，比上年减少126亿美元。

表7 2010年货物进出口总额及其增长速度

单位：亿美元

指 标	绝对数	比上年增长%
货物进出口总额	29728	34.7
货物出口额	15779	31.3
其中：一般贸易	7207	36.0
加工贸易	7403	26.2
其中：机电产品	9334	30.9
高新技术产品	4924	30.7
其中：国有企业	2344	22.7
外商投资企业	8623	28.3
其他企业	4813	42.2
货物进口额	13948	38.7
其中：一般贸易	7680	43.7
加工贸易	4174	29.5
其中：机电产品	6603	34.4
高新技术产品	4127	33.2
其中：国有企业	3876	34.3
外商投资企业	7380	35.3
其他企业	2693	56.6
进出口差额（出口减进口）	1831	—

表8 2010年主要商品出口数量、金额及其增长速度

商品名称	单位	数量	比上年增长%	金额（亿美元）	比上年增长%
煤	万吨	1903	－15.0	23	－5.2
钢材	万吨	4256	73.0	368	65.3
纺织纱线、织物及制品	——	—	—	771	28.4
服装及衣着附件	——	—	—	1295	20.9
鞋类	——	—	—	356	27.1
家具及其零件	——	—	—	330	30.3
自动数据处理设备及其部件	万台	166724	27.4	1640	34.0
手持或车载无线电话	万台	75789	30.0	467	18.2
集装箱	万个	250	263.7	72	274.9
液晶显示板	万个	224976	16.9	265	37.7
汽车（包括整套散件）	万辆	54	53.2	62	32.1

表9 2010年主要商品进口数量、金额及其增长速度

商品名称	数量（万吨）	比上年增长%	金额（亿美元）	比上年增长%
谷物及谷物粉	571	81.2	15	70.1
大豆	5480	28.8	251	33.5
食用植物油	687	－15.8	60	2.2
铁矿砂及其精矿	61863	－1.4	794	58.4
氧化铝	431	－16.1	15	14.9
煤	16478	30.9	169	60.1
原油	23931	17.5	1352	51.4
成品油	3688	－0.1	223	31.3
初级形状的塑料	2391	0.4	436	25.2
纸浆	1137	－16.9	88	28.8
钢材	1643	－6.8	201	3.3
未锻造的铜及铜材	429	0.0	327	44.4

表10 2010年对主要国家和地区货物进出口额及其增长速度

单位：亿美元

国家和地区	出口额	比上年增长%	进口额	比上年增长%
欧盟	3112	31.8	1685	31.9
美国	2833	28.3	1020	31.7
中国香港	2183	31.3	123	40.9
东盟	1382	30.1	1546	44.8
日本	1211	23.7	1767	35.0
韩国	688	28.1	1384	35.0
印度	409	38.0	208	51.8
中国台湾	297	44.8	1157	35.0
俄罗斯	296	69.0	258	21.7

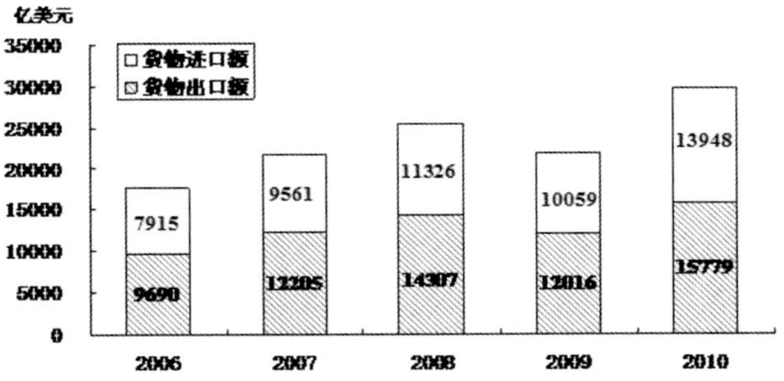

图16 2006－2010年货物进出口总额

全年非金融领域新批外商直接投资企业27406家，比上年增长16.9%。实际使用外商直接投资金额1057亿美元，增长17.4%。

表11 2010年非金融领域外商直接投资及其增长速度

行 业	企业数（家）	比上年增长%	实际使用金额（亿美元）	比上年增长%
总计	27406	16.9	1057.4	17.4
其中：制造业	11047	13.1	495.9	6.0
电力、燃气及水的生产和供应业	210	－11.8	21.2	0.6
交通运输、仓储和邮政业	396	0.3	22.4	－11.2
信息传输、计算机服务和软件业	1046	－3.2	24.9	10.7
批发和零售业	6786	33.1	66.0	22.4
房地产业	689	21.1	239.9	42.8
租赁和商务服务业	3418	19.3	71.3	17.3
居民服务和其他服务业	217	4.8	20.5	29.4

全年非金融类对外直接投资额590亿美元，比上年增长36.3%。

全年对外承包工程业务完成营业额 922 亿美元，比上年增长 18.7%；对外劳务合作完成营业额 89 亿美元，与上年持平。

七、交通、邮电和旅游

全年货物运输总量 320 亿吨，比上年增长 13.4%。货物运输周转量 137329 亿吨公里，增长 12.4%。

表 12　2010 年各种运输方式完成货物运输量及其增长速度

指　　标	单　位	绝对数	比上年增长%
货物运输总量	亿吨	320.3	13.4
铁路	亿吨	36.4	9.3
公路	亿吨	242.5	14.0
水运	亿吨	36.4	14.0
民航	万吨	557.4	25.1
管道	亿吨	4.9	10.3
货物运输周转量	亿吨公里	137329.0	12.4
铁路	亿吨公里	27644.1	9.5
公路	亿吨公里	43005.4	15.6
水运	亿吨公里	64305.3	11.7
民航	亿吨公里	176.6	39.9
管道	亿吨公里	2197.6	8.7

表 13　2010 年各种运输方式完成旅客运输量及其增长速度

指　　标	单　位	绝对数	比上年增长%
旅客运输总量	亿人	328.0	10.2
铁路	亿人	16.8	9.9
公路	亿人	306.3	10.2
水运	亿人	2.2	-0.7
民航	亿人	2.7	15.8
旅客运输周转量	亿人公里	27779.2	11.9
铁路	亿人公里	8762.2	11.2
公路	亿人公里	14913.9	10.4
水运	亿人公里	71.5	3.1
民航	亿人公里	4031.6	19.4

全年规模以上港口完成货物吞吐量 80.2 亿吨，比上年增长 15.0%，其中外贸货物吞吐量 24.6 亿吨，增长 13.6%。港口集装箱吞吐量 14500 万标准箱，增长 18.8%。

年末全国民用汽车保有量达到 9086 万辆（包括三轮汽车和低速货车 1284 万辆），比上年末增长 19.3%，其中私人汽车保有量 6539 万辆，增长 25.3%。民用轿车保有量 4029 万辆，增长 28.4%，其中私人轿车 3443 万辆，增长 32.2%。

全年完成邮电业务总量[9] 32940 亿元，比上年增长 20.6%。其中，邮政业务总量 1985 亿元，增长 21.6%；电信业务总量 30955 亿元，增长 20.5%。全年局用交换机容量减少 2707 万门，总容量 46559 万门；新增移动电话交换机容量[10] 6433 万户，达到 150518 万户。固定电话年末用户 29438 万户。其中，城市电话用户 19662 万户，农村电话用户 9776 万户。新增移动电话用户 11179 万户，年末达到 85900 万户。其中，3G 移动电话用户[11] 4705 万户。年末全国固定及移动电话用户总数达到 115339 万户，比上年末增加 9244 万户。电话普及率达到 86.5 部/百人。互联网上网人数 4.57 亿人，其中宽带上网人数 4.50 亿人；互联网普及率达到 34.3%。

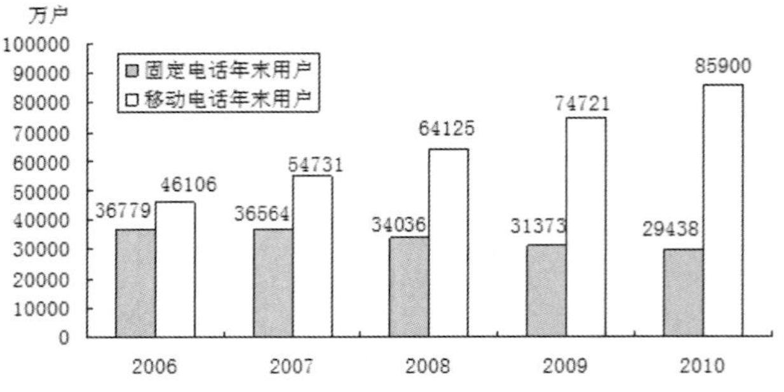

图 17　2006－2010 年年末电话用户数

全年国内出游人数达 21.0 亿人次，比上年增长 10.6%；国内旅游收入 12580 亿元，增长 23.5%。入境旅游人数 13376 万人次，增长 5.8%。其中，外国人 2613 万人次，增长 19.1%；香港、澳门和台湾同胞 10764 万人次，增长 3.0%。在入境旅游者中，过夜旅游者 5566 万人次，增长 9.4%。国际旅游外汇收入 458 亿美元，增长 15.5%。国内居民出境人数达 5739 万人次，增长 20.4%。其中因私出境 5151 万人次，增长 22.0%，占出境人数的 89.8%。

八、金融

年末广义货币供应量（M2）余额为 72.6 万亿元，比上年末增长 19.7%；狭义货币供应量（M1）余额为 26.7 万亿元，增长 21.2%；流通中现金（M0）余额为 4.5 万亿元，增长16.7%。

年末全部金融机构本外币各项存款余额 73.3 万亿元，比年初增加 12.1 万亿元。其中人民币各项存款余额 71.8 万亿元，增加 12.0 万亿元。全部金融机构本外币各项贷款余额 50.9 万亿元，增加 8.4 万亿元。其中人民币各项贷款余额 47.9 万亿元，增加 7.9 万亿元。

表 14　2010 年全部金融机构本外币存贷款及其增长速度

单位：亿元

指　　标	年末数	比上年末增长%
各项存款余额	733382	19.8
其中：企业存款	252960	12.7
城乡居民储蓄存款	307166	16.0
其中：人民币	303302	16.3
各项贷款余额	509226	19.7
其中：短期贷款	171236	13.1
中长期贷款	305127	29.5

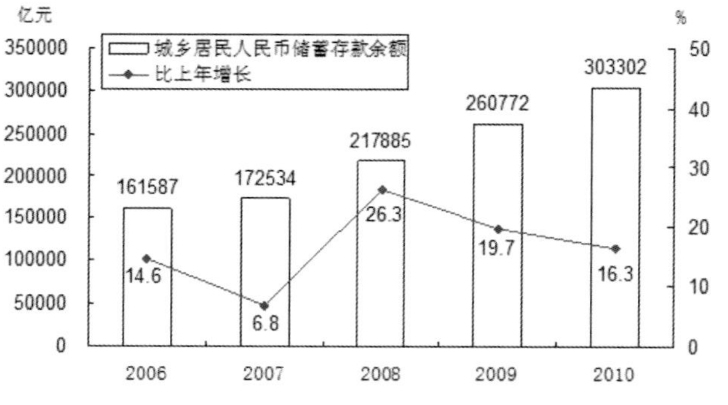

图 18　2006－2010 年城乡居民人民币储蓄存款余额及其增长速度

全年农村金融合作机构(农村信用社、农村合作银行、农村商业银行)人民币贷款余额5.7万亿元,比年初增加9655亿元。全部金融机构人民币消费贷款余额7.5万亿元,增加18866亿元。其中,个人短期消费贷款余额1.0万亿元,增加2935亿元;个人中长期消费贷款余额6.5万亿元,增加15931亿元。

全年上市公司通过境内市场累计筹资10257亿元,比上年增加5666亿元。其中,首次公开发行A股347只,筹资4883亿元,增加3004亿元;A股再筹资(包括配股、公开增发、非公开增发、认股权证)筹资4072亿元,增加2057亿元;上市公司通过发行可转债、可分离债、公司债筹资1320亿元,增加605亿元。全年公开发行创业板股票117只,筹资963亿元。

全年发行非上市公司企业(公司)债券3627亿元,比上年减少625亿元。企业发行短期融资券6742亿元,增加2130亿元;中期票据4924亿元,减少1961亿元。发行中小企业集合票据47亿元。

全年保险公司原保险保费收入[12]14528亿元,比上年增长30.4%,其中寿险业务原保险保费收入9680亿元;健康险和意外伤害险业务原保险保费收入952亿元;财产险业务原保险保费收入3896亿元。支付各类赔款及给付3200亿元,其中寿险业务给付1109亿元;健康险和意外伤害险赔款及给付335亿元;财产险业务赔款1756亿元。

九、教育、科学技术和文化

全年研究生教育招生53.8万人,在学研究生153.8万人,毕业生38.4万人。普通高等教育本专科招生661.8万人,在校生2231.8万人,毕业生575.4万人。各类中等职业教育招生868.1万人,在校生2231.8万人,毕业生659.2万人。全国普通高中招生836.2万人,在校生2427.3万人,毕业生794.4万人。全国初中招生1716.6万人,在校生5279.3万人,毕业生1750.4万人。普通小学招生1691.7万人,在校生9940.7万人,毕业生1739.6万人。特殊教育招生6.5万人,在校生42.6万人。幼儿园在园幼儿2976.7万人。

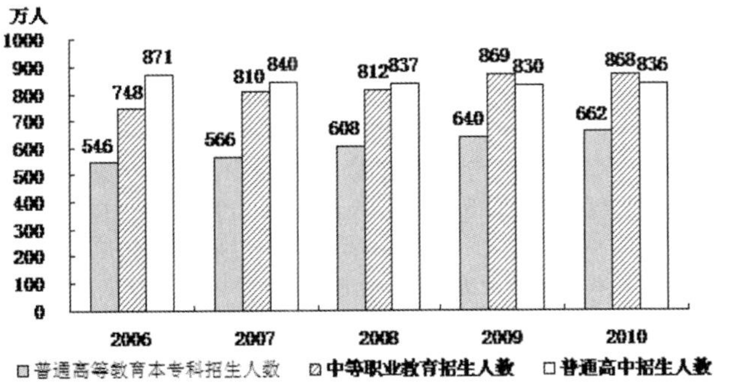

图19 2006-2010年普通高等教育、中等职业教育及普通高中招生人数

全年研究与试验发展(R&D)经费支出6980亿元,比上年增长20.3%,占国内生产总值的1.75%,其中基础研究经费328亿元。全年国家安排了326项科技支撑计划课题,308项"863"计划课题。累计建设国家工程研究中心127个,国家工程实验室91个。国家认定企业技术中心达到729家。省级企业技术中心达到5532家。实施新兴产业创投计划,累计支持设立20家创业投资企业,投资创业企业46家。全年受理境内外专利申请122.2万件,其中境内申请108.4万件,占88.7%。受理境内外发明专利申请39.1万件,其中境内申请28.1万件,占71.9%。全年授予专利权81.5万件,其中境内授权71.9万件,占88.2%。授予发明专利权13.5万件,其中境内授权7.4万件,占54.8%。截至年底,有效专利221.6万件,其中境内有效专利173.2万件,占78.2%;有效发明专利56.5万件,其中境内有效发明专利23.0万件,占40.7%。全年共签订技术合同23.0万项,技术合同成交金额3906亿元,比上年增长28.5%。全年成功发射卫星15次。嫦娥二号卫星成功发射。

年末全国共有产品检测实验室27000个,其中国家检测中心443个。全国现有产品质量、体系认证机构171个,已累计完成对79850个企业的产品认证[13]。全国共有法定计量技术机构3309个,全年强制检定计量器具4467万台(件)。全年制定、修订国家标准2860项,其中新制定2123项。全年中央气象台和省级气象台共发布气象预警信号5149次,警报6559次。全国共有地震台站1477个,地震遥测台网32个。全国共有海洋观测站71个。测绘部门公开出版地图1944种,测绘图书806种。

年末全国文化系统共有艺术表演团体2515个,博物馆2141个,全国共有公共图书馆2860个,文化馆3258个。广播电台227座,电视台247座,广播电视台2120座,教育电视台44个。有线电视用户18730万户,有线数字电视用户8798万户。年末广播节目综合人口覆盖率为96.8%;电视节目综合人口覆盖率为97.6%。全年生产电视剧436部14685集,动画电视221456分钟。全年生产故事影片526部,科教、纪录、动画和特种影片[14]95部。出版各类报纸448亿份,各类期刊32亿册,图书74亿册(张)。年末全国共有档案馆4077个,已开放各类档案9035万卷(件)。

全年运动健儿在22个项目中共获得108个世界冠军,8人5队15次创15项世界纪录。在第十六届广州亚运会上,中国体育代表团共获得199枚金牌、119枚银牌、98枚铜牌,奖牌总数416枚。在广州亚残运会上,中国体育代表团共获得185枚金牌、118枚银牌、88枚铜牌,奖牌总数391枚。

新中国第一次承办了世界博览会。上海世博会历时184天,共有246个国家和国际组织参展,其中国家190个,国际组织56个。全国31个省(区、市)和港澳台地区全部参展。累计参观者7308万人次。

十、卫生和社会服务

年末全国共有卫生机构[15]93.9万个,其中医院、卫生院6.0万个,社区卫生服务中心(站)3.1万个,诊所(卫生所、医务室)17.4万个,村卫生室65.1万个,疾病预防控制中心3491个,卫生监督所(中心)2851个。卫生技术人员584万人,其中执业医师和执业助理医师237万人,注册护士205万人。医院和卫生院床位437万张。乡镇卫生院3.8万个,床位100万张,卫生技术人员96.4万人。全年甲、乙类法定报告传染病发病人数341.4万例,报告死亡15950人;报告传染病发病率255.80/10万,死亡率1.20/10万。

年末全国共有各类提供住宿的收养性社会服务机构4.0万个,床位312.3万张,收养各类人员236.5万人。其中,农村养老服务机构3.1万个,床位213.9万张,收养各类人员170.4万人。各类社区服务设施18.0万个,其中,社区服务中心11400个,社区服务站5.1万个。全年救助城市医疗困难群众373.6万人次,救助农村医疗困难群众813.8万人次;资助1237.4万城镇困难群众参加城镇医疗保险,资助4223.7万农村困难群众参加新型农村合作医疗。

十一、人口、人民生活和社会保障

初步预计,年末全国总人口[16]134100 万人。

全年农村居民人均纯收入 5919 元,剔除价格因素,比上年实际增长 10.9%;城镇居民人均可支配收入 19109 元,实际增长 7.8%。农村居民家庭食品消费支出占消费总支出的比重为 41.1%,城镇为 35.7%。按 2010 年农村贫困标准 1274 元测算,年末农村贫困人口为 2688 万人,比上年末减少 909 万人。

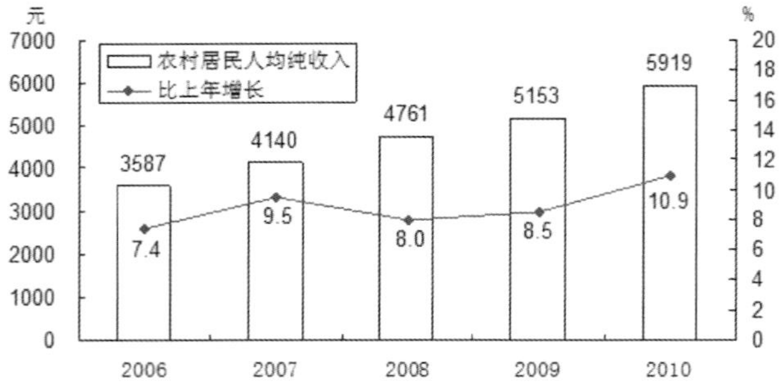

图 20　2006－2010 年农村居民人均纯收入及其增长速度

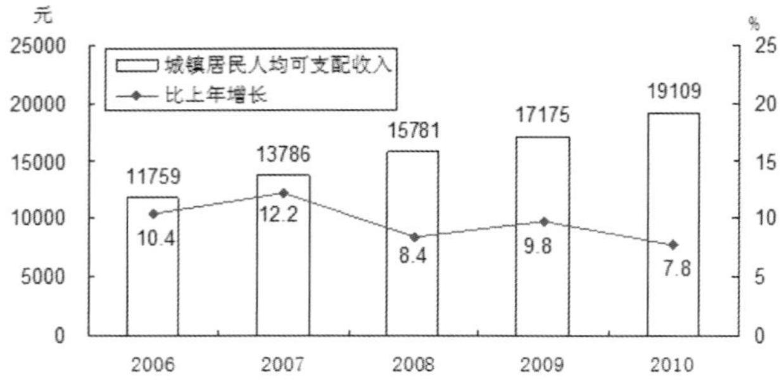

图 21　2006－2010 年城镇居民人均可支配收入及其增长速度

年末全国参加城镇基本养老保险人数 25673 万人,比上年末增加 2123 万人。其中参保职工 19374 万人,参保离退休人员 6299 万人。参加城镇基本医疗保险的人数 43206 万人,增加 3059 万人。其中,参加城镇职工基本医疗保险[17]人数 23734 万人,参加城镇居民基本医疗保险人数 19472 万人。参加城镇医疗保险的农民工 4583 万人,增加 249 万人。参加失业保险的人数 13376 万人,增加 660 万人。参加工伤保险的人数 16173 万人,增加 1278 万人。其中参加工伤保险农民工 6329 万人,增加 741 万人。参加生育保险的人数 12306 万人,增加 1430 万人。2678 个县(市、区)开展了新型农村合作医疗工作,新型农村合作医疗参合率 96.3%。新型农村合作医疗基金支出总额为 832 亿元,累计受益 7.0 亿人次。全国列入国家新型农村社会养老保险试点地区参保人数 10277 万人。年末全国领取失业保险金人数为 209 万人。

全年 2311.1 万城市居民得到政府最低生活保障,比上年减少 34.5 万人;5228.4 万农村居民得到政府最低生活保障,增加 468.4 万人;554.9 万农村居民得到政府五保救济[18],增加 1.5 万人。

十二、资源、环境和安全生产

全年全国国有建设用地土地供应总量[19]42.8 万公顷,比上年增长 18.4%。其中,工矿仓储用地 15.3 万公顷,增长 7.9%;商服用地 3.9 万公顷,增长 40.4%;住宅用地 11.4 万公顷,增长 40.3%;基础设施等其他用地 12.2 万公顷,增长 10.2%。全年全国 105 个重点监测城市综合地价[20]比上年上涨 8.6%,其中商业地价上涨 10.0%,居住地价上涨 11.0%,工业地价上涨 5.3%。

全年水资源总量 28470 亿立方米,比上年增加 17.7%。全年平均降水量 682 毫米,增加 15.4%。年末全国 422 座大型水库蓄水总量 2091 亿立方米,比上年末多蓄水 284 亿立方米。全年总用水量 5990 亿立方米,比上年增加 0.4%。其中,生活用水增加 2.9%,工业用水增加 1.4%,农业用水减少 0.6%,生态补水增加 6.8%。万元国内生产总值用水量[21]190.6 立方米,比上年下降 9.1%。万元工业增加值用水量 105.0 立方米,下降 9.6%。

全年完成造林面积 592 万公顷,其中人工造林 389 万公顷。林业重点工程完成造林面积 346 万公顷,占全部造林面积的 58.4%。截至年底,自然保护区达到 2588 个,其中国家级自然保护区 319 个。新增综合治理水土流失面积 4.2 万平方公里,新增实施水土流失地区封育保护面积 2.5 万平方公里。截至年底,已确权集体林地面积为 16204 万公顷,其中发放林权证的面积为 13396 万公顷。

全年平均气温为 9.5℃,共有 7 次台风登陆。

初步核算,全年能源消费总量 32.5 亿吨标准煤,比上年增长 5.9%。煤炭消费量增长 5.3%;原油消费量增长 12.9%;天然气消费量增长 18.2%;电力消费量增长 13.1%。全国万元国内生产总值能耗下降 4.01%。主要原材料消费中,钢材消费量 7.7 亿吨,增长 12.4%;精炼铜消费量 792 万吨,增长 5.1%;电解铝消费量 1526 万吨,增长 6.0%;乙烯消费量 1419 万吨,增长 32.3%;水泥消费量 18.6 亿吨,增长 14.5%。

七大水系的 408 个水质监测断面中,Ⅰ～Ⅲ类水质断面比例占 59.6%,比上年提高 2.2 个百分点;劣Ⅴ类水质断面比例占 16.4%,下降 2.0 个百分点。七大水系水质总体上持续好转,部分流域污染仍然严重。

近岸海域 298 个海水水质监测点中,达到国家一、二类海水水质标准的监测点占 62.8%,比上年下降 10.1 个百分点;三类海水占 14.1%,上升 8.1 个百分点;四类、劣四类海水占 23.2%,上升 2.1 个百分点。

在监测的 330 个城市中,有 273 个城市空气质量达到二级以上(含二级)标准,占监测城市数的 82.7%;有 53 个城市为三级,占 16.1%;有 4 个城市为劣三级,占 1.2%。在监测的 331 个城市中,城市区域声环境质量好的城市占 6.3%,较好的占 67.4%,轻度污染的占 25.4%,中度污染的占 0.9%。

年末城市污水处理厂日处理能力达 10262 万立方米,比上年末增长 13.4%;城市污水处理率达到 76.9%,提高 1.6 个百分点。集中供热面积 39.1 亿平方米,增长 3.0%。建成区绿地率达到 34.5%,提高 0.3 个百分点。

全年各类自然灾害造成直接经济损失 5340 亿元,比上年增加 1.1 倍。全年农作物受灾面积 3743 万公顷,减少 20.7%。其中,绝收 486 万公顷,减少 1.1%。全年因洪涝、滑坡和泥石流灾害造成直接经济损失 3505 亿元,增加 4.4 倍;死亡 3101 人。全年因旱灾造成直接经济损失 757 亿元,下降 31.2%。全年因低温冷冻和雪灾造成直接经济损失 318 亿元,死亡 51 人。全年因海洋灾害造成直接经济损失 149.4 亿元,增加 49.1%。全年累计发生赤潮面积 10892 平方公里,减少 22.8%。全年大陆地区共发生 5 级以上地震 17 次,成灾 10 次,造成直接经济损失 235.7 亿元,死亡 2705 人。全年共发生森林火灾 7723 起,下降 12.8%。

全年各类生产安全事故共死亡79552人,比上年下降4.4%。亿元国内生产总值生产安全事故死亡人数为0.201人,下降19.0%;工矿商贸企业就业人员10万人生产安全事故死亡人数为2.13人,下降11.3%;道路交通万车死亡人数为3.2人,下降11.1%;煤矿百万吨死亡人数为0.749人,下降16.0%。

注释:

[1]本公报中数据均为初步统计数。各项统计数据均未包括香港特别行政区、澳门特别行政区和台湾省。部分数据因四舍五入的原因,存在着与分项合计不等的情况。

[2]国内生产总值、各产业增加值绝对数按现价计算,增长速度按不变价格计算。

[3]年度农民工数量包括年内在本乡镇以外从业6个月以上的外出农民工和在本乡镇内从事非农产业6个月以上的本地农民工两部分。

[4]六大高耗能行业分别为:化学原料及化学制品制造业、非金属矿物制品业、黑色金属冶炼及压延加工业、有色金属冶炼及压延加工业、石油加工炼焦及核燃料加工业、电力热力的生产和供应业。

[5]钢材产量及消费量数据中均含部分使用钢材加工成其他钢材的重复计算因素。

[6]固定资产投资按东部、中部、西部和东北地区计算的合计数据小于全国数据,是因为有部分跨地区的投资未计算在地区数据中。其中:东部地区是指北京、天津、河北、上海、江苏、浙江、福建、山东、广东和海南10省市;中部地区是指山西、安徽、江西、河南、湖北和湖南6省;西部地区是指内蒙古、广西、重庆、四川、贵州、云南、西藏、陕西、甘肃、青海、宁夏和新疆12省(区、市);东北地区是指辽宁、吉林和黑龙江3省。

[7]房地产业投资除房地产开发投资外,还包括建设单位自建房屋以及物业管理、中介服务和其他房地产投资。

[8]从2010年起,社会消费品零售总额统计采用新的分组,即将经营单位所在地分组由"市"、"县"、"县以下"改为"城镇"、"乡村";取消按行业分组,新设按"商品零售额"和"餐饮收入额"两种消费形态的分组。

[9]邮电业务总量按2000年不变价格计算。

[10]移动电话交换机容量是指移动电话交换机根据一定话务模型和交换机处理能力计算出来的最大同时服务用户的数量。

[11]3G是指第三代蜂窝移动通信系统(3rd－generation,简称3G),3G移动电话用户是指报告期末在计费系统拥有使用信息、占用3G网络资源的在网用户。

[12]原保险保费收入是指保险企业确认的原保险合同保费收入。

[13]完成产品认证的企业口径有所调整,原口径仅包括强制性产品认证,2010年增加了非强制性产品认证。

[14]特种影片是指那些采用与常规影院放映在技术、设备、节目方面不同的电影展示方式,如巨幕电影、立体电影、立体特效(4D)电影、动感电影、球幕电影等。

[15]卫生机构口径有所调整,2010年数据含村级卫生室。

[16]2010年末人口数为初步预计数,有关最终总人口数和结构数据以拟于2011年4月发布的第六次全国人口普查公报为准。

[17]城镇职工基本医疗保险人数包括参保职工和参保退休人员。城镇居民基本医疗保险的参保对象是不属于城镇职工基本医疗保险覆盖范围的城镇非从业人员。

[18]农村五保救济是指老年、残疾和未满16周岁的村民,无劳动能力、无生活来源又无法定赡养、抚养、扶养义务人,或者其法定赡养、抚养、扶养义务人无赡养、抚养、扶养能力的村民,在吃、穿、住、医、葬方面得到的生活照顾和物质帮助。

[19]建设用地供应总量是指报告期市、县人民政府根据年度土地供应计划依法以出让、划拨、租赁等方式将国有建设用地使用权提供给单位或个人使用的国有建设用地总量。

[20]地价是指根据国土资源部《城市地价动态监测技术规范》,以城市监测点地价为基础,综合土地市场和房地产市场交易价格测算反映城市整体状况的土地价格水平。综合地价是指同一城市或地区的不同用途土地的平均价格水平。

[21]万元国内生产总值用水量、万元国内生产总值能耗按2005年不变价格计算。

资料来源:

本公报中城镇新增就业、登记失业率、社会保障数据来自人力资源社会保障部;外汇储备和汇率数据来自外汇局;财政数据来自财政部;水产品产量数据来自农业部;木材产量、林业、森林火灾数据来自林业局;灌溉面积、水资源数据来自水利部;新增发电机组容量、新增22万伏及以上变电设备数据来自中电联;新建铁路投产里程、增建铁路复线投产里程、电气化铁路投产里程、铁路运输数据来自铁道部;新建公路、港口万吨级码头泊位新增吞吐能力、公路运输、水运、港口货物吞吐量数据来自交通运输部;新增光缆线路长度、新增数字蜂窝移动电话交换机容量、电话用户、上网人数等通信数据来自工业和信息化部;保障性住房、城市污水处理、集中供热面积、建成区绿地率来自住房城乡建设部;货物进出口数据来自海关总署;外商直接投资、对外直接投资、对外承包工程、对外劳务合作等数据来自商务部;民航数据来自民航局;管道数据来自中石油、中石化;民用汽车数据来自公安部;邮政业务总量数据来自邮政局;旅游数据来自旅游局;货币金融数据来自人民银行;上市公司数据来自证监会;企业债券、国家工程研究中心、企业技术中心、新兴产业创投等数据来自发展改革委;保险业数据来自保监会;教育数据来自教育部;安排科技计划课题、技术合同等数据来自科技部;专利数据来自知识产权局;发射卫星数据来自国防科工局;质量检验、国家标准制定修订数据来自质检总局;气象预警、平均气温、登陆台风数据来自气象局;地震数据来自地震局;测绘数据来自测绘局;海洋观测站、海洋灾害造成直接经济损失、发生赤潮面积来自海洋局;艺术表演团体、博物馆、公共图书馆、文化馆数据来自文化部;广播、电视、电影数据来自广电总局;报纸、期刊、图书数据来自新闻出版总署;档案数据来自档案局;体育数据来自体育总局,其中亚残运会数据来自中国残联;世博会数据来自上海世博会事务协调局;卫生、新农合数据来自卫生部;社会服务、低保和五保救济数据、各类自然灾害造成直接经济损失、农作物受灾面积、洪涝滑坡和泥石流灾害造成直接经济损失及死亡人数、旱灾造成直接经济损失、低温冷冻和雪灾造成直接经济损失及死亡人数来自民政部;国有建设用地土地供应、综合地价等数据来自国土资源部;环境监测数据来自环境保护部;安全生产数据来自安全监管总局;其他数据均来自国家统计局。

扎实推进人民银行反腐倡廉建设 不断提高履行中央银行职责的能力和水平

——在中国人民银行廉政工作电视电话会议上的讲话

中国人民银行行长　周小川

（2011 年4 月11 日）

4 月11 日，人民银行召开廉政工作电视电话会议，传达贯彻国务院第四次廉政工作会议精神，部署人民银行反腐倡廉工作。人民银行党委书记、行长周小川在会上作重要讲话。人民银行党委成员王洪章、胡晓炼、郭庆平、金琦出席了会议。周小川在讲话中指出，今年人民银行承担的金融宏观调控和金融改革发展稳定任务繁重，要深入贯彻落实科学发展观，扎实推进人民银行反腐倡廉建设，不断提高履行中央银行职责的能力和水平，为促进和支持经济金融健康发展做出新的贡献。

周小川要求，人民银行各级党委（党组）要充分认识做好反腐倡廉工作的重要性和紧迫性，全面学习贯彻国务院第四次廉政工作会议精神，围绕中心、贴近业务、制度反腐、从严治行，采取更加有力的措施，推动人民银行反腐倡廉工作深入开展。

周小川指出，加强反腐倡廉工作，领导干部是重点。要突出工作重点，加强领导干部廉洁自律。一是完善科学民主决策制度，规范权力运行。坚持重大决策、重要人事任免、重大项目安排和大额资金使用集体决策，加强对单位主要负责人权力行使的监督制约，完善决策程序，加大决策过程和结果公开力度，健全决策失误纠错机制和责任追究机制，深入贯彻落实直属企业单位“三重一大”决策制度。二是认真落实《〈中国共产党党员领导干部廉洁从政若干准则〉实施办法》和领导干部个人事项报告制度。在贯彻落实《廉政准则》工作中要组织学习宣传并严格执行《实施办法》。各级领导干部必须如实报告本人收入、住房、投资、配偶子女从业等事项和配偶子女移居国外境外的情况。三是坚决整治收受礼金问题。对收送各类有价证券、支付凭证、商业预付卡的，以收送同等数额的现金查处。切实发挥人民银行在全国开展商业预付卡治理工作中的牵头作用，会同有关部门研究提出防止利用商业预付卡行贿受贿的治理措施。四是规范基本建设行为，严格招投标环节管理。修订下发规范人民银行基本建设的管理办法和指导意见，开展基建项目辅导检查和工程建设领域专项检查，严禁领导干部利用职权或职务上的影响违规干预招投标活动。五是推进行政审批制度改革，减少行政审批事项。继续坚持市场化改革取向，坚持依法行政，加大对权力运行的制约监督，防止权力寻租。六是深入开展制度执行力建设活动。各分支行和有关业务司局要重点围绕落实货币发行、国库管理、财务资金管理、行政审批等制度执行情况，开展制度执行力建设活动，注重解决干部职工反映强烈、影响人民银行正常履职的突出问题。

周小川表示，政风建设是反腐倡廉的一项重要基础性工作，当前重点是坚决遏制奢侈浪费和形式主义，坚持厉行节约，规范职务消费，降低行政成本。一是加强“三公”管理，继续严格控制和压缩行政经费。公务出差、公务接待要严格执行标准，严禁赠送礼品，一律吃工作餐。领导干部公务用车配备和使用不得超编制、超标准。继续严格控制因公出国（境）考察、培训团组，实现出访规模和经费预算规模“零增长”。坚决制止公款出国（境）旅游。二是提高效率，进一步减少会议和文件。严格控制会议规模和时间，尽量利用电视会议系统召开会议，节约会议成本。严格控制各种庆典、论坛的举办，规范各级领导干部出席此类活动行为。加强对出版物编印审核，严格控制出版物经费支出。精减发文数量，提高发文质量。三是深化改革，进一步完善财务预算管理，继续抓好“小金库”等专项治理。积极配合国库集中收付和“公务卡”改革。

周小川强调，人民银行系统要加强组织领导，确保反腐倡廉各项任务落到实处。要认真贯彻落实新修订的《关于实行党风廉政建设责任制的规定》，各级领导班子要对职责范围内的反腐倡廉工作负全面领导责任，“一把手”要切实负起责任，班子其他成员要抓好责任范围内的廉政工作。要始终保持查办案件工作的力度，继续开展重点领域和关键岗位的风险排查，切实重视信访举报工作，建立信访核查集体会商制度。对违纪违法案件，发现一起、查处一起，绝不姑息迁就。要加强监督检查，狠抓工作落实，各单位、各部门要认真抓好国务院第四次廉政工作会议和人民银行廉政工作电视电话会议部署的各项工作任务的分解落实，纪检监察机构要加强执法监察、廉政监察和效能监察，促进政令畅通。

人民银行党委各部门、各司局和在京直属企事业单位、汇达公司、交易商协会负责人在主会场参加会议。上海总部，各分行、营业管理部，省会（首府）城市中心支行，副省级城市中心支行，以及外汇交易中心、中国银联、上海黄金交易所、上海清算所和郑州培训学院有关负责同志在分会场参加会议。

“十一五”时期中国金融业改革发展的成就

中国人民银行行长　周小川

（2010年12月9日）

“十一五”时期，是我国金融改革发展历程中极不平凡的五年。五年来，中国人民银行以维护币值稳定、并以此促进经济增长为使命，认真贯彻落实党中央、国务院关于金融工作的方针政策和各项部署，深入贯彻落实科学发展观，积极推进金融业改革、开放和发展。五年来，金融业实现了历史性飞跃，金融宏观调控体系不断完善，金融改革迈出重大步伐，金融市场功能进一步发挥，金融领域对外开放稳步扩大，金融服务水平显著提升，金融业整体实力持续增长，抗风险能力不断增强，成功经受了国际金融危机的严峻挑战，有力支持和促进了国民经济持续健康发展。

一、坚持以科学发展观为指导加强和改善金融宏观调控

“十一五”时期，面对国内外经济金融形势变化较快、各种风险和不确定因素明显增多的局面，人民银行始终坚持以科学发展观为指导，针对不同时期经济金融运行特点，综合运用多种货币政策工具，合理把握货币政策的方向、重点和力度，既有效保持了币值稳定，又促进了国民经济平稳较快发展。同时，有效防范和化解系统性金融风险，建立健全金融稳定长效机制，提高金融体系整体抗风险能力。

（一）适时适度调整货币政策，确保经济平稳较快发展。“十一五”头两年，国内经济运行面临由偏快转为过热、价格由结构性上涨演变为明显通货膨胀的风险，人民银行及时将货币政策由“稳健”转到“适度从紧”再到“从紧”。2006年至2008年上半年，先后19次上调存款准备金率共10个百分点，8次上调存贷款基准利率，加强对信贷总量的调控，不断优化信贷结构。

2008年下半年，美国次贷危机急剧恶化为国际金融危机，我国经济发展势头急转直下，出口大幅下滑，部分企业陷入困境，就业压力明显加大。在此背景下，人民银行按照党中央、国务院的统一部署，及时将货币政策从“从紧”转向“适度宽松”，先后4次下调存款准备金率，5次下调存贷款基准利率，保证流动性供应，明确释放保经济增长和稳定市场预期的信号。这一系列政策措施，促进了货币信贷较快增长，为一揽子经济刺激计划的实施创造了良好的货币金融环境，对我国经济率先企稳回升发挥了关键作用。

2009年下半年以来，随着内需对经济增长的拉动作用显著增强，人民银行前瞻、灵活地调整政策重点、力度和节奏，通过窗口指导、风险提示、公开市场操作等多种方式，引导金融机构注重贷款平稳可持续增长和加强金融风险防范，正确处理好保持经济平稳较快发展、调整经济结构和管理通胀预期的关系。

2010年以来，人民银行又根据新形势、新情况着力提高政策的针对性和灵活性，综合运用数量型工具和价格型工具，加强金融宏观调控，引导货币条件从应对危机状态稳步向常态回归。先后5次上调存款准备金率，1次上调存贷款基准利率，灵活开展公开市场操作，引导金融机构合理把握信贷投放总量和节奏，支持经济发展方式转变和结构调整。

（二）及时化解系统性金融风险，维护金融体系平稳健康运行。2005年证券公司风险全面显现，人民银行会同有关部门和地方政府，按照行政指导和市场化相结合的原则，稳步推进证券公司重组工作。牵头及配合处置了72家高风险金融机构，妥善解决大量历史遗留问题。系统性金融风险的及时化解，维护了金融体系平稳健康运行，保障了国民经济健康稳定发展和社会长治久安。

这次国际金融危机的重大教训之一，就是不能只关注单个金融机构或单个行业的风险防范，还必须从系统性角度防范金融风险，而宏观审慎政策正是针对系统性风险的良药。危机后，国际货币基金组织和金融稳定理事会明确提出执行宏观审慎政策应是中央银行的重要职责，各国也更加重视中央银行的宏观审慎管理职能。人民银行一直高度重视从防范系统性风险的角度增强宏观调控弹性，运用信贷政策、差别存款准备金率、住房抵押贷款按揭成数等手段加强审慎管理，引导货币信贷平稳增长，取得了较好效果。

（三）建立健全金融稳定长效机制，全面提升金融体系抗风险能力。为有效防范跨行业、跨市场、跨境金融风险，人民银行会同有关部门积极推动建立健全金融监管协调机制。2007年7月，人民银行牵头成立异常外汇资金流动监管协调机制，搭建了跨境资金流动联合监管平台。2008年以来，在国务院领导下，会同有关部门着力研究解决金融领域重大问题，共同应对国际金融危机。积极与相关监管部门协调，加快存款保险制度建设工作进程，推动建立健全以存款保险、证券投资者保护和保险保障为主的投资者保护制度。启动金融部门评估规划（FSAP）工作，强化对银行业、证券业、保险业系统性风险的监测评估。

五年来的实践证明，加强和改善金融宏观调控、维护金融体系的稳定与安全，必须根据科学发展观的要求，遵循金融业发展的客观规律，处理好规模、效益和风险的关系。同时，要根据不同时期经济发展的主要矛盾，把握好实现币值稳定、经济增长、充分就业、国际收支平衡四大目标间的平衡，促进经济社会又好又快发展。

二、坚持市场化基本取向深化金融体制改革

“十一五”时期，人民银行按照党中央、国务院的总体部署，抓住有利时机，积极推动包括大型商业银行、农村信用社和政策性金融机构在内的金融机构改革，公司治理结构进一步完善，综合竞争力和抗风险能力大幅提高，为成功抵御国际金融危机冲击奠定了坚实的微观基础。同时，深化利率市场化改革和人民币汇率形成机制改革，为金融业发展注入强大生机和活力。

（一）金融机构改革取得突破性进展，综合竞争力和抗风险能力大幅提高。“十一五”期间，中国银行、建设银行、工商银行和农业银行先后完成股份制改造，并在香港和上海两地

成功上市。开发银行已由政策性银行改造成股份制商业银行。进出口银行和中国出口信用保险公司改革方案基本完成。农业发展银行改革前期研究工作正式启动。积极配合财政部推进金融资产管理公司改革,促进资产管理公司商业化改革平稳进行。通过改革,金融机构股权结构和治理结构日益完善,经营管理方式得到根本性转变,资本充足率大幅提高,资产质量大为改观,盈利能力和风险控制能力显著增强。2010 年三季度末,工、农、中、建、交五家大型商业银行的资本充足率分别达到 11.6%、11.4%、11.7%、11.6% 和 12.5%,均较 2005 年末明显提高;不良贷款率为 1.15%、2.08%、1.10%、1.14% 和 1.22%,呈逐年下降趋势。

(二)农村金融改革深入推进,农村金融服务水平逐步改善。农村信用社改革取得阶段性成果,产权制度和内部机制改革稳步推进,历史包袱初步化解,资产质量不断改善。截至 2010 年 9 月末,对 2408 个县(市)农村信用社发行专项票据 1699 亿元,对其中的 2366 个县(市)农村信用社兑付专项票据 1650 亿元,兑付进度达到 97%。对新疆等四省(区)发放专项借款 21 亿元。

综合运用支农再贷款、差别存款准备金率、涉农票据等货币政策工具,增加支农资金来源,改善农村金融服务。2010 年 10 月末,全国支农再贷款余额达 676 亿元,农村信用社法定存款准备金率比大型商业银行低 6 个百分点,增加信贷资金来源约 4200 亿元。

探索发展新型农村金融组织。截至 2010 年 8 月末,全国共组建新型农村金融机构 334 家,其中开业 271 家(村镇银行 233 家,贷款公司 8 家,农村资金互助社 30 家),各项贷款余额 411.3 亿元,其中农户贷款余额 123.4 亿元。各地设立小额贷款公司 2167 家,注册资本 1356.33 亿元,贷款余额 1438.04亿元。新型农村金融组织提高了农村金融市场竞争程度和运行效率,填补了农村金融服务空白,对提升农村金融服务水平发挥了积极作用。

(三)利率市场化步伐加快。2004 年 10 月,我国利率市场化改革已实现"贷款利率管下限,存款利率管上限"的阶段性目标。"十一五"以来,人民银行进一步推进利率市场化改革,构建货币市场基准利率,建立健全市场利率体系。2007 年上海银行间市场拆放利率(Shibor)正式运行并逐步确立在货币市场利率体系中的基准地位。2008 年 10 月以来,商业银行利率自主定价空间进一步扩大。

(四)人民币汇率形成机制改革取得重大突破。2005 年 7 月,我国开始实行以市场供求为基础、参考一篮子货币进行调节、有管理的浮动汇率制度,人民币汇率形成机制改革迈出历史性一步。2010 年6 月,在2005 年汇改的基础上进一步推进汇率形成机制改革,核心是坚持以市场供求为基础,参考一篮子货币进行调节,继续按照已公布的外汇市场汇率浮动区间,对人民币汇率浮动进行动态管理和调节。汇率形成机制改革以来,人民币汇率弹性逐步增强,汇率形成的市场基础逐步扩大,进出口企业应对汇率波动的能力逐步提高。

三、坚持发挥金融市场在优化资源配置中的重要作用

"十一五"时期,人民银行会同相关部门积极推动建立健全多层次、多功能的金融市场体系,不断完善金融市场基础设施。目前,我国金融市场产品种类不断创新、市场规模快速增长、市场结构持续优化、基础设施建设稳步加强,有力支持了国民经济平稳持续较快发展。

(一)依托银行间市场大力发展直接融资。2005 年以来,人民银行会同有关部门按照市场化方向,在推动债券市场发展方面采取了一系列措施,包括减少行政审批,完善债券发行市场化机制;依托面向机构投资者的场外市场,发展公司信用类债券市场;建立健全市场化约束机制,逐步完善信息披露制度,建立信用评级制度和风险分担机制;成立中国银行间市场交易商协会,加强债券场外市场自律管理;大力加强托管结算、交易、清算等基础设施建设。

经过近年来的快速发展,债券市场建设取得了长足进步。市场体系日益成型,已形成以银行间场外市场为主、交易所场内市场为辅,场内外市场并存、分工合作、互通互联的债券市场体系。产品品种日益丰富,顺应市场需求的短期融资券、中期票据、中小企业集合票据、地方政府债、汇金债等创新产品不断涌现。市场参与主体不断丰富。基础制度不断完善,较好维护了市场秩序、保护了各方权益。市场运行机制不断健全,债券发行管理不断优化,市场化定价程度逐步提高,信息披露制度对相关主体的约束力持续强化。2010 年前三季度,债券发行量(含央行票据)达 8.1 万亿元,比 2005 年同期增长 172.7%。债券市场规模已跃居亚洲第二、世界第六。

(二)同业拆借市场和票据市场迅速发展。2007 年 7 月,人民银行颁布《同业拆借管理办法》,此后同业拆借市场规模持续扩大,广度和深度不断拓展。2010 年前三季度,同业拆借市场累计成交 20.3 万亿元,较 2005 年同期增长 20 倍。2007 年,人民银行牵头制定并在全国推广统一的票据市场交易合同,票据市场交易标准化建设迈出重要一步。2010 年前三季度,商业汇票累计签发 8.62 万亿元,较 2005 年同期增长 1.76 倍,累计贴现 18 万亿元,较 2005 年同期增长 2.8 倍。同业拆借市场、票据市场的迅速发展有利于金融机构加强流动性管理、满足企业日益增长的融资需求,提高了社会资金的使用效益。

(三)外汇市场和黄金市场加快发展。2005 年以来,外汇市场产品日益丰富,交易系统不断完善,初步构建了由柜台零售市场和银行间批发市场组成、多种交易方式并存、覆盖即期、远期和掉期等各类基础外汇产品、价格联动、分层有序的外汇市场体系。同时,黄金市场产品逐渐增多,参与主体持续扩大,服务体系日趋完善。2010 年前三季度,上海黄金交易所黄金成交量达 4613.89 吨、成交额 1.19 万亿元,比 2005 年同期增长 593.1% 和 1458.7%。加快外汇市场和黄金市场发展对完善和丰富金融市场体系、满足社会日益增长的投资需求起到了积极作用。

四、坚持在对外开放中提升金融业竞争力

对外开放是发展中国特色社会主义的强大动力。"十一五"期间,我国金融业的改革发展始终坚持对外开放,努力提高国际化水平。通过对外开放,引进国外先进的经营管理技术,努力缩短与国际先进金融机构的差距,增强自身发展活力;通过对外开放,促进我国金融业进一步走向国际市场,接受国际竞争的考验,提高国际竞争力;通过对外开放,引进各类资本,壮大我国金融业的整体实力,增强抵御各种风险的能力。

(一)外汇管理体制改革步伐加快,贸易投资便利化程度大幅提高。取消经常项目外汇账户限额管理,进一步简化结售汇审核程序,允许跨国公司在集团内部开展外汇资金运营,提高个人年度购汇总额,大力促进贸易投资便利化。逐步放宽资本管制,取消对境外投资购汇额度的限制,大力支持企业"走出去"。实行合格境外机构投资者(QFII)制度和合格境内机构投资者(QDII)制度,促进资本双向流动。在国际货币基金组织划分的7大类共40项资本项目交易中，除跨境金融衍生工具交易等仍严格管制外，其他项目已实现一定程度可兑换。在外汇储备规模不断扩大的情况下，不断加强和改进外汇储备经营管理，拓展多元化投资，确保外汇储备资产总体安全、流动和保值增值。

（二）跨境贸易人民币结算试点取得重大进展。2009年4月，在上海市和广东省广州、深圳、珠海、东莞4城市开展跨境贸易人民币结算试点；2010年6月，跨境贸易人民币结算试点的境外地域由港澳、东盟地区扩展到所有国家和地区，国内试点地区扩大至20个省（自治区、直辖市），试点业务范围包括跨境货物贸易、服务贸易和其他经常项目人民币结算。截至2010年三季度末，银行累计办理跨境贸易人民币结算业务1970.8亿元。同时，允许境外中央银行或货币当局、港澳人民币清算行和境外参加银行使用依法获得的人民币资金投资银行间债券市场，增加人民币保值增值渠道；开展跨境项目人民币融资和资本项目个案试点。跨境贸易人民币结算试点的稳步推进，顺应了国内外市场的意愿，拓宽了境外人民币资金的来源渠道，满足了企业跨境业务多元化的需求，进一步密切和巩固了我国与周边国家和地区尤其是发展中国家的经贸联系。

（三）国际和地区金融交流与合作的广度和深度不断拓展，国际地位和影响日益提高。“十一五”尤其是国际金融危机爆发以来，人民银行积极贯彻落实国家总体决策部署，主动参与应对危机的国际和区域金融合作，努力改善我经济金融运行的外部环境。积极参与二十国集团（G20）领导人峰会相关准备工作，研究提出改革国际货币体系、改进国际金融组织治理、完善国际金融监管体系的一揽子建议，为我参与国际社会危机救助与全球经济金融结构治理、提高在国际社会的发言权和影响力做出了积极努力。正式加入金融稳定理事会、巴塞尔银行监管委员会、全球金融体系委员会等国际标准制定机构，深度参与国际金融监管规则的讨论和制定。推动IMF份额和治理改革，我国份额占比将升至6.394%，排名跃居第3位。加入世界银行治理结构改革高层委员会，积极推动世界银行治理改革。妥善应对国际社会提出的金融援助要求，先后签署8份总规模为8035亿元人民币的双边本币互换协议。积极参加中美战略与经济对话、中欧央行工作组等重大机制化活动，宣传和阐释我宏观经济政策和金融改革，增信释疑，营造有利于我国发展的国际舆论氛围。加强东亚金融合作，建立中日韩央行行长会议机制。推动成立总额为1200亿美元的亚洲区域外汇储备库，东亚地区的多边救助机制从设想变为现实。与港澳和台湾地区的金融合作进一步推进。

五年来的实践证明，对外开放是完全正确的战略选择，是必须长期坚持的基本方针。同时，作为发展中国家和经济转型国家，必须把国情意识和世界视野相结合，既要学习借鉴国外金融业的经验做法，又要结合国情特点，以我为主、因势利导、因地制宜。在实践中始终注意把握对外开放节奏和力度，维护金融稳定和安全，积极探索出一条有中国特色的金融开放之路。

五、坚持高效便民宗旨，不断提升金融服务能力和水平

科学发展观的核心是以人为本。“十一五”期间，人民银行在加强金融基础设施建设，改善金融服务的工作中，始终牢固树立高效便民的宗旨意识，以完善金融服务体系、加快金融服务创新为着力点，不断提高金融服务质量和管理水平，努力让更多群众享受到便捷、高效的金融服务。

（一）支付体系建设成效显著。“十一五”时期，人民银行在认真借鉴国外先进经验、深入研究市场需求的基础上，大力推进中国现代化支付体系建设，取得前所未有的成就。建成并运行大、小额支付系统、全国支票影像交换系统、境内外币支付系统和电子商业汇票系统等。农村支付服务建设初见成效。目前，支付清算系统运行平稳，维护管理水平不断提升，功能和布局日趋完善，在支持金融创新、加快社会资金周转、方便群众生产生活、促进经济金融又好又快发展等方面发挥着越来越重要的作用。推动非现金支付工具使用与普及，银行卡实现了全国联网通用，人民币卡在境外受理和发行不断扩大，100多家中央预算单位、25个省（区）的地方预算单位实行了公务卡结算，支票可以在全国通用，13个省（市）开通了农民工银行卡特色服务。账户实名制法律规章制度不断完善，联网核查公民身份信息系统投入运行并发挥重大作用，防范与打击利用假名账户从事诈骗、偷逃骗税、贪污受贿、洗钱等违法犯罪活动取得明显成效。

（二）征信管理和服务稳步推进。“十一五”以来，人民银行在推动征信管理条例出台、完善社会信用体系方面做了很多工作。目前，已建立全国统一的企业和个人信用信息基础数据库，地方信用体系建设取得一定成效，中小企业和农村信用体系建设取得重大进展，为解决中小企业融资难和农户贷款难问题发挥了积极作用。截至2010年10月底，全国累计补充完善中小企业信息211.8万户，其中14.3万户中小企业获得银行贷款，贷款余额26325亿元。截至2010年9月末，共为1.27亿农户建立了信用档案，对8037万农户进行了信用评定，其中7254万户获得贷款，贷款余额为1.24万亿元。

（三）国库现代化体系不断完善。近年来，人民银行围绕“建设世界一流的现代化国库”的目标，初步形成了以财税库银横向联网系统、国库会计数据集中系统和国库管理信息系统三大系统为基础的国库业务管理系统的架构。国库现代化体系的建设和服务功能的丰富给企业生产和人民生活带来了不少实惠。财税库银横向联网系统为纳税人提供了各种纳税申报与缴税便利，纳税人足不出户即可在几秒钟内实现税收的纳税申报、缴款全过程。国库会计数据集中系统上线后，各级次的预算收入可直达目的地国库，县级国库收纳的中央预算收入，从以前2-3天报解至总库，缩短到几秒钟。2010年1至10月，全国共有30个省市的4个分库、104个中心支库、479个县支库办理了涉农补贴、家电下乡、抗震救灾等政府补助资金项目的直接支付业务，累计支付业务量1007.4万笔、金额69.47亿元，政府补贴资金实现从国库到农民、受灾群众的点对点发放。

（四）反洗钱工作力度不断加大。自2003年开始履行反洗钱职能以来，人民银行积极推进反洗钱法律体系的建设，推动并参与起草《反洗钱法》，初步建立了以《反洗钱法》及其四个配套部门规章为核心的反洗钱和反恐融资法律体系。牵头建立了反洗钱工作部际联席会议制度、可疑交易情报会商制度、金融监管部门反洗钱工作协调机制，依法开展银行、证券期货、保险领域反洗钱监管工作。积极参与国际反洗钱合作，2007年6月正式加入反洗钱金融行动特别工作组（FATF），标志着中国的反洗钱和反恐融资体制已与国际标准接轨。2009年7月，正式恢复在亚太反洗钱组织（APG）的活动。不断扩大可疑资金监测分析范围，积极开展反洗钱现场检查，协助公安等有关部门破获了多起洗钱犯罪案件，在国家反腐败、禁毒、反恐、维稳、打黑除恶等重大斗争中发挥了重大作用。

此外,金融统计标准化工作有效推进,统计数据的时效性明显提高。货币发行管理进一步加强,现金供应及时充分。全面开展反假货币工作,重点加强农村反假货币工作,配合公安机关开展假币案件侦查,并取得明显成效。金融会计制度化建设不断加强,金融全行业率先实现在2009 年之前采用新企业会计准则体系。金融信息化建设取得重大进展。

六、始终关注和支持经济发展方式转变与结构调整

加快经济发展方式转变和结构调整是关系国民经济全局的紧迫而重大的战略任务,是提高我国经济国际竞争力和抗风险能力的根本举措。"十一五"期间,人民银行积极推进信贷结构的优化调整,引导金融机构探索适合经济发展方式转变的金融服务模式,充分发挥金融业在扩大内需和转变经济发展方式等方面的促进作用。

(一)加强政策引导和监督,着力优化信贷结构。贯彻落实"有扶有控"的信贷政策,使贷款真正用于实体经济,用到国民经济最重要、最关键的地方。引导金融机构加强对"三农"、就业、战略性新兴产业、产业转移等的信贷支持;支持重点产业调整振兴,严格控制对高耗能、高排放行业和产能过剩行业的贷款,着力提高信贷质量和效益。保证在建重点项目贷款需要,加强对地方政府融资平台的放贷管理。强化信贷政策执行情况的检查监督,防范信贷风险。

(二)全面落实支持中小企业发展的金融政策,有效缓解中小企业融资难问题。推动中小企业信贷管理制度改革创新,引导和鼓励银行开发信贷新品种,改善对中小企业的金融服务;推进信用担保体系建设,配合全国工商联部门在完善政府引导型担保的基础上,积极推进企业互助担保和商业性担保业务的发展。通过这一系列措施,中小企业融资状况得到一定改善。2010 年 3 季度末,小型企业贷款余额 7.12 万亿元,同比增长 27.7%,分别比中型、大型企业高 8 个百分点和 15.2 个百分点。

(三)大力发展"民生金融",积极做好"三农"、就业、助学、扶贫等金融服务。出台有关信贷政策措施,支持居民首次购买普通自住房和改善型普通自住房,支持家电下乡、汽车消费信贷业务发展。全面推进金融产品和服务方式创新,进一步改进和完善对"三农"的金融服务。截至 2010 年 3 季度末,全口径涉农贷款余额为 11.1 万亿元,占各项贷款余额的22.7%,同比增长 26.6%。进一步完善小额担保贷款政策,支持下岗失业人员、妇女、高校毕业生等群体创业促就业。截至 2010 年 8 月末,小额担保贷款余额 233 亿,同比增长68.7%。大力做好助学贷款工作,截至 2010 年 8 月末,国家助学贷款余额 303 亿元。完善体制机制,做好扶贫开发的金融支持。加强对大学生"村官"创业富民金融服务政策的协调配合,着力打造支持大学生"村官"创业富民的政策支持和金融服务平台。增强对灾区金融服务的针对性和有效性。

"十一五"时期金融业改革发展取得的显著成就,是党中央、国务院果断决策、正确领导的结果,是相关部门大力支持、紧密协作的结果,是金融战线广大干部职工辛勤工作、奋力拼搏的结果。"十二五"时期是我国全面建设小康社会的关键时期,是深化改革开放、加快转变经济发展方式的攻坚时期。人民银行将继续以科学发展观统领全局,解放思想,实事求是,与时俱进,开拓创新,坚持用改革和发展的方法解决前进中的问题,加大体制机制改革创新力度,力争在金融改革发展的各个领域取得新突破、再上新台阶!

在国家"十二五"规划与两地经贸金融合作发展论坛上的讲话

中国人民银行行长　周小川

(2011 年 8 月 17 日,香港)

女士们,先生们:

很高兴参加今天的论坛。这次论坛对两地经济、金融的进一步合作具有十分重要的意义。在过去的几十年里,香港一直是联系内地经济与世界经济的重要桥梁。当前,中国金融业正处在不断与世界金融体系融合、接轨的过程中,中国金融市场将越来越多地向国际资本开放,而中国的金融发展也需要更宽阔的国际舞台。今年是"十二五"规划开局之年。在新的历史时期,香港仍将继续发挥桥梁作用,与时俱进,不断调整和完善与内地合作的定位和策略。

在这方面,"十二五"规划已经明确了方向。李克强副总理刚才宣布了一系列措施,要求支持香港发展成为离岸人民币业务中心,进一步巩固和提升香港的国际金融中心地位。这里,就有关具体工作,我想细化、解释以下几点:

第一,支持香港发展离岸人民币市场,是巩固和提升香港国际金融中心的重要举措。为更好地满足内地到香港进行人民币融资的需求和香港投资者对人民币产品的投资需求,内地赴香港发债主体的范围将进一步扩大到境内企业,境内机构赴香港发行人民币债券的规模也将进一步提高,初步决定今年境内机构赴香港发行人民币债券的规模进一步提高到500 亿人民币,其中金融机构和非金融企业大致各占一半。

第二,跨境贸易人民币结算试点范围自 2010 年 6 月起已经扩大到北京等 20 个省(市、自治区),并已决定进一步扩大到境内所有 31 个省(市、自治区),从而进一步加强香港人民币结算中心地位。这意味着人民币贸易结算量将进一步扩大,香港发挥作用的机会将进一步增强。

第三,拓宽人民币回流渠道,包括允许以人民币境外合格机构投资者方式(即 R - QFII)投资境内证券市场,鼓励香港创新发展多种形式的离岸人民币金融产品。同时,为更好地服务贸易、投资等实体经济,国家还支持香港企业使用人民币赴内地进行直接投资,稳步开展外商直接投资人民币结算试点,并尽快修订《外商投资项目核准管理暂行办法》。

第四,香港离岸人民币市场的进一步发展,需要内地金融市场增加广度和深度，包括继续推动境外央行、港澳人民币业务清算行、境外参加行等三类机构投资内地银行间债券市场试点工作。这三类机构中，香港享有最多的机会。

第五，为丰富香港人民币债券发债主体，增强香港离岸人民币中心地位，中央政府将继续在香港发行国债。今年在港的国债发行额大幅提高到200亿元人民币。

第六，进一步支持香港银行业到内地发展，是积极落实CEPA协议的重要措施。金融业是香港的支柱产业之一，也是国家大力支持香港发展的重点所在。中央政府明确要求，下一步要不断丰富和提高对港资银行开放的层次和质量，由银监会负责支持加快港资银行在广东省以异地支行形式合理布局。广东省目前的金融条件尤其适合港资银行深耕细作，这有利于为港资银行今后在内地其他地区的布局和发展积累经验。

第七，进一步推动香港资本市场的健康发展，对巩固和提升香港的国际金融中心地位至关重要。按照"十二五"规划的要求，内地与香港金融服务及产品开发合作将得到进一步深化。目前，内地引入港股组合ETF（即交易所交易基金）的实施方案已经完成，最大的技术问题—清算交收中的担保问题也已经解决，在内地推出港股组合ETF的时机已经成熟。

第八，国家将继续支持内地企业赴香港上市，有利于香港资本市场的进一步发展和促进香港国际资产管理中心的建设。目前，有内地背景的企业市值已超过香港股市总市值的一半。

第九，为进一步扩大两地金融市场的融通，国家一贯鼓励香港金融机构进入内地市场，不断拓宽其业务范围，丰富和提高内地金融服务水平。政策上将支持内地港资法人银行参与共同基金销售业务，这意味着港资法人银行能够开展内地代销基金业务的主流业务。

第十，鼓励香港的保险公司采取战略联盟或合并等多种灵活方式，通过设立营业机构或参股等形式进入内地市场，进一步加强双方在保险产品研发、业务经营和管理等方面的合作。

大家知道，我们今天正面临一个经济发展的新时期。从全球格局来看，当前世界金融危机的影响还在持续发酵，全球经济复苏仍然步履蹒跚，全球经济体系的问题是深层次的。最近一段时期，国际金融市场动荡加剧，突显两地之间密切而有效合作的重要性，以共同维护两地金融市场的稳定和健康发展。

女士们，先生们！对中国经济的平稳发展，对香港的持续稳定和繁荣，大家是充满信心的。内地与香港长期保持良好的合作和沟通，这对两地经济金融合作的顺利发展起了重要保障作用。在新的时期，相信大家会进一步加强合作，同心协力，为内地和香港金融事业的共同繁荣和发展贡献新的力量。

谢谢！

在"2011陆家嘴论坛"上的主题演讲

中国人民银行行长　周小川

（2011年5月20日日）

尊敬的俞正声书记，尊敬的韩正市长，各位来宾，女士们、先生们：

早上好！非常荣幸能再次参加陆家嘴论坛，就我们关心的政策研究工作以及对论坛的议题发表一些想法，与大家共同讨论。

我来之前知道本次论坛的大题目是"新时期的金融体系及其宏观管理"，不知道还有一个子题目是"十二五"时期中国金融改革与经济发展。我想，我作为中国人民银行、作为中央银行的行长，还是先说一说宏观管理。我觉得，不管是大题目，还是子题目，都是相互关系的内容。对于新时期的宏观管理，我想讨论两个方面的特点。

第一，国际经济金融形势出现很大的不确定性。难度在于在这些不确定性的情况下，来作出宏观管理的决策，以及争取落实宏观管理的目标。这个不确定性，首先是金融危机的发生。金融危机最早是从美国等国家的房地产泡沫、次贷问题开始，那个时候多数人还不主张用"危机"这个词，在2008年9月份次贷迅速恶化，演变成了一场危机。

我国应对危机首先需要有一个判断，就是负面的冲击到底会有多大？实际上，在那种情况下很难作出准确的估计，到底负面冲击有多大。党中央、国务院决定的应对方案是在11月初推出总值4万亿的经济刺激计划。这个经济刺激计划是用一种扩张性的财政政策和扩张性的货币政策来支持上一批投资项目，同时也包括改进民生、社会发展等项目。

因为不知道危机究竟会怎么演变，所以，一个可能最好的选择是最开始的时候尽量出手要快、出拳要重，以便尽快把危机的深化挡住。但是经济理论和国际的历史结论都告诉我们，扩张性的财政政策和货币政策实行以后一般会带来负作用，就是事后会引发物价的上升，可能会引发某种资产泡沫。

在2008年12月份，在内部和国际会议上就已有一个讨论，就是在应对危机的政策出台以后要考虑适时退出的问题，就是这种刺激型政策在什么时候应退出？用一个强有力的刺激计划来克服危机，同时配合一个判断准确的及时的退出，是一个好的选择。既抗击了危机的冲击，同时负作用尽量减少到最低限度。当然事情并不那么容易，就是时点的判断在不确定性情况下会有很大的难度

中国经济在全球复苏过程当中是走得相当靠前的，应该说是最靠前的，而且复苏是最有力的。中国经济在2009年一季度的时候相当疲弱，二季度开始出现一些好转的迹象，下半年中国经济出现了比较强劲的复苏。与此同时，全球主要经济体还在危机中挣扎。

在出现复苏的时候，我们开始考虑货币政策扩张的程度可以有所改变，大家可能注意到2010年1月上旬就开始提高

存款准备金率，随后又接着提高了存贷款利率。虽然我们还是延用了适度宽松的货币政策这一提法，但是宽松的程度开始放缓、适度有所收缩。

我所说的不确定性特别表现在2010年，回想起来还是很近的事。2010年从2月中下旬开始在国际市场透露出可能欧洲有些国家会出现主权债务危机，这件事在3月、4月一直不断地发酵，到5月初主权债务危机有爆发之势，出了比较大的问题。主权债务危机是出乎很多人意料之外的。就像我刚才所说的，整个金融危机一开始发生的时候，多数人都认为应该采用经济刺激的计划，但是这显然也会加重有些国家财政状况的恶化程度。至于说会导致财政债务的危机，在很大程度上有一些出乎意料。

随后在欧洲主权债务危机适度有所缓和的情况下，美国经济在8月末的时候又有问题。从报出的数据看，失业率将近10%，具体来说是9.8%的失业率，美国的经济复苏相当地起伏、不稳定。这种情况下，我们宏观管理的货币政策到底调整不调整呢？或者调整的速度多快呢？力度多大呢？这在2010年二、三季度始终是一个非常严峻的挑战，也是在这种不确定性情况下，如何制定政策和执行政策的问题。

真正明确表达的货币政策转向稳健，大家看到是始于2010年四季度，开始连续上调存款准备金率，加大公开市场业务操作，同时提高了利率。这一系列的做法表示对国内的经济形势判断已是比较清楚的，需要货币政策转向，尽管国际市场还有很大的不确定性，但汇总起来整个经济政策要有适当的调整。去年年末，已经形成了共识，中央经济工作会议正式明确了宏观调控转向稳健的货币政策。

我们说，今年全球经济复苏比去年更加明朗，但总体还是处于复杂的状况，即不确定性因素仍比较多。确实这和常规年代的宏观经济政策有比较大的差别，常规年代没有这么大的不确定性，全球各国之间的相互影响也没有这么大，以至对传统的宏观方法论提出了挑战。我想，这作为宏观管理的一个特点，在这里提出来供大家进行讨论。

第二，引入宏观审慎性政策框架。为吸取危机的教训和防范在出危机，有关宏观管理方面，特别是涉及到金融业和货币政策方面的另一个特点，就是引入了宏观审慎性政策框架来增强宏观管理。"宏观审慎性政策"这个词我们过去用得不多，国际上以前也是用得不多，主要是2009年起把一些主要的概念汇总起来放入了宏观审慎性政策的框架。主要内容是以金融稳定为中心，即以增强金融稳定、特别是防止系统性的金融风险为中心，以逆周期的宏观调节为特征的政策体系。比较典型的一个内容就是巴塞尔Ⅲ，它也是G20所支持的政策调整。

从中国情况来说，首先我们有需要来采纳和运用宏观审慎性政策，在我国也写入了"十二五"规划。中国经济在危机之后率先复苏，因此我们的周期和发达国家所处的周期有可能不一样。全球经济的讨论当中也在说，新兴市场的主要国家目前所处的周期和发达国家所处的周期已经有所不同。对于周期变化的判断，说明我们需要有一种与发达经济体有所不同的逆周期调节措施。

从中国经济来看，中国是高储蓄率的经济，高储蓄率就有可能支持较高的投资，从过去的历史经验来说较高的投资可能会造成某些方面的过热和产能的过剩，也容易刺激某些泡沫的产生。高储蓄率有好的方面，同时也有要警惕的方面，就是我们需要注意高储蓄率带来的过热周期问题。

同时，中国又是一个转轨经济，我们处于从高度集中的计划经济体制向市场经济转轨的过程，尽管我们已经完成了相当一部分路程，但我们说还没有完全走完，仍旧有一些财务软约束的现象。这种财务软约束可能会造成潜在的、过热的冲动。面对这些情况，中国需要尽早运用宏观审慎管理框架。

但是，我们也知道宏观审慎性管理框架对另外一些经济复苏比较弱的国家来说，又容易带来负面效应，就是进一步拖慢了经济复苏的速度。因此从全球来说，对于宏观审慎性政策框架运用的程度和时机的把握，大家讨论时意见也是有所不同的，这也和各自所处的周期以及经济潜在的特质有关。

中国有需要要采用宏观审慎性框架，同时，我们也有可能较早运用宏观审慎性框架。比如说，宏观审慎性框架要求金融机构有更加充实的资本，特别是大型的、有系统性作用的金融机构，应该有更高的资本要求，在其他方面，也应该做得更加稳健。那么，这些新的更高标准的推出，在中国是有可能较早实现的。刚才提到中国储蓄率比较高，我们在资本市场上增加金融机构资本金的可行性也就比较高一些。

另外，大家也都非常关注，在物价指数上行或者处于较高位置的情况下，在全球大宗商品市场价格比较高的情况下，我们确实需要宏观管理的针对性有一定的转向，并在这种转向中找到一个新的、既促进经济增长、又能控制通货膨胀的一个平衡点。由于时间关系，我就点一下题目，新时期宏观管理的另一个特点就是如何运用好宏观审慎性政策框架，这是一个值得讨论的问题。

第三，人民币跨境使用。我看到昨天下午的议程里面有很多专家已经开始讨论了，我就说简单一点。人民币的跨境使用是"十二五"规划中写明的内容之一，它也为促进上海金融中心建设提供了一个新的契机。刚才俞正声书记致辞中也提到了这样的问题。人民币跨境使用，首先主要是指在贸易和投资中的运用。当然同时，我们也小心谨慎地，允许在金融交易中逐步有所运用。我们希望，主要还是以支持实体经济为主。

这会带来很多新的机会。同时，历史上我们在这方面没有积累经验，有很多新的课题值得研究，会出现一些新的机遇和挑战。鉴于很多与会者昨天都谈到了这个问题，我就不展开讲了。在"十二五"规划中还有一句话是关于可兑换的，我认为跟人民币的跨境使用也是有关系的。人民币如果跨境使用发展到一定阶段的时候，自然会产生一种需求，这种需求就是人民币需要逐步的、有序的走向资本项目可兑换。

中国在1996年已经宣布实现了人民币在经常项目上的可兑换，接下来会面对资本项目的可兑换，这是一个中长期的发展进程，既带来很多新的机遇，也带来很多新的问题需要我们去讨论。从人民银行来说，欢迎这方面讨论的意见和建议，以及应对潜在问题的对策。同时，我们相信一定会对上海国际金融中心建设带来新的机遇、带来新的发展。

我借此向大家介绍这几个供讨论的内容，讲得不对的地方请批评指正，谢谢大家。

在第一届"中国金融学科终身成就奖"颁奖典礼上的致辞

中国人民银行行长　周小川

（2011 年 6 月 1 日）

尊敬的黄达教授、刘鸿儒教授、郝平副部长、纪宝成校长，各位老师、各位来宾，同学们：

首先，请允许我对黄达教授荣获"中国金融学科终身成就奖"表示祝贺！对刘鸿儒金融教育基金会为推动中国金融学科的建设和金融教育事业的发展所发挥的积极作用表示感谢！

金融学科的建设和金融教育事业的发展，始终是与金融事业的发展联系在一起的。从 1978 年开始的金融体制改革，中国逐渐突破过去那种高度集中型的金融机构体系，朝多元化体系方向改革，建立起社会主义市场金融体制的基本框架，中国金融事业获得了长足发展。以黄达教授为代表的中国金融教育界，一方面，辛苦耕耘，全心奉献，培养出大批金融人才，解决了中国金融事业的发展与金融人才、特别是高层次人才匮乏的矛盾；另一方面，潜心研究，勇于实践，为中国金融的改革、开放与发展的政策与实践提供了理论支撑和技术支持。

当前，随着全球化和我国改革开放的不断深化，金融业发展发生了很大的变化，金融学研究也面临着一些新的问题、新的挑战。特别是经过这次国际金融危机，现有的金融运行模式、金融监管体制暴露了其内在不足，也引发了理论界、金融业界对今后金融改革的深入思考和探索。

从理论上说，经过这次危机，人们发现，微观审慎性的总和并不等于宏观上的审慎性。或者说，个体的健康性不等于总体的健康性。这里面涉及到很多相关的经济学、金融学理论。如，危机的传染性，与资本要求、流动性、杠杆率、拨备要求、会计准则、评级制度相关的微观审慎性标准，与羊群效应、动物精神、信息理论和计算复杂性，以及激励机制安排等相关的市场有效性问题等，在原有的理论分析框架、模型基础上，都有新的认识和发展。

在金融运行和管理方面，宏观审慎政策框架已成为危机后国际金融改革的主要方向。各国政府以及金融界的普遍共识是要建立逆周期的市场运行和调节机制。在宏观方面，除了要用好货币供应量、利率等具有逆周期调节效果的传统货币政策工具，还引入了逆周期调节的创新手段，如建立逆周期的资本缓冲制度和动态损失准备制度等。在微观方面，主要侧重于加强金融监管改革，改进原有的资本协议、杠杆率、拨备计提等监管政策和工具，提高金融机构资本质量和资本充足率、建立与经济周期调节相适应的杠杆率要求、前瞻性拨备管理，推进会计制度、评级机构、衍生品交易和清算体系等的改革，加强对影子银行的监管等，其主要思路是，将这些微观层面的监管机制纳入宏观管理框架内，减缓顺周期影响，减少对经济波动的影响。

当前，以加强宏观审慎管理为核心的国际金融改革正在稳步推进，其典型内容是 G20 所支持和认可的巴塞尔Ⅲ。从中国情况来说，我们有必要、也有条件尽快采纳和运用宏观审慎性政策框架，而且也写入了"十二五"规划。但我国总体上还处于经济转轨过程中，运用宏观审慎政策框架也有一些比较紧迫的课题，如对经济周期的判断、高储蓄率问题、宏观审慎政策工具的选择、系统重要性金融机构的划分标准、会计准则的国际趋同，等等，需要尽快加以深入研究。

总之，新的金融运行和监管理念及其政策框架对金融学科建设、金融教育发展提出了新的挑战。我希望中国金融教育工作者以黄达教授等老一辈金融教育家为楷模，教书育人、刻苦耕耘，为中国金融事业的发展培养具有超前意识、创新精神和国际视野的优秀人才。也希望经济学和金融学的专家学者们能更进一步潜心研究，勇于实践，为金融的创新、发展提供更好的理论支持，为中国金融的稳定、安全和发展贡献自己的智力。

再次感谢各位来宾，感谢你们对中国金融事业的支持，祝黄达教授、刘鸿儒教授身体健康、心情愉快！谢谢大家！

围绕打造世界一流企业目标全面加强中央企业产权管理工作

——在中央企业产权管理工作会议上的讲话

国务院国资委主任、党委书记　王　勇

（2011 年 3 月 31 日）

这次中央企业产权管理工作会议的主要任务是，认真贯彻落实党的十七届五中全会和"两会"精神，贯彻落实《政府工作报告》和"十二五"规划纲要的部署和要求，总结"十一五"和 2010 年产权管理工作，研究"十二五"工作思路，部署

2011年产权管理重点任务。下面,我讲三点意见。

一、中央企业产权管理工作取得明显成效

"十一五"时期,中央企业产权管理工作始终坚持服务国资监管和企业改革发展大局,严格按照建立"归属清晰、权责明确、保护严格、流转顺畅"的现代产权制度要求,创新理念,开拓思路,各项业务取得了突破性进展,产权管理水平迈上了新的台阶。

一是产权管理制度不断完善。中央企业将产权管理制度建设作为促进企业改革发展的有效手段,切实落实国资委的有关要求,认真结合企业发展实际,逐步建立和完善与市场经济发展要求相适应的产权管理制度体系。国家电网、中航工业等企业梳理制定多项产权业务操作规范指引,重点从操作层面统一工作标准,细化工作流程,明确工作要求,确保制度有效、规范落实。一汽集团、中远集团等企业建立了资产评估风险管理、产权登记风险管理等制度,明确审批权限、关键控制点、工作流程和责任人,并成立了工作小组进行不定期检查,及时发现和解决问题。目前,涵盖产权登记、产权流转和产权保护等内容的一整套中央企业国有产权管理制度已经基本建立,为中央企业布局和结构调整提供了有力的制度保障。

二是市场化运作能力不断提升。中央企业注重依托产权交易市场和证券市场,不断提升市场化运作能力,资源配置效率得到明显提升。2006年以来,中央企业通过产权交易市场公开转让企业国有产权3982宗,交易金额达到1339亿元,平均增值率为16.2%。国投、国家电网、中国石油、华润集团等企业通过产权交易市场盘活存量,调整结构,引入增量,实现了优化资源配置,促进了国有资产保值增值。中航集团实物资产处置全部进入产权交易市场,做到了"能进则进"。中央企业及其子企业加快推进公司制股份制改造,推动主业整体上市或分板块上市,积极利用资本市场等多渠道筹集发展资金。中国电信、中国海油等企业借助资本市场推动辅业改制,培育新的增长点,实现了企业价值提升。特别是2008年国际金融危机以来,许多中央企业积极主动向上市公司注入优质资产,努力提高上市公司资产质量,大大提高了中央企业控股上市公司的抗风险能力和竞争实力。一些中央企业抓住市场机遇,积极推进上市公司并购重组。东方航空完成了对上海航空的吸收合并,实现了区域航空资源的战略整合。兵器装备集团与中航工业通过股权置换方式完成了汽车业务的重组联合。鞍钢、攀钢通过联合重组,重新整合业务板块和资源配置,提高了核心竞争力。

三是产业结构和产权结构不断优化。中央企业运用无偿划转、协议转让等方式,推动产业结构和产权结构的优化调整。一批企业积极清理整合内部企业,减少产权级次,进一步实现扁平化管理,提高市场反应能力和集团管控力。中航工业、兵器工业集团、中铝公司等企业不断调整内部产权分布,通过实施板块化、专业化、区域化整合,有效提高了产业集中度,降低了运营成本。

四是产权管理信息化水平不断提高。中央企业积极实施信息化登高计划,多数企业开发应用产权管理信息系统,促进产权管理从事后监管走向事前、事中监管,提高了产权管理的效率和效益,保证了产权管理规范化、程序化、透明化。中国石油在产权管理系统中依据产权链条,实现了境内、境外产权的一体化管理,提高了集团的管控力。航天科工实现了产权登记、无偿划转、产权转让、资产评估备案等各项业务的信息化动态管控,使产权管理更加规范高效。招商局集团将产权管理系统与集团内其他业务系统实现对接,形成管控合力,并积极推动与国资委产权管理各系统对接。国家电网组织开发、建设并全面上线实施"财务管控产权综合管理系统",对公司各级单位的产权变动进行全过程管控。一汽集团利用产权管理信息系统记录各子企业的管理信息,实现了产权信息的快速查询和模块化统计分析。

五是产权管理队伍建设不断加强。中央企业普遍加强了产权管理机构和队伍建设,培养了一支产权意识较强、业务水平较高的专业队伍。兵器工业集团、招商局集团、中国国电、中国华电等企业成立了产权管理部,将分散在各部门的产权管理职能集中,在编制、人员及经费等方面给予充分保障,提高了产权管理工作的有效性、权威性,在增强企业资本运作能力和资源配置能力、提高集团控制能力方面发挥了重要作用。国投建立了每年度对中高级管理人员进行资产评估知识培训的制度。中国石油、兵器装备集团、中国电信、中核集团、中国大唐等企业采用与国资委干部交流、脱产学习等多种形式,强化了产权管理工作人员的专业培训。

五年来,中央企业产权管理工作始终围绕推动建立现代产权制度这一目标,贯穿于中央企业改革发展的全过程,成为推动中央企业良性发展的基础性、枢纽性、战略性工作。基础性,是指产权是国资委和国有企业行权履职的制度边界,是管人、管事、管资产的出发点和落脚点。企业改革发展事项中涉及的改制重组、业绩考核、薪酬分配、财务管理、人事改革等各项工作都要在产权边界内展开。枢纽性,是指产权是企业改革发展的聚焦点,产权管理是企业运作的必经之路、必解之题、必办之事,每一项改革发展事项都离不开产权登记、资产评估、产权流转等产权管理操作,每项改革重组目标的最终实现也都要落实到产权管理事项中。战略性,是指产权管理是所有制的核心,事关国有企业资源优化配置和国有经济布局结构调整,事关公司制股份制改造目标的实现,事关企业经营机制和发展方式的转变,事关各类投资者利益的平等保护和资本市场健康发展,事关社会的和谐与稳定,是党、政府、社会和市场高度关注的对象。可以说,国资委成立以来,中央企业改革发展取得了很大成就,其中一个关键因素就是坚持按照现代产权制度的要求,明晰产权归属,落实产权责任,促进产权流转,实现优化配置,提升企业价值。

五年来,中央企业产权管理也推动了国有资产监管工作体系的建立和完善。经过大家的共同努力,国有产权进场交易制度为国有产权实现市场化配置探索出一条具有中国特色的有效途径,为规范企业产权流转提供了制度性保障,有效遏制了国有资产流失现象。这一制度得到了中央纪委的充分肯定,成为建立惩防体系的重要内容。通过不断健全资产评估工作体系,完善评估方法,国有产权流转风险防范机制建立并逐步完善。股权分置改革的顺利完成,也有效解决了制约我国证券市场发展的制度性障碍,形成了国有股东所持股份的市场化流转机制和股票的市场化定价机制。

五年来,中央企业产权管理队伍的业务素质和工作能力不断提高。从事产权管理工作的同志们牢固树立服务意识、大局意识,努力学习,勤奋敬业,克己奉公,严谨细致,做了大量扎实有效的工作,保障了改革发展中心任务的有效落实。产权管理工作为国资监管和中央企业改革发展夯实了基础,扎稳了阵脚,赢得了声誉。在此,我代表国资委和国资委党委向中央企业从事产权管理工作的同志们表示诚挚问候和衷心感谢!

在总结成绩经验的同时,我们也要清醒地认识到,当前中央企业自身仍然存在一些不容忽视的问题。如国有资本产业集中度还不够高，有进有退、合理流动的机制尚不健全；一些企业产权结构不合理，产权管理链条过长的问题没有根本解决；境外资产的监管制度尚需加快建立完善；一些企业对产权管理工作重视不够，存在管理机构分散，责任不够明晰等问题。这些问题必须引起各集团领导的高度重视，认真研究，妥善加以解决。

二、“十二五”时期产权管理面临的形势与任务

“十二五”是全面建设小康社会的关键时期，是深化改革开放、加快转变经济发展方式的攻坚时期。中央企业改革发展面临的环境更加复杂，任务更加繁重，责任更加重大。中央企业大多处在关系国家安全和国民经济命脉的重要行业和关键领域，许多都是行业的排头兵，能否加快转变发展方式、实现科学发展，关系经济社会发展的全局，关系全面建设小康社会宏伟目标的实现。我们提出，“十二五”时期中央企业改革发展的核心目标是，做强做优中央企业、培育具有国际竞争力的世界一流企业，要通过实施“五大战略”，加强“三大保障”，达到“四强四优”，推动实现这一目标。中央企业各方面的工作都要围绕这一核心目标展开。在这样的形势要求下，产权管理要继续发挥好在国资监管和中央企业改革发展中的基础性、枢纽性和战略性作用，在服务好、实现好核心目标上下足功夫。

（一）着力依靠市场机制促进资源优化配置，为打造世界一流企业创造有利条件。

境内外企业资本运作的实践表明，单纯依靠生产经营，企业发展通常只能达到算术级的增长，借助资本市场的力量，大力实施兼并重组，才能实现几何级的增长。中央企业要加强对境内外资本市场的研究，把握好产权形成、运营、流转的时机、节奏、方式，提高国有产权配置的效率和质量。要继续坚持市场化机制，积极利用产权交易市场的产权流转和资本形成功能，使具有成长价值的资产通过产权流转、增资扩股与各类股权投资基金、产业投资基金有机结合，推动国有资本带动民间投资更多地向企业主业集中，向产业链高端集中。要继续借力境内外证券市场，通过增资扩股、收购兼并等方式，把行业内的优质资产逐步纳入上市公司。要充分利用好股票融资和股权投资基金融资功能，筹集、组合更多社会资本支撑和保障中央企业改革发展。

（二）着力加强境外产权管理，为企业实施国际化经营战略提供有力保障。

“十二五”时期，随着中央企业“走出去”步伐的加快和国际化经营战略的实施，境外资产量必然迅速扩张，境外产权管理面对的法律环境、文化环境、甚至突发政治事件等不可预测因素将带来新的更大挑战。如何提升中央企业国际化经营能力和管理水平，进一步加强境外国有产权监管已成为国资委和各中央企业的当务之急。国资委将抓紧在近期出台中央企业境外国有产权管理办法。中央企业作为本集团境外国有产权管理的责任主体，应当依照国家法律、行政法规和国资委的各项管理规定，尽快建立健全境外国有产权管理制度，积极探索做好境外产权管理的手段和途径，切实加强对境外企业的管理和监督。产权局可以举办境外产权管理培训班，请做得好的企业介绍经验，通过编印中央企业境外产权管理指南或案例集等形式，加强对中央企业的指导，以便更好地推进这项工作。

（三）着力提高产权管理信息化水平，为提高效率、加强监管提供新手段。

中央企业要大力加强产权管理信息化建设，在预算上做出安排，把管理信息化作为提升企业核心竞争力的重要载体，作为管理创新、科学管理的重要内容。要努力实现集团内部各单位、产权管理各环节全覆盖的信息化管理，将各项监管制度和要求落到实处。目前，国资委已经开发了企业国有产权交易、产权登记、上市公司国有股权管理等产权管理工作信息系统和中央企业发行债券情况监测系统，正在研发国有资产评估监测系统。对这些系统的推广应用，国资委要组织好培训。各中央企业一方面要熟悉和掌握这些产权管理信息系统，另一方面要结合企业自身具体情况，开发出适合本企业需要的信息系统。已经有类似管理信息系统的企业，要做好与国资委产权管理信息系统的对接，实现信息共享，推动产权管理水平再上新台阶。“十二五”时期要实现国资委产权管理信息系统与中央企业信息系统的全对接、全覆盖。

（四）着力加强混合所有制企业产权管理，为强化责任、防范风险提供机制保证。

随着改制重组的深入推进，中央企业的产权结构将进一步向多元化、股份化转变，产权结构将更加复杂，产权管理工作的难度将随之加大。这就要求我们要以更高的标准加强混合所有制企业的国有产权管理和内控机制建设。中央企业要积极探索，按照“归属清晰、权责明确、保护严格、流转顺畅”的现代产权制度要求，及时调整管理思维和管理方式，加强内控机制建设，形成高效运作的内部制衡机制。通过公司法人治理结构和公司章程建立出资人代表行权履职制度，切实落实国有产权监管要求，把产权管理链条逐级延伸到各级子企业，健全内部控制机制，切实落实国有资产保值增值责任。

（五）着力引领带动各类资本和谐发展，为打造世界一流企业提供良好的社会环境。

中央企业在做强做优的同时，要充分考虑如何实现与各类社会资本和谐共存、相互促进，发挥好支撑、引领和带动作用。国资委将于近期出台关于国有企业改制重组中积极引进民间投资的指导意见，这既是落实《国务院关于鼓励和引导民间投资健康发展的若干意见》（国发〔2010〕13 号）的一项重要措施，也是坚持“两个毫不动摇”、坚持基本经济制度、实现各类所有制经济共同发展的基本要求。作为中国特色社会主义市场经济的重要主体，中央企业不仅要实现自身的又好又快发展，还要肩负起以产权为纽带，支撑、引领和带动各种所有制经济共同和谐发展的历史使命。各中央企业要结合工作实际，进一步解放思想，大胆创新，积极发挥产权纽带功能，带动其他所有制资本共同发展，进一步发挥好国有经济的控制力、影响力和带动力，为巩固我国的基本经济制度，推动社会主义和谐社会建设作出贡献。

三、进一步加强中央企业产权管理

“十二五”时期，中央企业产权管理工作的总体要求是，适应产权管理工作面临的新形势，遵循“依法合规、市场机制”的工作理念，把握“推动流转、防止流失、优化配置、提升价值”的工作定位，坚持“制度化、程序化、信息化、规范化”的工作方法，加强人才队伍建设，有效防范风险，全面完成新时期产权管理工作任务。

（一）遵循“依法合规、市场机制”的工作理念。

“依法合规、市场机制”是国资委在指导中央企业产权管理工作实践中逐步形成、被中央企业广泛接受、并被实践证明为正确有效的工作理念，是做好产权管理工作的关键。“依法合规”是产权管理工作健康发展的前提。要严格依照法律、行政法规和企业章程，不断建立健全各项产权管理制度，形成完善、严密、可操作的制度体系。“市场机制”是产权管理不断适应市场变化的重要保证。要按照"政企分开、政资分开"的要求,让国有产权在市场中形成、运营和流转,通过市场来发现交易主体、交易价格,利用市场来调整结构、优化布局。要继续遵循这一工作理念,不断完善产权管理制度,认真履行相关职责,切实做到依法合规运作,不断提升产权管理工作水平。

(二)把握"推动流转、防止流失、优化配置、提升价值"的工作定位。

要做好产权的动态管理,提高产权配置的效率和效益。要把推动流转作为产权管理工作的核心,提高市场化运作比重,拓宽流转渠道,真正让市场发挥资源配置的基础性作用,推动国有产权在更大范围内有序流转,让国有产权在流转中体现真实价值。要把防止流失作为产权管理工作的基本要求,对任何可能发生流失的行为采取"零容忍"政策,对可能出现新的、更加隐蔽的流失风险点,及时制订应对之策,确保流转而不流失。要把优化配置作为产权管理工作的主攻方向,紧紧围绕国有经济布局结构调整和产业转型升级,充分利用多种产权配置方式,推动国有产权在不同企业、不同行业、不同区域、乃至不同所有制之间实现优化配置。要把提升价值作为产权管理工作的出发点和落脚点,通过防止流失来保护产权价值,通过市场化流转来发现产权价值,通过优化配置来激活产权价值。

(三)坚持"制度化、程序化、信息化、规范化"的工作方法。

我们在长期实践中探索形成的制度化、程序化、信息化和规范化的产权管理工作方法,是产权管理工作得以顺利开展并不断取得新成绩的基本保障。随着国有企业改革的进一步深化,企业产权结构将日趋多元化,各类投资主体之间产权流转和融合会大量增加,在企业产权转让、上市公司资本运作等重大产权管理事项中,涉及的不同利益主体会越来越复杂,产权管理面临着更多的约束和风险,工作压力也会加大。为了适应这些新情况、新挑战,中央企业要坚持把制度化作为做好产权管理工作的重要基础,把程序化作为做好产权管理工作的基本保障,把信息化作为做好产权管理工作的重要手段,把规范化作为做好产权管理工作的内在要求,做到"产权管理制度化,制度执行程序化,程序操作信息化、系统运作规范化",形成分工科学、权责明确、运作高效、监管有力的产权管理工作体系。

(四)加强工作领导,搞好队伍建设,切实防范风险。

一是要加强对产权管理工作的领导,搞好产权管理队伍建设。产权管理涉及企业改革发展的方方面面,中央企业集团及各级子企业的领导班子,尤其是"一把手"要高度重视产权管理工作,把产权管理工作放到企业经营发展的重要议事日程,放到企业整体发展战略管理中去统筹考虑,给予准确定位。要组织班子成员学习产权管理知识,掌握产权管理的基本方法和原则。要加强集团内部的产权管理培训,特别是加强对各级子企业领导班子的产权业务培训。要继续加强产权管理队伍建设,努力建设一支熟悉管理、精通业务、坚持原则、廉洁自律的干部队伍。要加强产权管理人才培养,扩大产权管理人才来源,创新人才发展机制,优化人才成长环境,提高人才创新能力,不断提高产权管理队伍的业务素质、政治素质和职业操守。要做到产权管理职能的统一行使,企业集团层面要设立专司机构,没有设立专司机构的也要明确责任机构,保证产权管理机构到位、编制到位、人员到位、经费到位、责任到位。

二是切实防范各类风险。要注重防范舆论风险。产权管理涉及国有产权转让、上市公司资本运作等敏感事项,舆论比较关注,处理不好可能形成舆论风险。要研究分析媒体和公众的关注焦点,注重对舆论、舆情的主动引导,主动沟通,凡事有预案,凡事有应对。要提高敏感性,依法做好相关信息的保密和披露工作,避免市场和舆论的炒作,争取社会各界的理解和支持。要注重防范法律风险。中央企业产权结构日趋多元化,与各类社会主体之间的合作、交流大量增加,进场交易、上市公司资本运作等重大产权管理事项会涉及到不同利益主体。我们要及时调整思想观念,不断完善各项制度、政策,保持监管制度的系统性和协同性,进一步规范自身行为,依法开展监管工作。要注重防范廉政风险。中央纪委正在大力推进惩治和预防腐败体系建设,"三重一大"、厂务公开成为从源头上防治腐败的重要举措。中央企业在资本运作过程中,相关工作人员必须正确认识手中的权力以及所承担的职责,必须坚持清正廉洁,做到依法办事,不触红线。

同志们,今年是实施"十二五"规划的开局之年,转变经济发展方式、实现科学发展给中央企业改革发展提出了新要求,也提供了新契机。中央企业肩负的责任重大,任务艰巨,使命光荣。希望中央企业从事产权管理工作的同志们坚定信心,务实工作,开拓创新,为做强做优中央企业、培育具有国际竞争力的世界一流企业作出应有的贡献。

在中央企业反腐倡廉建设工作会议上的讲话

国务院国资委主任、党委书记 王 勇

(2011 年 1 月 12 日)

今天的会议非常重要。刚刚结束的十七届中央纪委六次全会对党风廉政建设和反腐败工作作了全面部署,胡锦涛总书记作了重要讲话,贺国强同志代表中央纪委作了工作报告。这次会议的任务就是要认真学习党的十七届五中全会和十七届中央纪委六次全会精神,研究部署 2011 年的反腐倡廉建设工作。刚才,郝明金同志代表中央纪委作了重要讲话,希望各级企业领导同志一定要认真学习好,抓好落实。强卫东同志的报告总结了 2010 年的工作,提出了 2011 年的任务,通报了中央企业反腐倡廉形势与情况。报告是经过党委认真研究的,根据党委讨论的意见,我再强调几点,希望中央企业,包括国资委共同按照中央要求，深入贯彻好中央精神，落实好各项工作。

一、充分认识新形势下加强反腐倡廉建设的重要意义

“十二五”时期是全面建设小康社会的关键时期，中央企业的科学发展，对于加快转变经济发展方式、实现经济社会又好又快发展具有重要作用。加强反腐倡廉建设是实现企业科学发展的有效保证。我们必须充分认识新形势下加强中央企业反腐倡廉建设的重要意义，在抓住机遇加快发展过程中，进一步加强反腐倡廉建设，为做强做优中央企业提供保障。

（一）加强反腐倡廉建设是在中央企业改革发展中实现好、维护好、发展好最广大人民根本利益的客观要求。

胡锦涛总书记在十七届中央纪委六次全会上指出，要把实现好、维护好、发展好最广大人民的根本利益作为一切工作的出发点和落脚点，坚持权为民所用、情为民所系、利为民所谋，认真解决损害群众利益的突出问题和反腐倡廉建设中群众反映强烈的突出问题。中央企业是国民经济的骨干和中坚，中央企业改革发展的成败，直接关系到广大人民群众的利益。国有资产是全国人民的共同财富，我们要接受全国人民的监督。出现违纪违法案件和问题，是对人民的失职渎职。做强做优中央企业，实现国有资产保值增值，防止国有资产流失，是维护人民群众利益的要求；中央企业所处的行业大多关系国计民生，不断提高运行质量，提供优质产品和服务，是更好地服务人民群众、维护人民群众利益的要求；中央企业有一千多万职工，还招聘或雇用了几百万的农民工和临时工，还有几百万的离退休职工，取得的每一份成绩，都凝结着广大职工群众的心血和汗水，搞好中央企业，也是维护广大职工群众利益的要求。我们要从实现好、维护好、发展好最广大人民的根本利益出发，加强反腐倡廉建设，促进和保证中央企业健康发展，为全社会创造更多财富。

（二）加强反腐倡廉建设是推动中央企业科学发展、加快转变发展方式的有力保证。

党的十七届五中全会强调，做好“十二五”时期经济社会发展工作，必须以科学发展为主题，以加快转变经济发展方式为主线。贯彻落实好党的十七届五中全会精神，张德江副总理在中央企业负责人会议、全国国有资产监督管理工作会议上都提出了明确要求；我们提出了做强做优中央企业、培育具有国际竞争力的世界一流企业的目标，并且提出围绕实现这一目标，要大力实施“五大战略”，加强“三大保障”。新时期、新形势、新任务给反腐倡廉工作也提出了新的要求。“十二五”时期，中央企业的规模、资源配置范围和国际化经营将进一步扩大和发展，对国有资产监管能力和要求越来越高，确保国有资产安全有序运行的工作越来越多，强化管控、完善惩治和预防腐败体系的任务也越来越重。我们要以更加认真负责的态度，以改革创新的精神加强反腐倡廉建设，进一步健全公司治理，进一步规范权力运行，进一步减少决策和管理上的失误，进一步有效防止违法违规违纪问题的发生，为中央企业实现“十二五”规划目标、实现科学发展提供有力保证。

（三）加强反腐倡廉建设是中央企业贯彻落实好党中央、国务院各项决策部署的重要保障。

贯彻落实好党中央、国务院各项决策部署，确保政令畅通，是遵守党的政治纪律、维护中央权威的根本要求，是经济社会健康发展、实现全面建设小康社会目标的重要保证。十七届中央纪委六次全会上，贺国强同志的报告提出进一步严肃政治纪律的要求。中央企业作为国有企业的骨干，更要在贯彻落实党中央、国务院各项决策部署方面作出表率。中央企业正处于转变发展方式、做强做优的关键时期，只有严格遵守党的政治纪律，才能保证中央的各项重大决策部署落实到位，才能保证“十二五”规划目标落实到位，才能保证企业的发展战略落实到位。各级党委（党组）、董事会、经理班子要坚决执行好各项制度规定，把党中央、国务院制定的各项方针政策、国资委党委制定的制度规范性文件、经营层作出的制度规定等贯彻落实到位。加强反腐倡廉建设，必须把贯彻落实好党中央、国务院各项决策部署作为一项重要工作，增强政治意识、大局意识、责任意识，坚决纠正各级企业有令不行、有禁不止的现象，确保政策制度执行的严肃性，确保政令畅通。

二、认真总结中央企业反腐倡廉建设的经验

国资委成立以来，国资委和中央企业坚决贯彻落实党中央、国务院关于反腐倡廉的重大决策部署，以完善惩治和预防腐败体系为重点加强反腐倡廉建设，以规范权力运行为核心加快改革创新，严格执行党风廉政建设责任制，有效保障和促进了中央企业的改革发展。实践中，我们进一步加深了对贯彻落实中央精神、中央企业反腐倡廉建设规律的认识。

一是必须坚持党的反腐倡廉工作方针，保证企业的科学发展。坚持“标本兼治、综合治理、惩防并举、注重预防”的方针，以完善惩治和预防腐败体系为重点加强反腐倡廉建设，是我们党深刻总结反腐倡廉历史经验、适应形势发展和时代要求作出的重大战略决策。必须全面贯彻反腐倡廉工作方针，积极推进中央企业惩治和预防腐败体系建设，形成拒腐防变教育长效机制、反腐倡廉制度体系、权力运行监控机制，增强反腐倡廉的整体性、协调性、系统性和实效性，为中央企业做强做优，实现科学发展提供有力保证。

二是必须坚持融入中心、服务大局，把反腐倡廉建设贯穿于国资监管和企业改革发展的全过程。反腐倡廉建设是国资监管和企业改革发展的重要组成部分。必须坚持整体谋划，不断拓展融入中心、服务大局的工作思路和有效途径，把反腐倡廉建设的基本要求体现到企业生产经营管理的各个方面，贯彻到国资监管和企业改革发展的各项制度措施之中，找准反腐倡廉工作的突破口和切入点，推动解决影响企业改革发展的突出问题，促进企业又好又快发展。

三是必须遵循企业发展规律，不断提高企业反腐倡廉建设的科学化水平。遵循企业发展规律，使反腐倡廉建设始终符合企业实际、体现企业特色，是提高中央企业反腐倡廉建设科学化水平的关键。必须充分运用管资产与管人、管事相结合的体制优势，把强化权力制约同完善公司治理相结合，把防范腐败风险同完善企业管理相结合，把解决反腐倡廉深层次问题同企业改革创新相结合，把提高惩治腐败能力同增强企业管控能力相结合，实现体制制衡、机制约束、制度防范、流程控制、科技支撑、监督有效，切实把企业反腐倡廉建设的成效转化为企业发展优势。

四是必须坚持企业党政齐抓共管，形成全员动手抓反腐倡廉工作的格局。反腐倡廉建设是党的建设的重要内容，也是国资监管和企业改革发展的重要内容。必须严格落实党风廉政建设责任制，坚持和完善企业反腐倡廉建设领导体制和工作机制，企业主要领导人员负总责，纪委组织协调，职能部门各负其责，依靠广大职工群众支持、参与和监督，不断巩固全员动手抓反腐倡廉的工作局面，确保企业党风建设和反腐倡廉工作长抓不懈。

这些经验和认识，是我们在实践中探索积累的宝贵财富，我们要结合新的实践不断加以丰富和完善，更好地指导实践，努力把中央企业反腐倡廉建设推向前进。

三、2011 年要着重抓好的几项工作

2011 年，中央企业反腐倡廉建设要认真贯彻落实党的十七届五中全会、十七届中央纪委六次全会精神，围绕“做强做优中央企业、培育具有国际竞争力的世界一流企业”的目标，以党风廉政建设责任制为抓手，深入推进惩治和预防腐败体系建设，切实加强领导人员作风建设。关于 2011 年的工作，郝明金同志提出了要求，强卫东同志作了具体部署，这里我再强调几点：

（一）要牢固树立和自觉践行以人为本、执政为民的理念，着力维护职工群众权益。要加强党的性质和宗旨教育，引导党员干部牢固树立群众观点、坚持党的群众路线，坚持思想上尊重职工群众、感情上贴近职工群众，依靠职工群众办企业，充分调动广大职工群众的积极性和创造性。切实完善维护职工群众利益的决策机制，拓宽、畅通职工群众诉求表达渠道，进一步完善厂务公开制度，解决好历史遗留问题，维护好职工的合法权益，做好预防和化解矛盾工作。要切实加强各级企业领导人员作风建设，大兴密切联系群众之风、求真务实之风、艰苦奋斗之风、批评和自我批评之风，坚决纠正不顾职工群众利益甚至损害职工合法权益的行为。要认真解决职工群众反映强烈的突出问题，坚决查处损害群众切身利益的案件，让职工群众实实在在感受到我们的工作成效。要切实把改善职工生活作为正确处理企业改革发展稳定关系的结合点，统筹兼顾各方面群众利益，维护好职工合法权益。

（二）开展监督检查，确保中央企业改革发展“十二五”规划的贯彻实施。对企业贯彻落实党的十七届五中全会精神和国资委各项决策部署情况，开展监督检查，及时发现和解决存在的问题，严肃处理违纪违法行为，坚决纠正有令不行、有禁不止的现象，保证政令畅通。完善监督检查体制机制，加大综合监管力度，进一步统筹协调各项监管职能，整合监督资源，做到重要信息共享、重要情况会商、办理情况相互反馈，不断提高各部门、各单位监督检查工作的科学化、规范化水平，提高监管的整体性和有效性。要抓好督促整改，防止小问题发展成大问题、苗头性倾向性问题蔓延成严重问题，同时注重发挥监督检查的治本功能，建立健全保障“十二五”规划和各项决策部署贯彻落实的长效机制，不断增强监督检查工作的前瞻性、系统性。

（三）切实抓好惩治和预防腐败体系建设。要在制定实施企业“十二五”规划中抓好总体部署，不断完善惩治和预防腐败体系建设的领导体制和工作机制，确保反腐倡廉各项工作不因企业的改制重组而滞后，不因领导人员的变动而削弱。要把惩治和预防腐败体系植于企业内部控制和风险管理制度之内、融入经营管理体系之中，及时总结推广企业创造的实践经验，不断创新方式方法和工作手段，加快构建具有中央企业特色的惩治和预防腐败体系，提高反腐倡廉建设成效，为企业改革发展提供有力保证。

（四）严格落实党风廉政建设责任制。企业各级领导班子，尤其是董事长、总经理，都要切实担负起全面领导党风建设和反腐倡廉工作的政治责任，做到党要管党、管党要从严。党委（党组）书记对董事会、经营班子的思想、作风建设是第一责任人。都要做到“一岗双责”，把反腐倡廉纳入企业总体工作，与业务工作紧密结合，一起部署，一起落实，一起检查，一起考核，形成全员全方位一起抓反腐倡廉的工作格局。企业主要负责人不仅要率先垂范、严格自律，而且要管好班子、带好队伍，认真履行好第一责任人的职责。企业纪检监察部门要认真履行组织协调职责，积极协助党委（党组）搞好责任分解和检查考核，保证党风廉政建设责任制落到实处。中央企业党委（党组）每年要向国资委党委和纪委报告执行党风廉政建设责任制的情况。

（五）稳步推进巡视工作。巡视工作的根本目的是通过查找问题、加强监督推动企业的工作。从国资委巡视试点情况看，通过巡视了解了被巡视企业领导班子及其成员的大量真实情况，既反映了企业领导班子落实中央精神、克服困难、努力拼搏的好典型，又发现了企业生产经营管理中的主要风险点和薄弱环节，推动解决了存在的突出问题。在 2010 年 9 月召开的中央巡视工作领导小组会议上，贺国强等中央领导同志对此给予充分肯定，并对进一步做好巡视工作提出了明确要求。2010 年 12 月，在中央纪委、中央组织部的大力支持下，中央编办正式批复国资委成立巡视机构。我们要按照中央的要求，抓紧组建好 6 个巡视组，扎实推进巡视工作，为促进企业领导班子建设、干部队伍建设和反腐倡廉建设，实现企业科学发展发挥应有作用。

（六）进一步加强纪检监察组织建设和队伍建设。要认真贯彻执行好《关于加强和改进中央企业和中央金融机构纪检监察组织建设的若干意见》，结合本单位实际情况，研究制定贯彻落实的具体办法，纪检监察组织机构目前还不够健全的，要按照意见加快健全完善，人员力量薄弱的，要抓紧重点充实人员。要加强纪检监察队伍建设，组织纪检监察干部认真学习理论，深入钻研纪检监察工作的业务和专业知识，同时也要钻研企业经营的知识，广泛了解和掌握各方面知识，提高监督和服务的水平、保障和促进科学发展的能力，培养综合型、复合型纪检监察干部队伍。各级党委（组）要加强培养和交流，把年轻、有培养前途的经营管理干部放到纪检监察队伍中去锻炼。要关心纪检监察干部，为他们的工作生活和成长进步创造有利条件。

借此机会，我还要向企业主要负责人提几点希望和要求。

一要正确对待权力。现在，中央企业规模已经很大，平均资产规模接近 2000 亿元，大的企业一年的投资规模高达数千亿元。应当说，企业领导人员尤其是主要领导人员手中的权力很大，责任也很大。权力是把双刃剑，用好了能够为企业为国家为人民做更多的事情，得到大家的尊重；用不好就会给国家给企业带来重大损失，也会断送个人的前途，对不起培养我们的组织，对不起自己的家人和朋友。刚才强卫东同志通报的情况，是我们身边鲜活的例子，都是深刻的教训。现在市场经济秩序还不够规范，我们都面临着各种风险和诱惑，需要我们中央企业的主要领导同志要以更高的境界和党性修养，抵得住诱惑、经得起考验。要严格执行“三重一大”决策制度，重大事项都要坚持集体决策，严格按程序办事。要贯彻执行好廉洁从业规定，经常对照自己的行为，检查自己的所作所为。要守住底线，在管好自己的基础上，落实好党风廉政建设责任制，看好自己的人，把好自己的门，做廉洁从业的表率。

二要谦虚谨慎。这几年，中央企业改革发展成绩很大，党中央、国务院高度肯定我们取得的成绩，国内外也给予了很高的评价。越是在这个时候，越要保持清醒的头脑，特别是主要领导同志，越要谦虚谨慎、戒骄戒躁。我们取得的成绩，是各级领导班子、广大职工群众辛勤工作的结果，希望大家更不要忘了，这些成绩的取得，是党中央、国务院的正确领导，也是各部门、各地方、社会各界支持的结果。要看到我们工作中还存在许多不足和问题，在发展中，自己与自己比，比较欣慰，与国外同行业先进企业相比，许多方面还存在很大的差距，需要我们埋头苦干，迎头赶上。需要虚心听取各方面的意见，不断在工作中发现和解决本单位尤其是个人身上存在的问题。不怕有问题,就怕认识不到问题,要学会否定自己,学会自己给自己提问题,学会反思自己,学会改进自己,改进工作方法、思维定势、工作习惯。在与各部门、地方的合作交往过程中,在与各合作伙伴的经营活动中,要主动沟通协调,要学会与各方面利益主体的协调,提高化解矛盾的能力。中央企业都生活和根植于31个省市,发展好自己,需要地方党委、政府和各部门的支持,要保持谦虚谨慎的作风,沟通协调问题态度要明确,语言要和谐,要多拜访、多沟通、多说明,创造中央企业发展的和谐环境,维护中央企业的良好形象。

三要艰苦奋斗。中央企业这些年发展很快,实力越来越强,日子越来越好。越是在这种时候,越要保持艰苦奋斗的优良传统。古话说,成由勤俭败由奢。企业领导人员尤其主要领导同志要带头厉行节约,反对铺张浪费,反对奢靡享乐。要降低管理成本,进一步严格控制非生产性支出,把有限的资金和资源更多地用在企业的改革发展上,用在改善职工生产生活条件上。要进一步规范职务消费,严格控制消费水平,依法依规控制好职务消费,增强职务消费的透明度,接受职工群众的民主监督。在这个问题上,集团相对控制的较好,但是一些二、三级企业花钱大手大脚,包括购公务车,越来越高档。中央领导同志三令五申强调中央企业要严格规范职务消费。我们按照中央要求,制定了公务用车的标准,正在与有关部门商量。文件印发后,各单位要认真贯彻落实,包括规范下级企业,严格按规定办。

四要关爱职工。中央企业改革发展取得的每一份成绩,都凝结了广大职工群众的心血和汗水。广大职工是中央企业的宝贵财富,是办好企业最可依靠的力量。我们每个人都曾经是普通职工,要换位思考。要坚决贯彻党的全心全意依靠工人阶级的方针,努力使职工群众的智慧和力量成为企业发展的动力和源泉。中央企业是个大家庭,每一个职工都是家庭的成员,要关心职工,爱护职工,体察职工冷暖,了解职工诉求,认真解决职工群众生产生活中的困难,真正落实好总书记"以人为本、执政为民"的要求。岁末年初,春节即将来临,各级党委要开展送温暖活动,要特别关心帮助低收入和困难职工,对于特别困难的家庭要采取各种措施,千方百计为他们解决实际困难。

同志们,国资监管事业、中央企业反腐倡廉建设责任重大。我们一定要在以胡锦涛同志为总书记的党中央领导下,振奋精神、扎实工作,提升监管水平,不断加强反腐倡廉建设,为做强做优中央企业、培育具有国际竞争力的世界一流企业提供有力的支撑和保障,为经济社会健康发展作出新的更大贡献。

在庆祝中国共产党成立90周年中央企业"一先两优"表彰大会上的讲话

国务院国资委主任、党委书记 王 勇

(2011年6月29日)

同志们:

今天,我们在这里隆重集会,热烈庆祝中国共产党成立90周年,表彰中央企业先进基层党组织、优秀共产党员、优秀党务工作者。中央政治局委员、国务院副总理张德江同志在百忙中专程参加今天的大会,我们深受鼓舞,倍感亲切。刚才德江副总理亲切接见"一先两优"代表并作了重要指示,对我们进一步做好各项工作提出殷切希望和明确要求,我们一定要认真贯彻落实,不辜负党中央、国务院对我们的关怀和期望。在"七一"党的生日即将来临之际,我代表国资委党委向中央企业各级党组织和广大共产党员致以节日的问候!向受到表彰的先进集体和优秀个人表示热烈的祝贺!向为国资监管和中央企业改革发展作出重要贡献的老领导、老同志表示崇高的敬意!

90年前,我们党从嘉兴南湖的红船上起航,掀开了中国历史的崭新篇章。90年来,我们党紧紧团结和依靠全国各族人民,通过新民主主义革命,推翻了帝国主义、封建主义、官僚资本主义"三座大山",实现了民族独立和人民解放,建立了人民当家作主的新中国;通过社会主义革命和建设,确立了社会主义基本制度,建立了独立的比较完整的工业体系和国民经济体系;通过改革开放和社会主义现代化建设,开创了中国特色社会主义道路,大幅提高了我国的综合国力、人民生活水平和国际地位。党领导全国人民团结奋斗取得的伟大成果,从根本上改变了中华民族的前途命运,确定了中国历史发展的正确方向,在全世界产生了广泛而深远的影响。我们的祖国从来没有像今天这样欣欣向荣、蒸蒸日上,我们的人民从来没有像今天这样精神振奋、团结和谐,我们的民族从来没有像今天这样扬眉吐气、意气风发。我们为伟大祖国的繁荣富强感到无比骄傲和自豪!

我们党90年的光辉历程和丰功伟绩充分证明:我们党不愧为伟大、光荣、正确的党,中国共产党的领导是历史的选择,人民的选择,只有中国共产党才能救中国,只有中国特色社会主义才能发展中国,只有毫不动摇地坚持马列主义、毛泽东思想、邓小平理论、"三个代表"重要思想和科学发展观,才能引领中华民族实现伟大复兴。

中国特色社会主义发展道路是中国共产党领导全国人民历尽艰难曲折探索走出的一条成功之路。坚持公有制为主体,多种所有制经济共同发展的基本经济制度,是中国特色社会主义的一个重要特征。国有企业是全面建设小康社会的重要力量,是中国特色社会主义的重要支柱,是我们党执政的重要基础。在党中央、国务院的坚强领导下,在中央各部门和社会各界的关心支持下，国有企业改革发展取得了显著成效，国有经济规模不断扩大，发展质量和综合实力显著提升，活力、控制力和影响力进一步增强，探索走出一条中国特色国有企业改革发展道路。国资委成立 8 年来，中央企业资产总额增长 2.42 倍，销售收入增长 3.97 倍，归属母公司净利润增长 3.46 倍，上缴税金增长 4.18 倍，进入世界 500 强的企业由 6 家增加到 30 家。中央企业改革发展取得的显著成就，彰显了共和国脊梁的风采，体现了顶梁柱的作用，为我国经济社会发展作出了重要贡献，为我们党 90 年历史画卷增添了亮丽色彩。

在中央企业改革发展中，企业党建工作围绕中心、服务大局，在探索中前进，在改进中加强，在创新中发展，企业党组织发挥了重要的政治保障作用。

——党组织和党员的先进性明显增强。通过开展保持共产党员先进性教育、深入学习实践科学发展观活动，中央企业党组织凝聚力、战斗力不断增强。各级党组织和广大共产党员在推进企业改革发展，抗击严重自然灾害、应对各种突发事件、完成重大活动保障任务和承担国家重大项目建设中，充分发挥了战斗堡垒和先锋模范作用，践行了我们党的先进性。

——创先争优氛围更加浓厚。中央企业将创先争优活动与巩固扩大学习实践活动成果相结合，与推进企业改革发展相结合，与整合创新提升经常性党建工作相结合，取得明显成果。涌现出以吴大观、孙家栋、郭明义等为代表的一大批先进人物，中石油长城钻探公司党委、中国黄金华泰龙 5300 党支部等先进基层党组织，呈现出“组织创先进、党员争优秀、企业上水平、职工提素质”的生动局面。

——企业党组织政治核心作用进一步发挥。我们坚持和完善“双向进入、交叉任职”的企业领导体制，建立健全党组织参与企业重大问题决策的机制和程序，把企业党组织的政治核心作用贯穿于决策、执行、监督全过程。我们持续推动“四好”领导班子建设，企业领导班子整体素质和引领、推动企业科学发展能力进一步提高。不断加大市场化选人用人工作力度，初步建立了党管干部原则和市场化选聘经营管理者相结合的选人用人新机制。

——宣传思想工作活力和实效明显增强。通过加强形势任务教育，深入宣传中央企业改革发展成就，坚定了广大干部职工搞好中央企业的信心和决心。我们坚持将思想教育和严格管理相结合、解决思想问题与解决实际问题相结合，保证了企业改革发展在稳定环境中有序推进。我们将企业文化建设作为思想政治工作的重要抓手，大力弘扬大庆精神、两弹一星精神、载人航天精神、青藏铁路建设精神，积极培育具有时代气息、健康向上的中央企业精神。

——“人才强企”战略稳步实施。通过创新人才发展机制，优化人才发展环境，积极开发利用国内国际两种人才资源，培养和吸引了一大批高层次、复合型人才。我们坚持全心全意依靠工人阶级，持续完善以职工代表大会为主要形式的企业民主管理制度，大力推进职工素质工程，强化企业班组建设，深入开展职工技能大赛，激发和提高了职工建功立业的热情和本领。

——反腐倡廉建设取得新进展。我们建立健全中央企业惩防体系建设领导体制与工作机制，认真开展反腐倡廉教育，加强企业廉洁文化建设，围绕中央重大决策部署开展专项监督检查，积极探索和加强巡视工作，不断深化效能监察，企业领导人员廉洁从业意识进一步增强，反腐倡廉的体制机制进一步完善。严肃查处违纪违法案件，为企业健康发展营造良好环境。

——企业党建工作科学化水平不断提高。我们积极推进党建工作创新和基层民主建设，规范中央企业党委换届选举工作，稳步推进企业党代会常任制和公推直选试点工作。对党建工作重大问题开展理论研究和联合攻关，将比较成熟的研究成果上升为指导全局工作的制度和规范，提高了中央企业党建工作科学化水平。

回顾 8 年来的党建工作，我们深刻认识到，加强和改进中央企业党建工作，必须毫不动摇地坚持党对中央企业的领导，建立中国特色现代国有企业制度，努力做到充分发挥党组织政治核心作用、健全公司法人治理结构和全心全意依靠工人阶级的有机统一；必须坚持围绕中心、服务大局，把保证和促进企业改革发展，提高生产经营成效作为党建工作的出发点和落脚点；必须坚持把领导班子和领导干部队伍建设摆在突出位置，努力提高领导班子、领导干部引领和推动企业科学发展的能力，培养造就优秀社会主义企业家；必须坚持抓基层、打基础，不断加强基层党组织和党员队伍建设，提高基层党组织的创造力、凝聚力和战斗力；必须坚持全心全意依靠职工群众，充分尊重职工民主权利，切实维护好、实现好、发展好职工群众的积极性和创造性，努力构建和谐企业。

回顾 8 年来的党建工作，我们深刻体会到，加强和改进中央企业党建工作，必须始终坚持把党组织政治优势作为企业最重要的资源加以整合配置，推动中央企业建立党建工作大格局，努力把党组织的政治优势转化为企业科学发展优势；始终坚持紧密结合企业实际、遵循企业规律、突出企业特色，开展党内集中教育和主题实践活动，理清发展思路，解决突出问题，推动科学发展；始终坚持反腐倡廉惩防体系建设与企业内控机制建设的有机结合，加强企业基础管理，强化制度建设与执行，从源头防治腐败；始终坚持以改革创新精神加强和改进党建工作，切实做到不僵化、不弱化、要细化，积极研究解决现代企业制度下党建工作面临的重大理论与实践问题。

多年来企业党建工作的实践，使我们对不断加强和改进中央企业党建工作的方向和重点有了进一步认识。加强和改进中央企业党建工作，我们要着力健全一个格局、抓住两个关键、完善六个机制。

健全一个格局——就是要按照中央关于全面推进思想建设、组织建设、作风建设、制度建设和反腐倡廉建设“五位一体”党的建设总体布局，围绕“十二五”时期中央企业改革发展总体思路，建立健全企业党委抓党建、书记对党建工作负第一责任，行政领导“一岗双责”，党委职能部门齐抓共管、群团组织各负其责、行政部门积极支持，形成合心、合作、合力的党建工作大格局。

抓住两个关键——就是要按照十七届四中全会关于建设“四支队伍”的要求，一是抓住领导班子和领导干部队伍建设这个关键，适应培育具有国际竞争力的世界一流企业目标的要求，努力打造一支政治坚定、视野开阔、懂经营、善管理，敢于与国际一流企业同台竞争，致力于为中央企业建功立业、得到职工群众衷心拥护的企业领导班子和领导干部队伍；二是抓住企业基层党组织和党员队伍建设这个关键，完善基层组织体系，实现党组织工作全覆盖，建立一个能够团结带领职工群众推进企业改革发展的坚强战斗堡垒，建设一支经得起困难和风险考验、在企业改革发展稳定中发挥先锋模范作用的党员队伍。

完善六个机制——就是要在推进中国特色现代国有企业

制度建设过程中，不断完善党组织参与重大问题决策工作制度与公司法人治理结构运行规则相结合的科学决策机制；党管干部、党管人才原则与企业法人治理结构依法行使用人权和市场化选聘人才相结合的选人用人机制；宣传思想工作与企业文化建设相结合的企业社会主义核心价值体系培育机制；发挥职工民主管理作用、维护职工合法权益与尊重企业领导人依法行使管理权相结合的利益协调、诉求表达和矛盾调处机制；纪检监察监督与内控体系建设相结合的风险防范和反腐倡廉机制；开展党内集中教育和主题实践活动与整合提升创新经常性党建工作相结合的长效机制。

我们隆重庆祝中国共产党成立90周年，就是要回顾党的光辉历程，牢记党的宗旨，坚定理想信念，坚定走中国特色社会主义道路的信心和决心，把深入开展创先争优活动和喜迎建党90周年激发出来爱党、爱国、敬业奉献的激情，转化为进一步推进中央企业改革发展的强大动力。我们要始终牢记党和人民的重托，始终胸怀建设小康社会、实现民族复兴的全局，开拓进取，扎实工作，不断开创中央企业改革发展的新局面。

——要坚定理想信念，坚持正确的政治方向，坚定不移地发展壮大国有经济。中央企业各级党组织和广大共产党员必须始终牢记党的使命，牢固树立共产主义远大理想，坚持中国特色社会主义道路，坚持党的基本纲领和基本经验，坚决贯彻党的路线方针政策，在思想上、政治上、行动上始终与党中央保持高度一致。要把搞好中央企业作为我们的历史使命，毫不动摇、理直气壮地巩固和发展公有制经济，时刻牢记发展壮大国有经济的重要职责，在本职岗位努力工作，拼搏奉献，努力实现“十二五”时期中央企业改革发展“一大目标、五大战略、三大保障”，为中国特色社会主义伟大事业作出更大贡献。

——要践行党的宗旨，全心全意为人民服务，坚定不移地推进中央企业改革发展。中央企业各级党组织和广大共产党员要牢记党的宗旨，一切从人民利益出发，全心全意为人民服务，真正做到情为民所系，权为民所用，利为民所谋。要坚定不移地深化中央企业改革，牢牢把握科学发展主题，加快转变发展方式主线，不断提高发展质量和整体素质，努力做强做优、培育具有国际竞争力的世界一流企业。要坚持全心全意依靠工人阶级，正确处理改革发展稳定的关系，注重把改革的力度、发展的速度和职工群众的承受能力结合起来，切实维护职工合法权益，努力实现国有资产保值增值，为全面建设小康社会提供坚实物质基础。

——要履行党员义务，模范执行党的纪律，坚决贯彻党的路线方针政策和各项战略部署。中央企业党员干部要模范遵守党的纪律，自觉履行党章规定的党员义务和党员领导干部的基本要求，带头贯彻党的路线方针政策，带头执行党中央、国务院关于中央企业改革发展的战略部署。要牢记“两个务必”，严格遵守《国有企业领导人员廉洁从业的若干规定》，严于律己，廉洁奉公，无私奉献，始终保持共产党员的先进性，确保国有资产安全运行。

——要深入开展创先争优活动，牢记使命，争创一流。今天表彰的先进基层党组织、优秀共产党员和优秀党务工作者，是中央企业创先争优活动中涌现出的先进典型和优秀代表。中央企业各级党组织和广大党员干部要向受表彰的典型学习，以落实“十二五”规划为重点，进一步深化创先争优活动，巩固和扩大学习实践活动成果，推动企业建立健全科学发展长效机制。要深化党群共建，以党组织和党员创先争优带动整个企业创先争优，使创先争优成为中央企业一种精神状态、一种价值导向、一种文化氛围。

同志们，回顾过去，中国共产党90年峥嵘岁月，艰难曲折，成就辉煌；展望未来，我们任重道远，前景灿烂，豪情满怀。我们要更加紧密地团结在以胡锦涛同志为总书记的党中央周围，高举中国特色社会主义伟大旗帜，深入贯彻落实科学发展观，同心同德，顽强拼搏，开拓创新，全面加强和改进中央企业党的建设，为做强做优中央企业、培育具有国际竞争力的世界一流企业而努力奋斗！

加快改革创新 推进资本市场稳定健康发展

——中国证监会党委书记、主席尚福林在中国资本市场二十周年座谈会上的讲话

（2010年12月30日）

今天我们在这里召开座谈会，纪念我国资本市场建立20周年。首先，我代表中国证监会，向参加座谈会的各位领导、各位来宾，表示热烈的欢迎！

建立和发展资本市场，是党和国家为推进我国改革开放和社会主义现代化事业做出的一项重大决策，是建设有中国特色社会主义事业的一个伟大探索。1978年党的十一届三中全会后，随着经济体制改革的逐步推进，对培育和发展股份制提出了迫切需求。1990年12月，在改革开放进一步深化和经济发展的内生需求推动下，我国资本市场的开拓者们勇于突破传统思想束缚，白手起家，艰苦创业，在学习探索的基础上，建立了上海、深圳证券交易所，开创了在社会主义市场经济体制下建设资本市场的先河。20年来，在党中央国务院的正确领导下，在相关部门、地方政府和市场参与各方的共同努力下，我们坚持在探索中前进，在改革中创新、在开拓中进取，在市场培育和建设、规则建立和完善、监管和发展等方面取得了重大突破，我国资本市场已经逐步发展成为社会主义市场经济体系的重要组成部分；坚持从经济社会发展的内在需要出发，不断完善资本市场体系和产品结构，不断完善资产定价、投资融资、资源配置、风险管理等功能，我国资本市场已逐步发展成为与我国经济地位相匹配、具有全球影响力的市场；坚持加强市场基础建设，确立了全国集中统一的监管体系，不断健全公司治理、发行融资、并购重组、监管执法机制，

不断完善发行、定价、交易、结算制度，我国资本市场成长为一个在法律制度、交易规则、监管体系等方面与国际公认规则基本一致的市场；坚持积极稳妥地深化改革创新，成功推进了股权分置改革、证券公司综合治理、上市公司规范运作、内幕交易综合防控等一系列综合改革，推出了创业板、股指期货、融资融券、股票发行体制等重大创新，根据行业状况及市场成熟度，有针对性地实施了一系列“请进来”和“走出去”的开放举措，我国资本市场探索出了一条符合市场发展规律和我国国情市情的发展道路；坚持强化和改进市场监管，将维护广大投资者特别是中小投资者的合法权益作为监管工作的重中之重，严厉打击坐庄操纵、恶意造假、内幕交易等违法违规行为，有力维护了公开、公平、公正的市场秩序。

20 年来，伴随着改革开放的伟大历史进程，我国资本市场走过了不平凡的发展历程。今天，我国资本市场已经有 2062 家上市公司，1.3 亿户投资者，106 家证券公司，62 家基金公司，163 家期货公司，股票总市值全球第二，商品期货市场成交量居世界第一位。资本市场在拓宽融资渠道、促进资本形成、优化资源配置、分散市场风险方面发挥了不可替代的重要作用，有力推动了实体经济又好又快发展，成为支持我国经济社会持续健康发展的重要平台。

第一，资本市场的建立和发展是我国经济体制改革的重要成果，资本市场已经成为社会主义市场经济体制的重要组成部分。我国资本市场的规模扩展和发育程度的提高，促进了社会生产要素的商品化进程，促进了明晰产权关系，促进了企业加强经营自主权，规范了企业的经济行为，推动股份制成为公有制的主要实现形式，为社会主义市场经济体制的改革和完善提供了重要的制度安排。

第二，资本市场促进了我国国有企业改革，促进了民营企业建立现代企业制度。资本市场的建立和发展，既有力推动了国有企业经营机制的转换，又为各种经济成分参与国企改革、分享经济增长成果提供了有效途径。经过 20 年的发展，国有控股或参股的重要骨干企业基本都已成为上市公司，国有资产增值效应明显，国有经济的活力、控制力和影响力显著增强。在中小板和创业板的上市公司中，民营企业占比超过 80%，有力促进了民营企业加速发展，推动了民营企业按公众公司的要求建立现代企业制度。可以说，资本市场从机制安排上，体现了“公有制为主体、多种所有制共同发展”的基本经济制度的要求。

第三，资本市场的发展进一步完善了我国现代金融体系，提升了我国经济运行的质量和效率。资本市场的建立和发展，在银行信贷体系之外，为企业发展提供了市场化的资本形成与融资机制，培育了新的金融业态，改变了长期以来单纯依靠银行体系的融资格局，推动了我国金融业向现代金融体系的转变。融资结构的改善，提升了金融体系的效率，维护了金融体系的整体安全。近年来，我国大型商业银行全部完成了股份制改造并成功上市，资本充足率、治理水平和抗风险能力大幅度提升，改善了金融业整体运行质量，为抗御本轮国际金融危机冲击、支持我国经济率先复苏提供了重要支撑。

第四，资本市场提供了资金支持和体制机制支持，增强了我国经济发展的内生动力。资本市场集聚社会资金，充实企业资本，为国家经济发展筹集了数万亿的长期资金。资本市场为中小企业和创新型企业的发展提供更加完善的风险补偿、资本增值和退出机制，通过市场化的方式，加速了各类创业资源和资本资源的有机融合。借助资本市场的平台，大量代表经济未来发展方向的高科技、创新型企业脱颖而出，为推动我国产业结构调整、支持自主创新提供了重要支持。

第五，资本市场推广了现代市场经济理念。资本市场的快速发展，培育了商业信用，拓宽了我国居民的投资渠道，普及了风险意识、金融意识和理财观念，证券和金融投资走进了越来越多居民的日常生活，使社会投资、股权文化、公开透明、公平正义等市场经济基本观念深入人心。

资本市场 20 年来的发展成就，是一批又一批市场开拓者、建设者、参与者共同奋斗的结果。广大亲历这 20 年发展历程并倾注辛劳和汗水的同志们，所有关心资本市场改革发展并贡献智慧和力量的朋友们，都有充分理由为我国资本市场取得的成就感到欣慰和自豪。借此机会，我代表中国证监会，向长期以来给予资本市场改革发展大力支持的中央各部门、地方政府的各位领导，向各个时期在各自领域内为资本市场建设事业做出贡献的投资者、上市公司、证券期货经营机构、自律组织、中介机构和证券期货监管系统的同志们，向一直关注、支持市场发展壮大的新闻媒体、专家学者和社会各界的朋友们，表示诚挚的敬意和衷心的感谢！

20 年来，我国资本市场虽经历过不少曲折，但始终坚定向前、蓬勃发展，显示出了强大的生机与活力，初步具备了在更高层面服务经济社会发展全局的条件和能力。我国资本市场富有成效的实践告诉我们：在社会主义初级阶段建设和发展资本市场，必须坚持科学发展观，不断深化对市场经济运行规律、资本市场发展规律的认识，不断深化对资本市场建设重要性、复杂性、长期性的认识，更好地凝聚社会共识，形成发展合力；必须坚持服务经济社会发展全局，以此为出发点和落脚点，使改革的目标、原则、路径与经济体制改革相协调，与经济发展水平相适应，与时代发展要求相促进；必须坚持市场化改革方向，尊重历史，尊重市场，不断优化改革的方法和路径，逐步培育和发挥市场机制的作用，不断健全有利于市场稳定健康发展的体制机制；必须把保护中小投资者合法权益作为监管工作的重中之重，依法监管，依法治市，切实提高市场运行的规范化程度，有效维护“公开、公平、公正”的市场秩序；必须妥善处理成熟市场经验与我国资本市场特点和需求的关系，循序渐进地推进资本市场改革开放，不断提高我国资本市场在开放条件下的竞争实力。资本市场发展的实践是我国改革开放宝贵经验的重要组成部分，我们将始终牢记、倍加珍惜并不断丰富完善。

党的十七届五中全会从战略全局出发，明确提出了“十二五”时期经济社会发展的指导思想、基本要求、奋斗目标、主要任务和重大举措，对深化金融体制和资本市场改革做出了重要部署。作为发挥市场在资源配置中基础作用的重要平台，我国资本市场将肩负更加重要的历史使命。我们要深入贯彻落实十七届五中全会精神，以科学发展观为统领，坚定不移地贯彻党中央、国务院关于推进资本市场改革发展的决策部署，进一步加快资本市场重点领域和关键环节的改革创新步伐，进一步推进资本市场稳定健康发展。

第一，坚持解放思想，勇于探索，努力开创资本市场科学发展的新局面。与成熟市场比，我国的资本市场总体上仍处于探索阶段。通过深化改革开放、发展创新，推动市场不断走向成熟，还需要一个相当长的过程。要立足于中央全面建设小康社会的战略布局，深刻认识资本市场对于加快经济发展方式转变的重大意义，不断深化对资本市场普遍规律和我国资本市场自身规律的认识；始终保持清醒头脑，注重解决好影响市场功能发挥的体制机制障碍；科学谋划和研究提出下一步推进资本市场改革发展的思路和措施；善于在变化的环境中抓住和用好发展机遇，推动我国资本市场在科学发展的道路上不断迈出新步伐。

第二，全面发挥市场功能，为全面建设小康社会做出新贡献。党的十七届五中全会提出要显著提高直接融资比重，在今后的市场改革发展中要积极提升资本市场的资源配置功能。要运用资本纽带引导和推动生产要素和社会资源向具有竞争力的新兴行业、高成长性企业集聚，积极培育战略性新兴产业发展，促进创新型国家建设。要积极促进市场化并购重组，加快存量资源的整合，通过资本市场平台促进产业结构优化和升级。进一步发挥资本市场在促进资本形成、流转、集聚等方面的作用，不断提高资本市场服务经济社会发展全局的能力。

第三，大力完善市场体系和结构，增加市场的广度和深度。要进一步完善多层次股票市场体系，逐步形成包括主板、中小企业板、创业板和场外市场在内、结构合理、功能健全、运行高效的市场体系。要加快完善市场融资结构，大力发展公司债券市场，推进债券市场的互联互通，稳步提升债券融资在扩大直接融资中的功能和作用。要有效发挥期货市场在发现价格和风险管理方面的功能，促进期货市场与现货市场良性互动、协调发展。要适应居民收入增长和社会保障改革的要求，进一步优化资本市场税收环境，重视资本市场投资回报，为广大投资者提供参与经济发展和分享经济增长成果的机会。

第四，深化改革创新，为推动市场稳定健康发展提供新动力。改革创新是资本市场前进的动力源泉。要大力改善融资结构，加大市场机制建设和组织制度创新。继续培育以市场为导向的创新机制，让各类市场主体更多的参与到改革创新中来，并成为创新主导力量，不断增强市场改革创新的内在动力。要以服务实体经济作为市场创新的基本前提，扎实做好新产品、新业务、新举措推出前的基础工作，深入论证创新活动对市场的影响，满足经济社会发展的内在要求。

第五，继续加强和改进市场监管，维护经济金融安全。防范化解风险是市场发展永恒的主题。要不断改进监管理念、监管模式和内涵，加强对市场前瞻性问题的研究，健全资本市场应急机制和应急预案，增强监管能力建设。协调推进强化民事责任、行政执法和司法制裁的有机统一，坚决严厉地打击各类违法违规行为，保护投资者合法权益。加强投资者教育，健全市场诚信体系，培育健康股权文化。强化对跨境资本流动的监测和监管，维护市场平稳运行。

资本市场20年来的伟大成就已经载入史册。今天，我们推动资本市场稳定健康发展的任务更加艰巨、使命更加光荣。让我们更加紧密地团结在以胡锦涛同志为总书记的党中央周围，高举中国特色社会主义伟大旗帜，坚持以邓小平理论和“三个代表”重要思想为指导，深入贯彻落实科学发展观，团结拼搏，锐意进取，开创资本市场改革开放新局面，努力为夺取全面建设小康社会新胜利做出新的更大贡献！

加快建设多层次资本市场体系 扩大直接融资

——中国证监会党委书记、主席尚福林在全国证券期货监管工作会议上的讲话

（2011 年 01 月 14 日）

日前，全国证券期货监管工作会议在北京召开。会议认真总结了 2010 年我国资本市场的改革监管工作，回顾了“十一五”时期资本市场的重要发展变化，分析了市场改革发展面临的新形势，对做好 2011 年证券期货监管重点工作做出了部署安排。中国证监会党委书记、主席尚福林强调，要坚持以科学发展为主题，以服务经济发展方式转变为主线，抓住并用好机遇，创新市场监管和发展理念，坚持不懈地推进市场化进程，更加注重维护市场“三公”原则和保护投资者合法权益，更加注重培育和完善市场机制，更加注重提升市场活力和效率，全力推进资本市场持续稳定健康发展，更好地服务于经济社会发展全局。

尚福林指出，过去一年，证券期货监管系统坚决落实中央应对国际金融危机冲击的一揽子计划，牢牢把握市场发展大局，抓住机遇，克服困难，稳步推进改革创新，加强基础建设，培育和完善市场机制，强化监管效能，市场总体平稳健康运行，功能得到较好发挥，为促进国民经济平稳较快发展做出了应有贡献。一是发挥资本市场功能，大力推动市场化并购重组，提升市场融资效率，积极推进场外市场和债券市场建设，促进经济发展方式转变和经济结构调整。二是科学研判形势，成功推出了股指期货与融资融券业务试点，深化了新股发行体制改革。三是抓监管突出问题，深入开展防范和打击内幕交易活动，构建内幕交易综合防控体系。四是加强上市公司监管，强化证券公司规范经营，促进基金公司创新发展，规范证券服务机构执业，推动市场主体规范发展。五是坚持依法治市，加强法制建设和政务公开，加大违法违规案件打击力度。六是加强对期货市场运行的监管，深化商品期货功能，促进期货公司规范发展。七是坚持互利共赢，完成金融部门评估规划（FSAP）项目，有序推进资本市场对外开放。八是深入开展创先争优活动，加强党风廉政和干部队伍建设，不断提高监管队伍素质。

尚福林表示，“十一五”时期的 5 年，是我国资本市场改革力度大、克服困难多的五年，也是市场发展快、市场变化大的五年。五年中，证券期货监管系统深入贯彻落实科学发展观，全力解决影响市场发展的深层次问题，规范和引导市场主体行为，完善资本市场法规制度体系，应对国际金融危机等外部冲击，完善市场体系和运行机制，提升市场监管的有效性，提升服务实体经济的能力。截至 2010 年底，沪深股市总市值达到 26.54 万亿元，相当于 2005 年的 8.2 倍。2010 年我国期货市场全年成交 31.33 亿手，成交金额 309 万亿元，分别是 2005 年的 8.7 倍和 22 倍。经过 5 年的不懈努力，我国资本市

场 在服务经济社会发展全局、提升市场整体运行质量、深化发展资本市场共识等方面实现了重大发展突破和转折性变化,初步具备了在更高层面加快发展、更好服务经济社会发展全局的基础和条件。

尚福林强调,党的十七届五中全会提出了"十二五"时期经济社会发展的指导思想、基本要求、奋斗目标、主要任务和重大举措,也对资本市场未来五年的发展任务提出了明确要求。保持经济长期平稳较快发展,要求显著提高直接融资比重;推动经济结构战略性调整,要求加快完善多层次资本市场体系;落实创新型国家战略,需要充分发挥资本市场支持创新创业的机制优势;拓展对外经济合作空间,需要有效提升资本市场的支持和保障能力。当前和今后一个时期,我国资本市场面临的内外部环境正在发生新的深刻复杂变化。要保持清醒头脑,增强忧患意识,要坚定使命意识,紧紧抓住并用好机遇,解放思想,与时俱进,创新改革理念,不断健全有利于资本市场稳定健康发展的体制机制;创新发展理念,全面提升资本市场服务经济社会发展全局的能力;创新监管理念,为推动资本市场纵深发展提供有效保障;创新服务理念,为各类市场主体利用资本市场创造条件。通过系统上下和市场各方的共同努力,促进我国资本市场稳定健康发展,发挥好在国民经济建设和社会发展中应有的作用。

尚福林从八个方面对 2011 年证券期货监管重点工作做出了具体部署:

一是加快建设多层次资本市场体系,扩大直接融资。抓紧启动中关村试点范围扩大工作,加快建设统一监管的全国性场外市场。深入推进债券发行监管改革,积极支持银行到交易所债券市场开展交易,显著增加债券融资规模。继续壮大蓝筹市场和中小板市场。落实创业板定位,支持战略性新兴产业发展。

二是完善市场体制机制,提高市场效率。研究推出发行体制后续改革措施。加强市场化并购重组制度建设,规范和引导借壳上市。完善退市制度。加强市场透明度建设,及时公示监管立法、稽查执法、日常监管措施、行政许可等信息,将投资者保护和投资者教育融入重大改革、日常监管和证券期货经营机构各业务环节。

三是加强市场法律制度建设,巩固市场运行基础。推动《证券投资基金法》、《期货法》、《上市公司监督管理条例》等法律法规的修订、制定。完善打击证券期货违法犯罪协作机制,配合制订内幕交易等刑事案件司法解释,严厉打击重点和典型案件。做好派出机构行政处罚试点工作,健全行政处罚委引进法官等外部委员制度。加快市场诚信数据库建设,丰富诚信监管执法手段。

四是加强和改进市场监管,维护市场正常秩序。建立上市公司内幕信息知情人登记制度,加大行政追责和刑事追责力度。深入推进上市公司"解决同业竞争、减少关联交易"专项活动 ,严厉打击上市公司向关联方输送利益、配合操纵股价等违法违规行为。深化证券公司合规管理,督促基金公司强化内部控制,完善会计师事务所、资产评估机构监管责任制。研究建立审慎监管制度,健全资本市场系统性风险防范预警和处置机制。

五是深入推进市场创新,增强市场发展活力。引导证券公司持续提升专业服务能力,鼓励证券投资顾问业务发展,加快经纪业务转型升级。拓宽基金销售渠道和支付模式,促进独立销售机构发展。研究规范私募基金的制度安排。稳步发展融资融券业务,逐步将融资融券转为证券公司常规业务,推出转融通业务。推进条件具备的商品期货上市,稳妥推进期货品种和业务创新。

六是加强和改进期货市场监管,不断提升服务国民经济能力。继续落实国家稳定物价总水平的要求,遏制过度投机。加强股指期货跨市场监管,研究建立商品期货投资者适当性制度。健全农产品期货服务"三农"的机制和模式。做好期货公司分类监管和分类评价,支持期货公司通过兼并重组、增资扩股等方式做优做强。

七是稳步扩大对外开放,深化国际交流合作。研究制定国际板制度规则,全面做好有关技术准备,推进国际板建设。支持境内企业境外直接或间接上市。深入推进证券公司、基金公司香港子公司在境外募集资金进行境内证券投资业务试点。积极参与国际证券监管改革和标准制定,推进双边和多边框架下的监管合作与互认,深化与港澳台证券期货领域交流合作。

八是加强监管体系和队伍建设,提升系统监管整体效能。认真学习和贯彻落实十七届中央纪委六次全会精神,深入推进惩防体系建设,巩固扩大党风廉政教育活动成果。继续深入开展创先争优活动。深化辖区监管责任制,加强对交易所、会管公司、证券期货业协会管理。健全监管干部选拔任用和考核评价机制。

创业板对资本市场建设和功能发挥了积极作用

中国证监会主席　尚福林

(2011 年 1 月 8 日)

第十五届(2011 年度)中国资本市场论坛 8 日在中国人民大学举行。证监会主席尚福林表示,创业板推出一年多来,市场建设和功能发挥了积极的作用,推出创业板是党中央国务院从经济社会发展全局做出的一项重要决策。自 2009 年 10 月推出以来,在中央的正确领导和市场各方的大力支持下,我们积极推进创业板市场的建设和发展,不断完善创业板监管制度安排,推动落实自主创新战略,服务经济转型的内生功能日益显现。

一是强化创业板市场导向,积极发挥经济服务功能。为贯彻落实中央加快转变经济发展方式,大力发展战略型新兴产业的部署,我们发布了关于进一步做好创业板推荐工作的指引,指导保健机构重点推荐符合国家战略型新兴产业发展方向的企业,特别是新能源、新材料、信息、生物与新医药等九大重点领域的企业。

刚才成思危副委员长也讲到,创业板希望它确实能够发挥支持创新型企业的一种作用。我们也在朝着这个方向努力,为切实发挥专业优势,经国务院批准 2010 年 10 月,首届创业板专家咨询委员会正式成立,聘请了 15 位专家学者担任委员。对设计创业板建设发展中的科技政策问题,重大专业问题提供咨询和专家意见。功能定位逐步清晰和完善,为创业板引导资源合理流动,促进产融结合,服务自主创新提供有利的机制保障。

二是健全创业板规则体系,构建创业板监管机制。为保障创业板平稳运行和健康发展,我们在发行上市,保荐人,发审委,信息披露等方面做出了一系列符合我国创业板企业和市场特点的发行监管制度安排。按照相互衔接、相互制衡的原则确定了创业板发行审核工作机制,同时着力提升创业板发行审核的透明度。创业板公司上市后,我们不断强化募集资金使用和高管减持等行为的信息监管,刚才成思危副委员长他讲话当中也提到,一个是诚信问题,一个是高募集资金使用,还有高管的减持问题,这些都是市场关心问题,针对这些问题我们采取一系列措施,当然还要进一步采取措施,这样的初步建立创业板上市公司信息披露的基础制度框架。

三是加大创业板风险提示力度,促进投资者理性参与,在创业板筹备期间,和推出之后,我们始终致力于揭示风险,不断强化投资者风险意识,针对部分投资者风险意识和承受能力相对不足的特点,建立了投资者适当性管理制度,这是我们在整个资本市场发展过程当中第一次在一个板块的投资当中建立了投资者适当性管理制度。大家也可能知道,后来的股指期货推出的时候沿用了这个制度,这样实际上保护投资者的合法权益。因为确实有一些投资者对市场风险认知不够,我们要求这些投资者要有一定市场投资经历,对风险要有充分认知,这样来参与市场投资。

在信息披露上要求发行人在招股说明书的显要位置,提示创业板特有的风险。在重大事项提示中,充分披露行业风险和公司经营风险,提示投资者审慎决策,通过广泛开展教育,切实提高广大投资者对创业板风险认知程度和防范能力。

四是强化创业板持续监管,保护投资者的合法权益。结合创业板公司特点,在发行审核环节,加强对保荐机构,和其他中间机构监管,督促企业严把申报材料质量关,在持续监管环节,加大创业板公司现场检查,规范和完善创业板,董事、兼事,促进规范运作,在募集资金监管方面建立证监会、交易所,中介机构相互配合的监督体系,全面规范募集资金的合理使用。这种多方持续有针对性的监管,不仅维护了创业板市场的正常秩序,也有利于保障了创业板投资者的合法权益。

截至 2010 年 12 月底,共有 153 家企业在创业板挂牌上市。刚才副委员长也讲了昨天还有 5 家上市,加起来现在一共 158 家。到去年年底,已经上市的企业一共筹资 1167.50 亿元,总市值 7365 亿元,累计成交金额 1.75 万亿元,已经有 1779 万户投资者开了创业板账户。机构投资者持有创业板市值 33.07%,一年多来创业板支持战略型新兴产业和成长性创业企业的发展完善金融支持科技发展的机制,带动社会投资等方面的作用不断发挥。积极效应日渐显现,截止 12 月底创业板当中高新技术产业 139 家,占比超过 90%。2010 年前三季度创业板公司的营业收入同比平均增长 36.49%,利润同比平均增长 26.93%。

加强研究 为期货监管决策提供有力支持

中国证监会纪委书记 李小雪

近几十年来,伴随经济全球化发展,大宗商品和金融市场的波动不断加剧,实体经济对风险管理工具的需求日益增强,国际期货市场获得长足发展。在这次国际金融危机中,期货市场因其规则透明、监管严格以及与现货市场相关度高等优势,不仅未受不利影响,甚至还获得了更大的发展,对促进实体经济的良好运行发挥了更加积极的推动作用。

正如尚福林同志所指出的,我国期货市场正处于从量的扩张向质的提升转变的关键时期。此时,研究借鉴美欧期货监管经验,深入开展期货研究,为监管决策提供有力支持,具有积极意义。通读全书,我有以下突出体会:

一是加快制定期货法对我国期货市场的长远发展至关重要。美国国会早在 1936 年就通过了《商品交易法案》,并逐步建立起完善的法律法规体系和期货监管体系,确保了美国期货市场的不断发展并保持在全球的领先地位。近 20 年来,我国期货法规体系不断健全,但仍需加快制定期货法,进一步明确期货监管的目标原则,规范期货交易行为,防范期货市场风险,为我国期货市场持续发展提供有力的法律保障。

二是完善的市场结构是期货市场功能充分发挥的重要条件。美、欧等成熟经济体不但商品期货市场较为发达,在国际大宗商品贸易中发挥着核心定价作用,而且金融期货、期权市场的功能也较为完善。近年来我国期货产品创新有序推进、市场规模稳步扩大,建立了相对完善的商品期货品种体系,股指期货亦成功推出,为进一步发展奠定了良好的基础。下一步要进一步完善适应国民经济发展需要的大宗商品期货品种体系,特别是要加强对能源及其他金融期货产品的战略研究。

三是期货市场发展一定要紧紧围绕实体经济的需要稳步推进。国际期货市场的发展史,本质上是期货市场对实体经济的服务史,是期货市场的功能发挥史。我国期货市场在服务实体经济方面取得了不小的成绩,积累了一定的经验,下一步需着力推动相关产业企业运用期货市场进行风险管理,进一步增强期货市场完善现货市场机制、服务实体经济发展的能力。

四是要注重发挥期货业协会等自律组织的积极作用。美国期货市场是在自律发展70余年后才开始由联邦监管的。自1982年美国全国期货协会建立以来,美国期货交易量增长了20余倍,但有关期货业务的客户投诉下降了70%。近年来,我国期货市场规模成倍增长,但监管队伍与力量增长有限。在此背景下,可进一步增强期货业协会等自律组织的职能,充分发挥其自律、服务、传导作用,为我国期货市场的持续稳步发展创造更好的条件。

五是关于加强国际期货监管合作。正如美国商品期货交易委员会前代理主席沃尔特·卢肯先生所指出的,闭关锁国意味着倒退,要借鉴各国经验,通力合作,研究制定全球通用的监管标准和准则。在商品现货市场和实体经济方面,我国对外开放的程度相对较高,但期货市场还未对外开放,在监管标准和准则等方面与国际市场相比还存在一定差距。因此,需要从我国期货市场实际出发,研究制定统一的期货监管标准与准则,为未来我国期货市场的对外开放以及开展期货监管的国际合作奠定良好基础。

总之,推进我国期货市场又好又快发展,有诸多国际经验值得我们借鉴,同时也面临诸多问题需要深入研究。近两年来,中国证监会研究中心与证券、期货交易所合作,除举办本次境外期货监管研讨会外,还举办过其他专题的类似会议,包括股权投资基金、债券市场、场外交易市场等,努力探索政策研究工作的新模式。我们希望研究中心能够继续注重运用境内外监管部门、自律组织、市场机构等的研究力量与成果,遵循现代信息产品生产规律,充分发挥作为我国资本市场研究工作"总装车间"的作用,努力创造良好的研究氛围,为监管决策提供理论支持,为资本市场科学发展做出积极贡献。

(本文系李小雪为《国际期货监管经验与借鉴》一书所作的序)

加强证券期货监管系统党建工作 促资本市场稳定健康发展

中国证监会党委书记、主席　尚福林

(2011年7月05日)

今年是中国共产党成立90周年。90年来,我们党肩负民族独立、人民解放和国家富强的神圣使命,坚持把马克思主义基本原理同中国具体实际相结合,团结带领全国各族人民,历经千锤百炼,战胜艰难险阻,取得了革命、建设和改革开放的一个又一个辉煌成就,中国特色社会主义事业更加充满生机和活力。在党中央、国务院的正确领导下,证券期货监管系统各级党组织坚决贯彻党中央关于党的建设一系列路线方针政策,坚持"围绕监管抓党建,抓好党建促监管"的工作思路,扎实推进全系统党建工作,推动我国资本市场实现了重大发展突破和转折性变化。在新的历史背景下,我们要深刻把握资本市场在经济社会发展全局中肩负的历史使命和重要责任,认真总结证券期货监管系统党建工作的基本经验,在全系统继续深入开展创先争优活动,进一步推动资本市场稳定健康发展,不断开创资本市场科学发展新局面。

证券期货监管系统党的建设开拓前进

伴随着改革开放的伟大历史进程,我国资本市场走过了二十年不平凡的发展历程。在党中央、国务院的正确领导下,证券期货监管系统坚持以邓小平理论和"三个代表"重要思想为指导,深入贯彻落实科学发展观,解放思想,开拓创新,积极探索我国资本市场改革发展的规律和路径,坚持不懈地强化市场基础建设,下大力气解决影响市场发展的深层次矛盾和体制机制问题。我国资本市场实现了重大发展突破和转折性变化,具备了在更高层面加快发展、在更高层面服务经济社会发展全局的基础和条件。党的十七大召开以来,系统各级党组织按照党中央关于党的建设总体部署和会党委的各项工作要求,全面落实党的十七大、十七届四中全会精神,扎实推进系统党的思想建设、组织建设、作风建设、制度建设和反腐倡廉建设,为完成监管中心工作提供了坚强保障。

在思想建设方面,坚持理论教育与监管实际相结合,党员干部思想政治素质不断提高。针对证券期货监管系统干部年纪轻、思想活、党性锻炼少的特点,会党委始终把思想建设摆在首位。坚持党委中心组学习制度,领导班子带头深入学习马克思主义理论,并以此带动系统各级党组织和广大党员干部开展理论学习,力求系统掌握中国特色社会主义理论体系,深刻领会科学发展的精神实质和内在要求,着力提高理论素养和解决实际问题的能力。大力推进学习型党组织建设,广大党员干部主动学习党的路线方针政策和监管工作所必需的各方面知识,不断提高自身思想理论水平和业务工作能力。深入开展"讲党性、重品行、作表率"活动,突出加强理想信念教育、党的宗旨教育和优良传统教育,引导党员干部切实增强党的意识、宗旨意识、大局意识和责任意识。各级领导班子推动科学发展、服务经济全局的能力进一步增强,党员干部思想政治水平和干事创业能力进一步提升,为做好监管工作提供了有力的思想保障。

在组织建设方面,坚持做好抓基层、打基础工作,党组织的领导核心和战斗堡垒作用得到充分发挥。针对证券期货监管系统成立时间不长、监管干部来源多样、基层党建基础较薄弱的特点,证监会党委坚持不懈地做好抓基层、打基础工作。建立健全党建工作责任制,选好配强基层党组织班子,制定完善党支部学习、"三会一课"、民主评议、流动党员管理等一系列制度,不断丰富完善党组织工作方法,有针对性地加强基层党组织和党员队伍管理,党员队伍的生机活力不断增强。截至2010年底，全系统党员人数达到4007人，较1998年证券期货监管系统建立初期增加了2.27倍，党员队伍占干部职工总人数的47%。全系统基层党组织达到341个，是1998年的2.36倍。总体来看，系统党建工作不断开创新的局面，党组织的凝聚力和号召力不断增强，党员队伍在监管工作中的中流砥柱作用日益显著，在证券市场各项重大改革工作中充分发挥了战斗堡垒和先锋模范作用。

在领导班子和干部队伍建设方面，不断深化干部人事制度改革，培养造就了一支高素质监管干部队伍。资本市场的科学发展，离不开一支肯干事、能干事的干部队伍。证监会党委坚持把干部队伍建设摆在党建工作的关键位置，按照加强党的执政能力建设和先进性建设的要求，大力推进干部人事制度改革。通过建立健全竞争择优的选人用人机制，促进优秀人才脱颖而出，不断提高选人用人的公信度和科学化水平。几年来，一大批实绩突出、群众公认的优秀干部充实到系统各级领导班子中，许多优秀年轻干部在不同工作岗位上经受锻炼，快速成长为各单位的业务骨干和中坚力量，监管队伍的综合素质和专业水平得到明显提升。系统各级领导班子的监管能力和领导水平持续提高，干部队伍的创造力、战斗力不断增强，为证券期货监管事业提供了坚强的组织支持和人才保障。

在制度建设方面，探索建立新形势下党建工作的机制和方法，推进党的建设科学化、制度化、规范化。证监会党委始终把制度建设作为一项重要基础性工作贯穿于党的建设各个方面，注意及时总结系统党建工作的经验，切实推进党的建设科学化、制度化、规范化。近年来，结合系统党的建设和干部队伍建设的特点，先后制定下发了《关于进一步加强和改进证券期货监管系统党的建设工作的意见》和《关于建立健全证券期货监管系统保持共产党员先进性长效机制的若干意见》。围绕贯彻落实这两个党建长效机制，证监会党委又先后制定完善了党委议事规则、中心组学习、民主生活会、党务公开、领导干部个人事项报告等一系列规章制度，建立起了一套与监管工作和资本市场发展相匹配的党建工作制度体系，全系统党建工作逐步走上了科学化、制度化、规范化的轨道。

在作风和反腐倡廉建设方面，切实加强领导干部作风建设，完善惩治和预防腐败体系。证监会党委始终把加强作风建设和反腐倡廉建设摆在自身建设的核心位置。多年来，一直把作风建设列入党委班子民主生活会和党员专题组织生活会的重要内容，在系统广大党员干部中倡导并着力培养"务实、专业、高效、廉洁、奉献"的工作作风，树立监管干部的良好形象。严格执行党风廉政建设责任制，定期开展党风廉政教育活动，扎实开展巡视工作。教育引导广大监管干部牢固树立宗旨意识和群众观念，筑牢思想道德和党纪国法两条防线，提高拒腐防变的能力。围绕发审委、重组委、交易所等重要岗位和关键环节，不断改进行政许可工作，不断增强工作透明度，形成了按制度办事、靠制度管人的有效机制，形成了有效的内外部监督制约机制，为从源头上预防和制止腐败奠定了基础。

总的来看，证券期货监管系统各级党组织坚持"围绕监管抓党建，抓好党建促监管"的工作思路，认真贯彻党中央关于党的建设一系列路线方针政策，按照会党委的部署和要求，全面推进党的思想、组织、制度、作风和反腐倡廉建设，党建工作的针对性和有效性不断提高，党组织的创造力、凝聚力和战斗力不断增强。系统各单位党委领导班子成员特别是"一把手"注意认真履行好党建工作"第一责任人"的职责，切实贯彻会党委各项工作部署，结合本单位实际坚持党建工作和业务工作两手抓、两手硬，实现了全系统党的建设的上下互动、形成合力的良好局面，为全系统党建工作的深入开展、不断推进作出了积极贡献。

全面推进党的建设新的伟大工程

实践证明，加强党建工作，对于服务资本市场改革发展大局、提高证券期货监管系统队伍素质能力具有重大促进作用。在建党90周年之际，认真总结全系统党的建设好的做法和基本经验，对于我们深入贯彻落实党的十七大和十七届四中全会精神，在新的历史起点上全面推进党的建设新的伟大工程，具有十分重要的意义。

一是必须坚持围绕中心、服务大局，充分发挥党建工作的坚强保障作用。党的建设必须紧紧围绕和服务党领导的伟大事业，按照党的路线进行，围绕党的中心任务展开，这是我们党在长期执政实践中总结出的一条基本经验。落实到证券期货监管系统，就是要把服务和支持资本市场改革发展大局作为党建工作的根本目标和中心任务，牢牢把握党建工作的正确方向。在2004年、2005年市场长期低迷、资本市场改革发展处于最困难、也是最关键的时期，证监会党委坚持以加强改进党建工作为突破口，组织全系统各级党组织和党员干部深入开展了保持共产党员先进性教育活动，紧紧围绕提升监管工作、推动市场发展的主题，通过一系列扎实有效的措施全面加强思想政治工作和干部队伍建设，有效统一了思想、凝聚了人心、鼓舞了干部队伍的士气，打赢了股权分置改革、证券公司综合治理等攻坚战，迎来了资本市场的转折性变化。实践充分证明，只有把党建工作放到监管中心工作的总体布局中来推进，全系统的党建工作才能保持正确定位和旺盛活力，才能体现自身价值，发挥好服务、保障作用。当前，资本市场改革发展的任务依然艰巨，我们要继续坚持围绕监管工作来加强和改进党建工作，进一步增强完成任务的使命感、责任感，通过党的建设促进和保障中心工作的顺利完成。

二是必须坚持不懈做好抓基层、打基础工作，充分发挥基层党组织的战斗堡垒作用和党员先锋模范作用。党的基层组织是党全部工作和战斗力的基础。证监会党委始终坚持抓基层、打基础工作不放松，在全系统部署开展了一系列学习教育、组织建设和队伍建设等活动。系统各级党组织认真贯彻会党委的各项部署，切实加强和改进基层党组织建设，党员队伍生机活力得到进一步体现，党组织的领导核心作用得到进一步发挥。要特别重视党支部书记和党务工作者队伍建设，作为一个专业监管机构，证券期货监管系统各基层党支部书记多为行政负责人兼任，党务工作者很多有专业背景，这是系统党建工作特点所决定的，他们抓党建的意识和能力水平、方式方法如何，直接影响着基层党建工作的效果和质量。因此，要把建设一支高素质的懂业务、会党务的支部书记队伍和党务工作者队伍，作为抓基层、打基础的一项关键任务，认真抓实抓出效果。各基层党支部书记要切实增强抓党建意识，尽管当前监管任务的确很繁重，但还是要坚持履行"一岗双责"，正确处理好党建工作和业务工作的关系。

三是必须注重加强制度建设，不断提高党建工作的科学化、制度化、规范化水平。党的建设是一项系统性工程，只有建立一套科学规范、配套完善的工作机制，才能更有力地促进党建工作的规范化水平，确保党的路线、方针、政策的正确制定和执行。在实践中，证监会党委注意及时总结党建工作中的成功经验和做法，建立健全各项制度，努力形成一套符合系统实际的党建制度和机制，进一步提高党建工作水平。既用制度建设来促进党的思想建设、组织建设、作风建设和反腐倡廉建设的深入发展，又用制度建设来巩固党的建设取得的成果，全系统党的建设工作逐渐走上科学化、制度化、规范化的轨道。实践证明，只有用制度规范各项工作，用制度巩固成功经验，才能为党建工作的科学发展提供可靠制度保证，为进一步加强和改进系统党建工作奠定坚实的基础。

四是必须建立一支高素质干部队伍和人才队伍，以适应资本市场发展和监管工作的需要。历史经验告诉我们，发展中国特色社会主义，关键在党，关键在人。作为中国资本市场的监管者，证券期货监管系统肩负着推动市场科学发展、服务国家经济社会发展的重要历史任务。要想实现这一目标，客观上要求我们必须建立一支高素质的干部队伍和人才队伍。多年来，证监会党委把干部队伍和人才队伍建设放在党建工作的关键位置，坚决贯彻落实中央有关要求，坚定不移地推进和深化干部人事制度改革，切实加强领导班子和领导干部能力培养，不断创新完善人才工作体制机制，积极营造有利于人才全面成长和发挥作用的良好环境。经过努力，培养造就了一支适应监管工作需要、政治素质高、专业能力强的干部队伍和人才队伍，为资本市场的科学发展提供了坚强的组织和人才保障。

五是必须坚持解放思想、开拓创新，不断激发党建工作的生机活力。解放思想、实事求是、与时俱进是党的思想路线的本质要求，是党的生机与活力的不竭源泉，更是党建工作的生命力所在。近年来，证监会党委坚持从党员干部队伍的特点出发，针对工作中的新问题和新矛盾，解放思想、开拓创新，在继承和发扬优良传统的基础上，积极推进党建工作思路、方法和制度创新，使党建工作更加符合资本市场改革发展新的要求。党委书记带头讲党课、机关部门主任带队参加系统民主生活会、不定期召开党建工作座谈会、举办先锋论坛、阶段性地开展系列主题活动等众多形式新颖、特色鲜明的活动，大大增强了系统党建工作活力，有效提升了系统党建工作水平。实践证明，近年来的党建工作方式方法和内容创新，顺应了广大党员的新要求、新期待，增强了党组织的凝聚力、战斗力，激发了监管队伍的生机与活力。

不断开创资本市场科学发展新局面

今年是“十二五”开局之年。党的十七届五中全会从战略全局出发，描绘了“十二五”时期我国政治、经济、社会和民生发展的远景和蓝图，对深化金融体制和资本市场改革作出了重要部署，明确提出：“加快多层次资本市场体系建设，显著提高直接融资比重。积极发展债券市场，稳步发展场外交易市场和期货市场。”这既是党中央在新的历史背景下对资本市场建设提出的重要任务，也是国民经济和社会发展对资本市场的客观需求，更是证券期货监管系统全体党员干部肩负的历史使命和重要责任。

党的事业要靠广大党员来创造，党的战斗力要靠广大党员来提高。资本市场的科学发展取决于系统各级党组织能否充分发挥战斗堡垒作用，取决于广大党员能否发挥先锋模范作用。自2010年4月以来，证券期货监管系统各级党组织和广大党员积极投身到深入开展创先争优活动中，紧密联系当前资本市场改革发展中心任务，积极创建先进基层党组织、争做优秀共产党员，全系统创先争优活动扎实推进，取得了初步成效。在前期工作的基础上，系统各单位要进一步增强工作的主动性和责任感，将思想和行动统一到中央的部署和会党委的要求上来，以深入开展创先争优活动为有力抓手，激励广大党员干部立足本职、埋头苦干、锐意进取，推动资本市场稳定健康发展。

第一，继承光荣传统，在坚定理想信念中创先争优。崇高的理想信念，是共产党人的精神支柱和力量源泉，是党的事业永葆生机和活力的根本保证。当前，我国资本市场正处于加快发展的重要机遇期，在新的历史起点上，深刻认识资本市场发展规律，推动资本市场科学发展，是全系统共产党员的历史责任和神圣使命。证券期货监管系统全体党员干部要以深入开展创先争优活动为载体，深入学习杨善洲、沈浩同志和系统内先进集体和优秀个人的先进事迹和崇高精神，进一步坚定理想信念，加强党性修养，增强推进资本市场改革发展的使命感和责任感，在推动资本市场科学发展的进程中，在各自的工作岗位上奋力创先争优，努力创造无愧于历史、无愧于时代、无愧于党和人民的业绩。

第二，围绕中心工作，在推动资本市场科学发展中创先争优。围绕中心、服务大局历来是党建工作必须坚持的重要原则。证券期货监管系统的创先争优活动能否组织好、开展好，能否保证活动的质量和效果，关键就在于系统各单位、各部门能不能按照中央和会党委的统一部署，从监管工作的实际需要出发，围绕中心，服务大局，创造性地开展工作。全系统各单位、各部门要找准创先争优与监管工作的结合点，把开展创先争优活动与保证中心任务、提升经常性工作水平结合起来，在加快建设多层次资本市场体系、推进市场化改革、保护投资者合法权益、推进市场创新等重大任务中，引导基层党组织履职尽责创先进、广大党员立足岗位争优秀，使创先争优活动符合实际需要、化为实际行动、取得实际效果。

第三，牢记服务宗旨，在保护投资者合法权益中创先争优。党的根基在人民、血脉在人民、力量在人民。发展资本市场的根本目的，就是为了促进我国经济社会持续健康发展，让人民群众能够分享到经济增长的成果。因此，发展资本市场同维护广大人民群众的根本利益有着内在的联系。而发展资本市场又需要维护“三公”原则。在市场上投资者特别是中小投资者的权益是最容易被侵害的，所以在监管工作中要始终把保护投资者特别是广大中小投资者的合法权益作为资本市场改革发展各项工作的首要目标。系统各级党组织和广大党员要牢固树立宗旨意识，维护市场“三公”原则，严厉打击违法违规活动，强化市场合规监管，切实加强和改进投资者服务工作，不断完善保护投资者合法权益的体制机制。

第四，加强学习运用，在提升监管本领中创先争优。重视学习、善于学习是我们党的优良传统和政治优势，是推动党和国家事业蓬勃发展、从胜利走向胜利的重要保证。随着资本市场体系、运行机制和产品结构的不断创新完善，市场环境和形势发生了很大变化，客观上对监管队伍的能力和素质提出了更高的要求。与之相比，证券期货监管系统党员干部的政治素质和业务能力还不同程度地存在一些不适应、不符合的地方。资本市场的改革创新和监管队伍的发展变化决定了我们必须更加重视学习。全系统各级党委要把创先争优活动与深入开展学习型党组织建设结合起来，引导和推动党员干部进一步增强学习的自觉性和有效性，努力提高自身思想理论水平和业务工作能力。要结合监管工作需要和干部队伍实际，不断完善学习制度，丰富创新学习方式方法。要注意发扬理论联系实际的学风，始终把政治理论学习与资本市场改革开放实践有机结合起来，真正把学到的知识转化为谋划工作的思路、促进工作的措施，达到学有所用、用有所成的目的。

第五，带头弘扬正气，在改进工作作风中创先争优。党的作风体现着党的宗旨，关系党的形象，关系人心向背，关系党和人民事业成败。证券期货监管系统广大共产党员要以创先争优为动力，以更加昂扬的斗志、更加进取的精神、更加务实的态度，积极投身到日常工作中去，努力开创资本市场科学发展的新局面。资本市场历来就有透明度高、关注度高、参与度高的特点，同时由于工作需要，监管干部又经常深入市场一线，和市场主体接触较多。在这种情况下，每名监管干部的一言一行都直接影响到人民群众对我们干部队伍的认可，甚至影响到对整个监管工作的评价。全系统广大党员干部要从思想上牢固树立行为底线，带头弘扬正气，自觉清正廉洁，以优良作风保障监管队伍的良好形象，维护监管部门的社会公信力。

大力推进市场化并购重组

中国证监会主席　尚福林

（2010 年 12 年 20 日）

中国证监会主席尚福林 18 日在第九届中国公司治理论坛上表示，大力推进市场化的并购重组，证监会将进一步完善公司并购的制度安排，减少审批环节，提高并购重组的审核效率和透明度。他还表示，鼓励中小股东参与上市公司重大事务的决策管理，证监会将努力完善中小投资者民事诉讼制度的建设，借助司法体系加大对投资者保护力度。此外，尚福林日前在接受媒体专访时表示，下一步必须有意识地在推进制度改革中着重培育市场机制。

他介绍说，我国资本市场的建立和发展深化以及社会主义市场经济体制的改革，有力推动了我国企业改革与企业经营机制的转换，促进了现代公司治理在中国的建立和完善。经过长期坚持不懈的努力，我国上市公司治理水平显著提高，现代公司治理的理念已经深入人心。

尚福林表示，针对我国公司治理中存在的问题和不足，2002 年以来证监会采取了多种措施，加大了对公司治理的工作力度。2005 年国务院批准关于提高上市公司质量的意见后，围绕对意见的贯彻和落实，证监会集中部署组织开展了包括清欠、加强上市公司监管等一系列公司治理行动，推动了各项公司治理制度的贯彻落实。从 2007 年开始证监会组织开展了持续三年的加强公司治理专项活动，督促上市公司累计整改公司治理问题 1 万余个。经过多年的持续努力，我国上市公司董事、监事、高管人员规范运作的意识明显增强，)“三会”运作规范性和有效性得到改善，上市公司内控制度更加健全，经营管理水平和风险防范能力持续提高。

尚福林指出，修改后的《证券法》以及刑法六、刑法七修正案，从不同角度加大了对公司治理各种违法违规行为的规章制度，对规范上市公司治理起到了重要的作用。同时，证监会也在积极探索通过民事诉讼程序给予投资者司法救助，借助司法体系加大对投资者的保护力度。不断完善的司法制度已经成为推进我国上市公司治理的重要外部因素，构成了对公司控股股东、实际控制人、经营管理层的有效制约，有力维护了市场的公平正义，为保护投资者合法权益奠定了坚实的基础。

尚福林强调，当前和今后一段时期，证监会将坚决贯彻落实十七届五中全会和中央经济工作会议精神，坚持以科学发展为主题，以加快转变经济发展方式为主线，进一步深化市场的改革创新，着力构建有利于上市公司发展的体制、机制，促进提高上市公司的治理水平，有效提升中国资本市场的投资价值，不断增强资本市场服务经济社会发展全局的能力。

第一，要进一步推动完善公司治理法律规则。随着公司治理实践的深入推进和市场外部环境的发展变化，证监会将在总结上市公司治理专项活动成果和经验的基础上进一步修改完善上市公司治理准则，积极推动《上市公司监督管理条例》、《上市公司独立董事管理条例》以及《上市公司董事、监事、高级管理人员行为准则》等规则的制定，不断健全上市公司治理的法规制度体系。

第二，要大力推进市场化的并购重组。证监会将进一步完善公司并购的制度安排，减少审批环节，提高并购重组的审核效率和透明度，改善并购重组综合绩效，积极鼓励上市公司通过并购重组、定向增发等方式实现整体上市，解决同业竞争，减少关联交易，通过大力推进市场化的并购重组，强化上市公司治理的市场约束机制，推动行业整合与产业升级。

第三，要加强对控股股东和实际控制人的监管。抓紧制定控股股东和实际控制人行为规范，从制度上禁止直接干预公司经营决策及日常生产活动，更不得通过资产重组、不正当的关联交易、贷款担保、占用公司资金等手段损害其他股东利益，督促上市公司规范“三会”运作，提高董事会运作的独立性和有效性，积极采取措施，提高中小股东参加股东大会的比例，通过完善网络投票制度，鼓励中小股东参与上市公司重大事务的决策管理。

第四，要努力完善中小投资者民事诉讼制度的建设。民事诉讼为保护中小投资者合法权益提供了重要的司法救济途径，是完善公司治理的重要外部机制。近年来，最高人民法院就证券市场虚假陈述引发的民事侵权纠纷案件和赔偿案件出台了有关规定，对保护投资者的合法权益发挥了重要的作用。

第五，要充分发挥证券交易所等自律组织的作用。证券交易所、证券业协会等自律组织担负着行业治理的职责，要在提高上市公司治理水平的过程中发挥重要作用。从境外交易所的经验来看，对公司治理方面的自律管理越来越重要。借鉴成熟市场的经验，沪深证券交易所要进一步强化对上市公司治理的监管和服务，切实发挥促进上市公司完善治理结构的重要功能。

尚福林日前在接受媒体专访时表示，股权分置改革是一场历史性变革，规范整顿资本市场，改革新股发行制度，积极推进多层次市场建设和金融创新，中国资本市场改革发展取得了巨大成就，下一步必须有意识地在推进制度改革中着重培育市场机制。

促发展　惠民生
——访财政部部长谢旭人
（《中国人大》杂志 2011 年 3 月 16 日）

2010 年，国民经济平稳较快发展，社会保持和谐稳定，改革开放和社会主义现代化建设取得新的重大成就。在此基础上，财政收入稳定增长，全国财政收入达到 83080 亿元。“两会”期间，财政部部长谢旭人接受本刊记者专访时说：“2010 年，在党中央、国务院的坚强领导下，各级财政部门开拓进取，充分发挥财政职能作用，扎实实施积极的财政政策，促进了经济平稳较快发展，进一步保障和改善了民生。”

谢旭人表示，2011 年是“十二五”开局之年，财政部将进一步加强和改善财政宏观调控，深化财税体制改革，推进财政科学化精细化管理，着力推动经济结构调整和发展方式转变，促进经济平稳较快发展，更好地保障和改善民生，让改革发展成果更多地惠及广大人民群众。

积极财政政策力促经济平稳较快发展

2008 年第四季度以来，面对严峻复杂的国内外经济形势，党中央、国务院准确判断、果断决策，制定了应对国际金融危机冲击的一揽子计划，及时调整宏观经济政策导向，实施积极的财政政策和适度宽松的货币政策。

谢旭人说，此次实施的积极财政政策，政策力度前所未有，在加强总量调控的同时注重结构调整，并且坚持以人为本、切实保障和改善民生。总的看，通过实施包括积极财政政策在内的应对国际金融危机冲击的一揽子计划，有效地拉动了内需，促进了经济结构调整，全面加强了教育、医疗卫生等社会事业建设，对应对国际金融危机冲击、保持经济平稳较快发展、夯实经济社会可持续发展基础都发挥了重要作用。

2011 年继续实施积极的财政政策是中央在全面分析国内外经济环境变化的基础上作出的重大决策。谢旭人介绍了今年实施积极财政政策的内容，主要体现在五个方面：提高城乡居民收入，扩大居民消费需求；着力优化投资结构，加强经济社会发展的薄弱环节；调整完善税收政策，促进企业发展和引导居民消费；进一步优化财政支出结构，保障和改善民生；大力支持经济结构调整和区域协调发展，推动经济发展方式转变。

谢旭人表示，今年在实施积极的财政政策过程中，将更加注重促进经济结构调整优化，更加突出保障和改善民生，更加重视稳定价格总水平。财政部门将进一步加强对经济运行情况的监测分析，密切跟踪政策实施情况，适时调整和完善相关政策措施，强化财政政策与货币、产业政策的协调配合，促进经济社会又好又快发展。

优先保障和改善民生

近年来，财政部门不断调整优化财政支出结构，大力支持解决人民群众最关心、最直接、最现实的利益问题，积极推进基本公共服务均等化，促进全体人民学有所教、劳有所得、病有所医、老有所养、住有所居，努力让广大人民群众更好地分享改革发展成果。

谈到财政对民生的支持，谢旭人说，财政部门牢固树立“权为民所用、情为民所系、利为民所谋”和公共财政“取之于民、用之于民”的理念，既做大“蛋糕”，又分好“蛋糕”，始终把保障和改善民生作为财政发展改革的出发点和落脚点。

“十一五”时期，国家财政用于民生方面的投入大幅增加。全国公共财政用于教育、医疗卫生、社会保障和就业、文化方面的支出达到 4.45 万亿元、1.49 万亿元、3.33 万亿元和 5600 亿元，分别比“十五”时期增长 1.6 倍、2.6 倍、1.3 倍和 1.4 倍；中央财政用于“三农”的支出累计近 3 万亿元，有力保障和改善了民生。

谢旭人表示，“十二五”时期财政部门将进一步优化财政支出结构，增加“三农”、欠发达地区、社会事业、结构调整、科技创新等重点支出，促进民生改善和各项社会事业发展。2011 年，要在促进经济平稳较快发展的基础上，集中财力办几件保障和改善民生的大事。如全面落实《国家中长期教育改革和发展规划纲要》要求，大力支持医药卫生体制改革，加大保障性安居工程投入力度，支持加快建立覆盖城乡居民的社会保障体系，加强农业农村基础设施建设，等等。

据预算报告显示，2011 年中央财政用在与人民群众生活直接相关的教育、医疗卫生、社会保障和就业、住房保障、文化方面的支出安排合计 10509.92 亿元，增长 18.1%。农业水利、交通运输和环境保护等支出也与民生密切相关，中央财政对地方的税收返还和一般性转移支付大部分也将用于保障和改善民生，民生支出合计将占中央财政支出的三分之二左右。

加快深化财税改革

“十一五”时期，财税体制改革不断深化，公共财政体系进一步健全，为更好地发挥财政职能作用提供了有力的体制保障。

谢旭人介绍了“十一五”时期财税体制改革取得的重大进展。财政转移支付制度逐步完善，县级基本财力保障机制初步建立；政府预算体系框架基本形成；农业税全面取消，增值税转型改革全面实施，内外资企业税制全面统一，消费税制度继续完善，成品油税费改革顺利推进，资源税改革启动试点，地方税改革稳步推进，进一步规范了国家与企业和个人、中央与地方以及部门之间的分配关系。

谢旭人表示，“十二五”时期，将加快推进财税体制改革，积极构建有利于转变经济发展方式的财税体制。要在合理界定事权基础上，按照财力与事权相匹配的要求，进一步理顺各级政府间财政分配关系。增加一般性转移支付规模和比例，加强县级政府提供基本公共服务财力保障。完善预算编制和执行管理制度，提高预算完整性和透明度。改革和完善税收制度。扩大增值税征收范围，相应调减营业税等税收，合理调整消费税范围和税率结构，完善有利于产业结构升级和服务业发展的税收政策。逐步建立健全综合和分类相结合的个人所得税制度。继续推进费改税，全面改革资源税，开征环境保护税，研究推进房地产税改革。逐步健全地方税体系，赋予省级政府适当税政管理权限。

积极推进预算公开

政府预算作为反映国家收支的“账本”，社会公众对此非常关注。谢旭人向本刊记者表示，预算公开是公共财政的本质要求，是政务公开的一项重要内容。推进预算公开，有利于保障公民的知情权、参与权和监督权，有利于促进依法理财、民主理财，提升财政科学化精细化管理水平。

他告诉记者，《政府信息公开条例》公布实施以来，财政部门积极采取措施，推进财政预算公开工作，取得了明显成效。2008年起，财政部开始对外公布月度财政收支情况。2009年，将经全国人大批准通过的4张中央财政预算表格首次向社会公开。2010年，对外公开的中央财政预算表格增加到12张，支出预算表细化到了款级科目。74个中央预算部门公开了部门预算。地方财政预算公开工作也取得了新进展。今年1月，财政部又专门下发通知，要求扎实做好基层财政专项支出预算公开工作，重点公开与人民群众利益相关的“三农”、教育、医疗卫生、社会保障和就业、住房保障支出等方面的财政专项支出的管理办法，补助标准、分配结果等。

谢旭人强调，今后一个时期，将在进一步细化预算编制的基础上，加快预算公开的法制化、规范化进程，逐步扩大公开范围和细化公开内容，强化预算公开责任制度，积极推动地方财政和中央部门预算信息公开，进一步提高财政预算透明度，更好地为国理财、为民服务。

在财政部庆祝中国共产党成立90周年暨表彰大会上的讲话

财政部党组书记、部长　谢旭人

（2011年6月28日）

同志们：

今天，我们在这里隆重召开大会，庆祝中国共产党成立90周年，并表彰近几年涌现出来的先进基层党组织、优秀共产党员、优秀党务工作者，以及先进群众组织和优秀个人。刚才举行了简短而热烈的颁奖仪式，获奖代表做了很好的发言，新老党员也面对党旗进行了庄严宣誓。在此，我代表财政部党组向受到表彰的先进集体和先进个人表示热烈的祝贺！希望财政部门基层党组织和党员干部认真学习先进集体和先进个人的典型事迹和先进经验，更好地推动财政工作。也希望受到表彰的先进集体和先进个人，珍惜荣誉、谦虚谨慎、发扬成绩、再接再厉，继续发挥榜样示范作用，再创佳绩，再立新功。

下面我讲三点意见。

一、党领导财政发展改革取得辉煌成就

中国共产党走过了90年的光辉历程。在这90年里，我们党团结带领全国各族人民进行了艰苦卓绝的奋斗，战胜了各种艰难险阻，取得了举世瞩目的伟大成就。财政工作是党的事业的重要组成部分。党历来高度重视财政工作，在革命时期、社会主义建设创业时期、改革开放时期等各个阶段，都积极发挥财政职能作用，保障和推进党的各项事业发展。

（一）不断壮大财政实力，为党和国家的事业发展奠定了坚实的财力基础

从领导中国革命事业开始，党一直将财政工作置于重要位置，把壮大财政实力、提高财政保障能力作为重要工作来抓。在革命根据地时期明确提出了广开财源以增加财政收入的指导思想，在抗日战争时期制定了通过发展经济来增加财政收入的基本方针。按照这些要求，采取了一系列财政政策措施，有力地保障了不同时期的革命战争、政权建设需要以及革命军民的基本生活。新中国成立至今，我国财政收入规模持续扩大，财力状况发生了根本性改变。财政实力的不断壮大，是我国综合国力持续增强的重要体现，为贯彻落实党在不同时期的战略部署和重大决策、保障国家政权建设、促进经济平稳较快发展和人民生活水平不断改善，奠定了坚实的财力基础。

（二）有效履行财政职能，促进经济社会全面协调可持续发展

在革命时期，党领导下财政工作的基本思路是通过发展经济、开辟财源来保障财政经费供给，以精兵简政、厉行节约为原则管理财政支出。在这一原则指导下，革命时期的财政有效履行了保障职能，为革命事业取得最终胜利做出了重要贡献。新中国成立后，根据不同时期的工作重点和任务，党制定了有针对性的理财原则和思路，财政的资源配置、收入分配、调控经济、监督管理等职能作用得到充分发挥，促进了经济社会全面协调可持续发展。

一是认真履行财政资源配置职能，促进经济建设和人民生活改善。计划经济时期，作为资源配置的重要方式，财政注重支持经济建设，同时兼顾教育、卫生、社保等社会事业发展，改善人民生活。党中央提出建立完善公共财政体系后，财政资金分配注重提供更多更好的公共产品和服务，逐步退出了对一般竞争性和经营性领域的投入，加大了对“三农”以及教科文卫、社会保障和就业等重点社会事业的投入，把解决关系人民群众切身利益的突出问题作为财政支持重点，着力保障和改善民生。

二是充分发挥财政调节收入分配的作用，促进社会公平。新中国成立后，财政围绕不同时期党的方针政策，全面支持社会主义事业建设，越来越注重促进公平正义。在财税政策制

定、制度设计和支出结构调整中，兼顾了不同收入阶层、不同区域及城乡居民之间的公平，加大对收入分配的调节力度，努力促进人民群众共享改革发展成果。

三是积极发挥财政调控经济的作用，促进经济平稳较快发展和经济结构调整。随着计划经济体制向社会主义市场经济体制的转变，财政越来越注重发挥市场机制在资源配置中的基础性作用，运用财政政策调控经济运行。1993 年以来，根据经济形势的发展变化，相机实施了不同类型的财政政策，综合运用多种财税政策工具，推动了经济持续健康发展。

四是强化财政监督管理职能，保障党和国家的各项方针政策落到实处。新中国成立后，党高度重视发挥财政监督管理职能，制定了一系列财政监督管理规章制度。改革开放以来，适应形势发展的需要，各级财政部门不断推进财政监督管理的制度化、规范化、科学化。近年来，财政部门把推进科学化精细化管理放在突出位置来抓，提高财政工作的执行力，推动党中央、国务院各项重大方针政策的贯彻落实。

（三）着力推进财税改革，推动我国社会主义制度的完善和发展

新中国成立后，在党的领导下，财政不断适应社会主义事业发展需要，深化改革，开拓创新，推动社会主义制度的自我完善和发展。

一是国家与企业、个人的分配关系逐步规范。新中国成立后，财税改革的主线之一就是调整国家与企业和个人的分配关系。通过不断探索和实施多项改革措施，特别是改革开放以来进行的利改税、工商税制等改革，初步理顺了国家、企业和个人三者之间的分配关系。进入新世纪以来实施的农村税费改革、统一内外资企业所得税制度、全面推进增值税转型、调整和完善个人所得税制等改革，进一步规范了国家、企业和个人之间的分配关系，促进了社会主义市场经济体制的完善。

二是中央与地方、地方各级政府之间的财政关系逐步规范。新中国成立后，适应不同时期的需要，在划分中央与地方、地方各级政府之间财政关系方面，先后采取了统收统支、划分收支、分级管理、以收定支等多种财政体制形式。改革开放以来，经历了包干体制的探索后，1994 年实施了分税制财政体制改革。其后又相继实施了所得税收入分享改革、出口退税分担机制改革以及完善转移支付制度等措施并不断完善，符合社会主义市场经济发展要求的政府间财政关系框架基本形成。

三是财政管理改革不断深化。计划经济时期，在预算管理、财务制度等方面进行了积极探索和改革。1998 年以后，通过实施部门预算、国库集中收付、政府采购等一系列改革，初步建立了符合公共财政要求的现代预算管理体系，并积极推进财务会计制度改革，财政资金的安全性、规范性、有效性显著提升。

在财政自身改革不断深入的同时，财政还加大支持力度，有力地促进了国有企业、金融、投资、外贸、价格等其他重点领域和关键环节的改革。

（四）切实加强财政制度建设，财政管理工作水平不断提升

在革命时期，党就十分注重加强财政制度建设，通过颁布施行财政法规条例，统一、规范财政工作。新中国成立后，经过不懈探索，建立起一整套符合社会主义现代化建设需要的财经制度体系，同时，充分利用现代技术手段，提高了财政管理的法治化、规范化、科学化水平。

一是建立健全财政法律法规体系，推进财政工作法治化。围绕理顺财政关系、规范理财行为，加强财政立法，初步建立了包括财政基本法律制度、财政收入和支出管理法律制度、财务及资产管理法律制度、会计管理法律制度以及财政监督法律制度在内的财政法律法规体系，使财政各项工作基本实现有法可依。

二是制定完善财政制度，推进财政工作规范化。注重充分发挥制度在财政工作中的刚性作用，使财政工作更加规范。进入新世纪以来，围绕建立完善公共财政体系，逐步形成了一套比较完整的财政资金分配运行机制，财政资金的分配、使用和管理更加规范、安全、有效。

三是广泛听取各方面意见，推进财政决策科学化。通过公示、座谈会、专家咨询等多种方式，扩大人民群众在制订财政政策、推进财政改革中的参与度，提高财政决策的科学化水平。积极主动推进财政政务公开，及时公布财政有关数据及政策等，提高财政工作透明度。

党领导下的财政工作取得的成就世人瞩目，积累的经验弥足珍贵。总结起来就是：一要坚持党的领导、把握正确方向，始终与党中央保持高度一致。二要坚持服务大局、促进发展，适应形势和任务的变化，服务各个历史时期党和国家事业发展全局的需要。三要坚持解放思想、实事求是，与时俱进，深化改革，完善适应社会主义市场经济发展和公共财政要求的财政体制、运行机制和管理制度。四要坚持处理好经济与财政的辩证关系，积极发挥财政宏观调控职能作用，促进经济社会又好又快发展。五要坚持以人为本、保障和改善民生，全心全意为人民群众谋利益。六要坚持统筹兼顾、协调推进，妥善处理各方面利益关系，全面推进各项工作。

二、努力开创新形势下财政工作新局面

回顾过去，成就卓著。展望未来，任重道远。“十二五”时期是我国全面建设小康社会的关键时期，是深化改革开放、加快转变经济发展方式的攻坚时期。党的十七届五中全会通过的“十二五”规划建议，从多方面对发挥财政职能作用提出了新的更高要求。财政部门要以建党 90 周年为新的起点，继续高举中国特色社会主义伟大旗帜，以邓小平理论和“三个代表”重要思想为指导，深入贯彻科学发展观，认真落实党中央、国务院对财政工作的各项要求，扎实推进财政发展改革，积极发挥财政职能作用，促进科学发展和社会和谐。

“十二五”时期财政工作要着重把握以下四个方面：

（一）坚持科学发展，促进经济平稳较快增长和结构优化

要加强和改善财政宏观调控，根据国内外经济形势发展变化，充分发挥财政政策在稳定经济增长，特别是优化结构、协调发展等方面的积极作用，推动加快转变经济发展方式，促进经济社会又好又快发展。调整国民收入分配格局，逐步提高居民收入在国民收入分配中的比重、劳动报酬在初次分配中的比重，增强消费对经济增长的拉动作用。优化政府公共投资结构，积极引导民间投资，把投资与增加就业、改善民生有机结合起来。加大财政科技投入，推动科技进步和创新。培育发展战略性新兴产业，大力促进服务业和中小企业发展。推进节能减排和新能源发展，进一步健全生态环境补偿机制，促进循环经济发展。加强城乡统筹力度，促进区域协调发展。

（二）坚持改善民生，推进和谐社会建设

要立足我国基本国情，根据社会事业发展规律和公共服务的不同特点，按照公共财政要求，积极探索有效的财政保障方式，不断优化财政支出结构，逐步建立完善符合国情、比较

完整、覆盖城乡、可持续的基本公共服务体系，维护社会公平正义。加快社会主义新农村建设，促进城镇化健康发展，积极推进城乡经济社会发展一体化。深化农村综合改革，加强农业农村基础设施建设，保障国家粮食安全，促进农民增收。支持实施更加积极的就业政策。加大对教育的支持力度，优先保障教育发展。支持深化医药卫生体制改革。加快推进覆盖城乡居民的社会保障体系建设。完善并实施城镇职工和居民养老保险制度，推进城镇企业职工基础养老金全国统筹，努力实现新型农村社会养老保险制度全覆盖。完善城乡居民最低生活保障标准动态调整机制，健全社会救助体系。加大对廉租住房、公共租赁住房、棚户区改造和农村危房改造等保障性住房建设的投入力度。促进构建覆盖城乡、惠及全民的公共文化服务体系，不断深化文化体制改革。

（三）坚持改革创新，完善财税体制

围绕推进基本公共服务均等化和主体功能区建设，完善公共财政体系。健全财政体制。在合理界定事权基础上，按照财力与事权相匹配的要求，进一步理顺各级政府间财政分配关系。健全统一规范透明的财政转移支付制度，提高转移支付资金使用效益。建立完善县级基本财力保障机制，并随着财政经济发展逐步提高保障水平。推进预算制度改革。健全公共财政预算，提高财政收入质量，增加公共服务领域投入。强化政府性基金预算管理，提高基金预算的规范性和透明度。健全国有资本经营预算收支政策。规范社会保险基金预算编制方法。努力健全科学完整、结构优化、有机衔接、公开透明的政府预算体系。健全预算编制和执行管理制度。继续深化部门预算、国库集中收付、政府采购等预算管理制度改革。改革完善税收制度。扩大增值税征收范围，相应调减营业税等税收，合理调整消费税范围和税率结构。逐步建立健全综合和分类相结合的个人所得税制度。研究推进房地产税改革。继续推进税费改革。逐步健全地方税体系。

（四）坚持科学管理，进一步提高财政管理绩效

要坚持完善制度、夯实基础与提高执行力并重，不断加强财政科学化精细化管理。加快推进依法行政依法理财。进一步健全财政法律法规体系，规范财政执法行为。建立完善年度预算与中长期财政规划相结合的机制，加强预算编制管理，努力提高预算编制的科学性、准确性和完整性。完善预算绩效管理制度，建立健全绩效目标确定、绩效跟踪、绩效评价及结果应用有机结合的预算管理机制，实现全过程预算绩效管理。建立健全地方政府债务规模控制制度和风险预警机制。将地方政府债务收支纳入预算管理，逐步形成管理规范、风险可控、成本低廉、运行高效的地方政府举债融资机制。进一步加强管理基础工作，全面强化乡镇财政建设。完善覆盖所有政府性资金和财政运行全过程的监督机制。建立健全完整、规范的预算公开机制，增强财政管理透明度。自觉依法接受人大、审计监督。

三、进一步加强财政机关党的建设

加强财政机关党的建设是做好财政工作的重要保障。近年来，财政部各级党组织紧紧围绕党和国家工作大局以及财政中心任务开展工作，着力增强党组织创造力、凝聚力和战斗力，切实加强党员干部队伍建设，有力地促进了财政中心任务的顺利完成。当前和今后一个时期，我们要进一步落实党建工作与业务工作"两手抓"的要求，把财政部机关党建工作与完善财政工作思路结合起来，与财政惠民实践结合起来，与推动财政发展改革结合起来。要按照"五好"、"五带头"的要求，充分发挥基层党组织的战斗堡垒作用、共产党员的先锋模范作用、群众组织的助手作用，以党建促业务、以业务成效检验党建工作，并不断赋予党建工作新的内涵和时代特色。

一是切实做好思想政治工作，建设学习型党组织。要在健全制度、完善机制、丰富内容、创新方法上下功夫，坚持务虚与务实相结合，理论学习与专题调研、研究解决重大现实问题相结合，积极组织好专题教育和主题教育。要按照武装头脑、指导实践、推动工作的要求，继续深入学习中国特色社会主义理论体系，深入学习贯彻科学发展观，深入学习中央一系列重大决策部署。要加强社会主义核心价值体系教育，深化理想信念教育和爱国主义教育，引导广大党员干部树立正确的世界观、权力观和事业观，努力做共产主义远大理想和中国特色社会主义共同理想的坚定信仰者。

二是强化干部队伍建设，全面提升党员干部的素质能力。要按照政治坚定、开拓创新、求真务实、勤政廉政、团结协调的要求，大力加强领导班子建设，努力成为学习型组织、创新型团队、实干型集体、廉洁型班子。深化财政干部人事制度改革，健全选贤任能的干部选拔任用机制，强化干部教育培训和交流工作，全面提高干部政治素质、业务能力和职业道德水平，努力造就一支高素质的财政干部队伍。要不断增强干部大局观念、创新观念、效率观念、服务观念、法治观念和责任观念，坚持为国理财、为民服务的财政工作宗旨，提高干部依法理财、科学管理、勤政为民的本领，为做好新形势下的财政工作提供智力支持。

三是加强基层党组织建设，更好地开展创先争优活动。要认真贯彻落实《中国共产党和国家机关基层组织工作条例》，继续按照"五好"、"五带头"的要求，深入开展创先争优活动。要加强分类指导，进一步巩固和提升创先争优活动成效，不断增强基层党组织的凝聚力、战斗力和创造力。要积极挖掘、培育、宣传先进典型，引导广大党员学习先进、赶超先进。

四是深入开展党风廉政建设，加强和改进作风。全面落实《建立健全惩治和预防腐败体系 2008 － 2012 年工作规划》，研究制订并组织实施财政惩防腐败体系 2013 － 2017 年工作规划，提升财政反腐倡廉建设的科学化、制度化、规范化水平。深入开展规范权力运行工作，加强廉政风险防控，开展巡视工作，确保财政资金运行的规范性、安全性、有效性。推动财政干部严格遵守党的政治纪律、组织纪律、经济工作纪律和群众工作纪律。积极引导广大财政干部职工发扬爱岗敬业、求真务实的工作作风，弘扬艰苦奋斗、廉洁自律的优良传统。

五是带动群众组织建设，充分发挥其助手作用。要加强财政文化建设，开展财政部门和谐机关创建活动，努力以财政文化提升财政形象，以财政形象展现财政文化。充分依托工会、妇委会、共青团等群众组织开展丰富多彩的文体活动，努力丰富干部职工文化生活。要加强自身组织建设，充分发挥桥梁、纽带作用，在活跃机关文化、促进干部职工身心健康方面做出积极努力。

新的历史时期，新的目标任务，对财政工作提出了新的更高要求。让我们紧密团结在以胡锦涛同志为总书记的党中央周围，高举中国特色社会主义伟大旗帜，以邓小平理论和"三个代表"重要思想为指导，深入贯彻落实科学发展观，开拓进取，扎实工作，不断推进财政发展改革，为全面建设小康社会、开创中国特色社会主义事业新局面作出新的更大贡献！

大力发展服务贸易　推动世界经济新增长

——在第三届中国服务贸易大会上的演讲

商务部部长　陈德铭

（2011 年 6 月 1 日，北京）

尊敬的各位来宾，女士们，先生们，朋友们：

上午好！

今天，第三届中国服务贸易大会在这里隆重开幕。我代表中国商务部，对大会的召开表示热烈的祝贺！对各位嘉宾的到来表示诚挚的欢迎！

2009 年 11 月，我们在北京召开第二届中国服务贸易大会，我和在座的许多朋友一起，就服务贸易在引领世界经济复苏中的重要作用，进行了深入探讨，达成了共识。今天，我们欣喜地看到，服务贸易在推动全球经济复苏进程中发挥的积极作用正在显现。本届大会以"服务贸易：推动世界经济新增长"为主题，对凝聚共识，把握机遇，深化合作，促进发展，具有重要意义。在此，我愿与大家就服务贸易进行进一步沟通和交流。

当今世界，服务贸易已经成为推动全球经济强劲、平衡、可持续增长的重要动力。

世界经济已经步入服务经济时代。当前，服务业占世界经济总量的比重约为 70%，主要发达经济体的服务业比重接近 80%；服务领域跨国投资占全球跨国投资的比重已接近三分之二，服务贸易占世界贸易的比重约为五分之一。

国际金融危机的冲击使世界经济格局深度调整和变革，但经济全球化和贸易投资自由化的趋势没有改变，以服务经济为主的全球产业结构没有改变，以服务贸易快速发展为重要特征的世界贸易发展前景没有改变。后金融危机时期，全球产业发展进入转型升级新阶段，产业跨国转移出现新特点。随着以服务业跨国转移和要素重组为特征的新一轮国际产业转移不断加速，服务贸易成为推动全球经济新增长的重要动力，大力发展服务贸易也已成为世界各国全面深度参与经济全球化的重要途径。

当前和今后一段时期，广大发展中国家大力发展服务贸易，有利于创造新的经济增长点，从全球技术研发和知识转移中获益，促进经济贸易强劲增长；有利于提高经济的灵活性，有效应对外部冲击，促进经济贸易平衡发展；有利于推动资源节约，缓解经济发展与资源、环境的矛盾，促进经济贸易可持续发展。

当今中国，服务贸易在促进经济长期平稳较快发展和社会和谐稳定中的积极作用日益显现。

大力发展服务贸易是中国实现科学发展的内在要求，也是顺应人民过上美好生活新期待的必然选择。当前，中国的工业化、信息化、城镇化、市场化、国际化正在加速发展，扩大内需特别是消费需求战略全面实施，对服务业以及服务贸易发展提出了新的更高要求。大力发展服务贸易是中国开放型经济发展新阶段的重要内容，也是中国进一步深入参与国际经济合作的新领域。

改革开放 30 多年来，中国经济社会发展取得了举世瞩目的成就。2010 年，中国国内生产总值达到 5.88 万亿美元，跃居世界第二位，货物进出口总额位居世界第二位；服务进出口总额达到 3624 亿美元，同比增长 26.4%，高于世界服务进出口平均增幅 18 个百分点。中国已成为全球服务贸易重要国家之一。中国综合国力的提升和对外开放水平的提高，为中国服务贸易快速发展提供了良好的基础和条件。2010 年，中国人均国内生产总值超过 4000 美元，服务业将进入加速发展时期。中国的"十二五"规划纲要提出，"十二五"时期，中国服务业增加值占国内生产总值的比重将提高四个百分点。服务业将成为提供就业机会的主要行业、推动经济结构战略调整的主导行业、拉动经济增长的重要支柱行业，服务贸易将迎来新的发展时期。"十二五"时期，中国将实施更加主动的开放战略，把服务贸易作为参与国际经济合作的新平台。

——在总体发展方向上，中国将坚持服务贸易均衡协调发展。一方面，逐步提高服务贸易在对外贸易中的比重，实现货物贸易和服务贸易的良性互动。另一方面，坚持服务进口与服务出口的均衡发展。过去 10 年，中国国内消费每年以 15% 的速度增长，今后还会继续保持这样的增速，进口也将随之显著增长，特别是服务进口将是重要内容。中国消费者在教育培训、养老服务、医疗保健等生活服务方面的需求潜力还很大。中国需要进口大量的先进技术和高端服务，加速经济结构的调整。按照中国服务进出口基本保持平衡的发展趋势，今后 5 年，中国从国外进口服务累计将超过 1.25 万亿美元。

——在重点领域培育上，今后一段时期，中国将加快发展与新一代信息技术、生物、高端装备制造、新能源、新材料、新能源汽车等战略性新兴产业相配套的服务贸易。紧密依托物流运输、金融保险、研发设计、信息咨询、专业服务等生产性服务业的发展，积极开拓服务贸易新领域。"十二五"时期，中国将着力培育以下重点领域的新兴服务贸易。信息技术服务领域，要培育 20 家具有国际竞争力的大型信息技术服务企业，培养 10 万名具有国际接包能力的复合型高级工程师。推动中国成为全球信息技术服务承接中心。技术贸易领域，专有技术和专利技术许可占技术引进总额的比重超过 60%。引导企业加大技术引进消化吸收再创新投入，推动技术出口快速增长，提高技术出口在技术贸易中的比例。银行和其他金融服务领域，稳妥推进全方位、多元化的海外业务和海外分支机构建设，逐步提高中资银行海外分支机构的数量和规模；提升银行和其他金融服务的整体竞争力，为中国企业的跨国发展提供支持。环境及节能服务领域，建立并完善环境及节能服务贸易管理制度及政策体系，逐步建立一个开放、公平的环境及节能服务市场；环境及节能服务贸易规模显著扩大。分销服务领域，大力推进现代流通方式发展，增强流通主体竞争能力，促进内外贸协调发展，参与和建立国际分销网络，进一步增强分销服务在拓展市场、带动货物贸易发展等方面的作用。

——在重点发展举措上，中国将进一步提高服务业对外开放水平。继续扩大金融、物流等服务业对外开放，稳步开放教育、医疗、体育等领域，引进优质资源，提高服务业国际化水平。在地域布局上，中国将深化沿海开放，吸引国际服务业要素向珠三角、长三角、环渤海地区和服务业为主的特大型城市集聚。中国将加快推动服务业提高国际化水平。鼓励有条件的服务企业灵活运用跨国并购、绿地投资等多种方式，追随制造业企业"走出去"开展海外投资活动。重点支持对外承包工程、建筑、运输、分销等服务企业在发展中国家进行直接投资和本地化经营。积极争取在运输、分销、金融、教育、文化、广播影视和旅游等领域的对外投资方面取得明显突破。

站在新的历史起点上，全球服务贸易将在机遇和挑战中进入发展的新阶段。大力发展服务贸易，推动世界经济新增长，需要我们凝聚共识，携手共进。借此机会，我愿提出以下三点建议。

第一，维护自由贸易体系，创造良好发展环境。在经济全球化背景下，一个公正、自由、开放的全球服务贸易环境，符合国际社会成员的根本利益。在经济低迷时期，世界贸易组织仍然秉持自由贸易的理念并发挥了积极作用，服务贸易得以持续发展，为全球经济复苏提供了有力保障。但是，相对危机爆发之初，当前服务贸易壁垒增加的风险依然存在。有的国家或地区已经在对外国开放服务市场设置过高门槛或障碍，有的正在限制或减少服务外包。历史和实践反复证明，保护主义没有出路，我们一贯秉持的开放的自由贸易立场不能动摇。

第二，秉承互利共赢理念，努力实现共同发展。当今世界，各国相互联系、相互依存、利益交融达到前所未有的程度。携手合作、同舟共济符合各国共同利益。在国际经济交往中，秉承互利共赢基本理念，才能与贸易伙伴们在交流与合作中增进了解、缩小差距、消除分歧、达成共识、实现共赢。中国在加入世界贸易组织谈判过程中，谈得最多的就是服务领域的对外开放，承诺最多的就是服务贸易减让表。中国已经完全兑现"入世"承诺，还在多个服务部门实行了自主开放，部分服务领域的开放程度超过"入世"承诺，部分领域甚至超过了发达经济体的开放水平。中国加入世界贸易组织的十年，是中国和世界分享繁荣和实现共赢发展的十年。中国不折不扣地履行"入世"承诺，在为贸易伙伴们创造了巨大商机的同时，自己也实现了服务业和服务贸易的持续快速发展。

第三，坚持协调合作原则，不断拓展发展空间。加强协调、深化合作是各国服务贸易实现可持续发展的必然选择。面对服务贸易发展的新挑战，应该进一步加强宏观经济政策协调，大力推动新兴服务领域合作，不断拓展发展空间。中国将积极参与全球经济治理机制合作，促进全球经济治理机制公平、公正、均衡发展，为世界服务贸易发展创造更广阔的平台。多哈回合谈判已经进行了十年，中国一直以积极的姿态参加多哈回合谈判。最近，多哈回合谈判"希望之窗"离我们渐远，有些国家由于本国政治的原因，一时还难以接受多哈回合全部的条件。但是，昨天和今天，各国正在日内瓦进行早期收获的讨论。这场讨论对我们服务贸易的开放有着十分重要的意义，所以，中国支持在世贸组织的领导下，进一步推动多哈回合谈判，我们也衷心地预祝多哈回合谈判取得圆满成功！

女士们，先生们，朋友们！

在世界经济经历艰难复杂的复苏的过程中，出现了很多不稳定的因素，欧洲主权债务危机、日本大地震、中东地区政局动荡给未来世界的发展带来很多的不确定性。但是，我们也看到，服务贸易曾经是引领世界经济复苏新的动力，在世界新的一轮复苏中，它将发挥更大的作用。在世界经济即将迎来服务贸易高潮的过程中，我们很高兴能在这里共同讨论和参与这一历史进程。我希望今天所有的演讲嘉宾，所有参会的朋友们、同志们，能够为全球服务贸易进一步发展做出我们应有的贡献。

我预祝大会取得圆满的成功！

谢谢大家！

"十二五"时期的中国金融改革与经济发展

——银监会主席刘明康在上海陆家嘴论坛上的演讲

（2011年5月20日）

尊敬的俞书记，各位嘉宾、女士们，先生们：

早上好！

今年是"十二五"规划开局之年，站在30余年改革发展辉煌成就的新起点上，我感到我们面临着调结构、促转型、谋科学发展等艰巨任务，其困难程度、复杂程度其实并不亚于之前的30年。中国不仅需要有一个强健的金融体系，而且需要在经济社会管理各方面搞好顶层设计和加大执行力。下面，简单谈几点认识供大家参考。

一、我国银行业改革发展取得深刻变化

近年来，在中央的强力推动下，金融改革开放步入深水区。经过八年多的审慎引导，我国银行业经受住了百年不遇的国际金融危机的冲击和考验，从内在机制到外在形象都发生了很大的变化，特别是运营机制和管理效率方面出现的可喜转变尤为难得。

一是经营效率大幅提升。截至2010年底，银行业金融机构贷款比2003年增加了3倍，但资产利润率增加了10倍，达到了国际良好银行水平。这些利润来源之一，是对成本的有效管控。一个典型的例子是，全球市值最大的银行——工商银行成本收入比从2000年超过60%的水平下降到2010年的30%左右。

二是风险防控能力显著增强。主要商业银行不良贷款余额和比例分别从2002年末的2.28万亿元和23.61%（四级分类口径），下降到2010年末的3646亿元和1.15%（更为严格的五级分类口径）。商业银行整体加权平均资本充足率从2003年末的-2.98%上升至2010年末的12.2%，所有商业银行的资本充足率水平全部超过8%的监管要求。更为重要的是，商业银行已经有了资本约束意识和持续补充资本的内在动力。所有商业银行拨备覆盖率已从2002年末的6.7%提高到2010年末的218.25%，贷款拨备率达到2.41%，并且提足拨备抵御风险已经开始成为银行股东、董事、高管的普遍共识。

三是收入来源日趋多元化。2010年，上市银行手续费及佣金净收入较上年增长超过30%，增幅比去年提高7个百分点以上，建设银行等的手续费及佣金净收入占营业收入的比重已经从2002年的4%上升到20%，银行业主要依靠利差的盈利模式正在悄然转变。令人欣喜的是，手续费及佣金净收入的增长，主要来源于新业务领域的良好拓展。截至2010年末，商业银行信用卡有效发卡量超过2亿张，相当于全国每6个人中就有一个人拥有一张信用卡，而且卡均透支额度比上年增长近40%；理财产品发行额度大幅增长，仅工商银行2010年对公和个人理财产品销售额就达到4.5万亿元。

在看到成绩的同时，我们必须客观看待我国银行业存在的问题。邓小平同志1993年曾指出，发展起来以后的问题不比不发展时少。事实已经证明了他的正确。

二、从战略高度推动银行业转变发展方式

胡锦涛同志强调，加快转变发展方式，是适应全球需求结构重大变化、顺应我国经济社会发展新的阶段性特征的必然要求。我国银行业必须保持清醒的头脑，以更加宽广的视野、更加前瞻的思维，抓紧从战略入手，推动加快发展方式转变。

第一，必须持续推进业务创新。2010年国内非金融部门在股市和债市上的直接融资已经占到融资总量的1/4，融资结构多元化发展大势所趋。当然，其中的问题也不少。在银行传统业务模式发展潜力逐步下降的情况下，银行必须从现在起就着手做好三门功课：一要更加注重对小企业和微小企业的金融服务。随着直接融资市场的快速发展，大型优质企业融资将与信贷资金渐行渐远。商业银行必须严格坚守授信集中度底线，从“傍大款”、“垒大户”的传统发展模式中走出来。近年来，商业银行已经开始了这方面的探索，并取得初步成效，不少做得较好的银行2010年零售贷款已占到30%－40%。这些银行的实践充分表明，支持小企业可以给银行带来风险分散和边际效益的增加，特别是灵活的风险定价往往使服务小企业能力较强的银行在竞争中更胜一筹。二要更加注重个人金融服务。适应个性化需求的个人金融服务，是新的利润增长点。值得期许的服务领域包括因应老龄化趋势，提供简单方便、值得信赖、长期具有正的风险调整收益率的金融理财产品；也包括因应国内中产阶层壮大趋势，增加全球资产管理组合多元化产品；更包括因应拉动消费的需要，在丰富金融产品以支持物质产品生产与消费的同时，创新金融产品以支持文化、旅游等精神产品的生产与消费。三要更加注重把握直接融资市场大发展中的战略机遇。充分利用银行遍布全国的物理网点和便捷的电子网络，全面发挥专业人才相对丰富等优势，努力做好境内外结算、清算和托管等领域的配套服务，并成为相关金融产品的优质代销人和管理人。

第二，必须加强尽职调查能力，善于精选客户。总体上看，我国经济增长机会和挑战并存。客户的操守和公司治理有的在进步，有的在退步。尤其是在应对通胀和对全社会规模有所控制的今天，这就要求银行业讲求认真作风，学习和借鉴现代化的客户精选方法，做好尽职调查，有所为、有所不为。这种精选战略是发展之必须，也是具体问题具体分析这个马克思主义活的灵魂的重要体现。

第三，必须持续推进提升有理有据、公平合理的产品定价能力。银行业金融机构一定要能够把自己的成本、费用和风险算清楚，做到“算了再做，而不是做了再算”。一要完善内部资金转移定价制度（FTP）。部分国际先进银行已经能够将所有成本的90%以上通过内部转移定价的方式分摊到每一个产品和每一笔业务。我国商业银行必须抓紧建立内部资金转移定价制度和系统，结合中长期风险成本计算和市场资金供求状况，准确计算上存资金成本率和借出资金收益率，提高银行对贷款和中间业务的科学定价和约束能力。二要抓紧推进全面风险数据收集与管理的基础设施建设。研究完善风险数据跟踪分析与科学评估的系统平台和动态模块，加强对各类风险的科学测算，并通过加成定价方式确保收益能够覆盖成本和与期限等匹配的各种风险。三要赋予客户选择权。通过易于理解和接受的方式，告知消费者可供选择的服务项目和收费标准，给予客户充分的提示和选择空间。四要建立科学的考核办法。从实际出发，本着可持续发展原则，设定各类业务考核内涵和目标，并合理制定相应的激励约束政策措施。从上到下，一以贯之地贯彻科学发展观。

第四，必须持续推进“问题到我为止”的银行文化建设。没有良好文化的支撑，再好的制度也是一纸空文。银行业是服务业，“问题到我为止”是服务业起码的要求。一是在银行业机构内部，要严格遵循安全性、流动性和盈利性的目标次序，在稳健经营的前提下有序地谋发展。银行业的每一位员工，对此都必须自觉捍卫，问题到我为止。二是在对客户服务上，要注重培育“问题到我为止”的责任文化和行为取向。每一位接触客户和市场的员工都是整个银行形象的代表，必须提高单兵作战能力和内部协同意识。其实，我国的现实是缺乏横贯型管理，门第之见和低协调效率形成了内耗，银行业自然也不例外。这种努力不但必须，而且需要不懈地培育，以增强我国软实力的竞争能力。

三、加强顶层设计，营造金融支持经济发展良好的监管环境

经济兴则金融兴，政策好则百业健。展望未来，我们要重点推进以下四个方面的工作。

一是银行业要与新农村建设和城镇化良性互动。这方面，银行业已经在2010年底实现基础金融服务空白乡镇全覆盖，并连续两年顺利完成了涉农和小企业贷款增速不低于全部贷款平均增速、增量不低于上年的“两个不低于”目标。今年，还将争取在全国再解决500个机构空白乡镇的机构覆盖问题。至关重要的是，所有公共服务均等化建设必须在基层同步推进，即除基础金融服务之外，更要加强安居工程建设、就业与教育、社会保障和医疗保险等诸多领域属于公共服务均等化的统筹改善，并设计好制度和机制，明确近期和中长期目标，一以贯之地执行。

二是银行业发展与国有企业深化改革相互促进。银行业科学发展和认真的管理工作，可以促进我国企业尤其是国有企业改革全面深化，促进宏微观经济社会发展的质的进步。而经济社会的宏微观层面上的实质性进步，又是银行业健康发展的保障。当前一个很重要的工作还在于如何淡化企业属性和大小，按照发展又好又快，好字当头的精神，共同努力，确保通过公平竞争获取包括银行信贷在内的各种资源，促进社会资源的优化配置。

三是切实推动转变发展方式。当前，受国际国内因素等影响，国内发展中不少环节都绷得很紧。从科学意义上讲，我国经济社会发展都更需要关注如何抓好需求侧管理优化，进一步总结经验教训，认真加快产业结构优化升级，而不是在区域之间的转移。发展快而不好，不是我们的方向。有量无质且带来一大堆国际国内隐患与纷争，这是难以为继的，绝不可取。另外，对需求侧提高科技含量的说法也要科学化，关键是我国附加值的比例能否得到突破性上升，我们的效率能否得到大幅提高。否则我们将永远遇到供应上结构性的困扰。而用行政手段来管控和处理个中的矛盾，如价格水平问题，都可收效一时，但绝无久效。

四是银行业发展需要公共政策提供基础性支撑。首先，公共政策要有利于促进经济与金融可持续发展。当前我国经济生活中土地财政和外资依赖仍然突出。由此带来的问题是巨大的。对此，要按照财力与事权相匹配的要求，进一步理顺各级政府间财政分配关系，健全地方财税体系，同时建立地方财政资产负债表，提高资产负债、表内表外的透明度和由此建立直接融资的机制，结束令出法不随，上行下不效和欲效却不能的问题，十分必要。感谢"十二五"规划和中央经济工作会议的伟大成果，为我们推进各项工作提出了要求。其次，要防范国际投机资本"大进大出"可能造成的负面冲击。一些国家已经采用无息准备金要求（Unremunerated Reserve Requirement），一些国家已经开始征收国外投资所得税或金融交易税，这些方法和手段对我们在全球化生活能更安定一些，都是很好的借鉴。第三，要加快培育诚信和公平有序的竞争环境，推动信用体系建设，强化信用监督和失信惩戒，降低各行各业的道德风险，依法建设高度文明、高度民主的现代化国家十分重要。其实，信用文化是最重要的文化建设内涵之一，需要远见，需要系统性建设。

女士们，先生们，在大家看好亚洲和中国并趋之若鹜的时候，我反而觉得我们应当比任何时候更加清醒和保持冷静。未来5-10年将是我国在国际竞争中的关键时期。作为金融业监管者之一员，我始终感到责任重大。但愿能与在座的各位一道分享决心和忧患，励精图治，革新除弊，以不负众望。

谢谢大家！

坚定信心　扎实工作　科学发展我国银行业

——银监会主席刘明康在CEO组织峰会上的讲话

（2011年10月19日）

女士们、先生们：

大家好！

自2008年国际金融危机爆发以来，至今其深层次影响仍在发酵，世界经济复苏的脆弱性、反复性和不平衡性进一步显现。在应对这次百年一遇的国际金融危机冲击过程中，我国采取了一系列积极主动的措施，不仅实现了经济率先企稳回升，而且持续保持了良好发展态势，目前正继续朝"调结构、转方式、反通胀、保民生、促稳定"的宏观调控预期方向发展。当然，在这一过程中，中国也始终坚持标本兼治、重在治本的原则，主动地针对所有不可持续、不平衡、不协调的问题，挖掘其背后的深层次成因，逐步深入推动改革、采取措施。但有些评级机构和投资分析人士却只从中看到问题，而低估了中国深化改革的决心、行政能力和变化管理的技能经验，想由此唱衰中国经济和中国银行业。今天借此机会，我从两个方面谈些看法：

一、中国银行业改革发展迅速取得深层次历史性突破

自银监会成立以来，我们坚持不断深化改革开放，破解银行业发展难题和挑战。经过多年努力，中国银行业体制机制改革和公司治理都取得了历史性突破，风险内控管理水平和风险抵御能力得到显著提高，转变发展方式已经取得实质性进步，使行业整体面貌和综合竞争实力发生了翻天覆地的变化，在国际金融危机中独树一帜，为可持续的科学发展和应对潜在风险挑战奠定了良好基础。

一是银行业体制机制改革实现历史性突破。主要表现如下：第一，过去我国四大银行都是国有独资银行。今天，主要机构已经全部完成股份制市场化改革。这场改革，使得打造资本充足、内控严密、运营安全、服务和效益良好、具有国际竞争力的现代化股份制商业银行的阶段性目标顺利实现。中小商业银行全部完成历史风险化解处置工作，特色化发展、差异化竞争格局逐步形成，部分中小商业银行已经树立起较好的特色品牌。第二，现代银行公司治理建设已经在"神形兼备"方面迈出了重要步伐，"三会一层"的公司治理组织架构已经较为健全。股东依法行使权力履行义务、董事会积极履行"诚信义务"和"看管责任"的体制机制已经初步建立。战略、经营理念及激励约束机制等日渐科学合理化。透明度建设已经从"两本账"的落后状态向国际先进水平靠齐。第三，横贯型管理的架构机制已具雏形，基本实现业务标准化、模块化和流程化管理。部分银行已经开始积极探索实施项目团队积分考核机制，前、中、后台高效协调、有效制衡的组织架构初步建成。

二是银行业风险管控和抵御能力大幅提升。具体有以下三个方面：第一，风险管理制度迈向完备。有关制度规则除覆盖信用风险、市场风险、操作风险三大传统风险之外，更延伸到流动性风险、声誉风险、国别风险、战略风险、法律风险和IT风险等领域。资本与风险和信贷增长科学挂钩的机制已基本形成。第二，现代风险管理技术实现质的飞跃。整个风险管理已从只重表内转向表内外并重和并表核算管理，从关注单一客户的风险转向关注组合风险、控制行业集中度风险，从简单定性判断风险转向定量与定性判断相结合，从主要依

靠个人经验转向同时注重专业研判与模型测算。第三，"以丰补歉"的风险抵补机制建设成效显著。银行机构纷纷高度重视建立科学可行的长期资本补充规划。

目前，大型银行通过内部积累和外部融资补充资本的比例分别约占60%和40%，并积极建立逆周期资本缓冲机制。充分运用形势较好时期的经营成果尽可能核销不良资产，并根据潜在风险变化情况及早计提和调整计提拨备，为未来行为提供明确的指引信号。随着各项改革的深入推进，商业银行及农村信用机构不良贷款余额和比例从2002年底的近3万亿元和1/3左右，下降到2011年6月末的7000多亿元和1.68%。商业银行平均资本充足率从2003年底的近-3%提升至目前的12%以上。商业银行及农村信用机构平均拨备覆盖率从2002年底的不到7%提高到2011年6月末的165%，风险抵御和损失吸收能力明显增强。此外，操作风险防范长效机制建设也取得显著成效，银行业金融机构案件数量和涉案金额已从2005年的1200多件和50多亿元，下降到近两年平均120件和10亿元左右，降幅分别高达90%和80%左右。2010年银行业金融机构每百万元资产涉案金额5.35元，每千个营业网点案发数0.5件，已达到国际良好水平。正如去年国际货币基金组织和世界银行对华开展"金融部门评估(FSAP)"中压力测试结论所言，"中国银行体系可承担一系列单风险因素带来的冲击"。

三是银行业发展模式深刻变化。重点变化如下：第一，更加注重回归服务实体经济的职能定位。近年来，在监管引领下，银行业始终坚持探索支持实体经济平稳健康发展与有效防控风险之间符合客观规律的平衡点，始终坚持探索满足广大人民群众日益丰富的金融需求与加快自身发展方式转变的良性互动机制，始终坚持探索更好发挥银行业优化社会资源配置、支持经济平稳健康科学发展的路径。对"三农"、小企业、战略性新兴产业等重点领域和薄弱环节的支持力度明显加大，基础金融服务均等化程度显著提高，已经实现全国乡镇基础金融服务的全覆盖。第二，中间业务取得长足发展。商业银行服务由单一的柜面渠道发展为网上银行、手机银行、移动POS等多种渠道，由简单的存贷汇发展为能够开办理财业务、投行业务、托管业务、代理业务、财务顾问、贵金属业务等的金融超市。这使我国银行业主要依靠利差的盈利机制悄然转变。银行业金融机构也更加重视对成本的科学管理和控制，如对资本利润率(ROE)、资产利润率(ROA)，以及风险抵扣后的资本回报率(RAROC)和经济附加值(EVA)这些概念，从最初不甚了了到广泛应用于业务和经营的指导。这为推动银行业金融机构构建向成本要效益、向管理要盈利的长效机制打下了基础。更重要的是，银行中间业务的快速发展，对改变过度依赖利差、单纯地冲规模的传统发展模式，实现战略转型、改革发展正发挥着越来越重要的作用。截至2010年底，银行业在资产总量较2003年底增长3倍、贷款增长2倍的情况下，税后利润增长约27倍；资产利润率超过1%，约为2003年的10倍，达到国际良好银行水平。在2011年已经发布的多家银行半年报中，中间业务收入均实现了大幅增长。

随着改革的持续推进，我国银行业的国际形象和竞争力已经实现重大提升。当前全球市值排名前10大银行中，4家中资银行榜上有名，而且工商银行独占鳌头，即使金融危机加剧时也是如此。2011年，英国《银行家》杂志以一级资本和业绩表现为基础的全球前1000家银行排名中，来自中国的银行从2003年的只有15家上榜增加至101家，成为上榜银行数目第三多的国家。

二、审慎应对潜在重点风险取得明显成效

当前，大家普遍关心地方政府融资平台贷款、房地产贷款、影子银行业务等领域的潜在风险，以及民间融资活跃等问题。对于这些领域，党中央国务院以及银行业监管部门很早就有了前瞻预判，采取了行之有效的措施，总体风险是可控的。

一是中国地方政府性债务风险总体可控。多年来，我国地方政府通过平台等多种方式融资，在推动经济与社会发展方面取得了积极成果。特别是在应对2008年国际金融危机冲击过程中，为刺激经济迅速复苏及公共事业大发展提供了有力的支持。当然，不可否认，由于地方政府融资平台等存在管理不规范不审慎、监督机制缺失等问题，也埋下了一些风险隐患。

其实，银监会从2003年就开始持续关注所谓的银政合作和"打捆贷款"，并及时进行风险提示，风险敞口得到有效遏制。2008年国际金融危机爆发以来，银监会更是将其作为防范系统性和区域性风险的重中之重，主动会同相关部门认真研究制定平台贷款清理规范政策，摸清平台贷款风险情况。从去年至今，银监会按照"降旧控新"的精神，依据"逐包打开、逐笔核对、重新评估、整改保全"的清理原则，认真推进平台贷款补正合同、追加有效抵质押物、增提拨备、提高资本占用成本，以有效降低风险。其中很重要的一点就是，要通过科学机制，让风险早暴露、早发现、早度量和早干预，防患于未然。

在党中央国务院的正确领导下，经过多方共同努力，情况发生了很大变化。从债务规模看，截至2010年末，全国地方政府性债务余额共计10.7万亿元，约相当于2010年GDP的26.9%，加上占GDP17%的中央财政国债余额和约占GDP6%的政策性金融机构发行的金融债券等，我国总体的公共部门债务率在50%左右，仍在60%的预警线以下，远低于发生债务危机的欧美国家。从债务结构看，10.7万亿元的地方政府性债务中确有80%是银行的贷款，经过我们的工作，大凡自身产生的现金流能够覆盖贷款本息的，均转为按正常商业贷款运作；剩下的仍按平台管理，不允许赖账，由平台对应的政府负责，配合债权行对相关债务补正合同和完善抵质押条件。从偿债条件看，我国经济平稳较快发展的总体趋势未变，地方财政收入总体稳定，通过自身经济发展和财力增长，从中长期来看，我国各级政府的偿债能力不断提高。如，近年来全国财政收入继续保持高速增长，2010年全年财政收入同比增长21.3%。同时，我国地方政府支出所形成的大量权属有许多属于有效资产，具有一定的变现能力，这些都有利于改善偿债条件。

当前，国家特别注意加强顶层设计，正在深入推进国家和地方债务管理体制机制改革，按照财力与事权相匹配的要求，进一步理顺各级政府间财政分配关系，健全地方财税体系。探索将地方债务收支纳入预算管理，严格控制地方政府举债和担保承诺行为，动态监控地方政府性债务，提高财政预算完整性和透明度，建立科学合理的"举债—偿债"管理体系。严格科学控制地方政府债务规模，抓紧清理规范融资平台公司，妥善处理债务偿还和保证符合条件的在建项目后续融资，是各部门的共同任务。总之，建立起大众看得到的清晰完整的政府资产负债表，并由此建立有市场约束的直接融资机制，这才是避免风险的根本办法。

二是中国房地产贷款总体风险可控。我们一直坚持，中国必须保护有限的耕地资源；中国的房地产不能为卖而买。近年来，银监会坚持认真贯彻国务院关于房地产调控的各项政策要求，努力控制房价过快上涨的势头，从抑制投机和投资、增加供给等方面入手，努力降低中国房地产贷款的总体风险水平。第一，对土地储备贷款、房地产开发贷款和个人住房贷款，分别提出了严格的监管要求和信贷标准，严控大型房企集团贷款风险，预先布局高风险房地产企业风险暴露；同时，严格执行首套住房和其他住房差别化的信贷政策，引导民众增进理性。在支持居民"自住性"住房消费的同时，着力抑制非理性的利用杠杆的投资和投机需求。第二，要求各银行业金融机构认真贯彻落实国务院决策部署，本着商业原则和审慎性要求，加大对廉租房、公租房和棚户区改造为主的保障性住房建设支持力度，有力缓解中低端住房压力。第三，督促银行不定期开展房地产贷款压力测试，根据测试结果及时做好应对预案和风控措施。

经过不懈努力，最新的压力测试结果显示，我国银行业房地产风险总体可控。这与以下几方面因素密切相关。第一，我国银行体系房地产信贷资产占比相对较低。截至 2011 年 8 月末，银行业金融机构房地产贷款（包括土地储备贷款、开发贷款和个人住房按揭贷款）余额为 10.4 万亿元，占各项贷款的比重为 19.8%，这与许多欧美银行房地产及相关资产占比动辄占半壁江山的情况有很大不同。第二，我国对银行业房地产金融衍生产品控制有效，证券化产品数量极少，其它创新如集合信托与房地产贷款余额之比仅为 4% 左右，风险特征相对简单。第三，从房地产贷款具体结构看，目前约 98% 的个人按揭贷款"贷款房价比（LTV）"低于 80%，按揭贷款平均"偿债收入比"为 33%，超过 1/2 的按揭贷款和开发贷款都是在 2009 年二季度房价重新高企之前发放的，开发贷款的平均押品比例也达到 189%，即使房地产抵押品重度压力测试下跌 40%，覆盖率仍高于国际通行的 110% 标准。这些都表明我国房地产贷款总体风险可控。另外，到目前为止，包括农村信用机构在内的银行业金融机构房地产贷款的不良率仍低于 2%，不少地区继续呈下降趋势。

三是从严防范影子银行和民间融资相关风险。近两年，在我国社会资金流动性整体偏紧的情况下，资金供给矛盾催生了各类借道理财和所谓"创新"的影子银行活动，同时民间借贷市场也日趋活跃。对此，银监会持续予以了高度关注，并取得了明显成效。第一，坚持直接监管为主、间接监管为辅，从机制和源头上打消影子银行业务监管套利动机，防范风险传递。督促银行业金融机构在业务创新过程中，认真贯彻"成本可算、风险可控、信息充分披露"原则。坚决清理规范银信合作业务，对于商业银行承担风险的，必须及时将银信合作业务表外资产转入表内，并计提相应拨备和资本；信托公司承担风险的，信托公司也必须比照同商业银行相同的要求计提风险资本。坚持对资产证券化、回购以及其他表外业务加强审慎管理。第二，坚持"隔离风险"、"疏堵结合"，综合治理民间借贷。明确要求银行业金融机构与民间借贷之间设立严格的"防火墙"，严防风险向银行业体系转移。加强"三个办法、一个指引"的执行力度，杜绝信贷资金流入民间借贷市场。坚决打击高利贷、非法集资、金融诈骗等行为，严防民间融资成为诈骗、洗钱、炒卖外汇等非法活动的"温床"。同时，探索按照市场规律疏导规范民间借贷，引导其阳光化、规范化发展。第三，坚持大力支持小微企业和"三农"发展，对反击通胀作出直接贡献。银监会始终鼓励银行业金融机构坚持商业可持续和积极履行社会责任并重，大力支持小型、微型企业和民营经济发展，推进创新活力，巩固就业成果。如，及时指导银行业金融机构通过设立专营机构、建设"六项机制"等方式，推动加强小企业金融服务。截至 2011 年 6 月末，小企业贷款余额近 10 万亿元，占全部企业贷款余额的 29%，增速比全部贷款增速高 9 个百分点，已连续三年实现"两个不低于"目标要求（小企业贷款增速不低于全部贷款平均增速，增量不低于上年）。银监会一直将推动农村金融改革发展作为工作重点之一，不断推动农村信用社深化改革，大力推动新型农村金融机构建设，督促指导银行业金融机构按照商业原则持续加大"三农"信贷投入，扎实推动基础金融服务空白乡镇全覆盖等工作，努力改善"三农"金融服务，提高基础金融服务均等化水平。截至 2011 年 6 月末，银行业金融机构涉农贷款余额 13.40 万亿元，占金融机构本外币各项贷款余额24.5%，增速比全部贷款增速高 9.9 个百分点。

回顾过去，在促进银行业持续稳健发展方面，我们有两点深切体会：一是始终坚持引导银行业服务实体经济；二是始终不受国际有毒创新所惑，坚持审慎、风险为本的持续监管。

展望未来，我们将引导中国银行业积极推动第二版、第三版巴塞尔协议同步实施，借鉴国际金融监管之教训与经验，不断完善我国银行业审慎监管制度，同时不断促进信用文化和服务水平的提升，维护我国银行业体系长期稳健和良好信誉，以此来支持国民经济又好又快发展。

用科学的监管理念引领中国银行业健康发展

——银监会主席刘明康在银监会系统 2011 年新入会人员初任培训班上的讲话

（2011 年 8 月 23 日）

同志们：

大家上午好！首先，我代表银监会党委对大家成为我们银监会大家庭的新成员表示热烈的欢迎。祝贺大家在数万候选人当中最后胜出，加入银行业监管这个伟大的事业。我今天来，主要是看看大家，向大家简单介绍银监会的总体情况，回顾近年来银监会引领中国银行业改革发展的历程。其他具体的内容还有很多，在后面几讲中，有关部门负责人还将分别给大家做具体介绍。

一、中国银行业改革发展与监管道路的选择

2003 年 3 月，经十届全国人大一次会议批准，银监会正式成立，负责全国银行业金融机构及其业务活动的监督管理工作。我们认真依法履行监管职责，大力推进监管理论和实

践创新，推动银行业改革开放，引领银行业金融机构科学发展，整个银行业面貌发生了历史性变化。

尤其在当前，一方面是危害深重、尚未消弭的国际金融危机，一方面是中国银行业在危机中独树一帜的表现。让我们一起来看看以下几组数据对比，将会对近年来中国银行业翻天覆地的变化有更加清晰和直观的认识。第一，不仅稳妥化解了长期累积的历史包袱，而且有效防范了系统性和区域性金融风险。所有商业银行和农村信用机构不良贷款余额和比例从 2002 年底的近 3 万亿元和 1/3 左右，下降到 2010 年底约 8000 多亿元和 2% 左右。商业银行平均资本充足率从 2003 年底的近 -3% 提升至目前的 12% 以上；商业银行及农村信用机构平均拨备覆盖率从 2002 年底的不到 7% 提高到目前的近 170%，风险抵御和吸收能力明显增强。第二，不仅经营绩效有了重大飞跃，而且体制机制改革实现了历史性突破。截至 2010 年底，银行业在资产总量较 2003 年底增长 3 倍、贷款增长 2 倍的情况下，税后利润增长约 27 倍；资产利润率超过 1%，约为 2003 年的 10 倍，达到国际良好银行水平。更为重要的是，现代公司治理架构基本建立，良好的治理机制初步形成，风险管理水平正不断提高，主要依靠利差的盈利模式也在悄然转变。第三，整体形象“焕然一新”。根据英国《银行家》杂志按照核心资本排名，我国进入世界 1000 家银行的数量从 2003 年的 15 家增加到 2011 年的 101 家，上榜家数仅次于美国和日本；工商银行、建设银行、中国银行、农业银行均跻身全球银行总市值前 10 位。

回顾中国银行业监管过去几年的实践，我们主要坚持做到以下几个方面：

第一，始终坚持将国际最佳实践运用于中国的实际。国际主流监管理念认为，金融监管的根本目的是要不断强化市场纪律的约束、加强金融机构公司治理和内部控制建设，提高风险管理水平。银监会成立伊始，根据我国银行业发展的实际情况，将这种理念准确吸收到我们的监管准则之中，提出了“管法人、管风险、管内控、提高透明度”的重要监管理念，其目的是为了达到四项目标，即：保护广大存款人和消费者的利益；增进市场信心；通过宣传教育工作和相关信息的披露，增进公众对现代银行业金融产品、服务的了解和相应风险的识别；努力减少银行业金融犯罪，维护金融稳定。我们确立和坚持的四项理念和四个监管目标以及六条良好监管标准，已成为中国银行业监管的基本原则和行动指南，对于推动中国形成符合现代银行业体系要求的审慎风险监管框架具有纲举目张的重要作用。近年来实践证明，该监管理念推动中国形成了符合现代银行业体系要求的审慎风险监管框架。这对于提高我国金融监管针对性、有效性，增强金融业稳定性都具有继往开来的重要意义。

第二，完善监管规制和不断探索科学监管原则并举，努力完善审慎监管框架。银行业监管规则体系主要由法律、行政法规、部门规章、规范性文件四个层次构成。法律、行政法规是基础和主干，部门规章和规范性文件构成了实际监管工作中的依据和准绳。银监会从成立至今，逐步建立、健全监管法规制度，并积极借鉴国际监管改革成果，与时俱进地补充完善我国银行业监管标准，进一步为促进我国银行业安全稳健运行奠定更加坚实的制度基础。银监会先后发布实施了 600 多份监管规章、规范性文件，并根据监管实际，通过两年一次“回头看”定期开展法规制度后评估工作，科学清理、废止了 84 份，极大地充实和完善了监管规则体系，初步形成了涵盖信用风险、市场风险、操作风险、流动性风险等主要风险的审慎监管规则体系。同时，我们也在监管实践中摸索和归纳了一些科学和客观的监管原则。比如，对于各类信用风险，我们确立了“准确分类——充足拨备——充分核销——做实利润——资本充足率达标”的持续监管思路；针对金融创新的各种风险，我们提出了“风险可控，成本可算和信息充分披露”，以及“管产品、管业务、管机构和管行为”的监管原则等等。这些重要原则的确立，使得监管行为有了规范，银行业金融机构的管理和经营行为有了基本的准则。

第三，重视宏观审慎监管与微观审慎监管有机结合。金融危机爆发以来，国际上公认的一个重要教训就是银行业监管机构往往在强化资本充足率要求的同时，忽略了宏观审慎监管能力和框架的建设。对此，银监会历来高度重视，在过去几年的实践中，始终坚持充分履行防范单体机构金融风险和系统性金融风险的双重职责，加快对宏观审慎监管方法的研究和实施。一是持续加强对系统重要性银行的监管。银监会要求大型银行计提 1% 的附加资本，风险管理和公司治理要求也更为严格。进一步完善并表监管制度，积极开展系统重要性银行并表管理的现场检查和非现场监管工作，探索构建系统重要性银行的监管政策框架。二是不断增强对系统性风险的分析监测和预警防范能力。围绕复杂的经济金融形势，向广大银行业金融机构按季度集中系统地通报国际国内宏观经济金融形势、提示产业重大调整和相关风险状况。定期开展银行业风险同质同类分析和监管评级，注重防范和有效隔离风险跨境、跨业和跨市场传递，指导银行业作好压力测试工作，特别是对一些过热行业和高风险领域的信贷风险和市场风险的压力测试。加快风险监测预警系统的建设、定期出台银行业预警分析报告。这些实践，对于构建中国银行业的宏观审慎监管体系，防范系统性风险具有重要意义。

第四，始终注重逆周期监管能力的建设。逆周期监管主要包括以下一些措施：一是针对一些审慎监管指标，我们始终强调逆周期动态差异化调整。在提高资本水平的同时，要求注重提高资本构成的质量。结合宏观形势和银行业风险状况，要求商业银行在最低资本充足率的基础上，计提留存和逆周期资本缓冲。根据经济发展不同阶段、银行业金融机构贷款质量差异和盈利状况的不同，对贷款损失准备进行动态化和差异化调整，以达到“以丰补歉”的目的。对于公允价值在信用风险防范中的使用，也始终强调要科学考量由于市场短期波动或极端情况下可能带来的各种影响。二是针对一些投机活跃的领域可能给商业银行稳健运行带来的风险，我们始终注意从源头控制信贷的杠杆率和集中度。比如，在房地产市场持续快速上涨时期，及时出台了一系列简单、透明、有效的审慎举措。如 2007 年至 2009 年我们三度调整住房按揭首付比例；2010 年 4 月在提高二套房首付比例的同时暂停了三套房贷，并针对土地开发贷款，开发商贷款和住房抵押贷款规定了“三、四、三”的指导意见，有效防范风险的聚集和扩散；始终坚持银行业体系与波动性较强的资本市场有效进行风险隔离；加强资产证券化业务监管，引导银行业金融机构有前提地审慎开展资产证券化，防止包括房地产在内的各类次级贷款风险通过证券化被放大，并从机制和源头上打消各类“影子银行”业务监管套利动机并防范风险传递。三是针对商业银行经营管理的短期行为的亲周期性，我们始终重视高管薪酬制度的科学性和合理性。四是针对理财产品开发和销售过程中的行为特点，提出“买者自负”和“卖者有责”的风险提示，坚持要求各家商业银行必须在售前、售中和售后实现持续披露风险信息，在发售理财产品时，要求投资者在产品风险提示单上双签或多签，避免误导性销售，防范理财业务风险等等。今年以来，我们继续实践逆周期的监管理念，针对全球金融危机对实体经济影响的不断蔓延，督促银行业金融机构加大拨备计提力度，增强风险抵御能力，要求银行业金融机构正确处理好业务发展和风险防范的关系，坚守风险管理底线，扎实做好“贷前调查、贷时审查、贷后检查”等“三查”工作，严密防范票据风险，加强对贷款风险集中度的管理等等。

第五，同时强化事前监管与持续监管，禁止银政、银农（农村信用社）、银信（信托）、银担之间的不当合作，提高风险监管有效性。在加强持续监管的同时，坚持采用并不断改进事前结构化限制性监管措施，降低不同金融市场、行业、地域的风险传染性。一是坚持关注银行体系与非银行体系间的控股和防火墙建设，严防风险传递。严格管控银行跨业乱办各类非银行金融机构，已收购的每3，5，7年要分别做一次同行评比、综合评级，达不到高于行业平均业绩的将勒令退出，禁止信贷资金进入股市，禁止银行为企业债券提供担保，同时要求银行严密监测作为抵押品和理财产品的股权价格的变动情况。二是加强信贷的前瞻性管理，针对贷前尽职调查和贷时审查以及贷后检查的顽症，我们推出了“三个办法、一个指引”，并对“三查”作了明确要求；三是建立银行国别风险管理制度，推动银行业金融机构将国别风险纳入全面风险管理体系，提高防范风险跨境传染的能力；四是高度重视通过金融服务助推实体经济结构优化调整和加快发展方式转变，要求银行业认真贯彻国家宏观调控政策，坚持按照“有保有压”的要求，合理调整信贷投向，确保三农、小企业信贷增速不低于同期各项贷款平均增速，严格控制“两高一剩”行业贷款，执行好差别化的房贷政策，严控资产价格泡沫，从资金源头上前瞻防控风险，有效促进实体经济又好又快发展。

第六，坚持审慎有效的监管指标，在平衡监管标准统一性和监管实践灵活性的基础上，科学合理推进新监管标准实施。本轮国际金融危机表明，发达国家监管当局对金融市场整体风险程度和复杂结构化产品风险的判断出现较大失误，过于乐观地放弃了一些基本的审慎风险监管指标及要求，成为危机爆发和迅速蔓延的重要原因。这既警示我们要引以为戒，也佐证了我们始终坚持审慎有效的传统监管指标及要求是非常正确的。银监会自成立以来，在坚持科学运用实践证明行之有效的存贷比、贷款集中度、不良资产率、拨备覆盖率等一系列“简单、实用、有效”的监管指标的同时，面对金融市场的不断深化，及时更新了资本、拨备、流动性和杠杆率等审慎监管工具和对系统重要性银行的监管指标，在宏观审慎与微观审慎监管有机结合的基础上，形成了一套符合我国银行业实际的审慎监管“工具箱”。从战略高度制定提高我国银行业监管有效性的中长期规划，推进巴塞尔协议Ⅱ与巴塞尔协议Ⅲ新监管标准同步实施，并根据各类银行业金融机构的不同实际，在统一设定了适用于各类银行业金融机构的最低监管标准的同时，适当提高了系统重要性银行监管标准，对不同机构设置了差异化的过渡期安排，以确保各类银行业金融机构向新监管标准平稳过渡。

二、几点希望和要求

做好银行业监管工作，关键在人。希望大家开好局、起好步，尽快找准位置、明确方向、做出贡献、体现价值，借这个机会，我给大家提几点希望和要求：

首先，坚持精英治会。我们的精英就是德才兼备的合格监管人才，银监会要由最能干和最廉洁的人来管理。《银行业监督管理法》赋予了对银行业监管的神圣职责，银监会的这一性质，决定了我们的工作人员必须具备很高的素质。素质决不是抽象的，它要回答和解决的是“为谁监管”和“有效监管”这两个根本问题。

其次，不迷信市场。事实早就告诉我们和正在不断告诉我们，纯自由市场经济是不可持续的。银行业是服务业，与教育、医疗，餐饮业和基础设施建设、人民住房以及公安、国防等方面是同一属性，不能仰赖放任自流和允许逐利忘义。我们神圣的职责就是依法监管，严字当头，执法公正到位，把“看得见的手”用好用科学。

第三，要具备良好的团队意识。任何一项事业的成功都离不开团队作用的发挥。银监会是技术专业性很强的单位，它始终强调单兵作战能力的提高，但也强调集约式工作。要做到这两点，一要学习，二要虚心。只有虚心学习、虚心求教，才能使自己早日融入新的团队，才能在团队中合作共事，才能在团队中共谋发展，同时也才能使自己在团队中不断进步。在工作中，大家要注意维护集体的形象，既要主动发挥自己的独立性、自主性和创造性，也要学会尊重和包容其他的同事。应聘到领导岗位上的同志，更要善于整合内部资源，协调大家力量，同时要注意加强与其他部门和地方局的同志合作和沟通。

第四，要养成好的作风。银监会历来强调作风建设。正直、干练，“问题到我为止”、清廉是我们的品德和行为准则。希望同志们始终注意培养扎实果敢的工作作风，深入实际，加强调研，多听意见，改进工作，真心诚意给银行业监管事业出主意、想办法，对面临的各种紧迫问题，做到“问题到我为止”。看准了的事，组织上分配的事，要一抓到底，狠抓落实，决不回避矛盾、知难而退。在座的各位都是青年人，要力戒虚浮，少说空话，多干实事。希望大家务必始终严格遵守党和国家有关廉洁自律的各项规定；务必始终严格遵守银行业监管工作人员十条行为守则；务必始终严格遵守银监会的“约法三章”；务必始终严格遵守银监会系统监管人员现场检查的“八不准”等纪律规定。所有这些行为准则，监察局的领导同志还会给大家具体讲，在这里我就不多讲了。人要活得有价值，有积极向上的生活情操，自重、自省、自警、自励是幸福和进步的保证；在工作中坚持原则，严守规则，敢抓敢管，久而久之，你也享有了崇高的监管权威。

今天，会机关各部门和各银监局的主要负责同志都在主会场和分会场参加会议。面对这一批又一批新生力量，我们都必须认真思考这样一个问题，就是如何有效地加快培养人才，以保证我监管事业的持续健康发展。培训，这只是个开始，关键在于今后不断的培养和锻炼。我们要按照中央的要求，多辅导、压担子、给机会，为包括新入会同志在内的广大干部职工的成长和发展创造良好条件。

同志们，中国银行业监管事业任重而道远。我希望大家要做到“三不悔”：一不悔平凡的一生，但悔未尝堂堂正正做人；二不悔一事无成，但悔未尝努力勤奋；三不悔清贫一生，但悔未尝体恤帮人。希望大家努力学习，勤奋工作，廉洁从业，团结起来为推动中国银行业改革发展和构建社会主义和谐社会做出贡献！

谢谢大家！

加快转变发展方式　保险业十二五规划蓝图

中国保监会主席　吴定富

（2011 年 7 月 15 日）

中国保监会主席吴定富在 7 月 15 日召开的保险业“十二五”规划工作会议上指出，“十二五”时期是我国全面建设小康社会的关键时期，同时也是深化改革开放、加快转变经济发展方式的攻坚时期。抓住这个时期的难得战略机遇，全面提升保险业科学发展水平，深入推进行业发展方式转变，对于保险业自身发展壮大和更好地服务经济社会全局，具有十分重要的意义。

吴定富指出，要抓住和用好重大战略机遇期。当前和今后一个时期，保险业仍处于可以大有作为的重要战略机遇期。从外部环境看，我国经济社会将继续保持蓬勃健康的发展势头，经济总量的增长会带动现有保险产品和服务的市场容量自发扩大，保险覆盖面的拓宽和渗透度的提高，会进一步拓展保险市场的深度和广度，全社会对保险的需求将更加旺盛。同时，也要深刻认识到，外部经济环境更加复杂，金融市场竞争更加激烈，传统发展模式的问题更加突出，风险防范任务更加繁重，保险业面临一些新的挑战。

吴定富指出，要始终突出“十二五”时期保险工作的主题和主线。保险业“十二五”规划要以科学发展为主题、以加快转变行业发展方式为主线。突出主题，推动行业科学发展取得新的显著进步，一是要坚持发展是硬道理的战略思想。当前我国保险业处在发展初级阶段的格局没有改变，行业发展水平与经济社会发展、人民生活需求不相适应的主要矛盾没有改变，发展仍然是解决所有问题的关键。二是要坚持以人为本。要坚持把服务经济社会发展、保障民生和维护保险消费者利益作为保险工作的出发点和落脚点。以经济社会发展和人民生活日益增长的保险需求为基础，积极拓宽保险服务领域。紧密围绕国家改善民生目标，积极探索服务民生的新途径和新形式。维护保险消费者利益，把消费者对保险的认可度、满意度作为衡量服务水平和质量的重要标准。三是要坚持全面协调可持续发展。要坚持区域保险市场协调发展，重点解决农村保险市场、中西部保险市场发展相对落后的问题；坚持保险业务协调发展，重点解决产品结构、渠道结构失衡问题；坚持保险机构协调发展，重点解决中小保险公司发展滞后问题。突出主线，推动行业转变发展方式取得实质性进展，必须按照“四个坚持”的要求，即坚持把服务经济社会发展、保障民生和维护保险消费者利益作为加快转变保险业发展方式的出发点和落脚点；坚持把推进结构优化升级作为加快转变保险业发展方式的重要着力点；坚持把深化改革开放和推进保险创新作为加快转变保险业发展方式的强大动力；坚持把防范化解风险、加强改善监管作为加快转变保险业发展方式的根本保障。这“四个坚持”，指明了加快转变保险业发展方式的努力方向和工作重点。

吴定富指出，要准确把握“十二五”时期保险业发展的目标任务。初步建成一个市场体系完善、服务领域广泛、经营诚信规范、风险防范有效、综合竞争力较强，发展速度、质量和效益相统一，与国民经济社会发展水平和人民群众生产生活需求相适应的现代保险业。实现这一目标，重点是要提升“四个能力”。一是加快推进市场化改革，大力提升保险行业综合竞争能力。未来一个时期，保险业要以市场化改革和转型升级为动力，逐步实现从传统保险业向现代保险业的转变。加强市场建设，着力构建统一开放竞争有序的现代保险市场体系。通过优化市场结构和布局，积极推进保险市场对内对外开放，推动城乡保险市场、区域保险市场统筹发展，扩大市场深度和广度。通过健全价格形成机制，探索推进产品费率市场化改革，稳步推进保险营销体制改革，推进要素价格市场化。通过加大保险市场秩序整顿规范力度，营造良好市场运行氛围，促进市场公开公平竞争。加强企业建设，着力打造资本充足、内控严密、运营安全、服务和效益良好的现代保险企业。要按照现代企业制度要求，提升大型保险集团发展实力和国际影响力，促进中小型保险公司稳健发展，确立专业性保险机构差异化竞争优势，初步形成多层次保险市场主体分工合理、相互促进、共同发展的格局。继续深化国有保险公司改革，继续推动具备条件的公司进行股份制改革和上市，推动国有保险集团公司内部管理机制改革。进一步完善保险公司治理机制，完善公司股东会和董事会制度，强化独立董事和监事会的监督职能，建立与公司发展战略和经营规划相适应的资本管理机制。加强保险公司内控建设，加快构建分工明确、路线清晰、相互协作、高效执行的内部控制组织体系，完善全面覆盖公司业务领域和经营环节的内控制度机制，强化内控执行力。继续深化资产管理体制改革，进一步完善公司治理，优化组织结构，改革投资模式，提升管理服务水平，增强竞争能力和发展能力。加强监管建设，着力完善科学合理、专业高效的现代保险监管体系。要适应我国保险市场发展实际，进一步完善既符合我国实际又与国际标准趋同的现代保险监管体系。要推进监管的专业化，继续丰富和完善偿付能力、公司治理和市场行为“三支柱”监管框架。要推进监管的规范化，以制度建设为重点，建立健全覆盖面宽、操作性强的保险监管法规和制度。要推进监管的国际化，积极参与全球统一保险监管规则制定。着力健全资产管理业务流程，加强主要风险和风险要素的管控，完善具有偿付能力、投资能力、投资比例和托管机制约束的风险控制机制。二是充分发挥保险功能作用，大力提升保险行业服务能力。扩大保险覆盖面，不断提高保险业对经济社会发展的渗透度和贡献度。大力发展商业养老和健康保险、农业保险、出口信用保险、科技保险等业务，支持保险资金在风险可控条件下投资国家基础产业、重点工程建设和新兴产业建设，为国家经济结构战略性调整服务。创新保险业务模式，探索保险业参与社会风险管理的有效途径。深入推进保险产品、服务和营销模式创新，为越来越多的个人、家庭、企业和社会组织提供良好的风险管理服务。要结合社会管理创新的需要，积极发展相关领域的责任保险，辅助政府创新公共服务方式。优化资产负债管理，充分发挥保险资金在服务和谐社会建设中的作用。结合社会保障体系建设，探索保险业参与养老和医疗体制改革的新途径。加强保险资产战略配置，适时调整保险资金投资政策，稳定和提高投资收益。在风险可控的前提下，稳步推动保险资金投资不动产、未上市股权，不断拓宽保险资金运用的渠道和范围。鼓励保险资产管理产品创新和开拓第三方资产管理业务，满足居民多层次财富管理需求，促进金融市场建设和分散金融市场风险。加强保险诚信建设，切实维护保险消费者利益。积极构建保险诚信监督体系，加强从业人员诚信教育，建立健全失信惩戒机制。建立健全统一的涵盖销售、承保、回访和理赔各个环节的服务标准，推进保险服务的标准化、规范化，不断改善服务质量。同时，大力推进行业信息披露工作，健全理赔信息自主查询机制，增加理赔服务的透明度，建立保险公司理赔服务满意度测评体系，强化理赔信息公开披露，构建被保险人、新闻媒体等多方参与的理赔服务监督机制。三是建立健全风险防范体系，大力提升保险行业抵御风险能力。要充分发挥市场主体、监管机构和行业组织的作用，努力形成合力，构建起全面覆盖、全程管理、全员参与的风险管理体系。发挥保险机构的主体作用，建立完善全面风险管理体系。保险机构要将防范风险放在与发展业务同等重要的位置，牢固树立稳健经营理念，切实提升保险公司风险管理的专业性，提高公司经营管理的稳健性。要积极应用现代风险管理技术，形成完善的风险识别、预警、监测、评估和处置的机制。发挥监管机构的主导作用，建立完善审慎的风险监管体系。下一步，在继续完善五道防线的基础上，重点要加强宏观形势研判和风险识别预警，也要考虑允许一些存在重大经营风险、出现重大风险损失，不适合继续经营的保险机构通过稳妥的方式退出市场，促进市场优化组合。发挥社团组织的补充作用，建立完善风险防范的行业自律体系。要重点发挥行业协会的自律职能，建立覆盖全行业的自律体系，研究推进行业协会专业委员会建设工作。发挥保险学会作用，搭建保险理论研究平台。四是不断夯实发展基础，大力提升保险行业可持续发展能力。着眼于保险业长远发展，突出人才队伍、技术支持和环境建设，不断加强行业基础性工作，筑牢保险业可持续发展的根基。全面实施人才兴业战略，建设高素质的保险人才队伍。把队伍建设作为基础性工作，培养一批具有国际水准、富有改革创新精神的高层次人才和行业领军人才，培养一批能力强、业务精的专家型监管人才。同时，建立健全激励约束机制。深入推进信息化建设，强化信息技术在保险业的管理和应用。要加强信息化治理和制度标准建设，推进保险机构信息化治理体系建设，推动保险标准的修订完善和普及应用。要加快推进行业信息化进程，全面提升保险机构运用信息化手段管控风险的能力。推进保险监管电子政务建设，进一步完善监管信息系统，逐步实施动态监管。要注重强化信息安全工作，加强信息安全基础设施建设，建立完善的信息安全保障体系，提升保险机构信息安全综合防范能力。夯实保险业发展的法律基础和环境基础，营造促进保险业科学发展的良好氛围。不断完善以《保险法》为核心，保险行政法规和规章为主干，规范性文件为补充的多层次保险法律法规体系。加快推进农业保险立法工作，完善责任保险相关法律制度。加强舆论宣传和保险知识普及，为保险业发展营造良好的政策和社会环境。构建保险消费者教育长效机制，继续开展中小学生保险教育，普及全民风险意识和保险知识。

“十一五”时期中国货币政策调控的成就

中国人民银行副行长 胡晓炼

（2010 年 12 月 27 日）

“十一五”期间，我国金融宏观调控面临着极其复杂多变的内外部环境，经受了罕见国际金融危机的严峻挑战。人民银行在党中央、国务院的统一部署下，根据国内外经济金融形势的变化，及时调整货币政策取向，综合运用货币政策工具，灵活把握金融宏观调控的重点、力度和节奏，货币政策预见性、科学性和有效性进一步增强，对保持经济平稳较快增长和物价水平基本稳定发挥了重要作用。

一、货币政策适时适度调整，金融宏观调控的预见性、科学性和有效性进一步增强

“十一五”前半期，针对国际收支双顺差持续扩大及流动性偏多、物价出现持续上涨压力的情况，为防止经济增长由偏快转为过热、价格由结构性上涨演变为明显通货膨胀，货币政策由稳健转向适度从紧，并于 2007 年第四季度起开始实施从紧的货币政策。2006 年至 2008 年上半年，通过灵活开展公开市场操作，先后 18 次上调存款准备金率，对冲了外汇流入投放的大部分流动性，并先后 7 次上调存款基准利率、8 次上调贷款基准利率，对抑制通货膨胀，保持经济平稳增长发挥了重要作用。

2007 年美国次贷危机开始显现，至 2008 年中，危机程度加深，而我国通胀压力依然较大。人民银行及时调整了货币政策的重点和力度。按照既要保持经济平稳较快发展、又要控制物价上涨的要求，调减公开市场操作力度，并将全年新增贷款预期目标适度提高，指导金融机构扩大信贷总量，并与结构优化相结合，向“三农”、中小企业和灾后重建等倾斜。

2008 年 9 月雷曼兄弟破产后，全球性金融危机爆发，主要经济体陷入衰退，金融市场功能几近丧失，全球经济遭受严重冲击。对我国经济尤其是外贸行业的冲击明显加大。面对前所未有的复杂局面，人民银行在党中央国务院的统一部署下开始执行适度宽松的货币政策，收缩公开市场操作力度，创新使用短期招标工具（TAF）等流动性支持工具，先后 4 次下调存款准备金率，5 次下调存贷款基准利率。适度宽松的货币政策得到了有效传导，金融支持经济发展的力度明显加大，有力地支持了一揽子刺激计划的实施，对抵御金融危机冲击发挥了重要作用。我国经济迅速企稳向好，在全球率先实现经济复苏。从GDP季节调整后的环比数据看，2008年四季度我国GDP环比年增长率只有1.8%，2009年一季度则升至8%，二季度达到15%。GDP同比增速逐季提高，2009年一至四季度分别为6.5%、8.1%、9.6%和11.3%，全年GDP增长达到9.1%。适度宽松货币政策的有效实施明显缓解了通缩预期，很快遏制了通缩与衰退相互强化的潜在风险，市场信心显著增强，对帮促进经济尽快复苏起到了重要作用，也对推动全球经济复苏起到了积极作用。

2010年以来，在国际金融危机缓解、全球流动性充裕的大环境下，随着国内经济较快回升，劳动力成本上升、大宗商品价格上涨等，也出现了通胀预期上升、经济金融运行存在风险隐患等问题。货币政策在保持政策连续性和稳定性的同时，根据新形势新情况着力提高了政策的针对性和灵活性。注重运用市场化手段进行动态微调，妥善处理经济平稳较快发展、调整经济结构和管理通胀预期的关系。2010年以来，人民银行综合运用数量型工具和价格型工具，灵活开展公开市场操作，先后6次上调存款准备金率，2次上调存贷款基准利率，实行差别准备金率、差别化的房贷利率等措施，引导货币条件逐步从应对危机状态向常态回归。

二、人民币汇率形成机制改革取得突破，市场供求在汇率形成中的作用进一步增强

自2005年7月21日起，我国开始实行以市场供求为基础、参考一篮子货币进行调节、有管理的浮动汇率制度，人民币汇率改革迈出历史性的一步。在国际金融危机最严重的特殊时期，许多国家货币对美元大幅贬值，人民币汇率保持了基本稳定，有利于我国稳定外需、抵御国际金融危机冲击，也为亚洲乃至全球经济复苏做出了贡献，展示了我国促进全球经济平衡的努力。随着全球经济逐步复苏，我国经济回升向好的基础进一步巩固，经济运行趋于平稳，2010年6月19日，人民银行宣布进一步推进人民币汇率形成机制改革，重在坚持以市场供求为基础，参照一篮子货币进行调节。继续按照已公布的外汇市场汇率浮动区间，对人民币汇率浮动进行动态管理和调节。2005年汇改以来至2010年11月末，人民币对美元汇率累计升值23.97%，对欧元汇率累计升值14.00%，根据国际清算银行数据测算，人民币名义有效汇率累计升值13.58%，实际有效汇率累计升值21.20%。人民币汇率弹性不断增强，在推进结构调整、引导资源向内需部门配置方面发挥了积极作用。

“十一五”期间，人民银行围绕完善有管理的浮动汇率制度方面做了大量工作：一是大力推进外汇市场建设，为以市场供求为基础的人民币汇率形成机制提供制度支持。引入询价交易方式和做市商制度，改进人民币汇率中间价形成方式，同时大力发展银行间人民币远期、掉期市场，完善人民币远期汇率定价机制，积极稳健开展货币掉期操作。二是在有管理的浮动汇率制度下，建立人民币汇率间接调控体系，建立并逐步完善外汇一级交易商制度。三是加强和改进外汇管理，不断拓展对外投资渠道，陆续出台了一系列政策，放宽企业、居民持有外汇的限制。拓展金融机构和企业的对外投资渠道，成立国家外汇投资公司，拓宽外汇储备的投资领域。同时加强跨境资金监管，防范短期套利资本流入。

汇率形成机制改革以来，人民币汇率双向波动，弹性逐步增强，汇率形成的市场基础逐步扩大，市场供求在汇率形成中的作用不断增强。完善有管理的浮动汇率制度，是根据我国国情和发展战略作出的选择，符合完善社会主义市场经济体制的改革方向，符合落实科学发展观的要求，是我国深度融入全球化条件下国家利益的需要，符合我国长远和根本的核心利益。有利于促进结构调整和全面协调可持续发展，有利于抑制通货膨胀和资产泡沫，有利于增强宏观调控的主动性和有效性，改善宏观调控能力，维护战略机遇期。

三、利率市场化改革稳步推进，利率在货币政策传导中的作用进一步增强

我国利率市场化改革的目标是建立健全由市场供求决定的利率形成机制，中央银行通过运用货币政策工具引导市场利率，保持经济平稳健康发展，合理配置资源。“十一五”期间，人民银行在推动利率市场化工作上取得新进展：一是构建货币市场基准利率，建立健全我国市场利率体系。2007年上海银行间市场拆放利率（Shibor）正式运行以来，Shibor在货币市场利率体系中的基准地位逐步确立，正逐步成为货币市场、票据市场、债券市场以及衍生产品市场的定价基准。二是全面实现了货币市场和债券市场利率的市场化，存贷款利率浮动幅度进一步扩大，放开了贷款利率上限和存款利率下限，调整了房贷利率浮动下限，扩大商业银行自主定价空间，更大程度地发挥市场在利率决定中的作用。三是加强对金融机构的利率定价指导，督促金融机构不断完善定价机制和提高定价能力，完善利率监测系统，引导金融机构合理定价。四是中央银行利率调节体系逐步完善，中央银行运用货币政策工具引导市场利率的能力进一步提高，中央银行票据和回购利率发挥了引领利率走势的作用。总的来看，“十一五”期间，我国金融机构定价水平显著提高，微观主体对利率的敏感性不断增强，利率在调整资源配置和传导货币政策中的作用进一步显现。我国利率市场化是一个不断推进和完善的过程，需要培育各方面的条件，如增强金融机构的定价能力和风险管理能力，提高客户的自我选择、自我保护能力，创造良性竞争的市场环境，等等。下一步，人民银行将继续积极促进各方面条件的成熟，根据“十二五”规划的要求，有规划、有步骤、坚定不移地推动利率市场化。

四、货币政策工具体系进一步丰富，发挥出总量调控和结构调整的重要作用

公开市场业务与存款准备金工具相互配合，加强银行体系流动性管理。由于国际收支双顺差导致货币被动投放较多，加强流动性管理成为近年来我国金融宏观调控面临的重要问题。早在2003年，人民银行就开始通过发行央行票据加强银行体系流动性管理。“十一五”期间，人民银行加强对银行体系流动性供求情况和市场环境的分析监测，以发行央行票据为主、国债回购操作为辅，创新操作工具，通过调整公开市场操作规模、节奏以及工具组合，合理调整各期限品种操作利率等方式，灵活开展公开市场操作。2006年至2010年11月，共开展公开市场操作约33万亿元，其中发行央行票据约20万亿元，开展回购操作约13万亿元。在运用公开市场操作进行日常流动性管理的同时，还充分发挥存款准备金工具主动性较强，能够深度冻结流动性的特点，通过灵活调整准备金率加强流动性管理。“十一五”以来，存款准备金率上调24次，下调4次，此外，通过实施差别准备金工具，将总量调控和个体风险差异结合起来，加强流动性管理，引导信贷合理投放。“十一五”期间，人民银行通过搭配使用公开市场操作和存款准备金工具，适应形势变化，调控流动性水平，为经济平稳运行创造了良好环境。

发挥再贷款、再贴现引导信贷资金投放、优化信贷结构的功能。人民银行按照"区别对待、收放结合"的原则对再贷款实行分类管理,有效发挥支农再贷款、再贴现支持扩大"三农"和县域等薄弱环节信贷投放的引导作用,同时加强再贷款债权的维护。"十一五"期间,适当扩大支农再贷款的对象和用途范围,明确将涉农票据和中小企业票据作为再贴现支持的重点,对西部地区和粮食主产区安排增加支农再贷款和再贴现额度。截至 2010 年 10 月末,全国支农再贷款余额676 亿元,其中对西部地区和粮食主产区支农再贷款占全国的比例超过 93%;再贴现余额 605 亿元,其中,涉农票据占 32%,中小企业票据占 85%。再贷款和再贴现引导信贷投向、优化信贷结构、支持扩大"三农"和中小企业融资的作用进一步增强。

金融市场稳步发展进一步改善了货币政策传导机制。一是金融体系继续发展完善。从市场类别看,货币市场、资本市场、外汇市场、黄金市场、期货市场和保险市场等均已形成一定规模;从市场层次看,以银行间市场为主体的场外市场和以交易所为主体的场内市场相互补充,共同发展。二是金融市场功能不断深化。市场主体参与程度不断提高,金融产品和工具逐渐丰富,市场规模不断扩大,资源配置能力显著增强。三是金融市场基本制度建设日益完善。市场法律制度和监管体系进一步完善,基础设施建设取得较大成果,交易结算系统、托管系统、资金清算系统不断改进,各个系统有效连接、协调运转。四是金融市场对外开放程度不断提高,"引进来"稳步推进,"走出去"步伐加快。

金融企业改革取得突破进一步夯实了货币政策传导的微观基础。一是大型商业银行股份制改革基本完成。十一五"期间,中国银行、建设银行、工商银行和交通银行、农业银行先后完成财务重组和股份制改革,并在香港 H 股和境内 A 股成功上市。国家开发银行商业化转型工作平稳推进。大型商业银行公司治理不断完善,资产质量和盈利能力逐年改善,尤其在国际金融危机的冲击下,仍保持了较强的抗风险能力和盈利水平。二是农村信用社改革继续深入推进。按照农村信用社改革试点资金支持政策规定的程序和条件,人民银行会同银监会认真履行考核职责,严格考核农村信用社改革成效。目前,全国专项票据发行和专项借款发放已基本完成,专项票据兑付进度超过97%。资金支持政策的顺利实施,对有效化解农村信用社历史包袱,督促、引导和推动农村信用社改革工作发挥了重要的正向激励作用。总体看,农村信用社改革取得重要的阶段性成果,对保持我国农村金融业的稳定发展、改善和提升农村金融服务能力和水平、促进解决"三农"问题发挥了重要作用。三是推进其他金融机构改革。十一五"期间,继续推进中国进出口银行、中国农业发展银行、中国出口信用保险公司等政策性金融机构改革。促进中国邮政储蓄银行深化改革。进一步推进金融资产管理公司市场化转型。稳步推进金融业综合经营试点。金融机构公司治理结构的完善、资本约束机制的增强、内部管理能力的提高,都有助于货币政策的有效传导。

五、人民币"走出去"取得突破性进展,跨境贸易和投资中人民币的使用迅速扩大

在国际金融危机的背景下,为进一步促进贸易和投资便利化,顺应我国企业规避主要国际结算货币汇率风险的需要,2008 年 9 月以来,在人民银行和相关部委的合力推动下,人民币"走出去"取得突破性进展。2009 年 7 月开始跨境贸易人民币结算试点,试点进展顺利,各方面要求参加试点的积极性很高,2010 年 6 月,境内试点地区由上海市和广东省的 4 个城市扩大到北京等 20 个省(自治区、直辖市),境外地域范围由港澳和东盟地区扩大到所有国家和地区,业务种类包括跨境货物贸易、服务贸易和其他经常项目,出口货物贸易人民币结算试点企业由 365 家扩大到 67724 家。人民币跨境贸易结算量大幅增长,至 2010 年 11 月末,各试点地区银行累计办理跨境贸易人民币结算业务 3880 亿元。伴随跨境贸易人民币结算业务的发展,企业"走出去"以人民币开展境外直接投融资需求增长,人民银行开展了人民币跨境投融资个案试点,受到了银行和企业的普遍欢迎。至 2010 年 11 月末,累计办理人民币跨境投融资业务 550 多亿元。人民银行与境外中央银行或货币当局签署的双边本币互换协议,也从为应对危机而开展的货币合作逐步向支持双边贸易投资发展。人民币在跨境贸易和投资使用的扩大也将对货币政策的实施和影响提出新的课题和更高要求。

当前,国际金融危机极端动荡状态已经缓和,发达经济体步入缓慢曲折的复苏过程,新兴经济体增长比较强劲,外需有相应改善。我国经济平稳较快发展的势头进一步巩固。适应当前经济金融形势发展变化,货币政策取向由适度宽松回归为稳健。实施稳健的货币政策能够继续满足保持经济平稳较快增长对资金合理需求,有利于加强通胀预期管理和防范资产价格泡沫,有利于防范系统性金融风险,有利于促进经济结构调整和发展方式转变。人民银行将认真分析和把握国内外经济发展的趋势,加强对经济金融运行中深层次问题和突出矛盾的研究,努力提高应对复杂局面的能力。下一阶段,要以科学发展为主题,以加快转变经济发展方式为主线,把稳定价格总水平放在更加突出的位置,积极稳妥地处理好保持经济平稳较快发展、调整经济结构、管理通胀预期的关系,增强金融调控的针对性、灵活性、有效性。继续综合运用利率、存款准备金率、公开市场操作等常规价格和数量工具,加强工具使用的有效组合。探索丰富创新调控手段,加快构建宏观审慎政策框架,把流动性管理的总量调节与构建宏观审慎政策框架结合起来,把好流动性这个总闸门。按照总体稳健、调节有度、结构优化的要求,引导信贷资金更多投向实体经济特别是"三农"和中小企业,加快推进经济结构战略性调整。进一步完善人民币汇率形成机制,保持人民币汇率在合理均衡水平上的基本稳定,稳步推进利率市场化改革。切实防范金融风险,维护金融体系安全稳健运行,保障金融支持经济发展的可持续能力。

深化金融改革，建立现代金融企业制度

中国人民银行副行长　刘士余

（2011 年 1 月 9 日日）

金融是现代经济的核心，金融企业是服务国民经济和社会发展的载体。通过深化改革推动金融企业建立现代企业制度，是建立和完善社会主义市场经济体制的重要组成部分，对于促进金融业稳定健康发展，充分发挥金融对国民经济发展的支持作用具有重要意义。党的十六届五中全会通过的《中共中央关于制定国民经济和社会发展第十一个五年规划的建议》对加快金融企业改革做出了前瞻性部署，要求推进国有金融企业的股份制改造，深化政策性银行改革，稳步发展多种所有制的中小金融企业；完善金融机构的公司治理结构，加强内控机制建设，提高金融企业的资产质量、盈利能力和服务水平。

“十一五”期间，人民银行会同有关部门积极推进重点金融企业改革，在面对国内外环境的复杂变化和重大风险挑战的情况下，基本完成大型商业银行股份制改革，平稳推进政策性金融机构和股份制商业银行改革，有效促进农村信用社改革和发展，积极参与证券公司综合治理和保险公司改革。通过不断深化金融改革，推动建立现代金融企业制度，重点金融企业的公司治理不断完善，内控制度和风险管理水平日益加强，经营实力和财务状况显著改善，中国金融业的整体面貌发生了历史性变化。

一、基本完成大型商业银行股份制改革

银行业是中国金融业的主体，工、农、中、建、交五家大型商业银行居于银行业的主导地位。不断推进大型商业银行改革，意义重大。在党中央、国务院的统一部署下，国有独资商业银行股份制改革试点工作领导小组及其办公室（人民银行）稳步、有序地推进大型商业银行股份制改革工作。在认真总结我国经济与金融体制改革经验的基础上，领导小组确定了包括国家注资、处置不良资产、设立股份公司、引进战略投资者、择机上市等改革步骤的总体方案。结合各家银行的实际情况，按“一行一策”的原则制订具体实施方案。在国家注资时，成立汇金公司，由其代表国家对试点银行履行出资人职能，明确了对国有资本保值增值的责任与措施。在处置不良资产时，严格进行外部审计，追究有关人员责任，采取市场化模式处置不良资产，努力减少损失，防范道德风险。在设立股份有限公司时，按照产权清晰、资本充足、内控严密、运营安全的现代股份制商业银行的要求，制订了公司治理与内控指引。在引进战略投资者过程中，坚持国家绝对控股和公平竞争、择优选择的原则，同时努力发挥战略投资者在完善公司治理、推动技术和业务合作方面的作用。在公开上市时，周密部署，灵活机动选择发行 H 股和 A 股。对股改所涉及的财政税收、劳动工资、社会保障、国有土地经营管理、人事管理、工商登记注册、金融监管等方面均制订了相应的配套政策。同时，及时确立改革分阶段的达标标准，建立定性、定量考核指标体系。

“十一五”期间，工、中、建、交四家大型商业银行先后完成财务重组和股份制改革工作，并在香港联交所和上海证券交易所成功上市。2008 年，在全球金融危机的背景下，国家果断启动了农业银行改革，通过汇金公司向农业银行注资 1300 亿元人民币的等值美元。2010 年 7 月，在境内外资本市场剧烈波动的环境中，农业银行成功实现了 A + H 股的公开发行上市。至此，大型商业银行股份制改革基本完成。在此期间，大型商业银行按照现代企业制度的要求不断改善公司治理结构，深入推进管理体制和经营机制改革，着力加强内控机制和风险管理制度建设，不断提高服务水平和效益，股份制改革取得了显著成效，突出体现在：

大型商业银行公司治理不断完善，内部改革进一步深化。一是公司治理架构不断规范，股东大会、董事会、监事会和高级管理层之间已逐步形成各司其职、有效制衡、协调运作的架构与机制，新的体制和机制日益发挥重要作用。二是内控机制和管理能力不断增强，风险防范体系不断完善，信息化水平不断提高，基础管理不断加强，风险文化逐步建立。三是与战略投资者的业务和技术合作计划全面落实，战略投资者在改善股权结构与公司治理、转换经营机制、完善风险控制、开发金融产品、改善金融服务和推动企业文化建设等方面作用明显，引“智”和引“制”效应逐步体现。四是通过公开发行上市，建立了市场化的资本金补充机制，规范了信息披露，加强了对高级管理层的履职约束，资本市场对建立现代金融企业制度的促进和监督作用明显增强。同时，显著扩大了 A 股市场规模，提高了 A 股公司整体投资价值，对市场的稳定作用明显，有力促进了境内资本市场的发展。

大型商业银行改革的社会效应和财务效益显著提升。一是服务国民经济、服务社会的效率和能力不断增强。大型商业银行在改革中践行科学发展观，着力转变发展模式和增长方式，不断改进流程和管理制度，为经济和社会的和谐发展提供多层次、多方面的金融服务。同时，加快推进理念、产品、业务和技术创新，提升竞争力，注重社会责任投资，促进服务水平的全面提升。二是财务状况根本好转，呈现较强的可持续性。大型商业银行资本充足率显著提高，资产质量和盈利能力逐年改善，风险控制能力明显增强，尤其在国际金融危机的冲击下，仍保持较强的盈利水平和抗风险能力。截至 2010 年 9 月末，工、农、中、建、交五家大型商业银行的资本充足率分别为 11.57%、11.38%、11.73%、11.64% 和 12.53%；不良贷款率分别为 1.15%、2.08%、1.10%、1.14% 和 1.22%；税前利润分别为 1663 亿元、892 亿元、1074 亿元、1438 亿元和 379 亿元。大型商业银行的平均总资产收益率（ROA）和净资产收益率（ROE）逐年提高，接近并逐渐超过资产排名前 20 名的国际银行平均水平。三是市场地位和实力显著提升，国家注资获得明显收益。根据英国《银行家》杂志最新评选结果，工、建、中、农、交行分别位列全球银行税前利润总额第 1、2、7、14 和 19 位。目前，国有股权在大型商业银行居于控股地位，账面溢价可观，分红收益稳定增加，国有资本实现了保值增值。

大型商业银行股份制改革以及财务实力和经营状况的根本改善，为中国金融监管标准和准则的国际化奠定了基础。大型商业银行改革推进的外部审计和境内外上市，大大推动了中国金融监管和会计准则国际化的进程。目前，中国银行业监管标准与巴塞尔银行监管委员会相关监管标准基本接轨，企业会计准则也与国际会计准则接近。正是由于具有系统重要性的大型商业银行经营管理和财务状况持续改善，夯实了微观金融基础，才使得中国有条件采取更为国际化的监管标准和准则。同时，监管标准和准则的国际化，也为确保中国金融业持续健康发展和金融稳定打下了坚实的基础。

二、稳步推进政策性金融机构改革

政策性金融作为商业性金融的重要和有益补充，对于支持国家经济建设和社会事业发展、实现国民经济平稳较快增长，以及有效应对国际及区域金融危机冲击等方面，都发挥了不可替代的重要作用。随着世界经济格局的深刻调整和中国国民经济的快速发展，政策性金融机构面临的国际国内经济金融环境、所承担的任务和政策目标等都发生了很大变化。面对新的国际国内经济环境，我国需要采取更加有效的措施稳定外需、扩大内需，并着力支持实体经济实施“走出去”战略，需要政策性金融机构发挥更大的作用和功能。

党中央、国务院高度重视政策性金融机构的改革和发展。2007 年全国金融工作会议明确了政策性银行分类指导、“一行一策”的改革原则，提出首先推进开发银行改革，进出口银行和农发行也要进行内部改革，增强资本实力，为进行全面改革创造条件，并要求继续发挥政策性金融围绕国家战略服务、支持经济社会发展的作用。

“十一五”期间，根据国务院的统一部署，人民银行会同有关部门积极稳妥地推进开发银行、进出口银行、农发行和中国出口信用保险公司的改革工作。目前，政策性金融机构改革取得了积极进展：一是开发银行商业化转型工作稳步推进。2007 年末，国家通过汇金公司向开发银行注资 200 亿美元；2008 年 12 月 16 日，开发银行股份公司正式挂牌。开发银行股份公司成立后，建立了较为规范的“三会一层”公司治理架构，组建了董事会、监事会专门委员会；制定了公司章程、股东大会和董事会、监事会及专门委员会议事规则和行长工作规则等公司治理基本制度，决策机制不断完善；优化全面风险管理架构，风险管理水平不断提高。股份公司挂牌以来，开发银行克服了国际金融危机带来的不利影响，经营业绩平稳提升，不良贷款率一直保持在较低水平。二是进出口银行和中信保改革平稳推进。人民银行会同有关部门成立了相关的改革工作小组，围绕政策性金融机构的职能定位、业务范围、风险控制、治理结构等主要问题开展深入调研，推动两家机构扎实进行内部改革，促进其不断改进政策性金融服务。三是农发行职能调整和内部改革取得一定进展。结合农村金融体系整体布局，人民银行牵头对农发行改革发展问题多次开展基层调研，广泛听取各方面意见。目前，农发行全面改革的前期研究和准备工作稳步推进。

三、积极推动股份制商业银行改革发展

“十一五”期间，一批股份制商业银行先后在境内 A 股市场和香港 H 股市场成功上市，公司治理进一步完善，市场约束进一步加强。同时，人民银行会同有关部门重点推进光大集团和广东发展银行重组改革。2007 年以来，在人民银行等有关部门的推动和协调下，光大集团重组改革工作围绕光大银行财务重组、光大实业公司设立和光大金融控股公司组建全面展开。2007 年 11 月，汇金公司向光大银行注资 200 亿元人民币的等值美元；2010 年 8 月，光大银行在上海证券交易所挂牌上市。由于历史原因，广发行的不良资产比率较高，资本充足率为负数。2006 年，广东省政府牵头会同人民银行等有关部门推进广发行改革重组工作。广发行在剥离不良资产的同时，实行增资扩股，引入战略投资者。广发行重组取得了重大进展，资本充足水平显著提升，资产质量明显改善。

四、有效促进农村信用社改革和发展

国家在积极推动大型商业银行股份制改革、建立现代金融企业制度的同时，也不断推进农村金融机构尤其是农村信用社的改革与发展，不断完善其产权制度和管理体制。“十一五”期间，农村信用社改革试点工作取得重要进展和阶段性成果，管理体制框架初步形成，产权制度改革不断深化，各项业务迅速发展，风险状况明显改善，经营效益持续好转，支农主力军地位进一步增强。截至 2010 年 9 月末，全国农村信用社的各项贷款余额为 5.7 万亿元，占全国金融机构各项贷款余额的比例为 12.3%，涉农贷款和农户贷款余额分别为 3.8 万亿元和 2.0 万亿元。产权改革进展顺利，法人治理结构初步建立。截至 2010 年 9 月末，全国共组建以县(市)为单位的统一法人农村信用社 2014 家，农村商业银行 64 家，农村合作银行 212 家。部分农村信用社在明晰产权关系、完善法人治理方面进行了有益探索，取得了初步成效。

五、参与证券公司综合治理工作

“十一五”期间，为防范和化解风险，维护资本市场稳定，在国务院的统一安排和部署下，人民银行会同有关部门，开展证券公司综合治理工作，推进资本市场改革发展。

一是牵头证券公司重组。证券公司重组是特定市场背景下的重大政策措施。2005 年，证券公司风险全面显现，如果按照市场化原则，对高风险证券公司特别是一些大型证券公司实施市场退出，在当时的市场环境下，不利于投资者信心恢复和市场稳定。权衡利弊，按照行政指导和市场化相结合的原则，人民银行会同证监会、财政部等有关部门和地方政府，以汇金公司、中国建银投资作为重组平台，采取股东注资、提供流动性支持以及引进境外战略投资者等多种方式，研究确定了银河证券等 9 家证券公司的重组方案。2006 年底，9 家证券公司的重组工作基本完成，不仅有效化解了证券公司风险，维护了证券市场稳定，而且通过资源整合，明显增强了被重组证券公司的综合实力。

二是做好德隆系风险处置工作。2004 年 4 月德隆风险爆发后，人民银行作为德隆风险处置小组的主要成员单位，会同有关部门提出了《关于处置德隆系风险的总体意见》，确定由华融资产管理公司托管德隆系，以市场化方式进行处置。作为工作层面牵头协调单位，人民银行会同有关部门积极协调有关政策，及时研究解决风险处置中遇到的问题，最终实现了德隆从实业和金融机构中全面平稳退出的目标，最大限度减少了国家和债权人的损失。

三是积极推动证券市场基础性制度建设。汲取证券公司风险形成的经验教训，人民银行积极推动有关部门修订和完善资本市场基础性制度。一是推动建立证券投资者保护制度。为改变被处置证券公司个人债权收购及客户交易结算资金缺口弥补由人民银行再贷款支付可能引发的道德风险，人民银行会同有关部门推动建立证券投资者保护制度。2005 年 8 月 30 日，中国证券投资者保护基金公司成立，标志着证券公司市场化风险处置长效机制初步建立。二是推动建立证券公司客户交易结算资金第三方存管制度。以南方证券风险处置为契机，人民银行要求利用国家公共资金和资源进行重组的证券公司必须率先实现证券客户交易结算资金的第三方存管。2007 年 8 月该制度在全行业实施，从机制上杜绝了证券公司挪用客户结算资金等违规事件的发生。三是推动交易所国债回购制度改革，从制度上保证了投资者资产的安全。

四是配合证监会妥善处置 28 家高风险证券公司。证券公司综合治理期间，人民银行配合有关部门，先后对南方证券等 28 家高风险证券公司实施了行政处置。研究制定了《个人债权及客户证券交易结算资金收购意见》、《个人债权及客户证券交易结算资金收购实施办法》、《关于个人债权收购有关问题的补充通知》等政策，为风险处置工作提供了政策依据。认真做好金融稳定再贷款的审查、发放、管理工作，确保了再贷款资金及时到位，保证了个人债权收购和客户交易结算资金缺口弥补工作的顺利进行。

2007 年 8 月，证券公司综合治理工作圆满结束，在人民银行等有关部门的共同努力下，证券公司长期积累的风险得到妥善解决，为资本市场的持续、健康、稳定发展奠定了基础。

六、积极推动保险公司改革发展

"十一五"期间，为有效防范和化解保险业风险，提高保险业整体实力和市场竞争力，相关部门按照国务院统一部署，积极推动保险公司改革发展。中国再保险集团公司（简称中再集团）是我国境内唯一的国有独资再保险公司。2006 年底，针对中再集团经营困难，资本金严重不足，不能满足保险业发展需要的状况，人民银行会同财政部、保监会等部门按照国务院"加强领导、精心组织，重在改革经营机制，健全法人治理结构，改善内部管理，提高队伍素质，实现可持续发展"的要求，借鉴大型商业银行和国有保险公司股份制改革成功经验，积极推动中国再保险（集团）公司（简称中再集团）股份制改革工作。2007 年 4 月，汇金公司向中再集团注资 40 亿美元。同年 10 月，中国再保险（集团）股份有限公司挂牌成立。此外，部分保险公司引进战略投资者、上市等工作也取得了积极进展。通过股份制改革和上市，保险公司资本实力得到增强，股权结构明显改善，市场化经营理念显著增强，组织形式和管理体制实现转变，公司治理框架逐步建立并规范，市场微观主体发展实力逐步增强，偿付能力水平大幅提高，核心竞争力不断提升。

"十一五"期间，金融企业改革成效显著，有效促进了中国金融业的健康发展。银行业发生了历史性的变化，抗风险能力大大增强，资本充足率、拨备覆盖水平均显著提高。截至 2010 年 11 月末，银行业金融机构的总资产突破 92 万亿元，比"十一五"期初增长了 1.47 倍；资本充足率达标的商业银行由"十一五"期初的 53 家增加到目前的全部达标。通过改革开放，银行业不断改进服务的理念、手段和方式，服务功能日益完善，生存和发展能力大幅度提高。无论是按资产规模、资产质量、盈利能力衡量，还是按资本充足率、流动性比例衡量，当前中国银行业的整体实力都处于历史的最好时期。证券业规模迅速扩大，资本市场功能进一步发挥，在国民经济中的作用日益重要。截至 2010 年 10 月末，106 家证券公司总资产超过 2.24 万亿元，62 家基金公司管理资产超过 2.51 万亿元，分别比"十一五"期初增长 6.30 倍、4.32 倍。保险公司的资本实力得到提升，成为优化金融结构、提高金融市场资源配置效率的重要力量。截至 2010 年 11 月末，保险业总资产达 4.9 万亿元，比"十一五"期初增长了 2.20 倍。通过改革，中国金融业发生了历史性的变化。金融机构实力明显增强，金融市场信心不断提升，金融服务水平和国际竞争力大幅提高，金融体系的稳定性与安全性不断增强，经受住了本轮国际金融危机的冲击，为中国经济抵御国际金融危机、保持健康平稳运行奠定了坚实基础，同时也为国际金融体系的稳定发挥了积极作用。

2010 年，由国际货币基金组织和世界银行联合组成的 FSAP 评估团对中国金融体系进行了全面、系统的评估。评估团充分肯定了中国金融改革所取得的成果，认为过去几十年中国在金融体系改革和发展方面取得了巨大成就；尤其是自 2003 年以来，中国政府采取了一系列政策措施，前瞻性地推进金融领域重点行业和机构的改革，夯实防范金融风险的微观基础，维护金融体系稳定。主要金融机构的改革、资本市场的创立、审慎监管制度的引入、加入世贸组织后金融体系的全面开放等，都给人留下深刻的印象。

尽管"十一五"期间中国金融业改革发展取得了显著成果，但随着经济发展水平进一步提高，以及中国经济不断融入全球经济，中国的金融体系在面对前所未有的机遇的同时，也面临着新的形势和挑战。展望"十二五"，我们要继续以科学发展观统领全局，解放思想，实事求是，继续深化金融改革，不断完善现代金融企业制度，进一步提升金融业稳健性标准，促进金融体系健康稳定运行。

"十一五"时期中国人民银行的对外交往与合作

中国人民银行副行长、国家外汇管理局局长　易　纲

（2011 年 1 月 13 日）

"十一五"时期是全球经济金融形势极为动荡的五年。五年来，中国人民银行坚持互利共赢的开放战略，积极开展国际及港澳台业务，为国内经济发展创造良好的国际环境，努力维护我国发展的重要战略机遇期，特别是金融危机爆发以来，人民银行认真贯彻落实党中央、国务院的战略部署，全方位展开工作，积极参与危机救助，提出国际货币体系改革的倡议，深度参与国际金融标准和规则的制定，参与和引导重大国际金融事务的讨论，不断深化金融对外交流与合作，努力提高中国在国际金融事务中的话语权，坚决维护国家的战略利益，各项工作取得了显著的成就。

一、以20国集团机制为主要平台，积极参与全球经济治理

2008年国际金融危机爆发后，20国集团（G20）由财长和央行行长会议升格为领导人峰会，成为国际社会应对金融危机的重要机制。2009年匹兹堡峰会又把G20确定为国际经济合作的重要论坛并实现了峰会机制化。人民银行以G20机制为主要平台，全面参与全球经济治理，积极推动国际金融体系改革，努力创造有利于我国发展的良好国际环境，有力地维护了我国的战略利益。

2008年11月15日，G20金融市场和世界经济第一次领导人峰会在华盛顿举行，对于稳定金融市场、遏制危机蔓延发挥了重要作用，同时启动了国际金融机构改革和金融部门改革的进程。人民银行根据党中央、国务院的统一部署，对危机应对和国际金融体系改革提出了一揽子政策建议方案，为我国领导人出席峰会提供了有力支持。在这次峰会上，中国在国际社会的地位和影响力显著提高。

2009年4月2日，G20金融市场和世界经济第二次峰会在伦敦举行，人民银行对进一步改革国际货币体系、改进国际货币基金组织治理结构，提高发展中国家的代表性和发言权等问题提出了一系列主张，中国的“声音”倍受关注。这次峰会出台了全球经济刺激计划，并积极地推进了金融领域的改革。根据峰会共识，我国成为金融稳定理事会、巴塞尔银行监管委员会等国际金融标准制定机构的新成员，增强了我国在国际金融领域的制度性权力。

2009年9月25日，G20第三次峰会在美国匹兹堡召开，明确了峰会的机制化安排。2010年G20分别在加拿大多伦多和韩国首尔举行了第四次和第五次峰会。多伦多峰会在世界经济开始脆弱复苏的背景下召开，焦点是平衡财政整顿和经济复苏关系，要求发达国家就减少财政赤字做出了承诺，同时进一步强化了“强劲、可持续和平衡增长”框架以及互评估机制。首尔峰会的主要成果包括启动首尔行动计划，加强各国宏观经济政策的协调，就国际货币基金组织份额和治理结构改革达成共识，加强金融部门改革和金融安全网等。人民银行通过G20平台全面参与全球经济治理，积极开展G20宏观经济互评估，加强与各国的宏观经济金融政策对话和协调，提出了一系列有关危机应对、全球经济增长框架、金融部门改革和国际金融机构改革等重大议题的主张和举措，宣传和阐释我国宏观经济政策和改革开放成就，妥善处理各种矛盾，争取互利共赢，为我国领导人圆满出席历次峰会做出重要贡献，显著提高了中国在国际经济金融事务中的影响力和话语权。

二、全面参与国际金融体系改革，提高中国的话语权

提出国际货币体系改革倡议。金融危机爆发后，国际社会开始着手探讨危机根源、总结教训，以在此基础上寻求补救和预防措施。为了揭示危机产生的深层次根源，2009年3月底，人民银行网站连续刊发了周小川行长的三篇署名文章《关于改革国际货币体系的思考》、《关于储蓄率问题的思考》和《关于改变宏观和微观顺周期性的进一步探讨》，提出国际货币体系改革的主张，推动将该项讨论纳入G20部长会和峰会议题。周小川行长的文章引起国内外学者和新闻媒体的普遍关注和热烈评论，对即将举行的G20峰会起到了有效的舆论引导作用，并推动了国际社会对国际货币体系的反思和改革，2011年G20主席国法国将国际货币体系改革列为G20最主要的议题之一。

加入金融稳定理事会、巴塞尔银行监管委员会等国际金融组织，全面参与国际金融标准和规则的制定。“十一五”期间，人民银行加入了金融稳定理事会、巴塞尔银行监管委员会等国际金融组织，全面参与国际标准和规则制定的工作，为有关国际金融准则的形成做出积极贡献，同时充分借鉴国际金融改革成果，通过推进实施国际标准促进国内金融改革，提升我国金融业稳健标准。

金融稳定理事会（FSB）的前身为金融稳定论坛。金融危机爆发后，根据G20领导人伦敦峰会的决定，FSB正式更名，并扩员至G20成员及有系统性影响的经济体和国际组织，成为国际公认的全球金融标准制定与执行的核心机构。人民银行直接参与设计FSB组建工作，并于2009年5月和财政部、银监会共同代表中国加入了FSB。人民银行周小川行长、银监会刘明康主席和财政部李勇副部长作为全会成员出任FSB指导委员会和脆弱性评估、监管合作和标准执行三个常设委员会的委员，积极参与FSB总体战略设计。2009年7月，人民银行又加入了巴塞尔银行监管委员会，直接参与国际银行业监管标准与准则的制定，在国际规则制定中的话语权和影响力进一步提高。

人民银行积极利用BIS提供的探讨宏观经济金融政策的重要平台，加强与全球主要中央银行和监管机构的对话与合作。自2006年以来人民银行周小川行长一直担任BIS董事会成员。此外，人民银行于2009年先后加入支付结算体系委员会（CPSS）、全球金融体系委员会（CGFS）以及市场委员会（MC），并于2010年1月加入经济顾问委员会（ECC），全面、深入地参与总体金融部门改革战略的制定以及强化银行体系资本和流动性、宏观审慎管理框架、金融基础设施建设等具体金融监管标准的制定与修改。人民银行于2007年加入欧文.费舍尔中央银行统计委员会（IFC），积极参与IFC各项事务的讨论和决策，不断加强与各国的金融统计合作。

中国在IMF的份额跃居第三。“十一五”期间，人民银行积极推动IMF的份额和治理结构改革。2006年、2008年IMF进行了两次特别增资，中国在IMF的份额排名从并列第8位上升到第6位。2009年9月G20匹兹堡峰会设定了IMF份额改革的进一步目标。人民银行积极开展工作，通过多种渠道积极做IMF和各主要国家的工作，推动改革取得进展。2010年11月，G20首尔峰会就IMF份额和治理改革方案达成共识，承诺向有活力的新兴市场和发展中国家转移约6个百分点的份额，发达欧洲国家让出两个执董会席位，随后IMF执董会于2010年11月5日通过了改革最终方案。中国在IMF的份额权重将上升2.398个百分点，达到6.394%，排名从第六位上升至第三位。2010年5月，人民银行朱民副行长就任IMF“总裁特别顾问”，这是IMF历史上首次由中国人担任高级管理层职务。

深化与各国的金融交流与合作，维护良好的国际环境。“十一五”期间，人民银行积极参加中美战略经济对话、中欧央行工作组、中英财政与金融对话、中日经济高层对话等多项重大机制化活动，就宏观经济政策、全球经济失衡等多项议题与各国进行沟通，宣传我国宏观经济政策和金融改革措施，增信释疑，有效地推动了与各国的金融交流与合作，维护有利于我国经济发展和金融改革的良好国际环境和重要战略机遇期。

积极参加三十人小组（G30）的活动。G30由部分国家中央银行行长和国际金融领域知名人士组成，对国际经济金融规则的制定、国际金融机构和有关当局的经济决策具有一定的影响力。周小川行长于2005年应邀成为G30成员，此后定期出席了G30的春季和秋季会议。2007年4月，人民银行协助 G30 在杭州成功举办了春季全会。通过参与 G30 的活动，深入了解国际金融问题的最新动向，宣传我国的改革理念，促进了与国际社会的相互理解和交流。

三、坚持互利共赢的开放战略，积极参与国际危机救助

向国际货币基金组织（IMF）出资。随着金融危机的不断深化和寻求救助国家的增加，国际社会向 IMF 增资的呼声高涨。为维护我国负责任大国的国际形象，人民银行积极筹划，慎重研究，提出了我国的出资立场和对策建议，与 IMF 进行了多轮磋商后，人民银行与 IMF 签署了购买不超过 500 亿美元 IMF 债券的协议。该协议成为 IMF 历史上首项债券购买协议，有利于提高 IMF 帮助成员国，特别是发展中国家和新兴市场国家应对全球金融危机的能力，促进世界经济的早日复苏。此外，人民银行积极推动 IMF 分配特别提款权，并参与了特别提款权自愿协议交易，帮助受危机影响的国家及时获得可兑换货币来应对危机。上述举措赢得了国际社会的高度评价，有力地配合了国家的整体外交战略，

及时签署双边本币互换协议，维护区域金融稳定。在危机应对过程中，为维护区域金融稳定，人民银行先后与韩国、香港、马来西亚、印尼、白俄罗斯、阿根廷、冰岛、新加坡央行/货币当局签署了 8 份总规模为 8035 亿元人民币的双边本币互换协议。通过签署互换协议，缓解对方国家的流动性紧张状况、确保双边外贸的正常进行，显著增强了对区域经济和金融市场的信心。

支持全球贸易融资，促进经济复苏。人民银行按照国务院统一部署，通过国际金融组织、多边开发机构、双边等各种渠道支持贸易融资。积极参与国际金融公司贸易融资计划和泛美开发银行贸易融资计划。人民银行牵头成立了“与泛美行合作联系机制”，以及十家企业参加的“与泛美行合作企业联系机制”，积极引导和鼓励我国金融机构和企业与泛美行开展合作，对于支持企业走出去和促进经济复苏发挥了积极作用。

四、加强区域金融合作，促进地区经济金融稳定

“十一五”期间，人民银行在区域金融合作领域的参与力度不断加大，主导地位稳步提升，尤其在外汇储备库、债券市场、区域监督机制、中日韩央行行长会议机制及与独联体国家金融合作方面取得了重要进展与成果。同时不断推进与东新澳央行组织（SEANZA）等区域央行组织的交流与沟通，有力地促进了与区域央行组织之间的合作。积极参加“伊斯兰金融服务委员会”各项活动，加强与伊斯兰国家在金融领域的友好交流。

积极落实清迈倡议多边化。2009 年 12 月 24 日，“10 + 3”（东盟加中、日、韩）各成员签署清迈倡议多边化协议，正式成立总规模为 1200 亿美元的外汇储备库，中方份额占到了 32%，和日本并列成为最大出资国。外汇储备库的最终建立是温家宝总理提出的清迈倡议多边化的重大成果，标志着东亚地区的多边救助机制从设想变为现实，在东亚金融合作过程中具有里程碑的意义。

推动设立亚洲债券基金。为改善储备资产投资和促进区域债券市场发展，2005 年以来，人民银行在东亚及太平洋中央银行行长会议组织（EMEAP）框架下积极参与推动设立第二期亚洲债券基金（ABF2），并成为出资最多的成员之一。ABF2 投资了包括中国在内的 8 个地区的债券市场，对活跃区域债券市场，推动产品创新及探索储备多元化发挥了积极作用。

主导推动区域监督机制。为加强区域监督机制，维护地区金融稳定，人民银行于 2007 年在 EMEAP 框架下推动成立了货币与金融稳定委员会并担任了委员会首任主席，这标志着东亚货币与金融稳定建设进入机制化阶段，大大增强了东亚应对危机的集体协作能力。人民银行在担任主席期间，面对不断恶化的国际金融危机，积极主动协调各方，研究应对措施，并牵头发布了联合声明，向外界传达了 EMEAP 应对金融危机、加强合作的意愿，得到了国际社会的积极关注，突出了中国在维护地区金融稳定中的领导形象。此外，人民银行还担任了支付结算工作组主席，积极推动区域清算体系发展。

开创中日韩央行行长会议机制。2008 年底，中日韩三国央行对外发布联合声明，宣布建立中日韩央行行长会议机制。人民银行于 2009 年主办了第一次行长会议。这一机制是中日韩领导人峰会的一项重要成果，标志着三国央行合作更为深入，对于促进区域的整体经济金融合作具有重要意义。

稳步推动与独联体国家金融合作。“十一五”期间，人民银行在中俄总理会晤委员会金融合作分委会的框架下积极推动中俄边贸本币结算工作以及人民币和卢布挂牌交易，中俄金融合作取得了丰硕的成果。与哈萨克斯坦建立了中哈金融合作机制，稳步推进两国金融领域合作。充分发挥金融支持作用，促进与独联体有关国家的双边能源和基础设施建设等项目合作。积极推动上合组织框架内的多边金融合作，与成员国探讨共同应对金融危机及加强区域内经济金融发展等问题。

五、积极参与多边开发机构的事务，增进与非洲及拉美地区的金融交流

为了配合国家的整体外交战略，加强与非洲和拉美地区的经济金融合作，人民银行积极参与了非洲开发银行、泛美开发银行、加勒比开发银行等地区性多边开发机构的事务，特别是积极主动参与各多边开发机构的历次增资，努力提高我国的影响力和话语权。利用多边开发机构的重要资源，探索多种多样的合作方式，大力推动中国金融机构和企业与各开发机构的合作，支持“走出去”战略的实施。

加入泛美开发银行集团。经过 15 年的不懈努力，人民银行代表中国于 2009 年 1 月 12 日正式加入泛美开发银行集团。泛美开发银行集团是拉美和加勒比地区最重要的多边开发机构，中国的加入为加强中国与拉美的合作提供了新的平台，为中国金融机构和企业走出去，完善海外业务和投资布局提供了难得的机遇。加入泛美开发银行后，人民银行积极参与泛美开发银行事务，推动双方在贸易融资和基础设施建设等共同关切的领域开展合作，共同促进拉美及加勒比地区的减贫及经济和社会发展。

成功承办非洲开发银行年会。非洲开发银行集团（简称非行）理事会年会于 2007 年 5 月 16 – 17 日在上海举行。这是非行首次在亚洲、第二次在区外国家举办年会，是非行历史上规格最高、规模最大的一次年会。温家宝总理主持欢迎晚宴、出席开幕式并发表讲话，与会代表超过 2000 人。年会围绕非行改革、亚非合作等议题进行了广泛而深入的讨论，提出了许多有价值的意见和建议，为非行及其合作伙伴实施更有针对性的减贫和发展措施规划了蓝图。同时，通过此次年会我国进一步宣传了我对非政策，增强了非洲国家的认同感。

六、深化与港澳台的金融交流与合作

“十一五”期间，人民银行继续加强与港澳的金融合作，积极推动港澳人民币业务稳步发展。截至 2010 年 11 月末，香港人民币存款余额达 2917 亿元，比 2006 年底增长了 9.5 倍；澳门人民币存款余额超过 102 亿元，比 2006 年底增长近

11 倍，港澳成为跨境贸易人民币结算业务的主要地区。人民银行还积极支持香港人民币债券业务发展，开展境外机构进入银行间债券市场投资试点工作。

同时，人民银行积极推动两岸金融合作。在人民银行的积极参与下，2009 年 4 月 26 日大陆海协会与台湾海基会在南京签署了《海峡两岸金融合作协议》，同意加强两岸在金融领域的广泛合作。特别是在货币合作方面，提出先由商业银行等适当机构，通过适当方式办理现钞兑换、供应及回流业务。随后，人民银行和台湾、香港的货币管理当局进行了多次沟通和磋商，达成通过香港渠道向台湾提供人民币现钞供应与回流的合作安排。2010 年 10 月 18 日正式开通有关业务。这一合作安排为海峡两岸人员往来提供了进一步的便利，也为逐步建立两岸货币清算机制和加强两岸货币管理合作奠定了基础。

“十二五”时期，人民银行将继续认真贯彻统筹国际国内两个大局的战略思想，坚持互利共赢的开放战略，积极参与全球经济治理和区域合作，推动国际经济金融体系的改革，进一步提高中国在国际金融事务中的话语权和影响力，促进国际经济金融秩序朝着更加公正合理的方向发展，引导和推动区域合作进程，深化同新兴市场国家和发展中国家的务实金融合作，努力营造有利的国际经济金融环境，为国内经济的平稳较快发展和金融改革做出积极的贡献！

加快外汇管理理念和方式转变深化外汇管理体制改革

中国人民银行副行长、国家外汇管理局局长　易　纲

（2011 年 1 月 18 日）

“十一五”期间，外汇管理部门按照党中央国务院的统一部署，深入贯彻落实科学发展观，认真落实“十一五”规划纲要，紧紧围绕促进国际收支基本平衡的中心任务，积极应对国内外经济形势的复杂变化，不断深化外汇管理体制改革，提高外汇管理服务经济发展、保障经济金融安全的能力和水平，有力地促进国民经济平稳较快发展。

一、“十一五”期间外汇管理取得显著成就

“十一五”期间，面对国际收支持续较大顺差的形势，外汇管理部门及时调整管理思路、创新管理方式，从重点管外汇流出转为流出入均衡管理。特别是 2008 年国际金融危机全面爆发以来，针对跨境资金流向复杂、市场主体便利化需求不断增长的现实，外汇管理部门进一步加快外汇管理理念和方式转变，在风险可控的前提下，简化审批程序，减少审批事项，强化事后监测分析和管理，更大程度地发挥市场机制在调节跨境资金流动中的基础性作用，努力实现贸易投资便利化和审慎监管的有机统一。

（一）在推动贸易投资便利化、支持国民经济又好又快发展方面取得新进展。“十一五”期间，外汇管理部门坚持以人为本，坚持服务机构、企业和个人等市场主体，更多地从市场角度考虑问题，便利市场主体对外贸易投资活动，提升外汇管理服务经济发展功能。

积极推动贸易便利化。一是改进经常项目外汇账户管理，充分满足企业保留和灵活使用外汇需求。2007 年 8 月，取消经常项目外汇账户限额管理，境内机构可根据经营需要自行保留经常项目外汇收入，有进口支付需求的企业还可提前购汇。二是实施进口核销制度改革，便利企业贸易对外支付。2010 年 5 月，在 7 个省（市）开展进口付汇核销改革试点，同年 12 月在全国范围内推广，合规企业的正常进口付汇业务无需再办理现场核销手续。三是试点出口收入存放境外，提高企业资金利用效率。2010 年 10 月，在 4 个省（市）试点出口收入存放境外，允许企业在境外开户存放具有真实合法交易背景的出口收入，用于货物贸易、部分服务贸易和经核准的资本项目对外支付。四是简化服务贸易真实性审核程序，便利服务贸易等项目对外付汇。2006 年 5 月大幅简化服务贸易售付汇审核手续，2009 年对服务贸易等项目对外支付提交税务证明予以规范和明确。

规范便利个人外汇收支。2007 年 2 月实施新的《个人外汇管理办法》，将境内外居民个人结汇和境内居民个人购汇年度总额均提高至 5 万美元，充分满足个人用汇需求。2008 年开展个人本外币兑换特许业务试点，允许境内非金融机构为个人办理人民币与外币间的货币兑换业务，2009 年进一步扩大了试点地区，满足国际旅游中心、部分涉外经济发达地区的个人兑换需求。

大力支持企业“走出去”。积极推进境外直接投资外汇管理改革。2006 年以来，先后扩大境内企业境外直接投资外汇来源，取消购汇额度限制，在全国推广境外放款外汇管理改革，扩大境外放款的主体和资金来源，简化相关核准和汇兑手续，加大对境外投资企业的融资支持；先后允许跨国公司以外币资金池、内部结售汇等方式开展外汇资金集中管理，放宽企业境外运用限制。2010 年 7 月，完善对外担保管理，满足境外投资企业对信用支持的政策需求。同时，支持企业集团外汇资金集中运用，提高资金使用效率。

此外，在国际金融危机期间，出台包括改进出口收结汇联网核查管理，允许部分企业先结汇后核查，提高预收货款等收结汇比例；提高金融机构短期外债指标用于支持贸易融资等多项应对危机措施，有力地支持涉外经济稳定发展。

（二）在深化金融体制改革、推动人民币资本项目可兑换方面取得新突破。“十一五”期间，根据我国经济发展阶段和金融监管能力特别是国际收支基本状况，外汇管理部门在有效防范风险的前提下，以稳妥有序地拓宽资本流出渠道为重点，有选择、分步骤放宽对跨境资本交易活动的限制，提升我国对外金融竞争力。

促进证券投资资金双向流动。一是有序拓宽对外投资金融渠道。2006 年 4 月，实行合格境内机构投资者（QDII）制

度,有序拓宽境内机构和个人对外金融投资渠道。截至2010年12月末,共批准88家QDII机构,境外投资额度共计683.61亿美元。二是有序扩大境内证券市场开放。在2002年引入合格境外机构投资者(QFII)制度的基础上,2007年以来,先后提高QFII总额度和单家QFII投资额度,鼓励境外中长期投资者在境内进行证券投资。截至2010年12月末,共批准97家QFII,投资额度共计197.2亿美元。

推动资本项下人民币业务发展。2007年,会同发改委、人民银行等部门允许符合条件的境内金融机构赴香港发行人民币债券。2010年开展人民币对外直接投资、对外放款、对外担保等跨境资本项目业务试点。

截至目前,按照国际货币基金组织划分的7大类共40项资本项目交易中,我国实施严格管制的主要是跨境金融衍生工具交易等,其他项目已实现一定程度的可兑换,人民币资本项目可兑换程度明显提高。

(三)在防范金融风险、维护国家经济金融安全方面的作用进一步增强。"十一五"期间,针对外汇资金大量净流入和外汇储备较快增长的情况,外汇管理部门着力构建均衡外汇管理框架,切实加强对异常外汇资金流动的监测分析和管理,有效防范跨境资金流动冲击,成功抵御了国际金融危机。

加强和改进货物贸易外汇真实性审核。2006－2007年,重点加强对贸易收汇与外贸出口明显不符的"关注企业"收汇和结汇管理。2008年7月,实行出口收结汇联网核查和贸易项下债权和债务(贸易信贷)登记管理制度,加强对贸易项下资金流入真实性审核。

加强个人分拆购结汇和服务贸易外汇流入管理。2007年2月,对个人超限额的购结汇实行严格真实性审核,年度总额可根据国际收支形势动态调整。2009年明确银行对个人分拆结售汇行为的处理方式和处罚依据,规范个人手持外币现钞结汇限额。同时,逐步构建服务贸易外汇收支非现场监管体系,与税务部门建立协同监管机制,提高服务贸易外汇资金真实性审核的效率和水平。

规范和加强外资外债管理。一是加强外商直接投资、外资并购等外汇管理,严控外资流入房地产市场。2006年,配合建设部、商务部等部门加强房地产市场管理,对外资购买境内房地产严格执行自用和实需原则,规范房地产市场的外资准入。2007年5月,限制返程投资设立或并购房地产企业,严格限制外资房地产企业借用外债。2008年,加强外商投资企业资本金结汇及转股收入结汇管理,防止异常资金通过直接投资渠道流入。2010年,会同住房城乡建设部进一步规范境外机构和非居民个人境内购房外汇管理,加强房地产项下外汇资金流入的管理。二是完善境内机构外债管理,根据外汇收支形势变化,动态调节金融机构短期外债余额指标,控制外债风险。

完善国际收支统计监测和预警应急体系。一是完善国际收支申报和统计体系,加强跨境资金流动监测。健全国际收支申报数据核查制度,强化银行等主体申报意识,建立境内银行非居民人民币账户统计体系、中资金融机构外汇资产负债统计月报制度及境内金融机构直接投资补充申报制度等,将境外个人经常项目购汇纳入个人结售汇系统管理,完善对个人结售汇业务的统计监测,国际收支统计覆盖面和准确程度明显提高。二是完善国际收支应急机制。为防范跨境资金流动冲击,先后运行国际收支风险预警、高频债务监测和市场预期调查等系统。2009年和2010年分别制定了异常跨境资金流出应急预案和跨境资金异常流入应对预案。2010年11月启动跨境资金异常流入应对预案,加强银行结售汇综合头寸、出口收结汇联网核查等七项管理措施,防范跨境资本流动风险。

严厉打击"热钱"等各类违法违规外汇交易活动。开展应对和打击"热钱"专项行动,有针对性地查处重点主体、重点渠道"热钱"的流入。严厉打击地下钱庄、非法买卖外汇、网络炒汇等违法违规外汇交易,加大大案、要案查处力度。2006年－2010年10月,共查处案件9509起,累计处罚金额6.65亿元人民币;成功破获235起地下钱庄、32起网络炒汇案件。

(四)在发挥市场机制配置外汇资源的基础性作用方面取得新进步。"十一五"期间,外汇管理部门积极配合人民币汇率形成机制改革,大力培育和发展外汇市场,进一步发挥市场在优化配置外汇资源中的重要作用。

丰富外汇市场交易品种,满足市场主体多种避险需求。在银行间外汇市场先后推出8个国际主要货币间即期交易、人民币对外汇远期和掉期交易以及交叉货币交易,推出人民币对英镑、卢布及林吉特即期交易。推广银行对客户的远期结售汇业务,增加银行对客户的外汇掉期业务。

扩大外汇市场主体,构建多元化的市场主体层次。截至2010年12月末,先后核准22家符合条件的非银行金融机构和非金融性企业进入银行间即期外汇市场,允许3家货币经纪公司在银行间外汇市场开展外汇经纪业务。

完善市场机制,增强交易自主性和灵活性。2006年,引入人民币对外币交易做市商和询价交易制度,提高市场流动性。2007年4月,运行新一代外汇交易系统,为银行间外汇交易提供了更便捷、更高效的交易平台。2008年7月开展询价交易的净额清算试点工作,2010年将其扩至所有银行间外汇市场。2009年在银行间外汇市场推出外汇交易集中清算业务,降低市场运行风险。

完善银行结售汇头寸和牌价管理。将银行对客户美元现汇、现钞挂牌汇价改为最大买卖价差分别为1%和4%的非对称管理,允许一日多价,取消银行对客户非美元货币挂牌汇价的价差幅度限制。2006年6月将权责发生制管理原则推行至全部外汇指定银行,允许银行远期交易头寸到即期外汇市场平盘。上述措施大大提高了银行自主定价能力,进一步完善人民币汇率形成机制的市场化基础。

(五)外汇储备实现保值增值且功能有新的扩展,维护国家经济金融安全的能力进一步增强。"十一五"期间,外汇储备快速增长,外汇管理部门以"国际化、规范化、专业化"为目标,不断提高经营管理水平,积极探索构建适应大规模外汇储备经营管理的体制,确保外汇储备资产的总体安全、流动和保值增值。一是在严格防范风险的基础上,审慎优化货币和资产结构,基本形成适应大规模外汇储备和我国国情的经营管理理念和模式,确立了较为成熟和完善的多元化经营格局。二是坚持科学有效的投资基准模式,搭建包括策略研究、投资决策、交易执行、风险管理、业绩评价、清算托管、内部控制等较为完整的业务架构,完善包括北京总部、驻外机构等在内的经营平台,健全外汇储备经营体制机制。有效应对国际金融危机,经营水平大幅提高。三是按照"依法合规、有偿使用、提高效益、有效监管"的原则,支持和配合国家发展战略部署,协助和配合国家发债购汇成立中国投资有限公司,参与各种形式的国际合作,积极探索和拓展外汇储备多层次使用渠道和方式。

特别值得指出的是,2008年9月国际金融危机全面爆发，外汇管理部门坚决贯彻落实国务院领导同志关于将保障资产安全放在各项工作首位的重要指示精神，及时启动紧急应对机制，采取审慎而果断的应对措施，确保了外汇储备资产安全和国家经济金融稳定。

总的来看，外汇管理部门积极服务于国内经济平稳较快发展，经受住了国际金融危机的考验，较好地完成了“十一五”规划纲要任务，为更好地实施“十二五”规划奠定良好基础。

二、“十二五”期间外汇管理面临的形势和工作

“十二五”时期是全面建设小康社会的关键时期，是深化改革、加快转变经济发展方式的攻坚时期。“十二五”期间，尽管国际金融危机给世界经济造成深度冲击，气候变化、能源资源安全等全球性问题更加突出，但和平、发展、合作仍是时代潮流，国际环境总体上有利于我国和平发展。从国内看，尽管我国面临经济结构升级约束增多、社会结构平衡难度加大、传统增长模式面临新挑战、人民群众对提高生活水平和质量有了新期待等诸多问题，但我国仍处于重要战略机遇期，我国发展的有利条件、内在优势和长期向好趋势没有改变。

总的来讲，“十二五”期间，国内外环境有利于外汇管理改革的稳步推进。但同时也应看到，外汇管理改革仍面临着严峻挑战。一是外汇持续净流入的压力依然较大。全球经济逐步复苏，特别是新兴经济体增长前景看好，外需稳步增长，我国进出口将维持一定规模顺差。同时，全球直接投资复苏趋势明显，我国劳动力成本低廉、经济环境稳定等优势将继续成为吸引外资流入的基本因素。此外，主要发达经济体将在未来一段时间内维持宽松的货币政策，我国经济复苏业已巩固，宏观经济增长的内生性动力增强，加上利差、人民币升值预期等因素，不排除少量“热钱”通过贸易投资等渠道流入。二是大规模外汇储备经营管理体制亟待完善。大规模外汇储备经营不仅受市场容量约束，也受制于东道国的态度，大规模外汇储备资产摆布面临着越来越大的挑战。三是统筹兼顾有效监管与贸易投资便利化的重要性更加突出。如何在有效控制风险的前提下，有效甄别合理投资和投机套利行为，既为市场主体的正常经营提供尽可能的便利化措施，又对跨境资金的异常流动实施有效监管，已成为外汇管理部门面临的现实课题。

“十二五”时期，外汇管理部门将在党中央、国务院的领导下，以科学发展为主题，以加快转变经济发展方式为主线，处理好保持经济平稳较快发展与促进国际收支平衡的关系，处理好扩大对外开放与防范风险的关系，处理好贸易投资便利化与异常资金流动监管的关系，推动外汇管理工作更好地为经济平稳较快发展服务。外汇管理体制改革的总体思路是：深入贯彻落实科学发展观，进一步推进贸易投资便利化，加快外汇市场发展，完善外汇储备经营管理体制，稳步放宽跨境资本交易限制，健全跨境资金监测分析体系，在信息监测及时有效、风险可控的基础上，逐步实现人民币资本项目可兑换。

面对复杂的国内外形势，完成好外汇管理“十二五”规划，要在工作中切实做到“情况明、数字准、作风正、工作实”。“情况明”就是要加强调研，做好监测分析，对重要行业和市场主体的外汇收支情况了如指掌，不仅要知其然，更要知其所以然。“数字准”就是要保证采集的第一手外汇收支统计数据的科学性、完整性和时效性，为做好监测分析和提高管理有效性打下坚实基础。“作风正”就是要扎扎实实地履职，模范地做好金融服务和监管。“工作实”就是要把外汇管理各项工作做实、做细、做到位，做到成果显著，人民满意。同时，要重点把握好以下几个环节。

一是坚持把防范跨境资金流动冲击作为做好外汇管理工作的着力点。外汇管理部门将密切跟踪形势变化，特别是加强对重点地区、行业和企业的监测分析，针对潜在风险，进一步完善跨境资金异常流入应对预案，守住风险底线，维护国家经济金融安全。继续保持对异常跨境资金流入的高压态势，坚持点面结合，选择若干重点分局，针对重点地区、行业和企业，开展深入细致的专项检查，依法严厉处罚经查实的违规案件和主体，提高打击的有效性和针对性。

二是坚持把推进重点领域改革作为做好外汇管理工作的关键点。“十二五”期间，外汇管理部门需破解有效监管与贸易投资便利化、扩大开放与防范风险等一系列两难问题，这需要通过不断深化改革加以解决。外汇管理部门将加快外汇管理理念和方式转变，积极创造有利条件，争取在进出口核销、资本项目可兑换、数据和系统整合、主体监管等重点领域和关键环节取得突破，继续推动外汇管理改革进程。

三是坚持把服务和管理并重作为做好外汇管理工作的落脚点。服务始终是外汇管理的重要内容。外汇管理部门将在对违法违规市场主体加强管理的同时，对遵纪守法的市场主体提供尽可能的政策便利。增强服务意识，善于换位思考，设身处地为市场主体着想，政策调整与市场主体商业运作模式相衔接，积极优化流程和手续，改进对市场主体的服务，用服务促发展，用服务弥补监管带来的不便，用服务推进改革的深化，真正做到寓管理于服务。同时，积极做好规划，在提高规划的科学性上下功夫、在执行力上做文章，做到工作实效与规划没偏差。

四是坚持把加强监管协调作为做好外汇管理工作的支撑点。做好外汇管理工作离不开上游环节、各地方各部门以及监管对象的支持和配合。越是形势复杂多变，越是要加强部门协调和沟通。“十二五”期间，外汇管理部门将不断丰富和完善监管协调的合作形式和机制，在涉及跨境资金流动监管的环节上，积极加强沟通协调，形成防范跨境资金流动冲击的监管合力。

深入推进内部资源整合　不断提升中央企业发展质量

——在中央企业内部资源整合经验交流与培训会上的讲话

邵　宁

（2011 年 7 月 19 日）

同志们：

在去年底召开的中央企业负责人会议上，王勇主任提出，要深入推进中央企业布局结构调整，加大企业内部资源整合力度。我们组织召开这次中央企业内部资源整合经验交流与培训会议，就是为了贯彻落实这一重要精神。一天半的会议内容丰富，安排紧凑。改革局白英姿局长作了很好的专题讲座，中航工业和中国建材 2 家企业作了精彩的发言，知名的跨国公司宝洁公司介绍了全球配置和整合资源的实践。另外，会议印发了 10 家中央企业的书面材料。相信这次会议会给大家很好的启发和帮助。这两年来，我们在重组整合方面已陆续推出一些典型经验，如中国石油、中国五矿、中粮集团、国机集团、华润集团等，大家反映很好。我想，把中央企业内部各个方向好的做法集中起来，就是很好的系统性、综合性的发展经验。下面我讲几点具体意见。

一、充分认识当前形势下做好内部资源整合工作的必要性和紧迫性

在国资委的积极推动和中央企业的共同努力下，“十一五”期间，中央企业重组整合取得了显著成效。总的看，中央企业布局结构得到优化，规模实力和市场竞争力显著增强，运营质量和效益明显提升。尤其是中央企业之间的重组，力度比较大，基本实现了预期效果。一些被体制人为割断的产业链通过重组完整化了；一些资源配置效率不高、发展前景不好的企业进入了有实力的大集团，实现了资源向优势企业、行业排头兵企业集中的目标。但中央企业在布局结构和资源配置方面，仍然存在一些需要解决的问题。主要是国有资本分布仍然过宽，资源比较分散，相当一部分中央企业核心竞争力不强、企业管控能力弱。

“十二五”是我国经济社会发展的关键时期。国资委明确提出，中央企业“十二五”时期改革发展的核心目标是“做强做优中央企业、培育具有国际竞争力的世界一流企业”。这一目标要求中央企业进一步提升高度，而不是横向扩大规模。中央企业要加快转变发展方式，更加重视企业内部资源整合工作，不断提升企业发展质量和效益。做强做优的前提是要先做实，中央企业内部资源整合还有很多工作要做。从根本上说，加强内部资源整合是中央企业自身改革发展的需要。

首先，从历史形成看，相当一批中央企业是在特殊的历史背景下脱钩、打捆组建形成的，大多数子企业先于集团公司成立。因此，这些企业集团的内部资源配置从一开始就是行政操作的结果，而不是市场竞争的结果，缺少在市场竞争中梳理和塑造的过程。这导致集团内部存在企业数量多、资源分散，子企业间业务交叉重叠、互相竞争，集团管控能力弱等问题。这种情况在中央企业相当普遍。近年来，有些企业开展了一系列整合工作，取得了一些进展，但不少企业的问题并没有得到根本解决。

其次，从发展现状看，今天的中央企业与十年甚至五年前的情况相比，已经大不一样。“十一五”期间，中央企业快速发展，但主要是通过投资新建和并购重组等方式实现的外延式扩张。2006－2010 年，中央企业固定资产投资总额近 10 万亿元，并购重组各类企业达 2200 多家。通过这些投资和并购，中央企业不仅规模大了，更为重要的是内部资源结构和经营形态发生了重大变化。一是业务结构从单一向多元转变。以前大多数企业的业务相对单一，要么是生产企业，如钢铁厂、发电厂，要么是单纯的贸易公司或科研单位。现在不少企业则是多元化经营，涉足很多新的业务领域，甚至包括金融。二是业务链条从产业链的某个环节向上下游延伸。比如原来的销售企业，现在向上游的研发设计、生产制造延伸。原来的科研单位向产业化发展，而且有的企业产业化规模已经不小。三是业务布局从局限于一个区域向全国、乃至全球拓展。很多企业实施“走出去”战略，开展跨国经营，子公司已遍布许多国家。四是业务模式实现转型。典型的是一批贸易企业实现了比较成功的实业化转型，军工企业向军民融合发展转型，这几年发展也不错。因此，中央企业内部资源的构成情况已经高度复杂化，这就要求我们根据实际情况和市场竞争要求，不断对内部资源进行梳理。这是摆在我们面前的非常重要的工作任务。

第三，从并购重组后的情况看，有些重组效果并不好，没有实现协同效应。原因是没有深入推进实质性整合。有的企业在并购中存在重并购、轻整合的倾向，或者一段时间内只顾把外部资源归集进来，但整合顾不过来。还有少数企业并购时战略不清晰，很多是机会导向，或者选择目标时偏离发展战略，或者操作中对市场形势、产业发展前景、目标企业调查分析不深入、不充分，导致并购后背上大包袱。目前，一些中央企业正在处理前一阶段由于并购不成功造成的大包袱，消化成本有的在几十亿元以上。这方面的教训非常深刻。

此外，在一些行业和领域，中央企业之间存在同质化竞争、重复建设现象，造成一定的资源浪费。实际上，有些业务对某个企业来说是辅业或非优势业务，但对其他企业来说则可能是主业，相比之下更有竞争优势。这几年，中央企业之间的资源流动还不够充分。如在航运行业，除中远集团、中国海运等专业化航运企业外，近年来，货主企业特别是电力、煤炭、钢铁、石油石化行业的企业，投资设立的航运企业发展迅速，市场份额很大。虽然货主企业为保证运力、降低成本发展航运业务有一定的合理性，但一般来说，由于货主多为非航运主业的企业，没有自己的专业人才和航运管理经验，在航运安全管理、运营方面不具有优势，从长远看，这样做不利于企业提高生产效率。

总之，中央企业发展到目前这个阶段，确实应该好好将内部资源进行有效梳理和整合，把重点真正放到内部资源的优化配置上来。

当前，全球经济竞争格局正在发生深刻变化，中央企业面临更高层次、更加激烈的竞争。现在可以看清楚的是，今后一段时期，国际、国内市场进一步扩张的余地有限。国际上，发达国家的债务和金融风险问题还没有得到彻底解决。在国内，经过前几年的扩张，“十二五”期间的增长规模将会明显低于“十一五”期间。另一方面，相对于市场规模和容量，我国大多数产品的生产能力过剩，绝大多数制造企业始终面临供过于求、过度竞争的压力。而同时，几乎所有的生产要素都表现出非常明显的成本推动特征，能源、资源、人工、资金和环境成本，无一例外都在上升。这样，上端是成本推动，下端存在过度竞争，这种形势迫使我们必须加快转变经济发展方式。中央企业今后不能再像以往那样主要靠资源投入、扩大规模来保持发展速度，而要真正从追求规模扩张向注重提升质量效益转变，从粗放经营向集约经营转变，从占有更多资源向更好地优化配置资源转变。

所以，我们在这个时候强调内部资源整合，既是中央企业自身改革发展的客观需要，也是加快转变发展方式，做强做优、加快培育世界一流企业的迫切要求。

二、中央企业内部资源整合的主要做法和经验

几年来，国资委积极引导、推动企业内部资源整合。通过确定和公布中央企业主业，引导企业资源向主业集中，严格控制非主业投资；要求减少管理层次、清理低效无效投资等，增强企业管控能力，提高资产运营质量。一些中央企业积极探索，采取多种方式推进内部资源整合，形成了一些很好的做法，积累了一些经验。主要表现在以下几个方面：

（一）积极开展专业化整合，提高企业内部业务集中度。

针对内部资源分散、相互竞争、产研脱节等问题，有些中央企业将相同或类似业务整合到同一业务板块，组建专业化子集团，实施统一管理，推进专业化整合。从而提高企业内部的业务集中度，消除内部竞争，提升行业影响力。这是一些行政打捆形成的集团走向真正的集团化必须过的一关。

中航工业由原两大航空工业集团重组而成，资源整合任务之艰巨可想而知。这几年他们充分利用上市公司资源，通过资本市场大力推进专业化整合，成效明显。这次专门请他们作了经验介绍。兵器工业集团从2009年开始，按照分层分类开展“专业化、区域化、产研结合”的结构调整总体思路，提出用3年时间将直接管理的130多家企事业单位整合为30个专业化子集团，目前已完成18个子集团的组建和运转。中国石油围绕建设综合性国际能源公司的目标，持续推进工程技术、工程建设、装备制造业务的专业化重组，初步打破了企业“大而全、小而全”的业务结构。前几年我们总结的中材的经验也属于这种情况。这种做法虽然难度很大，但中航工业等企业的实践证明是可以做到的，前提是要下决心克服各种阻力，要求集团公司有非常大的决心和非常强的执行力，因为这要削很多“山头”。

（二）大力清理整顿低效无效投资，压缩管理层级，提高集团管控能力。

由于历史原因，中央企业内部形成了一批长期资不抵债、亏损严重以及资产规模小、股权比例低、不具备成长性的企业。而且，由于以前对子公司管控不力，子、孙公司也在自我发展，投资搞企业，致使母子公司链条过度延伸。这也是中央企业的一个共性问题。针对这个问题，过去几年，很多中央企业下大力气通过实施破产、转让、关闭清算或合并等方式清理退出，同时压缩企业管理层，一些潜在的经营管理风险和隐患得到妥善处置，优化了组织结构，为企业的健康发展发挥了重要作用。这方面例子很多。

中国石化从2006年开始，清查出集团公司所属企业对外投资和兴办多种经营单位有8421项，清理退出了6600多项，保留了符合石油石化主业发展方向的1610项，工作力度非常大。中国电子坚持“精减数量层级、优化布局结构、提升管控能力”的宗旨，把企业内部清理整合作为集团公司的重点专项工作来抓，列为董事会对经理班子、经理班子对部门及所属企业的年度考核指标之一，强力推进企业内部清理整合。“十一五”期间，累计完成对34家二级企业、510家三级及以下企业的清理整合。

（三）积极推进并购重组后的整合，注重发挥协同效应。

“十一五”期间，一部分中央企业积极有效实施并购重组战略，重视并认真开展了并购后的整合，建立更加适应市场竞争要求的产业链和价值链，规模实力和市场竞争力显著增强，促进了企业跨越式发展。从实践看，由于并购重组方式不同，并购后整合的难度也有差别。

优势企业重组弱势企业的整合相对容易。一般由重组方强力主导，被重组方从战略、管理、市场以及文化等方面融入重组方，从而实现一体化。但如果被重组企业很多，对重组方的战略导向和整合能力要求会非常高。中国建材是这方面的一个成功典型。这几年，中国建材扩张非常快，2006年以来重组了几百家水泥企业，但其战略非常清晰，不是盲目扩张。这是其并购重组取得成功的一个重要因素。中国建材根据水泥有合理运距的特殊属性，以区域市场控制为战略目标推进并购重组，避免区域内过度竞争，所以有经济效果。还有一点，就是整合非常到位。中国建材采用了“三五”模式、辅导员制等一套办法对被重组企业进行深度整合，实现集团的有力管控。实际上，这种扩张风险非常大，对企业的整合能力和管控能力要求很高，因为这要证明合作社比单干好。如果整合能力不强，重组后整合不了、控制不了，这些企业不按你的规则去运行，会导致严重后果。

强强联合式重组的整合相对较难。因为重组双方实力相近，难以用一家企业的管理、文化去整合另一家。而且，往往还涉及集团总部调整、品牌保护等多种复杂因素。这几年有些企业整合不太好，有客观原因，企业文化差异太大可能是一个重要因素。但也有企业做得比较好，如中国联通和中国网通重组后，确立了“充分整合资源，发挥整体优势，理顺业务体系，减少协调障碍，精简职能部门，提高管理效率”的原则，积极对组织机构和管理体制进行优化，总部职能部门数量压缩了40%，初步实现由“简单整合”走向“全面融合”。

相对于国内并购，跨国并购更不容易，整合更难，其中文化整合是关键。凡成功的跨国并购都高度重视文化整合。中国石油并购哈萨克斯坦PK公司、中国五矿收购澳大利亚OZ公司主要资产后，都以多元文化整合为主线，采取“求同存异、兼收并蓄”的办法开展文化融合，同时推进管理、资产、技术、人力资源等方面的整合，从而实现了很好的融合。

（四）积极推进主业资产整体上市，提升企业市场价值。

改制上市是实施内部资源整合的一个重要推动力，也是推动内部资源重组的一个重要机会。首先，为推进上市，企业要对内部各类资产和业务进行认真的梳理和重组，组建主业突出、资产优良的股份公司。其次，为实现主业资产整体上市，通过对未上市部分进行持续整合，把宜于上市的资产和业务通过定向增发、资产收购等多种方式，不断注入上市公司，这又促进了企业对内部资源的重新梳理。而且，上市公司在重组整合方面，操作方式更加灵活、监管更加严格、运作更加市场化和规范化，有利于促进资源的优化配置，提高资源使用效率。还有，非常重要的一点是，上市后的资金集中到股份公司层面，改变了以往资源都在下面，上层手中没有资源、难以调控的状态。截至目前，已经有40多家中央企业实现了主业资产整体上市，有力促进了内部资源整合，提升了公司市场价值。

如中国海油将企业按油公司、专业技术服务、化学化工等专业板块进行持续整合，在先后实现了中海油、海油工程、中海油服、中海化学等公司上市之后，又进一步将后勤服务系统的基地公司改制为股份公司，拟进一步推进上市，形成各板块之间良性互动、协调发展的局面。中国船舶在2010年中国重工跌破发行价时，将下属大连船舶重工等4家主要民船造修企业注入中国重工，成为当年资本市场最大规模的资产注入，形成船舶修造和舰船配套业务的统一格局，实现上市公司业务范围和结构的优化。应该说，资本运作和资源整合存在良性互动关系。我们要利用好资本市场，使企业资源配置不断合理化，同时更好实现资源的市场价值。这种方式是我们要注意掌握的。

尽管中央企业近年来采取一系列措施推进内部资源整合，收到了初步成效。但在实践中，各中央企业内部资源整合工作进展很不平衡，有的已经取得明显成效，有的刚开始初步实践，有的正准备开展。同时，我们应当看到，中央企业在资源配置方面仍然存在一系列问题。一批企业在转型过程中，造成业务范围过宽，核心主业不突出，相关业务在行业细分领域没有话语权。一批企业专业化整合虽已取得一些进展，但工作深度还不够，未能有效发挥协同效应。一批企业组织架构和职能设置不合理，降低了管理效率。还有一批企业改制上市后，存续企业发展困难，或者同一业务板块内拥有多家上市公司，资源分散。这些问题都需要通过深入推进资源整合来解决。

三、突出重点，深入推进中央企业内部资源整合工作

应该说，经过多年改革发展，一部分中央企业已具备发展成为具有国际竞争力的世界一流企业的基础和条件。但从整体看，与世界一流企业相比，仍然存在明显差距。除了我们经常讲的自主创新能力、国际化经营、知名品牌以及高端人才等方面的差距外，资源整合能力也是一个重要差距。下一步，不仅要继续总结和推广中央企业好的做法和经验，还要广泛借鉴世界先进企业的经验，持续提升资源整合能力，解决资源配置中深层次问题。下面，我们先来看看世界一流企业资源整合有什么特点。

一是持续性的资源整合。世界一流企业始终围绕发展战略，开展持续性的资源整合，专注于企业核心竞争力的提升。从国际经验看，跨国企业的发展历程不但是一个不断并购做大的过程，也是根据发展战略，通过对非优势、不具发展潜力业务剥离出售等手段不断调整优化的过程。IBM在明确向IT服务业转型后，将经营多年的个人电脑业务出售给联想，为实现由PC制造商到IT信息服务提供商迈出了决定性的一步。宝洁公司在近30多年内，总共开展了近300次重组整合，其中200多次是业务剥离，而且很多是盈利业务。最近还剥离了薯片业务，这项业务全球年营业收入超过10亿美元。所有的跨国公司在发展过程中，都在不断出售自己的原有业务、收购新的业务，不断对业务进行调整和优化。

二是持续性的组织变革。竞争优势的来源不仅要靠能够适应竞争环境的发展战略，而且还要有能够最大限度调动资源的灵活高效的组织方式，以保障战略成功实施。上世纪90年代以来，随着信息技术与网络技术的兴起和发展，世界一流企业普遍更加重视企业管控模式与组织架构调整、流程再造等组织变革。通过持续性的组织变革，灵活响应外部环境的快速变化，实现资源配置和使用效率的最大化，保持和创造企业竞争优势。

三是全球化的资源配置。世界一流企业的资源整合早已不局限于某个区域和国家，而是在全球范围内有效配置资源，实现从跨国公司到全球化公司的转变。在资源最便宜的地方开采资源，在制造成本最低的地方生产加工，在融资成本最低的地方进行融资，在市场最大的地方卖产品，在研发能力最强的地方搞研发，实现在全球最适合的地方运营，最有效利用全球资源和能力。这已成为世界一流企业必备的一种能力。如IBM在全球范围内有61个开发实验室分设在15个国家/地区，9个生产制造中心，3个采购中心，IT、人力资源等企业支持功能都在全球布局。

相比之下，中央企业在以上几个方面与跨国公司之间还有很大差距，需要继续努力。前年的会议上我说过，能够做好并购重组是中央企业做强做大、迅速发展应当具备的一项基本功。现在看，还要加一句话，资源整合能力是中央企业做强做优应当具备的一项核心能力。我们不仅要会做并购重组，占有资源，还要会整合资源，包括对现有资源的整合，也包括对重组进来的资源和现有资源进行调整与融合。只有具备一流的资源整合能力，有效推动资源优化配置，才能做强做优、争创世界一流企业。内部资源整合是一个很大的课题，结合中央企业实际，着重讲以下四点：

（一）要围绕提升核心竞争力，推进业务结构调整与优化。

在这方面，我想强调要主动做业务剥离。所有的跨国公司都有并购和剥离的经验。并购重组是企业跨越式发展的重要途径，业务剥离是另一个方向上的资源整合。剥离做得好，将企业的有限资源集中发展优势业务，同样能够增强企业市场竞争力。剥离与并购同等重要。

第一，剥离什么？前几年做的剥离，主要是清理无效低效投资。这是一个方面，也是首先需要做到的。但从跨国公司全球战略角度来看，更为重要的是将非主业、非战略性业务剥离出去。即使是盈利的业务，如果不符合公司发展战略，也要坚决退出。这是主动的战略撤离。对具体的企业而言，资源永远是有限的，必须集中资源，把好钢用在刀刃上。尤其是处于转型中的企业，。主动剥离更为必要。

第二，怎么剥离？操作途径很多。前几年，不少中央企业成立资产经营公司或专门机构，处理无效低效投资，效果良好。现在，可以进一步赋予这个机构操作剥离非主业和非优势业务的功能。另外，也可以探索通过国新公司实施剥离重组，以及对主业资产整体上市后存续企业的改革重组，发挥资产经营公司的平台功能。

在具体方式上，可以将非主业和非优势业务通过产权交易市场转让，或者先上市后通过资本市场卖出股票等方式退出。根据当前企业实际，尤其是应当探索通过多种方式推进在中央企业之间开展重组整合。中央企业的业务领域非常宽，这方面有很大余地。如某企业的非主业资产符合另一企业的主业发展需要，或者在某企业属于非优势业务而另一企业可能具备竞争优势的，双方可以采取收购、资产（股权）置换、相互持股，甚至产权无偿划转等方式进行重组。如中航工业的汽车业务重组整合就是成功例子。目前正在开展的中央企业非主业宾馆酒店和房地产业务的剥离重组，也是一种尝试。我们积极支持、鼓励并将进一步推动中央企业之间开展这类资源整合。

应该说，与跨国公司相比，国有企业剥离的难度更大。这主要有一些非经济性因素，如职工情感方面的原因等。实践中，在顾及到职工切身利益的前提下，需要切实做好职工和企业的稳定工作。这次电网主辅分离改革，组建两家新的企业，按说风险很大，因为电网的职工可能不愿走，但由于我们高度重视职工的思想工作，解释到位，政策宣传到位，到目前为止非常平稳。我们感觉，中央企业之间的资源整合，把有关工作做好了，职工是可以理解的。

从外部看，国资委近年来实施了一些有利于企业开展剥离与整合的政策。去年开始，国资委对中央企业实施 EVA 考核办法。这意味着规模大小对企业业绩的影响可能不像以前考核销售收入那么重要，而且盈利状况不好的企业，很可能会成为包袱。另外，国有资本经营预算资金支出的重点和方向之一就是支持中央企业重组。这些政策对企业做重组剥离工作都非常有利。

（二）要持续深入开展资源整合，发挥内部协同效应。

第一，对于专业化板块的整合，要深入挖掘内部协同效应。不能只归堆，不融合。在前一阶段，不少企业已经把相似或同类业务进行整合，一定程度上减少了内部竞争。但多数基本上只是初步归到一起，形成一个业务板块。但各板块内部的产品和产业结构、市场结构和区域布局如何进一步优化，如何建立统一管理平台，做到资源共享，真正发挥规模优势，还需要在实践中很好地研究和探索。

第二，沿产业链方向的整合，要推动资源向产业链的关键环节和高端布局。产业链不是越全越好，要突出关键环节。有的企业按照产业上下游关系进行整合，形成内部配套协作关系，这是很必要的，但也要具体分析，不是什么业务都要形成全产业链。为了所谓完善产业链，什么事情都自己做，肯定是不合理的。对于中央企业来说，关键是要对内部资源从产业链角度进行梳理，从自身资源和技术条件出发，突出企业内部关键资源和核心业务的优势。一般来说，中央企业相对比较适合发展产业链中某些进入门槛和技术要求较高、规模效应较明显的业务。对于一般性、没有优势的业务，外包出去可能效果更好。资源要向产业链的关键环节和高端布局，向战略性新兴产业发展。

第三，要切实推进重组后整合，实现 1 + 1 > 2。对于并购重组，不能只吃进，不消化。并购重组的作用，决不能停留在把企业收进来，扩大了企业资产与收入规模，而是要切实把收进来的生产要素与企业现有的相匹配、融合，发挥协同效应，形成新的竞争优势。并购重组一定要给企业带来新的技术或者市场，或者在某些方面降低成本、提高产出与收入。只有对战略、管理、品牌、业务、文化等各个因素实施有效整合，才能出现重组协同效应，实现并购重组的目的。

具体怎么做并购重组后的整合，这次会议推出了一些具体的、生动的经验，以及一些书面材料，大家可以互相学习借鉴。要强调的一点是，在并购重组的开始，做前期尽职调查的时候，就要及时筹划将来的整合，如果发现目标企业整合难度太大，或者无法整合，那就应当尽早决定放弃或者改变重组方式，实在不能整合的就不要重组。在某种意义上说，整合能力的强弱决定了是否开展并购重组和如何实施并购重组。

（三）要切实加强集团公司总部建设，增强管控能力。

资源整合是基础工作，要真正发挥长期效应，还需要企业体制机制创新作保障。前一阶段由于企业规模扩张较快，管理幅度扩大，业务形态也更加复杂，相应地管理难度加大，这对集团总部的管控能力提出了更高的要求。现在我们比较担心的是，很多企业集团总部往往是行政化管理，在组织构架、人员素质、考核激励机制、分配等方面与市场化要求都还有很大差距。强化集团的管控能力，需要对总部重新进行审视，对总部资源进行整合。

首先，要建立与业务整合相适应的管控模式和组织架构。关键是明确集团与子公司的管理关系，也就是母子公司体制或者是事业部体制等。选择什么样的管控模式，无非有战略管控、财务管控、运营管控模式，或者混合式的，核心是设定适当的集权与分权关系。管理关系明确后，相应的组织机构与职能设置就应该配上。再次，要通过优化机构职能、管理流程、加强培训提高人员素质等措施，切实提高总部的管理能力和水平。不断完善集团在战略、投资、风险、考核等重要方面的制度建设，真正把企业长久发展建立在体系能力建设和软实力提升的基础之上。

（四）稳步开展国际化经营，锻炼和提升全球资源配置和整合能力。

在经济全球化的背景下，对大部分中央企业来说，加快“走出去”步伐、实施跨国经营已经是大势所趋。应该说，经过这些年深化改革和市场竞争的锻炼，中央企业经营管理水平有了很大提升，在一些领域具备世界一流的基础条件，但开展国际化经营的经验和能力明显不足。在这方面，需要在实践中努力探索，多向先进企业尤其是跨国公司学习，不断提升全球配置和整合资源的能力。

总之，企业内部资源整合是一项长期工作，我们要高度重视，要有专人不断研究、持续性推动。就像跨国公司一样，不断地进行组织结构调整和创新，不断地优化资源配置。这次会议，中央企业总结了一些很好的经验，而且是实战经验，希望各中央企业今后在各自的发展方向上，多多创造这样的经验，并相互交流，共同提升中央企业的资源整合能力和管理水平。

大力提升企业管理现代化水平 建设具有国际竞争力的世界一流企业

——在中央企业管理创新暨全面风险管理经验交流会议上的讲话

国务院国资委副主任　邵　宁

（2011 年 2 月 28 日）

在“十二五”开局之年，在国资委党委提出培育一批具有国际竞争力的世界一流企业的背景下，召开这次企业管理创新暨全面风险管理经验交流会，具有重要意义。会议给大家印发了一些非常有价值的典型经验材料，这些经验都是中央企业自己创造、实践的成果，操作性非常好，值得深入地学习和借鉴。这次会议的中心任务，是深入贯彻落实党的十七届五中全会精神，总结“十一五”期间国有企业特别是中央企业管理工作取得的进展和成效，交流管理创新及全面风险管理经验，探讨与培育具有国际竞争力的世界一流企业相适应的科学管理体系，研究部署在“十二五”期间推进国有企业管理再上新台阶的具体措施。今天上午和下午，听了四个典型经验介绍和麦肯锡专家所作国际化专题讲座，感到深受启发。就今天会议主题，我讲三点意见。

一、国有企业管理工作实现了重大转型和升级，企业的市场适应能力和竞争力显著提升

经过 30 余年的改革开放和国内外市场竞争的洗礼，特别是前几年全球金融风暴的磨炼，国有企业的管理工作已实现了从计划经济向市场经济、从卖方市场向买方市场、从国内竞争到实施“走出去”战略、从国外管理方法的学习模仿到消化吸收、融合提炼、自我创新的重大转变。具体表现在这样几个方面：一是经营管理理念发生深刻变化。绝大多数企业牢固树立起市场、效益、质量、成本、品牌、营销、全球化、以人为本等适应市场经济要求的理念和社会责任意识。二是极大地丰富、拓展了企业管理的领域。战略管控、购并整合、流程再造、精益生产、虚拟联盟、扁平化组织、供应链管理等新的管理思想和管理组织已经进入企业管理的视野和范畴。前些年我们还在引进这些概念，现在不少企业已经比较深入地在实践了。三是越来越多的先进管理方法和手段被广大企业所应用。企业资源计划（ERP）、经济增加值（EVA）、平衡计分卡、六西格玛、5S 管理等国际流行的管理方法和手段都在国有企业得到广泛应用。四是经营管理人员与职工素质不断提高。涌现出一批批适应市场竞争的企业家和职业经理人，职工使命感、归属感不断增强。五是“软实力”培育越来越受到企业重视。通过构建企业文化、建立学习型组织、加强知识管理、推进管理创新、实施名牌战略、履行社会责任、塑造企业形象等培育企业核心能力，努力保持竞争优势。

国有企业管理工作的转变，对国有企业来讲意义重大而深远。国有企业这几年发展状态较好，应该说与管理水平的提升有直接关系，管理工作的转型、升级对促进企业发展起到了重大作用。外部人士可能很难理解，国有企业怎么会在几年之间突然就变好了？除改革的因素之外，如果深入到企业管理领域就会发现，国有企业一直在学习、在不断地改善自己的管理水平。所以，国有企业现在状态好不是偶然的，有着内在的原因。

随着国有资产监管体制的改革，各级国资委肩负起指导企业管理工作的责任。通过认真履行出资人职责，采取有效监管措施，推动企业加强管理和管理创新，取得显著成效。追溯改革开放 30 年的历史，我国负责企业工作的政府部门一直延续着高度重视指导、推进企业加强管理和管理创新的传统，从国家经委时期吕东同志、袁宝华同志重视推进企业管理工作一直延续到现在。国资委承担着国有资产保值增值的责任，从出资人的角度指导、推进企业加强管理和管理创新，以实现国有资产保值增值，应该说利益更加直接、效果更大。近几年来，各地国资委为推进国有企业管理做了大量工作，国务院国资委着重在以下几个方面推动中央企业管理升级：

一是充分发挥战略管理的统领作用，引导企业突出主业，提升核心竞争力。正确定位是企业战略管理的核心。国务院国资委根据中央企业的资源、能力和比较优势，分期、分批地明确了企业的主业，严格控制非主业投资，这成为企业制订发展战略和规划的基石。战略管理是企业长远性、根本性的重大管理，战略决策失误会给企业带来非常严重的后果，有些更具有不可逆性，会给企业带来灾难。在突出主业的基础上，近年来国资委还注重在体制上为有效战略管理建立制度保障，其中最重要的就是推进规范的董事会建设。董事会最重要的职责是把住企业的战略方向，到目前为止 30 家董事会试点企业董事会在企业战略管理上都倾注了巨大精力，并取得了很好的成效。

同时，国资委也在努力和企业决策层一起研究企业的战略问题，使国资委对企业的主业管理能够适应企业发展的需要，中铝公司的发展战略调整就是一个典型例子。国资委成立后中铝公司连续多年经济效益很好，2008 年受外部环境影响成为央企中的亏损大户。这几年其他中央企业在发展，中铝却在努力脱困。脱困工作第一个方向是彻底改变内部机制，危机实际上对改革是一个机会。企业莺歌燕舞的时候改革是比较难的，真正陷入困境，职工知道亏损了，自己的饭碗有危险了，企业内部对改革的承受力会明显增强。中铝抓住亏损的“机会”，彻底地把内部机制改变了，这对中铝今后的发展将受益不浅。今天上午中铝股份罗建川总裁讲了这么一句话，过去只有民营企业能做到收入能升能降，现在中铝公司也做到了。我想中央企业中敢说这句话的可能不太多。第二个方向是战略转型。中铝原先的主业是单一金属，即铝的冶炼和加工。中铝公司的领导认为有问题，与国资委一起研究，到底单一金属还是多金属是行业发展的国际趋势？什么样的主业配置更符合中铝的实际及发展的要求？经过多方论证，认为多金属是方向，于是国资委将中铝的主业从单一金属调整为多金属。这里面还有一个战略问题，即向下游发展还是向上游发展？往下游发展是深加工，往上游发展是矿产资源。中铝的领导和国资委一起研究形成共识，我国矿产资源相对不足而控制资源需要很大投资，往上游发展能对国家资源战略起到支撑作用，也可以更充分地发挥中央企业的规模优势；如果往下游发展，竞争对手将是一些民营企业，而有些民营企业在深加工做得很好又有成本优势。于是，中铝的主业又一次进行了调整，定位为国际化多金属矿业公司。企业战略的适时调整优化很重要，如果中铝的主业还是当时很窄的范围内，可能现在仍然会很困难。

二是加强内部的整合，提高集团的管控能力，促进资源优化配置。国外企业内部整合问题不是很多，除非在并购之后有整合、融合的问题。但是中央企业中有一批企业是在非常特殊的历史背景下脱钩、打捆组建的，这样形成的集团一方面先有“儿子”后有“老子”，集团管控能力往往比较弱，另一方面内部缺乏协同效应，有时候内部子企业间还是互相竞争的。如何通过内部整合提高集团管控能力，优化资源配置，是许多中央企业面临的一项任务。

前几年改革局经过调查研究，总结了中材集团等一些企业的典型经验。中材集团起初也是典型的“归大堆”、“装麻袋”形成的集团，由原国家建材局所属的工厂、研究机构、贸易公司组成，内部缺乏协同效应。集团领导班子在这个问题上头脑比较清晰，首先明确企业的核心业务和发展战略，然后抓住上市这个重要的机会，以上市标准为准绳大力度推进内部整合，收到了非常好的效果。推动内部整合是需要削山头的，会触及一些人的既得利益，需要有足够的推动力。上市往往可以变成这样的推动力，因为上市可以融资，企业职工会很支持；上市要聘中介机构进入企业，提出专业化的内部重组方案，集团借中介机构提出的要求在内部推起来相对容易一些。通过上市重组组建的中材国际股份很快成为国际一流水泥技术装备工程公司，到目前已连续三年居国际同行业市场份额第一名。原先中材的子公司都是各自为战、分散运作，没有人能做总承包，各自给跨国公司打工。通过上市之前的整合，整合出一个集成能力很强、可以做总承包、做交钥匙工程的大的承包商，竞争力就变得非常强。去年，中材集团海外销售收入已经占到全集团的50%以上，而中材国际占到其中的80%以上。中材集团的经验是前几年总结的，实际上到现在仍然有借鉴意义，对于内部仍然没有整合到位的企业来说，仍然有其价值。这几年央企推动内部整合的成功案例很多，通过整合集团管控能力明显提升。

三是推动企业建立风险管理体系，促进企业稳健发展。2006年，针对经济全球化、信息化程度加深，企业面临的市场环境不确定因素日益增多的形势，国资委印发了《中央企业全面风险管理指引》。这个文件制订得比较超前，集成了国内外、包括很多中介机构对风险管理研究的成果，水平是比较高的。这个文件的性质是一个指引，一个指导性文件，并没有强制约束力，目的是给中央企业一个导向和促进的作用。国资委这些年一直要求中央企业强化风险管理意识，主要领导要重视风险管理和风险防控，企业内部要健全风险管理制度与组织体系，重点加强“三重一大”事项的风险管理。同时，多次举办中央企业董事经理人员及职能部门负责人、业务管理骨干的风险管理培训班，办班的层次办到具体操作者，所以前一段的工作推得比较实。金融危机爆发后，很多潜在的风险变成了现实的风险，使得中央企业更加重视全面风险管理，工作深度和广度在不断拓展。这次会上介绍的典型经验，如宝钢的经验，就非常有操作性、非常具体，值得其他企业借鉴学习。

近几年一些中央企业主动向我委提交全面风险管理年度报告，改革局每年汇总分析后再给企业一个反馈，中央企业中也涌现出不少好的经验和做法。对编制企业全面风险管理年度报告，我们一直坚持企业自愿原则，不要求企业必须编报。实际情况是企业的积极性还是比较高的，效果还是比较好的。在全面风险管理方面今天有宝钢的介绍，明天中国五矿还要介绍市场风险量化管理模型，这些很具体的风险控制办法和风险控制制度体系建设实践，会给大家很多启发。

四是通过推进企业信息化，提高现代化管理水平。传统的管理方式和手段已经不适应当前市场竞争和国际化经营的需要，只有借助于现代的信息技术手段，才可能实现管理的精细化和现代化，对大型企业更是如此。这几年，许多中央企业实施了大型管理软件，推进业务流程再造和管理变革，付出了相当大的努力，促使企业在市场反映速度与能力、集中统一管控、降本增效、服务质量水平和用户满意度等关键绩效指标方面都得到了显著的提升。

今天通过中石油的经验介绍可以看出一个趋势，我们以往强调信息化是企业管理的基础，中石油的信息化确实已经成为企业管理工作的基础，但同时也是企业经营和研发工作的基础，信息化有可能改变企业各项工作的基础和面貌，使企业的经营发展整体上依托于信息系统平台基础之上。这对于中央企业来说是一个台阶，一旦跃升到这个台阶之上，不但是企业管理，各项工作效率可能都会有一种飞跃式提高。这种企业整体上的提升会让那些没有实现信息化的企业完全没办法与之竞争，好像用冷兵器的军队遇上了用热兵器的军队。所以，中央企业必须要上这一个台阶，你上不去别人上去了，你的劣势就不单单是一个企业管理的问题了。

国务院领导同志在有关材料上作出重要批示，充分肯定了中石油十年来信息化建设取得的成绩和经验，并要求国资委进一步加强中央企业信息化建设，提高中央企业的管理水平和竞争能力。国务院领导同志的批示给国资委提出了一个课题，下一步怎么样学习和推广的问题，我们正在研究落实。

五是支持企业积极稳妥开展国际化经营，不断提高国际竞争力。开发国内国际“两个市场”，利用“两种资源”，是中央企业持续发展的必然要求，也是中央企业的使命和责任。这几年中央企业走出去的步伐很大，但国际市场比国内有更多的政治风险、文化风险、汇率风险甚至社会动荡的风险，如何积极地实施“走出去”战略，强化风险管控，是国际化经营成败的关键。近年来，根据中央的要求，中央企业积极研究制订国际化经营战略，加强国际化专业人才培养，建立健全国际化风险管控体系，海外市场开拓、参与国际分工与合作的深度和广度日益发展，通过海外并购，尤其是资源的并购，增强了企业乃至国民经济持续发展的保障能力，不仅中石油、中石化海外并购取得重大成果，中交、水电建设、中国建筑等施工企业海外市场开拓取得重要进展，而且像国家电网公司、华能等企业也在国际化经营方面取得了实效。但总体而言，中央企业还处于“走出去”战略和国际化经营的初级阶段，这个阶段的国际化主要看国际上销售收入达到多少，取得的利润是多少。中央企业或者说中国企业国际化的道路还很漫长，离真正国际化的目标还比较远。

除了以上五个方面，中央企业加强和改进各项基础工作，培养造就与市场竞争和现代化管理相适应的经营管理者队伍和员工队伍，以及加强经营管理、培育品牌商誉、开发核心技术、建设企业文化、树立良好的企业社会形象等方面均取得了很大进展和显著成效，竞争“软实力”不断增强。这几年中央企业管理水平确实有了很大的提高、很大的变化，这种变化是持续不断发生的，中央企业管理意识在增强，自身状态在改善。

二、新的环境和挑战对加强企业管理工作提出了更高的要求，研究提升世界级管理水平成为国有企业尤其是中央企业一项重要而紧迫的任务

改革、管理和发展是相辅相成、相互促进的关系，加强企业管理，推动管理创新，是促进国有企业改革发展的重要基础和保障。在“十二五”期间，国有企业将面对更加复杂多变的外部环境和诸多新的挑战，对企业改革、管理和发展都将产生重大影响。其中，来自日益加深的全球化市场环境、对国有企业履行社会责任更高的要求、转变经济发展方式的低碳、环保要求，以及国际竞争、科技发展和信息技术更深更广的应用等诸多方面的挑战，将对企业管理产生深刻影响。因此“十二五”期间，管理工作必须进一步加强、改进和创新，才能适应国有企业改革发展的要求，提高市场竞争力。

就中央企业而言，在去年底召开的中央企业负责人会议上，王勇主任代表国资委党委提出在“十二五”期间中央企业改革发展的核心目标是做强做优中央企业，培育具有国际竞争力的世界一流企业，为此要实施转型升级、自主创新、人才强企、国际化经营、和谐发展等“五大战略”。应该说这个目标是很高的。对于中国企业来说，平着铺摊子做大是相对容易的，因为我国有一个非常大的国内市场，但是我们向上提升、向高端走并不容易，因此王勇同志提出的这个目标是不容易达到的。用这个目标去衡量，我们有 30 家企业进入世界 500 强就不值得我们过于兴奋了。而这一目标的提出对中央企业又是非常及时、非常有意义的，因为“十二五”期间的国际国内市场环境将使横向扩张的余地越来越小。通过实施“五大战略”，实现这一核心目标要做的工作很多，但是特别需要强调的是，没有一流的管理就不可能有效地实施“五大战略”，没有世界级的管理水平，就不可能造就世界一流的企业。管理是基础，如果我们不能把企业管理好，要想成为世界一流是不可能的，或者说某个时间进去了，可能过一段时间还得出去。

尽管这些年中央企业在诸多方面都有长足的进步，而且大多数已经成为各自所在行业的国内排头兵，但是当我们站在全球的视野审视中央企业，就会看到很多差距和不足，除了在规模、装备水平等硬实力方面，软实力方面也有明显的差距。实际上中央企业现在在规模、装备水平、硬实力方面和一些国外大企业相比，可能差距并不是很大；但是在软的方面，尤其在管理方面、在信息化方面、在国际化经营能力方面，我们的差距比在硬的方面所显示出的差距要大得多。就中央企业培育具有国际竞争力的世界一流企业的基础和条件，以及与世界一流企业的差距，前一段改革局做了专题调研。目前来看，中央企业在经营管理方面与世界一流企业的差距突出表现在以下几个方面：

第一个差距是国际化经营方面。世界一流企业大多数是国际化指数很高的跨国公司，财富 500 强中除中国企业之外，大多数企业本国之外的营业收入、利润、资产和员工要占到一半以上。它们超越国籍而存在，产业链和触角延伸到世界各个角落，在成本最低的地方采购，在融资成本最低的地方融资，在人才最密集的地方研发，具有很强的全球资源配置能力；它们掌控着行业的核心技术、知名品牌和市场网络，始终占据“微笑曲线”的两端，具有很强的全球价值创造能力；它们能够吸引和留住全球顶尖人才，擅长并购整合，产融紧密结合，具有很强的全球资本运作能力。相比而言，中央企业包括进入世界 500 强的 30 家企业，离成为真正意义上的全球性跨国公司尚有很大差距。许多中央企业规模很大，但仔细分析一下，很大程度上是由于我国有很大的市场规模，并不一定意味着国际竞争力很强。那些小国进入世界 500 强的公司，无一例外是全球化的跨国公司，因为它们没有一个大的国内市场可以依赖。国际化经营能力的差距表现在多个方面：国际化经营人才不足是一个重要方面，真正能用几种语言去谈判的人才匮乏；经营层对国外法律环境尤其职工保护法律不熟悉；对海外员工的聘用主要是当地的工人，经营管理层聘用得还很少。

第二个差距是管理信息化。世界一流的企业都拥有很高的信息化水平，并借助信息化平台，建立起卓越的运营、管控能力和精细化管理。著名的沃尔玛低成本供应链管理，戴尔的电脑直销模式，都是借助信息化平台通过管理创新实现的，其整个商业模式和以前都不一样了。思科公司的管理信息化已经完全成为国际化经营的基础性支撑，员工在网上办公，公司 90% 的销售业务在网上完成。台塑的信息化管理能够实现数据一次性就源输入，全球范围内多次有效使用，十年前就实现了每月一日全球财务结算。信息化水平高低是能否达到世界一流管理水平的重要标志。近几年，中央企业信息化应用有了很大进步，但与世界一流企业比仍有很大差距，这将影响企业管理现代化水平的进一步提升。

第三个差距是管理创新能力方面。世界一流企业无一例外高度重视管理创新尤其是商业模式的创新和新的管理方法的应用，丰田的精益生产、GE 六西格玛管理、苹果公司商业模式创新等成为创新者取得并保持竞争优势的锐利武器。从计划经济向市场经济转轨以来，企业管理创新取得显著成效，但与世界一流企业相比，基础管理与管理创新能力仍然有待提高。比如，制度建设是企业健康稳定运行的基础，在这方面，台塑 2715 项制度从设计、运行到监督、改善，整个流程都实行电脑化管理，管理的信息化和精细化程度令前往学习交流的中央企业负责人由衷感到佩服。台塑这套东西也是根据台塑的管理文化，根据王永庆老先生的管理理念，通过信息化的工具实现的。这些需要我们创造性地应用，而不是简单地学习和模仿。

在重大开创性管理创新成果方面，我们的差距更加明显，总体上还处于学习、模仿、改善、应用的阶段。管理就是生产力，管理创新就是竞争力，而重大开创性的商业模式的创新，可以成为引领竞争优势的核心竞争力。我国经济融入全球化的程度越来越深，我国企业与跨国公司在一个平台上竞争，人家重视管理创新，通过管理创新创造出更为有效的资源整合方式或商业模式，我们这方面的差距也需要改变。这些年国际上企业管理的新成果很丰富，中国人的学习能力非常强，国外创造出来我们马上引进，但自己的创新还是不够的。

第四个差距是风险管理方面。世界一流企业往往都有健全的内部控制体系，建有比较完善的风险预警指标系统，备有全套的应急预案，建起统一的风险管理文化，从战略决策层面到具体业务层面都严格执行风险管理流程，利用信息化手段将风险管理固化于业务流程，并与日常经营管理融为一体。如果把风险管理和日常经营管理弄成两张皮，肯定不会成功。风险管理应该是一种理念和要求，融化在日常管理之中，风险管理和日常经营管理绝对不是两个东西，应该是一个东西。《全面风险管理指引》发布之后大家很重视，但风险管理不是几年就可以解决的，它需要逐渐深化，逐渐和日常经营管理融为一体。这几年世界经济竞争表明，如果不重视加强风险管理，即使是世界著名企业甚或百年老店，也会由于各种各样的因素，包括市场的和内部的因素，瞬间被摧毁。

尽管近几年中央企业在全面加强风险管理方面下了很大功夫，进步很快，但基础还比较薄弱，还需要进一步巩固提高。尤其是这几年中央企业国际化运作、并购日益活跃，使我们面对的风险更大了。例如，利比亚不是商业风险，而属于政治风险，我们“走出去”不得不考虑这方面的风险。国资委真正提出全面风险管理只有短短四年多时间，目前的工作广度和深度还远远不够。中央企业要实现王勇主任提出的培育世界一流企业目标，就要从经营管理的角度，从软的方面逐渐缩小与世界先进水平的差距，特别是在国际化经营、信息化管理方面的差距，这是我们下一步需要非常重视的工作。

三、围绕提升企业现代化管理水平与国际竞争力，需要着力加强的几项重点工作

“十二五”期间，我国仍将处于经济发展的重要战略机遇期，这也是国有企业进一步做强做优的关键时期。但我们也需要清醒地看到，“十二五”期间我国经济发展的市场环境与“十一五”期间相比将是偏紧的。“十一五”期间尤其是“十五”和“十一五”上半段，我们面对的国际市场是扩张型的市场，而大家分析，这个扩张型的市场在“十二五”期间很难再现了。金融衍生品是此次金融危机的直接原因，美国金融衍生品的坏帐仍需要一个继续消化的过程，创造金融衍生品是增加需求的因素，消化这些坏帐是减少需求的因素。很多分析认为此次金融危机的深层次原因是美国过度消费的发展模式，危机后不得不进行调整，最近一两年美国的居民储蓄率在上升，这意味着居民消费在减少。所以，无论从金融危机的直接导火索还是更深层次原因来分析，未来我们所面对的国际市场与前一个时期相比将是比较紧的。另一方面，国内扩张需求的余地越来越小。经过几次运用扩张性的政策，包括财政政策和货币政策刺激内需，我国基础设施领域有回报的投资机会越来越少，一些重要终端产品的社会需求已被透支，再进一步扩大内需的难度越来越大，潜力越来越小。所以，无论从国外还是国内来看，“十二五”期间我们所面对的经济环境肯定偏紧，因此需要及时调整和改变发展方式。

在这样的环境下，更需要我们抓住机遇，树立信心，坚持以深化改革为动力，以加强管理和管理创新为基础，以提升产业层次、提高技术含量为中心，促进企业持续健康发展。就中央企业而言，发展要有新思路，改革要有新突破，管理要上新台阶，要在更大范围、更广领域、更高层次上参与国际竞争与全球分工，在这个过程中打造具有国际竞争力的世界一流的企业。这个方向上需要做的工作很多，就企业管理而言，需要重点做好以下几个方面的工作：

（一）加强企业战略管理，制定正确发展方向。

企业要对自己所处的外部环境经常进行科学的分析，充分研究市场和竞争对手，研究科技及产业格局的发展变化，在此基础上制订并且动态调整优化发展战略。我们的企业的预见性与国际先进企业比是有差距的，世界一流企业往往能够洞悉产业发展的趋势和前景，经审慎研究确定发展战略及目标之后，就坚持不懈地为之奋斗，即使经理人变更也不会改变。中央企业也有这样的案例，像新兴铸管集团（即新兴际华集团），发展铸管是九十年代定的，现在回过头来看，当时进行的战略转型是非常正确的。我们几家专业外贸公司的实业化转型，军工企业的民品发展，战略性因素的把握、掌控非常重要，如果转不好，风险是非常大的，应该说这方面我们有非常成功的案例。但是也有一些中央企业贸然进入一些不熟悉的产业领域，搞了一些并没有把握但投资非常大的项目，没有技术也没有队伍，现在非常被动，这样的教训也就在我们身边。所以，中央企业下一步仍然须高度重视战略管理，防范战略性风险，促进企业可持续发展。在今后外部环境比较紧的情况下，如果战略发生了问题，一个重大投资出现失误，可能就会把一个大集团给拖下去。

（二）进一步推进企业的信息化建设，提升现代化的管理水平。

充分发挥信息技术对提升企业技术能力和管理效率的重要作用，加快企业主要领域的信息系统建设，促进信息技术与经营管理、产品研发、供应链优化、战略联盟等深度整合。实际上就是把经营管理和发展真正实实在在地放在信息化的平台上。必须清醒地看到，信息化本身是非常好的事情，但它也有风险，信息化也不是“免费的午餐”。一方面信息化需要很多软硬件投资，同时又会因为业务流程的再造、组织管理的变革对企业内部的状态提出要求，而内部的要求达不到、阻力太大，会导致信息化的失败。中央企业里面有非常成功的典型，也有不太成功的典型。前几年有些部门对中央企业进行检查，也反映某些企业信息化方面投入很大，但是效果不够好，引入的系统与内部的流程和组织系统不匹配，但是调整内部的问题又缺乏足够的力度和信心。我们要特别学习借鉴中石油“八个坚持”的经验，坚持总体规划、项目管理、业务主导、先试点后推广、系统集中架构、精选服务商、选用成熟的软件和国际合作，避免走弯路，提高一次成功率。

（三）进一步加强风险管理，增强企业风险管控能力。

随着国际化经营和全球化竞争的发展，企业面对的经营形势将更趋严峻和复杂，必须从战略高度重视风险管理工作，建立全面风险管控体系和工作机制，强化全员风险管理意识，建设统一高效的风险管理文化，完善重大决策、投资、购并、财务、购销、金融衍生品等高风险领域的内控制度和工作流程，健全中央企业重大风险监控机制。对于董事会试点企业，董事会要高度关注企业的风险防控体系建设，这是董事会的职能所在。所有企业都要深入分析经营中面临的风险因素，制定风险防控的措施和应对预案，实现风险管控目标和管控能力、风险预防和抓住机遇之间的平衡；加强企业日常风险评估工作，切实把风险管理与各项经营管理活动特别是关键业务环节紧密结合，探索适合本企业特点的风险量化分析和风险监测预警的技术手段和实现方式，借助信息化促进内控管理的升级，提高风险预警、反应能力和管理水平。在借助信息化加强风险管理方面一些企业有自身的特色，如中石化组织一批熟悉业务、廉洁自律的老职工在信息系统上搞“网上巡视”，抽查跟踪关键业务流程，收到了比较好的效果。国资委将加强对央企风险管理共性问题的研究，在企业自愿基础上继续组织做好年度风险管理报告的编报及反馈工作，适时研究出台进一步指导企业加强风险管理的指导性文件。

（四）积极稳妥推进国际化经营，提高企业全球配置资源的能力。

国际化是做强做优企业极为重要的环节，也是培育具有国际竞争力的世界一流企业绕不过去的一个过程。亚洲企业与欧洲企业不同，可能是文化差异过大，国际化都很难，日本企业实现国际化用了几十年的时间。为了促进中央企业持续发展，肩负起国家赋予的责任和使命，中央企业应当尽量缩短这一过程。我们对国际化也要有正确的认识，努力做国际化经营的高端，做价值链的组织者，而不应该是单纯的工厂或卖低附加值的产品，这就要求企业必须具有核心竞争力，包括以一流的研发掌控核心技术，一流的产品做好市场的定位，一流的营销能力创造国际知名品牌，一流的整合促进资源优化配置，一流的员工队伍提高顾客的忠诚度，一流的文化建设增强企业的凝聚力。在这些方面，人才是最关键的，我们要进一步加强适应国际竞争需要的企业领导力建设，建立具有全球化的战略思维和宽阔视野的领导班子，培养满足国际化经营需要的人才队伍，逐步做到全球配置资本、人才、研发等各类资源。我们既要重视海外并购，加快企业国际化进程，又要注重加强并购专业团队建设，完善并购工作流程，做好尽职调查审慎决策，增强对并购项目的管理能力。

（五）围绕做强做优、建设世界一流企业加强对标工作。

通过与国际同行业一流企业对标，能够为我们找到管理实践中可以比较的参照系，传导一种间接的市场竞争机制和压力，加上配套的考核、管理措施，确实是促进企业改善管理的有效手段。中央企业对标工作前几年就开始了，荣融主任在任的时候，就号召中央企业每家都要选择一个同行业国际先进企业进行对标，这项工作近年来取得了非常好的进展和收获。前几年很多中央企业发展态势不错，但是大家的精神状态很实际，主要是因为通过对标知道自己的差距，我们和自己的过去比确感到很欣慰，但和世界一流企业比，我们的差距是普遍性的。建设世界一流企业的工作，仍然要从对标开始。我们也在研究建设世界一流企业的工作要不要具体化、程序化？如果要具体化、程序化，可能第一步要做的就是对标，只有和国际先进企业对标，才会知道我们和世界一流企业到底还差多少？

近年来的对标工作对中央企业发展的直接作用是非常大的。大家知道中国移动效益很好，多年利润水平都排在中央企业前列。一提中国移动就有人说是垄断，实际上中国移动的内部工作基础是非常扎实的。中国移动十年来分两个阶段坚持与世界一流对标：第一个阶段从 2001 年开始，与世界同行业综合指标前 4 位的企业以平衡计分卡为工具进行对标，结果到 2005 年大多数指标达到了这些企业的水平；从 2006 年开始，中国移动提出“从优秀到卓越”的跨越，与世界同行业一流指标对标，结果到去年大多数指标处于世界领先水平。中国移动的实践说明，实现做强做优中央企业、培育具有国际竞争力的世界一流企业的目标要求，开展对标特别是与世界一流企业对标，是一项重要而有效的举措。中央企业不仅要与国际先进企业对标，凡是比我们强的，都应该成为我们的学习标杆。中铝的对标就选择了民营企业，因为民营企业的成本比中铝低，在这方面与世界一流企业对没有意义，和民营企业对反而会比较出自身的差距。中铝这样的大公司，放下身段和民营企业对标，结果促进了各项指标的改善。对标不仅要注重硬实力的对比，也要注重对比软实力，不仅要注意指标的量化比较，而且要比较蕴藏在指标背后的理念、方法、组织流程的差距，通过加强管理或制度创新、技术创新，尽快地缩小、最终达到世界一流水平。

企业是企业管理工作的主体。作为国有资产出资人代表的国资委可以也应当有所作为，但这里有一个准确定位的问题。我们要推动工作，但手不能伸得太长，管得不能太细，要求不能过于具体。国资委的定位应该在推动和服务方面。所谓推动，应该从国资委一系列相关工作，如业绩考核、确立主业、审计监督、财务评价等多个角度引导和促进企业加强管理，条件成熟时，也可以组织管理评价，使企业领导人能够对本企业的管理状态有一个比较客观的了解。服务是国资委推进企业管理工作的重点。目前中央企业管理工作有这样两个现实的情况，一是中央企业的管理水平总体上与国际先进企业水平还有很大差距，需要我们进一步加强与国际先进企业的学习交流，在这方面国资委可以起到很好的组织作用。目前国资委企业改革局正在组织的，是与台塑和思科的交流培训项目。台塑的培训项目是王永庆老先生在过世之前和李荣融主任商谈确定的，老先生一直有一个愿望，希望台塑的管理经验能够惠及大陆的企业。所以，台塑完全敞开大门，我们企业的人去学习，他们给我们进行系统培训，效果是非常好的。中石化的管理水平不错，还是比较精细的，但第一期去的中石化的同志回来跟我讲，到了台塑，感到“震撼”，发现差距仍然很大。台塑项目我们将继续执行下去。第二个项目是国资委、思科、北大光华管理学院共同组织的项目，组织中央企业的高管到思科学习交流，思科内部由各方面的高管出面讲课，这使得我们央企的负责同志有机会深入到一个世界一流跨国公司比较深入地进行了解。思科还请了一些非常知名的人士，比如说 GE 的 CEO 伊梅尔特先生也请来给我们上课。在这两个培训项目基础上，我们计划再开拓一些新的培训领域。随着中国经济地位提高，中国企业竞争力增强，尤其是中央企业状态不断改善，很多非常优秀的跨国公司非常希望与中央企业高管接触，建立工作关系，培训是可以达到这一目的具体方式之一。我们将利用各种各样的机会创造条件，让我们的企业更多地了解国外先进企业的经营管理，使我们的企业学得更加深入。

第二个现实情况是，中央企业之间的管理水平参差不齐，有很多企业管理水平很好，或者某一项管理水平很好，但也有一些企业管理水平并不好，包括监事会的同志也跟我们讲，某某企业管理水平实在不敢恭维。水平参差不齐就有可能取长补短。我们需要及时总结先进企业的实践和典型经验，然后组织交流推广，发挥典型的示范和引导作用。由于这些经验都是企业自己创造的，更符合企业的实际，更容易学。在这方面企业改革局是有传统优势的，希望改革局发挥优势，总结中央企业有普遍可推广价值的经验，通过企业间横向交流、学习，使管理水平共同提高到一个新的层次。

加强企业管理是企业永恒的主题，也是企业核心竞争力之所在。今后要进一步发挥国资监管这个大系统的优势，这次会议就有很多地方国资委主任参加。加强央企之间，央企与地方企业之间的学习交流，推动国有企业管理水平不断提升，促进国有经济持续健康发展，实现王勇主任在前一段中央企业负责人会议上提出的做强做优国有企业、培育世界一流企业的目标，让我们大家共同为这个目标而努力！

把做好安全生产工作摆到第一位置 为做强做优中央企业提供安全保障

——在中央企业安全生产工作会议上的讲话

国务院国资委副主任 黄淑和

(2011 年 5 月 19 日)

同志们:

这次会议的主要任务是,贯彻落实党的十七届五中全会精神和《国务院关于进一步加强企业安全生产工作的通知》要求,总结“十一五”期间中央企业安全生产工作,部署“十二五”时期和 2011 年安全生产工作任务,推动中央企业进一步落实安全生产主体责任,提高安全生产管理水平,为实现“做强做优中央企业、培育一批具有国际竞争力的世界一流企业”目标提供安全保障。安全监管总局对中央企业安全生产工作高度重视,孙华山副局长专门到会讲话并将提出要求。下面,我先讲三点意见。

一、中央企业安全生产工作取得了积极成效

国资委高度重视中央企业安全生产工作,牢牢把握出资人定位,督促和指导中央企业牢固树立科学发展理念,认真落实企业主体责任,建立健全安全管理体系,加强安全业绩考核,不断夯实企业发展基础。各中央企业深入贯彻党中央、国务院有关安全生产的方针政策和国家的法律法规,认真落实安全监管总局、国资委的工作部署,切实履行安全生产主体责任,采取一系列行之有效措施,加强和改进安全生产工作,取得了明显成效,安全生产形势总体平稳,为安全发展、和谐发展做出了积极贡献。

(一)安全发展意识进一步增强。

科学的安全生产理念,是搞好安全生产的行动指南。几年来,国资委提出的“铁腕治安全”、“谁不重视安全、组织上就让他不安全”、“要安全的效益、不要带血的利润”、“安全是效益、安全是品牌”等安全管理理念,已经得到中央企业的广泛认同,并逐步成为广大干部职工共同的价值取向。中国石油确立了“以人为本抓安全”的“人本观”,“一切事故都是可以控制和避免的”的“预防观”,“安全源于责任心、源于设计、源于质量、源于防范”的“责任观”,“安全是最大的节约、事故是最大的浪费”的“价值观”,“一人安全、全家幸福”的“亲情观”,把安全生产作为企业的核心价值、天字号工程和第一要求,纳入了企业管理的全过程。中广核集团明确提出,“安全是企业安身之基、立命之本,是企业生存和发展的生命线,没有安全就没有一切”。中核集团、中国电科、中国华能、中国国电、中材集团强调,安全是央企的第一政治,是干部的第一责任,是员工的第一幸福,是企业的第一效益。通过深入开展安全理念的普及教育,中央企业安全发展的意识普遍得到增强。

(二)安全生产责任进一步落实。

各中央企业按照国资委提出的“一岗双责”要求,通过层层签订安全生产责任书,实施安全风险抵押,推行领导安全承包、干部安全述职,严格安全考核和责任追究等一系列措施,逐级强化了安全生产责任制。中船重工、兵器装备集团、中国华电、中电投集团、国机集团、水电顾问等企业,集团公司主要负责人连续多年与下属企业一把手签订安全生产责任书,将安全指标与企业负责人业绩、单位工资总额挂钩;所属企业层层分解安全生产指标,将责任、目标、任务逐级落实到基层岗位,把安全业绩与干部的“帽子”、员工的“票子”捆在一起,坚持重奖重罚,实行“一票否决”,使安全生产主体责任得到有效落实。中煤集团深刻总结安全生产经验教训,构建了“党委重视安全、行政主抓安全、技术部门保障安全、生产部门落实安全、监管部门监督安全”的责任管理体系。

(三)安全生产管理体系进一步完善。

各中央企业按照国资委颁布的《中央企业安全生产监督管理暂行办法》的要求,结合企业和行业特点,不断探索创新,安全生产管理体系进一步完善。

一是积极构建与国际接轨的安全管理体系。许多中央企业瞄准国际先进水平,加大国际对标力度,把传承安全管理优良传统与借鉴国内外成功经验相结合,形成了各具特色、行之有效的安全生产管理标准和体系。中航集团、南航集团、东航集团以国际民航安全标准为基础,全面推行了航空运营人安全管理体系(SMS);神华集团、国投等企业针对矿业安全风险点,采用了国际职业安全协会(NOSA)“安全五星”管理系统;中国石化、中国海油、国家核电等企业按照风险管控要求,建立了健康安全环保管理体系(HSE)。这些体系的共同特点是:通过优化安全生产管理要素,形成了“设计 - 实施 - 检查 - 改进”的动态循环模式。

二是各项制度逐步规范。中央企业普遍建立了符合本企业安全生产实际的规章制度和标准规范,为安全管理体系的有效运行提供了制度保障。中化集团坚持每年修订完善安全生产规章制度,及时将新的规定要求纳入制度体系,确保安全生产制度的针对性和有效性。中粮集团、中国五矿、通用技术集团、中国化工等企业根据业务领域不断扩展的实际,及时修改完善了安全生产规章制度并严格执行,促进了企业的安全管理和转型升级。

三是组织机构更加健全。中央企业普遍成立了安全生产委员会,定期分析安全生产形势,研究部署安全工作。强化了安全监管部门,配备了专职监管人员,建立了从总部、直属企业到基层的安全生产监管体系,高危行业企业还设置了独立的安全生产管理机构。一批企业还积极探索设立安全总监制度,成为安全生产监管的新亮点。中国石油、国家电网、中国五矿、中国中铁、中国铁建等企业还在总部设立了安全总监，进一步强化了总部对所属企业的安全生产管控。航天科技、航天科工、中交集团、中国水电集团、葛洲坝集团等企业向下属单位层层委派安全总监，加大了对基层单位的监管力度。

（四）安全生产基础进一步夯实。

中央企业始终把抓基础、练内功、求实效作为一项长期性工作来抓，既打牢了安全管理基础，又提高了安全生产执行力。

一是加强基础建设。车间、班组是企业发展的基础，也是安全管理的重点。广大中央企业着力加强基层建设，把安全生产工作层层落实到各个车间、班组和基层岗位。兵器工业集团结合创先争优广泛开展“创建平安班组”活动，努力提高班组全员安全意识和岗位安全技能。中国大唐在班组建设中深入开展“三讲一落实”活动，即在生产作业前讲任务、讲风险、讲措施，在生产过程中抓好落实，收到了较好的效果。

二是推行标准化管理。各中央企业大力推进“企业达标、岗位达标”，安全管理基础进一步加强。一汽集团、东风公司、中国北车、武钢等企业全面推行安全生产标准化工作，制定了考核评级细则，开展了专项检查、评比和达标活动，操作规程进一步规范。

三是强化培训教育。中国建筑2010年组织10个培训讲师团，深入各工程局开展安全宣传教育活动，培训员工2万余人。中船集团加强劳务工管理，完善师徒带教制度，禁止新进厂劳务工独立进行危险性较大的作业，提高了劳务工安全意识和作业技能。

（五）安全生产保障能力进一步提高。

各中央企业大力推进“科技兴安”战略，普遍加大了安全生产科技投入，“十一五”期间，中央企业安全投入年均超过400亿元，许多企业的安全投入远高于国家或行业标准。通过开展重大课题科研攻关，实施安全技术升级改造，为企业的安全发展提供了技术保障。航天科工在全系统推进“安全传感器工程”建设和应用，建立跨区域、多层次、网络化的安全生产监管系统，做到了“隐患早发现、违章早纠正、事故早预防”，提高了安全生产信息化管理水平。中远集团、中国海运、中交集团、中国外运长航等企业，积极推进船舶防海盗“安全舱”建设和防海盗器械的开发、研制、使用工作，远洋船舶安全性显著提升。中国建材、中国水电集团、华润集团等企业自主开发了安全管理信息平台，启动健康安全环境（HSE）管理信息化建设，并全面上线运行，为各层级企业安全管理、信息交流、经验分享、安全文化建设等提供了平台。

（六）应对突发事件能力进一步增强。

中央企业按照“统一领导、分级负责、功能齐全、反应灵敏、运转高效”的要求，普遍建立健全了应急管理体系，加强应急预案的编制、评审、培训、演练和应急救援队伍建设，落实应急物资与装备，提高企业应对各类生产安全事故和自然灾害的应急管理能力。面对“5.12”汶川特大地震、玉树地震、南方雨雪冰冻、强台风袭击等重特大自然灾害的严峻考验，各中央企业快速反应、沉着应对、妥善处置，最大限度地保障了国家财产和群众生命的安全，树立了中央企业的良好形象。国家电网、南方电网建立了电网安全风险辨识、评价、控制、发布、改进工作制度，每年迎峰度夏前都举行联合反事故演习。中国海油建立了预案、指挥、信息管理和救援队伍“四位一体”的应急管理系统，注重应急培训和演练，并在实战中经受了检验。中交集团结合企业生产经营的实际，每年组织开展集团层面的应急演练，“十一五”期间，年平均投入应急演练费用达到2700多万元，取得了良好的效果。中国电信、中国联通、中国移动加强应急通信体系建设，形成了抗灾超级基站、高空布放基站、地面应急通信车相互联通、天地一体的应急通信网络。

“十一五”期间，中央企业安全生产工作取得了积极成效，安全生产形势总体保持稳定并趋于好转，事故起数和死亡人数趋于下降，特别重大事故明显减少，一些企业事故多发势头得到遏制。2010年，中央企业百亿元销售收入较大以上生产安全事故死亡率为0.15，比2005年下降了53%。重点领域安全生产业绩持续改善，中央煤炭企业百万吨死亡率平均为0.075，达到世界中等发达国家水平；中央建筑施工企业百亿元产值死亡率控制在2以下，处于全国行业领先水平。

上述成绩的取得，得益于党中央、国务院的正确领导，得益于安全监管总局等有关部门长期以来的有效监管和积极支持，同时也是奋战在中央企业安全生产战线的专业队伍和广大干部职工积极努力、扎实工作的结果。借此机会，我代表国资委和国资委党委，向有关部门和中央企业广大干部职工表示衷心的感谢和崇高的敬意！

在肯定成绩的同时，我们也要清醒地看到，当前中央企业安全生产工作离党中央、国务院的要求和人民群众的期盼还存在较大的差距，一些领域和部分企业生产安全事故多发、频发的势头仍未得到完全遏制，重特大事故仍时有发生，安全生产形势不可盲目乐观。“十一五”时期，中央企业共发生较大及以上生产安全责任事故157起，死亡965人。其中：建筑施工企业87起，死亡477人；煤炭企业11起，死亡139人；石油石化企业19起，死亡88人。上述三个行业较大及以上事故起数分别占中央企业的55.4%、7%和12.1%，死亡人数分别占49.4%、14.4%和9.1%。这充分暴露出中央企业安全生产工作还很不平衡，个别企业还存在安全生产管理水平跟不上企业发展的需要、安全生产责任落实不到位、执行安全生产法律法规和制度不够有力等问题，需要引起我们高度重视，并在今后工作中认真加以解决。

二、“十二五”时期中央企业安全生产工作的形势和任务

“十二五”时期是中央企业贯彻落实科学发展观、加快转变经济发展方式的重要时期。我们要深刻认识并准确把握中央企业安全生产工作面临的新情况，精心谋划“十二五”时期的目标任务和主攻方向，扎实推进安全生产各项工作，在新的起点上取得新的更大成绩。

（一）充分认清“十二五”时期中央企业安全生产工作面临的新挑战。

当前和今后一个时期，随着我国经济社会进入一个新的历史发展阶段，中央企业安全生产工作将面临一系列可以预见和难以预见的安全风险挑战。

一是实现中央企业改革发展的新目标对安全生产工作提出了新的更高的要求。“十二五”时期，中央企业改革发展的核心目标是做强做优中央企业、培育具有国际竞争力的世界一流企业。一流的企业既要有一流的经济效益，更要有一流的安全业绩。当前，国际上许多大公司都建立并执行了全球相对统一的安全标准，并据此作为排斥竞争对手的重要手段。中央企业要成为世界一流企业，就必须以全球的视野，主动与世界一流企业对标，向世界一流企业看齐，从安全管理的各个环节查找不足，持续改进，创建一流的安全品牌。

二是企业规模扩张和生产经营业务快速发展增加了安全管理风险。“十一五”时期，中央企业生产经营规模持续扩大，安全生产的资源保障跟不上企业发展需要的矛盾逐步暴露，安全生产风险点增多。目前，一些中央企业产业链不断延伸，进入了自身不熟悉的领域，特别是主业非煤企业进入煤炭行业，在煤矿专业技术和安全管理等方面经验明显不足，发生事故的可能性增大。中央企业在快速发展的过程中大量实施兼并重组，有些被兼并企业工艺技术落后、设备陈旧老化、安全管理水平不高，给安全生产带来新的风险。

三是用工方式的深刻变化增加了安全管理难度。目前，中央企业直接使用的农民工和通过劳务派遣、分包等形式使用的农民工已达到680多万人，农民工已经成为中央企业改革发展不可或缺的重要力量。这部分从业人员从总体上看安全素质偏低，流动性较大，缺乏系统培训，习惯性违规违章现象时有发生，是事故多发、易发的群体，岗位技能、安全知识、自我防护能力都亟待加强。今后，如何加强对承包商的管理和加快提高农民工安全意识、安全素质和安全技能，已经成为中央企业必须尽快破解的一个重要课题。

四是“走出去”步伐加快给安全生产工作带来了更大挑战。“十一五”期末，中央企业纯境外营业收入已经占到全部营业收入的17.37%，较“十五”期末提高了5.5个百分点。“十二五”规划纲要明确提出，要加快实施“走出去”战略，深化国际资源开发和加工合作，发展境外工程承包和劳务合作。随着“走出去”战略的实施，越来越多的中央企业涉足海外业务，领域遍及建筑、石油化工、电力、电信、机械、纺织、远洋渔业、国际航空、外贸等行业。目前，全球安全局势仍在恶化，各种国际矛盾仍在加深，恐怖主义威胁不断蔓延，一些国家和地区社会治安混乱，绑架、抢劫等事件层出不穷。而中央企业境外项目大多集中在非洲、中东、中亚、东南亚、南美等地区，这些地区矛盾更为突出，情况更为复杂，中央企业面临的境外法律风险、政治风险和安全风险等将会更多。

面对新挑战，我们必须增强忧患意识，积极做好应对准备和风险防控，加快解决安全生产面临的突出矛盾和问题，努力实现中央企业改革发展的新目标。

（二）“十二五”时期中央企业安全生产工作的指导思想和总体目标。

“十二五”时期，中央企业安全生产工作的指导思想是：以科学发展为主题，以加快转变经济发展方式为主线，围绕“做强做优中央企业、培育具有国际竞争力的世界一流企业”这一大目标，牢固树立以人为本、安全发展的理念，认真履行中央企业安全生产主体责任，创新工作方式，夯实管理基础，强化源头控制，加大安全考核和事故问责力度，加快提升安全管理水平，坚决遏制重特大事故发生，努力实现中央企业安全发展、和谐发展。

按照这一指导思想，“十二五”时期，中央企业安全生产工作的总体目标是：建立一大特色体系，创造一流安全业绩。

建立一大特色体系，就是到“十二五”期末，中央企业要普遍建立健全与国际标准接轨、具有中国特色、适合本企业特点的安全管理体系。这一安全管理体系，对外要经得起境外竞争对手挑剔，对内各企业和全体员工能得到有效执行。

创造一流安全业绩，就是到“十二五”期末，中央企业安全管理水平和主要安全业绩指标接近或达到国际先进企业水平；重点行业重特大事故得到有效遏制，较大及以上事故起数和死亡人数较“十一五”期间明显下降。

（三）“十二五”期间中央企业安全生产工作的主攻方向。

要实现上述目标，“十二五”期间，中央企业要把抓好以下“四大重点项目”作为安全生产工作的主攻方向。

一是科学制定并全面实施企业安全发展五年规划。各中央企业在制订并实施“十二五”规划中，要系统梳理安全生产关键风险点，科学配置与安全风险防范相适应的各类资源，将安全发展规划纳入企业转型升级规划和企业总体发展规划，实现安全生产与企业发展同步规划、同步实施。要按照国资委确定的主业，优化产业布局，严控投资方向，谨慎进入不熟悉的行业和领域。对拟兼并重组的企业，要严格做好安全生产评估，当具备安全生产条件时才可并购；已兼并重组的企业，安全管理要及时跟上，加快形成统一的安全文化，确保兼并重组企业安全发展。要加大淘汰落后力度，坚决关停安全性能低下、危及安全生产的设备和装置。

二是大力推动安全技术攻关。技术进步是提升中央企业本质安全水平的重要支撑。中央企业要坚持高起点和高标准，充分发挥科技人才优势和自主创新优势，进一步加大安全技术投入，着力抓好重大事故风险防控技术和应急救援技术的攻关，为企业安全生产提供有力的技术保障。同时，要重点完善三大安全保障体系：即完善重大工程和高危项目的安全风险评估体系，避免出现系统风险；完善在线安全监控体系，力争做到所有生产作业场所、重点部位实现全天候的在线监控；完善和优化设备保障体系，切实提高物防水平。

三是大力提升境外安全生产管理水平。提升境外安全生产管理水平是中央企业“走出去”战略顺利实施的重要保障。凡是在境外开展生产经营活动的企业，都要加强安全品牌建设，认真研究驻在国经营管理、劳资、安全生产等方面的法律规定，抓紧建立和完善与国际安全标准相衔接的安全生产标准体系和安全规章制度，健全安全防范、风险预警、风险评估、应急处置和法律保障等具体办法，切实履行境外企业安全生产监管职责，提高监管效能，强化境外人员安全培训，确保境外人身安全和财产安全。

四是加快培养一支具有国际水平的安全监管专业队伍。建设一支高素质的安全监管专业队伍，是提升中央企业安全生产管理水平的重要基础。中央企业要把懂技术、善管理的人才充实到安全监管专业队伍中来，鼓励专兼职安全管理人员考取注册安全工程师资格，逐步实现安全监管队伍的专业化；加强安全技术专业人才培养，培育一支具有国际水平的安全技术专家队伍。被国资委列为安全生产监管一类的中央企业要全面推行安全总监制度。要定期对所有员工开展安全培训，逐步提高每个从业人员的安全意识和安全技能。

在这里，我要特别强调，通过“四大重点项目”建设，中央企业要普遍实现以下具体目标：组织体系健全，责任落实到位，制度标准完善，执行规范严格，技术保障有力，安全考核有效。我相信，只要扎实推进，不懈努力，“十二五”时期中央企业的本质安全水平就一定会有一个大的提升。

三、切实做好2011年的安全生产工作

2011年是“十二五”规划的开局之年，也是实现中央企业“十二五”发展目标的起步之年。中央企业安全生产工作要紧紧围绕“做强做优中央企业”这一总体目标，结合实际，完善措施，抓好落实。当前，要着力做好以下六项工作：

（一）不折不扣地贯彻《通知》和《禁令》要求。

“天下之事，不难于立法，而难于法之必行；不难于听言，而难于言之必效”。《国务院关于进一步加强企业安全生产工作的通知》（国发〔2010〕23号，以下简称《通知》），提出了新形势下加强企业安全生产工作的一系列政策措施，是当前和今后一个时期做好企业安全生产工作的纲领性文件。国资委公布的《中央企业安全生产禁令》(国资委令第24号,以下简称《禁令》),明确了中央企业安全生产工作必须坚决禁止的九种行为,是给中央企业安全生产行为划出的不可逾越的红线。各中央企业要切实把贯彻落实《通知》和《禁令》作为最大限度防范事故发生的重要保障,作为做好安全生产工作必须遵守的基本要求。要按照《通知》要求,进一步梳理完善各项安全生产管理制度,提高制度的针对性和可操作性,确保有章可循。要层层宣贯《禁令》,坚决杜绝有令不行、有禁不止现象的发生。各中央企业要细化本单位的各项要求,制定各层级必须遵守的行为准则。凡是越红线的事,不能干;凡是越红线的钱,不能赚;凡是越红线的行为,要严肃查处。当安全生产与经济效益发生矛盾时,宁可牺牲经济效益也要确保安全。

(二)着力做好事故的预测和防控。

"隐患险于明火,防范胜于救灾,责任重于泰山"。各中央企业要牢固树立预防为主、预防在先的意识,坚定"事故可防、风险可控、灾害可治"的信心和决心,把提高预防能力放在安全生产工作的首位。一是要抓好源头防范。中央企业要强化安全生产的源头控制,严把勘探设计、技术方案、工艺流程、装备运行等重要关口,从源头上消除安全隐患。二是要抓好过程管控。中央企业要将安全生产管理融入到企业管理的全过程,深入开展安全性评价,并使其制度化、规范化、常态化,形成风险辨识、分析、评估、控制的闭环管理,确保安全生产"可控、在控和能控"。三是要抓好重大危险源控制。做好关键环节、重要部位、重点设备及重大危险源等的专项排查及整改工作,对整改不力或未按期完成整改的,要追究企业相关负责人的责任。

(三)突出做好三项监管。

"前车之覆,后车之鉴"。各中央企业要深刻汲取近年来发生的生产安全事故教训,举一反三,剖析深层次原因,针对薄弱环节和突出问题,采取切实有效措施,坚决遏制重特大事故发生。一是要切实抓好重点行业的安全监管。根据中央企业生产安全事故分布特点,当前要把煤炭、建筑、化工、核电等行业作为监管重点行业,进一步强化安全防范制度、隐患排查整改制度、安全事故报告制度和安全应急管理制度,全面落实技防、人防、物防等各项防治措施。二是要加强重点企业的监管。每个企业都要根据近年来事故特点,排出重点监管的对象,对重点企业实行重点监督。对安全生产长期不能好转的企业,该调整班子的要坚决调整,该实施处罚的要从严查处。三是要加强重点环节的监管。从设计、招标、建设、运营等环节入手,严把资质审查、物资采购、持证上岗等重要关口,确保监管环环相扣,责任层层落实。

(四)加强对承包商和分包队伍的管理。

"城门失火,殃及池鱼"。对承包商和分包队伍的安全管理一旦出了问题,业主也有不可推卸的责任。随着中央企业规模的不断扩大和社会分工的不断细化,对承包商和分包队伍的管理日趋复杂。中央企业要认真履行对承包商和分包队伍的安全监管责任,将其纳入企业内部安全管理体系,统一标准、统一管理。要严把承包商资质关、安全业绩关、人员素质关、现场管理关和施工监督关,防止出现"重资质、轻动态管理,重合同、轻现场监督,重书面审查、轻过程控制"的倾向。要严禁以包代管、以罚代管和违法分包、转包及挂靠资质等行为,坚决杜绝使用无资质、假冒资质、借用资质的分包商。经过多年的探索实践,中国海油在加强对承包商管理方面积累了许多经验,在这次会上将做专题介绍,希望各企业认真学习借鉴,切实提高对承包商和分包队伍的管理水平。

(五)大力加强安全教育培训。

"工欲善其事,必先利其器"。各中央企业要大力加强安全教育培训工作,切实提高全员的安全生产意识和技能。一是要突出培训重点。各级企业主要负责人要带头接受安全培训,同时要重点抓好对安全管理人员、特种作业人员、各类劳务人员的安全教育和培训。二是要注重培训效果。要根据不同类型、不同层次人员的岗位特点和培训需求,完善课程设计和培训内容,不做表面文章,不图形式,不走过场。三是要加强培训师资和基地建设。一方面要充分利用企业的现有资源,强化师资培训,加大培训基地硬件投入,改善培训场所、设备、设施条件。另一方面要充分利用大学、社会培训机构等社会资源,多渠道地解决培训师资和基地不足的问题。需要强调的是,安全监管专业人员缺乏是当前企业普遍存在的问题,各中央企业要顾全大局,不要互相挖墙脚,这要作为一条纪律来执行。

(六)进一步完善应急管理体系。

"凡事预则立,不预则废"。中央企业要进一步推进安全生产应急管理体系建设。一是要提升应急预案质量。几年来,从中央企业总部到各基层单位都已经编制了应急预案,初步形成了"纵向到底、横向到边"的应急预案体系,为应对突发事件提供了基本保障。但一些企业应急预案过于烦琐,导致操作性、实用性较差。各中央企业要对应急预案进行一次全面修订和完善,坚持切合实际、简明实用,做到分工明确、责任到人。要进一步完善突发事件应对机制,加强应急预案的培训和演练,全面提高企业处置突发事故的能力。二是要加强应急救援队伍建设。中央企业要加强合作,资源共享,提高装备水平,努力建设一支"招之即来,来之能战,战之能胜"的应急救援队伍。三是要进一步健全应急联动机制。加强企业与政府的联动,加强企业之间的合作,优化配置区域应急资源,充分发挥应对重大突发事件区域一体化联防功能,提高共同应对突发事件的能力和水平。

同志们,"十二五"期间,中央企业改革发展的任务更加繁重,对安全生产工作提出了更高要求、更高标准。我们一定要按照党中央、国务院的部署,牢固树立科学发展观,扎实做好各项工作,努力实现安全生产形势的根本好转,为实现做强做优中央企业的新目标继续做出新的更大贡献!

谢谢大家!

大力促进央企发展方式转变

国务院国资委副主任　黄淑和

（2011 年 6 月 15 日）

"十二五"时期是全面建设小康社会的关键时期，是深化改革开放、加快转变经济发展方式的攻坚时期。中央企业作为国民经济的顶梁柱，要认真做好转变发展方式这篇文章，力争在"十二五"时期有新的发展、质的飞跃，成为转变发展方式的排头兵。

本期《经济大讲堂》的主讲话题是"大力促进央企发展方式转变"，国务院国资委副主任黄淑和在总结中央企业转变发展方式取得初步成效的基础上，深入剖析了中央企业转变发展方式的紧迫性，同时还对中央企业转变发展方式的思路和重点进行了多方面的阐述。

"十二五"时期，我国发展仍处于可以大有作为的重要战略机遇期，既面临历史机遇，也面临风险挑战。中央企业必须坚持以科学发展为主题，以加快转变经济发展方式为主线，以做强做优做大为目标，创新企业发展理念、发展思路、发展模式，使企业走上科学发展轨道，切实提高国有经济发展质量和效益，为促进国民经济又好又快发展做出更大贡献。

——编者

核心观点：

"十一五"时期，中央企业结构调整和产业升级取得扎实成效，战略性新兴产业发展取得初步进展，自主创新取得丰硕成果，节约资源、保护环境取得可喜成绩，发展质量和效益显著提升。

中央企业在加快转变经济发展方式中担负着重要责任和使命。当前，全球经济结构和竞争格局的深刻变化，使中央企业加快转变发展方式形势更加紧迫；我国经济增长模式中存在的突出矛盾和问题，使中央企业加快转变发展方式责任更加重大；中央企业自身改革发展中存在的突出问题，使中央企业加快转变发展方式任务更加艰巨。

"十二五"时期是中央企业贯彻落实科学发展观、加快转变发展方式的重要时期。要把加快转变发展方式作为做强做优中央企业、培育具有国际竞争力的世界一流企业的重要途径，大力实施转型升级、科技创新、国际化经营、人才强企、和谐发展"五大战略"，努力在提高企业经济发展质量和效益、促进企业结构优化和产业升级、加强企业自主创新和知名品牌建设、建设资源节约型和环境友好型企业、深化国有企业改革等方面取得显著成效。

话题之一　中央企业转变发展方式取得初步成效

要点　"十一五"时期，中央企业结构调整和产业升级取得扎实成效，战略性新兴产业发展取得初步进展，自主创新成果丰硕，节约资源、保护环境取得可喜成绩，发展质量和效益显著提升，在转方式、调结构方面取得了初步成效。

"十一五"时期，国资委和中央企业积极践行科学发展观，认真贯彻落实党中央、国务院关于加快转变经济发展方式的重大方针和各项部署，中央企业在转方式、调结构方面取得了初步成效。

第一，结构调整和产业升级取得扎实成效。"十一五"时期，中央企业淘汰落后产能迈出了实质性步伐。中央企业重组整合力度不断加大，中央企业户数由 2006 年的 169 家调整到 2010 年的 122 家。中央企业整体上市或主业资产上市步伐不断加快，截至 2010 年底，中央企业控股境内外上市公司达 336 家，目前中央企业资产总额的 52.88%、净资产的 68.05%、营业收入的 59.65% 都在上市公司。国有资本在电信、电力等行业的比重占 90% 以上。

第二，战略性新兴产业发展取得初步进展。一是在新一代信息技术产业方面，中央企业已经取得了 TD－LTE 技术的主导权。二是在高端装备制造产业方面，中央企业承担了大型客机、高速列车、大型发电机组等我国绝大多数重大装备的研发、生产任务。三是在新能源产业方面，中央企业主导着新一代核能技术的研发；自主研发、设计和建设了世界领先的特高压交流和直流示范工程；风电开发总量占全国总开发量的 64.84%，并拥有完全自主知识产权的风机核心技术。四是在新能源汽车产业方面，中央企业组建了电动车产业联盟，自主研制的纯电动、混合动力和燃料电池新能源汽车整车产品已经相继问世。

第三，自主创新取得丰硕成果。2009 年中央企业科技活动经费总额达到 2633 亿元，2006 年至 2009 年年均增幅达到 28.5%。截至 2009 年底，累计拥有有效专利 76138 项，其中有效发明专利 21266 项。中央企业承建完成的青藏铁路工程、三峡工程、载人航天工程等更成为我国自主创新的典范。

第四，节约资源、保护环境取得可喜成绩。"十一五"时期，中央企业万元产值（可比价）综合能耗下降 20.28%；二氧化硫排放量减少 36.30%，降幅超过全国平均水平 22.01 个百分点；化学需氧量排放量减少 36.13%，降幅超过全国平均水平 23.68 个百分点，为国家完成"十一五"节能减排目标作出了重要贡献。中央企业大力加强对资源的有效利用，2009 年，中央煤炭企业的煤炭采收率达到 76%－82%，中央石油企业贫油层原油采收率达到世界先进水平。

第五，发展质量和效益显著提升。2005 年至 2010 年，中央企业资产总额由 10.5 万亿元增加到 24.3 万亿元，年均增长 18.2%；营业收入由 6.79 万亿元增加到 16.7 万亿元，年均增长 19.7%；实现净利润由 4642.7 亿元增加到 8489.8 亿元，年均增长 12.8%。2010 年美国《财富》杂志公布的世界 500 强中，国资委监管的中央企业有 30 家。

国资委按照党中央、国务院的要求，认真履行企业国有资产出资人职责，积极探索、开拓创新，在推动中央企业转变经济发展方式方面做了大量工作。

一是突出业绩考核的导向作用，引导中央企业切实转变经济发展方式。近年来，国资委相继出台了一系列推动中央企业加快转变经济发展方式的业绩考核政策，鼓励企业加强自主创新，推动企业做好节能减排，鼓励企业获取更多的战略资源。从2010年起，国资委在中央企业全面实施了经济增加值考核，引导企业提升现有资本使用效率，加快清理各种无效和低效资产，不断提高投资水平和优化资本结构，增强价值创造能力，提高发展质量和效益。

二是突出发展战略的指引作用，推动中央企业调整优化结构。国资委强化战略和规划管理，提出中央企业布局和结构调整的目标、任务，明确国有经济发展的主要方向和重点领域；强化企业主业管理，强化对企业投资的管理；通过出台各种引导政策，引导企业国有资产向关系国家安全和国民经济命脉的重要行业和关键领域集聚，向企业主业和核心业务集聚，向骨干和龙头企业集聚。

三是突出出资人监管的保障作用，推动中央企业不断提高发展质量。国资委通过加强财务监管、产权监管等，进一步增强监督的时效性和有效性，确保企业国有资产安全，有效防止国有资产流失，推动企业实现国有资产保值增值；通过不断改革和完善中央企业高管选聘、业绩考核和薪酬分配制度，把业绩考核和奖惩紧密挂钩，充分调动企业提高经济发展质量和效益的积极性；通过加强风险控制，引导企业有效防范法律风险、债务风险、投资风险和其他各类风险，夯实企业健康发展的基础。

四是突出企业改革的推动作用，切实提高企业的活力和管理效率。国资委不断推进中央企业公司制股份制改革，探索建立规范的董事会，进一步完善公司法人治理结构，形成协调运转、有效制衡、科学决策的体制机制。加大管理创新力度，压缩企业管理链条。推进企业信息化建设，推进资金、采购、销售的集中管理，不断提高企业的管理效率和管控水平。

话题之二　中央企业转变发展方式刻不容缓

要点 中央企业在加快转变经济发展方式中担负着重要责任和使命。从当前国内外形势和中央企业改革发展存在的问题看，中央企业加快转变发展方式意义重大，刻不容缓。

中央企业主要分布在关系国家安全和国民经济命脉的重要行业和关键领域，大多是基础行业、支柱产业和高新技术产业中的排头兵企业，也是我国企业参与国际竞争的主要力量，在加快转变经济发展方式中担负着重要责任和使命。从当前国内外形势和中央企业改革发展存在的问题看，中央企业加快转变发展方式意义重大，刻不容缓。

（一）全球经济结构和竞争格局的深刻变化，使中央企业加快转变发展方式形势更加紧迫。

国际金融危机爆发后，全球经济进入一个新的发展阶段，面临一系列重大调整，经济结构和竞争格局发生了深刻变化。一是主要发达经济体进入相对低速增长期，新兴市场国家迎来赶超机遇。国际金融危机使发达国家普遍陷入困境，经济低迷，复苏缓慢。而新兴市场国家经济增长内生动力较强，恢复速度比较快，与主要发达经济体差距有所缩小。二是新一轮产业革命蓬勃兴起，全球进入创新密集和新兴产业快速发展的时代。当前世界主要国家纷纷把新能源、新材料、生物医药、物联网、节能环保、低碳技术、绿色经济等作为新一轮产业发展的重点，抢占世界经济发展新的制高点。在寻找并占领新一轮高速度、长周期增长的“经济产业”方面，许多国家站在了同一起跑线上，尤其对发展中国家可能是实现赶超和跨越式发展的难得历史机遇。三是国际市场竞争更趋激烈，大型跨国公司加快调整全球战略和产业布局。国际知名企业纷纷调整发展战略和产业结构，加快剥离淘汰低效资产，优化组织架构，加大研发投入，集中力量发展优势产业，抢占更大市场份额，争夺未来竞争优势。国际贸易摩擦更加频繁，企业参与国际市场竞争压力越来越大。这些国际经济环境的重大变化和调整，既为中央企业加快转变发展方式提供了良好契机，同时也带来了巨大挑战。

（二）我国经济增长模式中存在的突出矛盾和问题，使中央企业加快转变发展方式责任更加重大。

长期以来我国经济结构不合理的深层次矛盾始终存在，经济发展的资源环境约束不断加剧，单纯依靠大量投入能源、资源和廉价劳动力维持经济快速增长的模式已经难以为继。从产业发展角度看，主要有以下问题：一是我国产业结构以传统产业为主，不少产业处在产业链低端，工业附加值不高。二是整体技术水平还比较低，技术储备不足，科技创新投入较低，缺少核心关键技术和知名品牌。三是一些领域产能过剩，市场长期处于低水平饱和竞争格局。如果这些状况不能得到有效改变，我国企业在激烈的国际经济技术竞争中就会长期处于被动地位。

（三）中央企业自身改革发展中存在的突出问题，使中央企业加快转变发展方式任务更加艰巨。

近些年来中央企业保持快速发展势头，但要看到，中央企业发展还主要是依靠扩大规模、增加投入等外延性扩张模式，增长方式还属于粗放型。突出存在以下问题：一是经济发展的效益还不够好。许多中央企业“大而不强”，与世界一流企业相比，在总资产报酬率、净资产收益率、经济增加值等重要指标上还有很大差距；二是经济发展的质量还不够高。部分企业发展方式还比较粗放、主业不够突出、片面追求规模扩张，许多产品还处在国际产业链低端；三是产业布局还不尽合理。中央企业大多分布在传统型产业，战略性新兴产业比重还比较低，很多企业资源、能源利用效率有待大幅提高；四是技术创新能力还不够强。不少核心关键技术还受制于人，缺少拥有自主知识产权的国际知名品牌。这些问题如果不尽快解决，将严重制约中央企业的科学发展。我们必须在未来5年、10年甚至更长时间，着力加快转变发展方式，为保持我国经济平稳较快发展作出应有贡献。

话题之三　中央企业转变发展方式的思路与重点

要点“十二五”时期，中央企业要把加快转变发展方式作为做强做优中央企业、培育具有国际竞争力的世界一流企业的重要途径，大力推进企业重组整合，加强自主创新和知名品牌建设，加强资源节约和环境保护，进一步加强新兴产业布局，大力提高经济发展质量和效益，力争有新的发展、质的飞跃。

“十二五”时期是中央企业贯彻落实科学发展观、加快转变发展方式的重要时期。中央企业“十二五”时期要把加快转变经济发展方式作为做强做优中央企业、培育具有国际竞争力的世界一流企业的重要途径，大力实施转型升级、科技创新、国际化经营、人才强企、和谐发展“五大战略”，引导中央企业把转变发展方式与提升价值创造能力相结合，把扩大规模与提高质量相统一，把短期发展与长远发展相协调，聚焦主业培育核心竞争力，努力在提高企业经济发展质量和效益、促进企业结构优化和产业升级、加强企业自主创新和知名品牌建设、建设资源节约型和环境友好型企业、深化国有企业改革等方面取得显著成效。当前，要重点抓好以下5项工作。

第一，大力推进企业重组整合，加快结构调整和产业升级。要发挥出资人主导作用，按照战略有机协同、资源有效配置的原则，大力推进中央企业重组整合，通过国有资本经营预算安排，促进中央企业的资源向重要行业的优势企业集中。要进一步完善和规范主业投资制度，严格控制新增非主业投资，推进主辅分离，引导企业国有资本向关系国家安全和国民经济命脉的重要行业和关键领域集中。要加大用先进技术改造传统工业的力度，加快推进工业化和信息化结合。要通过压缩管理链条，加大企业内部资源整合力度，优化业务结构和组织结构，推进产业布局向产业链高端发展。

第二，加强自主创新和知名品牌建设，促进企业做强做优。要进一步完善支持企业自主创新的考核政策和中长期激励制度，加大国有资本预算对自主创新的支持。要深化企业改革，为企业科技创新注入强劲活力和动力。要加大研发投入，在“十二五”时期，要对中央企业的科研投入和研究开发经费占销售收入的比重设置刚性增长数量目标。要进一步推进科研院所与大企业集团的重组，优化企业创新资源配置，推进创新型企业建设和产学研结合。要加强创新型人才培养，大力实施“千人计划”，加快建设人才创新创业基地，探索设立人才创新基金和科技奖励基金。要进一步加大知识产权创造、应用、管理和保护力度，打造一批国际知名品牌，进一步提升品牌价值，同时进一步取得国际标准制订的话语权。

第三，加强资源节约和环境保护，确保完成“十二五”节能减排指标。要将国家“十二五”时期有关节能减排指标纳入中央企业负责人业绩考核体系，建立节能减排约束机制。要引导企业加快能源结构调整，大力开发风能、水能、太阳能、天然气等清洁能源。要进一步淘汰不符合节能环保要求的老旧设备和生产工艺，大力提高能源资源利用效率。要引导企业进一步建立健全节能减排组织管理、统计监测和考核奖惩 3 大体系，夯实节能减排工作基础。

第四，进一步加强新兴产业布局，充分发挥中央企业的引领带动作用。要通过完善有关支持、激励新兴产业发展的政策，突出发挥中央企业在培育发展新兴产业中的重要作用，营造支持创新、宽容失败的有利环境。要通过风险投资等新的投融资模式，吸引、带动社会资本加大对新兴产业的战略性投资，把握方向、超前部署、率先投入、引领发展。要牢牢抓住未来具有重要发展前途的、关系国计民生的、关系国家安全的新技术、新产业的发展动态和方向，科学规划、精心布局，进行战略性投资和布局。要按照国家科技发展战略和企业科技发展战略，抓住“三网融合”、绿色能源、电动汽车、纳米技术等一批技术含量高、带动作用大的战略性新兴产业进行布局，占领带动未来发展的制高点。

第五，紧紧围绕增强价值创造能力，大力提高经济发展质量和效益。要把提升价值创造能力与转变发展方式紧密结合，进一步完善经济增加值考核制度和政策，合理确定资本成本率，引导企业提高资本使用效率。要通过考核的导向作用，夯实发展基础，及时调整结构，清理、退出低效业务。要不断深化全员业绩考核，稳妥推进董事会考核，切实提高考核水平。要进一步提高考核、激励、任免等制度的协调性，使各项制度实现有效衔接，将考核结果与薪酬激励、职务任免相结合，促进企业发展质量和效益得到提升。

改革开放是加快转变经济发展方式的强大动力。“十二五”时期，我们要以更大的决心、勇气和魄力，全面推进国有资产管理体制改革和中央企业改革发展，坚持把深化改革作为做强做优中央企业、培育世界一流企业的强大动力，加快推进公司制股份制改革，建立健全市场化选人用人和激励约束机制，激发企业的活力和动力。要继续完善国资监管体制，增强监管的前瞻性、及时性、针对性和有效性，为中央企业改革发展提供良好的环境。

在中央企业负责人会议上的总结讲话

国务院国资委副主任、党委委员　黄淑和

（2010 年 12 月 24 日）

这次会议是继往开来、再攀高峰的一次重要会议。会议有以下三个背景和特点：一是由“十一五”跨入“十二五”；二是中央企业正处于转型升级的“爬坡”阶段；三是由李荣融同志领队进入由王勇同志领队。这次会议时间不长，但内容十分丰富。中共中央政治局委员、国务院副总理张德江亲自到会，作了一个全面深刻、催人奋进的重要讲话。王勇同志也作了一个内容丰富、具有高度的工作报告。大家在小组讨论中，各抒己见，畅所欲言，气氛活跃，提出了很多很好的看法、意见和建议。在大家的共同努力下，这次会议取得了圆满成功。受王勇同志委托，我对这次会议作个小结，主要讲三个问题。

一、关于会议的评价和收获

刚才，8 位中央企业领导代表各自小组作了发言，对会议给予了很高评价，从不同侧面对会议收获进行了总结。8 位代表的发言，我觉得很精彩，很有激情，很有内容，很有见地。这些发言已经把我们这次会议的收获讲得很具体，总结得很好。归纳大家的评价，我把会议评价与收获概括为“两个好讲话、一个大目标”。

第一个好讲话是张德江副总理的重要讲话。张德江副总理充分肯定了“十一五”期间中央企业改革发展所取得的显著成就，充分肯定了中央企业在国民经济中的重要地位和关键作用，充分肯定了中央企业广大干部职工的整体素质和突出贡献。同时还对今后进一步加快中央企业改革发展提出了更高的要求。张德江副总理的讲话，充满了对中央企业的感情，体现了对中央企业的关心和支持，也体现了对中央企业改革发展情况的了解和熟悉。张德江副总理昨天脱稿讲了很多非常重要的观点，讲得非常精彩。大家在讨论中发言十分热烈，反应也非常好。张德江副总理的讲话，是代表党中央、国务院对中央企业的充分肯定与高度评价，充分体现了党中央、国务院对我们工作的高度重视和殷切希望，使我们深受鼓舞，深受感动。大家表示决心按照中央指明的方向，振奋精神，奋力拼搏，在“十二五”期间取得更加优异的成绩，向党中央、国务院交出一份更加满意的答卷，为实现全面建设小康社会的宏伟目标作出新的更大贡献。

第二个好讲话是王勇同志的讲话。这个讲话对 2010 年的工作进行了全面总结，充分肯定了中央企业今年以来所做的艰辛工作和取得的显著成绩。同时还对“十一五”期间中央企业改革发展的经验进行了高度概括和系统总结。这些宝贵的经验是广大中央企业努力探索和创造的共同财富，为今后进一步推进中央企业改革发展打下了坚实基础。王勇同志的重要讲话还对“十二五”期间中央企业改革发展面临的形势进行了深入分析，这些分析具有前瞻性、指导性。提出的今后工作总体思路，既振奋人心，又切实可行。对 2011 年的工作部署，针对性强，措施有力，使大家对做好 2011 年乃至“十二五”的工作感到方向更清，信心更足。听了这两个重要讲话，大家归纳为七个“很”：很给力，很提气，很鼓舞，很解渴，很温暖，很受教育，很受启发。

这次会议明确提出了一个大目标，就是“做强做优中央企业，培育具有国际竞争力的世界一流企业”。大家认为，这个大目标是我国作为世界政治经济大国体现综合竞争力的必然要求，是中央企业作为国民经济重要支柱所必须承担的重大责任，同时也是中央企业改革发展的必由之路。许多企业结合自身实际，分析在世界同行业中所处的位置，主动对标找出差距，明确今后努力方向，对建设世界一流企业既感到责任重大，又充满了信心。

这次会议是全面总结中央企业“十一五”时期改革发展经验的一次重要会议，是统筹谋划中央企业“十二五”时期目标与任务的重要会议，也是动员部署“十二五”开局之年各项工作的重要会议。这次会议对于推动中央企业加快改革发展，提升发展质量，实现科学发展，将会起到重要的促进作用。这次会议取得了很多收获，我认为最大的收获可以概括为八个字：一是信心，信心倍增。最近一段时间很多中央企业反映，社会上有一些对中央企业不太公正的舆论，使大家的信心受到了一些影响。这次会议使大家疑虑顿消，信心倍增。我觉得这个信心是最重要的，是下一阶段改革发展的强大动力。二是定位，定位清楚。张德江副总理讲的“三个作用”，就是中央企业今后要充分体现和努力做到的，定位已经非常清楚。三是方向，方向明确。下一步往哪里走，该干什么，清清楚楚，非常明确。四是重点，重点明晰。重点抓什么，往哪里突破，大家都感到非常明晰。大家对这次会议一致评价说：内容很好，气氛很好，讨论很好，开得很好，心情很好。在这里我借用林左鸣同志一句话来说：这次会议吹响了中央企业在新的历史时期进一步改革发展的冲锋号！新阶段的帷幕已经拉开，冲锋号已经吹响，下面就看中央企业的各位领导和国资委的同志们怎么样再攀高峰、做强做优了。

二、关于大家比较关心的几个问题

前一段时间，国资委领导同志分别带队召开部分中央企业负责人座谈会，国资委还向各中央企业发放调查问卷，广泛听取大家的意见和建议。这次会议分组讨论中，大家也提出了一些问题和建议。昨天晚上，我召集各小组联络员开会，把各个小组的意见建议听了一遍，并向王勇同志做了报告。这里，我针对大家普遍比较关注的几个问题，谈一些看法，供大家参考。

（一）要密切关注 2011 年经济形势发展的新动向和新走势。

2011 年的经济形势错综复杂，不稳定、不确定因素仍然比较多。中央企业一定要高度关注 2011 年经济形势的变化。当前要重点关注以下四个问题：

一要关注美国量化宽松货币政策、欧洲主权债务危机对全球经济所带来的冲击，以及对我国经济所带来的负面影响。前两天我在办公室看材料，看到一份关于对美国第二轮量化宽松政策及其影响的研究报告，我给大家简要介绍一下他们研究得出的结论。他们认为：美国两轮出台量化宽松政策，实质是大印钞票，主因就是美国经济复苏缓慢。研究报告得出四个结论：第一个结论，量化宽松政策对美国有两个方面影响，一是可以减轻美国的债务负担，增强美国的竞争力；二是政策难以对美国的实体经济产生影响。美国这种政策，是将美国的经济风险转嫁他国，谋取美元的红利，是美国政府在危机面前维护美国利益至上的选择。第二个结论，量化宽松政策对全球经济影响，一是美国美元贬值和流动性过剩，导致全球进入通胀时代；二是热钱乱窜会吹涨金融泡沫，亚洲金融风暴恐将重演。第三个结论，美元贬值冲击国际金融体系稳定，货币战争恐成现实。现在日本、英国也在仿效美国推出量化宽松措施。第四个结论，这种政策将导致世界经济出现新的危机。对中国的影响主要是未来通胀率仍将上升，并将成为中国经济的一个长期性问题。上述四个结论不一定准确，但其所谈的一些观点和看法还是值得我们警惕的。二要关注国内宏观经济走势的新变化，以及各种不确定因素给中央企业带来的影响。三要关注转变发展方式和调整经济结构给中央企业带来的新挑战。这次转方式、调结构，也是一次大调整，对企业来说不进则退，将会影响到企业转型升级能否取得成功。中央企业要勇于接受挑战，在转方式、调结构中发挥好表率作用。四要关注国家扩大内需政策给中央企业带来的新机遇。现在国家扩大内需政策逐步出台，这种变化很多中央企业领导在讨论中已经谈到了，现在关键是怎么样抓住这一机遇，加快自身发展。我们企业从哪里去切入，从哪里去着力，这个切入点与着力点要很好地进行分析和论证，最后搞清楚我们该干什么，能干什么，能实现哪些新的突破。中央企业要根据国家扩大内需政策的逐步出台，抓紧调整自己的发展战略规划，很好研究自己下一步的发展方向。

（二）要牢牢把握好加快转变发展方式的主攻方向。

加快转变发展方式是“十二五”的主线，是一项长期艰巨的战略任务。各中央企业一定要把转变发展方式、提升发展质量作为各项工作的重中之重，在企业“十二五”规划中作出具体部署，并下大力气抓好，切实取得成效。当前我们要把握好转变发展方式的以下五个主攻方向：

一要大力调整结构。要根据企业的主业和市场定位，加快淘汰落后的生产工艺和技术。已经失去竞争力且无发展前景的低端产品，中央企业要果断放弃，跟民营企业在低端产品上打价格战只能是打得头破血流、疲惫不堪，我觉得这不像是中央企业要干的事。要优化产业结构和产品结构，重点做好具有市场前景的核心业务，并且要做成精品，做出特色，做出亮点。

二要加强资源整合。企业内部资源的重组整合和优化配置，这是一篇大文章，有很多事情可以做。要抓紧清理各种低效、无效资产和长期亏损业务，加大企业内部资源的整合重组和优化配置，止住出血点，增加盈利点。加强内部资源的整合优化，是一篇很好的文章，但也是一篇很难的文章。

三要抓好自主创新。当前要着力抓好以下四点：第一，掌握一批具有自主知识产权的核心技术；第二，加快创新成果的产业化；第三，打造一批知名品牌；第四，力争取得国际标准制订的一定话语权。抓住这四点，就是抓住了自主创新的关键。

四要强化节能减排。节能减排是中央企业的一项长期性战略任务。对此中央企业必须高度重视，加大力度，持续抓好。当前中央企业要做好四件事：第一，抓紧建立健全节能减排工作体系，充实配备精干力量，为做好这项工作提供组织保障；第二，切实把好投资决策关，不符合节能减排规定的项目一个不能上，不符合节能减排要求的并购重组项目一个不能要；第三，抓紧淘汰不符合节能环保要求的老旧设备和生产工艺；第四，抓紧做好本企业"十二五"节能减排的规划和部署。

五要发展新兴产业。要用好用足国家鼓励新兴产业发展的现有政策，结合本企业发展实际和优势，集中力量培育发展与企业主业高度相关的新兴产业。要坚持立足高端，做出水平，在新兴产业发展中发挥中央企业的引领和带动作用，努力占领未来发展制高点。

（三）要进一步完善业绩考核体系。

讨论中大家提出，要围绕"培育具有国际竞争力的世界一流企业"这个大目标，进一步完善业绩考核体系。这个建议很好。近期我们将召开中央企业负责人经营业绩考核工作会议，对此项工作作出具体部署。这里我提示三点：

一要完善分类考核。关于完善分类考核，大家提了很多很好的意见，我都赞成。特别是这么多年来，每一个中央企业，都在奋力拼搏，干得很苦，成绩也在显现，但是 A 级数量有限，很难都挤进去。大家的心情我非常理解。完善业绩考核难度很大，面对问题很多。有一次我请了 17 个老总专门就这个问题进行座谈，听取大家的意见。听完发言大家全笑了，因为国资委考核中央企业碰到的问题与集团总部考核子企业碰到的问题是一样的。最后我说了一句，理解万岁。一个集团考核都这么难，国资委面对这么多行业，这么大队伍，完善考核的难度不比你们小。所以有时候只能说理解万岁。关于完善业绩考核，在这里我讲四层意思：

第一层意思，完善业绩考核体系的目的是，提高考核的准确性、针对性和有效性，推动中央企业整体管理水平再上新的台阶。

第二层意思，今后业绩考核的导向，要重点放在引导企业做强做优，避免盲目追求规模扩张和发展速度，引导企业提高发展质量，有效解决企业管理"短板"，推动企业实现科学发展，最终做成"百年老店"。

第三层意思，业绩考核有两类指标，一个基本指标，一个分类指标。对这两类指标我们有一个基本态度。业绩考核的基本指标，是出资人追求的共性指标，必须坚持。但是共性指标不能多，最多就两个，将来可能就是经济增加值一个指标。经济增加值考核和全员业绩考核是考核的主攻方向，必须强化。业绩考核的分类指标，是针对不同企业、不同发展阶段、不同功能、不同定位而设计的个性指标，这些分类指标要根据情况的变化而不断加以完善。

第四层意思，2011 年我们完善分类考核要突出以下五个重点：第一，着力提升价值管理水平，重点提高结构调整的质量，提高投资和并购的质量，提高经营管理的质量，提高价值创造的效率。第二，着力完成国家重点战略性任务，重点做好保障能源供应，保证军品研制，保障宏观调控政策落实，保障国家重大专项任务完成。第三，着力解决历史遗留问题，抓紧处置各类低效、无效资产，抓紧消化处理各类历史欠账和历史遗留问题，抓紧解决长期沉淀下来的各类债权债务，抓紧处理各类重大"老案子"。第四，着力加大研发投入，提高自主创新能力。第五，着力加强安全生产和节能减排，实现安全发展和绿色发展。围绕这五个重点，我们将抓紧完善相关的配套政策和措施。这些政策和措施，我们委内有关厅局已经做了初步研究，准备在中央企业业绩考核工作会议上再进行深入讨论。

二要提高价值创造水平。出资人最大的追求目标是价值创造和效益提升，当然还有政治责任和社会责任。今后，深化经济增加值考核的方向不能动摇，提高企业价值创造能力的要求不能放松。提高价值创造水平，要围绕优化资源配置，抓住以下五个重点：第一，把准资金投向。投资都失败了，投了以后没有收益，肯定谈不上经济增加值，谈不上创造价值；第二，有效降低成本；第三，加速资金周转；第四，清理低效无效资产；第五，坚决止住"出血点"。

三要正确看待考核级别。这些年，中央企业纵向比都在发展，但横向比发展速度有快有慢、发展质量有高有低，考核排名不可避免会发生一些变化。需要强调的是，A 类企业必须是优强企业，将来还必须是具有国际竞争力的先进企业。因此，进入 A 级的企业只能是少数，大家一定要正确对待。

（四）要进一步完善国有资本经营预算制度。

大家在讨论中普遍建议，要进一步完善国有资本经营预算制度，建立健全预算管理体系，提高预算的合理性和准确性，进一步发挥资本预算的导向作用，并强化预算的执行和监督。大家的建议都很好，国资委将认真组织研究，积极采纳合理的建议。

国有资本经营预算试行以来，我们按照《国务院关于试行国有资本经营预算的意见》要求，结合中央企业改革发展实际，资本预算主要用于促进企业加快重组和产业有序调整，支持企业应对金融危机，帮助企业灾后恢复重建，支持企业自主创新和培育发展战略性新兴产业，帮助企业解决历史遗留问题等方面。总的看，资本预算对推进国有经济布局和结构的战略性调整，解决中央企业发展中的问题，支持中央企业深化改革、加快自主创新和增强核心竞争力等，都发挥了积极作用。

今后一个时期，国有资本经营预算的重点任务是：紧紧围绕"做强做优中央企业，培育具有国际竞争力的世界一流企业"这个大目标，突出重点，集中力量、集中资源办大事，充分发挥资本预算的引导带动作用。下一步，国有资本经营预算主要用于"三个倾斜、一个支持"：第一个倾斜是，向推动中央企业优化布局结构，支持中央企业间的重组和内部资源整合倾斜；第二个倾斜是，向核心技术研发和自主创新，打造国际知名品牌倾斜；第三个倾斜是，向加快培育战略性新兴产业倾斜。一个支持，就是适当安排一些费用性支出，支持解决中央企业改革发展中的各种历史遗留问题。

业绩考核与资本预算对支持解决历史遗留问题都有体现。中央企业要做强做优，必须抓紧把历史欠账解决掉，该结就结，该冲就冲，该了就了。我们初步考虑，力争用两三年时间把历史欠账消灭掉，这样企业就可以轻装上阵了。希望中央企业利用当前经济效益比较好的有利时机，把自己能够解决的历史遗留问题尽量解决。

（五）要进一步加强国资委对中央企业的指导、协调和服务。

讨论中，大家普遍要求国资委加强对中央企业的指导、协调和服务。概括起来主要有四个方面：

一是大家提出"十二五"期间中央企业改革发展面临一系列新挑战，外部形势日益复杂，尤其是 2011 年经济形势变数较多，希望国资委加强对经济形势的分析，帮助企业研判形势，及早调整，规避风险。对这个问题我委很重视，2011 年将按季度召开中央企业经济形势分析会，分析经济环境，研判形势走向，及时向中央企业提示运营风险。同时，我们将尽力多组织一些经验交流活动，交流工作经验，研究共性问题，共享研究成果。

二是不少同志提出，希望国资委加强对"走出去"的指导，协调中央企业在海外联合竞标，减少恶性竞争；协调政府有关部门出台支持政策，加快项目审批。同时，还希望国资委加强对海外投资风险防范、知识产权保护和保密工作的指导。这些建议都很好。国资委对此很重视，正在研究一些具体办法，逐步加大对中央企业"走出去"的指导和协调力度，近期抓紧建立"走出去"工作的协调机制。

三是有些同志提出，目前企业遇到一些重点难点问题，自身很难解决，如企业间的联合重组、资源优化整合以及解决历史遗留问题的政策支持等，希望国资委出面协调。这里我代表国资委表个态：中央企业自身难以解决的问题，只要是合理合法的，国资委一定尽力去协调关系，争取政策，做好服务，当好大家的后盾。

四是有些企业提出，希望提高国资委厅局的工作协同和信息共享水平，减少业务工作上的重复指导和多头管理。对此，国资委机关要进一步改进工作作风，减少会议，减少文件，减少材料报表的重复报送，提高工作协同性，切实为企业减轻负担。

（六）三点提示。

一要关注中央企业良好发展中存在的一些隐忧，特别要关注业绩辉煌时潜在的下滑迹象与苗头。最近，中国企业联合会根据美国吉姆·柯林斯的最新著作《再造卓越》中文译本，整理了"洞察危机：企业衰落的五个阶段"一文。文中提出企业衰落一般表现为以下五个阶段：第一阶段，狂妄自大；第二阶段，盲目扩张；第三阶段，漠视危机；第四阶段，寻找救命稻草；第五阶段，被人遗忘或濒临灭亡。我认为，这篇文章对中央企业提供了很好的警示，值得大家一读，并以此为鉴。中央企业要始终保持清醒头脑，在看到成绩的同时，也要看到不足和隐忧，增强忧患意识，加强风险防范，这样才能使自己立于不败之地。

二要共同维护好中央企业的整体形象。中央企业在社会上已经形成一个有机整体，一荣俱荣，一损俱损，不能因为个别企业形象不好而影响到中央企业的整体形象。在这里，我强调三点：第一，不要踩红线。每个中央企业都要根据所在行业的特点，划出有哪些不能踩的红线。凡是红线内的事，不能干；凡是红线内的钱，不能赚。不要因小失大。最近，国资委即将出台中央企业安全生产九条禁令，以国资委规章的形式发布，这就是红线。要做到令行禁止，对逾越红线的，一定要严肃处理。第二，要保持谦虚谨慎。我们提倡：做事要大刀阔斧，勇于开拓；做人要谦虚谨慎，保持低调。"满招损，谦受益"，这一古训值得我们牢牢记取。第三，要互相支持和补台。中央企业之间的关系，是兄弟之间的关系。要顾全大局，互相支持，互相补台，携手共进。在应对国际金融危机期间，中央企业加强战略合作，"抱团取暖"，共同渡过了危机。这种互助互爱的精神，值得我们倍加珍惜和继续发扬。

三要增强突发事件处理和危机公关能力。要完善风险管控体系，做好风险防范预案，提高风险防范能力。面对突发事件和公关危机，要第一时间向公众发布真实信息，掌握话语主动权，避免恶意炒作。面对社会上一些不正确、不公正舆论，中央企业要敢于集体发声、共同应对。国资委有关厅局要采取有力措施，加强对中央企业改革发展的宣传，为中央企业营造一个良好外部舆论环境。

三、对学习贯彻会议精神提出几点要求

一是要认真做好传达学习。要把张德江副总理重要讲话和王勇同志讲话，及时向领导班子和企业全体干部职工传达，组织好学习讨论。同时，紧密结合企业实际，研究提出贯彻落实的具体措施。要把这次会议的各项工作部署切实落实到企业各项实际工作中去，确保"十二五"第一年开好头、起好步。

二是要及早筹划安排好 2011 年工作。2011 年形势错综复杂，给工作增加了难度，提出了更高要求。要及早筹划安排 2011 年工作，进一步梳理细化工作思路和各项措施，在重点领域和关键环节下更大力气，力争抓出更大成效。

三是要及时沟通情况。请大家及时将这次会议精神的传达学习和贯彻落实情况告诉我们，及时将工作中遇到的新情况、新问题以及一些好经验、好做法告诉我们。我们将充分利用国资委的信息交流平台，总结推广大家的经验做法，促进相互学习和借鉴，更好地推进国有资产监督管理体制改革和中央企业改革发展各项工作，共同完成好党中央、国务院交给我们的重大任务。

同志们，元旦春节即将来临，中央企业要特别重视安全生产工作，切实防止重特大安全生产事故的发生。中央企业负责同志要深入基层、深入一线、深入群众，真正为职工群众送上温暖，帮助困难职工解决实际问题，让全体职工都能过上一个欢乐祥和的节日。

最后，祝大家身体健康、工作顺利、阖家幸福，在新的一年中取得更大成绩！

加大金融对中国经济结构调整的支持力度

——在"国际金融论坛 2010 年北京全球年会"上的讲话

中国人民银行副行长　马德伦

（2010 年 11 月 11 日）

很高兴参加国际金融论坛，本次会议的主题是"全球危机与复苏：金融促进国际经济结构调整"。这样的主题，很有针对性和现实意义。谈到这个问题，我认为是十分复杂的，涉及的面很广。不仅涉及到金融产业分工的调整，也涉及到包括劳动力在内的生产要素的自由流动，打破贸易保护主义，还涉及到国际货币体系的改革。今天，我在这里，只想就金融如何支持中国经济结构调整发表一些看法。

改革开放以来，中国的经济发展目标不仅是经济增长，始终包括了经济结构的调整。“十一五”以来，中国也经历了国际金融危机的强力冲击，“保增长”压力前所未有，但中国政府加大经济结构调整的步伐一刻也未停留，并取得了明显成效。投资、消费、出口三大需求增长更趋均衡。2007 年，消费对经济增长的贡献率第一次超过投资，成为拉动国民经济“三驾马车”之首，2009 年，消费对经济增长的贡献率由“十五”末的 50.7% 上升到 52.5%。三次产业结构更加合理，第三产业增加值占国内生产总值比重由“十五”末的 40.3% 上升为 43.4%，服务业对促进就业的作用愈发明显。西部大开发、东北振兴、中部崛起等宏大战略向纵深推进，西部地区经济增速连续 3 年高于东部，区域经济发展格局均衡性进一步提高。

近两年来，在实施应对国际金融危机一揽子计划的过程中，我们加大了金融对支持经济结构调整的力度。在积极引导金融机构保持合理的信贷投放规模和节奏的同时，按照“有扶有控”的信贷政策要求，加大了对“三农”、中小企业、节能减保、区域开发、战略性新兴产业和推动产业转移等方面的支持。在保证在建重点项目贷款需要的同时，加强了对地方政府融资平台的放贷管理，严格控制对高耗能、高排放行业和产能过剩行业的贷款。执行好差别化房贷政策，促进房地产市场健康平稳发展。在加强金融有效监管、防范金融风险的同时，积极稳妥推进金融创新，研究强化对具有系统重要性影响银行的资本约束和流动性要求等，保持金融体系稳健，防范系统性风险，增强金融持续支持经济发展的能力。

一是增强了对“三农”的信贷支持。截至 2010 年 9 月末，主要金融机构及农村合作金融机构、城市信用社、村镇银行和财务公司本外币农村贷款余额 9.3 万亿元，同比增长 30.3%，高出同期各项贷款增速 11.6 个百分点；农户贷款余额 2.6 万亿元，同比增长 29.8%，高出同期各项贷款增速 11.1 个百分点；农林牧渔业贷款余额 2.3 万亿元，同比增长 19.4%，高出同期各项贷款增速 0.7 个百分点。

二是加大了对中小企业的信贷支持力度。截至 2010 年 9 月末，金融机构中小型企业贷款余额(含票据贴现)17.0 万亿元，同比增长 20.5%；中小企业贷款余额占企业贷款余额的比重为 56.4%，占各项贷款余额的比重为 36.7%；小企业贷款新增额占企业贷款新增额的比重为 34.0%，较上年同期提高 11.7 个百分点。截至 2010 年 9 月末，共有 13 家中小企业发行了 14 只短期融资券，募集资金 6 亿元；共发行了 11 只中小企业集合票据，募集金额 37.4 亿元，涉及 57 家中小企业。

三是扩大了对民间投资的金融支持力度。前三季度全社会固定资产投资 19.2 万亿元，同比增长 24.0%，扣除价格因素后，实际增长 21.4%。其中，民间投资持续快于整体投资增幅，民间投资增长 28.4%，国有及国有控股投资增长 19.5%，民间投资累计增速比国有及国有控股投资增速高8.9 个百分点，已连续 7 个月超过国有及国有控股投资的增速。

四是加大了金融支持消费的力度。为配合国家扩大内需特别是消费需求，加快形成消费、投资、出口协调拉动经济增长新格局的战略，近年来加大了金融支持消费的力度。个人消费信贷在总贷款中的比重，从 2008 年末的 12.3%，持续上升到 2009 年末的 13.9%，2010 年一、二、三季度的 14.5%、15.1%、15.4%，有力地推动了消费支出对国民经济增长的贡献。

五是加大了对文化产业的金融支持力度。近年来，金融支持文化产业发展、促进文化体制改革取得了明显成效。一是文化企业贷款快速增长。截至今年 6 月末，据人民银行调查统计司初步统计，文化、体育和娱乐业类(主要是文化企业)各项贷款余额 916 亿元，同比增长 23.58%，比同期金融机构全部贷款同比增长高 4.38 个百分点。其中，中长期贷款 648.46 亿元，同比增长 59.61%，比同期金融机构全部中长期贷款同比增长高 26.39 个百分点；二是上市融资步伐明显加快。今年以来，一批文化企业通过改制实现上市。目前，中国 A 股市场约有 30 家文化类上市企业，总市值近 2000 亿元；三是债券融资规模明显增加。截至 2010 年 6 月末，文化类企业通过银行间债券市场累计发行短期融资券、中期票据等债务融资工具 55 只，募集资金 428.2 亿元。

毋庸讳言，尽管中国经济改革开放 30 年的平均增速接近 10%，经济结构调整也取得了明显成效，但经济结构不合理的深层次矛盾仍然存在。从需求结构看，内需特别是消费对经济增长的拉动作用仍有待增强；从产业结构看，农业基础薄弱、工业大而不强、服务业发展滞后，部分行业产能过剩。从城乡和区域结构看，中西部地区发展相对滞后，区域之间、城乡之间生活条件和基本公共服务差距仍然较大。从要素投入结构看，资源消耗偏高，环境压力加大，资源环境的约束逐渐突出。

不久前召开的十七届五中全会，通过了制定中国国民经济和社会发展第十二个五年规划的建议，将加快经济结构战略性调整作为今后五年加快转变经济发展方式的主攻方向。“构建扩大内需长效机制，促进经济增长向依靠消费、投资、出口协调拉动转变。加强农业基础地位，提升制造业核心竞争力，发展战略性新兴产业，加快发展服务业，促进经济增长向依靠第一、第二、第三产业协同带动转变。统筹城乡发展，积极稳妥推进城镇化，加快推进社会主义新农村建设，促进区域良性互动、协调发展”。要求今后五年实现“经济结构战略性调整取得重大进展。居民消费率上升，服务业比重和城镇化水平提高，城乡区域发展的协调性增强。经济增长的科技含量提高，单位国内生产总值能源消耗和二氧化碳排放大幅下降，主要污染物排放总量显著减少，生态环境质量明显改善”的目标。

“十二五”规划建议中，中国大力调整经济结构的决心，不仅表明中国政府在对自己负责，而且在对推动世界经济增长负责，再次表明中国是一个负责任的大国。最近美国推出的新一轮“量化宽松”政策，或许会对美国本国经济增长起到一定的改善作用，但对世界经济和他国经济增长带来的不利影响已经显现出来。可能会引发通货膨胀，也会加大新兴市场经济国家国际收支平衡的调节压力，增加经济失衡风险，也引起资金外流，对美元贬值的预期更加强烈，造成资产价格泡沫。希望美国制定相关政策时，不仅要考虑当前，也要顾及长远；不能只为本国利益，也须顾及他国和全球经济。

我们也注意到，最近有关货币超发的报道。那种简单地用 M2 总量减去 GDP 得出超发货币多少的说法是不准确的。现在的 M2 是一个累积的数字。货币的多少，还与改革开放以来经济货币化全面深化有关，必然会占用更多的货币；货币周转速度的快慢、货币沉淀也与货币多少有关。此外，由于我国金融市场不发达，直接融资规模小，M2 总量就会大。当然，还有一些其他的因素会影响货币总量。

我要说的是，人民银行作为中央银行，不会放任通货膨胀。我们的政策目标很清楚，是在保持币值稳定的基础上促进经济增长。大家可以看市场，我们每时每刻都在关注。可以说，公开市场的对冲操作一直在进行。

谢谢！

中国银行业的现实挑战与社会责任

——银监会纪委书记王华庆在《中国银行家调查报告(2010 年)》发布会上的讲话

(2010 年 10 月 14 日)

女士们、先生们:

很高兴参加《中国银行家调查报告》2010 年发布会。这是继 2009 年后,中国银行业协会和普华永道、巴曙松博士工作团队的再次合作。通过这个活动,银行家们对过去一年中国银行业的发展进行了深入的思考,提出了很多有价值的看法,发布会后还要搞一个论坛,进行更加深入的探讨。在这里,我谨代表中国银监会预祝发布会和论坛取得圆满成功,同时借这个机会讲几点看法。

一、经过政府、监管者和市场的共同努力,中国银行业的成就有目共睹。这些成就的取得一方面得益于我国不断推向深入的改革开放政策和经济的持续高速增长,另一方面是我们紧紧抓住了银行业改革的有利时机,在亚洲金融危机和"次贷"危机之间以及世贸过渡期结束之前完成了主要商业银行不良资产的剥离和资本金的补充,及时重建了银行的资本基础,为随后的股份制改造和公开上市创造了有利条件。几年来,银行业的审慎监管框架也逐步成熟,包括资本水平和资本质量、动态拨备、流动性风险、大额风险暴露和集中度风险等一系列审慎监管指标成为银行风险管理的行为标准和考核标杆;远离破产、资源充足、长期承诺已经成为银行业金融机构股东准入的重要共识,资产分类准确度和拨备水平也得到了实质性的提升,简单、透明、有效的监管原则在金融创新风险监管发挥了突出的作用,贷款价值比和债务收入比等简单的比例成为控制房地产信贷风险的有效手段;"防火墙"建设得到了积极的重视,综合经营试点提出了明确的考核和退出机制,薪酬递延和扣回制度的实施使得激励机制和风险暴露实现了期限和责任的匹配。正是这些防御性的监管要求和中国式的监管探索,构成了我国银行业机构吸收风险的最前端防线,为我国银行业成功应对危机挑战打下了坚实的基础。

二、当前中国银行业还面临诸多挑战,需要我们未雨绸缪。一方面国内外宏观经济还有很多不确定性。欧、美、日等主要经济体开始出现复苏迹象,但仍面临财政赤字剧增、失业率居高不下等诸多问题。世界经济复苏仍很脆弱,贸易保护主义有抬头的趋势,而我国经济外部依存度高的矛盾难以在短期内得到解决。国内宏观调控也处在关键时期,资产价格过高和通货膨胀预期的问题尚待进一步解决。另一方面,银行信贷安全的问题引起了各方的关注。不可否认,危机后大量的信贷投放有力地支持了我国经济的企稳回升,上世纪大萧条后,积极的财政政策和信贷货币政策是市场经济国家应对危机普遍采用的做法。但是我们也应认识到,有相当一部分项目存在审贷不严、结构长期化、贷款集中度高等问题。今年的调查报告反映,部分银行家认为地方融资平台贷款风险比较突出,对这个问题大家是有共识的,关键是如何负责任地做好分类、提足拨备、做好保全和总结。这个问题也是国际上关注的问题,如果我们做的不好,尤其对上市银行和国际化银行来说,评级机构就有可能降级,这会直接影响海外融资的成本,也会影响中国银行业的国际声誉。金融危机后,欧美推出强化金融监管的改革,我们应该积极评估,做好自己的工作。最近,巴塞尔委员会也公布了最新的监管改革安排,新的安排进一步提高了资本监管标准,引入了杠杆率指标,完善了流动性和拨备要求,银行监管改革的问题还会在即将召开的 G20 首尔峰会进行讨论。我们也看到,巴塞尔最新的改革安排并没有明确提出诸如防火墙等更加有效的预防性措施,这也是各国妥协的一个结果。我们的工作还是要结合我国的实际,积极推动包括巴塞尔新资本协议在内的各项审慎监管政策的落实,打好基础,提升我国银行业整体抗风险能力。

三、中国的银行不仅应成为盈利的银行,还要成为有社会责任感的银行。此次危机爆发后,欧美金融机构颇受诟病,责难最多的就是社会责任感的缺失。几十年来,中国银行业在支持国民经济发展、维护金融稳定、完善金融服务等方面,做了大量卓有成效的工作,做银行是备受社会尊重的。同时,我们也看到,我国银行业的社会责任还有很多改进的空间。比如,如何支持和服务好中小企业和"三农"。银监会最近几年对小企业贷款和"三农"贷款提出了"两个不低于"的目标,银行也做了不少工作,但仍存在一定差距。最近几年人大政协的提案议案大部分集中在这个问题上。事实上,大银行做大企业、大项目,小银行纷纷进城、不愿下乡,农信社提高统一法人层次,各类银行都挤着上市,在目前的情况下是一个理性选择,但同质化的竞争策略是否可持续还是值得怀疑的。可喜的是,现在许多银行认识到了大资金、长期限、薄利差的盈利模式是不可持续的,纷纷推出了针对小企业和"三农"的各种信贷产品,这不仅是差异化战略定位的一种理性选择,也是银行社会责任的体现。又比如,如何保护好金融消费者权益。这次国际金融危机,一个很重要的教训是金融机构对金融消费者责任的缺失。我们的一些银行存在一些问题,譬如说银行的收费问题,算的是具体项目投入产出的小账,但并没有算好客户关系管理、客户忠诚度、银行声誉和社会责任这笔大帐。并且信息披露和客户沟通也做得不够,造成了不好的社会影响。因此,中国银行家调查这个报告不仅仅要宣传银行业的商业成就,更要突出银行业和银行家作为一个整体的社会责任,这样调查报告才会更有影响力,才会更加得到市场的肯定,调查报告这个活动才更有意义,更有可持续性。

谢谢大家!

创造机制使企业有内在的创新动力
——经济学家吴敬琏在“中国企业全球竞争力战略研讨会”上发言
(2011 年 9 月 8 日)

9 月 8 日下午消息，由中国国际经济交流中心主办，TCL 集团承办的“转型升级，创新未来——中国企业全球竞争力战略研讨会”，于 2011 年 9 月 8 日在北京人民大会堂举行。

以下为经济学家吴敬琏发言实录。

吴敬琏：任务有点困难，因为大家妙语如珠。我试着做一下总结，听了那么多的领导发言，从各自的角度上分析了提高我们中国企业的国际竞争力的问题，那么我想有几点大概是所有的发言人都是同意的。

第一，提高中国企业的全球竞争力的必要性和迫切性，那么我想这种必要性和迫切性，大概它的立足的基点就在于中国改革开放三十多年来的发展，中国在世界上的角色发生了重大的改变。在这点我们要有明确的认识，我们以前说我们要正确认识中国在世界体系中的地位，这个地位往往把它理解为份额，理解为我们经济总量的体量的大小。在世界总产出中，在世界国际贸易中我们占的比重，这个好像是显得就比较现象一点。我想最根本性的问题就是经过三十来年的经济发展，中国的角色在世界上的角色发生了历史性的转变，过去我们是一个诚信极弱的国家，前三十年我们有了一些进步，后三十年我们可以说取得了重大的进展，在追赶上取得了重大的进展。现在我们是一个高等、中等收入的国家，正在努力进入高收入国家的范围内，我们追赶的任务在许多领域我们已经实现了我们的目标。当然在有一些领域我们还有比较大的差距。但是总体来说，在一些基础部门我们真正和站在前列的国家距离不是那么大了。现在我们在研究转变，就是从追赶者要变成世界经济舞台上的主要的竞争者之一。这个角色的转变是至关重要的。我们从各个方面都要为这个转变做好准备工作。我们的角色已经变了，如果我们还是存在旧的角色氛围之内，我们还是作为追赶者的话，可能就是我们经常讲的我们掉进了中等收入陷阱。对于这个陷阱，什么叫中等收入陷阱，有各种各样的说法，有人说中等收入的时候，因为收入差距、贫富差距太大，可能引起社会的混乱。有人说中等收入陷阱，主要危险是在增长方式上的不灵活，不能做出新的转变，不能做出新的转变，他就很难进入高收入。

这两种说法其实是有关联的，但是我个人感觉应把第二个说法看成它的一个主要的危险所在。就是说我们如果经济发展方式不转变，我们就会停留在中等收入国家这个等级上，而收入水平差距的问题，消费不足的问题等等都会由此发生，如果我们只是把它集中在中等收入水平上，不能够得到国民的全部收入普遍提高，那么会由于贫富差距的分化，造成了社会上的不稳定和社会矛盾的爆发。如果只是看到了这一点，我们不难找到问题解决的办法，那么怎么解决问题我们现在可以看到，我们对提高低收入者收入方面做了一些工作，那么我们政府要做到这些，依然要从国民那儿得到收入才能做到。那么目前政府更多的税收的增加，会使企业的压力增大，如果我们经济发展方式转变，那意味着什么呢？意味着我们的劳动投入越来越多的技术含量，使劳动者素质不断提高，那么就使投资比重的良性改变，对于低收入阶层的水平提高有一些作用。

第二，要改善我们中国企业的核心竞争力，核心的问题就是要转变我们的经济发展方式，也就是说，我们的经济发展方式要转型，我们的企业要提升。这个是一个核心的问题。因为在当我们是追赶者的时候，我们的经济发展靠什么呢？经济发展是靠投入的增加。我们过去三十年的改革，例如我们各种资源的投入增加起了非常复杂的作用，因为我们的改革开放打破了过去城乡隔绝的状态，这种障碍就使很多由低效农业占有的资源转到高效的城市工业，比如土地，我们从农用土地转到城市用的、工商业用的和城市住宅的用地。我们从过去在农业中就业的劳动力，转到城市就业的劳动力有多少呢？有 2 亿人左右，另外一个就是开放，开放使得我们在短短三十年里，引进的技术使得我们整个国民经济的技术，弥补了过去我们和先进国家之间的技术差距，所以使我们经济在三十年中获得这么大的发展，主要是靠这些的投入的增加。

土地的投入、劳动力的投入、技术的投入，但是这种增加是不是带来效益的提高呢？是带来了效益的提高。因为我们劳动力原来在农业中就业，转到城市工商业就业，这种收入提高。引进的技术也使得我们的生产效率提高了，但是这样一些提高，第一它占的分量不是主要的，主要的还是资源的投入增加，这就使得我们投资率现在也越来越高了。

另外这些效率的提高基本上是外商的，而不是通过自主创新取得的成绩，所以它有一定的限制，在世纪之交这种限制已经很明显了，因为主要靠资源投入的增加，于是我们就造成了环境的问题，资源短缺的问题。以致于投资率不高，消费不足，这种不足带来一系列的问题，实际上这条路已经走到尽头，必须需要改变。那么在新的角色变化以后，我们的经济还是要增长，我们现在经济水平，人民生活水平应该说还是很低的，必须增长，但是这个增长就不能靠资本的投入，靠资源的投入，主要要靠效率推动。那么怎么来提高效率，大家发言已经很多很多。我也很难全部囊括起来做出总结。但是总的来说，我们从“十一五”开始，到“十二五”更加强调要提高我们经济的效率，要转变经济发展方式核心问题就是要提高效率，这样一些态度，现在看起来根据各位企业家和我们刚才发言的领导同志们的讲话来看，“十一五”特别是“十二五”这种方式是非常恰当的，我们也经过了“十一五”的努力，“十二五”今年第一年看来这个势头更强，各级政府都在经济发展方式转变上下了很大的工夫，那么它的方面很多，要有正确的战略，要有好的经营模式，要有经济的制造能力，要有有效的管理。现在的问题根据大家发言来看，根据发言所讲的情况看，现在的问题好像不是说方向不清楚，而是怎么达到这个目标。

现在需要总结我们过去五年和我们今年这些经验，就我个人来说，我认为最重要的从“十一五”的五年和今年的情况来看，最重要的就是要造成一种环境和体制，使得企业能够有创新的压力、动力和能力。不管是企业来说和我们的政府来说，都需要在这三个方面做出变革，做出努力，因为这个技术创新，提高效率最核心的确实是创新，而创新的主体是企业，那么企业怎么才能够自己愿意去创新，有能力创新，能够实现创造呢？我觉得这“三个力”最重要，要有压力、动力、能力。过去我们在追赶时期，实际上在这些方面的问题可能注意得不够，我们在体制上，政策上都要做出很多适应我们新的角色的决策，比如要有压力，因为我们过去是一个追赶者，所以对于企业走出去也好，做出口也好，主要的是采取一些保护性的措施。而这些措施实际上在世纪之交，当我们角色转换的时候，这些措施要做出改变。譬如一个低汇率政策，一个出口退税的政策，这些政策都是在我们当时的角色下所必须采取的，可是当角色转换以后，如果不在这方面做出调整，那么企业就没有压力，没有压力多一些低附加值的粗放加工，像 TCL 那样，像华为那样，要走出去闯一闯，那第一个吃螃蟹的人，就是第一个冒风险的人，这方面来说我们还没有转变，所以现在就变得比较被动。如果力度太大，现在我们的企业是难以承受的。

那么动力问题，说到底我就想科斯讲了一句话，他说对创新最重要的是什么？就是要使得创新者对社会的贡献和他拿到的回报相匹配，这个差距越小，这个激励强度就越大，但是我们现在常常有这样的问题，创新在承受很大的风险，就是他对社会的贡献得不到回报，这样就会扼杀许多人创新的动力。

另外是能力的问题，企业要创新，他必须要有一定的人力资源、物力资源来支撑。但是这种能力怎么去帮助它具有这种能力呢？这是要认真研究，非常有讲究的。从去年以来，中央号召要加快转变经济发展方式，各级政府都在支持创新上，付出了很大的努力。而且做了很多物质上的资源，那么这种资源怎么发挥作用呢，根据我在一些地区的调查来看这些还需要完善，就是政府怎么帮助企业他们实现创新的能力，有一个事情必须要仔细斟酌。就是政府不能替代市场。不能靠抑制市场竞争的办法去帮助企业，甚至有一些做法常常会出现一些比较大的失误。比如说新的技术发明，这个因为它有两个特点，一个特点就是初始很大。第二另外就是一个发明出来以后，很快就被别人所利用，所以政府对这种创新应该有支持，应该有补助，那么这种补助在什么环节上，以什么形式需要认真的研究。比如说有些基本的原则可能需要掌握，这个补助一般来说是竞争前的，到了产品竞争的环节，那补助竞争的一方其实是损害另一方，那就损害了这个市场的公平性，损害了竞争。比如说政府决定来支持某一种技术路线，要认真研究怎么把这个钱用好。

总的来说不管企业来说，还是政府来说，一定要想办法造成一个好的环境，使得每一个企业在这种环境下，它有一种内在的动力，要实现创新，那么我们每个人，包括我们这些教书的人，也希望在创新方面，提高企业全球竞争力方面贡献我们自己的力量，谢谢大家！

上交所狠抓五大发展目标　重视法制建设

上海证券交易所理事长　耿　亮

（2010 年 12 月 4 日）

“与法治同行—中国资本市场 20 周年法治建设回顾与展望”为主题的第一届“上证法治论坛”12 月 4 日在京举行。

上海证券交易所理事长耿亮表示，随着上海证券交易所的发展，法治环境也在不断改善，主要体现在以下三个方面：第一，上交所市场发展所需要法律制度日益健全。第二，上交所履行自律监管的司法环境良好。第三，上交所自律管理规则力争完善。

耿亮表示，上海证券交易所始终坚持依法办事，一是依法及时制定自律管理的各项业务规则，逐步形成了以交易所章程为主体，以上市规则、交易规则、会员管理规则为辅助，以业务实施细则为补充的自律管理规则体系。并根据市场出现的新情况、新问题，不断地进行补充和完善。

二是自律监管运作机制不断完善。上海证券交易所强化理事会职能，设立了会员管理委员会，纪律管理委员会等专门委员会，建立了自律查审机制，建立了自律处罚的执行标准和运作程序，完善市场监管、重大决策以及突发事件的处理程序。

最后耿亮还表示，上海证券交易所将开展以下五个方面的工作：第一，努力夯实资本市场发展的基础。第二，大力发展债券市场，努力提高融资的比例。第三，积极推动产品创新，丰富交易品种和交易方式。第四，进一步加强基础设施的建设，确保市场的安全运行。第五，建立学习性交易所，不断加强人才队伍的建设。

以下为耿亮的演讲实录：

尊敬的尚主席、各位领导、各位专家学者，首先我代表上交所欢迎大家出席这次论坛。

今年，是十一五的收关年，同时也是以上海政权交易所和深圳证券交易所成立为标志的，中国资本市场成立二十周年。目前，各方面都在纪念中国资本市场成立二十周年，我们这次论坛也是纪念中国资本市场成立二十周年系列活动之一。

二十年来，中国资本市场取得了举世瞩目的成绩，尤其是股权分置改革以来，中国资本市场、上海证券交易所实现了跨越式的发展。这二十年来，我觉得每一年都有可圈可点的经验，可圈可点的好的做法。但是最值得纪念的是两个时点：一个时点是 1990 年的 12 月，中国资本市场实现了从无到有的跨越。

第二个可值得纪念的时点，是 2005 年股权分置改革以来，中国资本市场实现了跨越式的转变，实现了从小到大的跨越。

最近，有一个国外政要他问我，我们已经知道了全球最大的交易所是纽约交易所，你能不能告诉我，全世界最小的交易所？我跟他讲，全世界最小的交易所应当是 20 年以前的上海证券交易所，当时全年的交易量只有 8.07 亿。经过二十年的发展，上海证券交易所已经发展成为一个日均交易所 1200 亿，有 888 家上市公司的全世界主要交易所之一。

上海证券交易所为了纪念中国资本市场成立二十周年，我们也在写了纪念文章，1 万 5 千字总结了七条主要成绩，总结了七条主要经验。在讨论的过程中，我就想，能不能用一句话来概括这二十年来到底是一种什么力量在推动中国资本市场的发展？我想一句话应当是，在党中央、国务院的正确领导下，改革开放催生了中国的资本市场，改革开放推动了中国资本市场跨越式的发展。结合这一次论坛，我想主要讲两点看法：

第一，回顾二十年的发展历程，我们深切地体会到法治建设始终是上海证券交易所发展的重要保障。资本市场是高度法治化的市场，二十年来，伴随着资本市场法治建设的推进，上海证券交易所的发展，法治环境也在不断改善，主要体现在以下三个方面：

第一，上交所市场发展所需要法律制度日益健全。上交所成立之初，基本上是无法可依的，市场运作除了少量的地方行政规章以外，主要靠交易所的业务规则。1993 年以后，上交所从地方性市场开始向全国性市场转变，这对法治建设提出了新的要求。以后，资本市场法律制度开始建立，股票发行与交易管理暂行办法，公司法先后出台，资本市场无法可依的状况初步改变。1998 年颁布的证券法，进一步改变了资本市场基本法长期缺位的状态。2005 年，大幅修改以后的公司法、证券法又将资本市场法治建设推上了一个新的台阶。

在法律法规的制定中，如何发挥交易所自律监管的作用，是一项重大的课题。近年来，随着证券法治的不断完善，这一问题得到了较好的解决，证券法、公司法分别设专章和专节，明确了交易所的法治。目前上交所在运行中基本的法律制度已经初步到位，其自律管理的法律地位也大大增强，证券交易有了可靠的法律保障。

第二，上交所履行自律监管的司法环境良好。多年来，交易所在组织市场处理突发事件，创新产品和交易方式过程中，也面临着一些司法案件，这些案件涉及面广，处理时间长，问题的复杂性强，影响了市场的稳定发展。多年来，在这些案件的处理过程中，司法机关始终站在有利保护投资者合法权益，有利于促进市场发展，有利于保障交易所依法履行职能的高度，充分实现了办案的法律效率与市场效率有机的统一。对于涉及交易所自律管理诉讼案件的受理和审理，最高人民法院专门制定了司法解释，确立了集中管辖原则。所有这些，对于推动上海证券交易所的发展，起到了极为重要的作用。

第三，上交所自律管理规则力争完善。多年来，上海证券交易所始终坚持依法办事，主要抓了三个方面的工作：

一是依法及时制定自律管理的各项业务规则，逐步形成了以交易所章程为主体，以上市规则、交易规则、会员管理规则为辅助，以业务实施细则为补充的自律管理规则体系。并根据市场出现的新情况、新问题，不断地进行补充和完善。目前，上交所各类有效的业务规则有二百多条，成为资本市场法律制度有机的组成部分。

二是自律监管运作机制不断完善。我们强化理事会职能，设立了会员管理委员会，纪律管理委员会等专门委员会，建立了自律查审机制，建立了自律处罚的执行标准和运作程序，完善市场监管、重大决策以及突发事件的处理程序。

上海证券交易所的进一步发展，需要更加良好的法治环境，需要司法机构和各位专家学者对我们的进一步支持。经过二十年的发展，上海证券交易所已经站在一个新的历史起点上，我们将认真贯彻十二五规划，努力把上海证券交易所建设成为更加规范，更加开放，更加充满了生机和活力的交易所，并逐步的向符合中国国情的成熟交易所过度。为此，我们将开展以下五个方面的工作：

第一，努力夯实资本市场发展的基础。第二，大力发展债券市场，努力提高融资的比例。第三，积极推动产品创新，丰富交易品种和交易方式。第四，进一步加强基础设施的建设，确保市场的安全运行。第五，建立学习性交易所，不断加强人才队伍的建设。为此，特别需要不断完善与之配套的法律制度，我们自身也要在法律法规的框架内，不断规范运作，依法履行自律监管的职责，不断健全与发展监管创新相适应的自律监管运作机制。

最后，上海证券交易所愿意与各方面一起，一如既往地为推动资本市场法治建设贡献力量，也希望有关部门和专家学者能够继续关心、支持上交所的发展，为中国资本市场法治建设，为上交所自律管理的规则体系建设，提供真知灼见，谢谢大家！

上交所正向符合中国国情的成熟交易所过渡

上海证券交易所理事长　耿　亮

（2010 年 12 月 4 日）

今年是中国资本市场成立 20 周年，在今日举办的第一届“上证法治论坛”上，上海证券交易所理事长耿亮表示，经过 20 年的发展，上海证券交易所已经站在一个新的历史起点上，我们将认真贯彻十二五规划，努力把上海证券交易所建设成为更加规范、更加开放、更加充满生机和活力的交易所，并逐步的向符合中国国情的成熟交易所过渡。

耿亮称，今年是“十一五”的收官年，同时也是以上海证券交易所和深圳证券交易所成立为标志的中国资本市场成立20周年，20年来，中国资本市场取得了举世瞩目的成绩，尤其是“六五”期间，股权分置改革以来，中国资本市场、上海证券交易所实现了跨越式发展。

他表示，20年来，我觉得每一年都有可圈可点的经验、可圈可点的好的做法，但是最值得纪念的是两个时点，一个时点是1990年的12月，中国资本市场实现了从无到有的跨越。第二个可值得纪念的时点是2005年股权分置改革以来中国资本市场实现了跨越式发展，实现了从小到大的跨越式发展。

最近有一位国外政要来访问，他问我，我们已经知道了全球最大的交易所是纽约证券交易所，那你能不能告诉我全世界最的小交易所？我跟他讲，全世界最小的交易所应该是20年以前的上海证券交易所，当时我们只有20只股票，当时我们只有12亿的市值，当时全年的交易量只有8.07亿。经过20年的发展，上海证券交易所已经发展成为一个有19万亿市值、日均交易量1200亿、有888家上市公司的全世界主要交易所之一。

上海证券交易所为了纪念中国资本市场成立20周年，我们也在写文章，洋洋洒洒1500字总结了7条主要成绩、总结了7条主要经验。在讨论的过程中我就想，能不能用一句话来概括这20年来到底是什么力量在推动中国资本市场的发展，我想用一句话应当是，在党中央国务院的正确领导下，改革开放催生了中国的资本市场，改革开放推动了中国资本市场跨越式的发展。

耿亮还表示，回顾20年的发展历程，我们深切地领会到法治建设始终是上海证券交易所发展的重要保障。资本市场是高度法治化的市场，20年来，伴随着资本市场法治建设的推进，上海证券交易所发展法治环境在不断改善，主要体现在以下三个方面：第一方面：上交所市场发展所需要的法律制度日益健全。第二方面，上交所履行自律监管的司法环境进一步良好。第三方面，上交所自律管理规则不断完善。

他表示，经过20年的发展，上海证券交易所已经站在一个新的历史起点上，我们将认真贯彻十二五规划，努力把上海证券交易所建设成为更加规范、更加开放、更加充满生机和活力的交易所，并逐步的向符合中国国情的成熟交易所过渡。为此我们将开展以下五个方面的工作：

第一方面，努力健全夯实多层次资本市场。第二方面，大力发展债券市场，努力提高融资的补充。第三方面，积极推动创新，丰富交易品种和交易方式。第四方面，进一步加强基础设施建设，确保市场安全运行。第五方面，建立学习型交易所，不断加强人才队伍的建设。

耿亮最后表示，上交所逐步向更加成熟的交易所迈进需要更加完善的法律制度、更加良好的法律环境，为此特别需要不断完善法律制度，我们自身也要在法律法规的框架内，不断规范运作，依法履行自律监管职责，不断的健全与发展监管创新相适应的自律监管运作机制。

坚定信念　忍辱负重
为全面落实“十二五”战略目标不懈努力
——深圳证券交易所理事长陈东征在2011年中总结暨工作务虚会上的讲话摘要
（2011年9月20日）

这次的务虚会开得很好，充分体现了深交所员工热情、朝气、充满活力的精神面貌，会前充分准备，反复酝酿，各小组都广泛开展了讨论、调研、报告会等形式多样的活动，会议气氛热烈，尤其是各小组讨论时能够畅所欲言，更为重要的一点是大家的思想和理念趋于一致。借这个机会，我谈几点看法，供大家参考。

第一是坚定信念。资本市场最近几年快速发展，深交所去年就新增321家上市公司。快速发展是不是就一定带来大问题？从中国经济改革开放30年，从中国资本市场改革发展20年的实践来看，这个问题是值得讨论的，但基本结论是清楚的。当前，国内外环境变化多端，我们一定要坚定信念，牢牢抓住“十二五”资本市场发展难得的历史机遇期，为推进战略性新兴产业崛起，加快转变经济发展方式而努力拼搏。

第二是创新机制。在快速发展的进程中不可能没有一点损失，也不可能不付一点代价。我们不指望零风险，但是要从源头上防范和化解系统性风险和重大恶性事件，把损失降到最低，降到可以承受的范围之内。防范化解系统性风险和重大恶性事件，考验的是深交所的内功，需要我们继续坚持从严监管理念，并不断创新机制，努力探索完善适应形势任务需求的一线监管体系，进一步打造促进企业快速发展的坚实平台。

第三是忍辱负重。深交所走的是一条充满艰辛的希望之路，从党委到中层、员工要有充分的思想准备，要忍辱负重。我们现在所面临的就是一个复杂多变的现状，理想化、美好的环境是不存在的，我们的理念、想法可能受到环境的制约，坚持理念过程中可能遇到很多困难，因此要打造一种坚韧的品格。我们不可能在赞美声中成长和发展，要坚持调动各方面积极因素，努力把不利因素化成有利因素。我们现在看重的不是三年五年后上市公司达到多少家，而是多层次资本市场在推动国民经济发展中是否能够发挥出应有的作用。

第四是上下同心。看清楚了面临的挑战和应承担的历史责任，深交所进一步发展一定要靠上下同心。统一理念固然重要，但具体问题在统一理念下也可能会出现分歧，这是正常的,我们追求的是求大同、存小异。多层次资本市场建设是一项全新的探索,代价要付,但要尽量少付。在工作中要敢于担当。最后,一定要坚持清正廉洁的底线,资本市场的诱惑太大,所有的理念和坚持如果丧失了底线,将给国家和事业造成不可估量的重大损失。

我们是在做"前人从来没有做过的极其光荣和伟大的事业",要坚持、坚持再坚持,只要坚持下去,必有成果。相信经过我们的不懈努力,多层次资本市场一定会为实现"十二五"规划的战略目标,为中国经济社会的持续健康发展做出越来越大的贡献!

诚实守信是保荐和承销业务的基石

——中国证监会主席助理朱从玖在出席"新股估值定价研讨会"上的讲话

(2011年4月8日)

由中国证券业协会、上海证券交易所和深圳证券交易所主办的"新股估值定价研讨会"今日在深圳召开。中国证监会主席助理朱从玖出席"新股估值定价研讨会"时表示,"勤勉尽责、诚实守信"是保荐和承销业务的基石。

以下为发言实录:

各位与会的代表,大家早上好!非常高兴参加这个研讨会。

新股的估值定价一直是我们市场上大家普遍关注的问题,而且讨论非常之多,凡是参与这个市场的人都会触及到这个问题,都会有自己的看法,而且我们也观察到对于新股怎么来定价,意见繁多、众说纷纭,任何一个案例出来都会有各种各样的看法随之而来。作为业界的重要参与者,今天参加会议的代表,都是有资格询价对象的负责人、保荐机构负责人,还有发言嘉宾是我们业界里面的重量级专家,我觉得我们很有责任、和紧迫性把这样一个问题通过我们的努力得以改进、得以改善,包括认识上要进一步往前走。这也是我们在座各位的一个责任,我们是这个市场的主要参与者,在当中承担重大的职责,我们就当然有责任把存在的问题、存在的不足,把整个市场参与的水平大大地提升一步。所以,今天的会议我认为非常重要,我相信通过今天的研讨会,能够有助于我们把新股的定价问题,认识和实践都上一个新的台阶。

我今天想谈一个话题,刚才陈东征理事长已经引出来了,那就是"勤勉尽责、诚实守信"是我们保荐和承销业务的基石,是我们从事这项业务的基石。这个问题看起来远实际上近。看起来好像跟我们新股定价不直接相关,但是事实上它跟我们怎么样能够做好投行业务,把新股价格确定准确,有合理的判断基础是有重大关联的。

自从保荐制和询价制实施以来,我们的新股上市,也就是说IPO这项工作走在了一个方向明确,有序地在解决问题,机制日益完善,走在这么一个轨道上,应该说是很良性的。因为每年都会看到我们的进步,我们的市场规模在扩展,我们遇到的很多问题在不断、有序地得以解决,一些难题也都在不断地破解,包括我们今天这个研讨会也是在这样一个步调当中。

保荐制是从无到有、保荐质量不断提升,我们的新股定价询价制推出之后,我们采取了国际上通行的定价方法,逐步减少管制,市场化的程度在提升。我们的审核工作大家也是高度关注的,市场也是十分瞩目的,发行审核工作透明度不断提升,审核机制也在不断完善,制度不断的完善、充实。

市场的约束机制也在得到强化,各个参与主体的责任不断得到夯实,主体归位尽责的意识也在增强。所以应该说总体上取得了积极的效果,有利的支持资本市场作为一个整体的向前发展。但是挑战仍然是十分巨大,我们面临的难题、面临的困难仍然是巨大的。我个人这么认识,我们面临有三重重大的挑战,这三重重大挑战带来的困难,或者带来的一些难题,困难的程度也是叠加的。

第一重挑战,我们是一个新兴市场,这个大家耳熟能详;新兴市场,就是说我们从理论到实践,在认识上统一需要一个过程,有些问题的认识甚至需要相当长的一段时间,需要相当多方面的探索、摸索。我们市场参与主体,因为我们这个市场是依赖众多的中介机构,包括发行人、监管机构,这些参与的主体都需要在实践当中,一方面积累经验,另一方面要锤炼自己,把我们锻造成一个合格的市场参与主体。所以这是新兴市场,我们就在这个初步发展的只有20年的阶段,取得了很大的成绩,但是路仍然很长。

第二重挑战,就是我们是一个转轨市场;我也是很关注这样一个问题,那么传统的计划经济向市场经济转轨,就我们适应的这种行为模式、这种管理模式,政企的关系由政策主导到制度主导,用法制来主导我们市场基本运行轨迹,这是一个巨大的跨越,这个跨越并不容易。那么,这个过程它既要承载以往的惯性,或者是适应这种模式,又要去接纳新的市场因素,所以这个过程的难度、挑战是巨大的。我们搞了20年资本市场的发展,经历其中,才感到到任务的艰巨。我们可以举一些例子,在从事监管工作的过程当中,能够深刻地体会到这样一个过程它带来的一些困难。

比如说,我们的大量的公司都要改制上市,我们现在仍然有很多的国有大型集团要改制上市,成为股份制,改制上市的过程当中,我们会关注比如说股权的形成,股权怎么形成?比如说这个改制过程当中,要剥离重组一项业务,使它剥离重组使它适合上市,这个剥离的东西对企业的影响如何,重组成一个新的实体它的完整性是什么样子的?如果用剥离之后的重组主体我们来看它的价值,或者我们看它若干年的价值,三年、五年的价值,我们是需要模拟的,需要把这样因素放在不同的年份去看它。这样来看是不是科学?是不是很完备很充分了,这都是课题。

那么，改制重组之后要形成新的公司治理机制，这个价格跟我们传统的企业是不一样的，新的公司治理机制形成，不只是一个形式要件的具备，说我有独董、我有内控机制，不只是说你有这些制度、这种形式，而是要求新的公司治理机制能够起作用，能够发挥作用，能够在有风险的时候防范掉风险，能够在企业的经营决策当中担当起重任。如果说放到这个层面上来想，那我们对公司治理的质地看法就会发生改变，我们就要更加审慎的来审视它。比如说审核当中的财务问题，有现金流的盈利和没有现金流的盈利，有很多企业有很多应收帐款，怎么判断？这两个盈利显然是不一样的，显然是有很大的区别，有的甚至可能就是造假，或者是操纵。

再比如说我们的公司的收入构成是很复杂的，尽管随着监管制度的完善，我们整个行业，包括投资者越来越关注主业的收入和利润，但事实上我们的公司仍然有很多收入是来自于非主业的收入。比如说税收的减免优惠，还有补贴等等，非主业的收入在我们整个收入确认当中它是个什么样性质的事情，它对盈利的构成是什么影响等等。

所以，这些因素其实都受到转轨过程当中这些外部环境、基础制度的制约。

第三重挑战，市场有天然的不足。作为资本市场，我们在座的必须要认识到，它不是完美的，它有非常多的先天的缺陷，只是利弊相较，我们觉得可以把它有利的地方发挥出来，可以把它的弊端、不足限定在一个范围之内。所以，这样一个市场的建设和发展，它对我们经济的发展是有利的，但是这并不是说它没有缺陷，这是固有的缺陷。

通过这次国际金融危机我们就可以看出来，即便在发达市场，这个市场固有的缺陷，也在危机当中是暴露无遗的，暴露的很充分。比如说信息不对称，这个我们没法穷尽，信息不对称中会存在市场发展过程当中，那么我们要做的就是我们要用我们适当的监管和制度的安排，使得用较小的代价能够比较大程度的改善或者提升信息的对称性。

比如说一个公司的上市过程，是要众多的中介机构的参与的，非常多，保荐、律师、会计、审计、资产评估、信用评级等等，这些都会参与到，甚至还有一些行业排名机构都会参加到当中来。但是这些中介机构实际上水平是参差不齐的，差异比较大。

另外，按照市场一般安排，我们的审核，我们的发行监管，从全球来看它的主流模式都是非现场的。少数国家有一些现场调查，但是主流来看是非现场的。那么，这些非现场审核它的基础是依赖我们从发行人到中介机构现场的尽职调查、核查工作，依赖这个基础。

就是由于这样一个过程，使得最后形成信息的真实性、准确性、一致性会带来一些困难。

其实我们所有的工作就是把一个公司过去的情况搞清楚，过去一年、过去两年、过去三年，还是过去的八年、十年，我们把公司情况尽量搞清楚，把它的关键因素说明白、调查清楚，但是投资这个市场的人，主要是要投资未来，每一个新加入公司的投资者都是要投资未来，过去的收益是不能享受的，但是未来是不确定的。我们从过去的业务的轨迹可以能够研判未来的可能性，如果过去经营得比较好，通常未来出问题的概率低，但并不意味着未来不会变化，不会出问题，不是这样，未来仍然有很多公司会出问题，所以这个也是市场本身构造上就存在一些不足。

所以这三重挑战叠加在一起，在我们这样一个发展阶段带来的困难、带来的问题，带来大家认识上的不一致性是巨大的。但是我们还要在这个环境里面坚持改革开放，坚持把资本市场发展好，要它能够积极有力地服务于我们的经济，所以这就要求我们整个的从业队伍要具备，就是我们光有专业知识、光有职业经验，光说我在这个市场干了多少年还不够，我们必须要有勤勉尽责和诚实守信的基础，这是我们的基本操守，这是我们职业准则。

为什么说这个是重要的，这跟我前面讲的挑战有什么关系？

首先，坚持勤勉尽责和诚实守信是为投资者提供保护的基础，因为投资者依赖我们的工作，所以这是基础，也是我们的执业之道，是我们取信于市场的前提。就是市场为什么要相信我们，为什么要发个牌照给我们来做这个事情，是因为我们具备这样一个基本的素质，也是我们立业之本。这项事业能够长期做下去，也是一个根本所在。

第二，从这个过程来看，通过我们这么多专业机构工作，我们给市场的是招股说明书，最核心的文件是一份招股说明书，但是我们的工作远远要超过招股说明书的内容。或者说招股说明书的形成是在大量的通过我们勤勉尽责的一个过程产生的。大量的工作过程，我们要对各种的可能性进行研判、进行核查，把最审慎的一个东西，最准确的结论，或者说最真实的事实写到招股说明书来。

那这个招股说明书怎么形成，有大量的工作我们是看不见的，不是说投资者能够看见，是招股说明书之外的工作，把这件事做好，没有全过程的监督是出不来的，只有靠我们从业人员以一个勤勉尽责和诚实守信的姿态、态度，才有可能使我们招股说明书它的质地是比较高。

刚才还提到我们很多财务判断上的困难，财务判断上的一些风险。这个同样需要我们以一个非常审慎的态度来对各种财务结果、财务数据进行研判，作出结论。

怎么来进行研判？这个审慎的态度，它的审慎性，它的来源，比如说相信一个中介机构，一个执业人员是经过审慎的工作得出来这样一些数据、这样一些文件，它的基础，它的基本要求也是要求我们诚实守信和勤勉尽责。只有具备这样的基础，我们才有理由判断我们最后得出来的这个东西(招股说明书)是审慎的。

另外，队伍人才、团队、机制、经验，如果能够以诚实守信和勤勉尽责作为基础，就可以提升我们整个行业的价值，或者说真正提升我们行业的价值，能够减少前面所讲的“三重挑战”所带来的困难，也能够缓解资本市场发展过程当中遇到的种种的症状。

这次研讨会，参会人员、发言人员都很重要，我们担负的责任也很重大，希望我们通过今天的研讨会能够有序推动我们市场的发展，有序地化解各种难题。谢谢大家！

倾力发展县域金融　全力助推县域经济

——银监会副主席蒋定之在中国县域经济发展高层论坛上的讲话

（2010年12月19日）

各位来宾，女士们、先生们：

大家上午好！

非常高兴参加由央视主办的“中国县域经济发展高层论坛”，并预祝论坛取得圆满成功。

县域是我国经济体系中一个承上启下的重要环节。县域经济一头联着农村，肩负着带动农业转型、农民转移和农村经济结构转变的历史重任；一头联着城市，为城市发展提供了丰厚的资源和广阔的市场。当前，我国城市化进程不断加快，成为我国经济发展的主要动力，但是城市强大的资源集聚和吸附效应，也在一定程度上加剧了中国城乡二元经济结构的矛盾。县域集中了我国3/4的人口，吸纳了65%的农村劳动力，加快县域经济发展，无疑是破解城乡二元经济结构最具现实性意义的路径选择，也是统筹推进城乡协调发展的实质举措。

金融是现代经济的核心，在推动县域经济资源优化配置过程中发挥着不可或缺的作用。实践充分证明，金融业在哪些地区作用发挥的好，那个地方的经济增长就会更强劲、更稳定、更持久。作为我国银行业的监督管理部门，银监会在认真履行好银行业监管职责的同时，一直致力于推进县域金融改革发展，着力完善县域金融服务体系，努力加大对县域经济的金融支持力度，目前已经取得显著成效。

一是金融组织体系日趋完善。为有效提升县域金融的整体服务功能，各类大型商业银行下沉经营重心，加大对县域中小企业信贷投入；积极引导农村信用社坚定支农服务宗旨，满足分散农户的小额信贷需求；逐步拓宽农业发展银行业务范围，切实加大对农业基础设施建设、农村综合开发等方面的信贷支持。同时，还大力推进农村金融组织形式创新，加快培育村镇银行、贷款公司和农村资金互助社等新型农村金融机构，支持发展小额贷款公司、融资性担保公司。通过各方共同努力，我国县域已初步构建起政策性金融、合作金融、商业金融功能互补、分工协作的金融组织体系，良性竞争局面开始形成，金融服务合力效果持续提升。据初步测算，预计到今年末，全国银行业金融机构县域服务网点将达到13万家左右，约占全国银行业金融机构网点的2/3；县域贷款余额12.3万亿元，在全国金融机构各项贷款余额的占比超过25%。截至2010年9月末，全国银行业涉农贷款余额11.1万亿元，占全国金融机构各项贷款余额的22%，其中农户贷款余额2.6万亿元，占涉农贷款余额23.1%。其中，作为支农服务主力军的农村合作金融机构，涉农贷款增量、增速和占比均高于上年，全面实现“三个高于”目标。

二是金融开放程度大幅提升。在确保银行业稳健运行的前提下，银监会因势利导，稳步推进农村金融市场开放，激发市场活力。在机构设立上，调整放宽农村地区银行业金融机构准入政策，鼓励引导各类资本设立村镇银行等三类新型农村金融机构，目前已组建各类新型机构319家，其中，村镇银行275家、贷款公司9家、农村资金互助社35家；在股权投资上，与时俱进地放宽了投资金融机构的资本地域限制，鼓励引进国内外战略投资者，支持异地股东投资农村中小金融机构；在经营地域上，允许股份制商业银行和城市商业银行在县域设立分支机构，支持符合条件农村中小金融机构跨区域设立县域分支机构和新型农村金融机构；在持股比例上，适当提高了自然人和法人对县域金融机构的持股比例。

三是产品创新力度明显加大。适应县域金融需求日趋多元化的现状，科学调整县域金融机构业务范围，鼓励县域银行业金融机构以市场为导向，以客户为中心，创新业务品种，提高服务水平和质量。大力推广了不需要抵押担保的农户小额信用贷款和联保贷款，创新发展了“企业+农户”、“企业+保险+担保公司+农户”等新型信贷模式。着力推进大型银行事业部制改革，健全完善小企业贷款“六项机制”。探索发展林权、渔权、采矿权、仓单、应收账款等新型抵（质）押担保方式，重庆等部分省份还试点开展了土地承包经营权、农村房屋抵押试点。

四是金融服务覆盖面显著提高。银监会一直高度重视普惠金融服务工作，督促指导银行业金融机构牢固树立社会责任意识，全力满足农户和县域小企业的有效信贷需求。在全面调查的基础上，发布金融服务地图集，锁定了金融服务的薄弱区域，提出了用三年左右时间实现基础金融服务全覆盖的工作目标。各地银行业金融机构因地制宜，采取标准化网点与简易便民服务相结合的方式，大力新增机构网点，广泛布设POS机和ATM机，实行流动或定时定点服务，有效扩展了金融服务的覆盖面，使偏远地区农村金融服务面貌发生了历史性变化。截至2010年11月末，全国已有10个省份实现了乡镇金融服务机构全覆盖，30个省份实现了乡镇基础金融服务全覆盖，共计减少服务空白乡镇732个，减少机构空白乡镇579个。

总体看，“十一五”期间，县域金融无论是改革的深度、开放的广度，还是发展的速度都是前所未有的。但是，由于多方面原因，与县域经济发展的现实需要相比，县域金融服务仍存在较大的差距。突出表现在：县域金融业务比较效益低下，金融机构支持“三农”的内生动力严重不足；县域金融组织体系存在缺陷，金融市场竞争还不够充分；县域金融机构自身建设滞后，支农服务能力还难以满足多元化的县域金融服务需求；县域金融监管资源配置严重不足，差异化的监管制度安排还有待完善；县域金融外部支持体系不够健全，对县域金融机构正向激励手段还需要进一步完善。为此，我们要以更宏观的战略眼光，更紧迫的责任意识，更积极的工作态度，将县域金融放在统筹城乡协调发展的大格局中，按照“十二五”规划的要求，科学把握县域经济发展的趋势脉络，紧紧围绕现代农业发展、小城镇建设和中小企业服务等重点领域，加大支持力度，助推县域经济发展。今后县域金融发展要注重做好六个方面的工作：

一是拓宽县域资金供给渠道。当前，县域金融最突出的问题仍然是资金供给不足，特别是一些经济落后地区，在金融资源极其匮乏的情况下，资金外流现象依然十分严重。为解决这一问题，我们已经按照中央关于"农村存款主要用于农村"的要求，与人民银行联合印发了《关于鼓励县域法人金融机构将新增存款一定比例用于当地贷款的考核办法》，下一步重点是要努力将政策落实好，并在认真总结经验的基础上，逐步将政策扩展到县域非法人金融机构。同时，要不断拓展县域资金来源渠道，大力提升县域直接融资比例，支持优质企业通过发行债券和上市融资等方式获得资金；积极引导城市金融机构到县域设立网点，出资组建贷款公司等贷款专营机构，加大对县域信贷投放；鼓励设立新型农村金融机构，建立城市资本助推县域金融发展的新途径；探索建立大型银行与县域法人银行的资金批发运用机制，引导城市富余资金用于支持县域经济发展。

二是完善县域金融协作机制。要适应县域经济发展多层次、多元化服务需求，建立县域金融协调服务机制，增强支持县域经济发展的合力。在信贷领域，要改变农村信用社"一支独大"的局面，引导大中型银行延伸县域服务网络，创新适应县域经济发展的信贷模式。在保险领域，要大力发展农业保险和农村小额保险，提高农业生产的风险保障水平，加强涉农信贷与涉农保险合作，探索分散农业生产风险和解决农村"贷款难"问题的有效途径。在担保领域，要按照"政策引导、政府推动、多方参与、市场运作"的原则，发展多种形式的融资担保公司、基金和共同体，鼓励银行业金融机构与各类担保公司合作，为县域企业提供担保增信服务，促进县域信贷投放增长。在直接融资领域，要加快发展县域资本市场和农产品期货交易，提高县域居民财产性收益，化解市场风险。同时，还要规范发展小额贷款公司和民间信用互助组织，发挥其有益的补充作用。

三是促进县域金融服务均等化。县域金融要实现长期、持续、健康发展，必须兼顾效率和公平，树立社会责任意识，着力满足弱势群体的基本金融服务需求，力争做到"三个覆盖"，即：尽力实现农村基础金融服务全覆盖，农户信用评级全覆盖和农户有效贷款需求全覆盖，努力扫除金融服务盲区，使最广泛的群体能够公平地享受到金融改革发展成果。要将支持现代农业发展作为县域金融服务工作的重中之重，确保涉农贷款投放增速高于全部贷款增速，确保涉农贷款在各项贷款中的比重稳步提高。对此，银监会下一步将探索建立相应的考核评价机制，也希望国家有关部门进一步出台补贴政策，有效补偿金融机构在贫困落后地区提供普惠金融服务特别是支农信贷服务的损失，确保服务可持续。

四是加大金融服务创新力度。要主动适应县域经济发展的新趋势和新变化，在机构类型、体制机制、产品工具方面大胆开拓创新。要切实加大县域金融开放度，实现金融机构类型多样化，建立有利于促进竞争创新的市场环境，特别要加快村镇银行等新型机构的组建步伐，鼓励农民专业合作社内部开展信用合作；要引导银行业金融机构实施事业部制改革，探索创新服务机制，为不同客户群体提供专业化、差异化和有针对性的金融服务；要在继续改进完善农户小额信贷、小企业贷款成熟业务品种的基础上，充分利用现代信息技术手段，积极推广银行卡、电话银行、网上银行等新型服务方式，不断扩大服务覆盖面，提高服务便捷性和透明度。

五是健全金融政策扶持体系。近年来，中央加大了对县域金融的政策支持力度，连续出台了县域金融机构涉农贷款增量奖励、定向费用补贴、农村金融业务税收优惠等一系列具有正向激励作用的扶持政策，发挥了积极作用。但是，相对于县域金融特别是农村金融成本高、风险大和收益低的经营劣势，现行的扶持政策范围仍然偏窄、扶持力度仍然偏小、扶持期限仍然偏短，尚有很大的完善和改进空间。为此，必须加快建立更为科学有效的县域金融政策扶持体系，切实做到"三个统筹"，落实好"三个区别对待"。"三个统筹"即：一要统筹发挥中央地方合力，中央要出台全局指导性的政策安排，破除县域金融发展的根本性障碍；地方要出台当地的针对性政策，解决困扰县域金融发展的具体问题；二要统筹运用多种政策，加快建立财税政策、货币政策、监管政策相协调的长效扶持机制，针对特定领域的不同困难和问题，采取差异化的扶持政策；三要统筹支持全领域县域金融服务，研究出台支持县域保险、县域担保以及县域直接融资等多方面的政策措施，促进金融服务均衡发展。三个"区别对待"即：一要因地制宜，兼顾不同地区的特殊情况，对贫困地区和少数民族地区实行特殊扶持政策。二要在实行普惠扶持政策的前提下，兼顾农村信用社和新型农村金融机构等小型机构的特殊情况，采取支持力度更大的特殊扶持政策。三要在推进长效扶持体系建设的同时，兼顾不同时期农村金融发展的重点和农村中小金融机构的历史遗留问题，出台阶段性的特殊扶持政策。

六是完善县域金融监管体制。银监会将严格按照资本约束、风险为本监管的要求，切实加强对县域金融机构的审慎监管，尤其是针对农业和县域中小企业贷款的特点，探索建立差异化的监管技术和方法。针对县域地方性金融机构快速发展的状况，按照中央"十二五"规划中关于"完善地方政府金融管理体制"的要求，加快构建小额贷款公司、民间互助组织等机构的中央和地方分层监管体制，按照"谁审批设立、谁负责监管、谁处置风险"的原则，明确由省或地市人民政府对其承担风险处置责任和实施非审慎监管，中央层面主要负责制定试点政策、明确发展规划、开展动态监测、引导服务方向和防止系统风险。

改革永无止境，发展永不止步。在推进县域金融和县域经济持续、协调、共赢的道路上，我们肩负着重大责任，面临着巨大挑战。我们相信，只要我们坚定信心，共同努力，锐意深化改革，着力开拓创新，县域金融发展必将呈现美好的前景，县域经济必将迎来光明的未来。

谢谢大家。

推动资本市场指数化建设和投资任重道远

——上海证券交易所总经理张育军在“第五届指数与指数化投资论坛”上的讲话

（2011 年 9 月 20 日）

2011 年 9 月 19 日，中证指数有限公司在上海举办了第五届指数与指数化投资论坛。境内外多家证券期货交易所和资产管理机构的嘉宾围绕“国际经验与中国机遇”这一主题发表了演讲，包括中国证监会、上海市金融服务办公室、中国期货业协会、证券期货交易所

、基金管理公司、证券公司、期货公司、资产管理公司等 100 余家内地机构，以及包括香港交易所、台湾证券交易所在内的近 30 家海外机构的 300 多人参加了此次论坛。

上海证券交易所总经理张育军在论坛发言中表示：这个论坛已经连续举办了五届，对推动中国的指数与指数化投资起到了积极的、非常好的作用，见证了中国指数化投资与指数体系的重要发展。

张育军表示，他一直是指数化投资的积极支持者和参与者。这些年指数化投资得到了社会各方面的响应和支持。我们讲到指数化投资成绩的时候可以讲到很多方面，讲到指数体系的建立与完善，讲到指数化投资规模的发展，讲到指数化投资的创新，讲到指数化投资当中风险控制的重大进展，七年来指数化投资保持了平稳运作，成为基金公司业务发展的重要方向。但是在我们同业界交流的时候，特别同基金公司交流的时候，我们也提出了很多的问题，业界也提出了很多问题，比如现在第一个最现实的问题，不好卖。同时指数化投资当中还存在着产品同质化比较严重的问题，也存在着规模偏小，流动性不足。虽然鹏华的中证 500、易方达的上证 50 都具有很大的规模，但总体除了不到 10 支具有基本规模（20 亿以上），大部分指数化产品面临规模过小，流动性不足。

另一方面，张育军也分析指数化投资所面临的困难，他表示，这里面有中国经济转型的因素，有我们在指数化投资宣传上不足的原因，也有我们在指数化投资方面对投资人教育、培育不够的因素，还有本身基金行业在指数化投资方面人才缺乏等因素。他认为进一步推动指数化投资势在必行、恰逢其时，要坚定不移的推动指数与指数化投资。

张育军表示推动指数化投资有四个必要性：

第一，要看到尽管仅仅只有短短六七年的发展历程，中国指数化投资取得了长足的进展、重大成就。过去七年指数化投资的实践与历程，指数化投资在中国是有潜力的，基金公司已经尝到了甜头。第二，要看到中国资本市场经过 20 多年的快速发展，已经成为全球第二大市场，具有了推进指数化投资的坚实基础。如果规模很小，只有几十支股票，过去几万亿市值，组合非常有限。而今天中国已经成为全球第二大市场，我们已经有了组合指数投资化的基础。第三，要看到中国经济仍然处于一个稳健快速的发展进程当中，也就是说中国指数与指数化投资具有广阔的潜力和空间。中国经济未来转型必然取得成功，中国指数与指数化投资必然是滚滚向前的，所以具有巨大的潜力和空间。第四，要看到中国目前指数化投资的规模，指数化投资的人群，同市场的规模，同基金的规模，同投资者的群体相比，还非常小，今年 26 万亿的市值，ETF 的规模不到 800 亿。如果以西方国家为参照系，上交所挂牌 ETF 的交易量占总交易的比重是很小的，上交所过去五年日均成交在 1000 亿以上，ETF 的日均成交才 20 亿左右，西方占到 10% 以上，我们只有 2%，发展空间还很大。

随后，张育军在讲话中也提出了自己的意见和建议，资产管理行业的各方面，要敢于正视指数化投资面临的问题，坚定信心，长远布局。在当前情况下，推动指数化投资，特别是推动 ETF 发展有四点必要性。

第一，要进一步加大对指数与指数化投资的研发与投入。我们这个行业真正懂指数与指数化投资的专业人士是比较少的，投资人就更少了。大家要看到大趋势，要敢于投入更多的人力，更多的资源。全行业要更深入，更全面的展开被动投资或者指数化投资的研究、宣传、推广工作，投入更多的人力培养人才，投入更多的人力加强宣传，投入更多的人力布局指数化投资的业务与风控体系。有些基金公司给我的建议很好，指数化投资风险控制很重要，基础设施很重要，需要加大这方面的投入。我们需要举全行业之力，共同研究、宣传、推广指数化投资与被动投资。

第二，需要以市场需求为基础，进一步完善指数研发和编制的力度。这些年中证指数公司做了大量的工作，对推动中国指数体系的形成做了非常重要的工作。我们也看到包括深交所以及其他社会化的指数机构、信息机构也在指数编制方面做了很多工作。但是要进一步寻找以市场需求为基础的指数体系仍然是我们的一个重要任务，由于中国证券市场在快速发展当中，过去我们编的指数由于市场条件，由于历史条件，总有这样那样一些缺陷，需要我们作出进一步的修正和完善。同时由于行业的发展，由于中国经济的发展，必然出现新的指数需求。所以在这方面我们还需要进一步加以完善。举个例子，比如我们的宽基指数，随着实践的发展都有进一步完善和修正的空间。同时我们在行业指数上，基于市场需求的行业指数现在是不多的。所以我们在行业指数、风格指数等方面还仍然有着很大的空间。我们有些策略指数还没开始，中国主题指数编制刚刚出头，所以第二方面要加大指数的研发和编制力度。

第三，资产管理行业要找到投资人，以培育人和客户为核心，加大指数化投资的营销、推广、宣传。目前中国投资人像任何新兴市场一样，在金融行为学上有一个概念，叫做“过度自信”，存在盲目投资的现象，过度自信才会盲目投资。所以我们要加强对客户的宣传营销，现在某种意义上一些基金公司并没有真正意义上的客户，客户也不知道卖给了谁。所以我们需要以寻找客户为核心，加强对投资人的培育、教育，加强宣传。如果每个基金公司都有上万个真正的核心投资人，能够随时如数家珍一样，我相信我们基金

行业不会那么被动。

第四，要继续着眼于被动投资的基础设施与风控建设，如果没有风控体系的建设，没有基础设施、基础业务流程的投入，被动投资很难能够健康稳健的向前发展。有些基金公司应该有深切体会，这也是中国证监会把风控放在首要位置的重要考量。呼吁基金行业继续加强被动投资的基础设施与风险流程的控制，特别是基础人才的培养。我们调研了一些营业部、基金公司，问具体工作人员，能说清楚 ETF 的人数是少数，这说明加强从业人员被动投资的培育仍然十分重要。

张育军最后表示，上交所愿意同基金行业一道，进一步加大投入，进一步从长远规划被动投资的业务发展。希望与会的基金公司，市场参与人，能够借助这个论坛继续对指数与指数化投资提出意见，以期能够共同发展。

加快股市结构调整　大力发展交易所债市

——上海证券交易所总经理张育军在“沪上金融家对话未来国际商业精英”论坛上讲话

（2010 年 7 月 21 日）

上海证券交易所总经理张育军昨日在“沪上金融家对话未来国际商业精英”论坛上表示，“十二五”期间，交易所将并重发展股票市场与债券市场，进一步推动债券市场、特别是交易所债券市场的发展。同时，应当加快股票市场结构调整，大力优化上市公司结构，推动上市公司并购重组，提高市场资源配置的效率。

以下是张育军发言实录：

各位领导，各位来宾，下午好。很高兴来参加今天的对话活动，正如我昨天预言的那样，沪上金融家的评选与其说是激励，更不如说是鞭策，今天相关单位就让我们来“火烤”了。很高兴参加今天的活动，特别是看到未来的精英对上海金融中心建设感兴趣。

今年是中国政府“十二五”规划的开局之年，中国政府刚刚颁布了“十二五”计划，在资本市场我们也在制定全面之详尽的发展计划。去年是中国资本市场 20 周年，上交所发布了未来十年的发展蓝图，关于上交所具体的发展我不在这里展开讲了。在这里就对中国“十二五”资本市场的宏观构想给大家做点介绍，也谈点自己的看法。

国家“十二五”规划当中关于资本市场发展有一句话很重要的话：大力发展资本市场，显著提高直接融资比重。资本市场涉及面很多，至少涉及到四五个市场，股票市场、债券市场、商品期货市场、金融期货市场。我主要将股票和债券市场给大家做一些介绍。

第一，在股票市场与债券市场之间我们需要有一个股票市场与债券市场并重，花更多力气发展债券市场。过去 20 年中国资本市场，具体说股票市场取得的成绩举世瞩目、引以为豪的。资本市场在“十一五”期间取得了很好的发展，货真价实的成为国民经济的晴雨表。债券市场方面我们刚刚起步，我们尽管也走过了 20 多年的历程，但是债券市场的空间、潜力还很大，尤其是交易所债券市场。现在尽管有一个规模不小的债券市场，那是场外市场，银行间的证券市场，仍然是以国家信用为风险。我们需要发展一个更加市场化的，以市场各方面参与者为基础，以集中竞价交易为基础的债券市场。这方面的工作未来几年会成为我们的重点。在美国市场债券的持有量，商业银行持有不到 10%，在我们国家商业银行超过 4 万亿，是基于国家信用为担保的，这个债券市场市场化程度、投资人的分散程度是不够的。所以“十二五”期间我的第一个想法是，股票市场与债券市场并重，进一步大力推动债券市场的发展，特别是交易所债券市场的发展。这是我们完成国家提出显著提高直接融资比重当中最重要，也是最核心的举措。

第二，股票市场本身面临增量发展与结构调整并重，把结构调整放在更加突出位置的情况。股票市场在增量方面开足了马力，全力以赴。但是我们在存量结构调整，上市公司结构调整方面还有很大的文章可以做，市场结构还有很多不合理的因素，所以我们要把存量的调整放到一个更加重要的地位加以推动。包括上市公司结构、投资者结构、终结服务者结构等诸多方面的因素。在金融领域，特别在资本市场领域，除了在座的和昨天评选的金融家们，还有一些基础性的，比如会计、法律、评估、资讯、研究、教育等诸多行业的发展，才使得我们资本市场的基石更加厚重。就上市公司而言，很重要的一条是要大力优化上市公司结构，推动上市公司的并购重组，进一步提高市场配置资源的效率。

第三，要继续坚持风险防范与推动金融创新并重，继续把金融创新放在更加重要的地位。中国金融界很命运，在 2007、2008 年金融危机当中我们的老师摔了一跤，我们差点被绊倒，我们躲过了这场金融危机，我们把防止系统性金融风险作为我们的底线，这是非常重要的。但是防止系统性金融风险只能为发展提供条件，更重要的还是要推动通过金融创新，在此基础上推动金融业的发展。所以金融创新，特别对于上海国际金融中心建设来说，还要放到一个更高的地位，特别是在传统银、证、保三大行业以外，现在有很多新的金融业态的发展，希望社会各界给予大力的支持，大力推动新型金融业态的发展，推动金融创新。

第四，要进一步把市场质量与效率放在更加重要的位置。过去我们坚持市场的规范与质量的共同提升，但是我们现在还应该把市场质量与效率的提升放在很重要的位置。上海国际金融中心的主要优势还是在规模、硬件上，我们要进一步强化中国资本市场和上海国际金融中心建设当中的软实力，必须把法律、会计、基础制度、税收管理、人才培养，这些软实力决定了市场运行的质量与效应。

以上四点思考不一定成熟，更不可能全面，供在座的嘉宾，特别是未来的精英参考，中国资本市场欢迎社会各界的参与，上海交易所特别感谢各界的支持，在这里代表上交所谢谢各位一贯的支持和关心，预祝对话会圆满成功。

谢谢！

债券市场结构不合理导致风险加大
——上海证券交易所总经理张育军在陆家嘴论坛“创建繁荣的中国债券市场”分论坛上的演讲实录

（2011 年 5 月 21 日）

2011 陆家嘴论坛 5 月 19 –21 日在上海举行，上海证券交易所总经理张育军在论坛上表示，债市还面临一些比较突出的问题。第一个问题是市场的分割非常明显，从监管层面，发改委批债、证监会批债，其他机构也在批债，地方政府也在批债。他认为从市场来看，银行间市场和交易所市场现在开始走通路，但是总体来说通畅程度还不够，分割还比较明显。

张育军认为第二个问题是市场的结构不尽合理，一个良好的债券市场结构肯定是以社会信用为基础发展起来的，现在的债券市场是以国家信用为基础，这里面还是有比较大的风险。

张育军认为第三个问题是发展债券市场的社会基础还比较弱，需要大大强化。

以下是发言实录：

各位参加论坛的嘉宾，上午好。刚才人民银行谢多司长做了一个非常好的介绍，介绍了我国债券市场发展取得的巨大成就，特别是银行间市场取得的巨大成就，对此我表示热烈祝贺。我跟谢多既是多年的朋友，过去也是同事。所以今天这个论坛收获之一就是见到多年的老朋友。

相比银行间债券市场，交易所债券市场是很小的份额，份额不到银行间债券市场的 3%。利用这个机会，我想简单介绍一下交易所债券市场情况，以及我个人对债券市场的一些看法。目前上海证券交易所交易的各类债券品种，大约有 523 个品种。其中有 1/3 是国债，有 1/3 是企业债，各类非上市企业债。国债是指财政部这条线发行的，企业债是发改委这条线发行的。还有 1/3 是证监会这条线发行的，叫公司债。尽管这个市场很小，最近几年还是取得了一定的发展，有一定成效。

2009 年的时候，上交所债券总交易量是 4 万亿，2010 年的时候债券市场交易量是 7.5 万亿，增长了 80% 左右。今年 1 到 4 月份是 4 万多亿，今年估计能够保持 50% 以上的增长。去年新上市各类债券 100 多只，今年估计能新增加各类债券 100 多只。所以市场发展是很快的。尽管这样，上交所最近几年仍然始终将债券市场发展作为工作重点。今年上交所就确定了两项工作重点，一是国际板筹备，二是债券市场发展。为什么把债券市场放在很重要的位置，刚才主持人讲到、谢多也讲到，我们国家债券市场发展比较晚，现在从政府到世界各界，都对发展债市寄于了很大的期望。

从政府方面来说，大家可以看一下，从十六届三中全会，到十七大，再到历次全国金融会议，都讲到了要大力发展债券市场。最新的一个提法是在“十二五”规划当中，党中央、国务院强调，要进一步推动多层次市场发展，提高直接融资的比重。从市场交易所的角度来观察，多层次市场，除了股票市场经常讲到的，主板、中小板、场外市场、还有创业板等等，还有一些很重要的其他市场的发展，比如说债券市场、基金市场、衍生品市场等等，多层次、多角度。

从这个角度来观察的话，我们感觉到尽管以国家信用为基础的国债、金融债已经规模庞大，刚才主持人介绍到是亚洲第二、全球第五，但是我们总的感觉，以社会信用为基础债券市场十分薄弱，发展滞后。从多层次市场角度讲，从提高直接融资的比重讲，最大的潜力在债券市场，不在股票市场。大家观察一下最近几年，特别是 2006 年以来，最近 5 年来看，我国股票市场已经成为全球第二大市场，最近两三年的集资活动、筹资量中国占到一半以上，55%。

所以说真正的潜力在以社会信用为基础的债券市场的发展。国家层面以国家信用为基础的债券市场发展，相对来说要容易一些，因为国家信用推动了，老百姓放心，咱们要发国债，发央票，发金融债就容易了，从某种意义上来说，这也是一种源于国家信用债券的替代品。

怎么样以市场为基础，以社会信用或者说以民间信用为基础，进一步推动我国债市的多元化是一个非常重要的任务。刚才谢多司长也讲到，公司债券的发行，原来的企业债，大量是非上市公司发行的，都跟国家项目挂钩的一些债券。真正的公司债发展就是最近两三年的事，市场潜力还很大。刚才主持人和谢多司长都展望了我国债券市场取得的辉煌成就，他们都讲得非常好，我不再重述。

从交易所的角度，经常观察的是债市有什么问题。从非监管者，从市场参与的角度来说，我们看到债市还面临一些比较突出的问题，我想讲三个比较突出的债券市场的问题。第一个问题市场的分割非常明显。从监管层面，发改委批债、证监会批债，其他机构也在批债，地方政府也在批债；从市场来看，银行间市场和交易所市场现在开始走通路，但是总体来说通畅程度还不够，分割还是比较明显的。

第二个，我刚才实际上已经间接提到，市场的结构不尽合理。一个良好的债券市场结构肯定是以社会信用为基础发展起来的，现在的债券市场是以国家信用为基础，这里面还是有比较大的风险。

第三个，整个债券市场从稍微中长期一点来看，发展债券市场的社会基础还需要大大强化。比如说社会诚信文化、法制建设、评级体系，债券风险担保机制、债券市场需要依托的市场人才，都是很缺乏的。咱们在座有这么多人对债市有兴趣，我还是感到很欣慰的。但是应该看到，我们现有的金融体系当中，真正能够懂债券，能够把债券收益率曲线、把利率结构曲线讲得比较清楚的是很少的。至少我跟大家担保，我是外行，债券市场我是说不清楚的。

此外，能比较完整地描绘债券市场产业链、产品链的人就更少，能做投资组合、能做投资的人更少。买个债券放在那里，当然是容易的，机构投资者也好，作为居民也好，放在那里是容易的，最重要的是能不能成为金融市场风险管理的工具。我觉得这一块一是社会基础，二是市场结构，三是市场分割，这还是比较突出的问题。

对应这些问题，实际上监管部门，比如说一行三会，甚至国务院对这些问题还是从不同层面有所提及、有所认识的。2003 年国务院颁布关于稳定推动资本市场发展的若干意见，在这个意见当中实际上提到了我刚才说的三个问题当中的两个问题，从正面角度描绘的，这个文件我们叫“国 9 条”，在这个文件当中提到要互联互通。集中监管跟我没有关系了，不论谁管只要能搞好都是好事。互联互通始终作为一个重点事情来推动，特别在谢多司长上任后，这个事情有了实质性的进展。所以借这个机会，向谢多司长表示感谢。

过去银行间市场和交易所市场是分开的，这些年为了互联互通，我们在做几件事，第一寄希望于打通投资人，因为即使在交易所市场还是存在着上海、深圳这样的分割，还有其他一些柜台市场的分割等等存在。为了互联互通，我们在做的几件事第一就是打通投资人之间的相互沟通。具体来说，中国债市最大的投资人是商业银行。由于 1997 年亚洲金融危机当时的背景，国务院文件在对应 2008 金融危机的时候，推出进一步推动商业银行上市的措施，特别是在谢多司长具体的推动下，这个工作有了突破。

第二个需要互通的是，需要进一步推动运作机制上的互通。比如说交易、结算、托管体系。这一块在转托管环节有了部分突破，但是总体突破还不是特别明显。第三个互联互通想做的事情，是产品的互通。现在有些产品是在双向挂牌，但是真正互联互通还没有做到。今年上交所做的最重要的工作之一，是抓住一行三会，对于商业银行进入债券市场这件事，争取办成，把一行三会的文件落到实处。

去年 12 月份，第一家商业银行交通银行正式进入交易所债券市场开始交易。到今年上半年，我预计大概有一半的上市银行能够进入交易所市场，争取全年 16 家已经上市的商业银行进入债券市场。在互联互通问题上，今年希望能够有一个实质性的进展。

我看今天不少的参与者，还有不少新闻媒体的朋友，帮我们呼吁一下，不能小看商业银行进入债券市场的重要性。现在商业银行重视不太够，在谢多司长管理的银行间市场，他们做的比较顺手、比较熟，对进入交易所这件事重视不是太够，积极性不是太高，意义不是太了解。所以拜托各位帮我们宣传，推动商业银行进入债券市场。为什么国务院 2008 年对应文件当中提出这一条，当时有一个金融 30 条讲到，上市商业银行要进入交易所债券市场。这里面有几个意义我可以解读一下。

第一个就是刚才讲到的，解决我们现有债券市场的主要问题之一——市场分割，初步实现互联互通。这是非常明显的，两个债市发挥不同的优势，交易所市场和债券市场优势是不一样的，让机构互联互通起来，这是非常重要的意义。具体说到交易所债市、场外市场不同于银行间市场有几个特点，第一个特点是说有一个最终的社会投资人，就是交易所市场实际上是以个人投资人为基础的，能把债券推到个人投资者那里去。

现在我们 70% 的债券是银行持有，这样对整个债券风险分担到社会投资人还有一段距离，过去是国家全部包，国家要求把债券发给银行，风险还没有进入到最终投资人手里。观察债券市场，同西方的区别之一，我们个人投资人持有的比例过低。现在上交所的个人投资人，9000 万户，就以股票单个来衡量，还不说债券市场，日常参与交易的 3000 万。第二连续竞价，一个连续交易机制对于价格的形成机制，价格的连续性，价格发现有一种独特的优势，有助于形成真正的价格曲线、收益率曲线，有这样一个好处。

第三个特点是交易所债券市场高度透明。首先是信息披露、监管体系等等，其他还有很多，就不展开说了。第一个商业银行进入交易所债券解决互联互通。第二个解决什么呢？刚才说到的市场形成真正的定价机制，商业银行推出债券市场让大家关注一下。比如说发国债，定价缺少一定的合理性，有一定人为性，两个人一谈判，一商量，是不是再给点互利政策，债券价格就定了，实际上不利于债券市场形成科学合理、连续、公平的定价机制。进入交易所债券市场，商业银行进来了，这里是集中竞价、拍卖，完全是市场化。大家不要小看这个定价机制，定价机制真正解决才意味着这个市场真正符合以以市场需求为基础的债券市场真正形成。这是很重要的作用。

第三个作用，商业银行进入交易所债券，是有助于我们形成完整的债券市场产品链，为风险管理、为商业银行、为机构投资者的风险管理创造条件。现在我们的债券是持有，大家基本上就不动了，进一步的交易通常面临不连续、不稳定的问题，产品链、现货、结构化产品、衍生品相互之间是不连接的。

债券市场尚未真正成为我们灵活控制风险、释放社会信用风险的一个重要渠道。通过商业银行在交易所债券市场，和社会投资人和交易所现有的产品链形成一个整体、完整的产品链，这也有助于提高商业银行资产配置能力，风险管理能力，更好的了解市场需求。其他还有很多作用，就不展开了。

总体上，借这个论坛，呼吁一下，希望我们债券市场参与各方，高度重视上市商业银行进入交易所债券市场的契机，推动我们国家债券市场走向结构更加合理、运行更加可靠、风控更加完整，产业链更加有序的方向来共同努力。上交所愿意同银行间市场一道，共同为我们国家债券市场的发展多做工作。

努力打造高效率的资本市场服务平台

——在深交所《2010 年个人投资者状况调查报告》暨《内幕交易警示录》发布会上的讲话

深圳证券交易所总经理　宋丽萍

（2011 年 3 月 14 日）

一、资本市场的建设必须以投资者为导向，不断夯实发展的基础

一座大厦能够造多高，取决于最脆弱的那根支柱。一个市场的发展空间有多大，取决于最弱势的参与主体的信心和信任。资本市场有很多的参与者，比如上市公司、中介机构、交易所、投资者、新闻媒体等等，在这些参与者中，投资者特别是中小投资者是最弱势的群体。他们投入的是真金白银甚至是毕生的储蓄，但是在信息获取上处于天然的劣势，在组织性上也不强（证券商有自己的协会，上市公司有自己的行业组织，但是很少有中小投资者的协会），容易受到歧视和伤害。但是没有他们的参与，市场就不成为市场；不考虑他们的利益和诉求，市场的稳定、创新和发展就没有稳固的基础。从这个意义上说，投资者的教育和保护，永远是资本市场的薄弱环节，始终需要重视和加强，市场的建设必须以投资者为导向。

二、当前多层次资本市场建设过程中投资者教育和服务面临的形势

总体上看，在当前建设多层次资本市场的过程中，加强投资者的教育和服务面临着一系列的挑战，主要体现在以下几个方面：

一是中小投资者占主体。这是我国资本市场的一个基本特点，中小板特别是创业板的上市公司规模比较小，机构投资受到相应的限制，这个特点尤为显著。截至去年底，我国 A 股市场机构投资者持股市值占流通股市值的比重大约为 70%，但是中小板为 53%，创业板仅为 33%。持股市值在 100 万元以下的中小投资者所持有流通股市值的比重，中小板大约为 30%，而创业板达到了 40%。

二是市场发展比较快，新上市公司多。投资者的教育和服务需要各方面的参与，上市公司尤为重要，只有上市公司的投资者关系管理做好了，整个市场的投资者教育和服务才有坚实的基础。近年来，随着多层次资本市场的基本框架的确立，上市公司数量迅速增长。去年深交所新上市公司 321 家，是 2009 年新上市公司数量（90 家）的 3.57 倍。目前（到 3 月 15 日）深交所的上市公司群体中，上市时间一年之内的占了四分之一，两年之内的占了将近 40%。上市以前，企业只需要处理与几个、几十个股东的关系，上市以后却需要处理好不特定的、分散在全国各地的成千上万投资者的关系，这对于上市公司是一个极大的挑战。最近我们做了一个统计，上市公司的平均股东数，主板是 65122 个，中小板是 21187 个，创业板是 10518 个。主板中，股东最多的是万科，有 118 万，中小板中是苏宁电器，28 万，创业板最多的也有 3 万多。去年我们走访上市公司的时候发现，不少新上市公司并不缺乏做好投资者关系管理的良好愿望，但是机制的完善、体系的建设和经验的积累需要一个过程。

三是上市公司风险比较高，估值比较困难。中小板和创业板的企业多处于成长期，经营的不稳定性比较大，新公司、新行业、新商业模式多，估值缺乏基础和共识。我们去年的市场质量研究表明，以收益波动率衡量的股票波动性，深市 A 股平均水平为 56 个基点，但是中小板为 60 个基点，创业板更高达 71 个基点。这也是我们在创业板实行投资者适当性管理的主要考虑因素。我所《2010 年个人投资者状况调查报告》结果表明，创业板投资者适当性管理制度的实施取得了显著成效。其中反映的问题也为进一步深化投资者适当性管理工作提供了线索。

三、努力打造高效率的资本市场公共服务平台

交易所是资本市场的组织者，在任何国家的国民经济体系中，都属于重要的国家金融基础设施，具有公用事业的性质。在中国新兴加转轨的市场环境下，交易所作为一个具有公信力和专业性的市场组织者，在市场的建设和服务中，应当起到更为积极和重要的作用。基于这个认识，这些年来，我们在投资者教育和服务的过程中，一直致力于打造公共服务平台。这个平台现在已经形成了四位一体的架构，包括：

一是投资者综合接入平台。这个平台以投资者热线电话为基础，涵盖电话、邮件、信函、短信、在线交流、现场交流和专项调查等多种方式，方便投资者以最便捷的方式寻求帮助、反映诉求。2010 年，深交所通过这个平台接到投资者各类电话、邮件、短信 11677 件。在此基础上，我们启动了“深交所投资者呼叫中心”建设，完善后台支持，加强统计分析和业务留痕功能，为有针对性的投资者教育和服务创造了良好的条件；

二是投资者教育信息发布平台。针对投资者最关心、最需要了解的问题，深交所组织所内相关部门和所外人士，编写系列材料和课件，通过电视、报纸、网站、书籍等各个渠道进行广泛发布。2010 年，深交所制作动画宣传片《内幕交易警示录》8 集，发放《拒绝侥幸心理，远离内幕交易》宣传手册 23000 册，制作专题系列电视节目《证券教室》248 期，推出《深交所证券教室系列丛书》第一批、销量近 3 万册，通过中央人民广播电台经济之声、华夏之声、深圳电台生活频率播出广播节目 660 期。此外，我所近年来启动了 XBRL 项目，投资者可以通过深交所的网站，直接看到和下载以各种图表展示、非常直观的上市公司定期报告资料，大大提高了投资者获取和处理上市公司财务信息的便利性。

三是上市公司投资者关系互动平台。这个平台是深市所有上市公司与投资者互动的场所，去年 1 月 1 日启用。投资者可通过互动平台提问，上市公司在法规允许范围内答复。此外，该平台还有投资者增值服务、为监管部门提供线索等多种功能。平台推出以来，各方反响积极，全年投资者提问 15136 条，上市公司问题答复率超过 90%；

四是投资者模拟交易平台。从前年 8 月起，我所举办投资者开放日活动，定期组织投资者操作模拟交易系统，熟悉交易规程，感受交易风险，现场解答提问，受到广泛欢迎。去年共举办 20 期，共接待学生及投资者约 500 人。

可以说，经过多年的努力，一个体系完整、参与广泛、技术先进、针对投资者的公共服务平台已经初步形成，对于整合市场资源、降低市场运行成本、建设一个和谐和可持续发展的资本市场，开始起到积极作用。这样的公共服务平台，顾名思义，我想应当具有这样几个特点：

首先，它是公共的，向资本市场的所有参与者甚至全社会开放，平台共用，内容共享。在建设过程中，与中介机构、上市公司、新闻媒体等开展广泛的合作；

其次，它是服务的。一方面要具备公益性，不以盈利为目的；另一方面要不断提高服务的专业化水准，分析投资者结构、行为和需求的特点，选择合适的渠道和方式，进行效果评估和持续改进。

最后，它是一个高效透明的平台。必须充分利用现代的信息和通信技术，做到覆盖面广、效率高、响应快，成为整个多层次资本市场基础设施的重要组成部分。

需要补充说明的是，深交所不仅在打造针对投资者的公共服务平台，也在积极建设针对上市公司以及会员的公共服务平台。举个例子，深交所长期以来一直开展上市公司董秘和高管的培训，随着多层次资本市场的发展，培训的需求增加很快。所以，去年底以来，深交所利用现代网络信息技术手段，以“实时直播”模式试点远程培训，四次培训参加人数合计 4700 多人，相当于我所培训中心去年全年 40 次现场培训人数的一半，大大提高了培训的效率和覆盖面，节约了社会成本。

从我所《2010 年个人投资者状况调查报告》的结论来看，投资者比以往更加注重亲身研究，如与 2009 年情形不同，2010 年将上市公司公开披露信息作为调研渠道的投资者比例上升了 9%。同时，投资者对互联网信息渠道的依赖度继续上升。91% 的投资者平时会通过互联网获取投资信息，比 2009 年上升了 13%。这些投资者的行为特征要求交易所继续发挥市场组织者的作用，一方面帮助上市公司提高信息披露质量，另一方面搭建安全可靠、高效透明的综合性平台，为投资者服务。这已经成为深交所的核心业务之一。

在“2011 第七届中国（深圳）国际期货大会”的主题演讲

深圳证券交易所总经理　宋丽萍

（2011 年 12 月 3 日）

尊敬的各位领导，大家上午好！大会的主题是不确定环境下的风险管理，这个主题非常契合国际与国内市场的特点。今年以来政治市场复杂多变，经济市场动荡加剧，不确定性增加，包括我国资本市场在内的新兴市场发展带来了新的挑战。

世界交易所联合会，就是 WFE 在去年迎来了 50 周年，在这个时候结合金融危机的影响，梳理了交易所近年来在公司化、兼并收购，新兴市场崛起各方面的趋势，并对交易所未来发展提出了一个重要的要求，就是风险管理服务应该回归为交易所的核心职能。

这里所说的风险管理服务就是指交易所作为市场组织者，在提升市场整体风险防范与控制水平的过程中所发挥的作用。交易所的这项职能不仅正在被重新评估，而且在职能目标、实施手段等方面提出了更高的要求。今天我想结合本届大会的主题，对交易所如何进一步发挥风险管理与服务方面的功能讲几点自己的思考，供各位参考。

一、新兴＋转轨阶段，国内交易所应该提供比海外市场更为丰富的风险管理服务

为市场提供风险管理服务是交易所在交易服务、上市服务以及自律监管之外的一项重要功能，这项功能在后金融危机时代的作用日益凸显，在全球范围内监管机构和市场各参与方对金融危机的反思，以及 2011 年 G20 集团匹斯堡宣言之后得到了一个重要的共识：一是提高场内市场在资本市场的作用，进一步发挥风险管理功能；二是对场外衍生品分步实施风险管理，主要是提高场外衍生品的标准化工作，引入中央对手方对手制度，降低对手方的风险，维护金融危机。海外交易所为市场提供的风险管理服务主要涉及集中清算、数据汇总以及推动场外产品场内化的各个方面，注重交易后的风险管理措施。

目前国内交易所市场已经实现了集中交易与中央结算，然而我国资本市场尚处于新兴＋转轨的发展阶段，市场与行业发展面临着许多自身特有的风险。在对交易过程进行风险管理的同时，交易所来应提供更为丰富的风险管理服务：一是风险管理应覆盖交易前、交易中与交易后多个环节，对某些新产品、新业务甚至还要向前，延伸到产品服务方案设计和系统准备环节，我们交易所和上海交易所承担中国证监会机构部赋予的事前对新产品的论证责任。二是风险管理的范围应该包括个人投资者、机构投资者以及相关中介机构等市场参与的主体。三是应着眼于维护市场安全运行的机制设施保障，以交易系统提供的监控和技术服务为核心，推动实施保障全市场安全运行的技术措施。

二、探索建立多维度、多环节的风险管理服务体系

发挥交易所在风险管理方面的作用应该探索做好以下几方面的工作：一是以投资者为导向，提供风险管理服务。我国资本市场目前仍是以散户为主的市场，到今年 9 月底深圳持股市值在100万元以下的中小投资者，持有流通股市值的比重占27%，交易金额占61%，这样的市场特征要求我们更加关注金融产品风险与投资风险相匹配，提高投资者获取有效信息以及消化信息的能力。针对创业板市场特有的风险，我们在创业板首次引入了《投资者适当性管理制度》，两年来制度安排取得了一定的承销，今年9月底创业板投资者平均开户年限为5年，有相当投资经验的主体参与创业板投资，10万元至100万元中等规模中等投资者持股比例为28%，而主板是17%，中小板是18%，创业板的水平高于主板和中小板。在这之后，在股指期货、融资融券等其他新产品、新业务中，投资者适当性管理制度也得到了很好的运用，取得了良好的效果。与投资者相关的风险管理工具离不开投资者教育，经过多年努力，深交所已经初步打造了一个由投资者不综合监督平台，投资者教育信息发布平台，上市公司互动平台以及投资者交易模拟平台构成的四位一体的投资者公共服务平台。这个公共服务平台一方面为投资者结构、行为以及相关风险进行持续跟踪分析，另一方面也向投资者提供风险教育、阐明道理、提示风险。

二是提供全面的技术保障与服务。稳定可靠的市场体系是市场安全运行的重要保障，交易所在这方面起到重要作用。首先依托交易系统防范市场整体运作风险，在深交所一是通过交易系统前端监控，防范交收风险，通过卖空检查，深圳市场基本消除了卖空现象，仅今年前11月，交易系统阻挡了近万笔的卖空委托。以异常波动自动停牌机制为例，首日触发异常波动停牌30恩次，降低了新股市场上市首日的爆炒风险。交易所通过技术指南，独立环境测试和验证、全网测试和演练等多项措施，有效控制市场整体的技术风险。以融资融券业务为例，通过技术测试是证券公司申请业务的前提条件之一，到今年11月末，深交所提供了2次仿真测试，并提供日常测试的服务。

三是积极参与行业标准工作，提高行业信息技术管理水平。深交所参与了多项行业标准和技术规范的编制工作，比如教育数据的交换协议、证券识别编码体系，信息披露规范和信息备份标准等等。

三、推动中介机构功能发挥，建立新产品业务风险管理机制

在推动新产品、新业务中，市场参与者与交易所应该各司其职，中介机构是产品业务创新的主体，市场创新的功能驱动特征日益明显，也就是中介机构能开展什么样的业务，取决于具有什么样的功能。交易所作为市场的组织者，应该推动相关市场参与方建立针对新产品、新业务的风险管理机制，防范由中介机构引发的系统性，对于跨境ETF我们采取了由论证评估、现场检查、实施监控、回顾总结等措施构成的风险管理机制，防范业务、技术、操作、交易等环节的风险，并及时梳理业务开展后的整体风险情况，提高风险管理以及监管水平。

最后，我们将风险管理服务延伸到场外产品创新，对推动行业创新的角度出发，我们在产品设计、技术准备、试运行以及持续运作等各个环节推出了全过程风险管理措施。第一支信达证券的“现金宝”产品已经发行，后续第二批产品也在积极论证过程当中。

最近一个时期，国际资本市场持续动荡，大宗商品市场波动剧烈，国内市场正处于经济结构战略性调整的关键阶段。中小企业、高新技术企业已经发展成为经济发展的重要主体。截至今年11月末，中小板与创业板高新技术企业家数占比分别达到了74%和93%，但是必须看到中小企业与高新技术企业具有规模小、抗风险能力弱的特点。同时随着技术的进步，市场和行业将面临新的风险。在当前所处的不确定性市场环境下，如何针对各类新风险、新问题，提高市场各方以及整体的风险管理能力是摆在我们面临的一道重大课题。深交所愿意与市场各方一道共同努力，将市场与行业的管理水平提升到一个更高的台阶。

最后，预祝论坛取得圆满成功，谢谢大家！

扎实开展党建课题研究　不断提升保监会系统党建工作科学化水平

——保监会副主席周延礼在保监会系统2010年度党建课题研究成果交流会上的讲话

（2010年12月8日）

同志们：

党的十七届五中全会十月中旬刚刚闭幕，现在全国上下正在兴起学习贯彻落实领会全会精神的热潮。我们今天在这里召开2010年度党建课题研究成果交流会，也是贯彻十七届五中全会精神的动员会、学习会。这次会议得到了全国党建研究会的大力支持，贺兴洲、邵忠和、陈东平三位同志莅临会议、亲自指导，让我们对全国党建研究会的领导和专家们表示衷心的感谢！这次交流会的目的是总结2010年度保监会系统党建课题研究工作，交流研究成果，部署今后的工作。下面，我讲几点意见。

一、结合实际、精心组织，保监会系统党建课题研究工作取得良好成效

党建课题研究是党建工作的重要组成部分，是以改革创新精神加强党的建设的重要载体。卓有成效地开展党建课题研究，深入探究党建工作的本质和规律，制定正确的目标任务，寻求有效的途径和方法，是做好党建工作的前提和基础，也是各级党组织重要的工作内容和工作方法。

近年来，保监会系统党建课题研究工作坚持以中国特色社会主义理论体系为指导，坚持改革创新、务求实效，取得了丰硕的成果。一是形成了好的工作机制。几年来，会党委组织部每年年初确定年度重点课题，下发通知布置研究工作，系统各单位按照部署，结合实际开展研究，逐步形成了一级抓一级的责任制度和工作机制。我们还搭建了课题交流的平台，近几年每年都召开全系统的课题成果交流会，对优秀论文进行表彰交流。系统上下关心党建、研究党建已蔚然成风。二是研究质量逐年明显提高。在近几年的课题研究中，涌现出大量优秀的论文，一些单位和个人的党建经验、研究成果被中组部有关刊物刊载或收录，保监会重点课题2008、2009年连续两年获得了全国党建研究会课题调研优秀成果一等奖。三是有力促进了中心工作。近年来，系统的课题研究都是紧紧围绕保险业改革发展的中心任务开展的，在探索国有股份制保险公司党委在公司治理结构中如何发挥作用，国际金融危机背景下如何提高金融保险业党的执政能力等方面提出了很多切实可行的工作措施和思路，有力促进了保险业中心工作的开展。同时，通过开展党建课题研究活动，促使系统广大党建工作者尤其是基层党务干部进一步加强了党务知识学习，主动思考党建工作中存在的突出问题，研究提出解决问题的思路，有效提高了基层党务干部的能力水平和队伍的整体素质。

总的来看，保监会系统各级党组织立足实际，不断创新，扎扎实实地开展党建课题研究工作，取得了可喜的成绩，为此，我们要给予充分地肯定。但是，也注意到这项工作在系统内开展得并不是很平衡。有的单位周密组织，精心安排，有步骤地深入发动各级党组织、广大党员积极参与，结合本单位的工作实际，开展研究工作，注重理论联系实际，形成了很多高质量的研究报告，并能及时将研究成果转化为推动工作的理论依据。有的则仅限于组织部门"单打独斗"，没有形成工作合力，与工作实际结合的不紧密，没有及时将研究成果转化为推动工作的动力。虽然也取得了一些成绩，但数量有限、质量不高。更看到的是，组织部门以外的基层党组织和广大党员的集体智慧没有得到很好地利用和发挥。希望各级党委对此要引起重视，进一步加强组织领导，把这项工作抓紧抓好。

从今年的情况看，保监会系统党建课题研究水平在以往基础上有了进一步提高，论文数量和总体质量都优于往年，这也得到了论文评审专家特别是全国党建研究会专家的认可。今年的党建课题研究工作，主要体现了四个"新"。

（一）围绕中心、服务大局，在推动科学发展上有了新进展

吴定富主席在2010年全国保险业情况通报会上提出"转方式、调结构、防风险、促发展"的总体要求，系统各级党组织围绕这一中心任务，以保险业发展的重大理论和现实问题为研究方向，从加强党建工作、促进中心工作的角度进行了深入的理论探索和具体实践。一方面，对如何"围绕中心抓党建，抓好党建促发展"问题的研究进一步加强。比如，宁波保监局党委对"基层党建工作在保险业转变发展方式中的作用发挥"这一课题开展了深入探讨；中国人寿保险股份有限公司党委从推进学习型党组织建设，积极推动公司发展方式转变的角度进行了研究。另一方面，在党建研究成果向实际工作转化，通过研究推动工作开展上有了新进展。2009年以来，我们在系统组织开展了"科学监管/科学发展，攻坚克难"主题实践活动，充分调动基层党组织的积极性，破解了在保险监管和保险业发展方面的诸多难题，有效解决了党建工作和业务工作"两张皮"的问题，促进了党建工作与业务中心的结合，取得了良好成效。今年"七一"前，会党委组织部专门发文表彰了主题实践活动开展较好的单位，刚才还为这些单位颁发了奖牌。这一活动的成功开展，离不开党建课题研究，在2009年的党建课题研究成果交流会上，就曾对活动开展进行过研讨。这次受表彰的单位很多在理论研究和实践两个方面都取得了很好的成绩。比如，江苏保监局、浙江保监局，中国信保厦门分公司等单位在党建课题研究论文和主题实践活动方面都获得了奖项，值得表扬。

（二）结合实际、改革创新，在彰显工作特色上有了新探索

创新是党建工作不断推进的动力和源泉，党建课题研究工作就要善于研究分析新情况新问题，坚持以改革创新的精神，勇于探索新路子、丰富新内涵、拓展新载体。今年，保监会系统党建课题研究工作在改革创新方面也有很多亮点。一方面，加强了对监管机关党建工作的研究。新疆、重庆、广西等保监局围绕"新形势下进一步加强和改进保监局机关党的建设问题研究"这一课题，进行了有益的探索和实践；湖南保监局结合监管机关年轻干部多的实际，对加强"80后"党员干部队伍建设进行了深入的研究；福建保监局就"在保监局党建工作中引入质量管理体系"问题进行了探索，这些课题研究都很有特色。另一方面，加强了对行业党建工作的研究。针对保险业"两新"组织党建工作现状，一些单位勇于跳出本单位这个圈子，积极探索整个保险行业的党建工作，取得了积极成效。甘肃保监局开展了甘肃保险业党建工作调研，对辖区所有保险主体党建工作情况进行了深刻剖析；重庆保监局就当地外资保险公司党建工作情况开展了调研和思考；山东保监局针对保险行业协会专业化、职业化改革进程中的党建工作进行了总结分析，提出了加强行业协会党建工作的思路，这些课题研究突出了工作特色。

（三）立足当前、着眼长远，在夯实工作基础上有了新突破

抓基层打基础是做好工作的根本。今年保监会系统党建研究工作的一个重要视角就是如何着眼于保险业的健康可持续发展，进一步加强保险业党的基层组织建设，增强基层党员干部队伍的活力。一方面，加强了对扩大基层党组织覆盖面问题的实践和研究。一些新进入市场的保险机构，紧密结合保监会党委"三个同步"的要求：即筹建新机构与党建工作同步规划，党组织与行政领导机构同步设置，党组织领导班子与经营管理班子同步配备，积极探索新保险主体基层党组织建设的思路。比如，中国人寿财险湖南分公司对新保险主体基层党组织建设问题做了研究；中国人寿福州分公司开展了关于保险营销员党组织设置形式的研究探索。另一方面，对如何做好党员发展、教育和管理工作问题进行了多角度的分析。比如，人保财险福州分公司根据企业员工管理制度改革进程的深入，就关于加强和改进劳务派遣工党员教育管理开展了探索与思考；人保财险贵阳分公司就破解营销员党员发展的瓶颈也进行了分析，提出了较好的意见和建议，这些课题研究对加强基层组织建设，夯实党建基础工作很有帮助。

（四）加强领导、精心组织，在形成整体合力上有了新成效

党建课题研究工作是一个系统工程，要树立统筹协调的理念，善于"弹钢琴"。目前，保监会系统已基本形成了各级党委领导亲自抓、组织部门精心组织、基层党组织具体实施、党员干部积极参与的党建研究工作大格局，形成了党建课题研究的整体合力。这一点在今年的工作中体现尤为明显。一方面，群策群力，周密安排，科学设置党建研究课题。在今年的党建研究课题设置上，会党委组织部专门在福建古田基层党建工作座谈会上征求了各直管保险公司和部分保监局的意见，将一些与基层单位联系紧密的内容吸纳到今年的课题研究工作之中，提高课题设置的针对性和实效性。另一方面，统筹兼顾，全面推进系统课题研究工作。在重点课题研究上，今年进一步加大了工作力度，向全国党建研究会申报了3个课

题，由会党委组织部牵头组织开展“党内文化建设研究”，指导人保集团、人寿集团分别开展“保险公司基层分支机构党员发展与管理问题研究”和“增强党员党性教育有效性问题研究”。在自选课题研究上，系统各单位精心组织，通过层层任务分解，一级抓一级、层层抓落实，充分调动全体党员干部参与研究的积极性，提高研究的质量。有的单位在本系统开展了党建课题评审工作；有的单位业务部门的普通党员也紧密结合工作实际，从党的建设角度开展了多层次的探索和研究。比如新疆保监局中介处的李明同志就很好地结合本职监管工作实际，深入开展了营销员队伍基层党建工作的调研，撰写了一篇质量很高的调研报告。

二、认清形势、把握要求，扎实做好保监会系统党建课题研究工作

当前，我国正处在进一步发展的重要战略机遇期，保险业发展也站在了新起点，进入了新阶段。党的建设是党领导的伟大事业不断取得胜利的重要法宝，党的领导是推动保险事业向前发展的根本保证。新形势新任务对抓好保监会系统的党建工作提出了更高的要求，加强党建工作比以往任何时期都显得更重要、更紧迫。

一方面，加强和改进党的建设的新部署对党建工作提出了新要求。党的“十七大”提出了“以改革创新精神全面推进党的建设新的伟大工程”的重大战略部署。党的十七届四中全会明确提出提高党的建设科学化水平的新要求。党的十七届五中全会审议通过《中共中央关于制定国民经济和社会发展第十二个五年规划的建议》，提出党的领导是实现“十二五”时期经济社会发展目标的根本保证，必须加强党的执政能力建设和先进性建设，不断提高党领导经济社会发展能力和水平；因此，保险业要坚定不移地贯彻党的“十七大”提出的理论和路线方针政策，牢固树立科学发展理念；要切实加强党的基层组织建设，深入开展创先争优活动，带领广大群众推动经济社会又好又快发展。这些都为我们加强保监会系统党的建设指明了方向，提出了要求。

另一方面，保险业改革发展的新目标对党建工作提出了新要求。“十六大”以来，我国保险业在加快改革发展，切实防范化解风险方面取得显著成效，保险业发展速度明显加快、发展质量逐步提高、服务领域不断拓宽、发展环境更加优化、社会影响日益扩大。但在新的历史条件下，特别是在制定和实施保险业“十二五”规划的过程中，保险业发展面临着许多新情况新问题，因此，我们各项工作要围绕中心，服务大局，突出重点，稳步推进。新情况新问题越多，任务越繁重，越是需要坚持党的新时期的路线方针政策，加强和改进党的建设。这从客观上要求我们进一步加大党建工作力度，充分发挥各级党组织和广大党员的作用，切实保证保监会党委的各项工作部署落到实处。

面对新形势、新任务、新要求，党建课题研究要更加紧密地围绕促进发展方式转变、防范化解风险、保障服务民生、加强干部队伍建设等保险业发展的战略性问题开展，从发挥党的政治优势和组织优势的角度，提出切实有效的措施和思路。要坚持以下基本原则：

一是要始终坚持以中国特色社会主义理论体系为指导，把握党建课题研究的时代性。这是党建课题研究工作沿着正确方向发展的根本保证。中国特色社会主义理论体系是一个开放性的理论体系，能够随着实践的发展而不断发展。邓小平理论、“三个代表”重要思想以及科学发展观都是中国特色社会主义理论体系中的最新理论成果，是我们党的根本指导思想，也是党建课题研究工作唯一正确的指导思想。保监会系统的党建课题研究工作必须始终坚持以党的创新理论为指导，充分体现时代性。当前，我国保险业发展的基础逐步夯实，发展的环境不断趋好，行业面临着难得的发展机遇。但在发展的过程中依然存在一些市场不规范的问题，发展中出现的新情况和行业的老问题叠加在一起。我们从事党建课题研究，要紧密结合保险业的发展变化对党的建设产生的重大影响，紧密结合保监会系统党员干部队伍建设的现状，切实加强对保险业贯彻落实科学发展观等相关理论和实际问题的研究，不断取得新的成果。要在加强保险监管、推动科学发展方面努力体现党建课题研究工作的时代性，保证课题研究的正确方向。

二是要始终坚持以服务保险业又好又快发展为目标，把握党建课题研究的针对性。这是党建课题研究工作有序进行的基本前提。“围绕发展抓党建，抓好党建促发展”是党建课题研究工作必须坚持的基本原则，必须把党建课题研究融入到保险业改革发展大局中去谋划和推进，努力找准工作的结合点和切入点。近年来，保监会系统各级党组织全面推进党的建设，在思想、组织、作风、制度建设等方面都取得了新的成绩。但是也要看到，随着形势的变化，在工作中也出现了一些不容忽视的问题。少数基层单位存在重业务、轻党建的现象，基层党组织的战斗堡垒作用发挥不充分；少数党员干部法治观念、纪律观念淡薄，有的党员领导干部还在保险业务工作中发生严重违法违纪行为等。因此，大家要进一步明确，党建课题研究是为党建工作服务的，但最终还是要解决好为改革发展保险业大局服务的问题。离开这一点，我们的工作就成了无源之水、无本之木，就失去了生机和活力。所以，要坚持以解决工作中存在的突出问题为导向，提高党建课题研究的针对性，并以此来促进中心工作开展，服务发展大局。当前，保监会系统正在按照中央要求深入开展创先争优活动，这是党的建设一项重要的经常性工作。党建课题研究要注意结合这方面的情况，贯彻好创先进、争优秀的活动要求，深入开展调查研究，多出好的研究成果。

三是要始终坚持深入基层、调查研究，把握党建课题研究的有效性。这是开展党建课题研究工作的有效方法。要搞好党建课题研究工作，必须要有一支肯吃苦、善钻研、作风实的队伍。从近年来保监会系统党建课题研究取得的丰硕成果看，我们已经凝聚了这样一支队伍，今天获得研究论文表彰的就是这支队伍的杰出代表。下一步，要继续发扬优良传统，扑下身子，深入保险业务一线，从工作实践中获取第一手材料，进行科学的提炼和加工，抓住问题的症结，揭示事物的本质，取得高质量的研究成果。特别是各单位的领导干部要甘当“小学生”，经常性地带队下基层开展调研；要充分运用座谈会、实地考察、问卷调查、个别访谈等方法，问情于民、问政于民、问计于民、问需于民，认真总结基层党组织的新鲜经验，从广大党员和群众创造的伟大实践中吸取营养。从这次党建课题论文评选结果就能看出来，一批有数据、有分析、有问题、有建议的党建工作调研报告脱颖而出，得到了评审专家们的认可。

四是要始终坚持博采众长、勇于创新，把握党建课题研究的创造性。这是党建课题研究工作不断取得新成果的重要途径。创新是推进党建及党建课题研究工作的强大动力。继承是创新的前提，创新是最好的继承。党建课题研究工作要把握好继承和创新的关系，既要坚持马克思主义建党原则不动摇，又不能拘泥于老祖宗的个别结论；既要注意汲取以往党的建设的成功经验，也要充分发扬“敢为天下先”的精神，认真研究党建工作的新情况新问题。比如，在保险业“两新”组织迅速发展的情况下，如何创造性地解决这些领域党组织难建立、活动难开展、作用难发挥的问题；在保险从业人员特别是保险营销员流动较为频繁的现状下，如何创造性加强对跳槽党员的管理和服务工作。对于这些问题，我们必须要善于用改革创新的思路和办法来破解，不断推进制度创新、工作创新和方法创新，努力使保险业党建工作在活动方式上具有多样性，在活动内容上突出创造性，在活动领域上体现广泛性。

三、积极探索、勇于实践，不断提升保监会系统党建工作的科学化水平

以改革创新精神全面推进党的建设新的伟大工程，是我们党深刻把握时代条件变化、经济社会发展要求、党的建设状况提出的重大战略思想和重大战略任务，是新形势下加强党的建设的根本要求。党建课题研究工作从实践中来，更要回到实践中去，通过不断的探索和实践，切实加强和改进党建工作，切实提升保监会系统党建工作的科学化水平。

（一）着眼于党组织和党员作用的发挥，认真开展创先争优活动

创先争优活动是党的“十七大”和十七届四中全会作出的重要部署，是学习实践科学发展观活动的延展和深化，胡锦涛、习近平、李源潮等中央领导同志多次发表重要讲话，就深入开展创先争优活动作出重要指示，提出明确要求。对此，会党委高度重视，严格按照中央要求，就系统开展创先争优活动进行了周密部署。前一阶段，系统各级党组织按照保监会党委的部署，加强领导，扎实推进，活动取得了积极成效。下一步，要立足实际，在活动中注意做到三个结合。

一是坚持把开展创先争优活动与转变发展理念、推动行业科学发展结合起来。中央强调创先争优活动要以学习实践科学发展观为主题，定富主席也要求我们要始终突出推动保险业科学发展这一主题。在创先争优活动中，我们要牢牢把握推进科学发展这一目标，引导各级党组织和广大党员根据中心工作要求，推动形成以创新为动力、以内生增长为活力的发展模式。要把活动开展和保险业发展有机结合起来，深入查找不适应不符合科学发展要求的突出问题，努力破解影响和制约科学发展的难题，在提升科学发展水平中创先进、争优秀。进一步理清促进保险业科学发展的思路，增强贯彻落实科学发展观的自觉性和坚定性，为确保“十二五”时期转变保险业发展方式取得实质性进展、开创科学发展新局面建功立业。

二是坚持把开展创先争优活动与发挥保险功能作用、服务广大人民群众结合起来。在创先争优活动中，保险公司要积极践行社会主义核心价值体系，不断强化服务人民群众、促进社会和谐的责任感和自觉性，充分发挥保险的功能作用，为经济社会发展提供保险保障。要积极承担社会责任，帮助群众解决生产生活中的困难，尤其是在重大突发事件、重大自然灾害及事故面前，要敢于负责、坚守承诺，坚决保护群众利益。监管部门要进一步增强针对行业的突出问题抓争创的意识，进一步强化“为民监管”的宗旨观念。要建立健全保护保险消费者利益的制度机制，主动排查和及时化解矛盾纠纷，大力解决好群众反映强烈的销售误导、理赔难等问题，用解决现实问题和服务人民群众的实际结果来检验活动成效。

三是坚持把开展创先争优活动与加强文化建设、树立良好行业形象结合起来。党内文化所体现的共产党员先进性的丰富内涵与优秀的行业文化和企业文化一脉相承，都是人类先进文化的集中体现。在创先争优活动中，各级党组织要切实把活动开展与建设先进的党内文化结合起来，通过党内文化的渗透、辐射作用，形成健康向上、富有自身特色、体现时代精神、符合社会主义核心价值观的行业文化和企业文化。要注意把先进的党内文化内化于行业文化与企业文化建设中，将党内文化倡导的先进理念、价值取向、精神追求深深根植于保险业广大干部群众思想深处，使其成为全行业的自觉行动和工作方式。要重点加强对营销员群体诚信与合规文化的教育，用先进的文化理念、和谐的文化氛围来对他们进行观念上的引导和行动上的鼓励，努力维护保险业的良好形象。

（二）着眼于提高党员干部素质，切实加强学习型党组织建设

建设马克思主义学习型政党，是党的十七届四中全会从全面推进中国特色社会主义伟大事业和党的建设新的伟大工程的全局出发，提出的一项重大战略任务。把各级党组织建设成为学习型党组织，是建设马克思主义学习型政党的基础工程。年初，中共中央办公厅印发了《关于推进学习型党组织建设的意见》，进一步明确了建设学习型党组织的总体要求和主要内容。胡锦涛总书记深刻指出，不抓紧学习、不抓好学习，不在学习和工作中不断提高自己，就难以完成肩负的历史责任，甚至难以在这个时代立足。对于正处在快速发展过程中的保险业而言，学习就显得更为重要。

一是要把学习作为政治责任、作为第一需要，树立终身学习的理念。党的“十六大”以来，保险业一直保持持续、稳定、快速发展的良好态势，能不能紧跟保险业的发展趋势，做到与时俱进，对我们的能力素质是一个很大的考验。系统广大党员要时刻对自己在学识、眼界、能力等方面能否适应这一要求保持警醒，把更多的时间和精力放在学习上。领导干部要深刻认识引领发展与抓好学习的密切关系，深刻认识学习水平在很大程度上决定着工作能力，养成勤奋学习和深入思考的习惯，尽量多学一点、学深一点，不断优化知识结构、提高综合素质，在建设学习型组织中走在前列。各级党组织要把创建学习型党组织作为重要内容，加强指导和服务，引导党员干部把学习作为一种政治责任、一种精神追求、一种生活方式，通过学习促进工作、通过工作推动学习，在学习中提高保险监管的水平，提升服务发展的能力。

二是要把学习党的理论与学习专业技能、各种新知识结合起来，不断丰富拓展学习内容。保险业是经营风险的特殊行业，具有非常强的专业性和科学性。作为从事这一行业的党员干部，建设学习型党组织，必须牢固树立“双学双用”的观念。一方面要着眼提高政治素养，深入学习马克思主义理论特别是马克思主义中国化最新成果，努力掌握贯穿其中的立场观点方法，不断提高运用科学理论分析解决实际问题的能力。尤其是要对党的路线方针政策和国家法律法规进行重点学习，确保我们的工作始终沿着正确的方向前进。另一方面，要从做好本职工作出发，广泛学习所需要的经济、政治、文化、科技和社会等各方面知识，学习与岗位职责相关的新知识、新技能，努力成为本领域、本部门的行家里手。

三是要坚持学习与思考相结合、学习与运用相结合、学习与创新相结合，努力提高学习效果。学习的目的全在于运用，学习的成效要靠实践来检验。光学习而不思考、不实践、不创新，会把学习与工作隔离开来，起不到实际效果。要学会思考，善于带着问题学习，通过对问题的思考深化对知识的理解。要坚持理论联系实际，突出实践特色，在破解保险业发展难题、推动科学发展上取得实际成效。学习要重创新，善于在

消化吸收已有知识、前人成果和他人经验的基础上,创造性地提出有切实依据的新观点、新认识,形成改进工作的新思路、新办法。

(三)着眼于巩固党的执政基础,不断加强保监会系统基层党建工作

在中国共产党成立89周年前夕,中共中央政治局就加强党的基层组织建设问题进行第二十一次集体学习时,胡锦涛总书记提出,要进一步健全党的基层组织体系,全面推进各领域党的基层组织建设;要进一步推动基层党建工作创新,找准基层党建工作与中心任务的结合点,创新党的基层组织发挥作用的途径和方式;要进一步增强基层党员干部队伍活力,建立健全教育、管理、服务党员长效机制。胡锦涛总书记的重要指示精神是我们今后一个时期加强保监会系统基层党建工作总的指导思想。

保监会党委十分重视基层党建工作。今年3月,为切实加强系统基层党建工作,在福建古田召开了系统首次基层党建工作座谈会,交流了经验,部署了工作。保险业党的基层组织和党员承担着贯彻落实科学发展观和保监会党委各项决策部署的重要责任。下一步,我们要按照胡锦涛总书记的要求,突出抓好党的基层组织建设,为保险业又好又快发展提供保障。当前,保监会系统基层党建工作要重点抓好以下几点:

一是抓住关键环节,加强基层党组织带头人队伍建设。中央在《关于加强和改进新形势下党的建设若干重大问题的决定》中强调,要建设一支高素质的基层党组织带头人队伍。我们要认真按照中央要求,选好配强基层党组织书记,切实把坚持科学发展有韧劲、谋划科学发展有思路、推动科学发展有激情、实现科学发展有贡献的优秀干部选出来、用起来,努力建设一支能推动保险业科学发展的强有力的领导班子。要注意加强对他们的政治理论教育和党建工作培训,进一步提高党建理论素养和工作能力,使培训工作常态化、规范化。近期,我们计划举办保监会系统第一期党支部书记培训班,并将以此为基础开展轮训。要不断健全对基层党组织领导班子成员的考核评价体系,按照"一岗双责"的要求,不但从抓业务工作的角度进行考核,而且要对抓党建工作的成效进行督促检查,有效推动各项工作有序开展。

二是促进党内和谐,加强党内民主建设。党内民主是党的生命力的源泉,是增强党的创新活力、巩固党的团结统一、促进党内和谐的重要保证。保监会系统各级党委要进一步完善决策程序,健全领导班子议事规则。今年我们统一印制了保监会系统党委会记录本,已经下发到系统各级党委,一定要按照要求规范使用党委会记录本,保监会党委组织部也要加强对党委会记录本使用情况的监督检查。要尊重党员的主体地位,保障党员民主权利,充分发挥党员在党内事务中的参与、管理、监督作用。进一步加大党务公开力度。凡是党章和党内法规要求公开的内容,凡是党员群众关注的党的工作和党内事务,只要不涉及党和国家机密,都要尽量公开,保证广大党员群众的知情权、监督权。

三是结合行业特点,加强载体建设。党建工作是理论与实践的结合体。党建工作作为理论化的观念形态,要转化为鲜活的实践,必须通过一定的载体来实现。前些年,系统很多单位都建立了党建联系点制度,设置了"党员先锋岗"、"党员突击队"、"党员示范区"等载体,让党务干部有了党建工作的抓手,让广大党员有了关注点。去年以来,我们在保监会系统组织开展了"科学监管/科学发展,攻坚克难"主题实践活动,有效激发了党员干部干事创业的热情。这些载体在新形势下依然可以发挥重要作用。同时,我们也要不断加强探索,锐意创新,结合自身特点,研究建立具有更加鲜明行业特点的党建工作新载体,并使之常态化,以更好地促进保险业发展。

四是强化执行能力,加强制度建设。规章制度是基层党建工作的基础,它具有长期性、根本性。当前,保监会系统各级党组织都根据各自实际,建立了比较完备的党建工作制度。但是,部分单位还在一定程度上存在落实党内组织生活制度不经常、不规范、不扎实的问题,我们一定要给予高度重视,采取切实措施加以解决。要把严格落实组织生活制度作为基层党组织书记的基本素质来培养,作为基层党建工作的一项基本建设来落实。要严格执行党支部工作条例有关规定,进一步规范支部工作,使支部工作正规化、科学化,不折不扣地执行好会议、党课、民主评议党员等组织生活制度,以党内生活的经常化提高基层党建工作的活力。要紧密联系保监会系统党建工作实际和当前形势任务,探索建立学习贯彻科学发展观的长效机制和基层党建工作的长效机制,总结推广党支部书记直选、发展党员公示制、票决制等试点经验,党建基础较好的单位可以尝试建立基层党组织建设和党员队伍建设的责任制度、测评制度和考核制度,确保基层党建质量。

同志们,明年是"十二五"规划的开局之年,也是我们党建党90周年。让我们以党的十七届五中全会精神为指导,扎实深入开展党建课题研究活动,努力提升保险业党建工作水平,开创党建工作的新局面,为保险业改革发展提供强有力的政治保证。

谢谢大家!

增量存量"两手"齐推蓝筹市场建设

——上海证券交易所副总经理周勤业在"上海多层次蓝筹市场建设论坛"上的讲话

(2011年4月16日)

在4月15日举行的"上海多层次蓝筹市场建设论坛"上,上海证券交易所副总经理周勤业在主题演讲中指出,上海证券市场经过20年的发展,蓝筹市场正逐步形成,尤其是今年的蓝筹市场趋势更加明显。上交所将着眼于增量和存量两方面进一步加强蓝筹市场建设,他同时指出,目前正是资产证券化的最佳时机。

从上证 50 到上证 380

“上海证券市场经过 20 年发展，尤其是股改启动后最近五年，蓝筹市场逐步形成。”周勤业指出。截至 2011 年 4 月 14 日，上交所上市公司由股改前的 834 家，总市值 2.3 万亿元已经发展到 905 家上市公司总市值 19.8 万亿元，平均单家公司 200 多亿元的市值。但上市公司之间市值差别巨大，目前总市值 100 亿元以上的公司占 32%，达到 293 家，这些公司的市值占上交所上市公司总市值的比例却高达 85.6%；而对比看，总市值不到 30 亿元的公司为 171 家，数量占比 19%，但上述近两成公司总市值仅占整体比例的 1.7%，而市值在 30 亿元至 100 亿元之间的 441 家公司占有 12.7% 的市值份额。

为了将上述数据所体现的上交所以蓝筹股为主的特点刻画出来，上交所逐步设计了“上证 50”、“上证 180”及“上证 380”指数。与最初为刻画超级大盘而诞生的“上证 50”相比，“上证 180”更准确清楚地“跟进”市值百亿元以上的上市公司。2010 年，上交所又推出“上证 380”指数，通过在“180 公司”以外的 725 家公司挑出 380 家“新兴蓝筹”公司，以更全面、生动地刻画市场特征。目前，上证 380 公司市值占比达到 18%、交易量占比已经达到 33%。

今年蓝筹市场趋势更明显

周勤业指出，今年以来，蓝筹市场趋势更加明显。目前正是上市公司年报集中披露期，而上交所已公布 2010 年全年蓝筹公司的整体业绩超出预期。

截至 4 月 14 日，上交所 905 家公司中有 631 家已公布年报。其中，上证 50 板块的占 42 家，上证 180 板块占 136 家，上证 380 为 284 家。42 家上证 50 公司总计实现净利润 10903 亿元，同比增长 35%，对比 2009 年整个市场将近 900 家公司创造 800 余亿元净利润，上述 42 家公司已经实现的净利润超过 1 万亿元。上证 180 公司中的 136 家目前创造的利润约 1.2 万亿元，同比增长 38%。上证 380 公司中的 284 家公司创造净利润 848 亿元，同比增长 37%。上述业绩高于市场预期。

蓝筹股业绩的上升也使得估值逐步提高，从而带动整个沪市公司的市盈率。周勤业指出，上证综指 2010 年年底市盈率为 17.4 倍，截至 2011 年 4 月 14 日则是 18 倍。而上证 50、上证 180 分别从 13 倍、14.8 倍的市盈率提高到 13.5 倍和 15 倍，从而使得整个沪市公司整体市盈率的提升。同时，截至上述日期，上证 50、180、380 三个板块对应的市值占比均有明显提高。

此外，机构资金流入及流出也反映了今年蓝筹市场的特征。从 2011 年 1 月 1 日至 4 月 14 日，机构投资者净流入排名前五位行业依次为银行、建筑材料、石油煤炭、证券及化工；而 2010 年上半年净流入的医药生物现在变成净流出，机械、保险、商业贸易、交通设备行业净流出较大。“这些数据都能说明市场的特征——今年以来蓝筹的特征更明显，强者恒强，弱者恒弱。”周勤业总结。

资产证券化最佳时机

“下一步蓝筹市场的建设将着眼在增量和存量两方面。”周勤业阐述。他表示，增量方面，上交所希望一批骨干企业能进入资本市场，进入上证 50，上证 180，上证 380 板块，从新兴的蓝筹逐渐发展成真正的蓝筹。但是另一方面，存量建设也至关重要。由于目前市场上差异巨大，171 家市值 30 亿元以下公司的存量改造也大有文章可做。他解释，当时资本市场由于规模有限，企业将很小一部分资产拿来上市，在同业竞争、关联交易方面留下很多制度上的问题。“交易所同样也存在结构改善的问题，那就是落在后面的五分之一的公司如何走出来。如果这部分上市公司的市值都达到 100 亿元以上，那上交所市值总价排名就不是世界第六了。”

周勤业进一步补充，现在是资产证券化最好的时候。自从 2007 年 10 月 16 日上证综指创下 6214 点历史高点逐步下调之后，至 2007 年底，沪市公司总市值将近 28 万亿元，均价 19.04 元，对应公司每股收益 0.42 元，平均市盈率将近 42 倍，平均每股净资产 2.72 元，市净率约 7 倍。而截至 2011 年 4 月 14 日，沪市公司均价为 8.91 元，市盈率约 18 倍，市净率约 2.8 倍。由于目前平均股价、市净率较有优势，有资产证券化意愿的企业通过资产评估增值后按照市场价格换得更多上市公司股份。“即使现在不能说是最优点，起码是次优点。”

周勤业最后总结，企业上市可以通过有效合理利用资本运作的平台，从而实现股东价值最高。而对于经营较差的企业，亦可以通过转让控制权，引入实力企业，然后共享净资产收益，由此，上交所未来会从增量和存量两个方面积极推进蓝筹市场的发展。

努力营造基金业进一步发展与创新的良好环境

——上海证券交易所副总经理徐明在“上证—首届全球基金峰会”上的讲话

（2011 年 4 月 11 日）

在本次举办的“上证－首届全球基金峰会”上，上海证券交易所副总经理徐明提出，目前面临发展瓶颈的中国基金业进一步发展需要在国际化进程中加强竞争力，提高法律制度、产品和销售渠道的创新，并且要进一步加强有效监管，进一步增强监管的公信力。

会上，徐明首先分析了目前证券投资基金业面临的发展瓶颈和深层次问题，他认为主要表现以下方面：一是基金管理公司和基金数目逐年增加，但是资产管理总规模多年来徘徊不前，很难在短期内有质的飞跃。二是基金产品的同质化竞争比较明显，基金产品的创新举步艰难。三是基金渠道单一，并且成本较高，销售机构在获取正常申购费用的同时还分走了基金管理公司的诸多管理费用。四是公募基金管理的人才流动性较大，部分人才的流失在一定程度上影响了公募基金的形象和专业理财能力。

对此，他认为国际化背景下竞争的加剧、行业创新能力缺乏动力以及行业中仍然存在重管制轻监管的现象、行政管理和行业治理管理的监管关系还没有完全的理顺，这些都是出现问题的主要原因。而基金业未来持续健康发展，需要进一步的营造有利于基金业进一步开放，发展与创新的良好环境。

"基金行业首先要在国际化进程中加强竞争力，在国际竞争已经成为行业发展主流趋势的大环境和大背景下，公募证券投资基金不进则退，因此国内基金公司也应该顺应发展趋势，积极参股其他机构这样一些形式展开境内外私募基金、公募基金等投资理财业务。"

而近年来，伴随合资基金管理公司的设立，境内机构香港建立子公司等，我国证券投资基金业开始逐步加快国际化步伐。但是徐明认为证券投资基金业的国际化程度和速度还是比较有限的，与之相对应的是，国际对冲基金等专业资产管理机构正在加速进军内地。

其次，他认为基金行业需要在持续创新和竞争中增强吸引力，应该保持产品创新、销售渠道的创新以及基金法律制度的创新。"在当前资产管理市场激烈的竞争格局下，我国基金业制度上的竞争优势，已经为竞争对手普遍借鉴，曾经的渠道优势也随着市场竞争不复存在，产品可能被新的理财工具所超越。"

除此之外，徐明表示，证券基金业需要进一步加强有效监管，进一步增强监管的公信力。

而加强证券基金业的有效监管应当处理好以下三个方面的关系。一是要继续处理好放松管制与有效监管的关系。"监管是制定游戏规则，并通过监督管理对违法者进行处罚确保我们的游戏规则得到遵守，而管制是以行政的力量行使基本的资源配置职能，最典型的就是对市场的准入和业务的准入实行严格的审批。"他认为，随着我国基金市场的不断发展和完善，放松基金业的管制，加强基金业的监管，采取差异化的多层次的监管手段，尤其是创新产品和审批种类和审批程序对基金业的发展十分必要。

其二，要继续处理好严格监管和适度监管的关系。他认为，在今后的基金法修订中，将私募基金纳入监管，要借鉴公募基金的监管经验，但是又不以简单的用公募基金的监管模式来确定私募基金的合法定位，有必要确定适度监管的原则。

另外，在目前的基金监管中，法律明确了监管部门在证券市场体系中的核心地位，但是由于基金的复杂性，技术性和庞大性，政府监管也需要治理监管和行业的自我管理。徐明认为，证券交易所作为证券交易的组织者和管理者，也承担着市场治理职能，包括推动交易所的场内产品创新和规范化，制定上市标准，对基金进行上市管理以及对投资者买卖行为交易行为的合法性，合规性进行适时监控，及时发现制止违规行为。

尽快确定私募股权投资的法律地位

——上海证券交易所副总经理徐明在"2011 中国股权投资论坛"上的讲话

（2011 年 5 月 13 日）

由上海证券报社主办的"2011 中国股权投资论坛"于 2011 年 5 月 13 日在上海举行。

以下为演讲实录：

徐明：尊敬的各位领导、各位来宾，女士们先生们大家下午好！非常高兴来参加上海证券报主办的股权投资论坛，我以资本市场建设私募股权投资这一个主题，向在座的各位进行讨教，主办方给我一个命题作文，激发中国的创新，我想了一下，我可能讲不好这个题目，这个题目有难度，改了一下这个题目。讲讲资本市场和股权私募股权投资的关系。

近年来伴随着中国多重市场的稳步推进，私募投资作为资本运营模式，现在发展得很快，如火如荼，在上市公司的资本募集方面，应该说是非常活跃的。而且，私募股权投资也越来越受到了管理层和社会各方的关注。我们所讲的资本市场在我们概念当中往往指的是证券交易所代表的公开资本市场，它这个特点可能是高度公开，高度集中。而且私募股权基金的特点比较分散，可能是非正常化的，它的两者区别非常大，其实我个人认为两者之间的关系还是非常密切的，互有关联，就像刚才曹秘书长说的把股份制和基金密切关系，基金公司包括私募股权基金，和股份制公司，关系很密切。股份制公司和资本市场关系密切，我们上市公司是典型的股份有限公司。我想今天因为时间关系，上一组看时间已经到 14:15 了，给我时间是 14:15，上来已经没有时间了，我想就这个问题谈 4 点个人看法，不当之处请大家批评指正。

第一点我认为中国的资本市场是我们私募股权基金发展的基石，第二个我们建立的私募股权基金还面临着各种各样的挑战，也就是说存在一些问题。第三点我觉得对于私募股权基金要给予他法律地位，要对私募股权基金进行适当的监管。第四点我觉得对于私募股权基金，私募股权投资要创造一个积极的良好的市场环境。就这 4 点谈谈自己的看法。

第一，中国资本市场发展和日趋完善。20 年来中国资本市场整体规模迅速扩大，我们做了一个统计，到 3 月底的时候沪深股市上市公司合计达到 2150 家，3 月份底是 905 家，我们最近可能到 910 家，沪深市值，还有上交所大概 19 亿的 GDP。沪深交易所加起来这个资本市场已经在全球第二，仅次于美国的资本市场，我们排名在全球第 6。上海证交所的累计达到 2.66 万人民币，这是市场规模的迅速扩大。20 年来资本市场的基础制度和运营机制，也日趋完善，我们现在有公司法、证券法、证券投资基金法为基础的，以国务院的相关的行政法规，中国证券会，证券主管机关也颁发了大量部门规章，作为补充我们现在的法律体系，以及逐步的完善建立起来了。

第二方面我们在行政监管方面，以行政监管为主导，市场监管为补充的证券监管体系，也基本上成熟了。另外我们这么多年来，尤其是我们"十一五"，刚才曹秘书长讲"十一五"给私募股权投资基金 PE、VC，很好的发展契机。实际上"十一五"期间中国资本市场有很大发展，我们通过股权改革，解决上市公司内部的治理，证券公司的治理，包括我们培育和发展机构投资者等一系列的措施，使我们的资本市场基础更加稳固，我们的机制也不断的完善。

我们现在的多层次资本市场体系，我们有股权国债，现在发展起来的话，不但包括股票国债，还包括证券投资基金、公司债，尤其是近几年来取得重大成绩。我想这些成绩的取得使得我们资本市场对国民经济的作用越来越显现出来了。世界对大的资本市场的共识，另外使得我们实体经济对资本市场提供服务的要求十分强烈，也是国民经济发展方式的转变和结构调整，对资本市场发挥我们的资源配置的功能需求越来越高。讲这么多，这样一切比较好的环境，和一些要求使我们国家的私募股权基金投资有了广阔的发展空间，所以我可以毫不夸张的说，没有一个强大的资本市场，没有一个健康稳定发展迅速的资本市场，就不可能有前景光明的私募股权投资。公开的资本市场系私募股权投资市场发展的前提，资本投资市场日渐成熟，为私募股权投资市场提供了强大的支撑。

第二，私募股权投资在中国的多层次的资本市场发展当中仍然面临着挑战，持续稳固健康的发展私募股权基金的条件越来越成熟了，发展私募股权基金现在应该是恰逢其时。但同时我们也应该看到，日益繁荣的中国私募股权投资市场仍然面临着一些挑战，存在一些问题。这些挑战和问题在哪里呢？我想体现在以下几个方面。第一，私募股权投资本身还不太规范。比如 PE 之间的过度竞争，PE 支持企业上市过程当中，包装业绩，投资对象上市以后，业绩变了，第一年是绿灯，第二年黄灯，第三年红灯，第四年有可能退市了。另外在 PE 投资当中存在着 PE 腐败现象，我想这些在不同程度上都存在着。造成这些问题的原因很多，一方面包括中国的法制环境比较欠缺，投资者的投资行为不太成熟，诚信缺乏。但是另一方面，多层次资本市场的建设当中也存在着一些基础性的问题，制约着私募股权投资的发展。

第二个存在的问题，股权市场的定价机制还不成熟。从投资的范围来看，私募股权投资本应分布企业生命的各个周期，不应当是在它的初期，应该要在整个的过程当中，为不同的企业提供服务和支持。一般服务越早期的企业回报越高，新股发行市盈率也始终居高不下，这好像是一个问题。最近我们也发现股票新发了以后，又破发了，而且破得很多，其实我觉得这也是一个正常现象，决定了市场的需求，决定的股票的价格，可能我们定价的时候，我们整个定价机制有问题，股票定价过高，所以在二级市场来说要跌破发行价。所以 IPO 的高速运营使得我国私募股权投资都集中在前 IPO 阶段，价值创造功能还没有得到完全充分的发挥。

第三个问题，并购重组市场依然欠发展。从国内经营来看，并购发展是私募股权资本实现退出的最主要的方式。从国际经验来看，大概重组退出方式达到了 70% 以上。1970 年到 2007 年，30 多年的时间，美国私募股权投资通过 IPO 推出的数量只占到了全国退出数量的 14%，这个实际上是一小半，五分之一还不到，大多数通过其他的并购市场来完成退出机制。我们国家的情况恰恰相反。10 年我国私募股权退出 167 起案例当中，通过 IPO 形式退出的高达 160 起，也就是说基本是通过 IPO 的。通过股权转让方式退出的只有 5 起，通过并购方式退出的只有 2 起，所以我国的并购重组市场是严重失衡，制约着私募股权投资方式的重要因素。

第四个问题，我们规范的场外市场，目前还没有形成，股权投资的退出过渡以来于集中市场。从成熟市场近年来看，证券交易所代表的是集中市场，往往是一个完整的资本市场体系当中的一个部分，这个部分从保守角度来说可能是塔尖，在塔尖之下其实还应该有庞大的场外市场作为支撑，国际上也是这样的。这个场外市场我觉得也应该是私募股权投资退出的重要途径和渠道。从我国实际情况来说，我们还没有一个全国性的场外市场，部分地区虽然进行了尝试，中国证监会在市场创新方面有两大主要任务，其中一大是我们的上海市场。我想这是完全过渡的依赖于资本市场，可能也是不是一种很好的办法。

我想从私募投资者面临的问题，我觉得存在这么四个方面。

第三方面，要尽快确定私募股权投资的法律地位。私募股权投资的规范和运作需要有一套法律支持，离不开适度的外部监管。从总体来看，当前与私募股权投资相适应的法律制度，或者是监管机制基本上处于一种空白的状态，配套的制度建设还没有完全跟上，目前我们正在修改的基金法可能要与时俱进，要将私募股权投资也要纳入调整的范围之中。我想在这个大的法律框架之内，我们对私募股权投资基金，怎么样进行一些合理的制度性的配套，以保证我们私募股权投资基金持续健康发展是很重要的。所以我们认为对私募股权投资，基金法当中应该考虑到它的一些特殊性，采取适度灵活的监管立场。总的想法就是防止一放就乱，同时也防止一管就死，所以这块在管理当中，要有一个监管的问题。包括基金管理人的成立，基金产品的募集、基金业务的创新可能都要做好。私募股权投资的发展环境，多层次的市场发展，为私募股权投资提供了良好的土壤和广阔的舞台，市场各方需要共同努力，在推动多层次市场的大背景下，创造更加有利于私募股权投资持续健康发展的生态环境。这是一个系统工程，涉及的内容比较广泛，我们认为在当前内部环境下，以下三个方面显得更重要。第一，要进一步拓展私募股权投资的投资领域和范围，使我们的投资领域范围要多样化，重点是继续全面发挥私募股权投资所具有的促进股权融资，改善公司治理，增强企业竞争力，促进企业成长等功能，减少政府壁垒，推动私募股权投资进入到不同行业，不同领域，不同规模和发展阶段的企业。对资本市场而言，重点是要进一步完善资本市场多层次结构，形成一种场内市场与场外市场并存，主板和中小板、创业板并重，IPO 与并购重组并行的私募股权投资的格局，促进私募股权投资领域、投资范围、投资企业的多样化。第二，要进一步完善私募股权投资市场选择和退出机制，要按照市场的规律完善股票发行制度，强化上市公司的退市机制，同时要逐步建立不同层次市场之间的短板机制。我们现在是多层次市场，有各种各样的板块，板块之间要能够转，要强化上市公司的退市制度。我们现在的公司退市制度标准还是比较单一的，其实这些退市制度的标准应该是多样化的，它不能够只是一种，或者是一个标准。同时还要提高发行二级市场的定价效应，加强投资者保护，要形成一个真正的优胜劣汰的市场选择机制。第三方面，要进一步优化私募股权投资生态，发展私募市场和成功的私募基金通常出现在健全的市场机制体制里面，资本市场的高度成熟、高度发展，对一个优秀的私募股权投资环境至关重要。在我们这样一个新兴加转轨的市场格局当中，发展私募股权投资需要持续推动与次相适应的软环境建设。这就要求我们进一步加强市场的诚信体制，现在我们市场里面很多其不太讲诚信，要培育健康理性的股权投资文化，强化私募股权投资的治理意识、风险意识和法律意识。完善私募股权投资市场的环境。

私募股权投资是中国资本市场的新兴力量，展望未来私募股权投资可以说是春暖花开，进入佳境，我们期待在多层次资本市场建设的大舞台上，私募股权投资能够继续蓬勃发展。我相信私募股权投资包括 PE、VC 一定会有光辉灿烂的美好前程。

谢谢大家！

深交所促进资本市场做优、做强、做大

深圳证券交易所副总经理　周　明

（2010 年 5 月 10 日）

深圳证券交易所副总经理周明日前在深圳报业指数五周年高端研讨会上致辞称，深圳报业指数自发布之后，至今累计上涨超过 360%，这些不仅反映深圳经济的活力，也反映出深交所、深圳证券信息公司和深圳报业集团的一个良好合作。

周明表示，希望这种合作继续下去，深交所愿意为深圳经济的发展、为深圳资本市场的繁荣，为深圳上市公司的做优、做强、做大提供很好的服务。

在致辞中，周明介绍了深圳证券交易所的情况。以去年创业板的推出为标志，深圳资本市场建设取得了重大突破，形成了主板、中小企业板、创业板，包括代办转让系统在内的多层次资本市场的构架，这个构架已经形成。到今年的 5 月 6 日，在深交所的上市公司是 962 家，现在股票市值已经超过 6 万亿。

周明表示，创业板启动之后，发展势头也非常好，现在上市企业是 78 家，有一半的企业都是政府非常支持的新兴战略型产业，并且市场运行也是比较平稳，这些企业的成长性非常良好。实际上去年的中小板、创业板的年报，包括今年的季报，这些数据都表现出了这两个板块的力量。中小板去年收入净利润增长 7. 59%，创业板平均营业收入净利润是 47.4%，都高于主板。

刚刚结束的年报披露显示了深圳本地上市公司 2009 年净利润增长 46%，创业板的增长更快，高于全国水平 20 倍。在深圳报业指数发布之后，至今累计上涨超过 360%。这些不仅反映深圳经济的活力，也反映出深交所、深圳证券信息公司和深圳报业集团的一个良好合作。周明先生表示，希望这种合作还要继续下去，深交所愿意为深圳经济的发展、为深圳资本市场的繁荣，为深圳上市公司的做优、做强、做大提供很好的服务。

同时他强调在看到中小板、创业板这些上市公司健康成长、高成长一面的同时，也要充分认识到这些企业的特点，要认识到这些企业的行业特征，要对它们在发展当中的一些风险和不确定性有充分认识。机构投资者在一级市场上，要合理的估值、合理的定价；而二级市场的广大投资者要理性投资、要审慎投资。

周明说，今后深交所将在证监会的领导和部署下，进一步推进多层次市场的健康发展。今年要继续做优做强主板，加快推进中小企业板建设。他说：“中小企业板我们还有一个重点，就是要优化中小板的结构，我们要扩大一些金融的上市公司在这个板块中的作用。在创业板方面，我们还是要全力快速发展，确保平稳运行。”

最后，周明强调，从严监管始终是深圳证券交易所推进多层次市场建设当中的重要理念，在这方面深交所继续坚持从严监管的理念。近期尤其要对中小板、创业板利用内幕消息、炒作、操纵市场等加大监管力度，发现违法违规行为要从严查处。深交所要把多层次市场建设好，要发挥资本市场功能，推动加快转变经济发展方式和产业逐步优化，为中国经济的发展，为资本市场的明天作出更大的贡献。

主板市场代表着中国的经济
——上海证券交易所副总经理刘啸东在“上海多层次蓝筹市场建设论坛——企业融资、机构投资与上证指数”的演讲实录
（2011 年 5 月 26 日）

各位领导，周局长，姚市长还有在座的各位嘉宾，下午好！

非常高兴在这么一个时刻到广东来，跟大家探讨蓝筹股市场建设问题。实际上刚才在周局长讲话里面，蓝筹股市场定义的非常明显，而且也对上交所评价相当高，表示感谢。实际上蓝筹股市场的建设是一个非常重大的一件事，光看今天参会的情况，有证监会、证监局、交易所、金融办，还有在座上市公司、预上市的券商、基金管理公司等等。实际上要说蓝筹股市场建设真是一个非常浩大的工程，也是非常复杂的工程，首先花一点时间介绍一下蓝筹股的定义，说到蓝筹股首先要说到多层次资本市场，一个比较大的概念。

在我们讨论多层次资本市场话题的时候，我个人认为所谓的多层次市场，要有一个比较大的定义，从广泛的意义来定义多层次市场，我们认为多层次资本市场的定义，应该是从风险分类来定义的。第一个层面应该是风险比较低的，固定收益类的产品，国债、债权市场、公司债，这一类的品种是第一类，或者是比较低层次的，从风险来说是低层次的市场，这个市场非常重要，在前几天召开的陆家嘴论坛上，我们局长只讲债权市场的建设，没有讲其他的。

第二个层面是股权类方面的，就是今天讨论的，在股权类方面，我们又分，像刚才周局长提到的，最基本的中小板市场、创业板、主板。

第三个层面是更高层面，所谓衍生产品，现在应该说证券市场发展非常迅速，在上海金融期货交易，不知道在座各位有没有买股指期货，这是一个非常高层面，也是风险非常大一个市场，而且这个市场的前景也是非常广阔。我们现在光一个股指期货就是沪深 300，它每天的交易量已经远远大于现在的现货交易量，只是一个品种。

所以我们认为整个多层次资本市场的建立，应该是在这三个层面来讨论，但今天主要的落脚点在股权类市场多层次市场的建设。从这个角度来说，刚才周局长已经提到了，上交所的情况跟大家简单汇报一下，在上交所上市的企业有 906 家，礼拜一还要再上市一家，就是 907 家，总市值是 19 万亿。在全世界大大小小交易所有 100 多家，在上交所上市的企业里面，我们也在看大到像中石油一家企业就占了市值 10%，将近 2 万亿，当然还有很小的企业就不用说了，有不到 10 个亿市值的企业。从上交所本身企业层面来讲就非常多。基于这样的考虑，上交所也在这个方面，也就是说为上市公司提供服务，这里面有很多要求，其中一个非常重要的就是指数的配置。上证指数这个本子很复杂，大家可以回去好好看一下，我们编的指数非常多，各种类型都有，有按照基本的市场行为，比如说上证 50、上证 180、上证 380，还有按照行业金融、地产、高科技，还有按照风格类分类的，主题类分类的。

我们今天主要跟大家推介一个指数，就是上证 380 指数。说上证 380 指数以前，先说一下跟 380 相关，一个是上证 50，一个就是上证 180，一个就是上证 380，至于说未来市场走向是什么样子，这个不知道，但是我们认为这三个指数，基本上奠定了上交所在指数编制大的框架下，这么一个框架性的东西。上证 50 是我们最大的指数，就是 50 家上市企业。接下来是上证 180，上证 50 是从上证 180 里面挑出来的 50 只，上证 50 只有 50 家上市公司，占上市公司的数目是 5%，但是占了整个上海证券交易所市值是将近 50%，交易量也差不多有 35%。而且这 50 只股票一个证券市场每年都要报年报，在盘算今年整个上市公司赚了多少钱，这是一个很重要的依据，这 50 只上市公司基本上覆盖了上交所总的利润一半左右。上证 180 这 180 只股票占了 906 家上市公司 20% 左右，市值是 70%，交易量差不多一半 50%，利润是接近 90%，90% 的利润来自于 180，这是 180 只股票。180 以外的我们又编了 380，就 380 只股票，380 只股票从公司数来讲占了 42%，市值占 17%，交易量占 33%，利润差不多全部拿掉了不到 10%。

我们去年年末推出的 380，实际上这个跟所谓的交易所建立多层次股权类资本市场，也有一些想法和关联。我们都知道，一个证券市场或者一个证券交易所，有没有吸引力，在座的各位不管是买不买上交所股票，或者是不是想到上交所上市，大家都问一个问题，这个证券市场或者这个证券交易所有没有吸引力，有没有吸引力这里面大家搞企业都知道，这个因素非常非常多，但是有一个很重要的，就是证券市场说到底要有成长性，不要都是特别牛的企业在这里上市。成长性从哪里来，如果中石油、工商银行涨 1 倍，这个东西不管谁去当他们的董事长都说不了这个话，但是我们认为在 380 里面就是我们要的成长性，所以我们编写了这个板块。这个指数推出了以后，相当的受欢迎。这个指数推了不到一年，等一下由南方证券高总会跟大家介绍，他就看中这个指数，要在这个指数上建产品，非常有远见，按照一般的惯例，一个指数至少得运行一年以后，让人家知道是怎么回事再建产品，这还没几个月，南方基金管理公司就看中这个指数，要建产品，从这个现象看出来，这个指数生命力非常强。这个是我们指数里面为什么要有 380，我们认为上交所将来的成长性可能是以 380 为代表的。180 和 380 不重合，进了 180 就不在 380 里面了，相当于这边是民兵，这边是禁卫军，真正打仗的时候民兵肯定比禁卫军管用，就是这个道理。

我看了一下今天来参会的还有相当多的企业，就这个问题我想简单说几句，作为上交所来说，我们希望各位能够考虑到上海证券交易所上市，刚才我们提到了多层次资本市场的建设，说到底还是要有各种类型的上市公司，当然在说

这个事情以前，我想再简单说一下，刚才已经提到了，上海证券交易所要为上市公司提供服务，这个应该说是多方面的，指数的编制就是其中的一个，还有非常多的，作为上海证券交易所怎么样为上市企业提供服务。企业为什么要上市，特别是为什么要到上海证券交易所上市，这个是跟上交所提供的服务相关的。

企业要上市的原因非常多，不知道多少个，我就讲一个非常重要的，企业上市的时候他的品牌作用，通过上市以后怎么样提升企业的品牌，这也是上海证券交易所为拟上市企业提供服务的一个想法，或者上海证券交易所的定位，这个定位也就是你的品牌。举一个简单的例子，你是奔驰车，奔驰车一定要在奔驰的的地方卖，如果弄到一个二手的地方卖就不对了。我们也定义我们的品牌，现在的说法也不完全准确，的确是这么提的，上海证券交易所——中国资本市场的主板，什么是主板？刚才周局长也提到了，我就不重复了。这里面有一条我们认为非常重要，主板应该代表着中国的经济，你说你是主板，如果说中国的经济在发展，市场应该跟经济有关联，创业板不需要有关联，而且没有必要有，但是作为主板必须要和经济有关联。如果作为主板跟经济无关联的话，在主板上市的企业就应该覆盖经济活动的任何一个领域，每个行业的龙头或者排在前几名应该到上海证券交易所上市，这是我们的定义。这样一个定义反映到企业身上，你只要在行业里面你牛，你是老大，你就要到上交所来上市，就是这么一个概念。这个就跟主板对应，然后就和整个经济对应。从这个角度来讲380编制也是因为这样的原因，希望所有的企业进入到380，各个行业里面有潜力的。然后能够发展到，进入到上证180或者上证50，现在有6家广东的企业在180里面，18家在380里面，不知道多少家在50里面，肯定有。

在座的企业需要考虑到上市的问题，等一下袁处长会给大家介绍企业上市的具体操作。现在从企业上市角度来说，自从股改完了以后，发行上市的形势非常好，或者节奏非常快，去年2010年总共有345家企业发行上市，这是把上交所、深交所加起来的。今年我们看这个情况，已经报到发行审核程序里面的，证监会在审核的，包括刚才周局长提到的那几家企业，在全国报进去有300多家，接近400多家，我们做市场调查还有将近1000家企业在申报材料，还有广发证券，这么多企业都要往里面弄，我们感觉到压力还是非常大的，企业非常多。

在这个事情上面，我提简单的几句，看上去还是很困难的一件事，但是我想在座的各位坚定信念，发行上市这个市场会越来越好，而且上市企业质量也会越来越好，上市这个事情市场化程度越来越高。第二个企业自身要做好，看样子随着非常多的企业发行上市以后，企业自身的从行业方面，公司治理方面要练好内功。第三个今天来的主要目的就是寻求支持，寻求帮助，特别是上海证券交易所愿意为在座的企业提供发行上市过程当中的帮助。我们今天专门过来了发行上市部巢克俭总监，在发行上市过程中间，如果有什么需要咨询的问题，大家一直说上海证券交易所高高在上，不提供服务，我们认为这个批评非常对，虚心接受，今天我们也带了非常强的团队，希望在座的各位在会议当中，或者过程中间把你们的名片留给我们巢总，留给我，在以后为在座的各位服务。

希望各位能够认真考虑到上海证券所上市，谢谢。

抓住中原经济区发展机遇　扩大直接融资

——中国经济体制改革研究会副会长樊纲在“中原经济区发展论坛”上讲话

中国经济体制改革研究会副会长　樊　纲

（2011年10月14日）

由和讯网承办的中原经济区发展论坛于2011年10月14日在郑州召开。中国经济体制改革研究会副会长樊纲表示，抓住新的中原经济区的发展机遇，扩大直接融资的范围和渠道，使我们的大量的中小企业，包括制造业，包括传统产业，大量的中小企业，能够有一个大的发展，我们中原地区一定能够有大的发展。

以下是文字实录：

樊纲：非常荣幸，邀请我参加这次会议。特别荣幸中央政府刚宣布了中原经济区这个概念，一出台，就能到河南亲身体会到这个热忱，我相信下面会有一个热潮。大家议论、讨论的热潮和实际投资、金融投资的热潮都会紧着而来。而且我个人认为，这种决定具有重要的意义。沿海地区有些东西可能不需要中央政府有这样的一些文件来公布，但是中部地区，我觉得具有重要意义。我今天主要讲资本市场、融资这方面的东西。现在下一阶段中国经济要继续持续发展，避免所谓的中等收入陷阱，咱不讨论这些理论概念，继续发展，完成工业化进程，农民转移，完成城市化进程等等，确实需要中部地区的大力发展。从各个角度，都需要。中部能不能发展，关系到中国能不能进一步发展，关系到中国能不能解决我们发展的问题，工业化的问题和各种社会问题。这里面包括收入差距的问题，因为农民没有完全转移，没有全面实现工业化，收入差距还那么大，我们的过剩劳动力还那么多，低收入阶层那么多的话，这个社会问题永远也解决不了。所以，我觉得就现在来讲，在这个阶段，我也特别期待我们中部地区，中原经济区能有一个大的发展。

要想发展一个地区，我想首先还是企业的发展。企业怎么能够做大做强？怎么能够创造更多的产值，创造更多的就业。今天，这次论坛的主题，就是如何通过发展金融来使我们的企业产业能够有更大的发展，确实也是非常重要的，而且也是大家现在热切关心的问题。全国现在总的来说，不缺钱，大家都知道，中国不缺钱。中国储蓄率就50%，有的年份52%，去年大概是低了一点，51%左右，这是2010年的数据。世界之最，历史之最，没有一个国家储蓄率达到50%多。我们还有大量的外资进入，总的来讲，我们不缺钱，流动性过剩。那么，关键的问题是怎么把钱用好，通过企业的角度，怎么能够把钱圈来，通过一个地区的角度，怎么把钱圈到我们的这个地方来。我们用什么样的一个效率，用什么样的一个投资回报，把钱弄到我们这里来。另一方面，这个钱多也不是永远在多，经济都有波动，现在有些地区正在面临钱紧的问题，因为我们银根在缩紧，一些中小企业受到了一定的冲击，沿海地区又出现了一些冲击。最近在报纸上。网上大家看到一些消息，我今天也没有时间多讲这个问题。这个一方面是因为现在紧缩银根，另外也关系到我们过去钱太多，货币太松了，通货膨胀太高了，经济过热了，11%的增长压缩到9%的增长，这一定使得一些地区、有些企业、产业受到影响。两个百分点增长是几千亿的GDP的增加值。这些企业发生在什么地方呢？沿海地区，因为沿海地区前一轮确实过热的程度比较高。

然后，还有一个资本错配的问题。之所以有很多的企业，现在钱紧，大家可能有知道这个消息，我不想具体说了。很大一个程度上，它过去去投机了，去炒房子了，它去炒股去了，它看不起自己的制造业了，看不起自己的实业了，你都看不起你的企业了，那你还能做好吗？你都看不起你自己搞的产业，搞十几年，好不容易有点核心竞争力的东西，好不容易能够拿来赚钱了，又想东张西望，转产业。加上前些日子一些媒体、学者那忽悠中国要提升产业结构，就是转产业，就是放弃制造业，放弃低端产业，这些问题我最后可能再讲。因为讲到融资，投资在哪些领域有发展前景，可能最后会再讲。很多钱紧的问题是因为他的资源、资本错配，本来应该配到对他来讲更有效的地方，更能专业发挥效率的地方，他没有那么去配置，他配置到自己不熟悉的领域，被别人骗了。在资本的融资问题上，配置上出现各种各样的问题，有宏观的、微观的，有产业的，有自己局部的，个别企业就会出现一些问题。所以确实也是很复杂的问题。

我今天想讲一个角度，就是在很复杂的问题上，我们找一个特殊的角度，就是间接融资和直接融资的关系。在这个关系当中，我们来看看直接融资，讲出这么一个观点，直接融资应该是企业发展的主要融资渠道，间接融资主要是银行的融资。银行的融资特点是什么呢？它是千百万的储户，包括企业把钱存进银行，银行通过中介机构，作为中介把这个钱贷给企业，作为生产资金。然后这些钱的特点，是要还本付息，那么把钱给企业用，不改变企业的所有权，也不要你的股份，我也不参加你的分红，但是呢，你先给我还钱，你挣了钱之后先还我的钱，给我利息，然后你再去分你的红，获得你的利润。那这就是间接融资的特点。直接融资的特点是什么呢？直接融资的特点就是要我给你钱，但是我是作为投资投到你的企业当中去的，我要占有你一部分的股权。然后我分你的红，这叫直接融资。反过来，企业你想获得直接融资，大概就得让出一点股权，你就不能再搞纯粹的个人拥有、私人所有的、家族所有的，家族很多都是慢慢退出，大家明算账的话，也会有这个概念。所以这是两种不同的融资方式，也是两种不同的融资渠道。

我们中国多年来，大家的眼光，一说融资，眼光着重就集中在银行，而且我们现在90%的储蓄都是走的间接融资的道路，存进银行，银行再贷款。然后，资源配置的优化不优化，有没有效率，就取决于银行有没有效率，这确实也是这样的。所以说，银行背负的风险，银行承担的社会责任就很大。然后，承担的风险也很大。一有风险波动，全世界前些日子又在唱衰中国，其中一个重要的原因，中国给了地方政府按照融资平台几万亿的贷款。但是你仔细想想，他一共多少钱，仔细分析，一共多少钱，钱是怎么贷出去的，怎么分配的，我们银行应该说，经过90年代的集体坏账，把过去的地方政府融资问题基本上解决了，大家还是非常谨慎的。贷给地方政府，地方融资平台也还有很多的安全措施，采取了很多措施，包括还款的方式等等。我们今天不详细讲了。目光都集中在银行身上。然后我们企业一说融资，也还是都是说银行贷款紧了，我们企业就紧了。其实银行主要的贷款，银行主要的职能，它的中介，它作为一个间接融资，它的主要功能不是提供长期的发展资金，它的主要功能是提供短期流动贷款，短期流动资金。甚至有一些订单，这个订单需要买些原材料，然后这时候你缺钱了，你借钱，生产东西，卖东西，把这个钱就还上了，短期的。原则说来，银行很少给长期贷款，你要买厂房，买设备，很少有这方面的贷款。

而我们往往因为大部分的资金集中在间接融资渠道上，我们有各种方式把短期融资也变成了长期融资，变成长期贷款，把长期贷款做得更多，这样的话，风险就很大。所以我们中国经济的一个重要的弱点现在是间接融资过大，直接融资过小。而直接融资过小的比例，有多方面的原因，我这儿先讲讲企业个体方面的原因，然后再讲讲我们的体制等方面的问题。从企业角度看的一个重要原因，过去我们的企业确实不想让出产权，不想做股权交易。股权交易不是说上市里面的，可能离你上市还很远很远的时候，你就要开始让出股权。本来企业都是自己家族的，自己一些家里的小秘密，不愿意分享，信息也不愿意公开。然后缺钱就跟朋友借钱，银行借不着就跟朋友借，朋友借不着，走钱庄，地下渠道去借钱。这个里面也不光是个人的问题，也有体制问题，比如法制不够健全，产权保护不够健全，往往会有一些纠纷，大家就不愿意分享这个。应该说，这个条件逐步逐步也在改善，就是个人股权投资这种方式进行直接融资的条件，从企业的角度来讲正在逐步完善。这是从企业的角度。我们的企业家，你要想搞企业融资，首先你愿意不愿意让出股权。

第二个角度，之所以直接融资欠缺，一个重要的原因还不是因为股票市场发展促成的，是因为在股票市场之前进行，在股市融资之前，各种融资形式长期没有得到发展，最近刚刚发展。这指的是什么呢？我们长期缺一块东西，就是股权融资基金，就是所谓的PE。PE是一个相对比较窄，但实际上是一个很宽的概念，它从天使投资开始，到风险投资，到股权融资，就是一般意义的股权融资，到IPO之前的融资等等，都叫股权融资基金。天使融资是什么呢？天使融资是听说哪个人有发明，或者哪个人自己有一个发明，到处找，看看哪位，哪个基金愿意给我投资。这个时候有人给你投资了，你还没有具体实验的时候，有人给你投资了，叫天使投资，占有你30%的股权。然后你开始试，到了二试，有希望了，再融一次资，叫做风险融资。风险投资，再有一些股权，或者是股权有溢价了，他给你股权原来的一块钱变成一块五。然后你再发展，开始实现产量了，开始有利润了，这时候，更大的资金进来了，它看到了上市的前景了，更大的PE开始进来了。然后可能你要让出更多的股权，导致最终的每一股也卖出更多的钱，你可以融更多的资,再往下走。

讲这个的重要意义在于什么呢?上市只是融资的最后一个环节,要达到上市的水平,一个企业发展达到上市的水平,你可能需要前期多次的股权融资。而且更重要的,在我看来,更重要的,这一个企业中小企业发展,更重要的不是最后那一个环节,最后那个环节你已经成大企业了,最重要的是前面这一系列的直接融资,也就是股权融资的各种环节融资。这是中小企业发展的全过程。有没有一个资本市场,有没有一些资金、基金,有没有一个机制,来伴随着企业成长,我们大批的中小企业才能发展起来。光靠自己那点钱,光靠自己那朋友借点钱,银行借点,银行借当然他不借给你了,中小企业当然融资难了,你有什么信誉啊,你有什么资产,现在中国的银行都很谨慎,都要抵押品,你有多少抵押品,大不了把自己的房子抵押出去,能抵押几个钱啊?为什么不动股权的脑筋呢?我们大家一起发财。现在我们中小企业发展最大的一个问题,一个缺陷,我们没有这样的一个机制,就是缺乏这样的一个机制,缺乏这样一个股权融资基金的一套机制,从最开始来伴随培养中小企业的发展。因此我们往往说到最后,你自己长大了,二三十年长大了,我们证券公司来了,我们证监会辅导它,辅导只是辅导了它怎么规范,但是你并没有伴随它成长。

当然我们过去也有一个问题,我们之所以前面缺这些股权融资的基金的机制,是因为我们股票市场缺少。这个主板门槛太高,大家没有退出的机制,看不到退出卖股的机制。因为股权融资基金的目标,不是搞发展技术,搞产业,搞企业,它的目标就是赚钱,就是运作资本,它一定要看到出口,看到两三年能上市,上市之后能够退出,能够变现,它有出口了才会搞。过去我们这个东西没有。所以说,过去直接融资不发达是方方面面的原因,一个共同的结果,它不是单一的一个因素。它从企业家不愿意让出股权的因素,法制不健全、保护产权不健全的因素,一直到基金这些机制没有发展起来,一直到我们的股票市场还不健全等等。所以中国的第一轮的股权融资基金的发展,其实是谁起作用呢?是外国资本起作用了,是到国外去上市。国外的这些股权投资基金,他们成熟了,他们需要这些东西,他们先来中国。蒙牛,都是用的这些外国投资基金,人家已经都有了利润,他们进来投两三千万英镑,两三千万美元,然后一上市,几十倍的翻番。

这时候开始唤醒了中国,中国股权公司大概两波,一波是IT兴起的时候,风险投资使大家开了眼界。但是那时候因为风险投资没有这一套机制,结果是政府搞了风险投资,待会儿我会讲政府的风险投资怎么起作用,没有私人风险投资的话,没有私人的PE,政府的风险投资很难做到。先有了风险投资的概念,然后第二轮到了那些中国很多的企业在全世界各地上市,挣钱挣很多的时候,中国大家才意识到,我们缺PE,我们没有股权投资基金这样的基础。PE就是股权投资,它是私人股权投资基金,它这个私人概念区别于公共上市。少数几个人的这种股权叫私人股权,这个待会儿我在讲,我们大家慢慢都知道这个概念了,我们很多PE班,大家都知道这个概念了,我们从理论上、各种关系上讲一下这个概念。

现在,我就说到了大力发展上市之前的直接融资各种形式的时候了。这是培养我们千百万中小企业发展的基石。上市最后,可能还是少数的,但是当然了,前面你这个越多,它最后上市才能越多。所以我说,我们是不是应该更多地把精力,把注意力,把关注力放在上市之前的各种融资机制上,各种融资渠道商,你才能顺理成章,最后有更多的企业上市,而不是把它放在最后一个环节。而且要注意到,PE的机制,股权融资的机制,有一个重要内容,它实际上是为中小企业的发展引进外力,引进外资。股权投资基金它不光投你这一个,它在全世界布局,因此它了解世界各地,了解这个产业和其他产业发展的经验和教训。实际上它会把一些知识带给你,它会看到你的弱点,他想投你,一定是看到你有些优点,然后告诉你一些弱点。等于你让出一点股权,你进行一个PE,实际上你引进一个顾问公司。有些PE真的是跟着那个企业成长的,有人要去认股东的,有的没什么事儿,那股东专门就跟着这个企业走,全世界去了解各种情况。现在你看国外的PE,越来越多的到处跑,他选择投资,他来评估你这个企业有没有价值,他也有这方面的专业知识。他把这个专业知识带给你,你自己没法到其他的企业去看,他们到其他的企业去看他们是怎么做的,这些知识带给你,跟你共同成长,他跟你有共同利益,他希望你企业做的好,他希望你能够上市,他希望他能变现。共同利益共同赚钱的利益,使他全心全意为你服务,想让你做好。因此这个机制,是中小企业发展的机制。除了带来资本以外,带来了智力,带来了外部的一些信息,使这个企业更快更好地发展。加上规范化,它本身就知道,上市这些程序,它的目标是上市,它知道上市的程序,一开始就知道你要上市,你要做什么,做什么,在很早的阶段就让你做了。

我有时候参加一些峰会,顺便说一句,我不当上市公司的独立董事,因为那是要对千百万中小企业的股民负责的,但是我当不上市的,等于是私募股权公司的董事,没上市的企业你当独立董事。你们都是大股东,你们对自己的利益,谁骗谁,你们自己搞清楚,我管你们合规不合规,或者是宏观风险的问题。观察了,有些人他PE的董事,或者是独立董事,他会在很早的时候就告诉你,你这笔账要这么算,而且应该是这么算的,你这么算结果比现在的利润高了很多,就可以使你将来上市需要那个几年盈利期缩短。他从一开始就想到了,告诉你,你需要有几年盈利期,他就告诉你,他早早就培养你符合上市条件的一些东西。所以,在这个意义上,我们是不是可以对前期的一些东西有更高的重视。当然PE现在在中国终于火起来了,据说中国现在有6000家PE公司,建立了6000PE资金。私人股权基金严格来说是私人的事情,不需要政府机构介入,当然需要法制的监管,因为这里面可能会产生一些骗局,产生纠纷。它不像小股民,股民缺乏信息,需要政府保护。这些私募,你们都是大股东,自己要明白这些风险,政府进行调控。那么现在的发展鱼目混珠,当然可能将来也会有很多问题,但是我觉得这是一件好事情,也为大量的中小企业的发展提供了一个新的挑战。今天中午吃饭的时候,我们有一个企业家,五六十家PE找他聊过,他一定是在高新科技领域里面比较显眼的。

我们能不能更多地公开这方面的信息,从政府的角度,来鼓励引进更多的私募股权基金进入我们河南,这样的话,给他们提供各种企业的信息。我们企业家,一方面,想着你愿意不愿意让出股权,愿不愿意走上上市的道路,愿意的话,就要在这方面多关注,有的时候是互相找的,比如说他没有什么公开信息,你要提供信息。我个人有其他地方的一些经历,这方面的市场还没有真正启动。我有一次在北京开会,一个山东的国企,高新科技企业,他们讲话,讲完之后,问哪能找到PE,哪能找到这些部门来对接。这些就属于我们政府,金融监管部门应该提供这方面的一些帮助,来进行嫁接,进行交流,信息都要充分地共享。这样使得我们后面的股票市场、证券市场的发展能够更加的健康，能够更顺畅。上市也都不是仅仅去抓最后一个环节，包括前面的这些发展是最重要的。

这也许还有一些地方没有讲到，我觉得值得高度重视。

最后再讲一个问题，我们做投资了，直接融资了，我们去发展这个企业、产业了，哪些产业在中国的发展前景值得投，将来能上市？这个大家现在很关心，我们产业结构转型，我们将来怎么样，大家都很关注。对这个问题，我一直有一个标准答案，我相信这个答案在今后很长时间里，仍然会有效。什么答案呢？在中国没有不好的产业，只有做不好的企业。西方叫做夕阳产业的很多产业，在中国正是朝阳产业。很多被人看不起眼的产业，因为中国的市场大，因为中国的市场潜力大，在中国具有巨大的发展潜力。你说吧，你说哪个产业不好，制造业？全世界制造业的潜力、竞争力是在中国最强的，而且再往下发展，我们能创新了。传统产业，你说哪个传统产业不好了，皮鞋、袜子？都说皮鞋袜子是传统产业，中国过去多少老人根本不穿皮鞋袜子，现在一年要穿两双皮鞋，十双袜子，多大的市场啊？而且皮鞋袜子怎么了？意大利人皮鞋袜子就是时尚产业，你为什么不可以一个家族做个皮鞋袜子，也把你的皮鞋袜子做成时尚产业，潜力大得很。这个不多说了。你说重化工业，我说除非这楼用不成钢材水泥了。你解决不了这个问题，你就给我回答，钢材水泥在哪建，这些钢材水泥不在中国生产，就在外国生产，我们在中国创造就业，就要在中国生产。你说这个市场大不大？你举例子。其他服务业不好？好像火锅店就有两个上市了，一个是在纳斯达克，一个是在香港上市。有洗脚的也上市了，你说哪个产业不好？在任何一个行业里面，只要你做得好，做到了一个细分的产业前三名，你一定能够上市，你一定能够成功。

中国的产业结构是什么呢？是一个全面发展，我们做不了的，高新技术我们努力发展，将来能做，低端的我们继续做，因为中国人太多，要想解决 8 亿人的就业，中国人什么都能做好。而且这十几亿人，加上全世界的市场，潜力大得很。够中国几十年发展进程了，尽管竞争越来越激烈了。所以，在这个意义上，我们中部，刚才我们在休息的时候，省长说风水轮流转，也该轮到中部了，下一阶段确实到了中部了。现在确实到了我们中部了，我们基础设施条件改善也到一定程度了，使得我们发展的条件也具备了。加上我们的政策，吸引更多的产业进来，在中部的企业，确实也迎来了一个发展的高峰。我相信中原经济区概念一出来以后，我们的这些 PE 都会向没头苍蝇一样抓住这个机会，很多人会关注这个事儿了。所以，抓住新的中原经济区的发展机遇，扩大直接融资的范围和渠道，使我们的大量的中小企业，包括制造业，包括传统产业，大量的中小企业，能够有一个大的发展，我们中原地区一定能够有大的发展。我就讲这些吧，个人观点。

第二编

中国金融市场

第一章　中国金融市场概况

2010年我国金融市场运行情况

2010年，我国金融市场总体运行平稳，债券市场保持健康发展，充分发挥了保证国家宏观经济政策实施、优化金融资源合理配置、推动金融体制深化改革、加大金融支持经济发展力度的积极作用。2010年，债券发行总量稳步扩大，直接融资规模大幅增加。银行间市场交易活跃，成交量同比大幅增加。债券价格总体上行，收益率曲线整体平坦化上移。机构投资者类型更加多元化。股票市场指数总体下行，市场交易量下降。

一、债券发行总量稳步扩大

2010年，债券市场累计发行人民币债券5.1万亿元，同比增长3.1%。国债、政策性银行债券、短期融资券等债券品种发行量，较上年有所增加。截至2010年末，债券市场债券托管总额达16.3万亿元，其中，银行间市场债券托管额为15.8万亿元，同比增长21.5%。

2010年，财政部通过银行间债券市场发行债券1.7万亿元（包括代发地方政府债券2000亿元）；国家开发银行、中国进出口银行、中国农业发展银行在银行间债券市场发行债券1.3万亿元；汇金公司在银行间债券市场公开发行债券1090亿元；金融债券发行主体范围进一步扩大，外资法人银行获准发行金融债券，三菱东京日联银行（中国）在银行间债券市场公开发行金融债券10亿元；积极拓宽金融租赁公司和汽车金融公司资金来源渠道，3家金融租赁公司和1家汽车金融公司总计发行金融债券50亿元。公司信用债券继续发展，2010年债券市场共发行公司信用债券1.6万亿元，其中发行短期融资券6742亿元、中期票据4924亿元、中小非金融企业集合票据46.6亿元、企业债券3627亿元、公司债券511.5亿元，同时为提高企业流动性管理能力，创新推出超短期融资券，已成功发行150亿元。

目前银行间债券市场的债券发行机构范围包括财政部、政策性银行、铁道部、商业银行、非银行金融机构、国际开发机构和非金融企业等各类市场参与主体，债券种类日趋多样化，信用层次更加丰富。

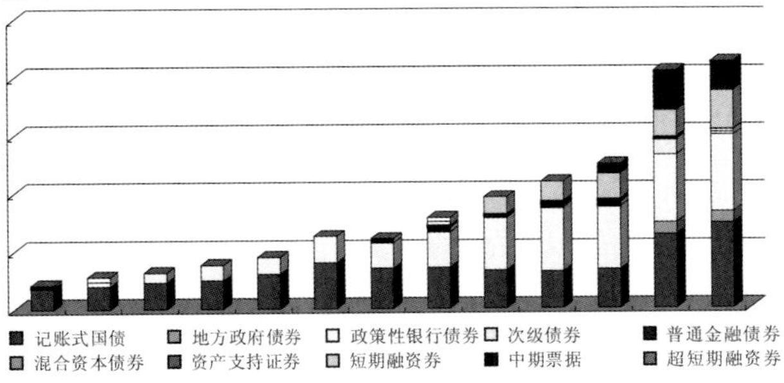

资料来源：中央国债登记结算有限责任公司

图1　近年来银行间债券市场主要债券品种发行量变化情况

2010年，银行间市场债券发行期限结构依然以中短期债券为主。其中，期限5年以内的债券发行量占比40%，比2009年下降8.8个百分点；期限5（含）到10年的债券发行量占比34.7%，比2009年上升7.9个百分点；期限10年（含）以上的债券发行量占比25.2%，比2009年上升0.8个百分点。

二、市场成交量同比大幅增加，债券价格总体上行

2010年，银行间市场累计成交179.5万亿元，市场运行主要有以下特点：

一是成交量继续大幅增加。2010年，银行间市场成交量近180万亿元，同比增长31.1%。其中，现券成交64万亿元，同比增长35.5%；拆借成交27.9万亿元，同比增长44%；质押式回购与买断式回购成交87.6万亿元，同比增长24.6%。

二是货币市场短期交易占比依然较高。2010年货币市场交易中，隔夜拆借成交24.5万亿元，占拆借成交总量的87.9%，较上年增加4.4个百分点；1天质押式回购成交67.7万亿元，占质押式回购成交总量的80%，较上年增加2.3个百分点。

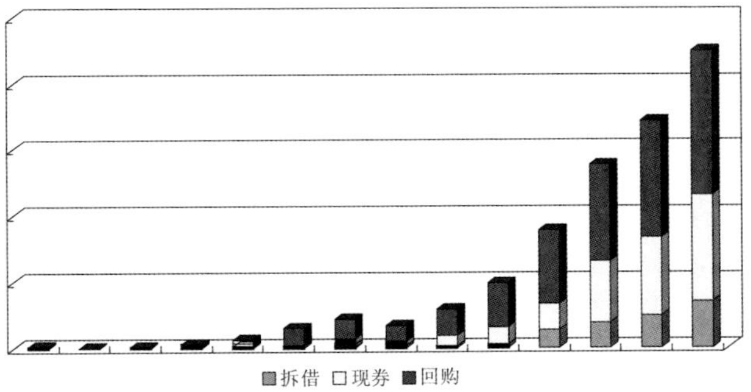

资料来源：全国银行间同业拆借中心

图2　近年来银行间市场成交量变化情况

2010年，债券指数总体呈现上行走势。全年来看，银行间市场债券指数由年初的130.23点升至年末的132.74点，上升2.51点，升幅1.9%；交易所市场国债指数由年初的122.34点升至年末的126.28点，上升3.94点，升幅3.2%。

三、货币市场利率上升，收益率曲线阶段性变化显著

2010年，货币市场利率呈上行趋势。临近年底，货币市场利率持续攀升，年末隔夜拆借利率收于4.52%，较年初大幅上升340个基点；7天质押式回购加权平均利率收于5.17%，上升377个基点。全年来看，12月份同业拆借加权平均利率为2.92%，比1月份上升176个基点；12月份质押式回购加权平均利率为3.12%，比1月份上升193个基点。

2010年，银行间市场国债收益率曲线整体呈平坦化上移趋势。全年来看大致可分为三个阶段：第一阶段是年初至8月末，国债收益率曲线呈现短端整体上升而中长端保持稳定下行趋势；第二阶段是9月初至11月中上旬，收益率曲线出现了明显的陡峭化上移走势，其中中期品种的收益率上行幅度最大；第三阶段是11月下旬至年末，短端收益率大幅攀升，收益率曲线总体平坦化上移，不同期限收益率水平都达到2010年以来的最高值。

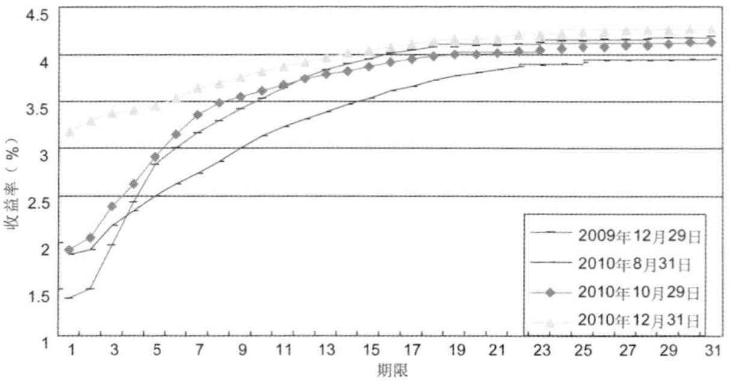

资料来源：中央国债登记结算有限责任公司

图 3　2010 年银行间市场国债收益率曲线变化情况

四、投资者类型更加多元化

年末增加 33 家。银行间债券市场参与主体 10235 个，包括各类金融机构和非金融机构投资者，以做市商为核心、金融机构为主体、其他机构投资者共同参与的多层市场结构更加完善，银行间债券市场已成为各类市场主体进行投融资活动的重要平台。

2010 年，银行间债券市场参与主体类型进一步丰富，资金集合型投资主体与非金融企业增加较多。在新增的市场参与主体中，基金新增 581 个，企业新增 309 个，银行新增 54 个，信用社新增 26 个，非银行金融机构新增 11 个，保险机构新增 4 个。同时，境外中央银行或货币当局、香港、澳门地区人民币业务清算行和跨境贸易人民币结算境外参加银行等相关境外机构获准进入银行间债券市场投资试点。

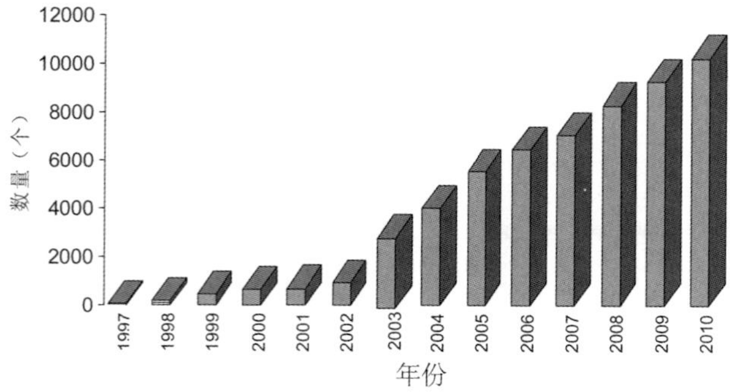

资料来源：中央国债登记结算公司

图 4　银行间债券市场参与者增长情况

五、商业银行柜台交易量减少，开户数量稳步增加

2010 年，商业银行柜台业务运行平稳，8 家试点商业银行开展记账式国债柜台交易业务。截至 2010 年末，柜台交易的国债券种包含 1 年、3 年、7 年、10 年和 15 年期五个品种，柜台交易的国债数量达到 86 只。2010 年商业银行柜台记账式国债交易量有所减少，全年累计成交 41.7 亿元，同比减少 32.3%。截至 2010 年 12 月底，商业银行柜台开户数量达到 896 万户，较上年增加 124 万户，同比增长 16.1%。

六、衍生产品交易保持平稳

2010 年，债券远期共达成交易 967 笔，成交金额 3183.4 亿元，同比下降 51.4%。从标的债券来看，债券远期交易以政策性银行债券为主，其交易量占总量的 54.5%。从期限来看，以 2－7 天品种交易量占比最高，为 74.4%。

2010 年，人民币利率互换市场发生交易 1.2 万笔，名义本金总额 1.5 万亿元，同比大幅增长 225%。从期限结构来看，1 年及 1 年期以下交易最为活跃，其名义本金总额 8579.6 亿元，占总量的 57.2%。从参考利率来看，2010 年人民币利率互换交易的浮动端参考利率包括 7 天回购定盘利率、Shibor 以及一年期定存利率，与之挂钩的利率互换交易名义本金占比分别为 54.5%、40.3% 和 5.2%，与上年同期相比，以一年期定存利率为浮动端参考利率的互换交易占比有明显上升。

2010 年，远期利率协议交易较为清淡，全年共成交 20 笔，名义本金额共 33.5 亿元。

七、股票指数总体下行，成交量下降

2010 年，股票指数总体下行，年末上证指数收于 2808.08 点，与 2009 年末的 3277.14 点相比，下跌 469.06 点，跌幅达 14.3%。本年，上证指数最高为 3306.75 点，最低为 2319.74 点，波幅为 987.01 点。

股票市场成交量明显下降。以上证 A 股市场为例，全年累计成交金额 30.3 万亿元，日均成交金额 1253 亿元，较 2009 年分别减少 12.2% 和 11.5%。交易量变化趋势与股指走势基本一致。

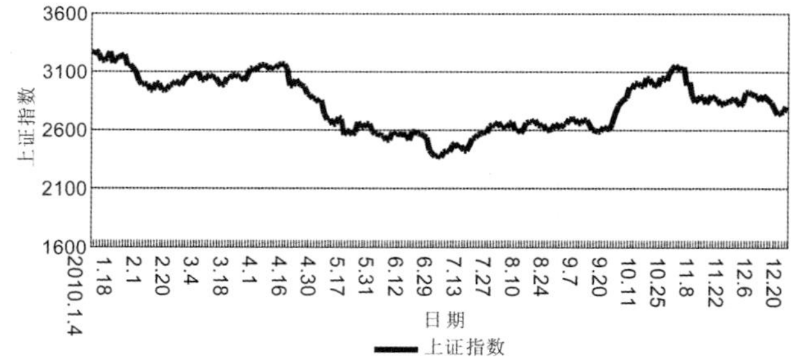

资料来源：上海证券交易所

图 5　2010 年上证指数走势图

（数据来源：中央国债登记结算有限责任公司、全国银行间同业拆借中心和上海证券交易所网站）

2010 年我国金融市场运行的主要特点

2010 年，各主要经济体增长与宏观经济政策变动较为复杂，我国在保持宏观经济政策的连续性和稳定性的基础上，根据新形势、新情况，着力提高政策的针对性和灵活性，促进了国民经济回升企稳向好。在此背景下，我国金融市场健康、快速发展，市场规模快速增长，市场结构持续优化，基础设施建设不断加强，对外开放稳步推进，充分发挥了保障国家宏观政策实施、优化资源配置、加大金融支持经济发展力度的积极作用。同时也表现出了行情分化、震荡幅度加大等明显特征。

（一）市场规模快速增长

一是金融市场交易量再创新高。2010 年金融市场交易日趋活跃，交易量快速增长。在货币市场中，同业拆借累计成交金额达 27.87 万亿元，比上年增长 44%；回购累计成交 87.59万亿元，比上年增长 24.61%；我国票据市场累计签发商业汇票 12.2 万亿元，比上年增长 18.5%；累计办理贴现 26 万亿元，比上年增长 35.9%。银行间债券市场的现券成交金额为 64 万亿元，比上年增长 35.5%。债券市场规模已跃居亚洲第二、世界第六；黄金市场累计成交金额为 16157.81 亿元，同比增长 57.04%。期货市场累计成交金额为 309.12 万亿元，比上年增长 136.85%。

二是债券与股票市场市值增长迅速。2010 年年末，银行间债券市场托管面额为 19.72 万亿元，比 2009 年年末增长 15.21%；交易所托管面额为 2878.50 亿元，比 2009 年年末增长 2.12%；商业银行国债柜台市场托管面额为 1716.87 亿元，与上年同期相比增长 26.42%。沪、深两市的股票总市值为

26.54 万亿元,较 2009 年年末增长 8.8%,占 GDP 的比重达到66.68%。股票流通市值为 19.31 万亿元,较 2009 年年末增长 27.67%。金融市场规模的快速壮大和拓展,对实体经济的作用进一步增强,有力地支持和促进了国民经济持续、健康发展。同业拆借市场、票据市场、债券市场的迅速发展,有利于金融机构加强流动性管理,满足企业日益增长的融资需求,提高了社会资金的使用效益;外汇市场的平稳发展和汇率形成机制改革的推进,使得人民币汇率弹性逐步增强、汇率形成的市场基础逐步扩大;股票市场的改革和发展,有利于资源有效配置,对改善公司治理结构和社会融资结构意义显著;黄金市场的不断发展,有利于丰富投资品种,完善我国的金融市场体系,对满足社会日益增长的投资需求起到了积极作用;期货市场的创新和发展,增加了我国金融市场的广度和深度,有利于我国企业和相关主体利用期货市场进行保值增值,而且部分期货品种已经具有了一定的国际定价权。

(二)二级市场震荡分化

2010 年以来,由于全球主要经济体之间的经济复苏程度存在较大差异,其宏观经济政策调整呈现出了较大差别;同时,在保增长、调结构与防通胀的三重任务下,我国宏观调控政策的灵活性与针对性明显提高。在多种因素的综合影响下,我国金融市场震荡幅度加大,且行情分化明显。

2010 年,银行间同业拆借市场日成交金额标准差比上年增大了 28.47%,日加权利率标准差同比增大了 186.76%。票据市场利率呈现阶梯形震荡上升;银行间债券净价总指数整体震荡走低。自年初至 10 月中下旬,指数整体逐级小幅上行;之后至 12 月,指数开始逐级震荡下探;进入 12 月,指数止跌企稳,全年震荡走势明显。股票市场指数呈宽口“V”字形震荡走势,与 2009 年整体上涨走势相比,震荡特征明显,主要体现为年初至 7 月初震荡下行,7 月之后震荡上行。在外汇市场方面,以标准差计算的人民币对美元和港元的波动幅度较上年同期分别增大了 16.63% 和 21%,人民币汇率震荡幅度整体明显加大。

各子市场行情分化较为明显。在黄金市场中,具有代表性的 Au99.95 黄金年末收盘价为 301.17 元/克,较年初 241.15元/克的开盘价上升了 60.02 元/克,升幅为 24.89%。在商品期货市场中,农产品类价格全线上涨,且整体涨幅最大;大宗商品价格整体上涨,但价格分化明显,锌和铝的价格有所下跌,其余产品价格有不同幅度的上涨。在股票市场中,A 股指数有较大幅度下跌,上证综指较 2009 年年末下跌469.06 点,跌幅为 14.31%;深证成指较 2009 年年末下跌1561.07 点,跌幅为 11.39%;以房地产、金融及其相关板块为主体的沪市下跌幅度较大,以新兴产业及其相关板块为主体的深市下跌幅度相对较小。银行间债券净价总指数较 2009 年年末的 115.384 点下跌 0.902 点,跌幅为 0.78%。而同期国债指数上涨 3.21%,企债指数上涨 7.76%。基金市场结构化行情显著,主动管理的股票型基金和混合型基金表现出较好的投资选择能力,取得了一定的绝对收益,而指数型基金整体下跌 11.51%。

(三)市场结构持续优化

一是融资结构不断优化,直接融资获得进一步发展。在债券市场中,债券发行量从 2009 年的 8.93 万亿元增加到 2010 年的 9.83 万亿元(含中央银行票据),增长了 10.19%。从发行结构看,公司信用类债券的发行量占债券总发行量的比重为 33.66%,债券市场发行结构继续保持优化。在股票市场中,企业通过股票市场筹资力度进一步加大,融资比重明显上升。2010 年,沪、深 A 股市场累计筹资总额达 10275.2 亿元,比 2009 年增长了 99.1%。其中,境内企业首次公开发行(IPO)融资量较 2009 年的 1433.2 亿元大幅增长了 2.24 倍。从新股发行结构看,主板融资额为 1821.88 亿元,占 IPO 融资总量的比重为 39.26%,低于上年的 65.19%;中小板融资额为 1886.87 亿元,占比为40.66%,高于上年的 22.59%;创业板融资额为 931.97 亿元,占比为 20.08%,高于上年的 12.22%。股票市场发行结构的变化,体现出对新兴产业发展的支持作用进一步增强。

二是投资者结构不断优化,机构投资者队伍稳步壮大。机构投资者已经成为我国金融市场的主体。银行等金融机构是我国银行间市场的主体,在同业拆借市场和银行间债券市场会员中,分别有商业银行 347 家和 445 家,部分运作规范、交易规模大的商业银行等金融机构成为银行间市场的做市商。银行间外汇市场核准 26 家即期做市商和 18 家远期做市商,做市商在保障市场流动性、提高市场交易效率、转移和分担风险、促进市场发展等方面发挥了重要作用。上海黄金交易所共有会员 163 家,其中,金融类会员 30 家,综合类会员 130 家,自营类会员 3 家。金融类交易成员进一步增多。证券市场机构投资者日益成熟,机构投资者的基础日益雄厚。2010 年年末,我国共有基金管理公司 63 家,管理各类证券投资基金 705 只,基金资产净值合计达 2.49 万亿元;合格境外机构投资者(QFII)累计批准机构达 106 家,比上年增加 13 家。社保基金、保险资金和企业年金等加快进入证券市场。股指期货的推出,揭开了我国金融期货市场发展的序幕,完善了期货市场体系和结构,对培育成熟的机构投资者队伍发挥了积极的作用。

三是参与者结构不断优化,参与主体日益丰富和发展。在中国人民银行等相关部门的共同努力下,汽车金融公司首次在银行间市场发行金融债券,境外中央银行、港澳人民币清算行和跨境贸易人民币结算境外参加银行等三类机构可按规定在银行间债券市场从事债券投资业务,保险机构可进入银行间市场进行利率互换交易,衍生产品主协议签署机构数量进一步增加。截至 2010 年年末,我国银行间债券市场参与机构数量为 10235 家,较年初增加了 988 家,其中,基金增加了 581 家,非银行金融机构及企业增加了 320 家,其他类型的机构投资者净增加 87 家。沪、深证券交易所开户 15329.55 万户;黄金市场共有会员 163 家;外汇即期市场共有会员 293 家;期货市场共有期货经纪公司 198 家,股指期货自 2010 年 4 月上市以来,开户数由最初的 9000 户增加到年末的约 6 万户。

(四)市场创新进一步发展

产品创新有所提速。2010 年,银行间市场推出了政府支持机构债券、信用风险缓释工具(CRM)、超短期融资券。股票市场启动了融资融券交易、上市股指期货,改变了我国股票市场的单边市格局;推出了创业板指数,进一步完善了股票市场价格形成机制。外汇市场中引入了美元兑新加坡元的外币对,首次引入了人民币兑马来西亚林吉特和俄罗斯卢布等新兴市场货币交易。基金市场中离岸基金(FOF)开始发展,交易所交易基金(ETF)范围继续扩大。

制度创新继续推进。2010 年以来,金融市场制度创新和建设稳步推进,提升了金融市场功能,保护了市场主体的合法权益,为市场的顺利平稳运行打下了良好基础。在债券市场方面,推动上市商业银行在证券交易所参与债券交易试点,促进了债券市场互联互通;允许境外人民币清算行等三类机构运用人民币投资银行间债券市场试点,促进了银行间债券市场的开放。在股票市场方面，启动新一轮新股发行制度改革，进一步促进新股定价的市场化。在期货市场方面，规范了期货交易所、期货公司缴纳期货投资者保障基金的相关行为，进一步建立健全期货投资者保护长效机制；发布股指期货投资者适当性制度，促进股指期货市场的完善；出台了防范期货过度炒作的相关制度。在黄金市场方面，国家六部委首次直接针对黄金市场发展发布了指导意见，进一步明确了黄金市场未来发展的总体思路。在基金市场方面，发布制度规范证券投资基金评价业务的自律管理、证券投资基金销售人员从业资质，促进基金市场健康发展。自律组织和中介机构也发布了一系列制度，针对非金融企业债务融资工具的承销、持有人会议、突发事件应急等，发布了一系列工作指引；发布制度促进信用衍生产品市场规范发展。

机构创新有效突破。2010 年，推动成立了信用评级专业委员会、中债资信公司等机构，并汲取国外的发展教训，采用投资者付费模式开展营运，进一步促进和规范了我国金融市场信用评级的发展。

（五）对外开放继续稳步推进

2010 年以来，我国金融市场对外开放继续稳步推进。根据相关规定，境外中央银行、港澳人民币清算行和跨境贸易人民币结算境外参加银行等三类金融机构可按规定在银行间债券市场从事债券投资业务；8 月，麦当劳获批在香港发行总金额为 2 亿元人民币的 3 年期债券，成为首家在香港发行人民币债券的跨国公司。内地金融机构在香港发行人民币债券的业务继续稳步开展。9 月，中国银行在香港发行本金总额高达 50 亿元的人民币债券，截至 2010 年年末，已有 7 家境内银行在香港发行累计 470 亿元的人民币债券。证券市场合格境外机构投资者累计批准机构达 106 家，比上年增加 13 家。黄金市场外资金融机构会员增加到 5 家。

2010 年我国金融市场发展的宏观环境分析

（一）国际经济金融环境分析

1. 全球经济整体缓慢复苏，各主要经济体经济增长速度明显分化

2010 年，主要发达经济体复苏缓慢，失业率居高不下，并面临着通货紧缩的风险；主要新兴市场经济体复苏较快，但随着各国逐步实现宏观经济政策常规化，增幅有所下调，并面临一定程度的通货膨胀压力。世界经济继续恢复增长，但面临的不确定性因素仍然较多。

（1）主要经济体呈缓慢复苏状态

美国经济缓慢复苏，全年国内生产总值（GDP）增速为 2.9%，各季度分别为 2.7%、1.6%、2.5% 和 3.2%，对经济二次探底的忧虑已经慢慢消失，但美国的经济增速仍较为缓慢，总产出比危机前仍低了近 8%；消费物价指数同比已经转正，但绝对值处于较低水平，整体通货紧缩的预期仍未消除；2010 财年的联邦财政赤字已经接近 1.3 万亿元，占 GDP 的比重高达约 8.9%；美国全年失业率仍保持在 9.0% 以上的高位。美联储在 11 月实施了第二轮量化宽松货币政策（QE2），但其效果还有待进一步观察。

欧元区经济处于低速增长区间，且内部分化明显。2010 年，第三季度欧元区 GDP 同比增长 1.9%，环比增长 0.3%，较第二季度 1% 的环比增速明显放慢。11 月，欧元区失业率仍高达 10.1%；消费者物价调和指数（HCPI）缓慢上升，11 月和 12 月同比增长 1.9% 和 2.2%，首次突破欧元区 2% 的通货膨胀目标；失业率持续上升，年末仍高达 10.0%。欧元区内部分化较为明显，德国 GDP 全年经济增长高达 3.5%，创 1991 年以来最快增速，成为带动欧元区复苏的主要动力。而希腊和爱尔兰受主权债务危机和财政紧缩的影响，经济仍然处于衰退之中。

日本经济仍处于通货紧缩状态。2010 年，日本 GDP 增长环比折年率分别为 5%、2.4%、4.5% 和 -1.1%；核心居民消费价格指数（CPI）全年下跌 1%，是连续第二年下跌。全年的平均失业率为 5.1%，与上年持平。受全球需求增长放缓及日元升值的不利影响，出口及贸易顺差增幅持续下滑，各季度出口同比增速分别为 43.3%、33.2%、17.8% 和 10.0%，外需对经济增长的贡献率下降。

（2）新兴市场国家经济整体较快增长且面临较大的通货膨胀压力

由于受金融危机的冲击较小，新兴市场经济继续保持较快增长，巴西、阿根廷、墨西哥等较大经济体经济第三季度增长都接近 7%。非洲国家经济的复苏较发达国家快，刚果（布）、安哥拉等国家的 GDP 增长都超过了 10%，南非的总产出超过了危机前水平，拉美新兴经济体除委内瑞拉外，其他主要经济体都已复苏，经济增长明显加快，土耳其经济增长也较快。随着全球大宗商品价格上涨、食品价格上涨以及潜在的大规模资本流入，新兴经济体面临较大的通货膨胀压力，印度的居民消费价格指数（CPI）同比增长一度超过了 10%，阿根廷通货膨胀率超过了 11%，委内瑞拉 9 月通货膨胀率高达 24.94%。

（3）全球对外经济活动缓慢恢复

全球经济衰退导致国际市场需求骤减，据世界贸易组织（WTO）预测，2010 年世界贸易将增长 9.5%，其中，发达国家出口增长 7.5%，发展中国家出口增长约 11%，但世界贸易额仍无法回到 2008 年经济危机前的水平。而根据经济合作与发展组织（OECD）12 月 2 日发布的数据，全球外商直接投资（FDI）2010 年将下滑约 8%，相比 2009 年下滑 43% 和 2008 年下滑 19%，下滑速度明显放缓。

2. 2010 年国际金融市场运行状况

2010 年，美联储继续保持联邦基金“零利率”，并在 11 月推出了第二轮量化宽松货币政策，受长期美元套利交易的推动，全球资产价格和商品价格都有较大涨幅，主要经济体的主权债也受到追捧，收益率不断下降。与此同时，受欧洲主权债务危机的影响，全球主要货币汇率剧烈波动，为减缓本国压力，包括日本、瑞士、韩国等国家的中央银行开始干预本国货币汇率，并一度引发对贸易保护主义的担心。

欧洲美元拆借利率先升后降，欧元拆借利率不断上升。受欧洲主权债务危机的影响，4～7 月，3 个月期欧洲美元拆借利率一度从 0.25% 上升到 0.53%，后随着危机的缓和，又降至 0.3%。而 3 个月期欧元的拆借利率却一路上升，从年初的 0.6% 升至年底的约 0.93%。

美国短期指标债券的收益率保持低位，长期美元债券的收益率震荡下降。美国短期指标债券的收益率基本保持在低位。以 3 个月美元国债的收益率为例，年初仅在 0.06% 的水平，随后有所上升，全年大部分时间稳定在 0.15% 的水平。而美元长期国债收益率全年继续呈下降趋势，美国 10 年期国债收益率从年初的 3.8% 左右最低下降到 9 月的 2.4%，然后又略有反弹，年末升至 3.5% 左右。

主要货币汇率大幅震荡，欧元走软，日元创 15 年来的最高。在外汇市场方面，全球各主要货币兑美元的价格也呈现

大幅波动。受欧洲主权债务危机的影响,4 月,美元、日元、瑞士法郎等避险货币汇率大幅上涨,欧元大幅下跌;7 月之后,欧元开始反弹,美元开始下跌。美元指数年末收于 79.05,较年初的 77.88 上涨了约 1.5%,而欧元兑美元由年初的 1.432 下跌至年末的 1.336,全年下跌了约 6.7%。受套利交易平仓和美国准备长期实施量化宽松货币政策预期的影响,日元汇率全年大幅上涨,兑美元汇率年末值为 81.15,创 1995 年以来的新高。同时,受美元和日元等低利率货币套利交易的推动,短期资金继续涌入新兴市场,使其货币汇率大幅攀升。

主要股票指数涨跌互现,部分新兴市场股指创出历史新高。道琼斯工业平均指数、法国 CAC 指数、英国富时 100 指数、德国 DAX 指数和日经 225 指数等主要股票指数全年大幅震荡,涨跌互现。2010 年 4 月中旬之后,受希腊主权债务危机的影响,全球股市大幅下跌,主要股指下跌超过了 10%。7 月以后,受主要国家经济数据利好的推动,全球主体股指整体有所反弹。截至年末,上述五种主要指数涨幅分别为 6.6%、-3.7%、9%、15.7% 和 -3.6%。

由于新兴市场复苏更为强劲,且受套利交易的影响,新兴市场股票指数上涨强劲,亚洲和拉美大多数新兴市场国家的股指都已接近历史高点或创出历史新高,只有少数国家股指出现了下降。

大宗商品价格大幅上涨。随着美元、日元宽松货币政策的持续和金融市场流动性的持续增加,商品市场继续上涨,纽约商品交易所交易的原油由年初的 86.28 美元/桶大幅上涨至 5 月初的 94 美元/桶。此后,受欧洲主权债危机的影响迅速下跌至 73.83 美元/桶,后又震荡上涨,年终收报 92.68 美元/桶,全年上涨高达 7.41%。伦敦金属交易所交易的铜、锡价格全年涨幅较大,并创历史新高,年末分别达到 9599.9 美元/吨和 26901 美元/吨,较年初分别上涨了 29.6% 和59.4%;铝、铅、锌价格全年震荡,年末报收 2470 美元/吨、2549.9 美元/吨和 2454 美元/吨,分别上涨 10%、4.5% 和下跌 4.7%。另外,黄金价格和白银价格也分别创出 1442 美元/盎司和 31 美元/盎司的历史新高。农产品全年呈大幅上涨态势,玉米、小麦、大豆等基础农产品全年分别上涨 33.84%、56.07% 和 27.25%,棉花、咖啡和天然橡胶全年分别上涨了 92.4%、65% 和 58.4%,这不仅加大了对受食品价格影响较大的新兴市场的通货膨胀压力,对相关制造业也造成了较大的冲击。

3. 国际经济金融环境对我国金融市场形成一定的影响

总体来看,2010 年全球经济以继续复苏回升为主基调,但仍存在较多的不确定性。欧洲主权债务危机增加了未来全球经济的风险,加大了金融市场的波动性,为经济复苏蒙上了阴影。而美国第二轮量化宽松货币政策尽管可能有利于稳固美国复苏势头,但可能进一步推高新兴市场的资本流入,从而加大这些国家的资产泡沫和通货膨胀风险。另外,全球三大主要经济体目前已有两个实行了量化宽松货币政策,这是第二次世界大战以来全球金融体系的重大变化,这将不可避免地通过贸易、投资、跨境资金流动等渠道对我国金融市场造成影响。

一是在美元的"零利率"和量化宽松货币政策的环境与条件下,主要货币的低利率政策将会持续,这会降低套利交易的成本,从而使更多的资金进入我国市场进行套利交易活动,增大我国资产价格的上涨压力。二是国际资本的大量流入将对外汇市场产生影响,增加人民币升值的压力。主要经济体实行宽松的宏观经济政策以来,包括我国在内的新兴市场国家普遍承受了较大的资本流入压力,这可能不利于我国保持人民币汇率在合理、均衡水平上基本稳定,影响人民币汇率形成机制的培育。三是国际大宗商品价格波动将影响我国期货市场。由于目前我国商品期货价格受国际价格的影响较大,国际商品价格的波动是影响国内商品期货价格波动的主要原因。尤其是在主要货币实施"零利率"和量化宽松货币政策的背景下,期货的投机性交易成本会相对降低,投机行为会相对较多,这将增大市场的波动并影响国内期货市场的稳定。

(二)国内经济金融环境分析

2010 年,面对复杂多变的国内外经济环境、来自国内外和自然界的严峻挑战,我国加快转变经济发展方式,加强和改善宏观调控,发挥市场机制的作用,有效巩固和扩大了应对国际金融危机冲击的成果。经济较快增长,农业基础得到加强,经济结构调整步伐加快,改革开放不断深化,改善民生成效显著,全面完成了"十一五"规划确定的目标任务。

1. 宏观经济形势总体向好

2010 年,国民经济运行态势总体良好,经济平稳、较快发展的势头进一步巩固。消费继续保持较快增长,固定资产投资结构有所改善,对外贸易继续恢复;农业生产形势较好,工业产销衔接状况良好。全年共实现 GDP39.80 万亿元,按可比价格计算,同比增长 10.3%;CPI 同比上涨 3.3%;贸易顺差为 1831 亿美元,比上年同期下降 6.4%。

消费平稳增长,投资结构有所改善,对外贸易继续恢复。全年城镇居民家庭人均可支配收入为 21033 元,同比增长 11.5%,扣除价格因素,实际增长 7.8%;农村居民人均现金收入为 5919 元,同比增长 14.9%,扣除价格因素,实际增长 10.9%。全年社会消费品零售总额为 1.55 万亿元,同比增长 18.4%,扣除价格因素的影响,实际消费增长 14.8%。

固定资产投资较快增长,第三产业投资增速较高。全年,全社会固定资产投资 27.8 万亿元,同比增长 23.8%,增速比上年回落 6.2 个百分点,扣除价格因素后,实际增长 19.5%,其中,第三产业名义投资增长 25.6%。

外贸持续复苏,出口产品结构改善,多元化贸易格局日益强化。全年,进出口总额为 2.97 万亿美元,同比增长34.7%。其中,出口总额为 1.58 万亿美元,同比增长 31.3%;进口总额为 1.39 万亿美元,同比增长 38.7%;实现顺差 1831 亿美元,比上年同期减少 6.4%。从长期看,我国对外贸易市场结构中,美、日、欧仍是我国主要出口目的地,但份额呈下降趋势,多元化格局日益强化。

农业生产形势较好,工业生产较快增长。全年粮食总产量达到 5.46 亿吨,比上年增长 2.9%,连续七年增产。工业生产增长较快,企业盈利状况较好。全年,全国规模以上工业增加值同比增长 15.7%,增速比上年同期提高 4.7 个百分点;工业产销衔接状况良好,规模以上工业企业产销率为 97.9%,比上年同期高 0.2 个百分点。工业企业的盈利状况较好,1~11 月,全国规模以上工业企业实现利润 3.9 万亿元,同比增长 49.4%,比上年同期高 41.6 个百分点。

居民消费价格同比上涨。居民消费价格同比涨幅有所扩大。全年,CPI 同比上涨 3.3%。从食品和非食品分类看,食品价格上涨较快,非食品价格涨幅稳定。全年,食品价格同比上涨 7.2%,非食品价格同比上涨 1.4%。

生产价格同比涨幅有所回落。全年,工业品出厂价格同比上涨 5.5%,原材料、燃料、动力购进价格同比上涨 9.6%。全年,全国农产品生产价格(指农产品生产者直接出售其产品时的价格)同比上涨 10.9%。

财政收入增速高于上年同期,财政支出保持较快增长。

财政收入(不含债务收入)大幅提高,全国财政收入为 8.31 万亿元,同比增长 21.3%;全国财政支出为 8.96 万亿元,同比增长 17.4%。收支相抵,支出大于收入 0.65 万亿元。

人民币汇率弹性增强。2010 年 6 月 19 日进一步推进人民币汇率形成机制改革以来,人民币小幅升值,双向浮动特征明显,汇率弹性进一步增强。年末,美元兑人民币汇率中间价为 6.6227 元,比 2010 年 6 月 19 日升值 2048 个基点,升值幅度为 3.0%,比 2009 年年末升值 2055 个基点,升值幅度为 3.01%。

国际收支平衡状况有所改善。2010 年上半年,我国国际收支活动趋于活跃,国际收支交易总规模超过 2009 年上半年,并接近国际金融危机集中爆发前的 2008 年同期水平;国际收支经常项目顺差 1265 亿美元,同比下降 6%;资本和金融项目顺差 900 亿美元,同比增长 48%;国际收支状况有所改善,经常项目顺差与同期 GDP 之比较 2009 年全年水平下降 1.0 个百分点。

2. 国内金融环境总体平稳

2010 年,根据党中央、国务院的统一部署,中国人民银行继续实施适度宽松的货币政策,着力提高政策的针对性、灵活性和有效性,加强银行体系流动性管理,适时上调存贷款基准利率,引导金融机构合理把握信贷投放总量、节奏和结构,继续稳步推进金融业改革,进一步推进人民币汇率形成机制改革,改进外汇管理,促进经济金融平稳健康发展。

(1)宏观金融环境适度宽松

一是货币供应量增幅比上年同期有所回落。2010 年年末,广义货币供应量(M2)余额约为 72.58 万亿元,同比增长 19.7%,增幅比上年年末降低 8 个百分点。二是金融机构人民币各项贷款余额增长适度。2010 年年末,金融机构人民币各项贷款余额为 47.92 万亿元,同比增长 19.9%,增幅比上年年末降低 11.8 个百分点。全年人民币贷款增加 7.95 万亿元,同比少增 1.65 万亿元。三是金融机构人民币各项存款继续增长,但增速回落。2010 年年末,金融机构人民币各项存款余额为 71.82 万亿元,同比增长 20.2%,增幅比上年年末降低 8 个百分点。全年人民币存款增加 12.05 万亿元,同比少增 1.08 万亿元。四是存贷款基准利率适度上调。中国人民银行分别于 10 月 19 日和 12 月 25 日宣布上调金融机构人民币存贷款基准利率,1 年期存款、贷款基准利率各上调 0.25 个百分点。两次上调后,1 年期存款、贷款基准利率分别达到 2.75% 和 5.81%。这是自 2007 年 12 月以来中国人民银行首次上调基准利率。五是金融机构贷款利率上浮比例大幅增加。12 月,执行下浮利率、基准利率的贷款占比分别为 27.8% 和 29.16%,比年初分别下降 5.39 个和 1.10 个百分点,执行上浮利率的贷款占比为 43.04%,比年初上升 6.49 个百分点。六是年内六次上调存款准备金率。为加强流动性管理,适度调控货币信贷投放,中国人民银行分别于 1 月、2 月、5 月三次上调大型存款类金融机构人民币存款准备金率各 0.5 个百分点;10 月对六家银行差别化上调存款准备金率;分别于 11 月两次、12 月一次上调存款准备金率各 0.5 个百分点。上调后,大型存款类金融机构的存款准备金率为 18.5%,已达到历史高点。七是国家外汇储备稳步增长。2010 年,国家外汇储备增加 4481 亿美元,同比少增 50 亿美元;2010 年年末的国家外汇储备余额约为 28473 亿美元,同比增长 18.7%。

(2)金融体系运行平稳

一是金融业平稳、健康发展。银行业运行总体良好,各项业务稳定发展。截至 2010 年年末,我国银行业金融机构的本外币资产总额为 94.3 万亿元,同比增长 0.4%;商业银行的不良贷款率为 1.14%,比 2009 年年末同期下降 0.44 个百分点。证券期货经营机构稳步发展。截至年末,我国 106 家证券公司的总资产为 1.97 万亿元,净资本为 4319 亿元,分别比上年同期下降 3% 和增长 12.7%;全年实现净利润 775.57 亿元,比 2009 年下降 16.85%。保险业继续较快发展。截至 2010 年年末,保险公司的资产总额为 5 万亿元,同比增长 22%;2010 年,原保险保费收入为 1.45 万亿元,同比增长 30.4%。

二是直接融资在资金配置中的地位进一步提高。我国金融市场继续健康、平稳运行,贷款融资的主导地位有所下降,股票融资占比显著上升,债券融资继续增加,融资结构明显优化。2010 年,国内非金融机构部门融资总量 11.1 万亿元,同比少增 1.9 万亿元,其中,贷款融资量 8.36 万亿元,占融资总量的比重比上年同期下降 6 个百分点;股票和企业债券融资量 1.78 万亿元,占融资总量的比重比上年同期上升 3.5 个百分点。

三是金融机构改革继续推进。中国农业银行积极探索“面向‘三农’”和商业运作相结合的有效途径,选择甘肃、四川、广西、福建、山东、重庆、吉林、湖北等 8 家分行扎实推进深化“三农”金融事业部制改革试点工作。中国农业银行、中国光大银行已分别于 2010 年 7 月 15 日和 8 月 18 日在上海证券交易所挂牌上市。金融租赁公司进一步稳步、健康发展。中国银行业监督管理委员会(以下简称中国银监会)加入巴塞尔银行监管委员会及《加强银行公司治理的原则》的发布,也将对我国金融机构公司治理改革产生一定的推动作用。

四是金融市场基础性制度建设不完善。为加强上市证券公司监管,中国证券监督管理委员会(以下简称中国证监会)进一步规范创业板上市公司信息披露,明确创业板上市公司半年度报告的内容与格式。并于 2010 年 10 月发布《关于深化新股发行体制改革的指导意见》和《关于修改〈证券发行与承销管理办法〉的决定》,进一步完善报价申购和配售约束机制,扩大询价对象的范围,充实网下机构投资者,增强定价信息透明度以及完善回拨机制和中止发行机制。为进一步拓宽保险资金运用渠道,缓解保险资产配置压力,中国保险监督管理委员会(以下简称中国保监会)于 2010 年 8 月发布了《保险资金运用管理暂行办法》和《关于调整保险资金投资政策有关问题的通知》,对现行保险资金运用政策进行了细化和调整。9 月,发布了《保险资金投资不动产暂行办法》和《保险资金投资股权暂行办法》,明确了投资不动产和未上市企业股权的条件、范围及上限等。

五是国际交流与合作继续加强。自 2009 年我国正式启动金融部门评估规划(FSAP)以来,国际货币基金组织和世界银行已与我国 FSAP 部际工作小组签订了“中国金融部门评估规划评估范围备忘录”(以下简称“备忘录”),作为我国开展 FSAP 评估的工作指引。根据“备忘录”,国际货币基金组织和世界银行中国 FSAP 评估团分别于 2010 年 6 月、11 月来华开展了第一次、第二次现场评估工作,全部评估工作预计将于 2011 年 7 月结束。

六是跨境贸易人民币结算业务稳步推进。2010 年 6 月,中国人民银行出台了人民币跨境贸易结算扩大试点方案,试点地区扩大到 20 个省市,跨境贸易人民币结算的境外地域由港澳、东盟地区扩展到所有国家和地区。8 月,进一步推出了跨境贸易人民币结算试点的两项配套政策。发布《关于境外人民币清算行等三类机构运用人民币投资银行间债券市场试点有关事宜的通知》，允许境外中央银行或货币当局、港澳人民币业务清算行和境外参加银行使用依法获得的人民币资金投资银行间债券市场。发布《境外机构人民币银行结算账户管理办法》，明确境外机构可申请在境内银行开立人民币银行结算账户，用于依法开展的各项跨境人民币业务。10 月，为贯彻落实中央新疆工作座谈会的工作部署，新疆正式启动跨境贸易与投资人民币结算试点工作，成为首个开展跨境直接投资人民币结算试点的省区。从试点开始至 2010 年年末，银行累计办理跨境贸易人民币结算业务 5063.4 亿元。

2010 年，受全球经济复苏进程缓慢、欧洲主权债务危机发生等因素的影响，我国经济金融持续回升的基础尚不稳固，但相关部门进一步优化信贷结构，推进金融机构改革，加强国际交流与合作，稳步促进金融体系健康发展。我国经济金融继续朝着宏观调控的预期方向发展，金融体系运行平稳，为我国经济复苏提供了强有力的支持。

2011 年我国金融市场发展展望

2011 年，我国将围绕经济发展方式转变的主线，实施稳健的货币政策，优化需求结构与投资结构，引导资金更多地投向实体经济和中小企业，扎实发展战略性新兴产业，调整优化产业结构。在此条件下，金融市场将进一步发挥其对社会资源、财富和风险的直接和高效配置功能，进一步增大对经济发展方式转变的贡献，同时，其规模将进一步扩大，结构将进一步优化，对外开放也将稳步推进。

（一）金融市场规模将进一步扩大

根据中央经济工作会议的要求，2011 年，我国国民经济将以科学发展为主题，以加快转变经济发展方式为主线，实施积极的财政政策和稳健的货币政策，保持经济平稳、较快发展。

今后几年，我国经济工作的主线和主攻方向是对经济结构进行战略性调整。为加大对结构调整的支持力度，需要积极引导和支持重点产业中符合条件的企业，尤其是中小企业通过发行多种形式的债券来进行融资，支持重点产业和新兴产业中小企业拓宽融资新渠道。在此条件下，能够通过金融市场进行融资的企业范围与数量将进一步增加，股票与债券发行量和交易量也会相应增加。同时，2008 年年末以来陆续开工的基础设施等建设项目目前已在建设中，对信贷资金存在一定的刚性追加需求。在 2010 年货币政策回归稳健的条件下，发展新兴产业的资金需求将更多地转向资本市场，金融市场规模将进一步扩大。

积极推进金融等领域的改革，要求加快转变政府职能，减少政府对微观经济活动的干预，政府在金融市场管理中的职能也会发生转变。市场自律组织和自律法规将发挥更大的作用。

为把握世界经济治理机制进入变革期的特点，努力增强我国参与能力，我国将深入实施"走出去"战略。2011 年，金融市场对外开放将稳步推进。随着我国跨境贸易人民币结算的发展，境外主体持有的人民币数量逐步增加，产生多样化的资产配置，债券市场对境外投资融资主体的开放步伐将进一步加快；股票市场的国际板等对外开放建设也将稳步推进；有关部门还将根据双边经贸往来和金融交往情况，继续稳步推进银行间外汇市场开办人民币对其他币种的交易。

（二）金融市场发展有利于经济发展方式转变

2011 年，我国经济工作的主线是加快转变经济发展方式，这一主线包括了调整产业结构、需求结构和区域结构，包含以下几个方面的内涵：改造提升传统制造业，加快壮大服务业规模，扎实发展战略性新兴产业，提升产业核心竞争力；强化节能减排和应对气候变化，大力发展"绿色经济"；努力提高低收入群众的收入水平，提升居民消费能力；统筹国土空间开发利用，增强区域发展的协调性；积极稳妥地推进城镇化，有序推进符合条件的农业转移人口落户城镇。

2011 年，随着我国金融市场的发展和完善，金融市场对这一发展主线的贡献将进一步增大。一是金融市场的健康、快速发展能使广大消费者拥有更多的财产性收入，并能为养老基金等保障性资金提供更多安全性和更好收益性的投资渠道，使其获得更高的投资收益，从而具有更高的社会保障能力，进而提高我国消费率。二是随着我国多层次资本市场进一步完善，我国的直接融资水平将进一步得到提高，为风险较大、投资回收期较长的战略性新兴产业提供长期、稳定的资金支持。三是资本市场更强的流动性使其对国家宏观政策更具有敏感性，配置资源的效率也更高，多层次资本市场的发展能够通过投资者改变公司的估值预期，增加对战略性新兴产业的资金支持，从而优化产业结构。四是随着多层次资本市场的发展，各地区能够结合自身特点，在资本市场中筹集到期限和性质均与需求相匹配的资金，从而能够促进各地区发展平衡。

2010 年金融统计数据报告

2010 年，中国人民银行按照党中央、国务院统一部署，继续实施适度宽松的货币政策，进一步加强流动性管理，着力处理好保持经济平稳较快发展、调整经济结构和管理好通胀预期的关系，维护金融体系健康稳定运行。

一、广义货币增长 19.7%

2010 年末，广义货币（M2）余额 72.58 万亿元，同比增长 19.7%，增幅比上月末高 0.2 个百分点，比上年末低 8.0 个百分点；狭义货币（M1）余额 26.66 万亿元，同比增长 21.2%，增幅比上月和上年末分别低 0.9 和 11.2 个百分点；流通中货币（M0）余额 4.46 万亿元，同比增长 16.7%。全年净投放现金 6381 亿元，同比多投放 2354 亿元。

二、全年本外币贷款增加 8.36 万亿元，其中，人民币贷款增加 7.95 万亿元，外币贷款增加 740 亿美元

2010 年末，本外币贷款余额 50.92 万亿元，同比增长 19.7%，全年本外币贷款增加 8.36 万亿元，同北少增 2.16 万亿元。人民币贷款余额 47.92 万亿元，同比增长 19.9%，比上月末高 0.1 个百分点，比上年末低 11.8 个百分点。全年人民币贷款增加 7.95 万亿元，同比少增 1.65 万亿元。分部门看，住户贷款增加 2.87 万亿元，其中，短期贷款增加 9068 亿元，中长期贷款增加 1.96 万亿元；非金融企业及其他部门贷款增加 5.07 万亿元，其中，短期贷款增加 1.56 万亿元，中长期贷款增加 4.20 万亿元，票据融资减少 9051 亿元。12 月份，人民币贷款增加 4807 亿元，同比多增 1007 亿元。外币贷款余额 4534 亿美元，同比增长 19.5%，全年外币贷款增加 740 亿美元。

三、全年本外币存款增加 12.14 万亿元，其中，人民币存款增加 12.05 万亿元，外币存款增加 200 亿美元

2010 年末，本外币存款余额 73.34 万亿元，同比增长 19.8%，全年本外币存款增加 12.14 万亿元，同比少增 1.10 万亿元。人民币存款余额 71.82 万亿元，同比增长 20.2%，比上月末高 0.6 个百分点,比上年末低 8 个百分点。全年人民币存款增加 12.05 万亿元,同比少增 1.08 万亿元。其中,住户存款增加 4.37 万亿元,非金融企业存款增加 5.31 万亿元,财政存款增加 3045 亿元。12 月份,人民币存款增加 9449 亿元,同比多增 4428 亿元。外币存款余额 2287 亿美元,同比增长 9.5%,全年外币存款增加 200 亿美元。

四、银行间市场交易活跃,市场利率上升

2010 年全年,银行间市场人民币交易累计成交 179.50 万亿元,日均成交 7180 亿元,日均成交同比增长 31.1%。

12 月份同业拆借加权平均利率为 2.92%,比上月和上年同期分别高 1.16 和 1.67 个百分点;质押式债券回购加权平均利率为 3.12%,比上月和上年同期分别高 1.31 和 1.86 个百分点。

五、国家外汇储备增长 18.7%

2010 年末,国家外汇储备余额为 28473 亿美元,同比增长 18.7%。年末人民币汇率为 1 美元兑 6.6227 元人民币。

2010 年金融机构贷款投向统计报告

人民银行初步统计,2010 年全年,全部金融机构本外币各项贷款新增 8.36 万亿元,其中人民币各项贷款新增 7.95 万亿元。贷款结构有以下主要特点:

一、中长期贷款增速回落,票据融资减少。2010 年全年,全部金融机构人民币中长期贷款累计新增 6.17 万亿元,同比少增 5311 亿元;年末余额同比增长 26.9%,比上年末下降 15.8 个百分点。人民币短期贷款累计新增 2.47 万亿元,同比多增 3147 亿元;票据融资累计减少 9051 亿元。

二、基础设施行业[注 1]中长期贷款增速回落,文化产业中长期贷款增速创历史新高。2010 年全年,主要金融机构基础设施行业本外币中长期贷款新增 1.65 万亿元;年末余额同比增长 19.4%,比上年末下降 27.4 个百分点。文化产业成为中长期贷款新的增长点。2010 年全年,文化产业(文化、体育和娱乐业)本外币中长期贷款累计新增 276 亿元,年末余额同比增长 61.6%,比上年末提高 39.1 个百分点,余额增速创历史新高。

三、房地产贷款增速回落。2010 年全年,主要金融机构及农村合作金融机构和城市信用社房地产人民币贷款新增 2.02 万亿,年末余额同比增长 27.5%,比上年末降低 10.6 个百分点。其中地产开发贷款[注 2]新增 1647 亿元,年末余额同比增长 24.7%,比上年末低 79.5 个百分点;房产开发贷款[注 3]新增 4269 亿元,年末余额同比增长 23%,比上年末高 7.2 个百分点;个人购房贷款[注 4]新增 1.40 万亿元,年末余额同比增长 29.4%,比上年末降低 13.7 个百分点。

四、金融机构加大对消费领域的支持力度。2010 年全年,全部金融机构人民币个人消费贷款[注 5]新增 1.89 万亿元,同比多增 899 亿元;占人民币贷款新增额的比重由 2009 年的 18.7% 提高到 2010 年的 23.7%;年末余额同比增长 35.7%,高于同期人民币各项贷款增速 15.8 个百分点。从期限结构看,新增个人消费贷款中,短期和中长期贷款分别为 2935 亿元和 1.59 万亿元,分别比上年多增 470 亿元和 429 亿元。

五、中小企业贷款增速高于大型企业贷款。2010 年末,主要金融机构及农村合作金融机构、城市信用社和外资银行大型企业人民币贷款余额(含票据贴现)13.42 万亿元,同比增长 13.3%;中型企业人民币贷款余额 10.13 万亿元,同比增长 17.8%,比大型企业贷款增速高 4.5 个百分点;小型企业人民币贷款余额 7.55 万亿元,同比增长 29.3%,比大型企业贷款增速高 16.0 个百分点,贷款结构继续改善。

六、农村贷款增速高于同期各项贷款;农户贷款增速低于同期住户贷款。2010 年末,主要金融机构及农村合作金融机构、城市信用社、村镇银行和财务公司农村贷款本外币余额 9.80 万亿元,同比增长 31.5%,比上年同期低 2.7 个百分点,高出同期本外币各项贷款增速 11.9 个百分点;农户贷款本外币余额 2.60 万亿元,同比增长 29.4%,比上年同期低 3.4 个百分点,比同期住户贷款增速低 8.3 个百分点;农林牧渔业贷款本外币余额 2.30 万亿元,同比增长 18.3%,比上年同期低 7.0 个百分点,低于同期本外币各项贷款增速 1.4 个百分点。

七、中、西部地区贷款增速高于东部地区。2010 年全年,东、中、西部地区全部金融机构本外币各项贷款分别新增4.97万亿元、1.47 万亿元和 1.66 万亿元[注 6]。年末东、中、西部各项贷款余额同比分别增长 18.8%、20.7% 和 23.2%,中、西部贷款余额增速分别比东部高 1.9 个百分点和 4.4 个百分点。

八、外汇贷款增速大幅下降。2010 年全年,全部金融机构外汇贷款累计新增 740 亿美元;年末余额同比增长19.5%,比上年末下降 36.5 个百分点。

[注 1]基础设施行业包括交通运输、仓储和邮政业,水电气生产和供应业,水利、环境和公共设施管理业。

[注 2]指金融机构发放的专门用于地产开发、且在地产开发完成后计划收回的贷款。

[注 3]指金融机构发放的房屋建设贷款,包括住房开发贷款、商业用房开发贷款、其它房产开发贷款。

[注 4]包括个人商业用房贷款和个人住房贷款。

[注 5]包括个人住房贷款、住房装修贷款、汽车贷款、助学贷款、大件耐用消费品贷款、旅游贷款及其他贷款。

[注 6]总行新增贷款单列,未并入东中西地区,所以三地区新增贷款加总不等于各项贷款新增额。

2010 年中国货币政策大事记

文章来源:中国人民银行货币政策司

1 月 12 日,中国人民银行决定从 2010 年 1 月 18 日起上调存款类金融机构人民币存款准备金率 0.5 个百分点,农村信用社等小型金融机构暂不上调。

1 月 13 日,中国人民银行办公厅印发《关于进一步做好大学生"村官"创业富民金融服务工作的通知》(银办发〔2010〕5 号),提出积极加强信贷政策指导,有针对性地创新金融产品和服务方式,为大学生"村官"创业富民及时提供有效融资支持,并做好专项监测。

2 月 1 日至 2 日,召开 2010 年中国人民银行货币信贷与金融市场工作会议。

2 月 3 日,中国人民银行向全国人大财经委员会汇报 2009 年货币政策执行情况。

2 月 11 日,发布《2009 年第四季度中国货币政策执行报告》。

2 月 12 日,中国人民银行决定从 2010 年 2 月 25 日起上调存款类金融机构人民币存款准备金率 0.5 个百分点,农村信用社等小型金融机构暂不上调。

3 月 4 日,中国人民银行召开信贷形势座谈会。按照宏观调控的总体部署和要求,引导金融机构贷款合理均衡增长,同时着力优化信贷结构，增强风险防范意识。

3月8日，中国人民银行发布《人民币跨境收付信息管理系统管理暂行办法》（银发［2010］79号），加强人民币跨境收付信息管理系统的管理，保障人民币跨境收付信息管理系统安全、稳定、有效运行，规范银行业金融机构的操作和使用。

3月19日，中国人民银行会同中共中央宣传部等八个部委出台《关于金融支持文化产业振兴和发展繁荣的指导意见》（银发〔2010〕94号），督促金融机构认真落实金融支持文化产业发展振兴的政策措施，进一步改进和提升对我国文化产业的金融服务，促进文化产业的振兴和发展繁荣。

3月24日，中国人民银行与白俄罗斯国家银行签署《中白双边本币结算协议》。该协议是我国与非接壤国家签订的第一个一般贸易本币结算协议，也是人民币跨境贸易结算试点实施后的区域金融合作的新进展，有利于进一步推动中白两国经济合作，便利双边贸易投资。

3月29日，中国人民银行印发《关于做好春季农业生产和西南地区抗旱救灾金融服务工作的紧急通知》（银发〔2010〕100号），要求加大政策支持力度，确保金融机构支持春季农业生产和抗旱救灾必须的流动性需求，切实加大对春季农业生产和抗旱救灾的有效信贷投入。

3月30日，中国人民银行货币政策委员会召开2010年第一季度例会。

4月14日，中国人民银行向全国人大财经委员会汇报2010年第一季度货币政策执行情况。

4月21日，中国人民银行会同中国银行业监督管理委员会、中国证券监督管理委员会、中国保险监督管理委员会出台《关于全力做好玉树地震灾区金融服务工作的紧急通知》（银发〔2010〕121号），及时出台支持灾区抗震救灾的特殊金融服务措施，要求加强灾区现金调拨和供应，确保支付清算、国库等系统通畅运营，引导金融机构切实加大对抗震救灾和灾区重建的信贷投入，满足灾区群众的基本生活需求。

5月2日，中国人民银行决定从2010年5月10日起，上调存款类金融机构人民币存款准备金率0.5个百分点，农村信用社、村镇银行暂不上调。

5月10日，发布《2010年第一季度中国货币政策执行报告》。

5月19日，中国人民银行、中国银行业监督管理委员会、中国证券监督管理委员会、中国保险监督管理委员会联合印发《关于全面推进农村金融产品和服务方式创新的指导意见》（银发〔2010〕198号），要求以创新农村金融产品和服务方式为突破口，大力推广普及在实践中经被证明是行之有效的金融产品；根据农村发展的新形势，积极研发和推出一些适合农村和农民实际需求特点的创新类金融产品；通过完善农村金融服务流程，再造农村金融服务模式，让广大农村和农民得到更多便捷和优质的现代化金融服务。

5月28日，中国人民银行会同中国银行业监督管理委员会出台《关于进一步做好支持节能减排和淘汰落后产能金融服务工作的意见》（银发〔2010〕170号），要求金融机构进一步加强和改进信贷管理，多方面改进和完善金融服务，密切跟踪监测并有效防范信贷风险，做好金融支持节能减排工作。

6月8日，发布《2009年中国区域金融运行报告》。

6月9日，经国务院批准，中国人民银行与冰岛中央银行签署了金额为35亿元人民币的双边本币互换协议，以推动双边贸易和投资，加强双边金融合作。

6月19日，根据国内外经济金融形势和我国国际收支状况，中国人民银行决定进一步推进人民币汇率形成机制改革，增强人民币汇率弹性。改革重在坚持以市场供求为基础，参考一篮子货币进行调节。中国人民银行将继续按照已公布的外汇市场汇率浮动区间，对人民币汇率浮动进行动态管理和调节。

6月21日，中国人民银行会同中国银行业监督管理委员会、中国证券监督管理委员会、中国保险监督管理委员会出台《关于进一步做好中小企业金融服务工作的若干意见》（银发〔2010〕193号），提出加强中小企业信贷管理制度的改革创新，完善中小企业金融服务的多层次金融组织体系，拓宽符合中小企业资金需求特点的多元化融资渠道，发展中小企业信用增强体系，多举措支持中小企业"走出去"开拓国际市场。

6月22日，中国人民银行、财政部、商务部、海关总署、国家税务总局、中国银行业监督管理委员会联合下发了《关于扩大跨境贸易人民币结算试点范围有关问题的通知》（银发［2010］186号），扩大跨境贸易人民币结算试点范围，增加国内试点地区，不再限制境外地域，试点业务范围扩展到货物贸易之外的其他经常项目结算，以进一步满足企业对跨境贸易人民币结算的实际需求，发挥跨境贸易人民币结算的积极作用。

7月7日，中国人民银行货币政策委员会召开2010年第二季度例会。

7月15日，中国人民银行向全国人大财经委员会汇报2010年上半年货币政策执行情况。

7月23日，为推动双边贸易和直接投资，中国人民银行和新加坡金融管理局签署了规模为1500亿元人民币/约300亿新加坡元的双边本币互换协议。

7月26日，中国人民银行、国家发展和改革委员会、工业和信息化部、财政部、国家税务总局和中国证券监督管理委员会联合发布《关于促进黄金市场发展的若干意见》（银发［2010］211号），明确了黄金市场未来发展的总体思路和主要任务。

7月30日，财政部、国家发展和改革委员会、中国人民银行、中国银行业监督管理委员会联合印发《关于贯彻国务院关于加强地方政府融资平台公司管理有关问题的通知相关事项的通知》（财预［2010］412号），对《国务院关于加强政府融资平台公司管理有关问题的通知》（国发［2010］19号）有关内容进行解释说明，并要求各地上报地方政府融资平台公司债务清理核实情况。

8月5日，发布《2010年第二季度中国货币政策执行报告》。

8月15日，中国人民银行和中国银行业监督管理委员会联合印发《关于全力做好甘肃、四川遭受特大山洪泥石流灾害地区住房重建金融支持和服务工作的指导意见》（银发〔2010〕226号），提出落实好灾前住房重建贷款因灾延期偿还政策、对灾区实行住房信贷优惠政策、加强贷款管理、加大支农再贷款支持力度、加快恢复灾区各项金融服务功能等意见。

8月16日，中国人民银行发布《关于境外人民币清算行等三类机构运用人民币投资银行间债券市场试点有关事宜的通知》（银发［2010］217号），允许境外中央银行或货币当局、港澳人民币业务清算行和跨境贸易人民币结算境外参加银行使用依法获得的人民币资金投资银行间债券市场。

8月30日，中国人民银行农村信用社改革试点专项中央银行票据发行兑付考核评审委员会第19次例会决定，对四川等8个省（区）辖内喜德等27个县（市）农村信用社兑付专项票据,额度为9.61亿元。

9月2日,中国人民银行发布《境外机构人民币银行结算账户管理办法》(银发〔2010〕249号),明确境外机构可申请在银行开立人民币银行结算账户,用于依法开展的各项跨境人民币业务,该办法自2010年10月1日起实施。

9月21日,中国人民银行、中国银行业监督管理委员会、中国证券监督管理委员会、中国保险监督管理委员会联合印发《关于进一步做好汶川地震灾后重建金融支持与服务工作的指导意见》(银发〔2010〕271号),强调保持对灾区金融支持政策的连续性和稳定性,进一步增强对灾区金融服务的针对性和有效性。

9月28日,中国人民银行货币政策委员会召开2010年第三季度例会。

9月29日,为进一步贯彻落实《国务院关于坚决遏制部分城市房价过快上涨的通知》(国发〔2010〕10号)的有关精神,巩固房地产市场调控成果,促进房地产市场健康发展,中国人民银行会同中国银行业监督管理委员会印发《关于完善差别化住房信贷政策有关问题的通知》(银发〔2010〕275号),要求商业银行更加严格地执行贷款购买商品住房的首付款比例及贷款利率等相关政策,明确了暂停发放第三套及以上住房贷款等相关规定,坚决遏制房地产市场投机行为。同时,要求商业银行继续支持保障性住房建设贷款需求,支持中低价位、中小套型商品住房项目建设,引导房地产市场健康发展。

9月30日,中国证券监督管理委员会、中国人民银行、中国银行业监督管理委员会联合发布了《关于上市商业银行在证券交易所参与债券交易试点有关问题的通知》(证监发[2010]91号)。

10月14日,中国人民银行向全国人大财经委员会汇报2010年前三季度货币政策执行情况。

10月20日,中国人民银行决定上调金融机构人民币存贷款基准利率,其中,一年期存款基准利率上调0.25个百分点,由2.25%提高到2.50%;一年期贷款基准利率上调0.25个百分点,由5.31%提高到5.56%;其他期限档次存贷款基准利率作相应调整。

11月2日,发布《2010年第三季度中国货币政策执行报告》。

11月9日,为防范跨境资本流动带来的金融风险,国家外汇管理局发布《关于加强外汇业务管理有关问题的通知》(汇发[2010]59号)。

11月10日,中国人民银行决定从2010年11月16日起,上调存款类金融机构人民币存款准备金率0.5个百分点。

11月11日,《中国人民银行关于印发《农村信用社改革试点专项中央银行票据兑付后续监测考核办法》的通知》(银发[2010]316号)发布,明确中国人民银行各分支行要认真履行专项票据兑付后续监测考核工作职责,准确把握监测考核重点,坚持激励与约束并举原则,充分发挥货币政策工具和金融市场准入政策的作用,促进农村信用社巩固前期改革成果,增强可持续发展能力,提高农村金融服务水平。

11月19日,中国人民银行决定从2010年11月29日起,上调存款类金融机构人民币存款准备金率0.5个百分点。

11月22日,为促进中国与俄罗斯之间的双边贸易,便利跨境贸易人民币结算业务的开展,满足经济主体降低汇兑成本的需要,经中国人民银行授权,中国外汇交易中心在银行间外汇市场开办人民币对俄罗斯卢布交易。12月15日,俄罗斯莫斯科货币交易所正式挂牌人民币对俄罗斯卢布交易。

11月23日,中国人民银行召开信贷形势座谈会,分析经济金融和货币信贷形势,引导金融机构保持贷款合理适度增长,加强优化信贷结构,提升风险抵御能力。

12月10日,中国人民银行决定从2010年12月20日起,上调存款类金融机构人民币存款准备金率0.5个百分点。

12月13日,银行间外汇市场收市时间调整为16:30。

12月15日,中国人民银行召开信贷形势座谈会,传达中央经济工作会议精神,引导金融机构执行好稳健的货币政策,按照宏观审慎要求,加强自我调整信贷行为,保持信贷适度增长,增强风险防范能力。

12月24日,中国人民银行货币政策委员会召开2010年第四季度例会。

12月26日,中国人民银行决定上调金融机构人民币存贷款基准利率。其中,一年期存款基准利率上调0.25个百分点,由2.50%提高到2.75%;一年期贷款基准利率上调0.25个百分点,由5.56%提高到5.81%;其他期限档次存贷款基准利率作相应调整。同时,上调中国人民银行对金融机构贷款利率,其中一年期流动性再贷款利率由3.33%上调至3.85%;一年期农村信用社再贷款利率由2.88%上调至3.35%;再贴现利率由1.80%上调至2.25%。

2010年商业银行拨备情况表

单位:%

2010年	一季度末	二季度末	三季度末	四季度末
拨备覆盖率	170.2	186.0	203.0	218.3

注:1. 商业银行包括大型商业银行、股份制商业银行、城市商业银行、农村商业银行和外资银行;大型商业银行包括中国工商银行、中国农业银行、中国银行、中国建设银行、交通银行;股份制商业银行包括中信银行、光大银行、华夏银行、广东发展银行、深圳发展银行、招商银行、上海浦东发展银行、兴业银行、中国民生银行、恒丰银行、浙商银行、渤海银行。

2. 拨备覆盖率 = 贷款损失减值准备金余额/不良贷款余额×100%。

2010年商业银行流动性情况表

单位:%

2010年	一季度末	二季度末	三季度末	四季度末
流动性比例	41.1	42.4	42.1	42.2

注:1. 商业银行包括大型商业银行、股份制商业银行、城市商业银行、农村商业银行和外资银行;大型商业银行包括中国工商银行、中国农业银行、中国银行、中国建设银行、交通银行;股份制商业银行包括中信银行、光大银行、华夏银行、广东发展银行、深圳发展银行、招商银行、上海浦东发展银行、兴业银行、中国民生银行、恒丰银行、浙商银行、渤海银行。

2. 流动性比例 = 流动性资产/流动性负债×100%。

2010年商业银行资本充足率情况表

单位:%

	一季度末	二季度末	三季度末	四季度末
资本充足率	11.1	11.1	11.6	12.2
核心资本充足率	9.0	9.0	9.5	10.1

2010年银行业金融机构资产负债情况表

1. 银行业金融机构季末主要指标

单位:亿元、%

2010年	第一季度	第二季度	第三季度	第四季度
总资产	842565.4	872025.1	906395.6	942584.6
比上年同期增长率	21.3%	18.3%	20.4%	19.7%
总负债	795053.8	823147.1	852429.0	884379.8
比上年同期增长率	21.4%	18.0%	19.8%	19.0%

注:银行业金融机构包括政策性银行、大型商业银行、股份制商业银行、城市商业银行、农村商业银行、农村合作银行、城市信用社、农村信用社、邮政储蓄银行、外资银行和非银行金融机构。

2. 大型商业银行季末主要指标

单位:亿元、%

2010 年	第一季度	第二季度	第三季度	第四季度
总资产	429180.1	435656.6	450331.4	458814.6
比上年同期增长率	17.5%	13.2%	15.3%	14.4%
占银行业金融机构比例	50.9%	50.0%	49.7%	48.7%
总负债	405609.9	412138.3	423731.6	430318.2
比上年同期增长率	17.7%	13.0%	14.6%	13.5%
占银行业金融机构比例	51.0%	50.1%	49.7%	48.7%

注:大型商业银行包括中国工商银行、中国农业银行、中国银行、中国建设银行和交通银行。

3. 股份制商业银行季末主要指标

单位:亿元、%

2010 年	第一季度	第二季度	第三季度	第四季度
总资产	126459.0	135195.4	142047.6	148616.9
比上年同期增长率	28.5%	24.6%	27.5%	26.1%
占银行业金融机构比例	15.0%	15.5%	15.7%	15.8%
总负债	120254.9	128391.2	134472.3	140456.4
比上年同期增长率	28.2%	23.6%	26.5%	25.2%
占银行业金融机构比例	15.1%	15.6%	15.8%	15.9%

注:股份制商业银行包括中信银行、光大银行、华夏银行、广东发展银行、深圳发展银行、招商银行、上海浦东发展银行、兴业银行、民生银行、恒丰银行、浙商银行、渤海银行。

4. 城市商业银行季末主要指标

单位:亿元、%

2010 年	第一季度	第二季度	第三季度	第四季度
总资产	59931.9	66095.6	70234.3	78525.6
比上年同期增长率	33.5%	33.4%	34.8%	38.2%
占银行业金融机构比例	7.1%	7.6%	7.7%	8.3%
总负债	56034.2	61950.5	65806.3	73703.3
比上年同期增长率	33.0%	32.9%	34.6%	38.5%
占银行业金融机构比例	7.0%	7.5%	7.7%	8.3%

5. 其他类金融机构季末主要指标

单位:亿元、%

2010 年	第一季度	第二季度	第三季度	第四季度
总资产	226994.4	235077.4	243782.3	256627.6
比上年同期增长率	22.0%	20.8%	22.5%	21.0%
占银行业金融机构比例	26.9%	27.0%	26.9%	27.2%
总负债	213154.8	220667.1	228418.8%	239901.9
比上年同期增长率	22.3%	20.8%	22.5%	20.6%
占银行业金融机构比例	26.8%	26.8%	26.8%	27.1%

注:其他类金融机构包括政策性银行、农村商业银行、农村合作银行、外资金融机构、城市信用社、农村信用社、企业集团财务公司、信托投资公司、金融租赁公司、汽车金融公司、货币经纪公司和邮政储蓄银行。

2010 年商业银行不良贷款情况表

单位:亿元、%

2010 年	一季度末		二季度末		三季度末		四季度末	
	余额	占全部贷款比例	余额	占全部贷款比例	余额	占全部贷款比例	余额	占全部贷款比例
不良贷款	4701.2	1.40%	4549.1	1.30%	4354.2	1.20%	4293.0	1.14%
其中:次级类贷款	1786.6	0.53%	1673.3	0.48%	1562.6	0.43%	1591.6	0.42%
可疑类贷款	2288.8	0.68%	2226.7	0.64%	2120.7	0.59%	2042.7	0.54%
损失类贷款	625.8	0.19%	649.1	0.19%	670.9	0.19%	658.7	0.18%
不良贷款分机构								
主要商业银行	4009.6	1.41%	3839.8	1.30%	3674.1	1.20%	3646.1	1.15%
大型商业银行	3400.0	1.59%	3247.7	1.46%	3087.3	1.35%	3081.0	1.31%
股份制商业银行	609.6	0.86%	592.1	0.80%	586.7	0.76%	565.1	0.70%
城市商业银行	365.9	1.19%	360.7	1.11%	339.1	1.00%	325.6	0.91%
农村商业银行	265.8	2.47%	288.2	2.34%	284.4	2.16%	272.7	1.95%
外资银行	59.8	0.74%	60.4	0.72%	56.6	0.65%	48.6	0.53%

注:商业银行包括大型商业银行、股份制商业银行、城市商业银行、农村商业银行和外资银行;主要商业银行包括大型商业银行和股份制商业银行;大型商业银行包括中国工商银行、中国农业银行、中国银行、中国建设银行、交通银行;股份制商业银行包括中信银行、光大银行、华夏银行、广东发展银行、深圳发展银行、招商银行、上海浦东发展银行、兴业银行、中国民生银行、恒丰银行、浙商银行、渤海银行。

2010 年存款性公司概览

单位:亿元人民币

报表项目	2010.01	2010.02	2010.03	2010.04	2010.05	2010.06	2010.07	2010.08	2010.09	2010.10	2010.11	2010.12
国外净资产	198661.51	200024.00	202280.02	204029.40	205406.14	207272.61	210250.76	212891.42	215974.12	219811.74	222710.63	226044.95
国内信贷	503451.44	512449.00	521017.53	526907.13	530425.34	540682.50	542024.65	550585.21	559825.36	563938.27	571200.87	587324.02
对政府债权(净)	27700.18	29225.92	29318.27	26190.50	23250.77	23749.32	21678.30	22203.90	24892.00	22481.39	24901.92	34604.25
对非金融部门债权	448225.35	456555.34	463375.35	473060.74	480237.20	485821.49	490874.48	497149.69	504410.51	510800.76	516866.31	521658.47
对其他金融部门债权	27525.91	26667.74	28323.92	27655.90	26937.38	31111.70	29471.88	31231.62	30522.85	30656.12	29432.64	31061.30
货币和准货币	625609.29	636072.26	649947.46	656561.22	663351.37	673921.72	674051.48	687506.92	696471.50	699776.74	710339.02	725851.79
货币	229588.98	224286.95	229397.93	233909.76	236497.88	240580.00	240664.07	244340.64	243821.90	253313.17	259420.32	266621.54
流通中现金	40758.58	42865.79	39080.58	39657.54	38652.97	38904.85	39543.16	39922.76	41854.41	41646.21	42252.16	44628.17
活期存款	188830.40	181421.17	190317.35	194252.22	197844.91	201675.15	201120.91	204417.88	201967.50	211666.96	217168.16	221993.37
准货币	396020.31	411785.31	420549.53	422651.46	426853.49	433341.73	433387.41	443166.28	452649.59	446463.57	450918.70	459230.25
定期存款	116340.51	119190.13	122943.73	127802.17	130292.50	131673.96	131100.16	134975.20	142865.49	138357.86	140202.84	143232.08
储蓄存款	262795.52	278378.53	280350.33	279852.51	280547.60	287474.10	286989.41	288773.09	299136.35	292037.71	293426.73	303093.01
其他存款	16884.28	14216.65	17255.48	14996.77	16013.39	14193.66	15297.84	19417.99	10647.75	16068.00	17289.13	12905.15
不纳入广义货币的存款	12081.15	12220.44	12389.58	12191.05	12082.26	12721.92	12755.96	13113.73	13641.34	13739.15	13718.63	13566.09
债券	52343.30	52834.69	53417.61	53635.02	54674.17	55230.31	56900.28	57407.21	58304.82	58447.43	59296.66	59105.24
实收资本	23405.26	23426.60	23524.93	23738.71	23801.40	24061.74	24697.36	24895.85	25393.57	25600.78	26067.92	26726.53
其他(净)	−11326.05	−12080.99	−15982.02	−15189.46	−18077.72	−17980.59	−16129.67	−19447.07	−18011.74	−13814.09	−15510.75	−11880.67

2010 年城镇储户收入与物价扩散指数表

	2010.01	2010.02	2010.03	2010.04
当期收入感受指数	55.0	49.5	51.6	51.1
未来收入信心指数	56.2	53.6	55.7	55.5
当期物价满意指数	25.9	21.7	21.9	13.8
未来物价预期指数	65.6	70.3	73.2	81.7

注：自 2009 年 3 季度起，采用新的方法计算储户收入与物价指数，将原差额加上 100% 后除以 2，转化为在 0 和 100% 之间围绕 50% 波动的指数数值。

2010 年汇率

项目	2010.01	2010.02	2010.03	2010.04	2010.05	2010.06	2010.07	2010.08	2010.09	2010.10	2010.11	2010.12
一特别提款权单位折合人民币元(期末数)	10.6105	10.4628	10.3640	10.3153	10.0667	10.0431	10.2880	10.2764	10.4282	10.5165	10.1864	10.1992
一美元折合人民币(期末数)	6.8270	6.8269	6.8263	6.8263	6.8280	6.7909	6.7750	6.8105	6.7011	6.6908	6.6762	6.6227
一美元折合人民币(平均数)	6.8273	6.8270	6.8264	6.8262	6.8274	6.8165	6.7775	6.7901	6.7462	6.6732	6.6558	6.6515

2010 年货币当局资产负债表

单位：亿元人民币

报表项目	2010.01	2010.02	2010.03	2010.04	2010.05	2010.06	2010.07	2010.08	2010.09	2010.10	2010.11	2010.12
国外资产	188021.75	189558.26	192118.96	195861.80	196868.82	198356.34	200141.77	202533.93	204810.61	210087.98	212733.80	215419.60
外汇	177869.14	179412.38	182310.84	186058.10	187177.63	188703.99	190500.79	192833.34	195222.49	200640.26	203774.39	206766.71
货币黄金	669.84	669.84	669.84	669.84	669.84	669.84	669.84	669.84	669.84	669.84	669.84	669.84
其他国外资产	9482.77	9476.04	9138.28	9133.86	9021.35	8982.51	8971.14	9030.75	8918.28	8777.88	8289.57	7983.06
对政府债权	15661.97	15625.89	15625.89	15621.19	15621.19	15621.19	15621.19	15583.11	15551.85	15551.85	15421.11	15421.11
其中：中央政府	15661.97	15625.89	15625.89	15621.19	15621.19	15621.19	15621.19	15583.11	15551.85	15551.85	15421.11	15421.11
对其他存款性公司债权	7129.50	7186.46	8618.22	8715.65	8822.75	8966.50	9025.71	9090.85	9136.40	9120.95	9318.35	9485.70
对其他金融性公司债权	11530.12	11525.86	11514.57	11508.53	11508.26	11498.54	11500.29	11472.87	11465.79	11443.54	11392.71	11325.81
对非金融性公司债权	43.96	43.96	43.96	43.96	43.96	43.96	43.96	43.96	43.96	43.96	43.96	24.99
其他资产	7827.41	7823.51	8169.07	8169.40	8431.01	8445.52	8436.93	7398.73	7675.26	7440.32	7543.82	7597.67
总资产	230214.71	231763.94	236090.67	239920.53	241296.00	242932.04	244769.85	246123.45	248683.87	253688.60	256453.74	259274.89
储备货币	142819.58	152629.41	150032.84	147027.84	147128.24	154234.48	154338.06	154473.80	161320.34	166138.28	171774.25	185311.08
货币发行	44349.17	48187.85	42836.09	43073.77	42109.91	42566.89	42953.98	43541.38	46219.81	45449.35	46126.00	48646.02
金融性公司存款	98470.41	104441.56	107196.75	103954.07	105018.33	111667.58	111384.09	110932.43	115100.53	120688.93	125648.25	136665.06
其他存款性公司	98359.32	104257.21	107057.69	103828.16	104880.99	111506.39	111217.11	110766.40	114945.69	120507.01	125462.08	136480.86
其他金融性公司	111.09	184.35	139.06	125.91	137.34	161.19	166.98	166.02	154.84	181.91	186.17	184.20
不计入储备货币的金融性公司存款	641.77	641.82	649.58	653.14	623.59	612.40	631.44	636.44	639.62	661.31	669.36	657.19
发行债券	42380.80	41403.32	43442.31	45610.23	46058.44	46975.16	47491.02	47179.63	44005.15	41671.81	41887.14	40497.23
国外负债	746.70	746.70	746.69	741.53	719.23	719.10	701.42	716.10	715.70	701.69	718.37	720.08
政府存款	25275.20	22860.75	23251.03	26657.41	30342.19	31023.02	33770.92	34861.33	32458.79	34977.39	33190.77	24277.32
自有资金	219.75	219.75	219.75	219.75	219.75	219.75	219.75	219.75	219.75	219.75	219.75	219.75
其他负债	18130.91	13262.19	17748.46	19010.63	16204.56	9148.14	7617.23	8036.39	9324.50	9318.36	7994.10	7592.23
总负债	230214.71	231763.94	236090.67	239920.53	241296.00	242932.04	244769.85	246123.45	248683.87	253688.60	256453.74	259274.89

2010 年货币供应量

单位：亿元人民币

项目	2010.01	2010.02	2010.03	2010.04	2010.05	2010.06	2010.07	2010.08	2010.09	2010.10	2010.11	2010.12
货币和准货币(M2)	625609.29	636072.26	649947.46	656561.22	663351.37	673921.72	674051.48	687506.92	696471.50	699776.74	710339.03	725851.79
货币(M1)	229588.98	224286.95	229397.93	233909.76	236497.88	240580.00	240664.07	244340.64	243821.90	253313.17	259420.32	266621.54
流通中货币(M0)	40758.58	42865.79	39080.58	39657.54	38652.97	38904.85	39543.16	39922.76	41854.41	41646.21	42252.16	44628.17

注：本表为正式数据。

2010 年黄金和外汇储备

项目	2010.01	2010.02	2010.03	2010.04	2010.05	2010.06	2010.07	2010.08	2010.09	2010.10	2010.11	2010.12
黄金储备(万盎司)	3389	3389	3389	3389	3389	3389	3389	3389	3389	3389	3389	3389
国家外汇储备(亿美元)	24152.21	24245.91	24470.84	24905.12	24395.06	24542.75	25388.94	25478.38	26483.03	27608.99	27678.09	28473.38

2010 年金融机构本外币信贷收支表(按部门分类)

单位：亿元人民币

项目	2010.01	2010.02	2010.03	2010.04	2010.05	2010.06	2010.07	2010.08	2010.09	2010.10	2010.11	2010.12
一、各项存款	627165.87	636895.08	652654.62	663864.47	674580.57	688539.95	690225.71	701459.90	716423.99	718392.28	724280.65	733382.03

项目	2010.01	2010.02	2010.03	2010.04	2010.05	2010.06	2010.07	2010.08	2010.09	2010.10	2010.11	2010.12
1.住户存款	271053.28	286726.14	288899.43	288353.53	289079.56	296174.46	295793.25	297622.46	308066.22	301037.05	302378.23	312301.58
(1)活期及临时性存款	101828.81	108372.87	109646.50	108577.12	108841.80	113351.68	112419.44	113972.47	119861.37	115875.55	117720.89	125723.30
(2)定期及保证性存款	169224.46	178353.27	179252.93	179776.40	180237.76	182822.78	183373.80	183650.00	188204.85	185161.50	184657.34	186578.28
2.非金融企业存款	267211.94	263202.00	273198.55	281344.46	286112.70	289563.90	287726.96	293127.29	297144.30	301456.42	307226.85	314111.20
3.机关团体存款	51286.26	50551.00	53367.79	54040.62	55178.04	57373.32	58198.02	60461.87	62384.90	63541.29	65213.35	66174.72
4.财政存款	26376.74	25257.21	24933.22	28374.38	32227.70	32116.36	35398.42	36399.18	33942.91	36935.04	34815.89	25454.97
5.其他存款	11237.65	11158.74	12255.64	11751.47	11982.56	13311.91	13109.06	13849.10	14885.65	15422.49	14646.32	15339.57
二、对国际金融机构负债	746.69	746.70	746.70	741.53	719.24	719.09	701.42	716.10	715.70	701.69	718.37	720.08
三、其他	-94419.41	-97084.37	-105414.53	-106896.65	-109516.86	-116156.06	-112134.81	-114751.85	-122083.02	-117168.63	-115636.62	-118804.30
资金来源总计	533493.15	540557.41	547986.79	557709.35	565782.95	573102.98	578792.32	587424.15	595056.67	601925.34	609362.40	615297.81
运用方项目												
一、各项贷款	440225.49	447887.86	453654.79	461748.06	468152.92	474006.21	478886.36	484691.99	491148.01	497375.55	503567.29	509225.95
(一)境内贷款	433682.53	441262.59	447125.47	455262.55	461555.99	467314.87	472139.88	477716.44	483598.55	489770.56	495744.28	501222.81
1.住户贷款	88264.25	90262.66	93082.53	96327.05	98961.20	101304.24	103025.31	105042.03	107525.17	109182.92	111082.44	112586.13
(1)消费性贷款	59138.21	60341.02	61951.76	64164.91	65975.72	67427.69	68525.65	69704.72	71240.47	72350.51	73819.72	75107.68
短期消费性贷款	6821.47	6745.59	6968.48	7218.81	7398.20	7790.42	7923.65	8283.96	8696.86	8875.65	9205.52	9600.52
中长期消费性贷款	52316.73	53595.43	54983.29	56946.10	58577.53	59637.27	60602.00	61420.76	62543.61	63474.86	64614.20	65507.16
(2)经营性贷款	29126.04	29921.64	31130.77	32162.15	32985.47	33876.55	34499.65	35337.30	36284.70	36832.42	37262.71	37478.45
短期经营性贷款	19723.36	20269.48	21095.17	21784.93	22321.17	22844.12	23172.78	23714.89	24294.49	24583.99	24780.68	24780.54
中长期经营性贷款	9402.68	9652.16	10035.60	10377.21	10664.31	11032.43	11326.88	11622.41	11990.21	12248.42	12482.04	12697.91
2.非金融企业及其他部门贷款	345418.28	350999.93	354042.94	358935.49	362594.80	366010.63	369114.58	372674.42	376073.39	380587.64	384661.84	388636.68
(1)短期贷款及票据融资	145683.95	146099.57	143968.92	145146.41	145822.49	146082.84	145907.88	146667.11	147084.80	148486.16	150061.29	151532.14
短期贷款	123603.70	125768.52	126323.64	127029.67	127326.00	128717.98	128983.03	129947.11	131290.76	132692.65	134406.07	136687.39
票据融资	22080.26	20331.05	17645.28	18116.73	18496.48	17364.86	16924.86	16720.00	15794.04	15793.51	15655.23	14844.75
(2)中长期贷款	184261.67	189408.90	193915.81	197224.56	200352.56	203717.40	207072.87	209719.04	212689.09	215224.37	217185.24	219096.45
(3)其他贷款	15472.65	15491.46	16158.21	16564.52	16419.75	16210.39	16133.83	16288.27	16299.50	16877.11	17415.31	18008.09
(二)境外贷款	6542.96	6625.27	6529.32	6485.52	6596.92	6691.34	6746.48	6975.55	7549.46	7604.99	7823.02	8003.14
二、有价证券及投资	90857.75	90266.25	91938.13	93571.83	95286.65	96756.38	97562.81	100372.13	101534.81	102171.44	103435.67	103709.52
三、黄金占款	669.84	669.84	669.84	669.84	669.84	669.84	669.84	669.84	669.84	669.84	669.84	669.84
四、在国际金融机构资产	1740.07	1733.46	1724.03	1719.61	1673.54	1670.55	1673.31	1690.19	1704.01	1708.51	1689.60	1692.50
资金运用总计	533493.15	540557.41	547986.79	557709.35	565782.95	573102.98	578792.32	587424.15	595056.67	601925.34	609362.40	615297.81

注：1.本表机构包括中国人民银行、银行业存款性金融机构、信托投资公司、金融租赁公司和汽车金融公司。
2.银行业存款性金融机构包括银行、信用社和财务公司。
3.本表为正式数据。

2010年金融机构本外币信贷收支表

单位：亿元人民币

项目	2010.01	2010.02	2010.03	2010.04	2010.05	2010.06	2010.07	2010.08	2010.09	2010.10	2010.11	2010.12
来源方项目												
一、各项存款	627165.87	636895.08	652654.62	663864.47	674580.57	688539.95	690225.71	701459.90	716423.99	718392.28	724280.65	733382.03
1.企业定活期存款	217351.13	214257.23	222064.17	227846.54	231414.70	234583.80	233162.42	236599.05	239711.41	243569.89	247402.37	252960.27
(1)活期存款	143739.81	137871.63	144169.98	147350.05	150000.77	152266.24	150625.38	152159.00	148688.25	157170.32	160973.59	164536.07
(2)定期存款	73611.31	76385.60	77894.19	80496.50	81413.93	82317.56	82537.04	84440.05	91023.16	86399.57	86428.78	88424.20
2.储蓄存款	267206.87	283076.81	285054.09	284534.21	285081.13	292049.69	291110.40	292694.16	303125.52	296234.16	297753.05	307166.39
(1)活期储蓄	102402.47	109195.40	110436.01	109481.09	109584.95	114348.52	112974.20	114358.18	120474.27	116640.20	118627.51	126264.39
(2)定期储蓄	164804.40	173881.41	174618.08	175053.12	175496.18	177701.17	178136.19	178335.98	182651.24	179593.95	179125.54	180902.00
3.委托存款	6384.48	6010.81	6180.13	6481.07	6691.47	6106.51	6234.92	6295.61	6033.46	6142.54	6052.70	6673.44
4.其他存款	136223.39	133550.23	139356.23	145002.65	151393.58	155799.94	159717.97	165871.09	167553.60	172445.69	173072.53	166581.93
二、对国际金融机构负债	746.69	746.70	746.70	741.53	719.24	719.09	701.42	716.10	715.70	701.69	718.37	720.08
三、其他	-94419.40	-97084.24	-105414.53	-106896.65	-109516.86	-116156.06	-112134.81	-114751.85	-122083.02	-117168.63	-115636.62	-118804.30
资金来源总计	533493.15	540557.54	547986.79	557709.35	565782.95	573102.98	578792.32	587424.15	595056.67	601925.34	609362.40	615297.81
运用方项目												
一、各项贷款	440225.49	447887.99	453654.79	461748.06	468152.92	474006.21	478886.36	484691.99	491148.01	497375.55	503567.29	509225.95
1.短期贷款	150478.56	153047.74	154671.64	156220.53	157226.45	159526.91	160238.10	162099.26	164453.27	166295.18	168551.02	171236.64
2.中长期贷款	252185.48	259007.71	265173.40	270839.42	276003.45	280896.61	285583.24	289577.53	294593.77	298402.03	301936.98	305127.55
3.委托贷款	5696.27	5412.34	5454.28	5596.69	5587.79	5481.90	5628.64	5733.25	5714.19	5945.53	6129.25	6354.78
4.票据融资	22080.26	20331.05	17645.28	18116.73	18496.48	17364.86	16924.86	16720.00	15794.04	15793.51	15655.23	14844.75
5.其他贷款	9784.92	10089.15	10710.19	10974.69	10838.75	10735.93	10511.52	10561.95	10592.74	10939.31	11294.81	11662.22
二、有价证券及投资	90857.75	90266.25	91938.13	93571.83	95286.65	96756.38	97562.81	100372.13	101534.81	102171.44	103435.67	103709.52
三、黄金占款	669.84	669.84	669.84	669.84	669.84	669.84	669.84	669.84	669.84	669.84	669.84	669.84
四、在国际金融机构资产	1740.07	1733.46	1724.03	1719.61	1673.54	1670.55	1673.31	1690.19	1704.01	1708.51	1689.60	1692.50
资金运用总计	533493.15	540557.54	547986.79	557709.35	565782.95	573102.98	578792.32	587424.15	595056.67	601925.34	609362.40	615297.81

注：1.本表机构包括中国人民银行、银行业存款性金融机构、信托投资公司、金融租赁公司和汽车金融公司。
2.银行业存款性金融机构包括银行、信用社和财务公司。
3.委托存款、委托贷款主要为财务公司、信托投资公司、金融租赁公司作为受托人所接受的存款及其发放的贷款。
4.本表为正式数据。

2010年金融机构人民币信贷收支表(按部门分类)

单位:亿元

项目	2010.01	2010.02	2010.03	2010.04	2010.05	2010.06	2010.07	2010.08	2010.09	2010.10	2010.11	2010.12
来源方项目												
一、各项存款	612877.26	622436.84	638090.42	649915.56	660756.78	674098.03	675706.88	686463.53	701024.48	702793.71	708784.30	718237.93
1. 住户存款	267079.32	282726.83	284878.99	284460.31	285160.48	292206.97	291781.18	293668.21	304168.16	297165.25	298534.02	308379.99
(1)活期及临时性存款	100502.17	107018.97	108284.23	107297.53	107540.99	112035.69	111099.38	112685.52	118611.45	114601.59	116420.60	124344.87
(2)定期及保证性存款	166577.15	175707.86	176594.76	177162.79	177619.49	180171.28	180681.80	180982.69	185556.71	182563.66	182113.42	184035.12
2. 非金融企业存款	259215.15	255098.79	264972.56	273207.16	278099.62	280978.43	279164.37	284099.29	287569.53	291737.76	297502.74	304658.97
(1)活期及临时性存款	160263.80	153543.44	160534.49	164752.38	167766.41	169874.72	168218.38	169785.97	166521.00	175329.48	179483.23	183593.93
(2)定期及保证性存款	98951.35	101555.35	104438.07	108454.79	110333.21	111103.71	110945.99	114313.32	121048.53	116408.29	118019.51	121065.03
3. 机关团体存款	51286.26	50551.00	53367.79	54040.62	55178.04	57373.32	58198.02	60461.87	62384.90	63541.29	65213.35	66174.72
4. 财政存款	26376.74	25257.21	24933.22	28374.38	32227.70	32116.36	35398.42	36399.18	33942.91	36935.04	34815.89	25454.97
5. 其他存款	8919.79	8803.01	9937.87	9833.09	10090.93	11422.95	11164.88	11834.99	12958.97	13414.37	12718.30	13569.29
二、金融债券	13917.77	13353.59	13158.55	12881.72	13330.44	12929.74	14261.89	14049.16	13770.35	13295.45	13661.45	13526.85
三、流通中货币	40758.58	42865.79	39080.58	39657.54	38652.97	38904.85	39543.16	39922.76	41854.41	41646.21	42252.16	44628.17
四、对国际金融机构负债	746.69	746.70	746.70	741.53	719.24	719.09	701.42	716.10	715.70	701.69	718.37	720.08
五、其他	28896.66	26113.14	23944.03	24080.12	23464.08	19110.75	23593.69	23355.55	17207.32	28061.86	31172.35	28766.06
资金来源总计	697196.96	705516.06	715020.29	727276.47	736923.52	745762.44	753807.03	764507.10	774572.26	786498.91	796588.64	805879.09
运用方项目												
一、各项贷款	413679.60	420678.38	425785.27	433525.27	440018.15	446045.62	451372.55	456818.62	462822.64	468699.94	474389.23	479195.55
(一)境内贷款	413413.10	420478.49	425561.49	433417.42	439915.46	445949.32	451264.60	456705.14	462610.28	468488.00	474175.73	478976.47
1. 住户贷款	88231.94	90226.18	93048.72	96291.03	98923.71	101266.78	102986.94	104997.56	107481.13	109137.34	111038.24	112542.09
(1)消费性贷款	59105.90	60304.54	61917.95	64128.89	65938.23	67390.23	68487.28	69660.26	71196.43	72304.93	73775.52	75063.64
短期消费性贷款	6797.95	6718.10	6943.89	7193.79	7371.61	7764.24	7896.41	8251.18	8664.01	8841.25	9172.52	9566.80
中长期消费性贷款	52307.95	53586.44	54974.05	56935.10	58566.63	59625.99	60590.87	61409.08	62532.42	63463.68	64603.00	65496.84
(2)经营性贷款	29126.04	29921.64	31130.77	32162.15	32985.47	33876.55	34499.65	35337.30	36284.70	36832.42	37262.71	37478.45
短期经营性贷款	19723.36	20269.48	21095.17	21784.93	22321.17	22844.12	23172.78	23714.89	24294.49	24583.99	24780.68	24780.54
中长期经营性贷款	9402.68	9652.16	10035.60	10377.21	10664.31	11032.43	11326.88	11622.41	11990.21	12248.42	12482.04	12697.91
2. 非金融企业及其他部门贷款	325181.16	330252.31	332512.78	337126.39	340991.75	344682.54	348277.66	351707.58	355129.15	359350.65	363137.49	366434.38
(1)短期贷款及票据融资	141031.69	141252.77	138930.00	139988.68	140699.10	140989.67	141084.51	141838.23	142223.34	143689.53	145237.32	146700.57
短期贷款	118978.66	120946.60	121307.01	121895.94	122229.49	123653.81	124184.53	125142.83	126454.74	127922.38	129609.37	131886.04
票据融资	22053.03	20306.17	17622.99	18092.74	18469.61	17335.85	16899.98	16695.40	15768.60	15767.15	15627.94	14814.52
(2)中长期贷款	176949.91	182029.80	186506.57	189775.47	192862.75	196193.81	199463.70	201994.08	204958.51	207369.05	209309.47	210735.69
(3)其他贷款	7199.56	6969.74	7076.20	7362.24	7429.90	7499.06	7729.45	7875.27	7947.30	8292.08	8590.70	8998.13
(二)境外贷款	266.50	199.89	223.78	107.86	102.69	96.30	107.95	113.48	212.36	211.94	213.50	219.08
二、有价证券及投资	85013.31	84545.29	86250.54	87908.04	89792.65	91435.60	92153.02	94960.36	96112.05	96855.10	98078.01	98526.06
三、黄金占款e	669.84	669.84	669.84	669.84	669.84	669.84	669.84	669.84	669.84	669.84	669.84	669.84
四、外汇占款	196094.14	197889.10	200590.60	203453.70	204769.34	205940.83	207938.31	210368.08	213263.73	218565.53	221761.96	225795.14
五、在国际金融机构资产	1740.07	1733.46	1724.03	1719.61	1673.54	1670.55	1673.31	1690.19	1704.01	1708.51	1689.60	1692.50
资金运用总计	697196.96	705516.06	715020.29	727276.47	736923.52	745762.44	753807.03	764507.10	774572.26	786498.91	796588.64	805879.09

注:1. 本表机构包括中国人民银行、银行业存款类金融机构、信托投资公司、金融租赁公司和汽车金融公司。
2. 银行业存款类金融机构包括银行、信用社和财务公司。
3. 本表为正式数据。

2010年金融机构人民币信贷收支表

单位:亿元

项目	2010.01	2010.02	2010.03	2010.04	2010.05	2010.06	2010.07	2010.08	2010.09	2010.10	2010.11	2010.12
资金来源总计	697196.96	705516.06	715020.29	727276.47	736923.52	745762.44	753807.03	764507.10	774572.26	786498.91	796588.64	805879.09
一、各项存款	612877.26	622436.84	638090.42	649915.56	660756.78	674098.03	675706.88	686463.53	701024.48	702793.71	708784.30	718237.93
1. 企业定活期存款	209915.75	206740.59	214401.85	220315.73	224000.78	226722.23	225392.12	228536.57	231117.82	234922.95	238875.75	244495.62
2. 财政存款	26376.74	25257.21	24933.22	28374.38	32227.70	32116.36	35398.42	36399.18	33942.91	36935.04	34815.89	25454.97
3. 机关团体存款	51286.26	50551.00	53367.79	54040.62	55178.04	57373.32	58198.02	60461.87	62384.90	63541.29	65213.35	66174.72
4. 储蓄存款	263241.88	279086.76	281047.23	280653.32	281171.25	288130.13	287150.38	288794.77	299282.91	292418.09	293966.00	303302.49
(1)活期储蓄	101079.09	107845.00	109081.37	108207.74	108287.43	113036.12	111657.87	113076.98	119228.54	115370.86	117331.55	124888.56
(2)定期储蓄	162162.79	171241.76	171965.86	172445.59	172883.83	175094.02	175492.50	175717.79	180054.38	177047.22	176634.45	178413.93
5. 农业存款	14280.66	13454.67	14160.57	14613.12	14948.32	15241.06	15301.47	15680.72	15961.67	16113.27	16773.36	17243.66
6. 委托存款	6314.10	5936.48	6101.57	6394.21	6593.13	6013.44	6146.95	6155.57	5909.33	5971.70	5844.10	6465.35
7. 其他存款	41461.87	41410.13	44078.19	45524.19	46637.07	48501.49	48119.52	50434.86	52424.93	52891.38	53295.85	55101.12
二、金融债券	13917.77	13353.59	13158.55	12881.72	13330.44	12929.74	14261.89	14049.16	13770.35	13295.45	13661.45	13526.85
三、流通中货币	40758.58	42865.79	39080.58	39657.54	38652.97	38904.85	39543.16	39922.76	41854.41	41646.21	42252.16	44628.17
四、对国际金融机构负债	746.69	746.70	746.70	741.53	719.24	719.09	701.42	716.10	715.70	701.69	718.37	720.08
五、其他	28896.66	26113.14	23944.03	24080.12	23464.08	19110.75	23593.69	23355.55	17207.32	28061.86	31172.35	28766.06

项目	2010.01	2010.02	2010.03	2010.04	2010.05	2010.06	2010.07	2010.08	2010.09	2010.10	2010.11	2010.12
资金运用总计	697196.96	705516.06	715020.29	727276.47	736923.52	745762.44	753807.03	764507.10	774572.26	786498.91	796588.64	805879.09
一、各项贷款	413679.60	420678.38	425785.27	433525.27	440018.15	446045.62	451372.55	456818.62	462822.64	468699.94	474389.23	479195.55
(一)境内贷款	413413.10	420478.49	425561.49	433417.42	439915.46	445949.32	451264.60	456705.14	462610.28	468488.00	474175.73	478976.47
1. 短期贷款	145499.97	147934.18	149346.08	150874.66	151922.26	154262.17	155253.72	157108.90	159413.23	161347.62	163562.57	166233.38
2. 中长期贷款	238660.54	245268.40	251516.22	257087.78	262093.69	266852.23	271381.45	275025.57	279481.14	283081.15	286394.51	288930.43
3. 融资租赁	1400.84	1457.79	1528.29	1677.18	1772.06	1946.21	2024.81	2116.84	2195.70	2353.77	2507.29	2700.99
4. 委托贷款	5635.93	5350.97	5392.74	5530.93	5505.34	5403.24	5554.07	5609.35	5604.36	5789.29	5936.36	6162.58
5. 票据融资	22053.03	20306.17	17622.99	18092.74	18469.61	17335.85	16899.98	16695.40	15768.60	15767.15	15627.94	14814.52
6. 各项垫款	162.79	160.97	155.17	154.13	152.49	149.61	150.58	149.09	147.24	149.02	147.05	134.55
(二)境外贷款	266.50	199.89	223.78	107.86	102.69	96.30	107.95	113.48	212.36	211.94	213.50	219.08
二、有价证券及投资	85013.31	84545.29	86250.54	87908.04	89792.65	91435.60	92153.02	94960.36	96112.05	96855.10	98078.01	98526.06
三、黄金占款	669.84	669.84	669.84	669.84	669.84	669.84	669.84	669.84	669.84	669.84	669.84	669.84
四、外汇占款	196094.14	197889.10	200590.60	203453.70	204769.34	205940.83	207938.31	210368.08	213263.73	218565.53	221761.96	225795.14
五、在国际金融机构资产	1740.07	1733.46	1724.03	1719.61	1673.54	1670.55	1673.31	1690.19	1704.01	1708.51	1689.60	1692.50

注:1. 本表机构包括中国人民银行、银行业存款类金融机构、信托投资公司、金融租赁公司和汽车金融公司。
2. 银行业存款类金融机构包括银行、信用社和财务公司。
3. 委托存款、委托贷款主要为财务公司、信托投资公司、金融租赁公司作为受托人所接受的存款及其发放的贷款。
4. 本表为正式数据。

2010 年金融机构外汇信贷收支表(按部门分类)

单位:亿美元

项目	2010.01	2010.02	2010.03	2010.04	2010.05	2010.06	2010.07	2010.08	2010.09	2010.10	2010.11	2010.12
来源方项目												
一、各项存款	2092.96	2117.83	2133.64	2043.41	2024.57	2126.66	2143.00	2201.95	2298.06	2331.35	2321.13	2286.70
1. 住户存款	582.09	585.82	588.96	570.33	573.97	584.24	592.19	580.61	581.70	578.68	575.81	592.14
(1)活期及临时性存款	194.32	198.32	199.56	187.45	190.51	193.79	194.84	188.97	186.52	190.40	194.76	208.14
(2)定期及保证性存款	387.77	387.50	389.40	382.87	383.46	390.45	397.34	391.65	395.18	388.27	381.04	384.01
2. 非金融企业存款	1171.35	1186.95	1205.24	1192.05	1173.56	1264.26	1263.85	1325.60	1428.84	1452.54	1456.53	1427.25
(1)活期及临时性存款	784.48	776.45	786.76	764.12	769.58	814.89	769.49	784.83	828.09	855.54	917.45	939.05
(2)定期及保证性存款	386.86	410.50	418.48	427.93	403.98	449.37	494.36	540.77	600.74	597.00	539.08	488.20
3. 其他存款	339.51	345.06	339.44	281.03	277.04	278.16	286.96	295.74	287.52	300.13	288.79	267.31
二、境外筹资	142.21	139.74	137.70	133.77	128.12	130.13	132.50	129.47	133.19	133.21	130.45	132.82
三、外汇买卖	2609.79	2652.79	2627.03	2504.99	2521.72	2487.75	2546.61	2549.66	2667.10	2662.74	2687.18	2863.47
四、境外同业往来	270.08	241.48	272.18	351.20	332.40	329.40	329.06	328.66	324.49	337.09	339.68	335.45
五、其他	198.73	200.61	246.40	311.19	321.60	249.01	198.96	185.39	236.36	95.52	226.55	314.74
资金来源总计	5313.77	5352.45	5416.96	5344.55	5328.42	5322.95	5350.14	5395.14	5659.20	5559.91	5705.00	5933.17
运用方项目												
一、各项贷款	3888.37	3985.63	4082.67	4134.42	4120.50	4117.36	4061.08	4092.71	4226.97	4285.83	4370.46	4534.47
(一)境内贷款	2969.01	3044.44	3158.96	3200.14	3169.38	3146.20	3081.22	3085.13	3132.06	3180.87	3230.66	3359.10
1. 住户贷款	4.73	5.34	4.95	5.28	5.49	5.52	5.66	6.53	6.57	6.81	6.62	6.65
短期消费性贷款	3.45	4.03	3.60	3.67	3.89	3.86	4.02	4.81	4.90	5.14	4.94	5.09
中长期消费性贷款	1.29	1.32	1.35	1.61	1.60	1.66	1.64	1.71	1.67	1.67	1.68	1.56
2. 非金融企业及其他部门贷款	2964.28	3039.10	3154.00	3194.87	3163.89	3140.68	3075.56	3078.60	3125.49	3174.06	3224.04	3352.45
(1)短期贷款及票据融资	681.45	709.96	738.16	755.57	750.35	749.99	711.94	709.03	725.47	716.90	722.56	729.55
短期贷款	677.46	706.31	734.90	752.05	746.41	745.72	708.26	705.42	721.68	712.96	718.48	724.98
票据融资	3.99	3.64	3.27	3.51	3.94	4.27	3.67	3.61	3.80	3.94	4.09	4.56
(2)中长期贷款	1071.01	1080.89	1085.40	1091.23	1096.92	1107.89	1123.12	1134.27	1153.63	1174.05	1179.68	1262.44
(3)其他贷款	1211.82	1248.26	1330.44	1348.06	1316.62	1282.80	1240.50	1235.30	1246.39	1283.11	1321.80	1360.47
(二)境外贷款	919.36	941.19	923.71	934.28	951.12	971.16	979.87	1007.57	1094.91	1104.96	1139.80	1175.36
二、有价证券及投资	856.08	838.00	833.19	829.70	804.63	783.52	798.49	794.62	809.23	794.57	802.50	782.68
三、境外同业往来	569.32	528.82	501.10	380.43	403.30	422.07	490.57	507.81	622.99	479.51	532.04	616.03
资金运用总计	5313.77	5352.45	5416.96	5344.55	5328.42	5322.95	5350.14	5395.14	5659.20	5559.91	5705.00	5933.17

注:1. 本表机构包括中国人民银行、银行业存款类金融机构、信托投资公司、金融租赁公司和汽车金融公司。
2. 银行业存款类金融机构包括银行、信用社和财务公司。
3. 本表为正式数据。

2010 年金融机构外汇信贷收支表

单位:亿美元

项目	2010.01	2010.02	2010.03	2010.04	2010.05	2010.06	2010.07	2010.08	2010.09	2010.10	2010.11	2010.12
来源方项目												
一、各项存款	2092.96	2117.83	2133.54	2043.41	2024.57	2126.66	2143.01	2201.95	2298.06	2331.35	2321.13	2286.70
1. 企业定活期存款	1089.11	1101.03	1122.47	1103.21	1085.81	1157.66	1146.91	1183.83	1282.41	1292.36	1277.17	1278.13
2. 储蓄存款	580.78	584.46	586.97	568.52	572.62	577.18	584.50	572.56	573.43	570.35	567.25	583.43

项目	2010.01	2010.02	2010.03	2010.04	2010.05	2010.06	2010.07	2010.08	2010.09	2010.10	2010.11	2010.12
3.委托存款	10.31	10.89	11.51	12.73	14.40	13.71	13.07	20.56	18.52	25.53	31.25	31.42
4.境外存款	168.36	168.61	173.80	184.48	190.57	204.92	218.16	230.78	225.21	244.42	229.37	205.56
5.其他存款	244.39	252.84	238.79	174.47	161.16	173.19	180.36	194.22	198.48	198.68	216.11	188.16
二、境外筹资	142.21	139.74	137.70	133.77	128.12	130.13	132.50	129.47	133.19	133.21	130.45	132.82
三、外汇买卖	2609.79	2652.79	2627.03	2504.99	2521.72	2487.75	2546.61	2549.66	2667.10	2662.74	2687.18	2863.47
四、境外同业往来	270.08	241.47	272.18	351.20	332.40	329.40	329.06	328.66	324.48	337.09	339.68	335.45
五、其他	198.73	200.61	246.50	311.19	321.61	249.01	198.97	185.39	236.37	432.61	226.55	314.74
资金来源总计	5313.77	5352.45	5416.96	5344.55	5328.43	5322.95	5350.15	5395.14	5659.20	5559.90	5705.00	5933.18
运用方项目												
一、各项贷款	3888.37	3985.63	4082.67	4134.42	4120.50	4117.36	4061.09	4092.71	4226.97	4285.83	4370.46	4534.47
(一)境内贷款	2969.01	3044.44	3158.96	3200.14	3169.38	3146.20	3081.22	3085.13	3132.06	3180.87	3230.66	3359.10
1.短期贷款	680.91	710.34	738.50	755.72	750.31	749.58	712.28	710.24	726.58	718.10	723.42	730.08
2.中长期贷款	1072.29	1082.20	1086.75	1092.85	1098.52	1109.55	1124.77	1135.99	1155.30	1175.72	1181.36	1264.00
3.委托贷款	8.84	8.99	9.01	9.63	12.07	11.59	11.01	18.19	16.39	23.35	28.75	29.02
4.境外筹资转贷款 On – lendingof	94.08	92.91	91.58	91.03	86.61	85.37	87.80	86.83	89.86	90.82	88.08	89.09
5.票据融资	3.99	3.64	3.27	3.51	3.94	4.27	3.67	3.61	3.80	3.94	4.09	4.56
6.其他贷款	1108.90	1146.35	1229.85	1247.41	1217.93	1185.83	1141.69	1130.28	1140.14	1168.94	1204.97	1242.35
(二)境外贷款	919.36	941.19	923.71	934.28	951.12	971.16	979.87	1007.57	1094.91	1104.96	1139.80	1175.36
二、有价证券及投资	856.08	838.00	833.19	829.70	804.63	783.52	798.49	794.62	809.23	794.57	802.50	782.68
三、境外同业往来	569.32	528.82	501.10	380.43	403.30	422.07	490.57	507.81	622.99	479.50	532.04	616.03
资金运用总计	5313.77	5352.45	5416.96	5344.55	5328.43	5322.95	5350.15	5395.14	5659.20	5559.90	5705.00	5933.18

注:1.本表机构包括中国人民银行、银行业存款类金融机构、信托投资公司、金融租赁公司和汽车金融公司。
2.银行业存款类金融机构包括银行、信用社和财务公司。
3.委托存款、委托贷款主要为财务公司、信托投资公司、金融租赁公司作为受托人所接受的存款及其发放的贷款。
4.本表为正式数据。

2010 年其他存款性公司资产负债表

单位:亿元人民币

报表项目	2010.01	2010.02	2010.03	2010.04	2010.05	2010.06	2010.07	2010.08	2010.09	2010.10	2010.11	2010.12
国外资产 ForeignAssets	17287.65	16942.49	16957.97	15793.48	15916.40	16310.33	17239.72	17419.17	18575.25	17310.46	18046.77	18524.81
储备资产	101002.36	108684.98	109344.86	106106.69	107131.28	114018.75	113144.01	112622.13	117271.51	121393.46	125670.08	136834.97
准备金存款	97411.78	103362.92	105589.35	102690.46	103674.34	110356.71	109733.19	109003.51	112906.11	117590.31	121796.24	132817.12
库存现金	3590.59	5322.06	3755.51	3416.23	3456.94	3662.05	3410.82	3618.62	4365.41	3803.15	3873.84	4017.85
对政府债权	37313.41	36460.79	36943.41	37226.71	37971.76	39151.14	39828.02	41482.11	41798.94	41906.93	42671.58	43460.46
其中:中央政府	37313.41	36460.79	36943.41	37226.71	37971.76	39151.14	39828.02	41482.11	41798.94	41906.93	42671.58	43460.46
对中央银行债权	53961.17	48515.19	52990.72	56334.43	54009.24	47761.69	46488.70	47544.31	45570.79	43360.98	42264.00	40274.18
对其他存款性公司债权	104336.92	105864.17	119775.94	120385.20	119164.15	122929.95	122819.56	130462.83	132375.61	131643.68	131026.15	134452.82
对其他金融机构债权	15995.79	15141.87	16809.34	16147.36	15429.12	19613.16	17971.59	19758.76	19057.06	19212.58	18039.94	19735.50
对非金融机构债权	360176.55	366521.32	370545.60	377003.36	381558.56	384817.29	388170.37	392459.24	397254.45	401994.60	406181.49	409539.12
对其他居民部门债权	88004.84	89990.06	92785.79	96013.42	98634.67	100960.24	102660.15	104646.50	107112.10	108762.20	110640.87	112094.36
其他资产	49384.00	49674.38	51415.87	53483.78	56444.78	50855.59	52421.45	54719.01	53942.42	56832.94	57721.31	46692.41
总资产	827462.68	837795.25	867569.51	878494.44	886259.96	896418.15	900743.57	921114.06	932958.14	942417.82	952262.17	961608.63
对非金融机构及住户负债	582501.66	593448.46	608534.84	616751.57	623287.50	636131.66	634592.38	643991.24	660345.87	658614.12	667380.73	684857.78
纳入广义货币的存款	567966.43	578989.83	593611.40	601906.91	608685.01	620823.22	619210.48	628166.17	643969.33	642062.53	650797.74	668318.47
企业活期存款	188830.40	181421.17	190317.35	194252.22	197844.91	201675.15	201120.91	204417.88	201967.50	211666.96	217168.16	221993.37
企业定期存款	116340.51	119190.13	122943.73	127802.17	130292.50	131673.96	131100.16	134975.20	142865.49	138357.86	140202.84	143232.08
居民储蓄存款	262795.52	278378.53	280350.33	279852.51	280547.60	287474.10	286989.41	288773.09	299136.35	292037.71	293426.73	303093.01
不纳入广义货币的存款	12081.15	12220.44	12389.58	12191.05	12082.26	12721.92	12755.96	13113.73	13641.34	13739.15	13718.63	13566.09
可转让存款	5355.96	5303.50	5371.65	5204.14	5227.98	5509.83	5192.49	5275.60	5493.65	5625.01	5984.09	6081.93
其他存款	6725.19	6916.94	7017.93	6986.91	6854.28	7212.09	7563.47	7838.13	8147.69	8114.14	7734.54	7484.16
其他负债	2454.07	2238.19	2533.86	2653.61	2520.23	2586.52	2625.93	2711.34	2735.20	2812.43	2864.37	2973.22
对中央银行负债	5431.18	5467.12	5569.57	5688.00	5717.98	5215.44	5258.12	5282.01	5328.49	5270.62	5223.38	5629.00
对其他存款性公司负债	46011.22	45262.54	52269.98	51882.97	50123.64	51927.35	51464.59	54863.43	55221.08	54985.32	52721.98	55748.40
对其他金融性公司负债	44019.81	41560.61	44984.13	44100.17	43813.01	43373.08	44774.65	48945.14	40139.83	47778.40	47593.01	44255.17
其中:计入广义货币的存款	16884.28	14216.65	17255.48	14996.77	16013.39	14193.66	15297.84	19417.99	10647.75	16068.00	17289.13	12905.15
国外负债	5901.19	5730.06	6050.21	6884.35	6659.85	6674.97	6429.31	6345.57	6696.04	6885.00	7351.58	7179.38
债券发行	52343.30	52834.69	53417.61	53635.02	54674.17	55230.31	56900.28	57407.21	58304.82	58447.43	59296.66	59105.24
实收资本	23185.51	23206.84	23305.17	23518.96	23581.65	23841.99	24477.61	24676.10	25173.82	25381.02	25848.17	26506.78
其他负债	68068.82	70284.93	73437.99	76033.39	78402.16	74023.36	76846.64	79603.35	81748.19	85055.90	86846.64	78326.87
总负债	827462.68	837795.25	867569.51	878494.44	886259.96	896418.15	900743.57	921114.06	932958.14	942417.82	952262.17	961608.63

2010 年中国人民银行大事记

1 月

12 日 为加强银行体系流动性管理，经国务院批准，中国人民银行决定，从 2010 年 1 月 18 日起上调存款类金融机构人民币存款准备金率 0.5 个百分点。

14 日 为加强宏观调控，客观评估金融机构、金融市场的发展与稳定状况，统一对金融工具的认识与界定，构建我国金融业综合统计体系，编制各类金融性公司资产负债表、概览，正确计量各经济部门的金融总资产、总负债与货币总量，科学监测货币政策传导过程与效果，准确反映各类金融资产的风险，支持宏观审慎监管体系的建立，中国人民银行印发了《金融工具编造分类及编码标准(试行)》。

18 日 为加强网上银行管理，促进网上银行业务健康发展，有效增强网上银行系统的安全防范能力，中国人民银行印发《网上银行系统信息安全通用规范(试行)》。

22 日 为规范中国人民银行系统的集中采购行为，提高采购资金使用效益，促进廉政建设，根据《中华人民共和国政府采购法》、《中华人民共和国招标投标法》和财政部《中央单位政府集中采购管理实施办法》等法律法规和有关制度规定，中国人民银行印发《中国人民银行集中采购管理办法》。

2 月

12 日 为加强银行体系流动性管理，经国务院批准，中国人民银行决定，从 2010 年 2 月 25 日起上调存款类金融机构人民币存款准备金率 0.5 个百分点。

12 日 中国人民银行、财政部联合发布《关于发行 2010 年凭证式(一期)国债有关问题的通知》。本期国债发行总额为 500 亿元，其中：一年期 250 亿元，三年期 250 亿元。一年期年利率为 2.60%，三年期年利率为 3.73%。财政部公告(2010 年第 5 号)公布日至发行结束日，如遇到储蓄存款利率调整，尚未发行的本期国债利率在利率调整日按一年期、三年期银行储蓄存款利率调整的百分点作相应同向调整。提前兑取分档利率的调整情况另行通知。

24 日 为加强人民银行信息安全检查管理，实现检查工作的规范化、常态化，根据《政府信息系统安全检查办法》(国办发[2009]28 号文印发)和《中国人民银行信息安全管理规定》(银发[2005]211 号文印发)，结合人民银行实际情况，中国人民银行办公厅印发《中国人民银行信息安全检查管理办法(试行)》。

3 月

4 日 为规范中国人民银行人民币发行基金押运安全管理工作，防范和制止危害发行基金押运的违法犯罪行为，妥善处置突发事件，确保发行基金和押运人员安全，根据有关法律法规，结合发行基金押运安全管理工作实际，中国人民银行印发《中国人民银行人民币发行基金押运安全管理规定》。

8 日 为保障人民币跨境收付信息管理系统的平稳、有效运行，规范银行业金融机构的操作和使用，根据《跨境贸易人民币结算试点管理办法》及其实施细则等的相关规定，中国人民银行印发《人民币跨境收付信息管理系统管理暂行办法》。

10 日 为进一步促进人民银行信息系统电子认证应用推广工作，中国人民银行办公厅印发《中国人民银行信息系统电子认证应用指引》。

12 日 为减少对签发空头支票或者与预留银行签章不符支票行为实施行政处罚引发的行政争议，化解社会矛盾，维护金融秩序稳定，根据《中华人民共和国行政处罚法》确定的“处罚与教育相结合”的原则，以及《中华人民共和国行政处罚法》第二十七条和第三十八条的有关规定，中国人民银行印发《关于对违法签发支票行为行政处罚若干问题的实施意见(试行)》。

30 日 中国人民银行货币政策委员会召开 2010 年第一季度例会。会议由中国人民银行行长兼货币政策委员会主席周小川主持。会议分析了当前国内外经济金融形势。会议认为，当前经济金融发展面临的形势极为复杂。会议提出，要按照党中央、国务院的统一部署，继续实施适度宽松的货币政策，处理好保持经济平稳较快发展、调整经济结构和管理通胀预期的关系。

4 月

14 日 为促进中国人民银行及其分支机构依法履行职责，规范执法检查行为，保护金融机构以及其他单位和个人的合法权益，根据《中华人民共和国中国人民银行法》等法律、行政法规，中国人民银行印发《中国人民银行执法检查程序规定》，经 2010 年 3 月 19 日第 4 次行长办公会议通过，自公布之日起施行。

28 日 为表彰先进，树立典型，激励更多的青年集体参与青年文明号创建活动，中国人民银行决定：命名中国人民银行厦门市中心支行办公室秘书科等 38 个青年集体为 2009 年度中国人民银行青年文明号；继续认定中国人民银行杭州中心支行经常项目管理处出口收汇管理科等 86 个青年集体为全国青年文明号，继续认定中国人民银行上海总部综合管理秘书处等 105 个青年集体为中国人民银行青年文明号；由于自然条件不符、失去先进性等原因，不再认定中国人民银行黎城县支行综合业务部等 9 个青年集体为全国青年文明号，不再认定中国人民银行赞皇县支行综合业务部等 18 个青年集体为中国人民银行青年文明号；授予颜永嘉等 32 名青年 2009 年度中国人民银行青年岗位能手称号。

30 日 经国务院批准，中国人民银行决定，从 2010 年 5 月 10 日起上调存款类金融机构人民币存款准备金率 0.5 个百分点。

中国人民银行、财政部联合发布《关于发行 2010 年凭证式(二期)国债有关问题的通知》。本期国债发行总额为 400 亿元，其中：一年期 200 亿元，三年期 200 亿元。一年期年利率为 2.60%，三年期年利率为 3.73%。财政部公告(2010 年第 21 号)公布日至发行结束日，如遇到银行储蓄存款利率调整，尚未发行的本期国债利率在利率调整日按一年期、三年期银行储蓄存款利率调整的百分点作相应同向调整。提前兑取分档利率的调整情况另行通知。

5 月

13－15 日 中国人民银行副行长易纲出席东亚及太平洋地区中央银行行长会议组织第次货币与金融稳定委员会会议暨第 38 届副手会。易纲副行长在发言中指出，此次欧洲债务危机涉及系统性风险。欧盟、欧央行和国际货币基金组织(IMF)通过财政政策和货币政策提供了联合救助，但是市场先扬后抑，表明信心仍然脆弱。

易纲行长表示，目前退出战略面临很多不确定性。美国复苏态势较好，欧洲未来仍不确定，但无论发达国家采取何种战略，EMEAP 国家应量力而行，尽力而为。

24 日 国务院决定，任命杜金富为中国人民银行副行长；免去苏宁、朱民的中国人民银行副行长职务。

27 日 为夯实国家宏观调控政策决策、维护金融稳定的基础，适应金融机构内部管理的需要，统一金融宏观管理部门、金融监管部门与金融机构对贷款的认定和分析，强化贷款统计数据的同质性、协调性和可比性，促进信息共享，降低统计成本，保障贷款统计的科学性、全面性和适用性，提高贷款统计工作的规范化、制度化和信息化水平，推动金融统计标准体系的建立，中国人民银行印发《贷款统计分类及编码标准（试行）》。

6 月

4 日　为贯彻落实党中央、国务院关于促进中小企业发展的政策要求，支持有市场、有效益、有信用的中小企业发展，发挥信用信息服务在缓解中小企业融资难中的重要作用，探索有地方特色的中小企业信用体系建设长效机制，人民银行决定开展中小企业信用体系试验区建设，中国人民银行印发《中小企业信用体系试验区建设指导意见》。

8 日　为规范和加强金融业机构信息管理工作，确保金融机构信息的真实、准确和完整，促进金融机构信息系统互联互通，提升共享效率，中国人民银行印发《金融业机构信息管理规定》。

13 日　为进一步提高人民银行应急管理工作的前瞻性、主动性和针对性，增强突发事件应急处置工作能力，规范应急预案评估工作流程，完善应急预案评估工作机制，中国人民银行办公厅印发《中国人民银行应急预案评估工作暂行办法》。

14 日　为促进支付服务市场健康发展，规范非金融机构支付服务行为，防范支付风险，保护当事人的合法权益，根据《中华人民共和国中国人民银行法》等法律法规，中国人民银行印发《非金融机构支付服务管理办法》，经 2010 年 5 月 19 日第 7 次行长办公会议通过，自公布之日起施行。

17 日　为进一步加强国民金融知识宣传教育的工作力度，规范“青春共建促和谐・金融知识进社区”活动的管理，巩固活动成果，健全活动的长效机制，中国人民银行办公厅印发《中国人民银行“金融知识进社区”活动管理办法》。

25 日　为加强人民银行内网电子认证系统证书管理，规范证书发放和使用管理，中国人民银行办公厅印发《中国人民银行内网电子认证证书管理办法》。

7 月

5 日　中国人民银行、财政部联合发布《关于发行 2010 年凭证式（三期）国债有关问题的通知》。本期国债发行总额为 400 亿元，其中：一年期 200 亿元，三年期 200 亿元。一年期年利率为 2.60%，三年期年利率为 3.73%。财政部公告（2010 年第 37 号）公布日至发行结束日，如遇到银行储蓄存款利率调整，尚未发行的本期国债利率在利率调整日按一年期、三年期银行储蓄存款利率调整的百分点作相应同向调整。提前兑取分档利率的调整情况另行通知。

6 日　为规范中国人民银行安全保卫现场检查工作，督促各分支机构落实安全保卫规章制度，提高安全保卫工作规范水平，结合安全保卫工作实际，中国人民银行办公厅印发《中国人民银行安全保卫现场检查管理办法》。

6 日　为了建立健全直属企事业负责人薪酬分配的激励和约束机制，促进直属企业逐步形成结构合理、水平适当、管理规范的薪酬分配制度，提高管理决策水平和经济效益，实现国有资产的保值增值，中国人民银行办公厅印发《中国人民银行直属企业负责人薪酬管理办法》。

7 日　中国人民银行货币政策委员会召开第二季度例会。会议由中国人民银行行长兼货币政策委员主席周小川主持。会议认为，世界经济正在逐步复苏，但仍存在较大不确定性。会议还认为，上半年我国货币信贷合理增长，银行体系流动性基本适度，人民币汇率形成机制改革稳步推进，金融运行总体平稳。会议强调，下半年，要按照党中央、国务院的统一部署，继续实施适度宽松的货币政策，保持政策的连续性和稳定性，增强调控的针对性和灵活性，把握好政策实施的力度、节奏和重点。

23 日　为加强中国人民银行分支机构工作人员取得行政执法资格的法律培训和考核工作，保障中国人民银行分支机构依法履行职责，中国人民银行办公厅印发《中国人民银行分支机构工作人员取得行政执法资格法律培训及考核办法》。

8 月

17 日　为规范财务综合管理系统的运行管理，保障财务综合管理系统的安全、稳定运行，中国人民银行办公厅印发《中国人民银行财务综合管理系统管理暂行办法》和《中国人民银行财务综合管理系统突发事件应急处理方案（试行）》。

17 日　为保障网上支付跨行清算系统的正常运行，明确各参与主体的权利、义务和责任，防范支付风险，中国人民银行办公厅印发《网上支付跨行清算系统相关管理办法的通知》。

27 日　为夯实国家宏观调控政策决策、维护金融稳定的基础，适应金融机构内部管理的需要，统一金融宏观管理部门、金融监管部门与金融机构对存款的认定和分类，保障存款统计的科学性、全面性和适用性，强化存款统计数据的同质性、协调性和可比性，促进信息共享，降低统计成本，提高存款统计工作的规范化、制度化和信息化水平，推动金融统计标准体系的建立，中国人民银行印发《存款统计分类及编码标准（试行）》。

31 日　为规范境外机构人民币银行结算账户的开立和使用，加强银行结算账户管理，维护经济金融秩序稳定，根据《人民币银行结算账户管理办法》（中国人民银行令［2003］第 5 号令发布）等规定，中国人民银行印发《境外机构人民币银行结算账户管理办法》。

9 月

2 日　中国人民银行、财政部联合发布《关于发行动 010 年凭证式（四期）国债有关问题的通知》。根据通知，本期国债发行总额为 400 亿元，其中：一年期 200 亿元，三年期 200 亿元。一年期年利率为 2.60%，三年期年利率为 3.73%。财政部公告（2010 年第 59 号）公布日至以行结束日，如遇到银行储蓄存款利率调整，尚未以行的本期国债利率在利率调整日按一年期、三年期银行储蓄存款利率调整的百分点作相应同向调整。提前兑取分档利率的调整情况另行通知。

7 日　为进一步做好人民银行网络和信息系统信息安全应急管理工作，提高人民银行应急处理能力，中国人民银行办公厅印发《中国人民银行网络和信息系统应急预案编制指引》。

10 日　为鼓励县域法人金融机构将新增存款主要用于当地发放贷款，促进县域信贷资金投入，进一步改善农村金融服务，中国人民银行、中国银行业监督管理委员会联合印发《关于鼓励县域法人金融机构新增存款一定比例用于当地贷款的考核办法（试行）》。

21 日　为全面、准确监测金融机构理财业务、资金信托业务的发展情况，综合评估其对货币供应量、信贷总规模及货币政策传导机制的影响，中国人民银行印发《理财、资金信托相关统计制度与标准》。

24 日　为加强中国人民银行互联网站（www. pbc. gov. cn）的管理，全面推动政府网站建设，中国人民银行印发《中国人民银行互联网站管理办法(试行)》。

27 日　为强化人民银行计算机系统信息安全管理,防范计算机信息技术风险,保障人民银行计算机网络与信息安全和稳定运行,根据《中华人民共和国计算机信息系统安全保护条例》等规定,中国人民银行印发《中国人民银行计算机系统信息安全管理规定》。

28 日　中国人民银行货币政策委员会召开 2010 年第三季度例会。会议由中国人民银行行长兼货币政策委员会主席周小川主持。会议认为,世界经济正在逐步复苏,但结构性问题和风险仍然比较突出。会议强调,下一阶段,要按照党中央、国务院的统一部署,继续实施适度宽松的货币政策,保持政策的连续性,增强调控的针对性和灵活性。

10 月

15 日　为加强中国人民银行固定资产管理,规范中国人民银行固定资产管理系统的操作,依据《中国人民银行固定资产管理办法》(银发[2005]313 号文印发),中国人民银行办公厅印发《中国人民银行固定资产管理系统操作规程》。

18 日　国务院决定,任命金琦(女)为中国人民银行行长助理。

19 日　中国人民银行决定,从 2010 年 10 月 20 日起上调金融机构人民币存贷款基准利率,并启动存贷款基准利率确定方式改革,存贷款基准利率将逐步向 0.05% 的整数倍归整。

一、上调金融机构人民币存款基准利率。其中,一年期存款利率由现行的 2.25% 上调至 2.50%,上调 0.25 个百分点;其他各档次存款利率相应调整。

二、上调金融机构人民币贷款基准利率。其中,一年期贷款利率由现行的 5.31% 上调至 5.56%,上调 0.25 个百分点;其他各档次贷款利率相应调整。

三、上调个人住房公积金贷款利率。其中,五年期以下由现行的 3.33% 上调至 3.50%,上调 0.17 个百分点;五年期以上由现行的 3.87% 上调至 4.05%,上调 0.18 个百分点。

11 月

4 日　为加强会计核算管理,规范会计核算监督行为,提高会计核算监督水平,中国人民银行印发《中国人民银行会计核算监督办法》。

10 日　为加强银行体系流动性管理,经国务院批准,中国人民银行决定,从 2010 年 11 月 16 日起上调存款类金融机构人民币存款准备金率 0.5 个百分点。

11 日　为表彰在上海世博会金融服务工作中做出突出贡献的单位和个人,并以此为新的起点进一步提升上海世博会后金融服务工作水平,上海世博会金融领导服务小组决定,授予交通银行股份有限公司、中国银联股份有限公司、中国人民财产保险股份有限公司等 3 个单位"中国 2010 年上海世博会金融服务工作突出贡献奖"荣誉称号,授予中国工商银行上海市分行等 59 个单位"中国 2010 年上海世博会金融服务工作先进集体"荣誉称号,授予朱樑等 200 名同志"中国 2010 年上海世博会金融服务工作先进个人"称号。

11 日　为贯彻落实《国务院关于印发农村信用社改革试点方案的通知》(国发[2003]15 号)精神,加强农村信用社改革试点专项中央银行票据兑付后监测考核工作,推动农村信用社巩固前期改革成果,继续深化改革,增强可持续发展能力,提高农村金融服务水平,中国人民银行印发《农村信用社改革试点专项中央银行票据兑付后续监测考核办法》。

19 日　为加强银行体系流动性管理,引导货币信贷合理增长,中国人民银行决定,从 2010 年 11 月 29 日起上调存款类金融机构人民币存款准备金率 0.5 个百分点。

23 日　为学习贯彻全国依法行政工作会议精神,落实《关于进一步加强对全国依法行政工作会议精神宣传贯彻工作的通知》(国法[2010]47 号)要求和人民银行党委扩大会议做出的依法行政工作安排,做好人民银行 2010 年依法行政宣传工作,结合人民银行工作实际,中国人民银行印发《中国人民银行 2010 年依法行政宣传工作方案》。

22 日　为表彰和鼓励先进,进一步激励保密密码工作机构和保密密码干部发奋进取、建功立业,充分发挥先进集体和先进个人在保密密码工作中的先锋模范和骨干带头作用,人民银行、人民银行工会工作委员会决定授予人民银行上海总部保密委员会办公室等 43 个单位"人民银行保密(密码)专业先进集体"的荣誉称号;授予郑英等 36 名同志"人民银行保密(密码)专业先进个人"的荣誉称号。

12 月

1 日　中国人民银行、财政部联合发布《关于发行 2010 年凭证式(五期)国债有关问题的通知》,根据通知,本期国债发行总额为 200 亿元,其中:一年期 40 亿元,三年期 100 亿元,五年期 60 亿元。一年期年利率为 2.85%,三年期年利率为 4.25%,五年期年利率为 4.60%。财政部公告(2010 年第 83 号)公布日至发行结束日,如遇到银行储蓄存款利率调整,尚未发行的本期国债利率在利率调整日按一年期、三年期、五年期银行储蓄存款利率调整的百分点作相应同向调整。提前兑取的分档利率的调整情况另行通知。

2 日　为加强金融统计的规范化和制度化,切实提高金融统计管理效率和数据质量,为宏观经济金融决策提供及时准确的信息支持,中国人民银行印发《金融统计事项报备制度》。

10 日　中国人民银行决定,从 2010 年 12 月 20 日起上调人民币存款准备金率 0.5 个百分点。

17 日　为表彰在建设电子商业汇票系统及时拓展电子商业汇票业务中表现突出的先进集体和先进个人,并以此为新起点继续大力促进电子商业汇票业务发展,中国人民银行决定,授予中国人民银行济南分行等 6 个单位"电子商业汇票系统建设优秀组织奖"荣誉称号,授予中国人民银行上海总部金融服务一部等 13 个单位"电子商业汇票系统建设突出贡献奖"荣誉称号,授予中国人民银行济南分行等 13 个单位"电子商业汇票业务拓展奖"荣誉称号,授予樊爽文等 44 名同志"电子商业汇标系统建设先进个人"荣誉称号。

23 日　为贯彻落实《融资性担保公司管理暂行办法》,规范融资性担保公司接入征信系统的管理,中国人民银行、中国银行业监督管理委员会联合印发《融资性担保公司接入征信系统管理暂行规定》。

24 日　中国人民银行决定,从 2010 年 12 月 26 日起上调金融机构人民币存贷款基准利率,人民银行对金融机构再贷款(再贴现)利率。

一、上调金融机构人民币存款基准利率。其中,一年期存款利率由现行的 2.50% 上调至 2.75%,上调 0.25 个百分点;其他各档次存款利率相应调整。

二、上调金融机构人民币贷款基准利率。其中,一年期贷款利率由现行的 5.56% 上调至 5.81%,上调 0.25 个百分点;其他各档次贷款利率相应调整。

三、上调个人住房公积金贷款利率。其中,五年期以下由现行的 3.50% 上调至 3.75%,上调 0.25 个百分点;五年期以上由现行的 4.05% 上调至 4.30%,上调 0.25 个百分点。

四、上调人民银行对金融机构再贷款利率。其中，一年期流动性再贷款利率由现行的3.33%上调至3.85%，上调0.52个百分点；对农村信用社再贷款（不含紧急贷款）一年期利率由2.88%上调至3.35%，上调0.47个百分点。

汶川地震灾区、玉树地震灾区、甘肃和四川遭受特大山洪泥石流灾区支农再贷款利率暂不上调。

五、上调人民银行对金融机构再贴现利率。再贴现利率由现行的1.80%上调至2.25%，上调0.45个百分点。

24日　中国人民银行货币政策委员会召开2010年第四季度例会。会议由中国人民银行行长兼货币政策委员会主席周小川主持。会议认为，明年世界经济有望继续恢复增长，但不稳定不确定因素仍然较多。会议强调，2011年要认真实施稳健的货币政策，增强金融调控的针对性、灵活性、有效性，把稳定价格总水平放在更加突出的位置。

27日　为表彰先进，充分调动广大干部职工的积极性和创造性，中国人民银行和中国人民银行工会工作委员会决定授予上海总部综合管理行政管理处等600个单位为“创新金融服务，支持经济发展”业务竞赛活动先进集体；授予卜又春等600名同志为“创新金融服务，支持经济发展”业务竞赛活动先进个人。

27日　为大力宣传在业务竞赛活动中做出优异成绩的单位，总结宣传业务竞赛工作中的先进经验，树立不同层面、不同类型的标杆典型，激励广大职工争先创优，中国人民银行和中国人民银行工会工作委员会决定授予科技司等2个单位组织在线竞赛系统网络创新和技术支持久特殊贡献奖；授予济南分行等41个单位优秀组织奖。

28日　根据《中国人民银行计算机系统信息安全管理规定》（银发[2010]276号印发），为加强人民银行计算机系统信息安全管理，规范计算机系统信息安全报告流程，提高信息安全事件和风险处置效率，中国人民银行印发《中国人民银行计算机系统信息安全报告制度》。

29日　为深化中国农业银行股份制改革，推进三农金融事业部改革试点工作，中国人民银行印发《2010年中国农业银行三农金融事业部改革试点差别化存款准备金率暂行办法》。

2010年企业家信心指数与企业景气指数表

	企业家信心指数	企业景气指数
2007.01	85.9	69.9
2007.02	79.1	71.5
2007.03	70.8	72.5
2007.04	70.2	72.8
2008.01	70.8	69.8
2008.02	71.4	70.6
2008.03	70.4	68.0
2008.04	48.5	58.5
2009.01	48.8	55.1
2009.02	58.1	58.1
2009.03	67.5	60.9
2009.04	74.6	64.4
2010.01	79.5	67.3
2010.02	78.8	68.8
2010.03	79.4	70.3
2010.04	74.2	71.3

注：自2009年3季度起，采用新的方法计算企业景气指数，将原差额加上100%后除以2，转化为在0和100%之间围绕50%波动的指数数值。此外，2010年对5000户企业样本进行调整。本表已按照新的样本企业和计算方法对2007年以来的历史数据进行追溯处理。

2010年企业商品价格指数

以上年同月为100

年月	总指数	农产品	矿产品	煤油电
2010.01	104.5	107.9	114.9	115.8
2010.02	105.7	111.1	113.4	119.2
2010.03	105.6	108.3	115.4	117.7
2010.04	106.6	110.0	115.6	117.6
2010.05	107.1	112.0	116.8	117.3
2010.06	106.6	112.5	115.5	113.5
2010.07	105.9	112.6	113.5	108.4
2010.08	106.0	113.9	111.2	108.0
2010.09	106.1	112.0	111.4	106.4
2010.10	107.8	115.6	110.8	107.3
2010.11	108.6	117.9	112.8	107.4
2010.12	107.9	115.1	114.5	105.6

2010年全国股票交易统计表

时期	发行总股本（亿股）		市价总值（亿元）		成交金额（亿元）		成交量（百万股）	
	上海	深圳	上海	深圳	上海	深圳	上海	深圳
2009年累计	16659.96	3907.56	184655.23	59283.89	346511.91	189474.85	3367964.25	1742736.24
2010.01	16767.13	4022.27	169410.79	56950.83	29105.29	18795.99	235792.85	132079.01
2010.02	16923.01	4077.01	174852.63	61744.37	14307.35	10011.26	122704.53	74440.30
2010.03	17075.55	4143.29	179578.57	65374.01	25294.33	18820.59	215099.62	130427.09
2010.04	17153.67	4287.46	165860.99	62044.52	28788.10	23141.27	230031.83	149682.95
2010.05	17312.20	4454.50	149971.17	59668.26	18657.98	14189.28	167153.51	101965.48
2010.06	17533.49	4586.19	139065.89	56072.84	12969.71	12338.24	122693.79	89582.70
2010.07	20658.91	4649.43	161367.00	64555.05	17526.12	15147.34	191109.53	120734.61
2010.08	21150.75	4747.91	163401.11	71720.25	24773.56	22597.31	241275.24	162192.40
2010.09	21305.80	4814.61	165191.88	73548.48	23533.28	20646.77	205192.06	139590.52
2010.10	21454.40	4865.64	187015.42	83118.17	36891.28	25946.58	297371.38	170014.21
2010.11	21827.77	4932.83	178723.83	85591.75	45922.12	36648.01	355394.61	217393.96
2010.12	21939.51	5044.98	179007.24	86415.35	26542.88	23038.88	129329.70	130651.42
2010年累计					304312.00	241321.52	2513148.64	1618754.64

时期	最高综合股价指数				最低综合股价指数			
	上海		深圳		上海		深圳	
	A股	B股	A股	B股	A股	B股	A股	B股
2009年累计	3497.04	258.93	1302.85	639.57	3188.38	236.97	1162.03	579.50
2010.01	3468.27	264.35	1305.98	636.38	3107.68	242.06	1148.39	575.48

2010.02	3216.44	254.63	1236.96	604.93	3030.63	234.65	1119.15	568.02
2010.03	3284.78	258.73	1274.15	632.30	3107.29	245.83	1185.09	601.93
2010.04	3336.02	267.91	1319.38	649.72	2957.33	242.35	1145.42	594.74
2010.05	3000.80	248.62	1185.51	604.93	2603.07	195.43	1000.15	510.56
2010.06	2725.50	228.39	1130.78	582.10	2497.46	202.33	976.30	541.30
2010.07	2784.24	238.33	1131.05	656.27	2431.61	203.91	932.46	542.84
2010.08	2831.60	264.03	1226.66	686.99	2687.64	235.40	1112.40	637.58
2010.09	2834.13	262.84	1271.05	762.31	2696.20	247.59	1190.38	681.10
2010.10	3220.30	292.97	1373.74	844.01	2805.43	264.01	1231.70	764.27
2010.11	3338.01	322.44	1478.97	888.38	2889.30	283.75	1291.29	787.11
2010.12	3077.89	309.48	1422.37	859.79	2849.66	293.22	1285.99	799.16
2010年累计								

2010年全国银行间市场债券质押式回购交易期限分类统计表

单位：亿元、%

时期	1天		7天		14天		21天		1个月		2个月	
	成交金额	加权平均利率	成交金额	加权平均利率	成交金额	加权平均利率	成交金额	加权平均利率	成交金额	加权平均利率	成交金额	加权平均利率
2009年累计	526451.68		104012.87		32745.21		6565.72		4200.30		1015.22	
2010.01	47297.12	1.13	7782.27	1.47	1126.78	1.46	133.69	1.53	684.47	1.65	210.96	1.67
2010.02	32974.00	1.43	5102.92	1.80	4851.91	1.97	806.91	1.92	210.88	2.14	167.67	1.95
2010.03	50215.09	1.35	7141.88	1.63	1669.41	1.66	231.41	1.67	910.66	1.59	516.27	1.66
2010.04	54672.06	1.31	6704.80	1.64	1675.54	1.63	237.97	1.66	458.23	1.67	246.24	1.71
2010.05	54613.88	1.65	11510.19	1.93	1715.53	1.87	311.73	2.03	433.86	2.26	131.16	1.93
2010.06	51198.67	2.21	15880.36	2.72	3071.56	2.89	598.28	3.51	892.25	3.54	202.26	3.33
2010.07	66827.21	1.60	11314.90	2.05	1715.68	2.12	171.47	2.11	366.28	2.33	46.16	2.45
2010.08	80651.99	1.58	13586.04	2.03	2645.19	1.87	371.39	2.01	508.40	2.13	75.70	2.41
2010.09	63108.61	1.78	9929.33	2.46	4029.46	2.98	1133.93	3.13	1695.30	3.18	259.08	2.90
2010.10	53077.38	1.61	8141.42	2.02	2174.55	2.05	211.97	2.11	414.79	2.53	139.07	2.53
2010.11	63468.83	1.71	11432.34	2.06	2158.72	2.31	387.33	2.62	760.86	3.07	368.23	3.22
2010.12	58877.76	2.74	12092.09	4.30	2181.75	4.81	735.29	4.26	1399.36	4.33	489.11	4.67
2010年累计	676982.61		120618.52		29016.07		5331.36		8735.35		2851.90	
时期	3个月		4个月		6个月		9个月		1年		成交金额合计	加权平均利率
	成交金额	加权平均利率	成交金额	加权平均利率	成交金额	加权平均利率	成交金额	加权平均利率	成交金额	加权平均利率		
2009年累计	1360.18		283.87		180.80		31.09		160.38		677007.32	
2010.01	176.73	1.85	–	–	25.80	1.96	25.00	2.17	2.59	2.50	57465.41	1.19
2010.02	19.65	1.94	24.43	1.98	46.26	2.34	–	–	11.95	2.67	44216.57	1.55
2010.03	130.77	1.91	6.69	1.98	7.27	2.16	12.47	2.17	5.50	2.34	60847.41	1.40
2010.04	108.45	1.73	–	–	32.58	2.19	–	–	3.60	2.50	64139.47	1.36
2010.05	172.59	2.02	1.00	2.10	19.00	2.29	36.99	2.36	–	–	68945.94	1.71
2010.06	18.49	3.69	61.61	3.43	5.00	3.48	5.00	3.50	5.00	3.60	71938.47	2.38
2010.07	159.12	2.48	47.50	2.53	38.00	2.65	–	–	5.00	2.88	80691.32	1.68
2010.08	179.57	2.44	43.95	2.49	69.50	2.66	5.00	2.90	18.00	2.91	98154.72	1.66
2010.09	172.32	2.56	37.68	2.94	29.00	3.24	–	–	–	–	80394.71	1.98
2010.10	339.36	2.75	39.30	2.89	36.90	3.00	–	–	3.00	3.60	64577.73	1.69
2010.11	117.24	3.38	23.50	2.92	132.35	3.49	–	–	–	–	78849.40	1.81
2010.12	319.12	4.94	106.15	4.25	108.70	5.35	–	–	3.00	5.23	76312.33	3.12
2010年累计	1913.41		391.81		550.36		84.45		57.64		846533.48	

2010年全国银行间同业拆借市场交易期限分类统计表

单位：亿元

	1天		7天		14天		20天	
	交易量	加权平均利率（%）	交易量	加权平均利率（%）	交易量	加权平均利率（%）	交易量	加权平均利率（%）
2009年累计	161665.94		21347.90		5978.29		1021.50	
2010.01	15839.53	1.12	1224.14	1.52	119.28	1.62	31.40	1.62
2010.02	13140.76	1.45	1396.48	1.80	733.53	2.06	74.00	1.82
2010.03	17101.63	1.35	1396.25	1.67	428.50	1.70	2.15	2.20
2010.04	19859.66	1.31	1425.95	1.66	203.90	1.66	15.00	1.90
2010.05	16873.74	1.63	1959.87	1.95	159.80	1.79	24.40	2.05
2010.06	14896.80	2.20	2331.08	2.68	371.55	3.03	136.45	3.40
2010.07	22225.69	1.60	2233.36	2.11	421.70	2.06	16.40	2.65
2010.08	30720.26	1.58	3015.23	1.92	637.11	1.82	29.30	2.08
2010.09	26899.26	1.79	2535.03	2.48	1128.44	2.84	146.07	3.20
2010.10	20287.33	1.62	1762.07	2.06	258.92	2.26	35.00	2.38
2010.11	23669.28	1.71	2510.72	2.06	244.53	2.22	8.25	3.27

2010.12	23348.10	2.69	2478.85	4.54	353.44	4.48	131.70	3.85
2010 年累计	244862.03		24269.03		5060.68		650.12	
	30 天		60 天		90 天		120 天	
	交易量	加权平均利率(%)	交易量	加权平均利率(%)	交易量	加权平均利率(%)	交易量	加权平均利率(%)
2009 年累计	2048.42		538.04		709.94		62.30	
2010.01	137.64	1.74	16.43	1.85	73.45	2.04	10.00	1.95
2010.02	114.00	1.91	64.25	1.92	94.85	2.01	10.90	2.05
2010.03	163.77	1.82	124.44	1.78	117.35	2.05	8.10	2.08
2010.04	42.40	1.82	24.70	1.87	147.60	2.00	2.50	2.30
2010.05	83.00	2.00	27.80	2.01	170.57	2.06	8.10	2.37
2010.06	122.40	3.45	15.25	3.51	47.30	3.50	35.80	3.51
2010.07	180.61	2.55	16.35	2.92	113.66	2.65	11.50	2.76
2010.08	166.75	2.11	13.40	2.10	80.69	2.49		
2010.09	266.31	3.10	16.02	2.67	92.45	2.65	11.00	3.00
2010.10	79.85	2.61	19.50	2.62	173.69	2.81	16.60	2.84
2010.11	47.37	2.89	38.35	2.72	86.46	3.22	8.00	2.93
2010.12	208.88	4.24	89.56	4.93	142.16	4.48	75.00	3.43
2010 年累计	1612.98		466.05		1340.23		197.50	
	6 个月		9 个月		1 年			
	交易量	加权平均利率(%)	交易量	加权平均利率(%)	交易量	加权平均利率(%)		
2009 年累计	96.80		12.55		23.30			
2010.01	7.00	2.01	4.02	2.07	4.42	2.52		
2010.02	12.07	2.11	–	–	–	–		
2010.03	15.17	2.25	–	–	4.70	2.39		
2010.04	4.20	2.42	–	–	0.01	2.60		
2010.05	9.40	2.62	–	–	–	–		
2010.06	9.02	3.52	0.10	2.50	–	–		
2010.07	31.00	2.71	24.12	2.66	0.10	2.24		
2010.08	44.00	2.61			0.05	3.22		
2010.09	11.70	2.44						
2010.10	14.50	2.95						
2010.11	25.15	3.32	2.00	3.55				
2010.12	2.30	4.80	–	–	0.41	3.28		
2010 年累计	185.49		30.24		9.69			

2010 年交易所政府债券交易统计表

时期	总计						上交所				深交所	
	国债交易合计		现货		回购		现货		回购		现货	
	成交金额(亿元)	成交量(万手)	成交金额(亿元)	成交量(万手)	成交金额(亿元)	成交量(万手)	成交金额(亿元)	成交量(万手)	成交金额(亿元)	成交量(万手)	成交金额(亿元)	成交量(万手)
2009 年累计	37560.98	378039.48	2085.11	23280.83	35475.87	354758.65	2054.90	20253.37	35475.87	354758.65	30.21	3027.46
2010.01	3881.29	39069.82	149.85	1755.43	3731.44	37314.39	146.83	1451.93	3731.44	37314.39	3.02	303.50
2010.02	2911.03	29900.69	154.67	2337.10	2756.36	27563.59	145.77	1443.79	2756.36	27563.59	8.90	893.31
2010.03	5237.13	53562.40	223.26	3423.75	5013.87	50138.65	209.85	2074.86	5013.87	50138.65	13.41	1348.89
2010.04	4810.43	48399.20	146.14	1756.32	4664.29	46642.88	142.69	1410.78	4664.29	46642.88	3.45	345.54
2010.05	4904.92	49529.97	168.22	2162.97	4736.70	47367.00	162.65	1605.74	4736.70	47367.00	5.57	557.23
2010.06	5610.89	57184.95	128.04	2356.44	5482.85	54828.51	115.83	1130.45	5482.85	54828.51	12.21	1225.99
2010.07	6219.70	62737.79	120.25	1743.34	6099.45	60994.45	114.01	1120.09	6099.45	60994.45	6.24	623.25
2010.08	6583.36	65972.50	111.12	1250.08	6472.24	64722.42	109.30	1066.81	6472.24	64722.42	1.82	183.27
2010.09	6082.97	61258.77	118.39	1612.98	5964.58	59645.79	113.41	1114.92	5964.58	59645.79	4.98	498.06
2010.10	4623.55	46673.77	114.64	1584.64	4508.91	45089.13	109.66	1083.12	4508.91	45089.13	4.97	501.52
2010.11	6942.38	69629.97	138.94	1595.58	6803.44	68034.39	136.69	1362.37	6803.44	68034.39	2.25	233.20
2010.12	9731.79	97751.83	88.12	1315.18	9643.67	96436.65	83.34	833.59	9643.67	96436.65	4.78	481.59
2010 年累计	67539.43	681671.65	1661.64	22893.80	65877.79	658777.85	1590.03	15698.45	65877.79	658777.85	71.61	7195.35

2010年银行家信心与银行业景气指数表

	2010.01	2010.02	2010.03	2010.04
银行家信心指数	69.8	64.0	73.1	53.5
银行业景气指数	68.5	67.5	68.4	69.4

2010年上海市货币信贷运行平稳 贷款投放节奏趋于均衡

文章来源：中国人民银行上海总部

2010年，上海市货币信贷运行总体平稳，各项存贷款继续稳步增长，截止2010年末全市本外币存贷款总量分别突破5万亿元和3万亿元，存贷款总量迈上新台阶。2010年末，上海市中外资金融机构本外币各项存款余额52190亿元，同比增长17%，增幅同比下降8.4个百分点。全年新增本外币存款7607.7亿元，同比少增1403.2亿元。中外资金融机构本外币各项贷款余额34154.2亿元，同比增长15.1%，增幅同比下降7.8个百分点。全年新增本外币贷款4493亿元，同比少增880.4亿元。

一、各项存款增加较多，活期存款占比小幅下降

一是中资金融机构人民币存款增长呈明显的季节性特征。2010年，全市新增人民币各项存款7572亿元，同比少增1056亿元，其中第4季度存款增加941.3亿元，同比少增422.5亿元。其中中资金融机构新增人民币存款6755.9亿元，同比少增1262.8亿元，其中第4季度存款增加500亿元，同比少增504.5亿元。季末及长假前一个月存款增加较为集中。据统计，中资金融机构3月、4月、6月、9月和12月份共5个月的新增存款占全年存款增量近3/4。

二是外资银行人民币存款增长较快，外资银行法人存款增加明显。2010年，外资银行新增人民币存款816.1亿元，同比多增206.8亿元，存款增长34.5%，增幅高出中资金融机构17.6个百分点，新增存款呈前低后高态势。其中第3、4季度存款分别增加311.8亿元和441.27亿元，同比分别多增146.1亿元和82亿元。为应对贷存比指标达标要求，2010年沪上外资银行法人加大了人民币存款吸存力度。据统计，上海市19家外资银行法人全年新增人民币存款657.6亿元(其中88%为下半年新增)，占全部外资银行存款增量的8成。

三是活期存款增量占比小幅下降。2010年，全市人民币企业存款和储蓄存款分别增加3151亿元和1942.7亿元，同比分别少增1768.9亿元和279.8亿元；其中企业活期存款和活期储蓄存款共增加2123亿元，同比少增1421.2亿元，占企业和储蓄存款增量的比重为41.7%，同比下降7.9个百分点。

四是企业外汇存款增加较多。2010年，全市新增外汇存款15.9亿美元，同比少增40.5亿美元；其中，第4季度外汇存款减少5.7亿美元，同比多减46.3亿美元。按机构分，全年中资金融机构外汇存款减少9.7亿美元，同比多减67.5亿美元；外资银行外汇存款增加25.6亿美元，同比多增27亿美元。从存款种类看，2010年全市企业外汇存款增加34.4亿美元，同比多增25.5亿美元，其中中资企业外汇存款增加19亿美元，同比多增10.7亿美元；外商投资企业外汇存款增加10.2亿美元，同比多增7.6亿美元。全市外汇储蓄存款减少4.8亿美元，同比多减11.7亿美元，其中外汇定期储蓄存款减少5亿美元，同比多减6.1亿美元。

二、信贷投放节奏趋缓，贷款结构有所优化

2010年，上海市中资金融机构新增本外币贷款3877.4亿元，同比少增1767.9亿元；外资银行新增本外币贷款615.6亿元，同比多增887.6亿元。2010年全市信贷运行的主要特点有：

一是人民币贷款投放节奏逐季趋缓，全年贷款投放均衡性好于上年。2010年全市新增人民币贷款4369.2亿元，同比少增446亿元；全年1－4季度贷款分别增加1639.2亿元、1062.2亿元、876.1亿元和791.7亿元，贷款投放节奏逐季趋缓，均衡性好于上年，其中12月份贷款增加91.5亿元，同比少增160亿元。按机构分，全年中资金融机构新增人民币贷款3855.2亿元，同比少增1119.6亿元(其中12月份贷款仅增24.7亿元，同比少增191.4亿元)；其中中资四大银行和其他中资银行贷款分别增加1185.4亿元和2097.8亿元，同比分别少增284.9亿元和1021.1亿元；金融租赁公司和企业集团财务公司贷款分别增加224.3亿元和201.5亿元，同比分别多增93.4亿元和12.1亿元。全年外资银行新增人民币贷款514亿元，同比多增673.7亿元(其中12月份贷款增加66.8亿元，同比多增31.3亿元)，其中19家外资银行法人新增贷款占全部外资银行贷款增量近2/3。

二是中长期贷款增加较多，票据融资明显减少。2010年，全市人民币短期贷款增加665.8亿元，同比多增1042.9亿元，其中第4季度增加233.4亿元，同比多增529.9亿元。全年中长期贷款增加3651.9亿元，同比少增371.6亿元；其中第4季度新增中长期贷款453亿元，同比少增447.8亿元。从中长期贷款用途分，全年单位固定资产贷款、个人中长期消费贷款和银团贷款分别增加1390.2亿元、830.3亿元和763.1亿元，三项合计新增贷款占全部贷款增量近7成。全年票据融资减少372.3亿元，同比多减1281亿元；其中直贴和转贴现分别减少244.2亿元和128.1亿元，同比分别多减514.5亿元和766.5亿元。

三是个人住房贷款增量高位回落。2010年全市新增人民币个人消费贷款823.1亿元，同比少增424亿元，占全市各项贷款增量的18.8%，占比同比下降7.1个百分点；其中下半年新增人民币个人消费贷款220.6亿元，较上半年少增381.9亿元，同比少增679.6亿元。受房地产宏观调控和住房成交量变化的影响，下半年个人住房贷款增量明显萎缩。2010年全市新增人民币个人住房贷款543.8亿元(其中新建房贷款和二手房贷款分别增加227.7亿元和316.1亿元)；其中下半年个人住房贷款仅增加34.9亿元，为上半年增量的6.8%(其中12月份增加11.1亿元，同比少增120.9亿元)。2010年全市汽车消费贷款增加211.7亿元，同比多增104.1亿元；其中中资银行和汽车金融公司分别增加43.4亿元和141.8亿元，同比分别多增3.2亿元和89亿元。

四是新增人民币企业贷款主要投向第三产业和中小企业。2010年全市新增的人民币企业贷款(不含票据融资)中，投向房地产业、租赁商务业、批发零售业和交通运输仓储邮政业的贷款分别增加850.7亿元、844.7亿元、711.7亿元和404.6亿元；投向第二产业的贷款增加454亿元，其中制造业贷款增加265.4亿元，同比多增616.3亿元。从企业规模分，2010年上海市中外资银行投放的大、中、小型企业人民币贷款分别增加1188.4亿元、1250.1亿元和915.4亿元。

五是外汇贷款先增后降。2010年全市新增外汇贷款34.4亿美元，同比少增47.7亿美元，其中下半年外汇贷款减少 20.2 亿美元，较上半年多减 74.8 亿美元，同比多减 85.2 亿美元。全年中资金融机构新增外汇贷款 12.3 亿美元，同比少增 86 亿美元；外资银行外汇贷款增加 22.1 亿美元，同比多增 38.3 亿美元。按贷款种类分，全年全市外汇短期贷款和中长期贷款分别增加 26.4 亿美元和 11.2 亿美元，同比分别多增 24.1 亿美元和 7.6 亿美元；进出口贸易融资减少 10.7 亿美元，同比多减 74 亿美元，是全市外汇贷款同比少增的主要原因。

2010 年北京市金融运行情况

文章来源：中国人民银行营业管理部（北京）

一、信贷保持稳定增长，有效满足经济发展合理需求

12 月末，北京市金融机构本外币各项贷款余额 36479.6 亿元，同比增长 17.5%。其中，人民币各项贷款余额 29563.8 亿元，同比增长 16.3%，比年初增加 4143.5 亿元。

二、信贷结构优化，支持首都经济发展的效率进一步提升

在人民银行营业管理部及相关部门的引导推动下，金融对高科技、文化创意等首都优势产业及中小企业、经济社会薄弱环节的支持力度不断加大，贷款增幅均高于同期全市各项贷款增速。截至 12 月末，北京市现代服务业贷款余额4938.3 亿元，同比增长 26.5%，其中，文化创意产业贷款余额 240.7 亿元，同比增长 36.6%。高新技术企业贷款余额 490.7 亿元，同比增长 37.3%。中小企业贷款（不含票据融资）余额 7282.1 亿元，同比增长 25.5%，其中，小型企业贷款余额 1901.8 亿元，同比增长 23.8%。涉农贷款余额 1162.7 亿元，同比增长 42.3%。小额担保贷款余额 7824 万元，同比增长 65%。

三、房地产贷款增长总体放缓，个人住房贷款平稳增长

房地产调控政策出台以来，房地产贷款增速持续回落。12 月末，北京市本外币房地产贷款余额 8242.3 亿元，同比增长 22.5%，比上年末下降 21.3 个百分点。其中，房地产开发贷款余额 4497.1 亿元，比年初增加 1033.1 亿元，同比少增 302.4 亿元。

个人住房贷款余额 3476.2 亿元，同比增长 14.4%，比上年下降 13.7 个百分点，比年初增加 437 亿元。其中，新建住房贷款余额 2384.9 亿元，同比增长 8.2%；二手住房贷款余额 1091.3 亿元，同比增长 30.7%。

四、存款增长总体稳定，储蓄存款分流明显

12 月末，本外币各项存款余额 66584.6 亿元，同比增长 16.9%，其中人民币各项存款余额 64453.9 亿元，同比增长 18.8%，比年初增加 10183.9 亿元，同比少增 1859.1 亿元。

储蓄存款余额 17003.1 亿元，比年初增加 2331 亿元，同比少增 385.8 亿元。受通胀和利率上调预期影响，活期储蓄存款占比处于近年来的相对高位，同时理财类产品大幅增长，显示居民将家庭储蓄转化为理财产品的势头较强。

2010 年深圳市存贷款数据

文章来源：中国人民银行深圳中心支行

2010 年 12 月末，金融机构人民币各项贷款余额14276.20 亿元，同比增长 18.12%，增幅比上年末下降 8.41 个百分点，比上月末提高 3.92 个百分点。2010 年人民币各项贷款增加 2190.08 亿元，同比少增 385.32 亿元。

12 月末，金融机构外汇贷款余额为 382.31 亿美元，同比下降 3.22%，2010 年外汇各项贷款减少 12.71 亿美元，同比少增 162.26 亿美元。

本外币并表后，12 月末金融机构本外币各项贷款余额为 16808.12 亿元，同比增长 13.70%。2010 年本外币各项贷款增加 2024.74 亿元，同比少增 1570.28 亿元。

12 月末，金融机构人民币各项存款余额为 21081.92 亿元，同比增长 20.48%，增幅比上年末下降 9.50 个百分点，比上月末下降 1.21 个百分点。2010 年人民币各项存款增加 3583.39 亿元，同比少增 458.20 亿元。

12 月末，外汇各项存款余额 129.25 亿美元，同比增长 2.76%，2010 年外汇各项存款增加 3.47 亿美元，同比少增 5.57亿美元。

本外币并表后，12 月末金融机构本外币各项存款余额为 21937.89 亿元，同比增长 19.50%。2010 年本外币各项存款增加 3580.52 亿元，同比少增 522.06 亿元。

2010 年深圳小企业贷款增长迅猛

文章来源：中国人民银行深圳中心支行

2010 年深圳加大对中小企业信贷投放，一半新增企业贷款投向了中小企业。其中，2010 年 12 月末深圳市金融机构对小企业贷款余额为 1302.86 亿元，年度增幅 58.18%，增幅远高于大中型企业。

对中小企业信贷投放加大

统计数据显示，2010 年，深圳市本外币各项存款增长放缓，各项贷款均衡投放。截至 2010 年 12 月末，深圳市金融机构本外币各项存款余额为 21937.89 亿元，同比增长 19.5%；比年初增加 3580.52 亿元，同比少增 522.06 亿元；深圳市金融机构本外币各项贷款余额为 16808.12 亿元，同比增长 13.7%；比年初增加 2024.74 亿元，同比少增 1570.28 亿元。

随着深圳各金融机构对中小企业融资业务日趋重视，银行信贷对小型企业支持力度加大。2010 年 12 月末，深圳市金融机构大中小型企业人民币贷款余额分别为 4287.35 亿元、2452.55 亿元和 1302.86 亿元，年度增量分别为 798.25 亿元、337.83 亿元和 479.20 亿元，年度增幅分别为 22.89%、15.98% 和 58.18%，小型企业贷款增幅远高于大中型企业。而中小企业贷款年度增量占了所有企业贷款增量的一半。

已成立 39 家小额贷款公司

为了深圳中小企业融资体系不断完善，小额贷款公司在深圳呈现出较快发展态势。目前深圳已批准成立 39 家小额贷款公司，截至 2010 年 12 月末，其贷款余额 26.62 亿元。

同时，深圳还积极引进中小银行，成立村镇银行，充分发挥其支持中小企业的优势。深圳已经先后引进 11 家银行，批准成立村镇银行 4 家，中小商业银行、村镇银行的客户主要定位于中小企业，与国有商业银行、股份制商业银行共同加大中小企业支持力度，全市中小企业贷款占比继续增长，对促进深圳中小企业快速发展具有重要作用。

产能过剩行业信贷投入少

2010 年，深圳市国内银行业新增贷款（不含票据融资）总体向第三产业倾斜。统计显示，2010 年全年深圳市第三产业累计新增贷款 974.36 亿元，占全年三次产业累计新增贷款的 66.82%，比第一和第二产业分别多增 961.83 亿元和 503.11 亿元。

第三产业新增贷款主要集中于房地产业、租赁和商务服务业以及交通运输、仓储和邮政业，这三个行业的新增贷款分别为325.77亿元、260.41亿元和248.40亿元，占第三产业新增贷款的85.65%。深圳市贷款行业分布符合国家政策导向，对产能过剩行业的信贷投放较少。

企业存款增幅缩小

目前深圳企业存款增幅缩小，储蓄存款活期化趋势明显。2010年12月末，企业本外币存款余额9658.88亿元，比年初增加1470.60亿元，同比少增1002.21亿元。本外币储蓄存款年末余额6918.19亿元，比年初增加975.24亿元，同比多增151.75亿元。其中，活期储蓄比年初增加868.58亿元，定期储蓄比年初增加106.66亿元，储蓄存款活期化趋势明显。

近一年来国内CPI连创新高，虽然央行已经连续两次上调存款利息，但总体看来银行存款仍存在“负利率”特征。眼下随着银行理财市场产品的日渐丰富，一些企业也开始开动脑筋，通过一些银行对公理财产品实现企业资产的保值增值。

2011年6月深圳市货币信贷情况

文章来源：中国人民银行深圳中心支行

2011年6月末，深圳市金融机构人民币各项贷款余额15360.86亿元，比上月增加100.58亿元，同比增长13.37%；比年初增加1170.66亿元，增长8.25%，同比少增312.51亿元。

6月末，深圳市金融机构外汇贷款余额为439.66亿美元，比上月增加10.72亿美元，同比增长14.73%；比年初增加57.37亿美元，增长15.01%，同比多增69.23亿美元。

本外币并表后，6月末深圳市金融机构本外币各项贷款余额18206.19亿元，比上月增加164.42亿元，同比增长12.72%；比年初增加1484.13亿元，增长8.88%，同比多增96.25亿元。

6月末，深圳市金融机构人民币各项存款余额为23755.06亿元，比上月增加1091.94亿元，同比增长22.15%；比年初增加2760.69亿元，增长13.15%，同比多增792.48亿元。

6月末，深圳市外汇各项存款余额152.04亿美元，比上月增加6.74亿美元，同比下降3.76%；比年初增加22.07亿美元，增长16.98%，同比少增10.12亿美元。

本外币并表后，6月末深圳市金融机构本外币各项存款余额为24739.01亿元，比上月增加1133.65亿元，同比增长20.56%；比年初增加2883.91亿元，增长13.20%，同比多增701.77亿元。

2010年广东省金融运行报告

文章来源：中国人民银行广州分行

全年贷款增长逐步回归常态，县域、小企业新增贷款占比上升，信贷结构有所优化；各项存款保持较快增长，企事业单位存款增速放缓，储蓄存款活期化特征明显；金融机构存贷比小幅下降，银行体系流动性整体充裕；市场利率水平上升；货币市场交易活跃。总体上看，货币信贷运行平稳，调控成效明显。

一、2010年广东省金融运行的基本情况

（一）各项存款保持较快增长，企事业单位存款增速放缓，储蓄存款活期化特征明显

2010年末，广东省各项存款余额82019.4亿元，比年初增加12328.2亿元，增长17.7%，同比少增1249.4亿元。存款余额和新增额均位居全国首位。其中，企事业单位存款余额27169.4亿元，同比增长9.0%；储蓄存款余额36965.8亿元，同比增长15.0%，从存款结构看，全年活期存款累计新增3828.6亿元，占全部储蓄存款的79.0%，较上年提高13.1个百分点，活期化特征明显。主要原因是：一是市场存在加息预期；二是居民理财观念深入，更愿意资金以活期形式保留在账户上，以方便等待时机投资；三是年底“双节”将至，消费预期增加。

（二）贷款增长逐步回归常态，货币政策成效显著

2010年末，广东省各项贷款余额51799.3亿元，比年初增长16.4%，增速较上年下降15.5个百分点；全年新增贷款7289.8亿元，同比少增3464.8亿元。分省市看，广东贷款余额仍位居全国第一，新增贷款分别比浙江和江苏少424亿元和44亿元，位居全国第三，新增贷款占全国的比重为8.7%。信贷结构中长期化是广东贷款投放区别于江苏、浙江和山东的主要特征。2010年江苏、浙江和山东新增中长期贷款占比分别为68.2%、45.3%和67.4%，远远低于广东90.8%的水平。

2010年末，人民币贷款余额47191.6亿元，比年初增加7509亿元，同比增长18.9%，增速由6月末的14.3%逐步回升。主要原因有：一是2009年信贷投放呈现前高后低的态势，因此三季度以来信贷增速同比基数较低；二是信贷需求较旺盛，2010年四季度银行家问卷调查显示，信贷需求指数较上年同期上升2.1个百分点；三是在货币政策基调由适度宽松转为稳健的背景下，部分银行可能担心2011年信贷额度缩减，在往年的放贷淡季发力冲刺信贷规模，以此为下年争取更多份额。

——从期限看，中长期贷款在新增贷款中占主导地位，短期贷款平稳增长，票据融资余额减少

2010年末，中长期贷款余额35837.9亿元，比年初增长22.7%，增速较上年下降14.8个百分点；全年新增中长期贷款6619.9亿元，同比少增894.9亿元，占全部新增贷款的90.8%，较上年提高20.9个百分点。固定资产贷款、银团贷款和个人购房贷款构成中长期贷款投放的主力，全年三者分别新增2328.8亿元、1080.5亿元和1719.9亿元，合计占新增中长期贷款的77.4%。

短期贷款余额12323.2亿元，比年初增长14.8%，增速较上年下降2.1个百分点；全年新增短期贷款1589.0亿元，同比少增196.9亿元，占全部新增贷款的21.8%，占比较上年提高5.2个百分点。其中，个人经营性贷款和信用卡贷款增长迅速，全年两者分别新增260.8亿元和335.4亿元，增长300.1%和97.7%。

票据融资余额1452.8亿元，比年初减少732.7亿元，下降33.6%，同比多减702.1亿元。

——从投放主体看，全国性大型银行新增贷款占比下降，全国性中小型银行、外资银行机构和地方法人机构新增贷款占比上升

2010年，广东省中资全国性大型银行新增贷款3500.9亿元，占全部新增贷款的48.0%，比上年下降23.2个百分点，其中四家大型银行新增贷款占比为38.1%，较上年下降24.6个百分点；全国性中小型银行、外资银行机构、城市商业银行和农村合作机构新增贷款占全部新增贷款的比重分别为

36.8%、5.3%、7.1%和12.8%，占比分别较上年提高20.2个、5.7个、2.4个和4.8个百分点。

——分地区看，粤东、粤西、粤北地区贷款增速高于全省水平，对县域的信贷支持力度加大

2010年，珠三角地区新增贷款6552亿元，占全省的比重为89.9%，比2009年小幅提高0.2个百分点；其中广州、深圳新增2433.2亿元和2024.7亿元，占全省的比重分别为33.4%和27.8%，分别比2009年提高6.9个和下降5.6个百分点。粤东、粤西、粤北地区新增贷款占全省的比重分别为3.0%、3.0%和4.1%，占比分别较2009年提高0.1个、0.2个和下降0.5个百分点；贷款增速分别比全省水平高2.2个、2.3个和2.9个百分点，显示出较强的增长后劲。

县域新增贷款占比上升。2010年全省中资银行业机构县域贷款余额3017.2亿元，比年初增加590.7亿元，增长24.4%，新增贷款占全部新增贷款的比重为8.1%，较2009年提高1.4个百分点。

——分企业类型看，新增小企业贷款占比逐季上升2010年末，广东省大、中、小型人民币企业贷款余额分别为12599.5亿元,9917.6亿元和6640.2亿元，分别较年初增加1836.2亿元、1689.7亿元和1723.2亿元，增长17.1%、20.5%和35.0%。其中，新增小企业贷款占全部新增企业贷款的比重逐季提高，第一至四季度的占比分别为19.9%、26.3%、37.1%和81.8%。

——分行业看，贷款投向集中度有所下降，制造业、房地产业及租赁商务服务业贷款增长较快2010年，广东省中资金融机构新增本外币贷款投向的前六大行业分别是：制造业(995.7亿元)，房地产业[1](847.3亿元)，交通运输、仓储和邮政业(651.0亿元)，租赁和商务服务业(610.0亿元)，批发和零售业(497.8亿元)，水利、环境和公共设施管理业(370.1亿元)，前六大行业新增贷款占全部新增贷款的比重为54.5%，较2009年下降3.9个百分点。其中，制造业、房地产业和租赁商务服务业贷款增长较快，增速分别较各项贷款增速快1.3个、4.0个和7.7个百分点。

——房地产新增贷款占比明显提高，下半年以来增量有所放缓

2010年末，广东省房地产贷款[2]余额14513.3亿元，占全部贷款余额的比重为28.0%，较上年末提高0.9个百分点；比年初增加2456.7亿元，增长20.4%，新增占全部新增贷款的33.7%，较上年提高6.2个百分点。其中，房地产开发贷款余额4357.8亿元，比年初增加742.8亿元，个人购房贷款余额10106.9亿元，比年初增加1719.9亿元。

(三)本外币存贷比下降

2010年末，广东省中外资银行业机构本外币余额存贷比为63.2%，较上年同期下降0.7个百分点，比9月末下降0.2个百分点；全年增量存贷比为59.1%，同比下降20.1个百分点。

分机构看，全国性大型银行、全国性中小型银行、城市商业银行和农村合作机构本外币存贷比分别为62.7%、69.9%、55.5%和60.7%。

(四)市场利率水平继续走高

2010年四季度，在信贷规模趋紧形势下，商业银行将有限的规模向优质客户倾斜，并下浮利率以减轻加息增加的利息负担，使下浮利率贷款占比略有提高。据监测，国有及股份制商业银行利率下浮新增贷款占比为35.6%，比三季度提高3个百分点，比二、一季度分别降低3.1个和10.6个百分点。市场利率水平继续走高，其中：浮动利率贷款加权平均利率为5.7357%，比三季度提高0.2417个百分点；固定利率贷款加权平均利率为5.4642%，比三季度提高0.1388个百分点。

(五)货币市场交易活跃，资金呈净融入格局

2010年，广东省银行间同业拆借市场累计成交金额61221亿元，增长41.8%，增速较上年提高22个百分点，占全国交易总量的比重为11%，居全国第三位。其中，拆入金额34469亿元，拆出金额26752亿元，净融入资金7717亿元。

二、当前金融运行中需要关注的问题

(一)通货膨胀压力持续，未来推动物价上涨因素仍然较强

2010年12月份，广东居民消费价格指数(CPI)同比上涨4.1%，比上月提高0.1个百分点，仍是近三年以来最高。由于世界主要经济体继续执行量化宽松的货币政策，国际大宗商品价格持续上涨。受此影响，广东原材料燃料动力购进价格指数(IPI)持续上扬。12月份同比上涨7.6%，比同期工业品出厂价格指数(PPI)涨幅高出4.6个百分点。社会通胀预期较为强烈。四季度，广东居民物价满意指数为17.6，比上季度下降5.8，为自开展调查以来最低。未来物价上涨压力仍然较大。从需求方面看，前期货币信贷快速增长对物价的滞后影响仍未完全释放。从供给方面看，全球变暖背景下气候灾害加剧，农业生产资料价格持续上涨，农村剩余劳动力转移的刘易斯拐点临近，农产品价格仍将维持上涨态势；与此同时，工业品和劳务价格水平未来在拉动CPI上涨中可能将发挥出越来越大的影响。

(二)外部资本持续流入，人民币管理难度加大

2010年，广东省贸易顺差达1217亿美元，同比增长14.0%；银行结售汇顺差1753亿美元，同比增长37.4%；跨境资金收支实现顺差1724亿美元，同比增长49.0%。受人民币汇率中长期升值趋势、国内外利差维持正缺口、中国经济快速回升等因素影响，大量境外资本通过种种途径进入中国市场。外部资本的流入，加大了我国流动性管理的难度。由国际收支顺差形成的外汇储备给国内基础货币的投放和中央银行的货币政策操作带来压力。过剩的流动性直接影响到商品市场上的价格稳定和资产市场上的泡沫形成，形成通货膨胀的压力。可以说，目前，外源性的流动性输入已经构成当前我国货币政策制定和实施的主要约束条件。

(三)商业银行经营环境复杂，不良资产上升风险加大

当前，随着经济回稳趋势确立，我国宏观经济运行将进入一个新的阶段。调控的政策取向和工具选择都在发生明显变化，经济周期和经营环境的变化导致金融资产风险显著加大。一是经济周期变化带来的信贷资产风险。经济政策出现紧缩，一方面可能影响已签授信合同企业的正常提款，进而影响该项目前期投放的信贷资产质量；另一方面，随着利率水平上升，资金成本增加，包括房地产贷款、政府融资平台贷款在内的信贷违约风险将显著放大。二是人民币汇率升值、最低工资标准调高、原材料燃料成本上升、银行贷款利率上调等多重成本上涨可能带来的制造业企业信贷风险上升。三是金融机构资产负债期限错配风险。2010年，广东新增贷款中中长期贷款占比为90.8%，而新增企事业单位存款和储蓄存款中定期存款占比只有33.0%，贷款长期化和存款活期化并存，给金融机构的资产负债管理和流动性管理带来挑战。

(四)准备金率上调对法人金融机构流动性管理构成考验

2010 年央行六次上调存款准备金率共 3 个百分点，连续释放货币政策的紧缩信号。存款准备金率的连续调整虽然对广东省法人金融机构短期内资金面不会造成太大冲击，但连续上调的累积效应对银行长期资产的摆布还是构成较大压力。为应对上调准备金率对自身流动性的影响，许多金融机构通过正、逆回购操作与长短期债券的调配以加强流动性管理，确保支付头寸的充足。为了有效开辟资金来源，销声匿迹多年的违规揽存现象今年也重新抬头。在激烈的同业竞争下，违规手段层出不穷，金融市场秩序受到扰乱。准备金率上调对金融机构盈利性也造成一定影响。

三、做好 2011 年货币信贷工作的有关安排

2011 年是"十二五"的开局之年，中国人民银行广州分行将继续认真贯彻落实科学发展观，按照人民银行总行的统一部署，执行实施好稳健的货币政策，进一步加强政策协调配合，优化政策工具组合，加大对辖区经济结构调整和经济增长方式转变的金融支持，鼓励融资方式多元化，大力支持和鼓励符合条件的企业上市开展直接融资，不断提高经济发展的内生动力，促进辖区经济平稳健康发展。

（一）按照稳健货币政策和宏观审慎管理的要求，实行差别存款准备金动态调整，督导金融机构合理安排信贷投放

要求各金融机构把握好稳健货币政策的内涵，充分领会差别存款准备金动态调整精神，按照稳健货币政策和宏观审慎管理的要求，合理安排信贷投放，尤其是要控制好 1 月份和一季度的信贷投放，要转变经营管理理念，在有效防范风险的前提下，继续有效支持广东经济发展。

一是要求金融机构从保持资本充足水平的角度来合理安排贷款的适度增长，正确估算贷款等风险资产对资本充足率的影响，充分考虑差别准备金动态调整的要求，自主调整信贷行为。二是信贷投放既要与本行的风险控制能力、业务管理能力与资本金水平等相匹配，也要注重贷款需求的有效性，优化对实体经济的信贷支持。三是保证合理的信贷投放进度，确保信贷平稳有序投放。四是引导金融机构顺应利率市场化改革的大趋势，深化改革创新，提供多样化产品，切实提高金融支持经济的效率和水平。

（二）积极支持经济转型和结构调整，扩大内需，引导金融机构调整优化信贷结构，加大对经济结构调整和薄弱环节的支持力度

引导金融机构进一步优化信贷结构，把信贷投放与调整经济结构、转变经济发展方式结合起来，在加快经济转型升级方面充分发挥金融资源配置功能及信贷扶优限劣作用。在贷款投向方面要更加注重贷款需求的有效性，优先对实体经济的信贷支持，继续加大对三农、中小企业、战略型新兴产业、节能减排、产业转移等重点领域和薄弱环节的支持。完善差别化住房贷款利率政策的贯彻执行，加强对地方融资平台的贷款监测管理，严格限制对产能过剩和重复建设行业的贷款。

（三）加快发展直接融资

在稳健货币政策的框架下，鼓励融资方式多元化。要大力支持和鼓励符合条件的企业上市开展直接融资。目前，广东上市公司地域分布不均衡，珠三角地区上市公司相对较多，粤东粤西粤北较少。金融机构要积极引导实体企业上市融资。加快金融制度和组织创新，大力推进跨行业、跨市场、交叉型的金融产品创新，从而提升金融市场效率。

（四）切实防范金融风险，优化金融生态环境，维护金融稳定

在引导金融机构支持地方经济发展的同时，也要防范风险，作为人民银行主要是防范系统性金融风险。尤其是要关注以下金融风险：房地产金融风险、地方融资平台风险、经济金融运行中的银行票据欺诈风险、非正规融资活动风险、地下钱庄风险、"热钱"集中流出流入风险、新型农村金融机构的经营风险；获得多家金融机构授信的重点企业经营风险情况以及支付清算风险等。各金融机构要加强稳健经营，切实防范各类金融风险，优化金融生态环境，维护金融稳定。

[1] 房地产业贷款是按企业行业归类统计。

[2] 房地产贷款是按贷款投向用途统计。

2010 年广东金融运行情况

文章来源：中国人民银行广州分行

根据人民银行广州分行向本报独家披露的情况，在中央宏观调控政策的引导下，2010 年广东信贷增长逐步回归常态，新增贷款比上年有所减少，但总体保持合理增长水平，各季度投放节奏较为均衡，银行部门努力优化信贷结构，投向中小企业和县域的资金比重上升，较好地满足了实体经济发展的需要；各项存款增长速度略高于贷款，其中居民储蓄存款同比多增，企事业单位存款增势则随贷款放缓。

贷款增长渐归常态，年末余额超越 5 万亿

2010 年末，广东中外资银行业机构本外币各项贷款余额 51799 亿元，同比增长 16.4%，比年初增加 7290 亿元，增速和增量比上年分别低 15.5 个百分点和 3465 亿元；但与 2008 年比较，贷款增速高 3.6 个百分点，贷款增量多 3236 亿元。对比 2009 年在非常规经济和政策环境下形成的巨额信贷投放，2010 年的贷款增量和增速从正常年份看较为适中，仍不低于经济增长与物价上涨水平之和，反映了后金融危机时期在宏观调控下信贷运行渐归常态。从投放节奏看，贷款增速二季度开始下调，下半年基本稳定在 15.5% - 16.4% 的区间内小幅波动，一至四季度每季度贷款分别增加 2898 亿元、1616 亿元、1348 亿元和 1429 亿元，基本符合监管部门的均衡投放要求。全年新增贷款中，人民币贷款占 7509 亿元，比上年少增 1210 亿元；外币贷款则减少 11 亿美元，比上年少增 310 亿美元。

短期和中长期贷款同比少增，票据融资余额减少

全年新增本外币各项贷款中，短期占 1589 亿元，同比少增 197 亿元；中长期贷款占 6620 亿元，同比少增 895 亿元，占新增各项贷款的 90.8%，比上年高 20.9 个百分点。中长期贷款相对增加较多，反映了投资领域气氛活跃，一方面上年扩大投资政策下各类基建工程启动后的资金需求强劲，另一方面随着经济环境回暖企业的各类投资也开始扩张。全年人民币境内中长期贷款增加 6360 亿元，同比少增 777 亿元，其中人民币单位固定资产贷款和银团贷款分别增加 2329 亿元和 1080 亿元，合计增量占人民币中长期贷款增量的 53.6%。人民币个人中长期住房贷款增加 1584 亿元，占人民币中长期贷款增量的 24.9%，同比少增 809 亿元。

12 月末广东本外币票据融资余额比年初减少 733 亿元，同比多减 702 亿元。票据融资余额减少，主要是金融机构在宏观调控下资金相对紧张，通过压缩收益相对较低的票据业务调节资金和信贷规模。

投向结构优化，中小企业和县域贷款占比上升

2010 年，广东银行部门实施有保有压的结构调整，调集

更多信贷资金投向实体经济的薄弱环节。全年人民币境内企业贷款增加5249亿元，大、中、小三种规模类型企业分别增加贷款1836亿元、1690亿元和1723亿元，比重分别为35.0%、32.2%和32.8%，基本形成三分天下的格局，其中小型企业比重比上年提高了10.7个百分点。尤其在制造业和批发零售业这两个行业，中型企业增加贷款541亿元和181亿元，小型企业增加贷款449亿元和421亿元，均显著超过大型企业增加的贷款343亿元和160亿元。全年县域地区增加本外币各项贷款591亿元，占全省新增贷款8.1%，比重比上年继续提升1.4个百分点。

存款增速略高于贷款，储蓄存款同比多增

2010年末，广东省金融机构本外币各项存款余额82019亿元，同比增长17.7%。全年新增本外币各项存款12328亿元，同比少增1249亿元。本外币各项存款中，储蓄存款增加4848亿元，同比多增887亿元。2010年房地产新政实施使得市场成交量受到抑制，对存款的分流作用减弱；股市整体走势不及上年，吸引的入场资金也增加不多；而随着居民收入水平提高，存款来源有所宽裕。

全年本外币企事业单位存款增加4040亿元，同比少增2118亿元，是各项存款少增的主要因素。企事业单位存款增长减慢主要受信贷调控影响，但目前企业流动性总体仍较充足。人民银行对广东省近500户企业景气调查显示，四季度支付能力状况指数73.08，比上季继续提高1.73点，同比更提高4.51点。

2010年广东省中外资金融机构信贷收支项目表

单位：亿元

栏目	本外币		人民币	
项目名称	余额	比年初增减	余额	比年初增减
一、各项存款	82019	12328	79958	12216
其中：企事业单位存款	27169	4040	26041	3860
储蓄存款	36966	4848	36319	4925
其中：定期储蓄	17432	1019	17065	1089
二、各项贷款	51799	7290	47192	7509
其中：短期贷款	12323	1589	11626	1788
中长期贷款	35838	6620	33717	6360
票据融资	1453	-733	1450	-735

2010年广东金融机构外汇存贷款主要项目表

单位：亿美元

项目	2010.01	2010.02	2010.03	2010.04	2010.05	2010.06	2010.07	2010.08	2010.09	2010.10	2010.11	2010.12
各项存款	292.91	295.88	295.23	303.57	310.41	337.36	348.64	369.51	370.92	383.67	356.39	311.27
其中：企业定活期存款	150.12	153.71	150.00	156.08	160.60	181.22	178.22	191.60	206.97	204.69	191.07	170.42
储蓄存款	103.22	104.20	104.29	100.72	99.44	99.98	99.47	97.63	98.13	96.62	95.72	97.71
各项贷款	725.61	729.71	747.14	746.68	731.14	707.38	675.81	661.39	670.12	675.37	677.78	695.75
其中：境内短期贷款	133.62	135.06	137.66	137.58	134.83	130.87	117.35	113.25	108.12	107.08	103.87	102.07
境内中长期贷款	179.35	179.38	180.49	181.51	181.10	185.25	186.99	188.72	196.47	199.94	199.41	200.60
票据融资	0.01	0.01	0.01	0.16	0.26	0.25	0.18	0.17	0.16	0.28	0.33	0.43

注：1. 本表机构包括中国人民银行、银行业存款类金融机构、信托投资公司、金融租赁公司和汽车金融公司。
2. 银行业存款类金融机构包括银行、信用社和财务公司。

2010年广东金融机构人民币存贷款主要项目表

单位：亿元

项目	2010.01	2010.02	2010.03	2010.04	2010.05	2010.06	2010.07	2010.08	2010.09	2010.10	2010.11	2010.12
各项存款	68709.70	69400.97	71592.51	72466.80	72992.97	74443.31	73913.08	74916.31	76955.68	76733.32	77614.09	79957.97
其中：企业定活期存款	22806.63	22710.93	23621.61	23790.93	23842.76	24088.20	23956.09	24418.41	24756.46	24906.85	25386.86	26040.74
储蓄存款	31396.13	32414.44	32919.19	33072.72	33282.04	34326.35	34013.45	34272.79	35849.26	34814.64	34963.92	36318.66
各项贷款	41289.29	41893.57	42306.81	43256.90	43994.28	44218.94	44824.21	45326.77	45879.97	46557.89	47016.82	47191.56
其中：境内短期贷款	10185.63	10365.19	10463.88	10581.74	10759.84	10873.07	10902.63	10988.38	11190.21	11327.88	11467.37	11626.42
境内中长期贷款	28503.03	29161.75	29776.27	30525.39	31009.77	31385.03	31940.60	32380.66	32781.82	33212.04	33579.74	33716.75
票据融资	2324.24	2082.49	1770.66	1848.17	1908.36	1626.62	1635.91	1590.15	1533.58	1644.30	1581.87	1449.94

注：1. 本表机构包括中国人民银行、银行业存款类金融机构、信托投资公司、金融租赁公司和汽车金融公司。
2. 银行业存款类金融机构包括银行、信用社和财务公司。

2010 年广东金融机构本外币存贷款主要项目表

单位:亿元人民币

项目	2010.01	2010.02	2010.03	2010.04	2010.05	2010.06	2010.07	2010.08	2010.09	2010.10	2010.11	2010.12
各项存款	70709.41	71420.93	73607.80	74539.04	75112.47	76734.30	76275.08	77432.99	79441.23	79300.35	79993.42	82019.40
其中:企业定活期存款	23831.49	23760.30	24645.58	24856.41	24939.34	25318.84	25163.55	25723.31	26143.40	26276.41	26662.51	27169.39
储蓄存款	32100.81	33125.83	33631.13	33760.24	33960.98	35005.33	34687.35	34937.70	36506.86	35461.09	35602.96	36965.75
各项贷款	46243.06	46875.35	47407.04	48353.96	48986.51	49022.72	49402.82	49831.19	50370.54	51076.67	51541.84	51799.30
其中:短期贷款	11123.59	11311.93	11426.88	11544.98	11704.72	11788.81	11724.89	11784.48	11944.45	12062.67	12179.02	12323.20
中长期贷款	30375.95	31050.49	31692.73	32437.19	32924.93	33302.42	33871.65	34335.40	34787.91	35265.04	35629.44	35837.88
票据融资	2324.30	2082.57	1770.76	1849.25	1910.12	1628.29	1637.12	1591.28	1534.63	1646.17	1584.05	1452.77

注:1. 本表机构包括中国人民银行、银行业存款类金融机构、信托投资公司、金融租赁公司和汽车金融公司。
2. 银行业存款类金融机构包括银行、信用社和财务公司。

2010 年浙江省征信报告

2010 年是"十一五"的收官之年。在"十一五"时期征信体系建设成效斐然。

一、"十一五"时期浙江征信体系建设成效

(一)建立了全国统一的征信系统

改革开放以来,我国经济迅速发展,跨地区、跨省、跨境交易活动更趋频繁,形成了庞大的人员和资金流动。区域性的征信系统查询企业和个人信用信息,已不能全面、客观的反映信息主体的信用状态,无法有效防范金融风险。因此,"十一五"期间,人民银行发挥全国垂直管理体系的优点,采用"总对总"模式,组织金融机构建成了全国统一的企业和个人征信系统,并实现了所有金融机构信贷网点的全国联网运行。该系统的建成,实现了最大范围的信息共享,充分发挥"守信激励、失信惩戒"功能,防止不良借款人利用系统以前不联网、信息不对称的弱点,跨区域骗取银行信用、拖欠银行债务,给金融机构和地方经济造成损失。同时,全国统一的征信系统在房地产宏观调控中发挥了关键的作用,它可以帮助金融机构快速识别首套房和二套房,推动了差别化住房信贷政策的贯彻执行。据统计,全国统一的征信系统建成后,浙江的金融生态环境进一步改善,银行资产质量稳步提高。据对 25 家信贷网点问卷调查"十一五"期间,通过查询企业征信系统累计拒绝各类信贷业务 703.9 亿元,占申请贷款总额的 4% 左右。"十一五"末,全省金融机构不良贷款率为 0.95%,实现了连续 5 年下降。

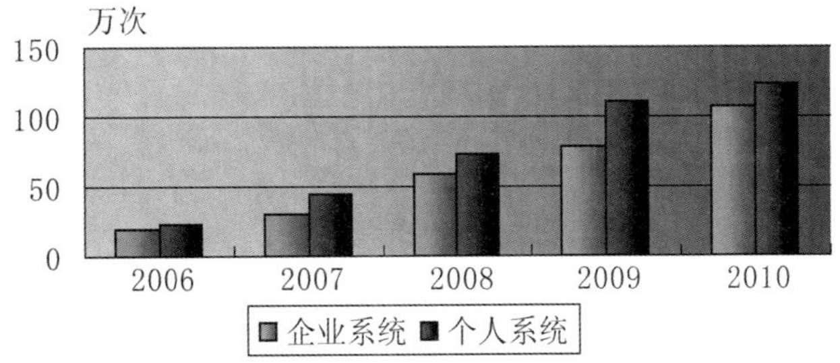

图 1　征信系统月均查询量

专栏 1

征信系统服务浙江情况简介

截至"十一五"末,全国统一的企业和个人征信系统收录我省企业 48.7 万户、自然人 3310 万,入库本外币贷款余额分别为 31317.6 亿元和 13555.0 亿元,征信系统数据质量逐年提升,两系统的实用性和服务性显著增强。

一、围绕核心主体,开展多层次信用风险分析

一是密切关注企业信用风险。2008 年受金融危机的冲击,我省部分大中型集团企业关停或倒闭,并牵连其关联企业出现还贷危机。在此形势下,辖内集团企业及其关联企业的信贷风险须被密切关注。通过利用征信系统资源优势,及时开展调研分析,先后完成了多家规模较大企业集团的信用风险分析报告,并持续跟踪和上报其风险处置情况。

二是积极开展行业调研分析。多次前往有关金融机构座谈,了解金融机构对浙江特色行业和支柱产业发展前景的看法和信贷支持措施,并实地走访产业链上中下游代表性企业,了解企业的生产经营情况和资金满足状况,同时结合征信系统中行业贷款期限、结构、规模、资金流向、不良贷款等数据分析,从防风险、促转型、求发展的角度,撰写了纺织、造船、化工等多篇行业分析文章,并提出了相关行业风险预警体系建立的建议,为加强信贷风险管理提供参考。

二、明确监测重点,强化信贷风险预警管理

一是定期开展贷款大户监测。2010 年末全省前 100 户贷款大户的户均贷款额度达到了 48 亿,一旦发生信贷风险,有可能影响区域金融稳定。为此,建立了全省 300 户贷款大户的监测制度,按季对大户企业进行贷款余额监测,分析这部分贷款的行业投向、集中度等数据的变化情况,及时发现风险隐患,向有关部门和金融机构发出风险预警信息。

二是启动地方政府融资平台负债监测。在中央"四万亿刺激经济计划"和地方政府"三年建设计划"作用下,地方政府融资平台贷款增长迅速,负债率快速上升,风险也随之显现。为了加强对地方政府性债务的跟踪监测,组织全省对企业征信系统中地方政府融资平台的银行负债情况进行调查,并根据《浙江省地方政府性债务管理实施暂行办法》对地方政府负债率、债务率、偿债率三大指标进行监测和风险预警,及时提示风险,效果显著。

三是加强异地信贷监测。异地信贷资金在浙江比较活跃,在经济形势较好时,经济发达地区往往吸引大量异地资金流入,一旦形势有变,这部分资金又快速撤退,容易成为企业资金链断裂的导火索,继而影响区域金融的稳定。为加强异地信贷风险防范,通过异地信贷资金流动监测分析,按季向各地市通报异地信贷信息,为各地掌握当地资金流动情况提供有益参考,有助于加强对相关异地金融机构的协调,引导资金合理流动,防止异地金融机构集体非理性撤退引发系统性风险。

三、满足多方需求,服务浙江经济金融发展

一是为金融机构风险防范服务。通过积极推动辖内金融机构对征信系统的应用,提高审贷效率,防范信贷风险。目

前，辖内各金融机构均已将查询征信系统纳入了信贷审批流程，两大系统在浙江省已开通查询用户 5.1 万个，月均查询量达 230 万笔。据调查，金融机构通过查询系统，拒绝贷款比率约占申请金额的 3.3%，征信系统风险防范的功能得到有效发挥，在征信系统帮助下，全省防范了近 160.7 亿风险贷款的发放，全省金融机构不良贷款率维持在 0.95% 的较低水平，金融实现稳健发展。

二是为地方政府风险处置提供服务。针对部分企业资金链断裂、信贷风险扩散的情况，通过征信系统分析，及时将有关企业的银行负债、关联企业等情况向地方政府汇报，帮助地方政府全面掌握企业的资产负债，为风险处置赢得了时间。同时，利用征信系统积极支持银监、证监、税务、公安、法院等部门开展风险调查、案件侦破及判决执行等工作，为其提供数据支持，较好的维护了社会经济秩序。

（二）着力服务于地方信用建设

征信体系建设是推动社会信用体系建设的核心。从国际经验看，金融机构是信用信息的主要提供者和使用者。“十一五”期间，人民银行从我国经济发展实际出发，以信贷征信为切入点，为有经济活动的企业和个人建立信用档案，同时，实现了实时、快速地为金融机构和相关政府部门提供查询服务。此外，征信系统在开发伊始就为将各行业部门的信用信息加载进入系统预留了数据接口，为推动各行业信息化和行业信用信息的整合做了充分地铺垫。“十一五”期间，我省征信系统除信贷信息外，已经实现社保、环保、公积金、电信、法院判决等各行业间信息的集中和共享，征信系统正在逐步成为一个涵盖经济交易信息、政府行政管理和行政执法信息的国家公共信用信息数据库。目前，以企业和个人两大征信系统为核心组成的征信体系正在防范信贷风险、维护金融稳定以及协助政府履行社会监管和公共服务职能等方面发挥着越来越重要的作用，为推动浙江省社会信用体系建设进程贡献了关键性的力量。

（三）以中小企业和农村信用体系建设为突破口

浙江省是中小企业大省，数量庞大的中小企业为浙江省提供了近 90% 的就业岗位，但是中小企业融资难的问题一直以来困扰着包括政府在内的社会各界。2006 年，人民银行从信用体系建设入手，投入专门的人力、物力为尚未与银行发生信贷关系的中小企业建立信用档案，信用档案涵盖了中小企业的基本信息、主要经营和财务指标信息以及行政处罚与奖励信息等重要内容，可全面、客观的反映出该企业的信用状况，并通过统一的信息查询平台实现了中小企业与金融机构、政府部门和社会服务机构的有效对接。“十一五”期间，全省累计建立中小企业信用档案 16.2 万户，查询 129.7 万次，授信金额 4200 亿元，有效改善了中小企业融资环境。与此同时，针对全省农村地区信用体系相对薄弱、农村金融生态环境亟待改善的局面，从 2007 年开始，各级人民银行联合有关部门组织涉农金融机构在多地开展了农村信用体系建设专项工作试点，其中丽水地区在人民银行主导下形成的“政府支持、人行主导、多方参与、共同受益”的推进模式已经成为全省乃至全国广大农村地区开展这项工作的一个样板。目前，全省各地正在全面借鉴“丽水模式”，努力搭建人民银行牵头、各部门共同推进的农村信用体系建设工作机制，通过普及金融知识、建立农户信用档案、健全农户信用评价体系为主要手段加快提升农户信用意识、引导信贷资金支持“三农”的力度，从而实现农村金融生态环境和农村金融机构多元化发展，全面改善农村地区信用和融资环境。

（四）建立健全征信制度和标准化体系

社会信用体系建设的深入推进需要健全完备的制度和标准化体系来支撑。“十一五”期间随着全国统一的征信系统的逐步建成和征信市场的快速发展，人民银行组织相关部门，先后推动出台了《信贷市场和银行间债券市场信用评级规范》、《征信数据元信用评级数据元》和《征信数据元信用评级违约率数据采集格式》等 10 余项征信行业标准，统一规范了各类征信活动中信息采集标准和征信业务操作流程。随着征信标准在我省的稳步推进和贯彻实施，信用信息在不同部门、不同行业的管理信息系统和有资质的征信机构间交换顺畅，促使征信数据和征信产品的质量不断提高，改变了我省征信行业缺乏行业标准、信息共享难的局面。同时，根据我省金融机构多、涉及业务面广的特点，人民银行杭州中心支行推出了包括金融机构征信工作评价制度、金融机构接入征信系统制度等近 20 多项具有前瞻性的征信管理制度，保障了我省征信业规范、安全、有序、健康的发展，并为国内征信业做大做强，早日争取在国际征信业上的“话语权”奠定了基础。

2010 年，在各级政府及有关部门的大力支持和配合下，浙江省征信体系建设取得了新成绩，全国统一的企业和个人征信系统高效运行，中小企业和农村信用体系建设取得新突破，征信市场体系和管理水平进一步提升，长三角征信服务一体化进程稳步推进，消费者信用教育深入人心，有力地提高了全社会信用水平，促进了浙江经济健康发展。

二、2010 年浙江征信建设发展现状

（一）企业和个人两大征信系统服务水平明显提升

2010 年，全国统一的企业和个人征信系统在我省继续保持稳定运行，服务水平明显提升。到年末，全国统一的企业和个人征信系统收录了我省 48.7 万家企业、3310 万自然人的信用信息，贷款入库率近 100%。全省共开通征信系统查询用户 5.1 万个，全年查询 2766 万次，其中企业征信系统查询 1287 万次、个人征信系统查询 1479 万次，同比分别增长 35.5% 和 11.3%。一年来，全省人民银行通过量化考评、定点监测、现场检查等手段，切实加强对报数机构的现场指导和跟踪监督，有力提升了全省征信系统数据质量，征信系统的服务功能进一步彰显。据对省内 25 个信贷网点问卷调查显示，通过查询企业和个人征信系统，2010 年 25 个监测网点共拒绝风险贷款 160.7 亿元，约占申请贷款总金额的 3.3%，有效提升了银行信贷资产质量。同时，征信系统在推进“绿色信贷政策”、协助开展诚信企业评定以及政府部门监管等方面逐步发挥出重要作用。

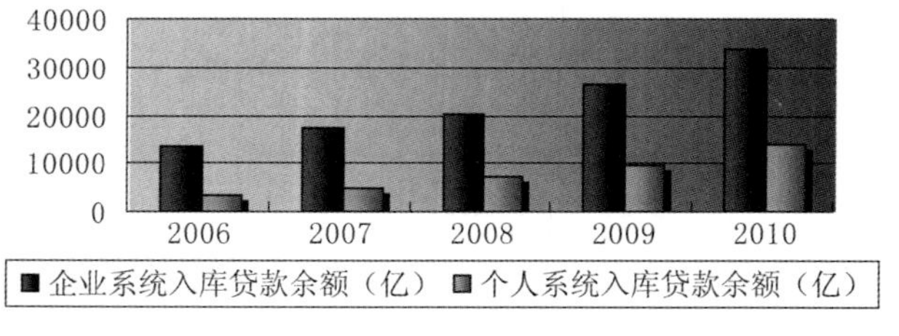

图 2 征信系统入库贷款余额

专栏 2

探索构建对金融机构征信工作的长效管理机制

一是建立金融机构征信从业人员上岗考试制度。2010 年，省内温州、衢州、台州等地市人民银行开展了金融机构征信从业人员上岗考试，对考试合格的人员发放从业合格证书，并实行年审和继续教育制度。通过对征信从业人员的上岗考试，有效地保障了征信人员业务水平，提高他们征信业务的理论、政策水平和操作技能，减少操作失误和人员风险，大大提升了企业和个人两大系统数据报送准确及时性和信息使用有效规范性。

二是建立金融机构征信工作的通报和评价制度。结合人民银行杭州中心支行出台的《浙江省金融机构管理与服务指引》，全年征信管理工作分为征信系统管理、宣传和培训、中小企业信用体系建设、内外部信用评级相结合等六个方面，每方面的工作具有详尽的工作指标。在日常管理中，对照指标并根据现场检查和非现场抽查的情况，采取定期和不定期、全面和专项相结合的形式对各金融机构的征信工作进行通报，及时提出工作的要求和重点，指出金融机构工作中存在的不足，引导其改正，对全年重点工作的开展和深入推进起到了良好的督促指导作用。

三是建立新设金融机构准入制度。2010 年杭州、温州等地派业务骨干对新设金融机构进行征信业务辅导培训，从征信管理、宣传、制度执行以及工作开展等方面对其进行全面系统培训，与此同时到现场对业务提出一系列内部管理制度和人员要求，在验收合格后再按照有关要求使用个人和企业征信系统。新设金融机构在进入市场初期接受人民银行有关政策和制度的学习，对规范其征信工作意识和行为，起到了很好的作用。

（二）中小企业信用体系建设取得新进展

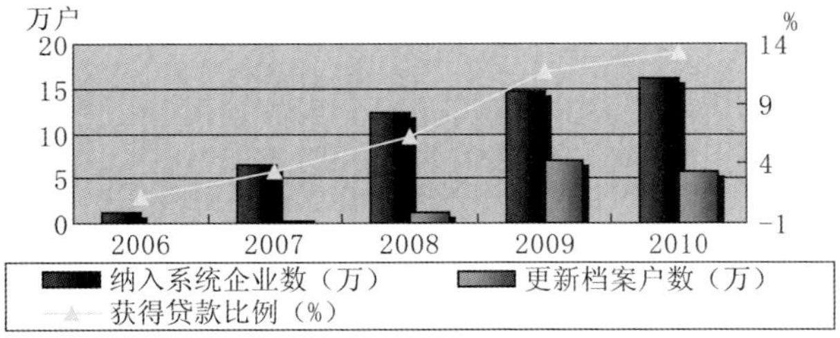

图 3　中小企业征信系统档案纳入和更新户数

2010 年，在总结前几年中小企业信用体系建设工作经验的基础上，人民银行杭州中心支行创新工作思路，选择舟山、建德两市开展中小企业信用体系试验区建设，探索建立适合我省特点的中小企业信用信息管理系统，进一步巩固了中小企业信用体系建设长效机制，有效提升了工作效率。两地试验区已基本完成基础平台的搭建，确定了数据库基本框架和信息内容，建德经市政府特批，成立了建德市中小企业信用服务中心，专门负责中小企业数据库建设和信息咨询服务，并将搭建 7 × 24 小时的中小企业融资平台。同时，进一步深化“中小企业千家成长万家培育”工程建设，积极开展中小企业金融产品、服务创新。各地涌现了小企业专项信用贷款、应收账款池融资产品、采矿权抵押贷款等多种中小企业融资产品，在一定程度上改善了中小企业融资环境，提高了中小企业的现代信用意识，取得了良好的成效。到年末，全省中小企业信用体系建设已累计为 16.2 万户尚未与银行发生信贷关系的中小企业建立了信用档案，通过建立信用档案有 2.8 万户累计获得银行贷款 4200 亿元。

（三）农村信用体系建设取得新成绩

2010 年，在各级政府部门的支持下，人民银行杭州中心支行以打造“百姓得实惠、银行得效益、政府得民心、央行得形象”的“丽水模式”为突破口，全面深化全省农村信用体系建设。以农村信用信息征集、信用评价、信用担保、信用宣传和守信激励与失信惩戒等为主要内容，以融资门槛降低、贷款成本减少以及农村金融生态环境改善为特点的农村信用体系建设，有力地促进了农村金融及农村经济的发展。到年末，全省 90 个县区 3456 个基层农村金融机构网点参与了农村信用体系建设工作，累计为 531 万农户建立信用档案，占全部农户数的 49.5%，已评定信用农户 422 万户，占已建档农户数的 79.5%，自开展农村信用体系建设以来，全省对已建立信用档案的 211 万农户发放了贷款，累计贷款 5390 亿元，不良贷款率仅为 1.07%。全省农村信用体系建设工作得到国家有关部委和省政府领导的充分肯定，2010 年 8 月全国农村信用体系建设工作现场交流会在丽水召开，农村信用体系建设的“丽水模式”迅速成为全国各地学习的样板。

（四）征信市场在创新和规范中快速发展

2010 年，人民银行杭州中心支行在全国率先开展了商业承兑汇票信用评级，下发《浙江省商业承兑汇票信用评级工作方案》，完成了全省 120 多家商业承兑汇票信用评级，并举办长三角商业承兑汇票评级报告联合评审会，扩大了商业承兑汇票评级的影响力和共享面；积极参与《浙江省融资性担保公司管理实施办法》的制定，扩大担保机构评级的覆盖面，定期公布信用等级较高的担保机构名单，有效推动了担保机构和金融机构的业务合作。到年末，全年完成借款企业评级 9981 户、担保机构主体评级 210 户，审核银行间债券市场信用评级报备材料 64 份、债项评级报告 126 份。各类信用评级结果在企业融资、政府部门招标、诚信企业评比等领域被广泛使用，也为信贷交易、利率定价、担保资格审查等提供了有效参考依据，浙江征信市场在创新和规范中快速发展。

业务种类	信用等级（户）									合计
	AAA	AA	A	BBB	BB	B	CCC	CC	C	
借款企业	2106	4058	2315	811	552	118	19	2	0	9981
担保公司	0	0	72	123	15	0	0	0	0	210
其他	18	1	0	0	0	0	0	0	0	19
合计	2124	4059	2387	934	567	118	19	2	0	10210

（五）征信宣传日益深入人心

2010 年，人民银行杭州中心支行积极创新征信宣传的方式方法，取得显著成效。通过开展“信用记录关爱日”、“征信知识宣传周”活动，以大型现场咨询、电台媒体专题报道、悬挂横幅、发送短信等为手段，在全省范围内开展征信宣传教育，引导群众维护自身的合法权益；通过开展征信业务培训和竞赛活动，全省有近 2 万从事征信一线工作的工作人员得到了较为系统、全面的教育培训，提升征信系统从业人员的业务素质和服务水平；通过知识讲座、文艺汇演、演讲比赛等形式，联合教育部门在省内 20 多所高校建立征信宣传教育平台，努力构建征信教育从学生抓起的教育机制。另外，各地继续加强对地方政府的宣传、协调与汇报，通过编发《浙江省征信简报》，介绍社会信用体系建设的最新动态和成果；积极联合政府相关部门开展征信知识宣传，形成合力，共同营造“守信者得益、失信者难行”的良好社会信用氛围。

三、2011 年浙江征信建设工作展望

（一）进一步扩大征信系统应用范围

企业和个人征信系统虽然已经建成并在全国联网运行，但目前的查询使用范围仍局限于商业银行和公检法等行政执法部门，随着近年来小额贷款公司、村镇银行等新型机构的不断设立，征信系统的应用范围亟待进一步拓展。2011 年，全省各级人民银行将组织全省小额贷款公司、村镇银行、融资性担保公司按照权利和义务对等的原则陆续接入征信系统，充分发挥征信系统防范信用风险，有效约束借款人和担保人的积极作用，促进小额贷款公司等新型机构健康持续发展。

（二）切实维护信息主体合法权益

2011 年，人民银行杭州中心支行将以信息主体信用信息的收集、使用、对外提供以及异议处理等环节为重点监管内容，推动商业银行和征信机构的征信业务，切实维护信息主体的合法权益。同时，在继续组织金融机构做好征信知识宣传周、“信用记录关爱日”等大型宣传教育活动的基础上，扩大征信宣传覆盖面。并通过搭建多部门联合宣传教育的平台加强对企业园区、农村地区的征信宣传。此外，还应继续强化对金融机构征信从业人员、金融机构客户、大学生等重点群体的宣传和培训，利用该类群体贴近群众的辐射效果，普及公众征信知识。通过各种手段和平台，不断加强对信息主体宣传教育，全面提升社会公众主动关注自身信用记录和维护自身信用权益的意识。

（三）深化中小企业和农村信用体系建设

2011 年，全省人民银行将进一步夯实前期工作，做好中小企业信用档案征集和更新工作；全方位推进舟山、建德两个中小企业信用体系试验区建设，指导试验区整合中小企业涉及的工商、税务、土地、供水、供电等信息资源和各项支持政策，依托中小企业信用信息管理系统，以信用评估为抓手，有重点、有目标地支持中小企业融资；继续鼓励和引导金融机构和政府有关部门利用中小企业信用档案库的筛选功能，对有效益、有市场、守信用的中小企业提供尽可能的融资便利。同时，在结合各地实际的基础上，选择部分县（市）充分借鉴“丽水模式”的经验，深入推进“信用户、信用村（社区）、信用乡镇（街道）”创建活动，配合团省委等部门一起做好“农村青年信用示范户”试点工作，在有效提升农村地区金融生态环境的同时，支持更多农村青年走创业致富道路，为促进金融支持“三农”发展发挥切实的作用。

（四）继续推动征信市场规范发展

年初，人民银行总行已确定建立健全信用法律法规体系为“十二五”社会信用体系建设的主要任务。目前，《征信管理条例》草案已向社会征求意见完毕，该条例确定了我国征信行业的准入退出制度、信息披露原则和监管细则，如正式出台将有效改善我省征信市场机构数量多、规模小、监管难的局面。2011 年，人民银行杭州中心支行将以征信市场为抓手，一方面继续推进大、中小企业分类评级、商业承兑汇票信用评级和担保机构信用评级，扩大信用评级结果在各领域的应用；另一方面积极组织开展辖内金融机构征信从业人员上岗考试，认真宣传和推广征信业务的各项标准，在建立健全征信法规制度中，进一步加强监管力度，促进征信机构行业自律，推动征信市场规范发展。

2010 年浙江省金融机构本外币存贷款数据表

单位：亿元

项目	2010.01	2010.02	2010.03	2010.04	2010.05	2010.06	2010.07	2010.08	2010.09	2010.10	2010.11	2010.12
各项存款	46637.61	47653.92	48916.86	49987.04	50656.17	51546.55	51508.64	52435.86	53630.21	53280.13	53804.87	54478.09
其中：企业存款	16444.49	16008.10	17086.19	17734.05	18141.80	18499.99	18390.15	18970.20	19151.75	19300.93	19564.51	20046.57
储蓄存款	18499.94	20178.84	19978.95	19839.37	19893.45	20418.51	20335.32	20441.27	21384.61	20538.55	20607.28	21093.62
各项贷款	40801.67	41366.19	42134.90	42832.12	43490.79	44046.58	44587.86	45168.38	45625.06	46102.58	46638.48	46938.54
其中：短期贷款	22364.26	22689.70	23097.35	23559.84	23873.34	24225.97	24536.36	24884.32	25263.86	25485.16	25801.31	26044.53
中长期贷款	16293.58	16601.78	16994.26	17268.68	17561.93	17765.30	17985.97	18181.27	18369.36	18618.03	18741.96	18800.18
票据融资	1033.44	942.18	836.61	772.02	814.05	793.91	782.33	780.09	645.73	614.82	658.32	607.43

2010 年江苏省金融运行报告

第一部分：经济运行情况

2010 年，江苏经济高开稳走，经济增长的稳定性协调性明显增强，呈现“创新引领、增长较快、质量提升、结构优化、后劲增强、民生改善”的良好态势。预计全省地区生产总值增长 13% 左右。

一、工业经济平稳发展，农业生产势头良好

工业经济保持平稳较快发展。2010 年，全省工业经济高开稳走，运行质量进一步提升。全年实现规模以上工业增加值 2.12 万亿元，同比增长 16%。全省规模以上工业实现销售收入 9 万亿元，增长 27%；实现利税、利润分别增长 32% 和 36%，继续呈现销售增幅高于生产增幅、利润增长快于利税增长的良性态势。六大行业跃升“万亿级”，装备制造业达 3.66 万亿元，增长 30%，高新技术产业实现产值近 3 万亿元，占比达 33%。

农业生产继续保持良好势头。粮食生产实现建国以来首次“七连增”，达到 647 亿斤，居全国第四位；高效农业面积 2660 万亩，占比突破 1/3。

二、消费投资出口三大需求协同增长

投资稳定增长。1 - 12 月，全省城镇固定资产投资 1.74 亿元，同比增长 22.1%。其中，工业投资完成 8196.32 亿元，同比增长 22.5%，增幅居沿海主要省份之首。民间投资达到 1.4 万亿元，占全社会固定资产投资的比重超过 60%。

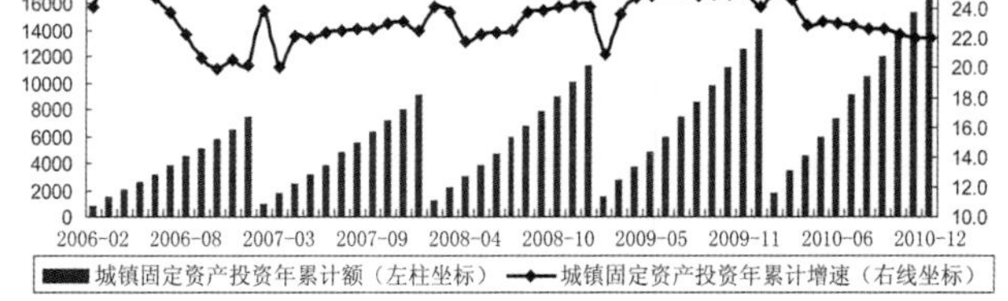

数据来源：江苏省统计局

图 1－1　江苏省城镇固定资产投资增长情况

消费市场持续旺盛。1 - 12 月，江苏省社会消费品零售总额累计达 1.35 万亿元，同比增长 18.7%，拉动经济增长6.3 个百分点。进出口全面回升，1 - 12 月，全省外贸进出口总额 4657.93 亿美元，同比增长 37.5%。其中出口增长 35.8%，进口增长 39.9%,外贸总额超过国际金融危机前的最高水平。

三、财政收入状况良好,居民收入稳定增长

财政收入状况良好。1-12 月,全省财政一般预算收入 4079.86 亿元,同比增长 26.4%。受益于企业效益大幅改善,企业所得税快速增长,1-12 月同比增长 35.9%,营业税和增值税增长平稳,同比分别增长 22.8% 和 8.9%。

居民收入平稳增长。1-12 月,全年城镇居民人均可支配收入、农民人均收入分别增长 10.5% 和 12%,农民收入增幅首次超过城镇居民。企业最低工资标准增长 12%,全省 370 万企业退休人员增加的养老金全部发放到位。

四、各类价格指数维持高位,上游价格涨幅重现升势

1-12 月,全省 CPI(居民消费价格指数)同比上涨 3.8%,较前三季度提高 0.5 个百分点。其中,10 月、11 月、12 月 CPI 连续三个月涨幅超过 5%,分别达到 5.2%、6.1%、5%。

在二季度有所回落后,上游价格重现升势。全年工业品出厂价格、原材料、燃料、动力购进价格同比分别上涨 7.3% 和 12.8%。其中,12 月份,工业品出厂价格指数达 8.8%,较 9 月份提高 1.9 个百分点;原材料、燃料、动力购进价格指数达 12.1%,较 9 月份提高 2.8 个百分点。

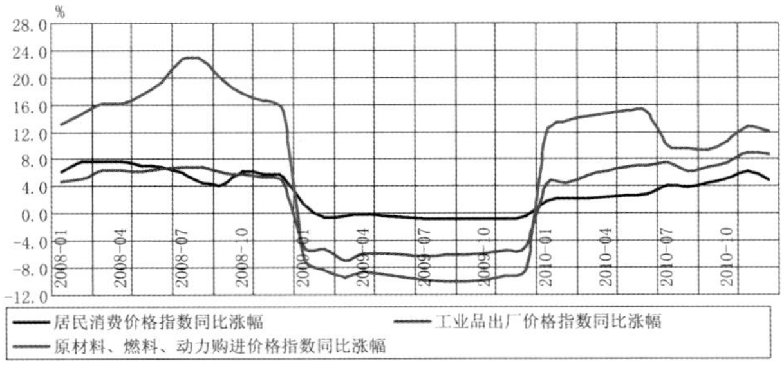

资料来源:数据来源:江苏省统计局

图 1-2　江苏省主要物价指数同比涨幅变动情况

五、商品房成交大幅波动,成交价格维持高位

房地产投资增长较快。2010 年,江苏省完成房地产开发投资额 4302 亿元,同比增长 28.9%,其中,住宅开发投资完成额为 3160 亿元,同比增加 30.4%。新开工面积增速回升较快,全年新开工面积 13730 万平方米,同比增长 49.1%,但 7 月份以后逐月回落。

商品房成交大幅波动。4 个季度商品住宅成交量变化呈"U"型态势:一季度成交量较大,随着 4 月 17 日国发〔2010〕10 号文出台,商品住宅成交量自 5 月份开始明显下降,此后 5-8 月持续低迷,单月成交量下降一半以上,5、6、7 月全省商品房销售面积环比分别下降 53.75%、2.12% 和 7.33%。9 月份以后成交开始回升,12 月份成交量创下历史第 3 高,仅次于 2009 年的 11 月、12 月成交量。

交易价格维持高位。根据江苏省建设厅网上交易备案系统数据,2010 年,江苏省 13 个省辖市市区商品住宅累计成交均价为 7021 元/平方米,同比增长 23.1%,其中,12 月份成交均价为 7378 元/平方米。分地区看,2010 年商品住宅累计成交均价与去年同期相比,除南通下降了 3.5% 外,其余 12 个地区涨幅均超过 15%。

第二部分:货币信贷概况

一、货币信贷运行情况

2010 年,江苏省信贷运行总体平稳。存贷款稳定增长,信贷结构调整速度加快,小企业和制造业贷款快速增长,金融支持地方经济发展方式转变力度加大。企业存款增长放缓,受物价上涨加快,通胀预期增强影响,储蓄活期化现象较为明显。

(一)信贷总量平稳增长,在全国的位次保持稳定

在货币政策和信贷投放向常态回归的背景下,信贷总量表现为以下几个特点。

一是新增贷款处于历史次高水平。全省新增贷款较反危机时期 2009 年同期有所减少。2010 年,全省新增人民币贷款 6824.31 亿元,同比少增 2313.25 亿元,但比 2007 年、2008 年分别多增加 3217.24 亿元和 2513.27 亿元,新增贷款处于历史次高水平。

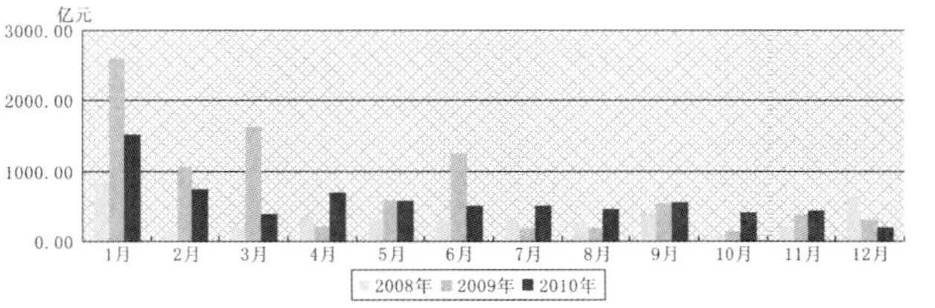

数据来源:人民银行南京分行

图 2-1　江苏省人民币贷款月度变动情况

二是信贷增长对经济支撑的持续性较强。2010 年末,全省人民币贷款余额为 4.21 万亿元,同比增长 19.33%,增速较 6 月末提高了 1.0 个百分点。二季度以后全省月均新增贷款基本保持在 400 亿元左右,信贷支持经济增长的稳定性、持续性不断增强。

三是新增贷款在全国的位次基本稳定。2010 年,江苏省人民币新增贷款在全国位列第三,与 2007 年、2008 年的位次相同,略低于广东和浙江。2010 年,广东、浙江新增人民币贷款分别为 7508.61 亿元、7289.59 亿元,分别比江苏多 684.29 亿元、465.27 亿元。

四是期限结构有所优化。短期贷款增长较快,全年新增短期贷款 2998.27 亿元,同比多增 439.05 亿元。随着政府融资平台清理和房地产调控不断深入,中长期贷款增长趋缓,2009 年以来贷款期限持续拉长的趋势得到一定缓解。2010 年,全省新增中长期贷款 4957.30 亿元,同比少增 1507.14 亿元,新增中长期贷款与短期贷款的比例由 2009 年的 2.49:1 下降到 1.65:1。受信贷调控、贴现利率上行等因素影响,2010 年票据贴现净下降 1159.93 亿元,同比少增 1284.15 亿元。

(二)经济薄弱环节支持力度加大,信贷结构调整成效显著

一是中小企业贷款增长突出。2010 年,全省新增中小企业贷款 4064.73 亿元,占同期全部企业新增贷款的 75.4%,较上年同期提高 8.17 个百分点;截至 12 月末,全省中小企业贷款余额 1.95 万亿元,同比增长 27%,高于全部企业贷款增速 4.56 个百分点。在全省"中小企业金融服务年"活动有力助推下,小微企业贷款增长加快,12 月末,全省小企业贷款同比增长 39.3%,高出全部企业贷款增速 15.9 个百分点。中小企业贷款后续储备充足,"中小企业金融服务年"活动开展以来,全省金融机构与 1.63 万家中小企业累计达成授信协议 5484.2 亿元,1.06 万户"小而精、小而专、小而特"、信用好、潜力大的中小企业得到重点培育。

二是信贷支农力度进一步加大。12 月末全省涉农贷款余额 14166.92 亿元,同比增长 28.7%,增幅高于全部贷款增速 9.4 个百分点。其中,农户贷款余额为 1216.56 亿元,比年初增加 288.2 亿元,同比多增 88.06 亿元。

三是制造业贷款增长较快。2010 年，全省制造业贷款新增 1877.57 亿元，占新增企业贷款的 34.2%，较上年同期提高 13.8 个百分点。自二季度以来，制造业贷款持续占据各行业贷款首位，工业企业支付能力持续改善，人民银行南京分行企业家问卷调查显示，四季度，企业支付能力指数为 71.18%，比上季度上升 0.5 个百分点，连续七个季度逐季上升。

四是基础设施建设类贷款持续回落。随着地方政府投融资平台债务清理的进一步深化，以政府项目为背景的基础设施建设类贷款增势持续下滑，单月增量保持在较低水平。10、11、12 月，全省基础设施建设类贷款分别新增 35.21 亿元、17.06 亿元、-104.99 亿元。2010 年，全省基础设施建设类贷款新增 1278.63 亿元，占各行业新增贷款的 23.3%，较前三季度回落 4.6 个百分点，较上半年回落 10.2 个百分点，较一季度回落 17.7 个百分点。

五是房地产贷款趋稳。2010 年，全省新增各类房地产贷款 1997.91 亿元，同比少增 523.90 亿元。其中，个人按揭贷款新增 1506.79 亿元，同比少增 387.98 亿元；房地产开发贷款新增 488.57 亿元，同比少增 134.51 亿元。从全年的变化趋势看，房地产开发贷款投放主要集中在一季度，一季度投放 349.18 亿元；4 月份以后宏观调控逐步趋紧，4-12 月仅新增 139.39 亿元。个人按揭贷款增长相对平稳，基本保持月均投放 100 亿元左右的水平。

六是信贷区域配置持续改善。苏北、苏中地区信贷增长较快。2010 年，苏中三市和苏北五市分别新增贷款 1101.08 亿元和 1103.14 亿元，分别占全省新增贷款的 16.1% 和 16.2%，较上年同期分别提高 2.1 个百分点和 3.1 个百分点；苏南五市新增贷款 4620.10 亿元，占全省新增贷款的 67.8%，较上年同期下降 5.2 个百分点。沿海三市贷款增长较快，12 月末，连云港、盐城、南通三市贷款余额同比增长 24.4%，超出全省各项贷款增速 5.1 个百分点。

（三）人民币存款总量增速放缓，企业存款增长缓慢

受派生存款减少、居民通胀预期上升等因素影响，全省人民币存款增长放缓。2010 年，全省新增人民币存款 10134.26 亿元，同比少增 1670.24 亿元。2010 年末，人民币存款余额 5.80 万亿元，同比增长 20.7%，较上年同期下降 11.2 个百分点。

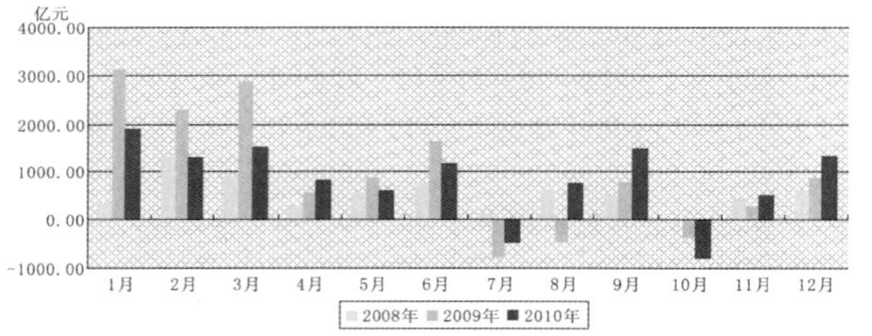

数据来源：人民银行南京分行

图 2-2 江苏省人民币存款月度变动情况

下半年以来，存款波动加剧。7-12 月，全省仅新增人民币存款 2824.89 亿元，其中 7 月份、10 月份全省人民币存款分别下降净 463.5 亿元和 791.37 亿元。存款的大幅波动对金融机构经营和宏观调控带来了不利影响。与此同时，通胀预期增强背景下，储蓄活期化现象也较为明显，12 月末，活期储蓄余额占储蓄存款余额的比例达到 33.3%，同比提高了 3.7 个百分点。

企业存款增长缓慢，2010 年全省新增企业存款 2054.11 亿元，同比少增 3636.65 亿元，2010 年新增企业存款占全部新增存款比例仅为 20.3%，较上年同期大幅降低 27.9 个百分点。

（四）外汇存款增长较快，外汇贷款小幅回升

外汇存款增长较快。2010 年末，全省外汇各项存款余额为 241.43 亿美元，比年初增加 64.21 亿美元，同比多增 39.84 亿美元。下半年以后，外汇存款快速增长，其中，9 月单月新增外汇存款 20.2 亿美元，其中，既有外贸回升较快的因素，也不排除汇改重启以后，国外资金加快流入因素。

外汇贷款小幅回升。2010 年末，全省金融机构外汇各项贷款余额为 310.93 亿美元，比年初增加 83.98 亿美元，同比少增 8.3 亿美元，其中，进出口贸易融资累计增加 64.72 亿美元，占同期新增外汇贷款总量的 77%。四季度外汇贷款新增 24.72 亿元，主要原因是涉外企业对外资金需求增加，人民币升值预期增强以及外汇贷款成本相对较低等因素综合推动。

二、货币信贷政策执行情况

2010 年以来，人民银行南京分行认真执行适度宽松的货币政策，引导货币信贷合理、适度增长；着力引导信贷投向优化，强化金融对经济结构调整的引领支撑作用。

（一）加强货币政策传导，引导信贷总量合理适度增长

2010 年，适度宽松货币政策的重点、内涵有了新的变化，在新形势下，我分行通过创新窗口指导方式，完善平台建设，加强外部沟通，积极提升了政策传导的针对性和实效性。一方面通过信贷旬报制度、定期调研走访，及时了解金融机构信贷投放动态和计划，准确把握货币政策传导效应。另一方面加强货币政策传导平台建设。重点建立完善了“江苏省省级金融机构信贷形势分析例会制度”，按季召集金融机构计财部门负责人座谈，及时传导总行货币政策动向。按季组织召开“江苏省经济金融形势分析会”，邀请省政府领导、省政府综合部门负责同志、银证保监管部门及金融机构负责人参加会议，共同研判经济金融形势，宣导总行货币政策意图和信贷形势变化情况。注重加强货币政策传导过程中重点问题研究。针对应对危机货币政策退出问题、信贷投放节奏问题，分别开展了《应对危机货币政策退出策略研究》、《金融机构信贷投放节奏与企业资金需求规律调查》等多项研究，为上级部门提供政策建议。

（二）着力调整信贷结构，促进经济发展方式转型

加大经济发展方式转变的信贷政策指引。积极响应国家加快转变经济发展方式重大决策部署，认真贯彻落实江苏省加快转变经济发展方式工作会议重要精神，研究出台《关于金融支持江苏加快转变经济发展方式的指导意见（2010-2012 年）》；加强科技金融发展创新的政策研究和支持，制定《江苏省科技金融创新发展指导意见》，经省政府批转全省贯彻执行。加大区域协调指导力度，制定出台《关于金融支持服务江苏沿海发展的指导意见》，抓住江苏沿海发展上升为国家战略的重大历史机遇，结合长三角一体化的加快融合，从加快要素资源集聚、创新金融服务机制、优先关键领域支持等五个方面出台了十八条务实政策举措。

全面推进中小企业金融服务工作。开展“中小企业金融服务年”活动，集中推出了八项主题活动和三项工作制度。组织举办“江苏省中小企业金融产品服务推介展示会”、“‘万企千亿’中小企业融资培育项目签约及新闻发布会”，中小企业金融服务机制、金融产品创新取得明显突破，中小企业信贷总量、信贷占比和信贷满足率实现“三个提升”。

（三）积极运用货币政策工具，引导信贷资源配置

再贷款再贴现工具效能明显增强。在试点的基础上，

2010年以来将再贴现引导商业汇票发展的模式向全省全面推广。明确支持小面额、中小机构、中小企业票据（“三小票”）以及“三农”和县域票据发展，充分发挥信贷投向引导功能。动态调节各地区再贴现限额，累计7次调整再贴现限额，限额向苏北欠发达地区适当倾斜，累计调增苏北五市额度10.8亿元。再贴现引导功能初步发挥，全省13个省辖市中，已经全部恢复或开展了再贴现业务，再贴现限额使用比例由年初21.97%提高到年末的94.34%，年末再贴现余额和累放数额均居全国第一。在部分地区研究创新支农再贷款工作机制，助推三农经济加快发展。

完善金融机构利率定价指导制度。按月编写《江苏省利率监测情况月报》，向金融机构通报全省各类型机构、各业务品种、各地区的利率运行情况，分析全省存贷款利率变化情况、预判未来利率走势，为各类金融机构的内部资金及产品定价提供数据支撑。

（四）注重民生金融发展，推动就业创业

积极支持就业创业，扩展下岗失业人员小额贷款的政策内涵，将小额担保贷款借款人范围扩展到就业困难人员、城镇登记失业人员、复员转业退役军人、登记失业的大中专（技）毕业生和进城创业的被征地农民，发挥小额担保贷款在促进就业中的独特作用。积极鼓励妇女创业，妇女小额贷款开创性地引入了“担保＋再担保”风险分担机制，妇女小额贷款发放对象拓展至城乡所有有自主创业愿望的妇女。

积极创新大学生“村官”创业富民金融支持服务工作。指导辖内金融机构积极开拓创新，探索出了“创业富民·阳光育才”、“大学生‘村官’贷款券”、“大学生‘村官’创业一卡通”和普惠金融等四种信贷服务模式，累计发放大学生“村官”贷款2亿多元，余额超1亿元，居于全国首位。总行等六部委到江苏开展调研，给予充分肯定。

（五）积极推进各项外汇管理改革措施，服务外经贸转型发展

积极推进各项外汇管理改革措施，促进贸易投资便利化。在新获进出口经营权的企业中全面推广出口网上核销；规范出口收结汇联网核查操作规程，便利经济主体业务操作；全面推进跨境贸易人民币结算试点，进一步扩大海关特殊监管区区内外人民币贸易结算规模；继续推动符合条件的企业开展外汇资金内部集中管理和境外放款。

加强跨境资金流动监管，防范涉外金融风险。进一步规范贸易、外商直接投资、返程投资、境外上市等渠道的资金跨境流动；加强对银行结售汇综合头寸、短期外债的监测与管理，强化银行办理外汇业务的真实性审核义务；开展针对部分银行分支机构和重点企业的打击违规资金流入专项检查；推进外汇主体监管，完善日常非现场监管和现场检查有机衔接的长效机制。

2010年福建省金融稳定报告

金融稳定分析小组

（中国人民银行福州中心支行，福建福州）

一、区域经济运行与金融稳定

（一）区域经济运行总体情况

初步统计，2010年福建省生产总值14357.12亿元，同比增长13.8%，高于全国平均水平3.6个百分点。固定资产投资快速增长，全社会固定资产投资8273.42亿元，同比增长30%；消费需求保持旺盛，全省实现社会消费品零售总额5310.01亿元，同比增长18.5%；对外贸易快速回升，全年外贸进出口总值1087.82亿美元，同比增长36.6%；人民币跨境业务试点工作积极、稳妥、有序开展，全省共有19家银行为158家企业和机构共办理人民币跨境业务529笔，累计金额达136.25亿元，跨境贸易人民币结算业务总量在全国试点省份中位居第10位。利用外资稳步增长，全年实际利用外商直接投资103.16亿美元（历史可比口径），同比增长2.5%；财政实力进一步增强，实现财政总收入2056.01亿元，同比增长21.3%；民生保障水平得到提高，全省农民人均纯收入和全省城镇居民人均可支配收入同比分别增长11.2%和11.3%，城镇登记失业率3.77%，城镇基本医疗保险参保率达95%，新型农村合作医疗参合率达98.1%；物价上行压力加大。居民消费价格上行，较年初上涨3.2%，全省原材料燃料动力购进价格较年初上涨7.7%。

闽台金融合作进一步深化，金融领域“先行先试”成效显现。多家台资金融机构入驻福建，台湾元富证券子公司——元富证券（香港）有限公司获批设立厦门代表处；国泰财产保险有限责任公司福建分公司获批开业；富邦财产保险有限公司在厦门成立，是福建省首家法人产险机构，也是大陆第二家台资全资产险机构。新台币现钞兑换业务扩大到全省多家银行，新台币兑换业务稳步增长，全年累计兑入和兑出新台币分别为2.31亿元和2.24亿元，同比分别增长39.09%和112.78%。闽台合作设立产业投资基金，我国首个海峡两岸合资的产业投资基金管理公司——海峡汇富产业投资基金管理有限公司在福州成立。

（二）区域经济运行中值得关注的问题

总体上看，2010年福建省经济回升向好的基础进一步得到巩固，经济发展的质量和效益有了新的提高，但在经济运行中还存在一些不确定的因素。一是经济环境变化。从外部看，全球经济复苏仍存在不确定性，金融体系依然脆弱；从内部看，人民币升值压力持续加大，国内物价和劳动力成本上升。经济环境的变化，增大了金融业风险管理的难度。二是宏观调控政策叠加效应逐渐显现。随着“两高一剩”和房地产市场调控力度加大以及货币政策回归稳健，相关行业企业获得贷款的成本上升，金融机构在相关行业的信贷风险应引起高度关注。三是社会融资结构尚不协调，金融风险集中。2010年全国非金融企业直接融资占全部融资总额的17.6%，福建省仅占12.2%，而同期全省人民币新增贷款占全国的3.6%，高于年初福建贷款余额占全国比重的3.1%，这种融资结构使金融风险高度集中在银行业。

二、金融业与金融稳定

（一）银行业稳定评估

1.银行业运行情况

一是银行业综合实力稳步提升。2010年末全省银行业机构总资产和总负债分别为28637.37亿元和27257.16亿元，分别比年初增长27.16%和26.17%；本外币各项存款和贷款余额分别为18753.23亿元和15920.84亿元，分别比年初增长24.23%和23.36%。二是信贷结构调整优化。信贷资源倾斜支持实体经济、新兴产业和薄弱领域，全省批发零售业、制造业、交通运输仓储业三大行业贷款增量比2009年多增814.09亿元，小企业贷款增量居全国第五位。支农力度逐步加大，全省涉农贷款比2009年多增206.6亿元；年末全省有贷款余额的农户数190.55万户，贷款面28.02%，户均贷款余额4.77万元，比年初增加1.32万元。三是风险抵补能力显著提高。全省银行业机构资产利润率为1.18%，比2009

年提高0.06个百分点；年末全省银行业贷款损失准备充足率和拨备覆盖率分别为239.49%和217.27%；不良贷款率0.84%，比年初下降0.5个百分点。四是改革创新稳步推进。农业银行福建省分行“三农金融事业部”制改革试点持续深入，在组织架构、独立核算、资源配置、绩效考核、信贷制度等方面建立商业化服务“三农”长效机制，并在全国农业银行系统首次推出农村土地经营权抵押贷款，相继推出多项“三农”特色新产品，创新台企、台农租赁土地使用权抵押等多种担保方式，破解农户和台企、台农融资担保难题。五是改革与发展并进。新增了进出口银行福建省分行（由代表处升格）、恒丰银行、厦门银行、浙江稠州银行福州分行、漳平民泰村镇银行、福鼎恒兴村镇银行等机构，福建海峡银行迈出跨省经营第一步，联华国际信托有限公司成功入股广发华福证券有限责任公司。

2. 银行业运行需要关注的问题

一是银行业粗放经营潜藏的风险逐渐显现。部分银行业机构重业务拓展、轻风险管理的经营取向有所抬头，潜藏的信贷风险逐渐显现。全年全省银行业机构关注类贷款共新增77.08亿元，呈现逐季持续上升态势。二是整贷整还偿还方式下的信贷风险不断积聚。近年来福建省银行业机构中长期贷款业务发展迅速，其中公司类中长期贷款余额在各项贷款余额的占比已超过3成，成为各类贷款中占比最高的品种。2010年新发放的1000万元以上公司类中长期贷款中，采用整贷整还的中长期贷款占14.33%，其中有144亿元的整贷整还中长期贷款将在第3年集中到期，易造成信贷风险的积聚。三是部分政府融资平台贷款质量下滑。全年辖内银行业机构共有44.18亿元政府融资平台贷款质量出现下滑。四是信贷资产不合规转让风险上升。由于面临信贷规模紧张和信贷总量考核压力，信贷资产转让出现了大幅反弹，2010年四季度后辖内中资银行业机构新发生的一般性贷款对外转让金额占全年新发生的对外转让总额的25.18%，分别比二、三季度提高10.47和12.74个百分点，对其中不合规转让潜藏的信贷风险应予关注。

（二）证券业稳定评估

1. 证券业运行情况

截至2010年末，福建省内共有3家法人证券公司，136家证券营业部，法人券商总资产和总负债分别为438.72亿元和331.44亿元，同比分别增长11.44%和0.31%，净资本88.11亿元，比2009年末下降3.82%，实现净利润11.78亿元，下降32.77%；省内共有4家期货法人公司，期货交易总额108978.63亿元，同比增长142.18%，营业收入3.76亿元，同比增长69.46%。多层次资本市场体系建设持续推进，全省资本市场发挥集聚社会资金功能，为推动福建科学发展、跨越发展提供资金支持。截至2010年末，全省境内上市公司总市值6568.78亿元，证券化率45.75%；全年共有16家公司在A股发行上市，募集资金142.68亿元，IPO金额创历史新高；全年省内上市公司实现再融资255.97亿元。上市公司质量持续提升，截至2010年9月末，66家省内上市公司总资产20862.02亿元，净资产1903.81亿元，分别比2009年同期增长42.09%和51.45%；平均每股收益、净资产收益率分别为0.55元、13.13%，是全国平均水平的1.38倍和1.17倍。证券业运行环境不断改善，福建省各级政府与职能部门进一步加大沟通协调力度，保持对各类非法证券活动的高压态势，证券业运行环境进一步得到净化。

2. 证券业运行需要关注的问题

一是上市公司盈利压力增大。福建省上市公司规模偏小，持续盈利能力较差，2011年影响上市公司盈利持续快速增长的因素增多，上市公司做大做强的压力增大。二是证券公司管理制度有待健全。随着融资融券、股指期货等新业务、新产品的不断推出，影响证券公司发展的因素更加复杂，因此包括信息隔离墙、合规管理有效性评估在内的证券公司合规管理制度有待进一步健全。三是期货公司发展后劲偏弱。期货营业部数量偏多，呈饱和状态，市场竞争激烈，业务同质化明显，佣金率成为主要竞争手段，导致交易手续费下降，近三分之一的期货营业部处于亏损或微利状态。

（三）保险业稳定评估

1. 保险业运行情况

一是保险业综合实力不断提升。2010年全省保险业累计实现保费收入423.6亿元，保费规模居全国第14位，同比增长28.1%。保险主体增长平稳，全省保险公司主体数量达到44家。资产规模逐步壮大，全省保险业总资产达到840亿元，同比增长25.5%。保险市场发展势头良好，在自然灾害频发导致赔款支出快速上扬的情况下，财产险公司（不含厦门，下同）扭转了自2007年以来持续亏损的局面，承保利润率为3.8%，寿险保费收入同比增长24.3%。二是助推经济的作用持续发挥，全省保险深度2.95%，上升0.18个百分点；保险密度1159元/人，增长27.1%；人均保险消费支出占城镇居民可支配收入的5.4%，上升0.7个百分点；70多家保险机构入驻全省21个试点小城镇，支持小城镇各项建设；促进对外贸易增长，出口信用险把业务网点延伸到省内所有设区市，累计赔款支出同比增长75.7%。三是民生保障功能不断增强。全年累计为社会承担风险保障总额11.6万亿元，累计赔付支出102.9亿元，同比增长8.62%；全年保险业重大灾害赔款超过7亿元。服务和支持“三农”发展，政策性农业保险业务实现保费收入2.8亿元，提供风险保障超过1100亿元，累计赔款支出2.8亿元，是福建省农险试点工作启动以来赔付额最高的一年。支持社会保障体系建设，推动商业养老保险及健康保险发展，累计寿险责任准备金同比增长25.5%；普通寿险和健康保险业务累计赔付支出同比增长8.7%；“新农合”受托管理工作稳步推进，为700万农民提供健康保障，参合率达到97.8%。

（四）保险业运行需要关注的问题

一是财产险市场部分领域效益仍然不佳。在20家财产险公司中，承保亏损的公司虽然大幅减少（6家扭亏为盈），但仍有10家出现亏损，其中绝大部分为中小公司；交强险业务综合赔付率达80.6%，上升7.4个百分点，综合成本率111.5%，上升11.3个百分点，承保利润亏损1.7亿元。二是人身险公司结构调整基础仍需进一步巩固。部分公司银保业务比重过大，10家人身险公司银保业务占比超过50%，易受到资本市场等宏观经济环境的影响；寿险业务退保明显反弹，寿险业务退保金达26.6亿元，同比增长36.4%，综合退保率为3.1%，与全国平均水平持平。三是市场行为不规范问题仍较突出。返佣、赠送险种、给予合同以外利益等行为屡禁不止；招投标中违法违规、支付高额手续费进行恶性竞争、侵占、挪用保险资金以及保险欺诈等保险领域的司法案件时有发生；截留保费、缮制阴阳保单等严重违法行为有所冒头；车险电话销售不规范；理赔难、销售误导问题社会反映还比较集中。

三、金融市场运行与金融稳定

（一）金融市场运行状况

1. 货币市场交易活跃。全省同业拆借、债券回购、现券交易三项成交总额75474.88亿元,同比增长30.51%。全年拆借、债券市场净融入资金27492.92亿元,交易以短期融通为主,7天以内拆借品种占拆借成交总量的95.15%,7天以内质押式债券回购占质押式债券回购成交总额91.53%。票据融资总量增速平稳,年末融资余额(含承兑、贴现、转贴现)2445.89亿元,同比增长20.08%。企业债务融资工具(包括短期融资券、中期票据)发行迅速发展,新发行企业6家,全年12家企业发行15期,发行金额95.45亿元,占2005年以来累计发行金额的35.08%。衍生品市场交易品种较少,主要有人民币利率互换和人民币远期利率协议,交易额分别为3036.34亿元和23亿元。

2. 外汇市场总体平稳。结售汇规模增长迅速,全年银行结售汇总额增长33.68%,净结汇增长42.6%。企业购汇意愿减弱,以外汇贷款替代进口支付的规模逐步扩张,并倾向采取提前或抓紧收汇、见汇即结的方式规避风险。购汇偿还外汇贷款规模增长,进一步加大了资本与金融结售汇逆差,全年贸易净结汇增长44.41%,而资本与金融项目净售汇增长64.34%。远期结汇履约增长显著,企业通过远期结售汇业务锁定汇率风险的积极性增强,全年远期净结汇75.3亿美元,增长近3倍。境内外汇贷存比不断攀升,外债余额大幅增长,银行短期外债也大幅增长,负债"外币化"趋势明显增强。全年外债累计提款增长150%,累计还本付息增长33.3%。外汇收支总体上和实体经济运行情况基本一致。

3. 黄金市场继续保持增长态势。全年省内4家会员单位在上海黄金交易所成交总量809017.7千克,增长38.39%,其中自营量下降18.78%,代理量增长68.21%。省内开办纸黄金交易的工商银行、中国银行、建设银行等金融机构共办理个人纸黄金交易174.13亿元,增长11.06%。辖内工商银行、中国银行、建设银行共销售实物黄金19.23亿元,为2009年的2.19倍,招商银行、华夏银行、浦发银行等股份制银行销售实物黄金2.22亿元,比2009年增加1.61亿元。

4. 民间借贷市场更趋活跃。调查显示,全年全省监测样本民间借贷发生额28.2亿元,增长33.7%。民间借贷利率水平有所上升,四季度监测样本民间借贷加权平均利率18.37%,比一季度上升0.59个百分点。借贷以短期为主,资金用途较单一,民间借贷担保程度不断提高,由传统的口头协议和书面协议的信用借款,逐渐向质押、抵押、中介担保等方式转变。

(二)金融市场运行应关注的问题

1. 金融风险跨市场传染性增强。随着我国对国际市场的依赖程度加深,石油、大豆、金融等期货市场价格的波动对国内相关产品的价格影响越来越大,同时社会资金在市场间的流动使得各金融要素市场间的关联性增强,金融市场风险传染的可能性加大,市场风险监测、防范等工作复杂性增加。

2. 外汇市场管理难度加大。在利差和汇率升值双重收益的诱导下,外汇收支失衡压力加大。境内外人民币购汇价格的差异导致境内售汇规模被分流,加剧净结汇的增长,加大跨境资金流入压力。同时由于本外币利差和即远期售汇价之间存在套利空间,部分企业倾向于保留本币资产,增加外币负债,以人民币质押办理外汇贷款、海外代付等业务,从而延期购付汇,加大了国内流动性压力。此外,异常资金以"蚂蚁搬家"方式渗入的新案例,不同项目相互借道、利用分拆规避监管的问题较突出。

3. 民间非正规金融潜在风险。在福建省部分地区,一些基于民间借贷关系的投资仅以"汇款单"或"收款证明"作为投资凭据,没有规范的投资凭据,加大了民间借贷风险隐患。同时,利益分配制度的匮乏、监督机制的不完善,易导致收益分配严重不均、挪用侵占参股资金等问题。

四、金融基础设施与金融稳定

(一)支付体系

2010年福建省支付体系建设快速推进,支付服务效率和质量进一步提升,城乡一体的支付服务网络不断完善,支付环境不断优化,对区域金融稳定运行起到积极促进作用。一是成功上线运行福建省公民身份信息核实系统,解决近百万身份信息再核实业务,率先在全国解决联网核查疑义信息再核实问题上取得重大突破。二是成功上线电子商业汇票系统和网上支付跨行清算系统,对降低票据业务风险和成本、便利中小企业融资、有效防范变造伪造票据、突破金融服务空间和时间限制起到积极的促进作用。三是金融IC卡产业跨越发展,全省共发行金融IC卡1000多万张,发卡量位居全国第一;应用领域和受理环境不断优化,实现金融IC卡发行市场和受理市场的良性互动和银行卡安全技术的革新。四是农村支付环境建设步入良性循环,全省ATM乡镇覆盖率为46.97%,农村地区固话支付终端布放同比增长83.26%,农村网上银行用户数达280万户,自助设备覆盖全省63%的县(市)、70%的行政村,并率先在25个县(市)开展农村地区特约商户小额取现业务试点,解决未设金融网点农村地区的现金支取难题,让农民享受到"足不出村的金融服务"。五是打击银行卡犯罪成果卓著,全年共破获银行卡案件3194起,挽回经济损失3507万元。

(二)反洗钱

2010年全省各级人民银行积极推行"风险为本"监管原则,有效促进义务主体不断提高履行反洗钱义务自觉性,在挖掘有价值可疑交易线索和协助调查涉嫌洗钱及其相关犯罪、维护百姓合法权益等方面取得突破,为构建和谐金融生态环境和维护社会经济金融稳定发挥了作用。一是建立"以县为块"的反洗钱资金监测"情报网",促进义务主体加强监测分析。全年全省可疑交易线索收集数、报案数、立案数同比分别增长205%、215%、600%。全面落实"差异化"监管,全年全省在现场检查中发现重点可疑交易线索数和报案数同比分别增长480%和250%。二是加强与侦查、司法机关的案件协作。全年全省组织开展反洗钱行政调查191次,协助侦查机关破案41起,推动洗钱及相关犯罪案件判决17起。三是探索开展风险警示教育,切实维护百姓权益和社会稳定。针对"警察查洗钱"名义等虚假信息诈骗案件高发的态势,连续发出两份风险警示文件,要求银行立即采取措施,升级网银系统,改进业务流程,加强网点柜面风险提示,及时开展金融产品自查自纠,加强客户身份识别工作,防范于未然;并在全社会广泛开展反洗钱公民配合义务和防诈识骗知识的社会宣传,使犯罪分子无机可乘。在风险提示发出后的2个月内,成功堵截该类案件19起。

(三)信用环境

2010年福建省全面推进企业和个人征信系统的建设,努力营造海西经济区良好的社会信用和金融生态环境。一是企业和个人征信系统建设取得成效。2010年末福建省进入企业征信系统联网的金融机构网点共2697家,收集各类企业23.17万户,涉及人民币各项贷款余额10299.25亿元。全省开通个人征信系统用户数1.81万个,涉及人民币个人信贷余额5344.29亿元;已采集电信、环保、社保、法院等16项非银行信息。二是中小企业信用体系建设得到拓展。截至2010

年末,全省建立中小企业信用档案7.86万户,其中7390户企业获得银行授信意向,7120户企业获得银行融资。三是农村信用体系建设成效显现。2010年末全省已建信用档案的农户达196.2万户,占辖内农户总数的29.7%,农村信用社对已建档案的127.6万户农户累计发放贷款1607亿元。四是海峡两岸企业征信信息共享促进了对台资企业授信。自2009年5月,厦门市商业银行成立了台商业务部以来,大陆银行对台商企业授信业务不断增加。截至2010年末,台商部的开户数143户,人民币存款6.92亿元,通过核准的授信金额为人民币14.85亿元,表内动拨金额为人民币4.5亿元;表外动拨金额为人民币9872万元。

(四)司法环境

2010年福建省金融司法环境不断彰显海峡西岸特色。福建省人大制定实施《福建省实施 < 中华人民共和国台湾同胞投资保护法 > 办法》,鼓励台湾投资者依法在福建省设立银行、保险、证券等金融机构或者参股福建省金融机构,推动两岸区域性金融服务中心建设。全省各级法院制定下发加强涉台审判工作意见,审结涉台案件2041件,办理涉台司法互助案件2914件,并与浙江、广东、江西省高级人民法院联合签署《海峡西岸经济区法院涉台司法事务合作协议》,构筑两岸司法交流合作的前沿平台。全省各级法院以机制创新为动力,继续深入推进执行工作持续发展。采取被执行人信息公示、媒体曝光、限制出境等措施,健全执行机制,多方查控被执行人财产,对赖账企业和个人依法强制执行,共执结案件12.07万件、标的金额156.11亿元。

(五)金融宣传

2010年人民银行福州中心支行围绕中心工作,以"创新宣传方式、普及金融知识、营造良好舆论环境、突出海西区域特色、树立央行维稳形象"为立足点,精心策划组织了"央行助推福建经济跨越发展"、"构建安全用卡环境服务海西跨越发展"、"防诈骗、惠民生,打击洗钱、和谐海西"反洗钱宣传、外汇诚信兴商等特色金融宣传活动。持续动员各方面力量,深入基层、深入乡村和非法金融活动高发地区,与社会公众"零距离"沟通,切实增强民众的非法金融活动识别和防范能力。结合海西区域特色开展"改善海西金融服务环境支持福建经济跨越发展"宣传活动,将新服务、新产品、新政策送进闽台经贸集散地福州保税区、闽西革命老区龙岩古田镇、民营企业区泉州南安县,将宣讲推介与展位宣传相结合,通过银企互动,为企业和社会公众量身打造个性化、专业化的特色服务方案和多层次服务体系,构建全面化的产品超市,服务地方经济跨越发展。据不完全统计,全年福建省各级人民银行共组织开展专题宣传活动2072场次,发放各类宣传材料130余万份。

五、政策建议

(一)加强金融服务功能,持续推进经济结构调整与发展方式转变。大力加强金融服务创新,开展中间业务创新,提升金融服务的层次和水平。拓展金融同业合作,增强综合服务能力,并科学发展金融衍生产品,满足市场避险需求。认真贯彻落实稳健的货币政策,坚持"区别对待、有扶有控"原则,加强信贷政策引导,加快信贷结构调整步伐,引导银行业金融机构优化信贷投向,促进产业结构优化,创新信贷方式,满足多元化社会融资需求。继续推进跨境贸易人民币结算试点工作,促进企业贸易便利化。

(二)抓住《海峡两岸经济合作框架协议》(ECFA)签订与生效的契机,探索闽台交流合作新途径。推动落实ECFA,积极实施货物贸易日期收获计划,扩大福建优势产品出口,增加对台湾产品进口,争取服务贸易合作先行先试,开展口岸业务电子商务合作,争取不同阶段的闽台合作先行先试内容列入ECFA后续协议。推动闽台金融机构双向互设和业务合作,建设厦门、福州两岸区域性金融服务中心,强化平潭在两岸交流合作中的特殊地位,争取平潭在两岸金融合作方面先行先试。

(三)加快多层次市场体系建设,提高直接融资比重。完善社会融资结构,扩大股权融资规模,持续推动各类企业上市融资,积极引导上市公司再融资,提高市场竞争力。进一步推进市场化并购重组,创新并购管理重组方式,支持符合条件的上市公司将资产重组与融资同步进行,引导上市公司通过并购重组实现整体上市。着力发展债券市场,建立健全福建省债券市场发展的合作机制,促进债券产品创新,显著增加债券融资规模。加快场外市场建设,为福建省非上市公司股份提供必要的转让和流通渠道。

(四)稳步推进金融体制改革,增强金融机构抵御风险能力。积极推进已改制大型商业银行完善现代企业制度,重点推动农业银行"三农金融事业部"改革。支持村镇银行、小额贷款公司的设立与发展,促进创新型农村金融组织可持续发展。推动证券业机构改革,规范融资融券等创新业务开展,逐步提高法人证券机构整体实力与市场竞争力。扩大保险覆盖范围,大力发展农村政策性和商业性保险业务。不断完善地方中小法人金融机构的法人治理结构,真正形成决策机构、执行、监督互相制衡的治理结构。

2010年天津市金融稳定报告

文章来源:中国人民银行天津分行

2010年,面对极为复杂的国内外经济金融形势,在党中央、国务院的正确领导下,天津市坚决贯彻落实中央的决策部署和政策措施,紧紧围绕"解难题、促转变、上水平"的要求,经济保持了平稳较快增长。地区经济实力显著增强,经济总量跃上新台阶。金融业在改革、创新和发展中继续推进,金融体系功能不断完善,金融机构实力明显增强,天津市金融业总体稳定。

一、经济与金融稳定

(一)经济保持平稳较快发展为金融稳定奠定了良好基础

2010年,天津市地区生产总值(GDP)达到9108.8亿元,比上年净增1587.0亿元,按可比价格计算,增长17.4%。分三次产业看,天津市第一产业增加值149.5亿元,增长3.3%;第二产业增加值4837.6亿元,增长20.2%;第三产业增加值4121.8亿元,增长14.2%。滨海新区行政管理体制实现重大突破,经济发展活力进一步释放。全年新区完成生产总值5030.1亿元,增长25.1%,高于全市平均水平7.7个百分点。主要呈现以下特点:

1.结构调整继续深入,自主创新能力提升。2010年,天津市一、二、三产业占全市GDP比重分别为1.6%、53.2%和45.2%,第三产业占比持续提升。农业生产保持稳定。连续7年增产,并创近11年来最好水平。工业生产增长较快。全年规模以上工业增加值增长23.7%,增幅比上年提高0.9个百分点。服务业发展势头良好。全年服务业增加值增长14.2%,对经济增长的贡献率为33.3%,拉动经济增长5.8个百分点。自主创新能力提升。2010年,全市全社会研发经费支出占生产总值的比重提高到2.5%。国家超级计算机天津中心等一批重大创新平台建成运行,全年专利授权首次突破1万件,启动实施了科技“小巨人”成长计划，全市科技型中小企业达到1.3万家。

2. 三大需求共同拉动，经济发展协调性增强。投资快速增长。天津市全年全社会固定资产投资完成6511.4亿元，增量连续3年超千亿元，增长30.1%。其中，城镇投资6114.3亿元，增长30.1%，农村投资397.1亿元，增长29.7%。消费保持活跃。全年全社会消费品零售总额完成2902.5亿元，增长19.4%，增幅比上年提高2.5个百分点；城市居民家庭人均消费性支出16562元，增长11.9%，增幅比上年提高1.6个百分点。外需恢复增长势头。全年外贸进出口总额完成822.0亿美元，增长28.8%，扭转了去年的下降局面。其中进口446.8亿美元，增长31.7%，出口375.2亿美元，增长25.5%。

3. 财政收入快速增长，企业效益持续好转。2010年，天津市财政收入完成1068.8亿元，增长30.1%。主体税种收入增长较快。在汽车制造、石油石化、金融保险和房地产业增长的强力拉动下，全年地方税收收入完成776.7亿元，增长26.6%，增幅比上年提高14.2个百分点。企业效益持续好转，呈现出利润增幅高于利税增幅、利税增幅高于销售增幅的良好发展态势。全年规模以上独立核算工业企业完成主营业务收入17131.0亿元，增长38.2%。实现利税总额1683.2亿元，增长58.7%。

4. 城乡居民收入较快增长，民计民生持续改善。就业规模继续扩大。2010年，天津市新增就业45.2万人，增长12.2%。截至年末，全市城镇单位从业人员204.8万人，比上年增加3.1万人。2010年，城镇单位从业人员人均报酬为50427元，增长14.8%。保障性住房供应增加。全年开工建设保障性住房680万平方米，占全市住宅建设量的30%以上，为7.8万户低收入住房困难家庭发放租房补贴。民生投入快速增长。2010年财政对社会保障和就业、医疗卫生、环境保护和城乡社区事务方面支出分别增长20.2%、28.6%、87.8%和38.9%，合计支出589.5亿元，占全部财政支出的43.6%。

（二）经济运行中需要关注的方面

1. 关注物价高位运行。2010年，在国际经济缓慢复苏、国内经济趋稳回升、内外部流动性充裕的大背景下，天津市各类主要价格指数均呈高位运行态势。其中，居民消费价格指数有10个月超过3%的警戒水平。进入2011年以来，受全球粮价上涨，世界主要经济体货币条件持续宽松、大宗商品价格上涨，输入性通胀压力增大，以及国内种粮成本上升、北方地区旱灾，劳动力成本上升等因素影响，天津市物价上行压力加大，如果持续充裕的流动性得不到有效调节，可能催生新的资产价格泡沫和通胀压力，给经济可持续发展和金融稳定带来风险。

2. 关注发展中的结构性矛盾。当前，随着重大项目陆续建成投产，工业新增产值较为可观，将继续发挥对经济增长的支撑作用。在新一批重大项目的拉动下，投资需求仍将担当经济增长的主引擎。但这种投资主导经济增长，过分依赖资金投入量大、期限长的投资拉动型经济发展模式容易导致部分行业过热和经济周期波动。同时，也容易造成金融机构资金来源与运用的不匹配，带来流动性风险隐患。

3. 关注影响外贸增长的不利因素。2010年，天津市外贸进出口从危机中走出，但出口仍未恢复到危机前的水平，出口增速明显低于全国平均水平。同时，外贸进出口占全国的比重和对外依存度双双降低。进入2011年以来，在贸易保护主义不断增强、全球流动性泛滥、人民币汇率不断升值以及国际大宗商品、原材料和能源价格持续上涨等多重因素推动下，天津市净出口增长难度加大，其出口对经济发展的贡献一旦萎缩，可能影响天津市经济长期竞争力。

二、金融业与金融稳定

2010年，天津市金融业认真贯彻执行中央的各项宏观调控政策措施，积极落实应对金融危机和服务民生的一揽子计划，不断改进金融服务，努力增强经营效益，有力地促进了经济平稳较快的发展。

（一）银行业发展势头良好，稳健性增强

1. 银行业基本情况

2010年，天津市银行业认真贯彻落实适度宽松的货币政策和各项监管措施，加大信贷对天津市重点项目、经济社会薄弱环节的支持力度，不断深化内控改革，强化风险控制措施，各项经营指标保持稳定，整体实力和抗风险能力持续增强。截至2010年末，天津市共有银行业金融机构66家。资产总额23934.4亿元，同比增长23.8%；负债总额23095.2亿元，同比增长31.2%。本外币存款余额16499.3亿元，同比增长18.8%；本外币贷款余额13774.1亿元，同比增长23.5%。

（1）资产质量整体提升，但资产质量持续改善压力加大。2010年，天津市银行业金融机构不良贷款余额和不良贷款率继续实现低位“双降”。截至年末，天津市金融机构不良贷款余额143.17亿元，同比减少63.9亿元；不良贷款率0.97%，同比下降0.8个百分点；拨备覆盖率207.0%，同比提高103.1个百分点。从贷款投向看，地方政府融资平台、基础设施和集团客户贷款增加，“贷大、贷长和贷集中”问题越发突出，随着经济结构调整步伐的加快，信贷资金出现损失的可能性明显增大。

（2）拨备覆盖高位提升，风险抵补能力增强。截至2010年末，天津市银行业金融机构贷款损失准备金余额296.4亿元，同比增长37.8%，贷款损失准备充足率240.1%，同比提高113.0个百分点，拨备覆盖率207.0%，同比提高103.1个百分点。

2010年，天津市各法人商业银行采取切实措施补充资本，提高资本金水平。其中，渤海银行资本净额增加54.2亿元，天津银行增加27.3亿元，天津滨海农村商业银行增加9.9亿元，天津农商银行完成合并重组，资本净额88.9亿元。截至2010年末，天津市法人银行资本充足率全部符合现行监管标准。

（3）盈利水平大幅提升，盈利结构有所改善。2010年，随着实体经济的平稳较快发展和信贷投放收益逐步实现，天津市银行业金融机构盈利水平不断提高，全年银行业金融机构实现净利润267.3亿元，同比增长42.3%，增速比上年提高30.2个百分点。其中，外资银行分行累计净营业收入8.3亿元，比上年同期增长2.3亿元，增幅38.9%；实现净利润5.5亿元，比上年同期增长2.4亿元，增幅74.8%。

（4）外资银行存贷比过高，中资商业银行法人银行机构流动性充足。2010年，在津外资银行存贷比平均为90.7%，明显高于监管部门要求。天津市各法人银行流动性指标均符合监管要求，但天津滨海农村商业银行存贷比1月至11月一直高位运行，在年末下降到67.0%。

（5）新增存款同比下降明显，票据融资大幅减少。截至2010年末，天津市银行业金融机构本外币存款余额16499.3亿元，同比增长18.8%，增速比2009下降23.3个百分点。本外币存款新增2611.2亿元，同比少增1320.6亿元，仅为上年同期的66.4%。天津市银行业金融机构票据融资余额450.2亿元，比上年相比减少91.0亿元，同比多减212.9亿元。

(6)信托公司、财务公司、金融租赁公司经营稳健,整体盈利水平较好。截至2010年末,天津市2家信托公司管理的资产总额共计866.8亿元,比年初增长65.7%,全年累计实现净利润3.9亿元。3家法人财务公司资产总额共计93.6亿元,比年初增长23.5%;全年累计实现净利润1.1亿元。2家法人金融租赁公司资产总额共计974.0亿元,比年初增长72.1%;全年累计实现净利润10.9亿元。

2.银行业发展中需要关注的方面

(1)关注银行信贷集中度上升的问题。2010年,信贷投放继续表现出"喜大、好长"的特点。从新增贷款期限结构看,2010年,全市银行业金融机构新增贷款2623.7亿元。其中,中长期贷款1936.2亿元,占73.8%。从行业投向看,银行贷款特别是中长期贷款超过50%投向了包括交通运输、水利、环境保护等在内的基础设施行业。

(2)关注资产负债期限错配问题。从资金来源看:受经济活跃程度上升的影响,天津市银行业金融机构存款活期化趋势明显。截至2010年末,企事业单位活期存款占其全部存款的75.8%,比上年同期提高4.5个百分点;活期储蓄占储蓄存款的33.6%,比上年同期提高2.1个百分点。从资金运用看:天津市银行业金融机构中长期贷款占比持续提高。截至年末,中长期贷款占67.3%,比上年提高1.6个百分点。资产负债期限结构错配进一步加剧。

(3)关注政府融资平台公司信贷资金安全。截至2010年末,天津市政府融资平台企业贷款余额同比增长17.9%。融资平台贷款中信用贷款占比较大。全市政府融资平台公司信用贷款余额占全市平台贷款余额的44.6%。其中,政府承诺担保贷款余额883.9亿元,占信用贷款的35.3%。由于银行对融资平台的资金监管较为困难,信贷资金安全应予以关注。

(4)关注房地产市场波动对银行信贷影响。2010年,天津市房地产市场受"国十一条"等一系列中央及地方调控政策影响,在保持平稳发展的同时,出现商品房销售增幅回落、价格同比增速下降、房地产贷款增长放缓等情况。截至2010年末,全市新建商品房销售面积为1564.5万平方米,同比下降1.6%。房地产贷款余额为2949.1亿元,同比增长22.7%。房地产调控政策对房价"下行"、销售减少的压力,导致房地产企业面临的不确定因素增多,潜在的银行信贷的信用风险增大。

(二)证券期货业运行平稳,盈利能力改善

1.证券期货业基本情况

截至2010年末,天津市共有证券公司1家,证券营业部94家,证券投资咨询公司2家,资信评级公司1家,基金管理公司1家,期货公司6家,期货营业部19家,境内上市公司36家。私募股权投资基金和基金管理公司917家,天津成为股权投资基金相对集中的城市。

(1)渤海证券公司经营平稳。截至2010年末,渤海证券总资产128.5亿元,较上年减少了6.2%,净资产28.8亿元,较上年增长了4.0%。渤海证券管理的客户资产768.1亿元,其中托管的证券市值677.8亿元,客户交易结算资金90.3亿元。公司进一步完善了风险控制指标压力测试机制,积极探索全面、高效的测试方法,制定相关制度,风险管理水平有所提高。

(2)证券营业部积极试行新业务。截至2010年末,天津市共有94家营业部,合计开立证券账户240.6万户,资金账户136.1万户,全年证券交易额15754.5亿元,比去年同期增长了2.7%。截至2010年末,天津开展融资融券业务试点的证券营业部30家,进行融资融券交易的客户279户,开展股指期货中间介绍业务的证券营业部21家,进行股指期货交易的客户290户。

(3)天弘基金管理公司规模大幅增长。截至2010年末,天弘基金管理公司总资产7400.1万元,净资产5643.5万元,总规模75.2亿元,基金总份额92.8亿份,公司管理的基金规模和份额同比均大幅增长,分别增长67.0%和39.0%。旗下共管理六只基金,其中2010年新设基金两只,募集金额34.4亿元。

(4)期货市场继续保持平稳运营。2010年,6家期货公司全年代理交易总额25358.6亿元,代理交易总量2782.8万手,手续费收入9288.1万元;19家期货营业部全年代理交易总额18041.5亿元,代理交易总量1941.3万手,手续费收入8250.3万元。目前,天津注册资本超过1亿的期货公司有3家,期货公司的整体抗风险能力得到了明显提升。

(5)上市公司融资情况良好。2010年,天津市境内上市公司累计融资71.6亿元,其中有6家公司首次发行并上市,合计融资60.9亿元,2家公司为创业板公司;1家非公开发行股票融资。截至2010年末,天津境内上市公司总股本393.2亿股,总市值3953.0亿元,其中流通市值3399.4亿元。

2.需要关注的方面

(1)私募股权投资基金发展亟需规范。由于我国目前对私募股权投资基金的信息披露、杠杆率与系统性风险防范等还没有出台相关的法律规定,因此私募股权投资基金发展过程中仍存在监管主体缺失、募集不合规等现象,私募股权基金的发展亟需规范。

(2)证券公司的综合竞争力需进一步提升。目前,证券公司仍然存在着盈利模式单一,业务同质性过高,开发的产品和服务针对性不高等问题。

(三)保险业平稳较快发展,服务社会经济能力提升

1.保险业基本情况

截至2010年末,天津市共有各类保险机构43家,其中法人机构4家,产险分公司19家,寿险分公司23家,专业中介机构81家,各级各类兼业代理机构2694家。保险公司总资产为593.0亿元,同比增长28.3%。2010年,天津市保险业共实现保费收入214.0亿元,同比增长41.5%,高于全国水平11.0个百分点,增速全国排名第6位。截至2010年末,天津市保险密度达到1738.1元/人,保险深度2.4%。

(1)产险公司效益良好,寿险公司亏损。2010年,天津市保险公司实现营业收入201.9亿元,同比增长39.0%;营业利润-10.56亿元,同比减亏19.85亿元;净利润-10.5亿元,同比减亏20.0亿元。其中,产险公司实现净利润5.1亿元,比2009年增长159.0%。产险业的承保利润率增幅居全国第一,综合成本率、综合费用率、综合赔付率、手续费用率等7项综合指标降幅在全国排名第一,车均保费指标的同比增幅居全国第二。寿险公司2010年营业利润-15.5亿元,同比减亏6.0亿元。

(2)寿险业务期限结构优势突出,主渠道进一步改善。2010年,全市寿险公司累计实现续期保费收入63.8亿元,占总保费收入比重的43.0%,高于全国平均水平9个百分点。新单保费收入83.7亿元,新单与续期结构比57 : 43。新单业务中,趸交保费收入52.70亿元,期交保费收入31.0亿元,新单期、趸交业务比为37 : 63,优于全国结构。2010年,全市人身险公司个人代理和公司直销两类自有渠道分别实现保费收入81.9亿元和14.7亿元,合计占总保费收入的比重为65.5%。个人代理、公司直销两类自有渠道占比高于全国平均水平15个百分点,渠道结构渐趋平衡。

(3)法人机构偿付能力总体充足,投资收益良好。光大

永明人寿保险有限公司(以下简称“光大永明”)得益于股东注资,偿付能力充足率指标在年末跃升至694%,其余三家也均能达到150%的监管要求。四家公司2010年度投资收益情况良好。

2. 天津市保险业需要关注的方面

(1)关注法人机构费用支出过高。2010年天津市四家法人保险机构三家亏损,仅有一家盈利。造成法人机构亏损的原因:一方面是四家公司筹建分支机构使得法人机构的费用增长较快,出现费差损;另一方面是保险业务质量不高造成寿险公司退保率高居不下。

(2)关注经济金融形势的变化对保险资金投资收益的影响。目前,保险资金不但可以投资银行存款、债券、股票、基金等一些传统项目,还可以通过受托机构间接投资于基础设施项目。在新的投资渠道尚无相关实施细则的情况下,保险资金的投资收益仍主要来自于固定收益投资和权益投资,国内存款利率水平和债券收益水平不高,保险资金运用面临挑战。

三、金融市场与金融稳定

2010年,天津市金融市场总体呈现健康发展态势,货币市场交易量平稳增长,债券市场交易活跃,外汇市场交易平稳,黄金市场交易量提高

(一)金融市场运行平稳

1. 货币市场交易量平稳增长,同业拆借短期交易占比较高。2010年,天津市银行间同业拆借市场累计完成信用拆借1466笔,同比增长25.2%;累计拆借金额5170.1亿元,同比增长11.8%。债券回购交易量有所下降,累计成交额达到36329.5亿元,同比下降9.8%。货币市场短期交易占比依然较高。2010年,同业拆借市场交易中,隔夜拆借成交4331.3亿元,占拆借成交总量的83.8%,较上年小幅下降2.4个百分点;1天质押式回购成交32757.9亿元,占质押式回购成交总量的90.2%,较上年增加3.8个百分点。

2. 银行间债券市场交易活跃,市场收益率曲线波动明显。2010年,天津市银行间债券市场成员现券买卖成交金额为23419.9亿元,同比增长34.7%,占全国成交总量的1.8%。净卖出589.4亿元,较上年同期增加了78.2亿元。年初,受央票利率连续上涨,准备金率提高,以及市场长短期资金期限错配的影响,债券市场收益率曲线呈现短升长跌走势。其后,受市场资金充裕、避险资金涌入等诸多因素影响,债券市场收益率全面下行,但随着资金面的逐步回归理性,4月份开始逐步回升,12月末现券买入和卖出较3月末分别提高了37和52个基点。

3. 外汇市场交易平稳,中资银行仍为市场交易主体。截至2010年末,天津市银行间外汇市场共有会员6家,外汇交易统计系统显示,2010年天津银行间外汇市场交易总量为39.5亿美元,同比略降0.46%。其中,即期市场询价交易35.4亿美元,即期市场竞价交易0.07亿美元,询价交易远远超过竞价交易。即期市场买入量低于市场卖出量,市场呈现供大于求状况,供求缺口3.4亿美元。

4. 外汇远期、外汇掉期市场业务量小,但增幅显著。2010年,天津银行间外汇远期和外汇掉期交易合计4.1亿美元,仅占外汇市场交易总量的10.4%,但二者增幅显著,其中外汇远期交易金额2.3亿美元,成交84笔,同比大幅增长39.7倍和7.6倍;外汇掉期市场交易金额1.8亿美元,成交13笔,同比增长30.9%和62.5%,银行规避汇率风险意识显著增强。

(二)金融市场运行中需要关注的方面

1. 货币市场利率明显上升,市场集中度依然较高。受市场融资增多、通胀预期明显上升及货币政策由适度宽松转为稳健等多种因素影响,市场利率呈波动中明显上升态势,全年银行间市场同业拆借拆入加权平均利率为1.6713%,较上年同期上升61个基点;质押式回购正回购加权平均利率为1.7159%,较上年同期上升69个基点。从资金拆借量分布情况看,当前,天津银行和渤海银行作为规模较大的驻津法人银行金融机构依然在天津货币市场中占据主导地位,两家机构合计拆借资金量占全市拆借总量的八成以上。由于地方银行金融机构在资产规模、授权授信、市场信誉等方面要明显优于其他天津银行间市场成员,交易主体之间的不对称以及在构成、分布和资源配置等方面的不均衡导致了市场集中度偏高。

2. 实物黄金交易成交量和规模均大幅提高,市场交易品种相对单一。2010年,天津市实物黄金交易量为20055.1公斤,同比增长78%,成交金额为52.6亿元,是上年同期的2.5倍,相对于“纸黄金”市场的下降,实物黄金交易各项指标均大幅攀升。从黄金市场的交易品种来看,黄金投资目前有纸黄金、现货、延期、品牌金等方式,黄金凭证、黄金掉期等国际主要黄金衍生产品尚未开展,缺乏广阔的投资平台,不仅未能有效满足投资者套期保值、规避风险的需求,也影响了市场效率。

四、金融基础设施与金融稳定

2010年,天津市金融基础设施现代化稳步推进,支付体系建设取得新进展,征信体系建设不断完善,反洗钱工作继续推进,在营造安全有序的金融环境、促进金融业稳健运行方面发挥了重要作用。

(一)支付体系建设取得新进展

1. 支付清算系统建设稳步推进。一是网上支付跨行清算系统在2010年8月30日试点运行。通过向客户提供全天候的支付服务,提高了网上银行客户跨行零售支付业务的处理能力。二是电子商业汇票系统于2010年6月28日在天津市顺利推广上线,使天津市商业票据业务向电子化时代迈进。三是在2010年10月11日试点开展天津滨海新区支票截留业务。通过全国支票影像交换系统实现截留,使大部分资金实现当天到账,为客户提供更加快捷、便利的支付清算渠道。

2. 非现金支付工具应用更加广泛、业务管理进一步加强。2010年,天津市成功发行首张符合“津通卡”项目标准的“牡丹交通卡”,成功尝试开展一卡多用、一卡多效的工作;公务卡得到进一步推广应用,强化了公务支出管理、促进阳光财政;专用卡管理得到进一步加强,天津银联成为天津市从事专用卡资金清算业务的公司,专用卡资金清算流程得到进一步规范。人民银行天津分行会同天津银监局、天津市公安局、天津市工商局建立了联合整治银行卡违法犯罪活动协作机制。牵头成立了天津市联合整治银行卡违法犯罪办公室,畅通情报信息渠道,加强案情分析和通报,有效保护了广大持卡人的利益。

3. 支付结算监管力度加大。一是账户管理得到进一步加强。2005到2010年,共受理单位银行结算账户开户申请28万余笔,开立22.2万户。目前,各类银行结算账户共计4786.6万户,其中个人银行结算账户4737.6万户,单位银行结算账户49.0万户。二是票据风险防范能力大幅提高,组织建立了信息通报制度,整理各银行上报的可疑票据信息、风险案件、相关线索,及时通报全辖,协调各商业银行共同加以防范。同时,广泛开展票据反假培训,全市千余名一线银行会计人员参加票据反假培训,提高商业银行对票据业务风险及柜台操作风险的防范能力。

4. 支付清算体系的资金清算量持续增长。2010年,天津市支付清算类业务保持增长势头,支付清算体系为公众提供

了多元化的支付清算途径，对加快社会资金周转，支持地方经济发展起到了积极的作用。2010 年，天津市各银行业金融机构通过支付清算系统共处理各类业务 2.3 亿笔，清算资金 35.2 万亿元，与去年同期相比分别增长了 27.5% 和 33.4%。

（二）征信体系建设不断推进

2010 年，人民银行天津分行加快征信体系建设，不断提高征信系统数据质量，改进征信产品服务，加大征信市场监管力度，构建征信宣传及教育机制，在促进地方金融生态环境改善，推进地方信用体系建设，支持地方经济发展方面发挥了重要作用。

1. 征信系统应用成效逐步显现。截至 2010 年末，全国统一的企业征信系统共收录天津市 19.8 万户企业和其他经济组织的基本信息和信用信息，日均查询量 3772 次；个人征信系统收录了全市 890.7 万自然人的基本信息和信用信息，日均查询量 8200 次。征信系统成为金融机构信贷决策的重要信息支撑。征信系统在帮助金融机构了解企业、个人的信用状况，提高审贷效率，防范信用风险，维护金融稳定等方面发挥了重要作用。

2. 地方信用体系建设全面推进。稳步推进开发区信用体系建设，拓展征信系统信息覆盖范围，有效推动企业和个人信用报告在政府及相关部门广泛应用，推广征信产品服务。截至 2010 年末，天津市社保缴存信息、公积金缴存和贷款信息已全部纳入人民银行企业和个人征信系统，质监、劳动、环保、安监、海关、农业、建设、规划等部门的部分行政执法与资质信息相继采集入库，与开发区劳动人事局等部门实现信息共享，企业和个人信用报告在天津市金融办及相关部门行政管理中得到推广应用。

3. 中小企业和农村信用体系建设取得新进展。截至 2010 年末，累计为全市 12.4 万户中小企业建立了信用档案，提供信用报告查询服务 7.6 万次，1421 户企业获得银行授信支持，累计贷款金额 1718.8 亿元。其中，2010 年，贷款户数和查询量分别是前三年累计的 2－3 倍。加快推进农村信用体系建设工作，指导涉农金融机构积极完善、应用农户电子档案，提高农村金融服务水平。截至 2010 年末，天津市涉农金融机构为全市 42.6 万户农户建立了电子信用档案，累计提供信贷支持 459.9 亿元。

（三）反洗钱工作水平进一步提升

1. 反洗钱协调机制有效运转。一是多次举行人民银行天津分行与侦查、司法机关的案件会商，合力打击洗钱犯罪活动。二是人民银行天津分行与驻津金融监管部门共同研究强化金融反洗钱监管的措施，尤其是加强对法人金融机构的监管。三是深入开展洗钱案件侦办培训，全年人民银行天津分行、侦查、司法系统近 400 人次接受了关于洗钱案件调查、侦查、起诉和审理方面的培训。

2. 金融机构反洗钱工作深入开展。一是在严格执行金融账户实名制的基础上，不断加强对实际控制客户的自然人和交易的实际受益人的了解，主动探索有效了解客户职业、收入来源等信息的方式方法。二是大力开展信息系统电子化建设，提高客户身份信息和交易信息的可检索性和共享程度，逐步建立以客户为中心的反洗钱信息管理模式。三是加紧开发反洗钱/反恐融资监控名单系统。截至 2010 年末，已有 39 家金融机构正式上线运行监控名单库。四是银行及部分证券机构持续严格实施居民身份证联网核查制度，有效杜绝以假证办理业务和及时发现在逃犯罪分子的作用。

3. 反洗钱监管手段不断丰富。2010 年，人民银行天津分行深入贯彻以风险为本的反洗钱监管理念，采取多种监管措施推动金融机构提升反洗钱的针对性、有效性和均衡性。人民银行天津分行全年共完成对 170 家金融机构的反洗钱测评，对 9 家规模较大或反洗钱工作相对薄弱的金融机构进行了反洗钱现场检查或综合执法检查，对 13 家高风险业务比重较大的金融机构实施了约见谈话，向 8 家未报备反洗钱内控制度或制度不健全的金融机构下达了《反洗钱非现场监管质询书》或《反洗钱非现场监管意见书》。

五、2011 年展望及建议

进入 2011 年以来，国内外经济形势仍然极为复杂。从国际看，世界经济正缓慢复苏，但复苏进程中的不确定性依然明显，世界主要货币汇率大幅波动，国际市场大宗产品价格仍然在高位振荡，各种贸易保护主义措施不断出台，严重阻碍全球贸易的稳定回升。从国内来看，我国面临外需动力依然不足，人民币升值压力不减，通胀预期日益增强，经济由迅速回升转入平稳增长状态，政策推动经济增长效应有所减弱。受内外各种因素的影响，天津市经济发展仍将面临一些挑战。但总体上看，随着 2010 年宏观调控政策效果的逐步显现，支撑天津市经济平稳较快发展的因素有所增加，内生动力和活力继续增强，经济有望继续保持平稳较快增长。天津市要进一步加大经济结构调整的力度，推动经济增长方式转变，提高天津经济金融发展质量，抑制经济金融运行中的不健康、不稳定因素，促进天津市金融业全面协调发展。

（一）加快结构优化调整，改善经济运行基础。一是要依靠科技创新加快培育航空航天、新能源、信息网络、生物医药技术等战略性新兴产业，完善配套，形成产业链条，强化先发优势，增强新兴产业对经济增长的拉动作用。二是加快重大服务业项目建设，推动服务业大发展。积极培育新兴金融业态，促其形成规模，弥补传统金融业务增速回落的不足。打造一批专业特色楼宇，加快发展楼宇经济。抓住“后危机”时代知识密集型、服务外包型等国际高端服务业加快向我国转移的契机，大力引进外资服务业企业，带动服务业转型升级。三是要继续推进好项目、大项目建设，以扩大增量促调整、促转型、促升级。进一步拓宽建设资金融资渠道，激发民间投资热情，鼓励民间资本进入基础设施、社会事业、市政公用等领域，着力提高投资质量和效益。

（二）科学安排信贷投放总量和节奏，支持经济平稳较快发展。一是要根据新形势新情况，着力提高政策的针对性和灵活性，把握好政策实施的力度、节奏和重点。把握好货币信贷增长速度，引导金融机构均衡放款，避免过大波动。二是要落实好“区别对待、有扶有控”的信贷政策，加大对扩大内需、产业结构优化升级、高新技术和战略性新兴产业的支持力度，大力开展绿色信贷，支持发展节能减排和低碳经济，淘汰落后产能。三是要加大银行间债券市场宣传力度，积极做好企业融资推荐工作，推动有条件企业发行中期票据、短期融资券、超短期融资券以及中小企业集合票据。通过扩大社会融资总量，缓解信贷依赖度过高的局面，改善地区融资结构。

（三）努力调整金融发展结构，促进银行、证券、保险协调全面发展。一是要督促银行业金融机构有效改善现行的经营模式和盈利模式，切实转变以往依靠存贷差赚取利润的经营模式和靠规模获取收益的经营理念，切实走集约型、质量型、效益型发展的路子；督促银行业金融机构加强对资产负债的日常动态管理，强化对潜在风险的监控力度，提高风险管理水平。二是要进一步推动证券期货业经营机构规范运作，强化公司治理，实现依法运营和持续发展；转变经营理念，培育核心竞争力，提高公司实力和行业地位。三是要推动保险公司继续培育和发展新型保险保障产品和保险投资产品，加快保险产品和服务创新步伐，努力满足不同层次、不同职业、不同群体的保险需求。

2010 年重庆市货币信贷运行及跨境贸易人民币结算试点情况通报

文章来源：中国人民银行重庆营管部

2010 年，重庆市金融系统认真贯彻落实适度宽松货币政策，存贷款余额均突破万亿元大关，货币信贷增速向常态回归，信贷总量适度增长、投放节奏趋于均衡、信贷结构继续优化，金融市场加快发展，对支持全市经济平稳较快发展发挥了积极作用。2011 年，重庆营业管理部将贯彻落实好稳健的货币政策，引导社会融资总量和信贷总量适度平稳增长，与经济发展的实际需要相匹配。

一、2010 年货币信贷运行特点

（一）各项存款平稳增长，增速高于全国水平

2010 年 12 月末，全市金融机构本外币存款余额13613.97 亿元，同比增长 22.82%，高于同期全国平均增速 3.02 个百分点；比年初增加 2531.72 亿元，同比少增 453.44 亿元。其中，人民币存款余额 13454.98 亿元，同比增长 23.07%，比年初增加 2524.80 亿元，同比少增 388.61 亿元。

（二）信贷总量适度增长，结构进一步优化

信贷增长适度、均衡，增速继续排名全国前列。12 月末，全市金融机构本外币贷款余额 10999.87 亿元，同比增长 24.20%，高于全国平均水平 4.5 个百分点，反映出重庆经济发展较快的实际需求和资金洼地效应。全年人民币贷款新增 2122.09 亿元，同比少增 455.23 亿元；12 月末余额同比增长 24.21%（排名全国第 6、西部第 5），比 2009 年末回落 17.42 个百分点，向近 5 年平均增速的常态回归，兼顾了“适度”和“宽松”的双重要求。同时，信贷结构趋于优化，在支持全市发展重大战略、促进产业调整升级、改善民生等方面发挥了积极作用。

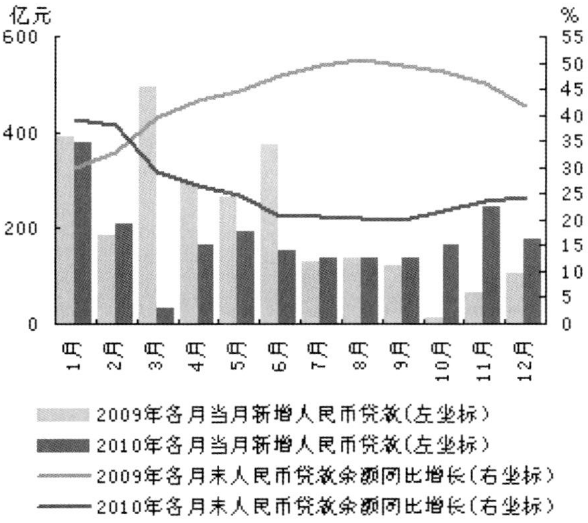

图 1　人民币贷款增长变化

分期限看，短期贷款增长明显加快。12 月末，全市人民币短期贷款同比增长 12.42%，比 2009 年末提高 19.69 个百分点；比年初增加 186.25 亿元，同比多增 62.98 亿元。短期贷款增速达到近 5 年来最高增速，有利于更好地满足企业流动资金需求，缓解存贷款期限错配和贷大、贷长问题。中长期贷款增速回落。中长期贷款余额同比增长 32.63%，增速连续 11 个月回落，比 2009 年末回落 30.2 个百分点；比年初增加 2141.77 亿元，同比少增 150.63 亿元。票据融资明显减少。12 月末，全市票据融资余额比年初减少 277.82 亿元，同比下降 39.6%，主要是异地转贴现净下降。

新增贷款主要投向个人贷款、第三产业和中小企业。分行业看，1－12 月，全市贷款增量投向个人贷款的占全部增量的 35%，水利环境和公共设施业、制造业、交通运输业、房地产业、租赁和商务服务业、建筑业和批发零售业新增贷款合计占比达到 62%。2010 年，重庆营业管理部办理 72.7 亿元中小企业票据再贴现，积极督导落实中小企业信贷政策，推动中小企业贷款持续快速增长。12 月末，全市中小企业贷款余额 4085.7 亿元，比年初增长 861.7 亿元，增幅 26.7%，高于大型企业贷款增幅 5.5 个百分点，其中小企业贷款余额比年初增长 39.8%，小企业贷款增量为 2009 年增量的 1.3 倍。

信贷投放的区域结构继续优化，“两翼”地区贷款快速增长。12 月末，“两翼”地区贷款余额比年初增加 196.5 亿元，同比增长 29.1%，比全市平均增速快 5 个百分点；占全市贷款余额的 8.21%，比 2009 年提高 0.5 个百分点。

金融机构支持民生工程力度加大。2010 来，重庆营业管理部与重庆市就业局、财政局等 7 部门密切配合，有效发挥小额担保贷款政策促进创业带动就业的积极作用。截至 2010 年末，全市小额担保贷款余额 22.5 亿元，比年初增加 8.5 亿元，同比增长 60%。全年累计发放小额担保贷款 22.2 亿元，是 2009 年的 1.6 倍。贷款发放金额、扶持创业和带动就业人数等多项指标均列全国 88 个创业型城市第一。

（三）融资结构明显改善，银行间市场融资取得明显进展

重庆市各类非金融企业在银行间债券市场融资品种日益丰富，融资规模大幅上涨，对改善重庆市市企业融资结构、支持地方经济发展发挥了积极作用。全年 11 家非金融企业共发行各类债券 63.68 亿元，同比增长 112.27%。其中，短期融资券 40 亿元，中期票据 20 亿元，中小企业集合票据 3.68 亿元，重庆实现非金融企业中期票据发行零的突破，并成为西南地区首个发行中小企业集合票据的省市。

（四）银行业盈利水平保持较快增长，资产质量进一步提升

银行不良贷款余额和比例整体实现“双降”。12 月末，全市银行业不良贷款余额 108.42 亿元，比年初下降 25.54 亿元，不良贷款率 0.99%，比年初下降 0.53 个百分点。全市银行业实现税后净利润 263.77 亿元，比 2009 年增加 89.48 亿元，增长 51.33%，增幅比 2009 年高 24.5 个百分点。

二、2011 年货币政策取向

2011 年，货币政策从适度宽松转向稳健。当前国际金融危机极端动荡状态有所缓和，总体上外需形势有相应改善，我国经济增长势头进一步巩固，完全可以通过实施稳健的货币政策继续保持经济平稳较快增长。稳健货币政策的内涵包括四个方面。一是控制好货币总量，以 M2 为主的货币供应总量增长应低于适度宽松时期、回归常态。二是保持贷款总量合理适度增长。随着资本市场的发展和直接融资比例的提高，支持实体经济发展的资金供给会体现在社会融资总量上，社会融资总量调控应按满足经济平稳健康发展的正常需要掌握。银行信贷作为社会融资总量的重要组成部分，其增长要与实现社会经济发展主要目标相吻合，特别要考虑经济增长目标和通胀控制目标，从反危机特殊时期的非常态应对，转向合理适度的增长。三是继续优化

信贷结构，引导商业银行加大对重点领域和薄弱环节的信贷支持力度，严格控制对“两高”行业和产能过剩行业的贷款，服务于经济结构调整大局，为经济可持续发展提供动力支持。四是有效防范系统性金融风险，加快构建逆周期的金融宏观审慎管理制度框架。从历史经验看，稳健的货币政策比较有灵活性和针对性，既能在经济偏热时适当紧缩，也能在经济偏冷时适当放松，有助于更加积极妥善地处理好稳增长、调结构和防通胀三者之间的关系。

2011 年，重庆营业管理部将结合辖区实际贯彻落实好稳健的货币政策，加强流动性管理，促进信贷合理、适度、平稳增长，保持合理适度的社会融资规模。按照总体稳健、调节有度、结构优化的要求，引导信贷资金更多投向实体经济特别是“三农”和中小企业。继续保持信贷投放的均衡性，更好地满足实体经济的有效需求。加大银行间市场产品特别是超短期融资券、非公开发行债券、信用风险缓释工具的宣传推广力度。支持以多种形式发展直接融资。

三、跨境贸易人民币结算试点推进情况

重庆市跨境贸易人民币结算试点工作正式启动以来，重庆营业管理部先后制定出台了相应管理制度和业务操作细则，开展了大规模的政策宣传及业务培训，完成了出口货物贸易人民币结算试点企业的选择推荐及上报，推进了人民币跨境资本交易个案试点。总体上看，试点业务呈现快速增长态势。截至 2010 年 12 月末，重庆市跨境人民币结算金额突破 10 亿元大关，达到 10.48 亿元。其中，货物贸易出口结算金额 1.49 亿元，进口结算金额 4.38 亿元；服务贸易及其他经常项目收款金额 0.02 亿元，付款金额 1.20 亿元；人民币跨境资本交易收入 3.39 亿元。试点业务推进呈现以下特点：

——银行、企业参与积极性高。目前，我市已有 15 家银行为 41 家企业办理了相关跨境人民币结算业务。随着我市 896 家企业获批成为试点企业，企业的参与度将会进一步提高。

——结算呈快速增长态势。跨境人民币结算金额从最初的月均几百万元跳升至目前的月均上亿元。2010 年 12 月，重庆市跨境贸易人民币结算突破 3 亿元大关。

——业务对手区域拓展到 9 个国家和地区。目前与重庆发生人民币实际收付业务的境外区域已拓展到香港、缅甸、意大利、美国、台湾、韩国、越南、泰国、澳门等 9 个国家和地区，主要对手区域是香港和缅甸。截至 12 月末，重庆市分别与香港和缅甸累计发生跨境贸易人民币结算业务金额 3.86 亿元和 1.49 亿元，分别占我市跨境贸易人民币结算累计金额的 55.8% 和 35.2%。

——结算种类丰富。除办理跨境货物贸易人民币结算业务外，还办理了跨境服务贸易及其他经常项目结算业务，并成功完成全国首例投资性外商投资企业以人民币进行的跨境资本交易。从结算方式看，既有电汇，也有信用证结算。此外，人民币同业往来账户和非居民企业人民币账户实现了零的突破。

2011 年 1 月 13 日，中国人民银行发布《境外直接投资人民币结算试点管理办法》。该办法规定，凡获准开展境外直接投资的境内企业均可以人民币进行境外直接投资，银行可依据境外直接投资主管部门的核准证书或文件直接为企业办理结算服务。此举省去了企业外汇投资时的购汇环节，简化了审批手续，降低了汇兑成本。同时，企业将所得利润以人民币形式汇回国内，可以避免汇率损失。通过开展跨境贸易人民币结算试点，境内外银行之间已经建立起安全、高效的人民币跨境清算和结算渠道，同时为境外直接投资提供了安全、高效的结算服务，进一步加快我市企业“走出去”步伐。

2010 年大连市金融运行情况

文章来源：中国人民银行大连中心支行

一、存款情况

2010 年末，全市本外币存款余额 8887.3 亿元，同比增长 23.2%；全年增加 1675.9 亿元。人民币存款余额 8503.5 亿元，同比增长 23.7%，全年增加 1628.7 亿元；其中，企业存款增加 546.8 亿元，储蓄存款增加 444.2 亿元。12 月份人民币存款增加 307.8 亿元。外币存款余额 57.9 亿美元，同比增长 17.6%，全年增加 8.7 亿美元。

二、贷款情况

2010 年末，全市本外币贷款余额 6812.0 亿元，同比增长 26.4%；全年增加 1422.5 亿元。人民币贷款余额 6159.0 亿元，同比增长 25.8%，全年增加 1264.7 亿元；其中，短期贷款增加 221.4 亿元，中长期贷款增加 1087.1 亿元。12 月份人民币贷款增加 144.9 亿元。外币贷款余额 98.6 亿美元，同比增长 36%，全年增加 26.1 亿美元。

2010 年大连市金融机构外汇存贷款主要项目表

单位：万美元

项目	2010.01	2010.02	2010.03	2010.04	2010.05	2010.06	2010.07	2010.08	2010.09	2010.10	2010.11	2010.12
各项存款	502896	491415	492607	495870	447771	522312	475596	443965	525732	541387	606622	579485
1.单位活期存款	256820	258434	251663	226044	217455	291970	226215	206974	297372	324179	398319	368155
2.单位定期存款	72532	63862	76190	89209	62357	63723	77819	77073	67383	60300	48637	39312
3.储蓄存款	134842	136013	132727	130530	127822	127252	124666	120555	121520	120496	118530	120202
4.信托存款	0	0	0	0	0	0	0	0	0	0	0	0
5.委托存款	2740	1846	2076	2377	2870	3120	3142	3455	3259	3061	3064	3004
6.其他类存款	20740	17362	17495	20416	17361	17282	26881	20979	20777	18564	19522	21170
7.境外存款	15221	13898	12457	27295	19906	18965	16874	14929	15422	14788	18549	27643
各项贷款	723079	755471	822078	845755	849654	895062	887449	894036	904748	909253	945495	985998
其中：境内短期贷款	141460	155446	162326	163162	157448	172250	165127	166723	166950	167345	164307	169947
境内中长期贷款	341048	356049	393508	392517	394209	393501	407794	408005	405994	406190	415892	417484
票据融资	3	4	4	6	6	6	8	5	195	10	9	6
信托贷款	0	0	0	0	0	0	0	0	0	0	0	0
委托贷款	0	0	0	0	0	0	0	0	0	0	0	0
境外筹资转贷款	441	441	427	423	421	421	421	421	407	404	402	402

2010年大连市金融机构人民币存贷款主要项目表

单位:万元

项目	2010.01	2010.02	2010.03	2010.04	2010.05	2010.06	2010.07	2010.08	2010.09	2010.10	2010.11	2010.12
各项存款	69751274	71003607	72474669	74468663	75840323	76643350	77205878	78293344	80255005	81170969	81957098	85035192
1.企业存款	25766881	25806069	26304409	26538384	27691533	27351653	27384952	28347207	29478615	29178941	29531008	30292070
(1)活期存款	16219966	16213176	16708973	16631531	17456041	17716397	17728455	17709210	18006587	18385732	18882190	20066934
(2)定期存款	9546915	9592893	9595436	9906852	10235492	9635256	9656498	10637998	11472028	10793209	10648818	10225135
2.财政存款	1653870	1758809	1832550	2347939	2020502	1768562	2474230	2255970	1883078	2946000	2810124	1616061
3.机关团体存款	5973259	5836565	6073575	6227261	6313781	6566895	6720770	7452205	7391296	7708028	7497136	8762205
4.储蓄存款	29025589	30231422	30380190	30206998	30321173	31282683	30858750	31223851	32294349	31979238	32327909	33748155
(1)活期储蓄	8321553	8596636	8786061	8671144	8705432	9302205	8856497	9055150	9567381	9373846	9561591	10467240
(2)定期储蓄	20704037	21634786	21594130	21535854	21615741	21980478	22002252	22168701	22726968	22605392	22766318	23280915
5.农业存款	659493	660131	684267	723321	850701	972392	908506	813309	837567	836777	897598	841393
6.信托存款	0	0	0	0	0	0	0	0	0	0	0	0
7.委托存款	977806	1017989	1157557	2236551	2315384	2113015	2086498	1218896	1198075	1179908	989361	1164300
8.其他存款	5694375	5692621	6042120	6188208	6327248	6588151	6772173	6981906	7172025	7342076	7903962	8611008
各项贷款	51777247	52596147	52999559	54347592	55440005	56076767	56899863	57314715	58432246	59413175	60141060	61589983
(一)境内贷款	51775645	52594327	52997732	54345561	55438046	56074030	56896904	57308582	58425964	59406794	60134697	61583654
1.短期贷款	16723175	16841460	16700835	17152225	17190439	17299581	17291070	17639759	17905392	18069510	18163748	18429240
2.中长期贷款	33277442	34497980	35333141	36134923	37042270	37712138	38427097	38768473	39615624	39894838	40717344	41673582
3.信托贷款	0	0	0	0	0	0	0	0	0	0	0	0
4.融资租赁	0	0	0	0	0	0	0	0	0	0	0	0
5.委托贷款	0	0	0	0	0	0	0	0	0	0	0	0
6.票据融资	1758577	1238437	947261	1041963	1182786	1043368	1159878	881491	887850	1417964	1239036	1469295
7.各项垫款	16450	16450	16495	16450	22551	18943	18859	18859	17098	24481	14568	11536
(二)境外贷款	1603	1820	1827	2031	1960	2737	2959	6133	6281	6381	6363	6329

2010年大连市金融机构本外币存贷款主要项目表

单位:万元人民币

项目	2010.01	2010.02	2010.03	2010.04	2010.05	2010.06	2010.07	2010.08	2010.09	2010.10	2010.11	2010.12
各项存款	73184542	74358450	75837353	77853623	78897705	80190316	80428043	81316969	83777988	84793281	86007030	88872946
1.企事业单位存款	28015368	28006351	28542430	28690395	29602090	29767125	29444781	30281710	31922872	31751408	32514978	32990602
(1)活期存款	17973276	17977479	18426900	18174577	18940827	19699134	19261058	19118809	19999305	20554746	21541451	22505115
(2)定期存款	10042091	10028872	10115530	10515818	10661264	10067991	10183722	11162901	11923567	11196662	10973527	10485487
2.储蓄存款	29946157	31159968	31286223	31098037	31193945	32146840	31703360	32044893	33108663	32785454	33119238	34544214
(1)活期储蓄	8654050	8935560	9108869	8996289	9024234	9620018	9157482	9339840	9848317	9656910	9843904	10758930
(2)定期储蓄	21292107	22224408	22177354	22101748	22169710	22526822	22545878	22705053	23260347	23128544	23275334	23785284
3.信托存款	0	0	0	0	0	0	0	0	0	0	0	0
4.委托存款	996514	1030594	1171726	2252774	2334977	2134201	2107781	1242423	1219912	1200387	1009820	1184192
5.其他存款	14226504	14161537	14836974	15812417	15766693	16142151	17172121	17747943	17526541	19056033	19362994	20153937
各项贷款	56713708	57753669	58611313	60120966	61241440	62155047	62912327	63403548	64495052	65496804	66453372	68119954
1.短期贷款	17690279	17904007	17810267	18267310	18266736	18470565	18411001	18776785	19026116	19190999	19262329	19552002
2.中长期贷款	35717894	37046378	38131409	38926865	39851437	40572579	41380141	41809960	42634348	42912722	43804188	44835999
3.信托贷款	0	0	0	0	0	0	0	0	0	0	0	0
4.委托贷款	0	0	0	0	0	0	0	0	0	0	0	0
5.其他贷款	1513025	1530933	1688454	1850963	1900543	2032314	1925384	1899327	1911493	1933739	2116417	2234444
6.票据融资	1758600	1238463	947286	1042004	1182829	1043406	1159934	881527	889156	1418034	1239094	1469333
7.各项垫款	33909	33888	33896	33824	39896	36183	35866	35950	33939	41310	31345	28176

2010年青岛市金融统计数据

文章来源:中国人民银行青岛中心支行

2010年,人民银行青岛市中心支行增强了货币政策的灵活性、针对性和时效性,引导辖内金融机构认真贯彻落实适度宽松的信贷政策,保证对重点项目和经济实体的资金支持和金融服务,实现各项存贷款的稳定较快增长,对经济平稳较快发展起到强有力的支撑作用。2010年,青岛市存贷款增速超过全国、全省平均水平,12月末,全市金融机构本外币各项存款余额7895.5亿元,比年初新增1391.1亿元,增长21.4%,分别高于全国和全省1.6个和3个百分点;各项贷款余额6365.2亿元,比年初增加1096.6亿元,增长20.8%,分别高于全国和全省1.1个和2个百分点。

一、经济持续向好,企业存款较快增长。12月末,辖内金融机构对公存款余额3699.3亿元,比年初增加819.9亿元,增量与去年基本持平。其中,活期、定期存款比年初分别增加358.8亿元和292.5亿元,同比分别少增112.1亿元和多增

107.4 亿元。全年企事业单位存款的较快增长，反映出经济回升向好背景下，经济实体的流动性较为充裕，经营活跃度提升。

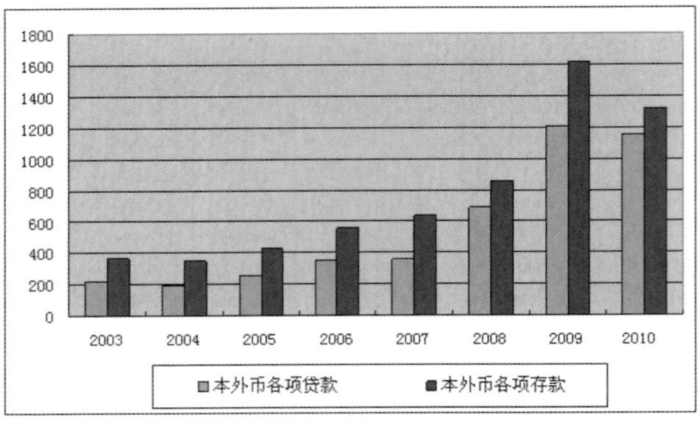

图 1　青岛市历年存贷款增量走势图（单位：亿元）

二、理财产品、股市、楼市等投资渠道增多，储蓄存款同比少增。12 月末，城乡居民本外币储蓄存款余额 2962.8 亿元，比年初增加 378.7 亿元，同比少增 32.4 亿元。其中，活期、定期存款分别比年初增加 173 亿元和 205.7 亿元，同比分别少增 19.3 亿元和 13.1 亿元。今年以来，随着物价的不断上涨，存款负利率的态势加剧，居民储蓄意愿有所下降，闲余资金逐渐向股市、理财产品等投资收益较高的市场以及楼市分流，导致储蓄存款增势同比有所放缓，且月度间波幅扩大。据 4 季度储户问卷调查显示，4 季度，居民储户认为存钱最合算的占 37%，环比和同比分别大幅降低 6 个和 8.12 个百分点，认为购买债券、股票和基金等投资最合算的占 41.75%，环比和同比分别提升 7 个和 1.87 个百分点。

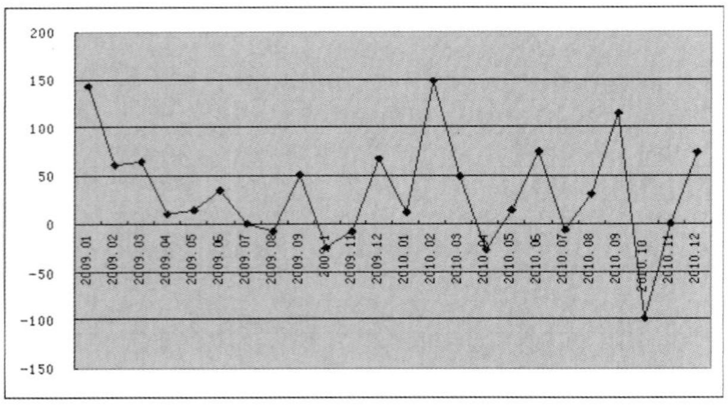

图 2　青岛市储蓄存款月度走势图（单位：亿元）

三、各项贷款稳步增长，重点项目和小企业资金需求得以兼顾。2010 年，人民银行青岛市中心支行积极引导辖内金融机构落实适度宽松的货币政策，调整贷款投向结构，把握贷款投放节奏，大力支持了重点固定资产基础设施项目以及小企业、民生消费等领域，实现了全年贷款平稳较快增长。全年本外币各项贷款增加 1096.6 亿元，剔除票据融资和委托贷款大量减少因素，一般性贷款比年初增加 1360.3 亿元，同比多增 223.7 亿元。

分期限看，短期、中长期贷款比年初分别增加 394.2 亿元和 938.2 亿元，同比分别多增 181.2 亿元和 27.2 亿元。其中，用于公路、桥梁、工业园区、旧城改造等重点项目的固定资产贷款和银团贷款分别比年初增加 292.3 亿元和150.6 亿元。

分行业看，19 个行业中，贷款比年初增加的有 14 个，贷款增量位居前五位的行业依次是：制造业 343.8 亿元、房地产业 182.5 亿元、批发零售业 153.8 亿元、水利环境和公共设施管理业 131.5 亿元、建筑业 104.3 亿元，分别占对公贷款总增量的 33.1%、17.6%、14.8%、12.7% 和 10%。

分企业规模看，全年辖内金融机构大、中、小型企业贷款分别新增 380.4 亿元、292.5 亿元和 288.1 亿元，同比分别多增 18.1 亿元、26.9 亿元和 145.4 亿元。人民银行组织各银行机构开展的"小企业融资服务年"活动成效显著，小企业贷款增势最强，全年累计发放小企业贷款 777.2 亿元，年末余额 796.4 亿元，增量和存量占比分别为 30% 和 19.7%，分别提高 11.5 个和 3 个百分点。

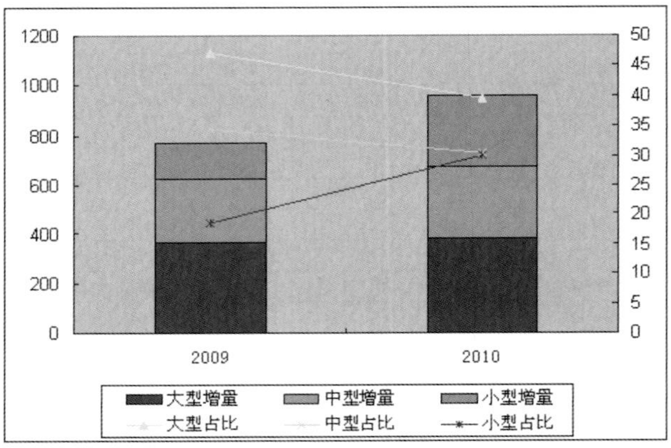

图 3　青岛市大中小型企业贷款增长分布（单位：亿元、%）

四、进出口贸易活跃，外汇贷款同比多增。12 月末，外汇贷款余额 72.3 亿美元，比年初增加 14.5 亿美元，同比多增 3.3亿美元。境内短期贷款、中长期贷款、进出口贸易融资和境外贷款同步快速增长，比年初分别增加 3.5 亿美元、2.8 亿美元、5.1 亿美元和 3.5 亿美元，其中进出口贸易融资和境外贷款增势强劲，同比分别多增 3.3 亿美元和 3.3 亿美元。外汇贷款的较快增长，凸显出企业进出口贸易的持续活跃程度，以及辖内金融机构对涉外企业的资金支持力度增强。

五、房地产调控政策效应显现，房地产类贷款增势逐渐放缓。2010 年，全市房地产类贷款总体呈现多增态势，全年新增 289.2 亿元，同比多增 12.7 亿元；其中房地产开发贷款和个人住房贷款分别增加 104.4 亿元和 185.1 亿元，同比分别多增 21 亿元和少增 6.9 亿元。分月度看，由于当年国家分别于 4 月和 9 月出台了两轮抑制房地产价格过快上涨的宏观调控政策，全市各银行机构认真贯彻落实差别房地产信贷政策，房地产开发贷款和个人住房贷款增势逐渐放缓，除一季度外，其余三季度房地产开发贷款增量同比少增 27.9 亿元，从 6 月份开始，全市个人住房贷款单月增量呈现少增态势。

六、经营性与消费性贷款齐增，个人贷款比重大幅提高。2010 年，各银行机构对个人经营、消费给予了大力支持，推动个人贷款快速增长，全市金融机构个人贷款新增 316.8 亿元，占各项贷款的比重达 32.4%，同比提高 11.7 个百分点，年末余额 1203.9 亿元。其中，用于个体户经营的贷款增加 84.4 亿元，同比多增 72.4 亿元；用于居民购房、购车等消费的贷款增加 232.4 亿元，同比多增 10.6 亿元。

2010 年青岛市金融运行报告

文章来源：中国人民银行青岛中心支行

2010 年，青岛市银行业金融机构认真贯彻落实各项宏观调控政策，积极采取有效措施，调整和优化信贷结构，保持货币信贷适度稳定增长，主要指标由"应对危机"逐步转向"回归常态”。2010 年末，全市本外币各项存款余额 7895.5 亿元，比年初增加 1391.1 亿元，同比少增 228.4 亿元。本外币各项贷款余额 6365.2 亿元，比年初增加 1096.6 亿元，同比少增 108.9 亿元。全年新增信用总量余额 9153 亿元，比年初增加 1738 亿元。

一、各项存款增长平稳。2010 年，我市本外币各项存款增速为 21.4%，较 2009 年下降 11.8 个百分点，与 2008 年同期基本持平。存款增速较全国 M2 增速高 1.7 个百分点，较全省存款增速高 3 个百分点。

企业存款增势良好。2010 年末，全市人民币企业存款余额 2727.2 亿元，比年初增加 637.9 亿元，同比多增 11.4 亿元。其中，新增企业活期存款 351.9 亿元，同比少增 88.4 亿元，新增企业定期存款 286.1 亿元，同比多增 99.8 亿元。企业存款快速增长反映企业经营活跃度较强，经济运行总体平稳。12 月份公布的全国 PMI 指数为 53.9%，较上月回落 1.3 个百分点，连续 22 个月稳定在 50% 以上。

储蓄存款增长放缓。2010 年末，全市人民币储蓄存款余额 2912.3 亿元，比年初增加 384.5 亿元，同比少增 20.9 亿元。储蓄存款少增主要受通货膨胀预期等因素影响，居民偏好股票、债券、收藏品等相对高收益的资本或商品市场。4 季度人民银行储户调查问卷显示，居民认为存钱最合算的占 37%，环比下降 6 个百分点，认为购买债券、股票等最合算的占 42%，环比提高 7 个百分点。此外，2010 年我市商品房销售价平量稳，对储蓄存款形成一定分流作用。

外汇存款增长偏紧。2010 年末，全市外汇存款余额 35.68 亿美元，比年初增加 6.02 亿美元，同比少增 961 万美元。其中，不考虑海尔财务公司影响后全市银行机构外汇存款比年初增加 2.71 亿美元，同比少增 2.87 亿美元。外汇存款增长乏力主要受美元利率走低及人民币汇率升值预期影响，企业居民规避汇率风险意识增强，外汇留存意愿降低，结汇速度加快，银行机构外汇头寸普遍偏紧。

保证金类存款增长稳定。2010 年末，全市中资银行机构人民币保证金类存款余额 837.9 亿元，比年初增加 165.3 亿元，与 2009 年基本持平。其中，银行承兑汇票、信用证、保函等保证金存款同比略有多增。反映在信贷投放窗口指导下，银行机构继续加大表外融资业务，满足企业多元化融资服务需求，同时也有利于吸收可贷资金。

二、各项贷款快速增长。2010 年，全市各项贷款比年初增加 1096.6 亿元，同比少增 108.9 亿元，贷款增速 20.8%，较全国高 1.1 个百分点，全省高 2 个百分点。其中，全市短期和中长期贷款分别比年初增加 394.2 亿元和 938.2 亿元，同比分别多增 181.2 亿元和 27.2 亿元，支持全市经济增长与转方式、调结构。

重点项目贷款增势良好。2010 年，全市银行机构对年初确定的市级重点建设项目授信总额 920.8 亿元，今年新增授信 362.8 亿元，重点项目贷款余额 363.2 亿元，比年初增加 122.6 亿元，有力支持了地铁、快速路、海湾大桥、高新区基础设施建设等重点项目的开展和推进。由于基础设施项目资金需求大、建设周期长，银团贷款快速增长，2010 年，全市中长期银团贷款新增 144.6 亿元，同比多增 87.6 亿元。

制造业贷款快速增长。2010 年，全市制造业贷款在各行业贷款增幅中持续居于首位。年末，全市制造业贷款余额 1589.1 亿元，占各行业贷款余额的 32.2%，全年新增贷款 343.8 亿元，同比多增 276.3 亿元，增量占各行业贷款增量的 33.1%。从投向上看，重点支持石化、纺织、汽车、钢铁、船舶以及装备制造行业，上述行业新增贷款 202.1 亿元，同比多增 109.8 亿元。

小企业贷款增势迅猛。人民银行会同相关部门将 2010 年确定为小企业融资服务年，建立小企业贷款风险补偿机制并加强考核评估，年初确定了“全年小企业贷款增量不低于上年，小企业贷款增速不低于全部贷款增速”两大目标。全年，全市小企业贷款比年初增加 288.1 亿元，同比多增 145.4 亿元，小企业贷款比年初增长 57%，较全部贷款增速高 36 个百分点，小企业融资难得到有效缓解。

“三农”金融服务水平明显提升。2010 年末，全市涉农贷款余额 1148.9 亿元，比年初增加 423.1 亿元，是 2009 年全年增量的 1.9 倍。从投向上看，农田水利等农村基础设施建设贷款比年初增加 60.4 亿元，同比多增 40.1 亿元；农林牧渔及农产品加工企业贷款比年初增加 57.9 亿元，同比多增 20.3 亿元。林权、大棚使用权、海域使用权等农村物权抵押贷款取得突破，农户贷款快速增长，新增农户贷款 62.1 亿元，是去年全年的 4 倍。

短期贸易融资及外汇贷款增长较快。2010 年末，全市人民币短期贸易融资贷款余额 135.2 亿元，比年初增加 75.3 亿元，同比多增 80.3 亿元，银行机构依托产业链开展贸易融资取得良好效果。全市外汇贷款比年初增加 14.47 亿美元，同比多增 3.32 亿美元，其中，进出口贸易融资、境外贷款增长较快，分别比年初增加 5.13 和 3.55 亿美元，同比多增 3.31 和 3.29 亿美元，外汇贷款需求旺盛。

房地产类贷款增长平稳。2010 年末，全市房地产类贷款余额 1317.9 亿元，比年初增加 286.5 亿元，同比多增 43.3 亿元，其中，房地产开发贷款比年初增加 118 亿元，同比多增 43.1 亿元，个人购房贷款比年初增加 168.7 亿元，同比多增 2 亿元，其中，新建商品房贷款新增 117.9 亿元，同比多增 20.5 亿元，二手房贷款新增 41.2 亿元，同比少增 25.4 亿元。

票据融资显著下降。2010 年，票据融资持续发挥贷款规模调节作用，银行机构控制票据融资规模，在满足信贷规模及存贷比管理的同时，支持实体经济发展。年末，全市票据融资余额 201.2 亿元，比年初下降 204.3 亿元，同比多降 223.7 亿元。票据融资占各项贷款的比重为 3.2%，较年初下降 4.1 个百分点。

三、利率总水平稳中有升。2010 年，为加强流动性管理，调整经济结构和管理通胀预期的关系，巩固经济发展良好势头，人民银行 6 次提高存款准备金率 3 个百分点，2 次提高存款贷款基准利率 50 个基点。在此情况下，我市贷款利率水平稳中有升。2010 年 12 月份，全市企业贷款加权平均利率为 5.77%，较年初提高 43 个基点，其中，浮动利率贷款提高 46 个基点，固定利率贷款提高 35 个基点。2010 年，全市贴现、转贴现加权平均利率为 4.04%、3.16%，同比分别提高 185 和 141 个基点。

2011 年，人民银行实施稳健的货币政策，按照总体稳健、调节有度、结构优化的原则，着力提高政策的针对性、灵活性和有效性，保持价格总水平基本稳定，支持经济发展方式转变和经济结构战略性调整。继续加大信贷结构调整力度，优化小企业金融生态，多方面拓宽小企业融资渠道。大力推进农村金融产品和服务方式创新，全面改进和完善对“三农”的金融服务。加大对全市重点产业、经济社会薄弱环节、就业、消费、节能环保、战略性新兴产业等方面的支持，严格控制对高耗能、高排放和产能过剩行业贷款，继续落实差别化住房信贷政策，推动房地产金融健康发展。

2010 年河北省金融稳定报告综述

文章来源：中国人民银行石家庄中心支行

2010 年，河北省经济保持了平稳较快发展的良好态势，为金融业安全稳定运行创造了有利环境。金融业攻坚克难，合理投放稳增长，优化结构促转变，管理风险维稳定，完善服务保发展，既全力支持了河北省经济的发展，又有效保证了行业安全和稳健运行。

一、河北省金融体系稳定健康运行

（一）经济平稳较快增长，步入正常发展轨道

河北省全年生产总值增长 12.2%，五年年均增长 11.7%，经济向好势头得到巩固。三次产业支撑经济增长，粮食生产连续 7 年丰收，总产量 2975.9 万吨，创历史最高，工业生产保持较快增长，规模以上工业增加值增长 16.5%，服务业加快发展，服务业增加值增长 13.1%。三大需求拉动经济增长趋向协调，内需、外需同步提高，投资回落，投资结构改善，全社会固定资产投资增长 22.9%，同比下降 15.5 个百分点，大项目投资比重提高，城镇面貌三年大变样[1]推动城市基础设施和房地产开发投资快速增长。社会消费品零售总额增长 18.5%，进出口总值快速增长，利用外资较快增长。全部财政收入增长 19.3%，城乡居民收入继续增加，农村居民收入增速快于城镇。企业效益大幅提高，工业利润同比加快 41.8 个百分点。经济的平稳较快发展为金融业提供了更好的发展机遇，为金融机构稳健运行创造了较好的外部环境。

（二）银行业信贷适度增长，确保经济平稳回升

河北省银行机构认真贯彻落实国家货币信贷政策，均衡平稳投放信贷资金，促进经济结构调整，各项贷款余额 15949 亿元，居全国第 10 位，同比增长 20.05%，增速高于全国 0.16 个百分点，新增贷款 2665 亿元，同比少增 1112 亿元。经营效益快速增长，盈利能力进一步增强，累计实现净利润 335 亿元，同比增长 38.57%。各项存款余额 26270 亿元，居全国第 9 位，同比增长 16.76%，新增存款 3770 亿元，居全国第 11 位，同比少增 890 亿元。信贷资产质量进一步提升，整体风险水平向好发展，不良贷款余额 747 亿元，比年初减少 75 亿元，不良贷款率比年初下降 1.50 个百分点。银行组织体系继续优化，金融改革不断深化，东亚银行石家庄分行开业，招商银行石家庄分行挂牌运营，邢台、邯郸等 6 市商业银行先后更名，各市城市商业银行开设异地分行 9 家，新奥燃气集团财务公司筹建。新设小额贷款公司 43 家，新设村镇银行 6 家，增设基层金融服务网点，实现了县域基础金融服务全覆盖。银行业机构保持了较强的盈利能力和较好的管理发展水平，综合竞争力和抵御风险能力进一步提升，为更好地服务地方经济提供了有力保障。

（三）证券期货业平稳发展，直接融资创历史新高

克服国际金融危机的后续冲击和市场深度调整的复杂局面，不断扩大市场容量，股指期货、融资融券等新业务相继平稳推出，辖区资本市场实现跨越式发展。证券经营机构运行总体平稳，效益略有下降，营业收入 32 亿元，同比下降 12.77%，居全国第 14 位，与去年持平；利润总额 16 亿元，同比下降 31.21%，居全国第 12 名，前移 2 名。融资融券业务尝试开展，累计融资融券余额 4360 万元。期货市场较快发展，运行安全，服务实体经济的作用日益增强，期货投资者开户数同比增长 49.21%，代理交易额 24586 亿元，同比增长 2.99 倍。证券期货营业网点布局优化，17 家外埠券商到河北增设营业部，河北省 154 家证券营业部中外埠券商占 42%；财达证券有限责任公司业务体系逐步完善，首度实现多元化盈利，首次晋级 A 类证券公司，综合竞争力不断提升。上市公司数量和直接融资额大幅提升，9 家公司境内首发上市，沪深两市上市公司达 42 家，直接融资额突破百亿元，达到 113 亿元，并购重组逐步深化，公司风险逐步化解。加强行业监管和自律建设，打击违法违规行为，市场风险得以化解，市场主体规模不断扩大，行业竞争力和服务水平不断提升，对河北省经济和社会发展的贡献逐步扩大。

（四）保险业平稳较快发展，综合实力和服务功能显著增强

业务规模迈上新台阶，保费收入 746 亿元，全国排第 8 位。总资产 1308 亿元，资产实力更趋壮大。保险深度为 3.70%，同比提高 0.17 个百分点；保险密度为 1056.75 元/人，同比增加 199.45 元/人，保险渗透力进一步增强。推进业务结构调整，创新治安保险、绿色保险等产品，积极推动农业保险、责任保险、医疗健康保险等险种，健全保险服务体系，促进行业科学发展。强化市场监管，有效治理不正当竞争和不诚信问题，市场秩序进一步好转。防范行业风险，强化内控，控制案件和退保等风险，确保保险业安全稳定，保险业的可持续发展进一步夯实了经济平稳较快发展的基础。

（五）金融基础设施建设成效显著，金融生态环境继续优化

省委省政府不断加大对金融工作的统筹协调，制定《河北省“十二五”金融产业发展规划》，开展“金融贡献奖”和“金融生态市”评选，对贡献突出机构和地市予以表彰，行政环境进一步优化。电子商业汇票系统上线运行，网上支付跨行清算系统建设，非现金支付工具推广力度加大，银行卡受理环境改善，支付风险管理能力增强。印发《河北省社会信用体系建设实施方案（2010－2012 年）》，推进行业信用体系建设，环保信息接入征信系统。反洗钱控风险意识不断增强，反假币工作水平不断提升，打击非法集资等非法金融活动力度不断增强，金融环境得到进一步净化。加强金融监管，建立多层次的金融稳定协调合作机制，完善重大事项报告制度，开展金融突发事件应对情况评估分析，切实防范系统性金融风险，维护区域金融安全稳定。

二、维护河北省金融稳定需关注的问题

2010 年河北省经济金融实现了平稳较快发展，但由于国际金融危机的影响尚未根除，世界经济不确定性因素较多，国内及河北省经济结构性、期限性和体制性矛盾叠加，通胀预期增强等原因影响，河北省金融稳定整体形势仍然复杂多变，金融业稳健运行也面临新的挑战。

（一）经济运行中的问题亟待解决

产业结构不尽合理，服务业增加值对经济增长贡献率下降。产业结构升级仍需加强，工业投资增长后劲不足，工业增速不断回落，传统产业的竞争优势逐步弱化，新兴产业规模优势尚未形成。行业结构仍需优化，高耗能行业和淘汰落后产能占比仍然较高，河北省万元 GDP 综合能耗、主要污染物排放总量高于全国平均水平，资源能源约束加剧。市场价格涨幅较大，消费价格上涨 3.1%，工业品出厂价格上涨 9.0%，稳定物价的压力加大，过快增长的物价将挤压企业盈利空间，影响企业效益和居民生活水平提高。

（二）宏观政策环境变化对实体经济的影响以及对银行信贷的连锁效应应予关注

受经济增速放缓、产业结构调整和宏观调控政策调整等因素影响，实体经济面临的风险可能直接或间接传导到银行体系，特别是房地产、钢铁等重点行业和领域的周期性、政策性、市场性变化及经营风险，可能对银行信贷资产质量产生不利影响。

（三）金融改革与创新中出现的问题和风险应予以关注

货币政策取向调整后，在大力发展民间借贷和直接融资过程中，应注重识别、制止非法集资、非法证券以及其他非法金融活动，防范由此引发的金融稳定和社会稳定问题。关注地方法人金融机构的持续稳健性以及跨地区设立分支机构中可能出现的管理问题和经营风险，防范单一风险扩散演变成的区域性风险。

（四）金融业非理性竞争行为隐藏一定风险

银行业机构存款考核机制尚需完善，个别银行机构违规揽储问题有所抬头。个别上市公司治理结构不完善，内部关联交易、母公司和上市公司之间激烈竞争等仍然存在，影响证券市场秩序。证券经营机构同业竞争加剧，低佣金竞争压缩盈利空间。保险业非理性竞争和行业诚信问题依然存在，销售误导、理赔难等问题比较集中，服务质量需进一步提高。案件风险时有发生，集中退保风险不容忽视，偿付能力不达标公司依然存在。这些苗头性、潜在性风险均可能对金融体系的稳健运行产生重大影响，需予以高度关注。

（五）金融业整体发展水平尚待提高

近年来，虽然河北省金融业取得了长足发展，但有些方面与河北经济大省及经济社会发展状况还不相称。银行机构存贷比 60.71%，低于全国平均水平，新增存贷比 70.69%，同比下降 10.36 个百分点，储蓄投资效率偏低，金融服务层次和效能仍有待提高。资本市场发展与经济发展不匹配，证券市场总量较小，市场主体数量较少，盈利能力相对较弱，上市资源储备不足，期货市场发展相对滞后。保险市场发展方式粗放，影响保险业发展的质量和效益。上述问题如长期存在，不仅影响金融机构的良性经营和稳健运行，还将制约金融对经济发展和结构调整的支持力度。

三、大力推动河北省金融业持续健康发展的建议

（一）突出重点，统筹发展，保持经济平稳较快增长

以扩大投资和消费需求为重点，推进重点项目和基础设施建设，不断优化投资结构，发挥政府投资导向作用，促进民间投资快速增长，切实提高投资效益。改革收入分配制度，引导合理消费和新型消费，促进消费总量快速增长。调整优化产业结构，加大高新技术改造传统产业、战略性新兴产业和节能减排力度，提高经济增长质量和效率。积极推进现代农业和新农村建设，依托科学技术增产增收，并通过培育粮油等产业的龙头企业，提高农村产业化经营率。推动工业聚集发展，建设经济技术开发区、产业园区等，支持河北钢铁、冀中能源等企业集团做大做强，聚集和激活经济发展活力。培育新的增长极，推进环首都经济圈、沿海经济隆起带和冀中南经济区建设，打造区域经济增长新优势。积极推进城镇建设“三年上水平[2]”，改善城镇面貌，惠及民生。推进国有企业改革，加快开滦集团、河北航空等资产整合进程，鼓励骨干企业跨地区、跨所有制兼并重组。完善物价监测体系，加强市场调控，把物价水平控制在合理范围。

（二）开拓市场，完善功能，做大做强金融业

增多做强金融市场主体，积极吸引国内外金融机构在河北设立分支机构，做大做强河北建投等省级投融资平台，加快村镇银行等农村金融组织发展，积极稳妥发展担保公司和小额贷款公司。银行业要继续鼓励机构跨区增设网点、延伸金融服务，加强金融创新，大力开发金融产品。证券期货业要加强政策辅导，继续推动企业上市融资，扩大直接融资规模。鼓励市场主体发行企业债券、中期票据和短期融资券，支持有条件的大型企业设立财务公司。推动整体上市，通过并购重组优化河北上市公司板块结构。支持期货公司快速发展，继续引进优质公司来河北设点，协调增设交割仓库。保险业要继续转变发展方式，以内生增长为主导，深化差异化经营和改革创新，开发特色产品和业务，逐步走上精细化发展之路。各行业规范、协调发展推动河北省金融业与经济发展的互惠互利、良性互动。

（三）深化改革，强化内控，提升金融风险管理水平

银行业要贯彻落实国家宏观调控政策，科学把握信贷投放规模、节奏，合理配置信贷资源；加大对经济增长、产业结构调整和经济增长方式转变的信贷支持，落实好节能减排、抑制产能过剩和淘汰落后产能要求，完善小企业和涉农金融服务，推动绿色 GDP 增长。高度关注地方融资平台风险、落后淘汰产能行业贷款风险、房地产贷款风险，加强风险管理，提升银行经营水平和资产质量。证券、期货公司要在有效控制风险的前提下开展经营方式、业务产品、组织体系和激励约束机制的创新，增强核心竞争力。保险业要深化结构调整，财产险积极发展治安保险为重点的险种，人身险大力发展保障型业务，拓展营销渠道，做到代理和直销渠道均衡发展。大力改善服务水平，解决销售误导、理赔难问题，防范化解声誉风险。倡导理性竞争，适度合理开发保险资源。加大市场规范和查处力度，防范和化解保险风险。

（四）多管齐下，通力合作，进一步优化金融生态环境

深入落实省政府《关于加强金融生态环境建设的指导意见》，通过行政、经济和市场手段推动金融生态环境建设。继续优化金融司法环境，进一步提高金融案件胜诉执行率，严厉打击逃废金融债务行为，维护金融机构的合法权益。继续推进金融基础设施建设，完善支付清算体系，改善农村支付服务环境。认真落实《河北省社会信用体系建设实施方案（2010－2012 年）》，构建河北省企业和个人综合信用信息共享交换平台，完善信用激励惩戒机制和信用宣传教育机制，建立信用法规制度体系、信用中介服务体系、信用监督管理体系。防范和打击非法集资、非法证券等金融违法犯罪活动，净化金融市场环境。建立健全金融监管和稳定协调机制，加强监管信息沟通和资源共享，探索宏观审慎监管，防范和化解区域性、系统性金融风险，为河北省经济金融发展打造良好的金融生态环境。

［1］三年大变样：2008 年河北省委、省政府提出“城镇面貌三年大变样”的要求，即通过“三年大变样，三年上水平，三年出品位”，力争用 10 年左右时间有步骤地加快城市现代化进程，提升城市化水平，实现经济繁荣、居住舒适的终极目标。

［2］到 2010 年，在河北省委省政府的领导下，完成了城镇面貌三年大变样的各项目标任务，着力推进城镇建设三年上水平努力实现繁荣和舒适两大目标。所谓“繁荣”，就是具有优势突出的现代产业支撑、完备高效的要素集散功能、实力雄厚的自主创新能力；所谓“舒适”，就是具有魅力彰显的城市规划建设、适宜人居的良好生态环境、底蕴深厚的独特文化气质。

2010 年 12 月份河北省及石家庄市金融运行情况

文章来源：中国人民银行石家庄中心支行

2010 年 12 月份河北省金融运行情况

2010 年 12 月末，我省金融机构本外币各项存款余额 26271 亿元，同比增长 16.75%，比上年同期降低 9.35 个百分点；比年初增加 3770 亿元，同比少增 889 亿元。本外币各项贷款余额 15949 亿元，同比增长 20.06%，比上年同期降低 19.67 个百分点；比年初增加 2665 亿元，同比少增 1111 亿元。本外币存量存贷比为 60.71%，比上年同期提高 1.68 个百分点；1－12 月增量存贷比为 70.69%，比上年同期降低 10.36 个百分点，比存量存贷比高 9.98 个百分点。

人民币各项存款余额 26099 亿元，同比增长 16.71%，比上年同期降低 9.56 个百分点；比上月增加 335 亿元，同比多增 374 亿元；比年初增加 3740 亿元，同比少增 914 亿元。

人民币各项贷款余额 15756 亿元，同比增长 20.05%，比上年同期降低 18.78 个百分点；比上月增加 226 亿元，同比多增 112 亿元；比年初增加 2632 亿元，同比少增 1037 亿元。

1－12 月新增贷款中，短期贷款增加 955 亿元，同比多增 10 亿元；中长期贷款增加 1909 亿元，同比少增 661 亿元；票据融资减少 250 亿元，同比多降 406 亿元。

分地区看，12 月末贷款余额较多的 3 个市是石家庄市、唐山市和廊坊市；12 月份贷款增加较多的 3 个市是石家庄市、唐山市和沧州市；1－12 月贷款增加较多的 3 个市是唐山市、石家庄市和廊坊市。

分机构看，12 月末贷款余额较多的 5 家机构是农信社、工商银行、建设银行、中国银行和农业银行；12 月份贷款增加较多的 5 家机构是工商银行、农信社、民生银行、农业发展银行和建设银行；1－12 月贷款增加较多的 5 家机构是农信社、工商银行、建设银行、中国银行、农业银行；贷款增长较快的 5 家机构是邮储银行、兴业银行、渤海银行、农村商业银行和民生银行。

分行业看，12 月末贷款余额较多的 5 个行业是：制造业，交通运输、仓储和邮政业，批发和零售业，水利、环境和公共设施管理业，电力、燃气及水的生产和供应业；1－12 月贷款增加较多的 5 个行业是：制造业，批发和零售业，交通运输、仓储和邮政业，水利、环境和公共设施管理业，采矿业。

分企业规模看，全部企业贷款余额中，大型企业贷款占 44.72%，较上年同期降低 2.38 个百分点，中小型企业贷款占 55.28%，较上年同期相应提高 2.38 个百分点。在 1－12 月新增企业贷款中，大型企业贷款增量占 34.07%；中小型企业贷款增量占 65.93%，较上年同期提高 9.72 个百分点。

分城乡看，在全部贷款余额中（不含省本部），市区贷款 8912 亿元，占 61.32%，较上年同期下降 1.26 个百分点；县及县以下贷款 5622 亿元，占 38.68%，较上年同期相应提高1.26 个百分点。

12 月末存量存贷比为 60.37%，较上月小幅上涨，比上年末提高 1.68 个百分点。1－12 月增量存贷比为 70.38%，比上年同期降低 8.47 个百分点，比存量存贷比高 10.01 个百分点。

2010 年 12 月石家庄市金融运行情况

一、人民币贷款

2010 年 12 月末，我市金融机构人民币各项贷款余额 3272.1 亿元，居全省第 1 位；同比增长 13.36%，居全省第 11 位，比上年同期降低 25.42 个百分点；比上月增加 67.94 亿元，增量居全省第 1 位，同比多增 99.56 亿元；比年初增加 385.53 亿元，居全省第 2 位，同比少增 421.29 亿元（若不考虑票据融资因素，仅就一般性贷款而言，今年 1－12 月增量为 478.75 亿元，仅比上年同期少增 339.68 亿元）。

分期限看，今年 1－12 月新增贷款中，短期贷款增加 140.11 亿元，同比少增 147.77 亿元；中长期贷款增加 318.93 亿元，同比少增 209.55 亿元；票据融资减少 93.22 亿元，同比多降 81.61 亿元。

分地区看，除市区外，今年 1－12 月贷款增加较多的 5 个县市是正定、鹿泉、藁城、辛集和晋州，分别增加了 23.18 亿元、16.13 亿元、15.2 亿元、10.74 亿元和 10.52 亿元；同比增长较快的 5 个县市是正定、赞皇、行唐、藁城和高邑，分别增长了 48.46%、43.61%、42.03%、31.79% 和 31.43%。

分机构看，12 月末贷款余额前 5 位的机构是工商银行、农信社、建设银行、农业银行和中信银行，分别为 422.4 亿元、381.3 亿元、379.75 亿元、262.62 亿元和 255.97 亿元。1－12 月贷款增量较多的 5 家机构是建设银行、农信社、工商银行、兴业银行和农业银行，分别为 82.53 亿元、64.34 亿元、54.14 亿元、41.66 亿元和 30.61 亿元；同比增长较快的 5 家机构是邮储银行、兴业银行、建设银行、农信社和农业发展银行，同比分别增长了 202%、59.48%、27.77%、20.3% 和 18.12%。

二、人民币存款

12 月末，人民币各项存款余额 6115.5 亿元，居全省第 1 位；同比增长 18.45%，居全省第 3 位，比上年同期降低 7.12 个百分点；比上月增加 117.9 亿元，居全省第 1 位，同比多增 189.13 亿元；比年初增加 954.39 亿元，居全省第 1 位，同比少增 98.65 亿元。

三、人民币存贷比

12 月末人民币存量存贷比为 53.51%，比上年末降低 2.4 个百分点。1－12 月增量存贷比为 40.4%，比上年同期降低 36.22 个百分点，比存量存贷比低 13.11 个百分点。

2010 年宁波市金融稳定报告

2010 年，宁波区域经济继续回升，特色经济的支撑作用显著，经济发展效益稳步提高。辖区银、证、保各行业金融机构保持了较快发展，机构改革加快推进，金融体系进一步完善，区域金融稳定状况总体较上年好转。准金融组织发展迅速，金融市场交易进一步活跃，金融基础设施建设不断完善，总体稳定状况较上年明显改观。但通胀压力加剧、金融同业不规范竞争突出、准金融组织监管缺失等问题值得关注。

一、区域经济运行与金融稳定

（一）区域经济持续快速发展，为金融业稳定运行提供了有利环境

2010 年，宁波经济延续了国际金融危机后的回升势头。全年实现地区生产总值 5125.82 亿元，按可比价格计算，比上年增长 12.4%，同比提高 3.5 个百分点，且各季度均保持两位数的增速。经济的快速增长为区域金融的健康快速发展奠定了良好的基础。

1. 增长结构优化，消费的拉动作用增强。

2010 年，消费和出口成为宁波经济增长的主要动力：全年社会消费品零售总额 1704.5 亿元，增长 19.2%，同比提高 3.2 个百分点，其中汽车、金银珠宝类消费增长最为突出；全

年外贸自营进出口总额829.0亿美元，增长36.3%，其中出口519.7亿美元，增长34.5%；全社会固定资产投资2206.5亿元，同比增长10.1%，增速较上年下降6个百分点。增长重心从依赖投资转向消费，反映了宁波经济挖掘内需潜力的积极变化。

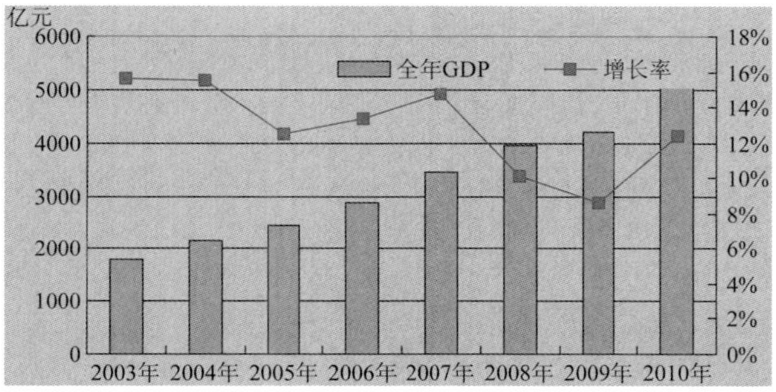

图1　2003－2010年宁波市GDP及增长情况

2.经济效益持续提高，社会财富较快增长。

2010年，经济主体的效益也迅速提高。全年宁波完成工业总产值13171.2亿元，同比增长32.5%。全年工业经济效益综合得分为253.9分，比上年提高31.9分。财政一般预算收入（含中央财政收入）1171.7亿元，增长21.3%；财政一般预算支出600.7亿元，增长18.7%。市区居民人均可支配收入30166元，比上年增长10.2%；农村居民人均纯收入14261元，增长12.8%。城乡居民收入差距不断缩小。

（二）区域经济运行中需关注的方面

1.生活、生产资料与房地产价格持续上涨。

2010年，全年宁波市居民消费价格指数为103.7%，消费市场未出现大幅炒作现象，但食品类价格增长明显。工业品出厂价格指数低于原料、燃料动力价格指数，提高了企业生产成本。商品房成交价格继续上涨，全年房屋销售价格指数105.7%，增速同比减缓，但随着租售比的扩大，房地产市场的潜在风险可能放大。

2.热钱跨国流动对国内经济输入通胀压力。

2010年，国际金融危机后续影响仍在持续，美国实施了第二轮量化宽松货币政策，将超量的货币供给向全球输出。欧、日等其他发达经济体则步其后尘，使国际资本市场的流动性和投机热钱进一步膨胀。2010年，宁波外资实际流入26.14亿美元，同比上升82.34%，其中房地产企业资本金流入7.09亿美元，是上年的2.46倍。外资快速流入房地产行业将对资产价格的稳定造成较大压力。

3.地方特色经济的稳定增长面临压力。

国内外形势的变化使宁波涉外、民营等特色经济面临新的挑战。一方面，人民币升值压力持续加大，加剧了国内出口企业的汇率风险；另一方面，欧洲多国主权债务危机的相继爆发，使宁波传统的出口市场消费能力下降。国内方面，稳健的货币政策将使信贷规模受到约束，地方政府的固定资产投可能对民营企业形成“挤出效应”，影响地区经济的稳定增长。

二、金融业与金融稳定

（一）机构改革进展情况

2010年，宁波辖区金融业改革步伐加快，金融市场主体快速扩张，系统布局进一步完善，金融机构股权结构进一步优化，金融机构改革成效进一步显现，有力推动了辖区金融机构的稳健运行，对促进微观金融稳定具有积极的作用。

1.金融系统布局进一步完善。

2010年，随着中国进出口银行宁波分行成立，政策性金融机构在宁波全部有了分支机构；辖区首家企业集团财务公司宁波港集团财务有限公司顺利开业，机构类型进一步完善；中信金通和光大证券的宁波分公司相继设立，最后3家证券服务部全部规范升级为证券营业部，证券经营机构规格整体提高。

2.城乡合作金融机构股权结构进一步优化。

2008年以来，通过向原股东配售股份、转送股等形式，辖区多家机构股本规模迅速扩大，市区农村信用联社向原股东定向配股募集股金3.32亿元，镇海农村信用联社着手组建镇海农村商业银行，市区农信联社、北仑农信联社制订了改制为农村合作银行的改革规划。

3.改革成效进一步显现。

各类金融机构改革加快推进，服务功能逐步增强。2010年，辖区农发行、中信保公司政策性业务占比不断提高，政策性金融支持地方经济发展能力进一步提升。农业银行三农金融事业部等专项改革加速推进，服务“三农”实力加强；农村信用联社资本充足率不断提高，资产质量持续提高，村镇银行规模不断扩大，部分地方法人机构还加快了对外投资拓展步伐，包括跨区域经营、设立村镇银行等。

（二）银行业稳健性评估

1.行业整体稳健性分析。

（1）总体规模不断扩大，市场份额渐趋分散。宁波市稳健的经济增长与良好的金融生态环境，推动了银行业体系的完善和规模的扩张。截至2010年末，全辖银行业金融机构资产总额12400.4亿元，增长20.2%；负债总额11926.6亿元，增长19.7%。1585个经营网点遍布城乡，银行服务密度持续提高。市场格局总体稳定，但五大国有银行贷款份额首次低于50%，年末贷款占比49.0%，存款份额从47.2%降至45.5%，而股份制银行和城商行分别提高0.6和0.3个百分点。

（2）贷款投放趋于平稳，投向结构得到优化。2010年，全辖银行业金融机构年末各类贷款余额9414.2亿元，同比增长22.0%，当年新增1698.3亿元，同比少增202.1亿元。从结构上看，贷款投放在各月间明显平滑，除1月、10月份外，各月新增贷款均在100±50亿元的范围内。贷款向实体经济倾斜：年末制造业贷款占比39.5%，同比提高1.4个百分点，而水利、环境、公共设施管理业及电、气、水的生产供应占13.4%，同比下降4个百分点。此外，票据融资净减少163.5亿元，降幅达49.3%，这与银行业机构主动配置资产、调整信贷结构有直接关系。

（3）不良贷款实现“双降”，抗风险能力稳步提高。截至2010年末，全辖银行业金融机构不良贷款余额86.9亿元，减少12.5%；贷款不良率0.92%，降低0.36个百分点，是实行五级分类后宁波不良率首次低于1%的年份。不良贷款的“双降”，表明各家机构开展的风险关口前移、贷审流程再造与强化贷后管理工作发挥了积极作用，行业资产质量总体趋好，抗风险能力增强。

（4）经营利润大幅增加，业务创新得到加强。2010年，全辖银行业金融机构共实现账面利润192.52亿元，较上年增加57.50亿元，增幅达42.6%。行业整体收入结构与上年基本一致，其中利息净收入仍占到营业收入的85%，手续费及佣金净收入占12%，中间业务对银行业利润的贡献有限，存贷利差仍是多数机构最主要收入。2010年，辖内银行业金融机构普遍加强了业务创新，对于探索差别化竞争、改善盈利结构有重要意义。

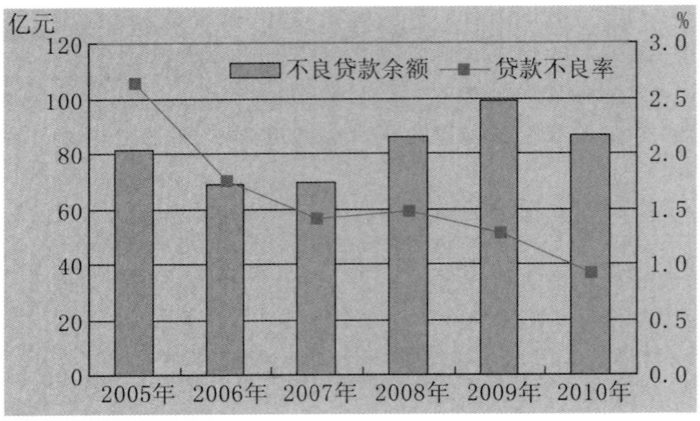

图2　2005－2010年宁波辖区银行业金融机构不良贷款及变化情况

2. 地方法人银行业机构经营稳健性提高。

2010年末，宁波辖区法人银行机构共有19家，当年新成立村镇银行2家。总体来看，多数法人机构发展稳健，资本规模持续扩大，资本充足率普遍提高，资产质量保持良好，不良贷款继续"双降"，拨备覆盖率较为充足，盈利规模继续扩大。但个别机构面临流动性趋紧、收入结构单一的等问题，在激烈的同业竞争中自身优势弱化，经营稳健性和竞争力有待提高。

3. 需关注的问题和风险。

（1）存款增速放缓，流动性月际波动加大。截至2010年末，全辖银行业金融机构存款9755.5亿元，同比增长18.4%。其中当年新增1514.3亿元，同比少增372.2亿元。新增存款主要集中在上半年，各月间波动明显，前5个月新增存款占到全年的60%，10月份还罕见地出现了环比减少3.54亿元的情况，资金稳定性下降。

（2）行业不规范竞争频现，操作风险程度提高。在全年信贷规模、资本充足率指标受到严格监管的情况下，商业银行对存贷款资源的争夺愈发激烈，以贷增存和各种形式的高息揽存现象抬头，存在严重的合规风险。

（3）房屋成交量下降，房地产信贷风险积聚。2010年，宁波房价波动加剧，成交套数下降显著，而新楼盘供应大量增加。但房地产相关贷款增速仍快于全部贷款增长。一旦出现开发商资金链断裂，或因房价大幅下跌，出现购房者"断供"、贷款抵押品价值缩水等，将使银行业信贷资产遭受重大风险，影响银行业系统安全。

（4）政府融资平台贷款的后续安全性值得关注。地方政府融资平台虽然在保障民生重点工程的建设方面发挥了重要作用。但在融资平台贷款"解包还原"和重新认定过程中，部分贷款可能面临抵押物不足、担保失效的风险，一些银行业计提拨备的压力也有所增大，因此，此类信贷资产的安全性仍需引起高度关注。

（5）集团客户与关联授信的风险管理亟待加强。集团客户在为银行机构带来丰富的存贷款资源的同时，由于认定标准不统一、银行同业间信息不对称，致使某些集团、关联客户处于监管"真空"。同时，针对重点优质集团客户的激烈竞争，造成过度授信，影响了各银行的资金管理和风险控制，潜在风险较大。

（三）证券业稳健性评估

1. 行业稳健性分析。

（1）证券成交同比基本持平，机构总体保持盈利。2010年，在沪深股市总体趋于振荡下跌的情形下，辖区证券交投活跃程度相较上年降低，但仍保持了相当的市场规模。辖区全年证券成交总额18417.27亿元，与上年基本持平。年末证券投资者开户数82.01万户，增长10.7%；指定与托管证券市值1339.61亿元，增长40.3%。辖区证券营业部仍保持盈利状态，全年57家证券营业部共计实现代理交易手续费收入17.61亿元，利润总额10.62亿元。

（2）期货业延续快速发展态势，期货市场流动性较为充足。截止年末，辖区期货投资者开户数1.39万户，同比增长31.1%；期货经营机构客户保证金余额25.65亿元，同比增长41.9%。全年辖区期货经营机构代理交易量3671.28万手，同比增长18.0%；期货代理交易金额39372.22亿元，同比大幅增长91.4%。期货经营机构利润总额6135万元，同比增长15.0%。期货代理交易利润率也由当年元月的万分之0.12逐步上升到年末的万分之0.16。

（3）企业融资快速增加，上市公司业绩相对稳定。2010年末，辖区共有43家上市公司，当年新增上市公司7家。全年辖区上市公司新增融资287.84亿元，同比增长105.8%，按市场看，分别从资本市场、信贷市场、银行间市场融资178.03亿元、79.81亿元、30亿元，各占61.9%、27.7%、10.4%。上市公司直接融资比重上升，将有利于改善融资格局和金融风险集中于银行业的状况。2010年，部分上市公司受让或拟受让一些银行机构股份，产融结合速度加快。三季报显示，辖区32家A股上市公司实现盈利，基本每股收益0.2267元，净资产收益率8.04%。

（4）创新业务风险管理持续加强，行业个案风险处置取得进展。2010年，随着融资融券、股指期货等创新业务的推出，证监部门加强了对相关机构的现场检查以及验收、监管；证券营业部就制度、流程、系统、人员配备等多个方面对创新业务进行了规范；期货经营机构进一步落实投资者适当性管理和风险教育。另外，原天一证券公司员工拖欠工资款执行到位，行业风险进一步化解。

2. 行业需关注的问题和风险。

（1）市场同业竞争加剧，行业总体盈利能力降低。2010年，辖区证券营业部、期货营业部数量持续增加，市场同业竞争日趋激烈。以低佣金等方式开展的粗放式的竞争模式直接影响了总体盈利能力。2010年，辖区证券、期货代理交易利润率分别为0.58‰、0.016‰，明显低于上年水平。而证券代理交易利润率在当年度还出现了不断下滑的态势，个别新开业时间较短的证券、期货经营机构经营压力较大，存在亏损情况。

（2）证券经营机构客户保证金波动明显，对市场稳健运行形成压力。2010年末，辖区证券营业部客户保证金余额153.9亿元，同比减少8.1%，全年有8个月客户保证金余额低于上年末的水平。从各月变化情况看，证券客户保证金增减平稳性较差，在短时间内大进大出现象比较突出，并与行情变化有强烈的互动性。同时，证券客户保证金大幅波动的交叉性影响也十分明显，成为银行存款特别是储蓄存款大幅波动的重要因素。

（3）新股遭遇破发或媒体质疑，部分上市公司内部治理不善。2010年，辖区共有5家公司在A股市场IPO，有2家公司上市后迅速破发。另外，个别公司上市前多个方面受到媒体质疑，社会影响不佳。部分公司还存在违规经营、内部治理不善等问题。另外，随着房地产形势的不断变化，辖区一些涉及房地产开发的上市公司面临资金的压力逐渐增大。

（4）非法证券活动更为隐蔽，但仍以证券期货投资咨询为主要特征。一些非法证券活动盗用合法机构的名称、标志以及承诺收益等方式吸引投资者，以收取会费、指导操作等方式骗取投资者钱财。因其网站服务器托管在境外、异地开户分散取款等，给投资者的正当维权造成较大困难，损失难以追回。

（四）保险业稳健性评估

1. 行业稳健性分析。

（1）保费规模迅速扩大，赔付支出低位增长。2010 年，辖区保险机构原保费收入 144.06 亿元，同比增长 34.1%，其中财产险 66.20 亿元，增长 29.6%；人身险 77.86 亿元，增长 38.1%。全年辖区保险机构赔付支出 38.14 亿元，同比增长 5.1%，其中财产险赔付支出 27.45 亿元，增长 7.9%；人身险赔付支出 10.69 亿元，减少 1.5%。

（2）产险经营和偿付能力明显改善，寿险产品期限结构不断优化。2010 年，全辖产险机构实现利润总额 6.14 亿元，同比增长 367.8%；承保利润率 11.11%，同比提高 8.39 个百分点。平均综合成本率、赔付率和费用率均同比下降。寿险产品结构逐步优化，续期保费增长较快，新单期缴比例上升，全年没有发生大面积退保事件，风险得到有效控制。

（3）中介市场总体平稳，兼业代理发展较快。2010 年，保险兼业代理机构扩张较快，年末共 2638 家，全年新增 420 家，其中银行代理机构 1073 家，车商代理机构 562 家；专业中介机构 23 家，经纪机构 8 家，公估机构 5 家。保险营销员 12582 人，同比减少 11.9%。全年保险中介渠道保费收入 90.99 亿元，占全部的 63.2%，同比持平。

（4）政策性保险覆盖面持续扩大，各项赔付明显减少。2010 年，保险品种达到 17 项，基本覆盖了全辖农业主导产业。截至年末，辖区政策性农业保险共为 11.37 万户农户提供了保障，保障金额 31.15 亿元，实现保费收入 4537.98 万元。全年农业保险理赔情况总体平稳。2010 年，辖区出口信用保险规模迅速扩大，抵御风险能力增强。全年辖区短期出口信用险承保额度 480.80 亿元，同比增长 72.0%；保费收入 2.64 亿元，同比增长 72.8%，实现净利润 1.29 亿元，同比增长 1618.8%。

2. 需关注的问题和风险。

（1）银保合作规范程度不高，新政迭出后期影响值得关注。一是银保合作层次较低，仍主要局限在银行充当保险代理中介这一层面，同时配套支持体系存在欠缺；二是违规行为时有发生，后续纠纷不断；三是银保新规出台在短期内可能使银保销售量下降，销售成本增加以及银保产品趋向简单化等，后期影响值得关注。

（2）新会计准则全面实施，结构转型存在较大压力。2010 年，新会计准则全面实施初期还存在不少问题。一是寿险机构分红险"一险"独大格局进一步加剧；二是产品的同质化，可能进一步加剧同业竞争；三是产险机构准备金计提和经营成本核算等方式的变化，可能造成账面盈利"虚高"，短期内影响部分机构的经营稳健性。

（3）同业竞争日趋激烈，影响行业稳健运行。为扩占市场份额，个别保险机构不正当竞争行为时有发生：一是直接或变相降低投保费率；二是通过账外额外支付手续费、向银行员工返点等形式，变相提高代理渠道手续费率；三是虚假宣传保险产品，尤其是过分夸大产品收益，对其风险或可能带来损失则较少提及或完全避开，误导投保人。

（4）部分中小机构管理不规范，风险隐患较为突出。目前辖区部分保险机构存在反洗钱管理不规范，虚列营业费用、手续费及佣金支付不合规，以及滞留、挪用保费等问题，风险防范能力不足，内部治理结构尚需完善，风险隐患较为突出。

（五）金融综合化经营

1. 金融控股公司。

目前，宁波辖区尚未出现纯粹的金融控股公司，根据中国人民银行金融稳定局对金控监测对象的定义，辖区现有的 4 家机构，即宁波港集团财务公司、昆仑信托、协和银行、杉立期货都是由非金融企业控股金融机构所形成（即产融结合类控股）。其中，杉立期货 2010 年实施了增资扩股和股权转让，杉融实业成为杉立期货第一大股东；协和银行股改重组工作也一直在争取之中。

2. 交叉性金融业务。

2010 年，辖区金融机构交叉性金融业务稳步开展。银证交叉业务主要集中于银行代售基金、第三方存管、证券类理财产品发售与股票质押类贷款，其中以银行代售基金和证券类理财产品发售最多。银保交叉业务合作类型主要有代理保险、小额信贷保证保险、出口信用保单项下贸易融资、保单质押贷款与汽车履约保险贷款。其中银行代理保险占全部银保合作的 61.6%。受分支机构权限不足，法人机构资质或能力有限影响，目前开展的银证、银保交叉合作主要是利用银行的渠道优势，合作深度尚不够，双方的优势有待挖掘。

3. 民间资本参股金融机构。

2010 年，辖区 20 家法人机构中，除协和银行等少数机构外，其余法人机构均有民营实业企业参股，但参股比例相对较低，特别是 9 家农村合作金融机构因受入股规定的限制，多数参股比例在 3% 以下，实业企业股权投资较为分散。从投资动机来看，已从之前的行政推动调整为企业利益驱动，投资门槛不断提高。但由于管理制度未跟上，关联交易难以禁止等问题，一定程度上影响了金融机构的经营稳健性，相关风险值得关注。

三、准金融组织与金融稳定

（一）小额贷款公司

2010 年，辖区小额贷款公司发展速度加快。截至年末，辖区共有小额贷款公司 18 家，当年新增 10 家，总计注册资本 33.9 亿元；贷款余额 49.51 亿元，同比增长 116.2%。全年实现净收入 2.36 亿元，，资本收益率 6.96%，贷款年化加权平均利率 15.002% – 16.206%。截至年末，辖区小额贷款公司的银行融资比例增至 38.5%，多家公司达到"50%"的上限，小额贷款公司与银行机构风险关联性进一步加强，个别机构违规操作时有发生，加强风险合规管理极为迫切。

（二）担保机构

截至 2010 年末，在宁波市经委备案登记的担保机构有 38 家，注册资本 20 亿元，多数为民间资本出资设立。受经济企稳回升影响，担保机构业务发展较快，一些存量风险得以化解，并实现盈利。截至年末，38 家担保机构在保责任余额 105 亿元，增长 66.7%。但由于缺乏统一的行业运作规范，大部分机构资本规模较小，抵御风险能力不足，加上长期缺乏监管，行业稳健发展的潜在风险较大。

（三）典当行

2010 年，随着经济回升向好发展，辖区典当行也呈现企稳迹象，经营业绩稳步上升。截至年末，辖区共有典当行 57 家，新增 8 家；实收资本 9.59 亿元；典当余额 7.73 亿元，同比增长 15.6%；利润同比增长 29.7%。由于专业评估鉴定机构和人员短缺、市场环境发育不成熟，部分典当行经营不规范，风险控制能力薄弱，相应的监管亟待加强。

（四）股权投资

2010 年，辖区股权投资发展速度加快。调查显示，截至 11 月末，辖区共有 51 家 PE 企业，注册资本总额 25.3 亿元，同时辖区注册资本超过 500 万元的投资公司共有 1096 家，约 300 多家在运作 PE。股权投资为辖区民间资本提供了新的投资渠道，也有利于进一步改善融资结构、优化金融资源配置、分散银行业的整体风险。但目前仍存在股权投资缺乏退出平台、专业中介机构和人才不足、社会认知程度不高等问题。

四、金融市场与金融稳定

（一）同业拆借持续增长，票据贴现规模压缩

2010 年，受 6 次上调准备金率和 2 次上调基准利率影响，市场流动性趋紧，导致银行间市场交易持续活跃，拆借和贴现利率一路走高。全年辖区同业拆借交易量同比大幅增长 252.1%，资金总体呈正流入走向，交易主要集中在 1 天品种。

票据市场方面，2010 年，全辖累计签发银行承兑汇票 3912.2 亿元，同比增长 14.4%，各股份制商业银行（含交通银行）签发余额及累计量占比均超过 50%。贴现利率一路走高。全年累计办理票据贴现 2358.1 亿元，同比减少 350.6 亿元。转贴现卖出 1628.3 亿元，同比减少 66.6 亿元。这与信贷规模控制与利率上调背景下，各机构“挤出”票据融资规模有关。

（二）债务融资工具发行增加，债券交易活跃

2010 年，全年辖区共有 5 家企业发行 1 年期短期融资券 51 亿元，同比增长 82%。宁波银行则在银行间债券市场发行 15 年期次级债 25 亿元。全年新发行债务融资工具占新增贷款的 4.65%，比上年提高 3.18 个百分点，对于改善辖区融资结构有积极意义。

2010 年，辖内交易主体的 4 家机构全年债券回购累计交易 12883.6 亿元，较上年增长 70.3%。银行间现券交易累计 1.92 万亿元，是上年交易量的 2.9 倍。全年正、逆回购净差额不断扩大、回购量价震荡上行，反映了辖区流动性逐渐趋紧、短期资金需求旺盛的情况。

（三）外汇交易规模持续增长，结构有所变化

2010 年，辖区外汇即期交易累计折合美元 2606.48 亿元，较上年增长 8.95%；外汇远期交易折合美元 11.39 亿元，同比增长 115.86%，掉期交易折美元 525.83 亿元，同比增长 27.59%。外汇远期交易的大幅攀升，与辖区银行力推外汇创新产品，协助涉外企业进行贸易外汇结算避险有直接关系。

（四）黄金交易量价保持升势，交易主体不断增加

2010 年四季度，受朝韩冲突爆发、黄金消费旺季来临、美元持续走弱等因素影响，国际金价一路上涨，不断刷新纪录高点，年末 COMEX 黄金期货价格收于 1421.1 美元/盎司的历史新高，较上年末上升 29.8%，推动了全辖黄金交易规模的扩大。全年各类黄金交易累计 26862 千克，较上年增长 25.33%，成交金额 72.05 亿元，较上年增长 49.75%，增长集中在实物黄金，全年累计交易 13112 千克，同比增幅达 87.35%，而账户金全年累计交易 13750 千克，同比下降 4.74%。

五、金融基础设施与金融稳定

（一）支付清算体系

2010 年，辖区支付清算体系稳健高效运行，支付清算业务量稳步增长；支付清算管理规范持续加强，有力改善了支付清算环境；系统建设与服务创新不断深入，尤其是完善升级区域付费通业务和金融 IC 卡应用等，有力支持了辖区经济快速增长和金融的稳定运行。但银行卡违规违法风险依然存在，一些新型支付工具和非金融机构支付服务组织的涌现，将对支付清算体系的正常运转和管理提出了更高的要求。

（二）征信体系

2010 年，辖区征信体系建设不断加强，数据质量日益改善，与市相关局委建立的信息共享机制、自建的宁波市银行风险信息共享系统均起到了积极作用。随着征信管理的加强和应用的推广，全社会信用意识不断增强，征信体系的作用日渐突出。但目前征信系统中缺乏商业信用信息，涉及多部门的非银行信息采集缺乏长效机制，第四方物流信用信息共享平台建设后继无力，这些问题的存在将不利于完善征信服务功能。

（三）反洗钱体系

2010 年，辖区反洗钱体系建设持续深入，反洗钱监管加强了资金监测，加大可疑交易线索的跟踪分析力度，发现和向相关部门移交的数量和质量明显提高。跨部门反洗钱合作进一步加强，推动首例涉嫌洗钱案件的侦破，协助公安机关破获数起非法集资案、网络赌博案等，对维护金融秩序发挥了积极作用。但部分金融机构在识别客户身份信息、开展客户风险等级评定、可疑交易报告等方面不够重视，影响反洗钱监测与评估的效率。

（四）货币发行与反假币体系

2010 年，辖区货币净投放规模再创新高，货币发行工作安全高效。通过加强市场流通人民币券别结构的调剂、推动社会沉淀硬币回笼等工作，有效保障了辖区社会经济流动性需求。打击假币犯罪与反假币督查宣传工作进一步强化，假币收缴量大幅下降，群众反假意识明显提高，有效压缩了假币的流通空间，维护了辖区人民币正常流通秩序。

（五）金融生态

2010 年，辖区金融生态环境总体良好，但“日日会”等非法集资活动依然是地区金融稳定运行的隐患。2010 年辖区发生集资诈骗、非法吸收公众存款、标会、台会多起，部分资金被用于赌博等非法领域，一些信贷资金也被挪用参与到非法集资，影响金融机构的资金安全和区域金融生态建设，有待相关各部门共同重视和协调解决。

（六）区域金融安全网

近年来，辖区企业、金融、政府和司法等主体的合作在防控风险基础上创新出多种合作与保障模式，推进合作逐步向紧密化、常态化的方向发展，并将单一地区的合作逐步向跨城市的合作发展、从初浅性的合作逐步向深层次的合作探索，由此促进了各相关主体交流协同能力提高，促进了企业获得资金支持、减少授信风险发生。

（七）审慎性监管

2010 年，金融政策措施在辖区得到进一步贯彻落实，并对辖区银行业、证券业、保险业金融机构经营发展产生重要影响。但随着市场经营主体的不断增多，辖区金融同业竞争更为激烈，明显存在操作风险等问题，需亟待加强监管和规范，以保持金融业整体运行的稳健，切实维护区域金融稳定。

六、定量评估

（一）金融稳定评估

通过对辖区 2004－2010 年金融稳定状况的评估，2010 年辖区金融稳定得分为 31.11 分，处于稳定状态。从近几年的变化情况看，辖区金融稳定评估得分呈波浪变化，其中 2006 年金融稳定程度在这 6 年中的达到最高水平，2010 年稳定水平仅略低于 2006 年。

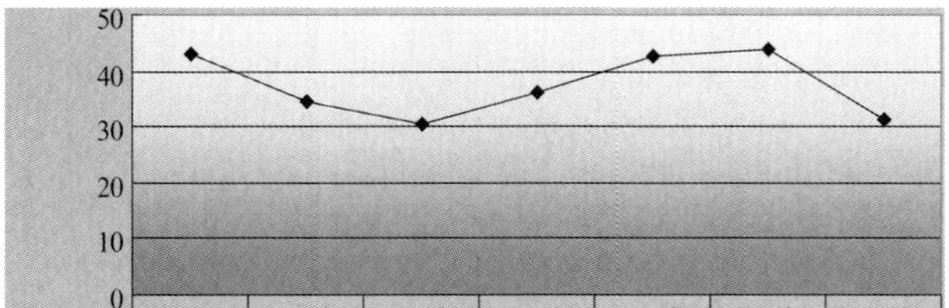

	2004年	2005年	2006年	2007年	2008年	2009年	2010年
综合得分	43.16	34.49	30.39	36.30	42.70	43.83	31.11

注：分值越小，表示风险越低，稳定状况越好。

图3　宁波辖区2004－2010年金融稳定状况趋势图

从评估综合得分看，2010年区域金融稳定水平较上年有显著改善。但因同比数据过优，导致部分指标“过度改善”，评估得分出现超调。从结构上看，2010年，五大类指标均较上年改善，以经济运行指标改善明显，而非金融部门（企业、房地产市场和个人）改善不明显。

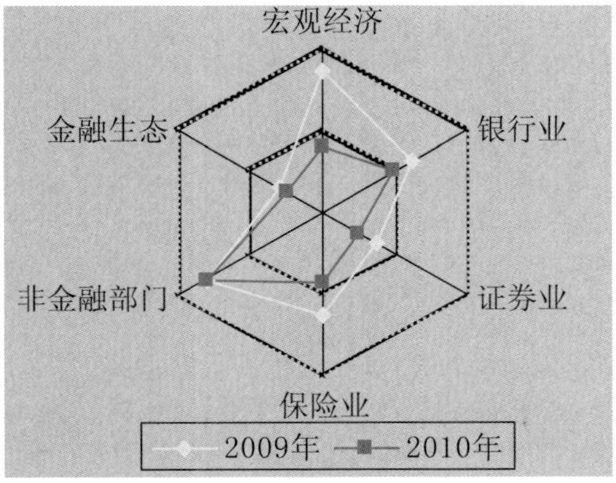

图4　宁波辖区2010年和2009年金融稳定得分雷达图

（二）情景压力测试

对2010年末辖区11家中小法人银行机构信用风险压力测试表明，随着资本充足率的不断提高和风险管理的加强，法人银行机构整体抗风险能力在逐年增强，在年末不良贷款余额增长一定程度的情景下，各法人机构不良贷款的准备金计提对其资本充足率的冲击影响较小，信用风险抵御能力较强。

对法人机构利率敏感性压力测试结果表明，各法人机构的利率风险分布差异明显。部分负债敏感型机构，由于“借短用长”形势比较严峻，资产负债的期限错配状况突出，潜在利率风险较大。因此，科学、合理调配资产负债的规模与期限结构，是各法人机构，尤其是负债敏感型机构目前的当务之急。

对14家样本银行业的房地产贷款压力测试结果表明，房地产贷款的承压能力较上年有所提高，尤其在轻度和中度压力下，不良贷款、新增损失及不良率增长不显著。而在严重压力下，不良贷款、预计损失出现跳跃式增加，表明极端情况下房地产贷款出险的几率仍然较大。但各机构计提专项准备较为充足，表明各机构的房地产贷款风险管理有所加强。

七、政策建议

1. 关注通胀预期变化和个别领域风险，积极应对以防患于未然。2011年，要高度关注国内外经济金融政策和形势的变化，及时监测评估这些变化对辖区经济金融稳健运行的影响，提高风险管理的前瞻性和科学性。完善金融机构流动性管理，提高资金稳定性。关注房地产金融，优化内部资源配置，增强房地产等重点领域风险承受能力。关注政府负债和政府融资平台负债情况，提高政府类贷款的还款保障，防范信贷资产风险的集聚和扩大。

2. 深化金融机构改革，推进金融业综合经营及转型升级。加快政策性金融机构改革，强化政策性金融功能；因地制宜推进农行“三农事业部”改革；深化落实已改制金融机构新体制新机制落实和应用；继续推动地方法人金融机构完善治理结构，加快引资做大做强改革；鼓励金融机构加快产品和业务创新，探索发展跨市场跨行业的交叉性金融业务；加快融入上海国际金融中心建设，积极探索适合宁波特色的金融发展道路。

3. 切实规范同业竞争，严格防控操作和信用等各类风险。增强各类金融机构外部监管约束，发挥窗口指导、监管检查及行业协会作用，促进各金融机构树立公平竞争、合规诚信经营的意识。加强金融机构内部约束，提高金融机构公平竞争的自律性及履行社会责任的自觉性。提高金融机构核心竞争力，树立系统安全意识，加强对交易系统、设备的更新改造；加强金融突发事件应急演练，切实增强应急管理和风险应对能力。

4. 加强区域金融生态建设，促进准金融组织健康发展。深化金融业投资者教育，探索和落实金融业各类投资适当性管理要求。不断培育、开放新的投资渠道，引导社会公众远离非法金融活动、非法集资活动。加强区域金融稳定合作，严厉打击各种非法金融活动。探索开展对影子银行的研究，引导准金融组织逐步提高自身风险管理水平。明确行业规范和监督标准，探索风险隔绝机制，避免准金融组织风险的传染问题。

5. 加快探索实践，构建宏观审慎性管理框架。探索开展宏观审慎性管理工作，强化基于金融机构综合管理平台的管理、综合评价制度，加快建设金融突发事件应急保障网；研究完善针对重点机构的风险监测评估制度；积极发挥“一行三局”、地方金融管理部门的横向协作，实现宏观审慎性管理与微观审慎监管的合力与统一；深入研究区域合作，发挥区域合作促进金融稳定的作用。

2010年宁波市经济金融形势分析报告

文章来源：中国人民银行宁波中心支行

2010年，面对复杂多变的国内外经济形势，宁波市金融机构继续认真执行国家宏观调控政策，充分发挥金融支持经济结构调整职能，合理安排信贷投放节奏，坚持“区别对待、有扶有控”的信贷政策，加大对“三农”、中小企业、战略性新兴产业、节能减排等重点领域和薄弱环节的支持，控制国家调控领域信贷投入。

一、存款增势趋缓

2010年末宁波市金融机构本外币存款余额9755.52亿元，比年初增加1514.29亿元，同比少增372.24亿元；余额同比增长18.37%，比上年下降11.34个百分点。存款增长的特点是：一是企业存款增势回落幅度大。年末企业存款余额3410.43亿元，比年初增加509.96亿元，同比少增316.45亿元；余额同比增长13.52%。二是储蓄存款增势回落。年末储蓄存款余额3312.17亿元，比年初增加409.91亿元，同比少增94.79亿元，余额同比增长14.14%。其中活期储蓄全年增加215.09亿元，占储蓄存款增量的52.47%。三是其他存款稳步增长。年末其他存款余额2973.03亿元，比年初增加578.44亿元，同比多增23.34亿元，余额同比增长29.75%。

二、贷款总体增势回落

2010 年末宁波市金融机构本外币贷款余额 9414.20 亿元，比年初增加 1698.28 亿元，余额同比增长 22.01%。全年信贷结构特点是：一是短期贷款稳定增长。年末短期贷款余额 4811.29 亿元，比年初增加 800.69 亿元，同比多增 41.87 亿元；余额同比增长 20.48%。中长期贷款增速回落幅度大，年末中长期贷款余额 4150.68 亿元，比年初增加 962.44 亿元，同比少增 48.97 亿元；余额同比增长 29.49%。二是个人贷款增速回落。年末个人贷款余额 2173.36 亿元，比年初增加 578.44 亿元，同比多增 34.73 亿元，余额同比增长 39.21%。其中个人住房贷款增速回落幅度大。年末个人住房贷款余额 1003.72 亿元，比年初增加 201.44 亿元，同比少增 120.17 亿元，余额同比增长 26.52%。个人经营性贷款快速增加，年末个人经营性贷款余额 539.89 亿元，比年初增加 197.8 亿元，余额同比增长 70.84%。三是对农村地区的信贷投入有较大提升。年末五个县域地区贷款余额 2920.27 亿元，同比增长 28.2%，增速高于全市 6.19 个百分点；全年新增 663.46 亿元，占全市增量的 39.22%，同比提高 4.2 个百分点。

2010 年海南省货币信贷运行情况

文章来源：中国人民银行海口中心支行

2010 年在全国信贷额度比上年有所减少的形势下，我省全年信贷投放增量创下了历史新高的好成绩。分指标看，存款快速增长，存款增量首超千亿元；贷款增量创新高，集中投向中长期贷款；银行业经营效益创历史新高，资产质量稳步改善。总体来看，货币信贷运行情况良好。

（一）存款快速增长，存款增量首超千亿元

12 月末，全省金融机构本外币各项存款余额 4217.30 亿元，同比增长 32.80%，增速比上年同期回落 2.23 个百分点，但比全国水平高出 13 个百分点；比年初增加 1041.60 亿元，同比多增 218.11 亿元，存款增量首超千亿元规模。其中，人民币方面，12 月末人民币存款余额 4172.56 亿元，同比增长 34.26%，增速比上年同期回落 0.49 个百分点，但比全国水平高出 14.06 个百分点；比年初增加 1064.68 亿元，同比多增 263.62 亿元，存款增量创下了历史新高。

1. 从存款结构看，储蓄存款稳健增长，企业存款增速逐月回落，存款增量同比少增，财政存款高位增长。

储蓄存款稳健增长，季度增量明显回落。12 月末，全省金融机构本外币储蓄存款余额 1679.85 亿元，同比增长 29.71%，增速比上年同期高出 8.83 个百分点，比上个月加快 0.99 个百分点。全年累计新增储蓄存款 385.43 亿元，同比多增 160.91 亿元。其中，12 月新增储蓄存款 68.55 亿元，本月新增储蓄存款的快速增加主要得益于省内企事业单位员工年终奖金的集中发放。分季度看，储蓄存款增量呈现明显回落势头。1、2、3、4 季度储蓄存款增量分别为：209.74、74.71、41.5 和 59.48 亿元，3、4 季度储蓄存款增量占比仅为全年储蓄存款增量的 26.20%。

企业存款增量同比少增，存款增速逐月回落。12 月末，全省金融机构本外币企业存款余额 1760.14 亿元，同比增长 29.48%，增速比 1 季度末、2 季度末、3 季度末、11 月末和上年同期分别回落 37.75、17.98、15.06、5.76 和 19.24 个百分点，增速连续 11 个月出现回落。全年累计新增企业存款 404.93 亿元，同比少增 42.23 亿元。其中，1 季度新增企业存款 244.13 亿元，占全年新增企业存款的 60.28%，同比大幅提高 50.7 个百分点。

财政存款增速高位增长。12 月末，财政存款余额 147.92 亿元，同比增长 76.05%，增速比上年同期和上个月分别高出 45.77 和 21.21 个百分点。存款余额比年初增加 63.91 亿元，同比多增 44.38 亿元，比上年全年增量还多增 44.39 亿元。本月财政存款余额减少 11.22 亿元，主要因为 4 季度全省财政支出力度有所加大。

2. 从存款期限看，新增存款活期化趋势年末有所增强。2010 年前 10 个月我省存款期限结构变化明显，一改上年存款活期化趋势增强态势，存款活期化趋势逐月减弱，但 11、12 月存款活期化趋势有所增强。全年累计新增活期存款 527.97 亿元，同比少增 71.37 亿元，但比定期存款明显多增 265.57 亿元，占本外币存款增量的 50.69%，占比比 10 月末和 11 月末分别提高 6.63 和 5.31 个百分点。定期存款累计新增 262.40 亿元，占本外币存款增量的 25.19%，同比快速提高 16.41 个百分点。

3. 从存款地区分布看，存款增量主要集中于海口和三亚。2010 年，海口和三亚两地累计新增本外币存款 627.08 亿元，同比多增 42.52 亿元，占全省本外币存款增量的 60.21%，比上年同期回落 10.11 个百分点。其中，三亚地区 2010 年本外币存款增量同比出现少增，全年新增本外币存款 138.18 亿元，同比明显少增 58.85 亿元，占比快速回落 11.45 个百分点。其他县市（含洋浦经济开发区）累计新增本外币存款 412.96 亿元，同比多增 174.37 亿元，占全省新增本外币存款的 39.65%，比上年同期提高 10.01 个百分点。

4. 从存款分机构看，国有商业银行新增存款占比大。从 2010 年金融机构新增存款数据来看，国有商业银行存款增量占比依然占据着主导地位。全年国有四大商业银行新增本外币存款 578.59 亿元，同比多增 21.75 亿元，占新增本外币存款的 55.55%，同比回落 12.07 个百分点；政策性银行新增本外币存款 22.84 亿元，同比少增 23.09 亿元，占新增本外币存款的 2.19%，同比下降 3.38 个百分点；股份制商业银行新增本外币存款 154.92 亿元，同比多增 55.77 亿元，占新增本外币存款的 14.87%，同比提高 2.83 个百分点。

（二）贷款增量创新高，集中投向中长期贷款

2010 年以来，全省金融机构着力支持省内重点投资项目的建设，积极扩大消费信贷规模，贷款保持较快增长势头。12 月末，全省金融机构本外币各项贷款余额 2509.72 亿元，同比增长 29.31%，增速比上年同期明显回落 10.82 个百分点，但比全国水平高出 9.61 个百分点；比年初增加 568.86 亿元，同比多增 13.74 亿元，贷款增量创下了历史新高。其中，人民币方面，12 月末，人民币各项贷款余额 2265.43 亿元，同比增长 30.86%，增速比上年同期回落 10.87 个百分点，但比全国水平高出 10.96 个百分点；比年初增加 534.30 亿元，同比多增 25.20 亿元。

1. 从贷款分季度看，贷款增量逐季回落，季度投放较为均衡。2010 年全省金融机构季度信贷投放较为均衡，1 季度贷款投放呈现典型的“早投放、早收益”局面，新增贷款占比为 32.04%，同比提高 15.32 个百分点。后三季度贷款增量逐渐回落，总体保持较为均衡，2、3、4 季度贷款增量占比分别为 26.22%、23.23% 和 18.51%。

2. 从贷款期限结构看，短期贷款小幅增长，票据融资明显回落，中长期贷款快速增长，贷款增量创新高

短期贷款小幅增长，贷款增量同比明显少增。12 月末，全省金融机构本外币短期贷款余额为 397.79 亿元，同比增长

1.31%，增速比上月末和上年同期分别回落5.68和12.37个百分点。贷款余额比年初增加5.16亿元，同比明显少增41.98亿元，其中，12月份新增短期贷款18.58亿元。

票据融资余额比年初出现明显下降。12月末，全省金融机构票据融资余额为34.08亿元，同比下降61.73%，增速比上年同期大幅回落109.33个百分点，比上月回落22.95个百分点；票据融资余额比年初减少54.97亿元，创下了自2007年4月份以来融资余额的新低。

中长期贷款快速增长，贷款增量创新高。12月末，全省金融机构本外币中长期贷款余额为2062.76亿元，同比增长43.64%，增速比上月末和上年同期分别回落5.07和4.06个百分点，但增速连续14个月保持40%以上的高速增长水平。贷款余额比年初增加626.30亿元，同比多增162.86亿元，比全省贷款增量还多增57.44亿元，贷款增量创新高，占新增本外币贷款的110.10%，同比明显提高26.61个百分点。

3.从贷款行业看，主要投向基础设施行业和房地产业，个人贷款新增占比明显提高。1－11月，基础设施行业（交通运输、仓储和邮政业、电力、燃气及水的生产和供应业，水利、环境和公共设施管理业）累计新增本外币贷款为185.19亿元，占全部新增本外币行业贷款的33.22%；房地产业贷款受年初海南楼市快速跳涨的影响，贷款比年初增加89.95亿元，占比为16.13%。个人贷款新增129.61亿元，占比为23.25%，同比明显提高12.50个百分点。

4.从贷款分地区看，海口地区贷款增量占比下降明显，县域地区贷款增量占比快速提高。2010年全省贷款投放地区分布不平衡状况有所改善，海口地区贷款投放集中度明显减弱，县域地区贷款增量占比快速提高。海口地区新增贷款374.39亿元，同比少增89.87亿元，占比为65.81%，同比回落17.82个百分点；三亚地区新增贷款82.73亿元，同比多增32.14亿元，占比为14.54%，同比提高5.43个百分点；其他县市地区（含洋浦经济开发区）新增贷款占比为19.64%，比上年同期快速提高12.39个百分点。

（三）外汇存款明显下降，外汇贷款波动增长

12月末，全省金融机构外汇存款余额6.76亿美元，同比下降31.98%，增速比上年同期和上个月回落81.52和39.46个百分点，余额比年初减少3.18亿美元，同比多减6.47亿元。12月末，全省金融机构外汇贷款余额36.89亿美元，同比增长20.09%，增速比上月末和上年同期分别回落16.71和8.14个百分点；贷款余额比年初增加6.17亿美元，同比少增0.59亿美元。

（四）个人消费贷款增速高位逐月回落，贷款余额占比上升持续下降

12月末，全省个人消费贷款余额302.97亿元，比年初增加122.24亿元，同比明显多增73.02亿元，本月全省新增个人消费贷款2.98亿元，同比少增5.58亿元。贷款余额同比增长68.45%，增速比上月末回落6.73个百分点，增速连续4个月出现回落。12月末，个人消费贷款余额占比为13.37%，占比比上月末下降0.05个百分点，余额占比连续4个月出现回落。

（五）地方法人金融机构：存款快速增长，贷款高位增长

12月末，地方法人金融机构存款余额306.77亿元，余额同比增长47.56%，增速分别比上个月和上年同期提高1.88和16.46个百分点，余额比年初增加98.88亿元，同比多增49.56亿元。12月末，地方法人金融机构贷款余额177.68亿元，余额同比增长55.24%，增速比上年同期加快4.57个百分点。贷款余额比年初增加63.23亿元，同比多增24.74亿元，占全金融机构贷款增量的11.11%，同比提高4.18个百分点。

（六）跨省资金流动活跃，全年资金保持大幅净流入局面

1－12月，跨省资金累计净流入1084.89亿元，各月资金净流入量依次为233.23亿元、95.06亿元、30.71亿元、109.81亿元、127.17亿元、81.51亿元、62.07亿元、57.75亿元、64.71亿元、70.09亿元、－23.67亿元和176.45亿元。其中，12月份，跨省资金流入4241.96亿元，流出4065.51亿元，净流入176.45亿元。2010年除11月份外我省各月份的跨省资金一直保持净流入格局，一举扭转了多年来我省资金呈现净流出的局面。

（七）银行业经营效益创历史新高，贷款质量稳步改善

2010年，全省银行业整体经营情况良好，银行效益创下了历史新高。全年账面共盈利61.20亿元，同比多盈利20.90亿元，其中，政策性银行盈利23.31亿元，同比多盈利6.95亿元；国有商业银行盈利31.78亿元，同比多盈利12.61亿元；股份制商业银行盈利5.86亿元，同比多盈利1.50亿元；农村信用社盈利0.08亿元，同比多盈利0.02亿元。不良贷款实现"双降"。

2010年湖北省金融运行报告

中国人民银行武汉分行
货币政策分析小组

2010年，湖北省经济延续了2009年下半年以来回升向好发展态势，经济增长仍然主要由投资拉动，辅之以消费、出口的快速增长，推动湖北产业升级和承接产业转移；三次产业合理布局和"两圈一带"发展战略的顺利实施，成为湖北工业化进程提速的引擎；财政状况的不断改善和税收大幅增长，为湖北经济培植新的增长极提供了财政保障。房地产调控的预期效应有待进一步显现，物价上涨形成的通胀压力和完成节能减排任务的艰巨性不容低估。

2010年，湖北金融业紧扣金融宏观调控主旋律，信贷投放节奏趋向均衡，增速平稳回落，对地方经济发展产生的平滑作用，避免了湖北经济的大起大落；在信贷增长回归常态过程中，金融机构信贷结构调整发生积极变化，涉农贷款、中小企业贷款增幅均高于全省贷款平均增幅，县域贷款及小额担保贷款增速较快，但贷款长期化引起的期限结构错配矛盾仍然存在；以深化金融改革为契机，全省银行、证券、保险业金融服务功能日趋完善，为市场经济主体融资方式的多元化打开了方便之门。

2011年是"十二五"规划的开局之年，湖北省将抓住机遇，发挥优势，继续调整优化经济结构，夯实可持续发展基础；加快社会事业发展，切实保障和改善民生；深入推进改革开放，进一步创新发展机制，继续推动经济又好又快发展。湖北省金融业将认真贯彻落实稳健的货币政策和各项金融宏观调控措施，以正常的信贷供给满足合理的经济增长需求，为湖北经济的可持续发展输送新鲜血液。

一、金融运行情况

2010年，湖北省金融运行平稳，金融机构改革不断深入，体系日趋完备，金融创新亮点纷呈，金融市场交易活跃，融资总量持续增长，金融生态建设取得新突破。

（一）银行业保持稳健发展态势，信贷结构调整出现积极变化，金融服务水平提升

湖北省银行业深入贯彻落实国家金融宏观调控政策，信贷稳定增长，投放节奏均衡，结构不断优化，为全省经济平稳较快发展提供了有力支持。

1. 银行业结构多元化。2010 年,湖北省银行业发展势头良好,结构日益完备,武汉区域金融中心和全国性金融后台服务中心建设步伐加快。渣打银行武汉分行获中国银监会批准成立,湖北银行获中国银监会批复筹建,中国人民银行决定在武汉设立 ACS 第二业务处理中心,全国有 17 家金融机构入驻或签约在武汉建设金融后台服务中心。县域、农村金融体系不断完善,全省已设立村镇银行、贷款子公司、小额贷款公司等农村新型金融机构 69 家,成功引进新加坡富登金融控股公司来鄂设立小额贷款公司。截至年末,全省银行业金融机构总资产较年初增长 21.6%。

表 1　2010 年银行业金融机构情况

机构类别	营业网点			法人机构（个）
	机构个数（个）	从业人数（人）	资产总额（亿元）	
一、大型商业银行	2685	59950	12155	-
二、政策性银行及国家开发银行	95	2375	2915	-
三、股份制商业银行	159	6225	3755	-
四、城市商业银行	176	3976	1393	6
五、农村合作机构	2163	26908	2954	85
六、财务公司	7	504	725	5
七、邮政储蓄	1530	6130	1569	-
八、外资银行	8	239	74	-
九、农村新型机构	69	705	43	64
合　　计	6892	107012	25583	160

注:①不包括政策性银行和国家开发银行、大型商业银行、股份制银行等金融机构总部数据。
②包括中国工商银行、中国农业银行、中国银行、中国建设银行和交通银行。
③包括国家开发银行、中国农业发展银行和中国进出口银行。
④包括中信银行、中国光大银行、华夏银行、广东发展银行、深圳发展银行、招商银行、上海浦东发展银行、兴业银行、中国民生银行、恒丰银行、浙商银行和渤海银行。
⑤包括农村信用社、农村合作银行和农村商业银行。
⑥包括村镇银行、贷款公司和农村资金互助社。
营业网点不包括总部。
数据来源:中国人民银行武汉分行、湖北银监局。

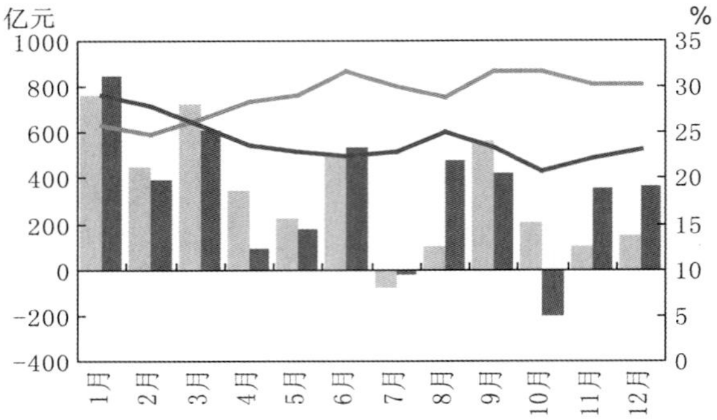

数据来源:中国人民银行武汉分行。

图 1:金融机构人民币存款增长变化

2010 年,湖北省贷款结构明显变化,涉农贷款和中小企业贷款增幅分别高于全省贷款平均水平 11.6 个和 10.5 个百分点。小额担保贷款余额同比增长 53%,县域贷款余额同比增长 31.5%,高于县域存款增幅 6.4 个百分点。但贷款长期化和集中特征仍较明显,全省本外币中长期贷款增加额占全部贷款增加额的 80%,武汉、襄阳、宜昌和黄石四市的贷款增加额占全省贷款增加额的 77%。

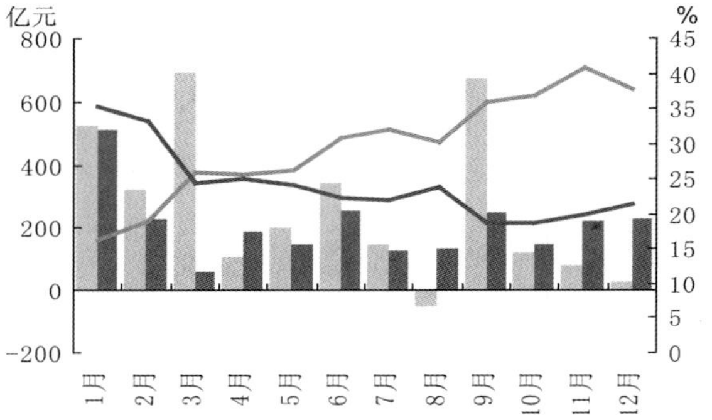

数据来源:中国人民银行武汉分行。

图 2　金融机构人民币贷款增长变化

2. 本币存款增长较快,外币存款降幅收窄。2010 年,全省金融机构(含外资)本外币各项存款余额同比增长 23.1%,增幅较上年下降 7.1 个百分点。本外币企事业单位存款余额同比增长 17.8%,其中活期存款增加额占比较上年上升 2.4 个百分点,这同企业支付能力提升、资金周转加快有关。2010 年,由于存款基准利率上调、资本市场资金回流等因素影响,居民活期储蓄出现较快增长,同比多增 153 亿元。外币存款余额增速为 20.2%,较上年下降 7 个百分点,但降幅大幅收窄。

3. 贷款增速回稳,结构调整明显。2010 年,湖北省本外币各项贷款余额同比增长 21.5%,高于全国 1.8 个百分点,高于湖北地区生产总值近 7 个百分点。全年贷款增长呈现高开、回落、走稳态势,1 至 2 月本外币贷款增幅在 30% 以上,3 月以后增幅回落,9、10 月份降至 20% 以下,年末出现回升。从投放进度看,一季度新增贷款呈现阶梯式下降,后三个季度基本保持均衡。

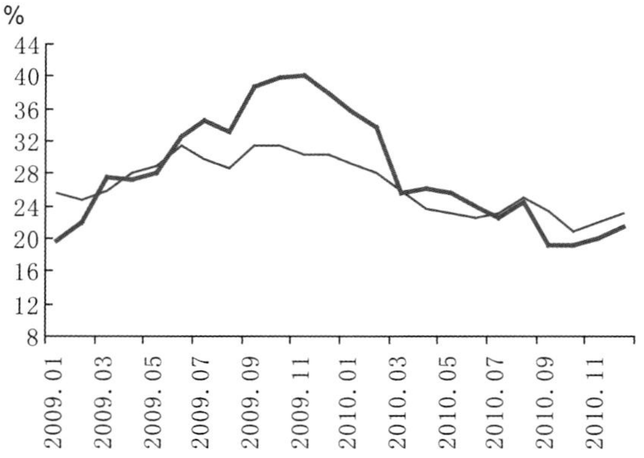

数据来源:中国人民银行武汉分行。

图 3　金融机构本外币存、贷款增速变化

4. 现金收支延续净回笼。全省现金收支较上年少回笼20亿元,但仍未改变净回笼局面。现金收入项目中,城乡个体经营收入和居民归还贷款收入出现明显增长,同比增幅分别为25.7%和32.4%。现金支出项目中,汇兑支出较上年出现大幅增长,同比增幅达42.8%。

表2　2010年金融机构现金收支情况表(单位:亿元、%)

	年累计额	同比增速
现金收入	26961.7	17.1
现金支出	26837.2	17.3
现金净支出	-124.5	-14.0

数据来源:中国人民银行武汉分行。

5. 利率浮动重心整体上移。2010年,湖北省利率水平总体呈现逐步走高态势,浮动利率贷款占比提高,贷款利率浮动重心上移,票据贴现、转贴现利率继续上扬,住房贷款利率逐月走高,外币存贷款利率拉升。湖北省金融机构一年期贷款加权平均利率较上年上升1.2个基点,从利率变动趋势看,除8月份出现回落外,全年总体保持走高态势。同上年相比,全省金融机构执行上浮利率贷款占比提高2.5%,贷款利率平均上浮幅度为23%,上升11.4个百分点。金融机构对大型企业贷款利率主要集中于基准利率至下浮10%区间内,对中小企业贷款利率浮动区间上移。

表3　2010年各利率浮动区间贷款占比表(单位:%)

		合计	国有商业银行	股份制商业银行	区域性商业银行	城乡信用社
合计		100	100	100	100	100
[0.9-1.0)		31.6	54.3	16.9	36.2	7.8
1.0		37.3	33.1	51.8	48.7	9.3
上浮水平	小计	31.1	12.6	31.2	15.1	83.0
	(1.0-1.1]	11.9	7.4	22.6	13.3	12.7
	(1.1-1.3]	11.3	4.9	8.4	1.8	25.5
	(1.3-1.5]	3.4	0.3	0.2	0.0	17.4
	(1.5-2.0]	3.5	0.0	0.0	0.0	21.7
	2.0以上	1.0	0.0	0.0	0.0	5.7

数据来源:中国人民银行武汉分行。

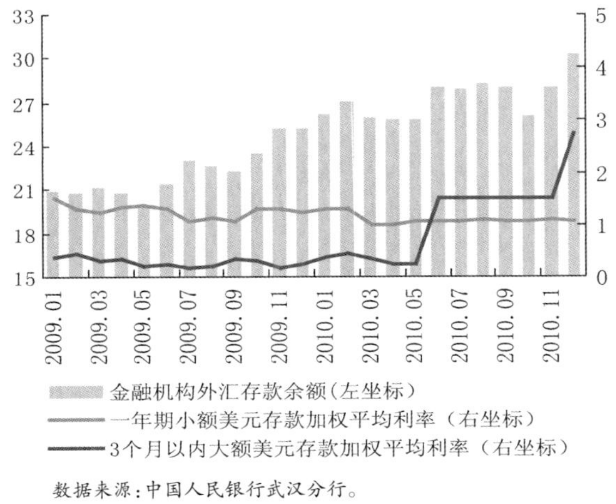

数据来源:中国人民银行武汉分行。

图4　金融机构外币存款余额及外币存款利率

据中国人民银行武汉分行利率样本监测数据显示,2010年湖北省民间借贷利率定价较为灵活,期限主要集中在1年期以内。民间融资规模扩大,较上年加权平均利率略有下降。农户借入资金额增幅较大,中小企业资金需求旺盛,仍是民间借贷的主体。

6. 机构改革不断推进。12月24日,中国银监会批复同意省内五家城市商业银行合并重组,筹建湖北银行。至年末,湖北省50家农村信用社达到组建农村商业银行条件,10家已完成组建,3家获银监会批复。小额贷款公司试点快速推进,农业银行三农事业部改革试点取得明显成效,组织架构不断完善,县域网点得到了整合和优化,进一步强化了服务"三农"的资源配置力度。

7. 跨境贸易人民币结算业务迅速增长。湖北省作为中部唯一的试点省份,于2010年6月22日正式启动跨境贸易人民币结算试点工作。该项工作启动以来,业务量迅速增长,截至年末,湖北省共有13家商业银行为企业办理跨境贸易人民币业务228笔,金额达25亿元。跨境贸易人民币结算业务的开展,对省内企业规避汇率风险、节约财务成本、提高资金使用效率起到了重要作用,也有利于推动企业对外投融资,加快人民币走出去步伐。

专栏1:创新建立网络对接平台　优化中小企业金融服务

为了解决成本、信息、效率和风险等诸多问题,提供一条便捷高效的银企对接途径,湖北省襄阳市多部门协作,创新推出了"襄阳金融网—中小企业金融服务平台",为解决中小企业贷款难进行了有益尝试。截至年末,襄阳中小企业金融服务平台已有1249家企业提交贷款需求,申请金额126.5亿元,企业获得各种形式授信88.7亿元。

一、"中小企业金融网"的设计理念。运用网络前台创新银企对接方式,运用网络后台优化行政服务环境,运用网络阳光新政破解中小企业融资难,成为金融服务中小企业的新理念。前台即为"中小企业金融网"网站,是银企双方开展信贷活动的平台,是政银企和相关中介机构的信息交流集散地,也是当地政府和人民银行金融政务公开的重要窗口;后台即为支持前台运转的业务办公系统和保障机制,通过"信息共享,多方联动"的模式,促成银企对接。

二、"中小企业金融网"的主要功能。一是银企对接功能。从企业注册登记到签订信贷合同,中间绝大部分程序都可以在网上完成。二是政策指导功能。中国人民银行等金融管理部门和政府职能部门在网上发布货币政策、信贷政策、监管政策、相关经济政策及行政服务措施,开展在线咨询,为银企对接提供指导。三是企业信息收储功能。通过网站数据库存储中小企业的各种基础信息及相关资料,便于相关部门分析中小企业金融需求情况。四是信息发布功能。银行、企业和中介机构发布金融产品、贷款流程、企业情况、中介服务等与融资有关的信息,中国人民银行发布企业信用公示、金融运行动态、金融服务中小企业经验介绍等信息。五是联动协调功能。人民银行、工商、国地税、房管、国土、环保、供电等部门,在网上对银行提供"信息协查"服务,由市行政服务中心统一分配用户名和登陆口令,把企业相关信息通过平台回复给有信息协查要求的金融机构。六是监督管理功能。通过后台业务办公系统的运行,可对企业注册量、申贷办理数量、贷款成功率、协查回复率等信息自动生成统计表格,实现对企业融资申报、受理全过程的实时监督,政府优化办(监察局)负责为平台的运转提供制度、机制保障。

三、"中小企业金融网"的工作流程。整个申贷流程分为企业申请、银行受理、部门协查、中介服务、进入贷款程序五个环节12个步骤,除办理他项权证、签订借款合同外,其余步骤均在网上进行。

四、“中小企业金融网”的支撑体系。一是完善的制度保障体系。襄阳市出台了《襄阳市中小企业金融服务网管理办法(试行)》、《襄阳市金融网银行业金融机构信息发布管理办法》、《推动襄阳市中小

企业金融服务网运行方案》和《关于有效发挥襄阳市金融网服务银企对接等作用的通知》等制度办法，为平台的健康发展提供了制度保障。二是合理的业务支撑体系。根据不同部门的职责划分，整合金融管理部门、政府部门、中介机构等10多个机构的资源，建立信息管理、企业信息资料库、银企对接、联动协查信息、在线互动、监督管理和央行信用公示等七个子系统组成的后台业务办公系统，保证平台持续开展网络金融服务。三是严格的纪律约束体系。实行政务公开、限时服务、规费减免等措施，建立责任追究和工作奖惩制度，中国人民银行将金融生态建设融入网站，对企业信用情况予以公示。

五、“中小企业金融网”的突出优点。一是中小企业金融网的“一站式服务”功能，节省了银企双方的成本，实现了真正意义上的网上金融服务。二是中小企业金融网的“常态化”信息服务，实现了政、银、企信息快速即时交流，有效解决了银企信息不对称的问题。三是金融部门、政府部门、中介机构等十多个部门“协同作战”，有效减少了贷款环节，为网站发展的可持续性提供了保障。四是中小企业金融网的“信息协查”和“实时监督”机制，使银行贷款风险得到有效控制。

(二)证券业规模不断扩大，彰显直接融资效力，服务地方经济发展功能增强

2010年，湖北省证券市场保持稳定健康运行态势，资本市场改革进一步深化，上市公司质量明显改善，证券期货经营机构实力显著增强，市场功能得到较好发挥。

1.融资总额大幅增加。2010年，全省上市公司新增5家，其中创业板4家。全年股票(A股)境内市场融资217.8亿元，创近年新高，其中通过IPO募集资金68.6亿元，通过增发募集资金149.2亿元，创业板公司融资10亿元。“十一五”期间，湖北企业通过首发上市和再融资募集资金额较“十五”期间增长三倍多。

2.上市公司质量明显改善。2010年前三季度，全省72家上市公司共实现营业总收入1945亿元，比上年同期增加456.8亿元，增长31%。上市公司累计实现归属于母公司股东净利润89.9亿元，较上年同期增加18.9亿，增长26.6%。

3.市场规模继续扩大。截至年末，湖北证券营业部数量在全国排名第八，占全国营业部总数的3.4%。法人证券机构资产规模进一步壮大，两家法人证券公司净资产同比增长4.3%，全省证券市场交易额同比增长3.6%。期货市场规模持续扩大，综合实力不断增强，湖北三家期货公司净资本同比增长46.8%，净利润同比增长22%，全年累计代理交易额同比增长184.8%。目前湖北省已拥有5个品种10个期货交割库，期货市场服务地方经济发展的功能逐步显现。

(三)保险业平稳快速发展，服务三农承保面拓宽，保险保障方式不断创新

2010年，湖北省保险业平稳发展，市场主体稳步增加，“三农”保险快速发展，保险保障范围不断拓宽，有效发挥了社会管理与维护社会经济稳定的作用。

1.保险业务快速增长。截至年末，湖北省共有保险总公司1家，保险一级分公司45家，正式机构及营销服务部共3194家。全省保险公司总资产835.4亿元，2010年累计实现保费收入同比增长34.3%，其中财产险保费收入同比增长41.1%，人身险公司保费收入同比增长32.7%。保险公司各项赔款及给付同比增长5.3%。

表4　2010年证券业基本情况表

项　　目	数量
总部设在辖内的证券公司数(家)	2
总部设在辖内的基金公司数(家)	0
总部设在辖内的期货公司数(家)	3
年末境内上市公司数(家)	73
当年国内股票（A股）筹资（亿元）	218
当年发行H股筹资（亿元）	0
当年国内债券筹资（亿元）	549
其中：短期融资券筹资额（亿元）	375

数据来源：中国人民银行武汉分行、湖北证监局、湖北省发改委。

2.“三农”承保面不断拓宽。2010年，全省民生型险种稳定增长。政策性“三农”保险实现签单保费5.2亿元，实收保费4.9亿元，获取中央财政补贴2.2亿元，赔付达3.6亿元，是农民所缴保费的2.9倍。棉花、油菜保险承保面积分别达到64万亩、117万亩。农村小额人身保险业务已为231万低收入农民提供保障服务，仙洪试验区水稻小额保险承保户均覆盖率达到102.6%。

表5　2010年保险业基本情况表

项　　目	数量
总部设在辖内的保险公司数(家)	1
其中：财产险经营主体（家）	0
寿险经营主体（家）	1
保险公司分支机构（家）	45
其中：财产险公司分支机构（家）	21
寿险公司分支机构（家）	24
保费收入（中外资，亿元）	500
其中：财产险保费收入（中外资，亿元）	103
人身险保费收入（中外资，亿元）	398
各类赔款给付（中外资，亿元）	87
保险密度（元/人）	875
保险深度（%）	3

数据来源：湖北保监局。

3.社会保障功能更加强大。政策补贴业务同商业保险业务不断融合，截至2010年末，有政策补贴的“两属两户”农民和水稻、奶牛、能繁母猪等主要支农险种，在全省多数地区的承保覆盖率达到了100%。保险的保障功能与融资功能不断融合，试点开展农村小额贷款保险，促进农村金融发展。保险的补偿功能与社会管理功能不断融合，试点推行理赔查勘员与交警联动，对事故车辆及时查勘定损并现场赔付，提高了保险服务效率，加深了保险参与社会管理的程度。

(四)金融市场交易活跃，金融产品叠加效应显现，融资结构呈现多元化

2010年，湖北省金融市场交易活跃，融资结构呈现多元化发展趋势，同业拆借交易大幅增长，票据融资规模连续下降，黄金、外汇市场发展良好，金融产品创新取得新进展。

1.非金融机构融资结构出现变化。2010年，在不改变银行贷款仍然占据主导地位的条件下，湖北省非金融机构融资结构出现变动，股票和债券融资占比大幅上升。非金融机构贷款在融资总量中占比较上年下降13.6个百分点，债券融资和股票融资占比分别较上年上升10.1和3.5个百分点，融资额均为上年的两倍多。全年共发行企业短期融资券375亿

元，中期票据124亿元，分别是上年同期的2.8倍和1.5倍，有效帮助非金融机构降低了融资成本。

表6　2001－2010年非金融机构融资结构表

	融资量(亿元人民币)	比重(%)		
		贷款	债券(含可转债)	股票
2001	342.8	88.7	0.0	11.3
2002	515.6	97.9	0.0	2.1
2003	688.9	99.7	0.0	0.3
2004	628.3	82.6	0.0	17.4
2005	794.9	86.7	7.3	6.0
2006	953.7	87.5	11.8	0.7
2007	1370.9	79.1	18.0	2.9
2008	1476.8	88.4	7.9	3.7
2009	3638.1	90.8	6.2	3.0
2010	3359.6	77.1	16.4	6.5

数据来源：中国人民银行武汉分行、湖北证监局、湖北省发改委。

2.同业拆借市场交易量攀升，债券市场交易活跃。2010年，湖北省金融机构同业拆借累计成交同比增长33%，净融入资金740亿元。拆入交易主体为财务公司，拆出交易主体为城商行和农信社，股份制商业银行和证券公司重启拆借业务。银行间债券市场较为活跃，质押式回购累计成交同比增长9%，净融入资金25310亿元，回购业务规模较大的是农信社和城商行，规模较小的是保险公司和财务公司，证券公司回购交易日趋活跃。现券交易累计成交同比增长6%，政策性金融债、央行票据、中期票据和企业债是其主要交易品种。

3.商业承兑汇票业务量大增，贴现业务大幅下滑。2010年，湖北省金融机构票据承兑累计发生额同比增长12.5%，余额同比增长24.8%，其中银行承兑汇票累计发生额较上年略有下降，商业承兑汇票累计发生额大幅增长，同比增幅达58.8%。受信贷规模调控等因素影响，票据贴现业务量有所萎缩，票据贴现余额大幅下滑，全年累计发生额同比下降5.2%，票据贴现余额同比下降45.9%。

表7　2010年金融机构票据业务量统计表(单位：亿元)

季度	银行承兑汇票承兑		贴现			
			银行承兑汇票		商业承兑汇票	
	余额	累计发生额	余额	累计发生额	余额	累计发生额
1	1451.7	887.7	358.9	1278.5	25.07	35.5
2	1532.4	1852.4	445.4	2868.3	26.27	87.5
3	1641.7	2865.1	392.6	4112.7	21.46	114.9
4	1713.6	3902.8	337.1	5030.3	17.07	143.6

数据来源：中国人民银行武汉分行。

2010年末，受信贷规模控制和存款准备金率、存贷款基准利率及再贴现利率上调影响，湖北省票据市场利率振荡上行，尤其是11、12月份出现明显跳涨现象，12月份银行承兑汇票贴现利率和商业承兑汇票利率分别比10月份提高1.9和1.2个百分点，反映票据市场供求发生变化，银根趋紧在票据市场有所表现。

表8　2010年金融机构票据贴现、转贴现利率表(单位：%)

季度	贴现		转贴现	
	银行承兑汇票	商业承兑汇票	票据买断	票据回购
1	3.1568	4.0723	2.5087	2.6023
2	3.4830	4.6137	2.8375	3.2348
3	3.5778	4.1710	3.6310	3.4506
4	4.4234	5.4618	3.9805	3.9865

数据来源：中国人民银行武汉分行。

4.外汇、黄金市场发展迅速。2010年，外汇交易中心武汉分中心累计成交827笔，金额27.5亿美元，为上年同期的2倍多。其中询价交易占到交易总量的94%，竞价交易量和交易笔数同比下降。2010年，在黄金价格持续攀升背景下，湖北省黄金投资业务发展迅速，买入交易更为活跃，据统计，省内5家上海黄金交易所会员企业黄金净买入1471公斤；商业银行黄金业务全年累计交易金额同比增长44%，品种涵盖实物黄金和纸黄金、人民币金和美元金以及代理个人投资黄金产品等。

5.产权交易发展势头良好。2010年，湖北省产权市场交易趋于活跃，全省产权交易市场通过武汉光谷联合产权交易所及其下属分支机构共完成产权交易项目1300宗，涉及资产总额858.1亿元，成交总额为366.5亿元，增值率为17.2%(武汉光谷联合产权交易所本部增值率达到27.9%)。完成认定登记技术合同444份，完成认定登记的技术合同金额13.2亿元，比2009年增长16.5%。股权质押融资金额8.4亿元，涉讼资产交易金额8.3亿元。武汉东湖高新区进入股份转让系统扩大试点工作准备就绪，积极探索开展非上市公司股权交易试点。

6.金融产品创新不断跟进。2010年，全省继续推广“行业协会＋联保基金＋银行信贷”及“龙头企业＋种植基地＋行社联合＋财政贴息”信用模式，推进林权抵押贷款业务，完善农村土地承包经营权抵押贷款试点。在各市州因地制宜地探索开展活物抵押贷款、“产业集群＋专业担保公司＋银行贷款”和采矿权质押等贷款业务，缓解了县域和小企业融资难题。重点推进科技金融创新，进一步加大对高新企业支持力度。推广知识产权质押贷款、股权质押贷款和应收账款质押贷款等产权融资业务，积极开展创投贷款、科技推荐贴息贷款、高新企业产业引导基金、私募股权投资基金担保贷款及中小企业集合债等新型融资模式。

(五)金融生态环境逐年净化，为金融深化拓展了空间，有利于提升地方经济发展核心竞争力

2010年，湖北省以四大信用工程创建为主线，深入开展了金融生态建设工作，将辖内县(市、区)金融生态建设纳入地方政府综合考核目标，以提升区域经济发展的核心竞争力。截至年底，全省创建信用社区673个，评选信用农户753.6万户和信用乡镇922个；全省有17个市州先后被评为A级信用市州，64个县(市、区)先后被评为最佳金融信用县(市、区)，7个县(市)被评为全省保险先进县(市)。

为进一步促进金融业加大对地方经济发展的支持力度，省政府先后在孝感、鄂州、黄冈、随州等地举办“金融支持湖北经济发展”信贷签约仪式。通过各种银企签约仪式，全省共授信企业5656家，授信额度2023亿元，实际发放贷款1859亿元，履约率为近年以来最高。为全面加强金融管理，中国人民银行武汉分行在全省组织开展了金融消费者权益保护试点和“金融系统反腐倡廉建设展”。各金融监管部门开展了相应的系列活动，打击金融业违法违规行为，构建金融业依法合规经营的长效机制。

专栏2：创新农户担保贷款模式破解农户融资难题

湖北省随州市大力推动农户贷款互助担保合作社的建设与发展，全市现已成立18家农户贷款互助担保合作社，入会会员8000户，累计发放贷款1.5亿元。农贷担保合作社采用“担保＋联保”的创新方式，为破解农户贷款难、担保难做了一些积极有益的尝试和探索。

一、农户贷款互助担保合作社的运作模式

农户贷款互助担保合作社在政府引导下，由农业银行推动，村委会发起运作，农户入会入股自愿。农户入会时需交纳不高于5000元的股金，主要用于建设担保基金。农户贷款时，按照不超过贷款额度的2%向担保合作社缴纳担保费。担保合作社的主要经营收入为担保费和股金利息收入，其中60%用于合作社的日常开支和维权费用，其余40%用于增加担保基金、冲抵担保发生的经营亏损、代偿支出和弥补担保呆账损失。农业银行与担保合作社签订合作协议，对担保合作社出具担保函并在借款合同上盖章确认担保行为的农户进行整体授信，分户用信，最高按成员入股金额的10倍发放贷款，但单户不超过5万元。贷款办理程序简化，贷款使用方式十分灵活，在两年授信期内，可随时获取贷款，无需重新办理贷款手续。

农户贷款互助担保合作社最大的创新亮点就是实现了担保公司和农户联保模式运作。以吉祥寺农户贷款互助担保合作社为例，该贷款互助担保合作社在理事会下设立若干个农户联保小组，利用联保小组成员相互熟悉的特点，由每个联保小组负责对会员入会、贷款申请进行审查，联保小组成员对贷款负有连带担保责任。这种模式通过公司化规范运作，联保式强化责任，使农户自我控制会员质量、自我强化还款意识、自我控制贷款风险，达到全员参与、全员管理、全员化险的目的。

二、农户贷款互助担保合作社的重要作用

一是解决了农户贷款难题，增加了农民收入。成立担保合作社后，会员只要向担保合作社申请担保，在担保合作社审核和农业银行调查审批同意的基础上，可以获得期限1至5年，额度为3000元至50000元不等的贷款支持，从而有效解决生产、经营中资金不足的困难。

二是探索了新的担保模式，助推了"三农"发展。如果每个村都成立担保合作社，仅为其中的30%农户贷款，随州市的此类贷款总额就可以达到60亿元，其支持"三农"发展的作用不可估量。

三是有效防控了贷款风险，实现了持续发展。担保合作机制有助于解决涉农金融机构因人手不足、工作量过大、信息不对称等因素产生的风险难以控制的问题。

四是加强了诚信建设，培植了农民信用意识。通过担保合作社的运作，农户的诚信意识、合同意识逐渐树立，诚信建设取得初步成效。

二、经济运行情况

2010年，湖北经济保持了2009年下半年以来的回升向好局面，各项经济指标向上，运行轨迹沿着"高位较快增长、增幅平稳回落、回落趋势放缓"方向发展。据初步测算，2010年，全省完成地区生产总值15806.1亿元，按可比价格计算，比上年增长14.8%，连续7年保持两位数增长。三次产业结构比例由上年的14.9∶46.1∶39.0调整为13.6∶49.1∶37.3。

（一）投资、消费、出口拉动经济增长动力十足，经济回升更加稳健

1. 投资拉动型不变。2010年，全省完成全社会投资10802.7亿元，增长31.6%，增速较上年下降10个百分点。其中，城镇以上固定资产投资9934.7亿元，增长31.3%，增幅下降10.6个百分点。三次产业投资增长趋于均衡，第一产业、第二产业和第三产业投资分别增长23.6%、33.3%和30.2%。全省民间投资增长43%，占全省投资比重的53.2%，创出近几年新高，民间投资成为投资市场主体。高新技术产业投资保持较快增长，高于全省投资平均水平3.8个百分点。重点建设项目投资超额完成全年工作目标，有力支撑了全省投资增长。

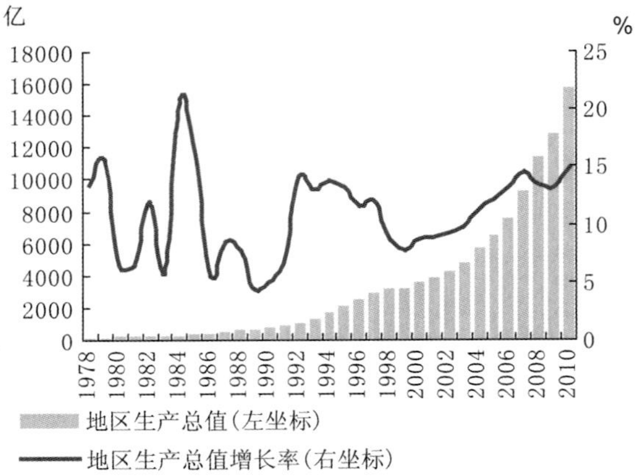

数据来源：《湖北省统计年鉴》、《湖北省国民经济统计月报》。

图5 地区生产总值及其增长率

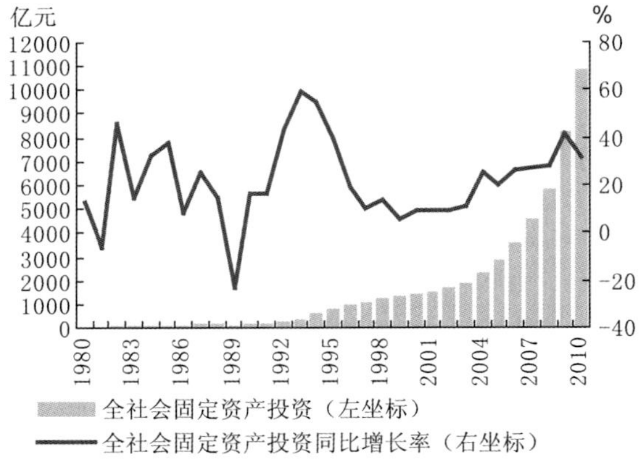

数据来源：《湖北省统计年鉴》、《湖北省国民经济统计月报》。

图6 固定资产投资及其增长率

2. 消费拉动日益强劲。全省全年实现社会消费品零售额6719.4亿元，同比增长19%，增幅比上年提高3个百分点。消费对全省经济增长的贡献明显增强，成为拉动经济增长的一大动力。城乡消费品市场均保持较快增长，城镇实现零售额增长19.6%，乡村市场实现零售额增长15.8%。限额以上企业对社会消费品零售总额的贡献率达69%，拉动社会消费品零售总额增长13个百分点，主力作用明显。食品类、服装类和日用品消费持续快速增长，居住类商品继续热销。

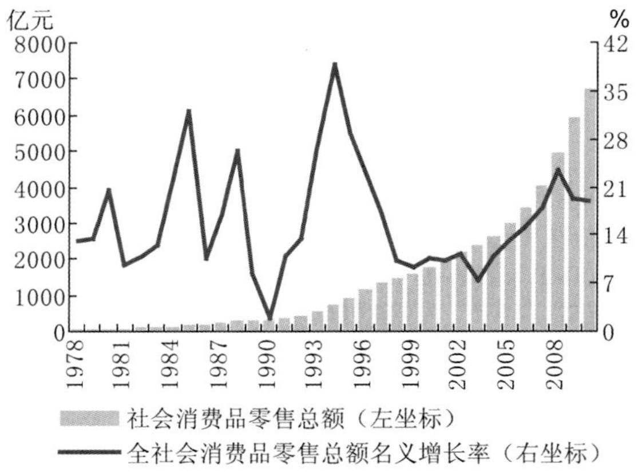

数据来源：《湖北省统计年鉴》、《湖北省国民经济统计月报》。

图7 社会消费品零售总额及其增长率

3. 外贸出口恢复性增长。2010 年，湖北省对外贸易形势进一步好转，进出口快速增长，贸易顺差扩大，外商直接投资和境外投资增势良好。全年进出口总值同比增长 50%，实现贸易顺差同比增长 9.1%。在人民币汇率预期升值、汇改重启以及国家取消部分商品出口退税政策等因素推动下，湖北省在实现出口贸易恢复性增长的同时，贸易方式和出口产品结构发生了较大变化，外商投资企业占据外贸出口主导地位，高新技术产品出口增长迅猛，对欧盟和美国出口大幅增长。上年外商撤资情况得以改变，2010 年，湖北省外商直接投资新批项目同比增长 14.2%，合同外资和实际利用外资同比分别增长 36% 和 10.7%。

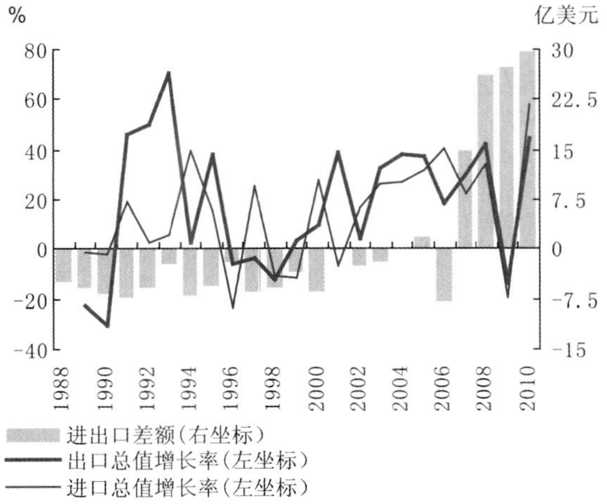

数据来源：《湖北省统计年鉴》、《湖北省国民经济统计月报》。

图 8　外贸进出口变动情况

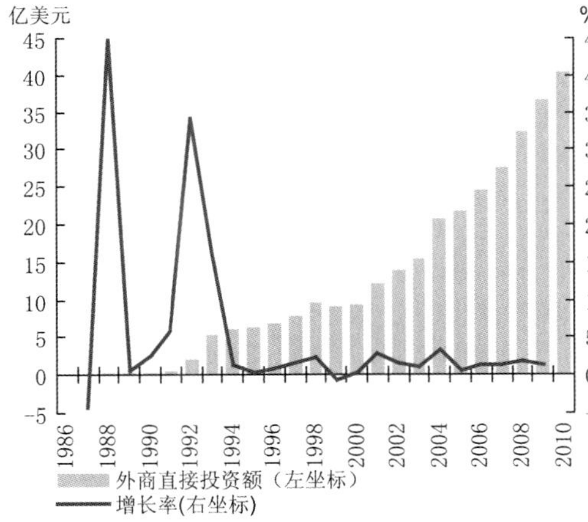

数据来源：《湖北省统计年鉴》、《湖北省国民经济统计月报》。

图 9　外商直接投资情况

（二）三大产业产出增长加快，产业结构调整渐趋优化，工业化程度提高

随着新型工业化发展战略的实施以及承接产业转移步伐的加快，第二产业对全省经济增长的贡献率稳步提高。2010 年，湖北省第一产业完成增加值 2147 亿元，增长 4.6%；第二产业完成增加值 7764.7 亿元，增长 21.1%；第三产业完成增加值 5894.4 亿元，增长 10.1%。

1. 农业产业化步伐加快。2010 年，湖北省第一产业实现增加值 2147 亿元，增长 4.6%，增幅高于全国 0.3 个百分点。粮食播种面积 4068 千公顷，增长 13.9%；粮食总产量 463.2 亿斤，连续七年增产；淡水产品、油菜产量继续位居全国首位。农产品加工"四个一批"工程取得较大进展，全省农民专业合作社总数增长 82.5%，产值过 10 亿元的企业新增 6 家，总数达到 25 家，产值过 50 亿元的农产品加工园区达到 6 家，规模以上农业产业化龙头企业超过 4000 家，农产品加工产值与农业总产值之比超过 1.3:1。

2. 工业运行质量改善。2010 年，湖北省规模以上工业企业实现增加值 6136.5 亿元，增长 23.6%。从工业增长轨迹来看，一季度增长 30.3%，上半年增长 27.8%，前三季度增长 24%，逐季回稳态势明显。从结构看，轻工业增长领先于重工业，全年轻工业实现增加值 1844 亿元，增长 25%，增速快于重工业 1.9 个百分点。产销衔接较好，全年工业产品销售率达 97.5%。工业运行质量进一步改善，经济效益继续回升。全省规模以上工业企业利润总额较上年增长 75%，亏损企业个数和亏损额分别下降 11.5% 和 33.3%。

数据来源：《湖北省统计年鉴》、《湖北省国民经济统计月报》。

图 10　工业增加值及其增长率

3. 第三产业增速高于全国平均水平。2010 年，湖北省第三产业增加值增长 10.1%，较全国平均水平高出 0.6 个百分点。第三产业中金融保险、批发和零售、住宿和餐饮、房地产、交通运输仓储和邮政业均保持稳定较快发展，分别增长 6.7%、9.5%、11.1%、7.3% 和 10.6%。

（三）消费品价格总水平逐月拉升，食品价格上涨是主要推手，通胀压力增大

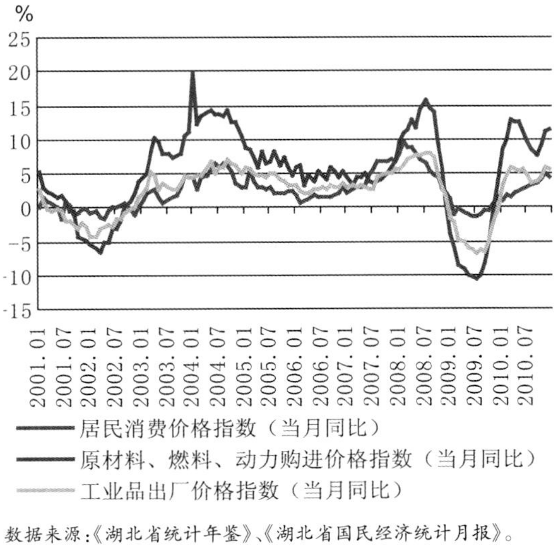

数据来源：《湖北省统计年鉴》、《湖北省国民经济统计月报》。

图 11　居民消费价格和生产者价格变动趋势

2010 年，湖北省居民消费价格总水平上涨 2.9%，比上年上升 3.3 个百分点。工业品出厂价格总水平上涨 4.9%，比

上年上升 9.3 个百分点。全省原材料购进价格总水平上涨 10.4%，比上年上升 16.8 个百分点。农业生产资料价格上涨 1.9%，比上年上升 6.6 个百分点。全省最低工资标准平均增长 28.9%。全年物价走势上半年涨势温和，下半年涨幅逐月扩大，11 月份突破 5%，创近 27 个月以来的新高。其中食品价格上涨 5.8%，影响居民消费价格总水平上涨 1.9 个百分点，对 CPI 上涨的贡献率为 66%，成为居民消费价格总水平上涨的主要推手。

（四）财政收支状况良好，结构变动显现，均衡性进一步增强

2010 年，湖北省工业企业经济效益好转带动税收增长，非税收入逐步纳入预算内管理，财政收入质量进一步提升。全省财政收入同比增长 24%，其中地方税收收入同比增长 26.3%，非税收入同比增长 17.3%，企业所得税同比增长 23.2%。税收收入占财政收入的比重为 76.9%，较上年提高 1.3 个百分点。房地产市场的税收拉动效应显著，建筑业和房地产业完成营业税同比分别增长 27.9% 和 29.2%，土地增值税、耕地占用税和契税分别增长 73.8%、195.3% 和 46%。全省财政支出同比增长 17.9%，医疗卫生、环境保护支出同比分别增长 24.4% 和 29.3%。从全年支出执行进度看，预算执行的时效性和均衡性进一步增强，支出结构得到优化。

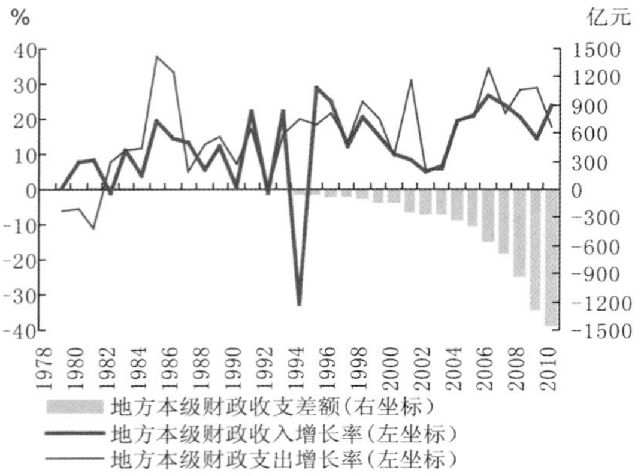

数据来源：《湖北省统计年鉴》、《湖北省国民经济统计月报》。

图 12　财政收支状况

（五）节能减排力度加大，低碳试点工作进展顺利，加快向环境友好型、资源节约型转变

2010 年，湖北省获批全国首批 5 个低碳试点省之一。为全面落实节能减排目标责任制，加快向环境友好型、资源节约型城市转型，促进生产方式转变，重点水域污染防治工作进展顺利。全省化学需氧量和二氧化硫排放量分别下降 1.16% 和 1.75%，超额完成了"十二五"和年度节能减排目标。加快淘汰落后产能，全年共关停 12 个行业 70 家企业（生产线），建成污水处理项目 107 个，基本实现县县建成污水处理厂目标。建成城市生活垃圾无害化处理项目 46 个，20 万千瓦级以上火力发电机组全部实现脱硫。六县（市）获得"国家首批绿色能源示范县"称号，总数居全国第二。

（六）房地产政策调控执行力增强，投资投机性行为收敛，差别化住房信贷政策得以落实

2010 年，受国家房地产政策调控影响，湖北省房地产开发投资增速放缓，商品房销售面积和销售额增幅下降，房地产贷款增速逐月降低，保障住房建设力度加大，新开工房屋施工面积增长加快。

1. 房地产开发投资增速放缓。2010 年，湖北省完成房地产开发投资同比增长 34.8%，增速较上半年和一季度分别下降 9.1 个和 28 个百分点。房地产开发投资全年呈高开低走逐月回落趋势，与房地产政策的调控周期和预期方向基本保持一致。房地产销售面积增长 29.3%，较上半年和一季度分别回落 16.2 个和 43.7 个百分点。

2. 住房保障力度进一步加大。2010 年，湖北省新增廉租住房 4.4 万套，新建公共租赁住房 1.1 万套，完成城市棚户区改造 7.3 万套，国有工矿棚户区改造 5.9 万户，农村危房改造 6.1 万户。全省金融机构努力创新金融服务，积极向符合贷款条件的保障性住房建设项目和个人购买保障性住房提供贷款支持。截至年末，全省金融机构共发放棚户区改造类贷款 16.3 亿元，全省经济适用房贷款余额同比增长 60.4%。

3. 差别化住房信贷政策实施效应显现。2010 年 4 月起，湖北省金融机构实施了更为严格的差别化住房信贷政策，对房地产开发贷款普遍提高了审批要求，对房地产信贷产生了影响。全省金融机构各项房地产贷款余额同比增速自 4 月起逐月降低，年末同比增速为 41.6%，较一季度末和上半年分别下降 9.4 个和 7.5 个百分点。但全省地产开发贷款余额增幅仍然较大，同比增长 83.6%，其中土地储备机构贷款余额同比增长 110%。房地产调控政策对个人住房贷款影响较大，个人住房贷款增速从 5 月末的 58.8% 逐月下滑，到年底增速共减缓了 20.8 个百分点。

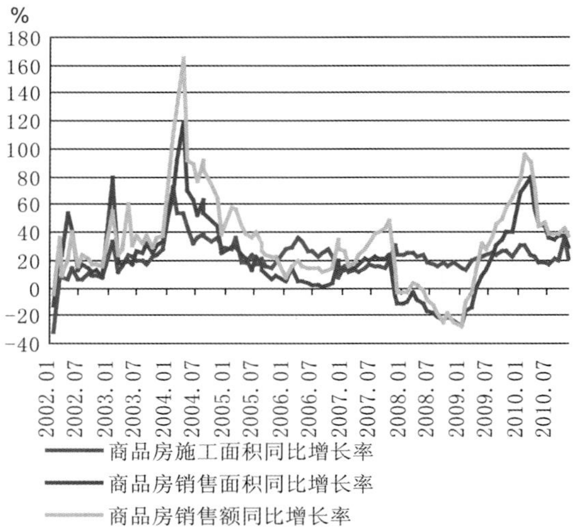

数据来源：《湖北省统计年鉴》、《湖北省国民经济统计月报》。

图 13　商品房施工和销售变动趋势

（七）加快实施"两圈一带"战略，培植新的经济增长极，不断增添金融支持新功能

武汉城市圈"两型"社会建设、鄂西生态文化旅游圈建设、湖北长江经济带新一轮开放开发，分别于 2007 年、2008 年、2009 年启动，构成了事关长远、覆盖全省的"两圈一带"总体发展战略，呈现多点支撑的经济增长极。

2010 年，湖北省从完善规划、改革试验、体制创新、部省协作以及搭建投融资平台等方面着手，进一步推进总体战略的具体化和项目化，武汉城市圈五个一体化、城际铁路、鄂西十大核心景区、"一江两山"交通沿线生态景观等重点工程建设取得突破性进展，基本形成以"一主两副"为依托，以其它设区城市和县城、中心镇为基础的城镇化发展格局。2010 年，武汉城市圈和鄂西生态文化旅游圈生产总值分别增长 15% 和 15.7%，均高于湖北地区生产总值增速，占全省比重分别为 60.6% 和 38.9%。

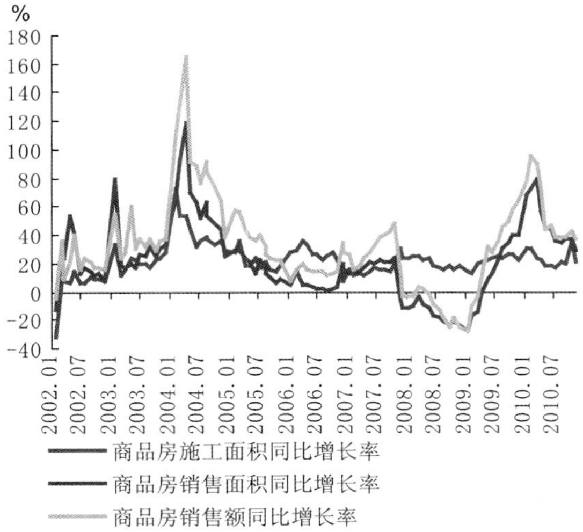

数据来源:《湖北省统计年鉴》、《湖北省国民经济统计月报》。

图 14　主要城市房屋销售价格指数变动趋势

"两圈一带"金融改革与发展也取得明显进展。武汉同城电子支付系统扩大至圈内 9 市 15 家银行 1074 个网点,武汉城市圈现代支付清算网络体系初具规模,"武汉城市圈形象卡"实现持卡提现和 ATM 取款收费的同城化。2010 年,武汉城市圈金融机构各项贷款余额增幅高于全省增幅,年末贷款余额和全年新增贷款占全省比重均达 75%。中国人民银行武汉分行积极引导金融机构建立适应鄂西生态文化旅游圈产业发展特点的信贷体制,举办"股份制银行走进恩施"座谈暨签约活动,探索旅游景点经营权抵押贷款、旅游设施收费权抵押贷款等信贷品种。2010 年,金融机构累计向鄂西旅游圈贷款 73.9 亿元,中国人民银行为民族贸易和民族用品生产提供贷款贴息 4640 万元。引导金融机构探索适合长江经济带岸线洲滩资源开发的信贷产品和产业链融资,组织全省金融机构与沿江城市政府签订银政协议 469 亿元,与经济带企业签订授信协议 1475 亿元。2010 年,长江经济带各项贷款余额较年初增加 1962 亿元。

三、预测与展望

2011 年是"十二五"规划的开局之年,也是深入落实科学发展观,巩固和扩大经济跨越式发展成果,加快转变经济发展方式的关键之年。总体看,湖北省 2011 年的经济发展仍将沿着快速增长的轨道前行。

从经济运行情况看,尽管国际金融危机的后续影响还在持续,但世界经济 2011 年有望继续恢复增长,我国经济也将逐步由回升向好向稳定增长转变,为湖北经济发展创造较好的国际、国内环境。经过"十一五"打基础、管长远的大建设,湖北加快发展的基础条件明显改善,发展后劲进一步增强,经济发展的有利条件和积极因素不断增多,湖北经济有望在后金融危机时期快速进入稳定增长轨道,预计 2011 年全省生产总值增长 10%。从投资看,尽管国家宏观调控政策的变化会对湖北固定资产投资增长带来一定影响,但长江经济带、东湖国家自主创新示范区等一批进入国家层面的重大战略和湖北核电、城际铁路、武汉新港、大东湖生态水网等一批重大项目的实施推进,将为湖北的固定资产投资提供有力支撑,固定资产投资的总体规模仍将保持稳定增长,预计全年增长 20%。从消费看,随着国家收入分配体制改革的逐步推进,城乡居民的收入水平及购买力将稳步提高,居民消费总额仍将持续增加,预计 2011 年全省社会消费品零售总额增长 16%。从物价走势看,国际市场主要大宗商品价格持续高位运行,经济加速复苏推动国内需求快速增长,都将对物价走势带来较大压力,2011 年湖北的物价水平仍将维持在高位,预计全年居民消费价格涨幅在 4% 左右。

从金融运行情况看,随着宏观经济持续向好发展,湖北省金融运行将保持平稳健康的总体态势。全省货币信贷将继续保持合理平稳增长,直接融资和民间融资较快发展,金融机构对"三农"、中小企业、民生领域、重点产业和项目、重点区域等关键领域和薄弱环节的金融支持将不断增强。东湖国家自主创新示范区科技金融创新稳步推进,武汉区域金融中心建设进一步加快,金融发展与经济增长、结构优化和产业升级的契合度将会进一步提升。

2011 年,银行业金融机构将认真贯彻落实中央稳健的货币政策,按照总体稳健、调节有度、结构优化的要求,引导金融机构合理把握全年信贷投放力度和节奏,大力支持湖北经济发展方式转变和经济结构调整,切实维护湖北金融稳定,全面提升金融服务水平,促进湖北经济社会平稳较快发展。

2010 年湖北省金融运行情况

中国人民银行武汉分行

2010 年,全省金融部门认真贯彻落实国家金融宏观调控政策,信贷供给稳定增长,信贷结构不断优化,实现了存贷款的较快增长,圆满完成了省委省政府年初提出的"全省贷款增幅高于全国平均增幅,高于全省 GDP 增幅,涉农贷款和中小企业贷款增幅高于全部贷款增幅、占比高于上年"的目标要求,有力地支持了全省经济的平稳较快发展。

2010 年末,全省本外币各项贷款余额 14648 亿元,同比增长 21.49%,全年本外币贷款增加 2591 亿元。其中:人民币贷款余额 14171 亿元,同比增长 21.54%,全年人民币贷款增加 2511 亿元。

从贷款投放进度看,全年四个季度分别新增本外币贷款 817 亿元、655 亿元、517 亿元和 601 亿元,贷款在各季度间基本实现了均衡投放。从行业投向来看,贷款主要投向个人、交通运输仓储邮政业、制造业和房地产业等行业和领域。2010 年,全省金融机构认真落实国家关于稳增长,扩内需的有关政策措施,按照"有扶有控"的要求,增加对在建和续建的基础设施项目、个人消费与经营以及企业生产经营等领域的贷款投放,个人贷款、固定资产贷款和经营性贷款成为我省信贷的主要增长点。2010 年,全省人民币个人贷款增加 868 亿元,占全省人民币贷款增加额的 34.6%;固定资产贷款增加 762 亿元,占 30.3%;经营性贷款增加 613 亿元,占 24.4%。在固定资产类贷款增长的带动下,中长期贷款增加较多。2010 年,全省人民币中长期贷款增加 2009 亿元,占全省人民币贷款增加额的 80%;短期贷款增加 543 亿元,占 22%。年末,全省外汇贷款余额 72 亿美元,同比增长 23.67%,全年外汇贷款增加 13.8 亿美元。

2010 年末,全省本外币各项存款余额 21769 亿元,同比增长 23.14%,全年本外币存款增加 4091 亿元。其中:企业存款增加 1197 亿元,比上年少增 242 亿元;居民储蓄存款增加 1628 亿元,比上年多增 206 亿元。年末,全省人民币存款余额 21568 亿元,同比增长 23.21%,全年人民币存款增加 4062 亿元。

"十一五"期间,全省存、贷款年均增长率分别达到 21.1% 和 20.6%,是我省历史上增长较快的一个时期。

2010 年湖南省金融运行报告

2010 年，湖南省金融业积极应对复杂多变的经济形势，努力克服金融危机影响，紧紧围绕省委、省政府“四化两型”战略，认真贯彻落实各项宏观调控政策，全年保持良好发展态势，为地方经济发展提供了有力支撑。银行业规模持续扩大，改革有序推进，效益稳步提升，信贷运行回归常态；证券业稳健发展，直接融资创新高；保险业保费收入稳步增长，保障功能增强。全省经济实力再上台阶，地区生产总值突破 1.5 万亿元，增长 14.5%；经济增长方式逐步转变，消费拉动作用加大；产业结构明显优化，先进装备制造、文化创意等战略性新兴产业发展较快；能耗水平稳步下降，民生逐步改善。2011 年湖南省将继续着力转变经济发展方式，积极推动自主创新，加快城乡统筹发展步伐，深化长株潭实验区建设，综合运用多种手段稳定物价水平，力促全省经济又好又快发展，奋力开创“十二五”发展新局面。

一、金融运行情况

2010 年，湖南省金融业平稳较快发展，机构体系不断完善，市场功能有所强化，金融生态继续优化，发展协调性与可持续性进一步增强。

(一)银行业经营稳健，信贷运行回归常态

1. 银行机构实力增强，市场竞争更趋充分。2010 年，全省银行业机构资产规模同比增长 17%，实现盈利同比增加 46.8 亿元，不良贷款余额与不良率分别比年初下降 64.5 亿元和 1.8 个百分点。地方法人金融机构资本充足率和拨备覆盖率整体上升，发展后劲增强。银行业竞争度与开放度加强，年内 4 家商业银行在长沙设立分行，两家外资银行长沙分行获准筹建。村镇银行新增 4 家，小额贷款公司发展迅猛，新增 38 家，农村金融竞争格局有所完善(见表 1)。

表 1　2010 年银行业金融机构情况

机构类别	营业网点①			法人机构(个)
	机构个数(个)	从业人数(人)	资产总额(亿元)	
一、大型商业银行②	2365	49245	9480.7	0
二、国家开发银行及政策性银行③	116	3279	2469.8	0
三、股份制商业银行④	109	4214	2285.2	0
四、城市商业银行	206	5267	1449.3	2
五、城市信用社	0	0	0.0	0
六、农村合作机构⑤	4048	36238	3240.4	123
七、财务公司	2	45	32.2	2
八、邮政储蓄银行	2034	6586	1396.2	0
九、外资银行	1	28	16.9	0
十、农村新型机构⑥	14	258	38.6	9
合　　计	8895	105160	20409.2	136

注：①不包括国家开发银行和政策性银行、大型商业银行、股份制银行等金融机构总部数据。

②包括中国工商银行、中国农业银行、中国银行、中国建设银行和交通银行。

③包括国家开发银行、中国农业发展银行和中国进出口银行。

④包括中信银行、中国光大银行、华夏银行、广东发展银行、深圳发展银行、招商银行、上海浦东发展银行、兴业银行、中国民生银行、恒丰银行、浙商银行和渤海银行。

⑤包括农村信用社、农村合作银行和农村商业银行。

⑥包括村镇银行、贷款公司和农村资金互助社。数据来源：中国人民银行长沙中心支行，湖南银监局。

2. 存款增速逐步走低，同比大幅少增。2010 年，全省金融机构存款增速逐季走低，年末本外币存款增长 18.6%，分别较上年同期和 1 月份的年内高点下降 9.2 和 7.8 个百分点(见图 1)。全年存款新增同比减少 436.2 亿元，其中企业存款同比少增 574 亿元，主要是贷款同比少增以及“实贷实付”制度导致派生存款减少。受物价持续上涨，居民储蓄意愿下降等因素影响，储蓄存款增速有所下降。存款活期化趋势缓和，新增活期存款占比较上年下降 5.5 个百分点。由于外贸呈恢复性增长，企业单位外汇存款大幅多增，带动外币存款同比多增 2 亿美元。

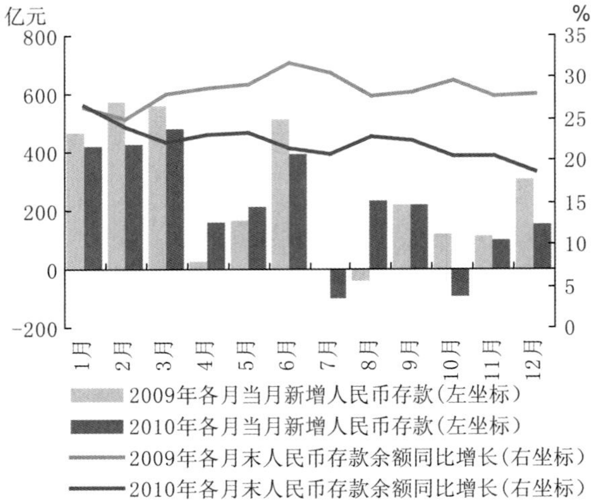

数据来源：中国人民银行长沙中心支行。

图 1　湖南省金融机构人民币存款增长变化

3. 信贷增长回归常态，节奏均衡、结构优化。2010 年，全省金融机构本外币贷款增长 21%，同比回落 14.5 个百分点。1－4 季度贷款增量之比为 3.5:2.6:2.1:1.8，节奏趋于平衡(见图 2、图 3)。分机构看，法人金融机构新增贷款占比同比上升 4 个百分点，全国性大银行占比下降 4.4 个百分点。分期限看，中长期贷款同比少增较多，主要是政府融资平台贷款、“两高一剩”行业贷款大幅少增所致；短期贷款保持多增态势，为企业生产经营性资金提供了有力支持。由于进出口规模大幅增长带来贸易融资需求增加，加之人民币升值预期与外币贷款利率较低等因素，外币贷款增速继续保持高位，全年增长 31.5%。

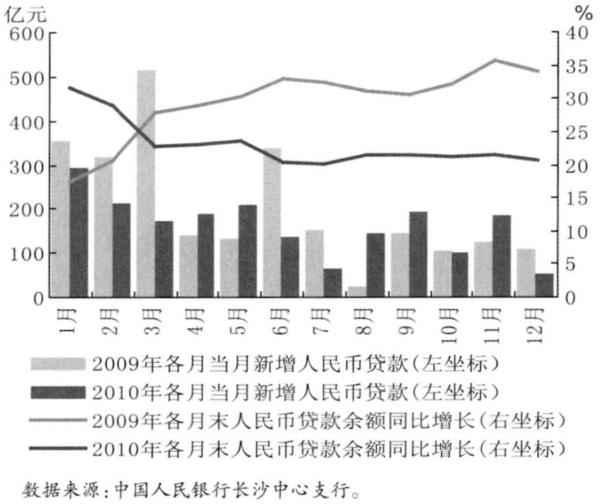

数据来源：中国人民银行长沙中心支行。

图 2　湖南省金融机构人民币贷款增长变化

信贷资源配置进一步优化。基础设施建设、支柱产业与薄弱环节贷款得到重点保障，全年重大基础设施贷款增速高出贷款平均增速 11.1 个百分点；制造业贷款、小企业贷款分

别同比多增 144.6 和 171 亿元；县域新增贷款占全部新增贷款的 23.5%，同比提高 3.4 个百分点；农、林、牧、渔业贷款增速达 47.9%。重点调控领域贷款有效控制，全年“两高一剩”行业贷款同比少增 126.1 亿元，政府融资平台贷款同比少增 474.7 亿元。

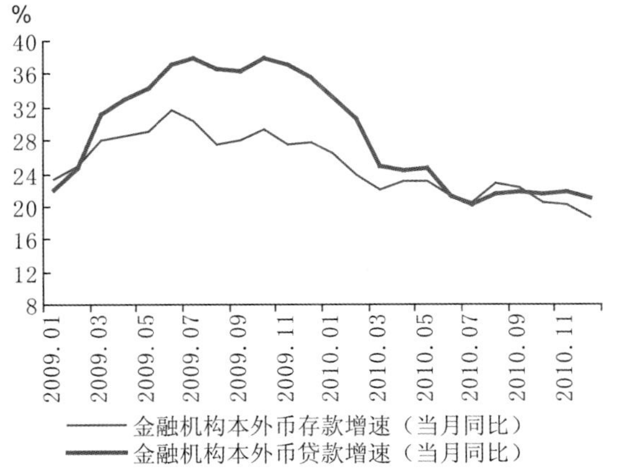

数据来源：中国人民银行长沙中心支行。

图 3　湖南省金融机构本外币存、贷款增速变化

4. 现金收支同步快速增长，整体呈净回笼态势。随着经济继续回升向好，社会经济活动进一步活跃，商品销售收入、储蓄收入，储蓄支出、产品采购支出等大幅上升，拉动全省金融机构现金收支大幅增长。全年金融机构累计现金收入和支出同比增速分别较上年提高 5 个百分点。除 1、2、9、12 月受节假日因素影响，现金呈净投放外，其余各月均为净回笼，全年同比多回笼现金 22 亿元，同比增速提高 1.8 个百分点（见表 2）。

表 2　2010 年现金收支情况表（单位：亿元、%）

	年累计额	同比增速
现金收入	34903.7	15.9
现金支出	34541.8	16.1
现金净支出	-361.9	6.5

数据来源：中国人民银行长沙中心支行。

5. 利率步入上行通道，房贷利率大幅上扬。2010 年，受宏观调控政策影响，全省金融机构贷款利率呈稳中趋升态势，1－4 月稳步攀升，后窄幅震荡，年末大幅提升，12 月份贷款加权平均利率较 1 月份上升 62 个基点。分期限看，由于中长期贷款大幅压缩，供需矛盾突出，中长期限贷款利率升幅明显，其中，3－5 年期贷款 12 月份加权利率较 1 月份上升 114 个基点。从利率浮动情况看，全年浮动重心呈逐步上移趋势，4 季度执行下浮和基准利率的贷款占比较 1 季度下降 8.4 个百分点（见表 3）。分企业类型看，由于议价能力较强，大、中型企业执行下浮利率贷款占比分别较上年上升 15.1 和 2.1 个百分点，小型企业付息成本保持平稳。房地产调控政策连续出台背景下，省内金融机构对个人住房贷款特别是二套房贷款利率执行更趋严格，各期限个人住房贷款利率全线走高，4 季度加权平均利率较 1 季度上升 80 个基点。

6. 机构改革纵深推进，中小机构改革取得重大突破。国有商业银行体制改革不断深化，企业核心竞争力不断增强，全年实现利润同比增长 32.3%，不良率较年初下降 0.4 个百分点。农业银行以“三农事业部”改革为契机，不断完善“三农”金融服务。地方中小金融机构改革成效显著，引入华融资产管理公司为战略投资者，原“四行一社”重组成立华融湘江银行。121 家农村合作金融机构票据兑付全部完成，4 家改组为农村商业银行，支农实力进一步增强。

表 3　2010 年各利率浮动区间贷款占比表（单位：%）

		合计	国有商业银行	股份制商业银行	区域性商业银行	城乡信用社
	合计	100	100	100	100	100
	[0.9-1.0)	23.9	34.7	28.6	16.7	0.6
	1.0	38.4	49.6	38.9	25.2	0.8
上浮水平	小计	37.7	15.7	32.5	58.1	98.6
	(1.0-1.1]	9.6	10.5	18.4	15.2	0.6
	(1.1-1.3]	8.3	4.8	12.4	31.7	4.5
	(1.3-1.5]	6.0	0.3	1.2	10.2	23.8
	(1.5-2.0]	7.8	0.0	0.5	1.1	40.6
	2.0以上	6.0	0.0	0.0	0.0	29.1

数据来源：中国人民银行长沙中心支行。

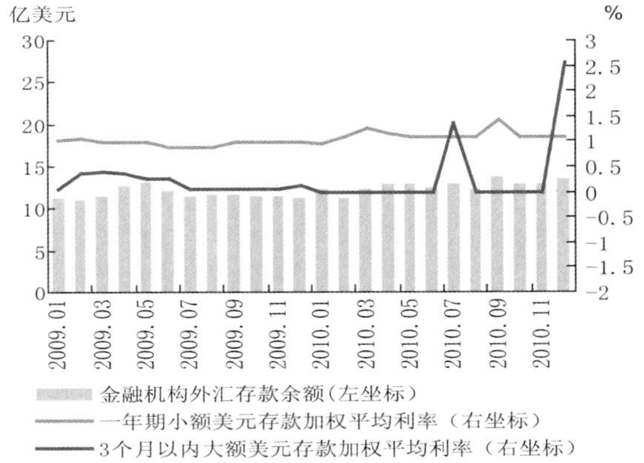

数据来源：中国人民银行长沙中心支行。

图 4　金融机构外币存款余额与外币存款利率

专栏 1：宏观调控背景下基层商业银行经营新特点

2010 年，国家继续实施适度宽松货币政策，按照“总量适度、节奏均衡、结构优化、风险可控”要求，陆续出台了信贷规模调控，房地产市场、地方政府融资平台和落后产能等领域的宏观调控政策，同时金融监管部门加强了对“三办法一指引”等信贷新规落实情况的督导。在此背景下，基层商业银行的经营行为呈现出新的特征。

资金管理更加精细。银行机构按照贷款规模按季到月调控的要求，主动加强与信贷管理部门和下级行的沟通协调，在资金规划管理方面尽量做到早规划、早预算，确保了信贷投放均衡适度。1－4 季度贷款新增比例调整为“3.5：2.6：2.1：1.8”，贷款单月新增基本保持平稳。按照“三办法一指引”的要求，银行机构积极采取措施加强贷款发放管理，要求借款人严格按项目进度提取贷款，提高了资金使用效率，确保信贷资金有效进入实体经济。据调查，2010 年全省银行机构企业客户滞留银行的贷款占比由上年同期的 35% 下降到 15% 左右。

信贷结构调整力度加大。2010 年，银行机构按照“有扶有控”的原则，加大了对融资平台贷款、住房贷款、“两高一剩”行业贷款的管理。对融资平台公司贷款普遍实行名单制管理，根据公司资质等区别对待，对于主要依靠财政性资金的公益性在建项目，不再发放新的贷款，对确实符合放贷条件的继续予以支持。房地产开发贷款方面，部分行按其总行支持名单发放，部分行按季开展压力测试，加强房地产信贷风险管理。在"两高一剩"行业贷款方面，部分行实行限额控制，部分行要求产能过剩行业贷款余额不得突破上年末该行业贷款余额。

票据业务出现新变化。一是为充分利用贷款规模，各行加大票据贴现压缩力度。全年票据融资负增长195.6亿元。二是为提高资金周转效率，各行票据交易趋于短期化。据监测，2010年银行机构3个月以内票据回购式转贴现交易占全部回购式转贴现交易的64.6%，同比上升33.8个百分点。三是承兑保证金比例要求提高，一方面是为了压缩风险敞口，同时也以此作为增加存款的渠道。四是再贴现需求明显增强。虽然全省银行机构流动性整体充裕，但机构间和单个机构阶段性的流动性不平衡较为突出，全省再贴现业务需求猛增。2010年全省人民银行累计办理再贴现76.9亿元，同比增加76.4亿元。

其他融资行为较为活跃。在贷款规模有所缩小的情况下，银行机构通过向省外金融机构转卖贷款（包括票据）、总行直贷和委托理财、信托产品等银信业务以及其他多种方式，加大对地方经济的支持。据调查，2010年全省银行机构通过上述方式融资发生额同比增长了25.6%。

（二）证券业持续稳步发展，股权融资创新高

1. 证券机构持续稳步发展，期货业发展提速。2010年，全省证券机构数量、资产规模及盈利水平稳步增长。全省证券营业部增加24家，其中A类公司营业部占比上升至60%；3家法人证券公司净资产同比增长12.9%，全年实现利润17.9亿元。全省4家期货公司净资产、净利润分别同比增长25.1%和59.4%；期货经营机构成交额同比增长104%，棉花、菜籽油、早籼稻等农产品期货交易发展较快，期货市场服务三农成效显著。

2. 股权融资创新高，上市公司质量稳步提升。2010年，全省19家企业实现股权融资339.6亿元，增长26.3%，其中12家首发上市融资216.2亿元（见表4）。上市公司规模扩大，效益不断提升，截至2010年三季度末，A股上市公司平均总资产同比增长17.5%；平均净利润同比增长83%。新兴产业类上市公司表现突出，截至三季度末公司平均每股收益比全省平均水平高22%。

表4　2010年证券业基本情况表

项　　目	数量
总部设在辖内的证券公司数(家)	3
总部设在辖内的基金公司数(家)	0
总部设在辖内的期货公司数(家)	4
年末境内上市公司数(家)	63
当年国内股票（A股）筹资（亿元）	228.1
当年发行H股筹资（亿元）	111.5
当年国内债券筹资（亿元）	308.0
其中：短期融资券筹资额（亿元）	93.0

数据来源：湖南证监局，中国人民银行长沙中心支行。

（三）保险业发展较快，保障功能增强

截止2010年末，全省共有省级保险分公司39家，公司资产总额881.4亿元，同比增长26.6%。全年保险业实现保费收入438.5亿元，同比增长25.9%，其中财产险增长33.1%，人身险增长23.7%。全年各项赔付支出82.9亿元，其中农业保险赔付支出6.5亿元，108.3万农户受益。保险深度2.9%，比上年提高0.2个百分点，保险密度626元，比上年增加117元（见表5）。创新业务有效拓展，环境污染责任保险试点由长株潭拓展到全省各市州，非金属矿物制品业、废弃资源废旧材料回收加工业等行业今年首次投保；高危行业安全生产责任保险试点稳步推进，目前长沙市区基本实现了应保尽保。

（四）融资结构继续改善，货币市场交易平稳

1. 直接融资比重显著上升，融资方式呈多元化态势。2010年，全省非金融机构融资结构继续优化，直接融资占比提高7.3个百分点，其中债券和股权融资占比分别上升3.4和3.9个百分点。债券融资中，11家企业注册发行短期融资券和中期票据166亿元，发行企业家数和融资规模创历年新高；9家企业发行企业债142亿元，同比增长21.6%（见表6）。

表5　2010年保险业基本情况表

项　　目	数量
总部设在辖内的保险公司数(家)	0
其中：财产险经营主体（家）	0
寿险经营主体（家）	0
保险公司分支机构（家）	39
其中：财产险公司分支机构（家）	20
寿险公司分支机构（家）	19
保费收入（中外资，亿元）	438.5
其中：财产险保费收入（中外资，亿元）	105.8
人身险保费收入（中外资，亿元）	332.7
各类赔款给付（中外资，亿元）	82.9
保险密度（元/人）	626
保险深度（%）	2.9

数据来源：湖南保监局。

表6　2001－2010年非金融机构融资结构表

	融资量（亿元人民币）	比重（%）		
		贷款	债券（含可转债）	股票
2001	454.4	81.9	11.3	6.8
2002	492.0	86.3	7.6	6.1
2003	646.2	91.2	5.8	3.0
2004	636.1	86.9	8.1	5.0
2005	564.5	96.0	3.6	0.4
2006	796.2	81.8	11.9	6.4
2007	1058.7	84.4	6.1	9.5
2008	1461.9	87.9	8.2	3.9
2009	3047.3	82.9	8.2	8.9
2010	2652.2	75.6	11.6	12.8

数据来源：中国人民银行长沙中心支行。

2. 票据承兑较快增长，贴现业务大幅萎缩。2010年，全省金融机构票据承兑业务较为活跃，银行承兑汇票承兑余额与发生额同比增长11.6%和43%。票据贴现大幅萎缩，余额同比下降195.6亿元（见表7）。票据贴现利率稳步走高，四季度较一季度上升了1.7个百分点，转贴现利率同步上行（见表8）。根据形势需要，人民银行长沙中心支行适时重启再贴现业务，确保金融机构流动性需要，引导其加大对中小企业与"三农"的支持，截止年末全省再贴现余额36.8亿元。

表 7　2010 年票据业务量统计表（单位：亿元）

季度	银行承兑汇票承兑		贴现			
			银行承兑汇票		商业承兑汇票	
	余额	累计发生额	余额	累计发生额	余额	累计发生额
1	668.7	395.8	301.8	519.5	5.4	2.0
2	620.2	1010.9	322.2	1229.5	5.0	3.8
3	694.8	1530.7	265.7	2015.9	4.6	8.1
4	710.9	2244.4	190.5	2860.6	8.1	13.1

数据来源：中国人民银行长沙中心支行。

表 8　2010 年票据贴现、转贴现利率表（单位：%）

季度	贴现		转贴现	
	银行承兑汇票	商业承兑汇票	票据买断	票据回购
1	3.25	4.41	2.73	2.85
2	3.65	4.10	2.98	3.15
3	4.05	4.68	3.36	3.21
4	4.96	4.85	3.85	3.89

数据来源：中国人民银行长沙中心支行。

（五）征信系统建设与运用深化，金融生态环境与金融基础设施进一步改善

征信系统建设与运用进一步深化。2010 年，湖南省继续优化征信系统建设与服务，进一步深化中小企业和农村信用体系建设，截至 2010 年末，人民银行企业和个人征信系统信息覆盖量分别比上年增长 3.9% 和 24.4%；累计建立中小企业信用档案 5.2 万户，帮助 3108 户企业累计融资 580.1 亿元；累计建立农户信用档案 546 万户。

金融生态环境建设扎实推进。人民银行长沙中心支行牵头组织对全省 88 个县进行了金融生态整体评估，分市（州）发布评估报告，县域金融生态评估工作取得突破性进展。金融安全区创建工作有序推进，截止年末全省共有省级金融安全区 11 个，市级金融安全区 34 个。

金融基础设施进一步夯实。以金融标准 IC 卡为重点，非支付工具使用大力推进，截至年末全省已发卡 20 万余张，布放非接触式受理终端 1 万台。全省农村地区新增特约商户 1 万户、ATM 机 653 台、POS 及电话支付终端 2.8 万台，农民取款、支付更加便捷。

二、经济运行情况

2010 年，湖南省大力推进“四化两型”建设，经济实力再上台阶，发展方式不断转变，产业结构持续优化，能耗水平稳步下降，民生进一步改善。全省地区生产总值突破 1.5 万亿元，增长 14.5%，同比提高 0.8 个百分点（见图 5）。

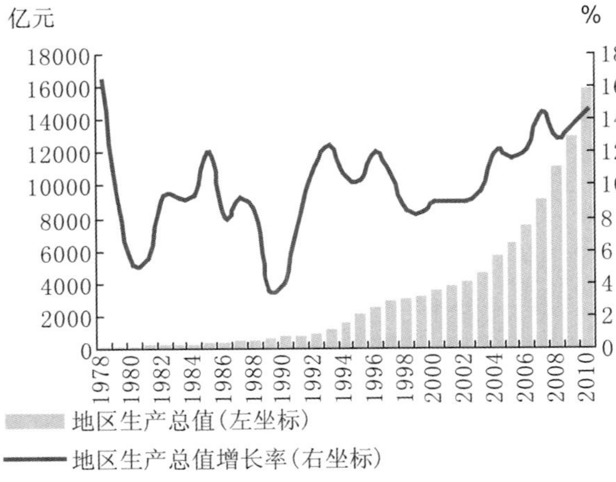

数据来源：湖南省统计局。

图 5　湖南省地区生产总值及其增长率

（一）三大需求趋于协调，经济增长方式得到优化

2010 年，全省投资、消费、净出口对经济增长的贡献率分别由上年的 64%、40.2% 和 -4.2% 调整为 56.8%、46.3% 和 -3.1%，消费拉动作用进一步凸显。

1. 投资增速高位回稳，民间投资增长强劲。

2010 年，受应对危机超常规刺激政策的逐步退出以及上年基数较高等因素影响，全省全社会固定资产投资增长 27.6%，同比回落 8.6 个百分点（见图 6）。制造业得到重点支持，占城镇固定资产投资比重达 32.8%，通信设备、计算机及其他电子设备制造业投资增长 1 倍以上，高新技术产业投资、技术改造投资占比分别较上年提高 0.5 和 1.2 个百分点。从资金来源看，自筹资金大幅增长 34.2%，企业自主投资能力增强。从投资主体看，非国有投资同比增长 36.2%，快于国有投资增速 22.6 个百分点。

2. 城乡居民收入稳步增长，消费升级加快。在各项“惠民生”政策持续实施作用下，2010 年，湖南城镇居民人均可支配收入与农村居民人均纯收入分别增长 9.8% 和 14.5%。农村居民工资性收入首次高于家庭经营收入，成为农民收入的第一来源。随着收入总量的增长与结构的改善，城乡居民消费支出稳步增长，全年社会消费品零售总额同比增长 19.1%（见图 7）。消费升级加快，城镇居民人均用于购车、旅游、通信的支出分别较上年增长 70.8%、42.2% 和 21%。

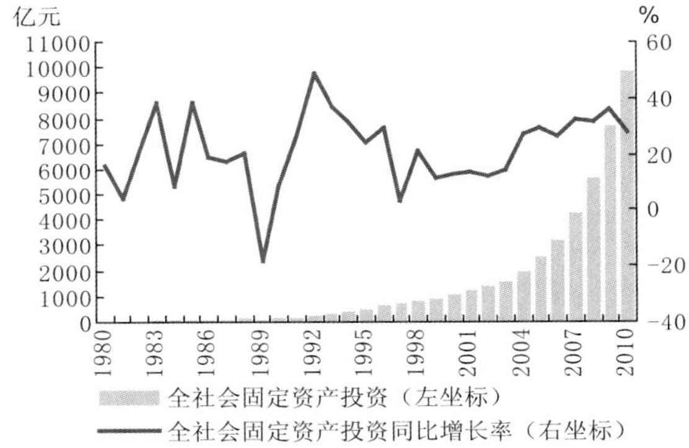

数据来源：湖南省统计局。

图 6：湖南省固定资产投资及其增长率

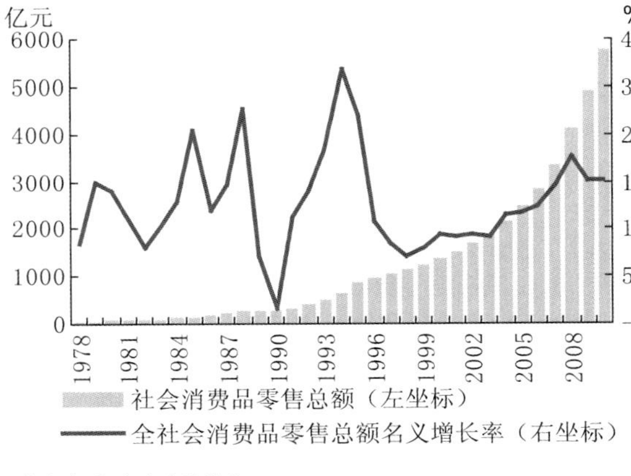

数据来源：湖南省统计局。

图 7　湖南省社会消费品零售总额及其增长率

3. 进出口恢复性增长，结构有所优化。2010 年全省进出口总额同比增长 44.7%，增速回升 63.8 个百分点，其中进口增长 44.5%，出口增长 44.8%。全年实现贸易顺差 12.2 亿元，同比增长 43.5%（见图8）。进出口产品结构、贸易结构逐

步优化,机电产品与高新技术产品出口增速大幅超出平均水平,原材料与资源品出口比重不断降低;加工贸易进出口增速超出一般贸易 24.3 个百分点。全省累计合同利用外资居中部第一,同比增长 35.8%,实际使用外资同比增长 12.8%,其中长株潭与湘南地区实际使用外资占比达 84.3%(见图 9)。

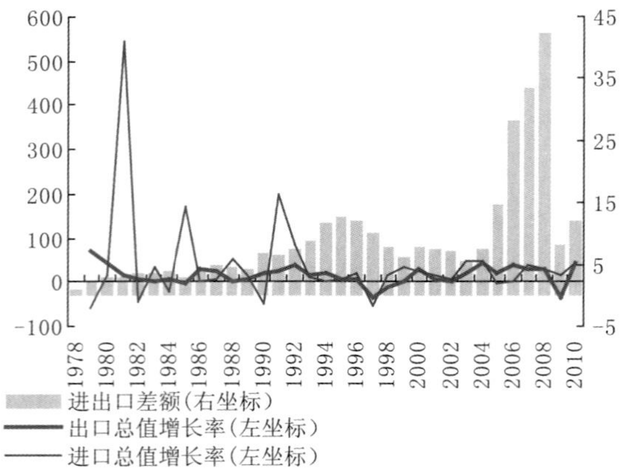

数据来源:湖南省统计局。

图 8 湖南省外贸进出口变动情况

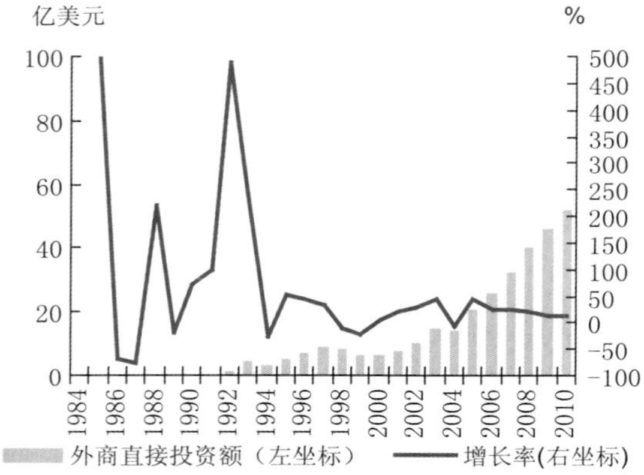

数据来源:湖南省统计局。

图 9 湖南省外商直接投资情况

(二)三次产业稳步发展,新型工业化取得积极进展

2010 年,湖南省加快产业结构调整和发展方式转变,三次产业结构调整为 14.7 : 46.0 : 39.3,对经济增长的贡献率分别为 3.5%、62.3% 和 34.2%,第二产业的主导地位进一步巩固。

1. 农业生产保持平稳,现代农业发展提速。2010 年,全省粮食总产量受不良气候影响略降,但仍是历史第二高产年,生猪累计出栏量较上年增长 3.9%。现代农业发展提速,全省农产品加工业实现销售收入增长 24.3%,其中休闲农业企业经营收入同比增长 23.7%;大宗农产品加工转化率达到 32%,比上年提高 5 个百分点。新农村"千村示范"工程稳步推进,农村集中供水普及率达 35%,全省解决农村 314.2 万人的饮水不安全问题,新建乡镇到村水泥路 13546 公里。

2. 工业推动力持续提升,结构稳步改善。2010 年,全省规模工业增加值增速和对经济增长贡献率分别较上年提高 2.9 和 5.8 个百分点;工业企业利润同比增长 46.1%,38 个大类行业全部实现盈利(见图 10)。新型工业化大力推进,重工业增加值增速高出轻工业 5.1 个百分点;高加工度工业、高技术产业增加值增长分别比平均增速高 10.1 和 7.5 个百分点。企业创新及成果产业化加快,全省规模工业新产品产值增长 41.3%,占规模工业总产值的比重同比提高 2.8 个百分点。

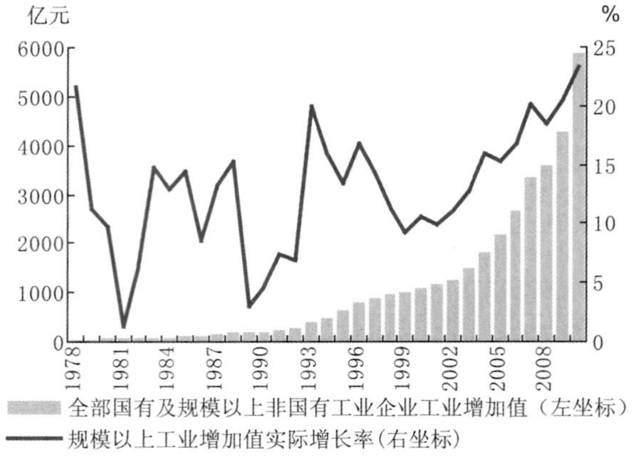

数据来源:湖南省统计局。

图 10 湖南省工业增加值及其增长率

3. 新兴服务业强势发展,企业效益不断提升。2010 年,全省第三产业实现增加值 6249.1 亿元,同比增长 11.5%。全省限额以上服务业收入同比增长 23.8%,新兴服务业发展势头强劲,仓储业、租赁服务业、与房地产开发有关的经营业、房地产中介业等行业收入增长幅度均在 50% 以上。全省旅游总收入达到 1425.8 亿元,增长 29.7%。服务业企业效益不断提高,全年限额以上服务业企业实现利税 805.1 亿元,同比增长 34.5%。

(三)主要价格指数上行,下半年呈加速态势

1. 居民消费价格普遍上涨,食品、居住类价格领涨。2010 年,全省居民消费价格指数(CPI)月同比涨幅逐步走高,全年累计同比上涨 3.1%,低于全国水平 0.2 个百分点(见图 11)。分类看,八大类价格全部上涨,其中食品类和居住类分别上涨 5.4% 和 5.1%,两者对 CPI 上涨的贡献率达 84%。全年低收入居民基本生活费用价格上涨 3.9%,超出 CPI 涨幅 0.7 个百分点。

2. 生产价格波动上行,涨幅超过消费价格。2010 年,全省工业品出厂价格指数(PPI)和原材料、燃料、动力购进价格指数分别同比上涨 6.9% 和 10.0%(见图 11)。分阶段看,1-5 月份当月同比涨幅稳步上升,6-8 月份有所回落,9 月份开始加速上行,12 月份达到年内高点。分类别看,37 个大类行业中有 35 个行业不同程度上涨。全省农产品生产者价格总水平同比上涨 9.9%,其中棉花价格上涨 55.6%,蔬菜价格上涨 13.8%,生猪价格下降 1.6%。

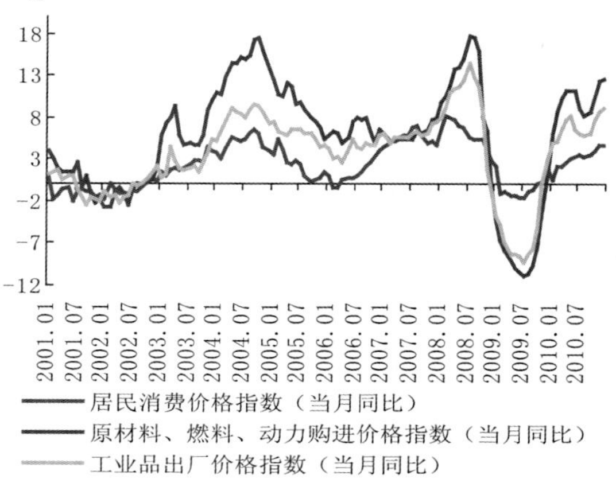

数据来源:湖南省统计局。

图 11 湖南省居民消费价格和生产者价格变动趋势

3. 劳动力成本明显上升，农民工收入水平改善。由于经济强劲发展带动劳动力需求增长，居民消费价格上涨推高生活成本，加之最低工资标准提高，劳动力成本明显上升。2010年，全省最低月工资标准较上年上调27.8%，在岗职工工资总额同比增长15.5%。全省外出务工农民人均月收入同比增长21%。

(四)地方财政收入大幅增长，结构持续改善

由于经济大幅增长、物价上涨提高税基以及上年基数较低等原因，2010年，全省地方本级财政收入增长25.8%，同比提高8.9个百分点(见图12)。增值税、消费税、营业税和所得税收入增收较多，带动税收入增长高出非税收入7.9个百分点。长株潭地区继续领跑全省，较其他区域财力优势进一步拉大。2010年，地方财政一般预算支出同比增长22.3%，重点向农业和民生领域倾斜，全省农林水事务、社会保障和就业、教育分别占财政总支出11.1%、15.8%和12.3%。地方财政收支缺口继续扩大，但扩大趋势有所放缓，增速较上年下降3.7个百分点。

(五)"十一五"节能减排目标全面完成，环境治理成效显著

2010年，湖南省加大工作力度，关停整治一批落后产能企业，严控"两高一剩"行业新建项目，确保了"十一五"节能减排目标全面完成。截止年末，实现化学需氧量比2005年底削减107%、二氧化硫削减142%，县城以上城镇污水和生活垃圾无害化处理率分别达72%和50.7%。前三季度，全省单位地区生产总值能耗下降2.4%，其中，万元规模工业增加值能耗下降11.8%。湘江流域综合整治取得明显成效，截止年末，共关闭落后企业2600多家，淘汰落后产能企业700多家。生态建设取得积极进展，森林覆盖率达到57%，森林蓄积量达到4亿立方米。循环经济加快发展，一批国家和省级循环经济试点取得初步成效，长沙市、怀化市、津市、石门县、炎陵县获批国家级可再生能源示范城市。

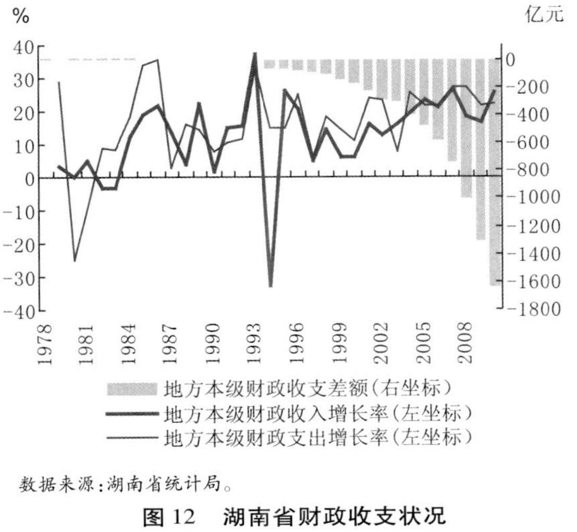

数据来源：湖南省统计局。

图12　湖南省财政收支状况

专栏2：湖南省粮食价格走势与影响因素——基于环洞庭湖区的监测与分析

2010年，粮食价格持续上涨备受关注。人民银行长沙中心支行立足湖南为产粮大省的特点，着力开展区域特色监测研究，建立了环洞庭湖区粮价监测制度，初步形成了监测分析数据库与分析框架。

环洞庭湖地区包括岳阳、益阳、常德三市，是湖南粮食主产区。2010年三地稻谷播种面积2136万亩，比上年增长1.89%；全年稻谷总产量达164.66亿斤，比上年减少2.8亿斤，减幅为1.7%。稻谷减产主要是由于雨水灾害天气影响了稻谷生长，导致单产下降。监测表明，2010年环洞庭湖地区稻谷、大米价格全面上涨。从稻谷价格看，农户售粮市场价格与粮食收储企业价格持续上涨，尤其是新稻谷上市后，价格上涨明显，普通晚稻上市价同比上涨22.6%；稻谷价格上涨约两个月后传导至大米加工厂，大米加工企业销售价格从下半年开始加速上涨，12月份大米出厂均价比6月份上涨22.9%，大米零售价格自四季度后快速上行，滞后出厂价约三个月。

影响粮价上涨的因素，一是市场供需略紧。近年来，环洞庭湖地区籼稻米加工产能迅速上升，原粮需求量大幅上升，市场供求趋紧。二是农资产品以及劳动力价格上升推涨了生产成本。监测数据显示，2010年环洞庭湖地区劳动力价格同比涨幅达48.4%，同时下半年稻种、柴油、农资品等价格均呈上行态势。三是流通环节不畅递增了中间成本。粮食收购主体多元化背景下，收购企业为争抢粮源，刻意抬高粮食收购价格的现象较为突出；超市等大型零售商利用渠道垄断地位收取的各种名目费用不断增长，导致了销售费用不断上涨。四是心理预期强烈抬升了粮食售价。监测表明69%的监测农户预期谷价将继续上涨。由于涨价预期强烈，农民惜售情况突出，加剧了供求矛盾。

2011年，国家继续提高粮食最低收购价从而锁定稻谷底部价格，加之民众对粮价高企存有较强预期以及国际粮价上涨的输入效应等因素，预计2011年稻谷和大米价格总体将维持高位运行。但国家以"物价稳定"作为宏观调控重点，预计后期对市场的调控力度仍会保持较强态势，且目前政策性籼稻库存充足，对市场的调控能力较强，受此影响，预计稻谷价格难以大幅度走高。

(六)房地产业保持平稳，文化产业蓬勃发展

1. 房地产市场平稳较快发展，调控效应逐步显现。2010年，全省房地产市场保持平稳较快发展，开发投资高位运行，市场供销稳步增长，房价攀升，但涨幅逐季回落。

房地产企业资金充裕，开发投资较快增长。2010年，全省房地产开发投资同比增长35.5%，较上年上升22个百分点，其中，长沙市完成投资增长37.5%。房地产企业全年到位资金同比增长46.6%。

供给有效增加，结构基本合理。2010年，全省商品房施工面积和新开工面积分别增长22.5%和21.6%，较上年回落5.7和4个百分点(见图13)。住房供给结构基本合理，小套型商品住宅竣工套数占比28.1%，同比提高3.7个百分点，各类保障房开工15.2万套，竣工13.4万套，新增廉租房11万套。

销售稳步增长，但增速有所放缓。2010年，全省商品房销售面积与销售额分别同比增长27.3%和49.4%，增速均较上年下降5个百分点。长沙市房地产销售面积增速低于全省平均水平7.8个百分点。

房地产价格上涨较快，但涨幅得到抑制。2010年全省商品房销售均价3145元/平方米，上涨17.3%，同比提高3.1个百分点，其中长沙市商品房销售均价涨幅高出全省平均水平3.8个百分点(见图14)。但从趋势上看，房价涨幅逐季趋缓。全省房地产租赁价格同比上涨6.9%。

房地产贷款增速有所回落，但仍居高位。2010年，全省房地产贷款增长39%，同比下降0.1个百分点。其中，房地

产开发贷款增速高于上年同期13.1个百分点，土地储备贷款增速同比下降219.7个百分点，个人住房贷款增速同比下降15个百分点。从趋势看，房地产贷款增速整体呈震荡下行态势，12月末较5月末的高点下降8.5个百分点。

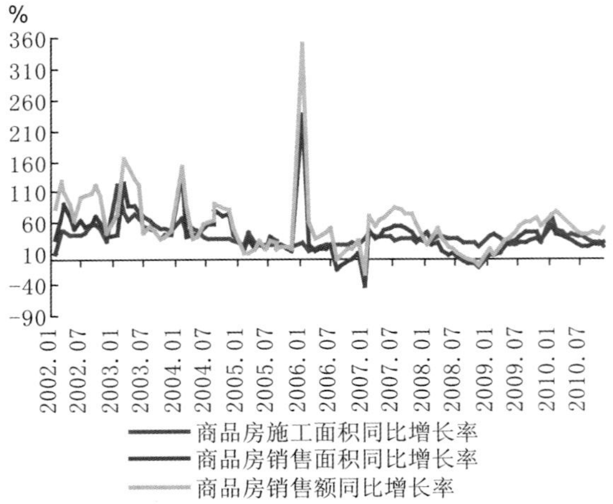

数据来源：湖南省统计局。

图13　湖南省商品房施工和销售变动趋势

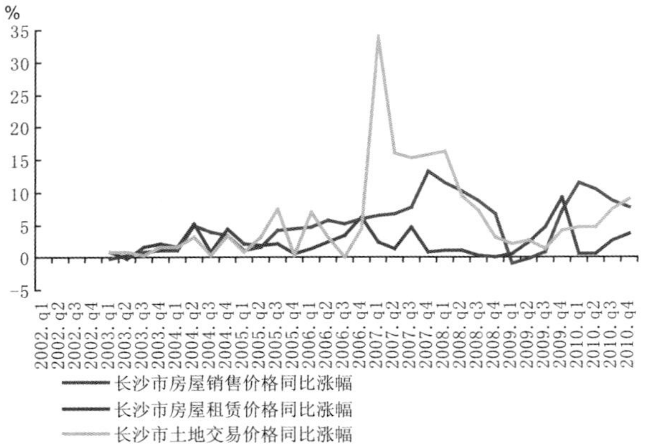

数据来源：国家统计局湖南调查总队。

图14　长沙市房屋销售价格指数变动趋势

2. 文化产业加快发展，品牌效应与竞争力不断提升。

2010年，湖南省继续推进文化强省战略，先后下发了文化强省战略实施纲要和文化产业振兴实施规划，明确了未来3–5年文化产业发展的任务与保障措施。省财政每年投入1亿元建立文化产业引导基金，年底成立了规模达30亿元的湖南省文化旅游产业投资基金。金融业继续加大支持力度，年末全省文化、体育和娱乐业贷款余额32.9亿元，两家文化企业首发上市融资46.6亿元。在各项措施推动下，全省文化产业规模不断壮大，预计2010年增加值达780亿元，占地区生产总值的比重为5%，支柱地位有效巩固。

产业结构趋于优化，竞争力不断提升。一是产业层次日渐丰富，初步确立了以广播影视、新闻出版、原创动漫为龙头，以演艺娱乐、报刊发行等为第二梯次，电视购物等为补充的多层次产业体系。二是产业区域布局逐步完善，形成了京广沿线人文文化、大湘西旅游文化和大湘南历史文化三大产业带。三是产业呈集群发展态势，湖南文化创意园、金鹰卡通产业技术园等产业园区与基地建设积极推进。四是品牌效应不断提升。出版集团与广电集团在中国文化企业50强中排名靠前，动漫三猫、长沙歌厅、快乐购等品牌全国知名。

（七）长株潭"两型社会"建设取得阶段性成果

2010年，长株潭三市地区生产总值增长15.5%，占全省的42.2%，同比分别上升1和1.8个百分点，区域核心增长极作用进一步显现。新型工业化步伐明显加快，三市规模工业增加值占全省的43.9%，同比增长24.3%。长株潭成为全国七大综合性高新技术产业基地之一，先进装备制造、新能源、新材料、生物医药、节能环保等一批战略性新兴产业快速成长。基础设施、重点工程建设加快推进，长沙地铁、城际铁路长株潭线和湘江长沙综合枢纽工程开工建设，"三网融合"试点启动，大河西、云龙、昭山、天易、滨湖五大示范区建设全面启动。排污治理初见成效，累计关停各类污染企业1017家，变性污染土地34.4平方公里，重金属削减率达50%以上。民生不断改善，三市城镇和农村居民收入分别比实验区获批之初增长1.2倍和1.3倍。

金融支持功能不断增强，2010年长株潭地区金融机构贷款增长22%，高出全省贷款增速1个百分点，贷款余额与新增占比分别为64.8%和67.1%。区域金融进一步融合，金融机构对个人存取款业务实现按同城业务处理。资本市场活力增强，产业投资、创业投资、私募股权投资等各类投资基金不断发展壮大，设立了生猪、稻米等大宗农产品交易市场和期货交割库，定价话语权提升。积极开展中小企业信用体系建设和长株潭城市群金融生态模范城市建设，金融生态环境不断优化。

三、预测与展望

综观国际国内形势，2011年全省经济发展的机遇与挑战并存。一方面有利条件将进一步扩大。世界主要经济体有望继续缓慢复苏；国内经济稳步向好态势更加巩固，"十二五"规划启动实施将注入新的发展活力；全省进入工业化、城镇化加速期，产业基础、市场潜力、创新能力的综合优势不断提升，投资建设和消费升级的空间仍然很大，"四化两型"建设推进、国内外产业加速转移将为经济发展创造良好机遇。另一方面，经济发展中的不确定、不均衡、不可持续的因素仍然较多。全球经济增长动力不足；国内经济结构调整、分配制度改革和通胀预期管理等任务依然艰巨；省内仍然面临产业转型压力大、城市与工业带动力不强，统筹城乡发展难度大等问题。2011年是"十二五"开局之年，湖南省将以转变经济发展方式为主线，全面推进"四化两型"建设，加快调整经济结构，加大自主创新，努力推动经济又好又快发展。

经济平稳较快发展，资金需求仍然旺盛，企业发展水平上升，融资能力将有所增强，金融生态进一步改善，中小企业融资环境有望继续优化，都将为金融稳健运行提供良好基础。但在货币政策回归稳健与金融宏观审慎管理加强背景下，信贷供求矛盾，房地产与落后产能行业潜在信贷风险等问题将进一步突出。湖南省金融业将切实贯彻落实稳健货币政策，加大金融创新力度，加强金融资源优化整合，着力改善关键领域和薄弱环节金融服务，提高金融风险防范水平，努力提升金融服务经济的水平与质量。预计2011年全省金融业将继续稳步发展，信贷增长保持平稳，信贷结构将更趋优化。

附录：

湖南省经济金融大事记

1月1日，"省直管县"财政体制改革在全省79个县市正式启动，湖南省县（市）级基层财政实现与省财政直接对接，为全省县域经济发展注入新的活力。

1月13日，湖南省人民政府下发《关于进一步加快发展资本市场的若干意见》（湘政发(2010)1号），提出大力推动更多优质企业进入资本市场，多渠道扩大直接融资比重的二十六条重要举措。

5月5日，湖南省第一家农村商业银行浏阳农村商业银行正式营业，全年先后成立4家农村商业银行。

6月30日，作为全国首批试点地区，长株潭城市群正式启动三网融合试点，“数字湖南”增添动力。

8月30日，中共湖南省委、湖南省政府印发《关于加快培育发展战略性新兴产业的决定》，将着力培育发展先进装备制造、新材料、文化创意、生物、新能源、信息、节能环保等七大产业战略性新兴产业。

10月12日，以中国华融资产管理公司为战略投资者，由原株洲、湘潭、岳阳和衡阳4家城市商业银行和邵阳市城市信用社（即“四行一社”）组建的华融湘江银行股份有限公司正式挂牌成立。该行总部设于长沙，注册资本金40.8亿元。

11－12月，人民银行长沙中心支行先后提请省政府下发了《关于金融支持县域经济发展的意见》（湘政办发[2010]64号）和《关于全面推进农村金融产品和服务方式创新意见的通知》（湘政办发[2010]70号，积极引导金融机构加快创新，改善服务，加大对“三农”、县域经济的金融支持。

11月28日，以“天河一号”为计算设备的国家超级计算长沙中心在湖南大学奠基，湖南信息化建设取得又一重大进展。

12月6日，湖南省联合产权交易所、湖南股权交易所在长沙挂牌成立，标志着全省统一产权交易市场初步形成。

12月8日，湖南省政府与富士康集团签署合作框架协议，湖南省承接沿海产业转移步伐进一步加快。

2010年湖南省金融运行情况

中国人民银行长沙中心支行

一、贷款增长快于全国，投放节奏更加均衡

2010年年末，全省金融机构本外币贷款余额11521.6亿元，较年初增加2004.6亿元。从增量看，新增额处于历年次高水平，同比少增523亿元，贷款投放向常态回归；从增速看，年末本外币各项贷款同比增长21%，快于全国1.3个百分点；从投放节奏看，改变了往年“年初投放多、年末少”的状况，全省1－4季度新增贷款比重由上年的46:26:14:14调整为35:26:21:18，三、四季度贷款同比分别多增81.6亿元和10.4亿元，全年信贷投放节奏更加均衡。此外，企业融资渠道拓宽，全省9家企业发行短期融资券93亿元、3家企业发行中期票据73亿元。

二、信贷支持重点突出，结构进一步优化

一是确保在建、续建项目资金需要，重点支持了我省重大基础设施建设。全年交通运输业和水利环境公共设施管理业合计新增贷款677亿元，占全部新增贷款的33.8%；余额同比增长32.1%，高于全部贷款平均增速11.1个百分点。二是制造业贷款大幅多增。全年新增制造业贷款315亿元，同比多增144.6亿元，增速高于全部贷款增速4.9个百分点，重点支持了设备制造等我省支柱产业。三是个人消费贷款增长成为信贷新的增长点。全年新增个人消费贷款502.6亿元，同比多增171.4亿元，增幅达到56.7%。四是政策调控效应明显，房地产贷款增长趋缓。1－4季度房地产贷款分别新增196亿元，137亿元、98亿元和92亿元，呈逐季回落态势，其中个人购房贷款增速由二季度末的61.7%回落到年末的50.2%。五是“两高一剩”行业贷款少增。全省“两高一剩”行业中长期贷款新增147.5亿元，同比少增70.8亿元。

三、薄弱环节金融服务明显改善，贷款投放力度加大

小企业贷款明显改善。2010年，全省小企业贷款余额1398亿元，同比增长34.7%，高于全部贷款增速13.7个百分点，全年新增355亿元，同比多增171亿元。“三农”贷款投放力度加大。全年新增县域贷款472亿元，占全省新增贷款的23.5%，同比提高3.4个百分点；农、林、牧、渔业新增贷款88.3亿元，增速达到47.9%，是20个行业大类中贷款增长最快的行业；农户贷款新增200亿元，增长23%，高于全部贷款增速2个百分点。欠发达地区贷款占比提高。全年大湘西地区新增贷款141亿元，占全省新增贷款的比重同比提高1.9个百分点，增速高出全省平均水平3.9个百分点，其中湘西自治州贷款增长27.2%，增速位居全省第一。助学与下岗失业人员贷款增长较快。全年累计发放助学贷款4.22亿元，支持了4.17万经济困难学生；累计发放下岗失业人员贷款4.07亿元，余额增长达263%。

四、存款平稳较快增长，社会资金面较宽裕

年末，全省金融机构本外币存款余额16643亿元，同比增长18.6%，全年新增存款2615亿元，同比少增436亿元。其中，储蓄存款新增1208亿元，同比少增55.3亿元。全年企业存款新增690亿元，同比少增574亿元。

五、银行、企业、居民对经济金融形势的判断

（一）银行和企业经营持续向好，景气稳步回升

2010年四季度银行家问卷调查显示：本行经营状况指数和银行业景气指数分别为71.3%和69.4%，比上季度分别上升1.7和1.1个百分点，两者均为历史次高值。企业总体经营状况指数为65.3%，比上季度上升2.6个百分点，创2008年三季度以来新高。

（二）银行家和企业家信心增强，对未来经济增长预期较为乐观

2010年四季度银行家判断全国和本地区经济形势热度指数分别为60.1%和57.9%，比上季度分别上升8.1个和13.4个百分点，创2008年三季度以来新高。企业家宏观经济形势指数为50%，比上季度上升6.3个百分点，也创2008年三季度以来新高。

银行家对下季度全国和本地区经济形势热度的预期指数分别为56.6%和55.5%，比上季度分别上升5.3个和4.6个百分点；企业家宏观经济形势预期指数为50.2%，比上季度上升4.6个百分点；上述各指标也均创2008年三季度以来新高。

（三）通胀预期高企，物价上涨压大加大

2010年来社会各界通胀预期逐步走高，四季度更是大幅跃升，其中银行家通胀预期指数环比增加9个百分点，为75%，创调查以来新高；企业家PPI预期指数环比增加7.2个百分点，达73.6%，为历史次高值；居民CPI预期指数环比增加13.2个百分点，达88.9%，创12年来新高。

2010 年湖南省全金融机构本外币存贷款余额表

单位：万元人民币

项目名称	2010.01	2010.02	2010.03	2010.04	2010.05	2010.06	2010.07	2010.08	2010.09	2010.10	2010.11	2010.12
一、各项存款	144583327.53	148742249.53	153587320.05	155239182.74	157355659.57	161247516.72	160281260.33	162598331.55	164869341.27	163907673.64	164905277.00	166432711.59
1.企事业单位存款	40735313.14	39027046.78	41775077.39	43143813.19	43667935.34	44376276.24	44646390.09	45171208.86	43507426.53	43294961.56	43818454.00	45563585.55
2.储蓄存款	79211681.43	86259242.02	87213012.23	86697776.29	86889195.71	88300801.14	87793906.06	88582848.74	90683395.27	89001741.71	89256979.00	90600399.55
3.信托存款												
4.委托存款	1415333.15	1585844.57	1633860.54	1706950.10	1707013.18	1576973.02	1563836.67	1538247.56	1379137.35	1243368.74	1241165.00	1174795.53
5.其他存款	23220999.81	21870116.16	22965369.88	23690643.15	25091515.33	26993466.31	26277127.50	27306026.39	29299382.12	30367601.64	30588679.00	29093930.96
二、各项贷款	98344331.30	100526249.98	102321679.82	104243989.32	106248425.23	107575177.81	108302687.95	109750227.21	111638961.68	112723999.21	114643662.00	115216661.43
1.短期贷款	31392677.79	32052929.82	32192510.03	32849171.29	33082208.95	33364165.85	33487431.82	33858060.77	34629038.78	35172401.82	35527940.00	35407985.61
2.中长期贷款	61728470.85	63282015.39	65120958.64	66459155.72	67730816.23	69097580.88	70270300.23	71345177.03	72393979.54	73199976.59	74747870.00	75855502.46
3.信托贷款												
4.委托贷款	825500.00	875500.00	904600.00	924600.00	923500.00	923500.00	923600.00	929600.00	864600.00	724600.00	734600.00	733600.00
5.其他贷款	926890.40	952321.04	971717.80	920393.30	888073.68	876338.34	884716.99	891093.75	1003875.28	1074550.34	1142232.00	1192654.67
6.票据融资	3409458.71	3301005.50	3072716.05	3031472.03	3564716.57	3271690.98	2694085.06	2682804.66	2702811.08	2506937.45	2446349.00	1985212.81
7.各项垫款	61333.56	62478.23	59177.30	59196.98	59109.79	41901.76	42553.85	43490.99	44657.00	45533.01	44672.00	41705.88

2010 年河南省金融稳定报告

文章来源：中国人民银行郑州中心支行

2010 年，面对复杂的国际国内经济环境，河南省辖区金融业总体保持了健康平稳发展。银行业继续保持良好运行趋势，不良贷款持续“双降”，盈利能力不断增强，防范和化解风险能力进一步增强。证券业呈现加快发展态势，市场经营主体数量快速增加，上市公司质量显著提高。保险业市场运行安全稳健，经营效益明显改善，市场秩序持续向好。金融市场运行总体平稳，货币市场业务稳步发展。金融服务基础设施建设稳步推进，金融生态环境建设长效机制进一步确立，为促进河南经济金融健康发展、维护区域金融稳定提供了重要保障。然而，辖区金融业稳定运行面临的困难和挑战仍然较多，经济发展方式转变和结构调整压力更为突出，尤其在宏观调控政策效应进一步释放、流动性趋紧、不确定因素增多的情况下，金融运行中的新旧问题和潜在风险应引起足够重视。

一、宏观经济运行与金融稳定

（一）2010 年，河南省经济规模逐步增大，经济效益稳步提高，经济增长呈现“前高后低并逐步走向平稳”态势，经济结构调整步伐加快。

2010 年，河南省实现生产总值 22942.7 亿元，增长 12.2%，同比提高 1.5 个百分点。全年 GDP 增速呈现逐步回落态势，但高出全国平均增速 1.9 个百分点，比 2001 - 2009 年平均增速高 0.2 个百分点，仍为历史时期较高增速。

1. 农业生产保持稳定，粮食产量再创新高。2010 年，河南省粮食总产量为 1087.4 亿斤，较上年增产 9.6 亿斤，增幅为 0.9%，连续 5 年超千亿斤，连续 7 年创历史新高。

2. 工业生产探底回升，工业利润稳步增长。2010 年，河南省工业生产 11 月份触底反弹后连续两个月回升。全年规模以上工业增加值累计增速为 19%，同比提高 4.4 个百分点，比全国平均水平高 3.3 个百分点。全省规模以上工业主营业务收入、利润总额分别增长 29.3% 和 35.9%，同比分别提高 17.2 个和 30.4 个百分点。

3. 固定资产投资增速回稳趋升，投资结构趋于合理。2010 年，河南省全社会固定资产投资完成 16585.9 亿元，增长 21%；城镇固定资产投资完成 13934.8 亿元，增长 21.6%。投资结构趋于合理，第一、二产业略有下降，第三产业略有提高，占比分别为 2.2%、54.2%、43.5%。

4. 物价水平逐步走高，通胀态势显现。2010 年，河南省物价持续上涨。10 月份，物价运行景气指数转入黄灯区，达到金融危机以来最高水平，并且持续高于全国水平，通胀态势显现。

（二）需要关注的问题

1. 产业结构不尽合理，未来工业生产下行压力依然较大。2010 年高耗能行业占工业比重仍高达 41.2%，在国家工信部公告的 18 个工业行业淘汰落后产能的 2087 家企业名单中，河南涉及 15 个行业 230 家企业，涉及企业数占全国总数的 1/9，列全国第一，未来工业生产下行压力依然较大。

2. 部分行业和领域的贷款风险隐患增加。2010 年，随着国家调控的日益趋严，商业银行对房地产、投融资平台等领域均实行了名单制管理。房地产市场走势不太明朗，未来伴随调控力度的加强和效果的显现可能导致部分房地产商资金链条紧张，风险隐患增强。

3. 物价上涨过快，对经济发展负面影响加深。持续通胀压力和通胀预期导致生产成本、生活成本上升，不利于经济健康运行。同时，物价上涨大大降低了居民储蓄倾向，这直接影响到金融机构负债业务的稳定性，一定程度上会造成金融机构可贷资金减少，对经济发展的支持作用减弱。

二、金融业与金融稳定

2010 年，面对复杂多变的经济金融形势，河南省金融业认真贯彻落实国家宏观调控政策，资产规模稳步增长，资产质量持续改善，经营效益不断提高，应对风险能力逐步增强。

（一）银行业

2010 年，河南省银行业继续加大信贷投放总量，加快结构调整，资产质量不断提高，盈利能力进一步改善，整体运行态势平稳，但也存在着影响金融稳定的不确定性因素。

1. 各项存款快速增长，活期化趋势进一步增强。截至 2010 年 12 月末，河南省银行业金融机构本外币各项存款余额 23246.74 亿元，比年初增加 3957.92 亿元，同比多增 10.7 亿元，同比增长 20.52%。居民储蓄意愿下降，且活期化趋势不断增，活期储蓄余额占比由年初的 36.28% 升至 39.58%。

2. 各项贷款增势趋缓回稳，结构调整步伐加快。截至2010年12月末，河南省银行业本外币各项贷款余额16006.52亿元，较年初增加2447.68亿元，同比少增670.98亿元，同比增速回落11.82个百分点。全省小型企业贷款、涉农贷款分别同比增长分别为23.9%、26.25%，高于各项贷款增速5.4个、8.2个百分点。

3. 资产质量不断提高，抗风险能力逐步增强。截至2010年12月末，河南省银行业不良贷款余额比年初减少102.03亿元，不良率比年初下降1.75个百分点。2010年，全省银行业实现盈利297.85亿元，同比增盈86.37亿元。

4. 同业竞争压力日趋增大。2010年，全国性商业银行都加快了在河南省内的网点建设速度。与此同时，河南省内的各城商行也纷纷更名并设立异地分支机构，河南银行业之间的竞争将进一步升级。

5. 地方法人银行业金融机构实力明显增强。截至2010年12月末，河南省辖区地方法人银行类金融机构共有177家，其中：城市商业银行17家，农村商业银行11家，农村合作银行2家，农村信用社130家，村镇银行17家。从全年情况来看，辖区地方法人银行类金融机构总体运行平稳，资产质量持续向好，实际盈利能力逐步提高，各机构流动性充裕，备付金充足。

6. 银行业发展需要关注的问题。一是影响信贷增长的不确定因素进一步增加。河南省经济增长方式粗放、产业科技含量不高、“两高一剩”产业比重大，信贷审批受限。二是政府融资平台贷款后续处置亟待加强。河南省政府融资平台贷款总量少，整体系统性风险不大，但财政偿债压力不容忽视。三是金融机构尤其是中小银行和地方法人金融机构流动性趋紧。伴随着存款增势放缓、存款准备金率上调、公开市场操作力度加大和利率提高等，多数金融机构上存资金呈下降趋势，亟需扩宽融资渠道，以确保流动性安全。

（二）证券期货业

2010年，河南省辖区资本市场经营主体数量快速增加，公司质量显著提高，市场运行健康稳定，但上市公司数量较少、期货市场结构不尽合理等问题值得关注。

1. 市场规模不断扩大，市场整体风险水平持续降低。目前，河南共有境内上市公司53家，证券经营机构140家，期货经营机构71家，证券期货投资者360万户，证券期货经营机构利润总额近20亿元。市场经营主体质量也明显提高，规范化运作水平显著提升，市场整体风险水平持续降低。

2. 上市工作成效显著，上市公司队伍日益壮大。2010年，河南省共有13家公司通过发审委审核，10家公司挂牌上市，募集资金合计106.81亿元，上市公司数量及募集资金数额均创历年新高。

3. 上市公司积极谋划，并购重组和再融资持续活跃。2010年，辖区5家公司完成再融资，募集资金23亿元，另有3家公司再融资申请已获得批准，预计可募集资金40.15亿元；豫能控股通过实施重大资产置换暨发行股份，置出不良资产4亿元，置入优质资产12亿元。

4. 证券期货经营机构数量快速增加，规范化水平不断提高。2010年，新增证券和期货经营机构31家。证券期货经营机构合规意识不断增强，合规水平不断提高，中原证券和万达期货第一次被评为A类公司。

5. 证券期货业发展需要关注的问题。一是企业上市数量依然较少。目前，辖区境内上市公司总数只有53家，在中部6省仍然处于相对落后的位置。二是持续经营能力面临挑战。总的来看，辖区上市公司整体盈利能力仍低于全国平均水平。三是证券机构亟需业务转型。近年来，市场竞争日益加剧，佣金价格战等恶性竞争问题比较突出。四是期货市场结构不尽合理。机构投资者比例低，现货企业参与度不高，影响期货市场服务产业客户和实体经济功能的有效发挥。

（三）保险业

2010年，河南保险业市场竞争更加充分，保险产品不断增加，市场供给更加丰富。但是市场违规经营问题突出，行业服务经济、社会能力不强等问题值得关注。

1. 保费规模快速增长，市场体系进一步完善。截至2010年12月末，全省保险市场实现保费收入793.28亿元，同比增长40.31%；全省共有省级保险分公司47家，地市及以下分支机构5445家，专业中介机构323家，兼业代理机构6835家。

2. 结构调整稳步推进，发展方式积极转变。2010年，企财险、工程险、保证险等非车险业务得到较快发展，分别增长22%、71.5%和10.45倍；人身险公司银保业务转型加快，银保新单期缴同比增长63.66%，比银保业务增速高5.6个百分点。

3. 经营效益明显改善，市场风险有效控制。2010年，财产险市场亏损0.21亿元，较上年同期减亏1.59亿元，承保盈利的公司由6家增加到16家。

4. 服务能力不断提升，消费者权益有效保护。2010年，累计赔款和给付153.91亿元。农业保险承保范围进一步扩大，承保品种达到13个；服务高速公路、轨道交通等重大基础设施建设，提供保险保障105.93亿元；企业年金托管资金余额8.19亿元，服务企业职工4.78万人。全省信访投诉量十年来首次大幅下降，保险消费者利益得到有效保护。

5. 保险业发展需要关注的问题。一是可持续发展能力值得关注。发展稳健性不强，结构性问题没有根本改观。二是违规经营问题仍没有得到根本解决。业务、财务数据不真实问题比较突出，侵害被保险人利益问题时有发生。三是内控管理不严问题仍然突出。一些公司没有建立单证管理领用台账，内部监督形同虚设。四是行业服务社会能力仍然不强。2010年，全省机动车交强险承保率为24.51%，比全国低20.59个百分点；全省个人负担医疗费用在360亿元左右，而各类商业健康保险给付金额仅为11亿元，占比不足4%；在洪涝灾害中，全省农业直接经济损失为37.23亿元，种植险赔付支出占比不足1%。

三、金融市场与金融稳定

2010年，河南省金融市场运行总体平稳，货币市场业务稳步发展。其中，同业拆借业务同比大幅增加、回购业务和现券交易持续增加，票据业务快速增长，外汇收支增势明显，黄金和期货业务平稳发展。

（一）金融市场运行情况

1. 货币市场

2010年，同业拆出资金36.85亿元，拆入资金290.05亿元，累计成交金额326.9亿元，比去年同期增加303.3亿元；债券质押式回购累计交易金额20925.73亿元，同比增加9590.73亿元，增长85%；累计发行企业短期融资券30支、金额185.8亿元，累计发行中期票据58亿元。

2. 债券市场

2010年，现券累计交易金额17089.29亿元，同比增加4970亿元，增长41%，其中政策性金融债、国债、中期票据以其信誉度高、流动性强的特点，处于交易量前列，城市商业银行为债券交易的主力。

3. 票据市场

2010 年，河南省金融机构累计签发汇票 4369 亿元，较年初增加 3171 亿元，增长 72.6%，全部为银行承兑汇票。累计办理票据贴现 64908 亿元，同比增加 33003 亿元，增长 51%。

4. 外汇市场

2010 年，河南省全年跨境外汇收支总额 240.03 亿美元，同比增长 46.64%；银行累计结售汇 190.13 亿美元，同比增长 35.47%；进出口总值 177.92 亿美元，同比增长 32.0%。

5. 黄金市场

2010 年，河南省黄金产量达 28 吨，完成工业总产值 412 亿元，实现工业增加值 33 亿元，同比分别增加 20.79%、25.66%。2010 年，河南省上海黄金交易所会员（不含中金公司）累计买卖黄金 189 吨，同比减少 63 吨，减幅 25%；黄金代理量 83.45 吨，同比减少 51.56 吨，减幅为 38%。

（二）需关注的问题

一是市场成员债券业务操作管理水平有待进一步提升。地方中小金融机构缺乏完善而系统的制度体系和落实风险控制的措施，容易形成一定的操作风险隐患。二是短期融资券和中期票据的作用有待进一步挖掘。2010 年，河南省共获准发行短期融资券金额 62 亿元，占全国发行总金额的 0.9%；发行中期票据金额 33 亿元，仅占全国发行总金额的 0.67%。三是商业银行黄金业务的风险防范有待进一步强化。个别各商业银行为招揽客户，采取违规经营行为，增大了黄金业务的风险。

四、金融服务基础设施

2010 年，河南省金融服务基础设施建设稳步开展，金融生态环境建设长效机制进一步确立，为促进河南经济金融健康发展、维护区域金融稳定提供了重要保障。

（一）支付体系平稳运行

2010 年，河南省支付体系平稳运行，支付业务量稳步增长，农村地区支付服务环境进一步改善。2010 年，全省大小额支付系统共处理支付（往账）业务 3,374.2 万笔、金额53.84 万亿元，同比分别增长 44.2%、66.3%；使用非现金支付工具办理支付业务 10.2 亿笔、金额 27.9 万亿元，同比分别增长 30.7%、28.7%。2010 年，农民工银行卡交易笔数达 176.4 万笔、金额达 22.8 亿元，同比分别增长 41.8%、44.3%，交易笔数和金额连续三年居全国第一位。

（二）征信体系建设加快推进

2010 年，河南省征信体系建设在全省各级金融机构密切协作、共同配合下，努力推动全省社会信用体系建设。截至 2010 年末，河南省收录企业和其他组织达到 61.6 万户，个人征信系统收录自然人 1318 万人。全省已有 13 个地市建立了市级地方社会信用体系建设工作机制。全省纳入中小企业档案库的中小企业 86343 户，为中小企业办理贷款卡 16107 户，全省已有 155 个县（市、区）开展了农户信用档案建设工作，153 个县（区）已建立了农户信用评价体系。

（三）反洗钱监管成效显著

2010 年，河南省反洗钱工作加强现场检查和非现场监管分析，加大案件协查力度，成效显著。2010 年，河南省人民银行系统共对 332 家金融机构进行了反洗钱现场检查，依法从严处理违规机构。对辖区 445 家金融机构的反洗钱工作开展了评价，对辖区 46 家金融机构高级管理人员进行诫勉谈话。积极配合公安部门成功侦破“9.18 非法从事资金支付结算业务经营案”，获得人民银行总行“9.18”特大地下钱庄案突出贡献奖。

五、总体评估与政策建议

（一）总体评估

2010 年，面对复杂多变的经济环境和宏观调控措施，河南省金融业运行稳健，发展态势良好，各项金融改革稳步推进，防范和化解风险的能力增强，为经济健康平稳运行和维护金融稳定奠定了扎实的基础。其中，银行业继续保持良好运行趋势，在增加信贷投放同时加快结构调整，资产质量不断提高，盈利能力进一步改善；证券期货经营机构合规经营和风险控制能力得到进一步提升；保险业整体实力显著增强，市场运行的规范性明显提高。金融基础设施不断完善，社会信用体系建设取得新成效，金融生态环境不断优化，总体上实现了经济金融协调健康发展。

在区域金融整体稳定的同时，河南省还存在一些影响金融稳定的潜在风险因素。一是信贷增长受到多种因素影响；二是融资平台贷款后续处置亟待加强；三是部分中小金融机构流动性趋紧；四是地方法人金融机构风险不容忽视；五是证券期货、保险业仍需进一步规范发展，做大做强。

（二）政策建议

一是科学贯彻国家宏观调控政策，继续加大有效信贷投放。辖区金融机构要科学贯彻国家宏观调控政策，保持信贷平稳增长，信贷投放要围绕全省经济发展目标以及大招商、产业聚集区、中原经济区建设等及时跟进。此外，经济增长的内生机制尚未完善，对政府大型项目投资推动的依赖性仍然较强，在信贷规模压缩、结构调整的同时，要保证大型项目建设的合理资金需求。二是顺应河南经济转型升级需要，进一步加快信贷结构调整步伐。加大对先进制造业、现代服务业、企业自主创新及地区产业转移优质项目等的信贷支持力度，支持过剩行业有序转移，限制对“两高”行业的贷款，推动产业优化升级。三是继续加大对中小企业和“三农”等弱势领域的金融支持力度。继续创新“三农”领域、中小企业信贷产品和金融服务模式，提高县域新增存款用于当地贷款的比例，定期召开针对小企业的银企洽谈会，促使小企业成为河南省重要的贷款增长点。四是推动投融资体系多元化建设，优化市场融资结构，降低银行业风险。加大直接融资比重，加快发展资本市场；扩大债券融资品种和规模，满足社会多样化投融资需求；引导民间资本合理流动，规范担保公司、小额贷款公司等新型机构健康发展。

2010 年河南省金融运行平稳

文章来源：中国人民银行郑州中心支行

2010 年，河南省金融总体保持健康平稳运行态势。截至 12 月末，河南省金融机构人民币（下同）各项存款余额为 23148.8亿元，同比增长 20.7%，较年初增加 3973.8 亿元。各项贷款余额为 15871.3 亿元，同比增长 18.1%，较年初增加 2433.9 亿元。

一、各项存款较上月减少

12 月末，河南省金融机构人民币各项存款余额为 23148.8亿元，同比增长 20.7%，较年初增加 3973.8 亿元。其中，河南省金融机构储蓄存款余额为 12883.7 亿元，同比增长 15%，较上月增加 66.8 亿元，较年初增加 1676.3 亿元。分结构看，活期储蓄存款较上月增加 127.1 亿元，定期储蓄存款较上月减少 60.2 亿元。企业存款余额为 5688.3 亿元，同比增长 17.4%，较上月增加 50.1 亿元，较年初增加 1020.2 亿元。分结构看，活期企业存款较上月增加 40.3 亿元，定期企业存款较上月增加9.7亿元。财政存款余额为543.8亿元,较年初增加134.6亿元。保证金存款余额为1526.5亿元,较年初增加452.4亿元。

二、各项贷款大量增加

12月末,河南省金融机构各项贷款余额为15871.3亿元,同比增长18.1%,较上月增加241.8亿元,较年初增加2433.9亿元。

分期限看,12月末,河南省金融机构短期贷款余额为6995.8亿元,同比增长16.3%,较上月增加55.5亿元,较年初增加976.3亿元。中长期贷款余额为7806.3亿元,同比增长28.7%,较上月增加98.4亿元,较年初增加1743.7亿元。票据贴现余额为962.5亿元,同比下降26.5%,较上月增加89.2亿元,较年初减少347.1亿元。

分项目看,12月末,河南省金融机构个人贷款及透支余额为3709.1亿元,较上月增加58.7亿元,较年初增加965.5亿元。其中,个人消费贷款余额为1623.9亿元,较上月增加23.7亿元,较年初增加517.4亿元。单位经营贷款余额为6639.3亿元,较上月增加56.1亿元,较年初增加1088.4亿元。单位固定资产贷款余额为3836.5亿元,较上月减少13.1亿元,较年初增加353.8亿元。银团贷款余额为311.8亿元,较上月增加28.9亿元,较年初增加164.6亿元;贸易融资余额为270.2亿元,较上月增加16.3亿元,较年初增加127.5亿元。

2010年黑龙江省金融运行报告

中国人民银行哈尔滨中心支行
货币政策分析小组

2010年,面对较为复杂的国际国内形势,黑龙江省认真落实中央各项决策部署,加快推进“八大经济区”、“十大工程”战略,经济进一步回升向好。全年地区生产总值首次突破万亿元,财政收入超千亿元。投资、消费需求持续增长,进出口贸易恢复良性发展轨道。三次产业协调发展,粮食产量逾“千亿斤”大关,商品量稳居全国第一。金融机构积极贯彻适度宽松的货币政策,努力提高信贷支持经济发展的科学性和有效性,银行、证券、保险全面发展,金融改革稳步推进,金融生态环境建设取得积极成效,为巩固经济回升势头起到了重要的支撑作用。

2011年,黑龙江省将积极转变经济增长方式,加大经济结构调整力度,贯彻落实积极的财政政策与稳健的货币政策,保持合理的社会融资规模,优化融资结构和信贷结构,在积极推进大项目建设的同时,加大对“三农”和中小企业的支持力度,着力改善民生。

一、金融运行情况

2010年,全省认真贯彻落实国家金融宏观调控政策,充分发挥金融支持地方经济发展的作用。金融运行平稳,银行业、证券业、保险业协调发展,融资结构不断优化,金融生态环境建设稳步推进。

(一)银行体系快速发展,信贷投放稳定增长

2010年,全省银行业金融机构稳步发展,金融机构营业网点建设步伐加快,存贷款规模增长较快,结构不断优化,农村金融组织体系进一步健全,跨境贸易人民币结算试点工作取得积极进展。

1.银行业资产总量快速增加。金融机构进一步加快城乡布局。锦州银行、昆仑银行相继入驻。新型农村金融机构得到快速发展。金融机构资产总额明显增加。

表1　2010年黑龙江省银行业金融机构情况

机构类别	营业网点①			法人机构(个)
	机构个数(个)	从业人数(人)	资产总额(亿元)	
一、大型商业银行②	2031	56135	7753	0
二、政策性银行及国家开发银行③	90	2514	2238	0
三、股份制商业银行④	67	2140	1229	0
四、城市商业银行	290	5102	2154	2
五、城市信用社	0	0	0	0
六、农村合作机构⑤	1945	23224	1481	81
七、财务公司	8	1528	40	3
八、邮政储蓄	1579	13500	1419	0
九、外资银行	4	42	14	1
十、农村新型机构⑥	13	325	19	13
合　计	6027	104510	16347	100

注:①不包括国家开发银行和政策性银行、大型商业银行、股份制银行等金融机构总部数据。

②包括中国工商银行、中国农业银行、中国银行、中国建设银行和交通银行。

③包括国家开发银行、中国农业发展银行和中国进出口银行。

④包括中信银行、中国光大银行、华夏银行、广东发展银行、深圳发展银行、招商银行、上海浦东发展银行、兴业银行、中国民生银行、恒丰银行、浙商银行和渤海银行。

⑤包括农村信用社、农村合作银行和农村商业银行。

⑥包括村镇银行、贷款公司和农村资金互助社。

数据来源:黑龙江银监局、中国人民银行哈尔滨中心支行。

2.存款活期化趋势明显。企事业单位存款余额同比增长27.1%,增速加快。当年新增活期存款是定期存款的4.7倍,企事业单位活期存款比重上升。受消费拉动因素影响,储蓄存款增速明显趋缓。

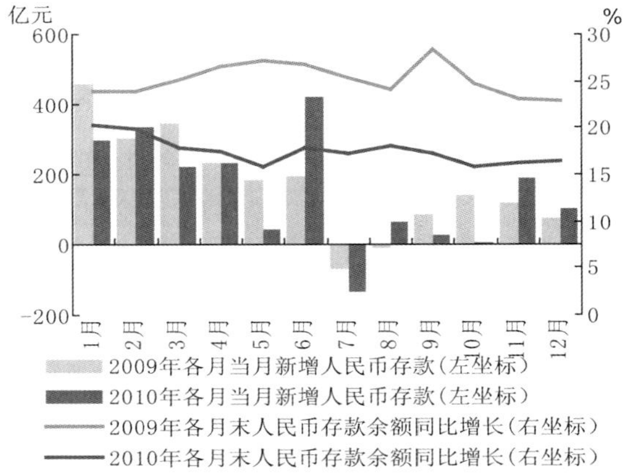

数据来源:中国人民银行哈尔滨中心支行。

图1　2010年黑龙江省金融机构人民币存款增长变化

3.中长期贷款比重上升。全省本外币贷款连续2年保持20%以上增速。在大项目建设资金需求的作用下,当年新增中长期贷款1084.2亿元,中长期贷款余额占全部贷款比重提高了6.7个百分点。消费贷款同比增长65.7%,增长迅猛。涉农贷款同比增长33.1%,支农力度不断增强。

4.现金投放增速加快。由于消费需求持续旺盛,储蓄存款支取大幅增加,金融机构现金支出增速高于现金收入,净投放同比增长超过1.5倍。

5.利率水平总体上行。受基准利率上调影响,全省加权平均利率上升0.51个百分点。金融机构加强了风险溢价及利差管理,上浮利率贷款比重有所上升。金融机构积极尝试建立以Shibor为基准的贴现业务、内部资金转移定价机制。

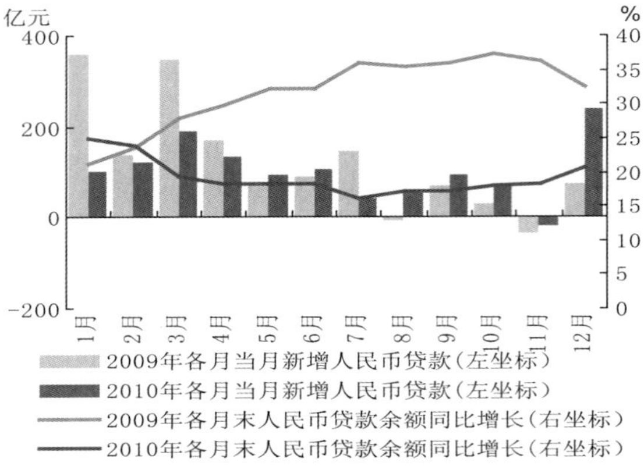

数据来源：中国人民银行哈尔滨中心支行。

图 2　2010 年黑龙江省金融机构人民币贷款增长变化

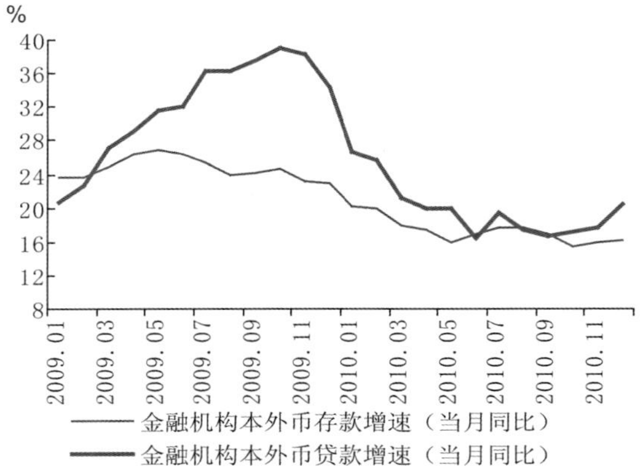

数据来源：中国人民银行哈尔滨中心支行。

图 3　2009－2010 年黑龙江省金融机构本外币存、贷款增速变化

表 2　2010 年黑龙江省金融机构现金收支情况表

	年累计额	同比增速
现金收入	31556.0	13.8
现金支出	31808.0	14.3
现金净支出	249.0	156.7

数据来源：中国人民银行哈尔滨中心支行。

6. 农村金融组织体系进一步完善。龙江银行新设 29 家分支机构，业务主要面向“三农”和中小企业。村镇银行、小额贷款公司等新型农村金融机构加快组建，全省基本实现了乡镇金融服务网点的全覆盖。

表 3　2010 年黑龙江省各利率浮动区间贷款占比表(单位:%)

		合计	国有商业银行	股份制商业银行	区域性商业银行	城乡信用社
合计		100	100	100	100	100
[0.9-1.0)		17.1	34.5	20.7	8.3	0.5
1.0		23.8	38.8	55.3	17.8	0.4
上浮水平	小计	59.1	26.7	24.0	73.9	99.1
	(1.0-1.1]	6.6	12.0	13.0	11.6	0.1
	(1.1-1.3]	7.6	9.1	7.1	37.3	0.7
	(1.3-1.5]	6.1	2.9	0.6	12.5	7.8
	(1.5-2.0]	22.1	2.7	3.3	10.0	49.7
	2.0以上	16.7	0	0	2.5	40.8

数据来源：中国人民银行哈尔滨中心支行。

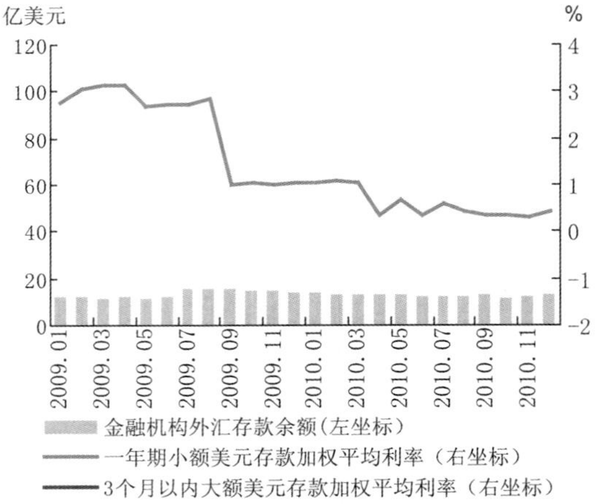

数据来源：中国人民银行哈尔滨中心支行。

图 4　2009－2010 年黑龙江省金融机构外币存款余额及外币存款利率

7. 跨境贸易人民币结算业务取得突破性进展。2010 年，黑龙江省被列入跨境贸易人民币结算试点地区。全年有 2 家政策性银行、6 家商业银行办理了跨境人民币结算业务，累计结算金额 51 亿元，在全国试点省份中位居上游，业务开展势头良好。

专栏 1：多措并举，促进“千亿斤粮食产能工程”目标提前实现

2010 年，黑龙江省农业生产以“千亿斤粮食产能工程”为主线，结合松嫩、三江两大平原农业综合开发实验区建设，大力推进粮食生产，促进粮食增收，粮食产量在大灾之年提前登上 1000 亿斤新台阶，达到 1002.6 亿斤，占全国增量的 42.3%，商品量达 770 亿斤，再创历史新高。

一是加大科技投入。不断增加农田水利等基础设施和科技投入，开辟田间精细管理模式，有效应对农灾；全年建设万亩以上高产示范片 533 个，面积 7000 万亩，创造出亩产 2000 斤玉米、1600 斤水稻、500 斤大豆等一批高产典型，保障粮食增产增收。

二是优化产业结构。积极转变农业生产方式，建设现代化大农业，发展规模化农业生产，建设以松嫩、三江两大平原为基础的粮食基地；延长产业链条，促进绿色食品产业升级，全省绿色（有机）食品认证面积发展到 6100 万亩；通过推进农机化、规模化、组织化生产，加快小机械作业向大农机生产转变、粗放耕作向标准化生产转变、分散经营向专业合作转变的现代农业建设。

三是统筹区域共建。加快新农村建设步伐，全面推进涉农场县共建、产业合作和基础设施建设，整合县域资源，实现资源共享和生产条件改善，为粮食增产创造条件。截至年末，全省已有涉农的场县共建工农园区 14 个，农机合作社 28 个，公路 727 公里，自来水工程 7239 户。

四是加大金融支持。全省金融机构认真贯彻落实中央一号文件精神，积极发放农业贷款，提高支农效率。截至年末，全省农户贷款余额 915 亿元，同比增长 27.1%。粮食收购贷款余额 555.1 亿元，同比增长 32.9%。人民银行支农再贷款累计投放 76.5 亿元，位居东北三省之首。

（二）证券市场实现突破，融资规模再创新高

2010 年，全省上市公司总市值、总资产大幅攀升，经营业

绩稳中有升，融资额创历史新高，公司股改进展顺利。

1. 证券机构经营实力增强。在股市整体低迷的情况下，证券机构逆势发展，业务种类不断丰富，证券营业网点布局优化，法人治理结构进一步完善。全年证券投资者账户数同比增加16万户。

2. 股票融资规模激增。当年新增上市公司4家，募集资金137.44亿元，超过了以往首发募集资金的总和，实现了历史性突破。30家上市公司主营业务收入同比增长41.91%，净利润同比增长13.51%。26家上市公司完成股改，3家期货公司经营状况良好，全年期货成交额同比增长37.52%。

表4　2010年黑龙江省证券业基本情况表

项　　目	数量
总部设在辖内的证券公司数(家)	1
总部设在辖内的基金公司数(家)	0
总部设在辖内的期货公司数(家)	3
年末境内上市公司数(家)	30
当年国内股票（A股）筹资（亿元）	137.4
当年发行H股筹资（亿元）	0.0
当年国内债券筹资（亿元）	24.7
其中：短期融资券筹资额（亿元）	13.0

数据来源：黑龙江证监局、中国人民银行哈尔滨中心支行。

（三）保险机构稳健运行，保障功能日益完善

2010年，全省保险市场平稳发展，经营质量明显提高，保障作用进一步发挥。

1. 保险业资产规模持续扩张。百年人寿黑龙江分公司成立，使省级以上保险公司达到30家，支公司以下分支机构2448家。保险营销员11万余人。全省保险公司资产总计688.3亿元，同比增长24%。

2. 保费收入稳步增长。全年保费收入同比增长23.3%，人身保险收入占比提高，各险种赔付支出均同比下降。“三农”保险得到进一步发展，惠及了87.8万农户，农村小额人身保险、计划生育保险等涉农保险覆盖面持续扩大。

（四）金融市场交易活跃，融资结构变化明显

2010年，全省金融市场运行平稳，融资总量小幅减少，融资结构日趋合理。

1. 直接融资手段增强。全年直接融资总量为162.1亿元，同比增长200%，增速创近年新高。其中：股票融资同比增长22倍。全年发行短期融资券13亿元，中小企业集合票据1.7亿元。

表5　2010年黑龙江省保险业基本情况表

项　　目	数量
总部设在辖内的保险公司数(家)	1
其中：财产险经营主体（家）	1
寿险经营主体（家）	0
保险公司分支机构（家）	29
其中：财产险公司分支机构（家）	14
寿险公司分支机构（家）	15
保费收入（中外资，亿元）	343.2
其中：财产险保费收入（中外资，亿元）	73.1
人身险保费收入（中外资，亿元）	270.2
各类赔款给付（中外资，亿元）	77.6
保险密度（元/人）	897.5
保险深度（%）	3.4

数据来源：黑龙江保监局。

表6　2001－2010年黑龙江省非金融机构融资结构表

	融资量（亿元人民币）	比重（%）		
		贷款	债券（含可转债）	股票
2001	214.8	100.0	0.0	0.0
2002	156.7	88.8	0.0	11.2
2003	264.1	100.0	0.0	0.0
2004	99.1	100.0	0.0	0.0
2005	138.3	82.6	17.4	0.0
2006	323.8	97.3	2.7	0.0
2007	339.0	89.4	8.3	2.3
2008	760.9	93.8	1.6	4.6
2009	1619.4	96.7	3.0	0.3
2010	1407.1	88.4	1.8	9.8

数据来源：中国人民银行哈尔滨中心支行。

2. 票据融资规模缩减。全省票据市场呈总量萎缩、价格上涨的变化特征，全年票据贴现余额逐月减少，贴现、转贴现利率振荡上行。

表7　2010年黑龙江省金融机构票据业务量统计表(单位:亿元)

季度	银行承兑汇票承兑		贴　现			
			银行承兑汇票		商业承兑汇票	
	余额	累计发生额	余额	累计发生额	余额	累计发生额
1	355.3	142.7	407.8	723.5	2.1	64.8
2	374.0	323.1	497.4	1463.4	3.3	75.1
3	358.7	508.7	359.8	2184.5	2.5	80.3
4	491.7	710.3	257.7	2735.1	2.3	106.9

数据来源：中国人民银行哈尔滨中心支行。

表8　2010年黑龙江省金融机构票据贴现、转贴现利率表

季度	贴　现		转贴现	
	银行承兑汇票	商业承兑汇票	票据买断	票据回购
1	3.54	3.92	2.48	2.65
2	3.81	2.24	2.65	2.98
3	4.49	3.69	2.99	3.18
4	4.84	7.13	3.19	4.32

数据来源：中国人民银行哈尔滨中心支行。

（五）金融生态环境改善，征信体系建设加快

2010年，省政府主导的整治和改善金融生态环境的一系列政策措施顺利实施。宏观方面：建立了科学的区域经济发展战略，提升了金融生态的经济基础。依靠制度创新、科技创新和管理创新，确保产业发展符合国家产业政策，有效地避免了政策风险，保障了投资者收益，为银行信贷投放和其他投资者增加投资创造了良好的产业支撑；微观方面：加快推进企业和个人征信系统建设，目前已累计收录14.2万户企业单位和2130万自然人信息。积极推进中小企业和农村信用体系建设，累计采集入库中小企业信用档案3万户，为350万农户建立了信用档案，其中147万农户录入农户电子信用档案信息管理及评分系统。

专栏2：牡丹江市“打逃”行动助推金融生态环境建设

2010年，黑龙江省牡丹江市结合“金融强市”战略，把严厉打击恶意逃废银行债务行为作为打造诚信牡丹江、建设金融生态环境的重要手段和突破口，金融生态环境逐步得到改善，金融信心指数大增，该市也成为全省加快改善金融生态环境建设的典型。

一是政府主导，各部门配合，形成打击恶意逃废银行债务的合力。在牡丹江市委、市政府的主导下，人大、政协、公检法

等部门与金融机构联手，成立打逃专项工作推进小组，开展打击恶意逃废银行债务专项行动，取得了积极成效。截至目前，全市约 1010 笔共 10.7 亿元银行债务已被追偿 947 笔共 8.43 亿元，其余债务已全部纳入公安、法院的司法办理程序。

二是“打逃”行动改善了金融生态环境，成就了“金融强市”。牡丹江的金融业在“打逃”行动中得到发展壮大，金融资产和权益得到了有效保护。良好的金融生态环境也吸引了各类金融机构入驻本地。全省第一家村镇银行、第一家小额贷款公司均在牡丹江市成立，哈尔滨银行积极筹建分行，各类新型农村金融机构也在逐步完善。

三是形成资金洼地，留住本地资金，吸引域外资金。本地资金外流现象得到逆转，大部分“游资”得到回归。2010 年，县域新增存款 90% 以上用于当地放款，缓解了县域存款外流现象。与此同时，投资环境的改善吸引了众多域外金融企业来牡丹江开展业务。2010 年，中国银行、中国建设银行黑龙江省分行分别与牡丹江市签署 150 亿元和 200 亿元的融资战略合作协议。牡丹江市企业融资服务中心挂牌后，国家开发银行、招商银行、浦发银行、中国出口信用保险公司等金融机构纷纷在牡丹江市开展业务。

二、经济运行情况

2010 年，面对复杂的外部环境和尚未完全消除的国际金融危机负面影响，全省积极推进“八大经济区”和“十大工程”建设，继续实施 300 个大项目建设，经济运行向好的趋势不断巩固，经济主体信心日益增强。全省实现地区生产总值 10235 亿元，同比增长 12.6%。

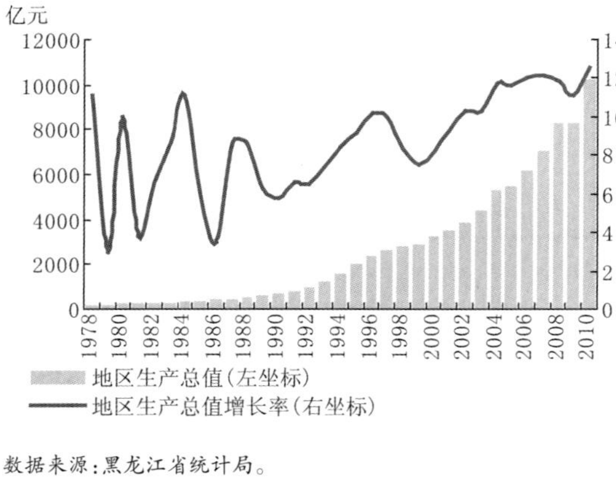

数据来源：黑龙江省统计局。

图 5　1978 – 2010 年黑龙江省地区生产总值及其增长率

（一）投资消费较为旺盛，外贸形势加速向好

在大项目建设的拉动作用下，全省投资增速处于历史高位，成为经济增长的主动力，消费总水平继续提升，对外贸易快速复苏。

1. 投资需求持续旺盛。全省继续推进 300 个重点建设项目拉动了固定资产投资保持较快增长。经济向好形势刺激了民间投资，全年民间投资同比增长 52.4%。中长期贷款投放大幅度增加，进一步推动建设资金到位。

2. 消费需求持续增长。社会消费品零售总额增幅与上年基本持平。零售业零售额仍居主体地位，占全省零售额的 75.3%。消费市场进一步向城市集中。受食品类价格上涨影响，食品消费额增加较多。

3. 进出口总值再创新高。全年进出口总值 255 亿美元，同比增长 57.1%，高出全国平均增速 22.4 个百分点。累计实现贸易顺差 70.6 亿美元。一般贸易、边境小额贸易引领增长，加工贸易和旅游购物商品有所下降，私营企业增势强劲，对俄贸易占据主导。

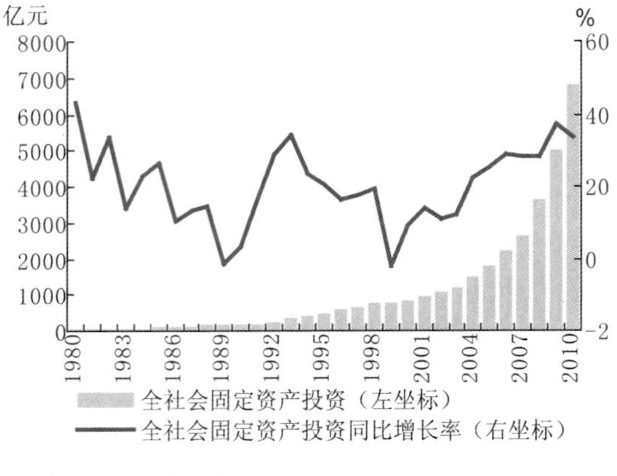

数据来源：黑龙江省统计局。

图 6　1980 – 2010 年黑龙江省固定资产投资及其增长率

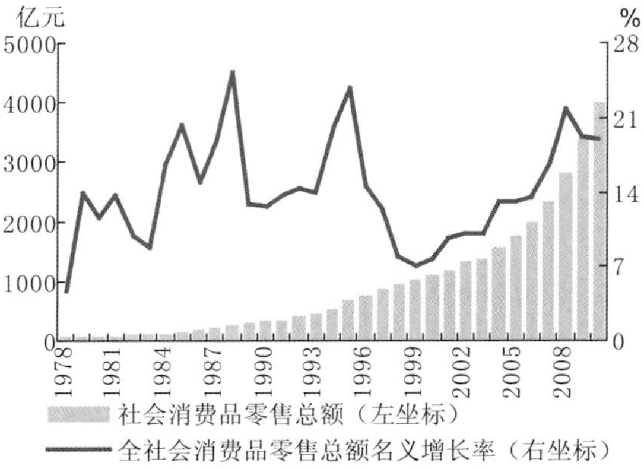

数据来源：黑龙江省统计局。

图 7　1978 – 2010 年黑龙江省社会消费品零售总额及其增长率

2010 年，全省外商直接投资 26.6 亿美元，同比增长 12.7%。外资投向集中在食品制造业、畜牧业、农副食品加工业及房地产业。投资者主要来自香港、韩国及新加坡等亚洲国家和地区。

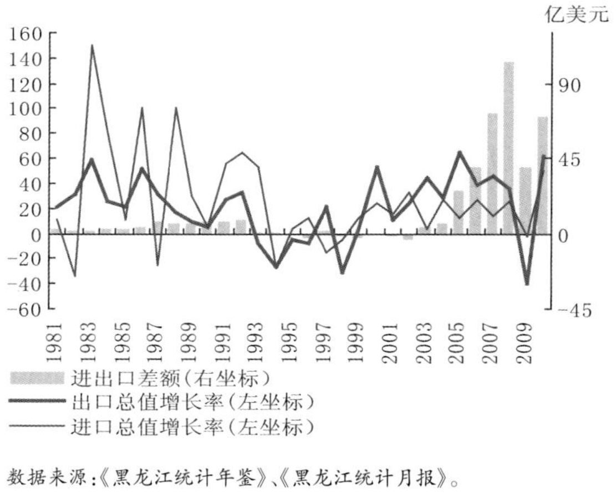

数据来源：《黑龙江统计年鉴》、《黑龙江统计月报》。

图 8　1981 – 2010 年黑龙江省外贸进出口变动情况

（二）三次产业较快增长，农业生产基础巩固

2010 年，全省第一、二、三产业实现增加值同比分别增长 6.2%、14.4% 和 11.6%，工业经济的拉动力进一步增强，粮食再获丰收。

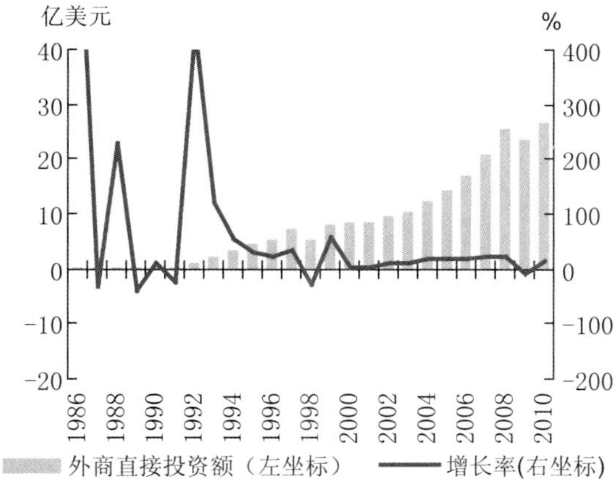

数据来源：黑龙江省统计局。

图9　1986－2010年黑龙江省外商直接投资情况

1. 农业生产实现飞跃。2010年，全省积极落实农业生产政策，加大农业生产投入。全年粮食播种面积继续增长，总产量达到1002.6亿斤，成为全国粮食总产量第二个超千亿斤的省份。畜牧业快速发展，生猪、家禽存栏、出栏量均有所增长，全年总产值965.8亿元。

2. 工业效益较快增长。全年规模以上工业增加值增幅比上年提高3.1个百分点，100户重点企业实现工业总产值占全省规模以上工业比重高达70%。轻工业增长速度较快，增加值增速高于重工业1.8个百分点。规模以上工业企业实现利润大幅增长。

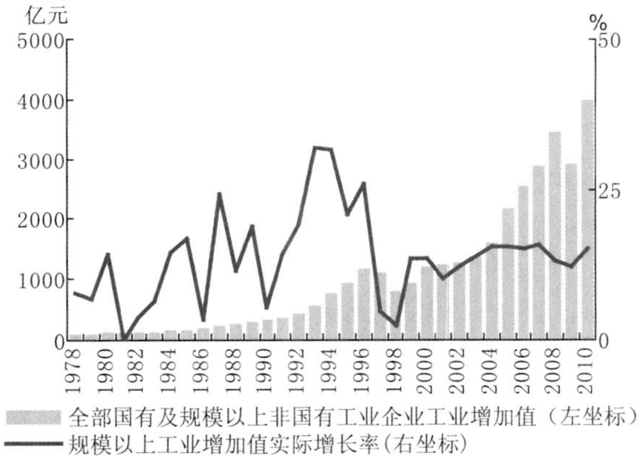

数据来源：黑龙江省统计局。

图10　1978－2010年黑龙江省工业增加值及其增长率

3. 服务业稳步发展。服务外包、现代物流、文化创意等新型服务业蓬勃发展，绿色生态和冰雪旅游业特色突出。全年实现第三产业增加值同比增长11.6%。

（三）价格水平持续上行，上涨速度趋于缓和

在国内外多重因素作用下，各类市场物价上行压力不断增大，上半年CPI持续上升，对消费预期产生不利影响。下半年，随着国家连续出台控制物价的各项政策，物价涨幅趋缓。

1. 消费价格持续攀升。全省CPI涨幅偏高，后期得到抑制。总体上，各类物价均有不同程度上涨，其中食品涨幅最大，对总体物价上涨的贡献度超过75%。此外，房价水平不断攀升，居住类价格上涨5.6%，使居民的居住成本增加。

2. 生产资料价格迅速上行。受原油等资源性产品价格回升影响，原材料燃料动力购进价格同比增长14.5%，拉动工业品出厂价格攀升。由于农产品价格上涨，农民生产积极性较高，使农业生产资料总指数比上年增加5.6个百分点。

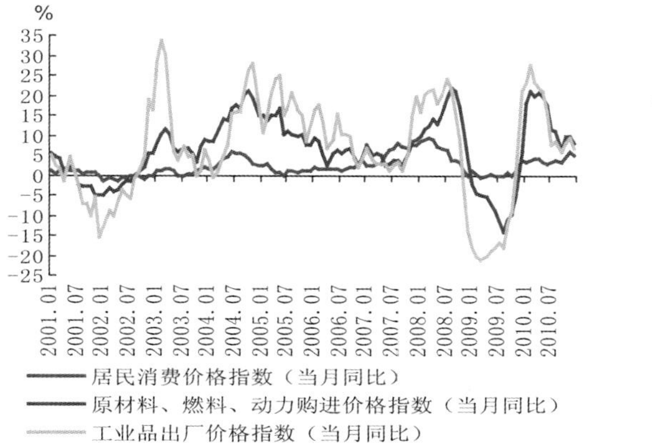

数据来源：黑龙江省统计局。

图11　2001－2010年黑龙江省居民消费价格和生产者价格变动趋势

3. 劳动力价格略有提升。随着经济的快速回升和物价总水平的上涨，企业用工逐步增加，劳动力价格稳定增长。城镇居民工薪收入同比增长8.7%，最低工资标准基本维持上年水平。农村居民工资性收入同比增长21.8%。

（四）财政收支平稳增长，民生保障作用增强

2010年，受工业经济稳步回升，资源性产品价格上涨和固定资产投资规模扩张等因素影响，全省主要税种收入增长平稳，国有土地使用权出让金收入大幅增加。财政支出继续向经济结构调整、民生保障、支农惠农和公共投资等领域倾斜。

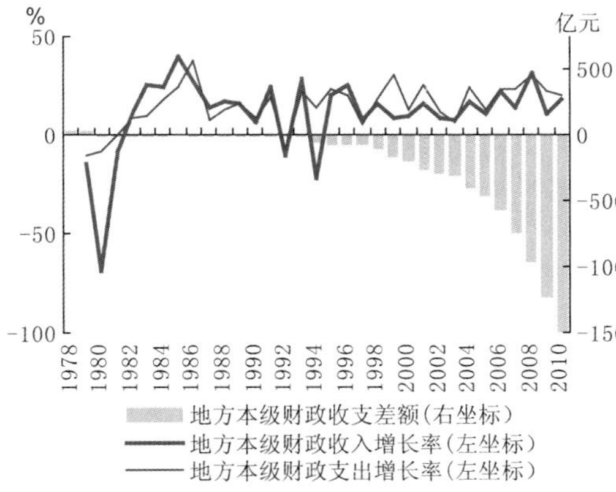

数据来源：《黑龙江统计年鉴》、《黑龙江统计月报》。

图12　1978－2010年黑龙江省财政收支状况

（五）房地产业快速发展

2010年，受投资和需求上升的双重影响，全省房地产市场呈现量价齐升的趋势，房地产开发规模激增，商品房销售势头旺盛，房地产信贷投放大幅增长。

1. 房地产投资高速增长。全年完成房地产开发投资843.1亿元，同比增长49.5%，增速比2009年提高21.3个百分点。住宅开发投资进一步加快。房地产资金来源1044.6亿元，自筹资金占比六成，企业资金充裕，到位情况良好。

2. 房地产市场供给充足。全年完成土地开发面积588.6万平方米，同比增长24.9%。房屋新开工面积5018.4万平方米，同比增长67.5%。全年房屋竣工面积2166.8万平方米，其中住宅竣工面积1778.2万平方米。

3. 房地产销售势头旺盛。全年商品房销售面积2718.1万平方米，同比增长34.9%。销售额1010.1亿元，同比增长54.8%。

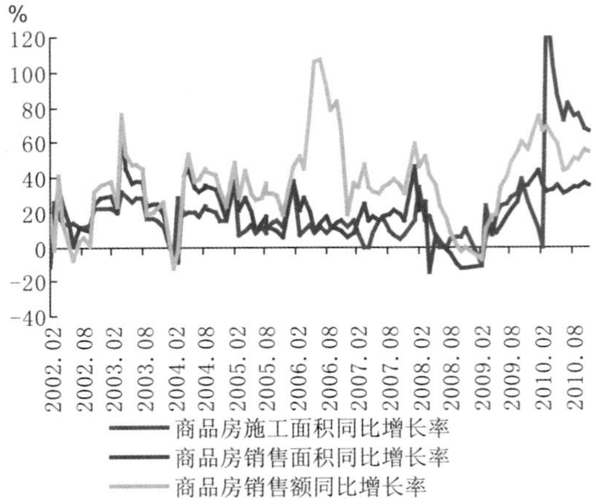

数据来源:《中国经济景气月报》。

图 13　2002－2010 年黑龙江省商品房施工和销售变动趋势

4. 房地产价格持续上升。全年商品房销售价格同比上涨 14.8%,涨幅同比提高 0.5 个百分点。哈尔滨市房屋销售价格、土地交易价格增势趋缓,房屋租赁价格增长较快。

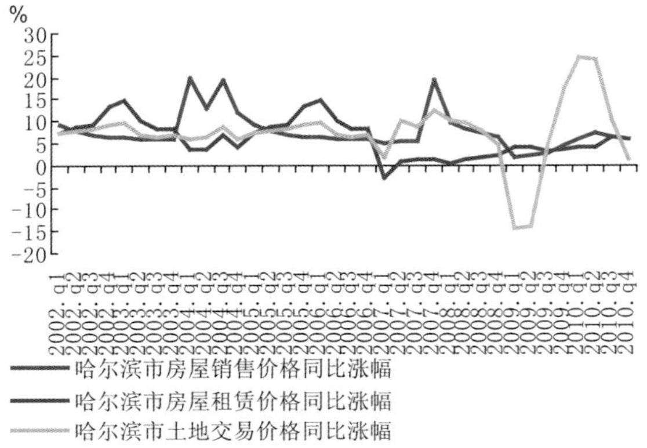

数据来源:《中国经济景气月报》。

图 14　2002－2010 年哈尔滨市房屋销售价格指数变动趋势

5. 房地产信贷规模扩张。截至年末,全省房地产贷款余额 913.52 亿元,同比增长 49.99%。房地产开发贷款余额 232.26 亿元,同比增长 45.85%,呈现快速增长势头。购房贷款余额 681.26 亿元,同比增长 51.46%。个人住房贷款余额 622.97 亿元,同比增长 57.06%。

(六)科技含量不断加大,装备制造业优势明显

装备制造业是全省工业体系中的传统优势产业和支柱产业,具有雄厚的科技优势和良好的产业基础。2010 年,全省装备制造业规模以上企业工业总产值超过 1400 亿元,产品出口交货值超过 100 亿元,利税总额超过 120 亿元,产业规模不断扩大,盈利能力逐渐提高。

全省装备制造业主要呈现以下特点:一是科技创新能力不断增强,目前已建成国家级工程(技术)研究中心 3 户,国家级企业技术中心 9 户,省级工程技术中心 13 户,省级企业技术中心 19 户。获得国家科技进步奖 8 项、中国机械工业科学技术奖 33 项、省科学技术奖 166 项。二是重大装备研制取得突破,完成并交付使用的国家级首台套重大技术装备 7 项,省级 30 项。大型发电设备、核电、重型机械等重大技术装备自主化取得重大突破。三是区域经济特征明显,哈尔滨的发电设备、汽车、航空,齐齐哈尔的重型装备、机床,大庆、牡丹江的石油石化装备,佳木斯的农机装备,鸡西、鹤岗的矿山采掘装备等制造业均突出体现地方特色和区位优势。四是产业集中度和民营企业比重偏低、地方配套能力差、产业链短,缺少综合竞争力强的产业集群,民营和外资比重偏低。

2010 年,全省金融机构紧紧围绕国家重点产业调整和振兴的政策要求,结合全省支柱产业发展实际需求,持续加大对装备制造业的信贷支持,年末装备制造业贷款余额 188 亿元,比 2006 年增长 115%,全年累计投放贷款 173 亿元,金融支撑作用进一步增强。

(七)环境保护成效显著,节能减排取得进展

2010 年,全省积极推进节能减排和环境治理,重点企业和重点领域节能取得积极成效,纳入国家"千家企业节能行动"的 25 家企业节能量完成"十一五"节能计划。全年化学需氧量、二氧化硫减排均超额完成"十一五"减排目标。目前开工建设 89 座污水处理厂,总处理规模近 300 万吨/日,城镇污水处理率提高到 60%。松花江流域水污染治理效果显著,水质明显改善。全省开展了整治违法排污企业的系列行动,依法查处环境问题企业 2578 家,行政处罚 71 家、限期整改 1194 家、限期(停产)治理 794 家、关停取缔 519 家。

三、预测与展望

2011 年是"十二五"的开局之年,也是进一步巩固经济向好形势,加快经济增长方式转变和经济结构调整的关键之年。黑龙江省面临的国际国内形势仍然复杂多变,经济增长的基础仍不牢固,结构性问题依然突出,通胀预期的压力不减,经济社会协调发展难度加大。

黑龙江省将积极转变经济增长方式,加大经济结构调整力度,经济快速健康发展的基础将进一步巩固。全省金融机构将贯彻稳健的货币政策,保持合理的社会融资规模,优化融资结构和信贷结构,在积极推进大项目建设的同时,加大对"三农"和中小企业的支持力度,着力改善民生,不断提高金融支持地方经济发展的效果。

附录:

黑龙江省经济金融大事记

1. 4 月 27 日,中国银行黑龙江省分行推出卢布对人民币直接汇率项下的卢布现汇业务,标志着中俄贸易结算进入直接汇率的市场化阶段。

2. 6 月 14－19 日,第 21 届中国哈尔滨国际经济贸易洽谈会在哈尔滨举行。本届哈洽会共签订各类涉外合同总额 119.1 亿美元,国内合作项目总额 1521.1 亿元。

3. 6 月,经国务院批准,黑龙江省海林、宾西经济开发区升级为国家级经济技术开发区,至此,黑龙江省国家级经济技术开发区达到 3 家。

4. 7 月 16 日,黑龙江省跨境人民币结算试点工作正式启动。全年全省累计结算金额 51 亿元,在全国试点省(市、区)中位居上游。

5. 8 月 31 日,全国第六家、中俄边境首家综合保税区—绥芬河保税区通过国家十个部委的联合验收,正式封关运行。

6. 10 月 22 日,哈尔滨银行成为全国银行间外汇市场人民币对卢布交易做市商,与中国工商银行、中国银行两家世界一流银行共同成为人民币对卢布交易的做市商银行

7. 12 月 19 日,中俄原油管道投油全线贯通,来自俄罗斯的原油顺利输抵中国大庆末站,实现一次试投运成功。

8. 12 月 29 日,黑龙江 4 家中小企业在中国银行间市场交易商协会正式注册发行 1.7 亿元集合票据,首开东北三省

中小企业发行集合票据先河。

9. 2010 年，黑龙江省粮食生产登上千亿斤新台阶，成为全国第二个超千亿斤省份，商品量达 770 亿斤，稳居全国第一。

10. 2010 年，黑龙江加入地区生产总值万亿元俱乐部，地区生产总值达到 10235 亿元，地方财政收入达到 1073.3 亿元，实现年初制定的"双一"目标。

2010 年黑龙江省金融运行分析

文章来源：中国人民银行哈尔滨中心支行

2010 年，各金融机构认真贯彻落实国家宏观调控政策，积极适应政策的调整与转变，把握信贷支持地方经济发展的重点、力度和节奏，全省金融运行平稳，存款规模持续扩大，信贷总量实现大幅增长，对全省经济稳健快速发展及经济转型给予了强有力地支持。

一、存款规模持续扩大

截至 2010 年末，全省本外币各项存款余额 12924.2 亿元，当年新增 1808.1 亿元，增长 16.3%，同比增速已连续三年保持了两位数的增长。各项存款运行主要特点是：

1. 企事业单位存款活期化趋势明显。截至 12 月末，全省金融机构本外币企事业单位存款余额为 3584.9 亿元，同比增长 27.1%；比年初增加 630.3 亿元，同比多增 16.9 亿元。从企事业单位存款增长结构看，当年新增活期存款是定期存款 4.7 倍，从而导致企事业单位存款中的活期存款比重由年初的 75.3% 调整至年末的 78.2%。

2. 储蓄存款突破七千亿元整数关口。受物价上涨因素影响，今年以来储蓄存款增速较去年同期明显趋缓。但受 11 月份以来加息因素，以及年底各单位派发奖金等方面影响，储蓄存款分流趋势得到缓解。截至 12 月末，全省金融机构本外币储蓄存款余额为 7306.0 亿元，比年初增加 815.7 亿元，增长 12.6%。

二、贷款总量实现大幅增长

2010 年，全省信贷业务呈现总量平稳增长、投向合理、结构优化的良好发展态势。截至 12 月末，全省金融机构本外币各项贷款余额达到 7390.6 亿元，当年新增 1245.0 亿元，增长 20.3%，贷款增速达到 1995 年以来（除 2009 年）较好水平，连续两年保持 20% 以上增幅。各项贷款运行的主要特点是：

1. 新增贷款投放重点突出。2010 年，全省各金融机构不断加大信贷投放力度，全方位支持地方经济发展。从存量看，批发和零售业、制造业、水利和公共设施管理等分列前三位，贷款余额分别达到 1046.4 亿元、915.6 亿元和 606.4 亿元；从增量看，水利环境和公共设施管理业、制造业、交通运输和邮政业当年新增贷款均超过百亿元，分别增长 213.1 亿元、128.2亿元、95.7 亿元。

2. 信贷结构不断优化。年初以来，各金融机构信贷结构调整与经济结构调整保持一致，积极支持重大项目建设。当年新增中长期贷款 1084.2 亿元，比上年多增 28 亿元，中长期贷款余额占全部贷款比重达到 55.5%，较上年同期增长 6.7 个百分点，而短期贷款和票据融资占全部贷款比重分别较上年同期下降 1.2 个百分点和 5.1 个百分点。从中长期贷款投向看，主要集中于城市建设、道路改造、能源开发及民生工程等领域。其中，水利、环境和公共设施管理业较上年同期增加 190.9 亿元，增长 61.3%；交通运输和邮政为较上年同期增加 143.1 亿元，增长 23.8%；制造业较上年同期增加 68.5 亿元，增长 33.7%；房地产业较上年同期增加 63.3 亿元，增长 42.2%。

3. 信贷资源配置更趋合理。与上年同期相比较，全省各市（地）均实现了贷款快速增长。从新增贷款地区分布看，信贷更多地投向经济核心区域、能源基地及农业主产区。其中，哈尔滨市当年新增贷款占全省的 56.5%；其它地区中大庆、双鸭山、牡丹江增长居前，当年新增贷款分别占全省的6.7%、5.4%、5.3%。

4. 个人消费贷款增长迅猛。受国家消费政策及物价上涨因素影响，全省个人消费贷款全年保持快速增长态势。截至 12 月末，全省消费贷款余额达到 854.0 亿元，较上年同期增加 338.5 亿元，增长 65.7%，高出全省贷款增速 45.4 个百分点。其中，个人住房贷款余额达到 623.0 亿元，较年初增加 226.0 亿元，增长 56.9%。汽车贷款余额达到 25.7 亿元，较年初增加 5.9 亿元，增长 29.4%。

5. 信贷支农力度不断增强。2010 年，全省涉农机构明显增多，农业信贷网点迅速扩大，信贷资金主要投向了农业生产及流通环节，对全省备耕生产、"千亿斤粮食工程"、粮食收购给予了充分支持。农村信用社依然是支农的主要力量，国有商业银行及中小金融机构增加了对农业生产领域的信贷投放。此外，2008 年以来相继成立了 7 家村镇银行以及多家小额贷款公司给予了农村金融重要补充。截至 12 月末，全省农户贷款较年初增加 212.1 亿元，增长 30.2%。农发行粮食收购贷款余额较年初增加 150.2 亿元，保证了国家粮食收购政策的落实。

2010 年辽宁省金融运行报告

中国人民银行沈阳分行
货币政策分析小组

2010 年，在辽宁沿海经济带、沈阳经济区和"突破辽西北"三大区域发展战略的带动下，辽宁经济逐步摆脱金融危机阴影，呈现良好发展态势。固定资产投资持续快速增长；城乡消费需求明显增加；随着金融危机对全球经济影响的减弱，外部需求逐渐回暖。三次产业增速均高于上年，第二产业增加值占比提高。物价上涨幅度较大，通胀压力显现。环境保护和生态建设继续加强。货币条件逐渐回归常态，信贷投放更加均衡合理，利率总体呈上升趋势。跨境贸易人民币结算试点工作顺利开展。证券业继续稳步发展，保险业整体实力和服务经济社会能力稳步提升。金融市场交易活跃，融资结构有所改善。

2011 年，辽宁经济面临诸多有利条件，有望延续目前的良好发展态势。在实施稳健货币政策的背景下，全省贷款增速将有所回落，中长期贷款占比可能明显下降。金融调控和管理部门将在引导优化信贷结构的同时，推动社会多种融资方式发展，丰富企业融资渠道。

一、金融运行情况

2010 年，在适度宽松的货币政策背景下，货币信贷条件逐步向常态回归。银行业信贷投放更加均衡合理，利率水平大体呈上升趋势，跨境贸易人民币结算试点工作顺利开展。证券业继续稳步发展，保险业整体实力和服务经济社会能力稳步提升，金融体制机制建设继续向前推进。金融市场交易活跃，直接融资比重有所上升。金融生态环境明显改善。

（一）银行业实现快速发展，信贷投放更加均衡合理

在宏观调控政策的影响下，贷款增长趋缓，贷款投放节奏

更为均衡，货币条件逐步向常态回归。银行业金融机构在有效控制风险的同时，也实现盈利水平的提升。

1. 银行业各项业务保持快速发展，资产质量、盈利水平进一步提升。

表 1　2010 年银行业金融机构情况

机构类别	营业网点①			法人机构（个）
	机构个数（个）	从业人数（人）	资产总额（亿元）	
一、大型商业银行②	3082	76420	13796	0
二、国家开发银行及政策性银行③	81	2306	3536	0
三、股份制商业银行④	334	10019	5749	0
四、城市商业银行	883	20784	6976	15
五、城市信用社	0	0	0	0
六、农村合作机构⑤	2426	31047	2738	77
七、财务公司	1	52	264	1
八、邮政储蓄	1554	7716	1485	0
九、外资银行	44	1157	352	1
十、农村新型机构⑥	52	988	100	42
合　　计	8457	150489	34996	136

注：①不包括国家开发银行和政策性银行、大型商业银行、股份制银行等金融机构总部数据。

②包括中国工商银行、中国农业银行、中国银行、中国建设银行和交通银行。

③包括国家开发银行、中国农业发展银行和中国进出口银行。

④包括中信银行、中国光大银行、华夏银行、广东发展银行、深圳发展银行、招商银行、上海浦东发展银行、兴业银行、中国民生银行、恒丰银行、浙商银行和渤海银行。

⑤包括农村信用社、农村合作银行和农村商业银行。

⑥包括村镇银行、贷款公司和农村资金互助社。

数据来源：中国人民银行沈阳分行、辽宁银监局、大连银监局。

2010 年末，辽宁省金融机构本外币各项存款余额 28057 亿元，同比增长 20.2%；各项贷款余额 19622 亿元，同比增长 21%；不良贷款余额比年初减少 114.1 亿元，不良贷款率比年初下降 1.47 个百分点，继续保持不良贷款余额、比率“双降”态势。全省银行业金融机构实现盈利 341.61 亿元，同比增长 39.32%。

村镇银行发展迅速，农村金融服务体系进一步完善，“三农”信贷资金投放渠道更加丰富。2010 年新组建村镇银行 26 家，年末全省村镇银行达到 36 家。村镇银行各项存款余额 65.9 亿元，比年初增加 55.5 亿元，增长 5.3 倍；各项贷款余额 52.1 亿元，比年初增加 43.3 亿元，增长 4.9 倍。

2. 企业存款和储蓄存款大幅回落。2010 年贷款投放明显减少导致派生存款效应减弱，以及全省经济回升向好态势进一步巩固、企业生产积极性明显增强而用款量增多，使得企业存款回落。全年企业存款增加 1211 亿元，同比少增 801 亿元。受通胀压力有所上升、金融机构理财产品日益丰富、居民投资意识不断增强等各种因素影响，居民储蓄意愿特别是活期储蓄的意愿明显降低，使得全年新增居民储蓄存款同比少增 255 亿元。

3. 信贷投放逐步由超常增长转向均衡合理状态，一般贷款投放力度进一步增强。在货币政策调控下，各项贷款增速在经历年初高点之后逐步下滑，下半年转向较为平稳的走势。全年本外币各项贷款新增 3400 亿元，同比少增 514 亿元。

从期限结构看，随着辽宁三大区域发展战略的深入推进，大量项目上马，使得中长期贷款投放量创历史新高，成为推动各项贷款增长的绝对主力。全年本外币中长期贷款累计新增 2952 亿元，占各项贷款新增量的 86.8%，同比大幅提高 18.7 个百分点，同比多增 288 亿元。由于各行将贷款额度优先用于中长期贷款，使得短期贷款增长空间受到挤压。全年累计新增短期贷款 620 亿元，同比少增 54 亿元。由于票据贴现利率高企以及出于为贷款投放腾出空间的考虑，票据融资规模明显萎缩。全年票据融资仅有 4 个月新增量为正，其他月份均是负增长，累计下降 356 亿元，同比减少 27.1%。

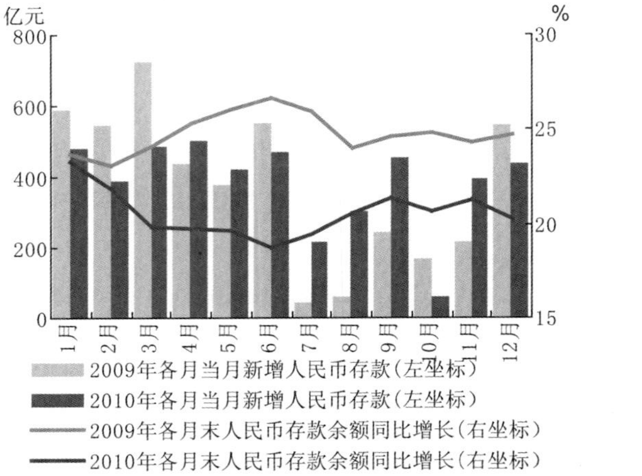

数据来源：中国人民银行沈阳分行。

图 1　金融机构人民币存款增长变化

各项信贷政策全面推进并取得明显进展，信贷结构进一步优化。2010 年累计为 16 名大学生村官共发放贷款 1083 万元，带动农民就业 1290 人，以缓解大学生村干部创业过程中的资金瓶颈问题；累计为 26934 人发放国家助学贷款 19810 万元，有效保障困难学生上学的资金需求；认真贯彻落实国家关于小额担保贷款各项政策，积极推进小额担保贷款的发放，促进、支持各类政策扶持对象自主创业、开展多种经营，2010 年累计支持下岗失业人员 9645 人实现再就业，同比增加 1254 人。《中国人民银行沈阳分行辽宁省环境保护厅关于在辽宁省实施绿色信贷政策的指导意见》下发，第一次在制度上对辖内各银行业金融机构提出建立绿色信贷机制的规范性要求。信贷政策导向评估工作得到进一步巩固和完善，辽宁省政府根据 2009 年的评估结果，对 24 家获得优秀档次的金融机构给予了共计 840 万元的奖励。

4. 总体上看，2010 年辽宁省金融机构现金收入和现金支出均有较大幅度的增长。收支相抵后，实现净投放 200.5 亿元，同比增长 124.3%。其中，随着经济回暖趋势不断巩固，省内各类企业生产规模不断扩大，对原材料的采购量增大，带动现金收入中的储蓄存款收入、行政税费收入大幅增长；受全年粮食价格不断走高、粮食减产、农户惜售及国家出台一系列调控房地产市场的政策措施、有购房需求的群体持币观望的影响，现金支出中的农副产品采购支出、居民提取贷款支出大幅下降。

5. 人民币贷款利率水平总体呈上升态势。2010 年上半年，银行体系流动性充裕，贷款利率水平虽较 2009 年有所提高，但上升幅度不大。随着准备金率的 6 次上调、存贷款基准利率的 2 次上调，货币政策转向的累积效应在 2010 年下半年逐步显现，人民币贷款利率水平自 6 月份起上升幅度逐月加大。金融机构利率上浮贷款占全部人民币贷款的比重也逐月上行。12 月份，实行上浮利率的贷款占比为 53.1%，比 1 月份上升了 16.3 个百分点，同比上升 11.5 个百分点。

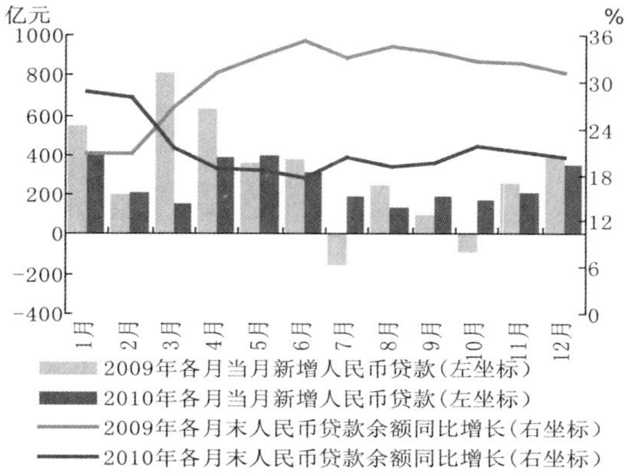

数据来源：中国人民银行沈阳分行。

图 2　金融机构人民币贷款增长变化

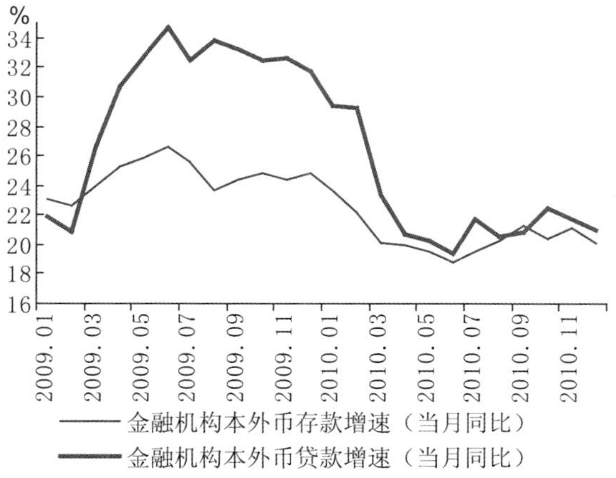

数据来源：中国人民银行沈阳分行。

图 3　金融机构本外币存、贷款增速变化

表 2　2010 年金融机构现金收支情况表（单位：亿元、%）

	年累计额	同比增速
现金收入	47611.5	14.9
现金支出	47812.0	15.1
现金净支出	200.5	124.3

数据来源：中国人民银行沈阳分行。

表 3　2010 年各利率浮动区间贷款占比表（单位：%）

		合计	国有商业银行	股份制商业银行	区域性商业银行	城乡信用社
合计		100	100	100	100	100
[0.9-1.0)		27.1	49.7	33.9	9.9	3.6
1.0		27.2	27.5	30.7	24.5	4.6
上浮水平	小计	45.7	22.8	35.4	65.6	91.8
	(1.0-1.1]	11.8	16.1	20.9	9.6	2.7
	(1.1-1.3]	11.2	6.3	14.0	24.1	6.9
	(1.3-1.5]	4.6	0.4	0.4	16.6	7.3
	(1.5-2.0]	15.5	0.0	0.1	13.7	68.1
	2.0以上	2.6	0.0	0.0	1.6	6.8

数据来源：中国人民银行沈阳分行。

6. 农村信用社产权制度改革继续向前推进。2010 年，辽宁省有 4 家统一法人的县（市、区）级联社、1 家农村合作银行改制成农村商业银行。沈阳、大连两市农村商业银行正抓紧筹建。通过深化改革，辽宁省农村信用社法人治理结构不断完善，内部管理得到有效加强，支农服务水平不断提高。

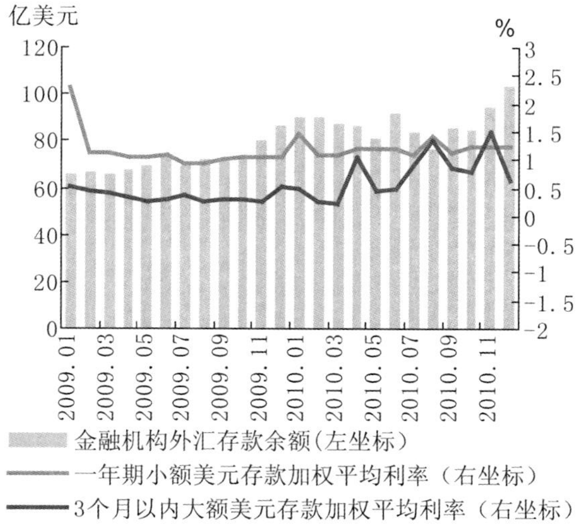

数据来源：中国人民银行沈阳分行

图 4　金融机构外币存款余额及外币存款利率

全面推进农村金融产品和服务方式创新取得明显成效，部分业务实现全省覆盖，已初步形成了参与主体多元、创新手段多样、各方互利多赢的良好局面。截至 2010 年末，各类农村金融产品和服务方式创新业务贷款余额已超过 200 亿元，惠及农户超过 80 万。

7. 跨境贸易人民币结算试点工作顺利开展。2010 年 4 月 28 日，国务院批准扩大跨境贸易人民币结算试点范围，试点地区扩大至包括辽宁在内的 20 个省（自治区、直辖市）。《辽宁省跨境贸易人民币结算试点工作实施方案》、《辽宁省跨境人民币结算操作规程（试行）》、《辽宁省跨境人民币直接投资业务操作指引（试行）》、《辽宁省贸易进出口本外币交叉币种报关结算操作指引》、《辽宁省跨境人民币直接投资业务操作指引（试行）》等相继出台，初步形成了适应辽宁省试点工作发展要求的基本制度框架。

截至 2010 年末，共有 12 个地区开展跨境人民币业务，18 家银行机构开办跨境人民币业务，涉及境外地区 21 个，累计发生金额 50.2 亿元。境内代理银行为境外参加银行共开立 3 个人民币同业往来账户，账户余额 7645.9 万元；境外企业在辽宁省开立人民币结算账户 23 个，账户余额 365.1 万元。

专栏 1："绿色信贷"有力助推辽宁经济可持续发展

"绿色信贷"是正确处理金融业与可持续发展的一系列环境经济制度，其主要表现形式为生态保护、生态建设和绿色产业融资，构建新的金融体系和完善金融工具。人民银行沈阳分行充分发挥信贷政策杠杆作用，积极引导各金融机构发展绿色信贷，支持辽宁经济、环保协调发展。

一、积极构建发展绿色信贷的政策环境

从 2006 年开始，人民银行沈阳分行根据有关部门关于平板玻璃、铅锌、煤炭、纺织、水泥等 5 个行业的产业调整要求和支持类、限制类、禁止类标准，出台印发了相关信贷指导性意见，引导辖内各商业银行及时转变信贷观念，强化"绿色信贷"意识，将社会责任理念融入业务发展战略规划，嵌入核心业务领域以及业务经营政策、授信程序、业务流程和管理程序中，把符合国家环境管理、污染治理和对于生态的保护作为信贷决策的重要标准。2010 年，在组织辖内各银行业金融机构对节能减排和淘汰落后产能项目信贷和融资情况进行了全面而深入的摸底排查的基础上，人民银行沈阳分行会同辽宁省环保厅、辽宁银监局对46家环境违法企业实施信贷限制措施，要求各银行业金融机构对环境违法的46家企业加强授信管理，严格限制其贷款，防范信贷风险，将整治违法企业和加强信贷管理同步推进，确保信贷限制措施落实到位。2010年人民银行沈阳分行同辽宁省环境保护厅联合下发的《关于在辽宁省实施绿色信贷政策的指导意见》，在制度层面对辖内各银行业金融机构提出建立绿色信贷机制的规范性要求。

二、绿色信贷政策取得明显成效

辽宁省内各银行业金融机构认真贯彻人民银行指导意见，一方面加强信贷结构调整力度，严格限制对高耗能、高污染行业的信贷投入，加快对落后产能和工艺的信贷退出步伐。2007年，辽宁省工行和农行对不符合环保政策的总额为8500万元的2个项目进行了否决；2009年7月以来，丹东、锦州、营口、盘锦、葫芦岛等5市各银行对其产业园区“两高一剩”行业拒批贷款31.6亿元，回收贷款50.1亿元，“两高一剩”行业贷款余额占全部贷款余额的比例由35.2%降至18.4%。

在加大淘汰产能落后的同时，各银行业金融机构以节能减排为重点，积极开发绿色信贷产品，大力支持能源、水利、城市基础设施等行业发展，实现信贷结构在行业、客户、产品维度上的优化结合。有关银行向鞍山某公司办理授信业务1亿元，支持企业搬迁并将严重污染环境的直接燃烧煤的加热装置改为煤气发生装置，实现了碳的零排放，企业产值也由原来的3亿元跃升到10亿元；某股份制银行沈阳分行向节能服务商提供了包括节能减排项目贷款、本外币结算、机构理财、碳金融在内的综合金融服务方案，得到企业的高度认可。其支持的某节能服务公司所实施的项目在为企业获得年收入3亿元经济效益的同时，实现在国境内年节约消耗标准煤26736.7吨，年减排二氧化碳70526.4吨。2009年7月以来，丹东、锦州、营口、盘锦、葫芦岛等5市（以下简称“5市”）各银行针对其产业园区低碳企业生产经营特点，推出了“融货达”等多种定制型创新信贷产品，累计发放各类创新型贷款15.6亿元，贷款余额9.7亿元。在“绿色信贷”的大力推动下，5市沿海经济带产业园区目前已形成24个以新材料、新能源等为核心的低碳型优势产业集群。2010年前10个月，5市低碳企业累计实现总产值645.59亿元，同比增长43.4%，占5市同期地区生产总值的21.2%，吸纳就业人数12.1万人，成为带动辽宁沿海经济带经济社会发展的重要引擎。

（二）证券业继续稳步发展

2010年，辽宁省证监部门积极推动辖内证券机构经纪业务转型，强化证券公司合规管理和分类监管，促进证券机构稳健经营。证券网点建设全面推进，网点布局逐步优化，新的竞争格局初步形成。由于今年以来市场深度调整，成交明显萎缩，省内证券机构交易量和利润双双下降。监管部门加强对期货机构的风险监控和现场检查，推动期货公司不断增强实力。期货市场持续健康发展，服务经济功能日趋完善。

截至2010年末，辽宁共有61家境内上市公司。2010年，有4家上市公司在创业板上市，融资再融资45.16亿元。监管部门加强上市公司治理，开展信息披露专项检查活动，遏制内幕交易行为的发生，并积极推动上市公司开展市场化并购重组。

（三）保险业整体实力和服务经济社会能力稳步提升，保险市场发展态势良好

2010年辽宁省共实现原保险保费收入605亿元，同比增长31%，全年累计赔付支出147亿元，保险业务实现快速发展。

保险企业经营管理持续规范，产险市场持续多年的恶性价格竞争得到有效遏制。保险保障功能作用有效发挥，全年为全省社会生产和人民生活提供约9万多亿的风险保障。全省种植业保险承保面积达2000万亩左右。大田作物保险在全省全面铺开；森林保险、科技保险、环境污染责任保险三个试点项目在政策和业务上均取得了实质性突破；大连启动玉米、水稻等种植业保险试点。

表4　2010年证券业基本情况表

项　目	数量
总部设在辖内的证券公司数（家）	3
总部设在辖内的基金公司数（家）	0
总部设在辖内的期货公司数（家）	7
年末境内上市公司数（家）	61
当年国内股票（A股）筹资（亿元）	272.57
当年发行H股筹资（亿元）	28.9
当年国内债券筹资（亿元）	499.45
其中：短期融资券筹资额（亿元）	209.5

数据来源：中国人民银行沈阳分行、辽宁证监局、大连证监局。

表5　2010年保险业基本情况表

项　目	数量
总部设在辖内的保险公司数(家)	3
其中：财产险经营主体（家）	1
寿险经营主体（家）	2
保险公司分支机构（家）	2104
其中：财产险公司分支机构（家）	824
寿险公司分支机构（家）	1280
保费收入（中外资，亿元）	605
其中：财产险保费收入（中外资，亿元）	166
人身险保费收入（中外资，亿元）	439
各类赔款给付（中外资，亿元）	147
保险密度（元/人）	1402
保险深度（%）	3.31

数据来源：中国人民银行沈阳分行、辽宁保监局、大连保监局。

（四）金融市场交易活跃，融资结构有所改善

1. 间接融资占比小幅下降，融资结构有所改善。2010年辽宁融资结构仍以贷款为主，但贷款增量明显减少。债券融资额较上年有所增加。股票融资迅猛增长，融资额超过了300亿元，几乎为上年的10倍。

表6　2001－2010年非金融机构融资结构表

	融资量（亿元人民币）	比重（%）		
		贷款	债券（含可转债）	股票
2001	381.9	96.1	0.0	3.9
2002	644.4	99.6	0.0	0.4
2003	1070.9	95.8	3.8	0.4
2004	761.5	99.1	0.9	0.0
2005	1079.2	99.3	0.7	0.0
2006	1242.0	95.5	3.5	1.0
2007	1678.6	77.8	3.9	18.3
2008	2340.7	89.2	7.9	2.9
2009	4353.5	89.9	9.4	0.7
2010	4188.3	81.2	11.9	6.9

数据来源：辽宁省金融办、中国人民银行沈阳分行、辽宁证监局、大连证监局。

2. 货币市场交易活跃，市场规模迅速扩大。受六次存款准备金率、两次存贷款基准利率上调的影响，辽宁省同业拆借交易大幅增长，资金流向以拆入资金为主，拆借利率向上攀升，参与机构数量略有增加，但总体偏少，交易期限以一天为主。全年，在全国银行间市场累计拆借资金 2425.04 亿元，同比增长 2.17 倍；在网下累计拆借资金 31.33 亿元，同比增长 14.4 倍。受银信合作被叫停、国内流动性充裕和欧美经济相对萎靡等因素影响，2010 年债券回购交易较为活跃，全年成交 35599.7 亿元，同比上涨 18.32%，其中，质押式回购交易占回购交易的 99.3%。

3. 票据市场业务量全年呈现先降后升再降的走势，与贷款余额增长走势明显不同。各月贴现余额同比均为负增长，下半年票据融资累计净下降 251 亿元，年末余额在全部贷款中占比已不足 5%。制造业在银行承兑汇票涉及行业中占比接近 50%。全年贴现利率震荡上行，其中，直贴利率波动较大。受自身信贷规模及利差因素影响，金融机构再贴现需求明显增加，再贴现余额持续较快增长。

表 7　2010 年金融机构票据业务量统计表（单位：亿元）

季度	银行承兑汇票承兑		贴现			
			银行承兑汇票		商业承兑汇票	
	余额	累计发生额	余额	累计发生额	余额	累计发生额
1	1579	863	1024	4230	10.8	21.4
2	1791	1112	1201	5198	7.8	39
3	2117	1308	867	7253	4	37.2
4	2422	1282	945	8392	13	49.4

数据来源：中国人民银行沈阳分行。

表 8　2010 年金融机构票据贴现、转贴现利率表（单位：%）

季度	贴现		转贴现	
	银行承兑汇票	商业承兑汇票	票据买断	票据回购
1	3.2611	4.7344	2.5937	2.5867
2	4.6481	4.1558	2.8093	2.9269
3	3.7834	4.0990	3.1095	3.1884
4	5.1035	4.4864	3.8219	4.0248

数据来源：中国人民银行沈阳分行。

4. 受全球流动性过剩、全球性通胀压力增大的影响，大连商品期货交易价格明显上升；高价格反过来又抑制了部分投机需求，使得成交量小幅下降。这两方面因素的共同作用，使大连商品交易所成交量减少 3.27%，成交额却增长 10.79%。

表 9　2010 年大连商品交易所交易统计表

交易品种	累计成交金额（亿元）	同比增长（%）	累计成交量（万手）	同比增长（%）
豆一	30852	-0.87	7479	-12.03
豆二	12	-47.03	3	-54.10
玉米	15367	170.31	7200	115.00
聚乙烯	68711	55.33	12498	39.63
豆粕	77303	-13.26	25116	-19.19
棕榈油	62562	13.17	8360	-5.91
聚氯乙烯	6721	-48.87	1697	-53.07
豆油	155530	12.85	18281	-3.62
合计	417059	10.79	80634	-3.27

数据来源：大连商品交易所。

5. 银行间外汇市场交易活跃，城市商业银行是市场交易主体。受市场交易主体结售汇同比大幅增加的影响，即期交易同比增加 47.8%，达 66.8 亿美元；其中，询价交易仍是市场主要交易方式，占交易额的 98.7%。“外币对”交易同比增长 6.76 倍，达 29.6 亿美元。无外汇远期交易和掉期交易。截至 2010 年末，辽宁省共有 12 家银行间外汇市场会员，其中当年新增会员 1 家。

实物黄金交易十分活跃，帐户金交易萎缩。受黄金价格波动较大，个人黄金延期业务快速发展的影响，辽宁省累计成交上海黄金交易所各黄金品种 7.38 吨，成交金额 173.1 亿元，同比分别增长 69.27% 和 74.94%。受通胀预期的影响，商业银行场外品牌金业务增长迅速，共成交品牌金 0.37 吨，成交金额 10.6 亿元，同比分别增长 110.3% 和 171.8%。受黄金价格高位震荡，客户交易成本上升、风险加大以及个人账户白银买卖业务的推出、分流了部分帐户金客户等因素的影响，帐户金交易有所萎缩，本币金累计成交 2.86 吨，同比下降 16.9%；美元金累计成交 70270 盎司，同比下降 37.94%。

6. 民间融资大幅增长。据测算，2010 年辽宁省民间融资总规模约为 1043 亿元，同比增加 334 亿元。民间融资利率总体水平较高，融资方式以信用为主，违约率较低。民间融资仍然是中小企业融资的重要渠道，企业和个体工商户融资主要用于解决流动资金不足问题；农户则主要用于农业生产。

7. 货币市场衍生产品交易种类很少，交易规模较小。目前辽宁省仅有 1 家银行参与了债券远期交易，全年共成交 450 亿元，占债券交易总量的 0.73%。

（五）金融生态环境明显改善

“信用辽宁”建设深入开展，省政府组织清理政府关联类不良贷款，曝光逃废银行债务等典型失信案件。征信体系建设稳步推进，已为全省 30 万户企业和 2872 万人建立了信用档案，系统查询用户数和查询量大幅增加；征信系统采集信息范围进一步扩大，整合了企业和个人身份、遵纪守法以及非金融领域负债等信用信息；征信产品逐渐丰富，应用范围进一步扩大，继续作为部分地市人大和政协代表选举、公务员招聘、环境违法治理、先进评选的重要依据。省内信用评级市场规范发展，借款企业信用评级质量不断提高，担保机构信用评级业务量迅速增长。社会公众信用意识显著提高，企业和个人更加注重良好信用记录的积累，逃废银行债务的行为基本得到遏制。

2010 年，辽宁省支付结算体系建设不断推进。第二代支付系统建设工作稳步进行，网上支付跨行清算系统、电子商业汇票系统成功上线运行。支付系统参与者准入管理和流动性管理进一步加强。成立支付清算系统和中央银行会计集中核算系统危机处置协作小组，提高危机处置能力。农村支付服务环境建设工作成效显著，支付体系监督机制不断完善。

二、经济运行情况

2010 年是“十一五”的收官之年，金融危机的影响逐步退去。辽宁省经济实现了快速发展，地区生产总值达 18278.3 亿元，按可比价格计算比上年增长 14.1%，高于去年 1 个百分点，连续九年保持二位数增长。

（一）内需保持高速增长，外部需求快速回升

2010 年在国家“扩内需、促增长”政策的推动下，辽宁省固定资产投资保持了高速增长，城乡消费需求继续平稳增长，对外贸易实现了大幅度回升。

1、固定资产投资保持高速增长。2010 年，在老工业基地

振兴战略进一步深化的大背景下，在辽宁沿海经济带、沈阳经济区两大国家级区域发展规划及一系列重点项目的带动下，辽宁省固定资产投资实现了持续快速增长，全社会固定资产投资完成 16043 亿元，同比增长 30.5%，增速与上年持平，高于全国 6.7 个百分点。

2. 居民收入加速增长，城乡消费需求增长较快。2010 年城镇居民人均可支配收入为 17713 元，同比增长 12.4%，高于去年同期 2.9 个百分点，高于全国 4.6 个百分点。农村居民人均纯收入为 6907 元，同比增长 15.9%，高于去年 9.1 个百分点，高于全国 5 个百分点。2010 年，辽宁省社会消费品零售总额 6887.6 亿元，同比增长 18.5%，高于去年 0.4 个百分点，高于全国 0.2 个百分点。

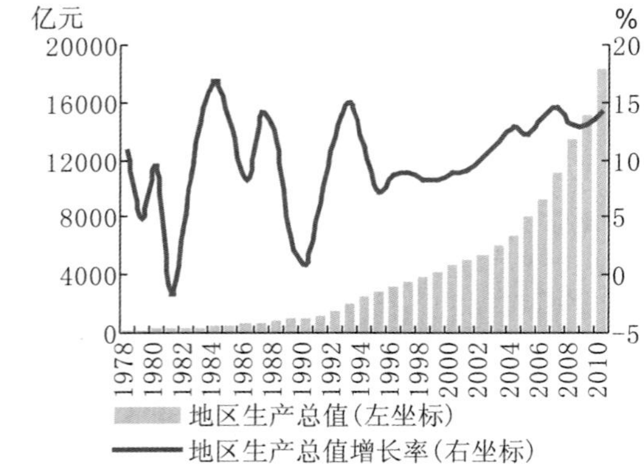

数据来源：辽宁省统计局。

图 5　地区生产总值及其增长率

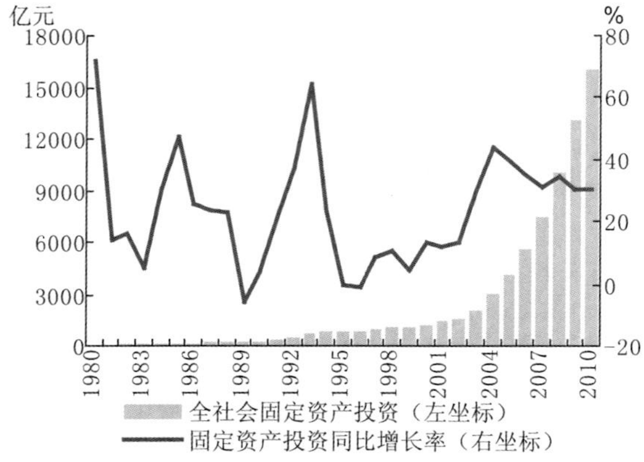

数据来源：辽宁省统计局。

图 6　固定资产投资及其增长率

3. 对外贸易大幅回升，利用外资快速增长。2010 年随着金融危机对全球经济影响的逐步减弱，绝大部分经济体经济开始步入复苏阶段，外部需求逐渐回暖，外贸环境也逐步改善，上述因素为辽宁省出口提供了良好的基础。全年辽宁省出口总额 431.2 亿美元，同比增长 28.9%，高于去年 49.4 个百分点。进口总额 375.5 亿美元，同比增长 27.4%，高于去年 30.4 个百分点。2010 年辽宁省实际利用外商直接投资额 207.5 亿美元，同比增长 34.4%，高于去年 5.9 个百分点，高于全国 17 个百分点。

（二）社会供给强劲增长，支柱产业作用突出

三次产业继续协调发展，增速均高于 2009 年。第二产业占比提高，工业化程度进一步加深。

分三次产业上看，第一、第二、第三产业增加值同比增长分别为 5.8%、16.7% 和 12.2%，与 2009 年相比较，均有不同程度上的加快；第一、第二、第三产业增加值占地区生产总值比重分别为 9%、54%、37%，与 2009 年相比较，第二产业比重增加了 2 个百分点。

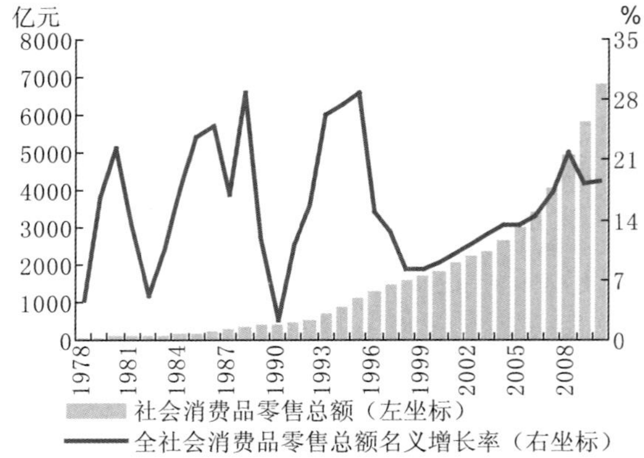

数据来源：辽宁省统计局。

图 7　社会消费品零售总额及其增长率

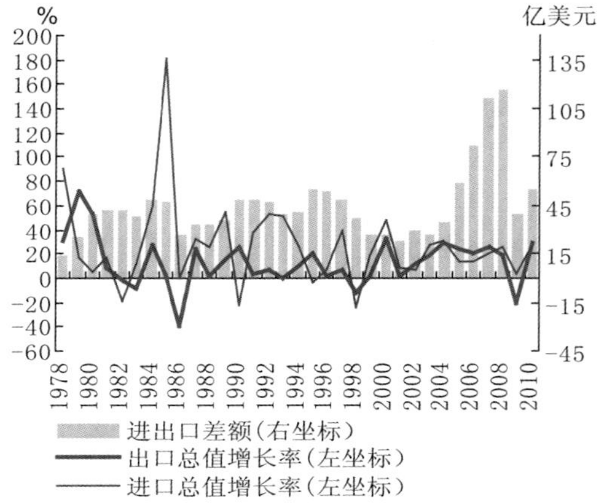

数据来源：辽宁省统计局。

图 8　外贸进出口变动情况

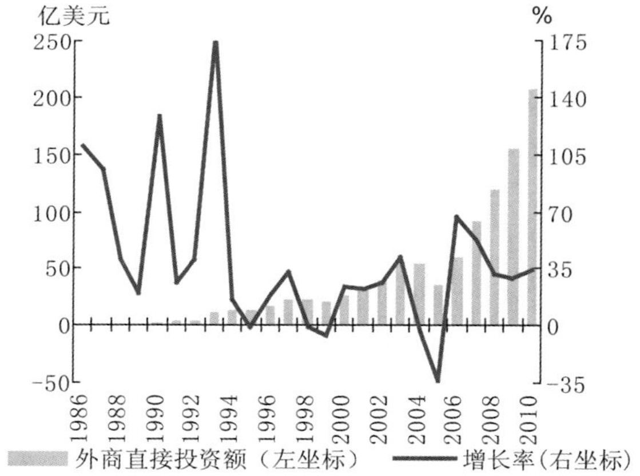

数据来源：辽宁省统计局。

图 9　外商直接投资情况

1. 农作物播种面积及粮食产量实现双增。全年农作物总播种面积 4184.9 千公顷，比上年增长 3%。粮食总产量 1765.4 万吨，比上年增产 174.4 万吨，增长 11%。蔬菜产量 2668.2 万吨，增长 2.4%。水果产量 641.3 万吨，下降 2.2%。

2. 工业生产及企业效益增速实现双快。全年全部工业增加值 8684.7 亿元，按可比价格计算，比上年增长 16.8%。规

模以上工业增加值按可比价格计算比上年增长17.8%。装备制造业、冶金、石化和农产品加工业四大行业占规模以上工业增加值的比重由上年的86.3%提高到87.2%。装备制造业增加值比上年增长27%，占规模以上工业增加值的比重达到31.8%；全年规模以上工业企业实现主营业务收入36821.8亿元，比上年增长33%；利税总额2992.6亿元，增长44%；实现利润1506.3亿元，增长59.9%；产销衔接状况继续好转，全年产品销售率达97.7%，比上年同期增长0.1个百分点。

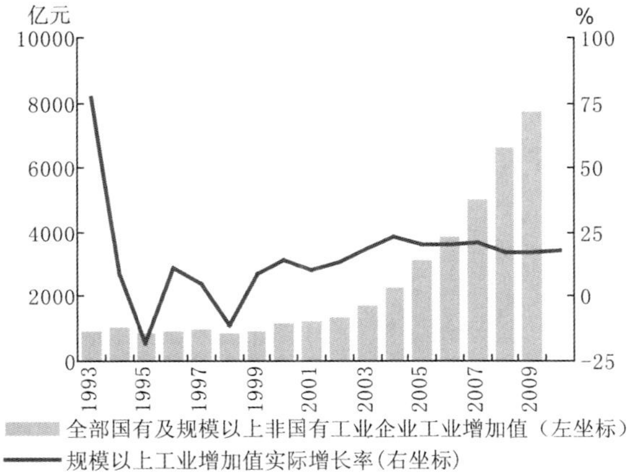

数据来源：辽宁省统计局。

图10 工业增加值及其增长率

3. 以服务业聚集区建设为载体，提升现代服务业发展水平。2010年第三产业实现增加值6775亿元，增长12.2%。

（三）居民消费价格和生产领域价格大幅上升

1. 主要受食品价格上涨的推动，2010年居民消费价格水平同比上涨3%。在美元贬值和全球经济复苏回升的影响下，原材料、燃料、动力购进价格同比上涨8.6%，工业品出厂价格同比上涨7.4%。

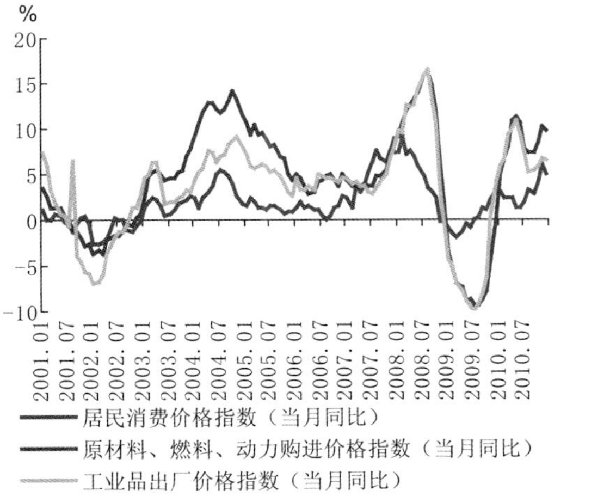

数据来源：辽宁省统计局。

图11 居民消费价格和生产者价格变动趋势

2. 就业形势保持良好，社会保障覆盖面不断扩大。全年新增实名制就业115.6万人，城镇登记失业率为3.7%，比2009年下降0.2个百分点。年末城镇职工基本养老保险参保人数1498.3万人，比上年末增长2.8%。城镇职工基本医疗保险参保人数1408.7万人，比上年末增长4.6%；城镇居民基本医疗保险参保人数647.5万人，比上年末增长18.1%。失业保险参保人数626.9万人，比上年末增长0.3%。新型农村合作医疗参合农民1953万人。新型农村社会养老保险试点县达到14个。126万城镇居民和92.4万农村居民得到政府最低生活保障。城市低保月人均标准和月人均补助水平分别达到305元和183元，比上年增长11.7%和13.7%。农村低保年人均标准和年人均补助水平分别达到1907元和1056元，比上年增长26.7%和20.6%。

（四）财政收入大幅增长，环境保护支出增长最快

2010年地方财政一般预算收入完成2004.8亿元，同比增长26%，比去年增加8.7个百分点，其中非税收收入增长19.9%，低于平均水平6.1个百分点。全年地方财政一般预算支出3194.4亿元，同比增长19.1%，其中环境保护方面的支出增长最快，增速为38%。

（五）环境保护和生态建设继续加强

全年城市污水处理率由上年的60.2%提高到70%；生活垃圾无害化处理率由59.9%提高到63%；用水普及率由97.2%提高到98%；燃气普及率由93.7%提高到93.8%；城市人均拥有道路面积由10.4平方米增加到10.5平方米；人均公园绿地面积由9.8平方米增加到9.9平方米；建成区绿化覆盖率由38.3%提高到38.6%。

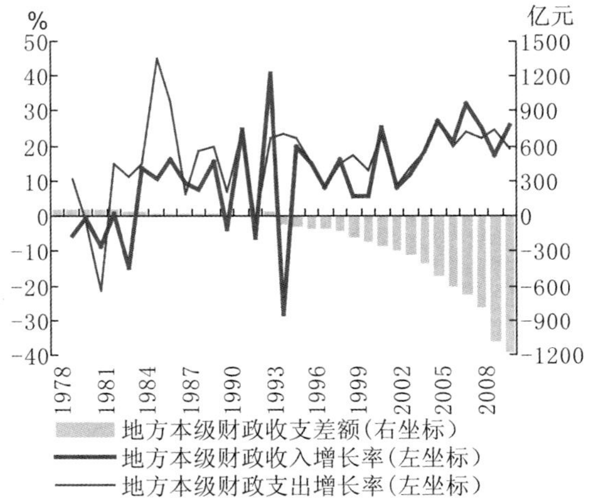

数据来源：辽宁省统计局。

图12 财政收支状况

单位生产总值能耗完成“十一五”下降20%的节能目标。全年化学需氧量排放量比上年下降3.79%，二氧化硫排放量下降2.78%，均超额完成“十一五”减排任务。

专栏2：推进区域金融一体化促进沈阳经济区快速发展

沈阳经济区是以沈阳为中心，辐射鞍山、抚顺、本溪、营口等八个城市而形成的“区域经济共同体”，面积7.5万平方公里，占全省面积的50.8%。2010年4月，沈阳经济区获批为国家新型工业化综合配套改革试验区。作为全国老工业基地核心区的典型代表，沈阳经济区将建设成为“国家新型产业基地重要增长区”，打造具有国际竞争力的先进装备制造业基地、高加工度原材料工业基地；建设资源型城市经济转型示范区，以资源型城市经济转型为重点，大力扶持发展接续替代产业，培植多元化产业发展模式；建设以新型工业化带动现代农业发展的先行区，形成城乡经济社会发展一体化格局。2010年沈阳经济区地区生产总值9984.7亿元，占全省的66.3%，规模以上工业增加值4611亿元，占全省的59.49%，“一核、五带、十群”的区域产业空间发展格局初步形成。

区域经济一体化提出了区域金融一体化的需求。目前，

沈阳经济区金融一体化步伐明显加快。沈阳经济区内盛京银行、营口银行、阜新银行等城市商业银行均实现了跨省经营,经济区内八城市在信用卡代理、资金业务等方面达成合作共识,城市间取消银行卡异地存取款手续费和支票结算等工作也在积极推进中。此外,经济区内八城市实现了个人异地购房公积金贷款"同城化",沈阳市住房公积金管理中心已发放异地贷款8000多万元。截至2010年末,沈阳经济区内共有金融机构营业网点4307个,资产总额9620亿元。沈阳经济区内金融机构各项人民币贷款余额9304亿元,占辽宁省各项人民币贷款余额的54.4%。金融服务与创新为区域经济合作提供了便利化的服务。商业银行积极推出行内银团贷款业务,满足跨区域优质客户、优质大项目的融资、结算等服务需求。同时,积极扩大企业直接融资途径,自2005年以来,沈阳经济区内共有10家企业发行短期融资券327.5亿元,分别占辽宁省发行企业数和发行额的58.8%、77.5%。

随着未来沈阳经济区发展进程的不断加快,区域金融一体化需要进一步得到深化。一是建立区域金融合作框架,制定和完善城市群区域金融政策。加强区域内金融机构对客户信息资源和金融创新资源的共享,建立信息一体化机制,促进企业信息资源在金融系统内的交流。二是加快构建统一的区域金融市场,培育和发展短期资金市场,建立区域性中小企业短期资金借贷中心,提高金融资源配置效率。三是加强金融基础设施建设,优化区域金融服务环境。加快现代化支付系统、区域金融结算服务系统、3A支付系统和财税库行横向联网系统在各地区的推广应用。健全区域征信和信用担保体系,建立跨地区的企业信用查询协作机制、企业资信统一评级标准和相互信用担保协作体系。四是大力推进金融创新,针对沈阳经济区建设中的金融需求特点,引导金融机构支持企业并购重组,发展杠杆贷款、信托投资、融资租赁、资产证券化等金融产品,为产业升级、企业扩张、跨省合作项目开发提供一揽子金融服务。

(六)房地产投资高位运行,差别化房贷政策初见成效,装备制造业步入新的发展阶段

1.房地产投资高位运行,差别化房贷政策初见成效

(1)房地产开发投资高位平稳运行,资金来源比较充裕。2010年,辽宁省实现房地产开发投资3465.76亿元,在31个省市中排第三位;同比增长31.3%,比去年同期高3.2个百分点。其中,沈阳市房地产开发投资增速低于全省9.3个百分点,但比去年高4.4个百分点;大连市房地产开发投资增速高于全省1.4个百分点,比去年高15.9个百分点;其他12城市合计完成房地产开发投资增速较上年下降15.39个百分点。

2010年辽宁省房地产投资资金来源同比增长57.6%。其中,自筹资金占比上升6.8个百分点;国内贷款占比较上年下降2.2个百分点;其他资金来源(主要为定金、预收款和个人按揭贷款)占比较上年下降3.7个百分点。

(2)住宅供给持续增加,商品房潜在供给较大。2007年以来,辽宁省住宅开发投资一直保持高位运行。2010年,住宅开发投资增长28.4%;住宅施工面积增长42.3%,比上年提高18.5个百分点;住宅新开工面积增长48.4%,比上年提高29.1个百分点;住宅竣工面积增长7.6%,比上年提高3.3个百分点。住宅施工面积是当年住宅销售面积的3.44倍。

土地购置和土地开发明显加快。2010年,辽宁省房地产开发企业本年购置土地面积增长73.6%,较上年上涨了102.4个百分点;完成土地开发面积增长12.2%,较上年提高17.1个百分点。

(3)调控政策对主要城市房地产销量影响较大,对中小城市影响较小。2010年,辽宁省商品房销售额同比增长41.1%,比全国平均水平高22.8个百分点,增速较去年同期高0.1个百分点。商品房销售面积在全国位列第四。不过,沈阳市商品房销售面积同比增幅自2月份的23.3%猛然跌落到3月份的7.7%后,此后连续数月持续保持个位数增幅,全年商品房销售面积增长13.9%,比去年高9.3个百分点;大连市商品房销售面积同比增幅自年初的125.8%一路下滑,全年仅增长5.4%,比上年低37.4个百分点。

(4)房价调控取得一定成效。12月份,大连市、锦州市商品房销售价格同比增速分别为6.1%和4.1%,分别比全国平均水平低0.3个百分点、2.3个百分点。

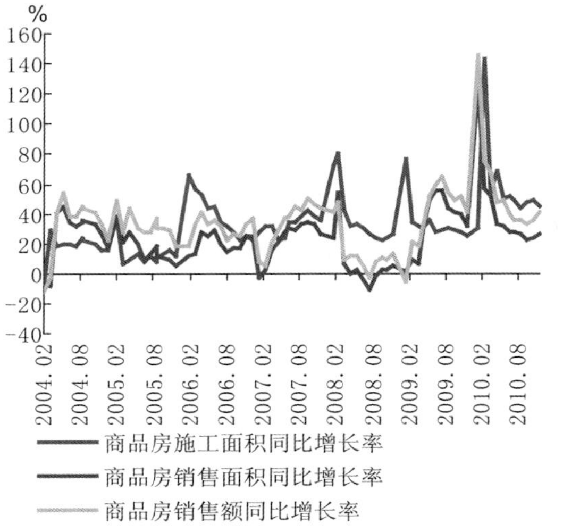

数据来源:辽宁省统计局。

图13 商品房施工和销售变动趋势

(5)受政策调控影响,房地产贷款增速前高后低。辽宁省房地产贷款同比增速在5月份达到年内最高增幅46.48%,6月份以后开始下滑,年底达全年最低水平33.68%。2010年末,辽宁省个人住房贷款余额大幅增长43.98%,但其中二手房贷款余额同比少增21亿元。2010年发放个人住房贷款平均抵借比为51.6%,比上年下降10.1个百分点。金融支持保障性住房建设显著加强。2010年末,经济适用房开发贷款余额为27.67亿元,比年初增加13.33亿元。

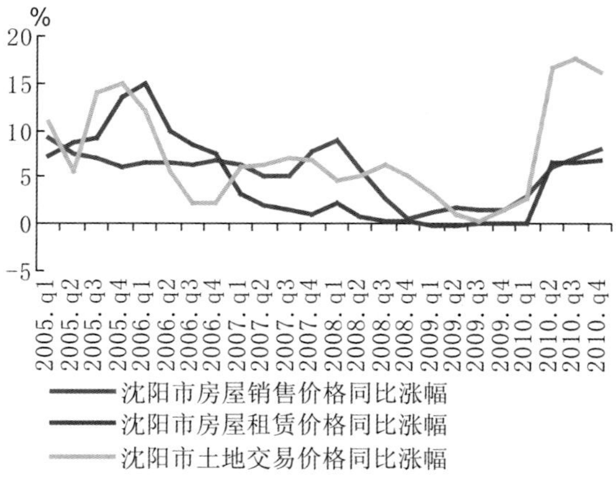

数据来源:《中国经济景气月报》。

图14 沈阳市房屋销售价格指数变动趋势

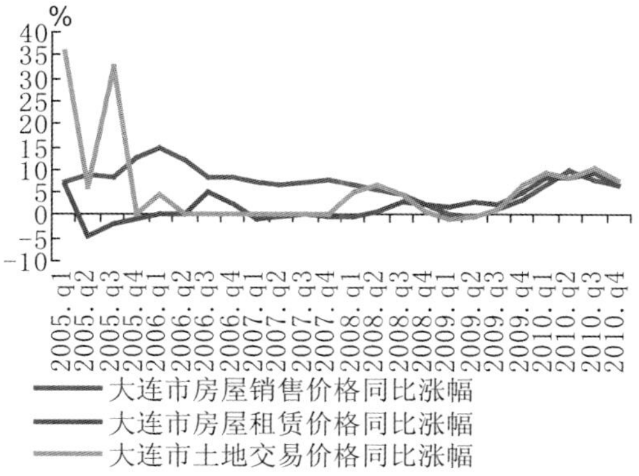

数据来源：《中国经济景气月报》。

图 15　大连市房屋销售价格指数变动趋势

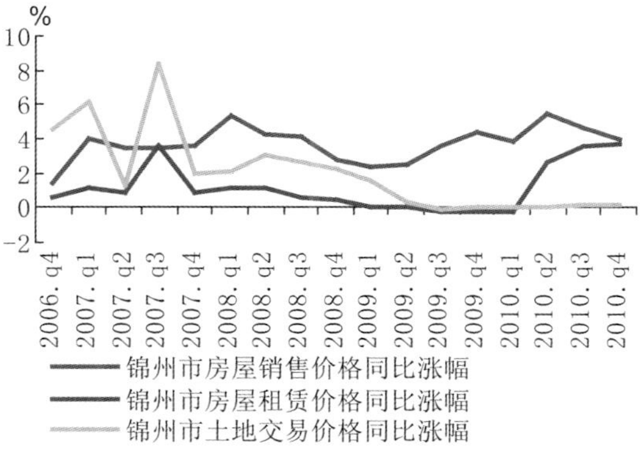

数据来源：《中国经济景气月报》。

图 16　锦州市房屋销售价格指数变动趋势

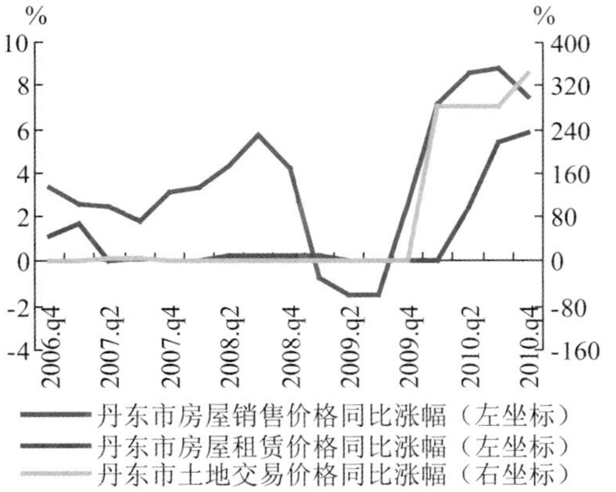

数据来源：《中国经济景气月报》。

图 17　丹东市房屋销售价格指数变动趋势

2. 辽宁省装备制造业步入新的发展阶段

装备制造业是辽宁省的第一大支柱产业，在全国占有重要地位，目前已经形成了从教育、科研到工程设计的完备支撑体系，拥有 21 个国家级企业技术中心和 139 个省级以上企业技术中心。在装备制造业 178 小类产品中，辽宁有 58 小类居于全国前六位，占 32.6%。数控机床、大型船舶、铁路内燃机车、系列轴承等行业，在国内具有一流的竞争实力和发展潜力。2010 年，大型输变电、石化、数控机床、盾构机等重大装备领域的自主研发取得新突破，我国首台特高压升压变压器和首台核反应堆压力容器等重大装备相继在辽宁研制成功，辽宁装备制造业正助力“中国制造”迈向“中国创造”。从 2010 年 5 月开始，辽宁装备制造业单月产值连续 8 个月保持千亿元以上的增长规模；全年完成工业总产值 12454.5 亿元，增长 33.56%，辽宁省首次跨入装备制造业产值万亿元阵营。全年完成出口交货值 1453 亿元，增长 28.4%；实现利润598.2 亿元，增长 49.1%，占规模以上工业利润总额的 39.7%。

随着辽宁沿海经济带和沈阳经济区开发建设步伐的不断加快，辽宁省装备制造业产业集群优势更加突出。沈阳市通过铁西区整体改造，形成了以机床、石化通用装备、重型矿山装备、输变电装备等为代表的铁西装备制造业示范区；大连市发挥临港临海和对外开放先导区的优势，形成了“两区一带”临港临海装备制造业聚集区。其它城市如鞍山的冶金和矿山成套设备、丹东的精密装备、盘锦和葫芦岛的船舶制造修造业等，都呈现出良好的发展势头。

辽宁省金融机构在为装备制造业企业提供信贷业务、中间业务、结算业务等整体营销金融服务的同时，在公司理财、网上银行、物流金融、现金管理、债券质押融资等创新金融产品方面也进行了有益的尝试，在支持企业兼并重组、关键产品创新和升级以及配套产业发展等方面发挥了关键作用，促进了辽宁省装备制造业的持续发展。截至 2010 年末，辽宁省装备制造业贷款余额 1532.6 亿元，增长 18.41%，占各项贷款余额的 7.86%；当年新增贷款 249.9 亿元，占各项贷款新增额的 7.44%。

三、预测与展望

2011 年，深入推进东北地区等老工业基地振兴为辽宁加快发展带来了难得的机遇，国家积极稳健、审慎灵活的宏观经济政策为辽宁加快发展提供了有利的条件，全省经济高速增长的惯性不会减速，后发优势日益凸显为辽宁加快发展奠定了坚实基础，三大战略的影响日益增加，经济发展多点支撑的局面已经形成为辽宁加快发展积蓄了强劲的内生动力。同时，也存在一些不利因素，如经济社会发展中的结构性和体制性问题依然存在，产业转型升级面临诸多制约，要素供给和资源环境约束更加突出，城镇居民收入水平需要进一步提高等。综合考虑有利条件和不利因素，预计 2011 年辽宁地区生产总值增长 11%，地方财政一般预算收入增长 15%，全社会固定资产投资增长 20%，外贸出口总额增长 15%，实际利用外商直接投资增长 15%，城镇居民人均可支配收入和农村人均纯收入增长 10% 和 9%，居民消费价格总水平涨幅 4%。

2011 年，在实施稳健货币政策、货币条件向常态回归的背景下，辽宁省贷款增速将有所回落，与实体经济对贷款的实际需求相匹配。在期限结构上，由于新建、在建和续建项目的贷款需求仍较大，中长期贷款新增量仍将较大；同时，随着国家进一步加强房地产市场调控、继续清理规范地方政府融资平台以及金融机构主动调整资产结构，中长期贷款增量占比可能明显下降，短期贷款占比将有所上升。金融调控和管理部门将在引导优化信贷结构的同时，进一步推动社会多种融资方式的发展，努力拓宽企业融资渠道，扩大辽宁社会融资总量，加大金融对辽宁实体经济的支持力度，促进辽宁经济快速健康发展。

附录：

辽宁省经济金融大事记

2 月 1 日，中国人民银行沈阳分行组织召开 2010 年辽宁省经济金融形势分析会，指导和督促金融机构全面贯彻落实适度宽松的货币政策，陈超英副省长主持会议，陈政高省长出席会议并作重要讲话。

4 月 6 日，经国务院同意，国家发展改革委正式批准沈阳经济区成为国家新型工业化综合配套改革试验区。

4 月 14 日 - 17 日，李克强副总理到辽宁大连、营口、沈阳、抚顺等地考察，充分肯定了辽宁经济社会发展取得的成绩。

5 月 31 日，中国人民银行沈阳分行联合辽宁省银监局等部门召开农村金融产品和服务方式创新工作现场经验交流会。

8 月 9 日，中国人民银行沈阳分行完成对沈阳市内 9 家申请开办跨境人民币结算业务商业银行的现场验收工作，标志着辽宁省跨境贸易人民币结算业务的正式开始。

8 月 17 日，温家宝总理主持召开国务院振兴东北地区等老工业基地领导小组第二次会议，审议并原则通过《关于加快东北地区农业发展方式转变建设现代农业的指导意见》。

8 月 23 日，由中国金融学会、金融时报社、中国人民银行沈阳分行联合主办的“第三届东北金融高层论坛”在沈阳举行。

11 月 2 日，东北物流城有限公司在纽约证券交易所成功上市，成为国内首家在纽约证券交易所上市的物流公司。

11 月 2 日 - 8 日，中国人民银行沈阳分行、辽宁银监局、辽宁证监局、辽宁保监局、辽宁省金融办联合主办的“金融系统反腐倡廉建设”巡展在沈阳举办。

12 月 8 日，辽宁省《机动车辆保险赔款实名全额转账制度》正式实施，将极大地防范和化解车险理赔环节的风险隐患，保障车辆保险理赔资金安全。

2010 年江西省金融运行情况

文章来源：中国人民银行南昌中心支行

2010 年，江西省金融业紧紧围绕省委、省政府加快推进鄱阳湖生态经济区建设、千方百计抓重大项目的决策部署，积极转变发展方式，调整优化信贷结构，着力加大对项目投资、实体经济和“三农”领域的支持力度，贷款投放有序增长、运行质量不断提高，为江西经济进位赶超提供了有力支持。2010 年，我省本外币存款余额突破万亿元，全年增量突破 2500 亿元，储蓄存款余额超过 6000 亿元，全年增量突破 1000 亿元，本外币存款和储蓄存款增量均创历史新高；贷款全年增量超过 1400 亿元；跨境外汇收支总额首次突破 200 亿美元大关，银行结售汇总额创历史新高。

一、全省金融总量持续扩大

1. 存款保持较快增长。2010 年末，江西省金融机构本外币存款余额为 11907.8 亿元，比年初增加 2554.99 亿元，同比多增 465.73 亿元，余额比年初增长 27.32%，仅较 2009 年回落 1.45 个百分点，但仍大大高于 2006 年 ~ 2008 年同期存款增速平均值 9.97 个百分点，保持了较快增长。

从存款结构上看，企事业单位存款余额为 3114.83 亿元，比年初增加 630.97 亿元，同比少增 118.86 亿元，其中活期存款增加 498.59 亿元，定期存款增加 132.38 亿元；储蓄存款余额为 6139.59 亿元，比年初增加 1017.42 亿元，同比多增 89.24亿元，其中活期储蓄增加 582.77 亿元，定期储蓄增加 434.65 亿元。

2. 贷款增速回归常态。从纵向比较看，2010 年末，江西省金融机构本外币各项贷款余额为 7843.28 亿元，比年初增加 1425.12 亿元，同比少增 377.14 亿元，余额比年初增长 22.2%，较 2009 年回落 16.86 个百分点，逐步向正常年份回归，但仍高于 2006 年 ~ 2008 年同期贷款增速平均值 5.2 个百分点。

从横向比较看，2010 年末，我省金融机构本外币各项贷款余额占全国贷款余额的 1.54%，较 2009 年末上升 0.03 个百分点；贷款增量占全国贷款增量的 1.71%，与 2009 年持平；贷款增速分别高出全国和中部六省平均增速 2.57 和0.94 个百分点，在中部六省排名第三，在全国排名第十三。

从贷款结构上看，短期贷款余额为 2851.89 亿元，比年初增加 532.70 亿元，同比少增 166.50 亿元；中长期贷款余额为 4753.75 亿元，比年初增加 1000.32 亿元，同比少增 55.16 亿元；票据融资余额为 188.65 亿元，比年初减少 122.46 亿元，同比多减 152.13 亿元。个人消费贷款方面，2010 年末，全省个人消费贷款余额为 1315.17 亿元，比年初增加 348.96 亿元。其中个人住房贷款余额为 1009.58 亿元，比年初增加 296.75 亿元；个人汽车消费贷款余额为 29.47 亿元，比年初增加 10.03 亿元。

3. 外汇存贷款快速增加。随着金融危机影响的减弱，外部需求逐渐扩大，我省进出口贸易增速持续加快。受此影响，我省外汇存贷款出现快速增长。2010 年末，全省金融机构外汇存款余额 9.30 亿美元，比年初增加 1.04 亿美元，同比多增 0.89 亿美元，增长 12.6%，增速同比加快 10.7 个百分点；全省金融机构外汇贷款余额 13.0 亿美元，比年初增加 2.87 亿美元，同比多增 2.75 亿美元，增长 28.4%，增速同比加快27.1 个百分点。

二、全省金融运行的几个特点

1. 可用资金相对充裕。2010 年我省存款增长较快，金融机构可用资金大量增加，银行业存贷比指标出现较为明显的下降。2010 年末全省人民币余额存贷比为 65.5%，较 2009 年同期下降 2.8 个百分点；2010 年新增存贷比为 55.2%，较 2009 年下降 31.1 个百分点，达到近五年来的最低点。

2. 贷款投放节奏平稳。在国家均衡性信贷调控政策引导下，2010 年我省金融机构贷款投放节奏更加平稳。总体来看，贷款增量虽仍然呈现前高后低的态势，但波动幅度明显减缓、节奏稳定性显著提高，四个季度贷款增量占全年增量的比重由 2009 年的 42.2 ：26.5 ：19.4 ：11.9 调整为 32.1 ：30.2 ：23.1 ：14.6。

3. 项目支持力度增强。2010 年省内各金融机构着力加大了对项目投资的中长期贷款支持，新增中长期贷款占全部新增贷款的比重大幅上升。2010 年全省金融机构新增本外币中长期贷款 1000.3 亿元，占全部新增贷款的 70.2%，较 2009 年上升 11.6% 个百分点。

4. 贷款结构不断优化。2010 年省内各金融机构加快了业务结构调整和战略转型步伐，对小企业、县域、消费金融、居民理财等业务市场的重视程度明显提高。一是小企业贷款增量占比上升。2010 年江西省小企业贷款新增 346.69 亿元，占全部贷款增量的 24.62%，较 2009 年提高 2.51 个百分点。二是县域贷款投放力度加大。2010 年末全省县域金融机构人民币贷款余额为 2629.26 亿元，比年初增加 560.73 亿元，比年初增长 27.11%，高于全省人民币各项贷款平均增速 4.93个百分点。三是贸易融资更趋活跃。不少金融机构开始将发展贸易融资业务作为满足企业流动资金需求，尤其是中小企业需求的重要方式。2010 年全省金融机构新增贸易融资 71.99 亿元，同比多增 51.8 亿元。

5. 房地产贷款增量显著减少。2010 年 4 月份开始的新一轮房地产调控对我省房地产贷款投放产生了较为显著的影响，房地产贷款增量连续三个季度减少。今年四季度，全省房地产贷款新增60.65亿元,分别较今年一、二、三季度增量减少74.88、44.44和11.3亿元,同比也少增40.72亿元,处于近两年以来的最低点。

6.金融运行质量继续改善。结构调整和战略转型的加快,促进了省内金融机构可持续发展能力的提升和我省金融运行整体质量的改善。全省金融机构不良贷款余额和占比继续实现双降。2010年11月末全省银行业金融机构不良贷款余额比年初减少37.11亿元,不良贷款比例也较年初下降1.37个百分点。

2010年内蒙古金融运行概况

文章来源:中国人民银行呼和浩特中心支行

一、各项存款"先降后升",活期化趋势明显。2010年,人民币各项存款余额首次突破万元,达10278.7亿元。存款增速"先降后升",年末升至22.8%,高于全国2.6个百分点,居全国第十二位。受经济企稳回暖、企业用款需求提高以及贷款增量减少导致派生存款下降的影响,企业存款增长16.9%,呈持续回落态势。前三季度,受CPI持续上涨、存款利率较低以及理财产品不断升温等因素的影响,储蓄存款持续分流;四季度,股市低位波动,楼市调控力度加大,且央行两次加息,商业银行加大了吸储营销力度,储蓄存款大幅增加。分期限看,全年新增活期存款占比为55.8%,存款活期化趋势明显。

二、贷款投放高位回稳,中长期化趋势明显。2010年,全区人民币各项贷款余额7919.5亿元,增长25.9%,同比下降13.1个百分点,贷款增长逐步回归常态。全年新增贷款1627.0亿元,同比少增157.2亿元,季度投放比为42.0 : 21.3 : 19.4 : 17.3,呈高位回稳态势。分期限看,全年新增中长期贷款1194.05亿元,占全部新增贷款的73.4%,贷款呈中长期化。

三、金融市场交易活跃,融资结构逐步改善。一是货币市场交易活跃,同业拆借大幅下降。2010年,全区银行间债券市场融资方式以回购为主,累计成交13092.2亿元,增长18.6%。现券累计成交3393.87亿元,增长16.75%。债券结算代理业务发展较快,累计成交2220.66亿元,增长25.48%。同业拆借业务明显下降。2010年,全国银行间网上同业拆借业务累计成交443.3亿元,下降37.3%。网下同业拆借融资主体主要为农村信用社,受自治区联社同业存放资金增加的影响,交易量下降50%。二是票据承兑业务较快发展,票据贴现出现回落。2010年,全区银行承兑汇票余额1056.8亿元,增长83.5%。受宏观调控影响,全区商业银行票据贴现累计发生额下降14.46%;票据贴现余额下降28%。三是外汇市场涉外收支、银行结售汇和境外投资较快增长。2010年,全区涉外收支总额107.73亿美元,同比增长38.27%。全区银行结售汇总额84.58亿美元,增长46.49%。新办理外汇登记的外商投资企业65家,投资总额合计13.95亿美元。全年办理境外投资外汇登记21个项目,增长31.15%,中方投资总额2.05亿美元,实际汇出资金0.42亿美元。四是企业债券发行工作持续推进。2010年,16家企业发行企业债、短期融资券、中期票据、中小企业集合票据等债券融资164亿元,为重点能源项目、城镇基础设施建设和中小企业提供了有力的资金支持。五是证券交易有所下降。2010年证券交易额3977亿元,下降24.3%,上市公司经营向好。20家境内上市公司总市值3206.57亿元,增长35.5%。截至2010年年底,上市公司累计募集资金442.15亿元。2010年,上市公司当年新增募集资金总额14.89亿元。六是保险网络覆盖度不断提高。全区累计实现保险保费收入215.54亿元,增长25.82%;累计赔付支出61.71亿元,增长8.22%。

四、不良资产持续双降。2010年,全区银行业资产总额为13123.03亿元,增长23.69%;实现税后利润194.35亿元,增长27.39%。不良贷款余额和不良贷款率保持"双降",不良贷款率为3.11%,下降0.93个百分点。地方法人金融机构流动性比例为52.79%,平均资本充足率为11.02%。

【金融创新】2010年,内蒙古金融业积极探索各种金融产品、服务方式和手段创新。一是推进农村金融服务创新。2010年全区县域金融机构创新信贷产品50余种,累计发放贷款515.9亿元,同比多增215.9亿元。二是创新信贷支农方式。县域金融机构推广多种信贷方式,推进代理财政补贴农牧民资金业务的"惠农一卡通",加载小额贷款业务功能的"富民一卡通"和手机转账业务的"手机支付通",为全区385万户农牧民布设ATM自助机具770台,POS机具5503台,解决了自治区历史上长期在旗县以下没有金融自助机具的问题。三是加大政策性农业保险财政补贴力度。2010年,内蒙古累计下拨财政资金13.2亿元,专门用于补贴政策性农业保险业务和提高保额标准。政策性农业保险在补贴金额、保费收入和承保农作物面积等方面,已位居全国各省区之首。四是自治区财政对各类金融机具下乡实行专项补贴奖励政策。计划未来3年至少补贴资金3500万元。列入自治区政府为民办实事工程。五是创新中小企业金融产品、信贷模式和信贷理念。六是发展矿业资源信托业务。

2010年广西货币信贷形势分析报告

文章来源:中国人民银行南宁中心支行

2010年以来,广西各金融机构认真贯彻落实国家适度宽松的货币政策,合理把握信贷投放节奏,切实加大金融对经济增长和结构调整的支持力度,存款平稳增长,贷款增速归于常态,银行体系流动性变化平稳,银行结售汇快速增长。

一、存款增速总体放缓,结构呈现"一增一减一回落"

2010年以来,在企业存款增速持续放缓的影响下,广西各项存款增速"高开低走",年末有所回升。12月末,金融机构本外币各项存款余额为11813.90亿元,同比增长22.56%,较年初增加2175.01亿元,同比少增388.03亿元;其中人民币各项存款余额11746.77亿元,同比增长22.58%,增速同比回落13.85个百分点,在连续5个月回落后首次回升,高于全国水平2.38个百分点。

从存款来源结构上看,呈现"一增一减一回落"的特征。"一增"即储蓄存款平稳较快增长,12月末余额达到5702.43亿元,同比增长21.69%。"一减"即财政存款余额下降,特别是在年末财政支出大幅增加的影响下,12月末余额为184.70亿元,同比下降23.42%,比年初减少56.55亿元,同比少增124.09亿元。"一回落"即企业存款增速明显回落,由于"三个办法一个指引"的政策效应及信贷调控趋紧影响了贷款的派生作用,企业存款增长乏力,12月末余额为3380.26亿元,同比增长14.31%,增幅同比显著回落47.34个百分点,成为影响广西各项存款增长的主导因素。

存款平稳增长的同时,企业存款活期化趋势明显。2010年新增的企业存款中,活期存款占比为78.28%,同比提高8.56个百分点,而新增的储蓄存款中,活期存款占比为67.75%,同比回落4.19个百分点。

二、贷款增速高位趋缓，增长趋势回归常态

2010年，广西贷款增长势头与全国基本一致，增速逐步向常态回归。12月末，广西金融机构本外币各项贷款余额达8979.87亿元，较年初增加1619.43亿元，同比少增630.41亿元，其中，人民币各项贷款余额达8867.52亿元，比年初增加1599.11亿元，余额同比增长22%，高于全国平均水平2.1个百分点。

从贷款投向结构看，消费贷款和投资贷款构成贷款投放的主体。在投放领域上，消费和投资领域仍是信贷投放的重点所在。2010年，广西新增固定资产贷款647.21亿元，新增个人消费贷款438.86亿元，合计占全部贷款新增额的67.92%。在投向行业上，五大支柱行业成为新增贷款的主要集中地。2010年，交通、制造、批发零售、水利、房地产等五大行业共新增本外币贷款711.49亿元，占全部行业贷款新增额的73.91%。在贷款企业类型上，小企业贷款增速明显快于大中型企业。2010年，广西小企业贷款余额1279.93亿元，同比大幅增长51.95%，大大高于大中型企业贷款同比增幅37.33个百分点。小企业贷款新增438.76亿元，占全部注册企业贷款增量的45.01%，占比同比大幅提高18.59个百分点。在投向区域上，贷款集中于中心城市和北部湾经济区。2010年，南宁、柳州、桂林三大中心城市的新增本外币贷款为1063.27亿元，占全区贷款新增量的63.21%；作为广西开放发展中心区域的北部湾经济区新增本外币贷款873.6亿元，占全区信贷增量的53.95%。

从信贷投放节奏看，各季度贷款增量较为均衡。2010年广西信贷投放没有出现2009年新增贷款45%集中在第一季度投放的大起大落的现象，四个季度贷款分别新增563.85亿元、389.01亿元、290.2亿元和356.1亿元，基本符合3∶3∶2∶2的投放节奏。

从贷款期限结构看，广西中长期贷款比重占八成以上。2010年，中长期贷款增加1370.6亿元，占全部新增境内贷款的85.71%，同比提高1.94个百分点，但较三季度下降9.05个百分点；新增短期贷款263.14亿元，占比为16.46%，同比提高2.11个百分点；而票据融资比年初减少34.49亿元，同比少增75.86亿元。

从贷款主体结构看，地方法人金融机构贷款保持较快的增长势头。2010年以来，由于广西地方法人金融机构具有较强的信贷投放自主性，其贷款增长相对较快。12月末，地方法人金融机构人民币各项贷款余额1962.85亿元，同比增长28.88%，比全区平均水平高6.88个百分点，比全国性金融机构高8.7个百分点；人民币贷款比年初新增439.83亿元，占全区的市场份额为27.50%，同比提高4.23个百分点。相比之下，由于信贷政策趋紧，全国性金融机构的信贷规模有所收缩，信贷投放节奏也逐渐放缓。2010年，全国性金融机构新增人民币贷款1159.29亿元，同比少增529.69亿元，新增贷款在全区的市场份额为72.50%，同比下降4.23个百分点；新增人民币贷款余额同比增长20.18%，较全区平均水平慢1.82个百分点。

三、外汇存贷款较年初小幅增长

自2010年6月人民币汇改重启后，人民币总体对美元呈小幅升值趋势。12月末，外汇存款余额10.14亿美元，比年初增加1.97亿美元，同比多增1.26亿美元。外汇贷款余额16.96亿美元，比年初增加3.49亿美元，同比少增3.64亿美元，其中境内短期贷款较年初减少0.99亿美元。

四、银行体系流动性保持平稳

2010年以来，广西金融机构进一步加强流动性管理，银行体系流动性变化保持平稳态势。12月末，广西金融机构人民币余额存贷比为75.49%，同比下降0.36个百分点；新增存贷比为73.91%，同比下降12.13个百分点。四大国有商业银行平均备付率为1.35%，同比下降0.17个百分点。

五、再贷款和再贴现持续增加

2010年以来，人民银行南宁中心支行充分运用再贷款、再贴现等工具，有效调节金融机构流动性余缺。12月末，广西金融机构再贷款余额（不含再贴现）75.69亿元，比年初增加17.64亿元，同比增加17.64亿元；再贴现余额为13.93亿元，比年初增加11.13亿元，同比增加11.13亿元。

六、银行结售汇快速增长

2010年，广西银行结售汇133.40亿美元，较2009年和2008年分别增长33.39%和7.25%。其中，结汇73.62亿美元，同比增长33.70%；售汇59.78亿美元，同比增长33.01%。结售汇顺差累计13.83亿美元，同比增长36.79%，其中经常项目结售汇顺差1.24亿美元，同比下滑51.25%，资本与金融项目结售汇顺差12.60亿美元，同比增长66.22%。

2010年甘肃省金融运行报告

文章来源：中国人民银行兰州中心支行

2010年，国内经济回升向好势头更加巩固，在经历应对国际金融危机的一揽子经济刺激计划后，合理控制流动性、有效管理通胀预期的紧迫性日益凸显，人民银行总行根据新形势、新情况，从防范系统性风险角度出发，着力提高宏观调控的针对性和灵活性，不断加强宏观审慎管理，年内共6次上调存款准备金率，2次上调存贷款基准利率，货币政策取向逐步从“适度宽松”转为“稳健”。年末，广义货币（M2）余额72.58万亿元，同比增长19.7%。全国本外币贷款余额50.92万亿元，增加8.36万亿元，较上年少增加2.16万亿元，同比增长19.7%，增幅较上年降低13.3个百分点；本外币存款余额73.34万亿元，增加12.14万亿元，较上年少增加1.10万亿元，同比增长19.8%，增幅较上年降低7.9个百分点。

2010年，全省金融运行继续保持平稳，金融机构流动性合理充裕，存贷款快速增长，信贷投放的规模、速度、结构与全省投资、消费需求、工农业生产总体相适应，实体经济发展的合理资金需求得到有效满足，经济金融发展的协调性进一步增强，较好地实现了全年信贷增长预期目标。年末，全省本外币各项存款余额7146.66亿元，同比增长21.07%，增幅较上年下降3.32个百分点，全年存款增加1243.55亿元，同比多增88.36亿元；本外币各项贷款余额4576.68亿元，同比增长22.37%，增幅较上年下降12.72个百分点，全年贷款增加836.78亿元，加上全省当年新增加的171.78亿元省外贷款（包括总部在外省的我省企业获得的总部贷款及省外金融机构对我省企业的贷款）和交通银行向新成立的青海省分行移交的33亿元贷款，全年贷款实际增加1041.56亿元。

分机构看，全省全国性大型商业银行、中小商业银行严格执行信贷规划，合理把握信贷投放的力度和节奏，贷款增长平稳，年末贷款增速分别为17.72%、23.57%；地方法人金融机构贷款增长迅猛，年末贷款增速高达47.73%。分季度看，一、二、三、四季度贷款依次增加270.36亿元、305.57亿元、176.21亿元、84.64亿元，基本符合宏观调控政策要求，贷款投放的均衡性进一步提高。分行业看，贷款投向重点更加突出，对实体经济的信贷支持力度加大。年末，全省制造业、农业、电力、交通、采矿五大行业贷款余额2422.7亿元，占全部行业贷款的55.91%，全年增加457.03亿元，占全部行业贷款增量的50.71%。分区域看，兰州市贷款占比最大，年末各项贷款余额2482.71亿元，占全省的54.25%，临夏、甘南少数民族地区贷款较少，年末各项贷款余额分别为99.04亿元、63.36亿元，是全省仅有的两个贷款余额未过百亿的地区。

2010年宁夏回族自治区金融稳定报告摘要

文章来源：中国人民银行银川中心支行

2010年是实施"十一五"规划的最后一年。面对复杂多变的国内外经济环境，宁夏认真贯彻落实国家各项宏观调控政策，取得了保增长、转方式、调结构、惠民生等一系列重大成就，整体经济运行积极因素逐渐增多。投资强劲增长，消费持续活跃，出口迅速回升。三次产业协调发展，结构调整步伐加快。财政收入保持增长，企业效益有所提高，居民收入水平稳步提升。金融业稳健运行的宏观经济环境渐趋改善。

金融业在改革、发展中不断前行，总体稳定状况不断改善，整体实力和经营效益逐步增强。银行业资产规模稳步扩大，金融调控效果显著，信贷结构明显优化，抵御风险能力逐步增强；证券业保持平稳较快发展态势，上市公司质量持续向好，市场融资功能取得新突破；保险业保费收入快速增长，结构调整成效明显，保障民生、服务社会的功能日益彰显。金融基础设施建设有序推进，运行效率逐步提升。支付系统高效运行，征信体系建设成效显著，反洗钱监管体制机制日趋健全，反假币工作深入开展，金融生态环境显著改善，金融业稳定发展的基础继续巩固。

2011年，宁夏经济有望继续保持又好又快发展势头，金融业将与经济呈现良性互动、协调发展的态势。但国际国内影响经济金融稳健发展的不确定、不稳定因素依然存在，经济发展结构性矛盾突出、区域发展不平衡、通胀预期压力加大、金融机构资产负债期限结构变化等问题仍值得关注。

一、区域经济运行与金融稳定

2010年，面对复杂多变的国内外经济环境，宁夏国民经济呈现持续快速健康发展的良好态势，经济金融协调互动明显增强，金融业稳定运行的外部环境继续改善。但全区经济发展中结构性矛盾突出、区域发展不平衡、通胀预期压力加大等问题值得关注。

（一）经济保持快速增长，为保证全区金融稳定奠定良好的基础

1.经济快速增长，质量效益稳步提升

2010年，宁夏经济继续保持快速增长，经济主体信心日益增强，经济发展基础更加扎实，全年实现地区生产总值1643亿元，同比增长13.4%（见图1），比上年加快1.5个百分点，是近二十年来增长最快的一年。经济结构进一步优化，三次产业比重调整为9.8:50.7:39.6，第一产业平稳发展，完成增加值160.3亿元，增长7.1%，粮食产量实现连续7年增产，农业服务经济社会发展的基础性功能进一步发挥。第二产业明显回升，完成增加值833.2亿元，增长16.8%，规模以上工业实现利润增长60.8%，煤炭和电力行业利润占利润总额的60%，重点支柱行业成为拉动第二产业增长的重要力量。第三产业较快增长，完成增加值650亿元，增长11.6%，服务业提振经济的作用明显增强。全区经济的快速发展有效提升了金融支持经济发展的意愿和能力，对于扩大有效信贷需求、优化存量信贷资产质量发挥了积极作用。

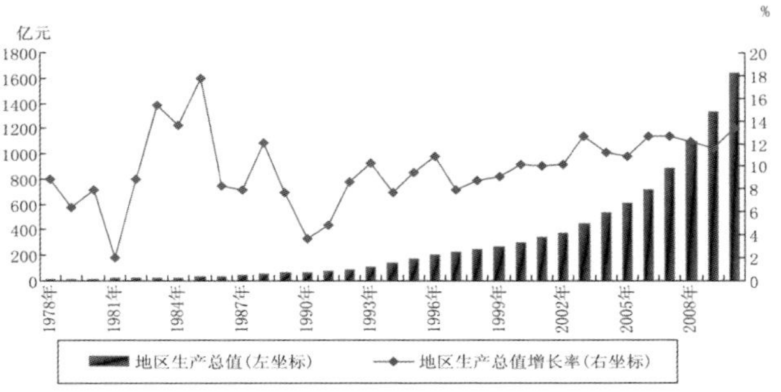

数据来源：《宁夏统计年鉴》，宁夏统计局

图1　1978－2010年宁夏地区生产总值及其增长率

2.投资消费持续增长，外贸显著回升

2010年，宁夏投资需求增势强劲，消费需求持续扩大，出口需求快速回升。在重点建设项目的带动下，全年完成全社会固定资产投资1465亿元，同比增长30.9%（见图2），增速连续三年保持在30%以上。交通、能源、煤化工等重点基础设施及工业项目的建成，带动全区投资高速增长。在中央和自治区扩大内需、促进消费等一系列政策的有效提振下，全区全年实现社会消费品零售总额403.6亿元，同比增长19.0%。汽车、石油及制品、家具和家电类消费增长40%以上，消费结构进一步升级。外贸进出口增长明显回升，全区全年外贸进出口总额19.6亿美元，同比增长63.2%；全年实际利用外资额2.53亿美元，增长2.47倍，外需对经济增长贡献作用显著增强。内需持续增长、外贸显著回升，有利于增加金融服务需求，支持金融机构快速发展。

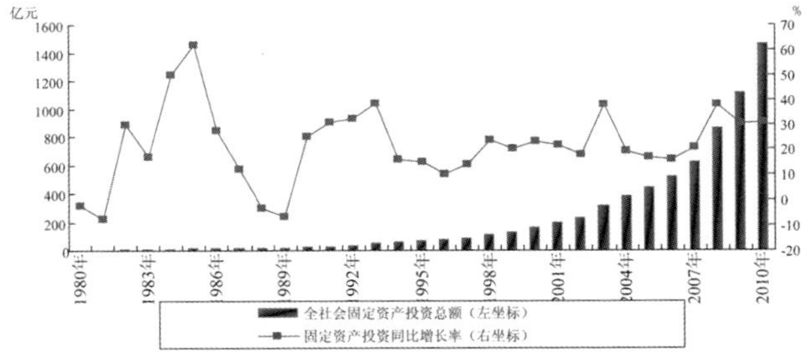

数据来源：《宁夏统计年鉴》，宁夏统计局

图2　1980－2010年宁夏全社会固定资产投资总额及其增长率

3.各项收入快速增长，民生保障力度加大

2010年，宁夏地方一般预算收入153.6亿元，增长37.8%，较上年提高20.43个百分点。城乡居民收入稳步增长，全年城镇居民人均可支配收入15344.5元，同比增长9.4%，农民人均纯收入4674.9元，同比增长15.5%。建设廉租房1.4万套、经济适用房1.8万套，安置生态移民4.1万人，用于农业、教育、社保、医疗、保障性住房、公共安全等领域的财政支出占总支出的近七成，民生投入力度明显加大。

4.价格水平持续上涨，物价涨幅明显扩大

2010年，宁夏居民消费价格上涨4.1%，涨幅比上年扩大3.4个百分点，其中11月份同比上涨7.1%，比全国高2个百分点。工业品出厂价格、原材料购进价格、农业生产资料价格涨幅分别由1月份的3.8%、9.1%、－0.8%扩大到了12月份的11.9%、17.5%、7.2%。

5. 房地产市场平稳运行，调控政策效应显现

2010 年，宁夏认真贯彻落实中央各项房地产调控政策，加强保障性住房建设力度，住房保障民生功能不断增强，全年完成房地产开发投资 254.4 亿元，同比增长 56.3%，增速较上年同期提高 17.9 个百分点。房地产开发资金来源结构不断优化，自筹资金比重较上年提高 1.2 个百分点，房地产贷款余额 331.4 亿元，同比增长 44%。随着下半年居民购房消费更趋理性，全年销售形势呈现前高后低的态势，商品房销售面积和销售额增速同比分别下降 29.9 和 61.9 个百分点。

（二）区域经济运行中需要关注的问题

1. 经济结构性矛盾问题依然突出，经济结构调整任务艰巨

一是节能减排目标约束影响加大。宁夏经济发展倚重能源工业，节能减排和淘汰落后产能任务艰巨，随着能源工业的加快发展和重大项目的陆续投产，未来节能减排的刚性约束将进一步增强，对全区经济发展的影响可能更加明显。二是结构调整压力大。目前全区农业总量不大，工业重型化特征明显，第三产业层次较低且发展较慢，一产小、二产重、三产弱的格局并未从根本上改变。三是消费提振经济发展作用有待进一步提高。2010 年，宁夏全社会固定资产投资占 GDP 的比重达到近 90%，经济发展仍然高度依赖投资增长，消费带动经济发展作用未能充分发挥。

2. 区域发展不平衡，改善民生任务难度较大

一是区域发展差距有所扩大。目前，宁夏沿黄城市带建设初具规模，生产要素相对聚集，发展后劲日益显现，然而中部干旱带和南部山区受水资源等因素制约，发展相对缓慢，山川发展差距有进一步拉大的趋势。二是改善民生任务依然艰巨。全区还有 35 万中南部困难群众需要通过生态移民改善生活条件，农村基础设施比较落后，教育、文化、卫生、等社会事业建设步伐有待加快，改善民生任务艰巨。

3. 价格总水平持续快速上涨，通胀预期压力加大

2010 年，宁夏物价涨幅较快，1－12 月份宁夏 CPI 累计上涨 4.1%，高于全国水平 0.8 个百分点。四季度储户问卷调查显示居民通胀预期强烈，81.3% 的居民认为目前物价高、难以接受，比上季度提高 13.3 个百分点；74.5% 的居民预测下季度物价继续上涨，比上季度上升 17.5 个百分点，均达到了 1999 年调查开展以来的最高水平。当前还存在国内需求旺盛、国际大宗商品价格输入等推动物价继续上涨的因素，同时受翘尾因素影响，2011 年物价涨幅仍将保持在较高的水平。

二、金融业与金融稳定

2010 年，宁夏金融业认真贯彻宏观调控政策，主动适应形势变化，适时调整经营战略，金融体系总体稳定，经营效益稳步提升，改革成效日益显现，抵御风险能力逐步增强，为支持全区经济快速发展发挥了重要作用。

（一）银行业与金融稳定

2010 年，宁夏银行业金融机构认真执行适度宽松的货币政策，存贷款增速平稳，信贷结构不断改善，整体实力稳步提升，各项改革有序推进，支持地方经济优化升级的力度加大。但货币政策调整、银行体系流动性收紧、资产负债期限结构变化等问题仍值得关注。

1. 银行业发展基本情况

（1）资产规模稳步扩大，质量效益持续提升。2010 年，宁夏银行业金融机构总资产达到 3361.6 亿元，同比增长 27.9%。银行信贷资产质量继续改善，全区不良贷款余额 30.8 亿元，全年减少 3.2 亿元；不良贷款率 1.26%（见图 3），比 2009 年末下降 0.5 个百分点；法人银行机构资本充足率达到 13.8%，比年初提高 1.1 个百分点，拨备覆盖率 167%，比年初上升 52 个百分点。银行业利润增长显著加快，全年实现账面利润 60.9 亿元，同比增长 41.7%，实现了促进经济增长与提高经营效益的双赢。

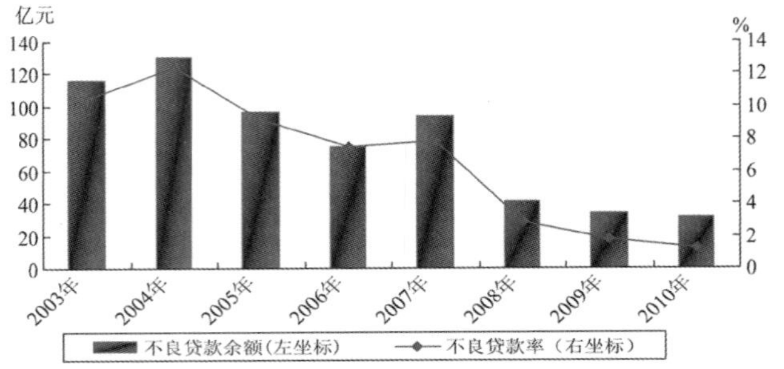

数据来源：宁夏银监局

图 3　2003－2010 年宁夏不良贷款及不良贷款率变动情况

（2）存款总量快速增加，存款结构变化显著。2010 年，宁夏金融机构存款继续较快增长，全区银行业人民币各项存款余额 2574 亿元，同比增长 25.0%，全年新增存款 516 亿元（见图 4），比 2009 年多增 47 亿元，达到历史最高水平。从结构看，企业存款同比增长 14.9%，保持平稳较快增长；储蓄存款受股市震荡及商品房销售放缓等因素影响，下半年以来增速明显回升，年末同比增长 20.9%；财政存款波动较大，同比增速从 5 月份的 46.7% 回落到了 12 月份的 6.6%；机关团体存款增势强劲，同比增长 138%。

（3）各项贷款较快增长，信贷结构持续优化。2010 年末，宁夏银行业人民币各项贷款余额 2399 亿元，同比增长 25.1%，全年新增贷款 481.5 亿元（见图 4），占全国新增贷款的比重首次超过 6‰，增速排全国第 5 位。全年新增中长期贷款 406 亿元，有效满足了基础设施建设、工业和个人购房等领域的长期资金需求。中小企业贷款余额 750 亿元，全年新增 146 亿元，占新增企业贷款的 58%，同比增长 24.1%，比全部企业贷款增速快 5 个百分点。支农再贷款、再贴现使用力度进一步加大，年末支农再贷款余额达到 70 亿元，带动农业及农户贷款新增 73 亿元，是 2009 年的 1.86 倍。

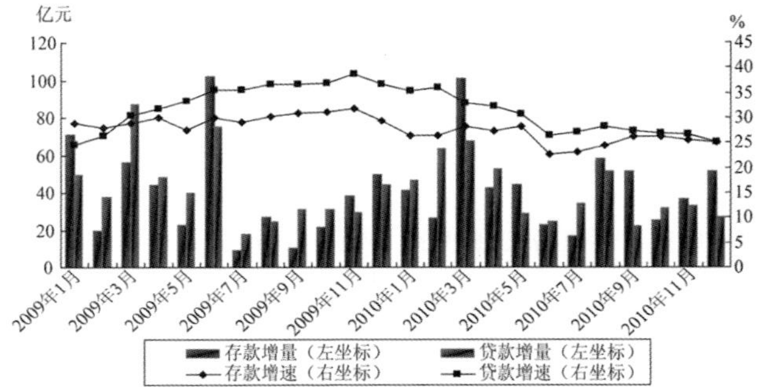

数据来源：人民银行银川中心支行

图 4　2009－2010 年宁夏月度存贷款增量及增速走势图

（4）地方性银行业改革有序推进，农村金融服务体系更趋完善。2010 年，宁夏银行增资扩股顺利完成，黄河农村商业银行成功引进战略投资者，农村信用联社改革成效显著，石嘴山银行跨区域经营稳步推进。农村新型金融组织发展迅速，资金回流农村方式增多。2010 年，宁夏新增“贫困村村级

发展互助资金”组织342个、小额贷款公司30家。农村金融产品和服务方式创新稳步推进，有效满足了“三农”多元化、多层次的信贷需求。

2. 银行业发展中需要关注的问题

（1）区域流动性呈现偏紧状态。流动性偏紧是宁夏银行体系流动性的显著特征。近五年来，宁夏各项存款年均增速低于各项贷款年均增速2.5个百分点，到2010年末全区金融机构存贷比为93.1%。随着稳健货币政策的实施，银行体系流动性将进一步收紧，尤其是在存款准备金率已经超过历史最高水平的背景下，宁夏银行体系流动将呈现偏紧状态。

（2）资产负债期限结构持续反向变化。从资金来源看，随着居民收入持续增长和投资渠道不断增多，存款结构呈现活期化趋势。从资金运用看，在工业化和城镇化的推动下，重大产业项目和基础设施建设贷款需求旺盛，贷款结构趋于长期化。对银行而言，存贷款期限结构的持续反向变动在一定程度上加大了流动性风险，不利于银行业长期稳健经营。

（二）证券业与金融稳定

2010年，宁夏证券业稳步发展，市场融资功能取得突破，证券经营机构数量有所增加，资本实力不断增强。但是上市公司数量少、规模普遍较小、业绩增长缓慢等问题值得关注。

1. 证券业发展基本情况

（1）股票市场交易有所萎缩，期货市场交易大幅增长。2010年受沪深A股指数下跌的影响，交易金额有所萎缩，全年证券市场累计交易额1469.1亿元，同比下降10.24%（见图5）。期货市场在股指期货开通的带动下，交易量则大幅增加，全年期货市场累计交易量121.0万手，同比增长28.0%，期货市场累计交易金额1161.0亿元，同比增长112.5%。

（2）经营机构注入新活力，上市公司融资取得新突破。面对较为低迷的股票市场，证券经营机构在继续加强风险防范与控制的基础上，加快网点布局，培育潜在客户。全年新增3家证券期货营业机构，投资者开设证券账户数同比上涨14.5%（见图5）。上市公司继续深化治理，规范运作水平，经营质量稳步提升，净资产同比增长25.5%；股票融资取得新进展，青龙管业股份有限公司成功上市，实现宁夏近7年IPO零的突破。

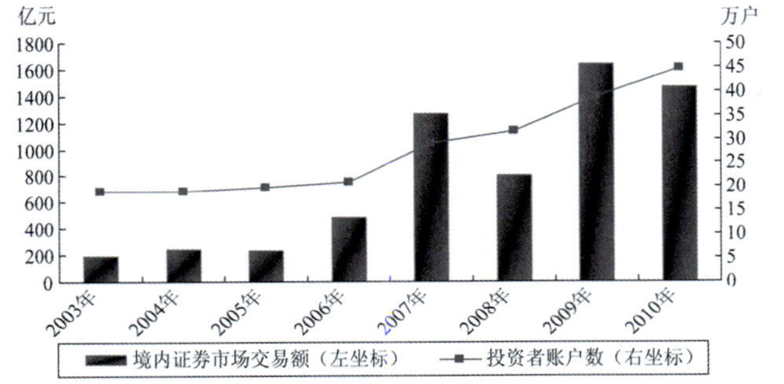

数据来源：宁夏证监局

图5　2003－2010年宁夏证券市场交易额及投资者账户数变化情况

2. 证券业发展中需要关注的问题

（1）上市公司数量少，规模普遍较小。截至2010年末，宁夏上市公司数量仅占境内上市公司总数的0.58%，7年中只新增了1家。12家上市公司平均股本2.7亿股，远低于全国同期16.1亿股的平均水平；平均市值44.6亿元，不到全国同期平均水平的1/3；平均净资产7.6亿元，仅为全国同期平均水平的一成左右。辖区上市公司规模普遍较小的状况仍未有明显改观。

（2）业绩增长缓慢，与全国差距较大。根据上市公司2010年度第三季度会计报告，宁夏12家上市公司共实现营业收入116.7亿元，剔除新上市公司影响，同比增长28.6%，实现净利润5.7亿元，同比下降41.9%。平均净利润、平均每股收益及平均净资产收益率等主要盈利能力指标均低于同期全国平均水平。

（三）保险业与金融稳定

2010年，宁夏保险业稳健发展，服务覆盖面不断拓宽，结构调整有序推进，经营效益持续好转，保障服务民生功能日益彰显。但险种结构仍旧单一、市场发展不够均衡等问题值得关注。

1. 保险业发展基本情况

（1）保险业规模不断扩大，保费收入稳步增长。2010年，宁夏保险市场呈现平稳较快发展的良好态势，全区保险公司总资产106.1亿元，较年初增长29.8%，总负债116.1亿元，较年初增长29.3%。全区实现保费收入52.8亿元，同比增长34.3%，高于全国平均增速3.9个百分点。

（2）保险赔付支出增加，服务经济功能加强。2010年，全区保险赔付支出11.7亿元，同比增长21.0%，高于全国平均增速18.4个百分点。全区保险深度3.2%，同比提高0.27个百分点，保险密度833.3元/人，同比增加204.9元/人（见图6）。保险业覆盖面不断扩大，服务经济社会功能有效发挥。

（3）出口信用保险加速发展，农业保险持续增长。2010年，宁夏投保出口信用保险的企业数量同比增长78.9%，所获风险保障金额超过前3年的总和；在财政资金的大力引导下，农户及产业化龙头企业投保积极性显著提高，宁夏承保农作物面积同比增长近3倍，保险品种基本涵盖了辖区特色优质产业。

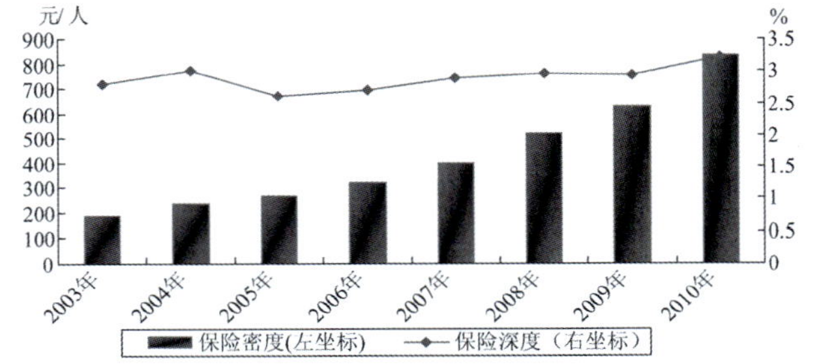

数据来源：宁夏保监局

图6　2003－2010年宁夏保险密度及保险深度变化情况

2. 保险业发展需要关注的问题

（1）险种结构仍旧单一。2010年，宁夏保险市场车险占财产险业务比重进一步上升至87.5%，高于全国平均水平10.3个百分点。寿险业务中分红险同比增长37.8%，在寿险业务中的占比上升了3.4个百分点，而普通寿险业务则出现负增长，占比下降了4.8个百分点。

（2）市场发展过于集中。一是在市场份额上进一步向大公司集中。产险业务中，进入市场较早的三家大公司分类市场份额高达92.7%；寿险业务中，排名靠前的三家公司的市场份额也高达90.4%。二是在地域上依然呈现向首府城市集中。

三、金融市场与金融稳定

2010 年，宁夏金融市场交易日趋活跃，同业拆借市场和债券市场交易增长强劲，票据市场业务快速发展，银行间外汇市场交易量大幅增长。但金融市场交易主体及交易品种较为单一，直接融资规模小，在全国占比偏低等问题值得关注。

（一）金融市场发展基本情况

1. 直接融资取得进展，融资结构有所改善。2010 年，随着经济的快速发展和资本市场融资功能提升，宁夏共有 2 家企业获得股票和债券融资 23.8 亿元，直接融资比例较上年提高 3.1 个百分点。但从近 10 年发展趋势看，直接融资规模相对间接融资仍然较小，且波动明显，直接融资比例仍需进一步提高。

2. 拆借和债券市场交易活跃，交易品种以短期为主。随着宁夏金融机构更多地利用金融市场进行资产负债管理，2010 年，宁夏银行间同业拆借市场和债券市场累计成交量同比增长 98.9%，各品种交易量均大幅增长，拆借、回购、现券分别同比增长 2.4 倍、82.2%、127.7%。资金流向继续呈现净融入趋势，全年净融入资金 2464 亿元。货币市场交易品种趋于集中，7 天以内的短期交易占拆借和回购交易量的 95%。受央行 6 次上调存款准备金率、2 次加息等因素影响，2010 年宁夏货币市场利率同比上涨 80 个基点。

3. 票据市场发展较快，市场利率持续上涨。2010 年，宁夏商业汇票承兑及贴现量均大幅增长，增幅分别为 68.4% 和 59.4%。全年票据市场利率持续上扬，贴现和转贴现利率同比分别上涨 2.1 个和 1.3 个百分点。上半年利率总体平稳，波动较小，下半年受资金面趋紧的影响，市场利率大幅上扬，年末达到全年最高点。金融机构对再贴现的需求明显增加，全年共办理再贴现 42.2 亿元，同比增长 3.3 倍。

4. 外汇市场发展提速，黄金交易更趋活跃。2010 年，宁夏银行间市场外汇交易量同比增长 49.1%。同时，在国际金价持续高位运行和国内通胀预期较强的背景下，宁夏纸黄金和实物黄金交易更趋活跃、交易量增长迅速，因交易方式方便快捷、成本低廉，纸黄金业务发展迅速，全年个人纸黄金交易量和交易金额分别同比增长 21.4% 和 62.3%。

（二）金融市场发展需要关注的问题

直接融资规模小，在全国占比偏低。近年来，银行间债券市场推出了短期融资券、中期票据、中小企业集合票据等非金融企业融资产品，拓宽了非金融企业融资渠道，增加了非金融企业的直接融资来源。2010 年，宁夏非金融企业 2010 年通过银行间债券市场融资 10 亿元，仅占全国银行间债券市场非金融企业债务融资总额的万分之八，占比较 2009 年有所下降。且从发行主体的企业规模及性质看，通过银行间债券市场进行融资的非金融企业全部为国有大型企业。

四、金融基础设施与金融稳定

2010 年，宁夏金融基础设施建设有序推进，支付结算系统安全高效运行，征信体系建社成效显著，反洗钱监管体制机制日趋健全，反假币工作有序开展，金融生态环境显著改善，为全区金融稳定提供了重要保障。

（一）现代化支付系统安全高效运行

2010 年，人民银行支付系统高效、平稳运行，支付体系基础设施建设稳步推进，非现金支付工具应用逐步扩大，支付体系监管工作不断加强，清算效率进一步提高。全年大额支付系统共处理业务 312 万笔，增长 24.3%，小额支付系统共处理业务 269 万笔，增长 73.5%；农村地区支付服务基础设施进一步完善，农民工银行卡特色服务业务正式开办，全年共发生 11454 笔业务，金额 1321.09 万元，农村地区银行卡业务再上新台阶。

（二）征信体系建设取得显著成效

2010 年，宁夏征信体系建设不断完善，系统运用效果逐步增强，信用环境有效改善，征信信息覆盖面稳步扩大。人民银行企业征信系统共收录全区企事业单位及其他经济组织 3.04 万户，同比增长 6.29%，入库贷款余额 1605.11 亿元；个人征信系统共收录全区自然人约 296.28 万人，同比增长 17.04%，入库个人贷款和信用卡账户余额 640.8 亿元。中小企业信用体系建设取得积极成效，共为 9085 户中小企业建立了信用档案，同比增长 22.32%。农村征信工作有序推进，全年共有 35.97 万信用农户获得农村金融机构小额信用贷款 27.81 亿元。征信宣传活动扎实开展，进一步增强了社会大众的信用意识，营造了良好的社会信用环境。

（三）反洗钱、反假币工作进展顺利

2010 年，宁夏反洗钱制度日益完善，反洗钱部门之间的交流和合作继续强化，工作有效性和针对性不断提高。全年人民银行反洗钱部门共检查金融机构 46 家，建立起了对金融机构反洗钱工作业绩评价指标和考评体系，并按照规定开展反洗钱行政调查和案件协查工作，监管水平和效果进一步提升。继续加大反洗钱培训和宣传力度，全年全区共开展反洗钱培训 12 次，反洗钱宣传 300 余次，进一步增强了社会公众的反洗钱意识。

2010 年，宁夏坚持"打防并举，标本兼治"的反假货币工作原则，反假币工作深入开展。共建立各类反假货币工作站 2809 家，设置监督员 17 名，管理员 356 名，义务宣传员 3015 名，反假货币队伍建设不断强化。积极开展反假货币城乡网络工作站争先创优考核评比活动，调动了广大反假货币工作人员的积极性。扎实开展形式多样的宣传教育活动，逐步增强了群众识假、防假的意识和能力。全区全年收缴假币量同比下降 15.3%，人民币使用环境进一步净化。

（四）金融生态环境明显改善

2010 年，金融生态环境建设取得新成效，自治区政府批转人民银行银川中心支行、自治区金融办联合制定的《宁夏金融生态环境建设考核评价试行办法》，强化了金融生态环境建设考核工作的指导性和针对性。人民银行、金融监管部门、司法部门、金融机构之间的联动机制进一步健全，银、证、保监管联席会议制度效果显著，共同打击洗钱犯罪、假币犯罪、非法集资等各类非法金融活动，有效净化了金融市场环境。宁夏地方中小金融机构风险监测系统建成并顺利上线运行，改变了以往风险监测和评估模式，提高了金融风险预警管理水平。

五、总体评估与政策建议

（一）总体评估

1. 定性评估

2010 年，宁夏以科学发展观为指导，认真贯彻执行中央关于支持经济发展的一系列重大决策部署，区域经济实现了平稳较快发展，为金融业发展和区域金融稳定创造了良好的经济环境，金融业在积极支持国民经济快速发展的同时也实现了稳健运行，与经济呈现出良性互动、协调发展的态势。金融业改革成果显著，规模实力不断壮大，资产质量不断提高，盈利能力进一步提升，抗风险能力显著增强，金融市场功能有效发挥，金融基础设施建设逐步完善，金融系统稳定性得到增强，全区出现系统性风险的可能性不大。

2. 定量评估

以全区经济金融发展实际情况为基础，从宏观经济、金融机构、金融生态环境三个方面选取22项指标构建指标体系，运用多指标综合评价法建立区域金融稳定定量评估模型，对全区2008—2010年区域金融稳定状况进行定量评估。

从总体评估结果看，2008－2010年全区金融稳定综合评估值不断提高，总体趋势持续向好。2010年综合评估值为0.6062，较上一年度小幅增加0.0196，表明全区金融稳定总体状况不断改善，金融机构抵御风险能力稳步增强，金融生态环境持续改善。

从结构层次看，宏观经济、金融机构、金融生态三个方面综合评估值较上年均有所提高，尤其是金融生态综合评估值上升幅度较大，增长36.11%，反映了全区经济金融发展软环境得到不断优化。在金融机构综合评估中，银行业、保险业综合评估值有所增长，但证券业综合评估值明显下降，主要因为受全国证券市场影响，全区投资者账户数增速出现下滑、境内证券市场交易额同比减少。

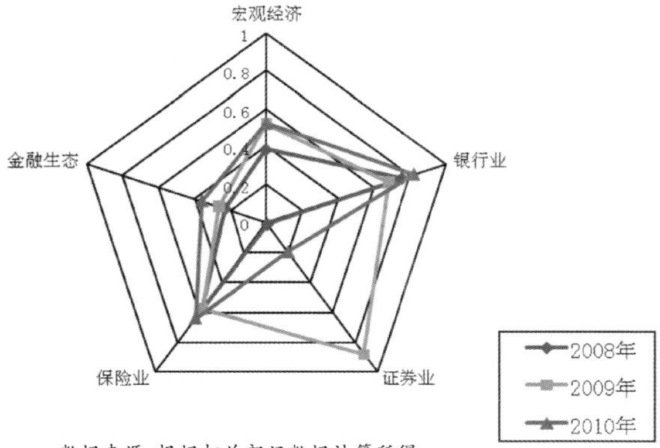

数据来源：根据相关部门数据计算所得

图7　2008－2010年宁夏金融稳定总体状况及组成部分的比较

（二）政策建议

1. 加快经济结构调整步伐，提高经济增长内生动力。密切关注宏观经济金融发展趋势，全面掌握政策影响因素及变动预期，及时采取应对措施确保全区经济金融平稳运行。引导企业加大创新力度，大力发展循环经济、低碳经济，着力促进产业结构调整和发展方式转变。大力发展服务业，抑制“高耗能、高污染”、产能过剩行业企业发展。加强对民间投资的鼓励和引导，提高民间投资信心和在全社会投资中的比重，努力拓展内需特别是农村消费需求。提高经济增长的内生动力，为经济可持续发展和金融业稳健运营夯实基础。

2. 认真落实稳健货币政策，着力增强政策执行效果。面对新形势和新要求，切实结合宁夏经济金融发展实际，进一步加强窗口指导，引导金融机构主动增强信贷投放的自我约束和自我把握能力，保持信贷合理、适度、平稳增长。积极调整优化信贷结构，加大对全区重大项目、资源优势行业、地域优势产业、民族特色加工业的支持力度，全面改进和完善农村金融服务，不断加大对县域和“三农”的信贷投入，认真落实中央、地方关于促进中小企业发展的政策措施，逐步优化中小企业融资环境，强化和完善中小企业金融服务。严格控制对高耗能、高排放以及落后产能企业的贷款，认真落实差别化房地产信贷政策，抑制投资投机性购房。

3. 合理引导通货膨胀预期，着力保持物价基本稳定。认真贯彻落实中央有关稳定物价的一系列政策措施，进一步完善各类商品和服务价格的监测体系，组织好基本生活必需品的生产供应，正确引导媒体、社会舆论及市场预期，依法打击各种扰乱市场价格秩序的违法行为，把握好管理商品和服务价格的调整时机、节奏和力度，努力保持物价基本稳定。

4. 深入推进金融改革创新，不断提升机构竞争水平。持续深化金融机构改革，建立完善的业务服务体系，有效发挥金融市场功能作用，拓宽融资渠道，引导金融机构改变经营模式，采取差异化的发展战略，通过服务和产品创新，在支持经济社会发展中实现自身效益增长，提升金融服务水平和竞争能力。

5. 加大金融风险管理力度，促进行业健康有序发展。不断强化内部控制和风险防范机制，建立科学的风险防控体系，密切关注贷款质量变化，切实提高抗风险能力。建立健全金融监管协调机制，加大银行、证券、保险等金融机构的监测力度，健全金融机构重大事项、风险管理信息报告制度，密切关注跨行业、跨市场、交叉性金融工具的风险，共同防范和化解系统性金融风险。积极开展金融知识普及教育宣传活动，加强各类金融产品的风险提示和信息披露，引导和培育社会公众的金融意识。

6. 继续优化金融生态环境，构建金融稳定长效机制。按照《自治区金融生态环境建设考核评价办法》的要求，积极推动地方政府相关部门定期对本辖区的金融生态环境建设情况进行监督、检查、通报和年度量化考核，切实推动全区金融生态环境进一步优化，提高防范系统性金融风险的能力。继续扩大征信数据覆盖面，完善企业和个人征信系统，促使企业和个人重视及保持良好信用记录。金融机构努力提高自我调节功能，积极发挥信贷资金在金融生态中的正向激励和约束作用，要对诚实守信的经济主体开辟信贷“绿色通道”，形成诚实守信企业受人尊重的良好风气。不断加大金融生态环境宣传和教育力度，增强社会公众的风险意识、法治意识和诚信意识，推动金融生态环境建设深入开展。

7. 全面强化基础设施建设，有效改善金融服务质量。根据新形势和新要求，不断强化金融统计和宏观经济分析，扎实开展金融研究，为全区经济金融发展提供决策参考服务；继续推进农村支付服务环境建设，促进全社会资金的高效流通；加强货币发行管理，合理满足全区现金需求；严厉打击假币犯罪，净化人民币流通环境；稳步推进国库现代化建设，维护国库资金安全；加快征信体系建设步伐，进一步扩大企业和个人征信系统覆盖面；加强反洗钱数据库建设，有效防范洗钱风险；不断增强外汇管理服务功能，促进贸易投资便利化，积极支持区内有条件的企业“走出去”，完善异常跨境资金流动监管体系，防范和化解跨境资金流动风险。

2010 年宁夏金融机构本外币信贷主要项目表

单位:万元人民币

项目	2010.01	2010.02	2010.03	2010.04	2010.05	2010.06	2010.07	2010.08	2010.09	2010.10	2010.11	2010.12
资金来源方项目												
各项存款	21119577	21379718	22385062	22825207	23267361	23492252	23659132	24239094	24766170	25029083	25385716	25866649
1. 企业单位存款	6029628	5784695	6542435	6680141	6698050	6424235	6598159	6720451	6725577	6938581	7068750	7318663
2. 储蓄存款	9789038	10188461	10380226	10339301	10302639	10456558	10513181	10562664	10935211	10792231	11026035	11740204
3. 委托存款	8877	20231	17815	26653	30690	33764	30970	26553	31736	34847	38246	30522
4. 其他存款	5292034	5386330	5444586	5779113	6235981	6577694	6516822	6929426	7073646	7263424	7252684	6777260
资金运用方项目												
各项贷款	19755850	20385070	21072468	21618095	21909913	22152334	22498072	23028099	23258109	23576933	23912416	24198889
1. 短期贷款	6411837	6630683	6646504	6747451	6558966	6644260	6564714	6788318	6869995	6921887	6934736	7042546
2. 中长期贷款	12472405	12768610	13445563	13784549	14290811	14460012	14916568	15177159	15453952	15698720	15969946	16119921
3. 其他贷款	62739	60766	73450	90491	96739	99337	116808	129571	136933	139783	147049	159633
4. 票据融资	807069	923211	905151	993695	960932	946329	897575	930655	795337	814550	857293	874474
5. 各项垫款	1800	1800	1800	1910	2465	2394	2407	2397	1893	1991	3393	2316
有价证券及投资	1040286	1024360	1031803	1133491	992062	1066783	1139313	1287748	1110516	1186975	943269	1065632

2010 年青海省金融机构本外币信贷余额表

单位:亿元

项目名称	1 月	2 月	3 月	4 月	5 月	6 月	7 月	8 月	9 月	10 月	11 月	12 月
各项存款	1794.24	1828.06	1834.81	1910.07	1972.05	2062.34	2083.31	2252.34	2277.00	2304.50	2331.54	2326.96
企事业单位存款	515.93	532.39	532.88	568.29	586.58	585.84	607.18	682.94	588.23	630.11	646.03	649.64
储蓄存款	726.93	741.98	745.62	746.95	753.31	766.18	776.43	785.93	813.30	813.38	835.55	871.00
各项贷款	1419.45	1468.15	1503.84	1526.97	1555.36	1611.00	1632.48	1674.62	1691.00	1711.31	1782.21	1832.81
短期贷款	359.60	387.21	386.06	386.07	366.30	351.89	351.49	358.69	361.80	358.17	372.44	401.70
中长期贷款	1015.96	1030.77	1060.09	1077.84	1123.09	1182.49	1214.48	1254.16	1261.75	1279.88	1321.63	1347.95
票据融资	41.96	47.67	55.28	60.86	63.33	73.95	63.84	59.48	63.84	69.59	85.02	79.47

2010 年云南省人民币存贷款保持平稳较快增长

文章来源:中国人民银行昆明中心支行

2010 年 12 月末,云南省人民币各项存款平稳增长,全年存款增速呈现前高后低走势,其中,企业存款增速小幅回落,储蓄存款平稳增长,财政存款增速大幅回落,机关团体存款同比多增;人民币各项贷款增速上半年逐级回落,下半年增速较平稳,贷款投放节奏整体均衡,短期贷款增速连续两个月回升,中长期贷款增速下降,个人消费贷款增速继续下滑;外汇存款比年初适度增长,外汇贷款全年增加较多。

一、人民币各项存款增速全年呈现前高后低走势

1－12 月,受货币政策由适度宽松向稳健转变以及去年下半年存款基数较大影响,人民币各项存款增速全年呈现前高后低的走势。云南省本外币各项存款余额 13476.23 亿元,同比增长 20.6%,增幅比去年同期下降 11.32 个百分点。比年初增加 2302.11 亿元,同比少增 399.14 亿元。本月人民币各项存款余额 13411.49 亿元,同比增长 20.61%,增幅比上月末上升 0.31 个百分点,但仍比去年同期下降 11.47 个百分点。当月新增 149.43 亿元,同比多增 53.63 亿元。比年初新增 2291.86 亿元,同比少增 406.41 亿元。

(一)企业存款增速小幅回落

12 月末,企业存款余额 4462.42 亿元,同比增长13.19%,增幅分别比上月末和去年同期下降 0.04 个和 23.57 个百分点。当月新增 157.37 亿元,同比多增 16.88 亿元,比年初新增 618.18 亿元,累计同比少增 438.67 亿元。

其中,企业活期存款余额 3559.8 亿元,比年初新增 560.74亿元,同比少增 343.7 亿元。本月企业定期存款余额 902.62亿元,比年初新增 57.44 亿元,同比少增 94.97 亿元。

(二)储蓄存款增速平稳

12 月末,储蓄存款余额 5719.55 亿元,同比增长22.51%,增幅较上月末上升 0.21 个百分点。当月增加 131.56 亿元,同比多增 31.93 亿元,比年初新增 1050.94 亿元,同比多增 167.03 亿元。

其中,活期储蓄余额 2894.46 亿元,比年初新增 623.93 亿元,同比多增 89.2 亿元。定期储蓄余额 2825.1 亿元,比年初新增 420.01 亿元,同比多增 77.83 亿元。

(三)财政存款增速大幅回落,机关团体存款同比多增

12 月末,财政存款余额 327.77 亿元,同比减少 2.9%,降幅分别比上月末和去年同期上升 4.71 个和 43.46 个百分点,当月减少 314.93 亿元,同比多减 21.19 亿元,比年初减少 9.8 亿元,同比多减 107.2 亿元。本月机关团体存款余额 1372.66 亿元,当月新增 75.04 亿元,同比少增 0.96 亿元,比年初新增 273.73 亿元,同比多增 39.19 亿元。

(四)农业存款增速环比提高

12 月末,农业存款余额 754.92 亿元,同比增长 29.78%,当月新增 47.96 亿元,同比多增 11.34 亿元,比年初新增 173.24亿元,同比少增 6.38 亿元。

二、人民币各项贷款增速上半年逐级回落,下半年增速平稳,贷款投放节奏整体均衡

12 月末,云南省本外币各项贷款余额 10701.94 亿元,同比增长 20.88%,增幅比去年同期低 12.27 个百分点,比年初新增 1848.54 亿元,同比少增 354.94 亿元。本月人民币各项贷款余额 10568.78 亿元,同比增长 20.38%,增幅分别比上月

末和比去年同期下降0.96个和12.76个百分点，当月新增98.99亿元，同比少增52.08亿元，比年初新增1789.15亿元，同比少增395.5亿元。

分细项看，贸易融资，普通并购贷款增速最为靠前，比年初增长104.57%、89.55%，增幅分别比人民币各项贷款高84.19个和69.17个百分点。

分机构看，本月中资全国性大型银行贷款增量占比较上月大幅回落，中资全国性中小型银行占比上升较多。12月末，中资全国性大型银行贷款比年初新增943.61亿元，占新增贷款总量的52.74%，较上月上升0.26个百分点；中资全国性中小型银行贷款比年初新增436.65亿元，占新增贷款总量的24.41%，较上月上升1.36个百分点；中资区域性中小金融机构比年初新增393.8亿元，占新增贷款总量的22.01%，较上月下降1.57个百分点。中资财务公司贷款比年初新增15.08亿元，占新增贷款总量的0.84%，较上月下降0.06个百分点。

（一）短期贷款增速连续两个月回升

12月末，短期贷款余额2671.12亿元，同比下降8.66%，降幅比上月末低0.9个百分点。当月增加35.85亿元，同比多增25.34亿元，比年初新增190.25亿元，同比少增230.19亿元。

短期贷款中，普通并购贷款和银团贷款增长较快。其中，个人贷款及透支639.21亿元，比年初增加118.2亿元。单位贷款及透支1906.29亿元，比年初增加10.36亿元，其中，经营贷款1835.43亿元，比年初增加77.64亿元，固定资产贷款70.69亿元，比年初减少67.41亿元；银团贷款3.67亿元，比年初增加3.12亿元；贸易融资120.76亿元，比年初增加57.38亿元。

（二）中长期贷款增速降至全年最低水平

12月末，中长期贷款余额7724.47亿元，同比增长38.3%，增幅分别比上月末和去年同期低2.31个和8.02个百分点，当月增加40.12亿元，同比少增80.24亿元，比年初新增1695.81亿元，累计同比少增70.29亿元。

中长期贷款中，贸易贷款、普通并购贷款、银团贷款增长较快。其中，个人贷款1805.73亿元，比年初新增439.55亿元；单位贷款5778.95亿元，比年初增加1192.98亿元，其中，经营贷款1671.96亿元，比年初增加405.73亿元，固定资产贷款4106.98亿元，比年初增加787.25亿元；普通并购贷款14.3亿元，比年初增加6.12亿元；银团贷款92亿元，比年初增加35.69亿元；贸易融资33.49亿元，比年初增加21.47亿元。

（三）票据融资连续3月上升

12月末，票据融资余额159.8亿元，同比减少40.72%，降幅比上月低3.26个百分点，当月增加19.99亿元，同比少增0.02亿元。

（四）全年贷款投放节奏均衡

1－12月，全年贷款投放规模逐渐收缩，但投放节奏仍趋于均衡，未出现大起大落的情况，四个季度投放增量比例接近9∶8∶7∶6，与年初目标值3∶3∶2∶2相近。与近5年投放情况对比看，季度投放量波动的标准差除高于08年以外，均低于其余四年波动水平。

（五）个人消费贷款增速继续下滑

12月末，个人消费贷款余额1353.29亿元，同比增长32.08%，增幅分别比上月末和去年同期下降3.16个和16.49个百分点。当月新增17.55亿元，同比少增19.37亿元，比年初新增296.56亿元，同比少增38.42亿元。其中，短期消费贷款余额109.95亿元，当月增加2.42亿元，比年初增加4.94亿元，累计同比少增36.94亿元；中长期消费贷款余额1243.34亿元，当月新增15.13亿元，比年初新增291.62亿元，累计同比多增1.48亿元。

个人消费贷款中，短期住房贷款余额7.77亿元，比年初减少4.18亿元；短期汽车贷款余额1.99亿元，比年初增加0.11亿元；中长期住房贷款余额1035.02亿元，比年初新增210.85亿元；中长期汽车贷款余额26.84亿元，比年初新增1.98亿元；长期助学贷款余额9.36亿元，比年初增加3.08亿元。

三、外汇存款比年初小幅增长，外汇贷款全年增加较多

12月末，云南省外汇存款余额9.78亿美元，比年初增加1.79亿美元。其中，单位活期存款余额5.02亿美元，比年初新增2.38亿美元；单位定期存款余额0.77亿美元，比年初减少0.13亿美元；储蓄存款余额3.72亿美元，比年初减少0.33亿美元；其它类存款余额0.26亿美元，比年初减少0.1亿美元。

外汇贷款余额20.11亿美元，比年初增加9.3亿美元。其中，境内短期外汇贷款余额4.73亿美元，比年初增加2.6亿美元；境内中长期外汇贷款余额2.67亿美元，比年初减少0.3亿美元；境内进出口贸易融资余额8.89亿美元，比年初增加3.73亿美元；境外贷款3.28亿美元，比年初增加3.28亿美元。

2011年上半年银行业金融机构资产负债情况表（境内）

单位：亿元、%

1. 银行业金融机构

时间	2011年											
项目	1月	2月	3月	4月	5月	6月	7月	8月	9月	10月	11月	12月
总资产	944774	965133	998873	999200	1007289	1041410						
比上年同期增长率	17.40%	18.40%	18.60%	17.20%	17.30%	19.40%						
总负债	885452	904481	937051	936014	942732	978056						
比上年同期增长率	16.60%	17.70%	17.90%	16.40%	16.40%	18.80%						

2. 大型商业银行

时间	2011年											
项目	1月	2月	3月	4月	5月	6月	7月	8月	9月	10月	11月	12月
总资产	458860	467596	485496	479003	481911	502288						
比上年同期增长率	11.80%	12.90%	13.10%	11.30%	11.60%	15.30%						
占银行业金融机构比例	48.60%	48.40%	48.60%	47.90%	47.90%	48.20%						

时间 项目	2011 年											
	1 月	2 月	3 月	4 月	5 月	6 月	7 月	8 月	9 月	10 月	11 月	12 月
总负债	429764	437753	455065	447914	450124	472018						
比上年同期增长率	10.70%	12.00%	12.20%	10.20%	10.40%	14.50%						
占银行业金融机构比例	48.50%	48.40%	48.60%	47.90%	47.80%	48.30%						

3. 股份制商业银行

时间 项目	2011 年											
	1 月	2 月	3 月	4 月	5 月	6 月	7 月	8 月	9 月	10 月	11 月	12 月
总资产	148776	152029	158308	159585	161188	165875						
比上年同期增长率	23.90%	25.80%	25.20%	23.40%	22.90%	22.70%						
占银行业金融机构比例	15.70%	15.80%	15.80%	16.00%	16.00%	15.90%						
总负债	140421	143523	149661	150540	151906	156697						
比上年同期增长率	22.90%	24.90%	24.50%	22.50%	21.90%	22.00%						
占银行业金融机构比例	15.90%	15.90%	16.00%	16.10%	16.10%	16.00%						

4. 城市商业银行

时间 项目	2011 年											
	1 月	2 月	3 月	4 月	5 月	6 月	7 月	8 月	9 月	10 月	11 月	12 月
总资产	76445	77174	80574	81717	82859	87535						
比上年同期增长率	32.10%	32.20%	34.40%	31.70%	31.20%	32.40%						
占银行业金融机构比例	8.10%	8.00%	8.10%	8.20%	8.20%	8.40%						
总负债	71533	72171	75424	76297	77324	81898						
比上年同期增长率	32.00%	32.20%	34.60%	31.50%	30.90%	32.20%						
占银行业金融机构比例	8.10%	8.00%	8.00%	8.20%	8.20%	8.40%						

5. 其他类金融机构

时间 项目	2011 年											
	1 月	2 月	3 月	4 月	5 月	6 月	7 月	8 月	9 月	10 月	11 月	12 月
总资产	260693	268334	274496	278895	281332	285713						
比上年同期增长率	20.60%	20.90%	20.90%	20.90%	20.90%	21.50%						
占银行业金融机构比例	27.60%	27.80%	27.50%	27.90%	27.90%	27.40%						
总负债	243735	251034	256901	261263	263378	267443						
比上年同期增长率	20.30%	20.50%	20.50%	20.60%	20.50%	21.20%						
占银行业金融机构比例	27.50%	27.80%	27.40%	27.90%	27.90%	27.30%						

2011 年一季度上海市货币信贷平稳运行

文章来源：中国人民银行上海总部

今年一季度，上海市金融机构各项存款增加较多，存款波动较大，信贷总量增长适度，贷款投放节奏较为均衡。3 月末，上海市本外币各项存款余额 53907 亿元，同比增长 18%，增速较上年末上升 1 个百分点。一季度新增本外币存款 2089.9 亿元，同比多增 704.1 亿元。3 月末，上海市本外币各项贷款余额 34839 亿元，同比增长 11.4%，增速较上年末下降 3.7 个百分点。一季度新增本外币贷款 1296.9 亿元，同比少增 684.4 亿元，其中 3 月份增加 424.1 亿元，同比少增 80.1 亿元。

一、各项存款大幅增加，季末存款冲高特征明显

一季度，上海市中资金融机构新增本外币存款 2079 亿元，同比多增 685.8 亿元；外资银行新增本外币存款 10.9 亿元，同比多增 18.3 亿元。一季度存款变化主要有以下三个特点：

一是季末人民币存款大幅冲高，外汇存款增长平稳。一季度全市新增人民币存款 1900.6 亿元，同比多增 522 亿元；其中 3 月份增加 1913.5 亿元，同比多增 1725.1 亿元。3 月份人民币存款增量占当季存款增量的 100.7%，创人民币存款单月增量历史新高。一季度全市外汇存款总体增长平稳，但中资金融机构增长明显。当季全市外汇存款增加 32.5 亿美元，同比多增 31.3 亿美元；其中 3 月份增加 10.9 亿美元，占当季存款增量的 1/3，同比多增 20.1 亿美元。当季中资金融机构新增外汇存款 32.6 亿美元，同比多增 30.8 亿美元。

二是单位存款同比少增，定期存款占比上升。一季度，全市本外币单位存款增加 171.6 亿元，同比少增 472 亿元。其中人民币单位存款减少 18 亿元，同比多减 497.8 亿元，主要是单位活期存款和通知存款分别减少 436 亿元和 168.6 亿元，而单位定期存款增加 772.8 亿元，一季度末单位定期存款占全部单位存款余额比例由年初 26.8% 上升到 29.4%。单位定期存款占比上升，既有加息因素，也与今年 1 季末贷款冲高现象明显改观导致派生的活期存款减少有关。当季全市外汇单位存款增加 31.3 亿美元，同比多增 7.3 亿美元，其中单位保证金存款增加 23.8 亿美元。

三是储蓄存款波动较大，季末冲高态势明显。一季度全市新增本外币个人存款 1173.4 亿元，同比多增 980.6 亿元，其中储蓄存款增加 1237.9 亿元，同比多增 1054.6 亿元。一季度全市新增定期储蓄存款 770 亿元，一季度末定期储蓄存款占全部储蓄存款余额的 62.5%，占比与年初持平。

二、贷款增长趋缓，信贷投向重点突出

一季度，上海市中资金融机构新增本外币贷款 1138.9 亿元，同比少增 525.8 亿元；外资金融机构本外币贷款增加 158 亿元，同比少增 158.7 亿元。一季度全市信贷运行的主要特点有：

一是贷款增速明显回落，月初贷款投放较为集中。3 月末全市人民币贷款余额同比增长13.1%，增幅较上年末下降3.6个百分点。一季度全市新增人民币贷款1070.1亿元，同比少增566亿元；其中3月份增加332.4亿元，同比少增58.7亿元。按机构分，当季中、外资金融机构贷款分别增加1007.2亿元和62.9亿元，同比分别少增448.6亿元和117.4亿元。从贷款投放节奏看，月度间投放较为均衡。一季度全市新增外汇贷款40亿美元（其中83%为短期贷款），同比少增10.7亿美元；其中中、外资金融机构外汇贷款分别增加23.1亿美元和16.9亿美元，同比分别少增7.6亿美元和3.1亿美元。

二是中长期贷款仍是信贷投放主力，票据融资维持负增长态势。当季全市新增本外币短期贷款562.9亿元，同比少增98.3亿元，其中人民币短期贷款增加362.9亿元，同比少增1.2亿元；当季全市新增本外币中长期贷款836.5亿元，占全部贷款增量的64%，同比少增861.4亿元，其中人民币中长期贷款增加829.1亿元，同比少增856.7，其中单位固定资产贷款、中长期个人消费贷款和银团贷款分别增加468.1亿元、153.7亿和226.1亿元元，同比分别少增263.9亿元、217.4亿元和多增36.1亿元。当季全市本外币票据融资减少238.8亿元，同比少减245.5亿元；其中人民币票据融资减少239.7亿元，主要是转贴现减少225.2亿元所致。

三是贷款投向重点突出，小企业贷款支持力度加大。当季全市新增的本外币企业贷款（不含票据融资）中，投向批发零售业、制造业、房地产业、交运仓储邮政业和租赁商务业的贷款分别增加341亿元、339亿元、207亿元、146亿元和142亿元。按企业规模分，当季上海市中外资银行投放的大、中、小型企业人民币贷款分别增加372.3亿元、190.8亿元和355亿元，同比分别少增291.4亿元、507.8亿元和多增145.6亿元。3月末小企业贷款余额占全部企业贷款余额比例分别比去年同期和上年末上升9个和7.3个百分点。

四是个人住房贷款增速减缓，汽车消费贷款同比少增明显。当季全市新增人民币个人消费贷款149.5亿元，同比少增236.6亿元，其中中资金融机构增加146.4亿元，同比少增211.8亿元。一季度个人住房贷款增加132.2亿元，同比少增204亿元，其中新建房和二手房贷款分别增加71.2亿元和61亿元。受宏观调控和住房交易量变化的影响，当季个人住房贷款的月增量呈V型走势，其中3月份新增46.3亿元，环比多增17.3亿元，同比少增5.3亿元；3月份个人住房贷款增量回升主要与部分刚性需求释放，以及年初已批未放贷款的发放有关。一季度全市个人汽车消费贷款增加1.4亿元，同比少增35.2亿元，其中3月份减少11.8亿元，同比多减21.9亿元，主要是汽车金融公司贷款减少15亿元，同比多减20.6亿元。

2011年上半年上海市货币信贷运行平稳

文章来源：中国人民银行上海总部

今年上半年，上海市货币信贷运行平稳，各项存贷款总量增长趋缓，信贷投放结构有所改善。6月末，上海市本外币各项存款余额55308亿元，同比增长14.5%，增速较上年末下降2.5个百分点。上半年新增本外币存款3490.8亿元，同比少增506.4亿元，其中6月份增加482.2亿元，同比少增458亿元。6月末，上海市本外币各项贷款余额35967亿元，同比增长11.3%，增速较上年末下降3.8个百分点。上半年新增本外币贷款2425亿元，同比少增575.9亿元，其中6月份增加384.5亿元，同比多增228.8亿元。

一、各项存款增长趋缓

上半年，上海市中资金融机构新增本外币存款3329.8亿元，同比少增614.1亿元；外资银行新增本外币存款161.1亿元，同比多增107.7亿元。上半年存款变化主要有以下三个特点：

一是人民币存款增长趋缓，外汇存款增加较多。上半年全市新增人民币存款3034.8亿元，同比少增1052.1亿元；其中第2季度增加1134.1亿元，环比和同比分别少增766.5亿元和1574.1亿元。第2季度人民币存款增势逐月放缓，4至6月份存款分别增加475.7亿元、351.5亿元和306.9亿元。上半年全市外汇存款大幅增加，且以中资金融机构增长为主。上半年全市新增外汇存款78.8亿美元，同比多增90.1亿美元；其中第2季度增加46.3亿美元，同比多增58.8亿美元。中资金融机构上半年新增外汇存款68.4亿美元，同比多增78.9亿美元，其中6月份增加22.1亿美元，占上半年增量近1/3，同比多增11.2亿美元。

二是单位存款先降后升，定期存款占比上升。上半年全市本外币单位存款增加1080.5亿元，同比少增1060.4亿元。全市上半年新增人民币单位存款637.5亿元，同比少增1402.1亿元；其中第1季度减少18亿元；第2季度增加655.5亿元，同比少增904.3亿元。上半年全市人民币单位活期存款减少665.9亿元，而单位定期存款增加537.8亿元，6月末单位定期存款占全部单位存款余额比重较年初上升1.2个百分点。上半年全市外汇单位存款增加74亿美元，同比多增58亿美元，其中单位保证金存款增加39.6亿美元，同比多增34.7亿美元。

三是储蓄存款增量占比上升。上半年全市新增本外币个人存款1427亿元，其中储蓄存款增加1398.4亿元，同比多增437.7亿元，占各项存款增量四成，占比同比上升16个百分点。上半年全市新增人民币储蓄存款1417.1亿元，同比多增394.1亿元，其中3月份和6月份共增加1504.7亿元，占上半年全部储蓄存款增量的106.2%。

二、信贷投放结构优化

上半年，上海市中资金融机构新增本外币贷款2252.90亿元，同比少增297.6亿元；外资金融机构本外币贷款增加172.1亿元，同比少增278.3亿元。上半年全市信贷运行的主要特点有：

一是贷款增速回归常态，贷款投放节奏均衡。6月末全市人民币贷款余额同比增长12.6%，增幅较上年末下降4.1个百分点。上半年全市新增人民币贷款2065.8亿元，同比少增583亿元；其中中、外资金融机构贷款分别增加2002.8亿元和63亿元，同比分别少增373.1亿元和209.9亿元。从贷款投放节奏看，上半年各季贷款投放较为均衡，第1、2季度分别增加1070.1亿元和995.7亿元，同比分别少增566亿元和17亿元。上半年全市新增外汇贷款67.9亿美元（其中84%为短期贷款），同比多增13.3亿美元；其中中、外资金融机构外汇贷款分别增加45.5亿美元和22.4亿美元，同比分别多增18.2亿美元和少增4.9亿美元。

二是短期贷款占比上升，贷款期限结构有所改善。上半年全市新增本外币短期贷款1076.3亿元，同比多增338.9亿元，占全部贷款增量比重同比上升近两成；其中人民币短期贷款增加748.8亿元，同比多增320.3亿元，其中第2季度增加385.9亿元，环比和同比分别多增23亿元和321.6亿元。上半年全市新增本外币中长期贷款1189.6亿元，其中人民币中长期贷款增加1173.9亿元，同比少增1249亿元。从投放节奏看，中长期贷款增势明显减缓，其中第 2 季度仅新增 344.7 亿元，环比和同比分别少增 484.4 亿元和 392.3 亿元。上半年全市本外币票据融资减少 41.3 亿元，同比少减 334.6 亿元；其中人民币票据融资减少 40.3 亿元，同比少减 339.4 亿元。

三是贷款投向结构优化，小企业贷款支持力度有所加大。上半年全市新增的本外币企业贷款（不含票据融资）中，投向第二产业的贷款增加 897.6 亿元，同比多增 461.4 亿元，其中制造业贷款增加 667 亿元，同比多增 384 亿元；投向第三产业中批发零售业、房地产业、租赁商务业和交运仓储邮政业的贷款分别增加 427 亿元、337 亿元、157.7 亿元、126.9 亿元。按企业规模分，上半年上海市中外资银行投放的大、中、小型企业人民币贷款分别增加 630 亿元、236.9 亿元和 473.3 亿元，同比分别少增 244.5 亿元、少增 707 亿元和多增 60.3 亿元。与年初相比，6 月末小企业贷款余额增幅高出全部企业贷款 1.4 个百分点，小企业贷款占全部企业贷款的比重比年初上升 0.4 个百分点。

四是个人住房贷款增速明显回落，汽车消费贷款投放加快。上半年全市新增人民币个人消费贷款 247.4 亿元，同比少增 362 亿元，其中中资金融机构增加 246.2 亿元，同比少增 310.8 亿元。上半年个人住房贷款增加 164.8 亿元，同比少增 342.2 亿元。上半年全市个人汽车消费贷款增加 45.6 亿元，同比少增 30.9 亿元。

2011 年上半年北京市金融运行稳健信贷资金配置效率继续提升

文章来源：中国人民银行营业管理部（北京）

2011 年上半年，北京市金融运行平稳，信贷增长向常态回归，资金配置效率继续提升，多元化融资渠道不断拓展，积极推动首都产业结构调整和经济发展方式转变。

截至 6 月末，北京市金融机构本外币各项贷款余额 37858.2 亿元。其中，人民币各项贷款余额 31551.5 亿元，按可比口径计算，同比增长 15.5%，比年初增加 2176.2 亿元。

信贷结构加快调整。6 月末，战略性新兴产业中的生物工程与新医药技术企业、光机电一体化企业、新材料企业、环保与资源综合利用企业贷款同比分别增长 11.2%、102.8%、66.8%、128.4%；文化创意产业贷款同比增长 61.8%，累放额同比增长 73.8%。涉农贷款增长迅速，6 月末涉农贷款余额 1461 亿元，比年初增加 272.3 亿元。

中小企业信贷快速增长。6 月末，全市中小企业人民币贷款（不含票据融资）余额 7925 亿元，比年初增加 402.8 亿元，同比增长 21.7%，占同期全部人民币企业贷款（不含票据融资）余额的 35%；其中，小企业贷款同比增长 47.6%，高出大企业贷款增速 37.2 个百分点。

保障性住房开发贷款大幅增长，个人住房贷款下降明显。6 月末，全市保障性住房开发贷款比年初增加 131.2 亿元，占全部房产开发贷款新增额的 82.9%。个人住房贷款余额 3563 亿元，比年初增加 86.1 亿元。其中，用于购买新房的个人住房贷款比年初增加 8.8 亿元，用于购买二手房的个人住房贷款比年初增加 77.3 亿元。

非信贷融资增长强劲，多元化融资渠道不断拓展。上半年，北京地区企业通过发行债券和股票募集资金 5349.2 亿元，同比增长 17.3%。其中，发行债券融资 4839 亿元，发行股票融资 510.2 亿元。同时，保险资金融资、中关村代办股份转让系统定向融资、创业投资和股权投资等融资渠道也得到继续拓展。

存款增长总体趋缓。6 月末，全市本外币各项存款余额 71051.7 亿元。其中，人民币各项存款余额 68747.2 亿元，按可比口径计算，同比增长 14.6%；比年初增加 4518.8 亿元，同比少增 1392.5 亿元。

兼具存款保本和理财产品收益率较高特点的结构性存款受到市民青睐。6 月末，全市人民币个人存款比年初增加 2029.6 亿元，其中个人储蓄存款增加 1063.7 亿元，同比少增 100.4 亿元，结构性存款增加 972.5 亿元，同比多增 964 亿元。

2011 年上半年广东金融运行情况

文章来源：中国人民银行广州分行

根据人民银行广州分行向本报独家披露的情况，在国家继续实施宏观调控的背景下，今年上半年广东银行部门认真贯彻落实稳健的货币政策，在做好总量控制的同时，努力优化资金投向结构，增加对实体经济部门投入，强化对欠发达地区和弱势领域的支持，保持了货币信贷平稳运行，全省新增存、贷款均居全国首位，有力促进了地方经济的良性发展。

贷款增长平稳，投放节奏均衡

6 月末，广东本外币各项贷款余额 55777 亿元，同比增长 14.1%，比上月末高 1.2 个百分点，比上年末下降 2.3 个百分点，大致回复到以往正常年份水平。上半年全省新增本外币贷款 4089 亿元，占全国 9.2%，同比少增 425 亿元，但仍居全国各省首位；其中一、二季度分别增加贷款 2020 亿元和 2089 亿元，季内各月份的投放节奏也较为均衡。上半年新增贷款中，人民币贷款 3547 亿元，占全国比重 8.5%，同比少增 991 亿元；外币贷款 100 亿美元，占全国比重 19.5%，同比多增近 100 亿美元。

贷款期限结构改善，新增流动性贷款占比提高

上半年在全省新增贷款减少的情况下，流动资金贷款仍保持良好增势，其中本外币短期贷款增加 1249 亿元，同比多增 259 亿元；本外币票据融资减少 86 亿元，同比少减 472 亿元，其中二季度则恢复正增长共 200 亿元。整体看，上半年广东新增流动资金贷款合计 1163 亿元，占新增各项贷款比重 28.4%，比去年同期提高 18.8 个百分点，较好地支持了实体经济经营发展。新增本外币短期贷款中，贸易融资 240 亿元，同比多增 183 亿元；单位经营贷款 894 亿元，同比多增 118 亿元；个人经营性贷款 184 亿元，同比多增 79 亿元。另一方面，中长期贷款增势显著减弱，上半年全省新增本外币中长期贷款 2619 亿元，同比少增 1456 亿元。其中固定资产贷款、银团贷款和个人中长期住房贷款分别增加 894 亿元、461 亿元和 479 亿元，同比分别少增 653 亿元、112 亿元和 666 亿元。

对实体经济和弱势领域的支持力度加大

银行部门在改善贷款期限结构的同时注重优化投向，通过实行有进有退的信贷政策，努力增加对实体经济和弱势领域的资金投入。据对中资银行统计：上半年全省工业及批发零售业的新增本外币贷款分别为 1138 亿元和 585 亿元，同比多增 451 亿元和 303 亿元，多增幅度均过半；此外对文化体育娱乐业以及信息传输、计算机服务和软件业等行业的新增贷款也同比显著增多。而房地产业、投融资平台较多的租赁和商务服务业及水利、环境和公共设施管理业则因受政策调控，新增本外币贷款分别为 352 亿元、158 亿元和 –75 亿元，同比少增 395 亿元、159 亿元和 439 亿元。

从贷款对象看，小型企业和民营经济需求得到重视，新增贷款份额上升。上半年新增境内人民币企业贷款2314亿元中，投向小型企业657亿元，同比多增26亿元，占比28.4%，同比提高6.4个百分点，大、中型企业的新增贷款占有份额相应降低。此外，包含大量小微型企业贷款的个人经营贷款在今年上半年也增加408亿元，同比多增145亿元。综合来看，上半年小型企业和个人经营获得的新增人民币贷款合计分别比大型企业多133亿元，比中型企业多341亿元。在地区结构上，欠发达地区新增贷款的占有比重也有所上升，上半年非珠三角地区新增本外币贷款409亿元，占全省10%，同比提高0.4个百分点；县域地区新增本外币贷款331亿元，占全省8.1%，同比提高0.2个百分点。

新增存款接近去年同期，银行体系流动性整体保持充足

6月末，广东本外币各项存款余额88797亿元，同比增长15.9%，增速比上年末下降1.8个百分点。上半年全省新增本外币各项存款6937亿元，也占全国9.2%并居各省首位，同比少增102亿元，其中新增人民币存款6737亿元，同比多增39亿元；新增外币存款38亿美元，同比少增14亿美元。上半年全省新增本外币各项存款中，单位存款有3432亿元，同比少增49亿元；个人存款有2776亿元，同比少增162亿元。由于广东的各项存款保持较好的增长水平，而新增贷款又有所减少，近期虽然央行连续上调存款准备金率，但银行体系流动性整体仍然保持充足。

上半年广东省中外资金融机构信贷收支项目表

单位：亿元

栏目	本外币		人民币	
项目名称	余额	比年初增减	余额	比年初增减
一、各项存款	88797	6937	86518	6737
其中：单位存款	43674	3432	42209	3293
个人存款	40051	2776	39397	2819
二、各项贷款	55777	4089	50627	3547
1. 境内贷款	54183	3890	50125	3533
其中：短期贷款	15139	1249	12688	1065
中长期贷款	37259	2619	35750	2487
票据融资	1368	−86	1368	−83
2. 境外贷款	1595	199	503	14

2011年上半年浙江省经济金融形势分析

中国人民银行杭州中心支行

2011年上半年，全球经济复苏有所放缓，国内通胀形势日益严峻，经济结构调整继续深化，全省经济运行呈现稳中趋缓的态势，信贷增势放慢，全省社会融资总量保持适度增长，融资结构趋于改善，金融运行总体稳健。值得关注的是，在治理通胀和结构调整的大背景下，一方面，中小企业的经营环境偏紧，生存压力加大，另一方面"负利率"促使社会资金流向出现虚拟化。

一、全省经济运行情况

2011年上半年，受经济结构调整和宏观调控力度持续加大影响，全省经济呈现出稳中趋缓的态势。工业生产增速持续回落，投资保持较快增长，消费和出口增长基本稳定，财政收支增长放缓，物价涨幅持续走高。

（一）工业生产回落企稳，结构调整取得新进展

1. 工业经济回落企稳。1－6月，规模以上工业增加值5088.9亿元，同比增长12.1%，增速比一季度回落0.8个百分点。出口交货值5174亿元，同比增长16.7%，增速比一季度回落0.8个百分点，比去年同期回落11.9个百分点。

2. 经济效益继续提高。1－5月，规模以上工业企业实现利润1171.9亿元，同比增长33.7%，总资产贡献率为12.1%，成本费用利润率为6.3%，同比分别提高1.1和0.5个百分点。

3. 结构调整取得新进展。1－6月，全省高新技术产业和装备制造业增加值分别为1219.6和1674.3亿元，同比增长14.6%和13.5%，增速比规上工业高2.5和1.4个百分点，比重分别达24%和32.9%。

（二）内外需求保持基本稳定，投资增幅高位运行

1. 投资增速高位运行。1－6月，全省固定资产投资累计完成额6106.8亿元，比去年同期增长25.9%，增速高于同期全国平均水平0.4个百分点，比去年同期和全年分别提高7.4和9.2个百分点。从投资行业分布看，制造业投资有所回落，上半年同比增长16.3%，比一季度回落6.2个百分点。房地产开发投资保持高增长，上半年同比增长47.1%，占固定资产投资的比重为30.4%，同比提高4.4个百分点。

2. 消费需求基本稳定。1－6月，全省社会消费品零售总额5640.2亿元，同比增长16.9%，扣除价格因素，实际增长11.1%，增速比一季度高0.1个百分点。受政策退出、基数较大以及油价上涨等因素影响，汽车消费增速明显回落。上半年汽车消费同比增长19%，增速比去年同期回落21.1个百分点，对社会消费品零售额增长的贡献率从去年同期的29.7%降至20%，下降9.7个百分点。

3. 出口规模增幅回落。1－6月，全省出口1004.8亿美元，增长22.3%，进口441.7亿美元，增长25.1%，进出口1446.6亿美元，增长23.1%，增幅分别比一季度回落1.9、4.9和3个百分点。

（三）财政收支增速较快，物价涨幅持续高位

1. 财政收支增长较快。1－6月，全省财政一般预算总收入3424亿元，同比增长27.1%；地方一般预算收入1874亿元，同比增长27.6%，增速同比分别加快1.7和2.1个百分点。1－6月，地方财政一般预算支出1646亿元，增长29.4%，其中，住房保障、交通运输、农林水事物、社会保障和就业、城乡社区事务、医疗卫生等支出分别增长109.9%、65%、58.2%、46.1%、45.7%和36.6%。

2. 物价涨幅持续高位。1－6月，全省居民消费价格比去年同期上涨5.4%，涨幅比一季度上升0.2个百分点。其中，食品类价格大幅攀升成为影响居民消费价格总水平上升的首要因素，推动价格总水平上升3.2个百分点。1－6月，工业品出厂价格和原材料购进价格同比分别上涨6.2%和10.0%，进出涨幅差为3.8个百分点，自2009年12月以来持续倒挂，企业经营压力进一步增大。

今年上半年经济增长呈现放缓趋势，这种趋势是结构调整和政策逐步回归常态后的必然结果。与2008年不同，今年经济不存在需求方面的约束，因此不会出现2008年时的急速下滑，经济增长企稳的韧性较好。经济增速一定程度的放缓，有利于控制当前日益严峻的通货膨胀形势，有助于进一步夯实经济增长的基础，促进经济持续、健康、较快发展。需要关注的是，企业经营压力趋升。下阶段，应适当考虑微观主体的承受能力，准确把握结构调整和宏观调控的力度和节奏，促使经济实现软着陆。

二、全省金融运行概况

上半年，稳健货币政策效应逐步显现，我省社会融资规模合理增长，直接融资比重有所提高；贷款增速持续放缓，投向

结构趋于优化;金融机构流动性趋紧,市场利率持续走高;跨境人民币结算稳步增长,人民币汇率温和上扬。

（一）社会融资规模合理增长,直接融资比重有所提高

上半年,各金融部门积极拓宽融资渠道,保持社会融资规模合理适度增长。据初步测算,上半年全省社会融资规模新增6966亿元,比上年同期少增458亿元。其中,金融机构本外币贷款新增3887.9亿元,同比少增925.2亿元;银行表外融资（委托贷款、信托贷款和银行承兑汇票）新增2203亿元,同比多增318亿元;直接融资（企业债券和股票融资）新增690亿元,同比多增154亿元;其他融资新增185亿元,同比多增5亿元,其中小额贷款公司新增贷款82亿元。

从社会融资结构特点看,一是直接融资比重明显上升。上半年直接融资占社会融资规模达到9.9%,比去年同期提高2.7个百分点,为2006年以来最高水平。其中,企业债券占比为6.0%,比去年同期提高2.8个百分点;二是间接融资比重继续下降。上半年金融机构和小额贷款公司新增贷款占比分别为55.8%和1.2%,比去年同期分别下降9.2和3.5个百分点,继续呈同比下滑趋势;三是表外融资比重有所上升。金融机构表外融资占比为31.6%,比去年同期提高6.2个百分点。其中,通过委托贷款和银行承兑汇票方式融资占比分别为5.4%和28.4%,同比分别提高2.5和5.1个百分点。

（二）贷款增速持续放缓,投向结构趋于优化

上半年,在稳健的货币政策作用下,全省金融机构贷款增长继续向常态回归,增速持续回落。截至6月末,全省金融机构本外币各项贷款余额50645.7亿元,同比增长15.3%,增速比一季度和上年同期分别下降0.9和7.1个百分点;新增贷款3887.9亿元,同比少增925.2亿元。从历年走势看,贷款增速已回落至较低区间,为2006年2月份以来的最低增幅。与沿海六省市横向比较,我省上半年贷款增速和增量均居次席,贷款增速仅次于山东,贷款增量仅次于广东。

在保持信贷总量适度增长的同时,各金融机构继续坚持“有保有压”的信贷导向,加大对重点领域和薄弱环节的支持力度,合理分配和有效利用信贷资源,信贷结构趋于优化。一是对实体经济的信贷支持力度有所加大。从总量上看,扣除房地产开发贷款、个人消费贷款以及水利、环境和公共设施管理业贷款增量后,上半年全省新增人民币贷款3272.5亿元,比去年同期多增168.4亿元。从行业分布看,制造业和批发零售业贷款占比同比均有所提高。今年上半年,制造业贷款新增1456.7亿元,占各项贷款增量的40.5%,同比提高9个百分点;批发零售业贷款新增484.7亿元,占各项贷款增量的13.5%,同比提高6.8个百分点。从期限结构看,满足企业流动资金需求的短期贷款占比明显上升。6月末,全省短期贷款余额29920.5亿元,同比增长19.6%,增速高于中长期贷款8.8个百分点;比年初新增2965.3亿元,占各项贷款增量的76.3%,同比提高17.3个百分点。二是继续支持重点产业转型升级。上半年,全省“十一大”转型升级重点产业贷款新增1242亿元,占各项贷款增量的32%。三是加强对小型企业、“三农”等薄弱环节的资金支持。截至6月末,全省小企业贷款余额12938.7亿元,同比增长36.6%,高于人民币各项贷款增速21.8个百分点。全省涉农贷款余额18965.2亿元,同比增长16.4%,高于人民币各项贷款增速1.6个百分点。四是严格控制融资平台类和房地产企业贷款。截至6月末,全省地方政府融资平台贷款余额3860.3亿元,比年初净下降335.9亿元;房地产开发贷款余额同比增长7.5%,比年初新增129.5亿元,同比少增62.6亿元。

（三）金融机构流动性趋紧,市场利率持续走高

截至6月末,全省金融机构本外币各项存款余额60873.3亿元,同比增长18.3%,增幅比上年同期下降1.1个百分点;新增本外币存款6487.3亿元,比上年同期多增161.9亿元。其中,单位存款新增3215.32亿元,比上年同期少增42.97亿元;储蓄存款新增2504.3亿元,比上年同期多增261亿元。与沿海六省市相比,我省上半年本外币存款增速和增量均居前列。其中,存款增速居首位,增量居第三位,仅次于江苏和广东。

今年以来,人民银行已先后6次上调存款准备金率,3次上调存贷款基准利率,并运用差别存款准备金动态调整引导信贷投放,金融机构流动性收紧趋势明显,集中体现在几个方面:一是资金来源总体偏紧。在宏观调控持续深入、通胀压力持续加大、国内需求增速放缓、存款实际负利率等多重因素作用下,企业原材料和产成品存货资金占用加剧,居民储蓄存款向银行理财产品分流迹象明显,造成银行组织存款难度加大。银行超储率较去年同期也有所下降。6月末,全省全部法人机构超储率为3.64%,同比下降0.5个百分点。二是存款增长稳定性减弱。受商业银行时点考核等因素影响,存款“季末冲高,季初回落”现象突出,造成存款波动幅度加大。据统计,6月下旬全省人民币各项存款新增2726.3亿元,7月上旬则净减少1914.9亿元。当前,商业银行主要通过将理财产品的募集期和到期日集中安排在季末的方式扩大存款规模,而这部分“虚增”存款仅起到过渡的作用,并未实际增加金融机构流动性。三是利率水平持续走高。在资金面趋紧的背景下,银行议价能力明显提高,市场利率持续上升。上半年,全省加权平均利率7.26%,同比上升1.08个百分点;分月度看,前6个月全省加权平均利率分别为6.81%、6.97%、7.25%、7.47%、7.54%、7.53%,总体保持逐月攀高态势。二季度,全省银票直贴利率为6.61%,同比上升274基点。其中,6月份全省银票直贴利率为7.36%,同比上升327个基点。

（四）外汇收支快速增长,“走出去”战略初见成效

上半年,浙江省涉外经济保持平稳较快发展。全省跨境外汇收支总额1928亿美元、顺差765亿美元,同比分别增长34%和26%;结售汇总额1527亿美元、顺差853亿美元,同比分别增长35%和37%。6月末,人民币兑美元汇率中间价为6.4716元,自年初以来累计升值2.3%,总体呈小幅、逐步升值态势,汇率弹性有所增强。

在支持“走出去”各项政策的带动下,全省境外投资增长迅速。截至6月底,全省已累计办理6笔人民币境外投资业务,投资金额达4.3亿元人民币。1－6月,全省境外投资登记中方投资额达到17亿美元,同比增长77.7%。截至6月底,全省有36家企业通过特殊目的公司形式实现境外上市,累计募集资金70亿美元,其中调回45亿美元。

（五）跨境人民币结算稳步增长,月结算量创下新高

上半年,全省跨境人民币结算量快速增长,有效降低了进出口企业汇率风险和汇兑损失,进一步促进了贸易和投资的便利化。6月全省跨境人民币结算量339.95亿元,创下跨境人民币结算试点以来月度结算量新高。1－6月,全省累计发生跨境人民币结算业务1005.87亿元,其中,跨境贸易人民币结算累计693.93亿元。截至6月末,浙江省参加跨境人民币结算业务的企业1748家,办理跨境业务银行达33家（6家农村合作金融机构按农村合作1家统计）。

三、经济金融运行中需要关注的几个方面

（一）中小企业经营压力趋升,结构调整亟待深化

今年以来，原材料、劳动力、资金等要素价格出现“普涨”，用电紧缺，人民币对美元汇率持续升值，我省中小企业的经营压力明显上升。

相关数据对比显示，今年企业成本方面遇到的压力并不亚于2008年。原材料价格涨幅、工业品购进和出厂价格涨幅差和人民币升值幅度较2008同期年有所降低，分别比2008年低1.7、3和4.2个百分点，劳动力价格涨幅和民间借贷的利率水平则要明显高于2008年，分别比2008年高11.6和2.9个百分点。

专栏1：各因素对企业经营效益影响的大小

进一步地为了解各因素对企业经营效益影响的大小，近期我们在全省范围选择265家中小企业进行了问卷调查，调查结果显示：样本企业中将原材料价格列为影响企业经营效益的首要因素的有141家，占53.2%；列为第二位的也有45家，占17%；显然，原材料成本上涨是影响企业经营效益的最重要因素。以影响企业经营效益前三位因素的总和结果衡量，员工工资上涨和融资成本上升是影响企业生产经营效益的第二、三位因素。

成本的大幅度上涨，使得部分企业生产经营出现困难，破产倒闭现象有所抬头，但总体仍在可控范围内，且破产倒闭的原因主要是企业前些年盲目投资、追求多元化经营、过度投资非主营业务以及企业主参与赌博等不端经营行为所致，与宏观调控的直接联系不是很大，中小企业总体运行仍较平稳。省工商局近期发布的二季度民营企业经济景气指数报告显示，2011年二季度我省民营企业经济景气指数为110.22，已经连续第七个季度保持在110以上的健康高位运行区间。人行杭州中支500户工业企业监测数显示，1－6月，中小企业主营业务收入同比增长18.5%，主营业务利润同比增长21.8%。企业家问卷调查显示，二季度出口产品订单指数比一季度上升1.17点，继续保持小幅回升的态势。

从表层看，原材料和劳动力价格上涨、融资成本和融资难度上升、人民币汇率持续升值和用电紧张等多重因素叠加是当前中小企业经营压力的主要原因。深层次看，当前我省中小企业经营压力上升的根本原因在于企业转型升级缓慢、核心竞争力不强，应对外部环境变化的能力弱。从这种意义上说，当前中小企业经营压力上升是经济转型升级过程中必然要出现的“阵痛”，只有加快结构调整，加快企业转型升级，才能从根本上缓解中小企业经营压力，促进中小企业的长期健康发展。

（二）理财产品大幅增长，储蓄理财化成为常态

今年以来，受货币政策持续收紧、贷款派生作用减弱、企业银行存款提用率上升等多重因素影响，商业银行资金来源减少，存款市场竞争激烈，特别是在季末，揽存竞争更是趋于白热化。常规的拉存款手段一方面受制于监管禁令，另一方面对于能拉到的存款的数额难以控制，稳定性较差，而且维护成本高昂。所以今年各家行都倾向于利用理财产品来冲高季末存款，储蓄的理财化已逐渐成为一种常态。据不完全统计：今年上半年我省银行业发售理财产品共计9459.2亿元，比去年同期增长155.1%。

专栏2：今年银行理财产品的特点

近期，人行杭州中支在全省范围内对国有商业银行、股份制商业银行和杭州银行开展了银行理财产品销售情况的快速调查。从调查反馈的数据看，银行理财产品呈现出如下几个特点：一是理财产品发售规模庞大。6月下旬，调查行发售人民币理财产品475款，募集资金613.3亿元，分别占其6月当月及6月下旬人民币存款增量的42.1%、44.5%。二是国有商业银行是发售理财产品的主体。6月下旬，国有商业银行发售人民币理财产品186款，募集资金516.4亿元，占全部调查行募集资金总量的84.2%。三是理财产品冲时点特征明显。理财产品在募集期间，所募集的资金属于商业银行分支行存款，募集结束并划转至商业银行总行后，则会导致这部分存款下降。而在理财产品发行到期后，且在客户资金到账日前或者在客户资金到帐日当天，客户并未取走资金的情况下，这部分资金又回流至商业银行分支行，属于商业银行分支行存款。在存款考核的驱动下，商业银行都倾向于将理财产品的募集期和客户资金到账期集中在季末。调查显示：6月30日，调查行仍处于募集期的理财产品共有378款，募集资金594.3亿元，占全部理财产品募集资金总额的96.9%；理财产品发行到期后，客户资金到账期日为6月30日的理财产品共有328款，到期资金为1010.8亿元。四是理财产品收益率较高且季末凸点现象明显。调查行发行的475款理财产品，平均预期年化收益率达到5.6%，高于一年期存款利率2.1个百分点。与其他时间段相比，季末发售理财产品收益率相对更高。如某商业银行杭州分行6月27日发行3天理财产品预期年化收益率达6.3%，而7月8日发行的同类产品，预期年化收益率仅为3.5%，下滑2.8个百分点。

理财产品直接风险并不大，但潜在风险不容忽视。一是高利率超短期理财产品增加了商业银行的筹资成本，最终必然通过信贷等方式转嫁到企业，增加企业的经营负担，加大企业的经营风险；二是高利率超短期理财产品容易助长民间借贷，在一定程度上扩大民间借贷的风险；三是由于理财产品尚未纳入货币供应量统计范围，理财产品的大量发行，必然会加大货币供应量统计的失真，增加货币政策决策的难度，削弱货币政策调控的有效性；四是信贷类理财产品的发行，商业银行在具体操作过程中规避了信贷规模控制，实际上弱化了货币政策调控的效果。当然，对于理财产品我们需要辩证地看待，既要看到其风险的一面，也要看到其积极的一面，理财产品可能会成为未来我国存款利率市场化的一个突破口。

（三）政府融资平台贷款风险总体可控，但潜在问题和风险仍需关注

从我们掌握的情况看，当前政府融资平台类的贷款风险总体上是可控的。6月末，全省共有各类地方政府融资贷款余额3860.3亿元，比年初减少335.9亿元。从贷款方式看，项目贷款是主要部分，占86.7%；从贷款期限看，主要为中长期贷款，在项目贷款中，1年期以上中长期贷款比重达91.8%，其中3－5年期贷款占17.1%，5年以上贷款占33.7%；从贷款对象类型看，各地的城市投资建设公司贷款占40.3%，交通运输类投融资平台贷款占20.2%，各类开发区和园区投融资平台贷款占15.3%，各类国有资产管理公司、土地储备中心和其他类投融资平台贷款占比合计24.2%；从还款来源看，主要靠自身收益偿债的占44%，承建非公益性项目、靠非财政性资金偿债的占37.8%，承建公益性项目、主要靠财政性资金偿债的贷款余额占18.2%；从担保方式看，抵质押贷款占50.7%，保证贷款占33.9%；信用贷款占15.4%。目前，这些贷款的风险总体在可控的范围内，6月末，各类平台贷款不良率为0.1%，与年初基本持平，略有下降。

但需要指出，随着政策面以及市场环境的变化，再考虑到地方投融资体制、机制等方面的矛盾，下阶段仍需要关注政府融资平台的一些潜在问题和风险：一是房地产市场对地方政府债务风险的影响不容忽视。目前，土地出让收入占地方政府财政收入的比重较高，从我省情况看，地方政府融资平台贷款中，土地抵押贷款余额占到四分之一左右，下阶段房地产市场，特别是土地市场形势的变化将直接影响地方政府偿债能力。二是地方城市建设与债务风险管理存在一定矛盾。根据最新的政策精神，原先主要承担公益性项目的融资平台今后不得再承担融资任务，融资平台类客户的新增贷款必须符合国务院核准或审批的重大项目等条件，虽然浙江这类重大项目比较少，但如果银行贷款集中退出，部分在建、续建项目的资金压力仍会显著加大，可能对地方经济发展产生一定的影响。三是地方政府债务的信息沟通机制尚不够顺畅。目前，地方政府与金融机构间的信息不对称现象仍然较为突出，地方政府融资平台缺乏一个债务信息方面统一、定期的沟通发布机制，地方财政收支的透明度需要进一步加强，银行机构由于信息不够对称，对此类贷款风险较难把握。

四、下阶段经济形势判断及政策建议

（一）下阶段经济形势判断

目前，宏观经济平稳放缓，这是宏观调控的预期反映，总体上是合适的、可控的。一个超预期的突出问题就是通货膨胀压力继续上升，虽然7月份以后预计CPI增速会平稳回落，但全年控制在4%左右的压力相当大。从一个较长时期看，在流动性过剩压力长期积累的背景下，我国已经进入一个较长的通胀周期，宏观政策稳中偏紧的取向近期内不可能发生逆转。

因此，我们还是要做好本轮宏观调控要有3－5年一个周期的思想准备，更要抓住当前宏观调控时机，切实落实好转型升级的各项举措，特别加强对中小企业经营的市场化、规范化引导，增强抗风性能力和市场竞争能力，加快推进我省我市经济转型发展。

展望下半年，由于全球经济复苏正在暂时放缓且不平衡，经济向下的风险日益放大。从国内形势看，稳定物价总水平仍是宏观调控的首要任务，宏观调控的基本趋向不会发生改变，下半年我省经济将延续平稳增长态势，但在“以调促稳”的经济工作基调下，加上“十二五”规划刚起步，海洋经济、义乌改革等重大的机遇政策陆续实施，总体判断全省经济回落幅度不会太大，全年可以实现9%左右的预期目标。省发改委研究所预计，全年GDP增长在10.5%左右（2010年实际增长11.8%）。从信贷形势看，稳健的货币政策总体上要求全年各季度信贷节奏基本上符合3：3：2：2的比例安排，下半年的贷款增长要略高于上年同期情况，预计全年全省信贷增加接近7000亿元（2010年信贷实际增长7700亿元）。还需要指出，2011年我省总的融资规模仍会较快增加，特别是信托贷款等表外融资业务、企业债务融资工具、资本市场融资等仍有望保持较快增长，社会融资总量仍能基本满足经济发展的合理需求。

（二）政策建议

综合上述判断，为确保全省经济金融平稳运行，金融部门应继续认真贯彻落实稳健的货币政策，努力保持社会融资规模合理增长，同时要深化金融创新，努力提高金融服务水平，继续加大重点产业集群、中小企业和“三农”的信贷投入，加快推进我省产业转型升级，实现我省经济金融和谐发展与良性互动。

一是要认真贯彻稳健的货币政策，保持社会融资规模合理增长。在当前形势下，继续贯彻实施稳健的货币政策，保持合理的社会融资规模和货币总量仍将是下一阶段宏观调控的主要方向。为此，各金融部门一方面要继续认真贯彻落实好稳健的货币政策，严格控制信贷投放规模，将全年新增贷款控制在7000亿元左右。在控制好总量的同时，金融部门要结合形势变化和实体经济合理的信贷需求等各种因素，把握好信贷投放的节奏和力度，提高信贷投放的均衡性，切实防止信贷投放出现大起大落。另一方面，为保障地方经济平稳运行，各金融部门要更加注重从社会融资规模的角度来保持金融对经济的支持力度，积极推动金融市场创新，努力拓宽企业融资渠道。要积极支持我省优质企业发行短期融资券、中期票据和中小企业集合票据，加大承销力度，力争全年这三部分融资总量超过450亿元；要进一步完善风险控制、信用增级等相关配套服务，优化产品结构和发行主体结构，继续推动高收益债券、私募可转票据、资产支持商业票据等适合浙江省战略性新兴产业、成长型中小企业需求的工具创新，争取在浙江进行先行试点和推广。

二是要深化金融创新，打造具有浙江特色的金融产业体系。当前，围绕着转变经济发展方式这一主题，深化金融体制和机制创新，进一步提升金融产业在浙江经济社会发展中的战略地位，已成为实现我省经济金融和谐发展与良性互动的必要条件之一。为此，各金融部门要深入贯彻执行近期一行三局联合下发的《关于进一步深化浙江金融业创新发展，推进“金融强省”建设的指导意见》（杭银发〔2011〕141号），构建具有浙江特色的金融产业体系。对于银行业，要打造“浙银品牌”，构建具有浙江特色的银行业金融体系。要加快大型银行业金融机构和股份制银行在浙分支机构的战略转型，支持地方法人银行做精做强，提高核心竞争力，通过引进战略投资，优化股权结构，实现规模发展。对于证券业，要打造“浙江板块”，加快推进各个市场建设。要着力改善全省上市公司结构，积极培育上市后备资源，推动企业在境内外资本市场多渠道上市，进一步扩大我省资本市场的市值规模。同时要加快推进债券市场、场外市场等子市场建设，积极融入全国性的场外市场建设，鼓励上市公司进行公司债、可转债、分离债等多种方式债券融资，优化企业融资结构。对于保险业，要积极培育多元化市场主体，创新发展特色保险业务。要大力发展保险总部经济，引导各类优质民间资本参股或投资设立保险法人机构，鼓励发展区域性保险产业。要关注浙江特色经济的市场需求，积极发展中小企业保险、专业市场保险、集群经济保险和港口保险等特色险种，重点开发信用保险、保证保险、科技保险等新型险种。

三是要着力改善信贷结构，积极推进经济转型升级。全省金融部门要重点支持我省42个现代产业集群示范区发展，继续做好11大重点产业转型升级的金融服务，要根据产业规划的要求和特点，积极创新融资产品和服务方式，大力支持企业技术改造、自主创新、节能减排和兼并重组，扎实有效推进经济结构的优化调整。要紧密围绕我省“十二五”规划提出的建设中小企业金融服务中心的目标，积极开发适合中小企业经营和融资特点的金融产品和信贷模式，继续鼓励小额贷款公司加大中小企业的金融服务力度，进一步深化中小企业抵押担保方式创新，保持中小企业贷款增速高于全部企业贷款增速。要继续以全省中心镇建设、现代农业园区和粮食功能区建设、农村住房改造工程、农业产业化发展、农民创业就业等为重点，继续加大对“三农”的信贷支持力度，确保涉农贷款增速高于各项贷款增速。

四是要进一步强化社会责任意识，着力做好各项金融服务。各金融机构要树立大局观，要从长远考虑，要以发展的眼光和科学、谨慎、合作的理念，强化服务意识，坚持履行社会责任，全力做好中小企业和农村金融服务工作。全省银行业机构要深刻理解利率市场化的含义，严格根据人民银行、银监会联合下发的《关于规范利率定价减轻企业财务负担有关问题的通知》（杭银发〔2011〕153 号），在利率定价时要综合考虑中小企业成长周期、行业特点、区域集群、信用状况、盈利水平等多重因素，科学合理确定对不同类型企业的贷款利率水平。在中间业务方面，要鼓励创新金融服务，积极发展高效率、低风险的中间业务；同时要防止在审批和发放贷款时收取顾而不问的“咨询费”、“财务顾问费”等各种附加费用；要严格执行贷款用途规定，不得强制要求借款企业将一定比例贷款资金留存或返存贷款银行，或强制要求企业贷款时搭售理财产品和搭售保险等行为。要继续深化实施浙江省“便农支付工程”，全面推广应用银行卡助农取款服务，全面推进银行卡在中心镇及农村公共服务领域的应用，继续推动银行本票、三省一市汇票、电子商业汇票等票据业务以及电子支付业务在农村地区的应用，改善农村地区支付服务环境，使农民享受到现代支付的便利。

五是要严格执行调控政策，有效防范金融风险。全省金融部门要继续严格执行差别化住房信贷政策，进一步完善房地产信贷业务管理操作细则，密切关注房地产开发企业的资金状况，持续实行房贷压力测试，积极排查风险隐患；要继续加强地方政府投融资平台的信贷风险控制，要认真贯彻国务院和各部委颁布的相关政策文件，切实加强对融资平台的信贷管理和风险识别，确保融资平台贷款投向符合国家宏观调控政策、产业政策和信贷审慎管理规定；要严格控制“两高一资”和产能过剩行业的信贷投放。对国家明确要求淘汰的落后产能的违规在建项目，不得提供任何形势的新增授信，切实防止低水平重复建设；要及时掌握和把控信贷资金流向及用途的合规性，防止企业从金融机构获取信贷资金后通过各种渠道直接或转手进行民间借贷，从而将民间借贷风险引入到银行体系。要切实强化流动性风险意识，认真做好流动性管理工作，着力改善资产负债期限结构，确保备付率、流动性比率、存贷比和资本充足率等重要指标保持在合理水平，要加强自我约束和风险控制，树立持续稳健经营理念，努力提高自身竞争能力。

六是要合理疏导资金流向，进一步支持企业“走出去”。“走出去”是国家对外开放的重大战略，有利于民营企业拓展境外发展新空间，推动浙江经济转变发展方式，也有利于疏导资金流出，促进地区跨境收支平衡。当前是加快实施“走出去”的有利时机，各金融机构要高度重视，加强金融支持企业“走出去”工作，全面落实我行与省商务厅联合颁发的《关于金融支持浙江省企业“走出去”的实施意见》（杭银发〔2011〕57 号），加大对“走出去”企业的信贷支持力度，深化银信保合作机制，发挥合力为企业“走出去”提供综合性服务方案。开展支持“走出去”专项推进活动，按照《关于开展“企业汇率避险服务暨支持企业‘走出去’宣传服务月活动”的通知》（浙外管〔2011〕106 号）要求，结合自身业务特点，制定专项活动方案，在全省集中开展对企业的宣传服务活动。同时，进一步加大对直接投资跨境人民币结算的宣传力度，充分发挥人民币在跨境投融资中的优势，扩大人民币在对外直接投资和国际经济合作中的使用。

2011 年上半年浙江省金融机构本外币存贷款数据表

单位：亿元

项目	2011.01	2011.02	2011.03	2011.04	2011.05	2011.06
各项存款	54759.29	55149.23	57913.43	58149.30	59137.87	60873.30
其中：单位存款	29306.83	29671.33	31668.70	32152.48	32851.82	33781.38
储蓄存款	22755.40	22494.62	23280.20	22660.60	22780.51	23687.00
各项贷款	47894.22	48329.77	48819.53	49457.46	50041.23	50645.71
其中：短期贷款	27716.32	28020.69	28402.96	28834.85	29338.11	29920.51
中长期贷款	19173.34	19335.99	19474.65	19631.55	19671.47	19697.95
票据融资	584.96	552.45	516.32	562.80	590.57	578.84

2011 年上半年重庆市货币信贷运行简况

文章来源：中国人民银行重庆营管部

2011 年上半年，重庆市金融系统认真贯彻落实稳健的货币政策，金融运行总体平稳，各项存、贷款适度增长，投放节奏更加均衡，信贷结构继续优化，金融市场快速发展，跨境贸易人民币结算稳步推进，有力地支持了全市经济快速增长。

一、各项存款稳步增长，住户存款同比多增

6 月末，全市金融机构本外币存款余额 15252.84 亿元，同比增长 19.45%，高于同期全国平均增速 1.95 个百分点。上半年新增本外币存款 1636.14 亿元，同比少增 43.80 亿元，其中，6 月末人民币存款余额 15139.11 亿元，同比增长 19.59%，高于同期全国平均增速 1.99 个百分点，比年初增加 1682.56 亿元。

非金融企业存款稳步增长，定期存款占主导。6 月末，非金融企业存款余额 6148.58 亿元，较年初增加 605.13 亿元，其中，除 1 月受季节性因素影响，企业用款增加导致存款余额下降外，2－6 月存款增量均在 100 亿元以上。上半年，定期存款增加 408.55 亿元，活期存款增加 196.59 亿元，总体呈现“定活双增、定期主导”的局面。

住户存款同比多增，定期存款占主导。6 月末，人民币住户存款余额 6621.72 亿元。上半年新增 742.73 亿元，同比多增 152.31 亿元，其中，活期存款增加 216 亿元；定期存款增加 526.73 亿元，占住户存款增幅的 70.92%，同比多增 175.86 亿元。

财政性存款有所下降。6 月末，人民币财政性存款余额 243.95 亿元；上半年新增 69.89 亿元，同比少增 77.65 亿元；其中，6 月当月减少 145.43 亿元，同比多减 167.25 亿元。

二、各项贷款适度增长，投放节奏趋稳

6 月末，全市金融机构本外币贷款余额 12482.95 亿元，同比增长 24.77%，增速位列全国第二，比全国平均增速高 7.97 个百分点；比年初增加 1483.07 亿元，同比多增 334.96 亿元，反映出重庆经济发展较快的实际需求和资金的洼地效应。其中，人民币贷款余额 12339.42 亿元，同比增长 24.69%，高于全国平均增速 7.79 个百分点，比年初增加 1451.26 亿元，同比多增 321.31 亿元。1－6 月，人民币贷款月度间投放进度比例为 18.69%、13.34%、15.99%、19.22%、18.35% 和 14.40%，贷款月度投放进度更加均衡。

短期贷款快速增长，单位经营性贷款为主力。6 月末，人民币短期贷款余额 2075.94 亿元，同比增长 37.30%，增速为近 5 年以来新高。上半年新增 389.81 亿元，同比多增 377.66 亿元，其中，单位短期经营性贷款增加 276.65 亿元，占短期贷款增量的 70.97%，个人短期消费贷款增加 16.12 亿元，同比多增 12.23 亿元。

中长期贷款增速持续回落，单位固定资产贷款和个人中长期消费贷款是增长主力。6 月末，人民币中长期贷款余额 9543.30 亿元，同比增长 20.42%，较 5 月下降 2.21 个百分点，自今年以来，呈逐月放缓态势。上半年中长期贷款增加 841.83 亿元，同比少增 519.44 亿元。其中，个人中长期消费贷款增加 333.74 亿元，占中长期贷款增量的 39.65%；单位固定资产贷款增加 343.81 亿元，占中长期贷款增量的 40.84%。

票据融资增长迅速。6 月末，票据融资余额 588.15 亿元，同比增长 28.54%，创 2010 年以来单月最大增速。上半年累计增加 164.91 亿元，同比多增 408.40 亿元，其中，二季度一改前三月振荡回落态势，票据融资快速增长，当季的增量占上半年增量的 85.55%。票据融资增速较快的原因，一方面是因为银行可利用票据融资调整信贷资产的流动性，并可根据存款情况进行信贷投放；另一方面则是由于票据融资 2010 年同期基数较低。

三、信贷投放结构进一步优化，支持民生工程力度加大

2011 年以来，人民银行重庆营业管理部着力优化信贷结构，下调考核达标的农行“三农事业部”和村镇银行存款准备金率，增加可贷资金 11.6 亿元；将重庆市再贴现、再贷款额度翻番提升至 90 亿元，不断加大支持中小企业、“三农”力度；引导商业银行加大对落后地区、重点领域和薄弱环节，特别是对“三农”、中小企业、民生领域的信贷支持力度，取得明显成效。

一是对“两翼”地区、库区和两江新区的支持力度上升。6 月末，“两翼”地区贷款余额为 1012.18 亿元，比年初增长 13.49%，高于同期“一圈”地区贷款增速 0.18 个百分点，其中，“渝东南翼”和“渝东北翼”各项贷款余额分别为 356.43 亿元和 655.75 亿元，比 2011 年初分别增长 9.57% 和 15.74%；对库区的贷款余额为 2794.72 亿元，较年初增长 16.77%，占全市贷款余额的 22.65%，较 2010 年同期提高 1.81个百分点；对两江新区的贷款余额较 2010 年末增长 73.38%，远高于全市 13.33% 的平均增速。

二是新增贷款投向集中于个人贷款、第三产业和小企业。1－6 月，全市贷款增量中投向个人贷款的占 33.59%，比 2010 年同期提高 2.6 个百分点；交通运输业、房地产业、租赁和商务服务业、信息传输和计算机服务业、批发零售业、住宿餐饮业和金融业新增贷款合计占比达到 35.43%，比 2010 年同期上升 3.59 个百分点。上半年，人民银行重庆营业管理部积极督导落实小企业信贷政策，推动小企业贷款持续快速增长。6 月末，全市小企业贷款余额 1781.85 亿元，同比增长 62.58%。

三是对“三农”的支持力度加大。6 月末，全市涉农本外币贷款余额 2272.03 亿元，同比增长 27.05%，较 2010 年末上升 1.59 个百分点，高于全市贷款平均增速 2.28 个百分点。上半年，人民银行重庆营业管理部大力支持以林权、农村居民房屋、农村土地流转经营权等农村“三权”抵押贷款为核心的农村金融服务改革创新。全市金融机构共发放农村“三权”抵押贷款 1176 笔金额 4.9 亿元，贷款余额 9.0 亿元。

四是房地产贷款平稳回落，对保障房的信贷支持力度加大。2011 年以来，全市金融机构积极落实房地产调控政策，房地产贷款增速逐步放缓。6 月末，重庆市房地产开发贷款余额为 1029.85 亿元，同比增长 11.28%，比 2010 年末下降 3.09 个百分点，是 2007 年以来同期最低增速。个人住房贷款增速持续回落。6 月末，商业性个人住房贷款余额 2301.38 亿元，同比增长 36.14%，比 2010 年末及 5 月末分别下降 12.89和 3.1 个百分点。同时，房地产信贷资产质量不断提高。4－6 月末，重庆市银行业金融机构的房地产贷款不良率分别为 0.52%、0.50%、0.48%，房地产开发贷款不良率分别为 1.10%、1.08%、1.02%，个人住房贷款的不良率分别为 0.22%、0.20%、0.20%，不良率保持稳中有降。

对保障房的信贷支持力度进一步加大。截至 6 月末，重庆市 7 家金融机构向公租房建设单位授信总额达到 258.78 亿元，比 2010 年末新增授信额度 138.97 亿元。上半年，全市累计投放公租房贷款 22.40 亿元，公租房贷款余额达到 33.26 亿元；经济适用住房贷款余额达到 22.23 亿元，廉租住房贷款余额 8.06 亿元，有力地支持了重庆保障性住房建设。

五是金融机构支持民生力度加大。上半年，全市累计发放小额担保贷款 13.7 亿元，是 2010 年同期发放额的 1.6 倍；发放小额担保贷款 1.8 万笔，当年支持 2.2 万余名失业人员、大学生、返乡农民工等实现创业就业；贷款余额达到 27.4 亿元，同比增长 67%，远高于同期全市人民币贷款平均增速。其中，发放返乡农民工创业小额担保贷款 4.5 亿元，是 2010 年同期发放额的 2.5 倍，当年支持近 8000 名返乡农民工实现创业就业。

四、金融体系快速发展，银行资产质量提高

近年来，重庆利好因素较多，大企业大项目纷纷落户，对银行信贷资金的吸引力大大增强，外地城市商业银行和外资银行均积极到重庆开设分支机构。上半年，先后有浙商银行、厦门银行、德意志银行等 9 家银行业金融机构开业。此外，还有近 10 家股份制银行、外地城商行、外资银行和村镇银行即将开业。

全市金融市场规模不断壮大，融资结构明显改善，直接融资市场快速发展。其中，银行间市场直接融资 127 亿元，是 2010 年全年的 2 倍；其他直接融资增长较快，发行企业债 74 亿元，股市融资 60 亿元，私募股权投资 14 亿元。上半年全市社会融资规模近 2000 亿元，有力支撑了全市经济社会发展。上半年，全市金融机构参与银行间市场交易总额累计8348.41 亿元，同比增长 4.21%，金融机构从银行间市场累计净融入资金 2242.02 亿元。

不良贷款保持“双降”。6 月末，全市银行业金融机构不良贷款余额 96.54 亿元，比年初下降 11.88 亿元，不良贷款率 0.77%，比年初下降 0.21 个百分点。

五、跨境贸易人民币结算试点推进情况

上半年，人民银行重庆营业管理部加强与海关、国税、外经贸委等部门的沟通协调，出台《跨境人民币结算真实性审核操作指引》，组织召开各类专项会议，利用"广交会"、"跨境人民币结算宣传月"等多种形式开展重点宣传，积极推动跨境人民币结算业务健康、快速发展。重庆试点业务推进呈现出以下特点：

一是业务量实现跳跃式增长。上半年，共办理跨境人民币业务49.33亿元，其中，跨境贸易人民币结算金额39.88亿元，跨境人民币资本交易9.45亿元。分别是2010年下半年结算量的4.68倍、5.58倍和2.79倍，呈现出强劲增长态势。

二是业务以货物贸易结算为主。上半年，跨境贸易人民币结算业务中，货物贸易、服务贸易及其他经常项目结算金额分别为28.54亿元、11.34亿元，分别占同期跨境贸易人民币结算金额的71.6%、28.4%。跨境货物贸易结算以进口为主。上半年，进、出口货物贸易人民币结算金额分别为21.14亿元和7.40亿元，分别占同期跨境货物贸易结算金额的74.1%和25.9%。

三是人民币跨境资本交易稳步增长。上半年，共办理人民币跨境资本交易9.45亿元。其中，外商直接投资股权转让款汇出金额2.16亿元，其他投资汇出金额0.02亿元；外商投资企业股东借款汇入金额1.17亿元，贸易融资汇入金额6.1亿元。

四是企业和银行参与积极性明显提高。上半年，共有101家企业办理了人民币跨境收付业务。34家试点企业开展了出口货物贸易人民币结算，比2010年增加27家。14家银行发生了跨境人民币业务，其中，业务量最大3家银行为中国银行重庆市分行、渣打银行重庆分行和农业银行重庆市分行。地方法人银行跨境人民币业务实现突破，上半年，重庆银行共办理跨境人民币业务0.18亿元。

五是境外合作国家和地区不断拓展。上半年，与重庆市发生跨境人民币业务的境外国家和地区达到22个，包括香港、缅甸、美国、瑞典、日本、德国等。其中，与重庆开展跨境人民币结算实际收付量最大的分别为香港、美国、缅甸。

六、下一阶段的主要举措

下一阶段，人民银行重庆营业管理部将按照统一部署，继续贯彻执行稳健的货币政策，把握政策的稳定性、针对性和灵活性。引导金融机构在保持贷款总量适度、均衡增长的基础上，着力优化信贷结构，提高金融服务水平，加大对结构调整特别是农业、小企业以及重点领域、落后地区和保障房等民生领域的信贷支持力度；认真落实房地产调控政策，密切关注重点领域、行业的贷款质量变化；进一步发挥银行间市场作用，推动扩大直接融资规模；积极开展跨境贸易人民币结算业务，进一步强化对外向型企业的金融服务等。

2011年上半年江苏省金融运行报告

第一部分：经济运行情况

今年以来，面对错综复杂的发展环境，江苏省委、省政府深入贯彻落实党中央、国务院关于经济工作的决策部署，以科学发展为主题，以加快转变经济发展方式为主线，围绕实现"十二五"开好局、起好步，全力推进各项工作。全省经济总体良好，呈现出"运行平稳、质量提升、转型加快、调控见效"的发展态势。

一、工业、农业和服务业发展情况

1－6月，全省完成规模以上工业增加值12095.82亿元，同比增长14.0%，增速较一季度略降0.3个百分点。工业用电量1625.42亿千瓦时，同比增长13.0%。工业利润增势良好，1－5月，工业企业实现利润2317亿元，同比增长33.8%。未来增长预期有所回落，我分行企业家问卷调查显示，三季度工业生产增速预期指数、设备利用率预期指数分别比二季度下降了2.7、1.18个百分点。

初步统计，全省夏粮面积3540.9万亩，比上年增加30.3万亩，预计夏粮总产量223.6亿斤，比上年增长2.6亿斤；秋粮面积4436万亩，比上年增加23.1万亩，其中水稻面积3376万亩，比上年增加25万亩。现代高效农业加快发展，预计上半年新增高效农业面积162万亩，设施农业面积51万亩。"菜篮子"产品生产力度加大，畜禽水产养殖业稳定发展，产品产销两旺。1－5月出栏肉猪1714.7万头，同比增长8%。现代服务业继续保持较快发展势头，物流、服务外包、信息软件等现代服务业发展加快，国际服务外包离岸执行额同比增长85%左右。

二、投资与消费市场运行情况

1－6月，全省固定资产投资完成11831.26亿元，同比增长23.9%，比一季度增速提高了0.8个百分点。先进制造业投资力度加大，1－5月通信及电子设备制造业、仪器仪表业、化纤制造业增长分别超过50%。民间投资保持快速增长，1－5月民间投资同比增长26.4%，比一季度高出2.8个百分点。投资资金紧张状况有所缓解，1－5月投资到位资金增长22.4%。

1－6月，全省实现社会消费品零售总额7741.99亿元，同比增长17.2%。汽车、科技产品、时尚消费品、更新换代产品仍然是消费热点，1－5月汽车类消费增长20.5%，家电增长19.4%，通讯器材增长33.9%。分析原因，一方面通胀压力高企、国家对房地产市场进行调控等因素抑制了消费需求的快速增长。另一方面，消费结构升级、居民收入增长等消费增长的基本支撑因素没有发生变化，推动消费平稳增长。

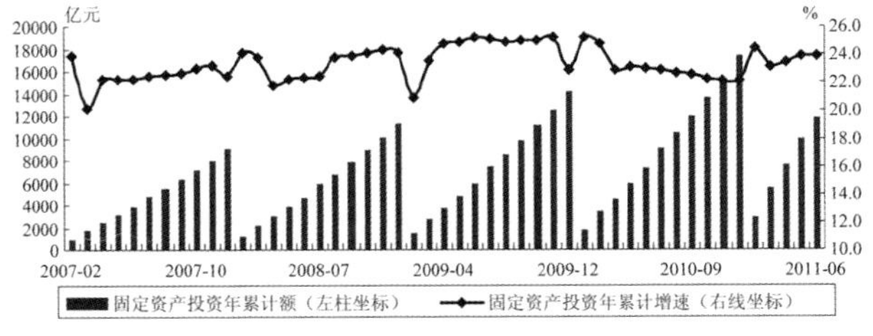

数据来源：江苏省统计局

图1　江苏省固定资产投资增长情况

三、进出口情况

进出口在去年基数较高的情况下保持平稳增长。1－6月，全省进出口总额2573.9亿美元，同比增长20%，增速较一季度下降2.3个百分点。其中，出口1474.89亿美元，同比增长20.4%；进口1099.01亿美元，同比增长19.4%。累计实现贸易顺差375.88亿美元。

四、财税与居民收入情况

1－6月，全省财政一般预算收入2636.42亿元，同比增长31.1%，增速比2010年全年提高4.7个百分点。税收收入完成2170.09亿元，同比增长26.6%。主体税种增长较快，企业所得税和营业税同比分别增长34.7%和23%。

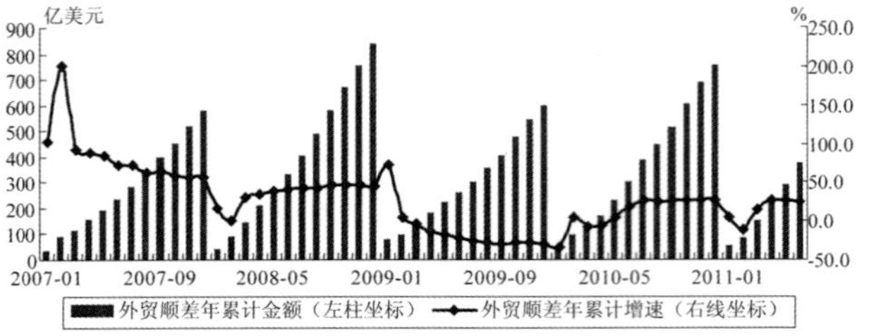

数据来源：江苏省统计局

图2　江苏省进出口顺差变化情况

城乡居民收入保持平稳增长。预计上半年全省城镇居民人均可支配收入增长13%左右，农村居民人均现金收入增长18%左右。上半年预计全省城镇新增就业67.9万人，同比增长14%，城镇登记失业率3.22%，民生得到持续改善。

五、物价形势

上半年，全省CPI（居民消费价格指数）累计同比上涨5.7%，较一季度同比涨幅扩大0.2个百分点。1至6月份江苏CPI指数6个月的同比涨幅持续在5%以上运行，其中6月份为6.9%，创下三年新高。从结构看，食品类、居住类价格仍是价格上涨的主要因素，1－6月分别上涨11.3%和7%。

PPI（工业品出厂价格指数）依然维持高位。1－6月，江苏省PPI累计同比上涨8.3%，较一季度回落0.6个百分点。受国际大宗商品价格显著上涨影响，原材料、燃料、动力购进价格指数同比上涨10.8%，高出同期工业品出厂价格指数2.5个百分点。

六、房地产市场走势

房地产开发投资继续增长。1－6月，江苏省房地产开发投资完成额为2497亿元，同比增长33.8%，增幅较去年同期提高4.8个百分点，其中，住宅开发投资同比增加36.7%，增幅较去年同期提高9.5个百分点。

房地产销售明显放缓。1－6月，全省主要城市市区商品房实际登记销售面积为2188万平方米，同比增长2.35%；商品住宅实际登记销售面积1769万平方米，累计销售套数156656套，同比分别下降3.38%、4.51%。

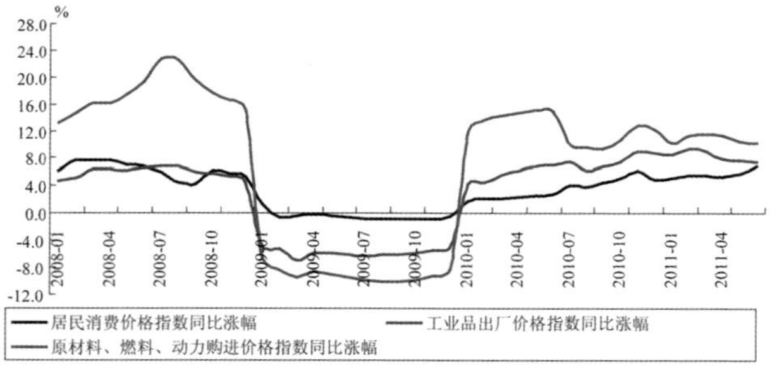

数据来源：江苏省统计局

图3　江苏省主要物价指数同比涨幅变动情况

成交价格略有回调。根据省建设厅网上交易备案系统数据，1－6月，江苏省13个省辖市市区商品房累计成交均价为7690元/平方米，同比分别增长15.69%，其中，6月，江苏省13个城市市区商品房成交均价为7645元/平方米，环比下降3.99%，价格出现回调现象。

第二部分：货币信贷概况

一、货币信贷运行情况

上半年，江苏社会融资规模稳定增长，融资渠道多元化趋势明显。信贷总量回归常态，贷款结构加快调整。各项存款波动较大，季末存款增长较多，人民币贷款利率明显上升。

6月末，全省金融机构本外币各项存款余额6.73万亿元，同比增长16.78%，比年初增加6740.36亿元，同比少增715.65亿元；本外币各项贷款余额4.77万亿元，同比增长14.91%，比年初增加3524.84亿元，同比少增1174.23亿元。

（一）社会融资规模稳定增长，融资渠道多元化发展

1－6月，全省新增社会融资规模7829.5亿元，同比少增196.3亿元，融资渠道呈现多元化，非银行贷款类融资规模明显上升。

一是银行机构表外业务发展迅速。今年以来，在信贷投放回归常态的背景下，全省银行机构积极拓展银行承兑汇票、委托贷款、信用证、保函等表外业务，满足企业融资需求。1－6月，全省银行机构签发的银行承兑汇票（扣减贴现）、委托贷款分别为2713.8亿元和371.27亿元，合计占上半年社会融资规模的39.4%，比去年全年高出9.5个百分点。

二是直接融资规模明显扩大。1－6月，全省股票融资360.68亿元，同比多增63亿元，企业债券融资425.48亿元，同比多增161.08亿元，各类直接融资合计占上半年社会融资规模的10.0%，比去年全年高出1.7个百分点。

三是其他融资来源稳步增长。1－6月，全省小额贷款公司新增贷款242.37亿元，同比增加150.02亿元。

从企业感受来看，受各项成本趋升占用资金增多和资金回笼放缓等因素影响，企业感到资金状况有所趋紧，但资金运转总体保持正常。我分行针对全省595户工业企业的景气调查显示，二季度，江苏省企业支付能力指数为67.48%，虽然连续两个季度回落，但仍处于历史较高水平。

（二）信贷总量同比少增，贷款期限和行际分布出现变化

1－6月，全省新增人民币各项贷款3315.68亿元，同比少增1027.6亿元，但比危机前的2006－2008年同期平均水平仍高出728亿元。

分期限看，短期贷款增速较快，票据融资先降后升。1－6月，全省新增人民币短期贷款1993.12亿元，同比多增318.52亿元。短期贷款上升从侧面反映了目前实体企业流动资金需求总体仍较为旺盛。票据融资在经历了一季度净下降342.2亿元后，二季度净增长101.1亿元。

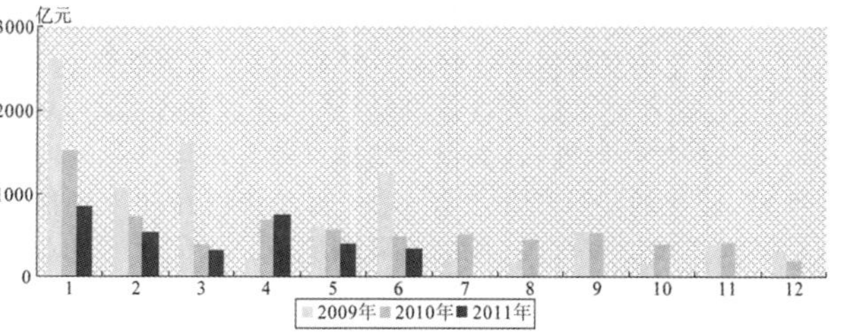

数据来源：人民银行南京分行

图4　江苏省人民币贷款月度变动情况

分机构看，国有商业银行信贷占比有所回落，地方法人机构信贷占比明显上升。历史数据显示，国有银行信贷投放占比一般在40%左右，2009在适度宽松货币政策背景下提升至45%，2010年恢复至40.9%。今年1－6月，全省国有银行新增人民币贷款1176.9亿元，占全省新增贷款总量的35.5%，同比下降4.4个百分点。地方法人金融机构新增人民币贷款979.7亿元，占全省新增贷款总量的29.53%，同比提高5.7个百分点。

（三）信贷结构调整速度加快，调控领域信贷资金来源趋降

一是中小企业、涉农贷款增长较快。1－6月，全省新增中小企业贷款2017.05亿元，占全部企业贷款增量的85.6%，同比提高13.5个百分点。6月末，中小企业贷款余额23015.56亿元，同比增长26.6%，高于全部贷款增幅12.4个百分点。今年以来，受融资渠道单一以及原材料价格持续上涨、劳动力成本大幅上升等因素影响，部分中小企业信贷供需之间的矛盾有所增加，但总体上中小企业资金状况稳定，我分行调查显示，二季度小企业支付能力指数为61.59%，与去年四季度基本持平。此外，涉农贷款明显增加，1－6月全省本外币涉农贷款累计增加1726.24亿元，占同期全省新增贷款总量（不含票据融资）的45.85%，较去年全年提高6.04个百分点。

二是制造业贷款加快增长。今年以来，信贷资金向实体经济领域流入的比重明显提高。1－6月，新增制造业贷款1216.56亿元，占全部新增贷款（不含票据融资）的35.44%，同比提高12.47个百分点。制造业贷款连续六个月居各行业贷款增量首位。

三是基础设施类贷款持续下滑。随着地方融资平台债务清理的深入，以政府项目为背景的基础设施建设类贷款持续下滑。1－6月全省基础设施类贷款净减少57亿元，较去年同期少增1347亿元；6月末，基础设施类贷款余额12140.77亿元，占全部贷款（不含票据融资）的27.49%，较年初回落2.25个百分点。

四是房地产调控效应逐渐显现，金融支持保障性住房力度明显增强。受房地产调控政策持续深入的影响，1－6月，全省新增房地产贷款772.14亿元，同比少增651.11亿元，其中，个人购房贷款和地产开发贷款分别少增585.47亿元和185.95亿元。另一方面，为落实国家保障性住房建设对江苏的要求，我分行借助“民生金融创业惠民”系列工程，引导金融机构进一步强化对保障性安居工程建设的信贷支持。1－6月，全省金融机构新增公租房、廉租房、经济适用房、危旧房及棚户区改造等各类保障性住房开发贷款166.88亿元，是去年同期的7.69倍，占新增住房开发贷款的47.33%，同比增加了41.77个百分点。

（四）人民币存款波动较大，季末存款增长较多

各项存款同比少增。1－6月，全省新增人民币各项存款6372.12亿元，同比少增804.85亿元。其中，单位存款新增3007.2亿元，同比少增1325.27亿元；个人存款新增2738.15亿元，同比多增165.95亿元。单位存款大幅少增，一是受企业派生存款明显减少影响，另一方面是受原材料价格上涨，企业采购备料的资金增加，以及通胀预期背景下，企业主动增加原材料库存所致。但二季度以来，随着企业销售回笼资金的增加，单位存款大幅少增的现象有所改观。4－6月，全省单位存款新增2155.51亿元，同比多增114.45亿元，比一季度多增1305.06亿元。

同时，今年以来受理财产品分流及银行季末存贷比考核力度增大双向影响，银行存款波动明显加剧，呈现出季末大幅冲高，季初大幅下降的现象。统计数据显示，1月和4月全省人民币各项存款合计净减少739.24亿元，同比少增3457.78亿元；而3月和6月存款新增5385.77亿元，同比多增2699.51亿元。

（五）外汇存款增加较快，外汇贷款前慢后快

外汇存款增加明显。1－6月全省新增外汇存款62.58亿美元，同比多增20.5亿美元。今年以来，一方面受人民币升值影响，居民持有外汇意愿不强，上半年全省个人外汇存款仅新增0.16亿美元；另一方面，银行大力开展中间业务，企业保证金外汇存款明显增加，1－6月，单位保证金外汇存款新增21.74亿美元，同比多增13.73亿美元，拉动单位存款同比多增14.15亿美元。

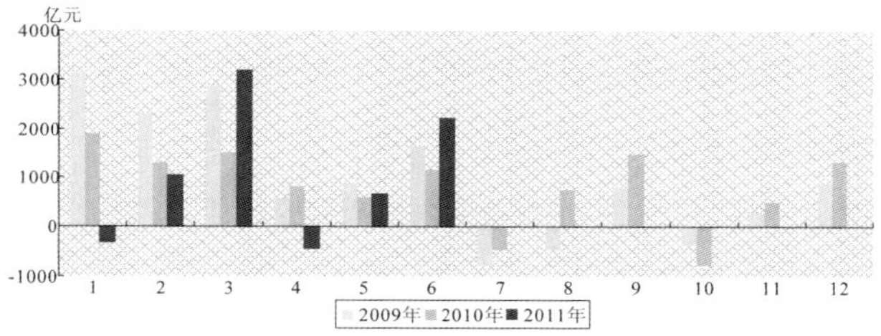

数据来源：人民银行南京分行

图5　江苏省人民币存款月度变动情况

外汇贷款加快增长。1－6月，全省新增外汇贷款55.99亿美元，同比多增2.35亿美元。年初以来，外汇贷款呈现前慢后快增长态势，进入二季度以后，在外汇贷款成本优势强化以及获取贷款相对容易等因素助推下，外汇贷款增速加快。二季度，全省新增外汇贷款33.09亿美元，比上年同期增加129.8%，环比增加44.5%。

（六）金融体系流动性逐步收紧，资产运营质量稳步提升

今年以来，随着六次上调存款准备金率，金融机构流动性逐步收紧。6月末，全省法人金融机构备付率为3.15%，同比下降0.15个百分点，高流动性资产比例为25.14%，同比下降1.34个百分点。

资产质量继续改善。6月末，全省银行业金融机构不良贷款余额477.28亿元，比年初减少123.51亿元；不良贷款率1%，比年初下降0.36个百分点。其中主要银行业金融机构不良贷款余额和比率分别为343.21亿元和0.83%，分别比年初减少106.9亿元和下降0.34个百分点；农村合作金融机构不良贷款余额和比率分别为132.03亿元和2.3%，分别比年初减少16.86亿元和下降0.58百分点。上半年共实现利润740.9亿元，同比增长41.8%。

二、货币政策执行情况

上半年，人民银行南京分行认真执行稳健的货币政策，引导货币信贷适度增长，着力优化信贷结构投向，加强民生金融支持，促进经济金融健康持续和谐发展。

（一）贯彻落实稳健的货币政策，引导信贷总量适度增长

及时传达并落实稳健货币政策。组织召开2011年江苏省货币信贷工作会议，全面传达稳健货币政策的内涵。加强窗口指导，通过信贷旬报、季度例会、调研走访等制度加强与金融机构的沟通和交流，准确把握金融机构信贷投放进度。加强分类指导，运用差别准备金动态调整工具引导省内法人金融机构信贷合理适度增长。

（二）加强货币政策工具管理，畅通货币政策传导机制

加强存款准备金工具管理。及时组织落实准备金调整工作，积极做好政策落实情况和调整效应的信息反馈；加大流动性状况监测力度，完善流动性风险防范、预警与救助体系；对江苏银行等6家金融机构开展缴存款检查。认真贯彻落实利率政策，加强利率政策宣传。落实存贷款基准利率调整工作，及时反馈社会各界反映；加强对地方法人金融机构定价机制建设的评估，建立《江苏省法人金融机构利率市场化机制建设情况备案制度》。

（三）调整优化信贷结构，加强对经济发展薄弱环节和民生的金融支持

序时推进 2011 江苏“民生金融创业惠民”工程。制定印发了《2011 江苏“民生金融创业惠民”工程实施方案》，举行工程启动仪式。二季度召开“民生金融创业惠民”工程领导小组办公室会议，及时评估前一阶段工作成效。

总结、推进中小企业金融服务工作。对 2010 年江苏“中小企业金融服务年”活动开展评估，印发《2010 年江苏“中小企业金融服务年”活动评估报告》和《关于表彰 2010 年江苏“中小企业金融服务年”活动先进单位的决定》。联合省总工会启动 2011 江苏“中小企业金融优质服务竞赛”活动。

（四）加强监测分析，夯实各项基础工作

进一步完善信息调研机制，夯实各项基础工作。建立分行指导、上下联动的信息调研机制；根据形势变化，对农村金融产品和服务方式创新、金融机构落实差别化住房信贷政策、出口企业汇率承受情况等热点问题开展 20 多项调研。

2011 年上半年厦门市银行业金融机构信贷平稳增长　人民币贷款利率趋升

文章来源：中国人民银行厦门中心支行

上半年，在中国人民银行厦门市中心支行指导下，全市信贷运行平稳，存贷款同比增长，银行业金融机构科学把握信贷投放规模和节奏，落实“有扶有控”的信贷政策，有效促进地方经济发展和结构调整。截至 6 月末，本外币各项存款余额 4738.00 亿元，同比增长 18.62%，比年初增加 302.31 亿元；本外币各项贷款余额 3945.34 亿元，同比增长 17.91%，比年初增加 323.89 亿元。存贷比为 83.27%，同比下降 0.5 个百分点。

一、人民币存款平稳增长，新增存款结构分布呈“三足鼎立”格局

单位存款、个人存款和财政存款是拉动存款增长的三大因素。至 6 月末，全市银行业金融机构人民币存款余额 4509.14 亿元，同比增长 19.23%。上半年新增存款 279.91 亿元，其中单位存款增加 85.71 亿元，占比 30.62%，个人存款增加 98.35 亿元，占比 35.14%，财政存款增加 70.49 亿元，占比 25.18%。

单位存款中定期存款和保证金存款增长较快，分别增加 76.33 亿元和 102.98 亿元。定期存款增加主要是人民银行多次提高基准利率的累积效应。保证金存款增加主要是在信贷规模适度偏紧的情况下，银行承兑汇票开票量大增的带动作用。个人存款中储蓄存款增加最多为 89.36 亿元，但不稳定，季中均出现负增长的情况。由于投资渠道丰富，储蓄存款多方分流，如银行加大理财产品营销力度，使得个人存款中的结构性存款增加了 9.05 亿元。

二、人民币贷款投放节奏均衡，期限结构继续优化

贷款各月间投放均衡，没有出现大起大落的现象，给以经济持续有力的支持。新增贷款以短期贷款为主，中长期贷款为辅，主要投向企业经营性短期贷款、个人贷款和银团贷款。至 6 月末，全市银行业金融机构人民币贷款余额 3621.76 亿元，同比增长 17.60%，比年初增加 284.01 亿元。短期贷款增加 190.75 亿元，其中企业经营性短期贷款增加 130.30 亿元，较好地满足了企业日常生产经营对短期流动资金的需要。中长期贷款增加 103.53 亿元，其中个人消费贷款增加 40.16 亿元，银团贷款增加 32.71 亿元。银团贷款同比大幅增加，说明在各行信贷规模受限的情况下，银行互助合作共担风险服务经济的意识增强。

三、人民币贷款利率趋升，下浮占比低于 10%

6 月份，各期限品种的人民币贷款浮动利率为 7.1044%，与年初上升 1.41 个百分点；人民币贷款固定利率为 6.8969%，比年初上升 1.12 个百分点。银行承兑汇票贴现利率为 7.00%，比年初上升 1.85 个百分点。银行业金融机构严控利率下浮比例是拉动市场平均贷款利率水平持续上升的主要原因之一。从浮动区间分布的情况看，6 月份执行人民币贷款利率下浮的发生额占比为 6.11%，比年初大幅减少 21.21 个百分点，连续 5 个月维持在 10% 以下的低水平。第二季度执行利率 0.7 倍下浮优惠的个人商业性住房贷款发生额均为零。

2011 年上半年青岛市金融统计数据

文章来源：中国人民银行青岛中心支行

上半年，全市银行业金融机构认真贯彻落实稳健的货币政策，积极调整和优化信贷结构，大力发展直接债务融资，加强和改进外汇服务，全市银行业信用总量持续增加，促进了经济增长与转方式、调结构。

一、全市银行业信用总量持续增加。6 月末，全市本外币各项贷款余额 6942.5 亿元，同比增长 16.6%，比年初增长 9.3%，比年初增速较全国高 0.3 个百分点，较全省高 0.8 个百分点，各项贷款新增 592.6 亿元。全市表外融资余额 2837.6 亿元，比年初增加 392.9 亿元，同比多增 197.9 亿元。直接债务融资取得明显进展，上半年，六和集团、前湾集装箱、青建集团三家企业通过银行间市场实现直接债务融资 18.5 亿元，农业银行、交通银行、恒丰银行积极开展直接债务融资业务，成效较好。

二、信贷投放总体平稳。自二季度开始，月度信贷增量保持在 100 亿元左右。从累放情况看，上半年全市企业人民币贷款累计发放 1930 亿元，同比少增 31 亿元，其中对民营企业累计发放贷款 884.6 亿元，同比多增 146.5 亿元。分期限看，短期贷款占比提升，中长期贷款增速回落，6 月末，全市短期贷款余额 2712.6 亿元，比年初增加 224.4 亿元，占全部新增贷款的 37.9%，较一季度末提高 21.6 个百分点；中长期贷款比年初增长 10.5%，增速同比回落 10.8 个百分点。分行业看，制造业、批发零售业贷款继续保持较快增势，分别比年初增加 138.6 亿元和 103.2 亿元，占各行业贷款增量的 33% 和 25%，同比分别提高 7 和 9 个百分点。

三、“三农”信贷投放稳步增加。上半年，各银行机构认真落实《青岛市金融支持县域经济发展引导办法》，积极采取有效措施，加大金融支农力度。6 月末，五县市各项贷款余额 949 亿元，同比增长 26.6%，较全市平均水平高 10 个百分点，比年初增加 125.4 亿元，同比多增 19.9 亿元。全市涉农贷款余额 1332.9 亿元，同比增长 35%，增速较全市高 18.4 个百分点，比年初增加 214.3 亿元，其中农户贷款余额 162.1 亿元，比年初增加 33.6 亿元。农村金融产品创新步伐明显加快，林权、大棚使用权、海域使用权、渔船抵押贷款等农村金融创新产品逐步推广，农村信用体系建设稳步推进。农业银行、建设银行、青岛银行积极发展“公司 + 农户”贷款，农村信用社积极推进信用评定工作，国家开发银行及时启动抗旱救灾应急贷款。

四、小企业贷款占比有所提升。6 月末，全市小企业贷款

余额1097.5亿元，比年初增加91.1亿元；小企业贷款增量占全部企业贷款增量的23.9%，同比提高1.5个百分点；上半年小企业贷款累放489亿元，同比增加54亿元。为小企业融资的个人经营性贷款增长较快，上半年新增贷款83.8亿元，同比多增47.8亿元。今年以来，人民银行青岛市中心支行大力发展商业承兑汇票业务，通过再贴现引导各银行机构加大对中小企业的支持力度。上半年，累计对13家银行机构办理再贴现10.3亿元，其中为中小企业贴现的票据办理再贴现7.7亿元，为商业承兑汇票办理再贴现6.5亿元，分别占总量的75%和63%。各银行机构针对小企业融资特点，积极开发和推广小企业金融服务产品，支持小企业的合理资金需求。中国银行、建设银行、民生银行、恒丰银行、青岛银行小企业贷款投放较多，效果较好。

五、差别化房地产信贷政策效应显现。6月末，全市房地产类贷款余额1516.7亿元，同比增长22%，增速同比回落21个百分点，比年初增加161.5亿元，同比少增46.1亿元。其中，房地产开发贷款比年初增加91亿元，同比多增0.43亿元，个人购房贷款比年初增加70.1亿元，同比少增46.7亿元。保障性住房贷款增长较快，6月末，全市保障性住房开发贷款余额73.8亿元，比年初增加17.8亿元，增量占房地产开发贷款的20%，同比提高18个百分点，国家开发银行、工商银行、中国银行保障性住房贷款投入较多。

六、各项存款同比少增。6月末，全市本外币各项存款余额8675.5亿元，比年初增加776.8亿元，同比少增37.6亿元；但6月份较快增长，当月新增261.7亿元，同比多增132.9亿元。分结构看，单位存款比年初增加420亿元，同比多增12.4亿元；个人存款比年初增加251.4亿元，同比少增13.4亿元；外汇存款比年初增加3.62亿美元，同比少增0.59亿美元。二季度全市城镇储户问卷调查显示，居民储蓄意愿有所增加，选择“储蓄存款”作为主要金融资产的居民占66.5%，环比提高3.8个百分点，选择“基金、理财产品”的占24.8%，环比提高3.5个百分点。

2011年上半年大连市金融机构(含外资)人民币存贷款主要项目表

单位:亿元,人民币

项　目	2011.1	2011.2	2011.3	2011.4	2011.5	2011.6
各项存款	8402.86	8505.55	8682.33	8675.43	8858.33	8921.17
其中:单位存款	4484.53	4565.29	4715.85	4709.12	4844.82	4870.92
个人存款	3426.63	3433.85	3507.67	3473.58	3502.94	3575.15
各项贷款	6264.97	6348.10	6447.55	6514.88	6584.50	6677.85
其中:短期贷款	1874.22	1896.59	1946.83	1976.85	2011.46	2061.08
中长期贷款	4249.58	4317.47	4374.24	4437.32	4470.38	4511.50
票据融资	136.18	128.99	121.52	95.51	97.85	100.49

2011年上半年大连市金融市场运行情况

文章来源:中国人民银行大连中心支行

2011年上半年，大连市金融市场总体运行平稳。上半年，辖内同业拆借市场交易清淡，票据市场交易渐趋活跃，债券市场和外汇市场运行平稳。

一、同业拆借市场运行情况

上半年，辖内仅有4家金融机构参与网上和网下同业拆借。其中，网上同业拆借30笔、金额24.1亿元，2季度仅在4月份发生1笔同业拆借业务，金额4.1亿元。一季度网上同业拆借加权平均利率4.49%，二季度2.48%。网下同业拆借3笔、金额4000万元，全部发生在一季度，加权平均利率4.3978%。

二、票据市场运行情况

1.票据签发大幅度上升。金融机构累计签发商业汇票1110.54亿元，同比增长75.59%。二季度末，金融机构票据签发余额1011.71亿元，同比增长92.16%。

2.票据贴现平稳增长。金融机构累计办理贴现1228.06亿元，同比增长45.53%，二季度末，金融机构贴现余额100.12亿元，同比下降2.47%。

三、债券市场运行情况

上半年，大连市金融机构参与银行间债券市场债券交易1925笔，金额7428.3亿元，其中，回购交易累计成交709笔，金额5407.28亿元，二季度成交434笔，金额3357.78亿元；现券交易累计成交1216笔，金额2021.02亿元，其中2季度成交932笔，金额1628.72亿元。

四、银行间外汇市场运行情况

上半年，银行间外汇市场运行平稳，买卖差额同比增加。外汇市场共成交513笔，成交金额折合9.24亿美元，同比增长45.3%。其中，卖出外汇7.49亿美元，占总成交量的81.06%，同比增长35.2%；买入外汇1.75万美元，占总成交量的18.94%，同比增长113.41%。顺差绝对值5.74亿美元，市场呈现供大于求的格局，供求差额比上年同期增加1.02亿美元。

2011年上半年湖南省金融运行情况

中国人民银行长沙中心支行

今年以来，全省金融系统贯彻稳健的货币政策，克服信贷规模趋紧的困难，积极扩大信贷投放，优化信贷结构，较好地支持了我省经济社会发展。上半年全省金融运行逐步向正常状态回归。

一、存款增长势头减缓。6月末各项存款余额18538亿元，比年初增加1938亿元，增长15.4%，同比少增130亿元，增速同比回落5.9个百分点。其中，单位存款562亿元，同比少增180亿元；个人存款1267亿元，同比多增288亿元。今年个人存款多增主要是受股市低迷、房地产调控等因素影响，个人资金从股市和房市回流。据常德市中心支行居民储蓄问卷调查显示，二季度居民投资意愿为49%，比上季度下降

3.75个百分点；储蓄意愿为36.75%，比上季度上升2.75个百分点。

二、贷款增速快于全国。6月末各项贷款余额12515亿元，比年初增加1133亿元，增长17.9%，同比少增76亿元，增速同比回落3.4个百分点，但高于全国1.1个百分点，贷款新增额位列中部第3，比去年同期上移1位，扭转了过去政策从紧时湖南贷款增长受挤压的态势。

（一）从机构看，全国性银行机构贷款少增且市场份额下降，省内法人机构小幅多增。上半年，我省全国性银行机构新增贷款864.6亿元，同比少增73.3亿元，新增贷款占比同比下降1.3个百分点。省内法人机构前6个月新增贷款264.9亿元，同比多增3.2亿元。

（二）分投向看，优先保重点项目资金需求，信贷结构有所改善。上半年，全省中长期固定资产贷款同比仅少增20亿元，铁路、道路和桥梁工程建筑业贷款同比多增21亿元。与此同时，薄弱环节得到较好支持。上半年，全省交通、水利、环境等领域贷款增速高出全部贷款增速4.8个百分点；农、林、牧、渔业贷款增长39.4%。而重点调控领域贷款得到控制。至6月末，房地产贷款增速同比下降18个百分点。

（三）分期限看，中长期贷款持续回落，短期贷款同比多增，票据融资扭转去年下降态势。中长期贷款同比增长20.9%，比去年末回落5.6个百分点。短期贷款新增390.5亿元，同比多增142.0亿元。票据融资下降12亿元，较去年同期少降55亿元。

（四）分区域看，长株潭和环洞庭湖地区贷款少增较多，湘南及大湘西地区贷款同比多增。1－6月，长株潭地区新增贷款778.5亿元，同比少增33.1亿元；环洞庭湖地区新增贷款103.0亿元，同比少增43.5亿元；湘南地区新增贷款126.4亿元，同比多增32.0亿元；大湘西地区新增贷款105.1亿元，同比多增5.9亿元。

（五）个人消费贷款明显少增。上半年，全省个人消费贷款新增244.9亿元，同比少增42.1亿元，其中住房消费贷款少增18.1亿元。消费贷款少增主要是今年国家严厉的楼市调控政策以及3月份长沙住房限购令对投机性房地产需求产生了明显抑制作用。

三、质量效益继续提升。上半年全省银行机构盈利183亿元，6月末不良贷款率比年初有所下降。

2011年上半年湖南省金融机构本外币存贷款余额表

单位：万元人民币

项目名称	2011.01	2011.02	2011.03	2011.04	2011.05	2011.06
一、各项存款	168913572	174715002	180091103	178212548	181679213	185384784
1.单位存款	65323283	66550903	71077909	69874803	72512672	73355047
2.个人存款	97033631	100139179	101628928	100118747	100893009	103298671
3.财政性存款	4081072	5302946	4647587	5571020	5597377	6158630
4.临时性存款	445066	682510	557627	573183	529873	477460
5.委托存款	382968	339719	420523	446744	478558	358552
6.其他存款	1647552	1699745	1758528	1628052	1667725	1736423
二、各项贷款	117399600	118862215	120189120	119409929	123345351	125147590
（一）境内贷款	117371648	118835221	120160806	119383576	123312165	125117372
1.短期贷款	37085282	38014300	38095742	36771975	38423746	39484662
2.中长期贷款	78337913	79024715	80343191	80745621	82945252	83723308
3.融资般赁						
4.票据融资	1904210	1750926	1676647	1823001	1898602	1865120
5.各项垫款	44232	45280	45227	42979	44565	44282
（二）境外贷款	27951	26994	28314	26353	33186	30217

2011年上半年江西省金融运行情况

文章来源：中国人民银行南昌中心支行

今年以来，我省金融业认真贯彻执行稳健的货币政策，紧紧围绕省委、省政府加快推进鄱阳湖生态经济区建设的决策部署，坚持“稳定增长、优化结构、加强管理、防范风险”的工作要求，着力加大对项目投资、实体经济和居民消费的支持力度，贷款投放平稳增长、运行质量不断提高，为我省经济进位赶超提供了有力支持。

一、存款保持较快增长。2011年6月末，江西省金融机构本外币存款余额为13673.80亿元，比年初增加1764.43亿元，同比多增47.76亿元，余额比年初增长14.82%。从纵向比较，全省存款比年初增速低于2009～2010年实施适度宽松货币政策的年份，但比金融危机爆发前的2006～2008年同期增速的平均值11.42%仍高出3.4个百分点，保持了较快增长；从横向比较，我省存款比年初增速高出全国平均增速4.51个百分点，增速在全国首次排名第一。

今年上半年，我省单位存款增加较多，个人存款同比多增。6月末，全省金融机构人民币单位存款余额为5936.53亿元，比年初增加725.45亿元，同比多增95.00亿元；全省金融机构人民币个人存款余额为6907.66亿元，比年初增加791.26亿元，同比多增3.66亿元。

二、贷款增长回归常态。2011年6月末，江西省金融机构本外币各项贷款余额为8684.11亿元，比年初增加874.14亿元，同比少增9.79亿元，余额比年初增长11.15%，增速比2006～2008年同期增速的平均值10.72%高出0.43个百分点，逐步回归正常年份水平。

6月末，全省个人消费贷款余额为1481.06亿元，比年初增加161.07亿元。其中个人住房贷款余额为1145.07亿元，比年初增加135.79亿元；个人汽车消费贷款余额为29.39亿元，比年初减少0.18亿元。

总体来看，今年上半年我省贷款增长呈现四个特点：

一是贷款增速高于全国和中部平均水平。今年1－6月全省本外币各项贷款新增874.14亿元，贷款余额比年初增长11.15%，高出全国平均增速2.33个百分点。贷款增速在全国排名第九，比2010年末前移四位；在中部六省排名保持今年一季度末的第二位，比2010年末前移一位。

二是新增贷款占全国的比重明显提高。1－6月份全国本外币新增贷款在4.44万亿元。以此计算，江西上半年新增人民币贷款全国占比达到1.97%，比2010年全年新增人民币贷款全国占比1.77%提高0.2个百分点。

三是外汇贷款快速增加。6月末，全省金融机构外汇贷款余额19.51亿美元，比年初增加6.50亿美元，同比多增5.25亿美元。外汇贷款的快速增加从一个侧面反映出人民币升值预期对企业借贷外汇资金产生了一定的促进作用，也进一步印证了上半年我省对外贸易加速发展的重要变化。

四是一般性贷款投放力度不减。尽管在货币政策从适度宽松回归稳健的背景下，今年上半年贷款增速较去年同期有所回落，但我省金融机构本外币各项贷款同比仅少增9.79亿元，总体上保持了较大的贷款投放力度。

三、从结构看，今年上半年江西金融运行呈现出“三个占比上升、一个明显提高、一个继续下降”的显著特点。

三个占比上升：一是中小企业贷款余额占比上升。6月末，全省中小企业贷款余额为3236.80亿元，占全部企业贷款的71.99%，比上年末上升1.39个百分点。二是涉农贷款余额占比上升。6月末，全省涉农贷款余额3022.79亿元，占全部贷款的34.8%，比上年末上升0.07个百分点。三是中长期贷款余额占比上升。6月末，全省中长期贷款余额为5236.46亿元，占全部贷款的61.19%，比上年末上升0.35个百分点。

一个明显提高：地方法人金融机构新增贷款份额明显提高。6月末，全省地方法人金融机构人民币贷款余额为2464.64亿元，比年初增加271亿元，增量占全部新增人民币贷款的比重为32.49%，比上年末提高6.73个百分点。

一个继续下降：票据融资余额继续下降。全省票据融资余额为150.74亿元，比年初减少37.91亿元。票据融资继续下降表明金融机构继续实行“压票据、保贷款”的经营策略，也表明贷款投入实体经济增多。

2011年上半年宁波市经济金融形势分析

文章来源：中国人民银行宁波中心支行

上半年，在稳健货币政策作用下，金融运行总体朝着宏观调控预期方向发展：全市社会融资规模适度增长，融资结构趋于优化；存款增势趋缓；贷款投放趋向稳健，投向结构重点突出。

（一）社会融资规模适度增长

上半年，全市金融部门按照宏观调控的总体要求，积极拓宽融资渠道，不断优化金融服务，区域社会融资规模保持适度增长。据初步测算，上半年全市新增社会融资规模1370.49亿元，比去年同期少增34.32亿元，其中：银行业金融机构贷款（含票据融资）新增803.63亿元，同比少增150.48亿元；银行表外融资新增439.96亿元，同比多增60.76亿元；直接融资（股票和债券融资）新增99.23亿元，同比多增58.61亿元；其他融资（小额贷款公司贷款、保险公司赔偿等）新增27.67亿元，同比少增3.21亿元。

（二）各项存款增势趋缓

6月末，全市金融机构本外币各项存款余额10720.32亿元，同比增长16.42%，增幅比去年同期下降3.23个百分点，较2008年同期下降0.28个百分点；比年初增加963.16亿元，同比多增18.85亿元（见图1）。

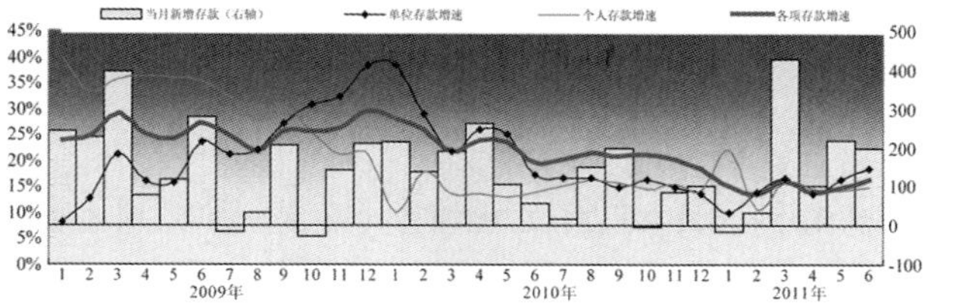

图1　2009年以来宁波市金融机构各项存款增长态势

单位存款增速同比回落。6月末，全市本外币单位存款余额6302.63亿元，比去年同期增长18.36%，增速同比下降3.75个百分点，比年初增加524.32亿元，同比多增71.48亿元。其中，单位保证金存款余额1507.54亿元，同比增长45.06%，增速同比上升47.37个百分点，比年初增加385.29亿元，同比多增277.83亿元。

个人存款增速同比上升。6月末，全市本外币个人存款余额3637.90亿元，同比增长14.81%，增幅比去年同期提高1.09个百分点；比年初新增320.35亿元，同比多增56.88亿元。其中，储蓄存款余额3621.80亿元，同比增长14.49%，增幅比去年同期提高0.73个百分点；比年初新增320.94亿元，同比多增58.95亿元。

财政存款和其他存款同比少增。6月末，全市本外币财政存款余额和其他存款余额为324.33亿元和375.81亿元，比年初分别增加103.15亿元和22.83亿元，同比分别少增23.92亿元和72.77亿元。

（三）各项贷款平稳增长，投放节奏趋于均衡

6月末，全市金融机构本外币各项贷款余额10217.27亿元，同比增长17.85%，增速同比下降6.09个百分点，较2008年同期下降2.48个百分点；比年初增加803.63亿元，同比少增150.48亿元（见图2）。1－6月贷款分别增加168.09亿元、102.93亿元、108.68亿元、146.38亿元、150.93亿元、126.61亿元。

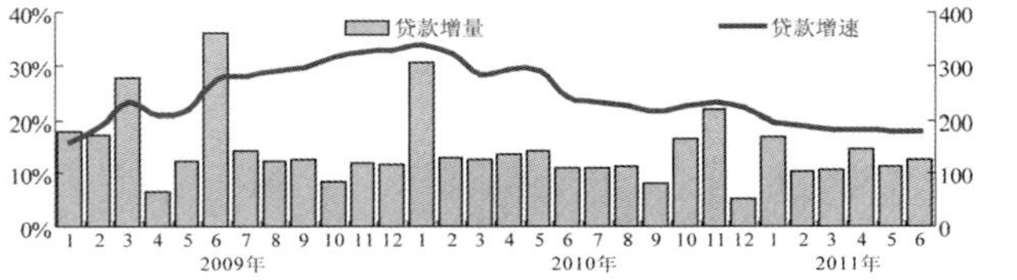

图2　2009年以来宁波市金融机构各项贷款增长态势

从期限结构看，短期贷款平稳增长，中长期贷款增速回落明显。6月末，全市本外币短期贷款余额5622.22亿元，比年初增加577.72亿元，同比多增97.76亿元；同比增长21.12%，增速比去年同期回落1.33个百分点。中长期贷款少增明显，增速高位快速回落。6月末，全市本外币中长期贷款余额4387.4亿元，比年初增加236.56亿元，增量仅为去年同期的38.56%，同比少增376.84亿元；同比增长15.40%，增速同比下降23.87个百分点。票据融资大幅减少。6月末，票据融资余额154.60亿元，同比减少19.12%，比年初减少14.14亿元。

（四）行业投向重点突出，中小企业新增贷款占比提高

从投向结构看，行业投向重点突出。1－6月新增贷款较多的行业：一是制造业，新增258.94亿元，同比少增34.16亿元,占全部新增贷款的 32.09%;二是批发零售业,新增207.71亿元,同比多增 87.96 亿元,占全部新增贷款的25.74%;三是租赁和商务服务业,新增47.10 亿元,同比少增148.37 亿元,占全部新增贷款的5.84%;四是交通运输、仓储和邮政业,新增43.50 亿元,同比少增 25.44 亿元,占全部新增贷款的5.39%;五是房地产业,新增40.24 亿元,同比少增56.35 亿元,占全部新增贷款的 4.99%;六是建筑业,新增25.65亿元,同比多增 5.02 亿元,占全部新增贷款的 3.18%,新增贷款前六大行业合计占比 77.23%。另外,三个行业贷款余额比年初减少,水利、环境和公共设施管理业、居民服务和其他服务业、公共管理和社会组织较年初分别减少 15.63 亿元、1.28 亿元和5.45 亿元。

从贷款对象看,中小企业新增贷款占比提高。6 月末,全市金融机构大型企业贷款余额 1252.85 亿元,比年初增加82.85 亿元;中型企业贷款余额 2478.68 亿元,比年初增加222.27 亿元;小型企业贷款余额 3197.26 亿元,比年初增加233.46 亿元。大、中、小型企业新增贷款占比分别为15.38%、41.27%和43.35%。其中,中小企业新增贷款占比达到84.62%,较去年同期提高 4.3 个百分点。

2011 年上半年河南省金融运行平稳

文章来源:中国人民银行郑州中心支行

2011 年上半年,河南省金融平稳运行。截至6 月末,河南省金融机构人民币(下同)各项存款余额为 26206.9 亿元,较年初增加 3153.9 亿元;金融机构各项贷款余额为 16739.6 亿元,较年初增加 1038.4 亿元。

一、各项存款增加较多

6 月末,金融机构各项存款余额为 26206.9 亿元,同比增长17.9%,较上年同期回落 2.4 个百分点,较上月增加 588.6 亿元,较年初增加 3153.9 亿元。其中:金融机构单位存款余额为10687.6 亿元,较上月增加 287 亿元,较年初增加 1344.4 亿元。金融机构个人存款余额为 14383.5 亿元,较上月增加 306.3 亿元,较年初增加 1498.7 亿元。金融机构财政性存款余额为802.8 亿元,较上月减少 27.8 亿元,较年初增加 255.9 亿元。

二、各项贷款稳步增加

6 月末,金融机构各项贷款余额为 16739.6 亿元,同比增长 13.5%,较上年同期回落 4.9 个百分点;较上月增加 272 亿元,较年初增加 1038.4 亿元。

分期限看,6 月末,金融机构短期贷款余额为 7492.8 亿元,同比增长 13.8%,较上月增加 142.9 亿元,较年初增加566.2 亿元。金融机构中长期贷款余额为 8471.2 亿元,同比增长 17.8%,较上月增加 75.5 亿元,较年初增加 665.3 亿元。金融机构票据融资余额为 767.3 亿元,同比下降 20.8%,较上月增加 53.6 亿元,较年初减少 195.4 亿元。

分项目看,6 月末,金融机构个人贷款及透支余额为4189.1 亿元,同比增长 27.9%,较上月增加 74.8 亿元,较年初增加 477.4 亿元。金融机构单位经营贷款余额为 6885.3 亿元,同比增长 10.9%,较上月增加 94.2 亿元,较年初增加447.8 亿元。金融机构单位固定资产贷款余额为 4144.8 亿元,同比增长 7.8%,较上月增加 12.1 亿元,较年初增加161.8 亿元。金融机构银团贷款余额为 405.1 亿元,同比增长108.4%,较上月增加 26.4 亿元,较年初增加 93.3 亿元。贸易融资余额为 313.7 亿元,同比增长 31.5%,较上月增加11.8 亿元,较年初增加 43.6 亿元。

2011 年上半年河北省及石家庄市金融运行情况

文章来源:中国人民银行石家庄中心支行

2011 年上半年河北省金融运行情况

2011 年 6 月末,河北省金融机构本外币各项存款余额28809 亿元,同比增长 15.56%,比上年同期提高 2.26 个百分点;比年初增加 2562 亿元,同比多增 181 亿元。本外币各项贷款余额 17434 亿元,同比增长 17.01%,比上年同期降低3.23个百分点;比年初增加 1520 亿元,同比少增 138 亿元。本外币存量存贷比为 60.52%,比上年同期提高 0.57 个百分点;1-6 月增量存贷比为 59.34%,比上年同期下降 10.28 个百分点,比存量存贷比低 1.18 个百分点。

人民币各项存款余额 28642 亿元,同比增长 15.6%,比上年同期提高 2.26 个百分点;比上月增加 565 亿元,同比多增144 亿元;比年初增加 2567 亿元,同比多增 198 亿元。

人民币各项贷款余额 17180 亿元,同比增长 16.65%,比上年同期降低 3.56 个百分点;比上月增加 279 亿元,同比多增 113 亿元;比年初增加 1459 亿元,同比少增 187 亿元。

分期限看,上半年新增贷款中,短期贷款增加 653 亿元,同比多增 67 亿元;中长期贷款增加 807 亿元,同比少增 386 亿元;票据融资增加 2 亿元,同比少降 129 亿元。

6 月末存量存贷比为 59.98%,比上年末降低 0.39 个百分点,比上年同期提高 0.35 个百分点。1-6 月增量存贷比为 56.84%,比上年同期降低 12.64 个百分点,比存量存贷比低 3.14 个百分点。

2011 年上半年石家庄市金融运行情况

一、人民币贷款

2011 年 6 月末,石家庄市金融机构人民币各项贷款余额3493.06 亿元;同比增长 13.86%,比上年同期提高 4.04 个百分点;比上月增加 42.32 亿元,同比多增 50.93 亿元;比年初增加 239.19 亿元,同比多增 50.18 亿元。

分期限看,2011 年上半年新增贷款中,短期贷款增加56.67亿元,同比少增 17.21 亿元;中长期贷款增加 155.04 亿元,同比少增 13.34 亿元;票据融资增加 27.33 亿元,同比多增 80.15 亿元。

二、人民币存款

6 月末,人民币各项存款余额 6514.84 亿元;同比增长14.33%,比上年同期提高 4.43 个百分点;比上月增加 145.13 亿元,同比多增 63.01 亿元;比年初增加 437.34 亿元,同比少增 96.78 亿元。

三、人民币存贷比

6 月末人民币存量存贷比为 53.62%,比上年末提高 0.11 个百分点,比上年同期降低 0.41 个百分点。1-6 月增量存贷比 54.69%,比上年同期提高 19.3 个百分点,比存量存贷比高 1.07 个百分点。

2011 年上半年黑龙江省金融运行情况

文章来源:中国人民银行哈尔滨中心支行

上半年,黑龙江省金融运行平稳,各项存、贷款总量稳定增长。各金融机构积极贯彻执行稳健的货币政策,合理把握信贷支持经济发展的重点、力度和节奏,贷款结构不断优化,信贷投放重点突出，服务全省经济持续发展的能力和水平进一步增强。

一、各项存款平稳增长

上半年，在全省经济形势不断向好的情况下，金融机构各项存款稳定增长。截至6月末，全省金融机构本外币各项存款余额14331.6亿元，同比增长13.2%；当年新增1358.7亿元，同比少增135.2亿元。各项存款运行主要特点是：

（一）单位存款增速趋缓。截至6月末，全省金融机构本外币单位存款余额为5750.3亿元，同比增长16.7%，增幅较上年同期回落14.6个百分点；当年新增479.3亿元，同比少增213.1亿元。增速趋缓的原因主要为：一是经济保持平稳较快增长，固定资产投资力度加大。上半年，全省工业生产稳步增长，经济效益持续向好，企业扩大再生产意愿强烈，固定资产投资力度加大。前5个月，全省固定资产投资809.5亿元，同比增长23.5%。二是贷款利率上浮提升贷款成本，企业派生存款减少。上半年国家2次上调存贷款基准利率共0.5个百分点，适当回收流动性和调控信贷投放，企业贷款成本提高，稳健货币政策促使贷款节奏放慢，企业派生存款减少。

（二）储蓄存款同比多增。截至6月末，全省金融机构本外币储蓄存款余额为7990.3亿元，同比增长13.6%，增幅比上年同期提高5.3个百分点；当年新增702亿元，同比多增157.8亿元。分机构看，同比增加较多的是农业银行、工商银行和光大银行，分别达到33.7亿元、27.6亿元和24.4亿元。从结构上看，主要以定期存款增加为主，同比多增224.2亿元。储蓄存款同比多增的原因主要为：一是第三方存管资金回流存款较多。近几个月来，上证、深证市场持续低迷，大量股民选择短期退出市场，股票资金转入储蓄账户。二是存款基准利率提高，居民储蓄意愿增强，目前，一年期存款利率为3.25%，达到2008年10月份以来的最高值。同时房价的高位运行也促使部分欲购房者持币观望，现金回流储蓄。

二、信贷投放重点突出，对民生领域支持力度加大

上半年，我省金融机构各项贷款继续保持稳定增长，截至6月末，全省本外币各项贷款余额达到8137.5亿元，增长19.6%，当年新增859.7亿元，同比多增105.8亿元。各项贷款运行的主要特点是：

（一）短期贷款同比多增，主要投向单位经营贷款和贸易融资。截至6月末，全省金融机构本外币短期贷款余额为3326.7亿元，同比增长17.6%，增幅比上年同期提高6.3个百分点；当年新增445.9亿元，同比多增81.6亿元。分机构看，工商银行、中国银行、邮政储蓄银行同比多增较多，主要投向单位经营贷款和贸易融资。同时，锦州银行、营口银行等新机构的进入也是我省短期贷款同比多增的原因之一。

（二）中长期贷款同比少增，增长绝对量仍处于较高水平。截至6月末，全省金融机构本外币中长期贷款余额为4553.8亿元，同比增长27.5%，增幅比上年同期下降17.8个百分点；当年新增480.0亿元，同比少增83.8亿元。分机构看，兴业银行、工商银行、中国银行同比少增较多。主要是单位经营贷款和固定资产贷款同比少增，原因是去年中长期贷款增加基数较大。但从当年新增额绝对量上看，中长期贷款要多于短期贷款。

（三）个人贷款增长较快，主要以经营性贷款为主。截至6月末，全省金融机构人民币个人贷款余额为2543.9亿元，同比增长27.1%；当年新增508.9亿元，占全部新增贷款的59.2%。其中当年新增个人经营性贷款391.9亿元，主要用于农户备春耕生产；当年新增个人消费贷款116.9亿元，同比少增41.3亿元。分机构看，涉农金融机构个人贷款增长较快，主要以发放农户贷款为主，其中省农信社个人贷款当年新增194.1亿元，高居首位，其次是农业银行，增加65.7亿元。

（四）单位普通贷款增势平稳，主要投向固定资产投资和企业经营。截至6月末，全省金融机构人民币单位普通贷款余额为4746.6亿元，同比增长15.4%；当年新增287.7亿元，占全部新增贷款的33.5%，主要投向项目建设领域，支持基础设施建设、道桥工程等项目建设，以及装备制造业领域、资源开采和深加工领域。其中，固定资产贷款当年新增166.6亿元，经营贷款当年新增138.8亿元。分机构看，国家开发银行、中国银行、哈尔滨银行增长较多，分别新增76.1亿元、37.8亿元、30.6亿元。

（五）涉农贷款快速增长，主要以农户贷款为主。年初以来，各涉农金融机构积极应对货币政策调控取向的转变，加大对“三农”信贷投放力度，信贷资金在农业生产、流通环节作用显著。截至5月末，全省涉农贷款余额为3050.1亿元，当年新增302.2亿元。农户贷款余额1249.3亿元，当年新增333.1亿元。其中，作为我省支农主力军的省农村信用社涉农贷款余额872.4亿元，当年新增162.8亿元；农户贷款余额795.5亿元，当年新增172.1亿元。为全省农业生产提供了强有力的资金支持，农民的生产资金得到了保证，为农业发展奠定了坚实的基础。

（六）房地产贷款稳定增长，购房贷款同比少增。今年以来，随着住房“限购令”的出台，全省房价的上涨速度逐渐放缓，购房者大都选择持币观望。但土地价格仍旧高位运行，开发商对我省房地产市场仍旧信心十足。截至5月末，全省房地产开发贷款为307.8亿元，当年新增75.5亿元，同比多增20.3亿元。个人购房贷款为763.7亿元，当年新增82.7亿元，同比少增20.5亿元。

（七）信贷行业分布集中在批发和零售业，制造业，交通运输、仓储和邮政业。2011年以来，我省金融机构积极支持省政府提出的“八大经济区”、“十大工程”建设，贷款向基础行业倾斜。从绝对量上看，主要集中在批发和零售业，制造业，交通运输、仓储和邮政业，占比分别为18.9%、16.5%、12.8%。从增长量上看，新增信贷额主要集中在交通运输、仓储和邮政业，制造业，水利、环境和公共设施管理业，分别新增96.5亿元、68.2亿元、47.0亿元。

2011年上半年安徽省货币信贷运行情况

中国人民银行合肥中心支行

今年以来，全省金融系统严格按照“总体稳健、调节有度、结构优化”的总体要求，认真贯彻落实稳健的货币政策，以信贷总量适度增长和信贷结构优化调整支持安徽经济平稳较快发展和发展方式转变。

一、各项存款平稳增加，储蓄存款增长明显

6月末，安徽省金融机构本外币各项存款余额18751.6亿元，同比增长19.6%，增幅较上年末、一季度末分别回落3.4个、2.1个百分点，为2008年2月份以来的最低；上半年新增2238.7亿元，同比多增57.1亿元，其中一、二季度分别新增1169.4亿元和569.4亿元。其中，人民币各项存款余额18622.5亿元，同比增长19.5%。

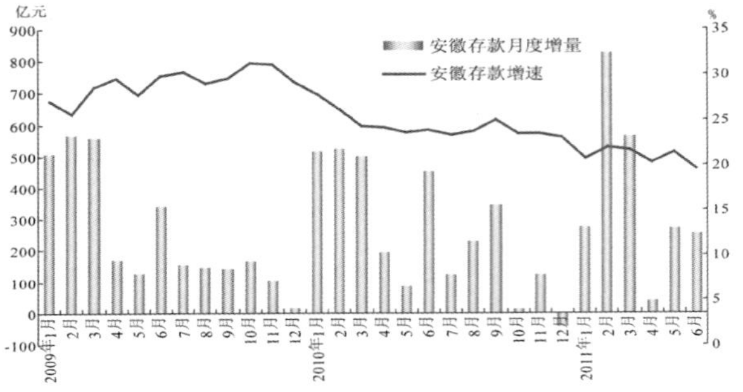

图 1　安徽省人民币存款月度增长情况

增幅较上年末、一季度末分别回落 3.5 个、2.1 个百分点；上半年新增 2222.1 亿元，同比多增 46.4 亿元，其中一、二季度分别新增 1662.8 亿元和 559.4 亿元。

二、各项贷款呈现“总量适度扩大、增速有所回落、结构持续优化”态势

上半年，安徽省金融机构各项贷款呈现“总量适度扩大、增速有所回落、结构持续优化”态势，既有效落实了中央宏观调控政策，又很好地支持了安徽经济平稳较快发展和发展方式转变。

1. 贷款增速持续回落，为近 11 个月以来最低。6 月末，安徽省各金融机构本外币各项贷款余额 13068.7 亿元，同比增长 22.0%，增速较上年末、一季度末分别回落 2.4 个、1.6 个百分点，但高于全国平均水平 5.2 个百分点。其中，人民币贷款余额 12693.7 亿元，同比增长 20.5%，增速较上年末、一季度末分别回落 2.7 个、1.5 个百分点，为近 11 个月以来最低。

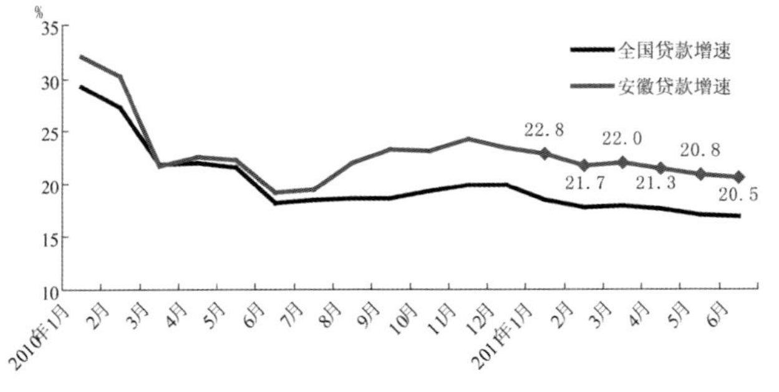

图 2　2010 年以来全国及安徽省增速变动情况

2. 贷款结构更加合理，重点区域和薄弱环节支持力度显著加大，信贷资金布局与安徽省区域发展战略高度吻合。6 月末，皖江城市带承接产业转移示范区人民币各项贷款余额 9472.6 亿元，同比增长 22.3%，增速较上年同期提高 3.2 个百分点，高出全省各项贷款增速 1.8 个百分点；上半年新增 1017.2 亿元，占全省 79.0%，较上年同期多增 29.9 亿元。合芜蚌自主创新试验区人民币各项贷款余额 6384.5 亿元，同比增长 21.0%，增速较上年同期提高 5.8 个百分点；上半年新增 737.7 亿元，同比多增 104.5 亿元。皖北三市七县人民币贷款余额达 1497.0 亿元，同比增长 22.6%，上半年新增206.8 亿元，同比多增 41.1 亿元。二是小企业贷款延续快速增长态势，成为信贷投放新的增长点。6 月末，安徽省各金融机构小企业贷款余额 2860.8 亿元(不含票据)，同比增长 69.7%，分别高于大、中型企业 62.9 个和 67.8 个百分点；上半年小企业贷款增加 364.7 亿元，分别较大型、中型企业多增 10.8 亿元、178.6 亿元。三是短期贷款较快增长，企业流动资金的有效需求基本得到满足。今年以来，为了盘活信贷存量，全省各金融机构明显加大了企业流动资金贷款的发放力度，短期贷款增速逐月攀升。6 月末，全省人民币短期贷款余额 4432.3 亿元，同比增长 20.2%，增速较一季度末、上年同期分别提高 4.2个、10.3 个百分点；上半年短期贷款新增 448.7 亿元，为上年同期增量的 1.9 倍。另外，各金融机构还有针对性地加强贸易融资服务，积极满足实体经济流动资金需求。6 月末，全省人民币贸易融资余额 250.9 亿元，同比增长 101.2%，增速远高于各项贷款平均水平；上半年贸易融资贷款新增107.9 亿元，为上年同期增量的 3.6 倍，在各项贷款增量中的占比较上年同期提高 6 个百分点。四是金融支持民生工程力度加大。6 月末，全省生源地助学贷款余额 16.3 亿元，同比增长 27.4%；上半年累计发放贷款 1.1 亿元，较上年同期多发放 0.24 亿元。全省下岗失业人员小额担保贷款余额 9.0 亿元，比年初增加 0.8 亿元，同比增长 41.4%；全年累计发放小额担保贷款 2.1 亿元。全省涉农贷款余额 3588.2 亿元，同比增长 31.3%；上半年新增贷款 489.8 亿元，占全省各项贷款增量的 38%。

3. 房地产贷款大幅回落，宏观调控效果显现。根据房地产调控要求，安徽省各金融机构主动压缩房地产开发、住房按揭等房地产类贷款规模。6 月末，全省房地产开发贷款余额 548.2 亿元，同比增长 22.8%，增速较上年同期下降 20.9 个百分点；个人购房贷款余额 2170.3 亿元，同比增长 27.6%，增速较上年同期下降 48.4 个百分点。与此同时，受房地产调控影响，我省个人消费贷款增速也明显回落，6 月末，个人消费贷款余额 2243.0 亿元，同比增长 25.9%，较上年同期下降 51.8 个百分点，增速为 2007 年 5 月份以来最低。

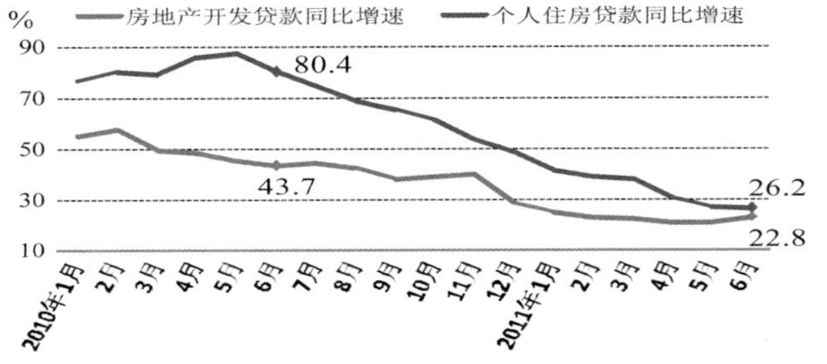

图 3　安徽省房地产贷款增速

2011 年上半年海南省货币信贷运行情况

文章来源：中国人民银行海口中心支行

2011 年上半年，人行海口中心支行认真贯彻落实总行稳健的货币政策，引导海南省各金融机构适度加大信贷投放力度，严格执行差别化房地产信贷政策，着力优化信贷投放结构。着力配合好省政府相关部门及时启动金融支持“三农”发展服务年活动，充分发挥金融“支农”、“惠农”、“强农”的杠杆效应。分指标来看，存款增速止跌小幅回升，但存款增量同比明显少增；贷款增速止落回升，贷款增量高于上年同期，新增贷款主要投向中长期贷款；银行经营效益良好，不良贷款比年初实现“双降”。

一、存款增速止跌小幅回升

6 月末，全省金融机构本外币各项存款余额为 4521.37 亿元，同比增长 15.63%，增速比上月末小幅回升 0.69 个百分点，但比上年同期大幅回落 26.99 个百分点，比全国平均水平低 1.87 个百分点，增速为近几年以来的较低点；存款余额比年初增加 304.20 亿元，同比显著少增 430.42 亿元，前 6 个月存款增量创自2009年同期以来的新低。其中,6月当月新增存款81.68亿元,占前6个月存款增量的26.85%,存款增量为前6个月月度存款增量的次高点。人民币方面,6月末,全省金融机构人民币存款余额为4459.05亿元,同比增长15.52%,增速比上月末小幅回升0.44个百分点,但比上年同期大幅回落27.45个百分点,比全国平均水平低2.08个百分点。1-6月,全省金融机构累计新增人民币存款286.93亿元,同比明显少增465.54亿元。

1. 从存款结构看,储蓄存款增量占主导,单位存款余额环比新增较多,财政存款增速高位回落。

表1　2011年上半年金融机构

本外币各项存款增量构成变化情况

单位:亿元

2010年上半年		2011年上半年		同比增减
新增本外币存款	734.62	新增本外币存款	304.20	-430.42
其中:储蓄存款	284.45	其中:储蓄存款	192.97	-91.48
企业存款	280.37	单位存款	100.81	-
财政存款	39.52	财政存款	13.74	-25.78

储蓄存款增量占主导,存款增速止跌回升。6月末,全省金融机构本外币储蓄存款余额1864.45亿元,同比增长18.62%,增速比上月回升1.11个百分点,扭转了连续5个月存款增速持续回落的势头,但增速比上年同期回落11.32个百分点。1-6月,累计新增储蓄存款192.97亿元,比单位存款多增92.16亿元,但比上年同期少增91.48亿元,占全部存款增量的63.44%,成为拉动存款增长的主力(见表1)。

单位存款余额环比新增较多,活期、定期存款均比年初出现新增。6月末,全省金融机构本外币单位存款余额2455.37亿元,比年初增加100.81亿元。其中,6月当月新增储蓄存款74.12亿元,占前6个月存款增量的73.52%。1-6月,定期单位存款累计新增49.97亿元,占单位存款增量的49.57%;1-6月,活期存款累计新增14.33亿元,扭转了前5个月活期存款余额均比年初下降的格局。

财政存款增速高位回落,存款余额环比下降。6月末,财政存款余额163.21亿元,比年初增加13.74亿元,同比少增25.78亿元,本月财政存款环比减少28.02亿元;存款余额同比增长30.86%,增速比上月末明显回落23.67个百分点。财政存款增速高位回落主要是因为全省财政支出力度的加大。

2. 从存款分机构看,国有商业银行和农信社存款增量占主导。由于6月份国有四大商业银行新增存款67.06亿元,使得其存款增量占比环比出现明显上升。1-6月,国有商业银行累计新增存款96.91亿元,增量占比为31.86%,环比明显上升18.45个百分点;1-6月,农信社和邮储累计新增存款130.44亿元,增量占比为42.08%,同比明显上升27.32个百分点。另外,交通银行存款增量占比上升较快,6月末,其增量占比比上年同期高出7.20个百分点。

二、贷款增速止落回升,贷款增量高于上年同期,新增贷款主要投向中长期贷款

6月末,全省金融机构本外币各项贷款余额2885.02亿元,同比增长26.77%,增速比上月末回升2.93个百分点,扭转了连续4个月贷款增速出现回落的局面,比全国平均水平高出9.97个百分点,但比上年同期回落10.41个百分点;贷款余额比年初增加370.94亿元,同比多增39.50亿元,尤其6月份当月全省金融机构新增本外币贷款116.83亿元,占前6个月贷款增量的31.50%,创下了近几年月度贷款增量的新高。其中,人民币各项贷款余额2560.24亿元,同比增长24.97%,增速比上月末回升1.29个百分点,比全国平均水平高出8.07个百分点,但比上年同期回落12.24个百分点。1-6月,全省金融机构累计新增人民币贷款290.45亿元,同比多增31.85亿元(见表2)。

1. 从贷款期限结构看,结构分布更趋合理,短期贷款和票据融资增量同比明显多增,中长期贷款增量占比同比大幅下降。

短期贷款增量同比明显多增,贷款增速持续加快。6月末,全省金融机构本外币短期贷款余额为444.68亿元,比年初增加39.73亿元,同比多增86.65亿元,同比增长26.56%,增速比上月末和上年同期分别高出7.55和36.26个百分点。

表2　2011年上半年金融机构

本外币各项贷款构成变化情况

单位:亿元

2010年上半年		2011年上半年		同比增减
新增本外币贷款	331.44	新增本外币贷款	370.94	39.50
其中:短期贷款	-46.92	其中:短期贷款	39.73	86.65
中长期贷款	399.79	中长期贷款	291.07	-108.72
票据融资	-23.42	票据融资	14.85	38.27

票据融资余额环比连续两个月出现新增。6月末,全省金融机构票据融资余额为53.94亿元,余额同比下降25.44%,降幅比上月末明显收窄31.09个百分点。其中,5、6月全省金融机构分别新增票据融资10.91和12.98亿元,占票据融资余额的44.29%。

中长期贷款增量占比同比明显下降,新增贷款主要投向固定资产贷款。受制于宏观政策收紧、信贷额度趋紧以及贷款基准利率不断提高的影响,省内部分项目信贷融资需求有所减少,导致我省金融机构中长期贷款增量占比和增速同比均出现明显回落。6月末,全省金融机构中长期贷款余额为2310.85亿元,比年初增加291.07亿元,同比少增108.72亿元,贷款增量占比同比明显下降42.15个百分点;余额同比增长28.19%,增速比上月末和上年同期分别回落0.90和30.35个百分点,创下自2009年7月份以来的新低。从中长期贷款投向来看,1-6月,中长期固定资产贷款累计新增154.19亿元,占中长期贷款增量的52.97%;中长期经营贷款和银团贷款累计新增111.64亿元,占中长期贷款增量的30.10%。

2. 从贷款分行业看,增量贷款主要投向基础设施行业。1-5月,基础设施行业累计新增贷款136.08亿元,比上年同期多增33.76亿元,占行业贷款增量的59.87%,占比同比提高20.21个百分点;房地产行业累计新增贷款71.88亿元,比上年同期多增38.84亿元,占行业贷款增量的31.62%,占比比上年同期明显提高18.82个百分点。

3. 从贷款分机构看,国开行贷款增量占主导,交通银行和农信社新增贷款占比比上年同期有所提高。由于国开行在省内基建投资项目融资方面的传统优势,其市场份额多年来一直占据着我省贷款增量的主导地位。6月末国开行新增贷款占比为42.74%,占比比上年同期上升3.57个百分点。交通银行和农信社新增贷款占比比上年同期有所提高。6月末交通银行新增贷款占比为4.02%,比上年同期提高1.27个百分点;6月末农信社新增贷款占比为15.36%,比上年同期提高3.03个百分点。

三、个人消费贷款增速高位继续回落,贷款增量同比大幅少增

6月末,全省个人消费贷款余额306.57亿元,比年初增加13.33亿元,同比大幅少增71.38亿元,前6个月月度平均新增个人消费贷款 2.22 亿元，仅为上年同期平均数的 13.23%；贷款余额同比增长 19.16%，增速比上月末和上年同期分别回落 6.25 和 65.18 个百分点，由于上年同期高基数，增速连续 10 个月呈现快速回落势头。由于上年国家陆续出台相关房地产调控政策以及年内海口、三亚两市执行严格的“限购”政策，房屋交易量出现明显下降，导致今年以来个人购房消费贷款增量显著下降。预期随着越来越多房地产商加入降价促销行列以及个人购房刚性需求的逐步释放，个人消费贷款增量将有望提升。

四、农村信用社存款增速止跌回升，贷款加快增长

6 月末，全省农村信用社存款余额 393.51 亿元，同比增长 47.21%，增速比上月末和上年同期分别加快 10.40 和0.60 个百分点，扭转了连续两个月的回落势头；余额比年初增加 88.97 亿元，同比多增 28.03 亿元，其中，6 月份当月新增存款 36.70 亿元，占前 6 个月存款增量的 41.25%。6 月末，全省农信社贷款余额 234.01 亿元，同比增长 51.07%，增速比上月末加快 11.06 个百分点；贷款余额比年初增加 56.98 亿元，同比多增 16.10 亿元，占全金融机构贷款增量的 15.36%，比上年同期提高 3.03 个百分点。

五、外汇存款增速明显加快，外汇贷款高位增长

6 月末，全省外汇存款余额 9.63 亿美元，余额比年初增加 2.83 亿美元，存款余额连续 5 个月出现上升；余额同比增长 30.21%，增速比上月末明显加快 21.10 个百分点，比上年同期加快 9.53 个百分点，主要由于人民币升值预期导致我省外贸企业结售汇意愿和频率均有所提升。

6 月末，外汇贷款余额 50.18 亿美元，同比增长 55.71%，增速比上月末和上年同期分别加快 18.95 和 13.03 个百分点，贷款增速创下了新高；余额比年初增加 13.30 亿美元，同比多增 11.78 亿美元。其中，境内贷款 9.21 亿美元，境外贷款 4.09 亿美元。分机构看，工商银行、中国银行和国开行外汇贷款余额分别比年初增加 3734 万、14066 万和 114251 万美元。外汇贷款的稳步增加主要是国开行投放海航集团下属公司用于购置、租赁飞机的外汇需求以及部分外贸企业的贸易融资需求。

六、资金累计实现净流入，但净流入量同比大幅回落

1－6 月，海南省各银行类金融机构累计流入资金 18571.4亿元，流出 18383.4 亿元，累计资金实现净流入 188.0 亿元，比上年同期明显少流入资金 489.3 亿元。其中，6 月份，海南省各银行类金融机构跨省资金流入 3754.7 亿元，流出 3692.6 亿元，资金净流入 59.1 亿元，环比上个月少流入资金 29.1 亿元。

七、银行经营效益良好，不良贷款实现“双降”

1－5 月，全省银行业金融机构整体经营情况良好，账面共盈利 31.98 亿元，同比多盈利 5.78 亿元。农村信用社盈利 3.44 亿元，同比多盈利 2.71 亿元。不良贷款实现“双降”。5 月末，全省金融机构不良贷款余额比年初下降 0.24 个百分点。

2011 年上半年内蒙古自治区金融运行分析

文章来源：中国人民银行呼和浩特中心支行

一、各项存款增速稳步上升，增量波动较大

存款增速再创新高，增量波动性较大。6 月末，全区金融机构人民币各项存款余额 11636.75 亿元，同比增长 24.29%，较上年同期提高 1.51 个百分点，创去年 5 月以来新高，高出全国 6.69 个百分点；较年初新增 1341.83 亿元，同比多增 362.01 亿元。其中，一、二季度分别新增 712.01 和 629.82 亿元，季内各月波动较大，均呈先抑后扬态势。

二、调控成效显著，贷款稳步回归常态

6 月末，全区金融机构本外币贷款余额 8951.74 亿元，同比增长 21.67%，较上年同期回落 3.31 个百分点，高出全国 4.87 个百分点；较年初新增 1017.11 亿元，同比少增 2.45 亿元。其中，人民币贷款新增 999.9 亿元，同比少增 30.29 亿元，外汇贷款新增 2.92 亿美元，同比多增 4.41 亿美元。贷款主要特点如下：

1. 中长期贷款增速、增量呈双降态势。6 月末，中长期贷款余额 5625.77 亿元，同比增长 21.52%，较上年同期下降 20.15 个百分点；较年初新增 488.85 亿元，同比少增 198.09 亿元，占全部新增贷款的 48.89%，较上年同期下降 17.79 个百分点。

2. 贸易融资持续增长。6 月末，贸易融资余额 90.45 亿元，同比多增 16.35 亿元，连续 6 个月实现同比多增，同比增长 1.28 倍。贸易融资业务的快速增长，一方面，充分反映了我区经济发展的强大内生动力；另一方面，与传统的信贷业务相比，贸易融资具有风险低、流动性好、综合回报率高、成本低、市场前景广阔等特点，得到各金融机构的普遍重视。

3. 贷款地区结构明显改善。上半年，东部五盟市新增贷款 295.21 亿元，占地区新增贷款的 32.86%，占比较上年同期上升 9.9 个百分点；西部经济区新增贷款 603.05 亿元，占比较上年同期下降 9.9 个百分点。信贷资源地区分配趋向合理，有效缓解了我区以往贷款投向过度集中的局面，这既有利于加快沿黄河、沿交通干线经济带的一体化发展，又有利于继续加大对东部地区开发支持力度，推动其进一步融入东北及环渤海经济区，最终实现我区经济协调发展，增强整体实力和竞争力。

4. 大型银行增加个人贷款业务。大型银行积极调整信贷结构，严格控制对“两高”行业和产能过剩行业的贷款，大力压缩公司性贷款，积极发展个人贷款业务。上半年，个人消费贷款新增 176.54 亿元，占其全部新增贷款的 17.66%，较上年同期下降 2.38 个百分点。

5. 中小企业融资进一步改善。在整体信贷规划减少的情况下，各金融机构继续加大对中小企业的支持力度。6 月末，中小企业贷款同比增长 41.19%，高于上年同期 16.94 个百分点，高于全区平均贷款增速 19.39 个百分点；新增贷款 357.36 亿元，同比多增 39.49 亿元。

6. 房地产调控效应显现，房地产贷款增速高位回落

在目前稳健货币政策、房地产市场调控政策以及保障房的及时跟进等多重因素作用下，国家坚持的房地产调控方向不动摇，调控力度不放松的政策开始发挥效用。6 月末，房地产开发贷款余额 314.49 亿元，同比增长 45.8%，较上年同期下降 30.07 个百分点；个人住房贷款余额 684.03 亿元，同比增长 44.54%，较上年同期下降 48.76 个百分点。

三、融资渠道进一步拓宽

在充分发挥信贷主渠道的同时，各金融机构积极拓宽融资渠道，鼓励和支持符合条件的企业充分利用金融市场进行融资。上半年，两家公司成功上市，融资金额达 31.6 亿元；银行间债券市场也取得新进展，共发行各种债券 110 亿元，其中，短期融资券 30 亿元，中期票据 20 亿元，地方企业债 60 亿元。

2011年上半年宁夏金融运行情况

文章来源：中国人民银行银川中心支行

2011年上半年，全区金融机构人民币存款稳定增加，贷款保持稳步增长。

金融机构人民币各项存款稳定增加。2011年6月末，全区金融机构本外币各项存款余额2843.83亿元，上半年增加256.71亿元。金融机构人民币各项存款余额2832.79亿元，同比增长21.31%，比上年同期低1.4个百分点；上半年增加258.94亿元，比上年同期少增17.72亿元。

——单位存款同比多增。6月末，金融机构人民币单位存款余额1332.85亿元，同比增长31.88%；上半年增加137.69亿元，比上年同期多增26.42亿元。

——居民储蓄存款增长回升。6月末，金融机构人民币储蓄存款余额1240.64亿元，同比增长19.10%，增幅比上年同期高3.55个百分点；上半年增加70.43亿元，比上年同期少增3.53亿元。

金融机构人民币各项贷款稳步增长。2011年6月末，全区金融机构本外币各项贷款余额2716.91亿元，上半年增加297.32亿元。金融机构人民币各项贷款余额2667.72亿元，同比增长21.24%；上半年增加269.32亿元，比上年同期少增13.86亿元。

——从部门结构看，金融机构人民币单位普通贷款多增，个人贷款、票据融资少增。上半年，个人贷款、单位普通贷款、票据融资分别增加107.80亿元、140.16亿元、0.42亿元，其中个人贷款、票据融资比上年同期分别少增15.96亿元、16.93亿元。

——从期限结构看，短期贷款快速增长，中长期贷款同比少增较多。6月末，金融机构人民币短期贷款余额823.31亿元，同比增长23.91%；上半年增加120.63亿元，比上年同期多增93.35亿元。中长期贷款余额1756.39亿元，同比增长21.88%；上半年增加148.31亿元，比上年同期少增90.18亿元。

2011年上半年宁夏金融机构本外币信贷主要项目表

单位：万元人民币

项目	2011.01	2011.02	2011.03	2011.04	2011.05	2011.06
资金来源方项目						
各项存款	25,901,742	26,373,268	27,099,382	27,378,958	28,095,381	28,438,327
1.单位存款	11,373,942	11,759,537	12,188,307	12,559,229	13,167,574	13,388,730
2.储蓄存款	11,963,513	11,955,761	12,188,562	12,122,033	12,173,524	12,452,802
3.委托存款	39,791	35,730	29,133	38,822	61,359	34,629
4.其他存款	2,524,496	2,622,240	2,693,379	2,658,874	2,692,923	2,562,166
资金运用方项目						
各项贷款	24,707,078	25,089,318	25,739,602	26,261,632	26,583,621	27,169,071
其中：境内短期贷款	7,199,040	7,379,687	7,809,301	7,965,047	8,161,274	8,332,836
境内中长期贷款	16,507,882	16,769,684	17,097,993	17,392,668	17,544,280	17,674,812
境内其他贷款						
境内票据融资	997,520	934,019	829,704	901,323	874,936	878,422
境内各项垫款	2,316	5,621	2,316	2,316	2,857	1,896
有价证券	775,226	814,685	1,279,826	811,106	981,204	1,054,706

2011年上半年云南省金融运行情况

文章来源：中国人民银行昆明中心支行

2011年上半年，云南省人民币各项存款增速继续回落，人民币各项贷款增速小幅回落，外汇存贷款快速增长。

一、人民币各项存款增速继续回落

6月末，云南省人民币各项存款余额14575.81亿元，同比增长15.98%，增幅分别比上月末和去年同期低1.35和9.35个百分点。比年初新增1167亿元，同比少增281亿元。

（一）单位存款稳定增长

6月末，本月单位存款7369.13亿元，比年初增加271.1亿元。其中，单位活期存款4785.62亿元，比年初减少239亿元，单位定期存款1325.12亿元，比年初增加373.78亿元。

（二）储蓄存款增幅下降

6月末，储蓄存款6322.34亿元，同比增长19.36%，增幅比去年同期低3.9个百分点，比年初新增618.88亿元，同比少增9.26亿元。

（三）财政存款环比减少

6月末，财政存款590.7亿元，比上月减少10.77亿元，同比少增105.7亿元。支出较大的项目有：地方政府债券还本付息额38.45亿元，同比多增34.37亿元，医疗卫生支出18.15亿元，同比多增10.7亿元，受此影响，本月财政存款环比负增长。

二、人民币各项贷款增速小幅回升

6月末，云南省人民币各项贷款余额11468.6亿元，同比增长17.04%，增幅比上月末高0.57个百分点，比上月新增166.89亿元，同比多增71.24亿元，比年初新增901.71亿元，同比少增117.2亿元。上半年贷款整体投放速度均衡，其中，短期贷款和票据融资增加较多。

（一）短期贷款同比多增

6月末，短期贷款余额2889.46亿元，同比增长13.08%，增幅比去年同期高25.28个百分点。比年初新增218.37亿元，同比多增144亿元。其中，短期单位经营贷款增加较多，本月末短期单位经营贷款比年初增长106.22亿元，同比多增96.6亿元；短期单位固定资产贷款比年初增加12.65亿元，同比多增 79.17 亿元。

(二)中长期贷款增速继续回落

6 月末,中长期贷款余额 8374.47 亿元,同比增长 18.46%,增幅比上月末下降 2.13 个百分点。比年初增长 650.66 亿元,同比少增 390.34 亿元。

(三)票据融资快速增长

6 月末,票据融资余额 186.8 亿元,同比增长 11.4%,增幅比去年同期高 64.23 个百分点,比上月增加 57.74 亿元,同比多增 82.57 亿元,比年初增加 25.5 亿元,同比多增 127.38 亿元。

(四)个人消费贷款增速继续下滑

6 月末,个人消费贷款增速继续下滑。个人消费贷款余额 1474.24 亿元,同比增长 17.7%,增幅分别比上月末和去年同期下降 0.6 个和 37.38 个百分点,比上月新增 21.21 亿元,同比少增 3.03 亿元,比年初增加 142.23 亿元,同比少增 53.6 亿元。其中,住房贷款 1130.5 亿元,比上月新增 11.47 亿元,同比少增 4.21 亿元,比年初新增 87.76 亿元,同比少增 67.91 亿元。

三、外汇存贷款快速增长

6 月末,云南省外汇存款余额 11.66 亿美元,比上月增加 2.67 亿元,同比多增 2.41 亿元,比年初增加 1.85 亿元,同比多增 1.18 亿元。外汇贷款余额 26.5 亿美元,比年初增加 6.39 亿美元,同比多增 2.22 亿元。

2011 年上半年西藏自治区经济金融运行平稳

文章来源:中国人民银行拉萨中心支行

2011 年上半年,西藏辖区各金融机构深入贯彻落实中央宏观调控政策和中央第五次西藏工作座谈会精神,认真执行稳健的货币政策和中央赋予西藏的特殊优惠金融政策,全面贯彻落实中央、自治区经济工作会议精神,不断提高金融服务水平,优化信贷结构,增加有效信贷投放,积极推动西藏经济社会跨越式发展。总体来看,全区经济金融运行平稳,呈现良好发展态势。

2011 年上半年,全区生产总值实现 250.84 亿元,同比增长 16.5%,比去年同期加快 5.4 个百分点,呈现出快速增长的良好态势。市场消费增长态势良好,上半年全区累计实现消费品零售总额 99.39 亿元,同比增长 17.9%。旅游经济稳步发展,上半年累计接待国内外游客 224.89 万人次,比去年同期增长 24.8%。旅游总收入突破 18 亿元,达 18.46 亿元,同比增长 32.3%。财政收入快速增长。上半年,全区财政收入同比增长 64.6%。

上半年全区金融运行平稳,存款持续增加,贷款稳步增长,证券交易量回升,保险业务稳步发展,跨境贸易结算业务积极推进。截至 6 月末,全区金融机构本外币各项存款余额 1434.01 亿元,比年初增加 137.18 亿元,增长 10.58%,同比多增 60.38 亿元。人民币各项存款余额 1432.83 亿元,比年初增加 137.29 亿元,增长 10.60%。存款显著增长的主要原因:一是中央体制补助和各省援藏资金到位率较高;二是央行上半年两次加息,储蓄存款回流;三是新发放的贷款形成了一定的派生存款。

截至 6 月末,全区金融机构本外币各项贷款余额 335.00 亿元,比年初增加 33.17 亿元,增长 10.99%,同比多增 12.39 亿元。其中,人民币各项贷款余额 334.68 亿元,比年初增加 33.19 亿元,增长 11.01%。票据融资余额 38.44 亿元,比年初增加 9.26 亿元,增长 31.72%。贷款主要投向了农牧区、重点项目、特色经济等。截至 6 月末,全区涉农贷款余额达 66.96 亿元,较年初增加 10.82 亿元,增长 19.27%,占新增贷款的 32.60%;全区中小企业贷款余额为 161.77 亿元,比年初增加 21.06 亿元,增长 14.97%。

2011 年上半年金融统计数据报告

一、广义货币增长 15.9%,狭义货币 M1 增长 13.1%

2011 年 6 月末,广义货币(M2)余额 78.08 万亿元,同比增长 15.9%,比上月末高 0.8 个百分点,比上年末低 3.8 个百分点;狭义货币(M1)余额 27.47 万亿元,同比增长 13.1%,比上月末高 0.4 个百分点 比上年末低 8.1 个百分点;流通中货币(M0)余额 4.45 万亿元,同比增长 14.4%。上半年净回笼现金 110 亿元。

二、上半年人民币贷款增加 4.17 万亿元,外币贷款增加 513 亿美元

6 月末,本外币贷款余额 54.65 万亿元,同比增长 16.8%。人民币贷款余额 51.40 万亿元,同比增长 16.9%,分别比上月末和上年末低 0.2 和 3.0 个百分点。上半年人民币贷款增加 4.17 万亿元,司比少增 4497 亿元。分部门看,住户贷款增加 1.46 万亿元,其中,短期贷款增加 5965 亿元,中长期贷款增加 8588 亿元;非金融企业及其他部门贷款增加 2.70 万亿元,其中,短期贷款增加 1.34 万亿元,中长期贷款增加 1.43 万亿元,票据融资减少 1422 亿元。6 月份人民币贷款增加 6339 亿元,同比多增 207 亿元。外币贷款余额 5018 亿美元,同比增长 22.2% 上半年外币贷款增加 513 亿美元。

三、上半年人民币存款增加 7.34 万亿元,外币存款增加 307 亿美元

6 月末,本外币存款余额 80.30 万亿元,同比增长 17.5%。人民币存款余额 78.64 万亿元,同比增长 17.6%,比上月末高 0.5 个百分点,比上年末低 2.6 个百分点。上半年人民币存款增加 7.34 万亿元,同比少增 1846 亿元。其中,住户存款增加 3.28 万亿元,非金融企业存款增加 1.64 万亿元,财政性存款增加 9748 亿元。6 月份人民币存款增加 1.91 万亿元,同比多增 5685 亿元。外币存款余额 2564 亿美元,同比增长 17.9%,上半年外币存款增加 307 亿美元。

四、银行间市场交易活跃,市场利率明显上升

上半年银行间市场人民币交易累计成交 91.76 万亿元,日均成交 7521 亿元,日均同比多成交 1456 亿元,同比增长 24.0%。

6 月份银行间市场同业拆借月加权平均利率为 4.56%,分别比上月和上年 12 月份上升 1.63 和 1.64 个百分点;质押式债券回购月加权平均利率为 4.94%,分别比上月和上年 12 月份上升 1.91 和 1.82 个百分点。

五、国家外汇储备增长 30.3%

2011 年 6 月末,国家外汇储备余额为 31975 亿美元,同比增长 30.3%。6 月末人民币汇率为 1 美元兑 6.4716 元人民币。

注:贷款余额已扣除 2011 年 3 月份核销历史政策性财务挂账 924 亿元。

第二章　金融机构

第一节　银行业金融机构

中国工商银行

2010年，中国工商银行股份有限公司（以下简称“工商银行”）面对复杂多变的外部环境，主动适应全球金融监管变革要求，融入中国经济转型发展大局，把加快发展方式转变放在更加突出的位置，坚定不移调结构，脚踏实地促转变，巩固了全球市值最大、客户存款第一和盈利最多的大型上市银行地位，拥有优质的客户基础、多元的业务结构、强劲的创新能力和市场竞争力。

［业务概况］

截至年末，工商银行拥有397,339名员工，通过16,227家境内机构、203家境外机构和遍布全球的逾1,562家代理行以及网上银行、电话银行和自助银行等分销渠道，向412万公司客户和2.59亿个人客户提供广泛的金融产品和服务，基本形成了以商业银行为主体，跨市场、国际化的经营格局，在商业银行业务领域保持国内市场领先地位。

2010年末，总资产达134,586.22亿元，比上年末增加16,735.69亿元，增长14.2%；总负债达126,369.65亿元，比上年末增加15,308.46亿元，增长13.8%；总市值达2,335亿美元，居全球上市银行之首。2010年实现净利润1,660.25亿元，较上年增长28.4%，增幅同比加快了12.0个百分点，继续稳居全球最盈利银行地位；平均总资产回报率和加权平均权益回报率分别为1.32%和22.79%，处于全球银行业领先水平；每股收益为0.48元，较上年增加0.10元；不良贷款余额和不良贷款率连续11年保持双下降，不良率降至1.08%。受益于经营结构的优化、再融资的完成以及利润留成比例的适当扩大，资本充足率和核心资本充足率分别达到12.27%和9.97%，资本实力和可持续发展能力进一步增强。

［公司金融业务］

2010年，工商银行积极应对宏观环境变化，加快经营结构调整，推进公司金融业务转型。合理配置信贷资源，推进信贷结构调整，保持市场领先优势。加强商业银行与投资银行业务互动，发展投融资顾问、债务融资工具承销、银团贷款业务，满足客户多元化融资需求。加快现金管理、资产托管、养老金和对公理财等业务发展，优化公司金融业务结构。支持中资企业“走出去”项目，拓展海外业务市场，加快发展跨境人民币业务，提升全球服务能力。推进分层营销体系改革，构建差别化客户服务体系，提升优质客户服务水平。荣获英国《金融时报》“中国最佳公司银行”称号。2010年末，公司客户412万户，比上年末增加51万户；有融资余额的公司客户10.2万户，增加1.8万户。

对公存贷款业务方面。配合国家宏观调控政策，把握信贷投放总量、节奏和投向，优化信贷结构，实现信贷业务平稳健康发展，年末境内公司类贷款余额47,003.43亿元，比上年末增加7,425.57亿元，增长18.8%。利用机构网络优势，加强对产业链客户集群、城市圈客户群等营销，吸引和集聚客户资金，年末境内公司存款余额54,713.09亿元，比上年末增加6,828.19亿元，增长14.3%。根据人民银行数据，2010年末，工商银行公司类贷款和公司存款余额保持同业第一，市场份额分别为12.2%和12.8%。

中小企业业务方面。提升中小企业金融服务水平，不断完善产品体系，扩展专营机构覆盖面，累计建成1,200余家小企业专营机构，提升专业化服务水平。荣获中国中小企业协会“优秀中小企业服务机构”称号，蝉联中国中小企业家年会组委会“全国支持中小企业发展十佳商业银行”奖项。2010年末，有融资余额小企业客户63,081户，比上年末增加18,838户。

机构金融业务方面。与多家证券公司合作推出第三方存管开户预约等新产品，业务保持较快增长，客户数及资金量均居同业首位。推广银银平台业务，延伸同业合作领域，国内代理行数量增至109家。深化银保业务合作，提升代理保险业务量，推动在资产托管、现金管理和银行卡等多个业务领域合作。巩固与政府机构客户合作关系，保持代理财政收付业务和预算单位公务卡发卡量同业领先。

结算与现金管理业务方面。推广结算积分和结算套餐服务，提升“财智账户”品牌知名度，把握第三方支付市场发展机遇，积极营销非金融机构支付代理业务。2010年末，对公结算账户505万户，比上年末增加65万户，全年实现对公人民币结算量870万亿元，比上年增长30.2%，继续领跑同业。依托全球现金管理系统功能，巩固同业领先优势，连续第四年分别被《财资》、《金融亚洲》授予“中国最佳现金管理银行”称号，并荣获《亚洲银行家》首届“中国现金管理成就奖”。2010年末，现金管理客户50.8万户，比上年末增长77.0%。

投资银行业务方面。加快投资银行产品结构调整，推动投资银行业务快速发展。创新推出股权投资基金主理银行业务，拓宽企业股权融资渠道。拓展债券承销业务，全年主承销各类非金融企业债务融资工具2,070亿元，稳居境内市场第一。投资银行业务品牌影响力持续提升，蝉联《证券时报》“最佳银行投行”称号。2010年，投资银行业务收入155.06亿元，比上年增长23.7%。

国际结算与贸易融资业务方面。累计完成53家境内外机构单证业务集中，新设合肥、成都单证分中心，提升单证和贸易融资业务集约化经营能力。加快跨境人民币业务发展，在本行开立境内人民币清算账户的境外机构和代理行覆盖至31个国家和地区，初步形成全球人民币同业清算网络。2010年，境内分行贸易融资累计发放9,747亿元，比上年增长43.4%，其中国内贸易融资6,244亿元，增长66.8%。境内分行累计办理国际结算7,827亿美元，增长43.4%，市场份额进一步提升。

资产托管业务方面。托管保险资产规模近万亿元,市场占比提升至39%。全球托管业务稳步发展,托管 QFII 客户数位居中资银行首位,托管 QDII 资产规模保持市场领先。推出"安心账户"资金托管业务,推广银行理财产品、证券公司客户资产管理计划和股权投资基金托管等新兴托管业务,优化托管业务结构。蝉联《全球托管人》、《环球金融》和《财资》等知名财经媒体中国最佳托管银行奖项。2010 年末,托管资产总净值 28,757 亿元,比上年末增长 59.2%。

养老金业务方面。发挥综合竞争优势,加大市场拓展力度。推出"如意养老 3 号"企业年金计划产品,丰富业务和产品体系,扩大品牌影响力。投产养老金综合管理系统,提升养老金服务和业务管理水平。2010 年末,共为 22,790 家企业提供养老金管理服务,比上年末增加 4,470 家;受托管理养老金 427 亿元,管理养老金个人账户 912 万户,托管养老金基金 1,487 亿元。

贵金属业务方面。形成实物类、交易类、融资类和理财类四大产品系列,推出多款品牌贵金属产品,推广品牌金积存业务,推出账户白银产品和代理上海黄金交易所白银延期交收业务。开展黄金租赁和黄金质押融资业务,推出首支挂钩实物贵金属理财产品——"如意金"复合型理财产品。2010 年,贵金属业务交易量 2.44 万吨,比上年增长 23.6 倍。代理上海黄金交易所清算量 1,288 亿元,继续保持同业领先。

对公理财业务方面。推出收益递增型分段计息理财产品、可赎回固定收益理财产品,拓展股票收益权理财产品、结构化证券投资理财产品等资本市场类投资产品,提升理财产品收益水平。推出"如意人生"养老金系列理财产品,延伸理财产品功能。荣获《21 世纪经济报道》"最佳资产管理团队"称号。2010 年,累计销售对公理财产品 21,655 亿元,比上年增长 20.6%。

［个人金融业务］

2010 年,工商银行加快个人金融业务经营管理体制转型,推进"强个金"战略实施,打造中国第一零售银行。积极开发以商品交易市场为代表的新市场,拓宽个人金融业务领域。构建工银商友俱乐部等新型营销平台,创新客户拓展方式,探索新的客户关系模式。推动储蓄存款和理财业务良性互动发展,巩固储蓄存款和理财业务市场地位,扩大个人客户金融资产总量。依托自身金融资源优势,加快银行卡、私人银行业务发展。加快个人客户星级评价服务体系应用,拓展优质客户,提升客户服务水平。荣获《亚洲银行家》"中国最佳零售银行"称号。2010 年末,个人客户 2.59 亿个,其中个人贷款客户 685 万个。根据人民银行数据,2010 年末,储蓄存款和个人贷款余额均列同业首位,市场份额分别为 17.1% 和 14.5%。

储蓄存款方面。以工银商友俱乐部、名人理财俱乐部等新平台为载体,拓展新的客户群体,拓宽存款资金渠道。加强与对公业务联动营销,通过代发工资业务,推动集团式、批量式客户拓展。2010 年末,境内储蓄存款余额 52,436.57 亿元,比上年末增加 5,832.25 亿元,增长 12.5%。其中,活期储蓄存款增加 4,444.77 亿元,增长 24.6%;定期储蓄存款增加 1,387.48亿元,增长 4.9%。

个人贷款方面。紧密结合商品消费,大力发展个人消费贷款。在商贸集群、产业集群资源丰富地区,拓展商户经营贷款。积极支持县域经济发展,推出个人小额贷款。加快产品创新,推出个人循环贷款"卡贷通"和网络融资业务"网贷通",充实个人信贷产品体系。2010 年末,境内个人贷款 16,331.92亿元,比上年末增加 4,263.42 亿元,增长 35.3%,其中个人消费贷款增加 1,099.30 亿元,增长 69.7%。

个人理财业务方面。加快银行类理财产品创新,相继推出中秋、国庆主题理财产品,可转债理财产品等。大力推广期交、保障型保险产品,全年代理个人保险产品销售 885 亿元,比上年增长 22.2%。代理开放式基金销售 3,561 亿元,保持同业领先。代理国债销售 715 亿元,稳居同业首位。2010 年,境内销售各类个人理财产品 23,739 亿元,比上年增长 55.4%,其中销售个人银行类理财产品 18,577 亿元,增长 109.4%。

私人银行业务方面。为个人金融资产在 800 万元以上的高净值客户,提供涵盖财务管理、资产管理、顾问咨询、私人增值以及跨境金融等内容的私人银行服务。成立北京、上海、广州等十家私人银行分部,形成覆盖国内重点经济区域的业务布局。荣获《欧洲货币》"中国最佳私人银行"和《21 世纪经济报道》"年度中资优秀私人银行品牌"称号。2010 年末,私人银行客户突破 1.8 万户,管理资产 3,543 亿元。

［银行卡业务］

2010 年,工商银行加强市场拓展,加快银行卡产品创新和服务水平提升,进一步巩固同业领先地位。2010 年末,银行卡发卡量 3.5 亿张,比上年末增加 6,560 万张。全年银行卡消费额 22,395 亿元,比上年增长 49.5%;银行卡业务收入 136.87 亿元,增长 45.5%。

信用卡业务方面。启动星级客户信用卡营销活动,加大交通卡、联名卡等优质项目推广力度,扩大发卡规模。境内首家推出网上办卡业务,拓宽发卡渠道,提升发卡效率。VIP 客服中心新增 34 家,电话服务白金卡专线和集团专线投入使用,服务供给能力和服务水平显著提高。蝉联美国《读者文摘》信用卡发卡银行类信誉品牌金奖。2010 年末,信用卡发卡量 6,366 万张,比上年末增加 1,165 万张;实现年消费额 6,383亿元,比上年增长 42.2%;境内信用卡透支余额 915.61 亿元,增加 546.85 亿元,增长 148.3%。信用卡发卡量、消费额、透支额均保持同业领先。

借记卡业务方面。加快借记卡产品创新,推出工银商友卡、杨澜·灵通卡、嫣然天使基金灵通卡和淘宝灵通卡等主题卡,以及电信联名卡、公积金卡等联名卡,丰富灵通产品线,扩大发卡量。发挥芯片卡业务科技领先优势,推出亚运灵通卡、宝贝成长卡等多款芯片借记卡,提升产品竞争力。开展多种专项主题和区域性营销推广活动,增强客户刷卡消费意识,扩大刷卡消费额。2010 年末,借记卡发卡量 2.91 亿张,比上年末增加 5,395 万张;年消费额 16,012 亿元,增长 52.7%。

［电子银行业务］

围绕全行发展战略,推进电子银行向集交易、营销和服务于一体的综合性业务平台转型。全年共推出 49 项新产品,优化和完善 155 项原有产品功能,巩固电子银行核心竞争能力,提升客户服务水平。2010 年,电子银行交易额比上年增长 37.2%,电子银行业务笔数占全行业务笔数比上年提高 9.0 个百分点至 59.1%,交易主渠道作用进一步发挥。

网上银行方面。推出企业网上银行跨境外汇汇款、个人网上银行在线财务分析系统以及同时覆盖企业和个人网上银行客户的全球账户管理业务,丰富网上银行产品体系开展网上银行资产业务创新,推出供应链金融平台、网贷通等新功能。加快海外网上银行推广,在 15 家境外机构开通网上银行服务。2010 年末,企业网上银行客户比上年末增长 26.5%,年交易额增长 46.6%;个人网上银行客户增长 27.7%,年交易额增长60.1%。荣获《亚洲银行家》"中国最佳网上银行"、

《环球金融》"中国最佳个人网上银行"等奖项。

电话银行方面。完成一体化电话银行工程建设，完善电话银行运营管理，实现全行坐席资源灵活调配。推出短信客服，有效分流电话银行座席业务量，拓宽95588服务渠道。电子银行中心（合肥）和电子银行中心（石家庄）投入运营，服务水平进一步提高。推进海外电话银行中心建设，在工银加拿大、工银印尼和法兰克福分行开通电话银行服务。

手机银行方面。适应移动互联网发展趋势，加快移动金融产品创新步伐，推出手机银行理财、贷款和向境外VISA卡汇款等新功能，丰富手机银行产品体系。推进手机门户、电子地图等产品创新，拓展移动营销服务外延。手机银行客户数量和交易额保持快速增长。

自助银行方面。优化自动柜员机选址布局，优化自助终端交易流程，丰富自助终端业务功能，提高自助设备使用效率。2010年末，拥有自助银行11,414家，比上年末增长30.8%；自动柜员机42,868台，增长25.8%。自动柜员机交易额33,753亿元，增长64.9%。

［国际化经营］

工商银行全面推进国际化经营战略，2010年国际市场布局取得新突破，抓住后金融危机阶段的有利机遇，新兴与成熟市场并举，加快境外机构申设和并购步伐。河内分行、工银马来西亚和阿布扎比分行相继开业；完成对加拿大东亚银行、泰国ACL银行的股权收购并分别更名为中国工商银行（加拿大）有限公司、中国工商银行（泰国）股份有限公司；完成工银亚洲私有化；收购富通北美证券清算部门成立工银金融服务有限责任公司；签署金盛人寿股权买卖交易相关法律协议；巴黎分行、阿姆斯特丹分行、布鲁塞尔分行、米兰分行、马德里分行和巴基斯坦机构（卡拉奇分行、伊斯兰堡分行）申设境外监管审批顺利完成；韩国、印尼西亚、香港、澳门等国家和地区的二级网络拓展和本地化进程进一步加快。

截至2010年末，工商银行在28个国家和地区设立了203家境外机构，其中境外分行及其分支机构21家，境外控股公司及其分支机构181家；与132个国家和地区的1,453家境外银行建立了代理行关系。基本建成跨越亚、非、欧、美、澳五大洲，渠道多样、层次分明、定位合理、运营高效的全球金融服务网络。境外机构（含境外分行、境外子公司及对标准银行投资）总资产757.27亿美元，比上年末增加235.21亿美元，增长45.1%；税前利润11.85亿美元，比上年增长37.2%，包括新设机构在内的全部境外经营机构均实现盈利。

［科技领先］

工商银行以先进的信息科技持续提升自身核心竞争力。2010年13项科技成果被人民银行评为年度银行科技发展奖，并荣获世界知识产权组织和国家版权局授予的"世界知识产权组织创意金奖（中国）——推广运用奖"。应用产品不断创新加快应用产品的研发与优化，建立全行统一的客户服务支持管理系统，搭建客户统一评价体系；拓展芯片卡多应用平台，推出手机芯片卡移动支付业务，推广高速公路速通卡项目；全面实现全行一体化电话银行系统；建立"全额集中、逐笔计价"模式的本外币一体化资管理体系架构；自主研发操作风险高级计量法、市场风险内部模型法等风险管理系统；完成境外机构综合业务处理系统（FOVA）在25家境外机构的推广；系统内跨境汇款产品已于2010年7月推向市场；全球个人账户管理在工银澳门和深圳分行试点推广，通过柜面和电子银行渠道为客户提供全球账户查询、转账汇款等服务。2010年全行新增产品449个，累计达到2,815个，产品总量比上年末增长19%。2010年，获得国家知识产权局专利授权24项，拥有的专利数量达到115项。

［社会责任］

工商银行始持履行经济责任与社会责任的有机统一，在支持经济社会发展、提供优质金融服务等方面树立了负责任的大行典范，坚持"以客户为中心、服务创造价值"的经营宗旨，品牌内涵不断丰富，在接受世博、亚运等重大国际盛会的"大考"中展现了卓越的品牌形象。2010年，工商银行实施了十大服务提升工程，通过深入开展"服务价值年"活动，关注客户体验与评价，不断加快科技创新，推动产品升级，优化渠道建设和业务流程。在"2010年度中国银行业文明规范服务千佳示范单位"评选中，有138家营业网点入选，位居同业第一。

工商银行秉承"源于社会、回馈社会、服务社会"的责任理念，全心投入社会公益事业，持续增加慈善捐助投入。2010年，青海玉树地震、甘肃舟曲泥石流等自然灾害发生后，快速反应，雪中送炭，捐款捐物5,000余万元；第一时间开通绿色通道，为抗灾救灾提供快捷、周到的金融服务。集中信贷资源支持四川汶川地震灾区重建，累计发放各类抗震救灾、灾后重建贷款486亿元。继续开展绿色扶贫、扶助教育、关爱农民工子女、普及金融知识等多种慈善公益活动，累计向公益事业投入6,252万元。

［国际荣誉］

工商银行凭借良好经营表现赢得了国内外社会各界的广泛认可，2010年，《欧洲货币》、《环球金融》、《亚洲银行家》、《金融时报》等境内外知名媒体及中介机构将"中国最佳银行"、"亚洲最佳银行"、"中国最受尊敬银行"等189个奖项颁给了工商银行。国际专业品牌调研机构给予工商银行较高评价，其中在明略行（Millward Brown Optimor）发布的2010年全球最具价值品牌百强排名中工商银行位列第11位，并继续蝉联金融行业榜首；在福布斯（Forbes）发布的2010年全球2000家大公司按公司销售收入、利润、资产、市值四项指标综合排名中，工商银行位列第5位。

中国农业银行

中国农业银行的前身最早可追溯至1951年成立的农业合作银行。上世纪70年代末以来，本行相继经历了国家专业银行、国有独资商业银行和国有控股商业银行等不同发展阶段。2009年1月15日，本行整体改制为股份有限公司。2010年7月15日和16日，本行分别在上海证券交易所和香港联合交易所挂牌上市，完成了向公众持股银行的跨越。

本行凭借全面的业务组合、庞大的分销网络和领先的技术平台，向最广大客户提供各种公司银行和零售银行产品和服务，同时开展自营及代客资金业务。截至2010年末，本行总资产103,374.06亿元，各项存款88,879.05亿元，各项贷款49,567.41亿元，资本充足率11.59%，不良贷款率2.03%，全年实现净利润949.07亿元。

2010年，在美国《财富》杂志全球500强排名中，本行位列第141位；在英国《银行家》杂志全球银行1000强排名中，按2009年税前利润计，本行位列第14位。2010年，本行穆迪信用评级为A1/稳定。

中国农业银行历程

1951年7月10日，中国农业银行的前身——农业合作银行建立，隶属中国人民银行领导，承担金融服务新中国农村经济社会恢复与发展的职责。1952年7月，与中国人民银行合并，职能并入人民银行。

1955 年 3 月，按照为农业合作化提供信贷支持的要求，正式以“中国农业银行”名称建立。1957 年 4 月，与中国人民银行再次合并。

1963 年 11 月，根据统一管理国家支援农业资金的要求，中国农业银行再次建立，作为国务院直属机构。1965 年 11 月，与中国人民银行第三次合并。

1979 年 2 月 23 日，国务院发出《关于恢复中国农业银行的通知》，中国农业银行第四次恢复建立。

1984 年 6 月 1 日，农业银行引进首笔世界银行贷款。

1985 年 6 月 24 日，中国农业银行首次统一行名字体。

1985 年 6 月 25 日，中央决定成立中国农业银行党委。

1993 年 12 月，国务院明确做出“中国农业银行转变为国有商业银行”的决定，中国农业银行开始向国有商业银行转轨。

1994 年 4 月，中国农业银行向新组建的中国农业发展银行划转了绝大部分政策性业务。

1996 年 8 月，根据国务院《关于农村金融体制改革的决定》，中国农业银行不再领导管理农村信用社，与农村信用社脱离行政隶属关系。

1999 年 7 月，中国农业银行向新组建的中国长城资产管理公司剥离不良资产。

2004 年，农行第一次上报股改方案。

2007 年 1 月，第三次全国金融工作会议明确提出中国农业银行“面向‘三农’、整体改制、商业运作、择机上市”的改革总原则，中国农业银行进入股份制改革新阶段。

2007 年 9 月，农行选择吉林、安徽、福建、湖南、广西、四川、甘肃、重庆等八个省（区、市）开展面向“三农”金融服务试点。

2008 年 1 月 23 日，农业银行明确提出“3510”奋斗目标和发展战略。

2008 年 3 月，农行开始推动在 6 个省 11 个二级分行开始“三农”金融事业部改革试点。

2008 年 8 月，农行总行设立“三农”金融事业部，全面推动全行“三农”金融事业部制改革。

2008 年 10 月，国务院常务会议审议并原则通过《中国农业银行股份制改革总体实施方案》，中国农业银行股份制改革进入实质性推进阶段。

2008 年 11 月，中央汇金投资有限责任公司向中国农业银行注资，与财政部并列成为中国农业银行第一大股东。

2009 年 1 月 15 日，中国农业银行股份有限公司成立。

2010 年 4 月，中国农业银行启动 IPO。

2010 年 7 月，中国农业银行 A + H 股于 15 日、16 日分别在上海、香港挂牌上市，实现全球最大规模 IPO。

中国建设银行

【概况】

中国建设银行股份有限公司（“本行”）是一家在中国市场处于领先地位的股份制商业银行，为客户提供全面的商业银行产品与服务。主要经营领域包括公司银行业务、个人银行业务和资金业务，多种产品和服务（如基本建设贷款、住房按揭贷款和银行卡业务等）在中国银行业居于市场领先地位。

本行拥有广泛的客户基础，与多个大型企业集团及中国经济战略性行业的主导企业保持银行业务联系，营销网络覆盖全国的主要地区，于 2010 年末，本行在中国内地设有分支机构 13,415 家，在香港、新加坡、法兰克福、约翰内斯堡、东京、首尔、纽约、胡志明市及悉尼设有分行，在莫斯科设有代表处，拥有建行亚洲、建信租赁、建银国际、建信信托、中德住房储蓄银行、建行伦敦、建信基金等多家子公司，拥有员工 313,867 人，为客户提供全面的金融服务。

【历史】

本行的历史可以追溯到 1954 年，成立时的名称是中国人民建设银行，当时是财政部下属的一家国有独资银行，负责管理和分配根据国家经济计划拨给建设项目和基础建设相关项目的政府资金。1979 年，中国人民建设银行成为一家国务院直属的金融机构，并逐渐承担了更多商业银行的职能。

随着国家开发银行在 1994 年成立，承接了中国人民建设银行的政策性贷款职能，中国人民建设银行逐渐成为一家综合性的商业银行。1996 年，中国人民建设银行更名为中国建设银行。

本行由本行前身中国建设银行根据中国公司法规定的分立程序于 2004 年 9 月成立。在银监会于 2004 年 9 月 14 日批准之后，本行、中国建投与汇金公司于 2004 年 9 月 15 日签署分立协议，根据此份协议，中国建设银行分立为本行和中国建投。本行于 2004 年 9 月 17 日成立为一家股份制商业银行。

2005 年 10 月 27 日本行 H 股在香港联合交易所挂牌上市（股票代码为 939），2007 年 9 月 25 本行 A 股在上海证券交易所挂牌上市（股票代码为 601939）。

【战略】

本行致力于发展成为专注为客户提供最佳服务，为股东创造最大价值，为员工提供最好发展机会的国际一流银行。

本行计划将资源集中用于目标客户、产品和重点区域：

● 客户。加强与大型企业客户的传统良好关系，关注电力、电讯、石油和燃气以及基础设施等战略性的龙头企业，以及与主要金融机构和政府机关的传统良好关系，并选择性地发展与中小企业客户的关系。在个人银行业务方面，大力提高来自高收入个人客户市场的收益，同时通过提供更具成本效益和规模经济效益的产品，巩固大众客户基础。

● 产品。发展批发和零售产品，专注中间业务，包括支付和结算服务、个人理财业务和公司财务管理。积极发展本行的个人银行业务，专注住房按揭和储蓄产品多样化，并建立业内领先的信用卡业务。

● 重点区域。重点发展长江三角洲、珠江三角洲和环渤海地区等经济较发达地区市场的主要城市，并加快发展中国内陆省份的省会城市。

【社会责任】

2010 年，本集团加大社会责任工作力度，积极主动履行企业公民责任，共实施与社会公益相关的项目 22 个，投入总金额 9,527.99 万元人民币，其中员工捐款 2,823 万元人民币。

积极支持抗灾救灾和灾后重建。在应对玉树地震、南方旱灾、舟曲泥石流及部分地区的洪涝灾害中，本行心系灾区、积极伸出援助之手，捐款达 5,313.15 万元，其中员工捐款 2,939.15万元。同时，全力提供抗灾救灾各种金融服务，实行“特事特办”，启动授信审批“绿色通道”，确保救灾及重建资金需求，为灾区群众渡过难关、重建家园提供了有力的支持。

继续大力支持教育事业发展，积极开展扶贫济困计划。实施“中国建设银行资助少数民族地区贫困大学生成才计划”，已资助 97 所高校 4,259 名少数民族贫困大学生，发放奖助学金 1,203 万元。继续推进其它大型长期公益项目。出资 1.2 亿元实施的“建设未来——中国建设银行资助贫困高中生成长计划”已累计资助 5.13 万人次；出资 5,000 万元设立的"中国贫困英模母亲建设银行资助计划"已累计资助5,425人次;"情系西藏——中国建设银行与中国建投奖(助)学金"4年间资助西藏地区的贫困学生330人次;累计援建维护38所建行希望小学,建设73个体育园地和图书室,资助74名教师接受培训;捐赠清华大学讲席教授基金500万元,用于聘请国际知名学者作为清华大学讲席教授,支持清华大学不断提高教学水平和科研能力;实施"中国建设银行——桑坦德银行国际交换生项目",向中国政法大学、南开大学、武汉大学、中国科学技术大学、同济大学、北京理工大学、中央财经大学7所高校共捐赠399万元人民币。

积极支持文化艺术、医疗卫生、经济政策研究、学术交流等社会公共事业。连续第五年首席赞助北京国际音乐节,支持其以低票价、高水准的方式运作,让更多的音乐爱好者走入音乐节。积极支持国家经济政策研究和国际学术交流与沟通,向北京凯恩克劳斯经济研究基金会、中国国际经济研究交流中心、中国西部人才开发基金会、孙冶方经济科学基金会、中国世界经济学会、中国发展研究基金会等机构共捐赠1,700多万元。向中国人民解放军总医院捐赠200万元,设立"建设银行科技创新基金"。

积极支持和参与环境保护活动。为长江流域和三峡库区生态环境建设和保护,承诺捐款500万元,支持"绿化长江 重庆行动"大型捐资造林公益活动。参加2010年世界自然基金会组织和发起的"地球一小时"活动,总行本部和16家分行参加了此项活动。在企业年金管理机构中发起了"绿色经营、低碳投标"的倡议,以实际行动积极贯彻可持续发展理念。

本集团在履行社会责任方面的努力得到了社会各界的广泛赞誉认可。2010年,本集团获得了中国新闻周刊、中国红十字基金会、中国妇女发展基金会、南方周末报、新华网、人民网、网易财经等评选的多个企业社会责任奖项。

中国银行

【概述】

1912年2月,经孙中山先生批准,中国银行正式成立。从1912年至1949年,中国银行先后行使中央银行、国际汇兑银行和外贸专业银行职能,坚持以服务大众、振兴民族金融业为己任,稳健经营,锐意进取,各项业务取得了长足发展。新中国成立后,中国银行成为国家外汇外贸专业银行,为国家对外经贸发展和国内经济建设作出了重大贡献。1994年,中国银行改为国有独资商业银行。2003年,中国银行开始股份制改造。2004年8月,中国银行股份有限公司挂牌成立。2006年6月、7月,先后在香港联交所和上海证券交易所成功挂牌上市,成为首家在内地和香港发行上市的中国商业银行。

中国银行是中国国际化和多元化程度最高的银行,在中国内地、香港、澳门及29个国家为客户提供全面的金融服务。主要经营商业银行业务,包括公司金融业务、个人金融业务和金融市场业务,并通过全资附属机构中银国际控股集团开展投资银行业务,通过全资子公司中银集团保险有限公司及其附属和联营公司经营保险业务,通过控股中银基金管理有限公司从事基金管理业务,通过全资子公司中银集团投资有限公司从事直接投资和投资管理业务,通过中银航空租赁私人有限公司经营飞机租赁业务。按核心资本计算,2009年中国银行在英国《银行家》杂志"世界1000家大银行"排名中列第11位。

在近百年的发展历程中,中国银行始终秉承追求卓越的精神,稳健经营的理念,客户至上的宗旨和严谨细致的作风,得到了业界和客户的广泛认可和赞誉,树立了卓越的品牌形象。面对新的历史机遇,中国银行将坚持可持续发展,向着国际一流银行的战略目标不断迈进。

【公司金融业务】

公司金融业务为中国银行业务利润的主要来源。2007年,公司金融继续以完善客户服务体系、促进业务整体联动、加强产品创新及实施管理转型为重点,组建公司金融板块,加强条线管理。中国银行实行服务重点大型优质公司客户的发展战略,关注于与大型优质客户的长期合作关系,同时明确中小企业业务是公司金融业务的重要组成部分,致力成为中小企业高效、专业、能够满足全面需求的合作伙伴。

·存款业务

中国银行积极应对资本市场快速发展对人民币公司存款业务的冲击,大力发展人民币公司存款业务。

·贷款业务

中国银行继续强化贷款结构调整,加大对重点支持类行业的投入,实现信贷资源优化配置。

·金融机构业务

中国银行注重与金融机构的全面合作,通过互荐客户、资源共享和共同开发新产品,为客户提供更加全面的服务。

中国银行亦通过纽约、法兰克福和东京分行进行美元、欧元和日元清算,上述分行和新加坡分行均为当地一级清算银行。

·国际结算及贸易融资业务

国际结算业务是中国银行优势业务。中国银行加强境内外机构联动,实现国际结算及贸易融资业务快速发展。

·其他公司金融业务

中国银行提供支付结算业务,主要包括银行汇票、本票、支票、汇兑、银行承兑汇票、委托收款、托收承付、集中支付、支票圈存及票据托管等。

·产品服务创新

中国银行配合公司客户最新业务需求,组合和创新公司金融产品;加大与金融同业的产品合作,积极开展同业间公司信贷资产的转让业务;推出融易达(基于应收账款的融资服务)、通易达(应收账款质押开证)、融信达(基于投保出口信用险的应收账款的融资服务)和融货达(货物质押融资)等产品,进一步丰富了"达"系列贸易融资产品种类;推出隐蔽型出口保理、D/A银行保付票据项下福费廷等新产品;顺应全球贸易主流结算方式的变化,在中国内地同业中首批加入SWIFT组织服务设施平台(TSU),实现国内首笔TSU真实交易。

中国银行汲取国内外同业成功做法,借助战略投资者的经验,改进中小企业业务模式;修订中小企业授信政策制度,简化中小企业信贷业务操作流程;根据中小企业融资需求的特点,推出中小企业融资产品"快富易",为中小企业客户提供短期融资支持。

中国银行整合清算资源,在中国内地首家推出融海外分行与代理行服务于一体的系列支付产品"全额到账"、"台湾汇款"、"优先汇款"、"特殊汇款服务",实现海外行与代理行业务共同发展,最大限度扩展了产品的覆盖面,填补了市场空白。其中,"台湾汇款"产品改变了该项业务一直由代理行包揽的局面,拓展了业务市场。

【个人金融业务】

个人金融业务为中国银行战略发展重点之一。中国银行继续完善个人金融业务的经营管理体制和运营机制,组建个人金融板块，加强个人业务条线管理；重点推进网点经营方式转型、客户分层服务体系建设，以及零售贷款营销方式和审批流程改革；加强产品和服务创新，优化业务结构和收入结构，扩大利润来源。

· 储蓄存款业务

中国银行顺应个人金融资产保值增值的需要，主动调整经营策略，推进储蓄业务与理财业务的协调发展。

· 个人贷款业务

中国银行大力推广“直客式”营销服务，推广并完善在线集中审批系统。

· 个人中间业务

中国银行个人中间业务包括：本外币汇款、个人结售汇、外币兑换、代理保险和基金业务、代收付业务等。

个人结售汇和个人国际汇款业务是中国银行传统优势业务。中国银行不断扩大结售汇业务受理网点，加强与国际汇款公司的合作，增加了外汇业务来源。进一步细分个人外汇业务市场，将众多的外汇产品整合为“一站式”服务，创建了“中银汇兑”品牌。

中国银行紧紧抓住资本市场快速扩容、各类新兴投资产品迅速发展的良好机遇，大力发展基金代销、代理保险等业务，实现了代理业务收入跨越式增长。

· “中银理财”服务

中国银行积极拓展个人理财业务，致力于“中银理财”专业化建设。统一标准的理财中心已达 366 家，并拥有 1,000 余家理财工作室及众多的网点理财专柜，形成了广泛覆盖、多层次的个人客户理财服务渠道；组建了一支由 200 多名理财投资顾问和 2,500 多名理财经理组成的专业化理财队伍，向客户提供投资理财方案和投资理财系列产品等专业化服务；在境内主要城市机场开通“中银理财”贵宾专享通道，进一步完善“中银理财”客户增值服务体系。

· 私人银行业务

中国银行为个人金融资产在 100 万美元以上的高净值个人客户提供私密、专享、创富、高质量的服务，成为中国银行个人金融业务新的发展平台。中国银行私人银行客户及管理资产快速增长，先发优势明显。

· 银行卡业务

中国银行继续加大银行卡产品的研发、营销、服务和系统建设力度。

· 渠道建设

中国银行中国内地机构拥有 10,145 个营业网点，是中国银行重要的战略资源。中国银行全面推广网点转型项目，分类别赋予网点核心功能，优化业务流程，实施关键绩效指针考核。

中国银行继续加大对 ATM 等自助设备投入，并进一步优化设备布局和功能。

· 产品服务创新

依托全球服务网络和多元化服务平台，中国银行为客户提供全方位金融服务，不断创新推出本外币理财新产品。继续推动海外财富管理专柜业务，为客户跨境资产配置提供了便利。

进一步细分客户在消费和投资经营领域的融资需求，推出了“安心宝”二手房交易资金委托监管业务及“安易宝”二手房交易资金委托管理业务等与零售贷款相关的中间业务服务，提升了“理想之家”零售贷款品牌的影响。

加强银行卡产品推广，推出银联单币种长城公务卡、国航知音中银 VISA 奥运信用卡、中银携程信用卡、安利中银信用卡等特色产品，分别覆盖国内企事业单位公务支出、航空常旅客、商务旅游和商务采购等市场需求；推出中银大中联名卡、长城理想之家联名卡、长城中国人寿联名卡等细分市场联名卡产品。不断提升信用卡产品核心功能，开通长城人民币卡向中银信用卡自动还款功能；完成长城国际卡的 EMV 标准改造升级。

【金融市场业务】

中国银行金融市场业务主要包括：本外币金融工具的自营交易与代客业务、本外币各类证券或指数投资业务、债务资本市场业务、代客理财和资产管理业务、金融代理及托管业务等。中国银行主要通过在北京、上海、香港、伦敦及纽约设立的五个交易中心经营资金业务。

· 全球投资

中国银行全球投资主要包括外币投资和本币投资。

中国银行外币投资主要包括政府债券、机构债券、信用债券、住房贷款抵押债券（MBS）、资产抵押债券（ABS）、货币市场资金拆放等。

· 全球交易

中国银行交易主要分为自营交易、做市报价交易和相关代客交易。

在做市报价业务方面，中国银行强调业务发展与市场流动性风险控制的平衡，在银行间市场，中国银行保持了在结售汇、贵金属、人民币债券及人民币掉期业务的领先地位。

在代客交易方面，中国银行积极把握人民币利率上行以及汇率波动加剧的市场时机，加大了对远期结售汇、人民币结构性利率掉期等保值类工具的推广力度，带动了非利息收入的增长。

· 资产管理

中国银行本外币结构性理财推出 331 款产品。人民币资产管理推出 16 期 8 款产品。

· 债务资本市场

中国银行进一步优化客户服务，于年内推出了融资顾问业务。

· 基金代销与托管

中国银行紧紧抓住资本市场快速发展的有利时机，大力拓展基金代销、托管和年金、社保、保险、QDII、QFII、信托、专户理财、直接投资基金等各类资产托管业务，同时加强风险管理和内部控制，不断提升代销和托管业务的信息科技水平和服务质量，实现了基金代销与托管业务的持续、快速增长。

· 企业年金管理

中国银行于 2007 年成功获得了企业年金账户管理人资质，具备了账户管理人和托管人双资质，为企业年金业务发展创造了有利的条件。

【产品服务创新】

新产品的设计与报价能力是中国银行金融市场业务主要竞争优势之一。中国银行始终秉持以客户需求为导向的创新理念，凭借在外汇业务方面的丰富经验及战略投资者的专业知识，致力于通过开发创新及度身订造的资金产品及服务吸引客户。

【旗下机构】

中国银行的业务范围涵盖商业银行、投资银行和保险领域，旗下有中银香港、中银国际、中银保险等控股金融机构，在全球范围内为个人和公司客户提供全面和优质的金融服务。

中银香港业务

中国银行通过属下子公司中银香港在香港经营商业银行

业务。中银香港是香港主要商业银行集团之一，通过设在香港的280多家分行、450多部自动柜员机和其他销售渠道，向零售客户和企业客户提供全面的金融产品与服务。中银香港是香港三家发钞银行之一。中银香港在中国内地设有15家分支行、在海外设有1家分行，为其在香港、中国内地、境外客户提供跨境银行服务。持有中银香港全部股权的中银香港控股于2002年7月25日开始在香港联交所主板上市。中国银行持有其65.77%的股权。

2007年是中银香港在港服务90周年。在90年的历史进程中，中银香港与香港同呼吸、共命运、齐发展、共繁荣，赢得香港各界的广泛支持和由衷信赖，成为香港金融界一支重要力量。2007年也是中银香港实施2006－2011战略计划的第二年。中银香港将凭借在香港的雄厚基础，巩固在中国内地的地位，在区域市场建立战略据点，致力成为最佳金融服务集团。

·代理业务

中银香港持续优化股票业务服务平台并提升服务水平，代客买卖股票业务表现突出。此外，新推出的私人配售服务亦受到客户欢迎。

·香港地区的人民币业务

中银香港获得中国人民银行授权继续担任香港银行人民币业务的清算行。并继续拓宽服务范围，积极推广人民币综合理财服务。2007年，配合香港获得发行人民币债券的机遇，中银香港陆续成功担任国家开发银行、中国进出口银行和中国银行发行的人民币债券的联席牵头行及簿记行和配售银行之一，进一步巩固市场地位。

·资金产品业务

包括结构性票据和股票衍生权证产品，以及中国合格境内机构投资者（QDII）产品。新产品获得客户欢迎，销售成绩理想。2007年，中银香港进一步扩展了现金管理的服务平台，为重点客户提供量身定做的现金管理服务。

·中国内地业务

中国内地业务方面，中银香港在积极发展自身业务的同时，继续与中国银行发挥联动效应，双方通过相互的业务转介，互利共赢。

作为中银香港“双线并进”中国业务发展策略的重要一步，南洋商业银行（中国）有限公司（以下简称“南商中国”）已于2007年12月24日正式开业。南商中国总行设于上海，经营全面的银行业务，包括人民币零售银行业务。中银香港及集友银行的内地分行继续以现有外资银行分行模式经营，重点发展企业银行和外汇业务。

投资银行业务

中国银行通过中银国际控股集团（以下简称“中银国际”）经营投资银行业务。中银国际通过其在中国内地、香港、美国、英国及新加坡设立的分支机构为国内外客户提供包括上市融资、收购兼并、财务顾问、证券销售、投资研究、定息收益、衍生产品、结构产品、资产管理、直接投资、杠杆及结构融资、私人财富管理等广泛的投资银行产品和服务。

·业务经营

中银国际全力推进“商人银行”发展战略并取得突破性进展，产品线持续拓宽，服务品种不断增加，战略转型成效显著，与本集团的业务联动日益密切，核心竞争力与品牌知名度与日俱增，在动荡加剧的资本市场和日趋白热化的市场竞争中创下公司成立以来的经营业绩新高。

·承销与财务顾问

中银国际以全球协调人、账簿管理人、保荐人或牵头经办人的身份成功完成了多个上市项目的公开发售工作。按照承销额计算，中银国际在香港2007年新股承销榜上蝉联第三名。

证券销售交易 中银国际建立了全球化的机构客户网络。得益于香港和内地资本市场的迅速发展，中银国际在股票销售及交易市场继续保持旺盛的增长势头，中银国际与中银香港通力合作，通过其广阔的分销网络加强证券销售及交易业务。年内跻身港股现货市场交易量前三名。

·定息收益

中银国际于2007年以安排行、联席全球协调人和簿记行等身份成功在香港为多家企业及金融机构发行债券（包括人民币债券），并在中新集团的首次海外债券发行中首创了债券连接期权证的产品结构，荣获《亚洲货币》杂志颁发的“2007年度最佳高收益债券奖”。

·资产管理

中银国际旗下合资的资产管理公司－中银保诚的业务继续保持香港市场前列，2007年管理的总资产增至433亿港元，较上年上升51%。中银保诚在香港联交所主板推出了第一只以沪深300指数为标的境外交易所买卖基金产品，引起市场的广泛关注。

·直接投资

2007年，渤海产业投资基金成功参股包括天津钢管集团等数个大型项目，在人民币产业投资基金领域继续保持领先优势，并荣获《亚洲资产管理》杂志颁发的“2007年度中国最具创新产品奖”。

·杠杆及结构融资

中银国际致力于为客户设计和提供高质量的融资策划方案，专注于财务顾问、过桥融资、杠杆融资、结构融资等服务，为杠杆收购、企业重组、策略性并购、项目建设及其他投融资活动提供资金支持。

·私人财富管理

中银国际密切关注亚洲财富管理市场的发展趋势，2007年在香港组建了私人财富管理部，向拥有高资产净值的合资格个人客户提供全面投资咨询、证券买卖、资产组合咨询以及一系列量身定制的产品和服务。

·中国内地业务

中银国际通过中银国际证券经营内地业务。中银国际证券主要经营证券发行、上市保荐与承销业务，证券经纪业务，债券自营业务，证券资产管理业务，证券投资咨询（包括财务顾问）业务等，在中国内地17个主要城市设有20家营业部。中银国际证券是内地主权政府债券及中国公司及金融机构债券的承销商。2007年，以中国主权政府债券和政策性金融债券承销份额计算，中银国际证券在内地券商中蝉联第一。

中国银行的客户基础与业务网络为中银国际进一步扩展中国内地业务提供了广阔的平台。2007年，中银国际证券成功担任了中国部分大型企业首次公开发售项目的主承销商，在承销业务等方面取得了长足进步，得到了投资者的广泛认可。由中银国际和中银国际证券担任主承销商的中国第一个“先A后H”的首发项目－中国中铁股份有限公司，开创了境内外资本市场上市的全新发行方式，体现了中国银行投资银行跨境业务运作的优势。

中银集团保险有限公司

中国银行通过在香港注册的全资子公司中银集团保险有限公司（以下简称“中银集团保险”）经营保险业务。中银集团保险主要经营一般性保险业务，并通过与中银香港控股共同持有的中银集团人寿保险有限公司（以下简称“中银集团人寿”)经营人寿保险业务。中银集团保险目前在香港拥有6家分公司,在香港财险市场处于主导地位。2007年,标准普尔给予中银集团保险“A－”的信用评级,肯定了中银集团保险稳健的财务实力。

·香港一般保险业务

2007年,面对香港保险市场激烈的价格战,中银集团保险一方面避免参与恶性竞争,另一方面通过开拓及改良产品,提升产品的深度和广度,扩大营销网络,以加强竞争实力。开发并改良了包括:“康儿住院保险计划”、“航空险”、“核心综合保障”等产品。在不影响整体业务的前提下,对险种结构进行了调整,大力拓展低风险业务,收窄高风险业务的承保条件。通过优化业务组合,扩大医疗保险等低风险业务量,有效的降低车险、船舶险等业务占比。

·香港人寿保险业务

中银香港控股和中银集团保险分别持有中银集团人寿51%和49%的股权。目前,中银集团人寿在香港经营个人和团体人寿保险业务,于北京设有代表处。

2007年,中银集团人寿与中银香港继续加强合作,逐步显现协同效益。中银集团人寿配合中银香港客户的需要,利用中银香港的销售及市场网络,推出多项保险新产品,积极推广期付保费及投资相连保险产品,不断优化产品结构。

·中国内地业务

中银集团保险于2005年1月成立全资子公司中银保险有限公司(以下简称“中银保险”),在内地经营保险业务。2007年,中银保险的注册资本金增至20亿港元,偿付能力显著增强。

2007年是中银保险寻求发展与突破的一年,中银保险加快了机构建设及业务拓展,增设了车辆保险部,形成了工商保险、个人保险、水险和车辆险四大业务单元,调整完善了分公司的组织架构。于年内完成了12家内地分公司的筹建工作。至2007年底,中银保险已经在16个省份设立了分公司,业务覆盖了全国的大部分地区。

中银保险与多家国际知名的保险经纪公司和再保险公司建立了广泛的业务合作关系。与国内多家企业开展了大型项目合作。

中银集团投资有限公司

中国银行通过全资子公司中银集团投资有限公司(以下简称“中银投资”)从事直接投资和投资管理业务。中银投资是中国银行对外直接投资和投资资产管理的重要载体,中银投资在港澳地区、中国内地和海外等进行多种形式的投资活动,涵盖企业股权投资、不动产投资、不良资产收购及处置、资产管理等领域。

·业务经营

2007年,中银投资服务于中国银行发展战略,大力提高自主经营和市场化运作能力,丰富投资组合,拓展投资领域,以提高核心竞争力为重点,不断强化内部机制建设,实现了业务的全面发展与提升。

2007年,中银投资审时度势,审慎开展投资业务,合理规避价格波动风险,确保实现稳定收益;加强投资项目价值管理,提高经营回报,实现保值增值。同时,科学判断市场走势,把握机遇,适时增值退出,取得了满意的投资回报。2007年,中银投资进一步加强了与知名投资银行、专业基金、资产管理公司、内地政府部门及战略合作伙伴等在相关业务领域的合作,促成了多项企业股权投资。

中银投资延伸价值创造链,尝试以新的模式作为业务发展扩大的基础。2007年,中银投资在壮大IPO投资基础上,拓展私募投资,扩大了基金投资规模,开展境外投资市场考察,取得了实质成效;在经济快速增长、资产质量持续改善等大环境下,中银投资基于独资买断、合资买断、结构交易等成熟模式,探索推出收购权益、收购抵债资产、资产平移等新业务模式,在发挥自身平台作用,协助处置系统内资产方面发挥了积极作用,向兼并重组方向进一步推进。

中银航空租赁私人有限公司

2006年12月15日,中国银行成功收购了亚洲领先的飞机租赁公司－新加坡飞机租赁有限责任公司(Singapore Aircraft Leasing Enterprise Pte. Ltd)。这是中国银行首次大规模的海外收购,标志着中国银行成为中国首家进入全球性飞机租赁业务的银行。在收购后不久,该司更名为“中银航空租赁私人有限公司”。

截至2007年年末,中银航空租赁的飞机投资组合共有76架飞机,分别服务于19个国家的29家航空公司。公司共有来自多个国家的63名员工,其中,新加坡总部有55名员工,欧洲和美国各有4名员工。

2007年至2012年,空中客车公司和波音公司将陆续向中银航空租赁交付60架飞机,其中有45架已出租给各航空公司。中银航空租赁成功把握了有利的市场条件,形成了一个强劲和持续的租赁收入渠道。中银航空租赁将积极捕捉市场机会,通过收购资产和提供全能服务增加收益,其中包括为全球航空公司提供购机预付款融资。

中银航空租赁积极推动中国银行进一步开拓在国际飞机融资市场的业务机会。2007年上半年,通过中银航空租赁的工作,中国银行伦敦分行为英国航空公司(British Airways)的4架空客A321飞机提供了债务融资。

中银航空租赁通过一年的成功运营,有力地证明了其对中银集团所创造的价值。凭借中国银行的资源和财力,中银航空租赁已做好准备跻身于飞机租赁领域的全球领先公司之列,并将继续致力于帮助提升中国银行在全球飞机金融市场中的地位。

中银基金管理有限公司

中银基金管理有限公司(以下简称“中银基金”)是中国银行于2008年1月8日收购中银国际证券有限责任公司、中银国际控股有限公司分别持有的67%和16.5%的股权,与贝莱德投资管理(英国)有限公司合资成立的中外合资基金管理公司。目前中银基金的主要业务包括为境内投资者发行和管理基金产品,并致力于为机构及个人客户提供各类投资管理及顾问等服务。

中国银行高度重视拓展资产管理业务,中银基金作为中国银行在中国内地大力拓展资产管理业务的重要力量,将充分借助中国银行强大的网络资源、客户资源等优势扩大销售渠道、发展业务,进一步提升综合竞争力。

·业务经营

中银基金管理的“中银中国”、“中银货币”、“中银增长”、“中银收益”四只开放式基金在2007年均取得了较好的投资业绩,得到了投资者的广泛认同。中银中国基金及中银增长基金被《证券时报》连续评为五星级基金,中银中国基金荣获“2007年度中国明星基金奖”。

中银货币市场基金始终将安全性和流动性放在首位,在2007年货币市场基金普遍面临巨大赎回压力和流动性风险的情况下,中银货币基金有效地防范了流动性风险,得到了广大投资者的认同。

交通银行

【概述】

交通银行始建于1908年(光绪三十四年),是中国早期四大银行之一,也是中国早期的发钞行之一。1986年7月24日,作为金融改革的试点,国务院批准重新组建交通银行。1987年4月1日,重新组建后的交通银行正式对外营业,成为中国第一家全国性的国有股份制商业银行,现为中国五大国有大型商业银行之一。

交通银行总行于1951年迁回北京,上海外滩14号行址由上海市总工会进驻至今。1958年除香港分行仍继续营业外,交通银行国内业务分别并入当地中国人民银行和在交通银行基础上组建起来的中国人民建设银行(现称中国建设银行(港交所0939))。为适应中国经济体制改革和发展,1986年7月24日,作为金融改革的试点,国务院批准重新组建交通银行。1987年4月1日,重新组建后的交通银行正式对外营业,成为中国第一家全国性的国有股份制商业银行,总行设在上海江西中路200号(原金城银行大楼);现时,交通银行总行已迁往上海浦东的银城中路188号。2004年,香港上海汇丰银行投资了近17亿美元,收购了交通银行19.9%股权。2005年6月23日,在香港联合交易所上市,股票代码港交所03328发行价为2.5港元。2007年4月25日,在上海证券交易所发行,发行价7.90元人民币,股票代码601328。2007年5月15日上市。2008年,交通银行迎来了百年华诞。"百年之交·相融相通",又一次站在新世纪潮头的交通银行,将继续前进!创办一流公众持股银行,打造最佳财富管理银行,开创综合经营新格局,锻造民族金融国际品牌,跻身全球经济舞台最前方!

交通银行自重新组建以来,就身肩双重历史使命,它既是百年民族金融品牌的继承者,又是中国金融体制改革的先行者。交通银行在中国金融业的改革发展中实现了六个"第一",即第一家资本来源和产权形式实行股份制;第一家按市场原则和成本-效益原则设置机构;第一家打破金融行业业务范围垄断,将竞争机制引入金融领域;第一家引进资产负债比例管理,并以此规范业务运作,防范经营风险;第一家建立双向选择的新型银企关系;第一家可以从事银行、保险、证券业务的综合性商业银行。交通银行改革发展的实践,为中国股份制商业银行的发展开辟了道路,对金融改革起到了催化、推动和示范作用。

2010年,荣获《巴菲特杂志》评选"中国25家最受尊敬上市公司"与"中国25家最具投资价值上市公司"大奖,分列第14位、12位。

该金融品牌在世界品牌价值实验室(World Brand Value Lab)编制的2010年度《中国品牌500强》排行榜中排名第20位,品牌价值697.23亿元。

【方案改革】

2004年6月,在中国金融改革深化的过程中,国务院批准了交通银行深化股份制改革的整体方案,目标是要把交通银行办成一家公司治理结构完善,资本充足,内控严密,运营安全,服务和效益良好,具有较强国际竞争力和百年民族品牌的现代金融企业。

在深化股份制改革中,交通银行完成了财务重组,成功引进了汇丰银行、社保基金、中央汇金公司等境内外战略投资者,并着力推进体制机制的良性转变。2005年6月23日,交通银行在香港成功上市,成为首家在境外上市的中国内地商业银行。目前,交通银行已经发展成为一家"发展战略明确、公司治理完善、机构网络健全、经营管理先进、金融服务优质、财务状况良好"的具有百年民族品牌的现代化商业银行。

【优势特点】

明确的发展战略

面对复杂的外部经营环境、日趋刚性的资本约束和逐步推进的利率市场化改革,基于深化股份制改革已取得阶段性成果、发展已经迈上新的历史台阶,交通银行从2005年开始实施管理和发展的战略转型。2008年,我们经过全面分析讨论,在承继交行既有的发展目标和战略转型系列工作的基础上,进一步明确了"走国际化、综合化道路,建设以财富管理为特色的一流公众持股银行集团"的发展战略。这一战略目标,充分考虑了交行在国际业务领域和综合金融领域多年经营的先发优势,延续了交行不断推进战略转型、强化财富管理业务导向的一贯方针,保证了战略的协调性和延续性,为交行未来的发展指明了更加清晰的路径。

完善的公司治理

在成功引进汇丰银行、全国社保基金理事会、中央汇金公司等境内外战略投资者后,交通银行股权结构更加多元化。同时,完善公司治理的基本制度已经确立,完善的公司治理架构基本建成,董事会的战略决策作用、高级管理层的经营管理职责和监事会的监督职责都得到充分发挥,股东大会、董事会、监事会和高级管理层之间各自发挥良好效能、又相互制衡的机制基本形成。

健全的机构网络

交通银行拥有辐射全国、面向海外的机构体系和业务网络。分支机构布局覆盖经济发达地区、经济中心城市和国际金融中心。目前,除西藏外,交通银行在中国内地各省、直辖市、自治区设有省级分行30家,在全国190多个大中城市设立了营业网点2600多个。海外机构方面,交通银行在纽约、东京、香港、新加坡、首尔、澳门、法兰克福设有分行,在伦敦、悉尼设有代表处。与全球125个国家和地区的1000多家银行建立了代理行关系。全行员工7.9万多人。

先进的经营管理

交通银行秉承"发展是硬道理,是第一要务;质量是硬约束,是第一责任;效益是硬任务,是第一目标"的经营理念,始终坚持业务发展和风险控制并重,实施了以经济资本绩效考核为核心的激励约束机制;建立了全面的风险管理体制;推进了组织架构再造和业务管理的垂直化改造;建设了在国内处于领先水平的数据大集中工程。同时,按照"互谅互让、互惠互利、长期合作、共同发展"的要求,交通银行与汇丰银行的合作紧密而富有成效,先进的理念、技术、产品不断引进,对提升交通银行的经营管理水平产生了十分积极的影响。

优质的金融服务

交通银行充分发挥自身优势,在金融产品、金融工具和金融制度领域不断探索创新,形成了产品覆盖全面,科技手段先进的业务体系,通过传统网点"一对一"服务和全方位的现代化电子服务渠道相结合,为客户在公司金融、私人金融、国际金融和中间业务等领域提供全面周到的专业化服务。交通银行专注于为中高端客户提供优质的服务,以"沃德财富"和"交银理财"品牌分别为高端和中端客户提供高附加值的服务和产品。拥有以"外汇宝"、"沃德财富账户"、"交银理财账户"、"蕴通财富"、"太平洋卡"、"全国通"、"展业通"、"基金超市"为代表的一批品牌产品,在市场享有盛誉,市场份额在业内名列前茅。与战略合作伙伴汇丰银行合作推出的“中国人的环球卡”——太平洋双币信用卡，累计发卡量已突破1500万张。综合经营方面，交通银行2005年8月与全球顶尖资产管理公司施罗德集团合资设立交银施罗德基金管理公司，是国内首批银行系基金公司之一；2007年，交通银行并购重组了湖北国际信托投资有限公司，经监管机构批准发起设立交银金融租赁有限公司，并在香港成立了交银国际控股有限公司及其子公司交银国际亚洲有限公司、交银国际证券有限公司、交银国际资产管理有限公司，在综合经营领域迈出了坚实的步伐；2008年，交通银行成功入股常熟农商行，发起设立了大邑交银兴民村镇银行；2009年，交通银行获批成为国内第一家拥有境内保险牌照的商业银行，由其控股的保险公司——交银康联于2010年1月正式挂牌成立。2010年4月，发起设立了安吉交银村镇银行。

良好的财务状况

抓住境外成功上市后品牌和市场形象提升的有利时机，交通银行加快业务拓展步伐，经营活力充分显现，各项业务实现健康快速协调发展，综合实力日益增强，财务状况居于国内同业领先水平。截至2009年末，交通银行资产总额为3.31万亿元；资本充足率为12%；平均资产回报率(ROAA)为1.01%；加权平均净资产收益率(ROAE)为19.49%；减值贷款率为1.36%。根据英国《银行家》杂志公布的2009年全球1000家银行排名，交通银行总资产排名位列第56位，一级资本排名位列第49位。

【经营情况】

良好的财务状况。抓住境外成功上市后品牌和市场形象提升的有利时机，交通银行加快业务拓展步伐，经营活力充分显现，各项业务实现健康快速协调发展，综合实力日益增强，财务状况居于国内同业领先水平。截至2008年末，交通银行资本充足率与核心资本充足率分别达到13.47%和8.52%，资产规模达到26782.55亿元，较上年末增长27.32%；存贷款总额分别达到18658.15亿元和13285.9亿元；实现税后利润284.23亿元，比上年增长32.71%；资产回报率(ROA)和股东权益回报率(ROE)分别达到1.19%和20.10%。不良贷款率为1.92%。根据英国《银行家》杂志公布的2009年全球1000家银行排名，交通银行以193.36亿美元的一级资本位列第49位，比去年上升5位，首次跻身全球银行50强。同时，交行市值(根据2009年7月8日市值计算)和税前利润分列第11位和第16位。2008年交通银行入选世界品牌价值实验室编制的《中国购买者满意度第一品牌》，排名第三。同时入选“中国市场最具竞争力品牌”。交通银行已跻身全球银行百强行列。2009年由全球领先的财经杂志《巴菲特杂志》、《世界经济学人周刊》和世界权威研究机构——世界企业竞争力实验室联合举办“2009年(第六届)中国最受尊敬25家上市公司”暨2009中国上市公司最佳董事会秘书中董事会秘书杜江龙荣获此殊荣，未来交通银行正加快推进战略转型，朝着创办一流现代金融企业的目标迈进，“交流融通，诚信永恒”是交通银行与您的共同心声，交通银行将为此不懈努力，为客户提供更好的服务，为股东创造更多的价值，为社会做出更大的贡献。

深厚的文化底蕴铸就了交行百年的辉煌，百年交行已启动新的航程。交通银行正加快推进战略转型，朝着创办一流公众持股银行和最佳财富管理银行的目标迈进！“交流融通，诚信永恒”是交通银行与您的共同心声，交通银行将为此不懈努力，为客户提供更好的服务，为股东创造更多的价值，为社会做出更大的贡献！

中国光大银行

中国光大银行成立于1992年8月，1997年改制成为股份有限公司，1999年引入亚洲开发银行作为战略投资者，2007年完成国家注资，2010年成功实现A股上市。中国光大银行总部设在北京，是经国务院批复并经人民银行批准设立的金融企业，为客户提供全面的商业银行产品与服务。目前，中国光大银行在全国25个省(自治区)、直辖市的60多个主要经济中心城市设有34家一级分行，拥有各级分支机构超过600家，员工超过28000人。

自成立以来，伴随着中国金融业的发展进程，中国光大银行不断开拓创新，锐意进取，在为社会提供优质金融服务的同时，取得了良好的经营业绩，在综合经营、公司业务、国际业务、零售业务、资金业务等方面培育了较强的比较竞争优势，基本形成了各主要业务条线均衡发展，零售业务贡献度不断提升，风险管理逐步完善，创新能力日益增强的经营格局，尤其是近几年中国光大银行更是发生了重大变化：

一是综合实力显著增强。近几年来，中国光大银行在资产规模和盈利能力等方面保持了高速增长态势，综合竞争力显著提升。资产规模在过去三年的年均复合增长率在30%以上，截至2011年9月底，中国光大银行资产总额接近1.7万亿元，贷款总额接近9000亿元，一般存款总额接近1.2万亿元。在英国《银行家》杂志2011年发布的按总资产排名“世界1000家大银行”中，中国光大银行列第89位。同时，中国光大银行净利润在过去三年的年均复合增长率在35%以上，2011年净利润达到180亿元，较2010年增长41%。

二是经营特色逐渐形成。中国光大银行已被公认为国内最具创新能力的商业银行之一，多次荣获“最具创新银行”的美誉。业务创新大大提升了中国光大银行的综合竞争力及品牌形象，新兴业务的发展居于同业领先地位。其中，财富管理业务位于全国性股份制商业银行第一名，“阳光理财”品牌在业内获得广泛认知，先后被评为“百姓最认可的理财品牌”、“最受欢迎的理财产品”；投行业务也一直保持着行业领先水平，截至2011年12月31日，中国光大银行在国内发行的短期融资券和中期票据累计承销家数及累计承销金额位居同业前列；资产管理业务发展强劲，在全国性股份制商业银行中名列前茅。

三是资产质量稳步提升。中国光大银行的风险管理在过去的几年取得了显著成效，通过对信用风险进行垂直化管理、对市场风险进行集中化管理、对操作风险与合规风险进行层次化管理，构建了矩阵式风险管理组织架构，实现了不良贷款率与不良贷款余额连续六年持续“双降”。截至2011年9月底，中国光大银行不良贷款率降至0.65%，拨备覆盖率提升至363%，资产质量显著提升，风险抵御能力大大增强，实现了经营效益和资产质量的双丰收。

四是社会形象越来越好。一直以来，中国光大银行注重履行企业公民责任，努力推进母亲水窖等公益事业，不断加大对中小企业业务发展的扶持力度，树立了良好的社会形象。连续6年中国光大银行捐助“大地之爱·母亲水窖”公益项目1500多万元，帮助兴建了万余口“母亲水窖”，解决了西北干旱地区上万贫困家庭的用水问题，彰显了企业的社会责任与员工的精神风貌。2011年中国光大银行获得了“最佳公益慈善贡献奖”、“银行业社会责任奖”、“中国自愿减排先锋企业”等多项荣誉。

强大的股东背景，全国性的经营网络，高素质的员工队伍，卓越的创新能力，中国光大银行以自身的经营优势，正全面推动更有内涵的发展目标，努力打造成为国内最具创新能力的银行。

南京银行

南京银行于1996年2月8日发起成立，是一家由国有股份、中资法人股份、外资股份及众多个人股份共同组成的股份制商业银行，实行一级法人体制。2001年，南京银行吸收国际金融公司(IFC)投资入股。2005年，引进境外战略投资者法国巴黎银行。2007年7月，南京银行成功在上海证券交易所上市，股票代码601009，成为全国第一家登陆上交所的城商行。

南京银行抓住发展机遇，推进机构建设，区域性布局已经初步形成。自2007年设立第一家异地分行以来，跨区域经营不断推进，先后设立了泰州、上海、无锡、北京、南通、杭州、扬州、苏州8家分行，机构战略布局持续深化。目前拥有分支机构88家，员工3000余人。

南京银行积极探索多元化经营。2006年，参股日照银行18%的股份，成为其第一大股东。2009年，参股江苏金融租赁有限公司，探索"银租合作"；发起组建宜兴阳羡村镇银行、昆山鹿城村镇银行，参股芜湖津盛农村合作银行成为第一大股东，涉足农村金融。

南京银行始终把小企业视为自己的天然盟友与生存的土壤，将发展小企业业务作为打造自身可持续发展能力的战略目标。2009年成立了总行一级部制的小企业金融部，从组织架构、业务流程、标准化模板、风险管理、市场定位等各方面全面打造南京银行小企业发展模式，推出"鑫动力"金融服务品牌，切实做到"专心、专业、专注"。2008－2010年间，我行小企业贷款余额年均复合增长率达到了50.4%。2011年前三季度增幅为44.7%，且不良率仅为0.32%。为了表彰南京银行在支持小企业发展中得突出贡献，中国银监会授予南京银行"2010年度全国小企业金融服务先进单位称号"。

南京银行全力打造中高端财富管理、高效灵活的消费金融及有选择拓展的个人经营性贷款三大业务亮点。凭借资金业务优势，打造零风险的"金梅花"、"创富"以及"珠联璧合"系列理财产品。借助巴黎银行经验和模式，开发了"信易贷"、"房易贷"、"购易贷"和"诚易贷"等消费信贷产品以及经营性个人贷款产品"商易贷"。同地方政府合作，推出便民一卡通"市民卡"。

南京银行在货币市场长期耕耘，享有"货币特色商业银行"盛名。南京银行是首批进入全国银行间债券市场的城商行，是最早成为中国人民银行公开市场一级交易商的城商行，是全国首批债券做市商，是首批Shibor报价商，多次获得"优秀承销团成员"、"优秀交易成员"、"优秀结算单位"等荣誉称号。2003年起，南京银行发起城市商业银行资金联合投资项目，打造"珠联璧合"理财业务品牌，并与其他城商行建立多领域合作。2009年南京银行成立了金融市场部上海分部，2010年获得代客黄金交易和衍生产品交易业务资格，联动多条线业务部门，为客户提供综合化的金融服务和产品支持。

南京银行稳步推进重大系统建设，逐步树立电子银行业务品牌。2011年启动了客户信息管理系统、定价系统、信贷系统二期等重大系统建设。网上银行交易金额达1119.5亿元，同比增长125.19%，电子银行业务交易笔数替代率达到67.78%，同比增长19.43个百分点。三季度重点推出了"e－bank易伴"电子银行形象标识，树立"时刻相伴，如e相随"的电子银行服务理念，有力提升了电子银行品牌形象。与此同时，网上银行企业版功能升级工作全面完成，推出了IPAD版手机银行。

展望未来，南京银行将始终以科学的战略规划统领全行发展。将"稳健发展"和"业务转型"作为两大核心目标，聚焦业务模式、交叉销售、区域扩张以及核心能力建设四大战略重点，通过打造小企业、金融市场及投行、个人和公司四大业务条线的差异化竞争模式和业务亮点，来确立未来差异化、特色化、可持续的发展道路，努力实现在发展中转型，在转型中提升发展质量和效益。

北京银行

北京银行成立于1996年1月，是一家中外资本融合的上市银行。成立15年来，北京银行秉承"为客户创造价值，为股东创造收益，为员工创造未来，为社会创造财富"的企业使命，依托中国经济持续快速发展的大好形势，不断实现发展重大跨越，先后实现引进境外战略投资者、公开发行上市等重大突破，目前已在北京、天津、上海、西安、深圳、杭州、长沙、南京、济南及南昌等10大中心城市设立分行，发起设立北京延庆村镇银行，成立香港代表处、荷兰阿姆斯特丹代表处，发起设立国内首家消费金融公司——北银消费金融公司，合资设立中荷人寿保险公司，成为首家入股保险公司的中小银行，开辟和探索了中小银行创新发展的经典模式。

截至2011年6月30日，北京银行资产8158亿元，存款5886亿元，贷款3755亿元，实现利润总额66亿元，人均创利超过百万元。资产利润率1.32%，资本利润率23.04%，成本收入比23%，不良贷款率降至0.59%，拨备覆盖率增至334.24%，资本充足率12.27%，核心资本充足率9.68%，各项经营指标均达到国际先进标准，成为人均创利最高、效益最优的精品上市银行。

在英国《银行家》杂志2011年最新公布的全球1000家大银行排名中，北京银行按一级资本排名第145位；在亚洲银行竞争力综合排名中位居第13位，在中国银行业位居第7位；品牌价值89.62亿元，在中国银行业排名第9位。

凭借优异的经营业绩和优质的产品服务，北京银行赢得了社会的高度赞誉，近年来先后荣获"最佳区域性银行"、"中国最佳城市商业零售银行"、"2009年度亚洲十大最佳上市银行"、"中国上市公司百强企业"、"中国社会责任优秀企业"、"最具持续投资价值上市公司"、"全国文明单位"等称号。

恒丰银行

恒丰银行于2003年经中国人民银行批准，经过整体股份制改造，成为一家全国性股份制商业银行。英文名称为EvergrowingBankCold.。总部设在山东省烟台市。目前，设有青岛分行、济南分行、南京分行、杭州分行、成都分行、重庆分行、烟台分行、福州分行、昆明分行、西安分行、宁波分行等11家一级分行，在苏州、温州、绍兴、东营、义乌、济宁、滨州、乐山、无锡、聊城、达州、南充等地设立12家二级分行，共118家分支机构。正在积极运作北京分行、上海分行等机构的设置，加快推进"全国布局、走向世界"战略目标。2008年6月成功引进新加坡大华银行为战略投资者。

拥有“中央银行公开市场业务一级交易商”、“国家财政部国债承销团成员”、“全国银行间债券市场首批双边报价商”、“国家政策性金融债券一级承销商”、“全国凭证式国债承销商”、“企业短期融资券主承销商”、“全国银行间债券市场结算代理行”、“全国国债协会理事级会员单位”、“全国银联卡会员·股东单位”等市场准入资格，为银行今后发展提供了宝贵的资源优势。

先后获得“中国企业500强”、“中国诚信企业”、“中国经济十大诚信示范单位”、“30年中国品牌创新奖”、“全国金融业扶持中小企业发展示范单位”、“中国十大最具竞争力银行”、“全国支持中小企业发展十佳商业银行”、“全国支持中小企业发展优秀金融机构”、“中国现代服务业十佳优质服务金融机构”、“中国优秀企业”、“最具影响力企业（全国）”、“全国巾帼文明岗”、“中国金融行业最具竞争力品牌”、“建设创新型国家十大杰出行业”、“中国金融企业慈善榜·银行业突出贡献奖”和“山东省文明单位”、“山东省思想政治工作优秀企业”、“山东省纳税先进企业”、“山东省内部审计先进单位”、“山东省重点服务业企业”、“山东省服务业先进单位”等100多项荣誉称号。

【主营业务范围】

公司主营业务范围主要包括：吸收人民币存款；发放短期、中期和长期贷款；办理结算；办理票据贴现；发行金融债券；代理发行、代理兑付、承销政府债券；买卖政府债券；同业拆借；提供信用证服务及担保；代理收付款项；提供保管箱服务；外汇存款；外汇贷款；外汇汇款；外币兑换；国际结算；结汇、售汇；同业外汇拆借；外汇票据的承兑和贴现；外汇借款；外汇担保；发行和代理发行股票以外的外币有价证券；买卖和代理买卖股票以外的外币有价证券；自营外汇买卖；代客外汇买卖；资信调查、咨询、见证业务；及经中国银行业监督管理委员会批准的其他业务。

【主要经营状况】

截至2011年末，全行总资产达3510亿元，比年初增加770亿元，增长28.11%；各项存款余额2974亿元，比年初增加536亿元，增长22.01%；各项贷款余额1432亿元，比年初增加231亿元，增长19.28%；净利润42.87亿元，同比增加18.18亿元，增长73.6%。资产利润率1.37%，资本利润率24.3%，不良贷款率0.48%，流动性比例41.44%，成本收入比率24.62%，资本充足率11.55%。根据中国银监会统计资料显示，恒丰银行主要监管指标优良率在全国性股份制商业银行中一直名列前茅，2011年，继续保持良好发展态势。截至三季度末，在中国银监会主要监管的8大指标中，流动性比例58.29%，成本收入比24.99%，资本利润率27.13%，三项指标排名第一；存贷款比例69.49%，资产利润率1.53%，两项指标排名第二；不良贷款率0.45%，排名第五，实现了跨越式发展。继2009年跨入“中国企业500强”行列之后，2011年跻身英国《银行家》杂志“世界1000家大银行”排名榜305位，较去年上升了86个位次。

【发展战略目标】

战略目标

致力于创建中国最佳管理、最高回报的全国性股份制商业银行，建立以股东大会、董事会、监事会、高级管理层等机构为主体的组织架构和保证各机构独立运作、有效制衡的制度，以及建立科学、高效的决策、激励和约束机制。确立以“不求最大、但求最好，努力打造一流现代股份制商业银行”为经营管理境界，坚持“以卓越的服务创卓越的品牌”，按照现代商业银行人力资源管理要求，不断提升全行的整体素质；按照市场发展需求，不断推出新的金融服务产品；按照追求利润最大化原则，充分借鉴先进商业银行的成功经验，进行有效的业务重组，再造银行的业务流程和运作方式，进一步完善银行的服务功能，提高市场竞争力，实现银行的永恒发展。

战略思想

不求规模最大，但求效益最好，加快业务结构调整步伐，努力追求资本、规模、质量、效益协调发展，全力打造“中国最佳管理、最高回报的一流股份制商业银行”。

战略重点

一是经营管理国际化向更高层次迈进，并在海内外上市，进行国际范围的筹资；二是建立以业务线、产品线为核心的扁平化的组织架构，为提高市场营销能力、管理质量和经营效率奠定基础；三是建立以客户为中心的银行核心业务系统和营销高度集约、管理高度集中的管理信息系统。

发展未来

加强电子化建设，实施科技兴行战略。按照“统一规划、统一标准、统一开发”的原则，紧跟IT业发展趋势，瞄准现代商业银行逐步从传统存、贷款业务向综合服务型转化的经营方向，采用较为先进成熟的技术，已经建立完成了起点较高、功能较强、具有较高金融电子化水准的计算机处理中心，并通过了中国人民银行总行科技司技改项目专家组评审。整个计算机系统实行集中式管理模式，以DDN数据网络连接所辖各经营网点，开通了以会计核算通存通兑为中心、集中管理的综合业务服务平台，全行网点电子化覆盖率达到了100%，业务操作100%实现了电算化。在结算手段方面已达到国内先进商业银行电子化结算同步水平，可以支持银行开办所有的商业银行业务，推动了我行追求“一流现代银行、服务大网络”战略目标的实现。银行现有的“数据大集中”电子化业务处理平台，将保证全天候24小时支持ATM站点、特约客户、电话银行、自助银行、网上银行等系统服务类型，保证总行对异地分支机构业务运营进行实时、远程监控和业务指导。

面对经济金融全球化带来的机遇与挑战，恒丰银行将以“坚持科学发展观打造中国最佳管理、最高回报和适中规模的一流现代银行”为目标，坚定不移地在"三个代表"重要思想指引下，与时俱进，致力于建立规范的法人治理结构、形成高效管理机制、采用先进的技术手段和培育不断创新的企业文化，形成自己的核心竞争力，以客户需求为导向，通过为客户提供全面的和个性化的银行服务，突出市场定位，不断满足客户的多层次需求，增加市场份额，提高市场竞争力，提高盈利能力，实现客户、社会、股东、员工长期利益的最大化。

发展重点

以长江经济带、珠江三角洲和环渤海经济圈为优先发展区域，向中西部经济中心城市渗透，同时以上海、香港为基点，衔接境内外，进行国际化经营，确立“建设一流全国性现代化商业银行”的目标定位，立足烟台，辐射山东，面向全国，推进“有形机构扩展与无形网络延伸、有形产品创新与无形体制改革”两个虚实结合，增强核心竞争力，明确业务策略，找准市场定位，保持业务持续快速健康发展，在业务发展中以客户需求为导向，利用规范的法人治理结构、高效的运营机制和先进的技术手段，提升产品服务功能，培育并发展目标客户群，藉此谋求风险有效控制下的规模快速扩张，实现股东回报的长期可持续性增长。把恒丰银行的事业不断推向前进，为促进我国金融改革发展做出更大贡献是历史赋予我们的光荣职责。面对新的发展机遇和挑战，我们将坚定不移地在"三个代表"重要思想指引下，与时俱进，致力于建立规范的法人治理结构、形成高效管理机制、采用先进的技术手段和培育不断创新的企业文化，形成自己的核心竞争力，以客户需求为导向，通过为客户提供全面的和个性化的银行服务，突出市场定位，不断满足客户的多层次需求，增加市场份额，提高市场竞争力，提高盈利能力，努力把恒丰银行建设成为一流全国性现代化商业银行！

中信银行

中信银行（601998. SH、0998. HK）成立于1987年，原名中信实业银行，是中国改革开放中最早成立的新兴商业银行之一，是中国最早参与国内外金融市场融资的商业银行，并以屡创中国现代金融史上多个第一而蜚声海内外。伴随中国经济的快速发展，中信实业银行在中国金融市场改革的大潮中逐渐成长壮大，于2005年8月，正式更名"中信银行"。2006年12月，以中国中信集团和中信国际金融控股有限公司为股东，正式成立中信银行股份有限公司。同年，成功引进战略投资者，与欧洲领先的西班牙对外银行（BBVA）建立了优势互补的战略合作关系。2007年4月27日，中信银行在上海交易所和香港联合交易所成功同步上市。2009年，中信银行成功收购中信国际金融控股有限公司（简称：中信国金）70.32%股权。经过二十多年的发展，中信银行已成为国内资本实力最雄厚的商业银行之一，是一家快速增长并具有强大综合竞争力的全国性商业银行。

中信银行拥有一支业绩卓越、经验丰富的管理团队，他们在金融领域平均拥有超过二十年的从业及管理经验，均为业内知名专家，具有创新的管理理念及全面的操作经验。近年来，在这支优秀管理团队的带领下，中信银行秉承"坚持效益、质量、规模协调发展"、"追求滤掉风险的利润"、"追求稳定增长的市值"和"努力走在中外银行竞争前列"经营管理理念，积极发展公司银行业务、零售银行业务、国际业务、资金资本市场业务、投资银行业务、汽车金融业务、托管业务、信用卡业务和私人银行业务等，并拥有一流的对公客户服务能力，领先同业的国际贸易结算业务、物流融资业务和资金资本市场业务，极具创新能力的投资银行业务以及特色鲜明的零售银行发展战略享誉业界。

中信银行的业务辐射全球近130个国家和地区，在全国设有78家分行和622家支行，主要分布在东部沿海地区以及中西部经济发达城市。全行拥有33,000余名员工，其中有26000多名业务人员以优质的服务向企业客户提供公司银行业务、国际业务、资金资本市场业务、投资银行业务等综合金融解决方案，同时向个人客户提供个人理财、信用卡、消费信贷、私人银行、出国金融等全方位金融产品。

中信银行已经建立了独立、全面、垂直、专业的风险管理体系，追求滤掉风险的效益，不断提升量化风险的技术能力，按照巴塞尔协议和风险管理要求，加强资本约束管理，不断提升资产管理和内部管理水平。近几年来，中信银行信贷资产不良率大大低于上市银行的平均水平，资产质量显著提高。

凭借业务的快速发展，优秀的管理能力、出色的财务表现和审慎的风险控制，中信银行近年来的成就广获业界认同，并深受国内外权威机构的肯定。在英国《金融时报》公布的"2010年全球市值500强企业排行榜中，中信银行排名第185位。在英国《银行家》杂志2010年全球1000家银行排名中，中信银行一级资本和总资产排名分别位居第67位和第72位。在英国品牌顾问公司Brand Finance2010年的评测中，中信银行品牌跻身全球最具价值品牌500强，位列第480位，品牌价值23.42亿美元。在中国《金融时报》和中国社会科学院2008－2010年度中国金融机构金牌榜"金龙奖"评选活动中，中信银行连续两年荣膺"最佳股份制商业银行"称号。

招商银行

招商银行（以下简称"招行"）于1987年在中国改革开放的最前沿——深圳经济特区成立，是中国境内第一家完全由企业法人持股的股份制商业银行，也是国家从体制外推动银行业改革的第一家试点银行。

成立24年来，招行伴随着中国经济的快速增长，在广大客户和社会各界的支持下，从当初只有1亿元资本金、1家营业网点、30余名员工的小银行，发展成为了资本净额超过1400亿、资产总额突破2.6万亿、机构网点超过800家、员工近5万人的全国性股份制商业银行，并跻身全球前100家大银行之列。

凭借持续的金融创新、优质的客户服务、稳健的经营风格和良好的经营业绩，招行现已发展成为中国境内最具品牌影响力的商业银行之一。在银监会对商业银行的综合评级中，招行多年来一直名列前茅。同时荣膺英国《金融时报》、《欧洲货币》、《财资》（The Asset）等权威媒体授予的"最佳商业银行"、"最佳零售银行"、"中国区最佳私人银行"、"中国最佳托管专业银行"多项殊荣。在英国《金融时报》发布的全球银行市净率排行榜中，招行在全球市值最大的50家银行中，市净率排名第1。在英国《银行家》（The Banker）杂志发布的2011年"全球1000家大银行"排名中，位居第60位。

2011年1－9月，本集团实现归属于本行股东的净利润283.88亿元，比去年同期增长37.91%；实现营业收入702.90亿元，其中，净利息收入556.24亿元，同比增长36.10%，主要原因是生息资产规模增加，净利差和净利息收益率稳步提升。目前，招行在中国大陆的96个城市设有82家分行及763家支行，2家分行级专营机构（信用卡中心和小企业信贷中心），1家代表处，1,917家自助银行，1家全资子公司——招银金融租赁有限公司；在香港拥有永隆银行有限公司和招银国际金融有限公司2家全资子公司，及1家分行（香港分行）；在美国设有纽约分行和美国代表处；在伦敦和台北设有代表处。

招行将"服务、创新、稳健"作为核心价值观，坚持效益、质量、规模、结构协调发展，在国内同业中逐渐脱颖而出。在公司治理上，一开始就将所有权和经营权分离，较早地建立了董事会、监事会和经营班子分工明确、相互制衡的现代企业治理结构。在人员管理上，率先打破当时国内企业普遍存在的"铁饭碗、铁交椅、铁工资"的"三铁"制度，实行"人员能进能出、干部能上能下、待遇能高能低"的了"六能"机制。在信息化上，领先同业构建了全行统一的IT平台，创建了国内第一个电话银行，较早实现了客户资金的通存通兑和零在途汇划。在产品开发上，招行不少创新业务产品具有比较明显的市场竞争优势。一卡通是是国内第一张基于客户号管理的银行借记卡，目前累计发卡超过5988万张，卡均存款超过9800元，远超全国平均水平，被誉为客户最喜爱的银行卡之一；一网通是国内第一家网上银行，网上银行和电话银行等电子银行渠道的持续完善有效分流了营业网点压力，2011年上半年零售电子渠道综合柜面替代率达到85.38%，公司电子渠道综合柜面替代率达到

47.85%。截至2011年11月末，招商银行手机银行签约用户已突破400万，形成以 iPhone 版、Android 版、网页版为主的三大手机银行平台，全面覆盖中高端智能手机用户；信用卡是国内第一张符合国际标准的双币信用卡，目前发卡量超过3600万张，被哈佛大学编写成 MBA 教学案例；金葵花理财是国内首个面向高端客户的理财产品，在高端客户中享有很高的美誉度，目前拥有金葵花及以上客户超过75万户；私人银行服务在国内股份制银行中率先推出，被国内外权威媒体多次评为“中国最佳私人银行”；跨银行现金管理在国内同业首开先河，成为大型企业集团资金管理的首选。此外，个人储蓄存款、个人消费贷款、资产托管、企业年金、离岸金融等业务，在股份制银行中居于领先地位。招行的风险管理也一直为业界称道，资产质量始终保持良好水平。截至2011年9月末，本公司不良贷款率0.61%，不良贷款拨备覆盖率达到370.97%

步入世纪之交，招商银行在行长兼首席执行官马蔚华博士的率领下，在妥善处理了离岸资产业务被叫停、个别分行发生挤提的严重流动性风险，以及前期快速发展中累计的不良资产风险的基础上，抓住信息化、全球化的机遇，前瞻性地制定并成功地实施了科学的战略。首先是利用在互联网面前大小、新老银行都处于同一起跑线的有利时机，大力发展网上银行、电话银行、手机银行、自助银行等电子渠道，有效地弥补了物理网点不及大型银行的明显劣势，并锁定了大量高素质、高价值客户。其次是分别于2002年和2006年在上海、香港上市，不仅满足了快速发展的资本需求，而且推动了内部管理脱胎换骨式的转变。再次是积极稳妥地推进国际化发展，在我国政府的有力促进下，经过艰苦努力，打破了美国17年来对中资银行市场准入的封锁，率先在纽约设立了分行并在此次金融危机最严重的2008年10月正式开业，被纽约市长彭博先生比喻为“华尔街冬天里的春风”；同年，还斥资300余亿港币收购了具有75年历史的香港本土第四大银行永隆银行，整合后开始取得良好的协同效应，被英国《金融时报》评述为“不可复制的案例”。

2004年，招行在国内同业中率先实施经营战略调整，加快发展零售业务、中间业务和中小企业业务，逐步形成了有别于国内同业的业务结构与经营特色。当前，招行正迈入新的战略发展阶段。为有效应对来自内外部经营环境的各种变化，持续增强竞争优势，招行将在深入推进经营战略调整的基础上，全面实施以降低资本消耗、提高贷款定价、控制财务成本、增加价值客户、确保风险可控为主要目标的二次转型，着力推进经营方式向内涵集约型转变，真正走上集约化经营的道路。

招商银行，因您而变。在未来的岁月里，我们愿为广大客户和各界朋友提供更新更好的金融服务，为将招行打造成为具有国际竞争力、中国最好的商业银行而不懈努力。

中国民生银行

中国民生银行于1996年1月12日在北京正式成立，是中国首家主要由非公有制企业入股的全国性股份制商业银行，同时又是严格按照《公司法》和《商业银行法》建立的规范的股份制金融企业。多种经济成份在中国金融业的涉足和实现规范的现代企业制度，使中国民生银行有别于国有银行和其他商业银行，而为国内外经济界、金融界所关注。作为中国银行业改革的试验田，民生银行14年来锐意改革、积极进取，业务不断地拓展，规模不断地扩大，效益逐年递增，保持了快速健康的发展势头，为推动中国银行业的改革创新做出了积极贡献。

2000年12月19日，中国民生银行A股股票(600016)在上海证券交易所挂牌上市。2003年3月18日，中国民生银行40亿可转换公司债券在上交所正式挂牌交易。2004年11月8日，中国民生银行通过银行间债券市场成功发行了58亿元人民币次级债券，成为中国第一家在全国银行间债券市场成功私募发行次级债券的商业银行。2005年10月26日，民生银行成功完成股权分置改革，成为国内首家完成股权分置改革的商业银行，为中国资本市场股权分置改革提供了成功范例。2009年11月26日，中国民生银行在香港交易所挂牌上市。站在新的历史起点，中国民生银行确定了“做民营企业的银行、小微企业的银行、高端客户的银行”的市场定位，积极推动管理架构和组织体系的调整、业务结构的调整和科技平台的建设，努力实现二次腾飞，打造成特色银行和效益银行，为客户和投资者创造更大的价值和回报。

中国民生银行自上市以来，按照“团结奋进，开拓创新，培育人才；严格管理，规范行为，敬业守法；讲究质量，提高效益，健康发展”的经营发展方针，在改革发展与管理等方面进行了有益探索，先后推出了“大集中”科技平台、“两率”考核机制、“三卡”工程、独立评审制度、八大基础管理系统、集中处理商业模式及事业部改革等制度创新，实现了低风险、快增长、高效益的战略目标，树立了充满生机与活力的崭新的商业银行形象。

截至2010年12月31日，中国民生银行资产总额18,237.37亿元，存款总额14,169.39亿元，贷款和垫款总额10,575.71亿元，实现净利润175.81亿元，不良贷款率0.69%，保持国内领先水平。

截至2010年12月31日，中国民生银行在北京、上海、广州、深圳、武汉、大连、南京、杭州、太原、石家庄、重庆、西安、福州、济南、宁波、成都、天津、昆明、苏州、青岛、温州、厦门、泉州、郑州、长沙、长春、合肥、南昌、汕头、南宁设立了30家分行，在香港设立了1家代表处，机构总数量达到509家。

民生银行的高速发展在国内受到公众和业界的高度关注和认同。2004年在“中国最具生命力企业”评选中，民生银行排名第18位，获得了“2004年中国最具生命力百强企业”称号；2005年度中国企业信息化500强中，民生银行排名第22位；在“2005年度财经风云榜”评选活动中，民生银行荣获“2005年度最佳网上银行”称号；在“2006民营上市公司100强”中位列第1名，并在市值、社会贡献两项分榜单中名列第一；2007年11月，民生银行获得2007第一财经金融品牌价值榜十佳中资银行称号，同时荣获《21世纪经济报道》等机构评选的“最佳贸易融资银行奖”；2007年12月，民生银行“非凡理财”产品业务获得“中国银行业卓越创新奖”和“中国银行业最佳个人理财品牌”；2008年4月，民生银行荣获第四届中国上市公司董事会“金圆桌奖”；2008年7月，民生银行荣获“2008年中国最具生命力百强企业”第3名；2009年民生银行荣获第一财经金融价值榜最佳小微企业服务奖；2009年5月，荣获《亚洲银行家》评选的“中国区贸易金融成就奖”；2009年11月，民生银行在21世纪亚洲金融年会上荣获“2009年亚洲最佳风险管理银行”和“2009年小微企业金融服务创新奖”；2009年12月，民生银行获得“最佳服务私人银行”、“2009年最佳零售银行”、“2009年度最佳营销与服务团队”奖以及“2009年最受尊敬银行”大奖。

此外，中国民生银行在国际上也正享受着越来越高的知名度。在美国著名财经杂志《福布斯》评选的“2006中国顶尖企业十强榜”上，民生银行位列第7名。2007年12月，民生银行荣获《福布斯》颁发的第三届“亚太地区最大规模上市企业50强”奖项。在《2008中国商业银行竞争力评价报告》中民生银行核心竞争力排名第6位，在公司治理和流程银行两个单项评价中位列第1。在英国《银行家》2009年7月公布的一级资本全球银行1000强排名中，民生银行全球排名第107位，在亚洲地区排名第20位，在内地排名第8位。

10多年来，中国民生银行全体员工怀揣着感恩之心，不断回报社会。尤其是近几年来，民生人更是加大了积极参与社会公益事业和承担社会责任的工作力度，获得了公众和媒体的广泛关注和高度赞誉。2005年10月，民生银行参加了中国扶贫基金会举办的“扶贫中国行大型公益活动”，同时捐助3100万元设立“民生教育扶贫基金”，这笔捐赠成为迄今为止民营企业中最大的一笔公益捐赠；2006年，民生银行出资1450万元，为全国贫困县在中央电视台免费播放电视广告，向全国观众展示其土特产品、自然及人文景观。2006年，民生银行荣获“扶贫中国行2005年度贡献奖”、“中国最受尊敬企业”称号和中国企业社会责任调查百家优秀企业奖；2007年3月，民生银行荣获2006年度“中华慈善奖”提名奖；2008年，民生银行先后荣获中国扶贫基金会颁发的“2007扶贫中国行年度特别奖”、“年度公益企业”及“最具社会责任感企业”奖。2007年10月，民生银行通过了SAI国际组织颁布的SA8000体系认证（即企业社会责任管理体系），成为中国金融界第一家通过该项认证的商业银行；2009年获我国公益慈善领域中的最高政府奖——2009“中华慈善奖”。

2009年6月，民生银行凭借朴素的责任理念、崇高的责任梦想，特别是2008年在南方雪灾、汶川地震及其在扶贫、教育和文化艺术事业的持续公益投入，入围“2009年胡润企业社会责任50强”；2009年8月5日，民生银行入选上证社会责任指数，2009年9月入选“2009中国企业社会责任榜”，并荣获“2009中国企业社会责任特别大奖”和“2009中国企业社会责任优秀案例”。

2007年2月，中国民生银行董事会审议通过了《中国民生银行五年发展纲要》。发展纲要的出台是民生银行经过10多年快速发展后，重新进行市场定位和战略转型的重要标志，第一次系统、全面地规划未来3到5年的发展愿景、业务指标和实施方式。2009年，民生银行着力就现有管理体制进行了系统梳理和诊断，进一步理顺了影响总分支、事业部等经营管理的各种生产关系，完成管理支持体系优化设计，为全面的流程银行建设奠定了基础。历时四年的新核心系统开发也基本建成，部分项目已陆续上线，覆盖全行各业务层面的银行系统再造将全面展开。2010年民生银行将以H股上市作发展的新起点，努力为股东创造更大价值，为社会进步和发展做出更大的贡献。

兴业银行

兴业银行成立于1988年8月，是经国务院、中国人民银行批准成立的首批股份制商业银行之一，总行设在福建省福州市，2007年2月5日正式在上海证券交易所挂牌上市（股票代码：601166），注册资本107.86亿元。

兴业银行主要经营范围包括：吸收公众存款；发放短期、中期和长期贷款；办理国内外结算；办理票据承兑与贴现；发行金融债券；代理发行、代理兑付、承销政府债券；买卖政府债券、金融债券；代理发行股票以外的有价证券；买卖、代理买卖股票以外的有价证券；资产托管业务；从事同业拆借；买卖、代理买卖外汇；结汇、售汇业务；从事银行卡业务；提供信用证服务及担保；代理收付款项及代理保险业务；提供保管箱服务；财务顾问、资信调查、咨询、见证业务；经中国银行业监督管理机构批准的其他业务。

开业23年来，兴业银行始终坚持“真诚服务，相伴成长”的经营理念，致力于为客户提供全面、优质、高效的金融服务。截至2011年6月末，兴业银行资产总额突破2万亿元，达到20899.06亿元，股东权益1011.73亿元，不良贷款比率为0.35%，上半年累计实现净利润122.32亿元。根据英国《银行家》杂志2011年7月发布的全球银行1000强排名，兴业银行按总资产排名列第75位，按一级资本排名第83位。根据美国《福布斯》2010年发布的全球上市公司2000强排名，兴业银行综合排名第245位，在113家上榜的中国内地企业中排名第14位。

目前，兴业银行已在北京、上海、广州、深圳、南京、杭州、天津、沈阳、郑州、济南、重庆、武汉、成都、西安、福州、厦门、太原、昆明、长沙、宁波、温州、义乌、台州、东莞、佛山、无锡、南昌、合肥、乌鲁木齐、大连、青岛、南宁、哈尔滨、石家庄、呼和浩特、长春等全国主要城市设立了72家分行、612家分支机构；拥有全资子公司——兴业金融租赁有限责任公司和控股子公司——兴业国际信托有限公司；在上海、北京设有资金营运中心、信用卡中心、零售银行管理总部、资产托管部、银行合作服务中心、大客户部、投资银行部、期货金融部、基金金融部、私人银行部、贸易金融中心、可持续金融中心等总行经营性机构，建立了网上银行“在线兴业”（www.cib.com.cn）、电话银行“95561”和手机银行“无线兴业”（wap.cib.com.cn），与全球1000多家银行建立了代理行关系。

截至2011年6月末，兴业银行前十大股东依次为：福建省财政厅、恒生银行有限公司、新政泰达投资有限公司、福建烟草海晟投资管理有限公司、中粮集团有限公司、福建省龙岩市财政局、湖南中烟工业有限责任公司、内蒙古西水创业股份有限公司、中国电子信息产业集团有限公司、广发聚丰股票型证券投资基金。

华夏银行

沐浴着改革开放的春风，在总设计师邓小平的亲切关怀和指导下，1992年华夏银行在首都北京诞生了。1995年3月，华夏银行率先实行了股份制改造，成为一家全国性股份制商业银行，2003年9月，华夏银行公开发行股票，并在上海证券交易所挂牌上市交易（股票代码600015），成为全国第五家上市银行。2005年10月，华夏银行引进战略投资者，与德意志银行签署了全面长期战略合作协议及其他相关协议，为提高经营管理能力和国际化水平带来了新的契机。2008年10月，华夏银行顺利完成定向增发，提升了资本实力，为促进又好又快发展提供了有效的资本支持。

截至2011年9月30日，华夏银行已在北京、南京、杭州、上海、济南、昆明、深圳、沈阳、广州、武汉、重庆、成都、西安、乌鲁木齐、大连、太原、青岛、温州、石家庄、福州、呼和浩特、天津、宁波、绍兴、南宁、常州、苏州、无锡、长沙、合肥、厦门、长春等城市设立了分支机构419家，员工1万多名，“立足经济发达城市，辐射全国”的机构体系已经形成。此外，华夏银行还与境外1000多家银行建立了代理业务关系，建成了覆盖全球主要贸易区的结算网络。

华夏银行秉承高质量发展的办行思想，坚持质量、效益、速度、结构协调发展，不断扩大经营规模，不断提高盈利能力，保持了持续稳定、健康发展的良好态势。截至 2011 年 9 月末,银行资产总规模达到 10797.78 亿元。

华夏银行的快速发展受到公众和业界的关注和认同。在 2011 年 7 月出版的英国《银行家》杂志世界 1000 家大银行评选中,华夏银行按资产规模排名第 115 名;在 2011 中国企业 500 强中排名第 306 名、中国服务业企业 500 强排名第 96 名、中国企业效益 200 佳排名第 67 名。

先进的经营管理理念。华夏银行秉承"始终坚持质量、效益、速度、结构协调发展"的经营理念,稳步实施国际化改造战略,在信贷、资金、营销、稽核、风险管理和人力资源等方面加大了改革力度,坚持科技创新与产品创新一体化的方针,加强信息系统管理、信息技术运用以及新产品开发管理,加强全行创新工作的统筹规划管理。不断加大科技投入,综合业务系统、自助银行和网上银行的开发推广,成为本行电子化的重要支撑,形成了较强的竞争优势。

严密的风险管理体系。华夏银行不断完善信用风险内控机制,实施了信用风险垂直集中管理体制改革,成立了总行信用风险管理部及地区信用风险管理部,建立了信用风险垂直集中管理组织架构;实行授信审批、资产保全、信贷支持等业务垂直、独立和集中管理,授信业务全过程管理不断强化,逐步实现了信贷分析、贷后检查、风险预警、资产保全等环节的专业化管理,信用风险管理水平不断提高。在市场风险与操作风险管理方面,不断推动实施市场风险与操作风险管理体系建设,逐步实现在全行建立市场与操作风险独立、垂直、集中的矩阵式管理架构。华夏银行一贯坚持依法合规经营,建立了较为完善的内控组织构架;近年来进一步完善内控和合规管理体系,不断制定和修订各项规章制度和操作规程,落实岗位操作规程,各项制度的完整性、合规性和可操作性得到进一步提高;实施稽核垂直体制改革,构建了"总部、分部、稽核办公室三级体制模式",强化稽核工作的独立性;成立了合规部,加强合规管理,加大对操作风险和业务合规性的检查、整改和问责力度。依靠较为完善的全面风险管理体系,华夏银行资产质量不断得以优化内控管理水平不断提升。

专业化个性化的金融服务。华夏银行近年来坚持以客户为中心、以市场为导向,积极推动发展方式的转变。制定并实施营销策略,认真分析市场,统筹组织推动全行营销工作的开展。积极推动经营方式由粗放营销逐步向产品营销转变,强力推动银行优质产品的营销,不断使公司业务产品线切入目标客户市场,进一步提高服务质量、服务档次和产品的组合能力;加强产品开发和产品品牌的打造;完善集中营销体制,通过在营销管理部门建立专业体系,发挥系统管理、市场拓展、产品开发和风险控制的专业职能。推动个人业务发展,细分客户群体,通过推介慧盈、创盈、基金、黄金买卖等优势产品,提供差异化、特色化服务,实施分类营销。加快同业业务发展,通过银银、银保、银信、银证、银财等多种合作方式,以产品为纽带,加大与同业客户合作的深度和广度。通过对公、对私、同业三个市场的联动,加强全行营销工作的组织推动力。华夏银行拥有"华夏丽人卡"、"现金新干线"、"融资共赢链"等为代表的一批品牌产品,在市场上享有盛誉,市场份额在业内名列前茅。

以人为本的企业文化。坚持以人为本的企业核心价值观,努力通过企业文化建设凝聚企业精神,塑造企业形象,提高员工职业道德,培育造就优秀人才。实施以人为中心的企业管理模式,提倡为了人、关心人、理解人、重视人、依靠人、尊重人、培养人的企业文化。进一步发挥全体员工的积极性,不断完善各项民主管理制度,努力创造和谐的工作环境和氛围,为员工的职业发展创造平台,让每一名员工在华夏银行事业发展的大舞台上充分施展才干,展现自我价值,与银行共同成长。

历史赋予我们的光荣职责,是把华夏银行的事业不断推向前进,为客户提供优质的服务,为股东提供更高的回报,为促进我国金融改革发展做出更大贡献。面对新的发展机遇和挑战,华夏银行将以"三个代表"重要思想为指导,坚持科学发展观,与时俱进,开拓创新,稳健经营,规范管理,坚定不移地走高质量发展之路,努力建设资本充足、内控严密、运营安全、服务优质、效益良好、创新能力和国际竞争力强的现代中型银行。

中国邮政储蓄银行

邮政储蓄自 1986 年恢复开办以来,截止 2008 年已建成覆盖全国城乡网点面最广、交易额最多的个人金融服务网络,拥有储蓄营业网点 3.6 万个。邮政储蓄银行已在全国 31 个省(市、自治区)全部设立了省级分行,并且在大连、宁波、厦门、深圳、青岛设有 5 个计划单列市分行。

经过 25 年的发展中国邮政储蓄银行已形成了以本外币储蓄存款为主体的负债业务;以国内、国际汇兑、转帐业务、银行卡业务、代理保险及证券业务、代收代付、代理承销发行、兑付政府债券、代销开放式基金、提供个人存款证明服务及保管箱服务等多种形式的中间业务;以及以债券投资、大额协议存款、银团贷款、小额信贷等为主渠道的资产业务。2008 年至 2010 年中国邮政储蓄银行对公存款和对公结算业务在全国 36 家分行全面铺开,信用卡成功发行。

中国邮政储蓄银行依托邮政网络优势,按照公司治理架构和商业银行管理要求,不断丰富业务品种,不断拓宽营销渠道,不断完善服务功能,为广大群众提供更全面、更便捷的基础金融服务,成为一家资本充足、内控严密、营运安全、功能齐全、竞争力强的现代银行。2007 年 6 月 22 日,中国邮政储蓄银行"好借好还"小额贷款业务在河南新乡长垣县启动试点,2007 年末共有七省试点开办。2008 年初开始全国推广。至 2008 年 6 月 24 日西藏分行开办业务,全国 31 个省(区、市)分行和 5 个计划单列市分行已全部开办小额贷款业务。截至 2010 年 10 月 16 日,小额贷款业务已覆盖全国所有地市和 2100 个县市及主要的乡镇,4500 多个网点已开办这项业务。2010 年,小额贷款发放量突破 1000 亿元,从业务开办至 2010 年 10 月,全国累计发放贷款近 400 万户、金额 2300 多亿元,平均每笔贷款约 5.9 万元。邮储银行在县及县以下农村地区累计发放 1500 多亿元,占全部小额贷款累计发放金额的 70%。邮储银行发放的近 2300 亿小额贷款,解决了全国 400 万户农户及小商户的生产经营资金需求问题,1600 多万人从中受益。

截至 2010 年 10 月 16 日,邮储银行今年发放小额贷款已突破 1000 亿元,发放金额较去年同期增长 41%,这标志着邮储银行小额贷款业务发展已开始走向成熟,邮储银行实行的商业可持续发展小额贷款模式初步获得了成功,这将为中低收入人群、农村地区、个体商户、微型企业提供更好的持续的融资服务,进一步改善农村金融服务环境。

截至 2011 年 10 月末,邮储银行针对小微企业累计发放贷款达到 7493 亿元,有效缓解了全国 517 万户商户、小微企业生产经营资金短缺的难题。其中,该行县级以下区域贷款份额占比高达 63%,成为服务县域小微企业的重要力量。

中国邮政储蓄银行已在广大公众中树立了社会知名、百姓信赖的业务品牌，所提供的基础金融服务已经深入人心，成为重要的零售金融机构。中国邮政储蓄银行将继续依托邮政网络优势，按照公司治理架构和商业银行管理要求，不断丰富业务品种，不断拓宽营销渠道，不断完善服务功能，为广大群众提供更全面、更便捷的基础金融服务，打造成为一家资本充足、内控严密、营运安全、功能齐全、竞争力强的现代银行。

广发银行

1988 年 9 月，经国务院和中国人民银行批准，广发银行作为中国金融体制改革的试点银行在美丽的珠江之畔成立，是国内最早组建的股份制商业银行之一。

二十多年来，广发银行栉风沐雨，艰苦创业，以自己不断壮大的发展历程，见证了中国经济腾飞和金融体制改革的每一个脚印。2010 年末，全行总资产 8143.90 亿元（人民币，下同），比年初增加 1479.03 亿元，增幅 22.19%；全行 2010 年累计实现净利润 61.89 亿元，同比增加 28.02 亿元，增幅 82.73%。

二十多年来，广发银行上下求索，奋发图强，由一家区域性银行成长为具有一定竞争优势和影响力的全国性股份制商业银行，业务拓展到了全国各主要区域和澳门地区。截至 2010 年末，广发银行已在北京、上海、天津、南京、杭州、澳门等中国经济发达城市设立了 29 家直属分行，544 家营业网点，676 家自助银行，3600 多台自助设备，在北京、香港设有代表处，在总行设有博士后科研工作站，并与全球 133 个国家和地区的 1510 家银行总部及其分行建立了代理行关系。根据英国《银行家》杂志对全球 1000 家大银行排定的位次，广发银行已连续多年入选全球银行 500 强。

二十多年来，广发银行勇于创新，敢为天下先，在业务快速发展的过程中，创下了多项同业第一，如：第一家办理按揭贷款的银行；首批开办离岸业务的股份制商业银行；在国内首家推出先消费、后还款的贷记卡，同时首家发行美元和港币信用卡，使广发信用卡走出了国门的银行；首家实施全国通存通兑的银行；第一家推出可置换动产质押业务的银行；第一家推出企业财务顾问业务的银行；首家推出出口退税贷款业务的银行等。

2006 年，广发银行成功重组，引入了花旗集团、中国人寿、国家电网、中信信托等世界一流的知名企业作为战略投资者。重组后，广发银行紧紧围绕“建设一流商业银行”的战略目标，注重战略规划的执行，坚持“调结构、打基础、抓创新、促发展”，强化风险控制，坚持又好又快可持续发展，取得了良好的经营业绩。

依靠改革开放起步的广发银行，也必将继续依靠改革实现新的起飞。面对复杂多变的经营环境，广发银行将坚持以科学发展观统领全局，着力改革，不断完善公司治理和内控机制，注重学习和借鉴先进的银行服务理念、管理经验以及产品研发技术，切实提高创新能力和经营管理水平，为建设成为一家具有核心竞争优势，能够为社会公众和国民经济发展提供一流金融服务的现代化商业银行而努力奋斗。

深圳发展银行

深圳发展银行股份有限公司（简称：深圳发展银行，股票简称：深发展 A，股票代码：000001）是中国第一家面向社会公众公开发行股票并上市的商业银行。深发展于 1987 年 5 月首次公开发售人民币普通股，并于 1987 年 12 月 22 日正式成立，总部设在深圳。

经过二十多年的快速发展，深圳发展银行综合实力日益增强，成为了一家在北京、上海、广州、深圳、杭州、武汉等 22 个经济发达城市设立了约 300 家分支机构的全国性商业银行，在北京、香港设立代表处，并与境外众多国家和地区的 600 多家银行建立了代理行关系。

2004 年，深发展成功引进了国际战略投资者——美国新桥投资集团（Newbridge Asia AIV III，L. P.），成为国内首家外资作为第一大股东的中资股份制商业银行。秉承“专业、创新”的客户服务理念，深发展有效结合国际先进管理技术与本土经验，在经营理念、风险管理、财务管理、市场开拓等各个领域取得了长足进步。

2010 年 6 月，中国平安保险（集团）股份有限公司（“中国平安”）及其关联公司通过受让美国新桥投资集团持有的深发展股份完成过户和认购非公开发行股份成为深发展第一大股东，持股比例为 29.99%。

2011 年 7 月 20 日，深发展以每股 17.75 元的价格向中国平安非公开发行约 16.38 亿新股，换取中国平安所持平安银行的约 78.25 亿股股份（约占平安银行总股本的 90.75%）以及现金约 26.9 亿元交易完成。目前，深发展持有平安银行约 90.75% 的股份，平安银行成为深发展的控股子公司；中国平安及其控股公司持有深发展股份共计约 26.84 亿股，占比约 52.38%，深发展成为中国平安旗下的控股子公司。

截至 2011 年 9 月底，两行合并后的总资产达 12,072 亿元，总贷款达 6,083 亿元；总存款达 8,322 亿元；其中，深发展总资产达 9,305 亿元，总贷款 4,597 亿元，总存款 6,286 亿元。截至 2011 年 9 月底，两行合并后的净利润 76.9 亿元，不良贷款率为 0.43%，资产质量保持在较好水平，拨备覆盖率 366%；资本充足率和核心资本充足率分别为 11.46% 和 8.38%，符合监管要求。

2011 年 1－9 月份，深发展实现净利润 71.2 亿元，加权年化平均净资产收益率达 18.9%。资产质量保持在很好水平，截至 2011 年 9 月 30 日，全行不良贷款率仅为 0.46%，拨备覆盖率达 383%，资本充足率和核心资本充足率分别为 11.08% 和 9.97%。

面对纷繁多变的经营环境，深发展以出色的适应力积极应对，扎实推进各项改革，稳步实施发展战略，在包括供应链金融、零售业务等核心业务领域方面继续加大投入，进一步夯实竞争优势。

在公司业务方面，深发展确立了“面向中小企业，面向贸易融资”的发展战略，在全国率先推出围绕核心企业、开发上下游企业的全方位授信模式——“供应链金融”，并保持在国内同业间的领先优势，品牌价值持续提升。同时，国际业务、离岸业务稳健发展，作为国内首家获得离岸网银业务资格的商业银行，深发展已为公司客户搭建起跨时空、全方位的银行服务体系。

自 2005 年将零售业务作为战略转型的方向以来，深发展坚持客户为中心、不断创新产品和服务，构建起了零售银行的产品和服务体系。针对中高端客户的专业理财品牌“天玑财富”不断提升产品和服务能力，获得更多客户认可。信用卡业务继续推行环保、时尚的核心价值定位；面对房地产调控政策密集出台，市场波动加大的局面，个贷业务继续调整结构，增加高收益业务的比重，积极拓展个人经营性贷款、汽车贷款和无抵押贷款等。

资金同业业务在多领域展开与中小金融机构合作,新获多项业务资格,金融产品链进一步延伸。同时把握国内市场阶段性盈利机会,取得快速发展,同业市场份额稳步提升。

深发展在国内率先建立了财会、信贷、稽核垂直管理体系,积极引进现代企业人力资源管理方法。在系列改革措施的推进下,深发展不断完善公司治理结构,提升科学决策能力,全面加强风险控制,资产质量明显提高,资本实力显著增强。

深发展通过业务和管理的发展不断提升企业品牌形象,并积极履行社会责任。多年来深发展积极履行和实践企业社会责任的价值标准和行为准则,坚持诚信合规经营,维护客户利益,为社会提供优质金融产品和服务,保障员工合法权益,注重环保、热衷公益、回馈社会。

2010 年,深发展荣获"最受尊敬银行"、"最佳企业社会责任奖"、"最强势盈利银行"、"最佳零售银行"、"中国最佳供应链金融服务提供商"等殊荣。总行营业部、深圳江苏大厦支行等 15 家网点荣获年度"中国银行业文明规范服务千佳示范单位"称号。

未来的深圳发展银行,将继续发扬团队专业和创新的精神,秉承为股东创造回报、为客户增添价值、为员工带来发展的宗旨,努力提高盈利能力和服务水平,锐意进取,不断创新,进一步打造核心竞争力,为全面建设国际标准的现代商业银行而不懈努力。

上海浦东发展银行

上海浦东发展银行股份有限公司(以下简称:浦发银行)是 1992 年 8 月 28 日经中国人民银行批准设立、1993 年 1 月 9 日开业、1999 年在上海证券交易所挂牌上市(股票交易代码:600000)的全国性股份制商业银行,总行设在上海。目前,注册资本金 186.53 亿元。良好的业绩、诚信的声誉,使浦发银行成为中国证券市场中备受关注和尊敬的上市公司。

秉承"笃守诚信、创造卓越"的经营理念,浦发银行积极探索金融创新,资产规模持续扩大,经营实力不断增强。至 2011 年 6 月底,公司总资产规模达 24,552.40 亿元,本外币贷款余额 12,374.07 亿元,各项存款余额 17,509.17 亿元,实现税后利润 128 亿元。目前,在全国 28 个省、市、自治区、特别行政区,144 个城市,设立了 36 家直属分行,668 个营业机构,在香港设立了分行,员工达 29036 名,架构起全国性商业银行的经营服务格局。

上市以来,浦发银行连续多年被《亚洲周刊》评为"中国上市公司 100 强";2010 年 3 月,浦发银行荣膺《亚洲银行家》"2005 - 2009 亚洲地区最佳上市银行",4 月荣膺"2010 年度中国最强银行";2011 年 2 月,英国《银行家》杂志发布"全球金融品牌 500 强"榜单,浦发银行排名第 92 位,位列亚洲银行第 18 位,综合品牌价值 18.36 亿美元;同年 7 月,英国《银行家》杂志发布 2011 年世界银行 1000 强排名,按核心资本计,浦发银行首次进入全球百强之列,位居第 64 位,较上年大幅上升 44 位,在上榜中资银行中排名第 7,表现出良好的综合竞争优势和增长势头;在《财富》杂志推出的 2011 年中国上市公司 500 强排行中,浦发银行凭借优异的经营业绩再次入围国内企业百强,排名第 72 位;在《福布斯》杂志发布的全球 2000 强公司榜单中,浦发银行排名第 234 位,在上榜中资企业中位居第 16 位,在上榜中资银行中名列第 7 位。

深耕金融服务的同时,浦发银行积极践行社会责任,致力于打造优秀企业公民。2008 年 6 月评级研究机构 RepuTex(崇德)公布"中国十佳可持续发展企业",浦发银行作为中国金融业唯一企业入选;10 月浦发银行继 2006 - 2007 年蝉联上海美国商会"企业社会责任实践奖",再度获评"2006 - 2008 年度 CSR 持续成就特别奖";2009 年 12 月在"第六届中国最佳企业公民评选"活动中获得"2009 年度中国最佳企业公民"大奖;2010 年 6 月获得第五届"大众证券杯"中国上市公司竞争力公信力 TOP10 调查"最具社会责任上市公司"称号;7 月蝉联 A 股上市公司社会责任报告评级银行业第二位;同月,入选恒生可持续发展企业指数系列;8 月,获评"2010 年联合国全球契约 · 中国企业社会责任"典范报告"奖,2010 年获得的奖项还包括"2010 中国上市公司最佳社会责任董事会十强"、"2010 第一财经 · 中国企业社会责任榜优秀实践奖"等;2011 年 9 月,RepuTex(崇德)发布香港和大陆内地上市公司可持续发展评级中,浦发银行被授予可持续发展评级 A 级。

浦发银行将继续推进金融创新,因时而变、顺势而为、乘势而上,以"新思维,心服务"为指引,努力建设成为具有核心竞争优势的现代金融服务企业。

浙商银行

"浙商银行"是经中国银监会批准设立的全国性股份制商业银行,全称为"浙商银行股份有限公司",英文全称为"CHINAZHESHANGBANKCO.,LTD.",英文简称"CZB"。浙商银行于 2004 年 8 月 18 日正式开业,总行设在杭州,办公地点位于美丽的西子湖畔(杭州市庆春路 288 号)。现有股东 22 家,注册资本 100 亿元,监管资本超过 200 亿元。

浙商银行前身为"浙江商业银行",是一家于 1993 年在宁波成立的中外合资银行,2004 年 6 月 30 日,经中国银监会批准,重组、更名、迁址,改制为现在的浙商银行。

浙商银行以"一体两翼"(即以公司业务为主体,小企业银行和投资银行业务为两翼)为市场和业务定位,沿着"在学习中发展,在发展中创新,在创新中领先,在领先中逐步做强做大"的路径,分步推进,逐步实现资本、规模、特色、质量和效益的协调与快速发展,逐步成为经营有方、富有特色、业绩优良、具有一定国际影响的国内一流商业银行。截至 2010 年末,浙商银行总资产 2173 亿元,各项存款 1568 亿元,各项贷款 1130 亿元,资本充足,资产质量上乘,经营效益优良。

浙商银行按照"沿着浙商投资路径布局"的机构发展思路,目前已在北京、天津、上海、江苏、山东、广东、重庆、四川、陕西、甘肃和浙江省内的所有省辖市和主要县(市)设立(筹建)了 70 余家分支机构,全国性机构体系初步形成;同时重视发展网上银行业务弥补物理网点的不足,全行电子银行渠道交易笔数已超过全部业务量的 60%,电子银行业务先后荣获中国金融认证中心"2008 年度中国网上银行功能创新奖"、"2009 年度最佳网银安全奖"、"2010 年中国网上银行最具发展潜力奖"和网易"2010 年度电子银行潜力奖"等奖项。

浙商银行注重小企业和投资银行业务的培育和发展,特色开始显现。按照"专业化经营、近距离设点、高效率审批、多方式服务"的小企业银行业务经营方针,专门设立浙商银行小企业信贷中心和 41 家专营机构,创新开发了突破抵质押方式的"桥隧模式"、"联保贷款"、"村民保证贷"和"一日贷"、"三年贷"、"全额贷"等适合小企业主需要的特色产品,其中"小企业联保贷款"和"村民担保一日贷"分别于 2009 年和 2010 年获评中国服务小企业及三农"十佳特优金融产品”，“一日贷”产品还荣获中国银监会“银行业金融机构小企业金融服务特色产品”；浙商银行也连年荣获全国小企业金融服务先进单位、中国中小企业金融服务十佳机构等荣誉。按照“有效融合和发挥智力、渠道和资金优势，着力发展真正意义上的投资银行业务”的思路，2008年成功发行国内第一单中小企业信贷资产支持证券，2010年创新发行了引入内部分层增信结构和第三方回购机制的中小企业集合票据，突破和发展了牵头银团贷款、中小企业并购贷款、非金融企业短期融资券和中期票据主承销等多项特色投资银行业务。基于小企业业务和投资银行业务的有效结合和不断突破，浙商银行成为提供最多小企业融资服务模式的商业银行，即同时提供间接融资模式（银行贷款）、直接融资模式（在金融市场发行债券）和混合模式（信贷资产证券化）三种小企业融资服务模式。

浙商银行重视内部管理建设。建立了全面、统一的风险管理体系，实行了富有特色的风险监控官委派制度，资产质量持续保持上乘；成功投产了以业务流程再造和新核心系统服务化改造为重点的新一代柜面业务集中处理系统，成为国内第一家成功实践基于企业级服务导向架构（SOA）再造业务流程的银行；2006年在同业中率先全面实施了经济资本管理，建立了以经济增加值和经济资本回报率为核心的绩效考核体系；坚持“以工作业绩为本、以职业素养为先”的用人理念，加快人才的引进、培养和使用，实施青年员工培养计划，积极培育特色企业文化。

浙商银行积极履行社会责任。2004年成立时，即以资助“雏鹰起飞——浙商银行千名贫困学子助学计划”替代开业仪式；建立了浙商银行慈善基金，热心公益事业；“5·12”汶川大地震后，浙商银行以多种方式开展赈灾活动，专项援建并持续资助浙商银行（陕西）接官亭镇中心小学；五周年行庆之际，又将行庆专用款项捐赠给台湾地区“莫拉克”台风受灾同胞；爱心捐赠全国残疾人运动会；创建团中央青年就业创业见习基地；获评“劳动保障诚信单位”；积极支持体育事业，连续多年冠名浙商银行乒乓球俱乐部征战全国乒超联赛。

上海银行

【概况】

上海银行成立于1995年12月29日。成立以来，上海银行以“点滴用心、相伴成长”为服务理念，以“服务地方经济、服务中小企业、服务市民”为经营特色，稳健经营，规范管理，获得了良好的社会效益和经济效益，实现了持续快速稳健发展，成为我国银行体系中最具生机和活力的商业银行之一。

1999年9月和2001年12月，上海银行分别吸收国际金融公司和香港上海汇丰银行、上海商业银行等外资金融机构的参股投资，不仅对自身快速、稳健、开放式发展起到了积极的促进作用，同时也为我国商业银行及其他金融机构实现吸引外资投资多元化开创了成功的先例。

2005年11月，上海银行获准在城市商业银行系统中率先实现跨区域发展。如今的上海银行分支机构延伸至长三角、珠三角、环渤海以及中西部地区，初步构建起了全国布局的战略框架，并与世界70个国家及地区近600家境内外银行的总行，建立了代理行网络关系。

自成立以来，上海银行充分发挥自身特点和优势，市场竞争力和影响力不断提高：在英国《银行家》公布的“全球前1000家银行”排名中，连年跻身500强；多次被《亚洲银行家》杂志评为中国地区“中国最佳城市零售银行”；先后荣获“上海市著名商标”、“最具价值的上海服务商标”、“全国小企业贷款工作先进单位”、“小企业优秀客户服务银行”、“全国再就业先进单位”，“全国银行间市场优秀交易成员”等称号。在2010年上海世博会金融服务中，上海银行以良好的企业形象和优质的金融服务获得“上海世博会金融服务工作先进集体”、“中国银行业世博金融服务组织奖”、“中国银行业世博金融服务创新奖”等荣誉。

截至2010年底，上海银行注册资本42.34亿元，总资产超5600亿元；存、贷款总额分别达到4095亿元和2984亿元；其中，人民币储蓄存款余额突破1000亿元；全年实现利润总额57.39亿元。目前，上海银行拥有250余家营业网点和150余家自助银行，布放自助服务类终端设备（ATM、CDS、ASM、XDM等）近2000台。

【大力支持地方经济建设】

作为一家发源于上海的股份制商业银行，上海银行始终以立足地方、扎根地方为立身之本、发展之基，为地方产业优化升级提供金融支持。伴随跨区域发展步伐的加快，上海银行在宁波、南京、成都、天津、深圳、北京等区域，继续以支持地方经济发展为己任，不断提升金融服务功能，成为地方经济建设中一支重要的生力军。

上海银行依托并服务于地方经济，加强与各级政府部门的沟通协调、深化银政合作关系，共同推进区域经济发展。上海银行积极参与上海世博会、大虹桥规划、宁波港口开发、天津滨海新区建设、成都灾后重建、保障性住房开发建设、医疗卫生改革等基础设施建设项目和改善民生项目，为相关项目提供融资、咨询、项目监管等各项服务。同时，根据国家产业振兴规划和相关调控政策的要求，积极支持区域优势行业和企业，为地方经济产业结构的调整和转型提供金融服务。

此外，在服务手段上，除传统的融资和结算服务外，上海银行相继推出了应收账款融资、法人账户透支、信用保险融资、动产质押、中国电子口岸网上支付、大通关网上支付、现金管理平台、支票直通车、公务卡等特色服务品种，形成了服务手段多元化，服务品种多样化的特点。

【积极扶持小企业发展】

上海银行以“融智成金，相伴成长”为经营理念，以致力于成为优质的小企业金融服务专业银行为目标，通过打造小企业“成长金规划”品牌系列，提供包括开户结算、资金周转、购置房产、贸易融资、理财增值等在内的服务，为不同行业和成长阶段的小企业提供金融解决方案，特别针对具有高成长性、行业地位显著的优质小企业客户提供“小巨人”培育服务，满足高端小企业的差异化服务需求。

上海银行在深入研究各类细分客户群特征基础上，开发批量营销方案，搭建批量营销平台，推进小企业营销方式革新。近年来，除了巩固已有的政策性担保平台和科技型企业融资平台外，上海银行主动对接长三角、珠三角、京津、成渝等地区新兴产业发展的商机，积极搭建再担保及其他信用担保机构融资平台、投保贷联动融资平台和专业市场电子商务融资平台等。

此外，上海银行还依托国家综合经济部门和自身优势，把对小企业的金融服务延伸到多元的社会化服务领域，通过与原国家经贸委共同成立的上海中小企业服务中心，整合小企业金融服务和社会化服务，在理财融资、人才开发、信息咨询、技术支持、市场开拓、对外合作交流等方面为小企业提供专业服务。

【着力支持港台资企业发展】

上海银行聚焦三地日益紧密的经贸合作，于 2001 年在总行设立港台业务部，以专业的服务团队、专属的服务平台和不断创新的产品与服务，鼎立支持港台企业开拓内地事业，并致力于为港台企业跨越三地投资、经营及贸易提供专业化、个性化的综合金融服务。

上海银行与上海商业银行（香港）、上海商业储蓄银行（台湾）合作，“以客户为中心”，创建了三地联动服务模式，整合三地资源，为客户度身定制最佳金融服务方案。无论客户身处何地，都能享受“三地上银，一心为您”的贴心服务。

上海银行还先后与各地各级政府台湾事务办公室和台商协会搭建合作平台，为台资企业提供政策咨询、金融服务等支持，并在上海、南京、宁波、天津、深圳、苏州等地为台资企业提供专项授信，配备专门服务团队及业务受理开通“绿色通道”。

【充分发挥市民银行特色】

上海银行以“来自市民，服务市民”为宗旨，不断开拓业务新品，完善服务体系，提高服务质量和科技含量，努力打造金融服务品牌。

秉承“尽心尽智，唯您专享”的服务理念，上海银行为中高端客户精心打造了“上海银行丨慧通理财”贵宾服务，提供专属理财团队服务、专属渠道服务、专享投融资理财产品服务、专享利率和费率优惠服务、专属综合资讯服务、专属贵宾礼遇及关怀服务。在上海及各地分行建设运营慧通理财中心，为贵宾客户提供全方位财富管理服务。多渠道开辟产品团队，坚持稳健原则创新理财产品线，循环推出九大系列十四款“慧财”家族系列理财产品，满足客户不同期限、不同币种、不同风险层次的资产配置需要。

专业化队伍建设有效夯实，拥有一支 400 余人的持金融理财师（AFP）、国际金融理财师（CFP）、注册财务策划师（RFP）等资质的专业理财队伍，为客户量身定制提供全面的投资需求分析与理财规划方案建议。持续丰富财富管理服务内涵及品质，开展客户沙龙活动和提供分层增值服务；携手上海商业银行（香港）、上海商业储蓄银行（台湾）共同推出沪港台三地“上海银行”贵宾客户共享“绿色通道”服务等。

上海银行还推出包括个人购房、购车、助业、开业、教育、消费贷款等“好当家”个人信贷业务，全面满足客户置业、创业、消费等各种融资需求。目前，上海银行已开通了个人网上银行，实现了网上转账、查询等功能；推出了 962888 客户服务热线，为客户提供安全便捷、全天候、一站式现代金融服务。

积极拓展银行卡业务市场，推出各种主题卡、联名卡、特色卡，丰富信用卡、借记卡产品线、功能线、服务线，针对不同客户特点，开展丰富多彩的营销活动。推出易精灵、利生利、生肖存单、汇易宝、付费宝等特色业务。同时作为一家根植上海的市民银行，持续承担社会责任，积极参加公众教育服务活动，圆满完成“百万老人刷卡无障碍三年行动计划”，获得社会广泛认可和高度信赖；做好养老金发放、医药费报销、阳光工资发放等政府亲民实事工作。并与全国近百家证券、基金和保险公司建立长期合作关系，为个人客户提供全面服务。

【做大做强新兴金融市场】

上海银行本着“诚实守信、平等互利”的原则，广泛涉足于银行间债券市场、拆借市场、票据市场、外汇市场和黄金市场等新兴金融市场领域，并以强大的资金实力、稳健的经营理念和科学的运作管理赢得了市场的认可。作为银行间债券市场的首批成员之一、公开市场一级交易商和财政部、国家开发银行等主要债券发行机构的承销团成员，上海银行债券交易量与交易笔数排名连续多年位居全国前列，并首批获得银行间债券市场做市商资格、上海银行间同业拆放利率（SHIBOR）报价团成员资格和全国银行间债券市场债券借贷业务资格。

上海银行还具有企业短期融资券承销资格和人民币利率互换业务资格，并在城商行中首家获得衍生产品业务资格。同时，上海银行还开办了包括代理黄（铂）金交易、债券结算代理、投资理财方案设计和资产管理咨询等形式多样的理财服务，与客户分享市场信息和管理经验。此外，上海银行还拥有新股验资行资格、证券交易结算资金存管银行资格（包括主办存管银行、结算银行、法人存管银行、营业部存管银行），是全国城市商业银行系统中唯一一家获得四类资格的存管银行。

江苏银行

江苏银行是在江苏省内无锡、苏州、南通等 10 家城市商业银行基础上，合并重组而成的现代股份制商业银行，开创了地方法人银行改革的新模式。江苏银行于 2007 年 1 月 24 日正式挂牌开业，是江苏省唯一一家省属地方法人银行。

至 2010 年末，全行资产总额达 4299 亿元，本外币各项存款余额达 3594 亿元，本外币各项贷款余额达 2397 亿元，三项指标均达到成立之初的 2.7 倍，全行实现税后净利润 41.8 亿元，是成立之初的 9 倍多。在 2010 年英国《银行家》杂志评选出的全球前 1000 家银行中，江苏银行排名第 292 位，较上年提升 68 位，在国内商业银行中居第 17 位。

目前，江苏银行共有营业机构 450 多家，其中，省内下辖 12 家分行，在南京地区拥有 17 家直属支行，在省外先后开设了北京、上海、深圳、杭州 4 家分行。作为主发起人，设立了镇江丹阳保得村镇银行。全行现有员工 1.1 万人。

“十二五”期间，江苏银行将继续深入贯彻落实科学发展观，全面提高发展质量和经营效益，力争到“十二五”期末，实现资产总额超 1 万亿元，税后净利润超 100 亿元的目标，把江苏银行建设成为全国一流的现代城市商业银行。

徽商银行

徽商银行是全国首家由城市商业银行和城市信用社联合重组设立的区域性股份制银行。徽商银行重组按照“6 + 7”方案进行整体设计，即由原合肥、芜湖、安庆、马鞍山、淮北、蚌埠 6 家城市商业银行和六安、铜陵、淮南、阜阳的 7 家城市信用社合并组建。徽商银行的成立，创造了中国城市商业银行改革中独具特色的“徽商模式”，掀起了中国城市商业银行群体新一轮改革的浪潮。

徽商银行于 2005 年 12 月 28 日正式挂牌成立，总部设在安徽合肥。截至 2010 年 12 月末，徽商银行拥有机构网点 165 个，在职员工 4600 多人，注册资本人民币 81.75 亿元。

徽商银行成立以来，始终坚持以科学发展观为指导，积极拓展业务市场，不断强化风险控制，稳步推进内部改革，探索出一条具有自身特色的发展之路，取得了良好的经营业绩，主要业务指标以年均 40% 的速度增长，业务发展连续跨越新台阶，发展速度、发展质量居行业前列，主要监管指标达到国内上市银行中上水平，连续两年被中国银监会评为二级行。截至 2010 年 12 月末，徽商银行资产总额达到 2075.46 亿元，各项存款余额 1633.64 亿元，各项贷款余额 1175.26 亿元，分别较成立之初增长 3.25 倍、2.77 倍和 2.86 倍；不良贷款率

0.59%，较成立之初下降5.44个百分点；五年来累积实现利润总额96.71亿元。

在经营业绩持续刷新的同时，徽商银行不断拓展新的发展空间。审时度势，超前谋划，于2008年12月成功完成了增资扩股，总股本增至81.75亿元，实收资本跃居全国城商行首位，奠定了发展的坚实基础，大大增强了整体抗风险能力；稳步推进跨区域发展战略，实现了经营网点在安徽全省17个中心城市的全面覆盖，并延伸至部分县域经济，成为全国第一家率先完成省内网点全覆盖的城市商业银行；成功跨出安徽，在南京设立了首家省外分行，跨区域发展取得重要突破；持续推进经营转型，投资参股奇瑞徽银汽车金融公司，发起设立无为徽银村镇银行，积极开展投资银行业务、银行同业业务等，业务发展空间得到不断拓展。

徽商银行成绩的取得，受到了各级政府和社会各界的高度重视和充分肯定，先后获得省人民政府颁发的"2006年度金融工作先进单位一等奖"、"2007年度突出贡献奖"、"2008年度最佳贡献奖"，2006、2007、2008年度"安徽省支持小企业贷款工作先进单位"和中国银监会颁发的"2006年全国银行业金融机构小企业贷款工作先进单位"以及第五届中国金融年会颁发的"2008中国最具影响力中小银行"、《经济观察报》评选的"2008中国最佳中小企业银行"等荣誉称号，并成功入选"2009中国服务企业500强"、"2009安徽企业30强"和"首届安徽十大强省品牌"、"首届安徽爱心慈善企业"。2011年6月再次入选英国《银行家》杂志"全球1000家大银行"，位列第315位，中国银行业第25位。

徽商银行将以国际先进银行为标杆，立足于"创一流品质，建百年徽银"，把"成就客户梦想，创造股东价值，促进员工发展，承担公民责任"作为光荣的历史使命，向着"经营业绩一流、管理水平一流、服务质量一流、人才队伍一流、核心竞争力一流"的目标不断迈进。

哈尔滨银行

哈尔滨银行是近年来崛起于中国东北地区的一家新兴股份制商业银行，总部位于哈尔滨市。现有天津、成都、沈阳、大连、重庆等12家分行，在北京、深圳、吉林、甘肃、重庆及黑龙江等地设立了20家村镇银行。截至2010年末，资产总额1271.70亿元，存款余额1128.92亿元，不良率0.79%，实现净利润13.07亿元，盈利能力在黑龙江省位居前列。按照中国《银行家》杂志统计，哈尔滨银行综合实力在全国800亿元以上资产规模城商行中排名第9位。

近年来，哈尔滨银行认真贯彻监管要求，不断加强公司治理建设，形成了"三会一层"独立运作、有效制衡的公司治理架构及科学有效的决策、执行、监督、激励和约束机制。通过十几年的发展，哈尔滨银行现已成为一家治理规范、资本充足、特色突出、定位清晰、效益良好的股份制商业银行。哈尔滨银行经营特色突出。在监管部门的指导下，大力发展小额信贷业务，并积极引进国际先进技术和理念，与我行实际相结合，形成了"本土化加国际化"的小额信贷模式，打造了"乾道嘉"系列品牌，在小额信贷领域形成了较强的核心竞争力。被中国银监会授予2006年度和2007年度"全国小企业金融服务先进单位"称号，荣获"2010年度全国支持小企业发展十佳商业银行"、"2010年度最佳小企业贷款中小银行"及"2010年中国十大最佳城市商业银行"称号。"乾道嘉"小企业贷款荣获"2010年优秀中小企业服务产品大奖"，多名信贷员荣获"花旗银行微型创业奖"殊荣。哈尔滨银行债券业务在同业中保持领先水平。创立"哈邦德"交易室，取得了全面债券市场业务资格，多次被评为最具市场影响力奖。2010年度，债券交易量排名第21位，城商行排名第6位，现券交易量排名第9位，远期交易量排名第1位。

面对日益激烈的市场竞争，哈尔滨银行将坚定不移地走特色化经营道路，秉承"普惠金融，和谐共富"的理念，坚持"立足龙江，支持中小，服务东北，面向全国"的发展定位，努力打造"国内一流、国际知名小额信贷银行"，为我国金融事业发展做出更大贡献。

渤海银行

渤海银行是1996年以来国务院批准设立的第一家全国性股份制商业银行，是第一家在发起设立阶段就引入境外战略投资者的中资商业银行，也是第一家总部设在天津的全国性股份制商业银行；是由天津泰达投资控股有限公司、渣打银行（香港）有限公司、中国远洋运输（集团）总公司、国家开发投资公司、宝钢集团有限公司、天津信托有限责任公司和天津商汇投资（控股）有限公司等7家股东发起设立的，注册资本总额达到85亿元人民币。2005年12月30日成立，2006年2月正式对外营业。截至2011年2月末，已在全国13个重点城市设立了13家一级分行和38家支行。

截至2010年末，本行资产总额2,650.86亿元，比年初增长125.57%，负债总额2,556.70亿元，比年初增长127.72%，不良贷款率仅为0.11%，实现税后净利润7.78亿元，比上年增长203.31%。

在《亚洲银行家》杂志公布的2010年度亚洲银行300强中，渤海银行成功跻身200强，综合排名199位，较2009年上升了59位；在第四届中国中小企业家年会上连续第三年被评为"全国支持中小企业发展十佳商业银行"；在首届公众满意最佳典范品牌评选中获颁"中国中小企业金融服务客户满意十佳典范品牌"；在"2009年度卓越金融理财排行榜"评选中荣获"2009年度最具成长性股份制商业银行"大奖；在第二届中国理财总评榜中荣获"最具竞争力银行"奖；2010年12月，渤海银行手机银行、借记卡获得了《理财周报》评选的2010年最佳借记卡和最佳手机银行奖。在"搜狐2010金融理财网络盛典活动"评选中获得"2010年网友最信赖银行理财品牌奖"。

九江银行

九江银行于2000年11月18日经中国人民银行武汉分行批准正式开业。10年来，在董事会和全体股东的关心支持下，在全行员工团结正大敬业创新下，以发展为主题，以改革为动力，以市场为导向，以客户为中心，以质量为生命，以效益为目标，始终坚持制度和文化"两手抓"，致力提升全行核心竞争力，实现了"低风险、快增长、高效益"又好又快地发展，在九江市、江西省乃至全国银行业金融机构中具有良好的品牌形象和竞争优势，九江银行已发展成长为一家富有活力的、全国一流的城市商业银行。

目前我行董事会由11名董事构成，股东董事4名，独立董事4名，执行董事3名。监事会由7名监事构成，其中外部监事1名。高级管理层9人（董事长1人、监事会主席1人、副行长5人、董事会秘书1人，信息总监1名），中级管理层

78 人。全行在岗员工 1086 人，平均年龄 29 岁，大学以上文化程度占 95%，硕士 78 人，高级职称 14 人。总行机关 14 个部（室），下辖 7 家分行（其中省外分行 2 家、省内分行 5 家）、50 家支行（部）、4 个中心（票据中心、重点客户中心、小企业信贷中心、国际业务中心），营业网点分布九江市城区 19 家、县域 12 家，吉安市 6 家，南昌市 5 家，抚州市 3 家，合肥市 2 家，广州市、宜春市和景德镇市各 1 家，九江辖内网点覆盖率达 100%。先后主发起设立了 4 家村镇银行——修水九银村镇银行、广东中山小榄村镇银行、井冈山九银村镇银行、北京大兴九银村镇银行。

成立 10 年来，九江银行人均资产、人均存款、人均利润、资产质量、资产利润率、资本利润率、资本充足率、不良贷款拨备率、不良资产拨备率等财务指标，均已在全国城市商业银行中位居一流水平，在九江市银行业金融机构中位居前茅。九江银行正朝着建设一家特色鲜明、资本充足、内控严密、运营安全、服务卓越、效益良好、具有一流品牌的区域性上市股份制商业银行奋进。

厦门银行

厦门银行成立于 1996 年 11 月 30 日，是经中国人民银行批准，具有独立法人资格的股份制商业银行。前身为厦门市商业银行，2009 年 9 月厦门市商业银行获批更名为厦门银行。厦门银行总行位于厦门市湖滨北路 101 号，全行现拥有 35 个现代化经营网点（含福州分行、泉州分行和重庆分行等网点），员工 1000 多人。

成立以来，厦门银行按照立足地方经济、支持中小企业、服务台商、面向城市居民的市场定位，秉承发展、创新、管理、效益的经营理念，励精图治，与时俱进，实现了质量、规模、效益协调发展。

截至 2010 年底，厦门银行全行资产、存款、贷款规模分别为 529 亿元、400.61 亿元和 109.63 亿元，分别比立行之初增长了 21 倍、23 倍和 9.3 倍，成功进入全国中型城商行行列；与境外 30 多个国家的近千家银行及分支机构建立了代理行关系，网络遍及世界各地。

2008 年年底，厦门银行成功引进具有台资背景的战略投资者——富邦银行（香港）有限公司，这是台湾金融机构借道第三地投资大陆商业银行的首例。作为首家具有台资背景的股份制银行，厦门银行积极“引资引智”，吸收借鉴战略投资者在金融企业管理和金融服务创新方面的经验积累优势，对原有的组织架构、业务流程、服务渠道、内控管理以及薪酬体制等进行全面梳理和有机整合，取得了阶段性的成果，有效提升了运营管理水平，进一步提高了市场竞争力。

面向未来，厦门银行将继续秉承原有的市场定位，突出台商融资等特色业务，加快品牌化经营、区域化布局、综合化发展步伐，充分发挥连接港台业务等方面优势，积极构建两岸三地金融服务平台，全力打造成为海峡西岸经济区领先的精品银行。

盛京银行

盛京银行是沈阳市第一家总部型金融机构，是东北地区成立最早、规模最大、实力雄厚的城市商业银行，其前身是沈阳市商业银行。沈阳市商业银行在经历了整合发展、改革创新、改造重组后，于 2007 年成功更名为盛京银行。

作为率先完成改造重组、实现跨区域经营的城商行，盛京银行经营工作始终保持了持续、健康、快速的发展态势，综合经营实力居东北城商行首位，全国城商行前列。截至 2010 年 9 月末，盛京银行总资产已达 1768.65 亿元，各项存款余额 1338.81 亿元，不良贷款率 0.82%，当期实现利润 17.61 亿元；沈阳市区及周边郊县营业网点近百家，北京、天津、大连、营口和葫芦岛等五家外埠分行健康运营，上海、鞍山、本溪三家分行获批筹建，“根植沈阳、立足辽宁、辐射东北、走向全国”的机构体系和业务网络已具雏形。

盛京银行秉承“诚信、亲和、进取、敬业、奉献”的企业理念，坚持“服务地方经济、服务中小企业、服务市民”的市场定位，充分发挥高效快速决策优势，以较强的发展张力和良好的发展势头，积极支持地方经济建设。盛京银行几年来已累计投放信贷资金 2000 亿元，支持地方基础设施建设、国有企业重组改制、装备制造业发展等重要项目；积极有效地开展面向中小企业的金融服务，努力创造支持其发展的长效机制；为广大客户努力提供优质、全面的金融服务，借助高科技力量，相继推出了一系列方便客户，优惠客户的业务品种，已发展成为辽沈地区代收费项目最全的银行。盛京银行发行的“玫瑰卡”和信用卡已成为辽宁省内银行卡的后起之秀，发卡量、卡内余额均居省内城商行首位。

盛京银行连续多年荣获省、市纳税百强企业称号，近五年累计纳税 28 亿元。近年来通过盛京银行支持的企业实现纳税成倍增长，重点骨干企业累计纳税近 100 亿元，为实现金融发展与经济增长、民生改善相互促进的良性循环作出了积极的贡献。

面对未来，盛京银行将不断提高核心竞争力，开拓创新，追求卓越，努力打造一流的现代化股份制商业银行，为辽沈地区经济发展注入生机，为振兴东北老工业基地、繁荣金融市场做出新的贡献。

南昌银行

南昌银行是由南昌市地方财政发起设立，1997 年 12 月经中国人民银行批准成立，2008 年 8 月 6 日经中国银行业监督管理委员会批准，更名为南昌银行股份有限公司。注册资本 23.82 亿元，南昌市财政局为第一大股东。现有异地分（支）行 8 家，一级支行 17 个，营业网点 77 个，员工 1600 余人。办理人民币、外币业务；吸收公众存款；发放短期、中期和长期贷款；办理国内结算；外汇业务；办理票据贴现；发行金融债券；代理发行、代理兑付、承销政府债券；买卖政府债券；从事同业拆借；提供担保；代理收付款项及代理保险业务；提供保管箱业务；办理地方财政信用周转使用资金的委托存贷款业务；经营中国银行业监督管理委员会依照有关法律、行政法规和其他规定批准的业务。

南昌银行自成立以来，全面深化各项改革，以提高盈利水平和市场份额为目标，以提高服务质量为手段，以优化资产结构为中心，坚持“特色经营，品牌制胜”的经营理念，依托科技创新，狠抓内部管理，走上了一条有质量、有效益、可持续发展之路。10 多年来，始终坚持“服务地方经济、服务中小企、服务城市居民”的市场定位，秉承“服务思源，客户为本”的服务宗旨，重点支持中小企业和个私民营企业发展，成为推动地方经济快速发展的重要金融支撑力量。南昌银行竭力为城市居民提供优质高效的金融服务，积极响应政府号召，扶持下岗失业人员再就业，为创建社会主义和谐社会作出了积极的贡献。截至2010年末，全行总资产突破600亿元，达641.77亿元，人民币全口径存款突破500亿元，达561.3亿元；全年实现税前利润总额突破10亿元，达10.59亿元。资本充足率为12.59%。

全国100家最大商业银行排名中连续第二年进入前50强，位列第43位；在全国城商行综合竞争力排名中列第16位，列中部经济区城商行综合竞争力第1名。被中国银监会授予"2010年度银行业金融机构小企业金融服务先进单位"光荣称号，是中国银行业文明规范服务千佳示范单位和江西省银行业文明规范服务示范单位。先后被评为"中国最佳零售（财富管理）银行"、"年度最佳成长性中小银行"、"全国中小企业最信赖的商业银行"、"全国支持中小企业发展十佳商业银行"（连续四年）。是"江西省最具社会责任感杰出企业"，"及时贷"产品分别被中国银监会、中国银行业协会评为"2010年度银行业金融机构小企业金融服务特色产品"、"2010年服务小企业及三农十佳特优金融产品"，是江西省银行业内小企业信贷产品中唯一多次获得殊荣的产品。有60个集体获市级以上"青年文明号"称号，其中省级9家，国家级2家。

吉林银行

吉林银行股份有限公司（BANK OF JILIN CO.，LTD，简称吉林银行）是经中国银行业监督管理委员会批准设立的股份有限公司，成立于2007年10月，目前在省内9个市州和大连、沈阳拥有10家分行、7家直属支行，有350个营业网点。

吉林银行成立后，按照进入全国城商行最前列的战略目标，努力转变增长方式，走差异化、特色化发展道路，稳步推进跨区域发展和上市经营，积极实施流程银行建设、IT发展战略、员工培训战略等"三大工程"，努力打造社区银行品牌、小企业金融服务专营品牌，大力发展村镇银行，参股一汽汽车金融公司，尝试资本运作，开展多元化经营。

吉林银行成立以来，坚持依法合规和稳健经营，稳步推进各项改革，不断加大产品和服务创新力度，经营规模不断扩大，服务明显改善，效益显着提升。截至2011年6月末，吉林银行资产规模达到1789亿元，比成立时增长了248%；存款规模达到1343亿元，比成立时增长了199%；各项贷款余额874亿元，比成立时增长了174%；资本金也从成立之初的34.22亿元，增加到70.67亿元。吉林银行资产规模和盈利能力已跻身全国城市商业银行前列，公司价值和品牌影响力大幅提升。2011年列英国《银行家》全球银行1000强第391位，中国地区银行第32位。

未来，吉林银行将按照吉林省委、省政府提出的"推动吉林银行跨区域发展和上市经营，努力进入全国城商行最前列"的要求，围绕打造一流股份制商业银行的目标，继续深化各项改革，推进创新，把吉林银行建设成为资本充足、内控严密、运营安全、服务优质、效益良好、创新能力和竞争能力强的现代金融企业。

杭州银行

【概况】

杭州银行成立于1996年9月26日，经过十五年的努力，现已发展成为一家资产质量良好、盈利能力较强、综合实力跻身全国城市商业银行前列的具有良好投资价值的股份制商业银行。2009年，在由《银行家》杂志推出的"中国商业银行竞争力排名"中，成功摘取"2008年度最佳城市商业银行"殊荣。在"2010年亚洲银行竞争力排名"中列上榜城商行第一位，并获2010中国金融机构金牌榜"金龙奖"年度"最具竞争力中小银行"称号。

本行现有百余家分支机构，在北京、上海、深圳、南京、合肥、宁波、舟山、绍兴、温州等地都设立了分行。今后几年，本行将在新发展战略指导下，继续稳步推进跨区经营，为发展成为一家立足浙江、在长三角地区具有竞争优势、在长三角以外的其他城市具有经营特色的区域性银行而努力。

截至2011年6月末，本行资产总额突破2300亿元，存、贷款余额分别为1680和1183亿元，不良贷款率仅0.55%，主要经营指标在国内同行中处于较为领先的地位。本行立足于"地方银行、市民银行、中小企业主办银行"的市场定位，在支持城市基础建设、中小企业发展、国企改制、实施再就业工程以及满足广大市民金融需求等方面做出了应有的努力。

2003年，本行制定了"三步走"发展战略：第一步，吸收国内民营资本入股，优化产权结构，在股权多元化基础上逐步完善公司治理结构和市场化经营机制；第二步，引进境外优秀战略投资者参股，以"引资"促"引智"，提高核心竞争力；第三步，实现跨区域经营，力争成为公众上市银行，成为一家总部位于杭州、具有竞争优势和价值领先的股份制商业银行。

本行于2002年一季度在全国城市商业银行中率先成功实施不良资产置换，从根本上改善了全行的资产质量状况，达到了全国先进水平。2003年，通过增资扩股，吸收民营资本，实现了产权多元化。2005年4月与2006年8月，先后与澳洲联邦银行、亚洲开发银行签署战略合作协议，从而成为全省第一家拥有外资股份的城市商业银行。本行已建立了比较完善的以股东大会、董事会、监事会、高级管理层组成的公司治理架构，形成了以权力机构、决策机构、监督机构和管理层为主体的治理机制。

目前，本行正通过"引资"实现"引智"，借鉴和引进吸收先进经营理念，致力于增强核心竞争力，打造成为中国价值领先银行。

公司愿景：致力于为中小企业与城乡家庭提供专业、便捷、亲和的金融服务，成为中国价值领先银行。

价值领先：客户价值领先、员工价值领先、股东价值领先、社会价值领先

核心价值观：诚信、创新、效率、尊重、责任

形象定位：钻石银行、绿色银行

对外口号：信我 信未来

市场定位：市民银行、中小企业主办银行。

【发展策略】

推行业务专业化管理，培育核心竞争力，做大做强中小企业业务，做大做响零售客户业务，巩固发展传统客户业务；

实施"走出杭州"的跨区域经营战略，在浙江省内乃至长三角地区设立分支机构，建设具有经营特色和竞争优势的区域性银行；

以上市为契机，提升管理水平、经营业绩和信息透明度，打造中国价值领先银行。

【市场地位】

2010年，在英国《银行家》杂志"全球银行1000强"排行榜中按一级资本排名第395位，较上年排名提高239位。

2010 年，在中国《银行家》杂志“中国商业银行竞争力评价排名”中获“2009 年度全国大型城市商业银行竞争力第二名”，并摘取“2009 年度最具发展潜力城市商业银行”单项奖。

2009 年，在中国《银行家》杂志推出的“中国商业银行竞争力评价排名”中，成功摘取“2008 年度最佳城市商业银行”、“2008 年度全国大型城市商业银行竞争力第一名”、“2008 年度全国城商行经济区域排名‘长三角’经济区第一名”等多项殊荣。

2008 年，在由金融时报社主办、中国社会科学院金融研究所联合主办的“中国改革开放最具影响力 50 件大事”的评比中，获得年度最佳大型城市商业银行的称誉。

2007 年，在英国《银行家》杂志“全球银行 1000 强”排行榜上按一级资本排名第 765 位，较 2006 年排名提高 56 位；在“中国银行业 100 强”排行榜中，按资产回报率排名第 1 位。

2007 年，在中国《银行家》杂志公布的“大型城市商业银行竞争力”排名中居第 2 位，并被该杂志评为“中国十佳城市商业银行”。

2007 年，在第二届全国中小企业家年会上获“全国支持中小企业发展十佳商业银行”称号。

2007 年，在“第一财经”发起、面向全国金融业的“2007 第一财经金融品牌价值榜”大型年度评选中获“商业银行发展潜力奖”。

2006 年，被穆迪公司评为中国盈利能力较强、资产质量优异的城市商业银行。

2006 年，在中国《银行家》杂志公布的“大型城市商业银行财务竞争力”排名中居第 2 位。

2005 年，在国际著名评级机构标准普尔评选的“中国银行 50 强”排行榜中居第 20 位。

2005 年，在中国《银行家》杂志公布的“城市商业银行综合竞争力”排名中居第 3 位。

广州银行

【历史沿革】

· 成立于 1996 年 9 月 17 日，在 46 家城市信用合作社的基础上组建广州城市合作银行；

· 1998 年 7 月，更名为广州市商业银行股份有限公司；

· 2001 年 12 月，新增资本金 7 亿元；

· 2005 年 12 月，增资扩股 10 亿元；

· 2007 年 5 月，定向增资 23 亿元；

· 2008 年 9 月，增资扩股 30 亿元，总资本金达到 83 亿元；

· 2009 年 9 月，获准更名为广州银行股份有限公司；

· 2010 年 3 月，首家异地分行——深圳分行正式成立；

· 2011 年 6 月，南京、佛山分行正式成立。

【发展业绩】

近年来，广州银行各项业务发展速度远高于广州地区同业平均水平，2010 年各项业务指标再创历史新高：

· 资产总额 1671 亿元，同比增加 397 亿元，增幅 31%；

· 各项存款余额 1374 亿元，同比增加 244 亿元，增幅 22%；

· 各项贷款余额 626 亿元，同比增加 126 亿元，增幅 25%；

· 全年实现利润 22 亿元，同比增加 17 亿元，增幅 340%。

【市场定位】

服务地方：

· 支持市政重点工程：为广州开发区、科学城、大学城、天河软件园、广州地铁、新电视塔、内环路、广园快速路、新光快速路、南沙港快速路等项目提供资金支持；

· 支持地方经济：为城投集团、交投集团、广药集团、珠啤集团、发展集团、岭南集团、建筑集团、南方航空、深圳航空、省交通集团、广晟资产经营有限公司等提供信贷支持；

· 扶持民营企业：支持美晨集团、华新集团、德豪润达、江苏雨润、大连万达、苏宁电器、明和实业等民营企业的发展。

服务市民：

· 医保卡三家发卡行之一，代理发行集多种功能于一体的社会保障市民卡；

· 代发广州市财政统发人员工资；

· 定期推出种类齐全、内容丰富、期限灵活的红棉理财系列产品，为广大市民投资理财提供帮助；

· 开办物业专项维修资金业务和存量房交易资金托管业务；

· 提供形式多样、办理便捷的个人贷款业务；

· 推出公务卡、一卡通、支付宝卡通、住房公积金归集业务、“银医通”结算业务、代理黄金交易业务等。

【获得荣誉】

· 改革开放 30 年广州企业管理十大成就奖

· 广州十大最具竞争力服务品牌

· 广州十大最具竞争力国有企业

· 广州市文明单位

· 广州 2010 年亚洲残疾人运动会爱心企业

· 广东银行业亚运金融服务先进单位

· 2010 年度中国银行业社会责任践行奖

· 中国银行业文明规范服务示范单位

· 2010 年度金融类国有及国有控股企业绩效评价“AAA－优”评级

· 2010 年、2011 年连续两年荣膺《The banker》全球银行排行榜 500 强

大连银行

大连银行前身大连市商业银行成立于 1998 年 3 月 28 日，是一家由大连市国有股份、中资法人股份及个人股份共同组成的地方性股份制商业银行。经中国银行业监督管理委员会批准，大连市商业银行于 2007 年 2 月 17 日更名为大连银行。2007 年 7 月 19 日，大连银行在天津设立了第一家异地分行，迈出了从地方银行向全国性银行转型的第一步。2008 年 7 月 18 日，大连银行第二家异地分行——北京分行正式开门纳客，标志着大连银行实现了自身发展的又一次重大跨越。2009 年 1 月 18 日沈阳分行开门纳客，为大连银行东北地区战略布局落下了一颗重要的棋子。2009 年 9 月成都分行、10 月营口分行相继开业，大连银行全国性战略布局提速。2010 年，成功设立了上海分行、丹东分行和重庆分行，异地分行已达 8 家，成为唯一在全部四个直辖市均设有分行的城商行，大连银行作为全国性股份制商业银行的架构初具雏形。

大连银行秉承“稳健经营、科学发展”的经营理念，以完善法人治理结构、增强风险控制能力和建立资本约束机制为手段，以支持东北老工业基地振兴和地方经济发展为己任，进

一步明确了“服务地方、服务中小、服务市民”的市场定位，先后为大连市基础设施改造、区域经济发展提供了一揽子金融支持，实现了中小企业融资的一站式服务。

全行现有员工近4000人。总行下设22个管理部门，8家分行，118个营业网点。

近年来，大连银行资产质量不断提高，盈利能力持续增强，各项经营指标实现了历史性突破。截至2010年末，大连银行资产规模达到1727亿元，一般性存款余额1424亿元，贷款余额726亿元，实现净利润12.57亿元，不良贷款余额为7.08亿元，不良贷款比例为0.97%，资本充足率为12.13%，拨备覆盖率达到257.16%。在2010年7月出版的英国《银行家》杂志全球前一千家大银行排名中，大连银行位列第549位，在中国内地的银行中排名第36位。在中国《银行家》杂志银行竞争力排名中，大连银行名列全国大型城市商业银行第8位。

作为一家志存高远的银行，未来的大连银行将实施积极稳妥的异地分支机构发展战略，争取用五年左右的时间，完成在沿海发达省份、东北地区中心城市、内陆省份中心城市分支机构布局，成为名副其实的全国性股份制商业银行。

为实现“打造百年老店，建设精品银行”的终极目标，大连银行制定了十年发展战略：自2009年至2011年，要用3年时间在经营管理水平上进入全国城商行第一集团的行列；到2013年，达到全国性股份制商业银行的一流水平；到2018年，在内在品质上接近或达到国际上好银行的标准。

包商银行

包商银行成立于1998年12月，是自治区最早成立的股份制商业银行，前身为包头市商业银行，2007年9月经中国银监会批准更名为包商银行。目前，包商银行在自治区内的包头、赤峰、巴彦淖尔、通辽、鄂尔多斯、锡林郭勒、呼伦贝尔、呼和浩特、兴安盟、乌兰察布和区外的宁波、深圳、成都、北京共设有14家分支机构，共101个营业网点，员工5500多人。此外，还成立了达茂旗包商惠农贷款公司，发起设立了北京昌平、天津津南、大连金州、湖北武冈、山东鄄城、江苏南通等25家村镇银行。截至2011年6月末，总资产达到1341亿元，各项存款余额963亿元，各项贷款余额375亿元；五级分类不良贷款余额1.73亿元，不良率为0.46%。

包商银行是中国银监会评定的首批风险最小（即二级）的七家城商行之一，近几年监管风险评级始终保持在二级水平。2010年，包商银行获得自治区政府“金融优质服务奖”，被《银行家》杂志评为“最佳城市商业银行”，获得全国大型城市商业银行竞争力第一名，被《亚洲银行家》杂志评为亚洲银行第十位，被《理财周报》评为“2010年中国十大最佳城市商业银行”。近几年，包商银行获得了媒体的高度关注和普遍赞誉。中央电视台《对话》、《经济热点面对面》、《经济信息联播》等名牌栏目，新华社内参以及《人民日报》、《经济日报》、《第一财经日报》等报刊，纷纷对包商银行特别是包商银行小企业金融业务进行了密集报道。包商银行董事长李镇西还应邀参加了中央电视台“如何破解中小企业融资难”大型国际论坛，《21世纪经济报道》、《金融时报》对李镇西董事长进行了专访并刊发了大篇幅报道。

一、坚定不移地推行“1－3－5”管理模式

近年来，包商银行牢固树立“学习、创新、诚信、发展”的企业精神，解放思想，锐意进取，奋力拼博，以“建设现代化、国际化好银行”为战略愿景，以成为“全面的金融服务集成商”为战略目标，以“立足百姓创业，立志国际品牌，做最好的小企业金融服务集成商”为发展目标，以“包容乃大，商赢天下”为核心理念，形成了独具特色的“1－3－5”管理模式。“1－3－5”就是以“国际化”为标准，狠抓“物质文明、制度文明和精神文明”建设，不断提高“经营、管理、创新、企业文化、金融生态”工作水平。

二、全力打造独具特色的小企业金融品牌

包商银行摒弃传统的信贷理念，抓住机遇，主动出击，于2005年12月引进了国际先进的小企业信贷技术，结合中国银监会出台的小企业贷款“六项机制”，在细分市场的基础上成立了微小企业金融部和小企业金融部，建立了真正适应我国中小企业群体融资特点的小企业贷款机制，逐渐在小企业金融领域形成自己的核心竞争力，探索出了一条差异化、特色化的发展道路。通过打造“招聘、培训、放款”三台机器，充分利用在小企业金融服务方面的技术优势，扎实、高效开展微小企业和小企业金融服务。经过六年的发展和积累，包商银行小企业金融业务进入了快速发展阶段，建立了一支1800多人的小企业业务条线专业队伍，推出了面向小企业、个体工商户和农牧民的五大系列、十五个产品。目前，包商银行累计发放小企业贷款1128亿元，实现月最高发放微小企业贷款8884笔，累计为7万多户小企业、个体工商户、农牧民发放了贷款，支持了60多万人的就业、创业和展业，为地方经济社会发展做出了积极的贡献。

三、努力为地方经济社会发展做贡献

包商银行一直把支持地方经济社会快速发展作为首要任务，始终坚持“取之于地方，用之于地方”的信贷政策，充分发挥金融支持地方经济社会发展的核心作用，通过新型小企业贷款业务，为更多的微小、小企业提供了金融服务，有效地缓解了包商银行经营覆盖区域的小企业融资难问题。目前，全行中小企业贷款余额占全部贷款余额的83%以上。特别是包商银行积极与政府、担保公司合作，推出了下岗失业人员再就业贷款业务，贷款全部投向贸易、餐饮、手工等流通业和服务业，累计帮扶下岗失业人员12000多人次，有力地支持了就业、再就业工作。同时，包商银行积极打造总部经济，努力成为自治区纳税大户。上半年，包商银行缴纳税金3.5亿元，自成立以来，累计缴纳税金25.32亿元，为促进地方经济发展和社会全面进步做出了积极的贡献。

汉口银行

汉口银行成立于1997年12月16日，是一家总部位于武汉的区域性股份制商业银行，也是湖北省内最大的城市商业银行，现有各类分支机构86家，其中设立了重庆、黄石、宜昌、鄂州、光谷5家分行。

近年来，在省市党委、政府和银行监管部门的大力支持和指导下，汉口银行相继实施了历史不良资产剥离、增资扩股、更名、跨区发展、引进内资战略投资者、启动上市工作等一列重要战略举措，改革发展步伐不断加快，竞争实力和品牌形象显著提升。

2009年8月，面对新的更为激烈的竞争形势，结合汉口银行自身发展实际，新一届行党委班子提出了“三年再造一个汉口银行”的跨越发展战略目标，围绕这一战略目标，我行始终坚持“以思想解放为先导、以机制改革为抓手、以优质服务为宗旨、以稳健经营为保障、以‘以人为本’为核心价值观”

的“五项原则”，深入实施零售银行发展、公司客户抢夺、经营结构转型、跨区域发展、全面风险管理、科技兴行、品牌提升、人才与企业文化建设等“八大战略”，推动全行各项业务经营又好又快发展。成功引进了联想和武钢两大战略投资者；启动上市程序；实施打造“中国硅谷银行”等一系列重大举措。截止2010年末，我行在中国银监会全国城商行系统中排名第18位，较2009年排名提升3位。同时，在英国《银行家》杂志对全球银行1000强排名中，总资产排名位居第484位，资产规模排名迈入全球银行500强。截至2011年6月末，全行本外币表内资产总额1187.8亿元，实现净利润7.43亿元。

汉口银行历来秉承“繁荣地方经济，服务城市居民”的服务宗旨，对内坚持“以人为本”，“‘汉’聚全员智慧”；对外坚持“服务至上”，践行“思想为您服务”的核心理念，强化“服务地方、服务中小、服务市民”的市场定位。面向未来，汉口银行将为打造一家“立足武汉、辐射中部、面向全国”有一定品牌影响力的区域性银行、上市银行、现代一流银行而不懈努力。

晋商银行

晋商，肇始于虞舜，鼎盛于明清，称雄商界，纵横亚欧，创无数金融第一，领中国商业与金融革命，成山西为中国金融发源地。晋商所创造的账局、票号等金融机构被西方人称为“山西银行”。

组建晋商银行，是山西省委、省政府振兴山西经济，实现科学发展，重振晋商雄风，再创晋商辉煌的一项战略举措，是社会各界多年的愿望，也是历史上晋商的银行的传承和发展。2008年8月6日，山西省政府成立晋商银行组建领导小组，全面启动组建工作；同年12月30日中国银监会批复同意；2009年2月5日，晋商银行股份有限公司股东大会成功召开；2009年2月28日正式挂牌。晋商银行是一家总行设在山西的股份制商业银行，为省属大型金融企业。

战略愿景：积极完成省内网点布局，逐步向省外拓展辐射，择机在境内外公开上市。把晋商银行打造成：资本充足、内控严密、运营安全、服务和效益良好的，根植三晋、服务山西、面向全国、走向世界的，具有较强竞争力和影响力的民族品牌银行。

市场定位：扶持中小企业，支持优势企业，参与重大项目，服务城乡居民。

企业文化：传承晋商金融文化，弘扬现代经营理念，诚信、敬业、守纪、和谐、创新、发展。晋商银行从历史中走来，在改革中诞生，并必将在传承和创新中不断走向成熟和强大！

营口银行

营口银行前身——营口市商业银行，作为中国一家地方性股份制商业银行，成立于1997年4月1日。辖属分支行51个。

2008年1月14日，经中国银行业监督管理委员会批准，营口市商业银行正式更名为“营口银行”，实现了一个地方性股份制商业银行向区域性股份制商业银行的转变。

经过十四年潜心发展，营口银行启动了“引进战略投资者、跨区域经营、上市”的战略发展规划。

2008年，营口银行与马来西亚联昌证券银行集团（CIMB Group，简称CIMB）建立了国际战略合作关系，CIMB以19.99%的股份成为营口银行的境外战略投资者。营口银行在与CIMB的合作下，持续推进管理技术和能力的进一步提升，拓宽业务领域，创造更为广阔的发展空间，加快营口银行的国际化进程。

2009年6月6日，营口银行第一家异地分行——沈阳分行正式开业，迈出了跨区域发展的坚实一步。2010年7月17日，第二家分行落户大连，正在为辽宁沿海经济带建设注入新的活力。2011年3月6日，营口银行第三家分行——哈尔滨分行正式成立，构建了区域化发展的战略基础框架。

以创建与国际标准接轨的“好银行”为目标，营口银行经营业绩逐年攀升，经营规模平均以每年30%左右速度增长，享有连续六年排名第一的市场地位。截至2010年末，资产总额434.12亿元，不良贷款率0.56%，资本充足率12.23%，资本利润率20.15%，资产利润率1.32%，拨备覆盖率331%。经营稳健，人均创利能力大幅提升，各项主要经营监管指标在中国银行业处优秀水平，连续4年被中国银监会监管风险评级为二级行优秀等级。

助力中小企业，共享成长。践行“为您着想”的经营服务理念，在长期贴近市场的客户服务中，营口银行创造了“中小企业的伙伴银行”的鲜明特色，形成了独具特色的“一价双紧三模”小企业信贷服务模式，在小企业金融服务领域，享有较高的声誉和社会影响力。2007年被中国银监会授予“全国银行业金融机构小企业贷款工作先进单位”殊荣。

2009年3月，营口银行被第五届中国金融专家年会评选为“中国最具成长力中小银行”。2010年8月，在中国《银行家》颁布的中国商业银行竞争力排名中，营口银行综合财务评价分值在全国144家城市商业银行中位列第17位，在东北地区城市商业银行综合排名中名列首位。

营口银行积极履行社会责任，努力做一家受人尊敬的银行。为了支持“三农”经济发展，延伸服务触角，2008年投资发起成立了辽宁首家村镇银行——辽宁大石桥隆丰村镇银行，为第一大股东，占19.9%股份。

在中国银行业全面改革开放的竞争格局下，营口银行现已发展成为一家公司治理规范、资产质量上乘、经营特色鲜明、经营效益良好的股份制商业银行，展现出强劲的发展势头和成长潜力。

东莞银行

东莞银行股份有限公司（以下简称本行）是经中国人民银行批准，在东莞市工商行政管理局登记注册的股份制商业银行，成立于1999年9月8日。注册资本为1,980,000,000元，下辖1个总行营业部、6家分行（广州分行、深圳分行、惠州分行、长沙分行、佛山分行、合肥分行）、33家直属支行、6家一级支行、75家二级支行，拥有2家子公司（开县泰业村镇银行股份有限公司、东源泰业村镇银行股份有限公司）。

成立以来，本行在各级政府及监管机构的正确领导和监管下，紧紧围绕价值最大化的核心目标，以市场为导向，以客户为中心，以提高人力资本和科技应用能力为基础，以“提升效率”为手段，以“保增长”为目标，强化风险管理、销售管理和服务管理，进一步推进产品和服务创新，优化资源配置和完善激励机制，经营管理水平不断提高，业务持续增长，一直以优异的业绩在全国同行业中名列前茅。截至2011年上半年底，本行总资产达1160.05亿元，各项存款余额为781.30亿元，贷款余额为445.60亿元。2010年实现净利润10.63亿元。

本行是当地一家具有独立法人资格的银行,管理半径短,决策灵活,科技开发优势明显,软硬件设备先进,自主开发设计灵活性高,更贴近市场和客户,不断创新金融产品,致力于为客户提供全方位、特色化的金融业务。随着客户多样化的金融需求,在丰富齐全的个人业务品种基础上,推出了优质单位正式员工集体授信业务、“好易居”住房公积金组合贷款、“日日盈”、“月月盈”储蓄理财产品、“快汇通”自助汇款,“恒通”信用卡、代收房维基金等特色业务品种,为客户精心打造的“玉兰理财”品牌下属产品种类齐全,包括票据、债券、信托等系列理财产品,以及基金、黄金、保险、第三方存管等多种代理业务产品;竭诚为公司客户提供各项金融产品及独具匠心的贴心服务,包括传统公司融资产品:固定资产贷款、流动资金贷款、银团贷款、票据业务(银行承兑汇票、电子票据)等;中小企业特色融资产品:租金质押贷款、中标工程贷款、应收账款质押贷款、订单融资、股权质押、动产质押、机械设备按揭贷款等;特色代收代付业务及资产增值类产品:代理非税收缴业务及公司理财产品等;本行的资金业务发展迅速,投资领域不断拓宽,在业内享有较高的知名度,主要经营同业存放、债券投资、票据转贴现、同业存放等业务;业务办理快捷方便,除网点柜台外,还包括自助终端、网上银行、电话银行等多种服务渠道。

本行良好的信誉和业绩,得到了来自业界、客户和权威媒体的广泛认可。本行在中国企业联合会2006年主办的中国服务企业500强评选活动中荣获第349名,其中银行业第13名。2006年7月28日,本行被评为全国“十大最具竞争力城市商业银行”。2007年英国《银行家》公布的《中国银行100强》中排名26位,其中城市商业银行类别排第10,并首次入围全球银行类1000强,排名第901位。在该杂志2011年公布的2010年度全球1000强银行排名中,按一级资本排第690名,较上一年提升了20位,按平均资本收益率排第71名。2008年由金融时报社联合中国社科院金融研究所共同举办的“2008中国金融机构金牌榜”评选发布活动中本行荣获“2008年度最佳成长性中小银行”称号。2009年中国《银行家》公布的2008中国商业银行竞争力评价报告,荣获“泛珠三角经济区域城市商业银行竞争力排名第一名”、“最佳品牌营销城市商业银行”。2010年《理财周报》评选本行为“2010中国十大最佳城市商业银行”。2011年,荣获中国《银行家》杂志“最佳企业社会责任奖”。

赣州银行

【概况】

赣州银行前身为赣州市商业银行,是在原赣州市两家城市信用社基础上,经中国人民银行总行批准,由地方财政、企业法人、自然人共同出资发起,于2001年1月18日成立,是我市具有独立法人资格的股份制商业银行。2008年11月18日,经中国银监会批准,更名为“赣州银行”。

赣州银行成立以来,坚持服务“市政、市企、市民”的市场定位,解放思想、锐意改革,创新机制、强化管理,经过十年的改革发展,实现了业务规模、资产质量、经营效益的大发展和大跨越。目前,我行下辖17个部(室),6个分行,41个支行(含19个县域支行),共有职工1315人。截至2010年底,全行资产总额达到326.99亿元,各项存款达到270.3亿元,贷款余额104.89亿元,实现利润4.78亿元,综合竞争实力在中部六省城商行排名第一,在全国中小城商行中名列第八,一举跨入全国中型城商行之列,并荣获“中国城商行最具竞争力十大品牌”称号。

【机构延伸】

2004年以来,为策应赣州市委、市政府“对接长珠闽、建设新赣州”发展战略,完善赣州市金融服务体系建设,我行开始制定并实施机构延伸规划,按照我行“立足赣州、面向全省、走向全国”发展战略,2008年,我行启动了跨区域经营计划,目前有新余、宜春、南昌三家分行挂牌营业,为我行辐射全省,走向全国奠定了良好的基础。2009年,我行在赣州18个县(市、区)实现了机构全覆盖。2010年,我行正式落子厦门,取得了省外跨区域经营的历史性突破,为我行向省外发展机构、扩大业务领域积累了经验、奠定了基础,并在吉安、萍乡两地开设了分行,省内、外分行数量增加至6家。与此同时,我行积极做好分支行下设机构的工作,第一家分行下设机构——樟树支行和第一家县域同城支行——南康东山支行已顺利开业。

【科技建设】

我行通过实施“科技强行”战略,不断加大科技开发力度,优化网络服务功能,形成了科技开发与业务发展相互联动的创新发展机制。建立了一条先进的综合网络系统和中间业务平台,大额和小额支付系统的一次性测试成功,开辟了我行支付清算的高速通道,实现了跨行汇划一分钟到账,开通了跨行通存通兑业务和长征卡在荷兰、瑞士、意大利等国家的ATM取款与POS刷卡业务。2009年网上银行正式上线并成功运行,服务功能日益完善,为我行规模的壮大、业务的拓展创造了良好的条件。2010年我行发行了长征公务卡,建起了呼叫中心和办公自动化系统,开办了外汇业务,实现了业务处理的自动化,金融服务的网络化和经营管理的信息化。

【金融产品】

近几年来,我行充分利用综合业务网络平台,先后推出了包括存款、结算、中间业务等60多个产品,如公司业务方面有银行保函业务、银行承兑汇票、企业综合授信、银行信贷证明业务、银行汇票、票据贴现等业务;个人业务方面有个人汽车消费贷款、天然气代收代扣业务、代收电信话费、代理保险业务、个人存款证明、“长征万家卡”一卡通、长征公务卡等业务;中间业务方面有“金瑞香”、“客家亲”、“点石成金”、“财富涌金门”等特色系列产品,此外,我行还开通了网上银行业务和外汇业务。

【发展规划】

深入贯彻落实科学发展观,牢牢把握国家宏观调控政策,以科学发展为主题,以转变发展方式为主线,坚持加快发展,推动转型发展,大力实施“立足赣州、面向全省、走向全国”发展战略,坚持走差异化、特色化的发展道路,实现发展速度、发展质量、经营效益的协调统一,努力打造赣粤闽湘四省边际区域性知名品牌银行。

福建海峡银行

福建海峡银行成立于1996年12月27日。福建海峡银行建立了股东大会、董事会、监事会和高级管理层“三会一层”的法人治理结构,实行“总行—分行(直属支行)—支行”管理模式,构建了规范、稳健和高效的运行机制。目前下辖温州、漳州、龙岩、宁德、泉州、莆田6个分行、46个支行和一家总行营业部，全行员工1900多人。

作为一家根植于海峡西岸经济区的中小银行，福建海峡银行坚持以“服务海西经济、服务中小企业、服务百姓民生”为市场定位，锐意改革创新，依法稳健经营，严格规范管理，通过实施业务品牌发展战略，打造了“财富动力”“企明星”、“优悦人生”、“海蕴理财”和“海峡e点通”系列业务特色品牌。

至2010年末，全行资产总额534亿元，存款余额378亿元，贷款余额242亿元，不良贷款率0.89%，资本充足率为15.56%，全年实现净利润6亿元，已经发展成为一家公司治理良好、市场定位明确、运作机制灵活、经营管理稳健、信息技术不断提升、综合实力持续增强的股份制商业银行。

稳健的发展速度，充足的资本实力，持续的创新能力，较强的盈利能力，为福建海峡银行实现新的更高层次的发展奠定了良好的基础。福建海峡银行将秉承“海纳百川、福达天下”的企业精神，为推动海峡西岸经济区的经济发展、繁荣海峡西岸经济区的金融事业作出新的努力和贡献。

锦州银行

锦州银行成立于1998年，是一家由国内企业法人股以及部分个人股组成的国有控股的股份制商业银行。截至2011年6月末，资产规模突破1000亿元。目前，已在北京、天津、沈阳、大连、哈尔滨、丹东设立6家分行，今年2月24日，将锦州地区机构整合为锦州管理部和凌云、永丰两家直属支行。与70多个国家及地区500多个金融机构开展业务，代理行网络遍及世界各地。现在，拥有员工近4000人，其中研究生以上学历200余人。在银监会监管评级中，连续两年成为全国140余家城商行仅有的10家二级B类银行之一。

走出锦州，迈向辽宁，放眼全国，是锦州银行快速发展的崇高追求。如今这个理想已经一步一步变为现实。2008年12月，锦州银行天津分行正式挂牌营业，开创了我国地级城市商业银行在直辖市设立分支机构的先河。2009年8月、2009年10月、2010年4月、2010年7月，沈阳分行、大连分行、哈尔滨分行、丹东分行相继挂牌营业。2010年12月，获准筹建北京分行，今年4月27日，北京分行正式挂牌营业，使多年的梦想变成现实。

以市场为导向，以客户为资源，以特色为品牌是锦州银行快速发展的制胜法宝。自实施“双基”战略以来，一直把基本客户和基本客户群的开发和维护摆在重要位置。2007年，启动了“百千万”工程，重点支持百家小企业、千家小门店、万名下岗职工。2008年，开展了“双百”活动，组织百名信贷员包百家企业，帮助企业应对金融危机。2009年，开发了网上银行(企业版)系统。2010年初，成立了“三小”信贷部，专门为微小企业提供特色服务。同年，还获准了开办公务卡业务。

实施人才战略，借鉴先进理念，推行精细化管理，是锦州银行快速发展的内在品质。从招聘高等院校大学生到吸纳专业银行人才，从聘请国内高端人才到引进外国金融专家，使员工素质发生了质的飞跃。通过引入RAROC绩效考核办法，创建7777财富中心，实施管理再造工程，梳理组织架构，开发核心业务系统，加快流程银行建设步伐，开展“百项基础业务标准化达标”活动，深化合规文化建设，推动了管理服务再上新台阶。

坚持以人为本，凝聚团队力量，创新企业文化是锦州银行快速发展的力量源泉。在经营管理过程中注重营造“三个文化”，即营造以人为本的思想文化。用美好的愿景鼓舞人、用宏伟的事业凝聚人、用科学的机制激励人；营造规范经营的制度文化。2010年，组成“三爱三懂”巡回报告团，用身边人的事，感染身边人的心。同年，还分期分批组织员工到海口开展了以“好好工作，乐于奉献”为主题的培训度假活动。

锦州银行相继荣获“全国文明单位”、“中国优秀企业”、“中国银行业文明服务示范单位”、“全国模范劳动关系和谐企业”、“2007中国金融业年度创新奖”、“2008中国最具成长力中小银行”、2007年到2009年连续三年“全国支持中小企业发展十佳商业银行”、“2010全国中小企业最信赖的商业银行”、“2010中国文化管理杰出贡献单位”等殊荣。

展望未来，锦州银行将继续秉承“让客户满意，为股东增值，对社会尽责”的使命，继续加快实施品牌化经营、区域化布局、综合化发展的战略工程，全力打造信誉卓著、管理规范、服务优质的现代化商业银行。

昆仑银行

昆仑银行的前身是克拉玛依市商业银行，2009年4月，中国石油增资控股克拉玛依市商业银行，银行资本规模从1.8亿元增长到31亿元，2009年底资产规模达到216亿元；2010年经再次增资扩股，银行资本规模翻一番达到了60亿元，资产规模将达到500亿元。银行发展的实力大幅提升。2010年4月20日，中国银监会批准克拉玛依市商业银行更名为昆仑银行，寓意磅礴发展的“昆仑”商号为银行注入了强大的品牌价值。

在历史性的发展新起点上，昆仑银行确立了“高起点、快发展、可持续”的发展理念，明确了走产融结合道路，建设具有较强竞争力的特色化商业银行的发展战略，成为提供综合性金融服务的优秀银行。

大型央企、石油石化产业链上下游企业、石油员工和矿区家属，是昆仑银行的主要客户群。“立足新疆，依托石油，面向全国，走向国际”，是昆仑银行的发展布局。昆仑银行大庆分行的成功开业标志着昆仑银行跨区经营迈出了历史性的步伐，发展进入了新阶段，昆仑银行在更大范围内调配资源的能力大幅提升，助力经济发展的金融服务功能日益显现。

昆仑银行正在全力健全公司治理、完善管理基础、加强风险管理、强化内控建设、拓展主营业务，经营呈现跨越式发展态势，主要指标保持在优良水平。依托石油石化能源产业，昆仑银行的特色业务初见规模。服务于石油石化产业链，贸易融资贷款模式已经形成规范。面向央企等大型优质客户，银团贷款业务正在多个市场展开。服务于石油企业区域化资金管理，提供资金清算、结算、担保等集中化管理服务。与代发工资业务相结合，提供多样化高附加值的理财服务。与改善矿区建设、改善职工住房条件相结合，开展多样化的个人住房贷款和住房开发融资服务。与石油天然气终端销售战略、大型石化基地建设、储运港口码头建设战略相协同，积极向上下游客户提供金融服务。与加油站网点结合，打造结算、信用、加油一体的“昆仑卡”的战略性项目已经启动。

目前，昆仑银行已经在克拉玛依、独山子、乌鲁木齐、库尔勒、吐哈、大庆、西安等地开办了分支机构，北京、沈阳、哈尔滨、成都等分行也在筹建之中。昆仑银行通过特色业务和金融服务，为油气主业发展提供支持，为地方经济发展做贡献，为驻地居民生活提供便捷优质的服务。

廊坊银行

廊坊银行自2000年12月29日成立10年来，在各级党政和金融监管部门的正确领导下，在广大客户和社会各界的大力支持下，全行上下高举邓小平理论伟大旗帜，认真践行“三个代表”重要思想，全面落实科学发展观，紧紧围绕着创新与发展两大主题，牢牢把握着效益与安全两条主线，始终坚持“立足地方经济、立足中小企业、立足城乡居民”的市场发展定位，内强素质，外树形象，优化机制，规范管理，积极开展金融业务创新，不断提高经营运作质量，全力打造可持续发展的精品型和谐银行的优秀品牌，初步探索出了一条符合市场经济规律要求的质量效益型集约化经营管理之路，有效地促进了地方文明建设的和谐进步和我行的持续、快速、健康发展。全行资产总额由成立之初的10亿元增加到178.3亿元，增长了16.8倍；各项存款余额由成立之初的7亿元增加到156亿元，增长了21倍；各项贷款余额由成立之初的4.9亿元增加到84亿元，增长了16倍。累计实现各项收入37.6亿元，实现利润12.5亿元。不良贷款率0.28%，拨备覆盖率836%，资本充足率16.3%。相当于10年再造了16个廊坊银行。多项指标在全国百余家城市商业银行中位居前列。被中国银监会评为全国金融机构最佳监管级别二级行，达到了好银行标准。在《银行家》杂志2009中国商业银行竞争力评价中，位列全国城市商业银行综合排名第八名，全国中小型城市商业银行综合排名第三名，环渤海经济区城市商业银行综合排名第三名，并在全国城商行盈利能力单项排名中位列第二名。成功引进了北京银行战略投资者，实现了廊坊银行成功更名和跨区域经营。先后获得了全国五一劳动奖状，亚洲名优品牌奖，中国金融业创新奖，中国最具影响力中小银行，2008中国最佳成长性中小银行，2008中国最佳小型城市商业银行，中国最具竞争力30家金融机构，全国优质服务先进单位，全国职工职业道德建设先进单位，全国档案管理先进集体，河北省诚信纳税A级企业，河北省学习型组织标兵单位，河北省金融系统先进集体，河北省用户服务满意企业，省、市信用优良企业，省、市消费者信得过单位，省、市企业文化先进单位和廊坊市先进集体，纳税大户先进单位，支持地方经济发展先进金融单位，行风评议优秀单位等多项殊荣。党和国家领导人曾先后莅临我行进行视察指导，充分肯定了我行的各项经营管理工作。中央电视台、金融时报和中国金融网等各大主流媒体都对我行工作做过宣传报道。廊坊银行业已成为支持地方经济社会发展的有生力量，业已成为环渤海区域一颗璀璨夺目的金融明珠！

洛阳银行

1997年11月，经中国人民银行总行批准，洛阳市商业银行成立。2009年3月，经中国银监会批准，洛阳市商业银行更名为洛阳银行，属国有控股股份制商业银行。现有60家分支机构，从业人员1300余人。截止2010年末，全行总资产达431亿元，各项存款347亿元，各项贷款208亿元。各项监管指标均达到监管要求，是河南省监管评级唯一达到二级行水平的城市商业银行。

近年来，洛阳银行积极顺应金融改革发展趋势，抢抓发展机遇，坚持“改革、发展、创新”的经营指导思想，提出“建设中部地区最佳城市商业银行”的发展愿景，确立“立足洛阳、辐射中原、面向全国”的战略目标，伴随着河南金融改革开放步伐不断前进，实现了更名、跨区域经营的战略突破，相继在新安县、偃师设立了县域支行，在郑州、三门峡设立了城市分行，省内在栾川发起设立了全省首家村镇银行，省外正在深圳积极筹建深圳南山宝生村镇银行，经营发展位居全省城市商业银行的发展前列，由一家地方性银行向区域性银行迈进。站在新的发展起点上，洛阳银行将坚定不移走特色化、差异化发展道路，加快实施品牌化战略、区域化布局、特色化发展战略，做中部地区监管指标最好、内控指标最好，发展最好、具发展特色和市场竞争力的城商行。

沿着建设中部地区最佳城商行的发展道路，洛阳银行将加快经营发展步伐，全力推进跨区域发展战略，努力把洛阳银行打造成为“立足洛阳、辐射中原、面向全国”的区域性银行。

齐商银行

齐商银行的前身是淄博市商业银行，成立于1997年8月，是全国第四批由城市信用社组建的地方性股份制商业银行，2009年2月13日，经中国银监会正式批准，淄博市商业银行更名“齐商银行”。齐商银行现有注册资本13亿元，总行设16个部室，下辖2家分行、72家支行、1家营业部。

自成立以来，齐商银行按照现代企业制度的要求，建立和完善了以股东大会、董事会、监事会、经营班子等机构独立运作、高效决策、分工合作、相互制衡的约束机制，建立健全了激励约束机制和资本金补充机制，各项业务实现了持续稳健发展，逐步走上了效益、质量和规模协调发展之路，得到了社会各界的普遍认可。齐商银行连续10年被评为淄博市利税大户，先后荣获“山东省思想政治工作创新奖”、“山东省文明单位”等荣誉称号，四次荣获山东银监局“良好银行”称号，连续多年入选“全国服务业500强”，多家分支机构先后多次荣获“全国青年文明号”、“全国文明规范示范窗口”、“全国模范职工之家”等荣誉称号，2006年被评为中国优秀企业（品牌）形象十佳单位，2008年荣获“中国改革开放30年企业文化十佳单位”、“中国2008最具成长力金融机构”荣誉称号，2010年荣获中国金融业十大优质服务机构称号。在全国112家城市商业银行综合排名中名列第26名，在41家大型城市商业银行综合排名中名列第10名。截至2009年年末，全行总资产300.5亿元，存款264.6亿元，贷款193.8亿元。2007年，齐商银行在省内城商行系统率先设立第一家省内分行——滨州分行；2010年4月，齐商银行第一家省外分行——西安分行成立；2010年11月17日，第一家跨区域直属支行——潍坊青州支行成立，跨区域经营战略再次取得重大突破。

面对新机遇，齐商银行将积极践行科学发展观，充分发挥一级法人金融机构的优势，坚定不移地围绕“市民银行”和“中小企业主办行”的市场定位，走“精细化、特色化、多元化”之路，努力建设资本充足、内控严密、运营安全、服务良好、效益卓著的现代金融企业，为客户、为股东、为社会创造更多的财富和价值，创造更加美好的未来！

上饶银行

上饶银行，是上饶市首家具有独立法人资格的股份制商业银行。2007年6月，经中国银行业监督管理委员会批准，在原上饶市城市信用社的基础上改制组建成城市商业银行；2009 年 9 月经中国银监会批准、工商行政管理部门登记，更名为上饶银行，全称“上饶银行股份有限公司”。

上饶银行自组建以来，在上饶市委、市政府的正确领导下，在监管部门的指导帮助下，在新老客户的关爱支持下，各项业务得到长足进步，在机构发展、管理优化、服务提升、文化建设等方面亦取得了显著的成效，成为支持上饶经济建设的一支重要的金融力量。

更名后的上饶银行，将继续坚持以服务地方经济、服务中小企业、服务市民为市场定位；坚持以实现股东、客户、员工、社会价值最大化为目标；坚持以效益、质量、规模协调发展为战略指导思想；坚持以合规经营、持续创新、优质服务为经营理念，大力拓展业务，努力提升服务，全力打造机制灵活、管理规范、服务一流、信誉卓越的国内一流的区域性银行，在努力实现自身快速、稳健发展的同时，为促进区域经济发展、社会和谐稳定做出更新、更大的贡献。

遂宁市商业银行

遂宁市商业银行是由遂宁市地方财政、企业法人和自然人共同发起设立的遂宁市第一家地方性股份制商业银行，前身为遂宁市城市信用社。注册资本金 15287.7 万元，现有营业网点 21 个，员工 220 人。

遂宁市商业银行的经营范围包括：吸收公众存款；发放短期、中期和长期贷款；办理国内结算业务；办理票据与贴现；发行金融债券；代理发行、代理兑付、承销政府、企业债券；买卖政府债券、金融债券；从事同业拆借；从事银行业业务；提供信用证服务及担保；代理收付款项及代理保险业务；提供保险箱服务；办理地方财政周转使用资金的委托贷款业务；经中国银行业监督管理委员会批准的其他业务等。

遂宁市商业银行经过长足发展，已成为遂宁金融领域的一支重要力量，为支持地方经济建设、服务城乡居民生活做出了重大贡献。截至 2007 年末，遂宁市商业银行资产总额 287520 万元，各项存款余额 262819 万元，各项贷款余额 130064 万元，核心资本充足率 13.18%，存贷比 49.49%，不良贷款占比（按五级分类标准）1.20%，资产流动性比例 46%，备付金比例 36.55%，拨备覆盖率 245.68%，利息回收率95.24%，资产利润率 1.42%，资本利润率 28.71%，资产费用率 1.07%。

遂宁市商业银行的成立，是我市金融体制改革取得的又一项新的重要成就，必将有利地支持遂宁市经济建设和社会各项事业的发展。成立后的遂宁市商业银行将以依法合规经营为前提、以审慎经营为原则、以市场为导向、以效益为核心，恪守诚信、立足本地，服务市民、服务中小企业、服务地方经济，打造成为一家管理科学、经营稳健、运作规范、质地优良、服务和效益俱佳的小型股份制商业银行。

西安银行

西安银行股份有限公司成立于 1997 年 5 月，原名“西安城市合作银行股份有限公司”，1998 年更名为“西安市商业银行股份有限公司”，2009 年底完成财务重组和战略引资，注册资本达到 30 亿元，并于 2010 年 9 月更名为“西安银行股份有限公司”。西安银行是由西安市财政局、加拿大丰业银行、中国信达资产管理股份有限公司、国内大中型企业以及社会自然人投资参股的股份制商业银行，现辖 1 家分行，113 家支行，控股两家村镇银行，员工 2300 多人。

西安银行自成立以来，在政府和监管部门的指导下，在股东和广大客户的鼎力支持下，秉承“服务地方经济、服务中小企业、服务广大市民”的宗旨，锐意进取，改革创新，取得了良好的经济效益和社会效益，成为陕西金融市场上一支重要金融力量。特别是财务重组的成功以及伴随财务重组全过程的经营转型，使西安银行实现了规模、质量、效益的协调发展，在公司治理、风险管理、干部队伍建设和企业文化建设等方面均取得了显著提升。2010 年，西安银行榆林分行的开业，使西安银行实现了由地方性银行向区域性银行的转型。

2010 年末，西安银行总资产、各项存款和项贷款余额分别达到 808.84 亿元、631.23 亿元和 377.59 亿元，实现净利润 8.26 亿元，资产回报率 1.15%，资本回报率 19.83%，成为西部地区经营规模居前、盈利能力领先、具有较强综合竞争力的地方性股份制商业银行。2010 年，在中国《银行家》杂志综合竞争力排名中位居中型城市商业银行第 5 名，在英国《银行家》杂志公布的“全球前一千家银行排名”中位居 84 家入选中国银行的第 48 位；2008 – 2010 年连续被西安市政府评选为支持西安经济发展先进银行，2010 年被陕西省政府评为优秀金融机构；《银行家》杂志 2010 年“最佳社会责任”奖；2011 年英国《银行家》杂志全球前 1000 家银行中排名 674 位，中国银行排名 61 位。

多年来，西安银行始终坚持“服务客户、回报股东、关爱员工、奉献社会”的理念，认真处理股东、员工、客户、环境与资源、社区等多元化利益主体之间的关系，谋求多赢共进，致力于实现经济效益、环境效益、社会效益的有机统一。无论是在公司自身的发展壮大，还是落实国家宏观调控政策中；无论是在环境保护促进自然和谐，还是在参与社会公益扶危助困中，西安银行始终勇于担当，除了发挥金融机构的基本功能外，还以实际行动落实企业社会责任，努力成为一家优秀的企业公民，成为值得社会信赖和尊敬的银行。

重庆银行

【基本情况 】

● 座落在重庆市的商业中心——解放碑

● 20 层楼高的圆柱形标志性建筑

● 2011 年 6 月末，拥有 91 家分支机构

● 2011 年 6 月末，拥有近 3000 名员工

● 2008 年 12 月，开设成都分行

● 2010 年 3 月，开设贵阳分行

●2011 年 3 月，开设西安分行

● 2011 年 6 月末，总资产余额 1201.3 亿元

● 2011 年 6 月末，存款余额 882.5 亿元

● 2011 年 6 月末，贷款余额 594.4 亿元

● 2011 年 6 月末，实现利润总额 10.2 亿元

【历史沿革】

● 成立于 1996 年 9 月 18 日——长江上游和西南地区最早的地方性股份制商业银行

● 由 37 家城市信用社及城市信用联社改组，连同重庆市财政、部分区县财政、有入股资格的企业共同发起成立的股份有限公司

● 1998 年 5 月更名为重庆市商业银行股份有限公司

●2003 年实现增资扩股，资本金由 3 亿元扩充至 15.18 亿元

● 2005 年、2006 年两次定向增资，资本金由 15.18 亿元至 20 亿元

● 2007 年 9 月 19 日更名为重庆银行股份有限公司

【经营范围】

● 中国外汇交易中心全国银行间同业拆借市场一级交易成员

● 中央国债登记结算公司甲类结算成员

● 重庆市唯一一家银行间债券市场法人结算代理行

● 财政部国债承销商和国家开发银行金融债券承销商

● 财政部国库现金管理业务合作成员

● 中国证监会证券营业部存管银行

● 中国进出口银行国外项目代理行

● 经营范围包括各类存贷款业务、结算业务、担保业务、代理业务、资产业务和财务顾问业务等

● 基金代理业务

【市场定位】

－地方银行

● 积极发挥地方银行的功能与作用积极参与“五个重庆”建设，充分发挥地方银行的造血功能，为重庆的发展与腾飞贡献力量

●大力支持市政重点工程建设和地方经济建设积极参与西永微电子产业园园区、重庆市旧城改造项目、观音桥商圈、保税港区、唐凤高速公路、万盛煤化工、农村土地整理整治、重庆钢铁等一批重点地方经济建设项目

－市民的银行

● 致力于为广大客户提供全方位的、优质的银行服务

● 坚持业务创新，不断丰富包括储蓄、银行卡、个人贷款、支付结算、投资理财、信用卡、网银、电话银行等在内的个人业务产品和服务体系

●不断扩大个人业务辐射面，完善居家服务产品，推出居家乐房屋按揭贷款、下岗职工再就业小额担保贷款、聚财通、懒得缴、渝城一卡通等特色产品，满足广大市民居家生活，尽享轻松便利服务

－中小企业的银行

●小巨人金融服务计划目标

● 实施“三个一”工程，即三年对中小企业的融资净增量达到 100 亿，新扶持 1000 家中小企业，培育 100 个小巨人

● 已经与市中小企业发展局签订合作协议，将充分利用市中小企业发展局和其他主管部门、行业协会提供的信息平台

● 与市经委建立“3＋3”合作模式：在三个园区（茶园和空港、九龙）、三个行业（轻纺和机电、化医）展开广泛合作

● 已经与市乡镇企业担保公司建立了担保体系，正努力扩大担保机构合作范围，为中小企业担保提供更多选择

● 针对中小企业生产经营特点，提供短期流动资金贷款、法人账户额度透支、有追索权国内保理业务等金融产品满足中小企业短期融资需求

● 在风险防范、信贷操作流程方面制定了相应措施。

浙江稠州商业银行

浙江稠州商业银行扎根于全球最大的小商品集散中心义乌，成立于 1987 年 6 月，前身是义乌市稠州城市信用社。2006 年 8 月改建为浙江稠州商业银行，注册资本 12 亿元。经过二十多年长足发展，我行已全面进入长三角经济圈的核心区域，口碑和影响进一步提升。截至 2010 年 12 月末，我行已在上海、南京、杭州、福州、宁波、温州、金华、丽水等地设立分支机构 40 家，并在江西吉安、浙江岱山及普陀、重庆北碚及忠县发起设立了 5 家村镇银行。

我行实现跨区域经营后，资产规模持续扩大，经营实力不断增强。截至 2010 年 12 月末，全行资产总额 524.75 亿元，各项存款余额 352.29 亿元，贷款余额 252.71 亿元，员工 1391 人。

二十多年来，我行始终坚持“支持中小、服务个私”的市场定位，按照“依托市场，跟随市场，服务市场”的思路，哪里的专业市场和批发市场集中，哪里的个私民营经济发达，我们的机构网点就拓展到哪里，我们矢志不渝做业内口碑响亮的“市场银行”。我行把自身发展与区域经济紧密结合，致力于向中小企业和个体工商户提供优质的金融服务。经过多年的专心经营，我行已形成具有自身特色的小企业服务模式，在赢得广大客户满意信赖的同时，也获得了公众和业内的高度关注与评价。

我行以“中小企业的成长伙伴，个体商户的创业朋友”为经营理念，把市场做深、做细、做精，逐步培育稳定的具有较高忠诚度的客户群体，巩固持续发展的根基，始终将小企业客户作为长期可持续发展的战略重点来培育和发展。不仅在服务上做到更好，而且在产品方面充分体现差异性，发挥“市场银行”的优势，满足中小企业的多元化需求，加快金融创新，强化特色经营，以实实在在的措施助推小企业成长。

我行按照现代股份制商业银行的模式建立健全了一整套规范的规章制度和考核机制体系，并在内控制度建设、企业文化建设、人力资源管理等各方面进行了卓有成效地改革，已基本构建成为一家法人治理结构完善、管理科学规范、风险内控严密、人员素质较高、服务水平一流、资产质量优良、企业形象良好、盈利能力较强的现代股份制商业银行。

秉承“拥有感恩之心，回报孕育之地”的理念，我行积极投身公益慈善事业，在打造良好金融品牌价值的同时，勇于履行社会责任，致力于做优秀企业公民。

我行业务快速、持续、健康发展，优良的业绩和规范化管理获得了地方政府、监管部门和同业的良好评价。

重庆三峡银行

重庆三峡银行股份有限公司是经中国银监会批准，于 2008 年 2 月在原万州商业银行基础上重组而成的股份制商业银行。

作为一家设立在重庆本地的“库区银行、移民银行”法人金融机构，重庆三峡银行资本实力雄厚，资产优良，注册资本 20 亿元，在全市拥有 32 个营业网点，秉承“一切为你着想”的理念，立足重庆，服务城乡统筹，支持“五个重庆”建设，服务中小企业，服务城乡居民，践行社会责任，促进经济社会和谐协调发展，重组以来各项业务快速发展，经营稳健。

截至 2011 年 6 月，全行资产总额 536 亿元，同比增长 32.96%；一般性存款 209 亿元，同比增长 29.59%；各项贷款余额 117 亿元，同比增长 30.21%；实现营业收入 5.29 亿元，同比增长 32.47%；实现利润 3.3 亿元，同比增长 19.85%。全行的核心经营指标均达审慎监管要求。

重庆三峡银行成立以来，在重庆主要媒体组织的相关评选活动中，先后获得本地金融机构“最具发展潜力银行”、“最具创新性银行”、“最受市民喜爱理财品牌”、“2011 年赚钱理

财品牌”等多个奖项；获得重庆市人民政府授予的“金融贡献三等奖”；荣获2010年度“重庆市最佳诚信企业”、“重庆市纳税50强”、“重庆市服务企业50强”、“重庆市企业100强”、“重庆市五一劳动奖”、“重庆市中小企业金融服务先进单位”等光荣称号；荣获第五届中国金融（专家）年会“中国最佳中小企业金融服务机构”殊荣；在2011年英国《银行家》杂志全球1000家大银行排名中，排名第837位。

展望未来，重庆三峡银行将一如既往地坚持“库区银行”、“理财银行”、“中小企业银行”、“零售银行”、“区域性上市银行”的五大发展定位，务实推进跨区域经营、引进战略投资者和实现上市三大战略；严格遵循可科学、可持续发展的经营原则，把防范和化解风险放在首位，实现资产质量、资产效益与规模的协调发展；坚持合规经营、风险控制与效益增长协调发展；优化利润结构和盈利模式，为重庆、三峡库区乃至全国的经济建设和社会发展作出更大的贡献。

宁夏银行

宁夏银行（原银川市商业银行）成立于1998年10月28日，是经中国人民银行批准，由自治区、银川市两级政府及企业入股组建的宁夏回族自治区一家股份制商业银行。

成立十多年来，在各级党委、政府的支持下，在社会各界的关心下，宁夏银行始终坚持“服务地方经济、服务中小企业、服务城乡居民”的市场定位，以支持地方经济建设为己任，为促进地方经济社会发展做出了突出贡献。曾连续被自治区政府授予“支持地方经济发展贡献奖”，2008年荣获“宁夏改革开放30年行业功勋奖”。

目前，宁夏银行拥有员工1600余人，其中大学本科及以上学历人员占比69%，具有中高级技术职称人员占比28%，员工平均年龄32岁。在全区共设有33家支行和1家营业部，业务经营覆盖宁夏全境。2009年11月26日，宁夏银行小企业信贷中心成立，成为全国较早获得中国银监会批准、颁发金融许可证、具备准法人性质的小企业专营机构。2009年12月8日，经中国银监会批准，宁夏银行西安分行正式开业，率先在西北五省区城市商业银行中跨省设立分支机构，标志着宁夏银行跨区域经营战略的实现，具有里程碑意义。2009年12月24日，宁夏银行试点开办伊斯兰银行业务，成为国内首家试点开办伊斯兰银行业务的银行。

多年来，宁夏银行业务发展始终坚持走系列化、特色化道路，先后推出了“24小时银行”、“存取款免填单”、“96558”电话银行、“天天利理财包”、“财户信息通”、如意白金卡等金融产品和服务品牌，得到了客户的高度认同；国际业务品种齐全，国际结算系统往来通畅；电子银行业务发展迅速，银行卡品种丰富、功能齐全；网上银行于2009年7月成功上线。

宁夏银行通过不断完善公司治理结构，加大市场开发力度，强化基础管理，提高资产质量，各项业务取得了长足发展。截至2009年末，全行资产总额366.9亿元，各项存款余额296.6亿元，各项贷款余额201.5亿元，分别是成立时的49倍、70倍和65倍；资本充足率14.69%，核心资本充足率13.61%；不良贷款率2.02%；2009年实现税前利润3.96亿元。

回首往昔，感慨万千；展望未来，信心满怀。在今后的发展中，宁夏银行将按照“资本充足、治理完善、内控严密、运营安全、服务优良、效益良好”的标准，加强管理，从严治行，为把宁夏银行办成一家“好银行”，实现又好又快发展而努力。

日照银行

日照银行的前身是日照市商业银行，成立于2000年12月28日，是一家由国有股份、企业法人股份及自然人股份共同组成的具有独立法人资格的股份制商业银行。2004年实现本外币一体化经营，2006年引进南京银行为战略投资者，2009年更名为日照银行，设立首家异地分行——青岛分行，2010年设立济南分行，在海南三亚、陵水发起设立两家村镇银行。现辖2处分行、24处支行、1个营业部、15个部室，注册资本10亿元，从业人员660名，是全国银行间同业拆借中心、中国外汇交易中心、全国债券交易市场、中国国债协会、全国城市商业银行资金清算中心、中国现代化支付系统、中国银联、环球银行间金融电讯协会、山东省城市商业银行合作联盟的成员。

日照银行成立以来，围绕“打造精品银行，成就百年老店”的企业愿景，坚持“公平、法正、抓实”的核心价值观，恪守“质量为本、稳健经营、不求做大、但求做精”的经营理念，树立“立足地方经济、支持中小企业、服务广大市民”的市场定位，塑造了“中小企业银行”、“市民自己的银行”、“货币市场特色银行”、“物流银行”四大品牌，实现了由小到大、由弱到强、由地方性银行到区域性银行的成功跨越。10年资产规模增长了29倍，累计投放信贷资金3139亿元，实现利润25亿元，上缴税金11亿元。截至2010年末，日照银行资产总额376.94亿元，贷款余额181.26亿元；存款余额305.77亿元，在日照地区市场份额居同业第一位；2010年实现利润6.22亿元、税金2.44亿元；主要监管指标达到监管要求，资本充足率13.12%，资产利润率1.53%，资本利润率23.30%，不良贷款率0.68%，贷款损失准备充足率499.80%。

日照银行连续三年被银监会评为二级行，连续四年在《银行家》全国城商行竞争力排名中列前五位，连续五年被山东银监局评为“良好银行”；被国家及省级有关媒体评为中国最具影响力中小银行、最佳中型城市商业银行、最佳效益中小银行、中国金融业年度创新奖、新中国60年山东百佳领袖品牌；先后获得全国职工职业道德建设先进单位、全国企业文化建设先进单位，省级文明单位、服务业先进单位、小企业金融服务先进单位、富民兴鲁劳动奖状，山东省服务名牌，市级先进基层党组织、纳税先进企业、企业文化建设十佳企业等60余项荣誉称号。

成都银行

成都银行成立于1996年12月30日，系四川省首家城市商业银行。多年来我行依法稳健经营，严格规范管理，已逐步发展成为一家初具规模、运行稳健的股份制商业银行。截至2010年末，总资产由成立时的48.2亿元增长为1511.87亿元，增长31倍；存款余额由39.7亿元增长为1224.75亿元，增长31倍；贷款余额由26.3亿元增长为679.16亿元，增长26倍，成为中西部首家总资产、总存款双双突破千亿大关的城市商业银行，经营规模和综合实力稳居中西部城市商业银行首位。目前，我行注册资金32.51亿元，实行一级法人体制，全行下辖重庆、西安、广安、资阳、眉山5家异地分行及32家直属支行（部）、89家网点，在岗员工3768名。

自成立以来，成都银行始终坚持“服务区域经济，服务中小企业，服务城市居民”的市场定位。我行先后投入大量信贷资金，不断支持地方经济建设，为成都经济的迅速发展、城市面貌的日新月异作出了积极贡献。为支持成都统筹城乡综合配套改革试验区建设，我行给予大量信贷资金大力支持县域经济及“三农”经济发展，并加大在成都郊区（市）县开设支行力度，目前我行机构网点已基本覆盖全域成都，同时我行还将进一步在成都重点城镇增设郊县支行下属网点，为加大县域经济支持力度打下基础。

成都银行始终专注于服务广大最需要资金支持的中小企业客户，积极打造“中小企业伙伴银行”。我行在全市率先成立中小企业部，并设立3家专营支行，为中小企业提供全方位、宽领域、多层次的专业服务。为解决本地中小企业还款难的问题，我行为中小企业量身订做了多项个性化、多样化的还款方式。深入研究中小企业新型质押手段，积极探索解决中小企业贷款“担保难”的新路子，在全市率先推出知识产权质押业务等新型业务品种。

为践行“市民银行”承诺，成都银行持续开展优质服务活动，不断提升服务水平，我行先后有多个营业网点荣获全国、省级、市级“青年文明号”集体荣誉称号以及银行业“文明示范窗口”称号。以提升市民福祉为己任，我行锦程系列借记金卡始终免收账户管理费、ATM跨行取款及查询费等，最大限度降低持卡人用卡成本，该卡连续5年蝉联“最受市民欢迎银行卡”奖。同时我行始终坚持现金代收水、电、气费以及固定电话费，在全市率先推出储蓄延时服务，为市民在下班后办理银行业务提供便捷。此外，为支持全市“下岗职工再就业工程”，我行在全市率先开办个人小额担保贷款业务，使上千名下岗职工重新走上了工作岗位。

成都银行始终热心公益事业，积极投身社会公益活动，常年坚持开展定点贫困村镇帮扶及“慈善一日捐”等公益活动。近年来，我行通过发起“春芽扶助资金”计划、参加希望工程“爱心格子”助学活动等，关注和扶助贫困青少年成长。“5·12”汶川特大地震后，我行积极投入到抗震救灾和灾后重建的工作中，以最快速度在都江堰设立起第一台灾区公交车“流动银行”，及时满足灾区人民金融需求。同时，我行先后组织3次大型捐款活动、义务为灾区人民板房新家植树护绿、向绵阳市商业银行捐款60万元支持其恢复重建等。此外，我行将及时提供信贷资金作为积极支持灾后重建的另一项重要措施，截至2010年末，我行对灾后重建授信总额达58.20亿元，灾后重建贷款余额43.42亿元，累计投放灾后重建贷款达46.30亿元，以实际行动表达对灾区同胞的关爱和援助。

近年来，成都银行努力开拓创新，不断深化改革，各项业务实现年均30%以上增长，经营利润连年翻番，连续跻身“全球商业银行1000强”、“亚洲银行300强”、“中国银行业100强”等国内外商业银行综合实力排行榜。在2010年12月公布的亚洲银行竞争力排名中，我行综合竞争力位居亚洲中小银行（总资产规模在100－400亿美元之间）第11位，较去年提升5位；在2011年英国《银行家》杂志最新“全球商业银行1000强”排名中，位居“全球商业银行1000强”第445位，较2009年提升33位；在2011年9月中国《银行家》发布的“2011中国商业银行竞争力评价报告”中，我行成功晋身“2010年度中国资产规模1000亿元以上城市商业银行综合竞争力排名”第5名。

在银行业改革发展大背景下，成都银行结合城商行新的发展趋势与自身实际，提出了建设全国一流上市银行的长远目标，稳步推进包括增资扩股、更名、跨区域发展、多元化经营、公开上市等在内的多项战略举措，分别于2007年引进马来西亚丰隆银行等境内外投资者，一次性引资60亿元，顺利完成增资扩股；2008年由“成都市商业银行”正式更名“成都银行”，打破了原行名中的地域性色彩限制；2009年开设首家异地分行——广安分行，实现跨区域发展实质性突破；2010年与战略投资者丰隆银行共同发起设立国内首批、中西部第一家消费金融公司——四川锦程消费金融有限责任公司，实现多元化经营初步探索；2010年成功开设首家省外分行——重庆分行，与此同时，加快实施“做精成都、做实四川、做强西部、辐射全国”战略规划，全力推进上海、深圳等省外分行筹建工作，并力争在用3－5年时间使我行分支机构基本覆盖中西部主要中心城市和省内多数市（州）的同时，逐步进驻珠三角、长三角、环渤海等地区。此外，我行公开上市前准备工作也正顺利推进。一系列战略举措的实施，使成都银行向建设西部领先、全国一流综合金融集团的目标稳步迈进。

攀枝花商业银行

攀枝花市商业银行（成立时名称为攀枝花城市合作银行，1998年4月更名为攀枝花市商业银行股份有限公司，简称：攀枝花市商业银行）是经中国人民银行批准，在攀枝花市内10家城乡信用社基础上，由市政府、市内主要国有及民营企业以及众多自然人共同出资发起组建的一家具有独立法人资格的股份制城市商业银行。1997年11月28日正式对外营业。下辖一家异地分行、一个营业部、十八家支行、两家自助银行。

我行成立以来，在市委、市政府的正确领导下，在监管部门的有效监管下，在全体股东的大力支持下，在社会各界关爱下，坚持以科学发展观为指导，紧紧围绕发展和创新两大主题，牢牢把握效益和风险两条主线，把“发展地方经济，服务广大市民”作为构建自身经营特色的努力方向，大力实施“支持区县域经济发展战略”和“基本客户群战略”，不断完善公司治理、建立健全内控、强化风险案件防范，各项业务得到了快速、持续、稳健发展。截至2009年12月末，全行资产总额167.58亿元，是成立时的40.97倍，年均增长36.26%；各项存款余额156.77亿元，是成立时的54.43倍，年均增长39.53%，可比口径市场占比30.67%；各项贷款余额96.3亿元，是成立时的42.79倍，年均增长36.76%，市场占比29.08%。其中贴现余额23.64亿元，市场占比63.69%；签发银行承兑汇票22.15亿元，市场占比28.77%；不良贷款占比0.19%；2009年实现税前利润3.08亿元。从2005年10月成为攀枝花市内规模最大的银行类金融机构，主要经营指标连续多年居全市金融机构首位。从2000年起，连续5年被监管部门评为“全国城市商业银行一类行”。中国《银行家》发布的国内中资商业银行综合竞争力排名，在全国城市商业银行中，我行2005年排第16位，2006年排第13位，2007年排第20位，2008年排第13位，2009年排第9位，2010年排第2位。先后荣获“最佳效益中小商业银行”、“全国最具成长潜力城市商业银行”等荣誉。

近年来，为积极应对我国金融业深化改革和全面对外开放的新形势，我行在全力做大做强做精攀枝花市本部各项业务的同时，积极谋求跨区域发展。2008年12月29日，由我行牵头组建的都江堰村镇银行正式营业。2010年4月28日，我行成都分行的隆重开业，标志着我行在推进跨区域发展战略上取得重大阶段性成果，已发展成为一家区域性股份制商业银行。下一步，我行将继续争取各方支持，积极创造条件，向纵深推进跨区域发展战略，在省内经济较为发达的城市以及与四川省、攀枝花市经济联系较为密切的云南、重庆等周边省、区(市)设立异地分支机构，完成省内和西部地区网点布局，并逐步向中部及沿海地区发展。通过不懈努力，最终把我行建设为一家总部设在攀枝花的“立足四川，服务西部，面向全国”的全国性股份制商业银行。

台州市商业银行

我行始建于1988年6月6日，由城市信用社发展而来。2002年3月，以市场化方式发起成立首家政府不控股的城市商业银行——台州市商业银行，2010年9月正式更名为台州银行。目前，我行注册资本18亿元。2008年，成功引进中国平安、招商银行，成为我行战略合作伙伴。

我行现有员工4400多名，总行设16个管理处室，下辖舟山、温州、杭州三家分行和51家支行，并主发起设立了浙江三门银座村镇银行、深圳福田银座村镇银行、北京顺义银座村镇银行、江西赣州银座村镇银行、重庆渝北银座村镇银行、重庆黔江银座村镇银行等六家村镇银行。我行是一家特点鲜明，经营合规，内控严密，业绩优异的城市商业银行。我行发展的历史，是扶持一批批中小企业茁壮成长的历史，是支持地方经济迅速发展和优化信用环境的历史，是推动金融服务改革和发展的历史。

我们树立了“简单 方便 快捷”的优质金融服务品牌，始终坚持“中小企业的伙伴银行”市场定位，专注于中小企业的金融服务，以市场为导向，以客户为中心，对这块市场精耕细作，管理创新不断，金融产品丰富，经营特色明显，已成为台州乃至全国中小企业金融服务的领先者。

我们遵循可持续发展理念，以推广“小本贷款”为抓手，致力于为微小客户创造平等金融服务机会，让更多弱势群体平等享有融资权，着力打造“最受尊敬的银行”，共创和谐社会。我们以客户服务体验的好坏作为衡量工作成效的标准，积极开展产品创新和流程再造，为客户量身定做金融产品，提供个性化的优质服务，提高了客户金融需求的满意度。

我们在促进当地经济增长的同时，也通过这种市场细分，有效地避开了同质化竞争，赢得了客户和市场的认同，业务连年保持稳健、快速增长。我行的发展，与地方经济崛起共同奏响了和谐的乐章。

我们以严谨的风格来管理企业，责任分明，诚信公正，执行力强，讲求效率，追求卓越管理，提升企业素质。我们具有活力，重视奋发向上、注重创新的企业文化建设，倡导自己的人才理念和价值观念。我们重视员工职业生涯规划和发展，为员工提供有价值的培训和资源，提供平等的发展机会。

作为一家富有社会责任感的金融企业，我们饮水思源，为社会提供优质的金融服务的同时，也积极投身各类绿色、慈善活动，引导、鼓励全行员工组织和参与各类公益活动。我们与社会和谐发展，与自然和谐相处，实现与社会、经济、环境的全面协调可持续发展。

我们的目标是在服务于中小企业方面走独特道路，做到简单，高效，而具有亲和力。我们追求全面发展，把我行打造为高增长、低风险、高盈利能力的精品银行。我们立足台州，实现跨区域经营，我们在中小企业金融服务领域所积累的技术与经验，将会闪耀在更加广阔的土地上，让更多的群众享受到我行的优质服务。

潍坊银行

潍坊银行成立于1997年8月，经过十三年的发展，潍坊银行已经成为一家资本持续达标、管理机制灵活、经营效益显著、品牌特色鲜明的现代股份制商业银行。截止2010年末，全行总资产达到403亿元，本外币存款余额345亿元，各项贷款余额232亿元，实现利税9亿元，继续实现不良贷款总额和占比双下降，资本充足率保持持续达标，监管评级指标全面向好。近年来，先后荣获中国企业文化建设先进单位、中国优秀企业形象单位、全国“最具特色中小银行”、“富民兴鲁”劳动奖状 、山东省劳动关系和谐企业、潍坊市十佳行业文化品牌、潍坊市最具社会责任感十佳企业等荣誉称号。

【法人治理】

按照现代企业制度要求，建立了股东大会、董事会、监事会、经营层“三会一层”分工协作、相互制衡的法人治理架构，健全完善了各项规则、程序和工作制度，形成了责权分明、平衡制约、规章健全、运作有序的法人治理机制。

【组织架构】

2011年，按照流程银行改革的思想，潍坊银行全面实施组织架构改革，将全行经营管理业务分为拓展条线、运行条线、控制条线和保障条线四大条线。成立区域客户服务中心，实现客户管理与市场开发的专业化经营和客户经理队伍的集约化配置；按照不同条线调整总行部门设置，强化总行对运行条线和业务拓展条线的监督、指导与协调管理。

【发展战略】

面对中国金融改革不断向纵深发展和经济发展带来的重大机遇，确定了全面推进企业上市的新的发展战略，潍坊银行的发展将锁定在县域扩张、跨区域发展、业务转型、管理升级、人才培养、文化兴行、引进战略投资者进而推进公开上市等七个重点方面。

【业务营销】

潍坊银行牢固确立“立足中小企业、立足广大市民、立足地方经济”的市场定位，着力推进小微企业金融服务，引入了德国微贷技术，成立了全市第一家专业从事微贷业务的金融机构—微贷中心，小微企业金融服务水平全面提升。2010年底，潍坊银行小微贷款余额已达124亿元，小微信贷占比达到53%。“携手小微企业，共建和谐金融”成为潍坊银行在当地拓展小微业务独有的品牌和理念。

【机构扩张】

县域扩张战略和跨区域发展战略构成了潍坊银行发展的横向和纵向扩张路径。目前，潍坊银行已经全面实现了在潍坊市各县域网点的全面覆盖，并于2010年在青州市成立了当地第二家县域支行—青州金鼎支行；2008年底发起设立的青岛胶南海汇村镇银行，已经成为全国较为优秀的村镇银行之一；2010年1月，首家异地分行青岛分行隆重开业并取得良好经营业绩，潍坊银行跨区域发展迈出了实质性步伐。

【金融创新】

潍坊银行成功试水农村金融市场，创新推出的农村土地流转贷款业务，规模已达到2亿多元，潍坊银行农村土地流转金融服务新模式被中国银监会评为“2010年度银行业金融机构小企业金融服务特色产品”；近年来，先后创新推出了艺术品质押融资、“碳金融”项目贷款、林权抵押贷款、环保水处理收益权质押贷款、“钢结构”资产抵押贷款、黄金珠宝质押贷款、注册商标专用权质押贷款等业务品种；同时，潍坊银行把金融服务与关注民生，践行社会责任相结合，推出了青年创业贷款、巾帼创业贷款、下岗再就业小额贷款等服务项目，金融产品极大丰富，服务水平全面提升。

【内部改革】

围绕"建立一套好机制"，深入推进了人事、绩效、薪酬、营销、培训、内设机构等一系列内部改革。"人人是才，适合就好"的人才管理理念，"相马更赛马，业绩论英雄"的赛车机制以及准市场化的用人管理机制成为推动潍坊银行发展的强大动力；全面启动质量管理体系标准化建设，理顺全行工作流程，明确岗位职责；不断健全完善内部控制体系，努力构建"大风控"管理架构，风险防范能力和经营管理质量全面提升。

【企业文化】

多年来，潍坊银行始终坚持企业文化的战略性地位，用独特的企业精神和服务理念影响广大员工的思想和行为，为企业发展凝聚了不竭的动力。以发起设立的金鼎俱乐部、"红风筝"小企业联盟为平台，打造"金鼎之约"系列服务文化品牌，积极践行企业社会责任，以高品位的企业形象获得了社会各界的高度认可和赞誉。

浙江泰隆商业银行

浙江泰隆商业银行是一家致力于小企业金融服务的商业银行，成立于1993年，经过18年的锐意进取，泰隆银行从起步时的7个人、2间租房、100万元注册资本，发展成为一家拥有4000多名员工的股份制商业银行。目前，泰隆银行已拥有42家分支机构，服务范围涵盖台州、丽水、宁波、金华、杭州、上海、衢州和苏州等八大区域。

多年来，泰隆银行在实践中探索小企业信贷服务和风险控制技术，总结出一套以"三品、三表、三三制"为特色的小企业金融服务模式，实现了小企业融资"事前低成本获取信息、事中低成本监控管理、事后低成本违约惩罚"的三个低成本，为小企业融资难这一国际性的"麦克米伦缺口"提供了中国式解答。截至目前，泰隆银行已累计向小企业发放贷款30多万笔、1600多亿元，共扶持8万多家小企业，直接间接创造了50多万个就业岗位，帮助30多万名失地农民、外来务工人员、下岗工人实现了劳动致富，得到温家宝总理等党和国家领导人的高度评价，被称为"中国的尤努斯"。泰隆银行连续两年被中国银监会评为"小企业金融服务先进单位"，独特而符合国情的商业模式使泰隆银行在小企业金融服务市场上赢得了一片蓝海，实现了企业可持续发展与社会责任的相互交融、和谐共进。

2008年，泰隆银行被银监会评为2B级，在全国124家城商行的监管评级中名列前茅；《银行家》杂志2008年中国商业银行竞争力排名中，在全国124家城商行中，泰隆银行名列第7位；2010年中国零售银行最新排名，泰隆银行跻身中国十小龙银行；2011年，泰隆银行党委更被评为全国先进基层党组织。

泰隆多年来专心、专业、专注服务小企业的做法，得到了各级政府、监管部门和社会各界的认同，也引起了新闻媒体的广泛关注，2010年8月，中宣部把泰隆银行作为转变经济发展方式，服务小企业的特色银行，组织新华社、人民日报、中央人民广播电台、中央电视台、经济日报、光明日报等中央媒体集体采访泰隆银行；2010年9月，新华通讯社携手泰隆银行成立小企业金融服务调研基地。

面对新的机遇与挑战，泰隆银行将继续坚持小企业市场定位，深化小企业金融服务模式，做专、做精、做出特色，为创业者创造平等的贷款机会，让普通百姓都能享受到优质的金融服务，为地方经济的发展尽自己的绵薄之力。

广西北部湾银行

广西北部湾银行股份有限公司是经中国银监会和广西壮族自治区人民政府批准成立的区域性、国际化、股份制优质特色银行。自挂牌成立以来，广西北部湾银行先后在自治区内的南宁、钦州、崇左、北海、防城港、贵港、玉林等城市设立分支行，并在田东、宾阳等地设立村镇银行，形成广西北部湾银行的初步框架。下一步争取实现在资本市场上市，并在中国其他地区、东南亚国家和地区增设分支机构、业务网点，逐步发展成为具有较强竞争力和在中国—东盟自由贸易区具有国际水平的现代商业银行。

自成立以来，广西北部湾银行以服务广西经济、服务北部湾经济区开放开发、服务中国－东盟自由贸易区建设为己任，坚持差异化发展战略，打造核心竞争力，力争建设成为区域金融的重要支柱、地方经济的有力支撑、企业的合作伙伴、服务大众的优质特色银行，并不断完善产权组织形式和经营机制，改革管理体制，整合金融资源，加强风险控制，提高资产质量，逐渐成长为具有良好公司治理和风险管理机制的现代商业银行。先后荣获"建国以来广西60最具影响力品牌"、"世博中国年中国银行业诚信服务品牌银行"、"2010广西企业100强"、"中国最具成长性商业银行"、"2010中国最受信赖的十大品牌"、"2010年中国最具特色的中小银行"、"2010年金融机构支持广西经济发展突出贡献奖"、"2011广西企业100强"、"2011广西优秀企业"、"'十二五'期间最具投资价值企业"、"'十二五'期间最具投资价值品牌"等多项荣誉，为我区和首府南宁的经济社会发展发挥了积极的作用。据世界银行业权威杂志英国《银行家》公布的世界1000强银行排行榜显示，广西北部湾银行再次荣登2010年世界1000强银行排行榜，名列697位，比2009年上升了108位；在全世界资产增长率前25名银行中，广西北部湾银行排名第四位，实现了跨越式的大发展。

贵阳银行

【基本情况】

贵阳银行成立于1997年4月，是一家总行设在贵阳的区域性股份制商业银行，其前身是贵阳市商业银行，2011年1月更名为贵阳银行。目前，有成都、毕节、遵义、凯里等4个分行、30个支行、1个营业部，90余个营业网点。截止2011年11月30日，全行总资产达762.33亿元，各项存款达673.14亿元，各项贷款达374.54亿元，存款规模和市场份额在贵阳市银行业中排名前3位，连续多年被评为贵州省纳税50强企业，在中国《银行家》发布的"2011中国商业银行竞争力评价报告"中，综合排名在全国资产规模500亿－1000亿元城市商业银行中位居第一。

【主营业务】

1. 个人业务

储蓄业务：活期存款、零存整取、整存整取、通知存款、定活两便、教育储蓄、存本取息、整存零取、爱心存款、约定转账等。

代理业务：代发工资、代收水、电、煤气等各种费用。

信贷业务：住房、汽车类按揭贷款；工程机械（设备）类按揭贷款；下岗失业人员小额担保贷款；市民小额融资贷款；住房装修贷款；“誉无价”综合授信贷款等。

银行卡业务：甲秀借记卡、甲秀公务卡、甲秀网乐卡等。

中间业务：代销基金、保管箱、代理保险、代收、代付、委托贷款等。

其他服务：账户信息及时通。

2. 公司业务

存款业务：活期存款、定期存款、通知存款、协定存款、协议存款等。

信贷业务：“微小”贷款；“及时雨”贷款；流动资金额度授信业务、机构保证授信业务、存货担保授信业务、提货权质押授信业务、保兑仓业务、应收账款质押授信业务、商户联保贷款授信业务等“及时贷”系列融资产品；服务业专项贷款等。

结算业务：汇兑、委托收款、托收承付、银行汇票、商业汇票、银行本票、支票。

中间业务：委托理财、委托贷款、保证业务、贷款承诺、咨询顾问、财务顾问、代理保险、社会保险代缴代发等。

国际业务：进、出口信用证、进口代收、出口托收、汇出国外汇款、国内汇出汇款、TT 汇入汇款、打包贷款、福费廷、进口押汇、出口押汇、提货担保、保理、保函类业务等。

电子银行：网上银行个人版、网上银行企业版、电话银行、手机银行等。

【特色服务】

24 小时人工服务：我行“365 天 ×24 小时”全天候人工服务，是我省目前银行业中唯一的一家。

甲秀卡：是西南地区首张多功能智能化 IC 复合型银行卡，可广泛应用于商场 POS 脱机购物、ATM 脱机取款和汽车加油等。

缴费通：是贵州省目前缴费品种最多、覆盖面最广、服务功能最全的代收费产品，集多种缴费功能于一身，为广大市民省却柜台排队缴费的麻烦和现金缴费的不便，足不出户即可缴纳各种公用事业费。

微小贷款：与国家开发银行合作在西南地区首家推出的微小企业贷款业务，基本没有门槛设置，额度从 2 千到 200 万元不等，手续简便，操作方法贴近普通民众，为社会弱势群体和微小企业客户获得从正规的金融机构平等获贷的机会。

及时贷：该系列融资产品基本覆盖了中小企业生命周期不同成长阶段的不同融资需求。

及时雨：是专为微小企业和个体工商户量身定做的贷款业务，具有一次授信，资金可多次循环使用的特点，可最大限度地方便个体工商户降低融资成本。

张家港农村商业银行

张家港农村商业银行成立于 2001 年 11 月 27 日，是全国首家由农村信用社改制组建的地方性股份制商业银行。组建以来，张家港农村商业银行秉承“领先一步、锲而不舍、共同成长、分享未来”的办行理念，专注服务“中小企业”和“三农”，全力助推地方经济的发展；积极发挥全国农村金融改革“试验田”的典型示范作用，率先在全国农村金融机构中提出上市、跨区域发展的改革新思路；拥有张家港本地 28 家支行、1 家营业部，54 家分理处，异地通州、宿豫、徐州、邳州、连云港、青岛、镇江 8 家支行，机构总数 91 家，并在山东寿光、江苏东海各投资控股 1 家村镇银行。2011 年 9 月末，全行资产总额突破 500 亿元，达 562.75 亿元，净资产 42.14 亿元，本外币存款余额 354.16 亿元，贷款余额 250.26 亿元，不良贷款率 0.63%，拨备覆盖率 444.03%。2011 年入围英国《银行家》杂志评比的全球银行 1000 强，排名第 748 位。在银监会风险监管评级中连年被评为二级行。获得全国青年文明号、全国文明规范服务示范单位荣誉称号。

承德银行

承德银行是在原承德市商业银行基础上，经中国银行业监督管理委员会批准更名的承德市唯一一家法人股份制金融机构。现辖 1 家营业部，13 家支行，形成了辐射承德市区及部分县域的金融服务网络。截至 2010 年 7 月末，全行资产总额突破 140 亿元，比组建初期增长 22.33 倍，已步入中型商业银行序列。各项存款增长 22.02 倍，各项贷款增长 19.34 倍，累计实现利润 10.82 亿元，成为一家以存、贷、汇业务为基础，集多种业务为一体的实力雄厚、信誉卓著的股份制商业银行。在支持地方经济发展，服务广大客户中，谱写了一曲曲辉煌的篇章，8 年间，在经过无数次的升华和跨越后，锻造成了当地金融业一颗璀璨耀眼的明珠。

本行为社会提供优质高效的金融服务，经营范围：（1）吸收公众存款；（2）发放短期或中期贷款；（3）办理结算；（4）办理贴现；（5）代理发行、代理兑付、承销政府、金融、企业债券；（6）买卖政府债券；（7）同业拆借；（8）代理收付款项及代理保险业务；（9）资信调查、咨询、见证业务；（10）办理银行卡业务；（11）经国家银监会批准的其他业务。

莱商银行

莱商银行原名莱芜市商业银行，成立于 2005 年 7 月，多年来坚持走规范发展、改革创新、文化兴企、品牌竞争之路，逐步成长为一家发展理念先进、公司治理完善、内部控制严密、管理机制高效、经营效益良好的区域性品牌银行。

在经营中，莱商银行始终坚持“服务当地经济、服务中小企业、服务城乡居民”的市场定位，为适应中小企业“短、频、快”的信贷需求特点，对分支机构实行授权管理模式，与优质中小企业客户建立战略合作关系，全力实施政策引导并给予一揽子授信，培育起了一批优质中小企业群体。

2008 年以来，面对众多中小企业资金紧张的局面，莱商银行实施“以攻为守”的支持与发展战略，多措并举维系企业资金链，并以“适应、创新、求变”为主题适时组织了两年一届的中小企业发展论坛第四次会议，引导企业科学管理，规范经营，创新发展，实现了“融资”与“融智”的结合。目前，莱商银行中小企业客户占总客户的 90% 以上，中小企业贷款余额占总余额的 80% 以上，当期中小企业新增存贷款业务量占总新增业务量的 70% 以上，收息率始终保持在 99% 以上。

在董事会战略规划指引下，莱商银行致力于创新“莱商模式”，打造“莱商品牌”。一方面，积极搭建引资引智的战略发展平台；另一方面，全力打造鲁、苏、豫、冀的机构发展格局。2008 年 11 月引入上海浦东发展银行作为战略投资者，2009 年 11 月投资入股德州市商业银行，成为全国第三家为同业作战略投资者的城市商业银行；2008 年以来，机构拓展步伐稳步推进，目前在山东菏泽、江苏徐州、山东济南各设立一家分行；在河南方城、山东东营各发起设立了一家村镇银行；在山东临沂平邑、泰安新泰分别设立了一家直属支行。

在人本管理中,莱商银行坚持在赛马中相马、选马,真正构建起了"能上能下、能进能出"的选人用人机制;为多途径助推人才快速成长,近两年在全行内组织了四次"青年论坛",启发员工从事业发展大局考虑问题,激活思维,各抒己见,提高了团队凝聚力,完善了企业发展的内生机制。在自身发展的同时,莱商银行积极践行社会责任,2008 年为四川地震灾区捐款 420 余万,截至 2010 年末累计为公益事业捐款 1000 多万元,列全国同行业前列,李敏实董事长被评为"中国十大最具社会责任银行家"。

良好的经营业绩得到了社会各界的认可,莱商银行社会公信力不断提升,先后被授予"全国五一劳动奖状"、"全国守合同重信用企业"、"省级文明单位"、"中国银行业文明规范服务示范单位"等荣誉称号。中国《银行家》研究中心颁布的 2006、2007、2008 年度"中国商业银行竞争力排名"中,莱商银行在全国城市商业银行综合竞争力排名中,先后名列第 5、第 1 和第 3,在 2009 年度小型城商行综合竞争力排名中列第三;2009 年 11 月,国际金融协会、亚太金融业研究中心等联合授予莱商银行"中国最佳中小企业服务品牌银行"、"中国十大最具竞争力商业银行";中国社科院金融研究所和《金融时报》联合授予莱商银行 2009 年"年度最佳效益中小银行"和 2009 – 2010 年度"最具成长性中小银行"。

广东南粤银行

广东南粤银行股份有限公司(以下简称"湛江商行")成立于 1998 年 1 月,由六家城市信用社组建而成。

广东南粤银行秉承"天道酬勤,和谐成长"的核心价值观,倡导"正气、责任、创新、超越"的湛商精神,坚持大胆改革,开拓进取,已发展成为一家极具活力和高成长性的跨区域经营城市商业银行。

通过持续科学发展,广东南粤银行不断实现新的跨越:截至 2010 年 10 月末,全行资产总额超过 420 亿元,资产净值 34 亿元,人均创利超过 50 万元。自 2005 年改革重组以来的 5 年间,资产总额增长超过 11 倍,资本充足率达标,流动性充裕,各项监管指标良好,2008 年、2009 年连续两年监管评级保持"二类"行(目前国内城商行的最高等级),荣获"2008 中国最具成长力中小银行"殊荣。在《2009 中国商业银行竞争力评价报告》中位列"珠三角"经济区域城商行(11 家)综合排名第 2 位,居全国城商行(126 家)综合排名第 20 位,2010 年荣获广东省金融创新二等奖。

2009 年以来,广东南粤银行稳步推进跨区域经营战略,现下辖有湛江管理中心(总行湛江地区经营管理机构)、广州分行、深圳分行、重庆分行、长沙分行和佛山分行,营业网点 49 个,全行在岗人数 1100 多人。

2010 年,广东南粤银行全面启动"二次改革、二次创业",推进经营管理的全面转型和提升。通过对现有的组织架构、制度、流程进行全面的梳理和再造,已初步实现由"总 – 支"二级管理架构向"总 – 分 – 支"三级管理架构的转型,各项改革事业稳步推进,经营管理水平和风险防控能力正全面提升。

当前,广东南粤银行正致力于打造以客户为中心、以市场为导向,管理规范、业绩卓越、经营独特、服务一流的现代化流程银行、特色银行和品牌银行,力争用五到十年时间,把湛江商行建成一家资金实力雄厚、公司治理完善、业务特色鲜明、服务水平一流、在珠三角乃至全国均具有较强品牌影响力和经济辐射力的区域性商业银行。

张家口市商业银行

张家口市商业银行于 2003 年 3 月 8 日挂牌成立,是全市唯一的地方性股份制商业银行,下辖 1 家营业部、40 家分(支)行,分布于市区、宣化、下花园、赤城、蔚县、怀来、张北、万全、涿鹿十一个县区和石家庄市。总行内设 17 个部室,现有正式员工 824 人。

近年来,张家口市商业银行坚持"服务地方经济、服务中小企业、服务市民百姓"的市场定位,秉承"规范、高效、创新、特色"的经营理念,不断完善法人治理建设,深化体制机制改革,优化发展服务环境,推进科技产品创新,各项经营业务实现了历史性突破,呈现出持续、健康、快速的发展态势。石家庄分行于 2010 年 12 月正式开业,迈出了跨区域经营的重要步伐。截止 2010 年 12 月末,全行资产总额达到 330.7 亿元,各项存款余额达到 211.3 亿元,各项贷款余额达到 121.2 亿元。在全国 63 家小型城市商业银中名列第五位,主要业务经营指标列河北省城商行第一位,业务规模指标列河北省城商行第二位。

张家口市商业银行正以科学发展观为统领,以打造张家口最好的银行、建设北方区域上市银行为目标,坚持"走出去、走进去、走下去"发展战略,继续解放思想,深化改革,强化管理,优化服务,深入推进质量提升和企业文化建设,全面开展学习型组织创建和品牌推广,努力创建幸福银行,为张家口市、环首都经济圈以及华北区域经济社会发展做出新的更大贡献。

鞍山银行

鞍山银行的前身是鞍山市城市信用联社,成立于 1991 年,1996 年 12 月正式组建为鞍山市商业银行,2010 年银监会正式批准更名为鞍山银行。截止 2010 年末,全行下辖 19 家一级支行、77 家二级支行,1907 名员工;资产总额达到 412 亿元,各项存款达到 363 亿元,贷款总额达到 244 亿元,存、贷款规模均位居鞍山市首位;不良贷款余额为 4.7 亿元,不良贷款比例为 1.95%;实现拨备前利润 8.78 亿元,拨备覆盖率为 201%,资本充足率 13.12%,各项监管指标均达到良好银行标准,是鞍山地区金融机构中资产规模最大,盈利能力最好的银行。

自成立以来,鞍山银行始终坚持"立足发展中小企业、立足发展零售业务、立足客户需求"的市场定位,积极支持鞍山的市政基础设施建设、教育卫生事业、民营企业和再创业企业,累计投放流动奖金、项目贷款、个人消费贷款等 700 多亿元,成为支持地方经济建设的重要力量,为地方经济发展做出了巨大贡献。在支持地方经济的同时,鞍山银行牢固树立"客户至上、服务第一"的服务理念,实施"客户满意战略"和"服务承诺制度",充分发挥网点众多、从业人员经验丰富等特点,为客户提供方便、快捷、优质的服务。旗下的特色产品——"千山卡"首批加入全国银联工程,可以在香港、澳门、美国等十二个国家地区实现消费和 ATM 取现功能,金银花理财、好运通 POS、短信银行、电话银行已经成为鞍山市民不可或缺的金融工具。

凭借骄人业绩和优质产品服务，鞍山银行赢得了社会的高度赞誉，受到了中国金融界的关注。2007 年，鞍山市商业银行被中国金融大典评选为中国金融业最具竞争力的 30 家金融机构之一，党委书记、董事长方允明被授予 2006 中国城商行十大年度人物；2007 年，方允明董事长当选辽宁省人大代表；2008 年，鞍山市商业银行被第五届中国金融年会评选为中国最具成长力的金融机构，党委书记、董事长方允明被授予 2008 中国城商行年度人物；同年，鞍山市商业银行顺利通过 ISO9001 国际质量体系认证，成为全市首家通过国际认证的银行机构；方允明董事长获得“辽宁省劳动模范”荣誉称号；2010 年，鞍山银行被中国金融业品牌年会评为“2010 年度最具成长力金融品牌机构 100 强”，董事长、党委书记方允明同志荣获“中国金融 2010 年度杰出贡献人物”；行长黄伟同志荣获“辽宁省优秀经营者”荣誉称号。

长风破浪会有时，直挂云帆济沧海，发展是银行永恒的主题。未来，鞍山银行将继续秉乘“行以致远、诚以求真”的理念，紧紧围绕“更名、跨区经营、达到上市标准”三步走发展目标，以区域化、市场化、多元化、现代化为发展方向，向着“信誉卓著、经营稳健、效益良好、服务领先”的全国性股份制商业银行一路前行！

乌海银行

乌海银行的前身是乌海市商业银行，成立于 2006 年 9 月，是内蒙古自治区第三家地方性股份制商业银行。2010 年 1 月，经中国银监会正式批准，乌海市商业银行更名“乌海银行”。目前，乌海银行总行内设 10 个部室，下辖 22 家支行和 1 家营业部。

乌海银行成立以来，紧紧围绕发展与创新两大主题，坚持“服务地方经济、服务中小企业、服务广大市民”的市场定位，积极转换经营机制，创新管理理念，各项业务实现了跨越式发展。截止 2010 年 12 月末，全行资产总额 125.39 亿元，较成立初增加 104.11 亿元，其中：各项贷款 55.59 亿元，较成立初增加 39.47 亿元；负债总额 118.82 亿元，较成立初增加 98.99 亿元，其中：各项存款 113.01 亿元，较成立初增加 93.8 亿元；不良贷款 945 万元，较成立初减少 383 万元，不良贷款率 0.17%（按五级分类口径）；实现税前利润总额 3.3 亿元；资本充足率 15.03%；核心资本充足率 14.24%；资产利润率 2.37%；资本利润率 43.65%；拨备覆盖率 588.25%。1 至 12 月份累计上缴各项税金 12486 万元。截至 2010 年末，乌海银行各项存款市场占有率已由组建初期的 14.49% 提高到 26.96%，跃居全市金融机构第一位；各项贷款市场占有率已由组建初期的 14.53% 提高到 20%，居全市金融机构第二位。

近年来，乌海银行不断优化金融资源的配置，积极拓展发展空间。2008 年至 2009 年先后在阿拉善盟乌斯太镇和鄂尔多斯棋盘井镇设立 2 家支行，标志着乌海银行实现了从本土经营到跨行政区域经营的历史性突破。同时，为落实银监会建设新型农村金融机构，促进社会主义新农村建设的指示精神，乌海银行发起设立了海南省文昌市、琼海市以及内蒙古鄂尔多斯市杭锦旗、巴彦淖尔市乌拉特前旗 4 家村镇银行。上述新型农村金融机构为支持地方“三农”、小企业和微小企业的发展作出了积极的贡献。

乌海银行的成长进步得到了各级领导的积极评价和社会各界的广泛认可。成立以来先后获得乌海市政府颁发的“金融突出贡献奖”和“金融创新奖”，内蒙古自治区“推进小企业贷款工作先进单位”、“内蒙古自治区双爱双评先进企业”、内蒙古乌海市“十佳诚信单位”、内蒙古自治区“A 级信用纳税人”、“支援四川抗震救灾工作先进集体”、2008 年度内蒙古自治区社会治安综合治理“长安杯”等荣誉称号。2010 年 12 月，乌海银行又被自治区党委宣传部、内蒙古银监局、内蒙古国税局、地税局、内蒙古工商局等十三家单位联合授予“2010 年度内蒙古自治区诚信企业”荣誉称号。在《2010 中国商业银行竞争力评价报告》中，乌海银行再次荣获全国小型城市商业银行竞争力排名第一名和西部 10 省区城市商业银行竞争力排名第一名，并荣获“中国最具发展潜力商业银行”荣誉称号。

第二节　非银行金融机构

上海国际信托有限公司

上海国际信托有限公司(以下简称"上海国际信托"或"公司")是上海国际集团有限公司控股的非银行金融机构。1981 年由上海市财政局出资发起成立,1983 年取得"经营金融业务许可证"。1992 年公司实行股权结构多元化改制,此后历经四次增资扩股,现有股东共计 13 家,注册资本金达到人民币 25 亿元。2007 年 7 月,按照信托新规的要求,经中国银监会批准由"上海国际信托投资有限公司"更名为"上海国际信托有限公司",并换发了新的金融许可证。

长期以来,上海国际信托以江泽民同志的亲笔题词"勇于开拓、善于经营、严于管理,发展上海国际信托投资事业"为指导,规范经营,稳健发展,多年来取得了良好的经营业绩。公司 80 年代末被国务院指定为全国对外融资十大窗口之一,1995 年获地方金融机构最高信用评级(穆迪 Baa2、标普 BBB -),海外筹资累计约 45 亿美元,赢得了良好的国际声誉,在金融创新和国际化合作方面创下多个"第一":1988 年发起成立我国第一家股份制证券公司——上海万国证券公司;1993 年发起并管理了上海第一个在境外注册和上市的共同基金——上海发展基金;1993 年发起并管理了上海第一批人民币共同基金之一——金龙基金(现合并为安瑞基金);1998 年发起和控股了国内首批基金管理公司之一——华安基金管理有限公司;1995 年首创信托公司财务顾问业务,获得秦山核电三期项目的独家财务顾问委托业务;2004 年合资组建了上投摩根富林明基金管理有限公司,全力打造中国基金业的旗舰品牌;2005 年合资成立了全国首家货币经纪公司——上海国利货币经纪有限公司,开创了货币经纪业的先河。

公司的综合实力和经营管理水平始终在行业中名列前茅,品牌信誉卓著,创新意识敏锐,产品种类丰富,风控机制完备,投资回报丰厚。公司被指定为非银行业金融机构中首家合规试点单位;作为主要筹备单位,发起设立中国第一家信托登记机构——上海信托登记中心,并被推选为理事长单位;被推举为中国会计学会信托投资分会会长单位;被推选为中国信托业协会理事单位和副会长单位。在《上海证券报》、《证券时报》、《21 世纪经济报道》举办的信托机构评选中,多次获得最佳信托公司奖、最佳知名品牌、最佳风险控制奖、最佳单一信托计划、最佳证券信托计划以及最佳信托经理等奖项,获得行业内外的广泛好评。在业务开拓和产品创新方面,公司积极开拓创新业务,不断扩大市场影响力,在全国率先推出"优先劣后"受益权的结构化信托产品,在证券投资、房地产和基础设施领域,逐渐形成产品特色,打造了"蓝宝石"、"红宝石"、"白金"、"明珠"、"现金丰利"、"国瑞"等系列化、标准化产品品牌,成功推出私人股权投资信托计划,继续推进企业年金、QDII 等创新业务产品,积极拓展银信合作业务,业务模式得到进一步深化,产品投资领域更为深化,资金运用方式更为多样,现已获得资产证券化业务、代客境外理财(QDII)、企业年金业务受托人资格。与此同时,公司不断优化自有资金配置,将投资集中于金融类公司股权投资和金融产品投资,拥有浦发银行、上投摩根、华安基金、上海证券、申银万国等公司的优质金融股权资产,着力提高公司整体资产的安全性和流动性,强化自有资金与信托业务的联动效应,有力地支持了信托主业创新和发展。

2008 年,上海国际信托完成了董事会换届,在新一届领导班子的带领下,公司积极适应市场化运作的需要,聘请国际知名咨询公司,实施了公司发展战略规划和人力资源改革工作,进一步明确了公司的发展定位,为公司长远发展提供强有力的支撑。在今后的发展进程中,公司将继续坚持稳健经营、规范管理,严控风险,开拓创新,不断深化客户服务理念,进一步提高服务质量,逐步形成可持续发展的竞争优势,为社会提供更加优质的金融服务,为信托业发展努力实践,为上海国际金融中心建设做出更大贡献。

安徽国元信托有限责任公司

安徽国元信托有限责任公司(以下简称"国元信托")是经中国银行业监督管理委员会批准设立的非银行金融机构,是安徽省唯一一家省级信托公司。公司注册资本为人民币 12 亿元,注册地为安徽省合肥市宿州路 20 号。

国元信托前身为安徽国元信托投资有限责任公司,创立于 2001 年 12 月 20 日,是在原安徽省省级信托公司合并重组基础上,由安徽国元控股(集团)有限责任公司作为主发起人,联合其他有资格的法人单位共同发起设立的。2003 年 12 月 21 日,经中国银监会批准重新登记。2008 年 1 月 30 日,经中国银监会批准,公司适应监管要求进行了存续分立并变更公司名称。

国元信托现有 7 家股东,分别为:安徽国元控股(集团)有限责任公司(实际控制人)、深圳市中海投资管理有限公司、首都机场集团公司、安徽皖维高新材料股份有限公司、安徽巢东水泥股份有限公司、安徽国生电器有限公司和安徽省信用担保集团有限公司。股东资格均符合有关法律法规和监管要求,并经中国银监会核准。

国元信托经营范围为以下本外币业务:资金信托;动产信托;不动产信托;有价证券信托;其他财产或财产权信托;作为投资基金或者基金管理公司的发起人从事投资基金业务;经营企业资产的重组、购并及项目融资、公司理财、财务顾问等业务;受托经营国务院有关部门批准的证券承销业务;办理居间、咨询、资信调查等业务;代保管及保管箱业务;以存放同业、拆放同业、贷款、租赁、投资方式运用固有财产;以固有财产为他人提供担保;从事同业拆借;法律法规规定或中国银行业监督管理委员会批准的其他业务。

国元信托构建了完善的内部组织架构和制度体系,确立了"依法合规,稳健经营"的经营方针,坚持"诚信为本,值得信赖"的服务宗旨,业务规模、效益和社会影响稳步提升。2010 年,公司实现各项业务收入 3.74 亿元,实现利润 2.88 亿元,净利润 2.55 亿元。2010 年末,公司管理的资产规模达 391.74 亿元,其中公司固有财产规模 32.13 亿元;信托财产规模 359.61 亿元。公司通过业务创新和市场拓展,专业理财能力和盈利能力得到明显提高。

国元信托秉承"诚信、高效、规范、创新"的企业精神,充分发挥"受人之托,代人理财"的业务功能,以为客户谋取最大利益为目标,以种类齐全、布局合理、发展协调的业务体系为支撑,以强化业务创新、提高服务质量为手段,为客户提供多元化、个性化、系统化、专业化的高效服务,不断增强公司核心竞争力和可持续发展能力,努力将公司建设成为资产规模大、赢利能力强、产品丰富、机制完善,让广大投资者和监管部门信任和放心的一流专业理财机构。

安信信托投资股份有限公司

安信信托投资股份有限公司(简称:"安信信托")是全国第一批股份制金融机构。公司成立于 1987 年, 1992 年转制为股份制有限公司, 1994 年在上海证券交易所上市(股票代码: 600816) ,成为最早一批金融类上市公司,是目前我国仅有的两家上市信托投资公司之一。公司受银监会和中国证监会监管。

安信信托作为信托类金融投资机构,经历了艰难的创业和发展历程。在历次升华嬗变,凤凰涅槃重生历程中,安信信托始终坚持规范运作、稳健发展的经营方针,不仅保存自己,而且充分利用政策转型的时机,不断完善自己,发展自己,壮大自己。公司上市以来,通过四次送股和两次配股,总股本已经达到 45410.98 万股,扩大了 29 倍。

公司目前登记注册及办公地点设在中国改革开放最前沿、经济金融中心——上海市。《信托法》颁布后,安信信托按照中国银监会的统一部署,及时调整业务结构,努力开拓,合理创新,秉承"受人之托,代人理财"的经营理念,回归信托本源业务,旨在把公司打造成为第一流的受托理财金融机构,为社会提供特有的中长期金融服务。

在新的历史时期,安信信托与时俱进,已经制定了全新的发展战略、经营模式、管理机制和运营方式。公司将秉承忠诚、专业、服务、稳健的企业理念,在不动产基金、产业基金、资产支持信托、工具型投资银行及理财服务等业务领域,进一步加强同国内外各界的合作,谋求共同繁荣,以一流的质量、上乘的服务、良好的信誉、丰厚的利润回报广大的股东和各界朋友的帮助。

百瑞信托有限责任公司

百瑞信托有限责任公司是经中国银行业监督管理委员会批准设立的非银行金融机构。公司的前身,原百瑞信托投资有限责任公司由郑州信托投资公司改制而来,始建于 1986 年 4 月 15 日,注册资本为 1,000 万元人民币,注册地河南省郑州市;1988 年 7 月,公司开始与郑州市财务开发公司合署办公;1990 年 11 月,郑州市财政局将公司的注册资本补充为 5,006.7万元人民币;1992 年 10 月,公司与郑州市财务开发公司分设重组,1993 年 2 月 18 日重组开业;2002 年 9 月,经中国人民银行总行批准,公司完成重新登记后更名为百瑞信托投资有限责任公司,注册资本 3.5 亿元人民币;2007 年 11 月,经中国银行业监督管理委员会批准,公司换领新的金融许可证并更名为百瑞信托有限责任公司;2008 年 4 月,经中国银行业监督管理委员会河南监管局批准,公司注册资本增加至6.05 亿元人民币;2010 年 12 月,经中国银行业监督管理委员会批准,公司引入中电投财务有限公司成为第一大股东,注册资本增加至 12 亿元人民币。

自 2002 年完成重新登记以来,在监管部门的监管指导下,在各级政府部门的大力支持下,百瑞信托秉承"诚信、创新、务实、高效"的发展理念,围绕"规范经营、稳步发展、强化管理、防范风险"的经营原则,凭借一支以硕博士研究生为主体并拥有 CFA、CFP、AFP 等资格证书的专业财富管理团队,推出了"百瑞富诚·基础设施类"、"百瑞宝盈·企业类"、"百瑞恒益·证券投资类"三大业务品牌,设立了百瑞信托有限责任公司博士后科研工作站,并不断根据监管导向完善治理结构、推动业务转型和强化风险控制,逐渐形成稳健的经营风格,在激烈的市场竞争中不但实现了持续稳健发展,而且赢得了良好的口碑。截至目前,百瑞信托已累计发行信托计划 300 余支,信托规模超过 500 亿元,累计向投资者分配信托收益超过 30 亿元,且所有到期或部分到期信托计划均按时清算,信托本金、收益兑付率 100% 。

北方国际信托股份有限公司

北方国际信托股份有限公司前身为天津经济技术开发区信托投资公司,于 1987 年 10 月经中国人民银行天津分行批准成立,注册资本为 2000 万元。1994 年更名为天津北方国际信托投资公司,其间经公积金转增股本、增资扩股各一次,使注册资本达到 50,679 万元。2002 年 6 月,完成与天津滨海信托投资有限公司合并,同时增资扩股 67,818 万元,公司注册资本达到 150,251 万元,并改制为股份有限公司,公司名称变更为天津北方国际信托投资股份有限公司。2002 年 9 月经中国人民银行批准重新登记。2003 年 10 月,更名为北方国际信托投资股份有限公司。2005 年 12 月,经天津市政府批准,完成公司分立,注册资本变更为 1,000,998,873 元。2008 年 10 月,经中国银监会批准公司名称变更为北方国际信托股份有限公司。

北京国际信托有限公司

北京国际信托有限公司(简称北京信托,原名北京国际信托投资有限公司)是中国改革开放之初首批成立的信托公司之一。

1979 年,北京市人民政府组建了北京市经济建设总公司,为从事投资、贸易的综合性企业。1984 年 10 月,北京市人民政府决定撤销北京经济建设总公司,成立北京国际信托投资公司,成为专门从事投资和信托业务的非银行金融机构、国有独资的全民所有制企业,资本金为 2 亿元人民币。2000 年 3 月,在全国第五次信托公司清理整顿中,北京国际信托投资公司按照建立现代企业制度的要求,率先改制成为北京市人民政府控股、多家企业参股的股份制金融企业,公司更名为北京国际信托投资有限公司,资本金增至 12 亿元人民币。2002 年 3 月,经中国人民银行批准,北京信托首批完成重新登记,获得市场准入资格。2004 年中国石油化工股份有限公司加盟北京国际信托投资有限公司,公司资本金增至 14 亿元人民币。2007 年,北京信托实施股权重组,引进了境外战略投资人——英国安石投资管理公司,并更名为北京国际信托有限公司。

北京信托成立近30年来,在金融领域不断创新,始终处于行业领先地位:建立了北京第一家证券营业部;在金融机构中第一家为民营企业发行企业债券;参与投资组建了国内第一批风险投资公司;在信托业清理整顿中率先完成增资改制;首批完成信托公司重新登记;推出了国内第一个大型土地开发集合资金信托计划、第一个规范的财产权信托、第一个房地产投资信托等。近年来,北京信托通过开展规范的金融信托业务,不断完善法人治理结构,坚持防范风险、合规经营、持续创新、稳健发展的方针,积极参与经济建设,为社会提供了灵活多样的金融服务,赢得了各界的高度认同,确立了北京信托在行业内的领先地位。

据2008年末上海证券报公布的"信托公司理财能力年终大排名",在六个单项排名中,公司在信托产品规模、风险控制、专业能力、信息透明度四项排列行业前10名之内,理财能力综合排名第2。

公司从增资改制到完成战略重组,依赖于科学的公司治理制度,严谨而顺畅的业务操作流程,坚持发展是硬道理的信念,遵循创新是企业的生命线的真谛,恪守股东、受益人利益最大化的承诺,抓信托创新,促业务发展,使公司不断壮大发展并连年取得新突破。特别是2006年以来,不断扩大的受托管理财产规模、投资项目无一例失误的业绩,为股东带来的丰厚收益,为委托人增加了60亿元的财富收益,为国家做出3亿多元税收贡献等等,无一不展示着公司的巨大活力和财产管理实力,更是北京信托对受托人神圣职责内涵的深刻理解和倾力实践的结果。

北京信托作为金融企业,存在的核心价值就是要为投资人理好财,科学运筹信托财产,努力促进财富增值。北京信托将永远恪守"受人之托、代人理财"承诺,通过清晰的战略规划,着眼于建成实力雄厚、管理严谨、人才济济、风控和融资能力卓越的一流信托公司,以强大的投资管理能力塑造盈利模式和核心竞争力,利用区域优势和充分发挥公司团队在财产管理方面的才智,尽责管理运用好受托财产,为股东和受益人的利益最大化服务,为国家经济建设发展做出更多更大的贡献。

长安国际信托股份有限公司

长安国际信托股份有限公司前身为"西安国际信托有限公司",1986年经中国人民银行批准成立。1999年12月公司增资改制为有限责任公司,更名为"西安国际信托投资有限公司"。2002年4月,经中国人民银行总行批准重新登记申请,公司获准单独保留。2008年2月经中国银行业监督管理委员会批准,公司换领新的金融许可证,同时更名为"西安国际信托有限公司"。2011年11月经中国银行业监督管理委员会批准,并经工商登记,公司整体变更为股份有限公司,同时更名为"长安国际信托股份有限公司"。目前,公司注册资本为人民币12.5888亿元。

公司主要从事资金信托业务、投资银行业务、融资租赁业务和其他金融业务。公司业务涉及货币市场、资本市场和金融衍生品市场等领域。

信托业与银行业、证券业、保险业一起构成现代金融四大支柱。信托以"受人之托,代人理财"为核心,遵循诚实、信用、谨慎、有效的管理原则,在货币市场与资本市场、金融资本与产业资本、投资者与融资者之间发挥着重要的桥梁作用。

公司致力于成为卓越的专业资产管理和投资管理机构,成立20多年来,为国内外数百家企业和机构,数万余名自然人投资者提供了专业的信托金融服务。公司已建立了完善的法人治理机制,拥有健全的风险控制体系,有一支在金融、投资、资本运作等领域具有丰富经验和突出能力的专业团队,可以为委托人和投资客户提供全面的信托金融和理财服务。

大连华信信托股份有限公司

大连华信信托股份有限公司(以下简称"华信信托")是经中国银监会批准开展营业性信托业务的非银行金融机构,是目前辽宁省唯一一家信托公司。注册资本金20.57亿元。

在中国银监会组织的全国信托业监管评级中,华信信托为北京、上海以外注册的唯一一家连续多年获评最高等级的信托公司。

成立30年来,华信信托依法合规,恪守诚信,稳健经营,在服务经济的同时,自身也取得了长足发展。固有业务方面,积极投资金融领域,目前为大通证券第一大股东,与大通证券共同控股良运期货,并参股了百年人寿、大连银行、丹东银行等金融机构。截至2010年末,华信信托固有资产总额达到33.22亿元,2010年度实现利润总额5.52亿元,主要经营管理指标列地区和全国同业前列。

信托业务方面,以提升资产管理能力为核心,先后发起设立基础设施建设项目投资类、银行资产受让类、证券投资类、房地产投资类、工商企业投资类、私人股权投资等多种类型的信托计划。2010年末,受托管理信托资产余额406亿元。

东莞信托有限公司

东莞信托有限公司(下称"东莞信托")前身为东莞市财务发展公司,成立于1987年3月13日,注册资本金人民币5亿元,是东莞市属国有控股的非银行金融机构。

历经全国信托行业五次整顿,为全国获准保留的少数几家地市级信托公司之一,2007年3月,中国银监会实施新《信托公司管理办法》后公司更名为"东莞信托有限公司"。

公司成立二十多年来,坚持依法合规、稳健持续的经营理念,追求风险控制前提下的持续效益。

在服务东莞经济发展的同时,自身也取得长足的发展,公司实现持续盈利,主要经营管理指标处于全国同业的中上游水平。

公司以提升资产管理能力为公司战略立足点,先后发行房地产投资、收益权投资、银行信贷资产转让、证券投资、贷款、股权投资等多种类信托计划,为投资者实现较高的投资回报。

方正东亚信托有限责任公司

方正东亚信托有限责任公司,系经中国银监会于2010年1月23日批准重组成立的非银行金融机构。公司股东为北大方正集团有限公司、东亚银行有限公司和武汉经济发展投资(集团)有限公司,注册资本为3亿元人民币。公司主要从事资金信托、动产信托、不动产信托、有价证券信托、其他财产或财产权信托等14项本外币业务。

控股股东北大方正集团作为IT、医疗医药、房地产和金融等多产业的投资控股集团,源于北大,是国内最具创新力和影响力的高科技企业之一;东亚银行是中国内地分行网络和信贷资产规模最为庞大的外资银行之一，拥有丰富的金融服务经验和风险管理理念，在财富管理上卓有成效；武汉经济发展投资集团为武汉市政府直属的四大国有投资公司之一，是武汉市唯一的产业型投资融资平台。股东资源的整合，可谓强强联手、实力雄厚，为方正东亚信托的发展奠定了坚实的基础。

中部崛起、武汉“1+8”城市圈、“两型社会”综合配套改革试点和武汉区域金融中心建设的大背景，为方正东亚信托立足武汉城市圈，辐射中部地区，并逐步拓展全国业务提供了良好的机遇。

资深的管理团队，精英型的产品设计队伍、作风严谨的风险管控队伍、充满朝气的营销团队，依托规范、稳健、创新的经营理念，和“方方正正做人，实实在在做事”的企业文化，为方正东亚信托注入了无限的活力。

方正东亚信托的发展目标是立足于高科技与高成长型产业孵化、国家基础设施和地方重点工程建设、房地产和资本市场投融资等领域，为机构客户和个人高端客户提供一流理财和资产管理的专业化服务。方正东亚信托努力在短时间内达到中部地区信托行业领先水平和全国信托行业中上游水平，成为具有专业特色和核心竞争力的信托公司。

方正东亚信托的口号是：受人之托，不负众望；代客理财，成就梦想。

甘肃省信托投资有限责任公司

甘肃省信托有限责任公司的前身为甘肃省投资信托公司，于1980年3月经甘肃省人民政府批准成立，1981年6月经中国人民银行批准续办。1991年、1996年两次经中国人民银行批准进行重新登记，1996年更名为“甘肃省信托投资公司”。2002年4月28日经中国人民银行批准由原甘肃省信托投资公司、天水市信托投资公司和白银市信托投资公司合并重组，组建成立“甘肃省信托投资有限责任公司”。2009年2月经中国银行业监督管理委员会核准，公司名称变更为“甘肃省信托有限责任公司”，注册资本金为31,819.05万元。2010年5月，经中国银行业监督管理委员会批准，公司注册资本金变更为101,819.05万元，其中：甘肃省国有资产投资集团有限公司94,265.21万元、占92.58%，天水市财政局4,072.84万元、占4.00%，白银市财政局3,481.00万元、占3.42%。

广东粤财信托有限公司

广东粤财信托有限公司（以下简称“粤财信托”），1984年12月经广东省人民政府批准成立，并先后经中国人民银行和国家外汇管理局核准，领取了《经营金融业务许可证》和《经营外汇业务许可证》。2007年7月，按照新的《信托公司管理办法》的要求，经中国银监会核准，公司名称由“广东粤财信托投资有限公司”更名为“广东粤财信托有限公司”，目前是广东省唯一一家省级信托公司。

粤财信托股东为广东粤财投资控股有限公司（持股比例98.14%）与广东省科技创业投资公司（持股比例1.86%）。粤财信托控股股东广东粤财投资控股有限公司是经广东省人民政府批准成立的国有资产授权经营企业，以金融信托为主业，并涉足地产、工业、服务、酒店等行业，实力雄厚。

粤财信托始终奉行“诚信为本、稳健经营”的方针，经过二十多年的发展，各项业务蓬勃开展，经济实力逐步壮大。1998年虽然受到亚洲金融危机和国家宏观环境的影响，但粤财信托把握金融改革与行业发展的机遇，适时调整经营战略目标，持续优化经营资源配置，完善决策体系，强化风险控制能力，目前已经步入了持续、健康、稳定发展的轨道。

粤财信托将充分发挥专家理财优势，不断开拓创新，通过有效运用信托、信贷、租赁、投资等金融工具，研发并推出各类信托产品，构建专业的、综合性的金融服务平台，努力为客户提供全方位的金融需求解决方案，以优质的服务、稳健的投资收益来回报广大投资者的信任与厚望。

国联信托股份有限公司

国联信托股份有限公司的前身是无锡市投资信托公司，初创于1987年2月。2003年1月，无锡市信托投资公司获准重新登记，并更名为国联信托投资有限责任公司。2007年7月，更名为国联信托有限责任公司。2008年7月，国联信托有限责任公司变更为国联信托股份有限公司。公司目前注册资本为12.3亿元人民币，控股股东为无锡市国联发展（集团）有限公司。

国联信托以“诚信、稳健、规范、创新”为企业的经营宗旨，遵循“受人之托，代人理财”的信托理念，凭借“诚信为道”的价值观赢得了广大投资人的关注与信任；凭借创新与发展并重的业务拓展逐步成为具有竞争力的现代金融服务公司。

重新登记以来，国联信托不断开发新产品，拓展新领域，经营业绩保持快速发展，至2007年末，净资产达到207483万元，公司受托信托资产规模达到47亿元，2007年度共实现利润59494万元人民币。继2006年公司在《证券时报》举办的“优秀信托公司评选活动中”荣获最优秀理财机构奖和最佳房地产信托计划奖之后，2007年在《证券时报》举办的“第二届优秀信托公司评选活动”中，再获区域最佳理财机构奖。

2008年7月，国联信托有限责任公司整体变更设立股份有限公司，标志着公司迈入了一个新的发展阶段。国联信托将以此为契机，加快发展高端业务领域，提高公司核心竞争力和风险管理能力，最终发展成为在国内具有竞争力的资产管理型金融服务公司。

国民信托有限公司

【经营范围】

国民信托有限公司成立于1987年1月，并于2004年1月经中国银行业监督管理委员会批准迁址北京并获重新登记。

国民信托是诚信可靠和专业稳健的金融机构。主要业务范围如下：

资金信托；

动产信托；

不动产信托；

有价证券信托；

其他财产或财产权信托；

作为投资基金或者基金管理公司的发起人从事投资基金业务；

经营企业资产的重组、购并及项目融资、公司理财、财务顾问等业务；

受托经营国务院有关部门批准的证券承销业务；

办理居间、咨询、资信调查等业务；

代保管及保管箱业务；

以存放同业、拆放同业、贷款、租赁、投资方式运用固有财产；

以固有财产为他人提供担保；

从事同业拆借；

法律法规规定或中国银行业监督管理委员会批准的其他业务。

国民信托立足北京、面向全国、开拓创新、稳健发展。我们凭着优秀的研究分析、投资管理和客户服务队伍，加上现代化的金融基建系统，为客户提供最优质、最专业的金融服务和投融资产品。

【经营方针：以人为本、诚信敬业、专业稳健、创新共赢】

为客户创造价值是我们的基本目标。要达到这个目标，有赖于优秀的员工。我们尊重和关爱每一位员工，重视员工培训，激励员工自发学习，在专业素养方面精益求精，在技术操作方面保持最高水准。

我们深信诚信是经营信托之源。我们以诚信作为立业之本，真诚服务客户，及时详尽地披露信托资讯和投资风险，以最高的诚意和诚信来经营国民信托的品牌。

我们坚持创新。因为创新是发展之道。只有锐意进取，不断创新，才能提供最符合客户需求的产品和服务。

我们的专业投资管理团队经验丰富、勤勉敬业和稳健尽责。我们以国际化的管理制度和系统，严格控制风险，保持稳健经营的作风。

【经营策略】

优化品牌：国民信托的品牌，代表着诚信、专业和稳健。无论在风险管理、创造价值或客户服务方面都要求员工最卓越的表现。

优质服务：我们以客为尊，提供最优质的专业技巧和服务态度。我们以客户需求为导向提供差异化、个性化和多样化的金融产品，为客户提供保值、增值的优质金融服务。

严格治理：我们实施严格而现代化的公司治理，透过不同的内部监察委员会，以及独立非执行董事，监察公司管理层的决策及员工的运作。确保客户和投资者的利益得到合法合规的应有保障。

创意进取：在不断转变的金融市场中，要保值，要创富，必须依赖创意。我们的专业投资人才，细心观察市场，谨慎分析数据，以富创意的思考方式，不断推出更新颖、更卓越的投资模式和产品。

合作共赢：我们积极开展国内外的交流与合作，引进和吸收国际间不断发展的先进金融企业管理系统和管理手法。在资产管理和投资银行方面开展国际化的业务合作，建立长期战略合作伙伴关系，以求公司整体业务水平时刻保持国际标准。

国投信托有限公司

国投信托有限公司是经中国人民银行总行批准设立的非银行金融机构，注册资本金12.048亿元人民币，国家开发投资公司全资子公司——国投资本控股有限公司和国投高科技投资有限公司分别持有95.45%、4.55%的股份。

公司目前主要开展信托、公司理财、固有财产投资等业务。公司以高端理财业务为核心，不断研发和创新信托产品，已建立起证券投资类信托、银行信贷资产类信托、黄金投资类信托等成熟产品体系，并成功尝试红酒投资信托、艺术品投资信托。自2006年迁址北京至今，公司累计开发信托项目87个，累计管理信托资产规模逾500亿元。公司已成为业内创新能力突出、品牌鲜明的信托公司。

公司于2007年10月推出的国内首只黄金信托产品—“国投信托·金满堂1号”黄金投资集合资金信托计划，被中国信托业协会列为最具创新能力产品，并连续获得第二届“诚信托——中国最佳信托公司”评选活动之“最佳信托产品”奖、2007年度“金融理财金贝奖”评选活动之“年度最佳设计创新信托产品奖”等殊荣。

2009年，公司凭借“国投信托·君顶典藏葡萄酒单一财产信托”荣膺2008年度华夏理财总评榜金蝉奖之“理财产品创新大奖”、第三届“诚信托——最佳信托公司评选”之“另类投资信托计划奖”。

公司与全球著名的资产管理机构瑞银集团（UBSAG）合资组建了国投瑞银基金管理有限公司，国投信托持有国投瑞银51%的股权。国投信托还参股了红塔证券、国投财务公司等金融机构。

国投信托拥有先进的管理经验和专业的投资团队，核心管理团队均具有十年以上金融投资经验，博士和硕士研究生占员工比例超过50%。经过多年努力，公司拥有众多高端个人投资者和机构投资者。

公司秉承“有道而正、信则人任”的核心价值观，坚持“以人为本”的基本理念，不断打造高信用级别的信托产品，为客户提供专业化、多元化、个性化的金融服务，以务实的精神、稳健的作风以及细致的服务树立良好的企业形象。

杭州工商信托股份有限公司

杭州工商信托股份有限公司是杭州市首家股份制金融企业，公司前身成立于1986年。公司历来秉承“诚实、信用、谨慎”的经营方针，以强大的业务创新能力和内控机制为依托，在激烈的市场竞争中树立了合规、信誉至上的良好形象。

2003年3月经中国人民银行核准，增资扩股后公司完成重新登记，目前注册资本为5亿元。

公司具备完善的法人治理结构，拥有一批实力雄厚的股东，其控股股东为杭州市投资控股公司，另有浙江新安化工集团股份有限公司、杭州市财开投资集团公司、浙江大学、西子电梯集团有限公司等优秀法人股东。2008年，公司引入国际战略投资者——摩根士丹利，成为合资信托机构，在合规风险管理、风险管理技术和项目资源等方面获得全球性资源支持。

公司建立了优秀的管理团队和完备的管理体制，通过切实有效的激励机制和富有弹性的制度安排推动业务创新，促进人才的竞争和流动，以创新来占据中国信托业的制高点。

根据《信托法》以及《信托公司管理办法》等有关法律法规，目前公司的本外币经营范围包括：

1. 资金信托；
2. 动产信托；
3. 不动产信托；
4. 有价证券信托；
5. 其他财产或财产权信托；
6. 作为投资基金或者基金管理公司的发起人从事投资基金业务；
7. 经营企业资产的重组、购并及项目融资、公司理财、财务顾问等业务；
8. 受托经营国务院有关部门批准的证券承销业务；

9. 办理居间、咨询、资信调查等业务;

10. 代保管及保管箱业务;

11. 以存放同业、拆放同业、贷款、租赁、投资方式运用固有资产;

12. 以固有财产为他人提供担保;

13. 从事同业拆借;

14. 法律法规规定或中国银行业监督管理委员会批准的其他业务。

公司的主要业务领域为:

个性化的专业购并金融服务

金融市场边缘衍生产品服务。

公司将在这两大领域向市场提供系列化的产品,为客户的金融服务需求提供全面的解决方案。通过制度化的业务推进流程,打造具有专业特色的综合性金融服务平台。

湖南省信托有限责任公司

湖南省信托有限责任公司(简称“湖南信托”)1985 年经湖南省人民政府批准、中国人民银行总行批复正式成立,2002 年经中国人民银行总行核准重新登记,2008 年获得了中国银监会颁发的新的金融许可证,是目前湖南省唯一保留的信托机构,也是湖南省内唯一能够同时涉足资本市场、货币市场和产业市场的非银行金融机构。目前,公司注册资本为 7 亿元人民币。

自重新登记以来,湖南信托坚持“自立、感恩、和谐”的核心价值观,发挥“受人之托,代人理财”的专业优势,秉承“风控优先、合规经营、专业专注、创新发展”的经营理念,创新产品与服务,积极开拓具有自身特色的信托业务,形成了以基础设施建设、股权投资、房地产为主的三大主营业务。并通过大力拓展,在私募股权投资、证券投资、上市公司股权质押及银信合作等方面积累了丰富的经验。至 2011 年 6 月底,公司已成功推出 400 多个信托项目,累计发行和受托管理信托资产 500 多亿元,重点支持了省内园区经济、市政基础建设和新型工业的发展。同时也为广大投资者带来了安全、稳定和可观的回报。

面对日益激烈的市场竞争,湖南信托将立足湖南、面向全国、放眼世界,发挥信托的功能优势,切实加强全面风险管理能力,不断提升核心竞争力,创新发展业务,为经济建设服务,为客户创造财富,为股东创造价值,将湖南信托打造成为资本充足、信誉良好、经营稳健、勇于创新的专业理财机构。

华澳国际信托有限公司

华澳国际信托有限公司是由国家开发投资公司控股北京三吉利能源股份有限公司、北京融达投资有限公司和澳大利亚麦格理集团下属麦格理资本证券股份有限公司共同出资,在中国境内组建的一家中外合资非银行金融机构。秉承“团结、诚信、高效、创新”的企业理念,华澳信托不断开拓、持久创新,致力于整合中外资源,为客户提供优质的产品和高效的服务;致力于吸引一流专业人才,尊重每位员工,加强团队合作,提升核心能力;致力于通过创新产品及行业最佳实践为投资者及股东创造可观价值及回报。

受人之托、代人理财,我们郑重承诺:将为投资者提供最好的服务和最佳的理财方案,把投资者利益永远放在第一位。追求卓越、不断创新,我们将谨守这一标准,努力开创投资者、交易伙伴、信托公司三赢局面。华澳信托,您独具特色的金融伙伴,从这里,您将得到专家型理财投资团队的忠诚帮助,当然,还能从北京三吉利能源股份有限公司、北京融达投资有限公司、麦格理资本证券股份有限公司的共同优势和互补优势中获益。

华宝信托有限责任公司

华宝信托有限责任公司(以下简称“华宝信托”)成立于 1998 年,是宝钢集团有限公司旗下的金融板块成员公司,宝钢集团有限公司持股 98%,浙江省舟山市财政局持股 2%。2011 年 1 月,华宝信托注册资本金增加至 20 亿元(含 1500 万美元)。旗下控股华宝兴业基金管理有限公司(中法合资)。

华宝信托始终秉承“受益人利益最大化”的经营理念,以专业化和差异化发展为基本战略,重点以资产管理与信托服务为两大主业,立足资本市场,不断强化能力建设、渠道建设和品牌建设。

【独特的优势】

· 雄厚的股东背景

宝钢集团有限公司信誉卓著,实力雄厚,从 2004 年开始连续七年进入《财富》世界 500 强,2010 年居世界 500 强第 276 位。

· 卓越的品牌形象

2006 年起在沪深两地媒体《上海证券报》和《证券时报》分别举办的优秀信托公司评选中,先后荣获“最佳知名品牌”、“中国最佳信托公司”、“最优秀信托公司”、“最值得尊敬的信托业领袖”、“最佳创新公司”、“最佳信托经理”、“诚信托—TOP 大奖”、“诚信托 · 卓越公司奖”、“中国优秀信托公司”、“中国优秀信托经理”、“最佳组合投资信托产品”、“最佳信托贷款产品”和“最具影响力品牌(产品)”等奖项。

· 突出的创新能力

一直以来,华宝信托围绕资产管理和信托服务两个核心领域,努力推动业务创新,始终处于行业前列。

在资产管理方面,联合工商银行推出国有大型商业银行发行的第一支基金优选(FOF)产品,与兴业银行合作发行适合低风险偏好投资者的保本策略股票投资型信托产品,与交通银行合作发行随心打新股申购产品,与工商银行合作发行的“精 · 赢”系列证券投资产品。

在信托服务方面,通过竞标做成外企企业年金第一单,开创了外企企业年金计划在国家劳动和社会保障部联合备案的先河,在业内首推“写意人生”员工福利管理集合信托计划;成功发行了我国资产证券化扩大试点后的首单资产证券化产品——“浦发 2007 年第一期信贷资产证券化信托;结构化证券投资业务创新品种“千足金”为市场瞩目,并为高端客户提供差异化的私募基金资产管理服务;领先推动股指期货和公益信托产品开展,并受托于银监会、民政部等机构起草多份管理办法,如《信托公司参与股指期货交易试点办法》、《信托公司开展公益信托业务试点办法》。

· 全面的业务资格

2005 年 1 月,获得新股发行询价对象资格,是国内首批获得该资格的专业机构之一。

2005 年,在由国家劳动和社会保障部联合银监会、证监会、保监会进行的首批企业年金基金管理人资格评审中,获得企业年金基金法人受托机构业务资格和账户管理人业务资格。

2006年，获得特定目的的受托机构资格，能够担任资产证券化业务中特定目的的信托受托机构、负责管理特定目的的信托财产并发行资产支持证券。

2007年3月，第一家正式向中国银监会申请重新登记，2007年4月3日获得中国银监会批准，成为首家获准换发金融牌照的信托公司。

2008年6月，获得“大宗交易系统合格投资者”资格证书，上海本地信托公司中，仅两家获得首批资格。

·完备的风险控制体系

华宝信托形成了由董事会及管理层直接领导，以风险管理部门为依托，相关职能部门配合，与各个业务部门全面联系的三级风险管理组织体系。在2005年成立了合规和风险管理部，是最早引入合规机制的信托机构之一，同时引入国内先进风险管理系统，对风险进行实时监控。

·高素质的专业人才

华宝信托成立以来，积聚了一大批高学历专业人才，在信托业务创新、产品设计、市场营销等方面取得了突出的业绩；在资产管理方面，投研团队阵容整齐，实力强大，在业内有着较强影响力；在中后台支撑方面，法务、风险控制、信息技术、交易等人员配备完善。现有员工中研究生以上学历占49%，骨干员工具有特许金融分析师（CFA）、注册会计师（CPA）、金融风险管理师（FRM）、国际理财规划师（CFP）等从业资格，知识结构合理，具有创新、务实和开拓能力。

【发展和成就】

秉承宝钢集团一贯的严谨规范风格，华宝信托始终以“受益人利益最大化”为原则，谨慎经营，努力创造，业绩持续良好，在行业中处于领先地位，取得多项行业第一：2007年新两规颁布后，第一家重新登记的信托公司；第一家取得社保部颁发的年金受托人及账管人资格；第一家开展结构化信托业务；第一家在公开媒体开展信息披露；第一家引入独立董事；第一家成立合资基金公司。一直保持银监会最高行业评级水平。

2010年全年，华宝信托共实现收入总额超15亿元（合并口径，下同），利润总额超8亿元，总资产利润率约15.5%，资本利润率约19.7%，主营业务收益率约39.5%，年末管理的信托资产规模超900亿元（含年金），稳居行业前列。

自1998年成立以来，华宝信托连续13年盈利，所兑付的信托计划从未低于预期收益率，累计为各类客户实现信托收益181亿元。2006年起华宝信托进入快速发展阶段，2006年——2010年累计清算信托项目478个，成功兑付率100%。

华宝信托立足货币市场、资本市场、实业投资，依托强大的投资研究能力，同时充分发挥信托制度优势，通过设立单一资金信托或集合资金信托，为委托人提供灵活多样的、全面的资产管理服务。2009年继续担任着若干公益型基金如宝恒教育、中华环保等的投资管理人角色并取得良好投资业绩。2010年，充分利用信托的灵活特性，开拓了证券资产固定收益类优先收益权转让业务；产融结合效果明显，板块协同深化，为罗泾项目进行债权融资，累计规模超50亿元；为宁钢、湛江、宝钢金属提供信托方式融资，为其节省资金成本累计近9,000万元。

华宝信托具备广泛的客户资源和融资渠道优势，能够充分发挥信托制度优势，为客户提供灵活复杂的信托融资服务，同时也可满足投资者的多元化投资需求。2009年银信合作有突破性进展，继续保持与国内各大银行良好合作关系，承揽铁道部百亿信托贷款项目；与工行合作系列信贷资产转让业务，年内实施项目约百亿元；与建行合作开发多种开放期限的开放式理财产品；2010年与中信银行合作成立资产池项目；信托资产规模增长迅速，年超900亿元（含年金）；与农业银行签订《战略合作协议》；为中国青年创业基金会设立的公益信托运作平稳；积极设立华宝公益信托参与“珍珠计划”等公益项目。

信托公司独特的功能优势奠定了华宝信托长远发展的基础，公司将持续坚持“客户第一”的经营理念，充分利用信托优势立足自身核心竞争力，发展专业化、主动化的核心资产管理能力，成为面向高端客户提供另类财富管理及综合金融解决方案的一流金融服务商。

华宸信托有限责任公司

华宸信托有限责任公司（原内蒙古信托投资有限责任公司）始创于1988年4月。2005年11月，公司实施增资扩股，成功引进湖南省最大国有企业——湖南华菱钢铁集团有限责任公司等作为战略投资者。2007年9月获得中国银行业监督管理委员会正式批准，成为全国第20家获准转型的信托公司，目前公司注册资本为5.72亿元人民币。

公司自创立以来，充分发挥非银行金融机构的投融资功能，积极为企业提供资金支持和多种金融服务。特别是实施增资扩股以来，公司不断开发新产品，拓展新领域，经营业绩保持快速增长，开启了跨越式发展的新纪元。2006年，公司各项主要经济指标均创历史最好水平，净利润增幅居全国信托行业第一，并荣获地方政府颁发的年度“金融创新奖”。2007年，公司继续保持良好的发展态势，净利润增幅达到37%，管理信托资产规模近74亿元，信托业务已向区外发展，延伸到北京、上海和湖南等地。

华宸信托将坚持“受人之托，代人理财”的信托业务本源，着力培养和形成矿业资源、钢铁、私人股权投资、基础设施、区域性房地产、证券投资等方面的投资管理能力，切实增强公司核心竞争力，向着国内一流、专业化和特色化方向发展。

华能贵诚信托有限公司

华能贵诚信托有限公司（以下简称华能信托），是中国华能集团旗下的专业从事信托业务的非银行金融机构，公司注册资本金20亿元。业务范围遍及全国，注册地为贵州省贵阳市。

2008年11月，经中国银监会批准，华能资本服务有限公司对原贵州省黔隆国际信托投资有限责任公司增资扩股重组。2009年1月正式更名为华能贵诚信托有限公司；2009年2月，经中国银监会批准，公司换发新的金融许可证，按照“新两规”要求开展信托经营业务。

华能信托建立了权责制衡、界面清晰的公司法人治理结构；组建了高素质、专业化的业务管理团队；具备雄厚的产品研发、创新实力；构建了覆盖公司各类业务的操作流程、经营层级及四级镶嵌式风控体系；搭建了涵盖公司业务开展、财务管理、监管对接等需求的信息系统功能模块和信息管理系统。

华能信托除强化公司本部的功能建设外，分别在北京、上海、深圳、宁波等地建立业务联络处，现已形成以公司所在地市场为依托，以全国市场为支撑的业务发展格局。

自2009年公司实现高起点、稳起步之后，2010年公司业务持续、快速发展。到 2010 年底,公司新增信托规模 431 亿元,到期清算兑付规模 245 亿元,存续规模由上年 226 亿元增至 412 亿元;公司恢复营业以来累计发行信托规模 659 亿元。

华融国际信托有限责任公司

华融国际信托有限责任公司是中国华融资产管理公司在重组新疆国际信托投资有限责任公司(以下简称新疆国投)基础上于 2008 年 5 月 19 日设立的。新疆国投创建于 1987 年 1 月,是国内最早经营信托投资业务的公司之一。华融信托注册地新疆乌鲁木齐市中山路 333 号。法定代表人隋运生。公司注册资本 151,777 万元,其中:中国华融资产管理公司持股 147,981 万元,占比 97.5%。

中国华融资产管理公司作为华融信托控股股东,为华融信托持续、稳健、快速发展注入了新的活力,全面提升了华融信托的形象与实力。公司股东还有:新疆维吾尔自治区国有资产监督管理委员会、新疆恒合投资股份有限公司、新疆凯迪投资有限责任公司。

华融信托在现代企业制度基础上建立了日臻完善的公司法人治理结构;拥有高素质、专业化的业务管理团队;具备雄厚的产品研发、创新实力并已形成卓越品牌;建立了涵盖各类业务操作流程、内控制度在内的较为完备的风险管理体系。

华融信托将充分依托中国华融资产管理公司的品牌、资源、机构网络等优势,充分发挥信托制度优势,充分发挥自身的专业、客户和团队优势,依法合规、稳健经营,专心致力于信托主业,不断提高公司市场竞争能力、风险控制能力、业务创新能力和运营管理能力,面向全国,将华融信托发展成一家专业优势突出、经营创新特色明显、规范经营、业绩优良、具有较强核心竞争力和可持续发展能力的国内一流的专业化金融服务机构。

华润深国投信托有限公司

华润深国投信托有限公司(以下简称“华润信托”或“公司”)是一家历史悠久、业绩领先、实力雄厚、品牌卓越的综合金融服务机构。

公司前身是成立于 1982 年、有“信托行业常青树”之称的“深圳国际信托投资有限公司”(简称“深国投”)。历经二十九载风雨和信托业五次整顿,通过多次增资和公司的自身积累,华润信托注册资本由 5813 万元增加至人民币 26.3 亿元。截至 2010 年 12 月 31 日,公司净资产达人民币 83.01 亿元。目前公司股东分别为华润股份有限公司和深圳市国有资产监督管理局。

多年来,华润信托在“让资产更智慧”的品牌口号引领下,始终坚持以客户为导向、持续创新,在结构金融、证券信托、股权投资、风险管理等诸多领域形成了独特的专业专长,为遍布海内外的高净值客户、高效益企业和高成长机构投资(融)者提供了优异的、定制化和差异化的金融解决方案。在国内信托行业开创了多个第一——第一支开放式证券投资信托计划;第一支限制性股票激励计划;第一支企业现金流资产证券化信托计划;第一个组合基金信托产品系列托付宝 TOF 等。

公司自 2006 年加入卓越央企、《财富》全球 500 强企业之一华润集团后,成为了华润七大战略业务单元之一华润金融控股旗下的骨干企业。

截至 2010 年底,公司管理的信托资产规模达 652.97 亿元,公司净资产 83.01 亿元,净资本 66.73 亿元,2010 年全年实现营业收入 16.48 亿元,净利润 13.80 亿元,资本利润率 18.43%,人均净利润 1,227 万元。近 30 年来,未曾出现过一起不能如期兑付事件,公司的净利润和人均净利润等多项指标多年来稳居行业前三,荣获过如“中国优秀信托公司”等诸多荣誉。同时华润信托连续担任中国信托业协会第一届和第二届理事会的理事单位,公司董事长蒋伟先生荣誉当选第二届理事会的副会长。

华鑫国际信托有限公司

华鑫国际信托有限公司(简称“华鑫信托”)于 2010 年 2 月 9 日获得中国银行业监督管理委员会批准重新登记,注册地为北京,在业务上受中国银行业监督管理委员会的监督和管理,控股股东为中国华电集团公司,公司注册资本金 12 亿元人民币。

华鑫信托以“受人之托,代人理财”为根本,秉承“稳健经营,价值至上”的理念,坚持面向市场,为客户提供全面、专业、特色金融服务。结合自身优势,华鑫信托形成了具有鲜明特色的发展思路。公司以能源和基础产业信托业务为核心,坚持多领域经营;以提供多元化、专业化、特色化金融服务为手段,坚持业务创新;以全面风险管理为保障,坚持稳健经营,规范运作。主要经营的信托业务包括:资金信托;动产信托;不动产信托;有价证券信托;其他财产或财产权信托;作为投资基金或者基金管理公司的发起人从事投资基金业务;经营企业资产的重组、购并及项目融资、公司理财、财务顾问等业务;受托经营国务院有关部门批准的证券承销业务;办理居间、咨询、资信调查等业务;代保管及保管箱业务等。主要自营业务包括:存放同业;拆放同业;贷款业务;租赁业务;投资业务;以固有财产为他人提供担保;同业拆借;法律法规规定或中国银行业监督管理委员会批准的其他业务。

按照《公司法》、《信托公司治理指引》和现代企业制度建设的要求,公司确立了法人治理基本架构。制定了包括公司业务操作、财务管理、风险管理、信息化建设在内的制度,形成了一套较为科学合理的制度体系。坚持以客户为中心、以业务为主线,建立起各类风险的监测、评估、处置等工作机制,保证风险可控在控。按照精干、高效原则,引进和培养了一批年富力强、从业经验丰富、有较强管理水平和开拓能力的高素质、专业化人才。公司努力提升盈利能力、人才支撑能力、执企能力、科学发展能力、风险管控能力,打造核心竞争力,努力把公司建设成为业绩优良、管理先进、科学发展、质形俱佳、值得信赖,具有核心竞争力,同业领先的专业化国际化信托公司。

吉林省信托有限责任公司

吉林省信托有限责任公司是吉林省唯一一家专业从事金融信托业务的非银行金融机构。2009 年 3 月,按照信托新法规的要求,经中国银监会批准,公司重新换发了新的金融许可证,是吉林省发展信托产业宝贵的金融平台。公司注册资本 15.97 亿元,管理信托资产规模 320 亿元。

公司坚持“规范经营、注重效益、防范风险、稳健拓展”的方针,逐渐发展成为东北地区规模较大、资产质量最好的信托公司，所开发的信托产品涉及基础设施、能源、交通、房地产等诸多行业及产业。除信托业务外，吉林信托还控股天治基金公司、天富期货经纪公司，参股东北证券、亚泰集团、吉电股份、辽源得亨等多家上市公司，逐步形成以信托为主业，涵盖商业银行、证券、基金、期货等业务领域的金融控股公司。

最近两年，公司信托资产规模增幅和收益增幅在全国同行业中均名列前茅，公司业务结构发生了根本性转变。市场化的经营模式使吉林信托在全国同行业中成为具有相当影响力和竞争力的信托公司。

在国家"振兴东北老工业基地"的政策引导下，吉林省日益强大的发展后劲必将给吉林信托的超常规发展提供巨大的展业空间，公司将通过深度参与"振兴吉林"的各个领域和层面，在支持和服务地方经济建设的同时，实现自身的不断发展壮大，为社会和公众提供值得信赖的高质量的信托理财和财富管理服务。

江苏省国际信托有限责任公司

江苏省国际信托有限责任公司成立于1981年，是经江苏省人民政府和中国银行业监督管理委员会批准设立的非银行金融机构，注册资本24.8亿元人民币，控股股东为江苏省国信资产管理集团有限公司。

2007年，按照银监会新"两规"要求，公司剥离实业投资资产，向银监会申请换发了新的金融许可证，实现业务转型。公司坚持"发展、创新、高效、稳健"的经营理念，发挥"受人之托、代人理财"的特点，立足本业，合规经营，经济效益稳步增长，切实维护受益人利益，成为我国信托业中资产质量优良、管理规范、经营合规、信息透明、风控能力较强的信托公司。自2002年重新登记以来，公司管理信托项目246个，管理信托资产282亿元，为信托客户创造收益逾16亿元。2008年，公司实现总收入3.1亿元，实现利润2.68亿元，人均创利538万元，净资产约29.75亿元，净资产收益率为8.7%。

江苏信托现有员工53人，其中拥有本科学历31人，占员工总数的58.5%，拥有硕士、博士学历16人，占员工总数的30.1%。培养了一支综合素质精良、业务经验丰富的理财专家队伍。

展望未来，江苏信托满怀豪情，坚持以发展为第一要务，完善治理结构，强化内控制度，提高人才素质，合规经营，创新发展，增强核心竞争力，把公司打造成一个以财富管理为主导，立足江苏、面向全国，管理规范，信息透明，健康和谐的现代化大型金融机构。

江西国际信托股份有限公司

江西国际信托股份有限公司（简称江信国际）成立于1981年6月，是经中国银监会批准、直属江西省人民政府的非银行金融机构，2003年3月由原江西省国际信托投资公司、江西省发展信托投资股份有限公司、江西赣州地区信托投资公司以新设合并方式组建，具有政府背景的独特竞争优势和卓越的品牌信誉。注册资本10.36亿元。

江信国际坚持"发挥信托功能、服务地方经济"的经营宗旨，先后为江铃汽车、昌九公路、丰城电厂、江西地方铁路、新余LDK光伏产业、南昌市防洪工程等近百项重点工程和城市基础设施建设筹集了大量资金。

自2004年以来，江信国际先后推出了政信合作、银信合作、企信合作等业务模式，业务遍及全国20多个省市。截止2010年末，累计管理信托财产达2222亿元，累计交付信托财产1562亿元，全部实现了信托财产的保值、增值。

江信国际治理规范，建立了"五个两、十环节"的内部控制和风险决策体系，拥有一支具有信托、保险、证券、商业银行、投资银行、基金等资深从业背景的专业团队和以北京、上海、南部、中部、西部、东南、中南、西南、西北、华北、浙江等10余个金融研发中心为依托的业务布局和资源网络，可根据客户的资产状况、风险偏好，利用信托独特的制度优势和功能，为客户提供跨越多个金融市场、多个行业、多个地域的专业化金融服务。

江信国际致力于金融控股集团的构建，通过兼并重组和投资设立，发展成为一家集信托、保险、证券、基金、期货、房地产开发、矿业投资、物业租赁等为一体的综合性金融集团，至2010年末，集团总资产突破200亿元，净资产近60亿元。

江信国际作为"受人之托、代人理财"的专业化理财机构，以"共同利益观"（即国家、股东、企业、客户、员工利益一体，互利共赢）为核心价值观，以"忠诚拼搏、艰苦创业"为核心理念，以"热情细致快捷高效的服务"为核心竞争力，在支持政府融资、企业发展、不断满足投资者理财需求的过程中获得快乐，获得成长。

交银国际信托有限公司

交银国际信托有限公司（以下简称"公司"）成立于1981年6月，原名为湖北省国际信托投资公司，注册资本10,000万元人民币。2001年12月，按照中国人民银行关于信托投资公司清理整顿和重新登记的有关要求，公司改制并更名为湖北省国际信托投资有限公司，并于2003年1月经中国人民银行核准重新登记。

2007年5月，经中国银监会批准，公司引进交通银行股份有限公司实施战略重组。重组完成后，公司更名为"交银国际信托有限公司"，注册资本120,000万元人民币。交通银行股份有限公司持有85%的股份，湖北省财政厅持有15%的股份。公司是国内首家由国有股份制商业银行直接投资控股的信托公司，也是首家按照新"一法两规"重组设立的信托公司。

公司拥有一批具有商业银行、投资银行、信托、基金等资深从业背景的专业团队，并拥有交通银行强大的实力背景、完善的资源网络和卓越的品牌信誉支持。自成立以来，秉承"受人之托，代人理财"的经营宗旨和诚信服务的管理理念，根据客户的资产状况和风险偏好，利用信托制度及其独特的功能设计，竭诚提供跨市场、多领域、跨地区的财富管理、项目融资和受托托管等专业化信托服务，以优质周到的服务赢得赞誉。

昆仑信托有限责任公司

昆仑信托（原金港信托）成立于1986年11月，原为中国工商银行下属信托投资公司。2008年，公司成功换发新的金融许可证。2009年6月，公司进行增资扩股并更名为昆仑信托，注册资本增至30亿元人民币，中国石油天然气集团公司的全资子公司中油资产管理有限公司为昆仑信托的控股股东。

昆仑信托具有完善的公司治理结构，经营合规、操作稳健、资产优良、业绩突出，成功投资于基础设施、开发区建设、房地产开发和证券市场，累计发行信托计划（基金）过百支，累计管理资产超过1400亿元。昆仑信托目前设有股权投资、房地产信托、机构融资和证券投资信托四个业务版块。公司拥有一批优秀的金融人才，一支富有朝气、勇于开拓、善于创新、投资管理能力强的信托基金经理人队伍，为投资者创造了良好收益。

平安信托有限责任公司

平安信托有限责任公司（以下简称“平安信托”）自1996年4月成为中国平安保险（集团）股份有限公司（以下简称“中国平安”）的控股子公司，是中国平安在香港联交所（2318.HK）和上海证券交易所（601318）整体上市的重要组成部分。

2002年2月，平安信托经中国人民银行批准重新注册登记。注册资本经过了四次增资扩股，增加到目前的人民币69.88亿元，是国内注册资本最大的信托公司。

2010年5月24日，平安信托完成了公司名称变更的工商变更登记，公司名称由“平安信托投资有限责任公司”变更为“平安信托有限责任公司”。

平安信托各项业务发展良好，资产质量优良，并拥有良好的公司治理架构、健全的风险管控体系、强大的信息支持系统和优秀的专业投资管理团队。

平安信托致力于为个人高端客户和机构客户提供综合而多样化的信托理财产品、高品质的投融资服务，并提供度身定制的全方位财富管理服务。包括资金信托；动产、不动产信托；有价证券及其他财产或财产权信托；作为投资基金或者基金管理公司的发起人从事投资基金业务；经营企业资产的重组、购并及项目融资、公司理财、财务顾问等业务，并积极拓展在物业投资、基建投资和私人股权投资等方面的业务。

平安信托凭借自身高水平投资研发能力，积极进行产品创新，在产品设计中综合运用了先进的金融工程学技术及科学的评价方法，提高了资产配置的灵活性及收益性。

2010年平安信托的业务规模实现稳健增长，新发行信托计划202个，发行规模645亿元；截至年底，在保持利润、管理费收入、客户数业内较好水平的前提下，信托资产管理规模达到1396亿元。

平安信托的信用风险资产不良率为1.12%，是全国资产质量最好的信托公司之一；也是首批取得推行外汇信托产品、资产证券化业务资格、境外理财业务资格的信托公司之一；凭借优良的资产质量、积极的创新精神、优秀的管理水平和良好的服务平台，平安信托屡获行业认可，先后荣获《证券时报》、《上海证券报》、《21世纪经济报道》等权威机构评出的“中国商业地产最佳投融资机构”、“中国信托公司最佳创新奖”、“最优秀信托公司”、“最具社会责任信托公司”、“年度最佳服务团队”、“卓越信托公司”等众多荣誉奖项。

本着创新、专业、稳健、可靠的经营理念，平安信托将进一步强化投资能力和投资品牌的建设，增强资本市场的产品创新能力及开放式平台的建立，推动运营平台完善，对各项客户服务流程进行优化，有效发挥后援集中优势，全面提升客户体验，努力成为以客户为导向，为客户提供个性化财富管理服务的高端财富管理机构，逐步发展成为中国最大、最优秀、最具创新能力的第三方资产管理公司。

青岛海协信托投资有限公司

青岛海协信托投资有限公司是中国银行业监督管理委员会2003年10月15日正式批准成立（银监复[2003]66号）并合法存续的金融信托机构。公司目前注册资本3.15亿元，注册地址青岛崂山区梅岭路29号1号楼818室。

2011年1月26日，中国银监会批准上海陆家嘴金融发展有限公司作为合格投资人控股海协信托71.606%的股权（银监复[2011]27号），并于2011年5月5日完成了股权变更的工商登记。

2011年9月20日，中国银监会批准青岛国信发展（集团）有限公司受让山东海川集团控股公司和青岛联宇时装有限公司持有的海协信托共计28.394%的股权（银监复[2011]368号）。

目前公司正积极进行重组后续工作，尽快完成规范换证、重新开业的各项准备工作。

山东省国际信托有限公司

山东省国际信托有限公司（以下简称山东信托）初创于1987年3月，时称山东省国际信托投资公司，是经中国人民银行和山东省人民政府批准设立的非银行金融机构，注册地为山东省济南市。2002年8月，山东信托完成增资改制和重新登记工作，由国有独资公司转变为有限责任公司，名称变更为山东省国际信托投资有限公司。2007年6月，获得中国银监会批复同意，名称变更为山东省国际信托有限公司。

山东信托自成立以来，在财富管理业务、证券投资基金业务、投资银行业务和国际金融业务等方面进行了卓有成效的开拓。特别是2007年中国银监会实施信托“新两规”以来，山东信托信托业务，特别是面向一般社会投资人的集合信托业务快速发展，产业信托、证券信托的规模和效益在全国信托行业中位居前列，享有良好的声誉。2010年山东信托发行信托产品1176.70亿元，投资领域涉及产业、证券、城市基础设施、房地产、服务业等，在公司自身发展的同时，也为国民经济和社会发展做出了自己的贡献。

1. 信托业务

信托业务是山东信托的主营业务。2002年重新登记以来，凭借良好的信誉和专业化的理财经验，山东信托积极开展业务创新，在财富管理方面取得了显著成绩。2007年6月获得中国银监会批准换发金融许可证后，山东信托用一年多的时间完成了业务转型，阳光私募证券投资信托、产业投资信托发展迅速，资产管理规模不断增长，房地产信托业务，包括保障房、廉租房、经济适用房信托业务稳步增加，外资银行结构化存款信托（类QDII产品）和公司金融投资信托业务也有所突破。截至2010年末，山东信托管理的以阳光私募为主的证券投资信托余额已近100亿元，相当于一家中小型基金管理公司的水平。2010年，与第一财经合作推出了“第一财经·山东信托阳光私募基金指数”，该指数为中国阳光私募证券基金市场提供了可比较的业绩基准和投资分析工具。在第二届中国阳光私募基金峰会上，山东信托获得2010年度中国阳光私募最佳创新信托公司“金樽奖”。山东信托的产业投资信托已形成恒富、恒鑫、尊享和绿色投资等多个系列品牌，分别投向重点支柱产业、新兴产业、节能环保企业以及优质上市公司等领域，契合国家“十二五”规划，为国民经济“转方式调结构"提供金融服务。2010 年,山东信托共办理信托业务规模 1176.70 亿元。截至 2010 年末,山东信托管理的信托资产余额 966.13 亿元。

2. 自营业务

多年来,公司自有资本主要投资于电力、金融等基础产业和国民经济重要支柱行业,收益相对稳定。根据 2007 年《信托公司管理办法》要求,山东信托已对固有项下山东中华发电有限公司等实业投资项目进行了清理。目前,山东信托固有项下长期投资主要是控股泰信基金,参股富国基金、民生证券、泰山财产保险、德州商业银行、邹平浦发村镇银行等金融机构,同时也在积极研究入股金融租赁公司、汽车金融公司以及其他商业银行。

3. 政府基金管理业务

山东信托受山东省政府委托经营管理省基本建设基金。截至 2010 年末,省基建基金资产规模为 136.71 亿元,当年实现增值 3.46 亿元。该基金设立以来,有效发挥了资金杠杆作用,累计带动投资 1000 多亿元,先后支持重点工程、重大项目 900 多个。由该基金发起设立的山东华能发电股份有限公司于 1994 年在纽约证交所挂牌上市,山东国际电源股份有限公司于 1999 年在香港联交所挂牌上市,该基金参与投资的多个项目,在行业内均有较好的知名度和影响力。以该基金出资、由山东信托作为股东的山东航空公司、济南国际机场、海阳核电以及与中国石化合作的青岛炼化公司、与铁道部合作的胶济客运专线等,体现了山东信托卓越的项目管理能力,为山东信托赢得了良好的企业形象。

4. 国际业务

2002 年重新登记之前,山东信托曾经作为山东省政府的对外融资窗口,积极开拓国际资本市场,与国际上多家金融机构建立了良好的业务合作关系,1992 年在日本成功发行武士债券,1993 年在新加坡成功发行小龙债券,于 1999 年底前对持有人全部按期偿还,山东信托成为全国第一家按期足额偿还全部外债的信托公司,展现了良好的国际信誉,中国人民银行总行对此给予了高度评价。多年来,山东信托累计融入中长期及短期外汇资金 60 多亿美元,支持全省 1000 多个建设项目。良好的国际业务合作积淀,为公司拓展国际间的信托业务合作,为境内外客户提供财富管理、咨询以及其他金融服务打下了良好基础。近年来,山东信托与外资银行合作,先后推出了多支外汇理财产品和人民币挂钩境外理财产品。

5. 其它业务

山东信托充分利用信托职能优势,重点依托山东省庞大的市场资源,逐渐向全国辐射,大力开展资产重组、财务顾问以及债券承销等投行业务,信托融资租赁也重新得到发展,为客户提供了全方位的金融服务。

随着国家"十二五"规划的实施,山东信托将在推动经济"转方式调结构"的同时,获得更多的业务机会。山东信托将立足信托业务,积极探索专业化的核心盈利模式,通过优质的专家理财、诚信的职业道德打造一流的金融品牌,创造一流的信托公司,为广大客户分享经济发展的成果做出更大的贡献。

山西信托有限责任公司

山西信托是由山西省信托投资公司改制而成,于 2002 年 4 月 1 日正式获准重新登记,是经中国人民银行和山西省人民政府批准保留的山西唯一一家信托机构。公司注册资本金人民币 10 亿元,其中美元 2414 万元。2007 年 8 月公司经中国银行业监督管理委员会批复,公司名称由"山西信托投资有限责任公司"变更为"山西信托有限责任公司"。有 3 家股东单位组成,分别为:山西省国信投资(集团)公司、太原市海信资产管理有限公司、山西国际电力集团有限公司。

为了适应不断变化的市场环境,保持公司的良好发展态势,公司将坚持以科学发展观统领公司发展全过程,紧紧围绕公司战略发展目标,规范经营,稳健发展,执着追求,勇于创新,努力提高核心竞争力,加快业务调整步伐,实现合理盈利模式,构建学习型、效益型、和谐型公司,充分实现股东权益、社会效益和员工利益的最大化,逐步将公司发展成为全国一流的信托机构,成为具有一定影响力的专业理财机构。

陕西省国际信托股份有限公司

陕西省国际信托股份有限公司(简称陕国投)是国内首家上市的非银行金融企业,也是国内目前仅有的两家整体上市信托投资公司之一。公司设立于 1985 年元月,1992 年增资扩股向社会发行股票,1994 年元月"陕国投 A"(股票代码"000563")在深交所挂牌交易。2001 年,公司在全国首批、西北首家完成重新登记。2006 年 7 月完成股权分置改革,迈入全流通新时代。

陕国投系国有控股的金融企业,经营发展过程中一直得到省委、省政府、省国资委、监管部门和控股股东等的大力支持。22 年来,公司积极发挥信托投资功能支持地方经济建设,为大批企业和项目提供了信托贷款、信托投资、融资租赁、信用担保、财务顾问、风险投资等优质金融服务,同时推动公司自身得到快速发展,诚信铸就了良好的"陕国投"品牌。

公司完成信托重新登记以来,潜心打造全新信托品牌,继在全国率先开办信托新业务后,已经和正在开展债券投资资金信托、央行票据信托、银行优质信贷资产(收购)资金信托、房地产资金信托、高速公路建设项目资金信托、高速公路大修项目资金信托、机场建设资金信托、旅游项目资金信托、MBO 信托、外汇资金信托、企业财务顾问等业务,有效拓展了信托市场,赢得了客户的信赖。与此同时,公司不断发挥房地产开发业务优势,大力支持下属陕西省鸿业房地产开发公司继成功销售金桥美丽园、金桥四季花园后,以"市场化、规范化、专业化、精益化"理念,精心铸造金桥太阳岛、金桥国际广场两个极富美誉度和竞争力的品牌项目;倾心倾力支持上海佳信房地产开发公司建设好上海市政府配套商品房大型项目,力求实现预期良好的经济效益和社会效益。

公司 20 余年来虽历经坎坷,但始终在不断求索中谋发展,在不断发展中尽力回馈各方。截至 2006 年 9 月底,公司经营管理的各类资产达 30 多亿元。1992 年至今累计实现净利润 4 亿多元,上缴各类税金约 2 亿元,历年分红累计 1 亿多元。

当前,陕国投新一届领导班子审时度势,以"十一五"发展为新起点,着眼公司持续发展和股东利益最大化目标,研究确定了发展思路。总体目标是:优化人力资源配置,激活内部运行机制,坚持产融结合方向,牢固树立风险控制意识,强化风险控制体系,紧紧围绕我省经济建设这一中心,发挥金融在经济发展中的核心作用,为省内交通、城市基础设施、能源、重化工、装备制造、房地产等优势产业提供金融服务,大力挖掘金融信托业务潜力,逐步强化信托业务的主营地位,发挥信托业务质量、规模和效益的联动效应,提升主营业务品质和效益。坚持科学发展观,以人为本,大力实施管理创新和业务创新，促进经营管理协调发展。"十一五"期末，力争把陕国投打造成在西部乃至全国有较大影响力的专业理财金融机构。为此，公司将继续大力深化内部改革，利用信托投资的广阔空间，发挥专业管理和理财专家之团队精神，秉持在长期金融服务中积淀、凝聚而成的"诚信、务实、创新、奉献"精神，积极投身资本市场、货币市场和产业市场拓展信托业务和自有资金投资业务，竭诚为广大客户提供全方位、多层面的金融信托服务，诚心谋求与客户共成长，竭力谋求全体股东权益最大化。

上海爱建信托投资有限责任公司

上海爱建信托投资有限责任公司（以下简称爱建信托）是由上海爱建股份有限公司投资组建，于 1986 年 8 月经中国人民银行及国家外汇管理局批准成立，系全国首家民营非银行金融机构，公司注册资本金 10 亿元。2001 年 12 月获中国人民银行批准重新登记。

爱建信托发扬"爱国建设"精神，坚持"稳中求进"理念，诚信经营，开拓创新，为国家尤其是为上海的许多重大项目提供了大量的金融支持，取得了较好的社会效益和经营效益。连续多年被评为全国 500 家最大的服务性企业。1997 年到 2003 年，连续三次被评为上海市级文明单位。被上海市外经贸委评为 1998—2000 年度上海市外经贸委系统先进集体。2000 年被上海市财政局、税务局授予"纳税信用 A 类企业"。2003 年被中共上海市委宣传部等 10 家单位联合授予第五届上海市"学知识、学科学、学技术"先进集体；被中国人民银行上海市分行评为银行信贷登记咨询系统建设先进集体。2000 年 1 月，爱建信托顺利获得了香港品质保证局的认证，成为通过 ISO9002 质量保证体系认证的首家国内信托投资公司。2001 年，爱建信托将原实行的 ISO9002：1994 提升为 ISO9001：2000。2001 年 11 月，通过了香港品质保证局升级转版的审查，这是国内金融行业中第一家通过 ISO 升级转版的公司。爱建信托总结出的企业流程管理模式，在 2000 年上海企业管理现代化创新成果评审中获得一等奖。2002 年 7 月 18 日，成功推出了全国第一个规范的资金信托计划——上海外环隧道项目资金信托计划，被誉为"信托业立春"的标志性事件。

爱建信托以其丰富、全面、独特的金融服务在推动经济发展中发挥着积极作用。一是爱建信托利用理财功能，可充分发挥为财产所有者经营、管理、运作、处理各种资产的作用。如动产信托、不动产信托等。二是爱建信托利用融资功能，可受托有资金节余的中小企业的资金，由爱建信托研究分析各产业、行业的发展情况，为委托者提供投资方便，同时资金紧缺而得不到银行信贷支持的企业，可以从爱建信托获得融资支持，为资金余缺的企业提供服务。三是爱建信托利用投资功能，可通过信托投资的方式将信托资金加以运用，将其转化为资本市场上稳定的投资资金，还可通过设立集合资金信托，将吸收的企业、居民节余资金投资国家各项重大工程和基础设施建设项目，实现投资的社会化、全民化，不仅仅可以拓宽投资来源，发挥国家财政投资的引导作用，还可以将项目投资的风险向社会分散，减少政府、企业、银行信托和个人所负担的风险。四是爱建信托利用服务功能，可以为国有企业的改制提供经济咨询、财务顾问、资信调查、投资咨询等咨询服务，具有贷款、股权投资、产业基金投资、贷款担保、信用见证、融资租赁等融资便利，可以为国有企业的改革提供充足的资金支持。另外，为社会公益事业服务，可设立各项公益信托，支持我国的文化教育、科技体育、慈善、环保等事业。

爱建信托坚持合规运作，积极开拓信托本源业务，资金信托业务、投资银行业务、资产信托业务取得了快速的发展。爱建信托坚持以人为本，注重人才价值与公司发展的良好结合，凝聚了一大批优秀人才，为信托业的持续发展奠定了坚实的基础。

随着全球经济一体化的加快，爱建信托正以全新的机制、全新的理念、全新的经营战略以及现代化的管理方式走向信托市场。将努力使自己成为资产质量一流、赢利能力一流、服务质量一流的国内外著名信托投资公司。

四川信托有限公司

四川信托有限公司（英文名称：SichuanTrustCo.，Ltd.）是在四川省信托投资公司、四川省建设信托投资公司历经十一年整顿重组，最终吸收和兴证券股权、华西证券股权和川信红照壁大厦三项资产进行合并的基础上，引入战略投资者而设立的信托公司。公司经中国银监会批准，经四川省工商行政管理局正式登记注册，注册资本为 13 亿元人民币，注册地址为四川省成都市锦江区人民南路 2 段 18 号川信红照壁大厦。

公司共 10 家股东，均为国内、省内的大型企业，实力雄厚，知名度高。其中控股股东四川宏达（集团）有限公司系我国大型民营企业，拥有近 300 亿元总资产，位列中国民营企业 500 强第 23 位。第二大股东中海信托股份有限公司是首批获准更换金融许可证的六家信托公司之一，荣膺"2009 年卓越公司奖"并连续两次获得"中国优秀信托公司"奖项，目前管理信托资产约 1，370 亿元。其余股东分别为：四川宏达股份有限公司、四川豪吉食品（集团）有限责任公司、汇源集团有限公司、成都铁路局、四川省投资集团有限责任公司、四川成渝高速公路股份有限公司、中铁八局集团有限公司、中国烟草总公司四川省公司。

苏州信托有限公司

苏州信托有限公司（以下简称"苏州信托"）是经中国银行业监督管理委员会批准设立的具有独立法人资格的非银行金融机构。其前身是苏州市信托投资公司，最早于 1991 年 4 月经中国人民银行批准设立。2002 年重新注册登记，回归信托本源业务。

苏州信托秉承"受人之托，代人理财"的宗旨，紧紧抓住苏州经济高平台快速发展的良好机遇，立足于服务地方经济建设，开拓创新不断进取，创造了江苏乃至全国诸多"首次"和"第一"，探索出一条适合苏州区域经济环境的特色发展道路，获得了社会各界的认可。

2008 年 5 月 20 日，苏州信托有限公司获中国银行业监督管理委员会批复，引进联想控股和苏格兰皇家银行（RBS）为其战略投资人，公司注册资本金增至 5.9 亿元人民币。此次增资扩股完成后，新的苏州信托股权结构为：苏州国际发展集团有限公司占股比例 70.01%，苏格兰皇家银行公众有限公司占股比例 19.99%，联想控股有限公司占股比例 10%。

展望未来，苏州信托立志成为联系投资需求和资金需求的桥梁，为投资需求方提供一个综合型的资产管理平台，为资金需求方提供创新的资金来源渠道；用 5－10 年左右的时间，将苏州信托建设成为拥有国际先进水平的、在中国信托业首屈一指的企业。

天津信托有限责任公司

天津信托有限责任公司(原名天津信托投资有限责任公司)成立于1980年,是国内最早成立的信托投资机构之一。公司注册资本金15亿元,自有资产和受托管理的资产总规模为170亿元。

在中国银行业监督管理委员会天津监管局的监督管理下,公司秉承“诚实、信用、谨慎、有效”的经营理念,发挥“受人之托,代人理财”的基本职能,立足金融信托本业,积极开展金融创新,努力拓展信托理财业务。多年来,发展并完善了集合资金信托、单一资金信托、股权投资、权益收购、租赁业务、指定项目信托等业务品种。充分发挥信托优势,围绕重点工程项目、基础设施建设、能源交通运输、城市房地产开发、大型企业产品更新换代、教育和高新技术等产业发展,推出一系列信托产品,将民间资金转变为投资资本,在满足投资者资金保值增值需求的同时,服务城市经济发展。

经过二十多年的不断创新与发展,公司与数百家企业机构建立了稳定的业务合作关系,形成了科学的经营管理机制,为投资者提供了高效的理财服务,树立了良好的公司形象。今后,公司严格按照《信托法》、《信托公司管理办法》和《信托公司集合资金信托计划管理办法》开展各项业务,继续秉承“对社会负责,对客户负责,对股东负责、对员工负责”的企业精神,始终如一地为投资者提供专业化的高水平信托理财服务。

五矿国际信托有限公司

五矿国际信托有限公司(以下简称“公司”),是中国五矿集团旗下的专业从事信托业务的非银行金融机构。

公司于2010年10月8日,经中国银行业监督管理委员会批准,在原庆泰信托投资有限责任公司完成司法重整的基础上,变更设立。注册资本金:12亿元人民币。注册地址:青海省西宁市。

公司股东:五矿投资发展有限责任公司(66%);西宁城市投资管理有限公司(33.9%);青海华鼎实业股份有限公司(0.1%)。

公司秉承中国五矿集团“珍惜有限,创造无限,服务为本,自强不息”的核心理念,坚持“至诚至信、稳健规范、专业服务、合作共赢”的经营方针,充分发挥“中国五矿”的品牌影响力和五矿集团的整体协同效应,依托青海省的资源优势,以专业化、差异化和精细化为战略取向,构建权责制衡、科学完善的法人治理结构,建立系统、全面的内控及风险管理体系,建立市场化的激励约束机制,打造高素质、职业化的业务运营团队,发挥专业的金融策划、资产管理、产品营销及风险管理能力,力争成为国内一流、具有核心竞争优势的综合型信托公司。

西部信托有限公司

【基本情况】

根据1999年国家对信托行业第五次整顿要求及中国人民银行同意,陕西省人民政府将原陕西信托投资有限公司(1981年成立)和陕西省西北信托投资有限公司(1987年成立)进行合并重组。经过清产核资、资产评估、增扩资本、申报登记等程序,2002年7月,经中国人民银行批准,西部信托投资有限公司登记成立。随着业务发展的需要,2008年8月,经中国银行业监督管理委员会核准批复,更名为西部信托有限公司。

西部信托公司为股份制地方金融企业,注册资本金6.2亿元人民币,由陕西省电力建设投资开发公司、陕西省产业投资公司、彩虹股份、宝钛股份、西飞公司等24家省内外知名企业共同出资组建。

公司具有完善的法人治理结构。股东会为最高权力机构,董事会、监事会各行其职,严格按照《公司法》、《公司章程》开展工作;独立董事制度健全,董事会下设五个专门委员会;为了加强业务监督管理,审慎开展业务,公司设立了固有业务、信托业务分析论证等专业委员会;内控机制到位,60多项规章制度有效地保障各项工作的运转畅行;公司党组织建设、工会组织完备,内部设7个业务部门、5个综合职能部门,业务工作能够有机协调,相互配合;公司现有员工98人,全员实行劳动合同聘用制,员工的录用按照公开招聘、平等竞争、择优录用的原则,并实行竞聘上岗。公司员工绝大多数都多年从事信托或金融业务,具备丰富的专业理论知识和较强的业务实践能力。

公司业务经营受中国银行业监督管理委员会陕西监管局的监管指导。重新登记以来,公司励精图治、一直致力于成为一个真正的“受人之托,代人理财”的规范信托机构。长期坚持稳健经营、持续发展和科学化、专业化管理,准确把握宏观经济运行的发展规律和市场形势,在资金信托、项目投、融资及资产重组等领域具有丰富的专业经验,信誉、服务和经营业绩深得社会各界赞誉。

【经营范围】

信托是指委托人基于对受托人的信任,将其财产权委托给受托人,由受托人按委托人的意愿以自己的名义,为受益人的利益或者特定目的,进行管理或者处分的行为。

西部信托主要经营以下业务:

1. 资金信托;
2. 动产信托;
3. 不动产信托;
4. 有价证券信托;
5. 其他财产或财产权信托;
6. 作为投资基金或基金管理公司的发起人从事投资基金业务;
7. 经营企业资产的重组、购并及项目融资、公司理财、财务顾问等业务;
8. 受托经营国务院有关部门批准的证券承销业务;
9. 办理居间、咨询、资信调查等业务;
10. 代保管及保管箱业务;
11. 存放同业、拆放同业、贷款、租赁、投资方式运用固有财产;
12. 以固有财产为他人提供担保;
13. 从事同业拆借;
14. 法律、法规规定或中国银行业监督管理委员会批准的其他业务。

【经营业绩】

公司自成立以来,经营管理水平不断提高,信托经营规模逐年扩大,利润等主要指标稳步增长,连年取得佳绩。

2007年末,公司总资产34.67亿元,其中,自有资产总额6.90亿元,管理信托资产27.77亿元;各项收入16473万元,比上年增长382%,实现利润13070万元,为上年利润的7.57倍。

2008 年末，公司总资产 48.4 亿元，比上年增加 13 亿元，其中自有资产 7.5 亿元，管理信托资产 40.9 亿元；各项收入 22,674 万元，比上年增长 37.6%，实现利润 19,982 万元，比上年增长 52.9%。

2009 年，受全球经济危机影响，公司收入和盈利减少。年末总资产总 56.4 亿元，其中：自有资产总额 8.6 亿元；信托资产 47.8 亿元。各项收入 8,413 万元，实现利润 4,807 万元。

【经营情况】

（一）信托业务取得了长足发展

2002 年公司重新登记以来，经过艰难的创业，已基本确立了以集合资金信托业务为主营业务的经营模式，成效显著。七年来，公司累计募集信托资金 120 多亿元，有力地支持了陕西的重点项目建设，为地方经济发展做出了突出贡献，累计支付委托人信托收益达 6 亿元。管理的信托计划均按期兑付，得到了广大投资者的认可和信任，为投资者取得了较为可观的回报。公司凭借优质、诚信的金融服务搭建起产业资本和金融资本有机结合的中介桥梁，铸就了“西部信托”的良好品牌。

（二）自有资产质量和效益不断提高

在信托业务发展壮大的同时，公司的自有资产质量不断得到改善，自有资金运作效益和投资项目收益稳步增长，公司的经营业绩显著。累计清收不良资产 1.5 亿元，如期完成了银监会规定的实业投资清理任务。

【主要荣誉】

2005 年，在陕西省工业经济联合会、商业联合会、社会科学界联合会、华商报社共同举办的“和谐陕西，管理力量—第二届陕西经济推动力总评榜”活动中，西部信托投资有限公司被评为“2005 年陕西十大优秀管理企业”。

2008 年 9 月，陕西省人民政府在《关于表彰支持陕西地方经济成绩显著的金融机构的通报》（陕政办发［2008］24 号）中，西部信托有限公司被列为受到表彰通报的金融机构之一。

近三年来，公司荣获多项荣誉：

2006 年度金融机构金融统计工作考核评比二等奖（中国人民银行西安分行）；

2007 年省内金融机构统计工作考核评比二等奖并被通报表扬（中国人民银行西安分行）；

2007 年度全省内部审计工作先进单位（陕西省审计厅、陕西省内部审计师协会）；

2008 年度金融保险业财务统计先进工作单位（省统计局）；

2009 年度金融统计工作一等奖（中国人民银行西安分行营管部）；

2009 年度西安市地方性金融机构征信系统工作先进集体奖（中国人民银行西安分行营管部）。

西藏信托有限公司

西藏信托成立于 1991 年，是一家有近 20 年金融从业经验的国有独资非银行金融机构。公司先后经历 6 次信托业的清理整顿和重新登记，以稳健经营著称。

公司资产主要为现金或高流动性的证券形态，无银行负债，资产质量优良，过去 10 年保持了持续赢利。公司致力于资产管理，在债券交易、股票投资以及衍生品交易上有成熟团队和较长时间的运作经验。公司管理客户资产的信托产品涉及证券抵押融资、证券二级市场、结构化融资、PE 直接投资、QDII 海外市场交易等多个领域，以资本市场为主要方向，并拟逐渐介入房地产、资源等领域。

公司注册地在拉萨，并在北京、成都等地设立了联络处，组织机构完善、人员配置精干。

厦门国际信托有限公司

【概况】

厦门国际信托有限公司（以下简称“公司”）系经中国银行业监督管理委员会批准设立的具有法人资格的国有非银行金融机构，注册资本 10 亿元人民币（其中外汇资本金 1500 万美元），股东为厦门建发集团有限公司和厦门港务控股集团有限公司。公司是资产管理服务的专业化提供商。

公司前身厦门国际信托投资公司是由厦门市财政局下属的厦门经济特区财务公司组建而成，成立于 1985 年 1 月，已稳健成长了 25 年。多年来，公司一方面致力于与各级政府合作、与地方经济实体互动、与战略伙伴实现共赢、与全国市场对接，成功为厦门及周边地市的经济发展筹集到数百亿的资金。另一方面，公司通过资金信托、财产信托、受益权转让信托、财富管理信托、资产证券化信托等手段，以专业化的理财和资产管理能力为委托人提供完整的、个性化的资产管理解决方案，包括财产安全、财产保值增值、财产传承等各类重大资产管理需求。

【历史沿革】

2002 年 2 月，经中国人民银行批准，由原厦门国际信托投资公司和原厦门建发信托投资公司合并设立厦门国际信托投资有限公司，注册资本 4.7968 亿元人民币（其中外汇资本金 1500 万美元），股东为厦门建发集团有限公司（持股比例 51%）和厦门市财政局（持股比例 49%）。

2004 年 12 月，经厦门市政府和中国银监会批准，厦门市财政局将其 49% 的股权划转给厦门港务控股集团有限公司持有，本公司 2005 年 12 月，根据股东会决议，本公司注册资本增至人民币 8.7968 亿元。2007 年 8 月，经中国银行业监督管理委员会批准核发新的金融许可证，公司更名为厦门国际信托有限公司。

2009 年 6 月，根据股东会决议，本公司注册资本增至人民币 10 亿元，其中：厦门建发集团有限公司出资 5.1 亿元，持股比例 51%；厦门港务控股集团有限公司出资 4.9 亿元，持股比例 49%。

新华信托股份有限公司

新华信托股份有限公司（NEWCHINATRUSTCO.，LTD.）成立于 1979 年，是我国最早的信托公司之一，公司注册资本为人民币 5 亿元。公司自成立以来，经历了银信分离、证信分业、增资扩股、战略重组等历程，在公司治理、制度建设、人才结构和业务开拓等方面不断完善，发展成为一个资产质量较高、经营理念先进和风格稳健的全新金融服务机构。2001 年 10 月，公司完成重新登记，2007 年 9 月，经中国银行业监督管理委员会核准，公司重新换发金融许可证。

公司秉承“珍视所托，专业理财”的经营理念，积极进行金融服务创新，稳步实现管理机制更新，业务逐年稳定增长，形成了以信托业务为主的业务格局。截至 2008 年底，公司信托服务费收入及占比在信托行业内位列前茅，管理资产约

230 亿元人民币。迄今,公司累计实现融资约 800 亿元、外汇 5 亿美元,承销发行债券约 86 亿元,代理发行国债数亿元。

公司主动探索信托业务发展模式,建立了综合投行业务、资产管理业务、功能信托业务等三大业务架构。公司综合投行业务在债券承销及发行财务顾问业务领域具有核心竞争力,近年来参与了大部分企业债券的承销,在国内信托公司中位居前茅;公司资产管理业务逐步形成了基础设施建设项目融资、银信合作的房地产项目融资、银行信贷资产回购型转让等业务为主的核心业务模式,2003 年以来累计发行集合资金信托计划近 100 亿元,累计兑付集合资金信托计划近 60 亿元;公司功能信托业务在员工持股等领域为客户提供了多元化、个性化的金融服务。

公司积极实施大客户战略及渠道战略,致力于与国内金融机构合作构建金融服务联盟。分别与中国农业银行、国家开发银行等金融机构建立了战略合作关系,在房地产信托、资产证券化试点等领域全面合作,并拥有一批稳定的、在行业处于领先地位的客户群和战略合作伙伴。

新华信托立志成为以资产管理为核心业务的、在行业内位居前茅的资本市场综合服务机构。凭借专业化的管理队伍以及高素质的职业信托经理人的不懈努力,公司以灵活的管理机制、稳健的经营运作和优质的产品服务走出了一条追求卓越、不断进步的成长之路,树立了充满生机与活力的企业形象。良好的经营业绩和诚信为本的经营声誉已使其成为一家备受关注的金融服务机构。

新时代信托股份有限公司

新时代信托股份有限公司的前身是包头市信托投资公司,1987 年经中国人民银行批准正式成立,2003 年 12 月经中国银行业监督管理委员会核准重新登记并更名为新时代信托投资股份有限公司。2009 年 6 月,经中国银行业监督管理委员会批准,公司更名为新时代信托股份有限公司,并换领新的金融许可证。

公司具有较强的综合经营能力,是新时代证券有限责任公司的第一大股东。新时代证券有限责任公司是全国性综合类券商,注册资本 11.26 亿元,在全国共有 39 家证券营业部。同时,公司通过新时代证券有限责任公司间接控股融通基金管理有限公司,截至 2009 年 9 月,融通基金管理有限公司管理的基金规模逾 600 亿元。

公司自 1987 年成立以来先后为内蒙古自治区各级政府及大中型企业融资达 350 多亿元人民币,2004 年以来成功发行基础设施建设、证券投资、装备制造业、房地产、商业服务业、教育及医疗卫生事业等众多信托计划,形成"聚财"、"富贵"、"锦程"、"丰金"、"慧金"等系列品牌的信托产品体系。

公司业务不仅遍及内蒙古自治区辖内的的呼和浩特市、包头市、鄂尔多斯市、乌海市、赤峰市、通辽市,而且在北京、黑龙江、广东、山东、山西、上海、辽宁、宁夏等省(区)市均开展了业务。公司秉承"抱诚守拙,谨行致远"的核心理念,管理的信托财产规模迅速扩大,业务领域持续拓宽,运作模式不断创新。

兴业国际信托有限公司

兴业国际信托有限公司的前身系联华国际信托有限公司,成立于 2003 年 3 月,公司注册地为福建省福州市。2011 年 1 月,经国务院和中国银行业监督管理委员会批准,由兴业银行股份有限公司控股,成为经国务院特批的我国第三家由商业银行控股的信托公司;同时也是福建省属唯一一家信托公司以及我国第一批引进境外战略投资者的信托公司。

兴业国际信托有限公司按照《中华人民共和国信托法》、中国银行业监督管理委员会《信托公司管理办法》等有关法律法规要求,紧紧围绕"高起点、高标准、高品位,打造全国一流信托公司"的发展战略目标,坚持依法经营、稳健经营,不断夯实业务基础和客户基础,着力提升业务发展和创新能力,致力于成为国内优秀的综合信托服务提供商,成为综合化、有特色的全国一流信托公司。截至 2011 年 9 月末,兴业国际信托有限公司固有资产总额为 9.54 亿元,信托资产余额为 866.78 亿元,累计开展信托项目 791 个,已顺利结束信托项目 434 个,公司所有结束清算的信托计划全部如期或提前兑付,所有信托产品的收益都达到或超过预期收益率,存续的信托财产运营情况正常。

按照立足福建、面向全国的经营发展战略,目前兴业国际信托有限公司已设立了 9 个综合管理部门、11 个业务发展部门、1 个客户营销服务部门,在福州、北京、上海、深圳、重庆、西安、武汉、沈阳等全国主要经济中心城市设立业务和客户服务网络,并参股紫金矿业集团财务有限公司、华福证券有限责任公司。在全国优秀信托公司评选活动中,兴业国际信托有限公司先后荣获"'诚信托'行业新秀奖"、"最具区域影响力信托公司"、"最佳高端客户投资渠道奖"、"最具成长性信托公司"、"最佳区域理财机构"等多项荣誉。

公司股东实力雄厚,可持续发展前景良好。公司现有股东中既有中资主流商业银行,又有国际知名外资银行及大型国有企业等实力强大的股东。兴业国际信托有限公司现有股东分别为:兴业银行股份有限公司、福建华投投资有限公司、澳大利亚国民银行、福建省南平市投资担保中心。

云南国际信托有限公司

云南国际信托有限公司(YUNNANINTERNATIONAL-TRUSTCO.,LTD. 以下简称"云南信托")是 2003 年经中国人民银行"银复[2003]33 号文"批准,由原云南省国际信托投资公司增资改制后重新登记的非银行金融机构。2007 年,根据《信托公司管理办法》的有关规定,公司经中国银行业监督管理委员会批准同意,首批换领《中华人民共和国金融许可证》并变更公司名称和业务范围。公司注册资本为 4 亿元人民币,目前所管理的各类资产规模近 200 亿元人民币。

云南信托的股东与战略伙伴包含了各行业龙头企业,涵盖了上市公司、金融机构、高科技企业、国内外咨询中介机构中的卓越企业。公司吸引了一大批谙熟中国资本市场发展和运营的一流专业人才,培育了一支高素质、高学历、年轻化、专业化的人才队伍。公司员工中本科、研究生(硕士、博士)学历和中级职称以上人员占 90% 以上。

改制后的云南信托借鉴国外先进的信托管理经验,致力于开展以现代信托业为中枢的多元化金融服务,充分发挥公司在资本市场的专业优势,以不断创新的产品设计理念为高端客户量身定制专业理财方案,已经形成以中国龙资本市场集合资金信托计划、云信成长新股申购信托计划、云信领先私人股权投资(PE)信托计划为代表的全系列信托理财产品线,为高端客户提供一揽子金融理财服务,在业内获得了较高声誉。目前公司业务覆盖云南、北京、上海、重庆、深圳等省、市,基本形成了"立足云南、面向全国"的发展格局。

中诚信托有限责任公司

中诚信托有限责任公司(原中煤信托),成立于 1995 年 11 月,2010 年 10 月完成增资扩股,注册资本金增加到 24 亿元人民币,是中国银行业监督管理委员会直接监管的信托公司。自成立以来,公司始终以市场为导向,公司资产的安全性、流动性和盈利性指标一直名列行业前茅。

1995 年 11 月,完成登记注册,注册资本金 4 亿元人民币,其中外汇资本金 1500 万美元。

1999 年 2 月,参与发起成立嘉实基金管理有限公司。

2001 年 9 月,完成清产核资、业务清理整顿工作,成为全国第一家获准重新登记的信托投资公司。

2001 年 12 月,发起成立国都证券有限责任公司,标志着信证分离工作的顺利完成。

2004 年 2 月,完成增资扩股和名称变更,注册资本增加到 12 亿元人民币,现有股东 14 家。

2004 年 6 月,收购龙电期货公司,更名设立中诚期货经纪有限责任公司。

2005 年 6 月,实现对嘉实基金管理有限公司的控股,并将其重组为国内规模最大的中外(德)合资基金管理公司。

2005 年 8 月,获得首批企业年金基金法人受托机构。

2005 年 12 月,经银监会审批,成为国内首家获得特定目的信托受托机构资格的信托公司。

2007 年 7 月,经银监会批准,成为国内首批换发金融许可证的信托公司,同年 12 月完成工商注册和公司名称变更。

2008 年 11 月,经银监会批准(银监复[2008]480 号),获得受托境外理财业务资格。

2009 年 1 月,经中国银监会批准,筹建中诚宝捷思货币经纪有限公司。

2010 年 3 月,经中国银监会批准,中诚宝捷思货币经纪有限公司开业。

中国对外经济贸易信托有限公司

中国对外经济贸易信托有限公司(简称外贸信托)是中化集团旗下从事信托业务的公司,经中国人民银行批准,1987 年 9 月 30 日在北京成立,同年 12 月 18 日正式开业。1994 年 12 月 31 日,国务院批准外贸信托加入中国化工进出口总公司(2003 年 11 月更名为中国中化集团公司),与原中化财务公司合并。

2002 年 9 月,外贸信托经中国人民银行批准重新登记,并获颁《信托机构法人许可证》,成为少数几家受中国银行业监督管理委员会直接监管的中央级信托公司之一。重新登记后的外贸信托股东为中国中化集团公司(持股比例 90%)和中化化肥公司(持股比例 10%),公司注册资本 8.32 亿元人民币(含 3,400 万美元)。

2005 年 6 月 1 日,根据中国银行业监督管理委员会(银监复[2005]141 号文)批复,远东国际租赁有限公司获准受让中化化肥公司所持外贸信托 10% 的股权。本次股东变更后,公司股东为中国中化集团公司(持股比例 90%)和远东国际租赁有限公司(持股比例 10%)。

2007 年 9 月,《中国银监会关于中国对外经济贸易信托投资有限公司变更公司名称和业务范围的批复》(银监复[2007]391 号)同意外贸信托变更业务范围,依据新办法开展业务,并同意外贸信托将公司名称变更为“中国对外经济贸易信托有限公司”。外贸信托换领新的金融许可证。根据中国银行业监督管理委员会(银监复[2008]8 号文)批复,公司注册资本金增至 12 亿元人民币(含 3,400 万美元)。本次注册资本金变更后,公司股东中国中化集团公司持股比例为 93.07%,远东国际租赁有限公司持股比例为 6.93%。

2009 年 5 月 27 日,经国务院国有资产监督管理委员会(国资改革[2009]358 号文)批复,中国中化集团公司获准联合中国远洋运输(集团)总公司共同发起设立中国中化股份有限公司。2009 年 7 月 24 日,根据中国银行业监督管理委员会(银监复[2009]262 号文)批复,中国中化股份有限公司获准受让中国中化集团公司所持外贸信托 93.07% 的股权。此次变更后,公司股权结构变更为:中国中化股份有限公司持股 93.07%,远东国际租赁有限公司持股 6.93%。

2010 年 3 月 23 日,根据中国银行业监督管理委员会(银监复[2010]127 号文)批复,中化集团财务有限责任公司获准受让远东国际租赁有限公司所持有的外贸信托 6.93% 的股权。此次变更后,公司股权结构变更为:中国中化股份有限公司持股 93.07%、中化集团财务有限责任公司持股 6.93%。

2010 年 7 月 30 日,根据中国银行业监督管理委员会(银监复[2010]360 号文)批复,公司注册资本金增至 22 亿元人民币(含 3,400 万美元)。此次注册资本金变更后,中国中化股份有限公司持股 96.22%、中化集团财务有限责任公司持股 3.78%。

中国金谷国际信托有限责任公司

中国金谷国际信托有限责任公司(简称“金谷信托”)成立于 1993 年,系经国务院同意、中国人民银行批准成立的非银行金融机构。2007 年以来,经国务院同意、中国银监会和财政部批准,中国信达资产管理股份有限公司(简称“中国信达”)对金谷信托资产、业务和治理结构进行了重组和重整,成功化解了各种风险因素,使金谷信托成为一个完全符合相关法律、法规规定和监管要求的信托机构。2009 年 9 月 1 日,中国银监会批复同意金谷信托重新登记,并核发了新的金融许可证。

金谷信托注册资本为 12 亿元人民币,注册地址为北京市西城区金融大街 33 号通泰大厦 C 座 10 层,是中国银行业监督管理委员会直接监管的信托公司之一。公司股东为中国信达资产管理股份有限公司、中国妇女活动中心和中国海外工程有限责任公司,其中中国信达资产管理股份有限公司为公司控股股东,持股 110,750 万元,占比 92.29%。信托公司所拥有的横跨货币市场、资本市场和实业市场的广泛金融服务功能,以及破产隔离的独特制度优势,使金谷信托在中国信达打造有核心竞争力的多功能金融服务集团的战略布局中具有重要的作用。

金谷信托具备健全的法人治理结构和完善的风险控制体系及制度,将坚持“胸怀服务社会理想、坚守诚信为本理念”,恪守谨慎、稳健的经营方针,注重经济效益和社会效益的有机结合,以受益人的利益最大化为宗旨,专注于信托产品和业务的创新与推广,发展目标是成为在财产管理、资金融通、投资理财和社会公益等领域具有核心竞争力的专业理财服务机构,争取在不远的将来跻身国内最具创新潜力和持续盈利能力的信托公司之列。

中海信托股份有限公司

中海信托股份有限公司是由中国海洋石油总公司和中国中信集团公司共同投资设立的国有非银行金融机构。其前身为中海信托投资有限责任公司，2007 年 6 月 18 日按照信托业"新两规"规定成为较早完成换牌的信托公司之一，公司更名为中海信托有限责任公司；2007 年 12 月 26 日，公司完成股份制改造，中海信托股份有限公司正式成立。目前，公司注册资本为 25 亿元人民币，中国海洋石油总公司和中国中信集团公司各占 95% 和 5%。

中海信托秉承"诚信稳健、忠人所托"的经营理念，坚持风控优先、坚持战略结盟、坚持"大项目、大客户"的双大策略，走"低风险、差异化"发展道路，为客户提供结构化融资业务、低风险理财业务、资产证券化业务、资本市场投资业务等金融服务，探索出了一条适合自身发展的道路，形成了以信托本源业务为主的阶段性盈利模式，实现了"将公司打造成国内一流能源、交通、基础设施行业专业化信托公司"的阶段性战略目标。

2009 年是中海信托实施战略转型、全面打造公司发展软实力的关键年。一年来，中海信托在中国银监会、上海银监局的领导下，以科学发展观为指引，在受金融危机冲击、外部经营环境不确定的背景下，谋布局、谋转型、谋管理，可持续发展能力大幅度提升。

2009 年，中海信托实现利润总额 56,110 万元，净利润 43,374 万元，净资产收益率达到 21.40%；2009 年底，公司管理信托资产余额 1370.96 亿元，同比增长 80.63%，全年累计管理信托资产超过 3000 亿元。实现信托营业收入 54.96 亿元，为委托人创造收益 36.88 亿元。

在实现高效高速发展的同时，中海信托坚持"诚信稳健、忠人所托"的理念，把维护委托人的利益放在首位，不断优化风险控制体系，切实承担起国有金融企业维护金融稳定的社会责任。几年来，公司累计管理信托资产超过 8000 亿元，一直保持着"两个没有"，即没有出现任何信托项目不能按期兑付或损害委托人利益的情况，没有产生新增的不良资产，成为委托人信得过的信托理财平台。在中国银监会的监管评级中，经公司治理、内部控制、合规管理、资产管理、盈利能力五个方面 130 项指标的综合测评，中海信托连续两年获得较高评级。

当前，复杂的宏观经济形势对中国信托业的发展带来了非常大的挑战，但同时也意味着机遇。2010 年，中海信托将以战略转型为动力、以业务创新为手段、以严控风险为保障、以稳健发展为目标，全力推进向专业资产管理机构转型进程，为中国信托业健康可持续发展作出更加积极的贡献。

中航信托股份有限公司

中航信托股份有限公司（原江西江南信托股份有限公司）是经中国银监会批准设立的股份制非银行金融机构，是经中国商务部核准的外商投资企业。公司由国内大型国企中国航空工业集团公司及境外战略投资者新加坡华侨银行等单位共同发起组建，注册地在江西南昌市，是中航工业旗下重要的金融平台之一，具有强大的股东背景和"条块结合"的现实资源优势。

公司于 2009 年 12 月底完成重新登记开业，2010 年 12 月底更名并乔迁新址。公司总部设有财富管理中心、信托业务中心、投资管理部、固定收益部、风险管理部、计划财务部、综合管理部、稽核审计部、信息技术部等业务和职能部门，目前在北京、上海、深圳、重庆、昆明、沈阳、杭州、成都等地设有业务团队。

公司作为中航工业投资公司成员单位，贯彻"高起点、高境界、可持续、快发展"经营方针；倡导先进的经营理念和高效的经营机制，聘任了卓越的独立董事，率先建立了首席风险控制官岗位设置，导入了适用的管理工具，建立了适应竞争环境的包括管理团队的人才队伍，构造了 IT 化的管理规范；坚持走专业化、差异化发展道路，专注于具有行业优势和区域优势、能可持续发展、形成核心能力的产品和业务，致力于打造"细分市场资产管理核心能力，成为专业化的一流金融服务商"的战略愿景。

公司坚持以人为本，积极投身社会公益事业。先后投入资金兴建希望小学，持续做好对弱势群体的关心扶助，努力践行社会责任，凭借守土有责的大爱情怀和追求发展的雄心壮志获得社会的广泛认可，先后荣获"江西省十大爱心企业"、"中国最具成长性信托公司"等称号。

中粮信托有限责任公司

2009 年 7 月 1 日，中粮信托有限责任公司（英文名称：COFCOTRUSTCO.，LTD.）获中国银行业监督管理委员会批准开业。中粮信托注册地在北京，是由中国银监会直接监管的非银行金融机构。中粮信托注册资本 12 亿元人民币，中粮集团有限公司持股 90%，中粮财务有限责任公司持股 5%，中粮粮油有限公司持股 5%。作为中粮集团旗下的金融机构，中粮信托将受益于中粮集团的品牌美誉、行业地位、强大实力和卓越表现。

中粮信托拥有雄厚的股东背景、突出的创新能力、完备的风险控制体系、高素质的专业人才，秉承客户至上的经营理念，坚持阳光、创新、稳健、务实的发展道路，注重信托资产的安全性、流动性和盈利性，逐步成为有产业特色的资产管理者。

中融国际信托有限公司

中融国际信托有限公司是经中国银监会批准设立的金融机构。

成立 23 年来，中融信托始终致力于提升综合资产管理能力，在货币资本市场、金融衍生产品、房地产投资、风险投资等领域积累了丰富经验。近年银信合作、政信合作、私募股权投资、证券投资、房地产投资等业务快速发展，为高端客户财富管理开拓了广泛的空间。公司 2007 年至 2009 年资产管理规模分别为 664 亿元、708 亿元、1323 亿元，居同行业前列；2009 年实现税后净利润 3.2 亿元，创造了良好的经济效益和社会效益。

公司拥有完善的治理结构、卓越的业务团队、良好的风控体系、广阔的投资领域、强大的盈利能力，致力于实现合作伙伴、高端客户、员工和公司的多方共赢。

中泰信托有限责任公司

中泰信托有限责任公司前身是中国农业银行厦门信托投资公司，成立于 1988 年。1999 年，经中国人民银行总行办函[1999]466 号文件批准，增资扩股，更名迁址。2002 年 2 月，经中国人民银行总行银复[2002]35号文件批准进行重新登记，注册资本为51660万元人民币，注册地址由厦门市迁往上海市，是首批获准重新登记的信托公司。2009年4月，经中国银监会银监复[2009]102号文批准更名并换发新金融许可证，换证后公司更名为"中泰信托有限责任公司"。

目前主要股东构成为：中国华闻投资控股有限公司（以下简称中国华控）持有31.57%，上海新黄浦置业股份有限公司持有29.97%，广联（南宁）投资股份有限公司持有20%。

2008年6月，中国人民保险集团公司通过全资子公司人保投资控股有限公司完成对中泰信托大股东中国华控的股权重组，中国华控的股权结构发生根本改变：人保投资持有中国华控55%股权，人民日报社持有25%股权，深圳市中海投资管理有限公司持有20%股权。

中铁信托有限责任公司

中铁信托有限责任公司（简称中铁信托，原名为衡平信托有限责任公司）是经中国银行业监督管理委员会批准，以金融信托为主营业务的非银行金融机构，注册资本12亿元。2007年7月，公司按照中国银监会《信托公司管理办法》换发了新的金融许可证，公司名称由"衡平信托投资有限责任公司"正式变更为"衡平信托有限责任公司"，成为全国首批换发金融许可证的信托公司之一。2008年12月，经四川银监局批准，公司正式更名为"中铁信托有限责任公司"。

中铁信托的控股股东——中国中铁股份有限公司是由中国铁路工程总公司以整体重组、独家发起方式设立的股份有限公司，是集勘察设计、施工安装、工业制造、房地产开发、资源矿产、金融投资等为一体的多功能、特大型中央企业集团，总资产3118亿元，净资产663.6亿元，是全球第二大建筑工程承包商，连续七年进入世界企业500强，2011年排名第95位，在中国企业500强排名第6位，在中央企业排名第5位。

公司业务范围涵盖资金信托、动产信托、不动产信托、有价证券信托、投资基金、证券承销、投资银行业务等；办理居间、咨询、资信调查等业务；以存放同业、拆放同业、贷款、租赁、投资方式运用固有财产；以固有财产为他人提供担保，从事同业拆借以及法律法规规定或中国银行业监督管理委员会批准的其他业务。2008年9月，中国银监会核准我公司特定目的信托受托机构资格，成为目前业内为数不多的获得该业务资格的信托公司；2009年11月，经中国银行业监督管理委员会四川监管局批复，中铁信托获得以固有资产从事股权投资的创新业务资格。

公司从2002年12月重组成立以来，坚持"创新、服务、可持续"的核心经营理念，按照现代金融企业的要求，着力进行管理创新和业务创新，不断提高专业管理水平和综合理财能力。公司积极发挥信托优势，在支持地方经济建设、活跃地方金融市场、促进民间资金向民间资本转化等方面发挥了积极而独特的作用，共为数百家企业提供了全面金融服务，在信托业界享有良好声誉。

公司于2004年通过ISO9001国际质量管理体系认证，并荣幸入选中国信托业协会第一届理事会，成为西部地区唯一的理事单位，2011年4月入选中国信托业协会第一届监事会；2009年4月，中铁信托在第二届"金贝奖"评选活动中，从全国50多家信托公司中脱颖而出，荣获"年度优秀信托公司""年度优秀信托品牌"两项大奖；2010年度最新的《信托公司理财能力排名报告》中，中铁信托理财能力综合排名位居全国第四位；2011年8月，在《证券时报》主办的第四届中国优秀信托公司评选活动中，公司蝉联"中国优秀信托公司"称号，成为中西部地区唯一获此殊荣的信托公司；2011年9月，公司在第七届中国（成都）金融理财节上，连续第四次荣获"年度最佳理财服务品牌"称号。

截至2011年10月，中铁信托累计发行信托产品近700个、管理信托财产规模1300多亿元，通过有效发挥自身专业理财能力和经营优势，让老百姓能够分享到改革开放和经济发展的成果。

信任源于专业，专业创造价值，中铁信托将始终铭记使命，珍惜托付，竭诚为广大投资者提供专业的理财服务。

中投信托有限责任公司

中投信托有限责任公司（以下简称"中投信托"）是经中国银行业监督管理委员会批准成立的专业信托金融机构。公司创建于1979年，前身为浙江省国际信托投资公司，是国内最早经营信托投资业务的公司之一。2007年10月，经中国银行业监督管理委员会批准换发新的金融许可证，注册资本金人民币5亿元。"中投信托"是中国建银投资有限责任公司（以下简称"中国建投"）的全资子公司。2010年3月，经批准同意，中国建投对公司进行增资，公司注册资本增至人民币15亿元。

中投信托自成立以来，一直坚持"诚实、信用、谨慎、有效"的信托理念，将"诚信为本、合规经营"作为企业的核心理念，立足于充分发挥信托制度优势，提升公司的整体资产管理能力和风险控制能力，在产业投资信托领域形成专业特色和核心竞争优势，成为资本充实、内控严密、管理规范、具有较强发展能力和竞争能力的金融信托机构。截至2010年三季度，公司总资产209,484万元，总负债6,634万元，净资产202,850万元，资产负债率3.17%，资产质量优良。

中投信托充分发挥信托制度综合理财优势，在有效防范风险的基础上，成功推出基础设施、证券投资、房地产、中小企业等系列信托理财产品，为投资者提供了稳健可靠的投资选择。截至2010年三季度，公司共累计发行资金信托产品441个；累计管理信托财产638.88亿元，管理信托财产余额206.85亿元；累计到期清算信托产品330个，按时足额交付信托财产257.9亿元，所有到期信托计划按时交付率100%，全部实现或超额实现信托计划预期收益率；所有存续信托计划运行正常。

中投信托将继续秉承"受人之托、代人理财"的信托宗旨，以有效的风险内控措施、高效的投资管理团队、全方位的金融理财服务、尽职的项目流程管理为投资者提供打造优质的金融信托产品，以回馈客户和社会的关爱。朝着"最值得信赖的专业受托人"的目标而努力。

中信信托有限责任公司

中信信托有限责任公司（以下简称"公司"）是中国银监会直接监管的以信托业务为主业的全国性非银行金融机构，是资产管理规模最大、综合经营实力稳居行业领先地位的信托公司，并于2009年被推举为中国信托业协会会长（理事长）单位。

公司是中信集团旗下的优质金融资产。中信集团的前身是前国家副主席荣毅仁先生于1979年创办的中国第一家信托公司中国国际信托投资公司，其信托业务由中信信托继承并发展壮大。

公司追求和谐、科学的价值文化，秉承“无边界服务、无障碍运行”的经营理念，把握市场规律，超前适变应变，持续学习创新，统筹价值实现，致力于成为信托法规范下“综合金融解决方案的提供商和多种金融功能的集成者”，以差异化竞争、持续性创新为标志，达成国内领先、综合优势明显、具有核心竞争力的智慧型信托公司。

2010年，公司在快速稳健发展中持续优化业务结构，信托业务从纯融资业务向资产管理和财富管理业务转型，从非主动管理向主动管理转型，发起推出涉及农牧产品生产、能源资源开发、民生工程建设、房地产开发等多个领域有影响力的信托产品，各项业务保持着良好发展势头，信托资产管理规模、信托业务收入、净利润等主要经营指标保持行业领先地位。

在中国社科院金融研究所和金融时报社联合举办的2009－2010中国金融机构金牌榜评选中，公司因其突出的综合实力和显著的经营业绩连续第三次摘取“年度最佳信托公司奖”；在由《北大商业评论》和中国管理案例联合中心的联合评选中，公司“无边界服务、无障碍运行”的创新经营管理模式受到专家评委的充分肯定，获得第四届中国管理学院奖专项金奖。

中信信托注册资本为人民币12亿元（其中，外汇2，300万美元），公司股东分别是中信集团和中信华东（集团）有限公司。

中原信托有限公司

中原信托成立于1985年，是中国银行业监督管理委员会核准的专业信托金融机构，注册资本12.02亿元，控股股东为河南省人民政府全资的河南投资集团有限公司。近年来，中原信托依托专业财富管理团队，成功开展了城市基础设施建设信托、交通能源建设信托、股权投资信托、银信合作信托、住宅和商业地产信托等系列信托理财产品，为高端机构和个人客户提供了安全、高收益的财富增值服务。中原信托2007年被《证券时报》评为最佳区域理财机构；2008年被《大河报》评为中原地区最具价值信托金融机构；2009年，中原信托外部网站荣获“最佳信息披露奖”；2010年，我公司获得“中国最具区域影响力信托公司”奖项。

截至2010年末，中原信托累计管理信托财产766亿元，按时足额交付到期信托财产413亿元，累计向客户交付信托收益38.6亿元，实现信托本金、收益足额交付率100%，全部到期信托项目均实现了信托目的。

中原信托将以高效的专业团队、超前的研发视野和完备的风险控制手段为客户打造优质金融产品，实现与客户的共同成长，为中国信托事业的发展做出新的贡献。

重庆国际信托有限公司

公司的前身是重庆国际信托投资公司，于1984年10月经中国人民银行批准成立，注册资本金3，500万元人民币，为国有独资的非银行金融机构；2002年1月，公司引入战略投资者，进行增资改制，并经中国人民银行总行《中国人民银行关于重庆国际信托投资有限公司重新登记有关事项的批复》（银复[2002]9号）批准，获准重新登记，注册资本金增至人民币10.3373亿元（含美元1565万元）；2004年底，公司进一步增资扩股，注册资本金增加到16.3373亿元，取得了重庆市工商行政管理局颁发的《企业法人营业执照》（注册号为5000001800019）和中国银行业监督管理委员会重庆监管局颁发的《中华人民共和国金融许可证》（编号为K10226530H002）。2007年10月19日，经中国银行业监督管理委员会银监复[2007]461号文《中国银监会关于重庆国际信托投资有限公司变更公司名称和业务范围的批复》获准变更公司名称、业务范围并已领取新的金融许可证（编号为K0051H250000001）。2010年11月，经中国银行业监督管理委员会银监复[2010]552号《关于批准重庆国际信托有限公司增加注册资本及调整股权结构等有关事项的批复》，本公司注册资本由人民币16.3373亿元增加至人民币24.3873亿元，公司股权结构由重庆国信投资控股有限公司100%持股，多家机构投资者共同持股，上述事项已于2010年12月22日完成工商变更登记（注册号为500000000005609）。

紫金信托有限责任公司

紫金信托前身为南京市信托投资公司，成立于1992年。2010年经中国银行业监督管理委员会批准，引入国际一流信托机构——日本住友信托银行及国内上市公司等多家战略投资者实施重组，注册资本增至5亿元人民币，并更名为“紫金信托有限责任公司”，于2010年11月开业。

紫金信托拥有独特的发展优势。公司股东实力雄厚、金融运作经验丰富。控股股东——南京紫金投资控股有限责任公司作为南京市政府着力打造的金融控股平台，是南京银行、南京证券、江苏紫金农商行、紫金信托、南京紫金担保的第一大股东，参股江苏紫金财险、利安人寿，并正在发起设立合资寿险公司。紫金控股将利用其完善的金融产业链、雄厚的国有资本、政府背景优势，为紫金信托未来业务开展提供有力支持；住友信托银行为日本第四大银行和最大的信托机构，以其丰富的信托业务经验和国际背景，为公司的信托产品设计、风险管控、业务流程等方面提供良好的借鉴；南京高新、三胞集团和金智科技的参股，优化了公司治理，促进公司提升经营活力。

公司拥有一支专业化、年轻化、国际化的团队。80%以上的员工来自于金融机构，全部具有本科以上学历，其中研究生占50%以上，23%员工具有海外学习工作经验。员工平均年龄33岁。扎实的知识基础、丰富的工作经验和国际化视野造就了一支充满活力的队伍，为充分贴近客户需求，提供定制服务，创造了良好条件。

紫金信托崇尚“更优的服务、更快的速度、更高的服务价值”，致力于为客户提供量身定制的理财服务和融资服务。对理财需求客户，可根据客户风险偏好、流动性要求、收益期望等提供不同类型产品。对融资需求客户，可根据企业不同发展阶段、业务特点、融资用途、资产状况等提供债权式、股权式、收益权式等多种灵活的融资方式。目前公司还在积极推进包括支持中小企业发展、创新性业务在内的产品研发，努力为客户提供灵活多样、个性化服务。

工银金融租赁有限公司

工银金融租赁有限公司，由中国工商银行股份有限公司全资设立，注册资本50亿元人民币，注册地在天津滨海新区。

工银金融租赁有限公司是国务院确定试点并首家获中国银监会批准开业的由商业银行设立的金融租赁公司，也是国家确定滨海新区发展战略后落户新区的最大法人金融机构之一。工银金融租赁有限公司的成立在工行迈向国际一流信用企业、打造业务多元化、经营综合化、服务专业化的中国最大银行的道路上再次写上浓墨

重彩的一笔。公司依托中国工商银行的强大实力，以国际化的视野、市场化的机制、专业化的品质，提供各类租赁产品以及租金转让与证券化、资产管理、产业投资顾问等金融产业服务，致力于打造国内一流、国际知名的金融租赁公司。

工银金融租赁公司定位为大型、专业化的飞机、船舶和设备租赁公司，秉承工行在机、船、设备租赁融资方面的专业基础和优良的企业文化，建立了完备的公司治理结构和内部管理体制。依托工行的客户、网络优势和市场美誉度，在市场营销能力、风险控制基础，人力资源水平方面，都具有领先同业的优势，具有强大的发展潜力。

华融金融租赁股份有限公司

华融金融租赁股份有限公司，是经中国银行业监督管理委员会批准主营融资租赁业务的非银行金融机构。公司原名浙江金融租赁股份有限公司，前身为成立于1986年的浙江省租赁公司，是国内最早成立的融资租赁公司之一。公司总部位于浙江省杭州市，设有宁波、金华分公司。

公司成立20多年来，在各级政府和监管部门的大力支持下，立足浙江，面向全国，充分发挥融资租赁这一独特金融工具融资融物、加速技术进步、促进产业升级等显著优势，已在企业技术改造、公共交通、工程机械、环保能源、医疗、印刷、船舶等领域为4200多家企业提供融资租赁服务，累计租赁投资额达958亿元，业务覆盖全国30个省、自治区和直辖市，为促进经济发展作出了积极贡献。

2006年3月，大型国有独资金融企业中国华融资产管理公司成为公司控股股东，公司进入了稳健快速发展的新阶段。截至2010年末，公司注册资本25亿元，资产总额302亿元，净资产41.23亿元，是我国金融租赁行业领先企业之一。

公司将深入贯彻落实科学发展观，不断增强经营能力、市场竞争力和可持续发展的盈利能力，构建良好的公司治理和内部控制、风险管理机制，培育高素质的员工队伍，打造华融品牌和文化，为推动中国融资租赁业的发展作出新的更大的贡献！

建信金融租赁股份有限公司

建信金融租赁股份有限公司成立于2007年12月26日，是经中国银行业监督管理委员会批准成立的非银行金融机构，由中国建设银行股份有限公司和美国银行股份有限公司共同出资成立。公司注册资本45亿元人民币，注册地北京市。

公司承继发起人股东在国内外市场上的品牌优势、渠道优势、资金优势和人才优势，为境内外客户提供专业化的金融租赁服务，其经营范围包括：融资租赁业务、接受承租人的租赁保证金、向商业银行转让应收租赁款、发行金融债券、同业拆借、向金融机构借款、境外外汇借款、租赁物残值变卖及处理业务、经济咨询和经监管部门批准的其他业务。

公司将在整合自身优势的基础上，不断开拓市场，创新产品，加强与其他租赁公司和金融机构的合作，发展成为一家实力雄厚、管理规范、富于创新、充满活力的国际化金融租赁公司。

民生金融租赁股份有限公司

民生金融租赁股份有限公司成立于2008年4月，是经中国银行业监督管理委员会批准设立的首批5家拥有银行背景的金融租赁企业之一。公司由中国民生银行股份有限公司和天津保税区投资有限公司共同发起创建，注册资本32亿元人民币。截至2011年6月30日，公司总资产超过500亿元，累计实现业务投放700亿元，不良资产为零。公司目前已成为中国最大的公务机租赁公司和船舶租赁公司，拥有各类公务机逾60架，船舶120多艘，总运力超过400万载重吨。

民生金融租赁依托注册地——天津滨海新区金融改革试验区的良好投资环境，以国际化的视野、市场化的运作、全面的服务意识，为海内外大型企业和优质中小企业提供专业的金融租赁产品及服务。公司集合了融资租赁及相关行业的海内外人才，打造了一支专业高效的团队，专注于航空、航运和大型设备等领域的开拓。

成立3年来，公司治理结构和内部管理机制日益完善，业务特色逐步显现，在市场营销、风险控制、业务创新、人力资源等方面都处于同业领先水平，获得了经人民银行认可的专业信用评价机构的“AAA”债项和主体信用评级，并先后获得由21世纪亚洲金融年会颁发的“最具竞争力金融服务奖”，及《第一财经日报》金融价值榜（CFV）的“2010年度金融租赁公司”称号，得到社会各界认可。

公司以“专注金融租赁业发展”为使命，以“打造治理结构完善、业务特色非常鲜明、盈利水平最好的大型民营金融租赁公司”为愿景，培育有特色的市场竞争优势和可持续发展能力，实现客户、股东、公司和员工的共同成长。

江苏金融租赁有限公司

江苏金融租赁有限公司是中国银监会批准的非银行金融机构，专业从事融资租赁业务，是国内著名的金融租赁公司，具有二十多年的从业经验，为江苏交通控股有限公司的旗下企业。

【公司概况】

公司拥有一支知识层次高、业务素质强、充满朝气活力的优秀金融租赁人才队伍，员工业务知识覆盖金融、投资、财务、法律、设备管理等多个学科，具有硕士以上学位的员工占到50%。公司秉承“诚信、服务、创新、效率”的经营理念，凭借强大的资金实力和创新灵活的服务手段，多年来，在医疗、印刷、交通运输、教育、工程机械、石油化工、纺织、工业机械、电力、烟草等领域，开展了大量的租赁业务，现租赁业务地域已遍及全国，为很多大中小企业提供了金融租赁服务。

目前，公司在国内医疗印刷租赁行业中处于领先地位，特别是一批中小企业在公司的融资租赁支持下，迅速成长起来，产生了良好的经济效益和社会效益，公司在行业的知名度和美誉度不断提高，在市场上树立了良好的形象和资信度。公司稳健经营，严控风险，资产质量位居全国同行领先水平，资产规模与经营业绩持续高增长受到了监管机构较高评价。

【组织机构】

公司设有董事会、监事会，审计委员会（设稽核部）、风险管理委员会、项目审核委员会。

内设办公室/人力资源部、财务部、风险控制部、业务一部、业务二部、业务三部、业务四部、业务五部。

交银金融租赁有限责任公司

交银金融租赁有限责任公司由交通银行独资设立，注册资本20亿元人民币，于2007年12月28日在上海正式开业。作为银监会首批银行系金融租赁公司，交银租赁将积极开拓市场，开展金融创新。目前公司的目标客户包括三大类：一是有市场规模的运营服务商，如电力、通信、城市基础设施、铁路、航运、环保节能等企业；二是有知名品牌的大型设备制造商，交银租赁可与之共同开展厂商租赁业务；三是优质上市公司和盈利能力较强的企业，通过融资租赁，可帮助客户调节财务和税收状况。作为交银控股集团下的又一支生力军，交银租赁将积极携手与分支行、兄弟子公司进行业务合作，依托交银集团的保险、证券、基金、信托等金融业务的整合资源，满足客户多层次金融服务和财富管理需求，共同描绘交银集团综合化经营的美好蓝图。

【业务管理】

根据《金融租赁公司管理办法》，交银租赁将经营以下本外币业务：融资租赁业务，接受承租人的租赁保证金，向商业银行转让应收租赁款，经批准发行金融债券，同业拆借，向金融机构借款，境外外汇借款，租赁物品残值变卖及处理业务，经济咨询，中国银行业监督管理委员会批准的其他业务。

【公司战略】

在“1+N”为核心业务的战略指导下，交银租赁将紧紧依托母体——交通银行的网络和客户资源优势，以具有竞争力的租金成本和租赁功能，通过银行信贷与租赁的优势互补，迅速渗透市场，抢占先机，建立和稳定一批高端、优质客户群，不断提升市场对“交银租赁”的认可度，从而在品牌、规模优势、产品创新和优质服务上出效益。

【大事记】

2007年11月9日，交银金融租赁有限责任公司（筹）召开第一届董事会第一次会议。

2007年11月9日，交银金融租赁有限责任公司（筹）召开第一届董事会第一次会议。

2008年3月7日，交银金融租赁有限责任公司召开第一届监事会第一次会议。

2008年3月7日，交银金融租赁有限责任公司召开第一届监事会第一次会议。

国银金融租赁有限公司

国银金融租赁有限公司是经中国银监会批准设立、国家开发银行控股经营的非银行金融机构，注册资本80亿元，是国内最大的金融租赁公司。公司现有员工130余人，资产总额超过600亿元。被2010中国融资租赁年会评为“2010中国最具影响力融资租赁公司”。

作为国家开发银行的租赁业务平台，公司充分发挥开发银行的各种资源优势，积极与各分行开展业务协同，共同为客户打造量身订做的“信贷+租赁”组合金融服务，形成了航空、船舶、商用车、基础设施、轨道交通、能源电力、工程机械、企业设备、商业房产等租赁业务并举的发展格局。

在未来发展中，公司将服务于国家开发银行总体发展战略，继续发挥开行的各种资源优势，与开行的总、分支机构紧密合作，共同为客户提供优质、灵活的“投、贷、债、租、证”综合金融服务；同时，将继续细分市场、优化服务、走专业化发展之路；借助开行率先布局国际业务的优势，积极贯彻国家“走出去”战略，为国产装备出口提供配套租赁服务，从资源、品牌、服务、管理、文化等多方面打造企业的核心竞争力，力争把公司建设成为“风险可控、资产优质、回报稳定、国内领先、世界知名”的金融租赁品牌企业，为支持经济社会发展做出应有的贡献！

招银金融租赁有限公司

招银金融租赁有限公司（以下简称招银租赁）是国务院批准试办的5家银行系金融租赁公司之一，于2008年3月26日获得中国银行业监督管理委员会批准成立，注册资本金20亿元人民币，注册地上海，由招商银行（600036）股份有限公司全资设立。

招银租赁的设立，是招商银行综合化经营战略的重要组成部分。各项租赁业务的全面开展，将更加丰富招商银行的金融产品种类，特别是优化公司业务的产品结构，从而充分满足客户多样化的金融服务需求。

招银租赁将以国家产业政策为导向，以招商银行遍布全国的分支机构网络为业务营销的重要渠道，以船舶运输、电力电信等大型设备和中小企业融资等行业客户作为主要的业务发展方向，有效利用招商银行系统平台上客户信息、风险管理等一系列资源，充分把握中国租赁市场的发展变化特点，紧紧围绕客户在融资购物、促进销售、盘活资产、均衡税负、改善财务结构等方面的个性化需求，向企业提供融资租赁、资产管理、投融资咨询等全新的金融服务。

招银租赁已经按照现代企业管理制度和国家的监管要求，建立了专业、高效、制衡和负责的董事会，并将持续完善公司治理结构，加强合规经营，扎实推进公司的科学化、信息化、流程化和系统化管理建设。

招银租赁作为招商银行的全资子公司，将秉承招商银行卓有成效的“因势而变、因您而变”的经营理念，坚持“服务、创新、稳健”的核心价值观，以“高起点、高标准、高水平”为创业宗旨，以“国际化、市场化、专业化”为管理目标，致力于将招银租赁打造成为优秀和卓越的金融租赁公司。

中国外贸金融租赁有限公司

中国外贸金融租赁有限公司成立于1985年，现由中国银行业监督管理委员会直接监管。2008年1月，经中国银行业监督管理委员会批准，公司进行了重组改制，目前注册资本为15.07亿元，中国五矿集团公司与中国东方资产管理公司各持50%股权。

公司具有优越的产融背景，中国五矿集团是以金属、矿产生产和流通为主的国有大型企业集团，中国东方资产管理公司是大型国有独资金融企业，实力雄厚。

二十多年来，在监管部门和股东的指导和支持下，公司与电信、钢铁、有色、化工、工程、医疗等行业的多家企业建立了广泛深入的合作关系，业务范围覆盖全国，为促进客户和经济的发展起到了积极的作用。

公司将充分依托股东的品牌、资金、网络等资源，恪守诚信，发挥专业优势，不断开拓创新，提升服务品质，坚持对客户与伙伴的承诺，将公司打造为国内优秀的金融租赁公司。

新疆长城金融租赁有限公司

【股东情况】

中国长城资产管理公司是1999年经国务院批准、由财政部出资设立的具有独立法人资格的国有独资金融企业。公司通过综合运用债务追偿，资产置换、租赁、转让与销售，债务重组及企业重组，债权转股权，资产证券化等手段，收购、管理、经营和处置国有商业银行剥离的不良资产，防范和化解金融风险，实现不良资产的价值回收的最大化，最大限度地保全国有资产。

【公司治理】

根据市场化运作的客观要求，公司建立了以股东、董事会、监事会、经营层等为主体的组织架构，保证相互之间职责清晰、有效制衡，形成科学、高效的决策、激励和约束机制。

【发展战略】

重组复业两年以来，长城租赁按照现代企业管理的要求，制定了包括各项规范、程序和操作细则在内的制度体系，设计了融合在业务流程中的风险控制体系，与多家金融机构建立了业务联系，为今后的发展奠定了良好的基础。因此，在今后几年，长城租赁将加快发展、壮大实力，力争五年内租赁规模达到200亿元以上，成为具备一定规模和市场影响力的独立型租赁公司。

通过对自身特点和市场需求的认真研究，长城租赁确定了以中小企业为主的客户定位；在行业选择上，公司在起步发展阶段，不强求行业集中，待发展到一定规模后，逐步向医疗、机械、环保、物流、资源等行业集中；在发展策略上，积极与厂商合作，力争成为一流厂商的合作伙伴，共同拓展租赁业务。

【发展状况】

2009年按照公司大力开拓业务，完善制度建设，加强风险防范，持续稳健发展的经营指导思想，广大员工齐心协力，经过艰苦顽强的拼搏，全面完成各项任务目标。当年租赁业务投放规模21.82亿元，实现主营业务收入1.88亿元，比上年增长68.9%；实现净利润0.79亿元，同比增长168.05%；加权平均净资产收益率13.59%，总资产净回报率3.34%。

2009年末公司租赁资产余额29.77亿元，其中：正常租赁资产79笔，余额24.21亿元；不良租赁资产19笔，净值余额5.59亿元，均属重组前遗留不良资产。

山西金融租赁有限公司

山西金融租赁有限公司是1992年由山西省计划委员会、省工商银行和省建设银行合资组建，经中国人民银行批准设立的主营融资租赁业务的非银行金融机构。2002年经中国银行业监督管理委员会批准实施增资扩股，注册资本由5000万元增至5亿元，并由山西国际电力集团有限公司控股。

公司成立近20年来，秉承"诚信、勤勉、稳健、创新"的经营理念，充分发挥融资租赁这一独特金融工具融资融物、加速技术进步、促进产业升级等显著优势，已在企业技术改造、交通运输、能源环保、工程机械、医疗印刷等领域为众多企事业单位提供融资租赁服务，为促进经济发展做出了积极努力。与此同时，公司也在与企业的合作过程中取得了良好的经济效益和社会效益，公司自成立以来保持持续盈利，并精心打造了一个管理高效、服务一流、信誉卓著的金融租赁品牌。

河北省金融租赁有限公司

河北省金融租赁有限公司成立于1995年12月20日，注册资本金5亿元人民币，是经中国银行业监督管理委员会批准成立的以经营租赁业务为主的非银行金融机构，由河北建设投资集团有限责任公司、新奥集团股份有限公司等六家公司共同出资设立。

公司自成立以来，一直秉承"卓越、创新、专业、诚信"的经营理念，不断聚集金融、投资、财税、技术等各类英才，积极探索和实践融资租赁和经营性租赁的各种金融产品，稳步提高市场份额，审慎控制经营风险，保持了"持续、稳健、快速"的发展态势。截至2010年，公司业务领域涉及交通运输、通讯、基础建设、能源、医疗卫生等多个行业，为近15个省、自治区和直辖市的合作伙伴提供了高效的的金融综合服务，租赁业务规模累计超过200亿人民币。

公司以固定资产的租赁和投资服务为基本商业模式，为合作伙伴的发展提供专业化的投资、理财、融资和贸易平台。公司将在理财和专业化方面成为国内领先的集成商。

第三编
中国证券市场

中国平安 PING AN
保险·银行·投资

稳中思变　务实创新

平安证券有限责任公司是中国平安 (601318.SH；2318.HK) 综合金融服务集团旗下的重要成员，前身为 1991 年 8 月创立的平安保险证券业务部。凭借中国平安集团雄厚的资金、品牌和客户优势，秉承“稳中思变，务实创新”的经营理念，公司建立了完善的合规和风险控制体系，各项业务均保持强劲的增长态势，历经二十年稳健经营，公司已成为全国综合性主流券商之一。

平安证券投行致力于为国内企业提供高质量的融资服务和财务顾问服务，以股权融资、改制重组、兼并收购、股权激励方案设计等协助客户实现战略目标。是国内首批具有主承销资格的券商之一。拥有百余家股权融资项目、百余家财务顾问项目的成熟运作经验。目前的主要业务有：首次公开发行股票、上市公司增发、上市公司配股、可转换债券、收购兼并、资产重组、股权激励计划、股权分置改革、其它财务顾问。

本栏目由平安证券有限责任公司独家协办

第一章　中国证券市场概况

第一节　中国证券市场

2010 年中国证券市场大事概览

1 月

4 日，A 股市场在 2010 年的首个交易日震荡收低。沪深大盘自 2006 年以来首次未能在元旦假期后收出"开门红"。

国务院办公厅发布《国务院关于推进海南国际旅游岛建设发展的若干意见》。

5 日，深交所发布《创业板信息披露业务备忘录第 1 号——超募资金使用》。

6 日，中国人民银行 2010 年度工作会议指出，2010 年央行将坚持实施适度宽松的货币政策，保持货币信贷总量适度增长。

7 日，媒体报道，中国银监会正式批准北京银行、中国银行、成都银行作为主要出资人分别在京、沪、蓉三地筹建消费金融公司。

8 日，中国证监会新闻发言人宣布，国务院已原则同意开展证券公司融资融券业务试点和推出股指期货品种。

10 日，国务院办公厅下发《关于促进房地产市场平稳健康发展的通知》。

11 日，中国证监会有关部门负责人日前透露，融资融券首批试点券商将在中信证券、海通证券等 11 家 2008 年参与联网测试的券商中产生，股指期货个人投资者的资金门槛或设为 50 万元。

中国证券业协会发布《证券投资基金评价业务自律管理规则（试行）》，并开始受理基金评价机构加入协会或备案申请。证券业协会同日发布《证券投资基金销售人员从业资质管理规则》。

中国证监会披露证监会 2010 年 1 号及 2 号文件，对《公开发行证券的公司信息披露编报规则第 15 号——财务报告的一般规定》（2007 年修订）和《公开发行证券的公司信息披露编报规则第 9 号——净资产收益率和每股收益的计算及披露》（2007 年修订）进行了修订。

12 日，中国人民银行宣布，从 1 月 18 日起，上调存款类金融机构人民币存款准备金率 0.5 个百分点。这是 2008 年 6 月以来央行首次上调存款准备金率。

中国证监会批复中国金融期货交易所《关于申请上市股指期货的请示》，同意中国金融期货交易所组织股指期货交易。

15 日，中国证监会发布《关于建立股指期货投资者适当性制度的规定（试行）》的征求意见稿。

中国金融期货交易所发布《股指期货投资者适当性制度实施办法（试行）》和《股指期货投资者适当性制度操作指引（试行）》两项征求意见稿。

19 日，中国金融期货交易所就股指期货交易规则及其实施细则修订稿和沪深 300 股指期货合约向社会公开征求意见。

22 日，中国证监会发布《关于开展证券公司融资融券业务试点工作的指导意见》。

27 日，中国政府网发布《国务院办公厅关于成立国家能源委员会的通知》，国务院决定成立国家能源委员会。

28 日，中国西电上市首日即"破发"。

2 月

2 日，二重重装登陆 A 股市场，却尴尬成为今年以来第二只首日破发的新股。

3 日，新股中国一重确定的发行价格为 5.70 元/股，低于发行价格区间上限 5.80 元/股。这是新股发行制度改革以来首例未以发行价格区间上限定价的新股。

8 日，中国证监会有关部门负责人宣布，股指期货投资者适当性制度正式实施。

中国证监会通报，对创智科技、夏新电子、天健华证中州（北京）会计师事务所及相关责任人的违法违规行为进行行政处罚。

9 日，中国期货业协会和中国证券业协会发布修订后的《证券公司为期货公司提供中间介绍业务协议指引》。

12 日，牛年 A 股市场最后一个交易日，停牌近 40 个月的"S 延边路"变身"广发证券"在深圳证券交易所挂牌交易。

20 日，中国证监会有关部门负责人宣布，已于 12 日正式批复中国金融期货交易所沪深 300 股指期货合约和业务规则。至此，股指期货市场主要制度已全部发布。

22 日，媒体报道，沪深交易所发布通知明确规定，试点初期，沪深交易所融资融券标的证券范围为上证 50 指数成分股的 50 只股票和深证成指成分股的 40 只股票。

中国平安发布公告，表示公司员工通过新豪时、景傲实业、江南实业持有的股份，都将在未来 5 年内逐步减持。

3 月

3 日，中国人民政治协商会议第十一届全国委员会第三次会议下午在人民大会堂开幕。

4 日，双汇发展公告，公司 3 月 3 日上午召开的 2010 年第一次临时股东大会否决了公司《关于香港华懋集团有限公司等少数股东转让股权的议案》。

11 日，中国证监会通知相关券商，在 12 日上午接受融资融券试点资格申请。

19 日，中国证监会有关部门负责人宣布，证监会选取 6 家证券公司作为融资融券首批试点证券公司。它们分别是国泰君安、国信证券、中信证券、光大证券、海通证券和广发证券。

原东北高速分立而成的两家公司——吉林高速、龙江交通上市交易。

24 日，入围首批融资融券试点名单各家券商陆续公布投资融资融券业务成本，权威人士透露，融资利率初定为 7.86%，融券费率则在 9% -10% 之间。

29 日，全国社保基金理事会理事长戴相龙表示，社保基金将不会直接参与股指期货和融资融券业务。

31 日，天相投顾统计数据显示，60 家基金公司旗下 594 只基金 2009 年累计获得当期利润 9102.5 亿元。

融资融券交易试点首日，券商受理客户交易逾百笔，融资融券交易总量约 659 万元。

4 月

1 日，江苏三友公告，称公司因涉嫌违反证券法律法规，江苏监管局决定对公司进行立案调查。

6 日，中国政府网公布《国务院关于进一步加强淘汰落后产能工作的通知》。

8 日，股指期货启动仪式在上海举行。

14 日，国务院总理温家宝主持召开国务院常务会议，要求做好金融调控，坚决遏制房价过快上涨，实行更加严格的差别化房贷政策，加快研究制定合理引导个人住房消费的税收政策。

青海玉树藏族自治州玉树县 7 时 49 分发生里氏 7.1 级强烈地震。

16 日，中国证监会副主席姚刚表示，截至 2010 年 3 月底，沪深交易所上市公司已达 1807 家，总市值 24.5 万亿元人民币，居全球第三位，总市值占 2009 年 GDP 的比例超过 70%。

沪深 300 股指期货在中国金融期货交易所成功上市。

23 日，中国证监会有关部门负责人表示，证券公司、基金公司参与股指期货要以套期保值为主。证监会将积极协调有关监管部门，推动保险、社保基金等其他机构投资者从事股指期货交易。

26 日，财政部、证监会、审计署、银监会、保监会联合发布《企业内部控制配套指引》。

5 月

2 日，中国人民银行宣布，从 5 月 10 日起，上调存款类金融机构人民币存款准备金率 0.5 个百分点。

4 日，第十二届主板发行审核委员会成立。

5 日，国务院召开全国节能减排工作电视电话会议。

6 日，沪深股市深幅调整，上证综指与深证成指双双创出 8 个月以来新低。

7 日，深交所理事长陈东征表示，创业板上市公司直接退市制度不再实行长时间的退市风险警示制度，不再强制退到下一层次市场挂牌继续交易。

12 日，泰山石油召开年度股东大会，《关于 2010 年度日常关联交易的提案》被小股东以 89.97% 的反对票比例否决。

13 日，中国政府网发布《国务院关于鼓励和引导民间投资健康发展的若干意见》。

17 日，沪深股市深幅调整，沪综指和深成指双双创出近 13 个月以来收盘新低。

中国证券业协会宣布，中国证券报社等 10 家单位成为第一批具备协会会员资格的基金评价机构。

18 日，《最高人民检察院、公安部关于公安机关管辖的刑事案件立案追诉标准的规定(二)》发布。

20 日，科达股份发布公告称，公司 5 月 19 日接到山东证监局调查通知书，因公司涉嫌违反证券法律法规，根据有关规定，决定对公司进行立案调查。

21 日，沪深 300 股指期货 IF1005 合约到期交割，这是股指期货上市以来的首个交割日。

24 日，第二轮中美战略与经济对话上午在人民大会堂开幕。

沪深股市迎来普涨行情，并创出年内最大单日涨幅。

26 日，国务院总理温家宝主持召开国务院常务会议，部署加强地方政府融资平台公司管理和严厉打击囤积居奇、哄抬农产品价格等违法行为。

6 月

1 日，创业板指数发布。

2 日，中信证券公告称，公司拟转让所持中信建投公司 53% 的股权。

4 日至 5 日，20 国集团(G20)财长和央行行长会议在韩国釜山召开。

8 日，中国证监会有关部门负责人表示，申银万国等 5 家证券公司已经获得融资融券试点资格。同时，证监会将适当降低融资融券试点准入门槛，再增加一批证券公司开展融资融券试点准备工作；经过调查，证监会没有发现基金经理和投资经理开立股指期货账户的情况。证监会正在研究起草有关规定，拟不允许基金经理买卖股指期货；证监会对内幕交易的打击始终保持高压态势。对于涉嫌犯罪的，坚决移送公安机关追究刑事责任。

9 日，证监会发行审核委员会公告，审核通过中国农业银行股份有限公司首次公开发行申请。

11 日，证监会创业板发审委 2010 年第 35 次工作会议否决了苏州恒久首次公开发行股票并在创业板上市的二次上会申请。

17 日，中国农业银行股份有限公司发布招股意向书。

19 日，中国人民银行新闻发言人表示，“进一步推进人民币汇率形成机制改革，增强人民币汇率弹性”。

22 日，建设银行公告，近日接到控股股东中央汇金公司关于认购本行配股股票的承诺函。

中国人民银行表示，跨境贸易人民币结算试点地区由上海市和广东省的 4 个城市扩大到北京、天津、内蒙古、辽宁、上海、江苏、浙江、福建、山东、湖北、广东、广西、海南、重庆、四川、云南、吉林、黑龙江、西藏、新疆等 20 个省(自治区、直辖市)。

24 日，建设银行召开股东大会，通过了 750 亿人民币的 A+H 股配股融资方案。

26 日，中信证券公告，公司拟通过产权交易机构挂牌转让所持华夏基金管理有限公司 51% 的股权。

27 日，权威人士透露，广发证券保荐代表人杨光、付竹因失职，日前已经被证监会采取监管谈话的监管措施。

29 日，中国证监会发布《公开发行证券的公司信息披露内容与格式准则第 31 号——创业板上市公司半年度报告的内容与格式》。

沪深股市放量下跌。上证综指跌幅达 4.27%，创 14 个月以来收盘新低。

30 日，中国平安和深发展双双发布公告表示，近期拟筹划两行整合的“重大无先例资产重组事项”，即日起开始停牌。

随着近两日 2500 点、2400 点的接连破位，上半年 A 股市场惨淡收官。银河证券基金研究中心统计结果显示，截至 2010 年 6 月 30 日，纳入统计的 689 只基金资产净值合计

21257.34 亿元,较 2009 年底 623 只基金的资产净值总规模 26760.92 亿元下降 20.57% 。

7 月

1 日,国务院确定第一批三网融合试点地区(城市)名单,三网融合试点工作正式启动。

2 日,中国证监会有关部门负责人表示,上市证券公司应公开披露公司月度经营情况主要财务信息,并在定期报告中披露监管部门对证券公司的分类结果。

5 日,唐山港登陆 A 股主板市场,开盘即跌破发行价。

6 日,中国银行披露,汇金承诺将按持股比例全额认购中行配股。

消息人士透露,工信部起草的"支持行业兼并重组"政策已上报国务院,将主要从金融、财税、资源配给三方面支持大型企业进行兼并重组。

7 日,中国证监会有关部门负责人宣布,近日中国证监会依法核准钮银梅隆西部基金管理有限公司成立,我国基金管理公司数量达到 61 家;基金专户理财业务可以参与股指期货交易,监管机构不对投资目的、投资比例、信息披露等内容进行规定;7 月 1 日起,证监会基金监管部在证监会网站的基金监管部页面内公示基金募集申请核准的进度,并每周更新。

13 日,紫金矿业污染事件通报。

14 日,中国证监会公布 2010 年证券公司分类结果。

15 日,农业银行正式登陆 A 股。在 A 股和 H 股启动"绿鞋机制"后,农行以 221 亿美元募资规模,成为全球最大的 IPO。

16 日,大连新港附近一条输油管道发生爆炸起火,在爆炸发生地附近形成近百平方公里的海上污染。

19 日,消息人士透露,QFII 参与股指期货将不超过其获批投资额度的 10%,且只能参与套期保值交易。

20 日,中国证监会公布《证券机构行政许可申请受理及审核情况公示》,今年以来全国新增营业部 609 家。

21 日,中国证监会党委书记、主席尚福林表示,打击内幕交易,形成综合防控内幕交易体系是当前证券监管执法的一项重点工作。

60 家基金公司的 652 只基金 2010 年二季报 21 日披露完毕。天相统计数据显示,二季度基金整体亏损 3513.73 亿元,仅次于 2008 年一季度的 6688.3 亿元和二季度的 4138.84 亿元,为历史第三大亏损额。

23 日,中国有色金属工业协会副会长尚福山披露有色金属行业"十二五"规划草案。

29 日,工商银行披露,董事会 28 日审议通过 A + H 配股融资方案,按每 10 股配售不超过 0.6 股的比例向全体股东配售,计划融资总额不超过人民币 450 亿元。

中国证监会公布《证券投资顾问业务暂行规定》和《发布证券研究报告暂行规定》征求意见稿。

农业银行宣布提前全额行使 H 股"绿鞋"。

30 日,光大银行披露首次公开发行 A 股招股意向书及初步询价公告。

8 月

3 日,媒体报道,中国证监会下发《关于协同做好广播电视证券节目规范工作的通知》。

5 日,中国保监会发布的《保险资金运用管理暂行办法》规定,调整保险资金投资股票上限为 20%,首次明确保险资金投资无担保债、不动产、未上市股权等新领域的投资比例上限分别为 20%、10% 和 5%,保险资金不得直接从事房地产开发建设。

6 日,尤洛卡、双林股份和国腾电子挂牌上市,创业板挂牌企业数量达百家,总市值突破 4000 亿元。

11 日,中国保监会发布《关于调整保险资金投资政策有关问题的通知》。

18 日,光大银行在上海证券交易所挂牌。从 7 月 22 日招股书预披露至 8 月 18 日挂牌,光大银行创 A 股 IPO 最短纪录。

19 日,中央汇金投资有限责任公司宣布,"中央汇金投资有限责任公司债券"将于近期在全国银行间债券市场发行,总规模为 1875 亿元。

20 日,中国证监会发布《关于深化新股发行体制改革的指导意见(征求意见稿)》和《关于修改 < 证券发行与承销管理办法 > 的决定(征求意见稿)》,启动新股发行后续改革,推出四大改革措施。

30 日,2010 年基金半年报披露结束,天相统计数据显示,全部基金本期利润为负的 4397.5 亿元,为历史第二大半年度亏损额。

31 日,沪深两市共有 1947 家上市公司披露今年上半年业绩(含截至今日的 39 份上市书)。这些公司上半年共实现营业总收入 79556.77 亿元,实现归属于上市公司股东的净利润 7849.85 亿元;加权平均每股收益 0.254 元,创历史新高。

9 月

2 日,中国平安及深发展发布公告称,中国平安拟以持有的平安银行 7,825,181,106 股股份及现金足额认购深发展非公开发行的股份。

5 日,中国保监会发布《保险资金投资不动产暂行办法》和《保险资金投资股权暂行办法》。

6 日,中国政府网公布《国务院关于促进企业兼并重组的意见》。

中国证监会发布《关于保本基金的指导意见》(征求意见稿)。

中国证监会有关部门负责人表示,景顺长城基金公司原基金经理涂强以及长城基金公司原基金经理刘海、韩刚违法违规案调查、审理完毕,证监会依法对涂强、刘海作出行政处罚并实施市场禁入,将韩刚涉嫌犯罪的证据材料移送公安机关追究刑事责任。

8 日,国务院总理温家宝主持召开国务院常务会议,审议并原则通过《国务院关于加快培育和发展战略性新兴产业的决定》。

12 日,世界主要经济体银行监管部门代表就《巴塞尔协议 III》达成一致。根据该协议,全球各商业银行的核心一级资本充足率将提升至 7%,是现行标准 2% 的三倍多。

17 日,证监会有关部门负责人表示,证监会积极与公安、司法、纪检监察、国资等相关部委开展协作,加大内幕交易案件的刑事追责力度,构建内幕交易综合防控体系。

27 日,中国证监会公布修订后的《机构监管部证券机构行政许可审核工作流程》。

28 日,中共中央政治局召开会议,讨论十七届四中全会以来中央政治局的工作,研究制定国民经济和社会发展第十二个五年规划的建议等问题。

30 日,媒体报道,国家有关部委分别出台措施,房贷首付调到 30% 及以上,暂停第三套及以上房贷,对出售自有住房并在1年内重新购房的纳税人不再减免个人所得税。

中国证券业协会公布相关通知，要求未来证券公司向客户收取的交易佣金应当以证券经纪业务服务成本为基础，券商提供证券投资咨询服务等，可由双方协商收取费用。

10月

12日，媒体报道，中国证监会主席尚福林表示，进一步规范、引导借壳上市活动。要统筹协调退市机制和ST制度改革，制定发布借壳上市的资质标准和监管规则。

中国证监会有关部门负责人表示，新股发行体制第二阶段改革将于11月1日启动，主要措施包括进一步完善报价申购和配售约束机制、扩大询价对象范围、增强定价信息透明度、完善回拨机制和中止发行机制等。

14日，媒体报道，中国证监会明确，钢铁等九大受限行业再融资需要征求发改委的意见，房地产企业再融资需要征求国土资源部的意见。

15日－18日，中国共产党第十七届中央委员会第五次全体会议在北京举行，全会审议通过了《中共中央关于制定国民经济和社会发展第十二个五年规划的建议》。

中国证监会公布，为了坚决贯彻执行国务院房地产调控政策，已暂缓受理房地产开发企业重组申请，并对已受理的房地产类重组申请征求国土资源部意见。

18日，中国政府网公布《国务院关于加快培育和发展战略性新兴产业的决定》。

19日，中国人民银行宣布，自2010年10月20日起上调金融机构人民币存贷款基准利率。这是央行时隔近3年后的首度加息。

22日，中小板指数盘中创下历史新高，达6689.45点，收报6665.05点，上涨1.33%；中小板综指更是首度站上7000点，收报7023.34点。中小板总市值冲破3万亿元大关。

25日，国务院总理温家宝主持召开国务院常务会议，强调稳定市场价格，遏制房价过快上涨。

27日，基金三季报披露落下帷幕，各种类型基金整体均获得正收益。

28日，媒体报道，证监会、人民银行、银监会联合发布《关于上市商业银行在证券交易所参与债券交易试点有关问题的通知》，启动上市商业银行在证券交易所参与债券交易试点。

工商银行宣布将斥资12亿元持有金盛人寿60%股权。

29日，中国证监会第一届创业板专家咨询委员会成立。

30日，创业板开板一周年。

上市公司2010年三季报披露结束。

11月

1日，中国证监会发布《基金管理公司特定客户资产管理业务试点办法》（征求意见稿），《证券投资基金销售管理办法（修订稿）》向社会征求意见，正式发布《关于保本基金的指导意见》，首次批准了两家台湾地区金融机构的QFII资格。

中国证监会有关部门负责人表示，近日，经国务院批准同意，证监会决定在上海、广东、深圳证监局等三家派出机构正式开展行政处罚试点工作。

2日，中国人民银行发布《三季度货币政策执行报告》指出，潜在的通胀压力须高度关注。

3日，住房城乡建设部、财政部、人民银行、银监会联合印发《关于规范住房公积金个人住房贷款政策有关问题的通知》。

4日，深交所发布《关于进一步规范创业板上市公司董事、监事和高级管理人员买卖本公司股票行为的通知》。

9日，上交所发布《上海证券交易所证券发行业务指引》。

10日，中国人民银行宣布，从11月16日起，上调存款类金融机构人民币存款准备金率0.5个百分点。

证监会已明确，针对创新产品单独设立审核通道，基金公司上报创新产品不受数量限制。

12日，沪深股市迎来“黑色星期五”，两市大盘均出现深幅跳水走势，齐创2009年9月以来近15个月的最大单日跌幅。

15日，工、农、中、建四大银行新闻处相关人士表示，并未暂停开发贷。

住房城乡建设部和国家外汇管理局近日发出通知，进一步规范境外机构和个人购房管理。

17日，国务院总理温家宝主持召开国务院常务会议，研究部署稳定消费价格总水平、保障群众基本生活的政策措施，强调必要时将实行价格临时干预。

23日，证监会、公安部、监察部、国资委、预防腐败局五部门联合召开了座谈会，部署联合打击和防控内幕交易的下一步工作。

26日，中国证监会上市部发布《并购重组共性问题审核意见关注要点（二）》。

29日，国务院总理温家宝主持召开国务院常务会议，决定对《价格违法行为行政处罚规定》作出修改。

30日，中国证监会表示，坚决贯彻落实《国务院关于稳定消费价格总水平保障群众基本生活的通知》要求，强化期货市场监管，坚决抑制过度投机，密切关注异常交易行为，严厉打击违法违规交易，切实做好市场风险的防控工作。

12月

1日，2010年12月，资本市场迎来20周年。统计显示，截至11月30日，我国资本市场上市公司达2026家，上市股票2112只，总市值26.43万亿元。20年来，资本市场累计融资3.65万亿元，有力支持了国民经济发展。

3日，中共中央政治局召开会议，提出2011年将实施积极的财政政策和稳健的货币政策。

4日，中国证监会主席尚福林表示，证监会将配合立法机关全面修订基金法，建立适当的私募基金监管制度。

10日，中国人民银行宣布，从2010年12月20日起，上调存款类金融机构人民币存款准备金率0.5个百分点。

10日－12日，中央经济工作会议在北京举行，会议提出了明年经济工作六项主要任务。

14日，权威人士透露，2011年我国国内生产总值（GDP）增长目标为8%左右，与2010年持平。居民消费价格（CPI）调控目标为增长4%左右，比2010年提高1个百分点。

17日，中国证监会主席尚福林表示，已初步形成综合防控和打击内幕交易的政策体系和监督机制。证监会将继续保持对内幕交易、操纵市场等违法违规行为的高压态势。

21日－22日，中央农村工作会议在北京举行。会议讨论了《中共中央、国务院关于加快水利改革发展的决定（讨论稿）》。

25日，中国人民银行决定，自12月26日起，金融机构一年期存贷款基准利率上调0.25个百分点，其他各档次存贷款基准利率也相应作出调整。

29日，中国证券业协会发布《证券公司信息隔离墙制度指引》。

2010 年度证券公司净利润排名

单位：万元

序号	证券公司	净利润
1	中信证券	1,181,364
2	广发证券	488,716
3	国泰君安	373,808
4	海通证券	341,690
5	国信证券	311,542
6	招商证券	301,247
7	申银万国	283,460
8	银河证券	275,589
9	华泰证券	236,882
10	中信建投	212,202
11	光大证券	210,204
12	平安证券	158,546
13	中投证券	141,647
14	齐鲁证券	138,395
15	安信证券	135,434
16	东方证券	129,129
17	宏源证券	127,925
18	长江证券	125,281
19	方正证券	117,568
20	华泰联合	106,122
21	华西证券	100,095
22	国元证券	87,466
23	中信万通	85,960
24	中银国际	85,765
25	西南证券	80,540
26	兴业证券	72,433
27	财达证券	71,223
28	中金公司	71,177
29	中信金通	67,579
30	东海证券	61,090
31	上海证券	56,833
32	东吴证券	56,382
33	浙商证券	55,283
34	西部证券	53,704
35	华安证券	53,649
36	东北证券	51,552
37	东兴证券	51,028
38	中原证券	50,992
39	红塔证券	48,434
40	国海证券	44,406
41	财通证券	43,965
42	国联证券	43,956
43	万联证券	43,928
44	山西证券	43,887
45	国金证券	43,830
46	恒泰证券	43,242
47	长城证券	43,209
48	广发华福	43,001
49	南京证券	42,847
50	东莞证券	42,014
51	湘财证券	40,244
52	信达证券	38,375
53	华融证券	36,035
54	国都证券	35,840
55	第一创业	35,091
56	渤海证券	33,656
57	民生证券	33,397
58	民族证券	31,280
59	华龙证券	25,822
60	广州证券	25,807
61	新时代证券	23,764
62	中航证券	21,980
63	首创证券	21,061
64	太平洋证券	20,377
65	财富证券	20,296
66	华创证券	19,053
67	江海证券	17,531
68	和兴证券	17,062
69	国盛证券	15,510
70	大同证券	13,289
71	大通证券	12,928
72	德邦证券	12,456
73	华鑫证券	10,873
74	西藏同信	10,632
75	华林证券	10,462
76	金元证券	10,280
77	联讯证券	10,036
78	华宝证券	7,794
79	银泰证券	7,237
80	爱建证券	6,017
81	北京高华	5,833
82	世纪证券	5,758
83	英大证券	5,729
84	国开证券	5,696
85	瑞银证券	5,517
86	恒泰长财	5,344
87	中邮证券	5,271
88	瑞信方正	5,251
89	中天证券	5,038
90	长江保荐	4,126
91	川财证券	3,600
92	天风证券	3,310
93	天源证券	3,065
94	高盛高华	2,990
95	万和证券	2,004
96	开源证券	1,985
97	厦门证券	1,796
98	中山证券	1,762
99	众成证券	1,638
100	航天证券	1,607
101	财富里昂	848
102	五矿证券	653
103	诚浩证券	645
104	日信证券	430
105	中德证券	176
106	海际大和	82

2010 年度证券公司营业收入排名

单位：万元

序号	证券公司	净利润
1	中信证券	1,908,559
2	广发证券	1,018,783
3	海通证券	791,355
4	国信证券	769,227

序号	证券公司	净利润
5	银河证券	758,926
6	国泰君安	745,140
7	申银万国	621,733
8	招商证券	597,953
9	中信建投	555,289
10	华泰证券	531,184
11	光大证券	443,414
12	齐鲁证券	411,494
13	中投证券	397,237
14	中金公司	397,147
15	安信证券	391,930
16	平安证券	380,768
17	华泰联合	332,369
18	宏源证券	320,173
19	长江证券	296,866
20	东方证券	293,482
21	方正证券	260,142
22	中银国际	236,529
23	华西证券	220,865
24	兴业证券	214,304
25	国元证券	210,306
26	东海证券	198,466
27	西南证券	193,527
28	中信金通	178,961
29	中信万通	173,693
30	东吴证券	170,858
31	东北证券	161,578
32	财达证券	160,798
33	国金证券	160,203
34	西部证券	151,938
35	国海证券	150,982
36	浙商证券	146,997
37	上海证券	146,504
38	信达证券	143,750
39	中原证券	131,006
40	东兴证券	128,667
41	财通证券	127,149
42	民族证券	123,282
43	长城证券	122,862
44	渤海证券	122,690
45	南京证券	121,989
46	民生证券	121,508
47	万联证券	118,533
48	山西证券	118,224
49	华安证券	117,630
50	东莞证券	108,881
51	红塔证券	107,509
52	国联证券	102,859
53	湘财证券	101,313
54	恒泰证券	99,902
55	第一创业	98,484
56	广发华福	91,769
57	国都证券	90,816
58	瑞银证券	88,038
59	新时代证券	82,992
60	华融证券	82,466
61	广州证券	78,320
62	高盛高华	75,120
63	中航证券	72,271
64	华龙证券	71,115
65	华林证券	69,200
66	太平洋证券	67,495
67	财富证券	64,045
68	江海证券	62,514
69	北京高华	60,336
70	华创证券	55,058
71	国盛证券	54,933
72	金元证券	51,418
73	首创证券	50,162
74	华鑫证券	49,445
75	大通证券	48,231
76	英大证券	46,106
77	和兴证券	44,519
78	世纪证券	40,080
79	大同证券	39,752
80	德邦证券	38,798
81	联讯证券	32,568
82	西藏同信	31,950
83	瑞信方正	30,982
84	爱建证券	28,027
85	中山证券	26,669
86	中德证券	26,420
87	银泰证券	25,796
88	中天证券	24,031
89	华宝证券	23,020
90	厦门证券	20,242
91	国开证券	19,302
92	恒泰长财	17,788
93	中邮证券	17,730
94	天风证券	16,412
95	财富里昂	16,125
96	长江保荐	16,084
97	日信证券	15,459
98	天源证券	14,767
99	众成证券	12,629
100	川财证券	11,890
101	万和证券	9,633
102	五矿证券	8,479
103	开源证券	8,194
104	诚浩证券	8,007
105	航天证券	6,953
106	海际大和	5,196

2010 年度证券公司总资产排名

单位:万元

序号	证券公司	总资产
1	中信证券	10,937,132
2	海通证券	10,071,766
3	国泰君安	9,357,174
4	广发证券	9,103,634
5	银河证券	9,011,547
6	招商证券	8,958,444
7	华泰证券	8,647,926
8	中信建投	6,688,636
9	国信证券	6,372,557
10	申银万国	6,021,487
11	光大证券	5,641,825

序号	证券公司	总资产
12	齐鲁证券	3,989,132
13	安信证券	3,970,401
14	中投证券	3,955,660
15	东方证券	3,915,012
16	长江证券	3,457,010
17	平安证券	2,969,915
18	兴业证券	2,858,680
19	方正证券	2,638,614
20	中金公司	2,614,646
21	宏源证券	2,547,822
22	国元证券	2,390,166
23	西南证券	2,277,820
24	华泰联合	2,251,421
25	中信金通	2,172,269
26	东兴证券	1,914,144
27	华西证券	1,906,775
28	东吴证券	1,869,425
29	东北证券	1,853,890
30	中银国际	1,668,720
31	山西证券	1,649,773
32	信达证券	1,632,445
33	长城证券	1,597,151
34	国都证券	1,559,572
35	财通证券	1,533,455
36	东海证券	1,525,183
37	财达证券	1,523,932
38	湘财证券	1,505,098
39	浙商证券	1,442,187
40	上海证券	1,413,305
41	中原证券	1,336,700
42	国联证券	1,324,857
43	渤海证券	1,284,457
44	西部证券	1,225,882
45	广发华福	1,225,867
46	中信万通	1,224,031
47	东莞证券	1,170,669
48	国海证券	1,165,109
49	民族证券	1,160,628
50	南京证券	1,095,535
51	国金证券	1,041,396
52	广州证券	1,017,676
53	恒泰证券	995,629
54	新时代证券	994,313
55	财富证券	973,554
56	民生证券	968,866
57	华安证券	963,313
58	江海证券	930,492
59	第一创业	885,123
60	大通证券	855,260
61	华林证券	796,561
62	华融证券	779,998
63	红塔证券	750,046
64	华鑫证券	734,380
65	万联证券	731,820
66	中航证券	662,147
67	金元证券	659,017
68	中山证券	634,556
69	英大证券	610,370
70	首创证券	594,680
71	银泰证券	593,107
72	太平洋证券	585,558
73	中天证券	574,812
74	国盛证券	567,813
75	德邦证券	531,040
76	爱建证券	512,019
77	华创证券	508,458
78	华龙证券	507,702
79	世纪证券	472,774
80	北京高华	416,816
81	大同证券	405,654
82	国开证券	401,344
83	和兴证券	395,671
84	联讯证券	389,009
85	西藏同信	371,832
86	华宝证券	314,854
87	高盛高华	312,194
88	瑞银证券	311,066
89	五矿证券	302,381
90	厦门证券	301,914
91	中邮证券	184,781
92	恒泰长财	178,136
93	天风证券	176,159
94	日信证券	161,170
95	众成证券	152,976
96	天源证券	143,180
97	开源证券	124,484
98	万和证券	118,754
99	中德证券	117,304
100	航天证券	110,737
101	诚浩证券	107,293
102	瑞信方正	98,213
103	川财证券	82,715
104	财富里昂	55,001
105	海际大和	43,285
106	长江保荐	22,425

2010年度证券公司净资产排名

单位:万元

序号	证券公司	净资产
1	中信证券	6,152,283
2	海通证券	4,385,210
3	华泰证券	2,999,760
4	国泰君安	2,371,054
5	招商证券	2,344,250
6	光大证券	2,234,425
7	广发证券	1,900,606
8	国信证券	1,730,610
9	国元证券	1,486,738
10	申银万国	1,480,648
11	银河证券	1,440,562
12	西南证券	1,112,342
13	齐鲁证券	1,060,575
14	东方证券	1,017,454
15	长江证券	939,785
16	中信建投	937,130
17	安信证券	886,192
18	方正证券	853,944

序号	证券公司	净资产
19	兴业证券	810,171
20	宏源证券	726,411
21	中投证券	713,047
22	平安证券	650,290
23	山西证券	619,537
24	国都证券	609,260
25	长城证券	576,694
26	中金公司	467,991
27	东海证券	463,442
28	上海证券	425,697
29	华西证券	421,751
30	中银国际	417,300
31	东吴证券	416,473
32	恒泰证券	411,504
33	中原证券	405,637
34	华泰联合	402,168
35	浙商证券	368,824
36	红塔证券	366,500
37	南京证券	363,640
38	华安证券	353,861
39	东北证券	345,325
40	大通证券	339,739
41	财通证券	333,093
42	信达证券	325,318
43	民生证券	318,642
44	东兴证券	312,442
45	西部证券	311,727
46	第一创业	310,755
47	财达证券	303,068
48	国金证券	301,805
49	华融证券	294,072
50	湘财证券	290,671
51	渤海证券	288,357
52	国联证券	274,886
53	新时代证券	267,459
54	财富证券	265,855
55	广州证券	263,548
56	中信万通	261,294
57	中山证券	250,427
58	东莞证券	247,429
59	国海证券	244,249
60	国开证券	238,082
61	江海证券	230,174
62	广发华福	229,154
63	中信金通	224,051
64	民族证券	203,466
65	华鑫证券	202,962
66	太平洋证券	195,890
67	万联证券	189,987
68	金元证券	187,657
69	中天证券	176,102
70	华宝证券	174,672
71	华龙证券	165,320
72	北京高华	164,197
73	首创证券	154,578
74	华创证券	152,183
75	德邦证券	150,853
76	中航证券	143,968
77	瑞银证券	142,135
78	国盛证券	139,572
79	银泰证券	136,095
80	英大证券	129,684
81	华林证券	127,968
82	爱建证券	117,054
83	高盛高华	102,833
84	中德证券	102,232
85	世纪证券	92,079
86	瑞信方正	85,364
87	和兴证券	74,176
88	日信证券	69,538
89	中邮证券	68,689
90	联讯证券	67,797
91	大同证券	59,572
92	西藏同信	58,502
93	航天证券	54,320
94	开源证券	53,316
95	财富里昂	50,183
96	天风证券	48,062
97	五矿证券	44,610
98	海际大和	42,463
99	恒泰长财	35,556
100	诚浩证券	33,615
101	厦门证券	32,959
102	天源证券	30,508
103	众成证券	27,410
104	川财证券	21,919
105	万和证券	21,849
106	长江保荐	16,323

2010 年度证券公司净资本排名

单位：万元

序号	证券公司	净资本
1	中信证券	4,104,961
2	海通证券	3,245,954
3	华泰证券	2,165,823
4	光大证券	1,764,683
5	国泰君安	1,734,673
6	招商证券	1,406,252
7	国信证券	1,249,014
8	申银万国	1,208,358
9	广发证券	1,196,291
10	国元证券	1,177,078
11	银河证券	1,088,691
12	西南证券	912,126
13	东方证券	867,910
14	中信建投	756,479
15	齐鲁证券	754,637
16	长江证券	733,745
17	安信证券	656,422
18	兴业证券	653,553
19	方正证券	628,633
20	中投证券	588,280
21	国都证券	527,810
22	宏源证券	507,070
23	山西证券	480,239
24	中金公司	472,919
25	平安证券	460,162

序号	证券公司	净资本
26	长城证券	459,550
27	东北证券	345,851
28	华泰联合	335,125
29	东海证券	334,745
30	中原证券	334,360
31	东兴证券	323,969
32	华西证券	323,341
33	恒泰证券	322,187
34	大通证券	310,572
35	南京证券	310,303
36	红塔证券	309,853
37	中银国际	308,260
38	东吴证券	301,445
39	浙商证券	295,658
40	北京高华	287,779
41	上海证券	285,194
42	国金证券	277,946
43	民生证券	270,218
44	华安证券	254,923
45	信达证券	253,262
46	西部证券	250,429
47	财达证券	237,368
48	财通证券	237,226
49	湘财证券	232,766
50	中信万通	228,611
51	国开证券	227,941
52	高盛高华	227,198
53	华融证券	217,008
54	广州证券	208,737
55	东莞证券	207,966
56	国海证券	206,429
57	广发华福	205,442
58	国联证券	201,503
59	中信金通	200,859
60	渤海证券	199,650
61	瑞银证券	198,430
62	第一创业	193,029
63	江海证券	189,265
64	太平洋证券	177,632
65	中山证券	171,355
66	万联证券	168,955
67	中天证券	166,122
68	中航证券	166,072
69	华鑫证券	162,606
70	华宝证券	162,482
71	财富证券	161,234
72	民族证券	149,831
73	金元证券	144,488
74	新时代证券	137,905
75	华创证券	136,474
76	英大证券	130,876
77	德邦证券	122,126
78	国盛证券	120,569
79	银泰证券	115,344
80	首创证券	109,577
81	华林证券	103,636
82	华龙证券	94,228
83	中德证券	93,924
84	瑞信方正	80,388
85	世纪证券	69,201
86	中邮证券	62,691
87	爱建证券	62,622
88	联讯证券	60,151
89	和兴证券	54,675
90	开源证券	47,461
91	财富里昂	47,256
92	日信证券	46,757
93	航天证券	46,548
94	大同证券	46,228
95	海际大和	39,572
96	西藏同信	37,813
97	五矿证券	37,073
98	天风证券	30,217
99	诚浩证券	26,172
100	众成证券	25,567
101	恒泰长财	24,694
102	天源证券	23,200
103	厦门证券	21,810
104	川财证券	18,619
105	万和证券	16,722
106	长江保荐	15,140

2010年度证券公司股票主承销家数排名

序号	公司	股票主承销家数
1	平安证券	48
2	国信证券	40
3	华泰证券	35
4	中信证券	30
5	招商证券	27
6	海通证券	26
7	广发证券	25
8	中金公司	22
9	中信建投	16
10	安信证券	15
11	国金证券	14
12	中投证券	12
13	宏源证券	12
14	民生证券	12
15	国泰君安	11
16	西南证券	10
17	瑞银证券	9
18	兴业证券	9
19	光大证券	9
20	山西证券	8
21	国元证券	8
22	东方证券	7
23	东北证券	7
24	国海证券	7
25	中银国际	6
26	银河证券	6
27	方正证券	6
28	申银万国	6
29	东海证券	6
30	长江证券	6
31	民族证券	5
32	太平洋证券	5
33	东莞证券	5

序号	公司	股票主承销家数
34	中原证券	5
35	第一创业	4
36	西部证券	4
37	东吴证券	4
38	长城证券	3
39	财富证券	3
40	齐鲁证券	3
41	渤海证券	3
42	华林证券	3
43	浙商证券	3
44	信达证券	3
45	华龙证券	3
46	中航证券	3
47	新时代证券	3
48	国盛证券	3
49	北京高华	2
50	华融证券	2
51	南京证券	2
52	国都证券	2
53	万联证券	2
54	红塔证券	2
55	上海证券	2
56	广州证券	2
57	德邦证券	1
58	恒泰证券	1
59	金元证券	1
60	华西证券	1
61	首创证券	1
62	国联证券	1
63	日信证券	1
64	中山证券	1

注：1. 股票主承销家数排名的中位数为5家，不低于中位数的为前34家公司；股票主承销家数相同时，按股票主承销金额从大到小排序；

2. 排名中华泰证券与华泰联合、山西证券与中德证券、方正证券与瑞信方正证券、长江证券与长江承销保荐证券、财富证券与财富里昂证券、北京高华证券与高盛高华证券、上海证券与海际大和证券合并计算。

2010年度证券公司股票主承销金额排名

单位：万元

序号	公司	股票主承销金额
1	中金公司	10,478,231.79
2	中信证券	9,818,578.70
3	中银国际	5,094,537.80
4	海通证券	5,035,062.92
5	平安证券	4,996,818.68
6	国泰君安	4,868,183.52
7	瑞银证券	4,711,229.68
8	国信证券	4,091,933.34
9	中信建投	2,862,374.64
10	招商证券	2,791,686.65
11	银河证券	2,634,133.28
12	安信证券	2,523,505.97
13	中投证券	2,232,431.33
14	华泰证券	2,870,475.62
15	广发证券	2,095,152.22
16	国金证券	1,637,920.80
17	兴业证券	1,523,459.39
18	方正证券	1,489,261.96
19	宏源证券	1,355,070.45
20	光大证券	1,079,154.00
21	申银万国	1,031,990.33
22	东方证券	1,008,388.64
23	西南证券	853,977.89
24	北京高华	811,873.31
25	民生证券	755,347.83
26	山西证券	665,412.97
27	国元证券	639,974.71
28	民族证券	620,030.61
29	第一创业	575,327.50
30	长城证券	524,017.19
31	东北证券	488,868.78
32	太平洋证券	443,400.00
33	财富证券	433,458.00
34	东莞证券	415,749.20
35	国海证券	401,684.14
36	齐鲁证券	393,917.41
37	渤海证券	388,646.74
38	东海证券	377,692.00
39	长江证券	352,182.97
40	中原证券	341,683.75
41	华林证券	246,892.00
42	西部证券	246,601.00
43	东吴证券	240,689.90
44	浙商证券	233,603.50
45	华融证券	215,796.00
46	信达证券	196,929.00
47	南京证券	182,528.39
48	华龙证券	163,485.89
49	中航证券	151,780.00
50	新时代证券	149,388.00
51	国盛证券	108,000.00
52	国都证券	99,079.20
53	德邦证券	81,988.00
54	万联证券	79,020.00
55	红塔证券	68,607.00
56	恒泰证券	66,980.00
57	金元证券	61,950.00
58	华西证券	55,000.00
59	上海证券	54,569.17
60	广州证券	40,600.00
61	首创证券	40,000.00
62	国联证券	36,491.06
63	日信证券	35,112.00
64	中山证券	35,000.00

注：1. 股票主承销金额排名的中位数为438,429.00万元，不低于中位数的为排名前32名的公司；

2. 排名中华泰证券与华泰联合、山西证券与中德证券、方正证券与瑞信方正证券、长江证券与长江承销保荐证券、财富证券与财富里昂证券、北京高华证券与高盛高华证券、上海证券与海际大和证券合并计算。

2010年度证券公司债券主承销金额排名

单位：万元

序号	公司	债券主承销金额
1	中银国际	5,205,243.74
2	银河证券	4,128,100.00
3	中信证券	3,928,000.00

序号	公司	债券主承销金额
4	国泰君安	3,170,400.00
5	中信建投	2,885,800.00
6	瑞银证券	2,760,400.00
7	中金公司	2,490,670.00
8	平安证券	1,708,000.00
9	招商证券	1,433,600.00
10	中投证券	1,281,640.00
11	宏源证券	1,253,200.00
12	北京高华	1,243,640.00
13	光大证券	1,240,440.00
14	华林证券	1,236,500.00
15	方正证券	1,026,300.00
16	广发证券	876,000.00
17	华泰证券	764,000.00
18	信达证券	650,000.00
19	海通证券	585,000.00
20	渤海证券	503,000.00
21	西南证券	494,527.00
22	齐鲁证券	482,000.00
23	国信证券	479,300.00
24	第一创业	476,700.00
25	安信证券	454,000.00
26	山西证券	442,200.00
27	民生证券	357,988.00
28	财富证券	340,750.00
29	长江证券	314,000.00
30	兴业证券	280,000.00
31	申银万国	263,900.00
32	太平洋证券	234,000.00
33	中航证券	227,000.00
34	红塔证券	190,000.00
35	恒泰证券	170,000.00
36	国海证券	159,000.00
37	东海证券	87,000.00
38	南京证券	80,000.00
39	国盛证券	76,000.00
40	浙商证券	71,000.00
41	东方证券	70,000.00
42	西部证券	58,700.00
43	国都证券	56,000.00
44	长城证券	43,000.00
45	华融证券	42,000.00
46	德邦证券	30,000.00
47	中原证券	24,000.00
48	国联证券	18,000.00

注:1. 债券主承销金额排名的中位数为465,350.00万元,不低于中位数的为排名前24家公司;
2. 排名中华泰证券与华泰联合、方正证券与瑞信方正证券、财富证券与财富里昂证券、长江证券与长江承销保荐证券、北京高华证券与高盛高华证券、山西证券与中德证券合并计算。

2010年度证券公司债券主承销家数排名

序号	公司	债券主承销家数
1	中信证券	26
2	中信建投	20
3	国泰君安	16
4	银河证券	13
5	华林证券	12
6	中银国际	11
7	中金公司	11
8	宏源证券	11
9	瑞银证券	10
10	平安证券	10
11	招商证券	9
12	华泰证券	9
13	海通证券	8
14	中投证券	7
15	光大证券	7
16	广发证券	7
17	信达证券	6
18	西南证券	6
19	国信证券	6
20	方正证券	4
21	渤海证券	4
22	齐鲁证券	4
23	第一创业	4
24	安信证券	4
25	财富证券	4
26	长江证券	4
27	北京高华	3
28	山西证券	3
29	民生证券	3
30	太平洋证券	3
31	中航证券	3
32	国海证券	3
33	兴业证券	2
34	申银万国	2
35	红塔证券	2
36	恒泰证券	2
37	浙商证券	2
38	东海证券	1
39	南京证券	1
40	国盛证券	1
41	东方证券	1
42	西部证券	1
43	国都证券	1
44	长城证券	1
45	华融证券	1
46	德邦证券	1
47	中原证券	1
48	国联证券	1
49	万联证券	1

注:1. 债券主承销家数排名的中位数为4家,不低于中位数的为前26家公司;债券主承销家数相同时,按债券主承销金额从大到小排序;
2. 排名中华泰证券与华泰联合、方正证券与瑞信方正证券、财富证券与财富里昂证券、长江证券与长江承销保荐证券、北京高华证券与高盛高华证券、山西证券与中德证券合并计算。

2010年度证券公司股票及债券主承销家数排名

序号	公司	2010年度股票及债券主承销家数
1	平安证券	58
2	中信证券	56
3	国信证券	46
4	中信建投	36
5	招商证券	36
6	海通证券	34

序号	公司	2010 年度股票及债券主承销家数
7	中金公司	33
8	广发证券	32
9	华泰联合	31
10	国泰君安	27
11	宏源证券	23
12	瑞银证券	19
13	银河证券	19
14	中投证券	19
15	安信证券	19
16	中银国际	17
17	光大证券	16
18	西南证券	16
19	华林证券	15
20	民生证券	15
21	国金证券	14
22	华泰证券	13
23	兴业证券	11
24	中德证券	11
25	瑞信方正	10
26	国海证券	10
27	信达证券	9
28	申银万国	8
29	东方证券	8
30	第一创业	8
31	太平洋证券	8
32	国元证券	8
33	长江保荐	8
34	渤海证券	7
35	齐鲁证券	7
36	东北证券	7
37	东海证券	7
38	中航证券	6
39	中原证券	6
40	高盛高华	5
41	民族证券	5
42	东莞证券	5
43	西部证券	5
44	浙商证券	5
45	财富里昂	4
46	长城证券	4
47	红塔证券	4
48	东吴证券	4
49	国盛证券	4
50	南京证券	3
51	华融证券	3
52	恒泰证券	3
53	财富证券	3
54	华龙证券	3
55	国都证券	3
56	新时代证券	3
57	万联证券	3
58	长江证券	2
59	德邦证券	2
60	海际大和	2
61	国联证券	2
62	广州证券	2
63	金元证券	1
64	华西证券	1
65	首创证券	1
66	日信证券	1
67	中山证券	1

注:股票及债券主承销家数排名的中位数为 7 家,不低于中位数的为前 37 家公司;股票及债券主承销家数相同时,按股票及债券主承销金额从大到小排序。

2010 年度证券公司股票及债券承销金额排名

单位:元

序号	公司	股票及债券承销金额
1	中信证券	17,805,691.75
2	中金公司	13,760,601.79
3	中银国际	12,151,388.54
4	国泰君安	9,424,321.77
5	瑞银证券	7,855,529.68
6	平安证券	7,574,909.59
7	银河证券	7,256,296.03
8	中信建投	6,281,742.40
9	海通证券	5,971,700.29
10	招商证券	5,501,266.25
11	国信证券	5,267,014.73
12	宏源证券	4,714,918.72
13	中投证券	3,971,977.70
14	广发证券	3,484,222.81
15	安信证券	3,185,910.56
16	光大证券	3,056,413.72
17	瑞信方正	2,930,531.15
18	华泰联合	2,507,415.24
19	高盛高华	2,055,513.31
20	国金证券	1,914,067.39
21	申银万国	1,877,490.33
22	华泰证券	1,826,114.37
23	兴业证券	1,810,459.39
24	东方证券	1,690,202.99
25	第一创业	1,519,602.50
26	西南证券	1,513,853.89
27	华林证券	1,497,392.00
28	中德证券	1,299,912.97
29	民生证券	1,208,767.47
30	信达证券	985,714.79
31	东海证券	981,087.28
32	齐鲁证券	955,790.34
33	渤海证券	930,565.04
34	华融证券	877,944.00
35	太平洋证券	826,937.30
36	华鑫证券	818,395.54
37	浙商证券	694,453.50
38	民族证券	677,671.03
39	国元证券	639,974.71
40	国海证券	608,684.14
41	长江保荐	582,886.55
42	长城证券	578,517.19
43	财富里昂	575,468.00
44	东北证券	538,747.24
45	东吴证券	495,815.70
46	西部证券	446,591.00
47	东莞证券	417,749.20
48	中航证券	404,480.00
49	南京证券	387,998.22
50	中原证券	385,553.57

序号	公司	股票及债券承销金额
51	德邦证券	374,145.90
52	长江证券	354,021.50
53	红塔证券	274,789.38
54	国盛证券	264,000.00
55	国联证券	259,459.87
56	恒泰证券	245,980.00
57	新时代证券	213,418.00
58	财富证券	209,550.00
59	海际大和	178,627.36
60	广州证券	170,387.00
61	财通证券	167,957.42
62	华龙证券	163,485.89
63	国都证券	162,079.20
64	万联证券	95,889.60
65	英大证券	90,400.00
66	东兴证券	87,366.65
67	华西证券	80,071.09
68	首创证券	71,800.00
69	金元证券	67,850.00
70	华安证券	56,000.00
71	世纪证券	50,138.00
72	湘财证券	46,000.00
73	日信证券	45,112.00
74	中山证券	43,000.00
75	国开证券	20,000.00
76	航天证券	11,721.60
77	大通证券	4,447.46

注:股票及债券承销金额排名的中位数为639,974.71万元,不低于中位数的为排名前39家公司。

2010年度证券公司代理买卖证券业务净收入排名

单位:万元

序号	证券公司	代理买卖证券业务净收入
1	银河证券	564,245
2	国泰君安	504,087
3	国信证券	488,594
4	广发证券	472,024
5	海通证券	457,556
6	申银万国	436,316
7	中信建投	349,655
8	华泰证券	348,273
9	招商证券	332,496
10	齐鲁证券	331,819
11	安信证券	280,802
12	中投证券	267,926
13	光大证券	258,339
14	中信证券	208,971
15	华西证券	179,548
16	方正证券	179,291
17	华泰联合	176,684
18	宏源证券	172,492
19	长江证券	165,032
20	中信金通	151,720
21	财达证券	143,007
22	东方证券	141,690
23	兴业证券	119,815
24	中金公司	119,004
25	国元证券	116,809
26	东吴证券	110,102
27	西部证券	109,592
28	东北证券	109,297
29	信达证券	107,452
30	中银国际	101,973
31	国海证券	100,407
32	中原证券	100,161
33	东海证券	98,390
34	华安证券	96,069
35	平安证券	94,880
36	湘财证券	93,199
37	浙商证券	92,734
38	东兴证券	92,500
39	上海证券	90,899
40	南京证券	90,583
41	民族证券	87,823
42	东莞证券	87,460
43	中信万通	86,757
44	山西证券	85,814
45	长城证券	83,374
46	财通证券	80,818
47	国金证券	80,132
48	西南证券	78,571
49	渤海证券	73,767
50	国联证券	72,856
51	广发华福	69,861
52	民生证券	67,961
53	新时代证券	66,018
54	恒泰证券	59,504
55	华龙证券	55,623
56	华创证券	50,676
57	太平洋证券	46,337
58	江海证券	45,259
59	万联证券	44,305
60	国都证券	43,930
61	中航证券	43,910
62	大通证券	42,848
63	国盛证券	41,685
64	和兴证券	40,591
65	财富证券	40,450
66	广州证券	39,782
67	华林证券	38,271
68	红塔证券	37,324
69	华融证券	37,219
70	大同证券	36,244
71	金元证券	35,416
72	英大证券	34,345
73	华鑫证券	32,360
74	世纪证券	32,061
75	中山证券	30,912
76	联讯证券	28,023
77	首创证券	27,436
78	第一创业	25,007
79	西藏同信	23,075
80	德邦证券	21,702
81	中天证券	21,363
82	爱建证券	21,090
83	北京高华	17,495
84	厦门证券	17,481

序号	证券公司	代理买卖证券业务净收入
85	恒泰长财	15,703
86	华宝证券	15,365
87	瑞银证券	15,306
88	天风证券	14,675
89	银泰证券	14,273
90	天源证券	13,409
91	国开证券	13,099
92	众成证券	10,983
93	川财证券	10,926
94	中邮证券	9,076
95	日信证券	9,040
96	万和证券	8,649
97	诚浩证券	6,814
98	五矿证券	6,672
99	开源证券	6,505
100	航天证券	3,295

注:1. 证券公司设立证券营业部主体资格条件指标计算,以本表数据为准;
2. 中位数为 71,359 万元,不低于中位数的为排名前 50 位的公司。

2010 年度证券公司客户交易结算资金余额排名

单位:万元

序号	证券公司	客户交易结算资金余额
1	银河证券	7,284,985
2	广发证券	6,475,992
3	国泰君安	6,245,484
4	招商证券	5,449,557
5	海通证券	5,412,191
6	华泰证券	5,148,256
7	中信建投	4,776,798
8	申银万国	4,240,786
9	国信证券	3,945,192
10	光大证券	3,275,922
11	中投证券	3,144,148
12	中信证券	3,079,298
13	安信证券	2,859,889
14	齐鲁证券	2,815,543
15	长江证券	2,195,926
16	东方证券	2,053,215
17	兴业证券	1,878,393
18	中信金通	1,871,586
19	华泰联合	1,724,765
20	方正证券	1,703,662
21	宏源证券	1,517,099
22	平安证券	1,406,773
23	东吴证券	1,367,633
24	华西证券	1,332,118
25	东北证券	1,265,825
26	信达证券	1,212,501
27	东兴证券	1,187,874
28	财达证券	1,187,465
29	湘财证券	1,166,955
30	中银国际	1,162,517
31	财通证券	1,125,515
32	西南证券	1,095,010
33	国联证券	1,033,881
34	山西证券	1,014,967
35	长城证券	990,390
36	中金公司	978,068
37	广发华福	977,187
38	上海证券	939,050
39	东海证券	938,724
40	国都证券	914,974
41	民族证券	914,078
42	浙商证券	913,016
43	中信万通	905,279
44	渤海证券	902,811
45	东莞证券	901,037
46	西部证券	880,191
47	中原证券	879,196
48	国元证券	851,368
49	国海证券	844,847
50	国金证券	694,607
51	南京证券	694,541
52	江海证券	687,191
53	新时代证券	601,888
54	民生证券	597,156
55	华林证券	536,049
56	华鑫证券	513,642
57	华安证券	511,592
58	大通证券	502,545
59	广州证券	494,328
60	万联证券	487,869
61	恒泰证券	480,685
62	金元证券	464,513
63	中航证券	455,140
64	财富证券	437,331
65	英大证券	432,611
66	首创证券	410,016
67	国盛证券	383,957
68	世纪证券	373,636
69	华融证券	366,010
70	中山证券	357,289
71	第一创业	349,396
72	华创证券	345,103
73	德邦证券	344,764
74	红塔证券	339,162
75	爱建证券	336,841
76	大同证券	328,188
77	联讯证券	316,820
78	和兴证券	311,185
79	华龙证券	310,144
80	太平洋证券	299,275
81	中天证券	283,182
82	西藏同信	273,947
83	厦门证券	266,251
84	银泰证券	227,995
85	国开证券	155,905
86	恒泰长财	139,047
87	华宝证券	135,617
88	天风证券	126,059
89	众成证券	123,793
90	中邮证券	111,606
91	天源证券	108,348
92	万和证券	95,041
93	日信证券	89,535
94	五矿证券	81,545
95	诚浩证券	71,671

序号	证券公司	客户交易结算资金余额
96	开源证券	65,633
97	瑞银证券	63,191
98	川财证券	57,565
99	航天证券	55,297
100	北京高华	21,879

2010年度证券公司净资本收益率中位数以上排名（合并口径）

序号	证券公司	净资本收益率
1	广发证券	42.98%
2	平安证券	38.17%
3	华西证券	34.40%
4	万联证券	33.17%
5	中信建投	31.54%
6	大同证券	31.25%
7	和兴证券	30.85%
8	中信证券	29.82%
9	财达证券	28.90%
10	华龙证券	28.89%
11	中银国际	28.44%
12	西藏同信	27.70%
13	国信证券	26.85%
14	中投证券	26.49%
15	银河证券	26.35%
16	国海证券	26.34%
17	宏源证券	26.14%
18	申银万国	24.21%
19	民族证券	23.02%
20	东莞证券	21.91%
21	西部证券	21.91%
22	广发华福	21.88%
23	华创证券	21.19%
24	川财证券	21.07%
25	华安证券	21.03%
26	国泰君安	20.70%
27	安信证券	20.45%
28	浙商证券	20.22%
29	国联证券	20.05%
30	首创证券	19.92%
31	东海证券	19.19%
32	华泰证券	19.06%
33	湘财证券	18.92%
34	东兴证券	18.87%
35	招商证券	18.81%
36	东吴证券	18.66%
37	方正证券	18.21%
38	东北证券	17.98%
39	第一创业	17.90%
40	联讯证券	17.88%
41	新时代证券	17.85%
42	财通证券	17.51%
43	上海证券	17.44%
44	国金证券	16.98%
45	齐鲁证券	16.81%
46	华融证券	16.74%
47	渤海证券	16.72%
48	中航证券	16.51%

注：1. 中位数为16.49%，不低于中位数的为排名前48位的公司；
2. 排名中中信证券与中信金通、中信万通，国泰君安与国泰君安证券资产管理公司，华泰证券和华泰联合，方正证券和瑞信方正，上海证券和海际大和合并计算；
3. 净资本收益率＝年度净利润/（期末净资本＋期初净资本）/2。

2010年证券公司资产管理业务净收入增长率中位数以上排名（合并口径）

证券公司	资产管理业务净收入增长率名次
华西证券	1
东吴证券	2
东北证券	3
信达证券	4
浙商证券	5
民生证券	6
民族证券	7
东海证券	8
中银国际	9
国海证券	10
宏源证券	11
安信证券	12
平安证券	13
广州证券	14
华融证券	15
国泰君安	16
东莞证券	17
申银万国	18
兴业证券	19
光大证券	20

注：1. 排名前20位公司的资产管理业务净收入增长率在中位数以上；
2. 排名中国泰君安与国泰君安证券资产管理公司合并计算。

2010年度证券公司承销与保荐、并购重组等财务顾问业务的净收入中位数以上排名（合并口径）

单位：万元

序号	证券公司	证券承销与保荐、并购重组等财务顾问业务净收入
1	中金公司	246,571
2	平安证券	240,579
3	中信证券	240,522
4	国信证券	173,754
5	华泰证券	147,452
6	招商证券	134,022
7	海通证券	106,343
8	中银国际	101,719
9	中信建投	98,040
10	广发证券	92,348
11	中投证券	72,905
12	银河证券	72,759
13	安信证券	68,667
14	国泰君安	66,852
15	国金证券	62,497
16	宏源证券	57,104
17	瑞银证券	52,903
18	光大证券	48,038
19	西南证券	43,694
20	民生证券	40,052
21	第一创业	33,267

序号	证券公司	证券承销与保荐、并购重组等财务顾问业务净收入
22	东方证券	30,862
23	山西证券	29,980
24	方正证券	29,659
25	国元证券	28,083
26	东吴证券	25,671
27	华林证券	24,703
28	兴业证券	23,894
29	申银万国	20,989
30	长江证券	19,586
31	国海证券	19,226
32	信达证券	18,449
33	东海证券	17,321
34	财富证券	17,046
35	渤海证券	16,763
36	太平洋证券	15,935
37	西部证券	15,424
38	华融证券	14,743

注:1. 中位数为14,625万元,不低于中位数的为排名前38位的公司;
2. 排名中华泰证券和华泰联合、山西证券和中德证券、方正证券和瑞信方正、长江证券和长江保荐、财富证券和财富里昂合并计算。

2010年证券公司承销与保荐业务、并购重组等财务顾问业务净收入增长率中位数以上排名(合并口径)

证券公司	承销与保荐业务、并购重组等财务顾问业务净收入增长率名次
国盛证券	1
中原证券	2
万联证券	3
东北证券	4
首创证券	5
东莞证券	6
太平洋证券	7
国金证券	8
兴业证券	9
东兴证券	10
西部证券	11
大通证券	12
宏源证券	13
民生证券	14
中山证券	15
广发证券	16
安信证券	17
方正证券	18
信达证券	19
华泰证券	20
中投证券	21
第一创业	22
平安证券	23
中银国际	24
华西证券	25
山西证券	26
财富证券	27
世纪证券	28
海通证券	29
渤海证券	30
广州证券	31
东吴证券	32
中信建投	33
国海证券	34
国信证券	35
光大证券	36

注:1. 排名前36位公司的承销与保荐业务、并购重组等财务顾问业务净收入增长率在中位数以上;
2. 排名中方正证券与瑞信方正、华泰证券与华泰联合、山西证券与中德证券、财富证券与财富里昂合并计算。

2010年度证券公司成本管理能力前20位排名(合并口径)

序号	证券公司	成本管理能力
1	财达证券	2.46
2	国泰君安	2.45
3	华安证券	2.28
4	招商证券	2.23
5	华西证券	2.20
6	光大证券	2.19
7	广发华福	2.18
8	申银万国	2.17
9	国联证券	2.09
10	东莞证券	2.06
11	国信证券	2.03
12	和兴证券	2.00
13	平安证券	1.94
14	银河证券	1.92
15	华创证券	1.89
16	中信建投	1.88
17	方正证券	1.88
18	海通证券	1.86
19	华泰证券	1.85
20	中原证券	1.84

注:1. 中位数为1.50,不低于中位数的为排名前48位的公司;
2. 排名中国泰君安与国泰君安证券资产管理公司,方正证券和瑞信方正,华泰证券和华泰联合合并计算;
3. 成本管理能力=(营业收入-投资收益-公允价值变动收益)/营业支出。

2010年度证券公司受托管理资金本金总额前20位排名

单位:万元

序号	证券公司	受托管理资金本金总额
1	中信证券	4,419,569
2	中金公司	2,303,688
3	国泰君安	1,154,819
4	光大证券	934,185
5	招商证券	933,289
6	华泰证券	920,813
7	东海证券	870,180
8	海通证券	869,928
9	东方证券	785,528
10	安信证券	630,545
11	国信证券	485,185
12	华融证券	479,187
13	长江证券	418,627
14	浙商证券	392,932
15	东北证券	360,982
16	东兴证券	344,443
17	广发证券	339,112
18	兴业证券	302,152

序号	证券公司	受托管理资金本金总额
19	申银万国	297,726
20	中银国际	288,082

注：排名中国泰君安、东方证券数据为其资产管理公司受托管理资金本金总额。

2010年度证券公司受托客户资产管理业务净收入前20位排名（合并口径）

单位：万元

序号	证券公司	受托客户资产管理业务净收入
1	东海证券	28,609
2	光大证券	18,797
3	中信证券	16,895
4	浙商证券	16,580
5	华融证券	15,626
6	国泰君安	12,839
7	华泰证券	12,828
8	中金公司	11,119
9	广发证券	8,483
10	长江证券	8,387
11	国信证券	7,544
12	招商证券	7,166
13	东北证券	6,021
14	东方证券	5,900
15	宏源证券	5,809
16	兴业证券	5,593
17	东兴证券	4,567
18	安信证券	3,905
19	申银万国	3,837
20	银河证券	3,125

注：1. 中位数为1,160万元，不低于中位数的为排名前30位的公司；
2. 排名中国泰君安与国泰君安证券资产管理公司、华泰证券与华泰联合、东方证券与东方证券资产管理公司合并计算。

2010年证券公司代理买卖证券业务净收入增长率中位数以上排名（合并口径）

证券公司	代理买卖证券业务净收入增长率名次
五矿证券	1
瑞银证券	2
开源证券	3
中邮证券	4
中金公司	5
西南证券	6
华融证券	7
平安证券	8
世纪证券	9
西藏同信	10
东方证券	11
长江证券	12
德邦证券	13
华西证券	14
国金证券	15
天风证券	16
华龙证券	17
金元证券	18
宏源证券	19
华创证券	20
恒泰证券	21
大同证券	22
渤海证券	23
南京证券	24
齐鲁证券	25
川财证券	26
太平洋证券	27
新时代证券	28
国元证券	29
东北证券	30
国信证券	31
万和证券	32
日信证券	33
和兴证券	34
东吴证券	35
东兴证券	36
长城证券	37
首创证券	38
中山证券	39
中航证券	40
湘财证券	41
中信证券	42
大通证券	43
申银万国	44
华鑫证券	45
西部证券	46
华安证券	47
银泰证券	48

注：1. 排名前48位公司的代理买卖证券业务净收入增长率在中位数以上；
2. 排名中中信证券与中信金通、中信万通，恒泰证券和恒泰长财合并计算。

2010年度证券公司代理买卖证券业务净收入中位数以上排名（合并口径）

单位：万元

序号	证券公司	代理买卖证券业务净收入
1	银河证券	564,245
2	华泰证券	524,957
3	国泰君安	504,087
4	国信证券	488,594
5	广发证券	472,024
6	海通证券	457,556
7	中信证券	447,448
8	申银万国	436,316
9	中信建投	349,655
10	招商证券	332,496
11	齐鲁证券	331,819
12	安信证券	280,802
13	中投证券	267,926
14	光大证券	258,339
15	华西证券	179,548
16	方正证券	179,291
17	宏源证券	172,492
18	长江证券	165,032
19	财达证券	143,007
20	东方证券	141,690
21	兴业证券	119,815
22	中金公司	119,004
23	国元证券	116,809
24	东吴证券	110,102

序号	证券公司	代理买卖证券业务净收入
25	西部证券	109,592
26	东北证券	109,297
27	信达证券	107,452
28	中银国际	101,973
29	国海证券	100,407
30	中原证券	100,161
31	东海证券	98,390
32	华安证券	96,069
33	平安证券	94,880
34	湘财证券	93,199
35	浙商证券	92,734
36	东兴证券	92,500
37	上海证券	90,899
38	南京证券	90,583
39	民族证券	87,823
40	东莞证券	87,460
41	山西证券	85,814
42	长城证券	83,374
43	财通证券	80,818
44	国金证券	80,132
45	西南证券	78,571
46	恒泰证券	75,156
47	渤海证券	73,767
48	国联证券	72,856

注:1. 中位数为71,359万元,不低于中位数的为排名前48位的公司;
2. 排名中华泰证券与华泰联合,中信证券与中信金通、中信万通,恒泰证券与恒泰长财合并计算。

2010年度证券公司营业部平均代理买卖证券业务净收入中位数以上排名

单位:万元

序号	证券公司	证券公司营业部平均代理买卖证券业务净收入
1	中金公司	10,819
2	国信证券	8,010
3	中信证券	4,265
4	招商证券	4,105
5	西藏同信	3,846
6	华西证券	3,741
7	国金证券	3,642
8	中银国际	3,642
9	中信金通	3,448
10	申银万国	3,009
11	长城证券	2,978
12	华林证券	2,944
13	北京高华	2,916
14	中信建投	2,914
15	东吴证券	2,897
16	平安证券	2,875
17	华泰联合	2,850
18	中信万通	2,799
19	华泰证券	2,764
20	国泰君安	2,710
21	中投证券	2,679
22	东莞证券	2,650
23	齐鲁证券	2,633
24	银河证券	2,600
25	瑞银证券	2,551
26	东海证券	2,523
27	海通证券	2,500
28	宏源证券	2,500
29	广发证券	2,497
30	安信证券	2,485
31	中原证券	2,443
32	光大证券	2,414
33	东方证券	2,361
34	中邮证券	2,269
35	兴业证券	2,261
36	五矿证券	2,224
37	中山证券	2,208
38	国联证券	2,208
39	国都证券	2,197
40	红塔证券	2,196
41	国开证券	2,183
42	西南证券	2,183
43	英大证券	2,147
44	广州证券	2,094
45	长江证券	2,089
46	方正证券	2,085
47	浙商证券	2,061
48	民生证券	2,059
49	广发华福	2,055
50	国海证券	2,008
全国营业部平均代理买卖证券业务净收入		2,313

注:1. 证券公司设立证券营业部主体资格条件指标计算,以本表数据为准;
2. 中位数为1,990万元,不低于中位数的为排名前50位的公司。

2010年度证券公司营业部平均代理买卖证券业务净收入中位数以上排名（合并口径）

单位:万元

序号	证券公司	证券公司营业部平均代理买卖证券业务净收入
1	中金公司	10,819
2	国信证券	8,010
3	招商证券	4,105
4	西藏同信	3,846
5	华西证券	3,741
6	国金证券	3,642
7	中银国际	3,642
8	中信证券	3,608
9	申银万国	3,009
10	长城证券	2,978
11	华林证券	2,944
12	北京高华	2,916
13	中信建投	2,914
14	东吴证券	2,897
15	平安证券	2,875
16	华泰证券	2,792
17	国泰君安	2,710
18	中投证券	2,679
19	东莞证券	2,650
20	齐鲁证券	2,633
21	银河证券	2,600
22	瑞银证券	2,551
23	东海证券	2,523
24	海通证券	2,500
25	宏源证券	2,500
26	广发证券	2,497
27	安信证券	2,485

序号	证券公司	证券公司营业部平均代理买卖证券业务净收入
28	中原证券	2,443
29	光大证券	2,414
30	东方证券	2,361
31	中邮证券	2,269
32	兴业证券	2,261
33	五矿证券	2,224
34	中山证券	2,208
35	国联证券	2,208
36	国都证券	2,197
37	红塔证券	2,196
38	国开证券	2,183
39	西南证券	2,183
40	英大证券	2,147
41	广州证券	2,094
42	长江证券	2,089
43	方正证券	2,085
44	浙商证券	2,061
45	民生证券	2,059
46	广发华福	2,055
47	国海证券	2,008
48	财通证券	1,971

注:1. 中位数为1,964万元,不低于中位数的为排名前48位的公司;
2. 排名中中信证券与中信金通、中信万通,华泰证券与华泰联合合并计算。

证券公司名录
（截至2010年8月底）

序号	公司名称	注册地
1	首创证券有限责任公司	北京
2	中国银河证券股份有限公司	北京
3	中国民族证券有限责任公司	北京
4	瑞信方正证券有限责任公司	北京
5	北京高华证券有限责任公司	北京
6	高盛高华证券有限责任公司	北京
7	信达证券股份有限公司	北京
8	华融证券股份有限公司	北京
9	国开证券有限责任公司	北京
10	中国国际金融有限公司	北京
11	新时代证券有限责任公司	北京
12	东兴证券股份有限公司	北京
13	民生证券有限责任公司	北京
14	瑞银证券有限责任公司	北京
15	中信建投证券有限责任公司	北京
16	中德证券有限责任公司	北京
17	国都证券有限责任公司	北京
18	爱建证券有限责任公司	上海
19	长江证券承销保荐有限公司	上海
20	德邦证券有限责任公司	上海
21	东方证券股份有限公司	上海
22	光大证券股份有限公司	上海
23	国泰君安证券股份有限公司	上海
24	海际大和证券有限责任公司	上海
25	海通证券股份有限公司	上海
26	航天证券有限责任公司	上海
27	华宝证券有限责任公司	上海
28	财富里昂证券有限责任公司	上海
29	上海证券有限责任公司	上海
30	申银万国证券股份有限公司	上海
31	中银国际证券有限责任公司	上海
32	渤海证券股份有限公司	天津
33	诚浩证券有限责任公司	辽宁
34	中天证券有限责任公司	辽宁
35	东吴证券有限责任公司	江苏
36	东海证券有限责任公司	江苏
37	南京证券有限责任公司	江苏
38	华泰证券股份有限公司	江苏
39	国联证券股份有限公司	江苏
40	长江证券股份有限公司	湖北
41	天风证券有限责任公司	湖北
42	国金证券股份有限公司	四川
43	川财证券经纪有限责任公司	四川
44	华西证券有限责任公司	四川
45	和兴证券经纪有限责任公司	四川
46	财达证券有限责任公司	河北
47	大同证券经纪有限责任公司	山西
48	山西证券股份有限公司	山西
49	中原证券股份有限公司	河南
50	大通证券股份有限公司	大连
51	东北证券股份有限公司	吉林
52	恒泰长财证券有限责任公司	吉林
53	江海证券有限公司	黑龙江
54	华安证券有限责任公司	安徽
55	国元证券股份有限公司	安徽
56	广发华福证券有限责任公司	福建
57	兴业证券股份有限公司	福建
58	厦门证券有限公司	厦门
59	国海证券有限责任公司	广西
60	华创证券有限责任公司	贵州
61	红塔证券股份有限公司	云南
62	太平洋证券股份有限公司	云南
63	金元证券股份有限公司	海南
64	万和证券经纪有限公司	海南
65	华龙证券有限责任公司	甘肃
66	天源证券经纪有限公司	青海
67	中信万通证券有限责任公司	青岛
68	齐鲁证券有限公司	山东
69	财通证券有限责任公司	浙江
70	浙商证券有限责任公司	浙江
71	中信金通证券有限责任公司	浙江
72	方正证券有限责任公司	湖南
73	湘财证券有限责任公司	湖南
74	财富证券有限责任公司	湖南
75	国盛证券有限责任公司	江西
76	中航证券有限公司	江西
77	西藏同信证券有限责任公司	西藏
78	宏源证券股份有限公司	新疆
79	五矿证券经纪有限责任公司	深圳
80	世纪证券有限责任公司	深圳
81	平安证券有限责任公司	深圳
82	英大证券有限责任公司	深圳
83	长城证券有限责任公司	深圳
84	中山证券有限责任公司	深圳
85	招商证券股份有限公司	深圳
86	众成证券经纪有限公司	深圳
87	中国建银投资证券有限责任公司	深圳
88	第一创业证券有限责任公司	深圳
89	华泰联合证券有限责任公司	深圳
90	银泰证券有限责任公司	深圳
91	华鑫证券有限责任公司	深圳

序号	公司名称	注册地
92	中信证券股份有限公司	深圳
93	国信证券股份有限公司	深圳
94	安信证券股份有限公司	深圳
95	华林证券有限责任公司	深圳
96	西部证券股份有限公司	陕西
97	陕西开源证券经纪有限责任公司	陕西
98	中邮证券有限责任公司	陕西
99	西南证券股份有限公司	重庆
100	恒泰证券股份有限公司	内蒙古
101	日信证券有限责任公司	内蒙古
102	广发证券股份有限公司	广东
103	广州证券有限责任公司	广东
104	万联证券有限责任公司	广东
105	东莞证券有限责任公司	广东
106	联讯证券有限责任公司	广东

2010 年证券公司分类结果
（按公司名称拼音顺序排列）

序号	公司名称	2010 年级别
1	爱建证券	B
2	安信证券	A
3	渤海证券	B
4	北京高华	A
5	财达证券	A
6	财富证券	BB
7	财通证券	BBB
8	长城证券	A
9	长江证券	A
10	诚浩证券	CC
11	川财证券	CC
12	大通证券	BB
13	大同证券	BBB
14	德邦证券	BB
15	第一创业	BB
16	东北证券	BBB
17	东方证券	AA
18	东海证券	BBB
19	东莞证券	A
20	东吴证券	BBB
21	东兴证券	CC
22	方正证券	A
23	光大证券	AA
24	广发华福	B
25	广发证券	A
26	广州证券	B
27	国都证券	A
28	国海证券	BBB
29	国金证券	BBB
30	国联证券	A
31	国盛证券	BBB
32	国泰君安	AA
33	国信证券	AA
34	国元证券	A
35	海通证券	AA
36	航空证券	CCC
37	航天证券	CCC
38	和兴证券	BB
39	恒泰证券	BB
40	红塔证券	BBB
41	宏源证券	A
42	华安证券	A
43	华宝证券	BBB
44	华创证券	A
45	华林证券	C
46	华龙证券	BBB
47	华融证券	BBB
48	华泰证券	AA
49	华西证券	BBB
50	华鑫证券	BB
51	江海证券	BBB
52	金元证券	CC
53	开源证券	BB
54	联讯证券	BBB
55	民生证券	BBB
56	民族证券	CC
57	南京证券	BB
58	平安证券	A
59	齐鲁证券	A
60	日信证券	CCC
61	瑞银证券	BBB
62	山西证券	B
63	上海证券	BBB
64	申银万国	A
65	世纪证券	CCC
66	首创证券	BB
67	太平洋	BBB
68	天风证券	BBB
69	天源证券	CCC
70	万和证券	B
71	万联证券	CC
72	五矿证券	CCC
73	西部证券	BBB
74	西藏同信	A
75	西南证券	BBB
76	厦门证券	BB
77	湘财证券	B
78	新时代	A
79	信达证券	BBB
80	兴业证券	A
81	银河证券	AA
82	银泰证券	BB
83	英大证券	BB
84	招商证券	AA
85	浙商证券	B
86	中航证券	CCC
87	中金公司	AA
88	中山证券	BB
89	中天证券	BB
90	中投证券	A
91	中信建投	AA
92	中信金通	AA
93	中信万通	BB
94	中信证券	AA
95	中银国际	A
96	中邮证券	BBB
97	中原证券	A
98	众成证券	BB

注：今年 106 家公司中，有 8 家证券公司与其母公司合并评价，即华泰联合（母公司华泰证券）、恒泰长财（母公司恒泰证券）、高盛高华（母公司北京高华）、长江保荐（母公司长江证券）、财富里昂（母公司财富证券）、海际大和（母公司上海证券）、瑞信方正（母公司方正证券）、中德证券（母公司山西证券）。母公司分类结果适用于子公司。

询价对象名录——证券公司

序号	询价对象单位名称	联系人	联系电话	传真	E－mail
1	爱建证券有限责任公司	李凌	021－32229888－3221	021－62878797	liling@ ajzq. com
2	安信证券股份有限公司	唐琨	0755－82558173	0755－82558007	tangkun@ essences. com. cn
3	北京高华证券有限责任公司	宋欣然	010－66273170	010－66273001	xinran. song@ ghsl. cn
4	渤海证券股份有限公司	李伟娟	022－28451859	022－28451612	
5	财达证券有限责任公司	白智永	0311－66006395	0311－66006379	baizhiyong@ cdzq. com
6	财富证券有限责任公司	蒋腾志	0731－84403384	0731－84403434	jiangtz@ cfzq. com
7	财通证券有限责任公司	朱斌	0571－87828002	0571－87828144	zhub@ ctsec. com
8	长城证券有限责任公司	汪文雁	0755－83516202	0755－83515147	wangwy@ cgws. com
9	长江证券股份有限公司	邹达	027－65799572	027－85481809	zouda@ cjsc. com. cn
10	大通证券股份有限公司	尹娟娟	0411－39673331	0411－39673342	yinjuanjuan@ daton. com. cn
11	大同证券经纪有限责任公司	侯树平	0351－7219935	0351－7219950	housp@ dtsbc. com. cn
12	德邦证券有限责任公司	杜宇杰	021－68761616－8286	021－68768396	duyj@ tebon. com. cn
13	第一创业证券有限责任公司	刘峻	0755－25832449	0755－25832462	
14	东北证券股份有限公司	刘存	010－68573825	010－68573837,68573606	deity58@ 163. com
15	东方证券股份有限公司	姚翔	021－63325888－7037	021－63326126	xiang@ orientsec. com. cn
16	东海证券有限责任公司	黄胤	021－50586660－8864	021－58315292	huangyin@ longone. com. cn
17	东莞证券有限责任公司	梁维亮	021－50155031	021－50155039	dgzqzyb@ vip. sina. com
18	东吴证券股份有限公司	王晋	0512－62938682	0512－62938699	wangjin@ gsjq. com. cn
19	东兴证券股份有限公司	刘飞	010－66555299	010－66555345	liufei@ dxzq. net. cn
20	方正证券股份有限公司	陈思行	0731－85832556	0731－85832378	chensixing@ foundersc. com
21	光大证券股份有限公司	沈晓春	021－22169999－9850	021－22169854	shenxc@ ebscn. com
22	广发华福证券有限责任公司	彭晨	0591－87827078	0591－87827078	pc@ gf. com. cn
23	广发证券股份有限公司	郑涛	020－87555888－749	020－87553577	zt3@ gf. com. cn
24	广州证券有限责任公司	梁启明	020－87322369	020－87324186	13512771888@ 139. com
25	国都证券有限责任公司	李时萌	010－84183196	010－84183311－3196	lishimeng@ guodu. com
26	国海证券有限责任公司	白云	0755－83716910	0755－83716751	baiy@ ghzq. com. cn
27	国金证券股份有限公司	蒋伟华	021－61038203	021－61032800	jiangwh@ gjzq. com. cn
28	国开证券有限责任公司	焦建明	010－85285243	010－85285229	
29	国联证券股份有限公司	华立辉	0510－82833990	0510－82830157	hualh@ glsc. com. cn
30	国盛证券有限责任公司	王青	010－62566836	010－62552853	wangqing@ gsstock. com
31	国泰君安证券股份有限公司	刘晓菁	021－38676231	021－62569400	
32	国信证券股份有限公司	郝川	0755－82130579	0755－82130641	haochuan@ guosen. com
33	国元证券股份有限公司	夏汀	0551－2207593	0551－2615201	sharting@ gyzq. com. cn
34	海通证券股份有限公司	郭志伟	021－23219235	021－63608358	guozw@ htsec. com
35	航天证券有限责任公司	代婷	021－62448020	021－62448020	daiting@ casstock. com
36	恒泰证券股份有限公司	李红	0755－82031794	0755－82033478	lihong@ cnht. com. cn
37	红塔证券股份有限公司	李婕	0871－3577066	0871－3578830	lijie@ hongtastock. com
38	宏源证券股份有限公司	张智红	010－62267799－6007	010－62294009	zhangzhihong@ ehongyuan. com. cn
39	华安证券有限责任公司	常硕永	0551－5161681	0551－5161689	
40	华宝证券有限责任公司	邱俊灏	021－50122125	021－50122398	qiujunhao@ cnhbstock. com
41	华创证券有限责任公司	李暖	0851－8596243	0851－8596243	linuan@ hczq. com
42	华林证券有限责任公司	邓屹	0755－82707767	0755－82707956	dengy@ chinalions. cn
43	华龙证券有限责任公司	习斌	0931－8784063	0931－4890005	xib@ hlzqgs. com
44	华融证券股份有限公司	王云峰	010－58568091	010－58568125	wangyunfeng@ hrsec. com. cn
45	华泰证券股份有限公司	徐轶凡	025－84457777－780	025－84579784	xyfyf888@ yahoo. com. cn
46	华西证券有限责任公司	孙峻	0755－83025269	0755－83025467	sunjun@ mail. hx168. com. cn
47	华鑫证券有限责任公司	徐文	021－34638437	021－34638435	13801631849@ 139. com. cn
48	江海证券有限公司	安永辉	0451—82269280—529	0451—82286711	ayh1872@ 163. com
49	金元证券股份有限公司	李晖	0755－83025066	0755－83025687	
50	民生证券有限责任公司	孔晓红	010－85127870	010－85120211	kongxiaohong@ mszq. com
51	南京证券有限责任公司	秦雁	025－83367867	025－83367888－3185	yjfb@ njzq. com. cn
52	平安证券有限责任公司	邵春霞	0755－22627476	0755－82402941	shaochunxia@ pasc. com. cn
53	齐鲁证券有限公司	吴凡	0531－68889270	0531－68889262	wufan23@ 126. com
54	日信证券有限责任公司	汪华春	010－88086830－671	010－88086637	luoyf@ rxzq. com. cn
55	瑞银证券有限责任公司	田文健	010－58328725	010－58328314	Wenjian. Tian@ ubssecurities. com

序号	询价对象单位名称	联系人	联系电话	传真	E－mail
56	山西证券股份有限公司	原登峰	0351－8686809	0351－8686807	sxzqzcjyb@ i618. com. cn
57	上海东方证券资产管理有限公司	蒋丹青	021－63325888－5006		jiangdanqing@ orientsec. com. cn
58	上海证券有限责任公司	张晓宇	021－33303802	021－33303868	dexecutor@ 163. com
59	申银万国证券股份有限公司	刘虎	021－54044593	021－54046478	
60	世纪证券有限责任公司	任世勇	0755－83195981	0755－83199535	rensy@ csco. com. cn
61	首创证券有限责任公司	赵光	010－59366119	010－59366121	zg@ sczq. com. cn
62	太平洋证券股份有限公司	张怀天	0871－8885858－8203	0871－8898121	zhanght@ tpyzq. com
63	万联证券有限责任公司	汤丽	010－66020303	010－66061116	tangli@ wlzq. com. cn
64	西部证券股份有限公司	蔡云平	021－68864677	021－68865698	caiyp@ xbmail. com. cn
65	西藏同信证券有限责任公司	史海波	021－36532108	021－36531910	shihb@ mail. xzsec. com
66	西南证券股份有限公司	陈太妮	023－63786217	023－63786516	ctn@ swsc. com. cn
67	湘财证券有限责任公司	巢枫	021－68634510－8528	021－68865557	cf2255@ xcsc. com
68	新时代证券有限责任公司	张鹤	010－83561230	010－83561224	zhanghe@ xsdzq. cn
69	信达证券股份有限公司	李泳	010－88656479	010－88656540	liyong@ cindasc. com
70	兴业证券股份有限公司	林晓枫	021－38565827	021－38565835	xyzqzy@ gmail. com
71	银泰证券有限责任公司	吴锦波	0755－83702683	0755－83708196	wujb@ ytzq. net
72	英大证券有限责任公司	周景恩	0755－83007073	0755－83007040	zhouje@ vsun. com
73	招商证券股份有限公司	廖郁	0755－82960597	0755－82960124	
74	浙商证券有限责任公司	史海昇	021－64718888－1737	0571－64713795	shihaisheng@ stocke. com. cn
75	中国国际金融有限公司	万健之	010－65051166－1912	010－65050103	wanjz@ cicc. com. cn
76	中国建银投资证券有限责任公司	邢晓明	0755－82026757	0755－82026930	xingxiaoming@ cjis. cn
77	中国民族证券有限责任公司	邹文昕	010－59355892	010－66553295	zouwx@ chinans. com. cn
78	中国银河证券股份有限公司	尹剑志	010－66568761	010－66568745	yinjianzhi@ chinastock. com. cn
79	中航证券有限公司	舒蓓	0791－6794714	0791－6794714	qren@ scstock. com
80	中山证券有限责任公司	彭雯	0755－82792546	0755－82792521	pengw@ zszq. com
81	中天证券有限责任公司	肖阳	024－23262143	024－23265427	xy@ ztportal. com
82	中信建投证券有限责任公司	汪斌鑫	010－85130267	010－85156404	wangbinxin@ csc. com. cn
83	中信证券股份有限公司	郑淳	010－60833680	010－60833659	zhengc@ citics. com
84	中银国际证券有限责任公司	郭菲	021－58763707	021－50372359	fei. guo@ bocigroup. com
85	中邮证券有限责任公司	徐琳	010－82293098	010－82292229－6658	xulin@ cnpsec. com
86	中原证券股份有限公司	王晗	021－50588666－8050	021－50585758	hanw@ ccnew. com

询价对象名录——保险机构投资者

序号	询价对象单位名称	联系人	联系电话	传真	E－mail
1	渤海财产保险股份有限公司	张炜	022－23202833	022－23202831	zhangwei@ bpic. com. cn
2	合众人寿保险股份有限公司	汪玲	010－59949999－88220	010－59949407	wangling@ ulic. com. cn
3	华泰资产管理有限公司	孙蓓蕾	021－61001668－7003	021－61001626	sunbeilei@ ehuatai. com
4	平安养老保险股份有限公司	张兴巧	021－38638261	021－58587480	zhangxingqiao001@ pingan. com. cn
5	平安资产管理有限责任公司	彭凌志	021－38636412	021－58587480	penglingzhi001@ pingan. com. cn
6	太平洋资产管理有限责任公司	潘奕青	021－68659999－5905	021－50106118	panyiqing@ cpic. com. cn
7	太平资产管理有限公司	郑琪	021－61605396	021－61605368	zhengqi@ tpasset. com
8	泰康资产管理有限责任公司	孙晓琳	010－66429988－7818	010－66428721	sunxiaolin@ taikanglife. com
9	新华资产管理股份有限公司	张大刚	010－65692222	010－65692227	zhangdg@ newchinalife. com
10	阳光财产保险股份有限公司	赵冬	010－58289649	010－58797078	zhaodong@ ygbx. com
11	中国人保资产管理股份有限公司	何海琨	021－38789922－963	021－68598960	hehk@ piccamc. com
12	中国人寿资产管理有限公司	邓倩磊	010－88088866－6801	010－88087798	dengql@ clamc. com
13	中再资产管理股份有限公司	徐蓓	010－66577332	010－66553729	xubei@ cramc. cn
1	渤海财产保险股份有限公司	张炜	022－23202833	022－23202831	zhangwei@ bpic. com. cn
2	合众人寿保险股份有限公司	汪玲	010－59949999－88220	010－59949407	wangling@ ulic. com. cn
3	华泰资产管理有限公司	孙蓓蕾	021－61001668－7003	021－61001626	sunbeilei@ ehuatai. com
4	平安养老保险股份有限公司	张兴巧	021－38638261	021－58587480	zhangxingqiao001@ pingan. com. cn
5	平安资产管理有限责任公司	彭凌志	021－38636412	021－58587480	penglingzhi001@ pingan. com. cn
6	太平洋资产管理有限责任公司	潘奕青	021－68659999－5905	021－50106118	panyiqing@ cpic. com. cn
7	太平资产管理有限公司	郑琪	021－61605396	021－61605368	zhengqi@ tpasset. com
8	泰康资产管理有限责任公司	孙晓琳	010－66429988－7818	010－66428721	sunxiaolin@ taikanglife. com
9	新华资产管理股份有限公司	张大刚	010－65692222	010－65692227	zhangdg@ newchinalife. com
10	阳光财产保险股份有限公司	赵冬	010－58289649	010－58797078	zhaodong@ ygbx. com

序号	询价对象单位名称	联系人	联系电话	传真	E－mail
11	中国人保资产管理股份有限公司	何海琨	021－38789922－963	021－68598960	hehk@ piccamc. com
12	中国人寿资产管理有限公司	邓倩磊	010－88088866－6801	010－88087798	dengql@ clamc. com
13	中再资产管理股份有限公司	徐蓓	010－66577332	010－66553729	xubei@ cramc. cn

询价对象名录——信托投资公司

序号	询价对象单位名称	联系人	联系电话	传真	E－mail
1	安徽国元信托有限责任公司	方亚明	0551－5227078	0551－2633563	fangym@ gyxt. com. cn
2	百瑞信托有限责任公司	宋中原	0371－69177571	0371－69177612	songzy@ brxt. net
3	北方国际信托股份有限公司	姜波厚	022－28370688－6507	022－28373432	beifangxintuo@ yahoo. cn
4	北京国际信托有限公司	田垣芳	010－59680960	010－59680962	
5	渤海国际信托有限公司	李小星	0311－89618016	0311－89618070	xxing_li@ hnair. com
6	大连华信信托股份有限公司	王慧瑾	0411－83635093	0411－83638415	rubydog325@ sina. com
7	东莞信托有限公司	刘汝球	0769－22366106	0769－22389630	
8	甘肃省信托有限责任公司	魏全球	0931－8841859	0931－8410739	wqqyb2000@ 126. com
9	广东粤财信托有限公司	李湛	020－83063126	020－83063298	lizhan@ gdyctz. com
10	国联信托股份有限公司	曹霜	0510－82833019	0510－82833019	caos@ gltic. com. cn
11	国民信托有限公司	李震	010－84268088—8119	010－84268000	zhangxs@ natrust. cn
12	国投信托有限公司	张志辉	010－88006612	010－88006611	zhangzhihui@ sdic. com. cn
13	杭州工商信托股份有限公司	黄永	0571－87217506	0571－87215866	huangyong@ hztrust. com
14	湖南省信托投资有限责任公司	黄剑	0731－85196947	0731－85196953	huangj@ huntic. com
15	华宝信托有限责任公司	季慧娟	021－38506666－866	021－68403802	ji_huijuan@ huabaotrust. com
16	华宸信托有限责任公司	赵平举	010－66555939	010－66555949	zpj@ hctrust. cn
17	华润深国投信托有限公司	陈晓芬	0755－33031623	0755－33380665	chenxf@ crctrust. com
18	建信信托有限责任公司	潘曙光	0551－5295539	0551－2679542	pansg9684@ sina. com
19	江苏省国际信托有限责任公司	吴军	025－84780483	025－84784610	wujun@ jsitc. net
20	江西国际信托股份有限公司	郭保义	0791－6304561	0791－6304500	jiangxixintuo@ sina. com
21	昆仑信托有限责任公司	汤锋	0574－87033102	0574－87031700	tfbox@ cnpc. com. cn
22	平安信托有限责任公司	李文泉	021－38633980	021－58587480	liwenquan001@ pingan. com. cn
23	山东省国际信托有限公司	刘晓琬	0531－86566876	0531－86566899	liuxiaowan@ sitic. com. cn
24	山西信托有限责任公司	刘凌鹏	0351－8686576	0351－8686579	liulingpeng@ i618. com. cn
25	上海国际信托有限公司	熊伟	021－63231111－6328	021－63239046	xiongwei@ sigchina. com
26	苏州信托有限公司	许叶静	0512－65208706	0512－65208706	xuyj@ trustsz. com
27	天津信托有限责任公司	刘颖宜	022－28408238	022－28408273	tjxttzb@ vip. sina. com
28	西部信托有限公司	胡世宏	029－87396559	029－87406275	tzyhb@ wti－xa. com
29	厦门国际信托有限公司	周伟	0592－5058322	0592－5311906	xmitic@ 126. com
30	新华信托股份有限公司	张良	023－63792460	023－63792460	zhangliang@ net－china. com
31	兴业国际信托有限公司	刘俊	021－38601895	021－38601999	liujun@ uniontrust. cn
32	英大国际信托有限责任公司	陈健	0531－86035570	0531－86029898	ch5570@ 21cn. com
33	云南国际信托有限公司	邓国山	010－84538211	010－84538215	denggs@ yntrust. com
34	中诚信托有限责任公司	于洋	010－84267027	010－84267100－7026	yy@ cctic. com. cn
35	中国对外经济贸易信托有限公司	冀雪涛	010－59568925	010－59568906	jixuetao@ sinochem. com
36	中海信托股份有限公司	孙驰	021－63555010	021－63551856	zhxt_zb@ 163. com
37	中泰信托有限责任公司	李忠帅	021－68861571	021－68861685	name. zsl@ gmail. com
38	中铁信托有限责任公司	王大川	028－86029154	028－86029146	wdc2000@ 263. net
39	中投信托有限责任公司	戚国强	0571－85069243	0571－85069243	qqq1@ hzcnc. com
40	中信信托有限责任公司	姜广成	010－84861300	010－64610807	
41	中原信托有限公司	魏冬	0371－66513089	0371－66516139	tz@ zyxt. com. cn
42	重庆国际信托有限公司	邓枫	023－89035922	023－89035922	fengfengz@ 21cn. com

询价对象名录——财务公司

序号	询价对象单位名称	联系人	联系电话	传真	E－mail
1	宝钢集团财务有限责任公司	翁菁菁	021－38671321	021－68403616	wengjingjing@ baosteel. com
2	兵器财务有限责任公司	范成龙	010－84118407	010－84111053	lizf@ norfico. com. cn
3	兵器装备集团财务有限责任公司	解超朋	010－68966635	010－68966643	bzcwtzb@ 126. com
4	东航集团财务有限责任公司	罗璇	021－64068992	021－64066522	bianming@ kiiik. com
5	葛洲坝集团财务有限责任公司	李云志	0717－6712409	0717－6771447	yicaiwu@ 126. com

序号	询价对象单位名称	联系人	联系电话	传真	E－mail
6	国机财务有限责任公司	刘媚	010－82606832	010－82606828	liumei@ sinomf. com
7	海尔集团财务有限责任公司	袁靓	0532－88938309	0532－88938309	yuanjian@ haier. com
8	海马财务有限公司	刘卫	0898－66836166	0898－66836157	liuw02@ haima. com
9	航天科工财务有限责任公司	罗曼丽	010－58930279	010－58930255	luomanli@ asifc. com. cn
10	航天科技财务有限责任公司	叶剑锋	010－66498800－3105	010－66498855	
11	湖南华菱钢铁集团财务有限公司	邱焯	0731－82257107	0731－82257136	shmily_qz@ 163. com
12	江铃汽车集团财务有限公司	张毅	0791－6261971	0791－6224498	zxf@ jlcwgs. com
13	江西铜业集团财务有限公司	肖通	0701－3777583	0701－3777648	jondon8111@ yahoo. com. cn
14	潞安集团财务有限公司	李彦斌	0355－5966531	0355－5966500	liyanbin@ lacw. com. cn
15	三江航天集团财务有限责任公司	焦景化	027－59393598	027－59393596	jjh066@ 163. com
16	三峡财务有限责任公司	邱珂	0717－6767440	0717－6767511	qiu_ke@ ctgpc. com. cn
17	上海电气集团财务有限责任公司	李波	021－52895555－826	021－52895052	libo6@ shanghai－electric. com
18	上海浦东发展集团财务有限责任公司	钟声	021－58889596－240	021－58889737	
19	上海汽车集团财务有限责任公司	莫均	021－62311010－1035	021－62307388	junm@ sagfc. saic. com. cn
20	申能集团财务有限公司	刘意霞	021－68866393	021－68866561	liuyx@ sngfc. com. cn
21	深圳市有色金属财务有限公司	周祥华	0755－83474823	0755－83474848	outsky@ 139. com
22	万向财务有限公司	周菁	0571－87163209	0571－87163456	zjxn515@ 126. com
23	五矿集团财务有限责任公司	李魁	010－68495234	010－68495353	lik@ minmetals. com
24	武汉钢铁集团财务有限责任公司	张春生	027－86219178	027－86219187	zcs123@ gmail. com
25	一汽财务有限公司	敖红梅	0431－87608121	0431－87661638	ahm@ faf. com. cn
26	浙江省能源集团财务有限责任公司	余涛	0571－86669962	0571－85828681	tomyu8@ hotmail. com
27	中船财务有限责任公司	李茵溪	010－88573388	010－88573406	zcfc@ cssc. net. cn
28	中船重工财务有限责任公司	李彬	010－88475350	010－88475388	dl_lib@ csic. com. cn
29	中广核财务有限责任公司	钟咏红	0755－83671429	0755－83699359	zyh3ong1@ hotmail. com
30	中国电力财务有限公司	耿立勋	010－51960670	010－83555891	chen_yiming@ cpfc. sgcc. com. cn
31	中国电子财务有限责任公司	茹晔	010－62672080	010－62672007	ruye69@ 163. com
32	中国华电集团财务有限公司	巩越折	010－83568028	010－83568122	yuezhe－gong@ chdc. com. cn
33	中国华能财务有限责任公司	司大鹏	010－66217799－6508	010－66214303	sidp@ chnfcl. com. cn
34	中国南航集团财务有限公司	彭启明	020－86130190	020－86123064	pengqm@ cs－air. com
35	中国石化财务有限责任公司	刘耀	010－59966420	010－59760503	liuyao@ sinopec. com
36	中国一拖集团财务有限责任公司	尹振鸽	0379－64961631	0379－64961631	yzl1972@ sina. com
37	中海石油财务有限责任公司	管见礼	010－84521106	010－84521517	guanjl2@ cnooc. com. cn
38	中航工业集团财务有限责任公司	汤跃辉	010－65675034	010－65675004	xftyh@ vip. sina. com
39	中核财务有限责任公司	李轶	010－68555857	010－68032754	liyi_lp@ sohu. com
40	中粮财务有限责任公司	李德罡	010－85006235	010－85637100	lidg@ cofco. com
41	中油财务有限责任公司	王高伟	010－59983683	010－62096994	wanggaowei@ cnpc. com. cn
42	中远财务有限责任公司	李智	010－68081260	010－68081256	liz@ coscofinance. com

询价对象名录——证券投资基金公司

序号	询价对象单位名称	联系人	联系电话	传真	E－mail
1	宝盈基金管理有限公司	杨帆	0755－83276688－6728	0755－83515522	yangf@ byfunds. com
2	博时基金管理有限公司	周瑶	0755－83169999－1261	0755－83195230	zhouy@ bosera. com
3	长城基金管理有限公司	樊星	0755－23982070	0755－23982328	fanx@ ccfund. com. cn
4	长盛基金管理有限公司	陈新宇	010－82255818－616	010－82255967	chenxy@ csfunds. com. cn
5	长信基金管理有限责任公司	齐菲	021－61009931	021－61009800－9931	qifei@ cxfund. com. cn
6	大成基金管理有限公司	张付晓	0755－83183388－3317	0755－83195248	zhangfx@ dcfund. com. cn
7	东方基金管理有限责任公司	李文君	010－66295817	010－66578667	liwj@ orient－fund. com
8	东吴基金管理有限公司	邵笛	021－50509888－8619	021－50509888－8637	shaod@ scfund. com. cn
9	富国基金管理有限公司	程洁	021－68597661	021－68597667	chengjie@ fullgoal. com. cn
10	工银瑞信基金管理有限公司	肖阳	010－66583286	010－66583158	xiao. yang@ icbccs. com. cn
11	光大保德信基金管理有限公司	孙宇	021－33074700－8211	021－63351152	sunyu@ epf. com. cn
12	广发基金管理有限公司	杨逢利	020－83936666－8210	020－89899545	yfl@ gffunds. com. cn
13	国海富兰克林基金管理有限公司	吴贤	021－021－38555523	021－68880981	dept_trading@ ftsfund. com
14	国联安基金管理有限公司	杨虹	021－38992902	021－50151880	cynthia. yang@ gtja－allianz. com
15	国泰基金管理有限公司	倪婧	021－38561611	021－38561812	linh@ gtfund. com
16	国投瑞银基金管理有限公司	刘大朋	0755－83575869	0755－82912703	peter. liu@ ubssdic. com
17	海富通基金管理有限公司	朱英杰	021－38650770	021－38780148	

序号	询价对象单位名称	联系人	联系电话	传真	E - mail
18	华安基金管理有限公司	董良伟	021 - 38969873	021 - 68862770	dongliangwei@ huaan. com. cn
19	华宝兴业基金管理有限公司	吴蓓	021 - 38505866	021 - 38505777 - 866	wubei@ fsfund. com
20	华富基金管理有限公司	张惠	021 - 68886996 - 878	021 - 68887997	zhangh@ hffund. com
21	华商基金管理有限公司	肖丹	010 - 58553033	010 - 58553027	xiaod@ hsfund. com
22	华泰柏瑞基金管理有限公司	楼怡斐	021 - 38601721	021 - 50103017	louyf@ huatai - pb. com
23	华夏基金管理有限公司	霍晶	010 - 88066841	010 - 88066501	huoj@ chinaamc. com
24	汇丰晋信基金管理有限公司	方超	021 - 38789898 - 8812	021 - 68881921	alex. c. fang@ hsbcjt. cn
25	汇添富基金管理有限公司	周星辰	021 - 28932816	021 - 28932901	zhouxingchen@ htffund. com
26	嘉实基金管理有限公司	龚凌	010 - 65215195	010 - 65215423	gongling@ jsfund. cn
27	建信基金管理有限责任公司	周楠	010 - 66228862	010 - 66228878	zhounan@ ccbfund. cn
28	交银施罗德基金管理有限公司	晏青	021—61055095	021—61055044	yanqing@ jysld. com
29	金鹰基金管理有限公司	林华显	020 - 83282855	020 - 83282996	linhx@ gefund. com. cn
30	金元比联基金管理有限公司	王琳	021 - 68882831	021 - 68882936	wangl@ jykbc. com
31	景顺长城基金管理有限公司	赵春来	0755 - 22381858	0755 - 22381319	zhaocl@ invescogreatwall. com
32	民生加银基金管理有限公司	王嘉琳	0755 - 23999863	0755 - 23999800	wangjialin@ msjyfund. com. cn
33	摩根士丹利华鑫基金管理有限公司	廖京胜	0755 - 82993636 - 8207	0755 - 82990829	johnson. liao@ msfunds. com. cn
34	南方基金管理有限公司	容健铭	0755 - 82766551	0755 - 82763702	rongjianming@ southernfund. com
35	纽银梅隆西部基金管理有限公司	李冬	021 - 38572709	021 - 38572770	dong. li@ bnyfund. com
36	农银汇理基金管理有限公司	王晓辉	021 - 61095519	021 - 61095556 - 5519	wangxiaohui@ abc - ca. com
37	诺安基金管理有限公司	卢宝	0755 - 83026696	0755 - 83026677	lub@ lionfund. com. cn
38	诺德基金管理有限公司	王赟	021 - 68879999 - 8823	021 - 68877768	yun. wang@ lordabbettchina. com
39	鹏华基金管理有限公司	王莱	0755 - 82021296	0755 - 82081277	zhuym@ mail. phfund. com. cn
40	浦银安盛基金管理有限公司	罗雯	021 - 23212848	021 - 23212989	luow@ py - axa. com
41	融通基金管理有限公司	曹珊	0755 - 26948033	0755 - 26935139	caos@ mail. rtfund. com
42	上投摩根基金管理有限公司	龚文伟	021 - 38794999 - 1202	021 - 68889123	charles. gong@ jpmf - sitico. com
43	申万菱信基金管理有限公司	陈景新	021 - 23261121	021 - 23261321	chenjx@ swbnpp. com
44	泰达宏利基金管理有限公司	李晓彬	010 - 66577876	010 - 66577863	xiaobin. li@ mfcteda. com
45	泰信基金管理有限公司	张净	021 - 50372168 - 665	021 - 50372195	
46	天弘基金管理有限公司	刘晓彬	010 - 51626006 - 6182	010 - 82512681	liuxb@ thfund. com. cn
47	天治基金管理有限公司	许家涵	021 - 64371155 - 8509	021 - 64745275	
48	万家基金管理有限公司	高翰昆	021 - 38619907	021 - 38619825	
49	新华基金管理有限公司	张婷婷	010 - 68726666 - 333	010 - 88423345	zhangtt@ ncfund. com. cn
50	信诚基金管理有限公司	徐文卉	021 - 68649788 - 6339	021 - 50120882	claire. xu@ citicpru. com. cn
51	信达澳银基金管理有限公司	郭德惠	0755 - 83172666 - 811	0755 - 83196151	guodehui@ fscinda. com
52	兴业全球基金管理有限公司	王婷	021 - 58368998 - 8822	021 - 58368860	
53	易方达基金管理有限公司	陈伟芳	020 - 38797888 - 2782	020 - 38799488	chenwf@ efunds. com. cn
54	益民基金管理有限公司	张琳娜	010 - 63105556 - 568	010 - 63101108	zhangln@ ymfund. com
55	银河基金管理有限公司	孙振峰	021 - 38568609	021 - 38568607	sunzhenfeng@ galaxyasset. com
56	银华基金管理有限公司	沈正	010 - 58162855	010 - 58162814	shenz@ yhfund. com. cn
57	招商基金管理有限公司	胡军涛	0755 - 83076904	0755 - 83076989	hujt@ cmfchina. com
58	中海基金管理有限公司	江佳雯	021 - 38429808 - 509	021 - 50106786	jiangjw@ zhfund. com
59	中欧基金管理有限公司	于岚	021 - 68609600 - 6100	021 - 33830352	yulan@ lombardachina. com
60	中信基金管理有限责任公司	李峻	010 - 82028888 - 863	010 - 82253387	
61	中银基金管理有限公司	赵蓓青	021 - 38834999 - 8619	021 - 68872488	beiqing. zhao@ bocim. com
62	中邮创业基金管理有限公司	李远欣	010 - 82295160 - 126	010 - 82295160 - 121	liyx@ postfund. com. cn

询价对象名录——合格境外机构投资者

序号	询价对象单位名称	联系人	联系电话	传真	E - mail
1	AIG Global Investment Corp(NY)	朱文聪	010 - 66594945	010 - 66594930	
2	JF 资产管理有限公司	Francesca Li	852 - 28002948	852 - 25374661	Francesca. KC. Li@ jfam. com
3	安保资本投资有限公司	Karma Wilson	612 - 92573579	612 - 92571399	karma. wilson@ ampcapital. com
4	巴克莱银行	NICOLAS COHEN - ADDAD	(852)2903 2921	(65)63953129	Nicolas. Cohen - addad@ barclayscapital. com
5	比联金融产品英国有限公司	蔡宛玉	852 - 35128239	852 - 35128739	jessica. tsai@ kbcfp. com
6	大和证券资本市场株式会社	程章龙	81 - 3 - 63788458	81 - 3 - 55550816	shoryu. tei@ jp. daiwacm. com
7	淡马锡富敦投资公司	Grace LU	010 - 85221233	010 - 85221231	gracelu@ fullerton. com. sg
8	德意志银行	ED Peter	(852)22036005	(852)22036975	Stephen. harris@ db. com
9	第一生命保险相互会社	Liu Rong	81 - 3 - 52528021		
10	法国巴黎银行	Emily Yu	852 - 21085116	852 - 21085810	

序号	询价对象单位名称	联系人	联系电话	传真	E－mail
11	法国兴业银行	Marie Vergerolle	331－42133540	331－42134252	Marie. vergerolle@ sgcib. com
12	富通银行	Paul mestag	＋32(0) 2 2748443	＋32(0)2 2748213	Paul. mestag@ fortisinvestments. com
13	高盛公司	Christina Ma	852－29780645	852－29780317	Christina. Ma@ gs. com
14	高盛国际资产管理公司	Chee－Sing Lim	0065－68892825	0065－68894250	Chee－sing. Lim@ gs. com
15	韩华投资信托管理株式会社	Jay Rhee	822－37726120	822－37726035	lonehawk80@ hanwha. co. kr
16	荷兰银行有限责任公司	Rene Arian Mijne	(852)27005140	(852)27005998	rene. mijne@ hk. abnamro. com
17	恒生银行	李均胜	(852)21985183	(852)28400787	kslee@ hangseng. com
18	花旗环球金融有限公司	Kenneth Hon	852－2501－8302	852－2501－8126	kenneth. hon@ citigroup. com
19	加拿大鲍尔公司	全正	021－31352099	021－31352098	quan@ ppcl. com. cn
20	雷曼兄弟国际(欧洲)公司	Christopher Jackson	81－3－64401650		cjakson@ lehman. com
21	罗祖儒投资管理(香港)有限公司	曹颖婷	021－38882392	021－68411018	
22	美林国际	James DE CASTRO	(852)25363518	(852)25363029	james_decastro@ ml. com
23	摩根大通银行	刘勤华	852－28008804	852－25258298	Lewis. KW. Lau@ jpmorgan. com
24	摩根士丹利国际股份有限公司	Vincent Chui	852 2848－6641	852 3407－5628	Vincent. chui@ morganstanley. com
25	摩根士丹利投资管理公司	James Cheng	65－68346826		
26	日兴资产管理有限公司	Wang Chuang	81－3－51576550	81－3－51576839	wang_chuang@ nikko－am. co. jp
27	瑞士银行	袁淑琴	(852)29718912	(852)29718539	Nicole. yuan@ ubsw. com
28	瑞穗证券株式会社	小原笃次	81－3－52036181	81＋3－5203－1120	atsujiohara@ shinko－sec. co. jp
29	瑞银环球资产管理(新加坡)有限公司(UBS Global Asset Management (Singapore). ,Ltd)	Chua Jimmy	65－68365470	65－68365484	jimmy. chua@ ubs. com
30	施罗德投资管理有限公司	Robin Parbrook	852－28437688		
31	首域投资管理(英国)有限公司	Nicola Mclntyre	44－1314732211	44－1312722211	nicola. mclntyre@ firststate. com. uk
32	斯坦福大学	Karen Horn Welch	650－9260227	650－9260327	Karen. Welch@ stanford. edu
33	通用电气资产管理公司	周平	021－23071931	021－52131692	ping. zhou@ ge. com
34	香港上海汇丰银行有限公司	Kenneth K S Wan	852－29149203	852－28107673	kennethkswan@ hsbc. com. hk
35	新加坡政府投资有限公司	Richard Chan	65－68898527	021－58790148	richardchan@ gic. com. sg
36	耶鲁大学	Xiaoning Wu	203－4320120	203－4326314	lzhang2360@ comcast. net
37	野村证券株式会社	仲野	010－65908181	010－65908183	
38	英国保诚资产管理(香港)有限公司	李文	021－68649788－6312	021－50120888	wen. li@ citicpru. com. cn

从事证券期货业务会计师事务所目录

（2011 年 1 月）

序号	事务所名称
1	立信大华会计师事务所有限公司
2	中准会计师事务所有限公司
3	中喜会计师事务所有限责任公司
4	中勤万信会计师事务所有限公司
5	中瑞岳华会计师事务所有限公司
6	中磊会计师事务所有限责任公司
7	天职国际会计师事务所有限公司
8	北京永拓会计师事务所有限责任公司
9	北京兴华会计师事务所有限责任公司
10	京都天华会计师事务所有限公司
11	华寅会计师事务所有限责任公司
12	安永华明会计师事务所
13	毕马威华振会计师事务所
14	利安达会计师事务所有限责任公司
15	信永中和会计师事务所有限责任公司
16	国富浩华会计师事务所有限公司
17	华普天健会计师事务所(北京)有限公司
18	北京天圆全会计师事务所有限公司
19	北京中证天通会计师事务所有限公司
20	中审亚太会计师事务所有限公司
21	中兴华富华会计师事务所有限责任公司
22	中审国际会计师事务所有限公司
23	天健正信会计师事务所有限公司
24	中天运会计师事务所有限公司
25	五洲松德联合会计师事务所
26	中兴财光华会计师事务所有限责任公司
27	希格玛会计师事务所有限公司
28	上海上会会计师事务所有限公司
29	上海东华会计师事务所有限公司
30	立信会计师事务所有限公司
31	上海众华沪银会计师事务所有限公司
32	德勤华永会计师事务所有限公司
33	普华永道中天会计师事务所有限公司
34	上海公信中南会计师事务所有限公司
35	江苏公证天业会计师事务所有限公司
36	江苏天衡会计师事务所有限公司
37	江苏天华大彭会计师事务所有限公司
38	江苏苏亚金诚会计师事务所有限公司
39	南京立信永华会计师事务所有限公司
40	天健会计师事务所有限公司
41	中汇会计师事务所有限公司
42	立信中联闽都会计师事务所有限公司
43	福建华兴会计师事务所有限公司
44	山东天恒信有限责任会计师事务所

序号	事务所名称
45	山东正源和信有限责任会计师事务所
46	山东汇德会计师事务所有限公司
47	亚太(集团)会计师事务所有限公司
48	大信会计师事务有限公司
49	众环会计师事务所有限责任公司
50	四川华信(集团)会计师事务所有限责任公司
51	广东正中珠江会计师事务所有限公司
52	立信羊城会计师事务所有限公司
53	深圳鹏城会计师事务所有限公司
54	深圳南方民和会计师事务所有限责任公司

从事证券期货业务资产评估机构目录

（2011年1月）

序号	机构名称
1	安徽国信资产评估有限责任公司
2	安徽致远资产评估有限公司
3	北京北方亚事资产评估有限责任公司
4	北京国友大正资产评估有限公司
5	北京恒信德律资产评估有限公司
6	北京京都中新资产评估有限责任公司
7	北京立信资产评估有限公司
8	北京六合正旭资产评估有限责任公司
9	北京龙源智博资产评估有限责任公司
10	北京市世纪智源资产评估有限责任公司
11	北京天健兴业资产评估有限公司
12	北京天圆开资产评估有限公司
13	北京湘资国际资产评估有限公司
14	北京亚超资产评估有限公司
15	北京中锋资产评估有限责任公司
16	北京中和谊资产评估有限公司
17	北京中科华资产评估有限公司
18	北京中企华资产评估有限责任公司
19	北京中天和资产评估有限责任公司
20	北京中天衡平国际评估有限公司
21	北京中天华资产评估有限责任公司
22	北京中同华资产评估有限公司
23	福建联合中和资产评估有限责任公司
24	福建中兴资产评估房地产土地估价有限责任公司
25	广东立信羊城资产评估与土地房地产估价有限公司
26	广东联信资产评估土地房地产估价有限公司
27	广东中广信资产评估有限公司
28	河南亚太联华资产评估有限公司
29	湖北万信资产评估有限公司
30	湖北众联资产评估有限公司
31	吉林经纬资产评估有限责任公司
32	江苏华辰资产评估有限公司
33	江苏华信资产评估有限公司
34	江苏立信永华资产评估房地产估价有限公司
35	江苏仁合资产评估有限公司
36	江苏中天资产评估事务所有限公司
37	开元资产评估有限公司
38	坤元资产评估有限公司
39	辽宁元正资产评估有限公司
40	辽宁众华资产评估有限公司
41	青岛天和资产评估有限责任公司
42	山东正源和信资产评估有限公司
43	上海财瑞资产评估有限公司
44	上海东洲资产评估有限公司
45	上海立信资产评估有限公司
46	上海申威资产评估有限公司
47	上海万隆资产评估有限公司
48	上海银信汇业资产评估有限公司
49	上海众华资产评估有限公司
50	深圳市德正信资产评估有限公司
51	深圳市金开中勤信资产评估有限公司
52	深圳天健国众联资产评估土地房地产估价有限公司
53	四川华衡资产评估有限公司
54	天津华夏金信资产评估有限公司
55	天津中联资产评估有限责任公司
56	沃克森(北京)国际资产评估有限公司
57	西安正衡资产评估有限责任公司
58	厦门市大学资产评估有限公司
59	亚洲(北京)资产评估有限公司
60	浙江天源资产评估有限责任公司
61	浙江万邦资产评估有限公司
62	中发国际资产评估有限公司
63	中和资产评估有限公司
64	中京民信(北京)资产评估有限公司
65	中联资产评估有限公司
66	中铭国际资产评估(北京)有限责任公司
67	中水资产评估有限公司
68	中通诚资产评估有限公司
69	中威正信(北京)资产评估有限公司
70	中宇资产评估有限责任公司
71	中资资产评估有限公司
72	重庆华康资产评估土地房地产估价有限责任公司

证券投资咨询机构名录

（截至2010年12月31日）

辖区	序号	公司全称
北京	1	北京首证投资顾问有限公司
北京	2	北京中富金石咨询有限公司 (原北京清华紫光投资顾问有限责任公司)
北京	3	北京盛世华商投资咨询有限公司
北京	4	北京金昌投资咨询有限公司
北京	5	北京金美林投资顾问有限公司
北京	6	和讯信息科技有限公司
北京	7	北京京放投资管理顾问有限责任公司
北京	8	北京君之创证券投资咨询有限公司
北京	9	北京中方信富投资管理咨询有限公司
北京	10	北京中和应泰财务顾问有限公司
北京	11	北京新兰德证券投资咨询有限责任公司
北京	12	天相投资顾问有限公司
北京	13	北京中资北方投资顾问有限公司
北京	14	北京博星投资顾问有限公司
北京	15	北京海问咨询有限公司
北京	16	北京和众汇富咨询有限公司
北京	17	北京东方高圣投资顾问有限公司
天津	18	天津证券投资咨询有限公司
天津	19	天津市中融投资咨询有限公司
辽宁	20	沈阳盈捷投资顾问有限公司
江苏	21	江苏天鼎投资咨询有限公司
江苏	22	无锡金百灵投资咨询有限公司
四川	23	成都倍新投资咨询有限责任公司
四川	24	成都银华投资资讯有限公司

辖区	序号	公司全称
四川	25	成都汇阳投资顾问有限公司
河南	26	河南九鼎德盛投资顾问有限公司
大连	27	大连华讯投资咨询有限公司 (原大连恒基投资顾问有限公司)
大连	28	大连北部资产经营有限公司
黑龙江	29	黑龙江省容维投资顾问有限责任公司
安徽	30	安徽大时代投资咨询有限公司
安徽	31	安徽华安新兴证券投资咨询有限责任公司
福建	32	福建天信投资咨询顾问有限公司
厦门	33	厦门市鑫鼎盛证券投资咨询服务有限公司
厦门	34	厦门高能投资咨询有限公司
厦门	35	厦门世纪金龙投资咨询有限公司
厦门	36	厦门市新汇通投资咨询有限公司
云南	37	云南产业投资管理有限公司
海南	38	海南港澳资讯产业股份有限公司
山东	39	山东神光咨询服务有限责任公司
山东	40	山东英大投资顾问有限责任公司
浙江	41	浙江国金投资咨询有限公司
浙江	42	杭州海能证券投资顾问有限公司
浙江	43	杭州三元证券投资顾问有限公司
宁波	44	宁波海顺投资咨询有限公司
深圳	45	深圳市天生人和经济信息咨询有限公司
深圳	46	深圳市尊悦证券投资顾问有限公司
深圳	47	深圳市珞珈投资咨询有限公司
深圳	48	深圳市芙浪特证券投资顾问有限公司
深圳	49	深圳市怀新企业投资顾问有限公司
深圳	50	深圳市中证投资资讯有限公司
深圳	51	深圳市新兰德证券投资咨询有限公司
深圳	52	深圳市国诚投资咨询有限公司
深圳	53	深圳市智多盈投资顾问有限公司
陕西	54	陕西巨丰投资资讯有限责任公司
陕西	55	陕西融泰投资咨询有限公司
重庆	56	重庆东金管理顾问有限公司
上海	57	上海凯石证券投资咨询有限公司 (原重庆博股通金证券投资咨询有限公司)
上海	58	上海中广信息传播咨询有限公司
上海	59	上海益邦投资咨询有限公司
上海	60	上海新兰德证券投资咨询顾问有限公司
上海	61	上海森洋投资咨询有限公司
上海	62	上海亚商投资顾问有限公司
上海	63	上海世基投资顾问有限公司
上海	64	上海申银万国证券研究所有限公司
上海	65	上海东方财富证券研究所有限公司
上海	66	上海万盛投资咨询有限公司
上海	67	上海金汇信息系统有限公司
上海	68	上海荣正投资咨询有限公司
上海	69	上海新世纪资信评估投资服务有限公司
上海	70	上海证联投资咨询服务有限责任公司
上海	71	上海涌金理财顾问有限公司
上海	72	上海证券综合研究有限公司
上海	73	上海大智慧投资咨询有限公司
上海	74	上海新资源证券咨询有限公司
上海	75	上海益盟操盘手证券研究有限公司 (原上海益盟投资管理有限公司)
上海	76	上海迈步投资管理有限公司
河北	77	河北源达证券投资咨询有限公司
青岛	78	青岛市大摩投资咨询有限公司
湖南	79	湖南金证投资咨询顾问有限公司
广东	80	珠海博众证券投资咨询有限公司
广东	81	广州博信投资咨询有限公司
广东	82	广州越声理财咨询有限公司
广东	83	广州市万隆证券咨询顾问有限公司
广东	84	广东科德投资顾问有限公司
广东	85	广州新升咨询顾问有限公司
广东	86	广州汇正财经顾问有限公司
北京	87	北京禧达丰证券投资顾问有限公司 *
广东	88	广东百灵信投资管理有限公司 *
江苏	89	江苏现代资产投资管理顾问有限公司 *
黑龙江	90	哈尔滨新思路投资咨询有限公司 *
黑龙江	91	哈尔滨大富证券投资顾问有限公司 *

备注:1. 公司名称以证券投资咨询业务资格许可证登记名单为准。
2. 带“ * ”的证券投资咨询机构已被立案稽查,暂停新增证券投资咨询业务,继续配合调查。

外国证券类机构驻华代表机构名录

(截至 2010 年 9 月 30 日)

序号	机构名称	辖区
1	野村证券株式会社上海代表处	上海
2	法国巴黎资本(亚洲)有限公司上海代表处	上海
3	美林国际有限公司上海代表处	上海
4	里昂证券有限公司上海代表处	上海
5	新鸿基投资服务有限公司(证券业务)上海代表处	上海
6	摩根士丹利亚洲有限公司上海代表处	上海
7	高盛(中国)有限责任公司上海代表处	上海
8	巴克莱证券有限公司上海代表处	上海
9	苏皇证券亚洲有限公司上海代表处	上海
10	友利投资证券公司上海代表处	上海
11	瑞银证券亚洲有限公司上海代表处	上海
12	群益国际控股有限公司上海代表处	上海
13	元大证券(香港)有限公司上海代表处	上海
14	韩国现代证券公司上海代表处	上海
15	元富证券(香港)有限公司上海代表处	上海
16	日盛嘉富证券国际有限公司上海代表处	上海
17	永丰金证券(亚洲)有限公司上海代表处	上海
18	星展唯高达香港有限公司上海代表处	上海
19	金鼎综合证券(维京)股份有限公司上海代表处	上海
20	星展亚洲融资有限公司上海代表处	上海
21	兆丰资本(亚洲)有限公司上海代表处	上海
22	花旗环球金融亚洲有限公司上海代表处	上海
23	凯基证券亚洲有限公司上海代表处	上海
24	洛希尔中国控股有限公司上海代表处	上海
25	大福证券有限公司上海代表处	上海
26	统一证券(香港)有限公司上海代表处	上海
27	韩国三星证券公司上海代表处	上海
28	大华证券(香港)有限公司上海代表处	上海
29	香港上海汇丰银行有限公司(证券业务)上海代表处	上海
30	韩华证券股份有限公司上海代表处	上海
31	内藤证券公司上海代表处	上海
32	摩根大通证券(亚太)有限公司上海代表处	上海
33	卓亚(企业融资)有限公司上海代表处	上海
34	法国兴业证券(香港)有限公司上海代表处	上海
35	宝来证券股份有限公司上海代表处	上海
36	瑞士信贷(香港)有限公司上海代表处	上海
37	瑞穗证券股份有限公司上海代表处	上海
38	德意志银行股份有限公司(证券业务)上海代表处	上海
39	富邦综合证券股份有限公司上海代表处	上海

序号	机构名称	辖区
40	渣打证券(香港)有限公司上海代表处	上海
41	杰富瑞投资银行上海代表处	上海
42	派杰公司上海代表处	上海
43	冈三证券股份有限公司上海代表处	上海
44	威廉-博莱有限责任公司上海代表处	上海
45	美国罗仕证券有限责任公司上海代表处	上海
46	麦格理证券(澳大利亚)股份有限公司上海代表处	上海
47	致富证券有限公司上海代表处	上海
48	东洋证券股份有限公司上海代表处	上海
49	大信证券股份有限公司上海代表处	上海
50	益华证券有限公司上海代表处	上海
51	新韩金融投资股份有限公司上海代表处	上海
52	蓝泽证券股份有限公司上海代表处	上海
53	韩国爱思开证券股份有限公司上海代表处	上海
54	联昌国际证券(香港)有限公司上海代表处	上海
55	盈透证券有限公司上海代表处	上海
56	华南永昌综合证券股份有限公司上海代表处	上海
57	韦仕投资银行集团有限合伙上海代表处	上海
58	明富环球新加坡私人有限公司(证券业务)上海代表处	上海
59	荷银投资管理(亚洲)有限公司上海代表处	上海
60	大和投资管理(香港)有限公司上海代表处	上海
61	三井住友资产管理股份有限公司上海代表处	上海
62	马丁可利投资管理有限公司上海代表处	上海
63	英国施罗德集团上海代表处	上海
64	英杰华投资集团全球服务有限公司上海代表处	上海
65	荷宝基金管理公司上海代表处	上海
66	未来资产迈普斯资产运用株式会社上海代表处	上海
67	新加坡东京海上国际资产管理有限公司上海代表处	上海
68	安本亚洲资产管理有限公司上海代表处	上海
69	科提比资产运用株式会社上海代表处	上海
70	大和住银投信投资顾问株式会社上海代表处	上海
71	道富环球投资管理亚洲有限公司上海代表处	上海
72	德盛安联资产管理香港有限公司上海代表处	上海
73	瑞意金融集团上海代表处	上海
74	野村证券株式会社北京代表处	北京
75	大和证券资本市场株式会社北京代表处	北京
76	三菱日联证券股份有限公司北京代表处	北京
77	瑞士信贷(香港)有限公司北京代表处	北京
78	高盛(中国)有限责任公司北京代表处	北京
79	美林国际有限公司北京代表处	北京
80	花旗环球金融中国有限公司北京代表处	北京
81	摩根士丹利亚洲有限公司北京代表处	北京
82	瑞银证券亚洲有限公司北京代表处	北京
83	宝来证券股份有限公司北京代表处	北京
84	里昂证券有限公司北京代表处	北京
85	苏皇融资亚洲有限公司北京代表处	北京
86	法国巴黎资本(亚洲)有限公司北京代表处	北京
87	汇富金融服务有限公司北京代表处	北京
88	渣打证券(香港)有限公司北京代表处	北京
89	洛希尔中国控股有限公司北京代表处	北京
90	金鼎综合证券(香港)有限公司北京代表处	北京
91	京华山一国际(香港)有限公司北京代表处	北京
92	香港上海汇丰银行有限公司(证券业务)北京代表处	北京
93	兆丰资本(亚洲)有限公司北京代表处	北京
94	香港国浩资本有限公司北京代表处	北京
95	新百利有限公司北京代表处	北京
96	摩根大通证券(亚太)有限公司北京代表处	北京
97	元大证券股份有限公司北京代表处	北京
98	德意志银行股份有限公司(证券业务)北京代表处	北京
99	瑞穗证券股份有限公司北京代表处	北京
100	星展亚洲融资有限公司北京代表处	北京
101	第一上海融资有限公司北京代表处	北京
102	中银国际控股有限公司北京代表处	北京
103	蒙特利尔银行利时证券公司北京代表处	北京
104	法国外贸银行(证券业务)北京代表处	北京
105	中央三井信托银行株式会社(证券业务)北京代表处	北京
106	韩国未来资产证券株式会社北京代表处	北京
107	加皇投资理财有限公司(证券业务)北京代表处	北京
108	交银国际控股有限公司(证券业务)北京代表处	北京
109	友利投资证券股份有限公司北京代表处	北京
110	城市信贷投资银行有限公司(证券业务)北京代表处	北京
111	大宇证券股份有限公司北京代表处	北京
112	现汽投资证券股份有限公司北京代表处	北京
113	布朗兄弟哈里曼(香港)有限公司北京代表处	北京
114	加拿大帝国商业银行世界市场公司(证券业务)北京代表处	北京
115	太平洋顶峰证券有限公司北京代表处	北京
116	摩乃科斯证券股份有限公司北京代表处	北京
117	施罗德集团北京代表处	北京
118	宏富投资管理有限公司北京代表处	北京
119	美国先锋投资管理公司北京代表处	北京
120	邓普顿国际股份有限公司北京代表处	北京
121	信安环球投资有限公司北京代表处	北京
122	标准人寿投资公司北京代表处	北京
123	法国巴黎资产管理有限公司北京代表处	北京
124	英国纽约银行梅隆资产管理国际有限公司北京代表处	北京
125	东方汇理基金管理公司北京代表处	北京
126	香港景顺投资管理有限公司北京代表处	北京
127	瑞银环球资产管理(香港)有限公司北京代表处	北京
128	香港摩根富林明资产管理有限公司北京代表处	北京
129	香港威灵顿环球投资管理有限公司北京代表处	北京
130	新加坡富敦资金管理公司北京代表处	北京
131	安智投资管理亚太(香港)有限公司北京代表处	北京
132	富达基金(香港)有限公司北京代表处	北京
133	香港贝莱德资产管理北亚有限公司北京代表处	北京
134	法盛全球资产管理公司法北京代表处	北京
135	新鸿基投资服务有限公司深圳代表处	深圳
136	苏皇融资亚洲有限公司深圳代表处	深圳
137	里昂证券有限公司深圳代表处	深圳
138	兆丰资本(亚洲)有限公司深圳代表处	深圳
139	凯基证券亚洲有限公司深圳代表处	深圳
140	元富证券(香港)有限公司深圳代表处	深圳
141	金鼎综合证券(香港)有限公司深圳代表处	深圳
142	致富证券有限公司深圳代表处	深圳
143	富昌证券有限公司深圳代表处	深圳
144	宝来证券(香港)有限公司深圳代表处	深圳
145	恒生投资管理有限公司深圳代表处	深圳
146	宝来证券股份有限公司广州代表处	广东
147	新鸿基投资服务有限公司(证券业务)广州代表处	广东
148	统一综合证券股份有限公司厦门代表处	厦门
149	富邦综合证券股份有限公司厦门代表处	厦门
150	新鸿基投资服务有限公司(证券业务)南京代表处	江苏
151	香港华富嘉洛证券有限责任公司沈阳代表处	辽宁
152	金鼎综合证券(香港)有限公司成都代表处	四川

2010 年中国证券市场十大新闻

文章来源：证券时报

一、资本市场迎来 20 岁华诞

总市值居全球第三

中国资本市场 2010 年迎来 20 岁生日。20 年时间，股票市值由最初的 23.82 亿元增至目前的 26.43 万亿元，跃居全球第三。上市公司从 13 家增至目前的 2026 家，股市累计融资约 6 万亿元。经济证券化率由不足 1% 升至 89% 以上。

经过 20 年发展，中国资本市场已成为反映国民经济的晴雨表。世界上最大的银行、最大的油田、最长的铁路，都已在这里生根。全球股市乃至经济的神经会因“中国式震荡”产生波动，而这正逐渐成为一种常态。

二、股指期货融资融券推出

A 股迈入做空时代

筹备多年的股指期货在经过国务院批准后，于今年 4 月 16 日正式挂牌，首批 4 个合约当天开始交易。3 月 31 日，融资融券交易试点启动，国泰君安、国信证券、中信证券、光大证券、海通证券和广发证券 6 家证券公司成为融资融券首批试点证券公司。目前股指期货开户数为 5.6 万户，自然人占比在 95% 以上，机构投资者数量仍然有限。让股指期货成为真正的风险对冲工具路程还很长。

三、大宗商品逞强

期市惊现“糖高宗”“棉花掌”

今年大宗商品市场，人们看到了太多的“历史新高”：从金价创历史新高伴随着铜、铝等大宗商品的凌厉上涨，再到棉价创历史新高。10 月 9 日，全国食糖现货价格指数历史性超越 6000 元大关，达到 6062 元。在“蒜你狠”、“豆你玩”之后，普通的白糖摇身一变“糖高宗”，蔗糖主产区广西的甘蔗减产以及期货市场上游资的炒作，被认为是白糖价格上涨的幕后黑手。面对疯狂的涨价，国家发改委等部门决定分批投放国家储备糖、储备油等以平抑价格。在行政强力调控干预之后，农产品价格出现一定程度回落。

四、新股发行二阶段改革启动

网下打新改摇号

新股发行第二阶段的改革措施于 11 月 1 日正式开始实施。这一阶段改革的主要看点包括：询价机构具体报价将被披露、私募将被纳入新股发行询价对象、中小板和创业板不再累计投标询价、网下打新改摇号等。有评论指出，此轮改革使询价机构责权到位，是一个让人值得欣慰的最大进步。但新股发行市盈率高企的根本原因在于新股发行制度处于“半市场化”的层面，小的改变或难撼高价发行局面。

五、农行 A + H 股上市

国有四大行股改收官

7 月 15 日和 16 日，农业银行成功地实现了 A 股和 H 股在内地和香港资本市场的同步上市，在两地市场的首日挂牌成交十分活跃。作为国有（控股）商业银行中最后一家发行上市的银行，农行在两地的同步上市，标志着我国国有控股商业银行股改上市这一新世纪初最重大的金融工程得以成功“收官”。

六、五部委联手出招

严打股市内幕交易

国务院办公厅 11 月转发证监会等部门《关于依法打击和防控资本市场内幕交易的意见》，就依法打击和防控内幕交易工作进行了统筹安排和全面部署。一是抓紧制定涉及上市公司内幕信息的保密制度，包括国家工作人员接触内幕信息管理办法。二是尽快建立内幕信息知情人登记制度，要求内幕信息知情人按规定实施登记，落实相关人员的保密责任和义务。三是完善上市公司信息披露和停复牌等相关制度，督促上市公司等信息披露义务人严格依照法律法规，真实、准确、完整、及时地披露信息。四是健全考核评价制度，将内幕交易防控工作纳入企业业绩考核评价体系。五是细化、充实依法打击和防控内幕交易的规定，完善内幕交易行为认定和举证规则，积极探索内幕交易举报奖励制度。

此次 5 部门联手打击内幕交易，力度可谓空前。截至 2010 年 11 月底，证监会已立案调查内幕交易 50 件，对 19 人和 3 家机构作出行政处罚，15 起案件移送公安部门，并查处了一些社会影响较大的大型内幕交易案件。其中，首例公募基金经理因老鼠仓被移送司法机关更是表明了监管层打击内幕交易的决心和力度。

七、基金发行数量破纪录

平均募集规模不敌去年

2010 年新基金密集发行，公募基金数量呈现爆发式增长。截至 12 月 21 日，2010 年新增基金数达到 144 只，基金总数达到 701 只；新基金首发规模突破 3000 亿元大关，平均首发规模为 21.3 亿元，低于去年首发规模 31.89 亿元。

基金发行出现井喷的很重要一个原因是，自今年开始，新基金审批实行多通道分类审批制度，这大大加快了新基金发行节奏。

八、紫金矿业（4.80，0.04，0.84%）陷污染门

上市公司社会责任敲警钟

福建省环境保护厅 7 月下发行政处罚决定书称，因紫金矿业下属紫金山金铜矿铜矿湿法厂先后两次发生含铜酸性溶液渗漏，造成汀江重大水污染事故，直接经济损失为 3187 万元，决定对紫金山金铜矿罚款约 956 万元人民币，并责令采取治理措施以消除污染。9 月 21 日，信宜紫金矿业有限公司银岩锡矿高旗岭尾矿库发生溃坝，造成重大人员伤亡和财产损失。广东省纪委的新闻通报显示，信宜紫金溃坝事件中共有 36 名相关责任人员被处理，其中 15 人被移送司法机关。

九、国美控制权之争火爆上演

最终握手言欢

国美电器今年 9 月 28 日召开特别股东大会，审议国美电器现任董事局主席陈晓及有关董事任免的相关事项。投票结果显示，黄光裕提出的罢免陈晓董事会主席职务动议以约 3 个百分点的劣势未获通过，陈晓继续留任国美董事会主席职务。黄光裕方所提 5 方案，有 4 项未通过。首回合陈晓胜出。

但是，国美控制权之争并未完结。国美电器于 12 月 17 日又召开特别股东大会，会上以超过 90% 的支持率通过了邹晓春和黄燕虹这两位黄氏家族代表进入国美董事会的议案。邹晓春、黄燕虹入职董事喻示着国美分裂风险暂时解除，陈晓、黄光裕二人握手言欢。

十、阔别 13 年

上市银行重返交易所债市

中国证监会、中国人民银行、中国银监会三部门 10 月下旬发布《关于上市商业银行在证券交易所参与债券交易试点有关问题的通知》，批准启动上市商业银行进入证券交易所债券市场进行交易。

这意味着上市银行时隔 13 年重新回到交易所债市，长期处于分割状态的交易所债市和银行间债市将被重新打通。资料显示，早在1997年6月，为防止银行资金违规流入股市，监管层对商业银行关闭了通向交易所债券市场的大门。

2010年中国股市十大IPO之最

文章来源：证券日报

数据统计显示，2010年中国内地股市与香港股市通过首次公开发行（IPO）募集到的资金总额达528亿美元，摘得全球股市IPO融资的桂冠。在流动性过剩的背景下，中国资本市场这个“池子”显然吸纳了不少的流动性，但是从IPO的多项数据上来看，尤其是从一个个屡创新高的发行市盈率、超募资金来看，这个池子还是显得“小”了一些，而对于广大中小投资者而言，这个池子又实在是太大了。

回顾2010年，我们精心筛选出这些IPO之最，希望可以为投资者提供参考。

No1. 农业银行——IPO之最：

——融资最多

事件回放：从4月7日启动承销商甄选，到6月9日A股首发顺利过会，6月10日通过香港联交所聆讯，再到7月15日、16日登陆沪、港两地市场，农行A、H股IPO历时近3个月时间。

在上市之前，针对农行，不论专家、机构、媒体都对农行IPO充满了猜想，直到7月15日和16日，农行分别在上海证券交易所和香港联交所挂牌上市，才见分晓。其时，农行A、H股公开发行的总规模为547.9亿股，A、H股首次公开发行募集资金总额达到221亿美元，成为截止当时全球资本市场最大的IPO项目，其中A股融资总额685.29亿元人民币，亦是截至2010年规模最大的A股发行项目。

但随之而来的是9月16日，A股汹涌而下，上证指数盘中一度下跌近70点，沪深两市1700余只股票下跌，至当日收盘时，跌幅收窄至50点，下跌1.89%，在当日下跌中，农行跌破了坚守近两个月的2.68元的发行价。但上午10点01分，随着一笔2万手的卖单砸下，紧跟其后四位数的卖单连绵不断，10点08分，一剑封喉，一笔35万手的卖单砸下，农行股价旋即跌至2.67元，农行终于破发，并引发了银行股的整体下跌，最终引发大盘下跌。

点评：农业银行以A股市场融资总额685.29亿元人民币，堪称2010年IPO融资之最，是农行发展史上的一个重要的里程碑，标志着中国农业银行一个全新时代的开始，也是中国银行业改革发展的一件大事，不仅为中国A股市场增加了一只大盘股，同时还推动上交所蓝筹股市场的建设迈进了一大步。

——股本最大

事件回放：2010年农行除了融资数额最高之外，还是股本最大的一次IPO。在农行上市之前，有媒体猜测，为了优化农行股权机构，国家有关部门同意农行引入战略投资者，而当时公布出的一个方案是：农行上市前引入6－8家战略投资者，总股本可能扩张至4000亿股。

另据当时的猜测，农业银行当时仅有财政部和汇金公司两个股东，二者分别持有1300亿股，如果当时按照上市方案，财政部和汇金的持股比例在引入战略投资者后会降至65%。完成上市后，他们的持股比例更降至52%。

但最终，农行已发行数量为2557059万股上市，而截至2010年11月1日，财政部与汇金公司的所持股分别占总股数的39.21%和40.03%。

从农业银行三季报来看，三季度实现收入738亿元（前三季度共计2095亿元），环比增长6.19%，其中利息净收入623亿元（前三季度共计1740亿元），环比增长7.14%，归属母公司净利润243亿元（前三季度共计701亿元），环比增长16.46%，每股收益0.08元。

点评：随着中国经济结构深调，银行的盈利模式也应该随之调整，在国有大型商业银行全部上市之后，中国银行业是否能够摆脱对存贷利差的依赖，依靠内生动力驱动而非政府驱动，找到具有中国特色的发展之路尤为关键。

——市盈率最低

事件回放：继融资最多、股本规模最大之后，农行又一次称最，而这次是以市盈率最低的“身份”出现的。

2010年7月份股市的震荡，与农业银行有着密切的关系，围绕着农行发行、上市，大盘出现数次剧烈震荡，6月份股市的下跌，甚至整个二季度的下跌都可以说与农行有一定的关系，如6月29日，农行发布了发行价区间，其发行市盈率不仅是今年最低的，也比工商银行、中国银行等大盘股发行时的市盈率要低，按理说这是个好消息，但是，当天上证指数却是百点长阴，重挫了4.27%。

当时，对于农行低市盈率发行可能拖累中资银行业估值的担忧，打击银行股大跌，北京银行、兴业银行跌逾4%，宁波银行、交通银行跌逾3%，中国银行、工商银行、建设银行、招商银行等均跌逾2%。

有相反观点认为，根据此次发行后的农行总股本5800亿股左右，以及去年650亿元的净利润，2.5元的发行价对应的2009年的市盈率高达22倍，远远高于目前其他三大行的市盈率，而结果农行出乎意料的公布出了14.3倍超低的市盈率。

点评：就市盈率来看，与其他三大行做比照，这次农行上市的市盈率和市净率都比其他三大行上市时低得多，这对于农行上市后的未来走势是个利好，然而，从目前农业银行股价的走势来看，这个利好消息或许还没有对农行的价格产生实际影响，截至上周五，农行收盘价为2.63元/股。

No2. 海普瑞——发行价最高

事件回放：2010年5月6日，这一天发行价最高的IPO诞生了，海普瑞以发行价148元/股获此殊荣。

由于其发行价高达148元，对应的发型市盈率为73.27倍，自路演询价后就备受各方关注。

截至2010年5月5日，当时的两市第一高价股为创业板次新股国民技术，报收于162.43元，而海普瑞的发行价距离这个当时最高股价近在咫尺。

海普瑞本次共发行4010万股，网下发行数量不超过800万股，占本次发行数量的19.95%；网上发行数量不超过3210万股，占本次发行总量的80.05%。

在过去的三年，海普瑞主营业务收入复合增长率为173.78%，净利润增长率更是高达244.53%，这样的增长速度，即使在创业板中也是数一数二的。

于是，148元/股发行价让中小企业板新股海普瑞创下了“天价”发行纪录，不仅如此，以发行后总股本40010万股来算，公司上市后市值将达到592亿元以上。耐人寻味的是，不少机构普遍认为这个价格并不贵。

中金公司曾发布报告称，以公司148元的发行价计算，公司2010年的市盈率为42倍，低于中小板的医药板块平均水平，而2011年的市盈率为29倍，低于平均水平37倍。更是低于创业板制药公司 2010 年市盈率 59 倍。

低市盈率，高估值，成为了海普瑞的悖论，在机构公开唱多的背后，不少业内人士私下认为这并不乐观，并认为这是投行惯用的手法，在企业成长最快的时候包装上市，把故事讲足，获取高的发行市盈率，圈到钱再说。

点评：除了海普瑞，还有一些创业板企业会披着高增长的外衣迎来 2010 年年报。虽然他们还有高估值的支撑，但当原形毕露时，其股价恐怕随时都面临着下挫甚至腰斩的危险。

No3. 双龙股份——融资最少

事件回放：与 2010 年 IPO 实际募集资金 685.29 亿元的农行相比，于 2010 年 8 月 25 日在创业板上市的双龙股份的实际募集资金少了许多，双龙股份 IPO 时发行股数 1300 万股，实际募集资金 2.66 亿元，与农行相比差了将近 300 倍，是 2010 年融资最少的 IPO。

双龙股份的发行价为 20.48 元，上市后第二天，双龙股份再以 35 元开盘，盘中最高上涨至 36.75 元，最低下探至 31.11 元，尾市以 31.32 元报收，上涨 10.84 元，涨幅为 52.93%。全天共成交 79753 手，换手率为 76.69%。

公司主要从事的是高分散白炭黑的研发、生产和销售。是国内最早生产白炭黑的企业之一，也是国内唯一一家定点生产国防化工用沉淀法白炭黑的企业。公司生产的 HTV 硅橡胶用高分散沉淀法白炭黑和高档涂料用系列高分散白炭黑（消光剂）产品国内市场占有率的排名分别是第一位和第二位。

点评：与以资金说话的农行不同，双龙股份能够成功登陆创业板，证明公司在行业中名列前茅，对于科技型中小企业来说，双龙股份虽然名列融资最少 IPO，但只要公司能够将募集到的资金投放在扩大产能、科技研发上，利益最大化是迟早的事。

No4. 新亚制程——首日涨幅最高

事件回放：2010 年 4 月 13 日，三家中小板公司，黑牛食品（17.65，0.44，2.56%）、新亚制程、南洋科技（26.78，0.38，1.44%）于当日上市交易，三只新股开盘股价均翻倍，新亚制程开盘价 59.38 元，涨幅达到 296.53%；收市上涨 275.33%，报收于 56.30 元，全日换手率 85.27%，成交量近 11.26 亿元。这刷新了 IPO 重启以来新股上市首日最高涨幅纪录。

而相对南阳科技报收 81.8 元，涨幅 172.67%；黑牛食品报收 57.94 元，涨幅 114.59%。

新亚制程发行价为 15 元/股，对应市盈率为 55.56 倍。公司此次发行股份数量为 2800 万股，发行后总股本 1.11 亿股。

深圳市新亚电子制程股份有限公司的主营业务是针对电子制造业，专业提供电子制程系统解决方案及实施方案设计的电子制程产品。公司凭借系统的技术支持、齐全的产品线和广泛的营销渠道已成为国内综合实力最强的电子制程供应商。

不过，因为炒作过度，该股至今仍在震荡下跌，截至上周五，新亚制程的收盘价为 29.40 元/股，仅相当于首发当日开盘价的一半。

点评：如果热衷于申购新股、上市首日便抛出获利的投资者，有八成的机会是赚钱的，从行业来看，科技、电子信息、生物医药等新兴行业类涨幅靠前，传统行业新股涨幅明显落后于新兴行业，中小板和创业板的新股表现明显优于大盘股。

No5. 新开源——股本最小

事件回放：新开源于 6 月 29 日创业板 IPO 申请获得证监会审核通过；8 月 1 日，其发行的 900 万股完成申购，发行价格为 30 元/股，相对市盈率为 61.22 倍；8 月 25 日新开源正式上市，发行数量仅为 900 万股，实际募集资金 2.7 亿元，发行价为 30 元，是今年股本最小的 IPO。

博爱新开源制药股份有限公司是一家从事 PVP 系列产品的研发、生产和销售的企业，也是中国最大的 PVP 制造商。公司已取得多项实用新型专利，另有多项发明专利申请和实用新型专利申请已为国家知识产权局受理，并拥有分步结晶法提纯 NVP 技术等多项专有技术。

对于其发行量较小，上市之前众多机构都纷纷不吝对它看好，有机构表示公司未来在医药、日用化工和 PVP（聚乙烯吡咯烷酮）领域均有较大需求增长。

有媒体对此有不同看法，在新开源上市之时，一家网站对新开源招股说明书的真实性做出调查，称结果显示有 90% 的投票者认为存在虚假陈述，88% 的投票者对新开源后期业绩发展的成长性不看好。

在浏览新开源利润表时记者发现，从 2008 年 12 月 31 日至 2010 年 9 月 30 日，新开源的主营收入、主营利润和净利润呈逐年递增之势，而公司称，募集的资金将用于扩大产能及对现有产品进行升级改造。

点评：虽然科技型中小企业在发展阶段，首要的问题是融资，但是，融资之后干什么要比怎么融资这个难解决的多，有的企业融资后买楼、买地、盖房不务正业，对于这种企业应当给予警惕，但如果企业是将资金用于发展主营业务方面的话，应该给这些企业一段时间，毕竟企业的发展需要时间。

No6. 新研股份——市盈率最高

事件回放：2010 年倒数第二批 IPO 发行公司，显现了“翘尾”效应，主要生产农牧业机械研发和产销的新疆机械研究院股份有限公司（下称：新研股份），以 150.82 倍的发行市盈率刷新了新股发行的最高纪录，成为 2010 年 IPO 发行市盈率最高的企业。

根据招股说明书，新研股份发行股份数 1060 万股。该公司的三大类主营产品为农牧业收获机械、耕作机械、农副产品加工及林果机械等。此次公司拟募集资金将投向新疆农牧机械产品制造及科技成果转化基地项目，总投资 2.02 亿元；另有 4.88 亿元拟用于其他主营业务相关的运营资金，合计募集资金 5.78 亿元。

前三季度，公司实现每股净资产 4.12 元，实现每股收益 1.5 元。

有行业分析人士认为，新研股份以玉米收获为主，在全国市场占有率第二，在新疆市场占有率第一。玉米收获机械化未来发展空间较大，将充分受益于农机补贴政策的持续推行。

今年以来，IPO 估值创新高，在 11 月初新股发行体制改革第二阶段启动后，新股发行市盈率不降反升，连续刷新纪录，发行市盈率超过百倍的公司就有 4 家，汤臣本件更是以 115.29 倍和发行价 110 元/股，成为 A 股发行史上唯一一只“双百股”。

点评：新股发行第二次改革扩大了询价对象，摇号后中签机构数量减少，相应单个机构获配股数有所提高，这实际上对新股的估值是利好的，但由于中小板、创业板新股盘子相对较小，成长性好，新股的定价在最高报价和最低报价区间取值，因此一些机构认为报高了也无妨，为了保证中签，都往高了报，而这本身是对二级市场的一种不负责的态度。

No7. 吉林高速——发行价最低

事件回放：2010 年 3 月 19 日，吉林高速上市，发行价仅为1.79元，可谓2010年发行价最低的IPO，而它的上市也标志着，我国首例上市公司分立试点（原东北高速）的完成。

原东北高速分立为吉林高速与龙江交通两家上市公司，并于3月19日成功登陆A股，开盘价分别报收于4.97元和4.75元。而吉林高速营业收入远高于龙江发展，但业务利润要明显低于龙江发展。

此前，原上市公司东北高速实施分立重组方案，将东北高速分离为吉林高速与龙江交通两大上市公司。东北高速是在特定历史时期按照当时"限报家数"的证券发行管理体制，将黑龙江、吉林两省高速公路捆绑上市形成的产物，导致近几年公司管理混乱。因此分立上市有利于两大公司解决历史遗留问题，提高治理的效果，有助提高业绩。

其中，吉林高速的主营业务资产包括吉林省境内的长平高速公路的收费权及相关资产加上东北高速持有的长春高速公路有限责任公司63.8%股权，连同吉林东高科技油脂有限公司95%股权、吉林省长平公路工程有限公司20%股权、二十一世纪科技投资有限责任公司49.25%股权及大鹏证券有限责任公司4.4%的股权共计4项长期股权投资。吉林高速第一大股东为吉林省高速集团，持有49.19%股权。

点评：虽然，吉林高速的发行价最低，但是对于东北高速来说，进行分立试点是采用国际通行和我国法律许可的金融工具，以市场化方式解决历史遗留问题，化解市场风险，上市公司分立是境外成熟市场的资本运作手段，在美国等成功市场，均有健全的分立制度和成功操作的案例。

No8. 中原特钢——超募比例最低

事件回放：中原特钢与2010年6月3日上市，首次公开发行A股的发行价为9元/股，对应市盈率为47.37%。该价格为IPO重启以来中小板第三低发行价，而中原特钢入选IPO之最的原因则是由于其超募资金比例最低。上市之初公司预计募集资金约6.73亿元，但实际募集资金7.11亿元，两者相差0.38元，相差幅度为5.68%。

中原特钢本次发行数量为7900万股，其中网下发行1580万股，占本次发行数量的20%；网上发行数量为6320万股，占本次发行数量的80%。

中原特钢股份有限公司主要从事工业专用装备及大型特殊钢精锻件的研发、生产、销售和服务，是国内目前拥有从熔炼、锻造、热处理到机械加工完整生产线的大型锻件生产企业，主要产品包括石油钻具、限动芯棒、铸管模等工业专用装备，以及冶金轧辊、模具钢、定制精锻件等大型特殊钢精锻件。公司是亚洲最大的限动芯棒生产企业，所生产的限动芯棒产品替代进口填补国内空白。

本次发行募集资金将投向以下三个项目：综合技术改造一期工程、SX-65精锻机现代化改造、综合节能技术改造工程，总投资6.73亿元。

点评：市盈率高、超募资金高等问题一直困扰着中小板以及创业板的企业，但是如果能够善用超募资金，发展主营业务，有利于公司发展而非不务正业的话，超募资金其实并不可怕。

No9. 奥克股份——首日涨幅最低

事件回放：如果说中签新亚制程等公司的投资者最高兴，那么奥克股份的中签者一定是最沮丧的，创业板5月20日首度出现了新股上市首日破发。当日上市的4只新股中，奥克股份、劲胜股份全日绿盘运行，平均跌幅均超过5%，令网上中签投资者集体亏损。

其中奥克股份已9.9%跌幅创IPO重启以来新股首日破发程度最大记录。

当日开盘后，奥克股份股价一路跳水，跌幅不断扩大，截至收盘，发行价为85元的高科股份报收于76.58元，全日下跌9.91%，发行价为36元的劲胜股份报收33.96元，下跌幅度达5.67%。

由于上述新股全日未能翻红，令网上中签投资者毫无盈利出逃机会，集体面对亏损局面。从换手率看，由于跌幅过大，多数投资者没有选择首日卖出。劲胜股份全日换手仅24.91%，奥克股份全日换手率也不过31.64%，而另外两只守住发行价的股票恒信移动和海绵科技的换手率都超过60%。

自5月11日中小板嘉欣丝绸首日跌破发行价以来，短短8个交易日内一共出现了6家新股首日破发事件。而跌幅也由嘉欣丝绸收盘下跌1.91%，逐步增大至奥克股份的9.9%。

点评：在大盘尚未企稳的情况下，市场观望情绪浓重，炒新资金热情减退，建议投资者打新更需要关注基本面，改变"逢新必打"的习惯，降低首日亏损风险。

No10. 棕榈园林——超募比例最高

事件回放：6月19日，棕榈园林在深圳中小板挂牌交易，上市首日表现颇为引人瞩目，发行价为45元，收盘价为67.14元，全日涨幅达48.62%。

当时，在房地产调控的背景下公司上市首日表现还算让人满意，有专家预测，虽然当时我国房地产调控措施趋紧，但预计地产园林绿化市场容量仍将保持上升。

棕榈园林发行数量为3000万股，由于发行市盈率高于平均水平，棕榈园林的募集资金13.5亿元是计划募集资金1.69亿元的8倍，超募资金11.81亿元，相差幅度为699.67%。

公司当时表示，上市以后将严格按照有关规定，慎重使用超募资金，大量的超募资金也将为公司今后的快速扩张提供可能。据测算，2009年地产景观市场容量为720亿元左右，棕榈园林2009年的营业收入的6.6亿元占比还不到1%。作为业内综合实力最强和全国布局相对完善的行业龙头，棕榈园林在行业内有充足的成长空间。

按照棕榈园林目前的经营情况，假设超募资金一半用于补充运营资金，理论上可以增加20亿元的营业收入。

上市前受制于资金瓶颈，市政园林业务占公司收入的比例很低。市政园林毛利率较地产园林高，但资金占用量较大、回款周期较长。

点评：上市后在资金瓶颈打破之后，棕榈园林将加快在全国范围内进入市政园林领域，预计原计划在未来市政园林的收入将占公司营收的30%左右的目标将有可能加速实现。

2010年十大牛股

文章来源：上海证券报

1. 广发证券（000776）：全年涨跌幅427.92%

上涨关键词：借壳上市，长期停牌

原S延边路借股改契机，以新增股份换股吸收合并广发证券，转变为一家综合性的证券公司。从2006年10月19日之后开始停牌，直到2010年2月12日复牌，期间横跨40个月，卧薪尝胆的广发证券复牌首日涨幅高达374%。

2. *ST光华（000703）：全年涨跌幅380.42%

上涨关键词：资产置换，借壳重组

自2010年2月份公布了重组预案后，*ST光华的股价就像脱缰的野马，从接近9元的低价一度冲高至44.06元的历史新高。2010 年 2 月份，＊ST 光华的重组预案显示，公司的第一大股东汇诚投资以现金购买公司全部资产和负债、公司发行股份购买恒逸石化 100% 股份。同时，汇诚投资将所持 ST 光华股份转让给恒逸集团。重组完成后，＊ST 光华将成为聚酯涤纶行业龙头。根据重组方案中恒逸集团的承诺，2010 年至 2012 年，恒逸石化的净利润分别为 7.95 亿元、8.81 亿元、8.90亿元，按重组后股本约 6 亿股计算，＊ST 光华的每股收益在 1 元以上。

3. **广晟有色(600259)：全年涨跌幅** 316.47%

上涨关键词：稀土，重组

稀土概念的光环令广晟有色在 2010 年大放异彩。2010 年初至 4 月末，主要稀土氧化物的价格均出现大幅上升，这一背景下稀土资源类股票掀起较大涨幅。5 月 19 日成功摘帽复牌后的广晟有色被游资看好，在轮番炒作下，股价大幅上涨。此外，国家对稀土行业的整合政策，令广晟有望成为南方稀土行业主要整合者之一，也令市场为之疯狂。

4. ST **昌河(600372)：全年涨跌幅** 282.85%

上涨关键词：重组，军工

资产重组令 ST 昌河在 2010 年“乌鸡变凤凰”。通过 2009 年的重大资产重组，公司置换入上航电器和兰航机电全部经营性资产，经营性质发生根本性改变，主营业务变更为航空机载照明与控制系统产品的制造业务。成功化身“军工股”后，市场预期公司将充分受益于整个航空制造业的飞速发展，股价持续暴涨。

5. ＊ST **威达(000603)：全年涨跌幅** 278.24%

上涨关键词：重组，银矿

停牌两年有余的＊ST 威达 2010 年 5 月 5 号复牌上市，从一家医疗器械生产企业重组变身矿业资源股。通过资产置换＊ST 威达被注入银都矿业资产，成为 A 股唯一一家以银矿采选为主营业务的上市公司。在银价全年飙升 84% 背景下，＊ST 威达股价从 2010 年 5 月 5 号起步，连续 15 天涨停，12 月初还创出 31.84 元历史新高。

6. **东方园林(002310)：全年涨跌幅** 275.70%

上涨关键词：超级大单，高送转

作为绿化园林工程的龙头企业，东方园林持续高增长。1-9 月实现营业收入 9.40 亿元，同比增长 129.6%，净利润 1.75亿元，同比增长 173.5%。市场预期随着经济快速发展和生活水平提升，各城市纷纷加大对园林绿化的投资力度，未来几年园林绿化将继续保持快速发展趋势，公司将显著受益。其股价从 2009 年 11 月上市以来，一路过关斩将，从 99 元一路冲至 200 元以上，也成为去年上半年最贵的股票。

7. **莱宝高科(002106)：全年涨跌幅** 249.27%

上涨关键词：iPhone4 ，触摸屏

在 iphone 火热流行的背景下，触摸屏技术也渐成热门词汇。莱宝高科因其触摸屏技术在国内领先，全年股价持续飙升。前三季度实现营业收入 7.99 亿元，净利润 2.71 亿元，同比增长 87% 和 154%。市场认为未来几年触摸屏市场将进入全面爆发期，公司仍将是苹果最核心的供应商，其先发优势和技术领先优势明显，将获得高于行业的增长速度。

8. **金螳螂(002081)：全年涨跌幅** 237.90%

上涨关键词：超级大单

金螳螂在 2010 年呈现出一路“爬升”的走势，持续创出新高。公司主营家居装修款，受益居民收入增长后对居住环境改善预期所带来的市场空间大幅提升，前三季度营业收入 42.52 亿元，同比增长 52.93%，展现出确实的高成长性，有机构预计全年将可能新签合同 80-100 亿元。公司迎来黄金发展期，营收增长和管理效率提升双轮驱动。

9. **领先科技(000669)：全年涨跌幅** 221.14%

上涨关键词：机构押宝重组

2010 年 6 月 10 号领先科技筹划重组停牌，7 月 13 号复牌，股价连续三个涨停，此后持续凌厉上涨。9 月 9 日，领先科技公布中油金鸿天然气输送有限公司借壳上市的详细预案、独立财务顾问报告和独立资产评估报告，若此次借壳获股东大会、商务部和证监会核准通过，则借壳领先科技的中油金鸿将成为燃气上市公司的龙头。中油金鸿是国内天然气领域中下游重要的能源运营商，市场认为其未来成长空间巨大。

10. **精功科技(002006)：全年涨跌幅** 216.58%

上涨关键词：多晶硅，新能源，大单纷至

精工科技 2010 年多晶硅炉技术取得突破，主流大厂订单不断。10 月 11 日与太阳能行业龙头之一江苏协鑫光电签署了 1.38 多亿元合同，11 月 27 日又获得 4 亿多元订单，12 月 7 日获得浙江市场昱辉 1.48 亿元订单。源源不断的大厂订单直接支撑公司明年业绩确定性爆发增长，从而令其股价在四季度显现出飙升态势。

2010 年十大熊股

文章来源：上海证券报

1. **华菱钢铁(000932)：全年涨跌幅** -52.15%

下跌关键词：业绩大幅亏损

该股下跌主要是受制于钢铁行业整体基本面的大幅下滑和自身的转盈为亏。华凌钢铁控股子公司华凌涟钢经营亏损拖累华凌钢铁业绩大幅亏损。此外，采购铁矿石成本过高、新投产生产线尚处于投产磨合期，生产不顺及经营秩序混乱也成为影响业绩的负面因素。三季报显示，2010 年公司净利润预计亏损 18-20 亿元，基本每股收益 -0.7306 元至 -0.6575 元。

2. **鞍钢股份(000898)：全年涨跌幅** -51.51%

下跌关键词：钢价下跌，亏损

钢铁行业的不景气加之公司业绩下滑，令鞍钢股份成为又一个被市场冷落的钢铁股。10 月份曾随市场暴涨过 30%，却在随后 2 个月中跌再度跌回上涨前水平。业内人士分析，一方面，规模增长放缓，鲅鱼圈基地竣工以后，公司产能增长放缓。另一方面，成本持续上升压力超过了鞍钢通过技术进步带来的对下游的议价能力，使其毛利提高空间有限。此外，市场一直期待的鞍钢和本钢合并迟迟未能展开，三季度又因为钢价下跌出现亏损。

3. **海通证券(600837)：全年涨跌幅** -49.24%

下跌关键词：限售股解禁

巨大的“大小非”减持压力及经纪业务的下滑成为海通证券全年股价运行的两大压力。海通证券 2010 年 1-9 月公司经济业务净收入 33.49 亿元，同比减少 28.93%，其中佣金率水平较之 2009 年同期大幅下滑 19.43%，估计交易额同比下滑 11.84%。而大小非的持续减持更在其股价上“撒了一把盐”，统计显示，2010 年全年大小非减持套现海通证券金额超过 40 亿元，排名全部 A 股第二位。

4. **新亚制程(002388)：全年涨跌幅** -48.33%

下跌关键词：上市首日定位过高

作为跌幅前十中唯一一家 2010 年上市的公司，新亚制程 4 月 13 日上市首日股价涨幅高达 275%，成为 IPO 重启后表现最牛的新股。但由于爆炒过度,估值离谱,此后连续两天跌停,随后股价继续回归理性。

5. 新黄浦(600638):全年涨跌幅 -47.71%

下跌关键词:房地产调控

房地产调控成为市场抛弃地产股的主要原因,此外"关联交易"也成为股价大跌的导火索。4月7日掌控的董事会上,公司以三票同意两票反对通过了从大股东上海新华闻投资公司手中购得广银海房地产100%股权的议案。4月8日,新黄浦便给出2.8亿元天价意向金,涉嫌关联交易,6月8日收到证监会上海监管局行政监管措施决定书。受此影响,股价半年跌四成。

6. ST 星美(000892):全年涨跌幅:-48.08

下跌关键词:重组受阻

跌幅前十中唯一一家ST股,重组计划受阻成为2010年ST星美股价的"致命一击"。ST星美完成破产重组和股改后,虽然主要资产和负债已被剥离,变身为等待重组的净壳,但生产经营仍处于停顿状态,前三季度净利润亏损251万元,去年同期亏损230万元,预计2010全年归属母公司净利润或将亏损350万元左右。因世博会影响,重组方丰盛控股拟注入的核心项目——香港新世界花园的规划方案发生重大变化,尚未重新启动。

7. 武钢股份(600005):全年涨跌幅 -46.43%

下跌关键词:行业不景气

钢铁基本面不景气,钢价低迷令武钢股份的业绩面临考验。2010年武钢股份的主要盈利产品硅钢片由于竞争激烈,毛利大幅下降。此外,有报告指出,钢市低迷也使7月份后武钢的销售价格大幅下滑,3季度冷轧、热轧板平均售价分别为5050元/吨、4210元/吨,环比2季度分别下降16.5%、9%,下降幅度较大。业内人士称,公司成本没有竞争优势,抗风险能力不足,令市场对其未来业绩预期降低。

8. 河北钢铁(000709):全年涨跌幅 -46.10%

下跌关键词:生不逢时,行业不景气

河北钢铁系唐山钢铁,承德钒钛和邯郸钢铁合并而成,2009年钢铁产量居全国第二。有分析员指出,公司合并后,大而全的特征使得公司盈利依赖于行业复苏。但钢铁行业持续不景气,影响了公司盈利的改善。公司的整合也有待时间体现。第四季度河北是节能限电的重点区域,公司产量也因此受到影响。虽然公司最近公告显示进一步资产注入正在进行,但市场对此缺乏热情。

9. 华发股份(600325):全年涨跌幅 -45.61%

下跌关键词:房地产调控

2009年曾有100%涨幅的华发股份,进入2010年股价却全面下挫。华发股份是珠海最大的房地产上市公司,此前市场炒作其所具有的港珠澳大桥概念,但横琴岛开发和港珠澳大桥对珠海当地房地产的推动作用需要时间体现,在房地产调控的大背景下,市场炒作热情降温。第二,公司在区域扩张上还存在不确定性,在珠海以外地区市场拓展需要进一步明确。此外,公司前三季度销售收入同比大幅度增加,但净利润减少,主因是低毛利率的项目进入结算,但也有分析员预期2011年这种现象会有所改善。

10. 信达地产(600657):全年涨跌幅 -45.36% 下跌关键词:房地产调控

在过去一年中,被业界普遍预期的大股东38处物业注入上市公司仍无时间表。孵化后的不良资产注入无期,在建和储备面积不多,信达地产未来注定面临市场化转型,必须通过招拍挂方式获得土地。此外,有报道称,信达资产有意争取金融全牌照,无暇向信达地产倾斜资源,也成了信达地产未来发展的要害。

2010年香港证券市场10大重要事件

文章来源:财华社(深圳)

一、农行及友邦相继在港上市,香港IPO集资额连续两年冠全球

香港上市首日,农行股价以3.25港元开盘,较发行价3.20港元上升1.56%,收盘3.27港元,较发行价上涨2.18%。农行在香港成功上市,与农行广大经营网点的价值、中国农村市场的潜力及投资者对中国经济前景的憧憬密不可分。而对香港而言,农行成功上市,更将提升香港资本市场的广度和深度,进一步巩固香港国际金融中心的地位。

友邦保险10月29日正式在港交所挂牌上市。募集资金额达1383.29亿港元,超过工行2006年集资纪录。另外,此次友邦IPO刷新了多项纪录,成为全港有史以来最大首次公开发售、全球有史以来第三大的首次公开发售、以及全球保险业最大规模的首次公开发售。

港交所日前发布的2010年市场统计数据表示,截至2010年12月15日,香港IPO集资额再创新高,达到4122亿元(港币,下同),远高于2006年3339亿元的纪录,连续第二年列全球首位。

二、首家俄罗斯企业俄铝在港上市,特设散户投资者限制级别

2010年1月27日,首家到港上市的俄罗斯企业——俄铝联合(00486-HK)以配售形式在港交所挂牌上市,该股全日股价均未能高于配售价,并以接近全日最低位9.66港元收市。俄铝是次上市募集资金167亿元,发行18.35亿股,发行价格10.8元。香港证监会和港交所顾及其债务风险,破天荒限定了不少条款,包括只限专业投资者认购,或者认购金额不少于100万港元等,并规定上市后每手买卖单位不少于按发售价计算构成最低每手价值20万港元的股数。

虽然俄铝存在债务风险,但该公司不但是全球最大的铝业公司,更是首家来港上市的俄罗斯企业,与香港巩固国际金融中心地位的目标相符,因此港交所才放行。

三、资产泡沫急袭香港楼市,港府连出五招消减百年楼市泡沫

2010年,百年一遇的资产泡沫急袭香港楼市,楼价如脱缰野马,市民哗然。港府历史罕见地连续五次出招,消减楼市泡沫,最终在年底成功收缰,与百年泡沫形成拉锯之势。一年来,特首曾荫权、"财爷"曾俊华、金管局总裁陈德霖等相关港府高官,轮番对发烧的楼市"喊打喊杀"。

2010年2月,港府首次出招,将价值2000万元(港元,下同)以上物业买卖印花税税率,由3.75%提高至4.25%。港府再于4月21日推出"9招12式"规管发展商卖楼,但因其中9招是规管楼宇销售手法,12式是针对示范单位所则提出的建议指引,因此楼价稍缓即升。港府遂在8月第3度出招,推出的"3招14式",以打击楼花摩货及收紧按揭为主,又将价值1200万元以上物业按揭上限降至60%,但炒风未绝。10月13日,特首公布施政报告,第四次出招,立足加大土地供应稳定楼价,推出包括先租后买的"置安心"计划、限制"发水楼",以及订定未来10年建屋土地目标。11月19日,港府第五次出招遏制楼市,增加住宅楼宇短期交易"额外印花税",

分三级税率打击短期炒楼，其中税收最重的是6个月或以内转售的交易，税率为该转售交易金额的15%。

四、通胀压力显著上升，中国央行年内六次上调准备金和两次加息

央行12月25日宣布加息，四季度两次加息确认了加息周期来临。从2010年2月起，我国实际负利率状态已持续11个月。11月CPI涨幅更是达到5.1%，创28个月新高。国家统计局发布的12月中旬50个城市主要食品平均价格变动情况数据显示，当期监测的29种食品价格上涨品种略多于下跌品种；11月以来楼市呈现"量升价涨"态势，11月全国70个大中城市房价同比上涨7.7%，商品房销售额同比增长18.6%。

2010年以来，央行六次上调存款准备金率，目前大型商业银行的存款准备金率已达到18.5%的历史高位，受此影响，近期银行开始闹起"钱荒"，货币市场流动性紧张加剧，各期限回购利率全线飙升。

五、人民币名义汇率重新启动单边升值，全年升值幅度接近3%

今年人民币面对的外来压力未减，美国、欧盟曾多次向中国施压，敦促人民币加快升值，9月29日美国众议院通过针对人民币汇率的法案，向中国施压，迫使人民币加快升值，这是近年来美国对中国最强硬的行动之一。不过，中国已多次重申，人民币汇率会根据中国自身的需求和发展，在保持人民币汇率基本稳定的前提下，逐步增强人民币汇率弹性。并多次强调，人民币升值是不可解决美国贸易逆差及世界经济失衡问题。

2010年6月开始，迫于外部巨大政治压力，人民币名义汇率重新启动单边升值，迄今升值幅度接近3%，眼下人民币升值预期已是愈演愈烈。年关将近，各大机构纷纷发表对人民币明年走势的预计，明年人民币升值预期依然很强。

六、国美召开股东特别大会陈晓留任，黄光裕两名代言人进入董事会

年内最受关注的股东大会国美特别股东大会于2010年9月28日晚尘埃落定，根据国美管理层当晚7时许公布的投票结果，由黄光裕一方提出的5项决议案除"即时撤销一般授权"一条获股东投票通过外，其余4项均被否决，现任董事局主席陈晓得以留任；而由陈晓一方提出的重选3名贝恩资本代表担任国美非执行董事的决议案悉数获得通过。

据悉，有近300名国美股东参加了28日下午在香港铜锣湾富豪酒店举行的国美特别股东大会，内地和香港数十家媒体记者到场采访。

12月17日，国美电器控股有限公司发布公告称，国美特别股东大会通过决议案，任命邹晓春为执行董事、黄燕虹为非执行董事，即时生效。据此，2010年国美电器的控制权之争画上了句号。

七、欧洲主权债务危机加剧，全球金融市场蒙上阴影

今年年初希腊债务危机大爆发，欧盟被迫联手国际货币基金组织（IMF）建立7500亿欧元稳定基金以控制局面。但希腊喘息甫定，爱尔兰在四季度也爆发债务危机，并进而引发市场对葡萄牙、西班牙等国的担忧。欧债危机的爆发加剧了国际金融市场动荡，令市场投资者的风险厌恶情绪升温。

欧洲央行12月9日发布的半年度《金融稳定评估报告》再度敲响了欧债债务状况的警钟。报告称，若欧元区成员国政府的财政巩固计划出现倒退，就有可能导致债务陷入"不可持续的上升循环"，对整个地区的金融稳定造成负面影响。同日，国际评级机构惠誉将爱尔兰的主权评级从A+下调至BBB+，使得欧元进一步承压，当日欧元兑美元一度跌破1.32关口。

八、美联储启动量化宽松货币政策（QE2），热钱泛滥资产价格被动上升

在美国经济复苏势头减缓、失业率居高不下的情况下，美国联邦储备委员会11月推出第二轮量化宽松货币政策。但此举在国际上遭到广泛批评，因为其可能扭曲全球金融市场，加大美元贬值预期，导致热钱流向新兴经济体。

美国当地时间2010年11月3日，联邦公开市场委员会（FOMC）宣布再次启动量化宽松货币政策，即QE2。这是继全球金融海啸之后，美国欲再次以其他国家的美元资产为人质，让全世界为其债务买单。

所以在QE2正式推出前，各国投资者出于避险意识，不得不将资金调离美金区，导致欧元、日圆及其他货币急速升值。另一方面，G20财长会议上，各国同意避免竞相贬值货币，令美元被抛售的速度加快。一如投资者所知，当美元贬值时，与美元挂钩的港元，不能发挥调整机制，香港的资产价格，包括股市及楼市，自然要被动地上升，出现了近期港股几乎直线上升的情况。

九、港交所延长交易时段方案获通过，2011年3月7日开始实施

港交所延长交易时段分两个阶段进行。2011年3月7日起，上午开市时间与A股相同，从目前的10点改为9点半，中午12点收市，下午1点半开市，到下午四点收市，交易时段由现在的4小时延长至5小时。到2012年3月5日，下午开市时间将进一步提前至下午1点，将交易时段延长至5小时30分钟。

港交所在建议延长交易时间的咨询文件中表明，并不预期延长交易时间会即时增加成交量，主要考虑的是增加与内地A股交易时间的重叠，以及维持与区内股市的国际竞争力。

十、人民币计价债券获投资者追捧，香港向人民币离岸中心迈进一大步

即将过去的2010年，香港向人民币离岸中心迈进一大步。因以往规模很小而被称作"点心债券"的人民币计价债券，今年成为备受香港投资者热捧的"海鲜大餐"。

为了配合以上安排，港交所早就筹备推出人民币计价产品，以便吸引海外资金来港交易，增强港交所在区内的竞争力。2010年11月29日，港交所在其网站登载包括人民币计价证券，在缴交印花税及交易征费等所应用的港元汇率，有关汇率由金管局厘定也已向券商分别发出联交所及结算所通告，提醒券商尽快更新后勤系统及开立人民币户口，港交所其后还与券商就人民币交易及结算流程进行了相关的系统测试。

2010 年 1 月份中国证券市场概况统计表

	2009 年	2010 年 1 月	比 2009 年底
境内上市公司数(A、B 股)(家)	1718	1754	2.10%
境内上市外资股(B 股)(家)	108	108	0.00%
境外上市公司数(H 股)(家)	159	159	0.00%
股票总发行股本(亿股)	26162.85	26346.60	0.70%
其中:流通股本(亿股)	19759.53	20033.01	1.38%
股票市价总值(亿元)	243939.12	226361.62	-7.21%
其中:股票流通市值(亿元)	151258.65	144919.62	-4.19%
股票成交金额(亿元)	535986.74	47901.28	-91.06%
日均股票成交金额(亿元)	2196.67	2395.06	9.03%
上证综合指数(收盘)	3277.14	2989.29	-8.78%
深证综合指数(收盘)	1201.34	1120.45	-6.73%
股票有效帐户数(万户)	12037.69	12032.91	-0.04%
平均市盈率(静态)			
上海	28.73	26.21	-8.77%
深圳	46.01	43.08	-6.37%
证券投资基金只数(只)	557	559	0.36%
交易所上市证券投资基金成交金额(亿元)	10249.59	966.70	na

2010 年 2 月份中国证券市场概况统计表

	2009 年	2010 年 2 月	比 2009 年底
境内上市公司数(A、B 股)(家)	1718	1775	3.32%
境内上市外资股(B 股)(家)	108	108	0.00%
境外上市公司数(H 股)(家)	159	159	0.00%
股票总发行股本(亿股)	26162.85	26557.22	1.51%
其中:流通股本(亿股)	19759.53	20090.91	1.68%
股票市价总值(亿元)	243939.12	236597.00	-3.01%
其中:股票流通市值(亿元)	151258.65	150489.74	-0.51%
股票成交金额(亿元)	535986.74	24318.61	-95.46%
日均股票成交金额(亿元)	2196.67	1621.24	-26.20%
上证综合指数(收盘)	3277.14	3051.94	-6.87%
深证综合指数(收盘)	1201.34	1172.33	-2.41%
股票有效帐户数(万户)	12037.69	12109.13	0.59%
平均市盈率(静态)			
上海	28.73	26.88	-6.44%
深圳	46.01	44.44	-3.41%
证券投资基金只数(只)	557	570	2.33%
交易所上市证券投资基金成交金额(亿元)	10249.59	394.39	na

2010 年 3 月份中国证券市场概况统计表

	2009 年	2010 年 3 月	比 2009 年底
境内上市公司数(A、B 股)(家)	1718	1807	5.18%
境内上市外资股(B 股)(家)	108	108	0.00%
境外上市公司数(H 股)(家)	159	159	0.00%
股票总发行股本(亿股)	26162.85	26768.19	2.31%
其中:流通股本(亿股)	19759.53	20288.78	2.68%
股票市价总值(亿元)	243939.12	244952.58	0.42%
其中:股票流通市值(亿元)	151258.65	156605.57	3.53%
股票成交金额(亿元)	535986.74	44114.92	-
日均股票成交金额(亿元)	2196.67	1918.04	-
上证综合指数(收盘)	3277.14	3109.10	-5.13%
深证综合指数(收盘)	1201.34	1211.25	0.82%
股票有效帐户数(万户)	12037.69	12288.98	2.09%
平均市盈率(静态)			

	2009 年	2010 年 3 月	比 2009 年底
上海	28.73	27.51	-4.25%
深圳	46.01	39.81	-13.48%
证券投资基金只数(只)	557	576	3.41%
交易所上市证券投资基金成交金额(亿元)	10249.59	165.89	-

2010 年 4 月份中国证券市场概况统计表

	2009 年	2010 年 4 月	比 2009 年底
境内上市公司数(A、B 股)(家)	1718	1837	6.93%
境内上市外资股(B 股)(家)	108	108	0.00%
境外上市公司数(H 股)(家)	159	159	0.00%
股票总发行股本(亿股)	26162.85	26994.82	3.18%
其中:流通股本(亿股)	19759.53	20731.82	4.92%
股票市价总值(亿元)	243939.12	227905.50	-6.57%
其中:股票流通市值(亿元)	151258.65	147308.35	-2.61%
股票成交金额(亿元)	535986.74	51929.38	-
日均股票成交金额(亿元)	2196.67	2472.83	-
上证综合指数(收盘)	3277.14	2870.61	-12.41%
深证综合指数(收盘)	1201.34	1112.68	-7.38%
股票有效帐户数(万户)	12037.69	12415.23	3.14%
平均市盈率(静态)			
上海	28.73	25.37	24.30%
深圳	46.01	35.71	-
证券投资基金只数(只)	557	589	5.75%
交易所上市证券投资基金成交金额(亿元)	10249.59	246.72	-

2010 年 5 月份中国证券市场概况统计表

	2009 年	2010 年 5 月	比 2009 年底
境内上市公司数(A、B 股)(家)	1718	1863	8.44%
境内上市外资股(B 股)(家)	108	108	0.00%
境外上市公司数(H 股)(家)	159	159	0.00%
股票总发行股本(亿股)	26162.85	27307.63	4.38%
其中:流通股本(亿股)	19759.53	21086.96	6.72%
股票市价总值(亿元)	243939.12	209639.43	-14.06%
其中:股票流通市值(亿元)	151258.65	136372.74	-9.84%
股票成交金额(亿元)	535986.74	32847.26	-
日均股票成交金额(亿元)	2196.67	1642.36	-
上证综合指数(收盘)	3277.14	2592.15	-20.90%
深证综合指数(收盘)	1201.34	1033.50	-13.97%
股票有效帐户数(万户)	12037.69	12527.54	4.07%
平均市盈率(静态)			
上海	28.73	19.90	17.37%
深圳	46.01	33.72	-
证券投资基金只数(只)	557	601	7.90%
交易所上市证券投资基金成交金额(亿元)	10249.59	776.35	-

2010 年 6 月份中国证券市场概况统计表

	2009 年	2010 年 6 月	比 2009 年底
境内上市公司数(A、B 股)(家)	1718	1891	10.07%
境内上市外资股(B 股)(家)	108	108	0.00%
境外上市公司数(H 股)(家)	159	159	0.00%
股票总发行股本(亿股)	26162.85	27681.41	5.80%
其中:流通股本(亿股)	19759.53	21484.91	8.73%
股票市价总值(亿元)	243939.12	195138.73	-20.01%
其中:股票流通市值(亿元)	151258.65	126761.53	-16.20%
股票成交金额(亿元)	535986.74	25307.96	-

	2009 年	2010 年 6 月	比 2009 年底
日均股票成交金额(亿元)	2196.67	1332.00	-
上证综合指数(收盘)	3277.14	2398.37	-26.82%
深证综合指数(收盘)	1201.34	945.29	-21.31%
股票有效帐户数(万户)	12037.69	12629.77	4.92%
平均市盈率(静态)			
上海	28.73	18.46	-35.75%
深圳	46.01	31.05	-32.51%
证券投资基金只数(只)	557	619	11.13%
交易所上市证券投资基金成交金额(亿元)	10249.59	485.09	-

2010 年 7 月份中国证券市场概况统计表

	2009 年	2010 年 7 月	比 2009 年底
境内上市公司数(A、B 股)(家)	1718	1916	11.53%
境内上市外资股(B 股)(家)	108	108	0.00%
境外上市公司数(H 股)(家)	159	160	0.63%
股票总发行股本(亿股)	26162.85	31221.68	19.34%
其中:流通股本(亿股)	19759.53	22183.69	12.27%
股票市价总值(亿元)	243939.12	225922.05	-7.39%
其中:股票流通市值(亿元)	151258.65	143114.32	-5.38%
股票成交金额(亿元)	535986.74	32673.46	-
日均股票成交金额(亿元)	2196.67	1485.16	-
上证综合指数(收盘)	3277.14	2637.50	-19.52%
深证综合指数(收盘)	1201.34	1175.44	-2.16%
股票有效帐户数(万户)	12037.69	12734.46	5.79%
平均市盈率(静态)			
上海	28.73	19.85	-30.91%
深圳	46.01	35.51	-22.82%
证券投资基金只数(只)	557	626	12.39%
交易所上市证券投资基金成交金额(亿元)	10249.59	559.23	-

2010 年 8 月份中国证券市场概况统计表

	2009 年	2010 年 8 月	比 2009 年底
境内上市公司数(A、B 股)(家)	1718	1947	13.33%
境内上市外资股(B 股)(家)	108	108	0.00%
境外上市公司数(H 股)(家)	159	161	1.26%
股票总发行股本(亿股)	26162.85	31795.54	21.53%
其中:流通股本(亿股)	19759.53	22339.13	13.05%
股票市价总值(亿元)	243939.12	235121.36	-3.61%
其中:股票流通市值(亿元)	151258.65	148750.33	-1.66%
股票成交金额(亿元)	535986.74	47370.87	-
日均股票成交金额(亿元)	2196.67	2153.22	-
上证综合指数(收盘)	3277.14	2638.80	-19.48%
深证综合指数(收盘)	1201.34	1166.50	-2.90%
股票有效帐户数(万户)	12037.69	12847.17	6.72%
平均市盈率(静态)			
上海	28.73	19.85	-30.91%
深圳	46.01	39.09	-15.04%
证券投资基金只数(只)	557	638	14.54%
交易所上市证券投资基金成交金额(亿元)	10249.59	701.78	-

2010 年 9 月份中国证券市场概况统计表

	2009 年	2010 年 9 月	比 2009 年底
境内上市公司数(A、B 股)(家)	1718	1976	15.02%
境内上市外资股(B 股)(家)	108	108	0.00%
境外上市公司数(H 股)(家)	159	161	1.26%

	2009 年	2010 年 9 月	比 2009 年底
股票总发行股本(亿股)	26162.85	32017.29	22.38%
其中:流通股本(亿股)	19759.53	22471.43	13.72%
股票市价总值(亿元)	243939.12	238740.36	-2.13%
其中:股票流通市值(亿元)	151258.65	152413.10	0.76%
股票成交金额(亿元)	535986.74	44180.05	-
日均股票成交金额(亿元)	2196.67	2325.26	-
上证综合指数(收盘)	3277.14	2655.66	-18.96%
深证综合指数(收盘)	1201.34	1169.02	-2.69%
股票有效帐户数(万户)	12037.69	12947.33	7.56%
平均市盈率(静态)			
上海	28.73	20.01	-30.35%
深圳	46.01	39.56	-14.02%
证券投资基金只数(只)	557	652	17.06%
交易所上市证券投资基金成交金额(亿元)	10249.59	499.82	-

2010 年 10 月份中国证券市场概况统计表

	2009 年	2010 年 10 月	比 2009 年底
境内上市公司数(A、B 股)(家)	1718	1997	16.24%
境内上市外资股(B 股)(家)	108	108	0.00%
境外上市公司数(H 股)(家)	159	163	2.52%
股票总发行股本(亿股)	26162.85	32218.18	23.14%
其中:流通股本(亿股)	19759.53	22767.56	15.22%
股票市价总值(亿元)	243939.12	270133.59	10.74%
其中:股票流通市值(亿元)	151258.65	175984.86	16.35%
股票成交金额(亿元)	535986.74	62837.86	-
日均股票成交金额(亿元)	2196.67	3927.37	-
上证综合指数(收盘)	3277.14	2978.83	-9.10%
深证综合指数(收盘)	1201.34	1303.85	8.53%
股票有效帐户数(万户)	12037.69	13068.13	8.56%
平均市盈率(静态)			
上海	28.73	22.61	-21.30%
深圳	46.01	44.47	-3.35%
证券投资基金只数(只)	557	657	17.95%
交易所上市证券投资基金成交金额(亿元)	10249.59	1097.53	-

2010 年 11 月份中国证券市场概况统计表

	2009 年	2010 年 11 月	比 2009 年底
境内上市公司数(A、B 股)(家)	1718	2026	17.93%
境内上市外资股(B 股)(家)	108	108	0.00%
境外上市公司数(H 股)(家)	159	163	2.52%
股票总发行股本(亿股)	26162.85	32663.44	24.85%
其中:流通股本(亿股)	19759.53	24860.54	25.82%
股票市价总值(亿元)	243939.12	264315.58	8.35%
其中:股票流通市值(亿元)	151258.65	190075.20	25.66%
股票成交金额(亿元)	535986.74	82570.13	-
日均股票成交金额(亿元)	2196.67	3927.37	-
上证综合指数(收盘)	3277.14	2820.18	-13.94%
深证综合指数(收盘)	1201.34	1307.83	8.86%
股票有效帐户数(万户)	12037.69	13262.48	10.17%
平均市盈率(静态)			
上海	28.73	21.52	-25.10%
深圳	46.01	44.48	-3.33%
证券投资基金只数(只)	557	675	21.18%
交易所上市证券投资基金成交金额(亿元)	10249.59	1385.39	-

2010 年度中国证券市场概况统计表

	2009 年	2010 年 12 月	比 2009 年底
境内上市公司数(A、B 股)(家)	1718	2063	20.08%
境内上市外资股(B 股)(家)	108	108	0.00%
境外上市公司数(H 股)(家)	159	165	3.77%
股票总发行股本(亿股)	26162.85	33184.35	26.84%
其中:流通股本(亿股)	19759.53	25642.03	29.77%
股票市价总值(亿元)	243939.12	265422.59	8.81%
其中:股票流通市值(亿元)	151258.65	193110.41	27.67%
股票成交金额(亿元)	535986.74	49581.77	–
日均股票成交金额(亿元)	2196.67	2155.73	–
上证综合指数(收盘)	3277.14	2808.08	-14.31%
深证综合指数(收盘)	1201.34	1290.87	7.45%
股票有效帐户数(万户)	12037.69	13391.04	11.24%
平均市盈率(静态)			
上海	28.73	21.61	-24.78%
深圳	46.01	44.69	-2.87%
证券投资基金只数(只)	557	704	26.39%
交易所上市证券投资基金成交金额(亿元)	10249.59	837.13	–

2011 年 1 月份中国证券市场概况统计表

	2010 年	2011 年 1 月	比 2010 年底
境内上市公司数(A、B 股)(家)	2063	2094	1.50%
境内上市外资股(B 股)(家)	108	108	0.00%
境外上市公司数(H 股)(家)	165	165	0.00%
股票总发行股本(亿股)	33184.35	33320.50	0.41%
其中:流通股本(亿股)	25642.03	25919.43	1.08%
股票市价总值(亿元)	265422.59	261289.85	-1.56%
其中:股票流通市值(亿元)	193110.41	192350.94	-0.39%
股票成交金额(亿元)	49581.77	34699.28	-30.02%
日均股票成交金额(亿元)	2155.73	1734.96	-19.52%
上证综合指数(收盘)	2808.08	2790.69	-0.62%
深证综合指数(收盘)	1290.87	1197.67	-7.22%
股票有效帐户数(万户)	13391.04	12993.10	-2.97%
平均市盈率(静态)			
上海	21.61	21.64	0.14%
深圳	44.69	41.16	-7.90%
证券投资基金只数(只)	704	722	2.56%
交易所上市证券投资基金成交金额(亿元)	837.13	568.63	-32.07%

2011 年 2 月份中国证券市场概况统计表

	2010 年	2011 年 2 月	比 2010 年底
境内上市公司数(A、B 股)(家)	2063	2121	2.81%
境内上市外资股(B 股)(家)	108	108	0.00%
境外上市公司数(H 股)(家)	165	165	0.00%
股票总发行股本(亿股)	33184.35	33396.66	0.64%
其中:流通股本(亿股)	25642.03	26073.72	1.68%
股票市价总值(亿元)	265422.59	276857.72	4.31%
其中:股票流通市值(亿元)	193110.41	204864.73	6.09%
股票成交金额(亿元)	545633.54	37574.41	_
日均股票成交金额(亿元)	2155.73	2504.96	16.20%
上证综合指数(收盘)	2808.08	2905.05	3.45%
深证综合指数(收盘)	1290.87	1295.81	0.38%

	2010 年	2011 年 2 月	比 2010 年底
股票有效帐户数(万户)	13391.04	13090.50	-2.24%
平均市盈率(静态)			
上海	21.61	22.57	4.44%
深圳	44.69	43.72	-2.17%
证券投资基金只数(只)	704	729.00	3.55%
交易所上市证券投资基金成交金额(亿元)	837.13	533.20	-36.31%

2011 年 3 月份中国证券市场概况统计表

	2010 年	2011 年 3 月	比 2010 年底
境内上市公司数(A、B 股)(家)	2063	2151	4.27%
境内上市外资股(B 股)(家)	108	108	0.00%
境外上市公司数(H 股)(家)	165	165	0.00%
股票总发行股本(亿股)	33184.35	33551.00	1.10%
其中:流通股本(亿股)	25642.03	26316.28	2.63%
股票市价总值(亿元)	265422.59	277662.18	4.61%
其中:股票流通市值(亿元)	193110.41	207838.91	7.63%
股票成交金额(亿元)	545633.54	63298.89	_
日均股票成交金额(亿元)	2155.73	2752.13	27.67%
上证综合指数(收盘)	2808.08	2928.11	4.27%
深证综合指数(收盘)	1290.87	1253.68	-2.88%
股票有效帐户数(万户)	13391.04	13273.34	-0.88%
平均市盈率(静态)			
上海	21.61	22.78	5.41%
深圳	44.69	35.26	-21.10%
证券投资基金只数(只)	704	748	6.25%
交易所上市证券投资基金成交金额(亿元)	837.13	830.21	-0.83%

2011 年 4 月份中国证券市场概况统计表

	2010 年	2011 年 4 月	比 2010 年底
境内上市公司数(A、B 股)(家)	2063	2175	5.43%
境内上市外资股(B 股)(家)	108	108	0.00%
境外上市公司数(H 股)(家)	165	165	0.00%
股票总发行股本(亿股)	33184.35	33900.56	2.16%
其中:流通股本(亿股)	25642.03	26666.32	3.99%
股票市价总值(亿元)	265422.59	274637.37	3.47%
其中:股票流通市值(亿元)	193110.41	207513.63	7.46%
股票成交金额(亿元)	545633.54	45925.31	_
日均股票成交金额(亿元)	2155.73	2417.12	12.13%
上证综合指数(收盘)	2808.08	2911.51	3.68%
深证综合指数(收盘)	1290.87	1200.62	-6.99%
股票有效帐户数(万户)	13391.04	13367.44	-0.18%
平均市盈率(静态)			
上海	21.61	22.75	5.28%
深圳	44.69	31.45	-29.63%
证券投资基金只数(只)	704	763	8.38%
交易所上市证券投资基金成交金额(亿元)	837.13	573.73	-31.46%

2011 年 5 月份中国证券市场概况统计表

	2010 年	2011 年 5 月	比 2010 年底
境内上市公司数(A、B 股)(家)	2063	2201	6.69%
境内上市外资股(B 股)(家)	108	108	0.00%
境外上市公司数(H 股)(家)	165	166	0.61%
股票总发行股本(亿股)	33184.35	34390.65	3.64%

	2010 年	2011 年 5 月	比 2010 年底
其中:流通股本(亿股)	25642.03	27107.46	5.71%
股票市价总值(亿元)	265422.59	258191.37	-2.72%
其中:股票流通市值(亿元)	193110.41	196869.65	1.95%
股票成交金额(亿元)	545633.54	34072.92	_
日均股票成交金额(亿元)	2155.73	1622.52	-24.73%
上证综合指数(收盘)	2808.08	2743.47	-2.30%
深证综合指数(收盘)	1290.87	1111.90	-13.86%
股票有效帐户数(万户)	13391.04	13452.54	0.46%
平均市盈率(静态)			
上海	21.61	16.33	-24.43%
深圳	44.69	29.14	-34.80%
证券投资基金只数(只)	704	780	10.80%
交易所上市证券投资基金成交金额(亿元)	837.13	434.23	-48.13%

2011 年上半年中国证券市场概况统计表

	2010 年	2011 年 6 月	比 2010 年底
境内上市公司数(A、B 股)(家)	2063	2229	8.05%
境内上市外资股(B 股)(家)	108	108	0.00%
境外上市公司数(H 股)(家)	165	167	1.21%
股票总发行股本(亿股)	33184.35	34860.06	5.05%
其中:流通股本(亿股)	25642.03	27493.64	7.22%
股票市价总值(亿元)	265422.59	264214.34	-0.46%
其中:股票流通市值(亿元)	193110.41	200864.79	4.02%
股票成交金额(亿元)	545633.54	31386.25	_
日均股票成交金额(亿元)	2155.73	1494.58	-30.67%
上证综合指数(收盘)	2808.08	2762.08	-1.64%
深证综合指数(收盘)	1290.87	1155.89	-10.46%
股票有效帐户数(万户)	13391.04	13544.24	1.14%
平均市盈率(静态)			
上海	21.61	16.48	-23.74%
深圳	44.69	30.14	-32.56%
证券投资基金只数(只)	704	810	15.06%
交易所上市证券投资基金成交金额(亿元)	837.13	399.91	-52.23%

2010 年 1 月份中国证券市场股票交易情况统计表

日期	交易天数	股票成交金额		日均成交金额		股票成交数量		日均成交数量		交易印花税	
		成交金额(亿元)	同比(%)	成交金额(亿元)	同比(%)	成交量(亿股)	同比(%)	成交量(亿股)	同比(%)	金额(亿元)	同比(%)
2009 年累计	244	535986.74	100.66	2196.67	102.31	51106.99	111.79	209.45	113.51	536.00	-42.22
2010.01	20	47901.28	103.07	2395.06	133.53	3678.72	80.15	183.94	35.11	47.91	103.01
2010 年累计	20	47901.28	103.07	2395.06	133.53	3678.72	80.15	183.94	35.11	47.91	103.01

2010 年 2 月份中国证券市场股票交易情况统计表

日期	交易天数	股票成交金额		日均成交金额		股票成交数量		日均成交数量		交易印花税	
		成交金额(亿元)	同比(%)	成交金额(亿元)	同比(%)	成交量(亿股)	同比(%)	成交量(亿股)	同比(%)	金额(亿元)	同比(%)
2009 年累计	244	535986.74	100.66	2196.67	102.31	51106.99	111.79	209.45	113.51	536.00	-42.22
2010.01	20	47901.28	103.07	2395.06	133.53	3678.72	80.15	183.94	35.11	47.91	103.01
2010.02	15	24318.61	-39.79	1621.24	-19.72	1971.45	-60.26	131.43	-47.01	24.32	-39.79
2010 年累计	35	72219.89	30.58	2063.43	30.58	5650.17	-19.31	161.43	-19.31	72.23	30.57

2010 年 3 月份中国证券市场股票交易情况统计表

日期	交易天数	股票成交金额	日均成交金额	股票成交数量	日均成交数量	交易印花税
2009 年累计	244	535986.74	2196.67	51106.99	209.45	536.00
2010.01	20	47901.28	2395.06	3678.72	183.94	47.91
2010.02	15	24318.61	1621.24	1971.45	131.43	24.32
2010.03	23	44114.92	1918.04	3455.27	150.23	44.11
2010 年累计	58	116334.81	1978.11	9105.44	155.20	116.34

2010 年 4 月份中国证券市场股票交易情况统计表

日期	交易天数	股票成交金额	日均成交金额	股票成交数量	日均成交数量	交易印花税
2009 年累计	244	535986.74	2196.67	51106.99	209.45	536.00
2010.01	20	47901.28	2395.06	3678.72	183.94	47.91
2010.02	15	24318.61	1621.24	1971.45	131.43	24.32
2010.03	23	44114.92	1918.04	3455.27	150.23	44.11
2010.04	21	51929.37	2472.83	3797.15	180.82	51.93
2010 年累计	79	168264.18	2129.03	12902.59	163.32	168.27

2010 年 5 月份中国证券市场股票交易情况统计表

日期	交易天数	股票成交金额	日均成交金额	股票成交数量	日均成交数量	交易印花税
2009 年累计	244	535986.74	2196.67	51106.99	209.45	536.00
2010.01	20	47901.28	2395.06	3678.72	183.94	47.91
2010.02	15	24318.61	1621.24	1971.45	131.43	24.32
2010.03	23	44114.92	1918.04	3455.27	150.23	44.11
2010.04	21	51929.37	2472.83	3797.15	180.82	51.93
2010.05	20	32847.26	1642.36	2691.19	134.56	32.85
2010 年累计	99	201111.44	2031.43	15593.78	157.51	201.12

2010 年 6 月份中国证券市场股票交易情况统计表

日期	交易天数	股票成交金额	日均成交金额	股票成交数量	日均成交数量	交易印花税
2009 年累计	244	535986.74	2196.67	51106.99	209.45	536.00
2010.01	20	47901.28	2395.06	3678.72	183.94	47.91
2010.02	15	24318.61	1621.24	1971.45	131.43	24.32
2010.03	23	44114.92	1918.04	3455.27	150.23	44.11
2010.04	21	51929.37	2472.83	3797.15	180.82	51.93
2010.05	20	32847.26	1642.36	2691.19	134.56	32.85
2010.06	19	25307.96	1332.00	2122.77	111.72	25.31
2010 年累计	118	226419.40	1918.81	17716.55	150.14	226.42

2010 年 7 月份中国证券市场股票交易情况统计表

日期	交易天数	股票成交金额	日均成交金额	股票成交数量	日均成交数量	交易印花税
2009 年累计	244	535986.74	2196.67	51106.99	209.45	536.00
2010.01	20	47901.28	2395.06	3678.72	183.94	47.91
2010.02	15	24318.61	1621.24	1971.45	131.43	24.32
2010.03	23	44114.92	1918.04	3455.27	150.23	44.11
2010.04	21	51929.37	2472.83	3797.15	180.82	51.93
2010.05	20	32847.26	1642.36	2691.19	134.56	32.85
2010.06	19	25307.96	1332.00	2122.77	111.72	25.31

日期	交易天数	股票成交金额	日均成交金额	股票成交数量	日均成交数量	交易印花税
2010.07	22	32673.46	1485.16	3118.45	141.75	32.67
2010年累计	140	259092.86	12866.69	20835.00	1034.45	259.10

2010年8月份中国证券市场股票交易情况统计表

日期	交易天数	股票成交金额	日均成交金额	股票成交数量	日均成交数量	交易印花税
2009年累计	244	535986.74	2196.67	51106.99	209.45	536.00
2010.01	20	47901.28	2395.06	3678.72	183.94	47.91
2010.02	15	24318.61	1621.24	1971.45	131.43	24.32
2010.03	23	44114.92	1918.04	3455.27	150.23	44.11
2010.04	21	51929.37	2472.83	3797.15	180.82	51.93
2010.05	20	32847.26	1642.36	2691.19	134.56	32.85
2010.06	19	25307.96	1332.00	2122.77	111.72	25.31
2010.07	22	32673.46	1485.16	3118.45	141.75	32.67
2010.08	22	47370.87	2153.22	4034.67	183.39	47.37
2010年累计	162	306463.73	1891.75	24869.67	153.52	306.47

2010年9月份中国证券市场股票交易情况统计表

日期	交易天数	股票成交金额	日均成交金额	股票成交数量	日均成交数量	交易印花税
2009年累计	244	535986.74	2196.67	51106.99	209.45	536.00
2010.01	20	47901.28	2395.06	3678.72	183.94	47.91
2010.02	15	24318.61	1621.24	1971.45	131.43	24.32
2010.03	23	44114.92	1918.04	3455.27	150.23	44.11
2010.04	21	51929.37	2472.83	3797.15	180.82	51.93
2010.05	20	32847.26	1642.36	2691.19	134.56	32.85
2010.06	19	25307.96	1332.00	2122.77	111.72	25.31
2010.07	22	32673.46	1485.16	3118.45	141.75	32.67
2010.08	22	47370.87	2153.22	4034.67	183.39	47.37
2010.09	19	44180.05	2325.26	3447.83	181.47	44.18
2010年累计	181	350643.78	1937.26	28317.50	156.45	350.65

2010年10月份中国证券市场股票交易情况统计表

日期	交易天数	股票成交金额	日均成交金额	股票成交数量	日均成交数量	交易印花税
2009年累计	244	535986.74	2196.67	51106.99	209.45	536.00
2010.01	20	47901.28	2395.06	3678.72	183.94	47.91
2010.02	15	24318.61	1621.24	1971.45	131.43	24.32
2010.03	23	44114.92	1918.04	3455.27	150.23	44.11
2010.04	21	51929.37	2472.83	3797.15	180.82	51.93
2010.05	20	32847.26	1642.36	2691.19	134.56	32.85
2010.06	19	25307.96	1332.00	2122.77	111.72	25.31
2010.07	22	32673.46	1485.16	3118.45	141.75	32.67
2010.08	22	47370.87	2153.22	4034.67	183.39	47.37
2010.09	19	44180.05	2325.26	3447.83	181.47	44.18
2010.10	16	62837.86	3927.37	4673.85	292.12	62.84
2010年累计	197	413481.64	2098.89	32991.35	167.47	413.49

2010 年 11 月份中国证券市场股票交易情况统计表

日期	交易天数	股票成交金额	日均成交金额	股票成交数量	日均成交数量	交易印花税
2009 年累计	244	535986.74	2196.67	51106.99	209.45	536.00
2010.01	20	47901.28	2395.06	3678.72	183.94	47.91
2010.02	15	24318.61	1621.24	1971.45	131.43	24.32
2010.03	23	44114.92	1918.04	3455.27	150.23	44.11
2010.04	21	51929.37	2472.83	3797.15	180.82	51.93
2010.05	20	32847.26	1642.36	2691.19	134.56	32.85
2010.06	19	25307.96	1332.00	2122.77	111.72	25.31
2010.07	22	32673.46	1485.16	3118.45	141.75	32.67
2010.08	22	47370.87	2153.22	4034.67	183.39	47.37
2010.09	19	44180.05	2325.26	3447.83	181.47	44.18
2010.10	16	62837.86	3927.37	4673.85	292.12	62.84
2010.11	22	82570.13	3753.19	5727.89	260.36	82.57
2010 年累计	219	496051.77	2265.08	38719.24	176.80	496.06

2010 年度中国证券市场股票交易情况统计表

日期	交易天数	股票成交金额	日均成交金额	股票成交数量	日均成交数量	交易印花税
2009 年累计	244	535986.74	2196.67	51106.99	209.45	536.00
2010.01	20	47901.28	2395.06	3678.72	183.94	47.91
2010.02	15	24318.61	1621.24	1971.45	131.43	24.32
2010.03	23	44114.92	1918.04	3455.27	150.23	44.11
2010.04	21	51929.37	2472.83	3797.15	180.82	51.93
2010.05	20	32847.26	1642.36	2691.19	134.56	32.85
2010.06	19	25307.96	1332.00	2122.77	111.72	25.31
2010.07	22	32673.46	1485.16	3118.45	141.75	32.67
2010.08	22	47370.87	2153.22	4034.67	183.39	47.37
2010.09	19	44180.05	2325.26	3447.83	181.47	44.18
2010.10	16	62837.86	3927.37	4673.85	292.12	62.84
2010.11	22	82570.13	3753.19	5727.89	260.36	82.57
2010.12	23	49581.77	2155.73	3432.75	149.25	49.58
2010 年累计	242	545633.54	2254.68	42151.99	174.18	545.64

2011 年 1 月份中国证券市场股票交易情况统计表

日期	交易天数	股票成交金额	日均成交金额	股票成交数量	日均成交数量	交易印花税
2010 年累计	242	545633.54	2254.68	42151.99	174.18	545.64
2011.01	20	34699.28	1734.96	2588.91	129.45	34.70
2011 年累计	20	34699.28	1734.96	2588.91	129.45	34.70

2011 年 2 月份中国证券市场股票交易情况统计表

日期	交易天数	股票成交金额	日均成交金额	股票成交数量	日均成交数量	交易印花税
2010 年累计	242	545633.54	2254.68	42151.99	174.18	545.64
2011.01	20	34699.28	1734.96	2588.91	129.45	34.70
2011.02	15	37574.41	2504.96	2695.09	179.68	37.58
2011 年累计	35	72273.69	2064.96	5284.00	150.97	72.28

2011 年 3 月份中国证券市场股票交易情况统计表

日期	交易天数	股票成交金额	日均成交金额	股票成交数量	日均成交数量	交易印花税
2010 年累计	242	545633.54	2254.68	42151.99	174.18	545.64
2011.01	20	34699.28	1734.96	2588.91	129.45	34.70
2011.02	15	37574.41	2504.96	2695.09	179.68	37.58
2011.03	23	63298.89	2752.13	4571.94	198.78	63.30
2011 年累计	58	135572.58	2337.46	9855.94	169.93	135.58

2011 年 4 月份中国证券市场股票交易情况统计表

日期	交易天数	股票成交金额	日均成交金额	股票成交数量	日均成交数量	交易印花税
2010 年累计	242	545633.54	2254.68	42151.99	174.18	545.64
2011.01	20	34699.28	1734.96	2588.91	129.45	34.70
2011.02	15	37574.41	2504.96	2695.09	179.68	37.58
2011.03	23	63298.89	2752.13	4571.94	198.78	63.30
2011.04	19	45925.31	2417.12	3612.74	190.14	45.93
2011 年累计	77	181497.89	2357.12	13468.68	174.92	181.51

2011 年 5 月份中国证券市场股票交易情况统计表

日期	交易天数	股票成交金额	日均成交金额	股票成交数量	日均成交数量	交易印花税
2010 年累计	242	545633.54	2254.68	42151.99	174.18	545.64
2011.01	20	34699.28	1734.96	2588.91	129.45	34.70
2011.02	15	37574.41	2504.96	2695.09	179.68	37.58
2011.03	23	63298.89	2752.13	4571.94	198.78	63.30
2011.04	19	45925.31	2417.12	3612.74	190.14	45.93
2011.05	21	34072.92	1622.52	2818.25	134.20	34.07
2011 年累计	98	215570.81	2357.12	16286.93	174.92	215.58

2011 年上半年中国证券市场股票交易情况统计表

日期	交易天数	股票成交金额	日均成交金额	股票成交数量	日均成交数量	交易印花税
2010 年累计	242	545633.54	2254.68	42151.99	174.18	545.64
2011.01	20	34699.28	1734.96	2588.91	129.45	34.70
2011.02	15	37574.41	2504.96	2695.09	179.68	37.58
2011.03	23	63298.89	2752.13	4571.94	198.78	63.30
2011.04	19	45925.31	2417.12	3612.74	190.14	45.93
2011.05	21	34072.92	1622.52	2818.25	134.20	34.07
2011.06	21	31386.25	1494.58	2612.25	124.39	31.38
2011 年累计	119	246957.06	2075.27	18899.18	158.82	246.96

2010 年 1 月份中国证券市场筹资统计表

时间	境内外筹资合计(亿元)	境内筹资合计(亿元)	首次发行金额			再筹资金额						债券市场筹资金额		
			A 股(亿元)	B 股(亿美元)	H 股(亿美元)	A 股(亿元)				B 股(亿美元)	H 股(亿美元)	可转债(亿元)	可分离债(亿元)	公司债(亿元)
						公开增发	定向增发(现金)	配股	权证行权					
2009 年累计	5603.34	4561.92	1831.38	0.00	142.46	255.86	1614.83	105.97	38.86	0.00	10.03	46.61	30.00	638.40
2010.01	601.24	578.12	469.69	0.00	0.00	0.00	44.02	0.00	18.41	0.00	3.38	0.00	0.00	46.00
2010 年累计	601.24	578.12	469.69	0.00	0.00	0.00	44.02	0.00	18.41	0.00	3.38	0.00	0.00	46.00

注:1. 2009 年 A 股定向增发(资产)再筹资金额 1149.24 亿元,2010 年 A 股定向增发(资产)再筹资金额 23.86 亿元;
2. 自 2009 年 12 月份开始,增加了债券市场筹资数据(发行人仅为交易所上市公司),并对股票再筹资部分进行了细化调整。

2010 年 2 月份中国证券市场筹资统计表

时间	境内外筹资合计(亿元)	境内筹资合计(亿元)	首次发行金额			再筹资金额						债券市场筹资金额		
			A 股(亿元)	B 股(亿美元)	H 股(亿美元)	A 股(亿元)				B 股(亿美元)	H 股(亿美元)	可转债(亿元)	可分离债(亿元)	公司债(亿元)
						公开增发	定向增发(现金)	配股	权证行权					
2009 年累计	5603.34	4561.92	1831.38	0.00	142.46	255.86	1614.83	105.97	38.86	0.00	10.03	46.61	30.00	638.40
2010.01	601.24	578.12	469.69	0.00	0.00	0.00	44.02	0.00	18.41	0.00	3.38	0.00	0.00	46.00
2010.02	597.56	597.56	458.05	0.00	0.00	0.00	101.75	19.64	11.62	0.00	0.00	0.00	0.00	6.50
2010 年累计	1198.80	1175.68	927.74	0.00	0.00	0.00	145.77	19.64	30.03	0.00	3.38	0.00	0.00	52.50

注:1. 2009 年 A 股定向增发(资产)再筹资金额 1149.24 亿元,2010 年 A 股定向增发(资产)再筹资金额 231.16 亿元;
2. 自 2009 年 12 月份开始,增加了债券市场筹资数据(发行人仅为交易所上市公司),并对股票再筹资部分进行了细化调整。

2010 年 3 月份中国证券市场筹资统计表

时间	境内外筹资合计(亿元)	境内筹资合计(亿元)	首次发行金额			再筹资金额						债券市场筹资金额		
			A 股(亿元)	B 股(亿美元)	H 股(亿美元)	A 股(亿元)				B 股(亿美元)	H 股(亿美元)	可转债(亿元)	可分离债(亿元)	公司债(亿元)
						公开增发	定向增发(现金)	配股	权证行权					
2009 年累计	5603.34	4561.92	1831.38	0.00	142.46	255.86	1614.83	105.97	38.86	0.00	10.03	46.61	30.00	638.40
2010.01	601.24	578.12	469.69	0.00	0.00	0.00	44.02	0.00	18.41	0.00	3.38	0.00	0.00	46.00
2010.02	597.56	597.56	458.05	0.00	0.00	0.00	101.75	19.64	11.62	0.00	0.00	0.00	0.00	6.50
2010.03	669.19	619.33	254.32	0.00	0.00	12.00	95.50	180.53	2.28	0.00	7.30	0.00	0.00	74.70
2010 年累计	1867.99	1795.01	1182.06	0.00	0.00	12.00	241.27	200.17	32.31	0.00	10.68	0.00	0.00	127.20

注:1. 2009 年 A 股定向增发(资产)再筹资金额 1149.24 亿元,2010 年 A 股定向增发(资产)再筹资金额 23.86 亿元;
2. 自 2009 年 12 月份开始,增加了债券市场筹资数据(发行人仅为交易所上市公司),并对股票再筹资部分进行了细化调整。

2010 年 4 月份中国证券市场筹资统计表

时间	境内外筹资合计(亿元)	境内筹资合计(亿元)	首次发行金额			再筹资金额						债券市场筹资金额		
			A 股(亿元)	B 股(亿美元)	H 股(亿美元)	A 股(亿元)				B 股(亿美元)	H 股(亿美元)	可转债(亿元)	可分离债(亿元)	公司债(亿元)
						公开增发	定向增发(现金)	配股	权证行权					
2009 年累计	5603.34	4561.92	1831.38	0.00	142.46	255.86	1614.83	105.97	38.86	0.00	10.03	46.61	30.00	638.40
2010.01	601.24	578.12	469.69	0.00	0.00	0.00	44.02	0.00	18.41	0.00	3.38	0.00	0.00	46.00
2010.02	597.56	597.56	458.05	0.00	0.00	0.00	101.75	19.64	11.62	0.00	0.00	0.00	0.00	6.50
2010.03	669.19	619.33	254.32	0.00	0.00	12.00	95.50	180.53	2.28	0.00	7.30	0.00	0.00	74.70
2010.04	431.81	431.81	335.34	0.00	0.00	22.08	74.39	0.00	0.00	0.00	0.00	0.00	0.00	0.00
2010 年累计	2299.80	2226.82	1517.40	0.00	0.00	34.08	315.66	200.17	32.31	0.00	10.68	0.00	0.00	127.20

注:1. 2009 年 A 股定向增发(资产)再筹资金额 1149.24 亿元,2010 年 A 股定向增发(资产)再筹资金额 23.86 亿元;
2. 自 2009 年 12 月份开始,增加了债券市场筹资数据(发行人仅为交易所上市公司),并对股票再筹资部分进行了细化调整。

2010 年 5 月份中国证券市场筹资统计表

时间	境内外筹资合计(亿元)	境内筹资合计(亿元)	首次发行金额			再筹资金额						债券市场筹资金额		
			A 股(亿元)	B 股(亿美元)	H 股(亿美元)	A 股(亿元)				B 股(亿美元)	H 股(亿美元)	可转债(亿元)	可分离债(亿元)	公司债(亿元)
						公开增发	定向增发(现金)	配股	权证行权					
2009 年累计	5603.34	4561.92	1831.38	0.00	142.46	255.86	1614.83	105.97	38.86	0.00	10.03	46.61	30.00	638.40
2010.01	601.24	578.12	469.69	0.00	0.00	0.00	44.02	0.00	18.41	0.00	3.38	0.00	0.00	46.00
2010.02	597.56	597.56	458.05	0.00	0.00	0.00	101.75	19.64	11.62	0.00	0.00	0.00	0.00	6.50
2010.03	669.19	619.33	254.32	0.00	0.00	12.00	95.50	180.53	2.28	0.00	7.30	0.00	0.00	74.70
2010.04	431.81	431.81	335.34	0.00	0.00	22.08	74.39	0.00	0.00	0.00	0.00	0.00	0.00	0.00

时间	境内外筹资合计(亿元)	境内筹资合计(亿元)	首次发行金额			再筹资金额						债券市场筹资金额		
			A股(亿元)	B股(亿美元)	H股(亿美元)	A股(亿元)				B股(亿美元)	H股(亿美元)	可转债(亿元)	可分离债(亿元)	公司债(亿元)
						公开增发	定向增发(现金)	配股	权证行权					
2010.05	439.74	436.87	333.97	0.00	0.00	0.00	95.70	0.00	0.00	0.00	0.42	7.20	0.00	0.00
2010年累计	2739.54	2663.69	1851.37	0.00	0.00	34.08	411.36	200.17	32.31	0.00	11.10	7.20	0.00	127.20

注:1.2009年A股定向增发(资产)再筹资金额1149.24亿元,2010年前5个月,共有46家公司定向增发,其中累计定向增发(资产)再筹资金额191.6亿元;

2.自2009年12月份开始,增加了债券市场筹资数据(发行人仅为交易所上市公司),并对股票再筹资部分进行了细化调整。

2010年6月份中国证券市场筹资统计表

时间	境内外筹资合计(亿元)	境内筹资合计(亿元)	首次发行金额			再筹资金额						债券市场筹资金额		
			A股(亿元)	B股(亿美元)	H股(亿美元)	A股(亿元)				B股(亿美元)	H股(亿美元)	可转债(亿元)	可分离债(亿元)	公司债(亿元)
						公开增发	定向增发(现金)	配股	权证行权					
2009年累计	5603.34	4561.92	1831.38	0.00	142.46	255.86	1614.83	105.97	38.86	0.00	10.03	46.61	30.00	638.40
2010.01	601.24	578.12	469.69	0.00	0.00	0.00	44.02	0.00	18.41	0.00	3.38	0.00	0.00	46.00
2010.02	597.56	597.56	458.05	0.00	0.00	0.00	101.75	19.64	11.62	0.00	0.00	0.00	0.00	6.50
2010.03	669.19	619.33	254.32	0.00	0.00	12.00	95.50	180.53	2.28	0.00	7.30	0.00	0.00	74.70
2010.04	431.81	431.81	335.34	0.00	0.00	22.08	74.39	0.00	0.00	0.00	0.00	0.00	0.00	0.00
2010.05	439.74	436.87	333.97	0.00	0.00	0.00	95.70	0.00	0.00	0.00	0.42	7.20	0.00	0.00
2010.06	1334.20	1334.20	301.27	0.00	0.00	9.70	48.04	349.89	0.00	0.00	0.00	406.50	0.00	218.80
2010年累计	4073.74	3997.89	2152.64	0.00	0.00	43.78	459.40	550.06	32.31	0.00	11.10	413.70	0.00	346.00

注:1.本表首发筹资金额以IPO上市首日为基础统计,由于2009年IPO中,个别IPO公司存在超额配售,本表对2009年IPO筹资金额进行相应调整,与2009年12月月报中的IPO筹资数据略有差异;

2.2009年A股定向增发(资产)再筹资金额1149.24亿元,2010年前6个月,共有46家公司定向增发,其中累计定向增发(资产)再筹资金额301.1亿元;

3.截至2010年6月底,境内股市筹集资金25898亿元(资产除外)。

2010年7月份中国证券市场筹资统计表

时间	境内外筹资合计(亿元)	境内筹资合计(亿元)	首次发行金额			再筹资金额						债券市场筹资金额		
			A股(亿元)	B股(亿美元)	H股(亿美元)	A股(亿元)				B股(亿美元)	H股(亿美元)	可转债(亿元)	可分离债(亿元)	公司债(亿元)
						公开增发	定向增发(现金)	配股	权证行权					
2009年累计	5603.34	4561.92	1831.38	0.00	142.46	255.86	1614.83	105.97	38.86	0.00	10.03	46.61	30.00	638.40
2010.01	601.24	578.12	469.69	0.00	0.00	0.00	44.02	0.00	18.41	0.00	3.38	0.00	0.00	46.00
2010.02	597.56	597.56	458.05	0.00	0.00	0.00	101.75	19.64	11.62	0.00	0.00	0.00	0.00	6.50
2010.03	669.19	619.33	254.32	0.00	0.00	12.00	95.50	180.53	2.28	0.00	7.30	0.00	0.00	74.70
2010.04	431.81	431.81	335.34	0.00	0.00	22.08	74.39	0.00	0.00	0.00	0.00	0.00	0.00	0.00
2010.05	439.74	436.87	333.97	0.00	0.00	0.00	95.70	0.00	0.00	0.00	0.42	7.20	0.00	0.00
2010.06	1334.20	1334.20	301.27	0.00	0.00	9.70	48.04	349.89	0.00	0.00	0.00	406.50	0.00	218.80
2010.07	1954.21	986.77	892.88	0.00	119.89	0.00	64.31	28.93	0.65	0.00	22.80	0.00	0.00	0.00
2010年累计	6027.95	4984.66	3045.52	0.00	119.89	43.78	523.71	578.99	32.96	0.00	33.90	413.70	0.00	346.00

注:1.本表首发筹资金额以IPO上市首日为基础统计,由于2009年IPO中,个别IPO公司存在超额配售,本表对2009年IPO筹资金额进行相应调整,与2009年12月月报中的IPO筹资数据略有差异;

2.2009年A股定向增发(资产)再筹资金额1149.24亿元,2010年前7个月,共有61家公司定向增发,其中累计定向增发(资产)再筹资金额366.6亿元;

3.截至2010年7月底,境内股市筹集资金26885亿元(资产除外)。

2010年8月份中国证券市场筹资统计表

时间	境内外筹资合计(亿元)	境内筹资合计(亿元)	首次发行金额			再筹资金额						债券市场筹资金额		
			A股(亿元)	B股(亿美元)	H股(亿美元)	A股(亿元)				B股(亿美元)	H股(亿美元)	可转债(亿元)	可分离债(亿元)	公司债(亿元)
						公开增发	定向增发(现金)	配股	权证行权					
2009年累计	5603.34	4561.92	1831.38	0.00	142.46	255.86	1614.83	105.97	38.86	0.00	10.03	46.61	30.00	638.40
2010.01	601.24	578.12	469.69	0.00	0.00	0.00	44.02	0.00	18.41	0.00	3.38	0.00	0.00	46.00

时间	境内外筹资合计(亿元)	境内筹资合计(亿元)	首次发行金额			再筹资金额						债券市场筹资金额		
			A股(亿元)	B股(亿美元)	H股(亿美元)	A股(亿元)				B股(亿美元)	H股(亿美元)	可转债(亿元)	可分离债(亿元)	公司债(亿元)
						公开增发	定向增发(现金)	配股	权证行权					
2010.02	597.56	597.56	458.05	0.00	0.00	0.00	101.75	19.64	11.62	0.00	0.00	0.00	0.00	6.50
2010.03	669.19	619.33	254.32	0.00	0.00	12.00	95.50	180.53	2.28	0.00	7.30	0.00	0.00	74.70
2010.04	431.81	431.81	335.34	0.00	0.00	22.08	74.39	0.00	0.00	0.00	0.00	0.00	0.00	0.00
2010.05	439.74	436.87	333.97	0.00	0.00	0.00	95.70	0.00	0.00	0.00	0.42	7.20	0.00	0.00
2010.06	1334.20	1334.20	301.27	0.00	0.00	9.70	48.04	349.89	0.00	0.00	0.00	406.50	0.00	218.80
2010.07	1954.21	986.77	892.88	0.00	119.89	0.00	64.31	28.93	0.65	0.00	22.80	0.00	0.00	0.00
2010.08	751.40	750.82	553.94	0.00	0.00	36.98	104.90	0.00	0.00	0.00	0.09	20.00	0.00	35.00
2010年累计	6779.35	5735.48	3599.46	0.00	119.89	80.76	628.61	578.99	32.96	0.00	33.99	433.70	0.00	381.00

注:1.本表首发筹资金额以IPO上市首日为基础统计,由于2009年IPO中,个别IPO公司存在超额配售,本表对2009年IPO筹资金额进行相应调整,与2009年12月月报中的IPO筹资数据略有差异;
2.2009年A股定向增发(资产)再筹资金额1149.24亿元,2010年前8个月,共有68家公司定向增发,其中累计定向增发(资产)再筹资金额382.17亿元;
3.截至2010年8月底,境内股市筹集资金27565.25亿元(资产除外)。

2010年9月份中国证券市场筹资统计表

时间	境内外筹资合计(亿元)	境内筹资合计(亿元)	首次发行金额			再筹资金额						债券市场筹资金额		
			A股(亿元)	B股(亿美元)	H股(亿美元)	A股(亿元)				B股(亿美元)	H股(亿美元)	可转债(亿元)	可分离债(亿元)	公司债(亿元)
						公开增发	定向增发(现金)	配股	权证行权					
2009年累计	5603.34	4561.92	1831.38	0.00	142.46	255.86	1614.83	105.97	38.86	0.00	10.03	46.61	30.00	638.40
2010.01	601.24	578.12	469.69	0.00	0.00	0.00	44.02	0.00	18.41	0.00	3.38	0.00	0.00	46.00
2010.02	597.56	597.56	458.05	0.00	0.00	0.00	101.75	19.64	11.62	0.00	0.00	0.00	0.00	6.50
2010.03	669.19	619.33	254.32	0.00	0.00	12.00	95.50	180.53	2.28	0.00	7.30	0.00	0.00	74.70
2010.04	431.81	431.81	335.34	0.00	0.00	22.08	74.39	0.00	0.00	0.00	0.00	0.00	0.00	0.00
2010.05	439.74	436.87	333.97	0.00	0.00	0.00	95.70	0.00	0.00	0.00	0.42	7.20	0.00	0.00
2010.06	1334.20	1334.20	301.27	0.00	0.00	9.70	48.04	349.89	0.00	0.00	0.00	406.50	0.00	218.80
2010.07	1954.21	986.77	892.88	0.00	119.89	0.00	64.31	28.93	0.65	0.00	22.80	0.00	0.00	0.00
2010.08	751.40	750.82	553.94	0.00	0.00	36.98	104.90	0.00	0.00	0.00	0.09	20.00	0.00	35.00
2010.09	929.23	896.40	381.34	0.00	0.00	3.63	168.69	16.45	0.00	0.00	4.90	256.30	0.00	70.00
2010年累计	7708.58	6631.88	3980.80	0.00	119.89	84.39	797.30	595.44	32.96	0.00	38.89	690.00	0.00	451.00

注:1.本表首发筹资金额以IPO上市首日为基础统计,由于2009年IPO中,个别IPO公司存在超额配售,本表对2009年IPO筹资金额进行相应调整,与2009年12月月报中的IPO筹资数据略有差异;
2.2009年A股定向增发(资产)再筹资金额1149.24亿元,2010年前9个月,共有77家公司定向增发,其中累计定向增发(资产)再筹资金额393.13亿元;
3.截至2010年9月底,境内股市筹集资金28316.07亿元(资产除外)。

2010年10月份中国证券市场筹资统计表

时间	境内外筹资合计(亿元)	境内筹资合计(亿元)	首次发行金额			再筹资金额						债券市场筹资金额		
			A股(亿元)	B股(亿美元)	H股(亿美元)	A股(亿元)				B股(亿美元)	H股(亿美元)	可转债(亿元)	可分离债(亿元)	公司债(亿元)
						公开增发	定向增发(现金)	配股	权证行权					
2009年累计	5603.34	4561.92	1831.38	0.00	142.46	255.86	1614.83	105.97	38.86	0.00	10.03	46.61	30.00	638.40
2010.01	601.24	578.12	469.69	0.00	0.00	0.00	44.02	0.00	18.41	0.00	3.38	0.00	0.00	46.00
2010.02	597.56	597.56	458.05	0.00	0.00	0.00	101.75	19.64	11.62	0.00	0.00	0.00	0.00	6.50
2010.03	669.19	619.33	254.32	0.00	0.00	12.00	95.50	180.53	2.28	0.00	7.30	0.00	0.00	74.70
2010.04	431.81	431.81	335.34	0.00	0.00	22.08	74.39	0.00	0.00	0.00	0.00	0.00	0.00	0.00
2010.05	439.74	436.87	333.97	0.00	0.00	0.00	95.70	0.00	0.00	0.00	0.42	7.20	0.00	0.00
2010.06	1334.20	1334.20	301.27	0.00	0.00	9.70	48.04	349.89	0.00	0.00	0.00	406.50	0.00	218.80
2010.07	1954.21	986.77	892.88	0.00	119.89	0.00	64.31	28.93	0.65	0.00	22.80	0.00	0.00	0.00
2010.08	751.40	750.82	553.94	0.00	0.00	36.98	104.90	0.00	0.00	0.00	0.09	20.00	0.00	35.00
2010.09	929.23	896.40	381.34	0.00	0.00	3.63	168.69	16.45	0.00	0.00	4.90	256.30	0.00	70.00

时间	境内外筹资合计(亿元)	境内筹资合计(亿元)	首次发行金额			再筹资金额						债券市场筹资金额		
			A股(亿元)	B股(亿美元)	H股(亿美元)	A股(亿元)				B股(亿美元)	H股(亿美元)	可转债(亿元)	可分离债(亿元)	公司债(亿元)
						公开增发	定向增发(现金)	配股	权证行权					
2010.10	1032.63	934.13	252.02	0.00	14.70	22.06	573.39	6.14	75.52	0.00	0.00	0.00	0.00	5.00
2010年累计	8741.21	7566.01	4232.82	0.00	134.59	106.45	1370.69	601.58	108.48	0.00	38.89	690.00	0.00	456.00

注:1. 本表首发筹资金额以IPO上市首日为基础统计,由于2009年IPO中,个别IPO公司存在超额配售,本表对2009年IPO筹资金额进行相应调整,与2009年12月月报中的IPO筹资数据略有差异;
2. 2009年A股定向增发(资产)再筹资金额1149.24亿元,2010年前10个月,共有84家公司定向增发,其中累计定向增发(资产)再筹资金额546.94亿元;
3. 截至2010年10月底,境内股市筹集资金29245.2亿元(资产除外)。

2010年11月份中国证券市场筹资统计表

时间	境内外筹资合计(亿元)	境内筹资合计(亿元)	首次发行金额			再筹资金额						债券市场筹资金额		
			A股(亿元)	B股(亿美元)	H股(亿美元)	A股(亿元)				B股(亿美元)	H股(亿美元)	可转债(亿元)	可分离债(亿元)	公司债(亿元)
						公开增发	定向增发(现金)	配股	权证行权					
2009年累计	5603.34	4561.92	1831.38	0.00	142.46	255.86	1614.83	105.97	38.86	0.00	10.03	46.61	30.00	638.40
2010.01	601.24	578.12	469.69	0.00	0.00	0.00	44.02	0.00	18.41	0.00	3.38	0.00	0.00	46.00
2010.02	597.56	597.56	458.05	0.00	0.00	0.00	101.75	19.64	11.62	0.00	0.00	0.00	0.00	6.50
2010.03	669.19	619.33	254.32	0.00	0.00	12.00	95.50	180.53	2.28	0.00	7.30	0.00	0.00	74.70
2010.04	431.81	431.81	335.34	0.00	0.00	22.08	74.39	0.00	0.00	0.00	0.00	0.00	0.00	0.00
2010.05	439.74	436.87	333.97	0.00	0.00	0.00	95.70	0.00	0.00	0.00	0.42	7.20	0.00	0.00
2010.06	1334.20	1334.20	301.27	0.00	0.00	9.70	48.04	349.89	0.00	0.00	0.00	406.50	0.00	218.80
2010.07	1954.21	986.77	892.88	0.00	119.89	0.00	64.31	28.93	0.65	0.00	22.80	0.00	0.00	0.00
2010.08	751.40	750.82	553.94	0.00	0.00	36.98	104.90	0.00	0.00	0.00	0.09	20.00	0.00	35.00
2010.09	929.23	896.40	381.34	0.00	0.00	3.63	168.69	16.45	0.00	0.00	4.90	256.30	0.00	70.00
2010.10	1032.63	934.13	252.02	0.00	14.70	22.06	573.39	6.14	75.52	0.00	0.00	0.00	0.00	5.00
2010.11	1672.30	1672.30	346.57	0.00	0.00	165.00	241.31	825.62	0.00	0.00	0.00	11.30	0.00	82.50
2010年累计	10413.51	9238.32	4579.39	0.00	134.59	271.45	1612.00	1427.20	108.48	0.00	38.89	701.30	0.00	538.50

注:1. 本表首发筹资金额以IPO上市首日为基础统计,由于2009年IPO中,个别IPO公司存在超额配售,本表对2009年IPO筹资金额进行相应调整,与2009年12月月报中的IPO筹资数据略有差异;
2. 2009年A股定向增发(资产)再筹资金额1149.24亿元,2010年前11个月,共有101家公司定向增发,其中累计定向增发(资产)再筹资金额629.44亿元;
3. 截至2010年11月底,境内股市筹集资金30823.7亿元(资产除外)。

2010年度中国证券市场筹资统计表

时间	境内外筹资合计(亿元)	境内筹资合计(亿元)	首次发行金额			再筹资金额						债券市场筹资金额		
			A股(亿元)	B股(亿美元)	H股(亿美元)	A股(亿元)				B股(亿美元)	H股(亿美元)	可转债(亿元)	可分离债(亿元)	公司债(亿元)
						公开增发	定向增发(现金)	配股	权证行权					
2008年	3913.43	3596.16	1036.52	0.00	38.09	1063.29	361.13	151.57	7.20	0.00	7.54	55.60	632.85	288.00
2009.12	1359.31	929.29	486.60	0.00	61.71	49.36	249.36	30.07	0.00	0.00	1.25	0.00	0.00	113.90
2009年累计	5682.72	4609.54	1879.00	0.00	147.11	255.86	1614.83	105.97	38.86	0.00	10.03	46.61	30.00	638.40
2010.01	601.24	580.06	469.69	0.00	0.00	0.00	34.75	0.00	14.62	0.00	3.36	0.00	0.00	61.00
2010.02	597.56	659.78	458.05	0.00	0.00	0.00	175.60	19.64	0.00	0.00	0.00	0.00	0.00	6.50
2010.03	669.19	678.43	254.32	0.00	0.00	12.00	95.86	180.53	0.02	0.00	7.26	0.00	0.00	135.70
2010.04	431.81	438.14	335.34	0.00	0.00	22.08	74.74	0.00	0.00	0.00	0.00	0.00	0.00	6.00
2010.05	439.74	449.03	333.97	0.00	0.00	0.00	95.69	0.00	2.17	0.00	0.42	7.20	0.00	10.00
2010.06	1334.20	1334.20	301.27	0.00	0.00	9.70	48.04	349.89	0.00	0.00	0.00	406.50	0.00	218.80
2010.07	1954.21	947.42	803.50	0.00	119.89	0.00	114.99	28.93	0.01	0.00	22.80	0.00	0.00	0.00
2010.08	751.40	715.82	553.94	0.00	0.00	36.98	104.90	0.00	0.00	0.00	0.09	20.00	0.00	0.00
2010.09	929.23	825.56	381.34	0.00	0.00	3.63	167.87	16.45	0.00	0.00	4.90	256.30	0.00	0.00
2010.10	1032.63	926.75	252.02	0.00	14.70	22.06	574.09	6.14	67.44	0.00	0.00	0.00	0.00	5.00

时间	境内外筹资合计(亿元)	境内筹资合计(亿元)	首次发行金额			再筹资金额						债券市场筹资金额		
			A股(亿元)	B股(亿美元)	H股(亿美元)	A股(亿元)				B股(亿美元)	H股(亿美元)	可转债(亿元)	可分离债(亿元)	公司债(亿元)
						公开增发	定向增发(现金)	配股	权证行权					
2010.11	1672.30	1672.30	346.57	0.00	0.00	165.00	241.31	825.62	0.00	0.00	2.58	11.30	0.00	82.50
2010.12	2225.16	1047.71	392.62	0.00	42.91	105.70	444.84	11.05	0.00	0.00	134.87	16.00	0.00	77.50
2010 年累计	12638.67	10275.20	4882.63	0.00	177.50	377.15	2172.68	1438.25	84.28	0.00	176.28	717.30	0.00	603.00

注:1. 本表首发筹资金额以 IPO 上市首日为基础统计. 根据 2010 年年报,本表对部分月度数据进行了调整,调整的数据用粗体显示;

2. 2009 年 A 股定向增发(资产)再筹资金额 1149.24 亿元,2010 年,共有 41 家公司定向增发,其中累计定向增发(资产)再筹资金额 656.87 亿元;

3. 截至 2010 年 12 月底,境内股市筹集资金 31871.41 亿元(资产除外)。

2011 年 1 月份中国证券市场筹资统计表

时间	境内外筹资合计(亿元)	境内筹资合计(亿元)	首次发行金额			再筹资金额						债券市场筹资金额		
			A股(亿元)	B股(亿美元)	H股(亿美元)	A股(亿元)				B股(亿美元)	H股(亿美元)	可转债(亿元)	可分离债(亿元)	公司债(亿元)
						公开增发	定向增发(现金)	配股	权证行权					
2008 年	3913.43	3596.16	1036.52	0.00	38.09	1063.29	361.13	151.57	7.20	0.00	7.54	55.60	632.85	288.00
2009 年累计	5682.72	4609.54	1879.00	0.00	147.11	255.86	1614.83	105.97	38.86	0.00	10.03	46.61	30.00	638.40
2010 年累计	12638.67	10275.20	4882.63	0.00	177.50	377.15	2172.68	1438.25	84.28	0.00	176.28	717.30	0.00	603.00
2011.01	778.78	778.78	454.05	0.00	0.00	35.08	141.72	99.73	0.00	0.00	0.00	7.20	0.00	41.00
2011 年累计	778.78	778.78	454.05	0.00	0.00	35.08	141.72	99.73	0.00	0.00	0.00	7.20	0.00	41.00

注:1. 本表首发筹资金额以 IPO 上市首日为基础统计;

2. 2010 年,共有 41 家公司定向增发,其中累计定向增发(资产)再筹资金额 656.87 亿元;2011 年 1 月,定向增发资产 113.45 亿元;

2011 年 2 月份中国证券市场筹资统计表

时间	境内外筹资合计(亿元)	境内筹资合计(亿元)	首次发行金额			再筹资金额						债券市场筹资金额		
			A股(亿元)	B股(亿美元)	H股(亿美元)	A股(亿元)				B股(亿美元)	H股(亿美元)	可转债(亿元)	可分离债(亿元)	公司债(亿元)
						公开增发	定向增发(现金)	配股	权证行权					
2008 年	3913.43	3596.16	1036.52	0.00	38.09	1063.29	361.13	151.57	7.20	0.00	7.54	55.60	632.85	288.00
2009 年累计	5682.72	4609.54	1879.00	0.00	147.11	255.86	1614.83	105.97	38.86	0.00	10.03	46.61	30.00	638.40
2010 年累计	12638.67	10275.20	4882.63	0.00	177.50	377.15	2172.68	1438.25	84.28	0.00	176.28	717.30	0.00	603.00
2011.01	778.78	778.78	454.05	0.00	0.00	35.08	141.72	99.73	0.00	0.00	0.00	7.20	0.00	41.00
2011.02	429.33	429.33	242.87	0.00	0.00	1.34	19.37	6.75	0.00	0.00	0.00	34.00	0.00	125.00
2011 年累计	1208.11	1208.11	696.92	0.00	0.00	36.42	161.09	106.48	0.00	0.00	0.00	41.20	0.00	166.00

注:1. 本表首发筹资金额以 IPO 上市首日为基础统计;

2. 2010 年,共有 41 家公司定向增发,其中累计定向增发(资产)再筹资金额 656.87 亿元;2011 年 1 月,定向增发资产 113.45 亿元;

2011 年 3 月份中国证券市场筹资统计表

时间	境内外筹资合计(亿元)	境内筹资合计(亿元)	首次发行金额			再筹资金额						债券市场筹资金额		
			A股(亿元)	B股(亿美元)	H股(亿美元)	A股(亿元)				B股(亿美元)	H股(亿美元)	可转债(亿元)	可分离债(亿元)	公司债(亿元)
						公开增发	定向增发(现金)	配股	权证行权					
2008 年	3913.43	3596.16	1036.52	0.00	38.09	1063.29	361.13	151.57	7.20	0.00	7.54	55.60	632.85	288.00
2009 年累计	5682.72	4609.54	1879.00	0.00	147.11	255.86	1614.83	105.97	38.86	0.00	10.03	46.61	30.00	638.40
2010 年累计	12640.82	10275.20	4882.63	0.00	177.50	377.15	2172.68	1438.25	84.28	0.00	176.28	717.30	0.00	603.00
2011.01	778.78	778.78	454.05	0.00	0.00	35.08	141.72	99.73	0.00	0.00	0.00	7.20	0.00	41.00
2011.02	429.33	429.33	242.87	0.00	0.00	1.34	19.37	6.75	0.00	0.00	0.00	34.00	0.00	125.00
2011.03	1073.86	1073.86	342.60	0.00	0.00	25.34	208.65	6.07	0.00	0.00	0.00	254.00	0.00	237.20
2011 年累计	2281.97	2281.97	1039.52	0.00	0.00	61.76	369.74	112.55	0.00	0.00	0.00	295.20	0.00	403.20

注:1. 本表首发筹资金额以 IPO 上市首日为基础统计;

2. 2010 年,共有 41 家公司定向增发,其中累计定向增发(资产)再筹资金额 656.87 亿元;2011 年 3 月,定向增发资产 786.04 亿元;

2011 年 4 月份中国证券市场筹资统计表

时间	境内外筹资合计(亿元)	境内筹资合计(亿元)	首次发行金额			再筹资金额						债券市场筹资金额		
			A 股(亿元)	B 股(亿美元)	H 股(亿美元)	A 股(亿元)				B 股(亿美元)	H 股(亿美元)	可转债(亿元)	可分离债(亿元)	公司债(亿元)
						公开增发	定向增发(现金)	配股	权证行权					
2008 年	3913.43	3596.16	1036.52	0.00	38.09	1063.29	361.13	151.57	7.20	0.00	7.54	55.60	632.85	288.00
2009 年累计	5682.72	4609.54	1879.00	0.00	147.11	255.86	1614.83	105.97	38.86	0.00	10.03	46.61	30.00	638.40
2010 年累计	12640.82	10275.20	4882.63	0.00	177.50	377.15	2172.68	1438.25	84.28	0.00	176.28	717.30	0.00	603.00
2011.01	778.78	778.78	454.05	0.00	0.00	35.08	141.72	99.73	0.00	0.00	0.00	7.20	0.00	41.00
2011.02	429.33	429.33	242.87	0.00	0.00	1.34	19.37	6.75	0.00	0.00	0.00	34.00	0.00	125.00
2011.03	1073.86	1073.86	342.60	0.00	0.00	25.34	208.65	6.07	0.00	0.00	0.00	254.00	0.00	5.00
2011.04	852.17	802.23	259.68	0.00	0.00	6.85	269.97	113.73	0.00	0.00	7.68	0.00	32.00	120.00
2011 年累计	3134.14	3084.20	1299.20	0.00	0.00	68.61	639.71	226.28	0.00	0.00	7.68	295.20	32.00	291.00

注:1. 本表首发筹资金额以 IPO 上市首日为基础统计;
　2. 2010 年,共有 41 家公司定向增发,其中累计定向增发(资产)再筹资金额 656.87 亿元;2011 年 4 月,定向增发资产 109.19 亿元;

2011 年 5 月份中国证券市场筹资统计表

时间	境内外筹资合计(亿元)	境内筹资合计(亿元)	首次发行金额			再筹资金额						债券市场筹资金额		
			A 股(亿元)	B 股(亿美元)	H 股(亿美元)	A 股(亿元)				B 股(亿美元)	H 股(亿美元)	可转债(亿元)	可分离债(亿元)	公司债(亿元)
						公开增发	定向增发(现金)	配股	权证行权					
2008 年	3913.43	3596.16	1036.52	0.00	38.09	1063.29	361.13	151.57	7.20	0.00	7.54	55.60	632.85	288.00
2009 年累计	5682.72	4609.54	1879.00	0.00	147.11	255.86	1614.83	105.97	38.86	0.00	10.03	46.61	30.00	638.40
2010 年累计	12640.82	10275.20	4882.63	0.00	177.50	377.15	2172.68	1438.25	84.28	0.00	176.28	717.30	0.00	603.00
2011.01	778.78	778.78	454.05	0.00	0.00	35.08	141.72	99.73	0.00	0.00	0.00	7.20	0.00	41.00
2011.02	429.33	429.33	242.87	0.00	0.00	1.34	19.37	6.75	0.00	0.00	0.00	34.00	0.00	125.00
2011.03	841.66	841.66	342.60	0.00	0.00	25.34	208.65	6.07	0.00	0.00	0.00	254.00	0.00	5.00
2011.04	852.17	802.23	259.68	0.00	0.00	6.85	269.97	113.73	0.00	0.00	7.68	0.00	32.00	120.00
2011.05	518.65	391.29	222.87	0.00	19.59	0.00	128.42	0.00	0.00	0.00	0.00	0.00	0.00	40.00
2011 年累计	3420.59	3243.29	1522.07	0.00	19.59	68.61	768.13	226.28	0.00	0.00	7.68	295.20	32.00	331.00

注:1. 本表首发筹资金额以 IPO 上市首日为基础统计;
　2. 2010 年,共有 41 家公司定向增发,其中累计定向增发(资产)再筹资金额 656.87 亿元;2011 年 5 月,定向增发资产 64.12 亿元;

2011 年上半年中国证券市场筹资统计表

时间	境内外筹资合计(亿元)	境内筹资合计(亿元)	首次发行金额			再筹资金额						债券市场筹资金额		
			A 股(亿元)	B 股(亿美元)	H 股(亿美元)	A 股(亿元)				B 股(亿美元)	H 股(亿美元)	可转债(亿元)	可分离债(亿元)	公司债(亿元)
						公开增发	定向增发(现金)	配股	权证行权					
2008 年	3913.43	3596.16	1036.52	0.00	38.09	1063.29	361.13	151.57	7.20	0.00	7.54	55.60	632.85	288.00
2009 年累计	5682.72	4609.54	1879.00	0.00	147.11	255.86	1614.83	105.97	38.86	0.00	10.03	46.61	30.00	638.40
2010 年累计	12640.82	10275.20	4882.63	0.00	177.50	377.15	2172.68	1438.25	84.28	0.00	176.28	717.30	0.00	603.00
2011.01	778.78	778.78	454.05	0.00	0.00	35.08	141.72	99.73	0.00	0.00	0.00	7.20	0.00	41.00
2011.02	429.33	429.33	242.87	0.00	0.00	1.34	19.37	6.75	0.00	0.00	0.00	34.00	0.00	125.00
2011.03	841.66	841.66	342.60	0.00	0.00	25.34	208.65	6.07	0.00	0.00	0.00	254.00	0.00	5.00
2011.04	852.17	802.23	259.68	0.00	0.00	6.85	269.97	113.73	0.00	0.00	7.68	0.00	32.00	120.00
2011.05	518.65	391.29	222.87	0.00	19.59	0.00	128.42	0.00	0.00	0.00	0.00	0.00	0.00	40.00
2011.06	786.17	570.01	204.77	0.00	8.48	0.00	111.41	3.33	0.00	0.00	24.93	0.00	0.00	250.50
2011 年累计	4206.76	3813.30	1726.84	0.00	28.07	68.61	879.54	229.61	0.00	0.00	32.61	295.20	32.00	581.50

注:1. 本表首发筹资金额以 IPO 上市首日为基础统计;
　2. 2010 年,共有 41 家公司定向增发,其中累计定向增发(资产)再筹资金额 656.87 亿元;2011 年 6 月,定向增发资产 171.6 亿元;

第二节　上海证券交易所

2010 年上海证券市场大事纪要

1月　8日　证监会宣布国务院已原则同意开展证券公司融资融券业务试点和推出股指期货品种。

12日　证监会批准中国金融期货交易所开展期货交易。

18日　发布中证两岸三地 500 指数。

22日　证监会发布《关于开展证券公司融资融券业务试点工作的指导意见》，明确了申请首批试点的证券公司条件。

2月　2日　东方航空吸收合并上海航空新增股份上市交易，圆满完成首例异议股东通过交易所交易系统申报异议股份收购请求权业务创新。

12日　沪深交易所发出通知，就融资融券试点初期标的证券名单与可充抵保证金证券（担保品）的范围、折算率及相关事项作了明确规定。

本所首批派遣实践锻炼人员赴任，推进各地上市重组等服务走访工作。

3月　16日　举办"我服务、我先知"投资者教育能手评选活动颁奖仪式暨投资者教育座谈会。

18日　本所上市公司、基金 XBRL 分类标准通过国际组织"Approved"认证。

19日　圆满完成首个上市公司分立上市试点工作，分立公司股票龙江交通和吉林高速在本所顺利挂牌交易。

31日　融资融券试点工作启动。

4月　1日　新一代交易系统结束磨合期，转入常态运转。

23日　证监会发布《证券公司参与股指期货交易指引》和《证券投资基金从事股指期货交易指引》。

5月　7日　以券商、基金为代表的机构投资者将可正式开户参与股指期货交易。

31日　第一只分类标准下的公司债券——广东省宜华木业股份有限公司 2009 年公司债券在本所固定收益证券综合电子平台上市流通。

6月　10日　首只连续两年亏损公司债暂停上市。

7月　7日　延长报价回购业务试点交易时间，调整计息天数。

15日　农业银行上市，筹资额共计 685.29 亿元，至此四大国有商业银行全部实现在本所上市。

8月　20日　证监会发布《关于深化新股发行体制改革的指导意见》。

24日　本所第三代监察系统完成最终验收。

9月　17日　综合业务平台正式上线，开始向市场提供报价回购业务功能。

10月　11日　参加第 50 届世界交易所联合会会员大会和年会，第三次成功当选董事会董事。

20日　央行上调金融机构人民币存贷款基准利率 25 个基点。

27日　证监会、人民银行、银监会联合发布《关于上市商业银行在证券交易所参与债券交易试点有关问题的通知》，商业银行在时隔 13 年之后将重返交易所。

29日　格鲁吉亚总理尼卡·吉拉乌利代表团一行访问本所。

11月　1日　推出"上交所上市公司信息服务平台"。

1日　匈牙利总理维克托·欧尔班代表团一行访问本所。

3日　泰康人寿保险股份有限公司次级定期债务在本所固定收益平台挂牌转让，成为首家保险类债券在交易所市场挂牌。

5日　国债双边挂牌顺利实施，固定收益平台挂牌交易的国债成功导入竞价撮合交易系统。

19日　国务院办公厅印发通知就依法打击和防控内幕交易工作进行了统筹安排。

22日　国务院下发通知推出 16 项措施稳定物价。

22日　新业务管理系统核心硬件升级项目（一期）完成整体切换，正式启用。

29日　发布上证 380 指数，沪市多层次蓝筹股市场指数体系形成。

12月　6日　交通银行在我所集中竞价交易系统达成 3 笔债券交易，标志着商业银行阔别交易所 13 年后，再次成功进入我所债券市场。

9日　发布实施《上海证券交易所战略规划（2011－2020 年）》。

本所《蓝色梦想》投资者教育系列片正式出版发行。

12日　中央经济工作会议明确 2011 年实施积极的财政政策和稳健的货币政策。

18日　举办第九届公司治理论坛等活动，纪念本所成立 20 周年。

26日　央行上调基准利率 25 个基点，并上调对金融机构贷款（再贷款）利率和再贴现利率。

2010 年上海证券市场回顾

交易概貌

2010 年上海证券交易所各类证券成交总额 398395.73 亿元，同比减少 9.84%。其中，股票成交总额 304312.01 亿元，占证券成交总额的 76.38%；债券成交 74914.43 亿元，占证券成交总额的 18.8%；基金成交 4771.7 亿元，占证券成交总额的 1.2%；权证成交 14397.58 亿元，占证券成交总额的 3.61%。日均股票成交 1257.49 亿元，同比减少 11.45%；日均债券成交 309.56 亿元，同比增长 89.75%；日均基金成交 19.72 亿元，同比减少 26.54%；日均权证成交 59.49 亿元，同比减少 70.38%。按流通股数口径计算，股票换手率为 198.47%。

上证50指数开盘2565.11点，最高2584.53点，最低1771.49点，年底收于1977.37点，跌幅22.57%，振幅45.90%。上证180指数开盘7799.24点，最高7835.96点，最低5377.66点，年底收于6517.60点，跌幅16.43%，振幅45.71%。上证综指开盘3289.75点，最高3306.75点，最低2319.74点，年底收于2808.08点，跌幅14.64%，振幅42.56%。

截至2010年底，上海证券交易所投资者开户数9851万户。

证券发行与上市

截至2010年底，上海证券交易所共有上市公司894家，2010年新上市28家。上市股票数938只。股票市价总值179007.24亿元，跌幅3.16%；流通市值142337.44亿元，涨幅23.98%。上市公司总股本21939.51亿股，流通股本16.31.3亿股，流通股本占总股本的73.07%。

2010年股票筹资总额5532.14亿元，筹资额在全球主要交易所中排名第4位，亚洲排名第2位。

市场概况

	2010年	2009年	2008年
市场概况			
上市公司数	894	870	864
上市证券数	1500	1351	1184
上市股票数	938	914	908
新上市公司数	26	9	6
发行股本(亿股)	21939.51	16659.97	15410.39
流通股数(亿股)	16031.30	11578.56	4916.04
市价总值(亿元)	179007.24	184655.21	97251.91
流通市值(亿元)			
筹资总额	142337.44	114804.99	32305.91
A股	5532.14	3343.15	2238.16
B股			
交易概况	0	0	0
交易天数	242	244	246
全年成交金额(亿元)	398395.73	441874.67	271842.03
股票	304312.01	346511.91	180429.95
基金	4771.71	6549.06	3700.23
债券	74914.43	39806.34	28090.63
权证	14397.58	49007.37	59621.21
其他	0	0	0
日均成交金额(亿元)	1646.26	1810.96	1105.05
日均股票成交金额(亿元)	1257.49	1420.13	733.46
全年股票成交数量(亿股)	25964.43	33679.64	16311.6
日均股票成交数量(亿股)	107.29	138.03	66.31
全年股票成交笔数(万笔)	166149.08	214261.01	127884.22
日均股票成交股数(万笔)	686.57	878.12	519.86
股价指数			
上证180指数年度最高	7835.96	8456.56	12884.16
上证180指数年度最低	5377.66	4098.26	3600.6
上证180指数年末收盘	6517.60	7762.92	4047.99
上证综合指数年度最高	3306.75	3478.01	5522.77
上证综合指数年度最低	2319.74	1844.09	1664.92
上证综合指数年末收盘	2808.08	3277.14	1820.8
股价指数			
平均市盈率(倍)	21.61	28.73	14.85
换手率1(市值)%	135.40	212.10	109.43
换手率2(流通市值)%	198.47	504.37	392.52

市场运行

一、全力保障新系统安全运行，继续提升安全管理水平

（一）全力做好新交易系统磨合期工作，新系统转入常态运行。成立磨合期领导小组，统一部署新交易系统运行保障。通过为期4个月的磨合期，本所实现了各类新业务和新产品的顺利推出，全面验证并实施了交易系统各项业务，包括ETF多日发行的新业务，进一步磨合了业务和技术运行团队的衔接配合，梳理解决了新交易系统和周边系统的遗留问题，新交易系统顺利转入常态运行，服务市场的能力大大增强。

（二）成立安全运行委员会，强化全所安全运行工作。新交易系统进入常态运行后，由本所安全运行委员会统一协调交易系统的整体安全运行，持续进行首单业务特别保障，重点关注新产品、新业务的推出过程，进一步对业务流程进行全面梳理、简化和整合，全面提升全所安全运行管理水平。全年通信系统平均无故障率达99.99%，交易系统停复牌操作4304次，交易参数维护4035次，交易单元操作7247次，业务运行操作基本无差错。

（三）完善本所技术发展规划，不断提升应急处置能力。组织召开大型专题研讨会，深入研究技术系统发展趋势，科学有序开展技术论证与业务评估工作。组织开展跨市场综合应急演练，督促市场参与者建立配套快速反应处置机制；加强网络和应用监控，设立完整而有效的预警指标及报警机制；继续优化系统架构，不断提升技术管理水平。

（四）加强信访维稳，实现“平安世博”。成立世博维稳领导小组，排摸重点，完善制度，制订世博维稳预案；收集信息，加强监控，提前做好维稳预判；多方联合，协同应对，共同做好世博维稳；加强协调，妥善应对，确保处置到位；强化涉密计算机和移动存储介质管理，坚决杜绝失泄密事件发生，确保本所信息安全。

二、不断加强市场服务，持续推动蓝筹股市场建设

（一）以实践锻炼计划为抓手，加大市场服务力度。在各地政府金融主管部门、证券监管部门或证券经营单位等合作机构的支持下，分三批先后向16个省市的34家机构派出36名实践锻炼人员到市场一线主动提供发行上市、并购重组、债券发行等市场服务，120名员工参加了相关专业培训；定期和不定期召开实践锻炼人员交流座谈会，摸清市场信息，及时沟通情况；设立市场发展专项奖，鼓励全所员工为推动市场发展贡献智慧和力量。

（二）多方联合培育上市资源。组织召开券商新股发行上市工作讨论会、新股发行体制改革研讨会、重点企业改制上市工作会议、文化企业改制上市工作会议，联合各地证监局、地方政府联合组织区域资本市场论坛，积极扩大主板影响力；加大企业走访力度，不断完善重点跟踪企业名单。做好新股发行舆论宣传及舆论引导工作。配合证监会推动新股发行体制改革。2010年所领导65人次带队走访了28个省市区的180家企业，员工走访的企业达490家。2010年在本所完成IPO发行上市的企业26家，募集资金1919.56亿元。另有3家正在安排发行。

（三）推进并购重组工作，支持企业做大做强。持续做好上市公司并购重组意向的摸底工作，召开并购重组暨整体上市座谈会，传递监管政策信息，搭建上市公司并购重组信息和经验交流平台；积极参与证监会关于“推进完善并购重组工作安排”的政策研究，坚持从法规建设等技术角度，做好上市公司并购重组的服务和信息披露审核。全年累计受理61家公司重大资产重组申请，67家公司实施了并购重组，其中43家公司完成了重大资产重组，24家公司变更了控股股东或实际控制人。

（四）加强国际板舆论引导，做好规则业务技术准备。以交易规则、上市规则等为重点不断完善国际板各项业务规则，全面梳理和制定国际板各项业务流程，做好应对紧急情况的处置预案；针对国际板市场监管差异化、国际板特殊风险、难点等问题，制定国际板市场监察的总体原则、总体方案及专项监控方案，并做好跨境监管协作准备。明确国际板技术就绪工作的目标、任务。加强国际板上市资源摸底，积极协调红筹回归的条件；利用参加各种重要活动的机会正面阐述国际板建设的积极意义，国际板建设舆论环境有所改善。

三、多种措施并举，大力推动债券市场发展

（一）改进债券交易机制，稳步扩大债券市场交易规模。多方协调，破解难点，完成固定收益平台整合分三步推进的第一步，实现了国债双边挂牌。在发挥交易所债券市场的特色与优势的同时，完成了一对一现券交易机制的建设，实质性推动了后台非担保交收模式的建立，充分兼顾了债券特有运行模式。债券市场吸引力逐步恢复，交易金额稳步上升，全年债券总成交7.08万亿元，同比上升50%以上，超过了2003年市场下滑前的水平。

（二）大力培育公司债市场，公司债券存量显著增长。积极跟踪公司债、企业债发行进展，加大走访、调研和营销力度，为债券市场参与者提供全方位咨询服务；按照公司债券分类管理办法，协调解决已发行未上市的非达标公司债券在本所固定收益平台上市流通。2010年本所新挂牌公司债与企业债新增托管量1375亿元，新增挂牌数量达到100只，已发行或已来本所办理相关手续拟来本所挂牌的债券达到14只。

（三）加大协调力度，推动上市商业银行回归交易所债市。积极争取，妥善安排，继续做好上市商业银行回归交易所的各项准备；研究制定商业银行回归后在机制、产品、风险控制、后台结算等方面的创新及后续发展事宜。12月6日，交通银行在本所达成3笔债券交易，标志着上市商业银行进入交易所债券市场试点实质性启动。

（四）根据债券特点，研究创新债市格局，实现新品种的挂牌、完成新产品的创新研究。思考市场发展大局，重新研究交易所债市发展的路径与突破口。按照“四个独立”的思路，研究符合债券特点的新产品与新规则：完成一对一回购创新方案与远期交易创新研究；完成并向市场主管部门提交多篇政策建议性研究报告；起草符合市场最新发展趋势的《债券市场交易细则》。首只保险公司债券泰康债与首只证券公司债券国泰君安证券公司债券已经或将于本所挂牌，取得金融类债券在本所债券市场挂牌零的突破。

（五）主动出击，探寻境外公司境内发行人民币债券需求。加强对境外高信用级别的公司境内发行人民币债券的可行性的研究论证，初步建立与知名证券中介机构合作沟通机制；通过各种渠道了解境外知名企业来华发行人民币债券的意愿，积累潜在发债企业名单，初步掌握相关企业基本情况，与重点企业直接进行接触或建立初步联系。

四、强化全方位监管职能，依托监管促发展

（一）充分发挥市场监管委员会统筹职能，优化自律管理机制。定期召开市场监管工作例会，动态关注市情变化，围绕重点热点，有效推进监管措施和制度建设。进一步发挥纪律处分对日常监管的支持作用。完成年度业务规则清理评估，清理数量达15%。打造《证券法苑》、“上证法治论坛”等本所法制研究品牌。

（二）及时把握违法违规新动向，积极探索市场监管新方法。配合股指期货推出打击跨市操纵，跟踪并购重组打击内幕交易，关注融资融券业务打击过度投机交易。充分发挥第三代监察系统和数据仓库技术资源优势，全年协查、核查数量明显增多，完成各类分析、协查工作及报告473件（次），累计调查处理异常交易802起（较2009年增加40%），对1801家次营业部给予电话提醒（较2009年增加120%），突显本所一线监管实力。

（三）结合日常监管热点，促进上市公司规范运作。发布《控股股东和实际控制人行为指引》、《独立董事备案及培训工作指引》等，依托监管促发展，推动上市公司治理结构完善和规范发展。配合证监会“解决同业竞争、减少关联交易”专项工作。探索按上市公司市值分类管理制度。

（四）积极开展技术服务和业务培训，提升会员客户管理水平。开展会员客户管理工作和保险机构持有交易单元情况等专题分析，形成报告并提出解决方案和相关建议。启动会员培训工作，推动会员熟练掌握本所会籍业务等办理流程，降低业务操作风险。结合新交易系统功能释放，有效提供本所技术专场服务平台。

（五）稳妥处置公司债暂停上市问题，规范债券和基金市场发展。妥善处理连续两年亏损公司债暂停上市问题。编制格式指引、《ETF业务手册》、《交易所基金监管框架》及《基金监管工作指引》，加强公司债定期报告事后审核力度，督促发行人、基金公司及时履行信息披露义务。开展安全运行座谈会，研讨基金运行及风险控制，做好基金安全运行风险防范警示。

五、以交易所交易基金开发为重点，稳妥推进创新产品开发

（一）加大开发力度和节奏，交易所交易基金（ETF）取得跨越式发展。全年新上市上证超大盘ETF等8只ETF，另有4只已获证监会批准，10余只报证监会待批。产品品种向杠杆、反向、主动和抽样、优化复制型延伸。配合跨市场、跨境ETF产品的推出，抓紧修改业务规则，开发技术系统，加强市场推广和投资者教育工作。与港交所联合举办“ETF产品发展与风险控制”研讨会，反面透视产品风险，提出防范和应对措施。

（二）编制并发布上证380指数，强化蓝筹概念指数宣传。指导细化市场表征指标，编制各类新指数21条。编制发布新兴蓝筹上证380指数，多渠道推介上证50、180、380和上证综指等重点指数体系，紧密服务本所市场发展和指数产品开发，广泛宣传本所大盘蓝筹为主、大中小企业共同发展的多层次蓝筹股市场新特征。进一步完成与标普、富时等9家国际指数公司和纽约泛欧、东交所等5家境外交易所指数签约工作。

（三）全力以赴推进融资融券试点，为稳妥推出保驾护航。以防范风险为先，悉心指导、积极总结，扎实做好3批试点会员融资融券业务和技术准备。实施交易首日特别保障制度，专门开发融资融券客户投票意见代征集系统及会员投票系统，确保试点在交易结算、数据报送、专项监控等各环节平稳开展。目前开展融资融券交易会员已达25家，投资者开立信用账户超过2万户，全年融资融券交易金额589.5亿元，融资融券余额84.3亿元。

（四）积极配合股指期货推出，紧密推进市场创新研究。全面梳理沪深300指数编制、计算、发布、交易等各项业务流程，保障股指期货如期交易。协调沪深两所、中金所、指数公司开展300指数及指数期货应急演练。紧密跟踪股指期货与现货市场联动等问题，积极研究其为新产品开发带来的机遇和挑战。

（五）着手提升上证基金通功能，积极开展多项业务创新。启动上证基金通升版项目，推进开放式基金场内交易试点工作。稳步推进报价回购业务规模扩大，研究制订股票买断式回购试点方案和证券借贷平台；逐步推进制订法院股份拍卖方案，系统研究大宗交易市场发展方案。

（六）开拓研究各项产品创新，推动研究成果价值转化。重点推进黄金 ETF 和 130/30ETF 研究设计。以上证综指 ETF 为切入口，推进优化复制、抽样复制 ETF 研究、开发。递交《远东二期专项资产管理计划》等资产证券化产品方案。完成 REITs 业务规则起草。

六、紧跟业务发展步伐，塑造投资者教育品牌

（一）继续强化"六个一"建设，形成教育品牌效应。升级优化投资者教育网站，月点击量过千万次；筹拍投资者教育专题片《蓝色梦想》，有效结合教育、通俗和专业性于一体。面向合作高校开展"证券模拟交易开发日"活动。出版投资者教育丛书第二辑，完成 2010 年投资者现状调查报告。

（二）围绕业务创新重点，产品宣传与风险提示两不误。探索建立合格投资者认证制度，开发网上测试平台，充分调动电视、网站等各类媒体资源和会员力量，大力推进融资融券业务试点投资者教育工作。针对 ETF 新产品推出、权证到期、内幕交易防控等业务活动，全方位做好产品推广、知识普及和风险警示工作。

（三）推动投资者教育关口前移，提高一线教育服务积极性。面向会员开展投资者教育能手专题评选颁奖和座谈会活动，增进业内经验交流与沟通。加强投资者教育工作管理，规范会员投教信息填报流程。开展会员投资者教育工作自查和走访调研。

（四）加大基础培训力度，提升培训和市场服务专业化水平。更新董秘培训法律法规资料题库，提高试题标准化水平。将市场发展与投资者教育向结合，结合高管培训、走访等活动，进一步引导和推动上市公司提高投资者关系管理水平。

七、保障各项业务有序发展，基础建设再上新台阶

（一）及时开展新战略规划编制，绘就交易所发展新蓝图。落实本所战略规划 2010 年度执行情况评估总结。从突出战略重点、配合国家重大战略实施等角度，完成新十年战略规划编制发布和技术发展战略规划修订等工作。

（二）成功连任 WFE 董事会董事，稳步拓展国际化进程。第三次当选 WFE 董事会董事，圆满解决 WFE 涉台称谓问题，完成 WFE50 周年纪念文集中文版翻译出版，充分体现本所作为全球新兴市场代表所应发挥的作用。大力推动沪港交易所合作，推进与伦敦、巴西等交易所更紧密合作协议签署准备。

（三）围绕本所业务核心，积极开展创新研究。配合本所发展战略和重点业务推进，支持上海国际金融中心建设，对市场监管、重点行业改制上市、债券市场结构改革、公司治理、创新产品及交易机制等难点问题进行重点研究，撰写完成《沪港金融中心比较研究》、《铁路、军工、文化传媒等重点行业改制上市建议》等具有改革思路和市场价值的研究报告八十余篇，为本所业务发展和相关政府部门决策提供有力研究支持。倾力打造和维护现有研究品牌，强化业内领先影响。

（四）新大楼等基地项目顺利推进，建设进程进一步加快。新大楼项目列为浦东新区及市级重大工程项目，规划指标调整、设计招标、项目更名、建设大纲编制等建设重要工作节点稳步推进。"证券信息技术研究发展中心（上海）"承建申请获批，积极协调技术服务基地建设。启动数据仓库设备更替与扩容项目。

（五）BPM 所内项目开发完成，ERP 系统建设不断深化。BPM 系统完成所内项目开发、模拟测试、流程规范等建设，通过 BPM 对接实现所司业务电子化。ERP 项目在一期顺利建成的基础上，启动实施二期建设，进一步为各项内管事务的高效、规范运作提供保障。

2010 年度上证综指走势

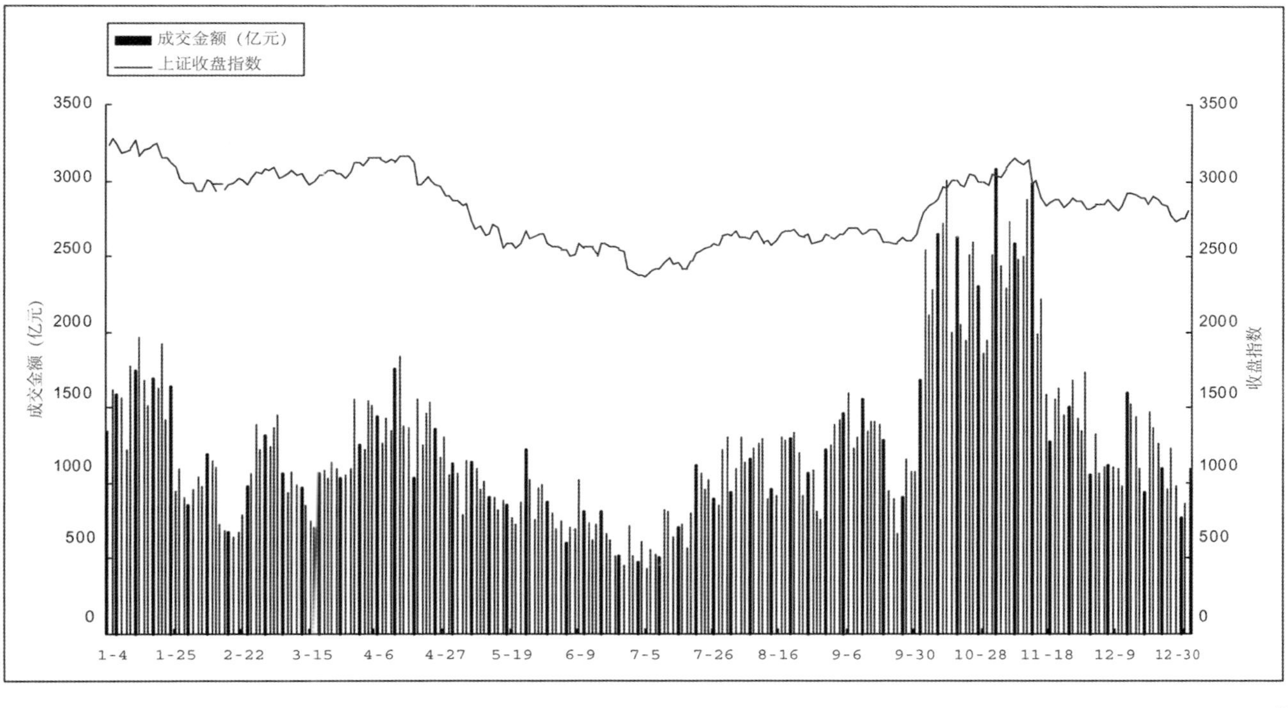

2010 年度上证 180 指数走势

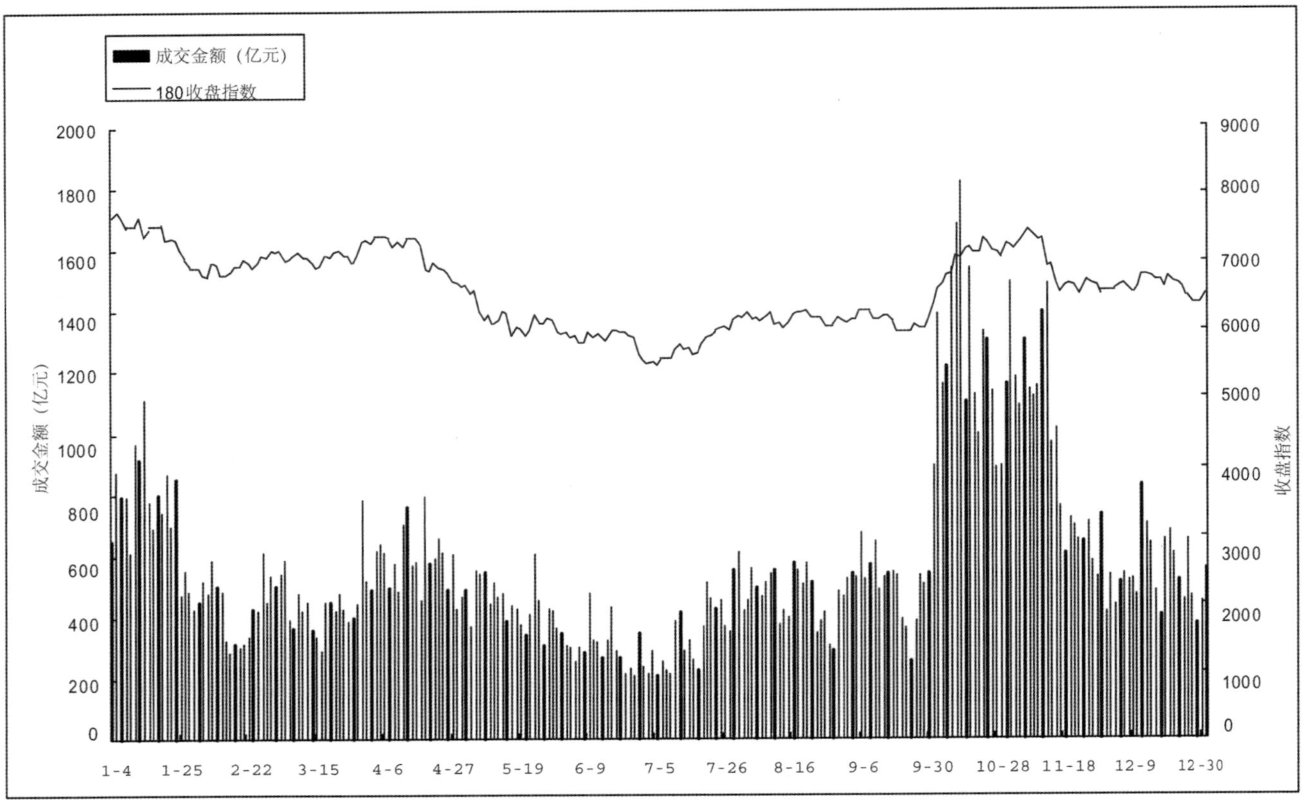

2010 年度上证 50 指数走势

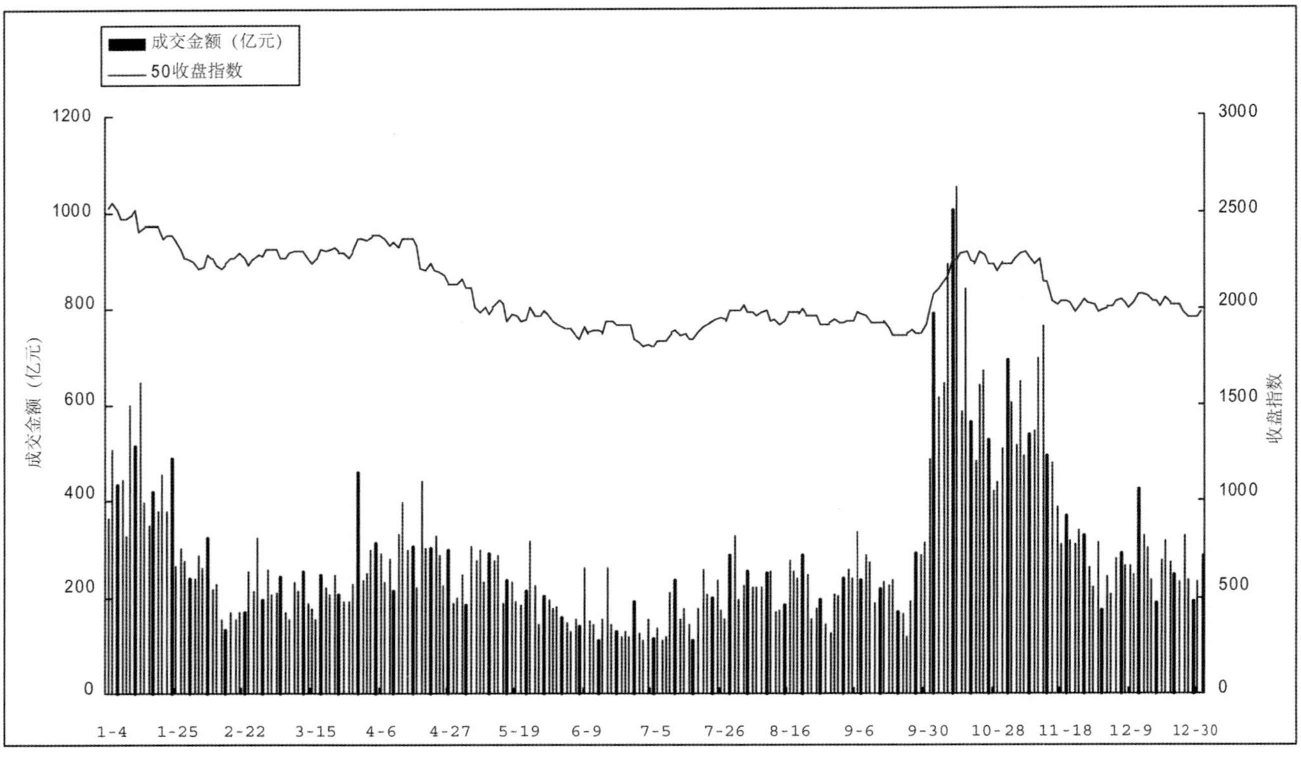

2010 年上交所分类指数的股票数目

指数代码	指数简称	样本个数
000001	上证指数	938
000002	A 股指数	884
000003	B 股指数	54
000004	工业指数	592
000005	商业指数	60
000006	地产指数	24
000007	公用指数	100
000008	综合指数	162
000009	上证 380	380
000010	上证 180	180
000011	基金指数	25
000012	国债指数	109
000013	企债指数	311
000015	红利指数	50
000016	上证 50	50
000017	新综指	870
000300	沪深 300	300
000901	小康指数	100
000902	中证流通	2017
000903	中证 100	100

2010 年上海证券交易所新上市股票

股票代码	股票简称	分类	发行价(元)	上市日期	开盘(元)	收盘(元)
600998	九州通	综合	13.000	2010－11－2	18.250	18.980
601000	唐山港	综合	8.200	2010－7－5	8.000	7.880
601018	宁波港	综合	3.700	2010－9－28	3.720	3.570
601098	中南传媒	综合	10.660	2010－10－28	14.030	13.800
601101	昊华能源	工业	29.800	2010－3－31	41.000	38.960
601106	中国一重	工业	5.700	2010－2－9	5.480	5.520
601117	中国化学	综合	5.430	2010－1－7	5.760	5.750
601126	四方股份	工业	23.000	2010－12－31	28.220	31.110
601158	重庆水务	公用事业	6.980	2010－3－29	10.990	12.100
601177	杭齿前进	工业	8.290	2010－10－11	15.880	18.060
601179	中国西电	工业	7.900	2010－1－28	8.020	7.790
601268	二重重装	工业	8.500	2010－2－2	8.500	8.150
601288	农业银行	综合	2.680	2010－7－15	2.740	2.700
601369	陕鼓动力	工业	15.500	2010－4－28	18.120	19.270
601377	兴业证券	综合	10.000	2010－10－13	14.660	14.860
601678	滨化股份	工业	19.000	2010－2－23	19.200	22.140
601688	华泰证券	综合	20.000	2010－2－26	21.010	21.060
601717	郑煤机	工业	20.000	2010－8－3	28.800	31.440
601718	际华集团	综合	3.500	2010－8－16	5.800	6.170
601777	力帆股份	工业	14.500	2010－11－25	19.900	17.870
601801	皖新传媒	综合	11.800	2010－1－18	20.000	17.630
601818	光大银行	综合	3.100	2010－8－18	3.370	3.660
601877	正泰电器	工业	23.980	2010－1－21	26.510	28.830
601880	大连港	公用事业	3.800	2010－12－6	4.590	5.240
601890	亚星锚链	工业	22.500	2010－12－28	26.000	23.980
601933	永辉超市	综合	23.980	2010－12－15	32.030	32.290

2010 年度沪市活跃股涨幅排名

名次	股票代码	股票简称	开盘价	收盘价	平均价	累计成交量(万股)	累计成交金额(万元)	累计涨跌幅(%)	期间振幅(%)	累计换手率
1	600372	ST 昌河	－	31.93	31.82	49772.33	1489676.92	207.37	3.92	200.6
2	600259	广晟有色	15.75	64.97	36.38	236155.05	10002874.3	161.6	13.67	2126.49
3	600330	天通股份	6.04	17.29	10.06	891391.87	10392238.62	122.97	4.14	1513.87
4	600980	北矿磁材	11.28	30.14	18.88	197218.25	4245968.57	122.88	12.24	1517.06
5	600406	国电南瑞	48.9	72.06	51.7	95354.32	4725490.7	117.5	3.68	207.47
6	600160	巨化股份	9.51	22.68	12.69	379280.99	5167304.71	113.79	11.66	637.21
7	600458	时代新材	21.36	63.82	33.46	72674.31	2427574.28	113.37	5.66	494.56
8	600252	中恒集团	26.7	35.45	32.13	223610.45	6845607.58	111.76	4.83	688.24
9	600403	欣网视讯	0	33.92	23.54	73445.31	1732188.15	111.01	7.1	615.29
10	600111	包钢稀土	27.74	71.44	47.56	617215.95	32474209.05	110.73	6.41	1251.56

名次	股票代码	股票简称	开盘价	收盘价	平均价	累计成交量(万股)	累计成交金额(万元)	累计涨跌幅(%)	期间振幅(%)	累计换手率
11	600549	厦门钨业	19.15	47.59	27.63	333656.19	11501586.9	108.88	7.2	489.54
12	600086	东方金钰	9.72	23.69	14.54	254815.22	4091572.03	104.05	9.2	1478
13	600468	百利电气	17.34	35.96	23.03	91831.19	2120110.28	101.34	4.69	508.27
14	600132	重庆啤酒	23.55	55.43	40.58	134146.69	5665562.67	101.17	4.69	277.18
15	600256	广汇股份	23.18	41.93	32.45	314097.28	10066204.71	98.68	2.77	466.61
16	600199	金种子酒	17.6	20.87	16.22	427342.67	6831809.4	97.27	4.27	931.75
17	600335	鼎盛天工	7.4	16.5	12.72	227468.4	2696067.06	95.69	7.37	1366.48
18	600261	浙江阳光	18.55	42.31	25.45	69924.87	1819496.16	95.38	6.73	353.79
19	600673	东阳光铝	8.21	18.33	12.75	303651.25	3714908.99	93.96	7.29	1235.38
20	600870	ST 厦华	–	6.46	5.44	126912.02	699122.24	89.19	11.87	362.87

2010 年度沪市活跃股跌幅排名

名次	股票代码	股票简称	开盘价	收盘价	平均价	累计成交量(万股)	累计成交金额(万元)	累计涨跌幅(%)	期间振幅(%)	累计换手率
1	600005	武钢股份	8.35	4.28	5.44	1048911.44	5963945.21	–59.41	2.57	334.54
2	600837	海通证券	19.2	9.64	12.51	1984913.68	25703477.05	–59.04	8.89	426.82
3	600638	新黄浦	16.84	9.02	12.06	316392.11	4187089.93	–55.09	6.06	563.81
4	600325	华发股份	18.86	10.14	12.65	357440.85	4521397.02	–51.28	3.27	437.48
5	600657	信达地产	11.24	6.12	7.75	277647.57	2200471.69	–50.22	2.73	558.61
6	600028	中国石化	14.18	8.06	9.53	1488545.2	14795611.59	–49.87	2.97	21.29
7	600162	香江控股	8.84	4.95	6.15	212008.55	1333763.77	–49.79	5.36	586.15
8	600569	安阳钢铁	5.73	3.38	4.15	309896.34	1310154.2	–48.75	3.35	153.55
9	600282	南钢股份	6.12	3.43	4.36	196585.65	888691.44	–48.34	2.16	116.68
10	601588	北辰实业	5.94	3.5	4.4	304511.96	1354409.66	–47.25	2.58	114.48
11	600052	浙江广厦	8.32	4.87	6.11	234597.77	1461314.36	–46.56	6.86	347.49
12	600027	华电国际	5.38	3.26	4.29	236962.75	994328.63	–46.27	1.7	50.64
13	600102	莱钢股份	0	7.85	9.39	149444.04	1422710.32	–45.65	16.25	639.28
14	601169	北京银行	19.39	11.44	13.91	855940.13	11979251.11	–45.38	3.95	191.93
15	600185	格力地产	13.03	7.32	9.67	169240.95	1651733.41	–44.91	5.05	501.31
16	600675	中华企业	14.76	6.92	11.56	176296.33	2059642.85	–44.59	3.4	199.34
17	601099	太平洋	18.3	10.86	13.66	146254.07	2073748.1	–44.35	9.26	561.27
18	600748	上实发展	14.05	8.07	10.26	242049.12	2563633.61	–43.56	9.72	277.92
19	600393	东华实业	11.38	6.66	7.72	186756.13	1461937.53	–43.43	4.52	645.69
20	601328	交通银行	9.4	5.48	6.85	1520080.36	10384520.69	–42.61	5.85	66.52

2010 年度沪市活跃股换手率排名

名次	股票代码	股票简称	开盘价	收盘价	平均价	累计成交量(万股)	累计成交金额(万元)	累计涨跌幅(%)	期间振幅(%)	累计换手率
1	600209	罗顿发展	6.73	6.1	8.75	527468.56	5371382.25	8.12	10.84	2357.27
2	600259	广晟有色	15.75	64.97	36.38	236155.05	10002874.3	161.6	13.67	2126.49
3	600773	西藏雅砻	9.31	18.36	12.87	400455.58	5510375.97	89.01	7.27	2092.22
4	600211	西藏药业	14.49	17.57	14.4	136800.48	2096147.26	37.03	7.64	1905.8
5	600114	东睦股份	7.06	11.5	9.66	204897.87	2036779.91	63.22	8.15	1902.88
6	600545	新疆城建	8.33	9.56	12.11	759548.68	9521731.66	27.24	5.67	1735.66
7	601801	皖新传媒	–	15.13	13.87	171360.97	2547302.65	–6.03	13.39	1703.37
8	600173	卧龙地产	14.21	6.22	8.86	559662.41	5034483.48	–3.95	8.61	1661.47
9	600680	上海普天	11.53	11.49	12.63	126148.76	1678922.13	14.73	8.34	1659.15
10	601268	二重重装	–	12.51	10.69	453364.48	4936834.59	53.76	12.87	1655.12
11	600367	红星发展	9.67	17.47	12.25	251334.71	3402399	76.68	15.54	1632.62
12	600584	长电科技	8.89	11.08	11.38	1230846.99	14419279.88	44.45	5.27	1622.85
13	600187	国中水务	7.68	12.44	9.23	151803.68	1521254.76	59.45	5.88	1556.96
14	600980	北矿磁材	11.28	30.14	18.88	197218.25	4245968.57	122.88	12.24	1517.06
15	600330	天通股份	6.04	17.29	10.06	891391.87	10392238.62	122.97	4.14	1513.87
16	600225	天津松江	11.15	7.96	9.1	188110.64	1770178.66	–14.12	4.53	1490.99
17	600086	东方金钰	9.72	23.69	14.54	254815.22	4091572.03	104.05	9.2	1478
18	600452	涪陵电力	10.2	14.69	13.1	113381.03	1513595.76	51.1	5.81	1465.44
19	600599	熊猫烟花	24.07	19.92	18.09	178769.58	3343083.76	–6.27	6.77	1450.13
20	600133	东湖高新	11.12	9.63	11.01	435980.96	5106386.99	61.1	6.57	1439.58

2010年度沪市活跃股振幅排名

名次	股票代码	股票简称	开盘价	收盘价	平均价	累计成交量(万股)	累计成交金额(万元)	累计涨跌幅(%)	期间振幅(%)	累计换手率
1	600053	中江地产	9.67	8.07	8.8	99086.08	900326.5	-6.32	18.23	274.26
2	601126	N四方	-	31.11	28.22	5620.31	166491.78	0	17.47	85.68
3	601880	大连港	-	3.94	4.28	134723.6	610120.11	-27.53	16.53	321.54
4	600102	莱钢股份	0	7.85	9.39	149444.04	1422710.32	-45.65	16.25	639.28
5	600986	科达股份	7.88	8.91	7.71	297434.86	2547938.49	23.44	16.22	887.15
6	600367	红星发展	9.67	17.47	12.25	251334.71	3402399	76.68	15.54	1632.62
7	600259	广晟有色	15.75	64.97	36.38	236155.05	10002874.3	161.6	13.67	2126.49
8	601801	皖新传媒	-	15.13	13.87	171360.97	2547302.65	-6.03	13.39	1703.37
9	601877	正泰电器	-	23.95	21.92	96989.43	2235441.44	-10.84	13.16	1019.31
10	600152	维科精华	7.23	7.17	6.61	145106.08	1000563.68	9.49	12.96	494.41
11	601268	二重重装	-	12.51	10.69	453364.48	4936834.59	53.76	12.87	1655.12
12	600644	乐山电力	10.8	13.86	11.14	282326.11	3546855.93	40.93	12.79	865.19
13	600366	宁波韵升	15.47	26.01	18.98	335634.5	6979034.92	71.95	12.37	848.06
14	600436	片仔癀	39.5	72.8	47.75	26467.86	1350360.41	72.58	12.36	415.95
15	600980	北矿磁材	11.28	30.14	18.88	197218.25	4245968.57	122.88	12.24	1517.06
16	601777	力帆股份	-	14.06	15.51	43953.5	723527	-23.4	12.24	274.71
17	600719	大连热电	8.68	11.73	8.51	130031.25	1223611.32	42.38	12.1	740.92
18	601188	龙江交通	-	3.64	4.36	313457.68	1451572.59	-11.86	12.07	508.53
19	600432	吉恩镍业	29.5	25.58	24.41	254888.05	6645416.65	1.57	11.96	350.65
20	600148	长春一东	11.78	13.81	11.26	79697.03	960612.7	29.1	11.95	563.16

2010年度沪市活跃股成交量排名

名次	股票代码	股票简称	开盘价	收盘价	平均价	累计成交量(万股)	累计成交金额(万元)	累计涨跌幅(%)	期间振幅(%)	累计换手率
1	601288	农业银行	-	2.68	2.7	4885701.69	13370888.22	0.19	5.44	414.63
2	600016	民生银行	8.03	5.02	6.25	2987606.95	18530863.49	-23.53	3.66	144.67
3	601668	中国建筑	4.72	3.42	3.83	2976531.85	11594377.73	-29.1	1.07	247.28
4	600050	中国联通	7.31	5.35	5.71	2923618.36	17018485.12	-25.96	3.15	137.93
5	601398	工商银行	5.43	4.24	4.49	2758549.35	12601929.94	-16.46	3.55	10.96
6	601899	紫金矿业	9.69	8.21	7.88	2675696.81	22555091.36	-6.01	5.85	423.04
7	600030	中信证券	32	12.59	18.7	2302891.21	42015274.9	-40.79	7.06	273.45
8	600383	金地集团	13.87	6.18	8.54	2068720.65	16486988.62	-12.17	2.35	591.63
9	600036	招商银行	17.93	12.81	14.35	2038096.46	29500389.98	-23.27	2.55	118.04
10	600837	海通证券	19.2	9.64	12.51	1984913.68	25703477.05	-59.04	8.89	426.82
11	601818	光大银行	-	3.96	3.88	1762711.26	6866077.04	11.23	4.13	632.87
12	600000	浦发银行	21.83	12.39	16.53	1688714.35	27711773.87	-24.54	2.05	175.57
13	601939	建设银行	6.21	4.59	5.12	1623068.96	8470599.35	-21.68	8.33	179.28
14	601328	交通银行	9.4	5.48	6.85	1520080.36	10384520.69	-42.61	5.85	66.52
15	600795	国电电力	7.4	3.06	4.71	1520001.53	6513931.35	-13.35	3.94	167.37
16	600028	中国石化	14.18	8.06	9.53	1488545.2	14795611.59	-49.87	2.97	21.29
17	600029	南方航空	6.09	9.74	7.86	1435143.87	11647430.41	63.33	8.33	692.24
18	600019	宝钢股份	9.7	6.39	7	1425772.03	10334947.33	-33.71	2.97	81.42
19	601618	中国中冶	5.42	3.91	4.43	1411450.88	6451631.68	-29.39	1.88	398.13
20	601390	中国中铁	6.32	4.33	4.93	1293494.03	6479588.04	-32.49	1.93	258.33

2010年度沪市活跃股成交金额排名

名次	股票代码	股票简称	开盘价	收盘价	平均价	累计成交量(万股)	累计成交金额(万元)	累计涨跌幅(%)	期间振幅(%)	累计换手率
1	600030	中信证券	32	12.59	18.7	2302891.21	42015274.9	-40.79	7.06	273.45
2	601318	中国平安	53.49	56.16	51.89	638550.94	33474710.13	8.12	3.27	139.61
3	600111	包钢稀土	27.74	71.44	47.56	617215.95	32474209.05	110.73	6.41	1251.56
4	600036	招商银行	17.93	12.81	14.35	2038096.46	29500389.98	-23.27	2.55	118.04
5	600000	浦发银行	21.83	12.39	16.53	1688714.35	27711773.87	-24.54	2.05	175.57
6	600348	国阳新能	43.37	28.68	29.25	1017982.79	27191624.38	55.16	3.26	514.83

名次	股票代码	股票简称	开盘价	收盘价	平均价	累计成交量(万股)	累计成交金额(万元)	累计涨跌幅(%)	期间振幅(%)	累计换手率
7	600837	海通证券	19.2	9.64	12.51	1984913.68	25703477.05	-59.04	8.89	426.82
8	601166	兴业银行	40.65	24.05	28.51	922458.67	25644968.89	-37.38	4.5	168.06
9	600547	山东黄金	79.91	52.71	55.99	458981.84	24541939.29	35.96	2.21	787.2
10	601899	紫金矿业	9.69	8.21	7.88	2675696.81	22555091.36	-6.01	5.85	423.04
11	600362	江西铜业	40.34	45.17	34.21	573477.04	21684413.05	23.96	6.11	669.68
12	600489	中金黄金	57.95	40.34	46.09	446667.65	19207704.75	31.17	4.61	794.44
13	600016	民生银行	8.03	5.02	6.25	2987606.95	18530863.49	-23.53	3.66	144.67
14	601168	西部矿业	14.8	18.84	13.5	1161721.81	18269319.56	36.88	11.48	532.95
15	601601	中国太保	25.77	22.9	24.04	736322.62	17785768.03	-2.84	4.21	276.42
16	600050	中国联通	7.31	5.35	5.71	2923618.36	17018485.12	-25.96	3.15	137.93
17	600031	三一重工	36.8	21.63	27.05	688883.29	16991338.67	74.57	8.33	245.98
18	600100	同方股份	18.7	26.51	23.84	677251.29	16510444.85	45.94	6.44	693.22
19	600383	金地集团	13.87	6.18	8.54	2068720.65	16486988.62	-12.17	2.35	591.63
20	601088	中国神华	35.03	24.71	26.22	570441.59	15348264.53	-26.32	2.82	211.84

2010 年度沪市股票市价总值前十名

名次	股票代码	股票简称	市价总值(万元)	所占总市值的比例(%)
1	601857	中国石油	181676571.31	10.15
2	601398	工商银行	111183188.54	6.21
3	601288	农业银行	78806818.77	4.40
4	601988	中国银行	63154544.44	3.53
5	600028	中国石化	56357164.06	3.15
6	601628	中国人寿	44354118.90	2.48
7	601088	中国神华	40749354.79	2.28
8	601318	中国平安	26880476.52	1.50
9	600036	招商银行	22630313.66	1.26
10	600000	浦发银行	17778193.14	0.99
所占总市值的比例总计:35.95%				

2010 年度沪市股票流通市值前十名

名次	股票代码	股票简称	流通市值总值(万元)	所占总市值的比例(%)
1	601857	中国石油	181227771.31	12.73
2	601398	工商银行	111183188.54	7.81
3	601988	中国银行	63154544.44	4.44
4	600028	中国石化	56357164.06	3.96
5	601628	中国人寿	44354118.90	3.12
6	601088	中国神华	40304574.79	2.83
7	601318	中国平安	26880476.52	1.89
8	600036	招商银行	22630313.66	1.59
9	600519	贵州茅台	17358369.60	1.22
10	601328	交通银行	16295055.67	1.14
所占总市值的比例总计:40.73%				

2010 年度沪市股票特殊事件首日表现

公司代码	公司名称	日期	事件	开盘价	最高价	最低价	收盘价	成交量(万股)	成交额(万元)	日换手率
600169	太原重工股份有限公司	2010-12-31	A股增发上市	21.09	21.42	20.85	21.32	2265.96	47892.06	4.65
600711	盛屯矿业集团股份有限公司	2010-12-31	A股增发上市	21.18	21.56	20.8	21.38	302.01	6426.06	3.8
601126	北京四方继保自动化股份有限公司	2010-12-31	A股新上市	28.22	32	27.24	31.11	5620.31	166491.78	85.68
600011	华能国际电力股份有限公司	2010-12-30	A股增发上市	5.58	5.72	5.46	5.58	1609.45	8880.88	0.56
600426	山东华鲁恒升化工股份有限公司	2010-12-30	A股增发上市	13.7	13.7	13.4	13.56	280.49	3785.8	0.57
600795	国电电力发展股份有限公司	2010-12-29	A股增发上市	3.08	3.13	3.02	3.08	26598.38	81524.9	1.91
601890	江苏亚星锚链股份有限公司	2010-12-28	A股新上市	26	26.66	23.92	23.98	5006.37	126238.68	69.53
600373	中文天地出版传媒股份有限公司	2010-12-24	A股增发上市	18	19.2	18	19.09	635.57	11890.69	3.39
600268	国电南京自动化股份有限公司	2010-12-22	A股增发上市	28.59	28.79	28.01	28.51	350.89	9996.85	1.32

公司代码	公司名称	日期	事件	开盘价	最高价	最低价	收盘价	成交量（万股）	成交额（万元）	日换手率
600535	天津天士力制药股份有限公司	2010－12－22	A股增发上市	39.58	39.99	38.9	39.15	379.35	14932.26	0.78
600104	上海汽车集团股份有限公司	2010－12－16	A股增发上市	16.71	16.85	16.35	16.38	3327.38	55158.36	0.39
600199	安徽金种子酒业股份有限公司	2010－12－15	A股增发上市	19.97	21	19.97	20.32	3473.96	71506.26	6.66
600480	凌云工业股份有限公司	2010－12－15	A股增发上市	18.4	18.58	18.05	18.54	942.37	17267.23	3.02
601933	永辉超市股份有限公司	2010－12－15	A股新上市	32.03	34.18	31.71	32.29	7634.9	249025.62	86.76
600439	河南瑞贝卡发制品股份有限公司	2010－12－8	A股增发上市	13.7	14.05	13.6	13.7	1542.53	21294.08	2.09
601880	大连港股份有限公司	2010－12－6	A股新上市	4.59	5.5	4.55	5.24	37603.22	181899.15	89.75
600279	重庆港九股份有限公司	2010－11－29	A股增发上市	13.12	13.2	12.75	12.87	342.65	4413.87	2.27
600575	芜湖港储运股份有限公司	2010－11－29	A股增发上市	21.78	21.8	21.2	21.7	166.62	3577.72	0.47
600337	美克国际家具股份有限公司	2010－11－26	A股增发上市	12.76	12.76	12.28	12.45	741.46	9234.52	1.45
601111	中国国际航空股份有限公司	2010－11－26	A股增发上市	13.06	13.29	12.88	12.9	3207.53	41845.4	0.41
601777	力帆实业(集团)股份有限公司	2010－11－25	A股新上市	19.9	19.9	17.73	17.87	11021.88	205665.01	68.89
600971	安徽恒源煤电股份有限公司	2010－11－5	A股增发上市	49.27	49.56	47.41	47.78	970.38	46956.74	6.8
601006	大秦铁路股份有限公司	2010－11－5	A股增发上市	9.05	9.09	8.88	8.99	31031.82	279430.5	2.09
600572	浙江康恩贝制药股份有限公司	2010－11－4	A股增发上市	16.95	17.6	16.9	17.59	721.86	12493.59	2.94
600978	广东省宜华木业股份有限公司	2010－11－4	A股增发上市	7.35	7.48	7.28	7.39	3701.28	27321.82	4.51
600029	中国南方航空股份有限公司	2010－11－3	A股增发上市	11.55	11.56	10.9	11.04	8351.52	93337	1.74
600184	北方光电股份有限公司	2010－11－2	A股增发上市	40.09	44	39.2	39.65	281.35	11771.95	4.6
600998	九州通医药集团股份有限公司	2010－11－2	A股新上市	18.25	19.88	17.5	18.98	9994.35	182873.16	83.29
600642	申能股份有限公司	2010－10－29	A股增发上市	9.2	9.2	8.9	9.02	7033.37	63620.33	2.23
600721	新疆百花村股份有限公司	2010－10－28	A股增发上市	15.2	15.45	14.83	14.83	515.55	7699.22	5.92
601098	中南出版传媒集团股份有限公司	2010－10－28	A股新上市	14.03	14.49	13.66	13.8	23530.86	329810.86	73.9
600406	国电南瑞科技股份有限公司	2010－10－26	A股增发上市	60.02	61.1	59.37	60.76	308.89	18665.57	0.61
600629	上海棱光实业股份有限公司	2010－10－21	A股增发上市	15.5	15.5	15.17	15.37	162.84	2491.47	1.88
600282	南京钢铁股份有限公司	2010－10－20	A股增发上市	4.2	4.28	4.17	4.21	1470.23	6199	0.87
600000	上海浦东发展银行股份有限公司	2010－10－19	A股增发上市	15.35	15.4	15	15.36	14420.22	219046.34	1.26
600703	三安光电股份有限公司	2010－10－18	A股增发上市	43	43	40.98	41.17	852.04	35273.16	3.93
600760	中航黑豹股份有限公司	2010－10－14	A股增发上市	11.85	12.19	11.76	11.81	1337.48	16052.73	5.45
601377	兴业证券股份有限公司	2010－10－13	A股新上市	14.66	15.58	13.8	14.86	18456.33	269878.9	87.72
600478	湖南科力远新能源股份有限公司	2010－10－11	A股增发上市	18.06	18.27	17.57	17.76	1680.46	30009.74	8.46
600612	老凤祥股份有限公司	2010－10－11	A股增发上市	35.78	37.47	35.75	36.27	539.64	19780.48	5.86
600869	三普药业股份有限公司	2010－10－11	A股增发上市	18.28	18.28	17.76	18.01	233.01	4179.17	1.94
601177	杭州前进齿轮箱集团股份有限公司	2010－10－11	A股新上市	15.88	19.21	14.57	18.06	7439.71	120772.93	92.08
600161	北京天坛生物制品股份有限公司	2010－9－29	A股增发上市	23.99	24.48	23.81	24.38	518.23	12523.67	1.06
601018	宁波港股份有限公司	2010－9－28	A股新上市	3.72	3.75	3.54	3.57	32637.3	119005.07	29.67
600242	中昌海运股份有限公司	2010－9－27	A股增发上市	7.58	7.61	7.4	7.61	159.63	1200.49	1.53
600979	四川广安爱众股份有限公司	2010－9－27	A股增发上市	7.93	8.09	7.78	7.9	909.48	7172.02	3.82
600166	北汽福田汽车股份有限公司	2010－9－17	A股增发上市	20.66	20.82	20.44	20.53	546.4	11254.4	0.91
600460	杭州士兰微电子股份有限公司	2010－9－17	A股增发上市	23.3	23.55	22.41	22.7	707.42	16193.21	1.75
600369	西南证券股份有限公司	2010－9－2	A股增发上市	13.36	13.45	13.11	13.28	814.51	10778.17	2.15
600470	安徽六国化工股份有限公司	2010－8－27	A股增发上市	13.55	13.7	13.36	13.66	610.98	8254.64	2.7
600089	特变电工股份有限公司	2010－8－24	A股增发上市	16.98	17.04	16.66	16.8	6274.89	105556.89	3.1
601818	中国光大银行股份有限公司	2010－8－18	A股新上市	3.37	3.72	3.35	3.66	209381.16	734275.65	85.46
601718	际华集团股份有限公司	2010－8－16	A股新上市	5.8	6.44	5.71	6.17	51932.14	312156.32	89.77
601717	郑州煤矿机械集团股份有限公司	2010－8－3	A股新上市	28.8	33.4	28.51	31.44	10019.89	298538.03	89.46
600707	彩虹显示器件股份有限公司	2010－8－2	A股增发上市	16.35	16.86	16.34	16.8	766.95	12751.1	1.87
600100	同方股份有限公司	2010－7－26	A股增发上市	22.08	22.52	21.81	22.31	1610.85	35852.59	1.65
600157	永泰能源股份有限公司	2010－7－16	A股增发上市	21.43	21.78	21.2	21.74	184.82	3964.84	1.38
600316	江西洪都航空工业股份有限公司	2010－7－15	A股增发上市	37.9	39.19	37.62	38.49	409.59	15834.24	1.16
601288	中国农业银行股份有限公司	2010－7－15	A股新上市	2.74	2.74	2.69	2.7	403972.52	1094961.38	39.18
600432	吉林吉恩镍业股份有限公司	2010－7－5	A股增发上市	17	17.2	16.6	16.94	454.41	7692.45	0.64
601000	唐山港集团股份有限公司	2010－7－5	A股新上市	8	8.18	7.86	7.88	4423.92	35325.71	27.65
600298	安琪酵母股份有限公司	2010－7－2	A股增发上市	34.73	35.18	33.15	33.81	93.22	3179.72	0.34
600795	国电电力发展股份有限公司	2010－7－2	A股增发上市	3.25	3.32	3.22	3.31	5131.9	16844.3	0.47
600116	重庆三峡水利电力(集团)股份有限公司	2010－7－1	A股增发上市	7.24	7.29	7.06	7.13	80.96	579.31	0.46

公司代码	公司名称	日期	事件	开盘价	最高价	最低价	收盘价	成交量（万股）	成交额（万元）	日换手率
600551	时代出版传媒股份有限公司	2010－6－30	A 股增发上市	17.45	17.45	15.88	16.44	301.61	4983.18	2.01
600122	江苏宏图高科技股份有限公司	2010－6－22	A 股增发上市	13.21	13.55	13.21	13.33	239.87	3219.76	0.8
600252	广西梧州中恒集团股份有限公司	2010－6－18	A 股增发上市	0	0	0	36.72	0	0	0
600170	上海建工集团股份有限公司	2010－6－4	A 股增发上市	10.79	10.81	10.62	10.74	196.34	2105.33	0.56
600580	卧龙电气集团股份有限公司	2010－6－3	A 股增发上市	18.74	19.03	18.29	18.3	1409.31	26515.16	3.31
600310	广西桂东电力股份有限公司	2010－5－31	A 股增发上市	21.59	21.59	20.78	20.78	47.93	1016.77	0.31
600862	南通科技投资集团股份有限公司	2010－5－25	A 股增发上市	10.82	11.09	10.56	10.89	1651.21	17873.25	12.27
600110	中科英华高技术股份有限公司	2010－5－24	A 股增发上市	6.82	7.1	6.82	7.03	2860.97	19992.38	2.93
600458	株洲时代新材料科技股份有限公司	2010－5－21	A 股增发上市	27.75	30.57	27	30.1	509.97	14813.57	3.47
601727	上海电气集团股份有限公司	2010－5－19	A 股增发上市	7.77	7.87	7.56	7.71	601.51	4639.8	0.28
600112	贵州长征电气股份有限公司	2010－5－10	A 股增发上市	0	0	0	14.05	0	0	0
600196	上海复星医药（集团）股份有限公司	2010－5－7	A 股增发上市	22.7	23.14	22.3	22.41	1042.78	23634.4	1.41
601369	西安陕鼓动力股份有限公司	2010－4－28	A 股新上市	18.12	19.98	18.12	19.27	6461.96	124688	73.93
600141	湖北兴发化工集团股份有限公司	2010－4－26	A 股增发上市	23.13	23.23	22.66	22.91	357.7	8177.88	1.18
600713	南京医药股份有限公司	2010－4－23	A 股增发上市	13.73	13.9	13.2	13.51	984.93	13241.97	4.14
601101	北京昊华能源股份有限公司	2010－3－31	A 股新上市	41	42.22	38.73	38.96	5993.48	239195.89	68.11
600219	山东南山铝业股份有限公司	2010－3－30	A 股增发上市	11.73	11.77	11.6	11.66	1178.73	13767.64	1.42
601158	重庆水务集团股份有限公司	2010－3－29	A 股新上市	10.99	12.44	10.92	12.1	23718.72	274621.74	86.25
601991	大唐国际发电股份有限公司	2010－3－26	A 股增发上市	8.11	8.15	8.02	8.15	547.18	4432.05	0.06
600059	浙江古越龙山绍兴酒股份有限公司	2010－3－22	A 股增发上市	10.19	10.3	10.02	10.1	754.65	7635.89	2.27
600227	贵州赤天化股份有限公司	2010－3－15	A 股增发上市	12.52	12.56	11.92	11.99	4951.13	60826.64	12.24
600236	广西桂冠电力股份有限公司	2010－3－11	A 股增发上市	7.61	7.63	7.47	7.52	410.78	3093.54	0.51
600858	银座集团股份有限公司	2010－3－9	A 股增发上市	27.1	27.4	26.7	27.2	89.98	2443.04	0.39
600221	海南航空股份有限公司	2010－2－26	A 股增发上市	7.72	7.85	7.6	7.72	5016.8	38815.14	1.5
601688	华泰证券股份有限公司	2010－2－26	A 股新上市	21.01	21.94	21	21.06	31091.36	663174.47	56.61
601169	北京银行股份有限公司	2010－2－24	非流通转流通	15.3	15.64	15.16	15.62	2055.46	31610.14	0.52
601678	滨化集团股份有限公司	2010－2－23	A 股新上市	19.2	25	19.12	22.14	6367.2	132647.22	72.35
600711	盛屯矿业集团股份有限公司	2010－2－10	A 股增发上市	10.89	10.9	10.7	10.77	53.6	578.31	0.67
601106	中国第一重型机械股份公司	2010－2－9	A 股新上市	5.48	5.67	5.34	5.52	16834.9	92911.14	16.83
600031	三一重工股份有限公司	2010－2－4	A 股增发上市	31.17	31.96	30.9	30.98	859.89	26961.3	0.58
601268	二重集团（德阳）重型装备股份有限公司	2010－2－2	A 股新上市	8.5	8.5	8.12	8.15	6354.37	52858.65	26.48
601179	中国西电电气股份有限公司	2010－1－28	A 股新上市	8.02	8.19	7.75	7.79	29631.18	234741.96	34.88
601877	浙江正泰电器股份有限公司	2010－1－21	A 股新上市	26.51	30	26.51	28.83	6325.08	178947.33	75.3
600783	鲁信创业投资集团股份有限公司	2010－1－19	A 股增发上市	26.6	26.6	25.85	26	325.16	8485.27	1.61
600804	成都鹏博士电信传媒集团股份有限公司	2010－1－18	A 股增发上市	13.65	14.3	13.3	14.27	2752.2	37763.13	4.9
601801	安徽新华传媒股份有限公司	2010－1－18	A 股新上市	20	20.75	17.22	17.63	6635.08	121722.35	75.4
600716	江苏凤凰置业投资股份有限公司	2010－1－11	A 股增发上市	9.67	9.68	9.23	9.26	664.15	6208.29	2.26
600893	西安航空动力股份有限公司	2010－1－7	A 股增发上市	28.06	28.8	27.8	28.08	503.44	14212.95	3.44
601117	中国化学工程股份有限公司	2010－1－7	A 股新上市	5.76	5.86	5.65	5.75	57008.2	327527.33	61.65

2010 年度上海证券交易所融资融券业务介绍

融资融券交易，又称证券信用交易，是指投资者向具有融资融券业务资格的证券公司提供担保物，借入资金买入上市证券或借入上市证券并卖出的行为。融资融券业务，是指证券公司向客户出借资金供其买入上市证券或者出借上市证券供其卖出，并收取担保物的经营活动。

2010 年 3 月 31 日，本所开始接受第一批 6 家试点会员的融资融券交易申报。2010 年 7 月 5 日，本所开始接受第二批 5 家试点会员的融资融券交易申报。2010 年 12 月 13 日，本所开始接受第三批 14 家试点会员的融资融券交易申报。

2010 年融资融券交易试点启动以来，融资融券交易金额和余额稳步增长。截至 2010 年 12 月 31 日试点会员数量为 25 家，约占我国证券公司总数的 1/4，25 家试点证券公司共有 1222 家营业部为投资者提供融资融券服务，占我国证券营业部总数的 26%。截至 12 月 31 日，25 家试点证券公司为客户合计开立沪市信用证券账户 21015 户。截至 2010 年 12 月 31 日，沪市融资融券交易累计成交 589.46 亿元，占沪深两市融资融券交易累计金额的比重为 60%。其中，融资交易金额累计576.88亿元，占 97.9%；融券交易金额累计 12.58 亿元，占 2.1%。融资融券余额为84.34亿元，其中融资余额为84.3 亿元，融券余额为 400 万元。

表1　第一批会员名单

序号	会员名称
1	国泰君安证券股份有限公司
2	国信证券股份有限公司
3	中信证券股份有限公司
4	光大证券股份有限公司
5	海通证券股份有限公司
6	广发证券股份有限公司

表2　第二批会员名单

序号	会员名称
1	申银万国证券股份有限公司
2	东方证券股份有限公司
3	招商证券股份有限公司
4	华泰证券股份有限公司
5	中国银河证券股份有限公司

表3　第三批会员名单

序号	会员名称
1	长江证券股份有限公司
2	安信证券股份有限公司
3	平安证券有限责任公司
4	国都证券有限责任公司
5	国元证券股份有限公司
6	中信建投证券有限责任公司
7	中国建银投资证券有限责任公司
8	兴业证券股份有限公司
9	方正证券股份有限公司
10	长城证券有限责任公司
11	宏源证券股份有限公司
12	齐鲁证券有限公司
13	西南证券股份有限公司
14	中国国际金融有限公司

2010年度沪市融券交易前10种股票

序号	股票代码	股票简称	融券卖出额(万元)	买券还券额(万元)	合计(万元)
1	601318	中国平安	15001.74	14277.05	29278.79
2	600036	招商银行	9709.67	9517.72	19227.39
3	600030	中信证券	7296.07	7242.53	14538.60
4	600519	贵州茅台	5154.83	5158.99	10313.82
5	601899	紫金矿业	4715.71	4675.99	9391.70
6	600000	浦发银行	4270.15	4233.78	8503.93
7	600048	保利地产	2423.78	2358.41	4782.19
8	600795	国电电力	1777.19	1724.28	3501.47
9	601088	中国神华	1776.30	1675.27	3451.57
10	601601	中国太保	1636.14	1593.14	3229.28

2010年度沪市融资交易前10种股票

序号	股票代码	股票简称	融资买入额(万元)	卖券还款额(万元)	合计(万元)
1	601168	西部矿业	282777.37	88835.79	371613.16
2	601318	中国平安	238986.70	60621.15	299607.85
3	600030	中信证券	204380.40	58314.28	262694.68
4	600362	江西铜业	172443.28	49522.37	221965.65
5	600089	特变电工	155271.24	55954.24	211225.48
6	601166	兴业银行	145952.81	53056.03	199008.84
7	600036	招商银行	152919.28	45040.25	197959.53
8	601899	紫金矿业	138258.82	54909.12	193167.94
9	600519	贵州茅台	146879.49	39331.15	186210.64
10	600547	山东黄金	131972.91	53510.04	185482.95

2010年上海证券市场各月成交股数、成交金额和市盈率

月份	成交股数(万股)	成交金额(万元)	市盈率(倍)
01	23579284.77	291052895.84	26.21
02	12270452.51	143073470.39	26.88
03	21509962.44	252943274.16	27.51
04	23003182.91	287881007.68	25.37
05	16715351.21	186579824.60	19.90
06	12269379.11	129697127.31	18.46
07	19110952.86	175261236.09	19.85
08	24127523.61	247735580.66	19.85
09	20519206.33	235332835.84	20.01
10	29737137.73	368912823.25	22.61
11	35539461.29	459221196.35	21.52
12	21262407.95	265428820.64	21.61

2010 年上海证券交易所上市公司年度报告及 2011 年第一季度报告基本情况

截至 2011 年 4 月 30 日，沪市上市公司 2010 年度报告和 2011 年第一季度报告披露工作基本结束。906 家上市公司全部如期披露了 2010 年度报告（其中 4 家以招股说明书形式披露年度财务资料）和 2011 年第一季度报告。

经初步统计分析，沪市上市公司 2010 年报呈现以下几个特点：

一、整体业绩和每股收益均大幅上升

现有统计数据显示，沪市上市公司 2010 年共实现营业收入、营业利润和归属于上市公司股东的净利润分别为138,713亿元、18,655 亿元和 14,168 亿元。与 2009 年相比，分别增长 33.84%、36.95% 和 37.25%。已披露年度报告的上市公司加权平均每股收益、净资产收益率、每股净资产和每股经营活动产生的现金流量净额分别为 0.5032 元、15.17%、3.32 元、0.85 元。2009 年的加权平均每股收益、净资产收益率分别为 0.4178 元和 12.28%。

大盘蓝筹和上证红利指数成分股业绩表现突出（详见下表），均高于市场的平均水平，成为沪市上市公司的中流砥柱。

	每股收益（元）	净资产收益率（%）	每股净资产（元）
沪市整体	0.5032	15.17	3.32
上证 50 公司	0.5596	16.68	3.36
上证 180 公司	0.5424	16.03	3.38
红利指数公司	0.6982	14.22	4.91

二、半数以上的上市公司拟进行利润分配或者资本公积金转增股本，现金分红比例有所下降

据统计，共有 521 家公司在 2010 年报中提出了利润分配或资本公积金转增股本方案，占已披露 2010 年报公司总数的 57.5%。其中，拟进行现金分红的公司有 497 家，公司数占比为 54.86%。2010 年报上市公司拟分配的现金红利总额占全体公司净利润总额的比例为 26.67%。

三、亏损公司比例大幅下降

2010 年共有 55 家公司出现亏损，占已披露年报公司总数的 6.07%。2009 年的亏损比例为 12.9%。

亏损公司中，新增亏损公司 37 家，15 家公司因连续 2 年亏损被实施退市风险警示（ *ST），2 家公司因连续 3 年亏损将被暂停上市。另有 96 家公司实现扭亏为盈。

四、非标准审计意见比例有所下降

在已披露 2010 年报的 906 家上市公司中，有 59 家公司的财务会计报告被出具了非标准审计意见，非标准审计意见的比例为 6.5%，2009 年的家数和比例分别为 59 家和 6.8%。

59 家非标准审计意见的具体构成情况为：带强调事项段的无保留审计意见 42 家，保留意见 16 家，无法表示意见 1 家。

另据初步统计，2011 年第一季度报告的加权平均每股收益、净资产收益率和每股净资产分别为 0.1475 元、4.24% 和 3.48 元。

2010 年度沪市债券活跃品种累计涨幅排序

名次	代码	简称	开盘价	收盘价	累计成交笔数	累计成交量	累计成交金额（万元）	累计涨跌幅%	期间振幅%	累计换手率%
1	10710	07 国债 10	0	114.1	1	0	0.23	9.61	0	0
2	10605	06 国债(5)	100.17	100.19	147	0.21	212.92	2.95	20.36	0.01
3	10513	05 国债(13)	0	99.45	300	1.69	1708.64	0.17	29	0.05
4	19004	10 国债 04	–	99.97	11	0.52	519.09	0.15	0.15	0.02
5	10213	02 国债(13)	92.8	92.99	20256	447.62	427731.5	0.13	7.11	18.65
6	20042	10 贴债 16	–	99.05	102	31.8	31472.86	0.04	0.1	3.18
7	20028	10 贴债 02	–	98.76	116	15.73	15518.18	0	0.23	0.99

2010 年度沪市债券活跃品种累计跌幅排序

名次	代码	简称	开盘价	收盘价	累计成交笔数	累计成交量	累计成交金额（万元）	累计涨跌幅%	期间振幅%	累计换手率%
1	19718	07 国债 18	–	100.56	1	0	0.1	-8.21	0	0
2	10410	04 国债(10)	0	101.78	897	2	2064.2	-3.74	5.82	0.06
3	10404	04 国债(4)	104.75	101.05	2023	3.51	3612.79	-3.33	4.02	0.1
4	10407	04 国债(7)	0	101.3	1226	4.21	4323.22	-3.3	3.49	0.13
5	10505	05 国债(5)	101.75	100.39	347	0.7	713	-2.03	18.39	0.02
6	10112	21 国债(12)	102.56	100.72	14309	1580.16	1606006.3	-1.79	5.61	79.01
7	19016	10 国债 16	–	98.13	14	6	5886.9	-1.78	0.03	0.21
8	10110	21 国债(10)	102.21	100.64	12986	1512.88	1536467.66	-1.62	2.26	75.64
9	10601	06 国债(1)	0	97.78	342	24.48	24572.21	-1.43	13.98	0.74
10	10203	02 国债(3)	101.29	100	8900	850.39	858909.06	-1.3	4.33	42.52
11	10619	06 国债(19)	0	96.6	198	0.14	140.01	-1.08	9.5	0
12	10303	03 国债(3)	94.51	93.53	65837	621.97	603247.1	-1.06	7	23.92
13	10107	21 国债(7)	103.47	102.5	39197	1425.76	1517124.51	-1.02	7.94	59.51
14	10501	05 国债(1)	104.63	104.1	1351	4.21	4473.19	-0.86	7.39	0.14
15	10308	03 国债(8)	100.66	99.89	5819	467.31	475702.22	-0.83	3.93	28.53

名次	代码	简称	开盘价	收盘价	累计成交笔数	累计成交量	累计成交金额(万元)	累计涨跌幅%	期间振幅%	累计换手率%
16	10603	06 国债(3)	95.3	94	689	0.88	855.17	-0.81	19.59	0.03
17	19006	10 国债 06	-	99.32	1	0.2	198.64	-0.68	0	0.01

2010 年度沪市债券活跃品种累计振幅排序

名次	代码	简称	开盘价	收盘价	累计成交笔数	累计成交量	累计成交金额(万元)	累计涨跌幅%	期间振幅%	累计换手率%
1	10513	05 国债(13)	0	99.45	300	1.69	1708.64	0.17	29	0.05
2	10605	06 国债(5)	100.17	100.19	147	0.21	212.92	2.95	20.36	0.01
3	10603	06 国债(3)	95.3	94	689	0.88	855.17	-0.81	19.59	0.03
4	10505	05 国债(5)	101.75	100.39	347	0.7	713	-2.03	18.39	0.02
5	10601	06 国债(1)	0	97.78	342	24.48	24572.21	-1.43	13.98	0.74
6	10509	05 国债(9)	0	98.99	195	6.31	6361.76	-0.46	13.44	0.2
7	10619	06 国债(19)	0	96.6	198	0.14	140.01	-1.08	9.5	0
8	10107	21 国债(7)	103.47	102.5	39197	1425.76	1517124.51	-1.02	7.94	59.51
9	10512	05 国债(12)	97.7	97.28	2405	3.45	3436.69	-0.27	7.4	0.1
10	10501	05 国债(1)	104.63	104.1	1351	4.21	4473.19	-0.86	7.39	0.14
11	10213	02 国债(13)	92.8	92.99	20256	447.62	427731.5	0.13	7.11	18.65
12	10303	03 国债(3)	94.51	93.53	65837	621.97	603247.1	-1.06	7	23.92
13	10410	04 国债(10)	0	101.78	897	2	2064.2	-3.74	5.82	0.06
14	10112	21 国债(12)	102.56	100.72	14309	1580.16	1606006.3	-1.79	5.61	79.01
15	10504	05 国债(4)	101.41	101.4	6219	12.76	13135.38	-0.15	5.55	0.38
16	10203	02 国债(3)	101.29	100	8900	850.39	858909.06	-1.3	4.33	42.52
17	10404	04 国债(4)	104.75	101.05	2023	3.51	3612.79	-3.33	4.02	0.1
18	10308	03 国债(8)	100.66	99.89	5819	467.31	475702.22	-0.83	3.93	28.53
19	10407	04 国债(7)	0	101.3	1226	4.21	4323.22	-3.3	3.49	0.13

2010 年度沪市债券活跃品种累计换手率排序

名次	代码	简称	开盘价	收盘价	累计成交笔数	累计成交量	累计成交金额(万元)	累计涨跌幅%	期间振幅%	累计换手率%
1	10112	21 国债(12)	102.56	100.72	14309	1580.16	1606006.3	-1.79	5.61	79.01
2	10110	21 国债(10)	102.21	100.64	12986	1512.88	1536467.66	-1.62	2.26	75.64
3	10107	21 国债(7)	103.47	102.5	39197	1425.76	1517124.51	-1.02	7.94	59.51
4	10203	02 国债(3)	101.29	100	8900	850.39	858909.06	-1.3	4.33	42.52
5	10308	03 国债(8)	100.66	99.89	5819	467.31	475702.22	-0.83	3.93	28.53
6	10303	03 国债(3)	94.51	93.53	65837	621.97	603247.1	-1.06	7	23.92
7	10213	02 国债(13)	92.8	92.99	20256	447.62	427731.5	0.13	7.11	18.65
8	20042	10 贴债 16	-	99.05	102	31.8	31472.86	0.04	0.1	3.18
9	20028	10 贴债 02	-	98.76	116	15.73	15518.18	0	0.23	0.99
10	10601	06 国债(1)	0	97.78	342	24.48	24572.21	-1.43	13.98	0.74
11	10504	05 国债(4)	101.41	101.4	6219	12.76	13135.38	-0.15	5.55	0.38
12	20043	10 贴债 17	-	99.34	11	3.9	3874.48	0	0.01	0.34
13	19016	10 国债 16	-	98.13	14	6	5886.9	-1.78	0.03	0.21
14	20044	10 贴债 18	-	97.92	24	2.05	2007.59	-0.01	0.02	0.21
15	10509	05 国债(9)	0	98.99	195	6.31	6361.76	-0.46	13.44	0.2
16	19036	10 国债 36	-	99.6	23	5.5	5492.8	-0.4	0.3	0.19

2010 年度沪市债券活跃品种累计成交量排序

名次	代码	简称	开盘价	收盘价	累计成交笔数	累计成交量	累计成交金额(万元)	累计涨跌幅%	期间振幅%	累计换手率%
1	10112	21 国债(12)	102.56	100.72	14309	1580.16	1606006.3	-1.79	5.61	79.01
2	10110	21 国债(10)	102.21	100.64	12986	1512.88	1536467.66	-1.62	2.26	75.64
3	10107	21 国债(7)	103.47	102.5	39197	1425.76	1517124.51	-1.02	7.94	59.51
4	10203	02 国债(3)	101.29	100	8900	850.39	858909.06	-1.3	4.33	42.52
5	10303	03 国债(3)	94.51	93.53	65837	621.97	603247.1	-1.06	7	23.92
6	10308	03 国债(8)	100.66	99.89	5819	467.31	475702.22	-0.83	3.93	28.53
7	10213	02 国债(13)	92.8	92.99	20256	447.62	427731.5	0.13	7.11	18.65
8	20042	10 贴债 16	-	99.05	102	31.8	31472.86	0.04	0.1	3.18

名次	代码	简称	开盘价	收盘价	累计成交笔数	累计成交量	累计成交金额(万元)	累计涨跌幅%	期间振幅%	累计换手率%
9	10601	06 国债(1)	0	97.78	342	24.48	24572.21	-1.43	13.98	0.74
10	20028	10 贴债 02	-	98.76	116	15.73	15518.18	0	0.23	0.99
11	10504	05 国债(4)	101.41	101.4	6219	12.76	13135.38	-0.15	5.55	0.38
12	10509	05 国债(9)	0	98.99	195	6.31	6361.76	-0.46	13.44	0.2
13	19016	10 国债 16	-	98.13	14	6	5886.9	-1.78	0.03	0.21
14	19036	10 国债 36	-	99.6	23	5.5	5492.8	-0.4	0.3	0.19
15	10501	05 国债(1)	104.63	104.1	1351	4.21	4473.19	-0.86	7.39	0.14
16	10407	04 国债(7)	0	101.3	1226	4.21	4323.22	-3.3	3.49	0.13

2010 年度沪市债券活跃品种累计成交额排序

名次	代码	简称	开盘价	收盘价	累计成交笔数	累计成交量	累计成交金额(万元)	累计涨跌幅%	期间振幅%	累计换手率%
1	10112	21 国债(12)	102.56	100.72	14309	1580.16	1606006.3	-1.79	5.61	79.01
2	10110	21 国债(10)	102.21	100.64	12986	1512.88	1536467.66	-1.62	2.26	75.64
3	10107	21 国债(7)	103.47	102.5	39197	1425.76	1517124.51	-1.02	7.94	59.51
4	10203	02 国债(3)	101.29	100	8900	850.39	858909.06	-1.3	4.33	42.52
5	10303	03 国债(3)	94.51	93.53	65837	621.97	603247.1	-1.06	7	23.92
6	10308	03 国债(8)	100.66	99.89	5819	467.31	475702.22	-0.83	3.93	28.53
7	10213	02 国债(13)	92.8	92.99	20256	447.62	427731.5	0.13	7.11	18.65
8	20042	10 贴债 16	-	99.05	102	31.8	31472.86	0.04	0.1	3.18
9	10601	06 国债(1)	0	97.78	342	24.48	24572.21	-1.43	13.98	0.74
10	20028	10 贴债 02	-	98.76	116	15.73	15518.18	0	0.23	0.99
11	10504	05 国债(4)	101.41	101.4	6219	12.76	13135.38	-0.15	5.55	0.38
12	10509	05 国债(9)	0	98.99	195	6.31	6361.76	-0.46	13.44	0.2
13	19016	10 国债 16	-	98.13	14	6	5886.9	-1.78	0.03	0.21
14	19036	10 国债 36	-	99.6	23	5.5	5492.8	-0.4	0.3	0.19
15	10501	05 国债(1)	104.63	104.1	1351	4.21	4473.19	-0.86	7.39	0.14
16	10407	04 国债(7)	0	101.3	1226	4.21	4323.22	-3.3	3.49	0.13

2010 年度沪市债券活跃品种累计成交笔数排序

名次	代码	简称	开盘价	收盘价	累计成交笔数	累计成交量	累计成交金额(万元)	累计涨跌幅%	期间振幅%	累计换手率%
1	10303	03 国债(3)	94.51	93.53	65837	621.97	603247.1	-1.06	7	23.92
2	10107	21 国债(7)	103.47	102.5	39197	1425.76	1517124.51	-1.02	7.94	59.51
3	10213	02 国债(13)	92.8	92.99	20256	447.62	427731.5	0.13	7.11	18.65
4	10112	21 国债(12)	102.56	100.72	14309	1580.16	1606006.3	-1.79	5.61	79.01
5	10110	21 国债(10)	102.21	100.64	12986	1512.88	1536467.66	-1.62	2.26	75.64
6	10203	02 国债(3)	101.29	100	8900	850.39	858909.06	-1.3	4.33	42.52
7	10504	05 国债(4)	101.41	101.4	6219	12.76	13135.38	-0.15	5.55	0.38
8	10308	03 国债(8)	100.66	99.89	5819	467.31	475702.22	-0.83	3.93	28.53
9	10512	05 国债(12)	97.7	97.28	2405	3.45	3436.69	-0.27	7.4	0.1
10	10404	04 国债(4)	104.75	101.05	2023	3.51	3612.79	-3.33	4.02	0.1
11	10501	05 国债(1)	104.63	104.1	1351	4.21	4473.19	-0.86	7.39	0.14
12	10407	04 国债(7)	0	101.3	1226	4.21	4323.22	-3.3	3.49	0.13
13	10410	04 国债(10)	0	101.78	897	2	2064.2	-3.74	5.82	0.06
14	10603	06 国债(3)	95.3	94	689	0.88	855.17	-0.81	19.59	0.03

2010 年度上证所证券投资基金、ETF 合计各月成交概况

月份	月度总成交笔数(万笔)	月度总成交量(万份)	月度总成交金额(亿元)	该月累计交易日
1	130.4 最高 14.36 (2010-01-13) 最低 4.2 (2010-01-18)	3186028.21 最高 268688.65 (2010-01-13) 最低 106363.03 (2010-01-18)	623.66 最高 50.31 (2010-01-13) 最低 19.66 (2010-01-18)	20

月份	月度总成交笔数(万笔)	月度总成交量(万份)	月度总成交金额(亿元)	该月累计交易日
2	60.95 最高 6.64 (2010－02－03) 最低 2.62 (2010－02－08)	1339527.2 最高 179827.89 (2010－02－03) 最低 46028.71 (2010－02－12)	236.61 最高 32.15 (2010－02－03) 最低 7.92 (2010－02－12)	15
3	80.27 最高 8.82 (2010－03－29) 最低 2.2 (2010－03－08)	2031875.74 最高 200083.31 (2010－03－29) 最低 45861.24 (2010－03－08)	335.36 最高 32.4 (2010－03－29) 最低 8.38 (2010－03－08)	23
4	113.97 最高 11.47 (2010－04－19) 最低 3.58 (2010－04－28)	2846101.43 最高 237874.83 (2010－04－19) 最低 84529.37 (2010－04－14)	428.83 最高 36.94 (2010－04－19) 最低 13.59 (2010－04－09)	21
5	92.49 最高 6.65 (2010－05－06) 最低 2.7 (2010－05－26)	3799143.53 最高 282848.46 (2010－05－11) 最低 127424.11 (2010－05－25)	459.65 最高 32.91 (2010－05－11) 最低 13.6 (2010－05－26)	20
6	59.93 最高 5.38 (2010－06－29) 最低 1.87 (2010－06－24)	2527578.98 最高 220689.58 (2010－06－09) 最低 82329.56 (2010－06－28)	278.49 最高 25.47 (2010－06－09) 最低 9.35 (2010－06－28)	19
7	71.71 最高 4.97 (2010－07－28) 最低 2.08 (2010－07－07)	2883090.9 最高 196385.95 (2010－07－06) 最低 66783.4 (2010－07－08)	312.46 最高 20.11 (2010－07－06) 最低 9.05 (2010－07－08)	22
8	70.2 最高 4.08 (2010－08－16) 最低 1.64 (2010－08－27)	3029460.95 最高 216384.16 (2010－08－04) 最低 65208.79 (2010－08－27)	335.47 最高 23.4 (2010－08－04) 最低 7.55 (2010－08－27)	22
9	94.04 最高 26.51 (2010－09－02) 最低 1.52 (2010－09－21)	2054653.15 最高 192469.07 (2010－09－01) 最低 54125.67 (2010－09－21)	226.3 最高 19.08 (2010－09－01) 最低 5.89 (2010－09－21)	19
10	99.16 最高 9.25 (2010－10－18) 最低 3.5 (2010－10－22)	4082475 最高 504148.4 (2010－10－18) 最低 159167.72 (2010－10－12)	555.24 最高 63.48 (2010－10－18) 最低 22.22 (2010－10－12)	16

月份	月度总成交笔数(万笔)	月度总成交量(万份)	月度总成交金额(亿元)	该月累计交易日
11	111.67 最高 9.18 (2010－11－12) 最低 2.8 (2010－11－26)	5099876.61 最高 426476.78 (2010－11－12) 最低 125815.96 (2010－11－29)	628.64 最高 49.82 (2010－11－12) 最低 15.49 (2010－11－29)	22
12	72.83 最高 5.01 (2010－12－13) 最低 1.93 (2010－12－17)	2923936.85 最高 198907.44 (2010－12－20) 最低 73677.02 (2010－12－17)	351.01 最高 23.13 (2010－12－21) 最低 8.61 (2010－12－17)	23

2011 年上半年沪市活跃股涨幅排名

名次	股票代码	股票简称	开盘价	收盘价	平均价	累计成交量(万股)	累计成交金额(万元)	累计涨跌幅(%)	期间振幅(%)	累计换手率
1	600466	迪康药业	9.77	11.5	12.75	404541.32	5027134.05	120.88	12.28	1210.48
2	600636	三爱富	14.63	35.53	25.25	306232.33	8328768.79	99.99	7.4	881.94
3	600010	包钢股份	3.82	8.35	6.5	1816022.86	13629102.79	89.26	7.8	662.28
4	600645	ST 中源	9.42	20.15	15.45	76498.08	1260685.2	81.01	4.3	237.56
5	600618	氯碱化工	8.1	16.03	11.8	233711.92	3325498.9	78.1	11.42	311.68
6	600179	ST 黑化	5.73	10.98	11.53	112029.3	1339366.08	75.63	4.89	573.87
7	600152	维科精华	7.24	13.53	10	226111.84	2615351.03	75.46	8.37	770.41
8	600740	山西焦化	8.59	16.34	11.28	325648.3	4389184.6	74.43	4.53	712.84
9	600112	长征电气	11.99	21.74	18.36	174497.04	3215110.7	72.57	6.21	436.49
10	600656	ST 方源	6.82	13.6	10.15	45154.5	503057.52	72.37	7.33	421.42
11	600160	巨化股份	23	32.46	27.43	250185.57	7190305.95	72.35	9.64	348.34
12	600200	江苏吴中	6.76	12.37	10.62	576553.01	6851686.91	70.79	8.22	1104.32
13	600503	华丽家族	14.88	20.07	18.71	50278.88	962443.35	68.84	4.49	412.32
14	600714	金瑞矿业	11.88	21.49	15.23	97742.89	1926594.01	68.65	11.52	647.57
15	600340	XRST 国祥	8.89	10.36	9.95	30156.17	312160.18	67.81	7.17	183.12
16	600069	银鸽投资	5.67	9.62	10.07	553740.36	5663898.29	65.29	7.44	836.72
17	600502	安徽水利	13.54	15.91	16.74	204204.46	3427774.35	64.78	12.14	841.31
18	600614	鼎立股份	9.05	15.48	13.86	244411.85	3519389.92	62.31	5.61	599.64
19	600801	华新水泥	29.7	25.6	37.38	47921.96	1520108.42	62.04	5.72	156.74
20	600072	中船股份	18.14	26	23.83	178263.14	4372834.52	61.77	5.6	443.68

2011 年上半年沪市活跃股跌幅排名

名次	股票代码	股票简称	开盘价	收盘价	平均价	累计成交量(万股)	累计成交金额(万元)	累计涨跌幅(%)	期间振幅(%)	累计换手率
1	601126	四方股份	31.66	18.33	22.33	40024.61	993756.97	－46.91	8.02	571.97
2	600511	国药股份	25	15.18	20.06	48662.83	973527.31	－45.87	5.04	175.27
3	601519	大智慧	－	15.64	20.14	67590.24	1518052.39	－43.83	5.15	731.44
4	600498	烽火通信	41.2	25.98	32.88	43322.44	1460623.86	－41.64	6.49	130.48
5	600737	中粮屯河	15.88	10.25	12.04	118280.13	1462175.41	－39.59	4.43	146.82
6	600750	江中药业	36.5	24.48	29.42	27735.41	816754.82	－38.95	2.5	93.74
7	600707	彩虹股份	19.1	12.44	14.41	72020.53	1055778.99	－38.58	3.6	172.29
8	601116	三江购物	－	14.2	15.2	37889.03	633304.16	－38.5	16.33	748.17
9	600479	千金药业	18.24	12.2	14.88	40125.28	609412.94	－36.99	3.41	131.64
10	600261	浙江阳光	42.4	18.73	28.87	25135.15	723333.92	－36.81	3.91	109.49
11	600487	亨通光电	40.4	26.85	31.25	23835.98	778183.69	－36.78	4.28	143.49
12	600354	敦煌种业	36.51	24.42	29.31	41212.72	1239386.19	－36.71	4.24	221.61
13	600980	北矿磁材	30.2	19.85	25.01	44682.76	1152397.28	－36.67	3.64	343.71
14	600499	科达机电	24	16.01	19	66445.97	1267689.87	－35.74	4.09	111.04
15	600871	XDS 仪化	13.68	9.37	10.93	46227.03	520851.07	－34.52	5.16	231.14
16	600458	时代新材	63.98	19.24	41.19	58561.69	2134623.31	－34.34	5.28	258.59
17	600664	哈药股份	0	15.7	19.16	122887.23	2475468.16	－34.26	10.16	151.66
18	600273	华芳纺织	13.36	9.13	12.57	71428.53	879427.5	－33.7	4.63	226.76

名次	股票代码	股票简称	开盘价	收盘价	平均价	累计成交量(万股)	累计成交金额(万元)	累计涨跌幅(%)	期间振幅(%)	累计换手率
19	600596	新安股份	15.35	10.52	13	92765.01	1243264.29	-33.09	3.81	170.02
20	601011	宝泰隆	-	18.14	21.05	49542.24	1137654.85	-32.51	13.95	621.82

2011年上半年沪市活跃股振幅排名

名次	股票代码	股票简称	开盘价	收盘价	平均价	累计成交量(万股)	累计成交金额(万元)	累计涨跌幅(%)	期间振幅(%)	累计换手率
1	601599	鹿港科技	-	15.28	14.32	32998.73	476362.79	-6.85	23.46	778.27
2	601116	三江购物	-	14.2	15.2	37889.03	633304.16	-38.5	16.33	748.17
3	600768	宁波富邦	9.33	12.75	11.53	79385.21	1078730.24	39.83	15.92	693.55
4	601002	晋亿实业	14	18.49	20.95	345625.1	7645844.92	39.7	14.56	468.03
5	600605	汇通能源	12.92	12.47	13.36	26998.16	378433.27	1.25	14.23	183.23
6	601011	宝泰隆	-	18.14	21.05	49542.24	1137654.85	-32.51	13.95	621.82
7	601058	N赛轮	-	10.02	10.15	7338.2	72940.49	0	12.55	93.6
8	600103	青山纸业	3.63	4.17	4.18	402502.86	1860193.88	19.28	12.33	412.33
9	600466	迪康药业	9.77	11.5	12.75	404541.32	5027134.05	120.88	12.28	1210.48
10	601798	蓝科高新	-	13.27	13.65	17398.35	239007.99	-1.86	12.16	271.85
11	600502	安徽水利	13.54	15.91	16.74	204204.46	3427774.35	64.78	12.14	841.31
12	601678	滨化股份	20.3	17.65	20.37	127688.04	2726485.95	42.34	12.11	755.39
13	600553	太行水泥	12.7	-	13.43	12654.93	173605.53	17.1	11.83	33.55
14	600743	华远地产	5.75	4.86	5.93	135635.13	814303.2	15.25	11.77	527.66
15	600873	五洲明珠	30.35	13.04	26.88	115731.38	3031081.81	22.24	11.74	713.48
16	600647	同达创业	13.53	12.53	13.28	27926.26	382624.41	-2.79	11.71	260.91
17	600767	运盛实业	4.74	5.53	5.39	140850.77	813535.24	20.71	11.57	413.16
18	600714	金瑞矿业	11.88	21.49	15.23	97742.89	1926594.01	68.65	11.52	647.57
19	600679	金山开发	13.24	10.61	11.48	50898.33	616166.12	-17.25	11.46	279.63
20	600618	氯碱化工	8.1	16.03	11.8	233711.92	3325498.9	78.1	11.42	311.68

2011年上半年沪市活跃股换手率排名

名次	股票代码	股票简称	开盘价	收盘价	平均价	累计成交量(万股)	累计成交金额(万元)	累计涨跌幅(%)	期间振幅(%)	累计换手率
1	601118	海南橡胶	-	12.32	12.4	749223.99	9392504.43	18.46	9.13	1419.75
2	600114	东睦股份	11.72	15.27	13.34	146119.45	2251720.03	36.84	10.55	1357
3	600466	迪康药业	9.77	11.5	12.75	404541.32	5027134.05	120.88	12.28	1210.48
4	600200	江苏吴中	6.76	12.37	10.62	576553.01	6851686.91	70.79	8.22	1104.32
5	600116	三峡水利	12.53	17.39	17.83	187772.16	3584929.74	42.78	5.99	1056.79
6	600745	中茵股份	9	8.88	9.04	95332.03	914809.56	5.66	7.83	1017.84
7	600243	青海华鼎	9.26	9.58	10.69	184080.67	2106484.78	10.57	5.17	985.18
8	600483	福建南纺	7.51	7.97	8.57	158273.5	1396261.01	13.02	5.7	923.69
9	600636	三爱富	14.63	35.53	25.25	306232.33	8328768.79	99.99	7.4	881.94
10	600758	红阳能源	10.1	12.67	11.36	98909.21	1231766.41	29.22	6.69	864.65
11	601377	兴业证券	16.32	17.23	16.29	224636.16	3799081.07	13.19	4.5	859.51
12	600502	安徽水利	13.54	15.91	16.74	204204.46	3427774.35	64.78	12.14	841.31
13	600069	银鸽投资	5.67	9.62	10.07	553740.36	5663898.29	65.29	7.44	836.72
14	600495	晋西车轴	16.57	16.82	17.99	224384.16	4285873.41	9.13	7.7	825.49
15	600738	兰州民百	9.11	9.17	9.69	179123.54	1785399.15	5.1	2.89	810.27
16	601599	鹿港科技	-	15.28	14.32	32998.73	476362.79	-6.85	23.46	778.27
17	600152	维科精华	7.24	13.53	10	226111.84	2615351.03	75.46	8.37	770.41
18	601216	内蒙君正	-	24.19	26.03	75243.24	2047790.59	-10.53	4.59	760.51
19	601678	滨化股份	20.3	17.65	20.37	127688.04	2726485.95	42.34	12.11	755.39
20	600102	莱钢股份	7.67	9.48	9.06	176203.13	1808386.56	27.43	4.98	753.75

2011年上半年沪市活跃股成交量排名

名次	股票代码	股票简称	开盘价	收盘价	平均价	累计成交量(万股)	累计成交金额(万元)	累计涨跌幅(%)	期间振幅(%)	累计换手率
1	601288	农业银行	2.66	2.8	2.74	2037405.25	5627912.6	6.9	2.03	132.8
2	600010	包钢股份	3.82	8.35	6.5	1816022.86	13629102.79	89.26	7.8	662.28
3	600016	民生银行	5.05	5.73	5.54	1626751.84	9094995.5	16.05	2.44	72.02
4	601668	中国建筑	3.44	4.03	3.75	1454770.35	5514150.7	19.28	3.2	111.22

名次	股票代码	股票简称	开盘价	收盘价	平均价	累计成交量(万股)	累计成交金额(万元)	累计涨跌幅(%)	期间振幅(%)	累计换手率
5	601818	光大银行	3.98	3.35	3.79	1222262.5	4745787.1	-12.88	4.9	305.57
6	600050	中国联通	5.47	5.25	5.72	1168971.85	6753361.89	-0.51	4.08	55.15
7	600795	国电电力	3.06	2.96	3.07	1125682.29	3528359.23	1.07	2.35	80.67
8	600383	金地集团	6.21	6.41	6.54	1077739.89	7300015.91	7.89	4.79	241.02
9	601766	中国南车	7.65	7.12	7.53	1046710.85	8283925.19	-2.27	3.73	348.9
10	600030	中信证券	12.7	13.08	13.24	1017224.98	13857076.12	10.65	3.18	103.21
11	601299	中国北车	7.2	6.7	7.53	993988.36	7929971.9	-1.47	4.42	388.63
12	601899	紫金矿业	8.26	7.24	7.54	934855.78	7251309.99	-10.52	5.62	135.28
13	600000	浦发银行	12.42	9.84	12.9	880839.9	11537700.21	5.79	2.28	74.7
14	600036	招商银行	12.91	13.02	13.6	869161.97	11941732.7	5.06	1.84	49.2
15	601106	中国一重	6.02	4.85	5.77	823201.87	5052053.95	-15.91	4.07	372.39
16	601398	工商银行	4.24	4.46	4.39	801675.09	3536697.58	9.88	0.86	3.06
17	601118	海南橡胶	-	12.32	12.4	749223.99	9392504.43	18.46	9.13	1419.75
18	600019	宝钢股份	6.44	6.03	6.78	726605.32	5040968.16	0.27	3.64	41.49
19	601328	交通银行	5.51	5.54	5.69	705834.17	4044872.14	1.74	1.48	23.74
20	601939	建设银行	4.64	4.94	4.95	689578.66	3436247.56	12.28	1.91	71.88

2011 年上半年沪市活跃股成交金额排名

名次	股票代码	股票简称	开盘价	收盘价	平均价	累计成交量(万股)	累计成交金额(万元)	累计涨跌幅(%)	期间振幅(%)	累计换手率
1	600111	包钢稀土	72.2	71.43	75.81	319404.98	24163804.89	47.08	4.05	544.3
2	601166	兴业银行	24.2	13.48	23.02	678629.59	16021863.2	4.67	2.51	98.71
3	601318	中国平安	56.85	48.27	50.2	299868.92	15217494.81	-13.32	1.95	62.65
4	600030	中信证券	12.7	13.08	13.24	1017224.98	13857076.12	10.65	3.18	103.21
5	600010	包钢股份	3.82	8.35	6.5	1816022.86	13629102.79	89.26	7.8	662.28
6	600031	三一重工	21.82	18.04	21.49	590435.68	13196233.08	26.22	5.28	112.25
7	600036	招商银行	12.91	13.02	13.6	869161.97	11941732.7	5.06	1.84	49.2
8	600000	浦发银行	12.42	9.84	12.9	880839.9	11537700.21	5.79	2.28	74.7
9	600058	五矿发展	32.8	34.28	33.6	323050.93	11253270.1	11.38	9.73	301.38
10	600362	江西铜业	46.15	35.44	37.67	275068.85	10694127.7	-20.8	5.98	132.55
11	601118	海南橡胶	-	12.32	12.4	749223.99	9392504.43	18.46	9.13	1419.75
12	600016	民生银行	5.05	5.73	5.54	1626751.84	9094995.5	16.05	2.44	72.02
13	600348	国阳新能	29.37	24.14	25.37	345363.67	8931657.75	-12.86	4.56	143.6
14	600068	葛洲坝	11.86	11.99	12.32	674185.13	8680071.43	9.27	6.02	193.32
15	601088	中国神华	25.22	30.14	27.29	311448.01	8649684.28	24.75	5.59	19.09
16	600547	山东黄金	53.18	44.84	47.65	173371.54	8508403.9	-13.2	7.66	232.66
17	600636	三爱富	14.63	35.53	25.25	306232.33	8328768.79	99.99	7.4	881.94
18	601766	中国南车	7.65	7.12	7.53	1046710.85	8283925.19	-2.27	3.73	348.9
19	600585	海螺水泥	29.88	27.76	34.27	245155.42	8261913.03	38.85	2.5	87.57
20	601168	西部矿业	19.16	14.82	16.77	464670.25	8175148.51	-19.77	4.92	194.99

2011 年上半年沪市股票特殊事件首日表现

公司代码	公司名称	日期	事件	开盘价	最高价	最低价	收盘价	成交量(万股)	成交额(万元)	日换手率
601058	赛轮股份有限公司	2011-6-30	A股新上市	10.15	10.58	9.4	10.02	7338.2	72940.49	93.6
600780	山西通宝能源股份有限公司	2011-6-27	A股增发上市	6.65	6.88	6.6	6.79	1379.99	9297.19	1.58
601798	甘肃蓝科石化高新装备股份有限公司	2011-6-22	A股新上市	14.78	15.5	13.24	13.53	5783.08	80869.14	90.36
600723	北京首商集团股份有限公司	2011-6-21	A股增发上市	11.81	12.07	11.81	12.01	250.35	2997.76	0.79
601567	宁波三星电气股份有限公司	2011-6-15	A股新上市	19.98	19.98	18.88	18.91	1140.9	22082.64	21.29
600710	常林股份有限公司	2011-6-8	A股增发上市	11.01	11.16	10.92	11.09	502.39	5552.26	1.03
600372	中航航空电子设备股份有限公司	2011-6-3	A股增发上市	43.7	46.1	42.81	45.4	799.49	36088.91	1.95
600662	上海强生控股股份有限公司	2011-6-3	A股增发上市	6.73	6.94	6.73	6.92	591.32	4043.34	1.08
601010	文峰大世界连锁发展股份有限公司	2011-6-3	A股新上市	18.05	18.83	18.05	18.34	1770.84	32595.33	20.12
601311	骆驼集团股份有限公司	2011-6-2	A股新上市	17.6	18.19	17.23	17.55	1417.2	25069.85	21.34
601991	大唐国际发电股份有限公司	2011-6-2	A股增发上市	6.2	6.2	6.06	6.09	1022.01	6252.8	0.11
600256	新疆广汇实业股份有限公司	2011-5-30	A股增发上市	23.89	24.32	23.89	24.17	1245.62	30057.61	1.15

公司代码	公司名称	日期	事件	开盘价	最高价	最低价	收盘价	成交量（万股）	成交额（万元）	日换手率
601566	九牧王股份有限公司	2011－5－30	A股新上市	21.3	21.55	19.06	19.13	2239.45	45634.36	23.33
601599	江苏鹿港科技股份有限公司	2011－5－27	A股新上市	14.22	18.68	13.21	16.79	3990.33	58030.25	94.11
600321	四川国栋建设股份有限公司	2011－5－26	A股增发上市	7.18	7.25	7.08	7.1	512.92	3662.88	1.13
600096	云南云天化股份有限公司	2011－5－25	A股增发上市	19.14	19.21	18.86	19	279.81	5326.06	0.47
601208	四川东材科技集团股份有限公司	2011－5－20	A股新上市	21.22	23.3	20.5	22.78	5297.19	117129.61	82.77
600183	广东生益科技股份有限公司	2011－5－18	A股增发上市	10.21	10.27	10.12	10.21	809.25	8267.39	0.85
601233	桐昆集团股份有限公司	2011－5－18	A股新上市	27.18	30.7	27.18	29.71	7643.71	219134.21	79.62
600567	安徽山鹰纸业股份有限公司	2011－5－9	A股增发上市	5.57	5.6	5.52	5.55	764.38	4251.74	1.47
601113	义乌华鼎锦纶股份有限公司	2011－5－9	A股新上市	13.4	13.96	13.03	13.42	2214.82	29832.94	34.61
601218	江苏吉鑫风能科技股份有限公司	2011－5－6	A股新上市	19.26	21.4	19.22	19.97	708.73	14363.49	17.44
600278	东方国际创业股份有限公司	2011－5－5	A股增发上市	11.88	11.88	11.38	11.39	1114.21	12981.41	3.48
600749	西藏旅游股份有限公司	2011－5－4	A股增发上市	15.22	15.23	14.77	14.83	264.23	3934.36	1.6
600172	河南黄河旋风股份有限公司	2011－5－3	A股增发上市	17.7	19.47	17.58	18.98	4669.04	88415.12	18.6
600391	四川成发航空科技股份有限公司	2011－5－3	A股增发上市	21.3	22	21.3	21.87	88.43	1927.18	1.23
600015	华夏银行股份有限公司	2011－4－29	A股增发上市	13	13.06	12.43	12.52	4241.85	53520.35	1.12
601258	庞大汽贸集团股份有限公司	2011－4－28	A股新上市	36	38.6	33.88	34.58	1861.13	66970.67	16.62
600866	广东肇庆星湖生物科技股份有限公司	2011－4－27	A股增发上市	13	13.5	12.82	13.19	1143.29	15063.84	2.19
600017	日照港股份有限公司	2011－4－19	A股增发上市	0	0	0	4.45	0	0	0
600770	江苏综艺股份有限公司	2011－4－15	A股增发上市	24.5	24.56	23.74	23.96	906.9	21831.57	1.36
600361	北京华联综合超市股份有限公司	2011－4－14	A股增发上市	10.39	10.58	10.32	10.37	413.08	4320.56	0.85
600018	上海国际港务(集团)股份有限公司	2011－4－12	A股增发上市	4.25	4.35	4.14	4.28	5657.66	24031.6	0.27
600353	成都旭光电子股份有限公司	2011－4－7	A股增发上市	15.9	15.9	15.1	15.21	369.08	5657.49	3.26
600157	永泰能源股份有限公司	2011－3－30	A股增发上市	27.08	27.29	26.25	26.32	247.45	6621.11	0.97
601008	江苏连云港港口股份有限公司	2011－3－29	A股增发上市	8.4	8.9	8.16	8.39	1794.55	15174.7	3.34
600267	浙江海正药业股份有限公司	2011－3－18	A股增发上市	37.03	37.53	36.9	37.01	357.48	13283.25	0.74
600586	山东金晶科技股份有限公司	2011－3－18	A股增发上市	16.31	16.85	15.99	16.63	2816.24	46158.21	7.77
601199	江苏江南水务股份有限公司	2011－3－17	A股新上市	21.51	21.98	20.37	20.55	3317.65	70342.15	70.53
600063	安徽皖维高新材料股份有限公司	2011－3－16	A股增发上市	12.3	12.53	12.2	12.32	1061.54	13113.07	2.88
600973	宝胜科技创新股份有限公司	2011－3－14	A股增发上市	21.35	21.9	21.33	21.8	599.2	12994.08	3.84
601011	七台河宝泰隆煤化工股份有限公司	2011－3－9	A股新上市	27.11	28.5	25.01	25.75	6591.28	170623.52	84.94
600087	中国长江航运集团南京油运股份有限公司	2011－3－8	A股增发上市	6.09	6.09	6.02	6.05	2078.24	12561.39	1.29
601116	三江购物俱乐部股份有限公司	2011－3－2	A股新上市	19.11	22.8	19.11	21.78	4500.29	92769.45	93.76
601992	北京金隅股份有限公司	2011－3－1	A股新上市	15	16.27	14.55	15.05	10268.67	156389.74	32.5
600409	唐山三友化工股份有限公司	2011－2－22	A股增发上市	8.98	9.35	8.9	8.99	2604.25	23760.22	2.77
601216	内蒙古君正能源化工股份有限公司	2011－2－22	A股新上市	26.01	28	26	27.64	7470.19	201732.68	77.81
601989	中国船舶重工股份有限公司	2011－2－21	A股增发上市	14	14.38	13.93	14.13	4613.31	65168.05	2.17
600187	黑龙江国中水务股份有限公司	2011－2－17	A股增发上市	13.8	14.1	13.66	13.92	679.22	9405.67	6.97
600354	甘肃省敦煌种业股份有限公司	2011－2－16	A股增发上市	35.48	36.35	34.8	36.03	404.89	14472.25	2.18
600487	江苏亨通光电股份有限公司	2011－2－1	A股增发上市	32.69	32.85	32.26	32.47	102.28	3316.96	0.62
601616	上海广电电气(集团)股份有限公司	2011－2－1	A股新上市	19	19	17.52	17.9	1016.99	18356.03	12.11
601799	常州星宇车灯股份有限公司	2011－2－1	A股新上市	20	20.5	19.31	19.73	636.21	12645.31	13.25
600290	华仪电气股份有限公司	2011－1－31	A股增发上市	15.37	15.99	15.02	15.86	598.48	9303.64	3.72
601519	上海大智慧股份有限公司	2011－1－28	A股新上市	24.91	25.58	23.2	25.38	6837.46	168720.74	77.7
601137	宁波博威合金材料股份有限公司	2011－1－27	A股新上市	25.5	26.8	24.8	25.75	767.82	19733.27	17.45
600381	青海贤成矿业股份有限公司	2011－1－19	A股增发上市	8.55	8.73	8.45	8.67	353.94	3054.35	1.16
601700	常熟风范电力设备股份有限公司	2011－1－18	A股新上市	29.97	32.66	28.27	29.96	1074.44	32851.1	23.93
601558	华锐风电科技(集团)股份有限公司	2011－1－13	A股新上市	87	88.8	81.01	81.37	2406.85	202549.04	28.62
600803	河北威远生物化工股份有限公司	2011－1－12	A股增发上市	12.8	13.17	12.61	13.14	205.67	2641.45	1.09
600461	江西洪城水业股份有限公司	2011－1－10	A股增发上市	17.9	18.22	17.21	17.42	186.47	3296.6	1.33
601118	海南天然橡胶产业集团股份有限公司	2011－1－7	A股新上市	9.53	12.36	9.5	11.01	39365.85	403525.05	91.06
600873	梅花生物科技集团股份有限公司	2011－1－6	A股增发上市	32.12	33.57	32.12	33.01	333.71	10969.24	3.08
600578	北京京能热电股份有限公司	2011－1－4	A股增发上市	10.95	11.1	10.84	11.04	409.11	4491.66	0.71
600729	重庆百货大楼股份有限公司	2011－1－4	A股增发上市	44.96	45.08	43.9	45.01	242.48	10800.78	1.79
600750	江中药业股份有限公司	2011－1－4	A股增发上市	36.5	37.85	36.06	37.37	277.92	10354.78	0.94

2011 年上半年沪市债券活跃品种累计涨幅排序

名次	代码	简称	开盘价	收盘价	累计成交笔数	累计成交量	累计成交金额(万元)	累计涨跌幅%	期间振幅%	累计换手率%
1	19718	07 国债 18	0	119.56	2	0	0.23	18.89	9.13	0
2	10303	03 国债(3)	93.59	94.81	14955	114.82	108817.11	1.37	3.14	4.42
3	10509	05 国债(9)	98.99	99.5	85	0.13	132.18	0.58	2.9	0
4	10213	02 国债(13)	93.1	93.49	7000	156.12	146102.19	0.56	2.81	6.51
5	10107	21 国债(7)	102.39	103	13471	326.91	337056.46	0.5	2.79	13.64
6	10601	06 国债(1)	0	97.55	124	10.14	10009.89	0.26	7.5	0.31
7	19030	10 国债 30	0	99.59	15	13.1	13044.24	0.11	0.18	0.64
8	10603	06 国债(3)	93.14	93.84	180	0.24	231.27	0.07	6.43	0.01
9	19016	10 国债 16	0	98.18	10	4	3927.2	0.05	0	0.14
10	10512	05 国债(12)	97.28	97.27	850	1.62	1581.86	0.03	3.41	0.05
11	19101	11 国债 01	–	100.01	58	51.3	51271.99	0.01	0.1	1.66

2011 年上半年沪市债券活跃品种累计跌幅排序

名次	代码	简称	开盘价	收盘价	累计成交笔数	累计成交量	累计成交金额(万元)	累计涨跌幅%	期间振幅%	累计换手率%
1	10501	05 国债(1)	0	100.41	439	1.96	2031.06	-3.55	9.47	0.07
2	10308	03 国债(8)	99.69	98.48	2842	279.8	278025.99	-1.41	2.13	17.08
3	10410	04 国债(10)	0	100.35	436	0.93	941.36	-1.4	1.8	0.03
4	19035	10 国债 35	0	98.61	8	2	1972.1	-1.26	0.01	0.07
5	10203	02 国债(3)	100.4	98.87	3745	466.59	464450.84	-1.13	2.89	23.33
6	19006	10 国债 06	0	98.31	11	3.25	3184.32	-1.01	1	0.12
7	10112	21 国债(12)	100.51	99.75	8792	1171.67	1172105.69	-0.97	1.4	58.58
8	10407	04 国债(7)	0	100.4	884	3.53	3550.89	-0.89	1.48	0.11
9	19915	09 国债 15	0	99.1	7	5.5	5443.4	-0.87	0.31	0.2
10	10110	21 国债(10)	100.65	99.82	9197	1139.29	1139364.19	-0.82	1.69	56.97
11	10619	06 国债(19)	0	96	13	0	4.54	-0.4	5.79	0
12	10505	05 国债(5)	0	100.17	95	2.28	2287.11	-0.21	0.95	0.07
13	10504	05 国债(4)	101.39	101.2	2386	3.6	3646.22	-0.19	3.03	0.11
14	19036	10 国债 36	0	99.5	23	8.5	8455.15	-0.1	0.1	0.3
15	10513	05 国债(13)	99.66	99.3	182	0.32	317.63	-0.06	13.3	0.01
16	19113	11 国债 13	–	99.94	415	415	414547.5	-0.06	0.09	13.83

2011 年上半年沪市债券活跃品种累计振幅排序

名次	代码	简称	开盘价	收盘价	累计成交笔数	累计成交量	累计成交金额(万元)	累计涨跌幅%	期间振幅%	累计换手率%
1	10513	05 国债(13)	99.66	99.3	182	0.32	317.63	-0.06	13.3	0.01
2	10501	05 国债(1)	0	100.41	439	1.96	2031.06	-3.55	9.47	0.07
3	19718	07 国债 18	0	119.56	2	0	0.23	18.89	9.13	0
4	10601	06 国债(1)	0	97.55	124	10.14	10009.89	0.26	7.5	0.31
5	10603	06 国债(3)	93.14	93.84	180	0.24	231.27	0.07	6.43	0.01
6	10619	06 国债(19)	0	96	13	0	4.54	-0.4	5.79	0
7	10512	05 国债(12)	97.28	97.27	850	1.62	1581.86	0.03	3.41	0.05
8	10303	03 国债(3)	93.59	94.81	14955	114.82	108817.11	1.37	3.14	4.42
9	10504	05 国债(4)	101.39	101.2	2386	3.6	3646.22	-0.19	3.03	0.11
10	10509	05 国债(9)	98.99	99.5	85	0.13	132.18	0.58	2.9	0
11	10203	02 国债(3)	100.4	98.87	3745	466.59	464450.84	-1.13	2.89	23.33
12	10213	02 国债(13)	93.1	93.49	7000	156.12	146102.19	0.56	2.81	6.51
13	10107	21 国债(7)	102.39	103	13471	326.91	337056.46	0.5	2.79	13.64
14	10308	03 国债(8)	99.69	98.48	2842	279.8	278025.99	-1.41	2.13	17.08
15	10410	04 国债(10)	0	100.35	436	0.93	941.36	-1.4	1.8	0.03
16	10110	21 国债(10)	100.65	99.82	9197	1139.29	1139364.19	-0.82	1.69	56.97
17	10407	04 国债(7)	0	100.4	884	3.53	3550.89	-0.89	1.48	0.11
18	10112	21 国债(12)	100.51	99.75	8792	1171.67	1172105.69	-0.97	1.4	58.58
19	19006	10 国债 06	0	98.31	11	3.25	3184.32	-1.01	1	0.12

2011 年上半年沪市债券活跃品种累计换手率排序

名次	代码	简称	开盘价	收盘价	累计成交笔数	累计成交量	累计成交金额(万元)	累计涨跌幅%	期间振幅%	累计换手率%
1	10112	21 国债(12)	100.51	99.75	8792	1171.67	1172105.69	-0.97	1.4	58.58
2	10110	21 国债(10)	100.65	99.82	9197	1139.29	1139364.19	-0.82	1.69	56.97
3	10203	02 国债(3)	100.4	98.87	3745	466.59	464450.84	-1.13	2.89	23.33
4	10308	03 国债(8)	99.69	98.48	2842	279.8	278025.99	-1.41	2.13	17.08
5	19113	11 国债 13	-	99.94	415	415	414547.5	-0.06	0.09	13.83
6	10107	21 国债(7)	102.39	103	13471	326.91	337056.46	0.5	2.79	13.64
7	10213	02 国债(13)	93.1	93.49	7000	156.12	146102.19	0.56	2.81	6.51
8	10303	03 国债(3)	93.59	94.81	14955	114.82	108817.11	1.37	3.14	4.42
9	19101	11 国债 01	-	100.01	58	51.3	51271.99	0.01	0.1	1.66
10	19109	11 国债 09	-	99.97	47	35	34960.5	-0.03	0.15	1.17
11	19030	10 国债 30	0	99.59	15	13.1	13044.24	0.11	0.18	0.64
12	10601	06 国债(1)	0	97.55	124	10.14	10009.89	0.26	7.5	0.31
13	19036	10 国债 36	0	99.5	23	8.5	8455.15	-0.1	0.1	0.3
14	19915	09 国债 15	0	99.1	7	5.5	5443.4	-0.87	0.31	0.2
15	19016	10 国债 16	0	98.18	10	4	3927.2	0.05	0	0.14
16	19006	10 国债 06	0	98.31	11	3.25	3184.32	-1.01	1	0.12

2011 年上半年沪市债券活跃品种累计成交量排序

名次	代码	简称	开盘价	收盘价	累计成交笔数	累计成交量	累计成交金额(万元)	累计涨跌幅%	期间振幅%	累计换手率%
1	10112	21 国债(12)	100.51	99.75	8792	1171.67	1172105.69	-0.97	1.4	58.58
2	10110	21 国债(10)	100.65	99.82	9197	1139.29	1139364.19	-0.82	1.69	56.97
3	10203	02 国债(3)	100.4	98.87	3745	466.59	464450.84	-1.13	2.89	23.33
4	19113	11 国债 13	-	99.94	415	415	414547.5	-0.06	0.09	13.83
5	10107	21 国债(7)	102.39	103	13471	326.91	337056.46	0.5	2.79	13.64
6	10308	03 国债(8)	99.69	98.48	2842	279.8	278025.99	-1.41	2.13	17.08
7	10213	02 国债(13)	93.1	93.49	7000	156.12	146102.19	0.56	2.81	6.51
8	10303	03 国债(3)	93.59	94.81	14955	114.82	108817.11	1.37	3.14	4.42
9	19101	11 国债 01	-	100.01	58	51.3	51271.99	0.01	0.1	1.66
10	19109	11 国债 09	-	99.97	47	35	34960.5	-0.03	0.15	1.17
11	19030	10 国债 30	0	99.59	15	13.1	13044.24	0.11	0.18	0.64
12	10601	06 国债(1)	0	97.55	124	10.14	10009.89	0.26	7.5	0.31
13	19036	10 国债 36	0	99.5	23	8.5	8455.15	-0.1	0.1	0.3
14	19915	09 国债 15	0	99.1	7	5.5	5443.4	-0.87	0.31	0.2
15	19016	10 国债 16	0	98.18	10	4	3927.2	0.05	0	0.14
16	10504	05 国债(4)	101.39	101.2	2386	3.6	3646.22	-0.19	3.03	0.11

2011 年上半年沪市债券活跃品种累计成交金额排序

名次	代码	简称	开盘价	收盘价	累计成交笔数	累计成交量	累计成交金额(万元)	累计涨跌幅%	期间振幅%	累计换手率%
1	10112	21 国债(12)	100.51	99.75	8792	1171.67	1172105.69	-0.97	1.4	58.58
2	10110	21 国债(10)	100.65	99.82	9197	1139.29	1139364.19	-0.82	1.69	56.97
3	10203	02 国债(3)	100.4	98.87	3745	466.59	464450.84	-1.13	2.89	23.33
4	19113	11 国债 13	-	99.94	415	415	414547.5	-0.06	0.09	13.83
5	10107	21 国债(7)	102.39	103	13471	326.91	337056.46	0.5	2.79	13.64
6	10308	03 国债(8)	99.69	98.48	2842	279.8	278025.99	-1.41	2.13	17.08
7	10213	02 国债(13)	93.1	93.49	7000	156.12	146102.19	0.56	2.81	6.51
8	10303	03 国债(3)	93.59	94.81	14955	114.82	108817.11	1.37	3.14	4.42
9	19101	11 国债 01	-	100.01	58	51.3	51271.99	0.01	0.1	1.66
10	19109	11 国债 09	-	99.97	47	35	34960.5	-0.03	0.15	1.17
11	19030	10 国债 30	0	99.59	15	13.1	13044.24	0.11	0.18	0.64
12	10601	06 国债(1)	0	97.55	124	10.14	10009.89	0.26	7.5	0.31
13	19036	10 国债 36	0	99.5	23	8.5	8455.15	-0.1	0.1	0.3
14	19915	09 国债 15	0	99.1	7	5.5	5443.4	-0.87	0.31	0.2
15	19016	10 国债 16	0	98.18	10	4	3927.2	0.05	0	0.14
16	10504	05 国债(4)	101.39	101.2	2386	3.6	3646.22	-0.19	3.03	0.11

2011 年上半年沪市债券活跃品种累计成交笔数排序

名次	代码	简称	开盘价	收盘价	累计成交笔数	累计成交量	累计成交金额(万元)	累计涨跌幅%	期间振幅%	累计换手率%
1	10303	03 国债(3)	93.59	94.81	14955	114.82	108817.11	1.37	3.14	4.42
2	10107	21 国债(7)	102.39	103	13471	326.91	337056.46	0.5	2.79	13.64
3	10110	21 国债(10)	100.65	99.82	9197	1139.29	1139364.19	-0.82	1.69	56.97
4	10112	21 国债(12)	100.51	99.75	8792	1171.67	1172105.69	-0.97	1.4	58.58
5	10213	02 国债(13)	93.1	93.49	7000	156.12	146102.19	0.56	2.81	6.51
6	10203	02 国债(3)	100.4	98.87	3745	466.59	464450.84	-1.13	2.89	23.33
7	10308	03 国债(8)	99.69	98.48	2842	279.8	278025.99	-1.41	2.13	17.08
8	10504	05 国债(4)	101.39	101.2	2386	3.6	3646.22	-0.19	3.03	0.11
9	10407	04 国债(7)	0	100.4	884	3.53	3550.89	-0.89	1.48	0.11
10	10512	05 国债(12)	97.28	97.27	850	1.62	1581.86	0.03	3.41	0.05
11	10501	05 国债(1)	0	100.41	439	1.96	2031.06	-3.55	9.47	0.07
12	10410	04 国债(10)	0	100.35	436	0.93	941.36	-1.4	1.8	0.03
13	19113	11 国债 13	-	99.94	415	415	414547.5	-0.06	0.09	13.83
14	10513	05 国债(13)	99.66	99.3	182	0.32	317.63	-0.06	13.3	0.01
15	10603	06 国债(3)	93.14	93.84	180	0.24	231.27	0.07	6.43	0.01
16	10601	06 国债(1)	0	97.55	124	10.14	10009.89	0.26	7.5	0.31
17	10505	05 国债(5)	0	100.17	95	2.28	2287.11	-0.21	0.95	0.07
18	10509	05 国债(9)	98.99	99.5	85	0.13	132.18	0.58	2.9	0

2011 年上半年上证所 A、B 股合计各年月度成交概况

月份	月末市价总值(亿元)	月末流通市值(亿元)	月度总成交笔数(万笔)	月度总成交量(万股)	月度总成交金额(亿元)	月末平均市盈率	该月累计交易日
1	179868.17	143265.27	10496.49 最高 689.91 (2011-01-07) 最低 362.64 (2011-01-26)	17315829.65 最高 1135013.68 (2011-01-07) 最低 604062.15 (2011-01-18)	20275.79 最高 1466.88 (2011-01-04) 最低 673.67 (2011-01-26)	21.64	20
2	187914.35	150547.94	11075.59 最高 1020.51 (2011-02-22) 最低 457.55 (2011-02-01)	17586789.91 最高 1546159.26 (2011-02-14) 最低 733700.92 (2011-02-01)	21667.8 最高 1917.99 (2011-02-22) 最低 901.22 (2011-02-01)	22.57	15
3	190187.17	153516	18820.97 最高 1040.9 (2011-03-29) 最低 632.63 (2011-03-22)	29485755.68 最高 1689225.87 (2011-03-29) 最低 951414.57 (2011-03-22)	37034.12 最高 2080.93 (2011-03-07) 最低 1202.25 (2011-03-22)	22.78	23
4	189910.29	154465.75	14078.04 最高 909.83 (2011-04-19) 最低 491.03 (2011-04-29)	23264297.7 最高 1474035.16 (2011-04-11) 最低 875938.55 (2011-04-29)	27369.23 最高 1831.91 (2011-04-11) 最低 933.16 (2011-04-29)	22.75	19
5	179410.67	146438.41	11262.46 最高 682.09 (2011-05-04) 最低 415.9 (2011-05-30)	18024318.43 最高 1116661.31 (2011-05-04) 最低 652325.13 (2011-05-30)	20491.53 最高 1255.28 (2011-05-04) 最低 711.89 (2011-05-30)	16.33	21

月份	月末市价总值(亿元)	月末流通市值(亿元)	月度总成交笔数(万笔)	月度总成交量(万股)	月度总成交金额(亿元)	月末平均市盈率	该月累计交易日
6	181250.7	147566.44	10149.85 最高 719.78 (2011-06-24) 最低 369.42 (2011-06-20)	16304922.54 最高 1259324.07 (2011-06-24) 最低 585536.38 (2011-06-22)	18543.48 最高 1427.9 (2011-06-24) 最低 647.6 (2011-06-22)	16.48	21

2011年上半年上证所证券投资基金、ETF合计各月成交概况

月份	月度总成交笔数(万笔)	月度总成交量(万份)	月度总成交金额(亿元)	该月累计交易日
1	54.76 最高 4.74 (2011-01-17) 最低 1.8 (2011-01-26)	2095810.61 最高 177628.85 (2011-01-07) 最低 59023.96 (2011-01-28)	251.65 最高 21.45 (2011-01-07) 最低 8 (2011-01-26)	20
2	42.75 最高 5.94 (2011-02-14) 最低 1.8 (2011-02-01)	1642564.09 最高 184177.92 (2011-02-22) 最低 53044.13 (2011-02-01)	226.93 最高 26.4 (2011-02-22) 最低 6.79 (2011-02-01)	15
3	65.75 最高 5.17 (2011-03-07) 最低 1.55 (2011-03-18)	2628047.74 最高 174041.56 (2011-03-07) 最低 71711.34 (2011-03-18)	383.52 最高 25.3 (2011-03-25) 最低 9.73 (2011-03-24)	23
4	54.12 最高 4.31 (2011-04-06) 最低 1.93 (2011-04-22)	2119862.02 最高 160448.01 (2011-04-28) 最低 58495.32 (2011-04-22)	300 最高 22.17 (2011-04-06) 最低 8.29 (2011-04-22)	19
5	63.21 最高 13.53 (2011-05-09) 最低 1.27 (2011-05-11)	1721844.82 最高 128979.2 (2011-05-04) 最低 44076.35 (2011-05-20)	220.71 最高 15.59 (2011-05-04) 最低 6.02 (2011-05-20)	21
6	38.42 最高 3.44 (2011-06-24) 最低 1.05 (2011-06-22)	1577754.33 最高 136718.04 (2011-06-24) 最低 45430.13 (2011-06-15)	196 最高 16.9 (2011-06-24) 最低 6.41 (2011-06-15)	21

2011年上半年沪市股票流通市值前十名

名次	股票代码	股票简称	流通市值总值(万元)	所占总市值的比例(%)
1	601857	中国石油	175897542.74	11.92
2	601398	工商银行	116952405.27	7.93
3	601988	中国银行	61394839.84	4.16
4	600028	中国石化	57545838.73	3.90
5	601088	中国神华	49161468.40	3.33
6	601628	中国人寿	39044118.75	2.65

名次	股票代码	股票简称	流通市值总值(万元)	所占总市值的比例(%)
7	601318	中国平安	23103999.31	1.57
8	600036	招商银行	23001302.41	1.56
9	600519	贵州茅台	20068019.40	1.36
10	601328	交通银行	16473468.69	1.12
所占总市值的比例总计:39.5%				

2011 年上半年沪市股票市价总值前十名

名次	股票代码	股票简称	市价总值(万元)	所占总市值的比例(%)
1	601857	中国石油	176333142.74	9.73
2	601398	工商银行	116952405.27	6.45
3	601288	农业银行	82335482.29	4.54
4	601988	中国银行	61394839.84	3.39
5	600028	中国石化	57545838.73	3.17
6	601088	中国神华	49703988.40	2.74
7	601628	中国人寿	39044118.75	2.15
8	601318	中国平安	23103999.31	1.27
9	600036	招商银行	23001302.41	1.27
10	600519	贵州茅台	20068019.40	1.11
所占总市值的比例总计:35.82%				

沪市上证指数列表

重点指数					
上证 180	2002-6-28	3299.06	180	18167.76	上证 180 全收益
上证 50	2003-12-31	1000	50	12766.48	上证 50 全收益
上证 380	2003-12-31	1000	380	3388.41	上证 380 全收益
上证指数	1990-12-19	100	965	23369.67	
国债指数	2002-12-31	100	33	41927.8	
基金指数	2000-5-8	1000	36	795.54	
企债指数	2002-12-31	100	44	-	
成份指数					
上证 180	2002-6-28	3299.06	180	18167.76	上证 180 全收益
上证 50	2003-12-31	1000	50	12766.48	上证 50 全收益
上证 380	2003-12-31	1000	380	3388.41	上证 380 全收益
超大盘	2003-12-31	1000	20	9790.56	上证超级大盘全收益
上证中盘	2003-12-31	1000	130	5401.28	上证中盘全收益
上证小盘	2003-12-31	1000	320	3246.99	上证小盘全收益
上证中小	2003-12-31	1000	450	8648.28	上证中小全收益
上证全指	2003-12-31	1000	500	21414.76	上证全指全收益
沪企债 30	2008-12-31	100	30	1276.05	
综合指数					
上证指数	1990-12-19	100	965	23369.67	
新综指	2005-12-30	1000	900	23084.67	
A 股指数	1990-12-19	100	911	23235.39	
B 股指数	1992-2-21	100	54	134.28	
工业指数	1993-4-30	1358.78	600	8492.64	
商业指数	1993-4-30	1358.78	56	328.22	
地产指数	1993-4-30	1358.78	34	567.6	
公用指数	1993-4-30	1358.78	97	2508.04	
综合指数	1993-4-30	1358.78	166	11473.17	
中型综指	2007-12-28	1000	375	1523.33	中型综指全收益
上证流通	2009-12-31	1000	899	23102.66	上证流通全收益
行业指数					
上证能源	2003-12-31	1000	26	2904.01	上证能源全收益
上证材料	2003-12-31	1000	50	1250.12	上证材料全收益
上证工业	2003-12-31	1000	50	2876.26	上证工业全收益

上证可选	2003－12－31	1000	49	698.64	上证可选全收益
上证消费	2003－12－31	1000	30	269.25	上证消费全收益
上证医药	2003－12－31	1000	30	223.49	上证医药全收益
上证金融	2003－12－31	1000	30	10425.87	上证金融全收益
上证信息	2003－12－31	1000	30	222.16	上证信息全收益
上证电信	2003－12－31	1000	11	261.64	上证电信全收益
上证公用	2003－12－31	1000	28	856.92	上证公用全收益
380 能源	2003－12－31	1000	10	146.09	380 能源全收益
380 材料	2003－12－31	1000	63	574.03	380 材料全收益
380 工业	2003－12－31	1000	121	1320.94	380 工业全收益
380 可选	2003－12－31	1000	60	345.11	380 可选全收益
380 消费	2003－12－31	1000	33	200.36	380 消费全收益
380 医药	2003－12－31	1000	31	141.29	380 医药全收益
380 金融	2003－12－31	1000	12	91.13	380 金融全收益
380 信息	2003－12－31	1000	22	133.54	380 信息全收益
380 电信	2003－12－31	1000	7	21.74	380 电信全收益
380 公用	2003－12－31	1000	21	414.18	380 公用全收益
策略指数					
380 等权	2003－12－31	1000	380	3388.41	380 等权全收益
180 等权	2002－6－28	3299.06	180	18167.76	上证 180 等权重全收益
180 分层	2002－6－28	3299.06	180	18167.76	上证 180 行业分层等权重全收益
能源等权	2003－12－31	1000	26	2904.01	上证能源等权全收益
材料等权	2003－12－31	1000	50	1250.12	上证材料等权全收益
工业等权	2003－12－31	1000	50	2876.26	上证工业等权全收益
可选等权	2003－12－31	1000	49	698.64	上证可选等权全收益
消费等权	2003－12－31	1000	30	269.25	上证消费等权全收益
医药等权	2003－12－31	1000	30	223.49	上证医药等权全收益
金融等权	2003－12－31	1000	30	10425.87	上证金融等权全收益
信息等权	2003－12－31	1000	30	222.16	上证信息等权全收益
电信等权	2003－12－31	1000	11	261.64	上证电信等权全收益
公用等权	2003－12－31	1000	28	856.92	上证公用等权全收益
大盘等权	2003－12－31	1000	50	12766.48	上证大盘等权全收益
上证 F200	2004－12－31	1000	200	19177.53	上证 F200 全收益
上证 F300	2004－12－31	1000	300	1967.55	上证 F300 全收益
上证 F500	2004－12－31	1000	500	21145.08	上证 F500 全收益
风格指数					
180 成长	2002－6－28	1000	60	5639.66	180 成长全收益
180 价值	2002－6－28	1000	60	14806.73	180 价值全收益
180R 成长	2002－6－28	1000	144	8169.54	180R 成长全收益
180R 价值	2002－6－28	1000	144	17336.6	180R 价值全收益
全指成长	2003－12－31	1000	150	7501.9	全指成长全收益
全指价值	2003－12－31	1000	149	14011.44	全指价值全收益
全 R 成长	2003－12－31	1000	405	10787.44	全 R 成长全收益
全 R 价值	2003－12－31	1000	404	17296.99	全 R 价值全收益
380 成长	2003－12－31	1000	120	894.21	上证 380 成长全收益
380 价值	2003－12－31	1000	120	1833.54	上证 380 价值全收益
380R 成长	2003－12－31	1000	303	1978.01	上证 380 相对成长全收益
380R 价值	2003－12－31	1000	303	2917.34	上证 380 相对价值全收益
主题指数					
红利指数	2004－12－31	1000	50	8836.32	上证红利全收益
180 金融	2002－6－28	1000	27	10236.77	180 金融全收益
治理指数	2007－6－29	1000	265	14194.15	治理指数全收益
180 治理	2007－6－29	1000	100	12461.2	180 治理全收益
180 基建	2002－6－28	1000	21	1884.34	180 基建全收益
180 资源	2002－6－28	1000	30	3202.98	180 资源全收益
180 交通运输	2002－6－28	1000	9	722.36	180 交通运输全收益
上证央企	2008－12－31	1000	50	14595.87	上证央企全收益
责任指数	2009－6－30	1000	100	4619.55	责任指数全收益
上证民企	2009－6－30	1000	50	901.73	上证民企全收益
上证海外	2006－12－29	1000	34	13000.12	上证海外全收益

上证地企	2009-6-30	1000	50	1965.2	上证地企全收益
上证国企	2009-6-30	1000	100	16561.07	上证国企全收益
上证沪企	2005-12-31	1000	50	2229.45	上证沪企全收益
上证周期	2003-12-31	1000	50	13965.27	上证周期全收益
非周期	2003-12-31	1000	100	3340.83	非周期全收益
上证龙头	2003-12-31	1000	70	11386.2	上证龙头全收益
上证商品	2003-12-31	1000	50	3385.55	上证商品全收益
上证新兴	2003-12-31	1000	50	1202.58	上证新兴全收益
上证资源	2003-12-31	1000	50	3437.44	上证资源全收益
消费 80	2003-12-31	1000	80	1036.5	消费 80 全收益
资源 50	2003-12-31	1000	50	3398.23	上证资源 50 全收益
上证上游	2003-12-31	1000	49	3405.85	上证上游全收益
上证中游	2003-12-31	1000	192	3634.68	上证中游全收益
上证下游	2003-12-31	1000	179	2779.73	上证下游全收益
高端装备	2004-12-31	1000	60	1035.24	上证高端装备制造 60 全收益
沪投资品	2003-12-31	1000	50	1464	上证投资品全收益
沪消费品	2003-12-31	1000	50	426.43	上证消费品全收益
持续产业	2011-6-30	1000	40	639.27	持续产业全收益
医药主题	2004-12-31	1000	50	320.17	医药主题全收益
农业主题	2011-6-30	1000	40	328.88	农业主题全收益
基金指数					
基金指数	2000-5-8	1000	36	795.54	
债券指数					
国债指数	2002-12-31	100	33	41927.8	
企债指数	2002-12-31	100	44	-	
沪公司债	2007-12-31	100	34	4570.8	
沪分离债	2007-12-31	100	34	707.15	
定制指数					
沪财中小	2004-12-31	1000	200	1197.53	上证沪财中小全收益

*注:上证 180 指数是对原上证 30 指数进行调整并更名而成的,欲查询上证 30 指数有关资料,请点击,转相关连接

2011 年上交所上市公司半年报简报

(2011-09-05)

截至 2011 年 8 月 31 日,沪市 922 家上市公司已全部完成 2011 年半年报披露工作,其中有 3 家新上市公司在其上市公告书中披露了半年度财务资料。

沪市全体上市公司 2011 年上半年共实现营业收入 82,551.78亿元,归属于母公司股东的净利润 8,537.08 亿元,每股收益 0.2950 元,较 2010 年同期分别上升 26.4%、22.7% 和 11.8%;净资产收益率为 8.6%,与 2010 年同期持平;扣除非经常性损益后的基本每股收益为 0.2867 元,较 2010 年同期上升 12.2%。全部上市公司中,806 家公司盈利,116 家公司亏损,亏损公司家数较 2010 年上半年减少 4 家。

沪市全体上市公司 2011 年上半年末净资产约为 99,785.5亿元,较 2010 年同期增长 22.8%;每股净资产 3.4502元,较 2010 年同期增长 11.9%。

沪市全体上市公司 2011 年上半年经营活动产生的现金流量净额为 10,093.04 亿元,较 2010 年同期下降 38.9%;每股经营活动产生的现金流量净额为 0.3488 元,较去年同期下降 44.3%。半数以上上市公司经营活动产生的现金流量净额较同期减少,下降较明显的上市公司集中在银行、证券、石油石化、制造业等行业。上市证券公司全部盈利,手续费及佣金净收入下降明显。

工商银行、建设银行、农业银行、中国银行、中国石油、中国石化、交通银行、中国神华、招商银行和中信银行作为沪市 2011 年上半年前十大盈利公司,共实现归属于母公司股东的净利润 5,236.1 亿元,占沪市全部上市公司的 61.3%。上证 50 板块的上市公司共实现营业收入 50,232.01亿元,归属于母公司股东的净利润 6,241.36 亿元,分别占全部上市公司总营业收入和归属于母公司股东的净利润的 60.9% 和 73.1%。

从行业情况看,2011 年上半年大部分行业的业绩都有不同程度的增长,对总体利润贡献最大的行业依然为金融保险业和采掘业,行业实现净利润分别占全体上市公司净利润总额的 58.8% 和 15.7%。

第三节 深圳证券交易所

2010年深圳证券市场概况

截至2010.12.31

指标名称	数值	比年初±	增减(%)
上市公司数	1169	339	40.84
上市证券数	1590	425	36.48
总股本(亿股)	5044.98	1137.42	29.11
流通股本(亿股)	3410.85	809.77	31.13
总市值(亿元)	86415.35	27131.46	45.77
流通市值(亿元)	50772.97	14319.32	39.28
总市值占GDP比重	25.38	5.66	28.70
深证成份指数	12458.55	-1241.42	-9.06
深证综合指数	1290.87	89.53	7.45
深证B股指数	824.82	198.87	31.77
加权平均股价(元/股)	17.13	1.96	12.92
平均市盈率	44.69	-1.32	-2.87
投资者开户总数(万)	9430.79	863.01	10.07
其中:机构开户总数	30.87	2.73	9.70
指标名称	数值	同比±	增减(%)
本年累计股票成交金额(亿元)	241321.53	51846.67	27.36
本年累计基金成交金额(亿元)	4224.73	433.78	11.44
本年累计债券成交金额(亿元)	1291.59	462.88	55.85
本年累计权证成交金额(亿元)	588.76	-4050.58	-87.31
本年累计股票筹资额(亿元)	4083.79	2416.35	144.91
其中:IPO公司数(家)	321	231	256.67
IPO筹资额(亿元)	2991.07	2363.34	376.49
本年累计股票交易印花税(亿元)	241.33	51.85	27.36
本年累计新增投资者开户数(万)	890.55	-134.56	-13.13
其中:机构开户总数	3.14	-0.74	-19.02

2010年中小企业板市场概况

截至2010.12.31

指标名称	数值	比年初±	增减(%)
上市公司数531	204	62.39	
总股本(亿股)	1367	573	72.14
流通股本(亿股)	705	325	85.29
总市值(亿元)	35365	18492	109.60
流通市值(亿元)	16150	8646	115.23
中小板指数P	6828.98	1197.22	21.26
加权平均股价(元/股)	25.88	4.63	21.79
平均市盈率56.93	5.92	11.61	
指标名称数值同比±	增减(%)		
本年累计成交金额(亿元)	85832	37558	77.80
本年累计筹资额(亿元)	2350	1773	307.19
其中:IPO公司数(家)	204	150	277.78
IPO筹资额(亿元)	2028	1604	378.71
本年累计交易印花税(亿元)	86	38	78.13

2010 年创业板市场概况

截至 2010.12.31

指标名称	数值	比年初±	增减(%)
上市公司数 153	117	325.00	
总股本(亿股)	175	140	405.78
流通股本(亿股)	50	44	671.60
总市值(亿元)	7365	5755	357.43
流通市值(亿元)	2006	1707	570.97
创业板指数 P	1137.66	-	-
加权平均股价(元/股)	42.07	-4.46	-9.59
平均市盈率	78.53	-26.85	-25.48
指标名称	数值	同比±	增减(%)
本年累计成交金额(亿元)	15718	13890	759.80
本年累计筹资额(亿元)	963	759	371.85
其中:IPO 公司数(家)	117	81	225.00
IPO 筹资额(亿元)	963	759	372.06
本年累计交易印花税(亿元)	16	14	774.32

2010 年度深市市场总貌

12 月份新上市公司数目	33
上市公司数目	1169
中小板	531
创业板	153
上市证券数目	1590
会员数	113
参与交易会员数	101
席位数	4633
总发行股本(百万股)	504497.52
总流通股本(百万股)	341085.17
上市公司市价总值(百万元)	8641535.43
上市公司流通市值(百万元)	5077296.81
12 月份交易日数	23
12 月份总成交金额(百万元)	2371027.53
中小板	885839.46
创业板	174558.82
平均每日成交金额(百万元)	103088.15
12 月份总成交股数(百万股)	130651.42
平均每日成交股数(百万股)	5680.50
12 月份总成交笔数	121558300
平均每日成交笔数	5285143
12 月底平均市盈率(倍)	44.69
12 月底信用交易余额-融资	4333.10
(百万元)融券	6.91
12 月份深证成份指数-最高	12987.71
最低	11963.72
收市	12458.55
12 月份中小板指数 P-最高	7191.23
最低	6405.81
收市	6828.98
12 月份创业板指数-最高	1239.60
最低	1080.40
收市	1137.66
2010 年新上市公司数目	321
中小板	204
创业板	117
2010 年交易日数	242
2010 年总成交金额(百万元)	24742661.96
中小板	8583242.62
创业板	1571787.09

平均每日成交金额(百万元)	102242.40
2010年总成交股数(百万股)	1618754.64
平均每日成交股数(百万股)	6689.07
2010年总成交笔数	1344952854
平均每日成交笔数	5557656
2010年深证成份指数－最高	13936.88
最低	8945.20
2010年中小板指数P－最高	7493.29
最低	4564.18
2010年创业板指数－最高	1239.60
最低	832.62

2010年度深证综合指数

12月	深证综合指数				深证A股指数				深证B股指数			
	开市	最高	最低	收市	开市	最高	最低	收市	开市	最高	最低	收市
1	1302.74	1311.05	1294.75	1304.39	1364.17	1372.68	1355.59	1365.59	806.76	822.71	806.66	821.29
2	1320.44	1325.29	1310.62	1310.70	1382.50	1387.53	1372.08	1372.16	826.62	837.42	826.13	826.60
3	1310.66	1312.74	1291.54	1302.26	1372.12	1374.20	1351.74	1362.98	826.45	835.59	826.45	835.59
4												
5												
6	1303.77	1305.68	1278.19	1287.37	1364.61	1366.58	1337.72	1347.34	834.74	838.22	822.60	828.78
7	1283.25	1311.43	1268.85	1309.44	1342.97	1372.83	1327.93	1370.70	828.40	832.97	815.97	831.71
8	1308.01	1321.12	1302.81	1305.25	1369.19	1382.90	1363.56	1366.15	831.41	840.66	831.08	836.51
9	1299.54	1301.53	1280.78	1280.82	1360.11	1362.30	1340.42	1340.47	835.20	835.20	825.02	825.02
10	1274.01	1301.10	1271.55	1298.25	1333.31	1361.83	1330.70	1358.80	822.50	832.73	820.74	832.58
11												
12												
13	1305.33	1338.43	1305.33	1338.43	1366.30	1401.00	1366.30	1401.00	833.19	852.51	833.18	851.83
14	1342.23	1350.88	1337.57	1350.75	1405.07	1414.19	1400.15	1414.04	850.76	855.68	849.16	854.20
15	1350.62	1358.66	1341.90	1345.18	1413.89	1422.37	1404.71	1408.16	854.67	857.92	850.45	852.44
16	1343.67	1355.90	1343.59	1346.83	1406.58	1419.50	1406.49	1409.92	851.60	855.04	849.41	852.18
17	1345.90	1350.11	1340.76	1348.56	1408.94	1413.37	1403.49	1411.71	851.95	854.57	850.06	854.09
18												
19												
20	1352.93	1357.99	1301.10	1331.75	1416.38	1421.71	1361.72	1394.09	852.67	H859.79	829.32	844.50
21	1333.19	1349.14	1324.25	1349.14	1395.60	1412.31	1386.12	1412.31	845.15	856.27	844.35	854.92
22	1350.26	1351.22	1333.88	1338.20	1413.60	1414.53	1396.10	1400.68	850.59	859.00	850.54	855.63
23	1336.54	1339.02	1314.41	1315.72	1398.92	1401.50	1375.56	1376.92	855.06	858.98	849.56	850.91
24	1308.43	1308.43	1282.87	1292.02	1369.23	1369.23	1342.38	1352.06	848.71	848.71	836.02	837.89
25												
26												
27	1293.32	1311.64	1256.60	1260.53	1353.55	1372.72	1314.82	1318.99	833.58	846.53	822.36	823.04
28	1253.10	1255.04	L 1229.03	1237.15	1311.11	1313.17	L 1285.99	1294.61	822.21	822.78	802.77	803.80
29	1237.54	1255.66	1235.31	1255.66	1295.06	1314.17	1292.74	1314.17	802.57	809.43	L 799.16	807.57
30	1255.71	1266.43	1247.01	1261.11	1314.24	1325.56	1305.10	1319.93	806.98	810.94	801.82	808.69
31	1262.19	1290.91	1262.19	1290.87	1321.03	1351.19	1321.03	1351.14	810.73	825.71	810.73	824.82
2010												
最高	1384.73	1412.64	1381.49	1389.54	1449.47	1478.97	1446.02	1454.53	881.32	888.38	877.93	883.33
最低	914.24	926.94	890.24	921.34	957.75	971.12	932.46	965.22	518.54	530.30	510.56	526.73
1991～2010												
最高	1572.93	1584.40	1561.15	1576.50	1655.57	1667.91	1643.15	1659.61	881.32	888.38	877.93	883.33
最低	45.66	45.66	45.66	45.66	95.26	95.83	93.35	95.26	41.57	42.91	41.26	41.56

2010年度深证成份指数

12月	深证成份指数				成份A股指数				成份B股指数			
	开市	最高	最低	收市	开市	最高	最低	收市	开市	最高	最低	收市
1	12301.24	12377.57	12211 65	12310.38	13347.79	13430.62	13250.58	13357.72	5648.35	5832.26	5648.35	5809.27
2	12543.27	12584.10	12409 02	12409.02	13610.41	13654.72	13464.74	13464.74	5850.18	5947.96	5850.18	5860.64
3	12458.00	12532.31	12347 56	12443.00	13517.88	13598.53	13398.06	13501.61	5857.42	5966.68	5857.42	5966.68
4												

12月	深证成份指数				成份A股指数				成份B股指数			
	开市	最高	最低	收市	开市	最高	最低	收市	开市	最高	最低	收市
5												
6	12486.32	12531.29	12365.59	12422.79	13548.62	13597.42	13417.61	13479.68	5965.64	5999.70	5855.63	5917.05
7	12387.78	12722.94	12250.39	12657.00	13441.70	13805.37	13292.62	13733.82	5912.20	5939.95	5813.85	5921.41
8	12671.81	12823.15	12586.45	12615.41	13749.89	13914.10	13657.27	13688.69	5916.80	5966.61	5913.13	5933.49
9	12563.55	12587.36	12353.02	12353.27	13632.42	13658.26	13403.97	13404.25	5913.79	5913.79	5843.90	5843.90
10	12274.57	12523.03	12241.76	12460.46	13318.85	13588.45	13283.25	13520.56	5812.17	5883.33	5801.39	5872.31
11												
12												
13	12546.05	12905.02	12545.57	12905.02	13613.43	14002.94	13612.91	14002.94	5875.06	6017.20	5871.00	6002.68
14	12953.99	12978.09	12860.86	12926.62	14056.08	14082.22	13955.03	14026.37	5988.46	6027.89	5984.61	6012.13
15	12934.72	12987.71	12813.06	12829.36	14035.17	14092.66	13903.15	13920.85	6024.79	H 6070.02	6005.22	6029.16
16	12837.17	12914.01	12776.95	12795.68	13929.32	14012.70	13863.97	13884.30	6027.94	6044.59	5982.93	6011.49
17	12794.01	12809.49	12717.32	12759.60	13882.48	13899.28	13799.27	13845.15	6010.24	6024.12	5956.56	5977.53
18												
19												
20	12815.05	12875.67	12330.99	12557.55	13905.32	13971.10	13380.08	13625.90	5956.56	6011.33	5762.87	5889.46
21	12586.14	12872.45	12524.78	12872.45	13656.94	13967.60	13590.35	13967.60	5894.78	5986.60	5880.65	5963.26
22	12898.69	12975.63	12712.06	12766.95	13996.08	14079.56	13793.56	13853.13	5931.47	5997.52	5931.47	5963.45
23	12760.76	12843.04	12628.72	12644.58	13846.41	13935.69	13703.13	13720.34	5953.42	5980.05	5909.33	5924.36
24	12592.15	12688.44	12471.73	12556.85	13663.45	13767.93	13532.79	13625.14	5892.41	5902.66	5828.93	5849.17
25												
26												
27	12575.43	12808.83	12272.24	12303.19	13645.31	13898.57	13316.33	13349.91	5799.96	5899.64	5735.62	5741.95
28	12235.68	12288.17	12017.56	12063.80	13276.66	13333.61	13039.98	13090.15	5721.56	5745.30	5598.81	5599.13
29	12080.09	12125.39	L 11963.72	12114.56	13107.83	13156.98	L 12981.56	13145.24	5590.42	5656.40	5581.94	5628.03
30	12111.88	12211.07	11971.75	12138.90	13142.33	13249.95	12990.27	13171.64	5628.42	5629.65	L 5555.91	5603.56
31	12171.49	12476.51	12159.14	12458.55	13207.01	13537.98	13193.60	13518.49	5628.17	5729.35	5628.17	5715.06
2010												
最高	13821.93	13936.88	13656.41	13807.30	14997.85	15122.59	14818.25	14981.98	6343.53	6375.98	6306.03	6358.75
最低	9122.43	9237.07	8945.20	9171.03	9848.48	9972.25	9657.15	9900.95	3776.79	3885.61	3715.27	3838.00
1995~2010												
最高	19554.58	19600.03	19203.11	19531.16	20612.42	20660.32	20241.93	20587.72	6429.80	6489.53	6346.64	6419.43
最低	929.89	934.07	924.34	930.06	1001.71	1006.92	995.42	1002.43	333.10	338.94	323.20	333.10

2010年度深市行业分类指数

12月	行业分类指数												
	农林牧渔	采掘业	制造业	水电煤气	建筑业	运输仓储	信息技术	批发零售	金融保险	房地产业	社会服务	传播文化	综合类
1	1022.69	3266.69	1450.64	758.34	1503.20	1110.23	998.39	1684.93	L 803.87	1365.32	1029.66	671.55	760.10
2	1034.03	3318.78	1456.88	756.92	1499.38	1118.46	1002.99	1692.45	809.29	1372.38	1033.05	672.76	768.38
3	1035.73	3294.89	1445.89	752.28	1481.92	1114.66	989.40	1678.07	809.05	1389.94	1030.67	667.98	762.85
4													
5													
6	1012.31	3317.12	1422.82	744.19	1459.89	1106.08	969.70	1662.61	852.24	1390.77	1017.44	655.92	751.05
7	1020.88	3382.41	1447.11	749.83	1521.75	1112.58	986.20	1694.84	865.95	1413.57	1038.88	659.73	762.31
8	1018.38	3344.38	1445.82	744.20	1496.59	1109.79	984.95	1691.59	855.82	1392.88	1032.52	668.08	750.38
9	993.55	3283.29	1419.45	733.38	1453.26	1091.28	975.51	1651.64	839.18	1352.64	1012.55	662.25	731.60
10	997.21	3365.52	1436.54	739.57	1479.54	1104.19	1003.42	1675.77	853.12	1353.23	1032.63	674.06	742.83
11													
12													
13	1024.61	3542.54	1481.94	757.32	1511.49	1131.52	1036.33	1715.53	H 877.41	1389.45	1061.90	688.40	761.90
14	1068.59	3566.01	1495.79	760.95	1541.24	1143.76	1050.14	1710.84	871.81	1404.77	1073.53	707.77	768.20
15	1070.24	3574.66	1488.85	H 767.89	1538.48	1136.93	1040.49	1697.95	875.50	1397.63	1063.68	708.31	768.50
16	1073.90	3584.56	1490.79	762.38	1545.18	1136.32	1050.28	1689.95	857.89	1411.66	1068.57	H 712.73	769.61
17	1074.95	3539.51	1494.87	759.08	1562.44	1141.53	1051.14	1693.62	855.26	1403.19	1071.73	710.66	768.41
18													
19													
20	1108.20	3491.18	1476.06	748.89	1568.59	1122.61	1037.32	1666.66	828.73	1382.76	1057.89	701.34	770.00

12 月	行业分类指数												
	农林牧渔	采掘业	制造业	水电煤气	建筑业	运输仓储	信息技术	批发零售	金融保险	房地产业	社会服务	传播文化	综合类
21	1104.14	3613.36	1487.88	761.23	1586.27	1135.57	1041.74	1664.95	869.63	1475.88	1071.76	705.82	H 785.92
22	1085.50	3595.22	1477.67	756.05	1574.76	1133.41	1033.50	1648.53	847.79	1453.30	1072.95	696.95	779.92
23	1047.95	3619.69	1450.48	745.92	1549.97	1113.39	1008.41	1617.53	849.58	1438.33	1057.13	682.44	764.88
24	1018.70	3554.14	1419.34	739.53	1505.50	1098.30	985.88	1596.30	853.29	1464.87	1028.21	668.81	751.70
25													
26													
27	988.62	3542.52	1383.21	723.27	1481.69	1068.42	956.41	1558.57	847.77	1417.94	1000.68	646.68	733.63
28	L 968.01	3491.88	1361.75	705.24	1458.78	1042.00	939.05	1525.51	823.74	1357.57	L 985.90	L 635.95	L 706.44
29	981.63	3432.21	1386.65	706.56	1490.32	1052.80	959.89	1555.28	816.02	1370.75	999.73	644.61	710.76
30	981.33	3469.21	1394.51	705.74	1512.59	1053.94	966.34	1559.95	814.08	1355.23	1000.09	649.97	712.17
31	1007.63	3657.03	1426.72	717.97	1551.06	1070.80	985.74	1594.73	839.43	1376.97	1018.39	660.86	725.42
2010													
最高	1129.07	3987.57	1525.54	853.75	1586.27	1261.65	1051.14	1824.44	1095.87	1804.58	1073.53	712.73	817.88
最低	659.29	2102.00	988.90	605.49	884.51	903.30	716.96	1253.24	661.73	1171.40	747.12	508.63	527.74
2001～2010													
最高	1129.07	3987.57	1637.08	1444.80	1586.27	1750.25	1051.14	1824.44	1887.69	3221.64	1513.95	854.53	841.48
最低	135.87	347.90	232.86	243.20	176.84	403.29	233.58	185.43	205.73	265.43	215.51	149.93	169.67

2010 年度制造业分类指数

12 月	制造业指数								
	食品饮料	纺织服装	木材家具	造纸印刷	石化塑胶	电子	金属非金属	机械设备	医药生物
1	2679.72	828.26	268.91	763.36	1326.91	576.85	1410.30	1676.02	1567.91
2	2680.66	828.54	272.03	770.28	1334.44	577.97	1426.98	1685.01	1560.00
3	2677.25	826.66	274.94	764.03	1324.17	570.94	1432.25	1664.60	1536.14
4									
5									
6	2620.74	819.79	267.72	748.92	1310.41	555.04	1423.08	1631.28	1520.87
7	2681.81	832.88	269.11	757.68	1327.25	567.10	1446.54	1659.29	1542.11
8	2687.40	827.42	265.92	758.52	1322.74	567.10	1438.18	1665.00	1534.89
9	2642.89	814.08	259.66	746.28	1291.70	562.77	1420.09	1630.18	1498.98
10	2635.29	822.28	262.82	757.52	1307.59	573.85	1442.24	1648.83	1522.37
11									
12									
13	2691.82	842.73	271.21	779.30	1353.09	589.59	1498.19	1707.85	1555.96
14	2708.26	845.95	275.99	787.92	1364.66	599.30	1511.65	1725.82	1560.70
15	2712.31	846.77	272.49	782.49	1372.67	595.29	1493.81	1711.30	1556.70
16	2726.40	840.07	272.73	783.29	1371.54	598.38	1488.96	1711.84	1567.91
17	2687.39	846.40	274.68	783.17	1375.99	601.13	1506.43	1718.38	1570.60
18									
19									
20	2618.00	833.13	269.50	776.81	1358.58	594.49	1491.67	1709.09	1535.33
21	2610.26	837.36	274.39	781.13	1372.41	598.28	1517.03	1726.64	1534.72
22	2593.26	830.09	274.38	776.18	1372.55	591.88	1519.61	1707.05	1514.90
23	2565.56	821.46	272.72	759.67	1346.24	576.91	1488.58	1671.68	1499.00
24	2519.80	806.65	266.48	746.34	1312.21	565.19	1459.15	1633.94	1468.20
25									
26									
27	2467.88	787.35	260.17	731.02	1279.01	547.26	1423.13	1594.02	1427.24
28	2469.52	769.74	258.00	717.47	1263.22	536.18	1400.93	1557.13	1412.96
29	2497.50	783.86	261.66	729.41	1280.84	552.45	1424.96	1586.37	1441.63
30	2486.59	786.59	260.99	731.89	1290.22	556.75	1437.42	1594.33	1456.46
31	2545.98	804.03	263.91	744.25	1315.93	569.04	1484.05	1629.51	1482.59
2010									
最高	2778.32	877.48	294.96	820.60	1465.02	601.13	1571.00	1733.19	1644.14
最低	1759.18	616.75	220.10	598.97	926.32	387.08	989.03	1106.09	1069.47
2001～2010									
最高	2778.32	965.44	658.27	990.72	1636.56	650.81	2582.08	1733.19	1644.14
最低	328.60	159.67	76.69	221.63	241.26	145.83	303.19	210.51	166.77

2010 年度板块分类指数

12 月	中小板指数 P				创业板指数				深市基金指数			
	开市	最高	最低	收市	开市	最高	最低	收市	开市	最高	最低	收市
1	6908.18	6949.62	6870.74	6914.81	1176.61	1182.57	1169.89	1177.18	5587.98	5621.73	5559.00	5612.69
2	7005.20	7032.87	6940.33	6941.15	1187.10	1192.80	1177.81	1177.84	5654.80	5679.98	5557.21	5564.07
3	6939.27	6952.15	6833.00	6878.84	1177.17	1178.67	1148.09	1157.94	5560.31	5567.08	5458.48	5480.82
4												
5												
6	6892.47	6908.83	6745.07	6783.93	1157.72	1159.30	1124.94	1134.38	5487.00	5495.31	5406.43	5418.52
7	6775.10	6962.67	6711.02	6949.18	1132.33	1162.58	1123.76	1161.69	5411.81	5426.88	L 5339.77	5418.53
8	6943.60	7013.81	6927.46	6940.37	1160.92	1176.42	1158.10	1160.24	5413.40	5458.19	5404.42	5407.58
9	6896.68	6898.30	6808.11	6811.10	1158.82	1160.91	1144.18	1144.53	5394.53	5409.90	5378.35	5393.41
10	6785.29	6932.04	6765.36	6918.15	1139.83	1167.68	1136.33	1166.80	5385.36	5478.07	5371.85	5478.07
11												
12												
13	6957.51	7105.72	6957.51	7105.72	1175.51	1210.75	1175.51	1209.27	5483.61	5614.63	5479.42	5614.63
14	7121.76	7160.89	7096.78	7158.17	1211.46	1219.71	1204.66	1218.52	5615.51	5623.52	5573.10	5589.30
15	7158.55	7191.23	7109.33	7123.08	1217.81	1224.05	1209.29	1211.80	5587.77	5591.63	5556.75	5574.54
16	7108.27	7160.92	7094.73	7116.22	1209.62	1233.62	1209.34	1225.03	5569.23	5587.54	5562.89	5573.70
17	7110.19	7122.00	7074.38	7120.57	1222.93	1233.39	1222.93	1232.98	5570.78	5583.30	5550.25	5583.30
18												
19												
20	7144.32	7171.45	6871.08	7049.00	1235.67	1239.60	1180.53	1212.34	5595.32	5613.47	5517.41	5602.46
21	7056.74	7112.01	6999.79	7099.98	1212.09	1222.30	1204.48	1215.02	5599.36	5686.02	5594.05	5686.02
22	7109.72	7111.21	6995.43	7025.67	1214.77	1215.79	1199.68	1201.65	5684.41	5709.88	5657.95	5706.40
23	7011.80	7025.10	6880.72	6892.00	1198.74	1200.76	1175.86	1176.36	5696.30	5709.28	5634.80	5660.34
24	6849.05	6849.05	6716.33	6764.16	1170.70	1170.70	1140.13	1144.50	5645.22	5646.12	5585.10	5644.22
25												
26												
27	6770.08	6854.50	6558.02	6593.00	1145.70	1154.53	1100.52	1105.30	5614.20	5690.00	5568.54	5571.20
28	6554.84	6572.11	L 6405.81	6464.95	1098.94	1099.18	L 1080.40	1091.48	5562.79	5562.79	5488.45	5504.82
29	6472.51	6632.47	6471.78	6632.47	1091.82	1113.31	1091.82	1113.31	5502.27	5552.04	5495.87	5545.10
30	6632.32	6701.48	6598.31	6681.36	1113.56	1122.41	1106.43	1117.21	5546.64	5585.32	5517.53	5585.24
31	6680.97	6829.28	6679.23	6828.98	1117.36	1138.47	1117.36	1137.66	5581.79	5658.04	5581.79	5655.98
2010												
最高	7351.72	7493.29	7331.61	7375.12	1235.67	1239.60	1222.93	1232.98	5900.16	5976.42	5866.34	5915.00
最低	4677.12	4754.84	4564.18	4726.57	857.37	870.86	832.62	862.27	4222.32	4265.05	4191.79	4224.98
2000～2010												
最高	7351.72	7493.29	7331.61	7375.12	1235.67	1239.60	1222.93	1232.98	5900.16	5976.42	5866.34	5915.00
最低	1387.41	1404.75	1377.72	1391.46	857.37	870.86	832.62	862.27	642.72	647.78	640.30	640.97

2010 年度深市上市证券

2010 年 12 月底	上市数目	总发行股本	总流通股本	市价总值	流通市值
股票	1,211	504,497,522,519	341,085,171,786	8,641,535,425,646	5,077,296,809,754
主板 A 股	473	335,003,953,156	250,347,343,048	4,249,069,108,030	3,143,091,196,991
中小板	531	136,674,240,477	70,515,280,085	3,536,461,353,847	1,615,032,260,486
创业板	153	17,506,287,459	5,037,755,736	736,521,891,694	200,564,095,784
主板 B 股	54	15,313,041,427	15,184,792,917	119,483,072,076	118,609,256,493
基金	93	117,082,794,643	116,783,838,490	116,358,109,451	116,035,232,530
封闭式	35	69,437,405,301	69,184,905,301	70,759,358,738	70,486,388,738
开放式	55	20,395,396,927	20,348,940,774	20,335,537,116	20,285,630,195
ETFs	3	27,249,992,415	27,249,992,415	25,263,213,597	25,263,213,597
企业债券	74	102,148,000,000	57,280,750,000	103,574,469,600	57,750,560,307
现券	70	102,148,000,000	57,280,750,000	103,574,469,600	57,750,560,307
回购	4	0	0	0	0
可转换债券	5	7,409,903,200	7,409,903,200	10,625,289,460	10,625,289,460
国债	207	4,098,200,000,000	10,144,977,000	4,113,150,310,000	10,348,871,511
现货	198	4,098,200,000,000	10,144,977,000	4,113,150,310,000	10,348,871,511
回购	9	0	0	0	0

2010年12月底	上市数目	总发行股本	总流通股本	市价总值	流通市值
权证	0	0	0	0	0
合计	1,590	4,829,338,220,362	532,704,640,476	12,985,243,604,157	5,272,056,763,562

2010年度深市成交概况

2010年1月-12月份	交易日数	成交金额		成交数量		成交笔数	
		人民币元	占总计%	数量	单位	笔	占总计%
股票	242	24,132,153,334,373	97.53	1,618,754,643,724	股	1,329,289,243	98.84
主板A股	242	13,869,969,007,345	56.06	1,153,815,111,538	股	799,847,787	59.47
中小板	242	8,583,242,615,069	34.69	405,534,783,549	股	451,279,258	33.55
创业板	242	1,571,787,093,300	6.35	40,052,575,193	股	70,772,786	5.26
主板B股	242	107,154,618,660	0.43	19,352,173,444	股	7,389,412	0.55
基金	242	422,473,158,258	1.71	300,163,541,693	基金单位	12,839,868	0.95
封闭式	242	166,867,618,219	0.67	172,526,895,821	基金单位	7,954,433	0.59
开放式	242	30,706,775,241	0.12	32,425,974,080	基金单位	1,941,453	0.14
ETFs	242	224,898,764,798	0.91	95,210,671,792	基金单位	2,943,982	0.22
企业债券	242	95,957,681,544	0.39	943,288,723	张	485,072	0.04
现券	242	60,341,442,544	0.24	587,126,333	张	477,359	0.04
回购	242	35,616,239,000	0.14	356,162,390	张	7,713	0.00
可转换债券	242	26,040,634,337	0.11	186,694,550	张	279,463	0.02
国债	242	7,161,179,214	0.03	71,953,558	张	30,595	0.00
现货	242	7,161,177,214	0.03	71,953,538	张	30,594	0.00
回购	242	2,000	0.00	20	张	1	0.00
权证	25	58,875,968,438	0.24	11,693,438,093	份	2,028,613	0.15
合计	242	24,742,661,956,164	100.00	1,931,813,560,341		1,344,952,854	100.00

2010年度深市每日总成交金额

日期	总成交金额	股票成交金额		基金成交金额		债券成交金额		权证成交金额	
	人民币元	人民币元	比例	人民币元	比例	人民币元	比例	人民币元	比例
1	97,352,957,888	94,907,530,524	97.49	1,989,459,256	2.04	455,968,108	0.47		
2	117,544,140,435	114,774,126,142	97.64	1,882,573,872	1.60	887,440,420	0.75		
3	100,313,871,517	97,496,063,498	97.19	1,996,994,262	1.99	820,813,757	0.82		
4									
5									
6	93,987,450,422	91,294,966,198	97.14	1,845,956,614	1.96	846,527,610	0.90		
7	96,376,981,025	93,627,337,542	97.15	2,149,282,765	2.23	600,360,718	0.62		
8	99,637,050,780	96,629,957,721	96.98	2,217,225,587	2.23	789,867,471	0.79		
9	96,264,419,758	93,793,285,995	97.43	1,839,386,988	1.91	631,746,776	0.66		
10	88,566,794,171	86,202,600,181	97.33	1,761,735,990	1.99	602,458,000	0.68		
11									
12									
13	132,165,759,706	128,287,424,055	97.07	3,156,293,764	2.39	722,041,888	0.55		
14	133,355,451,017	129,948,069,319	97.44	2,017,797,392	1.51	1,389,584,306	1.04		
15	132,274,114,505	129,522,478,240	97.92	2,118,470,690	1.60	633,165,575	0.48		
16	106,260,960,469	104,100,581,986	97.97	1,609,894,911	1.52	550,483,572	0.52		
17	90,679,657,210	88,275,934,391	97.35	1,658,446,813	1.83	745,276,006	0.82		
18									
19									
20	135,193,399,571	131,187,947,653	97.04	2,814,192,727	2.08	1,191,259,190	0.88		
21	124,832,935,177	121,450,194,555	97.29	2,179,244,267	1.75	1,203,496,354	0.96		
22	114,937,727,705	112,323,521,007	97.73	2,043,819,855	1.78	570,386,843	0.50		
23	101,254,601,268	98,689,634,299	97.47	2,098,128,488	2.07	466,838,481	0.46		
24	90,424,550,469	87,189,192,401	96.42	2,402,352,051	2.66	833,006,016	0.92		
25									
26									
27	100,105,577,927	96,623,286,543	96.52	2,930,827,365	2.93	551,464,019	0.55		
28	82,048,964,067	77,964,389,696	95.02	2,478,044,582	3.02	1,606,529,788	1.96		
29	69,541,245,722	66,992,580,734	96.34	1,553,549,102	2.23	995,115,886	1.43		
30	75,771,473,515	73,226,422,414	96.64	2,039,837,757	2.69	505,213,345	0.67		
31	92,137,442,278	89,380,454,095	97.01	1,828,272,116	1.98	928,716,067	1.01		

日期	总成交金额	股票成交金额		基金成交金额		债券成交金额		权证成交金额	
	人民币元	人民币元	比例	人民币元	比例	人民币元	比例	人民币元	比例
12 月									
总计	2,371,027,526,597	2,303,887,979,187		48,611,787,214		18,527,760,195			
平均	103,088,153,330	100,169,042,573		2,113,555,966		805,554,791			
2010 年									
总计	24,742,661,956,164	24,132,153,334,373		422,473,158,258		129,159,495,095		58,875,968,438	
平均	102,242,404,778	99,719,641,878		1,745,756,852		533,716,922		1,962,532,281	

2010 年度深市上市证券成交金额(按每笔成交金额大小分类)

成交金额单位:万元

代码	证券名称	成交金额	按每笔成交金额(元)分类的成交金额和比例											
			<1,000	%	1,000 - 5,000	%	5,000 - 10,000	%	10,000 - 50,000	%	50,000 - 100,000	%	> = 100,000	%
000001	深发展 A	823,711.17	219.98	0.03	34,298.28	4.16	60,044.08	7.29	300,325.11	36.46	136,098.22	16.52	292,725.50	35.54
000002	万科 A	1,913,525.17	9,455.69	0.49	116,453.62	6.09	196,954.88	10.29	517,770.70	27.06	289,750.04	15.14	783,140.23	40.93
000004	ST 国农	18,343.47	7.13	0.04	1,336.79	7.29	2,256.84	12.30	8,751.07	47.71	3,040.81	16.58	2,950.83	16.09
000005	世纪星源	77,780.52	1,050.84	1.35	10,067.50	12.94	9,800.78	12.60	30,475.42	39.18	9,285.30	11.94	17,100.69	21.99
000006	深振业 A	591,198.20	3,162.25	0.53	40,382.80	6.83	68,181.14	11.53	209,611.05	35.46	99,855.58	16.89	170,005.38	28.76
000007	ST 零七	33,732.57	178.38	0.53	1,947.28	5.77	3,846.54	11.40	13,191.01	39.10	6,781.15	20.10	7,788.21	23.09
000008	ST 宝利来	21,428.02	8.34	0.04	965.02	4.50	1,610.97	7.52	8,632.62	40.29	3,740.51	17.46	6,470.56	30.20
000009	中国宝安	1,071,811.35	214.68	0.02	30,792.40	2.87	74,666.88	6.97	312,839.46	29.19	174,783.95	16.31	478,513.97	44.65
000011	深物业 A	87,836.58	587.77	0.67	7,666.83	8.73	12,682.31	14.44	37,032.04	42.16	14,600.31	16.62	15,267.31	17.38
000012	南玻 A	1,757,474.63	497.68	0.03	96,851.21	5.51	126,550.54	7.20	713,432.25	40.59	256,949.80	14.62	563,193.15	32.05
000014	沙河股份	77,131.35	495.93	0.64	7,323.93	9.50	11,973.46	15.52	35,437.10	45.94	12,173.86	15.78	9,727.06	12.61
000016	深康佳 A	102,354.90	566.10	0.55	8,880.61	8.68	12,807.62	12.51	41,635.13	40.68	15,695.02	15.33	22,770.43	22.25
000017	*ST 中华 A	20,235.49	160.93	0.80	1,994.65	9.86	2,762.03	13.65	9,377.62	46.34	3,105.36	15.35	2,834.91	14.01
000018	ST 中冠 A	12,741.75	88.08	0.69	811.80	6.37	1,453.40	11.41	5,010.46	39.32	1,929.95	15.15	3,448.06	27.06
000019	深深宝 A	116,485.95	25.77	0.02	7,195.74	6.18	11,741.12	10.08	52,539.75	45.10	19,818.31	17.01	25,165.27	21.60
000020	深华发 A	60,863.73	103.82	0.17	5,032.53	8.27	8,894.97	14.61	29,953.39	49.21	9,726.53	15.98	7,152.50	11.75
000021	长城开发	268,441.98	167.79	0.06	22,235.85	8.28	37,212.17	13.86	117,108.18	43.63	37,655.02	14.03	54,062.96	20.14
000022	深赤湾 A	92,675.71	37.67	0.04	5,264.72	5.68	10,033.78	10.83	45,234.13	48.81	16,320.69	17.61	15,784.73	17.03
000023	深天地 A	56,110.54	360.18	0.64	4,593.16	8.19	8,616.07	15.36	24,843.32	44.28	9,549.24	17.02	8,148.58	14.52
000024	招商地产	641,223.35	147.36	0.02	23,474.22	3.66	48,987.20	7.64	197,451.83	30.79	108,416.68	16.91	262,746.06	40.98
000025	特力 A	38,657.44	64.86	0.17	3,401.58	8.80	6,002.66	15.53	19,536.63	50.54	5,938.19	15.36	3,713.52	9.61
000026	飞亚达 A	71,710.62	14.81	0.02	2,023.85	2.82	5,905.98	8.24	22,993.71	32.06	14,135.95	19.71	26,636.32	37.14
000027	深圳能源	165,970.39	143.65	0.09	14,097.20	8.49	21,914.64	13.20	67,594.97	40.73	25,235.88	15.21	36,984.05	22.28
000028	一致药业	169,115.00	29.41	0.02	5,692.73	3.37	10,678.64	6.31	55,331.28	32.72	27,545.72	16.29	69,837.22	41.30
000029	深深房 A	68,209.55	807.95	1.18	10,011.44	14.68	10,804.76	15.84	30,224.44	44.31	8,967.10	13.15	7,393.85	10.84
000031	中粮地产	137,119.57	970.58	0.71	16,203.87	11.82	23,408.07	17.07	56,111.42	40.92	20,490.57	14.94	19,935.05	14.54
000032	深桑达 A	103,485.10	116.95	0.11	7,060.19	6.82	13,048.94	12.61	49,043.38	47.39	17,703.81	17.11	16,511.83	15.96
000033	新都酒店	42,857.50	218.69	0.51	3,610.76	8.43	5,781.85	13.49	17,283.56	40.33	6,828.63	15.93	9,134.00	21.31
000034	ST 深泰	69,007.36	519.29	0.75	6,100.16	8.84	10,298.87	14.92	25,957.75	37.62	10,386.13	15.05	15,745.17	22.82
000035	*ST 科健	18,181.28	113.90	0.63	1,423.99	7.83	2,360.95	12.99	7,965.95	43.81	3,045.60	16.75	3,270.88	17.99
000036	华联控股	109,250.23	953.53	0.87	11,560.78	10.58	11,988.72	10.97	43,912.63	40.19	14,855.84	13.60	25,978.73	23.78
000037	深南电 A	20,297.40	127.22	0.63	2,005.61	9.88	3,176.12	15.65	9,227.35	45.46	3,105.07	15.30	2,656.04	13.09
000039	中集集团	1,040,702.05	169.00	0.02	41,353.42	3.97	51,856.83	4.98	367,594.31	35.32	142,468.17	13.69	437,260.32	42.02
000040	深鸿基	141,459.37	580.09	0.41	9,919.46	7.01	15,296.92	10.81	51,746.36	36.58	23,079.65	16.32	40,836.89	28.87
000042	深长城	112,518.26	35.26	0.03	4,685.50	4.16	12,399.86	11.02	44,175.36	39.26	23,618.38	20.99	27,603.89	24.53
000043	中航地产	111,099.66	35.83	0.03	6,653.10	5.99	11,835.27	10.65	48,722.17	43.85	19,933.18	17.94	23,920.11	21.53
000045	深纺织 A	65,920.45	6.74	0.01	2,990.98	4.54	6,210.28	9.42	28,433.57	43.13	13,513.08	20.50	14,765.79	22.40
000046	泛海建设	92,507.58	791.31	0.86	8,688.76	9.39	12,520.81	13.53	33,349.18	36.05	15,371.83	16.62	21,785.69	23.55
000048	ST 康达尔	46,721.68	291.58	0.62	3,911.98	8.37	5,440.41	11.64	20,749.27	44.41	8,103.90	17.35	8,224.54	17.60
000049	德赛电池	182,011.86	53.97	0.03	10,811.77	5.94	24,955.01	13.71	86,110.93	47.31	29,359.25	16.13	30,720.93	16.88
000050	深天马 A	573,399.46	147.15	0.03	29,742.38	5.19	54,630.60	9.53	207,534.97	36.19	98,830.44	17.24	182,513.91	31.83
000055	方大集团	145,060.08	180.48	0.12	8,674.08	5.98	16,313.67	11.25	62,826.86	43.31	25,579.29	17.63	31,485.70	21.71
000056	深国商	109,768.41	49.52	0.05	6,811.96	6.21	12,204.54	11.12	50,907.22	46.38	20,912.92	19.05	18,882.25	17.20
000058	深赛格	48,080.18	236.98	0.49	3,931.38	8.18	6,250.25	13.00	18,628.04	38.74	6,648.67	13.83	12,384.87	25.76
000059	辽通化工	11,241.98	1.55	0.01	564.14	5.02	767.29	6.83	3,718.57	33.08	1,789.38	15.92	4,401.04	39.15
000060	中金岭南	1,573,441.59	418.98	0.03	87,458.39	5.56	102,414.06	6.51	664,182.70	42.21	219,640.67	13.96	499,326.78	31.73
000061	农产品	439,047.78	154.03	0.04	20,373.66	4.64	49,740.62	11.33	154,458.86	35.18	64,867.96	14.77	149,452.65	34.04
000062	深圳华强	60,077.43	386.05	0.64	4,811.42	8.01	9,425.38	15.69	23,990.74	39.93	10,024.07	16.69	11,439.77	19.04
000063	中兴通讯	1,305,203.31	219.04	0.02	24,466.38	1.87	73,299.82	5.62	398,195.87	30.51	203,215.06	15.57	605,807.15	46.41

代码	证券名称	成交金额	按每笔成交金额(元)分类的成交金额和比例											
			<1,000	%	1,000-5,000	%	5,000-10,000	%	10,000-50,000	%	50,000-100,000	%	>=100,000	%
000065	北方国际	63,718.07	12.39	0.02	3,893.29	6.11	5,179.32	8.13	27,732.82	43.52	10,448.63	16.40	16,451.62	25.82
000066	长城电脑	740,444.01	1,792.25	0.24	54,078.66	7.30	91,023.89	12.29	299,005.08	40.38	112,267.97	15.16	182,276.17	24.62
000068	ST三星	75,321.91	242.28	0.32	3,405.61	4.52	6,349.28	8.43	27,810.01	36.92	14,512.44	19.27	23,002.28	30.54
000069	华侨城A	508,596.70	132.49	0.03	18,583.19	3.65	38,424.21	7.55	165,406.20	32.52	74,381.03	14.62	211,669.59	41.62
000070	特发信息	150,638.43	55.63	0.04	9,488.14	6.30	16,790.71	11.15	68,545.47	45.50	25,179.24	16.72	30,579.25	20.30
000078	海王生物	245,316.55	190.61	0.08	24,522.08	10.00	38,863.12	15.84	116,266.80	47.39	31,947.27	13.02	33,526.67	13.67
000088	盐田港	43,714.27	261.04	0.60	3,952.45	9.04	6,817.97	15.60	19,108.87	43.71	6,930.62	15.85	6,643.33	15.20
000089	深圳机场	62,236.45	359.48	0.58	5,933.19	9.53	8,448.25	13.57	24,605.94	39.54	10,351.40	16.63	12,538.20	20.15
000090	深天健	444,171.93	73.29	0.02	13,756.94	3.10	29,156.55	6.56	148,433.55	33.42	74,054.94	16.67	178,696.66	40.23
000096	广聚能源	68,024.77	692.30	1.02	9,001.33	13.23	12,285.97	18.06	30,137.13	44.30	9,193.74	13.52	6,714.30	9.87
000099	中信海直	371,920.62	161.50	0.04	25,759.13	6.93	44,091.37	11.86	163,499.55	43.96	59,107.94	15.89	79,301.12	21.32
000100	TCL集团	170,912.21	1,720.55	1.01	21,263.92	12.44	24,064.46	14.08	72,076.38	42.17	20,669.76	12.09	31,117.14	18.21
000150	宜华地产	29,720.82	142.73	0.48	2,563.51	8.63	4,127.29	13.89	14,397.61	48.44	4,750.97	15.99	3,738.72	12.58
000151	中成股份	208,946.37	47.34	0.02	12,356.45	5.91	20,394.60	9.76	84,500.91	40.44	33,653.50	16.11	57,993.57	27.76
000153	丰原药业	256,098.21	289.21	0.11	19,022.92	7.43	29,975.11	11.70	109,971.94	42.94	42,153.57	16.46	54,685.46	21.35
000155	川化股份	65,972.66	454.08	0.69	6,027.77	9.14	10,342.06	15.68	28,583.39	43.33	9,683.46	14.68	10,881.90	16.49
000157	中联重科	2,267,234.51	1,346.78	0.06	162,147.52	7.15	267,216.85	11.79	977,305.92	43.11	337,598.62	14.89	521,618.81	23.01
000158	常山股份	86,556.75	365.94	0.42	5,126.75	5.92	9,729.30	11.24	30,901.40	35.70	15,961.79	18.44	24,471.58	28.27
000159	国际实业	269,254.85	138.52	0.05	22,959.78	8.53	35,095.97	13.03	124,823.82	46.36	40,619.44	15.09	45,617.32	16.94
000301	东方市场	238,993.39	1,020.02	0.43	21,409.59	8.96	33,865.63	14.17	98,070.57	41.03	39,202.36	16.40	45,425.22	19.01
000338	潍柴动力	3,036,333.35	273.55	0.01	7,196.96	0.24	153,783.53	5.06	880,645.52	29.00	528,083.66	17.39	1,466,350.14	48.29
000400	许继电气	554,997.84	53.90	0.01	13,939.93	2.51	26,560.92	4.79	184,354.45	33.22	93,501.99	16.85	236,586.64	42.63
000401	冀东水泥	756,437.17	135.46	0.02	27,512.54	3.64	36,955.85	4.89	243,219.39	32.15	94,857.05	12.54	353,756.87	46.77
000402	金融街	474,813.66	1,498.62	0.32	26,250.09	5.53	54,970.62	11.58	166,100.20	34.98	75,744.91	15.95	150,249.24	31.64
000404	华意压缩	100,185.32	622.10	0.62	7,594.40	7.58	14,627.11	14.60	40,340.53	40.27	17,680.78	17.65	19,320.40	19.28
000407	胜利股份	286,042.59	1,229.82	0.43	18,251.30	6.38	36,367.62	12.71	109,052.29	38.12	52,539.26	18.37	68,602.29	23.98
000408	*ST玉源	185,139.33	52.59	0.03	9,003.08	4.86	16,905.48	9.13	76,216.92	41.17	33,529.05	18.11	49,432.22	26.70
000409	ST泰复	16,856.30	90.82	0.54	979.85	5.81	1,880.90	11.16	7,406.59	43.94	3,189.42	18.92	3,308.71	19.63
000410	沈阳机床	223,680.80	49.59	0.02	11,989.28	5.36	24,251.36	10.84	92,324.39	41.28	37,361.36	16.70	57,704.82	25.80
000411	英特集团	70,789.48	44.52	0.06	4,002.71	5.65	7,095.79	10.02	30,049.32	42.45	11,988.62	16.94	17,608.52	24.87
000413	宝石A	175,514.95	25.38	0.01	5,211.50	2.97	10,463.56	5.96	55,747.66	31.76	32,247.45	18.37	71,819.40	40.92
000415	*ST汇通	89,311.26	12.84	0.01	2,963.61	3.32	5,823.08	6.52	32,048.29	35.88	17,035.67	19.07	31,427.76	35.19
000416	民生投资	44,050.70	238.17	0.54	2,992.14	6.79	5,635.00	12.79	18,676.40	42.40	8,306.03	18.86	8,202.96	18.62
000417	合肥百货	119,866.36	67.97	0.06	5,245.75	4.38	13,349.27	11.14	38,857.05	32.42	18,412.21	15.36	43,934.12	36.65
000418	小天鹅A	101,798.39	28.29	0.03	4,218.17	4.14	9,282.89	9.12	36,482.31	35.84	18,539.36	18.21	33,247.37	32.66
000419	通程控股	281,571.00	51.55	0.02	12,531.55	4.45	23,277.56	8.27	112,711.88	40.03	51,560.94	18.31	81,437.52	28.92
000420	吉林化纤	277,042.52	1,622.72	0.59	20,286.11	7.32	33,282.68	12.01	103,002.34	37.18	49,214.45	17.76	69,634.23	25.13
000421	南京中北	33,482.05	183.51	0.55	3,113.24	9.30	5,029.61	15.02	14,959.74	44.68	5,517.62	16.48	4,678.33	13.97
000422	湖北宜化	477,508.07	143.35	0.03	18,298.98	3.83	52,715.03	11.04	174,662.93	36.58	80,241.56	16.80	151,446.22	31.72
000423	东阿阿胶	673,843.22	95.89	0.01	13,951.86	2.07	36,306.37	5.39	212,584.02	31.55	98,087.03	14.56	312,818.05	46.42
000425	徐工机械	706,320.37	47.59	0.01	2,638.37	0.37	29,390.45	4.16	190,916.89	27.03	118,865.94	16.83	364,461.12	51.60
000426	富龙热电	220,154.63	54.04	0.02	8,821.42	4.01	22,060.26	10.02	84,049.24	38.18	42,517.64	19.31	62,652.03	28.46
000428	华天酒店	117,419.38	647.22	0.55	8,570.58	7.30	15,467.44	13.17	46,192.38	39.34	20,394.14	17.37	26,147.61	22.27
000429	粤高速A	50,479.10	348.22	0.69	4,452.49	8.82	5,419.01	10.74	20,014.69	39.65	6,980.74	13.83	13,263.94	26.28
000430	*ST张股	38,020.60	184.36	0.48	2,327.96	6.12	3,886.03	10.22	12,846.18	33.79	6,331.79	16.65	12,444.29	32.73
000488	晨鸣纸业	207,139.50	921.84	0.45	17,023.04	8.22	28,614.33	13.81	80,657.01	38.94	33,338.32	16.09	46,584.97	22.49
000501	鄂武商A	99,112.28	23.97	0.02	3,170.06	3.20	9,227.67	9.31	32,813.22	33.11	15,771.78	15.91	38,105.58	38.45
000502	绿景地产	34,963.28	300.24	0.86	3,749.20	10.72	6,034.37	17.26	15,851.98	45.34	5,327.04	15.24	3,700.45	10.58
000503	海虹控股	757,623.26	101.34	0.01	26,648.04	3.52	56,254.32	7.43	255,427.19	33.71	136,221.39	17.98	282,970.98	37.35
000504	*ST传媒	65,971.34	372.47	0.56	4,008.56	6.08	7,654.16	11.60	26,290.83	39.85	12,206.71	18.50	15,438.62	23.40
000505	ST珠江	51,666.64	303.18	0.59	4,461.63	8.64	6,808.10	13.18	22,581.67	43.71	8,411.08	16.28	9,100.99	17.61
000506	中润投资	641,723.86	157.76	0.02	31,041.71	4.84	45,290.66	7.06	213,615.88	33.29	108,542.99	16.91	243,074.85	37.88
000507	珠海港	175,136.30	60.35	0.03	10,319.09	5.89	17,866.62	10.20	77,922.25	44.49	31,109.86	17.76	37,858.14	21.62
000509	S*ST华塑	100,576.64	30.34	0.03	5,433.71	5.40	9,518.16	9.46	45,774.43	45.51	19,217.44	19.11	20,602.58	20.48
000510	金路集团	143,405.24	498.40	0.35	6,215.40	4.33	12,622.55	8.80	46,285.97	32.28	30,945.62	21.58	46,837.31	32.66
000511	银基发展	77,929.74	865.15	1.11	11,884.37	15.25	10,183.54	13.07	30,768.39	39.48	9,062.96	11.63	15,165.33	19.46
000513	丽珠集团	120,455.37	30.33	0.03	4,438.94	3.69	5,281.86	4.38	35,449.05	29.43	16,052.87	13.33	59,202.32	49.15
000514	渝开发	128,712.79	1,199.26	0.93	13,356.88	10.38	21,986.70	17.08	55,007.54	42.74	19,185.42	14.91	17,977.00	13.97
000516	开元控股	149,249.17	980.89	0.66	16,968.02	11.37	25,806.93	17.29	66,141.92	44.32	21,268.85	14.25	18,082.57	12.12
000517	荣安地产	65,450.51	282.92	0.43	4,633.56	7.08	8,588.35	13.12	28,855.87	44.09	11,549.16	17.65	11,540.65	17.63
000518	四环生物	474,176.57	4,209.62	0.89	56,792.40	11.98	84,747.12	17.87	194,477.80	41.01	64,571.76	13.62	69,377.87	14.63

代码	证券名称	成交金额	按每笔成交金额(元)分类的成交金额和比例											
			<1,000	%	1,000-5,000	%	5,000-10,000	%	10,000-50,000	%	50,000-100,000	%	>=100,000	%
000519	江南红箭	123,979.04	30.32	0.02	4,971.04	4.01	12,033.99	9.71	44,226.81	35.67	22,281.73	17.97	40,435.16	32.61
000520	长航凤凰	94,778.97	458.86	0.48	7,649.02	8.07	11,537.06	12.17	37,803.34	39.89	15,624.04	16.48	21,706.66	22.90
000521	美菱电器	313,255.42	85.51	0.03	15,506.03	4.95	28,166.40	8.99	126,764.18	40.47	51,899.45	16.57	90,833.84	29.00
000522	白云山A	419,238.06	267.21	0.06	25,369.02	6.05	56,522.33	13.48	167,511.83	39.96	73,366.09	17.50	96,201.59	22.95
000523	广州浪奇	316,406.45	36.02	0.01	9,662.16	3.05	18,517.22	5.85	103,464.25	32.70	59,837.85	18.91	124,888.95	39.47
000524	东方宾馆	89,923.12	94.84	0.11	7,865.05	8.75	12,977.06	14.43	42,654.61	47.43	13,413.77	14.92	12,917.79	14.37
000525	红太阳	229,984.07	37.07	0.02	6,816.68	2.96	16,891.16	7.34	69,707.91	30.31	40,946.98	17.80	95,584.28	41.56
000526	旭飞投资	93,989.29	30.06	0.03	5,731.24	6.10	9,569.26	10.18	43,090.87	45.85	17,130.25	18.23	18,437.60	19.62
000527	美的电器	818,932.52	316.51	0.04	28,938.79	3.53	60,420.66	7.38	268,251.01	32.76	123,014.88	15.02	337,990.67	41.27
000528	柳工	1,350,104.41	128.67	0.01	40,030.12	2.96	59,965.76	4.44	439,428.74	32.55	199,477.90	14.77	611,073.22	45.26
000529	广弘控股	45,015.02	289.36	0.64	4,457.51	9.90	7,074.81	15.72	19,060.25	42.34	7,027.90	15.61	7,105.20	15.78
000530	大冷股份	153,253.19	31.86	0.02	8,077.05	5.27	15,119.40	9.87	64,052.88	41.80	25,420.52	16.59	40,551.49	26.46
000531	穗恒运A	74,898.38	16.41	0.02	3,840.38	5.13	8,051.09	10.75	33,421.96	44.62	12,386.16	16.54	17,182.38	22.94
000532	力合股份	116,378.08	766.08	0.66	9,734.15	8.36	17,868.68	15.35	45,464.07	39.07	18,785.12	16.14	23,759.98	20.42
000533	万家乐	457,662.14	234.90	0.05	19,465.27	4.25	35,376.95	7.73	172,610.51	37.72	85,288.00	18.64	144,686.50	31.61
000534	万泽股份	74,017.44	371.28	0.50	5,303.65	7.17	8,933.17	12.07	29,540.82	39.91	13,411.84	18.12	16,456.67	22.23
000536	闽闽东	172,341.97	16.00	0.01	7,788.26	4.52	9,630.66	5.59	64,381.63	37.36	27,522.29	15.97	63,003.13	36.56
000537	广宇发展	167,765.76	1,086.62	0.65	13,073.31	7.79	23,197.24	13.83	64,194.35	38.26	27,086.83	16.15	39,127.41	23.32
000538	云南白药	413,033.08	65.99	0.02	1,756.97	0.43	36,709.88	8.89	139,188.91	33.70	68,832.70	16.67	166,478.62	40.31
000539	粤电力A	68,409.79	472.08	0.69	9,041.08	13.22	11,743.25	17.17	28,474.09	41.62	8,756.41	12.80	9,922.88	14.51
000540	中天城投	628,164.47	150.19	0.02	27,902.52	4.44	54,169.89	8.62	233,343.82	37.15	107,147.04	17.06	205,451.01	32.71
000541	佛山照明	530,243.51	310.50	0.06	31,330.59	5.91	69,410.55	13.09	210,974.07	39.79	88,949.09	16.78	129,268.71	24.38
000543	皖能电力	41,564.40	255.49	0.61	3,604.79	8.67	6,195.14	14.90	17,599.96	42.34	6,408.42	15.42	7,500.60	18.05
000544	中原环保	169,099.37	67.28	0.04	13,304.78	7.87	24,966.40	14.76	81,110.87	47.97	25,262.96	14.94	24,387.08	14.42
000545	吉林制药	79,801.25	733.05	0.92	7,183.59	9.00	11,740.77	14.71	31,975.93	40.07	13,787.42	17.28	14,380.50	18.02
000546	光华控股	54,833.39	16.17	0.03	2,479.40	4.52	4,662.91	8.50	21,953.92	40.04	9,136.56	16.66	16,584.44	30.25
000547	闽福发A	195,089.38	23.98	0.01	6,921.26	3.55	13,105.87	6.72	67,858.83	34.78	36,241.06	18.58	70,938.37	36.36
000548	湖南投资	83,941.87	455.15	0.54	7,133.31	8.50	12,341.58	14.70	33,875.56	40.36	12,378.48	14.75	17,757.79	21.15
000550	江铃汽车	155,581.63	29.09	0.02	5,536.50	3.56	12,752.11	8.20	48,711.34	31.31	23,933.54	15.38	64,619.06	41.53
000551	创元科技	319,312.10	42.28	0.01	8,835.22	2.77	21,900.05	6.86	103,387.01	32.38	66,204.89	20.73	118,942.66	37.25
000552	靖远煤电	365,475.85	77.99	0.02	26,560.13	7.27	32,726.35	8.95	177,111.07	48.46	54,817.93	15.00	74,182.37	20.30
000553	沙隆达A	48,700.13	325.75	0.67	3,934.10	8.08	6,771.60	13.90	19,346.04	39.72	8,030.97	16.49	10,291.67	21.13
000554	泰山石油	170,476.61	1,037.38	0.61	12,380.65	7.26	22,330.81	13.10	66,047.42	38.74	32,198.49	18.89	36,481.86	21.40
000555	ST太光	41,589.83	6.59	0.02	1,576.35	3.79	3,175.37	7.63	15,618.05	37.55	8,468.89	20.36	12,744.58	30.64
000558	莱茵置业	66,621.53	350.48	0.53	4,299.90	6.45	7,484.61	11.23	26,697.30	40.07	12,074.89	18.12	15,714.36	23.59
000559	万向钱潮	508,784.02	160.28	0.03	22,754.38	4.47	42,924.32	8.44	171,313.90	33.67	81,059.46	15.93	190,571.67	37.46
000560	昆百大A	13,603.66	2.23	0.02	759.74	5.58	1,268.67	9.33	5,172.94	38.03	2,428.27	17.85	3,971.82	29.20
000561	烽火电子	130,720.69	689.67	0.53	8,451.45	6.47	15,184.51	11.62	49,107.02	37.57	24,125.94	18.46	33,162.09	25.37
000562	宏源证券	424,133.01	148.98	0.04	19,979.81	4.71	51,030.87	12.03	154,556.17	36.44	69,079.86	16.29	129,337.31	30.49
000563	陕国投A	60,544.46	85.27	0.14	4,138.37	6.84	7,610.18	12.57	26,438.63	43.67	10,445.78	17.25	11,826.21	19.53
000564	西安民生	70,085.55	514.63	0.73	8,152.21	11.63	13,684.16	19.52	30,778.66	43.92	10,052.16	14.34	6,903.73	9.85
000565	渝三峡A	59,333.85	19.84	0.03	4,261.95	7.18	8,409.06	14.17	29,183.90	49.19	9,468.33	15.96	7,990.77	13.47
000566	海南海药	296,487.13	11.48	0.00	2,721.78	0.92	7,326.00	2.47	59,697.83	20.14	46,382.78	15.64	180,347.26	60.83
000567	海德股份	76,069.59	792.60	1.04	8,796.89	11.56	14,191.62	18.66	33,902.40	44.57	11,207.53	14.73	7,178.55	9.44
000568	泸州老窖	1,068,371.82	124.41	0.01	36,435.50	3.41	47,537.05	4.45	337,748.78	31.61	142,564.73	13.34	503,961.35	47.17
000570	苏常柴A	159,388.38	255.79	0.16	11,098.93	6.96	19,432.39	12.19	65,783.03	41.27	24,716.52	15.51	38,101.72	23.90
000571	新大洲A	112,988.00	721.28	0.64	12,742.42	11.28	20,357.32	18.02	48,434.33	42.87	16,809.01	14.88	13,923.64	12.32
000572	海马股份	89,242.12	605.07	0.68	9,784.32	10.96	16,390.39	18.37	38,914.70	43.61	12,958.13	14.52	10,589.50	11.87
000573	粤宏远A	43,441.44	429.00	0.99	5,603.44	12.90	5,602.44	12.90	18,809.07	43.30	5,714.81	13.16	7,282.68	16.76
000576	ST甘化	57,297.76	238.69	0.42	3,109.11	5.43	5,931.73	10.35	22,950.82	40.06	11,282.80	19.69	13,784.62	24.06
000578	盐湖集团	195,917.75	36.54	0.02	8,431.76	4.30	19,156.29	9.78	85,598.77	43.69	35,578.73	18.16	47,115.66	24.05
000581	威孚高科	541,484.23	84.03	0.02	15,875.73	2.93	21,715.72	4.01	158,056.98	29.19	77,175.16	14.25	268,576.61	49.60
000582	北海港	44,324.08	10.51	0.02	2,523.37	5.69	5,168.73	11.66	20,675.33	46.65	7,239.68	16.33	8,706.46	19.64
000584	友利控股	81,878.27	406.96	0.50	5,687.73	6.95	11,051.19	13.50	32,819.41	40.08	15,437.50	18.85	16,475.47	20.12
000585	东北电气	49,492.87	622.16	1.26	6,348.28	12.83	6,152.48	12.43	21,167.45	42.77	7,139.60	14.43	8,062.90	16.29
000586	ST汇源	20,548.65	102.36	0.50	1,477.39	7.19	2,466.06	12.00	9,098.93	44.28	3,347.98	16.29	4,055.94	19.74
000589	黔轮胎A	88,893.63	52.32	0.06	6,791.00	7.64	12,064.53	13.57	41,040.13	46.17	12,830.75	14.43	16,114.89	18.13
000590	紫光古汉	203,297.46	64.47	0.03	12,793.38	6.29	22,033.77	10.84	81,347.39	40.01	35,645.51	17.53	51,412.95	25.29
000591	桐君阁	155,595.19	44.67	0.03	9,098.13	5.85	17,859.83	11.48	68,655.93	44.12	27,408.09	17.61	32,528.54	20.91
000592	中福实业	160,096.06	840.35	0.52	10,818.27	6.76	19,564.48	12.22	51,844.25	32.38	26,418.56	16.50	50,610.15	31.61
000593	大通燃气	125,188.46	1,510.60	1.21	17,668.60	14.11	25,038.11	20.00	53,480.53	42.72	15,318.14	12.24	12,172.47	9.72

代码	证券名称	成交金额	按每笔成交金额(元)分类的成交金额和比例											
			<1,000	%	1,000－5,000	%	5,000－10,000	%	10,000－50,000	%	50,000－100,000	%	> =100,000	%
000594	国恒铁路	239,514.48	1,888.52	0.79	24,986.70	10.43	23,812.55	9.94	82,313.10	34.37	28,916.18	12.07	77,597.44	32.40
000595	西北轴承	103,707.51	765.35	0.74	8,571.88	8.27	15,327.10	14.78	42,042.99	40.54	17,127.99	16.52	19,872.20	19.16
000596	古井贡酒	97,060.84	16.96	0.02	394.15	0.41	12,305.56	12.68	30,600.85	31.53	17,187.70	17.71	36,555.62	37.66
000597	东北制药	178,955.28	62.68	0.04	10,468.39	5.85	23,515.73	13.14	74,348.09	41.55	30,256.60	16.91	40,303.79	22.52
000598	兴蓉投资	223,153.50	20.99	0.01	6,533.79	2.93	9,150.72	4.10	81,453.99	36.50	33,689.72	15.10	92,304.29	41.36
000599	青岛双星	95,091.04	580.38	0.61	9,972.72	10.49	15,481.70	16.28	39,952.38	42.01	14,354.59	15.10	14,749.27	15.51
000600	建投能源	88,349.96	653.04	0.74	10,701.71	12.11	14,889.69	16.85	37,335.13	42.26	12,156.08	13.76	12,614.30	14.28
000601	韶能股份	156,688.52	771.61	0.49	14,179.95	9.05	22,211.17	14.18	67,332.51	42.97	27,177.33	17.34	25,015.96	15.97
000602	金马集团	241,003.00	14.06	0.01	3,722.86	1.54	8,808.95	3.66	55,431.18	23.00	39,960.05	16.58	133,065.90	55.21
000603	*ST威达	130,467.39	19.93	0.02	3,807.29	2.92	9,450.59	7.24	47,215.62	36.19	26,299.39	20.16	43,674.57	33.48
000606	青海明胶	135,495.00	846.42	0.62	9,896.97	7.30	17,399.19	12.84	49,960.17	36.87	24,871.15	18.36	32,521.11	24.00
000607	华智控股	79,561.39	461.71	0.58	6,558.53	8.24	11,570.90	14.54	33,998.04	42.73	13,338.19	16.76	13,634.01	17.14
000608	阳光股份	136,432.93	662.45	0.49	10,613.08	7.78	19,798.22	14.51	59,390.71	43.53	22,905.64	16.79	23,062.82	16.90
000609	绵世股份	131,726.42	247.44	0.19	8,739.50	6.63	14,693.16	11.15	56,460.50	42.86	23,527.74	17.86	28,058.09	21.30
000610	西安旅游	157,447.65	74.16	0.05	12,158.78	7.72	18,960.56	12.04	72,443.99	46.01	25,575.29	16.24	28,234.88	17.93
000611	时代科技	135,425.69	1,048.89	0.77	13,980.61	10.32	21,923.42	16.19	59,980.10	44.29	21,236.59	15.68	17,256.08	12.74
000612	焦作万方	415,644.27	121.68	0.03	30,089.23	7.24	34,460.20	8.29	192,040.68	46.20	60,800.90	14.63	98,131.59	23.61
000613	ST东海A	39,710.16	220.87	0.56	3,622.33	9.12	5,812.65	14.64	18,366.59	46.25	6,225.54	15.68	5,462.18	13.76
000615	湖北金环	58,939.74	376.46	0.64	5,365.89	9.10	9,411.82	15.97	25,429.39	43.14	8,367.03	14.20	9,989.14	16.95
000616	亿城股份	123,573.91	525.87	0.43	9,374.06	7.59	13,949.39	11.29	48,227.81	39.03	18,619.97	15.07	32,876.81	26.60
000617	石油济柴	178,301.25	41.82	0.02	8,356.18	4.69	12,372.77	6.94	72,166.08	40.47	31,369.44	17.59	53,994.96	30.28
000619	海螺型材	81,516.81	114.98	0.14	5,787.49	7.10	10,793.92	13.24	36,371.33	44.62	12,755.39	15.65	15,693.70	19.25
000623	吉林敖东	731,523.39	111.16	0.02	22,980.95	3.14	37,835.45	5.17	273,780.03	37.43	120,997.66	16.54	275,818.14	37.70
000625	长安汽车	256,956.86	641.20	0.25	24,927.32	9.70	38,777.55	15.09	111,482.75	43.39	37,143.50	14.46	43,984.54	17.12
000626	如意集团	26,772.24	236.95	0.89	2,766.31	10.33	4,915.62	18.36	12,387.08	46.27	3,741.74	13.98	2,724.55	10.18
000627	天茂集团	263,942.85	1,380.41	0.52	25,092.98	9.51	36,402.60	13.79	103,614.12	39.26	38,501.46	14.59	58,951.28	22.33
000629	*ST钒钛	1,388,724.98	89.12	0.01	13,909.37	1.00	24,380.69	1.76	146,297.04	10.53	95,655.65	6.89	1,108,393.11	79.81
000630	铜陵有色	2,514,765.89	496.27	0.02	66,018.55	2.63	168,106.01	6.68	806,541.32	32.07	407,313.02	16.20	1,066,290.72	42.40
000631	顺发恒业	151,482.14	758.59	0.50	10,288.95	6.79	16,019.82	10.58	51,474.24	33.98	23,345.50	15.41	49,595.04	32.74
000632	三木集团	92,329.15	633.85	0.69	10,469.31	11.34	15,508.64	16.80	40,497.92	43.86	13,153.83	14.25	12,065.61	13.07
000633	ST合金	40,093.21	43.66	0.11	1,894.34	4.72	3,625.65	9.04	16,106.29	40.17	7,911.60	19.73	10,511.68	26.22
000635	英力特	156,718.77	34.93	0.02	7,700.57	4.91	13,686.38	8.73	59,078.28	37.70	26,783.86	17.09	49,434.74	31.54
000636	风华高科	447,633.01	173.44	0.04	27,630.89	6.17	54,402.69	12.15	197,953.87	44.22	72,240.41	16.14	95,231.71	21.27
000637	茂化实华	130,486.54	599.98	0.46	7,202.08	5.52	14,948.53	11.46	52,746.34	40.42	26,990.85	20.68	27,998.77	21.46
000638	万方地产	122,354.86	468.11	0.38	7,198.19	5.88	13,508.86	11.04	50,431.12	41.22	22,075.93	18.04	28,672.65	23.43
000639	金德发展	80,818.23	12.69	0.02	2,301.80	2.85	5,007.45	6.20	24,947.70	30.87	13,044.58	16.14	35,504.02	43.93
000650	仁和药业	171,434.21	16.36	0.01	6,163.98	3.60	8,213.86	4.79	55,562.90	32.41	23,291.74	13.59	78,185.38	45.61
000651	格力电器	1,206,295.26	366.91	0.03	37,857.42	3.14	108,660.57	9.01	410,514.04	34.03	204,290.93	16.94	444,605.41	36.86
000655	金岭矿业	601,992.35	102.55	0.02	34,087.89	5.66	40,899.18	6.79	258,539.00	42.95	95,174.70	15.81	173,189.02	28.77
000656	ST东源	73,328.40	346.45	0.47	4,327.33	5.90	8,282.28	11.29	26,877.13	36.65	12,561.38	17.13	20,933.84	28.55
000659	珠海中富	235,151.90	659.19	0.28	10,155.82	4.32	21,421.60	9.11	83,682.28	35.59	48,904.78	20.80	70,328.23	29.91
000661	长春高新	283,426.90	56.14	0.02	990.38	0.35	21,205.83	7.48	81,944.00	28.91	49,751.32	17.55	129,479.23	45.68
000662	索芙特	95,154.02	454.42	0.48	5,936.54	6.24	11,401.76	11.98	39,156.22	41.15	18,541.19	19.49	19,663.90	20.67
000663	永安林业	92,517.13	132.07	0.14	6,344.42	6.86	10,937.96	11.82	40,302.11	43.56	15,505.90	16.76	19,294.68	20.86
000665	武汉塑料	90,298.21	31.01	0.03	5,461.09	6.05	10,676.95	11.82	42,484.09	47.05	14,555.90	16.12	17,089.16	18.93
000666	经纬纺机	393,325.92	66.76	0.02	15,587.52	3.96	24,847.29	6.32	124,191.12	31.57	64,161.66	16.31	164,471.57	41.82
000667	名流置业	215,991.36	3,084.17	1.43	25,526.47	11.82	30,769.31	14.25	82,986.66	38.42	28,405.22	13.15	45,219.52	20.94
000668	荣丰控股	42,937.30	18.33	0.04	2,488.28	5.80	4,356.39	10.15	20,064.85	46.73	8,128.63	18.93	7,880.83	18.35
000669	领先科技	63,726.20	8.13	0.01	1,789.21	2.81	3,002.22	4.71	21,706.31	34.06	10,750.65	16.87	26,469.67	41.54
000671	阳光城	173,787.29	1,556.83	0.90	15,604.90	8.98	25,130.31	14.46	67,335.72	38.75	27,894.83	16.05	36,264.71	20.87
000673	*ST大水	34,707.98	28.42	0.08	1,504.60	4.34	2,695.94	7.77	13,563.04	39.08	7,051.88	20.32	9,864.10	28.42
000676	*ST思达	77,971.60	216.88	0.28	4,106.49	5.27	7,412.22	9.51	30,027.21	38.51	12,957.74	16.62	23,251.06	29.82
000677	山东海龙	83,300.55	486.38	0.58	8,753.56	10.51	12,955.81	15.55	35,262.06	42.33	12,554.23	15.07	13,288.51	15.95
000678	襄阳轴承	189,204.63	935.64	0.49	14,168.47	7.49	25,425.92	13.44	76,485.94	40.42	32,710.01	17.29	39,478.64	20.87
000679	大连友谊	151,517.90	68.75	0.05	9,328.78	6.16	17,047.49	11.25	68,672.80	45.32	25,773.49	17.01	30,626.59	20.21
000680	山推股份	1,185,989.86	334.93	0.03	45,721.26	3.86	120,038.02	10.12	428,670.73	36.14	210,208.00	17.72	381,016.92	32.13
000682	东方电子	320,350.77	1,639.55	0.51	30,312.27	9.46	47,395.87	14.79	129,318.63	40.37	48,851.71	15.25	62,832.75	19.61
000683	远兴能源	230,851.63	1,913.33	0.83	24,049.52	10.42	39,174.92	16.97	95,775.14	41.49	37,195.95	16.11	32,742.77	14.18
000685	中山公用	165,948.58	67.07	0.04	7,904.76	4.76	17,611.70	10.61	63,515.51	38.27	33,705.84	20.31	43,143.71	26.00
000686	东北证券	214,679.32	66.59	0.03	15,604.99	7.27	14,813.75	6.90	86,093.85	40.10	30,905.36	14.40	67,194.78	31.30
000687	保定天鹅	52,070.07	333.19	0.64	5,224.82	10.03	7,715.45	14.82	20,801.99	39.95	7,359.84	14.13	10,634.77	20.42

代码	证券名称	成交金额	按每笔成交金额(元)分类的成交金额和比例											
			<1,000	%	1,000 – 5,000	%	5,000 – 10,000	%	10,000 – 50,000	%	50,000 – 100,000	%	> = 100,000	%
000690	宝新能源	156,230.96	1,292.47	0.83	22,661.96	14.51	30,801.58	19.72	67,337.24	43.10	19,025.37	12.18	15,112.34	9.67
000691	*ST 亚太	12,899.57	69.49	0.54	1,054.01	8.17	1,555.41	12.06	5,198.58	40.30	2,180.17	16.90	2,841.91	22.03
000692	惠天热电	204,015.51	1,224.37	0.60	14,510.67	7.11	27,481.17	13.47	81,417.20	39.91	36,987.77	18.13	42,394.32	20.78
000697	*ST 偏转	137,499.77	78.03	0.06	6,880.47	5.00	11,184.19	8.13	53,246.97	38.73	26,078.44	18.97	40,031.66	29.11
000698	沈阳化工	164,939.03	1,074.08	0.65	14,188.58	8.60	26,385.98	16.00	66,332.92	40.22	27,794.48	16.85	29,162.99	17.68
000700	模塑科技	170,586.07	744.35	0.44	12,223.06	7.17	22,499.84	13.19	72,601.11	42.56	31,262.42	18.33	31,255.29	18.32
000701	厦门信达	706,427.58	185.73	0.03	38,125.05	5.40	68,526.51	9.70	283,518.45	40.13	119,147.03	16.87	196,924.81	27.88
000702	正虹科技	49,366.02	253.66	0.51	4,499.94	9.12	7,411.30	15.01	22,107.13	44.78	8,512.10	17.24	6,581.88	13.33
000703	*ST 光华	199,164.33	7.19	0.00	2,405.86	1.21	3,939.39	1.98	43,919.20	22.05	30,756.00	15.44	118,136.70	59.32
000705	浙江震元	103,107.62	28.29	0.03	6,407.92	6.21	13,235.81	12.84	50,130.84	48.62	17,480.25	16.95	15,824.51	15.35
000707	双环科技	107,963.26	682.54	0.63	9,812.19	9.09	16,260.27	15.06	43,834.20	40.60	17,571.18	16.28	19,802.88	18.34
000708	大冶特钢	187,956.61	58.50	0.03	9,004.83	4.79	20,256.28	10.78	77,178.02	41.06	35,151.66	18.70	46,307.33	24.64
000709	河北钢铁	292,749.79	2,124.12	0.73	28,807.58	9.84	38,085.67	13.01	124,336.37	42.47	36,705.96	12.54	62,690.10	21.41
000710	天兴仪表	64,610.84	21.78	0.03	4,908.38	7.60	8,706.03	13.47	30,992.91	47.97	10,593.46	16.40	9,388.29	14.53
000711	天伦置业	59,613.36	14.57	0.02	2,476.47	4.15	4,845.50	8.13	22,016.28	36.93	9,939.45	16.67	20,321.09	34.09
000712	锦龙股份	101,797.96	23.33	0.02	3,490.23	3.43	9,896.52	9.72	37,324.85	36.67	21,503.30	21.12	29,559.71	29.04
000713	丰乐种业	473,072.37	245.66	0.05	33,574.93	7.10	62,526.37	13.22	211,985.99	44.81	75,250.52	15.91	89,488.91	18.92
000715	中兴商业	158,213.04	16.23	0.01	3,411.60	2.16	6,805.13	4.30	44,450.33	28.10	21,889.76	13.84	81,639.99	51.60
000717	韶钢松山	106,667.93	1,126.55	1.06	15,239.67	14.29	14,244.78	13.35	41,243.18	38.67	13,544.04	12.70	21,269.72	19.94
000718	苏宁环球	255,273.31	1,414.12	0.55	18,153.14	7.11	30,091.42	11.79	79,480.81	31.14	37,626.67	14.74	88,507.16	34.67
000720	ST 能山	77,360.53	493.34	0.64	6,853.76	8.86	8,700.50	11.25	33,127.92	42.82	12,632.61	16.33	15,552.40	20.10
000721	西安饮食	115,824.42	47.25	0.04	9,603.04	8.29	14,623.93	12.63	53,767.56	46.42	18,471.13	15.95	19,311.51	16.67
000723	美锦能源	81,317.11	30.79	0.04	5,134.27	6.31	11,503.86	14.15	36,907.01	45.39	14,166.97	17.42	13,574.20	16.69
000725	京东方 A	804,529.47	5,556.19	0.69	68,650.64	8.53	79,208.27	9.85	316,271.03	39.31	115,756.34	14.39	219,087.01	27.23
000726	鲁泰 A	189,583.87	593.85	0.31	12,240.66	6.46	22,906.13	12.08	77,276.12	40.76	32,451.68	17.12	44,115.42	23.27
000727	华东科技	546,813.43	999.47	0.18	32,781.60	6.00	48,599.17	8.89	189,987.48	34.74	90,224.45	16.50	184,221.25	33.69
000728	国元证券	290,705.71	150.30	0.05	16,623.87	5.72	32,442.88	11.16	117,590.88	40.45	46,913.76	16.14	76,984.03	26.48
000729	燕京啤酒	327,949.65	126.70	0.04	15,757.71	4.80	43,570.33	13.29	110,194.83	33.60	46,063.77	14.05	112,236.32	34.22
000731	四川美丰	82,315.84	441.82	0.54	7,468.21	9.07	12,756.34	15.50	34,930.54	42.43	13,129.02	15.95	13,589.91	16.51
000732	ST 三农	71,250.78	619.75	0.87	7,622.85	10.70	11,475.37	16.11	31,646.49	44.42	10,584.17	14.85	9,302.16	13.06
000733	振华科技	163,792.48	56.40	0.03	10,149.25	6.20	17,309.98	10.57	72,731.08	44.40	28,112.88	17.16	35,432.90	21.63
000735	罗牛山	595,169.53	4,901.97	0.82	60,756.30	10.21	97,518.70	16.39	247,535.71	41.59	90,311.55	15.17	94,145.31	15.82
000736	ST 重实	14,022.22	7.14	0.05	990.96	7.07	1,636.00	11.67	6,267.88	44.70	2,106.39	15.02	3,013.84	21.49
000737	南风化工	107,044.68	787.79	0.74	10,810.98	10.10	16,596.31	15.50	46,324.53	43.28	16,841.62	15.73	15,683.44	14.65
000738	中航动控	215,849.80	83.59	0.04	17,981.54	8.33	28,329.78	13.12	98,758.33	45.75	32,514.32	15.06	38,182.24	17.69
000739	普洛股份	186,872.05	1,572.08	0.84	18,168.26	9.72	30,048.59	16.08	75,011.73	40.14	30,131.94	16.12	31,939.44	17.09
000748	长城信息	112,582.47	650.00	0.58	9,304.97	8.27	17,526.49	15.57	44,674.90	39.68	19,841.31	17.62	20,584.80	18.28
000751	锌业股份	337,955.88	4,401.59	1.30	43,512.54	12.88	63,900.98	18.91	137,429.63	40.66	45,709.12	13.53	43,002.03	12.72
000752	西藏发展	203,188.77	62.44	0.03	14,388.40	7.08	22,905.67	11.27	86,862.97	42.75	29,783.70	14.66	49,185.59	24.21
000753	漳州发展	64,097.32	379.36	0.59	6,170.13	9.63	10,999.97	17.16	28,656.11	44.71	9,294.69	14.50	8,597.06	13.41
000755	山西三维	404,254.95	258.98	0.06	18,247.43	4.51	32,266.73	7.98	142,568.62	35.27	71,754.39	17.75	139,158.80	34.42
000756	新华制药	50,777.90	501.76	0.99	6,484.27	12.77	9,536.75	18.78	21,631.90	42.60	6,872.41	13.53	5,750.80	11.33
000758	中色股份	2,005,520.25	360.26	0.02	67,420.21	3.36	162,951.86	8.13	705,868.44	35.20	349,693.63	17.44	719,225.85	35.86
000759	武汉中百	264,240.65	43.15	0.02	8,577.86	3.25	18,064.28	6.84	80,739.04	30.56	42,792.52	16.19	114,023.79	43.15
000760	*ST 博盈	37,046.80	140.25	0.38	1,919.85	5.18	3,943.29	10.64	15,858.30	42.81	7,738.87	20.89	7,446.23	20.10
000761	本钢板材	20,450.45	166.51	0.81	2,376.28	11.62	3,608.89	17.65	9,205.22	45.01	3,293.67	16.11	1,799.88	8.80
000762	西藏矿业	504,703.83	54.88	0.01	18,593.08	3.68	25,103.55	4.97	178,516.87	35.37	80,073.69	15.87	202,361.77	40.10
000766	通化金马	256,676.58	1,309.44	0.51	19,481.80	7.59	34,661.92	13.50	98,441.77	38.35	43,934.53	17.12	58,847.12	22.93
000767	漳泽电力	55,421.65	773.23	1.40	8,607.03	15.53	7,724.42	13.94	22,896.29	41.31	6,146.16	11.09	9,274.53	16.73
000768	西飞国际	551,752.42	341.98	0.06	43,122.05	7.82	76,262.64	13.82	246,908.68	44.75	78,022.57	14.14	107,094.51	19.41
000776	广发证券	849,620.66	71.65	0.01	9,348.84	1.10	46,583.44	5.48	280,393.56	33.00	162,107.99	19.08	351,115.18	41.33
000777	中核科技	783,048.40	159.01	0.02	39,976.92	5.11	59,332.71	7.58	358,508.79	45.78	132,519.21	16.92	192,551.77	24.59
000778	新兴铸管	364,531.65	2,149.75	0.59	29,911.91	8.21	58,213.96	15.97	141,515.89	38.82	57,805.67	15.86	74,934.47	20.56
000779	三毛派神	128,703.79	40.20	0.03	5,268.61	4.09	10,446.88	8.12	55,439.35	43.08	27,526.30	21.39	29,982.45	23.30
000780	平庄能源	341,167.16	174.27	0.05	26,116.45	7.66	42,165.66	12.36	147,753.89	43.31	54,953.92	16.11	70,002.97	20.52
000782	美达股份	140,050.97	485.23	0.35	9,717.47	6.94	16,891.60	12.06	55,961.33	39.96	24,245.46	17.31	32,749.87	23.38
000783	长江证券	405,944.10	167.02	0.04	22,038.70	5.43	41,856.90	10.31	159,172.44	39.21	62,446.24	15.38	120,262.80	29.63
000785	武汉中商	133,676.00	33.23	0.02	7,313.03	5.47	13,634.31	10.20	59,164.92	44.26	23,902.33	17.88	29,628.18	22.16
000786	北新建材	260,788.44	74.44	0.03	14,479.85	5.55	24,754.73	9.49	100,921.99	38.70	43,774.54	16.79	76,782.89	29.44
000788	西南合成	109,989.45	35.49	0.03	6,623.80	6.02	11,376.69	10.34	46,185.42	41.99	19,017.97	17.29	26,750.08	24.32
000789	江西水泥	589,533.37	717.61	0.12	30,746.10	5.22	50,084.30	8.50	204,068.17	34.62	92,051.52	15.61	211,865.67	35.94

代码	证券名称	成交金额	按每笔成交金额(元)分类的成交金额和比例											
			<1,000	%	1,000－5,000	%	5,000－10,000	%	10,000－50,000	%	50,000－100,000	%	>=100,000	%
000790	华神集团	938,689.67	127.88	0.01	41,728.09	4.45	51,686.28	5.51	344,008.56	36.65	154,270.34	16.43	346,868.52	36.95
000791	西北化工	49,432.40	301.99	0.61	4,698.59	9.51	7,914.51	16.01	21,722.67	43.94	7,352.34	14.87	7,442.30	15.06
000792	盐湖钾肥	826,200.22	81.38	0.01	2,323.81	0.28	42,064.34	5.09	227,099.03	27.49	139,634.31	16.90	414,997.35	50.23
000793	华闻传媒	93,836.63	495.00	0.53	9,406.76	10.02	14,229.23	15.16	34,994.44	37.29	13,820.78	14.73	20,890.41	22.26
000795	太原刚玉	822,372.97	513.72	0.06	69,225.60	8.42	112,736.68	13.71	349,419.08	42.49	126,645.37	15.40	163,832.52	19.92
000796	易食股份	170,720.95	757.94	0.44	12,339.77	7.23	21,558.51	12.63	72,653.67	42.56	28,734.79	16.83	34,676.27	20.31
000797	中国武夷	38,709.21	190.67	0.49	3,076.48	7.95	5,360.96	13.85	15,463.83	39.95	6,087.55	15.73	8,529.72	22.04
000798	中水渔业	75,639.91	198.96	0.26	5,463.89	7.22	9,444.86	12.49	33,004.76	43.63	11,778.80	15.57	15,748.64	20.82
000799	酒鬼酒	304,681.84	78.26	0.03	23,732.00	7.79	24,662.71	8.09	133,072.02	43.68	42,013.73	13.79	81,123.12	26.63
000800	一汽轿车	434,722.91	185.88	0.04	22,433.08	5.16	54,922.94	12.63	159,582.09	36.71	64,282.27	14.79	133,316.65	30.67
000801	四川九洲	107,077.29	33.00	0.03	5,864.12	5.48	12,623.90	11.79	47,208.15	44.09	19,547.50	18.26	21,800.62	20.36
000802	北京旅游	95,592.63	27.71	0.03	7,250.39	7.58	11,901.48	12.45	39,541.58	41.36	13,797.36	14.43	23,074.10	24.14
000803	金宇车城	58,708.79	293.52	0.50	3,748.66	6.39	8,033.25	13.68	24,298.98	41.39	10,456.22	17.81	11,878.16	20.23
000806	银河科技	104,211.19	600.81	0.58	11,326.28	10.87	16,983.08	16.30	45,924.05	44.07	15,500.30	14.87	13,876.67	13.32
000807	云铝股份	426,265.88	288.32	0.07	36,237.74	8.50	51,992.23	12.20	177,359.62	41.61	61,320.97	14.39	99,067.00	23.24
000809	中汇医药	36,117.23	10.90	0.03	2,985.64	8.27	4,727.58	13.09	17,428.27	48.25	5,789.86	16.03	5,174.98	14.33
000810	华润锦华	23,356.14	8.72	0.04	1,885.27	8.07	3,647.21	15.62	12,062.97	51.65	3,327.71	14.25	2,424.26	10.38
000811	烟台冰轮	175,629.05	37.46	0.02	8,584.25	4.89	15,899.25	9.05	69,826.23	39.76	31,616.79	18.00	49,665.06	28.28
000812	陕西金叶	72,416.24	401.07	0.55	6,700.83	9.25	10,951.71	15.12	31,942.43	44.11	11,339.02	15.66	11,081.18	15.30
000813	天山纺织	98,434.70	28.65	0.03	5,639.43	5.73	9,171.13	9.32	38,089.48	38.70	16,928.86	17.20	28,577.15	29.03
000815	美利纸业	123,344.79	937.43	0.76	12,089.53	9.80	18,310.52	14.84	49,040.18	39.76	18,145.26	14.71	24,821.86	20.12
000816	江淮动力	607,872.25	3,473.59	0.57	54,825.80	9.02	94,843.42	15.60	251,485.99	41.37	96,282.63	15.84	106,960.82	17.60
000819	岳阳兴长	232,202.66	32.43	0.01	11,727.68	5.05	15,680.24	6.75	102,252.68	44.04	37,681.64	16.23	64,827.99	27.92
000820	*ST 金城	56,851.00	441.50	0.78	4,997.82	8.79	6,152.50	10.82	24,326.89	42.79	8,171.28	14.37	12,761.01	22.45
000821	京山轻机	181,026.39	757.10	0.42	10,513.71	5.81	19,639.08	10.85	64,045.45	35.38	33,366.91	18.43	52,704.15	29.11
000822	山东海化	149,552.31	668.89	0.45	12,567.37	8.40	19,167.19	12.82	56,142.68	37.54	23,464.45	15.69	37,541.73	25.10
000823	超声电子	757,529.51	259.41	0.03	39,935.21	5.27	81,946.38	10.82	283,066.32	37.37	126,882.64	16.75	225,439.56	29.76
000825	太钢不锈	291,714.77	1,356.09	0.46	24,504.72	8.40	41,292.55	14.16	122,664.22	42.05	43,636.70	14.96	58,260.50	19.97
000826	桑德环境	469,495.96	77.88	0.02	16,277.95	3.47	33,795.75	7.20	162,782.42	34.67	79,007.23	16.83	177,554.72	37.82
000828	东莞控股	41,737.24	260.82	0.62	3,660.54	8.77	5,979.56	14.33	17,664.84	42.32	6,636.57	15.90	7,534.91	18.05
000829	天音控股	311,097.03	157.80	0.05	23,190.12	7.45	40,408.62	12.99	139,846.57	44.95	46,360.91	14.90	61,133.01	19.65
000830	鲁西化工	145,838.00	604.36	0.41	10,760.92	7.38	17,995.22	12.34	53,735.33	36.85	24,992.58	17.14	37,749.60	25.88
000831	*ST 关铝	126,033.59	1,032.10	0.82	11,148.32	8.85	16,510.68	13.10	48,696.69	38.64	20,540.50	16.30	28,105.30	22.30
000833	贵糖股份	292,934.06	145.38	0.05	24,717.87	8.44	38,443.52	13.12	137,540.10	46.95	44,213.03	15.09	47,874.16	16.34
000835	四川圣达	807,043.17	1,088.05	0.13	55,777.99	6.91	91,009.05	11.28	336,949.23	41.75	130,776.51	16.20	191,442.34	23.72
000836	鑫茂科技	261,197.84	1,067.42	0.41	21,963.59	8.41	35,925.06	13.75	116,552.56	44.62	42,135.96	16.13	43,553.24	16.67
000837	秦川发展	220,277.60	54.50	0.02	8,780.60	3.99	18,766.07	8.52	83,616.73	37.96	39,334.62	17.86	69,725.08	31.65
000838	国兴地产	61,682.91	403.91	0.65	4,322.11	7.01	7,592.18	12.31	25,124.89	40.73	10,279.38	16.66	13,960.43	22.63
000839	中信国安	458,405.62	187.91	0.04	26,481.02	5.78	51,945.75	11.33	185,613.09	40.49	69,162.63	15.09	125,015.23	27.27
000848	承德露露	211,221.88	47.27	0.02	9,208.08	4.36	21,193.07	10.03	80,903.61	38.30	34,769.16	16.46	65,100.68	30.82
000850	华茂股份	85,705.82	528.08	0.62	6,777.41	7.91	12,470.61	14.55	38,068.23	44.42	13,564.41	15.83	14,297.08	16.68
000851	高鸿股份	397,279.49	217.60	0.05	37,655.32	9.48	57,454.67	14.46	177,106.83	44.58	52,873.30	13.31	71,971.77	18.12
000852	江钻股份	112,058.02	43.60	0.04	7,412.40	6.61	13,082.87	11.68	51,697.68	46.13	19,186.64	17.12	20,634.83	18.41
000856	ST 唐陶	50,054.26	231.06	0.46	2,495.83	4.99	4,941.73	9.87	17,888.89	35.74	10,401.92	20.78	14,094.84	28.16
000858	五粮液	2,464,122.41	347.69	0.01	96,880.85	3.93	132,750.21	5.39	872,336.69	35.40	357,497.99	14.51	1,004,308.99	40.76
000859	国风塑业	125,043.32	602.54	0.48	7,694.95	6.15	15,729.96	12.58	50,538.92	40.42	25,346.31	20.27	25,130.62	20.10
000860	顺鑫农业	218,970.88	37.27	0.02	10,827.80	4.94	15,899.46	7.26	91,243.96	41.67	35,659.05	16.28	65,303.33	29.82
000861	海印股份	76,043.30	25.78	0.03	2,699.21	3.55	7,527.37	9.90	27,753.92	36.50	14,832.96	19.51	23,204.06	30.51
000862	银星能源	137,316.33	47.60	0.03	9,698.50	7.06	16,231.97	11.82	64,814.00	47.20	21,736.69	15.83	24,787.56	18.05
000868	安凯客车	217,332.99	88.02	0.04	16,758.00	7.71	28,811.75	13.26	96,737.02	44.51	32,795.09	15.09	42,143.10	19.39
000869	张裕 A	255,706.81	35.43	0.01	888.82	0.35	21,814.59	8.53	78,502.80	30.70	36,671.54	14.34	117,793.62	46.07
000875	吉电股份	87,178.02	847.03	0.97	11,120.43	12.76	11,247.57	12.90	38,131.18	43.74	11,236.04	12.89	14,595.78	16.74
000876	新希望	722,089.46	159.85	0.02	30,343.19	4.20	41,593.69	5.76	222,766.90	30.85	102,610.41	14.21	324,615.42	44.96
000877	天山股份	692,523.38	71.99	0.01	14,797.65	2.14	43,340.71	6.26	229,761.58	33.18	128,874.96	18.61	275,676.48	39.81
000878	云南铜业	1,095,853.72	212.95	0.02	52,196.25	4.76	84,436.98	7.71	437,547.09	39.93	171,739.59	15.67	349,720.86	31.91
000880	潍柴重机	82,569.29	28.52	0.03	3,509.27	4.25	9,483.44	11.49	32,178.93	38.97	15,795.92	19.13	21,573.21	26.13
000881	大连国际	113,980.32	45.28	0.04	6,302.91	5.53	12,869.53	11.29	52,595.66	46.14	20,592.63	18.07	21,574.31	18.93
000882	华联股份	36,357.74	252.62	0.69	3,363.04	9.25	5,708.82	15.70	15,452.12	42.50	5,274.91	14.51	6,306.24	17.34
000883	湖北能源	208,188.25	356.22	0.17	14,465.85	6.95	25,682.74	12.34	94,402.11	45.34	34,508.15	16.58	38,773.18	18.62
000885	同力水泥	71,418.95	22.30	0.03	5,124.36	7.18	7,869.76	11.02	30,986.04	43.39	10,538.12	14.76	16,878.35	23.63
000886	海南高速	226,527.36	1,375.61	0.61	20,619.28	9.10	32,618.64	14.40	90,222.28	39.83	37,687.85	16.64	44,003.70	19.43

代码	证券名称	成交金额	按每笔成交金额(元)分类的成交金额和比例											
			<1,000	%	1,000–5,000	%	5,000–10,000	%	10,000–50,000	%	50,000–100,000	%	>=100,000	%
000887	中鼎股份	306,717.13	24.82	0.01	6,366.16	2.08	8,392.44	2.74	78,408.35	25.56	40,015.04	13.05	173,510.32	56.57
000888	峨眉山A	55,105.40	25.56	0.05	3,244.02	5.89	7,815.41	14.18	22,313.95	40.49	9,942.51	18.04	11,763.95	21.35
000889	渤海物流	117,973.16	92.17	0.08	7,297.78	6.19	12,644.16	10.72	50,132.85	42.50	19,536.88	16.56	28,269.32	23.96
000890	法尔胜	151,026.30	479.60	0.32	8,885.50	5.88	17,551.90	11.62	59,935.73	39.69	28,217.44	18.68	35,956.13	23.81
000892	ST星美	41,841.16	188.90	0.45	3,179.53	7.60	5,351.60	12.79	18,184.62	43.46	7,035.09	16.81	7,901.41	18.88
000893	东凌粮油	182,359.61	29.04	0.02	6,194.08	3.40	13,802.70	7.57	71,801.80	39.37	33,989.70	18.64	56,542.29	31.01
000895	双汇发展	986,224.26	37.44	0.00	779.89	0.08	28,460.21	2.89	104,464.03	10.59	87,064.43	8.83	765,418.24	77.61
000897	津滨发展	241,647.94	2,014.63	0.83	34,469.31	14.26	44,034.62	18.22	103,022.31	42.63	29,827.17	12.34	28,279.90	11.70
000898	鞍钢股份	384,804.68	1,494.62	0.39	23,874.71	6.20	44,500.06	11.56	134,695.11	35.00	63,924.86	16.61	116,315.31	30.23
000899	赣能股份	49,349.63	351.33	0.71	5,416.75	10.98	8,981.18	18.20	22,233.88	45.05	6,877.66	13.94	5,488.83	11.12
000900	现代投资	210,663.42	70.12	0.03	15,866.35	7.53	17,423.06	8.27	96,706.81	45.91	32,594.93	15.47	48,002.15	22.79
000901	航天科技	235,842.53	100.15	0.04	15,828.47	6.71	32,854.14	13.93	105,362.52	44.67	39,542.04	16.77	42,155.21	17.87
000902	*ST中服	45,303.81	170.66	0.38	1,820.01	4.02	3,806.42	8.40	14,533.12	32.08	8,559.39	18.89	16,414.21	36.23
000903	云内动力	82,471.76	11.91	0.01	2,246.10	2.72	5,729.91	6.95	25,962.72	31.48	16,882.86	20.47	31,638.27	38.36
000905	厦门港务	63,777.30	345.38	0.54	5,463.60	8.57	9,100.03	14.27	27,559.28	43.21	10,777.53	16.90	10,531.49	16.51
000906	南方建材	53,224.14	419.49	0.79	5,182.53	9.74	8,770.50	16.48	23,718.03	44.56	9,007.13	16.92	6,126.46	11.51
000908	*ST天一	54,227.83	316.20	0.58	3,494.80	6.44	6,732.04	12.41	24,784.85	45.71	11,370.85	20.97	7,529.09	13.88
000909	数源科技	45,875.75	58.73	0.13	3,744.27	8.16	6,051.32	13.19	22,358.78	48.74	6,889.66	15.02	6,772.98	14.76
000910	大亚科技	74,339.21	485.51	0.65	6,671.43	8.97	11,537.09	15.52	30,476.48	41.00	12,348.66	16.61	12,820.05	17.25
000911	南宁糖业	455,657.75	83.20	0.02	23,006.48	5.05	30,193.29	6.63	185,436.66	40.70	75,392.30	16.55	141,545.80	31.06
000912	泸天化	55,503.03	433.12	0.78	5,533.94	9.97	9,099.11	16.39	25,234.00	45.46	8,093.54	14.58	7,109.33	12.81
000913	钱江摩托	102,990.84	629.23	0.61	7,783.19	7.56	15,597.08	15.14	42,772.07	41.53	17,526.21	17.02	18,683.06	18.14
000915	山大华特	108,962.69	23.50	0.02	5,021.83	4.61	11,418.07	10.48	42,381.81	38.90	21,921.32	20.12	28,196.17	25.88
000916	华北高速	43,796.94	383.99	0.88	4,816.77	11.00	5,267.46	12.03	18,960.06	43.29	5,920.12	13.52	8,448.54	19.29
000917	电广传媒	272,724.27	16.27	0.01	3,970.24	1.46	11,344.59	4.16	70,852.57	25.98	46,299.62	16.98	140,240.99	51.42
000918	嘉凯城	93,541.62	418.22	0.45	6,132.88	6.56	11,038.68	11.80	35,998.63	38.48	14,610.53	15.62	25,342.69	27.09
000919	金陵药业	105,190.80	42.36	0.04	6,857.06	6.52	11,935.40	11.35	49,338.29	46.90	17,187.55	16.34	19,830.15	18.85
000920	南方汇通	332,871.88	951.05	0.29	19,330.04	5.81	34,990.01	10.51	130,437.94	39.19	58,703.19	17.64	88,459.65	26.57
000921	ST科龙	116,614.54	553.85	0.47	7,581.74	6.50	13,087.34	11.22	45,304.21	38.85	21,429.79	18.38	28,657.62	24.57
000922	*ST阿继	60,899.48	11.91	0.02	2,580.63	4.24	4,570.59	7.51	25,208.42	41.39	11,596.12	19.04	16,931.81	27.80
000923	河北宣工	64,894.10	420.05	0.65	5,997.33	9.24	10,973.96	16.91	28,741.70	44.29	10,030.77	15.46	8,730.29	13.45
000925	众合机电	159,389.94	21.05	0.01	4,914.58	3.08	8,564.06	5.37	59,014.81	37.03	27,847.42	17.47	59,028.03	37.03
000926	福星股份	813,810.14	138.33	0.02	27,279.04	3.35	58,825.21	7.23	270,661.62	33.26	145,559.11	17.89	311,346.82	38.26
000927	一汽夏利	148,400.66	1,334.70	0.90	17,360.38	11.70	23,208.83	15.64	52,490.77	35.37	21,023.69	14.17	32,982.29	22.23
000928	中钢吉炭	325,160.63	109.90	0.03	19,942.25	6.13	34,632.68	10.65	138,153.81	42.49	54,378.87	16.72	77,943.11	23.97
000929	兰州黄河	134,673.98	65.79	0.05	10,948.35	8.13	19,020.98	14.12	62,796.95	46.63	20,631.26	15.32	21,210.66	15.75
000930	丰原生化	314,059.04	2,148.63	0.68	30,701.77	9.78	54,366.11	17.31	124,173.24	39.54	47,566.03	15.15	55,103.24	17.55
000931	中关村	130,634.77	1,132.05	0.87	15,032.28	11.51	22,229.04	17.02	55,433.70	42.43	19,660.01	15.05	17,147.69	13.13
000932	华菱钢铁	109,528.48	761.33	0.70	12,521.39	11.43	11,859.24	10.83	41,766.92	38.13	16,248.25	14.83	26,371.35	24.08
000933	神火股份	1,081,865.40	209.63	0.02	44,963.10	4.16	78,810.36	7.28	421,164.96	38.93	165,466.59	15.29	371,250.77	34.32
000935	四川双马	158,203.54	43.36	0.03	10,632.49	6.72	17,108.75	10.81	68,924.00	43.57	25,840.79	16.33	35,654.16	22.54
000936	华西村	263,432.58	2,156.79	0.82	24,095.72	9.15	41,392.19	15.71	102,179.95	38.79	42,972.86	16.31	50,635.07	19.22
000937	冀中能源	1,201,345.34	103.03	0.01	28,266.14	2.35	54,078.73	4.50	360,113.07	29.98	184,203.84	15.33	574,580.53	47.83
000938	紫光股份	124,551.14	45.59	0.04	8,048.96	6.46	13,907.11	11.17	59,628.30	47.87	22,214.66	17.84	20,706.52	16.62
000939	凯迪电力	327,780.88	45.40	0.01	8,864.68	2.70	20,434.29	6.23	97,789.88	29.83	60,248.75	18.38	140,397.88	42.83
000948	南天信息	125,054.82	72.88	0.06	4,639.08	3.71	11,636.36	9.31	43,401.08	34.71	23,713.63	18.96	41,591.79	33.26
000949	新乡化纤	130,939.17	516.78	0.39	9,248.52	7.06	16,780.07	12.82	53,357.54	40.75	23,334.02	17.82	27,702.23	21.16
000950	建峰化工	63,865.07	575.47	0.90	7,023.39	11.00	11,992.14	18.78	26,903.03	42.12	8,107.13	12.69	9,263.91	14.51
000951	中国重汽	388,344.28	65.37	0.02	9,547.20	2.46	29,069.65	7.49	136,012.20	35.02	72,447.80	18.66	141,202.07	36.36
000952	广济药业	158,471.93	48.10	0.03	9,029.87	5.70	16,779.08	10.59	68,983.40	43.53	26,839.13	16.94	36,792.35	23.22
000953	*ST河化	41,452.26	244.23	0.59	3,284.12	7.92	5,294.90	12.77	17,661.14	42.61	7,451.36	17.98	7,516.52	18.13
000955	ST欣龙	48,935.75	150.81	0.31	2,690.40	5.50	4,698.01	9.60	19,984.44	40.84	9,826.72	20.08	11,585.36	23.67
000957	中通客车	91,396.58	924.35	1.01	10,794.10	11.81	16,813.60	18.40	38,218.20	41.82	12,051.06	13.19	12,595.28	13.78
000958	*ST东热	33,127.50	192.68	0.58	2,706.33	8.17	4,010.26	12.11	15,174.09	45.81	5,734.54	17.31	5,309.59	16.03
000960	锡业股份	1,462,745.63	169.60	0.01	40,671.71	2.78	96,374.66	6.59	472,189.03	32.28	237,781.89	16.26	615,558.73	42.08
000961	中南建设	245,401.41	281.94	0.11	14,830.71	6.04	23,293.70	9.49	96,002.92	39.12	40,613.98	16.55	70,378.16	28.68
000962	东方钽业	539,410.20	133.80	0.02	32,747.30	6.07	43,807.98	8.12	229,591.52	42.56	82,855.65	15.36	150,273.95	27.86
000963	华东医药	142,514.57	26.68	0.02	3,229.84	2.27	7,707.78	5.41	32,320.92	22.68	20,967.70	14.71	78,261.66	54.91
000965	天保基建	63,577.32	16.52	0.03	3,223.16	5.07	5,411.90	8.51	27,692.18	43.56	12,196.65	19.18	15,036.91	23.65
000966	长源电力	46,254.27	188.79	0.41	3,055.11	6.61	5,175.97	11.19	18,714.12	40.46	8,661.76	18.73	10,458.52	22.61
000967	上风高科	50,047.88	425.66	0.85	5,724.71	11.44	9,041.78	18.07	22,217.08	44.39	6,982.67	13.95	5,655.99	11.30

代码	证券名称	成交金额	按每笔成交金额(元)分类的成交金额和比例											
			<1,000	%	1,000–5,000	%	5,000–10,000	%	10,000–50,000	%	50,000–100,000	%	>=100,000	%
000968	煤气化	1,003,274.95	186.92	0.02	43,765.09	4.36	57,843.02	5.77	347,827.95	34.67	145,486.88	14.50	408,165.08	40.68
000969	安泰科技	824,354.84	196.19	0.02	46,697.11	5.66	68,323.51	8.29	374,131.38	45.38	122,880.62	14.91	212,126.02	25.73
000970	中科三环	1,835,326.82	420.04	0.02	69,268.64	3.77	169,700.30	9.25	721,279.84	39.30	339,948.96	18.52	534,709.03	29.13
000971	ST迈亚	29,563.84	115.07	0.39	1,812.34	6.13	3,358.54	11.36	14,207.98	48.06	5,237.57	17.72	4,832.34	16.35
000972	新中基	351,356.67	56.26	0.02	11,687.28	3.33	23,706.66	6.75	113,739.00	32.37	62,211.97	17.71	139,955.50	39.83
000973	佛塑股份	423,099.08	239.46	0.06	23,720.17	5.61	52,017.27	12.29	179,033.98	42.31	77,505.92	18.32	90,582.28	21.41
000975	科学城	90,217.33	409.58	0.45	6,158.01	6.83	10,472.43	11.61	36,067.49	39.98	17,019.02	18.86	20,090.81	22.27
000976	*ST春晖	49,953.74	396.16	0.79	4,825.90	9.66	5,810.26	11.63	23,086.73	46.22	7,677.34	15.37	8,157.35	16.33
000977	浪潮信息	465,583.26	87.89	0.02	22,235.69	4.78	39,410.58	8.46	193,255.00	41.51	78,698.40	16.90	131,895.70	28.33
000978	桂林旅游	145,518.92	48.59	0.03	8,450.02	5.81	16,041.23	11.02	62,994.68	43.29	24,656.65	16.94	33,327.74	22.90
000979	中弘地产	306,150.80	37.52	0.01	8,384.47	2.74	16,120.73	5.27	80,271.39	26.22	52,345.38	17.10	148,991.31	48.67
000980	金马股份	175,409.80	656.18	0.37	9,819.91	5.60	18,518.50	10.56	69,120.24	39.41	35,798.49	20.41	41,496.48	23.66
000982	中银绒业	75,864.87	19.62	0.03	3,970.09	5.23	7,004.39	9.23	33,034.70	43.54	13,672.42	18.02	18,163.65	23.94
000983	西山煤电	2,193,952.49	413.92	0.02	70,204.36	3.20	144,052.81	6.57	799,990.70	36.46	358,003.08	16.32	821,287.61	37.43
000985	大庆华科	40,948.64	9.53	0.02	2,419.31	5.91	4,220.49	10.31	18,239.74	44.54	7,231.70	17.66	8,827.88	21.56
000987	广州友谊	130,161.63	62.91	0.05	2,428.67	1.87	7,292.66	5.60	35,085.15	26.96	19,901.92	15.29	65,390.32	50.24
000988	华工科技	277,735.35	55.81	0.02	9,534.59	3.43	26,197.97	9.43	99,938.88	35.98	54,911.50	19.77	87,096.59	31.36
000989	九芝堂	210,630.40	64.87	0.03	13,409.51	6.37	23,496.97	11.16	88,003.24	41.78	35,119.89	16.67	50,535.92	23.99
000990	诚志股份	210,585.89	35.50	0.02	8,107.97	3.85	16,184.98	7.69	78,074.93	37.08	39,669.48	18.84	68,513.03	32.53
000993	闽东电力	129,931.17	28.22	0.02	6,840.29	5.26	11,474.00	8.83	55,795.36	42.94	24,364.64	18.75	31,428.66	24.19
000995	ST皇台	65,673.47	17.95	0.03	3,797.42	5.78	7,081.29	10.78	28,599.68	43.55	11,937.31	18.18	14,239.82	21.68
000996	中国中期	240,287.45	48.27	0.02	9,129.46	3.80	22,870.57	9.52	97,792.82	40.70	46,357.57	19.29	64,088.77	26.67
000997	新大陆	974,439.01	263.53	0.03	60,416.44	6.20	76,090.45	7.81	409,413.05	42.02	152,708.26	15.67	275,547.27	28.28
000998	隆平高科	585,744.16	104.39	0.02	20,446.25	3.49	38,884.35	6.64	210,325.51	35.91	99,692.31	17.02	216,291.34	36.93
000999	华润三九	305,897.84	61.88	0.02	9,981.84	3.26	20,281.41	6.63	98,979.59	32.36	43,791.61	14.32	132,801.52	43.41
001696	宗申动力	246,433.83	289.89	0.12	14,341.67	5.82	26,182.67	10.62	103,785.85	42.12	41,880.84	16.99	59,952.91	24.33
001896	*ST豫能	14,384.82	96.83	0.67	1,310.80	9.11	2,061.17	14.33	6,666.39	46.34	2,053.08	14.27	2,196.55	15.27
002001	新和成	275,113.52	76.89	0.03	10,579.27	3.85	27,213.62	9.89	107,481.49	39.07	41,233.56	14.99	88,528.69	32.18
002002	ST琼花	25,967.26	187.56	0.72	2,449.92	9.43	3,823.70	14.73	11,969.01	46.09	4,330.99	16.68	3,206.08	12.35
002003	伟星股份	72,588.64	9.83	0.01	1,962.86	2.70	6,855.66	9.44	30,769.78	42.39	13,702.26	18.88	19,288.26	26.57
002004	华邦制药	46,971.28	3.18	0.01	356.04	0.76	2,910.80	6.20	14,729.36	31.36	6,948.64	14.79	22,023.27	46.89
002005	德豪润达	253,200.51	53.42	0.02	9,795.14	3.87	26,301.65	10.39	94,538.40	37.34	48,051.97	18.98	74,459.94	29.41
002006	精功科技	920,673.90	131.52	0.01	42,219.36	4.59	50,152.98	5.45	295,155.88	32.06	146,385.21	15.90	386,628.96	41.99
002007	华兰生物	533,936.23	96.43	0.02	18,582.09	3.48	39,000.03	7.30	199,565.19	37.38	85,744.89	16.06	190,947.61	35.76
002008	大族激光	1,286,600.73	279.72	0.02	54,916.09	4.27	95,841.18	7.45	446,424.66	34.70	200,824.97	15.61	488,314.10	37.95
002009	天奇股份	115,673.90	24.93	0.02	6,437.50	5.57	12,463.90	10.78	49,855.98	43.10	19,766.69	17.09	27,124.91	23.45
002010	传化股份	198,681.45	49.61	0.02	5,552.34	2.79	21,332.59	10.74	67,999.37	34.23	42,495.65	21.39	61,251.90	30.83
002011	盾安环境	186,022.61	22.76	0.01	4,687.07	2.52	12,030.66	6.47	65,214.53	35.06	31,422.24	16.89	72,645.34	39.05
002012	凯恩股份	177,856.23	63.11	0.04	9,895.18	5.56	18,253.86	10.26	75,164.93	42.26	32,949.16	18.53	41,529.99	23.35
002013	中航精机	476,027.58	47.90	0.01	14,134.95	2.97	21,674.30	4.55	150,944.42	31.71	77,348.93	16.25	211,877.07	44.51
002014	永新股份	114,996.31	18.95	0.02	4,858.22	4.22	7,155.93	6.22	46,600.81	40.52	20,301.69	17.65	36,060.72	31.36
002015	霞客环保	202,257.22	63.76	0.03	12,367.50	6.11	22,565.38	11.16	84,635.07	41.85	33,251.13	16.44	49,374.37	24.41
002016	世荣兆业	125,698.82	546.87	0.44	9,452.49	7.52	17,188.32	13.67	57,692.83	45.90	20,600.28	16.39	20,218.02	16.08
002017	东信和平	320,932.59	80.27	0.03	12,230.83	3.81	25,869.50	8.06	124,726.59	38.86	53,676.00	16.73	104,349.41	32.51
002018	华星化工	143,084.73	826.62	0.58	11,952.98	8.35	19,555.31	13.67	56,174.14	39.26	21,942.18	15.34	32,633.51	22.81
002019	鑫富药业	210,148.98	57.32	0.03	9,030.72	4.30	20,324.18	9.67	79,525.71	37.84	41,365.29	19.68	59,845.75	28.48
002020	京新药业	94,065.51	27.10	0.03	3,792.32	4.03	9,750.16	10.37	35,007.93	37.22	18,689.46	19.87	26,798.53	28.49
002021	中捷股份	75,483.10	441.73	0.59	7,154.74	9.48	11,250.66	14.90	34,032.93	45.09	11,454.04	15.17	11,149.01	14.77
002022	科华生物	484,759.94	148.74	0.03	27,398.17	5.65	52,208.78	10.77	198,496.33	40.95	83,308.65	17.19	123,199.27	25.41
002023	海特高新	162,285.66	33.48	0.02	7,371.06	4.54	17,124.37	10.55	60,746.56	37.43	29,150.63	17.96	47,859.56	29.49
002024	苏宁电器	1,165,677.09	452.36	0.04	56,390.03	4.84	104,289.52	8.95	405,655.94	34.80	186,007.36	15.96	412,881.89	35.42
002025	航天电器	157,544.73	64.35	0.04	11,731.36	7.45	21,484.52	13.64	73,002.39	46.34	23,458.18	14.89	27,803.92	17.65
002026	山东威达	142,542.20	54.30	0.04	9,705.48	6.81	17,400.35	12.21	65,708.85	46.10	24,462.70	17.16	25,210.52	17.69
002027	七喜控股	68,967.50	591.21	0.86	7,902.17	11.46	11,892.88	17.24	32,242.93	46.75	9,655.78	14.00	6,682.52	9.69
002028	思源电气	430,263.09	124.27	0.03	16,021.08	3.72	35,473.55	8.24	186,378.63	43.32	74,143.66	17.23	118,121.89	27.45
002029	七匹狼	92,188.39	6.85	0.01	2,646.60	2.87	4,234.43	4.59	28,514.69	30.93	11,902.13	12.91	44,883.70	48.69
002030	达安基因	239,669.30	107.39	0.04	18,375.77	7.67	30,002.87	12.52	102,403.82	42.73	38,839.76	16.21	49,939.69	20.84
002031	巨轮股份	164,453.18	38.61	0.02	7,685.61	4.67	15,898.03	9.67	67,662.90	41.14	28,688.83	17.44	44,479.20	27.05
002032	苏泊尔	61,167.81	14.21	0.02	3,742.57	6.12	5,241.93	8.57	24,465.31	40.00	9,078.47	14.84	18,625.32	30.45
002033	丽江旅游	64,896.74	7.74	0.01	2,430.25	3.74	4,174.53	6.43	23,031.02	35.49	11,828.18	18.23	23,425.02	36.10
002034	美欣达	43,996.66	16.82	0.04	2,647.39	6.02	5,811.43	13.21	22,590.20	51.35	7,977.05	18.13	4,953.77	11.26

代码	证券名称	成交金额	按每笔成交金额(元)分类的成交金额和比例											
			<1,000	%	1,000-5,000	%	5,000-10,000	%	10,000-50,000	%	50,000-100,000	%	>=100,000	%
002035	华帝股份	182,474.41	53.50	0.03	9,849.38	5.40	14,611.45	8.01	61,243.38	33.56	33,472.06	18.34	63,244.64	34.66
002036	宜科科技	227,130.99	44.89	0.02	9,076.95	4.00	17,190.93	7.57	86,098.21	37.91	40,815.07	17.97	73,904.95	32.54
002037	久联发展	136,243.60	14.32	0.01	3,757.57	2.76	5,617.10	4.12	41,492.22	30.45	19,269.90	14.14	66,092.50	48.51
002038	双鹭药业	209,119.88	17.64	0.01	409.29	0.20	7,244.90	3.46	46,361.45	22.17	27,457.94	13.13	127,628.67	61.03
002039	黔源电力	49,809.62	9.25	0.02	2,387.89	4.79	3,854.09	7.74	22,599.70	45.37	8,929.49	17.93	12,029.21	24.15
002040	南京港	100,183.32	358.83	0.36	6,610.42	6.60	11,796.23	11.77	42,691.20	42.61	19,340.90	19.31	19,385.74	19.35
002041	登海种业	247,860.15	29.47	0.01	794.04	0.32	20,669.97	8.34	74,243.69	29.95	44,803.29	18.08	107,319.69	43.30
002042	华孚色纺	171,042.54	17.47	0.01	4,199.57	2.46	12,295.31	7.19	63,891.65	37.35	34,738.47	20.31	55,900.08	32.68
002043	兔宝宝	197,735.83	257.66	0.13	14,108.90	7.14	21,728.33	10.99	81,392.19	41.16	33,266.55	16.82	46,982.20	23.76
002044	江苏三友	81,003.30	14.66	0.02	3,364.37	4.15	6,349.38	7.84	32,429.55	40.03	16,290.90	20.11	22,554.44	27.84
002045	广州国光	129,721.69	20.25	0.02	4,283.98	3.30	10,958.67	8.45	44,563.55	34.35	24,545.26	18.92	45,349.98	34.96
002046	轴研科技	54,122.52	6.78	0.01	2,367.55	4.37	3,461.49	6.40	21,882.90	40.43	9,895.42	18.28	16,508.38	30.50
002047	成霖股份	37,600.63	385.77	1.03	5,407.48	14.38	6,479.23	17.23	16,147.94	42.95	4,926.45	13.10	4,253.76	11.31
002048	宁波华翔	243,179.52	190.03	0.08	12,343.77	5.08	23,894.36	9.83	100,685.16	41.40	43,572.74	17.92	62,493.48	25.70
002049	晶源电子	331,631.90	55.11	0.02	12,423.49	3.75	22,832.22	6.88	121,308.63	36.58	61,352.37	18.50	113,660.08	34.27
002050	三花股份	98,090.12	5.47	0.01	1,629.07	1.66	3,636.17	3.71	28,002.37	28.55	17,091.84	17.42	47,725.20	48.65
002051	中工国际	175,375.63	34.87	0.02	9,635.23	5.49	13,278.03	7.57	67,016.25	38.21	28,445.17	16.22	56,966.08	32.48
002052	同洲电子	108,345.78	189.88	0.18	7,386.89	6.82	13,766.45	12.71	47,324.97	43.68	17,957.61	16.57	21,719.99	20.05
002053	云南盐化	51,297.98	22.34	0.04	3,604.51	7.03	6,929.01	13.51	24,127.47	47.03	9,001.67	17.55	7,612.98	14.84
002054	德美化工	53,985.69	33.34	0.06	4,294.35	7.95	7,905.73	14.64	24,813.22	45.96	8,545.89	15.83	8,393.15	15.55
002055	得润电子	169,613.60	85.59	0.05	3,780.43	2.23	8,605.04	5.07	48,391.90	28.53	30,233.52	17.82	78,517.12	46.29
002056	横店东磁	858,603.57	120.47	0.01	41,430.98	4.83	51,502.75	6.00	337,739.32	39.34	139,433.43	16.24	288,376.62	33.59
002057	中钢天源	317,682.63	72.79	0.02	15,609.87	4.91	34,489.77	10.86	141,134.56	44.43	56,511.03	17.79	69,864.61	21.99
002058	威尔泰	61,587.60	30.41	0.05	4,103.29	6.66	10,038.18	16.30	29,428.78	47.78	11,036.24	17.92	6,950.71	11.29
002059	云南旅游	99,738.24	164.94	0.17	7,468.50	7.49	12,597.03	12.63	46,576.13	46.70	16,133.61	16.18	16,798.03	16.84
002060	粤水电	325,241.07	127.79	0.04	18,356.47	5.64	32,502.28	9.99	135,032.52	41.52	55,510.20	17.07	83,711.81	25.74
002061	江山化工	61,438.64	14.34	0.02	3,735.23	6.08	6,838.22	11.13	29,734.54	48.40	11,179.77	18.20	9,936.54	16.17
002062	宏润建设	89,227.81	34.50	0.04	5,234.62	5.87	10,199.26	11.43	37,702.89	42.25	15,616.67	17.50	20,439.86	22.91
002063	远光软件	109,765.44	18.65	0.02	3,131.96	2.85	8,470.98	7.72	35,297.10	32.16	17,296.95	15.76	45,549.80	41.50
002064	华峰氨纶	209,496.35	87.13	0.04	16,009.03	7.64	26,638.75	12.72	95,645.29	45.65	32,915.14	15.71	38,201.00	18.23
002065	东华软件	121,477.66	32.16	0.03	3,274.03	2.70	9,231.80	7.60	41,888.34	34.48	18,745.88	15.43	48,305.45	39.76
002066	瑞泰科技	155,495.17	33.01	0.02	5,715.17	3.68	16,774.54	10.79	63,890.02	41.09	32,410.75	20.84	36,671.69	23.58
002067	景兴纸业	90,737.22	331.02	0.36	6,035.56	6.65	12,042.74	13.27	35,787.28	39.44	14,783.75	16.29	21,756.87	23.98
002068	黑猫股份	54,524.67	31.07	0.06	5,623.77	10.31	7,499.13	13.75	25,296.68	46.39	8,455.94	15.51	7,618.08	13.97
002069	獐子岛	325,159.12	79.77	0.02	26,532.25	8.16	28,845.19	8.87	137,771.19	42.37	47,829.03	14.71	84,101.69	25.86
002070	众和股份	42,366.81	305.57	0.72	3,606.53	8.51	7,125.69	16.82	18,123.89	42.78	7,311.27	17.26	5,893.86	13.91
002071	江苏宏宝	270,264.06	98.57	0.04	20,181.84	7.47	29,976.58	11.09	117,594.66	43.51	44,505.88	16.47	57,906.53	21.43
002072	*ST德棉	29,633.90	188.31	0.64	2,113.96	7.13	3,503.91	11.82	13,431.00	45.32	4,566.89	15.41	5,829.83	19.67
002073	软控股份	274,113.11	135.31	0.05	7,081.59	2.58	12,887.04	4.70	77,537.10	28.29	39,468.56	14.40	137,003.50	49.98
002074	东源电器	134,319.31	19.74	0.01	3,689.83	2.75	10,949.95	8.15	43,518.60	32.40	27,490.48	20.47	48,650.72	36.22
002076	雪莱特	103,781.64	34.43	0.03	7,957.04	7.67	13,085.07	12.61	50,703.44	48.86	16,956.33	16.34	15,045.33	14.50
002077	大港股份	295,920.90	80.79	0.03	15,712.67	5.31	26,337.10	8.90	114,057.26	38.54	47,002.83	15.88	92,730.25	31.34
002078	太阳纸业	132,549.77	66.45	0.05	13,453.77	10.15	16,212.09	12.23	59,520.88	44.90	20,447.27	15.43	22,849.30	17.24
002079	苏州固锝	225,418.26	36.66	0.02	8,917.10	3.96	19,829.29	8.80	76,566.96	33.97	42,054.55	18.66	78,013.70	34.61
002080	中材科技	268,037.85	35.18	0.01	10,688.81	3.99	15,008.36	5.60	92,956.27	34.68	43,541.55	16.24	105,807.67	39.47
002081	金螳螂	202,137.27	22.80	0.01	575.28	0.28	15,621.79	7.73	60,572.16	29.97	34,836.77	17.23	90,508.46	44.78
002082	栋梁新材	111,628.04	49.11	0.04	7,518.66	6.74	15,777.91	14.13	55,288.75	49.53	17,709.03	15.86	15,284.57	13.69
002083	孚日股份	284,691.03	561.03	0.20	24,169.18	8.49	40,680.20	14.29	129,188.04	45.38	41,999.52	14.75	48,093.06	16.89
002084	海鸥卫浴	71,845.49	638.79	0.89	8,556.37	11.91	13,594.47	18.92	32,244.91	44.88	8,708.27	12.12	8,102.68	11.28
002085	万丰奥威	61,244.38	18.80	0.03	3,925.78	6.41	7,394.30	12.07	29,320.58	47.87	10,014.36	16.35	10,570.56	17.26
002086	东方海洋	211,092.46	91.45	0.04	12,939.83	6.13	28,539.13	13.52	92,305.53	43.73	33,205.74	15.73	44,010.78	20.85
002087	新野纺织	46,300.12	358.97	0.78	5,604.00	12.10	7,944.04	17.16	20,534.87	44.35	6,432.89	13.89	5,425.35	11.72
002088	鲁阳股份	93,776.86	37.79	0.04	4,669.09	4.98	13,601.94	14.50	40,021.16	42.68	18,148.93	19.35	17,297.96	18.45
002089	新海宜	145,207.26	99.54	0.07	4,879.01	3.36	9,074.88	6.25	51,976.15	35.79	26,675.76	18.37	52,501.92	36.16
002090	金智科技	53,879.97	26.11	0.05	5,265.57	9.77	8,352.87	15.50	26,557.88	49.29	7,030.65	13.05	6,646.89	12.34
002091	江苏国泰	157,916.89	103.81	0.07	5,211.60	3.30	14,733.40	9.33	64,535.74	40.87	28,028.36	17.75	45,303.98	28.69
002092	中泰化学	258,983.43	107.69	0.04	16,500.02	6.37	26,016.70	10.05	106,692.77	41.20	42,272.60	16.32	67,393.65	26.02
002093	国脉科技	291,228.79	78.15	0.03	11,754.14	4.04	27,574.80	9.47	107,425.13	36.89	55,524.05	19.07	88,872.53	30.52
002094	青岛金王	121,232.76	29.07	0.02	5,448.22	4.49	10,087.05	8.32	45,235.87	37.31	22,763.80	18.78	37,668.75	31.07
002095	生意宝	166,003.84	27.07	0.02	5,693.98	3.43	16,172.85	9.74	68,891.07	41.50	30,651.47	18.46	44,567.39	26.85
002096	南岭民爆	156,652.64	16.63	0.01	4,225.69	2.70	7,560.78	4.83	45,526.40	29.06	27,575.43	17.60	71,747.72	45.80

代码	证券名称	成交金额	按每笔成交金额(元)分类的成交金额和比例											
			<1,000	%	1,000－5,000	%	5,000－10,000	%	10,000－50,000	%	50,000－100,000	%	>=100,000	%
002097	山河智能	289,771.88	119.54	0.04	12,961.08	4.47	35,210.85	12.15	124,876.10	43.09	54,983.77	18.97	61,620.55	21.27
002098	浔兴股份	108,316.40	34.28	0.03	7,235.45	6.68	12,924.69	11.93	50,575.75	46.69	18,109.18	16.72	19,437.05	17.94
002099	海翔药业	127,369.28	78.87	0.06	4,158.40	3.26	8,276.77	6.50	47,762.64	37.50	23,152.13	18.18	43,940.46	34.50
002100	天康生物	68,642.33	32.14	0.05	4,711.38	6.86	7,249.70	10.56	33,651.21	49.02	10,419.70	15.18	12,578.20	18.32
002101	广东鸿图	81,279.08	8.96	0.01	2,607.73	3.21	4,627.35	5.69	30,550.10	37.59	15,527.24	19.10	27,957.71	34.40
002102	冠福家用	39,589.79	69.28	0.17	3,589.17	9.07	5,702.89	14.40	18,140.63	45.82	5,695.36	14.39	6,392.47	16.15
002103	广博股份	33,269.88	215.75	0.65	2,862.61	8.60	5,627.40	16.91	15,884.16	47.74	4,577.60	13.76	4,102.35	12.33
002104	恒宝股份	356,329.44	106.85	0.03	17,427.85	4.89	46,024.31	12.92	145,976.50	40.97	62,793.85	17.62	84,000.08	23.57
002105	信隆实业	80,570.49	348.67	0.43	5,540.44	6.88	10,126.58	12.57	35,855.89	44.50	13,757.50	17.08	14,941.40	18.54
002106	莱宝高科	936,761.31	201.26	0.02	2,905.99	0.31	67,718.52	7.23	267,131.05	28.52	166,980.01	17.83	431,824.48	46.10
002107	沃华医药	60,360.09	36.69	0.06	6,689.37	11.08	9,236.58	15.30	29,261.02	48.48	8,535.66	14.14	6,600.77	10.94
002108	沧州明珠	126,032.71	30.78	0.02	6,529.91	5.18	9,011.43	7.15	54,454.87	43.21	18,743.97	14.87	37,261.75	29.57
002109	兴化股份	139,046.26	124.00	0.09	7,689.60	5.53	15,294.57	11.00	57,700.72	41.50	23,482.36	16.89	34,755.01	25.00
002110	三钢闽光	143,422.07	48.99	0.03	10,554.15	7.36	15,638.57	10.90	59,813.53	41.70	21,782.75	15.19	35,584.08	24.81
002111	威海广泰	87,664.78	18.46	0.02	6,172.70	7.04	7,563.18	8.63	44,645.60	50.93	14,018.57	15.99	15,246.27	17.39
002112	三变科技	129,803.55	45.87	0.04	8,670.50	6.68	16,596.77	12.79	61,240.16	47.18	21,885.90	16.86	21,364.34	16.46
002113	ST天润	35,620.99	372.36	1.05	3,443.00	9.67	5,729.50	16.08	14,856.84	41.71	5,862.98	16.46	5,356.31	15.04
002114	罗平锌电	86,297.99	38.54	0.04	6,062.37	7.02	12,179.37	14.11	39,459.01	45.72	15,406.97	17.85	13,151.72	15.24
002115	三维通信	261,964.17	219.66	0.08	13,154.15	5.02	34,167.62	13.04	107,361.70	40.98	47,296.37	18.05	59,764.68	22.81
002116	中国海诚	46,311.97	15.41	0.03	4,931.85	10.65	4,957.31	10.70	24,025.41	51.88	5,474.34	11.82	6,907.66	14.92
002117	东港股份	88,916.51	14.62	0.02	3,066.48	3.45	9,020.85	10.15	39,417.24	44.33	14,536.37	16.35	22,860.94	25.71
002118	紫鑫药业	282,102.57	43.32	0.02	8,340.85	2.96	20,746.75	7.35	93,690.58	33.21	48,941.05	17.35	110,340.02	39.11
002119	康强电子	173,385.33	45.41	0.03	10,888.34	6.28	20,880.73	12.04	78,926.71	45.52	27,600.74	15.92	35,043.40	20.21
002120	新海股份	39,750.82	19.66	0.05	3,251.54	8.18	5,708.35	14.36	19,527.55	49.12	6,463.34	16.26	4,780.37	12.03
002121	科陆电子	288,842.07	46.95	0.02	8,303.43	2.87	19,847.52	6.87	94,548.75	32.73	49,409.01	17.11	116,686.42	40.40
002122	天马股份	896,644.89	365.33	0.04	52,956.84	5.91	93,529.12	10.43	371,459.49	41.43	147,589.63	16.46	230,744.48	25.73
002123	荣信股份	216,698.31	29.92	0.01	9,275.66	4.28	12,195.98	5.63	71,224.00	32.87	31,820.31	14.68	92,152.44	42.53
002124	天邦股份	77,980.85	41.03	0.05	5,643.01	7.24	8,971.34	11.50	34,282.08	43.96	12,640.03	16.21	16,403.36	21.04
002125	湘潭电化	108,808.71	21.55	0.02	5,279.13	4.85	10,199.45	9.37	47,745.72	43.88	18,025.58	16.57	27,537.29	25.31
002126	银轮股份	180,013.48	17.98	0.01	5,532.71	3.07	12,276.76	6.82	69,844.07	38.80	33,376.07	18.54	58,965.89	32.76
002127	新民科技	164,915.32	57.54	0.03	11,575.76	7.02	21,145.90	12.82	75,091.91	45.53	27,525.71	16.69	29,518.50	17.90
002128	露天煤业	363,459.12	116.16	0.03	24,544.71	6.75	28,138.63	7.74	156,668.38	43.10	54,090.56	14.88	99,900.68	27.49
002129	中环股份	253,220.74	29.71	0.01	5,271.07	2.08	11,063.51	4.37	73,552.77	29.05	45,688.52	18.04	117,615.15	46.45
002130	沃尔核材	367,730.70	101.37	0.03	27,143.66	7.38	42,076.65	11.44	183,613.02	49.93	57,175.25	15.55	57,620.76	15.67
002132	恒星科技	218,788.66	25.49	0.01	4,929.90	2.25	9,526.23	4.35	56,741.92	25.93	34,012.07	15.55	113,553.05	51.90
002133	广宇集团	120,398.06	460.87	0.38	8,126.45	6.75	15,187.54	12.61	47,449.70	39.41	20,757.21	17.24	28,416.30	23.60
002134	天津普林	105,615.13	763.96	0.72	8,422.84	7.98	16,251.00	15.39	45,644.02	43.22	18,142.68	17.18	16,390.62	15.52
002135	东南网架	271,666.26	88.35	0.03	14,338.50	5.28	29,871.85	11.00	106,537.25	39.22	52,921.94	19.48	67,908.37	25.00
002136	安纳达	77,717.61	32.38	0.04	4,467.72	5.75	10,819.98	13.92	35,898.34	46.19	14,176.40	18.24	12,322.80	15.86
002137	实益达	155,109.21	51.47	0.03	10,368.78	6.68	19,137.38	12.34	73,828.50	47.60	25,354.31	16.35	26,368.78	17.00
002138	顺络电子	223,302.72	28.68	0.01	6,524.40	2.92	14,116.20	6.32	83,305.93	37.31	41,308.11	18.50	78,019.40	34.94
002139	拓邦股份	168,609.85	27.11	0.02	8,101.71	4.81	10,150.93	6.02	67,417.54	39.98	24,639.54	14.61	58,273.01	34.56
002140	东华科技	201,662.81	30.10	0.01	5,755.22	2.85	7,638.54	3.79	60,343.70	29.92	30,562.14	15.16	97,333.11	48.27
002141	蓉胜超微	67,850.52	31.65	0.05	5,450.71	8.03	9,967.72	14.69	32,666.97	48.15	10,600.93	15.62	9,132.54	13.46
002142	宁波银行	618,824.45	199.91	0.03	30,256.12	4.89	57,469.58	9.29	243,547.35	39.36	98,047.31	15.84	189,304.19	30.59
002143	高金食品	51,200.97	34.75	0.07	3,686.51	7.20	6,565.55	12.82	23,481.16	45.86	8,772.72	17.13	8,660.28	16.91
002144	宏达高科	36,398.72	8.72	0.02	1,737.71	4.77	4,534.53	12.46	16,295.59	44.77	7,060.41	19.40	6,761.77	18.58
002145	*ST钛白	38,901.82	386.71	0.99	4,385.85	11.27	6,731.33	17.30	17,802.77	45.76	5,570.43	14.32	4,024.73	10.35
002146	荣盛发展	540,325.65	117.05	0.02	23,414.34	4.33	40,860.53	7.56	181,538.00	33.60	80,973.54	14.99	213,422.18	39.50
002147	方圆支承	231,011.42	59.95	0.03	12,830.41	5.55	23,761.02	10.29	104,461.34	45.22	41,270.69	17.87	48,628.00	21.05
002148	北纬通信	99,209.87	10.62	0.01	2,592.88	2.61	4,196.99	4.23	28,218.20	28.44	16,067.85	16.20	48,123.33	48.51
002149	西部材料	127,993.88	26.92	0.02	6,938.56	5.42	12,482.92	9.75	61,404.98	47.97	21,900.05	17.11	25,240.44	19.72
002150	江苏通润	118,951.14	47.71	0.04	8,684.44	7.30	14,796.81	12.44	57,082.68	47.99	19,717.70	16.58	18,621.79	15.65
002151	北斗星通	72,124.17	16.04	0.02	5,139.49	7.13	6,331.91	8.78	31,100.76	43.12	12,229.16	16.96	17,306.82	24.00
002152	广电运通	220,464.44	25.32	0.01	3,197.59	1.45	9,107.11	4.13	60,289.80	27.35	36,288.21	16.46	111,556.42	50.60
002153	石基信息	81,349.78	4.26	0.01	157.52	0.19	2,785.96	3.42	20,510.09	25.21	15,438.91	18.98	42,453.05	52.19
002154	报喜鸟	76,495.91	10.90	0.01	1,331.04	1.74	3,928.69	5.14	16,699.93	21.83	11,058.58	14.46	43,466.76	56.82
002155	辰州矿业	1,469,759.61	387.37	0.03	57,916.46	3.94	89,642.45	6.10	563,333.90	38.33	241,717.79	16.45	516,761.63	35.16
002156	通富微电	199,949.30	91.20	0.05	7,751.95	3.88	20,611.69	10.31	72,402.58	36.21	37,830.61	18.92	61,261.27	30.64
002157	正邦科技	123,319.36	66.93	0.05	7,483.57	6.07	15,719.55	12.75	51,897.12	42.08	20,023.33	16.24	28,128.86	22.81
002158	汉钟精机	122,437.15	43.91	0.04	4,874.27	3.98	7,241.71	5.91	41,734.71	34.09	18,920.76	15.45	49,621.78	40.53

代码	证券名称	成交金额	按每笔成交金额(元)分类的成交金额和比例											
			<1,000	%	1,000－5,000	%	5,000－10,000	%	10,000－50,000	%	50,000－100,000	%	>=100,000	%
002159	三特索道	33,460.69	7.81	0.02	1,590.91	4.75	4,035.49	12.06	12,891.35	38.53	6,372.61	19.05	8,562.51	25.59
002160	常铝股份	159,143.53	58.55	0.04	11,132.54	7.00	18,695.38	11.75	67,567.97	42.46	25,726.46	16.17	35,962.63	22.60
002161	远望谷	516,844.09	76.54	0.01	16,730.95	3.24	32,593.89	6.31	181,286.70	35.08	84,956.20	16.44	201,199.82	38.93
002162	斯米克	143,169.28	49.73	0.03	10,223.09	7.14	18,791.79	13.13	63,245.22	44.18	23,976.20	16.75	26,883.24	18.78
002163	中航三鑫	133,435.27	40.50	0.03	5,836.86	4.37	15,277.37	11.45	52,383.20	39.26	25,352.11	19.00	34,545.24	25.89
002164	东力传动	99,126.73	26.49	0.03	4,574.78	4.62	12,007.81	12.11	42,213.65	42.59	19,818.32	19.99	20,485.69	20.67
002165	红宝丽	87,202.19	36.97	0.04	7,156.26	8.21	11,253.43	12.90	40,112.88	46.00	12,967.54	14.87	15,675.11	17.98
002166	莱茵生物	160,320.86	53.53	0.03	10,486.03	6.54	22,707.92	14.16	78,120.18	48.73	26,275.84	16.39	22,677.37	14.14
002167	东方锆业	497,755.55	38.48	0.01	17,548.70	3.53	20,722.83	4.16	154,682.84	31.08	85,884.90	17.25	218,877.80	43.97
002168	深圳惠程	433,383.22	41.88	0.01	14,694.72	3.39	17,592.96	4.06	134,055.74	30.93	68,056.16	15.70	198,941.75	45.90
002169	智光电气	133,851.14	18.94	0.01	7,916.82	5.91	9,567.29	7.15	60,560.54	45.24	20,988.29	15.68	34,799.26	26.00
002170	芭田股份	259,764.55	65.34	0.03	10,598.14	4.08	21,832.99	8.40	92,600.02	35.65	49,026.74	18.87	85,641.31	32.97
002171	精诚铜业	210,863.76	91.88	0.04	15,489.24	7.35	29,593.96	14.03	96,637.62	45.83	34,136.93	16.19	34,914.14	16.56
002172	澳洋科技	155,902.02	393.63	0.25	12,425.95	7.97	21,231.46	13.62	67,225.06	43.12	25,200.75	16.16	29,425.17	18.87
002173	山下湖	40,055.78	11.17	0.03	2,642.69	6.60	3,852.57	9.62	19,646.02	49.05	6,676.94	16.67	7,226.39	18.04
002174	梅花伞	54,710.91	12.05	0.02	2,656.54	4.86	5,819.97	10.64	21,428.89	39.17	10,635.84	19.44	14,157.62	25.88
002175	广陆数测	122,276.65	35.47	0.03	7,873.34	6.44	14,720.54	12.04	50,336.15	41.17	18,966.70	15.51	30,344.45	24.82
002176	江特电机	121,597.66	27.13	0.02	4,889.68	4.02	10,147.74	8.35	44,139.88	36.30	22,536.63	18.53	39,856.61	32.78
002177	御银股份	399,550.55	68.12	0.02	11,390.17	2.85	28,712.88	7.19	115,821.08	28.99	72,712.43	18.20	170,845.87	42.76
002178	延华智能	73,815.39	43.14	0.06	5,434.90	7.36	13,228.63	17.92	37,446.56	50.73	11,353.89	15.38	6,308.27	8.55
002179	中航光电	145,223.99	45.05	0.03	7,778.45	5.36	14,422.04	9.93	62,182.35	42.82	24,714.40	17.02	36,081.69	24.85
002180	万力达	175,365.82	19.46	0.01	7,471.39	4.26	9,444.06	5.39	71,180.89	40.59	31,840.50	18.16	55,409.52	31.60
002181	粤传媒	188,453.11	55.68	0.03	11,267.24	5.98	19,151.37	10.16	79,198.25	42.03	31,449.15	16.69	47,331.42	25.12
002182	云海金属	158,544.58	80.72	0.05	9,524.46	6.01	23,197.20	14.63	68,324.01	43.09	29,508.80	18.61	27,909.39	17.60
002183	怡亚通	99,071.04	41.52	0.04	6,150.87	6.21	12,034.64	12.15	43,809.60	44.22	16,120.48	16.27	20,913.93	21.11
002184	海得控制	159,170.89	37.92	0.02	7,762.49	4.88	16,030.73	10.07	61,459.07	38.61	29,532.77	18.55	44,347.91	27.86
002185	华天科技	459,227.03	141.74	0.03	23,624.29	5.14	45,736.21	9.96	189,232.72	41.21	79,504.10	17.31	120,987.98	26.35
002186	全聚德	106,658.39	27.01	0.03	6,240.77	5.85	8,641.73	8.10	49,121.79	46.06	17,280.86	16.20	25,346.23	23.76
002187	广百股份	65,853.47	9.31	0.01	2,550.65	3.87	6,519.70	9.90	25,486.29	38.70	11,454.76	17.39	19,832.76	30.12
002188	新嘉联	79,486.76	33.89	0.04	5,904.28	7.43	9,930.23	12.49	36,437.21	45.84	12,907.15	16.24	14,274.01	17.96
002189	利达光电	96,883.93	27.39	0.03	6,432.71	6.64	10,116.52	10.44	41,492.75	42.83	17,091.62	17.64	21,722.94	22.42
002190	成飞集成	229,164.56	51.27	0.02	13,273.85	5.79	21,672.20	9.46	93,355.72	40.74	38,446.23	16.78	62,365.28	27.21
002191	劲嘉股份	106,197.12	43.72	0.04	6,747.09	6.35	12,854.63	12.10	49,656.54	46.76	17,855.98	16.81	19,039.17	17.93
002192	路翔股份	192,995.96	35.47	0.02	6,555.42	3.40	16,148.72	8.37	70,267.81	36.41	33,113.66	17.16	66,874.88	34.65
002193	山东如意	97,075.54	20.98	0.02	4,169.80	4.30	10,125.94	10.43	39,866.65	41.07	18,037.19	18.58	24,854.97	25.60
002194	武汉凡谷	114,724.46	49.34	0.04	9,162.21	7.99	15,584.47	13.58	53,010.49	46.21	18,111.41	15.79	18,806.54	16.39
002195	海隆软件	47,585.03	11.00	0.02	3,149.42	6.62	4,221.04	8.87	23,824.95	50.07	6,109.49	12.84	10,269.13	21.58
002196	方正电机	197,764.71	22.58	0.01	5,695.49	2.88	14,466.39	7.31	67,645.73	34.21	36,081.14	18.24	73,853.38	37.34
002197	证通电子	68,979.51	22.25	0.03	4,038.40	5.85	9,851.56	14.28	31,476.58	45.63	12,895.52	18.69	10,695.19	15.50
002198	嘉应制药	60,649.77	41.45	0.07	5,544.25	9.14	11,196.42	18.46	27,804.80	45.84	9,249.75	15.25	6,813.09	11.23
002199	东晶电子	72,090.00	23.66	0.03	5,608.28	7.78	8,580.37	11.90	36,561.71	50.72	11,836.99	16.42	9,478.98	13.15
002200	绿大地	234,949.28	22.38	0.01	6,070.81	2.58	10,560.57	4.49	72,042.30	30.66	39,261.10	16.71	106,992.12	45.54
002201	九鼎新材	95,634.20	58.74	0.06	7,950.44	8.31	12,103.44	12.66	44,795.82	46.84	14,778.75	15.45	15,947.02	16.68
002202	金风科技	1,905,357.81	434.88	0.02	96,784.74	5.08	113,029.97	5.93	764,226.00	40.11	252,146.54	13.23	678,735.69	35.62
002203	海亮股份	108,983.48	54.95	0.05	7,614.32	6.99	17,456.56	16.02	50,953.83	46.75	18,068.60	16.58	14,835.22	13.61
002204	华锐铸钢	65,901.03	43.01	0.07	2,204.91	3.35	4,458.52	6.77	27,391.97	41.57	11,979.67	18.18	19,822.95	30.08
002205	国统股份	275,396.13	43.88	0.02	10,725.05	3.89	19,823.06	7.20	105,329.55	38.25	51,409.09	18.67	88,065.50	31.98
002206	海利得	191,691.61	33.60	0.02	9,554.31	4.98	14,801.54	7.72	76,598.40	39.96	30,144.42	15.73	60,559.33	31.59
002207	准油股份	93,926.80	17.78	0.02	6,731.97	7.17	7,993.92	8.51	44,141.96	47.00	14,217.29	15.14	20,823.88	22.17
002208	合肥城建	139,635.45	41.55	0.03	10,661.25	7.64	15,966.20	11.43	64,040.50	45.86	21,705.70	15.54	27,220.25	19.49
002209	达意隆	84,985.83	27.39	0.03	4,260.77	5.01	8,055.08	9.48	33,258.41	39.13	15,408.62	18.13	23,975.55	28.21
002210	飞马国际	139,765.64	73.54	0.05	11,758.81	8.41	19,290.14	13.80	68,356.51	48.91	20,931.96	14.98	19,354.68	13.85
002211	宏达新材	93,115.50	24.75	0.03	3,777.63	4.06	10,725.85	11.52	39,570.57	42.50	20,360.61	21.87	18,656.09	20.04
002212	南洋股份	102,076.74	19.17	0.02	5,184.93	5.08	6,388.90	6.26	45,779.14	44.85	16,132.57	15.80	28,572.03	27.99
002213	特尔佳	319,902.72	84.68	0.03	16,473.05	5.15	28,225.09	8.82	118,577.93	37.07	56,995.38	17.82	99,546.59	31.12
002214	大立科技	150,317.68	9.45	0.01	3,328.21	2.21	4,640.48	3.09	41,763.00	27.78	24,295.91	16.16	76,280.63	50.75
002215	诺普信	83,488.16	9.91	0.01	2,312.06	2.77	4,851.90	5.81	28,412.91	34.03	14,536.51	17.41	33,364.88	39.96
002216	三全食品	35,444.40	5.21	0.01	1,852.47	5.23	2,338.45	6.60	13,994.47	39.48	5,508.43	15.54	11,745.38	33.14
002217	联合化工	42,072.44	18.55	0.04	3,860.56	9.18	6,308.36	14.99	20,108.80	47.80	5,956.84	14.16	5,819.34	13.83
002218	拓日新能	186,240.75	46.53	0.02	10,698.91	5.74	19,675.71	10.56	92,458.01	49.64	30,645.31	16.45	32,716.29	17.57
002219	独一味	71,990.59	67.85	0.09	7,120.40	9.89	12,633.81	17.55	33,601.55	46.67	9,775.07	13.58	8,791.91	12.21

代码	证券名称	成交金额	按每笔成交金额(元)分类的成交金额和比例											
			<1,000	%	1,000 - 5,000	%	5,000 - 10,000	%	10,000 - 50,000	%	50,000 - 100,000	%	> = 100,000	%
002220	天宝股份	71,869.36	18.11	0.03	5,699.70	7.93	7,035.94	9.79	37,598.71	52.32	10,591.66	14.74	10,925.24	15.20
002221	东华能源	164,149.22	41.28	0.03	10,736.71	6.54	17,386.63	10.59	75,027.86	45.71	28,328.07	17.26	32,628.67	19.88
002222	福晶科技	335,311.41	67.30	0.02	13,149.77	3.92	29,210.64	8.71	116,861.13	34.85	67,050.76	20.00	108,971.81	32.50
002223	鱼跃医疗	81,777.43	13.39	0.02	3,686.78	4.51	5,787.63	7.08	31,983.06	39.11	13,132.73	16.06	27,173.83	33.23
002224	三力士	53,026.83	20.00	0.04	3,234.85	6.10	6,310.16	11.90	22,369.55	42.19	9,114.10	17.19	11,978.17	22.59
002225	濮耐股份	52,790.26	34.84	0.07	4,856.75	9.20	7,902.53	14.97	27,094.87	51.33	7,539.03	14.28	5,362.24	10.16
002226	江南化工	63,605.09	10.49	0.02	4,283.30	6.73	5,079.79	7.99	26,318.28	41.38	11,043.00	17.36	16,870.22	26.52
002227	奥特迅	63,055.32	9.50	0.02	3,607.11	5.72	6,079.29	9.64	30,555.33	48.46	10,573.39	16.77	12,230.69	19.40
002228	合兴包装	47,302.69	16.82	0.04	3,765.47	7.96	6,092.66	12.88	22,015.81	46.54	7,488.36	15.83	7,923.57	16.75
002229	鸿博股份	192,984.99	47.34	0.02	7,061.12	3.66	17,922.47	9.29	72,447.70	37.54	39,435.01	20.43	56,071.36	29.05
002230	科大讯飞	173,019.57	14.82	0.01	322.49	0.19	10,273.28	5.94	38,234.78	22.10	27,126.36	15.68	97,047.83	56.09
002231	奥维通信	47,309.96	28.90	0.06	4,529.86	9.57	7,352.25	15.54	23,854.13	50.42	6,267.73	13.25	5,277.08	11.15
002232	启明信息	245,079.68	79.24	0.03	15,142.40	6.18	23,361.19	9.53	111,433.91	45.47	38,350.73	15.65	56,712.21	23.14
002233	塔牌集团	228,091.86	68.75	0.03	13,495.72	5.92	25,798.22	11.31	96,614.10	42.36	39,901.67	17.49	52,213.40	22.89
002234	民和股份	76,521.30	14.40	0.02	2,878.71	3.76	5,635.30	7.36	31,444.84	41.09	13,862.39	18.12	22,685.67	29.65
002235	安妮股份	42,299.08	19.17	0.05	2,935.15	6.94	4,823.21	11.40	19,831.72	46.88	7,236.03	17.11	7,453.79	17.62
002236	大华股份	115,476.49	10.88	0.01	293.58	0.25	7,939.23	6.88	24,493.22	21.21	16,446.23	14.24	66,293.34	57.41
002237	恒邦股份	538,598.15	67.18	0.01	7,151.21	1.33	42,177.19	7.83	196,594.95	36.50	101,392.36	18.83	191,215.27	35.50
002238	天威视讯	77,766.81	121.54	0.16	2,468.81	3.17	6,193.43	7.96	27,080.48	34.82	13,054.31	16.79	28,848.24	37.10
002239	金飞达	79,660.11	31.49	0.04	5,797.61	7.28	10,106.54	12.69	37,621.52	47.23	13,896.43	17.44	12,206.51	15.32
002240	威华股份	73,699.64	70.15	0.10	4,921.77	6.68	9,847.54	13.36	36,473.74	49.49	12,188.94	16.54	10,197.49	13.84
002241	歌尔声学	214,124.70	25.20	0.01	2,906.29	1.36	12,331.02	5.76	61,393.92	28.67	34,670.70	16.19	102,797.57	48.01
002242	九阳股份	92,159.41	123.54	0.13	10,018.58	10.87	12,511.53	13.58	40,203.37	43.62	12,568.85	13.64	16,733.52	18.16
002243	通产丽星	127,507.08	28.26	0.02	6,570.78	5.15	12,052.32	9.45	56,643.64	44.42	23,477.52	18.41	28,734.57	22.54
002244	滨江集团	240,036.71	110.29	0.05	12,305.22	5.13	19,126.31	7.97	86,530.27	36.05	37,727.86	15.72	84,236.76	35.09
002245	澳洋顺昌	183,862.22	45.41	0.02	6,965.13	3.79	17,389.46	9.46	65,799.84	35.79	35,444.01	19.28	58,218.37	31.66
002246	北化股份	55,311.89	9.84	0.02	2,156.53	3.90	6,021.94	10.89	20,295.42	36.69	10,952.11	19.80	15,876.06	28.70
002247	帝龙新材	110,162.16	12.00	0.01	2,764.89	2.51	7,672.54	6.96	41,126.95	37.33	21,571.80	19.58	37,013.97	33.60
002248	华东数控	292,534.00	79.12	0.03	13,109.11	4.48	33,663.25	11.51	136,994.94	46.83	53,394.09	18.25	55,293.49	18.90
002249	大洋电机	190,581.71	52.85	0.03	8,181.64	4.29	21,686.75	11.38	84,280.57	44.22	33,273.87	17.46	43,106.03	22.62
002250	联化科技	115,828.22	12.35	0.01	3,782.02	3.27	5,174.25	4.47	40,479.32	34.95	18,183.95	15.70	48,196.33	41.61
002251	步步高	80,768.19	13.45	0.02	2,153.59	2.67	7,131.43	8.83	31,304.56	38.76	13,739.22	17.01	26,425.94	32.72
002252	上海莱士	102,331.11	38.45	0.04	6,528.40	6.38	9,795.83	9.57	49,731.50	48.60	16,144.00	15.78	20,092.94	19.64
002253	川大智胜	55,515.94	13.50	0.02	3,714.05	6.69	4,455.72	8.03	22,308.21	40.18	9,113.06	16.42	15,911.39	28.66
002254	烟台氨纶	271,812.19	35.61	0.01	8,005.96	2.95	13,714.02	5.05	96,617.40	35.55	45,313.24	16.67	108,125.96	39.78
002255	海陆重工	111,134.53	13.59	0.01	5,666.24	5.10	8,042.43	7.24	45,549.02	40.99	18,918.49	17.02	32,944.76	29.64
002256	彩虹精化	302,834.27	96.05	0.03	15,774.86	5.21	24,646.17	8.14	108,133.28	35.71	52,175.02	17.23	102,008.89	33.68
002258	利尔化学	70,651.62	44.55	0.06	4,984.71	7.06	11,941.55	16.90	31,711.88	44.88	11,881.45	16.82	10,087.47	14.28
002259	升达林业	163,828.28	872.47	0.53	13,604.42	8.30	24,206.22	14.78	70,340.02	42.94	26,714.63	16.31	28,090.51	17.15
002260	伊立浦	84,411.32	28.12	0.03	6,288.52	7.45	10,689.48	12.66	38,953.01	46.15	14,025.60	16.62	14,426.60	17.09
002261	拓维信息	144,312.54	9.90	0.01	3,740.44	2.59	5,005.35	3.47	38,437.90	26.64	21,298.22	14.76	75,820.73	52.54
002262	恩华药业	53,610.09	12.55	0.02	2,672.82	4.99	4,568.84	8.52	24,116.11	44.98	8,806.56	16.43	13,433.21	25.06
002263	大东南	67,798.68	95.56	0.14	4,056.88	5.98	7,538.18	11.12	29,014.97	42.80	12,026.77	17.74	15,066.33	22.22
002264	新华都	68,987.26	10.62	0.02	4,158.98	6.03	4,855.64	7.04	29,415.87	42.64	10,714.03	15.53	19,832.12	28.75
002265	西仪股份	134,520.30	71.64	0.05	12,514.65	9.30	20,435.24	15.19	64,402.68	47.88	19,437.95	14.45	17,658.15	13.13
002266	浙富股份	115,492.64	110.36	0.10	6,573.91	5.69	7,011.87	6.07	37,510.62	32.48	19,398.52	16.80	44,887.36	38.87
002267	陕天然气	164,933.64	38.48	0.02	10,911.14	6.62	13,631.25	8.26	78,194.86	47.41	24,827.79	15.05	37,330.12	22.63
002268	卫士通	133,909.73	26.14	0.02	4,283.40	3.20	11,295.38	8.44	54,196.94	40.47	24,626.18	18.39	39,481.69	29.48
002269	美邦服饰	135,377.27	47.87	0.04	4,392.56	3.24	7,294.18	5.39	43,214.28	31.92	20,263.91	14.97	60,164.46	44.44
002270	法因数控	58,717.70	18.87	0.03	3,449.80	5.88	8,550.91	14.56	27,295.63	46.49	10,413.36	17.73	8,989.13	15.31
002271	东方雨虹	409,313.36	51.27	0.01	18,663.64	4.56	23,114.03	5.65	158,361.47	38.69	71,317.30	17.42	137,805.66	33.67
002272	川润股份	92,116.96	12.65	0.01	2,627.78	2.85	8,266.64	8.97	41,187.11	44.71	19,056.40	20.69	20,966.37	22.76
002273	水晶光电	212,078.41	24.03	0.01	4,520.38	2.13	10,108.96	4.77	59,049.40	27.84	34,540.97	16.29	103,834.67	48.96
002274	华昌化工	144,655.44	50.36	0.03	7,866.71	5.44	15,112.24	10.45	61,593.84	42.58	25,340.99	17.52	34,691.31	23.98
002275	桂林三金	51,416.28	7.36	0.01	1,896.03	3.69	4,837.01	9.41	23,100.53	44.93	9,469.30	18.42	12,106.05	23.55
002276	万马电缆	146,608.41	64.89	0.04	13,208.63	9.01	20,114.48	13.72	69,829.50	47.63	22,277.58	15.20	21,113.33	14.40
002277	友阿股份	192,481.88	24.00	0.01	6,846.81	3.56	9,830.09	5.11	67,636.00	35.14	28,593.09	14.85	79,551.90	41.33
002278	神开股份	90,096.25	27.80	0.03	4,065.90	4.51	10,344.10	11.48	39,033.48	43.32	18,281.27	20.29	18,343.71	20.36
002279	久其软件	125,872.05	37.19	0.03	5,404.52	4.29	14,162.73	11.25	57,231.14	45.47	23,585.91	18.74	25,450.56	20.22
002280	新世纪	52,947.65	10.77	0.02	2,688.63	5.08	5,683.75	10.73	24,919.21	47.06	8,913.76	16.84	10,731.53	20.27
002281	光迅科技	126,410.67	18.89	0.01	6,473.25	5.12	8,071.24	6.38	47,707.07	37.74	20,734.20	16.40	43,406.02	34.34

代码	证券名称	成交金额	按每笔成交金额(元)分类的成交金额和比例											
			<1,000	%	1,000-5,000	%	5,000-10,000	%	10,000-50,000	%	50,000-100,000	%	>=100,000	%
002282	博深工具	131,492.41	52.84	0.04	8,480.73	6.45	19,282.02	14.66	59,052.10	44.91	23,022.80	17.51	21,601.92	16.43
002283	天润曲轴	325,153.52	17.89	0.01	4,627.32	1.42	14,094.10	4.33	80,618.73	24.79	53,502.38	16.45	172,293.11	52.99
002284	亚太股份	275,187.03	46.95	0.02	13,525.39	4.91	23,428.70	8.51	123,536.99	44.89	46,000.87	16.72	68,648.14	24.95
002285	世联地产	152,771.75	33.37	0.02	5,249.04	3.44	10,569.24	6.92	53,057.27	34.73	28,729.30	18.81	55,133.54	36.09
002286	保龄宝	84,667.67	21.64	0.03	2,732.64	3.23	7,950.59	9.39	36,138.66	42.68	15,567.67	18.39	22,256.48	26.29
002287	奇正藏药	92,437.23	27.40	0.03	5,081.12	5.50	11,469.61	12.41	45,397.36	49.11	15,605.39	16.88	14,856.34	16.07
002288	超华科技	127,488.36	51.86	0.04	7,874.69	6.18	18,314.66	14.37	57,270.91	44.92	22,958.11	18.01	21,018.13	16.49
002289	宇顺电子	273,560.77	39.54	0.01	9,894.56	3.62	13,545.39	4.95	97,873.84	35.78	46,030.76	16.83	106,176.69	38.81
002290	禾盛新材	283,741.31	70.93	0.02	9,109.70	3.21	12,938.57	4.56	104,087.25	36.68	53,494.13	18.85	104,040.73	36.67
002291	星期六	71,352.58	23.28	0.03	2,840.20	3.98	6,992.17	9.80	24,926.99	34.93	14,236.13	19.95	22,333.80	31.30
002292	奥飞动漫	186,930.90	26.55	0.01	6,669.87	3.57	10,628.04	5.69	74,458.74	39.83	31,991.13	17.11	63,156.57	33.79
002293	罗莱家纺	87,851.27	109.07	0.12	379.71	0.43	7,298.36	8.31	24,707.92	28.12	15,685.06	17.85	39,671.14	45.16
002294	信立泰	211,038.35	38.80	0.02	810.56	0.38	24,681.49	11.70	80,449.80	38.12	44,813.86	21.23	60,243.85	28.55
002295	精艺股份	36,373.27	16.93	0.05	2,533.87	6.97	6,113.36	16.81	17,040.52	46.85	6,112.06	16.80	4,556.54	12.53
002296	辉煌科技	91,937.51	23.77	0.03	488.91	0.53	7,489.15	8.15	27,858.96	30.30	16,346.38	17.78	39,730.34	43.21
002297	博云新材	111,143.73	21.23	0.02	7,736.55	6.96	9,422.86	8.48	51,120.80	46.00	17,168.33	15.45	25,673.95	23.10
002298	鑫龙电器	70,695.59	37.53	0.05	5,615.20	7.94	9,490.71	13.42	34,990.98	49.50	10,646.45	15.06	9,914.72	14.02
002299	圣农发展	459,030.36	74.78	0.02	7,583.22	1.65	13,826.69	3.01	108,695.23	23.68	73,079.16	15.92	255,771.28	55.72
002300	太阳电缆	76,732.57	14.78	0.02	4,570.28	5.96	6,055.07	7.89	37,277.11	48.58	13,041.71	17.00	15,773.62	20.56
002301	齐心文具	57,785.52	33.64	0.06	4,059.45	7.03	8,868.58	15.35	25,839.63	44.72	9,185.72	15.90	9,798.50	16.96
002302	西部建设	79,847.16	18.97	0.02	5,782.06	7.24	7,226.13	9.05	39,730.83	49.76	12,314.84	15.42	14,774.34	18.50
002303	美盈森	85,109.76	12.68	0.01	3,015.15	3.54	4,194.42	4.93	30,328.70	35.63	14,552.21	17.10	33,006.59	38.78
002304	洋河股份	573,465.79	92.08	0.02	690.54	0.12	1,721.99	0.30	162,831.69	28.39	62,584.30	10.91	345,545.20	60.26
002305	南国置业	45,793.40	15.85	0.03	2,533.07	5.53	3,894.55	8.50	16,432.90	35.88	6,531.78	14.26	16,385.25	35.78
002306	湘鄂情	162,785.75	23.67	0.01	3,589.50	2.21	11,349.38	6.97	61,367.29	37.70	30,470.15	18.72	55,985.77	34.39
002307	北新路桥	194,790.41	39.60	0.02	11,135.89	5.72	15,343.12	7.88	83,890.53	43.07	28,026.67	14.39	56,354.60	28.93
002308	威创股份	144,692.12	28.46	0.02	7,261.60	5.02	9,602.22	6.64	53,633.83	37.07	19,522.30	13.49	54,643.70	37.77
002309	中利科技	148,543.07	33.94	0.02	5,452.14	3.67	15,748.62	10.60	60,653.10	40.83	26,904.39	18.11	39,750.87	26.76
002310	东方园林	563,549.22	35.48	0.01	1,265.55	0.22	4,912.74	0.87	205,756.73	36.51	102,819.63	18.25	248,759.10	44.14
002311	海大集团	86,698.32	20.81	0.02	2,421.33	2.79	6,551.37	7.56	30,874.28	35.61	14,563.50	16.80	32,267.03	37.22
002312	三泰电子	32,830.39	8.26	0.03	1,263.34	3.85	3,681.56	11.21	14,450.95	44.02	6,033.28	18.38	7,393.00	22.52
002313	日海通讯	132,325.98	18.99	0.01	488.69	0.37	9,531.07	7.20	47,442.04	35.85	26,266.89	19.85	48,578.30	36.71
002314	雅致股份	71,179.44	30.62	0.04	4,500.86	6.32	11,207.91	15.75	32,006.52	44.97	12,693.23	17.83	10,740.30	15.09
002315	焦点科技	200,835.85	29.85	0.01	723.11	0.36	18,317.83	9.12	66,282.40	33.00	43,801.56	21.81	71,681.10	35.69
002316	键桥通讯	123,548.25	24.38	0.02	6,563.32	5.31	8,923.93	7.22	52,637.59	42.60	21,962.12	17.78	33,436.90	27.06
002317	众生药业	82,772.56	19.82	0.02	5,674.91	6.86	6,924.01	8.37	36,999.43	44.70	13,397.84	16.19	19,756.55	23.87
002318	久立特材	126,521.90	30.91	0.02	7,772.66	6.14	10,109.28	7.99	55,471.00	43.84	17,435.03	13.78	35,703.03	28.22
002319	乐通股份	67,295.41	29.10	0.04	5,430.72	8.07	6,532.11	9.71	33,720.63	50.11	10,240.05	15.22	11,342.81	16.86
002320	海峡股份	118,409.29	26.10	0.02	3,859.61	3.26	6,833.16	5.77	40,239.62	33.98	19,878.02	16.79	47,572.78	40.18
002321	华英农业	335,546.65	54.38	0.02	14,946.42	4.45	22,638.89	6.75	127,248.54	37.92	59,679.98	17.79	110,978.44	33.07
002322	理工监测	92,909.16	68.54	0.07	330.67	0.36	9,522.70	10.25	29,198.83	31.43	15,385.38	16.56	38,403.05	41.33
002323	中联电气	69,504.53	9.48	0.01	2,729.13	3.93	7,000.51	10.07	29,144.40	41.93	11,735.26	16.88	18,885.74	27.17
002324	普利特	183,473.12	15.91	0.01	7,296.30	3.98	9,745.90	5.31	66,597.86	36.30	30,243.95	16.48	69,573.20	37.92
002325	洪涛股份	65,017.48	16.54	0.03	2,596.62	3.99	3,317.44	5.10	19,059.36	29.31	8,738.38	13.44	31,289.13	48.12
002326	永太科技	63,055.59	17.27	0.03	265.60	0.42	5,533.10	8.77	23,045.36	36.55	12,108.87	19.20	22,085.39	35.03
002327	富安娜	55,990.04	13.50	0.02	2,970.97	5.31	3,903.32	6.97	20,380.61	36.40	8,118.10	14.50	20,603.55	36.80
002328	新朋股份	162,769.77	38.78	0.02	7,931.64	4.87	14,433.29	8.87	71,944.92	44.20	27,601.81	16.96	40,819.33	25.08
002329	皇氏乳业	24,629.46	4.90	0.02	922.15	3.74	1,998.96	8.12	9,816.02	39.85	4,483.95	18.21	7,403.48	30.06
002330	得利斯	73,652.47	23.82	0.03	4,220.81	5.73	10,005.39	13.58	29,986.07	40.71	14,007.37	19.02	15,409.02	20.92
002331	皖通科技	45,288.60	18.24	0.04	2,359.17	5.21	6,294.28	13.90	21,548.19	47.58	8,268.09	18.26	6,800.63	15.02
002332	仙琚制药	156,638.56	56.90	0.04	11,807.22	7.54	15,120.36	9.65	74,271.00	47.42	22,479.51	14.35	32,903.57	21.01
002333	罗普斯金	79,280.59	43.48	0.05	6,849.83	8.64	10,783.40	13.60	37,015.12	46.69	12,296.41	15.51	12,292.35	15.50
002334	英威腾	78,641.45	20.42	0.03	485.99	0.62	10,167.68	12.93	31,053.40	39.49	14,508.43	18.45	22,405.54	28.49
002335	科华恒盛	57,984.25	10.60	0.02	233.84	0.40	4,580.42	7.90	22,513.62	38.83	12,693.04	21.89	17,952.74	30.96
002336	人人乐	107,968.77	38.98	0.04	3,735.54	3.46	10,365.04	9.60	42,525.43	39.39	19,641.38	18.19	31,662.39	29.33
002337	赛象科技	43,920.06	10.55	0.02	1,875.92	4.27	5,249.96	11.95	21,170.22	48.20	8,149.91	18.56	7,463.49	16.99
002338	奥普光电	48,666.04	12.83	0.03	2,884.28	5.93	3,949.94	8.12	21,774.00	44.74	8,793.76	18.07	11,251.25	23.12
002339	积成电子	49,784.26	14.85	0.03	3,033.15	6.09	4,069.76	8.17	24,508.25	49.23	8,327.44	16.73	9,830.81	19.75
002340	格林美	106,611.13	16.38	0.02	454.64	0.43	9,158.43	8.59	38,937.54	36.52	21,449.54	20.12	36,594.59	34.33
002341	新纶科技	37,195.15	11.73	0.03	2,449.65	6.59	2,927.50	7.87	16,285.55	43.78	5,651.32	15.19	9,869.40	26.53
002342	巨力索具	109,034.76	37.30	0.03	5,436.31	4.99	13,370.18	12.26	45,641.45	41.86	19,603.40	17.98	24,946.12	22.88

代码	证券名称	成交金额	按每笔成交金额(元)分类的成交金额和比例											
			<1,000	%	1,000-5,000	%	5,000-10,000	%	10,000-50,000	%	50,000-100,000	%	>=100,000	%
002343	禾欣股份	64,546.07	9.88	0.02	2,365.59	3.66	5,054.48	7.83	28,775.96	44.58	12,757.74	19.77	15,582.43	24.14
002344	海宁皮城	145,311.94	19.41	0.01	425.88	0.29	10,420.98	7.17	48,569.13	33.42	26,245.20	18.06	59,631.34	41.04
002345	潮宏基	102,052.81	15.87	0.02	4,303.77	4.22	5,946.95	5.83	38,068.62	37.30	15,971.03	15.65	37,746.56	36.99
002346	柘中建设	85,703.74	14.41	0.02	3,339.00	3.90	6,606.09	7.71	32,947.34	38.44	15,652.71	18.26	27,144.18	31.67
002347	泰尔重工	124,633.73	26.19	0.02	7,758.38	6.22	11,676.18	9.37	60,117.10	48.24	20,605.42	16.53	24,450.46	19.62
002348	高乐股份	72,693.07	13.87	0.02	4,399.24	6.05	5,331.15	7.33	33,495.76	46.08	11,652.48	16.03	17,800.56	24.49
002349	精华制药	66,542.66	7.90	0.01	3,344.89	5.03	4,358.81	6.55	28,507.22	42.84	11,430.39	17.18	18,893.44	28.39
002350	北京科锐	57,460.84	17.58	0.03	4,086.06	7.11	5,589.55	9.73	28,802.10	50.12	8,972.79	15.62	9,992.75	17.39
002351	漫步者	100,162.33	28.27	0.03	4,298.95	4.29	10,890.93	10.87	44,753.07	44.68	18,210.92	18.18	21,980.19	21.94
002352	鼎泰新材	43,018.96	8.34	0.02	2,177.39	5.06	5,073.77	11.79	19,685.73	45.76	8,223.08	19.12	7,850.65	18.25
002353	杰瑞股份	231,372.62	9.85	0.00	400.28	0.17	1,517.96	0.66	71,744.27	31.01	42,999.47	18.58	114,700.79	49.57
002354	科冕木业	90,233.54	25.60	0.03	7,678.48	8.51	9,499.20	10.53	48,323.96	53.55	13,046.75	14.46	11,659.54	12.92
002355	兴民钢圈	141,163.78	42.07	0.03	6,561.26	4.65	17,395.00	12.32	65,674.83	46.52	28,915.56	20.48	22,575.06	15.99
002356	浩宁达	51,850.99	10.56	0.02	2,681.44	5.17	4,248.97	8.19	24,873.82	47.97	9,155.35	17.66	10,880.85	20.98
002357	富临运业	78,923.72	22.59	0.03	6,329.20	8.02	7,568.65	9.59	40,279.82	51.04	11,798.25	14.95	12,925.21	16.38
002358	森源电气	53,777.76	9.46	0.02	2,364.17	4.40	4,121.38	7.66	23,984.70	44.60	9,713.22	18.06	13,584.84	25.26
002359	齐星铁塔	40,695.21	7.86	0.02	3,052.45	7.50	3,610.41	8.87	20,167.73	49.56	5,475.22	13.45	8,381.55	20.60
002360	同德化工	63,999.84	8.88	0.01	2,922.11	4.57	3,993.90	6.24	27,132.47	42.39	11,334.34	17.71	18,608.15	29.08
002361	神剑股份	34,980.71	9.41	0.03	2,507.77	7.17	3,595.86	10.28	17,300.75	49.46	5,755.73	16.45	5,811.19	16.61
002362	汉王科技	225,173.80	46.91	0.02	1,332.63	0.59	40,427.33	17.95	85,915.35	38.16	46,200.69	20.52	51,250.90	22.76
002363	隆基机械	75,895.63	14.58	0.02	5,271.01	6.95	7,064.14	9.31	40,297.75	53.10	11,407.37	15.03	11,840.79	15.60
002364	中恒电气	55,973.21	10.38	0.02	2,907.37	5.19	4,949.80	8.84	25,823.76	46.14	9,967.03	17.81	12,314.88	22.00
002365	永安药业	41,093.40	8.41	0.02	2,327.08	5.66	4,281.48	10.42	20,894.05	50.85	6,942.63	16.89	6,639.74	16.16
002366	丹甫股份	77,863.36	17.05	0.02	5,366.93	6.89	7,503.92	9.64	41,039.11	52.71	12,239.20	15.72	11,697.16	15.02
002367	康力电梯	107,615.93	18.72	0.02	3,512.24	3.26	9,319.31	8.66	40,449.25	37.59	19,460.30	18.08	34,856.12	32.39
002368	太极股份	145,671.70	19.69	0.01	1,974.73	1.36	9,095.33	6.24	55,827.12	38.32	29,534.05	20.27	49,220.78	33.79
002369	卓翼科技	77,376.42	12.05	0.02	4,270.19	5.52	5,492.21	7.10	32,448.69	41.94	12,473.40	16.12	22,679.86	29.31
002370	亚太药业	64,601.39	12.21	0.02	4,568.17	7.07	5,689.64	8.81	33,519.67	51.89	10,581.34	16.38	10,230.37	15.84
002371	七星电子	93,186.33	9.94	0.01	325.97	0.35	4,001.46	4.29	33,687.54	36.15	17,191.00	18.45	37,970.42	40.75
002372	伟星新材	185,351.99	28.04	0.02	11,155.18	6.02	14,247.44	7.69	88,899.84	47.96	29,596.98	15.97	41,424.50	22.35
002373	联信永益	31,964.70	10.33	0.03	1,687.80	5.28	4,378.44	13.70	15,275.67	47.79	5,355.23	16.75	5,257.22	16.45
002374	丽鹏股份	77,028.65	14.11	0.02	4,442.37	5.77	5,746.33	7.46	36,949.10	47.97	13,581.11	17.63	16,295.63	21.16
002375	亚厦股份	111,850.43	13.95	0.01	314.63	0.28	8,774.42	7.84	26,200.66	23.42	19,771.67	17.68	56,775.09	50.76
002376	新北洋	63,284.13	12.20	0.02	2,475.33	3.91	4,337.65	6.85	25,166.61	39.77	11,274.59	17.82	20,017.75	31.63
002377	国创高新	58,258.38	16.09	0.03	4,272.41	7.33	5,721.98	9.82	31,099.88	53.38	8,796.97	15.10	8,351.05	14.33
002378	章源钨业	237,602.75	50.28	0.02	15,646.67	6.59	19,242.56	8.10	113,150.34	47.62	39,605.33	16.67	49,907.57	21.00
002379	鲁丰股份	46,023.64	9.64	0.02	2,783.63	6.05	3,780.80	8.21	23,469.35	50.99	7,942.22	17.26	8,038.02	17.46
002380	科远股份	73,259.78	12.33	0.02	1,452.74	1.98	6,602.39	9.01	33,322.20	45.48	15,128.14	20.65	16,741.98	22.85
002381	双箭股份	53,238.86	10.18	0.02	2,763.95	5.19	4,323.45	8.12	24,874.61	46.72	9,715.09	18.25	11,551.58	21.70
002382	蓝帆股份	58,879.60	7.72	0.01	2,845.96	4.83	4,200.93	7.13	24,608.99	41.80	9,422.78	16.00	17,793.22	30.22
002383	合众思壮	134,838.53	27.83	0.02	742.69	0.55	14,551.95	10.79	61,045.31	45.27	26,985.13	20.01	31,485.63	23.35
002384	东山精密	182,984.68	20.03	0.01	539.38	0.29	13,882.59	7.59	50,671.92	27.69	34,196.67	18.69	83,674.09	45.73
002385	大北农	142,607.32	24.58	0.02	8,804.40	6.17	11,062.61	7.76	61,976.29	43.46	22,318.64	15.65	38,420.79	26.94
002386	天原集团	122,174.87	42.35	0.03	5,731.42	4.69	15,244.79	12.48	51,651.64	42.28	23,300.80	19.07	26,203.87	21.45
002387	黑牛食品	106,287.81	14.92	0.01	6,177.63	5.81	7,830.23	7.37	47,075.55	44.29	17,854.57	16.80	27,334.92	25.72
002388	新亚制程	57,720.51	18.29	0.03	2,933.84	5.08	7,995.00	13.85	27,273.39	47.25	10,388.71	18.00	9,111.28	15.79
002389	南洋科技	152,269.83	20.79	0.01	526.09	0.35	13,347.68	8.77	58,778.34	38.60	32,363.48	21.25	47,233.45	31.02
002390	信邦制药	50,508.33	8.97	0.02	3,129.67	6.20	3,969.64	7.86	21,863.33	43.29	8,153.62	16.14	13,383.10	26.50
002391	长青股份	267,641.87	72.99	0.03	13,255.28	4.95	18,881.62	7.05	122,063.30	45.61	45,654.27	17.06	67,714.42	25.30
002392	北京利尔	111,420.11	15.86	0.01	6,111.12	5.48	7,976.43	7.16	47,868.45	42.96	18,524.16	16.63	30,924.09	27.75
002393	力生制药	166,573.15	34.78	0.02	3,191.33	1.92	16,480.03	9.89	77,185.77	46.34	32,262.86	19.37	37,418.38	22.46
002394	联发股份	105,163.53	20.59	0.02	6,834.62	6.50	9,112.63	8.67	47,276.55	44.96	17,771.22	16.90	24,147.92	22.96
002395	双象股份	92,673.45	28.00	0.03	3,848.38	4.15	10,086.81	10.88	41,005.11	44.25	18,272.37	19.72	19,432.79	20.97
002396	星网锐捷	168,694.82	105.45	0.06	10,435.00	6.19	12,952.32	7.68	69,696.14	41.31	24,426.35	14.48	51,079.56	30.28
002397	梦洁家纺	40,163.23	160.18	0.40	3,491.62	8.69	3,955.82	9.85	18,312.82	45.60	5,948.12	14.81	8,294.66	20.65
002398	建研集团	116,887.74	13.51	0.01	4,179.00	3.58	9,836.62	8.42	47,053.28	40.26	22,184.37	18.98	33,620.95	28.76
002399	海普瑞	422,032.00	26.63	0.01	945.33	0.22	3,638.46	0.86	172,633.59	40.91	81,886.54	19.40	162,901.45	38.60
002400	省广股份	68,761.81	10.22	0.01	2,057.85	2.99	5,285.78	7.69	29,268.01	42.56	12,886.87	18.74	19,253.06	28.00
002401	交技发展	68,451.07	17.84	0.03	4,123.32	6.02	6,888.47	10.06	32,678.49	47.74	12,139.00	17.73	12,603.95	18.41
002402	和而泰	55,157.94	15.81	0.03	4,243.00	7.69	5,483.90	9.94	27,333.29	49.55	8,321.91	15.09	9,760.04	17.69
002403	爱仕达	111,187.87	43.33	0.04	6,692.86	6.02	18,028.98	16.21	49,842.92	44.83	20,014.37	18.00	16,565.40	14.90

代码	证券名称	成交金额	按每笔成交金额(元)分类的成交金额和比例											
			<1,000	%	1,000 - 5,000	%	5,000 - 10,000	%	10,000 - 50,000	%	50,000 - 100,000	%	> = 100,000	%
002404	嘉欣丝绸	88,381.83	19.84	0.02	6,352.81	7.19	7,516.88	8.51	44,672.33	50.54	13,199.24	14.93	16,620.73	18.81
002405	四维图新	240,856.26	52.05	0.02	4,134.84	1.72	19,616.96	8.14	96,193.24	39.94	44,551.93	18.50	76,307.24	31.68
002406	远东传动	109,548.90	18.74	0.02	3,789.18	3.46	11,446.17	10.45	49,491.01	45.18	22,195.00	20.26	22,608.80	20.64
002407	多氟多	105,673.12	18.01	0.02	272.13	0.26	10,754.78	10.18	31,548.03	29.85	19,760.73	18.70	43,319.44	40.99
002408	齐翔腾达	307,779.05	32.83	0.01	12,704.34	4.13	17,865.12	5.80	120,493.93	39.15	53,974.65	17.54	102,708.18	33.37
002409	雅克科技	99,213.25	10.92	0.01	4,455.25	4.49	5,529.22	5.57	35,686.63	35.97	15,434.54	15.56	38,096.68	38.40
002410	广联达	170,525.90	22.22	0.01	676.40	0.40	13,930.77	8.17	60,225.87	35.32	35,712.80	20.94	59,957.84	35.16
002411	九九久	49,715.58	8.31	0.02	1,901.69	3.83	2,645.41	5.32	18,229.52	36.67	8,411.15	16.92	18,519.50	37.25
002412	汉森制药	84,104.10	19.50	0.02	3,170.05	3.77	8,498.15	10.10	39,835.52	47.36	14,827.48	17.63	17,753.40	21.11
002413	常发股份	92,465.86	11.54	0.01	3,924.21	4.24	5,967.87	6.45	38,426.74	41.56	15,818.42	17.11	28,317.07	30.62
002414	高德红外	288,396.98	14.34	0.00	7,335.48	2.54	11,826.53	4.10	82,139.40	28.48	46,501.41	16.12	140,579.81	48.75
002415	海康威视	229,283.18	16.41	0.01	409.04	0.18	12,953.02	5.65	46,837.25	20.43	38,489.02	16.79	130,578.44	56.95
002416	爱施德	170,296.94	25.28	0.01	8,418.34	4.94	11,124.01	6.53	66,402.09	38.99	26,220.13	15.40	58,107.08	34.12
002417	三元达	65,910.67	10.90	0.02	4,468.75	6.78	5,672.56	8.61	33,756.21	51.22	10,726.58	16.27	11,275.68	17.11
002418	康盛股份	77,359.31	24.65	0.03	5,749.24	7.43	7,164.55	9.26	41,839.70	54.08	11,081.18	14.32	11,499.99	14.87
002419	天虹商场	83,025.34	16.81	0.02	3,440.70	4.14	5,774.90	6.96	32,352.23	38.97	14,781.13	17.80	26,659.57	32.11
002420	毅昌股份	72,290.51	23.57	0.03	5,188.73	7.18	10,654.19	14.74	35,150.25	48.62	11,860.80	16.41	9,412.97	13.02
002421	达实智能	83,011.09	17.96	0.02	4,209.22	5.07	6,457.57	7.78	40,173.66	48.40	14,326.91	17.26	17,825.78	21.47
002422	科伦药业	502,303.28	30.31	0.01	856.39	0.17	3,808.31	0.76	178,191.90	35.47	87,431.05	17.41	231,985.32	46.18
002423	中原特钢	84,242.86	548.37	0.65	7,568.03	8.98	12,993.66	15.42	38,155.08	45.29	13,122.44	15.58	11,855.28	14.07
002424	贵州百灵	120,052.27	34.11	0.03	7,003.01	5.83	8,994.35	7.49	51,043.50	42.52	18,456.50	15.37	34,520.79	28.75
002425	凯撒股份	39,808.21	5.31	0.01	1,782.06	4.48	2,304.15	5.79	14,032.27	35.25	5,716.15	14.36	15,968.27	40.11
002426	胜利精密	55,090.94	33.51	0.06	5,565.71	10.10	8,578.55	15.57	26,397.89	47.92	7,925.58	14.39	6,589.69	11.96
002427	尤夫股份	79,589.96	16.22	0.02	4,391.44	5.52	6,939.75	8.72	37,053.59	46.56	14,972.42	18.81	16,216.55	20.38
002428	云南锗业	127,226.04	18.17	0.01	490.25	0.39	12,543.91	9.86	42,983.99	33.79	26,677.90	20.97	44,511.82	34.99
002429	兆驰股份	186,840.15	28.10	0.02	5,139.95	2.75	16,727.68	8.95	78,550.96	42.04	36,116.36	19.33	50,277.10	26.91
002430	杭氧股份	264,556.39	34.10	0.01	7,944.81	3.00	13,498.50	5.10	94,610.43	35.76	45,199.71	17.09	103,268.84	39.03
002431	棕榈园林	229,779.00	49.28	0.02	1,088.85	0.47	27,844.06	12.12	71,936.32	31.31	48,132.07	20.95	80,728.42	35.13
002432	九安医疗	121,800.48	14.08	0.01	3,366.07	2.76	9,483.47	7.79	43,120.25	35.40	24,463.23	20.08	41,353.38	33.95
002433	太安堂	64,806.56	11.65	0.02	2,521.19	3.89	4,917.00	7.59	25,725.69	39.70	11,230.49	17.33	20,400.54	31.48
002434	万里扬	101,819.61	16.54	0.02	4,129.28	4.06	10,201.60	10.02	46,454.41	45.62	17,788.13	17.47	23,229.65	22.81
002435	长江润发	50,139.45	23.13	0.05	3,558.32	7.10	8,559.79	17.07	24,898.83	49.66	7,670.74	15.30	5,428.64	10.83
002436	兴森科技	142,678.67	22.24	0.02	755.04	0.53	13,874.91	9.72	54,712.82	38.35	28,575.90	20.03	44,737.75	31.36
002437	誉衡药业	113,797.53	16.75	0.01	404.40	0.36	11,983.68	10.53	36,442.32	32.02	23,053.03	20.26	41,897.35	36.82
002438	江苏神通	88,861.23	17.64	0.02	5,516.21	6.21	7,006.36	7.88	42,689.95	48.04	14,585.98	16.41	19,045.09	21.43
002439	启明星辰	89,545.36	55.20	0.06	4,195.22	4.69	5,591.83	6.24	33,007.05	36.86	14,329.44	16.00	32,366.62	36.15
002440	闰土股份	212,907.21	32.42	0.02	7,961.17	3.74	15,290.62	7.18	96,902.97	45.51	38,716.90	18.18	54,003.13	25.36
002441	众业达	191,099.38	20.30	0.01	1,214.98	0.64	15,427.28	8.07	77,601.82	40.61	39,041.96	20.43	57,793.03	30.24
002442	龙星化工	81,692.97	40.95	0.05	6,835.41	8.37	11,524.23	14.11	41,371.95	50.64	11,963.31	14.64	9,957.11	12.19
002443	金洲管道	145,136.52	29.65	0.02	7,943.30	5.47	14,976.86	10.32	72,789.64	50.15	24,635.89	16.97	24,761.17	17.06
002444	巨星科技	242,624.54	29.90	0.01	10,889.11	4.49	14,009.16	5.77	95,974.04	39.56	41,264.38	17.01	80,457.94	33.16
002445	中南重工	95,953.86	12.19	0.01	4,690.04	4.89	6,358.27	6.63	43,424.30	45.26	16,223.84	16.91	25,245.21	26.31
002446	盛路通信	148,959.73	25.68	0.02	6,152.01	4.13	12,076.54	8.11	57,981.68	38.92	28,580.30	19.19	44,143.51	29.63
002447	壹桥苗业	190,153.57	44.55	0.02	1,225.82	0.64	30,207.15	15.89	71,804.01	37.76	38,996.26	20.51	47,875.76	25.18
002448	中原内配	137,972.25	30.16	0.02	7,202.09	5.22	11,360.96	8.23	63,991.20	46.38	25,976.37	18.83	29,411.47	21.32
002449	国星光电	218,774.97	31.51	0.01	11,011.36	5.03	13,245.07	6.05	80,277.52	36.69	32,991.75	15.08	81,217.75	37.12
002450	康得新	90,399.86	15.96	0.02	3,322.68	3.68	7,157.39	7.92	31,352.10	34.68	17,536.46	19.40	31,015.26	34.31
002451	摩恩电气	75,842.09	28.68	0.04	5,140.25	6.78	13,500.44	17.80	36,537.79	48.18	12,202.46	16.09	8,432.46	11.12
002452	长高集团	65,099.69	13.12	0.02	1,991.40	3.06	6,282.10	9.65	27,555.66	42.33	12,614.93	19.38	16,642.48	25.56
002453	天马精化	115,550.37	24.49	0.02	6,140.81	5.31	7,095.61	6.14	42,319.16	36.62	19,509.83	16.88	40,460.47	35.02
002454	松芝股份	182,062.20	35.97	0.02	6,711.05	3.69	19,171.53	10.53	80,474.13	44.20	36,395.53	19.99	39,273.99	21.57
002455	百川股份	82,383.26	8.67	0.01	2,899.97	3.52	4,624.79	5.61	31,514.97	38.25	14,743.51	17.90	28,591.35	34.71
002456	欧菲光	67,206.13	9.61	0.01	264.74	0.39	6,583.39	9.80	25,114.45	37.37	14,439.03	21.48	20,794.90	30.94
002457	青龙管业	207,280.02	76.71	0.04	9,373.24	4.52	12,241.55	5.91	81,545.38	39.34	36,243.56	17.49	67,799.57	32.71
002458	益生股份	139,554.28	14.48	0.01	4,498.18	3.22	6,517.78	4.67	53,291.30	38.19	25,385.45	18.19	49,847.09	35.72
002459	天业通联	121,754.16	15.29	0.01	3,467.72	2.85	10,713.23	8.80	50,497.01	41.47	23,430.59	19.24	33,630.32	27.62
002460	赣锋锂业	110,400.03	21.34	0.02	2,223.04	2.01	12,395.11	11.23	52,687.61	47.72	20,874.53	18.91	22,198.40	20.11
002461	珠江啤酒	136,295.91	53.53	0.04	13,158.69	9.65	15,112.43	11.09	67,486.31	49.51	19,108.27	14.02	21,376.68	15.68
002462	嘉事堂	106,890.89	25.97	0.02	9,740.91	9.11	10,427.87	9.76	52,543.08	49.16	15,462.99	14.47	18,690.07	17.49
002463	沪电股份	99,330.73	52.45	0.05	6,009.15	6.05	15,466.55	15.57	46,214.63	46.53	18,341.13	18.46	13,246.82	13.34
002464	金利科技	179,055.65	42.87	0.02	7,614.70	4.25	20,172.92	11.27	80,651.12	45.04	33,433.49	18.67	37,140.55	20.74

代码	证券名称	成交金额	按每笔成交金额(元)分类的成交金额和比例											
			<1,000	%	1,000-5,000	%	5,000-10,000	%	10,000-50,000	%	50,000-100,000	%	>=100,000	%
002465	海格通信	329,998.74	48.06	0.01	16,616.54	5.04	22,739.23	6.89	144,314.75	43.73	56,709.47	17.18	89,570.69	27.14
002466	天齐锂业	148,192.32	27.06	0.02	760.34	0.51	17,862.68	12.05	65,408.74	44.14	27,559.03	18.60	36,574.46	24.68
002467	二六三	129,827.96	18.34	0.01	6,229.02	4.80	10,327.29	7.95	58,226.50	44.85	23,674.43	18.24	31,352.38	24.15
002468	艾迪西	160,620.13	45.38	0.03	7,955.98	4.95	20,454.38	12.73	78,542.67	48.90	27,844.38	17.34	25,777.34	16.05
002469	三维工程	178,922.28	32.55	0.02	765.65	0.43	16,965.13	9.48	52,477.66	29.33	32,475.50	18.15	76,205.79	42.59
002470	金正大	208,555.17	86.58	0.04	15,062.05	7.22	24,446.54	11.72	97,030.83	46.53	32,130.80	15.41	39,798.36	19.08
002471	中超电缆	295,968.01	72.33	0.02	14,689.58	4.96	34,331.00	11.60	143,677.56	48.54	52,040.05	17.58	51,157.50	17.28
002472	双环传动	111,465.89	15.69	0.01	6,314.36	5.66	8,150.31	7.31	47,371.62	42.50	18,868.86	16.93	30,745.04	27.58
002473	圣莱达	214,220.81	55.16	0.03	13,096.45	6.11	19,304.21	9.01	102,025.97	47.63	38,080.36	17.78	41,658.67	19.45
002474	榕基软件	138,295.94	25.23	0.02	4,545.91	3.29	12,482.63	9.03	60,880.74	44.02	24,862.21	17.98	35,499.21	25.67
002475	立讯精密	273,550.83	30.46	0.01	1,263.80	0.46	16,028.99	5.86	82,441.83	30.14	47,176.20	17.25	126,609.54	46.28
002476	宝莫股份	93,134.79	14.33	0.02	3,119.91	3.35	9,304.10	9.99	38,627.38	41.47	17,504.55	18.79	24,564.53	26.38
002477	雏鹰农牧	136,015.38	15.06	0.01	439.78	0.32	9,960.11	7.32	50,825.01	37.37	25,316.91	18.61	49,458.50	36.36
002478	常宝股份	150,934.02	45.57	0.03	7,545.46	5.00	20,956.17	13.88	61,352.68	40.65	27,602.60	18.29	33,431.54	22.15
002479	富春环保	263,791.26	45.26	0.02	9,109.56	3.45	24,380.29	9.24	103,788.00	39.34	48,481.75	18.38	77,986.41	29.56
002480	新筑股份	165,472.05	7.35	0.00	226.69	0.14	9,867.97	5.96	40,209.86	24.30	31,442.83	19.00	83,717.36	50.59
002481	双塔食品	59,006.90	10.07	0.02	2,909.44	4.93	4,224.82	7.16	21,661.65	36.71	10,749.38	18.22	19,451.53	32.96
002482	广田股份	281,242.60	41.35	0.01	1,188.73	0.42	29,695.77	10.56	83,229.25	29.59	54,334.21	19.32	112,753.30	40.09
002483	润邦股份	109,535.51	25.59	0.02	4,169.49	3.81	11,917.44	10.88	45,748.16	41.77	20,127.37	18.38	27,547.46	25.15
002484	江海股份	157,960.74	25.21	0.02	5,245.94	3.32	13,504.43	8.55	62,277.53	39.43	29,832.64	18.89	47,075.00	29.80
002485	希努尔	95,809.17	15.56	0.02	3,612.86	3.77	10,233.29	10.68	41,813.71	43.64	18,908.27	19.74	21,225.48	22.15
002486	嘉麟杰	112,798.79	73.33	0.07	11,908.39	10.56	17,976.08	15.94	56,540.64	50.13	15,699.16	13.92	10,601.19	9.40
002487	大金重工	67,188.74	12.18	0.02	4,821.89	7.18	6,213.30	9.25	34,176.77	50.87	10,234.87	15.23	11,729.73	17.46
002488	金固股份	49,152.74	11.99	0.02	2,394.25	4.87	5,949.96	12.11	24,597.70	50.04	8,519.28	17.33	7,679.55	15.62
002489	浙江永强	187,642.85	27.94	0.01	9,056.58	4.83	13,089.23	6.98	87,292.48	46.52	32,029.56	17.07	46,147.05	24.59
002490	山东墨龙	270,832.59	56.14	0.02	17,398.04	6.42	20,160.22	7.44	124,353.50	45.92	41,277.27	15.24	67,587.42	24.96
002491	通鼎光电	143,905.88	34.91	0.02	11,224.48	7.80	12,617.78	8.77	72,854.07	50.63	20,176.15	14.02	26,998.50	18.76
002492	恒基达鑫	70,507.68	19.07	0.03	5,472.25	7.76	6,362.35	9.02	37,005.09	52.48	10,884.97	15.44	10,763.95	15.27
002493	荣盛石化	325,478.56	34.31	0.01	951.51	0.29	24,166.14	7.42	115,759.32	35.57	72,002.56	22.12	112,564.73	34.58
002494	华斯股份	111,524.07	23.45	0.02	5,167.92	4.63	10,448.11	9.37	49,509.50	44.39	20,478.63	18.36	25,896.45	23.22
002495	佳隆股份	73,268.56	12.20	0.02	3,609.01	4.93	7,723.70	10.54	34,849.64	47.56	12,118.93	16.54	14,955.07	20.41
002496	辉丰股份	164,344.67	18.34	0.01	441.32	0.27	12,111.31	7.37	55,482.90	33.76	34,491.03	20.99	61,799.77	37.60
002497	雅化集团	274,378.36	38.73	0.01	11,563.18	4.21	15,506.58	5.65	107,894.18	39.32	47,294.64	17.24	92,081.05	33.56
002498	汉缆股份	229,434.53	23.37	0.01	3,702.30	1.61	14,730.37	6.42	85,813.72	37.40	44,274.20	19.30	80,890.55	35.26
002499	科林环保	89,329.64	27.40	0.03	8,817.52	9.87	9,752.68	10.92	42,065.31	47.09	14,983.98	16.77	13,682.75	15.32
002500	山西证券	843,447.04	288.33	0.03	54,395.03	6.45	90,665.67	10.75	349,511.80	41.44	136,271.05	16.16	212,315.16	25.17
002501	利源铝业	305,352.07	49.57	0.02	11,537.40	3.78	23,467.68	7.69	125,621.85	41.14	53,660.03	17.57	91,015.55	29.81
002502	骅威股份	73,097.80	19.67	0.03	4,050.13	5.54	9,121.15	12.48	32,610.94	44.61	13,611.03	18.62	13,684.87	18.72
002503	搜于特	226,071.84	39.00	0.02	906.72	0.40	19,864.30	8.79	74,019.15	32.74	45,021.42	19.91	86,221.26	38.14
002504	东光微电	98,422.85	27.13	0.03	5,397.10	5.48	13,311.21	13.52	46,736.53	47.49	17,615.68	17.90	15,335.20	15.58
002505	大康牧业	132,389.75	39.55	0.03	6,815.39	5.15	17,252.32	13.03	60,590.86	45.77	21,910.05	16.55	25,781.58	19.47
002506	超日太阳	346,637.61	64.76	0.02	21,286.09	6.14	25,568.39	7.38	145,830.90	42.07	57,593.64	16.61	96,293.83	27.78
002507	涪陵榨菜	342,929.08	91.42	0.03	19,519.25	5.69	40,829.99	11.91	145,699.94	42.49	60,500.42	17.64	76,288.05	22.25
002508	老板电器	501,230.09	135.89	0.03	37,119.34	7.41	40,484.24	8.08	217,466.73	43.39	83,866.16	16.73	122,157.74	24.37
002509	天广消防	155,367.91	48.07	0.03	11,858.64	7.63	16,729.30	10.77	77,016.19	49.57	24,772.83	15.94	24,942.88	16.05
002510	天汽模	158,698.10	86.40	0.05	16,529.42	10.42	19,383.26	12.21	80,041.07	50.44	20,606.97	12.99	22,050.98	13.89
002511	中顺洁柔	282,702.07	50.74	0.02	17,543.30	6.21	22,676.55	8.02	121,480.74	42.97	48,170.38	17.04	72,780.37	25.74
002512	达华智能	307,685.03	104.07	0.03	23,972.82	7.79	28,629.50	9.30	169,888.55	55.22	35,319.95	11.48	49,770.14	16.18
002513	蓝丰生化	309,336.15	59.77	0.02	2,144.79	0.69	33,529.46	10.84	168,100.03	54.34	45,562.14	14.73	59,939.96	19.38
002514	宝馨科技	263,647.33	86.73	0.03	18,460.31	7.00	25,522.70	9.68	140,840.44	53.42	33,375.76	12.66	45,361.40	17.21
002515	金字火腿	299,639.64	79.06	0.03	6,961.88	2.32	33,733.10	11.26	162,412.36	54.20	38,905.85	12.98	57,547.39	19.21
002516	江苏旷达	218,484.44	148.02	0.07	26,111.76	11.95	28,054.74	12.84	119,101.00	54.51	20,076.93	9.19	24,991.97	11.44
002517	泰亚股份	261,820.11	99.78	0.04	15,448.45	5.90	28,800.97	11.00	124,787.19	47.66	41,074.05	15.69	51,609.67	19.71
002518	科士达	344,950.45	110.44	0.03	25,311.73	7.34	29,936.52	8.68	181,084.11	52.50	42,286.78	12.26	66,220.87	19.20
002519	银河电子	278,445.50	55.98	0.02	7,803.24	2.80	29,620.77	10.64	147,383.78	52.93	40,345.76	14.49	53,235.97	19.12
002520	日发数码	216,527.40	60.23	0.03	17,710.53	8.18	21,978.38	10.15	111,077.87	51.30	27,551.83	12.72	38,148.56	17.62
002521	齐峰股份	322,572.62	78.82	0.02	23,272.10	7.21	28,792.56	8.93	182,159.52	56.47	37,939.39	11.76	50,330.24	15.60
002522	浙江众成	296,583.71	70.96	0.02	18,496.52	6.24	22,012.33	7.42	138,862.39	46.82	39,677.68	13.38	77,463.83	26.12
002523	天桥起重	213,209.51	143.79	0.07	26,454.97	12.41	26,019.27	12.20	111,836.24	52.45	21,652.57	10.16	27,102.67	12.71
002524	光正钢构	237,210.11	104.59	0.04	19,536.07	8.24	24,714.04	10.42	118,294.46	49.87	29,565.97	12.46	44,994.99	18.97
002526	山东矿机	414,669.20	221.76	0.05	24,991.14	6.03	54,341.97	13.10	213,903.30	51.58	49,064.33	11.83	72,146.71	17.40

代码	证券名称	成交金额	按每笔成交金额(元)分类的成交金额和比例											
			<1,000	%	1,000-5,000	%	5,000-10,000	%	10,000-50,000	%	50,000-100,000	%	>=100,000	%
002527	新时达	260,920.47	129.92	0.05	19,509.83	7.48	28,216.03	10.81	125,740.14	48.19	30,977.35	11.87	56,347.20	21.60
002528	英飞拓	233,300.58	50.36	0.02	1,703.07	0.73	23,358.22	10.01	153,717.52	65.89	26,670.17	11.43	27,801.23	11.92
002529	海源机械	128,709.52	94.91	0.07	13,619.16	10.58	17,393.14	13.51	70,258.11	54.59	10,734.66	8.34	16,609.54	12.90
002530	N丰东	53,640.09	56.62	0.11	8,822.05	16.45	8,097.94	15.10	36,663.48	68.35	0.00	0.00	0.00	0.00
002531	N天顺	56,995.08	89.44	0.16	5,299.60	9.30	12,673.27	22.24	38,932.78	68.31	0.00	0.00	0.00	0.00
002532	N新界泵	43,086.92	11.91	0.03	3,233.81	7.51	5,098.46	11.83	34,742.74	80.63	0.00	0.00	0.00	0.00
002533	N金杯电	58,838.45	22.74	0.04	4,063.80	6.91	6,311.79	10.73	48,434.86	82.32	5.27	0.01	0.00	0.00
100203	国债0203	11.67	2.58	22.14	5.07	43.41	1.00	8.54	3.02	25.91	0.00	0.00	0.00	0.00
100213	国债0213	91.89	23.22	25.27	24.19	26.32	17.54	19.08	20.56	22.38	6.39	6.95	0.00	0.00
100303	国债0303	527.45	64.96	12.32	111.72	21.18	93.15	17.66	184.93	35.06	56.41	10.69	16.28	3.09
100308	国债0308	144.76	0.50	0.34	12.86	8.89	2.40	1.66	3.00	2.08	0.00	0.00	126.00	87.04
100404	国债0404	37.97	0.69	1.82	2.93	7.72	8.94	23.54	18.34	48.30	7.07	18.62	0.00	0.00
100407	国债0407	9.58	0.04	0.43	4.75	49.59	1.52	15.87	3.27	34.11	0.00	0.00	0.00	0.00
100410	国债0410	63.10	5.20	8.24	10.13	16.05	12.71	20.14	22.84	36.19	0.00	0.00	12.23	19.37
100501	国债0501	13.72	0.00	0.00	5.86	42.71	2.06	15.02	5.80	42.27	0.00	0.00	0.00	0.00
100505	国债0505	1.43	0.23	16.05	1.20	83.95	0.00	0.00	0.00	0.00	0.00	0.00	0.00	0.00
101001	国债1001	35,856.00	0.00	0.00	0.00	0.00	0.00	0.00	0.00	0.00	0.00	0.00	35,856.00	100.00
101004	国债1004	2,095.59	0.00	0.00	0.00	0.00	0.00	0.00	0.00	0.00	0.00	0.00	2,095.59	100.00
101021	国债1021	2.59	1.28	49.21	1.32	50.79	0.00	0.00	0.00	0.00	0.00	0.00	0.00	0.00
101023	国债1023	2,891.40	0.00	0.00	0.00	0.00	0.00	0.00	0.00	0.00	0.00	0.00	2,891.40	100.00
101912	国债912	105.76	0.93	0.88	4.88	4.62	2.91	2.75	14.24	13.46	12.25	11.58	70.56	66.71
101917	国债917	4.40	0.19	4.33	1.13	25.59	0.00	0.00	3.08	70.09	0.00	0.00	0.00	0.00
108043	贴债1017	5,967.36	0.00	0.00	0.00	0.00	0.00	0.00	0.00	0.00	6.96	0.12	5,960.40	99.88
111015	01三峡10	64.95	0.04	0.06	4.93	7.59	6.51	10.02	24.55	37.80	14.23	21.90	14.69	22.62
111018	02电网15	28.82	1.10	3.80	1.19	4.14	5.44	18.87	8.71	30.21	0.00	0.00	12.39	42.98
111019	02广核债	32.33	3.35	10.37	4.41	13.64	14.18	43.86	5.20	16.07	5.19	16.06	0.00	0.00
111020	03华能1	200.55	0.37	0.19	9.81	4.89	18.85	9.40	96.52	48.13	42.67	21.28	32.33	16.12
111021	03华能2	57.27	1.01	1.76	4.11	7.18	12.01	20.97	40.14	70.10	0.00	0.00	0.00	0.00
111022	04首旅债	1.10	0.00	0.00	0.60	54.53	0.50	45.47	0.00	0.00	0.00	0.00	0.00	0.00
111023	03中铁债	31.35	0.89	2.85	5.30	16.90	7.91	25.24	17.24	55.01	0.00	0.00	0.00	0.00
111024	04华电1	1.88	0.14	7.31	0.92	48.76	0.83	43.92	0.00	0.00	0.00	0.00	0.00	0.00
111025	04华电2	19.53	0.00	0.00	1.02	5.21	0.91	4.68	4.27	21.86	13.33	68.26	0.00	0.00
111026	05粤交通	16.40	0.00	0.00	0.32	1.96	0.00	0.00	2.86	17.42	13.22	80.63	0.00	0.00
111027	03石油债	35.78	0.00	0.00	1.58	4.42	4.70	13.15	20.33	56.83	9.16	25.61	0.00	0.00
111030	05泰达债	9.43	0.40	4.21	0.30	3.21	1.18	12.49	7.55	80.09	0.00	0.00	0.00	0.00
111031	06鄂能债	16.96	0.00	0.00	0.00	0.00	0.00	0.00	11.29	66.59	5.67	33.41	0.00	0.00
111033	06铁道01	7.89	0.00	0.00	0.39	4.96	0.00	0.00	7.50	95.04	0.00	0.00	0.00	0.00
111034	06铁道07	6,059.52	0.09	0.00	1.00	0.02	2.86	0.05	17.24	0.28	11.13	0.18	6,027.21	99.47
111035	06节能债	40.85	1.62	3.96	16.02	39.21	6.68	16.36	16.53	40.47	0.00	0.00	0.00	0.00
111036	07中关村	50.35	0.25	0.49	2.17	4.32	7.77	15.43	13.63	27.08	16.52	32.80	10.01	19.88
111037	08昆建债	3,967.33	0.17	0.00	5.10	0.13	20.19	0.51	100.87	2.54	78.92	1.99	3,762.09	94.83
111038	08西基投	1,214.10	0.00	0.00	0.31	0.03	3.63	0.30	0.00	0.00	0.00	0.00	1,210.16	99.68
111039	08奈伦债	3,648.83	1.35	0.04	69.58	1.91	161.93	4.44	1,066.09	29.22	600.72	16.46	1,749.15	47.94
111040	08甬交投	37.75	0.00	0.00	1.56	4.12	4.97	13.17	2.52	6.68	0.00	0.00	28.70	76.03
111041	08铁岭债	14,813.60	1.46	0.01	70.62	0.48	152.28	1.03	923.11	6.23	498.38	3.36	13,167.75	88.89
111042	08嘉城投	381.78	0.00	0.00	0.00	0.00	0.64	0.17	0.00	0.00	0.00	0.00	381.14	99.83
111044	08吉高速	14.51	0.00	0.00	0.51	3.50	1.62	11.18	12.38	85.32	0.00	0.00	0.00	0.00
111045	08西城投	5,668.35	0.40	0.01	13.94	0.25	42.16	0.74	144.57	2.55	79.45	1.40	5,387.84	95.05
111046	08东特债	35,068.14	0.15	0.00	7.23	0.02	23.07	0.07	66.21	0.19	58.30	0.17	34,913.17	99.56
111047	08长兴债	21,346.27	0.68	0.00	75.60	0.35	194.76	0.91	1,632.80	7.65	846.22	3.96	18,596.20	87.12
111048	09渝水投	84.42	1.29	1.53	13.94	16.52	14.02	16.60	33.37	39.53	0.00	0.00	21.79	25.82
111050	09华菱债	621.07	0.00	0.00	0.60	0.10	0.00	0.00	4.46	0.72	0.00	0.00	616.02	99.19
111051	09怀化债	42,917.79	19.07	0.04	897.17	2.09	1,322.85	3.08	9,955.14	23.20	7,233.11	16.85	23,490.44	54.73
111052	09哈城投	5,697.37	1.01	0.02	126.03	2.21	218.90	3.84	1,413.73	24.81	848.45	14.89	3,089.25	54.22
111053	09许继债	8,795.65	0.00	0.00	0.21	0.00	1.79	0.02	0.00	0.00	10.00	0.11	8,783.65	99.86
111054	09连中小	1,263.63	0.04	0.00	3.75	0.30	10.83	0.86	84.16	6.66	43.79	3.47	1,121.06	88.72
111055	09华西债	10,477.99	18.76	0.18	146.41	1.40	274.36	2.62	606.01	5.78	221.08	2.11	9,211.37	87.91
111056	09湖交投	3,096.00	1.34	0.04	10.99	0.36	31.17	1.01	91.29	2.95	45.50	1.47	2,915.71	94.18
111057	09兖城投	18.63	0.00	0.00	3.34	17.92	4.17	22.38	11.12	59.70	0.00	0.00	0.00	0.00
111058	09黄城投	1,696.51	2.84	0.17	47.02	2.77	81.97	4.83	242.19	14.28	75.68	4.46	1,246.81	73.49
111059	09宿建投	30,625.07	0.21	0.00	29.77	0.10	94.88	0.31	435.71	1.42	235.81	0.77	29,828.69	97.40

代码	证券名称	成交金额	按每笔成交金额(元)分类的成交金额和比例											
			<1,000	%	1,000－5,000	%	5,000－10,000	%	10,000－50,000	%	50,000－100,000	%	>＝100,000	%
111060	10佳城投	3,125.98	0.08	0.00	52.76	1.69	68.97	2.21	464.52	14.86	377.00	12.06	2,162.65	69.18
111061	10中关村	2,146.79	2.14	0.10	8.28	0.39	18.50	0.86	72.87	3.39	38.41	1.79	2,006.59	93.47
111062	10并高铁	244.81	6.86	2.80	23.68	9.67	34.97	14.29	127.11	51.92	39.91	16.30	12.27	5.01
112001	08粤电债	2.38	0.05	2.11	0.50	20.83	0.00	0.00	1.84	77.06	0.00	0.00	0.00	0.00
112002	08中联债	12,303.84	0.00	0.00	2.75	0.02	12.18	0.10	93.52	0.76	53.57	0.44	12,141.82	98.68
112003	08泰达债	12,538.71	0.27	0.00	8.42	0.07	12.88	0.10	34.72	0.28	63.33	0.51	12,419.10	99.05
112005	08万科G1	10,438.12	0.43	0.00	5.97	0.06	1.54	0.01	4.16	0.04	0.00	0.00	10,426.03	99.88
112006	08万科G2	12,784.14	1.18	0.01	20.80	0.16	40.55	0.32	109.00	0.85	253.54	1.98	12,359.08	96.68
112007	09金街01	26,826.68	0.00	0.00	5.76	0.02	4.33	0.02	3.26	0.01	48.36	0.18	26,764.98	99.77
112008	09金街02	20,952.67	0.00	0.00	0.20	0.00	0.00	0.00	0.00	0.00	5.03	0.02	20,947.44	99.98
112010	09西煤债	0.10	0.00	0.00	0.10	100.00	0.00	0.00	0.00	0.00	0.00	0.00	0.00	0.00
112011	09东药债	4,939.90	0.00	0.00	0.84	0.02	5.03	0.10	25.68	0.52	14.70	0.30	4,893.66	99.06
112012	09名流债	47,099.03	2.11	0.00	54.99	0.12	146.82	0.31	836.71	1.78	584.54	1.24	45,473.87	96.55
112013	09亿城债	1,253.75	0.00	0.00	0.00	0.00	0.00	0.00	0.00	0.00	0.00	0.00	1,253.75	100.00
112014	09银基债	13,705.05	7.46	0.05	200.59	1.46	382.67	2.79	2,329.76	17.00	1,443.75	10.53	9,340.81	68.16
112015	09泛海债	19,802.72	0.11	0.00	4.07	0.02	15.51	0.08	63.42	0.32	79.19	0.40	19,640.41	99.18
112016	09宏润债	3,982.28	0.85	0.02	40.25	1.01	48.83	1.23	232.49	5.84	174.81	4.39	3,485.05	87.51
112017	09希望债	15,348.85	0.00	0.00	4.54	0.03	26.21	0.17	77.49	0.50	56.74	0.37	15,183.87	98.93
112018	09津滨债	1,300.00	0.00	0.00	0.00	0.00	0.00	0.00	0.00	0.00	0.00	0.00	1,300.00	100.00
112019	09宜化债	13,572.65	1.10	0.01	4.02	0.03	7.20	0.05	9.88	0.07	8.15	0.06	13,542.30	99.78
112020	10大亚债	4,595.88	2.09	0.05	8.54	0.19	12.08	0.26	90.06	1.96	5.42	0.12	4,477.70	97.43
112021	10南玻01	1,826.62	2.72	0.15	23.54	1.29	38.48	2.11	129.79	7.11	52.58	2.88	1,579.50	86.47
112022	10南玻02	12,437.18	0.79	0.01	4.45	0.04	15.80	0.13	39.65	0.32	6.80	0.05	12,369.68	99.46
112023	10煤气01	3,004.70	0.30	0.01	0.60	0.02	0.50	0.02	0.00	0.00	0.00	0.00	3,003.30	99.95
112024	10煤气02	12,093.20	0.00	0.00	0.50	0.00	0.00	0.00	0.00	0.00	0.00	0.00	12,092.70	100.00
115002	国安债1	4,558.45	11.39	0.25	43.52	0.95	146.62	3.22	373.09	8.18	165.01	3.62	3,818.82	83.77
115003	中兴债1	7,506.20	4.48	0.06	8.26	0.11	19.33	0.26	69.93	0.93	131.23	1.75	7,272.97	96.89
125709	唐钢转债	53,778.53	1.89	0.00	142.33	0.26	253.47	0.47	1,669.25	3.10	1,526.73	2.84	50,184.84	93.32
125731	美丰转债	23,692.68	3.92	0.02	81.36	0.34	129.29	0.55	784.31	3.31	514.94	2.17	22,178.85	93.61
125960	锡业转债	8,358.92	2.99	0.04	72.91	0.87	97.89	1.17	804.44	9.62	806.02	9.64	6,574.67	78.65
126630	铜陵转债	256,426.46	25.50	0.01	1,403.76	0.55	3,525.51	1.37	22,200.70	8.66	22,635.78	8.83	206,635.20	80.58
126729	燕京转债	9,580.27	11.40	0.12	184.94	1.93	267.10	2.79	820.66	8.57	632.87	6.61	7,663.30	79.99
128233	塔牌转债	26,474.09	8.04	0.03	178.30	0.67	237.17	0.90	1,358.38	5.13	1,124.17	4.25	23,568.03	89.02
131810	R－001	0.20	0.00	0.00	0.20	100.00	0.00	0.00	0.00	0.00	0.00	0.00	0.00	0.00
131900	RC－003	2,000.00	0.00	0.00	0.00	0.00	0.00	0.00	0.00	0.00	0.00	0.00	2,000.00	100.00
131901	RC－007	929,569.50	0.00	0.00	4.20	0.00	18.10	0.00	101.60	0.01	312.10	0.03	929,133.50	99.95
131910	RC－001	28,402.30	0.00	0.00	1.40	0.00	0.00	0.00	23.50	0.08	73.90	0.26	28,303.50	99.65
131911	RC－002	148.00	0.00	0.00	0.00	0.00	0.00	0.00	0.00	0.00	0.00	0.00	148.00	100.00
150001	瑞福进取	80,444.48	753.94	0.94	6,863.69	8.53	11,146.13	13.86	30,818.63	38.31	13,580.72	16.88	17,281.38	21.48
150002	大成优选	43,833.68	176.89	0.40	2,174.93	4.96	4,627.27	10.56	16,348.20	37.30	8,177.74	18.66	12,328.65	28.13
150003	建信优势	17,478.36	63.10	0.36	663.07	3.79	1,630.37	9.33	8,392.36	48.02	3,384.81	19.37	3,344.66	19.14
150006	同庆A	44,714.24	13.18	0.03	118.78	0.27	462.33	1.03	2,844.17	6.36	2,453.18	5.49	38,822.61	86.82
150007	同庆B	535,139.80	1,524.99	0.28	7,994.08	1.49	27,459.80	5.13	110,391.32	20.63	95,227.32	17.79	292,542.29	54.67
150008	瑞和小康	6,733.60	21.65	0.32	242.80	3.61	530.07	7.87	2,451.93	36.41	1,284.04	19.07	2,203.11	32.72
150009	瑞和远见	18,159.74	38.74	0.21	451.63	2.49	965.30	5.32	5,580.01	30.73	3,676.41	20.24	7,447.65	41.01
150010	国泰优先	3,763.73	7.70	0.20	81.18	2.16	187.96	4.99	883.75	23.48	586.29	15.58	2,016.85	53.59
150011	国泰进取	25,063.93	52.31	0.21	1,125.26	4.49	2,266.07	9.04	11,842.64	47.25	4,119.15	16.43	5,658.50	22.58
150012	双禧A	65,087.63	258.61	0.40	843.45	1.30	2,261.10	3.47	9,211.32	14.15	7,123.89	10.95	45,389.24	69.74
150013	双禧B	285,994.80	519.93	0.18	8,833.82	3.09	15,443.21	5.40	84,214.96	29.45	44,017.77	15.39	132,965.11	46.49
150016	合润A	1,042.02	4.18	0.40	53.41	5.13	112.55	10.80	587.38	56.37	113.08	10.85	171.41	16.45
150017	合润B	1,917.11	9.32	0.49	135.23	7.05	234.02	12.21	1,136.83	59.30	196.99	10.28	204.72	10.68
150018	银华稳进	44,815.08	41.39	0.09	522.08	1.16	1,277.14	2.85	6,511.50	14.53	5,492.61	12.26	30,970.36	69.11
150019	银华锐进	355,861.12	652.52	0.18	11,744.95	3.30	20,742.80	5.83	110,201.14	30.97	58,508.14	16.44	154,011.57	43.28
150020	汇利A	18,465.53	9.65	0.05	75.51	0.41	206.86	1.12	687.98	3.73	1,189.15	6.44	16,296.38	88.25
150021	汇利B	13,834.12	6.36	0.05	60.55	0.44	95.47	0.69	553.72	4.00	433.68	3.13	12,684.33	91.69
150022	申万收益	32,523.71	50.51	0.16	614.53	1.89	1,796.34	5.52	5,871.47	18.05	4,054.28	12.47	20,136.58	61.91
150023	申万进取	70,269.13	375.86	0.53	4,494.95	6.40	8,677.71	12.35	25,153.59	35.80	12,859.25	18.30	18,707.77	26.62
150025	景丰A	33,270.14	7.83	0.02	69.15	0.21	147.16	0.44	801.01	2.41	2,458.49	7.39	29,786.49	89.53
150026	景丰B	8,425.34	7.97	0.09	102.29	1.21	236.29	2.80	979.64	11.63	918.85	10.91	6,180.32	73.35
150027	添利B	1,898.81	43.11	2.27	90.16	4.75	115.78	6.10	478.43	25.20	448.86	23.64	722.47	38.05
159901	深100ETF	1,706,188.40	1,000.67	0.06	10,603.75	0.62	23,089.62	1.35	97,032.81	5.69	108,744.82	6.37	1,465,716.74	85.91

代码	证券名称	成交金额	按每笔成交金额(元)分类的成交金额和比例											
			<1,000	%	1,000-5,000	%	5,000-10,000	%	10,000-50,000	%	50,000-100,000	%	>=100,000	%
159902	中小板	417,431.96	530.77	0.13	7,161.68	1.72	12,606.80	3.02	48,570.52	11.64	30,456.42	7.30	318,105.78	76.21
159903	深成 ETF	108,066.83	72.21	0.07	1,311.35	1.21	2,363.72	2.19	14,276.69	13.21	12,721.83	11.77	77,321.03	71.55
160105	南方积配	418.53	6.49	1.55	49.01	11.71	65.86	15.74	147.57	35.26	96.68	23.10	52.92	12.64
160106	南方高增	856.95	8.22	0.96	71.72	8.37	168.39	19.65	398.27	46.48	113.92	13.29	96.43	11.25
160119	南方500	5,363.67	37.50	0.70	412.86	7.70	543.86	10.14	2,263.34	42.20	726.47	13.54	1,379.63	25.72
160211	国泰小盘	1,126.57	11.07	0.98	80.68	7.16	134.62	11.95	535.74	47.55	217.81	19.33	146.65	13.02
160215	国泰价值	345.25	2.17	0.63	16.09	4.66	40.26	11.66	218.02	63.15	19.52	5.65	49.20	14.25
160311	华夏蓝筹	1,647.11	63.40	3.85	330.01	20.04	421.19	25.57	703.16	42.69	101.02	6.13	28.33	1.72
160314	华夏行业	3,444.93	33.01	0.96	287.58	8.35	445.72	12.94	1,077.93	31.29	288.19	8.37	1,312.49	38.10
160505	博时主题	3,554.45	33.97	0.96	304.00	8.55	580.07	16.32	1,438.35	40.47	424.12	11.93	773.94	21.77
160607	鹏华价值	1,201.26	24.93	2.08	203.53	16.94	315.34	26.25	544.04	45.29	57.59	4.79	55.84	4.65
160610	鹏华动力	880.79	15.76	1.79	108.94	12.37	146.82	16.67	466.73	52.99	120.88	13.72	21.66	2.46
160611	鹏华治理	2,843.02	8.63	0.30	74.48	2.62	136.39	4.80	676.70	23.80	296.01	10.41	1,650.82	58.07
160613	鹏华创新	325.05	6.98	2.15	49.94	15.36	67.75	20.84	172.92	53.20	27.46	8.45	0.00	0.00
160615	鹏华300	1,621.30	6.49	0.40	61.94	3.82	87.54	5.40	665.36	41.04	197.46	12.18	602.52	37.16
160616	鹏华500	2,901.27	11.63	0.40	171.96	5.93	317.91	10.96	1,660.34	57.23	338.65	11.67	400.78	13.81
160617	鹏华丰润	13,461.50	12.58	0.09	116.72	0.87	270.24	2.01	1,132.17	8.41	1,025.13	7.62	10,904.66	81.01
160706	嘉实300	97,558.53	318.29	0.33	3,124.06	3.20	6,380.52	6.54	23,426.33	24.01	17,386.28	17.82	46,923.05	48.10
160716	嘉实50	657.58	15.76	2.40	98.35	14.96	145.61	22.14	287.45	43.71	75.86	11.54	34.56	5.26
160717	恒生H股	948.96	31.56	3.33	156.59	16.50	237.28	25.00	387.88	40.87	135.64	14.29	0.00	0.00
160805	长盛同智	402.98	5.52	1.37	45.87	11.38	80.96	20.09	236.40	58.66	13.44	3.33	20.80	5.16
160807	长盛300	269.63	2.64	0.98	14.98	5.56	25.57	9.48	124.50	46.17	69.91	25.93	32.03	11.88
160910	大成创新	612.49	10.88	1.78	98.30	16.05	128.59	20.99	266.56	43.52	67.24	10.98	40.92	6.68
161005	富国天惠	2,097.53	15.90	0.76	203.71	9.71	401.62	19.15	1,146.28	54.65	296.25	14.12	33.76	1.61
161010	富国天丰	25,891.41	43.53	0.17	578.80	2.24	1,110.12	4.29	5,664.58	21.88	3,383.93	13.07	15,110.44	58.36
161115	易基岁丰	76,365.88	15.05	0.02	173.16	0.23	368.94	0.48	2,085.87	2.73	6,057.12	7.93	67,665.74	88.61
161210	国投新兴	86.02	4.78	5.55	35.60	41.39	18.98	22.07	21.27	24.73	5.39	6.26	0.00	0.00
161211	国投金融	1,115.59	13.09	1.17	107.70	9.65	178.45	16.00	429.40	38.49	246.04	22.05	140.91	12.63
161607	融通巨潮	275.72	9.84	3.57	57.33	20.79	71.98	26.11	118.58	43.01	0.00	0.00	18.00	6.53
161610	融通领先	490.83	7.43	1.51	78.39	15.97	82.08	16.72	300.77	61.28	22.15	4.51	0.00	0.00
161706	招商成长	361.59	7.06	1.95	59.36	16.42	76.04	21.03	194.20	53.71	24.93	6.89	0.00	0.00
161713	招商信用	8,666.90	11.54	0.13	78.80	0.91	208.07	2.40	634.57	7.32	1,758.97	20.30	5,974.94	68.94
161810	银华内需	1,640.26	20.55	1.25	212.67	12.97	294.92	17.98	846.73	51.62	117.13	7.14	148.25	9.04
161811	银华300	226.42	5.62	2.48	28.13	12.42	33.29	14.70	84.59	37.36	26.92	11.89	47.88	21.14
161813	银华信用	5,708.35	3.43	0.06	54.39	0.95	106.92	1.87	811.68	14.22	714.88	12.52	4,017.05	70.37
161815	银华通胀	168.77	3.89	2.31	44.45	26.34	33.84	20.05	50.37	29.84	16.11	9.55	20.11	11.92
161903	万家公用	353.00	8.46	2.40	44.53	12.62	42.08	11.92	144.32	40.88	36.52	10.34	77.09	21.84
162006	长城久富	582.02	9.06	1.56	82.06	14.10	109.92	18.89	329.37	56.59	51.61	8.87	0.00	0.00
162207	泰达效率	1,455.95	23.54	1.62	212.76	14.61	280.99	19.30	553.65	38.03	156.48	10.75	228.52	15.70
162307	海富100	119.15	2.05	1.72	10.37	8.70	21.87	18.35	71.64	60.13	0.00	0.00	13.22	11.10
162605	景顺鼎益	301.48	5.09	1.69	35.28	11.70	65.53	21.73	185.14	61.41	10.45	3.47	0.00	0.00
162607	景顺资源	567.89	15.44	2.72	95.23	16.77	153.25	26.99	213.73	37.64	78.10	13.75	12.15	2.14
162703	广发小盘	3,224.76	34.34	1.06	416.71	12.92	454.98	14.11	1,607.87	49.86	411.27	12.75	299.58	9.29
162711	广发500	5,411.37	29.32	0.54	365.38	6.75	605.25	11.18	2,634.55	48.69	757.02	13.99	1,019.86	18.85
163001	长信100	104.78	2.37	2.26	12.02	11.47	12.39	11.82	58.78	56.10	19.23	18.35	0.00	0.00
163302	大摩资源	2,839.54	30.44	1.07	433.84	15.28	479.12	16.87	1,583.55	55.77	202.31	7.12	110.29	3.88
163402	兴业趋势	6,301.91	34.89	0.55	454.29	7.21	682.11	10.82	2,991.51	47.47	947.06	15.03	1,192.04	18.92
163503	天治核心	1,189.01	58.33	4.91	255.63	21.50	273.86	23.03	408.25	34.33	114.48	9.63	78.47	6.60
163801	中银中国	766.50	10.82	1.41	103.55	13.51	152.79	19.93	375.81	49.03	80.45	10.50	43.08	5.62
164105	华富强债	41,869.06	5.94	0.01	79.49	0.19	719.64	1.72	680.26	1.62	2,061.70	4.92	38,322.04	91.53
164205	天弘深成	59.09	4.51	7.64	19.63	33.22	15.06	25.49	13.97	23.65	5.91	10.00	0.00	0.00
165309	建信300	103.03	4.85	4.71	25.19	24.45	28.47	27.64	37.15	36.06	7.36	7.14	0.00	0.00
165508	信诚深度	205.62	2.78	1.35	13.06	6.35	14.85	7.22	108.07	52.56	17.90	8.71	48.95	23.81
165509	信诚增强	3,343.33	5.69	0.17	95.69	2.86	243.45	7.28	766.13	22.92	929.81	27.81	1,302.56	38.96
166001	中欧趋势	263.70	6.14	2.33	28.50	10.81	43.38	16.45	151.18	57.33	34.51	13.09	0.00	0.00
166006	中欧小盘	199.14	4.37	2.19	32.47	16.31	30.86	15.50	99.34	49.88	32.10	16.12	0.00	0.00
166007	中欧300	119.49	1.51	1.26	13.75	11.51	15.76	13.19	62.53	52.33	10.22	8.55	15.73	13.17
184688	基金开元	28,122.53	143.77	0.51	3,117.01	11.08	3,208.11	11.41	10,064.08	35.79	5,076.67	18.05	6,512.89	23.16
184689	基金普惠	34,941.09	63.82	0.18	1,406.88	4.03	2,235.08	6.40	10,404.58	29.78	5,855.92	16.76	14,974.81	42.86
184690	基金同益	24,944.66	36.82	0.15	1,060.03	4.25	1,200.42	4.81	7,302.59	29.28	4,245.66	17.02	11,099.14	44.50
184691	基金景宏	41,069.42	71.09	0.17	1,577.50	3.84	2,323.79	5.66	11,416.08	27.80	7,014.65	17.08	18,666.32	45.45

代码	证券名称	成交金额	按每笔成交金额(元)分类的成交金额和比例											
			<1,000	%	1,000-5,000	%	5,000-10,000	%	10,000-50,000	%	50,000-100,000	%	>=100,000	%
184692	基金裕隆	34,222.62	78.60	0.23	1,592.23	4.65	2,605.37	7.61	13,096.72	38.27	7,012.17	20.49	9,837.53	28.75
184693	基金普丰	47,907.66	100.62	0.21	2,255.27	4.71	3,970.30	8.29	18,503.40	38.62	8,292.18	17.31	14,785.89	30.86
184698	基金天元	21,588.66	107.01	0.50	1,241.52	5.75	2,319.49	10.74	8,639.59	40.02	4,024.43	18.64	5,256.61	24.35
184699	基金同盛	70,238.48	114.24	0.16	3,515.20	5.00	6,398.68	9.11	21,277.42	30.29	12,231.46	17.41	26,701.48	38.02
184701	基金景福	100,819.09	133.95	0.13	4,959.77	4.92	7,794.01	7.73	30,241.49	30.00	17,525.51	17.38	40,164.36	39.84
184705	基金裕泽	9,564.59	28.41	0.30	554.77	5.80	760.88	7.96	3,642.15	38.08	1,584.49	16.57	2,993.89	31.30
184721	基金丰和	78,453.01	398.06	0.51	5,524.48	7.04	9,930.90	12.66	27,630.45	35.22	13,585.30	17.32	21,383.81	27.26
184722	基金久嘉	62,380.84	184.30	0.30	3,164.42	5.07	5,678.28	9.10	21,251.39	34.07	11,807.40	18.93	20,295.06	32.53
184728	基金鸿阳	33,585.85	295.80	0.88	2,403.73	7.16	4,007.01	11.93	14,557.85	43.35	5,873.88	17.49	6,447.58	19.20
200002	万科B	44,686.98	136.13	0.30	2,018.87	4.52	3,744.00	8.38	14,549.55	32.56	10,212.58	22.85	14,025.85	31.39
200011	深物业B	4,179.33	32.29	0.77	637.21	15.25	735.81	17.61	2,173.50	52.01	384.06	9.19	216.46	5.18
200012	南玻B	140,258.05	384.92	0.27	7,298.08	5.20	15,131.32	10.79	54,972.13	39.19	30,237.26	21.56	32,234.33	22.98
200016	深康佳B	7,862.57	45.06	0.57	693.83	8.82	1,135.58	14.44	3,802.03	48.36	1,450.25	18.44	735.83	9.36
200017	*ST中华B	4,388.92	39.18	0.89	536.45	12.22	637.84	14.53	2,452.52	55.88	473.48	10.79	249.45	5.68
200018	ST中冠B	897.44	13.72	1.53	128.65	14.34	147.88	16.48	421.18	46.93	125.52	13.99	60.50	6.74
200019	深深宝B	4,472.93	17.88	0.40	422.02	9.44	676.22	15.12	2,238.26	50.04	739.18	16.53	379.36	8.48
200020	深华发B	4,144.22	31.70	0.76	587.99	14.19	679.66	16.40	2,317.66	55.93	466.87	11.27	60.35	1.46
200022	深赤湾B	6,321.57	3.31	0.05	426.18	6.74	747.28	11.82	3,100.74	49.05	1,072.28	16.96	971.78	15.37
200024	招商局B	20,797.84	5.33	0.03	887.03	4.27	1,937.27	9.31	8,965.96	43.11	3,887.29	18.69	5,114.95	24.59
200025	特力B	1,314.54	18.93	1.44	245.61	18.68	254.90	19.39	685.36	52.14	79.27	6.03	30.47	2.32
200026	飞亚达B	8,501.72	25.45	0.30	506.18	5.95	942.44	11.09	4,039.19	47.51	1,474.26	17.34	1,514.20	17.81
200028	一致B	5,887.03	7.37	0.13	469.72	7.98	591.29	10.04	3,119.13	52.98	734.40	12.47	965.10	16.39
200029	深深房B	3,602.36	45.56	1.26	680.31	18.89	684.10	18.99	1,592.44	44.21	447.34	12.42	152.61	4.24
200037	深南电B	1,871.48	21.76	1.16	300.65	16.06	360.97	19.29	879.03	46.97	185.73	9.92	123.33	6.59
200039	中集B	74,753.87	36.51	0.05	3,589.07	4.80	6,404.21	8.57	29,293.75	39.19	15,215.22	20.35	20,215.10	27.04
200045	深纺织B	8,340.28	37.06	0.44	765.85	9.18	1,279.13	15.34	4,199.20	50.35	1,439.38	17.26	619.66	7.43
200053	深基地B	7,497.58	22.51	0.30	532.83	7.11	1,017.54	13.57	3,613.40	48.19	1,126.52	15.03	1,184.78	15.80
200054	建摩B	3,288.21	27.21	0.83	479.45	14.58	610.10	18.55	1,757.00	53.43	268.53	8.17	145.92	4.44
200055	方大B	12,893.71	59.28	0.46	1,295.52	10.05	1,742.14	13.51	6,522.50	50.59	1,908.12	14.80	1,366.15	10.60
200056	深国商B	6,277.42	26.32	0.42	520.65	8.29	723.73	11.53	2,969.97	47.31	1,015.23	16.17	1,021.51	16.27
200058	深赛格B	5,611.57	35.95	0.64	605.97	10.80	876.64	15.62	2,756.30	49.12	917.36	16.35	419.36	7.47
200152	山航B	42,154.37	9.96	0.02	2,125.21	5.04	4,359.30	10.34	19,009.81	45.10	8,627.33	20.47	8,022.76	19.03
200160	ST大路B	7,559.35	66.31	0.88	701.69	9.28	984.68	13.03	2,998.30	39.66	1,103.54	14.60	1,704.82	22.55
200168	ST雷伊B	3,348.70	24.93	0.74	406.30	12.13	451.90	13.49	1,729.51	51.65	377.63	11.28	358.42	10.70
200413	宝石B	12,020.64	40.71	0.34	793.11	6.60	1,339.07	11.14	5,424.60	45.13	2,333.60	19.41	2,089.55	17.38
200418	小天鹅B	8,995.66	4.72	0.05	451.28	5.02	853.07	9.48	3,514.87	39.07	1,517.13	16.87	2,654.60	29.51
200429	粤高速B	6,578.59	41.65	0.63	599.24	9.11	1,039.33	15.80	2,877.03	43.73	1,140.31	17.33	881.03	13.39
200468	宁通信B	5,765.70	46.55	0.81	943.25	16.36	1,035.47	17.96	2,842.28	49.30	562.53	9.76	335.60	5.82
200488	晨鸣B	16,260.52	32.86	0.20	982.89	6.04	1,965.71	12.09	7,439.60	45.75	3,060.91	18.82	2,778.55	17.09
200505	ST珠江B	2,896.60	37.58	1.30	437.67	15.11	659.51	22.77	1,412.85	48.78	228.58	7.89	120.41	4.16
200512	闽灿坤B	41,493.21	326.78	0.79	4,319.79	10.41	5,055.69	12.18	19,037.27	45.88	6,780.96	16.34	5,972.71	14.39
200513	丽珠B	12,103.73	2.63	0.02	938.24	7.75	1,109.45	9.17	5,147.22	42.53	2,429.46	20.07	2,476.73	20.46
200521	皖美菱B	27,317.74	88.36	0.32	1,955.22	7.16	3,428.59	12.55	12,308.72	45.06	4,706.42	17.23	4,830.42	17.68
200530	大冷B	7,274.95	27.41	0.38	650.37	8.94	1,128.09	15.51	3,632.33	49.93	1,055.65	14.51	781.10	10.74
200539	粤电力B	11,776.33	47.77	0.41	1,179.86	10.02	1,565.63	13.29	5,731.73	48.67	1,665.93	14.15	1,585.40	13.46
200541	粤照明B	21,301.01	106.07	0.50	2,143.50	10.06	3,604.53	16.92	9,660.78	45.35	3,245.38	15.24	2,540.76	11.93
200550	江铃B	8,695.35	3.78	0.04	498.25	5.73	1,015.36	11.68	4,005.17	46.06	1,707.24	19.63	1,465.54	16.85
200553	沙隆达B	5,404.76	52.30	0.97	699.84	12.95	976.29	18.06	2,817.96	52.14	654.82	12.12	203.55	3.77
200570	苏常柴B	11,280.75	69.62	0.62	1,439.94	12.76	1,832.93	16.25	5,471.20	48.50	1,563.28	13.86	903.78	8.01
200581	苏威孚B	44,654.82	7.25	0.02	1,879.96	4.21	2,486.94	5.57	16,958.67	37.98	8,100.90	18.14	15,221.10	34.09
200596	古井贡B	12,925.45	4.39	0.03	732.50	5.67	791.40	6.12	4,996.80	38.66	2,411.41	18.66	3,988.95	30.86
200613	ST东海B	3,891.00	42.45	1.09	694.24	17.84	812.47	20.88	1,784.48	45.86	351.59	9.04	205.76	5.29
200625	长安B	49,513.06	86.18	0.17	2,607.55	5.27	4,926.62	9.95	20,206.55	40.81	10,558.87	21.33	11,127.30	22.47
200706	瓦轴B	8,311.90	44.33	0.53	728.46	8.76	1,250.70	15.05	4,075.61	49.03	1,304.17	15.69	908.62	10.93
200725	京东方B	26,660.08	162.35	0.61	1,892.87	7.10	3,222.19	12.09	11,107.31	41.66	5,081.13	19.06	5,194.24	19.48
200726	鲁泰B	14,979.75	46.42	0.31	1,032.77	6.89	1,947.03	13.00	7,500.74	50.07	2,422.48	16.17	2,030.31	13.55
200761	本钢板B	10,100.02	35.06	0.35	938.31	9.29	1,323.82	13.11	5,285.61	52.33	1,638.17	16.22	879.05	8.70
200771	杭汽轮B	22,292.17	14.46	0.06	982.39	4.41	2,263.68	10.15	10,880.36	48.81	4,595.87	20.62	3,555.41	15.95
200869	张裕B	39,637.28	5.70	0.01	118.03	0.30	2,216.00	5.59	9,346.56	23.58	8,570.76	21.62	19,380.23	48.89
200986	粤华包B	9,155.24	49.46	0.54	1,093.96	11.95	1,226.09	13.39	4,699.00	51.33	1,258.99	13.75	827.73	9.04
200992	中鲁B	9,646.21	79.77	0.83	1,508.81	15.64	1,436.57	14.89	4,936.94	51.18	1,110.84	11.52	573.29	5.94

代码	证券名称	成交金额	按每笔成交金额(元)分类的成交金额和比例											
			<1,000	%	1,000－5,000	%	5,000－10,000	%	10,000－50,000	%	50,000－100,000	%	>=100,000	%
300001	特锐德	217,031.21	30.82	0.01	10,943.00	5.04	13,461.33	6.20	85,819.25	39.54	37,889.97	17.46	68,886.85	31.74
300002	神州泰岳	288,304.66	26.77	0.01	727.96	0.25	18,781.42	6.51	75,079.80	26.04	46,107.19	15.99	147,581.52	51.19
300003	乐普医疗	175,703.03	42.63	0.02	5,662.58	3.22	15,145.05	8.62	66,278.84	37.72	34,367.12	19.56	54,206.81	30.85
300004	南风股份	112,188.46	11.30	0.01	409.30	0.36	6,461.52	5.76	37,634.02	33.55	22,682.80	20.22	44,989.53	40.10
300005	探路者	66,191.69	8.61	0.01	2,334.82	3.53	3,214.69	4.86	21,893.68	33.08	10,064.28	15.20	28,675.62	43.32
300006	莱美药业	64,147.92	10.59	0.02	1,986.00	3.10	3,299.04	5.14	18,977.83	29.58	9,899.30	15.43	29,975.16	46.73
300007	汉威电子	64,838.75	20.67	0.03	5,130.61	7.91	6,035.88	9.31	30,979.98	47.78	9,943.78	15.34	12,727.83	19.63
300008	上海佳豪	96,258.27	11.51	0.01	3,533.65	3.67	6,161.01	6.40	40,970.79	42.56	18,214.04	18.92	27,367.26	28.43
300009	安科生物	112,878.82	26.98	0.02	8,193.83	7.26	10,002.60	8.86	53,690.30	47.56	17,592.23	15.59	23,372.88	20.71
300010	立思辰	116,305.69	19.54	0.02	4,551.56	3.91	7,557.67	6.50	38,677.75	33.26	17,670.82	15.19	47,828.35	41.12
300011	鼎汉技术	199,345.34	29.36	0.01	8,634.39	4.33	11,358.05	5.70	79,375.93	39.82	37,235.60	18.68	62,712.00	31.46
300012	华测检测	67,142.72	8.08	0.01	2,018.16	3.01	2,846.29	4.24	22,687.41	33.79	11,340.26	16.89	28,242.51	42.06
300013	新宁物流	46,783.74	29.26	0.06	4,073.39	8.71	6,677.12	14.27	21,689.44	46.36	6,658.04	14.23	7,656.49	16.37
300014	亿纬锂能	104,170.01	25.69	0.02	5,211.00	5.00	12,640.85	12.13	49,247.30	47.28	18,935.00	18.18	18,110.17	17.39
300015	爱尔眼科	209,646.16	23.71	0.01	8,153.38	3.89	10,180.73	4.86	70,602.77	33.68	35,338.22	16.86	85,347.34	40.71
300016	北陆药业	41,902.59	12.67	0.03	3,207.49	7.65	4,433.89	10.58	21,131.22	50.43	6,322.04	15.09	6,795.28	16.22
300017	网宿科技	142,344.56	60.36	0.04	9,188.32	6.45	19,466.31	13.68	60,422.40	42.45	26,328.49	18.50	26,878.69	18.88
300018	中元华电	82,082.28	16.43	0.02	5,734.30	6.99	7,366.07	8.97	40,707.73	49.59	13,269.05	16.17	14,988.69	18.26
300019	硅宝科技	51,642.01	11.66	0.02	4,544.05	8.80	4,795.85	9.29	25,167.85	48.74	7,162.84	13.87	9,959.76	19.29
300020	银江股份	153,101.60	24.84	0.02	4,090.56	2.67	11,633.68	7.60	58,427.35	38.16	30,107.24	19.66	48,817.94	31.89
300021	大禹节水	254,721.60	57.65	0.02	18,070.60	7.09	19,879.20	7.80	108,742.71	42.69	40,705.46	15.98	67,265.99	26.41
300022	吉峰农机	203,383.01	29.29	0.01	6,614.53	3.25	12,933.28	6.36	71,531.58	35.17	36,766.38	18.08	75,507.95	37.13
300023	宝德股份	38,397.95	27.08	0.07	3,053.09	7.95	6,169.38	16.07	18,896.35	49.21	5,764.82	15.01	4,487.22	11.69
300024	机器人	322,413.84	24.84	0.01	4,673.60	1.45	13,416.74	4.16	87,327.80	27.09	59,050.50	18.32	157,920.37	48.98
300025	华星创业	129,202.17	18.21	0.01	2,998.81	2.32	6,129.54	4.74	39,935.46	30.91	22,060.86	17.07	58,059.29	44.94
300026	红日药业	90,146.47	148.47	0.16	3,904.90	4.33	5,533.03	6.14	30,426.56	33.75	14,673.00	16.28	35,460.52	39.34
300027	华谊兄弟	427,614.55	41.30	0.01	10,701.08	2.50	24,481.88	5.73	123,354.88	28.85	72,810.82	17.03	196,224.60	45.89
300028	金亚科技	107,177.51	46.71	0.04	6,797.35	6.34	12,420.76	11.59	42,960.74	40.08	17,669.64	16.49	27,282.32	25.46
300029	天龙光电	235,405.49	24.22	0.01	4,751.94	2.02	10,416.04	4.42	59,673.28	25.35	34,803.05	14.78	125,736.97	53.41
300030	阳普医疗	33,906.59	5.68	0.02	1,064.33	3.14	2,619.60	7.73	12,574.28	37.09	6,890.61	20.32	10,752.07	31.71
300031	宝通带业	31,650.72	7.17	0.02	2,225.76	7.03	2,569.36	8.12	14,813.07	46.80	5,212.89	16.47	6,822.46	21.56
300032	金龙机电	66,713.53	12.39	0.02	3,708.87	5.56	4,249.75	6.37	28,937.13	43.38	11,772.53	17.65	18,032.87	27.03
300033	同花顺	86,648.78	9.15	0.01	3,642.39	4.20	4,362.92	5.04	31,921.82	36.84	15,902.29	18.35	30,810.21	35.56
300034	钢研高纳	87,080.41	15.19	0.02	3,428.45	3.94	7,247.53	8.32	37,946.61	43.58	16,432.92	18.87	22,009.70	25.28
300035	中科电气	33,473.08	8.00	0.02	2,851.68	8.52	3,361.85	10.04	17,529.61	52.37	5,166.61	15.44	4,555.34	13.61
300036	超图软件	39,125.44	9.93	0.03	1,718.45	4.39	2,761.40	7.06	15,859.46	40.53	6,556.95	16.76	12,219.25	31.23
300037	新宙邦	65,946.21	8.82	0.01	3,686.03	5.59	4,858.27	7.37	30,394.21	46.09	11,774.27	17.85	15,224.61	23.09
300038	梅泰诺	24,644.31	8.35	0.03	1,977.36	8.02	2,490.27	10.10	13,240.94	53.73	3,991.98	16.20	2,935.42	11.91
300039	上海凯宝	89,254.61	5.44	0.01	482.42	0.54	2,371.92	2.66	16,747.08	18.76	13,595.07	15.23	56,052.68	62.80
300040	九洲电气	61,433.66	14.51	0.02	4,582.70	7.46	5,759.70	9.38	31,096.15	50.62	10,307.01	16.78	9,673.59	15.75
300041	回天胶业	91,087.61	10.33	0.01	244.49	0.27	6,823.80	7.49	32,810.29	36.02	20,449.17	22.45	30,749.53	33.76
300042	朗科科技	34,505.51	9.18	0.03	1,927.22	5.59	4,969.55	14.40	16,488.12	47.78	6,338.31	18.37	4,773.13	13.83
300043	星辉车模	23,839.79	8.39	0.04	1,303.34	5.47	1,861.74	7.81	9,774.74	41.00	3,516.68	14.75	7,374.90	30.94
300044	赛为智能	70,356.24	21.58	0.03	2,178.91	3.10	5,534.47	7.87	27,121.33	38.55	13,195.81	18.76	22,304.13	31.70
300045	华力创通	47,611.20	7.32	0.02	2,449.46	5.14	3,423.88	7.19	21,742.55	45.67	8,303.26	17.44	11,684.73	24.54
300046	台基股份	112,841.12	12.73	0.01	1,064.77	0.94	6,177.60	5.47	37,123.92	32.90	24,413.93	21.64	44,048.17	39.04
300047	天源迪科	38,652.44	6.55	0.02	1,251.47	3.24	3,732.04	9.66	15,550.24	40.23	7,526.95	19.47	10,585.19	27.39
300048	合康变频	128,717.61	14.30	0.01	422.33	0.33	6,280.42	4.88	32,678.34	25.39	20,497.67	15.92	68,824.54	53.47
300049	福瑞股份	56,284.42	15.00	0.03	1,854.94	3.30	5,236.86	9.30	25,560.90	45.41	10,637.94	18.90	12,978.78	23.06
300050	世纪鼎利	141,091.94	20.42	0.01	525.50	0.37	12,988.91	9.21	49,831.00	35.32	30,868.54	21.88	46,857.58	33.21
300051	三五互联	90,264.49	22.29	0.02	4,218.15	4.67	9,841.61	10.90	40,572.98	44.95	17,225.24	19.08	18,384.21	20.37
300052	中青宝	88,725.62	25.03	0.03	5,859.91	6.60	6,911.19	7.79	41,445.13	46.71	13,855.01	15.62	20,629.36	23.25
300053	欧比特	54,190.66	9.08	0.02	2,061.27	3.80	6,028.90	11.13	26,034.82	48.04	9,180.17	16.94	10,876.42	20.07
300054	鼎龙股份	70,482.21	9.19	0.01	214.15	0.30	5,170.99	7.34	21,810.47	30.94	14,689.73	20.84	28,587.67	40.56
300055	万邦达	71,692.26	2.34	0.00	79.52	0.11	272.01	0.38	16,554.61	23.09	11,383.53	15.88	43,400.26	60.54
300056	三维丝	25,345.57	4.97	0.02	1,550.24	6.12	1,943.62	7.67	11,315.10	44.64	4,356.67	17.19	6,174.98	24.36
300057	万顺股份	102,728.26	8.05	0.01	1,353.92	1.32	4,184.37	4.07	26,498.01	25.79	21,343.19	20.78	49,340.72	48.03
300058	蓝色光标	59,115.68	7.16	0.01	2,114.99	3.58	3,026.71	5.12	20,848.22	35.27	10,445.87	17.67	22,672.73	38.35
300059	东方财富	123,970.08	19.28	0.02	559.17	0.45	8,402.05	6.78	45,425.96	36.64	24,172.36	19.50	45,391.26	36.61
300061	康耐特	17,947.59	4.02	0.02	1,316.29	7.33	1,635.55	9.11	8,962.20	49.94	2,268.98	12.64	3,760.56	20.95
300062	中能电气	26,861.51	3.66	0.01	1,129.11	4.20	1,483.02	5.52	12,570.93	46.80	4,896.51	18.23	6,778.28	25.23

代码	证券名称	成交金额	按每笔成交金额(元)分类的成交金额和比例											
			<1,000	%	1,000-5,000	%	5,000-10,000	%	10,000-50,000	%	50,000-100,000	%	>=100,000	%
300063	天龙集团	25,167.53	5.82	0.02	1,062.95	4.22	3,048.06	12.11	12,550.63	49.87	4,715.89	18.74	3,784.19	15.04
300064	豫金刚石	136,794.05	13.31	0.01	5,054.45	3.69	6,705.55	4.90	49,721.23	36.35	24,984.41	18.26	50,315.11	36.78
300065	海兰信	75,518.54	15.86	0.02	1,806.57	2.39	7,091.89	9.39	32,451.92	42.97	13,619.68	18.03	20,532.62	27.19
300066	三川股份	66,424.52	10.06	0.02	291.52	0.44	6,888.08	10.37	31,955.67	48.11	13,381.61	20.15	13,897.59	20.92
300067	安诺其	43,210.42	14.23	0.03	2,945.90	6.82	4,174.26	9.66	22,294.74	51.60	7,282.97	16.85	6,498.31	15.04
300068	南都电源	134,699.62	14.53	0.01	4,324.51	3.21	9,528.37	7.07	55,374.06	41.11	25,143.03	18.67	40,315.11	29.93
300069	金利华电	64,803.11	9.04	0.01	1,942.84	3.00	5,802.41	8.95	26,133.32	40.33	13,009.50	20.08	17,905.99	27.63
300070	碧水源	173,790.42	5.75	0.00	177.09	0.10	805.33	0.46	47,784.18	27.50	27,673.85	15.92	97,344.23	56.01
300071	华谊嘉信	37,830.92	9.87	0.03	1,918.52	5.07	3,208.36	8.48	18,105.04	47.86	6,514.23	17.22	8,074.89	21.34
300072	三聚环保	90,698.72	12.72	0.01	4,508.84	4.97	6,390.05	7.05	37,081.05	40.88	15,232.71	16.79	27,473.35	30.29
300073	当升科技	51,034.35	11.66	0.02	3,479.50	6.82	4,428.86	8.68	23,248.33	45.55	8,107.14	15.89	11,758.87	23.04
300074	华平股份	48,609.96	118.30	0.24	288.02	0.59	5,120.98	10.53	15,839.73	32.59	8,548.94	17.59	18,694.00	38.46
300075	数字政通	42,341.33	4.62	0.01	107.94	0.25	3,176.87	7.50	15,876.71	37.50	8,681.77	20.50	14,493.42	34.23
300076	宁波GQY	69,473.18	20.95	0.03	4,087.52	5.88	9,416.19	13.55	33,193.54	47.78	12,202.03	17.56	10,552.95	15.19
300077	国民技术	281,379.60	19.27	0.01	524.09	0.19	2,116.82	0.75	110,751.13	39.36	55,134 63	19.59	112,833.67	40.10
300078	中瑞思创	97,372.71	14.97	0.02	320.04	0.33	8,937.09	9.18	33,558.60	34.46	20,706 32	21.27	33,835.68	34.75
300079	数码视讯	275,840.12	53.97	0.02	1,234.71	0.45	31,089.85	11.27	106,877.21	38.75	57,439.40	20.82	79,144.99	28.69
300080	新大新材	151,745.35	11.67	0.01	283.34	0.19	8,410.59	5.54	48,068.37	31.68	30,695.92	20.23	64,275.45	42.36
300081	恒信移动	55,570.71	9.96	0.02	2,477.09	4.46	5,754.87	10.36	25,817.32	46.46	10,082.60	18.14	11,428.86	20.57
300082	奥克股份	325,687.21	27.53	0.01	1,192.22	0.37	16,570.62	5.09	106,257.00	32.63	63,278.39	19.43	138,361.45	42.48
300083	劲胜股份	79,839.57	9.75	0.01	3,787.41	4.74	4,812.83	6.03	30,177.55	37.80	11,683.71	14.63	29,368.32	36.78
300084	海默科技	43,059.58	6.67	0.02	1,255.48	2.92	2,144.91	4.98	17,265.07	40.10	8,066.80	18.73	14,320.64	33.26
300085	银之杰	26,006.04	122.20	0.47	1,336.24	5.14	3,293.11	12.66	12,589.51	48.41	4,385.10	16.86	4,279.87	16.46
300086	康芝药业	78,471.98	8.44	0.01	211.20	0.27	6,122.80	7.80	22,027.53	28.07	17,481.66	22.28	32,620.34	41.57
300087	荃银高科	52,034.40	4.62	0.01	193.65	0.37	5,656.52	10.87	17,464.07	33.56	11,209.83	21.54	17,505.71	33.64
300088	长信科技	275,367.26	24.55	0.01	2,363.16	0.86	18,647.60	6.77	97,996.06	35.59	55,373.93	20.11	100,961.96	36.66
300089	长城集团	80,048.69	10.42	0.01	2,926.06	3.66	6,932.95	8.66	35,197.84	43.97	15,006.21	18.75	19,975.21	24.95
300090	盛运股份	78,046.82	90.11	0.12	3,177.72	4.07	5,791.56	7.42	28,461.73	36.47	15,273.11	19.57	25,252.58	32.36
300091	金通灵	39,891.17	6.26	0.02	2,029.86	5.09	2,994.78	7.51	16,139.00	40.46	6,042.61	15.15	12,678.67	31.78
300092	科新机电	41,566.55	6.21	0.01	1,106.53	2.66	2,912.76	7.01	15,282.28	36.77	8,786.54	21.14	13,472.23	32.41
300093	金刚玻璃	181,189.02	32.63	0.02	7,643.56	4.22	16,331.56	9.01	73,896.80	40.78	34,717.01	19.16	48,567.47	26.80
300094	国联水产	64,768.44	125.90	0.19	5,411.23	8.35	8,046.58	12.42	29,482.54	45.52	10,557.42	16.30	11,144.77	17.21
300095	华伍股份	45,366.88	9.28	0.02	2,144.86	4.73	6,100.14	13.45	22,365.94	49.30	8,027.29	17.69	6,719.37	14.81
300096	易联众	32,469.07	2.91	0.01	968.22	2.98	1,368.55	4.21	12,246.15	37.72	5,835.14	17.97	12,048.10	37.11
300097	智云股份	54,232.31	13.44	0.02	2,048.66	3.78	5,513.16	10.17	23,116.64	42.63	10,348.62	19.08	13,191.79	24.32
300098	高新兴	50,595.57	6.78	0.01	1,735.09	3.43	2,670.31	5.28	20,549.14	40.61	9,172.58	18.13	16,461.66	32.54
300099	尤洛卡	60,928.94	4.62	0.01	158.15	0.26	587.51	0.96	25,512.55	41.87	11,915.57	19.56	22,750.54	37.34
300100	双林股份	99,364.80	14.41	0.01	4,983.31	5.02	6,726.69	6.77	45,159.12	45.45	18,995.90	19.12	23,485.38	23.64
300101	国腾电子	60,949.27	5.41	0.01	157.67	0.26	1,695.14	2.78	21,261.61	34.88	10,611.65	17.41	27,217.78	44.66
300102	乾照光电	145,798.12	22.03	0.02	426.67	0.29	12,062.96	8.27	37,668.56	25.84	27,939.72	19.16	67,678.18	46.42
300103	达刚路机	62,603.87	8.49	0.01	3,177.76	5.08	4,166.51	6.66	25,836.08	41.27	11,119.03	17.76	18,296.01	29.23
300104	乐视网	348,991.20	34.09	0.01	1,887.91	0.54	22,361.61	6.41	100,651.87	28.84	68,858.05	19.73	155,197.66	44.47
300105	龙源技术	176,925.05	7.88	0.00	200.12	0.11	1,839.06	1.04	38,296.45	21.65	27,420.02	15.50	109,161.52	61.70
300106	西部牧业	78,355.37	13.90	0.02	6,026.11	7.69	6,728.34	8.59	35,893.50	45.81	11,047.83	14.10	18,645.68	23.80
300107	建新股份	44,796.16	4.39	0.01	90.36	0.20	2,369.48	5.29	12,966.72	28.95	8,502.28	18.98	20,862.94	46.57
300108	双龙股份	63,072.46	10.39	0.02	2,656.13	4.21	4,143.69	6.57	25,957.36	41.15	11,886.62	18.85	18,418.27	29.20
300109	新开源	48,180.26	7.61	0.02	384.27	0.80	6,764.03	14.04	20,796.61	43.16	9,091.45	18.87	11,136.29	23.11
300110	华仁药业	125,981.38	70.60	0.06	8,742.43	6.94	19,820.21	15.73	54,556.63	43.31	22,094.09	17.54	20,697.42	16.43
300111	向日葵	157,414.69	33.67	0.02	10,722.75	6.81	13,632.40	8.66	74,872.04	47.56	26,635.31	16.92	31,518.52	20.02
300112	万讯自控	40,689.04	12.96	0.03	1,736.44	4.27	4,689.31	11.52	19,434.46	47.76	7,592.11	18.66	7,223.75	17.75
300113	顺网科技	26,865.36	3.31	0.01	83.25	0.31	2,205.11	8.21	8,342.93	31.05	5,656.67	21.06	10,574.09	39.36
300114	中航电测	62,316.25	7.90	0.01	2,670.42	4.29	3,947.55	6.33	28,607.71	45.91	11,238.55	18.03	15,844.12	25.43
300115	长盈精密	163,702.12	12.00	0.01	419.21	0.26	10,232.57	6.25	50,493.19	30.84	30,254.01	18.48	72,291.14	44.16
300116	坚瑞消防	83,524.15	14.70	0.02	4,156.51	4.98	6,490.46	7.77	38,014.88	45.51	15,093.12	18.07	19,754.47	23.65
300117	嘉寓股份	101,534.39	22.37	0.02	4,263.28	4.20	11,658.95	11.48	46,688.97	45.98	19,475.71	19.18	19,425.11	19.13
300118	东方日升	376,958.33	35.94	0.01	1,119.70	0.30	26,972.61	7.16	121,690.53	32.28	79,708.03	21.15	147,431.52	39.11
300119	瑞普生物	118,145.43	18.05	0.02	497.70	0.42	11,963.23	10.13	44,529.38	37.69	26,125.56	22.11	35,011.51	29.63
300120	经纬电材	91,547.84	17.58	0.02	3,563.11	3.89	10,038.56	10.97	41,702.45	45.55	17,406.21	19.01	18,819.93	20.56
300121	阳谷华泰	41,906.55	13.20	0.03	2,166.80	5.17	5,120.30	12.22	19,164.27	45.73	7,655.46	18.27	7,786.53	18.58
300122	智飞生物	99,582.30	16.56	0.02	5,090.30	5.11	6,972.35	7.00	47,109.67	47.31	15,868.16	15.93	24,525.26	24.63
300123	太阳鸟	78,209.61	11.80	0.02	4,003.25	5.12	5,030.78	6.43	27,436.89	35.08	12,233.82	15.64	29,493.07	37.71

代码	证券名称	成交金额	按每笔成交金额(元)分类的成交金额和比例											
			<1,000	%	1,000－5,000	%	5,000－10,000	%	10,000－50,000	%	50,000－100,000	%	>=100,000	%
300124	汇川技术	230,381.77	8.20	0.00	238.52	0.10	1,184.98	0.51	56,484.11	24.52	31,130.87	13.51	141,335.09	61.35
300125	易世达	93,466.40	19.13	0.02	542.15	0.58	13,203.20	14.13	36,081.62	38.60	20,732.39	22.18	22,887.91	24.49
300126	锐奇股份	66,065.37	12.96	0.02	2,992.08	4.53	4,595.75	6.96	32,583.27	49.32	12,039.83	18.22	13,841.49	20.95
300127	银河磁体	103,132.78	25.45	0.02	5,416.89	5.25	13,950.50	13.53	50,920.81	49.37	18,460.35	17.90	14,358.78	13.92
300128	锦富新材	68,513.86	7.49	0.01	1,647.63	2.40	3,314.87	4.84	22,445.00	32.76	12,808.37	18.69	28,290.49	41.29
300129	泰胜风能	96,542.12	15.20	0.02	5,235.40	5.42	7,089.59	7.34	43,285.22	44.84	17,851.36	18.49	23,065.35	23.89
300130	新国都	76,476.56	11.72	0.02	4,550.46	5.95	6,088.92	7.96	34,198.70	44.72	13,679.14	17.89	17,947.61	23.47
300131	英唐智控	112,629.82	16.94	0.02	2,035.34	1.81	10,046.82	8.92	46,164.77	40.99	22,600.40	20.07	31,765.55	28.20
300132	青松股份	59,864.58	10.08	0.02	2,190.54	3.66	3,992.38	6.67	25,225.53	42.14	11,359.64	18.98	17,086.40	28.54
300133	华策影视	118,870.74	11.25	0.01	324.09	0.27	1,296.62	1.09	49,472.80	41.62	24,838.48	20.90	42,927.50	36.11
300134	大富科技	189,340.49	23.27	0.01	749.71	0.40	13,439.42	7.10	65,019.24	34.34	41,240.93	21.78	68,867.91	36.37
300135	宝利沥青	80,132.63	12.70	0.02	3,605.39	4.50	5,199.98	6.49	32,722.18	40.84	14,965.97	18.68	23,626.42	29.48
300136	信维通信	75,144.52	8.57	0.01	233.51	0.31	4,805.19	6.39	23,843.76	31.73	15,553.90	20.70	30,699.59	40.85
300137	先河环保	144,054.04	22.70	0.02	5,086.82	3.53	6,701.03	4.65	51,983.60	36.09	24,057.88	16.70	56,202.02	39.01
300138	晨光生物	57,400.26	12.92	0.02	2,939.57	5.12	4,473.39	7.79	28,053.97	48.87	9,050.65	15.77	12,869.78	22.42
300139	福星晓程	102,974.43	16.57	0.02	470.67	0.46	10,148.59	9.86	39,710.24	38.56	21,778.42	21.15	30,849.94	29.96
300140	启源装备	51,417.84	12.22	0.02	4,011.22	7.80	5,024.16	9.77	24,854.03	48.34	8,314.14	16.17	9,202.08	17.90
300141	和顺电气	57,978.72	23.31	0.04	3,556.31	6.13	6,472.02	11.16	28,505.88	49.17	9,937.99	17.14	9,483.21	16.36
300142	沃森生物	257,260.12	13.68	0.01	374.40	0.15	1,738.82	0.68	86,037.21	33.44	48,999.60	19.05	120,096.40	46.68
300143	星河生物	303,976.10	44.30	0.01	4,969.82	1.63	24,481.17	8.05	133,156.77	43.81	48,091.54	15.82	93,232.50	30.67
300144	宋城股份	651,304.25	67.99	0.01	2,413.16	0.37	46,760.83	7.18	289,916.37	44.51	115,846.45	17.79	196,299.44	30.14
300145	南方泵业	162,996.86	32.49	0.02	10,964.46	6.73	13,983.49	8.58	93,559.04	57.40	18,524.09	11.36	25,933.28	15.91
300146	汤臣倍健	423,635.49	22.23	0.01	849.17	0.20	4,328.19	1.02	150,647.79	35.56	136,636.28	32.25	131,151.83	30.96
300147	香雪制药	220,757.48	58.48	0.03	15,289.14	6.93	19,443.38	8.81	122,986.79	55.71	23,640.43	10.71	39,339.26	17.82
300148	天舟文化	147,530.89	43.05	0.03	9,623.46	6.52	19,269.30	13.06	74,101.41	50.23	17,530.90	11.88	26,962.76	18.28
300149	量子高科	101,462.30	34.38	0.03	9,576.26	9.44	11,046.70	10.89	60,507.40	59.64	8,444.25	8.32	11,853.30	11.68
300150	世纪瑞尔	396,399.42	71.27	0.02	7,622.75	1.92	34,053.67	8.59	214,239.71	54.05	46,610.63	11.76	93,801.38	23.66
300151	昌红科技	111,150.94	25.80	0.02	8,784.62	7.90	10,094.84	9.08	65,901.81	59.29	10,073.24	9.06	16,270.63	14.64
300152	燃控科技	178,264.45	24.31	0.01	6,552.25	3.68	13,466.18	7.55	105,342.82	59.09	14,079.47	7.90	38,799.42	21.77
300153	科泰电源	57,234.29	20.57	0.04	5,354.29	9.36	6,404.31	11.19	39,211.86	68.51	3,031.66	5.30	3,211.59	5.61
300154	瑞凌股份	113,572.73	27.47	0.02	7,000.96	6.16	9,078.62	7.99	72,348.33	63.70	7,881.76	6.94	17,235.58	15.18

2010 年度深市 ETF 证券成交统计

成交金额单位:万元

代码	基金名称	当前规模	单位净值	目标指数	2010 年 1 月－12 月				
					最高价	最低价	成交量	成交金额	拟合误差
159901	深 100ETF	23561833170	0.7950	399330	4.570	0.780	68748715797	16800545.61	0.93
159902	中小板	695404738	3.1140	399005	3.481	2.150	15729248995	4416532.34	-0.50
159903	深成 ETF	2992754507	0.0000	399001	1.400	0.897	10732707000	1272798.53	1.25

2010 年度深市会员交易金额

单位:百万元

2010 年 1－12 月	总计	本地会员	异地会员	其他
总交易金额(百万元)	49,485,038.58	11,361,999.23	37,847,392.91	275,646.43
股票	48,264,021.33	11,062,561.95	36,980,015.92	221,443.47
主板 A 股	27,739,938.01	6,520,641.97	21,082,989.62	136,306.42
中小板	17,166,485.23	3,780,074.93	13,319,781.32	66,628.98
创业板	3,143,574.19	690,052.83	2,453,503.52	17.84
主板 B 股	214,023.90	71,792.22	123,741.45	18,490.23
基金	844,946.32	182,965.37	616,958.11	45,022.83
封闭式	333,735.24	78,821.58	224,270.48	30,643.18
开放式	61,413.55	16,478.42	42,618.31	2,316.82
ETFs	449,797.53	87,665.38	350,069.32	12,062.83
企业债券	191,915.36	65,967.58	117,895.00	8,052.79
现券	120,682.89	41,762.28	75,677.95	3,242.65
回购	71,232.48	24,205.30	42,217.04	4,810.13
可转换债券	52,081.27	12,767.09	38,734.94	579.24

2010 年 1－12 月	总计	本地会员	异地会员	其他
国债	14,322.36	4,480.10	9,294.14	548.11
现货	14,322.35	4,480.10	9,294.14	548.11
回购	0.00		0.00	
权证	117,751.94	33,257.14	84,494.80	

2010 年深圳证券交易所会员公司交易排名

排名	会员名称	交易金额(百万)
排名	会员名称	交易金额(百万)
1	中国银河证券股份有限公司	2,508,876.713
2	国信证券股份有限公司	2,364,885.987
3	国泰君安证券股份有限公司	2,315,824.257
4	广发证券股份有限公司	2,153,294.772
5	招商证券股份有限公司	2,085,990.121
6	海通证券股份有限公司	1,978,636.554
7	华泰证券股份有限公司	1,840,817.384
8	申银万国证券股份有限公司	1,659,875.834
9	中信建投证券有限责任公司	1,619,712.123
10	光大证券股份有限公司	1,568,226.237
11	齐鲁证券有限公司	1,317,059.481
12	安信证券股份有限公司	1,291,202.171
13	中国建银投资证券有限责任公司	1,250,328.829
14	中信证券股份有限公司	1,171,212.085
15	华泰联合证券有限责任公司	1,008,959.710
16	中信金通证券有限责任公司	974,475.727
17	方正证券股份有限公司	855,651.342
18	兴业证券股份有限公司	845,740.656
19	长江证券股份有限公司	833,754.403
20	东方证券股份有限公司	718,059.225
21	宏源证券股份有限公司	616,618.916
22	华西证券有限责任公司	615,103.264
23	浙商证券有限责任公司	565,233.748
24	平安证券有限责任公司	563,427.507
25	财通证券有限责任公司	545,552.713
26	中银国际证券有限责任公司	517,922.579
27	东兴证券股份有限公司	498,977.124
28	中国国际金融有限公司	492,054.502
29	湘财证券有限责任公司	490,118.809
30	国元证券股份有限公司	481,381.186
31	东吴证券股份有限公司	447,607.304
32	长城证券有限责任公司	445,563.937
33	信达证券股份有限公司	431,771.998
34	中信万通证券有限责任公司	410,173.369
35	东海证券有限责任公司	409,566.759
36	上海证券有限责任公司	395,830.545
37	广发华福证券有限责任公司	385,096.203
38	南京证券有限责任公司	379,750.988
39	东北证券股份有限公司	366,115.319
40	财达证券有限责任公司	362,102.826
41	渤海证券股份有限公司	361,625.615
42	国海证券有限责任公司	354,839.897
43	西南证券股份有限公司	351,630.495
44	国金证券股份有限公司	347,543.349
45	中国民族证券有限责任公司	338,626.542
46	中原证券股份有限公司	328,085.761
47	东莞证券有限责任公司	325,699.602
48	国联证券股份有限公司	304,456.358
49	西部证券股份有限公司	301,442.184
50	山西证券股份有限公司	279,991.774
51	新时代证券有限责任公司	256,527.824
52	华安证券有限责任公司	248,625.704
53	华林证券有限责任公司	245,206.011
54	民生证券有限责任公司	242,846.522
55	国都证券有限责任公司	235,839.989
56	中航证券有限公司	232,402.527
57	江海证券有限公司	210,787.062
58	财富证券有限责任公司	207,835.381
59	英大证券有限责任公司	206,545.458
60	国盛证券有限责任公司	193,899.623
61	万联证券有限责任公司	191,598.879
62	广州证券有限责任公司	190,407.561
63	大通证券股份有限公司	176,447.351
64	金元证券股份有限公司	176,144.659
65	世纪证券有限责任公司	170,971.141
66	恒泰证券股份有限公司	170,404.365
67	华龙证券有限责任公司	161,792.987
68	华融证券股份有限公司	147,961.561
69	华创证券有限责任公司	143,048.901
70	太平洋证券股份有限公司	142,462.548
71	第一创业证券有限责任公司	136,397.952
72	中山证券有限责任公司	133,669.103
73	西藏同信证券有限责任公司	123,090.763
74	首创证券有限责任公司	121,923.090
75	华鑫证券有限责任公司	120,009.595
76	红塔证券股份有限公司	118,946.776
77	联讯证券有限责任公司	107,091.330
78	德邦证券有限责任公司	103,485.160
79	大同证券经纪有限责任公司	97,480.703
80	爱建证券有限责任公司	97,427.999
81	和兴证券经纪有限责任公司	95,600.749
82	厦门证券有限公司	94,443.861
83	银泰证券有限责任公司	86,609.733
84	华宝证券有限责任公司	83,268.700
85	中天证券有限责任公司	79,558.744
86	北京高华证券有限责任公司	58,450.704
87	天风证券有限责任公司	56,488.375
88	天源证券经纪有限公司	50,652.992
89	瑞银证券有限责任公司	50,510.632
90	国开证券有限责任公司	46,541.212
91	五矿证券有限公司	44,471.699
92	恒泰长财证券有限责任公司	38,125.787
93	日信证券有限责任公司	38,047.372
94	万和证券经纪有限公司	37,834.846
95	众成证券经纪有限公司	36,548.196
96	中邮证券有限责任公司	35,235.674
97	开源证券有限责任公司	26,956.722

排名	会员名称	交易金额(百万)
98	川财证券经纪有限责任公司	26,369.654
99	诚浩证券有限责任公司	24,111.574
100	航天证券有限责任公司	11,755.015
101	海际大和证券有限责任公司	36.591

2010 年深交所营业部交易排名(前 100 名)

排序	营业部名称	交易金额(百万)
1	国信证券股份有限公司深圳泰然九路证券营业部	328,954.556
2	国信证券股份有限公司上海北京东路证券营业部	188,399.308
3	国信证券股份有限公司广州东风中路证券营业部	186,058.226
4	国信证券股份有限公司北京平安大街证券营业部	143,321.787
5	国信证券股份有限公司杭州体育场路证券营业部	117,932.393
6	齐鲁证券有限公司青岛香港中路证券营业部	102,703.020
7	招商证券股份有限公司 深圳益田路免税商务大厦证券营业部	98,278.529
8	国信证券股份有限公司深圳红岭中路证券营业部	94,107.128
9	华泰证券股份有限公司江阴福泰路证券营业部	85,929.959
10	华西证券有限责任公司北京紫竹院路证券营业部	84,765.379
11	国信证券股份有限公司义乌稠州北路证券营业部	84,183.239
12	财通证券有限责任公司绍兴人民中路证券营业部	83,783.199
13	国泰君安证券股份有限公司上海江苏路证券营业部	80,657.282
14	华泰联合证券有限责任公司深圳深南大道证券营业部	78,288.981
15	中信金通证券有限责任公司义乌化工路证券营业部	78,116.534
16	中国国际金融有限公司上海淮海中路证券营业部	74,333.833
17	平安证券有限责任公司北京东花市证券营业部	70,936.178
18	招商证券股份有限公司深圳南山南油大道证券营业部	69,474.496
19	中信金通证券有限责任公司温岭东辉北路证券营业部	69,123.434
20	招商证券股份有限公司广州天河北路证券营业部	68,015.151
21	中国银河证券股份有限公司北京金融街证券营业部	65,950.488
22	申银万国证券股份有限公司温州人民路证券营业部	65,874.719
23	国泰君安证券股份有限公司 石家庄建华南大街证券营业部	65,102.668
24	国信证券股份有限公司南京洪武路证券营业部	64,123.398
25	招商证券股份有限公司深圳建安路证券营业部	63,747.006
26	中国国际金融有限公司北京建国门外大街证券营业部	62,926.281
27	光大证券股份有限公司上海淮海中路证券营业部	62,439.672
28	招商证券股份有限公司杭州文三路证券营业部	61,178.580
29	招商证券股份有限公司深圳常兴路证券营业部	59,763.985
30	华泰证券股份有限公司无锡解放西路证券营业部	59,739.322
31	中信万通证券有限责任公司青岛南京路证券营业部	57,020.257
32	华泰证券股份有限公司上海武定路证券营业部	56,251.237
33	财通证券有限责任公司杭州解放路证券营业部	55,488.375
34	招商证券股份有限公司北京建国路证券营业部	55,067.358
35	方正证券股份有限公司台州解放路证券营业部	54,017.781
36	华西证券有限责任公司深圳民田路证券营业部	53,688.922
37	华西证券有限责任公司成都高升桥路证券营业部	53,227.766
38	光大证券股份有限公司东莞运河东一路证券营业部	53,054.073
39	浙商证券有限责任公司义乌江滨北路证券营业部	53,030.660
40	招商证券股份有限公司上海世纪大道证券营业部	51,693.745
41	国信证券股份有限公司南海大沥证券营业部	50,887.779
42	东莞证券有限责任公司东莞莞太路证券营业部	50,776.342
43	国信证券股份有限公司佛山体育路证券营业部	50,670.712
44	华泰证券股份有限公司常州和平北路证券营业部	50,666.759
45	中信金通证券有限责任公司杭州市心南路证券营业部	50,530.229
46	中信金通证券有限责任公司杭州延安路证券营业部	50,228.863
47	中信证券股份有限公司上海淮海中路证券营业部	49,471.227
48	国联证券股份有限公司宜兴人民南路证券营业部	49,273.078
49	招商证券股份有限公司深圳福民路证券营业部	48,859.112
50	兴业证券股份有限公司福州湖东路证券营业部	48,767.811
51	中信建投证券有限责任公司 北京市东直门南大街证券营业部	48,706.221
52	国泰君安证券股份有限公司郑州花园路证券营业部	48,455.541
53	中国银河证券股份有限公司温州证券营业部	48,418.117
54	国信证券股份有限公司福州五一中路证券营业部	48,407.387
55	上海证券有限责任公司温州谢池商城证券营业部	48,065.577
56	国泰君安证券股份有限公司北京知春路证券营业部	48,035.939
57	华泰证券股份有限公司徐州中山南路证券营业部	47,973.755
58	海通证券股份有限公司杭州解放路证券营业部	47,756.147
59	华泰证券股份有限公司北京西三环北路证券营业部	47,569.801
60	中国银河证券股份有限公司绍兴证券营业部	47,557.080
61	招商证券股份有限公司武汉中北路证券营业部	47,208.203
62	光大证券股份有限公司深圳深南大道证券营业部	46,953.987
63	中信金通证券有限责任公司诸暨永兴路证券营业部	46,225.745
64	广发证券股份有限公司 广州中山三路中华广场证券营业部	45,667.606
65	国信证券股份有限公司珠海翠香路证券营业部	45,593.005
66	招商证券股份有限公司南京中山南路证券营业部	45,470.275
67	国泰君安证券股份有限公司南京太平南路证券营业部	45,258.320
68	国金证券股份有限公司北京金融街证券营业部	45,049.531
69	中国国际金融有限公司深圳福华一路证券营业部	44,528.348
70	英大证券有限责任公司深圳华侨城证券营业部	44,046.732
71	海通证券股份有限公司绍兴劳动路证券营业部	44,044.432
72	中银国际证券有限责任公司深圳中心四路证券营业部	43,874.586
73	浙商证券有限责任公司永康九铃东路证券营业部	43,408.240
74	中信金通证券有限责任公司余姚南雷路证券营业部	43,407.718
75	上海证券有限责任公司瑞安罗阳大道证券营业部	43,094.787
76	中信证券股份有限公司深圳福华一路证券营业部	43,093.817
77	招商证券股份有限公司深圳东门南路证券营业部	42,767.104
78	中信金通证券有限责任公司金华中山路证券营业部	42,590.041
79	国信证券股份有限公司西安友谊东路证券营业部	42,416.562
80	海通证券股份有限公司新余劳动南路证券营业部	42,376.119
81	兴业证券股份有限公司厦门兴隆路证券营业部	42,241.698
82	中国银河证券股份有限公司北京阜成路证券营业部	42,073.698
83	国联证券股份有限公司无锡中山路证券营业部	42,070.964
84	安信证券股份有限公司嘉兴中山东路证券营业部	41,953.326
85	兴业证券股份有限公司泉州丰泽街证券营业部	41,889.028
86	光大证券股份有限公司慈溪浒山证券营业部	41,766.863
87	民生证券有限责任公司郑州西太康路证券营业部	41,236.948
88	中信建投证券有限责任公司北京市安立路证券营业部	41,124.699
89	中信建投证券有限责任公司 北京市海淀南路证券营业部	40,981.413
90	东吴证券股份有限公司苏州狮山路营业部	40,932.273
91	招商证券股份有限公司成都西一环路证券营业部	40,921.744
92	国信证券股份有限公司武汉沿江大道证券营业部	40,552.950
93	中信证券股份有限公司北京安外大街证券营业部	40,487.603
94	国信证券股份有限公司杭州萧然东路证券营业部	40,319.705
95	浙商证券有限责任公司东阳新南路证券营业部	39,712.689
96	招商证券股份有限公司上海肇嘉浜路证券营业部	39,622.193
97	招商证券股份有限公司福州群众东路证券营业部	39,389.622
98	第一创业证券有限责任公司北京平安大街证券营业部	39,288.435
99	华林证券有限责任公司北京北三环东路证券营业部	39,269.628
100	中信建投证券有限责任公司揭阳市站前路证券营业部	39,008.621

2010 年度深市地区交易金额分布

单位:元

省/市	总交易金额(元)	占市场	股票交易金额	基金交易金额	债券交易金额	权证交易金额
上海	6891703916651.58	13.927	6658367935438.58	151450956264.37	70200495866.04	11684529082.59
浙江	5300115061138.99	10.710	5232632450167.29	49699780623.72	5304142646.75	12478687701.23
深圳	4954554101465.67	10.012	4789282003597.28	71316802677.99	69233917796.15	24721377394.25
北京	4450690175721.11	8.994	4263360436539.85	121477748513.69	57501096045.20	8350894622.37
江苏	3680240734242.09	7.437	3611164918611.77	52010827237.66	7996025670.26	9068962722.41
广东	2786603935471.08	5.631	2753690317259.61	26532242059.53	2213791521.10	4167584630.83
广州	2385563317541.30	4.821	2316251742902.71	44807476799.04	12068491864.96	12435605974.59
福建	2297859045975.53	4.644	2229755781668.15	57892024753.64	3956675991.03	6254563562.72
山东	2011967617877.36	4.066	1858470514784.22	145261731843.67	3984336833.62	4251034415.85
四川	1750100173999.40	3.537	1734553095084.14	10176323060.92	3141967324.36	2228788529.98
湖北	1419232041445.77	2.868	1400841761133.93	11741931255.91	4499872019.40	2148477036.52
辽宁	1315706906602.74	2.659	1298425317431.64	13044548654.98	1648778362.29	2588262153.83
湖南	1206789434013.66	2.439	1192415635161.22	9713327425.97	1818989822.80	2841481603.67
河南	1120423716709.93	2.264	1109077051694.43	8052373615.79	1110411049.14	2183880350.58
江西	803304129949.71	1.623	797086603006.92	4121319730.00	663447553.58	1432759659.21
天津	730414369049.52	1.476	720305890892.29	8330051295.83	803082997.11	975343864.30
陕西	694781004708.57	1.404	689330167124.55	4249128506.84	706519634.33	495189442.85
安徽	674538226842.25	1.363	663093423467.33	8472859280.68	1443643813.32	1528300280.91
河北	645415169311.51	1.304	626620491527.47	17375356433.61	462536561.45	956784788.97
黑龙江	619805555362.08	1.253	612758390022.24	5069817939.04	1101670141.23	875677259.56
重庆	610020706186.60	1.233	604045032758.58	3924825001.44	432717605.51	1618130821.08
广西	542804784338.23	1.097	537527394406.20	2712175218.91	1470656234.01	1094558479.11
山西	479220463429.69	0.968	475486531397.39	2827628925.64	343597366.79	562705739.87
吉林	409144413225.90	0.827	405613244441.59	2435017025.03	383061120.51	713090638.77
云南	400572242436.22	0.809	396498852004.07	3153134891.14	215504675.45	704750865.56
新疆	346790608366.40	0.701	342052443066.10	3499854751.76	820186331.50	418124217.04
甘肃	256992074151.26	0.519	251700771362.77	1406942905.94	3703842768.06	180517114.49
海南	210239313955.66	0.425	208130900560.72	1809469502.62	98656740.74	200287151.57
贵州	178206674873.42	0.360	177063538726.64	917173257.83	60244177.48	165718711.47
内蒙古	172603150099.92	0.349	170999909081.69	1020510206.89	261761874.64	320968936.70
宁夏	65714245414.60	0.133	65395691100.23	233286387.01	33129788.16	52138139.20
青海	37756263031.40	0.076	37549563114.30	168749053.01	8850927.59	29099936.50
境外地区	18597231519.58	0.038	18597231519.58			
西藏	16853107665.53	0.034	16161638136.75	40921415.93	626887065.52	23661047.32

2010 年度深市证券成交统计

成交金额单位:万元

代码	证券名称	发行量	流通量	2010 年 1 月 - 12 月				市盈率
				最高价	最低价	成交数量	成交金额	
000001	深发展 A	348,501	310,247	24.580	15.510	731,163	14,261,056	10.97
000002	万科 A	968,025	965,717	10.870	6.650	2,236,840	19,569,815	17.31
000004	ST 国农	8,398	8,382	13.950	7.960	27,984	310,434	415.17
000005	世纪星源	91,433	91,232	6.770	3.600	442,938	2,275,011	
000006	深振业 A	76,077	74,016	12.560	5.000	450,097	3,774,454	16.56
000007	ST 零七	18,497	18,478	9.250	6.250	69,672	541,579	60.64
000008	ST 宝利来	7,365	7,360	14.930	9.090	24,947	301,338	2992.50
000009	中国宝安	109,075	107,211	19.160	7.380	664,290	8,311,634	73.23
000010	SST 华新	14,702	6,760	15.370	11.030	15,920	203,693	133.00
000011	深物业 A	52,837	13,971	12.750	6.460	170,953	1,621,666	42.69
000012	南玻 A	131,414	127,448	25.290	8.550	765,642	13,446,945	50.25
000014	沙河股份	20,171	20,170	15.740	8.960	127,481	1,530,209	23.15
000016	深康佳 A	79,830	59,942	8.670	4.550	531,457	3,232,565	37.78
000017	*ST 中华 A	30,298	11,625	9.200	3.490	76,766	516,158	
000018	ST 中冠 A	9,972	9,958	10.200	6.250	20,441	177,665	110.71
000019	深深宝 A	15,579	14,107	13.640	6.950	90,369	975,916	

代码	证券名称	发行量	流通量	2010 年 1 月 - 12 月				市盈率
				最高价	最低价	成交数量	成交金额	
000020	深华发 A	18,117	6,466	12.750	6.780	117,684	1,232,710	628.00
000021	长城开发	131,928	131,789	16.860	9.860	470,779	6,299,471	61.47
000022	深赤湾 A	46,487	46,479	17.280	11.000	62,994	921,517	22.13
000023	深天地 A	13,876	9,878	11.200	6.380	84,865	784,242	47.95
000024	招商地产	137,796	68,427	26.660	14.260	465,714	9,035,944	16.77
000025	特力 A	19,388	17,929	14.600	7.540	48,371	540,157	322.41
000026	飞亚达 A	22,223	7,955	19.470	11.030	57,570	834,988	70.76
000027	深圳能源	220,250	59,866	13.800	9.310	212,851	2,483,259	11.43
000028	一致药业	23,326	23,326	40.280	24.000	40,246	1,275,104	49.40
000029	深深房 A	89,166	89,166	7.860	4.130	244,603	1,474,752	235.00
000030	*ST 盛润 A	24,882	6,873	10.950	6.630	15,256	136,842	323.93
000031	中粮地产	181,373	181,372	11.500	6.040	341,544	2,811,617	29.81
000032	深桑达 A	23,286	23,282	13.090	7.170	187,407	1,882,884	56.59
000033	新都酒店	32,940	32,940	8.680	5.240	191,488	1,343,571	
000034	ST 深泰	35,797	20,324	10.740	6.820	54,337	476,514	22.38
000035	*ST 科健	15,001	8,539	8.590	5.090	48,331	326,089	
000036	华联控股	112,389	112,388	6.790	3.560	396,398	2,037,048	15.66
000037	深南电 A	33,891	33,889	8.790	4.580	124,052	829,922	42.58
000038	*ST 大通	9,623	2,488	12.330	12.330	0	0	
000039	中集集团	123,192	123,130	24.550	10.840	315,018	5,003,364	64.40
000040	深鸿基	46,959	43,597	8.030	4.510	191,285	1,181,156	36.14
000042	深长城	23,946	23,937	23.880	12.310	73,445	1,309,028	15.76
000043	中航地产	22,232	19,469	15.780	9.200	72,950	902,472	43.60
000045	深纺织 A	28,702	19,562	17.900	9.860	55,248	766,064	143.89
000046	泛海建设	227,866	44,826	14.440	7.660	189,562	1,957,369	50.45
000048	ST 康达尔	39,077	37,985	7.000	3.840	133,067	689,997	45.81
000049	德赛电池	13,683	13,679	36.880	9.130	213,747	5,181,875	
000050	深天马 A	57,424	31,224	18.980	6.180	412,209	4,258,653	
000055	方大集团	28,064	23,262	13.950	7.910	281,794	3,060,560	114.25
000056	深国商	11,921	11,879	13.120	8.190	70,369	777,038	386.33
000058	深赛格	53,834	53,830	7.980	4.720	249,771	1,652,143	
000059	辽通化工	120,051	98,623	13.590	7.180	358,121	4,016,046	71.54
000060	中金岭南	158,688	158,522	31.700	11.890	739,556	14,869,002	87.21
000061	农产品	76,851	64,925	24.800	13.200	318,530	5,409,303	161.56
000062	深圳华强	66,695	16,693	12.300	7.170	106,361	1,040,107	28.49
000063	中兴通讯	234,208	227,516	49.150	18.300	364,451	11,074,637	31.09
000065	北方国际	16,244	16,244	38.400	18.620	52,134	1,322,689	54.93
000066	长城电脑	132,359	57,396	21.980	6.630	472,307	5,147,426	28.81
000068	ST 三星	89,667	60,885	10.860	4.620	223,179	1,761,942	
000069	华侨城 A	310,748	135,355	17.230	10.800	612,055	8,333,057	22.21
000070	特发信息	25,000	23,769	12.470	7.120	116,179	1,196,058	67.45
000078	海王生物	65,251	65,156	17.300	9.600	560,566	7,504,133	542.27
000088	盐田港	124,500	40,616	9.280	5.900	183,990	1,416,140	17.08
000089	深圳机场	169,024	65,314	7.960	5.140	242,205	1,606,059	16.36
000090	深天健	45,664	43,608	14.810	7.480	230,315	2,763,367	94.21
000096	广聚能源	52,800	51,085	9.530	4.800	168,723	1,222,329	31.43
000099	中信海直	51,360	27,403	15.240	5.750	388,117	3,893,251	51.89
000100	TCL 集团	423,811	280,146	6.100	3.380	1,010,947	4,605,168	30.90
000150	宜华地产	32,400	32,400	8.660	5.000	153,164	1,025,726	16.55
000151	中成股份	29,598	26,654	20.210	9.330	227,230	3,316,916	128.33
000153	丰原药业	26,001	23,105	12.870	5.920	214,032	1,951,995	111.22
000155	川化股份	47,000	47,000	9.780	5.160	124,992	953,694	38.99
000156	*ST 嘉瑞	11,894	6,394	1.250	1.250	0	0	
000157	中联重科	484,068	409,413	26.600	9.540	1,320,106	20,670,747	29.96
000158	常山股份	71,886	71,886	11.580	6.500	260,628	2,342,031	66.70
000159	国际实业	48,114	48,114	29.900	12.350	352,747	6,457,852	49.00
000301	东方市场	121,824	121,824	7.490	4.240	411,502	2,386,206	63.75
000338	潍柴动力	126,129	69,111	135.000	50.990	198,422	15,574,588	25.79
000400	许继电气	37,827	26,389	40.380	21.200	244,418	7,356,450	97.88
000401	冀东水泥	121,277	121,225	25.360	14.120	259,147	4,904,081	29.14
000402	金融街	302,708	302,644	12.180	6.450	842,193	7,046,625	14.92

代码	证券名称	发行量	流通量	2010年1月－12月				市盈率
				最高价	最低价	成交数量	成交金额	
000403	S＊ST生化	21,168	10,149	5.060	5.060	0	0	
000404	华意压缩	32,458	22,747	14.350	7.310	225,189	2,279,414	33.79
000407	胜利股份	49,941	49,607	9.560	5.500	264,241	2,097,937	19.78
000408	＊ST玉源	25,230	25,230	14.710	6.810	145,888	1,477,473	
000409	ST泰复	17,137	16,884	9.380	6.590	36,190	291,460	
000410	沈阳机床	54,547	53,616	16.100	9.580	268,031	3,477,072	242.00
000411	英特集团	20,745	20,363	12.300	6.890	96,926	910,106	69.07
000413	宝石A	28,300	28,282	15.980	7.700	161,359	1,883,108	
000415	＊ST汇通	30,034	30,029	12.650	7.310	128,329	1,293,105	
000416	民生投资	53,187	53,168	11.570	6.280	143,681	1,289,906	58.46
000417	合肥百货	47,972	47,867	21.600	12.920	79,652	1,328,340	46.63
000418	小天鹅A	44,145	34,894	21.850	11.910	90,447	1,514,807	56.27
000419	通程控股	35,102	35,077	12.470	7.260	160,865	1,616,051	65.88
000420	吉林化纤	37,826	31,824	8.640	4.450	337,751	2,174,306	168.20
000421	南京中北	35,168	35,164	8.400	4.400	168,208	1,121,789	39.03
000422	湖北宜化	54,238	54,209	25.320	12.710	329,158	6,237,490	43.33
000423	东阿阿胶	65,402	65,378	55.900	24.350	141,837	5,513,180	76.04
000425	徐工机械	103,138	35,272	61.000	29.000	160,332	6,435,325	33.89
000426	富龙热电	38,068	20,882	20.390	7.920	210,344	2,806,603	82.38
000428	华天酒店	55,302	51,655	12.650	8.010	201,709	2,020,473	36.19
000429	粤高速A	90,837	46,759	6.400	4.450	203,132	1,110,142	18.90
000430	＊ST张股	22,004	18,592	9.860	5.150	59,814	448,364	
000488	晨鸣纸业	111,328	81,027	9.440	6.210	515,489	4,147,496	17.96
000498	＊ST丹化	44,070	43,786	3.640	3.640	0	0	
000501	鄂武商A	50,725	50,720	22.870	13.000	80,082	1,333,611	39.13
000502	绿景地产	18,482	18,301	12.930	7.020	94,580	897,934	48.24
000503	海虹控股	74,902	56,898	14.960	7.800	614,174	7,043,532	1130.91
000504	＊ST传媒	31,157	30,988	12.890	7.540	138,302	1,337,531	
000505	ST珠江	36,177	36,037	8.640	4.020	178,692	1,095,410	26.11
000506	中润投资	77,418	25,887	12.790	5.100	196,840	1,635,743	36.68
000507	珠海港	34,500	30,321	16.000	8.060	193,553	2,164,697	44.47
000509	S＊ST华塑	25,001	15,080	14.490	7.130	103,432	1,064,817	
000510	金路集团	60,918	60,907	12.010	6.210	251,807	2,329,089	945.56
000511	银基发展	115,483	115,482	5.980	3.210	397,956	1,813,328	32.70
000513	丽珠集团	18,373	17,762	50.000	33.500	31,663	1,300,402	27.32
000514	渝开发	69,733	69,440	17.680	8.090	323,466	3,783,191	39.50
000516	开元控股	71,342	54,176	10.870	4.250	458,953	3,145,352	43.05
000517	荣安地产	106,131	15,321	13.350	6.000	158,602	1,352,938	7.81
000518	四环生物	102,956	102,911	8.900	3.660	1,204,128	7,602,093	304.35
000519	江南红箭	19,115	15,787	24.360	12.510	148,046	2,727,301	795.50
000520	长航凤凰	67,472	66,914	6.440	4.080	352,310	1,932,942	
000521	美菱电器	30,054	29,272	13.950	8.110	244,198	2,762,677	15.74
000522	白云山A	46,905	46,880	21.300	10.110	484,269	7,182,351	74.76
000523	广州浪奇	17,258	9,415	16.290	8.000	183,781	2,212,044	267.27
000524	东方宾馆	26,967	26,967	15.890	7.700	248,235	2,945,193	
000525	红太阳	28,024	27,642	19.950	13.000	94,487	1,605,680	1555.00
000526	旭飞投资	9,620	9,620	16.480	9.800	58,681	739,978	1119.09
000527	美的电器	312,027	312,027	23.060	10.290	421,954	6,929,489	27.06
000528	柳工	65,016	65,015	40.850	17.580	311,325	8,276,330	26.64
000529	广弘控股	58,379	23,766	9.570	5.290	210,822	1,617,704	65.90
000530	大冷股份	23,501	15,807	13.940	7.300	162,391	1,787,636	55.00
000531	穗恒运A	26,652	26,651	17.850	10.090	77,586	1,124,932	13.05
000532	力合股份	34,471	34,204	14.000	6.830	220,826	2,240,443	76.50
000533	万家乐	69,082	67,868	12.850	9.400	395,594	4,439,936	36.24
000534	万泽股份	25,511	20,746	9.450	4.970	139,269	1,002,231	105.59
000536	闽闽东	70,049	8,540	29.400	15.670	107,236	2,305,929	2025.00
000537	广宇发展	51,272	51,245	18.000	7.980	376,033	4,615,159	51.63
000538	云南白药	69,427	62,925	74.690	48.300	57,203	3,551,642	69.67
000539	粤电力A	213,211	198,865	8.130	5.780	186,194	1,319,785	14.55
000540	中天城投	91,344	91,297	20.520	7.300	511,253	6,273,545	27.30
000541	佛山照明	75,334	61,606	21.550	9.850	615,463	9,303,581	77.89

代码	证券名称	发行量	流通量	2010 年 1 月 - 12 月				市盈率
				最高价	最低价	成交数量	成交金额	
000543	皖能电力	77,301	77,300	10.550	6.160	128,067	1,081,473	45.47
000544	中原环保	26,946	11,418	15.150	9.030	236,454	2,847,892	57.57
000545	吉林制药	15,824	11,601	14.600	7.800	119,010	1,272,815	
000546	光华控股	16,951	14,624	20.270	11.910	95,613	1,508,528	120.18
000547	闽福发 A	24,485	19,596	18.490	8.300	175,619	2,178,411	50.39
000548	湖南投资	49,922	39,779	11.500	5.700	191,236	1,602,199	34.05
000550	江铃汽车	51,921	51,631	35.240	17.180	55,714	1,374,689	23.10
000551	创元科技	26,672	24,167	18.580	9.770	239,779	3,304,252	53.94
000552	靖远煤电	17,787	10,213	24.380	10.100	121,738	2,214,400	70.74
000553	沙隆达 A	36,392	36,388	10.970	7.400	173,106	1,627,107	257.27
000554	泰山石油	48,079	36,259	10.400	6.200	245,947	2,064,574	505.88
000555	ST 太光	9,063	9,063	12.910	7.900	43,231	448,282	
000557	*ST 广夏	68,613	65,960	7.170	4.010	287,300	1,566,197	26.02
000558	莱茵置业	37,075	36,930	8.880	6.240	111,942	871,723	21.39
000559	万向钱潮	122,559	122,317	18.410	6.370	563,874	7,057,599	64.42
000560	昆百大 A	13,440	13,438	13.300	7.350	52,184	552,128	37.03
000561	烽火电子	59,584	26,489	12.290	7.080	121,395	1,155,228	68.72
000562	宏源证券	146,120	146,117	26.500	13.800	245,442	4,793,048	21.52
000563	陕国投 A	35,841	35,841	14.850	8.940	150,149	1,815,627	81.82
000564	西安民生	30,431	21,440	9.590	6.150	219,429	1,779,122	49.49
000565	渝三峡 A	17,344	10,315	21.970	11.120	107,180	1,755,247	10.96
000566	海南海药	21,285	20,979	29.750	15.310	104,728	2,161,121	95.43
000567	海德股份	15,120	13,165	15.130	7.000	247,110	2,691,357	97.02
000568	泸州老窖	139,424	71,534	48.500	26.900	244,103	8,768,252	34.93
000570	苏常柴 A	41,137	41,137	15.530	7.410	219,720	2,511,804	24.51
000571	新大洲 A	73,606	73,542	9.060	5.310	531,580	3,877,258	36.86
000572	海马股份	164,464	104,249	8.430	4.600	462,288	3,184,807	
000573	粤宏远 A	62,276	53,520	5.780	3.750	267,816	1,286,733	119.39
000576	ST 甘化	32,286	25,551	9.380	5.200	177,609	1,327,587	182.25
000578	盐湖集团	306,762	23,616	34.850	14.910	94,723	2,386,989	56.13
000581	威孚高科	45,236	35,228	42.600	12.890	159,173	3,566,491	47.51
000582	北海港	14,212	8,370	17.670	9.980	69,176	1,004,939	41.35
000584	友利控股	40,888	40,305	14.000	6.220	191,620	1,850,495	128.82
000585	东北电气	61,542	60,803	6.420	3.790	297,606	1,467,705	399.00
000586	ST 汇源	19,344	14,940	8.380	5.100	54,067	387,947	656.00
000587	S*ST 光明	18,571	8,348	12.460	12.460	0	0	249.20
000589	黔轮胎 A	25,433	25,430	19.690	9.530	177,243	2,570,172	8.36
000590	紫光古汉	20,303	20,281	17.500	6.420	185,946	1,930,929	
000591	桐君阁	19,616	19,616	14.560	8.290	156,199	1,861,241	121.57
000592	中福实业	65,185	21,206	10.850	4.850	257,409	1,970,811	93.94
000593	大通燃气	22,334	22,308	11.300	6.090	177,515	1,632,238	28.53
000594	国恒铁路	149,377	128,749	6.250	3.530	333,290	1,549,024	452.50
000595	西北轴承	21,683	21,681	11.740	6.900	118,412	1,111,904	
000596	古井贡酒	17,500	17,500	91.880	31.200	20,705	1,099,260	134.79
000597	东北制药	33,381	30,035	27.400	13.490	122,993	2,395,485	12.05
000598	兴蓉投资	46,203	22,055	24.400	10.910	167,211	3,016,001	
000599	青岛双星	52,483	52,481	9.280	4.540	311,687	2,166,838	10.84
000600	建投能源	91,366	91,358	7.740	4.250	162,046	1,064,512	68.00
000601	韶能股份	92,555	83,904	7.600	3.980	397,895	2,363,125	130.00
000602	金马集团	15,075	14,908	35.300	16.310	69,882	1,672,831	
000603	*ST 威达	14,036	5,698	31.840	7.720	40,396	788,370	
000605	ST 四环	9,323	4,125	15.200	9.200	19,591	248,185	1221.82
000606	青海明胶	40,596	39,335	9.360	4.530	375,736	2,701,855	
000607	华智控股	48,773	48,773	9.600	5.150	290,741	2,218,325	
000608	阳光股份	74,991	74,991	13.920	6.220	370,198	3,243,647	20.14
000609	绵世股份	29,810	29,092	12.250	7.500	103,178	1,025,791	179.20
000610	西安旅游	19,675	19,402	12.470	5.700	145,924	1,290,584	
000611	时代科技	32,182	31,899	9.160	4.930	239,366	1,678,446	166.75
000612	焦作万方	48,018	48,015	32.200	15.410	324,138	7,642,251	54.64
000613	ST 东海 A	27,610	25,879	8.910	4.660	123,857	795,211	
000615	湖北金环	21,168	21,164	14.100	6.450	139,398	1,310,617	8.77

代码	证券名称	发行量	流通量	2010 年 1 月 - 12 月				市盈率
				最高价	最低价	成交数量	成交金额	
000616	亿城股份	99,322	99,322	7.550	4.240	444,165	2,636,071	12.22
000617	石油济柴	28,754	28,754	23.980	9.000	79,602	1,256,253	108.56
000619	海螺型材	36,000	36,000	16.050	8.670	191,927	2,382,225	16.16
000620	S＊ST 圣方	31,163	15,048	1.170	1.170	0	0	
000622	S＊ST 恒立	14,174	6,599	1.120	1.120	0	0	
000623	吉林敖东	57,336	51,809	59.400	24.600	286,770	11,011,382	14.41
000625	长安汽车	172,922	152,179	14.830	8.260	460,514	5,303,836	20.81
000626	如意集团	20,250	20,188	10.970	6.630	95,945	860,470	39.61
000627	天茂集团	135,359	127,159	14.130	3.910	786,371	5,466,204	135.41
000628	高新发展	21,948	18,744	13.950	8.160	75,093	903,212	199.81
000629	＊ST 钒钛	572,650	317,781	12.100	7.610	257,838	2,507,046	
000630	铜陵有色	129,436	129,433	35.050	13.130	474,949	11,039,922	75.05
000631	顺发恒业	104,551	22,842	10.720	5.850	145,317	1,120,204	25.96
000632	三木集团	46,552	46,506	10.300	5.150	682,587	4,863,036	121.36
000633	ST 合金	38,511	18,319	11.670	6.240	83,503	778,389	1001.00
000635	英力特	17,706	17,705	21.320	10.480	108,126	1,676,320	47.66
000636	风华高科	67,097	67,093	16.200	8.020	652,090	7,671,047	139.89
000637	茂化实华	51,988	34,155	10.250	5.400	106,958	875,309	29.83
000638	万方地产	15,470	8,814	14.180	7.550	89,102	917,060	35.50
000639	金德发展	7,286	5,762	37.200	15.750	36,464	904,870	
000650	仁和药业	42,017	31,937	27.910	12.920	105,472	2,105,653	51.58
000651	格力电器	281,789	277,929	29.100	12.650	600,568	11,227,129	17.97
000652	泰达股份	147,557	145,817	10.810	6.520	488,410	4,199,066	39.10
000655	金岭矿业	59,534	41,481	29.350	12.310	272,256	5,458,000	61.77
000656	ST 东源	25,004	21,648	16.150	7.640	92,829	958,751	132.14
000657	＊ST 中钨	22,257	14,405	10.170	7.230	32,387	286,663	
000659	珠海中富	75,630	48,792	8.970	5.800	301,601	2,327,178	52.32
000661	长春高新	13,133	13,131	72.000	26.350	64,543	2,939,271	108.57
000662	索芙特	28,799	28,790	9.170	5.340	190,351	1,421,229	788.00
000663	永安林业	20,276	16,689	13.300	6.910	162,560	1,538,083	
000665	武汉塑料	17,749	12,170	18.640	7.610	176,896	2,434,645	596.15
000666	经纬纺机	42,300	22,734	13.150	6.700	205,852	1,949,981	
000667	名流置业	255,959	255,955	9.780	2.980	1,029,842	4,989,652	27.36
000668	荣丰控股	14,684	8,180	15.690	9.530	66,986	841,481	14.79
000669	领先科技	9,251	7,588	37.500	9.910	65,292	1,266,762	8012.50
000670	S＊ST 天发	27,221	15,451	4.720	4.720	0	0	
000671	阳光城	53,601	30,193	38.340	8.030	213,281	2,882,050	25.22
000672	＊ST 铜城	21,547	13,390	5.210	5.210	0	0	
000673	＊ST 大水	20,808	8,567	13.870	7.530	35,767	358,495	
000676	＊ST 思达	31,459	30,782	7.640	4.120	150,427	893,780	
000677	山东海龙	86,398	80,400	9.430	4.350	339,927	2,341,707	47.36
000678	襄阳轴承	30,108	30,108	10.080	5.580	213,070	1,662,722	196.00
000679	大连友谊	23,760	23,754	16.460	9.240	108,552	1,465,912	18.92
000680	山推股份	75,916	63,557	18.800	10.220	477,528	6,661,484	32.77
000681	＊ST 远东	19,875	16,248	3.300	3.300	0	0	
000682	东方电子	97,816	78,935	7.250	4.270	604,669	3,550,432	242.27
000683	远兴能源	76,781	76,138	18.380	5.500	540,203	5,888,757	7.67
000685	中山公用	59,899	15,760	36.000	14.760	146,617	3,116,339	12.84
000686	东北证券	63,931	63,921	41.000	20.250	145,617	3,917,206	15.66
000687	保定天鹅	64,160	64,159	8.220	4.280	180,050	1,168,142	55.44
000688	＊ST 朝华	40,191	25,260	3.780	3.780	0	0	
000690	宝新能源	172,661	169,857	11.970	4.700	700,197	5,267,926	17.07
000691	＊ST 亚太	32,327	26,849	6.900	5.230	71,419	432,810	261.50
000692	惠天热电	26,642	26,638	9.700	4.970	140,589	1,051,382	54.66
000693	S＊ST 聚友	19,269	5,848	7.370	7.370	0	0	
000695	滨海能源	22,215	22,150	16.390	7.150	110,509	1,110,563	
000697	＊ST 偏转	18,661	13,243	12.510	5.160	99,156	849,656	216.73
000698	沈阳化工	66,093	62,708	11.530	6.700	455,281	4,085,099	84.80
000700	模塑科技	30,904	30,891	8.140	4.910	184,362	1,261,448	84.94
000701	厦门信达	24,025	19,587	16.250	9.730	358,520	4,704,752	71.61
000702	正虹科技	26,663	26,663	8.320	4.960	185,275	1,247,025	193.33

代码	证券名称	发行量	流通量	2010 年 1 月 – 12 月				市盈率
				最高价	最低价	成交数量	成交金额	
000703	*ST 光华	14,391	14,234	46.240	9.430	74,326	1,711,669	
000705	浙江震元	12,533	9,929	13.980	8.360	106,908	1,220,807	84.40
000707	双环科技	46,415	46,414	10.600	5.220	321,453	2,625,422	821.11
000708	大冶特钢	44,941	44,713	17.850	9.730	121,070	1,643,906	21.01
000709	河北钢铁	687,678	375,549	7.090	3.580	1,227,355	5,558,266	27.23
000710	天兴仪表	15,120	15,120	17.600	7.860	96,845	1,270,491	180.87
000711	天伦置业	10,727	10,727	14.380	6.930	66,909	708,223	1415.00
000712	锦龙股份	30,462	19,103	28.000	15.770	111,353	2,301,602	26.44
000713	丰乐种业	29,888	27,000	21.780	10.820	306,961	4,890,829	87.48
000715	中兴商业	27,901	27,810	17.050	10.770	84,833	1,204,487	45.82
000716	*ST 南方	17,826	17,110	13.500	7.700	83,450	841,913	
000717	韶钢松山	166,952	112,802	6.890	3.500	489,809	2,340,782	67.14
000718	苏宁环球	170,266	122,186	15.020	7.430	403,295	4,093,613	22.37
000719	S*ST 鑫安	12,938	4,914	9.270	9.270	0	0	
000720	ST 能山	86,346	86,344	6.030	3.830	282,014	1,439,767	236.50
000721	西安饮食	19,953	16,709	13.250	6.500	134,995	1,325,493	51.16
000722	*ST 金果	46,416	26,692	9.050	6.330	40,892	320,917	
000723	美锦能源	13,960	9,171	22.500	14.540	71,732	1,338,837	
000725	京东方 A	1,015,240	591,725	5.690	2.700	2,669,868	9,255,648	790.00
000726	鲁泰 A	55,215	45,317	13.660	7.240	272,448	2,784,621	16.87
000727	华东科技	35,916	35,814	12.350	5.730	316,120	2,902,011	930.00
000728	国元证券	196,410	196,410	23.990	11.340	413,754	6,455,968	18.27
000729	燕京啤酒	121,027	52,095	23.880	17.260	216,885	4,445,554	36.80
000731	四川美丰	49,984	49,971	9.880	5.570	252,163	1,972,842	23.60
000732	ST 三农	101,718	14,970	12.420	3.420	67,982	603,410	54.70
000733	振华科技	35,812	35,812	16.660	8.250	268,918	3,358,817	124.67
000735	罗牛山	88,013	87,994	12.600	6.210	1,284,899	11,166,353	115.43
000736	ST 重实	29,719	10,863	17.440	9.120	32,723	408,759	29.26
000737	南风化工	54,876	54,751	8.360	3.970	276,852	1,738,738	
000738	中航动控	94,284	39,780	22.490	8.880	171,736	2,552,309	97.16
000739	普洛股份	25,674	25,669	11.430	6.250	210,423	1,904,730	66.84
000748	长城信息	37,556	37,556	12.330	6.520	227,687	2,183,923	13.51
000750	SST 集琦	21,506	12,215	4.390	4.390	0	0	109.75
000751	锌业股份	111,013	111,007	13.100	5.410	733,116	6,566,263	153.33
000752	西藏发展	26,376	26,372	15.290	8.310	292,402	3,553,321	106.20
000753	漳州发展	31,630	25,015	11.400	6.350	394,391	3,398,942	49.32
000755	山西三维	46,926	46,922	13.190	6.200	282,521	2,704,583	559.13
000756	新华制药	30,731	30,729	10.420	5.920	132,114	1,127,014	35.02
000757	*ST 方向	30,528	14,912	3.820	3.820	0	0	
000758	中色股份	63,888	42,583	43.850	11.060	459,819	11,228,579	237.14
000759	武汉中百	68,102	68,043	15.550	10.010	312,700	3,799,284	40.78
000760	*ST 博盈	23,685	23,684	11.180	5.270	135,480	1,142,985	
000761	本钢板材	273,600	69,759	7.250	4.800	82,671	506,484	
000762	西藏矿业	27,570	27,564	51.600	20.000	259,136	8,184,385	479.49
000766	通化金马	44,902	44,901	9.940	5.690	205,485	1,703,476	109.00
000767	漳泽电力	132,373	132,245	6.100	3.750	202,555	1,003,081	398.00
000768	西飞国际	247,762	152,502	16.200	8.910	508,270	6,671,792	94.11
000776	广发证券	250,705	9,207	63.150	10.550	133,681	6,018,070	44.32
000777	中核科技	21,301	20,155	45.000	16.700	193,183	5,409,229	178.38
000778	新兴铸管	191,687	135,223	13.980	5.980	427,860	4,140,672	16.98
000779	三毛派神	18,644	16,012	11.900	6.510	116,206	1,066,090	358.33
000780	平庄能源	101,431	101,431	18.690	8.060	314,103	4,351,385	33.54
000782	美达股份	40,451	40,451	8.100	4.120	262,734	1,628,434	309.50
000783	长江证券	217,123	217,117	22.450	10.320	394,260	5,730,580	17.17
000785	武汉中商	25,122	25,109	13.860	7.310	132,835	1,481,205	54.62
000786	北新建材	57,515	57,509	18.920	11.300	222,025	3,292,602	26.70
000787	*ST 创智	37,861	26,991	4.680	4.680	0	0	
000788	西南合成	41,627	24,337	23.200	7.680	132,407	1,892,050	91.03
000789	江西水泥	39,591	37,584	13.980	6.170	358,259	3,292,331	74.13
000790	华神集团	26,928	25,950	27.510	8.150	346,049	5,287,059	685.48
000791	西北化工	18,900	18,898	9.590	5.440	98,171	793,885	123.28

代码	证券名称	发行量	流通量	2010 年 1 月 - 12 月				市盈率
				最高价	最低价	成交数量	成交金额	
000792	盐湖钾肥	76,755	39,075	78.050	36.450	150,096	8,433,267	41.77
000793	华闻传媒	136,013	135,937	8.260	4.770	307,433	2,074,099	49.00
000795	太原刚玉	27,680	27,679	26.380	5.510	360,100	4,891,595	604.00
000796	易食股份	24,654	20,366	8.700	4.830	192,386	1,390,403	69.01
000797	中国武夷	38,945	33,434	10.200	5.870	186,202	1,441,651	35.82
000798	中水渔业	31,946	31,943	12.290	6.510	172,259	1,552,238	120.75
000799	酒鬼酒	30,305	20,560	25.710	9.710	198,725	3,447,549	114.74
000800	一汽轿车	162,750	141,175	26.450	14.160	401,236	7,784,167	16.43
000801	四川九洲	18,999	13,204	18.680	9.610	64,837	922,349	77.86
000802	北京旅游	13,749	8,395	17.300	10.120	100,553	1,462,478	526.54
000803	金宇车城	12,773	9,027	11.100	6.800	73,761	661,347	450.00
000805	*ST 炎黄	6,365	2,085	1.880	1.880	0	0	
000806	银河科技	69,921	69,691	7.770	4.260	505,848	3,178,088	77.73
000807	云铝股份	118,398	65,246	15.950	7.200	367,261	4,378,175	284.29
000809	中汇医药	11,457	11,457	24.200	13.800	33,224	588,320	
000810	华润锦华	12,967	12,967	16.380	8.760	69,027	881,135	84.47
000811	烟台冰轮	26,306	20,042	27.800	12.450	113,515	2,114,524	63.60
000812	陕西金叶	37,281	37,276	8.350	4.730	186,544	1,260,669	53.76
000813	天山纺织	36,346	36,346	17.680	6.570	145,237	1,977,904	
000815	美利纸业	31,680	31,559	15.440	5.010	260,495	2,135,358	242.40
000816	江淮动力	84,600	84,596	8.970	4.210	525,069	3,650,724	45.98
000818	*ST 化工	34,000	14,995	9.080	6.700	44,012	355,299	
000819	岳阳兴长	19,371	19,370	26.500	13.880	93,297	1,836,684	78.81
000820	*ST 金城	28,783	28,752	6.500	3.420	149,271	768,235	
000821	京山轻机	34,524	34,521	8.920	5.320	239,821	1,716,408	848.00
000822	山东海化	89,509	89,508	8.570	4.880	333,042	2,354,763	
000823	超声电子	44,044	28,830	20.000	9.390	556,132	7,643,145	64.39
000825	太钢不锈	569,625	228,851	9.660	4.750	798,708	5,273,202	34.23
000826	桑德环境	41,336	23,284	34.970	14.950	165,209	3,705,838	95.62
000828	东莞控股	103,952	63,653	9.000	5.290	154,333	1,180,836	24.21
000829	天音控股	94,690	94,684	19.490	11.280	471,573	7,122,312	39.07
000830	鲁西化工	104,623	104,545	7.780	4.160	370,909	2,272,542	45.82
000831	*ST 关铝	65,340	45,796	10.580	3.980	265,137	1,818,071	
000833	贵糖股份	29,607	29,606	15.160	7.500	321,809	3,613,715	125.86
000835	四川圣达	30,537	30,537	12.300	6.560	328,663	3,162,680	106.27
000836	鑫茂科技	29,250	25,532	12.190	5.610	197,633	1,871,063	52.97
000837	秦川发展	34,872	34,864	15.550	8.510	185,533	2,271,011	51.70
000838	国兴地产	18,100	18,096	10.840	6.720	64,462	591,418	638.57
000839	中信国安	156,793	156,741	17.550	9.950	722,149	10,271,320	30.96
000848	承德露露	30,414	30,401	44.380	23.520	71,403	2,226,526	56.97
000850	华茂股份	62,911	33,699	10.970	6.620	181,995	1,663,784	79.82
000851	高鸿股份	33,290	31,836	16.700	7.680	351,601	4,336,286	203.02
000852	江钻股份	40,040	13,009	14.680	7.700	138,049	1,625,198	43.07
000856	ST 唐陶	22,700	13,207	10.010	5.560	75,064	594,004	150.17
000858	五粮液	379,597	379,552	41.480	22.200	570,649	18,112,888	40.74
000859	国风塑业	42,048	29,010	10.260	5.500	209,158	1,676,450	
000860	顺鑫农业	43,854	43,851	29.150	15.310	164,099	3,303,436	61.82
000861	海印股份	49,219	14,914	22.380	9.820	89,289	1,357,072	57.44
000862	银星能源	23,589	23,589	18.220	9.530	161,904	2,384,401	98.67
000863	*ST 商务	17,462	7,800	3.500	3.500	0	0	
000868	安凯客车	30,701	26,715	15.630	8.350	266,224	3,425,016	142.00
000869	张裕 A	34,882	13,579	125.480	66.730	19,975	1,814,965	45.50
000875	吉电股份	83,910	66,001	5.510	4.010	203,107	980,671	24.67
000876	新希望	83,237	81,502	24.390	7.780	240,129	3,903,170	43.20
000877	天山股份	38,895	30,872	33.600	16.800	191,745	4,706,309	35.51
000878	云南铜业	125,669	125,667	33.500	16.000	439,311	11,111,750	91.67
000880	潍柴重机	27,610	13,514	20.640	12.990	91,197	1,585,364	27.14
000881	大连国际	30,892	30,508	12.050	7.000	175,763	1,700,375	30.31
000882	华联股份	49,385	24,919	10.770	5.420	121,717	1,030,541	36.40
000883	湖北能源	206,780	28,368	11.880	7.020	156,408	1,553,492	33.47
000885	同力水泥	25,254	7,285	15.450	9.410	67,528	841,833	26.00

代码	证券名称	发行量	流通量	2010 年 1 月 - 12 月				市盈率
				最高价	最低价	成交数量	成交金额	
000886	海南高速	98,883	95,113	11.450	5.330	939,235	7,070,576	116.30
000887	中鼎股份	42,556	42,556	25.070	12.540	131,101	2,265,397	51.48
000888	峨眉山 A	23,519	16,381	23.050	12.100	55,219	977,499	48.46
000889	渤海物流	33,871	33,845	12.400	5.260	133,627	1,138,398	
000890	法尔胜	37,964	37,954	7.270	4.560	249,844	1,572,093	189.12
000892	ST 星美	41,388	30,587	11.530	5.100	95,064	640,579	
000893	东凌粮油	22,200	10,990	33.000	17.380	73,844	1,969,910	103.44
000895	双汇发展	60,599	60,585	96.440	49.310	23,429	1,658,696	59.18
000897	津滨发展	161,727	161,701	7.570	3.860	788,035	4,613,170	521.00
000898	鞍钢股份	614,901	180,811	16.260	6.990	746,320	7,186,591	78.08
000899	赣能股份	64,668	28,073	9.680	4.440	186,657	1,346,979	47.82
000900	现代投资	39,917	39,913	31.330	16.350	155,688	3,587,586	13.28
000901	航天科技	25,036	22,176	21.210	9.970	186,283	2,877,426	128.08
000902	*ST 中服	25,800	25,800	11.030	5.620	121,816	1,042,079	
000903	云内动力	37,820	23,645	17.600	8.980	194,145	2,569,771	39.91
000905	厦门港务	53,100	23,828	10.950	6.610	224,447	1,940,700	55.31
000906	南方建材	33,061	8,645	12.370	6.800	96,414	983,101	124.56
000908	*ST 天一	28,000	12,918	10.200	5.840	81,821	652,193	
000909	数源科技	19,600	19,600	16.190	9.000	121,013	1,530,635	97.96
000910	大亚科技	52,750	52,750	13.030	6.560	159,293	1,551,892	22.08
000911	南宁糖业	28,664	28,664	29.200	12.750	184,177	3,830,079	56.52
000912	泸天化	58,500	26,715	11.360	5.920	166,708	1,420,351	38.72
000913	钱江摩托	45,354	45,344	10.880	5.920	194,286	1,657,860	30.62
000915	山大华特	18,025	17,921	22.680	8.520	115,973	1,577,024	117.93
000916	华北高速	109,000	41,137	6.680	4.000	184,314	959,739	16.00
000917	电广传媒	40,638	31,876	28.750	14.100	232,220	4,886,654	348.57
000918	嘉凯城	180,419	52,785	17.300	7.100	108,157	1,120,185	11.81
000919	金陵药业	50,400	25,559	14.150	8.180	151,584	1,783,550	25.88
000920	南方汇通	42,200	42,200	11.410	6.510	229,082	2,025,645	121.50
000921	ST 科龙	89,446	28,224	9.600	6.260	108,971	852,297	50.86
000922	*ST 阿继	29,844	17,190	12.840	6.310	45,761	418,924	
000923	河北宣工	19,800	9,626	12.450	7.000	103,406	1,026,639	136.36
000925	众合机电	27,905	10,310	26.300	14.610	72,933	1,574,461	71.68
000926	福星股份	71,236	52,437	15.330	7.530	480,717	5,227,200	28.38
000927	一汽夏利	159,517	159,517	12.100	6.220	352,203	3,156,089	74.77
000928	中钢吉炭	28,290	28,290	18.220	6.040	183,681	2,117,816	1765.00
000929	兰州黄河	18,577	18,559	14.590	6.500	123,345	1,294,102	72.80
000930	丰原生化	96,441	96,439	10.710	6.100	615,053	5,477,239	31.77
000931	中关村	67,485	50,648	10.240	5.740	615,289	4,874,182	89.86
000932	华菱钢铁	273,765	112,129	7.780	3.600	303,920	1,495,743	83.41
000933	神火股份	105,000	104,994	40.630	14.860	425,182	10,844,302	44.41
000935	四川双马	31,941	13,795	14.130	7.590	103,029	1,156,112	15.89
000936	华西村	74,801	74,801	12.550	7.200	335,661	3,388,209	70.89
000937	冀中能源	115,644	78,795	44.550	20.430	268,551	8,769,894	29.45
000938	紫光股份	20,608	20,608	21.580	10.880	172,956	2,743,942	95.39
000939	凯迪电力	58,957	39,049	23.700	11.800	257,701	4,099,699	48.12
000948	南天信息	21,055	14,445	19.770	9.920	155,061	2,332,549	42.22
000949	新乡化纤	63,786	58,855	8.780	4.880	286,201	1,991,929	39.04
000950	建峰化工	59,880	53,055	20.770	6.450	137,153	1,593,642	19.83
000951	中国重汽	41,943	27,421	34.240	16.240	126,411	3,194,465	27.28
000952	广济药业	25,171	25,167	16.500	8.490	157,557	2,001,668	66.82
000953	*ST 河化	29,406	29,399	8.970	4.430	92,087	647,639	
000955	ST 欣龙	29,315	24,475	7.350	4.200	143,342	843,487	573.33
000957	中通客车	23,850	23,847	11.360	6.520	192,407	1,813,202	96.00
000958	*ST 东热	29,949	19,671	6.620	3.960	108,539	587,493	
000959	首钢股份	296,653	120,615	6.090	3.020	353,474	1,548,744	36.53
000960	锡业股份	82,411	45,602	45.500	14.060	410,723	11,604,836	195.81
000961	中南建设	116,784	31,580	22.990	8.220	229,096	2,918,889	19.27
000962	东方钽业	35,640	35,640	32.670	11.070	293,163	5,490,104	240.57
000963	华东医药	43,406	27,994	38.080	17.550	52,489	1,393,942	38.72
000965	天保基建	46,156	11,550	15.920	9.410	77,536	971,984	31.59

代码	证券名称	发行量	流通量	2010 年 1 月 – 12 月				市盈率
				最高价	最低价	成交数量	成交金额	
000966	长源电力	55,414	55,414	8.200	4.540	204,759	1,300,264	63.67
000967	上风高科	20,518	20,380	13.500	7.180	93,633	942,827	
000968	煤气化	51,375	51,375	27.080	11.800	225,377	4,396,249	35.43
000969	安泰科技	85,487	85,370	35.800	12.950	434,184	9,584,329	107.81
000970	中科三环	50,760	40,631	35.130	8.830	568,275	10,861,987	201.29
000971	ST 迈亚	24,310	18,138	7.090	4.430	71,899	421,873	
000972	新中基	48,205	41,907	15.400	8.280	317,095	3,889,337	235.48
000973	佛塑股份	61,255	51,485	19.470	8.350	748,944	10,361,026	1521.00
000975	科学城	62,293	38,638	8.340	4.780	184,637	1,258,825	261.67
000976	*ST 春晖	58,664	40,871	5.980	4.130	292,464	1,482,547	
000977	浪潮信息	21,500	21,500	28.910	9.320	210,900	3,566,052	1285.88
000978	桂林旅游	36,010	12,150	15.400	8.180	107,842	1,364,369	143.55
000979	中弘地产	56,227	8,953	18.430	8.680	85,102	1,170,205	78.44
000980	金马股份	31,700	31,700	10.110	5.320	197,045	1,538,279	69.64
000981	S*ST 兰光	16,100	5,000	5.550	5.550	0	0	
000982	中银绒业	24,900	12,900	19.450	10.230	86,396	1,252,459	97.06
000983	西山煤电	315,120	147,217	42.100	16.450	900,781	24,218,157	37.97
000985	大庆华科	12,964	12,964	17.850	10.280	31,093	446,457	65.90
000987	广州友谊	35,896	35,844	32.300	21.600	54,853	1,488,551	33.63
000988	华工科技	40,761	40,760	21.190	13.800	234,103	4,095,005	48.34
000989	九芝堂	29,761	29,761	17.990	10.230	184,455	2,707,192	30.60
000990	诚志股份	29,703	27,083	18.900	9.300	137,643	1,929,349	99.29
000993	闽东电力	37,300	37,300	12.790	6.580	179,407	1,773,198	48.21
000995	ST 皇台	17,741	17,741	15.750	6.320	85,364	825,952	329.75
000996	中国中期	23,000	23,000	41.400	23.530	167,143	5,331,714	1047.20
000997	新大陆	51,027	45,074	26.650	10.180	473,170	7,716,460	117.38
000998	隆平高科	27,720	27,720	36.980	17.020	296,484	6,893,290	192.72
000999	华润三九	97,890	35,524	30.350	19.000	149,492	3,751,450	35.88
001696	宗申动力	102,105	76,720	22.110	9.400	384,040	4,925,345	27.43
001896	*ST 豫能	62,335	42,999	8.700	4.560	61,570	403,769	65.06
002001	新和成	72,595	66,003	54.250	21.520	120,487	3,994,227	18.36
002002	ST 琼花	16,689	12,291	12.820	6.020	56,603	494,267	112.93
002003	伟星股份	20,741	17,824	31.490	16.060	43,312	1,020,982	31.12
002004	华邦制药	13,200	10,018	62.990	41.810	11,454	590,152	54.37
002005	德豪润达	48,320	32,218	24.490	15.900	229,431	4,436,123	171.80
002006	精功科技	14,400	13,254	53.980	9.810	113,027	2,426,548	281.56
002007	华兰生物	57,620	57,612	79.440	39.700	122,468	6,565,747	46.00
002008	大族激光	69,626	61,534	23.490	9.900	658,676	9,091,107	5600.00
002009	天奇股份	22,101	16,991	17.400	10.100	119,756	1,679,560	1397.00
002010	传化股份	24,399	15,023	19.520	12.100	81,807	1,284,696	32.39
002011	盾安环境	37,236	15,425	28.420	15.130	117,548	2,541,754	52.61
002012	凯恩股份	19,479	19,479	22.880	9.660	230,121	3,342,197	48.68
002013	中航精机	16,708	12,387	44.890	10.040	101,001	2,570,748	176.85
002014	永新股份	14,078	13,906	24.380	15.100	48,923	943,283	33.82
002015	霞客环保	20,109	14,593	17.260	6.900	168,239	1,865,116	146.00
002016	世荣兆业	46,150	11,576	12.440	7.060	235,657	2,365,710	55.13
002017	东信和平	19,856	19,664	29.800	14.440	174,815	3,560,540	125.74
002018	华星化工	29,386	26,925	14.900	5.960	259,871	2,524,219	430.00
002019	鑫富药业	22,042	14,334	25.500	10.990	137,801	2,332,071	112.68
002020	京新药业	10,155	7,676	18.800	9.640	84,076	1,215,704	470.81
002021	中捷股份	43,678	43,678	10.240	5.500	308,260	2,405,886	
002022	科华生物	49,228	43,681	27.040	12.760	294,497	5,691,809	43.54
002023	海特高新	29,518	25,039	22.610	10.160	111,550	1,867,774	90.81
002024	苏宁电器	699,621	544,209	21.170	9.900	804,496	11,569,564	31.80
002025	航天电器	33,000	32,978	18.100	8.960	164,678	2,227,028	42.05
002026	山东威达	13,500	9,197	15.850	8.360	59,500	704,162	62.89
002027	七喜控股	30,234	19,255	7.900	4.560	153,826	1,020,040	
002028	思源电气	43,968	33,193	34.500	21.350	207,055	5,512,969	12.24
002029	七匹狼	28,290	28,289	39.100	22.400	27,936	868,560	46.15
002030	达安基因	28,892	27,675	17.470	10.500	232,202	3,314,879	83.55
002031	巨轮股份	26,527	19,448	15.150	7.450	128,365	1,534,355	41.28

代码	证券名称	发行量	流通量	2010年1月－12月				市盈率
				最高价	最低价	成交数量	成交金额	
002032	苏泊尔	57,725	42,775	26.620	17.200	42,672	897,586	44.76
002033	丽江旅游	11,632	7,189	37.950	16.700	35,984	787,970	104.23
002034	美欣达	8,112	5,907	15.600	9.430	36,509	473,432	58.79
002035	华帝股份	22,330	22,330	17.200	6.830	154,575	1,739,314	65.59
002036	宜科科技	20,225	19,042	16.000	7.220	140,122	1,606,165	357.50
002037	久联发展	17,303	17,303	23.880	12.360	59,950	1,098,749	53.80
002038	双鹭药业	25,298	20,721	65.500	31.030	43,010	2,042,188	61.01
002039	黔源电力	14,026	12,338	25.780	16.490	35,564	708,481	88.61
002040	南京港	24,587	12,048	11.000	7.000	88,793	802,426	319.33
002041	登海种业	17,600	16,354	78.870	33.900	55,582	2,908,106	124.36
002042	华孚色纺	27,766	7,442	31.060	17.060	64,893	1,467,605	51.10
002043	兔宝宝	18,300	17,667	12.460	6.480	138,396	1,249,753	102.52
002044	江苏三友	16,250	11,798	16.600	6.780	105,403	1,079,199	126.97
002045	广州国光	27,794	20,468	21.850	13.950	105,628	1,897,765	44.58
002046	轴研科技	10,809	6,435	30.130	14.380	52,746	1,226,336	62.74
002047	成霖股份	45,366	45,366	12.130	4.320	187,300	1,372,081	32.93
002048	宁波华翔	56,714	42,333	18.850	9.010	337,120	4,734,016	21.81
002049	晶源电子	13,500	9,711	31.310	10.580	111,875	1,770,216	109.27
002050	三花股份	29,737	6,876	35.650	20.230	38,492	1,026,975	42.41
002051	中工国际	33,900	28,470	69.860	24.570	42,010	1,598,439	63.10
002052	同洲电子	34,148	26,042	17.390	9.080	234,059	3,019,229	60.00
002053	云南盐化	18,585	18,585	16.770	9.990	75,784	1,046,866	109.04
002054	德美化工	30,897	22,839	26.040	11.900	70,899	1,335,030	23.42
002055	得润电子	17,459	17,072	30.800	10.910	82,654	1,470,837	152.39
002056	横店东磁	41,090	41,090	49.850	13.130	317,050	8,781,087	98.64
002057	中钢天源	8,400	8,400	34.180	8.610	91,845	1,814,239	660.25
002058	威尔泰	6,237	6,097	20.380	12.000	36,231	593,128	157.14
002059	云南旅游	21,500	8,056	11.920	6.310	70,500	696,321	196.00
002060	粤水电	33,240	20,588	12.510	6.820	179,419	1,692,996	45.12
002061	江山化工	13,998	13,998	16.450	9.310	98,033	1,261,611	23.44
002062	宏润建设	45,000	14,627	24.200	10.000	100,275	1,598,121	19.81
002063	远光软件	25,855	24,705	34.180	19.630	63,341	1,677,064	69.89
002064	华峰氨纶	73,840	65,746	24.200	7.600	344,753	4,420,008	77.85
002065	东华软件	42,599	33,311	34.320	21.950	51,622	1,403,399	54.17
002066	瑞泰科技	11,550	11,496	21.550	10.970	47,174	778,753	49.97
002067	景兴纸业	39,200	32,904	9.600	5.750	297,695	2,268,543	83.13
002068	黑猫股份	24,991	24,991	20.530	8.220	101,259	1,315,890	34.57
002069	獐子岛	45,240	42,687	63.770	22.260	184,163	7,002,762	95.01
002070	众和股份	28,915	13,691	11.280	7.080	82,332	759,437	40.09
002071	江苏宏宝	18,402	18,016	14.200	6.070	107,279	1,137,501	908.46
002072	*ST德棉	17,600	17,600	11.800	4.960	76,804	650,100	
002073	软控股份	74,237	55,505	28.960	12.900	140,226	2,817,512	64.94
002074	东源电器	14,076	10,350	20.590	9.060	95,328	1,410,879	72.13
002075	*ST张铜	157,627	24,804	7.100	5.390	32,176	201,293	
002076	雪莱特	18,427	10,531	14.150	8.850	164,588	1,973,822	185.34
002077	大港股份	25,200	24,398	14.320	6.340	124,005	1,230,164	1145.00
002078	太阳纸业	100,481	32,642	25.200	9.400	216,213	3,038,673	23.78
002079	苏州固锝	27,600	27,596	19.950	7.700	157,438	1,912,502	126.96
002080	中材科技	20,000	7,849	56.280	30.360	46,543	1,962,106	76.38
002081	金螳螂	31,919	28,474	74.880	24.360	38,457	1,669,590	109.52
002082	栋梁新材	23,800	14,946	19.600	9.400	150,214	2,142,303	26.15
002083	孚日股份	93,848	43,379	13.500	7.630	681,986	7,152,506	81.17
002084	海鸥卫浴	27,965	27,965	14.070	5.630	132,640	1,279,107	141.82
002085	万丰奥威	28,435	26,188	15.020	6.900	85,751	1,034,245	51.27
002086	东方海洋	24,385	23,128	23.300	9.700	168,828	2,564,557	81.28
002087	新野纺织	51,976	20,866	8.530	5.340	172,750	1,165,597	96.10
002088	鲁阳股份	23,398	19,995	28.000	12.800	91,706	1,770,315	31.35
002089	新海宜	23,526	14,908	26.560	15.010	116,557	2,253,942	74.77
002090	金智科技	20,400	18,094	33.000	10.400	102,169	1,723,575	55.57
002091	江苏国泰	30,000	28,862	35.100	19.200	112,426	3,092,137	55.97
002092	中泰化学	115,434	80,488	26.800	12.820	294,305	5,630,618	162.13

代码	证券名称	发行量	流通量	2010年1月－12月				市盈率
				最高价	最低价	成交数量	成交金额	
002093	国脉科技	40,050	33,466	23.930	11.600	122,763	1,950,595	77.60
002094	青岛金王	32,192	32,192	18.490	10.400	120,870	1,705,473	344.75
002095	生意宝	13,500	13,360	44.380	20.010	50,377	1,463,385	88.07
002096	南岭民爆	13,220	13,193	35.890	19.620	35,766	1,000,906	41.86
002097	山河智能	42,045	29,534	24.350	12.910	212,433	3,816,553	65.69
002098	浔兴股份	15,500	15,500	16.530	7.210	56,122	631,661	80.40
002099	海翔药业	16,050	11,622	30.260	11.610	90,485	1,763,029	125.93
002100	天康生物	22,674	19,469	26.830	14.810	60,751	1,313,979	44.85
002101	广东鸿图	8,200	6,700	36.600	22.360	33,535	989,042	58.69
002102	冠福家用	20,463	8,437	13.800	6.690	113,545	1,120,106	303.33
002103	广博股份	21,843	16,673	10.940	6.420	52,757	477,416	26.53
002104	恒宝股份	44,064	29,138	24.200	14.550	248,655	4,457,799	79.91
002105	信隆实业	26,800	26,800	9.520	5.680	129,238	1,013,574	47.60
002106	莱宝高科	42,885	40,909	71.710	20.110	157,371	5,618,624	160.41
002107	沃华医药	16,398	7,130	25.690	12.170	56,080	980,027	43.16
002108	沧州明珠	16,759	16,485	37.990	11.450	99,323	2,050,528	30.72
002109	兴化股份	35,840	35,840	12.250	7.080	167,338	1,751,187	40.89
002110	三钢闽光	53,470	13,970	18.210	8.100	172,770	2,025,763	138.72
002111	威海广泰	14,743	4,815	26.100	14.820	44,547	936,204	73.68
002112	三变科技	11,200	10,173	17.400	9.880	65,606	942,442	42.42
002113	ST天润	11,840	11,482	14.200	7.800	87,546	961,929	
002114	罗平锌电	18,385	18,385	24.850	14.800	91,872	1,761,860	417.00
002115	三维通信	21,456	16,020	32.800	11.650	109,211	2,168,148	47.51
002116	中国海诚	11,400	4,873	26.480	14.800	37,841	840,019	43.51
002117	东港股份	12,412	12,412	32.980	16.500	42,407	1,050,588	48.74
002118	紫鑫药业	20,662	8,088	32.500	10.350	92,049	1,803,287	109.18
002119	康强电子	19,420	18,513	15.730	9.400	214,144	2,678,930	51.67
002120	新海股份	15,028	9,347	12.350	7.470	64,263	669,048	50.33
002121	科陆电子	26,446	14,938	35.700	16.110	113,005	2,717,740	101.84
002122	天马股份	118,800	102,209	31.290	8.700	329,831	4,789,442	28.27
002123	荣信股份	33,600	29,366	54.980	29.700	71,170	2,752,379	81.90
002124	天邦股份	20,550	13,004	17.500	7.300	80,348	954,438	40.31
002125	湘潭电化	7,540	7,540	31.500	11.850	59,563	1,227,637	644.00
002126	银轮股份	10,000	8,903	35.950	16.410	50,179	1,276,244	60.67
002127	新民科技	37,205	16,980	16.580	5.820	135,014	1,554,960	93.27
002128	露天煤业	132,669	132,669	28.900	16.000	137,269	3,295,932	35.25
002129	中环股份	48,283	25,591	29.180	8.800	143,604	2,082,401	
002130	沃尔核材	24,458	13,936	31.700	10.770	199,585	4,160,995	105.62
002131	利欧股份	30,112	16,395	26.980	9.610	121,993	2,029,816	50.15
002132	恒星科技	26,993	11,853	35.730	9.710	87,156	1,691,415	89.89
002133	广宇集团	49,860	31,646	10.290	5.580	179,991	1,379,353	19.36
002134	天津普林	24,585	24,585	10.300	5.800	119,837	1,007,035	862.00
002135	东南网架	20,000	16,664	21.250	9.460	57,757	831,904	79.38
002136	安纳达	7,892	7,601	18.960	11.000	51,917	805,436	109.20
002137	实益达	26,013	25,685	14.500	8.630	127,622	1,493,512	506.25
002138	顺络电子	19,433	16,648	32.100	18.340	75,905	1,807,112	84.19
002139	拓邦股份	16,800	11,378	26.290	12.500	93,581	1,830,884	79.77
002140	东华科技	27,877	26,891	61.480	16.750	58,958	1,839,519	88.58
002141	蓉胜超微	11,368	11,368	16.470	9.680	81,816	1,043,879	433.93
002142	宁波银行	288,382	247,427	17.680	10.310	493,123	6,609,390	25.10
002143	高金食品	16,050	7,083	15.360	7.960	65,747	798,421	233.41
002144	宏达高科	15,134	6,822	21.500	12.350	46,510	792,957	243.52
002145	*ST钛白	19,000	9,986	10.740	6.800	82,967	711,278	
002146	荣盛发展	143,360	124,872	22.480	8.350	205,578	2,669,923	30.00
002147	方圆支承	25,852	14,188	17.360	10.000	106,903	1,450,763	106.33
002148	北纬通信	7,560	5,202	52.200	27.950	33,161	1,259,401	95.66
002149	西部材料	17,463	13,713	32.650	15.350	55,448	1,309,630	138.22
002150	江苏通润	15,638	5,576	20.300	9.300	60,002	867,971	54.65
002151	北斗星通	10,055	4,083	52.660	33.770	24,305	1,047,289	86.55
002152	广电运通	34,214	32,701	55.010	27.200	46,231	1,738,646	48.77
002153	石基信息	22,400	11,587	58.000	30.070	25,174	1,030,819	96.58

代码	证券名称	发行量	流通量	2010 年 1 月 – 12 月				市盈率
				最高价	最低价	成交数量	成交金额	
002154	报喜鸟	29,375	23,371	33.500	19.380	51,733	1,269,451	43.27
002155	辰州矿业	54,740	54,726	45.600	15.270	340,480	9,731,680	196.28
002156	通富微电	40,617	40,617	20.790	11.160	149,401	2,272,591	123.82
002157	正邦科技	26,941	12,880	22.200	11.670	90,509	1,433,816	85.75
002158	汉钟精机	18,173	18,173	40.810	17.910	39,025	1,015,444	88.24
002159	三特索道	12,000	11,987	22.600	13.530	51,536	904,924	96.40
002160	常铝股份	17,000	16,235	18.100	8.260	63,857	847,875	520.65
002161	远望谷	25,680	15,908	37.680	14.510	184,929	4,465,894	158.68
002162	斯米克	41,800	41,800	17.110	8.110	213,795	2,684,774	194.92
002163	中航三鑫	40,178	14,824	21.830	11.020	142,202	2,309,361	186.15
002164	东力传动	22,281	15,975	20.200	12.620	40,857	705,265	51.65
002165	红宝丽	25,200	24,660	36.500	12.700	91,727	1,682,492	38.40
002166	莱茵生物	12,953	8,697	38.440	13.010	172,728	4,983,981	470.91
002167	东方锆业	17,971	13,792	47.820	15.690	145,447	4,070,061	252.32
002168	深圳惠程	30,044	14,429	41.690	12.800	130,879	2,904,479	158.00
002169	智光电气	17,765	14,386	24.420	13.330	102,979	1,939,866	97.28
002170	芭田股份	30,456	18,564	17.940	7.490	153,168	1,889,339	448.97
002171	精诚铜业	16,302	16,097	23.380	10.770	83,865	1,433,616	90.76
002172	澳洋科技	52,200	49,860	16.770	7.070	190,877	2,096,703	29.90
002173	山下湖	10,050	4,650	23.080	12.650	50,634	930,086	155.58
002174	梅花伞	8,294	8,294	19.100	11.580	43,910	684,973	131.93
002175	广陆数测	8,540	6,238	20.500	10.820	61,232	938,633	309.60
002176	江特电机	10,845	10,836	38.960	12.010	114,761	2,556,267	373.88
002177	御银股份	26,495	15,648	20.500	11.430	80,312	1,286,253	46.64
002178	延华智能	9,600	7,705	22.480	10.180	81,747	1,390,352	97.47
002179	中航光电	40,163	20,918	24.590	10.450	125,110	2,268,517	63.00
002180	万力达	8,332	4,873	24.820	14.500	36,671	778,956	76.49
002181	粤传媒	35,008	21,351	18.050	9.430	163,044	2,267,549	
002182	云海金属	19,200	13,828	22.900	10.310	99,552	1,636,167	627.33
002183	怡亚通	55,608	55,608	21.800	8.990	192,379	2,718,257	85.32
002184	海得控制	22,000	12,893	18.490	10.270	134,061	1,827,228	91.98
002185	华天科技	37,323	23,381	14.980	7.160	293,631	3,292,632	67.82
002186	全聚德	14,156	13,892	40.480	25.000	26,656	883,472	57.00
002187	广百股份	16,888	6,400	33.850	24.030	33,135	993,152	27.97
002188	新嘉联	15,600	11,269	15.860	7.400	87,917	1,009,885	101.87
002189	利达光电	19,924	19,424	17.830	7.780	142,774	1,680,649	1482.00
002190	成飞集成	20,623	20,623	52.290	8.450	120,126	3,325,296	152.76
002191	劲嘉股份	64,200	64,200	15.810	8.880	146,334	1,768,474	23.27
002192	路翔股份	12,140	7,961	45.770	17.530	79,012	2,346,265	166.59
002193	山东如意	16,000	15,990	18.570	11.780	77,794	1,179,720	51.20
002194	武汉凡谷	55,588	24,903	24.470	12.200	154,687	2,697,341	23.05
002195	海隆软件	7,462	5,245	26.800	16.000	26,554	566,221	85.60
002196	方正电机	7,715	5,400	33.880	15.500	41,014	964,169	542.50
002197	证通电子	13,115	8,572	26.990	13.000	83,517	1,735,818	54.45
002198	嘉应制药	16,400	7,769	32.890	14.500	52,542	1,130,025	188.56
002199	东晶电子	10,478	5,814	29.570	12.330	57,170	1,162,468	89.16
002200	绿大地	15,109	10,658	44.860	17.810	88,370	2,469,003	
002201	九鼎新材	13,520	12,810	17.380	8.610	67,979	909,193	151.43
002202	金风科技	219,454	208,867	36.000	15.050	744,309	17,382,467	29.15
002203	海亮股份	40,010	17,924	21.220	9.600	77,469	1,207,938	41.92
002204	华锐铸钢	21,400	5,400	28.790	15.900	32,787	784,937	34.53
002205	国统股份	10,000	4,064	37.980	17.530	51,309	1,261,403	60.44
002206	海利得	25,000	13,660	41.440	14.160	86,041	1,809,899	38.84
002207	准油股份	9,946	2,500	29.650	18.680	45,713	1,087,161	204.00
002208	合肥城建	32,010	12,321	27.480	10.100	155,348	2,278,287	31.92
002209	达意隆	19,524	9,901	19.780	7.810	70,442	915,799	62.04
002210	飞马国际	30,600	8,548	17.680	7.090	127,841	1,455,088	204.72
002211	宏达新材	28,832	7,584	19.350	10.010	75,389	1,105,226	133.73
002212	南洋股份	25,513	5,718	23.700	11.800	59,589	1,063,428	44.66
002213	特尔佳	20,600	9,498	23.030	8.080	106,194	1,467,192	127.99
002214	大立科技	10,000	6,160	45.500	24.750	30,678	1,026,981	90.87

代码	证券名称	发行量	流通量	2010年1月－12月				市盈率
				最高价	最低价	成交数量	成交金额	
002215	诺普信	22,130	6,473	44.440	21.880	30,083	952,084	56.82
002216	三全食品	18,700	4,786	43.660	21.580	28,246	819,183	80.73
002217	联合化工	22,298	15,602	17.270	7.900	119,558	1,475,250	28.99
002218	拓日新能	28,800	7,200	27.180	17.290	82,199	1,945,464	204.83
002219	独一味	29,888	7,488	26.900	14.400	63,904	1,277,590	99.25
002220	天宝股份	19,600	6,779	45.090	16.200	63,594	1,542,420	51.46
002221	东华能源	22,200	10,409	14.770	8.270	97,701	1,126,522	66.53
002222	福晶科技	19,000	11,350	21.400	8.030	128,132	1,698,061	85.19
002223	鱼跃医疗	25,558	6,240	64.780	30.180	30,159	1,269,133	128.22
002224	三力士	13,320	3,420	24.520	11.150	36,926	647,080	44.26
002225	濮耐股份	56,190	7,800	14.940	8.300	103,396	1,215,701	45.52
002226	江南化工	13,996	8,648	54.850	15.200	49,326	1,344,679	51.36
002227	奥特迅	10,858	2,750	43.500	20.820	56,273	1,878,916	142.05
002228	合兴包装	21,719	4,750	19.150	13.590	53,556	880,600	53.62
002229	鸿博股份	13,600	3,960	20.750	11.820	50,107	830,099	51.96
002230	科大讯飞	16,075	8,476	91.930	31.150	49,605	2,331,938	158.63
002231	奥维通信	16,050	4,050	22.690	8.900	71,488	1,068,789	98.85
002232	启明信息	29,182	13,234	27.560	10.580	131,687	2,400,641	85.78
002233	塔牌集团	40,000	12,025	17.540	9.610	118,445	1,665,780	30.20
002234	民和股份	10,750	4,974	29.800	11.030	46,063	857,346	
002235	安妮股份	19,500	5,711	17.840	9.400	57,357	818,417	62.03
002236	大华股份	13,954	5,011	97.940	33.290	27,302	1,796,972	96.64
002237	恒邦股份	19,160	6,727	61.600	28.600	62,944	3,031,449	69.72
002238	天威视讯	26,700	10,299	33.490	17.060	70,415	1,717,903	93.15
002239	金飞达	20,100	5,550	14.750	9.520	87,887	1,034,887	74.10
002240	威华股份	30,669	12,460	14.300	8.040	126,403	1,391,720	
002241	歌尔声学	37,579	9,000	58.600	20.300	64,781	2,113,791	204.76
002242	九阳股份	76,095	19,095	29.550	10.920	112,070	1,998,907	19.37
002243	通产丽星	25,807	10,509	15.970	8.050	84,031	1,069,448	55.56
002244	滨江集团	135,200	29,342	16.150	7.850	194,951	2,209,901	23.60
002245	澳洋顺昌	18,240	6,486	20.300	10.800	101,245	1,509,619	95.98
002246	北化股份	19,789	5,226	22.960	9.150	47,379	795,620	158.62
002247	帝龙新材	10,020	3,643	39.870	13.630	42,353	999,187	64.87
002248	华东数控	25,750	7,739	55.350	24.020	85,208	2,845,893	58.94
002249	大洋电机	42,840	10,880	52.000	21.180	92,444	2,955,120	67.25
002250	联化科技	24,537	9,880	59.470	24.000	46,826	1,706,240	78.39
002251	步步高	27,036	8,251	32.500	20.790	47,234	1,231,081	43.78
002252	上海莱士	27,200	6,800	63.390	32.080	41,445	1,777,057	70.55
002253	川大智胜	7,488	3,375	56.590	29.010	16,336	698,699	89.80
002254	烟台氨纶	26,104	15,912	42.300	19.000	86,512	2,579,575	82.74
002255	海陆重工	12,910	4,859	56.690	37.020	34,015	1,574,765	46.41
002256	彩虹精化	20,880	12,706	17.450	7.460	118,469	1,413,457	86.04
002258	利尔化学	20,244	6,313	27.790	14.100	55,379	1,124,699	36.64
002259	升达林业	30,100	11,963	11.120	5.380	210,516	1,733,016	160.20
002260	伊立浦	15,600	3,900	15.170	8.600	88,386	1,015,310	
002261	拓维信息	14,536	7,054	50.170	23.600	44,190	1,639,485	66.54
002262	恩华药业	23,400	8,676	32.590	16.680	38,716	903,024	101.72
002263	大东南	46,571	11,919	12.350	6.600	165,617	1,535,743	85.04
002264	新华都	16,032	5,649	38.390	16.550	44,775	1,083,793	52.59
002265	西仪股份	29,103	8,443	15.500	6.710	136,416	1,500,914	205.67
002266	浙富股份	14,964	6,691	51.790	23.070	33,221	1,090,092	53.29
002267	陕天然气	50,842	10,000	25.180	15.010	100,046	2,063,511	30.42
002268	卫士通	13,286	7,796	45.000	14.600	55,719	1,477,481	100.26
002269	美邦服饰	100,500	10,500	39.570	17.600	55,107	1,382,907	59.34
002270	法因数控	14,550	3,650	23.970	12.990	49,231	890,484	39.15
002271	东方雨虹	15,828	6,339	75.820	21.500	79,408	3,002,849	85.10
002272	川润股份	11,370	2,682	29.800	18.610	31,661	784,309	51.18
002273	水晶光电	11,272	6,615	55.800	28.800	58,548	2,330,619	100.58
002274	华昌化工	26,147	10,285	21.590	8.220	113,311	1,534,797	
002275	桂林三金	45,400	9,710	31.990	20.060	38,944	1,040,731	35.28
002276	万马电缆	40,000	13,797	36.880	11.900	109,783	2,005,623	60.00

代码	证券名称	发行量	流通量	2010 年 1 月 - 12 月				市盈率
				最高价	最低价	成交数量	成交金额	
002277	友阿股份	34,920	20,614	38.140	16.800	129,022	3,203,271	47.60
002278	神开股份	21,794	9,773	27.330	12.310	54,356	992,738	40.10
002279	久其软件	10,987	3,888	61.880	21.030	42,665	1,312,636	67.18
002280	新世纪	10,700	3,263	59.500	15.810	49,781	1,438,893	54.43
002281	光迅科技	16,000	8,200	51.000	27.600	40,874	1,525,071	59.21
002282	博深工具	17,340	5,837	19.600	11.300	46,555	718,473	48.83
002283	天润曲轴	24,000	10,084	33.960	15.550	77,105	1,751,828	57.22
002284	亚太股份	19,136	6,566	56.700	15.800	64,422	1,738,258	42.86
002285	世联地产	21,760	6,879	63.330	21.920	67,621	2,463,981	37.84
002286	保龄宝	10,400	4,865	49.600	22.500	34,251	1,063,511	58.06
002287	奇正藏药	40,600	4,100	31.800	17.560	65,266	1,644,195	60.07
002288	超华科技	13,749	4,000	30.440	12.000	50,138	958,246	56.51
002289	宇顺电子	7,350	3,890	51.230	20.510	46,229	1,571,182	61.42
002290	禾盛新材	15,048	5,819	75.970	23.000	61,661	2,395,407	58.02
002291	星期六	27,950	9,334	26.580	13.080	51,539	985,965	39.04
002292	奥飞动漫	25,600	6,400	53.440	22.900	71,071	2,504,306	71.68
002293	罗莱家纺	14,036	3,510	80.000	36.850	23,175	1,200,603	55.59
002294	信立泰	22,700	5,700	158.870	61.800	59,412	5,030,465	62.13
002295	精艺股份	14,120	4,816	24.120	15.210	40,835	788,966	33.92
002296	辉煌科技	10,455	3,111	93.990	39.620	18,421	1,050,087	108.22
002297	博云新材	21,400	13,381	39.200	13.380	92,891	2,268,857	137.93
002298	鑫龙电器	16,500	7,777	27.650	10.930	57,417	1,030,550	53.87
002299	圣农发展	41,000	14,103	38.110	24.190	70,375	2,147,473	67.83
002300	太阳电缆	20,100	7,801	38.880	15.120	54,433	1,286,861	30.09
002301	齐心文具	18,680	7,530	39.260	15.760	32,236	737,119	34.14
002302	西部建设	21,000	9,745	37.480	16.040	75,785	1,990,478	41.56
002303	美盈森	17,880	4,500	45.590	25.690	30,040	1,038,554	44.64
002304	洋河股份	45,000	20,493	283.800	100.200	29,231	4,629,746	74.12
002305	南国置业	48,000	10,923	19.980	10.400	51,572	740,956	30.85
002306	湘鄂情	20,000	8,956	33.610	20.720	59,666	1,591,623	57.98
002307	北新路桥	18,945	7,810	31.750	18.470	105,658	2,761,431	48.65
002308	威创股份	42,760	12,935	50.710	16.000	125,026	3,085,891	47.13
002309	中利科技	24,030	10,161	80.880	27.120	61,378	2,527,984	29.03
002310	东方园林	15,024	4,697	229.000	96.000	32,177	4,252,693	182.04
002311	海大集团	29,120	7,280	38.970	21.200	49,288	1,588,273	44.65
002312	三泰电子	11,830	6,567	59.600	19.000	34,432	1,089,003	50.60
002313	日海通讯	10,000	2,500	64.650	32.530	32,659	1,434,823	61.45
002314	雅致股份	29,000	10,948	28.490	15.030	90,523	1,873,393	30.43
002315	焦点科技	11,750	3,040	97.000	62.500	28,362	2,130,581	76.87
002316	键桥通讯	15,600	8,463	35.300	16.160	49,544	1,186,460	54.25
002317	众生药业	12,000	3,000	81.800	31.700	25,487	1,346,198	40.70
002318	久立特材	20,800	10,573	39.890	16.700	67,955	1,784,572	32.66
002319	乐通股份	10,000	5,463	32.450	17.800	37,752	938,697	43.29
002320	海峡股份	20,475	8,848	67.690	31.150	47,671	2,232,060	44.44
002321	华英农业	14,700	10,300	30.750	15.000	60,724	1,345,702	94.05
002322	理工监测	6,670	3,168	122.760	61.500	12,232	1,092,375	51.40
002323	中联电气	8,276	2,332	46.970	26.360	23,979	848,775	28.42
002324	普利特	13,500	5,035	48.580	25.650	56,171	2,024,983	43.35
002325	洪涛股份	15,000	5,364	47.000	24.390	25,788	848,623	63.52
002326	永太科技	13,350	4,320	73.380	31.660	36,393	1,703,673	100.71
002327	富安娜	13,390	3,380	46.800	30.100	28,007	1,116,740	46.46
002328	新朋股份	30,000	10,056	26.980	14.970	79,712	1,702,100	30.50
002329	皇氏乳业	10,700	2,700	53.450	22.210	29,608	897,784	87.27
002330	得利斯	25,100	6,300	25.360	14.200	69,690	1,376,097	69.76
002331	皖通科技	7,141	1,820	55.990	20.200	23,681	863,853	47.32
002332	仙琚制药	34,140	8,540	24.900	12.360	117,883	2,042,562	58.33
002333	罗普斯金	25,088	6,272	33.600	12.450	79,028	1,543,327	28.10
002334	英威腾	12,160	3,040	114.800	47.000	30,855	2,272,192	97.25
002335	科华恒盛	7,800	1,950	64.300	37.000	26,926	1,270,322	66.10
002336	人人乐	40,000	10,000	35.310	23.200	85,916	2,450,197	44.27
002337	赛象科技	12,000	3,000	44.800	25.010	30,679	1,004,988	33.63

代码	证券名称	发行量	流通量	2010年1月－12月				市盈率
				最高价	最低价	成交数量	成交金额	
002338	奥普光电	8,000	2,000	59.940	28.620	24,270	1,042,703	79.60
002339	积成电子	8,600	2,200	49.960	30.050	25,517	960,564	75.01
002340	格林美	12,132	3,033	92.400	44.810	31,345	1,979,335	135.91
002341	新纶科技	7,320	1,900	45.770	23.110	29,308	980,369	87.67
002342	巨力索具	48,000	6,000	27.000	13.710	57,806	1,138,989	46.28
002343	禾欣股份	9,906	2,500	41.000	25.010	30,370	1,016,965	38.25
002344	海宁皮城	28,000	7,000	66.110	19.660	61,890	2,101,427	158.16
002345	潮宏基	18,000	4,499	60.800	30.000	42,902	1,719,365	75.28
002346	柘中建设	13,500	3,500	23.200	13.850	40,975	767,870	49.79
002347	泰尔重工	10,400	2,600	30.430	19.650	38,823	943,295	43.44
002348	高乐股份	14,800	3,800	24.980	16.200	41,583	875,795	44.09
002349	精华制药	8,000	2,000	46.000	22.680	33,201	1,022,654	92.42
002350	北京科锐	12,840	3,240	41.950	20.210	55,592	1,555,300	42.34
002351	漫步者	14,700	3,700	42.420	28.560	39,016	1,334,016	41.74
002352	鼎泰新材	7,783	1,950	38.700	23.600	26,231	818,071	58.73
002353	杰瑞股份	11,482	2,900	155.150	62.080	26,793	2,497,864	92.24
002354	科冕木业	9,350	2,350	31.000	16.110	61,578	1,313,768	71.69
002355	兴民钢圈	21,040	5,260	19.250	12.560	77,336	1,228,118	44.93
002356	浩宁达	8,000	2,000	49.510	28.280	25,026	910,959	48.85
002357	富临运业	9,797	2,520	35.880	15.690	53,470	1,212,865	54.36
002358	森源电气	8,600	2,200	54.850	28.110	24,411	1,017,953	64.04
002359	齐星铁塔	10,900	2,750	25.490	15.330	41,241	842,456	52.53
002360	同德化工	6,000	1,500	43.880	24.120	22,579	792,615	50.45
002361	神剑股份	8,000	2,000	33.660	19.810	32,882	857,794	50.65
002362	汉王科技	10,705	2,700	175.000	77.000	50,185	5,589,815	108.62
002363	隆基机械	12,000	3,000	27.300	15.890	40,919	888,834	35.87
002364	中恒电气	6,680	1,680	49.580	26.880	25,479	967,002	54.71
002365	永安药业	9,350	2,350	46.000	29.300	30,892	1,153,273	47.06
002366	丹甫股份	13,350	3,350	28.080	16.480	51,886	1,122,737	35.29
002367	康力电梯	16,020	4,020	39.500	19.100	37,333	1,140,895	54.39
002368	太极股份	9,879	2,500	65.000	33.590	34,338	1,635,675	86.72
002369	卓翼科技	10,000	2,500	46.600	25.980	39,517	1,400,763	92.33
002370	亚太药业	12,000	3,000	28.500	16.660	43,623	981,636	52.00
002371	七星电子	6,500	1,656	112.000	43.300	18,084	1,179,838	117.24
002372	伟星新材	25,340	6,340	30.300	15.620	82,826	1,887,560	43.71
002373	联信永益	6,853	1,750	58.350	24.820	26,403	964,550	40.87
002374	丽鹏股份	5,350	1,350	41.120	25.220	16,861	580,144	59.03
002375	亚厦股份	21,100	5,300	99.990	33.810	41,276	2,047,425	146.70
002376	新北洋	15,000	3,800	54.990	31.520	40,697	1,729,644	82.64
002377	国创高新	10,700	2,700	30.900	15.900	32,767	754,309	63.69
002378	章源钨业	42,821	4,300	50.800	21.400	99,152	3,342,616	136.25
002379	鲁丰股份	7,750	1,950	55.000	32.780	23,547	989,629	92.48
002380	科远股份	6,800	1,700	84.250	40.720	21,085	1,194,575	66.53
002381	双箭股份	7,800	2,000	63.000	28.300	25,313	998,225	40.16
002382	蓝帆股份	8,000	2,000	61.190	30.380	20,187	844,925	48.90
002383	合众思壮	12,000	3,000	113.980	42.400	46,824	2,968,684	74.93
002384	东山精密	16,000	4,000	82.410	43.920	38,823	2,360,362	165.61
002385	大北农	40,080	6,080	69.950	31.020	65,349	3,038,432	57.89
002386	天原集团	47,977	12,000	30.990	13.810	134,115	2,538,846	41.97
002387	黑牛食品	13,350	3,350	64.870	29.380	41,238	1,797,631	77.08
002388	新亚制程	11,100	2,800	68.000	26.010	41,081	1,416,202	103.52
002389	南洋科技	6,700	1,700	96.000	43.130	30,393	1,810,873	92.28
002390	信邦制药	8,680	2,170	59.000	30.610	25,147	1,066,606	79.16
002391	长青股份	15,827	4,000	78.200	28.800	43,018	1,933,481	56.39
002392	北京利尔	13,500	3,375	56.000	32.280	33,598	1,364,778	57.05
002393	力生制药	18,245	4,600	65.000	37.750	42,175	2,020,298	54.88
002394	联发股份	10,790	2,700	65.000	37.100	27,243	1,251,032	29.12
002395	双象股份	8,940	2,250	35.190	21.110	28,800	789,741	65.44
002396	星网锐捷	17,553	4,400	49.600	23.910	40,561	1,276,758	45.44
002397	梦洁家纺	9,450	2,400	66.500	38.050	18,394	930,734	45.16
002398	建研集团	12,000	3,000	36.200	22.400	36,996	995,201	56.46

代码	证券名称	发行量	流通量	2010 年 1 月 - 12 月				市盈率
				最高价	最低价	成交数量	成交金额	
002399	海普瑞	40,010	4,010	188.880	105.000	29,872	4,209,482	68.81
002400	省广股份	8,237	2,060	53.760	32.360	19,259	810,945	79.49
002401	交技发展	5,320	1,330	52.970	32.010	18,054	736,531	94.99
002402	和而泰	6,670	1,670	49.750	31.720	20,259	790,982	77.09
002403	爱仕达	24,000	6,000	20.800	14.980	45,202	777,861	45.27
002404	嘉欣丝绸	13,350	3,350	23.500	16.850	29,668	602,095	35.18
002405	四维图新	40,023	5,600	58.290	26.010	62,858	2,409,553	146.79
002406	远东传动	18,700	4,700	33.850	21.800	41,262	1,142,732	46.32
002407	多氟多	10,700	2,700	98.500	37.010	32,069	1,704,582	103.73
002408	齐翔腾达	25,956	6,500	48.680	24.330	69,481	2,367,875	60.34
002409	雅克科技	11,088	2,800	45.280	23.510	25,965	827,867	64.12
002410	广联达	18,000	4,500	80.500	45.000	24,829	1,427,498	122.41
002411	九九久	12,900	3,270	49.980	28.120	31,062	1,153,851	93.66
002412	汉森制药	7,400	1,900	55.190	30.150	18,281	749,350	75.08
002413	常发股份	14,700	3,700	26.340	15.400	39,330	811,318	56.56
002414	高德红外	30,000	7,500	40.900	24.550	53,002	1,639,648	69.11
002415	海康威视	50,000	5,000	107.000	63.600	30,040	2,446,893	67.26
002416	爱施德	49,330	5,000	52.200	37.110	27,861	1,243,640	46.24
002417	三元达	12,000	3,000	27.880	19.380	36,137	823,459	56.13
002418	康盛股份	14,300	3,600	23.800	16.000	28,075	557,161	45.36
002419	天虹商场	40,010	5,010	52.550	33.360	25,335	1,052,275	53.60
002420	毅昌股份	40,100	6,300	15.280	10.800	68,268	911,460	40.24
002421	达实智能	7,800	2,000	41.500	28.000	27,784	955,331	96.84
002422	科伦药业	24,000	6,000	166.490	82.170	35,178	3,971,747	87.08
002423	中原特钢	46,551	7,900	10.850	7.680	85,992	799,182	32.24
002424	贵州百灵	23,520	5,920	53.500	30.890	43,503	1,814,479	74.26
002425	凯撒股份	10,700	2,700	43.900	21.250	25,979	719,318	66.77
002426	胜利精密	40,041	4,010	19.310	12.280	46,243	723,343	35.48
002427	尤夫股份	18,323	4,599	22.580	13.710	57,261	998,576	61.38
002428	云南锗业	12,560	3,200	92.200	36.720	38,756	2,246,178	116.48
002429	兆驰股份	47,254	5,600	34.940	21.750	53,386	1,443,267	50.30
002430	杭氧股份	40,100	7,100	38.060	21.810	68,344	1,844,350	50.29
002431	棕榈园林	19,200	4,800	135.000	48.030	33,003	2,712,259	225.81
002432	九安医疗	12,400	3,100	34.600	21.670	38,815	1,080,761	104.38
002433	太安堂	10,000	2,500	36.400	24.600	20,727	636,438	61.28
002434	万里扬	17,000	4,250	34.780	24.700	33,632	1,007,355	40.41
002435	长江润发	13,200	3,300	19.500	13.550	31,000	505,458	51.01
002436	兴森科技	11,170	2,793	70.690	28.620	22,649	958,355	96.42
002437	誉衡药业	14,000	3,500	92.600	50.000	21,350	1,421,492	82.77
002438	江苏神通	10,400	2,600	45.450	24.450	31,998	1,067,110	92.51
002439	启明星辰	9,876	2,500	50.350	30.000	25,508	929,286	79.38
002440	闰土股份	29,500	7,382	35.890	26.200	44,559	1,385,819	31.02
002441	众业达	11,600	2,900	57.650	38.110	26,405	1,245,832	48.83
002442	龙星化工	20,000	5,000	17.270	13.010	57,525	857,914	41.33
002443	金洲管道	13,350	3,350	26.390	20.000	29,314	681,312	32.22
002444	巨星科技	25,350	6,350	42.600	24.980	48,016	1,575,585	44.60
002445	中南重工	12,300	3,100	25.780	17.900	31,305	661,464	41.55
002446	盛路通信	10,215	2,600	30.890	18.650	30,927	711,846	66.58
002447	壹桥苗业	6,700	1,700	125.820	38.010	27,231	2,004,270	122.55
002448	中原内配	9,251	2,350	54.800	27.120	28,942	1,259,313	65.47
002449	国星光电	21,500	5,500	50.500	27.110	45,693	1,558,578	79.87
002450	康得新	16,160	4,040	34.500	17.300	39,479	862,244	111.54
002451	摩恩电气	14,640	3,660	21.280	15.480	39,369	690,820	53.48
002452	长高集团	10,000	2,500	32.390	26.600	21,688	637,208	39.96
002453	天马精化	12,000	3,000	49.500	20.100	29,617	911,457	114.80
002454	松芝股份	24,000	6,000	32.480	20.120	60,312	1,609,145	43.88
002455	百川股份	8,780	2,200	37.100	26.130	17,217	550,800	59.90
002456	欧菲光	9,600	2,400	79.600	44.530	16,188	900,837	130.30
002457	青龙管业	13,958	3,500	44.250	26.420	28,561	938,408	49.06
002458	益生股份	10,800	2,700	38.440	29.030	23,100	768,243	50.78
002459	天业通联	17,100	4,300	37.250	25.000	29,478	898,144	59.98

代码	证券名称	发行量	流通量	2010年1月-12月				市盈率
				最高价	最低价	成交数量	成交金额	
002460	赣锋锂业	10,000	2,500	73.000	46.500	28,231	1,728,696	144.54
002461	珠江啤酒	68,016	7,000	30.950	13.610	90,048	2,054,923	146.15
002462	嘉事堂	16,000	4,000	33.680	20.280	38,194	986,085	84.81
002463	沪电股份	69,203	8,000	22.000	16.300	48,825	921,520	38.60
002464	金利科技	13,500	3,500	42.800	24.500	31,802	1,025,266	90.41
002465	海格通信	33,251	8,500	53.450	38.020	45,615	2,040,377	62.42
002466	天齐锂业	9,800	2,450	93.770	52.010	17,770	1,287,781	148.20
002467	二六三	12,000	3,000	45.640	30.000	19,651	722,300	54.81
002468	艾迪西	16,000	4,000	44.980	24.500	30,692	930,809	65.01
002469	三维工程	6,624	1,660	92.500	40.030	12,304	793,111	140.29
002470	金正大	70,000	10,000	29.900	18.390	55,313	1,233,347	63.29
002471	中超电缆	16,000	4,000	38.880	20.920	32,197	843,062	86.05
002472	双环传动	11,880	3,000	50.500	35.860	17,370	730,472	72.20
002473	圣莱达	8,000	2,000	53.000	27.910	16,355	566,572	90.83
002474	榕基软件	10,370	2,600	55.850	36.050	14,615	692,528	106.45
002475	立讯精密	17,380	4,380	60.900	32.240	30,357	1,305,678	114.93
002476	宝莫股份	12,000	3,000	35.780	24.660	17,934	532,161	78.29
002477	雏鹰农牧	13,350	3,350	69.920	47.600	16,967	970,084	86.56
002478	常宝股份	40,010	6,950	20.580	15.800	41,649	740,965	28.57
002479	富春环保	21,400	5,400	34.490	25.010	32,149	927,358	80.16
002480	新筑股份	14,000	3,500	80.590	39.870	14,691	858,977	88.92
002481	双塔食品	6,000	1,500	52.800	38.510	7,241	324,492	69.48
002482	广田股份	16,000	4,000	97.680	59.810	17,888	1,388,815	133.69
002483	润邦股份	20,000	5,000	33.450	27.000	19,324	590,967	37.82
002484	江海股份	16,000	4,000	34.870	22.080	31,255	845,883	73.98
002485	希努尔	20,000	4,000	31.750	24.300	23,724	665,161	49.73
002486	嘉麟杰	20,800	4,160	16.890	13.530	27,902	419,892	71.63
002487	大金重工	12,000	2,400	49.000	38.500	11,703	504,047	50.44
002488	金固股份	12,000	2,400	29.790	23.970	13,473	357,699	73.97
002489	浙江永强	24,000	4,800	44.110	36.500	22,487	901,476	51.09
002490	山东墨龙	27,086	5,600	23.970	19.510	32,973	701,746	33.73
002491	通鼎光电	26,780	5,360	23.240	18.200	35,024	724,923	66.49
002492	恒基达鑫	12,000	2,400	22.800	19.750	10,765	226,627	57.40
002493	荣盛石化	55,600	4,480	77.000	57.670	23,102	1,502,591	31.46
002494	华斯股份	11,350	2,280	36.090	27.500	12,812	406,558	95.11
002495	佳隆股份	10,400	2,080	35.340	31.150	7,114	236,757	57.50
002496	辉丰股份	10,000	2,000	72.680	53.030	10,060	650,798	47.94
002497	雅化集团	16,000	3,200	46.190	35.650	16,229	649,643	47.85
002498	汉缆股份	47,000	4,000	56.600	39.800	18,928	926,032	44.87
002499	科林环保	7,500	1,520	64.490	39.900	8,434	416,099	93.16
002500	山西证券	239,980	32,000	14.580	11.320	180,630	2,276,833	46.77
002501	利源铝业	9,360	1,888	57.970	39.180	10,957	504,081	92.15
002502	骅威股份	8,800	1,760	38.000	29.800	6,844	231,681	66.01
002503	搜于特	8,000	1,600	106.490	77.100	6,227	555,219	135.00
002504	东光微电	10,700	2,160	35.480	26.000	10,500	328,949	124.31
002505	大康牧业	10,280	2,080	33.000	26.600	8,933	258,795	94.90
002506	超日太阳	26,360	5,280	49.370	42.000	21,549	987,584	69.01
002507	涪陵榨菜	15,500	3,200	48.000	25.120	20,109	604,415	101.27
002508	老板电器	16,000	3,200	51.980	32.700	23,251	933,105	73.09
002509	天广消防	10,000	2,000	55.000	30.070	10,521	391,998	96.45
002510	天汽模	20,576	4,200	33.990	21.180	12,902	351,765	57.35
002511	中顺洁柔	16,000	3,200	54.990	38.800	11,996	566,830	49.94
002512	达华智能	11,799	2,400	48.500	32.830	7,974	307,685	101.43
002513	蓝丰生化	7,400	1,522	71.800	50.020	5,380	309,336	40.05
002514	宝馨科技	6,800	1,361	57.600	39.380	5,709	263,647	91.78
002515	金字火腿	7,350	1,480	78.000	44.880	5,414	299,640	85.77
002516	江苏旷达	20,000	4,000	25.870	20.500	9,701	218,484	56.21
002517	泰亚股份	8,840	1,770	32.800	23.170	9,659	261,820	70.10
002518	科士达	11,500	2,326	46.930	35.920	8,322	344,950	69.57
002519	银河电子	7,040	1,412	57.500	45.070	5,374	278,445	54.01
002520	日发数码	6,400	1,280	52.360	43.310	4,569	216,527	77.10

代码	证券名称	发行量	流通量	2010 年 1 月 - 12 月				市盈率
				最高价	最低价	成交数量	成交金额	
002521	齐峰股份	14,725	2,960	46.780	39.930	7,411	322,573	50.74
002522	浙江众成	10,667	2,137	48.500	33.660	7,108	296,584	92.64
002523	天桥起重	16,000	3,200	24.200	20.700	9,433	213,210	60.26
002524	光正钢构	9,038	1,810	42.990	29.030	6,578	237,210	146.97
002526	山东矿机	26,700	5,372	31.200	24.010	14,848	414,669	91.71
002527	新时达	20,000	4,000	26.980	22.150	10,407	260,920	81.87
002528	英飞拓	14,700	2,963	62.770	50.510	4,137	233,301	94.57
002529	海源机械	16,000	3,200	29.000	20.010	5,584	128,710	57.15
002530	N 丰东	13,400	2,725	24.000	21.020	2,353	53,640	72.13
002531	N 天顺	20,575	4,165	26.900	25.150	2,204	56,995	54.33
002532	N 新界泵	8,000	1,600	40.000	36.880	1,129	43,087	62.93
002533	N 金杯电	14,000	2,800	35.980	34.510	1,682	58,838	48.01
125709	唐钢转债	3,000	3,000	123.450	108.420	5,019	564,797	
125731	美丰转债	650	650	140.000	104.690	1,803	210,505	
126630	铜陵转债	2,000	2,000	204.990	125.000	6,412	1,024,324	
126729	燕京转债	1,130	1,130	150.000	127.200	655	88,142	
128233	塔牌转债	630	630	154.900	129.800	1,106	153,023	
150001	瑞福进取	300,050	300,050	0.978	0.655	1,367,757	1,083,746	72.10
150002	大成优选	396,243	396,243	1.080	0.710	612,713	531,259	105.60
150003	建信优势	226,012	226,012	0.950	0.700	217,136	174,492	95.60
150006	同庆 A	576,778	576,778	1.099	1.026	515,769	554,261	109.20
150007	同庆 B	865,706	865,706	1.110	0.689	4,557,798	3,946,066	101.90
150008	瑞和小康	79,969	79,969	1.019	0.730	315,362	279,201	95.40
150009	瑞和远见	79,969	79,969	1.192	0.743	546,754	545,143	95.40
150010	国泰优先	35,245	35,245	1.082	1.006	51,533	53,191	105.10
150011	国泰进取	35,332	35,332	1.388	0.790	216,045	229,072	118.70
150012	双禧 A	110,522	110,522	1.146	0.908	210,336	211,309	104.10
150013	双禧 B	165,783	165,783	1.608	0.817	748,622	908,671	106.30
150016	合润 A	4,871	4,871	1.080	0.960	16,511	16,622	100.00
150017	合润 B	7,307	7,307	1.230	0.841	32,322	34,257	111.47
150018	银华稳进	153,111	153,111	1.051	0.923	268,651	272,924	103.40
150019	银华锐进	153,111	153,111	1.765	0.795	1,225,082	1,687,879	131.60
150020	汇利 A	179,802	179,802	0.982	0.935	114,445	109,695	101.20
150021	汇利 B	77,076	77,076	1.165	0.981	51,910	57,007	94.90
150022	申万收益	32,888	32,888	0.978	0.848	55,513	50,610	101.10
150023	申万进取	32,888	32,888	1.096	0.830	115,145	107,011	76.50
150025	景丰 A	196,915	196,915	0.960	0.928	131,706	124,242	100.80
150026	景丰 B	84,303	84,303	1.095	0.970	45,397	45,909	96.50
150027	添利 B	99,860	99,860	1.012	0.950	1,930	1,899	100.00
159901	深 100ETF	2,356,183	2,356,183	4.570	0.780	6,874,872	16,800,546	79.50
159902	中小板	69,540	69,540	3.481	2.150	1,572,925	4,416,532	311.40
159903	深成 ETF	299,275	299,275	1.400	0.897	1,073,271	1,272,799	
160105	南方积配	11,357	11,357	1.328	0.982	5,044	5,904	
160106	南方高增	16,521	16,521	1.830	1.300	6,200	9,860	
160119	南方 500	15,188	15,188	1.430	0.895	157,133	182,521	
160211	国泰小盘	27,161	26,917	1.220	0.814	38,666	39,296	107.20
160215	国泰价值	3,648	3,648	1.110	0.941	7,357	7,437	95.50
160311	华夏蓝筹	38,864	38,691	1.360	0.872	29,418	31,832	92.00
160314	华夏行业	68,683	67,265	1.064	0.831	66,421	64,929	96.00
160505	博时主题	32,189	32,189	2.094	1.480	25,805	47,566	
160607	鹏华价值	58,603	58,603	0.926	0.713	29,553	24,707	79.70
160610	鹏华动力	16,837	16,837	1.491	1.012	13,105	16,371	126.10
160611	鹏华治理	50,303	49,044	1.190	0.801	17,304	17,892	101.90
160613	鹏华创新	761	761	1.972	1.189	2,781	4,466	153.20
160615	鹏华 300	8,103	8,103	1.279	0.875	17,284	19,098	107.30
160616	鹏华 500	12,487	12,487	1.154	0.733	70,929	67,669	100.90
160617	鹏华丰润	68,120	68,120	0.987	0.955	14,000	13,461	100.10
160706	嘉实 300	306,697	306,697	0.937	0.644	1,361,271	1,079,989	78.82
160716	嘉实 50	18,763	18,763	0.927	0.673	31,308	26,017	73.09
160717	恒生 H 股	17,120	17,120	0.999	0.852	16,458	16,132	88.95
160805	长盛同智	18,027	17,340	1.067	0.742	4,488	4,326	99.00

代码	证券名称	发行量	流通量	2010年1月－12月				市盈率
				最高价	最低价	成交数量	成交金额	
160807	长盛300	1,777	1,777	1.247	0.971	6,595	7,029	
160910	大成创新	27,267	27,267	1.050	0.741	24,097	22,110	96.40
161005	富国天惠	5,595	5,595	1.791	1.171	5,526	8,626	168.91
161010	富国天丰	178,836	178,836	1.158	1.034	362,688	396,631	
161115	易基岁丰	174,013	174,013	0.997	0.952	78,633	76,366	100.70
161210	国投新兴	514	514	1.178	0.925	4,108	4,171	107.50
161211	国投金融	17,029	17,029	0.980	0.772	40,050	33,668	81.40
161607	融通巨潮	7,602	7,602	1.102	0.761	6,993	6,632	88.40
161610	融通领先	24,798	24,735	1.188	0.850	9,072	9,337	101.20
161706	招商成长	7,579	7,579	1.550	1.060	6,547	8,927	138.56
161713	招商信用	186,825	186,825	1.065	0.962	95,742	98,634	101.00
161810	银华内需	30,331	30,287	1.237	0.820	22,825	24,082	111.00
161811	银华300	2,136	2,136	1.159	0.768	7,715	7,475	93.40
161813	银华信用	136,450	136,450	1.053	1.000	103,869	106,751	105.60
161815	银华通胀	4,421	4,421	1.080	1.000	167	169	100.30
161903	万家公用	4,190	4,190	0.900	0.640	4,565	3,629	77.75
162006	长城久富	10,502	9,744	1.722	1.105	5,237	7,625	
162207	泰达效率	26,419	26,419	0.966	0.721	19,491	16,428	91.18
162307	海富100	2,546	2,546	1.018	0.720	7,624	6,981	82.40
162605	景顺鼎益	11,707	11,707	1.167	0.842	6,363	6,549	99.20
162607	景顺资源	27,508	27,508	0.937	0.668	12,964	10,802	85.60
162703	广发小盘	17,688	17,688	2.509	1.634	23,989	49,885	218.65
162711	广发500	22,080	22,080	1.242	0.800	216,846	221,718	107.20
163001	长信100	2,721	2,721	1.140	0.880	15,967	15,791	98.20
163302	大摩资源	6,602	6,602	2.725	1.829	11,170	24,670	215.37
163402	兴业趋势	49,734	49,734	1.184	0.941	59,582	64,308	104.59
163503	天治核心	54,696	54,696	0.663	0.467	43,606	24,788	58.77
163801	中银中国	3,743	3,743	1.980	1.482	6,057	10,411	183.12
164105	华富强债	131,635	131,635	1.009	0.950	83,232	81,577	99.50
164205	天弘深成	162	162	1.106	0.913	732	735	95.70
165309	建信300	2,350	2,350	1.079	0.729	5,675	5,157	86.90
165508	信诚深度	706	706	1.157	0.983	2,755	2,849	102.70
165509	信诚增强	56,160	56,160	0.989	0.913	12,143	11,472	99.70
166001	中欧趋势	12,071	12,071	1.138	0.753	5,230	4,794	84.29
166006	中欧小盘	852	852	1.158	0.762	5,160	5,122	99.64
166007	中欧300	863	863	1.152	0.930	5,058	5,306	98.95
184688	基金开元	200,000	197,000	1.099	0.792	240,623	223,028	111.83
184689	基金普惠	200,000	197,000	1.583	0.865	240,543	292,920	137.85
184690	基金同益	200,000	197,000	1.375	0.823	312,033	329,671	122.48
184691	基金景宏	200,000	197,000	1.472	0.907	369,654	433,902	139.70
184692	基金裕隆	300,000	298,500	1.285	0.825	371,260	385,401	119.92
184693	基金普丰	300,000	298,500	1.244	0.785	459,994	463,002	119.29
184698	基金天元	300,000	298,500	1.276	0.763	332,585	332,378	113.49
184699	基金同盛	300,000	298,500	1.250	0.802	673,521	677,966	133.82
184701	基金景福	300,000	298,500	1.452	0.906	628,229	766,934	148.10
184705	基金裕泽	50,000	49,750	1.229	0.902	89,114	99,139	115.68
184721	基金丰和	300,000	298,500	1.140	0.716	781,869	678,682	122.55
184722	基金久嘉	200,000	198,000	0.947	0.707	655,798	538,730	107.85
184728	基金鸿阳	200,000	198,000	0.739	0.550	679,029	440,544	85.20
200002	万科B	131,496	131,496	11.300	6.500	87,442	687,058	17.81
200011	深物业B	6,761	6,760	5.630	3.000	16,757	70,579	25.00
200012	南玻B	76,258	76,258	12.250	5.020	175,491	1,384,543	25.27
200016	深康佳B	40,568	40,568	3.990	2.620	59,241	173,914	21.55
200017	*ST中华B	24,836	24,836	4.100	1.910	45,811	113,004	
200018	ST中冠B	6,942	6,942	4.370	2.850	5,018	16,598	48.75
200019	深深宝B	2,614	2,614	7.190	4.550	6,765	35,882	
200020	深华发B	10,200	10,200	4.820	3.150	21,324	78,885	250.59
200022	深赤湾B	17,990	17,981	14.000	9.800	6,634	74,104	19.09
200024	招商局B	33,934	33,820	18.360	11.010	21,016	275,686	13.68
200025	特力B	2,640	2,640	5.630	3.720	5,731	24,994	151.82
200026	飞亚达B	5,832	5,832	12.900	5.850	10,773	81,748	41.48

代码	证券名称	发行量	流通量	2010 年 1 月 - 12 月				市盈率
				最高价	最低价	成交数量	成交金额	
200028	一致 B	5,489	5,489	27.560	15.550	5,476	101,453	31.27
200029	深深房 B	12,000	12,000	3.790	2.360	18,570	52,596	138.70
200030	*ST 盛润 B	3,960	3,960	3.700	2.670	4,057	11,744	111.88
200037	深南电 B	26,385	26,385	4.500	2.720	21,275	69,442	24.19
200039	中集 B	143,048	143,048	19.400	8.010	49,966	532,976	44.67
200045	深纺织 B	4,950	4,949	8.950	4.510	11,467	66,920	66.90
200053	深基地 B	11,118	11,115	12.950	8.000	7,353	66,228	21.29
200054	建摩 B	12,000	12,000	4.800	2.870	20,130	69,472	156.00
200055	方大 B	22,397	22,397	5.470	3.660	50,256	202,969	46.45
200056	深国商 B	10,169	10,157	6.650	4.240	9,223	44,621	189.71
200058	深赛格 B	24,646	24,646	3.500	2.400	43,381	117,375	
200152	山航 B	14,000	14,000	18.180	5.300	42,033	389,321	18.41
200160	ST 大路 B	46,152	46,152	2.930	1.580	46,091	90,298	7.56
200168	ST 雷伊 B	15,458	15,458	2.840	1.820	22,890	48,429	221.82
200413	宝石 B	10,000	10,000	7.140	3.110	31,163	128,982	
200418	小天鹅 B	19,104	19,104	17.500	6.780	17,788	158,413	35.36
200429	粤高速 B	34,875	34,873	4.150	3.290	34,263	114,555	13.25
200468	宁通信 B	10,000	10,000	5.750	3.250	20,325	81,751	87.72
200488	晨鸣 B	55,750	55,750	7.110	5.150	80,968	427,549	14.26
200505	ST 珠江 B	6,498	6,498	5.010	2.420	18,477	61,931	17.73
200512	闽灿坤 B	111,235	111,235	2.580	1.370	119,200	199,969	40.18
200513	丽珠 B	11,199	11,199	31.060	18.540	9,203	186,806	15.40
200521	皖美菱 B	11,310	11,310	9.490	5.110	28,873	174,491	10.81
200530	大冷 B	11,500	11,500	8.510	4.800	13,431	77,275	32.40
200539	粤电力 B	66,534	66,531	4.740	3.880	56,440	217,876	8.96
200541	粤照明 B	22,523	21,682	11.150	5.600	42,545	289,894	40.13
200550	江铃 B	34,400	34,400	27.490	11.610	8,718	131,967	16.83
200553	沙隆达 B	23,000	23,000	4.150	3.020	37,134	124,151	101.62
200570	苏常柴 B	15,000	15,000	6.780	4.130	32,399	162,944	12.62
200581	苏威孚 B	11,492	11,492	31.670	7.790	23,462	311,469	32.05
200596	古井贡 B	6,000	6,000	51.260	19.100	6,748	181,522	71.40
200613	ST 东海 B	8,800	8,800	4.630	2.220	31,617	94,549	
200625	长安 B	59,643	59,643	8.290	4.220	141,640	799,721	12.80
200706	瓦轴 B	15,860	15,860	9.170	4.730	12,673	76,772	44.06
200725	京东方 B	111,555	111,555	2.520	1.620	172,663	314,707	195.45
200726	鲁泰 B	44,271	32,436	9.130	5.560	36,267	223,517	12.61
200761	本钢板 B	40,000	40,000	4.680	2.970	45,552	154,432	
200770	*ST 武锅 B	12,500	12,500	6.780	4.310	5,559	26,663	
200771	杭汽轮 B	17,576	17,572	19.990	10.980	26,335	359,683	12.06
200869	张裕 B	17,846	17,846	104.600	59.000	7,599	522,758	34.70
200986	粤华包 B	17,193	17,193	6.050	3.210	26,558	107,500	79.56
200992	中鲁 B	13,800	13,800	6.350	2.700	33,446	122,777	75.59
300001	特锐德	13,360	4,073	47.950	29.990	40,144	1,504,722	54.71
300002	神州泰岳	31,600	8,607	237.990	49.000	75,977	5,848,359	51.46
300003	乐普医疗	81,200	28,139	62.900	23.800	84,486	2,844,484	70.59
300004	南风股份	9,400	3,644	62.250	27.000	35,855	1,678,175	82.94
300005	探路者	13,400	5,641	58.430	17.610	39,176	1,249,601	85.04
300006	莱美药业	9,150	4,496	39.970	21.810	31,707	921,979	66.93
300007	汉威电子	11,800	6,115	75.500	17.200	57,238	1,658,959	47.51
300008	上海佳豪	8,568	3,491	71.050	21.720	35,715	1,256,945	50.66
300009	安科生物	15,120	7,725	49.400	15.470	67,716	1,740,754	61.12
300010	立思辰	15,773	7,166	37.900	14.180	43,608	1,028,185	71.27
300011	鼎汉技术	10,275	3,075	106.350	29.800	30,477	1,502,158	54.64
300012	华测检测	12,266	3,565	53.540	20.150	33,782	1,109,347	62.65
300013	新宁物流	9,000	3,546	34.400	12.900	34,279	680,807	42.33
300014	亿纬锂能	13,200	4,443	44.990	18.900	74,909	2,323,726	67.94
300015	爱尔眼科	26,700	7,480	78.790	29.270	83,095	3,513,389	101.00
300016	北陆药业	10,183	5,380	38.100	16.250	32,940	797,485	44.24
300017	网宿科技	15,421	6,981	47.000	13.930	80,255	1,826,210	52.14
300018	中元华电	13,000	5,990	72.400	19.130	54,933	1,680,949	37.70
300019	硅宝科技	10,200	2,942	60.980	16.050	40,604	1,205,888	49.66

代码	证券名称	发行量	流通量	2010 年 1 月 - 12 月				市盈率
				最高价	最低价	成交数量	成交金额	
300020	银江股份	16,000	7,844	59.000	18.000	58,449	1,710,840	71.01
300021	大禹节水	13,930	6,106	49.000	15.000	67,702	1,646,212	97.17
300022	吉峰农机	17,870	8,406	82.430	25.600	61,863	2,526,626	89.89
300023	宝德股份	9,000	2,250	41.200	14.280	32,329	743,035	44.49
300024	机器人	13,530	7,573	121.480	33.680	52,993	2,636,407	93.48
300025	华星创业	8,000	3,776	67.500	20.930	34,816	1,116,411	80.39
300026	红日药业	10,068	3,623	126.800	35.500	24,011	1,447,632	44.49
300027	华谊兄弟	33,600	19,124	70.360	27.510	88,323	3,255,579	91.94
300028	金亚科技	17,640	9,598	32.980	14.770	66,785	1,368,456	49.57
300029	天龙光电	20,000	10,880	35.490	18.800	63,897	1,634,373	67.51
300030	阳普医疗	7,400	4,047	35.400	23.920	19,360	575,797	59.82
300031	宝通带业	10,000	3,660	73.730	18.200	33,607	1,021,393	34.81
300032	金龙机电	14,270	3,570	30.300	17.200	51,029	1,181,722	42.33
300033	同花顺	13,440	4,670	100.100	30.410	47,858	2,339,604	48.10
300034	钢研高纳	11,777	5,519	41.500	19.980	45,824	1,347,809	78.84
300035	中科电气	9,225	4,475	49.330	17.850	28,272	819,840	32.34
300036	超图软件	7,500	4,250	44.400	26.700	20,739	740,126	57.50
300037	新宙邦	10,700	2,700	53.900	30.550	39,685	1,701,802	57.25
300038	梅泰诺	9,157	2,300	37.500	20.880	28,332	768,253	32.46
300039	上海凯宝	17,536	4,384	57.540	24.970	32,778	1,360,295	91.00
300040	九洲电气	13,890	3,600	61.680	16.500	49,016	1,338,813	43.94
300041	回天胶业	6,600	1,700	73.500	36.000	20,653	1,105,532	60.82
300042	朗科科技	6,680	1,680	60.830	26.700	22,743	896,695	38.19
300043	星辉车模	7,920	1,980	54.000	27.300	14,846	611,880	75.05
300044	赛为智能	10,000	2,500	41.440	19.020	38,057	1,070,354	72.46
300045	华力创通	6,700	1,700	46.330	30.030	18,804	702,507	75.50
300046	台基股份	7,104	1,800	61.060	27.020	27,192	1,136,471	86.99
300047	天源迪科	10,460	2,700	36.880	23.310	26,802	803,519	53.60
300048	合康变频	12,000	3,000	70.620	34.560	38,883	1,776,671	103.12
300049	福瑞股份	9,620	2,470	40.600	23.000	26,408	835,397	74.16
300050	世纪鼎利	10,800	2,800	173.960	57.690	27,283	3,085,213	65.93
300051	三五互联	8,025	2,025	55.990	22.530	28,478	1,086,950	62.88
300052	中青宝	13,000	3,250	45.660	18.630	42,644	1,185,393	68.82
300053	欧比特	10,000	2,500	29.700	19.310	43,584	1,095,548	80.03
300054	鼎龙股份	6,000	1,500	80.480	31.700	20,962	1,086,180	101.02
300055	万邦达	11,440	2,860	150.000	60.320	18,742	1,865,574	191.37
300056	三维丝	5,200	1,300	45.500	30.390	17,555	679,118	86.59
300057	万顺股份	21,100	5,300	30.500	15.680	49,910	1,043,941	71.22
300058	蓝色光标	12,000	3,000	54.100	22.810	23,536	894,251	87.38
300059	东方财富	14,000	3,500	101.980	45.310	45,501	2,898,046	104.82
300061	康耐特	6,000	1,500	32.890	17.680	14,872	377,785	65.49
300062	中能电气	7,700	2,000	41.500	21.180	22,494	706,102	67.34
300063	天龙集团	6,700	1,700	40.980	22.250	16,083	481,074	49.12
300064	豫金刚石	15,200	3,800	43.000	17.500	49,515	1,329,013	106.70
300065	海兰信	5,540	1,385	67.840	33.010	16,482	787,176	112.55
300066	三川股份	5,200	1,300	91.680	42.500	16,391	996,065	48.30
300067	安诺其	10,700	2,700	30.500	17.080	24,011	513,220	43.96
300068	南都电源	24,800	6,200	48.290	23.000	76,079	2,433,979	45.68
300069	金利华电	6,000	1,500	39.350	23.030	18,415	540,353	81.42
300070	碧水源	14,700	3,700	175.580	77.010	28,999	3,432,668	170.77
300071	华谊嘉信	5,176	1,300	50.790	26.220	16,052	551,478	67.44
300072	三聚环保	9,727	2,500	60.980	34.520	25,714	1,197,853	85.88
300073	当升科技	8,000	2,000	74.000	44.510	24,872	1,439,259	92.48
300074	华平股份	4,000	1,000	114.680	59.000	8,519	634,390	67.96
300075	数字政通	5,600	1,400	76.000	43.990	10,095	580,438	72.46
300076	宁波 GQY	10,600	2,728	79.500	26.420	24,486	1,111,410	55.16
300077	国民技术	10,880	2,720	183.770	102.010	31,052	4,330,526	119.89
300078	中瑞思创	6,700	1,700	86.000	51.020	22,026	1,479,074	81.93
300079	数码视讯	11,200	2,800	79.970	45.710	24,494	1,425,025	80.73
300080	新大新材	14,000	3,500	63.800	34.500	26,465	1,289,245	81.38
300081	恒信移动	6,700	1,700	45.000	28.600	15,371	528,309	49.46

代码	证券名称	发行量	流通量	2010 年 1 月 - 12 月				市盈率
				最高价	最低价	成交数量	成交金额	
300082	奥克股份	16,200	4,050	84.660	45.100	22,864	1,413,244	55.29
300083	劲胜股份	10,000	2,500	49.690	26.900	16,097	558,329	65.81
300084	海默科技	6,400	1,600	42.000	25.000	15,755	496,131	82.09
300085	银之杰	6,000	1,500	34.190	24.800	15,140	443,211	59.02
300086	康芝药业	10,000	2,500	88.720	46.810	14,823	947,637	81.90
300087	荃银高科	5,280	1,320	81.000	30.580	15,845	666,349	102.01
300088	长信科技	12,550	3,150	61.000	24.980	48,188	1,805,366	106.02
300089	长城集团	10,000	2,500	28.080	18.220	25,036	551,714	53.24
300090	盛运股份	12,764	3,200	36.200	18.010	31,039	707,354	87.09
300091	金通灵	8,360	2,100	52.500	26.740	17,668	597,695	72.00
300092	科新机电	9,100	2,300	34.950	16.500	19,284	424,159	81.45
300093	金刚玻璃	12,000	3,000	35.600	17.980	37,915	896,058	94.48
300094	国联水产	32,000	8,000	18.700	12.780	63,531	971,193	50.23
300095	华伍股份	7,700	1,950	39.980	24.810	16,620	519,358	44.39
300096	易联众	8,600	2,200	42.200	24.370	18,307	563,562	107.09
300097	智云股份	6,000	1,500	33.900	23.800	13,517	398,429	58.25
300098	高新兴	6,840	1,710	42.300	32.800	11,611	438,166	41.73
300099	尤洛卡	4,134	1,034	122.920	71.000	6,364	547,531	96.74
300100	双林股份	9,350	2,350	45.000	34.310	20,447	792,487	68.47
300101	国腾电子	6,950	1,750	116.900	63.000	9,813	762,720	140.52
300102	乾照光电	11,800	2,950	97.470	68.800	16,077	1,337,006	118.12
300103	达刚路机	6,535	1,635	49.000	36.900	9,700	416,396	61.30
300104	乐视网	10,000	2,500	68.880	33.400	22,268	1,039,646	144.67
300105	龙源技术	8,800	2,200	126.800	78.010	10,221	945,711	122.27
300106	西部牧业	11,700	3,000	31.500	20.520	22,466	575,772	86.41
300107	建新股份	6,690	1,690	76.000	47.920	7,519	455,958	95.71
300108	双龙股份	5,200	1,300	39.880	26.080	8,608	273,652	79.42
300109	新开源	3,600	900	88.800	56.000	6,997	481,193	126.46
300110	华仁药业	21,360	5,360	24.180	17.340	34,104	686,711	65.85
300111	向日葵	50,900	5,100	29.500	21.100	38,944	975,086	118.33
300112	万讯自控	7,163	1,800	28.500	21.780	12,655	323,648	68.78
300113	顺网科技	6,000	1,500	88.870	54.950	7,299	524,189	132.70
300114	中航电测	8,000	2,000	45.000	32.110	12,476	473,307	73.74
300115	长盈精密	8,600	2,150	68.900	45.810	11,161	640,924	102.38
300116	坚瑞消防	8,000	2,000	55.000	29.980	16,600	673,492	119.37
300117	嘉寓股份	10,860	2,800	40.000	26.010	17,685	555,706	48.57
300118	东方日升	17,500	4,500	72.780	42.050	30,117	1,717,696	91.42
300119	瑞普生物	7,415	1,860	80.990	58.850	9,253	655,064	59.22
300120	经纬电材	8,700	2,200	32.500	21.900	15,990	428,659	72.02
300121	阳谷华泰	6,000	1,500	36.800	23.900	7,863	225,201	59.16
300122	智飞生物	40,000	4,000	46.110	34.200	17,041	689,042	61.28
300123	太阳鸟	8,694	2,200	51.800	30.300	10,483	425,960	131.99
300124	汇川技术	10,800	2,700	168.000	87.000	7,995	940,439	147.09
300125	易世达	5,900	1,200	97.800	61.230	7,131	556,692	128.25
300126	锐奇股份	8,420	1,684	43.300	32.120	8,978	332,094	76.59
300127	银河磁体	16,157	3,280	37.290	22.500	28,199	828,157	111.16
300128	锦富新材	10,000	2,000	56.790	35.000	9,474	435,001	79.05
300129	泰胜风能	12,000	2,400	47.470	38.180	15,199	633,831	57.69
300130	新国都	6,350	1,280	51.300	43.500	7,348	341,281	64.74
300131	英唐智控	4,600	952	64.000	40.250	8,426	416,344	100.32
300132	青松股份	6,700	1,360	37.900	28.630	7,837	254,182	86.55
300133	华策影视	5,648	1,130	127.500	97.020	5,910	657,754	118.25
300134	大富科技	16,000	3,200	71.250	51.110	14,991	891,952	75.69
300135	宝利沥青	8,000	1,600	56.660	39.190	9,049	421,263	62.88
300136	信维通信	6,667	1,334	73.800	43.310	5,210	299,944	137.25
300137	先河环保	12,000	2,400	42.680	30.330	13,424	483,581	137.45
300138	晨光生物	8,979	1,840	39.880	33.500	7,795	290,076	55.02
300139	福星晓程	5,480	1,096	90.060	69.880	4,341	357,183	60.77
300140	启源装备	6,100	1,240	56.000	44.020	3,925	194,318	57.09
300141	和顺电气	5,520	1,120	75.990	45.120	5,089	271,234	103.46
300142	沃森生物	10,000	2,000	158.000	122.010	7,042	1,007,562	174.57

代码	证券名称	发行量	流通量	2010年1月－12月				市盈率
				最高价	最低价	成交数量	成交金额	
300143	星河生物	6,700	1,360	69.180	45.720	5,477	303,976	185.00
300144	宋城股份	16,800	3,360	66.470	55.000	10,337	651,304	107.02
300145	南方泵业	8,000	1,601	46.020	38.110	3,890	162,997	66.44
300146	汤臣倍健	5,468	1,098	165.650	140.200	2,788	423,635	157.23
300147	香雪制药	12,300	2,484	42.470	35.210	5,575	220,757	86.05
300148	天舟文化	7,500	1,540	35.280	26.700	4,627	147,531	100.70
300149	量子高科	6,700	1,360	49.900	33.500	2,529	101,462	79.27
300150	世纪瑞尔	13,500	2,807	61.200	45.810	7,161	396,399	152.72
300151	昌红科技	6,700	1,360	46.990	35.600	2,683	111,151	86.25
300152	燃控科技	10,800	2,240	53.970	45.800	3,600	178,264	89.24
300153	科泰电源	8,000	1,600	43.000	38.310	1,408	57,234	70.85
300154	瑞凌股份	11,175	2,240	45.080	38.520	2,795	113,573	102.39

2010年度深市债券现货成交统计

成交金额单位:万元

代码	债券现货	到期日期	票面利率	2010年1月－12月				市盈率
				最高价	最低价	成交数量	成交金额	
100203	国债0203	20120418	2.54	104.88	92.16	32309	326	1.8
100213	国债0213	20170920	2.6	98.9	90	575977	5477	0.73
100303	国债0303	20230417	3.4	99.96	93.06	1428177	13799	0.71
100308	国债0308	20130917	3.02	105.1	93.6	68892	695	0.88
100404	国债0404	20110525	4.89	106.66	100	39644	408	2.96
100407	国债0407	20110825	4.71	106	100.11	13490	138	1.66
100410	国债0410	20111125	4.86	107.5	94.1	23756	245	0.49
100501	国债0501	20150228	4.44	107.88	96.6	24326	256	1.53
100504	国债0504	20250515	4.11	100	100	0	0	0.53
100505	国债0505	20120525	3.37	106.25	96.66	2647	27	2.04
100509	国债0509	20120825	2.83	100	100	0	0	1
100512	国债0512	20201115	3.65	100	100	0	0	0.47
100513	国债0513	20121125	3.01	100	100	0	0	0.31
100601	国债0601	20130227	2.51	100	100	0	0	2.12
100603	国债0603	20160327	2.8	100	100	0	0	0.74
100605	国债0605	20110516	2.4	100	100	0	0	1.51
100606	国债0606	20130525	2.62	100	100	0	0	1.59
100609	国债0609	20260626	3.7	100	100	0	0	0.06
100612	国债0612	20110815	2.72	100	100	0	0	1.04
100613	国债0613	20130831	2.89	100	100	0	0	0.97
100616	国债0616	20160926	2.92	100	100	0	0	0.78
100618	国债0618	20111025	2.48	100	100	0	0	0.46
100619	国债0619	20211115	3.27	100	100	0	0	0.42
100620	国债0620	20131127	2.91	100	100	0	0	0.28
100701	国债0701	20140206	2.93	100	100	0	0	2.64
100703	国债0703	20170322	3.4	100	100	0	0	0.94
100705	国债0705	20120423	3.18	100	100	0	0	2.2
100706	国债0706	20370517	4.27	100	100	0	0	0.53
100707	国债0707	20140524	3.74	100	100	0	0	2.27
100710	国债0710	20170625	4.4	100	100	0	0	0.08
100713	国债0713	20270816	4.52	100	100	0	0	1.71
100714	国债0714	20140823	3.9	100	100	0	0	1.4
100717	国债0717	20121022	4	100	100	0	0	0.78
100718	国债0718	20141126	4.35	100	100	0	0	0.43
100801	国债0801	20150213	3.95	100	100	0	0	3.48
100802	国债0802	20230228	4.16	100	100	0	0	1.44
100803	国债0803	20180320	4.07	100	100	0	0	1.15
100804	国债0804	20110414	3.56	101.25	100	1700000	17213	2.56
100805	国债0805	20130421	3.69	100	100	0	0	2.58
100806	国债0806	20380508	4.5	100	100	0	0	0.67
100807	国债0807	20150519	4.01	100	100	0	0	2.49
100810	国债0810	20180623	4.41	100	100	0	0	0.11
100811	国债0811	20110714	3.92	100	100	0	0	1.84

代码	债券现货	到期日期	票面利率	2010 年 1 月 - 12 月				市盈率
				最高价	最低价	成交数量	成交金额	
100813	国债 0813	20280811	4.94	100	100	0	0	1.94
100814	国债 0814	20150818	4.23	100	100	0	0	1.58
100817	国债 0817	20130916	3.69	100	100	0	0	1.08
100818	国债 0818	20180922	3.68	100	100	0	0	1.02
100819	国债 0819	20111013	2.64	100	100	0	0	0.58
100820	国债 0820	20381023	3.91	100	100	0	0	0.75
100822	国债 0822	20151124	2.71	100	100	0	0	0.28
100823	国债 0823	20231127	3.62	100	100	0	0	0.35
100825	国债 0825	20181215	2.9	100	100	0	0	0.14
100826	国债 0826	20131218	1.77	100	100	0	0	0.07
100901	国债 0901	20160212	2.76	100	100	0	0	2.44
100902	国债 0902	20290219	3.86	100	100	0	0	1.43
100903	国债 0903	20190312	3.05	100	100	0	0	0.93
100904	国债 0904	20140402	2.29	100	100	0	0	1.72
100905	国债 0905	20390409	4.02	100	100	0	0	0.93
100906	国债 0906	20160416	2.82	100	100	0	0	2.01
100907	国债 0907	20190507	3.02	100	100	0	0	0.46
100909	国债 0909	20120521	1.55	100	100	0	0	0.96
100910	国债 0910	20140604	2.26	100	100	0	0	1.31
100911	国债 0911	20240611	3.69	100	100	0	0	0.21
100912	国债 0912	20190618	3.09	100	100	0	0	0.12
100913	国债 0913	20160625	2.82	100	100	0	0	1.47
100915	国债 0915	20120716	2.22	100	100	0	0	1.03
100916	国债 0916	20190723	3.48	100	100	0	0	1.54
100917	国债 0917	20160730	3.15	100	100	0	0	1.34
100918	国债 0918	20140806	2.97	100	100	0	0	1.2
100919	国债 0919	20160820	3.17	100	100	0	0	1.16
100920	国债 0920	20290827	4	100	100	0	0	1.39
100922	国债 0922	20120910	2.18	100	100	0	0	0.67
100923	国债 0923	20190917	3.44	100	100	0	0	1
100924	国债 0924	20140924	2.9	100	100	0	0	0.79
100925	国债 0925	20391015	4.18	100	100	0	0	0.89
100926	国债 0926	20161022	3.4	100	100	0	0	0.66
100927	国债 0927	20191105	3.68	100	100	0	0	0.57
100929	国债 0929	20121119	2.42	100	100	0	0	0.29
100930	国债 0930	20591130	4.3	100	100	0	0	0.38
100931	国债 0931	20141203	2.9	100	100	0	0	0.23
100932	国债 0932	20161217	3.22	100	100	0	0	0.13
101001	国债 1001	20120128	2.01	100.48	99.6	9400100	93874	1.86
101002	国债 1002	20200204	3.43	101.39	100	100000	1014	1.41
101003	国债 1003	20400301	4.08	100	100	0	0	1.36
101004	国债 1004	20110304	1.44	104	95	6319950	63132	1.2
101005	国债 1005	20170311	2.92	100	100	0	0	2.37
101006	国债 1006	20130318	2.23	100	100	0	0	1.77
101007	国债 1007	20200325	3.36	100.58	100	2400000	24111	0.9
101008	国债 1008	20150408	2.7	100	100	0	0	1.98
101009	国债 1009	20300415	3.96	100	100	0	0	0.85
101010	国债 1010	20170422	3.01	100	100	0	0	2.09
101011	国债 1011	20110429	1.49	100	99.79	3600000	35951	1.01
101012	国债 1012	20200513	3.25	100	100	0	0	0.44
101013	国债 1013	20150520	2.38	100	100	0	0	1.47
101014	国债 1014	20600524	4.03	100	99.79	1930040	18949	0.42
101015	国债 1015	20170527	2.83	100	100	0	0	1.7
101016	国债 1016	20130603	2.33	100	100	0	0	1.35
101017	国债 1017	20150610	2.53	100	100	0	0	1.42
101018	国债 1018	20400621	4.03	100	100	0	0	0.12
101019	国债 1019	20200624	3.41	100	100	0	0	0.07
101020	国债 1020	20150708	2.52	100	100	0	0	1.22
101021	国债 1021	20110715	1.87	103.81	91	1000400	9997	0.87
101022	国债 1022	20170722	2.76	100	100	0	0	1.23
101023	国债 1023	20400729	3.96	100	100	2600000	25137	1.69

代码	债券现货	到期日期	票面利率	2010年1月-12月				市盈率
				最高价	最低价	成交数量	成交金额	
101024	国债1024	20200805	3.28	100	100	0	0	1.34
101025	国债1025	20130812	2.3	100	100	0	0	0.89
101026	国债1026	20400816	3.96	100	100	1200000	11890	1.5
101027	国债1027	20170819	2.81	100	100	0	0	1.04
101028	国债1028	20150826	2.58	100	100	0	0	0.9
101029	国债1029	20300902	3.82	100	100	0	0	1.27
101030	国债1030	20110909	1.87	100	99.8	1800000	17989	0.58
101031	国债1031	20200916	3.29	100	100	0	0	0.96
101032	国债1032	20171014	3.1	100	100	0	0	0.67
101033	国债1033	20151021	2.91	100	100	0	0	0.57
101034	国债1034	20201028	3.67	100	100	0	0	0.65
101035	国债1035	20131104	2.68	100	100	0	0	0.43
101036	国债1036	20111111	2.15	100	100	0	0	0.3
101037	国债1037	20601118	4.4	100	100	0	0	0.53
101038	国债1038	20171125	3.83	100	100	0	0	0.39
101039	国债1039	20151202	3.64	100	100	0	0	0.3
101040	国债1040	20401209	4.23	100	100	0	0	0.27
101041	国债1041	20201216	3.77	100	100	0	0	0.17
101912	国债912	20111030	3.05	110.1	99	40354	407	0.53
101917	国债917	20210731	4.26	108.88	95.09	56617	598	1.8
108028	贴债1002	20110110		98.87	98.87	400000	3954	1.09
108031	贴债1005	20110214		203.88	97.3	1800260	17784	1.06
108033	贴债1007	20110314		98.51	98.51	0	0	1.1
108034	贴债1008	20110110		99.3	99.14	900000	8931	0.89
108035	贴债1009	20110124		99.12	99.12	0	0	0.77
108036	贴债1010	20110509		98.62	98.62	0	0	0.73
108037	贴债1011	20110221		99.11	99.11	0	0	0.64
108038	贴债1012			99.6	99.6	0	0	0.38
108039	贴债1013	20110321		99.17	99.07	800010	7927	0.52
108040	贴债1014	20110124		99.54	99.54	0	0	0.34
108041	贴债1015	20110131		99.54	99.54	0	0	0.31
108042	贴债1016	20110516		99.05	99.05	300000	2972	0.26
108043	贴债1017	20110228		99.37	99.34	600700	5967	0.24
108044	贴债1018	20110912		97.93	97.93	0	0	0.14
108045	贴债1019	20110328		99.11	99.11	0	0	0.05
109001	新疆0901	20120330	1.61	100	100	0	0	1.22
109002	安徽0901	20120401	1.6	100	100	0	0	1.21
109003	河南0901	20120407	1.63	100	100	0	0	1.2
109004	四川0901	20120408	1.65	100	100	0	0	1.21
109005	重庆0901	20120413	1.7	100	100	0	0	1.22
109006	辽宁0901	20120414	1.75	100	100	0	0	1.26
109007	天津0901	20120414	1.78	100	100	0	0	1.28
109008	山东0901	20120416	1.8	100	100	0	0	1.28
109009	江苏0901	20120420	1.82	100	100	0	0	1.28
109010	吉林0901	20120423	1.82	100	100	0	0	1.26
109011	青岛0901	20120423	1.82	100	100	0	0	1.26
109012	湖北0901	20120423	1.82	100	100	0	0	1.26
109013	青海0901	20120423	1.82	100	100	0	0	1.26
109014	河北0901	20120430	1.8	100	100	0	0	1.21
109015	内蒙0901	20120430	1.8	100	100	0	0	1.21
109016	陕西0901	20120430	1.8	100	100	0	0	1.21
109017	龙江0901	20120511	1.77	100	100	0	0	1.14
109018	云南0901	20120511	1.77	100	100	0	0	1.14
109019	浙江0901	20120511	1.77	100	100	0	0	1.14
109020	大连0901	20120514	1.71	100	100	0	0	1.09
109021	四川0902	20120514	1.71	100	100	0	0	1.09
109022	湖北0902	20120514	1.71	100	100	0	0	1.09
109023	广西0901	20120525	1.67	100	100	0	0	1.01
109024	北京0901	20120525	1.67	100	100	0	0	1.01
109025	上海0901	20120525	1.67	100	100	0	0	1.01
109026	河南0902	20120525	1.67	100	100	0	0	1.01

代码	债券现货	到期日期	票面利率	2010 年 1 月 - 12 月				市盈率
				最高价	最低价	成交数量	成交金额	
109027	湖南 0901	20120609	1.71	100	100	0	0	0.96
109028	福建 0901	20120609	1.7	100	100	0	0	0.96
109029	宁夏 0901	20120609	1.7	100	100	0	0	0.96
109030	江西 0901	20120615	1.72	100	100	0	0	0.94
109031	贵州 0901	20120615	1.72	100	100	0	0	0.94
109032	安徽 0902	20120615	1.72	100	100	0	0	0.94
109033	广东 0901	20120623	1.75	100	100	0	0	0.92
109034	厦门 0901	20120623	1.75	100	100	0	0	0.92
109035	海南 0901	20120623	1.75	100	100	0	0	0.92
109036	山西 0901	20120629	1.76	100	100	0	0	0.9
109037	甘肃 0901	20120629	1.76	100	100	0	0	0.9
109038	宁波 0901	20120707	1.79	100	100	0	0	0.87
109039	深圳 0901	20120707	1.79	100	100	0	0	0.87
109040	新疆 0902	20120707	1.79	100	100	0	0	0.87
109041	山东 0902	20120707	1.79	100	100	0	0	0.87
109042	辽宁 0902	20120707	1.79	100	100	0	0	0.87
109043	吉林 0902	20120831	2.36	100	100	0	0	0.8
109044	广西 0902	20120831	2.36	100	100	0	0	0.8
109045	龙江 0902	20120831	2.36	100	100	0	0	0.8
109046	内蒙 0902	20120831	2.36	100	100	0	0	0.8
109047	河北 0902	20120907	2.24	100	100	0	0	0.71
109048	上海 0902	20120907	2.24	100	100	0	0	0.71
109049	浙江 0902	20120907	2.24	100	100	0	0	0.71
109050	陕西 0902	20120907	2.24	100	100	0	0	0.71
109051	地债 1001	20130621	2.77	100	100	0	0	1.47
109052	地债 1002	20150621	2.9	100	100	0	0	1.54
109053	地债 1003	20130719	2.33	100	100	0	0	1.06
109054	地债 1004	20130810	2.37	100	100	0	0	0.94
109055	地债 1005	20150810	2.67	100	100	0	0	1.05
109056	地债 1006	20130824		100	100	0	0	0.84
109057	地债 1007	20130907	2.36	100	100	0	0	0.75
109058	地债 1008	20150907	2.67	100	100	0	0	0.85
109059	地债 1009	20131115	3.23	100	100	0	0	0.42
109060	地债 1010	20151115	3.7	100	100	0	0	0.48
111015	01 三峡 10	20111108	4.25	102.58	99.2	264486	2676	0.63
111018	02 电网 15	20170619	4.86	110	91.82	67701	682	2.61
111019	02 广核债	20171111	4.5	102	90.3	103385	1030	0.63
111020	03 华能 1	20131209	4.6	106.5	95	1914582	19482	0.29
111021	03 华能 2	20131209	4.3	109.09	99.02	42587	428	0.27
111022	04 首旅债	20140219	4	101.28	93	33946	340	3.46
111023	03 中铁债	20210825	4.63	101.97	92	82832	819	1.64
111024	04 华电 1	20140929	5.4	129.93	96.5	7518	79	1.39
111025	04 华电 2	20140929	4.55	114.5	99.05	7720	79	1.17
111026	05 粤交通	20200629	5.3	109.5	96	11164	115	2.7
111027	03 石油债	20131028	4.11	107.61	95.5	43204	431	0.73
111028	05 神华债	20120121	4.8	112	100.1	34280	353	4.96
111029	06 豫投债	20160119	4.3	95.77	95.77	0	0	4.09
111030	05 泰达债	20151219	4.65	118.6	90	11438	114	0.17
111031	06 鄂能债	20160522	4.05	123.38	94.53	4480	48	2.49
111032	06 鲁能债	20210731	4.4	112.86	94.1	764363	7643	1.86
111033	06 铁道 01	20131016	4	112.5	95.2	3620	37	0.84
111034	06 铁道 07	20111218	3.65	109	97.4	978516	9816	0.14
111035	06 节能债	20160403	4.05	105.95	87.98	79923	775	3.03
111036	07 中关村			103.69	95	560825	5708	3.22
111037	08 昆建债	20130402	6.12	105.9	101.02	5064153	52678	4.59
111038	08 西基投	20130402	6.7	108.39	103	2843064	30143	5.03
111039	08 奈伦债	20150520	8	109.45	101.2	11574940	122220	4.95
111040	08 甬交投	20130722	6.9	120.43	99	283112	3008	3.08
111041	08 铁岭债	20150821	8.35	111.15	101.22	16622471	179200	3.04
111042	08 嘉城投	20150827	7.05	108.3	101.5	1172911	12517	2.45
111044	08 吉高速	20131024	5.65	103.98	99.5	2074591	21149	1.07

代码	债券现货	到期日期	票面利率	2010 年 1 月－12 月				市盈率
				最高价	最低价	成交数量	成交金额	
111045	08 西城投	20151216	6.38	106.89	98.1	1904917	19460	0.28
111046	08 东特债	20151225	7.1	107.8	100	5395961	56042	0.14
111047	08 长兴债	20160106	8.13	110.29	101.84	41927393	444216	8.02
111048	09 渝水投	20160209	5.92	112.99	95.5	1299548	13036	5.29
111049	09 绍水务	20160209	5.78	104.85	104.85	2689680	28175	5.16
111050	09 华菱债	20190217	5.2	104.76	95.5	346612	3473	4.53
111051	09 怀化债	20190218	8.1	110.45	100.32	69943321	737374	7.03
111052	09 哈城投	20190312	7.08	108.6	95.99	20454812	209681	5.72
111053	09 许继债	20150325	4.6	110	98.5	4958551	49790	3.55
111054	09 连中小	20150428	6.53	109.2	95.5	9049632	94343	4.44
111055	09 华西债	20160515	6.05	104.5	93.34	21040508	205051	3.83
111056	09 湖交投	20160521	5.48	102.5	95.5	6693311	66516	3.38
111057	09 兖城投	20160923	6.8	110	96	565210	5800	1.86
111058	09 黄城投	20171231	6.98	106.99	99.88	374847	3843	0.02
111059	09 宿建投	20161203	7.48	107.65	102.5	8899560	92632	0.59
111060	10 佳城投	20170309	7.88	110.57	102.07	3765598	40015	6.43
111061	10 中关村	20160826	5.18	99.98	95.96	955370	9400	1.82
111062	10 并高铁	20200906	5.18	97.46	92.36	84293	790	1.66
112001	08 粤电债	20150310	5.5	108.8	99.51	124630	1286	4.52
112002	08 中联债	20160421	6.5	108	102	18035419	188826	4.59
112003	08 泰达债	20130812	7.1	118	98	12192490	131032	2.82
112004	08 中粮债	20180825	6.06	115	100.7	3391300	37414	2.19
112005	08 万科 G1	20130905	5.5	109.99	100	5717965	59389	1.82
112006	08 万科 G2	20130905	7	109.5	101.05	40185103	432930	2.32
112007	09 金街 01	20120901	4.7	113	92.08	8823185	89315	1.61
112008	09 金街 02	20140901	5.7	103.02	100.26	6589240	66720	1.95
112009	09 粤高债	20140921	5.1	100.1	100.1	0	0	1.47
112010	09 西煤债	20141019	5.38	112	100	5914931	62263	1.14
112011	09 东药债	20141102	7.05	116.7	100.01	5124370	54606	1.22
112012	09 名流债	20141103	7.05	115	100.74	46688703	483281	1.2
112013	09 亿城债	20141104	8.5	106	69	11975000	119693	1.42
112014	09 银基债	20151106	8	107.69	101.65	14530741	152354	1.29
112015	09 泛海债	20141113	7.2	106.59	96.88	54175855	564006	1.03
112016	09 宏润债	20141113	7.8	107.54	100.54	13820402	144245	1.11
112017	09 希望债	20141125	6.1	104.02	99.5	10507030	106228	0.67
112018	09 津滨债	20141126	7.2	103.29	99.96	3330000	33423	0.77
112019	09 宜化债	20191217	5.75	106	99.3	6598880	65537	0.28
112020	10 大亚债	20150129	5.5	102.99	98.5	5882381	59086	5.12
112021	10 南玻 01	20151020	5.33	99.68	96.51	1539938	15108	1.11
112022	10 南玻 02	20171020	5.33	99	95.5	3958429	39021	1.11
112023	10 煤气 01	20151103	5.35	100.58	98.69	300030	3005	0.89
112024	10 煤气 02	20171103	5.5	100.94	100.66	1200000	12093	0.92
115002	国安债 1	20130913	1.2	96.69	82.19	34041999	304451	0.36
115003	中兴债 1	20130130	0.8	95.8	88.78	10927446	101740	0.74
125709	唐钢转债	20121214	1.7	123.45	108.42	50193002	564797	0
125731	美丰转债	20150602	0.8	140	104.69	18026977	210505	0
125960	锡业转债			210	114	24557287	382717	0
126630	铜陵转债	20160715	0.6	204.99	125	64123697	1024324	0
126729	燕京转债	20151015	0.5	150	127.2	6549736	88142	0
128233	塔牌转债	20150826	0.8	154.9	129.8	11060188	153023	0

2010 年度深市股票平均市盈率

2010 年 12 月底	税后盈利加权平均法		
	简单平均	按流通盈利平均	按总盈利平均
股票平均	61.73	40.80	44.69
主板 A 股	45.49	35.80	35.98
中小板	66.00	54.73	56.93
创业板	80.05	76.08	78.53
主板 B 股	25.70	23.23	23.10

2010 年 12 月底	税后盈利加权平均法		
	简单平均	按流通盈利平均	按总盈利平均
农林牧渔	94.70	93.68	88.74
采掘业	67.34	44.81	45.34
制造业	61.51	46.18	49.92
食品饮料	66.08	49.58	52.12
纺织服装	53.22	47.36	49.75
木材家具	60.93	39.39	49.32
造纸印刷	49.87	34.65	38.59
石化塑胶	54.82	43.25	47.45
电子	90.38	97.93	88.43
金属非金属	62.79	53.75	53.73
机械设备	56.55	36.35	40.89
医药生物	61.33	49.68	54.54
其他制造业	71.80	82.44	74.14
水电煤气	31.69	26.85	23.61
建筑业	95.40	73.89	69.64
运输仓储	34.11	27.60	27.09
信息技术	72.49	53.40	59.64
批发零售	53.98	42.78	45.40
金融保险	23.56	16.73	23.08
房地产业	28.60	21.99	22.43
社会服务	92.44	56.53	58.66
传播文化	106.93	90.26	98.11
综合类	65.69	47.88	50.48

2010 年度深市股票行业成交数据

2010 年 1 －12 月份	交易天数	成交金额		成交股数		成交笔数	
		人民币元	占总计%	股数	占总计%	笔	占总计%
合计	242	24,132,153,334,373	100.00	1,618,754,643,724	100.00	1,329,289,243	100.00
农林牧渔	242	608,176,499,493	2.52	38,477,718,421	2.38	35,009,706	2.63
采掘业	242	972,025,757,809	4.03	38,586,482,760	2.38	41,404,606	3.11
制造业	242	15,424,619,631,058	63.92	1,005,187,601,977	62.10	847,656,623	63.77
食品饮料	242	1,000,552,176,118	4.15	50,798,809,811	3.14	48,061,164	3.62
纺织服装	242	533,270,628,358	2.21	47,547,519,692	2.94	33,754,883	2.54
木材家具	242	68,620,125,992	0.28	5,875,900,506	0.36	4,678,864	0.35
造纸印刷	242	399,601,713,961	1.66	33,924,918,461	2.10	24,838,379	1.87
石化塑胶	242	2,509,731,957,660	10.40	182,350,379,713	11.26	144,196,491	10.85
电子	242	1,783,488,683,143	7.39	132,703,167,960	8.20	98,403,170	7.40
金属非金属	242	2,577,870,813,935	10.68	180,223,975,699	11.13	146,878,343	11.05
机械设备	242	4,559,129,492,342	18.89	269,722,048,194	16.66	244,114,740	18.36
医药生物	242	1,620,897,926,631	6.72	83,348,069,701	5.15	83,283,920	6.27
其他制造业	242	371,456,112,917	1.54	18,692,812,240	1.15	19,446,669	1.46
水电煤气	242	421,573,744,779	1.75	47,603,837,002	2.94	30,070,476	2.26
建筑业	242	355,583,554,633	1.47	18,506,091,155	1.14	17,253,898	1.30
运输仓储	242	445,910,288,192	1.85	43,014,648,722	2.66	29,858,514	2.25
信息技术	242	1,816,365,886,231	7.53	83,830,609,182	5.18	89,371,044	6.72
批发零售	242	821,783,356,072	3.41	59,682,853,831	3.69	46,210,592	3.48
金融保险	242	518,777,787,030	2.15	28,878,184,320	1.78	24,167,932	1.82
房地产业	242	1,142,553,320,087	4.73	127,736,640,119	7.89	75,421,238	5.67
社会服务	242	705,247,668,935	2.92	49,123,602,365	3.03	40,007,758	3.01
传播文化	242	174,600,667,315	0.72	8,759,988,093	0.54	7,722,021	0.58
综合类	242	724,935,172,738	3.00	69,366,385,777	4.29	45,134,835	3.40

2010 年度深市股票行业分布

2010 年 12 月底	上市数目	总发行股本	总流通股本	市价总值	流通市值
合计	1211	504,497,522,519	341,085,171,786	8,641,535,425,646	5,077,296,809,754
农林牧渔	24	6,112,761,802	4,309,957,013	141,165,728,286	93,653,504,824
采掘业	16	10,958,345,761	8,141,952,579	317,056,696,081	223,503,189,723

2010年12月底	上市数目	总发行股本	总流通股本	市价总值	流通市值
制造业	800	304,008,426,428	196,875,248,718	5,567,174,520,928	3,210,893,236,502
食品饮料	46	17,916,342,940	12,710,485,930	614,721,464,759	410,672,905,774
纺织服装	45	11,257,448,535	7,361,945,557	160,101,056,006	88,048,863,708
木材家具	7	1,837,401,578	1,103,376,415	25,651,452,862	12,267,207,626
造纸印刷	27	8,097,611,487	5,437,622,649	112,334,170,888	57,546,727,120
石化塑胶	145	48,172,758,154	32,708,044,285	799,489,666,473	417,335,966,344
电子	93	37,630,245,411	23,213,740,116	628,272,430,413	301,409,409,852
金属非金属	103	71,103,223,405	41,290,895,647	910,010,159,628	571,331,394,679
机械设备	241	83,623,887,686	56,844,469,816	1,622,962,057,769	960,609,198,134
医药生物	73	19,980,308,399	13,414,203,693	602,004,085,580	334,455,167,706
其他制造业	20	4,389,198,833	2,790,464,610	91,627,976,550	57,216,395,557
水电煤气	28	19,300,801,859	15,081,779,651	158,085,899,098	105,777,472,565
建筑业	18	5,181,048,340	2,630,952,824	155,064,590,792	69,324,742,551
运输仓储	24	12,455,361,920	7,745,488,702	106,985,247,356	70,443,278,306
信息技术	107	24,070,595,368	14,402,356,487	612,016,554,475	304,535,897,240
批发零售	52	24,531,561,545	18,233,523,842	381,302,650,148	246,224,903,047
金融保险	9	17,869,943,502	12,582,867,827	344,067,649,603	179,323,172,557
房地产业	59	50,589,522,709	39,250,719,877	411,071,558,850	296,859,254,509
社会服务	39	12,460,061,153	7,795,313,610	239,388,539,847	125,866,235,745
传播文化	12	3,627,091,426	2,648,925,138	64,949,164,291	35,154,122,286
综合类	23	13,332,000,706	11,386,085,518	143,206,625,892	115,737,799,900

2010年度深市市价总值最大的二十家上市公司

名次	公司名称	流通市值(元)	市价总值(元)	占市场市价总值%
1	广发证券	4,892,756,297	133,224,410,198	1.5417
2	五粮液	131,438,891,572	131,454,327,514	1.5212
3	洋河股份	45,904,470,528	100,800,000,000	1.1665
4	苏宁电器	71,291,359,520	91,650,375,445	1.0606
5	万科	90,186,467,621	90,376,209,742	1.0458
6	西山煤电	39,292,214,604	84,105,528,000	0.9733
7	盐湖集团	6,296,113,658	81,782,641,467	0.9464
8	中联重科	57,890,976,538	68,447,193,735	0.7921
9	攀钢钒钛	36,671,870,139	66,083,780,781	0.7647
10	潍柴动力	36,193,261,650	66,053,828,837	0.7644
11	中兴通讯	62,111,831,800	63,938,706,086	0.7399
12	徐工机械	20,175,434,594	58,994,883,204	0.6827
13	泸州老窖	29,257,311,889	57,024,394,568	0.6599
14	海普瑞	5,579,113,000	55,665,913,000	0.6442
15	深发展	48,987,935,361	55,028,367,302	0.6368
16	美的电器	54,292,615,802	54,292,615,802	0.6283
17	双汇发展	52,708,900,497	52,721,556,300	0.6101
18	格力电器	50,388,443,396	51,088,323,038	0.5912
19	盐湖钾肥	25,883,104,000	50,842,512,000	0.5884
20	中集集团	50,345,762,910	50,360,007,128	0.5828
	总额	919,788,835,376	1,463,935,574,148	16.9407
	市场总额	5,077,296,809,754	8,641,535,425,646	100.0000

2010年度深市流通市值最大的二十家上市公司

名次	公司名称	流通市值(元)	市价总值(元)	占市场流通总值%
1	五粮液	131,438,891,572	131,454,327,514	2.5888
2	万科	90,186,467,621	90,376,209,742	1.7763
3	苏宁电器	71,291,359,520	91,650,375,445	1.4041
4	中兴通讯	62,111,831,800	63,938,706,086	1.2233
5	中联重科	57,890,976,538	68,447,193,735	1.1402
6	美的电器	54,292,615,802	54,292,615,802	1.0693
7	双汇发展	52,708,900,497	52,721,556,300	1.0381
8	格力电器	50,388,443,396	51,088,323,038	0.9924
9	中集集团	50,345,762,910	50,360,007,128	0.9916
10	深发展	48,987,935,361	55,028,367,302	0.9648

名次	公司名称	流通市值(元)	市价总值(元)	占市场流通总值%
11	金风科技	46,577,326,104	48,938,268,760	0.9174
12	洋河股份	45,904,470,528	100,800,000,000	0.9041
13	铜陵有色	45,366,393,311	45,367,391,920	0.8935
14	西山煤电	39,292,214,604	84,105,528,000	0.7739
15	云南白药	38,006,422,039	41,933,695,332	0.7486
16	攀钢钒钛	36,671,870,139	66,083,780,781	0.7223
17	潍柴动力	36,193,261,650	66,053,828,837	0.7128
18	中金岭南	35,667,378,878	35,704,746,000	0.7025
19	云南铜业	34,558,554,883	34,558,942,000	0.6806
20	露天煤业	33,857,030,956	33,857,030,956	0.6668
	总 额	1,061,738,108,108	1,266,760,894,678	20.9115
	市场总额	5,077,296,809,754	8,641,535,425,646	100.0000

2010 年度深市流通股本最大的二十家上市公司

名次	公司名称	流通股本(股)	发行股本(股)	占流通股本总额%
1	万 科	10,972,127,235	10,995,210,218	3.2168
2	京 东 方	7,032,797,155	11,267,951,951	2.0619
3	苏宁电器	5,442,088,513	6,996,211,866	1.5955
4	中联重科	4,094,128,468	4,840,678,482	1.2003
5	五 粮 液	3,795,520,981	3,795,966,720	1.1128
6	河北钢铁	3,755,489,303	6,876,780,507	1.1010
7	攀钢钒钛	3,177,805,038	5,726,497,468	0.9317
8	美的电器	3,120,265,276	3,120,265,276	0.9148
9	深 发 展	3,102,465,824	3,485,013,762	0.9096
10	金 融 街	3,026,437,479	3,027,079,809	0.8873
11	TCL 集团	2,801,456,067	4,238,109,417	0.8213
12	格力电器	2,779,285,350	2,817,888,750	0.8148
13	中集集团	2,661,775,874	2,662,396,051	0.7804
14	粤 电 力	2,653,954,173	2,797,451,138	0.7781
15	名流置业	2,559,553,076	2,559,592,332	0.7504
16	宁波银行	2,474,265,825	2,883,820,529	0.7254
17	太钢不锈	2,288,510,344	5,696,247,796	0.6709
18	中兴通讯	2,275,158,674	2,342,077,146	0.6670
19	长江证券	2,171,170,529	2,171,233,839	0.6365
20	长安汽车	2,118,226,733	2,325,657,615	0.6210
	总 额	72,302,481,917	90,626,130,672	21.1978
	市场总额	341,085,171,786	504,497,522,519	100.0000

2010 年度深市换手率最高的二十种股份

名次	代码	股份名称	流通股数(股)	成交股数(股)	换手率%
1	002517	泰亚股份	17,700,000	96,593,685	545.7272
2	002514	宝馨科技	13,610,000	57,094,587	419.5048
3	300143	星河生物	13,600,000	54,769,367	402.7160
4	002508	老板电器	32,000,000	122,142,932	381.6968
5	002519	银河电子	14,120,000	53,736,196	380.5679
6	002515	金字火腿	14,800,000	54,135,811	365.7824
7	002507	涪陵榨菜	32,000,000	116,839,818	365.1244
8	002524	光正钢构	18,100,000	65,781,309	363.4325
9	002518	科士达	23,260,000	83,224,685	357.8016
10	002520	日发数码	12,800,000	45,686,343	356.9246
11	002513	蓝丰生化	15,220,000	53,799,818	353.4812
12	002473	圣莱达	20,000,000	61,559,079	340.8469
13	002501	利源铝业	18,880,000	63,005,799	333.7169
14	002522	浙江众成	21,370,000	71,080,275	332.6169
15	002512	达华智能	24,000,000	79,736,887	332.2372
16	300144	宋城股份	33,600,000	103,372,949	307.6576
17	002471	中超电缆	40,000,000	111,329,226	303.0959
18	300148	天舟文化	15,400,000	46,265,333	300.4242
19	002523	天桥起重	32,000,000	94,327,191	294.7723

名次	代码	股份名称	流通股数(股)	成交股数(股)	换手率%
20	002526	山东矿机	53,720,000	148,484,001	276.4035
		总 额	466,180,000	1,582,965,291	

2010年度深市发行股本最大的二十家上市公司

名次	公司名称	流通股本(股)	发行股本(股)	占发行股本总额%
1	京东方	7,032,797,155	11,267,951,951	2.2335
2	万科	10,972,127,235	10,995,210,218	2.1794
3	苏宁电器	5,442,088,513	6,996,211,866	1.3868
4	河北钢铁	3,755,489,303	6,876,780,507	1.3631
5	鞍钢股份	1,808,105,204	6,149,007,847	1.2188
6	攀钢钒钛	3,177,805,038	5,726,497,468	1.1351
7	太钢不锈	2,288,510,344	5,696,247,796	1.1291
8	中联重科	4,094,128,468	4,840,678,482	0.9595
9	TCL集团	2,801,456,067	4,238,109,417	0.8401
10	五粮液	3,795,520,981	3,795,966,720	0.7524
11	深发展	3,102,465,824	3,485,013,762	0.6908
12	西山煤电	1,472,169,899	3,151,200,000	0.6246
13	本钢板材	1,097,589,950	3,136,000,000	0.6216
14	美的电器	3,120,265,276	3,120,265,276	0.6185
15	华侨城	1,353,552,117	3,107,478,020	0.6160
16	盐湖集团	236,163,303	3,067,615,959	0.6081
17	金融街	3,026,437,479	3,027,079,809	0.6000
18	首钢股份	1,206,150,119	2,966,526,057	0.5880
19	宁波银行	2,474,265,825	2,883,820,529	0.5716
20	格力电器	2,779,285,350	2,817,888,750	0.5586
	总 额	65,036,373,450	97,345,550,434	19.2955
	市场总额	341,085,171,786	504,497,522,519	100.0000

2010年度深市成交最活跃的二十种股份(金额)

名次	代码	股份名称	成交股数(股)	成交金额(元)	占总成交金额%
1	000338	潍柴动力	476,497,190	30,363,333,524	1.3179
2	000630	铜陵有色	860,285,173	25,147,658,873	1.0915
3	000858	五粮液	673,625,085	24,641,224,149	1.0695
4	000157	中联重科	1,547,753,604	22,672,345,079	0.9841
5	000983	西山煤电	853,735,190	21,939,524,933	0.9523
6	000758	中色股份	658,435,316	20,055,202,473	0.8705
7	000002	万科A	2,221,366,246	19,135,251,657	0.8306
8	002202	金风科技	814,788,183	19,053,578,107	0.8270
9	000970	中科三环	627,248,901	18,353,268,179	0.7966
10	000012	南玻A	812,156,605	17,574,746,310	0.7628
11	000060	中金岭南	735,077,731	15,734,415,853	0.6830
12	002155	辰州矿业	414,468,723	14,697,596,050	0.6379
13	000960	锡业股份	458,189,184	14,627,456,298	0.6349
14	000629	*ST钒钛	1,234,533,515	13,887,249,765	0.6028
15	000528	柳工	359,669,457	13,501,044,086	0.5860
16	000063	中兴通讯	466,328,799	13,052,033,144	0.5665
17	002008	大族激光	656,689,003	12,866,007,257	0.5584
18	000651	格力电器	670,291,828	12,062,952,633	0.5236
19	000937	冀中能源	333,959,651	12,013,453,386	0.5214
20	000680	山推股份	687,318,018	11,859,898,558	0.5148
		总 额	15,562,417,402	353,238,240,313	15.3323
		市场总额	130,651,422,355	2,303,887,979,187	100.0000

2010年度深市成交最活跃的二十种股份(股数)

名次	代码	股份名称	成交股数(股)	成交金额(元)	占总成交股数%
1	000725	京东方A	2,367,873,832	8,045,294,737	1.8124
2	000002	万科A	2,221,366,246	19,135,251,657	1.7002

名次	代码	股份名称	成交股数(股)	成交金额(元)	占总成交股数%
3	000157	中联重科	1,547,753,604	22,672,345,079	1.1846
4	000629	*ST 钒钛	1,234,533,515	13,887,249,765	0.9449
5	000630	铜陵有色	860,285,173	25,147,658,873	0.6585
6	000983	西山煤电	853,735,190	21,939,524,933	0.6534
7	002024	苏宁电器	850,386,386	11,656,770,924	0.6509
8	002202	金风科技	814,788,183	19,053,578,107	0.6236
9	000012	南 玻 A	812,156,605	17,574,746,310	0.6216
10	000709	河北钢铁	758,415,413	2,927,497,916	0.5805
11	000816	江淮动力	751,861,983	6,078,722,493	0.5755
12	000006	深振业 A	747,336,431	5,911,982,002	0.5720
13	000835	四川圣达	743,136,382	8,070,431,675	0.5688
14	000060	中金岭南	735,077,731	15,734,415,853	0.5626
15	000735	罗 牛 山	721,906,176	5,951,695,323	0.5525
16	000066	长城电脑	718,564,003	7,404,440,111	0.5500
17	000402	金 融 街	696,450,212	4,748,136,649	0.5331
18	000667	名流置业	687,718,327	2,159,913,597	0.5264
19	000680	山推股份	687,318,018	11,859,898,558	0.5261
20	002500	山西证券	686,392,958	8,434,470,433	0.5254
		总 额	19,497,056,368	238,394,024,995	14.9230
		市场总额	130,651,422,355	2,303,887,979,187	100.0000

2010 年度深市市盈率最低的二十种股份

名次	代码	股份名称	月底收市价(元)	每股盈利(元)	市盈率(倍)
1	200160	ST 大路 B	2.230	0.252	7.56
2	000683	远兴能源	9.110	1.187	7.67
3	000517	荣安地产	6.440	0.825	7.81
4	000589	黔轮胎 A	11.640	1.392	8.36
5	000615	湖北金环	7.980	0.910	8.77
6	200539	粤电力 B	4.230	0.404	8.96
7	200521	皖美菱 B	8.950	0.709	10.81
8	000599	青岛双星	5.530	0.510	10.84
9	000565	渝三峡 A	12.820	1.170	10.96
10	000001	深发展 A	15.790	1.440	10.97
11	000027	深圳能源	10.090	0.883	11.43
12	000918	嘉凯城	7.820	0.662	11.81
13	000597	东北制药	17.140	1.422	12.05
14	200771	杭汽轮 B	16.090	1.142	12.06
15	000616	亿城股份	5.120	0.419	12.22
16	002028	思源电气	26.270	2.146	12.24
17	200726	鲁泰 B	7.780	0.528	12.61
18	200570	苏常柴 B	5.880	0.399	12.62
19	200625	长安 B	6.580	0.440	12.80
20	000685	中山公用	17.460	1.360	12.84

2010 年深市主板上市公司年报主要财务指标

截至 2011 年 4 月 30 日

股票代码	股票简称	净利润(万元)	每股收益(元)	每股净资产(元)	每股经营性现金流量(元)	分配预案
000001	深发展 A	628381.60	1.91	9.62	6.24	不分配不转增
000002	万 科 A	728312.70	0.66	4.02	0.203	10 派 1 元(含税)
000004	ST 国农	1162.41	0.1384	0.8639	-0.14	不分配不转增
000005	世纪星源	488.86	0.005	0.75	0.007	不分配不转增
000006	深振业 A	48155.25	0.633	3.23	1.43	10 送 3 股派 0.6 元(含税)
000007	ST 零七	1185.65	0.0641	-0.233	0.15	不分配不转增
000008	ST 宝利来	88.89	0.0121	1.0076	-0.0057	不分配不转增
000009	中国宝安	32547.61	0.3	2.29	-0.54	10 派 0.2 元(含税)
000010	S ST 华新	-104.31	-0.01	0.32	-0.05	不分配不转增
000011	深物业 A	17499.85	0.2936	1.4668	-0.1708	不分配不转增
000012	南 玻 A	145520.92	0.7	3.07	1.14	10 派 3.5 元(含税)
000014	沙河股份	7059.96	0.35	2.54	0.33	10 派 0.35 元(含税)

股票代码	股票简称	净利润(万元)	每股收益(元)	每股净资产(元)	每股经营性现金流量(元)	分配预案
000016	深康佳A	8394.79	0.0697	3.3212	-0.3595	10派0.1元(含税)
000017	*ST中华A	6447.74	0.1169	-3.1853	0.0118	不分配不转增
000018	ST中冠A	410.29	0.02	0.85	0.001	不分配不转增
000019	深深宝A	568.76	0.031	1.79	0.029	不分配不转增
000020	深华发A	917.73	0.0324	0.94	0.2	不分配不转增
000021	长城开发	38425.79	0.2913	3.1707	0.0867	10派1.5元(含税)
000022	深赤湾A	59668.02	0.925	5.024	1.437	10派4.63元(含税)
000023	深天地A	1314.83	0.0948	2.25	0.91	不分配不转增
000024	招商地产	201139.72	1.17	10.6	-2.59	10派1.2元(含税)
000025	特力A	358.44	0.0163	0.796	0.03	不分配不转增
000026	飞亚达A	9399.02	0.377	4.51	-0.35	10转增4股派1元(含税)
000027	深圳能源	140374.04	0.64	6.26	1.16	10转增2股派1元(含税)
000028	一致药业	26111.67	0.91	3.65	1.49	10派1.2元(含税)
000029	深深房A	8476.02	0.0838	1.41	-0.177	不分配不转增
000030	*ST盛润A	106524.41	3.6934			不分配不转增
000031	中粮地产	46397.53	0.26	2.58	-1.98	10派0.2元(含税)
000032	深桑达A	2865.22	0.123	3.14	0.04	10派0.8元(含税)
000033	新都酒店	416.99	0.0127	0.8836	0.093	不分配不转增
000034	深信泰丰	49814.22	1.39	0.18	0.113	不分配不转增
000035	*ST科健	4678.21	0.31	-8	-0.0002	不分配不转增
000036	华联控股	23077.50	0.2053	1.49	0.93	不分配不转增
000037	深南电A	-11463.87	-0.19	2.88	0.04	不分配不转增
000038	*ST大通	2671.62	0.28	1.58	-0.73	不分配不转增
000039	中集集团	300185.10	1.13	6.09	0.56	10派3.5元(含税)
000040	深鸿基	9658.61	0.21	1.767	1.144	不分配不转增
000042	深长城	36193.32	1.5114	9.96	-0.77	10派6元(含税)
000043	中航地产	26928.18	1.2112	8.9	-0.98	10转增5股派1.5元(含税)
000045	深纺织A	4070.93	0.14	4	0.17	不分配不转增
000046	泛海建设	12284.43	0.054	3.45	-1.06	10送2转增8股派0.5元(含税)
000048	ST康达尔	-4718.45	-0.1207	-0.321	0.1074	不分配不转增
000049	德赛电池	7137.57	0.5216	1.5258	0.5684	10派1元(含税)
000050	深天马A	7038.18	0.1226	2.12	0.619	不分配不转增
000055	方大集团	5506.34	0.11	2	-0.06	10转增5股
000056	深国商	-16770.97	-0.76	0.25	-2.73	不分配不转增
000058	深赛格	5921.77	0.0755	1.3812	0.1395	不分配不转增
000059	辽通化工	41265.72	0.3437	5.4779	1.23	不分配不转增
000060	中金岭南	70700.77	0.45	2.89	1.22	10转增3股派0.2元(含税)
000061	农产品	27694.80	0.36	4.01	0.86	10派1.1元(含税)
000062	深圳华强	19244.81	0.29	2.66	-1.14	10派0.5元(含税)
000063	中兴通讯	325024.70	1.17	8.24	0.34	10转增2股派3元(含税)
000065	北方国际	4386.01	0.27	2.96	1.4	10派0.6元(含税)
000066	长城电脑	19841.68	0.177	2.51	-1.07	10派0.5元(含税)
000068	ST三星	3539.03	0.0395	0.2986	-0.0426	不分配不转增
000069	华侨城A	303945.64	0.978	4.253	-1.725	10送5转增3股派0.6元(含税)
000070	特发信息	6275.76	0.251	3.05	0.2683	不分配不转增
000078	海王生物	4666.86	0.0715	1.1367	0.0628	不分配不转增
000088	盐田港	41022.70	0.3295	3.4158	0.178	10送2股派0.3元(含税)
000089	深圳机场	71415.02	0.4225	3.45	0.54	10派0.45元(含税)
000090	深天健	11077.14	0.2426	10.2421	-0.2783	10派0.75元(含税)
000096	广聚能源	8618.21	0.16	3.26	-0.055	不分配不转增
000099	中信海直	12307.29	0.2396	3.0953	0.5846	10派0.5元(含税)
000100	TCL集团	43253.85	0.1243	2.4243	0.1877	10转增10股
000150	宜华地产	997.74	0.03	2.2741	-0.3904	不分配不转增
000151	中成股份	792.19	0.027	2.952	-0.442	10派0.2元(含税)
000153	丰原药业	4162.55	0.16	2.7443	0.2117	不分配不转增
000155	川化股份	-20966.31	-0.45	3.33	-0.03	不分配不转增
000156	*ST嘉瑞	18437.50	1.55	-2.53	-0.014	不分配不转增
000157	中联重科	466558.97	0.97	4.729	0.09	10转增3股派2.6元(含税)
000158	常山股份	5461.43	0.08	3.3	0.06	10派0.2元(含税)
000159	国际实业	64998.93	1.35	3.58	0.075	10派0.4元(含税)
000301	东方市场	7655.14	0.06	2.075	-0.0148	10派0.7元(含税)
000338	潍柴动力	678214.54	4.07	11.11	5.22	10派4.3元(含税)

股票代码	股票简称	净利润(万元)	每股收益(元)	每股净资产(元)	每股经营性现金流量(元)	分配预案
000400	许继电气	14667.18	0.3877	6.366	0.4529	10 派 1 元(含税)
000401	冀东水泥	139817.50	1.153	6.66	1.4	不分配不转增
000402	金融街	178244.28	0.59	5.58	-0.82	10 派 2.5 元(含税)
000403	S*ST 生化	2922.67	0.14	0.74	0.05	不分配不转增
000404	华意压缩	1907.69	0.0588	1.6895	0.41	不分配不转增
000407	胜利股份	25065.68	0.5	2.51	0.01	10 送 3 股派 0.6 元(含税)
000408	*ST 金谷	3475.74	0.138	0.633	0.02	不分配不转增
000409	ST 泰复	-565.48	-0.033	0.21	-0.007	不分配不转增
000410	沈阳机床	14164.94	0.2597	2.6823	-0.4752	不分配不转增
000411	英特集团	4240.21	0.2	1.06	0.44	不分配不转增
000413	宝石 A	151.93	0.004	0.58	0.03	不分配不转增
000415	ST 汇通	302.17	0.01	0.8603	0.121	不分配不转增
000416	民生投资	1433.37	0.0269	1.35	0.11	不分配不转增
000417	合肥百货	28574.24	0.5956	2.63	1.76	10 派 1 元(含税)
000418	小天鹅 A	50691.71	0.8	4.83	1.14	10 派 1 元(含税)
000419	通程控股	10535.90	0.3002	2.39	0.9328	不分配不转增
000420	吉林化纤	-7898.42	-0.2088	2.136	0.4432	不分配不转增
000421	南京中北	5844.77	0.1662	2.27	1.27	不分配不转增
000422	湖北宜化	57253.13	1.056	5.03	0.84	10 派 1 元(含税)
000423	东阿阿胶	58222.43	0.8902	4.19	0.97	10 派 3 元(含税)
000425	徐工机械	292609.20	3.22	11.68	0.46	不分配不转增
000426	富龙热电	-5074.19	-0.13	2.94	0.18	不分配不转增
000428	华天酒店	13601.79	0.25	2.52	0.78	10 转增 3 股
000429	粤高速 A	38847.80	0.31	3.41	0.47	10 派 1 元(含税)
000430	ST 张家界	2012.75	0.0915	-0.046	0.14	不分配不转增
000488	晨鸣纸业	116334.11	0.56	6.56	0.41	10 派 3 元(含税)
000498	*ST 丹化	59.79	0.0014	0.022	-1.13	不分配不转增
000501	鄂武商 A	29351.50	0.58	3.37	3.2	不分配不转增
000502	绿景地产	-4943.24	-0.2675	1.21	0.91	不分配不转增
000503	海虹控股	1216.42	0.0162	1.7092	-0.014	10 转增 2 股
000504	*ST 传媒	646.13	0.02	0.5	-0.21	不分配不转增
000505	ST 珠江	2773.10	0.06	1.17	0.33	不分配不转增
000506	中润投资	28302.73	0.3656	1.262	0.357	不分配不转增
000507	珠海港	20823.69	0.6036	4.057	0.1022	10 派 0.35 元(含税)
000509	S*ST 华塑	1016.02	0.0406	-0.0373	0.0484	不分配不转增
000510	金路集团	8137.20	0.1336	1.8891	0.6903	不分配不转增
000511	银基发展	3084.72	0.03	1.34	-0.06	不分配不转增
000513	丽珠集团	41818.08	1.41	8.51	2.14	10 派 1 元(含税)
000514	渝开发	13497.21	0.1936	3.26	-0.2018	10 派 0.3 元(含税)
000516	开元控股	15220.97	0.21	1.5	0.4	不分配不转增
000517	荣安地产	24656.64	0.2323	1.7955	-1.8797	不分配不转增
000518	四环生物	765.37	0.0074	0.7	0.212	不分配不转增
000519	江南红箭	1147.38	0.06	1.83	-0.08	不分配不转增
000520	长航凤凰	1106.52	0.0164	1.5356	-0.2543	不分配不转增
000521	美菱电器	32585.05	0.6144	5.12	0.71	10 送 2 股派 0.5 元(含税)
000522	白云山 A	20473.66	0.4365	2.36	0.7	10 派 0.5 元(含税)
000523	广州浪奇	1503.66	0.087	2.7503	0.3277	不分配不转增
000524	东方宾馆	677.35	0.025	2.24	0.18	不分配不转增
000525	红太阳	-1164.72	-0.042	2.093	-0.28	不分配不转增
000526	旭飞投资	703.20	0.0731	1.63	0.018	不分配不转增
000527	美的电器	312709.74	1	3.95	1.75	10 派 1 元(含税)
000528	柳工	154382.13	2.37	12.97	1.06	10 转增 5 股派 5 元(含税)
000529	广弘控股	5789.63	0.1	1.2	0.1	不分配不转增
000530	大冷股份	9980.64	0.29	4.93	0.49	10 派 1.5 元(含税)
000531	穗恒运 A	13529.69	0.5076	4.07	0.93	不分配不转增
000532	力合股份	2385.04	0.07	2.06	0.07	10 派 0.5 元(含税)
000533	万家乐	13002.67	0.1882	1.38	-0.01	不分配不转增
000534	万泽股份	1254.41	0.05	2.26	0.0989	10 派 1 元(含税)
000536	华映科技	34938.27	0.5091	3.3697	1.1059	10 派 3 元(含税)
000537	广宇发展	10668.26	0.21	1.19	-0.05	不分配不转增
000538	云南白药	92616.86	1.33	6.36	0.62	10 派 1 元(含税)
000539	粤电力 A	76580.65	0.28	3.63	0.23	10 派 1 元(含税)

股票代码	股票简称	净利润(万元)	每股收益(元)	每股净资产(元)	每股经营性现金流量(元)	分配预案
000540	中天城投	55476.52	0.6073	1.88	-0.38	10送4股派1元(含税)
000541	佛山照明	26377.62	0.27	2.83	0.22	10派2.5元(含税)
000543	皖能电力	21876.38	0.28	4.99	0.49	10派0.2元(含税)
000544	中原环保	7373.86	0.2737	2.182	0.5132	不分配不转增
000545	*ST吉药	-4733.91	-0.3	-0.24	0.03	不分配不转增
000546	光华控股	223.78	0.0132	0.75	0.0223	不分配不转增
000547	闽福发A	2456.70	0.1	5.06	0.4	不分配不转增
000548	湖南投资	8708.71	0.17	2.86	0.006	10派0.5元(含税)
000550	江铃汽车	171161.44	1.98	7.1	3.15	10派7.9元(含税)
000551	创元科技	6334.81	0.26	4.54	0.53	不分配不转增
000552	靖远煤电	5654.62	0.32	2.44	0.99	10派0.3元(含税)
000553	沙隆达A	2380.76	0.0401	1.86	0.12	不分配不转增
000554	泰山石油	720.20	0.015	1.814	0.24	不分配不转增
000555	ST太光	366.67	0.04	-1.43	0.09	不分配不转增
000557	*ST广夏	-9154.14	-0.133	-0.41	-0.0039	不分配不转增
000558	莱茵置业	16910.26	0.4561	2.0579	-0.7879	10送7股派0.78元(含税)
000559	万向钱潮	42580.86	0.367	3.072	0.368	10转增3股派3元(含税)
000560	昆百大A	2846.38	0.2118	4.3745	3.7964	不分配不转增
000561	烽火电子	8341.03	0.15	1.17	0.17	不分配不转增
000562	宏源证券	130637.96	0.89	4.995	-0.776	10派2.63元(含税)
000563	陕国投A	8151.70	0.2274	2.07	0.4458	10派0.5元(含税)
000564	西安民生	5938.87	0.1952	2.6398	0.3542	10派0.5元(含税)
000565	渝三峡A	3528.12	0.2	3.99	-0.16	10派1元(含税)
000566	海南海药	3352.38	0.1584	2.04	0.24	不分配不转增
000567	海德股份	2590.94	0.1714	1.31	0.56	不分配不转增
000568	泸州老窖	220524.40	1.58	3.96	0.97	10派10元(含税)
000570	苏常柴A	12054.20	0.21	3.7	0.11	不分配不转增
000571	新大洲A	13578.09	0.1845	1.8922	0.1996	不分配不转增
000572	海马股份	37366.84	0.3126	3.76	0.96	不分配不转增
000573	粤宏远A	3979.58	0.0639	2.197	0.0758	不分配不转增
000576	ST甘化	-7721.20	-0.24	1	-0.1	不分配不转增
000581	威孚高科	134029.11	2.36	7.24	0.95	10派4.35元(含税)
000582	北海港	3989.29	0.281	2.349	0.772	不分配不转增
000584	友利控股	12643.03	0.3092	4.02	1.43	不分配不转增
000585	东北电气	168.40	0.002	0.36	0	不分配不转增
000586	ST汇源	5546.53	0.29	0.85	0.15	不分配不转增
000587	S*ST光明	-15701.58	-0.85	-1.98	0.13	不分配不转增
000589	黔轮胎A	12475.63	0.49	6.29	-1.3	10转增5股派0.5元(含税)
000590	紫光古汉	4715.37	0.2323	1.37	0.4186	不分配不转增
000591	桐君阁	1741.44	0.0888	2	0.57	10送4股派1元(含税)
000592	中福实业	6947.79	0.1187	1.533	-0.1474	不分配不转增
000593	大通燃气	597.29	0.027	1.262	0.242	不分配不转增
000594	国恒铁路	264.07	0.002	2.07	-0.256	不分配不转增
000595	*ST西轴	-15576.32	-0.72	0.95	-0.07	不分配不转增
000596	古井贡酒	31375.76	1.34	4.47	2.2	10派3.5元(含税)
000597	东北制药	5344.40	0.16	6.09	0.77	不分配不转增
000598	兴蓉投资	23594.86	0.53	3.56	0.72	不分配不转增
000599	青岛双星	3643.22	0.07	2.81	0.17	不分配不转增
000600	建投能源	1037.66	0.011	3.16	1.14	10派0.3元(含税)
000601	韶能股份	7426.75	0.08	3.18	0.68	10派0.2元(含税)
000602	*ST金马	-2684.26	-0.18	2.48	0.71	不分配不转增
000603	*ST威达	323.26	0.02	0.54	0.02	不分配不转增
000605	ST四环	-653.98	-0.0702	0.58	0.05	不分配不转增
000606	青海明胶	55.42	0.0014	1.53	0.0339	不分配不转增
000607	*ST华控	-16630.83	-0.34	0.64	0.22	不分配不转增
000608	阳光股份	43539.20	0.58	3.15	-0.95	不分配不转增
000609	绵世股份	3503.05	0.1175	2.6346	-0.8244	不分配不转增
000610	西安旅游	2695.55	0.137	2.0999	-0.3338	10派0.2元(含税)
000611	时代科技	2258.08	0.07	1.96	0.38	不分配不转增
000612	焦作万方	11577.31	0.241	4.251	0.744	不分配不转增
000613	ST东海A	68.10	0.0019	0.24	0.0083	不分配不转增
000615	湖北金环	336.58	0.02	3.44	-0.53	不分配不转增

股票代码	股票简称	净利润(万元)	每股收益(元)	每股净资产(元)	每股经营性现金流量(元)	分配预案
000616	亿城股份	54658.89	0.55	3.36	-1.15	10 转增 2 股派 1 元(含税)
000617	石油济柴	1682.83	0.06	2.95	-0.09	10 派 0.28 元(含税)
000619	海螺型材	16258.62	0.4516	5.4229	0.6918	10 派 1 元(含税)
000620	S*ST 圣方	59.50	0.0019	0.0127	0.0075	不分配不转增
000622	S*ST 恒立	-2963.23	-0.209	-1.038	0.05	不分配不转增
000623	吉林敖东	123765.65	2.16	12.518	0.3039	10 送 2 股派 0.3 元(含税)
000625	长安汽车	202698.65	0.87	4.57	1.16	10 送 4 转增 4 股派 0.8 元(含税)
000626	如意集团	5877.28	0.2902	1.7422	-3.6122	不分配不转增
000627	天茂集团	2832.22	0.021	1.14	0.1659	不分配不转增
000628	高新发展	1526.76	0.07	0.77	0.69	不分配不转增
000629	攀钢钒钛	106062.36	0.19	2.77	0.83	10 派 1.2 元(含税)
000630	铜陵有色	89921.07	0.69	5.33	-4.46	10 派 1 元(含税)
000631	顺发恒业	42389.11	0.41	1.67	-2.21	不分配不转增
000632	三木集团	1574.94	0.0338	1.1852	0.1434	不分配不转增
000633	ST 合金	318.09	0.0083	0.58	0.02	不分配不转增
000635	英 力 特	12779.69	0.722	5.28	1.178	10 派 2 元(含税)
000636	风华高科	22134.81	0.33	3.53	0.62	10 派 2 元(含税)
000637	茂化实华	8919.80	0.17	1.59	0.22	10 派 1.7 元(含税)
000638	万方地产	4892.03	0.32	1.3	-0.47	不分配不转增
000639	西王食品	8373.50	1.5894	12.27	0.85	不分配不转增
000650	仁和药业	21953.10	0.52	2.08	0.31	10 送 5 股派 0.556 元(含税)
000651	格力电器	427572.16	1.52	4.72	0.22	10 派 3 元(含税)
000652	泰达股份	28643.03	0.1941	1.59	-0.3	10 派 1 元(含税)
000655	金岭矿业	49149.12	0.83	3.62	0.53	10 派 1 元(含税)
000656	ST 东 源	2384.85	0.1	1.851	0.021	不分配不转增
000657	*ST 中钨	765.65	0.034	1.475	0.056	不分配不转增
000659	珠海中富	14485.40	0.21	3.38	0.7	10 转增 7 股派 0.9 元(含税)
000661	长春高新	8646.14	0.66	3.97	2.66	不分配不转增
000662	索 芙 特	-8612.76	-0.2991	2.8015	0.2057	不分配不转增
000663	永安林业	830.20	0.04	1.98	-0.13	不分配不转增
000665	武汉塑料	1017.75	0.057	0.8598	0.7255	不分配不转增
000666	经纬纺机	24471.69	0.41	5.075	1.734	10 派 0.7 元(含税)
000667	名流置业	20052.19	0.08	1.97	-0.09	不分配不转增
000668	荣丰控股	5793.49	0.39	4.6	-0.02	10 派 0.6 元(含税)
000669	领先科技	-3727.48	-0.4029	1.61	-0.0047	不分配不转增
000670	S*ST 天发	1055.07	0.04	0.7545	0.0642	不分配不转增
000671	阳 光 城	56082.93	1.05	3.02	-1.35	10 派 1 元(含税)
000672	*ST 铜城	463.61	0.0215	0.1032	0.0047	不分配不转增
000673	*ST 当代	576.24	0.028	-0.007	0.1889	不分配不转增
000676	*ST 思达	1185.36	0.0377	1.24	-0.06	不分配不转增
000677	山东海龙	-37162.58	-0.43	1.11	0.08	不分配不转增
000678	襄阳轴承	2516.13	0.08	1.65	-0.026	不分配不转增
000679	大连友谊	24883.17	1.047	4.708	3.536	10 转增 5 股派 0.4 元(含税)
000680	山推股份	83964.50	1.11	5.27	0.28	10 派 2 元(含税)
000681	*ST 远东	63.14	0.003	0.65	-0.13	不分配不转增
000682	东方电子	2011.29	0.0206	1.38	0.0914	不分配不转增
000683	远兴能源	11108.15	0.14	2.88	0.37	不分配不转增
000685	中山公用	66678.78	1.11	7.98	0.15	10 派 2 元(含税)
000686	东北证券	52713.32	0.82	5.42	-0.54	10 派 2 元(含税)
000687	保定天鹅	5625.82	0.088	1.695	0.008	不分配不转增
000688	*ST 朝华	-2173.07	-0.0541	-0.1834	-0.0141	不分配不转增
000690	宝新能源	33057.28	0.19	1.85	0.41	10 派 0.3 元(含税)
000691	*ST 亚太	984.36	0.0305	0.4372	-0.108	不分配不转增
000692	惠天热电	4084.82	0.15	4.45	0.39	不分配不转增
000693	S*ST 聚友	664.42	0.03	-0.35	-0.03	不分配不转增
000695	滨海能源	538.20	0.02	1.3523	0.18	不分配不转增
000697	*ST 偏转	-7373.29	-0.395	1.94	0.047	不分配不转增
000698	沈阳化工	21483.85	0.33	4.558	1.09	不分配不转增
000700	模塑科技	3318.07	0.11	2.4378	0.3793	10 派 0.1 元(含税)
000701	厦门信达	5718.03	0.238	2.9679	0.3688	10 派 1.5 元(含税)
000702	正虹科技	701.95	0.03	1.53	0.26	不分配不转增
000703	ST 光华	241.63	0.02	1.32	0.14	不分配不转增

股票代码	股票简称	净利润(万元)	每股收益(元)	每股净资产(元)	每股经营性现金流量(元)	分配预案
000705	浙江震元	2107.24	0.1681	4.15	0.3916	不分配不转增
000707	双环科技	6361.50	0.137	4.1	0.16	10 派 0.5 元(含税)
000708	大冶特钢	56188.33	1.25	5.65	0.86	10 派 5 元(含税)
000709	河北钢铁	141083.10	0.21	4.28	0.25	不分配不转增
000710	天兴仪表	807.65	0.0534	0.7685	0.5039	不分配不转增
000711	天伦置业	947.54	0.09	3.23	0.1	10 派 0.2 元(含税)
000712	锦龙股份	15466.41	0.51	2.81	0.2	不分配不转增
000713	丰乐种业	9631.55	0.3567	3.7	-0.087	10 派 0.5 元(含税)
000715	中兴商业	6640.68	0.24	3.61	0.99	10 派 1 元(含税)
000716	*ST 南方	16198.85	0.909	1.65	0.058	不分配不转增
000717	韶钢松山	2094.50	0.0125	3.4843	0.2369	不分配不转增
000718	苏宁环球	77160.73	0.45	2.09	-2.01	10 送 1 转增 1 股派 1.2 元(含税)
000719	S*ST 鑫安	37.73	0.003	0.0029	0.0037	不分配不转增
000720	ST 能山	-868.95	-0.0101	1.0306	0.19	不分配不转增
000721	西安饮食	3439.74	0.1724	2.0752	0.2286	不分配不转增
000722	*ST 金果	2514.05	0.08	4	0.16	不分配不转增
000723	美锦能源	851.74	0.06	3.22	0.34	不分配不转增
000725	京东方 A	-200381.31	-0.242	2.21	-0.093	10 转增 2 股
000726	鲁 泰 A	73909.16	0.74	4.43	1.21	10 派 2.5 元(含税)
000727	华东科技	-1066.54	-0.0297	1.4501	0.3084	不分配不转增
000728	国元证券	92498.11	0.47	7.63	-3.51	10 派 3 元(含税)
000729	燕京啤酒	76987.33	0.636	6.75	1.28	10 派 2 元(含税)
000731	四川美丰	10059.80	0.2013	3.74	0.3465	10 派 1 元(含税)
000732	ST 三农	33562.34	0.33	1.6336	0.706	不分配不转增
000733	振华科技	3731.90	0.1	5.67	0.17	不分配不转增
000735	罗 牛 山	2917.75	0.033	1.8	0.073	不分配不转增
000736	重庆实业	12863.43	0.43	4.58	-1.1	不分配不转增
000737	*ST 南风	-51128.49	-0.9317	0.52	0.2	不分配不转增
000738	中航动控	16905.77	0.18	2.45	0.59	不分配不转增
000739	普洛股份	2378.93	0.0927	3.08	0.47	10 派 0.2 元(含税)
000748	长城信息	3484.01	0.09	3.08	0.11	10 派 0.5 元(含税)
000750	SST 集琦	-1849.43	-0.09	0.9926	-0.1656	不分配不转增
000751	锌业股份	-58316.78	-0.53	1.09	0.75	不分配不转增
000752	西藏发展	1510.45	0.0573	2.216	-0.035	10 派 0.1 元(含税)
000753	漳州发展	6297.74	0.2	1.81	-0.55	10 派 0.5 元(含税)
000755	山西三维	3338.34	0.071	4.6542	-0.141	不分配不转增
000756	新华制药	9725.66	0.21	3.67	0.38	10 派 0.5 元(含税)
000757	*ST 方向	-12364.18	-0.41	-3.51	0	10 转增 2 股
000758	中色股份	4923.11	0.077	3.1	0.038	10 送 2 股派 0.3 元(含税)
000759	武汉中百	25092.86	0.37	3.66	1.2	10 派 1.2 元(含税)
000760	*ST 博盈	305.62	0.01	0.83	0.05	不分配不转增
000761	本钢板材	92536.68	0.295	4.79	0.82	10 派 1 元(含税)
000762	西藏矿业	3260.20	0.1183	2.5	0.17	不分配不转增
000766	通化金马	1201.85	0.03	1.33	0.06	不分配不转增
000767	漳泽电力	-74921.65	-0.57	1.14	-0.1	不分配不转增
000768	西飞国际	34555.98	0.1395	3.75	0.04	不分配不转增
000776	广发证券	402699.95	1.62	7.74	-2.22	10 派 5 元(含税)
000777	中核科技	5231.06	0.2583	4.302	0.1621	10 派 1.2 元(含税)
000778	新兴铸管	135068.07	0.7046	5.4776	0.1197	10 派 1 元(含税)
000779	三毛派神	613.98	0.033	1.68	0.129	不分配不转增
000780	平庄能源	64775.41	0.64	3.61	1.08	10 派 1 元(含税)
000782	美达股份	9635.95	0.24	2.24	0.69	10 派 0.4 元(含税)
000783	长江证券	128299.26	0.59	4.39	0.48	10 派 3 元(含税)
000785	武汉中商	6768.81	0.27	2.68	1.43	10 派 1 元(含税)
000786	北新建材	41669.41	0.724	4.503	1.586	10 派 1.65 元(含税)
000787	*ST 创智	-171.94	-0.0045	0.08	0	不分配不转增
000788	西南合成	27004.17	0.65	1.95	0.27	10 送 4 股派 1 元(含税)
000789	江西水泥	15326.33	0.387	3.08	2	10 派 0.8 元(含税)
000790	华神集团	1247.97	0.0466	1.7077	0.4308	10 送 2 转增 1 股派 0.3 元(含税)
000791	西北化工	764.12	0.0404	1.7021	0.1245	不分配不转增
000792	盐湖钾肥	110793.48	1.44	5.03	2.75	不分配不转增
000793	华闻传媒	23185.65	0.1705	1.79	0.47	10 派 0.2 元(含税)

股票代码	股票简称	净利润(万元)	每股收益(元)	每股净资产(元)	每股经营性现金流量(元)	分配预案
000795	太原刚玉	1007.86	0.04	0.89	-0.41	不分配不转增
000796	易食股份	2999.47	0.1217	1.7937	0.3616	不分配不转增
000797	中国武夷	7372.53	0.19	3.02	-0.06	不分配不转增
000798	中水渔业	5003.32	0.16	2.12	0.21	10派0.5元(含税)
000799	酒鬼酒	7941.79	0.2621	2.4949	0.3316	不分配不转增
000800	一汽轿车	186007.91	1.1429	5.31	1.44	10派3元(含税)
000801	四川九洲	4707.41	0.25	3.8801	0.9981	10转增10股
000802	北京旅游	456.72	0.0332	1.9348	0.3884	不分配不转增
000803	金宇车城	-1787.37	-0.1399	0.89	0.015	不分配不转增
000805	*ST炎黄	3315.38	0.521	-0.68	-0.14	不分配不转增
000806	银河科技	-6059.04	-0.0867	1.4773	0.3598	不分配不转增
000807	云铝股份	3047.79	0.026	3.33	-0.19	10转增3股派0.3元(含税)
000809	中汇医药	291.80	0.025	1.153	0.09	不分配不转增
000810	华润锦华	8204.34	0.6327	3.71	0.78	10派2元(含税)
000811	烟台冰轮	14082.99	0.54	2.68	0.43	10送5股派2元(含税)
000812	陕西金叶	4733.02	0.127	1.648	0.327	10送1转增1股派0.12元(含税)
000813	天山纺织	632.28	0.02	1.13	-0.11	不分配不转增
000815	美利纸业	-11779.08	-0.37	2.62	0.83	不分配不转增
000816	江淮动力	13794.48	0.16	1.64	0.19	10派0.1元(含税)
000818	*ST化工	115997.51	1.7058	5.45	-0.03	不分配不转增
000819	岳阳兴长	4341.32	0.224	2.58	0.339	10送1股派0.2元(含税)
000820	*ST金城	-71498.38	-2.48	-2.47	-0.38	不分配不转增
000821	京山轻机	3092.00	0.09	3.36	0.22	10派0.35元(含税)
000822	山东海化	4354.24	0.05	3.73	0.8	不分配不转增
000823	超声电子	15955.70	0.3623	3.777	0.752	10派1元(含税)
000825	太钢不锈	137231.12	0.241	3.835	0.739	10派1元(含税)
000826	桑德环境	20699.27	0.5	3.08	0.62	10派1元(含税)
000828	东莞控股	35207.60	0.3387	2.8998	0.4353	10派1.8元(含税)
000829	天音控股	31071.47	0.328	2.26	-0.97	不分配不转增
000830	鲁西化工	21202.52	0.203	2.474	0.53	不分配不转增
000831	*ST关铝	-22300.68	-0.34	0.02	0.11	不分配不转增
000833	贵糖股份	9162.99	0.31	2.79	0.63	10派1元(含税)
000835	四川圣达	1883.22	0.06	1.44	-0.06	不分配不转增
000836	鑫茂科技	700.80	0.024	2.46	0.16	不分配不转增
000837	秦川发展	10654.69	0.3055	2.89	0.6292	10派0.8元(含税)
000838	国兴地产	-2416.63	-0.1335	1.8171	-0.0559	不分配不转增
000839	中信国安	26021.94	0.166	3.72	-0.17	10派1元(含税)
000848	承德露露	17846.20	0.59	2.45	1.04	10送2股派6元(含税)
000850	华茂股份	36003.17	0.572	6.17	-0.18	10送3转增2股派0.34元(含税)
000851	高鸿股份	1415.45	0.0425	3	-0.15	不分配不转增
000852	江钻股份	10837.29	0.27	2.59	0.46	10派2元(含税)
000856	ST唐陶	-8207.80	-0.36	0.3	-0.2	不分配不转增
000858	五粮液	439535.55	1.158	4.768	2.029	10派3元(含税)
000859	国风塑业	4230.60	0.1006	2.1962	0.1449	10派0.5元(含税)
000860	顺鑫农业	26534.74	0.61	6.06	1.48	10派2.5元(含税)
000861	海印股份	25788.24	0.52	1.87	0.28	10派0.3元(含税)
000862	银星能源	3172.35	0.1345	1.17	1.06	不分配不转增
000863	*ST商务	556.07	0.03	-5.87	0.12	不分配不转增
000868	安凯客车	7333.57	0.24	2.39	0.43	10派0.25元(含税)
000869	张裕A	143421.83	2.72	7.28	2.45	10派14元(含税)
000875	吉电股份	1346.64	0.016	2.8374	-0.1773	不分配不转增
000876	新希望	57947.68	0.7	4.7	0.01	不分配不转增
000877	天山股份	50541.53	1.39	9.2936	2.7892	10派4元(含税)
000878	云南铜业	43139.50	0.34	3.32	-0.27	不分配不转增
000880	潍柴重机	21776.41	0.79	3.31	2.02	不分配不转增
000881	大连国际	20331.97	0.658	4.18	0.65	10派2元(含税)
000882	华联股份	4930.17	0.0998	4.48	-0.04	10转增2股派0.6元(含税)
000883	湖北能源	103731.62	0.5	4.14	1.12	10派2.04元(含税)
000885	同力水泥	12849.50	0.5088	4.82	2.03	不分配不转增
000886	海南高速	11814.30	0.119	2.451	0.578	10派0.8元(含税)
000887	中鼎股份	31070.64	0.73	2.491	0.377	10送4股派0.5元(含税)
000888	峨眉山A	11029.00	0.4689	3.34	0.92	10派1.2元(含税)

股票代码	股票简称	净利润(万元)	每股收益(元)	每股净资产(元)	每股经营性现金流量(元)	分配预案
000889	渤海物流	3053.41	0.0901	1.949	0.4021	不分配不转增
000890	法尔胜	1287.13	0.0339	2.7	0.23	不分配不转增
000892	*ST 星美	-310.16	-0.0075	-0.0356	0.0022	不分配不转增
000893	东凌粮油	19143.75	0.86	2.24	-1.86	不分配不转增
000895	双汇发展	108928.15	1.8	5.65	2.42	10派5元(含税)
000897	津滨发展	9578.46	0.0592	1.34	0.46	10派0.2元(含税)
000898	鞍钢股份	203900.00	0.282	7.47	1.248	10派1.5元(含税)
000899	赣能股份	-3956.11	-0.0612	2.23	0.37	不分配不转增
000900	现代投资	79268.09	1.99	10.9	2.8	10派2元(含税)
000901	航天科技	7026.13	0.28	3.04	0.04	不分配不转增
000902	中国服装	1605.75	0.06	0.99	0.4174	不分配不转增
000903	云内动力	13449.18	0.36	6.9	-0.32	10转增8股派2元(含税)
000905	厦门港务	10115.08	0.19	3.06	0.55	10派0.3元(含税)
000906	南方建材	6709.13	0.24	2.74	-1.66	不分配不转增
000908	*ST 天一	299.17	0.01	0.2	-0.05	不分配不转增
000909	数源科技	2288.26	0.12	2.79	-1.19	不分配不转增
000910	大亚科技	18906.99	0.36	4.11	1.27	10派1元(含税)
000911	南宁糖业	18385.74	0.64	4.99	0.54	10派3.5元(含税)
000912	泸天化	-16701.40	-0.29	3.84	-0.69	不分配不转增
000913	钱江摩托	6983.69	0.15	3.14	-0.53	不分配不转增
000915	山大华特	7054.21	0.39	2.32	1.05	不分配不转增
000916	华北高速	24256.71	0.22	3.53	0.305	10派0.8元(含税)
000917	电广传媒	41038.27	1.01	7.1	1.68	10派0.75元(含税)
000918	嘉凯城	111520.39	0.62	2.22	-1.51	10派0.55元(含税)
000919	金陵药业	19273.15	0.3824	3.9	0.35	10派1.5元(含税)
000920	南方汇通	5776.53	0.14	2.07	0.5	不分配不转增
000921	ST 科龙	58527.77	0.4365	0.3997	0.4755	不分配不转增
000922	*ST 阿继	333.17	0.01	0.254	-0.066	不分配不转增
000923	河北宣工	1983.73	0.1002	3.13	-0.053	不分配不转增
000925	众合机电	5369.87	0.19	2.16	-0.2	不分配不转增
000926	福星股份	50079.58	0.71	6.62	-3	不分配不转增
000927	一汽夏利	29968.24	0.1879	2.26	-0.54	10派0.3元(含税)
000928	中钢吉炭	490.89	0.0174	3.39	0.0183	不分配不转增
000929	兰州黄河	10172.18	0.548	2.96	0.474	不分配不转增
000930	丰原生化	29371.83	0.3046	2.53	0.325	10派0.35元(含税)
000931	中关村	1046.18	0.0155	1.041	0.27	不分配不转增
000932	华菱钢铁	-264362.61	-0.9657	4.55	-1.0548	不分配不转增
000933	神火股份	115884.05	1.1	4.285	1.857	10送6股派2元(含税)
000935	四川双马	3393.11	0.11	1.44	0.43	不分配不转增
000936	华西村	18177.30	0.24	2.49	0.44	10派0.6元(含税)
000937	冀中能源	239616.38	2.072	10.126	3.0193	10送6转增4股派5元(含税)
000938	紫光股份	3322.16	0.161	3.85	0.762	10派0.8元(含税)
000939	凯迪电力	30591.91	0.52	3.33	0.22	10送6股派1元(含税)
000948	南天信息	6894.38	0.3274	5.7345	-0.5846	10派0.5元(含税)
000949	新乡化纤	14644.91	0.2356	2.9377	-0.1761	10送2转增1股派0.6元(含税)
000950	建峰化工	13233.90	0.22	3.95	0.018	10派1元(含税)
000951	中国重汽	67268.92	1.6	8.31	0.74	10派2.5元(含税)
000952	广济药业	1397.96	0.056	3.2	0.31	不分配不转增
000953	*ST 河化	546.01	0.02	0.4956	-0.27	不分配不转增
000955	ST 欣龙	295.82	0.0101	0.79	0.107	不分配不转增
000957	中通客车	3956.66	0.17	2.45	0.45	10派0.5元(含税)
000958	*ST 东热	2763.20	0.09	-1.37	-0.1	不分配不转增
000959	首钢股份	34967.08	0.1179	2.65	0.13	10派1元(含税)
000960	锡业股份	36647.37	0.4583	5.6278	0.175	10转增1股派1.2元(含税)
000961	中南建设	74115.19	0.63	3.95	-1.97	10派1元(含税)
000962	东方钽业	8218.54	0.2306	3.5392	0.2685	10派0.5元(含税)
000963	华东医药	31730.68	0.73	2.67	-0.06	不分配不转增
000965	天保基建	21416.32	0.46	4.51	0.9	不分配不转增
000966	长源电力	-31189.11	-0.5628	2.15	-0.91	不分配不转增
000967	上风高科	959.79	0.05	2.2	-0.26	不分配不转增
000968	煤气化	23487.17	0.4572	5.7047	0.1966	不分配不转增
000969	安泰科技	21924.08	0.2639	3.57	0.1676	10派1.2元(含税)

股票代码	股票简称	净利润(万元)	每股收益(元)	每股净资产(元)	每股经营性现金流量(元)	分配预案
000970	中科三环	20677.88	0.41	2.82	0.01	10派0.7元(含税)
000971	ST迈亚	1822.02	0.07	0.501	-0.382	不分配不转增
000972	新中基	-34896.53	-0.76	2.78	-0.89	不分配不转增
000973	佛塑科技	17310.42	0.283	2.15	0.348	不分配不转增
000975	科学城	-2285.62	-0.0367	1.46	0.14	不分配不转增
000976	春晖股份	6682.61	0.11	1.19	0.19	不分配不转增
000977	浪潮信息	3430.49	0.16	4.83	0.1338	不分配不转增
000978	桂林旅游	7044.16	0.208	3.98	0.304	10派1.2元(含税)
000979	中弘地产	92097.82	1.64	2.96	1.12	10转增8股
000980	金马股份	4388.03	0.14	3.65	-0.22	不分配不转增
000981	S*ST兰光	570.20	0.04	2.27	-0.2	不分配不转增
000982	中银绒业	7676.89	0.31	1.64	0.06	10派0.6元(含税)
000983	西山煤电	264437.01	0.8392	4.01	1.0672	10派5元(含税)
000985	大庆华科	2634.04	0.2	3.67	0.56	10派1元(含税)
000987	广州友谊	32718.69	0.91	4.28	1.28	10派4元(含税)
000988	华工科技	25122.53	0.62	4	0.17	10派1元(含税)
000989	九芝堂	16269.11	0.55	4.63	0.62	10派4元(含税)
000990	诚志股份	2153.96	0.073	5.28	-0.24	10派0.4元(含税)
000993	闽东电力	10381.09	0.28	4.14	0.32	10派1.2元(含税)
000995	ST皇台	-5939.91	-0.33	0.97	0.089	不分配不转增
000996	中国中期	1431.51	0.0622	1.81	0.45	不分配不转增
000997	新大陆	7129.89	0.15	2.54	-0.16	不分配不转增
000998	隆平高科	7460.32	0.269	3.57	0.57	10派0.5元(含税)
000999	华润三九	81598.48	0.83	4.3	0.87	10派3元(含税)
001696	宗申动力	34474.77	0.34	1.98	0.15	10派4元(含税)
001896	豫能控股	2136.26	0.03	0.97	0.49	不分配不转增
200002	万科B	728312.70	0.66	4.02	0.203	10派1元(含税)
200011	深物业B	17499.85	0.2936	1.4668	-0.1708	不分配不转增
200012	南玻B	145520.92	0.7	3.07	1.14	10派3.5元(含税)
200016	深康佳B	8394.79	0.0697	3.3212	-0.3595	10派0.1元(含税)
200017	*ST中华B	6447.74	0.1169	-3.1853	0.0118	不分配不转增
200018	ST中冠B	410.29	0.02	0.85	0.001	不分配不转增
200019	深深宝B	568.76	0.031	1.79	0.029	不分配不转增
200020	深华发B	917.73	0.0324	0.94	0.2	不分配不转增
200022	深赤湾B	59668.02	0.925	5.024	1.437	10派4.63元(含税)
200024	招商局B	201139.72	1.17	10.6	-2.59	10派1.2元(含税)
200025	特力B	358.44	0.0163	0.796	0.03	不分配不转增
200026	飞亚达B	9399.02	0.377	4.51	-0.35	10转增4股派1元(含税)
200028	一致B	26111.67	0.91	3.65	1.49	10派1.2元(含税)
200029	深深房B	8476.02	0.0838	1.41	-0.177	不分配不转增
200030	*ST盛润B	106524.41	3.6934			不分配不转增
200037	深南电B	-11463.87	-0.19	2.88	0.04	不分配不转增
200039	中集B	300185.10	1.13	6.09	0.56	10派3.5元(含税)
200045	深纺织B	4070.93	0.14	4	0.17	不分配不转增
200053	深基地B	14222.93	0.62	4.54	1.11	10派1.28元(含税)
200054	建摩B	1195.65	0.025	0.99	0.05	不分配不转增
200055	方大B	5506.34	0.11	2	-0.06	10转增5股
200056	深国商B	-16770.97	-0.76	0.25	-2.73	不分配不转增
200058	深赛格B	5921.77	0.0755	1.3812	0.1395	不分配不转增
200152	山航B	63436.45	1.59	3.52	4.19	10派3元(含税)
200160	ST大路B	170.49	0.01	-0.04	-0.046	不分配不转增
200168	ST雷伊B	-4118.70	-0.13	0.97	0.29	不分配不转增
200413	宝石B	151.93	0.004	0.58	0.03	不分配不转增
200418	小天鹅B	50691.71	0.8	4.83	1.14	10派1元(含税)
200429	粤高速B	38847.80	0.31	3.41	0.47	10派1元(含税)
200468	宁通信B	2371.20	0.11	1.68	-0.76	不分配不转增
200488	晨鸣B	116334.11	0.56	6.56	0.41	10派3元(含税)
200505	ST珠江B	2773.10	0.06	1.17	0.33	不分配不转增
200512	闽灿坤B	6437.36	0.06	0.4148	0.2033	不分配不转增
200513	丽珠B	41818.08	1.41	8.51	2.14	10派1元(含税)
200521	皖美菱B	32585.05	0.6144	5.12	0.71	10送2股派0.5元(含税)
200530	大冷B	9980.64	0.29	4.93	0.49	10派1.5元(含税)

股票代码	股票简称	净利润(万元)	每股收益(元)	每股净资产(元)	每股经营性现金流量(元)	分配预案
200539	粤电力B	76580.65	0.28	3.63	0.23	10派1元(含税)
200541	粤照明B	26377.62	0.27	2.83	0.22	10派2.5元(含税)
200550	江 铃B	171161.44	1.98	7.1	3.15	10派7.9元(含税)
200553	沙隆达B	2380.76	0.0401	1.86	0.12	不分配不转增
200570	苏常柴B	12054.20	0.21	3.7	0.11	不分配不转增
200581	苏威孚B	134029.11	2.36	7.24	0.95	10派4.35元(含税)
200596	古井贡B	31375.76	1.34	4.47	2.2	10派3.5元(含税)
200613	ST东海B	68.10	0.0019	0.24	0.0083	不分配不转增
200625	长 安B	202698.65	0.87	4.57	1.16	10送4转增4股派0.8元(含税)
200706	瓦 轴B	8790.06	0.22	3.59	0.16	10派0.4元(含税)
200725	京东方B	-200381.31	-0.242	2.21	-0.093	10转增2股
200726	鲁 泰B	73909.16	0.74	4.43	1.21	10派2.5元(含税)
200761	本钢板B	92536.68	0.295	4.79	0.82	10派1元(含税)
200770	*ST武锅B	853.59	0.03	-2.98	4.1	不分配不转增
200771	杭汽轮B	68018.47	1.41	5.93	1.04	10送3股派4元(含税)
200869	张 裕B	143421.83	2.72	7.28	2.45	10派14元(含税)
200986	粤华包B	12031.19	0.24	2.82	0.39	不分配不转增
200992	中 鲁B	3519.54	0.13	1.47	0.29	不分配不转增

2010年中小企业板上市公司年报主要财务指标

截至2011年4月30日

股票代码	股票简称	净利润(万元)	每股收益(元)	每股净资产(元)	每股经营性现金流量(元)	分配预案
002001	新 和 成	110008.69	1.61	6.66	1.8	10派5元(含税)
002002	ST琼花	-6814.30	-0.4083	0.5332	0.0064	不分配不转增
002003	伟星股份	25607.24	1.24	5.68	1.35	10派3元(含税)
002004	华邦制药	13204.17	1	7.39	0.6	不分配不转增
002005	德豪润达	19572.35	0.56	4.91	0.74	不分配不转增
002006	精功科技	9118.13	0.63	2.79	1.56	不分配不转增
002007	华兰生物	61236.05	1.0627	3.76	1.06	10派3元(含税)
002008	大族激光	37566.89	0.5395	3.45	0.32	10转增5股派2.5元(含税)
002009	天奇股份	7825.82	0.35	2.25	0.73	不分配不转增
002010	传化股份	14344.58	0.64	5.41	-0.44	10转增10股派0.5元(含税)
002011	盾安环境	21818.60	0.5859	5.03	0.78	10转增10股派3元(含税)
002012	凯恩股份	10579.55	0.54	2.47	0.66	10派1元(含税)
002013	中航精机	3518.54	0.21	2.79	0.23	10转增3股派0.3元(含税)
002014	永新股份	12123.52	0.87	5.33	0.89	10转增3股派4元(含税)
002015	霞客环保	2092.34	0.1	2.53	1.11	10派0.2元(含税)
002016	世荣兆业	9412.57	0.2	1.86	0.73	不分配不转增
002017	东信和平	3262.62	0.1643	3.3797	-0.4319	10转增1股派3元(含税)
002018	华星化工	-12771.05	-0.43	2.02	-0.15	不分配不转增
002019	鑫富药业	-19755.18	-0.9	3.16	-0.15	不分配不转增
002020	京新药业	1289.55	0.127	3.111	0.586	不分配不转增
002021	中捷股份	5003.72	0.11	2.02	0.6	不分配不转增
002022	科华生物	22525.85	0.4576	1.8275	0.4912	10派3元(含税)
002023	海特高新	5820.87	0.2	3.23	0.18	不分配不转增
002024	苏宁电器	401182.00	0.57	2.62	0.55	10派1元(含税)
002025	航天电器	11747.12	0.36	3.89	0.39	10派1元(含税)
002026	山东威达	4518.03	0.3347	4.1644	0.2599	10送3股派1元(含税)
002027	七喜控股	969.77	0.03	2.18	0.11	不分配不转增
002028	思源电气	55435.38	1.26	6.83	0.39	10派8元(含税)
002029	七 匹 狼	28315.69	1	5.65	0.92	10派2元(含税)
002030	达安基因	5645.27	0.2	1.46	0.27	10送1转增1股派0.12元(含税)
002031	巨轮股份	10602.80	0.3997	3.83	0.3	10转增5股派0.6元(含税)
002032	苏 泊 尔	40392.62	0.7	4.26	0.22	10派2.8元(含税)
002033	丽江旅游	1008.69	0.09	5.18	0.06	10转增3股
002034	美 欣 达	772.88	0.1	5.14	0.22	不分配不转增
002035	华帝股份	12147.11	0.54	2.11	0.98	10派3元(含税)
002036	宜科科技	985.90	0.05	1.59	0	10派0.5元(含税)
002037	久联发展	11250.61	0.65	3.76	0.07	10派2元(含税)
002038	双鹭药业	27271.42	1.0829	4.71	0.94	10送3.8转增1.2股派2.5元(含税)
002039	黔源电力	6517.06	0.4647	8.3499	8.5695	10派1.667元(含税)

股票代码	股票简称	净利润(万元)	每股收益(元)	每股净资产(元)	每股经营性现金流量(元)	分配预案
002040	南京港	2449.54	0.0996	2.22	0.2	10派0.2元(含税)
002041	登海种业	20874.58	1.1861	5.3	2.31	10转增10股派2元(含税)
002042	华孚色纺	37120.16	1.56	9.39	0.93	10派2元(含税)
002043	兔宝宝	3269.48	0.18	2.38	0.01	不分配不转增
002044	江苏三友	2321.29	0.14	2.02	0.05	10转增3.8股派0.5元(含税)
002045	广州国光	11545.50	0.43	4.87	-0.76	10转增5股派1.2元(含税)
002046	轴研科技	4783.55	0.44	4.97	0.38	10派1.33元(含税)
002047	成霖股份	572.57	0.01	1.77	0.04	不分配不转增
002048	宁波华翔	42026.42	0.77	4.66	0.59	10派1.6元(含税)
002049	晶源电子	3760.45	0.2786	3.21	0.3525	10派1.1元(含税)
002050	三花股份	31540.55	1.19	8.45	1.06	10派5元(含税)
002051	中工国际	36357.45	1.07	6.29	0.32	10转增3股派3.5元(含税)
002052	同洲电子	-11838.59	-0.35	3.31	0.1	不分配不转增
002053	云南盐化	1947.66	0.105	5.232	0.893	10派0.5元(含税)
002054	德美化工	34577.31	1.12	3.81	0.25	10派1.2元(含税)
002055	得润电子	6050.89	0.3466	2.1653	-0.3287	10派0.5元(含税)
002056	横店东磁	36260.21	0.88	6.69	0.73	10派0.7元(含税)
002057	中钢天源	1028.05	0.12	2.92	0.14	不分配不转增
002058	威尔泰	1315.23	0.21	2.95	0.4	10送1转增9股派0.6元(含税)
002059	云南旅游	-908.42	-0.04	2.58	0.2	不分配不转增
002060	粤水电	9077.04	0.2731	4.4	0.51	10派0.8元(含税)
002061	江山化工	5070.20	0.36	3.737	-0.1892	不分配不转增
002062	宏润建设	32233.32	0.72	4.04	-2.01	10派2元(含税)
002063	远光软件	19129.98	0.74	2.83	0.95	10送3股派1元(含税)
002064	华峰氨纶	31980.67	0.43	2.25	0.24	10派1元(含税)
002065	东华软件	31733.44	0.7449	3.69	0.06	10送2股派1元(含税)
002066	瑞泰科技	4833.11	0.42	4.91	-0.15	10派1.5元(含税)
002067	景兴纸业	12386.80	0.32	4.69	0.12	10派1元(含税)
002068	黑猫股份	5355.40	0.21	2.57	0.86	不分配不转增
002069	獐子岛	42275.11	0.93	3.73	0.09	10转增5股派5元(含税)
002070	众和股份	8455.57	0.3274	3.71	0.02	10转增3股
002071	江苏宏宝	2057.34	0.11	2	0.03	10派0.4元(含税)
002072	*ST德棉	654.04	0.037	1.78	0.72	不分配不转增
002073	软控股份	37295.98	0.5	3.2	0.12	不分配不转增
002074	东源电器	2739.44	0.19	2.89	0.05	10送3转增5股派0.8元(含税)
002075	沙钢股份	35789.23	0.3	1.27	1.64	不分配不转增
002076	雪莱特	1236.16	0.0671	2.16	0.12	10派1元(含税)
002077	大港股份	6251.56	0.25	2.89	-1.05	不分配不转增
002078	太阳纸业	63637.93	0.63	3.53	1.25	10派1.5元(含税)
002079	苏州固锝	6887.89	0.25	2.065	0.329	10转增3股
002080	中材科技	17700.44	1.18	10.99	0.4	10转增10股派3元(含税)
002081	金螳螂	38864.39	1.22	3.78	1.06	10送5股派2元(含税)
002082	栋梁新材	15198.57	0.64	3.88	0.68	10派1.5元(含税)
002083	孚日股份	18274.99	0.19	2.89	0.88	不分配不转增
002084	海鸥卫浴	7408.52	0.2649	2.7925	0.3461	10转增2股
002085	万丰奥威	13276.05	0.47	3.26	0.82	不分配不转增
002086	东方海洋	7336.07	0.3008	4.76	0.09	不分配不转增
002087	新野纺织	9013.07	0.1869	3.18	-0.51	10派0.4元(含税)
002088	鲁阳股份	12275.64	0.52	5.57	0.63	10派1元(含税)
002089	新海宜	13913.43	0.62	3.85	-0.0055	10转增5股派1.5元(含税)
002090	金智科技	4883.63	0.2394	2.4063	-0.2053	10派0.5元(含税)
002091	江苏国泰	17727.96	0.59	3.07	-0.08	10送1转增1股派1.2元(含税)
002092	中泰化学	29127.26	0.271	5.71	0.55	10派0.5元(含税)
002093	国脉科技	10307.67	0.2574	2.2268	0.0616	不分配不转增
002094	青岛金王	3758.04	0.12	1.43	-0.36	不分配不转增
002095	生意宝	5134.91	0.38	3.2	0.46	10转增2股派1元(含税)
002096	南岭民爆	11797.07	0.89	3.61	1.19	10派1.5元(含税)
002097	山河智能	20296.50	0.4933	3.68	-0.77	10派0.3元(含税)
002098	浔兴股份	5328.57	0.3438	3.77	0.89	10派2元(含税)
002099	海翔药业	8562.83	0.53	3.96	1.13	10派2元(含税)
002100	天康生物	10742.51	0.48	4.6	0.85	10转增3股派0.5元(含税)
002101	广东鸿图	8530.03	1.23	10.21	-0.57	10送10股派2元(含税)

股票代码	股票简称	净利润(万元)	每股收益(元)	每股净资产(元)	每股经营性现金流量(元)	分配预案
002102	冠福家用	-8652.73	-0.49	2.7	-0.42	10转增10股
002103	广博股份	6016.08	0.28	3.25	0.29	10派1.5元(含税)
002104	恒宝股份	10420.44	0.24	1.44	0.32	10派1元(含税)
002105	信隆实业	4322.43	0.16	1.93	0.27	不分配不转增
002106	莱宝高科	45110.21	1.05	4.84	1.39	10转增4股派2元(含税)
002107	沃华医药	-9781.16	-0.6	3.6	-0.09	不分配不转增
002108	沧州明珠	11606.39	0.69	3.6	0.42	10送2转增6股派0.3元(含税)
002109	兴化股份	9572.16	0.27	3.02	0.29	10派0.9元(含税)
002110	三钢闽光	10994.34	0.206	5.08	0.88	10派0.2元(含税)
002111	威海广泰	6696.33	0.46	3.68	0.21	10派1.5元(含税)
002112	三变科技	4411.51	0.39	4.25	1.03	10派0.4元(含税)
002113	*ST天润	-34142.92	-2.884	0.066	0.14	不分配不转增
002114	罗平锌电	-1645.19	-0.09	2.5	-0.52	不分配不转增
002115	三维通信	10064.29	0.4691	3.4319	0.3964	10派1.5元(含税)
002116	中国海诚	6484.77	0.569	4.265	2.67	10派3.2元(含税)
002117	东港股份	7919.44	0.7	7.77	1.45	10派2元(含税)
002118	紫鑫药业	17317.36	0.84	6.21	-0.84	10转增10股
002119	康强电子	6893.04	0.35	3.38	-0.41	10派0.5元(含税)
002120	新海股份	3215.06	0.21	2.52	0.08	不分配不转增
002121	科陆电子	13148.28	0.54	4.27	-0.15	10转增5股派0.5元(含税)
002122	天马股份	65838.40	0.55	3.71	0.29	10派1元(含税)
002123	荣信股份	26736.87	0.8	4.71	0.08	10转增5股
002124	天邦股份	3905.62	0.19	1.93	0.002	10派1元(含税)
002125	湘潭电化	2576.47	0.3417	3.54	0.68	不分配不转增
002126	银轮股份	13058.08	1.31	6.39	1.52	10转增3股派0.8元(含税)
002127	新民科技	13737.38	0.42	2.93	0.63	10转增2股派0.5元(含税)
002128	露天煤业	145559.06	1.1	2.85	1.45	10派5元(含税)
002129	中环股份	9753.28	0.202	3.179	0.0754	10送2转增3股派0.3元(含税)
002130	沃尔核材	7633.49	0.31	1.99	0.19	10派0.5元(含税)
002131	利欧股份	11058.53	0.37	2.14	0.27	不分配不转增
002132	恒星科技	8959.65	0.35	4.06	0.65	10转增10股派1元(含税)
002133	广宇集团	21940.00	0.44	2.81	1.51	10派1.5元(含税)
002134	天津普林	-1931.52	-0.08	2.82	0.03	不分配不转增
002135	东南网架	7293.43	0.36	5.04	1.82	10转增5股派0.5元(含税)
002136	安纳达	2677.07	0.34	2.8	0.54	不分配不转增
002137	实益达	2623.94	0.1009	1.9	-0.25	10转增2股
002138	顺络电子	9584.42	0.5	3.28	0.39	不分配不转增
002139	拓邦股份	7237.70	0.43	2.4	0.22	不分配不转增
002140	东华科技	19697.36	0.71	3.12	-0.37	10送3转增3股派1.5元(含税)
002141	蓉胜超微	1563.42	0.1375	2.6985	-0.1936	10送2转增4股派0.4元(含税)
002142	宁波银行	232198.60	0.91	5.51	19.14	10派2元(含税)
002143	高金食品	-2228.82	-0.1389	2.73	-0.95	不分配不转增
002144	宏达高科	4009.72	0.32	4.55	1.1	10派1.5元(含税)
002145	*ST钛白	1084.90	0.0571	1.48	0.04	不分配不转增
002146	荣盛发展	102137.59	0.71	3.32	-1.35	10送2转增1股派1元(含税)
002147	方圆支承	8177.20	0.35	3.31	0.17	10派1.5元(含税)
002148	北纬通信	4762.70	0.64	5.64	0.43	10转增5股派1.7元(含税)
002149	西部材料	4002.21	0.23	5.09	-0.8306	10派2元(含税)
002150	江苏通润	5371.57	0.34	3.07	0.19	10转增6股派1.5元(含税)
002151	北斗星通	4129.80	0.45	6.36	-0.33	10转增5股派3元(含税)
002152	广电运通	47513.17	1.39	5.87	0.35	10送3股派2元(含税)
002153	石基信息	21389.79	0.95	3.89	0.91	10转增3.8股派1元(含税)
002154	报喜鸟	24286.00	0.83	6.3	1.02	10转增10股派2元(含税)
002155	辰州矿业	21797.74	0.4	3.65	1	10派1.5元(含税)
002156	通富微电	13907.89	0.4	5.25	1.43	10转增6股
002157	正邦科技	5803.59	0.22	3.41	-0.34	10转增6股
002158	汉钟精机	13733.75	0.7557	3.66	0.55	10转增2股派3元(含税)
002159	三特索道	2975.73	0.25	3.62	1.02	10派0.5元(含税)
002160	常铝股份	4481.75	0.264	3.89	0.69	10送3转增7股派0.4元(含税)
002161	远望谷	9633.71	0.38	2.14	0.53	10送3股派0.35元(含税)
002162	斯米克	3352.35	0.0802	2.14	0.01	10派0.5元(含税)
002163	中航三鑫	6425.85	0.17	3.74	0.13	10转增10股派1元(含税)

股票代码	股票简称	净利润(万元)	每股收益(元)	每股净资产(元)	每股经营性现金流量(元)	分配预案
002164	东力传动	8392.84	0.43	5.32	0.11	10转增10股派2元(含税)
002165	红宝丽	9161.75	0.36	2.34	-0.38	不分配不转增
002166	莱茵生物	-2461.07	-0.19	1.75	-0.2043	不分配不转增
002167	东方锆业	4555.12	0.25	3.34	-0.09	不分配不转增
002168	深圳惠程	7025.79	0.2339	3.18	0.16	10转增10股
002169	智光电气	4116.21	0.2454	3.1553	-0.416	10转增5股派0.4元(含税)
002170	芭田股份	10482.34	0.344	2.17	0.23	10送3股派0.5元(含税)
002171	精诚铜业	8308.10	0.51	4.15	0.03	10转增10股派2元(含税)
002172	澳洋科技	10045.82	0.19	2.4	-0.18	不分配不转增
002173	山下湖	2876.39	0.29	3.93	0.09	10转增10股
002174	梅花伞	1053.19	0.127	2.77	0.32	10派0.5元(含税)
002175	广陆数测	541.32	0.06	3.03	0.27	不分配不转增
002176	江特电机	3234.17	0.3	3.5302	0.1064	10转增8股派0.35元(含税)
002177	御银股份	9404.79	0.35	4.68	0.14	10转增3股
002178	延华智能	1584.02	0.17	3.23	-0.41	10转增4股
002179	中航光电	15915.14	0.4	3.06	0.25	10派0.7元(含税)
002180	万力达	2716.11	0.33	4.24	0.37	10转增5股派1元(含税)
002181	粤传媒	1666.03	0.0476	3.45	0.23	10派0.3元(含税)
002182	云海金属	2819.48	0.15	4.63	-0.49	10转增5股
002183	怡亚通	13119.33	0.24	2.61	-1.33	10转增5股派1.1元(含税)
002184	海得控制	3007.14	0.1367	3.25	-0.0403	10派0.5元(含税)
002185	华天科技	11187.12	0.2997	2.72	0.7837	不分配不转增
002186	全聚德	10028.57	0.7084	5.2827	1.3142	10派5元(含税)
002187	广百股份	17386.63	1.03	7.61	3.19	10转增5股派2元(含税)
002188	新嘉联	451.20	0.03	2.06	0.37	不分配不转增
002189	利达光电	1549.70	0.08	2.41	0.12	10派0.24元(含税)
002190	成飞集成	5029.84	0.24	2.75	0.19	不分配不转增
002191	劲嘉股份	30333.64	0.47	3.05	0.58	10派1元(含税)
002192	路翔股份	2099.71	0.17	2.16	-1.43	10派0.5元(含税)
002193	山东如意	4490.56	0.28	4.17	-0.35	10派0.6元(含税)
002194	武汉凡谷	21341.08	0.3839	3.6964	0.1006	10派2.5元(含税)
002195	海隆软件	4520.28	0.61	4.1	0.5748	10转增5股派1元(含税)
002196	方正电机	2264.63	0.29	3.48	0.25	10转增5股派1.5元(含税)
002197	证通电子	5488.07	0.42	3.46	-0.21	10转增6股
002198	嘉应制药	2524.70	0.15	1.58	0.12	10送2.5股派0.5元(含税)
002199	东晶电子	2947.19	0.2813	2.5734	0.548	10派1.3元(含税)
002200	绿大地	1447.79	0.1	3.75	-0.04	不分配不转增
002201	九鼎新材	1510.56	0.11	2.82	0.31	10转增3股
002202	金风科技	228952.03	0.9887	4.93	0.07	10派3.4元(含税)
002203	海亮股份	23685.54	0.592	3.87	-0.11	10派1.2元(含税)
002204	华锐铸钢	13635.47	0.64	5.45	-0.77	10派1.15元(含税)
002205	国统股份	5200.79	0.5201	7.2445	-1.5024	10派1元(含税)
002206	海利得	15333.84	0.61	4.28	1.15	10转增5股派3.3元(含税)
002207	准油股份	-59.23	-0.01	3.57	0.33	不分配不转增
002208	合肥城建	13814.39	0.43	2.99	-2.7	10派1元(含税)
002209	达意隆	4710.90	0.2413	2.88	0.24	10派0.5元(含税)
002210	飞马国际	5118.53	0.17	1.55	-0.25	10派0.3元(含税)
002211	宏达新材	8524.40	0.35	5.9	0.23	10转增5股
002212	南洋股份	13122.97	0.56	6.02	-0.45	10转增10股派1.2元(含税)
002213	特尔佳	4037.00	0.2	1.34	0.17	10派0.5元(含税)
002214	大立科技	5335.41	0.53	4.13	-0.4	10派1元(含税)
002215	诺普信	10880.35	0.5	5.53	0.53	10转增6股派2元(含税)
002216	三全食品	12345.50	0.66	5.54	1.12	10派2元(含税)
002217	联合化工	8525.78	0.38	3.73	0.94	10派0.6元(含税)
002218	拓日新能	9626.75	0.33	2.74	0.16	10转增5股派0.5元(含税)
002219	独一味	6596.14	0.2207	1.3858	0.2156	10送2转增0.5股派0.28元(含税)
002220	天宝股份	12235.38	0.62	3.53	0.34	不分配不转增
002221	东华能源	4061.44	0.183	2.77	-2.55	10派0.2元(含税)
002222	福晶科技	6054.57	0.32	3.08	0.42	10转增5股派2元(含税)
002223	鱼跃医疗	16088.24	0.64	3.41	0.26	10转增6股
002224	三力士	6173.47	0.46	3.3	0.45	10转增2股派0.5元(含税)
002225	濮耐股份	14132.95	0.26	2.12	0.12	10转增3股派0.8元(含税)

股票代码	股票简称	净利润(万元)	每股收益(元)	每股净资产(元)	每股经营性现金流量(元)	分配预案
002226	江南化工	7258.64	0.52	3.04	0.64	不分配不转增
002227	奥特迅	2690.26	0.2478	5.54	-0.3	10派1元(含税)
002228	合兴包装	7111.86	0.35	3.74	-0.03	10转增6股派0.6元(含税)
002229	鸿博股份	4926.05	0.36	3.7	0.44	10派1.5元(含税)
002230	科大讯飞	10113.92	0.63	4.06	0.56	10转增5股派2元(含税)
002231	奥维通信	2885.91	0.1798	2.56	-0.1297	10派1元(含税)
002232	启明信息	9027.08	0.314	3.04	0.11	10转增4股
002233	塔牌集团	30800.00	0.77	5.81	2.04	10转增10股派0.8元(含税)
002234	民和股份	4445.45	0.41	5.74	1.08	10派1元(含税)
002235	安妮股份	254.75	0.01	2.39	0.21	不分配不转增
002236	大华股份	26029.46	1.91	8.41	0.89	10送5转增5股派5元(含税)
002237	恒邦股份	19044.04	0.99	7.13	-7.27	不分配不转增
002238	天威视讯	8576.54	0.3212	4.87	1.21	10转增2股派1元(含税)
002239	金飞达	1047.71	0.05	2.64	0.3	10派0.2元(含税)
002240	威华股份	1900.43	0.06	5.44	-0.01	10转增6股
002241	歌尔声学	27645.25	0.76	4.35	0.86	10转增10股派2元(含税)
002242	九阳股份	59090.83	0.78	3.82	0.72	10派5元(含税)
002243	通产丽星	9670.12	0.37	2.29	0.31	不分配不转增
002244	滨江集团	96620.56	0.71	3.18	0.15	10派0.7元(含税)
002245	澳洋顺昌	8234.13	0.4514	2.68	-0.67	10送3转增7股派0.5元(含税)
002246	北化股份	2163.70	0.11	3.07	0.36	10派3元(含税)
002247	帝龙新材	3988.32	0.4	4.54	0.09	10派3元(含税)
002248	华东数控	9412.13	0.37	3.97	0.18	10派0.5元(含税)
002249	大洋电机	22846.78	0.53	3.17	0.16	10派2.8元(含税)
002250	联化科技	20297.87	0.83	3.6	0.76	10派2元(含税)
002251	步步高	17088.89	0.6321	5.79	1.71	10派3元(含税)
002252	上海莱士	18549.83	0.68	3.03	0.74	10派4元(含税)
002253	川大智胜	4057.03	0.54	5.23	0.12	10派3元(含税)
002254	烟台氨纶	25602.21	0.98	6.55	0.65	10转增5股派8元(含税)
002255	海陆重工	12613.37	0.98	8.9	0.47	10派2元(含税)
002256	彩虹精化	3117.74	0.15	2.09	0.14	不分配不转增
002258	利尔化学	7173.81	0.35	4.17	0.41	不分配不转增
002259	升达林业	3606.69	0.12	2.34	0.21	10派0.5元(含税)
002260	伊立浦	1207.33	0.08	2.02	0.49	不分配不转增
002261	拓维信息	11073.06	0.76	4.97	0.54	10转增5股派1元(含税)
002262	恩华药业	7643.53	0.3266	1.96	0.2641	10派0.5元(含税)
002263	大东南	7744.30	0.18	3.04	0.33	10派1元(含税)
002264	新华都	7719.86	0.48	3.52	1.86	10派1元(含税)
002265	西仪股份	1191.23	0.04	1.88	0.09	10派0.11元(含税)
002266	浙富股份	13859.53	0.96	7.4	-0.56	10转增10股派2.3元(含税)
002267	陕天然气	40393.73	0.7945	4.85	1.44	10派2元(含税)
002268	卫士通	6510.52	0.49	3.43	0.71	10转增3股派2元(含税)
002269	美邦服饰	75785.23	0.75	3.31	-1.05	10派5.3元(含税)
002270	法因数控	2560.94	0.18	3.77	0.25	10派1元(含税)
002271	东方雨虹	10384.00	0.66	5.93	-1.09	10转增10股派2.5元(含税)
002272	川润股份	5070.70	0.45	6.26	0.12	10转增5股
002273	水晶光电	9376.31	0.83	4.17	0.7	不分配不转增
002274	华昌化工	1037.89	0.04	5.02	0.99	不分配不转增
002275	桂林三金	25875.80	0.57	3.95	0.63	10转增3股派2.2元(含税)
002276	万马电缆	9742.52	0.24	2.67	0.01	不分配不转增
002277	友阿股份	21615.17	0.619	4.76	1.38	10派1.5元(含税)
002278	神开股份	7834.51	0.36	5.09	0.11	10转增2股派1.5元(含税)
002279	久其软件	4626.46	0.4211	5.6892	0.7115	10派3元(含税)
002280	新世纪	4085.79	0.38	4.41	0.44	10派2元(含税)
002281	光迅科技	12682.46	0.79	6.46	0.43	10派2.5元(含税)
002282	博深工具	6708.08	0.39	4.53	0.32	10转增3股派2.5元(含税)
002283	天润曲轴	22165.86	0.92	7.11	1.62	10送3转增7股派1元(含税)
002284	亚太股份	11850.94	0.62	5.08	0.68	10转增5股派1元(含税)
002285	世联地产	24177.18	1.11	5.48	1.41	10送1.5转增3.5股派2元(含税)
002286	保龄宝	4280.45	0.41	6.76	0.26	不分配不转增
002287	奇正藏药	17046.15	0.42	2.93	0.24	10派2.8元(含税)
002288	超华科技	2098.90	0.1527	3.54	-0.1764	10转增2股派1元(含税)

股票代码	股票简称	净利润(万元)	每股收益(元)	每股净资产(元)	每股经营性现金流量(元)	分配预案
002289	宇顺电子	2838.40	0.39	6.26	0.5	不分配不转增
002290	禾盛新材	9500.32	0.63	6.08	0.16	10 派 1.5 元(含税)
002291	星期六	10030.09	0.36	5.23	-0.7	10 转增 3 股
002292	奥飞动漫	13094.77	0.51	5.17	0.96	10 转增 6 股派 3 元(含税)
002293	罗莱家纺	20970.53	1.49	10.3	0.94	10 派 14.2 元(含税)
002294	信立泰	35531.43	1.57	8.21	0.82	10 转增 6 股派 6 元(含税)
002295	精艺股份	6679.08	0.473	5.89	-0.95	10 转增 5 股派 1.5 元(含税)
002296	辉煌科技	8571.83	0.8199	5.99	0.18	10 转增 7 股派 3.5 元(含税)
002297	博云新材	2586.89	0.12	2.61	0.09	不分配不转增
002298	鑫龙电器	4273.56	0.259	2.96	-0.9251	10 派 0.8 元(含税)
002299	圣农发展	27808.12	0.68	4.35	0.67	10 转增 10 股派 2.5 元(含税)
002300	太阳电缆	11971.84	0.6	5.3	-0.96	10 转增 5 股派 4.5 元(含税)
002301	齐心文具	5052.46	0.27	5.16	0.44	不分配不转增
002302	西部建设	10742.80	0.51	4.7	0.39	不分配不转增
002303	美盈森	14249.05	0.7969	9.23	0.74	10 派 3 元(含税)
002304	洋河股份	220466.78	4.9	15.38	8.53	10 转增 10 股派 10 元(含税)
002305	南国置业	19241.48	0.4	3.09	-1.08	10 转增 10 股派 1.2 元(含税)
002306	湘鄂情	5802.22	0.29	5.83	0.6	不分配不转增
002307	北新路桥	6303.06	0.33	3.98	-1.08	10 派 0.5 元(含税)
002308	威创股份	20147.55	0.47	3.9	0.31	10 转增 5 股派 2 元(含税)
002309	中利科技	18879.49	0.79	9.54	-0.59	10 派 1 元(含税)
002310	东方园林	25800.62	1.72	8.61	-1.72	不分配不转增
002311	海大集团	21106.81	0.72	7.57	-0.32	10 转增 10 股派 2 元(含税)
002312	三泰电子	5252.05	0.44	5.39	0.0072	10 转增 5 股
002313	日海通讯	10077.62	1.01	9.26	0.6842	10 派 3 元(含税)
002314	雅致股份	14525.42	0.5	6.67	0.84	10 派 2.5 元(含税)
002315	焦点科技	15036.92	1.28	13.235	2.153	10 派 8 元(含税)
002316	键桥通讯	4484.79	0.29	5.17	-0.18	10 转增 4 股派 0.5 元(含税)
002317	众生药业	13151.01	1.1	11.56	0.76	10 转增 5 股派 5 元(含税)
002318	久立特材	7321.65	0.35	6.64	0.28	10 派 1 元(含税)
002319	乐通股份	3186.58	0.32	5.09	-0.54	10 派 1 元(含税)
002320	海峡股份	18775.37	0.92	8.72	1.07	10 转增 6 股派 6 元(含税)
002321	华英农业	5656.73	0.38	6.41	0.23	10 派 2 元(含税)
002322	理工监测	6775.08	1.02	13.21	-0.08	10 派 3 元(含税)
002323	中联电气	5356.80	0.6473	10.16	0.05	10 派 3 元(含税)
002324	普利特	10055.33	0.74	7.82	-0.39	10 转增 10 股派 1 元(含税)
002325	洪涛股份	9700.20	0.65	7.42	-0.45	10 转增 5 股派 1.5 元(含税)
002326	永太科技	5831.89	0.44	6.6	-0.02	10 转增 8 股
002327	富安娜	12775.78	0.95	8.35	-0.47	10 派 7 元(含税)
002328	新朋股份	15755.00	0.53	7.02	0.61	10 派 2 元(含税)
002329	皇氏乳业	5692.97	0.53	6.99	0.25	10 转增 10 股派 1 元(含税)
002330	得利斯	4429.32	0.1765	4.98	-0.13	不分配不转增
002331	皖通科技	4076.63	0.5709	6.59	-0.49	10 转增 7 股派 2 元(含税)
002332	仙琚制药	12016.56	0.35	3.24	0.45	10 派 3.5 元(含税)
002333	罗普斯金	6622.63	0.26	4.72	0.31	10 派 1 元(含税)
002334	英威腾	11569.76	1	8.29	0.53	不分配不转增
002335	科华恒盛	9258.81	1.21	10.34	0.9	10 转增 10 股派 8 元(含税)
002336	人人乐	23701.06	0.61	8.98	0.98	10 派 5 元(含税)
002337	赛象科技	9174.75	0.78	10.53	-0.23	10 转增 6 股派 2.5 元(含税)
002338	奥普光电	4800.24	0.61	7.7	0.33	10 派 5 元(含税)
002339	积成电子	5460.33	0.65	9.28	-1	10 派 1 元(含税)
002340	格林美	8568.77	0.7178	8.69	-2.76	10 转增 10 股派 1 元(含税)
002341	新纶科技	4624.62	0.646	8.3	0.22	10 转增 10 股派 3 元(含税)
002342	巨力索具	19301.34	0.41	4.47	0.16	10 派 1.5 元(含税)
002343	禾欣股份	9223.23	0.9511	11.23	1.14	10 转增 10 股派 5 元(含税)
002344	海宁皮城	25087.53	0.92	6.99	4.13	10 转增 10 股派 5 元(含税)
002345	潮宏基	10328.65	0.59	7.38	-1.34	10 派 3.5 元(含税)
002346	柘中建设	3912.81	0.3	6.76	0.004	10 派 1 元(含税)
002347	泰尔重工	5050.12	0.5	7.73	0.1	10 派 2 元(含税)
002348	高乐股份	6779.90	0.4681	7.32	-0.0898	10 转增 6 股派 3 元(含税)
002349	精华制药	4263.94	0.5443	6.8055	0.5132	10 转增 2.5 股派 1 元(含税)
002350	北京科锐	4967.27	0.39	6.93	0.24	10 派 2 元(含税)

股票代码	股票简称	净利润(万元)	每股收益(元)	每股净资产(元)	每股经营性现金流量(元)	分配预案
002351	漫步者	9691.13	0.67	10.38	0.65	10转增10股派4元(含税)
002352	鼎泰新材	2375.72	0.32	9.2	-1.01	10派5元(含税)
002353	杰瑞股份	28192.05	2.51	19.56	-0.39	10转增10股派8元(含税)
002354	科冕木业	1138.42	0.13	4.63	-1.1	不分配不转增
002355	兴民钢圈	9550.44	0.47	5.48	-0.52	10派1.15元(含税)
002356	浩宁达	2929.78	0.37	11.67	0.31	10派3元(含税)
002357	富临运业	4862.33	0.51	5.14	1.33	10转增10股派1元(含税)
002358	森源电气	7068.04	0.86	10.13	0.34	10送3转增7股派3元(含税)
002359	齐星铁塔	3088.88	0.3	5.92	-0.43	10转增5股派1.5元(含税)
002360	同德化工	5281.71	0.92	9.55	0.72	10转增10股派3元(含税)
002361	神剑股份	3257.86	0.42	6.17	-0.2	10转增10股派1.5元(含税)
002362	汉王科技	8790.16	0.88	13.25	-2.93	10转增10股
002363	隆基机械	4939.52	0.43	6.95	-0.54	10派1元(含税)
002364	中恒电气	3549.57	0.55	8.41	0.29	10转增5股派2元(含税)
002365	永安药业	4610.69	0.51	10.85	0.47	10转增10股派3元(含税)
002366	丹甫股份	6337.73	0.5065	5.47	-0.87	不分配不转增
002367	康力电梯	11987.47	0.8	7.89	1.21	10转增5股派3元(含税)
002368	太极股份	8714.47	0.94	10.1	0.81	10转增10股派6元(含税)
002369	卓翼科技	7395.14	0.79	7.4	0.43	10转增10股派5元(含税)
002370	亚太药业	4204.65	0.37	6	-0.03	10转增7股派1.5元(含税)
002371	七星电子	8109.40	1.3	13.73	4.01	10转增3股派1元(含税)
002372	伟星新材	17011.76	0.72	6.21	0.38	10派3元(含税)
002373	联信永益	2342.59	0.37	9.53	-2.62	10派1元(含税)
002374	丽鹏股份	3019.27	0.6	9.53	-1.24	10转增6股派1元(含税)
002375	亚厦股份	26224.58	1.33	11.43	0.1	10转增10股派2.5元(含税)
002376	新北洋	11149.29	0.79	7.64	0.55	10转增10股派3元(含税)
002377	国创高新	3746.23	0.37	6.27	-0.95	10转增10股
002378	章源钨业	15144.04	0.36	2.91	-0.35	10派2.5元(含税)
002379	鲁丰股份	3651.68	0.5	11.19	-0.56	10转增10股派1元(含税)
002380	科远股份	5294.44	0.83	12.47	-0.69	10派2.5元(含税)
002381	双箭股份	3684.21	0.5	11.11	0.12	10转增5股派2元(含税)
002382	蓝帆股份	4033.44	0.54	11.3	-0.47	10转增5股派2元(含税)
002383	合众思壮	5327.56	0.4736	12.35	-0.34	10转增2股派4元(含税)
002384	东山精密	9201.94	0.6135	8.67	0.01	10转增2股
002385	大北农	31122.90	0.82	7.69	0.97	10派2.5元(含税)
002386	天原集团	11185.01	0.25	8.2	0.45	10派1元(含税)
002387	黑牛食品	8100.75	0.66	9.18	0.19	10转增8股派1元(含税)
002388	新亚制程	2644.18	0.26	5.18	-0.4	10转增8股
002389	南洋科技	5835.98	0.95	10.69	0.23	10转增10股派2元(含税)
002390	信邦制药	3775.74	0.47	11.06	0.03	10转增10股派3元(含税)
002391	长青股份	10664.57	0.74	9.99	0	10转增3股派3元(含税)
002392	北京利尔	10685.14	0.863	13.38	-0.15	10转增10股派2.5元(含税)
002393	力生制药	20339.52	1.22	14.4	1.02	10派9元(含税)
002394	联发股份	20479.94	2.07	17.2	1.38	10转增10股派3元(含税)
002395	双象股份	4485.35	0.55	8.69	0.27	10派3元(含税)
002396	星网锐捷	13859.56	0.9027	8.8909	0.124	10转增10股派1元(含税)
002397	梦洁家纺	9175.14	1.06	10.84	-0.92	10转增6股派5元(含税)
002398	建研集团	5749.88	0.52	9.37	-0.05	10转增3股派1.5元(含税)
002399	海普瑞	120950.34	3.13	19.97	0.89	10转增10股派20元(含税)
002400	省广股份	6776.85	0.9	12.32	-0.76	10转增8股派1.6元(含税)
002401	交技发展	3598.80	0.74	9.49	0.64	不分配不转增
002402	和而泰	4234.80	0.71	11.18	-0.67	10转增5股派3元(含税)
002403	爱仕达	6223.69	0.29	6.42	-0.66	10派2元(含税)
002404	嘉欣丝绸	7622.50	0.64	8.31	0.45	10转增3股派3元(含税)
002405	四维图新	23287.41	0.62	5.23	1	10转增2股派1.5元(含税)
002406	远东传动	18523.33	1.11	9.77	0.13	10转增5股派3元(含税)
002407	多氟多	4750.54	0.5	12.87	-0.92	10转增3股派2元(含税)
002408	齐翔腾达	41999.05	1.81	9.95	1.31	10转增8股派5元(含税)
002409	雅克科技	6690.53	0.6744	9.77	-0.3139	10派2元(含税)
002410	广联达	16503.55	0.97	9.59	1.08	10转增5股派6元(含税)
002411	九九久	3919.77	0.34	5.59	-0.49	10转增8股派0.8元(含税)
002412	汉森制药	6202.12	0.94	12.15	0.29	10转增10股派10元(含税)

股票代码	股票简称	净利润(万元)	每股收益(元)	每股净资产(元)	每股经营性现金流量(元)	分配预案
002413	常发股份	8509.05	0.65	7.38	-1.07	不分配不转增
002414	高德红外	14003.13	0.55	8.16	-0.13	不分配不转增
002415	海康威视	105180.43	2.2	11.28	1.33	10转增10股派6元(含税)
002416	爱施德	59696.25	1.26	7.81	-1.78	不分配不转增
002417	三元达	5258.05	0.5	6.91	-0.59	10转增5股派2.5元(含税)
002418	康盛股份	7580.92	0.59	7.42	-1.58	10转增6股派1.5元(含税)
002419	天虹商场	48499.87	1.28	8.27	3.15	10送5转增5股派6元(含税)
002420	毅昌股份	13681.50	0.37	3.96	-0.27	10派1元(含税)
002421	达实智能	3157.22	0.4532	7.22	0.41	10转增3股
002422	科伦药业	66122.92	3.08	29.13	0.62	10转增10股派5元(含税)
002423	中原特钢	9584.38	0.22	3.94	0.09	10派0.63元(含税)
002424	贵州百灵	15819.84	0.77	7.85	-1.9	10转增10股派6元(含税)
002425	凯撒股份	6341.74	0.678	8.13	-0.37	10转增10股派1.5元(含税)
002426	胜利精密	13895.80	0.3622	3.171	-0.06	10派0.75元(含税)
002427	尤夫股份	5800.78	0.36	5.17	-0.57	10转增3股派1元(含税)
002428	云南锗业	7910.50	0.7	9.79	0.87	10转增3股派1.5元(含税)
002429	兆驰股份	34302.89	0.77	5.63	-0.35	10转增5股派3元(含税)
002430	杭氧股份	35476.42	0.97	5.98	0.92	10转增5股派2元(含税)
002431	棕榈园林	16843.66	1.003	8.66	-0.46	10转增10股派1元(含税)
002432	九安医疗	2371.61	0.22	6.29	-0.21	10转增10股派2元(含税)
002433	太安堂	5644.90	0.65	9.72	-0.36	10派5元(含税)
002434	万里扬	15025.88	1.01	10.5	-0.18	10派2元(含税)
002435	长江润发	4171.37	0.36	5.52	0.87	10派1元(含税)
002436	兴森科技	12128.27	1.24	12.49	1.17	10转增10股派4元(含税)
002437	誉衡药业	15471.30	1.26	15.15	0.8	10转增10股派5元(含税)
002438	江苏神通	4410.27	0.48	7.15	-0.33	10派1元(含税)
002439	启明星辰	5994.96	0.69	10.05	0.55	不分配不转增
002440	闰土股份	39024.42	1.51	12.18	-0.34	10转增3股派5元(含税)
002441	众业达	14661.91	1.44	14.6	-3.67	10转增10股派5元(含税)
002442	龙星化工	7250.97	0.41	5.3	-0.1	10转增6股派2元(含税)
002443	金洲管道	7306.18	0.63	9.12	-0.22	10转增3股派1元(含税)
002444	巨星科技	26799.11	1.24	10.29	0.59	10转增10股派10元(含税)
002445	中南重工	4902.17	0.47	7.06	0.06	10派2元(含税)
002446	盛路通信	4405.03	0.5064	6.42	-0.39	10送1.5转增1.5股派2元(含税)
002447	壹桥苗业	6019.95	1.05	10.61	1.47	10转增10股派3元(含税)
002448	中原内配	10408.99	1.321	9.61	0.28	10派2元(含税)
002449	国星光电	14737.91	0.8057	9.53	0.4243	10派2.5元(含税)
002450	康得新	7009.25	0.508	5.5073	0.6751	10转增10股派0.45元(含税)
002451	摩恩电气	3053.18	0.24	4.24	-0.81	不分配不转增
002452	长高集团	4568.96	0.535	9.57	0.34	10派1元(含税)
002453	天马精化	5738.18	0.56	5.82	-0.14	10派2元(含税)
002454	松芝股份	22875.33	1.1159	7.2118	0.1961	10转增3股派5元(含税)
002455	百川股份	6204.96	0.83	8.08	0.08	10转增5股派3元(含税)
002456	欧菲光	5208.88	0.64	10.08	-0.93	10转增10股派1.6元(含税)
002457	青龙管业	12259.52	1.03	10.23	-0.22	10转增6股派3元(含税)
002458	益生股份	4743.54	0.51	8.18	1.05	10转增3股派3元(含税)
002459	天业通联	9901.38	0.7	7.74	-0.79	10转增3股派4元(含税)
002460	赣锋锂业	4264.23	0.51	7.14	-0.05	10转增5股派4元(含税)
002461	珠江啤酒	9130.99	0.14	4.66	0.36	10派0.5元(含税)
002462	嘉事堂	4854.24	0.36	6.39	-0.31	10转增5股派2元(含税)
002463	沪电股份	32612.98	0.51	4.38	0.62	10转增2股派2元(含税)
002464	金利科技	6655.43	0.6	5.47	0.68	10派4.5元(含税)
002465	海格通信	24113.46	0.87	12.78	0.31	10派6元(含税)
002466	天齐锂业	3888.41	0.48	9.73	-0.27	10转增5股派1元(含税)
002467	二六三	6924.90	0.69	8.74	0.75	10派4元(含税)
002468	艾迪西	8016.87	0.6	4.98	0.12	10转增2股派3元(含税)
002469	三维工程	5181.28	0.94	10.61	0.62	10转增7股派3元(含税)
002470	金正大	31367.07	0.5	3.88	-0.54	10派1元(含税)
002471	中超电缆	6557.03	0.5	5.29	0.32	10转增3股派3元(含税)
002472	双环传动	13075.40	1.36	10.33	1.51	10转增8股派3元(含税)
002473	圣莱达	3299.63	0.51	5.41	0.06	10转增10股派2元(含税)
002474	榕基软件	7809.24	0.9275	11.26	0.8096	10派6元(含税)

股票代码	股票简称	净利润(万元)	每股收益(元)	每股净资产(元)	每股经营性现金流量(元)	分配预案
002475	立讯精密	11578.08	0.82	9.43	0.42	10转增5股派3元(含税)
002476	宝莫股份	5681.32	0.58	7.19	-0.43	10转增5股派1元(含税)
002477	雏鹰农牧	12296.77	1.13	11.8	0.19	10转增10股派4.5元(含税)
002478	常宝股份	18303.19	0.53	5.45	0.71	10派1元(含税)
002479	富春环保	13830.35	0.7971	8.53	0.76	10转增10股派5元(含税)
002480	新筑股份	14254.38	1.25	13.34	-4.82	10转增10股派3元(含税)
002481	双塔食品	5374.15	1.1024	12.5	-0.8461	10转增10股派3元(含税)
002482	广田股份	21432.08	1.65	15.71	0.64	10送10股派2元(含税)
002483	润邦股份	18379.97	1.13	9.12	0.39	10转增8股
002484	江海股份	8604.52	0.66	7.66	0.22	10派3.75元(含税)
002485	希努尔	14364.41	0.88	9.3	0.49	10派5元(含税)
002486	嘉麟杰	6150.64	0.36	4.33	0.21	10派1.5元(含税)
002487	大金重工	9768.96	1	11.75	-0.96	不分配不转增
002488	金固股份	6127.76	0.65	7.21	0.6	10转增5股派3元(含税)
002489	浙江永强	24975.82	1.31	12.75	0.16	10派10元(含税)
002490	山东墨龙	27614.92	0.81	6.73	0.98	10派1.5元(含税)
002491	通鼎光电	14341.28	0.6766	5.28	0.2474	10派1元(含税)
002492	恒基达鑫	5002.65	0.5266	6.076	1.2776	10派2元(含税)
002493	荣盛石化	153657.39	3.02	10.69	3.93	10转增10股派8元(含税)
002494	华斯股份	5267.41	0.59	7.54	-0.53	10派1元(含税)
002495	佳隆股份	5785.45	0.7	9.81	0.29	10转增8股派2元(含税)
002496	辉丰股份	10071.32	1.31	16.07	1.18	10转增6股派6元(含税)
002497	雅化集团	16451.53	1.33	10.39	1.29	10转增10股派3元(含税)
002498	汉缆股份	40275.67	0.95	6.95	-0.25	10转增5股派2元(含税)
002499	科林环保	4275.09	0.74	8.11	-0.07	10派1.8元(含税)
002500	山西证券	43852.17	0.22	2.58	-0.32	10派1.5元(含税)
002501	利源铝业	9338.10	1.3	12.17	0.93	10转增10股派3元(含税)
002502	骅威股份	4695.30	0.69	9.24	0.58	10派2元(含税)
002503	搜于特	9080.15	1.47	21.14	0.72	10转增10股派10元(含税)
002504	东光微电	3239.57	0.39	6.3	0.49	10派2元(含税)
002505	大康牧业	4049.59	0.513	7.71	-2.46	10送2转增4股派0.5元(含税)
002506	超日太阳	22043.63	1.09	11.63	-1.74	10转增10股派4元(含税)
002507	涪陵榨菜	5574.56	0.47	5.41	0.73	10派3元(含税)
002508	老板电器	13434.00	1.09	8.57	0.73	10转增6股派3元(含税)
002509	天广消防	4132.07	0.54	6.47	0.36	不分配不转增
002510	天汽模	8261.66	0.52	6.27	-0.17	10派1.2元(含税)
002511	中顺洁柔	10887.94	0.88	12.46	0.54	不分配不转增
002512	达华智能	4654.99	0.5144	7.6082	0.4616	10转增8股派2.8元(含税)
002513	蓝丰生化	7682.13	1.36	14.56	0.95	不分配不转增
002514	宝馨科技	4588.08	0.88	7.35	0.46	10派5.8元(含税)
002515	金字火腿	4705.50	0.83	10.7	0.06	10转增3股派2元(含税)
002516	江苏旷达	11373.87	0.74	7.34	0.28	10转增2.5股派1元(含税)
002517	泰亚股份	3787.16	0.56	6.64	0.1	10派3元(含税)
002518	科士达	7915.83	0.92	10.25	0.39	10派3元(含税)
002519	银河电子	7382.50	1.36	14.12	0.52	10转增10股派5元(含税)
002520	日发数码	4942.10	1.03	11.27	0.59	10转增5股派10元(含税)
002521	齐峰股份	14697.87	1.33	13.38	1.38	10转增4股派1元(含税)
002522	浙江众成	7434.62	0.93	9.31	0.48	10转增6股派2元(含税)
002523	天桥起重	7328.65	0.61	6.47	-0.15	10派2元(含税)
002524	光正钢构	2229.62	0.33	5.18	-0.21	10转增10股派0.5元(含税)
002526	山东矿机	13598.47	0.6799	6.89	0.14	10派3元(含税)
002527	新时达	8010.16	0.53	5.77	0.18	10派1.2元(含税)
002528	英飞拓	11776.77	1.07	15.16	0.17	10转增6股派3元(含税)
002529	海源机械	6203.58	0.52	6.37	0.09	10派3.125元(含税)
002530	丰东股份	3349.40	0.335	4.24	0.46	10派2元(含税)
002531	天顺风能	8723.72	0.57	7.71	0.58	10派2元(含税)
002532	新界泵业	5918.14	0.99	9.7	0.8	10转增10股派1元(含税)
002533	金杯电工	11375.59	1.083	12.05	-0.38	10转增10股派2元(含税)
002534	杭锅股份	33445.29	0.93	3.23	0.55	10派3元(含税)
002535	林州重机	10331.62	0.67	2.92	0.58	10送5转增5股派1.25元(含税)
002536	西泵股份	8845.70	1.23	4.27	1.25	10派2元(含税)
002537	海立美达	9156.89	1.22	3.76	-1.76	10派3元(含税)

股票代码	股票简称	净利润(万元)	每股收益(元)	每股净资产(元)	每股经营性现金流量(元)	分配预案
002538	司尔特	9495.67	0.86	3.25	0.63	10 派 2 元(含税)
002539	新都化工	15303.85	1.239	5.37	-0.36	10 派 3 元(含税)
002540	亚太科技	12117.57	1.01	4.41	0.16	10 转增 3 股派 2 元(含税)
002541	鸿路钢构	16139.39	1.6139	4.35	-0.58	不分配不转增
002542	中化岩土	4379.15	0.88	2.42	0.35	10 送 5 股派 1 元(含税)
002543	万和电气	18586.94	1.24	3.86	0.6	10 派 2.5 元(含税)
002544	杰赛科技	5562.62	0.87	4.91	1.3	10 送 10 股派 2.5 元(含税)
002545	东方铁塔	23865.26	1.8358	5.0676	1.128	不分配不转增
002546	新联电子	8288.89	1.32	4.15	1.05	10 派 5 元(含税)
002547	春兴精工	6622.89	0.62	2.88	0.43	不分配不转增
002548	金新农	5630.17	0.8	2.93	0.44	10 派 3 元(含税)
002549	凯美特气	4205.84	0.7	3	0.79	10 转增 5 股派 1.2 元(含税)
002550	千红制药	15052.77	1.25	3.28	1.43	10 派 2.5 元(含税)
002551	尚荣医疗	4639.31	0.75	4.48	0.83	10 转增 5 股派 2 元(含税)
002552	宝鼎重工	7101.04	0.95	3.72	0.68	10 转增 5 股派 2 元(含税)
002553	南方轴承	3600.66	0.5539	2.4	0.64	不分配不转增
002554	惠博普	6687.48	0.67	2.77	0.54	10 送 3 转增 2 股派 2 元(含税)
002555	顺荣股份	4922.22	0.9844	3.65	0.66	10 送 10 股派 2 元(含税)
002556	辉隆股份	13703.79	1.22	4.52	-3.24	10 转增 6 股派 2 元(含税)
002557	洽洽食品	15210.06	1.01	3.5026	0.69	
002558	世纪游轮	3758.43	0.84	3.3	1.24	不分配不转增
002559	亚威股份	7548.41	1.14	3.54	0.98	10 派 2 元(含税)
002560	通达股份	5381.49	0.91	4.42	0.45	10 转增 3.1 股
002561	徐家汇	19421.70	0.562	2.5	0.87	
002562	兄弟科技	5047.07	0.63	3.27	0.63	
002563	森马服饰	100068.31	1.67	3.34	1.36	
002564	张化机	13683.32	0.96	4.1	1.01	10 转增 6 股派 1 元(含税)
002565	上海绿新	10392.90	1.04	3.97	0.66	
002566	益盛药业	8763.80	1.06	4.34	0.61	
002567	唐人神	8313.87	0.81	5.05	0.98	
002568	百润股份	4292.58	0.72	1.9747	0.66	
002569	步森股份	4215.82	0.6	2.94	0.54	
002570	贝因美	42224.42	1.1	2.88	0.65	
002571	德力股份	5730.86	0.91	4.0961	0.76	
002572	宁基股份	8403.93	2.1	4.67	2.52	
002573	国电清新	6504.67	0.59	3.33	1.01	
002574	明牌珠宝	21677.46	1.2	3.8141	-0.49	
002575	群兴玩具	5760.78	0.58	1.88	0.42	
002576	通达动力	5766.13	0.62	2.76	0.28	
002577	雷柏科技	11009.52	1.1468	2.2665	1.35	
002578	闽发铝业	5230.25	0.41	1.99	1.05	
002579	中京电子	4030.25	0.552	2.75	0.58	
002580	圣阳股份	4492.25	0.84	4.17	1	

2010 年创业板上市公司年报主要财务指标

截至 2011 年 4 月 30 日

股票代码	股票简称	净利润(万元)	每股收益(元)	每股净资产(元)	每股经营性现金流量(元)	分配预案
300001	特锐德	11295.07	0.85	8.08	-0.18	10 转增 5 股派 3 元(含税)
300002	神州泰岳	32791.56	1.04	8.07	0.62	10 转增 2 股派 3 元(含税)
300003	乐普医疗	41048.27	0.5055	2.54	0.46	10 派 2.5 元(含税)
300004	南风股份	6219.59	0.66	7.9	-0.17	10 转增 10 股派 1 元(含税)
300005	探路者	5389.54	0.4	3.72	0.63	10 转增 10 股派 1 元(含税)
300006	莱美药业	4386.86	0.48	6.12	0.41	10 转增 10 股派 1 元(含税)
300007	汉威电子	4232.45	0.36	4.41	0.26	10 派 1 元(含税)
300008	上海佳豪	6188.02	0.722	5.59	0.987	10 转增 7 股派 3 元(含税)
300009	安科生物	5198.37	0.3438	3.44	0.31	10 转增 2.5 股派 2.5 元(含税)
300010	立思辰	6059.62	0.3842	4.02	-0.18	10 转增 5 股派 2 元(含税)
300011	鼎汉技术	6938.12	0.6752	6.65	0.01	10 派 1.8 元(含税)
300012	华测检测	6870.09	0.56	5.9	0.74	10 转增 5 股派 3 元(含税)
300013	新宁物流	1694.68	0.19	3.56	0.1	10 派 0.5 元(含税)
300014	亿纬锂能	5661.86	0.43	4.41	0.35	10 转增 5 股派 1.5 元(含税)

股票代码	股票简称	净利润(万元)	每股收益(元)	每股净资产(元)	每股经营性现金流量(元)	分配预案
300015	爱尔眼科	12030.98	0.45	4.78	0.9	10派1.5元(含税)
300016	北陆药业	4277.25	0.42	4.59	0.37	10转增5股派2元(含税)
300017	网宿科技	3827.45	0.25	4.78	0.18	10派1元(含税)
300018	中元华电	4410.79	0.34	5.05	0.15	10派1.5元(含税)
300019	硅宝科技	4281.47	0.42	4.11	0.32	10派1.5元(含税)
300020	银江股份	6486.03	0.41	3.9	-0.16	10转增5股派1元(含税)
300021	大禹节水	2928.93	0.21	2.94	-0.4	10转增10股派1元(含税)
300022	吉峰农机	6641.87	0.3717	3.2	-1.19	10转增10股派1元(含税)
300023	宝德股份	1300.70	0.14	3.77	-0.25	不分配不转增
300024	机器人	10790.39	0.8	7.69	0.89	10送5转增7股派1元(含税)
300025	华星创业	3969.75	0.5	3.61	0.14	10转增5股派1元(含税)
300026	红日药业	10202.87	1.01	10.02	0.46	10转增5股派2.5元(含税)
300027	华谊兄弟	14920.54	0.44	4.62	0.27	10转增8股派2元(含税)
300028	金亚科技	5379.29	0.3	3.97	0.2	10转增5股派2元(含税)
300029	天龙光电	8538.02	0.43	5.9737	0.2612	10派1.5元(含税)
300030	阳普医疗	2902.07	0.39	8.01	0.39	10送5转增5股派1元(含税)
300031	宝通带业	4419.40	0.44	6.4	-0.15	不分配不转增
300032	金龙机电	4010.80	0.2811	5.79	0.3963	10派2.5元(含税)
300033	同花顺	9126.69	0.68	8.07	1.2	10派2.1元(含税)
300034	钢研高纳	4644.74	0.3944	7.18	0.3315	10转增8股派0.8元(含税)
300035	中科电气	4433.26	0.48	7.89	-0.45	10转增3股派2元(含税)
300036	超图软件	4507.45	0.601	6.82	0.36	10转增6股派2元(含税)
300037	新宙邦	9392.56	0.88	9.27	-0.01	10派3元(含税)
300038	梅泰诺	2569.33	0.28	8.09	-1.02	10派1.5元(含税)
300039	上海凯宝	12370.01	0.71	7.05	0.11	10转增5股派4元(含税)
300040	九洲电气	5217.59	0.38	6.25	-0.73	10派1元(含税)
300041	回天胶业	8780.77	1.3305	12.79	0.77	10转增6股派6元(含税)
300042	朗科科技	2021.23	0.3	12.07	0.22	10派1元(含税)
300043	星辉车模	5584.51	0.72	8.8	0.67	10转增10股派2元(含税)
300044	赛为智能	2560.84	0.26	5.25	-0.45	不分配不转增
300045	华力创通	5035.84	0.77	9.87	0.1	10转增10股派2元(含税)
300046	台基股份	8062.34	1.16	11.63	0.45	10转增10股派6元(含税)
300047	天源迪科	6218.74	0.61	9.64	0.34	10转增5股派3元(含税)
300048	合康变频	10074.15	0.86	10.9	-0.27	10转增10股派2.5元(含税)
300049	福瑞股份	4685.31	0.5	7.15	0.51	10转增3股派3元(含税)
300050	世纪鼎利	18944.95	1.79	14.22	0.9	10转增10股派4元(含税)
300051	三五互联	3519.33	0.45	6.5	0.6	10转增10股派4元(含税)
300052	中青宝	3551.64	0.29	6.9	0.4	10派2元(含税)
300053	欧比特	3001.28	0.313	5.65	-0.08	10转增10股
300054	鼎龙股份	4311.08	0.75	9.86	0.57	10转增5股派5元(含税)
300055	万邦达	6152.43	0.5612	13.9571	-0.9788	10转增10股派1元(含税)
300056	三维丝	2116.14	0.42	6.85	-0.11	10派4元(含税)
300057	万顺股份	8176.98	0.4045	6.17	0.61	10转增10股派1.8元(含税)
300058	蓝色光标	6037.46	0.52	7.28	0.36	10派2元(含税)
300059	东方财富	6674.05	0.51	11.52	0.5	10转增5股派1.5元(含税)
300061	康耐特	1601.25	0.28	6.15	0.34	不分配不转增
300062	中能电气	4863.71	0.68	8.49	-0.51	10转增10股派2.5元(含税)
300063	天龙集团	2571.73	0.41	9.51	-0.16	10派3元(含税)
300064	豫金刚石	7598.48	0.53	7.49	0.51	10转增10股派2元(含税)
300065	海兰信	3195.27	0.62	10.57	-0.18	10派3元(含税)
300066	三川股份	6601.26	1.35	16.04	0.3415	10转增10股派4元(含税)
300067	安诺其	2710.02	0.2765	6.79	-0.06	10转增5股派3元(含税)
300068	南都电源	8163.78	0.36	10.32	-0.23	10转增2股派1元(含税)
300069	金利华电	2620.54	0.48	7.67	-0.23	10转增3股派2元(含税)
300070	碧水源	17696.30	1.31	19.97	1.21	10转增12股派3元(含税)
300071	华谊嘉信	3341.79	0.7	8.14	-0.19	10转增10股派1元(含税)
300072	三聚环保	5749.53	0.65	10.91	-0.48	10转增10股派1.5元(含税)
300073	当升科技	3462.95	0.47	10.5712	-1.86	10转增10股派2元(含税)
300074	华平股份	4840.66	1.32	20.46	0.5	10转增15股派10元(含税)
300075	数字政通	5144.96	1	15.34	0.26	10转增5股派2元(含税)
300076	宁波GQY	5168.40	0.53	9.67	-0.18	不分配不转增
300077	国民技术	17701.75	1.77	24.84	0.98	10送5转增10股派5元(含税)

股票代码	股票简称	净利润(万元)	每股收益(元)	每股净资产(元)	每股经营性现金流量(元)	分配预案
300078	中瑞思创	8486.02	1.38	17.43	0.9	10转增15股派15元(含税)
300079	数码视讯	14917.29	1.45	19.1	1.02	10转增10股派5元(含税)
300080	新大新材	14860.70	1.18	13.59	-0.2	10转增10股派4元(含税)
300081	恒信移动	2320.87	0.39	11.82	-0.82	不分配不转增
300082	奥克股份	17198.62	1.19	16.54	-0.26	10转增6股派4元(含税)
300083	劲胜股份	7526.25	0.84	11.68	0.87	10送5转增5股派2元(含税)
300084	海默科技	1693.22	0.2953	9.67	0.05	10转增10股派2元(含税)
300085	银之杰	3397.35	0.6321	8.8475	0.3182	10转增10股派6元(含税)
300086	康芝药业	13931.75	1.56	18.29	0.8	10转增10股派3元(含税)
300087	荃银高科	3277.47	0.69	10.46	-0.46	10转增10股派3元(含税)
300088	长信科技	11714.79	1.04	9.27	0.54	10转增10股派3元(含税)
300089	长城集团	3267.85	0.37	7.32	0.4	不分配不转增
300090	盛运股份	5341.72	0.48	6.81	-0.22	10转增10股
300091	金通灵	6026.82	0.8245	9.46	-0.23	10转增15股派2元(含税)
300092	科新机电	3264.80	0.42	5.71	0.01	不分配不转增
300093	金刚玻璃	4370.90	0.43	6.62	0.46	10转增8股派1元(含税)
300094	国联水产	7877.57	0.29	5.11	-0.39	10转增1股
300095	华伍股份	3355.15	0.51	8.54	0.81	10派1元(含税)
300096	易联众	3251.27	0.44	6.1	-0.45	10转增10股派2元(含税)
300097	智云股份	2704.48	0.53	6.59	-0.53	10派0.5元(含税)
300098	高新兴	4048.29	0.69	11.85	-0.39	10转增3股派3元(含税)
300099	尤洛卡	6223.65	1.76	15.89	0.99	10转增15股派3元(含税)
300100	双林股份	10413.31	1.31	8.53	0.98	10转增5股派5元(含税)
300101	国腾电子	5640.15	0.95	10.26	0.71	10转增10股派3元(含税)
300102	乾照光电	13711.24	1.39	13.83	0.73	10转增15股派5元(含税)
300103	达刚路机	5232.78	0.96	9.81	0.79	10转增8股派2元(含税)
300104	乐视网	7009.94	0.84	9.39	0.65	10送2转增10股派1.5元(含税)
300105	龙源技术	10502.49	1.43	17.04	0.63	10转增8股派1.2元(含税)
300106	西部牧业	3415.70	0.35	4.43	-0.19	不分配不转增
300107	建新股份	5228.05	0.94	11.9	0.32	10转增10股派4.5元(含税)
300108	双龙股份	2438.21	0.56	6.54	0.28	10转增3股派1.2元(含税)
300109	新开源	2302.67	0.77	9.26	0.28	10转增10股派2元(含税)
300110	华仁药业	7631.95	0.43	5.17	0.36	不分配不转增
300111	向日葵	25130.80	0.53	3.26	0.47	10派4元(含税)
300112	万讯自控	3079.06	0.52	5.79	0.22	10转增5股派1.5元(含税)
300113	顺网科技	4541.62	0.91	11.56	0.43	10转增12股派2.5元(含税)
300114	中航电测	5081.30	0.76	8.68	0.29	10送5股派1.2元(含税)
300115	长盈精密	9076.16	1.27	14.11	-0.33	10转增10股派6元(含税)
300116	坚瑞消防	2374.47	0.36	5.93	0.15	不分配不转增
300117	嘉寓股份	6834.92	0.76	10.18	0.24	10转增10股派1元(含税)
300118	东方日升	27512.85	1.8974	14.19	-3.03	10转增10股派5元(含税)
300119	瑞普生物	8253.98	1.37	18.25	1.52	10转增10股派10元(含税)
300120	经纬电材	4048.20	0.5742	6.5373	0.4136	10转增3股派2元(含税)
300121	阳谷华泰	2881.80	0.59	7	0.21	10转增8股
300122	智飞生物	25678.81	0.69	5.35	0.14	10派2元(含税)
300123	太阳鸟	3197.39	0.45	9.02	0.4	10转增6股派1元(含税)
300124	汇川技术	22033.05	2.51	21.24	1.36	10转增10股派12元(含税)
300125	易世达	6616.80	1.39	17.33	0.17	10送5转增5股派2元(含税)
300126	锐奇股份	5413.97	0.7914	10.64	0.58	10转增8股派1.2元(含税)
300127	银河磁体	5370.08	0.41	5.67	0.15	10派2.8元(含税)
300128	锦富新材	8295.51	1.02	11.15	-0.46	10转增10股派4元(含税)
300129	泰胜风能	10921.76	1.15	10.89	-0.41	10转增8股派2元(含税)
300130	新国都	5789.44	1.15	13.73	-0.05	10转增8股派2元(含税)
300131	英唐智控	3049.57	0.85	11.01	-0.53	10转增12股派2元(含税)
300132	青松股份	4241.17	0.8	7.88	-0.49	10转增8股派3元(含税)
300133	华策影视	9617.76	2.15	21.03	0.49	10转增10股派6元(含税)
300134	大富科技	25081.11	1.98	15.22	1.19	10派12.3元(含税)
300135	宝利沥青	7679.36	1.21	12.37	1.01	10转增10股派6元(含税)
300136	信维通信	4818.64	0.913	9.2884	0.5762	10转增10股派3元(含税)
300137	先河环保	4666.14	0.49	6.91	0.12	10转增3股
300138	晨光生物	6352.59	0.8996	10.08	-2.12	10派1.5元(含税)
300139	福星晓程	6009.92	1.1	19.17	-0.76	10派5元(含税)

股票代码	股票简称	净利润(万元)	每股收益(元)	每股净资产(元)	每股经营性现金流量(元)	分配预案
300140	启源装备	4939.15	1.06	12.76	0.47	10转增10股派5元(含税)
300141	和顺电气	3442.68	0.81	9.16	0.4	不分配不转增
300142	沃森生物	15441.66	2	25.51	0.87	10转增5股
300143	星河生物	4220.35	0.82	10.85	0.92	10转增12股
300144	宋城股份	16333.79	1.26	15.08	1.49	10转增12股派3元(含税)
300145	南方泵业	6735.98	1.12	11.33	1.26	10转增8股派2元(含税)
300146	汤臣倍健	9210.59	2.25	29.71	1	10转增10股派10元(含税)
300147	香雪制药	7419.95	0.81	10.96	0.37	10转增10股派3元(含税)
300148	天舟文化	3082.97	0.55	6.67	0.49	10转增3股派1.5元(含税)
300149	量子高科	3375.04	0.68	8.53	0.31	10转增10股派1.35元(含税)
300150	世纪瑞尔	6342.71	0.63	10.13	0.32	10派5元(含税)
300151	昌红科技	4064.72	0.81	10.54	0.85	10转增5股派5元(含税)
300152	燃控科技	6205.56	0.78	12.24	0.47	10派3元(含税)
300153	科泰电源	5097.11	0.85	11.41	0.43	10转增10股派3元(含税)
300154	瑞凌股份	8811.89	1.05	11.29	0.51	10转增10股派5元(含税)
300155	安居宝	6325.09	1.17	14.1	0.54	10转增15股派8元(含税)
300156	天立环保	9546.79	1.59	17.69	-0.61	10转增10股
300157	恒泰艾普	7193.71	1.08	17.07	0.2	10转增10股
300158	振东制药	9208.88	0.85	12.2	0.22	10派3元(含税)
300159	新研股份	5166.63	1.7	20.1	1.35	10转增12股派3元(含税)
300160	秀强股份	5950.12	0.85	3.2	-0.34	10派2.6元(含税)
300161	华中数控	5336.62	0.66	3.41	0.09	10派3元(含税)
300162	雷曼光电	3896.78	0.78	2.07	0.42	不分配不转增
300163	先锋新材	2885.51	0.49	2.43	0.65	10派3元(含税)
300164	通源石油	6130.09	1.25	6.05	0.28	10转增2股派5元(含税)
300165	天瑞仪器	7712.60	1.39	4.02	1.13	10转增6股派3元(含税)
300166	东方国信	4217.22	1.39	3.5	0.41	10派5元(含税)
300167	迪威视讯	3959.29	1.19	4.98	0.14	10转增5股派2元(含税)
300168	万达信息	5316.77	0.5908	3.0371	0.1969	10派1元(含税)
300169	天晟新材	4871.31	0.6959	3.63	0.6	10转增5股派5元(含税)
300170	汉得信息	6327.89	0.74	2.59	0.4	10转增4股派3元(含税)
300171	东富龙	14284.48	2.38	5.49	1.97	10送6转增4股派8元(含税)
300172	中电环保	4535.28	0.6	2.62	0.4	10派1元(含税)
300173	松德股份	3936.42	0.79	3.79	0.27	10转增3股派2元(含税)
300174	元力股份	2673.17	0.5242	1.8972	0.3427	10派2元(含税)
300175	朗源股份	4911.97	0.61	2.56	-0.09	不分配不转增
300176	鸿特精密	4254.94	0.6351	2.29	0.74	不分配不转增
300177	中海达	4726.62	1.26	3.94	1.26	10派2元(含税)
300178	腾邦国际	8168.79	0.91	3.66	1.11	不分配不转增
300179	四方达	3847.33	0.64	2.62	0.93	10派1元(含税)
300180	华峰超纤	8128.20	0.69	3.02	0.63	不分配不转增
300181	佐力药业	4147.67	0.69	3.45	1.08	不分配不转增
300182	捷成股份	6707.40	1.6	4.49	1.31	10转增10股派5元(含税)
300183	东软载波	10362.15	1.38	2.5	1.07	不分配不转增
300184	力源信息	2956.89	0.59	2.49	0.93	不分配不转增
300185	通裕重工	19264.71	0.71	4.29	0.26	不分配不转增
300186	大华农	13811.29	0.69	2.77	0.52	10派3元(含税)
300187	永清环保	4175.35	0.83	2.44	0.4	10派2元(含税)
300188	美亚柏科	4104.56	1.03	2.77	1.47	不分配不转增
300189	神农大丰	6155.66	0.513	2.88	0.13	不分配不转增
300190	维尔利	4514.33	1.14	2.98	0.55	10派5元(含税)
300191	潜能恒信	6036.52	1.01	3.56	1.15	
300192	科斯伍德	3526.14	0.64	2.82	0.09	
300193	佳士科技	9801.24	0.6	2.24	0.39	不分配不转增
300194	福安药业	12313.69	1.23	2.75	1.06	
300195	长荣股份	8009.44	1.07	2.93	0.98	
300196	长海股份	4955.67	0.55	2.5	0.88	
300198	纳川股份	5661.83	0.821	2.76	0.1005	
300199	翰宇药业	5284.72	0.7	2.41	0.73	
300200	高盟新材	3933.57	0.49	1.74	1.12	
300201	海伦哲	3943.81	0.66	3.82	0.23	
300202	聚龙股份	4020.97	0.63	2.5908	1.01	

股票代码	股票简称	净利润(万元)	每股收益(元)	每股净资产(元)	每股经营性现金流量(元)	分配预案
300203	聚光科技	16188.36	0.4	1.52	0.08	
300204	舒泰神	5749.85	1.15	3.32	1.28	
300205	天喻信息	5211.25	0.87	3.85	0.97	
300206	理邦仪器	6601.59	0.88	2.9	0.87	
300207	欣旺达	6268.87	0.44	1.84	0.5	
300208	恒顺电气	4120.43	0.8	3.32	0.9	
300209	天泽信息	4803.31	0.8	2.61	1.04	
300210	森远股份	3807.85	0.68	2.84	0.77	
300212	易华录	3803.24	0.76	2.57	0.2	
300214	日科化学	8123.06	0.81	2.72	0.52	
300215	电科院	6097.15	1.82	7.79	3.79	
300216	千山药机	4522.95	0.9	3.45	0.92	
300217	东方电热	7716.59	1.15	4.03	0.997	
300218	安利股份	7090.27	0.8952	3.1859	1.1	
300219	鸿利光电	6290.23	0.716	2.05	0.98	

深圳证券市场第 4 季度末投资者 - 行业分类持股统计表

行业分类	流通股数(亿股)	个人投资者		投资基金		社保基金		保险公司		券商自营		集合理财产品		QFII		其他机构	
		持股(%)	户数	持股(%)	户数	持股(%)	户数	持股(%)	户数	持股(%)	户数	持股(%)	户数	持股(%)	户数	持股(%)	户数
农林牧渔	43.10	1.21	701943	1.43	411	2.01	27	1.67	112	1.54	43	2.46	47	0.94	60	1.27	1892
采掘业	81.42	1.63	1113956	3.29	791	2.61	67	2.79	112	1.88	130	1.68	56	2.88	187	3.28	2706
制造业	1968.75	59.42	26867817	54.70	11162	55.97	741	40.31	2035	63.53	1899	62.77	1189	46.56	2458	56.85	74591
食品饮料	127.10	2.65	1621510	6.37	1267	7.31	91	3.84	193	3.87	331	2.37	77	6.10	269	4.49	5924
纺织服装	73.62	2.65	905840	1.15	315	0.49	9	0.92	71	4.12	46	3.82	44	0.38	68	1.79	3074
木材家具	11.03	0.36	162997	0.09	24	0.84	3	0.03	5	0.99	10	0.08	4	0.00	3	0.34	734
造纸印刷	54.38	1.92	799343	0.68	204	0.85	19	0.76	63	0.79	39	0.52	18	1.17	50	1.42	2494
石化塑胶	327.08	11.20	4580482	5.56	1405	3.99	86	5.27	298	6.55	208	9.29	146	3.27	323	8.75	10646
电子	232.14	7.92	2788016	4.72	1331	2.78	46	2.19	204	6.50	150	9.38	216	1.49	205	6.07	8970
金属非金属	412.91	12.11	5785069	11.86	1768	11.06	155	11.38	328	21.28	299	10.56	149	9.56	458	12.19	11306
机械设备	568.44	15.58	7438606	18.08	3217	23.08	218	10.74	592	12.99	482	19.66	364	20.56	740	17.92	22971
医药生物	134.14	4.20	2361798	5.31	1395	4.75	101	4.36	238	5.21	280	5.83	139	3.28	295	3.10	7098
其他制造业	27.90	0.83	424156	0.88	236	0.82	13	0.82	43	1.23	54	1.26	32	0.75	47	0.78	1374
水电煤气	150.82	4.54	1769065	1.07	210	2.07	24	0.88	57	1.63	69	1.23	16	0.37	80	5.54	2274
建筑业	26.31	0.77	349134	1.35	387	0.70	19	0.60	32	0.66	29	1.72	39	0.35	43	0.62	1390
运输仓储	77.45	3.12	1313860	0.39	139	0.18	14	0.58	11	0.29	35	0.21	13	0.49	67	1.69	1826
信息技术	144.02	4.53	2178466	5.52	1553	4.88	71	5.29	234	4.33	152	7.08	185	3.60	230	3.33	7362
批发零售	182.34	4.26	1678936	10.73	1100	6.25	52	8.23	262	7.22	155	10.14	102	16.56	287	4.97	4420
金融保险	125.83	2.28	1161909	3.02	393	5.88	42	19.95	76	6.12	90	1.22	32	3.23	104	5.41	2592
房地产业	392.51	11.20	4291202	12.72	914	14.72	76	15.77	155	5.53	153	5.32	56	21.73	257	11.22	6135
社会服务	77.96	2.25	975173	3.13	649	2.56	26	1.89	79	3.26	60	2.47	60	1.99	99	2.10	2826
传播文化	26.49	0.90	297174	0.45	153	0.50	15	0.33	20	0.22	18	0.62	14	0.07	22	0.72	1077
综合类	113.86	3.88	1411643	2.20	287	1.68	34	1.71	39	3.78	94	3.07	24	1.23	81	2.98	2238

注:1. 持股(%)指该类投资者持有该行业的流通股数占该类投资者持有流通股总数的百分比。
2. 制造业细分为食品饮料、纺织服装、……其他制造业。

深圳证券市场第 4 季度投资者 - 行业分类交易统计表

行业分类	成交金额(亿元)	个人投资者		投资基金		社保基金		保险公司		券商自营		集合理财产品		QFII		其他机构	
		买入(%)	卖出(%)	买入(%)	卖出(%)	买入(%)	卖出(%)	买入(%)	卖出(%)	买入(%)	卖出(%)	买入(%)	卖出(%)	买入(%)	卖出(%)	买入(%)	卖出(%)
农林牧渔	1796.99	2.08	2.07	2.42	2.18	2.94	2.39	2.95	2.15	1.30	1.53	2.89	3.26	1.63	1.85	2.04	2.43
采掘业	4543.90	5.20	5.24	6.60	6.14	5.16	6.33	8.28	7.68	6.73	5.88	5.18	5.40	4.54	3.94	5.18	5.18
制造业	57042.76	67.07	67.07	63.14	62.26	62.16	62.00	58.70	63.25	61.23	66.99	66.22	66.41	60.67	60.49	64.69	64.77
食品饮料	3762.44	3.95	3.82	8.35	10.16	10.34	9.00	6.58	7.29	8.25	7.37	4.76	5.77	10.39	11.66	6.47	6.32
纺织服装	1563.71	1.87	1.89	1.26	1.28	0.45	0.85	1.25	0.93	1.60	0.90	2.44	1.71	1.32	0.90	1.83	1.69
木材家具	289.08	0.37	0.37	0.06	0.03	0.02	0.06	0.13	0.33	0.33	0.04	0.07	0.06	0.06	0.08	0.19	0.22
造纸印刷	1228.93	1.51	1.50	0.58	0.79	1.13	0.87	0.74	1.16	1.51	1.02	1.06	1.35	1.20	1.25	1.22	1.21
石化塑胶	8519.73	10.21	10.30	7.98	6.71	7.43	7.76	7.41	9.07	7.66	7.07	9.05	8.97	6.96	6.34	8.46	8.39
电子	7153.36	8.50	8.54	7.86	6.67	4.63	6.58	3.79	5.17	5.13	6.42	9.78	10.45	4.87	4.88	7.51	7.73
金属非金属	10500.57	12.31	12.33	11.97	10.34	12.14	8.73	12.28	12.74	12.25	18.90	11.22	10.50	10.99	11.14	11.90	12.94
机械设备	16850.93	19.97	19.94	16.97	17.41	15.90	20.22	17.17	18.33	16.65	18.26	19.11	18.88	17.39	16.87	18.60	18.29

行业分类	成交金额（亿元）	个人投资者		投资基金		社保基金		保险公司		券商自营		集合理财产品		QFII		其他机构	
		买入(%)	卖出(%)	买入(%)	卖出(%)	买入(%)	卖出(%)	买入(%)	卖出(%)	买入(%)	卖出(%)	买入(%)	卖出(%)	买入(%)	卖出(%)	买入(%)	卖出(%)
医药生物	5794.74	6.71	6.71	7.07	7.81	8.63	7.65	8.11	6.91	6.72	5.97	7.17	6.79	6.80	6.72	7.13	6.60
其他制造业	1379.28	1.67	1.67	1.04	1.06	1.49	0.28	1.24	1.32	1.13	1.04	1.56	1.93	0.69	0.65	1.38	1.38
水电煤气	1432.90	1.80	1.80	0.42	0.49	0.84	1.98	0.64	0.70	1.18	0.95	0.47	0.48	0.72	0.81	1.27	1.18
建筑业	1128.95	1.28	1.30	1.86	1.58	0.73	1.28	0.78	0.71	0.96	0.94	1.60	1.55	0.74	0.51	1.51	1.43
运输仓储	1168.09	1.47	1.45	0.21	0.52	0.18	0.91	0.71	0.62	0.82	0.79	0.40	0.75	0.51	0.57	1.05	1.04
信息技术	5634.40	6.54	6.57	7.32	6.89	6.88	5.47	7.66	7.44	6.32	5.50	7.30	7.35	5.47	5.12	6.39	6.61
批发零售	2730.49	2.98	2.81	4.35	7.20	4.80	6.18	6.19	5.97	5.32	4.02	4.66	5.48	10.57	7.28	4.20	4.14
金融保险	1956.68	2.22	2.20	2.60	2.63	2.49	2.15	2.46	1.92	4.83	4.20	2.83	2.43	2.48	5.22	2.70	2.97
房地产业	3624.57	3.97	4.07	6.59	5.65	8.37	5.75	7.82	5.24	5.27	4.39	3.74	3.42	8.55	10.55	5.22	4.74
社会服务	1914.31	2.19	2.23	2.79	2.18	4.51	3.29	1.38	2.26	2.84	2.51	2.50	2.01	2.10	1.72	2.39	2.45
传播文化	604.07	0.72	0.72	0.50	0.49	0.24	0.93	0.55	0.68	0.19	0.29	0.31	0.37	0.27	0.32	0.78	0.73
综合类	2055.36	2.48	2.46	1.21	1.82	0.69	1.35	1.88	1.38	2.99	1.99	1.90	1.10	1.75	1.63	2.54	2.33

注:1. 买入(%)指该类投资者在该行业的买入金额占该类投资者总买入金额的百分比,卖出(%)指该类投资者在该行业的卖出金额占该类投资者总卖出金额的百分比。
2. 制造业细分为食品饮料、纺织服装、……、其他制造业。

2010年深市机构投资者累计净买入与深证综合指数变化

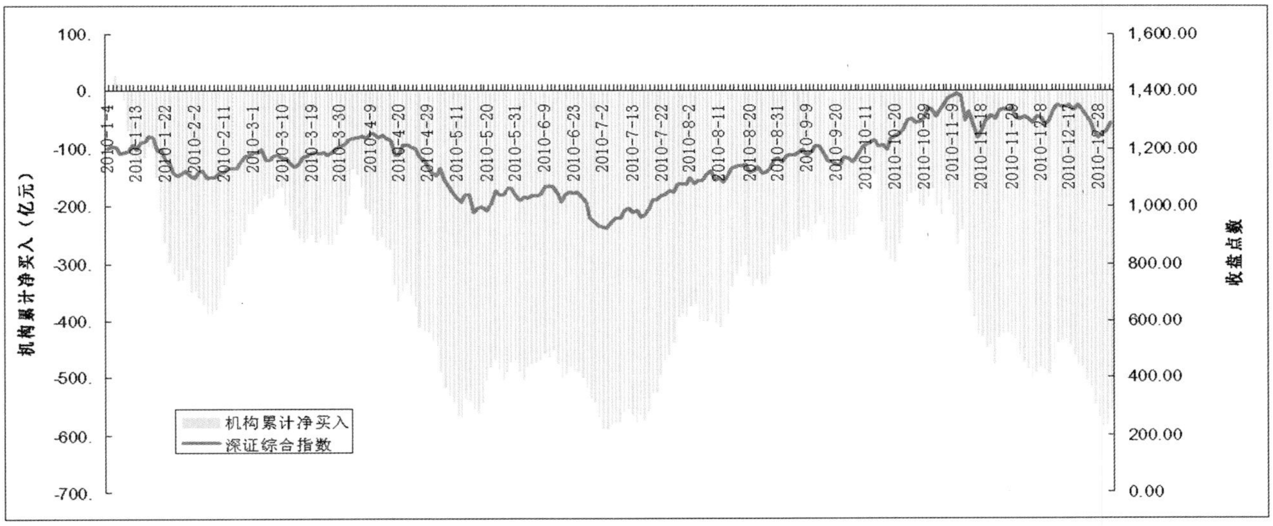

机构累计净买入与指数的相关度：0.458

2010年深成指机构投资者累计净买入与深证成份指数变化

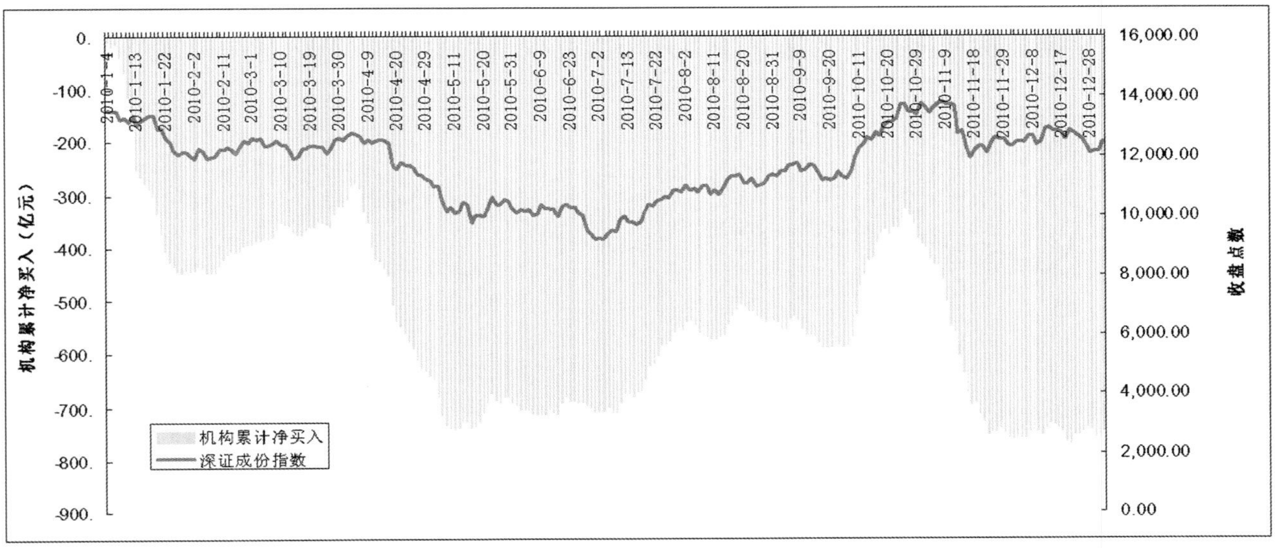

机构累计净买入与指数的相关度：0.593

2010 年主板 A 股机构投资者累计净买入与深证 100 指数变化

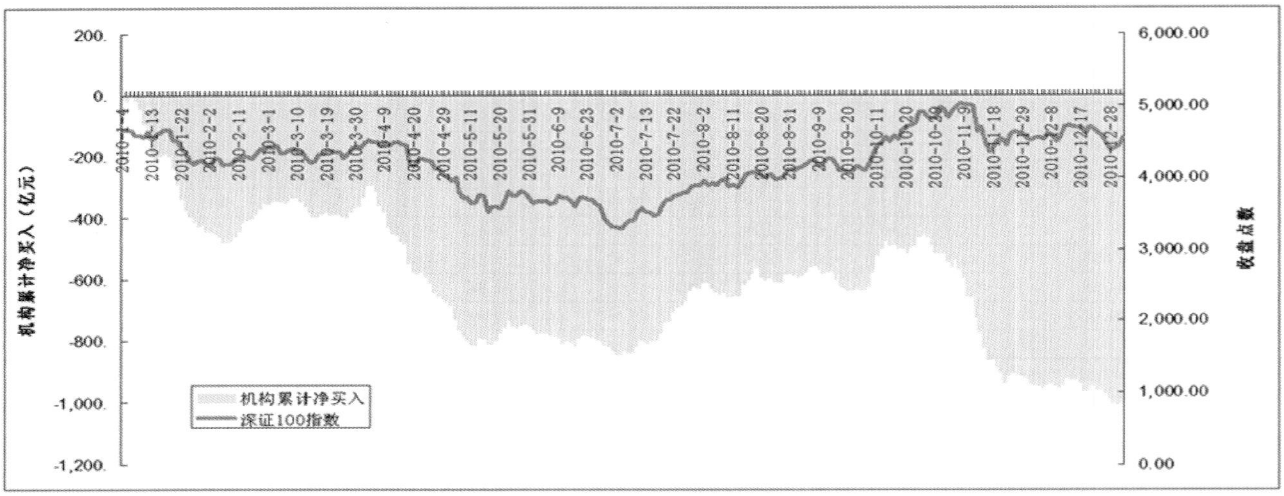

机构累计净买入与指数的相关度：0.351

2010 年中小板机构投资者累计净买入与中小板指数变化

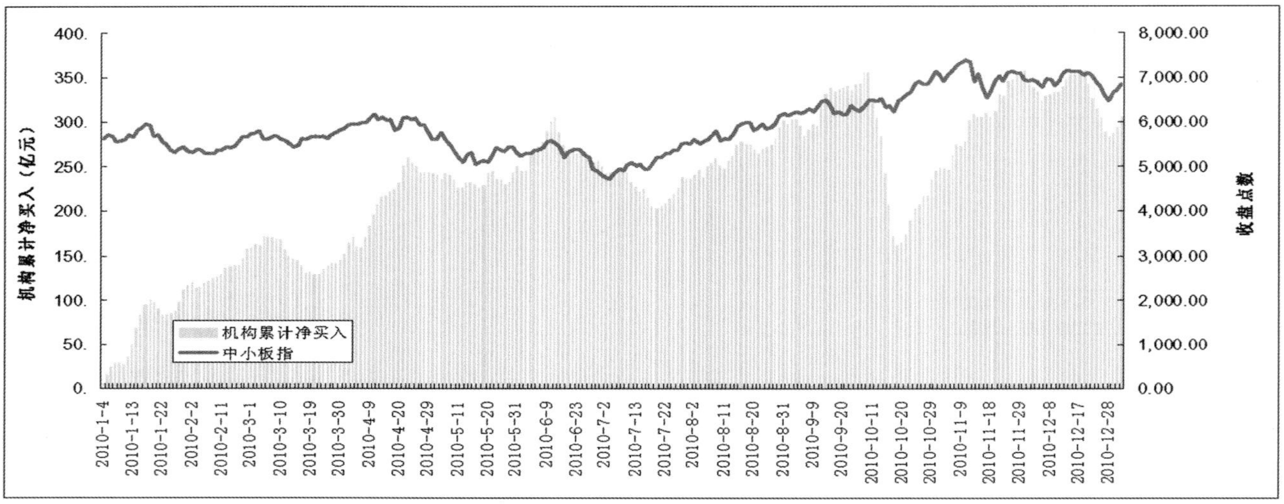

机构累计净买入与指数的相关度：0.496

2010 年创业板机构投资者累计净买入与创业板指数变化(2010－06－01 始)

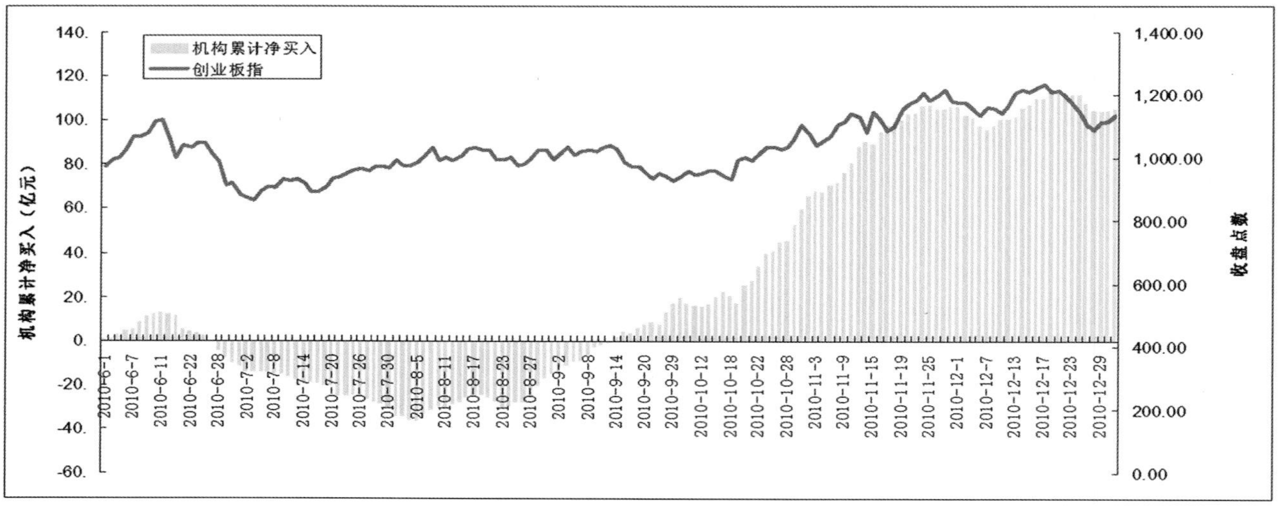

机构累计净买入与指数的相关度：0.842

2011年一季报深市主板上市公司主要财务指标

截至2011年4月30日

股票代码	股票简称	净利润(万元)	每股收益(元)	每股净资产(元)	每股经营性现金流量(元)	分配预案
000001	深发展A	240219.90	0.69	10.32	6.13	
000002	万科A	120513.86	0.11	4.14	-0.18	
000004	ST国农	16.97	0.002	0.8659	0.1193	
000005	世纪星源	-629.10	-0.007	0.75	0.02	
000006	深振业A	5267.68	0.069	3.29	0.4	
000007	ST零七	-4.97	-0.0003	-0.233	-0.0088	
000008	ST宝利来	-27.39	-0.0037	1.0039	-0.07	
000009	中国宝安	10331.36	0.0947	2.4	-0.22	
000010	SST华新	-294.59	-0.02	0.2956	-0.006	
000011	深物业A	28460.52	0.4775	1.9456	-0.6478	
000012	南玻A	41530.79	0.2	3.28	0.2	
000014	沙河股份	-1060.26	-0.05	2.49	-0.27	
000016	深康佳A	-7686.30	-0.0638	3.248	0.119	
000017	*ST中华A	-1215.08	-0.022	-3.21	0.01	
000018	ST中冠A	-414.39	-0.02	0.81	0	
000019	深深宝A	-831.56	-0.046	1.74	-0.05	
000020	深华发A	333.83	0.0118	0.95	-0.13	
000021	长城开发	4324.31	0.0328	3.1796	0.0088	
000022	深赤湾A	12728.87	0.197	5.222	0.281	
000023	深天地A	214.15	0.02	2.3	0.13	
000024	招商地产	56157.06	0.33	10.93	-0.54	
000025	特力A	36.21	0.0016	0.798	-0.03	
000026	飞亚达A	3673.67	0.13	4.64	-0.16	
000027	深圳能源	28069.43	0.13	6.39	0.48	
000028	一致药业	8725.93	0.3	3.95	-1.1	
000029	深深房A	2301.30	0.0227	1.43	0.05	
000030	*ST盛润A	-70.64	-0.0024	-0.0026	0.0011	
000031	中粮地产	5438.17	0.03	2.52	-0.93	
000032	深桑达A	928.63	0.04	3.14	-0.37	
000033	新都酒店	-337.81	-0.0103	0.873	0.019	
000034	深信泰丰	553.35	0.015	0.2	-0.0199	
000035	*ST科健	477.05	0.03	-7.97	0.0009	
000036	华联控股	2498.71	0.0222	1.52	-0.05	
000037	深南电A	-7983.94	-0.13	2.75	-0.02	
000038	*ST大通	-382.35	-0.04	1.54	0.044	
000039	中集集团	135825.00	0.5102	6.6366	-2.2532	
000040	深鸿基	10120.75	0.22	1.967	-0.635	
000042	深长城	15100.72	0.6306	10.66	0.67	
000043	中航地产	-665.87	-0.03	8.8545	-0.3	
000045	深纺织A	1419.19	0.04	4.05	-0.03	
000046	泛海建设	-3619.29	-0.016	3.43	-0.243	
000048	ST康达尔	188.32	0.0048	-0.3154	0.0142	
000049	德赛电池	2273.77	0.1662	1.692	0.1049	
000050	深天马A	785.35	0.014	2.13	0.009	
000055	方大集团	1683.87	0.033	2.04	-0.18	
000056	深国商	-838.19	-0.04	0.21	-0.26	
000058	深赛格	1178.44	0.015	1.4	0.0088	
000059	辽通化工	40785.07	0.34	5.82	1.8	
000060	中金岭南	11027.79	0.07	2.96	0.1	
000061	农产品	1712.00	0.02	4.03	-0.49	
000062	深圳华强	1752.12	0.03	2.69	-0.03	
000063	中兴通讯	12728.90	0.05	8.28	-1.97	
000065	北方国际	481.01	0.03	2.99	-1.85	
000066	长城电脑	4514.80	0.034	2.53	1.37	
000068	ST三星	-1336.32	-0.0149	0.2837	-0.0043	
000069	华侨城A	26110.63	0.084	4.277	-1.387	
000070	特发信息	782.02	0.0313	3.0861	-0.2083	
000078	海王生物	2395.28	0.0367	1.17	0.0627	

股票代码	股票简称	净利润(万元)	每股收益(元)	每股净资产(元)	每股经营性现金流量(元)	分配预案
000088	盐田港	13460.98	0.1081	3.5875	0.0391	
000089	深圳机场	17328.97	0.1025	3.552	0.1255	
000090	深天健	12320.36	0.2698	8.7292	0.1551	
000096	广聚能源	-488.32	-0.0092	3.25	-0.119	
000099	中信海直	3465.25	0.0675	3.1628	-0.0457	
000100	TCL 集团	22303.60	0.0526	2.4832	0.1542	
000150	宜华地产	124.19	0.0038	2.28	0.0044	
000151	中成股份	1733.15	0.059	3.01	-0.19	
000153	丰原药业	495.79	0.0191	2.7634	0.0596	
000155	川化股份	691.34	0.01	3.36	-0.05	
000156	*ST 嘉瑞	4.21	0.00035	-2.53	-0.01	
000157	中联重科	202363.73	0.3439	5.2411	-0.2189	
000158	常山股份	1292.56	0.018	3.32	-0.35	
000159	国际实业	1751.10	0.0364	3.61	-0.07	
000301	东方市场	1452.75	0.0119	2.087	0.1147	
000338	潍柴动力	184945.44	1.11	12.2	-0.38	
000400	许继电气	1057.25	0.0279	6.394	-0.7563	
000401	冀东水泥	-1127.10	-0.009	6.65	-0.05	
000402	金融街	67555.18	0.22	5.81	0.03	
000403	S*ST 生化	1204.59	0.06	0.62	0.07	
000404	华意压缩	-534.78	-0.0165	1.6731	-0.0811	
000407	胜利股份	522.76	0.01	2.52	0.07	
000408	*ST 金谷	219.51	0.009	0.6421	0.085	
000409	ST 泰复	-48.80	-0.003	0.21	-0.0038	
000410	沈阳机床	4165.77	0.08	2.76	0.06	
000411	英特集团	1214.13	0.0585	1.11	-2.62	
000413	宝石 A	-658.50	-0.0172	0.56	-0.0129	
000415	ST 汇通	-806.78	-0.0269	0.8332	-0.094	
000416	民生投资	1186.55	0.0223	1.37	0.0166	
000417	合肥百货	22538.51	0.4698	3.11	0.704	
000418	小天鹅 A	13543.35	0.21	5.05	-1.16	
000419	通程控股	3286.82	0.0936	2.48	0.1944	
000420	吉林化纤	1812.56	0.0479	2.19	0.07	
000421	南京中北	-1651.40	-0.047	2.2	0.26	
000422	湖北宜化	14184.11	0.262	5.25	0.47	
000423	东阿阿胶	26885.51	0.4111	4.61	0.15	
000425	徐工机械	101845.88	0.49	6.2	-0.69	
000426	富龙热电	-653.49	-0.02	2.92	-0.14	
000428	华天酒店	1965.22	0.027	1.97	0.025	
000429	粤高速 A	6616.42	0.05	3.34	0.12	
000430	ST 张家界	-1290.96	-0.06	-0.1	-0.03	
000488	晨鸣纸业	23541.03	0.11	6.68	0.11	
000498	*ST 丹化	-37.35	-0.0008	0.021	-0.0798	
000501	鄂武商 A	13198.90	0.26	3.63	1	
000502	绿景地产	-1957.09	-0.1059	1.1058	0.1629	
000503	海虹控股	218.93	0.0029	1.7092	-0.03	
000504	*ST 传媒	-167.67	-0.01	0.5	-0.0041	
000505	ST 珠江	314.58	0.01	1.19	0	
000506	中润投资	2973.67	0.0384	1.3004	-0.6619	
000507	珠海港	-883.39	-0.0256	4.03	0.3685	
000509	S*ST 华塑	-2503.08	-0.1001	-0.14	-0.1469	
000510	金路集团	-1578.71	-0.0259	1.8632	-0.1403	
000511	银基发展	713.23	0.01	1.34	-0.16	
000513	丽珠集团	12581.54	0.43	8.93	0.4	
000514	渝开发	398.91	0.0057	3.29	-1.14	
000516	开元控股	4321.28	0.06	1.56	0.11	
000517	荣安地产	5289.39	0.0498	1.8454	-0.5518	
000518	四环生物	123.20	0.0012	0.697	-0.0447	
000519	江南红箭	75.68	0.004	1.84	-0.11	
000520	长航凤凰	-16320.92	-0.242	1.2884	-0.0542	
000521	美菱电器	3811.05	0.0719	5.1952	-0.79	
000522	白云山 A	8454.15	0.18	2.54	0.03	

股票代码	股票简称	净利润(万元)	每股收益(元)	每股净资产(元)	每股经营性现金流量(元)	分配预案
000523	广州浪奇	231.63	0.011	4.38	-0.34	
000524	东方宾馆	441.90	0.016	2.25	0.05	
000525	红太阳	66.73	0.0024	2.103	-0.64	
000526	旭飞投资	-80.28	-0.0083	1.623	-0.1153	
000527	美的电器	71149.95	0.22	5.12	0.04	
000528	柳工	60983.31	0.81	12.03	-1.86	
000529	广弘控股	1205.79	0.0207	1.22	-0.17	
000530	大冷股份	1453.70	0.04	4.98	0.09	
000531	穗恒运A	1463.69	0.0549	4.1	0.57	
000532	力合股份	232.24	0.007	2.056	-0.01	
000533	万家乐	525.36	0.01	1.37	0.02	
000534	万泽股份	-1377.92	-0.054	2.21	0.065	
000536	华映科技	7502.10	0.1071	3.6765	0.0735	
000537	广宇发展	2375.61	0.05	1.23	0.23	
000538	云南白药	22542.94	0.32	6.68	-0.59	
000539	粤电力A	1272.12	0.005	3.64	0.079	
000540	中天城投	10212.58	0.1118	2	-0.65	
000541	佛山照明	6763.99	0.07	2.89	0.04	
000543	皖能电力	2085.69	0.03	5.01	-0.06	
000544	中原环保	2144.87	0.0796	2.26	-0.24	
000545	*ST吉药	-185.57	-0.01	-0.26	-0.01	
000546	光华控股	1372.03	0.0809	0.84	-0.0371	
000547	闽福发A	423.15	0.02	4.73	0.15	
000548	湖南投资	1323.69	0.027	2.89	0.074	
000550	江铃汽车	54770.69	0.63	7.73	0.14	
000551	创元科技	1680.44	0.063	4.6018	-0.16	
000552	靖远煤电	2186.65	0.12	2.66	0.18	
000553	沙隆达A	822.74	0.0139	1.87	-0.08	
000554	泰山石油	358.96	0.0075	1.821	0.12	
000555	ST太光	-238.87	-0.0264	-1.46	-0.034	
000557	*ST广夏	-60.28	-0.001	-0.4082	0	
000558	莱茵置业	528.19	0.0142	1.9942	-0.9915	
000559	万向钱潮	12783.04	0.104	3.176	0.006	
000560	昆百大A	726.78	0.0541	4.4284	0.3173	
000561	烽火电子	130.56	0.002	1.17	0.06	
000562	宏源证券	33865.01	0.2318	5.23	-1.34	
000563	陕国投A	5693.18	0.159	2.16	-0.22	
000564	西安民生	2407.70	0.0791	2.6689	-0.2258	
000565	渝三峡A	783.73	0.05	3.94	-0.28	
000566	海南海药	2102.00	0.0988	2.14	0.17	
000567	海德股份	-81.03	-0.0054	1.308	-0.431	
000568	泸州老窖	89607.58	0.643	4.62	0.2754	
000570	苏常柴A	2525.13	0.04	3.69	-0.04	
000571	新大洲A	3035.87	0.0412	1.9331	0.0575	
000572	海马股份	8361.36	0.0508	3.82	0.04	
000573	粤宏远A	836.26	0.0134	2.21	0.129	
000576	ST甘化	-670.93	-0.02	0.98	0.01	
000581	威孚高科	29072.95	0.51	7.75	-0.19	
000582	北海港	845.47	0.059	2.409	0.075	
000584	友利控股	3326.42	0.0814	4.1	0.271	
000585	东北电气	1471.11	0.0168	0.38	-0.02	
000586	ST汇源	275.70	0.01	0.87	-0.14	
000587	S*ST光明	39712.44	2.14	0.21	0.126	
000589	黔轮胎A	1972.10	0.07	6.38	-0.48	
000590	紫光古汉	1941.04	0.0956	1.47	0.11	
000591	桐君阁	733.91	0.0374	2.04	-0.38	
000592	中福实业	-410.58	-0.0063	1.5263	-0.1214	
000593	大通燃气	78.34	0.004	1.266	0.134	
000594	国恒铁路	80.30	0.001	2.0722	-0.0257	
000595	*ST西轴	-1383.57	-0.064	0.89	-0.017	
000596	古井贡酒	16715.81	0.71	5.18	-0.04	
000597	东北制药	844.42	0.025	6.11	-0.3755	

股票代码	股票简称	净利润(万元)	每股收益(元)	每股净资产(元)	每股经营性现金流量(元)	分配预案
000598	兴蓉投资	6003.62	0.13	6.26	0.16	
000599	青岛双星	1925.37	0.037	2.85	0.07	
000600	建投能源	-2870.06	-0.0314	3.12	-0.36	
000601	韶能股份	-216.35	-0.0023	3.18	0.1087	
000602	*ST 金马	-1496.68	-0.1	2.38	-0.38	
000603	*ST 威达	-257.08	-0.02	0.52	-0.02	
000605	ST 四环	-119.91	-0.013	0.56	-0.018	
000606	青海明胶	-638.80	-0.0157	1.43	0.014	
000607	*ST 华控	-2152.01	-0.0441	0.59	-0.3302	
000608	阳光股份	244.00	0.003	3.15	-0.33	
000609	绵世股份	3606.18	0.121	2.7556	0.9031	
000610	西安旅游	621.52	0.03159	2.127	-0.126	
000611	时代科技	327.42	0.01	1.97	-0.18	
000612	焦作万方	6004.67	0.125	4.371	-0.123	
000613	ST 东海 A	72.36	0.002	0.24	0.0048	
000615	湖北金环	-395.08	-0.02	3.46	0.33	
000616	亿城股份	2080.65	0.02	3.39	-0.87	
000617	石油济柴	-1651.76	-0.06	2.89	-0.34	
000619	海螺型材	567.18	0.0158	5.4387	-0.2392	
000620	S*ST 圣方	-26.58	-0.0009	0.0119	-0.0009	
000622	S*ST 恒立	-219.18	-0.015	-1.051	-0.063	
000623	吉林敖东	21018.33	0.37	12.85	-0.07	
000625	长安汽车	72233.83	0.27	5.51	0.59	
000626	如意集团	3584.06	0.177	1.9184	0.3554	
000627	天茂集团	310.68	0.002	1.14	0.019[illegible]	
000628	高新发展	-591.80	-0.027	0.74	0.6	
000629	攀钢钒钛	11854.53	0.02	2.8	0.[illegible]	
000630	铜陵有色	28069.65	0.21	6.37	0.13	
000631	顺发恒业	11032.06	0.11	1.78	0.4[illegible]	
000632	三木集团	534.29	0.0115	1.1967	-0.5921	
000633	ST 合金	-214.71	-0.0056	0.5718	-0.2105	
000635	英力特	4256.71	0.24	5.53	0.245	
000636	风华高科	2449.78	0.04	3.47	-0.02	
000637	茂化实华	2047.96	0.04	1.63	-0.1	
000638	万方地产	487.90	0.03	1.33	-0.4	
000639	西王食品	1959.58	0.16	6.56	-0.33	
000650	仁和药业	7308.88	0.174	2.2644	0.073	
000651	格力电器	93472.38	0.3317	5.06	1.12	
000652	泰达股份	3036.43	0.0206	1.6113	0.0119	
000655	金岭矿业	16070.54	0.27	3.89	0.22	
000656	ST 东源	138.95	0.006	1.856	-0.0059	
000657	*ST 中钨	168.94	0.008	1.483	-0.024	
000659	珠海中富	3088.68	0.04	3.12	0.2	
000661	长春高新	1685.77	0.128	4.1	-0.162	
000662	索芙特	-165.93	-0.0058	2.7961	-0.0821	
000663	永安林业	-175.07	-0.0086	2.06	-0.14	
000665	武汉塑料	563.50	0.03	0.89	0.29	
000666	经纬纺机	13844.68	0.229	5.28	0.08	
000667	名流置业	4771.94	0.02	1.99	0.14	
000668	荣丰控股	250.09	0.02	4.61	0.03	
000669	领先科技	-110.75	-0.012	1.602	-0.003	
000670	S*ST 天发	56.90	0.0021	0.76	-0.1531	
000671	阳光城	1599.30	0.03	3	-0.87	
000672	*ST 铜城	-233.32	-0.0108	0.0924	-0.0009	
000673	*ST 当代	-240.60	-0.012	-0.019	-0.193	
000676	*ST 思达	-1935.36	-0.0615	1.2277	-0.0303	
000677	山东海龙	-5615.04	-0.06	1.05	0.0158	
000678	襄阳轴承	-32.73	-0.001	1.65	-0.026	
000679	大连友谊	2843.41	0.12	4.831	1.559	
000680	山推股份	31442.50	0.41	5.68	-0.43	
000681	*ST 远东	-272.04	-0.01	0.64	-0.02	
000682	东方电子	235.18	0.0024	1.38	-0.14	

股票代码	股票简称	净利润(万元)	每股收益(元)	每股净资产(元)	每股经营性现金流量(元)	分配预案
000683	远兴能源	625.47	0.01	2.89	-0.05	
000685	中山公用	11187.55	0.19	8.15	0.06	
000686	东北证券	10509.34	0.16	5.52	-3.69	
000687	保定天鹅	544.38	0.008	1.751	-0.109	
000688	*ST 朝华	-124.47	-0.0031	-0.1864	-0.0042	
000690	宝新能源	5391.30	0.03	1.88	0.08	
000691	*ST 亚太	-139.07	-0.0043	0.4329	0.0001	
000692	惠天热电	570.18	0.0214	4.48	-1.25	
000693	S*ST 聚友	-1327.13	-0.07	-0.42	-0.17	
000695	滨海能源	495.57	0.022	1.38	-0.03	
000697	*ST 偏转	-834.93	-0.045	1.89	-0.42	
000698	沈阳化工	7050.74	0.107	4.67	-0.21	
000700	模塑科技	1206.09	0.039	2.48	0.2505	
000701	厦门信达	2351.94	0.0979	3.07	-2.57	
000702	正虹科技	224.47	0.01	1.54	-0.19	
000703	ST 光华	-26.83	-0.002	1.32	-0.06	
000705	浙江震元	848.58	0.068	4.19	0.061	
000707	双环科技	3356.82	0.072	3.81	0.24	
000708	大冶特钢	15955.40	0.355	6	0.307	
000709	河北钢铁	39178.62	0.06	4.34	0.93	
000710	天兴仪表	33.20	0.0022	0.7707	-0.0554	
000711	天伦置业	172.88	0.02	3.25	0.5	
000712	锦龙股份	3263.86	0.107	2.92	0.023	
000713	丰乐种业	3185.50	0.1066	3.81	-0.278	
000715	中兴商业	3250.57	0.117	3.73	0.4	
000716	*ST 南方	259.86	0.015	1.66	-0.11	
000717	韶钢松山	2657.48	0.0159	3.5005	1.1182	
000718	苏宁环球	20810.89	0.12	2.21	-0.19	
000719	S*ST 鑫安	0.00	0	0.0029	0	
000720	ST 能山	-6867.40	-0.0795	0.9525	0.112	
000721	西安饮食	2559.94	0.1283	2.2035	-0.0062	
000722	*ST 金果	2207.27	0.048	4.05	0.083	
000723	美锦能源	499.07	0.04	3.24	-0.27	
000725	京东方 A	-67478.20	-0.06	2.15	-0.033	
000726	鲁泰 A	20775.30	0.21	4.64	0.06	
000727	华东科技	-1138.69	-0.0317	1.4184	0.1069	
000728	国元证券	25406.17	0.13	7.8	0.25	
000729	燕京啤酒	3725.31	0.0308	6.79	0.45	
000731	四川美丰	1546.22	0.0308	3.78	0.0046	
000732	ST 三农	-2526.15	-0.0248	1.6087	-0.32	
000733	振华科技	1150.00	0.032	5.7	0	
000735	罗牛山	500.80	0.0057	1.81	0.037	
000736	重庆实业	-296.91	-0.01	4.57	-0.39	
000737	*ST 南风	-931.93	-0.017	0.5	0.17	
000738	中航动控	1946.33	0.02	2.48	-0.04	
000739	普洛股份	307.21	0.012	3.09	0.09	
000748	长城信息	-467.65	-0.0125	3.06	-0.42	
000750	SST 集琦	-936.91	-0.0436	0.949	-0.0441	
000751	锌业股份	-4849.93	-0.04	1.05	0.34	
000752	西藏发展	441.42	0.0075	2.232	0.672	
000753	漳州发展	1893.68	0.06	1.87	-0.21	
000755	山西三维	1483.91	0.03	4.691	-0.2103	
000756	新华制药	2894.25	0.06	3.72	-0.09	
000757	*ST 方向	109.96	0.0036	-3.5021	-0.0013	
000758	中色股份	4590.02	0.072	3.19	0.089	
000759	武汉中百	9262.09	0.136	3.8	0.85	
000760	*ST 博盈	246.79	0.01	0.79	0.08	
000761	本钢板材	30493.33	0.1	4.88	0.07	
000762	西藏矿业	1288.82	0.05	2.55	0.11	
000766	通化金马	1190.59	0.0265	1.35	-0.05	
000767	漳泽电力	-17657.08	-0.13	1.01	-0.1358	
000768	西飞国际	-2274.31	-0.0092	3.74	-0.32	

股票代码	股票简称	净利润(万元)	每股收益(元)	每股净资产(元)	每股经营性现金流量(元)	分配预案
000776	广发证券	66563.00	0.27	7.97	-6.25	
000777	中核科技	147.53	0.0069	4.3089	-0.2575	
000778	新兴铸管	39193.18	0.2045	5.6515	0.1367	
000779	三毛派神	-389.90	-0.021	1.66	-0.03	
000780	平庄能源	22172.61	0.22	3.89	-0.14	
000782	美达股份	4851.08	0.12	2.37	-0.25	
000783	长江证券	33332.91	0.15	5.19	-2.7	
000785	武汉中商	4175.50	0.17	2.74	0.27	
000786	北新建材	3363.81	0.058	4.561	-0.37	
000787	*ST 创智	-50.77	-0.0013	0.08	0	
000788	西南合成	2177.86	0.04	1.36	0.1	
000789	江西水泥	8687.49	0.22	3.2977	0.178	
000790	华神集团	155.17	0.0058	1.7842	-0.081	
000791	西北化工	-230.74	-0.0122	1.6899	-0.0486	
000792	盐湖钾肥	75280.31	0.4733	7.5299	1.3143	
000793	华闻传媒	3670.30	0.027	1.82	0.09	
000795	太原刚玉	217.60	0.008	0.89	1.07	
000796	易食股份	369.29	0.015	1.81	-0.1324	
000797	中国武夷	2076.01	0.05	3.05	0.21	
000798	中水渔业	515.67	0.0161	2.14	-0.11	
000799	酒鬼酒	2100.21	0.0693	2.5642	0.2568	
000800	一汽轿车	39151.33	0.2406	5.55	-0.8	
000801	四川九洲	994.18	0.05	3.9325	-0.5948	
000802	北京旅游	119.71	0.0087	1.94	-0.04	
000803	金宇车城	-313.10	-0.0245	0.8619	-0.008	
000805	*ST 炎黄	-95.83	-0.01506	-0.7	-0.0751	
000806	银河科技	-1573.13	-0.0225	1.6	0.052	
000807	云铝股份	292.19	0.002	3.33	-0.12	
000809	中汇医药	-119.86	-0.0105	1.143	-0.0708	
000810	华润锦华	1956.80	0.1509	3.86	-0.4	
000811	烟台冰轮	3814.86	0.15	2.81	-0.19	
000812	陕西金叶	816.03	0.0219	1.6695	-0.0138	
000813	天山纺织	-14.78	-0.0004	1.13	0.0542	
000815	美利纸业	-1131.20	-0.04	2.59	-0.12	
000816	江淮动力	2200.80	0.02	1.88	-0.03	
000818	*ST 化工	2030.92	0.0299	2.76	-0.1	
000819	岳阳兴长	703.99	0.036	2.616	0.017	
000820	*ST 金城	-5090.46	-0.18	-2.64	-0.24	
000821	京山轻机	174.05	0.005	3.36	-0.04	
000822	山东海化	9213.15	0.102	3.84	0.09	
000823	超声电子	3893.28	0.0884	3.8713	0.1096	
000825	太钢不锈	45085.82	0.079	3.914	0.297	
000826	桑德环境	4769.72	0.115	3.23	0.12	
000828	东莞控股	11986.79	0.1153	3.0151	0.1385	
000829	天音控股	-5149.66	-0.054	2.2	-0.826	
000830	鲁西化工	7411.05	0.0708	3.26	0.048	
000831	*ST 关铝	-793.90	-0.01	0.004	-0.139	
000833	贵糖股份	2335.77	0.08	2.87	-0.56	
000835	四川圣达	724.43	0.0237	1.48	-0.04	
000836	鑫茂科技	-1947.25	-0.0666	2.4	0.06	
000837	秦川发展	1803.47	0.0517	2.94	-0.26	
000838	国兴地产	-316.32	-0.0175	1.7996	-0.0535	
000839	中信国安	3745.79	0.0239	3.75	-0.11	
000848	承德露露	10249.37	0.34	2.79	0.25	
000850	华茂股份	25021.57	0.265	3.49	0.12	
000851	高鸿股份	-630.65	-0.0189	2.98	-0.32	
000852	江钻股份	3185.74	0.08	2.67	-0.11	
000856	ST 唐陶	1332.53	0.06	1.68	-0.39	
000858	五粮液	208139.77	0.548	5.327	0.623	
000859	国风塑业	2701.28	0.0642	2.26	0.15	
000860	顺鑫农业	9472.44	0.22	6.27	-1.83	
000861	海印股份	7561.68	0.15	2.02	0.75	

股票代码	股票简称	净利润(万元)	每股收益(元)	每股净资产(元)	每股经营性现金流量(元)	分配预案
000862	银星能源	515.77	0.0219	1.19	-0.08	
000863	*ST 商务	-647.06	-0.037	-5.9044	-0.007	
000868	安凯客车	1341.69	0.04	2.43	-0.45	
000869	张裕 A	56258.17	1.07	8.35	2.06	
000875	吉电股份	525.76	0.0063	2.8437	-0.3117	
000876	新希望	19403.23	0.23	4.92	-0.18	
000877	天山股份	-741.42	-0.0191	9.3429	0.4891	
000878	云南铜业	17434.29	0.14	3.62	-0.23	
000880	潍柴重机	4777.88	0.17	3.48	0.6	
000881	大连国际	5090.93	0.165	4.39	-0.16	
000882	华联股份	474.02	0.0064	3.99	-0.0015	
000883	湖北能源	19576.90	0.095	4.2305	0.0818	
000885	同力水泥	3219.71	0.1275	4.96	1.27	
000886	海南高速	8610.49	0.087	2.538	0.072	
000887	中鼎股份	9058.77	0.213	2.83	-0.148	
000888	峨眉山 A	926.18	0.0394	3.38	-0.09	
000889	渤海物流	2341.92	0.0691	2.018	-0.02	
000890	法尔胜	322.00	0.0085	2.7085	0.14	
000892	*ST 星美	-35.17	-0.0008	-0.0365	-0.0014	
000893	东凌粮油	1947.05	0.09	2.32	0.84	
000895	双汇发展	26514.94	0.4375	6.08	-0.15	
000897	津滨发展	-1732.45	-0.0107	1.33	-0.06	
000898	鞍钢股份	7100.00	0.01	7.49	0.023	
000899	赣能股份	-5747.67	-0.0889	2.14	-0.14	
000900	现代投资	19155.97	0.48	11.38	0.57	
000901	航天科技	561.39	0.022	3.06	-0.27	
000902	中国服装	30.53	0.0012	0.99	0.091	
000903	云内动力	2293.24	0.06	6.96	-0.24	
000905	厦门港务	2465.84	0.05	3.1	-0.28	
000906	南方建材	1552.12	0.05	2.79	-0.95	
000908	*ST 天一	-1045.99	-0.037	0.17	-0.03	
000909	数源科技	143.92	0.0073	2.8	-1.07	
000910	大亚科技	4555.61	0.09	4.2	-0.87	
000911	南宁糖业	4627.93	0.16	5.15	-2.75	
000912	泸天化	-2560.17	-0.04	3.8	0.58	
000913	钱江摩托	2350.84	0.05	3.19	-0.1	
000915	山大华特	2794.85	0.155	2.47	0.1317	
000916	华北高速	4578.85	0.04	3.58	0.065	
000917	电广传媒	20799.42	0.51	6.7	-2.2	
000918	嘉凯城	-11231.45	-0.06	2.16	-0.88	
000919	金陵药业	2505.59	0.0497	3.9496	-0.01	
000920	南方汇通	972.65	0.023	2.11	-0.2	
000921	ST 科龙	10633.16	0.0785	0.48	-0.2	
000922	*ST 阿继	-895.03	-0.03	0.224	-0.014	
000923	河北宣工	360.58	0.0182	3	-0.2	
000925	众合机电	942.87	0.03	3.35	-0.05	
000926	福星股份	10081.14	0.14	7.32	-0.77	
000927	一汽夏利	5145.13	0.0323	2.29	-0.12	
000928	中钢吉炭	122.69	0.0043	3.391	-0.021	
000929	兰州黄河	1107.32	0.06	3.02	0.41	
000930	丰原生化	8565.45	0.089	2.62	-0.159	
000931	中关村	-817.70	-0.0121	1.031	-0.07	
000932	华菱钢铁	-19897.66	-0.0681	4.41	-0.519	
000933	神火股份	25927.20	0.25	4.49	0.511	
000935	四川双马	1334.83	0.02	2.86	-0.18	
000936	华西村	7612.72	0.1	2.6	-0.37	
000937	冀中能源	83445.64	0.7216	11.0506	-0.3633	
000938	紫光股份	584.43	0.028	3.851	-0.4	
000939	凯迪电力	52063.31	0.88	4.11	0.24	
000948	南天信息	-584.24	-0.03	5.72	-0.74	
000949	新乡化纤	9680.10	0.1518	3.0894	0.58	
000950	建峰化工	-3872.31	-0.0647	3.89	-0.15	

股票代码	股票简称	净利润(万元)	每股收益(元)	每股净资产(元)	每股经营性现金流量(元)	分配预案
000951	中国重汽	9347.96	0.22	8.54	-3.51	
000952	广济药业	802.86	0.032	3.24	0.04	
000953	*ST 河化	209.97	0.0071	0.5043	-0.15	
000955	ST 欣龙	-420.53	-0.014	0.778	0.0093	
000957	中通客车	882.71	0.04	2.49	-0.23	
000958	*ST 东热	-3341.37	-0.112	-1.48	0.18	
000959	首钢股份	3189.20	0.0108	2.66	-0.1	
000960	锡业股份	18508.13	0.2246	5.8532	0.6637	
000961	中南建设	19731.57	0.17	4.12	-1.32	
000962	东方钽业	2693.89	0.0756	3.662	0.111	
000963	华东医药	9066.14	0.2089	2.85	-1.14	
000965	天保基建	3213.30	0.07	4.58	-0.34	
000966	长源电力	-22218.73	-0.4	1.75	-0.2058	
000967	上风高科	1645.35	0.08	2.31	-0.19	
000968	煤气化	4837.65	0.0942	5.833	-0.2106	
000969	安泰科技	4365.27	0.0511	3.62	-0.2882	
000970	中科三环	2991.91	0.06	2.88	0.022	
000971	ST 迈亚	-899.10	-0.037	0.517	-0.092	
000972	新中基	-5474.63	-0.1136	2.67	-0.12	
000973	佛塑科技	6329.66	0.103	2.26	-0.249	
000975	科学城	316.12	0.0051	1.4641	0.0341	
000976	春晖股份	2262.10	0.0386	1.23	-0.101	
000977	浪潮信息	3640.73	0.1693	5	-0.01	
000978	桂林旅游	-1651.26	-0.046	3.93	-0.048	
000979	中弘地产	11883.46	0.12	1.76	0.34	
000980	金马股份	2047.69	0.06	3.73	0.07	
000981	S*ST 兰光	49.32	0.0031	2.27	0.047	
000982	中银绒业	1877.23	0.07	2.53	0.15	
000983	西山煤电	101214.24	0.3212	4.4655	0.4826	
000985	大庆华科	1013.52	0.08	3.74	0.14	
000987	广州友谊	11651.98	0.32	4.6	-0.02	
000988	华工科技	8046.68	0.2	4.1	0.01	
000989	九芝堂	3191.72	0.11	4.78	0.045	
000990	诚志股份	507.03	0.017	5.29	0.051	
000993	闽东电力	936.04	0.0251	4.16	-0.08	
000995	ST 皇台	2619.56	0.15	1.11	0.008	
000996	中国中期	339.31	0.0148	1.82	-0.08	
000997	新大陆	3026.81	0.06	2.6	-0.24	
000998	隆平高科	5447.97	0.197	3.78	0.79	
000999	华润三九	21800.16	0.223	4.53	0.13	
001696	宗申动力	6692.84	0.07	2.04	0.04	
001896	豫能控股	-5153.59	-0.08	0.88	0.52	
200002	万科 B	120513.86	0.11	4.14	-0.18	
200011	深物业 B	28460.52	0.4775	1.9456	-0.6478	
200012	南玻 B	41530.79	0.2	3.28	0.2	
200016	深康佳 B	-7686.30	-0.0638	3.248	0.119	
200017	*ST 中华 B	-1215.08	-0.022	-3.21	0.01	
200018	ST 中冠 B	-414.39	-0.02	0.81	0	
200019	深深宝 B	-831.56	-0.046	1.74	-0.05	
200020	深华发 B	333.83	0.0118	0.95	-0.13	
200022	深赤湾 B	12728.87	0.197	5.222	0.281	
200024	招商局 B	56157.06	0.33	10.93	-0.54	
200025	特力 B	36.21	0.0016	0.798	-0.03	
200026	飞亚达 B	3673.67	0.13	4.64	-0.16	
200028	一致 B	8725.93	0.3	3.95	-1.1	
200029	深深房 B	2301.30	0.0227	1.43	0.05	
200030	*ST 盛润 B	-70.64	-0.0024	-0.0026	0.0011	
200037	深南电 B	-7983.94	-0.13	2.75	-0.02	
200039	中集 B	135825.00	0.5102	6.6366	-2.2532	
200045	深纺织 B	1419.19	0.04	4.05	-0.03	
200053	深基地 B	2312.27	0.1	4.64	0.23	
200054	建摩 B	85.19	0.0018	1	-0.14	

股票代码	股票简称	净利润(万元)	每股收益(元)	每股净资产(元)	每股经营性现金流量(元)	分配预案
200055	方大 B	1683.87	0.033	2.04	-0.18	
200056	深国商 B	-838.19	-0.04	0.21	-0.26	
200058	深赛格 B	1178.44	0.015	1.4	0.0088	
200152	山航 B	16945.28	0.42	3.94	0.78	
200160	ST 大路 B	-81.94	-0.001	-0.04	-0.01	
200168	ST 雷伊 B	-940.22	-0.03	0.94	0.0045	
200413	宝石 B	-658.50	-0.0172	0.56	-0.0129	
200418	小天鹅 B	13543.35	0.21	5.05	-1.16	
200429	粤高速 B	6616.42	0.05	3.34	0.12	
200468	宁通信 B	341.41	0.016	1.69	-0.59	
200488	晨鸣 B	23541.03	0.11	6.68	0.11	
200505	ST 珠江 B	314.58	0.01	1.19	0	
200512	闽灿坤 B	1565.65	0.0141	0.43	0.01	
200513	丽珠 B	12581.54	0.43	8.93	0.4	
200521	皖美菱 B	3811.05	0.0719	5.1952	-0.79	
200530	大冷 B	1453.70	0.04	4.98	0.09	
200539	粤电力 B	1272.12	0.005	3.64	0.079	
200541	粤照明 B	6763.99	0.07	2.89	0.04	
200550	江铃 B	54770.69	0.63	7.73	0.14	
200553	沙隆达 B	822.74	0.0139	1.87	-0.08	
200570	苏常柴 B	2525.13	0.04	3.69	-0.04	
200581	苏威孚 B	29072.95	0.51	7.75	-0.19	
200596	古井贡 B	16715.81	0.71	5.18	-0.04	
200613	ST 东海 B	72.36	0.002	0.24	0.0048	
200625	长安 B	72233.83	0.27	5.51	0.59	
200706	瓦轴 B	2987.85	0.07	3.66	0.15	
200725	京东方 B	-67478.20	-0.06	2.15	-0.033	
200726	鲁泰 B	20775.30	0.21	4.64	0.06	
200761	本钢板 B	30493.33	0.1	4.88	0.07	
200770	*ST 武锅 B	-4526.32	-0.15	-3.13	0.11	
200771	杭汽轮 B	11312.53	0.23	6.17	0.42	
200869	张裕 B	56258.17	1.07	8.35	2.06	
200986	粤华包 B	2962.85	0.059	2.88	-0.35	
200992	中鲁 B	955.47	0.04	1.5	-0.04	

2011 年一季报中小企业板上市公司主要财务指标

截至 2011 年 4 月 30 日

股票代码	股票简称	净利润(万元)	每股收益(元)	每股净资产(元)	每股经营性现金流量(元)	分配预案
002001	新和成	29109.49	0.4	7.06	0.35	
002002	ST 琼花	-953.46	-0.0571	0.4761	0.002	
002003	伟星股份	848.49	0.04	6	-0.3	
002004	华邦制药	1954.95	0.15	7.54	0.04	
002005	德豪润达	6541.33	0.14	4.88	-0.06	
002006	精功科技	9268.66	0.64	3.43	0.91	
002007	华兰生物	13377.28	0.232	4	-0.05	
002008	大族激光	6848.89	0.0984	3.73	-0.09	
002009	天奇股份	1244.08	0.06	2.31	-0.33	
002010	传化股份	2385.55	0.1	5.5	-0.25	
002011	盾安环境	6487.94	0.1742	5.28	0.1591	
002012	凯恩股份	2674.88	0.14	2.56	0.06	
002013	中航精机	1031.83	0.062	2.82	0.09	
002014	永新股份	2977.57	0.16	3.96	-0.07	
002015	霞客环保	794.89	0.04	3.04	0.42	
002016	世荣兆业	-36.32	0	1.86	-0.27	
002017	东信和平	861.75	0.0434	3.42	-0.37	
002018	华星化工	-277.92	-0.01	2.03	-0.22	
002019	鑫富药业	-791.15	-0.04	3.12	-0.1	
002020	京新药业	643.27	0.0633	3.1745	0.1284	
002021	中捷股份	2831.41	0.06	2.1	0.05	
002022	科华生物	4792.97	0.1	1.9249	0.0851	
002023	海特高新	1327.31	0.045	3.28	-0.01	

股票代码	股票简称	净利润(万元)	每股收益(元)	每股净资产(元)	每股经营性现金流量(元)	分配预案
002024	苏宁电器	112287.60	0.16	2.79	-0.26	
002025	航天电器	3167.69	0.1	3.98	-0.18	
002026	山东威达	1089.32	0.081	4.25	-0.43	
002027	七喜控股	106.60	0.0035	2.184	-0.13	
002028	思源电气	2217.31	0.05	6.84	-0.5	
002029	七匹狼	12599.59	0.45	6.11	0.47	
002030	达安基因	1159.66	0.04	1.51	0.01	
002031	巨轮股份	2073.95	0.08	3.91	-0.09	
002032	苏泊尔	14194.20	0.25	4.496	0.13	
002033	丽江旅游	789.33	0.07	5.25	0.04	
002034	美欣达	6549.60	0.81	5.94	0.21	
002035	华帝股份	1710.15	0.08	2.18	-0.02	
002036	宜科科技	156.43	0.01	1.6	0.08	
002037	久联发展	1537.15	0.09	3.85	-0.54	
002038	双鹭药业	7515.82	0.297	4.96	0.135	
002039	黔源电力	57.92	0.0028	8.35	1.158	
002040	南京港	1027.52	0.042	2.28	-0.003	
002041	登海种业	7252.76	0.4121	5.72	-0.11	
002042	华孚色纺	9884.27	0.36	9.89	-0.91	
002043	兔宝宝	661.48	0.04	2.41	0.11	
002044	江苏三友	478.88	0.029	2.05	0.12	
002045	广州国光	1168.39	0.04	4.91	0.12	
002046	轴研科技	866.15	0.08	5.05	-0.42	
002047	成霖股份	-1590.62	-0.04	1.73	-0.06	
002048	宁波华翔	11101.25	0.2	4.86	-0.1	
002049	晶源电子	1056.08	0.08	3.29	0.1559	
002050	三花股份	10019.26	0.34	8.77	0.06	
002051	中工国际	8692.80	0.26	6.55	1.6	
002052	同洲电子	-2412.55	-0.071	3.23	-0.547	
002053	云南盐化	2468.38	0.133	5.379	0.486	
002054	德美化工	1598.30	0.05	3.86	0.01	
002055	得润电子	2006.54	0.109	4.8088	-0.2131	
002056	横店东磁	5466.23	0.13	6.87	-0.444	
002057	中钢天源	338.75	0.04	2.96	-0.44	
002058	威尔泰	57.58	0.009	2.9	-0.107	
002059	云南旅游	-89.45	-0.0042	2.5794	0.0015	
002060	粤水电	1824.11	0.05	4.45	-1.14	
002061	江山化工	1070.18	0.076	3.813	0.649	
002062	宏润建设	4782.72	0.11	4.19	0.75	
002063	远光软件	2797.95	0.1082	2.99	-0.35	
002064	华峰氨纶	7192.41	0.1	2.35	0.02	
002065	东华软件	6998.97	0.16	4.43	-0.48	
002066	瑞泰科技	1274.34	0.1103	5.02	0.001	
002067	景兴纸业	4517.60	0.12	4.8	-0.51	
002068	黑猫股份	1415.09	0.047	3.66	-0.13	
002069	獐子岛	11094.23	0.23	5.41	-0.34	
002070	众和股份	1805.40	0.06	3.77	-0.23	
002071	江苏宏宝	427.51	0.023	2	0.01	
002072	*ST 德棉	-970.34	-0.055	1.72	0.12	
002073	软控股份	6164.28	0.08	3.28	-0.44	
002074	东源电器	870.94	0.06	2.95	0	
002075	沙钢股份	9980.60	0.06	1.33	0.29	
002076	雪莱特	394.56	0.0214	2.19	-0.11	
002077	大港股份	1928.45	0.08	2.97	-0.84	
002078	太阳纸业	20028.63	0.2	3.73	0.24	
002079	苏州固锝	2247.84	0.081	2.18	0.067	
002080	中材科技	2631.05	0.13	11.12	-0.98	
002081	金螳螂	11616.32	0.2426	2.63	-0.45	
002082	栋梁新材	3051.04	0.13	4.01	-0.19	
002083	孚日股份	6393.51	0.07	2.96	0.06	
002084	海鸥卫浴	946.64	0.0339	2.74	0.0241	
002085	万丰奥威	3438.49	0.12	3.38	0.14	
002086	东方海洋	603.03	0.0247	4.78	0.0954	

股票代码	股票简称	净利润(万元)	每股收益(元)	每股净资产(元)	每股经营性现金流量(元)	分配预案
002087	新野纺织	2313.16	0.0445	3.23	0.2	
002088	鲁阳股份	2337.79	0.1	5.57	-0.08	
002089	新海宜	2017.06	0.0857	3.87	0.087	
002090	金智科技	921.52	0.0452	2.4586	-0.093	
002091	江苏国泰	4287.58	0.14	3.21	-0.13	
002092	中泰化学	14181.37	0.123	5.84	0.49	
002093	国脉科技	4814.06	0.1113	2.3375	-0.1817	
002094	青岛金王	682.66	0.021	1.42	-0.1	
002095	生意宝	1102.70	0.08	3.28	0.02	
002096	南岭民爆	950.98	0.07	3.67	-0.22	
002097	山河智能	6736.75	0.1602	3.86	-1.34	
002098	浔兴股份	360.37	0.023	3.8	-0.31	
002099	海翔药业	2958.23	0.18	4.16	0.19	
002100	天康生物	3079.04	0.14	4.74	-1.26	
002101	广东鸿图	2890.05	0.35	10.55	-0.13	
002102	冠福家用	3806.77	0.186	2.9	-0.51	
002103	广博股份	865.69	0.04	3.29	0.06	
002104	恒宝股份	1907.24	0.04	1.48	-0.1	
002105	信隆实业	155.92	0.01	1.93	0.01	
002106	莱宝高科	12601.33	0.2938	5.11	0.1694	
002107	沃华医药	-499.05	-0.03	3.57	0.02	
002108	沧州明珠	1134.13	0.07	3.67	-0.49	
002109	兴化股份	2720.09	0.08	3.1	-0.04	
002110	三钢闽光	5780.39	0.108	5.19	0.42	
002111	威海广泰	1547.96	0.1	3.79	-0.19	
002112	三变科技	545.57	0.05	4.29	-0.73	
002113	*ST天润	121.87	0.01	0.076	0.1819	
002114	罗平锌电	-229.88	-0.01	2.49	0.01	
002115	三维通信	2434.13	0.1134	3.5453	-0.5301	
002116	中国海诚	1768.13	0.16	4.421	-0.76	
002117	东港股份	2142.82	0.17	7.94	-0.18	
002118	紫鑫药业	6628.53	0.26	6.46	0.56	
002119	康强电子	565.05	0.03	3.39	0.2	
002120	新海股份	251.28	0.02	2.54	0.09	
002121	科陆电子	452.73	0.02	4.29	-0.58	
002122	天马股份	12622.61	0.11	3.81	-0.02	
002123	荣信股份	6424.38	0.19	4.9	0.08	
002124	天邦股份	-1570.11	-0.08	1.84	-0.07	
002125	湘潭电化	378.61	0.0502	3.59	0.41	
002126	银轮股份	3027.24	0.3	6.69	0.15	
002127	新民科技	3422.07	0.09	3.02	-0.06	
002128	露天煤业	51189.45	0.39	3.31	0.32	
002129	中环股份	8224.29	0.1703	3.3494	0.0121	
002130	沃尔核材	1286.26	0.05	2.04	-0.13	
002131	利欧股份	2460.79	0.08	2.22	0.09	
002132	恒星科技	6603.41	0.24	4.2	-0.04	
002133	广宇集团	3179.20	0.06	2.87	-0.59	
002134	天津普林	24.77	0.001	2.83	0.06	
002135	东南网架	2740.65	0.14	5.12	-0.29	
002136	安纳达	1084.02	0.1226	5.5	0.26	
002137	实益达	1479.63	0.0569	1.96	0.47	
002138	顺络电子	2296.56	0.12	5.07	-0.06	
002139	拓邦股份	1370.19	0.08	2.51	-0.18	
002140	东华科技	1317.63	0.05	3.17	-0.33	
002141	蓉胜超微	197.96	0.0174	2.7306	-0.1485	
002142	宁波银行	81496.60	0.28	5.79	-14.95	
002143	高金食品	-2279.49	-0.142	2.58	0.01	
002144	宏达高科	1398.80	0.09	4.64	0.06	
002145	*ST钛白	-1634.46	-0.09	1.39	0.02	
002146	荣盛发展	16918.83	0.12	3.45	-0.75	
002147	方圆支承	2978.49	0.115	3.42	-0.052	
002148	北纬通信	354.26	0.05	5.79	-0.16	
002149	西部材料	-1134.86	-0.06	5.03	-0.36	

股票代码	股票简称	净利润(万元)	每股收益(元)	每股净资产(元)	每股经营性现金流量(元)	分配预案
002150	江苏通润	1205.71	0.08	3.15	-0.18	
002151	北斗星通	704.89	0.07	6.47	-0.74	
002152	广电运通	12039.62	0.35	6.21	-0.03	
002153	石基信息	3403.86	0.15	4.05	0.15	
002154	报喜鸟	3612.78	0.12	6.43	-0.1	
002155	辰州矿业	10991.97	0.2008	3.85	0.3459	
002156	通富微电	1919.16	0.047	5.29	0.1	
002157	正邦科技	1551.25	0.06	3.47	0.2	
002158	汉钟精机	2677.82	0.1474	3.81	0.1381	
002159	三特索道	-1678.30	-0.14	3.48	0.23	
002160	常铝股份	1543.45	0.091	3.97	-0.41	
002161	远望谷	1930.86	0.06	1.68	-0.1	
002162	斯米克	-4087.97	-0.0978	2.05	-0.07	
002163	中航三鑫	1400.02	0.03	3.78	-0.12	
002164	东力传动	1045.75	0.05	5.34	0.19	
002165	红宝丽	2406.87	0.1	2.43	-0.2	
002166	莱茵生物	-744.52	-0.06	1.69	-0.02	
002167	东方锆业	2028.60	0.11	3.47	0.26	
002168	深圳惠程	367.81	0.0058	1.5856	-0.0169	
002169	智光电气	342.38	0.0193	3.1746	-0.3288	
002170	芭田股份	2025.14	0.066	2.24	-0.08	
002171	精诚铜业	2472.51	0.08	2.05	-0.03	
002172	澳洋科技	2851.59	0.05	2.28	-0.08	
002173	山下湖	861.78	0.09	4.02	0.03	
002174	梅花伞	-275.18	-0.03	2.74	-0.3	
002175	广陆数测	67.15	0.01	3.04	0.02	
002176	江特电机	1012.85	0.0519	1.993	-0.1807	
002177	御银股份	3499.45	0.13	4.93	-0.47	
002178	延华智能	269.64	0.03	3.26	-0.37	
002179	中航光电	2781.47	0.07	3.13	-0.27	
002180	万力达	363.91	0.044	4.28	-0.1	
002181	粤传媒	-184.49	-0.0053	3.44	0.04	
002182	云海金属	813.58	0.04	4.67	0.41	
002183	怡亚通	4589.27	0.08	2.69	0.42	
002184	海得控制	-887.08	-0.0403	3.21	-0.1405	
002185	华天科技	2486.33	0.0666	2.7827	0.1556	
002186	全聚德	3035.65	0.2144	5.4971	0.4263	
002187	广百股份	6579.71	0.39	9.75	0.02	
002188	新嘉联	-112.76	-0.01	2.05	0.01	
002189	利达光电	-618.93	-0.03	2.38	0.029	
002190	成飞集成	1133.32	0.06	2.81	-0.05	
002191	劲嘉股份	11260.68	0.18	3.22	0.27	
002192	路翔股份	-424.25	-0.035	2.13	-0.3	
002193	山东如意	1534.55	0.1	4.27	-0.05	
002194	武汉凡谷	4497.30	0.0809	3.7773	0.2169	
002195	海隆软件	1585.32	0.2125	4.28	0.2258	
002196	方正电机	1301.26	0.1687	3.65	-0.16	
002197	证通电子	1473.24	0.11	3.57	-0.78	
002198	嘉应制药	726.14	0.0443	1.62	0.02	
002199	东晶电子	538.23	0.0426	4.47	0.0846	
002200	绿大地	-1732.99	-0.11	3.63	-0.35	
002201	九鼎新材	276.28	0.02	2.84	0.21	
002202	金风科技	20618.59	0.0765	5.0291	-1.4566	
002203	海亮股份	2535.80	0.0634	4.03	-0.553	
002204	华锐铸钢	890.63	0.04	5.49	-0.06	
002205	国统股份	-1219.30	-0.105	7.14	-0.29	
002206	海利得	5993.91	0.24	6.73	0.35	
002207	准油股份	-891.35	-0.09	3.48	0.33	
002208	合肥城建	3124.25	0.1	3.09	0.18	
002209	达意隆	741.51	0.038	2.91	0.07	
002210	飞马国际	2701.55	0.09	1.63	0.65	
002211	宏达新材	2365.84	0.08	5.98	-0.06	
002212	南洋股份	1691.11	0.07	6.09	0.09	

股票代码	股票简称	净利润(万元)	每股收益(元)	每股净资产(元)	每股经营性现金流量(元)	分配预案
002213	特尔佳	882.12	0.04	1.38	-0.05	
002214	大立科技	-676.10	-0.07	4.06	0.15	
002215	诺普信	4833.41	0.22	5.76	-1.02	
002216	三全食品	5060.95	0.27	5.81	-0.4	
002217	联合化工	2063.58	0.09	3.84	0.19	
002218	拓日新能	1940.64	0.067	4.9	-0.33	
002219	独一味	1426.98	0.0477	1.4335	-0.0827	
002220	天宝股份	1734.64	0.09	3.62	0.95	
002221	东华能源	356.61	0.016	2.79	3.73	
002222	福晶科技	1755.67	0.09	3.17	0.07	
002223	鱼跃医疗	6002.11	0.23	3.65	-0.09	
002224	三力士	404.67	0.03	3.33	-0.64	
002225	濮耐股份	3578.65	0.06	2.19	-0.05	
002226	江南化工	725.97	0.05	3.11	-0.05	
002227	奥特迅	272.61	0.0251	5.56	-0.1097	
002228	合兴包装	1222.77	0.06	3.79	-0.09	
002229	鸿博股份	1403.37	0.1	3.65	-0.45	
002230	科大讯飞	1452.05	0.06	2.64	-0.07	
002231	奥维通信	122.62	0.0076	2.57	-0.2754	
002232	启明信息	221.66	0.0076	3.05	-0.36	
002233	塔牌集团	11330.45	0.28	6.15	0.56	
002234	民和股份	3737.84	0.3477	6.09	0.12	
002235	安妮股份	100.82	0.01	2.4	-0.17	
002236	大华股份	3918.58	0.28	8.73	-0.72	
002237	恒邦股份	5962.80	0.31	7.67	-1.24	
002238	天威视讯	2698.02	0.101	4.97	0.18	
002239	金飞达	181.62	0.009	2.6457	0.0658	
002240	威华股份	-2634.17	-0.09	5.36	-0.18	
002241	歌尔声学	5908.19	0.16	4.51	0.07	
002242	九阳股份	12224.67	0.16	3.98	0.08	
002243	通产丽星	2489.31	0.1	2.38	-0.02	
002244	滨江集团	19633.47	0.15	3.33	-1.82	
002245	澳洋顺昌	2819.46	0.1546	2.83	-0.59	
002246	北化股份	1111.47	0.0562	3.13	-0.33	
002247	帝龙新材	593.33	0.06	4.59	-0.24	
002248	华东数控	273.23	0.01	3.98	-0.05	
002249	大洋电机	5919.04	0.14	3.03	0.12	
002250	联化科技	6710.59	0.27	3.67	0.35	
002251	步步高	10513.10	0.3889	6.18	1.37	
002252	上海莱士	2232.99	0.082	3.11	-0.01	
002253	川大智胜	237.57	0.03	5.26	-0.04	
002254	烟台氨纶	6773.26	0.26	6.81	-0.19	
002255	海陆重工	2210.26	0.17	9.07	-0.06	
002256	彩虹精化	507.89	0.02	2.13	0.04	
002258	利尔化学	3921.94	0.19	4.36	-0.18	
002259	升达林业	-1099.60	-0.03	2.31	-0.01	
002260	伊立浦	266.18	0.02	2.04	0.03	
002261	拓维信息	2183.95	0.15	5.18	-0.03	
002262	恩华药业	2190.66	0.0936	2.05	0.16	
002263	大东南	2001.03	0.04	3.08	0.01	
002264	新华都	5256.95	0.33	3.88	1.51	
002265	西仪股份	-138.91	0	1.87	-0.08	
002266	浙富股份	1376.37	0.09	7.5	-0.48	
002267	陕天然气	20772.28	0.4086	5.26	0.24	
002268	卫士通	-1361.12	-0.102	3.32	-0.7	
002269	美邦服饰	20297.90	0.2	3.53	-0.01	
002270	法因数控	556.15	0.04	3.81	-0.12	
002271	东方雨虹	170.69	0.01	5.94	-0.92	
002272	川润股份	1008.79	0.09	6.35	-0.0083	
002273	水晶光电	2930.68	0.25	4.79	0.21	
002274	华昌化工	878.78	0.03	5.05	-0.28	
002275	桂林三金	5211.40	0.1148	4.06	0.35	
002276	万马电缆	1477.64	0.0369	2.71	-0.47	

股票代码	股票简称	净利润(万元)	每股收益(元)	每股净资产(元)	每股经营性现金流量(元)	分配预案
002277	友阿股份	14286.97	0.4091	5.17	0.51	
002278	神开股份	1141.51	0.04	5.14	-0.09	
002279	久其软件	-487.18	-0.0443	5.6449	-0.3159	
002280	新世纪	483.21	0.05	4.46	-0.46	
002281	光迅科技	2089.98	0.13	6.34	-0.44	
002282	博深工具	1169.37	0.07	4.6	-0.04	
002283	天润曲轴	5646.15	0.24	7.35	0.05	
002284	亚太股份	2864.25	0.15	5.23	-0.08	
002285	世联地产	6117.24	0.28	5.78	-0.42	
002286	保龄宝	1017.75	0.1	6.86	0.45	
002287	奇正藏药	2526.51	0.06	2.99	-0.06	
002288	超华科技	251.35	0.0183	3.56	-0.131	
002289	宇顺电子	509.69	0.07	6.33	0.1	
002290	禾盛新材	2180.57	0.145	6.22	-0.66	
002291	星期六	2563.73	0.09	5.32	0.16	
002292	奥飞动漫	3728.72	0.15	5.32	-0.29	
002293	罗莱家纺	8867.12	0.63	10.93	0.89	
002294	信立泰	10567.18	0.47	8.67	0.07	
002295	精艺股份	2414.22	0.171	6.0623	0.0711	
002296	辉煌科技	-1138.50	-0.1089	5.88	-0.43	
002297	博云新材	462.98	0.02	2.63	-0.04	
002298	鑫龙电器	655.87	0.0397	3	-0.2037	
002299	圣农发展	4517.40	0.055	2.11	0.03	
002300	太阳电缆	2283.24	0.1136	5.43	-0.71	
002301	齐心文具	800.72	0.04	5.2	-0.31	
002302	西部建设	-3254.68	-0.15	4.55	-0.52	
002303	美盈森	2181.66	0.122	9.35	0.05	
002304	洋河股份	117153.53	2.6	17.98	2.34	
002305	南国置业	600.11	0.0125	3.1	-0.6	
002306	湘鄂情	3108.26	0.16	5.99	0.38	
002307	北新路桥	122.45	0.0065	3.98	0.64	
002308	威创股份	4988.59	0.12	4.01	-0.08	
002309	中利科技	3735.82	0.16	9.59	-1.09	
002310	东方园林	-859.35	-0.06	8.67	-1.25	
002311	海大集团	192.41	0.0066	7.58	0.2	
002312	三泰电子	-332.04	-0.03	5.36	-0.96	
002313	日海通讯	1193.70	0.1194	9.38	-0.9	
002314	雅致股份	3416.06	0.12	6.79	-0.04	
002315	焦点科技	2956.67	0.25	13.48	0.07	
002316	键桥通讯	172.96	0.01	5.18	-0.5	
002317	众生药业	2928.77	0.24	11.8	0.32	
002318	久立特材	2050.45	0.1	6.74	-1.25	
002319	乐通股份	412.36	0.04	5.14	-0.53	
002320	海峡股份	4520.73	0.22	8.94	0.16	
002321	华英农业	1629.45	0.11	6.522	-0.288	
002322	理工监测	-508.54	-0.08	13.13	-0.41	
002323	中联电气	1362.76	0.1647	10.32	0.06	
002324	普利特	2610.88	0.19	8.01	-0.58	
002325	洪涛股份	2334.92	0.16	7.58	-0.27	
002326	永太科技	2003.28	0.15	6.75	-0.22	
002327	富安娜	5927.01	0.44	8.8	0.46	
002328	新朋股份	2123.86	0.07	7.09	0.03	
002329	皇氏乳业	1734.44	0.16	7.15	-0.18	
002330	得利斯	2866.46	0.1142	5.1	0.31	
002331	皖通科技	575.26	0.0474	6.67	-0.32	
002332	仙琚制药	2169.58	0.06	3.3	-0.04	
002333	罗普斯金	1471.57	0.06	4.68	-0.04	
002334	英威腾	1873.04	0.15	8.45	-0.14	
002335	科华恒盛	1319.40	0.08	10.51	-1.45	
002336	人人乐	8920.38	0.22	9.2	0.37	
002337	赛象科技	1023.03	0.09	10.62	-0.16	
002338	奥普光电	1098.75	0.14	7.84	-0.37	
002339	积成电子	-402.33	-0.05	9.23	-0.68	

股票代码	股票简称	净利润(万元)	每股收益(元)	每股净资产(元)	每股经营性现金流量(元)	分配预案
002340	格林美	1520.25	0.13	8.82	-0.56	
002341	新纶科技	1495.43	0.204	8.47	-0.79	
002342	巨力索具	4215.00	0.09	4.56	-0.05	
002343	禾欣股份	1862.69	0.188	11.42	-0.61	
002344	海宁皮城	7124.23	0.254	7.24	-0.05	
002345	潮宏基	4186.17	0.23	7.61	-0.05	
002346	柘中建设	714.48	0.05	6.81	-0.08	
002347	泰尔重工	1868.92	0.18	7.91	0.1	
002348	高乐股份	1988.20	0.13	7.46	0.14	
002349	精华制药	2486.14	0.25	5.61	0.19	
002350	北京科锐	502.26	0.0391	6.9719	-0.4983	
002351	漫步者	2841.91	0.19	10.58	0.31	
002352	鼎泰新材	1003.18	0.13	8.83	0.15	
002353	杰瑞股份	5825.93	0.51	20.07	-1.16	
002354	科冕木业	232.44	0.02	4.65	-0.08	
002355	兴民钢圈	2786.94	0.13	5.61	-0.32	
002356	浩宁达	124.27	0.02	11.69	-0.72	
002357	富临运业	2224.01	0.23	5.37	0.34	
002358	森源电气	1675.81	0.19	10.33	-0.56	
002359	齐星铁塔	1107.43	0.1	6.02	-0.82	
002360	同德化工	620.33	0.1	9.67	-0.24	
002361	神剑股份	972.12	0.12	6.29	-0.4	
002362	汉王科技	-4618.16	-0.43	12.82	-0.61	
002363	隆基机械	1767.38	0.15	7.09	0.02	
002364	中恒电气	830.98	0.12	8.53	-0.38	
002365	永安药业	1074.02	0.12	10.97	0.11	
002366	丹甫股份	1400.92	0.1	5.58	0.18	
002367	康力电梯	2962.52	0.1233	5.18	-0.4191	
002368	太极股份	1539.69	0.16	10.25	-2.06	
002369	卓翼科技	1824.00	0.18	7.58	0.65	
002370	亚太药业	1661.57	0.14	6.14	0.11	
002371	七星电子	2151.24	0.33	14.06	-1.21	
002372	伟星新材	2786.86	0.11	6.32	-0.28	
002373	联信永益	-1789.25	-0.26	9.27	-1.32	
002374	丽鹏股份	903.08	0.17	9.7	-0.92	
002375	亚厦股份	6379.32	0.3	11.74	-1.5	
002376	新北洋	1994.61	0.13	7.77	-0.15	
002377	国创高新	-530.69	-0.049	6.216	-1.65	
002378	章源钨业	4941.55	0.1153	3.03	-0.35	
002379	鲁丰股份	1037.14	0.13	11.32	-2.12	
002380	科远股份	923.40	0.14	12.61	0.03	
002381	双箭股份	673.64	0.09	11.2	-0.89	
002382	蓝帆股份	284.61	0.04	11.33	0.08	
002383	合众思壮	225.72	0.0188	12.37	-0.05	
002384	东山精密	3170.60	0.2	8.86	-0.19	
002385	大北农	11911.53	0.3	7.98	-0.26	
002386	天原集团	3039.65	0.06	8.26	0.09	
002387	黑牛食品	1300.20	0.1	9.28	-0.53	
002388	新亚制程	227.19	0.02	5.2	-0.34	
002389	南洋科技	2254.63	0.34	11.03	-0.05	
002390	信邦制药	656.04	0.08	11.14	0.17	
002391	长青股份	2981.66	0.19	10.19	-0.09	
002392	北京利尔	2366.38	0.175	13.55	-0.11	
002393	力生制药	16765.66	0.92	15.33	0.4	
002394	联发股份	4331.10	0.4	17.6	-0.2	
002395	双象股份	1385.22	0.15	8.84	0.04	
002396	星网锐捷	-1347.10	-0.0767	8.814	-1.1238	
002397	梦洁家纺	1996.57	0.21	11.05	-0.82	
002398	建研集团	1960.52	0.16	9.54	-0.37	
002399	海普瑞	15203.30	0.38	20.35	0.88	
002400	省广股份	1892.82	0.23	12.55	-1.46	
002401	交技发展	969.49	0.18	9.67	0.08	
002402	和而泰	1006.53	0.15	11.33	0	

股票代码	股票简称	净利润(万元)	每股收益(元)	每股净资产(元)	每股经营性现金流量(元)	分配预案
002403	爱仕达	2458.93	0.1	6.52	-0.08	
002404	嘉欣丝绸	1177.35	0.09	8.4	0.23	
002405	四维图新	7351.30	0.18	5.26	0.15	
002406	远东传动	5925.09	0.32	10.09	0.17	
002407	多氟多	2847.48	0.27	13.14	-0.36	
002408	齐翔腾达	14011.03	0.54	10.38	0.13	
002409	雅克科技	1759.66	0.1587	9.9378	-0.001	
002410	广联达	3277.81	0.12	6.12	-0.09	
002411	九九久	1853.02	0.14	5.73	-0.12	
002412	汉森制药	1387.24	0.19	12.33	0.46	
002413	常发股份	2246.37	0.15	7.53	-0.39	
002414	高德红外	254.86	0.01	8.17	-0.18	
002415	海康威视	26075.49	0.52	11.8	-0.38	
002416	爱施德	8525.62	0.17	7.98	-0.51	
002417	三元达	882.34	0.07	6.98	-0.57	
002418	康盛股份	1656.71	0.12	7.53	-0.7	
002419	天虹商场	20173.01	0.5	8.78	1.55	
002420	毅昌股份	970.72	0.0242	3.98	-0.23	
002421	达实智能	627.38	0.0804	7.2973	-0.4416	
002422	科伦药业	14737.46	0.61	29.74	0.22	
002423	中原特钢	616.08	0.01	4.03	-0.13	
002424	贵州百灵	5038.82	0.21	8.07	0.12	
002425	凯撒股份	1974.81	0.185	8.16	0.41	
002426	胜利精密	3227.60	0.0806	3.2607	-0.1155	
002427	尤夫股份	2025.78	0.11	5.28	-0.42	
002428	云南锗业	1771.02	0.14	9.94	-0.61	
002429	兆驰股份	6633.90	0.14	5.77	-0.05	
002430	杭氧股份	11213.17	0.28	6.26	-0.39	
002431	棕榈园林	2609.18	0.14	8.8	-1.17	
002432	九安医疗	61.84	0	6.28	-0.16	
002433	太安堂	1217.82	0.12	9.86	-0.68	
002434	万里扬	3410.07	0.2	10.7	-0.26	
002435	长江润发	841.61	0.09	5.58	-0.99	
002436	兴森科技	2864.04	0.26	12.82	0.18	
002437	誉衡药业	1579.46	0.06	7.38	-0.08	
002438	江苏神通	647.46	0.06	7.21	-0.1	
002439	启明星辰	-581.10	-0.06	9.99	-0.57	
002440	闰土股份	10008.68	0.34	12.53	-0.02	
002441	众业达	4763.80	0.41	15.01	-1.5	
002442	龙星化工	2239.66	0.112	5.408	-0.1	
002443	金洲管道	1272.22	0.1	9.21	-0.82	
002444	巨星科技	7262.66	0.29	10.57	0.11	
002445	中南重工	838.23	0.07	7.13	0.36	
002446	盛路通信	564.09	0.06	6.47	-0.28	
002447	壹桥苗业	-612.25	-0.09	10.52	-0.26	
002448	中原内配	3470.76	0.38	9.99	0.08	
002449	国星光电	2550.98	0.12	9.65	-0.35	
002450	康得新	1594.28	0.1	5.6058	0.07	
002451	摩恩电气	366.35	0.03	4.27	-0.12	
002452	长高集团	576.42	0.06	9.63	-0.16	
002453	天马精化	1810.31	0.15	5.97	-0.23	
002454	松芝股份	6177.05	0.2574	7.4691	0.1231	
002455	百川股份	1953.38	0.22	8.3	-0.64	
002456	欧菲光	584.99	0.06	9.99	-1.09	
002457	青龙管业	860.42	0.06	10.39	-0.85	
002458	益生股份	2220.58	0.21	8.39	0.02	
002459	天业通联	1459.28	0.09	7.83	-1.05	
002460	赣锋锂业	1225.76	0.12	7.279	-0.11	
002461	珠江啤酒	878.19	0.0129	4.68	-0.03	
002462	嘉事堂	934.67	0.05	6.49	-0.87	
002463	沪电股份	6861.44	0.1	4.48	0.12	
002464	金利科技	1465.34	0.11	5.58	-0.02	
002465	海格通信	1350.71	0.04	12.82	-0.25	

股票代码	股票简称	净利润(万元)	每股收益(元)	每股净资产(元)	每股经营性现金流量(元)	分配预案
002466	天齐锂业	884.25	0.09	9.82	-0.09	
002467	二六三	2350.79	0.2	8.94	0.17	
002468	艾迪西	302.28	0.016	3.92	-0.157	
002469	三维工程	802.00	0.12	10.73	-0.18	
002470	金正大	11839.50	0.17	4.05	-0.88	
002471	中超电缆	1302.40	0.08	5.37	-2.69	
002472	双环传动	4239.18	0.36	10.69	0.03	
002473	圣莱达	543.22	0.07	5.47	-0.13	
002474	榕基软件	2688.67	0.2593	11.52	-0.0063	
002475	立讯精密	2706.65	0.16	9.59	0.097	
002476	宝莫股份	1627.66	0.14	7.33	-0.64	
002477	雏鹰农牧	4245.37	0.32	12.12	-0.21	
002478	常宝股份	3835.79	0.1	5.54	-0.83	
002479	富春环保	3233.84	0.1511	4.09	0.11	
002480	新筑股份	6681.08	0.48	13.82	-2.1	
002481	双塔食品	1355.05	0.1129	6.21	0.02	
002482	广田股份	5718.66	0.36	16.06	-1.16	
002483	润邦股份	3861.02	0.19	9.31	-0.38	
002484	江海股份	1912.80	0.1195	7.78	-0.1681	
002485	希努尔	3392.11	0.17	9.46	0.38	
002486	嘉麟杰	1220.99	0.06	4.39	-0.04	
002487	大金重工	1216.82	0.1	11.85	-0.4	
002488	金固股份	1252.58	0.1	7.32	-0.6	
002489	浙江永强	14072.51	0.59	13.3	1.54	
002490	山东墨龙	2212.10	0.06	6.78	0.05	
002491	通鼎光电	4006.61	0.1496	5.43	-0.84	
002492	恒基达鑫	1168.53	0.0974	6.1734	0.1797	
002493	荣盛石化	60283.05	1.08	11.77	0.24	
002494	华斯股份	694.56	0.06	7.6	-0.08	
002495	佳隆股份	1161.82	0.11	9.92	-0.23	
002496	辉丰股份	1029.21	0.1	16.19	-0.65	
002497	雅化集团	3333.74	0.21	10.63	-0.14	
002498	汉缆股份	7963.18	0.17	7.12	-1.01	
002499	科林环保	1161.12	0.15	8.27	0.07	
002500	山西证券	3465.78	0.01	2.59	-0.98	
002501	利源铝业	2597.57	0.28	12.45	0.31	
002502	骅威股份	622.54	0.07	9.31	-0.29	
002503	搜于特	3224.58	0.2	10.27	-0.38	
002504	东光微电	664.96	0.06	6.36	-0.22	
002505	大康牧业	1450.55	0.145	7.68	-0.42	
002506	超日太阳	3798.91	0.14	11.77	-3.37	
002507	涪陵榨菜	1637.42	0.11	5.52	0.15	
002508	老板电器	3163.24	0.19	8.77	0.32	
002509	天广消防	1352.03	0.14	6.61	-0.16	
002510	天汽模	1311.52	0.06	6.34	-0.19	
002511	中顺洁柔	2559.04	0.16	12.62	-0.18	
002512	达华智能	1134.29	0.096	7.7	-0.122	
002513	蓝丰生化	2232.29	0.3	14.89	-0.45	
002514	宝馨科技	1480.27	0.22	7.57	0.07	
002515	金字火腿	1865.80	0.25	10.96	-0.49	
002516	江苏旷达	3453.34	0.17	7.53	0.02	
002517	泰亚股份	1022.91	0.12	6.76	-0.6	
002518	科士达	1952.66	0.17	10.42	-0.6	
002519	银河电子	1751.93	0.25	14.37	-1.6	
002520	日发数码	3026.32	0.47	11.74	0.03	
002521	齐峰股份	1208.76	0.08	13.46	-1.05	
002522	浙江众成	2442.16	0.23	9.54	0.26	
002523	天桥起重	1207.87	0.08	6.35	-0.31	
002524	光正钢构	73.92	0.01	5.18	-0.49	
002526	山东矿机	2528.61	0.0956	6.98	-0.73	
002527	新时达	1039.78	0.052	5.82	-0.078	
002528	英飞拓	959.46	0.07	15.22	-0.11	
002529	海源机械	415.47	0.03	6.4	-0.29	

股票代码	股票简称	净利润(万元)	每股收益(元)	每股净资产(元)	每股经营性现金流量(元)	分配预案
002530	丰东股份	1005.30	0.075	4.34	-0.105	
002531	天顺风能	1672.16	0.08	7.79	-0.43	
002532	新界泵业	1018.49	0.13	9.84	-0.1	
002533	金杯电工	2492.99	0.18	12.03	-2.08	
002534	杭锅股份	6783.23	0.18	5.64	-0.14	
002535	林州重机	2419.64	0.13	8.19	-0.42	
002536	西泵股份	2079.14	0.24	11.97	-0.22	
002537	海立美达	1959.28	0.21	12.42	-1.34	
002538	司尔特	3350.74	0.23	8.99	-1.43	
002539	新都化工	5323.42	0.35	12.65	-0.78	
002540	亚太科技	3170.42	0.22	13.18	-0.41	
002541	鸿路钢构	2879.42	0.2149	13.39	-1.82	
002542	中化岩土	1075.18	0.18	10.56	0.22	
002543	万和电气	5751.66	0.29	10.29	0.3	
002544	杰赛科技	1124.63	0.14	10.53	-1.5	
002545	东方铁塔	4840.58	0.279	13.54	-1.42	
002546	新联电子	1336.03	0.16	11.24	-0.9	
002547	春兴精工	1421.97	0.12	5.95	-0.55	
002548	金新农	938.34	0.11	8.09	-0.39	
002549	凯美特气	576.26	0.072	8.3435	0.06	
002550	千红制药	3703.38	0.28	10.26	0.25	
002551	尚荣医疗	1184.45	0.19	14.19	-0.48	
002552	宝鼎重工	1579.50	0.16	7.54	-0.12	
002553	南方轴承	868.21	0.1	5.75	0.06	
002554	惠博普	768.53	0.06	8.2	-0.4	
002555	顺荣股份	1497.41	0.223	11.24	-0.12	
002556	辉隆股份	2869.21	0.23	12.29	-2.65	
002557	洽洽食品	4086.40	0.25	12.27	-0.28	
002558	世纪游轮	-542.26	-0.11	9.08	-0.05	
002559	亚威股份	2320.32	0.26	12.37	-0.11	
002560	通达股份	1012.70	0.17	10.19	-1.51	
002561	徐家汇	6382.40	0.15	4.71	0.08	
002562	兄弟科技	582.92	0.05	7.4	-0.53	
002563	森马服饰	26066.99	0.43	10.15	-0.44	
002564	张化机	1984.75	0.14	10.21	-0.49	
002565	上海绿新	2777.21	0.28	10.66	-0.38	
002566	益盛药业	1339.16	0.16	12.79	-0.12	
002567	唐人神	1586.03	0.11	10.23	0.59	
002568	百润股份	901.32	0.11	7.55	0.07	
002569	步森股份	672.06	0.1	3.04	-1	
002570	贝因美	6553.56	0.17	3.05	1.04	
002571	德力股份	1114.00	0.18	4.27	-0.31	
002572	宁基股份	1529.68	0.38	5.05	-0.67	
002573	国电清新	1034.29	0.09	3.332	0.218	
002574	明牌珠宝	7002.61	0.39	4.2	-1.21	
002575	群兴玩具	1876.22	0.19	2.07	0.04	
002576	通达动力	1238.27	0.13	2.89	-1.07	
002577	雷柏科技	2269.91	0.24	2.5	0.02	
002578	闽发铝业	1009.74	0.08	2.06	-0.08	

2011 年一季报创业板上市公司主要财务指标

截至 2011 年 4 月 30 日

股票代码	股票简称	净利润(万元)	每股收益(元)	每股净资产(元)	每股经营性现金流量(元)	分配预案
300001	特锐德	2039.87	0.15	8.23	-0.3	
300002	神州泰岳	7400.61	0.23	8.31	-0.26	
300003	乐普医疗	14188.35	0.1747	2.72	0.09	
300004	南风股份	1659.13	0.18	8.08	-0.61	
300005	探路者	1974.23	0.15	3.9	-0.14	
300006	莱美药业	2044.36	0.22	6.34	-0.24	
300007	汉威电子	482.37	0.04	4.45	-0.14	
300008	上海佳豪	1469.30	0.101	3.22	0.082	

股票代码	股票简称	净利润(万元)	每股收益(元)	每股净资产(元)	每股经营性现金流量(元)	分配预案
300009	安科生物	508.38	0.03	3.47	-0.04	
300010	立思辰	1442.82	0.09	4.11	-0.11	
300011	鼎汉技术	1024.35	0.0997	6.75	-0.54	
300012	华测检测	1046.62	0.09	5.98	0.13	
300013	新宁物流	-181.05	-0.02	3.54	0.03	
300014	亿纬锂能	1339.95	0.1	4.51	-0.03	
300015	爱尔眼科	3642.06	0.14	4.81	0.21	
300016	北陆药业	860.89	0.08	4.68	-0.02	
300017	网宿科技	576.59	0.04	4.82	0.04	
300018	中元华电	773.75	0.06	5.11	-0.068	
300019	硅宝科技	548.16	0.05	4.17	-0.21	
300020	银江股份	1298.93	0.08	3.98	-0.54	
300021	大禹节水	489.97	0.04	2.98	-0.27	
300022	吉峰农机	1186.89	0.0664	3.2614	-1.22	
300023	宝德股份	202.64	0.02	3.79	-0.07	
300024	机器人	1924.54	0.06	3.5	-0.12	
300025	华星创业	877.14	0.07	3.72	-0.46	
300026	红日药业	1940.79	0.19	10.21	-0.41	
300027	华谊兄弟	3665.05	0.11	4.73	0.28	
300028	金亚科技	717.43	0.04	4.01	0.16	
300029	天龙光电	3331.86	0.17	6.14	-0.28	
300030	阳普医疗	737.84	0.1	8.11	-0.21	
300031	宝通带业	885.64	0.09	6.49	-0.18	
300032	金龙机电	1073.52	0.0752	5.87	-0.06	
300033	同花顺	2021.98	0.15	8.22	0.08	
300034	钢研高纳	1371.27	0.1164	7.3	-0.4098	
300035	中科电气	876.54	0.1	7.99	-0.08	
300036	超图软件	52.45	0.009	6.81	-0.54	
300037	新宙邦	2422.11	0.23	9.49	-0.25	
300038	梅泰诺	554.97	0.06	8.15	0.18	
300039	上海凯宝	3611.10	0.21	7.26	0.02	
300040	九洲电气	321.18	0.02	6.27	-0.35	
300041	回天胶业	2243.45	0.3399	13.13	-0.1558	
300042	朗科科技	309.27	0.05	12.12	0.23	
300043	星辉车模	1194.07	0.08	4.37	0.1	
300044	赛为智能	338.93	0.03	5.28	-0.49	
300045	华力创通	612.07	0.09	9.98	-0.08	
300046	台基股份	1478.04	0.2081	11.84	-0.0057	
300047	天源迪科	349.50	0.033	9.67	-0.42	
300048	合康变频	1707.80	0.07	5.42	-0.18	
300049	福瑞股份	942.79	0.1	7.24	0.08	
300050	世纪鼎利	3511.73	0.16	14.54	-0.026	
300051	三五互联	650.13	0.081	6.58	0.005	
300052	中青宝	663.18	0.05	6.95	0.03	
300053	欧比特	1021.77	0.102	5.74	-0.152	
300054	鼎龙股份	1065.72	0.18	10.04	0.43	
300055	万邦达	1193.66	0.1	14.06	0.1902	
300056	三维丝	381.12	0.0733	6.92	-0.41	
300057	万顺股份	1916.20	0.0908	6.2584	0.0089	
300058	蓝色光标	1854.35	0.15	7.43	0.46	
300059	东方财富	2071.01	0.15	11.67	0.52	
300061	康耐特	371.34	0.06	6.21	-0.42	
300062	中能电气	1325.98	0.17	8.66	-0.16	
300063	天龙集团	216.10	0.03	9.54	-0.18	
300064	豫金刚石	2709.32	0.18	7.47	0.11	
300065	海兰信	563.08	0.1	10.68	-1	
300066	三川股份	848.38	0.16	16.21	0.07	
300067	安诺其	632.94	0.0592	6.85	-0.09	
300068	南都电源	1807.51	0.07	10.39	-0.52	
300069	金利华电	594.89	0.1	7.77	-0.12	
300070	碧水源	627.08	0.04	20.01	-0.75	
300071	华谊嘉信	815.13	0.16	8.3	-0.36	
300072	三聚环保	104.94	0.01	10.92	-0.44	

股票代码	股票简称	净利润(万元)	每股收益(元)	每股净资产(元)	每股经营性现金流量(元)	分配预案
300073	当升科技	415.22	0.05	10.62	-0.44	
300074	华平股份	203.26	0.0203	7.8	-0.15	
300075	数字政通	104.53	0.02	15.36	-0.2	
300076	宁波 GQY	73.14	0.01	9.68	-0.2813	
300077	国民技术	4212.54	0.39	25.23	-0.39	
300078	中瑞思创	1674.25	0.25	17.68	0.35	
300079	数码视讯	4362.37	0.39	19.48	-0.61	
300080	新大新材	5825.08	0.42	14.01	-1.07	
300081	恒信移动	428.22	0.06	11.88	-1.23	
300082	奥克股份	5231.61	0.2	16.86	-1.02	
300083	劲胜股份	1060.34	0.11	11.79	-0.23	
300084	海默科技	284.65	0.0445	9.71	-0.0068	
300085	银之杰	394.59	0.0658	8.9133	-0.4847	
300086	康芝药业	1120.30	0.06	18.41	-0.78	
300087	荃银高科	450.66	0.09	10.55	-0.1	
300088	长信科技	3678.52	0.29	9.56	0.25	
300089	长城集团	1176.02	0.12	7.43	-0.06	
300090	盛运股份	894.03	0.07	6.88	-0.27	
300091	金通灵	2015.59	0.24	9.5	-0.59	
300092	科新机电	717.16	0.08	5.79	-0.1	
300093	金刚玻璃	892.02	0.07	6.69	0.13	
300094	国联水产	-335.95	-0.01	5.1	0.23	
300095	华伍股份	1152.53	0.15	8.69	-0.16	
300096	易联众	1940.25	0.23	6.32	-0.07	
300097	智云股份	339.68	0.0566	6.65	-0.15	
300098	高新兴	349.16	0.05	11.9	-0.68	
300099	尤洛卡	1534.62	0.37	6.38	0.05	
300100	双林股份	3446.35	0.37	8.9	0.27	
300101	国腾电子	749.22	0.11	10.37	-0.3	
300102	乾照光电	3441.23	0.29	14.12	-0.17	
300103	达刚路机	478.68	0.07	9.89	-0.15	
300104	乐视网	2906.42	0.29	9.68	0.07	
300105	龙源技术	244.66	0.02	17.07	-0.54	
300106	西部牧业	639.30	0.05	4.49	-0.08	
300107	建新股份	1032.49	0.15	12.06	0.08	
300108	双龙股份	545.23	0.08	5.02	0	
300109	新开源	526.46	0.15	9.41	-0.29	
300110	华仁药业	1889.25	0.09	5.26	0.07	
300111	向日葵	6272.98	0.1232	3.37	0.03	
300112	万讯自控	452.63	0.063	5.85	-0.08	
300113	顺网科技	1123.84	0.19	11.75	-0.01	
300114	中航电测	976.43	0.122	8.8	-0.07	
300115	长盈精密	3040.81	0.35	14.46	-0.3	
300116	坚瑞消防	82.57	0.01	5.94	-0.22	
300117	嘉寓股份	707.08	0.07	10.28	-0.75	
300118	东方日升	3744.40	0.107	6.95	-1.07	
300119	瑞普生物	2240.72	0.3	18.55	-0.18	
300120	经纬电材	777.11	0.0893	6.6271	-0.3986	
300121	阳谷华泰	468.35	0.04	3.93	-0.04	
300122	智飞生物	3021.61	0.08	5.23	-0.07	
300123	太阳鸟	760.97	0.09	9.12	0.07	
300124	汇川技术	7154.91	0.66	21.91	-0.23	
300125	易世达	2158.83	0.37	17.7	-0.83	
300126	锐奇股份	1198.83	0.1424	10.78	-0.49	
300127	银河磁体	1484.84	0.09	5.76	-0.03	
300128	锦富新材	2590.27	0.26	11.4	-0.41	
300129	泰胜风能	1659.11	0.14	11.02	0.18	
300130	新国都	1176.93	0.19	13.92	-0.28	
300131	英唐智控	369.31	0.04	11.09	-0.16	
300132	青松股份	1179.23	0.0978	8.06	-0.38	
300133	华策影视	2548.86	0.23	20.88	-0.42	
300134	大富科技	7278.22	0.45	14.45	0.81	
300135	宝利沥青	450.32	0.0563	12.42	-3.95	

股票代码	股票简称	净利润(万元)	每股收益(元)	每股净资产(元)	每股经营性现金流量(元)	分配预案
300136	信维通信	1439.41	0.2159	9.5044	0.1063	
300137	先河环保	452.15	0.04	6.94	-0.19	
300138	晨光生物	3062.85	0.34	10.41	0.37	
300139	福星晓程	1071.71	0.2	19.36	-0.47	
300140	启源装备	865.90	0.14	12.91	-0.27	
300141	和顺电气	919.74	0.17	9.33	-0.31	
300142	沃森生物	1996.83	0.2	25.71	-0.46	
300143	星河生物	1191.48	0.08	5.01	0.12	
300144	宋城股份	2658.17	0.16	15.23	0.33	
300145	南方泵业	1484.04	0.19	11.51	0.05	
300146	汤臣倍健	4095.92	0.75	30.46	0.06	
300147	香雪制药	1294.60	0.11	11.06	-0.27	
300148	天舟文化	290.13	0.04	6.71	-0.35	
300149	量子高科	379.28	0.06	8.6	-0.15	
300150	世纪瑞尔	2363.66	0.18	10.3	-0.28	
300151	昌红科技	837.15	0.12	10.66	0.02	
300152	燃控科技	405.21	0.04	12.28	-0.23	
300153	科泰电源	247.10	0.03	11.44	-0.56	
300154	瑞凌股份	2203.64	0.2	11.49	-0.06	
300155	安居宝	305.21	0.04	14.14	-0.3	
300156	天立环保	1045.89	0.13	17.82	-0.75	
300157	恒泰艾普	1183.21	0.13	17.2	0.07	
300158	振东制药	2300.49	0.16	12.36	-0.14	
300159	新研股份	75.78	0.02	20.12	-1.59	
300160	秀强股份	2217.69	0.24	10.33	-0.36	
300161	华中数控	313.60	0.03	8.67	-0.76	
300162	雷曼光电	526.77	0.08	10.66	0.14	
300163	先锋新材	553.97	0.08	8.03	-0.18	
300164	通源石油	-1184.67	-0.18	16.43	-1.07	
300165	天瑞仪器	1939.84	0.29	18.25	-0.03	
300166	东方国信	1396.06	0.34	15.98	-0.16	
300167	迪威视讯	183.33	0.04	15.41	-0.81	
300168	万达信息	86.80	0.01	8.75	-0.88	
300169	天晟新材	800.37	0.09	10.16	-0.5	
300170	汉得信息	1446.61	0.14	8.22	-0.04	
300171	东富龙	4325.44	0.59	24.29	0.63	
300172	中电环保	241.81	0.024	7.37	-0.32	
300173	松德股份	596.89	0.1	8.11	-0.63	
300174	元力股份	307.36	0.0493	7.0241	-0.1919	
300175	朗源股份	587.84	0.066	5.94	0.24	
300176	鸿特精密	1045.06	0.1403	5.54	-0.04	
300177	中海达	814.04	0.2	13.89	-1.28	
300178	腾邦国际	1439.03	0.13	7.87	-0.1	
300179	四方达	305.88	0.04	7.79	-0.02	
300180	华峰超纤	1312.14	0.08	7.08	-0.22	
300181	佐力药业	792.13	0.12	8.01	-0.39	
300182	捷成股份	1675.92	0.3591	16.61	-1.42	
300183	东软载波	3837.75	0.46	11.98	0.35	
300184	力源信息	588.26	0.11	6.53	-0.26	
300185	通裕重工	5843.12	0.16	9.35	-0.24	
300186	大华农	2932.64	0.13	7.47	-0.31	
300187	永清环保	1018.41	0.19	11.17	-0.1	
300188	美亚柏科	-139.21	-0.0348	11.45	-1.1	
300189	神农大丰	3259.41	0.27	7.81	0.014	
300190	维尔利	947.72	0.24	16.09	-0.7	
300191	潜能恒信	1841.51	0.31	12.61	-0.03	
300192	科斯伍德	730.60	0.13	7.26	-0.06	
300193	佳士科技	2255.95	0.14	8.1	-0.33	
300194	福安药业	3614.61	0.36	12.09	0.23	
300195	长荣股份	3933.86	0.52	12.04	-0.062	
300196	长海股份	1167.97	0.0973	6.32	0.12	
300197	铁汉生态	2068.00	0.45	20.3	-1.17	
300198	纳川股份	1099.10	0.159	9.48	0.06	

股票代码	股票简称	净利润(万元)	每股收益(元)	每股净资产(元)	每股经营性现金流量(元)	分配预案
300199	翰宇药业	1275.09	0.13	9.08	0.03	
300200	高盟新材	945.53	0.118	6.39	-0.2	
300201	海伦哲	29.15	0.0036	7.56	-0.31	
300202	聚龙股份	5.12	0	2.59	-0.32	
300204	舒泰神	1157.71	0.23	3.56	0.17	
300205	天喻信息	1308.11	0.22	4.07	-2.63	
300206	理邦仪器	1174.68	0.16	3.02	-0.13	
300207	欣旺达	2201.03	0.16	2	0.05	
300208	恒顺电气	573.59	0.11	3.44	-0.3	
300209	天泽信息	1505.29	0.25	2.86	0.18	
300210	森远股份	1502.48	0.27	3.01	0.16	

2011 年中期深市主板上市公司主要财务指标

截至 2011 年 8 月 31 日

股票代码	股票简称	净利润(万元)	每股收益(元)	每股净资产(元)	每股经营性现金流量(元)	分配预案
000001	深发展 A	473174.60	1.36	10.95	0.06	不分配不转增
000002	万科 A	297785.47	0.27	4.2	0.35	不分配不转增
000004	国农科技	26.60	0.0032	0.8671	0.1324	不分配不转增
000005	世纪星源	2712.34	0.03	0.782	0.017	不分配不转增
000006	深振业 A	13086.40	0.132	2.58	0.79	不分配不转增
000007	ST 零七	-76.47	-0.004	1.1818	-0.31	不分配不转增
000008	ST 宝利来	-34.26	-0.0047	1.003	-0.0687	不分配不转增
000009	中国宝安	21662.15	0.2	2.42	-0.23	不分配不转增
000010	SST 华新	-414.93	-0.028	0.29	-0.01	不分配不转增
000011	深物业 A	29968.89	0.5029	1.9685	-0.7433	不分配不转增
000012	南玻 A	83764.33	0.4	3.14	0.45	不分配不转增
000014	沙河股份	387.48	0.0192	2.53	-0.35	不分配不转增
000016	深康佳 A	-19500.09	-0.162	3.14	0.0046	不分配不转增
000017	*ST 中华 A	2621.31	0.0475	-3.1068	0.0024	不分配不转增
000018	ST 中冠 A	-823.25	-0.05	0.78	0.0048	不分配不转增
000019	深深宝 A	439.64	0.0242	3.54	-0.033	不分配不转增
000020	深华发 A	928.07	0.033	0.97	-0.05	不分配不转增
000021	长城开发	10688.69	0.081	3.03	0.0556	不分配不转增
000022	深赤湾 A	25835.74	0.401	4.999	0.467	不分配不转增
000023	深天地 A	88.86	0.0064	2.29	0.04	不分配不转增
000024	招商地产	146858.74	0.8552	11.34	-1.76	不分配不转增
000025	特力 A	50.23	0.002	0.798	0.1031	不分配不转增
000026	飞亚达 A	8599.01	0.219	3.375	-0.2263	不分配不转增
000027	深圳能源	69241.43	0.26	5.38	0.56	不分配不转增
000028	一致药业	16513.64	0.57	4.11	0.37	不分配不转增
000029	深深房 A	6430.09	0.0636	1.4763	0.0834	不分配不转增
000030	*ST 盛润 A	145727.42	5.0526	0.0013	-0.0004	不分配不转增
000031	中粮地产	10927.70	0.06	2.52	-1.31	不分配不转增
000032	深桑达 A	1594.59	0.07	3.09	-0.16	不分配不转增
000033	新都酒店	-404.99	-0.0123	0.8713	0.053	不分配不转增
000034	深信泰丰	998.52	0.028	0.21	-0.026	不分配不转增
000035	ST 科健	-1258.45	-0.08	-8.08	0.0001	不分配不转增
000036	华联控股	5188.37	0.0462	1.54	-0.28	不分配不转增
000037	深南电 A	-8485.59	-0.14	2.74	0.0539	不分配不转增
000038	*ST 大通	-876.60	-0.09	1.49	0.36	不分配不转增
000039	中集集团	280762.90	1.0545	6.81	-1.563	不分配不转增
000040	宝安地产	11744.34	0.25	2.061	-0.458	不分配不转增
000042	深长城	16912.65	0.7063	10.11	1.0988	不分配不转增
000043	中航地产	4258.98	0.1277	5.95	-0.3594	不分配不转增
000045	深纺织 A	3236.40	0.1	4.08	0.04	不分配不转增
000046	泛海建设	-3373.15	-0.015	3.38	-0.36	不分配不转增
000048	ST 康达尔	-67.60	-0.0017	-0.321	0.0406	不分配不转增
000049	德赛电池	4000.08	0.2923	1.8181	0.6567	不分配不转增
000050	深天马 A	3682.45	0.064	2.18	0.19	不分配不转增
000055	方大集团	4609.47	0.061	1.4	-0.02	不分配不转增
000056	深国商	-1551.84	-0.07	0.18	-0.32	不分配不转增

股票代码	股票简称	净利润(万元)	每股收益(元)	每股净资产(元)	每股经营性现金流量(元)	分配预案
000058	深赛格	2633.24	0.03355	1.4148	0.0293	不分配不转增
000059	辽通化工	46839.62	0.39	5.87	2.84	不分配不转增
000060	中金岭南	35051.39	0.17	2.39	0.25	不分配不转增
000061	农产品	15492.32	0.2016	4.1	-0.89	不分配不转增
000062	深圳华强	3009.22	0.045	2.63	0.49	不分配不转增
000063	中兴通讯	76927.10	0.27	8.04	-2.15	不分配不转增
000065	北方国际	5776.10	0.36	3.25	-2.02	不分配不转增
000066	长城电脑	8233.28	0.0622	2.49	1.61	不分配不转增
000068	ST三星	-2524.80	-0.0282	0.2704	-0.022	不分配不转增
000069	华侨城A	109094.54	0.195	2.524	-0.841	不分配不转增
000070	特发信息	1273.60	0.0509	3.11	-0.49	不分配不转增
000078	海王生物	4199.39	0.0644	1.2003	-0.1899	不分配不转增
000088	盐田港	23539.73	0.1576	3.032	0.0709	不分配不转增
000089	深圳机场	35190.52	0.2082	3.62	0.232	不分配不转增
000090	深天健	14726.80	0.3225	8.2814	0.0187	不分配不转增
000096	广聚能源	4700.79	0.089	3.34	0.0593	不分配不转增
000099	中信海直	6527.64	0.1271	3.1724	-0.0121	不分配不转增
000100	TCL集团	53850.75	0.0635	1.2785	0.0683	不分配不转增
000150	宜华地产	209.07	0.0065	2.2805	-0.01	不分配不转增
000151	中成股份	1076.13	0.0364	2.972	0.015	不分配不转增
000153	丰原药业	1315.88	0.0506	2.79	0.08	不分配不转增
000155	川化股份	-5627.89	-0.12	3.23	0.06	不分配不转增
000156	*ST嘉瑞	6843.55	0.58	-1.96	-0.08	不分配不转增
000157	中联重科	462798.39	0.6028	5.4168	0.0788	不分配不转增
000158	常山股份	1833.38	0.026	3.33	-0.14	不分配不转增
000159	国际实业	6663.67	0.14	3.67	-0.18	不分配不转增
000301	东方市场	6151.86	0.0505	2.125	0.3832	不分配不转增
000338	潍柴动力	350170.66	2.1	12.65	-0.21	不分配不转增
000400	许继电气	7370.67	0.1949	6.5609	-0.4525	不分配不转增
000401	冀东水泥	74828.67	0.617	7.28	0.5528	不分配不转增
000402	金融街	127038.17	0.42	5.75	0.17	不分配不转增
000403	S*ST生化	2344.83	0.11	0.85	0.18	不分配不转增
000404	华意压缩	1541.13	0.0475	1.737	0.595	不分配不转增
000407	胜利股份	1132.41	0.02	1.91	0.03	不分配不转增
000408	ST金谷源	773.22	0.031	0.664	0.224	不分配不转增
000409	*ST泰复	-68.09	-0.004	0.21	-0.042	不分配不转增
000410	沈阳机床	9166.92	0.17	2.83	0.44	不分配不转增
000411	英特集团	17228.57	0.8305	1.8887	-0.7878	不分配不转增
000413	宝石A	-985.08	-0.03	0.55	-0.024	不分配不转增
000415	ST汇通	17333.65	0.2387	7.0454	0.4864	不分配不转增
000416	民生投资	1941.40	0.0365	1.3884	0.0426	不分配不转增
000417	合肥百货	29314.64	0.6111	4.21	0.6	不分配不转增
000418	小天鹅A	28033.85	0.44	5.17	-0.8	不分配不转增
000419	通程控股	6697.05	0.1739	3.227	0.1938	不分配不转增
000420	吉林化纤	868.44	0.023	2.16	0.16	不分配不转增
000421	南京中北	4613.83	0.1312	2.29	0.34	不分配不转增
000422	湖北宜化	46533.88	0.858	6.079	0.777	不分配不转增
000423	东阿阿胶	44953.09	0.6873	4.88	0.23	不分配不转增
000425	徐工机械	222891.90	1.08	6.78	-0.44	不分配不转增
000426	富龙热电	-2103.01	-0.06	2.88	-0.13	不分配不转增
000428	华天酒店	9690.24	0.135	2.07	0.23	不分配不转增
000429	粤高速A	14516.57	0.12	3.306	0.248	不分配不转增
000430	ST张家界	2036.83	0.0635	0.66	0.089	不分配不转增
000488	晨鸣纸业	48354.97	0.23	6.5	0.36	不分配不转增
000498	*ST丹化	-79.33	-0.0018	0.0205	-0.0811	不分配不转增
000501	鄂武商A	22022.47	0.43	3.81	0.97	不分配不转增
000502	绿景控股	-1046.13	-0.0566	1.1551	0.2532	不分配不转增
000503	海虹控股	1936.79	0.0215	1.43	-0.08	不分配不转增
000504	ST传媒	-256.32	-0.0082	0.49	-0.0173	不分配不转增
000505	ST珠江	-1504.19	-0.04	1.1441	-0.0642	不分配不转增
000506	中润投资	8611.98	0.1112	1.3732	-0.6524	不分配不转增
000507	珠海港	20801.71	0.603	4.625	0.4057	不分配不转增
000509	S*ST华塑	-5302.62	-0.2121	-0.251	0.0002	不分配不转增

股票代码	股票简称	净利润(万元)	每股收益(元)	每股净资产(元)	每股经营性现金流量(元)	分配预案
000510	金路集团	-1240.04	-0.0204	1.8689	-0.2816	不分配不转增
000511	银基发展	1274.29	0.01	1.35	0.04	不分配不转增
000513	丽珠集团	22086.17	0.75	9.15	0.99	不分配不转增
000514	渝开发	2964.93	0.0425	3.33	0.01	不分配不转增
000516	开元投资	8782.80	0.123	1.62	0.25	不分配不转增
000517	荣安地产	11019.67	0.1038	1.8994	-1.04	不分配不转增
000518	四环生物	213.94	0.0021	0.6979	-0.0375	不分配不转增
000519	江南红箭	-287.97	-0.015	1.8188	-0.1346	不分配不转增
000520	长航凤凰	-29939.24	-0.4437	1.0776	0.0348	不分配不转增
000521	美菱电器	12615.80	0.2379	5.36	-1.03	不分配不转增
000522	白云山A	15952.48	0.3401	2.65	0.3236	不分配不转增
000523	广州浪奇	849.37	0.041	4.41	-0.94	10转增10股
000524	东方宾馆	1002.42	0.04	2.23	0.12	不分配不转增
000525	红太阳	189.60	0.0068	2.109	0.782	不分配不转增
000526	旭飞投资	175.81	0.0183	1.65	0.035	不分配不转增
000527	美的电器	197532.42	0.6	5.4	0.52	不分配不转增
000528	柳工	109413.60	1.33	8.11	-1.17	不分配不转增
000529	广弘控股	3429.53	0.059	1.26	-0.02	不分配不转增
000530	大冷股份	9548.84	0.27	5.13	0.26	不分配不转增
000531	穗恒运A	3938.93	0.135	6.47	0.89	10派7.4元(含税)
000532	力合股份	478.87	0.0139	1.89	-0.03	不分配不转增
000533	万家乐	7347.78	0.11	1.47	0.07	不分配不转增
000534	万泽股份	-1451.96	-0.0569	2.11	-0.0892	不分配不转增
000536	华映科技	13513.92	0.1929	3.4624	0.4042	不分配不转增
000537	广宇发展	6693.40	0.13	1.32	0.42	不分配不转增
000538	云南白药	56408.57	0.81	7.07	-0.23	不分配不转增
000539	粤电力A	31764.87	0.11	3.65	0.38	不分配不转增
000540	中天城投	25792.61	0.2017	2.07	-1.62	不分配不转增
000541	佛山照明	11786.75	0.12	2.69	0.08	不分配不转增
000543	皖能电力	4327.03	0.056	4.93	0.2	不分配不转增
000544	中原环保	3975.48	0.1475	2.33	-0.214	不分配不转增
000545	*ST吉药	-1584.12	-0.1	-0.34	-0.004	不分配不转增
000546	光华控股	1035.89	0.0611	0.82	0.232	不分配不转增
000547	闽福发A	2724.42	0.1	5.52	0.1	10送2转增8股派0.23元(含税)
000548	湖南投资	3205.84	0.064	2.88	0.19	不分配不转增
000550	江铃汽车	107871.07	1.25	7.56	0.17	不分配不转增
000551	创元科技	3536.78	0.13	4.6842	-0.0098	不分配不转增
000552	靖远煤电	4538.90	0.26	2.87	0.46	不分配不转增
000553	沙隆达A	1963.91	0.0331	1.89	0.004	不分配不转增
000554	泰山石油	778.02	0.0162	1.8299	0.0553	不分配不转增
000555	ST太光	-391.86	-0.0432	-1.48	-0.0458	不分配不转增
000557	*ST广夏	-583.38	-0.009	-0.4158	0	不分配不转增
000558	莱茵置业	4521.82	0.0717	1.24	-0.95	不分配不转增
000559	万向钱潮	25473.45	0.16	2.292	0.091	不分配不转增
000560	昆百大A	1199.96	0.0893	4.4696	-0.4457	不分配不转增
000561	烽火电子	2384.38	0.04	1.21	-0.11	不分配不转增
000562	宏源证券	61429.19	0.4204	5.0979	-2.74	不分配不转增
000563	陕国投A	8328.10	0.2324	2.21	-0.2	不分配不转增
000564	西安民生	3388.70	0.1114	2.7	0.1455	不分配不转增
000565	渝三峡A	1233.03	0.07	3.93	-0.42	不分配不转增
000566	海南海药	11086.24	0.5208	2.56	0.15	不分配不转增
000567	海德股份	209.50	0.0139	1.33	-0.4	不分配不转增
000568	泸州老窖	141020.37	1.011	4.01	0.62	不分配不转增
000570	苏常柴A	3715.66	0.07	3.39	-0.09	不分配不转增
000571	新大洲A	7306.50	0.0993	1.64	0.1269	不分配不转增
000572	海马汽车	19197.25	0.1167	3.86	-0.083	不分配不转增
000573	粤宏远A	2153.11	0.0346	2.232	0.38	不分配不转增
000576	ST甘化	-1878.37	-0.06	0.94	0.06	不分配不转增
000581	威孚高科	64466.36	1.14	7.9399	0.095	不分配不转增
000582	北海港	2360.67	0.166	2.515	0.34	不分配不转增
000584	友利控股	3057.06	0.0748	4.1	0.71	不分配不转增
000585	东北电气	1949.51	0.0223	0.38	-0.0305	不分配不转增
000586	汇源通信	353.81	0.018	0.87	-0.16	不分配不转增

股票代码	股票简称	净利润(万元)	每股收益(元)	每股净资产(元)	每股经营性现金流量(元)	分配预案
000587	*ST 光明	39678.75	2.14	0.21	0.12	不分配不转增
000589	黔轮胎 A	4168.22	0.09	4.27	-0.26	不分配不转增
000590	紫光古汉	2718.77	0.1339	1.51	0.15	不分配不转增
000591	桐君阁	1811.42	0.066	1.42	-0.17	不分配不转增
000592	中福实业	1433.40	0.022	1.5545	-0.1536	不分配不转增
000593	大通燃气	694.27	0.031	1.293	0.303	不分配不转增
000594	国恒铁路	128.71	0.0009	2.0725	0.0185	不分配不转增
000595	*ST 西轴	77.67	0.004	0.96	-0.05	不分配不转增
000596	古井贡酒	28794.75	1.23	5.34	0.83	不分配不转增
000597	东北制药	407.63	0.012	6.098	-0.436	不分配不转增
000598	兴蓉投资	27997.68	0.49	6.03	0.7	10 转增 10 股派 1.01082374 元(含税)
000599	青岛双星	3479.48	0.066	2.88	0.22	不分配不转增
000600	建投能源	-1003.60	-0.011	3.12	-0.01	不分配不转增
000601	韶能股份	5661.20	0.0612	3.22	0.3123	不分配不转增
000602	*ST 金马	-539.89	-0.04	3.39	-0.22	不分配不转增
000603	*ST 威达	-453.53	-0.032	0.51	-0.03	不分配不转增
000605	ST 四环	-52.04	-0.0056	0.5697	-0.0045	不分配不转增
000606	青海明胶	3314.82	0.0817	1.51	-0.0185	不分配不转增
000607	*ST 华控	-1581.69	-0.032	0.6474	0.0309	不分配不转增
000608	阳光股份	546.70	0.01	3.16	-0.25	不分配不转增
000609	绵世股份	16489.80	0.5532	3.32	0.836	不分配不转增
000610	西安旅游	1880.99	0.0956	2.17	0.11	不分配不转增
000611	时代科技	648.26	0.02	1.98	-0.103	不分配不转增
000612	焦作万方	23768.01	0.495	4.768	0.397	不分配不转增
000613	ST 东海 A	-163.51	-0.0045	0.24	0.0012	不分配不转增
000615	湖北金环	-5085.49	-0.24	3.17	-0.12	不分配不转增
000616	亿城股份	10296.58	0.09	2.81	-1.09	不分配不转增
000617	石油济柴	-1230.99	-0.04	2.9	-0.41	不分配不转增
000619	海螺型材	3059.79	0.085	5.4079	-0.2314	不分配不转增
000620	新华联	27011.67	0.21	1.33	-0.37	不分配不转增
000622	S*ST 恒立	-947.72	-0.067	-1.105	-0.017	不分配不转增
000623	吉林敖东	44303.07	0.64	11.05	-0.043	不分配不转增
000625	长安汽车	104006.02	0.22	5.63	0.89	不分配不转增
000626	如意集团	6169.50	0.3047	2.0456	3.33	不分配不转增
000627	天茂集团	-3083.96	-0.023	1.15	0.067	不分配不转增
000628	高新发展	-612.88	-0.028	0.74	0.02	不分配不转增
000629	攀钢钒钛	17477.87	0.03	2.7	-0.02	不分配不转增
000630	铜陵有色	70164.02	0.51	6.51	1.07	不分配不转增
000631	顺发恒业	19046.56	0.18	1.86	0.34	不分配不转增
000632	三木集团	1495.13	0.0321	1.2178	-0.1215	不分配不转增
000633	ST 合金	1794.44	0.0466	0.6202	-0.147	不分配不转增
000635	英力特	10353.41	0.585	5.68	1.25	不分配不转增
000636	风华高科	8079.29	0.12	3.37	0.07	不分配不转增
000637	茂化实华	1429.04	0.03	1.45	-0.14	10 派 0.29 元(含税)
000638	万方地产	875.15	0.0566	1.35	-0.4	不分配不转增
000639	西王食品	5261.53	0.4191	6.61	-0.64	不分配不转增
000650	仁和药业	12680.80	0.2012	1.5	0.2	不分配不转增
000651	格力电器	220752.30	0.7834	5.2	2	不分配不转增
000652	泰达股份	4323.82	0.0293	1.57	-0.0643	不分配不转增
000655	金岭矿业	33468.82	0.56	4.06	0.33	不分配不转增
000656	金科股份	1119.37	0.0448	1.896	-0.022	不分配不转增
000657	*ST 中钨	302.17	0.014	1.49	0.03	不分配不转增
000659	珠海中富	6875.22	0.09	3.07	0.34	不分配不转增
000661	长春高新	4227.41	0.32	4.3	0.01	不分配不转增
000662	索芙特	-1000.38	-0.0347	2.7668	-0.0316	不分配不转增
000663	永安林业	-1342.30	-0.0662	1.93	-0.14	不分配不转增
000665	武汉塑料	1677.14	0.094	0.95	0.3562	不分配不转增
000666	经纬纺机	30554.24	0.51	5.48	1.32	不分配不转增
000667	名流置业	5796.73	0.02	2	-0.22	不分配不转增
000668	荣丰控股	1918.97	0.13	4.67	0.43	不分配不转增
000669	领先科技	-206.33	-0.0223	1.59	-0.01	不分配不转增
000670	S*ST 天发	610.71	0.0224	0.7769	-0.1803	不分配不转增
000671	阳光城	8957.55	0.17	3.43	-3.05	不分配不转增

股票代码	股票简称	净利润(万元)	每股收益(元)	每股净资产(元)	每股经营性现金流量(元)	分配预案
000672	*ST 铜城	-396.35	-0.0184	0.0848	0.0153	不分配不转增
000673	ST 当代	-1636.06	-0.079	-0.059	-0.1941	不分配不转增
000676	*ST 思达	-1769.28	-0.0562	1.179	-0.04	不分配不转增
000677	山东海龙	-32221.42	-0.37	0.71	0.03	不分配不转增
000678	襄阳轴承	231.78	0.008	1.66	0.08	不分配不转增
000679	大连友谊	8172.48	0.229	3.342	-2.517	不分配不转增
000680	山推股份	50027.28	0.66	5.72	-1.37	不分配不转增
000681	*ST 远东	-605.77	-0.03	0.62	-0.03	不分配不转增
000682	东方电子	709.50	0.0073	1.39	-0.18	不分配不转增
000683	远兴能源	7117.83	0.09	2.98	0.17	不分配不转增
000685	中山公用	25760.19	0.43	8.16	0.19	不分配不转增
000686	东北证券	8887.40	0.14	5.24	-5.59	不分配不转增
000687	保定天鹅	8454.14	0.132	1.722	-0.162	不分配不转增
000688	*ST 朝华	-350.37	-0.0087	-0.1921	-0.0072	不分配不转增
000690	宝新能源	11213.25	0.07	1.88	0.15	不分配不转增
000691	*ST 亚太	-359.39	-0.0111	0.4261	0.0013	不分配不转增
000692	惠天热电	2446.03	0.0918	4.55	-2.01	不分配不转增
000693	S*ST 聚友	-3377.92	-0.18	-0.53	-0.03	不分配不转增
000695	滨海能源	-1518.14	-0.068	1.29	-0.046	不分配不转增
000697	*ST 偏转	-1578.22	-0.08	1.85	-0.42	不分配不转增
000698	沈阳化工	14678.45	0.222	4.78	-0.24	不分配不转增
000700	模塑科技	2958.65	0.0957	2.5235	0.5336	不分配不转增
000701	厦门信达	4720.96	0.1965	3.01	-0.7194	不分配不转增
000702	正虹科技	382.39	0.01	1.55	0.06	不分配不转增
000703	恒逸石化	113701.79	2.49	8.06	2.06	不分配不转增
000705	浙江震元	1581.17	0.1262	4.24	-0.44	不分配不转增
000707	双环科技	19546.82	0.421	4.193	1.06	不分配不转增
000708	大冶特钢	31773.19	0.71	5.857	1.08	不分配不转增
000709	河北钢铁	80334.61	0.12	4.4	0.61	不分配不转增
000710	天兴仪表	29.62	0.002	0.7705	-0.1537	不分配不转增
000711	天伦置业	1887.32	0.18	3.39	0.61	不分配不转增
000712	锦龙股份	5590.74	0.184	2.99	0.05	不分配不转增
000713	丰乐种业	5048.16	0.1689	3.82	-0.127	不分配不转增
000715	中兴商业	5168.05	0.185	3.7	0.49	不分配不转增
000716	*ST 南方	944.39	0.053	1.702	0.246	不分配不转增
000717	韶钢松山	6199.84	0.0371	3.5216	1.6551	不分配不转增
000718	苏宁环球	33999.44	0.1997	2.17	-0.34	不分配不转增
000719	*ST 鑫安	4469.57	0.1	3.23	0.06	不分配不转增
000720	ST 能山	-10696.70	-0.1239	0.9088	0.12	不分配不转增
000721	西安饮食	3000.68	0.1504	2.2256	0.1432	不分配不转增
000722	*ST 金果	4561.78	0.0983	4.101	0.1841	不分配不转增
000723	美锦能源	931.11	0.07	3.29	0.14	不分配不转增
000725	京东方 A	-121548.45	-0.09	1.75	-0.05	不分配不转增
000726	鲁泰 A	49164.71	0.49	4.67	0.43	不分配不转增
000727	华东科技	-1155.64	-0.0322	1.418	0.1752	不分配不转增
000728	国元证券	43977.68	0.22	7.57	0.21	不分配不转增
000729	燕京啤酒	43916.16	0.3629	6.92	1.06	不分配不转增
000731	四川美丰	10390.90	0.2069	3.86	0.2965	不分配不转增
000732	泰禾集团	2337.76	0.023	1.6565	-1.27	不分配不转增
000733	振华科技	2523.40	0.07	5.74	0	不分配不转增
000735	罗牛山	1061.14	0.0121	1.81	0.068	不分配不转增
000736	重庆实业	736.31	0.02	4.61	-0.33	不分配不转增
000737	*ST 南风	1203.61	0.0219	0.54	0.24	不分配不转增
000738	中航动控	7922.08	0.08	2.54	-0.14	不分配不转增
000739	普洛股份	-1083.61	-0.0422	3.04	0.1	不分配不转增
000748	长城信息	1690.23	0.045	3.07	-0.43	不分配不转增
000750	国海证券	15533.17	0.28	3.9	-2.62	不分配不转增
000751	锌业股份	-21120.55	-0.19	0.9	1.21	不分配不转增
000752	西藏发展	1321.07	0.05	2.266	0.835	不分配不转增
000753	漳州发展	3417.58	0.108	1.87	-0.16	不分配不转增
000755	山西三维	3529.17	0.075	4.74	0.087	不分配不转增
000756	新华制药	6070.21	0.13	3.75	0.06	不分配不转增
000757	*ST 方向	387.50	0.0127	-3.493	-0.0015	不分配不转增

股票代码	股票简称	净利润(万元)	每股收益(元)	每股净资产(元)	每股经营性现金流量(元)	分配预案
000758	中色股份	12875.38	0.202	3.35	-0.15	不分配不转增
000759	中百集团	14820.45	0.22	3.88	0.52	不分配不转增
000760	博盈投资	227.92	0.01	0.77	0.18	不分配不转增
000761	本钢板材	59545.61	0.19	4.88	0.36	不分配不转增
000762	西藏矿业	2269.06	0.0784	5.95	-0.004	不分配不转增
000766	通化金马	1463.15	0.0326	1.36	-0.03	不分配不转增
000767	漳泽电力	-31422.99	-0.2374	0.9	-0.2682	不分配不转增
000768	西飞国际	1382.97	0.0056	3.76	-0.33	不分配不转增
000776	广发证券	134302.50	0.54	7.78	-9.21	不分配不转增
000777	中核科技	2613.57	0.1227	4.3047	-0.4083	不分配不转增
000778	新兴铸管	80859.26	0.4218	5.7671	0.0642	不分配不转增
000779	三毛派神	-656.03	-0.035	1.65	0.03	不分配不转增
000780	平庄能源	35002.76	0.35	3.95	0.19	不分配不转增
000782	美达股份	6835.21	0.17	2.37	-0.43	不分配不转增
000783	长江证券	41513.39	0.18	4.92	-3.68	不分配不转增
000785	武汉中商	6158.16	0.25	2.82	0.27	不分配不转增
000786	北新建材	18671.73	0.325	4.662	0.267	不分配不转增
000787	*ST 创智	-42.18	-0.0011	0.08	-0.0001	不分配不转增
000788	西南合成	4884.73	0.08	1.4	0.08	不分配不转增
000789	江西水泥	29663.02	0.7492	3.75	1.36	不分配不转增
000790	华神集团	742.43	0.0212	1.3662	-0.016	不分配不转增
000791	西北化工	159.34	0.0084	1.7105	-0.0403	不分配不转增
000792	盐湖股份	164002.66	1.391	8.109	1.3585	不分配不转增
000793	华闻传媒	11616.68	0.0854	1.86	0.19	不分配不转增
000795	太原刚玉	1661.67	0.06	0.95	1.08	不分配不转增
000796	易食股份	643.99	0.0261	1.82	0.0403	不分配不转增
000797	中国武夷	3279.80	0.08	3.01	0.26	不分配不转增
000798	中水渔业	2093.77	0.0655	2.13	-0.06	不分配不转增
000799	酒鬼酒	6085.76	0.2008	2.6957	0.612	不分配不转增
000800	一汽轿车	80362.95	0.4938	5.5	-0.8652	不分配不转增
000801	四川九洲	2390.69	0.0629	2.003	-0.4451	不分配不转增
000802	北京旅游	575.27	0.04	4.25	0.04	不分配不转增
000803	金宇车城	-97.45	-0.01	0.88	0.011	不分配不转增
000805	*ST 炎黄	-155.85	-0.02	-0.71	-0.13	不分配不转增
000806	银河科技	260.78	0.00373	1.6005	0.1659	不分配不转增
000807	云铝股份	3135.51	0.03	3.33	-0.04	不分配不转增
000809	中汇医药	-287.51	-0.025	1.128	-0.08	不分配不转增
000810	华润锦华	3873.32	0.2987	3.78	0.13	不分配不转增
000811	烟台冰轮	8036.31	0.2	2.94	0.05	不分配不转增
000812	陕西金叶	2249.47	0.0503	1.413	0.0243	不分配不转增
000813	天山纺织	-417.82	-0.012	1.12	-0.02	不分配不转增
000815	美利纸业	-5398.87	-0.17	2.45	-0.2	不分配不转增
000816	江淮动力	3778.70	0.0359	1.88	0.0521	不分配不转增
000818	*ST 化工	9389.91	0.1381	2.85	-0.0245	不分配不转增
000819	岳阳兴长	1817.68	0.085	2.41	0.13	不分配不转增
000820	*ST 金城	-8092.51	-0.28	-2.75	-0.24	不分配不转增
000821	京山轻机	723.04	0.021	3.34	-0.2	不分配不转增
000822	山东海化	20268.51	0.23	3.98	0.41	不分配不转增
000823	超声电子	7952.22	0.1806	3.859	0.077	不分配不转增
000825	太钢不锈	83841.75	0.1472	3.882	0.62	不分配不转增
000826	桑德环境	12194.87	0.295	3.34	-0.06	不分配不转增
000828	东莞控股	21801.72	0.2097	2.928	0.2655	不分配不转增
000829	天音控股	-5845.39	-0.062	2.19	-0.91	不分配不转增
000830	鲁西化工	18085.24	0.144	3.33	0.53	不分配不转增
000831	*ST 关铝	-1665.49	-0.03	-0.009	-0.13	不分配不转增
000833	贵糖股份	6262.75	0.21	2.9	-0.66	不分配不转增
000835	四川圣达	350.64	0.0115	1.47	0.04	不分配不转增
000836	鑫茂科技	-4898.34	-0.1675	2.57	-0.17	不分配不转增
000837	秦川发展	7717.36	0.221	3.07	-0.21	不分配不转增
000838	国兴地产	-537.45	-0.0297	1.79	-0.3	不分配不转增
000839	中信国安	7166.70	0.0457	3.67	-0.0423	不分配不转增
000848	承德露露	11008.94	0.3	1.85	-0.13	不分配不转增
000850	华茂股份	35733.66	0.379	3.56	0.073	不分配不转增

股票代码	股票简称	净利润(万元)	每股收益(元)	每股净资产(元)	每股经营性现金流量(元)	分配预案
000851	高鸿股份	607.71	0.0183	3.01	-0.85	不分配不转增
000852	江钻股份	6245.11	0.16	2.55	-0.0013	不分配不转增
000856	ST 唐陶	3129.68	0.14	1.77	-0.59	不分配不转增
000858	五粮液	336258.84	0.886	5.354	1.425	不分配不转增
000859	国风塑业	3432.91	0.0816	2.23	0.2	不分配不转增
000860	顺鑫农业	27414.64	0.6251	6.43	0.15	不分配不转增
000861	海印股份	15884.95	0.32	2.16	1.12	不分配不转增
000862	银星能源	2380.24	0.1009	1.2696	0.3439	不分配不转增
000863	*ST 商务	-1882.02	-0.11	-5.9751	-0.0073	不分配不转增
000868	安凯客车	3071.81	0.1	2.46	-0.38	不分配不转增
000869	张裕 A	87695.51	1.66	7.55	1.93	不分配不转增
000875	吉电股份	-794.58	-0.0095	2.828	-0.33	不分配不转增
000876	新希望	49621.61	0.6	5.27	-0.15	不分配不转增
000877	天山股份	38275.67	0.9841	9.8801	1.5233	不分配不转增
000878	云南铜业	57449.14	0.405	4.81	1.46	不分配不转增
000880	潍柴重机	8323.86	0.3	3.61	0.75	不分配不转增
000881	大连国际	11057.07	0.358	4.34	0.114	不分配不转增
000882	华联股份	5528.69	0.0754	3.91	0.04	不分配不转增
000883	湖北能源	25951.87	0.13	4.06	0.2	不分配不转增
000885	同力水泥	8930.92	0.3536	5.19	2.6	不分配不转增
000886	海南高速	10708.90	0.108	2.479	0.039	不分配不转增
000887	中鼎股份	18467.44	0.31	2.15	-0.15	不分配不转增
000888	峨眉山 A	3475.52	0.1478	3.37	0.25	不分配不转增
000889	渤海物流	3823.17	0.1129	2.062	-0.25	不分配不转增
000890	法尔胜	516.75	0.0136	2.71	0.07	不分配不转增
000892	*ST 星美	11.29	0.0003	-0.0354	0.0014	不分配不转增
000893	东凌粮油	-7546.59	-0.34	1.89	-1.35	不分配不转增
000895	双汇发展	7597.95	0.1254	5.27	0.73	不分配不转增
000897	津滨发展	-7286.46	-0.0451	1.28	-0.08	不分配不转增
000898	鞍钢股份	22000.00	0.03	7.35	0.478	不分配不转增
000899	赣能股份	-10994.49	-0.17	2.06	0.21	不分配不转增
000900	现代投资	39527.19	0.9902	11.69	1.1	不分配不转增
000901	航天科技	2706.85	0.1081	3.15	-0.34	不分配不转增
000902	中国服装	-599.33	-0.023	0.966	0.113	不分配不转增
000903	云内动力	2482.94	0.036	3.76	0.05	不分配不转增
000905	厦门港务	7583.70	0.14	3.17	-0.04	不分配不转增
000906	南方建材	3592.79	0.11	2.85	-0.27	不分配不转增
000908	ST 天一	-1865.48	-0.067	0.14	-0.065	不分配不转增
000909	数源科技	1556.25	0.08	2.87	-1.44	不分配不转增
000910	大亚科技	7987.78	0.15	4.27	-0.34	不分配不转增
000911	南宁糖业	14386.63	0.5	5.14	-1.12	不分配不转增
000912	泸天化	-2693.63	-0.046	3.81	0.86	不分配不转增
000913	钱江摩托	3278.30	0.07	3.22	-0.18	不分配不转增
000915	山大华特	4571.17	0.25	2.57	0.35	不分配不转增
000916	华北高速	13987.88	0.128	3.58	0.143	不分配不转增
000917	电广传媒	40751.63	1.0028	6.94	-3.11	不分配不转增
000918	嘉凯城	728.95	0.004	2.17	-1.48	不分配不转增
000919	金陵药业	10308.24	0.2045	4.1	0.1602	不分配不转增
000920	南方汇通	2089.02	0.05	2.1	0.003	不分配不转增
000921	ST 科龙	28583.87	0.2111	0.61	-0.1	不分配不转增
000922	ST 阿继	-1860.60	-0.06	0.19	-0.02	不分配不转增
000923	河北宣工	377.44	0.0191	3.07	-0.43	不分配不转增
000925	众合机电	3774.14	0.13	3.44	-0.48	不分配不转增
000926	福星股份	22496.67	0.32	7.49	-2.89	不分配不转增
000927	一汽夏利	4603.22	0.0289	2.26	-0.21	不分配不转增
000928	中钢吉炭	343.74	0.0122	3.384	-0.159	不分配不转增
000929	兰州黄河	1379.04	0.074	3.09	0.67	不分配不转增
000930	中粮生化	18061.47	0.187	2.69	0.166	不分配不转增
000931	中关村	118.01	0.0017	1.0429	0.092	不分配不转增
000932	华菱钢铁	-21843.13	-0.0736	4.36	0.5137	不分配不转增
000933	神火股份	64077.22	0.38	2.917	1.04	不分配不转增
000935	四川双马	8990.79	0.15	2.98	0.17	不分配不转增
000936	华西村	14568.49	0.19	2.56	-0.34	不分配不转增

股票代码	股票简称	净利润(万元)	每股收益(元)	每股净资产(元)	每股经营性现金流量(元)	分配预案
000937	冀中能源	166945.43	0.7218	5.664	-0.3811	不分配不转增
000938	紫光股份	1226.11	0.059	3.86	-0.206	不分配不转增
000939	凯迪电力	60649.11	0.64	2.61	0.11	不分配不转增
000948	南天信息	2319.06	0.1101	5.83	-1.02	不分配不转增
000949	新乡化纤	5529.09	0.0867	3.0243	0.54	不分配不转增
000950	建峰化工	-3203.80	-0.0535	3.8	0.015	不分配不转增
000951	中国重汽	30283.96	0.72	8.78	-5.78	不分配不转增
000952	广济药业	1387.81	0.055	3.26	0.22	不分配不转增
000953	ST 河化	572.11	0.0195	0.5163	0.15	不分配不转增
000955	ST 欣龙	-668.84	-0.0228	0.77	0.025	不分配不转增
000957	中通客车	2355.68	0.1	2.5	0.12	不分配不转增
000958	ST 东热	-10609.13	-0.35	-1.722	0.133	不分配不转增
000959	首钢股份	30576.36	0.1031	2.66	-0.05	不分配不转增
000960	锡业股份	35443.39	0.391	5.4	0.63	不分配不转增
000961	中南建设	41297.43	0.35	4.21	-1.95	不分配不转增
000962	东方钽业	14599.52	0.4096	3.946	-0.4682	不分配不转增
000963	华东医药	19361.65	0.4461	3.0894	-0.0489	不分配不转增
000965	天保基建	20501.48	0.44	4.94	-0.26	不分配不转增
000966	长源电力	-33003.93	-0.5956	1.63	0.3003	不分配不转增
000967	上风高科	2429.73	0.1184	2.63	-0.39	不分配不转增
000968	煤气化	9636.61	0.1876	5.9569	-0.3081	不分配不转增
000969	安泰科技	12673.09	0.1482	3.62	-0.23	不分配不转增
000970	中科三环	15546.27	0.3063	3.06	-0.55	不分配不转增
000971	ST 迈亚	-2626.66	-0.108	0.3695	-0.13	不分配不转增
000972	新中基	-17329.94	-0.3595	2.5	-0.26	不分配不转增
000973	佛塑科技	11769.08	0.1921	2.35	-0.32	不分配不转增
000975	科学城	978.40	0.0157	1.4734	0.081	不分配不转增
000976	春晖股份	864.06	0.0147	1.2	-0.072	不分配不转增
000977	浪潮信息	4541.86	0.2112	5.04	0.16	不分配不转增
000978	桂林旅游	1373.65	0.038	3.9	0.018	不分配不转增
000979	中弘股份	17868.80	0.18	1.82	-0.15	不分配不转增
000980	金马股份	3305.33	0.1	3.76	0.48	不分配不转增
000981	ST 兰光	30453.91	0.42	3.13	-1.55	不分配不转增
000982	中银绒业	6859.87	0.26	2.64	-1.51	10 转增 10 股
000983	西山煤电	186415.21	0.5916	4.83	0.723	不分配不转增
000985	大庆华科	2054.63	0.16	3.73	0.09	不分配不转增
000987	广州友谊	20248.46	0.56	4.44	-0.08	不分配不转增
000988	华工科技	17503.03	0.42	5.6	0.05	不分配不转增
000989	九芝堂	6350.00	0.213	4.505	0.29	不分配不转增
000990	诚志股份	1934.65	0.065	5.34	0.074	不分配不转增
000993	闽东电力	2292.59	0.06	4.08	-0.04	不分配不转增
000995	ST 皇台	750.70	0.04	1.008	-0.02	不分配不转增
000996	中国中期	1525.65	0.0663	1.87	-0.3	不分配不转增
000997	新大陆	5329.89	0.1	2.64	-0.26	不分配不转增
000998	隆平高科	5256.15	0.19	3.61	0.72	不分配不转增
000999	华润三九	39664.78	0.41	4.41	0.45	不分配不转增
001696	宗申动力	16583.86	0.16	1.74	0.177	不分配不转增
001896	豫能控股	-10851.56	-0.17	0.79	0.67	不分配不转增
200002	万科 B	297785.47	0.27	4.2	0.35	不分配不转增
200011	深物业 B	29968.89	0.5029	1.9685	-0.7433	不分配不转增
200012	南玻 B	83764.33	0.4	3.14	0.45	不分配不转增
200016	深康佳 B	-19500.09	-0.162	3.14	0.0046	不分配不转增
200017	*ST 中华 B	2621.31	0.0475	-3.1068	0.0024	不分配不转增
200018	ST 中冠 B	-823.25	-0.05	0.78	0.0048	不分配不转增
200019	深深宝 B	439.64	0.0242	3.54	-0.033	不分配不转增
200020	深华发 B	928.07	0.033	0.97	-0.05	不分配不转增
200022	深赤湾 B	25835.74	0.401	4.999	0.467	不分配不转增
200024	招商局 B	146858.74	0.8552	11.34	-1.76	不分配不转增
200025	特力 B	50.23	0.002	0.798	0.031	不分配不转增
200026	飞亚达 B	8599.01	0.219	3.375	-0.263	不分配不转增
200028	一致 B	16513.64	0.57	4.11	0.37	不分配不转增
200029	深深房 B	6430.09	0.0636	1.4763	0.0834	不分配不转增
200030	*ST 盛润 B	145727.42	5.0526	0.0013	-0.0004	不分配不转增

股票代码	股票简称	净利润(万元)	每股收益(元)	每股净资产(元)	每股经营性现金流量(元)	分配预案
200037	深南电 B	-8485.59	-0.14	2.74	0.0639	不分配不转增
200039	中集 B	280762.90	1.0545	6.81	-1.563	不分配不转增
200045	深纺织 B	3236.40	0.1	4.08	0.04	不分配不转增
200053	深基地 B	5827.27	0.25	4.66	0.38	不分配不转增
200054	建摩 B	136.44	0.0029	1	-0.07	不分配不转增
200055	方大 B	4609.47	0.061	1.4	-0.02	不分配不转增
200056	深国商 B	-1551.84	-0.07	0.18	-0.32	不分配不转增
200058	深赛格 B	2633.24	0.03355	1.4148	0.0293	不分配不转增
200152	山航 B	35418.53	0.89	4.11	2.08	不分配不转增
200160	ST 大路 B	-406.91	-0.006	-0.045	-0.029	不分配不转增
200168	ST 雷伊 B	-443.39	-0.01	0.95	0.07	不分配不转增
200413	宝石 B	-985.08	-0.03	0.55	-0.024	不分配不转增
200418	小天鹅 B	28033.85	0.44	5.17	-0.8	不分配不转增
200429	粤高速 B	14516.57	0.12	3.306	0.248	不分配不转增
200468	宁通信 B	765.41	0.036	1.71	-0.57	不分配不转增
200488	晨鸣 B	48354.97	0.23	6.5	0.36	不分配不转增
200505	ST 珠江 B	-1504.19	-0.04	1.1441	-0.0642	不分配不转增
200512	闽灿坤 B	2254.85	0.02	0.44	-0.[illegible]1	不分配不转增
200513	丽珠 B	22086.17	0.75	9.15	0.99	不分配不转增
200521	皖美菱 B	12615.80	0.2379	5.36	-1.03	不分配不转增
200530	大冷 B	9548.84	0.27	5.13	0.26	不分配不转增
200539	粤电力 B	31764.87	0.11	3.65	0.38	不分配不转增
200541	粤照明 B	11786.75	0.12	2.69	0.08	不分配不转增
200550	江铃 B	107871.07	1.25	7.56	0.17	不分配不转增
200553	沙隆达 B	1963.91	0.0331	1.89	0.004	不分配不转增
200570	苏常柴 B	3715.66	0.07	3.39	-0.09	不分配不转增
200581	苏威孚 B	64466.36	1.14	7.9399	0.095	不分配不转增
200596	古井贡 B	28794.75	1.23	5.34	0.83	不分配不转增
200613	ST 东海 B	-163.51	-0.0045	0.24	0.0012	不分配不转增
200625	长安 B	104006.02	0.22	5.63	0.89	不分配不转增
200706	瓦轴 B	5357.95	0.13	3.72	0.23	不分配不转增
200725	京东方 B	-121548.45	-0.09	1.75	-0.05	不分配不转增
200726	鲁泰 B	49164.71	0.49	4.67	0.43	不分配不转增
200761	本钢板 B	59545.61	0.19	4.88	0.36	不分配不转增
200770	*ST 武锅 B	-11854.87	-0.4	-3.38	-0.45	不分配不转增
200771	杭汽轮 B	32470.58	0.5168	4.77	0.52	不分配不转增
200869	张裕 B	87695.51	1.66	7.55	1.93	不分配不转增
200986	粤华包 B	6177.85	0.1222	2.95	-0.357	不分配不转增
200992	中鲁 B	5353.09	0.2	1.67	0.14	不分配不转增

2011 年中期中小企业板上市公司主要财务指标

截至 2011 年 8 月 31 日

股票代码	股票简称	净利润(万元)	每股收益(元)	每股净资产(元)	每股经营性现金流量(元)	分配预案
002001	新和成	63421.24	0.87	7.03	0.69	不分配不转增
002002	ST 琼花	-1907.48	-0.1143	0.4189	-0.0026	不分配不转增
002003	伟星股份	10302.37	0.43	6.06	-0.1	不分配不转增
002004	华邦制药	5885.15	0.45	7.84	0.22	不分配不转增
002005	德豪润达	10231.07	0.21	4.96	-0.58	不分配不转增
002006	精功科技	22095.79	1.52	7.04	-0.1	10 转增 10 股
002007	华兰生物	21777.74	0.378	3.84	0.06	不分配不转增
002008	大族激光	18647.30	0.1785	2.49	-0.0914	不分配不转增
002009	天奇股份	4890.32	0.22	2.47	0.38	不分配不转增
002010	传化股份	6819.85	0.14	2.82	-0.18	不分配不转增
002011	盾安环境	17919.41	0.2406	2.59	0.2	不分配不转增
002012	凯恩股份	6203.48	0.32	2.74	0.33	不分配不转增
002013	中航精机	2198.60	0.1	2.22	0.073	不分配不转增
002014	永新股份	6214.55	0.34	4.14	0.14	不分配不转增
002015	霞客环保	1801.43	0.08	3.06	0.03	10 派 0.15 元(含税)
002016	世荣兆业	788.72	0.0171	1.87	-0.5	不分配不转增
002017	东信和平	2052.79	0.094	2.9	-0.281	不分配不转增
002018	华星化工	-1139.09	-0.04	2.01	-0.33	不分配不转增

股票代码	股票简称	净利润(万元)	每股收益(元)	每股净资产(元)	每股经营性现金流量(元)	分配预案
002019	鑫富药业	-1586.81	-0.07	3.09	-0.08	不分配不转增
002020	京新药业	1630.53	0.1606	3.2717	0.0425	不分配不转增
002021	中捷股份	6007.60	0.14	2.18	-0.14	不分配不转增
002022	科华生物	11201.46	0.2275	1.76	0.1	不分配不转增
002023	海特高新	2973.78	0.1	3.33	0.077	不分配不转增
002024	苏宁电器	247445.40	0.35	2.89	0.04	不分配不转增
002025	航天电器	7050.78	0.21	4	-0.14	不分配不转增
002026	山东威达	2858.46	0.1629	3.29	-0.2	不分配不转增
002027	七喜控股	191.11	0.0063	2.187	-0.23	不分配不转增
002028	思源电气	6419.01	0.15	5.88	-0.86	不分配不转增
002029	七匹狼	17488.91	0.62	6.1	0.15	不分配不转增
002030	达安基因	3108.21	0.09	1.3	0.07	不分配不转增
002031	巨轮股份	5187.57	0.1304	2.64	0.01	不分配不转增
002032	苏泊尔	23116.40	0.4	4.37	0.12	不分配不转增
002033	丽江旅游	3021.25	0.2	4.18	0.27	不分配不转增
002034	美欣达	6758.53	0.83	5.97	0.16	不分配不转增
002035	华帝股份	5563.53	0.249	2.06	-0.0663	不分配不转增
002036	宜科科技	749.42	0.04	1.57	0.08	不分配不转增
002037	久联发展	7655.11	0.44	4.02	-0.3	不分配不转增
002038	双鹭药业	34950.38	0.9205	3.85	0.28	不分配不转增
002039	黔源电力	1527.48	0.075	8.2582	2.7688	不分配不转增
002040	南京港	2104.12	0.086	2.31	0.103	不分配不转增
002041	登海种业	9585.77	0.2723	2.82	-0.1122	不分配不转增
002042	华孚色纺	24122.71	0.87	10.08	-0.29	10转增10股
002043	兔宝宝	2019.54	0.11	2.49	0.2	不分配不转增
002044	江苏三友	766.23	0.034	1.46	-0.06	不分配不转增
002045	广州国光	4322.26	0.1	3.27	0.02	不分配不转增
002046	轴研科技	2737.99	0.25	5.09	-0.03	不分配不转增
002047	成霖股份	-4172.40	-0.09	1.68	-0.03	不分配不转增
002048	宁波华翔	19080.24	0.34	4.84	0.15	不分配不转增
002049	晶源电子	2135.17	0.1582	3.26	0.2068	不分配不转增
002050	三花股份	20473.05	0.69	8.62	0.32	不分配不转增
002051	中工国际	16228.39	0.37	5.03	11.13	不分配不转增
002052	同洲电子	-2035.61	-0.06	3.24	-0.57	不分配不转增
002053	云南盐化	2477.99	0.133	5.337	0.448	不分配不转增
002054	德美化工	4111.76	0.13	3.92	-0.05	不分配不转增
002055	得润电子	4031.53	0.2082	4.8647	-0.2018	不分配不转增
002056	横店东磁	9340.42	0.22	7.02	-0.14	不分配不转增
002057	中钢天源	782.52	0.09	3.01	-0.65	不分配不转增
002058	威尔泰	612.34	0.049	1.5	-0.07	不分配不转增
002059	云南旅游	687.11	0.032	2.6155	0.0337	不分配不转增
002060	粤水电	5003.54	0.15	4.53	-1.1	不分配不转增
002061	江山化工	2292.27	0.164	3.9007	1.5932	不分配不转增
002062	宏润建设	8715.94	0.19	4.06	0.57	不分配不转增
002063	远光软件	8466.61	0.2516	2.42	-0.25	不分配不转增
002064	华峰氨纶	9668.14	0.13	2.28	0.14	不分配不转增
002065	东华软件	17159.71	0.3928	4.66	-0.27	不分配不转增
002066	瑞泰科技	2940.00	0.2545	5.05	-0.73	不分配不转增
002067	景兴纸业	9318.60	0.23	5.16	-0.34	不分配不转增
002068	黑猫股份	3348.91	0.114	3.72	-0.028	10转增6股
002069	獐子岛	21409.96	0.31	3.42	-0.21	不分配不转增
002070	众和股份	4095.02	0.1089	2.96	0.07	不分配不转增
002071	江苏宏宝	1060.89	0.058	1.98	0.09	不分配不转增
002072	ST德棉	-2091.35	-0.1188	1.66	0.44	不分配不转增
002073	软控股份	17754.02	0.24	3.71	-0.61	10派0.8元(含税)
002074	东源电器	3255.42	0.13	1.69	0.02	不分配不转增
002075	沙钢股份	17043.34	0.11	1.37	0.82	不分配不转增
002076	雪莱特	653.73	0.0355	2.1	-0.24	不分配不转增
002077	大港股份	3064.97	0.12	3.01	-1.12	不分配不转增
002078	太阳纸业	35633.10	0.35	3.89	0.62	不分配不转增
002079	苏州固锝	3927.94	0.109	1.76	0.138	不分配不转增
002080	中材科技	7156.34	0.18	5.51	-0.05	不分配不转增
002081	金螳螂	24353.90	0.51	2.93	-0.09	不分配不转增

股票代码	股票简称	净利润(万元)	每股收益(元)	每股净资产(元)	每股经营性现金流量(元)	分配预案
002082	栋梁新材	8684.99	0.36	4.1	-0.1	不分配不转增
002083	孚日股份	11589.83	0.12	3.01	-0.21	不分配不转增
002084	海鸥卫浴	2058.14	0.0613	2.32	0.13	不分配不转增
002085	万丰奥威	5887.98	0.21	3.47	0.18	10派5元(含税)
002086	东方海洋	3262.02	0.1338	4.89	0.21	不分配不转增
002087	新野纺织	4518.74	0.0869	3.27	0.79	不分配不转增
002088	鲁阳股份	5773.93	0.25	5.72	-0.13	不分配不转增
002089	新海宜	6308.99	0.1788	2.514	0.1574	不分配不转增
002090	金智科技	2016.77	0.0989	2.4636	-0.1661	不分配不转增
002091	江苏国泰	10054.14	0.28	2.74	0.19	不分配不转增
002092	中泰化学	37497.59	0.325	6.03	0.71	不分配不转增
002093	国脉科技	8264.83	0.1911	2.4293	-0.2858	10转增10股
002094	青岛金王	1945.63	0.06	1.46	-0.09	不分配不转增
002095	生意宝	1995.99	0.12	2.71	0.08	不分配不转增
002096	南岭民爆	4604.59	0.35	3.8	0.1	不分配不转增
002097	山河智能	16115.67	0.3833	4.07	-0.44	不分配不转增
002098	浔兴股份	4291.94	0.277	3.85	0.0013	不分配不转增
002099	海翔药业	5640.56	0.35	4.15	0.43	不分配不转增
002100	天康生物	4818.54	0.16	3.73	-0.55	不分配不转增
002101	广东鸿图	4185.99	0.26	5.25	-0.057	不分配不转增
002102	冠福家用	3889.70	0.095	1.45	-0.0063	不分配不转增
002103	广博股份	2079.14	0.1	3.2	0.1	不分配不转增
002104	恒宝股份	4687.40	0.11	1.44	-0.01	不分配不转增
002105	信隆实业	464.35	0.02	1.94	0.12	不分配不转增
002106	莱宝高科	26628.11	0.4435	3.73	0.46	不分配不转增
002107	沃华医药	-179.96	-0.01	3.59	-0.01	不分配不转增
002108	沧州明珠	4220.81	0.14	2.12	-0.15	不分配不转增
002109	兴化股份	7404.51	0.21	3.15	0.199	不分配不转增
002110	三钢闽光	15141.98	0.283	5.34	0.179	不分配不转增
002111	威海广泰	3387.99	0.23	3.76	-0.1	10转增8股
002112	三变科技	157.43	0.01	4.22	-1.39	不分配不转增
002113	*ST天润	296.77	0.025	0.099	0.3565	不分配不转增
002114	罗平锌电	-8237.37	-0.45	2.06	-0.3	不分配不转增
002115	三维通信	4728.69	0.2204	3.5022	-0.7711	不分配不转增
002116	中国海诚	4244.52	0.3723	4.316	-0.645	不分配不转增
002117	东港股份	6354.90	0.51	8.08	0.27	不分配不转增
002118	紫鑫药业	11144.21	0.22	3.32	0.41	不分配不转增
002119	康强电子	2098.60	0.11	3.37	0.15	不分配不转增
002120	新海股份	745.23	0.05	2.57	0.23	不分配不转增
002121	科陆电子	5699.05	0.1437	2.96	-0.95	不分配不转增
002122	天马股份	28102.41	0.24	3.85	-0.003	不分配不转增
002123	荣信股份	12631.46	0.25	3.58	-0.18	不分配不转增
002124	天邦股份	-1168.13	-0.057	1.76	0.12	不分配不转增
002125	湘潭电化	946.67	0.1224	4.09	0.37	不分配不转增
002126	银轮股份	6433.51	0.49	5.34	-0.01	不分配不转增
002127	新民科技	3829.30	0.1	3.03	0.02	不分配不转增
002128	露天煤业	72267.52	0.54	2.96	0.65	不分配不转增
002129	中环股份	18528.05	0.2558	2.3552	-0.1319	不分配不转增
002130	沃尔核材	3690.04	0.15	2.84	-0.04	不分配不转增
002131	利欧股份	5702.97	0.19	2.33	0.11	不分配不转增
002132	恒星科技	9968.65	0.18	2.11	-0.43	不分配不转增
002133	广宇集团	5544.48	0.11	2.77	-0.56	不分配不转增
002134	天津普林	159.07	0.01	2.83	0.174	不分配不转增
002135	东南网架	5304.75	0.18	3.5	-0.43	不分配不转增
002136	安纳达	3852.91	0.3932	5.7547	0.2106	10转增10股
002137	实益达	2955.11	0.0947	1.68	0.43	不分配不转增
002138	顺络电子	4269.54	0.21	5.17	-0.07	不分配不转增
002139	拓邦股份	3010.24	0.18	2.64	0.2	不分配不转增
002140	东华科技	10404.19	0.23	2.09	-0.06	不分配不转增
002141	蓉胜超微	826.38	0.0454	1.7071	-0.2276	不分配不转增
002142	宁波银行	165504.30	0.57	5.87	-2.45	不分配不转增
002143	高金食品	-4449.18	-0.2772	2.45	-0.55	不分配不转增
002144	宏达高科	3157.21	0.21	4.63	-0.15	不分配不转增

股票代码	股票简称	净利润(万元)	每股收益(元)	每股净资产(元)	每股经营性现金流量(元)	分配预案
002145	*ST 钛白	-1493.84	-0.08	1.4	0.03	不分配不转增
002146	荣盛发展	61337.25	0.33	2.77	-0.94	不分配不转增
002147	方圆支承	6655.65	0.26	3.42	-0.152	不分配不转增
002148	北纬通信	600.62	0.05	3.84	0.02	不分配不转增
002149	西部材料	-931.76	-0.05	4.84	-0.59	不分配不转增
002150	江苏通润	2437.73	0.1	1.92	0.05	不分配不转增
002151	北斗星通	1958.03	0.13	4.23	-0.4	不分配不转增
002152	广电运通	23082.37	0.52	4.86	-0.32	不分配不转增
002153	石基信息	13600.19	0.44	3.13	0.18	不分配不转增
002154	报喜鸟	9265.13	0.16	3.21	-0.18	不分配不转增
002155	辰州矿业	27762.18	0.5072	4.01	0.5224	不分配不转增
002156	通富微电	5076.44	0.078	3.36	0.15	不分配不转增
002157	正邦科技	5035.21	0.12	2.25	0.48	不分配不转增
002158	汉钟精机	7481.53	0.3431	3.15	0.34	不分配不转增
002159	三特索道	231.47	0.02	3.59	0.46	不分配不转增
002160	常铝股份	2949.15	0.087	2.01	-0.19	不分配不转增
002161	远望谷	4564.41	0.14	3.4	-0.12	不分配不转增
002162	斯米克	-6529.63	-0.1562	1.9376	-0.0665	不分配不转增
002163	中航三鑫	3298.24	0.04	1.86	-0.22	不分配不转增
002164	东力传动	3827.13	0.09	2.63	0.12	不分配不转增
002165	红宝丽	7210.64	0.29	2.63	-0.19	不分配不转增
002166	莱茵生物	-2263.07	-0.17	1.58	-0.06	不分配不转增
002167	东方锆业	5870.03	0.33	7.04	0.22	不分配不转增
002168	深圳惠程	2521.78	0.04	1.62	-0.0213	不分配不转增
002169	智光电气	1295.40	0.0486	2.1255	-0.2554	不分配不转增
002170	芭田股份	3544.57	0.09	1.8	-0.13	不分配不转增
002171	精诚铜业	5087.61	0.16	2.13	-0.16	不分配不转增
002172	澳洋科技	-20655.25	-0.37	1.86	-0.12	不分配不转增
002173	山下湖	1856.38	0.09	2.06	0.01	不分配不转增
002174	梅花伞	167.72	0.02	2.74	-0.59	不分配不转增
002175	广陆数测	461.06	0.05	3.08	0.15	不分配不转增
002176	江特电机	2638.50	0.135	2.0769	-0.309	不分配不转增
002177	御银股份	11427.70	0.33	3.84	-0.56	不分配不转增
002178	延华智能	1063.03	0.08	2.39	-0.26	不分配不转增
002179	中航光电	8912.23	0.22	3.21	-0.273	不分配不转增
002180	万力达	591.51	0.047	2.81	-0.09	不分配不转增
002181	粤传媒	338.00	0.0097	3.43	-0.05	不分配不转增
002182	云海金属	1629.39	0.06	3.14	0.09	不分配不转增
002183	怡亚通	8546.60	0.1	1.67	0.09	不分配不转增
002184	海得控制	959.34	0.0436	3.24	-0.3609	不分配不转增
002185	华天科技	7215.83	0.1933	2.9095	0.2754	不分配不转增
002186	全聚德	6518.66	0.4605	5.2432	0.705	不分配不转增
002187	广百股份	11064.69	0.4	6.52	-0.55	不分配不转增
002188	新嘉联	-299.35	-0.02	2.04	-0.21	不分配不转增
002189	利达光电	-164.84	-0.01	2.38	0.04	不分配不转增
002190	成飞集成	2454.20	0.12	6.01	-0.02	不分配不转增
002191	劲嘉股份	19153.20	0.2983	3.25	0.54	10 派 3.5 元(含税)
002192	路翔股份	122.21	0.01	2.155	-0.69	不分配不转增
002193	山东如意	2498.42	0.16	4.27	-0.19	不分配不转增
002194	武汉凡谷	10791.31	0.1941	3.6406	0.3749	不分配不转增
002195	海隆软件	3227.30	0.2883	2.95	0.41	不分配不转增
002196	方正电机	2043.87	0.18	2.4	-0.11	不分配不转增
002197	证通电子	3089.74	0.147248	2.31	-0.06	不分配不转增
002198	嘉应制药	818.58	0.0399	1.26	-0.02	不分配不转增
002199	东晶电子	1129.30	0.0921	4.39	0.1062	不分配不转增
002200	*ST 大地	-1361.22	-0.09	3.66	-0.38	不分配不转增
002201	九鼎新材	780.33	0.04	2.21	0.35	不分配不转增
002202	金风科技	42464.75	0.1576	4.77	-2.1215	不分配不转增
002203	海亮股份	9816.45	0.2453	4.04	0.04	不分配不转增
002204	华锐铸钢	1930.52	0.09	5.42	0.04	不分配不转增
002205	国统股份	602.31	0.0519	7.2184	-0.424	不分配不转增
002206	海利得	11493.56	0.27	4.4	0.23	不分配不转增
002207	准油股份	-537.30	-0.05	3.5	0.13	不分配不转增

股票代码	股票简称	净利润(万元)	每股收益(元)	每股净资产(元)	每股经营性现金流量(元)	分配预案
002208	合肥城建	6983.11	0.22	3.11	0.31	不分配不转增
002209	达意隆	2653.53	0.1359	2.96	0.34	不分配不转增
002210	飞马国际	4360.21	0.14	1.66	2.51	不分配不转增
002211	宏达新材	3408.48	0.08	4.01	0.04	不分配不转增
002212	南洋股份	6197.18	0.12	3.07	0.07	不分配不转增
002213	特尔佳	1734.64	0.08	1.38	0.08	不分配不转增
002214	大立科技	600.58	0.06	4.09	-0.14	不分配不转增
002215	诺普信	12995.28	0.37	3.71	-0.09	10派1.2元(含税)
002216	三全食品	8414.22	0.45	5.74	0.38	不分配不转增
002217	联合化工	4420.82	0.2	3.88	0.29	不分配不转增
002218	拓日新能	822.13	0.02	3.21	-0.48	不分配不转增
002219	独一味	3158.20	0.0845	1.1708	0.0487	不分配不转增
002220	天宝股份	6037.62	0.31	3.83	0.29	不分配不转增
002221	东华能源	858.30	0.038	2.82	3.31	不分配不转增
002222	福晶科技	3309.36	0.12	2.04	0.12	不分配不转增
002223	鱼跃医疗	12101.72	0.3	2.43	0.1	不分配不转增
002224	三力士	2102.87	0.13	2.84	-0.5	不分配不转增
002225	濮耐股份	6654.84	0.09	1.66	0.01	不分配不转增
002226	江南化工	5022.41	0.36	8.43	0.2	10转增5股派6元(含税)
002227	奥特迅	728.02	0.0671	5.5	-0.07	不分配不转增
002228	合兴包装	3088.77	0.09	2.39	-0.05	不分配不转增
002229	鸿博股份	3125.48	0.23	3.77	-0.52	不分配不转增
002230	科大讯飞	4011.55	0.16	4.3	0.01	不分配不转增
002231	奥维通信	1358.94	0.0847	2.55	-0.4153	不分配不转增
002232	启明信息	3521.16	0.0862	2.26	-0.2529	不分配不转增
002233	塔牌集团	29048.84	0.35	3.46	0.6	不分配不转增
002234	民和股份	8536.10	0.79	6.44	0.67	不分配不转增
002235	安妮股份	561.55	0.03	2.42	-0.0426	不分配不转增
002236	大华股份	12890.73	0.46	4.46	-0.3705	不分配不转增
002237	恒邦股份	12410.55	0.65	8.01	-2.62	不分配不转增
002238	天威视讯	5770.82	0.1801	4.16	0.38	不分配不转增
002239	金飞达	481.62	0.024	2.64	0.0435	不分配不转增
002240	威华股份	-4218.61	-0.09	3.32	0.04	不分配不转增
002241	歌尔声学	17952.48	0.24	2.31	0.18	不分配不转增
002242	九阳股份	27522.57	0.36	3.69	0.34	10派7元(含税)
002243	通产丽星	5403.76	0.21	2.5	0.01	不分配不转增
002244	滨江集团	14976.71	0.11	3.22	-2.08	不分配不转增
002245	澳洋顺昌	5284.90	0.1449	1.46	-0.63	不分配不转增
002246	北化股份	2364.70	0.1195	2.91	-0.18	不分配不转增
002247	帝龙新材	1768.32	0.18	4.41	-0.34	不分配不转增
002248	华东数控	2773.27	0.11	4.03	-0.17	不分配不转增
002249	大洋电机	13544.78	0.32	3.22	0.57	不分配不转增
002250	联化科技	12946.64	0.51	6.09	0.25	10转增5股
002251	步步高	15338.26	0.5673	6.06	1.5855	不分配不转增
002252	上海莱士	8000.89	0.29	2.92	0.17	不分配不转增
002253	川大智胜	1198.36	0.16	5.09	0.36	不分配不转增
002254	烟台氨纶	11873.73	0.3032	4.14	-0.07	不分配不转增
002255	海陆重工	6356.36	0.4924	9.19	0.034	不分配不转增
002256	彩虹精化	1522.14	0.0729	2.1787	-0.0578	不分配不转增
002258	利尔化学	4783.20	0.2363	4.4022	0.03	不分配不转增
002259	升达林业	761.39	0.02	2.31	-0.0599	10转增8股
002260	伊立浦	768.88	0.05	2.07	-0.09	不分配不转增
002261	拓维信息	4303.61	0.2	3.52	-0.03	不分配不转增
002262	恩华药业	5739.82	0.2453	2.15	0.3201	不分配不转增
002263	大东南	4077.75	0.09	3.03	0.031	不分配不转增
002264	新华都	8039.78	0.5	3.99	0.98	10转增10股
002265	西仪股份	-1055.21	-0.036	1.83	-0.08	不分配不转增
002266	浙富股份	6324.16	0.42	3.82	0.23	不分配不转增
002267	陕天然气	28647.80	0.5635	5.21	0.57	不分配不转增
002268	卫士通	596.37	0.0345	2.53	-0.8	不分配不转增
002269	美邦服饰	37636.26	0.37	3.18	-0.55	不分配不转增
002270	法因数控	1598.20	0.11	3.78	-0.1	不分配不转增
002271	东方雨虹	4640.04	0.14	2.97	-0.82	不分配不转增

股票代码	股票简称	净利润(万元)	每股收益(元)	每股净资产(元)	每股经营性现金流量(元)	分配预案
002272	川润股份	2097.48	0.12	4.3	-0.08	不分配不转增
002273	水晶光电	6037.36	0.53	5.06	0.37	不分配不转增
002274	华昌化工	2824.34	0.11	5.12	0.143	不分配不转增
002275	桂林三金	16685.07	0.283	3.15	0.5	不分配不转增
002276	万马电缆	5232.84	0.13	2.8	-0.72	不分配不转增
002277	友阿股份	20974.85	0.6007	5.21	0.54	不分配不转增
002278	神开股份	3933.93	0.15	4.27	-0.1	不分配不转增
002279	久其软件	281.27	0.0256	5.4148	-0.3035	不分配不转增
002280	新世纪	1176.52	0.11	4.32	-0.48	不分配不转增
002281	光迅科技	6537.40	0.41	6.62	0.13	不分配不转增
002282	博深工具	3460.11	0.15	3.44	0	不分配不转增
002283	天润曲轴	12920.77	0.27	3.78	0.07	不分配不转增
002284	亚太股份	5718.28	0.199	3.52	0.005	不分配不转增
002285	世联地产	14713.10	0.45	4.01	-0.33	不分配不转增
002286	保龄宝	2894.91	0.28	7.039	0.1918	不分配不转增
002287	奇正藏药	8330.29	0.21	2.85	0.12	不分配不转增
002288	超华科技	1149.46	0.0697	2.94	-0.13	不分配不转增
002289	宇顺电子	1450.72	0.2	6.45	0.01	不分配不转增
002290	禾盛新材	4723.40	0.314	6.24	-0.88	不分配不转增
002291	星期六	5713.70	0.1573	4.18	0.05	不分配不转增
002292	奥飞动漫	5934.43	0.14	3.19	-0.24	不分配不转增
002293	罗莱家纺	16243.55	1.16	10.25	0.37	不分配不转增
002294	信立泰	19574.02	0.54	5.29	0.27	不分配不转增
002295	精艺股份	3875.36	0.183	4.01	-0.317	不分配不转增
002296	辉煌科技	1390.87	0.0783	3.4	-0.3	不分配不转增
002297	博云新材	1593.20	0.07	2.68	-0.1	不分配不转增
002298	鑫龙电器	3062.20	0.1856	3.07	0.0927	不分配不转增
002299	圣农发展	12733.86	0.1525	3.6	0.1144	不分配不转增
002300	太阳电缆	6064.45	0.2011	3.43	-0.67	不分配不转增
002301	齐心文具	3624.91	0.19	5.35	0.08	不分配不转增
002302	西部建设	2873.02	0.14	4.84	-0.42	不分配不转增
002303	美盈森	7858.66	0.4395	9.365	0.32	不分配不转增
002304	洋河股份	181385.67	2.02	8.54	2.18	不分配不转增
002305	南国置业	643.70	0.0067	1.49	-0.37	不分配不转增
002306	湘鄂情	5060.09	0.25	5.9	0.55	不分配不转增
002307	北新路桥	2868.68	0.15	4.07	1.2	10 转增 10 股
002308	威创股份	10044.64	0.16	2.62	0.07	不分配不转增
002309	中利科技	11813.85	0.49	9.93	-0.92	不分配不转增
002310	东方园林	20517.63	1.37	10.29	-2.43	不分配不转增
002311	海大集团	11020.34	0.19	3.89	0.24	不分配不转增
002312	三泰电子	980.58	0.06	3.65	-0.85	不分配不转增
002313	日海通讯	6280.67	0.6281	9.5892	-2.1794	不分配不转增
002314	雅致股份	7190.42	0.25	6.67	-0.26	不分配不转增
002315	焦点科技	7363.78	0.63	13.06	0.66	不分配不转增
002316	键桥通讯	1623.84	0.1	5.22	-0.73	不分配不转增
002317	众生药业	7594.26	0.42	7.79	0.25	不分配不转增
002318	久立特材	5979.53	0.29	6.83	-0.97	不分配不转增
002319	乐通股份	1071.79	0.11	5.11	-0.46	不分配不转增
002320	海峡股份	13484.83	0.41	5.49	0.47	不分配不转增
002321	华英农业	3243.49	0.22	6.432	0.31	不分配不转增
002322	理工监测	1520.09	0.23	13.14	0.06	不分配不转增
002323	中联电气	2523.00	0.3049	10.46	0.3	不分配不转增
002324	普利特	5331.95	0.2	4.06	-0.29	不分配不转增
002325	洪涛股份	4682.50	0.21	5.07	-0.36	不分配不转增
002326	永太科技	3825.30	0.16	3.83	-0.1	不分配不转增
002327	富安娜	8566.95	0.64	9.02	0.8	不分配不转增
002328	新朋股份	4443.34	0.15	6.96	0.02	不分配不转增
002329	皇氏乳业	3371.69	0.16	3.6	0.01	不分配不转增
002330	得利斯	3750.14	0.1494	5.1317	0.4318	不分配不转增
002331	皖通科技	1515.56	0.1248	3.88	-0.08	不分配不转增
002332	仙琚制药	6224.02	0.18	3.07	0.14	不分配不转增
002333	罗普斯金	4184.29	0.17	4.79	0.11	不分配不转增
002334	英威腾	5644.23	0.46	8.75	-0.09	不分配不转增

股票代码	股票简称	净利润(万元)	每股收益(元)	每股净资产(元)	每股经营性现金流量(元)	分配预案
002335	科华恒盛	4238.77	0.27	5.04	-0.65	不分配不转增
002336	人人乐	15338.57	0.38	8.86	0.1	不分配不转增
002337	赛象科技	2455.62	0.13	6.55	0.04	不分配不转增
002338	奥普光电	2414.80	0.3	7.51	-0.29	不分配不转增
002339	积成电子	1131.44	0.13	9.31	-1.01	不分配不转增
002340	格林美	5286.92	0.22	4.52	-0.06	不分配不转增
002341	新纶科技	3907.15	0.267	4.27	-0.[illegible]74	不分配不转增
002342	巨力索具	11798.64	0.246	4.57	0.11	10 转增 10 股
002343	禾欣股份	4101.39	0.207	5.61	-0.14	不分配不转增
002344	海宁皮城	21540.36	0.38	3.63	-0.04	不分配不转增
002345	潮宏基	7366.00	0.41	7.44	-0.27	不分配不转增
002346	柘中建设	2485.49	0.18	6.94	0.01	不分配不转增
002347	泰尔重工	3316.88	0.32	7.85	0.[illegible]6	不分配不转增
002348	高乐股份	5373.14	0.2269	4.62	0.3824	不分配不转增
002349	精华制药	3585.35	0.36	5.73	0.32	不分配不转增
002350	北京科锐	2273.65	0.1771	6.9099	-0.5055	不分配不转增
002351	漫步者	5441.22	0.19	5.18	0.09	不分配不转增
002352	鼎泰新材	2183.20	0.28	8.98	0.52	不分配不转增
002353	杰瑞股份	17646.04	0.77	10.15	-0.6[illegible]	不分配不转增
002354	科冕木业	802.19	0.09	4.72	0.27	不分配不转增
002355	兴民钢圈	5840.55	0.28	5.75	0.02	不分配不转增
002356	浩宁达	404.02	0.05	11.42	-1.28	不分配不转增
002357	富临运业	3263.57	0.17	2.69	0.33	不分配不转增
002358	森源电气	4971.09	0.29	5.2	0.04	不分配不转增
002359	齐星铁塔	1865.72	0.1141	3.96	-0.43	不分配不转增
002360	同德化工	2737.19	0.23	4.87	0.2	不分配不转增
002361	神剑股份	1932.16	0.1208	3.13	-0.18	不分配不转增
002362	汉王科技	-17381.77	-0.81	5.81	-0.28	不分配不转增
002363	隆基机械	3510.95	0.29	7.14	-0.36	不分配不转增
002364	中恒电气	2019.42	0.2	5.67	-0.092	不分配不转增
002365	永安药业	3427.72	0.18	5.46	0.04	不分配不转增
002366	丹甫股份	3778.56	0.283	5.75	0.12	10 派 4.5 元(含税)
002367	康力电梯	6983.56	0.2906	5.35	-0.0392	不分配不转增
002368	太极股份	5056.25	0.26	5	-0.73	不分配不转增
002369	卓翼科技	4261.50	0.21	3.66	0.3442	10 派 1 元(含税)
002370	亚太药业	2617.04	0.22	6.22	0.18	不分配不转增
002371	七星电子	6727.18	1.03	14.66	-1.99	不分配不转增
002372	伟星新材	10482.47	0.41	6.32	-0.06	不分配不转增
002373	联信永益	-2684.15	-0.39	9.14	-0.56	不分配不转增
002374	丽鹏股份	-429.60	-0.05	5.85	-0.07	不分配不转增
002375	亚厦股份	17080.02	0.4	6.01	-0.43	不分配不转增
002376	新北洋	5301.72	0.18	3.85	0.07	不分配不转增
002377	国创高新	289.23	0.0135	3.15	-1.18	不分配不转增
002378	章源钨业	12715.46	0.3	2.96	-0.001	不分配不转增
002379	鲁丰股份	1097.69	0.07	5.62	-1.61	不分配不转增
002380	科远股份	2000.23	0.29	12.51	0.08	不分配不转增
002381	双箭股份	1762.90	0.15	7.42	-0.61	不分配不转增
002382	蓝帆股份	1127.12	0.09	7.49	0.19	不分配不转增
002383	合众思壮	2379.05	0.1652	10.12	-0.13	不分配不转增
002384	东山精密	6171.55	0.3214	7.54	-0.07	不分配不转增
002385	大北农	21770.13	0.54	7.98	0.03	不分配不转增
002386	天原集团	6277.11	0.13	8.33	0.09	不分配不转增
002387	黑牛食品	4788.95	0.2	5.25	-0.29	不分配不转增
002388	新亚制程	1328.90	0.07	2.94	-0.16	10 派 1.5 元(含税)
002389	南洋科技	4239.57	0.32	5.56	0.11	不分配不转增
002390	信邦制药	2319.08	0.13	5.51	0.06	不分配不转增
002391	长青股份	6363.54	0.31	7.77	0.2	不分配不转增
002392	北京利尔	5640.13	0.209	6.77	-0.151	10 转增 10 股
002393	力生制药	23975.02	1.31	14.81	0.11	不分配不转增
002394	联发股份	11110.16	0.51	8.96	0.84	10 派 1.5 元(含税)
002395	双象股份	2869.84	0.32	8.71	-0.04	不分配不转增
002396	星网锐捷	4860.75	0.1385	4.5345	-0.7432	不分配不转增
002397	梦洁家纺	4164.46	0.44	11.28	-0.74	不分配不转增

股票代码	股票简称	净利润(万元)	每股收益(元)	每股净资产(元)	每股经营性现金流量(元)	分配预案
002398	建研集团	5312.03	0.34	7.44	-0.09	不分配不转增
002399	海普瑞	36210.48	0.45	9.44	0.99	不分配不转增
002400	省广股份	4230.93	0.29	7.04	1.06	不分配不转增
002401	中海科技	2302.55	0.4328	9.92	0.44	10转增10股
002402	和而泰	2324.64	0.23	7.49	-0.22	不分配不转增
002403	爱仕达	3239.63	0.13	6.36	-0.49	不分配不转增
002404	嘉欣丝绸	4216.10	0.24	6.41	0.25	不分配不转增
002405	四维图新	14217.01	0.3	4.53	0.27	不分配不转增
002406	远东传动	12288.42	0.44	6.75	0.12	不分配不转增
002407	多氟多	5955.31	0.51	10.17	-1.06	10转增6股
002408	齐翔腾达	34435.76	0.74	5.94	0.25	不分配不转增
002409	雅克科技	3541.80	0.3194	9.8937	0.0471	不分配不转增
002410	广联达	12529.26	0.46	6.46	0.15	不分配不转增
002411	九九久	3357.14	0.14	3.21	-0.08	不分配不转增
002412	汉森制药	2936.96	0.2	5.77	0.31	不分配不转增
002413	常发股份	5859.23	0.4	7.78	-0.86	10转增5股派1元(含税)
002414	高德红外	5041.98	0.1681	8.33	0.0047	10派4元(含税)
002415	海康威视	52719.79	0.53	5.87	-0.023	不分配不转增
002416	爱施德	20419.80	0.41	8.22	-0.45	10转增10股
002417	三元达	1886.13	0.1	4.55	-0.74	不分配不转增
002418	康盛股份	4270.96	0.19	4.73	-0.68	不分配不转增
002419	天虹商场	32765.63	0.41	4.25	0.54	不分配不转增
002420	毅昌股份	2983.67	0.0744	3.93	-0.2562	不分配不转增
002421	达实智能	1465.53	0.1445	5.7	-0.0599	不分配不转增
002422	科伦药业	41036.63	0.85	15.17	0.4	不分配不转增
002423	中原特钢	4682.14	0.1	4.02	-0.04	不分配不转增
002424	贵州百灵	8931.23	0.38	8.23	-0.18	不分配不转增
002425	凯撒股份	3299.33	0.154	4.14	0.01	不分配不转增
002426	胜利精密	5187.54	0.1296	3.233	-0.1	不分配不转增
002427	尤夫股份	3358.67	0.14	4.04	-0.42	不分配不转增
002428	云南锗业	4403.15	0.27	7.69	-0.03	不分配不转增
002429	兆驰股份	15076.60	0.32	5.65	-0.1	不分配不转增
002430	杭氧股份	22945.59	0.38	4.23	-0.32	不分配不转增
002431	棕榈园林	11518.31	0.3	4.58	-0.83	不分配不转增
002432	九安医疗	1110.89	0.04	3.09	-0.05	不分配不转增
002433	太安堂	2088.61	0.21	9.93	-1.53	不分配不转增
002434	万里扬	6451.16	0.38	10.68	-0.21	10转增10股
002435	长江润发	2241.92	0.17	5.59	-0.44	不分配不转增
002436	兴森科技	7039.08	0.32	6.4	0.37	不分配不转增
002437	誉衡药业	6388.40	0.23	7.55	0.16	不分配不转增
002438	江苏神通	2388.45	0.23	7.28	-0.22	不分配不转增
002439	启明星辰	-2349.17	-0.24	9.67	-0.94	10转增10股
002440	闰土股份	21956.77	0.74	9.56	0.44	不分配不转增
002441	众业达	10378.41	0.45	7.5	-1.6	不分配不转增
002442	龙星化工	5184.61	0.162	3.347	-0.29	不分配不转增
002443	金洲管道	2907.03	0.17	7.1	-0.31	10转增5股
002444	巨星科技	14734.45	0.29	4.93	0.06	不分配不转增
002445	中南重工	4323.58	0.35	7.21	-0.16	10转增10.5股
002446	盛路通信	1241.82	0.09	4.88	-0.2975	不分配不转增
002447	壹桥苗业	5013.06	0.75	11.06	-0.6	不分配不转增
002448	中原内配	6801.85	0.735	10.15	0.57	不分配不转增
002449	国星光电	5806.60	0.27	9.55	-0.29	不分配不转增
002450	康得新	5917.90	0.18	2.91	0.23	不分配不转增
002451	摩恩电气	1329.28	0.09	4.33	-0.21	不分配不转增
002452	长高集团	2921.82	0.292	9.76	-0.19	不分配不转增
002453	天马精化	3874.99	0.32	5.94	-0.76	不分配不转增
002454	松芝股份	13048.50	0.4182	5.5811	0.302	不分配不转增
002455	百川股份	3027.33	0.23	5.42	-0.13	不分配不转增
002456	欧菲光	-1812.55	-0.09	4.87	-0.98	不分配不转增
002457	青龙管业	5056.13	0.23	6.43	-0.87	不分配不转增
002458	益生股份	6268.89	0.45	6.51	0.33	不分配不转增
002459	天业通联	3030.75	0.14	5.78	-1.62	不分配不转增
002460	赣锋锂业	2357.21	0.16	4.67	0.06	不分配不转增

股票代码	股票简称	净利润(万元)	每股收益(元)	每股净资产(元)	每股经营性现金流量(元)	分配预案
002461	珠江啤酒	5926.81	0.09	4.7	0.25	不分配不转增
002462	嘉事堂	3015.34	0.19	6.53	-0.3	不分配不转增
002463	沪电股份	16924.31	0.2	3.69	0.2	不分配不转增
002464	金利科技	3276.68	0.24	5.26	0.21	不分配不转增
002465	海格通信	8942.45	0.27	12.45	-0.62	不分配不转增
002466	天齐锂业	1979.66	0.13	6.56	-0.15	不分配不转增
002467	二六三	4329.49	0.36	8.7	0.35	不分配不转增
002468	艾迪西	3435.49	0.179	4.077	-0.4563	不分配不转增
002469	三维工程	2633.51	0.23	6.3	-0.037	不分配不转增
002470	金正大	22478.58	0.32	4.11	-1.04	不分配不转增
002471	中超电缆	3204.72	0.15	3.99	-2.11	不分配不转增
002472	双环传动	8604.09	0.4	5.97	0.32	不分配不转增
002473	圣莱达	1202.87	0.08	2.68	-0.11	不分配不转增
002474	榕基软件	4408.01	0.4251	11.08	0.1156	不分配不转增
002475	立讯精密	9941.23	0.38	6.47	0.54	不分配不转增
002476	宝莫股份	4003.17	0.22	4.99	-0.01	不分配不转增
002477	雏鹰农牧	14210.60	0.5322	6.21	0.08	不分配不转增
002478	常宝股份	8970.34	0.22	5.57	-1	不分配不转增
002479	富春环保	8350.31	0.1951	4.21	0.0013	不分配不转增
002480	新筑股份	12302.68	0.44	6.96	-1.33	不分配不转增
002481	双塔食品	2666.26	0.2222	6.32	0.64	不分配不转增
002482	广田股份	13556.76	0.42	8.18	-1.23	不分配不转增
002483	润邦股份	8359.52	0.23	5.3	-0.26	不分配不转增
002484	江海股份	5305.45	0.3316	7.61	0.08	不分配不转增
002485	希努尔	7190.91	0.36	9.1549	0.0983	不分配不转增
002486	嘉麟杰	3423.67	0.16	4.35	0.05	不分配不转增
002487	大金重工	3180.31	0.27	12.01	0.13	不分配不转增
002488	金固股份	3485.35	0.19	4.8	-0.64	不分配不转增
002489	浙江永强	21238.76	0.88	12.56	1.96	不分配不转增
002490	山东墨龙	7544.75	0.19	6.77	0.04	不分配不转增
002491	通鼎光电	9015.34	0.3366	5.51	-1.03	不分配不转增
002492	恒基达鑫	2616.29	0.218	6.1488	0.3929	不分配不转增
002493	荣盛石化	104524.29	0.94	5.88	0.34	不分配不转增
002494	华斯股份	2728.02	0.24	7.68	0.17	不分配不转增
002495	佳隆股份	2684.60	0.1434	5.48	-0.08	不分配不转增
002496	辉丰股份	3619.44	0.23	9.91	-0.41	不分配不转增
002497	雅化集团	11397.14	0.36	5.47	0.22	不分配不转增
002498	汉缆股份	14607.74	0.21	4.71	-0.97	不分配不转增
002499	科林环保	1655.55	0.22	8.15	-0.0216	不分配不转增
002500	山西证券	11362.67	0.05	2.48	-1.5	不分配不转增
002501	利源铝业	7025.09	0.38	6.31	0.73	不分配不转增
002502	骅威股份	2119.53	0.24	9.28	-0.03	不分配不转增
002503	搜于特	6545.93	0.41	10.48	-0.46	不分配不转增
002504	东光微电	1776.68	0.17	6.27	-0.18	不分配不转增
002505	大康牧业	3455.96	0.31	5.01	-0.2	不分配不转增
002506	超日太阳	13199.82	0.25	5.87	-3.04	不分配不转增
002507	涪陵榨菜	3811.31	0.25	5.35	0.09	不分配不转增
002508	老板电器	8025.96	0.31	5.48	0.4	不分配不转增
002509	天广消防	2362.18	0.24	6.71	-0.53	不分配不转增
002510	天汽模	4630.14	0.23	6.38	0.1	不分配不转增
002511	中顺洁柔	4775.88	0.3	12.76	-0.34	不分配不转增
002512	达华智能	2798.12	0.1317	4.2	0.01	不分配不转增
002513	蓝丰生化	5471.44	0.74	15.33	-1.18	10 转增 8 股派 3 元(含税)
002514	宝馨科技	2527.20	0.37	7.14	0.03	不分配不转增
002515	金字火腿	2792.58	0.29	8.37	-0.27	不分配不转增
002516	江苏旷达	6527.56	0.26	6.07	0.03	不分配不转增
002517	泰亚股份	2206.69	0.25	6.59	-0.52	不分配不转增
002518	科士达	3775.17	0.33	10.28	-1.01	不分配不转增
002519	银河电子	4384.24	0.31	7.12	-0.91	不分配不转增
002520	日发数码	5761.88	0.6	7.44	0.3	不分配不转增
002521	齐峰股份	3014.96	0.15	9.63	-0.46	不分配不转增
002522	浙江众成	5320.57	0.31	6.01	0.16	不分配不转增
002523	天桥起重	3638.04	0.23	6.5	-0.33	不分配不转增

股票代码	股票简称	净利润(万元)	每股收益(元)	每股净资产(元)	每股经营性现金流量(元)	分配预案
002524	光正钢构	935.19	0.05	2.62	0.02	不分配不转增
002526	山东矿机	7181.27	0.269	6.86	-1.04	不分配不转增
002527	新时达	5117.80	0.256	5.902	-0.02	不分配不转增
002528	英飞拓	3106.66	0.21	15.07	-0.13	不分配不转增
002529	海源机械	2766.07	0.17	6.23	-0.08	不分配不转增
002530	丰东股份	2458.36	0.183	4.25	0.029	不分配不转增
002531	天顺风能	5229.90	0.25	7.76	-1.03	不分配不转增
002532	新界泵业	3163.33	0.2	5	-0.04	不分配不转增
002533	金杯电工	6016.49	0.215	5.99	-1.14	不分配不转增
002534	杭锅股份	14366.04	0.36	5.53	-0.38	不分配不转增
002535	林州重机	6660.39	0.17	4.14	-0.36	不分配不转增
002536	西泵股份	5161.80	0.56	11.74	0.0886	不分配不转增
002537	海立美达	5305.98	0.55	12.45	-1.87	不分配不转增
002538	司尔特	7081.26	0.5	9.04	-1.26	不分配不转增
002539	新都化工	12244.61	0.772	12.77	0.64	10转增10股
002540	亚太科技	6792.64	0.34	10.16	-0.38	不分配不转增
002541	鸿路钢构	9017.68	0.7027	13.85	-2.58	不分配不转增
002542	中化岩土	2214.66	0.23	7.09	0.5	不分配不转增
002543	万和电气	11916.69	0.62	10.35	-0.2	不分配不转增
002544	杰赛科技	2628.96	0.16	5.23	-0.66	不分配不转增
002545	东方铁塔	10094.13	0.6072	13.84	-2.05	10转增5股
002546	新联电子	3693.18	0.46	11.02	-1.27	10转增10股
002547	春兴精工	3082.01	0.25	6.07	-1.08	不分配不转增
002548	金新农	2501.27	0.32	7.95	0.1	不分配不转增
002549	凯美特气	1718.90	0.23	5.58	0.1	不分配不转增
002550	千红制药	7868.89	0.54	10.3	0.43	不分配不转增
002551	尚荣医疗	2883.84	0.25	9.47	-0.62	不分配不转增
002552	宝鼎重工	3325.96	0.24	5.01	0.047	不分配不转增
002553	南方轴承	1841.43	0.2311	5.86	0.1467	不分配不转增
002554	惠博普	2933.00	0.15	5.43	-0.29	不分配不转增
002555	顺荣股份	3071.31	0.2504	5.64	0.2054	不分配不转增
002556	辉隆股份	5103.62	0.23	7.65	-2.66	不分配不转增
002557	洽洽食品	7216.97	0.39	12.43	0.19	10转增3股派7元(含税)
002558	世纪游轮	702.41	0.13	9.3	0.2	不分配不转增
002559	亚威股份	5210.75	0.65	12.49	-0.26	不分配不转增
002560	通达股份	2874.01	0.3	7.96	-1.62	不分配不转增
002561	徐家汇	11453.68	0.29	3.84	0.17	10派3.2元(含税)
002562	兄弟科技	1770.16	0.19	7.51	-0.88	不分配不转增
002563	森马服饰	43749.10	0.69	10.41	-0.25	不分配不转增
002564	张化机	4722.00	0.17	6.41	-0.91	不分配不转增
002565	上海绿新	5604.69	0.48	10.87	-0.17	10转增6股派3元(含税)
002566	益盛药业	4063.82	0.42	13.04	-0.51	不分配不转增
002567	唐人神	2977.95	0.22	10.34	-0.17	10派2.1元(含税)
002568	百润股份	2054.04	0.29	7.69	0.19	10派4元(含税)
002569	步森股份	1689.53	0.22	6.25	-0.8085	10派4元(含税)
002570	贝因美	19490.58	0.49	7.05	0.7	不分配不转增
002571	德力股份	2586.36	0.37	10.25	-0.37	不分配不转增
002572	宁基股份	4568.89	1.0267	24.62	0.41	10转增10股派8元(含税)
002573	国电清新	4700.76	0.38	13.471	0.104	10转增10股
002574	明牌珠宝	13080.68	0.65	11.15	-0.3	不分配不转增
002575	群兴玩具	4040.37	0.36	6.29	-0.6	不分配不转增
002576	通达动力	3132.32	0.3	6.66	-1	不分配不转增
002577	雷柏科技	5009.23	0.47	10.96	0.09	不分配不转增
002578	闽发铝业	2006.36	0.14	5.08	-0.16	不分配不转增
002579	中京电子	1815.15	0.22	6.15	0.06	10派2元(含税)
002580	圣阳股份	2130.74	0.36	9.29	-1.14	不分配不转增
002581	万昌科技	3055.73	0.36	5.87	0.3	不分配不转增
002582	好想你	6333.23	1.09	15.54	2.05	不分配不转增
002583	海能达	2027.58	0.09	6.08	-0.43	不分配不转增
002584	西陇化工	4239.29	0.27	4.96	-0.07	10派1.5元(含税)
002585	双星新材	25273.81	1.6201	17.2	0.81	不分配不转增
002586	围海股份	2024.81	0.24	6.74	-1.56	不分配不转增
002587	奥拓电子	2210.97	0.35	5.77	-0.18	不分配不转增

股票代码	股票简称	净利润(万元)	每股收益(元)	每股净资产(元)	每股经营性现金流量(元)	分配预案
002588	史丹利	12018.74	1.23	14.79	-0.85	不分配不转增
002589	瑞康医药	3332.15	0.476	8.15	-3.43	不分配不转增
002590	万安科技	3876.69	0.55	6.79	-0.67	不分配不转增
002591	恒大高新	2063.41	0.34	8.52	-0.54	不分配不转增
002593	日上集团	5999.47	0.28	5.38	-0.59	不分配不转增
002594	比亚迪	27536.30	0.12	8.53	1.98	不分配不转增
002595	豪迈科技	10606.49	0.7071	9.3155	0.2541	不分配不转增
002596	海南瑞泽	3214.62	0.32	6.01	-0.2	不分配不转增
002597	金禾实业	9951.16	1	8.4	-0.2	不分配不转增
002598	山东章鼓	3848.68	0.3318	2.2	0.31	不分配不转增
002599	盛通股份	2151.69	0.22	2.43	0.37	
002600	江粉磁材	3853.00	0.16	2.79	-0.14	不分配不转增
002601	佰利联	23458.89	3.35	9.05	1.48	不分配不转增
002602	世纪华通	8978.86	0.6909	3.84	0.0822	不分配不转增
002603	以岭药业	17497.89	0.49	3.52	0.0738	
002604	龙力生物	4715.94	0.31	4.9	0.68	
002605	姚记扑克	3767.52	0.54	4.03	1.25	
002606	大连电瓷	2128.53	0.28	3.55	0.21	
002607	亚夏汽车	5025.45	0.76	4.77	-1.4	
002608	舜天船舶	12601.89	1.15	10.32	1.56	
002609	捷顺科技	1706.15	0.1925	2.28	-0.59	
002610	爱康科技	15182.75	0.27	3.8908	0.19	
002611	东方精工	3402.11	0.33	1.74	0.15	
002612	朗姿股份	9619.61	0.64	2.45	0.35	
002613	北玻股份	4961.96	0.25	2.8697	0.17	
002614	蒙发利	3621.76	0.4	4.82	-0.8	
002615	哈尔斯	2336.24	0.34	2.4	0.22	
002616	长青集团	2964.98	0.267	3.384	-0.03	
002617	露笑科技	3528.81	0.39	3.8	0.94	
002618	丹邦科技	2454.42	0.2	2.5615	0.38	

2011 年中期创业板上市公司主要财务指标

截至 2011 年 8 月 31 日

股票代码	股票简称	净利润(万元)	每股收益(元)	每股净资产(元)	每股经营性现金流量(元)	分配预案
300001	特锐德	4776.81	0.238	5.43	-0.26	不分配不转增
300002	神州泰岳	20019.91	0.53	7.01	-0.38	不分配不转增
300003	乐普医疗	26331.22	0.3243	2.62	0.18	不分配不转增
300004	南风股份	3087.45	0.16	4.11	-0.29	不分配不转增
300005	探路者	4353.45	0.162	2	-0.16	不分配不转增
300006	莱美药业	4794.68	0.52	6.54	-0.24	不分配不转增
300007	汉威电子	1479.25	0.13	4.43	-0.11	不分配不转增
300008	上海佳豪	3518.61	0.242	3.356	-0.115	不分配不转增
300009	安科生物	2836.08	0.1501	2.6992	0.0845	不分配不转增
300010	立思辰	2645.29	0.1118	2.66	-0.17	不分配不转增
300011	鼎汉技术	3749.71	0.3632	7.1817	-0.6121	不分配不转增
300012	华测检测	3902.60	0.21	3.94	0.21	不分配不转增
300013	新宁物流	198.47	0.02	3.53	0.12	不分配不转增
300014	亿纬锂能	3844.23	0.19	3.03	-0.07	不分配不转增
300015	爱尔眼科	7983.29	0.3	4.75	0.3	10 转增 6 股
300016	北陆药业	1958.29	0.13	3.06	0.08	不分配不转增
300017	网宿科技	1984.34	0.13	4.81	0.12	不分配不转增
300018	中元华电	1732.52	0.13	5.04	-0.09	不分配不转增
300019	硅宝科技	2076.87	0.2	4.17	-0.1	不分配不转增
300020	银江股份	2855.32	0.12	2.65	-0.45	不分配不转增
300021	大禹节水	1273.63	0.05	1.47	-0.18	不分配不转增
300022	吉峰农机	3831.54	0.1072	1.65	-0.52	不分配不转增
300023	宝德股份	264.69	0.03	3.8	-0.1	不分配不转增
300024	机器人	4817.04	0.16	3.61	-0.09	不分配不转增
300025	华星创业	1582.68	0.13	2.49	-0.64	不分配不转增
300026	红日药业	4313.82	0.29	6.8	-0.3	不分配不转增
300027	华谊兄弟	6364.91	0.11	2.56	0.15	不分配不转增

股票代码	股票简称	净利润(万元)	每股收益(元)	每股净资产(元)	每股经营性现金流量(元)	分配预案
300028	金亚科技	2168.00	0.08	2.59	0.17	不分配不转增
300029	天龙光电	6132.16	0.3066	6.13	-0.4136	不分配不转增
300030	阳普医疗	1620.03	0.11	4.06	-0.05	不分配不转增
300031	宝通带业	1472.73	0.15	6.55	-0.27	不分配不转增
300032	金龙机电	2202.37	0.1543	5.6967	-0.1082	不分配不转增
300033	同花顺	3446.96	0.26	8.12	0.13	不分配不转增
300034	钢研高纳	2885.81	0.1361	4.0816	-0.2344	不分配不转增
300035	中科电气	1761.29	0.15	6.06	-0.13	不分配不转增
300036	超图软件	626.73	0.052	4.19	-0.49	不分配不转增
300037	新宙邦	5946.10	0.56	9.52	-0.13	不分配不转增
300038	梅泰诺	1193.96	0.13	8.07	-0.15	不分配不转增
300039	上海凯宝	8479.58	0.32	4.76	0.29	不分配不转增
300040	九洲电气	1570.12	0.11	6.26	-0.62	不分配不转增
300041	回天胶业	4521.56	0.4282	8.05	-0.01	不分配不转增
300042	朗科科技	814.96	0.12	12.01	0.1	不分配不转增
300043	星辉车模	3104.80	0.2	4.49	0.19	不分配不转增
300044	赛为智能	1318.05	0.1318	5.38	-0.29	不分配不转增
300045	华力创通	2321.34	0.17	5.03	-0.02	不分配不转增
300046	台基股份	4708.65	0.33	5.85	0.15	不分配不转增
300047	天源迪科	1655.85	0.11	6.33	-0.32	不分配不转增
300048	合康变频	5086.54	0.21	5.58	-0.39	不分配不转增
300049	福瑞股份	2216.37	0.18	5.44	0.09	不分配不转增
300050	世纪鼎利	5230.61	0.24	7.15	-0.063	不分配不转增
300051	三五互联	1289.49	0.08	3.13	0.13	不分配不转增
300052	中青宝	1040.80	0.08	6.78	0.09	不分配不转增
300053	欧比特	1605.08	0.08	2.91	-0.13	不分配不转增
300054	鼎龙股份	2596.74	0.29	6.53	0.2	不分配不转增
300055	万邦达	2865.23	0.13	7.054	0.05	不分配不转增
300056	三维丝	1439.93	0.2769	6.73	-0.6	不分配不转增
300057	万顺股份	3386.97	0.1204	3.07	-0.04	不分配不转增
300058	蓝色光标	5383.60	0.45	7.55	0.21	10 转增 5 股
300059	东方财富	5883.83	0.28	7.86	0.58	不分配不转增
300061	康耐特	757.83	0.13	6.28	-0.69	不分配不转增
300062	中能电气	2408.22	0.16	4.28	0.07	不分配不转增
300063	天龙集团	843.94	0.13	9.33	-0.32	不分配不转增
300064	豫金刚石	6627.36	0.22	3.87	0.21	不分配不转增
300065	海兰信	1622.98	0.29	10.57	-1.72	不分配不转增
300066	三川股份	2602.45	0.25	8.07	-0.01	不分配不转增
300067	安诺其	1658.07	0.1033	4.43	-0.08	不分配不转增
300068	南都电源	1679.41	0.07	8.57	-0.57	不分配不转增
300069	金利华电	1597.90	0.2	5.95	-0.11	不分配不转增
300070	碧水源	6001.58	0.19	9.15	-0.39	不分配不转增
300071	华谊嘉信	1785.69	0.17	4.19	-0.53	不分配不转增
300072	三聚环保	3065.62	0.16	5.54	-0.82	不分配不转增
300073	当升科技	273.30	0.0171	5.2	-0.06	不分配不转增
300074	华平股份	1411.33	0.1411	7.92	-0.0526	不分配不转增
300075	数字政通	964.29	0.11	10.19	-0.24	不分配不转增
300076	宁波 GQY	1199.51	0.11	9.79	-0.12	不分配不转增
300077	国民技术	5891.96	0.22	9.95	-0.09	不分配不转增
300078	中瑞思创	4754.66	0.28	6.66	0.05	不分配不转增
300079	数码视讯	9110.19	0.41	9.7	-0.28	不分配不转增
300080	新大新材	11422.65	0.82	14.41	-2.91	不分配不转增
300081	恒信移动	-502.96	-0.08	11.74	-1.82	不分配不转增
300082	奥克股份	11656.75	0.45	10.54	-1.21	不分配不转增
300083	劲胜股份	2037.09	0.1	5.84	-0.17	不分配不转增
300084	海默科技	544.79	0.0426	4.77	-0.17	不分配不转增
300085	银之杰	841.60	0.0701	4.1939	-0.347	不分配不转增
300086	康芝药业	2213.06	0.11	9.1	-0.67	10 派 1.5 元(含税)
300087	荃银高科	378.58	0.04	5.12	-0.13	不分配不转增
300088	长信科技	8158.36	0.33	4.81	0.29	不分配不转增
300089	长城集团	2866.96	0.29	7.6	0.33	不分配不转增
300090	盛运股份	3167.68	0.1241	3.53	-0.05	不分配不转增
300091	金通灵	4858.99	0.23	3.94	-0.27	不分配不转增

股票代码	股票简称	净利润(万元)	每股收益(元)	每股净资产(元)	每股经营性现金流量(元)	分配预案
300092	科新机电	1086.90	0.12	5.83	-0.09	不分配不转增
300093	金刚玻璃	2439.14	0.11	3.73	0.15	不分配不转增
300094	国联水产	-1072.92	-0.03	4.62	0.49	不分配不转增
300095	华伍股份	1693.13	0.22	8.77	-0.08	不分配不转增
300096	易联众	3519.99	0.41	6.31	-0.01	不分配不转增
300097	智云股份	1129.55	0.1883	6.73	-0.14	不分配不转增
300098	高新兴	1029.33	0.12	9	-0.57	不分配不转增
300099	尤洛卡	2873.51	0.28	6.51	0.11	10派3元(含税)
300100	双林股份	7011.30	0.5	5.85	0.51	不分配不转增
300101	国腾电子	2182.54	0.16	5.14	-0.27	不分配不转增
300102	乾照光电	8787.36	0.3	5.63	-0.05	不分配不转增
300103	达刚路机	2377.46	0.2	5.54	0.04	不分配不转增
300104	乐视网	5839.51	0.27	4.46	0.29	不分配不转增
300105	龙源技术	6320.10	0.39	9.8	-0.55	不分配不转增
300106	西部牧业	1494.70	0.13	4.58	-0.0[illegible]	不分配不转增
300107	建新股份	1804.17	0.23	5.87	0.09	不分配不转增
300108	双龙股份	1455.95	0.22	5.15	0.2	不分配不转增
300109	新开源	1403.73	0.19	4.72	0.0064	不分配不转增
300110	华仁药业	3834.65	0.18	5.35	0.11	不分配不转增
300111	向日葵	13195.40	0.26	3.11	-0.06	不分配不转增
300112	万讯自控	984.12	0.09	3.85	0.035	不分配不转增
300113	顺网科技	2279.64	0.17	5.32	0.03	不分配不转增
300114	中航电测	2779.36	0.23	5.94	0.22	不分配不转增
300115	长盈精密	6892.95	0.4	7.15	0.12	不分配不转增
300116	坚瑞消防	557.43	0.07	6.01	-0.45	不分配不转增
300117	嘉寓股份	2792.13	0.13	5.18	-0.32	不分配不转增
300118	东方日升	8028.89	0.2294	7.07	-0.81	不分配不转增
300119	瑞普生物	5698.73	0.3843	9.0089	-0.0516	不分配不转增
300120	经纬电材	1863.25	0.1647	5.0411	-0.0429	不分配不转增
300121	阳谷华泰	1091.44	0.1011	3.99	-0.05	不分配不转增
300122	智飞生物	9758.91	0.24	5.4	0.15	不分配不转增
300123	太阳鸟	2188.24	0.16	5.73	0.21	不分配不转增
300124	汇川技术	17000.14	0.79	10.81	-0.06	不分配不转增
300125	易世达	3466.67	0.29	8.86	-0.37	不分配不转增
300126	锐奇股份	3606.33	0.2379	6.08	-0.0589	不分配不转增
300127	银河磁体	3467.42	0.21	5.6049	-0.06	不分配不转增
300128	锦富新材	5241.57	0.26	5.63	-0.16	不分配不转增
300129	泰胜风能	2422.40	0.11	6.05	-0.27	不分配不转增
300130	新国都	3136.45	0.27	7.79	-0.37	不分配不转增
300131	英唐智控	1780.59	0.18	5.09	0.17	不分配不转增
300132	青松股份	2432.86	0.2017	4.42	0.1	不分配不转增
300133	华策影视	8038.13	0.71	10.93	-0.25	10转增7股派3元(含税)
300134	大富科技	13028.77	0.81	14.81	0.88	10转增10股派6元(含税)
300135	宝利沥青	2939.99	0.18	6.07	-2.13	不分配不转增
300136	信维通信	3362.83	0.3783	4.75	0.1323	不分配不转增
300137	先河环保	1784.65	0.11	5.43	-0.32	不分配不转增
300138	晨光生物	3836.90	0.4273	10.35	0.88	不分配不转增
300139	福星晓程	3728.06	0.68	19.35	-0.53	不分配不转增
300140	启源装备	2199.74	0.18	6.31	-0.18	不分配不转增
300141	和顺电气	1504.07	0.27	9.44	-0.4	不分配不转增
300142	沃森生物	8384.53	0.56	17.56	-0.06	10派3元(含税)
300143	星河生物	2818.55	0.19	5.12	0.31	不分配不转增
300144	宋城股份	10437.13	0.28	7	0.43	不分配不转增
300145	南方泵业	3697.53	0.26	6.43	0.31	不分配不转增
300146	汤臣倍健	8948.20	0.82	15.17	0.46	不分配不转增
300147	香雪制药	3032.14	0.12	5.45	0.01	不分配不转增
300148	天舟文化	2189.11	0.22	5.24	0.15	不分配不转增
300149	量子高科	947.77	0.07	4.27	-0.0019	不分配不转增
300150	世纪瑞尔	5330.37	0.39	10.02	-0.72	不分配不转增
300151	昌红科技	1632.78	0.22	6.85	0.02	不分配不转增
300152	燃控科技	3750.61	0.35	12.29	0.03	不分配不转增
300153	科泰电源	2589.30	0.16	5.72	-0.16	不分配不转增
300154	瑞凌股份	5017.95	0.22	5.62	0.09	不分配不转增

股票代码	股票简称	净利润(万元)	每股收益(元)	每股净资产(元)	每股经营性现金流量(元)	分配预案
300155	安居宝	1771.25	0.1	5.42	-0.05	不分配不转增
300156	天立环保	5765.88	0.36	9.21	-0.45	不分配不转增
300157	恒泰艾普	4236.20	0.24	8.77	0.05	不分配不转增
300158	振东制药	5211.61	0.36	12.26	-0.76	不分配不转增
300159	新研股份	1033.13	0.11	9.12	-1.17	不分配不转增
300160	秀强股份	5088.22	0.54	10.38	-0.35	不分配不转增
300161	华中数控	1672.24	0.16	8.5	-1.08	不分配不转增
300162	雷曼光电	1958.06	0.3	10.88	-0.34	10转增10股派1元(含税)
300163	先锋新材	1603.54	0.21	7.86	-0.07	不分配不转增
300164	通源石油	882.10	0.12	13.54	-0.68	不分配不转增
300165	天瑞仪器	4108.02	0.36	11.4	0.18	不分配不转增
300166	东方国信	2393.02	0.62	15.73	0.03	不分配不转增
300167	迪威视讯	1084.16	0.17	10.27	-0.85	不分配不转增
300168	万达信息	797.03	0.07	8.71	-1.08	不分配不转增
300169	天晟新材	2809.15	0.2061	6.59	-0.42	不分配不转增
300170	汉得信息	4010.09	0.26	5.81	0.07	不分配不转增
300171	东富龙	9579.30	0.62	12.07	0.26	不分配不转增
300172	中电环保	1757.77	0.18	7.43	-0.25	不分配不转增
300173	松德股份	1943.88	0.23	6.23	-0.5	不分配不转增
300174	元力股份	1446.77	0.222	6.9917	-0.2832	不分配不转增
300175	朗源股份	2670.16	0.27	6.12	0.46	10转增12股
300176	鸿特精密	1034.73	0.1263	5.5612	-0.1166	不分配不转增
300177	中海达	2297.20	0.5	13.98	-1.65	10转增10股
300178	腾邦国际	4012.89	0.37	8.08	0.16	不分配不转增
300179	四方达	1815.53	0.25	7.88	0.03	不分配不转增
300180	华峰超纤	3345.33	0.23	7.21	-0.12	不分配不转增
300181	佐力药业	2562.11	0.35	8.23	-0.17	不分配不转增
300182	捷成股份	4144.17	0.39	8.28	-0.4	不分配不转增
300183	东软载波	7565.38	0.83	12.35	0.81	不分配不转增
300184	力源信息	1594.46	0.26	6.67	-0.32	不分配不转增
300185	通裕重工	9436.96	0.3	9.45	-0.45	不分配不转增
300186	大华农	5456.92	0.23	7.27	-0.42	不分配不转增
300187	永清环保	1248.25	0.21	11.01	-0.63	不分配不转增
300188	美亚柏科	593.87	0.13	11.55	-1.24	不分配不转增
300189	神农大丰	4725.46	0.3375	7.9	0.0143	不分配不转增
300190	维尔利	2162.63	0.47	15.82	-1.14	不分配不转增
300191	潜能恒信	3326.43	0.48	12.8	-0.01	不分配不转增
300192	科斯伍德	1730.20	0.27	7.39	0.09	不分配不转增
300193	佳士科技	5569.07	0.29	8.25	-0.24	不分配不转增
300194	福安药业	6797.68	0.58	12.2	0.16	不分配不转增
300195	长荣股份	7489.64	0.86	12.39	-0.05	10转增4股派10元(含税)
300196	长海股份	2844.99	0.271	6.46	0.4425	不分配不转增
300197	铁汉生态	5168.58	0.96	20.81	-2.34	10转增9股
300198	纳川股份	3508.17	0.436	9.74	0.08	10转增5股派3元(含税)
300199	翰宇药业	3006.26	0.34	9.26	0.18	不分配不转增
300200	高盟新材	2263.17	0.2423	6.51	-0.32	不分配不转增
300201	海伦哲	587.33	0.084	7.63	-0.47	不分配不转增
300202	聚龙股份	1455.38	0.21	7.28	-0.32	不分配不转增
300203	聚光科技	3906.38	0.09	3.33	-0.21	不分配不转增
300204	舒泰神	3253.33	0.59	15.45	0.44	不分配不转增
300205	天喻信息	2675.93	0.39	12.4	-2.92	不分配不转增
300206	理邦仪器	2875.25	0.35	11.27	0.17	10派2元(含税)
300207	欣旺达	3910.07	0.2496	5.97	-0.08	不分配不转增
300208	恒顺电气	2198.11	0.38	8.57	-0.004	不分配不转增
300209	天泽信息	2962.53	0.44	10.22	0.55	不分配不转增
300210	森远股份	3404.00	0.55	7.6	0.03	不分配不转增
300211	亿通科技	924.24	0.23	8.88	-1	不分配不转增
300212	易华录	1314.44	0.24	9.29	-1.37	不分配不转增
300213	佳讯飞鸿	1780.82	0.25	7.8	-0.4	不分配不转增
300214	日科化学	4987.24	0.47	7.54	-0.48	不分配不转增
300215	电科院	4356.05	1.23	24.22	1.08	10转增10股派10元(含税)
300216	千山药机	2647.85	0.5	9.9	-0.86	不分配不转增
300217	东方电热	5862.27	0.83	9.87	0.16	不分配不转增

股票代码	股票简称	净利润(万元)	每股收益(元)	每股净资产(元)	每股经营性现金流量(元)	分配预案
300218	安利股份	3608.33	0.4316	6.9	-0.63	不分配不转增
300219	鸿利光电	3718.13	0.3837	5.6339	-0.[illegible]784	不分配不转增
300220	金运激光	918.64	0.3341	7.59	-0.2013	不分配不转增
300221	银禧科技	2877.51	0.36	6.48	-0.88	不分配不转增
300222	科大智能	1132.00	0.24	9.29	-0.59	不分配不转增
300223	北京君正	5006.58	0.7905	13.37	0.3[illegible]77	不分配不转增
300224	正海磁材	8804.48	0.7	7.23	-0.04	不分配不转增
300225	金力泰	3381.58	0.64	10.28	0.28	10派3元(含税)
300226	上海钢联	1481.30	0.4678	7.67	0.71	不分配不转增
300227	光韵达	1063.46	0.2	4.43	0.07	不分配不转增
300228	富瑞特装	3046.66	0.61	8.78	-2.45	不分配不转增
300229	拓尔思	1451.20	0.16	5.72	-0.08	不分配不转增
300230	永利带业	1997.63	0.2971	4.93	0.[illegible]5	不分配不转增
300231	银信科技	1835.12	0.6117	6.7754	-0.5375	不分配不转增
300232	洲明科技	2204.62	0.38	6.75	0.02	不分配不转增
300233	金城医药	4176.49	0.46	7.81	0.15	不分配不转增
300234	开尔新材	2446.54	0.41	4.41	0.15	不分配不转增
300235	方直科技	922.55	0.28	6.28	-0.11	10派2元(含税)
300236	上海新阳	1853.74	0.29	3.94	0.[illegible]	不分配不转增
300237	美晨科技	3157.29	0.74	9.66	-0.76	不分配不转增
300238	冠昊生物	1201.02	0.26	6.61	0.03	不分配不转增
300239	东宝生物	1259.26	0.221	3.74	0.1735	不分配不转增
300240	飞力达	3458.92	0.43	6.96	0.01	不分配不转增
300241	瑞丰光电	2051.32	0.26	2.71	0.27	不分配不转增
300242	明家科技	921.40	0.1645	2.0751	-0.0325	不分配不转增
300243	瑞丰高材	2712.64	0.68	3.55	-0.87	不分配不转增
300244	迪安诊断	2262.22	0.59	4.55	-0.15	不分配不转增
300245	天玑科技	2544.54	0.5089	2.82	-0.25	不分配不转增
300246	宝莱特	1780.55	0.59	3.58	0.44	
300247	桑乐金	1909.94	0.31	4.03	0.07	
300248	新开普	472.10	0.14	3.66	-0.78	
300249	依米康	1920.11	0.33	2.42	-0.49	
300250	初灵信息	1841.35	0.61	3.4	-0.25	
300251	光线传媒	6038.50	0.73	3.55	0.48	
300252	金信诺	2758.28	0.34	2.81	-0.62	
300253	卫宁软件	1758.88	0.44	2.81	-0.62	
300254	仟源制药	2367.49	0.24	1.73	0.11	
300255	常山药业	4194.40	0.52	3.23	0.37	
300256	星星科技	2765.83	0.3688	3.64	-0.2608	
300257	开山股份	15011.07	1.4	5.1	1.82	
300258	精锻科技	4398.97	0.59	3.51	0.18	
300259	新天科技	1877.68	0.33	2.43	-0.16	
300260	新莱应材	3171.92	0.634	3.98	-0.34	
300261	雅本化学	2127.97	0.3129	1.94	0.52	
300262	巴安水务	1788.77	0.36	3.04	0.12	
300263	隆华传热	3582.85	0.6	3.62	0.1	
300264	佳创视讯	1415.21	0.19	2.27	-0.07	
300265	通光线缆	2007.40	0.2	1.91	-0.19	

2011年上半年深市股票平均市盈

2011年6月底	税后盈利加权平均法		
	简单平均	按流通盈利平均	按总盈利平均
股票平均	38.27	29.00	30.14
主板A股	33.67	26.77	26.05
中小板	41.13	35.49	35.95
创业板	43.03	44.30	42.98
主板B股	13.85	12.25	12.21
农林牧渔	50.32	49.37	49.16
采掘业	43.95	31.03	31.99
制造业	37.81	30.90	31.76
食品饮料	39.50	35.20	36.94

2011 年 6 月底	税后盈利加权平均法		
	简单平均	按流通盈利平均	按总盈利平均
纺织服装	39.30	35.83	34.75
木材家具	41.59	33.84	35.54
造纸印刷	31.34	23.17	25.74
石化塑胶	37.84	33.76	33.43
电子	45.73	48.80	45.01
金属非金属	39.63	31.41	32.72
机械设备	35.33	24.04	25.81
医药生物	40.45	39.29	37.42
其他制造业	25.24	37.99	27.07
水电煤气	29.14	25.13	23.75
建筑业	49.71	43.61	40.67
运输仓储	22.18	20.63	20.64
信息技术	44.31	38.95	39.59
批发零售	38.59	32.03	32.99
金融保险	19.43	15.00	16.85
房地产业	21.64	17.69	17.66
社会服务	53.75	38.25	35.70
传播文化	42.99	43.41	43.77
综合类	36.75	43.26	41.38

2011 年上半年深市股票行业分布

2011 年 6 月底	上市数目	总发行股本	总流通股本	市价总值	流通市值
合计	1354	586,102,324,929	410,292,935,889	8,296,364,065,808	5,329,835,252,261
农林牧渔	26	7,725,144,111	5,317,788,693	123,681,818,310	79,749,464,551
采掘业	20	13,625,997,198	10,020,537,773	322,653,507,755	226,783,061,350
制造业	900	357,676,144,904	241,371,899,689	5,366,514,036,926	3,381,388,295,980
食品饮料	53	20,777,925,950	14,861,189,591	642,045,115,281	454,544,207,022
纺织服装	46	12,564,239,872	9,199,947,552	153,064,237,920	97,919,893,155
木材家具	8	2,131,315,578	1,312,976,228	27,314,794,490	13,011,008,973
造纸印刷	28	9,027,288,095	6,078,812,098	97,264,571,700	54,206,776,320
石化塑胶	168	56,582,445,130	38,728,360,229	824,124,155,225	472,026,492,594
电子	105	51,027,581,193	31,950,581,581	566,781,664,513	311,090,181,954
金属非金属	111	76,921,207,524	51,018,298,528	876,436,470,466	603,712,032,717
机械设备	278	98,266,161,214	68,679,582,832	1,541,591,690,289	991,853,833,837
医药生物	80	23,834,505,654	16,272,025,523	510,669,098,421	326,593,433,532
其他制造业	23	6,543,474,694	3,270,125,527	127,222,238,621	56,430,435,876
水电煤气	28	22,171,496,356	17,694,061,510	171,793,884,037	123,418,232,460
建筑业	21	6,948,160,940	3,772,132,193	132,395,291,943	69,185,666,478
运输仓储	24	12,925,177,244	10,248,138,967	95,393,649,496	76,547,006,585
信息技术	126	30,461,696,206	18,192,689,903	528,509,321,094	301,051,535,447
批发零售	58	28,070,881,204	19,853,986,475	404,451,185,185	244,070,587,547
金融保险	9	18,069,943,502	13,550,615,338	300,202,672,107	202,983,739,244

2011 年上半年深市股票行业成交数据

2011 年 1 - 6 月份	交易天数	成交金额		成交股数		成交笔数	
		人民币元	占总计%	股数	占总计%	笔	占总计%
合计	119	10,157,510,345,807	100.00	670,095,834,078	100.00	548,839,020	100.00
农林牧渔	119	222,288,778,310	2.19	11,574,468,259	1.73	13,085,843	2.38
采掘业	119	516,600,475,279	5.09	18,031,235,038	2.69	21,540,643	3.92
制造业	119	6,769,013,016,773	66.64	429,752,349,658	64.13	364,911,794	66.49
食品饮料	119	497,615,988,819	4.90	23,285,660,334	3.47	22,277,405	4.06
纺织服装	119	183,790,727,740	1.81	14,909,928,287	2.23	11,069,299	2.02
木材家具	119	32,193,691,028	0.32	2,849,902,787	0.43	2,231,863	0.41
造纸印刷	119	129,012,872,255	1.27	12,120,188,674	1.81	8,325,873	1.52
石化塑胶	119	1,104,297,263,740	10.87	82,303,459,686	12.28	62,855,461	11.45
电子	119	730,539,262,696	7.19	57,178,945,388	8.53	40,084,175	7.30
金属非金属	119	1,357,096,693,341	13.36	90,632,599,426	13.53	73,742,384	13.44
机械设备	119	2,000,670,539,186	19.70	109,915,196,909	16.40	105,250,658	19.18

2011 年 1 - 6 月份	交易天数	成交金额		成交股数		成交笔数	
		人民币元	占总计%	股数	占总计%	笔	占总计%
医药生物	119	571,269,073,024	5.62	28,612,789,556	4.27	29,946,637	5.46
其他制造业	119	162,526,904,945	1.60	7,943,678,611	1.[illegible]9	9,128,039	1.66
水电煤气	119	211,728,605,173	2.08	21,946,757,648	3.28	13,463,323	2.45
建筑业	119	145,762,381,938	1.44	7,845,108,757	1.17	7,761,618	1.41
运输仓储	119	106,810,823,813	1.05	10,934,963,911	1.63	7,356,081	1.34
信息技术	119	534,941,647,509	5.27	27,306,713,662	4.03	28,244,729	5.15
批发零售	119	380,096,080,719	3.74	29,849,604,518	4.45	20,806,886	3.79
金融保险	119	224,913,156,504	2.21	14,244,659,410	2.13	10,453,901	1.90
房地产业	119	458,697,220,677	4.52	56,269,580,665	8.40	29,326,562	5.34
社会服务	119	264,789,155,514	2.61	18,661,334,740	2.78	15,352,100	2.80
传播文化	119	40,053,125,581	0.39	1,983,575,265	0.30	1,994,738	0.36
综合类	119	281,815,878,018	2.77	21,695,482,547	3.24	14,540,802	2.65

2011 年上半年深市会员交易金额

单位:百万元

2011 年 1-6 月	总计	本地会员	异地会员	其他
总交易金额(百万元)	20,950,356.33	4,791,203.76	15,988,947.89	170,204.68
股票	20,315,020.69	4,629,667.41	15,554,260.98	131,092.31
主板 A 股	11,822,976.16	2,760,493.77	8,983,954.16	78,488.22
中小板	7,010,394.75	1,537,430.00	5,428,570.41	44,394.34
创业板	1,410,647.36	310,249.37	1,100,384.28	13.71
主板 B 股	71,002.43	21,494.27	41,312.13	8,196.03
基金	355,892.30	71,606.58	258,449.19	25,836.54
封闭式	184,374.36	39,967.77	126,540.65	17,865.94
开放式	23,481.83	6,527.21	15,496.96	1,457.66
ETFs	148,036.12	25,111.60	116,411.58	6,512.94
企业债券	255,509.39	83,872.47	158,475.41	13,161.52
现券	53,577.31	20,737.94	28,391.94	4,447.43
回购	201,932.08	63,134.53	130,083.47	8,714.08
可转换债券	22,545.24	5,030.70	17,400.23	114.30
国债	1,388.71	1,026.61	362.08	0.02
现货	1,388.70	1,026.61	362.08	0.02
回购	0.00		0.00	
权证				

2011 年上半年深市市场总貌

6 月份新上市公司数目	23
上市公司数目	1312
中小板	592
创业板	236
上市证券数目	1759
会员数	115
参与交易会员数	101
席位数	5019
总发行股本(百万股)	586102.32
总流通股本(百万股)	410292.94
上市公司市价总值(百万元)	8296364.07
上市公司流通市值(百万元)	5329835.25
6 月份交易日数	21
6 月份总成交金额(百万元)	1343570.88
中小板	444493.88
创业板	92156.69
平均每日成交金额(百万元)	63979.57
6 月份总成交股数(百万股)	98176.31
平均每日成交股数(百万股)	4675.06
6 月份总成交笔数	76774416
平均每日成交笔数	3655925
6 月底平均市盈率(倍)	30.14

6月底信用交易余额－融资	10008.63
(百万元)融券	134.81
6月份深证成份指数－最高	12157.56
最低	11288.62
收市	12110.93
6月份中小板指数P－最高	5821.55
最低	5332.17
收市	5816.12
6月份创业板指数－最高	852.66
最低	783.86
收市	845.92
2011年新上市公司数目	144
中小板	61
创业板	83
2011年交易日数	119
2011年总成交金额(百万元)	10475178.17
中小板	3505197.37
创业板	705323.68
平均每日成交金额(百万元)	88026.71
2011年总成交股数(百万股)	670095.83
平均每日成交股数(百万股)	5631.06
2011年总成交笔数	555231942
平均每日成交笔数	4665815
2011年深证成份指数－最高	13233.02
最低	11288.62
2011年中小板指数P－最高	6904.47
最低	5332.17
2011年创业板指数－最高	1159.41
最低	783.86

2011年上半年深市成交概况

2011年1月－6月份	交易日数	成交金额		成交数量		成交笔数	
		人民币元	占总计%	数量	单位	笔	占总计%
股票	119	10,157,510,345,807	96.97	670,095,834,078	股	548,839,020	98.85
主板A股	119	5,911,488,077,952	56.43	472,368,480,611	股	322,471,920	58.08
中小板	119	3,505,197,374,609	33.46	169,706,105,727	股	189,523,968	34.13
创业板	119	705,323,677,675	6.73	22,588,752,244	股	34,406,472	6.20
主板B股	119	35,501,215,572	0.34	5,432,495,496	股	2,436,660	0.44
基金	119	177,946,151,256	1.70	179,361,400,014	基金单位	5,482,196	0.99
封闭式	119	92,187,177,931	0.88	87,712,866,691	基金单位	3,759,165	0.68
开放式	119	11,740,913,810	0.11	12,424,057,916	基金单位	576,458	0.10
ETFs	119	74,018,059,515	0.71	79,224,475,407	基金单位	1,146,573	0.21
企业债券	119	127,754,697,234	1.22	1,271,797,604	张	759,832	0.14
现券	119	26,788,657,234	0.26	262,137,204	张	198,795	0.04
回购	119	100,966,040,000	0.96	1,009,660,400	张	561,037	0.10
可转换债券	119	11,272,618,772	0.11	76,335,116	张	140,749	0.03
国债	119	694,353,444	0.01	7,013,517	张	10,145	0.00
现货	119	694,352,444	0.01	7,013,507	张	10,144	0.00
回购	119	1,000	0.00	10	张	1	0.00
权证		0	0.00	0	份	0	0.00
合计	119	10,475,178,166,513	100.00	850,812,380,329		555,231,942	100.00

2011年上半年深市板块分类指数

6月	中小板指数P				创业板指数P				深市基金指数			
	开市	最高	最低	收市	开市	最高	最低	收市	开市	最高	最低	收市
1	5577.76	5641.04	5560.08	5638.12	846.48	H852.66	843.29	851.17	5504.89	5507.79	5483.90	5502.37
2	5584.65	5599.65	5486.70	5560.03	841.52	841.52	823.10	833.74	5481.55	5481.55	5412.80	5451.28
3	5554.40	5673.89	5552.55	5651.45	833.44	849.73	832.53	847.55	5450.32	5525.40	5442.42	5523.07
4												
5												

6月	中小板指数P				创业板指数P				深市基金指数			
	开市	最高	最低	收市	开市	最高	最低	收市	开市	最高	最低	收市
6												
7	5646.09	5715.72	5635.42	5711.27	845.25	848.22	842.46	847.71	5508.23	5555.44	5507.27	5555.44
8	5702.40	5720.33	5633.76	5716.16	846.67	846.93	836.99	844.98	5559.11	5567.38	5515.59	5567.38
9	5708.50	5711.04	5599.46	5604.78	843.58	843.58	828.02	828.02	5561.41	5561.41	5518.25	5519.22
10	5593.54	5626.70	5514.35	5604.16	825.55	826.54	811.09	824.03	5512.07	5528.26	5481.09	5528.26
11												
12												
13	5565.77	5598.28	5530.50	5588.08	820.24	833.25	811.39	829.36	5517.07	5517.07	5461.83	5509.55
14	5589.77	5668.18	5581.95	5658.38	829.51	840.69	829.27	838.47	5508.41	5550.41	5489.34	5546.56
15	5645.22	5673.20	5596.03	5597.47	837.54	840.54	826.94	827.53	5541.16	5546.18	5510.95	5513.05
16	5558.11	5560.30	5482.49	5486.55	822.37	822.55	809.93	810.71	5503.60	5503.60	5436.84	5442.59
17	5494.34	5543.90	5434.50	5439.38	809.16	813.21	801.31	802.64	5434.70	5446.68	5415.70	5422.78
18												
19												
20	5434.24	5444.90	L5332.17	5357.13	800.62	800.62	787.57	791.76	5422.38	5422.38	L5375.23	5391.20
21	5363.76	5423.39	5342.56	5423.39	792.00	796.85	786.33	795.61	5392.56	5421.23	5391.01	5421.23
22	5425.71	5453.89	5396.65	5431.76	797.42	798.24	788.56	791.51	5421.43	5432.96	5411.04	5429.52
23	5416.41	5557.40	5385.51	5544.87	790.70	815.78	L783.86	814.44	5427.79	5508.48	5403.35	5507.50
24	5534.61	5714.96	5527.72	5678.89	812.31	835.30	810.58	832.32	5502.52	5624.00	5498.89	5615.51
25												
26												
27	5694.68	5779.75	5694.51	5750.86	832.62	850.39	832.62	843.86	5613.62	H5669.81	5604.77	5634.17
28	5753.43	5783.11	5723.64	5772.46	843.98	844.96	836.94	844.18	5629.54	5634.55	5582.03	5607.42
29	5769.08	5796.54	5719.36	5720.08	844.85	850.36	836.38	836.38	5606.09	5610.71	5570.48	5572.96
30	5716.78	H5821.55	5716.78	5816.12	834.82	846.88	834.82	845.92	5569.71	5630.34	5569.71	5616.68
2011												
最高	6862.55	6904.47	6831.47	6896.76	1153.91	1159.41	1146.38	1155.35	5983 03	6005.05	5968.96	5987.68
最低	5363.76	5423.39	5332.17	5357.13	790.70	796.85	783.86	791.51	5392.56	5421.23	5375.23	5391.20
2000～2011												
最高	7351.72	7493.29	7331.61	7375.12	1235.67	1239.60	1222.93	1232.98	5983.03	6005.05	5968.96	5987.68
最低	1387.41	1404.75	1377.72	1391.46	790.70	796.85	783.86	791.51	642.72	647.78	640.30	640.97

2011 年上半年深市行业分类指数

6月	行业分类指数												
	农林牧渔	采掘业	制造业	水电煤气	建筑业	运输仓储	信息技术	批发零售	金融保险	房地产业	社会服务	传播文化	综合类
1	830.29	3425.73	1237.07	717.47	1176.46	987.11	766.44	1449.24	701.10	1324.81	863.64	578.12	674.85
2	817.23	3404.79	1219.97	702.47	1152.88	971.54	753.62	1427.43	681.53	L1302.55	853.24	572.73	669.75
3	832.06	3433.51	1240.80	717.73	1191.01	984.07	768.12	1446.06	687.24	1325.86	866.55	576.87	681.80
4													
5													
6													
7	H833.55	3463.79	1250.09	722.73	1196.18	H989.47	772.24	H1465.81	691.06	1335.71	875.60	574.87	685.71
8	832.70	3450.46	1254.49	H722.96	1208.96	988.69	771.14	1463.55	686.39	1364.67	883.08	573.28	695.75
9	807.45	3396.71	1227.22	710.20	1181.13	974.47	760.13	1440.55	673.08	1329.28	867.82	566.43	677.72
10	807.66	3357.66	1228.48	707.59	1179.78	972.74	759.57	1431.74	677.36	1337.21	867.50	568.36	678.07
11													
12													
13	802.84	3380.78	1227.28	703.93	1181.82	962.95	757.16	1415.01	669.41	1326.76	869.27	567.46	679.10
14	814.91	3439.83	1245.59	714.83	1203.61	974.81	767.74	1428.68	683.56	1366.88	883.98	570.79	692.06
15	813.51	3420.30	1234.05	706.97	1186.15	968.67	761.81	1418.45	676.68	1348.44	875.54	566.81	687.44
16	793.46	3345.98	1211.06	688.80	1161.32	943.75	743.74	1395.29	669.44	1327.08	860.26	560.99	676.54
17	787.89	L3303.23	1196.74	672.96	1145.08	930.07	735.54	1391.23	L664.22	1323.74	849.99	556.54	667.21
18													
19													
20	L763.75	3326.95	L1181.33	L665.99	L1138.91	L913.92	L721.21	L1374.55	670.51	1326.33	L840.73	555.47	L656.75
21	768.91	3417.39	1198.96	673.78	1153.93	923.90	726.22	1392.76	679.49	1352.2	848.07	556.96	668.20
22	768.23	3393.54	1200.99	671.30	1152.43	916.73	723.69	1391.33	670.55	1347.97	845.39	L553.80	670.55
23	780.62	3463.21	1227.08	681.48	1184.00	931.84	743.01	1410.13	686.74	1367.89	863.53	560.59	682.64
24	797.17	3480.64	1254.97	695.58	1222.50	956.78	759.20	1437.13	727.10	1389.76	881.42	567.71	696.84
25													

6月	行业分类指数												
	农林牧渔	采掘业	制造业	水电煤气	建筑业	运输仓储	信息技术	批发零售	金融保险	房地产业	社会服务	传播文化	综合类
26													
27	819.90	3501.13	1270.28	705.82	1241.70	965.35	769.15	1441.80	727.30	1389.66	892.04	570.52	705.90
28	815.52	3514.03	1274.92	705.15	H1252.58	966.10	771.92	1439.71	729.38	1393.68	888.53	570.93	H709.64
29	804.74	3455.91	1262.57	698.79	1223.10	951.20	766.21	1423.75	720.45	1374.63	879.85	567.33	700.57
30	814.95	H3536.70	H1278.80	706.75	1241.68	963.23	H777.42	1444.25	H735.08	H1399.29	H896.20	571.56	707.39
2011													
最高	1023.92	3910.71	1459.91	831.32	1593.29	1145.74	995.32	1630.59	858.82	1526.24	1039.38	664.83	805.81
最低	763.75	3129.04	1181.33	665.99	1138.91	913.92	721.21	1374.55	664.22	1302.55	840.73	553.80	648.78
2001～2011													
最高	1129.07	3987.57	1637.08	1444.80	1593.29	1750.25	1051.14	1824.44	1887.69	3221.64	1513.95	854.53	841.48
最低	135.87	347.90	232.86	243.20	176.84	403.29	233.58	185.43	205.73	265.43	215.51	149.93	169.67

2011年上半年深市制造业分类指数

6月	制造业指数								
	食品饮料	纺织服装	木材家具	造纸印刷	石化塑胶	电子	金属非金属	机械设备	医药生物
1	2392.42	745.45	234.29	H639.09	1187.33	461.72	1318.40	1394.14	1177.44
2	2365.05	734.77	230.96	626.72	1166.16	457.50	1305.86	1370.01	1163.13
3	2402.64	746.24	234.09	631.56	1184.09	466.74	1329.27	1393.59	1184.19
4									
5									
6									
7	2411.64	753.27	234.59	636.86	1197.50	468.78	1339.17	1402.51	1197.29
8	2423.00	759.99	237.19	636.70	1203.16	471.75	1342.73	1407.54	1193.45
9	2371.09	749.37	232.58	623.89	1175.47	462.36	1307.56	1376.36	1175.33
10	2393.97	746.40	230.14	617.95	1180.64	460.93	1304.16	1377.34	1177.81
11									
12									
13	2375.18	742.66	229.55	615.39	1186.61	463.46	1298.17	1375.97	1178.89
14	2383.40	749.81	231.78	625.06	1204.46	470.12	1331.22	1398.11	1191.32
15	2373.71	743.96	230.61	622.76	1195.63	464.72	1316.86	1381.61	1182.33
16	2354.30	730.61	226.89	614.38	1166.10	456.03	1288.05	1356.77	1158.04
17	2328.23	726.10	225.88	610.65	1152.49	450.06	1270.99	1341.99	1141.39
18									
19									
20	L2303.76	L713.83	L221.02	L603.29	L1140.12	L443.50	L1260.03	L1322.77	L1121.27
21	2335.40	721.15	224.70	606.93	1156.07	448.14	1282.64	1346.64	1133.14
22	2368.65	721.26	223.45	608.11	1155.53	448.48	1283.40	1346.40	1131.23
23	2411.24	731.35	229.06	618.10	1177.42	457.77	1319.86	1378.02	1152.38
24	2433.46	746.84	233.92	632.33	1203.21	472.17	1347.90	1413.21	1182.00
25									
26									
27	2458.00	754.83	236.31	635.97	1225.94	480.80	1357.50	1429.85	1190.84
28	2485.17	757.52	238.38	634.45	1223.81	483.40	1365.77	1432.41	1195.86
29	2467.12	754.02	235.12	628.92	1212.35	478.07	1348.80	1418.08	1187.44
30	H2489.90	H762.03	H238.63	637.11	H1231.46	H485.76	H1370.65	H1434.41	H1197.36
2011									
最高	2561.09	820.94	267.64	757.26	1385.62	577.98	1600.77	1704.73	1494.75
最低	2303.76	711.58	221.02	603.29	1127.88	443.50	1260.03	1322.77	1121.27
2001～2011									
最高	2778.32	965.44	658.27	990.72	1636.56	650.81	2582.08	1733.19	1644.14
最低	328.60	159.67	76.69	221.63	241.26	145.83	303.19	210.51	166.77

2011年上半年深市深证综合指数

6月	深证综合指数				深证A股指数				深证B股指数			
	开市	最高	最低	收市	开市	最高	最低	收市	开市	最高	最低	收市
1	1111.01	1122.73	1108.00	1122.29	1162.03	1174.43	1158.87	1173.97	748.47	H751.15	745.65	749.14
2	1109.63	1112.45	1091.80	1105.95	1160.66	1163.65	1142.02	1156.87	743.87	744.24	731.62	738.48
3	1105.08	1126.31	1105.08	1124.32	1155.96	1178.25	1155.96	1176.15	738.14	749.16	737.89	747.65

6月	深证综合指数				深证 A 股指数				深证 B 股指数			
	开市	最高	最低	收市	开市	最高	最低	收市	开市	最高	最低	收市
4												
5												
6												
7	1122.16	1132.89	1120.57	1132.69	1173.90	1185.22	1172.23	1185.01	746.32	750.42	744.98	748.69
8	1132.00	1137.63	1119.20	1136.53	1184.28	1190.41	1171.00	1189.16	748.45	748.45	734.85	744.63
9	1134.06	1134.06	1113.01	1113.02	1186.56	1186.56	1164.78	1164.78	743.53	743.80	716.86	718.52
10	1110.25	1114.81	1095.93	1113.32	1161.90	1166.71	1147.53	1165.59	716.17	718.93	675.68	695.40
11												
12												
13	1106.80	1112.54	1096.76	1110.89	1158.87	1165.04	1148.46	1163.29	686.24	686.24	L670.24	682.02
14	1109.96	1130.49	1109.07	1128.42	1162.30	1183.72	1161.35	1181.57	682.72	700.89	682.25	696.21
15	1126.35	1133.61	1118.02	1118.17	1179.39	1186.95	1170.54	1170.71	695.96	702.86	694.56	696.36
16	1110.29	1110.49	1095.75	1097.17	1162.40	1162.58	1147.07	1148.48	694.17	696.37	687.24	695.15
17	1095.60	1102.24	1084.79	1085.11	1146.86	1153.89	1135.47	1135.82	693.08	697.22	688.85	689.40
18												
19												
20	1083.25	1084.61	L1068.21	1073.19	1133.87	1135.29	L1118.05	1123.33	688.01	691.11	680.79	682.41
21	1075.14	1088.77	1073.15	1088.77	1125.39	1139.68	1123.23	1139.68	682.53	690.32	682.53	689.70
22	1089.87	1093.24	1083.54	1088.35	1140.87	1144.34	1134.15	1139.20	688.99	694.22	688.59	691.51
23	1085.52	1113.53	1079.24	1111.18	1136.22	1165.61	1129.63	1163.13	690.68	706.09	685.59	704.44
24	1108.56	1142.47	1107.07	1136.39	1160.36	1196.00	1158.77	1189.60	704.44	719.36	703.87	716.67
25												
26												
27	1137.24	1153.21	1137.24	1148.63	1190.47	1207.22	1190.47	1202.52	718.10	727.19	717.36	719.02
28	1149.07	1153.81	1141.72	1152.00	1202.97	1207.97	1195.24	1206.03	719.92	722.81	717.05	721.87
29	1151.69	1156.34	1139.82	1139.86	1205.71	1210.63	1193.25	1193.28	721.93	722.66	715.02	716.18
30	1138.99	H1157.41	1138.99	1155.89	1192.38	H1211.75	1192.38	1210.12	715.69	724.68	715.69	723.45
2011												
最高	1312.75	1316.19	1303.13	1311.34	1374.14	1377.68	1363.99	1372.67	849.11	849.88	842.82	845.47
最低	1075.14	1084.61	1068.21	1073.19	1125.39	1135.29	1118.05	1123.33	682.53	686.24	670.24	682.02
1991～2011												
最高	1572.93	1584.40	1561.15	1576.50	1655.57	1667.91	1643.15	1659.61	881.32	888.38	877.93	883.33
最低	45.66	45.66	45.66	45.66	95.26	95.83	93.35	95.26	41.57	42.91	41.26	41.56

2011 年上半年深市深证成份指数

6月	深证成份指数				成份 A 股指数				成份 B 股指数			
	开市	最高	最低	收市	开市	最高	最低	收市	开市	最高	最低	收市
1	11648.86	11719.64	11593.83	11699.83	12692.82	12769.95	12632.85	12748.35	5554.26	H5566.95	5515.75	5540.28
2	11566.43	11613.50	11366.12	11506.52	12603.00	12654.29	12384.74	12537.72	5489.34	5521.76	5427.36	5464.88
3	11492.33	11690.09	11487.30	11642.40	12523.50	12739.01	12518.02	12687.04	5460.60	5536.29	5445.67	5528.99
4												
5												
6												
7	11614.00	11756.90	11599.31	11741.26	12656.09	12811.82	12640.09	12794.77	5506.63	5549.95	5499.44	5526.82
8	11726.33	11787.12	11581.64	11761.10	12778.50	12844.75	12620.82	12816.39	5520.63	5520.63	5415.52	5511.59
9	11725.21	11735.21	11508.39	11513.20	12780.06	12790.97	12543.74	12548.98	5500.13	5506.57	5296.59	5314.14
10	11508.58	11596.58	11454.04	11593.38	12547.16	12643.10	12487.69	12639.61	5297.55	5321.55	5019.21	5153.06
11												
12												
13	11518.06	11558.66	11427.15	11521.98	12557.49	12601.75	12458.38	12561.77	50[illegible]4.95	5094.70	L4981.98	5050.44
14	11501.22	11765.12	11495.11	11732.04	12539.13	12826.85	12532.47	12790.78	5057.60	5181.31	5057.60	5152.91
15	11703.19	11794.54	11614.38	11615.97	12759.33	12858.93	12662.50	12664.24	5149.96	5196.21	5135.76	5162.77
16	11516.65	11551.32	11417.58	11435.99	12557.24	12595.04	12449.21	12469.29	5141.31	5189.21	5093.42	5189.21
17	11451.76	11567.00	11409.16	11409.16	12486.48	12612.14	12440.03	12440.03	5162.61	5189.32	5107.26	5119.16
18												
19												
20	11408.36	11446.76	L11288.62	11328.67	12439.16	12481.03	L12308.61	12352.27	5100.15	5120.12	5037.53	5042.23
21	11360.93	11514.25	11360.93	11509.98	12391.12	12558.34	12391.12	12553.68	5044.11	5095.86	5025.09	5091.92
22	11524.63	11598.75	11484.73	11543.65	12572.75	12653.62	12529.23	12593.51	5075.80	5135.22	5075.80	5135.22
23	11511.91	11817.22	11474.98	11775.32	12558.88	12891.96	12518.59	12846.24	5133.81	5254.62	5094.86	5249.84

6月	深证成份指数				成份A股指数				成份B股指数			
	开市	最高	最低	收市	开市	最高	最低	收市	开市	最高	最低	收市
24	11749.93	12092.23	11732.21	11996.08	12819.58	13193.05	12800.26	13088.14	5249.80	5328.53	5234.28	5303.67
25												
26												
27	12005.06	12106.65	11947.49	12026.29	13097.94	13208.78	13035.13	13121.11	5309.19	5363.84	5296.62	5302.35
28	12056.53	12067.09	11929.00	12047.09	13154.09	13165.62	13014.95	13143.80	5308.56	5343.53	5291.71	5332.26
29	12048.86	12102.35	11911.83	11913.20	13145.73	13204.09	12996.23	12997.72	5332.22	5334.94	5277.09	5282.89
30	11935.83	H12157.56	11930.35	12110.93	13022.41	H13264.32	13016.43	13213.45	5274.56	5332.54	5274.56	5332.54
2011												
最高	13171.05	13233.02	13102.19	13158.22	14291.60	14358.85	14216.88	14277.68	6045.81	6066.18	5988.07	6019.71
最低	11360.93	11446.76	11288.62	11328.67	12391.12	12481.03	12308.61	12352.27	5044.11	5094.70	4981.98	5042.23
1995～2011												
最高	19554.58	19600.03	19203.11	19531.16	20612.42	20660.32	20241.93	20587.72	6429.80	6489.53	6346.64	6419.43
最低	929.89	934.07	924.34	930.06	1001.71	1006.92	995.42	1002.43	333.10	338.94	323.20	333.10

2011年上半年深市上市证券

2010年6月底	上市数目	总发行股本	总流通股本	市价总值	流通市值
股票	1,054	458,619,317,763	306,604,929,167	5,607,283,815,941	3,231,286,499,914
主板A股	473	319,423,247,374	235,217,139,807	3,083,016,722,705	2,213,193,934,272
中小板	437	113,164,639,070	53,743,647,588	2,088,418,140,267	854,070,433,842
创业板	90	10,718,389,892	2,456,555,000	351,030,550,104	79,884,258,070
主板B股	54	15,313,041,427	15,187,586,772	84,818,402,866	84,137,873,731
基金	72	85,575,320,453	85,275,809,073	86,441,026,775	86,185,270,130
封闭式	28	58,220,022,771	57,967,522,771	48,124,050,972	47,911,465,972
开放式	41	15,768,538,890	15,721,527,510	13,604,496,231	13,561,324,586
ETFs	3	11,586,758,792	11,586,758,792	24,712,479,572	24,712,479,572
企业债券	71	102,270,000,000	56,904,996,000	104,730,472,100	58,206,508,500
现券	67	102,270,000,000	56,904,996,000	104,730,472,100	58,206,508,500
回购	4	0	0	0	0
可转换债券	3	4,132,833,200	4,132,833,200	4,500,402,989	4,500,402,989
国债	178	3,429,430,000,000	10,112,115,000	3,437,752,137,000	10,022,898,014
现货	169	3,429,430,000,000	10,112,115,000	3,437,752,137,000	10,022,898,014
回购	9	0	0	0	0
权证	0	0	0	0	0
合计	1,378	4,080,027,471,416	463,030,682,440	9,240,707,854,805	3,390,201,579,547

2011年上半年深市每日总成交金额

日期	总成交金额	股票成交金额		基金成交金额		债券成交金额		权证成交金额	
	人民币元	人民币元	比例	人民币元	比例	人民币元	比例	人民币元	比例
1	59,470,145,889	57,221,574,467	96.22	1,129,415,338	1.90	1,119,156,083	1.88		
2	62,282,493,253	59,725,356,294	95.89	1,245,252,260	2.00	1,311,884,700	2.11		
3	58,414,332,458	55,982,922,956	95.84	1,008,994,185	1.73	1,422,415,317	2.44		
4									
5									
6									
7	56,087,171,101	53,428,971,602	95.26	892,558,960	1.59	1,765,640,540	3.15		
8	62,918,819,223	60,392,760,338	95.99	934,795,509	1.49	1,591,263,375	2.53		
9	63,544,307,730	61,327,839,328	96.51	804,934,127	1.27	1,411,534,275	2.22		
10	57,607,045,375	54,637,116,843	94.84	893,302,198	1.55	2,076,626,335	3.60		
11									
12									
13	50,035,285,357	48,074,633,628	96.08	693,426,955	1.39	1,267,224,774	2.53		
14	63,779,870,591	61,848,281,082	96.97	862,024,630	1.35	1,069,564,879	1.68		
15	60,371,712,907	57,573,391,511	95.36	796,783,978	1.32	2,001,537,417	3.32		
16	54,210,433,171	51,796,771,491	95.55	849,923,470	1.57	1,563,738,210	2.88		
17	49,442,984,440	46,208,570,086	93.46	843,568,088	1.71	2,390,846,266	4.84		
18									
19									
20	45,880,101,195	43,283,673,108	94.34	926,148,910	2.02	1,670,279,177	3.64		

日期	总成交金额 人民币元	股票成交金额		基金成交金额		债券成交金额		权证成交金额	
		人民币元	比例	人民币元	比例	人民币元	比例	人民币元	比例
21	51,355,819,664	48,709,712,846	94.85	913,711,822	1.78	1,732,394,996	3.37		
22	51,392,463,850	47,896,861,965	93.20	1,003,999,014	1.95	2,491,602,872	4.85		
23	67,358,997,501	63,986,537,081	94.99	1,283,555,718	1.91	2,088,904,702	3.10		
24	103,661,531,049	98,913,755,746	95.42	2,111,668,507	2.04	2,636,106,796	2.54		
25									
26									
27	93,485,322,930	90,034,377,697	96.31	1,412,805,682	1.51	2,038,139,551	2.18		
28	78,107,307,276	75,255,232,028	96.35	1,043,326,482	1.34	1,808,748,765	2.32		
29	74,661,010,573	71,469,614,664	95.73	1,153,120,211	1.54	2,038,275,698	2.73		
30	79,503,722,861	76,508,773,312	96.23	1,424,413,774	1.79	1,570,535,776	1.98		
6 月									
总计	1,343,570,878,394	1,284,276,728,073		22,227,729,818		37,066,420,503			
平均	63,979,565,638	61,156,034,670		1,058,463,325		1,765,067,643			
2011 年									
总计	10,475,178,166,513	10,157,510,345,807		177,946,151,256		139,721,669,450			
平均	88,026,707,282	85,357,229,797		1,495,345,809		1,174,131,676			

2011 年上半年深市证券成交统计

成交金额单位:万元

代码	证券名称	发行量	流通量	2011 年 1 月 - 6 月				市盈率
				最高价	最低价	成交数量	成交金额	
000001	深发展 A	348,501	310,247	19	14.86	353,489	5,958,132	8.94
000002	万科 A	968,025	965,487	9.34	7.61	880,086	7,436,901	12.96
000004	国农科技	8,398	8,382	15.46	11.37	24,454	326,275	88.91
000005	世纪星源	91,433	91,232	4.46	3.39	80,665	326,867	772
000006	深振业 A	98,901	96,690	8.75	5.25	183,946	1,394,966	12.03
000007	ST 零七	23,097	18,478	10.08	7.31	31,425	276,661	156.27
000008	ST 宝利来	7,365	7,360	13.37	10.69	8,510	103,960	1031.67
000009	中国宝安	109,075	107,517	25.45	13.3	453,109	8,911,588	57.4
000010	SST 华新	14,702	6,760	14.63	14.63	0	0	
000011	深物业 A	52,837	14,237	14.16	6.8	160,432	1,615,474	41.39
000012	南玻 A	131,356	128,982	23.3	13.86	363,776	7,057,207	24.09
000014	沙河股份	20,171	20,170	11.12	7.53	42,986	415,065	22.8
000016	深康佳 A	79,830	59,942	5.53	4.21	162,644	805,674	62.71
000017	*ST 中华 A	30,298	19,376	6.74	4.71	28,836	162,300	43.59
000018	ST 中冠 A	9,972	9,958	9.5	6.61	11,396	95,697	362.5
000019	深深宝 A	15,579	14,107	14.41	9	53,336	627,666	329.35
000020	深华发 A	18,117	6,466	10.96	7.75	26,293	247,821	256.56
000021	长城开发	131,928	131,789	12.5	7.71	86,978	926,814	28.95
000022	深赤湾 A	46,487	46,479	19.6	12.9	36,939	617,347	15.12
000023	深天地 A	13,876	9,878	10.09	7.68	29,324	265,151	92
000024	招商地产	137,796	68,421	19.6	15.5	159,776	2,778,844	15.76
000025	特力 A	19,388	17,929	13.08	8.39	35,679	385,032	643.75
000026	飞亚达 A	31,112	11,137	19	12.08	24,802	375,456	65.13
000027	深圳能源	264,299	264,299	11.47	7.11	92,963	945,503	14.28
000028	一致药业	23,326	23,326	33	24	19,448	566,666	28.5
000029	深深房 A	89,166	89,166	6.45	4.5	114,408	612,397	60.95
000030	*ST 盛润 A	24,882	6,874	9.07	9.07	0	0	323.93
000031	中粮地产	181,373	181,372	6.89	5.49	111,680	714,689	22
000032	深桑达 A	23,286	23,282	10.7	7.65	33,944	326,805	67.13
000033	新都酒店	32,940	32,940	8.45	5.22	119,162	822,482	482.31
000034	深信泰丰	35,797	20,324	11	6.75	60,898	560,557	5.11
000035	*ST 科健	15,001	8,539	11.85	6.6	24,047	218,315	31.26
000036	华联控股	112,389	112,388	4.95	3.66	146,264	626,173	19.12
000037	深南电 A	33,891	33,889	6.72	4.81	56,482	329,874	
000038	*ST 大通	9,623	2,488	12.33	12.33	0	0	
000039	中集集团	123,192	123,130	29.62	18.35	186,988	4,478,593	19.69
000040	宝安地产	46,959	43,597	6.35	4.7	48,592	265,556	27.62
000042	深长城	23,946	23,936	20.96	15.71	31,237	556,221	12.42
000043	中航地产	33,348	33,344	15.94	7.71	39,774	541,009	10.34
000045	深纺织 A	28,702	19,562	16.74	9.71	12,750	169,402	75.29

代码	证券名称	发行量	流通量	2011 年 1 月 - 6 月				市盈率
				最高价	最低价	成交数量	成交金额	
000046	泛海建设	227,866	226,532	10.27	7.94	74,705	677,991	162.59
000048	ST 康达尔	39,077	37,985	10.45	4.98	89,508	665,711	
000049	德赛电池	13,683	13,679	28.5	20.31	34,355	863,572	46.69
000050	深天马 A	57,424	57,422	15.4	9.62	115,162	1,480,823	88.13
000055	方大集团	42,096	34,894	11.99	5.68	71,644	631,897	84.79
000056	深国商	11,921	11,921	26.3	9.36	40,254	738,173	
000058	深赛格	53,834	53,830	5.56	4.77	13,324	69,603	72.5
000059	辽通化工	120,051	120,051	14.79	11.59	154,463	2,030,744	39.48
000060	中金岭南	206,294	206,069	23.66	12.3	267,035	5,085,090	38.44
000061	农产品	76,851	65,132	19.65	14.6	125,267	2,195,115	44.58
000062	深圳华强	66,695	16,693	10.92	7.29	31,194	284,979	28.37
000063	中兴通讯	234,208	227,499	34.16	23.45	203,282	5,837,179	24.17
000065	北方国际	16,244	16,244	23.33	15.76	23,307	474,509	78.36
000066	长城电脑	132,359	57,416	9.98	6.72	160,457	1,372,418	40.34
000068	ST 三星	89,667	89,667	6.9	5.66	12,789	79,399	170.25
000069	华侨城 A	559,346	243,707	16	7.15	346,394	3,883,605	14.62
000070	特发信息	25,000	23,769	12.35	8.58	33,020	362,902	36.85
000078	海王生物	65,251	65,156	13.5	8.92	129,662	1,542,462	132.78
000088	盐田港	149,400	149,389	8.95	5.98	93,129	702,938	23.43
000089	深圳机场	169,024	65,314	6.28	5.22	79,997	470,827	13.17
000090	深天健	45,664	45,663	13.95	9.16	135,617	1,578,740	47.53
000096	广聚能源	52,800	51,085	7.41	5.54	49,894	340,103	41.5
000099	中信海直	51,360	51,360	15.22	9.28	127,477	1,559,259	44.58
000100	TCL 集团	847,622	563,962	6.86	2.57	1,562,179	6,487,352	48.23
000150	宜华地产	32,400	32,400	6.18	4.74	42,903	237,877	181.67
000151	中成股份	29,598	26,654	14.55	9.61	69,478	860,713	395.93
000153	丰原药业	26,001	23,105	12.65	8.48	79,239	862,236	57.31
000155	川化股份	47,000	47,000	9.59	5.81	87,637	696,362	
000156	*ST 嘉瑞	11,894	6,394	1.25	1.25	0	0	
000157	中联重科	482,763	482,620	17.64	12.51	703,849	10,625,836	19.47
000158	常山股份	71,886	71,886	8.22	5.74	77,134	543,029	79.63
000159	国际实业	48,114	48,114	18.2	11.88	142,194	2,225,546	10.29
000301	东方市场	121,824	121,824	5.28	3.92	128,354	619,729	68
000338	潍柴动力	126,129	69,111	61.95	41.42	152,156	8,203,964	11.16
000400	许继电气	37,827	26,492	39.19	26.65	52,279	1,729,963	79.41
000401	冀东水泥	121,277	121,225	30.35	19.66	141,993	3,596,893	21.67
000402	金融街	302,708	302,644	7.92	6.29	401,138	2,808,568	12.66
000403	S*ST 生化	21,168	10,149	5.06	5.06	0	0	
000404	华意压缩	32,458	22,747	9.49	6.93	48,678	413,847	125.42
000407	胜利股份	64,923	64,489	9.4	5.1	114,456	907,261	14.21
000408	ST 金谷源	25,230	25,230	15.02	9.64	71,959	870,306	85
000409	*ST 泰复	17,137	16,884	9.05	6.95	23,677	188,973	
000410	沈阳机床	54,547	53,618	14.62	10.25	83,716	1,074,722	42.15
000411	英特集团	20,745	20,363	16.95	9.35	70,415	928,512	70.7
000413	宝石 A	28,300	28,282	16.32	11.6	39,664	578,613	3235
000415	ST 汇通	30,034	30,029	15.09	10.96	42,710	567,480	1342
000416	民生投资	53,187	53,168	9.4	6.88	54,266	434,828	266.67
000417	合肥百货	51,992	47,867	20.45	15.91	44,545	811,846	33.09
000418	小天鹅 A	44,145	34,894	21.87	15	21,944	410,992	20.2
000419	通程控股	45,299	45,268	10.75	6.83	45,370	419,044	31.89
000420	吉林化纤	37,826	31,824	9.37	6.3	116,588	959,128	
000421	南京中北	35,168	35,164	7.4	5.13	55,427	359,207	36.63
000422	湖北宜化	54,238	54,209	23.08	16.22	167,626	3,461,330	19.93
000423	东阿阿胶	65,402	65,378	61.27	36.6	83,365	3,906,732	46.36
000425	徐工机械	206,276	70,599	64.7	20.98	185,786	6,522,667	15.43
000426	富龙热电	38,068	20,882	25.54	13.75	95,199	1,788,365	
000428	华天酒店	71,893	71,893	10.75	5.3	60,940	509,594	29.53
000429	粤高速 A	90,837	46,760	5.07	3.93	25,238	118,257	13.29
000430	ST 张家界	32,084	16,715	11.34	7.21	54,122	520,588	31.62
000488	晨鸣纸业	111,328	81,091	9.13	6.7	238,316	1,890,782	13.05
000498	*ST 丹化	44,070	43,787	3.64	3.64	0	0	
000501	鄂武商 A	50,725	50,720	21.16	15.25	29,842	547,145	29.45
000502	绿景地产	18,482	18,301	9.15	6.7	39,593	320,779	

代码	证券名称	发行量	流通量	2011 年 1 月 - 6 月				市盈率
				最高价	最低价	成交数量	成交金额	
000503	海虹控股	89,882	68,278	15.55	8.46	198,055	2,585,917	704.62
000504	ST 传媒	31,157	30,988	11.57	8.9	37,541	387,316	519.5
000505	ST 珠江	36,177	36,037	6.98	4.9	74,138	434,806	92.67
000506	中润投资	77,418	26,198	18.07	9.8	119,467	1,686,003	33.85
000507	珠海港	34,500	30,321	16.34	10.74	82,439	1,142,420	20.12
000509	S＊ST 华塑	25,001	15,080	12.59	9.16	31,764	355,713	299.02
000510	金路集团	60,918	60,907	9.99	7.08	170,854	1,474,698	66.42
000511	银基发展	115,483	115,482	3.9	3.17	150,315	534,867	113
000513	丽珠集团	18,373	17,762	43.66	25.41	16,730	572,516	19.55
000514	渝开发	69,733	69,733	9.79	7.2	48,818	421,583	40.41
000516	开元投资	71,342	71,279	6.45	5	101,060	590,803	24.95
000517	荣安地产	106,131	15,321	10.21	6.41	79,633	628,594	37.16
000518	四环生物	102,956	102,911	10	6.11	551,457	4,477,465	1088.57
000519	江南红箭	19,115	15,787	17.66	12.9	27,829	424,242	248.83
000520	长航凤凰	67,472	66,914	6.09	4.73	103,128	565,850	306.25
000521	美菱电器	41,727	29,270	13.05	8.27	48,376	544,828	14.95
000522	白云山 A	46,905	46,880	20.59	13.82	113,834	1,994,322	33.18
000523	广州浪奇	22,258	17,250	16.69	10.64	44,923	613,756	140.92
000524	东方宾馆	26,967	26,967	13.2	8.62	53,443	597,900	375.6
000525	红太阳	28,024	27,642	17.17	13	28,179	428,782	
000526	旭飞投资	9,620	9,620	14.99	10.06	21,677	280,725	162.33
000527	美的电器	338,435	312,027	21.4	15.25	248,850	4,611,755	20.1
000528	柳工	112,524	97,523	44.23	19.95	120,361	4,237,969	16.73
000529	广弘控股	58,379	25,589	7.83	5.96	64,088	453,461	69.7
000530	大冷股份	23,501	21,571	16.57	9.8	75,890	1,048,711	38.31
000531	穗恒运 A	34,254	26,651	14.09	10.66	23,537	297,809	14.51
000532	力合股份	34,471	34,204	13.19	7.37	139,061	1,525,225	175.57
000533	万家乐	69,082	67,869	10.45	7	84,739	771,936	38.84
000534	万泽股份	25,511	25,511	8.55	5.52	100,199	709,238	167.4
000536	华映科技	70,049	10,975	29.8	19.3	25,277	611,189	46.25
000537	广宇发展	51,272	51,245	10.68	7.2	117,587	1,057,791	36.9
000538	云南白药	69,427	62,925	61.98	54	32,572	1,881,073	42.92
000539	粤电力 A	213,211	198,865	6.95	5.19	70,956	439,286	19.29
000540	中天城投	91,344	91,298	18.98	11.16	229,297	3,547,573	27.45
000541	佛山照明	75,334	61,606	16.98	12.88	119,587	1,779,656	51.17
000543	皖能电力	77,301	77,300	11.45	6.3	118,278	1,099,812	29.29
000544	中原环保	26,946	26,946	13.4	9.89	40,997	490,313	39.01
000545	＊ST 吉药	15,824	11,601	10.5	7.48	39,425	361,594	
000546	光华控股	16,951	14,624	15.16	10.69	16,958	224,695	938.46
000547	闽福发 A	30,921	24,483	14.96	10	36,990	489,109	143.16
000548	湖南投资	49,922	39,779	7.94	5.72	62,350	434,227	35.5
000550	江铃汽车	51,921	51,631	35.72	23.55	24,512	699,019	13.27
000551	创元科技	26,672	24,167	18.45	12.8	39,904	651,010	55.81
000552	靖远煤电	17,787	10,213	22.24	15.9	32,457	624,235	53.82
000553	沙隆达 A	36,392	36,388	10.54	7.81	65,304	604,483	209.25
000554	泰山石油	48,079	36,259	13.63	8.23	133,415	1,433,560	758
000555	ST 太光	9,063	9,063	11.35	8.29	13,409	138,771	224.5
000557	＊ST 广夏	68,613	65,960	7	7	0	0	
000558	莱茵置业	63,027	62,827	11.38	6.08	75,759	610,147	29.66
000559	万向钱潮	159,326	159,013	15.14	7.37	128,886	1,653,591	29.24
000560	昆百大 A	13,440	13,439	11.87	8.53	29,555	311,232	49.53
000561	烽火电子	59,584	26,484	9.79	7.29	62,446	541,321	58.73
000562	宏源证券	146,120	146,117	19.51	15.46	00,909	1,772,800	19.08
000563	陕国投 A	35,841	35,841	13.28	9.11	56,592	639,998	49.12
000564	西安民生	30,431	26,628	9.2	6.72	53,021	439,973	37.27
000565	渝三峡 A	17,344	17,344	16.4	11.58	40,545	594,525	63.32
000566	海南海药	21,285	21,035	30.74	19.41	35,893	941,601	140.7
000567	海德股份	15,120	13,165	10.3	7.04	43,398	382,720	44.04
000568	泸州老窖	139,424	71,534	49.36	38	99,649	4,372,969	28.56
000570	苏常柴 A	41,137	41,137	10.24	7.35	70,373	650,688	37.38
000571	新大洲 A	73,606	73,542	8.15	5.58	218,063	1,546,630	40.22
000572	海马汽车	164,464	104,250	6.72	4.8	34,086	508,658	16.29
000573	粤宏远 A	62,276	62,229	5.36	3.73	91,938	433,845	82.03

代码	证券名称	发行量	流通量	2011年1月－6月				市盈率
				最高价	最低价	成交数量	成交金额	
000576	ST 甘化	32,286	25,554	14.49	7.08	74,926	936,681	
000581	威孚高科	45,236	38,065	49.8	32.31	55,670	2,255,689	16.33
000582	北海港	14,212	8,370	14.09	10.52	13,957	178,103	40.71
000584	友利控股	40,888	40,305	10.28	7.55	46,226	426,364	27.38
000585	东北电气	61,542	60,803	5.19	4	108,120	504,486	427
000586	ST 汇源	19,344	15,330	9.27	6.21	38,600	309,921	29.83
000587	S＊ST 光明	18,571	8,348	15.9	12.46	263	4,153	
000589	黔轮胎 A	48,890	48,885	12.96	6.07	64,680	679,266	26.15
000590	紫光古汉	20,303	20,294	16.79	11.53	37,265	551,256	53.88
000591	桐君阁	27,463	27,463	13.63	7.3	34,544	406,821	126.19
000592	中福实业	65,185	57,032	9.05	6.72	63,681	508,240	64.79
000593	大通燃气	22,334	22,308	9.85	7.08	56,452	486,905	282.59
000594	国恒铁路	149,377	128,749	4.93	3.36	499,401	2,050,843	1970
000595	＊ST 西轴	21,683	21,681	16.9	8.62	112,051	1,400,893	
000596	古井贡酒	17,500	17,500	85.2	69	4,726	361,677	59.58
000597	东北制药	33,381	30,035	23.77	13.26	53,925	1,003,007	87.44
000598	兴蓉投资	57,679	22,055	21.96	16.13	32,668	635,244	44.15
000599	青岛双星	52,483	52,481	7.37	5.09	144,195	922,413	87.14
000600	建投能源	91,366	91,358	6.71	4.8	70,453	409,965	512
000601	韶能股份	92,555	83,894	6.49	4.54	204,642	1,137,477	59.75
000602	＊ST 金马	15,075	14,908	35	25.15	17,288	528,808	
000603	＊ST 威达	14,036	5,698	39.6	21.7	14,999	447,390	1503
000605	ST 四环	9,323	4,125	13.44	13.44	0	0	
000606	青海明胶	40,596	39,335	11.19	6.68	133,954	1,252,333	9230
000607	＊ST 华控	48,773	48,773	8.12	5.1	82,143	563,796	
000608	阳光股份	74,991	74,991	7.84	5.21	91,295	638,684	9.41
000609	绵世股份	29,810	29,092	13.5	8.46	56,646	607,268	90.93
000610	西安旅游	19,675	19,425	15.9	9.25	95,061	1,227,984	78.1
000611	时代科技	32,182	31,901	8.35	5.84	97,901	700,870	92.71
000612	焦作万方	48,018	48,017	24.18	16.32	100,946	2,072,928	74.02
000613	ST 东海 A	27,610	25,879	6.92	4.69	45,665	261,081	2530
000615	湖北金环	21,168	21,164	9.09	6.71	37,590	296,668	352.5
000616	亿城股份	119,186	119,186	6	3.88	195,289	986,794	9.8
000617	石油济柴	28,754	28,754	26.77	15.18	40,844	872,873	300.17
000619	海螺型材	36,000	36,000	12.19	8.56	54,931	578,389	21.57
000620	＊ST 圣方	159,797	21,067	1.17	1.17	0	0	
000622	S＊ST 恒立	14,174	6,599	1.12	1.12	0	0	
000623	吉林敖东	68,803	62,171	42.16	28.2	109,989	3,916,200	17.13
000625	长安汽车	208,939	188,196	10.59	8.4	170,913	1,669,887	12.2
000626	如意集团	20,250	20,188	14.15	7.14	70,489	775,272	41.66
000627	天茂集团	135,359	135,359	5.85	4.19	183,563	943,594	210
000628	高新发展	21,948	18,760	10.59	10.59	0	0	199.81
000629	攀钢钒钛	572,650	317,783	14.61	10.27	615,385	7,658,412	58.88
000630	铜陵有色	142,161	142,158	36.69	21.17	324,834	9,198,107	38.44
000631	顺发恒业	104,551	22,842	8.99	6.1	74,520	573,684	15.98
000632	三木集团	46,552	46,506	6.1	4.71	119,447	663,705	152.65
000633	ST 合金	38,511	18,319	11.3	8.6	25,261	259,561	1337.5
000635	英力特	17,706	17,705	23.4	13.52	59,431	1,126,352	26.9
000636	风华高科	67,097	67,094	13.55	9.91	139,146	1,662,429	32.28
000637	茂化实华	51,988	36,646	11	7.55	60,575	563,975	50.18
000638	万方地产	15,470	8,814	9.68	7.71	20,489	180,952	29.16
000639	西王食品	12,555	5,763	41	26	10,721	365,930	19.6
000650	仁和药业	63,025	47,905	24.35	12.61	38,595	686,070	41.13
000651	格力电器	281,789	277,936	24.4	15.9	270,191	5,656,033	15.68
000652	泰达股份	147,557	146,160	7.78	7.68	0	0	39.1
000655	金岭矿业	59,534	41,481	25.3	17.88	81,335	1,850,003	23.02
000656	ST 东源	25,004	21,648	14.95	8.66	45,429	543,485	137
000657	＊ST 中钨	22,257	14,405	9.9	9.9	0	0	
000659	珠海中富	75,630	68,752	13.49	6.93	215,924	2,267,929	50.29
000661	长春高新	13,133	13,131	62	43.2	16,099	835,959	71.97
000662	索芙特	28,799	28,790	9.47	6.33	72,805	586,175	
000663	永安林业	20,276	16,690	10.93	7.59	46,476	437,862	212.25
000665	武汉塑料	17,749	12,170	16.85	10.71	20,415	298,378	199.67

代码	证券名称	发行量	流通量	2011 年 1 月 – 6 月				市盈率
				最高价	最低价	成交数量	成交金额	
000666	经纬纺机	42,300	22,734	16.75	10.7	116,849	1,607,468	33.71
000667	名流置业	255,959	255,955	3.58	2.93	411,378	1,327,434	37.38
000668	荣丰控股	14,684	8,180	13.18	9.96	20,338	245,562	27.08
000669	领先科技	9,251	7,588	39.5	22.64	11,930	379,576	
000670	S＊ST 天发	27,221	15,451	4.72	4.72	0	0	
000671	阳光城	53,601	30,171	10.66	6.73	87,480	786,714	7.96
000672	＊ST 铜城	21,547	13,390	5.21	5.21	0	0	
000673	ST 当代	20,808	10,567	11.98	7.73	28,295	279,679	315.71
000676	＊ST 思达	31,459	30,782	6.31	4.67	43,679	247,113	132.63
000677	山东海龙	86,398	80,402	6.99	4.38	112,991	666,100	
000678	襄阳轴承	30,108	30,108	9.68	6.17	83,368	692,149	82.75
000679	大连友谊	35,640	35,630	15.58	7.53	33,933	473,784	11.58
000680	山推股份	75,916	63,558	25.57	15.66	241,875	4,924,364	15.85
000681	＊ST 远东	19,875	16,248	3.3	3.3	0	0	
000682	东方电子	97,816	78,935	6.57	4.69	260,013	1,484,040	304.29
000683	远兴能源	76,781	76,781	11.49	7.4	170,782	1,612,795	63.93
000685	中山公用	59,899	15,760	19.85	15.21	38,255	690,092	14.99
000686	东北证券	63,931	63,923	24.61	16.44	45,210	983,585	24.75
000687	保定天鹅	64,160	64,159	7.41	5.45	76,699	501,101	66.48
000688	＊ST 朝华	40,191	25,260	3.78	3.78	0	0	
000690	宝新能源	172,661	169,642	6.35	4.79	160,565	908,679	26.56
000691	＊ST 亚太	32,327	26,849	6.94	4.65	71,812	405,499	218.71
000692	惠天热电	26,642	26,638	8.77	6.2	46,855	353,177	48.73
000693	S＊ST 聚友	19,269	5,849	7.37	7.37	0	0	
000695	滨海能源	22,215	22,150	17.87	12.28	17,825	263,861	673.5
000697	＊ST 偏转	18,661	13,243	24.54	11.1	55,399	927,112	
000698	沈阳化工	66,093	62,708	12.77	8.1	187,487	1,950,802	28.64
000700	模塑科技	30,904	30,891	9.52	6.19	82,514	686,705	62.27
000701	厦门信达	24,025	19,587	14.54	9.94	62,461	770,080	45.62
000702	正虹科技	26,663	26,663	8.28	5.31	99,965	708,431	227.67
000703	恒逸石化	57,679	14,298	54.5	32.7	12,740	582,197	15.43
000705	浙江震元	12,533	9,929	16.85	10.26	47,959	655,783	79.05
000707	双环科技	46,415	46,414	11.6	6.96	260,627	2,457,647	78.75
000708	大冶特钢	44,941	44,713	19.26	13.96	40,954	700,376	12.63
000709	河北钢铁	687,678	375,549	5.54	3.65	1,000,295	4,500,575	21.52
000710	天兴仪表	15,120	15,120	18	10.01	47,433	668,010	250.38
000711	天伦置业	10,727	10,727	18.79	12.11	21,375	331,980	175.11
000712	锦龙股份	30,462	19,103	18.76	12.6	25,870	430,907	26.88
000713	丰乐种业	29,888	27,000	21.51	14.3	73,398	1,361,420	42.95
000715	中兴商业	27,901	27,810	15.5	9.71	27,543	350,213	42.82
000716	＊ST 南方	17,826	17,110	13.5	8.79	54,570	589,122	10.53
000717	韶钢松山	166,952	112,801	4.91	3.5	221,497	907,710	294.62
000718	苏宁环球	170,266	122,191	10.79	7.36	95,507	859,428	17.78
000719	＊ST 鑫安	15,446	7,421	9.27	9.27	0	0	
000720	ST 能山	86,346	86,343	5.25	3.96	83,122	391,110	
000721	西安饮食	19,953	16,709	13.59	9.07	53,746	624,709	58.49
000722	＊ST 金果	26,813	26,691	7.72	7.72	0	0	
000723	美锦能源	13,960	9,171	20.96	13.91	37,867	666,806	270.33
000725	京东方 A	1,218,288	710,070	3.56	2.54	1,020,495	3,224,634	
000726	鲁泰 A	55,215	55,153	12.34	8.39	168,629	1,798,248	15.15
000727	华东科技	35,916	35,814	12.92	8.72	149,368	1,659,250	
000728	国元证券	196,410	196,410	13.5	10.65	122,785	1,502,737	24.62
000729	燕京啤酒	121,027	96,736	20.68	16.56	88,576	1,702,379	26.98
000731	四川美丰	50,232	50,219	8.07	6.05	79,402	563,144	32.68
000732	福建三农	101,718	14,970	11.25	5.95	128,058	1,091,737	26.85
000733	振华科技	35,812	35,812	12.43	8.66	49,918	539,435	99.6
000735	罗牛山	88,013	87,998	8.38	6.61	203,604	1,518,598	216.36
000736	重庆实业	29,719	11,610	12.98	8.6	16,555	170,807	23.95
000737	＊ST 南风	54,876	54,751	8.37	4.83	76,136	1,191,804	
000738	中航动控	94,284	18,360	17.28	11.3	42,327	600,501	80.06
000739	普洛股份	25,674	25,669	11.4	7.41	97,502	926,861	116.67
000748	长城信息	37,556	37,556	11.23	7.15	93,948	871,754	91.69
000750	SST 集琦	21,506	12,215	4.39	4.39	0	0	

代码	证券名称	发行量	流通量	2011年1月－6月				市盈率
				最高价	最低价	成交数量	成交金额	
000751	锌业股份	111,013	111,008	11.49	7.35	270,381	2,549,738	
000752	西藏发展	26,376	26,372	38.4	8.62	262,769	6,374,700	584.39
000753	漳州发展	31,630	25,015	9.12	6.55	74,871	597,561	35.33
000755	山西三维	46,926	46,922	15.25	9.78	135,132	1,696,555	155.63
000756	新华制药	30,731	30,731	8.86	6.7	37,538	297,534	36.33
000757	*ST方向	30,528	14,912	3.82	3.82	0	0	
000758	中色股份	63,888	42,583	40.48	25	311,518	10,660,451	459.09
000759	中百集团	68,102	68,043	14.56	11.36	80,846	1,052,171	33.3
000760	*ST博盈	23,685	23,684	9.14	6.88	44,161	358,582	745
000761	本钢板材	273,600	69,759	9.38	6	55,387	407,651	22.34
000762	西藏矿业	31,732	27,564	40.35	26.6	74,583	2,541,528	322.14
000766	通化金马	44,902	44,901	9.73	6.55	90,635	749,969	274
000767	漳泽电力	132,373	132,249	6.07	3.75	126,669	653,359	
000768	西飞国际	247,762	233,966	13.17	9.89	154,050	1,781,910	78.64
000776	广发证券	250,705	77,494	56.05	30.93	100,635	4,031,533	24.58
000777	中核科技	21,301	20,156	42.44	22.56	79,903	2,734,303	100.43
000778	新兴铸管	191,687	135,219	12.39	8.06	263,770	2,735,939	15.11
000779	三毛派神	18,644	16,012	14.32	9.3	52,484	630,532	342.73
000780	平庄能源	101,431	101,431	17.2	12.36	160,060	2,403,310	25
000782	美达股份	40,451	40,451	9.1	5.68	204,050	1,482,080	29.42
000783	长江证券	237,123	237,118	13.92	9.9	237,606	2,840,288	19.94
000785	武汉中商	25,122	25,109	12.08	9.6	38,638	430,294	43.1
000786	北新建材	57,515	57,509	17.32	11.93	67,572	1,009,797	22.22
000787	*ST创智	37,861	26,991	4.68	4.68	0	0	
000788	西南合成	58,278	48,675	17.2	8.63	60,804	770,888	21.56
000789	江西水泥	39,591	39,589	19.8	10.36	141,684	2,227,380	45.48
000790	华神集团	35,006	34,043	23.13	13.78	105,312	1,928,634	441.67
000791	西北化工	18,900	18,897	9.99	6.76	43,785	368,987	186.5
000792	盐湖股份	159,051	47,834	68.9	49.1	58,803	3,329,469	40.97
000793	华闻传媒	136,013	135,937	5.98	5.14	17,428	96,943	47.33
000795	太原刚玉	27,680	27,679	24.7	15.22	171,341	3,479,461	410
000796	易食股份	24,654	20,366	9.77	6.69	133,404	1,118,747	60.83
000797	中国武夷	38,945	33,434	6.98	5.48	31,725	198,896	31
000798	中水渔业	31,946	31,945	12.15	9.04	50,053	544,692	64.84
000799	酒鬼酒	30,305	20,560	22.3	16.65	48,149	954,261	70.99
000800	一汽轿车	162,750	141,175	18.95	12.43	116,068	1,894,940	12.39
000801	四川九洲	37,999	26,407	25.73	10	91,713	1,390,103	91.68
000802	北京旅游	18,749	13,749	15.19	11.01	24,444	338,179	509.17
000803	金宇车城	12,773	9,027	12.51	8.17	60,791	622,072	
000805	*ST炎黄	6,365	2,085	1.88	1.88	0	0	
000806	银河科技	69,921	69,691	6.19	4.63	107,341	578,321	
000807	云铝股份	118,398	111,868	14.8	9.96	174,687	2,152,931	413.85
000809	中汇医药	11,457	11,457	26	14.29	12,934	277,251	997.6
000810	华润锦华	12,967	12,967	17.49	13.31	13,153	201,863	22.12
000811	烟台冰轮	39,460	39,448	22.5	10.84	31,510	591,006	35.22
000812	陕西金叶	44,738	44,731	8.94	5.38	128,776	896,063	58.77
000813	天山纺织	36,346	36,346	17.65	12	81,944	1,167,474	744
000815	美利纸业	31,680	31,559	9.2	5.39	105,944	764,101	
000816	江淮动力	108,880	108,876	9.86	6.02	505,567	3,933,563	60.15
000818	*ST化工	68,000	68,000	8.16	5.41	108,009	767,659	3.68
000819	岳阳兴长	21,308	21,307	21.51	14.98	23,214	443,772	75.22
000820	*ST金城	28,783	28,752	6.99	4.43	74,142	418,191	
000821	京山轻机	34,524	34,521	8.81	6.66	64,040	502,299	80.56
000822	山东海化	89,509	89,508	11.88	6.65	280,588	2,713,788	212
000823	超声电子	44,044	28,830	17.88	12.28	123,689	1,894,540	40.39
000825	太钢不锈	569,625	302,632	6.86	4.93	403,411	2,358,720	21.82
000826	桑德环境	41,336	40,049	37.58	21.9	62,237	1,813,637	50.06
000828	东莞控股	103,952	103,952	7.36	5.47	34,691	229,771	17.35
000829	天音控股	94,690	94,684	14.99	8.5	133,443	1,654,617	27.87
000830	鲁西化工	146,486	104,544	8.44	5.29	282,157	2,030,528	48.28
000831	*ST关铝	65,340	65,334	10.02	5.75	48,277	380,735	
000833	贵糖股份	29,607	29,606	13.09	8.95	73,513	847,205	31.1
000835	四川圣达	30,537	30,537	12.29	8.69	159,207	1,728,275	154.33

代码	证券名称	发行量	流通量	2011年1月－6月				市盈率
				最高价	最低价	成交数量	成交金额	
000836	鑫茂科技	29,250	25,532	10.49	6.42	67,149	568,043	290
000837	秦川发展	34,872	34,863	17.44	11.74	73,734	1,075,181	43.98
000838	国兴地产	18,100	18,096	10.01	7.6	20,013	180,595	
000839	中信国安	156,793	156,741	13.66	9.6	187,173	2,239,620	62.71
000848	承德露露	36,497	36,482	27.3	14.7	44,839	1,028,652	33.32
000850	华茂股份	94,367	94,339	13.25	7.22	136,683	1,331,047	20.77
000851	高鸿股份	33,290	32,080	13.47	9.04	122,144	1,431,701	229.3
000852	江钻股份	40,040	13,010	19.6	11.3	108,579	1,690,747	54.66
000856	ST 唐陶	22,700	13,207	11.88	8.3	27,518	284,345	
000858	五粮液	379,597	379,552	36.14	30	256,293	8,509,404	31.11
000859	国风塑业	42,048	42,048	10.7	7.07	117,759	1,058,009	77.3
000860	顺鑫农业	43,854	43,851	24	15.93	68,307	1,319,958	28.69
000861	海印股份	49,219	14,914	24.48	14.27	61,182	1,228,920	34.19
000862	银星能源	23,589	23,589	17.57	11.3	46,798	701,222	90.81
000863	*ST 商务	17,462	7,800	3.5	3.5	0	0	
000868	安凯客车	30,701	26,715	12.49	9.8	47,756	536,049	44.02
000869	张裕 A	34,882	34,882	101.5	83.88	11,315	1,035,477	36.87
000875	吉电股份	83,910	66,001	5.64	4.17	136,922	663,511	281.88
000876	新希望	83,237	81,502	22.9	17.1	77,467	1,529,620	28.5
000877	天山股份	38,895	33,566	45.18	28.37	79,630	2,983,828	25.85
000878	云南铜业	125,669	125,667	29.52	19.81	161,273	4,143,605	64.44
000880	潍柴重机	27,610	13,514	25.98	17.2	57,380	1,259,748	24.35
000881	大连国际	30,892	30,508	13.18	9.86	91,118	1,080,581	17.93
000882	华联股份	74,442	24,919	9.09	6.72	29,432	237,254	73.9
000883	湖北能源	206,780	28,371	10.97	7.28	74,057	682,062	16
000885	同力水泥	25,254	8,511	18.36	10.72	58,228	896,508	30.86
000886	海南高速	98,883	95,113	6.51	4.54	115,567	680,816	41.11
000887	中鼎股份	59,578	59,578	27.48	11.24	41,496	861,566	24.94
000888	峨眉山 A	23,519	16,381	21.8	15.43	21,951	419,045	38.81
000889	渤海物流	33,871	33,846	12.98	8.4	72,573	750,065	102.33
000890	法尔胜	37,964	37,953	7.95	5.59	124,051	860,463	194.41
000892	*ST 星美	41,388	30,694	6.64	4.93	57,428	334,892	
000893	东凌粮油	22,200	10,990	29.2	17.6	21,793	557,026	23.56
000895	双汇发展	60,599	60,590	88.69	55.6	37,349	2,476,851	36.71
000897	津滨发展	161,727	161,700	6.14	4.32	236,914	1,286,346	77.29
000898	鞍钢股份	614,901	614,899	9.05	6.5	291,521	2,319,540	24.64
000899	赣能股份	64,668	30,498	9.09	5.28	185,954	1,342,086	
000900	现代投资	39,917	39,913	22.96	15.5	43,412	850,830	8.3
000901	航天科技	25,036	22,176	17.8	12.8	44,899	714,514	59.46
000902	中国服装	25,800	25,800	15.64	8.85	57,947	706,443	231.5
000903	云内动力	68,076	42,561	18.8	6.42	119,688	1,640,864	35.38
000905	厦门港务	53,100	23,828	8.75	6.71	59,398	468,925	37.3
000906	南方建材	33,061	13,156	11.95	8.07	41,246	417,722	39.29
000908	ST 天一	28,000	28,000	11.07	7.43	26,800	255,000	791.82
000909	数源科技	19,600	19,600	12.55	8.85	34,630	382,357	81.17
000910	大亚科技	52,750	52,750	9.42	6.7	51,537	434,553	20.14
000911	南宁糖业	28,664	28,664	24.5	16.51	45,220	952,771	28.66
000912	泸天化	58,500	26,715	8.58	6.43	60,053	451,318	
000913	钱江摩托	45,354	45,344	9.71	6.74	60,415	496,144	49.13
000915	山大华特	18,025	17,921	19.88	15.65	28,896	513,995	45.26
000916	华北高速	109,000	92,032	4.63	3.74	45,696	195,033	17.45
000917	电广传媒	40,638	31,876	24.4	24.4	0	0	348.57
000918	嘉凯城	180,419	52,785	9.58	6.75	56,528	468,293	11.71
000919	金陵药业	50,400	25,559	11.3	7.96	37,912	383,255	24.06
000920	南方汇通	42,200	42,200	14.89	8.93	191,252	2,348,561	76.86
000921	ST 科龙	89,446	28,224	8.81	6.07	42,639	331,230	14.97
000922	ST 阿继	29,844	17,190	12.1	9.62	20,021	216,099	997
000923	河北宣工	19,800	19,800	13.29	8.1	45,185	490,313	97.9
000925	众合机电	30,134	10,876	28.75	15.62	17,430	409,351	96
000926	福星股份	71,236	52,552	14.57	9.9	180,430	2,261,240	16.86
000927	一汽夏利	159,517	159,517	9.1	6.73	65,970	530,415	37.75
000928	中钢吉炭	28,290	28,290	17.65	10.94	98,838	1,448,847	778.24
000929	兰州黄河	18,577	18,559	13.43	9.42	42,875	506,521	19.25

代码	证券名称	发行量	流通量	2011年1月－6月				市盈率
				最高价	最低价	成交数量	成交金额	
000930	中粮生化	96,441	96,440	10.18	7.17	200,090	1,781,582	25.56
000931	中关村	67,485	50,648	10	6.02	262,209	2,219,598	463.75
000932	华菱钢铁	301,565	112,129	5.43	3.57	184,997	795,761	
000933	神火股份	168,000	167,990	30.12	14.1	156,754	3,733,131	22.3
000935	四川双马	61,586	13,795	15.24	9	86,188	1,081,134	120.27
000936	华西村	74,801	74,801	9.58	6.74	131,285	1,136,354	34.03
000937	冀中能源	231,288	157,591	52.29	21.61	154,313	5,482,930	24.73
000938	紫光股份	20,608	20,608	18.84	12.55	63,155	1,048,495	86.02
000939	凯迪电力	94,331	94,069	25.25	12.26	155,791	2,978,994	39.75
000948	南天信息	21,055	16,194	16.82	10.69	30,620	442,102	34.8
000949	新乡化纤	63,786	63,773	9.9	5.56	181,412	1,425,389	33.05
000950	建峰化工	59,880	53,055	8.14	6.87	8,292	63,419	19.7
000951	中国重汽	41,943	27,421	29.46	16.71	50,697	1,252,646	11.72
000952	广济药业	25,171	25,167	14.28	9.46	93,287	1,133,888	204.82
000953	ST河化	29,406	29,400	10.14	6.25	47,397	383,495	375
000955	ST欣龙	29,315	24,670	6.89	4.97	46,524	276,132	536
000957	中通客车	23,850	23,848	10.56	7.74	40,574	381,356	49.7
000958	ST东热	29,949	19,671	6.71	4.57	51,694	292,734	55
000959	首钢股份	296,653	120,615	4.42	4.42	0	0	36.53
000960	锡业股份	90,652	90,652	39.79	25.69	192,159	6,462,979	70.12
000961	中南建设	116,784	31,580	13.8	9.14	108,906	1,266,724	16.89
000962	东方钽业	35,640	35,640	29.49	20	100,337	2,542,212	108.01
000963	华东医药	43,406	27,994	36	22.33	17,221	480,926	33.25
000965	天保基建	46,156	11,550	11.5	8.28	31,349	329,340	20.89
000966	长源电力	55,414	55,414	7.19	5.17	68,913	427,028	
000967	上风高科	20,518	20,480	10.84	7.7	41,457	392,509	186
000968	煤气化	51,375	51,375	30.98	20.9	110,750	2,842,276	55.43
000969	安泰科技	85,889	85,696	25.8	17.64	198,165	4,363,261	74.26
000970	中科三环	50,760	50,760	31.2	18.97	141,260	3,643,516	50.59
000971	ST迈亚	24,310	18,138	7.76	5.54	39,085	260,573	86.14
000972	新中基	48,205	43,285	16.16	7.99	119,742	1,533,613	
000973	佛塑科技	61,255	51,492	17.37	12.05	132,529	1,961,747	47.43
000975	科学城	62,293	62,293	9.34	5.6	38,355	284,804	
000976	春晖股份	58,664	40,896	7.7	4.62	217,310	1,381,435	53.45
000977	浪潮信息	21,500	21,500	27.3	17.1	57,234	1,312,009	125.63
000978	桂林旅游	36,010	36,010	15.38	10.18	63,531	819,977	53.69
000979	中弘地产	101,209	29,599	19.89	6.49	83,426	981,364	8.14
000980	金马股份	31,700	31,700	8.17	6.36	57,877	434,837	48.21
000981	*ST兰光	85,901	6,500	5.55	5.55	0	0	
000982	中银绒业	27,800	24,900	15.77	12.12	26,781	377,998	52.29
000983	西山煤电	315,120	147,217	29.19	22.23	393,558	10,365,341	28.84
000985	大庆华科	12,964	12,964	17.97	12.3	16,338	257,105	74.07
000987	广州友谊	35,896	35,844	27.42	19.9	21,139	509,702	23.07
000988	华工科技	44,556	40,760	24.28	16.9	77,678	1,620,117	33.01
000989	九芝堂	29,761	29,761	15.89	10.72	40,304	557,423	21.58
000990	诚志股份	29,703	27,883	14.9	9.55	51,800	663,149	141.51
000993	闽东电力	37,300	37,300	14.15	8.35	57,280	668,139	32.93
000995	ST皇台	17,741	17,741	17.44	11.7	20,271	305,487	
000996	中国中期	23,000	23,000	27.78	17.2	29,838	708,158	303.23
000997	新大陆	51,027	45,081	20.44	13.7	107,107	1,905,198	100.13
000998	隆平高科	27,720	27,720	36.48	22.5	90,355	2,707,637	96.65
000999	华润三九	97,890	35,524	25.5	17.2	54,271	1,187,545	21.97
001696	宗申动力	102,105	76,790	10.9	6.75	119,818	1,142,197	21.99
001896	豫能控股	62,335	42,999	10.96	4.6	98,980	820,137	345
002001	新和成	72,595	71,301	34.5	23.55	85,355	2,495,410	18.6
002002	ST琼花	16,689	12,291	8.2	6.06	32,095	230,648	
002003	伟星股份	25,899	22,338	27.48	15.5	24,450	517,845	17.16
002004	华邦制药	13,200	10,025	52.8	38.7	3,940	171,670	45.1
002005	德豪润达	48,320	32,235	19.99	14.88	43,406	763,091	29.11
002006	精功科技	15,172	13,254	70.5	36.51	60,950	3,340,261	96
002007	华兰生物	57,620	57,612	48.69	31.63	46,263	1,909,261	32.2
002008	大族激光	104,440	94,614	25.98	10.97	195,363	4,194,491	35.15
002009	天奇股份	22,101	16,991	18.97	13.57	37,072	608,697	45.29

代码	证券名称	发行量	流通量	2011年1月－6月				市盈率
				最高价	最低价	成交数量	成交金额	
002010	传化股份	48,798	30,045	27.35	8.78	57,619	1,066,965	31.16
002011	盾安环境	74,473	74,402	35.6	11.7	58,573	1,376,004	47.9
002012	凯恩股份	19,479	19,479	17.86	11.95	57,277	895,744	26.65
002013	中航精机	21,720	16,105	37.69	16.58	41,635	1,149,418	129.19
002014	永新股份	18,302	18,166	26.95	14.19	38,477	773,519	24
002015	霞客环保	23,994	18,054	13	8.46	83,994	952,031	95
002016	世荣兆业	46,150	46,149	9.99	7.3	35,406	310,992	40.6
002017	东信和平	21,842	21,692	25.6	15.02	39,875	854,836	110.88
002018	华星化工	29,386	27,007	8.76	6.33	80,815	617,732	
002019	鑫富药业	22,042	14,334	23.46	12.76	44,984	837,724	
002020	京新药业	10,155	7,695	22.38	15.8	10,165	197,813	151.57
002021	中捷股份	43,678	43,678	8.58	5.3	120,098	857,522	62.45
002022	科华生物	49,228	43,746	18.95	12.41	72,898	1,184,201	29.49
002023	海特高新	29,518	28,391	18.16	12.73	49,503	791,345	84.8
002024	苏宁电器	699,621	544,209	14.65	11.59	408,791	5,355,011	22.63
002025	航天电器	33,000	32,980	15.85	10.88	58,964	789,264	34.26
002026	山东威达	17,550	11,956	15.4	8.72	20,615	257,468	37.38
002027	七喜控股	30,234	19,465	7.79	5.66	49,204	332,817	203.67
002028	思源电气	43,968	33,326	27.29	12.51	72,436	1,458,182	11.35
002029	七匹狼	28,290	28,289	35.9	27.49	13,713	430,454	31.89
002030	达安基因	34,671	33,210	16.25	9.44	70,520	989,981	61.2
002031	巨轮股份	39,791	29,922	14.67	7.1	33,965	425,542	29.25
002032	苏泊尔	57,725	42,896	29.04	19.16	14,100	344,039	32.83
002033	丽江旅游	15,122	9,346	35	18	13,985	396,653	291.88
002034	美欣达	8,112	5,907	29.5	11.26	39,974	817,843	218.9
002035	华帝股份	22,330	21,077	16.49	10.12	54,089	753,873	23.41
002036	宜科科技	20,225	19,267	17.2	11.3	44,398	658,129	327.6
002037	久联发展	17,303	17,303	27.75	19.87	20,291	494,235	37.8
002038	双鹭药业	38,070	31,252	59.8	33.03	21,014	996,490	52.5
002039	黔源电力	20,360	12,340	24.18	18.73	16,073	346,032	43.34
002040	南京港	24,587	24,587	9.68	7.6	24,135	209,250	82.7
002041	登海种业	35,200	32,842	73.24	18.42	32,925	1,558,374	34.97
002042	华孚色纺	27,766	7,442	30.6	21.14	17,318	464,071	15.82
002043	兔宝宝	18,300	17,667	12.91	8.95	60,883	687,821	53.94
002044	江苏三友	22,425	16,281	19	9.51	25,172	403,504	114.85
002045	广州国光	41,690	33,973	18.65	6.49	35,640	463,530	26.2
002046	轴研科技	10,809	6,435	33.46	18.37	30,114	831,722	50.34
002047	成霖股份	45,366	45,366	6.64	4.61	104,476	587,432	501
002048	宁波华翔	56,714	49,673	15.66	10.97	90,728	1,233,312	15.75
002049	晶源电子	13,500	8,956	29.45	17.35	30,976	758,654	71.51
002050	三花股份	29,737	6,876	37.39	29.95	8,396	286,119	28.41
002051	中工国际	44,070	37,011	41.65	24.02	13,991	494,135	33.62
002052	同洲电子	34,148	26,042	14.8	8.6	71,122	857,853	
002053	云南盐化	18,585	18,585	15.55	11.15	34,404	461,039	121.33
002054	德美化工	31,759	23,581	15.32	10.15	31,639	405,529	10.15
002055	得润电子	20,316	17,072	27.98	16.56	23,022	514,017	67.64
002056	横店东磁	42,590	41,090	41.18	23.69	80,809	2,773,489	31.26
002057	中钢天源	8,400	8,400	28.69	17.7	25,310	614,738	160.83
002058	威尔泰	12,474	12,262	26.41	9.16	42,046	638,622	101.14
002059	云南旅游	21,500	8,056	15.27	8.2	53,906	658,010	
002060	粤水电	33,240	20,588	16.25	9.75	146,591	1,948,198	46.79
002061	江山化工	13,998	13,998	18.15	11.19	44,152	644,758	37.25
002062	宏润建设	45,000	36,409	16.75	10.08	31,440	438,738	15.7
002063	远光软件	33,738	28,636	32.01	16.3	20,379	498,276	33.39
002064	华峰氨纶	73,840	65,868	14.09	8.7	100,395	1,164,053	22.23
002065	东华软件	44,229	37,310	31.2	21.41	20,533	523,053	33.01
002066	瑞泰科技	11,550	11,496	19.48	14.34	15,435	265,741	37.45
002067	景兴纸业	39,200	32,904	8.49	6.29	114,343	859,277	23.65
002068	黑猫股份	29,981	24,991	15.68	9.53	82,970	1,102,629	82.94
002069	獐子岛	71,111	64,030	43.63	22.25	46,732	1,533,213	41.54
002070	众和股份	37,589	25,392	9.98	5.77	27,801	228,508	23.81
002071	江苏宏宝	18,402	18,016	17.56	10.02	77,607	1,060,134	117.09
002072	ST 德棉	17,600	17,600	10.73	8	18,403	173,448	280.27

代码	证券名称	发行量	流通量	2011年1月－6月				市盈率
				最高价	最低价	成交数量	成交金额	
002073	软控股份	74,237	59,098	27.94	18.4	82,853	1,942,697	41.2
002074	东源电器	25,337	21,520	23.05	8.69	39,708	735,901	99.62
002075	沙钢股份	157,627	27,720	12.49	6.25	60,858	584,123	29.1
002076	雪莱特	18,427	11,169	12.99	8.99	58,215	642,861	146.36
002077	大港股份	25,200	24,398	16.05	9.35	68,127	873,372	48.72
002078	太阳纸业	100,481	32,642	14.39	9.99	95,261	1,177,742	16.84
002079	苏州固锝	35,880	35,875	25.2	14.49	37,676	723,356	94.22
002080	中材科技	40,000	15,699	47.03	12.48	30,119	933,241	25.86
002081	金螳螂	47,879	43,930	77	34	16,728	871,329	49.57
002082	栋梁新材	23,800	15,546	17.1	11.57	55,732	808,625	21.84
002083	孚日股份	93,848	44,323	11.27	7.58	123,483	1,199,307	42.47
002084	海鸥卫浴	33,558	33,558	10.41	5.92	34,308	288,134	28.91
002085	万丰奥威	28,435	26,243	16.9	10.02	33,401	472,398	29.68
002086	东方海洋	24,385	23,469	18.47	13.28	67,520	1,075,668	48.21
002087	新野纺织	51,976	33,467	6.69	4.61	71,221	408,260	26.52
002088	鲁阳股份	23,398	19,944	18.95	13.13	17,874	301,062	27.62
002089	新海宜	35,289	25,542	25.55	12.5	23,499	468,070	32.56
002090	金智科技	20,400	18,166	14.69	9.5	11,384	138,966	43.82
002091	江苏国泰	36,000	34,654	30.5	16.72	47,149	1,162,575	38.57
002092	中泰化学	115,434	113,523	15.99	12	139,201	1,929,398	48.59
002093	国脉科技	43,250	39,500	18.47	12.01	25,227	406,177	55.76
002094	青岛金王	32,192	32,192	16.59	13.4	55,239	847,595	135.67
002095	生意宝	16,200	16,060	27.17	14.13	7,944	176,729	48.22
002096	南岭民爆	13,220	13,193	38.8	27.72	8,351	287,539	34.48
002097	山河智能	42,045	29,586	17.78	12.2	55,897	884,449	27.97
002098	浔兴股份	15,500	15,500	19.1	11.43	26,358	410,034	42.07
002099	海翔药业	16,050	12,628	27.4	20.62	16,830	400,403	41.75
002100	天康生物	29,476	26,594	24.6	10.89	22,301	424,700	34.81
002101	广东鸿图	16,400	13,400	40.39	16.01	17,892	463,731	28.07
002102	冠福家用	40,926	16,874	18.38	6.86	128,864	1,453,016	
002103	广博股份	21,843	16,749	9.59	7.41	17,726	153,891	28.8
002104	恒宝股份	44,064	29,169	17.86	10.9	97,820	1,469,914	52.73
002105	信隆实业	26,800	26,800	8.59	6.37	37,826	286,169	46.25
002106	莱宝高科	60,040	57,461	66.49	26.41	70,189	3,322,544	40.5
002107	沃华医药	16,398	7,395	14.65	11.1	13,574	183,889	
002108	沧州明珠	30,165	29,673	24.8	8.17	36,287	682,518	24.49
002109	兴化股份	35,840	35,840	12.09	8.51	61,481	645,948	35.6
002110	三钢闽光	53,470	53,470	12.98	8.9	53,428	573,965	49.71
002111	威海广泰	14,743	4,854	27.81	17.45	12,436	292,349	41.58
002112	三变科技	11,200	10,173	17.5	10.92	22,750	343,900	30.18
002113	＊ST天润	11,840	8,943	9.44	7.49	16,644	142,277	
002114	罗平锌电	18,385	18,385	19.88	12.95	33,125	553,236	
002115	三维通信	21,456	16,675	19.86	14.3	30,860	547,369	32.71
002116	中国海诚	11,400	11,065	25.09	17.2	6,936	153,227	33.31
002117	东港股份	12,412	12,412	28.92	16.33	12,316	278,566	26.97
002118	紫鑫药业	51,299	41,324	40.6	15.35	58,394	1,604,964	43.21
002119	康强电子	19,420	18,210	14.49	9.01	51,210	631,474	29.09
002120	新海股份	15,028	9,447	14.77	9	25,262	300,798	48.38
002121	科陆电子	39,669	23,095	30.89	14.25	28,928	708,881	42.98
002122	天马股份	118,800	105,895	19.2	11.8	258,579	4,111,754	23.44
002123	荣信股份	50,400	44,867	47.98	19.62	30,956	1,036,612	42.74
002124	天邦股份	20,550	13,079	15.1	8.45	76,212	896,893	51.01
002125	湘潭电化	8,696	7,540	28.88	18	17,569	425,433	73.67
002126	银轮股份	13,000	11,617	38.25	17.05	17,790	560,337	18.45
002127	新民科技	37,205	16,980	16.78	10.09	32,796	472,229	26.57
002128	露天煤业	132,669	132,669	26.73	20.27	53,135	1,228,053	20.25
002129	中环股份	72,424	72,291	36.36	16.85	30,826	848,778	148.81
002130	沃尔核材	29,089	17,653	27.5	13.3	63,868	1,418,946	54.37
002131	利欧股份	30,112	16,434	24.44	15.8	49,709	1,022,379	48.65
002132	恒星科技	53,987	28,824	34	10.37	79,945	1,457,344	72.7
002133	广宇集团	49,860	34,219	7.13	5.26	54,846	353,801	13.08
002134	天津普林	24,585	24,585	11.35	7.5	45,687	422,203	
002135	东南网架	30,000	24,546	19.87	8.42	31,740	446,672	41.34

代码	证券名称	发行量	流通量	2011 年 1 月 - 6 月				市盈率
				最高价	最低价	成交数量	成交金额	
002136	安纳达	10,751	7,653	33.2	14.21	45,393	1,113,981	120.4
002137	实益达	31,216	30,830	12.45	8.37	37,574	387,479	108.21
002138	顺络电子	21,239	16,922	28.65	18.39	26,979	670,219	44.79
002139	拓邦股份	16,800	11,480	22.96	15.9	23,792	478,207	41.56
002140	东华科技	44,603	43,205	48.54	21.8	19,146	690,709	62.1
002141	蓉胜超微	18,189	18,189	14.88	6.33	21,824	255,039	85.81
002142	宁波银行	288,382	247,931	13.97	10.23	208,452	2,669,366	12.17
002143	高金食品	16,050	7,996	12.3	8.52	31,196	321,861	
002144	宏达高科	15,134	6,992	18.45	12.65	11,390	181,471	43.99
002145	*ST 钛白	19,000	9,986	11.52	6.92	45,120	407,455	157.83
002146	荣盛发展	186,368	162,499	15.69	8	146,595	1,845,672	18.11
002147	方圆支承	25,852	14,259	19	13.35	48,387	780,472	43.95
002148	北纬通信	11,340	8,326	45.1	15.14	10,885	340,344	40.66
002149	西部材料	17,463	13,713	28.47	17	22,516	529,389	82.5
002150	江苏通润	25,020	8,921	17.92	7.72	49,205	618,337	51
002151	北斗星通	15,125	6,402	46.8	24.81	11,375	388,554	94.83
002152	广电运通	44,478	42,612	54.38	27.5	12,523	507,625	28.98
002153	石基信息	30,912	16,147	57	31.9	4,782	207,086	50.8
002154	报喜鸟	58,750	49,099	33.05	12.02	20,324	485,455	32.52
002155	辰州矿业	54,740	54,726	44.35	26	192,177	6,717,315	82.14
002156	通富微电	64,987	64,987	18.65	7.2	51,691	704,587	33.44
002157	正邦科技	43,106	26,810	17.18	7.92	55,664	671,250	78.99
002158	汉钟精机	21,807	21,807	36.85	19.82	11,193	331,112	35.63
002159	三特索道	12,000	11,987	20	12.33	15,540	258,067	54.58
002160	常铝股份	34,000	32,470	32.25	12.02	129,550	2,451,017	119.77
002161	远望谷	36,988	22,288	36.98	19.51	50,100	1,298,442	84.96
002162	斯米克	41,800	41,800	15.54	10.02	92,554	1,187,981	137.25
002163	中航三鑫	80,355	41,106	21	6.8	61,137	848,462	92.35
002164	东力传动	44,563	31,950	27.6	8.16	30,356	504,039	42.35
002165	红宝丽	25,200	24,683	17.4	12.71	35,571	555,755	41.22
002166	莱茵生物	12,953	9,037	28.6	19.2	39,208	978,534	
002167	东方锆业	17,971	13,792	47.65	29.67	67,369	2,424,376	158.76
002168	深圳惠程	63,092	32,418	46.75	15.5	62,739	1,581,549	153.76
002169	智光电气	26,647	21,955	21.88	8.36	29,042	444,414	62.58
002170	芭田股份	39,593	25,267	19.98	8.85	66,732	956,337	44.09
002171	精诚铜业	32,604	32,225	34.4	15.6	176,518	3,968,631	71.66
002172	澳洋科技	55,622	49,860	9.98	6.51	36,161	317,404	36.74
002173	山下湖	20,100	9,981	28.58	11.91	62,161	1,041,372	90.97
002174	梅花伞	8,294	8,294	17.75	12.5	10,545	161,704	123.07
002175	广陆数测	8,540	6,200	16.6	12.31	16,808	252,698	224.83
002176	江特电机	19,520	19,508	40.25	19.11	73,498	1,903,450	141.62
002177	御银股份	34,443	20,369	21.99	10.73	50,556	831,637	45.91
002178	延华智能	13,440	11,050	20.25	10.02	28,422	423,053	96.36
002179	中航光电	40,163	20,913	25.88	15.79	37,948	814,846	56.39
002180	万力达	12,498	8,017	47.1	19.81	33,825	1,025,118	120.68
002181	粤传媒	35,016	21,356	14.06	10.24	31,271	394,187	224.38
002182	云海金属	28,800	21,144	28.18	11.6	100,050	2,252,141	131.2
002183	怡亚通	83,413	83,413	13.66	6.51	44,294	497,495	43.86
002184	海得控制	22,000	13,077	18.09	10.41	29,845	397,816	83.87
002185	华天科技	37,323	23,381	15.27	9.9	76,553	1,019,169	36.27
002186	全聚德	14,156	13,894	34.21	25.99	7,063	218,921	39.41
002187	广百股份	28,535	9,600	28.99	14.2	9,138	233,053	25.96
002188	新嘉联	15,600	11,917	12.15	8.61	22,840	249,435	374
002189	利达光电	19,924	19,424	18.44	12.03	25,169	397,310	190.38
002190	成飞集成	20,623	20,623	38.8	24	38,724	1,231,184	133.33
002191	劲嘉股份	64,200	64,200	12.11	8.11	88,759	932,554	18.77
002192	路翔股份	12,140	8,746	31.48	17.2	26,436	674,999	132.59
002193	山东如意	16,000	15,991	18.13	12.21	18,313	284,167	47.04
002194	武汉凡谷	55,588	24,889	15.1	10.22	27,161	365,210	29.76
002195	海隆软件	11,193	7,868	35.48	15.42	21,310	502,394	44.52
002196	方正电机	11,573	8,101	32.99	14.51	20,149	490,432	84.48
002197	证通电子	20,983	13,734	22.69	13.21	21,905	405,761	55.55
002198	嘉应制药	20,500	9,711	18.5	10.3	21,656	312,800	88.58

代码	证券名称	发行量	流通量	2011年1月-6月				市盈率
				最高价	最低价	成交数量	成交金额	
002199	东晶电子	12,626	5,814	24.7	14.53	20,012	409,607	75.37
002200	*ST大地	15,109	10,658	29.18	10.91	63,372	1,247,985	136.1
002201	九鼎新材	17,576	16,700	15.38	8.66	23,111	294,528	119.41
002202	金风科技	219,454	208,896	23.38	13.76	294,570	5,751,500	15.1
002203	海亮股份	40,010	36,649	19.54	13.18	50,267	832,712	25.07
002204	华锐铸钢	21,400	21,400	48.92	22.21	23,908	852,416	50
002205	国统股份	11,615	9,839	35.8	19.93	29,678	837,769	50.19
002206	海利得	44,758	24,683	25.1	11.32	25,926	538,779	39.55
002207	准油股份	9,946	8,219	22.88	13.21	16,838	325,534	
002208	合肥城建	32,010	31,664	12.58	8.4	47,318	518,144	21.34
002209	达意隆	19,524	12,608	15.3	8.53	28,605	341,460	39.04
002210	飞马国际	30,600	28,916	10.96	8	27,829	273,314	52.07
002211	宏达新材	43,248	14,685	18.65	9.99	35,041	483,289	47.6
002212	南洋股份	51,026	21,918	24.3	7.63	33,721	596,559	32.09
002213	特尔佳	20,600	12,738	19.99	12.31	27,016	434,639	68.14
002214	大立科技	10,000	7,107	51.54	33.72	10,451	430,935	84.91
002215	诺普信	35,408	24,940	34.98	14.5	15,109	402,500	51.45
002216	三全食品	18,700	12,293	37.94	29.31	4,647	160,105	53.03
002217	联合化工	22,298	16,819	15.33	9.3	65,185	810,758	30.5
002218	拓日新能	48,975	42,184	29.2	12.95	30,899	727,809	74.82
002219	独一味	37,360	37,053	22.06	13.9	38,062	672,811	98.47
002220	天宝股份	19,600	16,014	21.67	15.81	11,143	214,241	28.81
002221	东华能源	22,490	22,200	11.95	8.18	37,475	399,994	47.54
002222	福晶科技	28,500	27,482	20.14	8.1	38,213	578,369	42.89
002223	鱼跃医疗	40,893	36,544	50.33	22.7	13,262	500,631	61.33
002224	三力士	15,984	7,181	19.95	9.51	21,689	353,218	27.8
002225	濮耐股份	73,047	14,757	19.45	8.72	133,230	1,864,227	65.18
002226	江南化工	26,376	8,195	31.5	20	11,075	296,586	93.73
002227	奥特迅	10,858	10,858	36.99	22.9	9,495	286,434	108.58
002228	合兴包装	34,750	30,400	16.35	6.81	8,508	117,155	34.82
002229	鸿博股份	13,600	7,147	19.58	13.41	11,134	185,585	41.46
002230	科大讯飞	25,208	20,597	83.55	35.3	21,422	1,058,941	101
002231	奥维通信	16,050	7,050	15.5	10.8	14,083	193,693	68.88
002232	启明信息	40,855	38,605	25.38	9.96	39,698	720,243	49.64
002233	塔牌集团	89,466	45,366	22.78	8.18	174,654	2,513,828	35.85
002234	民和股份	10,750	6,403	26.2	17.74	25,991	586,640	61.03
002235	安妮股份	19,500	9,641	14.92	10.2	11,528	145,811	1168
002236	大华股份	27,908	14,390	86.6	37.92	9,067	626,668	47.72
002237	恒邦股份	19,160	6,727	55.5	38.5	19,435	917,464	40.84
002238	天威视讯	32,040	32,039	27.6	16.48	18,775	444,719	67.33
002239	金飞达	20,100	20,100	11.09	7.33	18,471	182,967	158.8
002240	威华股份	49,070	29,890	12.95	6.34	82,192	749,040	186.84
002241	歌尔声学	75,158	51,318	56.79	20.3	15,614	613,066	67.14
002242	九阳股份	76,095	76,095	17.33	11.78	30,017	455,173	16.56
002243	通产丽星	25,807	10,509	17.98	12.4	24,019	374,728	38.35
002244	滨江集团	135,200	112,268	13.3	10.38	83,983	980,900	17.42
002245	澳洋顺昌	36,480	33,380	21.48	7.46	36,125	574,154	36.67
002246	北化股份	19,789	19,789	25.49	14.01	30,011	611,592	148.43
002247	帝龙新材	10,020	8,146	27.83	15.34	13,915	310,227	48.6
002248	华东数控	25,750	18,476	28.3	14	29,835	680,629	45.45
002249	大洋电机	42,840	23,159	32.37	19.27	25,472	717,413	40.48
002250	联化科技	26,466	14,975	41.5	27.89	8,995	315,555	41.58
002251	步步高	27,036	8,651	27.5	21.52	11,940	300,102	37.07
002252	上海莱士	27,200	27,200	35.95	20.85	12,186	370,869	35.58
002253	川大智胜	7,488	6,541	49	30.91	7,667	304,757	71.46
002254	烟台氨纶	39,156	39,138	37.7	16.17	23,776	734,508	28.14
002255	海陆重工	12,910	9,504	44.59	27.66	11,434	414,182	32.76
002256	彩虹精化	20,880	12,706	26.37	13.43	24,270	455,457	118.56
002258	利尔化学	20,244	6,549	19.5	14.16	14,844	252,802	43.34
002259	升达林业	35,740	11,963	9.15	6.66	60,118	496,878	62.02
002260	伊立浦	15,600	3,900	15.69	9.61	30,794	398,478	133.5
002261	拓维信息	21,803	10,633	43.23	16.22	9,141	298,881	35.39
002262	恩华药业	23,400	8,676	24.09	17	9,367	197,704	54.17

代码	证券名称	发行量	流通量	2011 年 1 月 – 6 月				市盈率
				最高价	最低价	成交数量	成交金额	
002263	大东南	46,571	20,751	13.4	9.13	54,515	620,653	57.54
002264	新华都	16,032	5,729	27.44	19.01	20,683	496,728	47.38
002265	西仪股份	29,103	8,443	15.22	9.4	40,470	504,332	287.25
002266	浙富股份	29,928	13,635	48.65	15.8	11,478	425,123	40.02
002267	陕天然气	50,842	10,000	22.24	16.66	24,953	503,357	22.85
002268	卫士通	17,271	10,137	28.79	14.61	12,867	292,975	46.74
002269	美邦服饰	100,500	10,500	36.18	28	17,057	529,626	40.61
002270	法因数控	14,550	3,650	17.54	13.03	12,833	206,314	76.2
002271	东方雨虹	34,352	13,686	42.48	15.36	17,274	586,475	51.5
002272	川润股份	17,055	5,898	28.95	11.21	12,528	258,795	45.33
002273	水晶光电	11,565	6,699	50.9	32.05	11,543	476,604	43.19
002274	华昌化工	26,147	10,285	13.73	9.52	44,700	519,043	277
002275	桂林三金	59,020	13,484	25.25	15.3	9,191	191,832	36.75
002276	万马电缆	40,000	14,122	15.98	12.73	19,303	285,089	56.38
002277	友阿股份	34,920	20,614	25.24	19.65	38,265	886,624	35.64
002278	神开股份	26,152	11,728	19.15	10.13	21,535	334,103	39.9
002279	久其软件	10,987	3,888	31	17.9	7,309	181,355	46.6
002280	新世纪	10,700	3,546	24.37	16.39	7,495	162,401	51.14
002281	光迅科技	16,000	8,200	49.09	29.42	9,338	375,057	41.15
002282	博深工具	22,542	7,583	28.88	12.01	50,023	1,038,789	52.86
002283	天润曲轴	48,000	23,284	37.9	11.65	58,248	1,614,755	31.05
002284	亚太股份	28,704	9,994	25.6	9.75	19,710	408,007	26.96
002285	世联地产	32,640	10,319	33.99	16.76	16,982	434,014	24.42
002286	保龄宝	10,400	5,253	27.2	17.85	9,470	222,838	47.49
002287	奇正藏药	40,600	4,100	26.44	19.53	13,173	308,362	50.96
002288	超华科技	16,499	4,800	19.9	11.68	24,348	401,585	101.42
002289	宇顺电子	7,350	4,153	35.89	21	20,472	611,378	62.26
002290	禾盛新材	15,048	6,246	37.18	18.82	17,217	475,693	39.07
002291	星期六	36,335	12,134	19.26	9.62	11,010	153,624	41.52
002292	奥飞动漫	40,960	10,240	35.3	17.18	11,939	330,606	60.13
002293	罗莱家纺	14,036	3,510	79.88	58.97	3,908	270,991	53.04
002294	信立泰	36,320	9,120	72.49	30.68	9,150	494,871	34.56
002295	精艺股份	21,180	8,006	20.59	9.67	21,828	360,042	34.92
002296	辉煌科技	17,774	5,340	71.28	24.01	5,316	276,907	54.28
002297	博云新材	21,400	13,361	24.5	16.42	24,074	507,978	155.83
002298	鑫龙电器	16,500	7,816	17.01	10.86	15,598	228,208	45.88
002299	圣农发展	91,090	28,244	39.89	15.07	106,663	2,342,692	53.32
002300	太阳电缆	30,150	11,723	21.99	10.4	12,403	236,434	28.97
002301	齐心文具	18,680	7,530	17.5	13.18	10,391	159,968	52.15
002302	西部建设	21,000	9,745	26.16	17.4	22,870	501,637	38.37
002303	美盈森	17,880	4,478	43.41	32	9,124	351,612	43.8
002304	洋河股份	90,000	40,948	239.98	102.58	10,866	1,858,390	51.73
002305	南国置业	96,000	23,619	17.49	5.39	39,017	352,072	30.4
002306	湘鄂情	20,000	8,956	28.85	17.6	17,406	397,179	67.28
002307	北新路桥	18,945	7,810	22.8	15.05	29,694	598,616	50.4
002308	威创股份	64,140	19,402	20.06	9.98	25,999	439,820	35.52
002309	中利科技	24,030	10,161	29.09	23.01	19,015	492,794	31.7
002310	东方园林	15,024	4,891	137.49	76.48	10,586	1,096,141	52.33
002311	海大集团	58,240	14,560	31.3	13.68	8,846	219,319	44.96
002312	三泰电子	17,745	9,767	27.19	13.11	7,056	146,896	52.22
002313	日海通讯	10,000	2,500	61.58	37.39	4,604	234,140	43.35
002314	雅致股份	29,000	11,071	20.29	13.6	20,066	345,082	29.96
002315	焦点科技	11,750	3,040	80	44.27	7,493	479,134	38.44
002316	键桥通讯	15,600	8,463	20.19	13.8	12,916	220,995	52.59
002317	众生药业	18,000	4,500	46.7	20.88	5,406	198,343	31.01
002318	久立特材	20,800	10,603	21.35	16.65	11,672	223,271	51.64
002319	乐通股份	10,000	5,470	23.38	14.42	14,591	283,796	49.31
002320	海峡股份	32,760	14,092	40.49	14.15	13,269	425,130	28.42
002321	华英农业	14,700	10,300	28.95	16.1	25,036	601,774	48.67
002322	理工监测	6,670	3,569	83.6	42.5	4,607	274,249	46.16
002323	中联电气	8,276	2,504	30.33	21.67	4,548	123,827	38.05
002324	普利特	27,000	10,380	42.36	14.2	19,453	587,094	41.19
002325	洪涛股份	22,500	8,046	42.13	18.58	6,219	210,873	45.34

代码	证券名称	发行量	流通量	2011年1月－6月				市盈率
				最高价	最低价	成交数量	成交金额	
002326	永太科技	24,030	7,821	61.45	22.4	8,167	385,894	101.39
002327	富安娜	13,390	3,380	42.49	32	5,682	213,195	44.17
002328	新朋股份	30,000	10,100	20.8	14.21	17,235	306,043	30.84
002329	皇氏乳业	21,400	7,627	55.25	15.55	3,239	110,922	68.67
002330	得利斯	25,100	6,300	17.96	13.08	16,795	258,519	82.26
002331	皖通科技	12,140	5,163	32.47	12.25	15,332	323,065	42.57
002332	仙琚制药	34,140	20,557	21.02	12.11	30,403	501,619	38.36
002333	罗普斯金	25,088	6,564	16.15	10.99	18,567	265,163	52.21
002334	英威腾	12,160	3,040	67.6	43	7,799	440,286	52.45
002335	科华恒盛	15,600	4,602	65.46	17.6	8,484	356,963	32.75
002336	人人乐	40,000	10,000	24.9	17.86	19,971	438,153	31.93
002337	赛象科技	19,200	4,832	29.76	13	4,545	111,702	30.27
002338	奥普光电	8,000	4,043	54.5	35	5,274	229,944	71.31
002339	积成电子	8,600	5,056	39	23	7,746	249,305	38.89
002340	格林美	24,263	18,725	66.3	18.88	11,283	427,347	58.66
002341	新纶科技	14,640	5,665	43.45	18.47	6,079	197,415	62.99
002342	巨力索具	48,000	10,322	24.6	16.3	31,582	670,053	49.48
002343	禾欣股份	19,812	7,905	37.26	12.07	9,533	278,706	29.1
002344	海宁皮城	56,000	15,513	55.3	19.71	20,363	855,765	48.02
002345	潮宏基	18,000	11,658	34.99	23.4	9,779	286,795	44.89
002346	柘中建设	13,500	3,500	26	18.1	13,141	289,966	73.63
002347	泰尔重工	10,400	3,243	28.2	20.01	15,595	388,320	43.03
002348	高乐股份	23,680	6,080	22.18	10.15	7,701	148,824	40
002349	精华制药	10,000	5,404	46.4	21.54	12,579	411,611	53.96
002350	北京科锐	12,840	6,744	25.4	16.8	9,337	201,675	46.27
002351	漫步者	29,400	8,060	32	10.96	7,850	179,259	37.48
002352	鼎泰新材	7,783	1,950	31.94	20.36	4,783	133,034	71.11
002353	杰瑞股份	22,964	7,708	147.2	56.12	5,934	604,210	52
002354	科冕木业	9,350	3,600	22.49	13.07	14,211	269,668	108.23
002355	兴民钢圈	21,040	8,298	19.77	13.1	33,127	558,262	30.23
002356	浩宁达	8,000	2,000	33.48	22	3,988	114,507	65.7
002357	富临运业	19,593	7,126	26.65	9.26	20,676	372,417	42.01
002358	森源电气	17,200	4,858	48.3	17.18	6,512	244,058	44.77
002359	齐星铁塔	16,350	4,125	22.55	10.82	8,207	147,283	66.01
002360	同德化工	12,000	6,263	41.25	14.17	7,739	191,368	35.75
002361	神剑股份	16,000	7,290	24.59	9.6	8,280	164,115	52.3
002362	汉王科技	21,410	11,775	87.9	18.62	42,916	1,349,130	57.32
002363	隆基机械	12,000	5,250	21.6	15.03	9,017	169,833	38.41
002364	中恒电气	10,020	3,732	34.49	14.3	5,341	133,072	43.98
002365	永安药业	18,700	7,744	35.8	13.05	7,826	192,715	59.84
002366	丹甫股份	13,350	7,329	20.52	12.6	14,686	237,825	27.33
002367	康力电梯	24,030	11,399	32.78	14.5	13,471	324,252	32.54
002368	太极股份	19,758	9,520	56.3	16.82	6,399	265,111	42.74
002369	卓翼科技	20,000	6,421	46.33	14.5	6,430	196,589	47
002370	亚太药业	12,000	4,593	22.67	17.99	8,840	183,149	56.03
002371	七星电子	6,500	1,872	111	60.99	3,517	304,610	53.08
002372	伟星新材	25,340	6,340	23.58	15.8	17,861	361,084	24.56
002373	联信永益	6,853	4,832	28.56	18.38	6,148	142,835	56.73
002374	丽鹏股份	8,560	3,880	38.47	14.5	4,744	132,982	41.98
002375	亚厦股份	42,200	14,600	96.3	25.03	9,902	534,758	44.49
002376	新北洋	30,000	14,827	47.9	15.55	8,687	305,895	46.86
002377	国创高新	21,400	8,520	21.97	8.58	10,167	168,457	54.49
002378	章源钨业	42,821	7,748	41.66	27.3	22,610	793,668	81.4
002379	鲁丰股份	15,500	5,900	40.89	13.51	5,687	158,586	65.02
002380	科远股份	6,800	1,700	51.5	33.4	3,680	161,867	43.45
002381	双箭股份	11,700	4,200	34.28	15.5	3,718	105,493	52.63
002382	蓝帆股份	12,000	3,000	38.2	17.03	3,846	117,573	52.1
002383	合众思壮	14,400	3,600	53.7	28.1	8,120	336,379	81.02
002384	东山精密	19,200	6,775	74.68	27	15,628	711,308	65.92
002385	大北农	40,080	17,805	42.6	29	17,123	611,947	39.8
002386	天原集团	47,977	38,904	18.05	12.28	32,672	516,790	53.68
002387	黑牛食品	24,030	6,030	39.99	14.38	11,241	279,581	47.26
002388	新亚制程	19,980	5,040	29.39	11	9,762	193,749	98.89

代码	证券名称	发行量	流通量	2011 年 1 月 - 6 月				市盈率
				最高价	最低价	成交数量	成交金额	
002389	南洋科技	13,400	3,400	63.9	23	8,768	374,713	53.4
002390	信邦制药	17,360	9,317	46.45	13.1	5,778	180,193	64.72
002391	长青股份	20,575	5,200	35.97	16.6	9,844	273,145	32.49
002392	北京利尔	27,000	7,741	47.15	19.7	20,542	644,352	60.02
002393	力生制药	18,245	8,267	55.98	37.02	18,787	864,613	33.44
002394	联发股份	21,580	12,851	49.25	16.45	6,629	262,577	17.55
002395	双象股份	8,940	3,153	35.43	22.22	9,650	289,214	44.33
002396	星网锐捷	35,106	24,321	45.48	13.6	14,125	531,283	31.56
002397	梦洁家纺	9,450	2,904	44.89	35.31	4,190	166,694	42.08
002398	建研集团	15,600	3,900	33.5	16.26	10,326	270,798	50.73
002399	海普瑞	80,020	17,020	141.88	30.61	22,455	1,342,476	25.32
002400	省广股份	14,827	8,161	54.29	17.17	8,546	280,927	39.06
002401	交技发展	5,320	2,044	59.35	31.91	6,056	280,580	47.66
002402	和而泰	10,005	5,015	42.78	15.05	5,547	153,191	38.82
002403	爱仕达	24,000	9,668	17.44	12.7	13,762	213,908	45.73
002404	嘉欣丝绸	17,355	7,128	21.96	10.84	9,820	186,594	24.38
002405	四维图新	48,028	30,154	55.6	28.3	13,996	556,857	60.49
002406	远东传动	28,050	11,406	32.48	14.03	9,073	248,093	22.36
002407	多氟多	13,910	9,874	84.88	41.35	14,714	929,934	134.46
002408	齐翔腾达	46,721	16,020	78.88	27.03	57,826	2,574,248	31.89
002409	雅克科技	11,088	3,288	43.63	30.6	6,784	262,011	48.51
002410	广联达	27,000	6,676	71.5	30.12	9,792	450,896	54.25
002411	九九久	23,220	11,928	41.44	12.81	10,432	261,389	78.09
002412	汉森制药	14,800	3,800	54	18.05	5,701	226,048	41.28
002413	常发股份	14,700	5,247	28.19	20	12,062	295,104	32.97
002414	高德红外	30,000	7,500	32.99	18.25	20,158	526,508	37.65
002415	海康威视	100,000	24,974	95	32.8	12,002	740,540	35.98
002416	爱施德	49,330	6,582	45.59	26.34	7,239	261,528	22.13
002417	三元达	18,000	7,884	34.09	12.99	24,007	593,318	43.7
002418	康盛股份	22,880	14,893	22.7	9.61	12,148	219,149	30.99
002419	天虹商场	80,020	16,384	50.3	18.71	12,179	430,195	34.17
002420	毅昌股份	40,100	10,383	13.65	8.53	13,538	157,334	24.86
002421	达实智能	10,140	6,058	38.48	16	7,410	198,567	57.73
002422	科伦药业	48,000	22,296	165.2	49.54	16,339	1,794,262	38.46
002423	中原特钢	46,551	7,900	13.5	8.38	50,014	532,019	58.17
002424	贵州百灵	23,520	5,920	42.32	30	17,371	645,783	48.69
002425	凯撒股份	21,400	5,560	44.48	18.5	6,301	182,316	60
002426	胜利精密	40,041	11,874	15.2	9.9	12,650	169,594	32.61
002427	尤夫股份	23,820	7,396	21.85	12.5	11,670	213,420	47.42
002428	云南锗业	16,328	8,089	91.95	39.95	16,162	1,134,028	82.53
002429	兆驰股份	47,254	15,536	27.59	16.38	10,459	237,937	23.04
002430	杭氧股份	60,150	22,166	37.11	17.8	14,004	439,833	34.88
002431	棕榈园林	38,400	17,544	90.99	24.31	11,634	597,264	52.61
002432	九安医疗	24,800	8,298	36.6	10	12,286	291,578	111.65
002433	太安堂	10,000	4,000	33.11	21.72	6,387	179,733	36.46
002434	万里扬	17,000	5,129	32.94	25.5	9,475	277,982	28.18
002435	长江润发	13,200	8,003	17.15	12.48	10,282	160,938	36.96
002436	兴森科技	22,340	13,886	71.49	20.8	7,250	345,497	39.95
002437	誉衡药业	28,000	9,520	79.87	20.2	16,338	695,007	37.44
002438	江苏神通	10,400	2,795	40.4	19.65	10,444	322,117	47.62
002439	启明星辰	9,876	4,987	46.6	30.63	2,086	78,132	49.64
002440	闰土股份	38,350	9,597	35.09	20.4	17,053	538,360	18.94
002441	众业达	23,200	5,800	57.45	16.18	12,471	459,019	25.43
002442	龙星化工	32,000	8,000	17.69	8.9	51,179	622,359	44.43
002443	金洲管道	17,355	4,355	25.24	12.45	8,207	178,062	28.15
002444	巨星科技	50,700	12,700	42.59	14.25	30,825	868,651	25.64
002445	中南重工	12,300	3,100	30	19.16	12,534	308,233	60.94
002446	盛路通信	13,280	3,380	30.1	15.21	10,020	251,549	42.98
002447	壹桥苗业	6,700	1,700	81.28	48	5,067	346,022	54.12
002448	中原内配	9,251	2,350	47.32	28.22	6,677	249,119	27.17
002449	国星光电	21,500	5,500	45.99	22.6	18,603	596,618	31.5
002450	康得新	32,320	8,080	43.5	18.51	11,374	363,894	83.27
002451	摩恩电气	14,640	3,660	19.56	12.9	15,457	259,378	59.83

代码	证券名称	发行量	流通量	2011年1月－6月				市盈率
				最高价	最低价	成交数量	成交金额	
002452	长高集团	10,000	2,500	30.8	19.45	7,438	195,551	38.86
002453	天马精化	12,000	3,000	47	30.02	8,157	294,644	60.14
002454	松芝股份	31,200	7,800	31.85	14.96	15,482	427,217	19.45
002455	百川股份	13,170	3,300	36.89	14.45	8,027	217,828	29.62
002456	欧菲光	19,200	4,800	70.07	21	10,711	393,463	85.74
002457	青龙管业	22,333	5,600	46.08	16	21,913	639,497	32.64
002458	益生股份	14,040	3,510	39.45	20.1	8,159	269,430	57.84
002459	天业通联	22,230	5,590	33.13	13.7	18,019	463,058	36.39
002460	赣锋锂业	15,000	3,750	53	23.6	10,056	407,511	86.29
002461	珠江啤酒	68,016	7,000	22.27	15.22	21,689	409,431	116.86
002462	嘉事堂	16,000	4,000	22.85	15.14	12,370	247,177	48.64
002463	沪电股份	83,044	9,600	17.2	9.92	16,613	241,558	25.37
002464	金利科技	13,500	3,500	30.5	17.6	9,681	227,196	32.59
002465	海格通信	33,251	8,500	41.4	27.38	14,883	514,920	34.74
002466	天齐锂业	14,700	3,675	61.36	26.01	10,243	487,961	101.32
002467	二六三	12,000	3,000	32.49	23.1	5,322	157,430	37.26
002468	艾迪西	19,200	4,800	26.46	12.44	18,144	340,957	33.14
002469	三维工程	11,261	2,822	81.5	23	6,662	329,077	49.44
002470	金正大	70,000	10,000	20.25	15.99	23,665	434,945	34.45
002471	中超电缆	20,800	5,200	28.7	12.39	16,352	359,026	35.75
002472	双环传动	21,384	5,400	46.2	15.88	7,729	290,267	26.33
002473	圣莱达	16,000	4,000	32.27	11.01	13,749	298,945	54.55
002474	榕基软件	10,370	2,600	50.6	35.7	7,480	314,281	42.74
002475	立讯精密	26,070	6,570	58.08	29.02	8,841	420,061	66.41
002476	宝莫股份	18,000	4,500	30.28	14.25	6,974	181,158	42.55
002477	雏鹰农牧	26,700	6,700	60.63	24.88	23,485	835,882	57.01
002478	常宝股份	40,010	6,950	19.1	13.9	28,599	483,364	28.82
002479	富春环保	42,800	10,800	48.01	15.5	73,632	2,237,948	43.93
002480	新筑股份	28,000	7,000	85.47	24.12	8,904	519,723	48.17
002481	双塔食品	12,000	3,000	64.38	23.01	14,993	589,195	50.84
002482	广田股份	32,000	8,000	88.1	27.28	10,844	679,116	36.68
002483	润邦股份	36,000	9,000	35.93	12.46	17,844	497,997	22.61
002484	江海股份	16,000	4,000	33.69	21.72	15,152	427,610	36.63
002485	希努尔	20,000	5,000	28.38	20.21	14,709	352,293	25.81
002486	嘉麟杰	20,800	5,200	16.5	13	14,952	222,415	41.29
002487	大金重工	12,000	3,000	40.39	22.73	9,653	304,901	25.99
002488	金固股份	18,000	4,500	25.86	11.41	10,769	206,261	29.44
002489	浙江永强	24,000	6,000	38.57	27.1	14,662	490,551	23.58
002490	山东墨龙	27,086	7,000	25.95	14.4	34,692	734,749	20.87
002491	通鼎光电	26,780	6,700	21.58	14.89	19,466	351,325	24.13
002492	恒基达鑫	12,000	3,000	21.98	15	10,159	193,887	31.29
002493	荣盛石化	111,200	11,200	79.6	27	40,447	2,098,604	20.68
002494	华斯股份	11,350	2,850	31.87	18.46	9,827	247,578	34.21
002495	佳隆股份	18,720	4,680	32.15	11.5	7,947	191,135	33.03
002496	辉丰股份	16,000	4,000	56.58	18.5	11,787	463,111	25.4
002497	雅化集团	32,000	8,000	44.9	15.43	17,002	535,398	29.32
002498	汉缆股份	70,500	7,500	45.6	17.02	21,454	768,005	30.73
002499	科林环保	7,500	1,900	43.98	26.4	5,794	206,652	39.85
002500	山西证券	239,980	39,980	12.48	8.43	198,787	2,092,877	42.36
002501	利源铝业	18,720	4,720	57.75	19.06	19,056	792,551	33.13
002502	骅威股份	8,800	2,200	30.85	22.01	8,641	240,842	34.23
002503	搜于特	16,000	4,000	95.65	29	9,274	544,778	45.34
002504	东光微电	10,700	2,700	29	17.37	13,951	332,513	50.21
002505	大康牧业	16,448	4,160	28.79	13.12	23,473	457,703	52.78
002506	超日太阳	52,720	13,200	52.8	16.96	50,071	1,822,138	46.28
002507	涪陵榨菜	15,500	4,000	27.88	17.42	18,349	423,984	42.16
002508	老板电器	25,600	6,400	38.36	14.9	16,699	499,341	25.61
002509	天广消防	10,000	2,500	31.97	21	10,557	279,882	43.22
002510	天汽模	20,576	5,200	22.2	14.85	19,267	374,235	31.32
002511	中顺洁柔	16,000	4,000	40.67	24.81	11,054	370,979	30.03
002512	达华智能	21,239	5,400	36.45	15.1	9,796	289,282	54.95
002513	蓝丰生化	7,400	1,900	54.32	35.1	5,497	245,262	28.6
002514	宝馨科技	6,800	1,700	43.58	25.69	6,842	235,293	33.18

代码	证券名称	发行量	流通量	2011 年 1 月 – 6 月				市盈率
				最高价	最低价	成交数量	成交金额	
002515	金字火腿	9,555	2,405	48.76	26	7,175	288,929	44.65
002516	江苏旷达	25,000	6,250	22.86	12.36	15,815	311,105	24.79
002517	泰亚股份	8,840	2,210	30.28	17	12,710	312,853	33.99
002518	科士达	11,500	2,900	39.28	23.71	11,882	395,727	30.65
002519	银河电子	14,080	3,520	53.18	15.23	8,560	306,350	26.04
002520	日发数码	9,600	2,400	50.98	27.1	11,597	438,802	45.65
002521	齐峰股份	20,615	5,180	41.77	16.31	11,579	339,514	18.76
002522	浙江众成	17,067	4,267	47.34	18.38	11,755	404,545	36.25
002523	天桥起重	16,000	4,000	22.8	15.07	14,591	281,927	26.71
002524	光正钢构	18,076	4,520	38	12.82	32,804	761,095	90.85
002526	山东矿机	26,700	6,700	28.44	20.25	29,258	729,979	32.89
002527	新时达	20,000	5,000	28.98	17.17	23,327	580,893	40.68
002528	英飞拓	14,700	3,700	54.25	31.3	9,293	404,238	32.95
002529	海源机械	16,000	4,000	26.28	15.8	19,770	429,631	44.05
002530	丰东股份	13,400	3,400	20.95	14.09	23,410	412,794	45.77
002531	天顺风能	20,575	5,200	26.3	17.7	17,554	404,333	33.74
002532	新界泵业	16,000	4,000	49.28	16.65	35,955	1,072,534	39.51
002533	金杯电工	28,000	7,000	36	11.7	16,930	429,764	24.33
002534	杭锅股份	40,052	4,100	34.29	19.87	24,119	693,307	26.41
002535	林州重机	40,960	10,240	39	14.51	40,131	1,062,160	65.46
002536	西泵股份	9,600	2,400	43	23.02	13,319	444,071	28.25
002537	海立美达	10,000	2,500	41.58	25.3	6,204	212,030	29.91
002538	司尔特	14,800	3,800	26.16	19.7	11,659	282,046	35.15
002539	新都化工	16,552	4,197	32.99	26.39	10,740	325,777	32.7
002540	亚太科技	20,800	5,200	38	17.81	7,801	229,898	34.78
002541	鸿路钢构	13,400	3,400	47.52	35.3	14,513	607,578	33.47
002542	中化岩土	10,020	2,520	46.5	18.52	13,235	443,829	58.66
002543	万和电气	20,000	5,000	29.53	22.6	7,984	218,660	26.12
002544	杰赛科技	17,192	4,400	37.4	13.88	14,137	424,254	47.58
002545	东方铁塔	17,350	4,350	44.25	27.1	17,055	655,392	21.33
002546	新联电子	8,400	2,100	46.92	33.32	11,251	464,363	37.68
002547	春兴精工	14,200	3,600	23.56	14.81	17,115	346,678	36.03
002548	金新农	9,400	2,400	29	19.2	10,439	261,930	36.86
002549	凯美特气	12,000	3,000	49.33	25.11	12,000	484,301	82.95
002550	千红制药	16,000	4,000	42.48	25.07	18,323	667,473	30.34
002551	尚荣医疗	12,300	3,075	70.97	27.2	9,582	521,457	75.98
002552	宝鼎重工	15,000	3,750	29.84	12.79	16,201	396,048	31.64
002553	南方轴承	8,700	2,200	38.2	19.33	24,150	705,320	52.78
002554	惠博普	20,250	5,250	40	17	19,370	598,479	57.92
002555	顺荣股份	13,400	3,400	38.8	12.41	5,178	164,526	38.3
002556	辉隆股份	23,920	6,000	42.5	17.45	13,140	431,677	35.49
002557	洽洽食品	20,000	5,000	40	27.51	6,565	233,354	36.79
002558	世纪游轮	5,950	1,500	40.98	24.18	6,973	246,827	42.44
002559	亚威股份	8,800	2,200	40.09	27.3	4,676	166,342	34.53
002560	通达股份	10,333	2,620	35.3	15.75	9,060	264,651	33.63
002561	徐家汇	41,576	7,000	22.87	14.4	27,214	529,603	26.67
002562	兄弟科技	10,670	2,670	32.65	18.88	19,274	516,952	51.24
002563	森马服饰	67,000	7,000	64.58	46.8	6,810	390,803	32.26
002564	张化机	30,386	7,680	38.58	17.43	23,898	718,916	44.68
002565	上海绿新	13,350	3,350	31.5	23.72	4,195	122,826	30.59
002566	益盛药业	11,032	2,760	41.99	27.81	6,492	238,121	37.97
002567	唐人神	13,800	3,500	29.97	21.96	9,458	243,382	37.34
002568	百润股份	8,000	2,000	34.64	19.7	6,519	181,864	39.98
002569	步森股份	9,334	1,874	30.6	16.56	13,113	287,022	39.23
002570	贝因美	42,605	3,442	50.88	32.01	16,154	700,136	33.8
002571	德力股份	8,510	1,762	28.88	22.1	2,098	54,713	35.39
002572	宁基股份	5,350	1,080	82.77	69.88	1,124	86,706	49.09
002573	国电清新	14,800	3,040	44.08	30.61	2,034	78,611	74.8
002574	明牌珠宝	24,000	4,800	39.36	24.2	28,447	904,846	29.65
002575	群兴玩具	13,380	2,708	20.86	16.4	5,474	99,551	40.49
002576	通达动力	12,700	2,560	20.27	16.01	13,311	246,602	39.58
002577	雷柏科技	12,800	2,560	35	27.25	2,240	68,245	33.26
002578	闽发铝业	17,180	3,442	19.95	12.68	19,502	310,690	46.41

代码	证券名称	发行量	流通量	2011年1月－6月				市盈率
				最高价	最低价	成交数量	成交金额	
002579	中京电子	9,735	1,955	19.97	15	11,064	192,271	43
002580	圣阳股份	7,510	1,505	29.78	21.01	8,216	209,380	38.91
002581	万昌科技	10,828	2,168	23.54	17.16	14,023	283,552	30.46
002582	好想你	7,380	1,488	62.88	46.52	6,149	322,760	40.75
002583	海能达	27,800	5,600	20	15.25	9,806	171,976	44.35
002584	西陇化工	20,000	4,000	16.2	12.5	19,396	270,235	37.12
002585	双星新材	20,800	4,180	51.93	39.85	5,063	224,235	23.01
002586	围海股份	10,700	2,160	27.17	19.5	13,522	301,385	44.79
002587	奥拓电子	8,400	1,700	19.46	16.06	8,270	146,436	32.45
002588	史丹利	13,000	2,610	32.78	26.91	2,358	70,155	23.02
002589	瑞康医药	9,380	1,904	26.44	21.01	8,304	198,507	38.91
002590	万安科技	9,334	1,884	19.7	16.28	6,815	121,767	20.09
002591	恒大高新	8,000	1,600	20.78	18.6	3,148	62,360	27.24
002593	日上集团	21,200	4,240	15.37	13.72	6,833	99,104	34.65
002594	N比亚迪	156,100	6,400	26.19	22	5,629	134,934	20.52
002595	豪迈科技	20,000	4,000	25.36	23.5	4,639	113,128	26.61
125709	唐钢转债	3,000	3,000	112.4	106.34	2,324	253,560	
125731	美丰转债	632	632	127.5	115.25	327	39,699	
125887	中鼎转债	300	300	133	116.2	482	60,657	
126729	燕京转债	1,130	1,130	136.6	119.34	299	37,342	
150001	瑞福进取	300,050	300,050	0.749	0.607	405,641	282,333	56.5
150002	大成优选	398,524	398,524	1.07	0.885	333,624	334,105	99.7
150003	建信优势	232,540	232,540	0.909	0.8	84,676	72,578	90
150006	同庆A	577,221	577,221	1.109	1.071	410,561	449,148	111.9
150007	同庆B	866,329	866,329	0.99	0.852	1,863,864	1,736,038	93.9
150008	瑞和小康	60,005	60,005	1.008	0.851	32,613	30,772	93.3
150009	瑞和远见	60,005	60,005	1.069	0.93	41,813	42,365	93.3
150010	国泰优先	35,515	35,515	1.069	1.021	19,322	20,180	
150011	国泰进取	35,593	35,593	1.188	0.892	131,486	139,552	
150012	双禧A	149,713	149,713	0.979	0.899	253,616	235,500	106.9
150013	双禧B	224,569	224,569	1.378	1.054	1,186,857	1,432,838	104.2
150016	合润A	9,786	9,786	1.07	0.94	11,573	11,330	100
150017	合润B	14,679	14,679	1.165	0.942	9,687	10,426	99.67
150018	银华稳进	218,192	218,192	0.974	0.895	208,402	193,670	102.8
150019	银华锐进	218,192	218,192	1.641	1.207	1,084,865	1,541,992	120.2
150020	汇利A	186,425	186,425	0.998	0.96	85,532	83,518	103.1
150021	汇利B	79,921	79,921	1.104	0.97	33,594	36,160	100.1
150022	申万收益	57,176	57,176	0.906	0.86	85,905	76,155	102.8
150023	申万进取	57,176	57,176	1.04	0.774	326,505	295,634	70.4
150025	景丰A	211,681	211,681	0.995	0.951	89,439	86,919	102.8
150026	景丰B	90,626	90,626	1.007	0.861	40,963	37,815	89.1
150027	添利B	99,897	99,897	0.988	0.901	21,037	19,500	98.8
150028	信诚500A	2,028	2,028	1.003	0.9	7,082	6,506	102.4
150029	信诚500B	3,041	3,041	1.111	0.816	7,771	7,814	82.1
150030	银华金利	76,543	76,543	0.961	0.917	63,957	59,946	101.8
150031	银华鑫利	76,543	76,543	1.071	0.858	130,872	129,387	83.6
150032	多利优先	2,173	2,173	0.98	0.947	1,313	1,261	101.36
150033	多利进取	543	543	1.237	1.088	413	471	92.61
150036	建信稳健	2,487	2,487	0.995	0.922	2,485	2,325	100.9
150037	建信进取	3,731	3,731	1.048	1.024	4,808	4,953	99.7
159901	深100ETF	2,389,483	2,389,483	0.869	0.724	7,110,181	5,717,693	76.68
159902	中小板	113,031	113,031	3.218	2.501	416,801	1,219,862	267.6
159903	深成ETF	280,195	280,195	1.338	1.147	269,794	338,900	120.97
159905	深红利	142,494	142,494	1.065	0.9	75,536	75,667	94.84
159906	深成长	226,664	226,664	1.035	0.845	50,135	49,684	89.9
160105	南方积配	11,186	11,186	1.294	1.042	1,735	1,993	108.3
160106	南方高增	16,305	16,305	1.778	1.405	2,633	4,119	148.61
160119	南方500	13,119	13,119	1.288	1.075	17,703	21,551	112.78
160211	国泰小盘	21,417	21,172	1.203	0.958	6,643	7,190	100.3
160215	国泰价值	2,585	2,585	1.046	0.877	1,976	1,954	91.6
160311	华夏蓝筹	37,831	37,658	0.955	0.82	8,787	8,031	85.4
160314	华夏行业	58,412	56,994	0.99	0.857	14,554	13,780	91
160505	博时主题	29,421	29,421	1.912	1.7	8,546	15,695	178.6

代码	证券名称	发行量	流通量	2011 年 1 月 - 6 月				市盈率
				最高价	最低价	成交数量	成交金额	
160512	博时卓越	51,083	50,827	1.007	0.994	1,193	1,196	100.3
160607	鹏华价值	53,534	53,534	0.907	0.776	11,841	10,174	84.6
160610	鹏华动力	15,678	15,678	1.29	1.082	3,813	4,626	113.3
160611	鹏华治理	46,541	45,283	1.076	0.915	3,160	3,237	96
160613	鹏华创新	669	669	1.64	1.338	445	691	142.7
160615	鹏华 300	5,175	5,175	1.222	1.02	3,591	3,913	105.5
160616	鹏华 500	7,744	7,744	1.08	0.903	8,468	8,768	94.3
160617	鹏华丰润	66,789	66,789	0.991	0.911	40,794	39,642	100.6
160706	嘉实 300	330,479	330,479	0.862	0.743	465,463	375,910	77.9
160716	嘉实 50	13,981	13,981	0.829	0.718	6,631	5,141	74.18
160717	恒生 H 股	8,785	8,785	0.95	0.845	5,073	4,555	88.17
160805	长盛同智	17,274	16,587	1.022	0.865	1,348	1,304	91.15
160807	长盛 300	1,358	1,358	1.124	0.917	667	691	
160910	大成创新	26,438	26,438	0.995	0.86	1,805	1,714	90.6
161005	富国天惠	6,833	6,833	1.797	1.463	5,063	8,108	151.66
161010	富国天丰	179,039	179,039	1.078	0.991	114,792	117,755	
161115	易基岁丰	191,882	191,882	1.009	0.949	80,208	78,000	100.2
161210	国投新兴	203	203	1.148	1.01	497	537	103.8
161211	国投金融	24,233	24,233	0.92	0.782	9,644	8,248	81.3
161213	国投消费	5,012	5,012	1.032	0.871	6,116	6,038	92.9
161216	双债 A	25,422	25,422	0.992	0.947	6,711	6,430	100.4
161607	融通巨潮	7,061	7,061	1	0.844	1,553	1,432	88.3
161610	融通领先	24,033	23,972	1.044	0.85	2,491	2,356	89.2
161706	招商成长	7,408	7,408	1.425	1.157	1,397	1,827	119.6
161713	招商信用	186,961	186,961	1.008	0.951	47,241	46,283	101.1
161714	招商金砖	456	456	1.21	0.887	902	888	93
161810	银华内需	28,218	28,178	1.15	0.841	5,309	5,587	88.1
161811	银华 300	2,262	2,262	1.01	0.877	1,429	1,371	91.5
161813	银华信用	138,114	138,114	1.046	0.873	66,435	65,447	101.9
161815	银华通胀	1,007	1,007	1.1	0.939	1,685	1,712	95.7
161903	万家公用	3,855	3,855	0.82	0.673	977	748	69.5
161907	万家红利	15,447	15,447	1.024	0.969	14,539	14,529	101.65
162006	长城久富	10,437	9,682	1.471	1.055	1,659	2,159	
162207	泰达效率	25,327	25,327	0.931	0.763	2,771	2,351	80.67
162307	海富 100	2,360	2,360	0.92	0.796	539	464	82.8
162605	景顺鼎益	10,784	10,784	1.047	0.909	1,752	1,760	95.6
162607	景顺资源	25,771	25,771	0.883	0.758	3,759	3,164	80.2
162703	广发小盘	16,601	16,601	2.325	1.99	11,553	25,122	211.34
162711	广发 500	16,501	16,501	1.145	0.968	18,552	20,133	100.1
163001	长信 100	1,345	1,345	1.08	0.918	1,876	1,916	96.5
163302	大摩资源	7,360	7,360	2.349	2.018	5,797	12,754	210.01
163402	兴全趋势	39,576	39,576	1.073	0.952	17,150	17,810	98.93
163407	兴全 300	3,048	3,048	1.052	0.9	6,893	6,729	94.26
163503	天治核心	51,025	51,025	0.624	0.525	10,867	6,431	55.32
163801	中银中国	4,775	4,775	1.908	1.38	3,839	5,818	141.95
164105	华富强债	132,953	132,953	0.994	0.918	91,971	86,945	99
164205	天弘深成	83	83	1.078	0.835	336	320	92.4
164808	工银四季	55,795	55,795	1.11	0.972	8,516	8,454	102.4
164902	交银添利	40,043	40,043	1.011	0.966	14,748	14,455	102.3
165309	建信 300	2,185	2,185	0.95	0.82	771	690	85.4
165508	信诚深度	509	509	1.078	0.85	222	219	90.7
165509	信诚增强	119,814	119,814	0.955	0.916	16,186	15,126	99.5
165510	信诚四国	495	495	1.139	0.91	653	650	97.5
166001	中欧趋势	11,468	11,468	0.9	0.728	1,441	1,192	75.73
166006	中欧小盘	686	686	1.04	0.821	723	677	90.04
166007	中欧 300	666	666	1.126	0.905	412	414	96.12
166008	中欧强债	58,426	58,426	1.003	0.951	33,740	33,409	
166009	中欧动力	2,110	2,110	0.996	0.89	1,821	1,757	
184688	基金开元	200,000	197,000	1.154	1.004	163,322	177,047	111.97
184689	基金普惠	200,000	197,000	1.342	0.988	62,431	75,388	109.9
184690	基金同益	200,000	197,000	1.16	0.922	82,802	86,464	103.49
184691	基金景宏	200,000	197,000	1.35	1.02	65,683	78,843	117
184692	基金裕隆	300,000	298,500	1.147	0.929	140,066	145,684	102.89

代码	证券名称	发行量	流通量	2011年1月－6月				市盈率
				最高价	最低价	成交数量	成交金额	
184693	基金普丰	300,000	298,500	1.095	0.919	136,456	139,743	105.89
184698	基金天元	300,000	298,500	1.017	0.868	97,062	91,359	98.68
184699	基金同盛	300,000	298,500	1.268	1.069	206,231	242,025	123.43
184701	基金景福	300,000	298,500	1.455	1.008	169,147	213,831	116.59
184721	基金丰和	300,000	298,500	1.166	0.834	193,916	197,249	100.37
184722	基金久嘉	200,000	198,000	0.955	0.844	196,585	178,261	98.74
184728	基金鸿阳	200,000	198,000	0.788	0.662	248,237	180,379	80.1
200002	万科B	131,496	131,496	11.55	8.52	30,150	256,933	13.66
200011	深物业B	6,761	6,760	6.69	4.45	13,355	62,624	19.22
200012	南玻B	76,258	76,258	11.99	7.7	53,234	473,386	11.06
200016	深康佳B	40,568	40,568	3.23	2.26	15,441	38,672	29.39
200017	*ST中华B	24,836	24,836	2.98	1.9	13,743	29,972	15.51
200018	ST中冠B	6,942	6,942	4.22	2.81	1,780	5,813	125.83
200019	深深宝B	2,614	2,614	6.85	4.69	2,435	12,789	145.28
200020	深华发B	10,200	10,200	4.45	2.94	3,700	12,564	86.32
200022	深赤湾B	17,990	17,979	15.59	9.93	3,878	43,747	9.85
200024	招商局B	33,934	33,820	15.95	12	8,256	99,426	9.38
200025	特力B	2,640	2,640	5.34	4.31	2,380	10,104	249.47
200026	飞亚达B	8,165	8,165	13.68	7.5	4,742	41,487	33.51
200028	一致B	5,489	5,489	24.4	19.4	1,495	27,524	19.95
200029	深深房B	12,000	12,000	3.49	2.68	6,279	17,011	30.1
200030	*ST盛润B	3,960	3,960	3.58	3.58	0	0	111.88
200037	深南电B	26,385	26,385	3.81	2.65	6,041	17,787	
200039	中集B	143,048	143,048	18.94	11.41	24,833	330,716	9.84
200045	深纺织B	4,950	4,949	8.83	5.07	2,108	13,345	35.64
200053	深基地B	11,118	11,115	12.53	7.9	3,094	28,222	12
200054	建摩B	12,000	12,000	4.04	2.66	3,041	9,293	101.03
200055	方大B	33,595	33,595	5.76	2.53	18,760	72,175	33.26
200056	深国商B	10,169	10,157	11.88	5.8	7,058	52,482	
200058	深赛格B	24,646	24,646	3.06	2.84	2,086	5,255	34.04
200152	山航B	14,000	14,000	16.79	9.55	12,925	147,464	6.1
200160	ST大路B	46,152	46,152	2.3	1.32	18,451	30,006	123.33
200168	ST雷伊B	15,458	15,458	2.48	1.88	4,765	8,933	
200413	宝石B	10,000	10,000	8.4	5.15	6,689	40,153	1184
200418	小天鹅B	19,104	19,104	17.28	13.26	1,679	22,357	15.01
200429	粤高速B	34,875	34,873	3.97	2.83	5,773	17,009	8.08
200468	宁通信B	10,000	10,000	5.24	3.33	3,441	13,783	28.76
200488	晨鸣B	55,750	55,750	6.99	4.76	18,263	97,011	8.48
200505	ST珠江B	6,498	6,498	4.14	3	5,132	16,199	45.63
200512	闽灿坤B	111,235	111,235	2.33	1.43	24,369	40,982	22.39
200513	丽珠B	11,199	11,199	28.26	19	1,652	34,275	12.37
200521	皖美菱B	11,310	11,310	9.4	4.76	5,307	35,723	7.76
200530	大冷B	11,500	11,500	9.2	5.9	6,390	44,397	19.21
200539	粤电力B	66,534	66,533	4.49	3.05	15,482	52,335	9.91
200541	粤照明B	22,523	22,522	9.64	6.89	7,402	53,541	24.18
200550	江铃B	34,400	34,400	25.95	18	2,302	43,881	8.55
200553	沙隆达B	23,000	23,000	4.17	3.01	11,661	37,580	70
200570	苏常柴B	15,000	15,000	5.99	3.8	6,502	28,100	16.76
200581	苏威孚B	11,492	11,492	35.35	19.61	6,431	155,214	9.07
200596	古井贡B	6,000	6,000	57.51	43	1,792	78,144	35.19
200613	ST东海B	8,800	8,800	3.66	2.21	5,838	16,008	1265
200625	长安B	59,643	59,643	7.06	4.8	34,909	185,605	6.32
200706	瓦轴B	15,860	15,860	10.57	5.84	5,685	42,844	25.56
200725	京东方B	133,866	133,866	2.19	1.38	38,838	64,491	
200726	鲁泰B	44,271	32,436	8.1	6.66	15,942	101,594	8.47
200761	本钢板B	40,000	40,000	4.89	3.29	20,574	71,131	10.17
200770	*ST武锅B	12,500	12,500	6.17	6.17	0	0	
200771	杭汽轮B	22,849	22,843	17.98	10.48	8,569	114,772	9.07
200869	张裕B	17,846	17,846	91.98	71.23	3,320	233,728	27.78
200986	粤华包B	17,193	17,193	5.78	3.41	6,948	29,149	14.15
200992	中鲁B	13,800	13,800	5.5	3.46	8,332	32,386	26.08
300001	特锐德	20,040	6,117	48.35	19.62	13,882	504,863	39.11
300002	神州泰岳	37,920	10,328	57.95	25.4	18,250	764,812	34.53

代码	证券名称	发行量	流通量	2011 年 1 月 - 6 月				市盈率
				最高价	最低价	成交数量	成交金额	
300003	乐普医疗	81,200	28,139	28.71	18.18	24,172	589,780	39.2
300004	南风股份	18,800	7,428	58.7	21.72	7,159	329,909	72.22
300005	探路者	26,800	11,275	36	13.27	16,146	375,693	79.4
300006	莱美药业	9,150	4,590	43.46	28.63	9,290	330,619	89.33
300007	汉威电子	11,800	6,115	24.95	15.79	10,829	218,824	46.98
300008	上海佳豪	14,566	5,941	39.2	16.03	18,194	458,152	43.28
300009	安科生物	18,900	9,657	22.65	10.8	14,377	257,267	43.54
300010	立思辰	23,659	10,579	27.19	12.62	6,816	149,867	52.8
300011	鼎汉技术	10,563	3,072	45.99	22.52	11,716	424,224	39
300012	华测检测	18,398	5,454	38.49	14	8,362	204,175	46.72
300013	新宁物流	9,000	3,546	15.74	11.05	7,489	102,931	63.17
300014	亿纬锂能	19,800	7,937	27.67	13.3	12,763	276,794	54.88
300015	爱尔眼科	26,700	7,480	44.92	29.22	10,139	368,812	71.34
300016	北陆药业	15,275	8,070	20.05	10.11	6,059	100,226	38.63
300017	网宿科技	15,421	7,121	18.45	11.91	18,526	295,249	52.14
300018	中元华电	13,000	6,065	22.19	13.19	18,301	308,938	47.74
300019	硅宝科技	10,200	2,878	22.61	15.81	6,697	131,300	42.6
300020	银江股份	24,000	13,213	29.3	11	21,219	423,979	46.14
300021	大禹节水	27,860	12,231	24.68	9	50,217	779,759	100.48
300022	吉峰农机	35,740	17,241	39.29	10.15	37,231	1,019,218	61.57
300023	宝德股份	9,000	2,250	16.95	11.66	5,107	76,617	89.43
300024	机器人	29,766	18,430	72.49	20	31,798	1,326,924	66.47
300025	华星创业	12,000	5,714	36.11	13.03	8,202	206,484	43.4
300026	红日药业	15,103	5,435	45.5	24.68	6,436	252,536	39.87
300027	华谊兄弟	60,480	34,835	29.91	13.62	50,465	990,404	59.26
300028	金亚科技	26,460	14,397	16.31	7.6	23,887	318,472	41.32
300029	天龙光电	20,000	10,880	38.49	19.96	40,277	1,208,177	53.42
300030	阳普医疗	14,800	8,437	36.3	10.49	6,963	170,906	60.72
300031	宝通带业	10,000	3,660	22.98	14.12	6,393	113,138	37.07
300032	金龙机电	14,270	3,570	29.26	17.95	11,545	272,824	85.97
300033	同花顺	13,440	4,670	36.2	21.46	10,423	309,265	34.12
300034	钢研高纳	21,199	9,934	35.5	13.98	9,112	224,483	82.02
300035	中科电气	11,993	5,818	23.98	13.1	6,965	145,306	38.68
300036	超图软件	12,000	6,801	35.8	15.9	7,641	213,057	45.98
300037	新宙邦	10,700	2,700	46.53	34.28	7,193	296,320	44.2
300038	梅泰诺	9,157	4,341	22.76	14.03	6,576	122,175	55.38
300039	上海凯宝	26,304	13,714	48.99	20.91	8,308	307,943	53.33
300040	九洲电气	13,890	7,200	20.79	12.6	7,991	135,684	35.93
300041	回天胶业	10,560	4,964	65.18	29.97	5,984	295,970	40.66
300042	朗科科技	6,680	3,197	31.29	20.1	8,033	205,802	72.71
300043	星辉车模	15,840	6,010	39.49	14.17	5,429	126,160	42.15
300044	赛为智能	10,000	4,382	31.6	14.7	13,991	306,156	61.19
300045	华力创通	13,400	3,400	51.78	18.43	5,002	214,514	51.12
300046	台基股份	14,208	7,152	56.89	18.65	6,199	225,850	35.5
300047	天源迪科	15,690	5,550	30.1	12.26	7,786	188,771	33.43
300048	合康变频	24,613	7,793	62	17.8	18,900	707,829	48.77
300049	福瑞股份	12,506	4,896	30.3	14.08	5,888	137,625	40.74
300050	世纪鼎利	21,600	7,920	79.53	22.11	12,732	662,754	26.36
300051	三五互联	16,050	6,510	27.88	9.89	11,352	247,712	48.33
300052	中青宝	13,000	7,223	21.91	13.5	7,259	129,937	51.19
300053	欧比特	20,000	13,013	26.84	9.21	10,319	201,719	65.99
300054	鼎龙股份	9,000	4,347	64.92	30.02	5,652	292,338	63.27
300055	万邦达	22,880	5,720	136.4	43.75	2,156	208,692	166.43
300056	三维丝	5,200	2,443	39.69	28.28	2,577	86,438	75.12
300057	万顺股份	42,200	15,050	30.5	10.1	20,098	452,897	55.97
300058	蓝色光标	12,000	5,815	35.39	27	5,744	176,015	60.64
300059	东方财富	21,000	11,990	54.45	21.65	10,685	408,570	68.11
300061	康耐特	6,000	2,062	25	16.1	2,550	52,544	61.46
300062	中能电气	15,400	4,408	38.97	11.88	5,116	114,522	38.01
300063	天龙集团	6,700	1,833	27.34	16.5	3,437	78,528	43.79
300064	豫金刚石	30,400	13,398	42.47	15.49	19,289	499,477	67.27
300065	海兰信	5,540	2,941	56	31.31	3,431	144,203	56.75
300066	三川股份	10,400	3,893	57.6	16.6	3,469	134,990	27.25

代码	证券名称	发行量	流通量	2011年1月－6月				市盈率
				最高价	最低价	成交数量	成交金额	
300067	安诺其	16,050	5,472	20.82	9	5,837	97,959	56.98
300068	南都电源	29,760	13,970	29.88	14.1	25,158	491,200	52.54
300069	金利华电	7,800	2,679	33.7	14.04	3,987	105,008	41.58
300070	碧水源	32,340	11,903	128.45	34.9	12,402	904,330	73.53
300071	华谊嘉信	10,351	2,600	35.51	11.9	4,101	100,195	36.53
300072	三聚环保	19,454	9,079	45.57	12.1	11,868	314,501	42.2
300073	当升科技	16,000	9,521	48.16	13.8	7,362	213,015	67.09
300074	华平股份	10,000	4,488	128.5	21.73	18,322	845,295	53.23
300075	数字政通	8,400	2,966	55.47	20.33	3,490	135,786	34.46
300076	宁波GQY	10,600	4,081	28.36	15	10,329	210,212	31.04
300077	国民技术	27,200	15,954	133.38	25.1	21,798	1,193,516	37.49
300078	中瑞思创	16,750	5,781	104.08	18.25	22,711	1,060,007	36.83
300079	数码视讯	22,400	12,061	73.97	18.68	11,198	532,135	28.59
300080	新大新材	14,000	6,577	61.2	36.91	11,067	550,061	37.2
300081	恒信移动	6,700	3,228	31.39	18.38	3,901	95,732	50.82
300082	奥克股份	25,920	9,180	58.68	25.62	13,957	577,582	38.39
300083	劲胜股份	20,000	5,925	50.28	11.8	6,646	210,967	32.93
300084	海默科技	12,800	7,714	40.96	13.35	3,749	107,033	97.26
300085	银之杰	12,000	3,787	37.3	10.78	6,341	183,664	37.44
300086	康芝药业	20,000	7,069	81.81	16.38	21,615	818,441	24.63
300087	荃银高科	10,560	4,788	71.48	14.92	8,836	321,324	49.36
300088	长信科技	25,100	13,270	54.73	17.73	17,756	651,534	39.11
300089	长城集团	10,000	4,857	24.39	14	7,494	147,956	41.24
300090	盛运股份	25,527	12,308	37.52	9.91	13,682	309,754	45.04
300091	金通灵	20,900	9,409	63.84	12.99	28,185	718,257	45.29
300092	科新机电	9,100	2,300	33.99	15.1	7,578	165,232	40.57
300093	金刚玻璃	21,600	5,400	35.58	12.66	11,644	327,185	58.36
300094	国联水产	35,200	8,800	15.46	8.36	29,479	391,088	33.83
300095	华伍股份	7,700	1,950	27.33	17.79	4,913	111,206	38.59
300096	易联众	8,600	2,200	43.97	27.5	4,761	172,481	70.16
300097	智云股份	6,000	1,500	28.15	16.99	3,746	89,808	34.31
300098	高新兴	8,892	2,223	36.35	22.6	3,499	107,006	49.05
300099	尤洛卡	10,335	2,585	128.29	28	5,220	346,834	45.73
300100	双林股份	14,025	3,525	40.15	15.76	5,779	179,834	20.27
300101	国腾电子	13,900	3,500	114	24.95	4,616	230,626	61.95
300102	乾照光电	29,500	7,375	92.77	27.6	6,132	406,660	53.51
300103	达刚路机	11,763	2,943	45	13.57	3,349	97,265	30.38
300104	乐视网	22,000	5,500	72.6	18.7	17,645	820,473	58.35
300105	龙源技术	15,840	3,960	129.5	42.02	3,667	325,333	59.62
300106	西部牧业	11,700	3,000	23	14.63	9,057	166,639	46.49
300107	建新股份	13,380	3,380	68.8	16.88	4,158	197,746	39.68
300108	双龙股份	6,760	1,690	43.88	20.1	10,878	331,560	59.65
300109	新开源	7,200	1,800	65.45	16.53	2,830	125,253	47.21
300110	华仁药业	21,360	5,360	18.99	13.35	10,593	174,131	33.23
300111	向日葵	50,900	5,100	28.88	18.11	25,611	611,534	38.94
300112	万讯自控	10,745	2,700	26.12	11.51	3,688	79,523	36.31
300113	顺网科技	13,200	3,300	75.98	21.12	3,386	181,667	56.75
300114	中航电测	12,000	3,000	36.9	17.29	4,519	135,075	39.21
300115	长盈精密	17,200	4,300	67.39	21.88	6,783	307,694	41.4
300116	坚瑞消防	8,000	2,000	32.56	17.52	6,489	161,112	53.11
300117	嘉寓股份	21,720	5,600	32.97	12.59	14,579	356,503	37.02
300118	东方日升	35,000	9,000	81.99	19.5	36,269	1,627,702	27.58
300119	瑞普生物	14,830	3,720	72.59	19.58	6,289	307,387	31.68
300120	经纬电材	11,310	2,860	29.25	13.8	7,093	173,560	34.61
300121	阳谷华泰	10,800	2,700	34.48	13.29	7,334	172,181	43.69
300122	智飞生物	40,000	4,000	37.69	27.08	7,849	269,410	40.77
300123	太阳鸟	13,911	3,520	44.94	17.18	5,698	183,028	76.04
300124	汇川技术	21,600	5,400	156.5	64.88	5,350	601,114	55.39
300125	易世达	11,800	3,000	85.5	24.4	4,609	277,925	37.94
300126	锐奇股份	15,156	3,789	39.2	12.62	8,559	223,309	31.85
300127	银河磁体	16,157	4,100	28.1	16.2	14,966	330,084	44.9
300128	锦富新材	20,000	5,000	51.87	16.45	8,885	322,712	37.17
300129	泰胜风能	21,600	5,400	42.42	12.6	15,787	429,344	21.56

代码	证券名称	发行量	流通量	2011年1月－6月				市盈率
				最高价	最低价	成交数量	成交金额	
300130	新国都	11,430	2,880	46.23	17.7	4,807	163,674	31.92
300131	英唐智控	10,120	2,618	59.78	16.49	7,080	269,669	51.3
300132	青松股份	12,060	3,060	38.09	14.28	6,870	191,710	35.37
300133	华策影视	11,296	2,824	119.7	32.99	4,313	323,839	36.31
300134	大富科技	16,000	4,000	75.5	48.3	12,897	824,009	26.47
300135	宝利沥青	16,000	4,000	51.93	13.82	8,630	336,691	26.66
300136	信维通信	13,334	3,334	76.13	16.66	5,830	247,772	40.9
300137	先河环保	15,600	3,900	39.19	13.9	13,368	337,159	41.91
300138	晨光生物	8,979	2,300	34.98	26.5	6,923	214,841	31.23
300139	福星晓程	5,480	1,370	74.25	42.68	4,032	241,910	50.99
300140	启源装备	12,200	3,100	47.56	13.58	4,695	163,693	32.49
300141	和顺电气	5,520	1,400	48.85	25.63	4,503	168,137	35.79
300142	沃森生物	15,000	3,750	136.25	49.8	5,239	496,479	40.36
300143	星河生物	14,740	3,740	80	19.5	23,919	997,111	58.79
300144	宋城股份	36,960	9,240	58.38	18.45	14,437	584,201	34.66
300145	南方泵业	14,400	3,600	39.98	16.28	10,751	282,794	29.95
300146	汤臣倍健	10,936	2,736	153.75	45.01	4,144	429,372	51.16
300147	香雪制药	24,600	6,200	38.98	12.1	9,573	295,074	31.95
300148	天舟文化	9,750	2,470	28.3	12.18	7,012	159,854	31.62
300149	量子高科	13,400	3,400	36.49	11.22	10,483	258,596	39.32
300150	世纪瑞尔	13,500	3,500	54.6	26.24	14,790	557,333	45.5
300151	昌红科技	10,050	2,550	38.38	14.11	5,397	153,595	31.19
300152	燃控科技	10,800	2,800	56.16	25.1	14,259	551,155	36.68
300153	科泰电源	16,000	3,978	40.2	11.5	5,622	168,245	29.98
300154	瑞凌股份	22,350	5,600	46.21	13.23	14,398	462,224	28.34
300155	安居宝	18,000	4,500	50.87	11.08	10,695	297,605	34.35
300156	天立环保	16,040	4,010	72.17	20.8	10,813	594,857	39.5
300157	恒泰艾普	17,776	4,444	72.5	25.02	8,263	492,214	79.01
300158	振东制药	14,400	3,600	42	28.31	9,158	322,420	48.08
300159	新研股份	9,020	2,332	118.8	29.28	5,722	467,546	55.81
300160	秀强股份	9,340	2,340	36.35	27.82	8,941	285,185	50.11
300161	华中数控	10,783	2,700	35.8	24	13,897	413,728	60.14
300162	雷曼光电	6,700	1,680	48	22.63	9,371	345,371	43.45
300163	先锋新材	7,900	2,000	36.8	18.8	8,900	230,917	42.11
300164	通源石油	7,920	2,040	59.53	27	7,266	355,584	39.63
300165	天瑞仪器	11,840	2,960	59.92	23.4	3,460	167,606	38.11
300166	东方国信	4,050	1,018	63.28	40.7	4,800	253,812	42.52
300167	迪威视讯	6,672	1,668	51.77	21.13	2,676	114,889	39.73
300168	万达信息	12,000	3,000	28.48	19.29	8,035	203,832	46.51
300169	天晟新材	14,025	3,525	45.8	25.12	19,619	684,764	89.97
300170	汉得信息	16,201	4,200	29.5	14.8	11,002	268,361	42.76
300171	东富龙	16,000	4,000	98.66	36.88	7,784	569,089	46.16
300172	中电环保	10,000	2,500	34.34	18.1	13,375	375,275	43.86
300173	松德股份	8,710	2,210	26.28	12.2	9,754	210,089	28.71
300174	元力股份	6,800	1,700	34.77	22.22	7,723	222,647	62.28
300175	朗源股份	10,700	2,700	24.65	15.2	15,892	330,220	37.59
300176	鸿特精密	8,940	2,240	22.59	14.55	9,980	195,218	32.31
300177	中海达	5,000	1,250	65	37.3	4,404	237,669	43.16
300178	腾邦国际	11,940	3,000	35.56	17.68	12,791	346,918	29.41
300179	四方达	8,000	2,000	37.19	24.01	10,049	319,616	53.41
300180	华峰超纤	15,800	4,000	23.97	14.52	17,892	368,337	30.65
300181	佐力药业	8,000	2,000	31.22	17.7	6,350	165,678	38.42
300182	捷成股份	11,200	2,800	79.97	26.3	5,725	327,904	58.67
300183	东软载波	10,000	2,500	51.8	40.12	12,041	545,516	41.73
300184	力源信息	6,670	1,670	28.3	16.69	7,152	176,018	40.59
300185	通裕重工	36,000	9,000	26.28	15.75	28,095	630,662	24.66
300186	大华农	26,700	6,700	23.97	14.2	15,162	310,193	29.57
300187	永清环保	6,678	1,670	56.56	46.01	6,114	309,703	86.89
300188	美亚柏科	5,350	1,350	57.95	35.7	3,930	191,626	47.25
300189	神农大丰	16,000	4,000	28	17.85	14,021	335,593	49.51
300190	维尔利	5,300	1,330	75	43.11	4,560	287,507	54.57
300191	潜能恒信	8,000	2,000	46.88	28.69	6,686	272,851	41.56
300192	科斯伍德	7,350	1,850	29.8	15.45	6,761	159,191	35.52

代码	证券名称	发行量	流通量	2011年1月－6月				市盈率
				最高价	最低价	成交数量	成交金额	
300193	佳士科技	22,150	5,550	26.18	17.08	4,847	112,852	41
300194	福安药业	13,340	3,340	40.84	27.65	2,756	99,851	31.54
300195	长荣股份	10,000	2,500	42.15	36	5,643	219,092	49.67
300196	长海股份	12,000	3,000	23.2	14.66	10,088	201,625	41.76
300197	铁汉生态	6,156	1,550	81.3	58.8	3,992	290,655	82.4
300198	纳川股份	9,200	1,850	30.96	25.01	2,308	67,092	54.24
300199	翰宇药业	10,000	2,004	40.55	28.1	8,567	283,142	65.66
300200	高盟新材	10,680	2,150	22.08	16.05	2,861	56,512	45.79
300201	海伦哲	8,000	1,600	23.5	16.55	5,407	114,209	35.1
300202	聚龙股份	8,480	1,696	30	21.78	6,939	180,728	54.89
300203	聚光科技	44,500	3,600	24.8	14.72	8,592	166,334	42.84
300204	舒泰神	6,670	1,340	52.48	36.18	1,389	63,127	44.18
300205	天喻信息	7,964	1,595	38.48	29.51	1,420	49,014	47.86
300206	理邦仪器	10,000	2,000	38	26.8	2,412	80,795	46.37
300207	欣旺达	18,800	3,760	24.36	14.9	11,810	220,520	45
300208	恒顺电气	7,000	1,402	24	18.58	1,552	33,923	33.19
300209	天泽信息	8,000	1,600	32.2	23.62	1,487	41,895	40.92
300210	森远股份	7,485	1,520	28.88	19.04	6,929	160,676	40.61
300211	亿通科技	4,886	1,002	31.8	23.35	3,941	109,576	38.14
300212	易华录	6,700	1,360	29.18	24.82	1,876	51,247	46.5
300213	佳讯飞鸿	8,400	1,680	20.87	16.83	2,252	43,141	30.36
300214	日科化学	13,500	2,800	22.05	18.9	4,448	92,511	35.63
300215	电科院	4,500	920	83.57	72.5	3,052	237,655	57.27
300216	千山药机	6,700	1,360	37.4	30	5,134	172,417	48.74
300217	东方电热	8,988	1,840	31.38	23.52	6,510	180,034	27.42
300218	安利股份	10,560	2,112	19.36	15.99	7,263	128,429	23.31
300219	鸿利光电	12,273	2,500	21.77	15.3	9,992	174,449	31.65
300220	金运激光	3,500	720	37.55	25.81	3,123	99,149	37.56
300221	银禧科技	10,000	2,003	19.08	14.88	5,369	89,153	28.43
300222	科大智能	6,000	1,200	33.5	26.78	2,679	79,520	38.53
300223	北京君正	8,000	1,600	44.7	36.02	3,566	146,762	36.81
300224	正海磁材	16,000	3,200	26.55	20.5	15,881	375,368	34.35
300225	金力泰	6,700	1,364	27.78	24.82	2,431	64,280	21.17
300226	上海钢联	4,000	800	30.2	23.71	2,785	75,090	38.54
300227	光韵达	6,700	1,370	17.54	14.55	4,616	73,383	43.89
300228	富瑞特装	6,700	1,360	35.45	26.58	4,125	121,699	48.16
300229	拓尔思	12,000	2,400	19.1	15.11	6,538	108,579	32.25
300230	永利带业	8,974	1,800	16.68	13.75	6,328	94,723	36.65
300231	银信科技	4,000	800	27.17	22.67	2,734	68,832	39.1
300232	洲明科技	7,772	1,601	19.75	16.75	3,333	61,085	26.16
300233	金城医药	12,100	2,500	21.78	19.05	6,749	138,300	23.95
300234	开尔新材	8,000	1,600	19.38	14.62	5,674	96,476	44.15
300235	方直科技	4,400	880	30	27.11	1,277	36,276	35.75
300236	上海新阳	8,518	1,720	16.8	14.91	2,521	39,908	36.92
300237	美晨科技	5,700	1,150	32.57	28.88	1,572	48,122	22.54

2011年上半年深市债券回购成交统计

成交金额单位：万元

代码	债券回购	2011年1月－6月				2011年6月					
		最高价	最低价	成交张数	成交金额	最高价	最低价	收市价	升跌幅%	成交张数	成交金额
131800	R－003							2.9	0		
131801	R－007	2.2	2.2	10	0			2.2	0		
131802	R－014							2.5	0		
131803	R－028							5	0		
131805	R－091							4	0		
131806	R－182							2.92	0		
131809	R－004							2.11	0		
131810	R－001							2	0		
131811	R－002							2.33	0		
131900	RC－003	8	0.42	6,351,100	63,511	7	2	2	－46.28	3,991,330	39,913
131901	RC－007	11.2	0.2	367,450,720	3,674,507	7.3	2	3.01	3.44	93,284,400	932,844

代码	债券回购	2011 年 1 月 - 6 月				2011 年 6 月					
		最高价	最低价	成交张数	成交金额	最高价	最低价	收市价	升跌幅%	成交张数	成交金额
131910	RC - 001	10.15	0.001	591,851,700	5,918,517	10.15	1	5	669.23	213,089,630	2,130,896
131911	RC - 002	9.01	0.65	44,006,880	440,069	9.01	2	5	75.38	22,045,280	220,453

2011 年上半年深市债券现货成交统计

成交金额单位：万元

代码	债券现货	到期日期	票面利率	2011 年 1 月 - 6 月				2011 年 6 月						市盈率（倍）
				最高价	最低价	成交张数	成交金额	最高价	最低价	收市价	升跌幅%	成交张数	成交金额	
100203	国债 0203	20120418	2.54	110	96	7763	77	99.5	99	99.347	0.15	1432	14	0.52
100213	国债 0213	20170920	2.6	94.876	85	74770	697	94.049	92.161	93.05	-0.49	13427	125	0.73
100303	国债 0303	20230417	3.4	96.3	93.4	268954	2546	95.87	94.17	94.673	-1.06	26073	248	0.7
100308	国债 0308	20130917	3.02	101.99	90.5	10504	104	100.242	97.5	99.94	0.95	1124	11	2.37
100407	国债 0407	20110825	4.71	109.9	100.163	506264	5096	101.899	100.401	100.998	0.59	66	1	4
100410	国债 0410	20111125	4.86	110	100.4	6178	63	101.5	100.4	100.553	-0.93	257	3	2.9
100501	国债 0501	20150228	4.44	108.37	100.006	12827	132	103.68	100.006	100.006	-3.28	191	2	1.5
100504	国债 0504	20250515	4.11	100	100	0	0	100	100	100	0	0	0	0.53
100505	国债 0505	20120525	3.37	103.888	93.88	1907	19	101	100.99	100.99	-0.01	10	0	0.34
100509	国债 0509	20120825	2.83	100	100	0	0	100	100	100	0	0	0	2.4
100512	国债 0512	20201115	3.65	100	100	0	0	100	100	100	0	0	0	0.47
100513	国债 0513	20121125	3.01	100	100	0	0	100	100	100	0	0	0	1.8
100601	国债 0601	20130227	2.51	100	100	0	0	100	100	100	0	0	0	0.85
100603	国债 0603	20160327	2.8	100	100	0	0	100	100	100	0	0	0	0.74
100606	国债 0606	20130525	2.62	100	100	0	0	100	100	100	0	0	0	0.27
100609	国债 0609	20260626	3.7	100	100	0	0	100	100	100	0	0	0	0.05
100612	国债 0612	20110815	2.72	100	100	0	0	100	100	100	0	0	0	2.38
100613	国债 0613	20130831	2.89	100	100	0	0	100	100	100	0	0	0	2.41
100616	国债 0616	20160926	2.92	100	100	0	0	100	100	100	0	0	0	0.78
100618	国债 0618	20111025	2.48	100	100	0	0	100	100	100	0	0	0	1.69
100619	国债 0619	20211115	3.27	100	100	0	0	100	100	100	0	0	0	0.42
100620	国债 0620	20131127	2.91	100	100	0	0	100	100	100	0	0	0	1.72
100701	国债 0701	20140206	2.93	100	100	0	0	100	100	100	0	0	0	1.16
100703	国债 0703	20170322	3.4	100	100	0	0	100	100	100	0	0	0	0.94
100705	国债 0705	20120423	3.18	100	100	0	0	100	100	100	0	0	0	0.6
100706	国债 0706	20370517	4.27	100	100	0	0	100	100	100	0	0	0	0.53
100707	国债 0707	20140524	3.74	100	100	0	0	100	100	100	0	0	0	0.39
100710	国债 0710	20170625	4.4	100	100	0	0	100	100	100	0	0	0	0.07
100713	国债 0713	20270816	4.52	100	100	0	0	100	100	100	0	0	0	1.67
100714	国债 0714	20140823	3.9	100	100	0	0	100	100	100	0	0	0	3.33
100717	国债 0717	20121022	4	100	100	0	0	100	100	100	0	0	0	2.76
100718	国债 0718	20141126	4.35	100	100	0	0	100	100	100	0	0	0	2.59
100801	国债 0801	20150213	3.95	100	100	0	0	100	100	100	0	0	0	1.49
100802	国债 0802	20230228	4.16	100	100	0	0	100	100	100	0	0	0	1.4
100803	国债 0803	20180320	4.07	100	100	0	0	100	100	100	0	0	0	1.15
100805	国债 0805	20130421	3.69	100	100	0	0	100	100	100	0	0	0	0.72
100806	国债 0806	20380508	4.5	100	100	0	0	100	100	100	0	0	0	0.67
100807	国债 0807	20150519	4.01	100	100	0	0	100	100	100	0	0	0	0.47
100810	国债 0810	20180623	4.41	100	100	0	0	100	100	100	0	0	0	0.1
100811	国债 0811	20110714	3.92	100	100	100000	1000	100	100	100	0	100000	1000	3.78
100813	国债 0813	20280811	4.94	100	100	0	0	100	100	100	0	0	0	1.89
100814	国债 0814	20150818	4.23	100	100	0	0	100	100	100	0	0	0	3.67
100817	国债 0817	20130916	3.69	100	100	0	0	100	100	100	0	0	0	2.91
100818	国债 0818	20180922	3.68	100	100	0	0	100	100	100	0	0	0	1.02
100819	国债 0819	20111013	2.64	100	100	1000000	10003	100	100	100	0	0	0	1.89
100820	国债 0820	20381023	3.91	100	100	0	0	100	100	100	0	0	0	0.74
100822	国债 0822	20151124	2.71	100	100	0	0	100	100	100	0	0	0	1.63
100823	国债 0823	20231127	3.62	100	100	0	0	100	100	100	0	0	0	0.35
100825	国债 0825	20181215	2.9	100	100	0	0	100	100	100	0	0	0	0.13
100826	国债 0826	20131218	1.77	100	100	0	0	100	100	100	0	0	0	0.95
100901	国债 0901	20160212	2.76	100	100	0	0	100	100	100	0	0	0	1.05
100902	国债 0902	20290219	3.86	100	100	0	0	100	100	100	0	0	0	1.4
100903	国债 0903	20190312	3.05	100	100	0	0	100	100	100	0	0	0	0.93

代码	债券现货	到期日期	票面利率	2011年1月－6月				2011年6月						市盈率(倍)
				最高价	最低价	成交张数	成交金额	最高价	最低价	收市价	升跌幅%	成交张数	成交金额	
100904	国债0904	20140402	2.29	100	100	0	0	100	100	100	0	0	0	0.56
100905	国债0905	20390409	4.02	100	100	0	0	100	100	100	0	0	0	0.91
100906	国债0906	20160416	2.82	100	100	0	0	100	100	100	0	0	0	0.59
100907	国债0907	20190507	3.02	100	100	0	0	100	100	100	0	0	0	0.46
100909	国债0909	20120521	1.55	100	100	0	0	100	100	100	0	0	0	0.17
100910	国债0910	20140604	2.26	100	100	0	0	100	100	100	0	0	0	0.17
100911	国债0911	20240611	3.69	100	100	0	0	100	100	100	0	0	0	0.2
100912	国债0912	20190618	3.09	100	100	0	0	100	100	100	0	0	0	0.11
100913	国债0913	20160625	2.82	100	100	0	0	100	100	100	0	0	0	0.05
100915	国债0915	20120716	2.22	100	100	0	0	100	100	100	0	0	0	2.13
100916	国债0916	20190723	3.48	100	100	0	0	100	100	100	0	0	0	1.52
100917	国债0917	20160730	3.15	100	100	0	0	100	100	100	0	0	0	2.9
100918	国债0918	20140806	2.97	100	100	0	0	100	100	100	0	0	0	2.68
100919	国债0919	20160820	3.17	100	100	0	0	100	100	100	0	0	0	2.74
100920	国债0920	20290827	4	100	100	0	0	100	100	100	0	0	0	1.36
100922	国债0922	20120910	2.18	100	100	0	0	100	100	100	0	0	0	1.76
100923	国债0923	20190917	3.44	100	100	0	0	100	100	100	0	0	0	1
100924	国债0924	20140924	2.9	100	100	0	0	100	100	100	0	0	0	2.22
100925	国债0925	20391015	4.18	100	100	0	0	100	100	100	0	0	0	0.88
100926	国债0926	20161022	3.4	100	100	0	0	100	100	100	0	0	0	2.35
100927	国债0927	20191105	3.68	100	100	0	0	100	100	100	0	0	0	0.57
100929	国债0929	20121119	2.42	100	100	0	0	100	100	100	0	0	0	1.49
100930	国债0930	20591130	4.3	100	100	0	0	100	100	100	0	0	0	0.38
100931	国债0931	20141203	2.9	100	100	0	0	100	100	100	0	0	0	1.67
100932	国债0932	20161217	3.22	100	100	0	0	100	100	100	0	0	0	1.73
101001	国债1001	20120128	2.01	99.6	99.6	0	0	99.6	99.6	99.6	0	0	0	0.85
101002	国债1002	20200204	3.43	101.39	101.39	0	0	101.39	101.39	101.39	0	0	0	1.38
101003	国债1003	20400301	4.08	100	100	0	0	100	100	100	0	0	0	1.36
101005	国债1005	20170311	2.92	100	100	0	0	100	100	100	0	0	0	0.9
101006	国债1006	20130318	2.23	100	100	0	0	100	100	100	0	0	0	0.64
101007	国债1007	20200325	3.36	100.58	100.58	0	0	100.58	100.58	100.58	0	0	0	0.9
101008	国债1008	20150408	2.7	100	100	0	0	100	100	100	0	0	0	0.62
101009	国债1009	20300415	3.96	100	100	0	0	100	100	100	0	0	0	0.84
101010	国债1010	20170422	3.01	100	100	0	0	100	100	100	0	0	0	0.58
101012	国债1012	20200513	3.25	100	100	0	0	100	100	100	0	0	0	0.44
101013	国债1013	20150520	2.38	100	100	0	0	100	100	100	0	0	0	0.27
101014	国债1014	20600524	4.03	100	100	268000	2681	100	100	100	0	88000	893	0.42
101015	国债1015	20170527	2.83	100	100	0	0	100	100	100	0	0	0	0.27
101016	国债1016	20130603	2.33	100	100	0	0	100	100	100	0	0	0	0.18
101017	国债1017	20150610	2.53	100	100	0	0	100	100	100	0	0	0	0.15
101018	国债1018	20400621	4.03	100	100	0	0	100	100	100	0	0	0	0.11
101019	国债1019	20200624	3.41	100	100	500000	4821	100	100	100	0	0	0	0.07
101020	国债1020	20150708	2.52	100	100	0	0	100	100	100	0	0	0	2.47
101021	国债1021	20110715	1.87	101.45	91.01	101210	1011	100	100	100	0	0	0	1.8
101022	国债1022	20170722	2.76	100	100	0	0	100	100	100	0	0	0	2.6
101023	国债1023	20400729	3.96	100	100	0	0	100	100	100	0	0	0	1.66
101024	国债1024	20200805	3.28	100	100	500000	4782	100	100	100	0	0	0	1.31
101025	国债1025	20130812	2.3	100	100	0	0	100	100	100	0	0	0	2.04
101026	国债1026	20400816	3.96	100	100	0	0	100	100	100	0	0	0	1.46
101027	国债1027	20170819	2.81	100	100	0	0	100	100	100	0	0	0	2.43
101028	国债1028	20150826	2.58	100	100	0	0	100	100	100	0	0	0	2.18
101029	国债1029	20300902	3.82	100	100	0	0	100	100	100	0	0	0	1.27
101030	国债1030	20110909	1.87	99.8	99.7	120000	1196	99.71	99.71	99.71	0	0	0	1.51
101031	国债1031	20200916	3.29	100	100	0	0	100	100	100	0	0	0	0.96
101032	国债1032	20171014	3.1	100	100	0	0	100	100	100	0	0	0	2.21
101033	国债1033	20151021	2.91	100	100	0	0	100	100	100	0	0	0	2.02
101034	国债1034	20201028	3.67	100	100	0	0	100	100	100	0	0	0	0.64
101035	国债1035	20131104	2.68	100	100	0	0	100	100	100	0	0	0	1.75
101036	国债1036	20111111	2.15	100	100	600000	5981	100	100	100	0	0	0	1.37
101037	国债1037	20601118	4.4	100	100	0	0	100	100	100	0	0	0	0.53
101038	国债1038	20171125	3.83	100	100	0	0	100	100	100	0	0	0	2.29

代码	债券现货	到期日期	票面利率	2011 年 1 月 - 6 月				2011 年 6 月						市盈率（倍）
				最高价	最低价	成交张数	成交金额	最高价	最低价	收市价	升跌幅%	成交张数	成交金额	
101039	国债 1039	20151202	3.64	100	100	0	0	100	100	100	0	0	0	2.1
101040	国债 1040	20401209	4.23	100	100	0	0	100	100	100	0	0	0	0.26
101041	国债 1041	20201216	3.77	100	100	0	0	100	100	100	0	0	0	0.15
101101	国债 1101	20120113	2.81	100	100	750000	7495	100	100	100	0	0	0	1.3
101102	国债 1102	20210120	3.94	100	100	0	0	100	100	100	0	0	0	1.75
101103	国债 1103	20180127	3.83	100	100	0	0	100	100	100	0	0	0	1.63
101104	国债 1104	20160217	3.6	100	100	0	0	100	100	100	0	0	0	1.32
101105	国债 1105	20410224	4.31	100	100	0	0	100	100	100	0	0	0	1.5
101106	国债 1106	20180303	3.75	100	100	0	0	100	100	100	0	0	0	1.23
101107	国债 1107	20140310	3.22	100	100	0	0	100	100	100	0	0	0	1
101108	国债 1108	20210317	3.83	100	100	0	0	100	100	100	0	0	0	1.11
101109	国债 1109	20120324	2.8	100	100	0	0	100	100	100	0	0	0	0.76
101110	国债 1110	20310428	4.15	100	100	0	0	100	100	100	0	0	0	0.73
101111	国债 1111	20120505	2.77	100	100	0	0	100	100	100	0	0	0	0.43
101112	国债 1112	20610526	4.48	100	100	0	0	100	100	100	0	0	0	0.44
101113	国债 1113	20140602	3.26	100	100	0	0	100	100	100	0	0	0	0.26
101114	国债 1114	20160609	3.44	100	100	0	0	100	100	100	0	0	0	0.21
101115	国债 1115	20210616	3.99	100	100	0	0	100	100	100	0	0	0	0.16
101116	国债 1116	20410623	4.5	100	100	0	0	100	100	100	0	0	0	0.1
101912	国债 912	20111030	3.05	101.28	99	19612	196	100.148	99.88	99.88	0.25	22	0	2.04
101917	国债 917	20210731	4.26	105	95.18	11938	123	103.699	95.221	103.099	-0.03	939	10	1.76
108044	贴债 1018	20110912		97.93	97.93	0	0	97.93	97.93	97.93	0	0	0	1.52
108046	贴债 1101	20110718		99.383	99.383	0	0	99.383	99.383	99.383	0	0	0	0.5
108047	贴债 1102	20111114		98.589	98.589	0	0	98.589	98.589	98.589	0	0	0	0.36
109001	新疆 0901	20120330	1.61	100	100	0	0	100	100	100	0	0	0	0.41
109002	安徽 0901	20120401	1.6	100	100	0	0	100	100	100	0	0	0	0.4
109003	河南 0901	20120407	1.63	100	100	0	0	100	100	100	0	0	0	0.38
109004	四川 0901	20120408	1.65	100	100	0	0	100	100	100	0	0	0	0.38
109005	重庆 0901	20120413	1.7	100	100	0	0	100	100	100	0	0	0	0.37
109006	辽宁 0901	20120414	1.75	100	100	0	0	100	100	100	0	0	0	0.37
109007	天津 0901	20120414	1.78	100	100	0	0	100	100	100	0	0	0	0.38
109008	山东 0901	20120416	1.8	100	100	0	0	100	100	100	0	0	0	0.37
109009	江苏 0901	20120420	1.82	100	100	0	0	100	100	100	0	0	0	0.36
109010	吉林 0901	20120423	1.82	100	100	0	0	100	100	100	0	0	0	0.34
109011	青岛 0901	20120423	1.82	100	100	0	0	100	100	100	0	0	0	0.34
109012	湖北 0901	20120423	1.82	100	100	0	0	100	100	100	0	0	0	0.34
109013	青海 0901	20120423	1.82	100	100	0	0	100	100	100	0	0	0	0.34
109014	河北 0901	20120430	1.8	100	100	0	0	100	100	100	0	0	0	0.31
109015	内蒙 0901	20120430	1.8	100	100	0	0	100	100	100	0	0	0	0.31
109016	陕西 0901	20120430	1.8	100	100	0	0	100	100	100	0	0	0	0.31
109017	龙江 0901	20120511	1.77	100	100	0	0	100	100	100	0	0	0	0.25
109018	云南 0901	20120511	1.77	100	100	0	0	100	100	100	0	0	0	0.25
109019	浙江 0901	20120511	1.77	100	100	0	0	100	100	100	0	0	0	0.25
109020	大连 0901	20120514	1.71	100	100	0	0	100	100	100	0	0	0	0.22
109021	四川 0902	20120514	1.71	100	100	0	0	100	100	100	0	0	0	0.22
109022	湖北 0902	20120514	1.71	100	100	0	0	100	100	100	0	0	0	0.22
109023	广西 0901	20120525	1.67	100	100	0	0	100	100	100	0	0	0	0.17
109024	北京 0901	20120525	1.67	100	100	0	0	100	100	100	0	0	0	0.17
109025	上海 0901	20120525	1.67	100	100	0	0	100	100	100	0	0	0	0.17
109026	河南 0902	20120525	1.67	100	100	0	0	100	100	100	0	0	0	0.17
109027	湖南 0901	20120609	1.71	100	100	0	0	100	100	100	0	0	0	0.1
109028	福建 0901	20120609	1.7	100	100	0	0	100	100	100	0	0	0	0.1
109029	宁夏 0901	20120609	1.7	100	100	0	0	100	100	100	0	0	0	0.1
109030	江西 0901	20120615	1.72	100	100	0	0	100	100	100	0	0	0	0.08
109031	贵州 0901	20120615	1.72	100	100	0	0	100	100	100	0	0	0	0.08
109032	安徽 0902	20120615	1.72	100	100	0	0	100	100	100	0	0	0	0.08
109033	广东 0901	20120623	1.75	100	100	0	0	100	100	100	0	0	0	0.04
109034	厦门 0901	20120623	1.75	100	100	0	0	100	100	100	0	0	0	0.04
109035	海南 0901	20120623	1.75	100	100	0	0	100	100	100	0	0	0	0.04
109036	山西 0901	20120629	1.76	100	100	0	0	100	100	100	0	0	0	0.01

代码	债券现货	到期日期	票面利率	2011年1月－6月				2011年6月						市盈率(倍)
				最高价	最低价	成交张数	成交金额	最高价	最低价	收市价	升跌幅%	成交张数	成交金额	
109037	甘肃0901	20120629	1.76	100	100	0	0	100	100	100	0	0	0	0.01
109038	宁波0901	20120707	1.79	100	100	0	0	100	100	100	0	0	0	1.76
109039	深圳0901	20120707	1.79	100	100	0	0	100	100	100	0	0	0	1.76
109040	新疆0902	20120707	1.79	100	100	0	0	100	100	100	0	0	0	1.76
109041	山东0902	20120707	1.79	100	100	0	0	100	100	100	0	0	0	1.76
109042	辽宁0902	20120707	1.79	100	100	0	0	100	100	100	0	0	0	1.76
109043	吉林0902	20120831	2.36	100	100	0	0	100	100	100	0	0	0	1.97
109044	广西0902	20120831	2.36	100	100	0	0	100	100	100	0	0	0	1.97
109045	龙江0902	20120831	2.36	100	100	0	0	100	100	100	0	0	0	1.97
109046	内蒙0902	20120831	2.36	100	100	0	0	100	100	100	0	0	0	1.97
109047	河北0902	20120907	2.24	100	100	0	0	100	100	100	0	0	0	1.82
109048	上海0902	20120907	2.24	100	100	0	0	100	100	100	0	0	0	1.82
109049	浙江0902	20120907	2.24	100	100	0	0	100	100	100	0	0	0	1.82
109050	陕西0902	20120907	2.24	100	100	0	0	100	100	100	0	0	0	1.82
109051	地债1001	20130621	2.77	100	100	0	0	100	100	100	0	0	0	0.08
109052	地债1002	20150621	2.9	100	100	0	0	100	100	100	0	0	0	0.08
109053	地债1003	20130719	2.33	100	100	0	0	100	100	100	0	0	0	2.22
109054	地债1004	20130810	2.37	100	100	0	0	100	100	100	0	0	0	2.11
109055	地债1005	20150810	2.67	100	100	0	0	100	100	100	0	0	0	2.38
109056	地债1006	20130824		100	100	0	0	100	100	100	0	0	0	2.02
109057	地债1007	20130907	2.36	100	100	0	0	100	100	100	0	0	0	1.92
109058	地债1008	20150907	2.67	100	100	0	0	100	100	100	0	0	0	2.17
109059	地债1009	20131115	3.23	100	100	0	0	100	100	100	0	0	0	2.02
109060	地债1010	20151115	3.7	100	100	0	0	100	100	100	0	0	0	2.31
111015	01三峡10	20111108	4.25	101	99.21	4730699	47376	100.099	99.59	99.889	-0.11	1254964	12579	2.74
111018	02电网15	20170619	4.86	101	90.18	43039	419	101	91.61	95.6	-1.9	6304	61	0.16
111019	02广核债	20171111	4.5	98.8	90	16008	153	98	90	95.399	-0.73	1100	10	2.86
111020	03华能1	20131209	4.6	107	95.01	43637	436	101.67	98.33	101.67	0.17	26640	266	2.57
111021	03华能2	20131209	4.3	100.5	91	113203	1132	100.5	91	100	-0.5	300	3	2.4
111022	04首旅债	20140219	4.75	101.1	96	7480	75	99.299	99	99.1	-0.2	1290	13	1.72
111023	03中铁债	20210825	4.63	103.2	91.123	11084	108	103.2	91.123	96.9	-6.1	3962	39	3.93
111024	04华电1	20140929	5.4	128	98.01	10886	109	100.2	99.5	99.5	-0.5	340	3	4.07
111025	04华电2	20140929	4.55	101.6	99.2	4550	46	101.6	100.4	101.6	1.2	790	8	3.43
111026	05粤交通	20200629	5.3	110	94.5	14580	147	103.95	94.5	96.01	-7.64	1180	11	0.03
111027	03石油债	20131028	4.11	101.95	95.62	126307	1250	98.5	95.62	98	-0.51	1100	11	2.77
111028	05神华债	20120121	5.3	110.002	91	23503	237	100.799	91	100.48	-0.22	7441	74	2.34
111029	06豫投债	20160119	4.3	95.77	95.77	0	0	95.77	95.77	95.77	0	0	0	1.92
111030	05泰达债	20151219	4.65	110.05	90.25	1776	18	98	98	98	0	0	0	2.47
111031	06鄂能债	20160522	4.05	122.01	122.01	0	0	122.01	122.01	122.01	0	0	0	0.44
111032	06鲁能债	20210731	4.4	109.69	96.58	320	3	108.79	100	104.55	-3.9	110	1	4.04
111033	06铁道01	20131016	4	98.88	98.089	50	0	98.782	98.782	98.782	0	0	0	2.83
111034	06铁道07	20111218	3.65	100.18	98.5	2011340	20133	99.549	98.5	99.5	-0.01	1000880	10029	1.95
111035	06节能债	20160403	4.05	100.2	89	22425	215	95.088	90.001	94.3	-0.83	1602	15	0.99
111037	08昆建债	20130402	6.12	104.8	100.1	4300737	43982	102.8	100.7	101.398	-1.5	76705	780	1.51
111038	08西基投	20130402	6.7	110	93.61	512120	5300	105.5	93.61	103.3	-0.19	262040	2707	1.65
111039	08奈伦债	20150520	8	107.6	104.3	4396750	46605	106.8	104.5	104.75	-1.92	360022	3804	0.92
111040	08甬交投	20130722	6.9	103	100.63	483590	4973	102.86	102.6	102.6	-0.25	81380	836	6.5
111041	08铁岭债	20150821	8.35	108.96	105.5	2135823	22976	108	105.5	105.65	-2.07	127308	1361	7.18
111042	08嘉城投	20150827	7.05	106	100	488886	5055	103.6	100	102.99	-0.59	670	7	5.95
111044	08吉高速	20131024	5.65	103.98	100	1772381	18280	103.2	102.22	103.2	1.18	824010	8500	3.87
111045	08西城投	20151216	6.38	106.88	100.118	313912	3172	106.78	100.118	101.372	-0.41	44101	447	3.44
111046	08东特债	20151225	7.1	105.5	101.08	1862838	18940	104.167	103.18	104	0	5530	57	3.66
111047	08长兴债	20160106	8.13	108	102.2	16473639	174241	107.494	105	105.19	-2.24	644183	6837	3.92
111048	09渝水投	20160209	5.92	100.8	98	231241	2307	100	98	99.489	-0.42	51592	514	2.3
111049	09绍水务	20160209	5.78	104.85	104.85	0	0	104.85	104.85	104.85	0	0	0	2.25
111050	09华菱债	20190217	5.2	99.8	96.98	1020552	10172	99.7	97	97.197	-2.51	40	0	1.91
111051	09怀化债	20190218	8.1	109	104.14	26833720	283903	108.298	105.011	105.5	-2.55	1387473	14769	2.95
111052	09哈城投	20190312	7.08	104.5	100.01	1557683	15991	103.73	101.5	102.46	-1.25	83720	859	2.15
111053	09许继债	20150325	4.6	100.99	99.501	2764302	27621	100.03	100.03	100.03	0	0	0	1.24

代码	债券现货	到期日期	票面利率	2011 年 1 月 - 6 月				2011 年 6 月						市盈率（倍）
				最高价	最低价	成交张数	成交金额	最高价	最低价	收市价	升跌幅%	成交张数	成交金额	
111054	09 连中小	20150428	6.53	102.87	100	3227298	32680	101.8	100.01	100.6	-1.18	199612	2015	1.15
111055	09 华西债	20160515	6.05	100.495	98.3	8295294	82542	100.199	99.011	99.4	-0.77	534825	5334	0.78
111056	09 湖交投	20160521	5.48	100.9	98	3596204	35717	100.157	98.689	100	-0.16	450	4	0.62
111057	09 兖城投	20160923	6.8	105	100.12	1002958	10249	102	100.12	101.28	-0.31	188	2	5.24
111058	09 黄城投	20171231	6.98	102.77	100.4	364695	3714	102.471	100.4	100.698	-1.72	24895	253	3.48
111059	09 宿建投	20161203	7.48	104.6	102.18	4992899	51584	104.076	102.18	102.214	-1.79	626624	6473	4.3
111060	10 佳城投	20170309	7.88	107.722	102	1614697	17023	106.6	104.01	104.818	-1.7	89690	952	2.46
111061	10 中关村	20160826	5.18	98.9	97.14	330531	3230	98.2	97.88	97.88	-0.33	1890	19	4.39
111062	10 并高铁	20200906	5.18	95.3	90.5	624968	5793	92.485	91.025	91.26	-1	80206	736	4.23
111063	11 富阳债	20180303	7.33	104.2	101.5	1503496	15561	103.8	101.5	101.685	-2.04	381934	3928	2.41
111064	11 长交债	20180310	7.2	103.18	100	297610	3015	103.175	100.399	100.7	-2.39	276260	2795	2.23
112001	08 粤电债	20150310	5.5	109.05	92.1	77767	791	101.66	100.022	100.023	-1.61	71	1	1.7
112002	08 中联债	20160421	6.5	104.99	102.101	8780734	90940	104.5	102.101	104.4	0.38	137698	1428	1.26
112003	08 泰达债	20130812	7.1	108	97.16	6460390	67838	105.5	105.5	105.5	0	1110000	11603	6.28
112004	08 中粮债	20180825	6.06	113	100.089	1550781	16438	103.09	102.733	103.09	0	30	0	5.15
112005	08 万科 G1	20130905	5.5	103.8	99.19	8558746	86930	101.9	100.75	101.676	-0.22	1710991	17335	4.51
112006	08 万科 G2	20130905	7	108.99	100.188	14742286	154262	105.88	103.5	103.626	-1.03	3342543	34815	5.73
112007	09 金街 01	20120901	4.7	102	99.5	4988522	49997	100.198	99.5	99.5	-0.51	1368481	13657	3.9
112008	09 金街 02	20140901	5.7	104.5	100.51	6863710	70000	104.333	101.5	101.7	-2.52	4562340	46526	4.73
112009	09 粤高债	20140921	5.1	100.1	100.1	0	0	100.1	100.1	100.1	0	0	0	3.95
112010	09 西煤债	20141019	5.38	102.05	96.8	3001068	30390	101.05	100.99	101	0.01	1701038	17180	3.76
112011	09 东药债	20141102	7.05	107.5	103.007	822221	8609	106	103.1	106	0.68	951	10	4.65
112012	09 名流债	20141103	7.05	102.4	100.008	26492231	268392	101.33	100.008	100.195	-1.01	2254491	22730	4.64
112013	09 亿城债	20141104	8.5	101.3	90	5866000	59272	101.05	90	100.5	-0.54	66000	647	5.57
112014	09 银基债	20151106	8	105.57	102.3	7653008	80119	105.044	102.3	102.717	-2.17	1205008	12529	5.19
112015	09 泛海债	20141113	7.2	104.2	100.2	16827833	174529	103.74	100.399	103	-0.71	97952	1009	4.54
112016	09 宏润债	20141113	7.8	105.58	102.73	2504583	26260	104.978	102.73	102.8	-2.03	115698	1200	4.92
112017	09 希望债	20141125	6.1	102.18	100.008	2361870	23841	101.2	100.008	101.199	0	45672	462	3.64
112018	09 津滨债	20141126	7.2	100	100	100000	1000	100	100	100	0	0	0	4.28
112019	09 宜化债	20191217	5.75	103.65	96	5700070	57810	101	99	100	-0.58	204271	2063	3.09
112020	10 大亚债	20150129	5.5	101.5	98.99	6164542	61323	99.648	99.036	99.429	-0.12	488069	4848	2.31
112021	10 南玻 01	20151020	5.33	99.67	97.01	1525688	15061	99.4	97.6	98.9	-0.12	7150	70	3.71
112022	10 南玻 02	20171020	5.33	100	96	3166972	30959	99.225	98.6	98.6	-0.63	102550	1015	3.71
112023	10 煤气 01	20151103	5.35	100.05	90	221240	2194	98.52	98.49	98.52	0.03	120020	1182	3.5
112024	10 煤气 02	20171103	5.5	100.66	100.66	0	0	100.66	100.66	100.66	0	0	0	3.6
112025	11 珠海债	20190301	6.8	105	100	2967566	30203	103.5	100	102.499	-0.2	417834	4278	2.27
112026	11 新兴 01	20160318	5.25	100.6	99.13	9001629	90157	100.35	99.75	100.2	-0.1	3868219	38719	1.51
112027	11 新兴 02	20210318	5.39	102	97.999	2640	26	102	98.8	98.8	-3.14	30	0	1.55
112028	11 冀能债	20160504	4.9	100.5	99.128	2328033	23214	100.5	99.128	99.6	-0.4	2328033	23214	0.78
115001	钒钛债 1	20121127	1.6	96.32	94.002	4003090	38215	95.899	94.002	95.299	-0.22	7977	76	0.95
115002	国安债 1	20130913	1.2	92.149	89.3	5956605	54342	91.928	91.121	91.342	-0.56	1158570	10620	0.95
115003	中兴债 1	20130130	0.8	95.49	92.52	5267668	49270	94	93.003	93.5	-0.32	339854	3191	0.33
125709	唐钢转债	20121214	1.7	112.4	106.34	23242648	253560	112.299	110	111.2	0.09	1752885	19477	0
125731	美丰转债	20150602	1	127.5	115.25	3271870	39699	122.44	115.25	117.79	-2	65792	789	0
125887	中鼎转债	20160211	0.8	133	116.2	4822824	60657	123.98	116.2	118.001	-3.67	107111	1265	0
126729	燕京转债	20151015	0.5	136.6	119.34	2987441	37342	125.99	122.03	123.316	-2.05	94309	1177	0
128233	塔牌转债			170.01	130.05	13639688	202978	133.99	133.99	133.99	0	0	0	0

2011 年上半年深市 ETF 证券成交统计

成交金额单位：万元

代码	基金名称	当前规模	单位净值	目标指数	2011 年 1 月 - 6 月					2011 年 6 月						
					最高价	最低价	成交量	成交金额	拟合误差	最高价	最低价	收市价	升跌幅	成交量	成交金额	拟合误差
159901	深 100ETF	23894833170	0.7668	399330	0.869	0.724	71101814665	5717692.74	0.02	0.782	0.724	0.779	3.[illegible]2	10309593401	777518.79	0.07
159902	中小板	1130305859	2.676	399005	3.218	2.501	4168007753	1219861.91	0.31	2.722	2.501	2.72	4.02	592580665	156401.3	-0.2
159903	深成 ETF	2801954507	1.2097	399001	1.338	1.147	2697938463	338900.22	0.18	1.233	1.147	1.229	3.89	344514936	40883.91	0.07
159905	深红利	1424943951	0.9484	399324	1.065	0.9	755362990	75667.06	-0.69	0.963	0.9	0.953	2.09	85375579	7893.97	-0.76
159906	深成长	2266639725	0.899	399326	1.035	0.845	501351536	49684.02	0.44	0.908	0.845	0.908	3.89	42789844	3729.88	0.71

2011 年上半年深市成交最活跃的二十种股份(股数)

名次	代码	股份名称	成交股数(股)	成交金额(元)	占总成交金额%
1	000100	TCL 集团	4,587,151,831	13,486,507,519	4.6724
2	000725	京东方 A	1,555,169,504	4,427,309,676	1.5841
3	000709	河北钢铁	1,281,690,523	5,673,456,059	1.3055
4	000629	攀钢钒钛	1,242,792,560	13,864,162,028	1.2659
5	000707	双环科技	1,102,318,238	11,667,977,903	1.1228
6	000682	东方电子	1,054,662,008	6,425,247,750	1.0743
7	000002	万科 A	1,010,324,257	8,232,721,290	1.0291
8	000157	中联重科	844,839,699	12,520,591,156	0.8605
9	002233	塔牌集团	842,818,267	9,064,294,258	0.8585
10	000816	江淮动力	802,140,359	6,072,861,709	0.8170
11	000059	辽通化工	722,865,373	9,410,269,116	0.7363
12	000518	四环生物	710,893,890	5,310,906,051	0.7241
13	000571	新大洲 A	707,773,912	5,215,985,540	0.7209
14	000012	南玻 A	674,750,427	10,574,104,383	0.6873
15	000510	金路集团	658,348,468	5,799,745,019	0.6706
16	002102	冠福家用	653,763,209	5,723,809,760	0.6659
17	000752	西藏发展	610,484,534	20,297,577,475	0.6218
18	000758	中色股份	604,988,066	22,526,713,543	0.6162
19	000667	名流置业	522,692,801	1,573,052,356	0.5324
20	000534	万泽股份	519,735,771	4,005,427,265	0.5294
		总额	20,710,203,697	181,872,719,855	21.0949
		市场总额	98,176,309,852	1,284,276,728,073	100.0000

2011 年上半年深市成交最活跃的二十种股份(金额)

名次	代码	股份名称	成交股数(股)	成交金额(元)	占总成交金额%
1	000758	中色股份	604,988,066	22,526,713,543	1.7540
2	000752	西藏发展	610,484,534	20,297,577,475	1.5805
3	000858	五粮液	438,526,095	15,262,120,178	1.1884
4	000629	攀钢钒钛	1,242,792,560	13,864,162,028	1.0795
5	000100	TCL 集团	4,587,151,831	13,486,507,519	1.0501
6	000157	中联重科	844,839,699	12,520,591,156	0.9749
7	000937	冀中能源	497,315,746	12,330,076,351	0.9601
8	000983	西山煤电	515,946,015	12,132,795,835	0.9447
9	000707	双环科技	1,102,318,238	11,667,977,903	0.9085
10	000012	南玻 A	674,750,427	10,574,104,383	0.8234
11	000776	广发证券	286,493,665	10,294,240,958	0.8016
12	000680	山推股份	519,162,952	9,457,308,776	0.7364
13	000059	辽通化工	722,865,373	9,410,269,116	0.7327
14	002233	塔牌集团	842,818,267	9,064,294,258	0.7058
15	000002	万科 A	1,010,324,257	8,232,721,290	0.6410
16	000425	徐工机械	343,253,698	8,091,136,041	0.6300
17	000651	格力电器	359,416,360	7,986,510,050	0.6219
18	000063	中兴通讯	283,743,532	7,544,079,358	0.5874
19	000792	盐湖股份	129,830,027	7,406,675,322	0.5767
20	000001	深发展 A	430,302,079	7,170,046,911	0.5583
		总额	16,047,323,421	229,319,908,449	17.8560
		市场总额	98,176,309,852	1,284,276,728,073	100.0000

2011 年上半年深市发行股本最大的二十家上市公司

名次	公司名称	流通股本(股)	发行股本(股)	占发行股本总额%
1	京东方	8,439,356,586	13,521,542,341	2.3070
2	万科	10,969,821,096	10,995,210,218	1.8760
3	TCL 集团	5,639,616,534	8,476,218,834	1.4462
4	苏宁电器	5,442,088,514	6,996,211,866	1.1937
5	河北钢铁	3,755,489,772	6,876,780,975	1.1733
6	鞍钢股份	6,148,989,913	6,149,007,847	1.0491

名次	公司名称	流通股本(股)	发行股本(股)	占发行股本总额%
7	攀钢钒钛	3,177,832,038	5,726,497,468	0.9770
8	太钢不锈	3,026,319,364	5,696,247,796	0.9719
9	华侨城	2,437,073,491	5,593,460,436	0.9543
10	中联重科	4,826,200,785	4,827,634,742	0.8237
11	五粮液	3,795,520,981	3,795,966,720	0.6477
12	深发展	3,102,465,985	3,485,013,762	0.5946
13	美的电器	3,120,265,276	3,384,347,650	0.5774
14	西山煤电	1,472,167,559	3,151,200,000	0.5377
15	本钢板材	1,097,586,600	3,136,000,000	0.5351
16	金融街	3,026,444,799	3,027,079,809	0.5165
17	华菱钢铁	1,121,291,251	3,015,650,025	0.5145
18	首钢股份	1,206,150,119	2,966,526,057	0.5061
19	宁波银行	2,479,309,425	2,883,820,529	0.4920
20	格力电器	2,779,364,102	2,817,888,750	0.4808
	总额	77,063,354,190	106,522,305,825	18.1747
	市场总额	410,292,935,889	586,102,324,929	100.0000

2011 年上半年深市换手率最高的二十种股份

名次	代码	股份名称	流通股数(股)	成交股数(股)	换手率%
1	002586	围海股份	21,600,000	135,222,039	626.0279
2	002587	奥拓电子	17,000,000	82,698,297	486.4606
3	002584	西陇化工	40,000,000	193,962,670	484.9066
4	002589	瑞康医药	19,040,000	83,038,962	436.1292
5	300224	正海磁材	32,000,000	130,799,612	408.7487
6	002102	冠福家用	168,738,856	653,763,209	387.4408
7	002590	万安科技	18,840,000	68,151,363	361.7377
8	300234	开尔新材	16,000,000	56,738,727	354.6171
9	300230	永利带业	18,000,000	63,281,041	351.5614
10	300226	上海钢联	8,000,000	27,850,334	348.1293
11	300231	银信科技	8,000,000	27,339,696	341.7464
12	300227	光韵达	13,700,000	46,160,550	336.9385
13	002423	中原特钢	79,000,000	266,002,744	336.7124
14	002532	新界泵业	40,000,000	127,317,341	318.2933
15	002225	濮耐股份	147,570,025	451,461,312	305.9298
16	000732	福建三农	149,704,482	455,192,700	304.0608
17	300228	富瑞特装	13,600,000	41,249,389	303.3042
18	002505	大康牧业	41,600,000	125,879,960	302.5959
19	002581	万昌科技	21,680,000	60,993,048	281.3334
20	000011	深物业 A	142,373,129	399,347,105	280.4932
		总额	1,016,446,492	3,496,450,099	

2011 年上半年深市流通股本最大的二十家上市公司

名次	公司名称	流通股本(股)	发行股本(股)	占流通股本总额
1	万科	10,969,821,096	10,995,210,218	2.6737
2	京东方	8,439,356,586	13,521,542,341	2.0569
3	鞍钢股份	6,148,989,913	6,149,007,847	1.4987
4	TCL 集团	5,639,616,534	8,476,218,834	1.3745
5	苏宁电器	5,442,088,514	6,996,211,866	1.3264
6	中联重科	4,826,200,785	4,827,634,742	1.1763
7	五粮液	3,795,520,981	3,795,966,720	0.9251
8	河北钢铁	3,755,489,772	6,876,780,975	0.9153
9	攀钢钒钛	3,177,832,038	5,726,497,468	0.7745
10	美的电器	3,120,265,276	3,384,347,650	0.7605
11	深发展	3,102,465,985	3,485,013,762	0.7562
12	金融街	3,026,444,799	3,027,079,809	0.7376
13	太钢不锈	3,026,319,364	5,696,247,796	0.7376
14	格力电器	2,779,364,102	2,817,888,750	0.6774
15	中集集团	2,661,775,874	2,662,396,051	0.6488
16	粤电力	2,653,981,623	2,797,451,138	0.6469

名次	公司名称	流通股本(股)	发行股本(股)	占流通股本总额
17	深圳能源	2,642,994,398	2,642,994,398	0.6442
18	名流置业	2,559,553,076	2,559,592,332	0.6238
19	宁波银行	2,479,309,425	2,883,820,529	0.6043
20	长安汽车	2,478,392,755	2,685,823,637	0.6041
	总额	82,725,782,896	102,007,726,863	20.1626
	市场总额	410,292,935,889	586,102,324,929	100.0000

2011年上半年深市流通市值最大的二十家上市公司

名次	公司名称	流通市值(元)	市价总值(元)	占市场流通总值%
1	五粮液	135,576,009,441	135,591,931,238	2.5437
2	万科	93,025,757,419	93,240,295,500	1.7454
3	中联重科	74,226,968,073	74,249,022,332	1.3927
4	苏宁电器	69,713,153,864	89,621,474,003	1.3080
5	格力电器	65,315,056,397	66,220,385,625	1.2255
6	中兴通讯	64,336,821,836	66,233,941,689	1.2071
7	美的电器	57,381,678,426	62,238,153,284	1.0766
8	深发展	52,959,094,364	59,489,184,917	0.9936
9	洋河股份	51,659,595,107	113,544,000,000	0.9693
10	张裕	47,363,454,870	47,363,454,870	0.8886
11	中集集团	41,989,276,371	42,002,825,396	0.7878
12	鞍钢股份	41,813,131,408	41,813,253,360	0.7845
13	双汇发展	40,031,611,090	40,038,083,043	0.7511
14	冀中能源	39,949,193,423	58,631,614,571	0.7495
15	云南白药	35,917,327,318	39,628,730,621	0.6739
16	西山煤电	35,626,454,928	76,259,040,000	0.6684
17	攀钢钒钛	35,178,600,661	63,392,326,971	0.6600
18	铜陵有色	34,260,045,851	34,260,721,639	0.6428
19	泸州老窖	32,276,036,979	62,908,085,157	0.6056
20	潍柴动力	31,396,980,652	57,300,466,757	0.5891
	总额	1,079,996,248,478	1,324,026,990,974	20.2632
	市场总额	5,329,835,252,261	8,296,364,065,808	100.0000

2011年上半年深市市价总值最大的二十家上市公司

名次	公司名称	流通市值(元)	市价总值(元)	占市场市价总值%
1	五粮液	135,576,009,441	135,591,931,238	1.6344
2	洋河股份	51,659,595,107	113,544,000,000	1.3686
3	广发证券	30,416,534,926	98,401,544,981	1.1861
4	盐湖股份	28,221,825,711	93,840,042,977	1.1311
5	万科	93,025,757,419	93,240,295,500	1.1239
6	苏宁电器	69,713,153,864	89,621,474,003	1.0803
7	西山煤电	35,626,454,928	76,259,040,000	0.9192
8	中联重科	74,226,968,073	74,249,022,332	0.8950
9	中兴通讯	64,336,821,836	66,233,941,689	0.7983
10	格力电器	65,315,056,397	66,220,385,625	0.7982
11	攀钢钒钛	35,178,600,661	63,392,326,971	0.7641
12	泸州老窖	32,276,036,979	62,908,085,157	0.7583
13	美的电器	57,381,678,426	62,238,153,284	0.7502
14	深发展	52,959,094,364	59,489,184,917	0.7171
15	冀中能源	39,949,193,423	58,631,614,571	0.7067
16	潍柴动力	31,396,980,652	57,300,466,757	0.6907
17	徐工机械	17,501,398,394	51,135,774,638	0.6164
18	张裕	47,363,454,870	47,363,454,870	0.5709
19	华侨城	19,277,251,314	44,244,272,049	0.5333
20	中集集团	41,989,276,371	42,002,825,396	0.5063
	总额	1,023,391,143,156	1,455,907,836,956	17.5487
	市场总额	5,329,835,252,261	8,296,364,065,808	100.0000

2011 年上半年深市市盈率最低的二十种股份

名次	代码	股份名称	月底收市价(元)	每股盈利(元)	市盈率(倍)
1	000818	*ST 化工	6.280	1.706	3.68
2	000034	深信泰丰	7.100	1.390	5.11
3	200152	山航 B	11.000	1.497	6.10
4	200625	长安 B	5.570	0.731	6.32
5	200521	皖美菱 B	5.600	0.599	7.76
6	000671	阳光城	8.360	1.050	7.96
7	200429	粤高速 B	2.940	0.302	8.08
8	000979	中弘地产	7.420	0.911	8.14
9	000900	现代投资	16.300	1.965	8.30
10	200726	鲁泰 B	7.080	0.694	8.47
11	200488	晨鸣 B	5.200	0.509	8.48
12	200550	江铃 B	19.900	1.932	8.55
13	000001	深发展 A	17.070	1.910	8.94
14	200581	苏威孚 B	25.170	2.303	9.07
14	200771	杭汽轮 B	11.170	1.023	9.07
16	200024	招商局 B	12.750	1.129	9.38
17	000608	阳光股份	5.460	0.580	9.41
18	000616	亿城股份	4.410	0.450	9.80
19	200039	中集 B	12.670	1.069	9.84
20	200022	深赤湾 B	10.710	0.903	9.85

2011 年上半年深市上市证券成交金额(按每笔成交金额大小分类)

成交金额单位:万元

代码	证券名称	成交金额	按每笔成交金额(元)分类的成交金额和比例									
			<1,000	%	1,000－5,000	%	5,000－10,000	%	10,000－50,000	%	50,000－100,000	%	>=100,000	%
000001	深发展 A	717,004.69	110.3	0.02	17,987.68	2.51	38,969.01	5.43	205,974.63	28.73	115,964.07	16.17	337,999.01	47.14
000002	万科 A	823,272.13	2,647.57	0.32	35,779.05	4.35	63,740.25	7.74	204,438.35	24.83	119,495.20	14.51	397,171.70	48.24
000004	国农科技	197,902.56	47.74	0.02	11,817.61	5.97	18,604.72	9.4	80,302.27	40.58	33,580.87	16.97	53,549.35	27.06
000006	深振业 A	111,614.58	665.5	0.6	9,752.03	8.74	15,092.25	13.52	45,310.33	40.6	18,343.64	16.43	22,450.83	20.11
000007	ST 零七	41,210.52	194.98	0.47	2,385.39	5.79	4,474.59	10.86	16,709.15	40.55	7,631.83	18.52	9,814.58	23.82
000008	ST 宝利来	12,319.62	8.32	0.07	815.82	6.62	1,229.52	9.98	4,758.40	38.62	2,304.77	18.71	3,202.79	26
000009	中国宝安	559,280.50	157.19	0.03	21,061.70	3.77	47,981.28	8.58	179,531.34	32.1	93,667.83	16.75	216,881.15	38.78
000011	深物业 A	458,009.95	137.55	0.03	27,263.72	5.95	42,530.41	9.29	182,028.25	39.74	78,357.59	17.11	127,692.43	27.88
000012	南玻 A	1,057,410.44	347.54	0.03	58,971.00	5.58	101,193.29	9.57	396,169.84	37.47	155,081.76	14.67	345,647.01	32.69
000014	沙河股份	23,626.76	197.89	0.84	2,374.43	10.05	3,845.70	16.28	10,601.30	44.87	3,710.61	15.71	2,896.84	12.26
000016	深康佳 A	54,165.35	565.9	1.04	6,648.90	12.28	6,713.04	12.39	22,390.81	41.34	7,667.00	14.15	10,179.69	18.79
000017	*ST 中华 A	23,455.51	142.84	0.61	1,541.80	6.57	1,865.73	7.95	6,846.55	29.19	2,872.50	12.25	10,186.09	43.43
000018	ST 中冠 A	5,852.05	39.64	0.68	426.23	7.28	806.82	13.79	2,628.50	44.92	956.5	16.34	994.35	16.99
000019	深深宝 A	60,550.57	184.19	0.3	4,773.94	7.88	8,288.13	13.69	29,227.20	48.27	9,616.58	15.88	8,460.53	13.97
000020	深华发 A	13,593.20	162.36	1.19	2,033.43	14.96	2,906.35	21.38	5,816.21	42.79	1,452.78	10.69	1,222.07	8.99
000021	长城开发	79,195.10	776.57	0.98	10,568.14	13.34	13,864.56	17.51	29,012.41	36.63	10,563.79	13.34	14,409.62	18.2
000022	深赤湾 A	41,233.46	14.85	0.04	2,478.03	6.01	4,683.39	11.36	16,849.50	40.86	7,650.25	18.55	9,557.44	23.18
000023	深天地 A	31,667.19	201.69	0.64	2,781.95	8.78	5,184.11	16.37	14,665.25	46.31	5,004.41	15.8	3,829.79	12.09
000024	招商地产	358,621.58	116.57	0.03	10,111.57	2.82	30,168.88	8.41	91,971.41	25.65	53,293.11	14.86	172,960.04	48.23
000025	特力 A	94,866.42	80.62	0.08	7,758.74	8.18	11,941.06	12.59	45,059.09	47.5	4,982.28	15.79	15,044.63	15.86
000026	飞亚达 A	141,563.79	60.81	0.04	8,292.63	5.86	14,547.63	10.28	62,192.61	43.93	24,225.66	17.11	32,244.46	22.78
000027	深圳能源	89,908.28	754.34	0.84	9,416.77	10.47	13,900.54	15.46	31,418.12	34.94	2,793.57	14.23	21,624.94	24.05
000028	一致药业	56,415.40	54.72	0.1	2,504.27	4.44	3,914.41	6.94	19,246.74	34.12	9,173.78	16.26	21,521.48	38.15
000029	深深房 A	107,413.34	843.19	0.78	11,185.97	10.41	13,371.25	12.45	45,363.29	42.23	6,495.51	15.36	20,154.13	18.76
000031	中粮地产	55,409.47	412.83	0.75	7,320.47	13.21	8,930.19	16.12	20,621.32	37.22	7,698.21	13.89	10,426.44	18.82
000032	深桑达 A	21,252.06	139.07	0.65	2,008.01	9.45	3,505.91	16.5	9,747.06	45.86	3,146.04	14.8	2,705.97	12.73
000033	新都酒店	76,358.76	346.25	0.45	5,593.21	7.32	9,913.75	12.98	33,366.31	43.7	13,886.99	18.19	13,252.26	17.36
000034	深信泰丰	24,620.50	187.07	0.76	2,556.88	10.39	4,053.42	16.46	11,567.41	46.98	3,595.35	14.6	2,660.35	10.81
000035	*ST 科健	17,757.49	116.93	0.66	1,134.88	6.39	2,171.75	12.23	7,463.01	42.03	3,498.66	19.7	3,372.26	18.99
000036	华联控股	52,308.98	500.72	0.96	5,727.74	10.95	5,992.17	11.46	22,471.45	42.96	7,370.42	14.09	10,246.47	19.59
000037	深南电 A	34,899.02	237.26	0.68	3,644.20	10.44	5,132.09	14.71	15,652.93	44.85	5,262.31	15.08	4,970.23	14.24
000039	中集集团	672,494.85	108.58	0.02	21,108.82	3.14	36,470.88	5.42	216,506.01	32.19	97,313.47	14.47	300,987.09	44.76

代码	证券名称	成交金额	按每笔成交金额(元)分类的成交金额和比例											
			<1,000	%	1,000–5,000	%	5,000–10,000	%	10,000–50,000	%	50,000–100,000	%	>=100,000	%
000040	宝安地产	111,697.17	519.92	0.47	8,228.72	7.37	13,596.35	12.17	45,595.64	40.82	19,974.91	17.88	23,781.63	21.29
000042	深长城	92,453.59	33.47	0.04	3,531.65	3.82	9,974.08	10.79	36,260.07	39.22	19,842.21	21.46	22,812.12	24.67
000043	中航地产	21,063.17	104.89	0.5	1,967.53	9.34	2,917.23	13.85	9,603.30	45.59	3,391.76	16.1	3,078.46	14.62
000045	深纺织A	23,493.62	34.33	0.15	1,585.68	6.75	2,756.39	11.73	10,912.61	46.45	4,062.25	17.29	4,142.36	17.63
000046	泛海建设	55,328.38	406.63	0.73	4,796.27	8.67	8,783.85	15.88	20,375.04	36.83	7,537.57	13.62	13,429.03	24.27
000048	ST康达尔	125,223.51	396.59	0.32	4,745.39	3.79	8,921.59	7.12	42,228.94	33.72	24,923.09	19.9	44,007.92	35.14
000049	德赛电池	219,806.24	67.43	0.03	17,998.59	8.19	19,646.13	8.94	102,998.94	46.86	32,754.09	14.9	46,341.06	21.08
000050	深天马A	100,437.30	89.11	0.09	7,848.17	7.81	13,598.25	13.54	47,557.08	47.35	16,281.00	16.21	15,063.68	15
000055	方大集团	45,235.01	394.31	0.87	5,699.10	12.6	8,027.35	17.75	20,237.61	44.74	6,338.48	14.01	4,538.15	10.03
000056	深国商	160,312.24	22.65	0.01	8,843.62	5.52	9,863.90	6.15	63,142.76	39.39	27,943.97	17.43	50,495.33	31.5
000059	辽通化工	941,026.91	179.76	0.02	32,755.55	3.48	69,528.98	7.39	323,331.48	34.36	162,026.94	17.22	353,204.21	37.53
000060	中金岭南	406,896.75	346.5	0.09	23,521.66	5.78	45,603.27	11.21	164,112.04	40.33	62,534.59	15.37	110,778.70	27.23
000061	农产品	169,698.18	71.86	0.04	11,377.64	6.7	17,771.82	10.47	57,113.99	33.66	27,801.42	16.38	55,561.45	32.74
000062	深圳华强	17,681.68	130.3	0.74	1,828.69	10.34	2,693.07	15.23	7,652.65	43.28	2,829.97	16.01	2,547.00	14.4
000063	中兴通讯	754,407.94	82.16	0.01	8,629.58	1.14	27,238.11	3.61	173,219.98	22.96	91,649.01	12.15	453,589.09	60.13
000065	北方国际	96,990.52	21.86	0.02	4,764.32	4.91	7,328.37	7.56	44,403.20	45.78	16,452.80	16.96	24,019.97	24.77
000066	长城电脑	99,111.92	741.61	0.75	11,042.11	11.14	16,295.01	16.44	41,187.88	41.56	14,675.49	14.81	15,169.82	15.31
000069	华侨城A	283,460.60	907.02	0.32	12,197.06	4.3	23,151.62	8.17	88,465.13	31.21	39,191.16	13.83	119,548.61	42.17
000070	特发信息	17,931.42	186.8	1.04	2,105.63	11.74	3,575.69	19.94	8,482.12	47.3	2,323.97	12.96	1,257.22	7.01
000078	海王生物	117,458.19	834.18	0.71	13,967.53	11.89	21,303.04	18.14	52,015.23	44.28	14,750.04	12.56	14,588.18	12.42
000088	盐田港	65,124.77	332.25	0.51	4,400.91	6.76	7,657.27	11.76	24,966.01	38.34	11,113.57	17.07	16,654.76	25.57
000089	深圳机场	34,328.47	170.18	0.5	2,809.62	8.18	4,512.79	13.15	14,505.27	42.25	5,940.66	17.31	6,389.95	18.61
000090	深天健	226,363.63	56.89	0.03	10,342.97	4.57	20,826.99	9.2	95,590.68	42.23	40,820.29	18.03	58,725.80	25.94
000096	广聚能源	45,604.39	222.44	0.49	3,471.72	7.61	5,363.89	11.76	13,305.67	29.18	5,729.63	12.56	17,511.03	38.4
000099	中信海直	137,249.50	129.71	0.09	10,109.10	7.37	18,178.83	13.25	62,464.43	45.51	22,131.17	16.12	24,236.25	17.66
000100	TCL集团	1,348,650.75	16,264.09	1.21	134,637.07	9.98	168,616.79	12.5	505,432.96	37.48	193,821.40	14.37	329,878.45	24.46
000150	宜华地产	29,374.41	117.61	0.4	2,206.40	7.51	3,796.59	12.92	13,625.76	46.39	4,978.54	16.95	4,649.50	15.83
000151	中成股份	52,463.13	60.29	0.11	3,738.15	7.13	6,796.59	12.95	23,759.47	45.29	8,677.93	16.54	9,430.71	17.98
000153	丰原药业	54,651.40	677.92	1.24	8,006.03	14.65	11,881.97	21.74	23,724.92	43.41	6,612.42	12.1	3,748.13	6.86
000155	川化股份	217,602.85	1,393.65	0.64	18,653.96	8.57	31,173.85	14.33	90,890.34	41.77	36,292.24	16.68	39,198.82	18.01
000157	中联重科	1,252,059.12	446.51	0.04	59,392.14	4.74	108,907.38	8.7	453,548.80	36.22	180,710.27	14.43	449,054.02	35.87
000158	常山股份	33,776.43	150.48	0.45	2,263.31	6.7	4,184.08	12.39	14,561.06	43.11	6,050.42	17.91	6,567.09	19.44
000159	国际实业	195,217.59	84.05	0.04	12,880.77	6.6	24,194.22	12.39	86,294.02	44.2	30,516.27	15.63	41,248.26	21.13
000301	东方市场	57,888.38	508.38	0.88	7,232.73	12.49	7,108.15	12.28	25,635.76	44.28	7,696.33	13.3	9,707.03	16.77
000338	潍柴动力	671,228.35	137.23	0.02	33,831.59	5.04	40,541.20	6.04	239,552.68	35.69	104,970.17	15.64	252,195.49	37.57
000400	许继电气	180,586.11	27.55	0.02	4,090.48	2.27	12,240.51	6.78	54,794.69	30.34	31,381.84	17.38	78,051.03	43.22
000401	冀东水泥	540,108.00	121.42	0.02	20,750.02	3.84	26,903.80	4.98	171,930.23	31.83	67,733.37	12.54	252,669.16	46.78
000402	金融街	317,828.27	959.78	0.3	14,688.49	4.62	33,094.01	10.41	105,277.09	33.12	51,069.33	16.07	112,739.57	35.47
000404	华意压缩	20,386.52	142.55	0.7	1,914.55	9.39	3,169.79	15.55	9,398.15	46.1	2,989.19	14.66	2,772.28	13.6
000407	胜利股份	56,077.70	290.89	0.52	4,496.25	8.02	7,256.70	12.94	23,249.81	41.46	8,944.38	15.95	11,839.67	21.11
000408	ST金谷源	74,176.56	35.87	0.05	5,965.52	8.04	9,220.31	12.43	35,615.41	48.01	10,740.99	14.48	12,598.45	16.98
000409	*ST泰复	37,797.04	90.93	0.24	1,214.37	3.21	2,787.72	7.38	14,195.11	37.56	9,431.45	24.95	10,077.46	26.66
000410	沈阳机床	62,434.84	38.8	0.06	4,594.92	7.36	8,144.64	13.05	28,176.89	45.13	9,526.90	15.26	11,952.68	19.14
000411	英特集团	208,723.83	52.69	0.03	10,523.92	5.04	21,006.01	10.06	89,180.30	42.73	37,896.46	18.16	50,064.44	23.99
000413	宝石A	40,803.45	8.05	0.02	1,310.93	3.21	2,729.87	6.69	15,867.62	38.89	9,563.95	23.44	11,323.02	27.75
000415	ST汇通	44,000.47	4.91	0.01	1,073.98	2.44	2,792.97	6.35	16,283.98	37.01	9,240.80	21	14,603.83	33.19
000416	民生投资	39,897.75	194.74	0.49	2,844.25	7.13	4,939.27	12.38	17,186.99	43.08	6,942.69	17.4	7,789.82	19.52
000417	合肥百货	88,045.93	65.27	0.07	2,912.16	3.31	8,013.22	9.1	27,672.26	31.43	14,259.62	16.2	35,123.40	39.89
000418	小天鹅A	34,811.70	52.37	0.15	2,340.62	6.72	3,701.33	10.63	15,510.19	44.55	5,465.78	15.7	7,741.40	22.24
000419	通程控股	42,204.35	200.07	0.47	3,119.80	7.39	5,766.95	13.66	17,459.25	41.37	6,899.95	16.35	8,758.33	20.75
000420	吉林化纤	63,107.28	335.03	0.53	5,347.86	8.47	8,900.07	14.1	26,285.83	41.65	9,847.70	15.6	12,390.78	19.63
000421	南京中北	31,099.02	105.11	0.34	1,937.80	6.23	3,618.87	11.64	12,505.36	40.21	6,242.37	20.07	6,689.50	21.51
000422	湖北宜化	321,079.29	68.82	0.02	9,612.74	2.99	24,484.37	7.63	107,420.28	33.46	51,443.32	16.02	128,049.76	39.88
000423	东阿阿胶	462,198.87	132.04	0.03	16,558.16	3.58	27,363.74	5.92	143,414.41	31.03	57,318.29	12.4	217,412.23	47.04
000425	徐工机械	809,113.60	176.48	0.02	47,437.62	5.86	55,979.23	6.92	337,588.73	41.72	113,023.04	13.97	254,908.51	31.5
000426	富龙热电	327,522.23	75.88	0.02	16,554.96	5.05	28,579.18	8.73	115,837.13	35.37	56,901.19	17.37	109,573.90	33.46
000428	华天酒店	45,729.96	295.47	0.65	4,885.48	10.68	10,188.23	22.28	16,518.67	36.12	6,214.90	13.59	7,627.21	16.68
000429	粤高速A	28,085.74	352.11	1.25	3,896.46	13.87	3,944.43	14.04	12,322.49	43.87	3,181.65	11.33	4,388.60	15.63
000430	ST张家界	36,251.10	343.43	0.95	4,412.95	12.17	6,452.97	17.8	16,667.07	45.98	4,781.94	13.19	3,592.74	9.91
000488	晨鸣纸业	149,157.89	671.39	0.45	11,546.43	7.74	19,329.73	12.96	60,245.96	40.39	26,281.09	17.62	31,083.29	20.84
000501	鄂武商A	202,944.64	49.64	0.02	4,444.06	2.19	12,228.33	6.03	45,604.30	22.47	26,821.82	13.22	113,796.48	56.07

代码	证券名称	成交金额	按每笔成交金额(元)分类的成交金额和比例											
			<1,000	%	1,000－5,000	%	5,000－10,000	%	10,000－50,000	%	50,000—100,000	%	>=100,000	%
000502	绿景地产	117,533.03	703.36	0.6	8,221.22	6.99	13,139.73	11.18	46,333.02	39.42	20,574.18	17.51	28,561.53	24.3
000503	海虹控股	211,366.43	571.02	0.27	10,542.00	4.99	18,637.97	8.82	67,913.74	32.13	36,696.80	17.36	77,004.89	36.43
000504	ST传媒	35,323.94	115.92	0.33	1,763.15	4.99	3,780.21	10.7	14,744.27	41.74	6,822.39	19.31	8,098.00	22.92
000505	ST珠江	79,132.42	273.21	0.35	4,960.94	6.27	8,638.22	10.92	32,170.90	40.65	14,152.60	17.88	18,936.56	23.93
000506	中润投资	123,404.43	26.91	0.02	5,980.49	4.85	10,199.46	8.27	44,681.87	36.21	21,647.17	17.54	40,868.53	33.12
000507	珠海港	107,854.30	21.24	0.02	4,724.37	4.38	8,246.89	7.65	38,770.65	35.95	18,381.94	17.04	37,709.21	34.96
000509	S*ST华塑	87,913.08	33.38	0.04	4,089.87	4.65	7,345.28	8.36	38,235.63	43.49	16,475.97	18.74	21,732.94	24.72
000510	金路集团	579,974.50	2,642.88	0.46	34,483.37	5.95	64,225.95	11.07	209,114.08	36.06	103,880.12	17.91	165,628.10	28.56
000511	银基发展	48,385.04	576	1.19	6,333.67	13.09	6,587.39	13.61	20,512.49	42.39	6,120.55	12.65	8,254.94	17.06
000513	丽珠集团	71,499.68	14.98	0.02	1,765.90	2.47	4,803.52	6.72	25,034.52	35.01	3,987.11	19.56	25,893.65	36.22
000514	渝开发	38,200.12	320.28	0.84	4,035.96	10.57	6,476.14	16.95	17,112.21	44.8	5,277.10	13.81	4,978.43	13.03
000516	开元投资	39,800.47	234.26	0.59	4,197.35	10.55	6,351.35	15.96	16,621.46	41.76	6,023.06	15.13	6,372.99	16.01
000517	荣安地产	53,762.81	329.62	0.61	3,863.58	7.19	6,823.75	12.69	20,311.19	37.78	8,560.59	15.92	13,874.07	25.81
000518	四环生物	531,090.61	2,774.16	0.52	43,519.71	8.19	71,248.07	13.42	199,515.70	37.57	86,230.42	16.24	127,802.55	24.06
000519	江南红箭	56,516.96	17.69	0.03	3,028.93	5.36	5,660.00	10.01	23,325.04	41.27	9,570.13	16.93	14,915.17	26.39
000520	长航凤凰	48,082.14	344.42	0.72	4,826.01	10.04	6,001.16	12.48	20,687.60	43.03	6,915.59	14.38	9,307.34	19.36
000521	美菱电器	53,493.77	448.08	0.84	5,248.72	9.81	8,587.22	16.05	20,506.33	38.33	7,555.76	14.12	11,147.66	20.84
000522	白云山A	115,422.36	86.12	0.07	9,700.89	8.4	14,829.67	12.85	50,936.92	44.13	8,687.37	16.19	21,181.39	18.35
000523	广州浪奇	49,556.54	15.59	0.03	2,717.62	5.48	4,942.64	9.97	20,834.29	42.04	8,655.87	17.47	12,390.53	25
000524	东方宾馆	50,556.91	374.44	0.74	4,649.18	9.2	7,734.08	15.3	22,657.16	44.82	8,134.42	16.09	7,007.63	13.86
000525	红太阳	31,774.14	11.39	0.04	1,274.54	4.01	2,661.91	8.38	11,856.99	37.32	5,591.65	17.6	10,377.66	32.66
000526	旭飞投资	39,779.31	8.49	0.02	2,323.75	5.84	3,256.95	8.19	15,153.55	38.09	6,696.27	16.83	12,340.30	31.02
000527	美的电器	379,813.75	102.92	0.03	9,581.85	2.52	24,993.18	6.58	113,193.20	29.8	53,753.58	14.15	178,189.03	46.91
000528	柳工	524,302.04	119.87	0.02	24,671.40	4.71	32,502.36	6.2	212,455.52	40.52	78,673.93	15.01	175,878.96	33.55
000529	广弘控股	143,014.85	673.9	0.47	10,421.26	7.29	18,452.94	12.9	61,481.00	42.99	24,841.56	17.37	27,144.18	18.98
000530	大冷股份	63,156.89	43.16	0.07	3,576.69	5.66	6,717.70	10.64	26,964.88	42.7	11,715.90	18.55	14,138.56	22.39
000531	穗恒运A	27,981.38	5.58	0.02	1,502.05	5.37	2,784.05	9.95	12,562.50	44.9	4,986.70	17.82	6,140.50	21.94
000532	力合股份	566,540.62	143.06	0.03	29,471.03	5.2	51,537.31	9.1	224,917.09	39.7	97,537.15	17.22	162,934.98	28.76
000533	万家乐	59,189.74	245.64	0.42	3,401.89	5.75	6,515.16	11.01	22,333.79	37.73	10,617.44	17.94	16,075.83	27.16
000534	万泽股份	400,542.73	1,729.97	0.43	23,211.21	5.79	41,267.73	10.3	145,639.47	36.36	71,987.24	17.97	116,707.10	29.14
000536	华映科技	42,494.43	19.38	0.05	2,191.52	5.16	3,079.34	7.25	18,322.48	43.12	6,749.14	15.88	12,132.57	28.55
000537	广宇发展	85,181.39	469.12	0.55	6,931.29	8.14	11,809.87	13.86	34,396.99	40.38	13,409.08	15.74	18,165.03	21.33
000538	云南白药	152,499.11	38.06	0.02	916.54	0.6	11,983.70	7.86	50,489.56	33.11	22,312.45	14.63	66,758.80	43.78
000539	粤电力A	31,768.92	229.04	0.72	4,186.52	13.18	4,832.61	15.21	12,894.88	40.59	3,709.83	11.68	5,916.03	18.62
000540	中天城投	434,465.24	145.04	0.03	18,700.16	4.3	36,443.10	8.39	159,457.70	36.7	76,107.48	17.52	143,611.77	33.05
000541	佛山照明	167,037.28	99.56	0.06	13,290.66	7.96	23,048.86	13.8	73,904.57	44.24	26,191.95	15.68	30,501.67	18.26
000543	皖能电力	188,392.67	759.59	0.4	9,711.13	5.15	17,399.53	9.24	58,973.15	31.3	35,472.37	18.83	66,076.89	35.07
000544	中原环保	58,308.48	18.65	0.03	4,224.66	7.25	7,249.55	12.43	25,291.49	43.38	9,394.80	16.11	12,129.33	20.8
000545	*ST吉药	57,707.06	231.33	0.4	3,675.64	6.37	6,579.77	11.4	22,903.86	39.69	9,957.37	17.26	14,359.10	24.88
000546	光华控股	24,502.01	6.89	0.03	1,595.62	6.51	2,600.85	10.61	10,936.49	44.64	4,215.62	17.21	5,146.54	21
000547	闽福发A	39,430.52	7.29	0.02	1,902.09	4.82	3,336.99	8.46	16,700.58	42.35	7,527.07	19.09	9,956.50	25.25
000548	湖南投资	27,040.74	207.11	0.77	2,895.19	10.71	4,471.36	16.54	12,204.60	45.13	4,157.46	15.37	3,105.02	11.48
000550	江铃汽车	73,819.53	14.02	0.02	3,091.98	4.19	5,608.94	7.6	25,250.88	34.21	10,796.89	14.63	29,056.83	39.36
000551	创元科技	52,413.76	47.91	0.09	2,181.58	4.16	4,175.32	7.97	19,339.97	36.9	10,199.19	19.46	16,469.79	31.42
000552	靖远煤电	38,153.03	32.18	0.08	3,531.88	9.26	7,021.34	18.4	18,643.72	48.87	5,281.04	13.84	3,642.87	9.55
000553	沙隆达A	70,315.12	427.47	0.61	6,081.84	8.65	10,108.30	14.38	30,613.94	43.54	11,359.85	16.16	11,723.73	16.67
000554	泰山石油	150,417.67	45.48	0.03	4,782.92	3.18	9,416.29	6.26	51,116.46	33.98	28,962.67	19.25	56,093.85	37.29
000555	ST太光	14,857.15	72.38	0.49	761.82	5.13	1,634.80	11	5,834.29	39.27	2,731.45	18.38	3,822.41	25.73
000558	莱茵置业	107,318.77	466.84	0.44	5,647.54	5.26	9,487.62	8.84	36,068.82	33.61	19,271.97	17.96	36,375.99	33.9
000559	万向钱潮	124,454.84	828.05	0.67	12,021.99	9.66	18,319.45	14.72	49,866.01	40.07	19,310.28	15.52	24,109.07	19.37
000560	昆百大A	21,892.80	68.02	0.31	1,625.50	7.42	2,839.21	12.97	10,140.74	46.32	3,785.32	17.29	3,434.01	15.69
000561	烽火电子	102,218.86	397.85	0.39	5,362.66	5.25	11,326.01	11.08	39,323.68	38.47	21,221.49	20.76	24,587.17	24.05
000562	宏源证券	177,541.93	83.68	0.05	11,059.02	6.23	20,920.16	11.78	70,465.99	39.69	26,952.26	15.18	48,060.82	27.07
000563	陕国投A	45,177.50	14.84	0.03	2,494.54	5.52	4,844.31	10.72	19,465.61	43.09	7,952.95	17.6	10,405.25	23.03
000564	西安民生	38,313.90	212.86	0.56	3,660.16	9.55	6,203.44	16.19	15,975.42	41.7	6,185.30	16.14	6,076.72	15.86
000565	渝三峡A	28,685.02	8.69	0.03	1,872.76	6.53	3,409.02	11.88	13,048.04	45.49	4,636.22	16.16	5,710.29	19.91
000566	海南海药	64,204.52	5.4	0.01	1,622.64	2.53	2,447.31	3.81	18,911.24	29.45	10,267.15	15.99	30,950.78	48.21
000567	海德股份	39,700.23	249.28	0.63	3,127.73	7.88	5,304.94	13.36	16,338.17	41.15	6,341.65	15.97	8,338.46	21
000568	泸州老窖	535,824.74	92.55	0.02	13,019.95	2.43	18,073.00	3.37	132,616.19	24.75	69,358.21	12.94	302,664.85	56.49
000570	苏常柴A	43,668.68	395.48	0.91	5,146.59	11.79	7,376.01	16.89	18,901.60	43.28	6,132.96	14.04	5,716.04	13.09
000571	新大洲A	521,598.55	2,330.39	0.45	39,779.75	7.63	69,104.63	13.25	212,363.13	40.71	91,527.65	17.55	106,493.00	20.42

代码	证券名称	成交金额	按每笔成交金额(元)分类的成交金额和比例											
			<1,000	%	1,000-5,000	%	5,000-10,000	%	10,000-50,000	%	50,000-100,000	%	>=100,000	%
000572	海马汽车	40,826.41	278.08	0.68	4,387.58	10.75	6,479.20	15.87	18,390.49	45.05	5,570.65	13.64	5,720.42	14.01
000573	粤宏远A	101,222.85	622.97	0.62	9,570.45	9.45	10,742.46	10.61	37,479.78	37.03	14,641.44	14.46	28,165.75	27.83
000576	ST甘化	69,636.59	13.43	0.02	2,977.92	4.28	5,318.53	7.64	27,752.25	39.85	13,041.97	18.73	20,532.49	29.49
000581	威孚高科	159,684.99	26.52	0.02	4,536.58	2.84	7,179.90	4.5	54,189.78	33.94	24,797.67	15.53	68,954.54	43.18
000582	北海港	15,816.05	4.4	0.03	1,023.88	6.47	1,695.71	10.72	6,548.83	41.41	2,472.38	15.63	4,070.86	25.74
000584	友利控股	54,208.01	218.65	0.4	3,482.44	6.42	6,488.58	11.97	19,616.25	36.19	8,450.18	15.59	15,951.91	29.43
000585	东北电气	28,130.45	339.46	1.21	3,766.57	13.39	3,492.74	12.42	12,954.63	46.05	3,526.42	12.54	4,050.63	14.4
000586	ST汇源	76,405.57	403.82	0.53	5,748.45	7.52	10,969.56	14.36	34,339.51	44.94	13,047.67	17.08	11,896.56	15.57
000587	S*ST光明	4,152.81	0.38	0.01	39.65	0.95	52.49	1.26	298.48	7.19	201.81	4.86	3,560.00	85.73
000589	黔轮胎A	56,514.74	461.55	0.82	5,991.71	10.6	9,379.84	16.6	24,505.12	43.36	8,693.62	15.38	7,482.90	13.24
000590	紫光古汉	33,300.14	13.29	0.04	2,316.83	6.96	3,622.64	10.88	15,197.83	45.64	5,589.71	16.79	6,559.84	19.7
000591	桐君阁	26,058.05	263.55	1.01	3,575.35	13.72	5,094.42	19.55	11,843.37	45.45	3,415.31	13.11	1,866.05	7.16
000592	中福实业	62,159.79	256.59	0.41	3,566.33	5.74	6,226.68	10.02	22,252.19	35.8	11,263.84	18.12	18,594.16	29.91
000593	大通燃气	35,616.37	264.47	0.74	3,680.21	10.33	5,902.66	16.57	16,262.16	45.66	5,117.51	14.37	4,389.36	12.32
000594	国恒铁路	157,219.10	732.25	0.47	12,001.25	7.63	13,398.75	8.52	57,702.04	36.7	22,694.37	14.43	50,690.44	32.24
000595	*ST西轴	38,863.91	19.73	0.05	2,295.81	5.91	3,967.01	10.21	17,679.41	45.49	7,442.85	19.15	7,459.10	19.19
000596	古井贡酒	47,945.40	5.36	0.01	125.37	0.26	3,368.76	7.03	9,531.89	19.88	6,923.89	14.44	27,990.13	58.38
000597	东北制药	104,456.90	55.31	0.05	5,677.78	5.44	9,099.37	8.71	39,918.69	38.22	20,067.87	19.21	29,637.87	28.37
000598	兴蓉投资	95,690.76	18.11	0.02	2,395.21	2.5	7,039.34	7.36	28,414.74	29.69	17,390.55	18.17	40,432.81	42.25
000599	青岛双星	82,197.31	411.17	0.5	7,906.01	9.62	12,490.05	15.2	35,741.98	43.48	12,944.93	15.75	12,703.17	15.45
000600	建投能源	29,238.02	226.54	0.77	3,274.98	11.2	4,416.26	15.1	13,449.65	46	4,282.30	14.65	3,588.29	12.27
000601	韶能股份	90,035.40	678.23	0.75	10,207.72	11.34	11,298.93	12.55	38,706.41	42.99	12,732.59	14.14	16,411.50	18.23
000602	*ST金马	72,050.89	4.69	0.01	761.98	1.06	2,373.09	3.29	16,925.11	23.49	13,722.62	19.05	38,263.40	53.11
000603	*ST威达	34,016.68	7.64	0.02	1,070.58	3.15	2,895.00	8.51	15,153.97	44.55	7,344.10	21.59	7,545.40	22.18
000606	青海明胶	277,301.67	2,120.22	0.76	24,379.04	8.79	42,234.64	15.23	112,567.19	40.59	44,210.46	15.94	51,790.12	18.68
000607	*ST华控	33,721.86	132.95	0.39	2,285.21	6.78	3,887.61	11.53	15,104.60	44.79	5,991.35	17.77	6,320.14	18.74
000608	阳光股份	52,593.29	253.77	0.48	4,468.51	8.5	6,629.07	12.6	21,780.92	41.41	9,086.34	17.28	10,374.67	19.73
000609	绵世股份	69,163.99	19.28	0.03	3,260.04	4.71	6,453.09	9.33	29,328.97	42.4	13,376.36	19.34	16,726.24	24.18
000610	西安旅游	105,214.44	577.24	0.55	10,544.56	10.02	16,494.81	15.68	48,571.78	46.16	15,517.26	14.75	13,508.79	12.84
000611	时代科技	112,629.77	583.21	0.52	9,910.42	8.8	16,350.18	14.52	46,403.11	41.2	18,131.90	16.1	21,250.95	18.87
000612	焦作万方	185,578.91	100.44	0.05	11,439.00	6.16	24,235.68	13.06	71,646.43	38.61	31,614.25	17.04	46,543.09	25.08
000613	ST东海A	21,428.97	155.9	0.73	2,328.50	10.87	2,873.45	13.41	9,830.90	45.88	3,106.72	14.5	3,133.50	14.62
000615	湖北金环	21,641.16	98.81	0.46	1,664.61	7.69	2,818.55	13.02	9,238.63	42.69	3,386.22	15.65	4,434.34	20.49
000616	亿城股份	143,834.91	1,132.13	0.79	14,051.43	9.77	16,155.01	11.23	54,618.88	37.97	18,701.01	13	39,176.45	27.24
000617	石油济柴	89,851.17	34.2	0.04	4,150.84	4.62	11,056.66	12.31	38,895.54	43.29	18,437.39	20.52	17,276.54	19.23
000619	海螺型材	48,395.36	430.96	0.89	5,134.81	10.61	8,550.62	17.67	21,101.38	43.6	7,562.03	15.63	5,615.56	11.6
000623	吉林敖东	400,550.50	136.24	0.03	9,935.24	2.48	26,133.40	6.52	135,808.46	33.91	68,935.72	17.21	159,601.44	39.85
000625	长安汽车	177,458.74	1,126.16	0.63	17,573.77	9.9	29,628.30	16.7	67,510.89	38.04	25,963.76	14.63	35,655.86	20.09
000626	如意集团	273,952.22	95.47	0.03	18,640.08	6.8	31,116.93	11.36	120,872.43	44.12	46,134.58	16.84	57,092.74	20.84
000627	天茂集团	65,555.14	782.78	1.19	9,524.60	14.53	9,183.54	14.01	29,170.55	44.5	7,617.20	11.62	9,276.48	14.15
000629	攀钢钒钛	1,386,416.20	177.89	0.01	36,249.09	2.61	68,192.83	4.92	355,187.34	25.62	184,867.77	13.33	741,741.29	53.5
000630	铜陵有色	666,200.70	145.68	0.02	36,957.95	5.55	45,612.62	6.85	259,921.00	39.02	89,001.40	13.36	234,562.06	35.21
000631	顺发恒业	41,307.59	236.29	0.57	3,181.91	7.7	5,506.43	13.33	17,612.47	42.64	6,691.70	16.2	8,078.79	19.56
000632	三木集团	89,440.54	504.06	0.56	9,416.75	10.53	13,591.63	15.2	36,649.68	40.98	13,104.42	14.65	16,174.00	18.08
000633	ST合金	60,785.80	32.48	0.05	2,561.55	4.21	5,059.00	8.32	24,247.39	39.89	12,050.06	19.82	16,835.31	27.7
000635	英力特	139,954.79	47.43	0.03	5,356.56	3.83	15,533.59	11.1	57,609.41	41.16	27,983.47	19.99	33,424.32	23.88
000636	风华高科	168,479.29	73.25	0.04	10,547.62	6.26	18,420.01	10.93	70,207.09	41.67	25,418.88	15.09	43,812.44	26
000637	茂化实华	54,939.15	256.62	0.47	3,386.23	6.16	6,585.99	11.99	22,430.69	40.83	11,006.96	20.03	11,272.66	20.52
000638	万方地产	36,710.42	267.14	0.73	3,289.34	8.96	5,847.04	15.93	15,927.33	43.39	5,525.35	15.05	5,854.22	15.95
000639	西王食品	27,323.78	8.55	0.03	2,057.24	7.53	2,473.62	9.05	9,753.15	35.69	5,150.17	18.85	7,881.05	28.84
000650	仁和药业	82,137.43	68.65	0.08	5,583.64	6.8	9,144.08	11.13	32,664.39	39.77	12,638.15	15.39	22,038.51	26.83
000651	格力电器	798,651.01	93.64	0.01	19,220.28	2.41	25,053.02	3.14	213,270.73	26.7	88,965.88	11.14	452,047.45	56.6
000655	金岭矿业	110,226.48	48.9	0.04	6,172.32	5.6	14,391.43	13.06	41,507.19	37.66	20,641.33	18.73	27,465.31	24.92
000656	ST东源	52,027.48	7.59	0.01	1,385.31	2.66	3,447.18	6.63	13,947.24	26.81	8,281.36	15.92	24,958.80	47.97
000659	珠海中富	202,190.58	203.22	0.1	10,977.96	5.43	20,183.48	9.98	79,440.72	39.29	34,836.20	17.23	56,548.99	27.97
000661	长春高新	56,848.08	8.58	0.02	3,534.71	6.22	4,228.18	7.44	20,878.63	36.73	8,673.08	15.26	19,524.89	34.35
000662	索芙特	53,545.44	307.85	0.57	3,868.86	7.23	6,815.98	12.73	23,069.64	43.08	9,244.03	17.26	10,239.08	19.12
000663	永安林业	77,021.28	492.22	0.64	6,168.54	8.01	10,482.45	13.61	29,342.59	38.1	12,328.00	16.01	18,207.47	23.64
000665	武汉塑料	27,608.66	6.84	0.02	1,849.44	6.7	3,051.46	11.05	12,176.43	44.1	4,544.42	16.46	5,980.07	21.66
000666	经纬纺机	156,348.27	97.49	0.06	7,730.22	4.94	13,892.78	8.89	62,819.02	40.18	26,760.92	17.12	45,047.84	28.81
000667	名流置业	157,305.24	1,666.85	1.06	15,320.23	9.74	20,053.39	12.75	58,049.97	36.9	20,552.18	13.07	41,662.61	26.49

代码	证券名称	成交金额	按每笔成交金额(元)分类的成交金额和比例											
			<1,000	%	1,000-5,000	%	5,000-10,000	%	10,000-50,000	%	50,000-100,000	%	>=100,000	%
000668	荣丰控股	10,969.08	8.12	0.07	744.43	6.79	1,224.51	11.16	4,910.69	44.77	2,125.31	19.38	1,956.01	17.83
000669	领先科技	63,994.93	31.01	0.05	1,811.69	2.83	3,725.51	5.82	16,663.38	26.04	10,004.53	15.63	31,758.82	49.63
000671	阳光城	108,698.88	796.73	0.73	9,428.11	8.67	14,268.97	13.13	40,430.26	37.19	18,046.47	16.6	25,728.35	23.67
000673	ST当代	25,516.20	222.71	0.87	2,214.28	8.68	4,059.79	15.91	10,526.98	41.26	4,029.57	15.79	4,462.87	17.49
000676	*ST思达	17,087.60	105.75	0.62	1,497.52	8.76	2,175.19	12.73	8,019.88	46.93	2,731.64	15.99	2,557.62	14.97
000677	山东海龙	69,224.03	874.26	1.26	9,944.42	14.37	9,341.05	13.49	28,728.92	41.5	8,428.19	12.18	11,907.19	17.2
000678	襄阳轴承	35,871.70	186.37	0.52	3,193.91	8.9	5,310.84	14.81	15,990.90	44.58	5,952.33	16.59	5,237.35	14.6
000679	大连友谊	30,361.04	94.78	0.31	2,132.45	7.02	3,853.64	12.69	13,477.47	44.39	5,295.25	17.44	5,507.45	18.14
000680	山推股份	945,730.88	248.23	0.03	30,881.25	3.27	93,264.61	9.86	312,203.42	33.01	165,722.36	17.52	343,411.01	36.31
000682	东方电子	642,524.78	2,095.95	0.33	39,743.38	6.19	69,817.33	10.87	233,908.78	36.4	115,364.08	17.95	181,595.25	28.26
000683	远兴能源	158,394.38	980.12	0.62	12,890.64	8.14	23,280.41	14.7	63,706.29	40.22	28,670.73	18.1	28,866.18	18.22
000685	中山公用	53,895.77	44.57	0.08	4,610.59	8.55	5,059.07	9.39	21,199.65	39.33	8,922.36	16.55	14,059.53	26.09
000686	东北证券	175,843.73	82.9	0.05	9,166.38	5.21	13,863.87	7.88	60,538.54	34.43	28,168.79	16.02	64,023.25	36.41
000687	保定天鹅	51,382.58	183.37	0.36	3,037.57	5.91	4,880.24	9.5	18,756.76	36.5	8,706.52	16.94	15,818.12	30.78
000690	宝新能源	66,098.36	783.78	1.19	11,445.09	17.32	12,783.95	19.34	26,757.41	40.48	7,235.00	10.95	7,093.12	10.73
000691	*ST亚太	73,005.21	210.03	0.29	3,078.91	4.22	5,643.17	7.73	25,228.02	34.56	14,065.38	19.27	24,779.71	33.94
000692	惠天热电	40,165.68	186.35	0.46	3,477.89	8.66	5,528.94	13.77	17,432.84	43.4	7,395.92	18.41	6,143.74	15.3
000695	滨海能源	21,391.67	6.14	0.03	1,010.53	4.72	2,098.56	9.81	9,300.40	43.48	3,834.32	17.92	5,141.72	24.04
000697	*ST偏转	149,911.77	43.43	0.03	8,094.97	5.4	13,821.95	9.22	60,599.99	40.42	30,493.42	20.34	36,858.00	24.59
000698	沈阳化工	184,316.76	935.71	0.51	13,400.38	7.27	25,634.43	13.91	71,079.41	38.56	35,270.76	19.14	37,996.08	20.61
000700	模塑科技	23,677.56	130.42	0.55	2,212.20	9.34	3,885.28	16.41	11,042.75	46.64	3,773.01	15.93	2,633.90	11.12
000701	厦门信达	52,541.37	40.18	0.08	4,102.63	7.81	7,175.90	13.66	24,905.12	47.4	8,003.52	15.23	8,314.03	15.82
000702	正虹科技	283,711.04	1,581.44	0.56	23,041.55	8.12	37,785.01	13.32	119,930.71	42.27	46,875.55	16.52	54,496.77	19.21
000703	恒逸石化	62,893.27	4.68	0.01	2,236.88	3.56	2,634.30	4.19	18,489.67	29.4	10,785.12	17.15	28,742.63	45.7
000705	浙江震元	74,945.05	17.11	0.02	3,758.99	5.02	7,777.99	10.38	33,207.42	44.31	13,149.76	17.55	17,033.77	22.73
000707	双环科技	1,166,797.79	764.33	0.07	43,343.54	3.71	79,940.03	6.85	362,963.30	31.11	190,905.30	16.36	488,881.29	41.9
000708	大冶特钢	45,123.10	15.1	0.03	2,645.46	5.86	4,556.91	10.1	18,296.02	40.55	7,582.77	16.8	12,026.83	26.65
000709	河北钢铁	567,345.61	2,814.01	0.5	42,184.03	7.44	52,333.35	9.22	199,576.17	35.18	74,060.52	13.05	196,377.53	34.61
000710	天兴仪表	71,781.67	24.41	0.03	4,826.95	6.72	8,674.93	12.09	33,817.22	47.11	12,318.13	17.16	12,120.03	16.88
000711	天伦置业	57,371.31	8.93	0.02	1,978.84	3.45	3,764.96	6.56	20,740.63	36.15	11,473.60	20	19,404.34	33.82
000712	锦龙股份	43,822.17	13.09	0.03	1,844.18	4.21	3,537.81	8.07	17,058.66	38.93	8,221.59	18.76	13,146.85	30
000713	丰乐种业	78,053.69	75.63	0.1	9,123.45	11.69	12,951.41	16.59	37,115.34	47.55	10,132.95	12.98	8,654.90	11.09
000715	中兴商业	40,553.10	122.66	0.3	2,156.28	5.32	3,574.65	8.81	16,061.73	39.61	7,164.95	17.67	11,472.84	28.29
000716	*ST南方	32,213.63	166.69	0.52	2,245.79	6.97	4,601.34	14.28	14,802.68	45.95	5,325.73	16.53	5,071.39	15.74
000717	韶钢松山	63,404.88	633.45	1	8,115.02	12.8	7,997.24	12.61	26,888.37	42.41	8,465.14	13.35	11,305.67	17.83
000718	苏宁环球	69,095.82	627.94	0.91	8,441.86	12.22	9,955.06	14.41	24,568.06	35.56	10,295.47	14.9	15,207.43	22.01
000720	ST能山	35,597.22	319.79	0.9	3,474.47	9.76	3,747.21	10.53	16,150.88	45.37	5,413.95	15.21	6,490.93	18.23
000721	西安饮食	66,590.26	533.04	0.8	7,479.72	11.23	12,021.51	18.05	27,626.77	41.49	10,012.36	15.04	8,916.86	13.39
000723	美锦能源	85,147.71	33.86	0.04	5,753.83	6.76	10,857.36	12.75	40,707.52	47.81	14,787.42	17.37	13,007.72	15.28
000725	京东方A	442,730.97	3,432.00	0.78	32,096.13	7.25	44,673.90	10.09	156,565.23	35.36	63,091.82	14.25	142,871.89	32.27
000726	鲁泰A	451,125.98	150.45	0.03	23,960.18	5.31	45,770.90	10.15	198,682.55	44.04	78,893.63	17.49	103,668.26	22.98
000727	华东科技	345,739.99	39.18	0.01	9,304.91	2.69	17,722.73	5.13	104,141.64	30.12	64,297.21	18.6	150,234.32	43.45
000728	国元证券	173,054.00	88.93	0.05	9,115.11	5.27	18,093.97	10.46	69,674.86	40.26	28,054.43	16.21	48,026.70	27.75
000729	燕京啤酒	176,983.34	89.23	0.05	7,224.38	4.08	18,925.90	10.69	54,655.84	30.88	25,676.97	14.51	70,411.02	39.78
000731	四川美丰	38,911.96	200.05	0.51	3,342.34	8.59	5,982.79	15.38	17,222.46	44.26	6,266.76	16.1	5,897.56	15.16
000732	福建三农	444,924.21	1,685.63	0.38	30,429.81	6.84	51,343.20	11.54	178,718.65	40.17	74,480.07	16.74	108,266.85	24.33
000733	振华科技	54,777.52	363.99	0.66	4,466.66	8.15	8,331.40	15.21	21,743.86	39.69	8,758.02	15.99	11,113.59	20.29
000735	罗牛山	234,137.75	1,534.01	0.66	24,702.25	10.55	38,109.93	16.28	101,072.99	43.17	34,407.15	14.7	34,311.43	14.65
000736	重庆实业	36,124.39	239.49	0.66	3,025.90	8.38	5,281.09	14.62	16,953.87	46.93	6,489.00	17.96	4,135.04	11.45
000737	*ST南风	52,993.89	268.46	0.51	4,215.60	7.95	6,464.72	12.2	24,234.36	45.73	9,143.62	17.25	8,667.14	16.35
000738	中航动控	118,508.44	42.11	0.04	8,691.21	7.33	15,020.72	12.67	56,216.31	47.44	18,468.91	15.58	20,069.19	16.93
000739	普洛股份	265,853.20	657.8	0.25	15,494.93	5.83	29,533.93	11.11	106,540.61	40.07	46,924.49	17.65	66,701.44	25.09
000748	长城信息	44,260.15	238.03	0.54	3,785.70	8.55	6,716.69	15.18	20,371.44	46.03	7,498.58	16.94	5,649.71	12.76
000751	锌业股份	189,950.54	1,763.32	0.93	22,484.72	11.84	32,671.60	17.2	76,845.60	40.46	25,620.96	13.49	30,564.35	16.09
000752	西藏发展	2,029,757.75	308.58	0.02	77,585.53	3.82	120,837.72	5.95	672,148.97	33.11	343,344.95	16.92	815,532.00	40.18
000753	漳州发展	28,623.86	191.25	0.67	3,222.12	11.26	5,051.92	17.65	13,561.62	47.38	3,740.90	13.07	2,856.05	9.98
000755	山西三维	225,797.17	112.45	0.05	12,342.30	5.47	22,512.41	9.97	93,957.28	41.61	38,892.00	17.22	57,980.73	25.68
000756	新华制药	32,333.17	207.34	0.64	3,176.95	9.83	4,918.85	15.21	12,800.04	39.59	4,745.88	14.68	6,484.10	20.05
000758	中色股份	2,252,671.35	375.22	0.02	90,243.21	4.01	122,803.24	5.45	834,566.07	37.05	353,591.12	15.7	851,092.49	37.78
000760	*ST博盈	41,602.60	96.81	0.23	1,408.70	3.39	3,176.71	7.64	13,251.27	31.85	7,511.22	18.05	16,157.88	38.84
000761	本钢板材	58,951.26	309.07	0.52	4,334.95	7.35	7,357.81	12.48	25,817.12	43.79	11,080.49	18.8	10,051.81	17.05

代码	证券名称	成交金额	按每笔成交金额(元)分类的成交金额和比例											
			< 1,000	%	1,000 - 5,000	%	5,000 - 10,000	%	10,000 - 50,000	%	50,000 - 100,000	%	> =100,000	%
000762	西藏矿业	212,203.77	44.65	0.02	9,034.13	4.26	21,306.30	10.04	81,709.08	38.51	40,767.04	19.21	59,342.58	27.96
000766	通化金马	78,799.50	295.82	0.38	4,608.54	5.85	8,320.27	10.56	31,406.75	39.86	15,990.07	20.29	18,178.05	23.07
000767	漳泽电力	20,237.97	84.72	0.42	1,304.83	6.45	1,936.50	9.57	7,074.38	34.96	3,762.58	18.59	6,074.97	30.02
000768	西飞国际	287,575.77	246.1	0.09	20,856.71	7.25	36,323.19	12.63	124,246.92	43.2	41,116.46	14.3	64,786.39	22.53
000776	广发证券	1,029,424.10	91.94	0.01	22,040.32	2.14	36,658.89	3.56	284,273.15	27.61	154,623.14	15.02	531,736.66	51.65
000777	中核科技	148,040.87	60.49	0.04	9,390.54	6.34	16,520.74	11.16	69,310.35	46.82	24,215.41	16.36	28,543.35	19.28
000778	新兴铸管	294,276.60	606.09	0.21	16,264.21	5.53	32,998.44	11.21	111,042.93	37.73	46,604.54	15.84	86,760.39	29.48
000779	三毛派神	59,018.17	31.85	0.05	2,297.77	3.89	4,405.20	7.46	24,664.83	41.79	10,443.38	17.7	17,175.14	29.1
000780	平庄能源	520,155.30	178.92	0.03	29,701.76	5.71	52,323.85	10.06	213,508.83	41.05	88,776.85	17.07	135,665.08	26.08
000782	美达股份	134,815.95	465.72	0.35	8,732.65	6.48	15,884.38	11.78	56,175.53	41.67	25,405.03	18.84	28,152.64	20.88
000783	长江证券	326,358.90	278.61	0.09	13,925.61	4.27	30,124.26	9.23	125,497.39	38.45	47,305.19	14.49	109,227.85	33.47
000786	北新建材	136,581.98	60.14	0.04	7,095.47	5.2	11,867.96	8.69	46,004.78	33.68	19,477.35	14.26	52,076.27	38.13
000788	西南合成	100,113.16	584.99	0.58	9,299.38	9.29	14,813.91	14.8	42,582.74	42.53	15,761.68	15.74	17,070.47	17.05
000789	江西水泥	439,809.92	196.08	0.04	28,662.19	6.52	50,668.10	11.52	177,138.77	40.28	71,674.47	16.3	111,470.32	25.35
000790	华神集团	252,906.94	123.67	0.05	16,237.45	6.42	27,864.22	11.02	111,793.12	44.2	43,599.69	17.24	53,288.79	21.07
000791	西北化工	44,592.03	298.64	0.67	4,394.03	9.85	7,620.67	17.09	20,168.23	45.23	6,922.09	15.52	5,188.37	11.64
000792	盐湖股份	740,667.53	88.21	0.01	2,189.96	0.3	31,260.33	4.22	194,921.09	26.32	129,970.60	17.55	382,237.33	51.61
000795	太原刚玉	270,621.20	174.82	0.06	25,137.05	9.29	42,864.27	15.84	120,369.04	44.48	39,381.37	14.55	42,694.64	15.78
000796	易食股份	62,222.01	243.73	0.39	4,183.48	6.72	8,091.51	13	26,264.44	42.21	9,388.29	15.09	14,050.56	22.58
000797	中国武夷	19,758.93	68.58	0.35	1,373.95	6.95	2,486.23	12.58	8,650.52	43.78	3,644.22	18.44	3,535.42	17.89
000798	中水渔业	179,028.34	82.29	0.05	9,750.19	5.45	17,218.03	9.62	76,939.02	42.98	31,110.09	17.38	43,928.71	24.54
000799	酒鬼酒	66,518.30	36.63	0.06	4,179.66	6.28	9,814.65	14.75	27,790.99	41.78	11,930.02	17.93	12,766.34	19.19
000800	一汽轿车	178,836.27	87.71	0.05	9,686.24	5.42	18,678.02	10.44	66,245.56	37.04	27,174.98	15.2	56,963.77	31.85
000801	四川九洲	191,497.80	124.3	0.06	15,792.54	8.25	22,051.61	11.52	82,510.29	43.09	30,058.31	15.7	40,960.75	21.39
000802	北京旅游	17,452.84	11.77	0.07	1,915.70	10.98	2,285.61	13.1	8,264.20	47.35	2,537.34	14.54	2,438.23	13.97
000803	金宇车城	30,347.90	222.01	0.73	2,719.50	8.96	4,542.16	14.97	13,785.56	45.43	4,629.97	15.26	4,448.69	14.66
000806	银河科技	45,363.45	501.97	1.11	6,270.90	13.82	6,150.30	13.56	20,057.25	44.21	5,763.91	12.71	6,619.12	14.59
000807	云铝股份	174,095.37	119.43	0.07	14,622.27	8.4	22,336.42	12.83	71,737.39	41.21	24,667.52	14.17	40,612.34	23.33
000809	中汇医药	25,299.60	2.95	0.01	890.23	3.52	1,274.51	5.04	10,446.48	41.29	4,472.14	17.68	8,213.29	32.46
000811	烟台冰轮	59,213.52	48.38	0.08	4,343.90	7.34	7,184.06	12.13	24,491.68	41.36	9,241.01	15.61	13,904.50	23.48
000812	陕西金叶	123,477.26	516.92	0.42	9,596.46	7.77	15,471.87	12.53	48,757.61	39.49	19,971.13	16.17	29,163.27	23.62
000813	天山纺织	301,041.45	68.53	0.02	14,594.30	4.85	24,257.43	8.06	114,882.49	38.16	53,180.24	17.67	94,058.46	31.24
000815	美利纸业	230,503.17	876.11	0.38	14,657.48	6.36	25,879.01	11.23	83,858.41	36.38	38,146.78	16.55	67,085.39	29.1
000816	江淮动力	607,286.17	2,452.18	0.4	39,013.79	6.42	67,629.31	11.14	217,552.54	35.82	104,722.30	17.24	175,916.05	28.97
000818	*ST 化工	91,251.83	382.16	0.42	5,982.02	6.56	10,002.40	10.96	37,631.07	41.24	16,242.69	17.8	21,011.49	23.03
000819	岳阳兴长	35,695.78	31.76	0.09	2,523.56	7.07	3,915.85	10.97	15,343.64	42.98	5,577.73	15.63	8,303.23	23.26
000821	京山轻机	36,732.23	126.55	0.34	2,105.02	5.73	3,896.74	10.61	14,465.76	39.38	7,287.07	19.84	8,851.09	24.1
000822	山东海化	426,543.84	1,566.36	0.37	31,228.17	7.32	53,846.63	12.62	172,962.05	40.55	68,863.49	16.14	98,077.15	22.99
000823	超声电子	161,866.89	56.18	0.03	7,993.85	4.94	15,952.55	9.86	62,935.66	38.88	26,572.08	16.42	48,356.57	29.87
000825	太钢不锈	220,143.97	877.17	0.4	15,389.28	6.99	26,475.55	12.03	82,992.03	37.7	34,238.88	15.55	60,171.07	27.33
000826	桑德环境	188,843.61	44.32	0.02	11,529.33	6.11	14,043.67	7.44	83,591.25	44.26	29,479.25	15.61	50,155.78	26.56
000828	东莞控股	17,295.52	84.44	0.49	1,383.26	8	2,355.51	13.62	7,229.42	41.8	2,799.75	16.19	3,443.16	19.91
000829	天音控股	107,796.87	1,018.64	0.94	11,717.24	10.87	19,154.73	17.77	45,380.94	42.1	16,381.80	15.2	14,143.53	13.12
000830	鲁西化工	238,523.82	760.35	0.32	14,083.22	5.9	24,853.66	10.42	82,244.65	34.48	45,184.44	18.94	71,397.49	29.93
000833	贵糖股份	72,594.07	732.47	1.01	9,153.01	12.61	13,966.54	19.24	31,697.40	43.66	9,973.38	13.74	7,071.28	9.74
000835	四川圣达	89,834.07	936.24	1.04	11,835.06	13.17	18,609.26	20.72	38,728.39	43.11	11,101.52	12.36	8,623.61	9.6
000836	鑫茂科技	30,677.86	223.38	0.73	3,093.14	10.08	4,648.56	15.15	13,047.23	42.53	4,446.71	14.49	5,218.84	17.01
000837	秦川发展	101,555.02	34.73	0.03	5,034.54	4.96	10,173.11	10.02	40,443.08	39.82	19,376.38	19.08	26,493.18	26.09
000838	国兴地产	51,424.29	245.72	0.48	2,876.73	5.59	5,326.26	10.36	17,282.16	33.61	7,423.76	14.44	18,269.66	35.53
000839	中信国安	179,463.18	329.45	0.18	11,037.01	6.15	19,560.68	10.9	67,408.10	37.56	28,762.15	16.03	52,365.79	29.18
000848	承德露露	75,809.45	73.12	0.1	5,070.25	6.69	8,896.47	11.74	29,790.69	39.3	13,493.28	17.8	18,485.64	24.38
000850	华茂股份	85,230.66	446.34	0.52	6,533.54	7.67	11,146.61	13.08	35,060.22	41.14	13,834.90	16.23	18,209.05	21.36
000851	高鸿股份	176,672.87	1,013.78	0.57	17,129.82	9.7	27,347.06	15.48	77,443.12	43.83	26,599.76	15.06	27,139.32	15.36
000852	江钻股份	83,115.84	41.3	0.05	5,757.34	6.93	11,348.36	13.65	39,097.24	47.04	13,189.72	15.87	13,681.86	16.46
000856	ST 唐陶	23,654.61	125.59	0.53	1,468.12	6.21	2,924.75	12.36	10,721.96	45.33	4,183.85	17.69	4,230.34	17.88
000858	五粮液	1,526,212.02	209.86	0.01	36,937.24	2.42	57,583.97	3.77	469,434.17	30.76	232,135.16	15.21	729,911.62	47.83
000859	国风塑业	114,865.74	524.68	0.46	8,100.66	7.05	14,715.54	12.81	46,857.67	40.79	20,626.62	17.96	24,040.57	20.93
000860	顺鑫农业	303,367.67	118.25	0.04	13,916.99	4.59	36,450.33	12.02	125,008.30	41.21	57,157.52	18.84	70,716.28	23.31
000861	海印股份	68,709.50	20.19	0.03	2,603.31	3.79	6,979.90	10.16	24,756.68	36.03	12,869.99	18.73	21,479.42	31.26
000862	银星能源	39,664.15	16.04	0.04	3,575.87	9.02	5,386.50	13.58	19,130.66	48.23	6,162.77	15.54	5,392.32	13.59
000868	安凯客车	53,592.44	57.41	0.11	4,036.58	7.53	7,024.96	13.11	24,359.46	45.45	8,663.50	16.17	9,450.53	17.63

代码	证券名称	成交金额	按每笔成交金额(元)分类的成交金额和比例											
			<1,000	%	1,000–5,000	%	5,000–10,000	%	10,000–50,000	%	50,000–100,000	%	>=100,000	%
000869	张裕A	104,540.99	15.89	0.02	385.81	0.37	12,778.06	12.22	28,895.51	27.64	16,875.92	16.14	45,589.79	43.61
000875	吉电股份	45,681.95	353.93	0.77	4,753.22	10.41	5,145.83	11.26	21,082.52	46.15	6,828.28	14.95	7,518.17	16.46
000876	新希望	222,346.09	99.37	0.04	11,125.60	5	22,509.85	10.12	70,127.68	31.54	35,073.33	15.77	83,410.27	37.51
000877	天山股份	618,129.33	77.95	0.01	14,584.27	2.36	21,522.18	3.48	178,124.75	28.82	98,223.29	15.89	305,596.89	49.44
000878	云南铜业	289,418.73	102.32	0.04	18,243.55	6.3	22,375.46	7.73	120,939.79	41.79	39,196.71	13.54	88,560.91	30.6
000880	潍柴重机	76,300.00	12.61	0.02	2,810.52	3.68	5,426.79	7.11	22,983.68	30.12	11,650.89	15.27	33,415.50	43.79
000881	大连国际	108,238.08	43.15	0.04	7,577.58	7	12,696.86	11.73	51,942.76	47.99	18,237.20	16.85	17,740.53	16.39
000882	华联股份	14,040.35	87.86	0.63	1,145.12	8.16	2,169.66	15.45	6,153.31	43.83	2,075.01	14.78	2,409.39	17.16
000883	湖北能源	57,970.09	406.04	0.7	5,723.36	9.87	9,486.40	16.36	24,999.81	43.13	9,046.30	15.61	8,308.18	14.33
000885	同力水泥	175,266.71	79.75	0.05	13,542.43	7.73	21,556.14	12.3	73,932.23	42.18	28,883.56	16.48	37,272.60	21.27
000886	海南高速	44,937.48	623.94	1.39	6,572.37	14.63	7,074.12	15.74	20,594.62	45.83	5,478.86	12.19	4,593.58	10.22
000887	中鼎股份	105,984.41	454.4	0.43	5,279.79	4.98	9,645.88	9.1	39,762.97	37.52	16,992.55	16.03	33,848.83	31.94
000888	峨眉山A	23,884.92	13.23	0.06	909.44	3.81	2,290.28	9.59	8,321.74	34.84	4,582.69	19.19	7,767.53	32.52
000889	渤海物流	109,325.08	594.88	0.54	8,192.07	7.49	14,790.11	13.53	45,635.19	41.74	18,300.29	16.74	21,812.53	19.95
000890	法尔胜	96,252.02	311.56	0.32	5,650.24	5.87	10,542.82	10.95	31,634.40	32.87	14,305.53	14.86	33,807.46	35.12
000892	*ST星美	30,049.01	96.08	0.32	1,516.63	5.05	2,583.12	8.6	10,357.24	34.47	5,653.90	18.82	9,842.03	32.75
000893	东凌粮油	48,340.59	26.82	0.06	2,515.83	5.2	4,543.55	9.4	19,395.87	40.12	8,543.24	17.67	13,315.28	27.54
000895	双汇发展	379,233.74	48.23	0.01	887.2	0.23	20,167.00	5.32	93,883.11	24.76	54,627.84	14.4	209,620.36	55.27
000897	津滨发展	78,875.10	1,162.14	1.47	14,100.22	17.88	12,931.14	16.39	33,485.24	42.45	7,953.94	10.08	9,242.40	11.72
000898	鞍钢股份	165,012.38	833.61	0.51	11,323.19	6.86	20,291.75	12.3	63,077.46	38.23	26,157.88	15.85	43,328.50	26.26
000899	赣能股份	169,961.63	1,033.50	0.61	15,937.23	9.38	25,353.46	14.92	73,762.23	43.4	26,821.35	15.78	27,053.86	15.92
000900	现代投资	113,027.92	67.44	0.06	8,477.21	7.5	12,452.67	11.02	44,769.13	39.61	17,958.21	15.89	29,303.25	25.93
000901	航天科技	201,206.50	84.9	0.04	13,982.96	6.95	23,449.09	11.65	87,537.22	43.51	32,044.35	15.93	44,107.98	21.92
000903	云内动力	107,455.14	820.02	0.76	11,554.33	10.75	17,082.99	15.9	46,706.70	43.47	16,283.65	15.15	15,007.46	13.97
000905	厦门港务	29,761.67	152.08	0.51	2,476.47	8.32	4,116.87	13.83	12,892.43	43.32	4,771.81	16.03	5,352.02	17.98
000906	南方建材	33,357.03	262.33	0.79	3,211.62	9.63	5,908.51	17.71	14,936.50	44.78	5,073.84	15.21	3,964.22	11.88
000908	ST天一	14,382.64	94.44	0.66	917.79	6.38	1,954.58	13.59	6,928.51	48.17	2,632.08	18.3	1,855.24	12.9
000909	数源科技	29,544.97	209.77	0.71	2,599.76	8.8	4,575.22	15.49	12,320.13	41.7	5,303.87	17.95	4,536.23	15.35
000910	大亚科技	39,559.94	196.21	0.5	3,335.14	8.43	5,697.57	14.4	18,205.43	46.02	6,742.01	17.04	5,383.58	13.61
000911	南宁糖业	77,182.23	33.7	0.04	4,226.38	5.48	10,256.87	13.29	33,797.85	43.79	13,988.10	18.12	14,879.32	19.28
000912	泸天化	39,334.42	218.49	0.56	3,294.35	8.38	5,465.89	13.9	17,251.50	43.86	6,619.28	16.83	6,484.90	16.49
000913	钱江摩托	97,877.98	439.53	0.45	6,712.89	6.86	11,925.08	12.18	38,578.74	39.42	18,236.48	18.63	21,985.25	22.46
000915	山大华特	44,591.52	9.28	0.02	1,746.19	3.92	5,698.60	12.78	16,921.99	37.95	8,716.79	19.55	11,498.66	25.79
000916	华北高速	17,355.97	129.33	0.75	1,755.44	10.11	2,246.91	12.95	8,245.94	47.51	2,217.16	12.77	2,761.19	15.91
000918	嘉凯城	22,163.48	120.99	0.55	1,671.65	7.54	2,793.50	12.6	9,411.66	42.46	3,688.18	16.64	4,477.50	20.2
000919	金陵药业	44,858.46	313.93	0.7	3,597.15	8.02	5,955.95	13.28	15,518.07	34.59	6,211.69	13.85	13,261.67	29.56
000920	南方汇通	142,747.65	390.01	0.27	10,348.20	7.25	17,452.71	12.23	58,807.39	41.2	23,116.55	16.19	32,632.79	22.86
000921	ST科龙	20,066.73	125.52	0.63	1,919.28	9.56	3,362.60	16.76	9,463.47	47.16	3,347.43	16.68	1,848.44	9.21
000922	ST阿继	22,618.46	37.04	0.16	1,108.43	4.9	2,239.45	9.9	10,017.91	44.29	4,087.86	18.07	5,127.78	22.67
000923	河北宣工	41,379.50	245.59	0.59	3,183.41	7.69	5,970.37	14.43	18,127.98	43.81	6,994.72	16.9	6,857.42	16.57
000925	众合机电	28,118.02	12.48	0.04	1,584.81	5.64	3,363.32	11.96	12,115.03	43.09	5,290.39	18.81	5,751.98	20.46
000926	福星股份	212,172.06	84.04	0.04	10,610.68	5	18,899.01	8.91	89,690.95	42.27	33,084.35	15.59	59,803.03	28.19
000927	一汽夏利	73,702.85	549.16	0.75	7,859.62	10.66	10,158.31	13.78	24,520.28	33.27	11,077.10	15.03	19,538.38	26.51
000928	中钢吉炭	239,816.70	131.59	0.05	14,789.03	6.17	27,730.94	11.56	105,189.44	43.86	41,323.39	17.23	50,652.32	21.12
000929	兰州黄河	68,459.30	26.37	0.04	4,278.90	6.25	7,971.63	11.64	26,090.69	38.11	9,276.19	13.55	20,815.52	30.41
000930	中粮生化	121,723.06	704.38	0.58	11,239.62	9.23	17,876.13	14.69	49,315.57	40.51	20,185.87	16.58	22,401.48	18.4
000931	中关村	134,496.56	1,069.68	0.8	15,041.55	11.18	22,891.03	17.02	56,052.56	41.68	19,285.75	14.34	20,155.99	14.99
000932	华菱钢铁	63,672.65	554.4	0.87	6,718.17	10.55	7,042.87	11.06	25,438.08	39.95	10,519.57	16.52	13,399.56	21.04
000933	神火股份	333,843.26	245.08	0.07	19,152.37	5.74	33,311.75	9.98	128,773.22	38.57	49,637.05	14.87	102,723.80	30.77
000935	四川双马	138,090.05	37.23	0.03	9,075.63	6.57	15,354.41	11.12	61,619.06	44.62	23,088.87	16.72	28,914.85	20.94
000936	华西村	93,662.32	708.53	0.76	9,245.86	9.87	14,521.96	15.5	38,476.12	41.08	13,343.94	14.25	17,365.92	18.54
000937	冀中能源	1,233,007.64	129.63	0.01	33,966.18	2.75	62,279.26	5.05	387,201.70	31.4	186,949.89	15.16	562,480.97	45.62
000938	紫光股份	52,199.69	18.45	0.04	2,765.09	5.3	5,666.65	10.86	23,562.25	45.14	8,651.27	16.57	11,535.98	22.1
000939	凯迪电力	596,214.59	135.31	0.02	20,074.61	3.37	42,426.14	7.12	185,402.18	31.1	99,032.93	16.61	249,143.41	41.79
000948	南天信息	56,079.06	33.85	0.06	3,059.59	5.46	5,094.19	9.08	19,223.17	34.28	7,585.74	13.53	21,082.51	37.59
000949	新乡化纤	177,102.65	780.76	0.44	12,638.58	7.14	23,055.89	13.02	70,432.22	39.77	31,594.94	17.84	38,600.26	21.8
000951	中国重汽	82,122.52	80.58	0.1	6,455.12	7.86	12,140.75	14.78	34,364.08	41.84	14,272.44	17.38	14,809.54	18.03
000952	广济药业	126,196.93	53.21	0.04	8,121.89	6.44	14,225.44	11.27	57,051.91	45.21	21,858.28	17.32	24,886.20	19.72
000953	ST河化	37,287.29	120.71	0.32	1,899.78	5.09	3,667.30	9.84	14,243.10	38.2	6,295.96	16.89	11,060.44	29.66
000955	ST欣龙	17,248.13	65.84	0.38	1,103.02	6.39	1,804.55	10.46	7,154.99	41.48	3,542.93	20.54	3,576.80	20.74
000957	中通客车	27,065.97	206.45	0.76	2,774.61	10.25	4,434.88	16.39	12,324.00	45.53	3,916.28	14.47	3,409.75	12.6

代码	证券名称	成交金额	按每笔成交金额(元)分类的成交金额和比例											
			<1,000	%	1,000-5,000	%	5,000-10,000	%	10,000-50,000	%	50,000-100,000	%	>=100,000	%
000958	ST东热	23,528.59	129.84	0.55	1,682.85	7.15	2,311.89	9.83	10,464.16	44.47	3,924.12	16.68	5,015.73	21.32
000960	锡业股份	581,783.01	192.93	0.03	17,113.50	2.94	45,189.10	7.77	188,269.19	32.36	96,645.41	16.61	234,372.88	40.29
000961	中南建设	136,422.63	406.51	0.3	9,208.88	6.75	13,146.56	9.64	49,641.31	36.39	23,312.80	17.09	40,706.57	29.84
000962	东方钽业	327,611.50	63.96	0.02	21,256.48	6.49	25,252.34	7.71	145,010.41	44.26	50,366.02	15.37	85,662.30	26.15
000963	华东医药	55,565.84	11.39	0.02	2,679.02	4.82	2,398.03	4.32	17,009.57	30.61	7,504.37	13.51	25,963.47	46.73
000965	天保基建	46,468.98	251.23	0.54	3,074.77	6.62	6,009.53	12.93	18,278.55	39.33	8,450.47	18.19	10,404.43	22.39
000966	长源电力	40,977.01	135.74	0.33	2,309.86	5.64	3,968.67	9.69	15,500.21	37.83	7,000.91	17.08	12,061.62	29.44
000967	上风高科	48,979.57	418.55	0.85	5,066.70	10.34	8,945.13	18.26	21,752.88	44.41	7,447.90	15.21	5,348.41	10.92
000968	煤气化	209,058.93	72.83	0.03	14,091.63	6.74	15,248.82	7.29	78,445.82	37.52	29,705.07	14.21	71,494.76	34.2
000969	安泰科技	522,258.34	213.37	0.04	27,074.24	5.18	56,731.33	10.86	215,455.68	41.25	90,135.34	17.26	132,648.38	25.4
000970	中科三环	314,354.66	94.92	0.03	22,631.65	7.2	28,928.99	9.2	143,368.84	45.61	46,299.57	14.73	73,030.70	23.23
000971	ST迈亚	15,525.43	55.08	0.35	928.24	5.98	1,632.27	10.51	7,070.49	45.54	2,962.78	19.08	2,876.56	18.53
000972	新中基	191,259.31	743.54	0.39	9,915.39	5.18	19,568.86	10.23	67,670.13	35.38	35,648.30	18.64	57,713.09	30.18
000973	佛塑科技	163,733.91	75.41	0.05	9,951.56	6.08	19,315.35	11.8	70,968.99	43.34	27,231.91	16.63	36,190.69	22.1
000976	春晖股份	105,029.45	503.96	0.48	8,389.18	7.99	13,905.76	13.24	44,211.13	42.09	18,678.44	17.78	19,340.98	18.41
000977	浪潮信息	158,803.49	73.21	0.05	10,821.24	6.81	19,266.90	12.13	70,929.53	44.66	26,344.40	16.59	31,368.21	19.75
000978	桂林旅游	59,331.33	34.01	0.06	4,384.06	7.39	7,041.75	11.87	24,756.16	41.73	9,016.40	15.2	14,098.95	23.76
000979	中弘地产	51,824.74	407.37	0.79	5,097.63	9.84	7,763.73	14.98	23,199.05	44.76	7,781.56	15.02	7,575.40	14.62
000980	金马股份	29,173.43	96.1	0.33	1,678.27	5.75	3,201.07	10.97	12,278.60	42.09	5,131.52	17.59	6,787.88	23.27
000982	中银绒业	47,003.06	9.46	0.02	1,327.90	2.83	2,845.21	6.05	16,043.75	34.13	9,324.22	19.84	17,452.52	37.13
000983	西山煤电	1,213,279.58	223.76	0.02	49,601.47	4.09	59,631.44	4.91	435,886.86	35.93	161,959.73	13.35	505,976.32	41.7
000985	大庆华科	29,483.17	7.77	0.03	1,743.67	5.91	3,118.74	10.58	12,739.21	43.21	5,283.77	17.92	6,590.01	22.35
000987	广州友谊	34,701.38	23.7	0.07	1,691.70	4.88	2,132.36	6.14	12,762.66	36.78	4,492.43	12.95	13,598.53	39.19
000988	华工科技	110,130.03	35.17	0.03	3,948.92	3.59	11,382.26	10.34	38,026.59	34.53	21,878.34	19.87	34,858.74	31.65
000989	九芝堂	41,148.64	37.76	0.09	3,964.04	9.63	5,926.15	14.4	19,411.49	47.17	5,991.75	14.56	5,817.44	14.14
000990	诚志股份	56,602.15	81.76	0.14	3,016.23	5.33	5,569.10	9.84	22,091.01	39.03	10,118.05	17.88	15,726.00	27.78
000993	闽东电力	48,740.96	355.82	0.73	4,599.81	9.44	7,894.45	16.2	21,031.68	43.15	7,812.00	16.03	7,047.20	14.46
000995	ST皇台	20,357.18	3.13	0.02	464.64	2.28	1,238.83	6.09	6,321.52	31.05	4,240.80	20.83	8,088.26	39.73
000996	中国中期	93,753.77	48.27	0.05	5,605.15	5.98	11,712.93	12.49	40,454.50	43.15	17,087.39	18.23	18,845.52	20.1
000997	新大陆	141,328.02	59.83	0.04	9,019.13	6.38	15,901.52	11.25	61,214.91	43.31	23,471.19	16.61	31,661.45	22.4
000998	隆平高科	210,551.34	49.35	0.02	7,948.61	3.78	20,043.27	9.52	89,992.79	42.74	36,687.45	17.42	55,829.88	26.52
000999	华润三九	96,824.95	54	0.06	5,793.69	5.98	11,559.31	11.94	30,830.36	31.84	17,221.99	17.79	31,365.60	32.39
001696	宗申动力	80,241.21	442.86	0.55	6,388.32	7.96	10,926.13	13.62	33,423.13	41.65	13,582.47	16.93	15,478.31	19.29
001896	豫能控股	397,567.11	2,566.83	0.65	32,776.02	8.24	51,351.21	12.92	158,862.75	39.96	65,425.66	16.46	86,584.64	21.78
002001	新和成	262,468.54	50.2	0.02	5,722.99	2.18	17,817.50	6.79	74,060.37	28.22	39,580.46	15.08	125,237.01	47.72
002002	ST琼花	25,428.24	86.58	0.34	1,436.57	5.65	2,604.67	10.24	9,979.61	39.25	5,609.85	22.06	5,710.96	22.46
002003	伟星股份	78,787.65	442.86	0.56	3,682.47	4.67	7,535.74	9.56	31,982.84	40.59	15,399.85	19.55	19,743.89	25.06
002004	华邦制药	21,093.47	8.4	0.04	799.54	3.79	986.43	4.68	6,379.21	30.24	3,860.72	18.3	9,059.17	42.95
002005	德豪润达	51,622.42	12.14	0.02	2,570.40	4.98	4,395.81	8.52	20,019.38	38.78	9,181.39	17.79	15,443.30	29.92
002006	精功科技	298,872.38	67.42	0.02	1,268.98	0.42	20,975.46	7.02	100,687.93	33.69	62,326.71	20.85	113,545.88	37.99
002007	华兰生物	149,228.57	51.96	0.03	7,858.87	5.27	14,457.28	9.69	59,568.98	39.92	23,796.89	15.95	43,494.58	29.15
002008	大族激光	201,285.06	184.35	0.09	13,982.76	6.95	25,103.13	12.47	76,138.79	37.83	29,604.29	14.71	56,271.75	27.96
002009	天奇股份	56,936.67	7.37	0.01	2,001.50	3.52	3,690.34	6.48	18,959.49	33.3	9,654.76	16.96	22,623.21	39.73
002010	传化股份	134,932.69	326.62	0.24	7,449.25	5.52	13,896.92	10.3	52,987.69	39.27	25,212.64	18.69	35,059.57	25.98
002011	盾安环境	192,351.85	63.25	0.03	9,497.53	4.94	18,270.06	9.5	74,338.93	38.65	30,867.88	16.05	59,314.19	30.84
002012	凯恩股份	82,872.91	24.73	0.03	4,391.42	5.3	9,168.76	11.06	37,122.23	44.79	13,837.71	16.7	18,328.06	22.12
002013	中航精机	161,171.54	59.77	0.04	6,361.87	3.95	11,262.25	6.99	55,935.62	34.71	27,561.76	17.1	59,990.27	37.22
002014	永新股份	48,235.02	35.48	0.07	3,380.57	7.01	5,396.56	11.19	20,167.30	41.81	8,605.89	17.84	10,649.22	22.08
002015	霞客环保	103,184.52	902.29	0.87	11,113.95	10.77	17,251.24	16.72	44,871.32	43.49	16,533.14	16.02	12,512.58	12.13
002016	世荣兆业	24,410.50	171.72	0.7	2,228.90	9.13	3,475.26	14.24	10,967.13	44.93	3,760.47	15.41	3,807.02	15.6
002017	东信和平	66,386.99	62.79	0.09	5,307.12	7.99	8,002.14	12.05	29,601.96	44.59	9,858.24	14.85	13,554.74	20.42
002018	华星化工	114,564.63	549.2	0.48	8,032.11	7.01	13,708.87	11.97	39,365.68	34.36	14,909.76	13.01	37,999.00	33.17
002019	鑫富药业	105,781.43	29.86	0.03	3,581.48	3.39	9,647.96	9.12	36,757.00	34.75	23,108.04	21.85	32,657.08	30.87
002020	京新药业	11,651.31	3.86	0.03	480.72	4.13	1,480.12	12.7	4,638.75	39.81	2,240.21	19.23	2,807.65	24.1
002021	中捷股份	109,317.72	518.16	0.47	9,324.25	8.53	15,675.45	14.34	46,637.65	42.66	18,096.82	16.55	19,065.40	17.44
002022	科华生物	108,833.00	56.08	0.05	8,350.26	7.67	14,812.11	13.61	49,120.60	45.13	16,515.62	15.18	19,978.33	18.36
002023	海特高新	147,532.03	36.3	0.02	6,672.02	4.52	12,523.49	8.49	53,759.03	36.44	24,789.73	16.8	49,751.47	33.72
002024	苏宁电器	583,879.99	193.21	0.03	21,823.75	3.74	39,008.65	6.68	182,220.09	31.21	92,634.72	15.87	247,999.57	42.47
002025	航天电器	84,282.56	42.39	0.05	6,106.87	7.25	9,832.29	11.67	37,840.08	44.9	14,206.25	16.86	16,254.68	19.29
002026	山东威达	16,357.36	179.1	1.09	2,323.87	14.21	3,328.93	20.35	7,449.71	45.54	1,948.28	11.91	1,127.48	6.89
002027	七喜控股	43,145.41	284.1	0.66	4,812.61	11.15	7,909.70	18.33	19,716.17	45.7	5,825.94	13.5	4,596.89	10.65

代码	证券名称	成交金额	按每笔成交金额(元)分类的成交金额和比例											
			<1,000	%	1,000-5,000	%	5,000-10,000	%	10,000-50,000	%	50,000-100,000	%	>=100,000	%
002028	思源电气	182,662.77	150.74	0.08	13,611.81	7.45	22,396.23	12.26	79,865.40	43.72	28,544.98	15.63	38,093.61	20.85
002029	七匹狼	62,119.53	101.01	0.16	1,876.08	3.02	4,535.42	7.3	17,901.62	28.82	9,689.72	15.6	28,015.68	45.1
002030	达安基因	75,163.87	210.15	0.28	7,146.06	9.51	11,517.03	15.32	34,748.00	46.23	11,112.74	14.78	10,429.89	13.88
002031	巨轮股份	26,254.11	180.71	0.69	2,676.34	10.19	4,359.71	16.61	11,508.52	43.84	4,141.70	15.78	3,387.13	12.9
002032	苏泊尔	19,018.40	23.24	0.12	1,895.65	9.97	1,995.08	10.49	8,025.97	42.2	2,480.36	13.04	4,598.10	24.18
002033	丽江旅游	36,838.56	32.07	0.09	2,492.67	6.77	4,984.21	13.53	15,705.87	42.63	6,921.54	18.79	6,702.19	18.19
002034	美欣达	240,504.65	55.93	0.02	14,643.35	6.09	19,759.25	8.22	104,018.48	43.25	41,958.17	17.45	60,069.48	24.98
002035	华帝股份	60,743.40	40.18	0.07	4,827.64	7.95	7,585.32	12.49	26,662.62	43.89	8,889.06	14.63	12,738.57	20.97
002036	宜科科技	140,652.34	23.97	0.02	5,060.99	3.6	11,421.34	8.12	55,023.82	39.12	29,192.86	20.76	39,929.35	28.39
002037	久联发展	33,066.15	4.53	0.01	1,285.04	3.89	1,714.37	5.18	11,164.08	33.76	4,043.16	12.23	14,854.98	44.93
002038	双鹭药业	81,129.89	14.29	0.02	2,041.85	2.52	2,996.14	3.69	23,867.82	29.42	11,815.63	14.56	40,394.16	49.79
002039	黔源电力	29,702.47	10.5	0.04	1,232.59	4.15	3,080.90	10.37	10,409.13	35.04	6,571.99	22.13	8,397.35	28.27
002040	南京港	12,034.22	90.15	0.75	1,350.45	11.22	2,291.99	19.05	5,797.23	48.17	1,673.34	13.9	831.06	6.91
002041	登海种业	123,075.91	57.82	0.05	9,224.79	7.5	12,420.44	10.09	53,767.86	43.69	18,447.29	14.99	29,157.71	23.69
002042	华孚色纺	55,165.68	18.51	0.03	2,765.70	5.01	3,453.24	6.26	23,100.82	41.88	9,836.58	17.83	15,990.83	28.99
002043	兔宝宝	30,026.51	326.17	1.09	3,757.38	12.51	5,767.28	19.21	11,817.29	39.36	3,996.66	13.31	4,361.74	14.53
002044	江苏三友	28,469.00	23.28	0.08	1,450.84	5.1	2,611.60	9.17	13,650.36	47.95	4,910.69	17.25	5,822.22	20.45
002045	广州国光	67,930.81	374.83	0.55	5,271.78	7.76	9,383.52	13.81	29,536.13	43.48	11,628.95	17.12	11,735.60	17.28
002046	轴研科技	61,753.52	10.89	0.02	3,590.99	5.82	4,854.80	7.86	28,340.15	45.89	10,061.26	16.29	14,895.43	24.12
002047	成霖股份	156,850.62	1,062.43	0.68	18,023.74	11.49	24,987.27	15.93	68,765.77	43.84	22,518.49	14.36	21,492.92	13.7
002048	宁波华翔	156,919.30	45.64	0.03	8,997.45	5.73	15,143.26	9.65	66,397.44	42.31	25,587.02	16.31	40,748.50	25.97
002049	晶源电子	38,317.17	10.81	0.03	2,139.92	5.58	3,925.71	10.25	16,000.63	41.76	6,208.28	16.2	10,031.81	26.18
002050	三花股份	19,281.50	1.39	0.01	722.81	3.75	1,554.88	8.06	6,071.20	31.49	3,498.24	18.14	7,432.98	38.55
002051	中工国际	38,889.54	26.91	0.07	1,376.88	3.54	3,196.10	8.22	15,156.42	38.97	6,706.95	17.25	12,426.29	31.95
002052	同洲电子	56,623.20	24.63	0.04	2,278.21	4.02	4,702.89	8.31	22,166.57	39.15	10,504.31	18.55	16,946.59	29.93
002053	云南盐化	40,654.31	20.11	0.05	3,134.41	7.71	4,649.41	11.44	17,834.72	43.87	6,230.60	15.33	8,785.06	21.61
002054	德美化工	75,089.97	38.65	0.05	5,908.30	7.87	9,380.66	12.49	34,277.99	45.65	12,259.19	16.33	13,225.17	17.61
002055	得润电子	49,257.44	37.4	0.08	2,479.75	5.03	6,257.84	12.7	19,039.17	38.65	8,858.25	17.98	12,585.04	25.55
002056	横店东磁	325,793.59	58.59	0.02	12,228.20	3.75	26,399.29	8.1	123,415.27	37.88	56,533.73	17.35	107,158.51	32.89
002057	中钢天源	50,715.70	22.99	0.05	3,998.54	7.88	7,187.35	14.17	23,172.22	45.69	7,814.95	15.41	8,519.65	16.8
002058	威尔泰	59,325.51	284.38	0.48	6,496.32	10.95	9,957.36	16.78	27,193.16	45.84	7,753.94	13.07	7,640.36	12.88
002059	云南旅游	38,689.30	23.43	0.06	4,563.28	11.79	6,097.44	15.76	18,823.25	48.65	5,414.61	14	3,767.27	9.74
002060	粤水电	257,449.23	254.63	0.1	17,730.30	6.89	29,129.04	11.31	105,169.48	40.85	59,055.09	15.17	66,110.69	25.68
002061	江山化工	46,753.72	16.53	0.04	2,590.10	5.54	5,267.22	11.27	22,262.34	47.62	8,070.96	17.26	8,546.57	18.28
002062	宏润建设	54,075.28	35.2	0.07	4,061.78	7.51	6,372.62	11.78	21,429.31	39.63	8,219.58	15.2	13,956.79	25.81
002063	远光软件	40,571.25	32.99	0.08	1,902.99	4.69	4,553.76	11.22	14,441.42	35.6	8,200.88	20.21	11,439.20	28.2
002064	华峰氨纶	67,415.76	589.04	0.87	6,652.23	9.87	11,353.57	16.84	27,995.21	41.53	0,017.15	14.86	10,808.57	16.03
002065	东华软件	36,757.84	7.5	0.02	2,513.19	6.84	2,971.92	8.09	13,732.61	37.36	4,512.90	12.28	13,019.72	35.42
002066	瑞泰科技	29,316.12	8.49	0.03	1,830.44	6.24	2,985.56	10.18	13,625.11	46.48	5,373.59	18.33	5,492.93	18.74
002067	景兴纸业	107,416.34	411.18	0.38	7,527.79	7.01	14,966.75	13.93	48,262.50	44.93	18,313.63	17.05	17,934.50	16.7
002068	黑猫股份	344,070.36	128.82	0.04	18,769.24	5.46	35,348.20	10.27	149,996.45	43.59	64,635.47	18.79	75,192.19	21.85
002069	獐子岛	165,807.13	48.28	0.03	12,016.58	7.25	11,848.06	7.15	59,280.12	35.75	18,552.07	11.19	64,062.01	38.64
002070	众和股份	57,150.05	269.28	0.47	4,360.35	7.63	7,252.31	12.69	23,182.26	40.56	0,450.01	18.29	11,635.85	20.36
002071	江苏宏宝	128,502.28	51.99	0.04	10,116.90	7.87	17,372.89	13.52	58,908.59	45.84	19,785.16	15.4	22,266.75	17.33
002072	ST德棉	42,169.39	109.66	0.26	1,468.00	3.48	2,916.06	6.92	14,186.72	33.64	9,327.83	22.12	14,161.13	33.58
002073	软控股份	181,669.00	45.12	0.02	4,974.99	2.74	8,472.93	4.66	49,703.53	27.36	25,292.04	13.92	93,180.39	51.29
002074	东源电器	68,410.59	173.92	0.25	4,241.79	6.2	7,131.63	10.42	26,462.49	38.68	11,758.63	17.19	18,642.13	27.25
002075	沙钢股份	134,283.58	1,255.67	0.94	12,964.01	9.65	21,165.97	15.76	59,130.11	44.03	20,778.54	15.47	18,989.29	14.14
002076	雪莱特	76,988.80	612.6	0.8	8,167.80	10.61	13,519.49	17.56	36,244.72	47.08	11,958.95	15.53	6,485.24	8.42
002077	大港股份	68,678.91	23.39	0.03	5,378.06	7.83	8,356.37	12.17	33,518.42	48.8	10,894.08	15.86	10,508.59	15.3
002078	太阳纸业	90,922.41	44.56	0.05	6,031.37	6.63	9,774.80	10.75	39,807.91	43.78	15,489.75	17.04	19,774.03	21.75
002079	苏州固锝	102,310.42	44.06	0.04	2,759.01	2.7	7,826.83	7.65	32,805.03	32.06	20,806.70	20.34	38,068.78	37.21
002080	中材科技	111,710.79	38.85	0.03	7,008.10	6.27	12,165.90	10.89	48,791.50	43.68	19,139.07	17.13	24,567.39	21.99
002081	金螳螂	139,779.57	19	0.01	4,306.10	3.08	5,102.86	3.65	36,844.29	26.36	16,374.02	11.71	77,133.31	55.18
002082	栋梁新材	63,361.74	51.08	0.08	3,509.35	5.54	7,458.92	11.77	28,290.26	44.65	10,645.64	16.8	13,406.49	21.16
002083	孚日股份	84,860.02	740.71	0.87	10,337.65	12.18	15,520.82	18.29	37,546.83	44.25	11,875.46	13.99	8,838.55	10.42
002084	海鸥卫浴	30,981.70	201.66	0.65	3,048.31	9.84	5,007.82	16.16	13,472.48	43.49	4,286.15	13.83	4,965.28	16.03
002085	万丰奥威	39,375.23	10.5	0.03	1,894.35	4.81	3,959.90	10.06	15,687.51	39.84	6,703.07	17.02	11,119.91	28.24
002086	东方海洋	105,989.78	30.63	0.03	6,972.55	6.58	12,164.21	11.48	46,300.64	43.68	15,038.58	15.13	24,483.17	23.1
002087	新野纺织	74,379.75	573.84	0.77	8,344.98	11.22	8,822.36	11.86	30,560.90	41.09	10,035.15	13.49	16,042.52	21.57
002088	鲁阳股份	18,455.47	9.74	0.05	1,400.52	7.59	2,704.59	14.65	8,763.55	47.48	2,730.43	14.79	2,846.64	15.42

代码	证券名称	成交金额	按每笔成交金额(元)分类的成交金额和比例											
			<1,000	%	1,000-5,000	%	5,000-10,000	%	10,000-50,000	%	50,000-100,000	%	>=100,000	%
002089	新海宜	40,410.60	34.25	0.08	3,556.53	8.8	5,706.37	14.12	18,138.94	44.89	5,856.62	14.49	7,117.90	17.61
002090	金智科技	58,784.97	113.99	0.19	5,797.16	9.86	8,204.80	13.96	26,225.80	44.61	8,617.26	14.66	9,825.95	16.72
002091	江苏国泰	90,890.07	65.24	0.07	4,533.90	4.99	12,423.63	13.67	35,211.60	38.74	15,914.11	17.51	22,741.58	25.02
002092	中泰化学	301,916.89	84.65	0.03	13,214.71	4.38	24,474.66	8.11	103,385.07	34.24	49,143.57	16.28	111,614.23	36.97
002093	国脉科技	29,408.14	11.18	0.04	1,972.59	6.71	3,774.28	12.83	14,028.16	47.7	4,911.22	16.7	4,710.72	16.02
002094	青岛金王	151,607.63	14.83	0.01	4,264.90	2.81	8,578.96	5.66	52,457.65	34.6	31,894.29	21.04	54,396.99	35.88
002095	生意宝	13,284.04	26.79	0.2	1,397.82	10.52	2,046.13	15.4	6,479.54	48.78	2,028.11	15.27	1,305.64	9.83
002096	南岭民爆	22,504.11	4.33	0.02	1,059.79	4.71	2,458.23	10.92	7,681.91	34.14	3,949.20	17.55	7,350.65	32.66
002097	山河智能	102,551.81	44.07	0.04	6,029.25	5.88	12,424.14	12.11	45,593.01	44.46	16,937.97	16.52	21,523.36	20.99
002098	浔兴股份	36,787.31	15.69	0.04	2,640.16	7.18	4,831.23	13.13	17,788.71	48.36	6,354.43	17.27	5,157.09	14.02
002099	海翔药业	42,937.65	22.11	0.05	1,827.26	4.26	2,395.04	5.58	16,613.91	38.69	6,418.12	14.95	15,661.20	36.47
002100	天康生物	48,094.94	48.18	0.1	4,127.73	8.58	5,518.12	11.47	21,052.14	43.77	8,695.45	18.08	8,653.32	17.99
002101	广东鸿图	51,523.62	15.46	0.03	2,667.14	5.18	5,590.70	10.85	19,181.44	37.23	9,486.95	18.41	14,581.93	28.3
002102	冠福家用	572,380.98	5,040.86	0.88	57,124.75	9.98	89,052.70	15.56	233,213.78	40.74	88,433.40	15.45	99,515.49	17.39
002103	广博股份	10,973.58	82.14	0.75	1,051.30	9.58	1,945.14	17.73	4,854.74	44.24	1,499.63	13.67	1,540.62	14.04
002104	恒宝股份	144,312.00	41.92	0.03	8,857.58	6.14	15,130.62	10.48	57,578.67	39.9	21,920.26	15.19	40,782.94	28.26
002105	信隆实业	39,952.31	236.63	0.59	3,450.82	8.64	5,757.38	14.41	17,475.02	43.74	5,908.14	14.79	7,124.31	17.83
002106	莱宝高科	353,185.34	96.93	0.03	9,050.49	2.56	26,166.69	7.41	116,072.66	32.86	59,056.15	16.72	142,742.42	40.42
002107	沃华医药	12,411.53	7.73	0.06	1,515.02	12.21	1,892.55	15.25	5,946.80	47.91	1,411.48	11.37	1,637.94	13.2
002108	沧州明珠	47,082.56	369.86	0.79	4,180.57	8.88	7,210.94	15.32	19,567.08	41.56	7,690.12	16.33	8,063.99	17.13
002109	兴化股份	129,503.01	337.29	0.26	7,106.03	5.49	14,347.76	11.08	45,054.52	34.79	18,460.59	14.25	44,196.81	34.13
002110	三钢闽光	118,404.16	268.98	0.23	8,611.75	7.27	15,129.53	12.78	50,929.00	43.01	18,864.96	15.93	24,599.94	20.78
002111	威海广泰	24,483.86	8.47	0.03	1,324.24	5.41	3,503.62	14.31	10,394.69	42.46	4,146.15	16.93	5,106.68	20.86
002112	三变科技	38,404.28	17.17	0.04	3,045.40	7.93	4,988.88	12.99	18,307.70	47.67	5,855.70	15.25	6,189.42	16.12
002113	*ST天润	9,626.13	70.22	0.73	852.94	8.86	1,388.67	14.43	4,605.05	47.84	1,645.23	17.09	1,064.02	11.05
002114	罗平锌电	32,442.03	16.84	0.05	3,021.78	9.31	4,927.87	15.19	15,432.29	47.57	4,918.11	15.16	4,125.14	12.72
002115	三维通信	32,035.80	16.86	0.05	2,171.38	6.78	3,585.86	11.19	14,210.17	44.36	5,370.19	16.76	6,681.34	20.86
002116	中国海诚	10,937.54	10.54	0.1	1,105.19	10.1	2,331.23	21.31	5,111.95	46.74	1,238.14	11.32	1,140.50	10.43
002117	东港股份	36,445.35	21.34	0.06	1,758.56	4.83	4,604.09	12.63	16,111.58	44.21	7,518.26	20.63	6,431.53	17.65
002118	紫鑫药业	271,625.69	134.1	0.05	16,704.52	6.15	36,407.04	13.4	113,943.32	41.95	49,426.76	18.2	55,009.94	20.25
002119	康强电子	39,199.03	143.43	0.37	2,953.85	7.54	5,059.85	12.91	16,263.97	41.49	6,550.78	16.71	8,227.15	20.99
002120	新海股份	50,680.98	189.21	0.37	4,068.48	8.03	7,321.11	14.45	24,033.57	47.42	8,452.09	16.68	6,616.51	13.06
002121	科陆电子	61,953.50	203.13	0.33	5,289.71	8.54	7,327.31	11.83	26,548.36	42.85	9,917.24	16.01	12,667.77	20.45
002122	天马股份	190,941.84	129.96	0.07	15,024.96	7.87	23,979.73	12.56	79,445.22	41.61	28,704.93	15.03	43,657.05	22.86
002123	荣信股份	123,722.49	28.93	0.02	4,963.04	4.01	6,043.33	4.88	44,681.66	36.11	16,907.52	13.67	51,098.01	41.3
002124	天邦股份	57,353.55	495.93	0.86	5,035.53	8.78	8,808.06	15.36	25,493.73	44.45	9,424.75	16.43	8,095.54	14.12
002125	湘潭电化	47,917.35	22.17	0.05	3,703.90	7.73	5,718.10	11.93	23,184.89	48.39	6,511.28	13.59	8,777.01	18.32
002126	银轮股份	33,534.85	30.59	0.09	1,740.69	5.19	4,227.95	12.61	13,799.58	41.15	6,475.83	19.31	7,260.21	21.65
002127	新民科技	25,748.65	39.53	0.15	2,287.74	8.88	3,409.87	13.24	12,791.73	49.68	3,956.30	15.37	3,263.47	12.67
002128	露天煤业	147,573.97	79.88	0.05	10,676.28	7.23	13,179.22	8.93	65,447.34	44.35	21,385.07	14.49	36,806.18	24.94
002129	中环股份	120,926.52	74.63	0.06	4,784.85	3.96	11,693.38	9.67	45,055.44	37.26	25,588.67	21.16	33,729.55	27.89
002130	沃尔核材	86,419.34	174.73	0.2	10,464.14	12.11	13,733.40	15.89	39,537.48	45.75	11,217.64	12.98	11,291.96	13.07
002131	利欧股份	104,359.98	50.82	0.05	5,546.71	5.31	13,675.24	13.1	41,542.02	39.81	19,646.22	18.83	23,898.97	22.9
002132	恒星科技	297,399.13	89.9	0.03	16,842.39	5.66	26,161.74	8.8	112,833.29	37.94	47,707.27	16.04	93,764.54	31.53
002133	广宇集团	29,979.61	162.99	0.54	2,743.74	9.15	4,663.14	15.55	13,109.84	43.73	4,647.39	15.5	4,652.52	15.52
002134	天津普林	135,856.05	372.96	0.27	8,499.01	6.26	16,740.57	12.32	59,433.48	43.75	22,960.70	16.9	27,849.34	20.5
002135	东南网架	54,091.87	490.87	0.91	6,215.38	11.49	9,483.07	17.53	24,621.53	45.52	7,388.86	13.66	5,892.17	10.89
002136	安纳达	432,315.42	79.23	0.02	20,424.65	4.72	35,526.61	8.22	172,168.17	39.82	75,829.45	17.54	128,287.32	29.67
002137	实益达	130,224.17	644	0.49	11,065.02	8.5	19,062.74	14.64	60,033.16	46.1	21,144.55	16.24	18,274.70	14.03
002138	顺络电子	37,168.20	43.01	0.12	1,924.34	5.18	3,364.00	9.05	14,240.20	38.31	6,153.68	16.56	11,442.97	30.79
002139	拓邦股份	62,151.29	14.35	0.02	2,525.84	4.06	5,539.99	8.91	22,487.78	36.18	11,953.52	19.23	19,629.80	31.58
002140	东华科技	114,736.52	27.02	0.02	3,334.63	2.91	7,591.77	6.62	41,764.68	36.4	20,690.90	18.03	41,327.52	36.02
002141	蓉胜超微	46,017.65	231.4	0.5	3,808.22	8.28	5,774.71	12.55	17,520.67	38.07	5,181.98	11.26	13,500.66	29.34
002142	宁波银行	226,716.80	116.54	0.05	11,821.58	5.21	22,312.28	9.84	84,994.55	37.49	34,190.44	15.08	73,281.40	32.32
002143	高金食品	51,194.81	480.46	0.94	5,070.63	9.9	8,672.70	16.94	23,300.28	45.51	7,527.82	14.7	6,142.92	12
002144	宏达高科	14,512.59	9.7	0.07	1,113.47	7.67	2,114.33	14.57	7,227.07	49.8	1,985.86	13.68	2,062.18	14.21
002145	*ST钛白	84,790.96	904.7	1.07	8,734.06	10.3	13,361.87	15.76	35,577.60	41.96	13,985.42	16.49	12,227.30	14.42
002146	荣盛发展	154,260.78	950.54	0.62	12,029.81	7.8	20,989.62	13.61	60,315.73	39.1	21,587.51	13.99	38,387.56	24.88
002147	方圆支承	86,228.81	19.98	0.02	3,976.31	4.61	7,242.10	8.4	36,899.91	42.79	16,887.12	19.58	21,203.39	24.59
002148	北纬通信	41,875.64	28.98	0.07	2,281.55	5.45	4,837.88	11.55	17,431.94	41.63	7,086.89	16.92	10,208.39	24.38
002149	西部材料	46,799.49	28.41	0.06	3,521.35	7.52	7,483.97	15.99	20,898.13	44.65	7,482.55	15.99	7,385.07	15.78

代码	证券名称	成交金额	按每笔成交金额(元)分类的成交金额和比例											
			<1,000	%	1,000－5,000	%	5,000－10,000	%	10,000－50,000	%	50,000－100,000	%	>=100,000	%
002150	江苏通润	244,142.36	1,331.92	0.55	21,389.69	8.76	34,738.63	14.23	107,606.05	44.08	37,826.37	15.49	41,249.70	16.9
002151	北斗星通	91,079.86	21.32	0.02	4,255.90	4.67	10,694.25	11.74	42,203.32	46.34	15,358.82	16.86	18,546.25	20.36
002152	广电运通	48,502.01	17.49	0.04	1,046.42	2.16	2,813.71	5.8	15,201.56	31.34	8,789.63	18.12	20,633.20	42.54
002153	石基信息	23,532.22	8.09	0.03	747.17	3.18	1,039.85	4.42	8,652.03	36.77	3,654.93	15.53	9,430.14	40.07
002154	报喜鸟	52,260.55	15.52	0.03	1,612.13	3.08	3,714.12	7.11	15,367.02	29.4	8,704.40	16.66	22,847.36	43.72
002155	辰州矿业	672,983.21	140.89	0.02	24,518.52	3.64	65,911.49	9.79	250,147.50	37.17	122,522.84	18.21	209,741.97	31.17
002156	通富微电	109,839.64	614.49	0.56	9,024.39	8.22	15,279.05	13.91	40,214.59	36.61	14,967.80	13.63	29,739.32	27.08
002157	正邦科技	277,494.59	761.72	0.27	16,381.47	5.9	27,977.75	10.08	99,247.91	35.77	46,544.84	16.77	86,580.91	31.2
002158	汉钟精机	27,761.24	30.47	0.11	1,802.05	6.49	2,449.02	8.82	10,738.14	38.68	4,110.87	14.81	8,630.69	31.09
002159	三特索道	36,991.78	20.85	0.06	2,646.15	7.15	3,837.72	10.37	15,348.26	41.49	5,090.62	13.76	10,048.18	27.16
002160	常铝股份	333,091.08	165.84	0.05	29,039.56	8.72	41,515.08	12.46	145,011.82	43.54	50,139.49	15.05	67,219.29	20.18
002161	远望谷	174,104.55	63.51	0.04	9,477.87	5.44	12,455.97	7.15	74,685.74	42.9	26,429.43	15.18	50,992.03	29.29
002162	斯米克	125,040.90	41.74	0.03	9,505.16	7.6	15,639.47	12.51	55,503.37	44.39	17,688.52	14.15	26,662.65	21.32
002163	中航三鑫	139,628.15	928.17	0.66	12,556.71	8.99	19,724.52	14.13	55,739.18	39.92	22,733.89	16.28	27,945.69	20.01
002164	东力传动	60,028.61	573.92	0.96	6,037.57	10.06	10,394.86	17.32	27,694.17	46.13	8,987.49	14.97	6,340.61	10.56
002165	红宝丽	70,618.46	15.88	0.02	2,701.39	3.83	5,369.96	7.6	24,963.34	35.35	13,028.46	18.45	24,539.43	34.75
002166	莱茵生物	128,446.40	41.2	0.03	10,577.97	8.24	12,068.54	9.4	60,468.67	47.08	19,275.53	15.01	26,014.49	20.25
002167	东方锆业	414,705.89	31.51	0.01	10,108.12	2.44	15,170.19	3.66	132,387.43	31.92	67,647.45	16.31	189,361.20	45.66
002168	深圳惠程	134,167.45	68.82	0.05	9,581.46	7.14	18,954.34	14.13	57,738.57	43.03	22,766.37	16.97	25,057.88	18.68
002169	智光电气	60,355.77	495.77	0.82	5,833.76	9.67	9,163.32	15.18	25,805.56	42.76	7,566.83	12.54	11,490.54	19.04
002170	芭田股份	222,690.48	480.62	0.22	16,346.13	7.34	24,849.77	11.16	93,389.58	41.94	36,068.09	16.2	51,556.29	23.15
002171	精诚铜业	320,470.68	186.69	0.06	24,166.99	7.54	46,926.83	14.64	133,158.46	41.55	50,375.59	15.72	65,656.11	20.49
002172	澳洋科技	35,083.60	267.61	0.76	3,875.81	11.05	5,892.19	16.79	14,597.76	41.61	4,832.92	13.78	5,617.31	16.01
002173	山下湖	198,654.90	111.26	0.06	18,417.02	9.27	29,148.07	14.67	93,796.14	47.22	28,717.13	14.46	28,465.29	14.33
002174	梅花伞	27,434.11	6.84	0.02	1,583.63	5.77	2,700.12	9.84	10,415.17	37.96	4,652.62	16.96	8,075.74	29.44
002175	广陆数测	17,408.76	9	0.05	1,233.82	7.09	2,584.77	14.85	9,039.67	51.93	2,578.47	14.81	1,963.03	11.28
002176	江特电机	158,426.49	57.78	0.04	9,991.92	6.31	11,152.83	7.04	67,396.84	42.54	26,171.24	16.52	43,655.88	27.56
002177	御银股份	84,178.35	64.97	0.08	5,688.54	6.76	8,800.60	10.45	38,010.62	45.15	14,709.05	17.47	16,904.57	20.08
002178	延华智能	88,627.04	86.63	0.1	7,412.51	8.36	11,845.54	13.37	43,492.97	49.07	13,827.45	15.6	11,961.95	13.5
002179	中航光电	80,313.23	16.17	0.02	2,781.40	3.46	5,910.27	7.36	29,158.81	36.31	14,715.50	18.32	27,731.09	34.53
002180	万力达	186,087.20	41.76	0.02	5,605.50	3.01	14,337.36	7.7	66,195.63	35.57	35,944.76	19.32	63,962.19	34.37
002181	粤传媒	23,027.14	14.96	0.06	1,540.01	6.69	2,560.25	11.12	10,800.49	46.9	3,991.46	17.33	4,119.97	17.89
002182	云海金属	113,208.85	100.45	0.09	8,984.38	7.94	14,814.55	13.09	50,928.00	44.99	17,600.66	15.55	20,780.82	18.36
002183	怡亚通	48,946.57	334.03	0.68	4,653.77	9.51	7,403.70	15.13	22,244.13	45.45	7,240.99	14.79	7,069.95	14.44
002184	海得控制	43,554.93	16.15	0.04	3,360.35	7.72	5,286.00	12.14	20,092.37	46.13	6,413.17	14.72	8,386.89	19.26
002185	华天科技	55,290.13	38.67	0.07	3,771.07	6.82	7,293.97	13.19	24,892.00	45.02	7,579.85	13.71	11,714.56	21.19
002186	全聚德	12,100.93	8.74	0.07	859.04	7.1	1,847.70	15.27	6,060.42	50.08	1,717.95	14.2	1,607.07	13.28
002187	广百股份	17,407.63	23.75	0.14	1,335.28	7.67	2,146.34	12.33	7,950.13	45.67	2,712.61	15.58	3,239.53	18.61
002188	新嘉联	31,003.87	31.06	0.1	2,158.87	6.96	3,527.58	11.38	13,560.82	43.74	5,135.11	16.56	6,590.43	21.26
002189	利达光电	24,138.92	7.04	0.03	1,262.98	5.23	2,060.68	8.54	9,476.16	39.26	4,519.87	18.72	6,812.18	28.22
002190	成飞集成	325,241.87	69.04	0.02	13,949.85	4.29	32,211.39	9.9	125,884.51	38.7	59,534.46	18.3	93,592.62	28.78
002191	劲嘉股份	67,887.72	418.84	0.62	5,754.32	8.48	10,363.19	15.27	30,435.40	44.83	11,120.55	16.38	9,795.41	14.43
002192	路翔股份	148,096.04	55.28	0.04	10,282.88	6.94	14,598.15	9.86	66,615.50	44.98	24,539.98	16.57	32,004.26	21.61
002193	山东如意	19,924.38	4.3	0.02	1,044.09	5.24	2,253.39	11.31	8,549.39	42.91	3,841.63	19.28	4,231.57	21.24
002194	武汉凡谷	29,644.87	30.01	0.1	2,656.87	8.96	4,418.83	14.91	14,539.00	49.04	4,597.45	15.51	3,402.71	11.48
002195	海隆软件	127,930.08	91.73	0.07	6,630.11	5.18	15,788.42	12.34	57,009.03	44.56	24,497.93	19.15	23,912.86	18.69
002196	方正电机	22,537.01	28.28	0.13	1,913.13	8.49	2,876.24	12.76	10,592.72	47	3,808.28	16.9	3,318.36	14.72
002197	证通电子	68,516.86	20.43	0.03	2,003.99	2.92	3,670.21	5.36	22,678.52	33.1	13,101.03	19.12	27,042.68	39.47
002198	嘉应制药	52,976.74	31.78	0.06	2,503.22	4.73	4,268.15	8.06	16,526.13	31.2	7,586.58	14.32	22,060.87	41.64
002199	东晶电子	32,335.49	16.9	0.05	2,184.20	6.75	3,715.28	11.49	13,626.61	42.14	5,619.43	17.38	7,173.07	22.18
002200	*ST 大地	102,503.25	63.85	0.06	8,374.14	8.17	12,862.70	12.55	46,099.83	44.97	16,757.95	16.35	18,344.78	17.9
002201	九鼎新材	44,111.04	200.75	0.46	4,395.72	9.97	7,087.36	16.07	20,249.41	45.91	6,582.20	14.92	5,595.61	12.69
002202	金风科技	440,884.73	295.65	0.07	33,317.46	7.56	52,470.08	11.9	197,239.93	44.74	70,125.74	15.91	87,435.86	19.83
002203	海亮股份	63,004.41	22.07	0.04	5,518.12	8.76	9,091.99	14.43	30,390.79	48.24	9,884.80	15.69	8,096.64	12.85
002204	华锐铸钢	142,100.49	31.26	0.02	3,352.32	2.36	8,841.63	6.22	45,169.00	31.79	28,151.65	19.81	56,554.64	39.8
002205	国统股份	131,083.64	25.03	0.02	6,025.64	4.6	8,870.87	6.77	52,160.59	39.79	21,373.74	16.31	42,627.78	32.52
002206	海利得	37,856.50	33.89	0.09	2,197.23	5.8	3,884.97	10.26	16,089.87	42.5	7,047.88	18.62	8,602.66	22.72
002207	准油股份	44,608.22	21.34	0.05	3,714.95	8.33	5,697.88	12.77	19,975.93	44.78	7,011.08	15.72	8,187.04	18.35
002208	合肥城建	48,211.03	360.61	0.75	4,329.06	8.98	7,828.86	16.24	20,892.17	43.33	7,259.42	15.06	7,540.91	15.64
002209	达意隆	19,583.59	212.3	1.08	2,189.64	11.18	3,544.19	18.1	8,728.93	44.57	2,771.79	14.15	2,136.73	10.91
002210	飞马国际	57,721.11	571.3	0.99	6,225.96	10.79	10,161.92	17.61	24,147.82	41.84	8,512.06	14.75	8,102.05	14.04

代码	证券名称	成交金额	按每笔成交金额(元)分类的成交金额和比例											
			<1,000	%	1,000-5,000	%	5,000-10,000	%	10,000-50,000	%	50,000-100,000	%	>=100,000	%
002211	宏达新材	49,333.27	54.76	0.11	4,598.21	9.32	6,737.81	13.66	23,008.17	46.64	6,802.21	13.79	8,132.12	16.48
002212	南洋股份	63,851.10	606.78	0.95	6,866.08	10.75	10,238.98	16.04	24,154.65	37.83	8,624.19	13.51	13,360.43	20.92
002213	特尔佳	16,027.04	23.99	0.15	1,382.73	8.63	2,391.31	14.92	7,481.53	46.68	2,366.88	14.77	2,380.62	14.85
002214	大立科技	61,970.35	4.02	0.01	1,609.96	2.6	1,880.22	3.03	16,245.67	26.22	11,538.88	18.62	30,691.60	49.53
002215	诺普信	46,169.01	54.98	0.12	2,645.59	5.73	4,054.13	8.78	19,976.38	43.27	7,064.26	15.3	12,373.67	26.8
002216	三全食品	14,479.98	2.64	0.02	555.21	3.83	1,191.08	8.23	5,644.19	38.98	1,767.63	12.21	5,319.23	36.74
002217	联合化工	102,488.60	45.54	0.04	6,598.83	6.44	11,900.73	11.61	47,755.09	46.6	17,945.05	17.51	18,243.35	17.8
002218	拓日新能	53,364.79	66.69	0.12	4,683.57	8.78	7,352.22	13.78	25,015.87	46.88	8,536.39	16	7,710.05	14.45
002219	独一味	100,352.04	51.22	0.05	4,258.16	4.24	7,832.49	7.81	34,663.85	34.54	19,701.07	19.63	33,845.26	33.73
002220	天宝股份	27,113.21	11.67	0.04	1,616.62	5.96	3,533.27	13.03	11,467.57	42.3	4,734.97	17.46	5,749.12	21.2
002221	东华能源	28,960.99	185.84	0.64	2,048.52	7.07	3,541.50	12.23	8,774.93	30.3	2,848.52	9.84	11,561.69	39.92
002222	福晶科技	56,604.32	378.44	0.67	5,087.99	8.99	8,938.44	15.79	25,182.92	44.49	8,929.91	15.78	8,086.61	14.29
002223	鱼跃医疗	54,192.88	37.74	0.07	3,639.82	6.72	5,061.83	9.34	21,968.24	40.54	9,016.85	16.64	14,468.40	26.7
002224	三力士	11,391.89	39.74	0.35	1,252.44	10.99	1,953.86	17.15	5,899.81	51.79	1,521.62	13.36	724.42	6.36
002225	濮耐股份	550,354.35	510.3	0.09	42,376.82	7.7	65,297.77	11.86	233,161.86	42.37	87,160.48	15.84	121,847.12	22.14
002226	江南化工	16,422.59	2.46	0.02	310.48	1.89	850.57	5.18	5,261.27	32.04	3,412.19	20.78	6,585.62	40.1
002227	奥特迅	53,929.23	15.62	0.03	2,820.95	5.23	6,079.60	11.27	26,763.88	49.63	9,383.91	17.4	8,865.26	16.44
002228	合兴包装	11,257.93	89.28	0.79	1,373.97	12.2	2,015.79	17.91	5,191.62	46.12	1,476.53	13.12	1,110.74	9.87
002229	鸿博股份	15,511.76	4.89	0.03	989.8	6.38	1,984.82	12.8	6,899.68	44.48	2,536.28	16.35	3,096.29	19.96
002230	科大讯飞	93,130.47	28.38	0.03	3,615.19	3.88	4,664.41	5.01	32,813.55	35.23	15,803.33	16.97	36,205.60	38.88
002231	奥维通信	11,230.16	11.81	0.11	1,295.33	11.53	1,826.55	16.26	5,440.72	48.45	1,563.78	13.92	1,091.96	9.72
002232	启明信息	34,858.74	63.72	0.18	3,317.78	9.52	5,333.05	15.3	16,666.56	47.81	4,744.25	13.61	4,733.39	13.58
002233	塔牌集团	906,429.43	2,507.54	0.28	65,803.21	7.26	104,848.57	11.57	351,302.07	38.76	144,119.12	15.9	237,848.92	26.24
002234	民和股份	113,320.26	15.4	0.01	5,357.87	4.73	7,577.09	6.69	49,417.08	43.61	21,035.50	18.56	29,917.31	26.4
002235	安妮股份	30,277.08	7.41	0.02	2,012.47	6.65	3,240.93	10.7	13,614.96	44.97	4,790.42	15.82	6,610.89	21.83
002236	大华股份	88,893.29	18.3	0.02	2,937.32	3.3	4,581.73	5.15	24,171.57	27.19	13,845.71	15.58	43,338.66	48.75
002237	恒邦股份	57,628.43	18.97	0.03	4,295.57	7.45	5,188.14	9	26,548.18	46.07	9,580.20	16.62	11,997.36	20.82
002238	天威视讯	51,676.90	38.96	0.08	2,936.73	5.68	5,484.60	10.61	23,289.88	45.07	8,670.09	16.78	11,256.62	21.78
002239	金飞达	11,078.66	133.39	1.2	1,442.70	13.02	2,298.49	20.75	5,482.28	49.49	1,001.51	9.04	720.29	6.5
002240	威华股份	68,373.36	437.35	0.64	5,978.42	8.74	9,275.53	13.57	26,258.18	38.4	10,669.51	15.6	15,754.36	23.04
002241	歌尔声学	115,095.74	16.91	0.01	5,809.60	5.05	5,987.47	5.2	40,764.89	35.42	16,426.21	14.27	46,090.67	40.05
002242	九阳股份	45,967.79	61.91	0.13	4,964.11	10.8	5,894.97	12.82	19,681.11	42.81	6,945.03	15.11	8,420.67	18.32
002243	通产丽星	31,593.34	4.36	0.01	1,404.73	4.45	2,141.39	6.78	9,307.94	29.46	4,257.66	13.48	14,477.26	45.82
002244	滨江集团	84,617.73	54.43	0.06	5,602.93	6.62	7,015.27	8.29	27,908.89	32.98	13,312.60	15.73	30,723.60	36.31
002245	澳洋顺昌	52,779.98	411.72	0.78	5,403.44	10.24	8,748.93	16.58	24,039.43	45.55	7,735.31	14.66	6,441.16	12.2
002246	北化股份	50,504.22	23.57	0.05	4,198.27	8.31	6,554.11	12.98	24,771.26	49.05	8,526.98	16.88	6,430.02	12.73
002247	帝龙新材	33,178.32	16.52	0.05	2,055.20	6.19	4,370.39	13.17	14,272.19	43.02	5,686.20	17.14	6,777.82	20.43
002248	华东数控	93,404.60	40.52	0.04	6,248.48	6.69	9,269.66	9.92	32,374.89	34.66	10,615.51	11.37	34,855.53	37.32
002249	大洋电机	53,166.53	21.38	0.04	3,884.45	7.31	4,776.29	8.98	23,121.06	43.49	7,935.05	14.92	13,428.31	25.26
002250	联化科技	32,746.23	6.21	0.02	740.51	2.26	1,942.78	5.93	9,580.23	29.26	5,475.16	16.72	15,001.34	45.81
002251	步步高	26,113.23	12.43	0.05	1,601.00	6.13	2,125.31	8.14	11,265.82	43.14	3,866.03	14.8	7,242.63	27.74
002252	上海莱士	38,069.61	23.36	0.06	3,850.05	10.11	4,311.18	11.32	18,411.98	48.36	4,769.03	12.53	6,704.02	17.61
002253	川大智胜	34,060.99	7.39	0.02	2,111.25	6.2	3,025.10	8.88	16,473.16	48.36	5,708.20	16.76	6,735.89	19.78
002254	烟台氨纶	71,046.46	89.44	0.13	4,409.49	6.21	9,386.51	13.21	29,485.00	41.5	12,400.10	17.45	15,275.93	21.5
002255	海陆重工	38,628.69	9.19	0.02	1,557.90	4.03	4,122.87	10.67	15,468.46	40.04	6,131.47	15.87	11,338.80	29.35
002258	利尔化学	34,646.07	21.85	0.06	3,268.77	9.43	4,968.72	14.34	16,761.81	48.38	5,073.48	14.64	4,551.44	13.14
002259	升达林业	30,359.59	210.23	0.69	3,112.16	10.25	5,218.78	17.19	12,021.39	39.6	4,012.76	13.22	5,784.28	19.05
002260	伊立浦	30,087.29	44.54	0.15	2,781.73	9.25	5,125.25	17.03	15,780.25	52.45	4,008.25	13.32	2,347.28	7.8
002261	拓维信息	22,688.28	18.74	0.08	1,076.53	4.74	2,227.27	9.82	8,494.55	37.44	4,396.06	19.38	6,475.13	28.54
002262	恩华药业	15,998.47	8.26	0.05	854.32	5.34	2,150.86	13.44	6,782.56	42.4	2,702.48	16.89	3,499.97	21.88
002263	大东南	67,370.63	106.96	0.16	2,457.74	3.65	4,845.68	7.19	18,786.26	27.88	10,228.68	15.18	30,945.31	45.93
002264	新华都	48,108.61	4	0.01	1,401.98	2.91	1,846.17	3.84	16,053.96	33.37	7,873.94	16.37	20,928.57	43.5
002265	西仪股份	53,950.96	26.67	0.05	4,626.95	8.58	7,523.03	13.94	25,842.92	47.9	7,599.03	14.09	8,332.37	15.44
002266	浙富股份	66,826.16	26.42	0.04	2,817.60	4.22	5,589.62	8.36	23,627.35	35.36	11,371.26	17.02	23,393.91	35.01
002267	陕天然气	51,196.54	56.7	0.11	3,441.78	6.72	7,643.05	14.93	21,704.49	42.39	8,719.81	17.03	9,630.71	18.81
002268	卫士通	45,642.25	32.8	0.07	3,271.91	7.17	5,617.47	12.31	21,106.18	46.24	7,243.70	15.87	8,370.19	18.34
002269	美邦服饰	47,114.80	44.5	0.09	2,451.55	5.2	4,005.80	8.5	16,295.99	34.59	8,559.75	18.17	15,757.22	33.44
002270	法因数控	21,553.30	8.53	0.04	2,118.09	9.83	3,392.64	15.74	10,319.08	47.88	3,406.98	15.81	2,307.99	10.71
002271	东方雨虹	60,731.81	22.08	0.04	4,228.36	6.96	7,417.87	12.21	25,774.49	42.44	10,681.63	17.59	12,607.38	20.76
002272	川润股份	50,585.40	46.35	0.09	3,670.07	7.26	6,503.32	12.86	23,187.16	45.84	7,978.94	15.77	9,199.55	18.19
002273	水晶光电	34,541.37	7.53	0.02	1,814.50	5.25	2,016.65	5.84	12,827.07	37.14	4,819.03	13.95	13,056.58	37.8

代码	证券名称	成交金额	按每笔成交金额(元)分类的成交金额和比例											
			<1,000	%	1,000-5,000	%	5,000-10,000	%	10,000-50,000	%	50,000-100,000	%	>=100,000	%
002274	华昌化工	98,625.80	41.34	0.04	6,322.90	6.41	12,036.44	12.2	48,758.19	49.44	17,268.68	17.51	14,198.25	14.4
002275	桂林三金	14,572.42	16.74	0.11	1,342.76	9.21	1,885.69	12.94	6,294.05	43.19	2,117.25	14.53	2,915.94	20.01
002276	万马电缆	5,605.55	3.61	0.06	384.58	6.86	700.67	12.5	2,603.44	46.44	1,076.13	19.2	837.11	14.93
002277	友阿股份	81,201.83	30.17	0.04	3,596.98	4.43	4,490.40	5.53	31,950.97	39.35	12,303.83	15.15	28,829.48	35.5
002278	神开股份	38,367.24	37.66	0.1	2,924.83	7.62	4,872.69	12.7	17,964.91	46.82	6,412.88	16.71	6,154.28	16.04
002279	久其软件	13,900.57	9.34	0.07	1,210.51	8.71	2,553.09	18.37	6,707.80	48.26	2,137.36	15.38	1,282.47	9.23
002280	新世纪	25,090.27	20.12	0.08	1,946.46	7.76	3,941.28	15.71	10,905.26	43.46	4,270.98	17.02	4,006.16	15.97
002281	光迅科技	37,135.65	9.03	0.02	1,248.97	3.36	2,501.03	6.73	12,846.65	34.59	6,497.97	17.5	14,032.00	37.79
002282	博深工具	155,861.74	115.28	0.07	13,003.90	8.34	20,237.91	12.98	72,726.80	46.66	24,546.61	15.75	25,231.23	16.19
002283	天润曲轴	185,028.96	65.35	0.04	10,251.25	5.54	18,974.61	10.25	77,197.65	41.72	31,159.25	16.84	47,380.84	25.61
002284	亚太股份	31,662.77	69.88	0.22	2,992.44	9.45	4,881.80	15.42	15,463.84	48.84	4,690.10	14.81	3,564.70	11.26
002285	世联地产	30,604.43	35.84	0.12	1,742.05	5.69	3,450.02	11.27	12,262.77	40.07	6,135.47	20.05	6,978.29	22.8
002286	保龄宝	26,261.26	16.54	0.06	1,550.41	5.9	3,877.21	14.76	10,953.22	41.71	5,138.59	19.57	4,725.29	17.99
002287	奇正藏药	36,251.64	17.31	0.05	3,453.34	9.53	4,208.87	11.61	18,364.01	50.66	4,845.53	13.37	5,362.58	14.79
002288	超华科技	32,122.64	29.07	0.09	2,666.39	8.3	4,122.31	12.83	15,594.95	48.55	4,624.33	14.4	5,085.61	15.83
002289	宇顺电子	40,092.20	10.59	0.03	2,960.12	7.38	3,451.88	8.61	19,165.28	47.8	5,815.63	14.51	8,688.69	21.67
002290	禾盛新材	108,110.54	19.42	0.02	6,276.91	5.81	7,507.39	6.94	43,085.46	39.85	17,008.84	15.73	34,212.52	31.65
002291	星期六	33,794.39	88.21	0.26	2,362.25	6.99	3,772.33	11.16	13,248.29	39.2	3,589.66	10.62	10,733.64	31.76
002292	奥飞动漫	36,986.44	30.5	0.08	2,350.23	6.35	5,376.57	14.54	15,608.38	42.2	6,029.14	16.3	7,591.62	20.53
002293	罗莱家纺	36,368.65	11.56	0.03	130.98	0.36	2,828.03	7.78	9,347.06	25.7	5,670.23	15.59	18,380.79	50.54
002294	信立泰	39,261.25	40.96	0.1	3,301.31	8.41	4,092.55	10.42	17,295.75	44.05	5,684.11	14.48	8,846.58	22.53
002295	精艺股份	51,744.05	84.5	0.16	4,235.57	8.19	7,277.25	14.06	23,797.80	45.99	7,929.69	15.32	8,419.23	16.27
002296	辉煌科技	22,422.03	20.58	0.09	1,087.63	4.85	2,219.56	9.9	9,286.60	41.42	4,005.75	17.87	5,801.92	25.88
002297	博云新材	52,305.25	18.14	0.03	2,949.77	5.64	7,346.89	14.05	22,915.39	43.81	9,696.09	18.54	9,378.96	17.93
002298	鑫龙电器	20,274.69	9.85	0.05	1,905.30	9.4	2,856.12	14.09	9,457.62	46.65	3,269.23	16.12	2,776.57	13.69
002299	圣农发展	126,626.48	53.18	0.04	8,920.35	7.04	15,485.75	12.23	54,236.91	42.83	9,230.64	15.19	28,699.64	22.66
002300	太阳电缆	19,115.78	31.19	0.16	2,088.74	10.93	3,119.75	16.32	9,307.38	48.69	2,495.12	13.05	2,073.60	10.85
002301	齐心文具	13,476.04	10.41	0.08	1,173.63	8.71	2,191.21	16.26	6,412.38	47.58	1,568.92	11.64	2,119.49	15.73
002302	西部建设	69,974.66	34.03	0.05	3,742.93	5.35	8,030.05	11.48	30,312.05	43.32	2,653.13	18.08	15,202.48	21.73
002303	美盈森	39,813.78	5.38	0.01	862.19	2.17	1,811.14	4.55	13,227.67	33.22	6,430.94	16.15	17,476.48	43.9
002304	洋河股份	392,989.22	35.22	0.01	993.35	0.25	3,004.36	0.76	100,022.94	25.45	56,724.22	14.43	232,209.14	59.09
002305	南国置业	43,598.52	309.96	0.71	4,582.89	10.51	6,657.68	15.27	18,583.96	42.63	6,356.58	14.58	7,107.45	16.3
002306	湘鄂情	29,153.00	10.67	0.04	1,565.00	5.37	3,967.56	13.61	12,995.37	44.58	5,385.67	18.47	5,228.72	17.94
002307	北新路桥	42,983.16	23.33	0.05	4,006.09	9.32	6,311.74	14.68	21,080.68	49.04	6,697.72	15.58	4,863.60	11.32
002308	威创股份	41,623.22	152.42	0.37	3,905.13	9.38	5,801.65	13.94	19,156.92	46.02	6,218.18	14.94	6,388.92	15.35
002309	中利科技	67,806.02	19.65	0.03	3,721.50	5.49	6,183.26	9.12	29,162.29	43.01	1,682.26	17.23	17,037.05	25.13
002310	东方园林	94,975.84	31.33	0.03	592.58	0.62	14,321.65	15.08	30,386.10	31.99	6,217.08	17.07	33,427.11	35.2
002311	海大集团	41,714.04	20.92	0.05	2,360.35	5.66	3,892.27	9.33	17,449.17	41.83	7,734.67	18.54	10,256.67	24.59
002312	三泰电子	25,175.67	22.26	0.09	1,799.37	7.15	2,891.00	11.48	11,193.13	44.46	4,351.63	17.29	4,918.30	19.54
002313	日海通讯	17,559.24	3.98	0.02	1,247.41	7.1	1,234.26	7.03	6,985.36	39.78	2,774.62	15.8	5,313.62	30.26
002314	雅致股份	19,897.53	14.36	0.07	1,902.59	9.56	2,902.13	14.59	9,717.33	48.84	3,110.83	15.63	2,250.28	11.31
002315	焦点科技	39,120.75	16.53	0.04	2,662.96	6.81	3,423.16	8.75	16,786.80	42.91	6,654.88	17.01	9,576.41	24.48
002316	键桥通讯	28,914.81	13.24	0.05	1,845.15	6.38	2,888.81	9.99	12,321.39	42.61	4,124.97	14.27	7,721.26	26.7
002317	众生药业	22,221.90	11.1	0.05	1,827.26	8.22	2,062.31	9.28	10,790.34	48.56	3,228.26	14.53	4,302.63	19.36
002318	久立特材	19,255.37	10.44	0.05	1,212.91	6.3	3,021.83	15.69	9,487.59	49.27	3,114.63	16.18	2,407.96	12.51
002319	乐通股份	12,866.95	9.79	0.08	1,367.07	10.62	1,928.25	14.99	6,318.69	49.11	1,856.66	14.43	1,386.51	10.78
002320	海峡股份	46,570.87	46.93	0.1	3,117.00	6.69	5,371.85	11.53	20,468.74	43.95	8,215.10	17.64	9,351.26	20.08
002321	华英农业	70,261.77	168.85	0.24	4,678.35	6.66	9,214.67	13.11	32,404.59	46.12	2,366.53	17.6	11,428.77	16.27
002322	理工监测	45,575.42	11.33	0.02	2,719.97	5.97	3,064.68	6.72	15,852.49	34.78	6,789.21	14.9	17,137.74	37.6
002323	中联电气	15,813.52	5.69	0.04	1,396.77	8.83	1,585.77	10.03	7,861.12	49.71	2,033.46	12.86	2,930.72	18.53
002324	普利特	39,231.93	15.68	0.04	2,990.85	7.62	5,034.89	12.83	19,020.23	48.48	6,492.10	16.55	5,678.18	14.47
002325	洪涛股份	16,007.68	13.29	0.08	740.79	4.63	1,648.77	10.3	6,101.26	38.11	3,378.46	21.11	4,125.11	25.77
002326	永太科技	43,125.86	21.85	0.05	2,706.37	6.28	3,395.44	7.87	19,642.40	45.55	6,192.56	14.36	11,167.23	25.89
002327	富安娜	37,202.02	17.08	0.05	2,107.28	5.66	2,564.10	6.89	12,839.68	34.51	5,264.69	14.15	14,409.20	38.73
002328	新朋股份	45,351.51	9.69	0.02	2,370.63	5.23	4,000.91	8.82	18,369.51	40.5	7,611.67	16.78	12,989.09	28.64
002329	皇氏乳业	22,011.82	11.67	0.05	1,230.27	5.59	2,376.65	10.8	7,737.30	35.15	4,303.75	19.55	6,352.18	28.86
002330	得利斯	47,133.27	25.46	0.05	4,012.46	8.51	6,749.33	14.32	23,338.31	49.52	5,770.82	14.37	6,236.89	13.23
002331	皖通科技	54,450.38	45.7	0.08	4,848.79	8.9	8,283.87	15.21	26,662.37	48.97	8,169.67	15	6,439.99	11.83
002332	仙琚制药	49,953.97	20.76	0.04	3,581.72	7.17	6,375.64	12.76	22,620.80	45.28	7,841.49	15.7	9,513.56	19.04
002333	罗普斯金	41,397.37	24.8	0.06	3,514.32	8.49	5,830.92	14.09	19,466.59	47.02	6,176.17	14.92	6,384.57	15.42
002334	英威腾	30,199.75	8.25	0.03	1,562.74	5.17	2,756.59	9.13	13,170.60	43.61	5,170.79	17.12	7,530.78	24.94

代码	证券名称	成交金额	按每笔成交金额(元)分类的成交金额和比例											
			< 1,000	%	1,000 – 5,000	%	5,000 – 10,000	%	10,000 – 50,000	%	50,000 – 100,000	%	> = 100,000	%
002335	科华恒盛	19,187.12	19.89	0.1	1,670.84	8.71	3,420.48	17.83	8,376.23	43.66	3,132.81	16.33	2,566.86	13.38
002336	人人乐	26,276.24	17.81	0.07	1,544.84	5.88	3,750.04	14.27	11,475.04	43.67	5,064.01	19.27	4,424.49	16.84
002337	赛象科技	10,939.45	18.87	0.17	1,087.47	9.94	1,724.42	15.76	5,460.37	49.91	1,592.93	14.56	1,055.38	9.65
002338	奥普光电	42,054.49	2.94	0.01	1,302.47	3.1	1,575.14	3.75	12,046.02	28.64	7,335.88	17.44	19,792.04	47.06
002339	积成电子	21,211.35	8.78	0.04	1,319.92	6.22	2,263.90	10.67	10,537.56	49.68	3,450.41	16.27	3,630.77	17.12
002340	格林美	113,741.48	24.83	0.02	5,826.52	5.12	7,678.20	6.75	41,952.19	36.88	17,925.69	15.76	40,334.04	35.46
002341	新纶科技	22,028.37	6.36	0.03	974.3	4.42	2,053.03	9.32	7,414.62	33.66	3,039.62	13.8	8,540.45	38.77
002342	巨力索具	69,287.13	11.11	0.02	1,556.65	2.25	3,633.01	5.24	17,492.76	25.25	11,791.68	17.02	34,801.93	50.23
002343	禾欣股份	18,388.24	5.71	0.03	1,479.87	8.05	2,566.25	13.96	9,169.70	49.87	2,820.51	15.34	2,346.19	12.76
002344	海宁皮城	69,127.24	16.21	0.02	3,772.09	5.46	4,049.68	5.86	28,508.92	41.24	11,730.04	16.97	21,050.30	30.45
002345	潮宏基	29,554.10	10.84	0.04	2,468.22	8.35	2,725.86	9.22	12,813.51	43.36	4,701.77	15.91	6,833.90	23.12
002346	柘中建设	51,801.33	14.86	0.03	2,875.90	5.55	4,259.26	8.22	25,415.05	49.06	9,157.63	17.68	10,078.63	19.46
002347	泰尔重工	28,382.32	5.92	0.02	2,045.14	7.21	2,509.06	8.84	13,927.43	49.07	4,433.37	15.62	5,461.40	19.24
002348	高乐股份	13,016.74	19.43	0.15	1,029.75	7.91	1,884.61	14.48	6,189.66	47.55	2,223.26	17.08	1,670.04	12.83
002349	精华制药	17,301.91	8.64	0.05	1,568.13	9.06	1,814.01	10.48	8,802.76	50.88	2,439.99	14.1	2,668.38	15.42
002350	北京科锐	27,314.51	11.2	0.04	1,433.89	5.25	3,464.87	12.69	10,576.99	38.72	4,444.88	16.27	7,382.68	27.03
002351	漫步者	22,164.73	9.91	0.04	1,967.80	8.88	2,614.75	11.8	9,818.56	44.3	3,722.63	16.8	4,031.08	18.19
002352	鼎泰新材	12,486.14	3.58	0.03	1,149.49	9.21	1,231.28	9.86	6,499.48	52.05	1,729.61	13.85	1,872.70	15
002353	杰瑞股份	52,491.41	8.79	0.02	265.04	0.5	3,731.21	7.11	15,022.15	28.62	9,964.00	18.98	23,500.22	44.77
002354	科冕木业	16,323.14	6.73	0.04	1,795.64	11	2,819.02	17.27	7,558.14	46.3	2,206.98	13.52	1,936.61	11.86
002355	兴民钢圈	26,816.83	8.11	0.03	1,455.15	5.43	2,914.72	10.87	12,016.96	44.81	4,744.85	17.69	5,677.06	21.17
002356	浩宁达	22,151.01	6.9	0.03	2,217.09	10.01	2,758.51	12.45	11,110.37	50.16	3,105.03	14.02	2,953.11	13.33
002357	富临运业	49,290.53	140.09	0.28	4,390.82	8.91	7,111.95	14.43	22,850.07	46.36	7,570.77	15.36	7,226.81	14.66
002358	森源电气	27,030.61	9.86	0.04	1,716.41	6.35	2,780.65	10.29	11,943.28	44.18	4,683.34	17.33	5,897.07	21.82
002359	齐星铁塔	28,515.34	28.75	0.1	2,368.25	8.31	3,959.57	13.89	12,360.90	43.35	3,758.34	13.18	6,039.54	21.18
002360	同德化工	52,746.85	25.67	0.05	4,528.72	8.59	7,144.64	13.55	24,276.96	46.03	8,627.24	16.36	8,143.62	15.44
002361	神剑股份	22,652.82	28.08	0.12	2,060.87	9.1	3,503.76	15.47	11,004.99	48.58	3,030.08	13.38	3,025.04	13.35
002362	汉王科技	558,900.47	149.11	0.03	31,993.96	5.72	48,070.76	8.6	232,134.22	41.53	90,946.75	16.27	155,605.67	27.84
002363	隆基机械	12,396.70	9.38	0.08	1,324.91	10.69	1,964.99	15.85	6,080.31	49.05	1,766.77	14.25	1,250.34	10.09
002364	中恒电气	24,028.18	26.74	0.11	1,913.57	7.96	3,020.08	12.57	11,403.12	47.46	4,215.76	17.55	3,448.90	14.35
002365	永安药业	30,714.33	12.81	0.04	2,481.13	8.08	3,962.26	12.9	14,337.18	46.68	4,671.91	15.21	5,249.05	17.09
002366	丹甫股份	53,429.69	18.19	0.03	3,718.37	6.96	7,555.50	14.14	25,376.96	47.5	9,147.20	17.12	7,613.48	14.25
002367	康力电梯	30,672.72	39.95	0.13	3,306.15	10.78	4,375.03	14.26	13,265.86	43.25	4,724.30	15.4	4,961.42	16.18
002368	太极股份	30,018.35	11.86	0.04	2,026.72	6.75	3,727.83	12.42	12,229.47	40.74	4,674.21	15.57	7,348.25	24.48
002369	卓翼科技	36,658.60	10.42	0.03	2,517.97	6.87	3,839.25	10.47	12,860.98	35.08	5,537.86	15.11	11,892.13	32.44
002370	亚太药业	34,448.49	10.4	0.03	2,474.21	7.18	3,731.02	10.83	15,994.64	46.43	5,738.78	16.66	6,499.45	18.87
002371	七星电子	19,649.05	4.84	0.02	156.4	0.8	2,537.85	12.92	7,985.84	40.64	3,356.72	17.08	5,607.39	28.54
002372	伟星新材	35,858.33	13.06	0.04	2,380.49	6.64	5,646.52	15.75	16,766.04	46.76	6,052.06	16.88	5,000.16	13.94
002373	联信永益	54,811.06	21.73	0.04	2,648.33	4.83	4,362.01	7.96	20,752.23	37.86	8,136.80	14.85	18,889.96	34.46
002374	丽鹏股份	18,477.77	18.47	0.1	1,545.19	8.36	2,355.03	12.75	8,205.11	44.41	3,475.86	18.81	2,878.13	15.58
002375	亚厦股份	100,598.40	42.96	0.04	2,939.36	2.92	6,587.03	6.55	26,694.57	26.54	14,533.18	14.45	49,801.29	49.51
002376	新北洋	36,634.52	11.41	0.03	1,561.66	4.26	2,857.92	7.8	11,738.60	32.04	4,856.46	13.26	15,608.48	42.61
002377	国创高新	42,752.24	90.06	0.21	3,413.25	7.98	5,709.80	13.36	18,897.39	44.2	6,917.52	16.18	7,724.22	18.07
002378	章源钨业	141,887.25	24.38	0.02	6,026.07	4.25	15,392.78	10.85	58,263.06	41.06	26,322.54	18.55	35,858.42	25.27
002379	鲁丰股份	36,436.75	12.72	0.03	2,967.23	8.14	4,447.56	12.21	16,126.29	44.26	5,979.66	16.41	6,903.29	18.95
002380	科远股份	11,347.03	4.46	0.04	1,191.36	10.5	1,129.52	9.95	5,797.16	51.09	1,480.59	13.05	1,743.95	15.37
002381	双箭股份	10,824.00	22.05	0.2	830.35	7.67	1,920.17	17.74	5,057.89	46.73	1,856.44	17.15	1,137.11	10.51
002382	蓝帆股份	15,695.23	28.57	0.18	1,038.17	6.61	2,417.49	15.4	8,085.52	51.52	2,318.86	14.77	1,806.62	11.51
002383	合众思壮	50,782.03	40.11	0.08	2,774.34	5.46	5,987.02	11.79	21,500.66	42.34	9,791.53	19.28	10,688.37	21.05
002384	东山精密	203,174.76	44.2	0.02	6,092.88	3	12,853.66	6.33	72,228.81	35.55	37,580.78	18.5	74,374.42	36.61
002385	大北农	113,423.78	27.35	0.02	4,465.16	3.94	11,222.68	9.89	41,156.18	36.29	20,721.42	18.27	35,830.98	31.59
002386	天原集团	37,831.67	26.92	0.07	2,633.92	6.96	4,938.71	13.05	17,474.82	46.19	5,929.10	15.67	6,828.20	18.05
002387	黑牛食品	104,679.64	88.99	0.09	6,417.18	6.13	13,082.70	12.5	46,462.92	44.39	18,322.70	17.5	20,305.15	19.4
002388	新亚制程	55,926.20	60.41	0.11	4,584.67	8.2	7,682.25	13.74	27,802.37	49.71	8,629.84	15.43	7,166.66	12.81
002389	南洋科技	28,724.41	12.84	0.04	2,438.22	8.49	3,452.47	12.02	14,028.33	48.84	3,883.67	13.52	4,908.89	17.09
002390	信邦制药	19,049.50	6.42	0.03	1,597.51	8.39	2,370.60	12.44	8,559.12	44.93	2,863.47	15.03	3,652.37	19.17
002391	长青股份	32,215.88	26.95	0.08	1,996.03	6.2	4,757.51	14.77	14,772.49	45.85	5,895.45	18.3	4,767.44	14.8
002392	北京利尔	131,890.00	12.37	0.01	4,805.55	3.64	6,743.22	5.11	50,343.98	38.17	22,308.86	16.91	47,676.03	36.15
002393	力生制药	85,404.11	18.8	0.02	4,480.67	5.25	6,245.74	7.31	35,932.78	42.07	13,257.41	15.52	25,468.72	29.82
002394	联发股份	23,320.62	8.97	0.04	1,332.09	5.71	3,293.48	14.12	9,875.44	42.35	4,438.10	19.03	4,372.53	18.75
002395	双象股份	19,861.69	12.61	0.06	1,778.69	8.96	1,976.23	9.95	9,558.67	48.13	2,905.30	14.63	3,630.20	18.28

代码	证券名称	成交金额	按每笔成交金额(元)分类的成交金额和比例											
			<1,000	%	1,000 - 5,000	%	5,000 - 10,000	%	10,000 - 50,000	%	50,000 - 100,000	%	> = 100,000	%
002396	星网锐捷	31,398.73	19.7	0.06	1,744.41	5.56	3,755.95	11.96	14,526.84	46.27	5,330.73	16.98	6,021.10	19.18
002397	梦洁家纺	22,149.63	27.53	0.12	1,783.32	8.05	2,140.57	9.66	9,507.87	42.93	2,918.08	13.17	5,772.26	26.06
002398	建研集团	32,537.48	49.03	0.15	2,774.22	8.53	5,642.89	17.34	14,895.56	45.78	4,849.36	14.9	4,326.41	13.3
002399	海普瑞	344,787.79	112.67	0.03	18,474.70	5.36	27,153.01	7.88	147,644.88	42.82	62,884.89	18.24	88,517.64	25.67
002400	省广股份	35,030.42	15.79	0.05	1,338.89	3.82	3,437.68	9.81	12,686.88	36.22	6,931.55	19.79	10,619.62	30.32
002401	交技发展	12,388.94	17.79	0.14	1,132.03	9.14	1,483.52	11.97	6,718.34	54.23	1,972.60	15.92	1,064.65	8.59
002402	和而泰	43,250.47	43.89	0.1	2,424.01	5.6	5,167.76	11.95	17,867.97	41.31	6,492.17	15.01	11,254.66	26.02
002403	爱仕达	35,247.25	11.75	0.03	1,787.48	5.07	3,456.38	9.81	12,478.17	35.4	5,046.70	14.32	12,466.77	35.37
002404	嘉欣丝绸	12,228.76	31.59	0.26	1,641.15	13.42	2,232.79	18.26	5,741.68	46.95	1,549.92	12.67	1,031.63	8.44
002405	四维图新	77,039.30	50.96	0.07	4,020.11	5.22	8,028.90	10.42	29,728.78	38.59	12,888.05	16.73	22,322.51	28.98
002406	远东传动	19,724.84	30.26	0.15	1,684.17	8.54	2,696.94	13.67	9,410.74	47.71	2,978.42	15.1	2,924.31	14.83
002407	多氟多	124,717.21	30.65	0.02	6,392.46	5.13	7,837.33	6.28	47,329.89	37.95	22,201.74	17.8	40,925.13	32.81
002408	齐翔腾达	323,018.52	84.06	0.03	10,299.19	3.19	26,929.37	8.34	122,878.03	38.04	64,134.71	19.85	98,693.16	30.55
002409	雅克科技	10,780.17	4.92	0.05	481.86	4.47	1,213.61	11.26	4,180.76	38.78	1,761.34	16.34	3,137.68	29.11
002410	广联达	49,518.77	15.72	0.03	1,686.65	3.41	4,305.34	8.69	16,329.72	32.98	9,024.04	18.22	18,157.31	36.67
002411	九九久	112,480.35	38.54	0.03	4,439.52	3.95	7,896.92	7.02	38,665.78	34.38	17,504.63	15.56	43,934.97	39.06
002412	汉森制药	24,825.23	13.5	0.05	2,201.68	8.87	3,474.82	14	10,938.35	44.06	3,405.12	13.72	4,791.76	19.3
002413	常发股份	20,985.78	3.56	0.02	943.71	4.5	1,193.78	5.69	7,198.94	34.3	2,458.52	11.72	9,187.28	43.78
002414	高德红外	54,067.77	16.37	0.03	2,788.92	5.16	5,563.02	10.29	22,121.87	40.92	10,372.49	19.18	13,205.11	24.42
002415	海康威视	77,534.15	50.81	0.07	3,669.29	4.73	4,362.23	5.63	21,986.74	28.36	10,080.57	13	37,384.50	48.22
002416	爱施德	44,460.49	3.52	0.01	1,252.44	2.82	3,819.09	8.59	17,714.50	39.84	8,043.48	18.09	13,627.47	30.65
002417	三元达	69,725.55	38.5	0.06	4,059.80	5.82	6,381.86	9.15	27,353.05	39.23	10,519.55	15.09	21,372.79	30.65
002418	康盛股份	43,506.00	59.87	0.14	2,706.65	6.22	4,597.08	10.57	16,710.69	38.41	6,553.35	15.06	12,878.36	29.6
002419	天虹商场	35,083.02	17.42	0.05	2,093.81	5.97	2,698.36	7.69	15,651.04	44.61	5,776.39	16.46	8,846.00	25.21
002420	毅昌股份	31,753.42	238.95	0.75	2,870.74	9.04	4,661.06	14.68	11,121.33	35.02	3,671.90	11.56	9,189.44	28.94
002421	达实智能	42,706.63	33.53	0.08	2,793.30	6.54	5,459.39	12.78	19,172.67	44.89	7,235.26	16.94	8,012.47	18.76
002422	科伦药业	180,302.48	33.71	0.02	1,069.77	0.59	12,274.48	6.81	49,690.13	27.56	25,572.25	14.18	91,662.14	50.84
002423	中原特钢	310,549.27	247.66	0.08	17,293.98	5.57	28,349.21	9.13	122,013.56	39.29	56,494.09	18.19	86,150.77	27.74
002424	贵州百灵	81,715.30	26.8	0.03	4,446.43	5.44	6,263.85	7.67	37,550.36	45.95	13,553.74	16.59	19,874.12	24.32
002425	凯撒股份	21,512.60	4.24	0.02	879.58	4.09	1,338.55	6.22	9,298.80	43.22	3,700.77	17.2	6,290.65	29.24
002426	胜利精密	42,183.80	21.74	0.05	3,253.09	7.71	4,713.72	11.17	17,360.82	41.16	6,018.05	14.27	10,816.38	25.64
002427	尤夫股份	17,503.03	14.34	0.08	1,316.06	7.52	2,116.61	12.09	8,662.55	49.49	2,567.63	14.67	2,825.84	16.14
002428	云南锗业	159,129.50	54.26	0.03	9,906.31	6.23	11,300.67	7.1	59,936.96	37.67	27,043.12	16.99	50,888.18	31.98
002429	兆驰股份	26,339.87	15.48	0.06	1,793.21	6.81	4,076.91	15.48	12,306.02	46.72	4,210.17	15.98	3,938.08	14.95
002430	杭氧股份	41,600.53	22.07	0.05	1,939.60	4.66	3,030.77	7.29	15,915.64	38.26	7,751.24	18.63	12,941.21	31.11
002431	棕榈园林	65,984.45	19.22	0.03	2,847.09	4.31	5,660.42	8.58	23,996.19	36.37	11,638.88	17.64	21,822.65	33.07
002432	九安医疗	40,552.52	35.82	0.09	3,413.26	8.42	4,658.16	11.49	16,871.56	41.6	5,331.60	13.15	10,242.12	25.26
002433	太安堂	11,718.15	3.54	0.03	1,172.12	10	1,279.07	10.92	6,102.06	52.07	1,480.61	12.64	1,680.75	14.34
002434	万里扬	27,932.56	6.63	0.02	792.37	2.84	2,378.49	8.52	11,425.51	40.9	5,797.62	20.76	7,531.94	26.96
002435	长江润发	23,311.27	7.55	0.03	1,731.33	7.43	3,092.85	13.27	11,378.18	48.81	3,383.46	14.51	3,717.91	15.95
002436	兴森科技	38,894.69	18.18	0.05	2,379.17	6.12	2,716.61	6.98	15,570.32	40.03	6,475.21	16.65	11,735.20	30.17
002437	誉衡药业	47,028.03	12.93	0.03	3,127.07	6.65	3,548.69	7.55	21,725.47	46.2	6,621.80	14.08	11,992.08	25.5
002438	江苏神通	35,882.92	8.9	0.02	3,293.29	9.18	3,735.69	10.41	17,554.02	48.92	4,929.83	13.74	6,361.18	17.73
002439	启明星辰	24,139.52	5.62	0.02	1,054.63	4.37	1,927.37	7.98	9,291.39	38.49	4,453.97	18.45	7,406.55	30.68
002440	闰土股份	42,097.43	24.85	0.06	1,785.10	4.24	3,987.70	9.47	19,913.96	47.3	7,253.79	17.23	9,132.03	21.69
002441	众业达	39,180.91	20.97	0.05	2,515.82	6.42	6,264.07	15.99	18,738.95	47.83	6,633.12	16.93	5,007.97	12.78
002442	龙星化工	179,934.67	351.87	0.2	13,563.48	7.54	24,206.49	13.45	88,800.45	49.35	29,196.49	16.23	23,815.88	13.24
002443	金洲管道	13,281.63	28.09	0.21	1,305.53	9.83	2,224.10	16.75	6,900.41	51.95	1,764.57	13.29	1,058.93	7.97
002444	巨星科技	63,421.81	35.7	0.06	5,628.44	8.87	8,235.35	12.99	30,815.26	48.59	10,237.56	16.14	8,469.49	13.35
002445	中南重工	63,646.40	7.88	0.01	1,576.36	2.48	4,526.05	7.11	24,153.49	37.95	12,487.36	19.62	20,895.26	32.83
002446	盛路通信	17,441.40	25.99	0.15	1,430.33	8.2	2,754.80	15.79	8,544.28	48.99	2,679.25	15.36	2,006.75	11.51
002447	壹桥苗业	25,481.12	10.3	0.04	242.01	0.95	3,438.49	13.49	12,081.01	47.41	4,517.67	17.73	5,191.63	20.37
002448	中原内配	61,196.93	9.83	0.02	2,806.67	4.59	6,552.40	10.71	25,753.74	42.08	11,514.43	18.82	14,559.85	23.79
002449	国星光电	87,801.57	37.62	0.04	5,397.06	6.15	7,847.24	8.94	42,041.80	47.88	15,504.95	17.66	16,972.90	19.33
002450	康得新	77,980.85	15.75	0.02	3,324.99	4.26	5,140.92	6.59	29,743.86	38.14	13,684.46	17.55	26,070.87	33.43
002451	摩恩电气	15,782.31	7.01	0.04	1,203.06	7.62	2,022.49	12.81	6,009.86	38.08	2,080.54	13.18	4,459.35	28.26
002452	长高集团	16,490.23	6.85	0.04	1,391.58	8.44	1,759.46	10.67	8,270.70	50.16	2,840.43	17.22	2,221.21	13.47
002453	天马精化	33,612.45	10.45	0.03	1,555.63	4.63	2,914.05	8.67	15,245.97	45.36	5,969.46	17.76	7,916.89	23.55
002454	松芝股份	23,706.47	29.05	0.12	1,991.81	8.4	2,906.67	12.26	11,262.71	47.51	3,880.97	16.37	3,635.26	15.33
002455	百川股份	26,686.72	38.32	0.14	2,531.99	9.49	4,034.56	15.12	13,217.50	49.53	3,903.01	14.63	2,961.35	11.1
002456	欧菲光	114,717.48	19.1	0.02	4,728.17	4.12	10,984.54	9.58	50,727.82	44.22	20,910.15	18.23	27,347.70	23.84

代码	证券名称	成交金额	按每笔成交金额(元)分类的成交金额和比例											
			< 1,000	%	1,000 - 5,000	%	5,000 - 10,000	%	10,000 - 50,000	%	50,000 - 100,000	%	> = 100,000	%
002457	青龙管业	118,008.77	85.19	0.07	6,151.61	5.21	14,061.45	11.92	51,707.03	43.82	23,407.33	19.84	22,596.16	19.15
002458	益生股份	23,252.72	16.19	0.07	1,521.18	6.54	1,966.69	8.46	12,053.89	51.84	3,603.17	15.5	4,091.59	17.6
002459	天业通联	84,514.88	53.59	0.06	4,174.64	4.94	8,748.08	10.35	32,613.03	38.59	16,267.86	19.25	22,657.68	26.81
002460	赣锋锂业	85,555.80	26.36	0.03	4,328.01	5.06	10,164.49	11.88	40,317.89	47.12	15,647.03	18.29	15,072.02	17.62
002461	珠江啤酒	36,012.07	31.66	0.09	4,353.45	12.09	6,043.88	16.78	17,182.33	47.71	4,944.87	13.73	3,455.89	9.6
002462	嘉事堂	22,301.39	11.54	0.05	1,971.20	8.84	3,279.10	14.7	10,276.43	46.08	3,582.30	16.06	3,180.82	14.26
002463	沪电股份	35,218.60	47.39	0.13	3,102.75	8.81	4,798.01	13.62	15,378.86	43.67	4,977.16	14.13	6,914.43	19.63
002464	金利科技	27,786.74	20.37	0.07	2,475.22	8.91	4,959.41	17.85	13,364.30	48.1	4,131.27	14.87	2,836.16	10.21
002465	海格通信	47,485.60	14.88	0.03	2,194.61	4.62	6,145.19	12.94	23,046.59	48.53	8,487.06	17.87	7,597.26	16
002466	天齐锂业	74,874.39	32.44	0.04	4,705.74	6.28	10,187.22	13.61	34,291.93	45.8	12,704.94	16.97	12,952.11	17.3
002467	二六三	10,486.73	3.64	0.03	781.99	7.46	1,228.33	11.71	4,499.46	42.91	1,530.67	14.6	2,442.63	23.29
002468	艾迪西	120,001.84	134.54	0.11	12,307.43	10.26	17,840.91	14.87	57,168.23	47.64	18,189.70	15.16	14,361.04	11.97
002469	三维工程	33,294.75	15.21	0.05	1,887.71	5.67	3,579.78	10.75	15,370.09	46.16	5,837.56	17.53	6,604.40	19.84
002470	金正大	45,925.65	16.72	0.04	2,661.19	5.79	6,538.75	14.24	20,018.95	43.59	8,636.68	18.81	8,053.37	17.54
002471	中超电缆	30,119.20	40.69	0.14	2,693.41	8.94	4,763.37	15.82	14,809.83	49.17	4,159.59	13.81	3,652.32	12.13
002472	双环传动	27,018.82	24.16	0.09	1,821.09	6.74	3,489.68	12.92	12,070.30	44.67	4,528.79	16.76	5,084.80	18.82
002473	圣莱达	66,485.60	40.24	0.06	5,858.80	8.81	9,494.97	14.28	31,248.03	47	10,254.09	15.42	9,589.46	14.42
002474	榕基软件	23,163.04	77.9	0.34	1,731.78	7.48	2,219.10	9.58	11,471.17	49.52	3,586.73	15.48	4,076.36	17.6
002475	立讯精密	51,007.28	8.75	0.02	1,342.29	2.63	2,322.44	4.55	13,547.93	26.56	7,975.28	15.64	25,810.59	50.6
002476	宝莫股份	14,370.81	19.48	0.14	1,081.32	7.52	1,786.25	12.43	6,960.85	48.44	2,433.38	16.93	2,089.53	14.54
002477	雏鹰农牧	313,339.59	69.22	0.02	9,766.26	3.12	26,626.21	8.5	124,007.33	39.58	59,689.11	19.05	93,181.45	29.74
002478	常宝股份	61,985.82	17.85	0.03	3,498.31	5.64	6,000.33	9.68	25,432.19	41.03	10,267.11	16.56	16,770.04	27.05
002479	富春环保	89,332.46	64.45	0.07	8,583.96	9.61	15,450.68	17.3	41,476.55	46.43	13,070.87	14.63	10,685.95	11.96
002480	新筑股份	53,059.21	9.44	0.02	1,306.21	2.46	3,787.88	7.14	20,041.21	37.77	10,673.52	20.12	17,240.96	32.49
002481	双塔食品	49,343.41	14.7	0.03	1,795.68	3.64	4,484.15	9.09	19,340.62	39.2	8,591.98	17.41	15,116.28	30.63
002482	广田股份	43,587.26	10.5	0.02	3,264.63	7.49	5,341.32	12.25	17,590.09	40.36	7,396.08	16.97	9,984.64	22.91
002483	润邦股份	31,727.71	37.37	0.12	2,766.53	8.72	4,739.99	14.94	16,052.75	50.6	4,616.02	14.55	3,515.04	11.08
002484	江海股份	36,329.66	5.61	0.02	2,008.36	5.53	2,427.76	6.68	13,539.46	37.27	4,659.98	12.83	13,688.49	37.68
002485	希努尔	46,545.31	14.61	0.03	2,513.08	5.4	3,389.79	7.28	21,509.64	46.21	7,569.17	16.26	11,549.02	24.81
002486	嘉麟杰	11,309.93	3.96	0.04	819.21	7.24	1,532.04	13.55	5,344.25	47.25	1,596.89	14.12	2,013.57	17.8
002487	大金重工	44,620.39	15.65	0.04	2,814.09	6.31	5,102.10	11.43	22,489.23	50.4	7,476.64	16.76	6,722.67	15.07
002488	金固股份	20,282.35	18.04	0.09	1,839.37	9.07	2,937.82	14.48	10,319.67	50.88	2,935.09	14.47	2,232.36	11.01
002489	浙江永强	55,141.09	9.16	0.02	2,053.83	3.72	6,207.90	11.26	25,430.98	46.12	10,611.05	19.24	10,828.18	19.64
002490	山东墨龙	54,660.72	24.9	0.05	3,968.80	7.26	6,765.02	12.38	24,350.35	44.55	9,323.46	17.06	10,228.20	18.71
002491	通鼎光电	23,699.18	15.68	0.07	2,585.46	10.91	3,821.66	16.13	12,153.74	51.28	3,192.35	13.47	1,930.29	8.14
002492	恒基达鑫	17,443.13	10.9	0.06	1,614.96	9.26	2,324.90	13.33	7,768.91	44.54	2,583.80	14.81	3,139.68	18
002493	荣盛石化	139,912.52	33.21	0.02	5,989.75	4.28	15,987.63	11.43	61,228.65	43.76	25,796.15	18.44	30,877.13	22.07
002494	华斯股份	20,390.15	9.83	0.05	1,594.55	7.82	2,301.42	11.29	9,747.00	47.8	3,131.47	15.36	3,605.88	17.68
002495	佳隆股份	24,556.69	34.73	0.14	2,262.64	9.21	3,336.37	13.59	12,353.77	50.31	3,391.08	13.81	3,178.10	12.94
002496	辉丰股份	51,101.73	33.72	0.07	3,086.11	6.04	4,907.90	9.6	23,378.11	45.75	10,547.50	20.64	9,148.38	17.9
002497	雅化集团	55,127.70	17.23	0.03	2,042.95	3.71	5,082.13	9.22	19,742.55	35.81	9,006.09	16.34	19,236.75	34.89
002498	汉缆股份	33,380.59	48.53	0.15	2,232.49	6.69	5,649.26	16.92	15,795.97	47.32	5,036.31	15.09	4,618.02	13.83
002499	科林环保	27,165.93	7.89	0.03	1,379.99	5.08	3,344.51	12.31	11,777.08	43.35	4,896.99	18.03	5,759.47	21.2
002500	山西证券	158,089.96	1,240.91	0.78	14,809.05	9.37	26,849.52	16.98	64,865.91	41.03	25,234.93	15.96	25,089.64	15.87
002501	利源铝业	57,333.75	21.09	0.04	4,251.37	7.42	5,967.14	10.41	28,387.65	49.51	9,357.76	16.32	9,348.74	16.31
002502	骅威股份	17,156.48	4.13	0.02	1,372.35	8	1,590.50	9.27	8,515.40	49.63	2,389.46	13.93	3,284.63	19.15
002503	搜于特	39,678.77	12.75	0.03	1,738.83	4.38	3,896.42	9.82	15,785.89	39.78	6,726.43	16.95	11,518.44	29.03
002504	东光微电	39,901.15	21.71	0.05	2,696.24	6.76	5,687.05	14.25	18,962.48	47.52	6,488.80	16.26	6,044.87	15.15
002505	大康牧业	203,737.51	132.56	0.07	15,262.82	7.49	25,881.00	12.7	93,519.72	45.9	33,990.23	16.68	34,951.19	17.16
002506	超日太阳	159,758.85	76.51	0.05	9,100.00	5.7	20,687.53	12.95	65,827.47	41.2	30,472.36	19.07	33,594.99	21.03
002507	涪陵榨菜	42,826.72	26.01	0.06	3,251.04	7.59	6,992.77	16.33	19,550.36	45.65	7,174.17	16.75	5,832.36	13.62
002508	老板电器	46,383.67	54.66	0.12	3,798.91	8.19	6,776.83	14.61	21,439.46	46.22	7,821.99	16.86	6,491.83	14
002509	天广消防	37,694.29	11.8	0.03	3,123.97	8.29	3,743.72	9.93	19,638.06	52.1	5,591.02	14.83	5,585.72	14.82
002510	天汽模	34,844.72	24.78	0.07	3,887.90	11.16	5,538.47	15.89	16,938.27	48.61	4,493.67	12.9	3,961.64	11.37
002511	中顺洁柔	31,027.72	8.65	0.03	1,325.42	4.27	3,725.85	12.01	15,506.80	49.98	5,761.83	18.57	4,699.17	15.15
002512	达华智能	25,207.10	14.99	0.06	1,451.82	5.76	2,950.33	11.7	12,384.69	49.13	4,242.18	16.83	4,163.09	16.52
002513	蓝丰生化	28,411.50	6.84	0.02	1,854.77	6.53	2,620.32	9.22	14,306.53	50.35	4,584.18	16.13	5,038.85	17.74
002514	宝馨科技	26,737.93	8.3	0.03	1,490.64	5.57	3,830.95	14.33	13,191.41	49.34	4,979.91	18.62	3,236.73	12.11
002515	金字火腿	29,585.07	33.28	0.11	1,842.40	6.23	4,156.32	14.05	14,637.31	49.48	4,860.49	16.43	4,055.27	13.71
002516	江苏旷达	37,046.38	36.95	0.1	2,297.56	6.2	3,809.79	10.28	13,715.46	37.02	6,133.79	16.56	11,052.83	29.84
002517	泰亚股份	19,523.08	13.74	0.07	1,839.67	9.42	3,796.67	19.45	9,156.93	46.9	2,851.20	14.6	1,864.87	9.55

代码	证券名称	成交金额	按每笔成交金额(元)分类的成交金额和比例											
			<1,000	%	1,000-5,000	%	5,000-10,000	%	10,000-50,000	%	50,000-100,000	%	>=100,000	%
002518	科士达	47,876.44	264.03	0.55	3,452.76	7.21	5,891.43	12.31	22,272.06	46.52	7,647.38	15.97	8,348.79	17.44
002519	银河电子	36,303.08	15.97	0.04	2,845.54	7.84	5,242.67	14.44	17,210.14	47.41	6,368.69	17.54	4,620.07	12.73
002520	日发数码	62,343.55	15.28	0.02	2,259.00	3.62	6,051.09	9.71	27,202.39	43.63	12,434.27	19.94	14,381.51	23.07
002521	齐峰股份	56,125.62	55.27	0.1	3,762.02	6.7	7,844.83	13.98	25,309.14	45.09	10,504.02	18.72	8,650.33	15.41
002522	浙江众成	42,620.02	24.16	0.06	2,292.46	5.38	4,521.13	10.61	19,183.06	45.01	8,850.81	20.77	7,748.41	18.18
002523	天桥起重	22,021.78	17.01	0.08	2,774.18	12.6	3,856.07	17.51	10,927.01	49.62	2,492.35	11.32	1,955.16	8.88
002524	光正钢构	107,687.50	49.64	0.05	8,619.98	8	14,352.21	13.33	52,239.76	48.51	16,879.66	15.67	15,546.24	14.44
002526	山东矿机	73,324.23	12.98	0.02	3,949.07	5.39	4,904.08	6.69	30,200.40	41.19	11,654.00	15.89	22,603.70	30.83
002527	新时达	24,265.41	6.29	0.03	1,109.53	4.57	1,808.29	7.45	8,729.65	35.98	3,986.23	16.43	8,625.42	35.55
002528	英飞拓	33,765.38	19.34	0.06	1,745.69	5.17	3,685.22	10.91	14,777.71	43.77	6,122.64	18.13	7,414.78	21.96
002529	海源机械	24,164.68	14.32	0.06	1,985.41	8.22	4,175.83	17.28	12,525.75	51.83	3,665.98	15.17	1,797.39	7.44
002530	丰东股份	37,876.94	14.43	0.04	2,505.27	6.61	3,858.47	10.19	16,289.89	43.01	6,047.55	15.97	9,161.33	24.19
002531	天顺风能	35,260.74	28.45	0.08	3,382.85	9.59	7,059.00	20.02	15,728.78	44.61	5,251.99	14.89	3,809.66	10.8
002532	新界泵业	255,825.59	103.89	0.04	14,909.06	5.83	26,251.08	10.26	111,192.05	43.46	44,366.58	17.34	59,002.93	23.06
002533	金杯电工	36,856.93	21.68	0.06	3,334.59	9.05	5,490.57	14.9	18,472.02	50.12	5,160.71	14	4,377.36	11.88
002534	杭锅股份	31,343.31	10.76	0.03	1,722.15	5.49	2,481.13	7.92	14,637.27	46.7	5,270.89	16.82	7,221.11	23.04
002535	林州重机	109,144.71	35.77	0.03	7,179.19	6.58	11,278.95	10.33	44,748.03	41	18,581.57	17.02	27,321.20	25.03
002536	西泵股份	26,704.07	9.41	0.04	1,770.20	6.63	3,739.32	14	14,300.68	53.55	3,894.34	14.58	2,990.12	11.2
002537	海立美达	25,364.41	6.68	0.03	1,062.30	4.19	3,096.11	12.21	11,802.97	46.53	4,557.64	17.97	4,838.72	19.08
002538	司尔特	33,170.00	15.06	0.05	3,538.37	10.67	3,937.76	11.87	17,634.82	53.16	3,823.59	11.53	4,220.42	12.72
002539	新都化工	36,049.75	3.81	0.01	1,183.34	3.28	3,398.29	9.43	14,892.76	41.31	7,025.50	19.49	9,546.07	26.48
002540	亚太科技	35,370.33	45.9	0.13	2,497.57	7.06	5,622.07	15.89	17,344.08	49.04	6,026.24	17.04	3,834.47	10.84
002541	鸿路钢构	33,304.39	16.37	0.05	1,027.06	3.08	1,476.66	4.43	11,518.39	34.59	6,083.91	18.27	13,182.01	39.58
002542	中化岩土	112,447.76	30.97	0.03	7,967.73	7.09	10,974.16	9.76	54,829.98	48.76	18,386.37	16.35	20,258.55	18.02
002543	万和电气	16,222.23	5.15	0.03	1,672.13	10.31	1,850.68	11.41	8,701.26	53.64	2,000.37	12.33	1,992.64	12.28
002544	杰赛科技	33,398.03	17.97	0.05	2,788.37	8.35	4,549.94	13.62	15,910.69	47.64	4,852.18	14.53	5,278.88	15.81
002545	东方铁塔	52,356.17	10.98	0.02	1,949.69	3.72	5,936.61	11.34	23,986.49	45.81	10,024.87	19.15	10,447.52	19.95
002546	新联电子	36,962.68	7.06	0.02	1,542.09	4.17	2,098.60	5.68	17,098.18	46.26	6,205.05	16.79	10,011.70	27.09
002547	春兴精工	39,371.76	21.88	0.06	3,522.68	8.95	5,350.83	13.59	19,306.35	49.04	5,731.36	14.56	5,438.65	13.81
002548	金新农	45,430.02	14.12	0.03	3,552.71	7.82	4,887.09	10.76	22,170.22	48.8	7,093.69	15.61	7,712.19	16.98
002549	凯美特气	28,125.58	6.93	0.02	1,333.91	4.74	2,075.10	7.38	11,414.94	40.59	5,392.03	19.17	7,902.68	28.1
002550	千红制药	78,093.15	17.94	0.02	3,048.90	3.9	9,022.72	11.55	36,558.79	46.81	13,960.88	17.88	15,483.91	19.83
002551	尚荣医疗	42,918.48	17.87	0.04	2,619.05	6.1	3,670.76	8.55	17,742.27	41.34	7,133.56	16.62	11,734.96	27.34
002552	宝鼎重工	47,874.98	52.89	0.11	3,938.75	8.23	6,715.30	14.03	22,867.71	47.77	7,164.48	14.96	7,135.86	14.91
002553	南方轴承	53,392.14	21.46	0.04	4,831.56	9.05	5,796.91	10.86	27,755.76	51.98	8,201.87	15.36	6,784.58	12.71
002554	惠博普	53,510.10	60.39	0.11	2,862.76	5.35	6,294.20	11.76	22,196.03	41.48	11,093.87	20.73	11,002.86	20.56
002555	顺荣股份	20,161.80	10.25	0.05	1,620.00	8.03	3,084.10	15.3	9,857.23	48.89	3,137.81	15.56	2,452.43	12.16
002556	辉隆股份	58,111.22	18.28	0.03	2,174.93	3.74	5,290.65	9.1	19,098.85	32.87	10,133.06	17.44	21,395.45	36.82
002557	洽洽食品	34,574.83	9.93	0.03	1,699.62	4.92	4,462.26	12.91	15,464.32	44.73	5,889.18	17.03	7,049.53	20.39
002558	世纪游轮	17,726.54	6.51	0.04	1,039.54	5.86	2,298.35	12.97	8,335.04	47.02	2,886.07	16.28	3,161.04	17.83
002559	亚威股份	34,593.49	5.75	0.02	1,401.28	4.05	4,189.18	12.11	16,087.99	46.51	6,702.33	19.37	6,206.96	17.94
002560	通达股份	16,131.80	25.08	0.16	1,450.35	8.99	2,803.34	17.38	8,636.68	53.54	1,944.84	12.06	1,271.49	7.88
002561	徐家汇	60,409.34	26.28	0.04	5,910.63	9.78	8,534.92	14.13	28,281.37	46.82	7,613.18	12.6	10,042.96	16.62
002562	兄弟科技	69,778.13	20.84	0.03	3,956.97	5.67	5,784.71	8.29	30,794.25	44.13	11,498.13	16.48	17,723.22	25.4
002563	森马服饰	62,498.04	32.49	0.05	2,560.44	4.1	4,109.46	6.58	22,970.19	36.75	9,403.32	15.05	23,422.14	37.48
002564	张化机	100,193.12	47.72	0.05	4,607.64	4.6	10,848.29	10.83	36,069.96	36	18,519.06	18.48	30,100.45	30.04
002565	上海绿新	11,001.25	3.31	0.03	957.44	8.7	1,450.60	13.19	5,567.83	50.61	1,107.19	10.06	1,914.87	17.41
002566	益盛药业	27,136.52	7.78	0.03	1,355.55	5	3,202.31	11.8	11,220.07	41.35	4,739.20	17.46	6,611.60	24.36
002567	唐人神	59,346.79	20.02	0.03	5,500.14	9.27	6,084.84	10.25	29,401.55	49.54	8,249.86	13.9	10,090.38	17
002568	百润股份	24,223.42	13.13	0.05	2,375.77	9.81	2,670.79	11.03	11,945.08	49.31	3,308.24	13.66	3,910.41	16.14
002569	步森股份	31,172.65	29.75	0.1	2,275.13	7.3	5,173.90	16.6	14,391.09	46.17	5,380.68	17.26	3,922.10	12.58
002570	贝因美	68,867.05	14.44	0.02	3,550.94	5.16	5,396.21	7.84	30,000.84	43.56	11,835.30	17.19	18,069.32	26.24
002571	德力股份	7,821.56	3.67	0.05	1,164.13	14.88	1,252.83	16.02	3,963.11	50.67	604.42	7.73	833.4	10.66
002572	宁基股份	14,466.17	6.66	0.05	105.54	0.73	2,031.43	14.04	6,110.78	42.24	2,897.63	20.03	3,314.13	22.91
002573	国电清新	8,650.14	3.54	0.04	710.88	8.22	1,615.68	18.68	5,092.70	58.87	668.69	7.73	558.65	6.46
002574	明牌珠宝	157,769.08	31.72	0.02	6,852.12	4.34	15,358.50	9.73	72,814.34	46.15	28,872.86	18.3	33,839.54	21.45
002575	群兴玩具	31,903.72	15.3	0.05	2,731.18	8.56	7,018.47	22	12,884.83	40.39	4,891.72	15.33	4,362.21	13.67
002576	通达动力	115,524.95	51.64	0.04	6,658.76	5.76	18,980.98	16.43	51,307.44	44.41	18,086.35	15.66	20,439.78	17.69
002577	雷柏科技	17,625.33	11.64	0.07	1,176.26	6.67	3,066.48	17.4	9,641.94	54.71	2,185.85	12.4	1,543.16	8.76
002578	闽发铝业	57,861.48	36.33	0.06	5,639.80	9.75	9,458.47	16.35	28,090.20	48.55	7,647.66	13.22	6,989.02	12.08
002579	中京电子	67,443.71	38.05	0.06	5,253.42	7.79	9,887.99	14.66	31,240.80	46.32	10,331.96	15.32	10,691.49	15.85

代码	证券名称	成交金额	按每笔成交金额(元)分类的成交金额和比例											
			<1,000	%	1,000-5,000	%	5,000-10,000	%	10,000-50,000	%	50,000-100,000	%	>=100,000	%
002580	圣阳股份	51,175.18	35.65	0.07	4,983.76	9.74	5,381.81	10.52	26,634.28	52.05	8,269.39	16.16	5,870.29	11.47
002581	万昌科技	118,117.23	40.55	0.03	6,408.74	5.43	14,151.20	11.98	47,665.31	40.35	23,337.03	19.76	26,514.40	22.45
002582	好想你	143,111.92	19.3	0.01	662.26	0.46	9,810.09	6.85	40,362.83	28.2	22,684.78	15.85	69,572.67	48.61
002583	海能达	124,568.13	74.75	0.06	9,019.14	7.24	20,261.24	16.27	50,906.42	40.87	19,068.49	15.31	25,238.10	20.26
002584	西陇化工	270,234.96	292.56	0.11	28,911.86	10.7	64,813.52	23.98	97,117.85	35.94	35,080.13	12.98	44,019.03	16.29
002585	双星新材	224,235.04	24.29	0.01	11,348.58	5.06	13,733.15	6.12	85,900.56	38.31	38,957.58	17.37	74,270.88	33.12
002586	围海股份	301,384.52	90.53	0.03	21,053.69	6.99	24,205.46	8.03	135,090.63	44.82	44,842.24	14.88	76,101.98	25.25
002587	奥拓电子	146,436.41	185.63	0.13	11,663.01	7.96	36,643.02	25.02	50,165.67	34.26	23,004.91	15.71	24,774.17	16.92
002588	史丹利	70,155.31	13.62	0.02	2,933.27	4.18	7,395.67	10.54	32,802.40	46.76	14,025.59	19.99	12,984.74	18.51
002589	瑞康医药	198,507.15	51.18	0.03	13,397.77	6.75	16,016.73	8.07	95,404.51	48.06	28,515.87	14.37	45,121.09	22.73
002590	万安科技	121,766.80	139.31	0.11	10,349.89	8.5	39,363.76	32.33	38,445.87	31.57	16,813.20	13.81	16,654.78	13.68
002591	恒大高新	62,359.90	59.44	0.1	5,556.92	8.91	13,226.49	21.21	29,297.86	46.98	7,664.89	12.29	6,554.30	10.51
002593	日上集团	99,103.78	228.57	0.23	15,210.92	15.35	33,119.98	33.42	36,553.29	36.88	6,762.16	6.82	7,228.86	7.29
002594	N比亚迪	134,934.23	74.51	0.06	9,809.82	7.27	14,027.15	10.4	89,916.12	66.64	21,045.85	15.6	60.79	0.05
002595	豪迈科技	113,127.51	22.91	0.02	6,127.18	5.42	7,931.15	7.01	62,329.21	55.1	21,029.42	18.59	15,687.64	13.87
100203	国债0203	14.19	1.2	8.46	0.5	3.49	3.67	25.85	8.83	62.19	0	0	0	0
100213	国债0213	125.11	11.33	9.06	29.35	23.46	35.37	28.27	41.6	33.25	7.45	5.95	0	0
100303	国债0303	247.77	25.52	10.3	44.03	17.77	67.87	27.39	99.59	40.2	10.75	4.34	0	0
100308	国债0308	11.17	0.14	1.23	1.09	9.79	1.78	15.92	8.16	73.07	0	0	0	0
100407	国债0407	0.67	0.06	9.02	0.1	15.01	0.51	75.96	0	0	0	0	0	0
100410	国债0410	2.59	0.37	14.4	1.71	66.13	0.5	19.47	0	0	0	0	0	0
100501	国债0501	1.97	0.11	5.7	0.41	20.65	0	0	1.45	73.65	0	0	0	0
100505	国债0505	0.1	0.1	100	0	0	0	0	0	0	0	0	0	0
100811	国债0811	1,000.41	0	0	0	0	0	0	0	0	0	0	1,000.41	100
101014	国债1014	892.75	0	0	0	0	0	0	0	0	0	0	892.75	100
101912	国债912	0.22	0.02	9.11	0.2	90.89	0	0	0	0	0	0	0	0
101917	国债917	9.66	0	0	1.83	18.9	2.89	29.87	4.95	51.23	0	0	0	0
111015	01三峡10	12,578.98	0.3	0	2	0.02	7.49	0.06	22.87	0.18	11	0.09	12,535.32	99.65
111018	02电网15	60.74	3.22	5.31	5.19	8.55	14.7	24.2	37.63	61.94	0	0	0	0
111019	02广核债	10.5	2.29	21.81	2.3	21.94	5.9	56.25	0	0	0	0	0	0
111020	03华能1	265.68	0.42	0.16	1.18	0.44	1.99	0.75	1.4	0.53	37.02	13.93	223.67	84.19
111021	03华能2	2.9	0	0	0.99	34.14	0.91	31.38	1	34.48	0	0	0	0
111022	04首旅债	12.79	0	0	0.2	1.55	2.67	20.92	9.91	77.53	0	0	0	0
111023	03中铁债	38.52	0.61	1.57	0.39	1.02	3.67	9.51	7.59	19.71	0	0	26.26	68.17
111024	04华电1	3.4	0	0	0	0	1	29.5	2.39	70.5	0	0	0	0
111025	04华电2	8.02	0	0	0	0	0	0	8.02	100	0	0	0	0
111026	05粤交通	11.24	0.19	1.7	0.48	4.22	2.86	25.4	7.72	68.68	0	0	0	0
111027	03石油债	10.67	0.1	0.92	0.87	8.16	0.99	9.23	8.71	81.69	0	0	0	0
111028	05神华债	74.37	0.21	0.28	2.41	3.24	12.23	16.44	34.83	46.83	13.29	17.87	11.4	15.33
111032	06鲁能债	1.1	0	0	0.2	18.52	0.9	81.48	0	0	0	0	0	0
111034	06铁道07	10,029.24	0.1	0	1.29	0.01	3.68	0.04	3.68	0.04	0	0	10,020.50	99.91
111035	06节能债	15.16	2	13.19	4.25	28.03	5.79	38.16	3.13	20.63	0	0	0	0
111037	08昆建债	779.73	0	0	4.28	0.55	6.51	0.84	55.23	7.08	61.25	7.86	652.45	83.68
111038	08西基投	2,707.13	0	0	0.21	0.01	1.53	0.06	7.63	0.28	18.41	0.68	2,679.35	98.97
111039	08奈伦债	3,804.47	7.41	0.19	99.62	2.62	243.05	6.39	1,420.93	37.35	744.49	19.57	1,288.97	33.88
111040	08甬交投	836.01	0	0	0	0	0	0	0	0	0	0	836.01	100
111041	08铁岭债	1,361.23	0.51	0.04	34.79	2.56	108.14	7.94	573.15	42.11	307.85	22.62	336.77	24.74
111042	08嘉城投	6.84	0	0	0.41	5.98	0	0	6.43	94.02	0	0	0	0
111044	08吉高速	8,500.39	0.02	0	0.72	0.01	0.51	0.01	4.12	0.05	21.97	0.26	8,473.05	99.68
111045	08西城投	446.82	0.01	0	2.13	0.48	10.5	2.35	39.84	8.92	51.39	11.5	342.95	76.75
111046	08东特债	57.47	0	0	1.04	1.81	7.67	13.35	38.35	66.72	10.41	18.11	0	0
111047	08长兴债	6,837.16	0.25	0	68.98	1.01	220.38	3.22	1,370.17	20.04	1,020.16	14.92	4,157.23	60.8
111048	09渝水投	514.02	2.31	0.45	14.39	2.8	22.49	4.37	61.44	11.95	52.56	10.22	360.84	70.2
111050	09华菱债	0.39	0.1	25.15	0.29	74.85	0	0	0	0	0	0	0	0
111051	09怀化债	14,768.88	3.82	0.03	375.47	2.54	609.98	4.13	4,706.27	31.87	3,239.08	21.93	5,834.26	39.5
111052	09哈城投	858.92	0.1	0.01	23.29	2.71	106.93	12.45	398.96	46.45	113.75	13.24	215.88	25.13
111054	09连中小	2,014.80	0.04	0	11.22	0.56	25.22	1.25	136.7	6.79	172.08	8.54	1,669.54	82.86
111055	09华西债	5,333.84	10.59	0.2	191.4	3.59	290.31	5.44	1,017.51	19.08	538.69	10.1	3,285.35	61.59
111056	09湖交投	4.5	0.2	4.41	0.7	15.52	0.6	13.34	3	66.72	0	0	0	0
111057	09兖城投	1.9	0.18	9.5	1.72	90.5	0	0	0	0	0	0	0	0
111058	09黄城投	253.28	0	0	15.96	6.3	32.51	12.83	141.14	55.72	35.08	13.85	28.6	11.29

代码	证券名称	成交金额	按每笔成交金额(元)分类的成交金额和比例											
			<1,000	%	1,000-5,000	%	5,000-10,000	%	10,000-50,000	%	50,000-100,000	%	>=100,000	%
111059	09 宿建投	6,473.06	0.07	0	31.03	0.48	103.04	1.59	462.82	7.15	194.08	3	5,682.02	87.78
111060	10 佳城投	952.04	0	0	9.16	0.96	18.82	1.98	148.1	15.56	68.56	7.2	707.4	74.3
111061	10 中关村	18.52	0.59	3.17	0.49	2.64	2.65	14.29	7.94	42.86	6.86	37.04	0	0
111062	10 并高铁	735.72	12.48	1.7	74.5	10.13	86.53	11.76	267.73	36.39	152.88	20.78	141.61	19.25
111063	11 富阳债	3,927.78	0.1	0	58.47	1.49	119.99	3.05	692.33	17.63	363.42	9.25	2,693.48	68.58
111064	11 长交债	2,794.75	0.16	0.01	16.67	0.6	40.89	1.46	426.59	15.26	349.38	12.5	1,961.07	70.17
112001	08 粤电债	0.71	0.13	18.25	0.58	81.75	0	0	0	0	0	0	0	0
112002	08 中联债	1,427.65	0.35	0.02	4.57	0.32	7.59	0.53	62.28	4.36	36.93	2.59	1,315.94	92.18
112003	08 泰达债	11,602.68	0	0	0	0	0	0	0	0	0	0	11,602.68	100
112004	08 中粮债	0.31	0	0	0.31	100	0	0	0	0	0	0	0	0
112005	08 万科 G1	17,334.58	0.38	0	0.53	0	0	0	14.4	0.08	67.26	0.39	17,252.02	99.52
112006	08 万科 G2	34,814.89	2.39	0.01	20.3	0.06	46.14	0.13	387.14	1.11	420.46	1.21	33,938.46	97.48
112007	09 金街 01	13,657.16	0.92	0.01	3.78	0.03	15.55	0.11	103.34	0.76	273.84	2.01	13,259.74	97.09
112008	09 金街 02	46,526.45	0	0	0.1	0	1.12	0	5.9	0.01	8.43	0.02	46,510.90	99.97
112010	09 西煤债	17,179.98	0	0	1.31	0.01	0	0	40.28	0.23	109.19	0.64	17,029.20	99.12
112011	09 东药债	9.96	0.01	0.11	0	0	0	0	9.95	99.89	0	0	0	0
112012	09 名流债	22,730.43	4.43	0.02	198.08	0.87	383.97	1.69	2,950.70	12.98	2,187.88	9.63	17,005.36	74.81
112013	09 亿城债	646.8	0	0	0	0	0	0	0	0	0	0	646.8	100
112014	09 银基债	12,529.28	2.79	0.02	257.18	2.05	577.67	4.61	4,109.97	32.8	2,379.56	18.99	5,202.12	41.52
112015	09 泛海债	1,009.17	0.22	0.02	1.14	0.11	0.72	0.07	3.1	0.31	21.91	2.17	982.08	97.32
112016	09 宏润债	1,199.93	0.81	0.07	39.78	3.31	95.71	7.98	439.21	36.6	270.1	22.51	354.32	29.53
112017	09 希望债	461.59	0.12	0.03	1.11	0.24	2.33	0.5	29.92	6.48	12.65	2.74	415.46	90.01
112019	09 宜化债	2,062.83	0.15	0.01	0.1	0	0	0	18.73	0.91	11.55	0.56	2,032.30	98.52
112020	10 大亚债	4,848.17	2.48	0.05	11.62	0.24	16	0.33	52.89	1.09	51.17	1.06	4,714.02	97.23
112021	10 南玻 01	70.42	0.99	1.4	4.02	5.71	9.24	13.13	33.5	47.58	7.87	11.18	14.79	21
112022	10 南玻 02	1,015.24	0.4	0.04	0.4	0.04	0.79	0.08	10.89	1.07	12.77	1.26	990	97.51
112023	10 煤气 01	1,182.32	0.2	0.02	0	0	0	0	0	0	0	0	1,182.12	99.98
112025	11 珠海债	4,277.62	0.06	0	2.76	0.06	10.1	0.24	75.79	1.77	99.2	2.32	4,089.70	95.61
112026	11 新兴 01	38,719.11	0.1	0	1.8	0	4.3	0.01	107.5	0.28	246.05	0.64	38,359.35	99.07
112027	11 新兴 02	0.3	0	0	0.3	100	0	0	0	0	0	0	0	0
112028	11 冀能债	23,214.29	1.18	0.01	4.21	0.02	8.4	0.04	86.6	0.37	768.88	3.31	22,345.03	96.26
115001	钒钛债 1	75.91	1.15	1.52	5.5	7.24	9.48	12.49	5.42	7.14	6.81	8.98	47.55	62.64
115002	国安债 1	10,619.82	3.7	0.03	41.82	0.39	121.44	1.14	408.75	3.85	340.65	3.21	9,703.47	91.37
115003	中兴债 1	3,191.14	2.65	0.08	9.12	0.29	20.38	0.64	46.93	1.47	35.57	1.11	3,076.49	96.41
125709	唐钢转债	19,477.12	0.8	0	78.53	0.4	196.92	1.01	2,120.59	10.89	1,522.53	7.82	15,557.75	79.88
125731	美丰转债	788.52	1.65	0.21	30.04	3.81	22.77	2.89	116.21	14.74	67.61	8.57	550.23	69.78
125887	中鼎转债	1,264.77	1.88	0.15	44.95	3.55	22.45	1.78	98.34	7.77	115.03	9.09	982.13	77.65
126729	燕京转债	1,176.89	2.57	0.22	25.1	2.13	23.9	2.03	134.89	11.46	99.26	8.43	891.18	75.72
131900	RC-003	39,913.30	0	0	14.7	0.04	36.2	0.09	372.7	0.93	852.1	2.13	38,637.60	96.8
131901	RC-007	932,844.00	0	0	451.7	0.05	1,157.10	0.12	19,387.10	2.08	33,405.00	3.58	878,443.10	94.17
131910	RC-001	2,130,896.30	0	0	4,689.70	0.22	12,473.60	0.59	216,151.00	10.14	385,050.80	18.07	1,512,531.20	70.98
131911	RC-002	220,452.80	0	0	306.3	0.14	735.2	0.33	11,187.60	5.07	16,161.60	7.33	192,062.10	87.12
150001	瑞福进取	24,916.81	342.36	1.37	2,366.78	9.5	3,516.59	14.11	9,630.29	38.65	4,301.46	17.26	4,759.33	19.1
150002	大成优选	28,465.02	92.09	0.32	1,119.05	3.93	3,470.59	12.19	11,793.69	41.43	6,744.36	23.69	5,245.24	18.43
150003	建信优势	6,539.91	29.5	0.45	501.38	7.67	1,830.35	27.99	2,395.33	36.63	510.17	7.8	1,273.19	19.47
150006	同庆 A	86,074.19	16.93	0.02	187.09	0.22	722.98	0.84	5,798.92	6.74	4,005.74	4.65	75,342.52	87.53
150007	同庆 B	120,385.37	105.58	0.09	1,574.46	1.31	4,941.81	4.1	26,111.36	21.69	20,707.75	17.2	66,944.41	55.61
150008	瑞和小康	2,909.20	9.18	0.32	98.13	3.37	212.35	7.3	879.56	30.23	150.41	5.17	1,559.56	53.61
150009	瑞和远见	2,283.04	15.34	0.67	134.39	5.89	238	10.42	1,278.45	56	353.86	15.5	263	11.52
150010	国泰优先	2,212.41	7.49	0.34	55.7	2.52	95.26	4.31	515.36	23.29	256.1	11.58	1,282.51	57.97
150011	国泰进取	17,205.86	50.61	0.29	875.69	5.09	1,848.58	10.74	7,670.47	44.58	3,016.38	17.53	3,744.13	21.76
150012	双禧 A	34,030.60	20.51	0.06	282.05	0.83	983.97	2.89	4,858.85	14.28	4,464.88	13.12	23,420.34	68.82
150013	双禧 B	160,370.46	214.76	0.13	3,179.48	1.98	6,171.31	3.85	42,815.69	26.7	28,973.60	18.07	79,015.63	49.27
150016	合润 A	3,924.41	3.96	0.1	29.5	0.75	81.03	2.06	236.51	6.03	557.86	14.22	3,015.55	76.84
150017	合润 B	1,520.35	3.48	0.23	21.83	1.44	45.98	3.02	188.34	12.39	171.19	11.26	1,089.54	71.66
150018	银华稳进	47,572.99	27.55	0.06	649.27	1.36	1,536.65	3.23	9,808.01	20.62	7,372.95	15.5	28,178.55	59.23
150019	银华锐进	226,556.91	342.74	0.15	5,586.57	2.47	12,958.42	5.72	70,303.69	31.03	36,181.99	15.97	101,183.50	44.66
150020	汇利 A	12,384.74	4.05	0.03	39.19	0.32	113.93	0.92	541.34	4.37	814.65	6.58	10,871.59	87.78
150021	汇利 B	7,057.17	2.54	0.04	37.76	0.54	98.44	1.39	956.43	13.55	753.89	10.68	5,208.12	73.8
150022	申万收益	14,747.10	9.55	0.06	117.74	0.8	307.11	2.08	2,665.68	18.08	2,308.75	15.66	9,338.26	63.32
150023	申万进取	51,152.35	165.18	0.32	2,661.72	5.2	4,981.64	9.74	18,228.80	35.64	9,590.31	18.75	15,524.70	30.35

代码	证券名称	成交金额	按每笔成交金额(元)分类的成交金额和比例											
			< 1,000	%	1,000 – 5,000	%	5,000 – 10,000	%	10,000 – 50,000	%	50,000 – 100,000	%	> = 100,000	%
150025	景丰A	7,602.54	9.37	0.12	67.33	0.89	125.16	1.65	538.25	7.08	2,481.33	32.64	4,381.11	57.63
150026	景丰B	2,961.38	4.43	0.15	46.12	1.56	142.21	4.8	273.56	9.24	1,029.55	34.77	1,465.50	49.49
150027	添利B	635.34	4.01	0.63	22.71	3.57	70.82	11.15	146.19	23.01	66.18	10.42	325.43	51.22
150028	信诚500A	603.85	105	17.39	26.96	4.47	60.73	10.06	224.02	37.1	90.59	15	96.55	15.99
150029	信诚500B	1,496.53	145.63	9.73	170.36	11.38	273.3	18.26	625.35	41.79	179.17	11.97	102.72	6.86
150030	银华金利	11,887.58	34	0.29	496.11	4.17	1,028.64	8.65	3,121.13	26.26	1,917.34	16.13	5,290.37	44.5
150031	银华鑫利	29,401.20	66.38	0.23	893.6	3.04	1,800.42	6.12	8,845.19	30.08	6,298.67	21.42	11,496.95	39.1
150032	多利优先	337.63	2.02	0.6	14.12	4.18	27.38	8.11	190.84	56.53	80.24	23.77	23.02	6.82
150033	多利进取	82.14	2.2	2.68	18.61	22.66	20.65	25.14	40.67	49.52	0	0	0	0
150036	建信稳健	2,325.22	15.73	0.68	186.42	8.02	234.33	10.08	953.22	40.99	405.7	17.45	529.84	22.79
150037	建信进取	4,952.91	12.38	0.25	150.98	3.05	322.91	6.52	1,838.20	37.11	908.85	18.35	1,719.60	34.72
159901	深100ETF	777,518.79	492.89	0.06	5,397.41	0.69	15,296.27	1.97	63,624.57	8.18	65,639.95	8.44	627,067.70	80.65
159902	中小板	156,401.30	169.14	0.11	2,978.64	1.9	5,404.51	3.46	29,163.13	18.65	16,695.31	10.67	101,990.57	65.21
159903	深成ETF	40,883.91	41.06	0.1	711.69	1.74	1,389.86	3.4	8,277.15	20.25	5,107.71	12.49	25,356.44	62.02
159905	深红利	7,893.97	6.37	0.08	88.1	1.12	112.09	1.42	399.05	5.06	360.3	4.56	6,928.07	87.76
159906	深成长	3,729.88	13.37	0.36	77.18	2.07	121.14	3.25	301.03	8.07	66.54	1.78	3,150.62	84.47
160105	南方积配	282.98	2.45	0.87	13.74	4.86	27.6	9.75	65.1	23.01	120.4	42.55	53.68	18.97
160106	南方高增	586.89	4.14	0.71	32.87	5.6	72.64	12.38	210.62	35.89	159.73	27.22	106.9	18.21
160119	南方500	1,676.45	20.42	1.22	217.39	12.97	234.07	13.96	863.15	51.49	198.8	11.86	142.63	8.51
160211	国泰小盘	170.56	4.04	2.37	26.27	15.4	32.16	18.86	75.52	44.28	20.29	11.89	12.28	7.2
160215	国泰价值	109.97	2.97	2.7	20.12	18.29	26.44	24.04	60.44	54.96	0	0	0	0
160311	华夏蓝筹	584.1	31.98	5.47	149.27	25.56	172.93	29.61	206.84	35.41	12.03	2.06	11.06	1.89
160314	华夏行业	416.14	13.74	3.3	96.95	23.3	102.9	24.73	179.91	43.23	22.64	5.44	0	0
160505	博时主题	1,332.80	17.06	1.28	174.75	13.11	247.32	18.56	527.18	39.55	113.5	8.52	252.98	18.98
160512	博时卓越	1,196.46	0.8	0.07	12.19	1.02	28.12	2.35	451.81	37.76	238.21	19.91	465.32	38.89
160607	鹏华价值	1,043.38	24.26	2.32	164.61	15.78	278.53	26.69	497.78	47.71	67.72	6.49	10.49	1.01
160610	鹏华动力	500.14	7.2	1.44	42.04	8.41	74.58	14.91	219.61	43.91	50.85	10.17	105.85	21.16
160611	鹏华治理	162.88	4.62	2.84	28.19	17.31	49.18	30.2	52.34	32.14	17.44	10.71	11.1	6.82
160613	鹏华创新	29.33	1.15	3.93	7.03	23.97	16.75	57.1	4.4	15	0	0	0	0
160615	鹏华300	60.5	1.68	2.78	18.63	30.79	23.55	38.93	11.57	19.13	5.06	8.37	0	0
160616	鹏华500	255.09	5.32	2.08	31.52	12.35	68.51	26.86	113.15	44.35	21.8	8.55	14.8	5.8
160617	鹏华丰润	3,505.82	2.65	0.08	46.61	1.33	112.56	3.21	472.56	13.48	742.6	21.18	2,128.85	60.72
160706	嘉实300	59,574.72	219.42	0.37	2,215.12	3.72	3,537.84	5.94	19,363.52	32.5	12,863.14	21.59	21,375.69	35.88
160716	嘉实50	402.94	9.73	2.42	57.26	14.21	97.55	24.21	221.14	54.88	6.69	1.66	10.57	2.62
160717	恒生H股	414.98	8.96	2.16	71.16	17.15	75.41	18.17	134.88	32.5	96.15	23.17	28.42	6.85
160805	长盛同智	82.47	2	2.43	17.43	21.13	16.82	20.4	39.34	47.71	6.87	8.33	0	0
160807	长盛300	9.03	0.5	5.5	3.37	37.27	1	11.02	4.17	46.21	0	0	0	0
160910	大成创新	129.15	4.33	3.35	30.79	23.84	36.75	28.45	57.29	44.36	0	0	0	0
161005	富国天惠	505.09	8.45	1.67	73.91	14.63	112.98	22.37	272.85	54.02	25.35	5.02	11.54	2.29
161010	富国天丰	17,677.53	48.06	0.27	528.73	2.99	1,037.92	5.87	4,025.16	22.77	2,726.86	15.43	9,310.80	52.67
161115	易基岁丰	12,351.18	4.83	0.04	67.69	0.55	153.04	1.24	788.6	6.38	2,763.44	22.37	8,573.58	69.42
161210	国投新兴	8.2	0.93	11.36	2.61	31.89	0.65	7.94	4	48.81	0	0	0	0
161211	国投金融	1,111.09	9.95	0.9	99.98	9	223.39	20.11	591.91	53.27	141.63	12.75	44.23	3.98
161213	国投消费	759.35	1.72	0.23	11.4	1.5	30.56	4.02	298.18	39.27	108.65	14.31	308.84	40.67
161216	双债A	4,176.69	4.53	0.11	16.8	0.4	36.12	0.86	275.08	6.59	372.36	8.92	3,471.80	83.12
161607	融通巨潮	97.59	4.05	4.15	28.66	29.37	31.18	31.95	33.71	34.54	0	0	0	0
161610	融通领先	203.02	6.9	3.4	36.01	17.74	56.1	27.63	93.67	46.14	0	0	10.33	5.09
161706	招商成长	155.77	3.77	2.42	33.94	21.79	23.04	14.79	83.95	53.89	11.07	7.11	0	0
161713	招商信用	906.24	2.59	0.29	14.31	1.58	31.16	3.44	121.77	13.44	109.36	12.07	627.06	69.19
161714	招商金砖	210.46	12.39	5.89	49.64	23.58	49.73	23.63	80.25	38.13	5.67	2.69	12.79	6.08
161810	银华内需	176.97	8.53	4.82	51.77	29.26	44.62	25.21	72.05	40.71	0	0	0	0
161811	银华300	46.22	3.03	6.56	12.7	27.48	14.13	30.56	16.36	35.4	0	0	0	0
161813	银华信用	4,311.40	1.43	0.03	22.02	0.51	72.58	1.68	397.76	9.23	339.17	7.87	3,478.44	80.68
161815	银华通胀	81.79	2.76	3.38	11.37	13.9	15.77	19.28	32.19	39.35	5.18	6.34	14.52	17.75
161903	万家公用	63.96	4.76	7.44	19.95	31.19	7.78	12.16	25.65	40.1	5.83	9.11	0	0
161907	万家红利	14,529.48	13.02	0.09	209.82	1.44	604.4	4.16	5,398.36	37.15	3,616.17	24.89	4,687.70	32.26
162006	长城久富	123.89	5.52	4.45	28.84	23.28	26.52	21.4	39.62	31.98	23.4	18.88	0	0
162207	泰达效率	234.97	5.81	2.47	42.47	18.07	51.06	21.73	122.83	52.27	12.8	5.45	0	0
162307	海富100	27.06	1.81	6.68	11.61	42.9	4.08	15.08	9.56	35.34	0	0	0	0
162605	景顺鼎益	153.74	4.38	2.85	18.89	12.29	29.62	19.27	80.6	52.42	20.25	13.17	0	0
162607	景顺资源	320.36	9.45	2.95	47.2	14.73	69.36	21.65	166.84	52.08	27.51	8.59	0	0

代码	证券名称	成交金额	按每笔成交金额(元)分类的成交金额和比例											
			<1,000	%	1,000-5,000	%	5,000-10,000	%	10,000-50,000	%	50,000-100,000	%	>=100,000	%
162703	广发小盘	3,549.85	17.53	0.49	179.88	5.07	203.26	5.73	754.71	21.26	274.47	7.73	2,120.01	59.72
162711	广发500	1,241.32	21.7	1.75	159.62	12.86	234.13	18.86	675.66	54.43	113.31	9.13	36.89	2.97
163001	长信100	51.58	2.37	4.6	8.2	15.89	12.01	23.28	23.45	45.47	5.55	10.76	0	0
163302	大摩资源	1,521.83	10.38	0.68	112.96	7.42	120.96	7.95	383.18	25.18	68.23	4.48	826.11	54.28
163402	兴全趋势	572.11	21.72	3.8	133.17	23.28	145.75	25.48	206.54	36.1	54.85	9.59	10.08	1.76
163407	兴全300	117.34	2.27	1.94	10.47	8.92	23.13	19.72	73.42	62.57	8.05	6.86	0	0
163503	天治核心	692.58	38.02	5.49	140.41	20.27	132.8	19.18	258.14	37.27	92.85	13.41	30.36	4.38
163801	中银中国	689.54	7.58	1.1	49.83	7.23	67.19	9.74	128.07	18.57	60.91	8.83	375.96	54.52
164105	华富强债	32,844.41	2.8	0.01	50.08	0.15	163.57	0.5	834.9	2.54	3,467.50	10.56	28,325.55	86.24
164205	天弘深成	89.25	2.09	2.35	15.02	16.83	17.97	20.14	40.88	45.81	0	0	13.28	14.88
164808	工银四季	1,792.87	1.84	0.1	42.31	2.36	87.83	4.9	414.39	23.11	457.15	25.5	789.35	44.03
164902	交银添利	2,281.94	0.94	0.04	14.8	0.65	82.48	3.61	468.41	20.53	317.45	13.91	1,397.86	61.26
165309	建信300	45.43	1.17	2.57	14.03	30.89	5.65	12.44	24.57	54.1	0	0	0	0
165508	信诚深度	7.67	0.28	3.67	1.18	15.35	1.38	18.02	4.83	62.96	0	0	0	0
165509	信诚增强	1,457.62	1.5	0.1	20.48	1.41	72.65	4.98	395.12	27.11	162.71	11.16	805.15	55.24
165510	信诚四国	57.38	2.01	3.5	10.56	18.41	6.99	12.18	30.12	52.5	7.7	13.41	0	0
166001	中欧趋势	102.34	5.01	4.89	18.47	18.05	21.17	20.68	52.09	50.9	5.6	5.47	0	0
166006	中欧小盘	252.11	5.98	2.37	33.87	13.44	44.03	17.47	116.75	46.31	30.4	12.06	21.07	8.36
166007	中欧300	10.96	0.49	4.43	3.42	31.17	5.79	52.85	1.27	11.56	0	0	0	0
166008	中欧强债	5,412.05	1.59	0.03	25.67	0.47	49.8	0.92	410.35	7.58	626.23	11.57	4,298.42	79.42
166009	中欧动力	133.15	2.2	1.65	9.65	7.25	21.94	16.48	78.66	59.07	20.71	15.55	0	0
184688	基金开元	14,065.73	32.48	0.23	456.34	3.24	1,126.90	8.01	4,819.40	34.26	2,519.86	17.91	5,110.76	36.33
184689	基金普惠	3,432.69	24.64	0.72	262.01	7.63	375.92	10.95	1,368.89	39.88	586.19	17.08	815.04	23.74
184690	基金同益	6,642.16	30.66	0.46	317.26	4.78	612.73	9.22	3,150.01	47.42	1,280.84	19.28	1,250.65	18.83
184691	基金景宏	7,153.53	32.42	0.45	385.46	5.39	583.11	8.15	3,330.38	46.56	990.62	13.85	1,831.54	25.6
184692	基金裕隆	7,784.62	55.2	0.71	593.46	7.62	1,068.80	13.73	3,580.99	46	1,208.08	15.52	1,278.10	16.42
184693	基金普丰	11,701.04	38.64	0.33	484.08	4.14	975.91	8.34	4,647.05	39.71	2,999.07	25.63	2,556.29	21.85
184698	基金天元	7,392.96	65.17	0.88	608.86	8.24	964.39	13.04	3,176.55	42.97	859.16	11.62	1,718.83	23.25
184699	基金同盛	22,997.70	38.01	0.17	549.47	2.39	1,034.62	4.5	8,241.08	35.83	5,408.18	23.52	7,726.34	33.6
184701	基金景福	15,436.44	55.17	0.36	746.57	4.84	1,262.65	8.18	6,217.70	40.28	3,215.08	20.83	3,939.27	25.52
184721	基金丰和	24,201.31	141.78	0.59	1,294.73	5.35	2,280.88	9.42	9,040.77	37.36	3,566.62	14.74	7,876.53	32.55
184722	基金久嘉	9,171.59	72.98	0.8	713.21	7.78	1,342.19	14.63	4,730.57	51.58	1,361.21	14.84	951.42	10.37
184728	基金鸿阳	10,088.00	117.1	1.16	794.42	7.87	1,471.21	14.58	5,010.68	49.67	1,351.15	13.39	1,343.44	13.32
200002	万科B	31,533.59	264.06	0.84	2,352.28	7.46	4,263.66	13.52	15,728.73	49.88	5,945.88	18.86	2,978.97	9.45
200011	深物业B	16,139.39	90.52	0.56	1,791.16	11.1	2,573.28	15.94	8,325.33	51.58	1,930.38	11.96	1,428.71	8.85
200012	南玻B	71,008.79	248.2	0.35	3,986.00	5.61	7,085.48	9.98	26,684.17	37.58	14,406.16	20.29	18,598.78	26.19
200016	深康佳B	2,123.49	42.94	2.02	365.5	17.21	444.34	20.93	1,020.84	48.07	198.08	9.33	51.78	2.44
200017	*ST中华B	2,363.84	34.08	1.44	287.58	12.17	385.65	16.31	1,135.40	48.03	461.7	19.53	59.44	2.51
200018	ST中冠B	380.83	7.97	2.09	70.34	18.47	78.87	20.71	180.45	47.38	43.2	11.34	0	0
200019	深深宝B	1,029.75	16.86	1.64	234.5	22.77	234.54	22.78	447.82	43.49	79.77	7.75	16.26	1.58
200020	深华发B	821.03	18.85	2.3	206.53	25.15	249.42	30.38	323.71	39.43	22.52	2.74	0	0
200022	深赤湾B	5,926.58	44.96	0.76	620.72	10.47	1,146.72	19.35	3,219.86	54.33	513.6	8.67	380.73	6.42
200024	招商局B	13,426.41	31.6	0.24	885.51	6.6	1,232.65	9.18	5,823.49	43.37	2,379.55	17.72	3,073.62	22.89
200025	特力B	1,236.33	18.13	1.47	307.61	24.88	289.12	23.39	507.66	41.06	80.46	6.51	33.36	2.7
200026	飞亚达B	6,685.12	41.92	0.63	693.31	10.37	1,081.34	16.18	3,206.32	47.96	984.53	14.73	677.68	10.14
200028	一致B	3,472.96	2.3	0.07	188.23	5.42	511.65	14.73	1,429.69	41.17	646.79	18.62	694.31	19.99
200029	深深房B	1,557.74	35.79	2.3	378.92	24.33	283.15	18.18	687.21	44.12	100.03	6.42	72.63	4.66
200037	深南电B	889.43	20.9	2.35	202.16	22.73	152.84	17.18	426.72	47.98	86.81	9.76	0	0
200039	中集B	67,219.86	59.65	0.09	2,017.59	3	4,060.78	6.04	23,390.95	34.8	16,004.69	23.81	21,686.20	32.26
200045	深纺织B	1,249.34	15.22	1.22	188.7	15.1	190.68	15.26	533.77	42.72	257.81	20.64	63.17	5.06
200053	深基地B	2,437.43	23.67	0.97	271.13	11.12	370.81	15.21	1,345.94	55.22	290.56	11.92	135.32	5.55
200054	建摩B	1,077.16	17.44	1.62	171.26	15.9	170.26	15.81	527.74	48.99	124.48	11.56	65.99	6.13
200055	方大B	4,891.29	81.12	1.66	996.24	20.37	787.58	16.1	2,427.31	49.63	363.54	7.43	235.51	4.81
200056	深国商B	11,771.74	67.12	0.57	1,035.98	8.8	1,625.64	13.81	5,287.30	44.92	1,726.56	14.67	2,029.14	17.24
200152	山航B	14,623.93	131.23	0.9	1,338.99	9.16	2,135.17	14.6	6,864.20	46.94	2,454.83	16.79	1,699.51	11.62
200160	ST大路B	2,476.14	42.52	1.72	365.62	14.77	424.53	17.14	1,254.42	50.66	268.53	10.84	120.52	4.87
200168	ST雷伊B	819.65	19.83	2.42	163.19	19.91	160.76	19.61	370.65	45.22	88.9	10.85	16.32	1.99
200413	宝石B	3,352.07	59.3	1.77	408.28	12.18	534.61	15.95	1,726.11	51.49	418.35	12.48	205.42	6.13
200418	小天鹅B	1,835.68	1.23	0.07	148.53	8.09	180.76	9.85	906.54	49.38	365.57	19.91	233.05	12.7
200429	粤高速B	5,491.19	57.09	1.04	697.96	12.71	763.13	13.9	2,654.88	48.35	834.52	15.2	483.61	8.81
200468	宁通信B	1,048.37	22.99	2.19	225.85	21.54	269.26	25.68	475.65	45.37	44.56	4.25	10.06	0.96

代码	证券名称	成交金额	按每笔成交金额(元)分类的成交金额和比例											
			<1,000	%	1,000 - 5,000	%	5,000 - 10,000	%	10,000 - 50,000	%	50,000 - 100,000	%	> =100,000	%
200488	晨鸣 B	12,075.04	105.03	0.87	1,432.78	11.87	1,621.24	13.43	5,711.32	47.3	2,013.89	16.68	1,190.78	9.86
200505	ST 珠江 B	1,548.49	32.93	2.13	318.03	20.54	365.14	23.58	639.64	41.31	106.02	6.85	86.74	5.6
200512	闽灿坤 B	3,232.88	88.13	2.73	636.78	19.7	646.63	20	1,569.08	48.53	195.98	6.06	96.28	2.98
200513	丽珠 B	2,825.96	1.65	0.06	150.03	5.31	309.26	10.94	1,264.15	44.73	482.31	17.07	618.55	21.89
200521	皖美菱 B	1,999.57	33.88	1.69	447.17	22.36	415.26	20.77	979.61	48.99	123.66	6.18	0	0
200530	大冷 B	1,240.68	9.98	0.8	244.27	19.69	298.15	24.03	591.66	47.69	69.65	5.61	26.97	2.17
200539	粤电力 B	5,662.96	60.4	1.07	680.64	12.02	966.39	17.07	2,603.30	45.97	866.21	15.3	486.02	8.58
200541	粤照明 B	5,273.59	46.18	0.88	723.5	13.72	1,015.97	19.27	2,411.94	45.74	576.5	10.93	499.5	9.47
200550	江铃 B	3,112.33	2.97	0.1	253.93	8.16	367.9	11.82	1,280.41	41.14	413.39	13.28	793.72	25.5
200553	沙隆达 B	2,706.46	28.66	1.06	382.47	14.13	436.48	16.13	1,305.93	48.25	367.45	13.58	185.46	6.85
200570	苏常柴 B	2,090.03	31.81	1.52	391.97	18.75	379.6	18.16	922.39	44.13	197.88	9.47	166.37	7.96
200581	苏威孚 B	16,268.38	4.47	0.03	543.51	3.34	1,087.82	6.69	5,812.83	35.73	4,219.62	25.94	4,600.14	28.28
200596	古井贡 B	8,963.07	0.86	0.01	349.54	3.9	449.47	5.01	3,432.77	38.3	1,858.95	20.74	2,871.47	32.04
200613	ST 东海 B	1,128.17	21.92	1.94	232.83	20.64	241.16	21.38	487.42	43.2	69.59	6.17	75.25	6.67
200625	长安 B	24,874.73	162.34	0.65	2,513.44	10.1	3,116.88	12.53	12,338.31	49.6	3,795.26	15.26	2,948.51	11.85
200706	瓦轴 B	2,293.95	22.43	0.98	260.32	11.35	387.59	16.9	1,165.93	50.83	297.98	12.99	159.69	6.96
200725	京东方 B	6,785.93	95.4	1.41	848.9	12.51	965.38	14.23	3,393.35	50.01	897.11	13.22	585.79	8.63
200726	鲁泰 B	12,506.11	54.15	0.43	958.8	7.67	1,691.90	13.53	6,172.35	49.35	1,869.93	14.95	1,758.98	14.06
200761	本钢板 B	9,611.41	60.46	0.63	864.75	9	1,371.36	14.27	4,608.76	47.95	1,341.92	13.96	1,364.17	14.19
200771	杭汽轮 B	18,945.15	80.87	0.43	1,273.31	6.72	2,099.18	11.08	8,747.00	46.17	3,901.81	20.6	2,842.97	15.01
200869	张裕 B	31,161.40	39.92	0.13	337.06	1.08	1,594.09	5.12	7,950.26	25.51	7,455.48	23.93	13,784.60	44.24
200986	粤华包 B	2,055.40	30.74	1.5	393.2	19.13	443.67	21.59	844.67	41.1	218.83	10.65	124.29	6.05
200992	中鲁 B	2,394.59	36.54	1.53	387.59	16.19	456.55	19.07	1,081.70	45.17	311.14	12.99	121.08	5.06
300001	特锐德	48,413.29	16.55	0.03	3,518.00	7.27	4,201.08	8.68	25,898.27	53.49	8,338.84	17.22	6,440.56	13.3
300002	神州泰岳	106,443.04	43.09	0.04	3,709.38	3.48	10,113.08	9.5	44,262.00	41.58	22,398.74	21.04	25,916.75	24.35
300003	乐普医疗	52,459.92	16.18	0.03	2,481.76	4.73	6,046.21	11.53	21,755.11	41.47	10,362.55	19.75	11,798.12	22.49
300004	南风股份	14,638.85	3.9	0.03	725.15	4.95	935.36	6.39	6,161.52	42.09	2,358.56	16.11	4,454.37	30.43
300005	探路者	62,907.77	21.11	0.03	3,778.31	6.01	5,813.02	9.24	26,139.23	41.55	10,848.94	17.25	16,307.17	25.92
300006	莱美药业	48,708.04	16.32	0.03	1,815.91	3.73	2,775.66	5.7	18,601.10	38.19	7,770.56	15.95	17,728.50	36.4
300007	汉威电子	23,296.36	6.12	0.03	1,252.01	5.37	2,502.48	10.74	9,559.73	41.04	3,306.58	14.19	6,669.44	28.63
300008	上海佳豪	32,772.05	24.46	0.07	2,285.16	6.97	4,981.52	15.2	15,454.66	47.16	5,767.50	17.6	4,258.75	13
300009	安科生物	24,984.10	34.36	0.14	2,411.50	9.65	3,531.07	14.13	12,077.64	48.34	3,555.77	14.23	3,373.78	13.5
300010	立思辰	10,150.79	19.67	0.19	999.01	9.84	1,493.97	14.72	4,898.57	48.26	1,516.72	14.94	1,222.85	12.05
300011	鼎汉技术	24,161.51	5.34	0.02	1,196.87	4.95	2,318.76	9.6	11,649.59	48.22	4,544.73	18.81	4,446.22	18.4
300012	华测检测	38,755.12	26.09	0.07	2,570.66	6.63	4,240.99	10.94	17,463.02	45.06	7,225.66	18.64	7,228.71	18.65
300013	新宁物流	18,117.48	11.15	0.06	1,864.81	10.29	2,396.24	13.23	8,440.22	46.59	2,656.83	14.66	2,748.23	15.17
300014	亿纬锂能	56,091.96	66.24	0.12	4,995.94	8.91	7,160.28	12.77	26,455.35	47.16	8,308.48	14.81	9,105.67	16.23
300015	爱尔眼科	29,494.17	9.62	0.03	1,367.97	4.64	3,358.82	11.39	11,720.52	39.74	5,594.64	18.97	7,442.60	25.23
300016	北陆药业	8,889.85	14.64	0.16	915.82	10.3	1,460.44	16.43	4,479.89	50.39	1,152.77	12.97	866.29	9.74
300017	网宿科技	24,835.16	16.83	0.07	2,020.62	8.14	3,561.96	14.34	12,794.53	51.52	3,436.72	13.84	3,004.51	12.1
300018	中元华电	106,522.59	38.44	0.04	7,281.69	6.84	11,787.68	11.07	49,644.68	46.6	18,882.96	17.73	18,887.14	17.73
300019	硅宝科技	22,014.09	15.82	0.07	1,793.90	8.15	3,785.21	17.19	11,092.95	50.39	3,339.76	15.17	1,986.44	9.02
300020	银江股份	52,949.70	27.01	0.05	2,814.66	5.32	4,687.68	8.85	22,343.07	42.2	9,880.94	18.66	13,196.34	24.92
300021	大禹节水	131,103.22	736.43	0.56	13,118.18	10.01	20,100.43	15.33	58,485.71	44.61	19,893.21	15.17	18,769.26	14.32
300022	吉峰农机	80,025.89	73.1	0.09	7,163.87	8.95	9,830.47	12.28	38,416.85	48.01	13,260.55	16.57	11,281.05	14.1
300023	宝德股份	8,703.61	6.13	0.07	851.94	9.79	1,388.36	15.95	4,290.51	49.3	1,284.53	14.76	882.13	10.14
300024	机器人	87,980.17	39.21	0.04	6,523.95	7.42	6,693.60	7.61	41,684.92	47.38	13,989.26	15.9	19,049.24	21.65
300025	华星创业	16,253.27	16.21	0.1	1,289.65	7.93	2,269.22	13.96	7,511.97	46.22	2,880.13	17.72	2,286.09	14.07
300026	红日药业	19,097.84	20.34	0.11	520.59	2.73	1,446.69	7.58	7,519.98	39.38	3,297.38	17.27	6,292.87	32.95
300027	华谊兄弟	125,350.64	72.53	0.06	6,150.86	4.91	9,885.50	7.89	45,606.12	36.38	18,960.77	15.13	44,674.86	35.64
300028	金亚科技	39,348.37	296.44	0.75	3,480.87	8.85	5,771.70	14.67	17,155.19	43.6	6,298.53	16.01	6,345.64	16.13
300029	天龙光电	157,798.16	53.58	0.03	6,309.76	4	10,984.77	6.96	61,266.83	38.83	27,538.56	17.45	51,644.65	32.73
300030	阳普医疗	17,577.84	10.16	0.06	1,758.26	10	2,518.95	14.33	8,474.11	48.21	2,750.41	15.65	2,065.94	11.75
300031	宝通带业	28,223.37	9.51	0.03	1,901.48	6.74	3,079.58	10.91	12,448.62	44.11	4,416.57	15.65	6,367.60	22.56
300032	金龙机电	15,827.23	2.43	0.02	622.38	3.93	797.11	5.04	5,680.58	35.89	2,583.40	16.32	6,141.33	38.8
300033	同花顺	28,778.95	6.47	0.02	2,077.77	7.22	2,358.12	8.19	13,893.18	48.28	4,852.54	16.86	5,590.87	19.43
300034	钢研高纳	68,239.28	46.63	0.07	3,893.91	5.71	8,284.33	12.14	31,404.90	46.02	13,072.99	19.16	11,536.52	16.91
300035	中科电气	7,160.15	10.8	0.15	504.46	7.05	1,018.81	14.23	3,674.30	51.32	1,081.64	15.11	870.15	12.15
300036	超图软件	21,325.67	16.12	0.08	727.2	3.41	1,771.92	8.31	7,576.09	35.53	2,998.68	14.06	8,235.66	38.62
300037	新宙邦	18,214.19	3.54	0.02	780.35	4.28	1,205.68	6.62	7,893.95	43.34	3,068.71	16.85	5,261.95	28.89

代码	证券名称	成交金额	按每笔成交金额(元)分类的成交金额和比例											
			<1,000	%	1,000-5,000	%	5,000-10,000	%	10,000-50,000	%	50,000-100,000	%	>=100,000	%
300038	梅泰诺	11,045.10	6.53	0.06	985.31	8.92	1,568.99	14.21	5,684.32	51.46	1,549.35	14.03	1,250.59	11.32
300039	上海凯宝	30,489.13	3.89	0.01	991.85	3.25	1,273.70	4.18	10,040.38	32.93	5,460.70	17.91	12,718.61	41.72
300040	九洲电气	16,843.35	10.72	0.06	1,361.94	8.09	2,407.31	14.29	8,418.83	49.98	2,792.96	16.58	1,851.59	10.99
300041	回天胶业	28,908.62	8.13	0.03	698.66	2.42	1,753.24	6.06	8,603.38	29.76	4,825.52	16.69	13,019.69	45.04
300042	朗科科技	20,734.13	7.52	0.04	1,291.87	6.23	1,690.37	8.15	10,405.49	50.19	3,688.13	17.79	3,650.76	17.61
300043	星辉车模	18,369.21	13.36	0.07	1,117.25	6.08	1,555.31	8.47	6,201.83	33.76	2,365.94	12.88	7,115.52	38.74
300044	赛为智能	34,088.80	9.52	0.03	1,719.69	5.04	3,157.04	9.26	13,529.05	39.69	5,758.27	16.89	9,915.22	29.09
300045	华力创通	15,868.11	14.98	0.09	1,149.88	7.25	2,130.54	13.43	7,735.73	48.75	2,536.21	15.98	2,300.76	14.5
300046	台基股份	28,611.60	5.61	0.02	1,005.26	3.51	2,033.09	7.11	9,214.31	32.2	4,365.07	15.26	11,988.26	41.9
300047	天源迪科	14,001.00	16.07	0.11	1,074.16	7.67	2,151.96	15.37	7,315.95	52.25	2,078.84	14.85	1,364.03	9.74
300048	合康变频	49,750.28	16.88	0.03	2,854.04	5.74	5,233.32	10.52	20,479.44	41.16	9,626.92	19.35	11,539.69	23.2
300049	福瑞股份	10,852.14	19.74	0.18	1,379.36	12.71	1,941.68	17.89	5,253.56	48.41	1,337.89	12.33	919.92	8.48
300050	世纪鼎利	45,534.54	9.52	0.02	2,192.97	4.82	2,881.22	6.33	19,462.21	42.74	8,001.45	17.57	12,987.16	28.52
300051	三五互联	14,721.13	14.68	0.1	1,236.78	8.4	2,058.60	13.98	7,286.43	49.5	2,146.14	14.58	1,978.51	13.44
300052	中青宝	12,185.27	8.19	0.07	853.68	7.01	1,508.38	12.38	6,152.79	50.49	1,783.77	14.64	1,878.46	15.42
300053	欧比特	23,826.79	69.24	0.29	2,279.20	9.57	3,884.50	16.3	12,154.40	51.01	3,028.75	12.71	2,410.69	10.12
300054	鼎龙股份	30,709.03	5.7	0.02	677.17	2.21	1,744.36	5.68	9,979.31	32.5	6,107.51	19.89	12,194.99	39.71
300055	万邦达	26,508.58	2.82	0.01	907.98	3.43	1,344.41	5.07	6,350.98	23.96	3,915.41	14.77	13,986.98	52.76
300056	三维丝	9,206.67	3.36	0.04	454.45	4.94	1,294.14	14.06	4,261.55	46.29	1,585.57	17.22	1,607.60	17.46
300057	万顺股份	21,993.13	8.06	0.04	1,067.38	4.85	1,922.39	8.74	9,418.67	42.83	4,504.43	20.48	5,072.20	23.06
300059	东方财富	59,359.09	12.07	0.02	3,096.22	5.22	3,892.44	6.56	25,847.43	43.54	10,683.90	18	15,827.03	26.66
300061	康耐特	4,363.37	2.73	0.06	270.42	6.2	600.42	13.76	1,838.69	42.14	841.3	19.28	809.8	18.56
300062	中能电气	22,828.74	6.77	0.03	1,106.60	4.85	2,503.37	10.97	10,642.61	46.62	3,795.91	16.63	4,773.48	20.91
300063	天龙集团	6,466.85	7.67	0.12	552.93	8.55	1,251.48	19.35	3,140.69	48.57	975.08	15.08	539.01	8.34
300064	豫金刚石	53,421.59	15.29	0.03	1,927.30	3.61	4,831.69	9.04	19,817.48	37.1	11,271.64	21.1	15,558.18	29.12
300065	海兰信	13,055.79	3.28	0.03	851.33	6.52	1,232.63	9.44	6,042.09	46.28	2,107.94	16.15	2,818.52	21.59
300066	三川股份	12,135.57	7.9	0.07	601.74	4.96	1,508.88	12.43	5,590.22	46.06	2,365.78	19.49	2,061.06	16.98
300067	安诺其	9,519.70	50.04	0.53	1,049.72	11.03	1,787.20	18.77	4,491.78	47.18	1,218.20	12.8	922.76	9.69
300068	南都电源	163,776.20	45.18	0.03	7,140.57	4.36	12,979.17	7.92	67,322.93	41.11	28,980.14	17.69	47,308.20	28.89
300069	金利华电	6,439.72	8.25	0.13	494.93	7.69	1,031.23	16.01	3,241.79	50.34	1,138.62	17.68	524.9	8.15
300070	碧水源	201,540.81	40.38	0.02	4,459.99	2.21	6,635.31	3.29	52,867.76	26.23	35,484.16	17.61	102,053.21	50.64
300071	华谊嘉信	8,637.02	6.15	0.07	781.88	9.05	1,304.02	15.1	4,311.76	49.92	1,226.42	14.2	1,006.80	11.66
300072	三聚环保	54,805.79	16.11	0.03	2,509.26	4.58	5,355.04	9.77	25,250.66	46.07	9,457.43	17.26	12,217.28	22.29
300073	当升科技	37,480.72	12.34	0.03	2,498.81	6.67	4,143.15	11.05	17,945.91	47.88	6,908.33	18.43	5,972.18	15.93
300074	华平股份	86,363.78	18.7	0.02	4,178.76	4.84	7,034.28	8.14	34,544.21	40	13,896.79	16.09	26,691.04	30.91
300075	数字政通	21,469.10	5.86	0.03	993.43	4.63	1,467.64	6.84	10,646.27	49.59	3,788.64	17.65	4,567.25	21.27
300076	宁波GQY	51,544.54	14.38	0.03	3,056.19	5.93	5,453.10	10.58	22,351.19	43.36	7,952.85	15.43	12,716.83	24.67
300077	国民技术	289,964.32	43.11	0.01	6,731.15	2.32	20,705.09	7.14	107,679.48	37.14	56,580.36	19.51	98,225.13	33.87
300078	中瑞思创	98,234.17	40.32	0.04	5,347.53	5.44	9,481.47	9.65	42,811.14	43.58	15,791.75	16.08	24,761.96	25.21
300079	数码视讯	67,658.07	12.41	0.02	3,155.11	4.66	5,185.58	7.66	28,799.30	42.57	13,423.63	19.84	17,082.04	25.25
300080	新大新材	103,286.24	11.76	0.01	4,433.39	4.29	6,186.64	5.99	43,263.89	41.89	19,880.88	19.25	29,509.68	28.57
300081	恒信移动	17,960.46	12.81	0.07	1,221.76	6.8	2,789.71	15.53	9,174.76	51.08	2,658.76	14.8	2,102.66	11.71
300082	奥克股份	52,871.76	11.4	0.02	1,168.36	2.21	3,851.28	7.28	21,420.92	40.51	11,144.78	21.08	15,275.03	28.89
300083	劲胜股份	25,867.44	6.05	0.02	1,134.46	4.39	2,512.07	9.71	10,845.04	41.93	4,802.95	18.57	6,566.87	25.39
300084	海默科技	25,060.98	2.39	0.01	643.64	2.57	1,667.01	6.65	6,820.57	27.22	1,760.48	7.02	14,166.90	56.53
300085	银之杰	13,638.39	8.16	0.06	1,621.12	11.89	2,080.50	15.25	6,855.32	50.26	1,605.04	11.77	1,468.24	10.77
300086	康芝药业	85,142.86	33.04	0.04	3,855.28	4.53	10,254.55	12.04	37,402.78	43.93	16,540.87	19.43	17,056.34	20.03
300087	荃银高科	52,121.13	17.78	0.03	2,831.67	5.43	6,079.05	11.66	23,024.25	44.17	10,091.56	19.36	10,076.82	19.33
300088	长信科技	146,835.07	50.5	0.03	6,381.87	4.35	13,236.15	9.01	57,737.41	39.32	25,362.65	17.27	44,066.49	30.01
300089	长城集团	10,473.70	6.15	0.06	1,080.84	10.32	1,604.06	15.32	5,806.99	55.44	1,247.80	11.91	727.87	6.95
300090	盛运股份	27,337.31	15.71	0.06	1,783.51	6.52	2,999.28	10.97	12,404.96	45.38	3,600.54	13.17	6,533.32	23.9
300091	金通灵	165,829.32	76.77	0.05	11,223.56	6.77	21,448.33	12.93	81,055.02	48.88	29,488.50	17.78	22,537.14	13.59
300092	科新机电	26,291.78	10.39	0.04	1,665.02	6.33	3,271.83	12.44	12,245.32	46.57	4,522.70	17.2	4,576.52	17.41
300093	金刚玻璃	48,951.19	22.32	0.05	3,534.18	7.22	4,335.17	8.86	21,164.94	43.24	8,276.16	16.91	11,618.41	23.73
300094	国联水产	27,033.10	140.38	0.52	2,494.97	9.23	4,239.95	15.68	12,411.35	45.91	3,766.91	13.93	3,979.54	14.72
300095	华伍股份	12,254.36	7.1	0.06	850.02	6.94	1,938.83	15.82	5,704.13	46.55	2,113.37	17.25	1,640.90	13.39
300096	易联众	16,390.37	3.96	0.02	545.35	3.33	1,690.91	10.32	6,490.44	39.6	2,489.59	15.19	5,170.12	31.54
300097	智云股份	7,605.98	5.89	0.08	558.19	7.34	1,263.42	16.61	3,571.91	46.96	1,079.15	14.19	1,127.42	14.82
300098	高新兴	8,589.94	7.28	0.08	478.24	5.57	750.46	8.74	4,180.09	48.66	1,351.40	15.73	1,822.47	21.22
300099	尤洛卡	22,728.26	6.95	0.03	1,184.59	5.21	2,714.93	11.95	10,426.11	45.87	4,523.86	19.9	3,871.81	17.04

代码	证券名称	成交金额	按每笔成交金额(元)分类的成交金额和比例											
			< 1,000	%	1,000 - 5,000	%	5,000 - 10,000	%	10,000 - 50,000	%	50,000 - 100,000	%	> = 100,000	%
300100	双林股份	21,480.31	23.48	0.11	1,258.74	5.86	2,706.87	12.6	9,925.33	46.21	3,789.45	17.64	3,776.43	17.58
300101	国腾电子	52,545.09	12.06	0.02	1,549.33	2.95	4,242.19	8.07	21,485.13	40.89	10,055.73	19.14	15,200.64	28.93
300102	乾照光电	24,962.97	2.69	0.01	674.78	2.7	1,748.07	7	8,259.19	33.09	4,577.11	18.34	9,701.13	38.86
300103	达刚路机	13,744.63	20.27	0.15	1,163.86	8.47	1,626.03	11.83	6,129.62	44.6	2,247.03	16.35	2,557.82	18.61
300104	乐视网	96,593.72	44.32	0.05	6,072.71	6.29	7,353.32	7.61	41,526.30	42.99	17,079.69	17.68	24,517.39	25.38
300105	龙源技术	22,243.34	8.83	0.04	1,190.38	5.35	1,600.38	7.19	10,676.22	48	3,747.48	16.85	5,020.05	22.57
300106	西部牧业	21,627.16	12.88	0.06	2,435.70	11.26	3,589.28	16.6	10,833.19	50.09	3,107.70	14.37	1,648.40	7.62
300107	建新股份	10,949.12	4.41	0.04	551.23	5.03	1,306.46	11.93	5,324.93	48.63	1,809.29	16.52	1,952.81	17.84
300108	双龙股份	75,428.29	19.07	0.03	3,620.59	4.8	7,323.83	9.71	34,851.75	46.21	14,141.14	18.75	15,471.91	20.51
300109	新开源	13,834.89	16.81	0.12	941.25	6.8	2,045.89	14.79	5,891.01	42.58	2,793.56	20.19	2,146.36	15.51
300110	华仁药业	17,635.28	9.45	0.05	1,562.65	8.86	2,648.88	15.02	8,916.57	50.56	2,467.42	13.99	2,030.32	11.51
300111	向日葵	70,008.91	16.41	0.02	3,892.16	5.56	7,449.86	10.64	32,855.29	46.93	12,022.32	17.17	13,772.87	19.67
300112	万讯自控	6,427.57	12.13	0.19	656.37	10.21	992.03	15.43	3,143.78	48.91	758.92	11.81	864.32	13.45
300113	顺网科技	10,279.45	10.58	0.1	795	7.73	1,024.30	9.96	5,530.44	53.8	1,534.55	14.93	1,384.57	13.47
300114	中航电测	19,940.17	22.32	0.11	1,240.80	6.22	2,594.31	13.01	8,917.44	44.72	3,923.79	19.68	3,241.51	16.26
300115	长盈精密	32,881.11	6.26	0.02	1,360.49	4.14	2,077.96	6.32	11,460.88	34.86	4,960.23	15.09	13,015.28	39.58
300116	坚瑞消防	19,741.98	9.45	0.05	1,152.48	5.84	3,037.45	15.39	9,033.79	45.76	3,146.22	15.94	3,362.61	17.03
300117	嘉寓股份	20,566.40	9.65	0.05	1,270.40	6.18	2,412.07	11.73	9,821.75	47.76	3,663.14	17.81	3,389.38	16.48
300118	东方日升	109,268.36	23.9	0.02	6,365.86	5.83	8,455.18	7.74	53,575.18	49.03	18,622.77	17.04	22,225.47	20.34
300119	瑞普生物	18,280.77	7.91	0.04	1,381.47	7.56	1,729.74	9.46	10,092.52	55.21	2,858.03	15.63	2,211.10	12.1
300120	经纬电材	10,312.16	13.84	0.13	932.69	9.04	1,588.55	15.4	5,557.36	53.89	1,190.66	11.55	1,029.06	9.98
300121	阳谷华泰	5,441.21	8.55	0.16	529.61	9.73	859.92	15.8	2,859.45	52.55	792.47	14.56	391.2	7.19
300122	智飞生物	19,411.83	5.15	0.03	609.02	3.14	1,588.60	8.18	7,594.90	39.13	3,629.25	18.7	5,984.90	30.83
300123	太阳鸟	24,660.09	18.06	0.07	1,823.10	7.39	3,273.03	13.27	12,115.74	49.13	4,113.66	16.68	3,316.50	13.45
300124	汇川技术	49,780.80	7.2	0.01	174.37	0.35	3,628.06	7.29	13,073.78	26.26	8,952.29	17.98	23,945.09	48.1
300125	易世达	17,589.39	7.6	0.04	726.99	4.13	1,729.61	9.83	9,036.25	51.37	3,310.20	18.82	2,778.75	15.8
300126	锐奇股份	20,035.98	17.37	0.09	1,654.85	8.26	2,898.54	14.47	9,531.98	47.57	2,824.48	14.1	3,108.76	15.52
300127	银河磁体	38,485.82	17.57	0.05	2,336.24	6.07	5,647.12	14.67	17,947.39	46.63	7,368.46	19.15	5,169.03	13.43
300128	锦富新材	29,030.70	10.43	0.04	1,087.78	3.75	3,114.14	10.73	10,363.68	35.7	6,091.61	20.98	8,363.06	28.81
300129	泰胜风能	38,591.39	30.83	0.08	2,826.93	7.33	5,422.52	14.05	20,362.71	52.76	5,579.16	14.46	4,369.23	11.32
300130	新国都	18,387.38	25.69	0.14	1,092.34	5.94	2,873.72	15.63	8,463.30	46.03	3,329.39	18.11	2,602.93	14.16
300131	英唐智控	13,792.05	14	0.1	877.46	6.36	1,904.75	13.81	6,294.82	45.64	2,564.73	18.6	2,136.29	15.49
300132	青松股份	9,633.06	6.96	0.07	714.12	7.41	1,094.61	11.36	4,781.52	49.64	1,425.25	14.8	1,610.61	16.72
300133	华策影视	19,345.82	13.59	0.07	1,348.54	6.97	1,705.89	8.82	7,596.01	39.26	2,686.14	13.88	5,995.65	30.99
300134	大富科技	59,387.06	10.98	0.02	977.53	1.65	3,703.06	6.24	21,034.75	35.42	11,997.03	20.2	21,663.70	36.48
300135	宝利沥青	22,038.74	8.42	0.04	1,445.68	6.56	2,374.62	10.77	10,558.41	47.91	3,683.73	16.71	3,967.88	18
300136	信维通信	24,399.46	4.66	0.02	902.48	3.7	2,298.70	9.42	9,679.64	39.67	4,661.03	19.1	6,852.95	28.09
300137	先河环保	35,597.23	22.55	0.06	2,190.78	6.15	3,736.63	10.5	17,339.16	48.71	6,708.19	18.84	5,599.93	15.73
300138	晨光生物	14,817.47	4.37	0.03	587.12	3.96	1,817.73	12.27	6,855.69	46.27	2,609.97	17.61	2,942.59	19.86
300139	福星晓程	24,952.78	4.07	0.02	872.32	3.5	1,624.70	6.51	8,982.49	36	4,722.22	18.92	8,746.97	35.05
300140	启源装备	13,297.58	9.5	0.07	1,138.33	8.56	1,856.67	13.96	6,588.50	49.55	2,206.25	16.59	1,498.32	11.27
300141	和顺电气	19,506.44	13.52	0.07	920.76	4.72	2,447.96	12.55	9,929.44	50.9	3,399.84	17.43	2,794.93	14.33
300142	沃森生物	39,232.32	7.33	0.02	217.55	0.55	2,243.51	5.72	13,422.16	34.21	7,076.94	18.04	16,264.83	41.46
300143	星河生物	70,834.85	22.59	0.03	4,694.62	6.63	5,357.32	7.56	33,735.16	47.63	11,312.73	15.97	15,712.42	22.18
300144	宋城股份	49,190.35	61.56	0.13	2,416.95	4.91	4,164.15	8.47	18,401.78	37.41	8,655.93	17.6	15,489.98	31.49
300145	南方泵业	66,860.78	31.27	0.05	3,652.41	5.46	8,518.95	12.74	29,259.77	43.76	12,043.60	18.01	13,354.79	19.97
300146	汤臣倍健	40,124.32	11.03	0.03	1,643.69	4.1	3,552.78	8.85	15,693.08	39.11	6,950.39	17.32	12,273.35	30.59
300147	香雪制药	15,338.36	6.72	0.04	1,122.88	7.32	1,962.42	12.79	7,329.00	47.78	2,432.68	15.86	2,484.65	16.2
300148	天舟文化	10,196.69	16.69	0.16	815.11	7.99	1,403.32	13.76	5,435.32	53.3	1,504.40	14.75	1,021.86	10.02
300149	量子高科	38,376.31	16.29	0.04	3,072.47	8.01	5,274.36	13.74	19,206.61	50.05	6,263.13	16.32	4,543.45	11.84
300150	世纪瑞尔	47,236.78	8.19	0.02	1,409.26	2.98	4,271.96	9.04	19,922.33	42.18	10,013.31	21.2	11,611.73	24.58
300151	昌红科技	19,976.86	29.89	0.15	1,681.89	8.42	2,857.84	14.31	9,837.52	49.24	3,119.68	15.62	2,450.04	12.26
300152	燃控科技	57,570.94	11.51	0.02	2,027.56	3.52	6,000.30	10.42	27,586.29	47.92	11,937.51	20.74	10,007.77	17.38
300153	科泰电源	7,067.24	5.31	0.08	746.17	10.56	1,170.89	16.57	3,918.64	55.45	807.73	11.43	418.49	5.92
300154	瑞凌股份	30,492.99	17.96	0.06	1,903.55	6.24	3,686.62	12.09	14,681.48	48.15	5,629.89	18.46	4,573.49	15
300155	安居宝	28,750.60	25.69	0.09	2,636.62	9.17	4,240.12	14.75	14,810.84	51.51	4,178.81	14.53	2,858.53	9.94
300156	天立环保	35,717.70	6.59	0.02	1,354.09	3.79	2,024.32	5.67	14,729.71	41.24	6,850.26	19.18	10,752.73	30.1
300157	恒泰艾普	19,931.42	3.94	0.02	539.35	2.71	1,619.44	8.13	7,512.66	37.69	3,576.30	17.94	6,679.73	33.51
300158	振东制药	17,649.39	4.9	0.03	731.85	4.15	2,073.99	11.75	7,284.36	41.27	3,174.70	17.99	4,379.59	24.81
300159	新研股份	22,787.39	9.47	0.04	855.4	3.75	1,786.72	7.84	9,008.74	39.53	4,100.65	18	7,026.41	30.83

代码	证券名称	成交金额	按每笔成交金额(元)分类的成交金额和比例											
			<1,000	%	1,000-5,000	%	5,000-10,000	%	10,000-50,000	%	50,000-100,000	%	>=100,000	%
300160	秀强股份	37,483.99	7.85	0.02	1,252.33	3.34	3,968.92	10.59	17,525.34	46.75	8,442.23	22.52	6,287.32	16.77
300162	雷曼光电	20,559.02	5.2	0.03	1,419.22	6.9	2,054.04	9.99	10,033.83	48.8	3,417.28	16.62	3,629.45	17.65
300163	先锋新材	10,977.47	5.46	0.05	718.04	6.54	1,277.43	11.64	4,783.26	43.57	1,684.92	15.35	2,508.36	22.85
300164	通源石油	11,727.61	10.91	0.09	645.53	5.5	1,208.06	10.3	5,435.47	46.35	1,862.15	15.88	2,565.50	21.88
300165	天瑞仪器	9,681.30	10.67	0.11	810.33	8.37	1,075.68	11.11	4,962.11	51.25	1,407.07	14.53	1,415.44	14.62
300166	东方国信	16,361.23	4.97	0.03	1,514.41	9.26	1,874.77	11.46	7,779.19	47.55	2,340.92	14.31	2,846.98	17.4
300167	迪威视讯	7,876.16	3.96	0.05	617.71	7.84	630.47	8	2,831.77	35.95	835.91	10.61	2,956.35	37.54
300168	万达信息	16,373.86	2.64	0.02	859.05	5.25	1,300.54	7.94	6,332.87	38.68	2,779.26	16.97	5,099.50	31.14
300169	天晟新材	101,055.54	13.17	0.01	2,892.56	2.86	8,337.87	8.25	38,843.39	38.44	21,070.84	20.85	29,897.70	29.59
300170	汉得信息	16,855.41	8.96	0.05	848.92	5.04	1,643.69	9.75	6,998.03	41.52	3,489.08	20.7	3,866.74	22.94
300171	东富龙	26,453.17	4.55	0.02	1,215.66	4.6	1,696.43	6.41	11,321.18	42.8	3,956.80	14.96	8,258.56	31.22
300172	中电环保	23,310.47	11.74	0.05	1,569.48	6.73	3,687.90	15.82	10,923.04	46.86	4,134.55	17.74	2,983.75	12.8
300173	松德股份	18,363.09	15.97	0.09	1,101.40	6	2,197.85	11.97	8,795.12	47.9	2,568.77	13.99	3,683.97	20.06
300174	元力股份	4,919.94	1.83	0.04	369.52	7.51	458.18	9.31	2,197.89	44.67	664.64	13.51	1,227.88	24.96
300175	朗源股份	26,528.11	12.19	0.05	1,620.99	6.11	3,376.36	12.73	11,679.97	44.03	4,415.12	16.64	5,423.48	20.44
300176	鸿特精密	18,113.09	11.63	0.06	1,661.74	9.17	2,464.32	13.61	8,822.71	48.71	2,832.43	15.64	2,320.26	12.81
300177	中海达	20,679.23	21.01	0.1	1,240.94	6	1,454.79	7.04	8,838.51	42.74	3,464.74	16.75	5,659.24	27.37
300178	腾邦国际	33,807.28	11.47	0.03	1,614.32	4.78	3,362.37	9.95	13,050.23	38.6	6,739.34	19.93	9,029.54	26.71
300179	四方达	9,585.42	3.23	0.03	610.86	6.37	983.14	10.26	4,101.43	42.79	1,393.27	14.54	2,493.49	26.01
300180	华峰超纤	24,736.23	7.48	0.03	1,362.50	5.51	2,285.32	9.24	11,273.90	45.58	4,423.05	17.88	5,383.98	21.77
300181	佐力药业	10,179.13	5.51	0.05	736.67	7.24	1,529.20	15.02	4,547.86	44.68	1,707.61	16.78	1,652.29	16.23
300182	捷成股份	29,585.81	3.76	0.01	718.04	2.43	1,555.39	5.26	9,374.98	31.69	5,899.05	19.94	12,034.57	40.68
300183	东软载波	52,529.17	4.33	0.01	2,280.95	4.34	2,977.23	5.67	20,202.02	38.46	8,536.34	16.25	18,528.30	35.27
300184	力源信息	8,758.73	8.7	0.1	665.15	7.59	1,589.39	18.15	4,597.26	52.49	1,252.44	14.3	645.78	7.37
300185	通裕重工	90,429.83	18.12	0.02	3,999.65	4.42	10,075.17	11.14	35,992.42	39.8	16,926.98	18.72	23,417.49	25.9
300186	大华农	40,458.33	14.53	0.04	2,992.45	7.4	5,381.22	13.3	17,501.74	43.26	6,923.71	17.11	7,644.69	18.9
300187	永清环保	34,156.42	8.1	0.02	336.47	0.99	1,361.64	3.99	9,425.24	27.59	6,560.77	19.21	16,464.19	48.2
300188	美亚柏科	11,157.05	1.91	0.02	790.67	7.09	1,072.82	9.62	5,130.61	45.99	1,960.54	17.57	2,200.51	19.72
300189	神农大丰	48,186.91	18.87	0.04	2,864.68	5.94	6,966.62	14.46	22,127.95	45.92	7,868.84	16.33	8,339.96	17.31
300190	维尔利	25,080.08	7.89	0.03	1,373.90	5.48	1,889.58	7.53	9,783.20	39.01	3,707.42	14.78	8,318.08	33.17
300191	潜能恒信	27,421.76	7.08	0.03	1,129.51	4.12	2,744.59	10.01	11,679.52	42.59	5,420.05	19.77	6,441.01	23.49
300192	科斯伍德	16,022.93	8.11	0.05	1,298.81	8.11	2,468.32	15.4	6,975.14	43.53	2,671.30	16.67	2,601.25	16.23
300193	佳士科技	14,082.80	9.39	0.07	1,074.84	7.63	3,883.98	27.58	5,156.16	36.61	1,531.40	10.87	2,427.03	17.23
300194	福安药业	20,254.69	3.99	0.02	959.06	4.74	2,570.93	12.69	9,829.67	48.53	3,272.70	16.16	3,618.35	17.86
300195	长荣股份	70,289.33	14.24	0.02	2,928.23	4.17	4,087.92	5.82	32,621.15	46.41	10,520.53	14.97	20,117.26	28.62
300196	长海股份	24,546.97	12.88	0.05	1,672.21	6.81	3,108.79	12.66	9,130.54	37.2	3,970.21	16.17	6,652.33	27.1
300197	铁汉生态	28,167.23	4	0.01	110.3	0.39	1,764.71	6.27	7,411.14	26.31	5,332.51	18.93	13,544.59	48.09
300198	纳川股份	9,289.75	1.53	0.02	324.15	3.49	935.23	10.07	4,086.41	43.99	1,844.60	19.86	2,097.83	22.58
300199	翰宇药业	62,604.48	16.88	0.03	2,037.14	3.25	3,248.70	5.19	24,056.96	38.43	11,056.77	17.66	22,188.03	35.44
300200	高盟新材	5,635.89	11.77	0.21	867.93	15.4	1,950.74	34.61	2,266.10	40.21	358.63	6.36	180.71	3.21
300201	海伦哲	7,552.13	7.63	0.1	660.71	8.75	1,408.99	18.66	3,191.84	42.26	1,232.10	16.31	1,050.86	13.91
300202	聚龙股份	12,642.10	5.76	0.05	703.13	5.56	880.5	6.96	5,734.50	45.36	2,551.62	20.18	2,766.59	21.88
300203	聚光科技	11,789.22	9.21	0.08	1,401.41	11.89	2,034.34	17.26	5,682.88	48.2	1,543.38	13.09	1,117.99	9.48
300204	舒泰神	6,850.31	3.1	0.05	703.08	10.26	898.08	13.11	3,902.75	56.97	673.62	9.83	669.68	9.78
300205	天喻信息	7,354.82	2.53	0.03	402.09	5.47	1,192.53	16.21	3,497.43	47.55	994.44	13.52	1,265.80	17.21
300206	理邦仪器	16,785.80	16.01	0.1	1,014.74	6.05	2,365.32	14.09	7,427.89	44.25	2,199.91	13.11	3,761.92	22.41
300207	欣旺达	29,266.20	21.73	0.07	2,978.27	10.18	4,736.96	16.19	13,788.45	47.11	4,013.53	13.71	3,727.25	12.74
300208	恒顺电气	4,524.38	10.19	0.23	621.12	13.73	1,696.84	37.5	1,563.10	34.55	404.04	8.93	229.09	5.06
300209	天泽信息	7,821.22	3.13	0.04	701.96	8.98	1,318.62	16.86	4,657.87	59.55	805.59	10.3	334.05	4.27
300210	森远股份	20,861.82	7.42	0.04	1,431.97	6.86	2,266.67	10.87	10,289.02	49.32	3,151.37	15.11	3,715.36	17.81
300211	亿通科技	16,550.89	10.07	0.06	1,063.98	6.43	1,906.68	11.52	7,972.01	48.17	2,292.14	13.85	3,306.01	19.97
300212	易华录	8,934.57	2.57	0.03	414.19	4.64	1,225.70	13.72	4,500.28	50.37	1,246.72	13.95	1,545.11	17.29
300213	佳讯飞鸿	7,345.43	11.29	0.15	816.2	11.11	2,373.37	32.31	3,081.78	41.96	761.3	10.36	301.49	4.1
300214	日科化学	27,896.74	15.46	0.06	2,605.48	9.34	4,883.94	17.51	11,701.76	41.95	3,153.17	11.3	5,536.94	19.85
300215	电科院	64,503.63	14.89	0.02	340.29	0.53	6,539.88	10.14	22,882.03	35.47	13,969.90	21.66	20,756.64	32.18
300216	千山药机	34,455.18	7.68	0.02	1,055.10	3.06	2,601.42	7.55	12,877.88	37.38	7,200.68	20.9	10,712.43	31.09
300217	东方电热	53,128.28	10.17	0.02	2,222.59	4.18	4,350.97	8.19	22,408.76	42.18	10,727.06	20.19	13,408.74	25.24
300218	安利股份	37,700.25	13.2	0.04	1,742.67	4.62	4,388.83	11.64	16,916.55	44.87	7,729.79	20.5	6,909.21	18.33
300219	鸿利光电	53,473.98	26.16	0.05	4,069.61	7.61	7,170.24	13.41	25,515.18	47.72	8,978.43	16.79	7,714.35	14.43
300220	金运激光	45,103.17	18.32	0.04	2,823.43	6.26	6,112.91	13.55	21,055.54	46.68	8,159.01	18.09	6,933.96	15.37

代码	证券名称	成交金额	按每笔成交金额(元)分类的成交金额和比例											
			<1,000	%	1,000-5,000	%	5,000-10,000	%	10,000-50,000	%	50,000-100,000	%	>=100,000	%
300221	银禧科技	41,248.60	22.15	0.05	3,644.24	8.83	6,255.53	15.17	18,192.56	44.1	6,255.47	15.17	6,878.65	16.68
300222	科大智能	38,454.40	8.11	0.02	1,446.47	3.76	3,703.84	9.63	16,771.41	43.61	7,987.68	20.77	8,536.89	22.2
300223	北京君正	122,286.33	14.39	0.01	4,498.62	3.68	5,963.70	4.88	48,021.30	39.27	25,113.18	20.54	38,675.14	31.63
300224	正海磁材	309,622.91	46.17	0.01	14,310.34	4.62	20,207.41	6.53	127,480.35	41.17	55,024.58	17.77	92,554.06	29.89
300225	金力泰	51,293.25	10.27	0.02	2,020.76	3.94	5,838.70	11.38	24,869.89	48.49	8,963.73	17.48	9,589.91	18.7
300226	上海钢联	75,090.50	31.91	0.04	4,086.69	5.44	8,760.90	11.67	36,144.32	48.13	9,852.77	13.12	16,213.91	21.59
300227	光韵达	73,383.24	115.77	0.16	9,275.13	12.64	21,757.72	29.65	23,661.88	32.24	8,626.38	11.76	9,946.35	13.55
300228	富瑞特装	121,699.38	17.42	0.01	3,206.31	2.63	7,970.45	6.55	58,323.23	47.92	17,428.01	14.32	34,753.96	28.56
300229	拓尔思	108,578.83	126.66	0.12	9,106.90	8.39	32,420.11	29.86	31,454.50	28.97	13,661.81	12.58	21,808.86	20.09
300230	永利带业	94,723.49	115.94	0.12	10,713.15	11.31	26,359.20	27.83	29,236.78	30.87	12,650.86	13.36	15,647.56	16.52
300231	银信科技	68,832.21	38.41	0.06	6,096.60	8.86	9,330.35	13.56	34,258.93	49.77	8,634.26	12.54	10,473.67	15.22
300232	洲明科技	61,084.58	86.34	0.14	4,998.53	8.18	24,138.43	39.52	16,788.61	27.48	6,992.05	11.45	8,080.63	13.23
300233	金城医药	138,300.27	50.68	0.04	9,578.02	6.93	17,534.70	12.68	63,811.65	46.14	16,341.03	11.82	30,984.19	22.4
300234	开尔新材	96,475.66	132.81	0.14	9,874.19	10.23	25,636.78	26.57	27,096.75	28.09	14,891.62	15.44	18,843.52	19.53
300235	方直科技	36,275.87	23.59	0.07	2,786.35	7.68	6,342.74	17.48	20,733.39	57.15	2,522.13	6.95	3,867.67	10.66
300236	上海新阳	39,908.48	91.05	0.23	7,290.91	18.27	19,171.52	48.04	6,596.92	16.53	2,392.96	6	4,365.12	10.94
300237	美晨科技	48,121.82	25.78	0.05	3,139.05	6.52	7,731.68	16.07	29,778.16	61.88	3,028.55	6.29	4,418.60	9.18

2011年上半年深市地区交易金额分布

单位:元

省/市	总交易金额(元)	占市场	股票交易金额	基金交易金额	债券交易金额	权证交易金额
上海	3013051783213.96	14.382	2870043367753.64	72029513011.10	70978902449.22	
浙江	2205733640967.27	10.528	2177153235250.69	21793214354.10	6787191362.48	
深圳	2128941688536.49	10.162	2026093006851.98	30022379872.55	72826301811.95	
北京	1960325511778.71	9.357	1848152508544.07	58345778979.57	53827224255.07	
江苏	1552550303643.01	7.411	1513645612371.27	22777037018.23	16127654253.52	
广东	1171186132444.98	5.590	1155825829441.90	10195798346.21	5164504656.87	
福建	999100274870.40	4.769	964093917677.85	26749505690.57	8256851501.98	
广州	998106813255.22	4.764	970102353314.89	16837093970.70	11167365969.62	
山东	793641284609.91	3.788	753971072990.77	35182562366.59	4487649252.55	
四川	715879275850.40	3.417	708313525545.99	5281522555.53	2284227748.88	
湖北	601544016399.68	2.871	591723363831.51	5837600064.93	3983052503.24	
辽宁	543364262428.11	2.594	534376291015.26	6558171262.65	2429800150.20	
湖南	510314028801.86	2.436	504507242512.38	4397697601.64	1409088687.84	
河南	473588324134.70	2.261	469255870327.43	3501083049.02	831370758.24	
江西	353012263248.62	1.685	349921493509.70	2162936070.93	927833667.99	
安徽	295358981892.05	1.410	290100040350.67	4179882776.25	1079058765.13	
天津	292764926814.49	1.397	287478468168.98	4365408476.05	921050169.47	
陕西	282456924882.29	1.348	279623573092.56	1743729185.79	1089622603.93	
河北	265309443216.99	1.266	255996103913.23	7784047814.89	1529291488.88	
重庆	261444971099.71	1.248	257735614925.46	3252465587.33	456890586.93	
黑龙江	252659186803.14	1.206	249747270162.81	1903697539.10	1008219101.23	
广西	226658067448.61	1.082	224700860705.98	1337470496.99	619736245.64	
山西	194331527822.54	0.928	191328800149.21	1404111623.53	1598616049.80	
云南	164032270318.60	0.783	161837531648.21	1940055173.19	254683497.20	
吉林	152895849689.83	0.730	151019295895.14	1281260625.79	595293168.90	
新疆	145459518337.27	0.694	143084584418.38	1899822209.33	475111709.55	
甘肃	100226972331.86	0.478	96174961443.93	454846640.16	3597164247.77	
海南	83536669688.79	0.399	81617244912.28	1856060199.77	63364576.74	
贵州	82703415041.90	0.395	81826821047.75	292212582.94	584381411.21	
内蒙古	71645771499.95	0.342	70347831820.97	377562215.51	920377463.48	
宁夏	25911759740.36	0.124	25816455578.09	71303676.57	24000485.69	
青海	13377647611.43	0.064	13341354344.02	34414683.06	1878584.34	
西藏	11106410961.48	0.053	7928774455.68	42056790.61	3135579715.19	
境外地区	8136413794.23	0.039	8136413794.23			

2011 年上半年深市投资者开户地区分布

地区	总开户数				本月新开户数		
	开户总数	比例%	个人开户	机构开户	本月总新开户	本月个人新开户	本月机构新开户
北京	22055712	22.42	21999487	56225	158391	157401	990
江苏	6253989	6.36	6230062	23927	25797	25453	344
上海	6152171	6.25	6113693	38478	22715	22543	172
深圳	5763699	5.86	5715827	47872	20731	20610	121
浙江	5067389	5.15	5043519	23870	32690	32596	94
山东	4716206	4.79	4707738	8468	26242	26177	65
广东	4610685	4.69	4600999	9686	38945	38886	59
广州	3751211	3.81	3740000	11211	19893	19858	35
四川	3417543	3.47	3409865	7678	18438	18404	34
河南	3365937	3.42	3361512	4425	29167	29126	41
辽宁	3259388	3.31	3254111	5277	14968	14933	35
湖北	3096701	3.15	3088132	8569	16466	16403	63
福建	2995889	3.05	2987689	8200	26814	26778	36
湖南	2872659	2.92	2867811	4848	19369	19336	33
河北	2026966	2.06	2024699	2267	12717	12705	12
黑龙江	1848600	1.88	1846181	2419	7050	7037	13
陕西	1727753	1.76	1724459	3294	10272	10221	51
江西	1568054	1.59	1566284	1770	12628	12608	20
安徽	1535937	1.56	1529559	6378	14308	14237	71
广西	1472520	1.5	1470263	2257	10083	10071	12
重庆	1468851	1.49	1461474	7377	8440	8421	19
天津	1385074	1.41	1380906	4168	5341	5268	73
山西	1378780	1.4	1376036	2744	10616	10598	18
吉林	1289934	1.31	1288686	1248	5504	5501	3
新疆	1022616	1.04	1020668	1948	6235	6225	10
云南	918703	0.93	916287	2416	5145	5135	10
甘肃	831523	0.85	830552	971	7481	7474	7
内蒙古	741369	0.75	740540	829	7831	7812	19
海南	654025	0.66	648289	5736	2257	2247	10
贵州	480174	0.49	479236	938	3897	3889	8
宁夏	268394	0.27	267505	889	3564	3562	2
青海	208307	0.21	208004	303	1078	1078	0
境外	116710	0.12	103585	13125	125	39	86
西藏	36723	0.04	36643	80	199	198	1
其他	10987	0.01	10501	486	858	857	1
A股	97382368	98.99	97074839	307529	605435	602950	2485
B股	988811	1.01	975963	12848	820	737	83
总计	98371179	100	98050802	320377	606255	603687	2568

第二章　证券监管与经营机构

第一节　证券监管机构

中国证券监督管理委员会

中国证监会为国务院直属正部级事业单位，依照法律、法规和国务院授权，统一监督管理全国证券期货市场，维护证券期货市场秩序，保障其合法运行。

中国证监会设在北京，现设主席1名，副主席4名，纪委书记1名（副部级），主席助理3名；会机关内设18个职能部门，1个稽查总队，3个中心。根据《证券法》第14条规定，中国证监会还设有股票发行审核委员会，委员由中国证监会专业人员和所聘请的会外有关专家担任。中国证监会在省、自治区、直辖市和计划单列市设立36个证券监管局，以及上海、深圳证券监管专员办事处。

依据有关法律法规，中国证监会在对证券市场实施监督管理中履行下列职责。

（一）研究和拟订证券期货市场的方针政策、发展规划；起草证券期货市场的有关法律、法规，提出制定和修改的建议；制定有关证券期货市场监管的规章、规则和办法。

（二）垂直领导全国证券期货监管机构，对证券期货市场实行集中统一监管；管理有关证券公司的领导班子和领导成员。

（三）监管股票、可转换债券、证券公司债券和国务院确定由证监会负责的债券及其他证券的发行、上市、交易、托管和结算；监管证券投资基金活动；批准企业债券的上市；监管上市国债和企业债券的交易活动。

（四）监管上市公司及其按法律法规必须履行有关义务的股东的证券市场行为。

（五）监管境内期货合约的上市、交易和结算；按规定监管境内机构从事境外期货业务。

（六）管理证券期货交易所；按规定管理证券期货交易所的高级管理人员；归口管理证券业、期货业协会。

（七）监管证券期货经营机构、证券投资基金管理公司、证券登记结算公司、期货结算机构、证券期货投资咨询机构、证券资信评级机构；审批基金托管机构的资格并监管其基金托管业务；制定有关机构高级管理人员任职资格的管理办法并组织实施；指导中国证券业、期货业协会开展证券期货从业人员资格管理工作。

（八）监管境内企业直接或间接到境外发行股票、上市，以及在境外上市的公司到境外发行可转换债券；监管境内证券、期货经营机构到境外设立证券、期货机构；监管境外机构到境内设立证券、期货机构、从事证券、期货业务。

（九）监管证券期货信息传播活动，负责证券期货市场的统计与信息资源管理。

（十）会同有关部门审批会计师事务所、资产评估机构及其成员从事证券期货中介业务的资格，并监管律师事务所、律师及有资格的会计师事务所、资产评估机构及其成员从事证券期货相关业务的活动。

（十一）依法对证券期货违法违规行为进行调查、处罚。

（十二）归口管理证券期货行业的对外交往和国际合作事务。

（十三）承办国务院交办的其他事项。

领导介绍：

主席：郭树清

郭树清同志，1956年8月出生，汉族，内蒙古察右后旗人，法学博士。

现任中国证券监督管理委员会主席、党委书记。

郭树清同志1988年9月任国家计委经研中心综合组副组长（副司级）。1993年4月起先后担任国家经济体制改革委员会综合规划和试点司司长、宏观调控体制司司长。1996年2月任国家经济体制改革委员会党组成员、秘书长兼机关党委副书记。1998年3月任国务院经济体制改革办公室党组成员兼机关党委副书记。1998年7月任贵州省副省长。2001年3月任中国人民银行副行长、党委委员，国家外汇管理局局长、党组书记。2005年3月任中国建设银行董事长、党委书记，中国信达资产管理公司党委书记，中国建银投资有限责任公司党委书记。2011年10月任中国证券监督管理委员会主席、党委书记。

郭树清同志是第十七届中央候补委员、第十届全国政协委员。

副主席：桂敏杰

桂敏杰同志，1953年12月出生，满族，吉林舒兰人，金融学博士。

现任中国证券监督管理委员会副主席、党委副书记。

桂敏杰同志1986年起任国务院法制局财贸外事法规司副处长、办公室处长；1992年任国务院法制局工交劳动法规司副司长；1994年起任中国证券监督管理委员会办公室主任、法律部主任；1997年任深圳证券交易所总经理、党委书记；2001年5月任中国证券监督管理委员会副秘书长；2002年7月任中国证券监督管理委员会主席助理、党委委员；2004年7月任中国证券监督管理委员会副主席、党委委员；2009年3月任中国证券监督管理委员会副主席、党委副书记。

纪委书记：黎晓宏

黎晓宏同志，1953年3月出生，汉族，籍贯湖北，工学硕士。

现任中国证券监督管理委员会纪委书记、党委委员。

黎晓宏同志1969年参加工作。1992年10月起先后担任北京市第一轻工业总公司党委副书记、党委常委、副总经理、副董事长，京泰（集团）有限公司董事、副总经理，华夏证券股份有限公司党委书记、董事长，中信建投证券有限责任公司党委书记、董事长。2006 年 5 月任北京市政府副秘书长。2007 年 2 月任北京市政府党组成员，市政府办公厅主任、党组书记，北京市政府秘书长。2010 年 1 月任北京市政协副主席。2011 年 10 月任中国证券监督管理委员会纪委书记、党委委员。

副主席：庄心一

庄心一同志，1955 年 4 月出生，汉族，上海人，经济学博士。

现任中国证券监督管理委员会副主席、党委委员。

庄心一同志 1992 年 1 月任中国人民建设银行信贷部副主任；1992 年 10 月任国务院证券委员会办公室副主任；1993 年 8 月任中国人民建设银行信托投资公司副总经理；1995 年 10 月任深圳证券交易所总经理、党委书记；1997 年 10 月任国务院证券委员会办公室巡视员兼中国证券监督管理委员会培训中心主任；1998 年 10 月任深圳市副市长；2002 年 7 月任中国证券业协会会长、党委书记；2003 年 11 月任中国证券监督管理委员会主席助理、党委委员；2005 年 2 月任中国证券监督管理委员会副主席、党委委员。

副主席：姚刚

姚刚同志，1962 年 5 月出生，汉族，山西文水人，经济学博士。

现任中国证券监督管理委员会副主席、党委委员。

姚刚同志 1993 年起任中国证券监督管理委员会期货监管部副主任、主任；1999 年任国泰君安证券有限公司总经理、党委副书记、副董事长；2002 年任中国证券监督管理委员会发行监管部主任；2004 年 7 月任中国证券监督管理委员会主席助理、党委委员兼发行监管部主任。2008 年任中国证券监督管理委员会副主席、党委委员。

副主席：刘新华

刘新华同志，1955 年 9 月出生，回族，河北人，经济学博士。

现任中国证券监督管理委员会副主席、党委委员。

刘新华同志 1975 年起在宁夏银川市电信局工作；1982 年起任宁夏回族自治区党委宣传部部务秘书、办公室副主任；1989 年起任深圳市委政策研究室秘书处处长、深圳证券管理办公室副主任、主任、党组书记、深圳证券交易所理事；1999 年 1 月任中国证券监督管理委员会办公厅主任、党委办公室主任兼机关党委常务副书记；2006 年 7 月任中国证券监督管理委员会主席助理、党委委员兼办公厅主任、党委办公室主任；2009 年 4 月任中国证券监督管理委员会副主席、党委委员。

主席助理：姜洋

姜洋同志，1956 年 9 月出生，汉族，四川泸州人，经济学博士。

现任中国证券监督管理委员会主席助理、党委委员。

姜洋同志 1982 年起任经济日报社编辑、记者；1989 年任金融时报经济部负责人；1990 年起任中国人民银行办公厅新闻处副处长、处长、办公厅秘书处处长、办公厅副主任、非银行金融机构监管司副司长；1998 年任中国证券监督管理委员会机构监管部主任；2001 年 7 月任上海期货交易所总经理、党委书记；2006 年 7 月任中国证券监督管理委员会主席助理、党委委员；2006 年 8 月至 2009 年 4 月兼任期货监管部主任。

主席助理：朱从玖

朱从玖同志，1965 年 3 月出生，汉族，安徽肥西人，经济学硕士、EMBA。

现任中国证券监督管理委员会主席助理、党委委员。

朱从玖同志 1988 年中国人民银行研究生部硕士毕业；1988 年至 1992 年在中国人民银行总行金融管理司工作；1993 年至 1999 年在中国证券监督管理委员会工作，任中国证券监督管理委员会办公室副主任；国务院证券委办公室副主任；深圳专员办事处专员；1999 年 4 月任上海证券交易所副总经理；2000 年 9 月至 2008 年 2 月任上海证券交易所总经理；2008 年 2 月起任中国证券监督管理委员会主席助理、党委委员兼发行监管部主任。

主席助理：吴利军

吴利军同志，1964 年 8 月出生，汉族，山西朔州人，经济学博士。

现任中国证券监督管理委员会主席助理、党委委员。

吴利军同志 1988 年起先后在国家物资部、国内贸易部人事劳动司、办公厅工作；1997 年 4 月任国内贸易部国家物资储备调节中心副主任；1997 年 10 月任中国证券监督管理委员会信息中心负责人；1998 年 10 月任中国证券监督管理委员会培训中心副主任（主持工作）；2000 年 11 月任中国证券监督管理委员会人事教育部副主任、党委组织部副部长（主持工作）；2001 年 4 月任中国证券监督管理委员会人事教育部主任、党委组织部部长；2009 年 4 月任中国证券监督管理委员会主席助理、党委委员兼人事教育部主任、党委组织部部长。

上海证券交易所

上海证券交易所成立于 1990 年 11 月 26 日，同年 12 月 19 日开业，归属中国证监会直接管理。秉承“法制、监管、自律、规范”的八字方针，上海证券交易所致力于创造透明、开放、安全、高效的市场环境，切实保护投资者权益，其主要职能包括：提供证券交易的场所和设施；制定证券交易所的业务规则；接受上市申请，安排证券上市；组织、监督证券交易；对会员、上市公司进行监管；管理和公布市场信息。

上证所下设办公室、人事（组织）部、党办纪检办、交易管理部、发行上市部、公司管理部、会员部、债券业务部、国际发展部、基金业务部、市场监察部、法律部、投资者教育部、系统运行部、技术开发部、技术规划与服务部、信息中心、研究中心、财务部、稽核部、行政服务中心（保卫部）、北京中心等 22 个部门，以及 2 个子公司上海证券通信有限责任公司、上证所信息网络有限公司，通过它们的合理分工和协调运作，有效地担当起证券市场组织者的角色。

上证所市场交易采用电子竞价交易方式，所有上市交易证券的买卖均须通过电脑主机进行公开申报竞价，由主机按照价格优先、时间优先的原则自动撮合成交。上交所新一代交易系统峰值订单处理能力达到 80000 笔/秒，系统日双边成交容量不低于 1.2 亿笔，相当于单市场 1.2 万亿元的日成交规模，并且具备平行扩展能力。

经过多年的持续发展，上海证券市场已成为中国内地首屈一指的市场，上市公司数、上市股票数、市价总值、流通市值、证券成交总额、股票成交金额和国债成交金额等各项指标均居首位。截至2010年年底，上证所拥有894家上市公司，上市股票数938个，股票市价总值179007.24亿元。2010年股票筹资总额5532.14亿元，列全球第四。一大批国民经济支柱企业、重点企业、基础行业企业和高新科技企业通过上市，既筹集了发展资金，又转换了经营机制。

迈入新世纪后，上证所肩负着规范发展市场的艰巨任务，也面临着进一步推进市场各项建设的良好机遇。凭借一流的硬件设施和浦东优越的区位优势与强大辐射力，凭借上海经济良好发展势头和特有的龙头效应，凭借国企改革和金融中心建设对上海资本市场的积极推动，上证所将按照坚定信心、加强监管、保持稳定、规范发展的思路，在技术、监管、人才、服务等方面多管齐下，为建设一个规范透明、高效开放、充满生机活力的世界一流交易所开启新的篇章。

深圳证券交易所

深圳证券交易所（以下简称“深交所”）成立于1990年12月1日，是为证券集中交易提供场所和设施，组织和监督证券交易，履行国家有关法律、法规、规章、政策规定的职责，实行自律管理的法人，由中国证券监督管理委员会（以下简称“中国证监会”）监督管理。深交所的主要职能包括：提供证券交易的场所和设施；制定业务规则；接受上市申请、安排证券上市；组织、监督证券交易；对会员进行监管；对上市公司进行监管；管理和公布市场信息；中国证监会许可的其他职能。

深交所以建设中国多层次资本市场体系为使命，全力支持中国中小企业发展，推进自主创新国家战略实施。2004年5月，中小企业板正式推出；2006年1月，中关村科技园区非上市公司股份报价转让开始试点；2009年10月，创业板正式启动，深交所主板、中小企业板、创业板，以及非上市公司股份报价转让系统协调发展的多层次资本市场体系架构基本确立。深交所坚持从严监管根本理念，贯彻“监管、创新、培育、服务”八字方针，努力营造公开、公平、公正的市场环境。

截至2010年6月30日，深交所共有上市公司1012家，其中主板485家，中小企业板437家，创业板90家，市价总值56073亿元。此外，69家中关村科技园区非上市公司进入股份报价转让系统。2010年上半年，深交所首次公开发行总筹资额1543亿元，总成交金额97297亿元。多层次资本市场结构日趋完善，服务实体经济发展和转变增长方式的功能日益显现。

中国证券登记结算有限公司

中国证券登记结算有限公司依据《中华人民共和国证券法》和《中华人民共和国公司法》组建。公司总资本为人民币12亿元，上海、深圳证券交易所是公司的2个股东，各持50%的股份。公司总部设在北京，下设上海、深圳2个分公司。中国证监会是公司的主管部门。

一、公司的历史沿革

2001年3月30日，按照《证券法》关于证券登记结算集中统一运营的要求，经国务院同意，中国证监会批准，中国结算组建成立。同年9月，中国结算上海、深圳分公司正式成立。从2001年10月1日起，中国结算承接了原来隶属于上海和深圳证券交易所的全部登记结算业务，标志着全国集中统一的证券登记结算体制的组织架构已经基本形成。

二、公司的宗旨

公司的宗旨是，建立一个符合规范化、市场化和国际化要求，具有开放性、拓展性特点，有效防范市场风险和提高市场效率，能够更好地为中国证券市场未来发展服务的集中统一的证券登记结算体系。

三、公司的基本职能

按照《证券法》和《证券登记结算管理办法》的相关规定，中国结算履行下列职能：

- 证券账户、结算账户的设立和管理；
- 证券的存管和过户；
- 证券持有人名册登记及权益登记；
- 证券和资金的清算交收及相关管理；
- 受发行人的委托派发证券权益；
- 依法提供与证券登记结算业务有关的查询、信息、咨询和培训服务；
- 中国证监会批准的其他业务。

中国证券登记结算有限公司上海分公司

一、公司概况

中国证券登记结算有限公司上海分公司（以下简称公司），是一个为证券交易提供集中的登记、托管与结算服务，不以营利为目的的证券登记结算机构。

公司的业务职能包括：证券账户、结算账户的设立；证券的托管和过户；证券持有人名册登记；证券交易所上市证券交易的清算和交收；受发行人的委托派发证券权益；办理与上述业务有关的查询；国务院证券监督管理机构批准的其他业务。

公司的前身上海证券中央登记结算公司于1993年3月8日成立，在8年多时间内为证券交易市场的快速发展提供了优质的后台支持服务。随着中国证券登记结算体系的改革，公司于2001年9月20日改组为中国证券登记结算有限公司上海分公司。目前公司设有综合管理部、财务部、法律部、投资人登记部、发行人登记部、结算管理部、交收部、技术开发部、系统运行部等部门，并设立了相对独立的风险管理委员会和技术委员会。

公司一直致力于证券登记结算制度的研究和完善。自1997年开始，在充分总结和科学设想的基础上，比较国际证券结算业的不同做法，借助现代电子技术手段，率先建立了法人证券集中托管制度和中央交收体制下的法人结算制度。“法人托管”和“法人结算”两项制度的实施，为最终实现银货对（DVP）的证券结算制度奠定了基础。

公司也始终重视具体业务和技术手段的改进和完善，创建了独立的完整的登记结算技术系统，开发了国内第一个证券结算电子商务平台——PROP2000，建设了国内证券业第一个大型数据仓库，建立了以DVP为目标的电子交收模式，依照《证券法》建立了包括结算风险基金、清算交收备付金制度、待交收机制和交收风险监控制度在内的风险管理体系。

在参与建立全国集中统一的登记结算体系的同时，公司将继续在总部的领导下，与市场参与各方进行紧密的合作，正确处理发展与规范、改革创新与风险控制的关系，充分保障登记结算业务的稳定性、高效性与安全性，向证券市场提供安全、公平、高效的服务。

二、登记结算技术系统

公司已经建立了具有强大的业务处理能力、高效快捷的通信能力、智能化存储和数据查询分析能力的技术系统。这是我国唯一的独立于交易系统之外的功能完整的证券登记结算技术系统，主要包括以下三个组成部分：

（一）登记结算系统

公司于1998年4月1日推出的登记结算业务处理系统，是一个独立的、可支持完整意义上的登记结算业务的技术系统，可以将全部的登记结算业务集中到一个统一的技术平台上处理。这一系统采用了当时世界上领先的技术配置，经过最新的升级和优化后，可在180分钟内完成4000万笔成交记录和20个证券品种权益（送股、配股、红利、上市挂牌等）的数据处理，而且具有安全可靠、操作简单的优点。

（二）信息服务系统（数据仓库）

公司以数据仓库为核心创建了信息服务系统。数据仓库的作用是通过建立一个高效实用的、存储庞大的历史数据仓库，将大量的业务数据经过加工和精炼，从中提取与主题相关的有价值的信息，满足市场监管和市场服务的需要，为加强风险防范、完善决策支持、提高服务质量提供技术手段。

公司建设的数据仓库一期项目于2001年11月2日通过验收并投入使用，这是国内证券业第一个TB级（1TB = 1000G）数据仓库，目前的主要用户包括上海证券交易所监察部，同时为中国证监会的监管工作随时提供服务。随着市场发展的需要，公司将向包括证券公司、上市公司在内的市场参与主体提供优质的数据增值服务。

（三）登记结算互联网络（PROP2000）

PROP系统是公司开发建立的实现证券登记、存管、结算数据实时通信的登记结算互联网络，目前已升级到PROP2000。ROP2000将证券电子商务概念引入了证券登记结算系统，在提高市场运作效率、降低市场运作风险、为新业务开发开展提供技术基础等方面取得了突破性的进步，标志着中国证券结算进入了电子网络时代。

PROP系统是一个基于光缆和电话线双备份的数据通信网络，与卫星广播的数据通信方式比较，具有安全、稳定、可靠的优势，并且具有双向交流的功能。PROP网络系统又是一个综合的业务平台，采用了模块化的设计模式，可以同时实现开户、账户管理、查询、电子资金划拨、挂失转户等各项业务功能，又可以根据市场发展的需要随时扩展功能。

目前PROP2000的联网用户有1000多家，几乎涉及市场的所有参与者：证券公司、证券公司营业部、结算代理银行、基金托管人、上市公司、B股结算会员等，以及监管机构和业务代理单位。用户不仅遍布全国，还有63家B股会员分布在世界各地。

中国证券登记结算有限公司深圳分公司

中国证券登记结算有限公司（以下简称“中国结算”）深圳分公司的前身深圳证券登记有限公司成立于1991年1月24日，1995年9月16日并入深圳证券交易所，2001年9月21日改组为中国结算深圳分公司，现有员工175人。中国结算深圳分公司十几年来一直致力于为中国证券市场的快速发展提供安全、高效的证券登记结算服务。

中国结算深圳分公司依法对在深圳证券交易所上市的证券进行登记结算，主要业务范围包括：证券账户的设立和管理；证券登记和托管；证券、资金的清算与交收；证券权益分派等代理服务；提供与登记结算业务有关的信息服务、咨询服务和培训服务；中国证券监督管理委员会批准的其他业务。

中国作为一个经济发展和改革开放的发展中国家，经济增长潜力巨大，证券市场发展的空间极其广阔。中国结算深圳分公司将在社会各界的关心和支持下，继续励精图治，开拓创新，进一步完善登记结算运作体系和服务体系，为中国证券市场和国民经济的发展作出新的贡献。

中国证券业协会

中国证券业协会是依据《中华人民共和国证券法》和《社会团体登记管理条例》的有关规定设立的证券业自律性组织，属于非营利性社会团体法人，接受中国证监会和国家民政部的业务指导和监督管理。

中国证券业协会成立于1991年8月28日。2011年6月23日至24日，协会召开了第五次会员大会，陈共炎同志当选为会长。20年来，协会认真贯彻执行“法制、监管、自律、规范”的八字方针和《中国证券业协会章程》，在中国证监会的监督指导下，团结和依靠全体会员，切实履行“自律、服务、传导”三大职能，在推进行业自律管理、反映行业意见建议、改善行业发展环境等方面做了一些工作，发挥了行业自律组织的应有作用。

中国证券业协会的最高权力机构是由全体会员组成的会员大会，理事会为其执行机构。中国证券业协会实行会长负责制。截至2011年6月，协会共有会员239家，其中，证券公司107家，证券投资咨询公司86家，金融资产管理公司2家，资信评估机构5家，特别会员39家（其中地方证券业协会36家，证券交易所2家，证券登记结算公司1家）。

协会的宗旨是：在国家对证券业实行集中统一监督管理的前提下，进行证券业自律管理；发挥政府与证券行业间的桥梁和纽带作用；为会员服务，维护会员的合法权益；维持证券业的正当竞争秩序，促进证券市场的公开、公平、公正，推动证券市场的健康稳定发展。

会员大会通过的章程明确了协会在以下三方面的主要职责：

依据《证券法》的有关规定，行使下列职责：教育和组织会员遵守证券法律、行政法规；依法维护会员的合法权益，向中国证监会反映会员的建议和要求；收集整理证券信息，为会员提供服务；制定会员应遵守的规则，组织会员单位的从业人员的业务培训，开展会员间的业务交流；对会员之间、会员与客户之间发生的证券业务纠纷进行调解；组织会员就证券业的发展、运作及有关内容进行研究；监督、检查会员行为，对违反法律、行政法规或者协会章程的，按照规定给予纪律处分。

依据行政法规、中国证监会规范性文件规定，行使下列职责：制定自律规则、执业标准和业务规范，对会员及其从业人员进行自律管理；负责证券业从业人员资格考试、认定和执业注册管理；负责组织证券公司高级管理人员资质测试和保荐代表人胜任能力考试，并对其进行持续教育和培训；负责做好证券信息技术的交流和培训工作，组织、协调会员做好信息安全保障工作，对证券公司重要信息系统进行信息安全风险评估，组织对交易系统事故的调查和鉴定；负责制定代办股份转让系统运行规则，监督证券公司代办股份转让业务活动和信息披露等事项；行政法规、中国证监会规范性文件规定的其他职责。

依据行业规范发展的需要，行使其他涉及自律、服务、传导的自律管理职责：推动行业诚信建设，督促会员依法履行公告义务，对会员信息披露的诚信状况进行评估和检查；制定证券从业人员职业标准，组织证券从业人员水平考试和水平认证；组织开展证券业国际交流与合作，代表中国证券业加入相关国际组织，推动相关资质互认；其他自律、服务、传导职责。

中国证券业协会连续被国家社团管理机关民政部评为全国先进社会组织，并在国家改革开放30年系列活动中被评为中国改革开放30年120家优秀集体之一。

中国期货业协会

中国期货业协会（以下简称协会）成立于2000年12月29日，协会的注册地和常设机构设在北京。是根据《社会团体登记管理条例》设立的全国期货行业自律性组织，为非营利性的社会团体法人。协会接受中国证监会和国家社会团体登记管理机关的业务指导和管理。

协会由期货公司等从事期货业务的会员、期货交易所特别会员和地方期货业协会联系会员组成。会员大会是协会的最高权力机构，每四年举行一次。理事会是会员大会闭会期间的协会常设权力机构，对会员大会负责，理事会每年至少召开一次会议。理事会由会员理事、特别会员理事和非会员理事组成。理事任期四年，可连选连任。理事会根据工作需要下设专业委员会，专业委员会为理事会议事机构，对理事会负责。

协会设会长一名，专职副会长若干名，兼职副会长若干名，秘书长一名，副秘书长若干名。会长、副会长和秘书长任期四年，可连选连任。协会实行会长负责制，会长为协会法定代表人。协会设会长办公会，由会长、专职副会长、秘书长、副秘书长以及会长指定的其他人员组成，在理事会闭会期间行使理事会授权的职责。目前协会常设办事机构设办公室、会员部、培训部、研究部、合规调查部、资格考试与认证部、信息技术部等七个部门。

协会宗旨是：在国家对期货业实行集中统一监督管理的前提下，进行期货业自律管理；发挥政府与期货行业间的桥梁和纽带作用，为会员服务，维护会员的合法权益；坚持期货市场的公开、公平、公正，维护期货业的正当竞争秩序，保护投资者利益，推动期货市场的健康稳定发展。

协会主要职能有：

一、根据期货法律法规和规章，制定期货业行为准则、业务规范及其他自律性规则，参与拟订与期货相关的行业和技术标准。

二、为会员服务，依法维护会员的合法权益，积极向中国证监会及国家有关部门反映会员在经营活动中的问题、建议和要求。

三、开展行业资信评级和信用体系建设，表彰、奖励行业内有突出贡献的会员和个人。

四、监督、检查会员的执业行为，受理对会员的举报、投诉并进行调查处理，对违反本章程及自律规则的会员给予纪律处分；向中国证监会反映和报告会员执业状况，为期货监管工作提供自律组织意见和建议。

五、对会员之间、会员与客户之间、从业人员与客户之间发生的期货业务纠纷进行调解。

六、收集、整理期货信息，编辑出版期货业务书籍报刊；开展会员间的业务交流，组织开展期货研究，推动业务创新，为会员创造更大市场空间和发展机会。

七、组织期货从业人员资格考试，负责期货从业人员资格注册及自律管理工作。

八、对期货从业人员进行持续教育和业务培训，提高从业人员的业务技能和执业水平。

九、负责行业信息安全保障工作的自律性组织协调，提高行业信息安全保障和信息技术水平。

十、广泛开展期货市场宣传和投资者教育，为行业发展创造良好的环境。

十一、开展期货业的国际交流与合作。

十二、法律、法规规定，以及中国证监会或会员大会赋予的其他职责。

第二节 证券经营机构

国信证券股份有限公司

国信证券股份有限公司是全国性大型综合类证券公司，注册资本70亿元，在全国47个城市拥有69家营业网点，法定代表人为何如，现有员工11579人，其中本部员工1271人，本科以上学历人员占90%以上。公司的经营范围为：证券经纪、证券投资咨询；与证券交易、证券投资活动相关的财务顾问；证券承销与保荐；证券自营；证券资产管理；融资融券；证券投资基金代销；为期货公司提供中间业务。截至2010年12月31日，公司总资产648.69亿元，净资产173.75亿元，净资本124.90亿元。公司的企业精神是"务实、专业、和谐、自律"，核心理念是"创造价值，成就你我"。2004年12月1日，国信证券获得创新试点券商资格。2010年，公司实现营业收入78.05亿元，利润总额40.51亿元，净利润31.10亿元，净资产收益率19.01%。2007－2010年四年间，累计实现营业收入332.66亿元，利润总额206.68亿元，净利润160.47亿元。2011年1－6月，公司实现净利润12.79亿元。

国信证券各项业务市场地位和竞争优势突出。经纪业务自2008年以来，股票基金交易额连续三年稳居行业第三，单个营业部平均代理买卖证券业务净收入排名行业前三，2011年上半年业务净收入排名跃居行业第二；投资银行业务股票发行家数2006－2009年连续四年排名行业第一，2010年排名行业第二，是当年发行家数、承销金额同时进入行业前十的两家券商之一，2011年上半年，发行家数排名行业第一；资产管理业务规模排名行业前列，2010年主要产品均跑赢上证指数，投资回报在券商同类产品中居于前列；研究业务2005－2010年连续在《新财富》"最佳分析师"评选中获得"最具影响力研究机构"称号，共80多人次获得"最佳分析师"奖项。在中国证券业协会主持的全国证券公司经营业绩排名中，国信证券近三年的总资产、净资产、净资本、营业收入、净利润、代理买卖证券业务净收入、承销保荐业务项目发行家数等主要指标均进入行业前十。公司各项业务的市场地位如下：

投资银行业务：行业内唯一连续五年（2006－2010）被深交所评为"最佳保荐机构"，2006－2009年股票发行家数连续四年排名行业第一。2010年，是发行家数、承销金额同时进入行业前十的两家券商之一，是当年融资品种最齐全的证券公司，其中股票发行家数41家，排名行业第二；通过并购重组委审核项目4家，排名行业第二；累计保荐发行中小板IPO项目62家，占中小板全部IPO项目家数的12%，排名行业第一；累计保荐发行创业板IPO项目8家，排名行业第二。国信投行目前拥有498人的专业团队，其中保荐代表人137人、准保代51人，专业队伍人数居行业第一。2011年1－6月，发行项目22家，排名行业第一，募集资金222亿元，排名行业第三。其中，IPO项目发行18家，IPO募集资金186亿元，均排名行业第一，根据彭博资讯排名，市场份额列全球第五。

证券经纪业务：行业内首家实行员工制营销管理模式，建立了一支训练有素、纪律严明的正规化客户经理队伍，同时在行业内率先推行服务产品化及全面客户关系管理，形成了独具特色的营销模式和服务模式。2008年以来，股票基金交易额连续三年稳居行业第三，单个营业部平均代理买卖证券业务净收入排名行业前三；2011年1－7月，公司股票基金交易量市场份额4.35%，排名行业第三，业务净收入排名跃居行业第二。从2007年开始，国信证券在行业内率先自主开发、推广手机证券，并被苹果公司iPhone、iPad产品选为中国落地宣传的唯一证券应用，成为市场领先品牌。截至2011年7月31日，国信"金太阳"手机证券注册用户数已近380万。

资产管理业务：致力于为客户提供全方位优质的理财服务，实现客户资产长期稳定增值。在国内券商中率先规范资产管理业务，以国际化标准模式管理客户资产，运作规范稳健，投资回报良好，在市场形成了良好声誉。截至2011年6月30日，拥有9只集合资产管理计划和4只定向资产管理项目。2008年，资产管理业务净收入行业排名第四，在行业内第一家试点集合理财产品合同电子化，并被证监会确定为行业标准；2010年初，设立了业内首创的国信"金理财"收益互换集合资产管理计划，此外还设立了国信"金理财"6号、国信"金理财－泰然1号"和国信"金理财"限额特定1号集合资产管理计划，全部理财产品均跑赢上证指数，其中国信"金理财"经典组合基金集合资产管理计划2010年复权单位净值增长率在券商同类产品中排名第二。2011年上半年推出国信"金理财"内需升级集合资产管理计划，首发16亿元。

自营投资业务：国信证券确立向低风险、可控风险领域发展的战略后，对自营业务规模进行了适度控制。在此前提下，积极探索具有证券公司特点的投资模式，推行投资经理负责制，已基本形成一套有别于基金公司、吸纳证券公司专长的投资管理体系和运行机制，具有较强的投资能力。国信证券还积极探索另类投资业务，在权证创设等衍生产品业务上形成了较强的专业能力。

研究业务：国信证券在业内率先推行行业首席分析师制，创新卖方研究业务，确立了研究的制度优势。公司形成了以首席分析师为核心的一流研究团队，目前共有100名研究人员，其中首席分析师17名，高级分析师5名，资深分析师14名，研究力量覆盖宏观经济、所有主要行业和上市公司。2005－2010年连续在《新财富》"最佳分析师"评比中被评为"最具影响力研究机构"，共80多人次获得"最佳分析师"奖项。2010年，获《新财富》"本土最佳研究团队"第五名，"中国证券分析师金牛奖"第三名。

固定收益证券业务：国信证券建立了固定收益证券发行承销和销售交易一体化运作模式，2008年以来先后担任28只企业债主承销商。2010年，国信证券企业债承销量63.3亿元，国债承销量128.4亿元，在银行间债券市场实现债券交易量7425.8亿元，在证券公司中具有较强的综合竞争力。国信证券是上海证券交易所固定收益证券综合电子平台首批做市商，2007－2010年连续4年综合排名第一。

信息技术：具备行业一流的信息技术系统和IT研发实力，满足业务发展和行业创新的系列技术需求，拥有行业领先的核心交易系统和网上交易系统，系统运行稳定、安全、通畅、可靠，深受监管机关和广大投资者的好评；拥有专业的IT工作团队、先进的软硬件设施、完备的运营保障体系和突出的IT创新能力，近年来先后开发完成企业级证券电子商务平台、创新型一体化智能经纪业务平台、CRM客户服务平台、金太阳手机证券、95536多层次电话理财中心等多项行业领先的信息应用系统。2008年，企业级证券电子商务平台荣获"证券期货业科学技术二等奖"，在网上交易和网站类系统中排列第一；2009年，入选国家信息化测评中心"中国企业信息化500强"；2010年，信息安全等级保护达标工程获公安部评测机构最高等级"符合"评价；2011年，"金天盾"非现场客户端安全产品获中国证券业协会组织的"网上交易双因素身份认证"专业评审总评分第一。

其他业务：国信证券是首批获得融资融券业务试点资格的券商，目前旗下54家营业网点可满足客户该项业务需求，截至2011年6月，开户数居市场第五；国信证券是首批获得股指期货IB业务资格的券商，拥有全资子公司国信期货有限责任公司开展股指期货和商品期货经纪业务，共设有11家营业部，并有国信证券旗下证券营业部进行IB业务支持；国信证券拥有全资子公司国信弘盛投资有限公司开展直接投资业务，已累计投资27个项目，其中10个项目已上市；国信证券拥有全资子公司国信证券（香港）金融控股有限公司开展国际业务。此外，国信证券还是首家在彭博系统中推出A股市场算法交易服务的本土券商，ETF活跃交易、私募信托基金（TOT）产品、QFII等业务开展顺利。

主要荣誉：2010年，国信证券共获得权威机构和媒体评选的30多项荣誉，包括："2010年中国500最具价值品牌"，"2010年中国十大最佳证券公司"，"2010年中国区最佳证券经纪商"，"2010年中国区最佳投行"，"2010年年度最佳港股券商"，"2010年中国证券公司最佳资产管理部门"等。此外，公司还在2009－2010连续两年被《证券时报》评为"中国最佳证券经纪业务服务品牌"，2006－2010连续五年被深交所评为"最佳保荐机构"，2008－2010连续三年被国内权威机构评为"中国最佳私募基金长期优胜奖"，2008年获民政部颁发的"中华慈善奖"。

地址：中国深圳市红岭中路国信证券大厦
电话：0755－82130833
传真：0755－82130570
邮编：518001
电邮：xzyxzb@guosen.com.cn
网址：www.guosen.com.cn

方正证券股份有限公司

方正证券股份有限公司（股票代码：601901）系中国证监会核准的第一批综合类证券公司，为上海证券交易所、深圳证券交易所首批会员。公司成立于1988年，其前身为浙江省证券公司，2008年7月经中国证监会批准吸收合并泰阳证券（原为湖南省证券公司），2010年9月改制为股份有限公司，2011年8月10日公司在上海证券交易所成功实现A股主板上市，成为国内证券市场第7家IPO上市券商。公司目前注册在湖南省长沙市，总股本61亿股，现有员工4911余人，总客户数超过200万户，管理的客户资产规模超过2000亿元。公司为我国中西部最大证券公司，市值规模、综合财务指标和业务指标位居上市券商前列。

公司是业务资格"全牌照"的证券公司，系全国25家融资融券业务试点券商之一，同时还拥有新三板代办股份转让等多项新业务资格，公司业务范围涵盖证券经纪、投资银行、证券自营、资产管理、研究咨询、期货经纪、直接投资、基金管理、融资融券、期货中间介绍业务、代办系统主办券商业务、基金代销、QFII业务及证监会核准的其他业务资格。公司在浙江地区设立浙江分公司，在全国16个省（市）拥有91家营业网点，并控股拥有瑞信方正（中外合资）、方正期货、方正和生投资、方正富邦基金（与台湾合资）等多家专业子公司，目前公司正筹备设立香港子公司，并与瑞士信贷等国际投行在诸多业务领域展开深层次的战略合作。公司的综合金融业务管理架构初步成型。

作为全国首批6家合规试点券商，公司法人治理结构健全，股东会、董事会、监事会及经营层架构明晰、运作规范，并建立了总部垂直管理的三级合规管理体系及以净资本为核心的风险控制体系。公司拥有行业领先的多功能电子商务平台www.foundersc.com，按照CCCS标准建立了95571全国呼叫中心，公司还推出"富、贵、雅"客户分类分级体系，在全国中心城市建立了区域财富管理中心，形成了包括"泉友通"（交易类）、"泉友会"（客服类）、"金泉友"（理财产品类）、"金泉涌"（互动咨询类）、"泉搜"（信息搜索类）等在内的"泉家福"系列产品及服务品牌并获商标注册，公司在客户财富管理方面拥有"金泉友"系列理财产品并树立了优势品牌，市场影响力及美誉度不断提升。

秉承"稳健经营，持续创新"的理念，经过二十多年的积淀与发展，公司目前已经成为具有湘浙"双区域"集中优势、高成长的全国性上市证券公司，连续多年在证监会分类监管评级中获评全国A类，"方正证券网"连续多届获得"中国优秀证券网站奖"、"最佳行情服务特别奖"、"最佳客户服务奖"等奖项，公司还先后获得"年度进步最快证券经纪商"、"中国最具特色证券经纪商"和"中国最佳业务创新证券经纪商"等多种荣誉称号。凭借良好的企业文化和和承担较多的社会责任，公司获得了市场与社会的广泛认可。

着眼未来，公司以成为"21世纪中国最具竞争力的财富管理服务商"为发展愿景，以"一体两翼、双轮驱动"为公司发展战略，致力于为广大投资者提供全面的财富管理与增值服务，为我国资本市场的改革发展作出更大贡献！

东方证券股份有限公司

【公司概况】

东方证券股份有限公司（以下简称"公司"）是一家经中国证券监督管理委员会批准的综合类证券公司，其前身是成立于1998年3月的东方证券有限责任公司。公司现有注册资本金为42.82亿元人民币，员工3100余人。公司资产质量优良，业务品种齐全，涵盖了证券承销、自营买卖、交易代理、投资咨询、财务顾问、企业并购、股权直投、基金管理、资产管理、期货交易和融资融券等众多领域。

公司以上海为总部所在地，在上海、北京、天津、长春、沈阳、抚顺、成都、武汉、长沙、南京、苏州、杭州、广州、深圳、汕头、南宁、桂林、北海、合肥、济南、临沂、福州等22个城市设有66个分支机构，形成了依托上海、立足中心城市、辐射全国的大型证券公司的经营网络。

公司控股东证期货、东证资本、东证资产、东方（香港）、汇添富基金五家子公司。

2011 年,公司呈现良好的发展势头,实现营业收入 25.73 亿元,净利润 9.49 亿元。年末总资产 401.85 亿元,净资产 143.55 亿元。

公司将以创建具有一流综合竞争力的证券公司为目标,致力于成为一家公开上市的包括基金管理公司、投资银行公司、期货公司、资产管理公司、股权直投公司、香港公司等子公司的以证券业为主的金融控股集团。

【经营理念】

"规范经营"是公司历来始终恪守的经营准则。公司治理结构健全,合规管理和风险管理体系完善,客户资产实现第三方存管,账户管理规范安全,资产质量优良,经营稳健,管理严密,在行业内和客户中树立了良好的信誉。

公司不断加大"开拓创新"的力度。集合理财、定向理财、资产证券化、权证交易等业务均处于行业前列,QDII、股权直投、股指期货、融资融券、报价回购等业务正在积极开展。

健康稳定的"可持续发展"是公司的一贯追求,公司成立 14 年来资产规模不断扩大,市场占有率稳步上升。

公司着力打造具有向心力和凝聚力的企业文化,提炼出和谐、创新、进取、竞争等企业文化的核心价值观,为公司发展提供强大的精神动力。2011 年,公司成功举办"东方声韵"员工歌唱比赛和"潮涌东方"——公司纪念建党 90 周年暨第三届职工艺术节文艺汇演,展现着东证员工朝气蓬勃、积极向上的精神风貌。

【公司荣誉】

2006 年,公司党委荣获"全国先进基层党组织"、"上海先进基层党组织"、"上海市金融系统先进基层党组织"称号。

2008 年,资产管理业务总部荣获由中华全国总工会颁发的"2008 年度全国五一劳动奖状",公司成为上海市唯一获此荣誉的金融企业。

2009 年"第七届新财富最佳分析师"评选中,研究所电子研究团队荣获电子行业第 1 名。

2009 年,资产管理业务在上海证券报主办的"第二届中国券商理财金榜评选"中囊括三项大奖:东方证券资产管理业务总部荣获"优秀管理人"大奖,"东方红 3 号"获得最佳混合型集合理财产品奖,"东方红 4 号"获得最佳新锐集合理财产品奖。

2011 年,东证资产管理公司在上海证券报主办的"第三届中国券商理财金榜"中获得"年度最佳资产管理人"奖。

2011 年,公司荣获"全国模范劳动关系和谐企业"称号,是上海 16 家获奖单位中唯一一家金融机构。

【业务介绍】

经纪业务

公司经纪业务全力推进二次创业,坚持"以客户为中心、以市场为导向"的经营理念,顺应近年来证券市场形势、市场结构和市场竞争环境的新变化,向管理型、服务型、营销型的转型取得初步成效,建立了客户咨询平台,"东方赢家"系列咨询产品基本成型。公司制定了营业网点调整规划,优化网点布局;加大营业网点搬迁改造力度,提升网点形象。报价回购业务准备就绪,进一步夯实了业务发展基础。

公司下辖营业网点 66 家,遍及上海、北京、深圳、广州、天津、南京、杭州、苏州、成都、武汉、长沙、南宁、桂林、汕头、北海、沈阳、抚顺、长春、济南、临沂、福州、合肥等主要省会城市和沿海主要发达城市。公司经纪业务实现了集中交易和客户资金第三方存管,完成了账户规范清理,开通了全国统一客户服务电话 95503,保障了客户交易安全、迅捷、高效。

2011 年,公司经纪业务完成营业收入 12.41 亿元,共实现证券交易总额 22791 亿元,市场占有率为 1.76%;股票基金交易总额 13412 亿元,市场占有率为 1.57%;客户资产规模达到 1633 亿元。

投资银行业务

公司投行以"诚信、规范、创新"为宗旨,拥有一支近两百人的投行团队,锐意进取,勇于创新,保持了中小企业板块的业务特长,取得了大型投行项目和财务顾问项目的突破,成为成长型企业融资、上市、重组的首选投资银行。

2011 年,公司顺利完成了三星电气主板 IPO 、世纪华通中小板 IPO、天瑞仪器创业板 IPO 、联建光电创业板 IPO、雅本化学创业板 IPO、长江证券公募增发、新疆众和定向增发、士兰微公司债、中泰化学公司债等项目的发行工作,募集资金 100.62 亿元。新三板业务取得突破,公司推荐的同辉佳视正式在新三板挂牌。

公司与花旗集团签署战略合作及投行合资协议,将在上海共同出资设立一家合资投行公司,公司占股权的 2/3 ,花旗集团占股权的 1/3 。该合资证券公司已获得证监会和商务部的设立核准批复。

证券投资业务

公司成立以来,证券投资业务的投资收益在国内券商中一直名列前茅。证券投资业务秉承"深入研究、精选品种、稳健投资"的投资理念和"价值评估、组合投资、波段操作"的运作模式,加强基础研究和集体决策,完善制度保障,对公司自营资金进行科学化的投资管理。

固定收益业务

公司固定收益业务多年来积极开展国债和企业债等固定收益产品的承销业务,已形成规模化销售网络,市场占有率逐步提高。作为多年的交易所国债承销团成员,公司国债承销量屡创新高。公司积极参与交易所市场和银行间债券市场的投资与交易,开拓和探索买断式回购、跨市场套利和可转债投资等新的业务模式,把握新的投资机会。

2011 年,公司承销附息国债 136.6 亿元,同比增长 10%,券商排名继续保持前 10 位。承销国开行金融债 385.9 亿元,同比增长 101.2%,券商排名第 3 位;承销农发行金融债 135.4 亿元,同比增长 78.39%,券商排名第 6 位。公司参加了 20 个短期融资券或中期票据承销团,共承销 8.4 亿元。企业债业务继续稳步增长,完成 2 个主承销项目的发行,并加强了项目储备。

融资融券业务

经过多年精心准备,公司于 2010 年 6 月获准开展融资融券业务试点,成为国内最早的十一家具有融资融券业务资格的券商之一。该业务的开展,丰富了公司金融服务的产品线,为维护核心客户提供了具有吸引力的手段,将成为公司又一增长引擎。

基于"高起点发展新业务"的战略,公司高度重视融资融券业务的发展,在创新研究与业务准备方面投入了大量资源,融资融券的管理和服务水平始终处于行业领先地位。融资融券业务总部将秉承"为客户创造价值,与客户共同成长"的理念,立足于传统经纪业务,依托公司雄厚的资金实力和优质的服务平台,把融资融券打造成为公司又一精品业务。

研究咨询业务

公司的研究服务坚守"以思想为生存之本,以专业为发展之基"的发展理念,为客户提供不同市场、不同产品、不同经济环境下的解决方案，为投资者提供思想交流的平台，致力于打造机构投资者最值得信赖的卓越团队。

为了实现对前瞻性和深度的追求，东方证券研究所通过产业组（宏观策略组、工业制造组、TMT 组、基础设施和能源组、金融与消费服务组、金融工程组）的模式，实现上下游、宏微观的交叉研究和交叉验证，特别是在成长型公司的价值挖掘上，在业内独树一帜。

公司依托强大的研究咨询实力，全力打造“东方赢家”咨询产品，推出《东方赢家日报》、《东方赢家周报》、《东方赢家股票池》等产品，建立客户分层咨询服务体系，为客户提供个性化、专业化、贴身化服务。

【子公司】

东证期货

上海东证期货有限公司（简称“东证期货”）是东方证券股份有限公司的全资子公司，注册资本 5 亿元，以创建“国内一流期货公司”为目标，致力于打造国内最专业的期货经营机构。2011 年，东证期货完成营业收入 1.4 亿元，同比增长 24%；12 月末，客户保证金达到 22.2 亿元。

东证资本

上海东方证券资本投资有限公司（简称“东证资本”）是东方证券股份有限公司的全资子公司，注册资本 7 亿元。东证资本拥有优秀的直投业务团队，在企业的投融资、业务重组及上市、并购等方面拥有丰富的经验。公司主发起设立的上海诚毅新能源创业投资基金是第一家券商参股的创投基金试点。

东证资产管理

上海东方证券资产管理有限公司（简称“东证资产管理”）是东方证券股份有限公司的全资子公司，注册资本 3 亿元，是国内首家券商系资产管理公司。已拥有 14 年投资管理经验的东证资产管理团队是一支长期稳定、业绩卓越的投资团队，被业内誉为“金牌管理团队”。该团队经历了多轮牛熊市的考验，积累了丰富的投资经验和风险管理经验，已成功推出了 24 只东方红系列集合资产管理计划，投资收益率在同类产品中始终名列前茅。

东方（香港）

东方金融控股（香港）有限公司（简称“东方（香港）”）是东方证券股份有限公司的全资子公司，注册资本 2 亿元港币，致力于为客户提供品种丰富的投资产品和便捷的跨境金融服务。东方（香港）目前已取得证券交易、资产管理、期货及金融衍生品业务牌照，正在申请投行业务牌照，已推出美国、日本、新加坡和 B 股等海外市场交易通道。

汇添富

汇添富基金管理有限公司（简称“汇添富”）由东方证券股份有限公司、文汇新民联合报业集团、东方航空集团联合发起设立，东方证券占 47% 的股权。汇添富以长期稳定的优秀投资业绩回报投资人，并有志发展成为中国业内管理国际资产和投资国际市场的专家，经过中长期的努力发展成为中国最佳的资产管理公司之一。2011 年，汇添富基金公司发行了 7 只公募基金，新基金募集份额位居行业前 3 位。截止 2011 年 12 月末，公司管理总规模近 600 亿元，公募业务在全行业 69 家基金公司中位居第 14 位。

平安证券有限责任公司

平安证券有限责任公司是中国平安（601318.SH；2318.HK）综合金融服务集团旗下的重要成员，前身为 1991 年 8 月创立的平安保险证券业务部。凭借中国平安集团雄厚的资金、品牌和客户优势，秉承“稳中思变、务实创新”的经营理念，公司建立了完善的合规和风险控制体系，各项业务均保持强劲的增长态势，历经 20 年稳健经营，公司已成为全国综合性主流券商之一。

平安证券投行致力于为国内企业提供高质量的融资服务和财务顾问服务，以股权融资、改制重组、兼并收购、股权激励方案设计等协助客户实现战略目标，是国内首批具有主承销资格的券商之一，拥有百余家股权融资项目、百余家财务顾问项目的成熟运作经验。目前的主要业务有：首次公开发行股票、上市公司增发、上市公司配股、可转换债券、收购兼并、资产重组、股权激励计划、股权分置改革、其他财务顾问。

截止 2011 年 5 月平安证券投行已完成股票主承销家数 18 家，主承销规模 155 亿。在中小板保荐市场占有率 11%，排名同业第二；创业板保荐市场占有率 12.7%，排名同业第一；在 2010 年全年 IPO 承销额排行榜中，平安证券亚洲排名第 8 位；自 2009 年新股发行制度改革以来，平安证券投行 IPO 保荐家数排名行业第一。

目前平安证券投行拥有 300 余人的专业团队，保荐代表人 80 余名，保荐代表人数量位居同业前三甲；其中 50% 以上具有律师、会计师、资产评估师资格，70% 以上的员工为硕士学历；管理团队及保荐代表人从业经验丰富，具备良好的专业素质及创新能力，具有 5 年以上从业经验者达 80%。在项目承做过程中平安证券投行建立了高效的业务运作机制，标准化的作业程序和作业模板，保证一线投行业务人员在项目工作流程上的标准化、规范化，充分覆盖作业风险，有效地提高了作业质量。平安证券投行拥有百余家首发项目、近 40 家再融资项目及 20 余家上市公司并购重组的成功运作经验，并建立了畅通的沟通渠道与沟通机制，协助客户进行有效沟通，提高整体工作效率。

在平安证券投行，永远只有一个团队，团队协作是核心竞争力之一。在整个团队的共同努力下，近年来平安证券投行获得市场荣誉无数：2006 – 2009 年连续四年获深交所最高荣誉——“中小企业板最佳保荐机构”称号；2007 – 2009 年在《证券时报》评选的中国区优秀投行奖项中，共获“中小板最佳投行”、“创业板最佳投行”、“最佳创新投行”、“最佳并购投行”、“最佳服务投行”、“最佳销售投行”等 21 项荣誉；2007 – 2010 年连续四年荣获《新财富》评选的“本土最佳投行团队”、“最受尊敬投行”、“中小项目业务能力最佳投行”、“最具创新能力投行”等 26 个奖项；《上海证券报》分别在 2006 年、2008 年、2009 年评选平安证券投行为“最佳投行创新团队”、“最佳中小型项目团队”、“最佳创业板保荐团队”；2006 – 2008 年连续三年在《21 世纪经济报道》举办的中国券商奖评选中获“最佳中小板投行”、“最佳投行”等奖项；2010 年《理财周报》评选的中国券商“金方向奖”中平安证券投行获“中国最佳十大投资银行”、“中国创业板最佳投资银行”、“最佳投资银行家/最佳资本市场部总经理”三项荣誉。

平安证券投行始终坚持创新的思路，根据客户实际情况和需求，为其量身定做合适的融资方案。承做了诸多细分子行业的第一家上市公司，创造了诸如：传媒业第一股—出版传媒、农药连锁销售第一股—诺普信、中小型医疗器械第一股—鱼跃医疗、海水养殖第一股—獐子岛，中高档家纺第一股——罗莱家纺，网络视频第一股—乐视网等经典案例。平安证券投行的并购团队也以优秀的业绩活跃于国内的资本市场，完成了众多资产重组和股权收购的案例，开创了多家并购业务模式的先河。在不断创新的过程中积累了丰富的资本运作经验，尤其是在交易方式和交易架构的设计上具有较强创新能力。如：＊ST 亚华、中鼎股份、广发证券借壳上市、鲁信高新重大资产重组等。

十几年来，平安证券投行的团队由小到大、由弱做强，靠的就是不断超越自我、勇于创新，积极进取的精神和顽强的意志。未来，我们将以“服务于高成长性客户，与客户一同成长，培养一批高素质的投行精英”为目标，继往开来，志存高远，争做行业的领导者！

东吴证券股份有限公司

东吴证券股份有限公司（以下简称“东吴证券”或“公司”），前身为组建于 1992 年的苏州证券，历经三次增资扩股。2010 年 5 月 28 日，东吴证券有限责任公司改制并更名为东吴证券股份有限公司。2011 年 11 月 23 日，经中国证券监督管理委员会核准，东吴证券向社会公开发行 5 亿股普通 A 股股票，并于 2011 年 12 月 12 日在上海证券交易所挂牌上市交易，股票简称“东吴证券”，股票代码“601555”。通过登陆资本市场，东吴证券不仅将进一步完善公司治理机构，更有望通过 IPO 实现新的质的成长。

公司总部及注册地在苏州，注册资本金 20 亿元。目前公司下属北京、上海、苏州、昆山、常熟、张家港、吴江、太仓 8 个分公司，拥有 48 家证券营业网点，并参股东吴基金管理有限公司，控股东吴期货有限公司，下设全资子公司东吴创业投资有限公司从事直接投资业务。

作为总部在苏州的唯一一家综合性证券公司，东吴证券依托的苏州市场综合经济实力、人均 GDP、人均存款等均居于全国前列，且近十年保持快速发展势头，使得公司业务具有良好的客户财富基础。截至 2011 年中期，东吴证券经纪业务市占率在苏州地区稳居第一，在江苏地区排名第二；2010 年在苏州地区代理买卖证券交易金额排名前 10 位的证券营业部占据 7 席；在投资银行业务方面，利用本地优势深耕细作，自股权分置改革新老划断以来在苏州地区 IPO 主承销家数排名第一。

近年来，公司规模快速增长。2007－2010 年净资产由 16.18 亿元增至 41.87 亿元，年均复合增长率达到 37%，大幅领先于行业的 18%；同期，净资本由 12.14 亿元增至 30.17 亿元，年均复合增长率达到 35%，远超行业 15% 的平均水平。2011 年上半年公司营业收入 9.22 亿元、净利润 2.27 亿元，期末净资产 43.13 亿元。2010 年净资产规模及净利润分别位于行业第 31 与 32 位，同期公司经纪业务市场份额分别为 0.88% 和 0.92%，市场占有率分别位居行业第 30 和 28 位。

在巩固公司在苏州地区的龙头地位同时，公司经纪业务将加快向全国重点城市的扩张，按照“立足苏州，面向全国”经纪业务战略布局，当前及未来一个阶段新设营业部的重点区域将会是省外地区，增强区域外的业务实力。

展望未来，机遇与挑战并存。公司将在继续业务转型的同时，把客户服务放在首位，锐意改革，不断创新，努力提升东吴证券的综合实力和品牌形象，实现公司平稳健康的可持续发展。

经纪业务事业部

经纪业务事业部以遍布全国的网点布局、优质高效的客户服务、颇具竞争的客户营销为特色，负责经纪业务的管理及运作，下设营销管理中心、运行清算中心、客户服务中心、期货业务部、合规管理部、综合管理部和场外市场部，履行经纪业务的网点管理、营销管理、客户服务、业务支持等职能；制定业务管理规章制度和操作流程；监督和指导营业部日常运行；进行投资者教育及品牌维护工作等。

投资银行总部

投资银行业务是东吴证券支柱业务之一。公司投行总部立足苏州，辐射全国，下设八个事业部，投行业务结构呈现多元化发展，部门合作紧密有序。IPO 业务、再融资、并购、债券业务齐头并进，相得益彰，为获得持续的竞争力奠定了坚实基础。

自成立以来，投行队伍不断壮大，专业素质大幅提升。从成立之初二十几人的团队，扩大成为一支拥有近 200 人的优秀团队，硕士以上人员占比近 80%。同时，更加注重专业素质培养和道德修养，打造出一支朝气蓬勃，德才兼备的队伍。

经过不懈努力，东吴投行已经树立起一个立足江苏，面向全国，进军国际的优质品牌。荣获新浪等网站评选的“中国资本市场 20 年——十佳保荐机构”、深交所“2010 年度保荐工作最佳进步奖”、证券时报评选的“最具成长性投行”、“最具创新项目”等荣誉，一名保荐代表人荣获“优秀保荐代表人”称号，被苏州市评为“2010 年服务企业上市先进单位”。

投资总部

自营投资业务是东吴证券核心业务之一。投资总部自成立以来，始终坚持价值投资理念，遵守公司制定的稳健增值原则，追求绝对回报，投资业绩突出，为公司的整体发展做出卓越的贡献。

东吴证券投资总部主要负责运用公司自有资金开展自营投资业务。自成立以来，投资总部坚持规范运作和稳健投资的原则，凭借公司资金、人才、信息、品牌、研究和网络等全方位的综合优势，坚持价值和成长相结合的投资理念，建立了科学高效的投资决策体系、科学规范的投资运作体系、科学完善的投资风控体系、科学有效的投资激励体系、科学求实的投资考核体系。

结合公司的总体战略要求，投资总部坚持稳健经营、保证稳定收益。在确保绝对收益的前提下，在风险可控的条件下，实现投资收益的最大化。研究方法上，投资总部坚持与时俱进，在传统投资分析的基础上，坚持辅以量化模型对信息、收益和风险进行分解，并从中提取投资决策所需的支持和帮助，将经验提炼成投资纪律，用模型优化和加速决策过程，不断创造优秀的投资业绩，为公司的整体发展做出了卓越的贡献。

资产管理总部

十年磨一剑，国内证券市场几经涨跌轮回，东吴证券资产管理总部在实践中学习，始终把投资者利益放在首位，以投资者财富增长为目标。通过多年发展建立了一个涵盖客户开发与服务、投资策划与实施、产品设计与创新、风险控制与防范、渠道建立和维护等诸多方面的完整业务体系，为创造良好的资产管理业绩和提升资产管理规模打下了坚实的基础。

继往开来，国内资产管理业务方兴未艾，在银行理财产品、基金、券商资产管理、私募信托计划同台竞技的局面下，券商资产管理机制灵活，产品设计约束小，又拥有公司所辖营业部的销售渠道，因此具有自身独特的优势。

东吴证券资产管理业务开展较早，积累了许多宝贵的经验，积聚了大量的人才。回顾过去，东吴证券资产管理团队兢兢业业，辛勤耕耘；立足现在，他们脚踏实地，努力为投资者做好资产管理；展望未来，他们充满信心，伴随着国内资本市场共同成长。东吴证券资产管理总部将以建设公司和客户共同的财富家园为理念，顺应市场变化，积极完善团队建设和革新部门体制，创造更好的投资业绩，百尺竿头更进一步。

固定收益总部

固定收益总部拥有一支朝气蓬勃、团结进取、勇于创新的业务团队，汇聚了投资、投行、销售等业务精英，融合了券商、银行、会计师、基金经理等专业人才，负责固定收益类证券的承销和投资，包括债券承销业务的承揽和实施，固定收益类产品投资；开拓固定收益类证券客户网络，为客户提供咨询服务；对公司各营业部发展国债业务进行指导工作；对营业部客户定期提供债券投资价值分析报告等。

财富管理中心

东吴证券财富管理中心主要负责公司投资顾问、财富顾问及投资咨询业务的开拓与运营；承担公司投资顾问及投资咨询业务的管理职能和后台支撑；研究、开发和设计各类投资顾问及咨询产品；为投资顾问提供支持服务；为公司投资顾问、投资咨询及营销服务人员等提供理财培训服务；通过公共媒体对证券投资顾问业务和财富顾问业务进行广告宣传与推广等。

东吴证券财富管理中心依托公司在苏州根据地丰富的财富客户资源优势，建立了创新、务实、严谨、高效的团队，90%的成员具有硕士以上学历，50%的成员具有十年以上证券投资经验，团队熟悉中国资本市场的运行规律，深刻理解中国资本市场的本质，以实现客户资产的保值增值为目标，集合并协同全公司各部门力量和资源，用最贴心和细致的服务，为客户设计专业化和多元化的综合金融产品，提供高质量和个性化的投资顾问服务。目前主要有四大业务，分别为投资顾问业务、投资咨询业务、财富顾问业务和理财培训业务，其中投资顾问业务为直接收费业务。

融资融券部

公司融资融券部成立于2010年12月，负责公司融资融券业务的运营和管理。部门下设三个管理团队：客户服务团队、运行管理团队和风险管理团队。部门及业务条线从券商、银行、信托等金融机构引进了大量专业人员，有着丰富的证券及资金管理从业经历，具备一流的业务管理和风险控制能力，人员优势突出。

融资融券部负责融资融券业务的筹备和管理工作，拟定融资融券交易管理制度与流程；完善客户选择标准、客户资格审查和授信管理等制度及业务操作流程；对融资融券客户进行资质审核；实时监控客户信用资金、证券账户；对融资融券资产进行风险分类，对逾期债权进行前期处理等。

融资融券部具备市场化的组织结构和严密的风险控制体系，建立了功能完善的融资融券开户、交易和风险控制等业务管理制度及业务流程，拥有一流的业务管理及交易系统。目前，融资融券部正以饱满的激情和崭新的精神面貌，结合公司的总体战略要求，秉承“安全、高效、专业、创新”的服务理念，在风险可控、审慎经营的原则下对融资融券业务进行探索与研究，并将为客户提供安全、优质和高效的融资融券服务。

场外市场总部

场外市场总部下设7个项目组，人员包括有项目管理人、注册会计师、律师、行业分析师等各类专业人士，每个项目小组都具备独立完成挂牌项目的能力。

场外市场总部立足苏州，面向全国，为高成长性的科技型企业的发展提供快捷有效的融资平台，开通股份转让的便捷渠道，为企业后续在中小板或创业板上市提供一站式服务，为地方中小科技企业在资本市场的发展赢得先机。

网点分布

营业部名称	地 址	业务电话
东吴证券股份有限公司南京分公司	南京市中山南路501号江苏通服大厦7楼	
东吴证券股份有限公司镇江黄山北路证券营业部	镇江市润州区黄山北路一号地块C座二楼	0511-85931122
东吴证券股份有限公司苏州分公司	苏州苏华路2号国际大厦20楼	
东吴证券股份有限公司苏州狮山路证券营业部	苏州市新区狮山路25号	0512-68255908
东吴证券股份有限公司苏州西北街证券营业部	苏州市西北街180号	0512-67511250
东吴证券股份有限公司苏州石路证券营业部	苏州市石路爱河桥28号	0512-65588534
东吴证券股份有限公司苏州工业园区现代大道证券营业部	苏州工业园区现代大道158号邻里中心新城大厦	0512-67501110
东吴证券股份有限公司苏州竹辉路证券营业部	苏州市竹辉路398号	0512-65102859
东吴证券股份有限公司苏州干将东路证券营业部	苏州市干将东路599号东凌大厦5至6层	0512-69336091
东吴证券股份有限公司苏州胥江路证券营业部	苏州市胥江路487号	0512-68204086
东吴证券股份有限公司苏州吴中区木渎镇证券营业部	苏州木渎金山路158号	0512-66268838
东吴证券股份有限公司苏州相城采莲路证券营业部	相城元和镇采莲路开元银座1015号	0512-65755817
东吴证券股份有限公司苏州滨河路证券营业部	苏州新区滨河路1768号	0512-68310608
东吴证券股份有限公司太仓分公司	江苏省太仓市城厢镇上海东路6号	
东吴证券股份有限公司太仓上海东路证券营业部	苏州市太仓市城厢镇上海东路6号	0512-53581314
东吴证券股份有限公司太仓人民南路证券营业部	太仓城厢镇人民南路160-4号	0512-53282002
东吴证券股份有限公司太仓沙溪镇白云中路证券营业部	太仓市沙溪镇白云中路3号	0512-53210244
东吴证券股份有限公司张家港分公司	江苏省张家港市杨舍镇新风桥东境	
东吴证券股份有限公司张家港杨舍证券营业部	张家港市杨舍镇沙洲中路104号	0512-58211471
东吴证券股份有限公司张家港锦丰镇证券营业部	张家港市锦丰镇锦店路锦都花苑15幢三楼	0512-56715081
东吴证券股份有限公司张家港金港镇证券营业部	张家港市金港镇长江中路160号	0512-58336828
东吴证券股份有限公司昆山分公司	江苏省昆山市前进中路269号	
东吴证券股份有限公司昆山前进中路证券营业部	昆山市前进中路269号	0512-57312236
东吴证券股份有限公司昆山环城北路证券营业部	昆山市环城北路135号	0512-57553318
东吴证券股份有限公司常熟分公司	常熟市阜湖路9号	
东吴证券股份有限公司常熟阜湖路证券营业部	常熟市阜湖路9号	0512-52705000
东吴证券股份有限公司常熟白雪路证券营业部	常熟虞山镇白雪路30号四楼	0512-55757922
东吴证券股份有限公司吴江分公司	江苏省吴江市中山北路172号	
东吴证券股份有限公司吴江中山北路证券营业部	江苏省吴江市松陵镇中山北路172号	0512-63427860
东吴证券股份有限公司吴江盛泽镇西环路证券营业部	吴江市盛泽镇西环路金源大厦	0512-63160162
东吴证券股份有限公司上海分公司	上海市西藏南路1208号	
东吴证券股份有限公司上海西藏南路证券营业部	上海市西藏南路1208号	021-63786280
东吴证券股份有限公司杭州文晖路证券营业部	杭州市文晖路348号金鹰大厦五楼	0571-88386866

营业部名称	地　址	业务电话
东吴证券股份有限公司嘉善县嘉善大道证券营业部	嘉善县罗星街道嘉善大道 53 号 301 室	0573 - 84217805
东吴证券股份有限公司上海奉贤环城东路证券营业部	上海市奉贤区环城东路 846 弄 842 - 844 号	021 - 37531603
东吴证券股份有限公司北京分公司	北京市西城区金融大街 19 号富凯大厦 B 座 1003 室	
东吴证券股份有限公司北京安德里证券营业部	北京市东城区鼓楼外大街 27 号	010 - 84138499
东吴证券股份有限公司东莞鸿福路证券营业部	东莞市南城区鸿福路 102 号汇成大厦 7 楼	0769 - 22507838
东吴证券股份有限公司福州湖滨路证券营业部	福州市湖滨路 66 号中福西湖花园北福楼 B 区 4 层	0591 - 87501837
东吴证券股份有限公司沈阳涝江街证券营业部	沈阳市大东区涝江街 123 号 10 楼	024 - 24211288
东吴证券股份有限公司昆明拓东路证券营业部	昆明市拓东路 45 号世博大厦 4 楼	0871 - 3537903
东吴证券股份有限公司深圳宝安大道证券营业部	深圳市宝安中心区 N4 区新安街道裕安西路与宝安大道交汇处南侧宝鸿林大厦 1 - 3 楼之 2 楼	0755 - 29028666
东吴证券股份有限公司三亚凤凰路证券营业部	三亚市凤凰路汇丰国际公寓 2 号楼商铺	0898 - 38226785
东吴证券股份有限公司济南纬十二路证券营业部	济南市槐荫区纬十二路 330 号	0531 - 87086688
东吴证券股份有限公司北京大兴兴华大街证券营业部	北京市大兴区黄村镇兴华大街三段 53 号一层	010 - 69226629
东吴证券股份有限公司重庆洋河一村证券营业部	重庆市洋河一村 78 号 2 楼 2 号	023 - 89076251
东吴证券股份有限公司大连中山路证券营业部	大连市沙河口区中山路星岛国 13、14 号	0411 - 84975000
东吴证券股份有限公司长沙人民中路证券营业部	长沙市人民中路 568 号融圣国际 8、9 号栋裙楼第 4 层	0731 - 88210869
东吴证券股份有限公司合肥黄山路证券营业部	合肥市蜀山区黄山路 468 号易居时代公寓 1 幢 701 - 718 室	0551 - 5109600
东吴证券股份有限公司海口金贸西路证券营业部	海南省海口市金贸西路 18 号华贸大厦 A 座三层 302 号	0898 - 68535660
东吴证券股份有限公司南宁朝阳路证券营业部	南宁市兴宁区朝阳路 38 号新朝阳商业广场 16 层第 B1601 - 1618 号	0771 - 2532777
直属营业部		
东吴证券股份有限公司常州关河中路证券营业部	常州市关河中路 38 号	0519 - 88159595
东吴证券股份有限公司泰州海陵南路证券营业部	泰州市海陵南路 360 - 6 号	0523 - 86336333
东吴证券股份有限公司南京中山南路证券营业部	南京市中山南路 501 号江苏通服大厦 7 楼	025 - 83226660
东吴证券股份有限公司盐城大庆中路证券营业部	盐城市大庆中路 156 号鼎盛时代广场 2 号楼	0515 - 89890606
东吴证券股份有限公司仪征真州西路证券营业部	仪征市真州镇真州西路 72 号	0514 - 83585656
东吴证券股份有限公司无锡锡沪路证券营业部	无锡市锡山区东亭街道锡沪路 168 号	0510 - 88223333

公司总部

地址：苏州市工业园区翠园路 181 号

邮编：215028

服务热线：0512 - 33396288

公司官网：www. dwzq. com. cn

国元证券股份有限公司

国元证券股份有限公司（以下简称“公司”）重组成立于 2001 年 10 月 15 日，是由原安徽国投、安徽信托作为主发起人，联合其他 12 家法人单位共同发起设立的。经中国证监会证监公司字[2007]165 号文核准，借壳北京化二上市，并于 2007 年 10 年 30 日在深圳证券交易所挂牌。股票代码 000728，现为“沪深 300”、“中证 100”、“深证 100”等指数样本股。

根据中国证监会核准，公司经营范围包括：证券经纪；证券投资咨询；与证券交易、证券投资活动有关的财务顾问；证券承销与保荐；证券自营；证券资产管理；融资融券；证券投资基金代销；为期货公司提供中间介绍服务。

2009 年 10 月 29 日，公司成功公开增发 5 亿股 A 股，募集资金 99 亿元。2007 年至 2011 年 9 月底，公司累计实现净利润 52.22 亿元。截至 2011 年 9 月底，公司总资产为 229.80 亿元，归属于母公司股东权益为 147.26 亿元。目前，公司净资产、净资本规模位居行业前列。

公司是一家资产质量高、综合实力强、经营范围广，在国内具有较强品牌和市场影响力的上市证券公司，76 家证券营业网点遍布北京、上海、天津、重庆、广州、深圳等中心城市、沿海城市、中部省会城市以及安徽全省。公司主要控股公司有：长盛基金管理有限公司、国元证券（香港）有限公司、国元股权投资有限公司、国元海勤期货有限公司。

经过十年发展，公司已形成了自身的竞争优势和独特的企业文化。健全的公司治理结构和完备的四层风险管理架构为公司合规经营、稳健发展提供了强有力的保障。传统业务发展有力，创新业务占据先发优势，境外业务的发展更为公司实现国际化战略坚定了基础，公司核心竞争力和持续发展能力得到切实提高。

公司长期以来遵循“法治、监管、自律、规范”八字方针，弘扬“团结、敬业、求实、创新”的企业精神，秉承“诚信为本、规范运作、客户至上、优质高效”的经营理念，开拓创新，追求卓越，力争把公司建设成为资产规模大、市场占有率高、金融品种丰富、客户满意、广大投资者和监管部门放心的具有国内一流水平的上市证券公司。

上海证券有限责任公司

上海证券有限责任公司（以下简称“公司”）成立于 2001 年 5 月，是由原上海财政证券公司和上海国际信托有限公司证券总部新设合并成立的全国性综合类证券公司。公司注册资本金 26.1 亿元人民币，股东单位为上海国际集团有限公司和上海国际信托有限公司。2005 年 12 月，公司成为全国创新试点证券公司之一。同时，公司也是上海国际集团核心成员企业之一。

公司现拥有各类专业人员 1000 余人，营业网点 56 家，已形成以上海为中心，北京、深圳、重庆、温州、南京、杭州等发达城市为主体的经营网络。公司资产质量优良，业务资格齐备。公司下属现有海际大和证券有限责任公司和海证期货有限公司两家子公司。公司于 2007 年正式受让中富证券有限责任公司证券类资产，实现了经纪业务的快速扩张，进一步推动了公司的战略发展。

公司成立以来，一贯秉承“诚信、专业”的核心价值观，以诚信经营为根本，以专业服务为中心；规范运作、稳健务实、开拓进取、和谐创新；立足上海，服务全国，在市场上树立了良好的企业形象。公司将致力于打造自身经营品牌，走现代金融企业的可持续发展道路，不断做强做大，努力成为国内一流的券商。

经营范围：

证券经纪；证券投资咨询；与证券交易、证券投资活动有关的财务顾问；证券（不含股票、上市公司发行的公司债券）承销；证券自营；证券资产管理；证券投资基金代销；为期货公司提供中间介绍业务。

相关业务介绍：

经纪业务

公司经纪业务始终以满足客户投资需求为宗旨，秉承“Service－服务、Humanity－人性、Zeal－热忱、Quality－质量”的理念，凝聚多年专业智慧，倾力打造“贴身的营销、贴心的服务、贴金的品牌”，通过专业化、个性化、多样化和规范化的运作，帮助更多投资者实现财富增值的梦想。

资产管理

公司于2002年经中国证监会批准成为首批具有从事受托投资管理业务资格的全国性综合类券商之一。目前公司已建立了规范的受托投资管理业务架构，形成了科学的投资管理体系，构建了严格的内部控制体系和风险防范机制，树立了良好的自律意识。

证券投资

公司证券投资业务拥有一支专业化的投资管理团队，坚持价值稳健成长的投资理念，建立了一套严谨而健全的投资决策体系和风险控制体系，以研究宏观经济、行业和公司基本面为出发点，精选投资品种，不断取得良好业绩，2007年全年投资收益率达到202.67%，2008、2009、2010和2011年投资收益率也大幅超越市场基准指数和股票型基金平均涨跌幅。

固定收益

公司拥有众多的销售网点、常年国债兑付网点、广泛的机构客户资源、十数年债券承销经验以及丰富的债券融资实务经验，尤其专注于为地方企业债券发行融资提供服务；随着银行间债券市场的发展，公司积极参与银行间债券交易业务，近三年银行间债券交易量保持在千亿元以上。

并购业务

经过多年的积累，公司兼并收购业务以长期合作、共同成长为服务目标，以稳健和务实的作风、精通资本运作的高素质团队，服务于各类企业、上市公司及机构客户，为政府和企业提供兼并收购、资产重组、结构融资、产业基金、私募融资、股权投资管理等专业、优质、高效的服务。

三板业务

公司拥有代办系统主办券商业务资格，已经推荐六家公司在代办系统成功挂牌。在三板业务领域积累了丰富的市场经验和雄厚的专业实力，业务范围已由北京中关村高科技园区迅速拓展至全国其他高新区。公司在争取推荐更多企业在代办系统挂牌的同时，还注重与挂牌企业构建多层次的业务合作模式。

国际业务

公司对内扩大市场份额，对外探索走国际化道路，拥有与国际接轨的海外业务服务平台、广泛的业务网络、十多年B股交易和机构客户服务经验、优秀的研发团队，始终致力于为客户跨市场金融交易提供专业意见和技术服务。服务项目包括QFII业务、B股委托交易、跨市场服务、国际合作等。

研究所

公司研究所拥有一支素质优良、经验丰富、知识背景涵盖金融、经济、管理和理工等多个学科的专业化研究人员队伍，主要从事宏观经济及政策、行业与公司、投资策略、基金、债券、金融工程等方面的研究工作，为公司机构客户和VIP客户提供及时高效的证券投资咨询服务，同时也为公司其它业务部门提供有力的研究支持。

基金评价研究中心

2010年5月，公司正式获批成为第一批具备协会会员资格的基金评价机构。基金评价研究中心目前主要从事基金评级、基金单一指标排名及中国证券监督管理委员会认定的其他评价活动。公司基金评价中心已经打造了一支拥有博士、硕士学位为主，专业覆盖数学、计算机、经济学、财务和管理等，并且半数人员具备海外留学背景的专业团队。建立了准确、客观的基金评价体系，形成高效的风控体系，与时俱进的推进研究工作。目前，中心评价指标主要包括选证能力、择时能力及风险调整后收益、下行贝塔等，提供对基金的三年、五年评级。基金评价研究中心业务领域涉及：基金评价、创新基金定价研究、基金行业深度研究、基金资产配置等。

地址：上海市西藏中路336号华旭国际大厦
电话：021－53519888
邮编：200001
客服电话：4008－918－918
网站：www.shzq.com

国联证券股份有限公司

国联证券股份有限公司创立于1992年9月，前身为无锡市证券公司。2008年5月通过改制更名为国联证券股份有限公司，注册资本15亿元人民币。

20年的发展历程，国联证券秉承“诚信、稳健、创新、超越”的经营理念，将“专业化服务，特色化服务”作为核心竞争力来打造，从一家经纪类券商发展成为全国29家创新类证券公司的一员，拥有各类专业化人才1300多人。现已形成包括经纪业务、资产管理、证券投资、代办股份转让和股份报价等在内较为完善的业务架构，以及研究咨询、信息技术和风险管理等强有力的服务支持体系，在江苏、上海、北京、浙江、广东、广西、重庆、山东、江西和湖南等省市重要区域拥有证券营业部38家，并控股国联期货有限责任公司和华英证券有限责任公司、参股中海基金管理有限公司，设立国联通宝资本投资有限责任公司，证券控股集团构架初具。此外，公司连续多年被评为A类券商，净资本收益率和成本管理能力等指标位居行业前列。

展望未来，国联证券将依托自身优势，以更务实的态度、更开阔的视野、更积极的行动向客户提供最完善最优质的专业化金融服务，为客户创造更多的价值。

【企业文化】

自1992年成立以来，国联证券以“诚信、稳健、创新、超越”的理念为指导，以专业控制风险，以智慧创造价值，一步一个脚印，实现了有序的发展和提升，连续十余年的盈利，更是在行业写就了自己的精彩。

现在，国联证券已成为中国证券行业的优秀企业之一，国联人将立足江南，辐射全国，把我们专业和创新的服务，推荐给更多的企业和普通投资人。

面对机遇和挑战，公司通过调研和论证，规划了未来的发展战略，用通过有战略的企业整体行动，抓住机遇，实现企业又快又好的发展。

未来，公司将不断提高投资定价能力，这是公司最核心的竞争力。公司将打造一支具有价值发现能力、定价议价能力、市场资源广泛的核心骨干队伍，为各类企业、机构和个人投资者提供量身定造的投资顾问、并购融资、专业咨询以及理财服务。

同时，公司将以大投行为触角，转换经营思路，由金融贵族向金融服务转变，由被动适应市场向主动寻找市场机会转变，由粗放式经营向集约化、精细化发展转变。

公司将不断建立和完善管理制度体系、风险控制体系和业务流程，以丰富的企业文化和灵活的激励制度为纽带，加强团队建设，提高企业向心力，强化各部门的联系和合作，打造综合理财业务平台，进一步加强企业整体服务能力，提高金融企业的服务水准，丰富金融服务内涵。

【主要业务部门介绍】

经纪业务管理总部

经纪业务管理总部负责证券经纪、金融衍生品、产品销售等业务，下辖33家证券营业部，多家新设营业部的筹建也正在紧锣密鼓的进行中。

经纪业务部恪守“重团队、亲客户、立长远、争领先！”的信念，以加强集中管理、推进业务市场化发展和转换经营机制为策略；以丰富产品资源、优化渠道资源、巩固和开拓客户资源为发展核心，实现“打造金融产品销售中心”的目标。

公司经纪业务连续多年保持盈利，利润指标、赢利能力和人均创利在行业内名列前茅。截至目前，国联证券已经与中国银行、农业银行、工商银行、建设银行、交通银行、招商银行、兴业银行、浦发银行、中信银行、广发银行、民生银行、华夏银行和上海银行建立了客户资金第三方存管关系，充分保障客户资金安全和存取便利。

我们将始终遵循“热心、耐心、贴心、细心、尽心”的五星级标准，竭诚为广大投资者提供全面理财服务！

主要优势

立足江苏，辐射全国

经纪业务立足江南、辐射全国，连续多年保持盈利，利润指标、赢利能力、人均创利在行业内名列前茅，无锡地区经纪业务市场占有率接近50%，目前下辖21家证券营业部，分布于无锡、南通、常州、上海、南京、杭州、广州、北京等地。

敬业奉献，倡导团队合作

国联证券经纪业务管理总部下设战略规划部、综合管理部、客服管理部、营销管理部、大客户部等5个二级部门，负责证券经纪、金融衍生品业务、产品销售等业务，团队间专业分工、精诚合作，共同致力于业务发展。

关注行业动态，不断开拓创新

手机资讯交易平台和在CRM基础上开发的经纪业务零售支持服务系统业内领先。

荣誉或成绩

2006年4月获得深圳ETF100优秀组织奖。

2008年3月31日获得期货中间业务(IB)资格。

2008年4月提前完成账户清理规范工作。

截至目前，与中国银行、农业银行、工商银行、建设银行、交通银行、招商银行、兴业银行、浦发银行、中信银行、广发银行、民生银行、华夏银行和上海银行建立了第三方存管业务合作关系。

三板业务部

三板业务部是公司开展代办股份转让业务的专业部门，由原并购融资部变更而来。公司于2011年1月27日获得代办系统主办券商业务资格，新成立的三板业务部主要负责与三板业务相关的规章制度建设、辅导与推荐挂牌、信息披露、尽职调查、信息报备等主办券商业务。在对企业代办股份转让系统的辅导与推荐挂牌中涉及的具体业务包括：企业改制、定向增发、股份置换、资产重组等。

资产管理部

资产管理部负责客户理财业务的产品设计、推广销售和投资运作，为客户提供股票、债券、基金等多种金融工具的组合投资管理服务。经过几年的努力开拓，资产管理业务已成为公司核心业务之一，并在资本市场上拥有良好的口碑。

主要业务

专项资产管理服务

此项业务针对某些特定投资目的而定，一般为委托资金额在1000万元以上的客户而设，投资目的如专门参与定向增发投资、专门参与并购套利、专门参与封闭式基金折价率回复套利、专门参与上市前的股权风险投资业务、为上市公司大股东提供市值管理服务等。

定向资产管理服务

此项业务针对委托资金额在100万元以上的个人或机构客户而设，投资方向与比例可双方协商。

集合资产管理服务

通过银行等销售渠道募集大众零散资金，组成规模庞大的资金集合，投资于国债、企业债、可转债、分离交易债、各类基金、股票或其他创新金融工具。

投资顾问服务

面向银行、信托等同业机构，为它们发行的理财产品提供投资管理服务，充当第三方投资顾问。

主要优势

全面的资源

国联证券是中国证券业协会评审的全国29家创新类券商之一，是中国证监会评审的A类A级券商，拥有专门负责产业公司调研的研究团队和对企业运作有深入理解的投资银行，可为客户理财业务提供强力的研究支持。

专业的团队

秉承理性控制风险、专业发现价值的投资风格，选派具备多年证券投资经历、业绩优异的资深投资经理负责投资操作。

理性的策略

证券市场的财富在长期内来自于优质企业的价值创造。优质企业在实业领域创造的财富可在证券市场体现为金融财富的放大效应，从而为其长期投资人提供回报。在此理念基础上我们确立策略为与产业竞争的胜利者为伍。

贴心的服务

注重专业化的增值服务，提供资产管理报告和核心研究报告；与客户保持随时的沟通和交流。

个性化方案

根据客户的投资偏好、风险承受能力及特殊需求，制订个性化的投资方案，并根据情况进行动态调整。

透明的运作

证券在客户专用资管账户中运作，资金存放于独立的第三方银行，客户可随时动态监测账户投资运作细节。

合理的费用

多种收费方式供客户选择，费用合理；通常固定费用低于基金，而主要采取低固定费率加局部受益分成的收费方式；免收申购费、赎回费。

荣誉或成绩

2003年4月江苏首家推出个人受托理财计划产品，募集资金3.3亿元。

2009年2月获准开展定向资产管理业务和集合资产管理业务，同年6月，公司第一个定向账户设立。

2009年11月公司第一只集合理财产品“金如意1号集合资产管理计划”获批通过。

2010年2月“国联金如意1号——债券增强集合资产管理计划”正式成立，首发规模4.6亿。

2010 年 7 月公司第二只集合理财产品“金如意 2 号集合资产管理计划”获批通过。

2010 年 9 月“国联金如意 2 号集合资产管理计划”正式成立，首发规模 2.81 亿。截至目前，公司资产管理业务规模为 7.10 亿元。其中定向账户资产管理业务规模为 3.49 亿元；集合资产管理计划规模为 2.79 亿元；担任投资顾问的业务规模为 0.82 亿元。由我司担任投资顾问的招行“荣惠一号”债券增强型产品到期收益率达到 10.22%，得到客户的高度肯定。

证券投资部

证券投资部是公司唯一授权进行自营业务的业务部门，负责公司自营资产的统一管理。自营的资金全部是有合法来源的自有资金，在日常管理中体现了公司资产与客户资产严格分开的原则。

证券投资部自成立以来，一直遵守国家对自营业务的法律法规要求及公司对自营业务的有关制度与要求，并在不断的探索过程中得到了发展。部门拥有一支知识结构合理、投资经验日趋丰富、投资技巧日趋成熟、团结而精诚合作的战斗队伍。

研究所

国联证券研究所坚持诚信、稳健、创新、超越的职业精神，以前瞻的视角发现价值，以严谨的态度控制风险，全心全意为客户创造财富。

研究所拥有无锡、上海等多地研究服务团队，覆盖金融研究、机构销售、理财服务等领域，具有完整的研究与销售服务产业链。研究所拥有超过 50 名员工，70% 以上拥有硕士及以上学位。研究业务突出专业定价能力，以坚实的宏观经济研究为基础，依托区域及行业资源，重点覆盖新兴产业，包括物联网、节能前排及现代制造、新兴能源、文化及动漫、新型消费等领域；销售业务突出专业渠道资源，构建银行、基金、产业资本等客户为主体的多层次销售渠道，形成立体销售服务体系。

研究所与科研院所、行业专家等建立了良好的合作关系，并与海外知名机构，以及国内外投资专家、行业专家建立长效联动机制，积极发挥长三角区位优势，为客户提供着眼全球、立足本土、前瞻性的研究及财富管理服务。

目前，研究所正在朝 3A 团队、3A 品牌的目标努力前行。

【2010－2011 年度公司大事记】

2011 年

7 月 15 日获得获得 A 类 A 级券商资格。

2 月 18 日获批在北京等地设立 5 家营业部。

1 月 27 日代办系统主办券商业务资格。

1 月 20 日华英证券有限责任公司成立。

2010 年

9 月 29 日“国联金如意 2 号——非限定性集合资产管理计划”正式成立。

7 月 29 日获批在烟台等地设立 5 家营业部

7 月 21 日获得 A 类 A 级券商资格。

2 月 8 日“国联金如意 1 号——债券增强集合资产管理计划”正式成立。

1 月 18 日国联通宝资本投资有限责任公司成立。

地址：江苏省无锡市太湖新城金融一街 8 号国联金融大厦
网址：www.glsc.com.cn
电话：0510－82832912
传真：0510－82833124

光大证券股份有限公司

光大证券股份有限公司（以下简称“公司”）创建于 1996 年，系由中国光大（集团）总公司投资控股的全国性综合类股份制证券公司，是中国证监会批准的首批三家创新试点公司之一。2009 年 8 月 4 日公司成功发行 A 股股票，共计募集资金 109.62 亿元，并于 8 月 18 日在上海证券交易所挂牌上市。截至 2010 年 12 月 31 日，公司注册资本 34.18 亿元，净资本 176.47 亿元，净资产 227.16 亿元，总资产 595.79 亿元。

公司成立 15 年来，秉承“诚信卓越、专业共享”的核心价值观和“合规稳健、创新发展”的经营理念，资本充足，内控严密，运营安全，服务优质，效益良好，创新能力和市场竞争能力突出。公司积极投身于国内外资本市场，各项业务迅速发展，业务规模及主要营业指标居国内证券公司前列，综合实力排名位居业内前十。

展望未来，公司拟通过经营综合化、展业国际化、收入多元化、业务优质化、管理精细化、机制市场化等战略的实施，逐渐增强营销能力、定价能力、风控能力、研发创新能力及企业文化等核心竞争能力，进一步完善公司治理机制，提高股东回报，努力将光大证券打造成为一家具备全能型金融服务能力、在市场上有重要影响力的优质、大型、蓝筹上市证券公司。

管理团队

徐浩明：现任本公司董事、总裁，兼任光大资本投资有限公司董事长。历任交通银行总行办公室综合处处长；中国光大（集团）总公司办公厅主任，中国光大集团有限公司董事会执行委员会办公室主任，本公司副总裁等职。

王卫民：现任本公司副总裁、光大资本投资有限公司董事、中国光大控股有限公司董事。历任交通银行成都分行证券处副处长，海通证券成都营业部总经理、海通证券人力资源开发部总经理、证券交易总部总经理等职。

刘剑：现任本公司副总裁、光大资本投资有限公司董事。历任光大证券投资银行总部副总经理、投行北方部总经理、人力资源部总经理、资产管理部总经理、光大证券助理总裁等职。

王宝庆：现任本公司副总裁。历任陕西省汉中行署经委、陕西省汉中行署深圳办事处主任科员，深圳市天龙实业发展公司副总经理，光大证券南方总部高级经理，东莞营业部总经理，经纪业务总部总经理，人力资源部总经理、党委组织部部长，公司助理总裁、党委委员等职。

熊国兵：现任本公司副总裁、兼风险管理部总经理；光大保德信基金管理有限公司监事，光大资本投资有限公司董事。历任江西省审计厅企业审计处、外资审计处项目主审，江西省审计厅秘书科、综合科科长，江西省审计厅办公室副主任，光大证券稽核监察部副总经理、稽核部总经理、风险管理部总经理、纪委书记、党委委员等职。

胡世明：现任本公司助理总裁、财务总监，兼任光大期货有限公司董事长。历任北京中州会计师事务所审计部副总经理，中国证监会首席会计师办公室主任科员，中国证监会机构监管部检查二处副处长；光大证券计划财务部总经理等职。

杨赤忠：现任本公司助理总裁。历任深圳四海电脑技术有限公司财务经理，深圳蓝天基金管理公司金融投资部经理，长盛基金管理有限公司基金经理，大成基金管理有限公司研究总监、基金经理；光大证券公司证券投资部总经理、研究所所长等职。

王翠婷：现任公司党委委员、工会主席、组织部长兼人力资源部总经理。历任上海仪电职工大学经济教研室讲师，交通银行总行发展研究部科研成果处副处长，《新金融》副主编，交通银行上海徐汇支行副行长；光大保德信基金管理有限公司董事会秘书；光大证券董事会秘书。

梅键：现任本公司董事会秘书、兼办公室主任。历任湖北证券公司上海总部总经理、经纪事业部总经理，长江证券公司总裁助理、副总裁，湘财荷银基金管理公司董事长，湘财证券公司助理总裁、副总裁，光大保德信副总裁，光大证券董事会办公室主任。

陈岚：现任本公司合规总监、兼法律合规部总经理，光大资本投资有限公司监事。历任中国证监会法律部处长、行政处罚委处长。

主要业务部门

资产管理业务

光大证券下设资产管理部，是公司开展资产管理业务的唯一部门。

资产管理部目前已造就一支高素质的投资专业人才队伍，拥有金融、证券、管理等方面的专业人员45人，均毕业于国内著名高等学府和海外著名院校，具备良好的专业基础，证券从业经验大都超过8年以上，其中，超过80%人员具硕士以上学历，超过30%的人员具有海外留学和工作经历，所有人员均具有证券从业资格，是国内最具实力的专业资产管理队伍之一。

自2005年4月经中国证监会批准，光大证券发行国内第一只券商集合理财产品——"光大阳光1号"至今，总计成立了"光大阳光1号"、"光大阳光2号"、"光大阳光3号"、"光大阳光5号"、"光大阳光6号"、"光大阳光7号"、"光大阳光基中宝"，以及"光大阳光集结号混合型一期"、"光大阳光集结号收益型一期"、"光大阳光集结号收益型二期"等10只集合资产管理计划，目前管理资产规模达到113.9亿元，产品种类涉及股票、FOF、债券以及QDII等，形成了较为完整的理财产品线。

凭借先发优势，光大证券的资产管理业务一直稳居行业前三位，是公司排名最前、最具市场口碑和竞争力的核心业务之一。截至2010年9月底，光大证券管理的阳光系列产品中，集合理财产品规模占券商集合理财市场总规模的11%，排名第二；在非限定性券商集合理财产品领域，排名第一。

经纪业务

依托布局合理的证券服务网络，先进高效的证券交易系统，积极有效的证券服务营销，光大证券经纪业务经历了日新月异的蓬勃发展，今天，1000多名员工用真诚为全国一百多万投资者全心奉献专业服务，光大证券已成为投资者可信赖的"理财师"。

渠道优势

截至2008年末，公司拥有证券营业网点97家(79家营业部，18家服务部)，初步形成以上海为中心的长江三角洲、以北京为中心的环渤海经济圈、以广州、深圳为中心的珠江三角洲、遍布全国主要中心城市的分支机构，为客户提供涵盖沪深A股、B股、基金、债券、权证、三板业务等品种齐全、方式多样的代理交易买卖服务。

技术优势

网上交易系统：全国首批获得中国证监会网上交易安全认证，目前已拥有交易主站18套，行情主站4类38套，分别位于北京、上海、深圳等主要城市，网上交易日均交易量占公司交易总量的60%。公司交易网站连续三年获得"中国优秀证券网站"称号。

移动交易系统：全国是业内最早进入掌上证券业务领域的券商之一，目前已上线的移动交易主站系统4套，可覆盖支持移动及联通所有地区用户，系统建设发展规模处于行业领先水平。

服务优质

经纪人队伍：公司大力发展经纪人队伍，已建立起了一支规模较大、营销能力较强的前台营销队伍。

客户服务系统：公司在全国开通了"4008888788" Call-Center客户服务系统，集咨询、专家坐堂、集中委托电话为一体，采用业内领先的分布式坐席，可根据业务发展随时动态调整，为客户提供便捷的交易与咨询服务。

第三方存管：公司率先实现客户保证金三方存管100%上线，并与工、农、中、建、交、光大、浦发等15家全国性银行联网开展业务，为客户关系管理、业务拓展、营销展业，以及个性化增值服务提供重要的基础保障。

服务特色

光大经纪业务的特色产品——金阳光投资决策支持系统2008年隆重推出。该产品从投资者的需求出发，利用先进技术手段为每个投资者贴身订制属于自己的电子投资情报站，资讯和研报与投资者的持仓紧密关联，并提供强大的检索及自主订制功能，同时分别以web、邮件和客户端软件多样化的方式进行展现，最大限度地节省了投资者进行信息筛选的时间。同时由于金阳光背后成功整合了整个光大证券公司乃至光大集团的优势资源，其采取的个性化一对一电子化服务结合专家团队服务的方式，不但大大地缩减了投资决策所需要花费的时间，同时提高了投资决策的理性程度。

投资银行

一、投资银行业务范围

投资银行业务属于中介业务。我公司投行业务包括：债券承销、企业资产重组、购并及项目融资、公司理财、资产证券化、财务顾问等业务。

二、服务对象

1. 政府经济管理部门和国有资产控股(集团)公司；

2. 有并购、重组、理财及顾问需要的企事业单位；

3. 有资金、财产信托管理需要的企事业单位。

三、服务内容

(一)债券承销

1、根据企业的战略确定企业债券发行的规模；

2. 根据企业的现金流量特点和融资成本制订合理的债券发行方案；

3. 提供咨询、信息披露等服务；

4. 推荐会计师事务所、律师事务所、资信评估公司等中介机构；

5. 负责与主管部门协调，使债券发行尽早获得批准；

6. 制订债券发行计划、推介计划；

7. 负责债券发行的具体组织协调等工作；

8. 国债、企业债券分销及代理业务；

9. 企业债券兑付等工作。

(二)企业资产重组

1. 资本运作的信息咨询和尽职调查；

2. 企业资产重组和债务重组的整体方案设计以及配套服务；

3. 企业改制和再融资方案的整体策划与咨询；

4. 资本运作的政策法规咨询。

（三）购并

1. 为收购方提供的服务

策划收购方的经营战略和发展规划，帮助收购方明确收购目的，制定收购标准；

协助收购方搜寻目标、进行尽职调查；

设计购并方式和交易结构；

与出让方沟通、协助谈判；

协助实施并购方案、控制目标公司；

协助进行购并融资；

协助进行购并后整合。

2. 为出让方提供的服务

制作目标公司的推介报告；

寻找及选择受让方；

设计交易方案；

与受让方沟通、协助谈判；

协助实施交易方案、协助出让方获得出让利益。

（四）项目融资

1. 项目可行性分析；

2. 项目投资结构设计；

3. 项目融资模式设计；

4. 帮助制定项目融资的担保措施；

5. 融资谈判。

（五）财务顾问

1. 为企业提供投融资决策咨询；

2. 为企业提供投融资文件制作咨询，包括提供商业计划书样本、成功融资案例等；

3. 为企业提供上市、并购重组、产业整合咨询；

4. 为企业提供战略策划咨询；

5. 为企业提供资产管理、负债管理和风险管理咨询；

6. 为企业提供财务结构、财务管理、税收筹划咨询；

7. 围绕资本市场，为企业提供如下专业化信息服务：

◆资本市场的最新动态和金融工具。

◆可能的投融资机会和商业伙伴。

◆有关集团战略、资本运作的案例。

◆财政、金融相关政策、法律法规信息。

8. 根据客户需要，进行专项诊断和咨询。

（六）资产证券化

1. 为资产证券化发起人提供结构融资的咨询服务；

2. 包括资产证券化交易结构的设计、资产池的构建和资产的遴选、信用增级技术等相关的法律、政策、金融及市场方面的咨询服务。

四、公司业务优势

1. 优秀的项目团队，丰富的运作经验。公司的投行从业人员是一支年纪轻、学历高、实践经验丰富的队伍。

2. 广泛的业务网络。公司与企业界、政府有关部门保持着良好的关系，有利于投行各项业务的开展。

3. 强大的资金支持。天津信托不仅可以运用自有资金进行投资和并购，还可以接受客户之信托或专项筹集信托资金进行企业并购或项目投资、贷款业务，具有强大的资金运用和资源整合能力。

4. 独特的信托手段。如以信托方式组织产业或风险投资基金，为管理层（MBO）、职工持股等股权激励手段建立信托等。

地址：上海市新闸路1508号静安国际广场22楼

电话：（8621）22169999

传真：（8621）62151789

邮编：200040

客服电话：4008888788

网址：www.ebscn.com

安信证券股份有限公司

安信证券股份有限公司是由中国证券投资者保护基金有限责任公司、深圳市投资控股有限公司共同出资，于2006年8月18日经中国证券监督管理委员会批准成立的综合类证券公司，并于2006年8月22日领取深圳市工商行政管理局核发的企业法人营业执照。成立时公司注册资本151,000万元，经中国证监会和深圳市市场监督管理局核准，2009年8月26日增加注册资本87,975万元，2011年10月26日增加注册资本43,565.1425万元；截至2011年10月26日，公司注册资本282,540.1425万元。

公司经营范围：证券经纪；证券投资咨询；与证券交易、证券投资活动有关的财务顾问；证券承销与保荐；证券自营；证券资产管理；融资融券业务；中国证监会批准的其他证券业务。

一、证券经纪业务

客户价值增长的服务理念

以研究为依托，咨询为手段，标准化服务为基础，打造集证券交易、基金等金融产品为一体的经纪业务平台，竭诚为客户实现价值的全方位、可持续的增长。

全国性的营销与服务网络

在全国各地共拥有117家（3家筹建中）营业网点，已为超过200万投资者服务。

先进、安全、多渠道的交易方式与多银行独立资金存管模式。

公司在沪、深交易所众多的交易席位，与多银行独立存管合作模式，使客户无论何时、何地都能得到便捷、快速、安全的交易服务和资金安全保障。

专业化运作品质

即时提供最新资讯；为广大客户提供量身定制的投资建议；更为核心客户成立工作小组，提供"一对一"专项理财服务。

二、投资银行业务

全面多元化的服务内容

企业IPO、上市公司再融资的保荐及承销，企业收购兼并及重组改制的财务顾问，政府的财务顾问，企业改制辅导及管理咨询、战略规划等全方位深层次服务。

高素质的专业团队

一百多人的专业团队，从业经历丰富，保荐代表人的数量和专业素质居国内投行前列。

快速便捷的业务联系渠道

在深圳、北京、上海设有投资银行部门，并针对重点客户成立了重点行业部，在全国二十多个省市设有业务联络机构，随时随地响应客户的需求。

丰富优质的客户资源

公司成立以来，已经为有色金属、商业零售、港口机械、加工制造、地产金融及高科技等行业众多的优质客户提供了资本服务。

三、核心客户服务

销售交易部整合公司研究、投行、资产管理、经纪业务等各项资源，培养高素质的销售队伍，通过股票销售、基金销售、代理交易、研究报告推荐，为核心客户提供专业、高效的“一站式”投资理财服务。

四、资产管理业务

经营理念

诚信稳健，规范运作，专业投资，透明管理，致力于为客户提供全方位的、个性化的理财服务，使客户获得稳定、卓越的投资回报。

业务运作方式

根据客户的投资偏好和风险承受能力，配置相应的投资品种，严格遵循科学的投资决策与操作流程，健全风险控制制度，为客户资产实现最佳收益。

高素质的专业队伍

由来自证券公司与基金管理公司投资方面资深、精干的专业人士组成的业务团队，具有扎实的理论功底和丰富的实际操作经验，均有着良好的过往业绩。

服务范围

大型企事业单位、上市公司、保险公司、财务公司、QFII、一般机构和个人投资者等。业务合作伙伴包括银行、保险、信托等金融企业。

五、固定收益业务

经营理念

秉承“为客户创造价值”的理念，以债券承销为主，投资研究、销售交易为两翼，为客户提供优质、高效的服务。

业务类型

固定收益类产品的研究、设计、发行、承销和投资等；企业、项目融资业务；资产证券化等创新业务；企业财务顾问、政府咨询顾问业务；固定收益类产品投资理财、投资顾问等。

管理模式固定收益部拥有高层次、高素质、高学历的专业团队，按照专业分工和流程管理的需要，设置了债券承销、投资研究、销售交易等业务线，为实现优质、高效的服务提供了保障。

业务前景广阔

国内固定收益市场进入快速发展时期，市场机会众多。公司业务资源丰富，便于客户进行长期战略合作。

六、证券投资业务

投资目标在严格控制风险的基础上，充分权衡、匹配风险与收益的关系，确保公司资本金获得持续稳定的收益。

投资理念坚持价值投资，以深入的研究挖掘企业内在价值，寻找安全边际较高的股票，中长期持有、充分享受上市公司成长带来的投资收益。

七、研究咨询业务

研究理念

强调基本面研究，追求大概率事件。

研究队伍

在深圳、上海和北京三地配备研究力量，广聚研究精英人才；研究队伍具有规模化、专业化、高学历、实战经验丰富等特点，对资本市场各个领域进行全方位的跟踪、研究。

研究特色

强调客观独立、洞察敏锐、逻辑清晰、论证翔实、观点鲜明、具有前瞻性和原创性的研究风格，在竞争中保持差异化。强调宏观、策略与重点行业研究之间的互相印证和互相补充。全面覆盖与重点突出，在研究覆盖齐整的基础上，重点突出宏观、策略以及能源、有色金属、化工、交通运输、钢铁、公用事业、传媒、旅游、医药、银行、保险等重点行业的研究。强调创新研究，对权证和股指期货、资产证券化、结构性产品、股票期权等金融衍生产品进行前瞻性研究。

研究产品研究产品包括宏观经济研究报告、投资策略报告、行业研究报告、公司研究报告、债券研究报告、基金研究报告、证券市场研究报告、重点课题研究报告、财务顾问报告等，并开展研究产品推介和研究服务工作。

八、直接投资业务

安信乾宏投资有限公司基本情况

（一）名称：安信乾宏投资有限公司。

（二）注册地址：深圳市福田区福中三路 1006 号诺德金融中心 22 层 E 单元。

（三）注册资本：人民币 3 亿元。

（四）经营范围：

1. 使用自有资金对境内企业进行股权投资；

2. 为客户提供股权投资的财务顾问服务；

3. 设立直投基金，筹集并管理客户资金进行股权投资；

4. 在有效控制风险、保持流动性的前提下，以现金管理为目的，将闲置资本金投资于依法公开发行的国债、投资级公司债、货币市场基金、央行票据等风险较低、流动性较强的证券，以及证券公司经批准设立的集合资产管理计划、专项资产管理计划；

5. 中国证监会同意的其他业务。

（五）法定代表人及董事长：李军

九、公司荣誉

2011 年 12 月 13 日，安信证券荣获“最佳 IB 业务”和“最佳 IT 服务券商”奖项。

2011 年 11 月 21 日，安信证券荣获第五届“卖方分析师水晶球奖”多项殊荣。

2011 年 11 月 15 日，安信证券荣获第二届“中国证券分析师金牛奖”多项大奖。

2011 年 8 月 5 日，安信证券荣获中国明星证券营业部评选两项大奖。

2011 年 1 月 31 日，安信国际在“2010 腾讯网络盛典年度最佳港股券商”评选中获殊荣。

2011 年 1 月 27 日，安信期货荣获中金所“2010 年度优秀会员金奖”。

2010 年 11 月 29 日，安信证券获第八届新财富最佳分析师评选多项大奖。

2010 年 11 月 23 日，安信证券荣获“水晶球奖”和“金牛奖”分析师评选多项大奖。

2010 年 8 月 25 日，安信证券荣获“2010 年度最佳 IT 服务券商”等四大奖项。

2010 年 6 月 23 日，安信证券荣获“最佳成长性证券经纪商”等四大奖项。

2010 年 5 月 11 日，安信证券荣获 2009 年度“最快进步证券经纪商奖”。

2010 年 4 月 15 日，安信证券“投资者教育能手”脱颖而出。

2010 年 3 月 2 日，安信证券获得“2009 年度深圳市金融系统安全工作先进情报信息单位”称号。

2010 年 1 月 27 日，安信证券获得“2009 年度深圳金融创新奖”。

2009 年 12 月 2 日，安信证券在“第七届新财富最佳分析师”评选中获多项殊荣。

地址:深圳市福田区金田路 4018 号安联大厦 35 层
邮编:518026
电话:0755 - 82825555
传真:0755 - 82825550
网址:www. essences. com. cn

华鑫证券有限责任公司

华鑫证券有限责任公司是经中国证券监督管理委员会批准,于 2001 年 3 月在深圳市注册成立的全国性综合类证券经营机构,注册资本 16 亿元人民币。华鑫证券共有四家股东,均为实力雄厚、信誉卓著的大型国有企业集团或上市公司。

华鑫证券经营范围横跨证券、基金、期货三大领域,形成了较为完备的金融控股架构。公司是摩根士丹利华鑫基金管理有限公司第一大股东,是华鑫期货有限公司控股股东。

华鑫证券的业务范围包括证券经纪、证券自营、承销与保荐、资产管理、投资咨询及财务顾问业务。此外,公司还拥有开放式基金代销业务资格、上证 50ETF 一级交易商资格、股指期货 IB 业务资格、全国银行间拆借业务资格、沪、深证券交易所大宗交易等业务资格,可以为广大投资者提供优质的综合化金融服务。

华鑫证券在全国各地设有分支机构,其中公司下设 3 家分公司:上海分公司、自营分公司、西安分公司,并在北京、上海、西安、深圳、江苏等地拥有 21 家证券营业部。

华鑫证券成立以来,秉承"规范、专业、创新"的企业文化,倡导"以不断提升客户价值增长为导向,持续创造健康财富"的核心价值观。公司以人为本,求真务实,关爱员工,和谐发展,努力打造一个人才培育、成长、创新的良好平台,吸引了各方优秀人才的加入。

华鑫证券立足中高端市场,全力打造"鑫智汇"证券理财品牌,为投资者提供差异化、特色化的专业服务。公司构建了立体化投资咨询服务体系,借助金融资讯专用平台,为客户提供证券研究、投资评级、智能化数据分析和选股决策等精准服务,引领价值投资,全方位满足客户多元化理财需求。

公司投行团队秉承"一流的服务、为一流的客户"的理念,以行业内优秀的保荐代表人及项目人员,着力为客户设计最优化项目方案,努力实现与客户共同成长的目标。公司资产管理团队树立"绝对回报"的投资理念,强调在风险可控前提下的资产持续增值,为客户提供包括定向理财、集合理财、多方向套利、衍生产品及现金管理等在内的综合化解决方案。

华鑫证券偕同摩根士丹利华鑫基金、华鑫期货,致力于为客户提供优质的金融服务,为中国资本市场发展做出卓越贡献,为股东带来持续回报,为员工创造发挥才能、实现价值的机会。公司将紧紧抓住中国资本市场改革开放带来的机遇,从容应对挑战,推动公司建设成为勇于创新、特色服务、品牌卓越的专业化金融机构。

地址:深圳市福田区金田路 4018 号安联大厦 28 层
A01、B01(b)单元
邮编:518026
电话:0755 - 82083788
网址:http://www. cfsc. com. cn

公司各分支机构联系方式及地址:

上海分公司
电话:021 - 64339000
地址:上海市徐汇区肇嘉浜路 750 号 4 幢
上海证券自营分公司
电话:021 - 34638430
地址:上海市闵行区浦江镇浦雪路 329 号 3 楼
西安分公司
电话:029 - 68680333
地址:西安市莲湖区南二环西段群贤路 6 号
西安锦都花园 10202 号

公司各证券营业部联系方式及地址:

上海淞滨路证券营业部
电话:021 - 56672424
地址:上海市淞滨路 600 号北翼商厦四楼
上海漕宝路证券营业部
电话:021 - 64514647
地址:上海市漕宝路 221 号
上海茅台路证券营业部
电话:021 - 62903301
地址:上海市茅台路 596 号
上海斜土路证券营业部
电话:021 - 64228585
地址:上海市斜土路 1939 号 D 幢裙房一、二楼
上海嘉定证券营业部
电话:021 - 59915414
地址:上海市梅园路 226 号二楼
上海金山证券营业部
电话:021 - 57320739
地址:上海市朱泾镇东风路 15 号
上海惠南镇人民东路证券营业部
电话:021 - 58024374
地址:上海市南汇区人民东路 2881 号
上海武宁路证券营业部
电话:021 - 62546146
地址:上海市武宁路 1067 号
上海凌河路证券营业部
电话:021 - 68957328
地址:上海市浦东凌河路 269 号(美华国际酒店二楼)
上海松江证券营业部
电话:021 - 67752822
地址:上海市松江区文诚路 228 号 2 楼
上海龙吴路证券营业部
电话:021 - 64525078
地址:上海市龙吴路 5555 号
上海莘庄证券营业部
电话:021 - 64881288
地址:上海市沪闵路 6018 号
上海浦雪路证券营业部
电话:021 - 34303899
地址:上海市浦雪路 329 号
西安红光街证券营业部
电话:029 - 87629755
地址:西安市红光街 39 号
西安科技路证券营业部
电话:029 - 68912226

地址：西安市高新区科技路18号新科大厦

西安解放路证券营业部

电话：029－87415619

地址：西安市解放路236号6层

西安群贤路证券营业部

电话：029－88354131

地址：西安市群贤路6号

西安阎良红安路证券营业部

电话：029－86846199

地址：西安市阎良区红安路6号

深圳深南东路证券营业部

电话：0755－25889969

地址：深圳市罗湖区深南东路4003号世界金融中心A座23层ABCH单元

北京车公庄大街证券营业部

电话：010—88306678

地址：北京市车公庄大街12号中核大厦二层

常州晋陵中路证券营业部

电话：0519－81199808

地址：江苏省常州市钟楼区晋陵中路168号三楼

新时代证券有限责任公司

新时代证券有限责任公司是一家专业化、全国性的综合类证券公司，经中国证券监督管理委员会（以下简称“中国证监会”）批准，于2003年6月26日正式成立，注册地为北京。经吸收合并上海远东证券有限公司（2009年）及2009年度末分配利润转增股本（2010年），公司现有股东单位14家，注册资本为人民币14.63亿元。

公司经营范围包括：证券经纪，证券投资咨询，与证券交易、证券投资活动有关的财务顾问，证券承销与保荐，证券自营，证券资产管理，证券投资基金代销。

公司下设2家分公司、1家子公司和43家证券营业部，遍及北京、上海、天津、重庆、内蒙古、河南、河北、山东、江苏、浙江、湖南、湖北、福建、四川、广东等全国15个省、自治区和直辖市，形成了辐射全国、布局合理的客户服务和经营网络。

作为一家金融服务机构，新时代证券一贯秉承“规范创造价值、专业创造价值、服务创造价值”的经营理念，实施“以人为本、和谐共赢、创新高效、执行有力”的管理理念，努力将新时代证券打造为投资者高度认可的、能够提供优质产品和服务的、社会责任感强、市场美誉度高的证券公司。

公司多次被税务机关评为纳税信用A级企业等荣誉称号。2010年公司荣获“第六届中国证券市场年会金钥匙奖”。经过多年运作，公司以先进的组织结构、完备的治理模式、一流的人才队伍、丰富的业务经验，构建了崭新的组织体系、业务运行模式和内控机制，促使各项业务不断取得经营佳绩。

“合规、诚信、责任、务实”是每位新时代人的价值观，所有新时代人期待和各界朋友一起共同见证新时代证券有限责任公司明天的辉煌。

分支机构

序号	分支机构	分支机构地址	联系电话
1	新时代证券有限责任公司上海分公司	上海市浦东新区浦东南路256号华夏银行大厦5层	021－68865587
2	新时代证券有限责任公司上海证券资产管理公司	上海市浦东新区浦东南路256号华夏银行大厦6层	021－68865587
3	新时代证券有限责任公司北京东三环北路证券营业部	北京市朝阳区东三环北路17号恒安大厦12层	010－65082033
4	新时代证券有限责任公司北京南礼士路证券营业部	北京市西城区南礼士路三号海通大厦A座三、四层	010－68025299
5	新时代证券有限责任公司北京中关村东路证券营业部	北京市海淀区中关村东路66号世纪科贸大厦B座25层	010－62672727
6	新时代证券有限责任公司北京马家堡西路证券营业部	北京市丰台区马家堡西路星河苑2号院22号楼三层	010－67527609
7	新时代证券有限责任公司北京鲁谷路证券营业部	北京市石景山区鲁谷路74号中国瑞达大厦8层	010－68608501
8	新时代证券有限责任公司北京机场营业部	北京市顺义区天竺家园17号富驿时尚酒店二层	010－64565681
9	新时代证券有限责任公司北京天通苑营业部	北京市昌平区东小口镇天通苑3区10[illegible]号楼2层	010－84813018
10	新时代证券有限责任公司上海金桥路证券营业部	上海市金桥路1389号一、三层	021－58993898
11	新时代证券有限责任公司上海天山路证券营业部	上海市天山路310号4、6楼	021－62916982
12	新时代证券有限责任公司上海延平路证券营业部	上海市延平路121号三和大厦16层	021－62326150
13	新时代证券有限责任公司天津解放南路证券营业部	天津市河西区解放南路331号增2号	022－88218791
14	新时代证券有限责任公司天津西市大街证券营业部	天津市南开区西市大街风荷新园底商二层	022－27455315
15	新时代证券有限责任公司天津营口道证券营业部	天津市塘沽区营口道931号大泛华国际商务中心四层	022－65272019
16	新时代证券有限责任公司重庆上清寺路证券营业部	重庆市渝中区上清寺路9号环球广场13楼	023－89031328
17	新时代证券有限责任公司包头广场西道证券营业部	内蒙古自治区包头市昆区钢铁大街6[illegible]号国贸大厦附楼2楼	0472－5145750
18	新时代证券有限责任公司包头南门外大街证券营业部	内蒙古自治区包头市东河区南门外大街23号	0472－4161700
19	新时代证券有限责任公司包头少先路证券营业部	内蒙古自治区包头市鞍山道商业步行街中央大道A5号	0472－2100991
20	新时代证券有限责任公司包头文化路证券营业部	内蒙古自治区包头市青山区文化路83号	0472－3115294
21	新时代证券有限责任公司石家庄联盟路证券营业部	河北省石家庄市联盟路707号中化大厦13层	0311－87791666
22	新时代证券有限责任公司郑州丰产路证券营业部	河南省郑州市丰产路39号附1号	0371－65729600
23	新时代证券有限责任公司郑州红专路证券营业部	河南省郑州市红专路84号实力大厦	0371－65510975
24	新时代证券有限责任公司郑州经八路证券营业部	河南省郑州市经八路26号	0371－63818826
25	新时代证券有限责任公司郑州商务内环路证券营业部	河南省郑州市郑东新区CBD商务内环路2号中油新澳大厦4楼	0371－60973600
26	新时代证券有限责任公司开封西大街证券营业部	河南省开封市西大街109号新都汇购物广场3号楼	0378－5960575
27	新时代证券有限责任公司信阳北京大街证券营业部	河南省信阳市北京大街金杯财富大厦5、6楼	0376－6268156
28	新时代证券有限责任公司许昌许继大道证券营业部	河南省许昌市许继大道1163号	0374－3211777
29	新时代证券有限责任公司三门峡崤山路证券营业部	河南省三门峡市崤山路46号帝苑商厦	0398－2835062
30	新时代证券有限责任公司武汉球场路证券营业部	湖北省武汉市球场路44－7号	027－82861555
31	新时代证券有限责任公司宜昌东山大道证券营业部	湖北省宜昌市东山大道95号	0717－6319088
32	新时代证券有限责任公司青岛福州南路证券营业部	山东省青岛市市南区福州南路8号中天恒大厦5层	0532－85971666
33	新时代证券有限责任公司长沙芙蓉南路证券营业部	湖南省长沙芙蓉南路481号上林苑1、2楼	0731－82800808
34	新时代证券有限责任公司苏州白塔西路证券营业部	江苏省苏州市白塔西路32号	0512－67205006
35	新时代证券有限责任公司扬州维扬路证券营业部	江苏省扬州市维扬路112号	0514－85101008

序号	分支机构	分支机构地址	联系电话
36	新时代证券有限责任公司嘉兴吉杨路证券营业部	浙江省嘉兴市吉杨路1号	0573－83929110
37	新时代证券有限责任公司福州五一中路证券营业部	福建省福州市五一中路154号金钻世家B座二层	0591－28352106
38	新时代证券有限责任公司广州环市东路证券营业部	广州市越秀区环市东路403号广州国际电子大厦二楼	020－37582857
39	新时代证券有限责任公司深圳福华一路证券营业部	广东省深圳市福田中心区福华一路深圳国际商会大厦B座二楼	0755－33367168
40	新时代证券有限责任公司深圳深南东路证券营业部	广东省深圳市罗湖区深南东路2010号奥康德大厦8、9楼	0755－82312655
41	新时代证券有限责任公司佛山南海大道证券营业部	广东省佛山市南海区桂城南海大道北61号经委大厦六、八楼	0757－88390013
42	新时代证券有限责任公司汕头金砂东路证券营业部	广东省汕头市金砂东路127号华侨商业银行大厦6楼	0754－83966999
43	新时代证券有限责任公司成都西安中路证券营业部	四川省成都市西安中路1号	028－87732527
44	新时代证券有限责任公司成都一环路证券营业部	四川省成都市一环路南三段78号	028－85185941
45	新时代证券有限责任公司绵阳绵兴东路证券营业部	四川省绵阳市高新区绵兴东路97号久远商厦第二层	0816－2222678

中信建投证券股份有限公司

中信建投证券股份有限公司是由中信建投证券有限责任公司于2011年9月以整体变更的方式设立，注册资本为61亿元。公司总部位于北京，公司在境内拥有130家证券营业部和11家期货营业部，分布在北京、上海、天津、重庆等直辖市，以及华北、东北、华东、中南、西南、西北等地区近百个大中城市。

中信建投证券拥有实力强大的股东背景，北京国有资本经营管理中心、中央汇金投资有限责任公司、世纪金源投资集团有限公司与中信证券股份有限公司均为拥有雄厚资本实力、成熟资本运作经验与较高社会知名度的大型企业。

中信建投证券业务体系完备，经营范围主要包括证券经纪、证券承销与保荐、与证券交易和证券投资活动有关的财务顾问、证券投资咨询、证券自营、证券资产管理、证券投资基金代销、融资融券、为期货公司提供中间介绍业务及中国证监会批准的其他业务，还通过设立全资子公司，开展期货业务与直接投资业务。

中信建投证券自成立以来，经营业绩与主要业务指标排名持续位居同业前列。公司股票及债券承销金额与主承销家数连续多年位于同业前列，其中企业债券承销金额与主承销家数居于行业领先地位，股票承销业务在若干领域形成领先优势；公司股票基金代理交易量和市场占比始终稳居同业前十名，其中债券代理交易量与债券交易总量居于行业领先地位。

凭借突出的专业能力与良好的市场表现，中信建投证券先后多次获得由上海证券交易所颁发的"优秀投资银行"奖，被中国证券业协会评选为"最佳基金代销券商"，被中国外汇交易中心暨全国银行间同业拆借中心评选为"优秀交易商"。2010年，中信建投证券在中国证监会组织的证券公司分类评价中获得目前业内最高的A类AA级评级。目前，公司已经成为一家资产优良、内控严密、管理先进、效益良好的优质证券公司。

2010年，中信建投证券实现收入56.82亿元，实现净利润21.61亿元，净资产收益率达到25.82%，截至2010年末，公司总资产达681亿元，净资产达94亿元，客户达324万。

据初步统计，截至2011年11月底，中信建投证券股票、债券承销金额市场排名第5，承销数量市场排名第7，股票基金交易量市场排名第9，其他各项业务也继续稳居行业前列。

2010年股票承销及财务顾问业务

中信建投证券的股票承销及财务顾问业务致力于为国内各类企业的改制、并购重组及权益类融资活动提供从方案设计到发行定价与承销的全过程专业化服务。目前主要开展首次公开发行并上市、上市公司再融资的保荐承销及上市推荐业务，并为包括上市公司在内的各类企业提供改制、并购重组、股权激励等财务顾问服务。

近年来，公司连续多次获得由上海证券交易所颁发的"优秀投资银行"奖，由深圳证券交易所颁发的"中小企业板优秀保荐机构"奖。2010年，公司完成和顺电气（300141）、奥克股份（300082）等9单首次公开发行并上市项目；完成西南证券（600369）、京东方A（000725）等4单非公开发行项目，以及方正科技（600601）配股、葛洲坝（600068）权证行权等股权再融资项目。

根据中国证券业协会统计，中信建投证券2010年股票主承销家数与主承销金额均位居同业第9名。

2010年债券承销业务

中信建投证券的债券承销业务致力于为债券融资企业提供从方案设计、债券定价、组织发行到销售的全过程专业化服务。公司目前主要开展企业债、公司债、可转债、次级债、国债、政策性金融债等固定收益产品的承销，创新固定收益产品的设计、开发等业务。

2010年，公司完成第二期中国铁路建设债券、川发展债、海淀国资债等企业债券主承销项目；完成华夏银行股份有限公司、中信银行股份有限公司等次级债券主承销项目。

根据中国证券业协会统计，中信建投证券2010年债券主承销家数与主承销金额分别位居同业第2名与第5名。公司在企业债券主承销领域继续保持行业领先地位，2010年企业债券主承销家数与金额分别位居同业第1名与第2名。

2010年中信建投证券经纪业务秉持"服务创造价值，诚信赢得客户"的经营理念，在业内树立了良好口碑。2010年，中信建投证券正式开展为期货公司提供中间介绍业务（IB业务），经纪业务产品线进一步完善。

2010年，完成股票基金交易量3.65万亿元，市场占比3.29%，均位居行业第9名；公司经纪业务代理买卖收入位居行业第7名，部均代理买卖收入在经纪业务前10位券商中位居第4名。

2010年机构业务

中信建投证券机构业务，通过整合公司研究、投资银行、固定收益、资产管理等资源，致力于为商业银行、信托公司、基金公司等机构投资者和高端私人客户提供高层次、全方位、多元化、差异化的综合金融服务。

目前，公司机构业务已在市值管理、现金管理、年金管理、股权及财富管理、固定收益、大宗交易、金融期货、资产配置、证券化产品、专户理财、资金融通和过桥贷款等领域取得良好成绩。

2010年，公司机构业务新增资产95亿元，资产规模达到246亿元，同比增长63%。其中，公司成功引进美国通用资产管理公司3.5亿美元资产，实现了QFII业务的新突破。此外，公司还获准向保险机构投资者提供交易单元，为拓展保险公司业务打下良好基础。

2010年基金业务

中信建投证券基金业务，以"规范化、市场化、专业化"为原则,为以基金管理公司为主体的资产管理机构提供全面的研究服务与销售服务。

基金研究服务实现了研究业务与客户需求的有效对接。2010 年,公司基金研究服务佣金收入的市场占比位居同业前十名。

基金销售服务依托公司广泛的营业网点及与基金管理公司紧密的合作关系,向客户提供各类基金产品及基金专户理财产品的咨询、销售,并始终保持行业领先地位。2010 年,公司销售各类基金产品 80.83 亿元,

销售"一对多"基金专户理财产品 16 只,位居同行业第 1 名。

华英证券有限责任公司

2011 年 4 月 20 日,华英证券有限责任公司正式成立,公司注册资本人民币 8 亿元。2011 年 5 月 30 日,华英证券正式挂牌开业,成为 2011 年首家开业的合资证券公司。

华英证券整体承接国联证券的投资银行业务,主要从事股票和债券的承销与保荐业务,以及企业收购兼并和资产重组财务顾问等中国证监会批准的其他业务。

2011 年,华英证券圆满完成龙力生物、三普药业、恒邦股份三家企业的 IPO 及再融资项目,全年帮助企业融资近 70 亿元,开业当年即实现"开门红"。

华英证券将始终坚持"以市场为导向、以客户为中心"的经营理念,以成长型中小企业为切入点,聚焦江苏、山东、浙江等重点市场,积极开展 IPO 业务、再融资业务、债券业务和并购重组业务;同时以国际板为契机,借助 RBS 优势,介入大型项目市场,实现多层次经营与发展,切实提升公司效益水平,提升品牌知名度,最终将华英证券发展成为全国知名和行业领先的国际化现代投资银行。

总部地址:无锡新区高浪东路 19 号 15 层
电话:0510 - 85200510
网址: www. huayingsc. com

财达证券有限责任公司

财达证券有限责任公司是目前河北省唯一的法人证券公司。注册资本 14.169 亿元,拥有 102 家证券营业部,其中省内 91 家,省外 11 家,分布于上海、深圳、北京、天津、佳木斯等地;业务经营范围为:证券经纪、证券投资咨询、证券自营、证券投资基金代销;注册地为石家庄市自强路 35 号,公司董事长王义芳,总经理、法定代表人翟建强。

近年来,公司凝心聚气,始终把"求生存、图发展、讲诚信、防风险"作为头等大事来抓,在激烈的市场竞争中,立足于规范与发展并重,走出了一条从小到大、循序渐进的持续发展之路:2007 年 3 月,在河北省政府的主导下,受让了原河北证券 29 家营业部的证券类资产,营业部数量由原来的 16 家发展到 45 家,实现了河北省内证券资源的整合,总体实力跃上新台阶;2008 年,第二轮增资扩股完成,注册资本达到 14.169 亿元,资本实力进一步壮大;2009 年实现经纪类券商向综合类券商、经济效益、战略规划的三大突破,公司进入规范发展新阶段;2010 年 7 月,在中国证监会 2010 年证券公司分类评价结果中,公司以良好的经营业绩和较高的合规管理水平,成功晋级"A"类券商行列,标志着财达证券实现了由小到大、由地方到全国、由单一经纪类券商到综合类券商的跨越。2010 年,公司实现利润 9.57 亿元,在全国 107 家券商中排位第 26;2011 年上半年实现利润 3.31 亿元,并再度获评 A 类券商。

多年发展公司获得了社会各界的广泛赞誉:2007 年、2009 年、2010 年三度荣获"河北省金融贡献奖";石家庄市地税局、国税局联合授予公司 2007、2008 年度"诚信纳税 A 级企业";2009 年,公司因经济效益突出,省国资委授予公司 2009 年度经济效益特别贡献奖;公司总经理翟建强当选 2010 年度"河北十大经济风云人物"。

总部地址:石家庄市自强路 35 号
邮政编码:050000
联系电话:0311 - 66006223
传真电话:0311 - 66006220
公司网址:www. s10000. com

招商证券股份有限公司

招商证券股份有限公司(以下简称招商证券)是百年招商局旗下金融企业,经过 20 年创业发展,已成为拥有证券市场业务全牌照的一流券商。2009 年 11 月,招商证券在上海证券交易所上市(代码 600999)。

招商证券具有稳定的持续盈利能力、科学合理的风险管理架构、专业的服务能力。拥有多层次客户服务渠道,在国内 45 个城市设有 86 家营业部,同时在香港设有分支机构;全资拥有招商证券国际有限公司、招商期货有限公司、招商资本投资有限公司,控股博时基金管理公司、参股招商基金管理公司,构建起国内国际业务一体化的综合证券服务平台。

招商证券致力于"以卓越的金融服务实现客户价值增长,推动证券行业进步",立志打造产品丰富、服务一流、能力突出、品牌卓越的国际化金融机构,成为客户信赖、社会尊重、股东满意、员工自豪的优秀企业。

公司主营业务及其经营情况

(1)经纪业务

2011 年上半年经纪业务实现营业收入 17.17 亿元,同比减少 10.27%;实现营业利润 10.05 亿元,同比减少 24.37%。

经纪业务收入和利润减少的主要原因为股基佣金费率和股基市场占有率下降,2011 年上半年股基佣金费率较去年同期下降 16.21%,股基市场占有率较去年同期下降 1.17%。经纪业务上半年累计完成股基双边交易量 19,819 亿元,股基市场占有率为 3.97%,排名第六,较去年同期 4.03% 的占有率下降 1.93%,市场排名维持不变;上半年日均托管资产余额(不含限售股)8,100.362 亿元;营业部新增户数 126,808 户,新增开户市场占有率为 3.73%。

融资融券业务(不含香港开展业务)上半年累计利息收入 8,046 万元、佣金净收入 2,538 万元,截至 2011 年 6 月 30 日融资融券业务余额达到 22.35 亿元。

(2)资产管理业务

2011 年上半年资产管理业务实现营业收入 0.62 亿元,同比增长 82.04%;实现营业利润 0.26 亿元,同比增长 8.72%。收入及利润增长的原因主要为产品数量增加,受托管理规模增长等。

2011 年上半年,公司顺利完成"招商证券智远避险集合资产管理计划"、"招商证券海外宝集合资产管理计划"2 只集合理财产品的发行及设立工作。"招商证券智远避险集合资

产管理计划”是国内首批获批采用 CPPI 投资策略的集合理财计划，也是公司首只采用该策略的避险型产品，首发规模列上半年成立的券商集合理财产品单只首发规模前列；“招商证券海外宝集合资产管理计划”是公司首只 QDII 类集合理财产品。这两只产品进一步完善了公司集合理财产品线。

截至 2011 年 6 月 30 日，公司总部受托管理资产总规模达 97.42 亿元。

（3）投资银行业务

2011 年上半年投资银行业务实现营业收入 7.97 亿元，同比增长 0.08%；实现营业利润 5.24 亿元，同比下降 13.19%。

2011 年上半年公司完成股权类及债券类主承销金额共计 257.51 亿元，市场份额约 1.69%。上半年完成 8 家 IPO 主承销，融资总额 83.59 亿元，IPO 保荐主承销家数及融资总额市场排名均为第 3 位；完成 3 家企业债主承销，融资总额 32 亿元。公司大力推进并购重组等财务顾问业务，报告期共签订并购重组类财务顾问业务协议 5 份。

（4）证券投资业务

2011 年上半年证券投资业务实现营业收入 4.55 亿元，营业利润 3.74 亿元。权益投资方面，公司根据市场行情，较好地进行波段操作，并持续利用股指期货进行了大量的套期保值交易，有效对冲了投资组合的下跌风险。债券投资方面，在判断央行会使用紧缩性的货币政策应对通胀压力的前提下，采取稳健灵活的投资策略，缩短组合久期应对利率风险，降低组合规模应对流动性风险，优化组合结构规避信用风险；在上半年利率上升及流动性大幅波动的市场环境下，取得稳定的投资收益。

主要参股公司经营情况

博时基金管理有限公司成立于 1998 年 7 月 13 日，是中国内地首批成立的五家基金管理公司之一，也是目前我国资产管理规模最大的基金管理公司之一。经营范围包括基金募集、销售、资产管理及中国证监会许可的其他业务，是一家为客户提供专业投资服务的资产管理机构。注册资本 1 亿元，总部设在深圳，在北京、上海、郑州、沈阳设有分公司。截至报告期末，博时基金总资产 15.17 亿元，净资产 11.05 亿元；2011 年 1－6 月，实现营业收入 7.78 亿元，营业利润 3.56 亿元，净利润 2.63 亿元。

总部地址：深圳市福田区益田路江苏大厦 38－45 层
拨打电话：95565 转“人工服务”
贵宾服务专线：40088－95565
境外热线：86－755－26951111
电子邮箱：sbox@ cmschina. com. cn

兴业证券股份有限公司

兴业证券股份有限公司（601377SH）是中国证监会核准的全国创新类证券公司和 A 类 A 级 1 证券公司，经营范围包括证券经纪、证券投资咨询、证券承销与保荐、证券自营、证券资产管理、代办非上市股份公司股份转让、与证券交易、证券投资活动有关的财务顾问、融资融券、证券投资基金代销和为期货公司提供中间介绍业务等。

兴业证券前身可追溯至 1991 年设立的兴业银行证券业务部，1994 年在证券业务部基础上改组设立福建兴业证券公司，1999 年根据国家关于金融业“分业经营和分业管理”的政策要求，改制增资并与兴业银行脱钩，更名为兴业证券股份有限公司。

经过 20 年坚持不懈的努力，兴业证券今天已发展成为拥有 26 个总部部门、5 家分公司、1 家派出机构、60 家证券营业部、4 家控股金融子公司的中大型证券公司，基本搭建起涵盖证券、基金、期货、直接投资和跨境业务等专业领域的证券金融控股集团模型。尤其是近年来，兴业证券抓住市场机遇，取得优良的经营业绩，主要业务和经营指标进入行业 20 强，综合竞争实力、抗风险能力、行业地位和市场影响力进一步提升，公司发展跃上了一个又快又好的新时期。

在长期的证券市场运作中，兴业证券始终坚持“市场化、规范化、专业化”的经营方针，逐步形成特色鲜明的稳健经营风格。公司坚持证券主业经营，自觉遵守各项法律、法规和行业公约，把合规管理、加强自律、防范风险放在十分突出的位置上，依靠完善的管理体制和风险控制机制防范经营风险，资产质量良好，连续三年获得 A 类 A 级 1 分类监管评级，风险管理和市场应变能力处于证券业先进行列。

兴业证券注册地设在福州市，注册资本 22 亿元，第一大股东为福建省财政厅。公司始终把建立健全法人治理放在首要位置，按照《公司法》和《证券公司治理准则》等法律法规制定公司章程，设立股东大会、董事会和监事会并规范运作，发挥其职能作用，形成与经营层相互促进和相互制约的制衡机制。

兴业证券十分重视队伍建设，持续推进队伍转型，通过多种方式改善队伍结构，提升队伍专业素质，本科以上人员占比达到 80%。公司认真履行企业公民对于股东、员工和社会的责任，让员工享受企业发展的成果，激发员工工作积极性，积极支持社会公益事业，“十一五”期间公司及职员公益捐赠总额 2800 万元，曾被评为中国金融企业慈善榜证券业突出贡献奖；公司设有兴业证券慈善基金会，用于持续开展社会公益事业。

兴业证券秉承“艰苦创业、勤勉敬业、廉洁自律、励精图治”16 字兴业精神，坚持“专业化、规范化、市场化”的战略指导思想，坚持“稳健规范、长远发展”的经营原则，坚持“业务必须增长、管理必须领先”的内在经营要求，坚持“提升员工价值，创造客户价值”的核心价值观，率先在证券业内倡导产业升级和推行变革转型，并取得明显成效。

在我国资本市场持续繁荣发展，证券行业加快产业升级的环境下，兴业证券确立以提升专业投资服务为核心内容的转型战略，即要把以“交易通道服务”为主的业务模式，提升为以“交易通道服务”为基础、以“专业投资服务”为核心的业务模式，争取用 10 年左右的时间，建立起以客户价值为导向的投资服务业务模式，使公司综合实力进入行业 10 强，利用上市平台进一步提升综合实力和竞争地位，基本实现将兴业证券打造为一家优质的综合性金融服务公司的愿景与理想。

公司主营业务及其经营状况

2011 年上半年，公司在加快传统业务转型的基础上，不断拓展业务领域，加快多元化业务结构建设，在激烈的市场竞争下，各项业务均有不同程度的增长，为下一步发展与转型奠定了坚实基础。

（1）经纪业务。面对严峻的市场竞争，公司一方面加快网点建设步伐，加大营销力度，继续做大客户资产，一方面构建服务体系，提升服务水平，推动经纪业务向财富管理转型。2011 年上半年累计实现股票基金交易量 8,533.58 亿元，市场份额 1.70%，比年初增长 4.91%，位居第 19 位，与年初持平，增幅在全行业居第 18 位，在交易量排名前 20 位的券商中居第 2 位。

(2)投行业务。股权融资业务抓住资本市场快速发展的机遇,加大项目开发力度,加强队伍建设,完成汉得信息、江南水务等IPO主承销项目4家,实际主承销金额24.99亿元,IPO承销收入在行业排名第18位(联合主承销暂按家数平均计算排序)。债券承销业务稳步开展,完成合川城投、渝华信、西部矿业、三明国投等项目,融资额35.33亿元(联合主承销暂按家数平均计算融资额排序),行业排名第19位,较上年上升14位,市场份额增长率居行业第7位。

(3)客户资产管理业务。报告期内,更多的券商进入资产管理业务领域,产品推出力度加大,产品创新不断推进,竞争更加激烈。公司以做大资产管理规模为核心,一方面不断提升资产管理产品的投资管理水平,以投资业绩促进规模增长,上半年主要产品净值增长率在业内名列前茅,其中金麒麟1号和玉麒麟1号在同类型的集合理财产品中均排名第1位,另一方面做好产品的销售和保有,上半年新发行两只小集合理财产品,并对现有产品进行大规模的持续营销。截至2011年6月底,公司共管理5只集合理财产品,期末市值31.69亿元,行业排名第14位。

(4)证券投资业务。年初根据市场环境变化,灵活调整投资结构,适当增加了证券投资规模,并抓住二级市场阶段性机会,取得了较好的投资收益,投资回报率好于基准水平,在可比基金产品中排在前列。

(5)积极推进各项创新业务。融资融券业务发展势头良好,报告期内,融资融券业务余额6.47亿元,市场份额2.36%,行业排名第13位;直接投资业务进展顺利,全资子公司兴业创新资本的增资事宜正在积极推进;新三板业务成功获得主办券商资格,报告期内项目承揽和队伍建设等工作正在有序推进。

地址:福州市湖东路268号证券大厦18层
邮编:350003
电话:0591-38507869
网址:http://www.xyzq.com.cn
信箱:xyzqdmc@xyzq.com.cn

西部证券股份有限公司

西部证券股份有限公司是经中国证券监督管理委员会批准设立,于2001年元月正式注册开业的证券经营机构。公司注册资本金10亿元人民币,在陕西、北京、上海、深圳、山东、江苏共设有58家证券营业部,在上海设有从事自营业务、客户资产管理业务的第一、二分公司和研究发展中心。西部期货有限公司作为公司控股子公司与公司主营业务协同运作,独立经营。公司与美国纽约梅隆(BNYMellon)合资设立的纽银梅隆西部基金管理有限公司将在公募和私募基金管理业务领域为客户提供一流服务。

公司成立以来,建立了完善的法人治理结构和严密科学的内部控制体系,合规守法经营,造就了一支具有共同使命感和价值观的员工队伍,形成了"和衷共济、共谋发展、风控至上、稳中求先"的企业文化,走出了一条规范管理、稳中求先、注重效益的渐进式发展之路。在2001至2005年市场持续低迷的环境中,取得了连续5年盈利的历史经营业绩。在此期间,公司的投资业务在为股东和客户创造超越市场基准价值的过程中奠定了其应有的市场地位,并形成了与价值投资、长线投资理念相匹配的管理体制、运营模式和操作手法。公司曾作为全国第一批规范类证券公司和第二批创新类证券公司在市场中留下了成长过程中的发展轨迹。2006年以来,公司在扩大经纪业务规模、不断提升投资业务管理能力的同时,加大对投资银行业务的培植力度,不仅继续在经营效率方面保持了良好的业绩,而且开始形成各项业务适应市场竞争环境要求的良性运行格局,从而使公司始终沿着最具盈利价值和最具增值潜力券商的轨道前行。

2007年以来,公司全面导入ISO9000质量管理体系,使用国际化标准全面规范公司的运营体制、管理模式和操作流程,在实现由业务为中心向以客户为中心转变的过程中迈出了坚实的一步。公司将在此基础上,致力于持续有效提升治理能力、管理水平和员工素质,不断为现有客户和潜在客户提供我们力所能及的服务。在此过程中,实现我们忠实于客户、效力于客户、与客户共成长的目标。

主营业务概况

证券经纪业务

公司目前在陕西、北京、上海、深圳、山东、江苏等地拥有56家证券营业部,能为广大投资者提供A股、B股、债券、基金、权证及代办股份转让等上市证券的代理买卖服务;公司代理销售多家优秀基金管理公司的开放式基金,可满足投资者多元化的投资理财需求。公司经纪业务已实现集中交易,所有营业网点可以通买通卖,现场和非现场多样化的交易手段,交易安全、便捷。公司为VIP客户开设有网上交易专用通道。经纪业务客户服务中心拥有多名从业经验丰富的资深分析师,可结合市场的走势变化,为客户提供投资策略、投资组合等操作建议。呼叫中心以人工座席形式接听客户的电话,解答客户的各项疑问,受理客户的投诉及建议。西部证券手机炒股平台、金融服务平台可为投资者提供方便、高效、及时、快捷的信息服务通道以及专业、个性化的投资分析服务。

投资银行业务

西部证券股份有限公司投资银行总部自成立以来,先后取得了保荐机构资格、主承销商资格和主办报价券商资格。现已拥有一支业务经验丰富、工作规范严谨、业务水平较高并熟知金融、证券、财务和法律知识的投资银行业务队伍,能为客户提供包括证券发行、股权分置改革、企业资产重组、收购、兼并、项目融资、财务顾问、管理咨询在内的全方位投资银行服务。

西部证券先后开展了近百家企业的股票承销、改制辅导、推荐上市、并购重组及财务顾问工作、代办股份转让业务挂牌推荐,与众多公司建立了长期稳定的业务合作关系。主要包括:宝德股份(陕西省唯一的首批创业板企业)、盛路通信、西安饮食、新华光、通威股份长安信息、彩虹股份、山东黄金、基金兴科等承销保荐、上市推荐工作;国家电网、长兴交投(首次县级企业发行)等债券主承销工作;天地源、高远置业、华丽家族、盐湖集团、东盛科技、美锦能源等上市公司并购重组财务顾问工作;推荐科瑞讯、医学时代、圣博润、斯福泰克等多家公司进入代办股份转让业务系统挂牌交易,推荐挂牌数量雄踞市场第一。

业务咨询

联 系 人:武文轩
联系地址:陕西西安东新街232号陕西信托大厦2层
投资银行总部
联系电话:029-87406130
电子邮箱:wuwenxuan@tande.cn

资产管理业务

西部证券以客户需求为导向，为客户提供市场化、个性化、专业化的投资理财服务。业务范围包括汇集多个客户资金的集合资产管理业务、为单一客户服务的定向资产管理业务。

一、集合资产管理业务

集合资产管理业务是指证券公司为多个客户办理统一账户的资产管理，通过推广机构进行推广，与客户签订集合资产管理合同，将客户资产交由具有客户交易结算资金法人存管业务资格的商业银行或者中国证监会认可的其他机构进行托管，通过指定的专门账户为客户提供资产管理服务。

二、定向资产管理业务

定向资产管理业务是指证券公司接受单一客户委托，依照《证券公司定向资产管理业务实施细则》的规定与客户签订定向资产管理合同，通过该客户的账户为客户提供资产管理服务。定向资产管理业务可根据客户的特定需求，提供独具特色的投资计划、组合选择，为客户量身定制个性化的资产管理方案。

业务咨询

联　系　人：张文静

联系地址：上海市浦东新区陆家嘴环路958号
　　　　　华能联合大厦15层

联系电话：021－68864800

电子邮箱：zhangwenjing@ xbmail. com. cn

证券研究业务

一、投资业务研究支持

坚持"长线人生、长线投资、快乐工作"的工作理念，秉承长期价值投资的指导思路，为公司投资业务部门提供宏观策略和行业公司，以及固定收益、金融衍生品等的研究服务，实现风险可控前提下的较高资产收益率。

二、经纪客户服务支持

建立"以客户为中心、以需求为导向"的经纪业务研发服务支持体系，实现对经纪客户投资咨询服务的产品化、标准化和专业化，同时以多种服务形式为重点客户提供量身定做的咨询服务，帮助客户获得持续稳定的投资回报，提高客户满意度和忠诚度，为提升公司经纪业务市场竞争力提供有力支持。

三、公司品牌形象宣传

协助公司相关部门共同推动公司品牌建设，研发中心贯彻"以研究为基础构建宣传平台，以观点为核心扩大专业影响"的操作思路，凭借各类媒体渠道，展现公司研发业务优势和实力，并配合公司相关业务进行形象宣传，提高公司品牌影响力。

四、公司决策支持服务

根据公司领导和决策部门需求，坚持理论研究和国内实践相结合，以严谨务实态度，通过定期报告和专题报告形式，提供充分的科学论证和可靠的实践依据，进而形成管理层战略决策的研究支持。

投资管理业务

上海第一分公司在公司授权范围内开展自营投资业务，投资范围包括依法公开发行的股票、债券、权证、证券投资基金或国务院证券监督管理机构认可的其他证券。公司按照规范化、程序化、制度化要求，奉行长期投资、价值投资理念，实行科学决策，在保证资金安全性的前提下实现投资收益。公司已经建立了从研究、决策、投资、交易等各个环节的较为完备的投资管理与风险监控体系，确保了公司自营投资业务的稳健、顺畅运行。

公司地址：陕西省西安市东新街232号信托大厦16－17楼

邮政编码：710004

客服电话：95582

公司邮箱：95582@ xbmail. com. cn

公司网址：www. west95582. com

齐鲁证券有限公司

齐鲁证券有限公司（以下简称"齐鲁证券"）成立于2001年，现有注册资本52.12亿元，员工6000余人，在全国27个省、市、自治区设有150多家分支机构，控股鲁证期货有限公司、鲁证创业投资有限公司，参股万家基金管理有限公司。公司为广大客户提供证券代理买卖、投资咨询、财务顾问、证券发行与承销、收购兼并、资产重组、资产管理、融资融券、证券投资基金代销、股指期货中间介绍业务等全方位的证券投、融资服务。截至2010年底，公司总资产425亿元，净资产108亿元。

公司坚持"合规创造价值，诚信铸造品牌，人才提升效率，创新推动发展"的经营理念，按照"各种专业化证券业务协同发展"的战略目标，全力推进包括经纪、投行、固定收益、资产管理、证券投资、直接投资、融资融券等在内的全牌照业务体系建设。经纪业务，依托"财富泰山"、"如意结"、"掌e通"等特色产品和多层次的客户服务渠道，能够为广大投资者提供专业化、多样化的投资理财服务。投资银行业务，公司拥有一支170余人的专业服务团队，能够为企业量身打造高质量、个性化的证券承销和财务顾问等服务，帮助企业提升资本运营效率、实现可持续发展。固定收益业务，具备集债券发行与承销、债券交易和债券研究为一体的综合服务能力，并与众多机构投资者建立了良好的合作关系。资产管理业务，2010年3月，在北京设立了资产管理分公司，目前已成功发行了两只集合理财产品，募集规模达到22亿元。研究业务，公司在煤炭、钢铁、农林牧渔、电力设备与新能源等领域处于业内领先水平，在2010年（第八届）新财富最佳分析师评选中，有5名分析师分别在5大研究领域荣获"新财富最佳分析师"大奖。创新业务，公司具有融资融券业务试点资格、期货IB业务资格、代办股份转让业务资格和直接投资业务资格，并已实现了各项业务的协同发展。

凭借良好的专业能力与业绩表现，齐鲁证券得到社会各界的广泛认可。2007年5月、2010年2月，公司两次被山东省政府授予"山东省金融创新奖"；2009年5月，公司荣获"中国最具成长性证券经纪商"称号；2010年5月，公司荣获"中国最佳证券经纪商"称号；2010年6月，公司荣获"最具成长性投行"称号；2010年11月，公司连续第四年荣膺"金钥匙奖"。

展望未来，公司将不断丰富和完善各类金融产品，致力于为客户提供先进、周到、全面的金融服务，努力建设成为具有自主创新能力和核心竞争力，倍受社会认知，各种专业化证券业务协同发展的证券金融控股集团，为资本市场的繁荣与进步做出贡献。

公司主要业务介绍

经纪业务

营业网点众多、布局合理

齐鲁证券拥有150多家证券经营网点，分布在北京、上海、天津、重庆、广州、深圳、福州、厦门、武汉、南京、杭州、沈阳、大连、长春等国内经济发达地区及山东省所有的地级市，管理客户资产逾千亿元。齐鲁证券正在积极调整网点布局，力图在更广阔的地域为投资者提供证券投资服务。

业务牌照齐全

齐鲁证券具有从事代办股份转让主办券商业务资格及股份报价转让业务资格，首批获得为期货公司提供中间介绍业务资格。目前，正在积极申报融资融券业务资格。齐鲁证券经纪业务牌照齐全，可满足不同投资者的投资需求。

代理证券交易品种、交易方式多样

齐鲁证券各营业网点交通便捷、环境舒适，沪、深 A 股、B 股、债券、基金、权证等交易品种齐全。齐鲁证券为投资者提供电话委托、磁卡委托、自助委托、钱龙自助委托、网上委托、手机炒股等多种交易方式。齐鲁证券已完成客户交易结算资金多银行第三方存管业务，真正实现了“券商管证券、银行管资金”的存管模式，投资者的资金更安全，转账更便捷。

开放式基金代销业务渠道通畅

齐鲁证券于 2004 年取得开放式基金代销业务资格，已与全国各主要基金管理公司建立了业务合作关系，可为广大投资者提供股票型、债券型、混合型和货币型等各类基金产品的认购、申购、赎回、转托管、基金转换等业务，公司目前具备所有代销 ETF 产品的一级交易商资格，开通了开放式基金网上申购费率优惠业务和定期定额申购业务，为客户提供更为宽广的投资渠道。齐鲁证券搭建了高效的基金代销业务客户服务体系，可满足客户投资及资产配置需求，帮助客户实现资产保值、增值的目标。

国际业务

国际业务简介

齐鲁证券开展国际业务是为了构建海外发展战略，推动公司在海外设立相关业务机构，加强与海外交易代理商的联络、合作，推动中外合资、合作项目的开发，并在合法合规的前提下，为投资者投资海外市场提供支持。

香港开户流程简介

一、向有资格的证券公司准备开户资料

1. 本人身份证

2. 住址证明，可以是最近三个月内的水、电、煤气、电话、宽带、有线电视缴费单或银行对账单据等，只要单据上面正确体现开户者的姓名、地址及单据时间，提供一张符合要求即可，如单据显示姓名为家人的名字，必须同时携带结婚证或户口本。房产证、身份证、户口本等不作为有效的地址证明。

二、填写开户申请

填写《开户申请表》并签署。注意：香港的证券机构非常重视投资者签字的有效性，所以投资者在申请书上签字的字体必须高度一致。

三、资料审查和电话确认

投资者填写完账户申请书后，并不能马上获得港股账户。因为港股账户是在香港开出的，这个过程通常需要 3－5 个工作日的时间。

四、开通港股账户

经过 3－5 个工作日后，客户会收到香港方面的电子邮件，告知客户香港证券账户和密码，以及为客户在香港某银行开立的信托户口，客户收到并修改证券账户的交易密码后，香港证券账户即成功开通，将资金存入上述银行账户后转至股东账户，到账既可以开始投资香港证券市场了。

投资银行业务

完善的业务流程和组织架构

齐鲁证券有限公司 2006 年底设立投资银行总部，开始开展投资银行业务。2007 年 5 月全面启动投行业务，两年多来，先后制定出台了 40 多项业务、内核和运营管理制度。目前已初步形成了以投行总部业务一、二、三、四、五部为前台，资本市场部为中台，业务督导部、质量监控部和综合管理部为后台的业务架构。其中，五个业务部门，主要承担项目开发与承做职能；资本市场部，主要承担股票发行融资销售职能；质量监控部，主要承担项目质量与风险控制职能；业务督导部，主要承担报会项目的沟通与服务职能；综合管理部，主要承担运营支持职能。各部门的建制，使投资银行总部形成了从项目承揽、制作到发行销售较为完整的业务链，建立了立项、内核、督导等较为完善的质量和风控机制。

高素质的专业业务团队

齐鲁证券投资银行以人为本，建立 MD 管理体系，拥有一支综合素质高、专业能力强的投资银行业务团队，目前已形成一支 100 余人的业务团队，其中：博士、硕士占 60% 以上；拥有 17 名保荐代表人，11 名准保荐代表人和一批财经、法律、财务等专业人才。

资产管理业务

齐鲁证券资产管理分公司秉承“诚信、专业、稳健、客户至上”的经营理念，依托专业化的投资管理人才、优秀的管理团队，齐鲁证券以“在有效控制风险的前提下，为客户创造最大价值”为己任，形成了“以客户需求为先导、产品创新为动力、专业投资为核心、风险管理为保障”的资产管理业务运营机制，通过不断地业务流程再造，建立健全了职责分明、执行通畅、保障有力、监督到位的制度保障体系和运营管理体系，强化决策能力和执行能力，实现追求卓越的财富管理目标，与客户共同成长。

齐鲁证券打造了一支有敏锐的市场洞察力和丰富的资产管理经验、锐意进取的资产管理专业团队。资产管理分公司现有专业人员 22 人，其中博士 1 人，硕士 15 人，由具有金融、经济、金融工程、理工等专业背景的人士组成，知识结构合理，大多是资深证券从业人员，有良好的从业经历和丰富的业务经验，其中部分员工拥有国外和国内大券商的工作经历。

固定收益业务

固定收益业务是齐鲁证券的核心业务之一，业务范围涵盖了国债、央行票据、金融债券、企业债券、短期融资券、中期票据、公司债券、可转换债券，以及专项资产管理计划等固定收益产品，致力于为客户提供财务顾问、发行承销、投资咨询和销售交易等专业化服务。

公司具有全国银行间债券市场交易和结算成员资格、企业债券主承销商资格，并已经成为上海证券交易所固定收益证券综合电子平台交易商，能够在全国银行间债券市场和交易所债券市场开展业务。

公司拥有一支专业化的固定收益业务团队，分别从事债券承销、资本市场、投资研究和销售交易等业务，以满足客户的个性化需求。依托遍及全国的分支机构，公司已逐步建立覆盖全国的固定收益产品销售网络，与众多机构投资者建立了良好的合作关系。

融资融券业务

融资融券业务，是指证券公司向客户出借资金供其买入证券或出借证券供其卖出的业务活动。投资者需要事先以现金或证券等自有资产向证券公司交付一定的保证金，连同融资买入的证券或融券卖出所得资金一起，整体作为对证券公司所负债务的担保物。客户向证券公司借钱买股票是为融资交易；客户向证券公司借股票卖出，是为融券交易，到期后按合同约定归还所借资金或证券，并支付一定的利息费用。融资融券交易中，投资者如果不能按时、足额偿还资金或证券，证券公司有权进行强制平仓。

中国证监会于2006年6月30日发布《证券公司融资融券试点管理办法》，2008年4月24日发布《证券公司监督管理条例》，将融资融券业务被正式列入券商业务范围，2008年10月5日，中国证监会宣布正式启动融资融券业务试点，试点名单和范围适时公布。

齐鲁证券于2006年起开始了融资融券的业务研究及准备工作。2008年4月，公司股东大会审议通过了《关于公司经营融资融券业务的议案》，并设立融资融券部，全力推进融资融券业务及技术的准备工作。目前，公司在实施方案、制度建设、人员配备、技术准备、资金及证券筹措等方面的相关工作已经基本准备就绪，公司正根据监管部门融资融券试点进展情况，积极申报开展融资融券业务。

金融创新业务

金融创新部作为创新业务的执行部门，是公司培育新的利润增长点和提升竞争力的重要手段。金融创新部目前致力于权证产品、ETF 和 LOF 套利、股指期货套利、期权产品、资产证券化产品，以及各种结构化产品在内的金融衍生产品的开发及运作管理。

经过长期积累，金融创新部打造了一只20名专家人才组成的专业团队，专业团队全部具有硕士以上学历，1/3 具有博士学位，并具国内外多所名校的复合型专业的教育背景，同时，在国内知名券商历练了丰富的从业经历。金融创新部在衍生产品、投资组合、数理统计、经济管理、金融计量、软件开发等领域在业内具有领先的技术和经验优势。

金融创新部主要业务范围：

· 权证类衍生品产品设计和投资运作；
· 套利类产品设计运作和市场监控；
· 资产证券化类产品的设计和投资运作；
· 股指期货类产品的设计和投资运作；
· 期权类产品的设计和投资运作；
· 多市场多品种投资组合设计和投资运作；
· 其他衍生产品的设计和投资运作；
· 根据客户的定制需求开发衍生产品和运作方案；
· 全程量化风险管理。

研究业务

公司的研究咨询业务主要突出金融工程特色，加强了在金融创新、财务顾问、投研一体化和基金分仓等业务方面的布局和建设，通过研究创新全面推动公司各项业务均衡发展，形成具有创新管理、创新组织和创新集成整合能力的技术产品整合平台、成果集成运用平台、人才培养储备平台和组织协调管理平台。

公司研究业务涵盖产品研发、客户服务技术支持、IT 系统规划与研发、研究报告、客户服务及其价值挖掘、风险监测与预警、专业业务人员内训、数据增值处理及其决策支持、客户有价资产组合投资管理、客户资产运作风险监控与防范策略、引进产品精算与模拟、公司运作风险压力测试与评估等。

公司研究产品包括宏观经济、行业研究、公司研究、投资策略、专题研究、基金报告、金融工程、固定收益、财经信息等研究报告和咨询产品，以及“财富泰山”系列理财服务产品和“山东板块”系列研究报告。

直投业务

直接股权投资业务（直投业务）是指证券公司利用自身的专业化优势，寻找并发现优质投资项目或公司，以自有或募集资金进行股权投资，通过上市、并购或管理层回购等方式，转让股权获取收益的业务。直投业务领域包括高科技企业等创业风险投资业务以及基础建设等产业投资业务。

直投业务在国外已有多年的发展历史，目前已成为西方投资银行自营投资的重要领域和最重要的买方业务之一。自2007年9月起，监管层允许国内部分资本实力雄厚、具有完善的内部控制和风险管理制度，具有较强的投资银行业务能力的创新类券商试点开展此项业务。

我公司投资银行总部一直高度关注直投业务，积极跟踪业内动向，通过各种方式储备项目资源。2008年公司设立了独立的直投业务部，专事此项业务的开展。

地址：山东省济南市经七路86号
邮编：250001
传真：0531－68889357
邮箱：bgs@ qlzq. com. cn
网址：www. easysino. com
客户热线：95538

华泰证券股份有限公司

华泰证券股份有限公司于1991年5月26日在南京正式开业。华泰证券是中国证监会首批批准的综合类券商，是全国最早获得创新试点资格的券商之一。

华泰证券旗下拥有南方基金、华泰柏瑞基金、华泰联合证券、华泰长城期货、华泰金融控股（香港）有限公司和华泰紫金投资有限责任公司，参股金浦产业投资基金管理有限公司，是江苏银行的第二大股东，已基本形成集证券、基金、期货、直接投资和海外业务等为一体的、国际化的证券控股集团架构。

服务理念

“以客户服务为中心、以客户需求为导向、以客户满意为目的”是华泰证券坚持的服务理念。华泰证券拥有证券经纪服务、资产管理服务、投资银行服务、固定收益服务和直接投资服务为基本架构的完善的专业证券服务体系，以及研究咨询、信息技术和风险管理等强有力的服务支持体系。2007年，华泰证券在“高效、诚信、稳健、创新”核心价值观的基础上，明确提出了“做最具责任感的理财专家”的品牌精神，得到了市场和社会各界的广泛认同。华泰证券于2010年2月26日在上海证券交易所成功上市，市场地位和品牌影响力稳步提升，已成长为具有核心服务优势和较强市场竞争能力的综合金融服务提供商。

证券经纪服务

遍布全国的营业网点。华泰证券在全国28个省、市、自治区拥有逾200家营业网点，形成了分布广泛、布局合理的有形服务网络，能够为不同地域的客户提供便捷的综合理财服务。2007年以来，华泰证券陆续对分布全国的营业网点进行了改造和升级，为客户提供更舒适优雅的投资理财环境及金融理财新体验。

专业的理财服务队伍。华泰证券拥有一批经验丰富、责任心强的标准化服务队伍，及时响应客户需求，为客户提供周到、贴心的服务；公司和各营业网点建立了具有咨询执业资格、职业素养高、从业经验丰富的理财师队伍，能针对客户的个性化理财需求提供专业的投资理财解决方案。

安全、快捷的理财服务平台。华泰证券在证券行业素有“技术先锋”之称，在业内率先推出了无形席位、电话委托、网上交易、银证转账等多种创新交易方式。强大的信息技术研发和应用能力为华泰证券高效、安全的交易服务提供了可靠保证。客户可以通过网上交易、电话理财、手机理财和现场等多层次的立体化服务方式进行交易,必要时还能享受紫金快车道、紫金高速通道等更加高效的交易服务,满足其个性化交易需求。2010 年以来,华泰证券顺应移动互联网的发展趋势,结合 3G 技术和智能手机的应用,推出"涨乐"移动理财客户端,满足了客户的移动理财需求。伴随微博在国内蓬勃发展,华泰证券整合理财服务资源,在全国率先自主开发了第一个垂直类股票微博——"涨乐"微博,让公司的投研专家和投资者们一起适时地交流和分享。

专业化、个性化的理财服务体系。华泰证券以"财富永续之道"为内涵的"紫金理财"服务品牌已得到了广大客户的高度认可。菜单式的"紫金大管家"服务,能满足客户的综合交易服务需求;尊贵的"紫金私人顾问"服务,能满足高端客户的个性化理财需求。公司在业内率先实行"同类客户、同等服务、同等收费"的服务模式,不断满足客户的差异化需求。华泰证券的"紫金理财大讲堂",不仅得到了广大客户的喜爱,也得到了中国证券业协会的高度肯定,称其"将投资者教育工作与品牌文化相结合,推动了投资者教育工作的创新发展"。

持续发展的创新业务。华泰证券作为创新试点券商,融资融券、投资顾问、IB 业务、套利业务等创新业务发展迅速,为客户提供多元化的投资方式,进一步满足不同类型的客户需求,为实现通道向理财服务转型奠定更加坚实的基础。

投资银行和直接投资服务

华泰联合证券是华泰证券专业的投资银行子公司,整合了原华泰联合证券和华泰证券两家投行之所长,在投资银行领域具有经验丰富、团队强大、资源充沛等特色优势,持续为客户"发现价值、挖掘价值、提升价值"。作为国内首批保荐机构,累计完成各类主承销项目 120 余家,总承销家数排名行业前 10,尤其在中小企业保荐领域业绩突出,在行业中享有盛誉。

高素质的专业团队。同华泰证券业务整合完成以后,华泰联合证券拥有一支高学历、高素质、实战经验丰富的近 500 人的投资银行专业团队,其中保荐代表人百余名,是国内团队最庞大、保荐通道最多的投行之一,可提供股票发行承销、债券发行承销、私募并购、财务顾问、金融业务创新等综合金融服务。

广泛的优质客户群和特色服务。华泰联合证券在煤炭、汽车、机械、地产、精细化工、电子、纺织、冶炼等行业及福建、山东、江苏、广东等地区具有独特优势,拥有一大批优质客户群。在并购业务方面,公司长期处于行业的领先地位,按交易数量排名在行业中名列前茅。并购部门核心人员从事并购业务十余年,行业涉及 IT、地产、医药等多个领域,业务类型囊括收购、重组、私募融资、破产重整、行业整合等众多题材。华泰联合并购团队先后参与了《收购办法》、《重组办法》等多部政策、法规的起草与修订。

持续凸显的整合优势。华泰证券在业内较早坚持以优势行业为中心的特色化投资银行服务,在机械设备制造、基础化工、有色金属、煤炭电力、信息技术、医药等行业形成了一定的竞争优势。集两家公司投行之所长,发挥长期积累的客户资源和业务经验优势,依托华泰证券遍布全国的营业网点,华泰联合证券的市场竞争能力将进一步增强,成为集成集团服务资源向客户提供全方位金融服务的重要平台。

具有长期工作经验的直接投资服务。华泰紫金投资有限公司是华泰证券专门从事直接投资服务的全资子公司,以自有资金参与优秀成长企业股权投资,依托集团实力雄厚的投资银行,为企业提供上市、重组和并购等增值服务,提高企业融资效率,加速企业走向资本市场,提升企业的市场地位和核心竞争力。

资产管理服务

华泰证券自提供客户资产管理服务以来,一直秉承稳健的投资理念,以良好的投资业绩和专业的理财服务回报客户。

全面的服务范围和领先的产品研发能力。华泰证券拥有包括集合资产管理、定向资产管理和专项资产管理在内的全面的服务范围。理财产品的研发创新能力在业内具有领先性,陆续推出了华泰紫金 1 号(债券型)、华泰紫金 2 号(基金精选型)、华泰紫金 3 号(股票型)、华泰紫金鼎(创新伞型)、华泰紫金优债精选(债券型)、华泰紫金现金管家(现金管理型)和华泰紫金策略优选(混合型)、华泰紫金智富(高端专属股票型)、华泰紫金周期轮动(主题股票型)、华泰紫金龙大中华(股票型 QDII)、华泰紫金新兴产业(主题股票型)集合资产管理计划,其中,华泰紫金鼎是国内券商的首只伞型集合理财产品。

完备的理财产品线和专业的投研体系。华泰证券逐渐形成了覆盖债券市场、基金市场、股票市场的较为完整的集合资产管理产品线,满足了低、中、高不同风险收益特征的投资者的理财需求。华泰证券拥有完备的产品投资研究体系,各类产品的投资业绩表现优异,为客户创造了良好的投资收益。目前,华泰证券正积极研发更多类型的集合资产管理计划,以满足投资者日益多元化的投资需求。

固定收益服务

华泰证券提供限国债、非金融企业债务融资工具的证券承销服务,华泰联合证券提供除国债、非金融企业债务融资工具以外的承销与保荐服务。

公司的固定收益服务在业内具有传统优势。经过多年的发展,公司已经形成了集债券发行与承销、债券交易和债券研究为一体的综合服务能力,主承销了中国资本市场第一单公司债券——07 长电债,在中国债券市场树立了良好的品牌形象。

全面的服务范围和广泛的销售网络。公司拥有全面的固定收益业务范围,涵盖国债、央票、金融债、企业债、公司债、短期融资券、中期票据和资产证券化等各类产品的承销、投资和研究咨询。机构客户销售网络遍及国内主要的商业银行、保险机构、基金公司、证券公司和财务公司,为各类债券产品的承销提供了有效的保证。

突出的研究和创新能力。公司在债券融资策划、方案设计、发行时机选择、发行定价等方面具有较高的研究水平;在公司债券和城投企业债券融资方面具有比较优势;在债券产品创新方面能力突出,设计并承销了我国第一单公司债券,在国内率先推出了企业资产证券化产品。

研究咨询服务

华泰证券研究所是首批经中国证监会核准的具有证券投资咨询资格的研究机构。

独具特色的研究咨询服务体系。华泰证券紧紧围绕客户需求,建立了以研究所为研究基础平台、各专业服务部门联动的研究咨询服务体系。根据宏观经济、行业、市场交易品种和客户需求类别等进行研究细分,形成了多个专业研究团队,密切跟踪,点面结合,深入调研,实时为客户提供研究成果。多名研究员在相关媒体的评选中，获得“明星分析师”、“独立见解分析师”、“行业最佳分析师”等荣誉称号，多项研究成果在中国证券业协会等单位的评比中获得奖项。

行业领先的资讯服务套餐。华泰证券高度重视发挥研究对专业服务的先导和核心支持作用。在整合优势资源的基础上，建立跨业务的产品研发平台，精心研发多种风格的投资组合，形成特色服务套餐。不同类型的投资者都能选择到适合自己的服务套餐，也可根据自己的偏好自由选择搭配，理财服务充分个性化。

智能化的资讯交易服务平台。华泰证券研发的资讯交易服务平台在业内具有领先性。通过该平台，客户可获得专业实时的金融资讯，更有价值的是与客户持仓相关的个性化资讯信息。核心客户可独享华泰证券研究所最新、最全、最及时的精选研究报告。客户可实时了解华泰证券投资理财品牌产品，还可根据个人喜好自主选择数据指标，挖掘符合自己定义的股票、基金、债券等品种。这一市场领先的、智能化的资讯交易服务平台为投资者提供了把握市场机会的利器，已经受到越来越多高端客户的推崇。

地址：南京市中山东路90号华泰证券大厦
邮编：210002
电话：95597
传真：0086－25－84579778
电子邮件：95597@mail.htsc.com.cn

华安证券有限责任公司

华安证券有限责任公司（以下简称“公司”）前身是1991年5月经中国人民银行总行批准设立的安徽省证券公司，2000年12月28日中国证监会核准公司增资改制并更名为华安证券有限责任公司，同时核准公司为综合类证券公司。截止2010年底，公司完成增资扩股工作，注册资本增至24.05亿元，股东16家，多为国有或国有控股的上市公司和大型企业。现有营业部75家，在全国106家证券公司中位居前列，最新行业分类评级为A类A级。

公司经营范围包括：证券经纪；证券投资咨询；与证券交易、证券投资咨询活动有关的财务顾问；证券承销与保荐；证券自营；证券资产管理；证券投资基金代销；为期货公司提供中间介绍业务。

公司董事会设“提名考核与薪酬委员会”、“风险控制与投资决策委员会”、“审计委员会”3个专门委员会，公司经营管理层根据工作需要设置若干专业委员会，并按照专业分工、精简高效、风险隔离的原则，设置了14个内设部门。公司业务主要立足安徽，辐射全国，营业网点遍布安徽省各地级市以及70%以上县城，并在北京、上海、深圳和广州等主要城市设有19家营业部。先后承销证券50多只，其中担任A股和B股主承销的26次，担任企业财务顾问50多次，其中担任H股财务顾问1次。此外，华安证券还是华富基金管理有限公司的主发起人和第一大股东，控股华安期货公司和安徽华安新兴证券投资咨询公司。

近年来，华安证券抢抓市场机遇，深化内部改革，推进管理创新，着力业务开拓，坚持规范经营，各项业务均取得长足发展。截至2010年末，公司总资产105.24亿元，净资产35.39亿元，净资本25.49亿元，资本状况和财务结构进一步改善，风险控制指标持续符合中国证监会的监管要求。

公司主要业务介绍

证券经纪业务

证券经纪是公司的基础业务。公司是上海证券交易所、深圳证券交易所首批会员单位，拥有A、B股交易席位72个，是全国首批取得网上证券经纪业务资格的证券公司之一。2008年8月，经中国证监会核准，公司在省内首家获得期货中间介绍业务资格。公司目前在各地设有证券营业部71个，分布在北京、上海、深圳、广州等大中城市和安徽省境内市、县，主要从事沪深市A、B股、基金和国债交易的代理业务。公司多年来致力于交易手段现代化，开拓网上证券经纪、柜台交易等新型业务，为广大客户提供规范、安全、便捷和专业化的证券投资服务。

投资银行业务

公司自1991年起开展投资银行业务，是国内最早从事投资银行业务的证券公司之一，目前主要从事企业改制与上市辅导、证券发行承销与上市保荐、企业重组与收购兼并、投资和融资咨询、财务顾问、投资银行创新业务研究等业务。先后成功主承销IPO股票16只，配股7只，增发2只，副主承销和分销70多只。公司着力打造一支知识结构全面、资力经验丰富的投资银行专业队伍，在农业、水泥、旅游、家电等领域形成自身业务特色，研发水平和证券发行在业内保持领先水平，提升在中小企业重组、创业板、三板和境外上市等方面的业务竞争力。

证券投资业务

公司设置了董事会、投资决策委员会、自营部门三级投资管理体系，建立了科学的投资决策机制和严密的投资执行体系，建立了前、中，后台风险监控体系，实现证券投资业务集中领导、分级授权、科学决策和相互制约。证券投资部拥有一支具有长期投资经验的从业人员，专门从事股票、基金、国债和企业债券等自营交易业务，随着市场的发展，业务品种将拓展至柜台交易、非流通股转让、股票期权期指及并购业务中的证券自营交易等。

资产管理业务

2002年5月，经中国证监会核准，公司成为首批具有从事受托资产管理业务资格的全国性综合类券商之一。公司目前具有从事面向公众投资者的集合资产管理和面向高端客户与机构客户的定向资产管理等业务。公司秉承客户至上的理念，依托专业的研究力量与科学的投资决策体系，强化风险控制确保客户资产安全，为客户提供全方位、专业化、个性化的财富管理服务，满足客户资产保值、增值的需求。公司首只集合理财产品——华安理财1号稳定收益集合资产管理计划成立于2010年6月，投资业绩在同期同类理财产品中排名居于前列。

固定收益业务

固定收益部是专门从事固定收益证券及相关衍生产品的业务部门，主要业务范围包括固定收益证券的承销、投资、产品研发与理财服务，业务品种包括国债、金融债、企业债、短期融资债、中期票据、可转换债券等。公司拥有一支具有丰富市场经验和良好客户资源的业务团队，硕士学位的占40%，为追求低风险和稳定收益的客户群体提供稳健的、高品质的专业化服务。公司是财政部国债理事会成员，具有企业债券的主承销资格。近几年来，先后参与了国家电网、广州汽车、北京基础设施、合肥城投等数十家企业债的副主承销和分销工作，树立了良好的行业品牌形象。债券主承销业务获得突破性进展，担任滁州交通开发公司、池州城投公司的债券主承销商，为企业的发展搭建了一个更广阔的融资平台。

地址:安徽省合肥市阜南路166号润安大厦A座
邮编:230069
电话:0551－5161666
传真:0551－5161600
信箱:bgs@hazq.com
网址:http://www.hazq.com

和兴证券经纪有限责任公司

和兴证券经纪有限责任公司于2001年8月经中国证券监督管理委员会批准,由四川省的6家信托投资机构剥离证券资产合并成立。公司法定代表人:刘晓亚;注册资本:33,148.99万元人民币;经营范围:证券经纪;注册地:四川省成都市人民南路二段18号川信大厦10楼;国际互联网网址:http://www.hx818.com。

公司现有股东12家,前五大股东分别为:四川信托有限公司(占总股本的57.09%)、四川省国际信托投资公司(占9.21%)、凉山州国有投资发展有限责任公司(占9.07%)、南充市国有资产投资经营有限责任公司(6.34%)、德阳市国有资产经营有限公司(5.51%)。公司实际控制人四川宏达(集团)有限公司为国内500强企业,实力雄厚,并全力支持公司做大做强,其灵活的用人、分配、决策三大机制优势为公司高效决策、打造核心竞争力、提高市场战略定位、提升职工个人发展空间,提供了更加广阔的平台。公司积极探索与四川信托开展信证合作,形成跨业强强联合的业务态势。

公司所属证券营业部27家,员工600余人。营业网点分布在北京1家、上海3家、成都地区6家,及省内其他市州。公司所属证券营业部大部分系西南地区证券业先驱,在信托母体中从1990年起就为四川省股份制改造和证券市场的发展做出积极的贡献,公司现已成为西南地区历史悠久、发展稳定、占重要地位的专业经纪类券商。

公司法人治理结构健全,经营管理规范,资产质量优良,经营业绩良好,自2006年以来实现连续盈利,各项经营指标全部持续符合中国证监会风险监控的要求。

公司总体战略定位为"财富增值服务商"。和兴证券作为西南地区的资深券商,在完成公司机制转型和业务转型后,在社会经济总量的增长,客户资产增值需求旺盛的市场发展趋势中,公司将继续秉承"专业、高效、务实、创新"的经营理念,"以客户为中心、以市场为导向",竭诚为广大客户提供规范化、个性化的优质服务,全面推进公司战略发展规划,竭力实现公司"与客户一起成长,为股东创造价值,携员工共享未来"的美好愿景。

地址:中国四川成都市人民南路二段十八号川信大厦10楼
电话:028－86199665
传真:028－86199079
邮编:610016
投诉电话:4008－366－366
email:hxzq818@163.com

中国中投证券有限责任公司

中国中投证券有限责任公司(简称"中投证券")于2005年9月28日在深圳注册成立,是一家全国性综合类的证券公司,由中央汇金投资有限责任公司全资控股,注册资本金50亿人民币。目前设有北京分公司、上海设有分公司,在全国拥有110家营业网点,控股天琪期货公司、瑞石投资公司、中投证券(香港)金融控股有限公司。

公司成立以来,经纪业务市场份额稳步上升,2009年托管资产总规模一举突破万亿元,列同业第四名。企业融资业务已累计完成债权主承销金额698.61亿元,完成股权主承销金额376.56亿元,被深圳交易所评为2009年度最佳保荐机构。资产管理业务已成功发行四只理财产品,净值排名稳居行业前茅。证券投资业务在证券业协会统计的2008年证券公司自营业务实现收益率排名中位于第二名。创新业务、结构融资业务、金融衍生品业务、期货IB业务等创新业务均取得可喜成绩。新一代集中交易系统、多银行存管系统、"一柜通"前台营业管理系统等多个金融创新项目获得行业协会和政府颁发的多重奖项。

秉承"以专业精神和卓越服务,提升客户价值"的理念,以"服务、人本、创新"为核心价值观,规范运作、稳健经营,公司致力于成为最具竞争力最具价值创造力的一流现代投资银行。

主要业务介绍

证券经纪业务

一、托管资产超万亿,市场份额呈上升趋势

自公司成立以来,经纪业务保持了持续、稳步增长的势头。通过做好核心客户开发、加强渠道营销、完善专业化服务体系建设、优化营业网点布局,公司股票与基金市场份额从2005年末1.39%稳步爬升到2010年2.484%,总体呈不断上升趋势,市场排名由成立初22名逐步上升到行业第14名。托管客户资产从2005年成立之初的285亿元增加到2010年10523亿元,客户资产规模连续2年突破万亿,列同业第四名。2010年公司累计完成股票与基金交易额2.73万亿元,"股票+基金+权证+债券"交易额3.09万亿元。

二、多渠道、多产品、多层次,营销服务网络日趋成熟

1.分布于全国主要中心城市的110家营业部,实行标准化的营销和服务,配备了先进、高效的信息通讯设备,建立了优雅、整洁的交易环境,结成了一个覆盖面广泛的营销服务网络,客户可在其中任一家营业部得到通买通卖、通存通兑的"一站式"服务。

2.作为首家全面实现保证金第三方存管和双币种银行存管的券商,中投证券已与建行、农行、工行、中行、招行、交行、兴业银行、华夏银行、民生银行、浦发银行、上海银行、广发银行、深圳发展银行等多家银行建立起银证合作关系,3000多名派驻银行网点的客户经理将为客户提供便捷、周到的贴身服务。

3.改版后的中投证券网站将提供更为全面、更为及时、更为权威的财经资讯,强大的技术支持使得网上交易更为稳定、快捷、安全,大客户专用交易通道使客户在瞬息万变的市场中抢占先机。

4.交易品种涵盖A股、B股、封闭式基金、开放式基金、国债、企业债、权证,以及其他有价证券,投资者可任意选择热键自助、电话自助、远程自助、网上自助等多种委托方式。

5.中投证券具有代办股份转让资格,可以满足客户投资三板市场的需求。

三、专业化、差异性、集中式,客户服务平台日臻完善

1.分析师团队精心打造的《中投金理财》系列咨询产品,紧紧把握市场运行脉络,以其客观务实、专业前瞻的特色受到了投资者的广泛好评,树立起中投证券的咨询服务品牌。

2.分析师团队通过RTX广播系统为现场客户提供实时

的市场评论，使咨询服务更接近实战，更具备操作性。

3. 分析师团队通过中投证券网站的专家在线栏目为非现场客户提供一对一的疑问解答，投资者足不出户就可以享受到贴身理财服务的便利和快捷。

4. 分析师团队定期为全国营业网点的客户举行大型现场投资报告会，并针对大客户的特殊需求专门提供咨询服务套餐。

5. 总公司设立客户呼叫中心，通过 4006008008 的全国统一电话和短信平台随时为客户的证券交易、投资提供帮助或指导。

6. 在客户细分的基础上，推出客户品牌账户、大客户交易服务产品等创新品种，使不同层次的客户得到差异而又完善的服务。

7. 建立了高端客户营销服务平台，可以根据客户需求提供从经纪、投行、研究到资产管理的一揽子专业服务，通过建立战略联盟等多种形式提升客户价值和回报。

8. 研究所与经纪业务联系紧密，资深研究员涵盖宏观、行业、公司及基金、固定收益类产品的调研、策略报告，将通过多种渠道第一时间送到客户手中，使客户及时获得有价值、有分量的信息。

四、经纪业务优势逐步显现

1. 首家开始并全面实现保证金第三方存管，存管合作银行最多。

2. 首家推行保证金双币种存管。

3. 首家与建行合作推出银证名片——中投龙卡。

4. 首家通过新一代集中交易系统成果鉴定，并获得了“国际先进，国内领先”的高度评价。

企业融资业务

厚积薄发，取得长足进步

企业融资业务经过公司成立之初的项目贮备，目前已经获得跳跃式增长，在股权融资，债权融资，结构融资等众多业务领域开花结果。2010 年完成 12 家股权融资项目和 7 家债权融资项目，收入占比超过 18%，项目储备进入良性循环。目前拥有保荐代表人 32 人，准保荐人 11 人。

一、股权融资业务

公司股权融资业务经过几年来的不断开拓，行业排名快速提升。公司成立至今累计完成发行 21 家主承销项目，其中 2010 年 IPO 主承销项目家数排名第 8 位，IPO 主承销项目金额排名第 9 位。公司在挖掘企业独特竞争优势和增长潜力方面形成自己的独到之处，培育和发现了一批具有突出的行业地位和高成长性的优质客户群体，所完成项目覆盖不同行业、项目类型和所有制形式，并在某些行业、地域逐步形成了一定的竞争优势。

2009 年 4 月，公司承做的“东软集团整体上市财务顾问”项目在《证券时报》“2009 年投行创造价值高峰论坛暨 2009 中国区优秀投行评选颁奖典礼”上荣获“最佳并购项目奖”。该项目方案是中国证券市场以上市公司反向吸收合并母公司方式实现集团整体上市的第一例。公司被深交所评为（2009 年度）全国 8 家优秀保荐机构之一。

二、债权融资业务

公司债权融资业务起步快、起点高，公司成立当年即完成 5 单主承销项目，承销家数排名位居行业第六。几年来债权融资业务明确发展战略，不断开拓新品种和融资方式，竞争优势不断增强，品牌形象逐步建立，市场影响力进一步巩固，在行业排名中连年处于领先地位。

三、结构融资业务

结构融资业务建立于 2007 年，三年来不断成长，在产品设计及盈利能力方面均取得了突出成果，专业能力不断加强，2009 年结构融资业务即完成 5 单结构融资项目，其产品创新能力及盈利能力均居国内领先水平。

资产管理业务

产品持续推出，收入稳步增长

资产管理业务从 2007 年起步，已经逐渐形成了有一定影响力的品牌、完善的产品线、成熟的投研体系及专业的服务团队，并进入快速发展期。迄今已发行四只集合理财计划——中投汇盈核心优选，中投汇盈债券优选，中投汇盈产业优选，中投汇盈基金优选。截至 2010 年 12 月末，公司集合理财计划规模合计 11.54 亿份。

投资顾问业务也获得长足进步，顺利中标建行 100 亿资产处置项目。定向理财业务取得一定进展，2010 年最高定向资产管理业务规模 4.65 亿元，07 年曾达 46 亿。

证券研究业务

覆盖多层次研究领域，年创收近亿元

公司研究所总部设在深圳，在北京、上海设有办事处。研究所下设宏观策略、公司行业、金融工程、固定收益、机构销售、数据中心等部门。

目前研究所共有人员近 80 名，已拥有一支具备优秀专业技能、扎实理论功底和丰富市场经验的核心研究团队。自 2007 年以来陆续在非金属类建材、建筑与工程、有色金属、医药生物、传播与文化、社会服务业（旅游）、家电、电子、电力设备与新能源、食品饮料、石油化工、房地产等行业，以及固定收益研究领域树立起市场品牌和影响力。

期货业务

业务快速发展，盈利不断提升

天琪期货于 2008 年被公司收购后，经营活动稳定过渡、业务快速发展。

一、公司业务稳步发展，客户数及客户权益均稳步上升，交易量、营业收入、盈利能力均持续增长。

二、天琪期货取得多项突破

1. 开通 IB 渠道。天琪期货被收购后，加大了证期合作力度，仅 2010 年就举行各类股指期货报告会近百场，覆盖客户近万人。IB 业务从零起步，通过两年的发展已成为天琪期货的支柱业务。

2. 市场地位大幅提高，重点品种不断增加。市场占有率车从 2009 年不足 0.6%，上升到 2010 年的 1.16%，其中股指期货更是达到了 3.15%，稳居全国市场前十名。

3. 通过银行、证券、期货三方的紧密合作，天琪期货与工、农、中、建、交五大国有银行开展多形式的银期合作活动。

4. 公私募开发业内领先。通过证期紧密配合，天琪期货与业内数十家公私募基金客户保持了良好的业务联系与合作，其中与南方基金公司的合作成为业内第一。

2011 年度公司大事记：

2011 年 1 月，公司研究所获得朝阳永续“2010 年度中国证券行业伯乐奖”行业研究团队奖第一名。

2011 年 3 月，公司获得上海证券交易所“投资者教育创新奖”。

2011 年 4 月，公司正式完成股权变更工商登记工作，中央汇金投资有限责任公司成为公司全资控股股东。

2011 年 4 月，公司荣获深圳证券交易所“2011 年度优秀保荐机构”。

2011 年 4 月,公司获评浙江省“2011 年度优秀保荐机构”。

2011 年 4 月,公司首届“管理培训生项目”获新华日报报业集团《培训》评为“中国人才发展最佳创新企业奖”。

2011 年 5 月,公司金融衍生品团队及产品推介会成功举办。

2011 年 5 月,公司与新产业技术产权交易所签署战略合作框架协议。

2011 年 5 月,公司进入 2010 年度深圳金融业企业所得税纳税十强。

2011 年 5 月,公司获得《证券时报》“2011 年中国区优秀投行”评选活动“最具成长性投行”、公司保荐并主承销的“海普瑞 IPO 项目”获“最佳 IPO 奖”、创业板“汇川技术 IPO 项目”获“最具投资价值保荐项目”奖。

2011 年 6 月,公司与国开金融有限责任公司签署“投资银行业务战略合作协议”。

2011 年 9 月,公司注册资本增至 50 亿元人民币。

2011 年 11 月,公司名称变更为“中国中投证券有限责任公司”。

2011 年 11 月,公司“综合运营服务平台”项目荣获 2011 年度中国证券期货业科学技术奖励三等奖。

2011 年 11 月,“中投证券 3X 应用集成平台”项目荣获深圳市 2011 年度金融创新评选三等奖。

2011 年 12 月,公司荣获第十二届金融 IT 创新暨中国优秀财经网站评选“最佳客服热线”奖。

2011 年 12 月,公司召开更名暨新标识发布仪式,公司名称正式由“中国建银投资证券有限责任公司”变更为“中国中投证券有限责任公司”。

地址:深圳福田区益田路 6003 号荣超商务中心
A 座 18 - 21 层
电话:86 - 0755 - 82026688
传真:86 - 0755 - 82026590
邮编:518048
网站:http://www. china - invs. cn

中国银河证券股份有限公司

中国银河证券股份有限公司(以下简称“中国银河证券”或“公司”)是经中国证监会批准,由中国银河金融控股有限责任公司作为主发起人,联合 4 家国内投资者共同发起设立,于 2007 年 1 月 26 日正式成立的全国性综合类证券公司。中央汇金投资有限责任公司为公司实际控制人。公司本部设在北京,注册资本为 60 亿元人民币。截至 2011 年底,公司共有员工 11500 余人。

公司的经营范围包括:证券经纪,证券投资咨询,与证券交易、证券投资活动有关的财务顾问,证券承销与保荐,证券自营,证券资产管理,融资融券,以及中国证监会批准的其他业务。

公司旗下拥有银河创新资本管理有限公司、中国银河国际金融控股有限公司和银河期货有限公司。

发展历程

2007 年 1 月 26 日,经中国证监会批准,以中国银河金融控股有限责任公司作为主发起人,联合四家国内投资者,共同发起设立中国银河证券股份有限公司(以下简称“公司”)。公司收购了原中国银河证券有限责任公司的证券经纪业务、投行业务及相关资产,注册资本金为 60 亿元人民币。旗下拥有银河期货经纪有限公司。

2009 年 10 月 21 日,公司设立银河创新资本管理有限公司。

2011 年 2 月,中国银河国际金融控股有限公司于香港注册成立。

业务概况

证券经纪业务

公司设有 6 家分公司、23 家代表处、224 个营业网点,直接为超过 500 万客户服务,客户资产达 1.6 万亿元,在国内 20 个大、中城市建立了 25 个网上交易镜像站点,网上交易占比超过 80%。通过双子星、海三星两套网上交易系统,网站 FLASH 快速交易及玖乐移动证券,搭建起多通道、多方式的非现场交易体系。

投资银行业务

股权融资方面,完成了农业银行、中煤能源、中国银行、中国国航、中国人寿、中国平安、交通银行、中国神华、中国铝业、南方航空等多家大型企业的承销保荐工作,销售定价能力得到监管机构和全行业的广泛认可,并成功完成了近百个具有较大市场影响力的财务顾问项目。

债券融资方面,长期服务于铁道部、国家电网、中国石化、国电集团、中国银行、交通银行等国内顶级高端客户,债券承销总规模达 1887.75 亿元。2010 年,公司作为主承销商承销了首期 540 亿元汇金债券,并承销了我国首只市政项目建设债券——贵阳金阳债,在市场及业内引起了极大的反响。在 2011 年企业债承销中,我公司以 266.5 亿元连续两年位列承销额第一。

资产管理业务

公司秉承“为客户资产保值增值贯穿于资产管理业务全过程”的核心理念,为客户提供多样化、专业化、个性化的资产管理服务。公司于 2008 年 7 月 21 日获得定向资产管理业务资格,2008 年 10 月 6 日获得集合资产管理业务资格。2009 年至今,公司先后发行了金星 1 号集合资产管理计划、北极星 1 号集合资产管理计划、福星 1 号限额特定集合资产管理计划、银河 99 指数集合资产管理计划,以及银河木星 1 号基金精选集合资产管理计划。

投资咨询业务

公司研究部是国内影响力最大、综合实力最强、运作最规范的专业证券研究机构之一,下设宏观研究线、策略研究线、债券研究线、行业与上市公司研究线、基金研究线、专题研究线(博管办)和运营线。

中国银河证券基金研究中心是国内第一家专业基金研究评价机构,在基金研究与基金评价上居国内领先地位,所独立开发的基金研究业务规则、基金评价指标、基金分类体系已经成为国内基金行业的标准。2010 年成为首批具备中国证券业协会基金评价会员资格的基金评价机构。

公司在行业内率先建立专业的投资顾问团队,提供一流的投资顾问产品和专属的投资顾问服务。公司投资顾问业务通过实行资讯产品线、投资建议线和理财产品配置线的三线并行,全面满足客户对深度资讯、个性化投资、财富管理等方面的投资需求。

公司投资顾问业务秉持客户利益至上原则,恪尽规范性、独立性和客观性的职业操守,利用前沿的投资模型,依托先进的投顾系统,遵照严谨的工作流程,以“专业、权威、高端”的业务标准服务于国内最大的经纪业务客户群。

金融创新业务

在衍生产品业务方面,致力于创新业务模式和开发新产品，以客户需求为中心，为客户提供专业、卓越、贴心的金融服务。紧密跟随国内外金融市场的发展趋势，积极开发研究各种创新产品，强调前瞻性、实用性和风险可控性。在 ETF、股指期货、期权等方面进行了大量的创新探索和成功的业务实践，为投、融资双方提供高质量的增值服务。

在 QFII 业务方面，公司自为第一批 QFII 客户提供委托交易服务以来，逐步积累经验和引进境外的先进交易技术，现已发展成为提供专业和多元化的交易、研究、咨询等服务于一身的 QFII 经纪商。

在融资融券业务方面，公司自 2010 年 7 月正式开展融资融券业务以来，始终坚持"以客户需求为导向，以专业服务为依托"的经营理念，打造了一支涵盖融资融券业务全流程的专业团队，通过在全国各营业部建立专注于服务融资融券客户的推荐人队伍，为客户提供高效、便捷和专业的"一对一"全程陪护式融资融券服务，满足客户的个性化和差异化需求，帮助客户完善风险控制手段，开创全新盈利模式，实现个人财富的稳步增长。

中国银河国际

中国银河国际金融控股有限公司（简称"中国银河国际"）为中国银河证券的全资子公司，2011 年 2 月于香港注册成立。属下中国银河国际证券（香港）有限公司于 2011 年 9 月取得香港证券及期货事务监察委员会（证监会）第一类受规管活动牌照（证券交易）；中国银河国际期货（香港）有限公司于 2011 年 12 月获得香港证监会第二类受规管活动牌照（期货交易）。

作为中国银河证券在中国境外设立的第一家子公司，中国银河国际旨在利用香港国际化的金融市场，多元化的投资产品，吸收国际经验，吸纳海内外专才，向投资者提供安全可靠的金融超市平台。

地址：中国北京西城区金融大街 35 号国际企业
大厦 C 座
邮编：100033
电话：4008－888－888（客服电话）
传真：010－66568532
邮箱：webmaster@ chinastock. com. cn
网址：Http://www. chinastock. com. cn

中国国际金融有限公司

公司概览

作为中国第一家中外合资投资银行，中国国际金融有限公司致力于为国内外机构及个人客户提供全方位的投资银行服务，业务范围覆盖证券研究、股本与债务发行与承销、兼并收购财务顾问、证券销售交易、固定收益、资产管理、超高端财富管理、直接投资等诸多领域。

中国国际金融有限公司（"中金公司"）成立于 1995 年 7 月，是由国内外著名金融机构和公司基于战略合作关系共同投资组建的中国第一家中外合资投资银行，注册资本为 1.25 亿美元。

中金公司总部设在北京，在上海设有分公司，在北京、上海、深圳等 15 个城市分别设有证券营业部。随着业务范围的不断拓展，中金公司亦积极开拓海外市场，在香港、纽约、新加坡和伦敦设有子公司，为成为植根中国的国际投资银行奠定坚实的基础。

公司优势

1. 深厚的中国市场经验

中金公司植根于中国本土市场，在中国的法律、法规、监管、经济、文化、商业和经营环境方面积累了全面和深入的知识与经验。中金公司通过与国家政策制定和行业监管部门的密切沟通，得以深入理解和把握宏观经济、金融市场和国民经济主导行业的发展趋势，在符合国家经济政策和市场经济规律、顺应国民经济发展整体需要的基础上，为客户提供全面的金融服务和资本市场解决方案。经过多年的实践和研究，中金公司在中国的电信、电力、交通运输、石油天然气、石化、金属、采矿和金融等重要领域积累了丰富和深入的行业知识，并针对中国市场的特点开发出了一系列金融创新产品与服务。深厚的中国市场经验是中金公司为客户提供全方位国内资本市场服务的根基。

2. 独特的国际视角

中金公司拥有丰富的国际资本市场经验和广泛的国际支持网络。中金公司根据国内外客户的不同需求，在深入分析行业和市场的基础上，为客户提供高质量的、先进的金融产品和服务，协助客户借助中金公司这一连接国内和国际资本市场的桥梁，实现战略发展目标。

3. 丰富的项目执行经验

自成立以来，中金公司成功完成了数十个大型国内和国际融资项目，为客户进入国内外资本市场提供了强有力的支持。在项目的执行过程中，中金公司与投资者及各类大型中介机构开展了广泛的合作，进一步提高了协调和管理大型项目，特别是大型跨境项目的能力。这也使得中金公司成功完成了众多复杂的、里程碑式的资本市场运作项目。

4. 卓越的专业人员团队

中金公司汇聚了一批国内外专业人士，在与中国资本市场共同发展的过程中培养出了一支具有高水准的职业操守、卓越的创新精神、出众的业务能力，以及成熟的项目执行经验的职业团队。我们的团队十分重视与客户建立相互信任的长期合作关系，致力于提供全面的金融服务和技术支持，协助客户实现投资与发展的战略目标。

2010－2011 公司发展和成就

· 2010 年中国国际金融（英国）有限公司获得英国金融服务监管局颁发的牌照；

· 中金公司获得中国证监会批准开展人民币普通股票自营业务；

· 中金公司正式员工突破 1,500 人；

· 中金公司获得中国证监会批准向期货公司提供中间介绍业务；

· 中金公司获得中国证监会批准开展融资融券业务；

· 中金公司获得中国人民银行批准，成为全国银行间市场做市商；

· 2011 年中金公司获得海外期货中间介绍业务牌照；

· 中金公司获得伦敦交易所会员资格；

· 中金公司入股浙金信托获银监会批准，浙金信托正式开业；

地址：中国北京建国门外大街 1 号国贸写字楼 2 座
邮编：100004
电话：（86－10）6505－1166
传真：（86－10）6505－1156
邮箱：info@ cicc. com. cn

中信证券股份有限公司

中信证券股份有限公司(以下简称“中信证券”或“公司”),于1995年10月25日在北京成立。2002年12月13日,经中国证券监督管理委员会核准,中信证券向社会公开发行4亿股普通A股股票,2003年1月6日在上海证券交易所挂牌上市交易,股票简称“中信证券”,股票代码“600030”。2011年10月6日在香港联合交易所上市交易,股票代码为”6030”。

中信证券主营业务范围为:证券经纪(限山东省、河南省、浙江省、福建省、江西省以外区域);证券投资咨询;与证券交易、证券投资活动有关的财务顾问;证券承销与保荐;证券自营;证券资产管理;融资融券;证券投资基金代销;为期货公司提供中间介绍业务。

中信证券长期以来秉承“稳健经营、勇于创新”的原则,在若干业务领域保持或取得领先地位。2010年底,经纪业务(交易所代理买卖证券)合并市场份额为8.60%,排名第一;股票及债券承销市场份额9.20%,排名市场第一位。公司受托资产市场占有率22.20%(不含华夏基金),位居行业第一位。

截至2010年12月31日,中信证券持股5%以上的股东为中国中信集团公司(持股比例为23.45%)和中国人寿保险股份有限公司(5.01%)。公司依托第一大股东——中国中信集团公司,与中信银行、中信信托、信诚人寿保险等公司共同组成中信控股之综合经营模式,并与中信国际金融控股共同为客户提供境内外全面金融服务。

中信证券下属中信金通证券有限责任公司、中信万通证券有限责任公司、中信证券国际有限公司、华夏基金管理有限公司、中证期货有限公司、金石投资有限公司等6家控股子公司,下属中信产业投资基金管理有限公司、建投中信资产管理有限公司、中信标普指数信息服务(北京)有限公司等3家参股子公司。

上市以来,中信证券进行了两次增资扩股,2006年非公开发行3.5亿股,募集资金约46.40亿元;2007年公开发行3.34亿股,募集资金约250亿元。2008年4月,公司实施资本公积转增。转增完成后,公司总股本达6,630,467,600股。2010年6月,公司实施资本公积转增。转增完成后,公司总股本达9,945,701,400股。截至2010年12月31日,公司总资产1531.78亿元,净资产704.35亿元,净资本410.50亿元,是国内规模最大的证券公司。

办公地址:深圳市福田区中心三路8号中信证券大厦
邮政编码:518048
办公地址:北京市朝阳区亮马桥路48号中信证券大厦
邮政编码:100125
统一客户联络中心电话:4008895548
传真:0755－83078098、010－84865560
电子信箱:ir@citics.com

中原证券股份有限公司

中原证券成立于2002年11月,是河南省和中原经济区内注册的唯一法人证券公司,全国首批规范类证券公司,注册资本20.33亿元。公司是国有控股证券公司,治理结构健全,股东实力雄厚,共有股东16家,前三大股东分别为河南投资集团有限公司、渤海产业投资基金管理有限公司(代表渤海产业投资基金)、安阳钢铁集团有限责任公司,河南省政府是公司实际控制人。

公司总部位于河南省郑州市郑东新区商务外环路10号。目前,公司内设19个职能部门,上海、北京、郑州3家分公司,证券营业部52家,其中河南省内41家,分布在省内各省辖市及部分发达的县级市,河南省外11家,分布在上海、北京、深圳、天津、杭州、青岛、西安、长沙、石家庄、济南等地,服务客户数量120多万户。公司还控股中原期货1家子公司,正在设立全资直投公司和筹备基金公司。公司拥有一支年轻化、专业化、综合素质高的员工团队,现有员工2400多人,其中博士13人、硕士191人、大学以上学历占98%。截至2011年底,公司总资产107.29亿元,净资产36.7亿元,净资本27.6亿元,管理客户总资产1337.87亿元。

公司致力于发展成为中国一流的证券服务商,自成立以来,坚持“规范发展、稳健经营”的指导思想,秉承“诚信、稳健、创新、高效”的经营理念,弘扬“相融共生、开拓创新”的企业精神,形成“以人为本、人尽其才”的人才机制,全面搭建起了综合类券商的管理架构,业务范围不断拓宽,形成了包括经纪业务、投资银行、证券投资、固定收益、资产管理、财富管理、期货业务等在内的多元化、系统化业务发展格局。目前,公司业务范围包括:证券经纪;证券投资咨询;与证券交易、证券投资咨询有关的财务顾问;证券承销与保荐;证券自营;证券资产管理;证券投资基金代销;为期货公司提供中间介绍业务。公司连续多年保持了快速发展,各项业务呈现出良好的发展态势,行业排名不断提升,核心竞争力持续增强。

【主要业务部门】

固定收益总部:

固定收益总部是专业从事各类债券发行承销、债券销售、研究咨询等业务的核心业务部门。已在全国范围内建立了完善的债券销售渠道,具备良好的债券市场资源。

固定收益总部拥有一批由博士、硕士和海外归国人员等高端人才组成的专业团队,是一支经验丰富、高效的业务团队。

向客户提供以下债券服务:

提供债券发行承销、研究咨询、债券销售、产品开发、信息披露和风险控制等服务;

提供债券投资价值研究报告,为客户提供深入的决策分析;

向客户定期提供宏观经济分析和最新动态等研究产品,与客户保持良好地沟通。

以往服务的主要客户:

河南投资集团、郑州宇通集团、安阳钢铁集团、河南瑞贝卡发制品股份有限公司、河南万基铝业股份有限公司、鞍山市城市建设投资发展有限公司、江西省投资集团、中原高速、中国华润总公司、中国建材股份公司等。

资产管理总部:

公司资产管理部成立于2002年12月,具备投资顾问、定向资产管理、集合资产管理等业务资格。下设市场营销部、投资管理部、运营保障部和客户服务部,并分别在郑州和上海设有办公地点,郑州总部主要负责客户项目、渠道营销、客户服务,上海业务总部开展的业务主要是理财产品设计、投资管理、研究。资产管理团队由14名各类专业人士组成,拥有一批在国内、外资产管理方面具有丰富经验的高素质人才,员工全部为本科以上学历，其中硕士以上学位员工人数超过70%，近半员工拥有海外工作学习经历，平均证券从业时间超过6年，拥有丰富的证券投资管理经验，多年来为客户获取了丰厚的回报。总经理付强具有十多年的证券投资、研究管理从业经验；投资主办赵锦琦、刘乐宇长期从事公司证券自营投资业务，既往业绩优秀。

投资工作方面，信托顾问产品今年新增4只，结束1只，现共存量6只，存量资金近7亿。同时密切跟踪市场动向，积极进行投资顾问业务工作。

目前，集合资产管理计划申报工作，完成各项材料汇集整理成册上报中国证监会，证监会机构部对报送材料对申请材料进行了审查，经过一次补正反馈后机构部认为该申请材料齐全，符合法定形式，决定对该集合资产管理计划予以受理，开始证监会受理程序，正式踏入"炎黄一号"集合资产管理计划行政审批倒计时。

在市值管理业务方面也积极推进，与多家上市公司初步达成意向，专门对其持有的证券指定分析和投资方案，将其部分股票市值和存量股票由资产管理总部定向管理。通过有效的资产管理方式进行客户资产保值、增值。通过与其他投资管理公司合作开通大宗交易渠道，为客户提供减持服务。同时，部门主动探索资产证券化创新模式，为河南煤层气安全利用募集项目资金，积极打造新能源产业基金，推动地产煤炭项目整合。

投资研究团队中既有在金融市场上从业多年的资深投资专家，又有熟悉海内外资产市场、债券市场和基金研究的投资精英，能敏锐把握市场机会，赚取收益；既拥有精通定量分析的金融工程研究员，又有对宏观经济和行业深入把握的高级研究员，以及长期从事公司分析的资深人士，这些专业人才为投资管理提供了坚实的基础。营销服务队伍由擅长产品设计、营销策划和客户服务的专业人士组成，其丰富的专业知识和经验将为投资者提供多样化的理财产品和个性化的投资咨询服务，并根据客户不同的需求，提供有针对性的资产管理服务。

证券研究所：

中原证券研究所位于上海市陆家嘴金融中心，拥有一批由博士、硕士和海外归国人员等组成的研究团队，下设宏观策略部、行业公司部、金融创新部和机构服务部等部门，现有人员既有从业经验丰富的资深研究员，也有专业知识扎实、富有朝气与活力，来自国内外重点高校的年轻学者。研究所秉承"主动服务、高效研究、务实研究"的理念，致力于做优做强，成为研究功能较为齐全、覆盖面广、服务能力较强的证券研究机构。

中原证券研究所强调策略先行，以行业研究为基础，重点挖掘有投资价值的上市公司；关注A股市场与境外市场、与债券市场等多个子市场之间的联动性，突出投资策略的可操作性；从业务和客户需求出发强化研究成果的转化。

"研究发现价值，服务创造价值"，中原证券研究所将以一流的专业水平和高度的职业化精神，满足公司及各项业务发展的研究需求、更好服务于广大机构和客户的投资增值！

投资银行部：

中原证券具有股票发行主承销商的资格，能够为客户提供改制辅导、股票上市融资、债券发行、收购兼并财务顾问等全方位投资银行服务。

公司已形成郑州、上海、北京等地业务和团队布局，可以更好、更方便地为客户提供优质服务。

现内核小组主要成员由国内知名会计师（立信）、律师事务所（锦天成）合伙人构成，其中内核小组成员沈国权律师为第七届和第八届证监会发行审核委员会委员。

依托河南资源优势，倾力服务河南资本市场，不断完善全国业务布局，全力打造中原品牌投行。服务于快速成长的中小企业的专业投资银行。以优质的全面投资银行服务伴随企业持续成长。

近年来，经过不断的努力、前进，公司已经取得如下资格：

2003年11月，获得股票主承销商资格

2004年9月，获准注册登记为证券发行上市保荐机构

2005年6月，成为第二批试点股权分置改革42家保荐机构之一

2010年6月，获得代办股份与报价转让业务（三板业务）主办券商资格

财富管理中心：

中原证券股份有限公司财富管理中心是公司顺应中国证券市场发展于2010年新建立的部门，部门分设于郑州商务外环中原广发大厦及上海陆家嘴金融广场，设有行业公司部、市场策略部、产品研发部、投资顾问部及综合运营部五个部门。财富管理中心研究团队拥有众多海归博士硕士，研究经验丰富，擅长基本面研究与个股价值深度挖掘，产品研发人员及投资顾问专家注重实战且拥有十多年的从业经验。

中原证券财富管理中心通过专业的服务理念、先进的服务手段、严谨的服务态度，为客户提供投资顾问、理财产品、研究报告等服务项目。公司财富管理中心建立后，将使公司从当前简单、粗放服务模式改变为对客户提供个性化、专业化、系统化服务模式，进一步提升经纪业务核心竞争力，优化公司在市场开拓、客户吸引、客户留存等经营各层面的竞争优势。

财富管理中心定位于提升经纪业务竞争软实力，为公司客户提供专业的标准化服务、个性化增值服务，提升营业部投资顾问专业服务能力。同时作为公司投资咨询服务体系的中台，打通产品生产和销售的关键环节，促进公司研究部门以客户为导向的研究服务功能。

地址：河南省郑州市郑东新区商务外环路10号
　　　中原广发金融大厦17－20楼
邮编：450018
客服热线：0371－967218
邮箱：ccsc@ccnew.com
网站：http://www.ccnew.com

信达证券股份有限公司

基本情况

信达证券股份有限公司是经中国证监会批准，在收购原汉唐证券、辽宁证券的证券类资产基础上，由中国信达资产管理股份有限公司、中海信托股份有限公司、中国中材集团公司作为发起人，于2007年9月设立的证券公司。公司注册地在北京市，现注册资本为25.687亿元人民币，拥有68家营业部，全资控股信达期货有限公司。

经营范围

公司业务范围包括证券经纪；证券投资咨询；与证券交易、证券投资活动有关的财务顾问；证券承销与保荐；证券自营；证券资产管理等项业务资格。

雄厚的金融集团背景

公司的主要出资人及控股股东中国信达资产管理股份有限公司是经国务院和人民银行批准，由财政部出资于1999年4月设立的国有独资非银行金融机构，注册资本金251亿人民币，是国内第一家金融资产管理公司。经过多年的发展，信达资产管理股份有限公司取得了良好的业绩，各项指标居行业领先水平。在完成不良资产处置的同时，信达资产管理股份有限公司依据国家相关政策积极探索商业化转型之路，陆续搭建了证券、基金、保险、信托等金融服务平台，综合服务金融集团的框架初步形成。

现代企业组织架构及日趋完善的网点布局

信达证券按照现代企业制度建设的要求，建立了完善的组织架构和精简高效、权责明晰的组织管理体系，在北京、上海、深圳、广州、沈阳、成都等30个城市设立了证券服务机构。随着业务的发展，信达证券将进一步完善网点布局，构建更加科学高效的机构网络，使得公司能够在多个层面及时、准确的了解资本市场的信息，把握好市场发展的脉动，为投资者提供更加专业和针对性的服务，实现公司与客户的共同发展。

素质优良的员工队伍

截至2010年底，公司共有员工3363人，其中研究生以上学历298人，本科学历1927人，合计占比66.2%。

投行业务

依托信达资产管理公司的良好业务平台，公司投资银行业务业务品种不断丰富，业务链条进一步延伸，通过强化内核和项目过程控制，保荐业务保持了较高的项目过会率。2010年承销保荐业务方面，先后完成了杭州齿轮主板IPO、江海电容器中小板IPO、山东阳谷华泰创业板IPO项目的主承销项目。与信达国际一起完成了中国大唐集团新能源公司H股上市项目。债券业务方面，全年共完成7个主承销项目的发行（含5个企业债、1个公司债、1个次级债），开拓新的承销品种，加入国开行和农发行的金融债。2010年第四届《新财富》中国最佳投行评选中乐普医疗IPO项目获得"最佳创业板IPO项目"殊荣。2010年《证券时报》主板的2010中国区优秀投行评选中乐普医疗IPO项目获得"最佳创新项目奖"。

经纪业务

公司经纪业务以技术领先的电子化交易为特色，拥有技术先进、安全高效的证券交易平台和完善的客户服务渠道。公司不断强化网上交易业务，整合投资咨询力量，加大新业务品种的开发力度，经纪业务竞争力进一步提高。公司坚持以客户需求为导向，按客户的不同服务需求重构客户服务体系，客户服务的专业化不断提高，个性化优势日渐突出。

研究实力

公司研发中心是一支由经济学、管理学、理学、工学、法学等多学科博士、硕士组成的具有深厚的理论功底和丰富的实战经验的高素质专业研究团队，是中国证券研究行列中一支朝气蓬勃的生力军。研发中心每日推出的"信达看盘"、"组合专刊"、"股指早报"等日报产品，定期推出的月度、季度策略报告以其丰富的内容及对市场的敏锐判断被多家媒体和相关报刊广泛采用，行业公司研究也受到广大投资者的一致好评。研发中心亦以自身雄厚的研究实力，为公司各方面业务的开展提供强大的智力支持。2010年，研发中心被《新财富》杂志评为最具潜力研究机构奖，显示信达证券研发中心正处于快速发展的轨道上，具备广阔的成长空间。

信达期货有限公司

信达期货有限公司的前身成立于1995年10月，是专营国内期货经纪业务的有限责任公司，系经中国证券监督管理委员会批准成立，浙江省工商行政管理局核准登记注册，是浙江省内规范化、信誉高的大型期货经纪公司之一。公司由信达证券股份有限公司全资控股，注册资本为1.5亿元人民币。公司总部设在杭州，下设上海、金华、乐清、富阳、台州、沈阳、大连、哈尔滨、北京、石家庄、义乌等11家营业部。

公司现拥有上海、大连、郑州商品交易所等三大期货交易所的全权会员资格和五个交易席位，可以为客户代理铜、铝、锌、橡胶、燃料油、黄金、钢材、大豆、豆粕、玉米、豆油、棕榈油、LLDPE、PVC、白糖、菜籽油、棉花、小麦、PTA、早籼稻等所有已上市品种的标准期货合约交易，向客户提供交易、结算、交割、信息咨询、培训等全方位服务。

企业文化

公司秉承"崇德精业，诚信为本，规范经营，创新发展"的经营思想，以"客户至上"为经营原则，以"专业创造价值"为核心价值观，通过服务创新、产品创新、技术创新，为客户提供专业、优质高效的服务，坚持与客户共同成长，为社会创造更多的经济和社会价值。

公司以"激情工作、快乐生活"为企业文化的核心理念，积极推进企业文化建设。

过去的一年

《新财富》中国最佳投行"最佳创业板IPO项目"；

《证券时报》2010中国区优秀投行"最佳创新项目奖"；

2010年中国最佳证券分析师评选"明星分析师入围奖"；

2010年证券、基金系统安全保卫工作集体三等功；

信达期货获得2010年大连商品交易所"市场服务成就奖"；

信达期货获得2009年度大连商品交易所"最具成长性会员"和"市场服务奖"；郑州商品交易所"市场成长奖"；

2009年度中国证券业协会课题研究成果宏观经济类三等奖。

公司的战略发展目标是着力打造以证券经纪为基础、以投资银行为龙头、以资产管理业务为特色的三大业务板块领先优势。力争在未来5年内，使公司发展成为具有高效的运营机制、先进的专业化管理、优秀的人才团队、良好的盈利能力、有效的风险管理体系、鲜明的业务特色和较强的核心竞争优势的大型证券公司。通过增资扩股和收购兼并等手段，实现规模扩张，使公司综合实力进入行业前20名。

地址：北京市西城区闹市口大街9号院1号楼
信达金融中心
邮编：100031
客服电话：400－800－8899
网址：http://www.cindasc.com

浙商证券有限责任公司

浙商证券有限责任公司（ZheshangSecuritiesCo. Ltd.）是全国性综合类证券公司，总部位于浙江省杭州市，注册资本29.15亿元人民币。公司拥有完备的证券业务资格，全资控股浙商期货有限公司，主发起浙商基金管理有限公司，形成了"证券＋期货＋基金"三位一体的金融产业布局，具有为广大投资者和各类机构提供综合投融资服务的实力。

公司拥有投资服务、融资服务、直接投资、衍生业务等四大核心业务资格。投资服务板块，包括证券经纪、资产管理、卖方研究、以及正在筹备中的融资融券业务；融资服务板块，包括投资银行、新三板业务；直接投资板块，包括股权投资、固定收益、证券投资等业务；衍生业务板块，主要是期货业务。多项业务协同互动，为客户提供综合投融资服务。

公司现有56家证券网点和17家期货网点。其中，证券营业网点覆盖浙江所有地市和北京、天津、上海、深圳、重庆、广东、四川、福建、辽宁、江苏、湖南等国内核心省份和沿海发达城市；浙商期货营业网点在北京、上海、大连、杭州、宁波等国内大中型城市相继设立。合理的网点布局，为“贴近客户、贴心服务”提供了条件，也为公司进一步扩大经营奠定了良好的基础。

十年磨砺不懈奋斗，浙商证券以“诚实做人、踏实做事”为核心价值观，积极进取，艰苦创业。近年来，公司资本实力显著增强，经营业绩连续增长，各项业务迅速发展，业务规模不断扩大，部分主要经营指标居于国内券商前十强。2011年，公司再次被评为A类A级证券公司，被权威机构评为“中国最具成长性证券经纪商”、“中国最具发展潜力证券公司”、“中国最佳资产管理证券公司”。

主营业务介绍

证券经纪

公司现有54家营业网点，覆盖浙江所有地市和北京、天津、上海、深圳、重庆、广东、四川、福建、辽宁、江苏、湖南等国内核心省份和沿海发达城市，公司正在持续新设网点，竭诚为客户提供“放心、贴心、舒心”的优质投资服务。

1. 资金存管安全放心

实施了客户交易结算资金第三方存管制度，通过引入银行监督机制，以及封闭式、集中式银证转账与银行渠道查询等手段，保障客户资金安全放心。

强化经纪业务的规范运作，实行对经纪业务重要环节的事前、事中、事后的风险监控和管理，同时采用集中交易模式，确保信息系统安全。

2. 投资理财专业贴心

一支强大的分析师团队和高素质客户经理队伍，致力于为客户提供专业的服务。

为投资者设计科学的家庭理财计划。

为投资者选择合适的理财品种和投资结构。

通过“一对一理财顾问”等多种形式的咨询，为客户实现保值增值的理财目标。

3. 产品丰富操作舒心

公司理财产品丰富，投资渠道多

在传统的A股、B股、权证等交易产品基础上，大力发展基金超市、债券等多元化的交易品种。

通过子公司浙商期货，积极开展IB业务，介入股指期货等理财产品资讯信息及时、准确，可以满足所有客户的个性化需求。

公司研究所研究员、总部分析师、营业网点投资顾问三个层面构成的立体客户服务咨询网，通过多种渠道将各类研究资讯及时传递给各类客户，帮助客户实现资产保值增值。

《慧眼投资》周刊为客户提供每周行情分析和个股推荐。

邀请专家开展投资报告会，现场为客户提供投资策略及个股诊断。

360°全方位实时掌控，操作更方便

公司通过自助委托、电话委托、网上委托等多种现场和非现场的交易方式，全方位满足客户超越时空的交易需求。

功能齐全的网上交易系统，为客户提供快捷、便利、安全的网络服务平台。

方便快捷的手机炒股系统，随时随地掌控股市讯息。

短信提示、电话咨询、电子邮件等咨询手段，使客户无论身在何时何地，都能享受到浙商证券的资讯服务。

业绩展示

成交量在全国的市场占有率，从2006年的6‰左右上升至2010年的12‰左右。

公司证券总交易量在全国106家证券公司中的排名，从2006年的第39位逐年上升至2009年的第23位。

公司营业部部均交易量在全国106家证券公司中的排名，从2006年的第33位逐年上升，2009年排第15位。

2010年度证券公司总资产排名在全国106家券商中列第39位。

2010年度证券公司净资产排名在全国106家券商中列第35位。

2010年度证券公司代理买卖证券业务净收入排名在全国106家券商中列第37位。

投资银行

业务范围

股权融资：IPO、配股、增发的保荐和承销。

债权融资：公司债、可转换公司债券及分离交易的可交换公司债券的发行与上市保荐。

财务顾问：兼并收购、私募融资、买壳上市、资产重组、债务重组、战略管理、股权分置改革等。

业务优势

区域优势：公司是浙江省交通投资集团有限公司旗下金融证券领头企业，注册资本29.15亿元人民币。作为国有控股的优质券商，公司受到政府部门和社会各界的大力支持。

团队优势：投资银行业务拥有一支经验丰富、各具专长的资深投资银行人才队伍，保荐代表人及主要业务骨干均来自于申万、银河、光大、平安、广发、花旗、高盛等知名券商和全球四大、天健等知名会计师事务所，核心保荐代表人多为2004年第一批注册人员。

技术优势：近三年公司保荐、主承销多个项目，项目过会率较高，尤其再融资项目过会率达到100%，成为行业内高效率典范；投行团队丰富的实际操作经验，优秀的项目执行能力、卓越的专业水准和高度的敬业精神获得了客户的高度认可与赞赏。公司2009年承销与保荐业务、并购重组等财务顾问业务净收入增长率全国排名第3；2009－2010年连续两年被评为浙江省优秀证券中介机构；赤天化2010年公开增发股票项目被《证券时报》评为“2010年度最佳再融资项目奖”，该项目和大东南2011年非公开发行股票项目都是公司与发行人两度合作的经典案例。

沟通优势：公司与监管部门、沪深证券交易所及浙江省政府部门保持良好的沟通。作为一家中型券商，浙商证券机构更加扁平，管理更加高效，服务更加专注。浙商证券保荐的再融资项目和IPO项目多为高难度案例，承接前均存在很大障碍，浙商投行凭借良好的沟通能力，保证了项目的高效、快速过会。

我们期望

以“诚实做人、踏实做事”为理念，秉承浙商精神，打造专业浙商投行品牌！

我们承诺

我们的团队将以精湛的专业技能、勤勉尽责的敬业态度、良好的沟通能力、完善的持续跟进服务，为客户提供量身定做的个性化、多方位服务。

经典案例

赤天化可转债和公开增发项目

上市公司：贵州赤天化股份有限公司

项目介绍：2007 年仅用时 5 个月，完成赤天化可转换公司债券再融资的全部工作，成功募集资金 4.5 亿元；2010 年，赤天化公开增发 A 股，成功募集资金近 12 亿元。

鑫富药业公开增发项目

上市公司：浙江杭州鑫富药业股份有限公司

项目介绍：申报材料在 2 个多月内通过发审会审核，并在市场面临大额包销的背景下，精选发行时机，以 4 倍多超额认购成功发行；半年后，鑫富药业股价涨幅近 100%。

国恒铁路非公开发行项目

上市公司：天津国恒铁路控股股份有限公司

项目介绍：2009 年 4 月上报中国证监会，6 月通过发审会审核。8 月取得发行批文，10 月完成发行工作，募集资金总额达到 21.88 亿元。

大东南两次非公开发行股票项目

上市公司：浙江大东南包装股份有限公司

项目介绍：大东南 2010 年非公开发行股票项目于 2009 年 9 月上报中国证监会，2010 年 3 月通过发审会，4 月取得批文，5 月完成发行工作，募集资金总额达 6.7 亿元。大东南 2011 年非公开发行股票项目于 2011 年 4 月上报中国证监会，7 月通过发审会，募集资金总额预计约 13.2 亿元。

达刚路机创业板 IPO 项目

上市公司：西安达刚路面机械股份有限公司

项目介绍：2009 年 12 月申报，仅 6 个月顺利通过发审会审核；申报材料质量、团队专业素质获得监管部门认可和赞赏，团队专业水平、沟通能力、敬业精神获得客户高度评价。

安纳达非公开发行股票项目

上市公司：安徽安纳达钛业股份有限公司

项目介绍：安纳达非公开发行股票项目于 2010 年 9 月上报中国证监会，12 月通过发审会，2011 年 2 月结束发行工作，募集资金总额达 3.77 亿元。

日上集团 IPO 首次公开发行项

上市公司：厦门日上车轮集团股份有限公司

项目介绍：2010 年 11 月上报中国证监会，2011 年 5 月通过发审会，6 月完成发行上市工作，募集资金总额达 6.83 亿元。团队敬业精神、专业水平和沟通能力获得客户高度评价。

资产管理

业务范围

集合资产管理业务（大、小集合）、定向资产管理业务、专项资产管理业务等业务。

业务介绍

浙商证券资产管理业务以差异化目标聚集战略为导向，以强大的金融工程平台为支持，坚持独特的股票投研理念，打造浙商证券特色的“聚金汇银”系列产品线，根据不同投资人的理财需求设计了多种资产管理产品，下设“聚金”、“汇金”、“聚银”、“金惠”等子品牌，提供全方位、个性化的理财服务，以满足不同风险偏好的投资人需求。

产品介绍

“聚金”系列

定向资产管理产品以“聚金”系列命名，定位于“高门槛、优服务、高回报”，关注委托人的个性化需求，以绝对收益率为终极目标。针对不同投资需求设计了四类投资产品：聚金——类 PE 投资、聚金——阿尔法投资、聚金——套利通、聚金——类保本。

1. 聚金——类 PE 投资产品

这一产品的核心思路是以实业股权投资的视野从事证券二级市场投资，精选个股、集中投资。

2. 聚金——阿尔法投资产品

通过深度调研公司与科学的组合投资，争取实现超越基准的超额收益。风险收益水平略高。

3. 聚金——套利通产品

本产品主要通过捕捉市场的套利机会，包括 ETF 套利、股指期货套利、权证套利等机会，实现极低风险前提下的稳定收益。风险水平低，收益水平较为确定。

4. 聚金——类保本产品

本产品具有安全性和收益性两大特点：

安全性：采用保本投资运作机制，确保产品的本金安全性；

收益性：远高于银行存款和国债的收益率。

“汇金”系列

大集合资产管理计划冠以“汇金”系列产品名称，以稳健、规模化、效益化为追求方向。灵活配置股票类、债券类等类别资产，持续发掘各个市场上的投资机会，在风险可控的基础上实现集合计划长期稳定增值。充分运用数量化的定价研究工具，全面深入地研究和把握上市公司基本面和股市投资环境，选择优秀的上市公司，对公司股票的估值水平进行判断，构建和优化股票投资组合，并实时跟踪影响股价的各种因素的变化，建立科学规范的因素识别和调整流程，动态优化股票的投资组合，以提升业绩、控制风险。

“金惠”系列

产品特征

小集合产品是为资金规模在 100 万元以上的中高端投资人量身定做的产品，其产品设计和投资管理较为灵活，能够较好地为投资者创造超额收益。

“聚银”系列

专项资产管理计划冠以“聚银”系列产品名称，俗称资产证券化产品。

产品特征

对于具有稳定现金流预期的企业单位，通过发行资产支持受益凭证，将未来预期现金流提前变现、实现融资。

特色优势

“深度挖掘、精选个股”的投资理念。价值投资的核心是价值估值，价值估值的核心是对成长性的判断，成长性判断的核心是成长性的内生性、持续性和稳定性。我们坚持“深度挖掘、精选个股”的投资理念，高度重视上市公司的实地调研和后续跟踪，重点考察目标公司的成长性。

“自上而下与自下而上的融合、适度均衡、重点配置”的投资策略。在自下而上选股的基础上，加强自上而下的策略研究。通过行业的适度均衡来降低非系统风险。

产品创新能力。通过强大的金融工程平台，自主研究开发了 ETF 套利、股指期货套利和基金智库等软件分析系统。利用雄厚的衍生产品研究基础，设计出满足不同需求类型的金融产品。

业绩展示

在第六届“21 世纪中国资本市场年会暨 2010 年「赢基金」&「中国券商奖」行业评选中，浙商证券被评为 2010 年度中国最佳资产管理证券公司。

入围2010年度中国证券期货品牌价值榜,第三届中国券商理财金榜评选名单,“浙商汇金1号”被评为2010年度新锐FOF型集合理财产品;“浙商金惠1号”被评选为2010年度新锐混合型集合理财产品。浙商金惠1号获得由《理财周刊》评选的”2010年最佳理财产品奖”。

金惠1号获得由《朝阳永续》评选”2010年度中国私募基金风云榜——最受欢迎理财产品新秀奖,和券商集合理财组——混合类新秀奖。

浙商汇金1号获得由《朝阳永续》评选的”2010年度中国私募基金风云榜——最受欢迎理财产品新秀奖,以及券商集合理财组——FOF类新秀奖。

固定收益

市场地位

是全国银行间债券市场及全国银行间同业拆借市场成员,业务涵盖全国银行间债券市场和沪、深证交所债券市场,具有企业债券、公司债券主承销资格。

业务范围

企业债、公司债等固定收益类产品的发行承销业务。

国债、企业债、公司债、金融债、短期融资债、中期票据、资产证券化等各类固定收益产品的现券交易及回购交易。

债券融资策划、方案设计及财务顾问等服务。

业务目标

以专业高效的工作团队、务实诚信的经营理念、灵活有序的运作机制,为广大的企业及个人,提供专业化、多元化、个性化的固定收益类产品的投资、融资服务。

业务特点

浙江区域经济发达,民间资本充裕,市场经济发展在国内处于领先地位,是金融创新试点的重点区域,为浙商证券的业务拓展提供了广阔平台。

借助闻名全国的浙商品牌,作为国内最富活力、最具潜力的券商之一,浙商证券固定收益业务将充分发挥公司优势,以市场为中心,以特色求发展,重点服务浙江省内各类优质企业。

业绩展示

先后承担了2007年中信国安信息产业股份有限公司分离式可转公司债券、2007年山东省高速公路集团有限公司公司债券、2008年第一期兴业银行金融债券、2008年长兴县交通建设投资公司企业债券、2009年浙江省交通投资集团有限公司公司债券、2009年天津泰达投资控股有限公司公司债券、2010年沈阳煤业(集团)有限责任公司公司债券、2010年湖州市城市建设投资集团公司企业债券、2011年富阳市城市建设投资有限公司公司债券等多家上市公司公司债及地方级企业债发行承销工作。

经典案例

2007年贵州赤天化股份有限公司可转换公司债券主承销商

2009年中国高科集团股份有限公司公司债券主承销商

2010年西子电梯集团有限公司公司债券主承销商

其中,2010年公司主承销的“2010年西子电梯集团公司债券”获得国家发改委批准,成为企业债发行方式转为核准制以来浙江省首单民营企业债券项目。

展望未来,浙商证券将继续发扬浙商群体勤劳、诚信、团结、专业、进取、思变的精神,永不满足现状,永不畏惧困难,永不忘记责任,致力于成为最具浙商特色的财富增值服务商,为建设和谐社会、完善资本市场、发展地方经济做出贡献。

地址:浙江省杭州市杭大路1号黄龙世纪广场A座

邮编:310007

电话:0571-87901963

传真:0571-87901955

邮箱:webmaster@ stocke. com. cn

申银万国证券股份有限公司

申银万国证券股份有限公司(简称:申银万国),由原上海申银证券公司和原上海万国证券公司于1996年9月16日合并设立,是国内最早的一家股份制证券公司。申银万国现有206家股东,其中中央汇金公司是第一大股东。创业20余年至今,申银万国已经发展成为一家拥有3500多名员工,资本金67.1576亿元的大型综合类证券公司。除各直属总部外,申银万国在全国各地共设有9个分公司、2个代表处、150家营业网点。

申银万国拥有控股子公司——上海申银万国证券研究所有限公司、申银万国期货有限公司、申银万国投资有限公司和申万菱信基金管理有限公司,并在香港特别行政区设有申银万国(香港)集团公司和控股的上市公司——申银万国(香港)有限公司。申银万国还参股富国基金管理有限公司。

申银万国经营范围包括:证券经纪;证券投资咨询;与证券交易、证券投资活动有关的财务顾问;证券自营;证券承销与保荐;证券资产管理;证券投资基金代销;为期货公司提供中间介绍业务;融资融券业务;国家有关管理机关批准的其他业务。

主要业务介绍

经纪业务

经纪业务是申银万国的基础业务和优势业务,长期以来在营业网点、客户数量、资产规模、市场份额等方面一直雄踞行业前列;在客户服务方面具有专业化、系统化、精细化的突出优势。申银万国经纪业务一贯秉持“依法、合规、规范”的经营方针,坚持“诚信、专业、领先”的服务理念,倡导合规文化,坚持合规经营,保持业务的稳健发展。以维护投资者合法权益为己任,体现出对社会、对市场、对股东的高度责任感。

申银万国从1986年9月26日创建新中国第一个股票交易柜台至今,在经纪业务领域内不断推陈出新,一直保持经纪业务领先的优势。1991年,率先开通深圳市场交易和电话委托服务;1996年全面推行无形席位;1998年,围绕“以客户需求为中心”的指导思想,引领行业推动经纪业务第一次转型,将经纪业务推上“智能化、咨询化”的发展轨道;2000年,全面支持网上交易并开通手机委托;2001年,公司确定“依法、合规、规范”的经营方针;2002年起实施“低成本经营,跨越式发展”的经营战略;2003年起实施“集中生产,连锁经营,标准服务,专业发展”的品牌管理策略;2006年起根据市场发展趋势,以“转换业态、提升能级、变革布局、整合岗位”为核心,以实现通道业务和渠道业务并重发展为目标,推动经纪业务第二次转型,将营业部从交易中心模式逐步升级为营销中心模式,实现服务、营销、理财的一体化发展;2007年7月,公司全面完成技术系统大集中项目;2007年8月,公司全面实现客户资金的第三方存管;2008年起实施客户分类服务和适当性管理;同时根据公司合规文化建设的要求,经纪业务配套确立了“规范管理,执行制度,遵循流程,恪守权限”的合规经营原则。

申银万国经纪业务拥有200多万合格账户的客户，客户资产规模在高峰时超过4300亿元，交易份额始终名列行业前十强。

投资银行

20多年来，申银万国投资银行一贯致力于为企业提供优质、全面的融资服务，通过对企业的改制、辅导、推荐上市等服务，还帮助“上海石化”、“青岛啤酒”、“上海汽车”、“广州造船”等众多知名国有大中型企业驶上了资本市场的快车道。沪深两地交易所中有一成以上A股上市公司和三成以上B股上市公司是申银万国作为主承销机构推荐上市的。近年来，申银万国还专注于中小企业的培育和保荐工作，并取得了优秀成绩。2006年12月获得了由深圳证券交易所颁发的“2006年度中小企业板保荐项目创新奖”、“2006年度中小企业最佳保荐机构”，2009年2月获得了由深圳证券交易所颁发的“2008年度中小企业板保荐项目创新奖”。

经过多年实战的锻炼和考验，申银万国投资银行汇聚了一支“组织严密、纪律严明、分工明确、训练有素”的人才队伍。承销保荐团队由资深的保荐代表人和拥有财务会计、法律、企业管理、金融等专业知识背景及丰富的资本市场从业经历的人员构成，均主持或参与多个IPO、再融资及财务顾问项目，积累了丰富的项目运作经验，得到了市场的高度认可。2007年1月，申银万国投资银行在和讯网和中国证券市场研究设计中心主办的“2006年度中国财经风云榜”评选活动中，获得“2006年度中国最佳投行金牌团队”。2008年6月，获得新财富颁发的第二届“本土最佳投行团队”。

申银万国遍布全国各地的业务网络为投行业务的拓展提供了坚实的基础，多年的发展与积累，申银万国投资银行构筑成了一个强大的客户资源网络，与国内几乎所有的基金公司、保险公司、大型券商，以及众多实力雄厚的投资机构都建立了合作关系，形成了畅通的双向交流渠道，拥有很强的证券承销与配售能力和境内外业务的协同开发能力。

收购兼并业务

收购兼并总部2003年成立，专门为客户提供更为“专业、高效、细致”的并购重组财务顾问服务。目前，收购兼并总部专业人员近20人，项目团队专门从事上市公司与非上市公司并购重组财务顾问业务，业务范围涉及借壳上市、股权收购、资产重组、债务重组、股份回购、股权激励、并购融资策划及企业战略咨询等。

作为并购市场上的积极参与者之一，曾经开拓了许多创新型业务模式。例如，“中关村”借壳“琼民源”——开创了中国资本市场上“发起设立、定向增发、等量换股、新增发行”的借壳上市先河；上工申贝向外资股——德国FAG定向发行B股，开启国内规范化、市场化定向增发先例；ST民丰农化重组暨股改模式——“等价资产置换+业绩承诺+送股”的模式，成为中国证监会首推的ST公司股改模式等。

通过多年的实践和发展，申银万国投资银行在为企业资本运作的产品设计方面、专业协调和专业沟通方面，证券承销与配售和专业化的市场定价方面，形成了突出的核心竞争力，并在银行、证券、汽车、能源、有色金属、基础建设等行业领域确立了品牌优势。

资产管理业务

申银万国证券是中国证监会第一批认可的、具有《受托投资管理业务资格》的综合类券商。客户资产管理总部的前身为基金管理总部，从1994年起先后管理了宝鼎投资基金和其他客户资产。在秉承“诚信理财、卓越奉献”的理念下，宝鼎基金从1994年到1999年中，取得了年均净资产增值率51.6%的骄人业绩，在当时挂牌交易的基金中一直处于领先地位，并最早被中国诚信证券评估有限公司评为国内最高等级AA级的投资基金。自1998年改组为客户资产管理总部后，业务稳健发展，给企业年金、各大企业和基金会等提供了长期的、专业的资产管理服务，赢得了客户的信赖。

申银万国客户资产管理秉承了申万优良的投资传统及十余年的专业投资经验，并结合国际先进的投资理念，通过摸索和实践，不断提高投资运作水准，完善风险管理机制，在“依法、合规、规范”的前提下，为客户创造更多的阳光财富、实现客户的财富梦想。

业务领域

立足于为客户提供全方位的证券投资理财及咨询服务，致力于在以下四个方面拓展业务：定向资产管理业务、集合资产管理业务、专向资产管理业务以及投资咨询业务。

成熟的系列理财产品

致力于为客户提供全系列的投资理财服务，理财产品涵盖股票市场、货币市场和债券市场，具备不同的投资风格与风险特征，满足客户多层次的投资管理需求，尤其在养老金投资产品方面，不仅具有丰富的产品线，而且实际运作结果也赢得了客户的满意。

严谨的投资决策的风险管理机制

在严格遵循价值投资的前提下，将投资决策委员会、投资经理、风险控制委员会的权责明确划分，实施专业的风险控制，通过完善的公司制度、严密的业务逻辑和风险控制规范，力争在可承受的风险区间内赢得尽可能高的投资回报。

丰富的投资管理经验

凭借十余年的证券投资经历，在为公司赢得良好声誉的同时，申银万国客户资产管理也打造出了一支精英荟萃的投研团队，团队成员平均拥有7年以上的专业经验，85%的成员拥有硕士以上学历。

国际业务

申银万国从事国际业务的机构主要是境内的国际业务总部和境外的申银万国香港公司。

国际业务总部业务主要包括：QFII经纪代理业务、B股市场海外机构投资者的经纪代理业务、在规定范围内的外汇同业拆借业务、海外市场研究等，并配合公司投资银行总部、收购兼并总部，为海外机构寻找上市资源、收购上市和非上市公司、直接投资等提供服务。作为中国境内B股业务和QFII业务的开拓者及领先者，申银万国以“投资中国”的服务提供商为切入点，致力于减少中国和世界的信息不对称，为全球的投资人寻找“中国机会”。从1992年起申银万国就致力于为海外机构客户提供交易研究服务，18年来申银万国在服务境外机构投资者方面积累了许多宝贵经验，打造了一支精细化、专业化服务海外机构投资者的团队。

申银万国（香港）有限公司是申银万国的海外子公司，也是内地最早到香港发展业务的中资证券机构之一，目前是内地证券机构中唯一在香港联交所上市的企业。申银万国（香港）有限公司于1993年在香港收购设立，目前已发展成为拥有10亿港元净资产、近300名员工、5家分行的证券公司。申银万国香港公司的业务品种齐全，涵盖经纪代理、股票抵押贷款、发行承销、资产管理等。多年以来，香港公司秉承“背靠祖国、立足香港、面向世界”的经营理念，注重向当地及海外投资者大力推荐H股、红筹股及内地民营企业等中国概念股票，在本地投资者中树立起红筹国企专家的市场形象。同时,香港公司以香港为基地大力开发周边海外市场,率先在日本和韩国设立代表处,将机构销售和资产管理业务拓展至日本、韩国、新加坡、台湾等地区。

1992年申银万国承销发行了中国第一家B股,1993年在香港收购上市公司"王集团",申银万国开启国内券商国际业务的先河。凭借十多年服务海内外机构客户的经验和实力,申银万国被《亚洲货币》杂志评选为过去19年来(1990－2008年)"中国最佳经纪商"称号。这是海外的基金经理为代表的机构投资者群体对申银万国的高度评价。

固定收益业务

申银万国证券股份有限公司是国内最早从事固定收益业务的证券公司之一,申银万国固定收益业务总部是公司旗下从事固定收益业务的专业部门,拥有一大批专业领域覆盖法律、金融、财会、管理、经济、投资等诸多方面的专业人才。秉承"诚信、专业、周到"的服务理念,固定收益总部开展以债券为主的固定收益产品相关业务,业务领域包括以固定收益产品为工具的融资策划、承销销售、投资交易,以及定价和创新研究等。

通过多年的积累,申银万国在固定收益业务领域拥有较为全面的业务资格和丰富的业务经验。目前,申银万国所拥有的业务资格包括企业(公司)债券主承销资格、记账式国债和政策性银行金融债承销团成员资格、上海证券交易所固定收益证券综合电子平台首批一级交易商、全国银行间同业拆借市场成员、中央国债登记结算有限公司中债收益率曲线估值特邀成员、中国国债协会常任理事会员及中国银行间市场交易商协会理事单位等。

研究咨询业务

申银万国从事研究咨询业务的机构主要是控股子公司上海申银万国证券研究所有限公司(简称"申万研究")。

申万研究创建于1992年,是中国大陆成立最早、规模最大、具有独立法人资格的综合性证券研究咨询机构。申万研究倾力培育"中国资本市场最优秀的百年研究咨询团队",目前拥有200多人的证券研究服务团队,以500家中国上市公司为重点,对涉及中国经济、制度、金融市场、各类行业、上市公司和股票、债券、基金、衍生品、金融产品设计和投资策略等领域实行全覆盖、成体系的证券研究和咨询服务。

申万研究致力于成为全球机构投资中国的首选合作伙伴,致力于成为中国快速成长企业的首选财务顾问。投资顾问业务客户包括了中国大陆几乎所有的基金管理公司、主要的保险公司与保险资产管理公司、商业银行、信托,以及以信托为平台的各类资产管理机构、财务公司、私募资产管理机构,以及其他包括QFII在内的海外投资机构。财务顾问业务的内容包括以提升上市公司市值为主线的公司治理、战略规划、绩效提升、资本结构和收购兼并等特色财务顾问服务,客户包括主流的央企集团,业务高速发展、急切需要改进资本运作的企业,也包括战略转型中的企业和一些拟上市的企业。

申万研究以"独立、全面、严谨、前瞻"的研究特色和"以增值为目的,以务实为风格"的服务特色在中国证券研究咨询行业树立了卓越品牌。始终名列基金公司服务市场佣金总量前茅,连续多年名列全国社保基金理事会证券综合服务评价第一名。在由《新财富》、《证券市场周刊》等独立媒体组织、由国内机构投资者参与评比的活动中,申万研究连续多年获得"最具影响力研究机构"、"最具独立性研究机构"和"本土最佳(金牌)研究团队"等诸多荣誉。

地址:上海市常熟路171号
邮编:200031
客户服务和投诉电话:95523　4008895523
公司网址:www.sywg.com

联讯证券有限责任公司

联讯证券有限责任公司(下称"公司")成立于1988年6月。公司经营范围为:证券经纪、证券投资咨询、证券投资基金代销。

公司股东实力雄厚,在董事会的领导下,联讯证券实施"稳健发展、特色经营"的发展战略,迈入快速发展通道,网点规模和业务范围正在不断扩大。公司现有21家证券营业部,分布在广东、北京、上海、辽宁、四川、江苏等地区。公司以规范经营为前提,致力于在传统业务中创新,推行"营销、咨询、客服、IT"四位一体的服务模式,组建专业化的投资顾问团队和营销团队,为客户提供差异化、个性化的专业服务,实现财富增值,让客户感受"财富联讯、服务贴心"。

通过创新服务,公司取得良好的经营业绩,历年净资产收益率在全国100多家证券公司中排名靠前。联讯证券的经营特色,以客户利益为中心的服务模式在监管机构和业内均受佳评,经营管理经验在《证券时报》、《证券日报》、《中国证券报》、《上海证券报》、《中国证券》等媒体均有报道和转载。

联讯证券将坚持"诚信、规范、创新、和谐"企业文化,坚守"三个诚信:企业对客户的诚信;员工对企业的诚信;企业对员工的诚信"企业原则,用心服务客户,不断提高服务能力,增加公司信誉和美誉度,创建"联讯证券"百年老店。

营业网点:

惠州下埔路证券营业部
地址:广东惠州市下埔路14号
邮编:516001
电话:0752－2119399
邮箱:lijiejing@lxzq.com.cn

惠州演达大道证券营业部
地址:广东省惠州市演达大道14号
邮编:516001
电话:0752－2380000
邮箱:lxzqmd@lxzq.com.cn

北京外馆东街证券营业部
地址:北京外馆东街51号凯景铭座大厦
邮编:100011
电话:010－64408900
邮箱:lxzqwgd@lxzq.com.cn

北京北辰东路证券营业部
地址:北京市朝阳区北辰东路八号北京国际会议中心八层
邮编:100088
电话:010－62271748
邮箱:lxzqxzm@lxzq.com.cn

上海长宁路证券营业部
地址:上海市长宁路1200号贝多芬广场五楼
邮编:200051
电话:021－52418801
邮箱:lxzqsh@lxzq.com.cn

沈阳大西路证券营业部
地址:沈阳市沈河区大西路237号

邮编:110014
电话:024－22940990
邮箱:lxzqsy@ lxzq. com. cn
南通工农路证券营业部
地址:南通市工农路69号
邮编:226007
电话:0513－83586518
邮箱:lxzqnt@ lxzq. com. cn
成都西月城街证券营业部
地址:成都市西月城街118号
邮编:610031
电话:028－86275588
邮箱:lxzqcd@ lxzq. com. cn
惠阳体育路证券营业部
地址:惠州市惠阳区淡水镇体育路昶晓大厦
邮编:516081
电话:0752－3828300
邮箱:huangchunlan@ lxzq. com. cn
盘锦市府大街营业部
地址:盘锦市兴隆台区市府大街32号
邮编:124010
电话:0427－2292466
邮箱:lxzqpj@ lxzq. com. cn
惠州江北证券营业部
地址:广东省惠州市江北中心区云山路双子星国际商务大厦B座二楼
邮编:516001
电话:0752－2896903
邮箱:pengjiaer@ lxzq. com. cn
梅州彬芳大道证券营业部
地址:广东省梅州市彬芳大道28号第一层、四层
邮编:514000
电话:0753－2362488
邮箱:lxzqkfzx@ lxzq. com. cn
揭阳临江北路证券营业部
地址:广东省揭阳市临江北路御景湾24号
邮编:522000
电话:0663－8241000、8241001
邮箱:lxzqkfzx@ lxzq. com. cn
佛山南海大道营业部
地址:广东省佛山市南海区桂城南海大道北57号南海新闻中心大楼9层
邮编:528200
电话:0757－86296166
邮箱:lxzqnh@ lxzq. com. cn
佛山顺德营业部
地址:广东省佛山市顺德区大良街道清晖路154号联丰商务大厦
邮编:528000
电话:0757－22222799
邮箱:lxzqsd@ lxzq. com. cn
清远人民二路营业部
地址:广东省清远市清城区人民二路23号卓越大厦7层
邮编:511500
电话:0763－3666000
邮箱:lxzqqy@ lxzq. com. cn
潮州大道营业部
地址:广东省潮州市湘桥区潮州大道北段恒发花园沿街门市1－7号
邮编:521000
电话:0768－3295633
邮箱:lxzqcz@ lxzq. com. cn
河源营业部
地址:广东省河源市建设大道5号凯旋广场501室
电话:0762－3122888
邮箱:lxzqhy@ lxzq. com. cn **韶关营业部**
地址:广东省韶关市惠民南路50号中环广场5层
茂名高凉中路证券营业部
地址:广东省茂名市高凉中路9号大院亨利华府南侧二楼
邮编:525000
电话:0668－3933738
邮箱:lxzqmm@ lxzq. com. cn
湛江海滨大道证券营业部
地址:广东省湛江市经济开发区海滨大道南70号兴发园D5商铺
邮编:524000
电话:0759－2120222
邮箱:lxzqzj@ lxzq. com. cn

山西证券股份有限公司

山西证券股份有限公司最早成立于1988年,为全国首批证券公司之一。经过20多年的发展,山西证券已发展成为作风稳健、经营稳定、管理规范、业绩良好的创新类证券公司。2010年9月20日,公司上市首发申请获中国证监会发审委审核通过,11月15日正式在深圳证券交易所挂牌上市,股票代码002500。

公司注册资本23.998亿元。发起人股东包括:山西省国信投资(集团)公司、太原钢铁(集团)有限公司、山西国际电力集团有限公司、山西海鑫实业股份有限公司、中信国安集团公司、山西焦化集团有限公司、山西杏花村汾酒集团有限责任公司、山西省科技基金发展总公司、山西信托有限责任公司、吕梁市投资管理公司、长治市行政事业单位国有资产管理中心、山西省经贸资产经营有限责任公司。公司股东资金实力雄厚,经营风格稳健,资产质量优良,盈利能力良好,其构成集中体现了多种优质资源、多家优势企业的强强联合。

公司经营范围为:证券经纪;证券自营;证券资产管理;证券投资咨询;与证券交易、证券投资活动有关的财务顾问;证券投资基金代销;为期货公司提供中间介绍业务。公司各单项业务资格为:网上证券委托业务资格、经营外汇业务资格、开放式基金代理销售资格、全国银行间债券市场成员、全国银行间同业拆借市场成员、中国证券登记结算有限责任公司结算参与人资格、代办股份转让主办券商业务资格、报价转让业务资格、IB业务资格和大宗交易系统专场业务资格。

公司与全球知名投资银行——德意志银行合资设立中德证券有限责任公司,其从事的主要业务为股票(包括人民币普通股、外资股)和债券(包括政府债券、公司债券)的承销与保荐;公司全资控股大华期货有限公司,其从事的主要业务为商品期货经纪与金融期货经纪;公司设立直投业务子公司—龙华启富投资有限责任公司 其主要从事的业务为投资管理、

项目投资、财务顾问、经济信息咨询等。

公司现有营业网点63家，分布在山西各地市、主要县区及北京、上海、天津、深圳、重庆、西安、宁波、大连、济南、福州等地，形成了以国内主要城市为前沿，重点城市为中心，覆盖山西、面向全国的业务发展框架，为80多万客户提供全面、优质的专业服务。

山西证券多年来一直坚持"诚信、稳健、规范、创新、高效"的经营宗旨，培育务实高效、恪尽职守的工作作风，营造和谐宽松、风清气正的公司氛围，打造公司与客户共同发展的平台。公司始终把谋求股东权益最大化，客户收益最优化和员工价值实现最大化作为企业发展的基本目标，以向客户提供优质高效的金融多元化服务为己任，以自觉维护广大投资者的正当权益作为己责，将制度、技术、管理创新作为企业发展的源动力，不断优化和提升公司核心竞争能力，实现了公司业务的持续快速健康发展，形成了公司自身的经营特色。

公司先后获得山西省政府颁发的"优秀中介机构"、深交所颁发的"中小企业板优秀保荐机构"、中国证监会颁发的"账户规范先进集体"、中国管理科学研究院颁发的"改革开放30年中国信用建设特别贡献单位"、中国产品质量协会颁发的"全国第一批国家级征信企业"、新财富评选的"2009年最具潜力研究机构第二名"及上海证券报评选的"最快进步证券经纪商奖"等荣誉称号；2010年荣获《证券时报》颁发的"中国最佳区域证券经纪商"称号、"汇通启富"客服品牌荣获"中国最佳经纪业务服务品牌新星"称号、三网分离工作荣获《证券时报》颁发的"金融机构十大IT创新案例"称号；2007年至2010年，公司连续四届荣获中国证券市场年会颁发的"中国高成长证券公司"金钥匙奖；《理财周报》2010年、2011年主办的"中国券商金方向"评比活动中，公司荣获"2010年中国最具发展潜力证券公司"奖项和"2011中国最佳客户服务证券公司"奖励"。新财富评选中，公司荣获"2010年第八届新财富进步最快研究机构"第五名和"2011年第九届新财富最具潜力研究机构第一名"项奖"；公司汇通启富1号集合理财产品荣获"2010年度中国私募基金风云榜最受欢迎的理财产品新秀奖"、研究所荣获"2010年度中国证券行业最佳伯乐奖——行业研究领先团体奖"。2011年，公司荣获山西省人民政府授予的"2011年支持地方经济发展突出贡献奖"

未来的山西证券将继续秉承诚信为本、以义制利、专业服务的经营理念，坚持让投资更明白的服务理念，持续丰富公司发展历程中专业化、规模化、品牌化、集团化和国际化的内涵，努力把公司建设成为有特色、有品牌、有竞争力的一流券商。

主营业务经营情况

1.证券经纪业务

2010年，公司证券经纪业务紧紧围绕年初制定的"扩网点、建队伍、促服务"目标，明确定位，扎实推进各项工作，荣获《上海证券报》评选的"最快进步证券经纪商奖"，以及《证券时报》评选的"中国最佳区域证券经纪商"。

(1)网点建设方面，25家服务部的规范工作已全部完成，省内获准新设营业部6家，迁往省外5家。

(2)全面提升市场营销能力，进一步扩充专业营销团队，积极拓展营销渠道。

(3)营销服务系统、产品数据中心和呼叫中心三大技术支持平台得到大幅充实和完善，服务产品得到有效整合，95573全国统一呼叫中心完成上线并投入使用，投资顾问业务试点工作已经起步，客户服务支持效率和品质显著提高。

(4)公司统一客服品牌"汇通启富"于2010年10月正式推出，旗下部分产品已投向市场，被证券时报评选为"中国最佳经纪业务服务品牌新星"，这是公司历史上首次在单一服务品牌上获此荣誉。报告期内，经纪业务新增客户6.6万户，同比增长11.54%，股票基金全国市场占有率达0.5483%，省内市场占有率达42.42%。

2.自营业务

在市场全年呈现弱势运行的格局下，公司自营业务坚持多元化投资策略，紧密结合市场运行变化趋势，严格按照董事会批准的投资规模和风险限额，合理调配资金投向，多次进行股票池调整，加大对新兴行业和固定收益类产品投资，取得较好的经营业绩。全年实现收益1.52亿元，比2009年增加0.87亿元，增长133%。金融衍生产品部独立设置后，完成了部门业务制度建设、交易平台搭建、交易系统上线等一系列工作，已具备10只ETF的一级交易商资格，经过认真准备和积极申报，股指期货自营业务交易编码及额度已获中国金融期货交易所批准，公司正式具有了自营投资开展股指期货套期保值业务的资格。

3.资产管理业务

2010年，公司成功设立首支集合资产管理计划——"汇通启富1号"，资产管理业务迈出历史性一步。截至2010年12月31日，"汇通启富1号"单位净值收益率为8.71%，超过大盘涨幅4.25%。根据统计数据，"汇通启富1号"当年收益率多数时间稳居30余只同类产品前五名，曾连续数周位列前三，荣获"2010年度中国私募基金风云榜最受欢迎的理财产品新秀奖"。2011年3月，公司第二支集合资产管理计划——"汇通启富2号"获准设立。

报告期内，公司进一步完善和梳理业务规则及流程，进一步明确了相关岗位的职责和权限，为提高效率、控制风险、保障产品的规范运作奠定了坚实基础。同时，业务团队建设也在逐步推进，业务培训及行业交流等工作有序开展，持续巩固与中国工商银行、华夏银行等重要销售渠道的合作关系，开拓补充了部分新的销售渠道。

4.投资银行业务

公司的投行业务主要由控股子公司中德证券进行。2010年中德证券继续保持较快发展，市场份额持续攀升，行业排名显著提高。股票承销方面，成功完成了格林美、同德化工、汉王科技、启明星辰、福星晓程、大康牧业、山西证券等7家首发主承销项目和太原重工1家增发主承销项目，项目数量居所有合资券商之首，主承销金额66.54亿元。按照中国证券业协会统计，主承销家数排名由2009年的第35位上升至20位，主承销金额由2009年的第40位上升至第26位；债券承销业务取得较大突破，以主承销商身份承销了煤气化债、中石油债、铁道债等，承销总额达44.22亿元，行业排名第26位，与2009相比有了很大提升，为公司今后参与大型项目发售奠定了基础；储备了一批优质股本融资项目和债券项目，目前正在有序推进；在投行业务团队建设方面，多个重要岗位均有补充，公司项目承揽能力、执行能力、管理能力、市场经验等各方面实力得到极大增强。公司本部从事的财务顾问和场外市场推荐挂牌业务保持较快发展态势，2010年财务顾问部签约项目4个，实现收入440万元，股份报价转让业务签约项目14个，实现收入353万元。在前几年业务积累的基础上，公司加快相关资格申请、新交易制度建立及信息系统优化等准备工作，全力备战新三板扩容。

5.期货经纪业务

2010年，公司控股子公司大华期货实现营业收入

4,936.01万元,利润总额-65.05万元,净利润-99.59万元。全年完成交易额16,382亿元,较上年增长209.80%,完成交易量1058万手,较上年增长51.79%,交易额和交易量分别占到市场总额的0.53%和0.34%;新设的武汉、重庆珠江路、泉州、郑州4家营业部顺利开业,另有北京、合肥2家营业部获准筹建,营业部达到12家,网点建设初具规模。大华期货配合公司全力推进IB业务验收和对接工作,有序开展IB业务的制度建设、业务培训和投资者教育等工作,取得良好效果。报告期内,大华期货体系架构得到进一步完善,整体管控能力显著提高,各项工作基础得到有力夯实,在2010年的期货公司分类监管评级中评为B级。

6. 证券研究

报告期内,研究所在基础研究、课题研究、业务支持、研究销售拓展、投研平台建设等方面取得长足进步。随着研究员队伍继续壮大,公司研究业务的覆盖面和市场知名度大幅提升,基础研究全面铺开,煤炭、电力等传统优势行业的地位得到巩固,石油化工、农业和餐饮旅游等行业的市场影响力提升明显,公司投资研究管理系统建设工作已经展开;公司申报课题《资本市场创新促进消费研究》荣获"中国证券业协会2009年度科研课题研究成果宏观环境类三等奖";进一步丰富产品序列,提升研究品质,成功举办两次大型策略报告会,在保持独立性及有效信息隔离的前提下,全力服务公司及客户需求。在2010年新财富排名中,公司被评为最快进步研究机构第五名。

7. 各项创新业务的推进情况

创新业务的开展是证券公司的品牌、研发实力和资本实力的综合体现,将有效拓宽券商的收入渠道,降低对传统业务的依赖程度,优化证券公司的盈利模式,对证券公司的经营业绩和未来发展产生深远影响。公司高度重视创新业务,持续投入大量人力、物力,积极推进创新业务的培育和发展。

(1)股份转让和报价业务

2010年,作为新三板资源储备库的国家级高新区已率先扩容,由原有的56家增至70家,随着新三板扩容的推进,券商将增加新的业务机会。公司2008年取得代办股份转让主办券商业务资格和报价转让业务资格后,全力加强该项业务的拓展。2010年,在巩固中关村、沈阳、长沙、长春等园区市场的基础上,与苏州、无锡、广州、福州、深圳、武汉、成都、鞍山、重庆等园区建立了密切联系,项目储备、制度完善及团队建设等方面均为新三板扩容做好了准备。

(2)融资融券业务

融资融券业务的推出将有效提高证券公司资金运作效率和改善收入结构。报告期内,公司组建融资融券业务筹备组,负责融资融券业务的资格申报及业务开展工作。现已完成制度草拟和业务流程构建工作,业务信息系统的搭建和测试同步展开,员工业务培训和投资者教育工作基本到位。按照目前监管政策趋向,融资融券业务试点可能在近期转为证券公司常规业务,公司将在政策允许的第一时间申请开展融资融券业务。

(3)IB业务

2010年,公司及大华期货总部顺利通过了证监局的重新验收,正式开展IB业务,目前公司已有20家营业部取得开展中间介绍业务资格。特别是随着股指期货的推出,为公司与大华期货开展IB业务提供了重要的机遇,全年公司IB业务净增客户数931户。同时针对股指期货产品特性,为保障高频交易成功,公司完成了金典通程序化交易平台的搭建测试工作及股指期货期现套利策略的开发测试工作。

(4)金融衍生品业务

报告期内,公司设立专门部门从事金融衍生产品投资,已具备10只ETF的一级交易商资格,并与各基金公司签署了一级交易商协议。同时,经过认真准备和积极申报,股指期货自营业务交易编码及额度已获中国金融期货交易所批准,公司正式具有了自营投资开展股指期货套期保值业务的资格。

(5)直投业务

直投业务将成为券商重要的利润增长点,2010年公司决定出资设立直投业务子公司,开展直接投资业务。2011年2月,中国证监会批准公司设立申请。目前公司正根据中国证监会批复精神和《证券公司直接投资业务试点指引》等有关规定,积极推进直投业务子公司筹建及业务准备工作。

地址:太原市府西街69号山西国际贸易中心东塔楼
邮编:030002
传真:0351-8686667
邮箱:sxzq@i618.com.cn
投资者热线:0351-8686658

华泰联合证券有限责任公司

华泰联合证券有限责任公司成立于1997年,总部在深圳,公司定位于一流专业投行公司,在北京、上海等一线城市设有业务部门。公司目前拥有的投资银行,研究咨询、并购业务、债券业务等几大核心业务排名均进入业内前列。公司投行业务多年保持业界前列,累计完成IPO、配股、增发、可转债等各类主承销(保荐)项目80多家,10年来主承销家数总体排名居前10位,募集资金总量排名居前15,并购业务一直保持行业前列,公司具有了一支500人的投行专业队伍,其中保荐代表人93名,准保荐代表人61名,保荐人数量位居业内第3名,先后2010年"优秀投行奖"、2010年"最具区域影响力投行(华东)奖"等诸多荣誉称号;公司研究业务在行业名列前茅,现有中高端研究人员150名,研究范围覆盖所有领域,在行业中具有较大的影响力。在2011年新财富最佳分析师评选中,公司有20个研究方向(52人)入围,15个研究方向(41人)上榜;3个销售区域(5人)入围,1个销售区域(1人)上榜,公司整体荣获本土最佳研究团队第5名、最具影响力研究机构第6名、最佳销售服务团队第4名;公司债券业务具有较好的市场投资能力和债券承销能力。公司是国开行、农发行、进出口银行、铁道部和中石油的承销团成员,先后获得了2009年、2010年农发行优秀承销团、2010年进出口银行优秀承销团等奖项。

公司获誉

2011年

2011年由中国证券报主办的"2011中国证券业金牛分析师"评选中,荣获9个研究方向获奖,2个研究方向入围,整体排名第6。

2011年第五届新财富中国最佳投行"评选结果揭晓,公司荣获"最佳本土团队"第8名、"中小项目业务能力最佳投行"第5名、"最佳创业板IPO项目——万邦达"。

2011年在理财周报主办的"2011中国券商'金方向'奖"评选活动中,获"2011中国最具发展潜力证券公司"、"2011中国最佳券商研究所"、"2011中国最佳投行"、"2011中国券商新锐证券公司总裁盛希泰"、"2011中国券商年度最佳首席经济学家陆磊”、“2011 中国券商最佳投资银行家滕建华”6项大奖。

2011 年,在第五届新财富中国最佳投行评选活动中,获“本土最佳投行团队”、“中小项目业务能力最佳投行”奖,万邦达获“最佳创业板 IPO 项目”奖,王刑天等 4 人获“百佳保荐代表人”奖。

华泰联合证券荣获《证券时报》“最佳经纪业务服务品牌奖”。

2010 年

2010 年 12 月,在理财周报主办的“中国券商‘金方向’奖”评选活动中,获“2010 中国最佳业务创新证券公司”、“2010 中国最佳客户服务证券公司”、“2010 年中国十大最佳投行”等 3 项综合大奖;公司总裁盛希泰荣获“2010 中国最受尊敬证券公司总裁”。

2010 年,在上海证券报主办的“第四届中国最佳投资银行”评选活动中,获“2009 年度最具潜力团队奖”。

2010 年,在证券时报主办的“2010 中国区优秀投行”评选活动中,获“最佳再融资投行”奖。

2010 年,在第四届新财富中国最佳投行评选活动中,安泰转债和厦工转债获“最佳可转债项目奖”。

2010 年,在理财周报主办的“2009 中国券商实力榜”评选活动中,获“2009 年中国证券公司之中小企业最佳服务投行”奖。

2010 年,在证券时报主办的“2010 中国区优秀投行”评选活动中,获“最佳并购投行”奖,1 人获“最佳并购项目主办人”奖。

在 2010 年《新财富最佳分析师》评选中,共有 12 个研究方向入围,8 个研究方向上榜。荣获进步最快研究机构第 3 名、本土最佳研究团队第 8 名、最佳销售服务团队第 6 名、最具影响力研究机构第 6 名 4 个综合大奖。另获有色金属第 1 名、金融工程第 2 名、汽车和汽车零部件第 2 名、非银行金融第 3 名、批发和零售贸易第 4 名、非金属类建材(水泥、玻璃等)第 4 名、房地产第 5 名、银行第 5 名等。

华泰联合证券“金掌柜”平台荣获 2010 年度深圳市金融创新奖三等奖。

华泰联合证券荣获《理财周报》“中国最佳客户服务证券公司”。

华泰联合证券荣获《证券时报》“最佳经纪业务服务品牌新星奖”。

华泰联合证券在上交所投资者教育优秀单位排列荣获第一(20 家)。

华泰联合证券工会被深圳财贸金融工会授予“重点工作考核先进单位”称号。

华融证券股份有限公司

华融证券股份有限公司(以下简称“公司”)是经中国证监会批准,由中国华融资产管理公司(以下简称“中国华融”)作为主发起人,联合中国葛洲坝集团公司共同发起设立的全国性证券公司。2007 年 9 月 3 日,中国证监会批准公司开业,9 月 19 日,公司在北京正式挂牌成立。公司注册资本 30.03 亿元,其中:中国华融出资 23.91 亿元,中国葛洲坝集团公司等 11 家股东共出资 6.12 亿元。公司的注册地址:北京市西城区金融大街 8 号。公司可为客户提供证券经纪、证券承销与保荐、与证券交易及证券投资活动有关的财务顾问、证券投资咨询、证券自营、证券资产管理等多方面服务。公司紧紧依托中国华融在资产管理、银行、信托和金融租赁等方面的综合优势,努力为客户提供全方位的证券投资和增值服务。

公司下设 29 家营业部,分别位于北京、上海、天津、重庆、新疆、湖南、湖北、四川、山西、陕西、辽宁、安徽、广东、云南、江苏等地,可以为投资者提供交易所上市交易的包括股票(A 股和 B 股)、债券(国债和企业债券)、封闭式基金、ETF 和权证等多元化的交易品种,并凭借支持现场委托、电话委托、手机炒股、网上交易委托等多种交易方式和强大的信息技术力量,为客户提供国内最先进的交易平台服务。

中国华融是国内首批保荐机构,其原有的承销和投资咨询业务由公司承接。公司于 2008 年取得保荐人资格后,成功完成了杭氧股份的首次公开发行,完成了中航三鑫、特变电工、金隅股份、太行水泥、苏宁环球、联化科技、亚泰集团等多家上市公司的增发及财务顾问业务,作为副主承销商完成了工商银行可转债发行项目,并与国内外多家著名企业(集团)在多项业务中保持着良好的合作及服务关系,致力于为客户提供更加优质的服务。

公司研究咨询团队是一支由经济学、管理学、金融工程、工程机械、环保、化工、软件工程等多学科博士、硕士组成的高素质专业研究团队,拥有一批具有注册会计师(CPA)、特许金融分析师(CFA)、金融风险管理师(FRM)等专业资质的优秀人才,逐步建立了涵盖宏观、策略、行业、公司、基金、债券、金融工程在内的完整的研究体系。目前,行业研究覆盖房地产、煤炭、有色金属、银行、电子元器件、计算机软件、通讯、重工机械、环保等多个行业。策略研究包括由多位分析师组成宏观策略研究小组,致力于为广大投资者提供值得信赖的优质服务。

公司资产管理业务始于 2009 年,可视客户需要提供专业化的集合、定向及专项资产管理业务,致力于打造资产管理业务高端品牌。2010 年成功发行第一支集合资产管理计划,目前受托管理资产规模接近 150 亿元。根据中国证券业协会排名,2009 年公司资产管理业务净利润行业排名第 9,2010 年排名第 5。为向客户提供优质的资产管理服务,公司不断优化资产管理业务和人员配置,引进资深人才,目前资产管理部员工全部具有硕士及以上学历,50% 以上员工具有海外学习或海外金融从业经历。2010 年,公司资产管理部被《理财周刊》评为“2010 年中国证券公司最佳资产管理部门”。

我公司坚持高标准、高起点,以诚信、专业、稳健、共赢为经营宗旨,在社会各界和投资者的大力支持下,将努力向着有尊严、有价值、有内涵、有实力、有责任的“五有”现代金融企业目标前进。

地址:北京市西城区金融大街 8 号 A 座 3 层
邮编:100033
电话:010－58568139、58568199
业务投诉:010－58568118

广州证券有限责任公司

广州证券有限责任公司前身为广州证券公司,1988 年经中国人民银行批准成立,是全国最早成立的证券公司之一。1997 年增资改制为广州证券有限责任公司,2001 年经中国证监会核准为全国性综合类券商,2009 年 10 月,经中国证监会核准增资扩股，注册资本增至143,428万元，目前由越秀集团控股。

广州证券有限责任公司业务范围包含证券经纪、证券发行主承销业务、外资股业务、资产管理业务、证券投资咨询、基金管理等所有综合性业务。拥有保荐机构资格；债券主承销资格；外资股经营资格；网上交易资格；投资咨询资格；资产管理业务资格；银行间同业拆借市场及债券市场准入资格；开放式证券投资基金代销业务资格；新三板资格。规范类券商。

广州证券倡导以“精诚笃行、共济日新”为核心价值观的企业文化。围绕财富管理的核心理念，广州证券致力于打造成为客户提供全球资本市场专业整合理财解决方案的知名服务品牌。

公司股东：

广州越秀企业集团有限公司，持股比例37.05%；

广州恒运企业集团股份有限公司，持股比例21.82%；

广州市城市建设开发集团有限公司，持股比例19.58%；

广州越鹏信息有限公司，持股比例5.58%；

广州城启集团有限公司，持股比例4.99%；

广州富力地产股份有限公司，持股比例4.88%；

广州市广永经贸有限公司，持股比例2.45%；

广州市白云汽车出租有限公司，持股比例2.34%；

广州邮政发展总公司，持股比例1.31%。

全资子公司：

广州期货有限公司

对外投资：

金鹰基金管理有限公司，持股比例49%。

地址：广州市先烈中路69号东山广场主楼5楼、17楼
电话：020－87322668
邮编：510095
网址：http://www.gzs.com.cn
E－mail：zcb@gzs.com.cn
客服热线：961303

第一创业证券有限责任公司

第一创业证券有限责任公司是经中国证监会批准，由华熙昕宇投资有限公司，北京首都创业集团等多家实力雄厚的股东投资设立的综合类证券公司。公司注册地为深圳市，注册资本金为人民币19.7亿元。截至2011年12月31日，公司总资产达97.39亿元，净资产42.23亿元。

第一创业及控股子公司具备创新试点类证券公司资格，拥有种类齐全的证券业务牌照，包括主承销资格、保荐人资格、投资咨询资格、受托资产管理资格、B股经营资格、网上交易资格、证券自营资格、全国银行间同业拆借资格和基金代销资格等。公司还取得了全国统一纳税资格。

第一创业实行董事会领导下的总裁负责制，构造了扁平化、高效的组织架构，建立了良好的经营机制，构建了完备的风险控制体系。

第一创业拥有高素质、经验丰富、业绩卓著的人才团队，秉持以客户为中心、以创新为动力的经营方针，按照让客户感动的服务标准，以国际化的视野、娴熟的专业技能及高度的职业精神，致力于为企业和投资者提供全方位的投资银行服务。

随着中国对外开放力度加大、宏观经济持续高速增长和繁荣，中国证券市场亦在开放中逐步迈向成熟。第一创业将始终遵循“市场化、规范化、国际化”的经营原则，满怀着责任感和使命感，努力为客户创造价值，回报股东，为促进中国资本市场发展和繁荣而贡献力量。

投行业务：

第一创业是国内首批证券发行上市保荐机构、首批股权分置改革试点保荐机构及首批IPO询价对象，拥有一支专业的，具有丰富从业经验的投资银行队伍，富有创新活力和高效的融资能力，重点为国有大中型企业、高成长性的大型民营企业、中外合资企业提供多品种的融资服务，并致力于通过专业服务使客户成为行业龙头。自2006年以来，公司主承销股票债券家数、承销金额等业务排名多年进入业内前20名。

第一创业自1997年就设立收购兼并总部，始终把打造中国投资银行并购品牌作为自己的奋斗目标，秉承对客户高度负责的敬业精神，着眼于客户的长远发展及关心的现实问题，为客户提供创新的、具有专业水准和全局眼光的、个性化的并购服务，致力推动优势客户利用资本平台逐步实现行业龙头地位。公司在企业并购及资产重组业务上拥有雄厚的实力，积累了丰富的客户资源，享有良好的市场声誉。2008年、2009年，公司财务顾问收入在全国券商中分别排名第17位、第21位。

2010年12月31日，第一创业与摩根大通共同出资组建合资证券公司——第一创业摩根大通证券有限责任公司的申请获中国证监会批准。2011年6月，一创摩根筹建完毕正式开业，注册资本8亿元人民币，总部设在北京，公司持股67%，摩根大通持股33%。公司原收购兼并业务、投资银行业务、债券承销业务全部平移至合资公司。

一创摩根在中国内地开展证券承销和保荐业务，借助公司长期根植本土市场的丰富经验和摩根大通全球领先的国际视野和平台，致力于成为备受尊敬的一流中国投资银行。

投行业务内容

各类有价证券（含股票、债券）的发行、承销、上市推荐；

企业的股份制改造和发行上市辅导；

政府融资策略顾问，协助制定当地资本运作规划及战略；

提供公司融资、并购、战略性投资等个性化金融服务；

项目融资；

其他创新型业务。

历史业绩

IPO承销保荐：中小板第一股新和成IPO（002001）、航民股份IPO（600987）、雪莱特IPO（002076）、孚日集团IPO（002083）、东南网架IPO（002135）、荣盛发展IPO（002146）、新嘉联IPO（002188）、亚太股份IPO（002284）、联发纺织IPO（002394）、巨星科技IPO（002444）、碧水源IPO（300070）、银之杰IPO（300085）、松德股份IPO（300173）、宝泰隆IPO（601011）、步森股份IPO（002569）、欣旺达IPO（300207）、北玻股份IPO（002613）。

定向增发、配股及公司债：新钢钒（000629）32亿元可转债、思源电气（002028）定向增发、大族激光（002008）定向增发、栋梁新材（002082）公开增发、东北制药（000597）定向增发和公司债、张江高科（600895）公司债、开元控股（000516）配股。

收购兼并业务内容

财务顾问业务：收购方财务顾问或独立财务顾问、重大资产重组独立财务顾问及一般性财务顾问业务。

直投财务顾问业务：与委托机构签订投资顾问协议，担任委托机构的投资顾问，充分发挥公司的项目发掘和资源整合

能力，为委托机构寻找高回报的直接投资机会。

历史业绩

政府财务顾问：深圳市政府财务顾问、廊坊市政府、抚顺市政府财务顾问等。

上市公司并购：新太科技（600728）、深万山（000049）、工大首创（600857）、内蒙宏峰（000594）、中钨高新（000657）等。

全面要约收购：美罗药业（600297）等。

重组独立财务顾问：青鸟天桥（600657）、国投华靖（600886）等。

整体上市独立财务顾问：攀钢钢矾（000629）等。

行业整合并购：首创股份（600008）、盐湖钾肥（000792）、鲁能泰山（000720）等。

股权分置改革：金马集团（000602）、沙河股份（000014）、美利纸业（000815）、鲁能泰山（000720）、中钨高新（000657）、中纺投资（600061）等 20 多家。

集团财务顾问：鲁能集团、湖南有色集团、中纺集团、首创集团、福汽集团、德赛集团、金马集团、美罗集团、滨海控股等。

经纪业务：

第一创业证券拥有先进的交易支持系统，为客户提供完备的交易手段、快速安全的交易通道和及时、周到、优质的服务。

公司以分设在北京、上海、深圳等沿海及中部经济发展最活跃地区的营业网点为平台，与网络系统相结合，借助“易富人生”财富品牌，为客户提供 A 股、B 股、债券、基金、回购等丰富的投资交易品种，并完善咨询建议、投资分析、理财策划、服务定制等服务功能，全面满足客户“一站式”服务的需求，把营业部打造成为公司金融产品和服务的营销中心，使营业部成为公司向客户提供全面金融服务的终端，公司联系客户的纽带和触角。

公司率先在业界开展投资顾问的业务模式，率先在服务中引入理财策划概念，为客户提供个人理财策划服务，有效满足客户理财需求。

主要业务内容

代理深沪证券买卖等经纪服务；

代办深沪股东代码卡及挂失、补办和更改等业务；

代销基金等各种金融产品；

销售公司金融产品。

业绩摘要

2002 年至 2009 年，公司股票基金市场占有率由 1.413‰ 提高到 3.11‰，保持了近 20% 的年均增长速度。

近几年营业部部均收入连续排名业内前 20 名，2009 年为第 7 名，目前管理客户资产近 500 亿元。

2006 年至 2010 年，公司在中国证监会广东监管局辖区内佛山地区的营业部全部被评为 A 类（最高级别）营业部。

2007 年，公司佛山季华路营业部被中国证券业协会授予“做明明白白的投资者”教育活动证券知识竞赛优秀组织奖。

2008 年至 2010 年，佛山季华路营业部连续三年获评《证券时报》中国明星营业部评选之“最佳区域明星证券营业部”称号。

2009 年，公司北京营业部获评《证券时报》中国明星营业部评选之“最具市场开拓力证券营业部”称号。

2010 年，在《理财周报》2010 中国券商“金方向”奖评选中，公司荣获“2010 中国最佳客户服务证券公司”称号；北京营业部获“2010 年中国证券营业部 100 强”称号。

2010 年，公司荣获《上海证券报》“优秀投资者教育工作组织单位”称号；北京、季华、上海及深圳营业部荣膺“优秀投资者教育工作网点”称号。

2011 年，公司杭州金城路证券营业部在《证券时报》主办的“第四届中国最佳证券经纪商暨明星营业部评选”中荣获“营业部新星”奖。

固定收益业务：

第一创业证券在固定收益业务领域拥有具备良好专业技能和丰富经验的人才团队，积累了包括银行、基金、保险公司、投资公司和企业等大量高端客户，形成了覆盖全国的客户网络，已成为中国优秀的债券交易商之一。

主要业务内容

国债、金融债、企业债、可转换债券及其他产品的交易服务；

国债、金融债、企业债和可转换债券等固定收益证券品种的承销；

宏观经济和债券市场研究，协助客户进行固定收益证券品种的定价和投资。

债券主承销业绩

豫中小债，河南省首只中小企业集合债（2011 年）；

重庆城投债，发行总额人民币 25 亿元（2011 年）；

鹰潭债，发行总额人民币 12 亿元（2011 年）；

云浮债，发行总额人民币 10 亿元（2011 年）；

长沙城投债，发行总额人民币 25 亿元（2010 年）；

抚顺城投债，发行总额人民币 15 亿元（2010 年）；

湖州城投，发行总额人民币 15 亿元（2010 年）；

恒丰银行次级债，发行总额人民币 10 亿元（2009 年）；

连云发展债，中国首只以海域使用权为抵押的企业债（2008 年）；

重庆城投债，发行总额人民币 30 亿元（2008 年）；

年湘泰格债中国首只抵押担保模式的企业债（2007 年）；

恒丰银行次级债中国第一家私募性质非上市银行次级债（2006 年）。

债券销售交易业务

业务资质

银行间债券市场成员；

国开行债券承销团 A 类成员；

农发行债券承销团 A 类成员；

进出口行债券承销团 A 类成员；

短期融资券承销团资格；

中期票据承销团资格。

业绩摘要

从 2004 年至 2009 年，固定收益部在全国银行间债券市场现券交易量连续六年在业内排名前五位、2010 年业内排名前三，2011 年跃升至行业第二，并连续多年荣获全国银行间债券市场“优秀交易成员”、“交易量 100 强”，“交易活跃前 100 强”等称号。

资产管理业务：

第一创业证券资产管理业务秉承“专业、创新、卓越”的经营理念，积极探索“以产品为驱动、以客户为中心、以投研能力为核心”三位一体的综合业务体系，致力于建立以“集合理财、定向理财、专项理财、投资顾问服务多平台”方式全面满足客户个性化理财需求的业务体系，以经验丰富、业绩优异的专家团队为客户提供长期稳定的投资回报，打造富有第一创业特色的一流资产管理业务品牌。

经中国证券监督管理委员会批准，第一创业证券目前拥有开展受托投资管理业务、集合资产管理业务等资格。

主要业务内容

接受单一客户委托的定向资产管理业务；

接受多个客户委托的集合资产管理业务；

国内外股票一级市场和二级市场的委托理财业务；

货币基金、国债、企业债、短期融资债、分离交易债等固定收益类产品的委托理财业务；

国内外商品期货、金融期货、期权等各类金融衍生产品的委托理财业务；

资产证券化、PE 类股权投资、企业融资顾问服务、结构性理财产品服务等个性化委托理财业务。

产品简介

集合资产管理计划产品——“创业 1 号安心回报”；

集合资产管理计划产品——“创业 2 号稳健回报”；

投资顾问产品——“薪加薪 1 号”人民币理财产品；

投资顾问产品——“一创基金宝”结构式信托计划；

集合资产管理计划产品——“创金避险增值”；

集合资产管理计划产品——“金益求金”；

集合资产管理计划产品——“创金价值成长”；

集合资产管理计划产品——“创金灵活成长 1 期”；

集合资产管理计划产品——“创策略尊享”；

集合资产管理计划产品——“创金灵活成长 2 期”。

研究及销售业务：

拥有一支国内一流水平的研究团队，以宏观经济及策略为核心，以行业及公司研究、债券研究为基础，理论结合实际，贴近市场，致力于追求与客户的长期互信关系，以研究产品及研究服务为客户拓展价值。客户覆盖国内各大基金公司、银行、保险、农信社、财务公司等各类机构投资者。

主要业务内容

宏观经济研究；

投资策略研究；

衍生产品研究；

理财产品研究；

行业研究；

公司研究；

基金研究；

债券研究；

企业相关方案设计。

销售交易业务

第一创业拥有一支从业经验丰富的高素质机构销售队伍，致力于为机构客户提供专业化、个性化、一站式金融与证券服务。与国内 60 多家基金公司以及保险公司等市场中主流的投资机构者建立了全面、深入、密切的投研合作关系。

主要业务内容

向以基金公司为代表的机构投资者提供全面、深入、及时的专业化研究咨询服务

向机构投资者推介、销售公司的各类金融产品

为上市公司提供具有针对性的投资者关系管理方案

为上市公司提供大小非减持等大宗交易中介服务

证券投资业务：

在严格控制风险的基础上，坚持深入研究，遵循价值投资理念，依托较为科学的投资决策体系及完善的投资管理制度，积极灵活的投资策略与仓位控制，对股票及其衍生品、基金进行投资，确保公司资本金获得持续稳定的收益。

2007 年，在投资规模平均保持 60% 的情况下，公司证券投资收益率为 152%，超过同期上海综合指数涨幅近 50 个百分点；

2008 年，公司证券投资收益率超过同期上证综合指数 45 个百分点；

2009 年，公司证券投资收益在全国券商中排名第 17 位。

广发证券股份有限公司

广发证券股份有限公司简称广发证券。广发证券的前身是 1991 年 9 月 8 日成立的广东发展银行证券部，1993 年成立公司，1996 年改制为广发证券有限责任公司，2001 年整体变更为股份有限公司。2010 年 2 月 12 日，公司在深圳证券交易所成功实现借壳上市，股票代码 000776. sz。

公司是首批综合类证券公司，2004 年 12 月获得创新试点资格。

截至 2010 年 12 月 31 日，广发证券注册资本 25.07 亿元，合并报表资产额 959.47 亿元，净资产 194.31 亿元，其中归属母公司股东权益 194.01 亿元；2010 年合并报表实现营业收入 102.19 亿元，实现利润总额 56.88 亿元，现净利润41.98亿元，其中归属于母公司所有者的净利润为 40.27 亿元。资本实力及盈利能力在国内证券行业持续领先。公司上市后，总股本增加至 25.070457 亿股，总市值居国内上市证券公司前列。

公司营业网点遍布全国主要经济区域，现有证券营业部网点 194 个，数量位列全国前二。

公司旗下拥有三家全资子公司，分别是广发期货有限公司、广发控股（香港）有限公司和广发信德投资管理有限公司，并持股广发基金管理有限公司和易方达基金管理有限公司，初步形成了跨越证券、基金、期货、股权投资领域的金融控股集团架构。

公司被誉为资本市场上的“博士军团”，以人为本的管理理念，务实稳定的人才团队，促进了公司的持续发展。

“知识图强、求实奉献”是公司的核心理念，“稳健经营、规范管理”是公司的经营原则。公司高度重视健全内部管理体制，完善风险防范机制，初步形成了具有自身特色的合规管理体系，经受住了多次市场重大变化的考验。

公司成长过程中，通过自身积累发展和多次市场化收购兼并行动，规模不断壮大，主要经营指标多年名列行业前茅，是中国市场最具影响力的证券公司之一。

公司将不断努力，确保公司拥有稳定的市场竞争力，综合实力、业务排名、经营业绩进入行业前列，树立“蓝筹广发”的品牌形象，成为广受尊敬的价值创造者和社会责任承担者。

地址：广州市天河北路 183 号大都会广场
36、38、41、42 楼
电话：020－87555888　　95575
传真：020－87553600
邮编：510075

长江证券股份有限公司

长江证券股份有限公司是总部设在武汉的全国性综合类上市证券公司。公司秉承以“追求卓越”为核心的企业文化，致力于成为提供全面理财服务的一流金融企业。

公司前身为湖北证券公司，成立于1991年3月18日。2000年，公司增资扩股至10.29亿元并更名为“长江证券有限责任公司”。2001年，公司增资扩股至20亿元。2007年，公司更名为“长江证券股份有限公司”，并在深圳证券交易所挂牌上市，股票代码为000783。公司资产质量优良，资产规模在业内的排名始终保持较前位置，截至2011年6月，公司总资产320多亿元，净资产110多亿元，净资本90多亿元。

公司以“汇聚财智、共享成长”为使命，通过服务客户、成就员工、回报股东、反哺社会，实现多方共赢。公司自成立以来，逐步形成了“诚信经营，规范运作，创新发展”的经营理念和“客户导向，研究驱动，技术领先，内控先行”的业务发展策略，为公司的持续发展奠定了坚实的基础。

公司已初步完成证券类集团公司架构，旗下拥有长江证券承销保荐有限公司、长江期货有限公司、长江成长资本投资有限公司、长江证券控股（香港）有限公司、长信基金管理有限责任公司和诺德基金管理有限公司等6家全资和控参股子公司。目前，公司已在全国23个省、自治区、直辖市，70多个城市设立了100多家证券营业部，逐步形成覆盖全国的业务网络。

近年来，公司不断深化零售客户业务体系改革，形成了清晰的发展思路和高效的运行体系，致力于为客户提供优质的财富管理服务。公司经纪业务市场占有率稳步上升，“长网”（www.95579.com）、“95579”、“长江e号”等已成为市场知名的客户服务品牌。公司资产管理业务以“追求绝对收益，真诚回报客户”为目标，各类产品业绩稳健，深获客户认同。截至目前，公司“超越理财”品牌旗下共有13只集合理财产品，总规模位居行业前列，已形成涵盖股票型、债券型及FOF型等主流理财品种的完备的产品线，满足了不同风险偏好客户的需求。公司的研究团队进入新财富评选的“全国十大最佳研究团队”，并有多个行业的研究员进入前3名。公司还在业内较早获得直接投资业务、新三板业务和融资融券业务资格，新业务规模稳步提升。

公司努力践行作为企业公民的社会责任，2008年，发起成立了以“扶危济困、回报社会”为宗旨的“湖北省长江证券公益慈善基金会”。这是国内第一家由证券公司发起成立的公益慈善基金会。

公司近年来获得“中国证券行业十大影响力品牌”、“最具发展力券商”、“中国上市公司价值百强”、“中国证券市场20年最具影响力证券公司”、“中国最佳证券经纪商”等多项殊荣，在行业和市场上建立了良好的品牌形象。

公司近两年大事记：

2009年1月20日，由公司发起成立的湖北省长江证券公益慈善基金会正式成立。

2009年5月25日，公司获得湖北证监局核准，实施经纪人制度。由此，公司成为国内第二家，亦是华中地区首家获批实施证券经纪人制度的券商。

2009年7月上旬，中国证监会日前公布了2009年证券公司分类监管评价结果，公司成功晋升至A类A级。

2009年11月13日，公司配股认购缴款工作结束，认购比例为98.8046%。本次配股是公司上市以来的首次融资，为公司的各项业务发展提供了强大的资本金支持，为实现公司长远发展目标奠定坚实基础。

2009年12月8日，长江成长资本投资有限公司登记成立，标志着公司直接投资业务正式启动。

2010年11月1日，中国证监会核准同意公司以自有资金出资，在香港特别行政区设立长江证券控股（香港）有限公司，注册资本为港币30,000万元。

2010年10月29日，公司通过了中国证券业协会组织的融资融券业务实施方案专业评价，15家公司中排名第一；11月24日，公司融资融券业务资格获证监会核准，成为融资融券业务试点证券公司；12月7日，公司收到中国证监会换发的经营证券业务许可证，同意公司经营范围变更，在公司经营范围中增加“融资融券”。12月13日，公司成功实现了融资融券业务的平稳上线，3家营业部为公司实现了融资融券业务零的突破。

财富证券有限责任公司

公司概况

财富证券成立于2002年8月，总部设于长沙，是由原湖南省信托投资公司和湖南省国际信托投资公司通过整合其下属证券营业部而重组设立，注册资本为5.36亿元。2006年10月，经中国证监会批准，公司增资扩股到21.36亿元，资本规模和资产质量大幅度提升至国内同业的前列水平。公司主要股东为：湖南财信投资控股有限责任公司、湖南省土地资本经营有限公司、湖南省国有资产经营投资总公司、华菱钢铁集团有限责任公司。

公司目前为华欧国际证券公司的控股股东，该公司注册资本金5亿元，公司控股比例为66.7%，同时为德盛期货经纪有限公司控股股东，该公司注册资本金1亿元，公司控股比例为97%。

公司按照建立现代金融企业制度的要求和《公司法》、《证券法》及中国证券监督管理委员会的有关规定，不断完善法人治理结构，形成股东会、董事会、监事会和经理层相互分离、相互制衡的公司治理结构，并适时调整组织架构，以贯彻公司战略，支持业务发展。

业务经营

投行业务：公司于2003年11月24日获得股票承销业务资格，先后担任了“汉钟精机”、“南岭民爆”、“芜湖港”、“中科合臣”、“三一重工”、“柳州化工”、“新赛股份”、“郴电国际”等多家公司的IPO主承销或副主承销商。成功策划了“金果实业”等股权重组，主持完成了第一单要约收购——“江淮动力”要约收购案。在企业债和公司债方面，公司具有债券主承销资格，先后承销过首都旅游债、中信国安债、河南高速债、中国铁通债、福建高速债、中国国航债、上海机场债、航天科技债、中国海运债、河南建投债、常州高新债、上海城投债、中国兵器债、冀东水泥债等近20家企业债券，在债券市场具有较高的占有率。

经纪业务：公司目前在全国各地拥有证券营业部15家和8家服务部。公司自成立以来经纪业务的市场占有率逐年稳步提高。公司经纪业务的发展目标是建立立体交叉、顺畅高效的金融销售平台，公司将通过优化营业部布局、提高单体营业部竞争力、增设新网点、发展营销团队等方式实现经纪业务的快速发展。

固定收益业务：财富证券是银行间债券市场最活跃的交易商之一，财富证券已具备一流的债券销售能力，建立起覆盖全国的债券销售网络，拥有包括商业银行、保险公司、基金公司和农村信用社等金融机构在内的广大机构客户群体，其中全国性大型投资机构五十余家，中小型投资机构超过三百家。

资产管理业务:公司拥有中国证监会颁发的受托投资管理业务资格,建立了独立的客户资产管理业务构架,在受托投资管理业务与自营业务、经纪业务之间建立了防火墙,并委托国有商业银行进行资产托管,按期披露理财产品的运行状况。公司资产管理业务以卓越的产品设计和管理能力,开发并成功运作了多个理财产品。

证券投资业务:公司证券投资部聚集了一批优秀的证券投资专家,建立了绝对回报型投资风格,形成了稳健的投资能力,开发了一系列投资组合方案,取得了较好的投资业绩。公司证券投资业务倡导价值投资理念,本着"稳健、高效、安全"的原则,注重资产配置和风险管理,实现收益性、安全性、流动性的有机统一。

金融创新业务:公司金融工程部汇聚了一批经验丰富的高素质人才;所有人员均具有硕士以上学历,其中博士学历的人员比重达到40%,主要成员曾主持过中国第一只股改权证——"新钢钒"认购权证的设计开发,在业内具有较大的影响力。团队全面开展金融衍生产品等创新业务的研究、交易、销售、运营和开发等业务,以提供专业化的服务和追求业务创新机会为己任,取得了优异的投资业绩,并针对即将推出的股指期货、备兑权证前瞻性地设计了多个套利产品。

发展战略

财富证券中长期发展目标:经过"三个三年"的努力,发展成为在国内若干重点地区处于领先地位,核心业务进入行业第一梯队,拥有独特竞争优势的综合性证券服务机构。

2008－2010年发展目标:以零售经纪业务为核心,建立广泛覆盖、延伸至湖南所有地市、部分县镇和社区的强大零售网络,形成在湖南市场的领先地位,使经纪业务进入第二梯队前列;完成大投行业务的整合,使投行业务跨入第一梯队;培养稳定的投资能力,完成资产管理业务的战略布局;推动创新业务向生产力的转化,优化传统业务结构,形成稳健、有特色的业务模式,成为公众公司。

财富证券业务发展将以经纪业务为基础,以投行业务为龙头,以资产管理和固定收益业务为两翼,以证券投资业务为补充,致力于金融创新。

面对未来,公司将坚持"自立、感恩、和谐"的核心价值观;贯彻"风控优先,规范经营,专业专注,创新发展"的经营理念;秉承"严以律已,公而忘私,敢于负责"工作作风,与大家携手同进,共创财富人生!

中银国际证券有限责任公司

中银国际证券有限责任公司(以下简称"中银国际证券")经中国证监会批准于2002年2月28日在上海成立,注册资本15亿元人民币。中银国际证券由中银国际控股有限公司、中国石油天然气集团公司、北京联想科技投资有限公司、云南省投资控股集团有限公司、中国通用技术(集团)控股有限责任公司共同投资。

中银国际证券的经营范围包括:证券经纪、证券投资咨询、与证券交易、证券投资活动有关的财务顾问、证券承销与保荐、证券自营、证券资产管理、证券投资基金代销。中银国际证券还通过全资子公司中银国际期货有限责任公司和中银国际投资有限责任公司分别从事期货业务和直接投资业务。

中银国际证券注册地在上海,并在北京、深圳、广州、成都、哈尔滨等27个主要城市设有1家分公司和32家证券营业部。自成立以来,中银国际证券积极发挥"深厚中行背景、跨境金融服务"业务优势,依托中国银行全方位的金融服务平台、借鉴中银国际控股丰富的竟外资本市场运作经验,努力为客户提供高品质、专业化、个性化的投资银行和证券服务,迅速成长为具备较强市场竞争力的投资银行。公司在投资银行和固定收益业务领域保持了行业优势地位,经纪业务部均收入排名稳定在行业前十位。2010年,根据证券业协会的数据统计,中银国际证券股票及债券承销金额行业排名第三,债券主承销金额行业排名第一。

中银国际证券在多项评比中获得荣誉。近年来,公司先后获得财政部颁发的"记账式国债承销团成员优秀奖"和"十佳优秀承销团成员"等荣誉称号;《证券时报》"最佳创新投行"、"最佳合资投行"、"最具定价能力投行"、"最佳债券承销投行"、"最佳再融资项目"、"最佳债券承销项目"奖;《21世纪经济报道》"中国最佳投行证券公司"奖、"最佳债券奖";《上海证券报》"最具潜力证券经纪商"奖;和讯网"最令投资者满意的证券公司"、"最具成长性投资银行"、"中国最佳研究机构"奖;在《证券市场周刊》卖方分析师"水晶球"奖评选活动中,名列"本土金牌研究团队"综合排名第三,并获"进步最快研究机构"、"最具创新能力研究机构"、"最具独立性研究机构"、"金牌销售服务团队"、"进步最快销售服务团队"、"金牌路演和客户访问人"等多项评比第一。在《理财周报》中国券商"金方向"奖评选活动中,获"中国最佳证券公司"、"中国最佳投资银行"、"中国最佳债权再融资投行"奖,中国红1号集合资产管理计划还荣获该报"中国证券公司最佳理财产品"奖。

公司优势及特色

深厚的商业银行背景

依托中国银行雄厚的实力、遍布全球的分支机构、成熟的产品和丰富的经验,中银国际证券具备协调中国银行的资源、为客户提供全方位、一站式金融服务的条件。同时,中国银行广泛而多层次的客户资源和销售网络也为中银国际证券进一步拓展业务空间提供了有力的支持。

独到的跨境服务能力

中银国际证券与中银国际控股共享中银国际的品牌价值和网络资源,在市场营销、项目开发、风险管理等方面精密携手,为客户提供境内外专业投行服务。中银国际证券可根据国内外客户不同需求,为客户量身设计最佳融资项目实施方案,协助客户在境内外资本市场上实现战略发展目标。

丰富的项目运作经验

中银国际证券拥有丰富的海内外资本市场融资运作经验,自成立以来,已成功为数十家企业在海内外资本市场上提供专业、优质的投行服务,并在运作多种不同行业、不同类型的企业融资业务中积累了大量经验。中银国际证券还与中银国际控股携手合作,成功完成多个中国企业赴海外上市融资项目,树立了卓越的品牌形象与口碑。

强大的团队运作实力

中银国际证券采用与国际接轨的先进投行运作模式,强调行业分工与板块协作,在中外资本市场中携手中银国际控股,充分调动销售、研发、资本市场和投行的资源,进行整体营销和整体运作,并在众多项目的成功执行中体现了强大的团队运作实力。

在未来的发展中,中银国际证券将牢牢把握中国经济增长与资本市场发展的机遇,积极发挥业务优势,努力为客户提供高质量、专业化、多元化的投资银行服务,协助客户实现战略发展目标,为促进证券市场的发展作出贡献。

中银国际证券有限责任公司(上海)
地址:上海市浦东新区银城中路 200 号中银大厦 39F
邮编:200120
电话:021 - 20328000
传真:021 - 58883554
电邮:webmaster@ bocichina. com
中银国际证券有限责任公司(北京)
地址:北京市西城区金融大街 28 号盈泰中心 2 号楼 15 层
邮编:100033
电话:010 - 66229000
传真:010 - 66578950
电邮:webmaster@ bocichina. com

华龙证券有限责任公司

华龙证券有限责任公司是由甘肃省人民政府组织筹建,经中国证监会批准,于 2001 年 5 月 18 日成立的综合类证券经营机构。2011 年度,公司实施了增资扩股,注册资本达到 215339 万元。主要股东有甘肃省人民政府国有资产监督管理委员会、兰州银行股份有限公司、江苏阳光集团有限公司、晶龙实业集团有限公司等。

华龙证券有限责任公司主要业务范围包括证券经纪、投资银行、证券投资咨询、财务顾问,以及中国证监会批准的其他业务。公司拥有广泛的客户资源和良好的社会形象,在北京、上海、深圳、重庆、杭州、无锡、乌鲁木齐、合肥、西安和兰州等主要城市设有 34 家经营机构,并在北京设立了投资银行专业分公司,发起设立了华商基金管理公司,控股甘肃陇达期货公司。公司项目遍布全国,先后成功保荐一汽集团启明信息、北大荒、浙江龙盛、祁连山等十多家大型企业的上市与融资。经国家科技部、教育部批准,公司设有博士后流动工作站,拥有一大批高学历、高素质的专业人才,大学本科以上人员 85%,硕士以上人员 26%,拥有一批经验丰富、业务精湛的保荐代表人和专业分析师队伍。

公司坚持"借力西部,放眼全国"的发展战略,凭借专业化的优质服务,诚信、务实、高效、敬业的团队精神,在竞争激烈的中国证券服务业中稳步提升份额。2009 年成功保荐首批创业板上市企业发行上市,成为首批保荐企业在创业板上市的全国 17 家证券公司之一。公司 2008、2009、2010 连续三年荣获"省长金融奖"。

公司在注重自身发展的同时,积极履行社会责任。2008 年初,我国南方地区发生冰雪灾害,华龙证券迅速向灾区奉献爱心,积极捐款 50 万元人民币。"5 · 12 大地震"发生后,第一时间向灾区捐款 200 万元人民币,用于抗震救灾。随着受灾损失的进一步加大,震后援建的任务异常繁重,华龙克服金融危机的巨大影响,在营业收入下滑的情况下,向甘肃灾区援助 2000 万元人民币,用于灾区重建。在向灾区奉献爱心的同时,华龙证券每年拨出一定资金用来关心少数民族地区教育事业的发展,同时号召广大干部员工积极捐款,重点在少数民族聚居的甘肃临夏、甘南等市县举办"捐资助学"项目,为西部地区教育事业做出了积极的贡献。

进入 2009 年,我国证券市场在经历了自 2007 年 10 月以来的大幅调整后,又一次步入盘升态势,这给证券行业带来了良好的发展机遇。华龙证券业清醒认识到,自身实力与国内一流券商相比还存在一定的差距,要想在日趋激烈的市场竞争中立足,必须按照科学发展观的要求,不断发展创新,以卓越的专业能力,塑造自身的核心竞争力,实现持续、稳健发展。近期,结合深入学习和实践科学发展观活动,公司在认真分析行业竞争形势及自身优劣势的基础上,进一步修订了发展战略,全面实施公司整体素质提升工程。公司坚信在不久的将来,华龙证券必将实现自己的战略目标,成长为国内具有一流的新型金融控股企业。

公司荣誉:

2012 年 2 月,荣获 2011 年度省长金融奖。

2011 年 12 月,被《证券时报》评选为最佳客户关系管理券商、最具特色手机证券商、最佳券商网站。

2011 年 11 月,荣获甘肃省政府国资委系统"五五"普法先进单位。

2011 年 7 月,兰州东岗西路证券营业部、平凉西大街证券营业部荣获"甘肃省青年文明号"荣誉称号,天水广场证券营业部荣获"甘肃省青年创新创效先进集体"荣誉称号。

2011 年 7 月,兰州东岗西路证券营业部蝉联"中国最佳区域营业部"奖项;乌鲁木齐扬子江路证券营业部荣获"中国最佳新星证券营业部"奖项。

2011 年 4 月,荣获金融支持地方发展突出贡献奖。

2011 年 2 月,荣获投资者教育活力奖。

2011 年 1 月,荣获省级精神文明建设先进单位。

2010 年 12 月,荣获甘肃省十大慈善单位。

2010 年 8 月,荣获兰州市文明单位。

2010 年 7 月,荣获创新创效先进集体。

2010 年 6 月,兰州东岗西路证券营业部荣获"中国最佳区域营业部"奖项,兰州民主西路证券营业部荣获"中国最佳投资者教育营业部"奖项。

2010 年 5 月,公司荣获"最佳销售投行"奖项,公司保荐的大禹节水项目荣获"2010 中国区最具投资价值保荐项目"。

2010 年 4 月,荣获支持社区工作先进单位。

2010 年 3 月,荣获"我服务,我先知"投资者教育能手评选活动优秀组织奖。

2010 年 2 月,荣获 2008 年度、2009 年度省长金融奖。

2009 年 10 月,荣获中国最佳金融创新奖。

2009 年 10 月,荣获甘肃辖区第一届证券期货知识竞赛优秀组织奖。

2009 年 5 月,荣获中国区最佳销售投行。

2009 年 3 月,荣获上海证券报股民学校优秀组织奖。

2008 年 10 月,荣获甘肃金融服务业诚信企业。

华创证券有限责任公司

华创证券有限责任公司于 2002 年 1 月经中国证监会证监机构字[2002]6 号文批准成立,注册资本 5 亿元,经营范围为证券经纪;证券投资咨询业务;证券投资基金销售业务;证券自营;与证券交易、证券投资活动有关的财务顾问;证券资产管理;证券承销;为期货公司提供中间介绍业务。

华创证券自成立以来,抓住机遇低成本扩张,业务规模和机构数量快速增长,形成了立足贵州,网点分布北京、上海、深圳、四川、江苏等地的业务发展格局。公司不断强化基础管理,严格规范经营,资产质量和财务状况良好,2005 年成为全国第一批规范类证券公司,2009 年、2010 年、2011 年在中国证监会券商分类监管年度评级中被评为 A 类 A 级。

继往开来,华创证券将以客户需求为导向,通过提升技术支持和研究开发能力,以更高的服务质量、更好的服务设施、更新的服务理念、更丰富的服务品种为广大客户提供更及时、高效、专业的服务。

公司地址：贵州省贵阳市中华北路216号华创大厦
深圳A股席位号：217600
深圳B股席位号：214500
公司总机：0851-6820115
省内统一委托电话：960871
省内统一客服电话：960872

东北证券股份有限公司

东北证券股份有限公司（以下简称“公司”）前身为吉林省证券有限责任公司。2000年6月经中国证监会批准，经过增资扩股成立东北证券有限责任公司。2007年8月，锦州经济技术开发区六陆实业股份有限公司定向回购股份，以新增股份换股吸收合并东北证券有限责任公司，并更名为“东北证券股份有限公司”。2007年8月27日，公司在深圳证券交易所挂牌上市，股票简称为“东北证券”，股票代码为000686。公司注册地为吉林省长春市，注册资本为6.39亿元。

2011年公司被中国证监会评为A类证券公司。作为东北地区唯一的一家上市类证券公司，公司具有比较明显的区域优势和相对竞争优势。公司开展全面证券业务，包括证券经纪业务、证券承销与保荐业务、证券自营业务、证券资产管理业务，证券投资咨询（含财务顾问）等业务，2009年1月公司取得代办股份转让主办券商业务资格和报价转让业务资格，2010年3月取得IB业务资格，2010年9月取得直投业务资格。公司内设16个部门，4个分公司，2个代表处，现有员工3000多人。公司设立全资直投子公司东证融通投资管理有限公司，控股渤海期货有限公司，参股东方基金管理有限责任公司和银华基金管理有限公司。

2007年11月东北证券入选“深证100指数样本股”；2008年6月，东北证券入选“沪深300指数样本股”、“沪深300行业指数样本股”、“沪深300成长指数样本股”。

公司肩负“关爱资本、富足社会”的使命，坚持“一切以客户收益为重，一切以股东权益为重，一切以员工利益为重，一切以社会效益为重”的理念，在竞争中成长、在创新中收获、在服务中共赢。公司致力于建立和谐的经营管理团队，通过充分调动全体员工的积极性，从根本上提高公司的创利能力，回报股东，回报社会。

投资银行业务介绍

2009年6月17日，中国证券监督管理委员会《关于核准东北证券股份有限公司在北京等地设立2家分公司的批复》（证监许可[2009]511号），批准东北证券股份有限公司成立北京分公司，经营全国范围内的证券承销与保荐业务。2010年3月3日，东北证券北京分公司取得中国证券监督管理委员会颁发的证券经营机构营业许可证，经营全国范围内的证券承销与保荐业务。北京分公司成为东北证券股份有限公司投资银行业务的管理部门。

东北证券四大创利业务之一，以成为全国最优秀的承销商为目标，以实现客户长远发展为宗旨，致力于为客户提供高质量的、国内一流水准的融资服务和财务顾问服务，包括股本和债券融资、改制重组、兼并收购和股权激励方案设计等服务，协助客户实现战略目标。

2004年成为首批保荐机构，2005年成为首批询价对象；2005年、2006、2007年连续三年获深交所“优秀保荐机构称号”；2006年浙江省金融办举办在浙江开展企业上市融资业务的中介机构信誉评价中，被评为“十大优秀保荐机构”；2006年被深交所评为“优秀股改投行”；2007年被浙江省金融办评选为“浙江省2007年优秀中介机构”，跻身8家优秀券商之列。2010年被中国改革报评为“资本市场20年十佳保荐机构”之一；2010年被深圳证券交易所评为“2010年度保荐工作最佳进步奖”；2010年荣获证券时报“2011年度中国区最具投资价值保荐项目奖——科华恒盛首发”。

投行业绩

自1998年以来，累计完成20单股票首次发行、15单配股发行、2单公开增发、5单定向发行、20单股权分置改革、11单并购财务顾问、2单代办股份转让及其他多项业务。参与180余家新股、配股、可转债、债券项目。担任60余家上市公司和拟上市公司财务顾问。作为主承销商及保荐机构，完成了全国60多家上市公司的主承销及保荐业务，累计募集资金200多亿。

1998年，公司在全国券商中股票承销量排名第10位。

2000年，在全国券商排名中，公司新股承销家数第13名、配股承销家数第6名；在中国证券业协会组织的主承销商信誉积分排序中，公司名列第12位。

2002年，在全国券商排名中，公司推荐上市股票数量排名第11位；承销新股量排名第17位。

2005年，在全国券商主承销项目排名中，承销家数列第1位、募集资金列第7位、主承销项目综合排名第4位。

2008年，在全国券商排名中，公司股票主承销家数并列排名第8位，股票主承销金额排名第17位。

2010年，在全国券商排名中，公司股票主承销家数并列排名第22位，股票主承销金额排名第31位。

社会责任

作为一家上市公司，东北证券始终没有忘记自己作为“企业公民”的社会责任，把回报社会作为自己的神圣使命之一。特别是在国家遭受严重自然灾害的时候，东北证券总能伸出援手，给灾区人民送上温暖。

2010年6月，吉林省遭遇了严重的洪灾。得到消息后，东北证券马上行动起来，决定捐款600万元。公司总裁杨树财亲自将捐款送达受灾较严重的吉林、延边、通化、白山、长春等地区。同时，公司向全体员工发出倡议，鼓励公司员工发扬一方有难、八方支援的美德，用行动彰显社会责任，慷慨解囊，伸出援助之手。短短两天的时候，公司员工就捐款20万元，公司总裁亲自送往受灾较重的白山市城南小学。

作为我省唯一的上市类证券公司，东北证券乘着中国经济及资本市场快速发展的东风不断成长壮大。公司已经初步建立起集证券、基金、期货、直接投资为一体的金融控股证券公司。公司营业网点达到68家，遍布全国32个大中城市，在全国形成了较强的规模优势和品牌优势。

在企业事业蒸蒸日上的同时，东北证券始终没有忘记自身的发展离不开社会各界的关心与支持，作为一个现代企业，公司将“企业公民”作为自己责任感的核心价值，所以一直把回报社会作为自己的神圣使命之一。

多年来，东北证券一贯坚持实践“关爱资本，富足社会”的企业使命，以服务社会，回报社会为已任，为中国证券市场，特别是省经济的发展做出了突出的贡献。2003年非典期间，公司在经营特别困难的情况下捐款30万元，支援我省抗非典活动。2004年底印度洋海啸期间，公司发扬国际主义精神，组织员工捐款4.1万元委托省红十字会捐给受灾地区。2005年以来,公司坚持资助4名在校的贫困的大学生,在我们的资助下,他们已经顺利完成了学业,走向社会。公司还积极开展“送温暖”活动,累计组织员工捐助衣物近万件,送往省灾备中心,或直接送往受灾地区,交到村民的手中,使村民深受感动。公司员工还常年坚持参加吉林省“慈善救助双日捐”活动,累计捐款60余万元,支持了我省的慈善事业。2008年1月南方冰雪灾害,东北证券更是立即行动起来,在第一时间捐款20万元,同时组织公司员工捐款16.2万元,支持受灾地区的灾后重建。2008年5·12大地震发生后,公司在第一时间向灾区捐款262万元,公司和吉林电视台专门为吉林省消防总队举办“慰问吉林省赴四川抗震消防官员大型文艺演出”。即将入冬之际,公司还组织全体员工为灾区人民捐献衣物;为了支持社区文化建设,公司为所在区图书馆捐献金融类图书1300本。2010年4月,公司为玉树灾区捐款20万元。此外,公司还积极支持社会主义新农村建设,公司和帮扶单位建立了长期的联系,2009年,出资16.5万元为图们市凉水镇龙虎村购买了环保用品,解决了该村的村容村貌问题;2010年,投资15万元,解决了村民自来水饮用问题,推动了社会主义新农村建设,树立了东北证券勇担社会责任的企业品牌形象,为吉林省社会主义新农村建设起到积极推动作用和示范效应。

截止到目前,东北证券历年慈善捐赠总额已达1115.4万元,其中现金1098.9万元,实物估价20万元。

东北证券通过各种捐助活动,弘扬了公司“融”的企业文化,体现了东北证券企业责任感,用实际行动表达了对社会弱势群体的爱心,诠释了“以感恩的心态与社会和谐相融”的文化内涵。几分耕耘,几分收获。东北证券积极回报社会的行动,得到了社会的认可,树立了东北证券良好的品牌形象。

2011年度公司所获荣誉

2011年2月,东北证券2号集合理财产品,同时荣获“2010年度中国私募基金风云榜最受欢迎的理财产品新秀奖”和“2010年度中国私募基金风云榜券商集合理财组—非限定型新秀奖”两项殊荣。

2011年3月,东北证券股份有限公司荣获2010年度“吉林慈善奖——突出贡献企业”荣誉称号。

2011年4月,公司被评为“2010年A级纳税信用等级纳税人”。

2011年4月,东北证券股份有限公司荣获《2011中国高成长企业及投行领导人峰会》“十佳保荐机构”称号。

2011年4月,何俊岩副总裁荣获吉林省“五·一”劳动奖章。

2011年5月,上海证券研究咨询分公司荣获中国证券业协会颁发的《2010年度科研课题》三等奖。

2011年,公司保荐的科华恒盛获“2011年度中国区最具投资价值保荐项目奖”。

2011年11月,上海证券研究咨询分公司在《新财富》杂志主办的第九届“新财富最佳分析师”评选活动中,荣获“最具潜力研究机构”评选第四名。

2011年11月,公司获得吉林省社会主义新农村建设领导小组授予“吉林省社会主义新农村建设帮扶工作先进单位”荣誉称号。

公司大事记

1992年10月,吉林省证券公司北国之春营业部开业,成为东北地区第一家开展证券交易业务的证券营业部。

1994年8月,吉林省证券公司更名为吉林省证券有限公司。

1997年10月13日,经中国人民银行《关于吉林省证券公司增资改制有关问题的批复》(银复[1997]396号)批准,吉林省证券公司增资改制并更名为“吉林省证券有限责任公司”,注册资本增加至1.2亿元。

2000年6月,经中国证监会批准,吉林省证券有限责任公司增资扩股并正式更名,东北证券有限责任公司(以下简称“公司”)正式成立。

2001年5月,公司参股的银华基金管理有限公司正式成立。

2003年1月,公司取得比照综合类券商资格。

2004年4月,公司新设23家证券营业部。

2004年6月,公司为主发起人的东方基金管理有限责任公司正式成立。

2005年5月,公司实现了全国各地营业部的集中交易,客户资金实现了集中清算、集中管理。

2006年9月,公司通过中国证券业协会评审,成为规范类证券公司。

2007年8月,公司通过锦州六陆吸收合并重组并在深交所上市,锦州六陆更名为“东北证券股份有限公司”(以下简称“公司”)。

2007年8月,公司受让股权控股渤海期货有限公司。

2009年1月,公司取得代办股份转让主办券商资格和报价转让业务资格。

2009年6月,公司设立北京分公司和上海分公司。

2009年11月,公司设立上海证券自营分公司和上海证券研究咨询分公司。

2010年3月,公司取得为期货公司提供中间介绍业务资格。

2010年8月,公司完成19家证券服务部升级工作。

2010年11月,公司设立直投子公司——东证融通投资管理有限公司。

2011年7月,公司在中国证监会2011年证券公司分类评级中,被评为A类A级券商。

公司总部:吉林省长春市自由大路1138号
电话:4006000686
传真:0431-5680032
邮编:130021

财通证券有限责任公司

财通证券有限责任公司(以下简称“公司”)注册地在中国杭州,其前身是成立于1993年5月的浙江财政证券公司。2003年6月,根据国务院有关文件的精神,改制为财通证券经纪有限责任公司。2006年10月,公司吸收合并天和证券经纪有限公司。2007年6月29日,浙江省委、省政府明确公司为省直属国有企业,由省政府授权省国资委监管。2007年9月,公司控股浙江省永安期货经纪有限责任公司。2009年3月,经中国证监会核准,公司更名为财通证券有限责任公司。2011年1月,公司由浙江省政府授权浙江省财政厅监管。

公司注册资本14亿元,现有营业网点52家(分布在北京、上海、深圳、福州、青岛、大连、南京、无锡、重庆等城市及浙江省内各市县),员工2000余人。

公司经营范围为:证券经纪,证券自营,证券承销与保荐,证券资产管理,证券投资咨询,证券投资基金代销,为期货公司提供中间介绍业务以及中国证监会核准的其他业务。

公司将忠实恪守"规范经营、稳健发展、务实创新、追求卓越"的经营理念,优化股权结构,提升服务质量,培养一流的员工和理性、成熟的投资者队伍,力争将公司打造成具有区域竞争优势、明显经营特色和富有社会责任感的现代证券企业。

国金证券股份有限公司

主要概况

国金证券股份有限公司是一家资产质量优良、专业团队精干、创新能力突出、服务特色鲜明的上市证券公司,是沪深300指数、上证180指数、上证180金融股指数和上证中型企业指数成份股,注册地在四川省成都市。公司目前控股国金期货有限责任公司,在北京发起设立国金通用基金管理公司。2010年5月29日,在中国证券报、上海证券报、证券时报、证券日报联合主办的"1990－2010:走向资本强国——中国证券市场20年回顾与展望暨第四届中国上市公司市值管理高峰论坛"活动中,国金证券荣获"中国20家最具影响力证券公司奖"。

经营业绩

国金证券尊崇"责任、共赢、和谐"的企业精神,秉承"规范管理、稳健经营、深化服务、科学创新"的经营理念及"专业创造价值,诚信铸就未来"的服务理念,打造了一只专业化、高素质的职业人才团队,连续保持20年年终税前盈利,成为证券行业仅有的2家连续盈利的证券公司之一。

主营业务发展情况

国金证券坚持"以研究咨询为驱动,以经纪业务为基础,以投资银行业务为重点突破,以自营投资业务和创新业务为重要补充"的业务模式,通过实施差异化增值服务商的竞争战略,不断提升核心竞争力。

1. 投资银行业务

公司投资银行业务定位于为中国高速成长的中小企业创造价值,拥有一支近50位保荐代表人为骨干的投资银行专业团队,以为客户创造价值为导向,针对客户特色提供周全、有效的解决方案与贴身式服务,得到了市场的认同和好评。投行业务范围涵盖IPO、再融资、公司债、并购重组、场外业务等,近年来主承销家数和金额快速上升,2010年股票主承销家数排名行业第11位,是发展速度最快的本土投行之一,被深圳证券交易所评为"2010年度优秀保荐机构",跻身十佳行列。

荣誉

在《新财富》杂志组织的"中国最佳投行"评选活动中,2008年荣获"最佳配股项目——华发股份配股";2009年荣获"最具创新能力投行"、"进步最快投行";2010年荣获"本土最佳投行团队"。

在《上海证券报》组织的"中国最佳投资银行"评选活动中,2007年荣获"最快进步团队";2008年荣获"最具潜力团队"。

在《证券时报》组织的"中国区最佳投行"评选活动中,2008年荣获"最具潜力投行";2009年荣获"最具成长力投行";2010年荣获"最佳创新投行"、"最具投资价值保荐项目——三安光电非公开发行"。

2. 研究咨询业务

公司研究所秉承"投资型研究"的理念,汇聚行业精英人才,以市场为中心,以客户需求为导向,构建"研究业务为基础、投资分析为纽带、研究服务为导向"的三层架构体系,积极融入市场、贴近上市公司,与不同类型投资者同行,做到领先市场半步,为基金公司、保险公司、大型企业集团、财务公司、信托公司、QFII等为代表的高端专业机构客户群提供研究咨询等一站式资本服务。近几年研究服务成绩显著,连续多年"新财富"、"水晶球"、"金牛"等业内知名评选活动中荣获"最佳团队"、"进步最快团队"、"最具影响力研究机构"、"最佳分析师"等殊荣,在业内取得较高的知名度。

荣誉

在2008年《新财富》组织的"本土最佳研究团队"评选中荣获第5名。

在2009年《新财富》组织的"本土最佳研究团队"评选中荣获第4名。

在2010年《新财富》组织的"本土最佳研究团队"评选中荣获第4名。

2011年,在国内最具公信力、最客观的分析师排名之一"天眼中国证券分析师评选"中我公司研究所以荣获7个奖项成为获奖人数最多的研究机构,综合实力排名第一。

3. 经纪业务

公司经纪业务以打造"本土最具特色差异化增值服务商"为目标,秉承全心全意为客户服务的宗旨,始终坚持"以客为尊"的服务理念,以客户需求为导向,针对不同客户在不同人生阶段的理财需求,分别在交易通道、资产托管、股票投资、金融理财、家庭资产配置五个方面,为客户提供专业、专属服务。同时,公司将具有良好市场品牌和雄厚研究实力的研究所与具有网点和团队优势的经纪业务进行整合,通过优势互补,形成"以研究为驱动,产品为核心,服务为纽带"的客户导向型的经纪业务营销服务模式。在成功整合研究资源、技术资源和营销服务资源的前提下,通过整合交易终端、"研究所＋投资顾问＋销售服务人员"三级咨询服务体系、标准化的服务产品,为客户建立起全方位的财富管理和综合服务平台。近年来市场份额稳步提升,差异化的经纪业务发展模式初步成型。

国金证券将牢牢把握"合规经营、风险可控"的基础不动摇,坚持"差异化增值服务商"的战略发展定位,争取实现公司业务资格的"全牌照",着力打造集证券、期货、基金管理为一体的综合业务平台,为中国资本市场的繁荣发展贡献自己的力量。

公司现有证券营业部16家、证券服务部7家,营业网点遍及上海市、北京市、长沙市、杭州市、昆明市、厦门市、成都市及四川省其他多个地区,经营面积逾50000平方米,以下是公司服务热线。

全国统一服务热线:4006－600109

地区服务热线:

95105111(四川地区)

4006－600109(北京,上海)

0871－3153598(昆明)

0731－88311818(长沙)

0571－85832052(杭州)

0592－5353788(厦门)

瑞银证券有限责任公司

瑞银证券有限责任公司("瑞银证券")是由北京国翔资产管理有限公司、瑞士银行有限公司(又称瑞银集团、UBSAG)、中国建银投资有限责任公司、国家开发投资公司、中粮集团有限公司（原中国粮油食品（集团）有限公司）、国际金融公司（“IFC”）对原北京证券有限责任公司重组后共同出资组建的新证券有限责任公司。公司注册资本为14.9亿元人民币，总部设于北京，瑞银证券主要业务部门包括投资银行部、证券部、固定收益部、财富管理部以及资产管理部。

经营证券业务许可证编号：Z39911000

经营范围：证券经纪（含境内上市外资股）；证券投资咨询；与证券交易、证券投资活动有关的财务顾问；证券承销与保荐（含境内上市外资股）；证券自营；证券资产管理。

注册地址：北京市西城区金融大街7号英蓝国际金融中心12、15层

邮政编码：100033

法定代表人：刘弘

高管人员

董事长：李一

总经理：刘弘

副总经理：张国基、余际庭

合规负责人：郑琰

营业部

瑞银证券有限责任公司北京金融大街证券营业部

注册地址：北京市西城区金融大街7号英蓝国际金融中心15层

邮政编码：100033

瑞银证券有限责任公司上海南京西路证券营业部

注册地址：上海市南京西路1168号中信泰富广场24层2401－2404室

邮政编码：200041

瑞银证券有限责任公司上海花园石桥路证券营业部

注册地址：上海市浦东新区陆家嘴花园石桥路33号花旗集团大厦37,38层

邮政编码：200120

瑞银证券有限责任公司杭州教工路证券营业部

注册地址：杭州市西湖区教工路18号世贸丽晶城欧美中心1号楼A区1201、1202室

邮政编码：310012

瑞银证券有限责任公司广州林和西路证券营业部

注册地址：广州市天河区林和西路161号中泰国际广场35层3506室

邮政编码：510620

瑞银证券有限责任公司深圳深南东路证券营业部

注册地址：深圳市罗湖区深南东路5001号华润大厦第26层2602室

邮政编码：518001

分公司

瑞银证券有限责任公司上海分公司

注册地址：上海市浦东新区陆家嘴花园石桥路33号37楼3702A室

邮政编码：200120

瑞银证券有限责任公司证券承销保荐上海分公司

注册地址：上海市浦东新区陆家嘴花园石桥路33号37楼3702B室

邮政编码：200120

中航证券有限公司

中航证券有限公司（以下简称“中航证券”）是经中国证券监督管理委员会批准设立的全国性综合类证券公司，前身是江南证券有限责任公司，于2002年10月18日在江西南昌成立。2010年5月6日，公司正式更名为中航证券有限公司。中航投资控股有限公司为中航证券第一大股东，实际控制人为中国航空工业集团公司，注册资本132587.58万元人民币。

中航证券主营业务范围为：证券经纪；证券投资咨询；与证券交易、证券投资活动有关的财务顾问；证券承销与保荐；证券自营；证券资产管理；证券投资基金代销。公司在京、津、沪、渝、粤、闽、浙、桂、苏、甘、辽、赣、陕、豫、鲁、鄂、滇等全国主要省市设有32家证券营业部，在深圳、北京分别设立了证券承销与保荐分公司及资产管理分公司。

中航证券依托中国航空工业集团，与中航财务、中航国际租赁、中航信托、中航期货、江南期货、天津裕丰基金、中航安盟财险（筹）等公司，共同构成由中航投资控股有限公司投资经营的中航工业非银行金融板块，为国内外机构及个人客户提供综合性金融服务。

作为中国航空工业金融产业发展平台的重要组成部分，在中国航空工业集团公司“两融、三新、五化、万亿”的发展战略指引下，中航证券秉承“航空报国、强军富民”的宗旨，践行“敬业诚信、创新超越”的理念，创建一流公司、建设一流团队、创造一流业绩、实现一流管理、争做一流员工。

发展概况

2003年6月，中航证券的前身江南证券有限责任公司（以下简称“江南证券”）获得主承销商资格。2004年，江南证券成为首批保荐机构，并于年底圆满完成安徽山鹰纸业股份有限公司增发A股工作，承销总金额4.24亿元；同时在并购重组业务方面也取得较好成绩，先后担任力元新材大股东资产注入财务顾问、华天酒店重大资产收购独立财务顾问及华联股份大股东资产注入财务顾问等。

2008年5月，江南证券投资银行部重新申请恢复了保荐资格，并对投资银行业务部门和人员进行了战略性重建，以高起点的市场化运作模式组建了新的专业团队，并于2009年中将投资银行团队和业务重新整合成立了专门从事投行业务的分公司，即“中航证券证券承销与保荐分公司”，秉承以“承销业务、并购业务和创新业务并举，以承销业务为基础，积极开展并购和创新业务”的发展战略，开展包括证券承销与保荐、并购重组、财务顾问等多品种、全覆盖的投行业务，逐步构造起投行核心竞争力。

2009年6月，由江南证券担任主承销商的仁和药业再融资项目获证监会审核通过并成功发行，筹资7.10亿元。

2009年11月，由江南证券担任主承销商的报喜鸟再融资项目获证监会审核通过并成功发行，筹资8亿元。

2010年3月，由江南证券担任主承销商的合肥高新开发区企业债和红谷滩城投企业债顺利完成发行，筹资额达15亿元和8亿元。

2010年5月，由江南证券承销保荐的首个IPO项目常发制冷股份有限公司在深圳交易所成功上市，筹资6.66亿元。

2010年6月，“江南证券承销与保荐分公司”更名为“中航证券承销与保荐分公司”。

2010年9月，由中航证券联合主承销的中国航空技术国际控股有限公司企业债券顺利完成发行，筹资15亿元。

2011 年 1 月,由中航证券保荐承销的深圳雷曼光电科技股份有限公司 IPO 项目在创业板成功上市,筹资 6.38 亿元。

2011 年 2 月,由中航证券联合保荐承销的四川成发航空科技股份有限公司非公开发行项目成功完成,筹资 10 亿元。

2011 年 3 月,由中航证券保荐承销的深圳市铁汉生态环境股份有限公司 IPO 项目在创业板成功上市。

固定收益部

中航证券固定收益部是公司从事固定收益类证券业务的专业化部门,我们拥有一支知识结构合理、专业素质过硬、在债券交易、承销、投资研究等方面具有丰富经验的专业队伍,在业内已取得较好的业绩并享有较高的声誉。

债券交易投资业务

主要进行国债、央票、短期融资券、中期票据、企业债、金融债等固定收益产品的现券及回购交易。

2007 年公司在银行间市场券商债券交易量综合排名中位列第 39 位,累计完成交易量 28.3 亿;2008 年一季度,累计完成交易量 216.35 亿元,在 2008 年 1 至 4 月券商债券交易综合排名中位列第 19 位。

债券承销业务

主要进行企业债、短期融资券等固定收益类产品的承销业务。

先后承担了国家电网、铁道部、中国铁通、中国远洋运输、中核集团、兴泸投资等多家中央级和地方级企业债发行承销工作。

金融创新部

金融创新部是以市场有效需求为目标,以金融产品创新为依托,以持续营销为手段的业务部门。金融创新部立足中国金融市场的实际情况,依靠现代金融学理论,通过数量化研究构建交易和风险管理策略,辅之以完全自主开发的程序化交易系统,以金融结构化产品和金融衍生产品为主要研究与交易对象,为资产管理和经纪业务倡导一种全新的投资理念和盈利模式。金融创新部由技术部、研究部和市场部组成,拥有有多名金融工程分析师、IT 工程师和富有经验的交易员。

地址:江西省南昌市红谷滩新区红谷中大道 1619 号
南昌国际金融大厦 A 栋 41 层
邮编:330038
邮箱:office@ avicsec. com
网址:www. avicsec. com
客服热线:4008866567

世纪证券有限责任公司

世纪证券有限责任公司前身为成立于 1990 年的江西省证券公司。2001 年 7 月,经中国证监会批准,公司增资扩股并更名为“世纪证券有限责任公司”,注册地址迁至广东省深圳市。多年来,公司逐步发展成为以深圳为总部、以江西为重点业务区域,业务网络覆盖北京、上海、广东、江苏、湖南、云南等地的全国性专业证券公司,目前注册资本为 7 亿元人民币,在全国 15 个大中城市拥有 23 家证券营业部,在北京、南昌设有办事处。

公司的经营范围包括:证券经纪;证券投资咨询;与证券交易、证券投资活动有关的财务顾问;证券承销与保荐;证券自营;证券资产管理;证券投资基金代销。公司以雄厚的资金实力、一流的人才队伍、丰富的专业经验、稳健的经营作风为广大投资者和机构客户提供全方位的专业证券服务。

历经多年的发展,公司培养和造就了一支高素质的骨干员工队伍,公司现有员工近 2003 人。

面对全球化背景下资本市场的机遇与挑战,公司坚持“合规经营、稳健发展”的经营思想,不断改革创新,努力提升公司的核心竞争力,为建设和谐社会、促进证券市场健康发展贡献新的力量。

中信证券(浙江)有限责任公司

中信证券(浙江)有限责任公司(Citic Securities(Zhe-Jiang)Co.,Ltd.,简称“中信证券(浙江)”)是中信证券股份有限公司的全资子公司。公司前身是中信金通证券有限责任公司,于 2011 年 12 月更名为中信证券(浙江)有限责任公司。公司注册资本为 8.85 亿元人民币。

中信证券(浙江)的经营区域为浙江省、江西省、福建省,截至 2011 年 12 月底设有 52 家营业网点。公司 2011 年代理买卖证券业务净收入在行业排名第 20 位;股票基金交易量市场份额 1.95%,全国排名第 15 位;区域市场(浙江省)交易量市场份额连续 6 年排名第一。

中信证券(浙江)根植区域市场,长期以来坚持客户至上,真诚服务的理念,以专业服务不断为客户创造价值。公司致力于为客户提供“高效证券经纪整合服务”,打造客户服务品牌——“金翼”(KINGING)。“金翼”品牌包含“金翼至尊”、“金翼天骄”、“金翼赢家”三大子品牌,涵盖综合平台、资讯咨询、行情交易、投资理财、培训沙龙、亲情关怀等六大类产品,建立了包括营业网点、呼叫中心、综合服务平台、手机证券等立体化的服务网络。

公司致力于为客户提供专业高质咨询增值服务的中信证券投资顾问品牌,凝聚公司一线最为精英的专业人才,以本土最佳的中信证券研究所团队与专注于服务投资顾问团队的强大买方研究团队为依托,与客户共成长、共成就。

展望未来,中信证券(浙江)将秉持“创造财富人生”的企业使命,积极进取,努力开拓,致力于成为客户满意、员工满意、股东满意、社会满意的最佳证券经纪商。

地址:浙江省杭州市滨江区江南大道 588 号
恒鑫大厦主楼 19 层、20 层
邮编:310052
电话:0571 - 85783737
服务邮箱:96598@ bigsun. com. cn

西南证券股份有限公司

西南证券成立于 1999 年,注册资本 23.23 亿元,是唯一一家注册地在重庆的全国综合性证券公司,经营范围包括:证券经纪、证券承销保荐及财务顾问、证券自营、资产管理、融资融券、证券投资基金代销。2009 年 2 月 26 日,西南证券在上海证券交易所挂牌上市,成为中国第九家上市证券公司,是重庆第一家 A 股上市金融机构。公司现有员工近 3000 名,41 家营业网点遍布国内 19 个经济中心城市,在北京、上海、深圳、成都、重庆 5 地设有投资银行业务部,并于 2010 年设立了从事直接投资业务的全资控股子公司——西证股权投资有限公司,注册资本 4 亿元。

近年来,在重庆市委、市政府、国资委的正确领导与大力支持下，依托资本市场的高速扩张和重庆区域经济的快速发展，公司坚持市场化发展道路，先后完成改革重组、借壳上市、增发融资等战略性举措，净资产一举突破百亿元，总资产突破两百亿，实现了超常规、跨越式发展。在金融经济形势纷繁复杂的2010年，公司取得了优良的经营成绩，全年累计实现营业收入19.36亿，利润总额10.45亿，经纪业务市场份额增速位列15家上市券商第1位，净资产规模位居行业第13位，资本实力接近券商第一阵营，并顺利完成重庆有史以来单笔规模最大的60亿A股市场融资，一举拿下融资融券、资产管理、直接投资、场外交易等四块业务牌照，为"全牌照"经营打下了坚实的基础。

1. 公司总体经营情况

2011年上半年，世界经济复苏面临着巨大挑战，受国际经济金融形势复杂性和国内严控房地产市场泡沫、控制通货膨胀、推进结构调整等因素影响，中国股市上半年交易量不断萎缩，股市行情大幅震荡，大盘指数在低位收官。面对复杂严峻的市场形势，公司挖掘资源积极应对市场变化，一方面夯实内部管理，积极开展同业并购、信息系统建设与合规建设等工作，有效提升公司分类评级为A级A类；另一方面狠抓业务发展，在巩固提升传统业务的基础上，有效拓展创新业务的发展空间，培育新的利润增长点，力求多管齐下，提高公司经营业绩。

截至2011年6月30日，公司总资产为204.41亿元，与年初相比减少10.26%；净资产（归属于上市公司普通股股东）114.60亿元，与年初相比增加3.03%；净资本92.94亿元，与年初相比增加1.89%；实现营业收入8.21亿元，同比增加44.37%；实现营业利润4.15亿元，同比增加109.59%；实现净利润3.35亿元，同比增加107.85%。

2011年1-6月国内证券市场反复整荡，在全行业整体利润水平较上年同期下降的情况下，公司利润水平增长较大。除公司经纪业务受佣金率下滑的影响，实现利润较上年同期有所减少外，公司其他主营业务板块均实现了增长，其中公司投资银行业务积极进取，较上年同期有较大增长。

2. 主营业务介绍

（1）证券经纪业务

2011年上半年，在市场行情低迷、行业佣金价格持续下滑、券商经纪业务收入普遍下降的大环境下，公司经纪业务本着严控成本、强化风控、推行精细化管理的原则，以融资融券和基金销售为增收的两项抓手，审时度势、探索求新，牢牢围绕年度经营计划开展各项工作，推进网点建设、优化绩效考核、提升服务质量，推动经营思路及营销服务转型。经纪业务份额和客户资产保持了连续增长的良好势头，半年累计实现交易量3,906.83亿元，同比增长15.42%（同期市场增长8.67%），市场份额同比增长6.21%，增长率位于上市券商前列。

公司经纪业务客户开户数达83万户，客户资产1,079.26亿元，较去年同期增长45.93%。

（2）投资银行业务

2011年上半年，公司投行继续保持IPO、再融资、并购及固定收益业务齐头并进的格局，同时积极开拓公司债、新三板业务等监管机构主导的业务，共完成股权融资项目9家，募集资金88亿元，完成债券承销项目2家，募集资金35亿元，并还有多家项目在会审核。

上半年，公司投行获得了深圳证券交易所评选的"2010年度优秀保荐机构奖"、《证券时报》评选的"最佳再融资投行"、"最佳并购投行"、"最佳并购项目主办人"，以及《上海证券报》评选的"2010年度最具潜力保荐团队"等多项荣誉称号。

（3）证券投资业务

2011年上半年，公司证券投资管理业务在市场出现大幅波动的背景下，动态调整投资策略，积极把握市场的波段性操作机会；前期参与的定向增发项目也在报告期内取得了超越大盘的投资收益率。此外，公司自营业务获得参与股指期货套期保值交易业务的资格，增加了公司自营业务操作的灵活性，促进了自营业务的平稳发展。

（4）资产管理业务

资产管理业务一直按照"严控风险、稳健增值"的投资目标进行运作。截至2011年6月30日，西南证券珠峰1号集合资产管理计划受托资金规模16.55亿元，投资业绩跑赢业绩比较基准，在所有非限定性集合资产管理计划排名中处于上游水平。

3. 主要参控股公司的经营情况

（1）西证股权投资有限公司

西证股权投资有限公司，系公司全资直投业务子公司，成立于2010年3月29日，业务范围为股权投资，当前注册资本4亿元人民币，注册地重庆。2011年上半年，西证股权投资有限公司一方面跟进已签约投资项目进展情况，另一方面积极推进业务项目考察工作，对一些可行性项目做了深入的考察和调研，并初步确定有投资意向的新项目；同时，在有效控制风险、保持流动性的前提下，提高闲置资金利用率，提高公司盈利水平。

（2）银华基金管理有限公司

公司持有银华基金管理有限公司29%股权。银华基金管理有限公司成立于2001年5月28日，注册资本2亿元人民币，注册地深圳。业务涉及共同基金管理、企业年金投资管理、特定客户理财业务（一对一、一对多）及QDII（合格境内机构投资者）等多个领域。截至2011年6月30日，银华基金管理有限公司资产总额10.23亿元；报告期内，实现营业收入5.22亿元，净利润1.2亿元。

地址：重庆市江北区桥北苑8号西南证券大厦
邮编：400023
全国统一客服热线：4008096096
公司网站：www.swsc.com.cn

南京证券有限责任公司

南京证券是1990年10月经中国人民银行批准设立的江苏省第一家专业证券机构，全国创新类证券公司。截至2011年10月，注册资本18.79亿元，总资产111.29亿元，净资产37.88亿元，净资本30.65亿元，控股南证期货有限责任公司，发起设立"富安达"基金管理公司。

南京证券业务范围涵盖证券经纪、证券承销、证券自营、客户资产管理、财务顾问等诸多领域，设有20个职能管理和业务部门，在全国设有近60家分支机构，可以为广大投资者和企业筹融资提供全方位服务。

南京证券历经20年的风雨洗礼和岁月磨炼，基础管理和改革、业务经营和规模、行业地位和影响均取得了长足进步和发展。20年年均交易量增长率65.98%、年均利润总额增长率33.39%、年均股东回报率13.93%，成为全证券行业唯一一家自成立20年以来从未亏损、持续盈利、稳定回报的优质证券公司。

南京证券2011年荣获"全国文明单位"称号，这是证券行业第一家全国文明单位；2010 年荣获“江苏省文明单位标兵”称号；连续 12 年荣获“南京市文明单位”、连续 11 年荣获“江苏省文明单位”；先后 6 次荣获“建设新南京有功单位”；荣获“中国企业文化优秀奖”，是江苏省和南京市“国有企业创建‘四好’领导班子先进集体”、江苏省和南京市“先进基层党组织”、全国首批“国家级征信企业”、“中国 100 最具影响力企业”，30 家分支机构分别荣获国家、省、市级“青年文明号”，其中国家级青年文明号 4 家，始终走在证券行业又好又快发展的前列。

企业文化理念：

团队精神：特别能吃苦、特别能战斗、特别能奉献。

经营宗旨：以人为本、以心为桥、以诚为基、以德兴业。

团队作风：实事求是、雷厉风行、艰苦朴素、逢旗必夺。

历史责任：为客户提供满意服务、为员工提供发展空间、为股东提供稳定回报、为社会做出应有贡献。

海通证券股份有限公司

海通证券股份有限公司成立于 1988 年，是国内成立最早、综合实力最强的大型券商之一，业务范围涵盖经纪、投行、并购、资产管理、融资融券、基金、期货和 PE 投资等全方位金融服务。海通证券于 2007 年在上海证券交易所挂牌上市(600837)并完成定向增发，总资产和净资产位居行业第二位，2011 年底净资产达 445 亿元。公司拥有遍布全国的 220 家营业部，拥有 400 万零售客户和超过 1 万个机构客户及高端客户，客户资产规模近万亿元。公司创新业务位居行业领先地位，作为融资融券第一批试点券商，市场排名始终保持第一位；公司股指期货业务发展迅速，排名行业前三。公司首批获得约定购回式证券交易资格，并获得债券质押式报价回购资格。

公司的投资银行业务在发展中打造了具有公司特色的行业品牌，尤其在金融和高科技企业的发行承销，以及文化传媒企业的并购重组方面享有盛誉。公司在服务中小型和民营企业方面经验丰富，积累了雄厚的客户基础。公司的 PE 投资业务起步早、发展快、项目经验丰富，为投资人创造了丰厚的回报。公司作为国内最早开展私募股权投资的证券公司，全资拥有或控股海通开元和海富产业等 4 家 PE 投资基金管理公司，打造了国内 PE 投资领域的知名品牌。

按照国际化战略的指引，公司国际业务稳步发展，重点推进 QFII、跨境并购、人民币基金和跨境 ETF 等业务，公司 QFII 客户数和资产规模位于市场前列，QFII 交易金额位居行业前三；公司成功收购了香港本地老牌券商大福证券，更名为海通国际证券，积极推动境内外业务联动，着力打造海外发展的业务平台，海通国际在香港人民币产品领域保持领先地位，并首批获得人民币境外合格机构投资者(RQFII)资格。公司长期致力于走国际化金融控股集团的发展道路，先后发起设立了海富通基金公司、海富产业基金公司、海通开元投资有限公司、海通国际控股有限公司等子公司，控股了海通期货有限公司。

在多年的发展中，海通证券始终遵循“务实、开拓、稳健、卓越”的经营理念，孜孜追求“管理一流、人才一流、服务一流、效益一流”的经营管理目标，取得了良好的经济和社会效益，集聚了一大批极具活力的高水准专业人才。未来公司将坚持以人为本、创新驱动、转型发展，推动各项业务再上一个新台阶！

主要业务介绍

经纪业务

零售经纪业务销售交易总部是负责公司经纪业务市场推广和业务拓展的职能部门，以“四大团队、八项服务”为推手，旨在提升经纪业务核心竞争力。

四大销售服务团队管理：营销团队、客户服务团队、投资顾问团队、交易服务团队。

八项核心服务模式推送：投资咨询产品研发、创新交易产品研发、交易产品定制、彩虹俱乐部服务、客户分级分类管理、投资者适当性管理、交易及电子商务平台构建、客户服务中心管理。

营销管理中心

推进各分支机构因地制宜开展营销团队建设，打造营销团队的市场竞争力。当前营销团队的规模居行业前列，其中注册经纪人人数稳居行业首位。构建完善的营销团队培训体系，建立高效的展业支持平台，持续提升营销团队的专业能力及服务水平，不断加强营销团队的职业化和规范化管理。

拓展及维护营销渠道，推动公司与银行、保险等其他金融机构的纵深合作，策划、组织与其他金融服务机构的共同营销活动，深入挖掘业务合作项目，推进各分支机构渠道业务的发展。

投资理财中心

提供各类实战性投资咨询产品：为客户提供 A 股及港股的市场信息及投资理财建议，涵盖投资策略日报、周报、月报、手机短信、融资融券产品、量化投资组合、港股投资策略及组合、基金及债券投资报告及组合等。

以“彩虹俱乐部”形式、制定了专为投资顾问客户提供的彩虹理财计划，通过邮件、手机短信以及一对一投资指导等方式，为机构及个人核心客户提供包括标准化及个性化的投资咨询产品和服务、可根据客户的投资偏好和风险偏好，提供针对性投资建议，可对核心客户的证券投资账户进行动态跟踪管理、账户诊断等服务，及时提示风险及投资机会。

投资顾问业务开展、管理与指导：为分支机构投资顾问提供产品及服务支撑，指导分机构开展投资顾问业务，对投顾业务进行日常管理、负责投资顾问培训与展业资格认证、投顾业务考核制度及指标的制定等。

介绍业务管理部

统筹管理期货中间介绍业务的制度建设、业务规划、营销推动、人员培训、协助开户、投资者教育、投诉处理以及客户服务。

推广基于期现、ETF 的套利交易模式，通过动态更新发布套利策略，以及部署专门的交易系统支持套利交易业务开展。

推动算法及程序化交易业务发展，构建程序化算法交易平台，在数据服务、多品种交易通道整合、开放式应用扩展等方面全方位支持创新交易业务发展。

电子商务部

负责经纪业务电子平台业务需求管理。

公司非现场交易系统(包括网上交易系统、手机证券等)的功能设计与维护。

公司非现场服务系统(网站、短信平台等)的功能设计与维护。

与第三方就电子商务方面合作的接洽。

客户管理部

集交易、查询、语音及人工咨询等服务为一体的 95553 电话覆盖全国；获得证券行业总部级客户服务中心 CCCS 五星级认证。

营业部、网站、客户服务中心共同协作，为客户提供多渠道、全方位、方便、快捷的交易手段。

机构和高净值客户经纪业务

产品销售部

参与推进与基金公司、社保基金、保险公司等机构的全面合作，积极开拓新的业务模式，提高海通证券的市场竞争力和业务创新能力。

组织开展基金代销业务，策划营销活动，指导分支机构有序地开展基金销售工作，从而扩大市场占有率，提升服务水平。

建立多元化的基金产品销售服务网络，通过庞大的营业部网点和电子商务平台，为基金投资者搭建安全、便捷、全方位的销售通道，提供专业化的基金销售服务。目前公司已基本实现基金产品的全代销，方便投资者选择适合自己的基金产品。

高端客户部

推进与银行、信托、基金、私募等各类金融同业和投资机构的业务合作，加强对全国社保、企业及高净值个人等机构客户的股权管理服务，紧跟证券市场各类机构投资者及金融产品的发展趋势，进行产品创新、服务升级，积极开拓新的业务空间。

推进与国资管理部门、全国社保、企业及高净值个人等机构客户的股权管理服务，开辟机构型经纪业务发展新模式，提升经纪业务市场占有率和经济效益。

推进与银行、信托、私募等机构的合作，加强阳光私募业务开拓，以产品创新、服务创新引领市场潮流。

推进基于“合作平台＋系列产品＋业务推广”三维一体的海通股权管理服务体系建设，围绕机构客户需求，开发系统化、定制化、专业化的金融产品与服务，完善股权管理的服务领域，提升公司机构客户业务的市场竞争力。

研究销售部

为基金、保险、阳光私募等客户提供全方位的研究销售服务，并协助提升研究所及研究员的市场影响力。积极整合公司资源为基金、保险、阳光私募等机构投资者提供以研究为核心的全方位立体服务，从而提升公司的影响力。

举办各类大型投资策略研讨会、专题策略会、电话会议、上市公司投资者见面会，以及上市公司联合调研、现场推介等主要模式与客户进行深入沟通与交流。

在日常电话、邮件沟通中注重时效性和对市场变化的敏感性，发挥研究与投资的桥梁作用。

期货经纪业务

海通期货有限公司是经中国证监会批准，国家工商局核准登记注册的专业期货公司，是海通证券股份有限公司控股的子公司。公司2011年分类监管评级为A类A级，拥有上海期货交易所、大连商品交易所、郑州商品交易所全权会员资格，是中国金融期货交易所交易结算会员，并首批获得期货投资咨询业务资格。

作为券商控股期货公司，海通期货长期以来深入贯彻落实中国证监会“期货市场服务产业经济和国民经济”的精神，着力打造技术领先平台、业务创新平台、人才集聚平台和科学管理平台，构建核心竞争力。公司投入数千万元打造IT平台，达到三类信息技术标准，并在大型期货公司中首家上线代表国际领先技术的新一代期货交易系统，为客户提供快捷、安全、个性化的交易平台，为股指期货交易构建了业内领先的交易通道；公司注册资本10亿元，是目前国内注册资本最大的期货公司之一；在全国21个主要城市开设了22家营业部，并依托海通证券近200家营业网点，可以为客户提供覆盖全国的服务；公司在业内首家通过ISO9001:2008质量管理体系认证，具备了为客户提供符合国际标准服务的能力；与海通证券联合成立了业内首个“证期联合研究中心”，集合期货、证券的尖端研究人才，为投资者提供更为专业、优质、可靠的服务。

海通期货健康快速的发展和良好的企业形象受到监管部门和社会各界的充分肯定，获得了多项荣誉。公司是中国期货业协会理事单位，先后荣获上海期货交易所“年度交易进步奖”、“优胜会员奖”，大连商品交易所“最具成长性会员”、“市场服务成就奖”，郑州商品交易所“市场进步奖”、“市场服务奖”、“产业服务奖”、“企业服务奖”，中国金融期货交易所“优秀会员金奖”等荣誉；先后被CCTV、证券时报、金融界、搜狐等媒体评为“最具成长性期货公司”、“最佳战略定位奖”、“中国期货市场最佳公司品牌大奖”；连续两年被中国社会工作协会评为“中国优秀企业公民”，是唯一获此殊获的期货公司；荣获第五届中国资本市场年会“金钥匙奖”，是唯一获此殊荣的期货公司。在上海市委宣传部、市文明办等单位联合组织的评选中，公司被评为“诚信企业”。

展望未来，海通期货将用3－5年时间建成具有较高行业影响力、品牌卓越、服务领先、拥有国际竞争力的一流期货公司。

融资融券业务

融资融券部负责公司融资融券业务的运作和管理，致力于为投资者提供融资、融券服务。2010年3月，公司取得融资融券业务试点资格，成为全国首批六家试点券商之一。继取得首批融资融券业务试点资格后，公司力争取得首批转融通业务试点资格。目前，公司在全国已有近180家营业部获准开展融资融券业务。

业务优势

率先取得试点资格，具备先发优势。融资融券业务开展后，公司融资融券规模、交易量等指标均位列同行业前列。

净资本规模排名靠前，具备资金优势和券源优势。公司雄厚的资金实力奠定了为客户提供融资融券服务的基础。目前，公司融出券源是试点券商中可融出券源品种最多的券商。随着融资融券标的范围放宽，公司也将适时扩充券源。

业务流程灵活、简便。采用预授信模式，即授信时不要求客户提交担保品，主要依据客户的信用等级、普通资金账户的资产总值以及客户提供的其他金融资产等因素确定其授信额度。

手续便利。客户普通资金账户具备一定开户年限及资产规模。申请时，历史交易表现良好的客户只需提供基本情况、财务状况等相关信息。

国际业务

近年来，海通证券的国际业务取得了全面发展。在公司“国际化、集团化”两大发展战略的指引下，海通证券的国际业务重点推进了QFII、海外机构B股经纪业务和各项跨境业务，并着力搭建公司的国际化网络。

国际业务部由近30位经验丰富的专业人士组成，团队成员拥有丰富的中国及海外市场经验。公司已被欧美、亚太等众多资产管理公司、投资银行和商业银行的海外机构投资者选为中国经纪商，为其提供中国市场多种金融产品的交易执行、研究资讯服务。截至2011年12月，公司QFII客户的市值已近300亿元人民币，QFII业务在客户数量、资产规模和交易金额等业务指标上都名列国内前茅，形成了以先进的交易清算平台、丰富的研究资讯服务为特色的专业化服务品牌。

国际业务部不断扩大海外客户网络，充分利用公司投资银行、资产管理、并购各项业务平台和客户网络优势，发挥公司在证券、期货、产业投资方面的综合竞争力，与海外机构客户和战略合作伙伴共同推进跨国财务顾问业务、跨国并购、直接投资等方面业务合作，积极寻求国内企业海外上市的业务机会。

投资银行业务

海通证券为机构客户提供企业融资服务，包括股权承销、债券承销以及财务顾问服务。海通证券致力于通过一体化的投资银行平台，为客户提供个性化的企业融资服务，并增加各个业务领域的交叉销售机会。

海通证券在中国的投资银行业已建立领先地位并致力不断提升该地位。根据中国证券业协会公布的数据，以股权承销金额计，海通证券于2010年在中国证券公司中排名第4。此外，以股权及债券承销金额，海通证券从2009年的第18位上升至2010年的第9位。根据中国证监会公布的信息，按照担任A股上市公司重大资产重组交易顾问的数目计，海通证券于过去连续三年在中国证券公司中排名前两位。

良好的服务质量、精湛的技术水平、孜孜以求的创新精神，使海通证券的投资银行业务得到了客户的广泛认可。2006年4月，公司投资银行荣获“2005年度投行最佳团队”、“2005年最佳股改团队”。2007年1月，公司被著名财经网站“和讯网”评选为“2006年度中国最佳投行金牌团队”。2008年1月，公司被《证券时报》评选为“2007年中小企业优秀保荐机构”。2008年3月，被《新财富》评为“最受尊敬的投行”之一。2008年，被浙江省人民政府金融工作办公室评为“优秀证券中介机构”。2009年公司荣获第三届《新财富》杂志“新财富最佳投行奖”。2010年5月公司荣获《证券时报》中国区优秀投行评选的“最佳再融资投行”称号，“东方航空吸收合并上海航空”被评为最佳并购项目。2010年12月公司荣获由理财周报评选的“2010中国十大最佳投行”奖项。2011年8月，公司荣获第三届“新财富最佳投行”称号。

股权融资业务

与中国资本市场一同成长起来的海通证券投资银行部，在过去的十几年里，创下了很多个国内“最早”和业内“第一”。海通证券的投资银行业务在近10年的不断探索过程中打造出了具有海通特色的知名行业品牌，尤其在金融类企业和高科技企业的发行承销方面享有较高声誉。公司先后担任了浦东发展银行、民生银行、深圳发展银行、交通银行、建设银行、华泰证券等金融企业的首次公开发行并上市或再融资项目的主承销商和保荐人；海通证券投资银行还担任了我国第一家赴海外上市银行——交通银行上市的财务顾问，我国第一家私募发行商业银行次级债券——民生银行次级债券的主承销商；我国第一家保险公司次级债券一泰康人寿保险次级债券的财务顾问以及新华人寿上市、发行次级债的工作。同时，用友软件、上海贝岭、中国海诚、海兰信、新天科技、高盟新材、三丰智能的成功发行也为海通投资银行在高科技领域的承销业绩写下了浓重的一笔；2007年，金风科技首次公开发行并上市是中小板最具影响力的项目之一，并成为清洁新能源领域的里程碑事件。海通投资银行长期注重为创业型、成长型企业提供服务，2009年推荐的中元华电、银江股份等公司成功跻身国内创业板首批28家上市公司之列。截至2011年12月，公司作为主承销商已经为258家企业提供了融资服务，共筹集资金2830亿元，其中IPO项目147家，募集资金1002亿，配股49家，募集资金352亿，增发36家，募集资金921亿，可转债35家，募集资金494亿，权证1家，募集资金60亿。2005年股权分置改革以来，投资银行部共计完成股权分置改革项目135家，业务市场排名第一，市场占有率达到约10%，在业内遥遥领先。

拥有一支超过250人的高素质投资银行团队，投行从业人员中硕士及博士占到73%，平均年龄30岁，平均投资银行从业时间4年。保荐代表人人数达68人，此外还有25人已通过保荐代表人考试，正在申请保荐代表人资格，届时保荐代表人将达到近93人，在国内证券公司保荐代表人数量上首屈一指。

债券融资业务

海通证券债券融资部是从事企业债券、公司债券、金融债券及企业资产证券化等固定收益类产品的一级承销业务部门。自2005年成立至今，已在企业债券承销、短期融资券、中期票据、金融债券分销等方面取得了长足的发展。

截至2011年12月，海通证券股份有限公司债券融资部已成功主承销企业债券、公司债券项目20个，融资总金额达200多亿元；次级债券项目1个，融资金额30亿元；企业债券、短期融资券、中期票据副主及分销项目近300个，融资金额达270亿元。作为政策性金融债承销团成员，分销债券300多亿元，并连续两年获得中国农业发展银行、中国进出口银行金融债券“优秀承销商”称号。

海通证券股份有限公司债券融资部的业务团队由一批业务精湛、勤勉尽责的资深专业人士组成。85%以上的人员具有国内外名校硕士以上学历，1/3的人员拥有法律、CPA、CFA、ACCA等职业资格。随着资本市场的不断深化发展，部门搭建起了集债券承揽承做、债券销售、风控内核为一体的业务团队。业务精湛、分工明确、配合高效的团队，是海通证券债券融资部为客户提供优质服务的重要保证。

海通证券股份有限公司债券融资部具有卓越的债券定价能力和创新能力，产品设计创造了债券市场上的若干个第一次，并多次在困难的市场环境下通过创新发行方案的设计为客户实现了较低成本的融资，得到了市场的认可和好评。

基于丰富业务品种的支撑，债券融资部销售体系也更为健全，形成了以大型商业银行、保险公司、基金公司及农村信用联社为基础的固定收益类金融产品销售网络，对市场上的各类机构已实现基本覆盖。

专业的服务团队、卓越的创新能力、完善的销售网络保证了海通证券股份有限公司债券融资部业务的迅速发展，债券融资部将继续以客户为导向，以制度为支撑，以创新为动力，努力发展成为覆盖全国范围，承做企业债券、公司债券、金融债券及结构性产品等多种债券融资品种的投行业务部门。

并购融资业务

并购融资部是专业从事并购融资业务的投资银行部门，业务范围主要包括上市公司的收购与反收购、合并与分立、回购，以及上市公司重大资产重组、跨境并购、上市公司股权激励、公司私募融资、行业并购咨询等财务顾问业务。

2007年以来，并购融资部遵循“客户利益至上”的原则，采取差异化竞争策略，打造海通并购品牌，在激烈的并购市场中练就一支专业、诚信、富有战斗力的并购团队，团队成员均毕业于知名院校，且具有博士、硕士学历。团队云集了管理、金融、法律、财务等方面的专业人才，既有扎实的理论功底，又有丰富的实战经验，致力于为客户创造价值。

并购融资部以创新精神主导了数十余家上市公司的收购兼并、重大资产重组项目,其中包括友谊股份吸收合并百联股份、宋都集团重组ST百科、东方创业重组、强生控股重组、上港集团资产注入、广电信息重组、棱光实业重组、陕西烽火集团重组ST长岭(现更名为"烽火电子")、安徽出版集团重组科大创新(现更名为"时代出版")、新华传媒重大并购重组、上海远洋渔业重组华立科技(现更名为"开创国际")、上海汽车集团零部件业务整体借壳巴士股份(现更名为"华域汽车")、中大股份重组、南方建材要约收购、仁和药业借壳上市等一批具有市场影响力的项目。此外,并购融资部还担任了浙江某控股集团海外收购项目财务顾问并成功收购了该海外企业。

2007年以来,并购融资部始终保持并购重组项目获得监管部门审核的高通过率,获得了客户和有关部门的高度认可。

近年来,并购融资部积极探索行业精细化、服务专业化的业务模式,进一步打造传媒行业并购品牌。继新华传媒两次重大并购重组、安徽出版集团借壳上市项目之后,并购融资部陆续签约了数家知名文化传媒集团并购重组项目,继续保持在文化传媒领域并购重组的领先地位。

2008年6月,并购融资部完成的新华传媒并购项目在全国工商联举办的中国并购年会"第二届中国并购专项奖"评选中,获得"最佳并购方案设计"奖。

2009年3月,安徽出版集团借壳科大创新(现更名为"时代出版")在第三届新财富中国最佳投行项目评选中荣获最佳财务顾问项目奖。

2009年5月,中国上市公司市值管理研究中心和《经济观察报》主办的"2009中国资本市场最佳创富奖"系列评选中,并购融资部荣获"2009中国资本市场最佳创富服务奖"。

2010年5月,并购融资部被评为上海市劳动模范先进集体。

2008年至2011年,在上海证券报举办的第二届至第五届最佳投资银行评选活动中,并购融资部连续四年荣获了"最佳并购团队"奖。

资产管理业务

海通证券通过公司本部及子公司海富通基金管理,以及联属公司富国基金管理提供传统资产管理产品和服务。此外,海通证券通过海富产业投资基金管理、海通吉禾管理和海通创新管理经营私募股权资产管理业务。

公司本部资产管理业务

海通证券客户资产管理部(海通资管)是公司开展资产管理业务的专职部门,依法受托管理客户资产,提供专业的资产管理服务,通过实现客户资产的保值增值,塑造品牌形象、提升公司价值。

海通证券作为最早获准开展资产管理业务的公司之一,具有从事资产管理业务的全牌照,包括定向业务、集合业务、专项业务、QDII业务和创新业务。

目前,公司资产管理业务已形成产品系列,为不同偏好的客户提供适当的产品和服务,特别是在市值管理业务方面独具特色。

海通资管共发行了8个集合资产管理计划、7个定向资产管理计划,管理规模达人民币110亿元,资产管理规模在业内名列前茅。

经过多年积淀,除传统权益类投资外,海通资管在固定收益、量化投资、市值管理、资产证券化等方面渐成特色。在此基础上,海通证券有意借助设立专业资产管理子公司的契机,进一步打造海通资产管理的优秀品牌,为客户提供更全面、更优质的资产管理服务。

团队介绍

海通资管组建了产品、销售、研究、投资、营运、风控为一体的专业团队,并根据业务优先原则,招揽了实战经验丰富的投资经理、新财富金牌研究员等业内优秀人才充实投研团队,在资管平台的支持下,形成权益类投资、固定收益投资、量化投资、市值管理、资产证券化、QDII投资等各具特色的专业团队,力争在各业务领域保持领先优势。

2012年,借资产管理子公司成立的契机,海通资管将继续吸纳优秀人才,通过团队优化和制度改革,实现业务的跨越式发展。

自营业务

公司以自有账户进行股权、债券、基金、衍生工具和其他金融产品交易。

固定收益业务

海通证券固定收益部主要从事国债、企业(公司)债券、短期融资券、中期票据、资产证券化等固定收益类产品的投资交易及产品创新套利交易。部门业务具体分为三部分:销售交易、组合投资及产品设计创新。

固定收益部拥有专业的交易投资团队,固定收益投资平均从业年限5年以上,投研人员均为国内外名校硕士以上学历,并拥有CFA、CPA、FRM等相关执业证书。

销售交易方面:部门在多年的业务拓展中,拥有丰富的客户资源,与各大商业银行及非银行金融机构等市场主要的投资者建立了全面的合作关系。

组合投资管理方面:各类固定收益产品交投活跃,组合投资规模和交易量居同行业前列,是银行间市场和交易所市场最为活跃的交易商之一,近年来组合投资收益远超同行业平均水平。

产品设计创新方面:部门在固定收益产品的设计创新及无风险套利方面市场领先,近年来基于固定收益产品套利开发出多款产品,并作为投资顾问通过信托及商业银行实现发行管理。目前仍在开发多款创新产品,包括债券质押式报价回购交易、结构化理财产品、可转债分离套利产品等。

衍生产品业务

海通证券衍生产品部是国内创新类证券公司中最早成立的以开拓衍生产品业务为目的的专业性部门之一。海通证券衍生产品业务发展的战略目标是:成为业内一流的衍生产品解决方案提供商,在风险得到有效控制的前提下,为公司提供稳定增长的交易利润及其他业务相关收入。部门积极开展以股指期货套期保值、ETF套利交易业务为主的场内衍生产品业务,同时筹备其他有望在交易所挂牌的金融衍生产品的交易、避险及做市等业务。此外,部门在合规及风险可控的前提下有计划地开展以量化模型为基础、以绝对收益为目标的投资策略的研究和投资工作;部门高度重视其他衍生产品业务机会,力争在政策许可范围内提供符合客户需求的解决方案。

作为海通证券的战略性业务部门,2011年该部门在衍生产品、量化投资等相关方面的研究、设计、系统、交易与营运上进行了大量富有成效的工作。衍生产品部已经搭建了高效的量化策略分析平台和具有核心竞争力的快速自动化电子交易平台,建成了先进的交易和风险管理系统,为进一步发展和深化低风险的以绝对回报为目标的自营业务及其他业务的开拓创新打下了坚实的基础。除高效稳定的业务支持系统之外,强大的衍生产品专业人才队伍是业务开展的另一决定性因素。到目前为止，海通证券衍生产品部已经形成了一支来自国内外各大知名院校的具有深厚数理功底和良好金融工程专业背景的博士、硕士研究生专业团队，其中多人为特许金融分析师（CFA）。

海外业务

海通国际控股有限公司

海通国际控股有限公司（以下简称海通国际控股）于2007年7月在香港成立，是海通证券的全资子公司，为海通证券的海外窗口及实施国际化发展的投资战略平台。

2010年1月，海通国际控股成功收购香港本地最大券商之一"大福证券集团有限公司"（00665.HK，现更名为海通国际证券集团有限公司，以下简称"海通国际证券"），迈出了海通证券国际化发展战略的重要一步。海通国际证券成立于1973年，并于1996年8月在香港联交所上市，致力为环球及香港机构客户、企业客户及个人投资者提供全面优质的企业融资、资产管理及经纪服务，成为一家国际金融服务机构，并在大中华区建立领导地位。

海通国际证券拥有庞大的零售客户基础及广泛的分行网络，现在港澳两地拥有14间分行。在中国内地，先后于北京、上海设立2个代表处及于北京、上海、广州、深圳、杭州及厦门等主要城市设立了6个投资咨询中心，主要业务包括企业融资、资产管理、经纪、研究、私募股权投资及外汇等。

海通国际证券的全面优质服务获得业界一致认同。早于1999年，公司荣获ISO9002质量管理体系认证，成为香港及内地首家获得此证书的证券公司；2004年，公司亦凭着出色的信息保安管理系统，成为中港两地首家金融机构荣获BS7799信息安全管理系统认证。而两项认证已分别于2009年及2006年中成功提升为ISO9001：2008版及ISO27001：2005信息安全管理系统认证。此外，自2000年至今，海通国际证券连续12年被多家国际、中国内地及香港专业机构，包括《金融亚洲》（FinanceAsia）、《亚洲货币》（Asiamoney）、《欧洲货币》（Euromoney）、《资本杂志》、《星岛日报》和《腾讯网》等评为香港最佳证券商。

海通国际控股依托海通证券的国内资源和优势，以研究、机构销售、投资银行和资产管理为重点全面提升海通国际证券各项业务。凭借一大批熟悉内地、香港和海外金融市场的专业人员，海通国际控股集团在两地甚至国际市场建立了广泛的知名度，集团将一如既往地为世界各地客户提供优质的多元化服务。

直投业务

海通开元投资有限公司

海通开元投资公司是经中国证监会批准试点，由海通证券股份有限公司全资设立的直接股权投资公司，现注册资本为40亿元人民币。

公司在强大的股东资源支持下，以把自己打造成为"合格投资者"为目标，以帮助中国优秀中小企业健康发展为己任，不断提高投资能力和投资决策水平，积极实践"价值发现、价值提升和价值实现"的投资理念，并充分运用各种服务手段，为成长中的中小企业提供全方位的资本增值服务。

基于对直接股权投资规律的认识和理解，公司坚持"成长+价值"的投资原则，力争建立一个由高价值的、国内高成长企业组成的广泛而相对多元化的投资组合。公司重点关注和跟踪那些有着良好诚信记录、商业模式成熟清晰并有着独特的核心竞争力的成长中的中小型公司。

公司投资团队成员拥有交叉学科的教育和投资背景，并拥有多年的本土资本市场经验，具有强大竞争力和服务能力，必将为所投企业提供资本及管理咨询服务。

公司专注于新能源行业、新材料行业、消费品行业、生物医疗行业、信息技术行业、通信行业、先进制造业等的投资。目前公司投资项目所处的行业不仅涉及具有先进技术的传统性行业，而且也包括新兴行业中的新媒体、软件开发、互联网、物联网等，其中投资的项目：银江股份（SZ.300020）、东方财富（SZ.300059）、新天科技（SZ.300259）和闽发铝业（SZ.002578）已经先后登陆深圳创业板和中小板。

公司秉承"合作、分享，共同成长"的经营理念，致力于与所投企业形成长期的战略性合作伙伴关系，努力创造各种条件与所投企业一起成长。

截至2011年末，由海通开元获准并参与发起设立了吉林省现代农业和新兴产业投资基金有限公司和西安航天新能源产业基金投资有限公司，海通开元同时设立并控股了上述两支基金的基金管理人海通吉禾股权投资基金管理有限责任公司和海通创新资本管理有限公司。此外，海通开元拟投资设立上海文化产业股权投资基金有限公司和海通创意资本管理有限公司，待获相关监管部门批准后即可正式成立。

证券研究

海通证券研究所成立于1993年，是国内较早成立的证券专业研究与咨询机构。凭借深厚的研究底蕴、强大的专业实力和团队精神，已成为业内公认的中国本土最具影响力和竞争力的证券研究团队之一。目前有员工110余名，下设宏观研究部、策略研究部、行业公司部、金融工程部、基金研究中心、政策研究部和综合管理部等专业部门。

研究所坚持以市场为导向、以客户为中心，秉承"诚信、进取、敬业、团结"的团队精神，扎实研究，客观分析，热情服务，形成了自身鲜明的研究特色。这些特色包括：对中国资本市场重大理论、实践和政策问题的前瞻性深度研究；对中国宏观经济和证券市场趋势的较准确判断；对市场投资机会的及时跟踪把握；在商业贸易、计算机、石化、机械、互联网、农业、电子元器件、建筑工程和港口航运等行业和重点公司的研究领域处于市场领先水平；对从大类资产配置到具体投资组合构建等各个层面的定量模式、基金评价、衍生品等的创新性研究。

研究所对中国资本市场重大理论、政策和实践问题的研究在业内处于领先地位。在中国证券业协会科研课题评选和深沪证券交易所研究成果评比中多次获奖，在证监会和市政府举办的各类研究成果评选中也屡次上榜。研究所多名分析师在历年的《新财富》、《证券市场周刊》等各种有影响力的市场排名中位居前列。研究所基金研究中心作为首批获准从事基金评价业务的机构之一，在基金研究领域居于前沿和权威地位。研究所坚持创新为先，力争成为中国证券市场创新的推动者和设计者，研发出了一系列国内领先的创新性金融工程产品。

研究所同国内主要基金公司、保险公司、QFII等机构投资者建立了良好的合作关系，在基金服务市场佣金分仓方面居于领先地位，同政府机关、高等院校、科研单位也保持着广泛的联系与合作。

2011年公司大事记

2011年1月，公司获得2010年度第八届中国财经风云榜奖项。

2011年2月，公司研究所喜获2010年度上海金融创新成果奖。

2011 年 3 月，公司与辽宁省政府签署战略合作备忘录。

2011 年 3 月，公司投资者教育工作荣获“上交所投资者教育创新奖”。

2011 年 6 月，由 21 世纪经济报道举办的 21 世纪中国资本市场年会上，公司荣膺“2010 年度中国最佳证券公司”奖项。

2011 年 6 月，公司荣获由《董事会》杂志社主办、各省市上市公司协会协办的中国上市公司董事会金圆桌论坛暨第七届“金圆桌奖”中“中国上市公司优秀董事会金圆桌奖”。

2011 年 7 月，公司与湖北省林业厅签署战略合作协议。

2011 年 7 月，海通 7 号成功募集资金 5.34 亿。

2011 年 8 月，公司“彩虹俱乐部”荣获由《证券时报》主办的 2011 中国最佳证券经纪商暨明星营业部评选中“最佳经纪业务服务品牌”；大庆昆仑大街营业部获中国明星证券营业部 20 强；杭州环城西路营业部获中国最佳机构服务证券营业部。

2011 年 8 月，海通国际荣获由《都市盛世》杂志主办的“都市盛世银行及金融服务企业评选中“最佳证券商”。

2011 年 9 月，公司荣获由《理财周报》主办的“中国券商金方向奖”评选活动中“2011 中国最佳证券公司”、“2011 中国最佳投资银行”、“2011 中国最佳股权再融资投行”等奖项。

2011 年 9 月，公司又获批设立 10 家分公司。

2011 年 10 月，公司荣获由《新财富》杂志举办的第五届新财富最佳投行颁奖中“本土最佳投行团队”，“最受尊敬的投行”、“最佳增发项目”和“最佳配股项目”四个奖项。

2011 年 10 月，公司荣获由《和讯网》主办的 2011 证券市场高峰论坛暨证券行业财经风云榜中“最令投资者满意证券公司”、“最佳证券研究机构”、“最佳创新业务券商”三个奖项。

2011 年 11 月，公司主承销的交通银行次级债圆满发行成功。

2011 年 12 月，公司在由《证券时报》主办的“第 12 届金融 IT 创新暨中国优秀财经网站评选”中，荣获“最佳融资融券券商”和“最佳 IB 业务券商”。

2011 年 12 月，公司在由东方财富网主办的“2011 财富风云榜”中，荣获“最佳证券公司”。

2011 年 12 月，公司在上海市公安局治安总队召开上海内保工作会议上荣获“市级单位治安保卫先进集体”。

2011 年 12 月，公司在上海证券交易所举办的“第十届中国公司治理论坛”上荣获“2011 年度公司治理优秀信息披露奖”。

公司地址：上海市广东路 689 号 1001A－1001B 室
邮政编码：200001
客服电话：95553、4008888001
投诉传真：021－63410624
电子邮箱：web@ htsec. com

东兴证券股份有限公司

东兴证券股份有限公司是经国务院和中国证监会批准，由中国东方资产管理公司、中国铝业股份有限公司和上海大盛资产有限公司发起设立的全国性综合类证券公司，注册地为北京市，注册资本 20.04 亿元。

作为股份制证券公司，东兴证券股东实力雄厚。大股东中国东方资产管理公司是经国务院批准成立的国有大型金融企业，注册资本 100 亿元人民币，在全国各地均设有分支机构；股东中国铝业股份有限公司是国有大型上市公司；股东上海大盛资产有限公司是上海市政府下属的国有独资综合性投资控股公司。

作为国有证券公司，东兴证券秉承“诚信、专业、创新”的经营理念，奉行以严格的风险控制为前提、以合理的投资收益为目标的稳健的经营策略，建立科学、严谨、高效的业务流程和风险管控体系，精心打造结构优化、素质精良的专业化人才队伍，始终把客户利益放在首位，为客户、股东和员工创造价值最大化，努力成为品牌领先、能力突出、业绩优良、特色鲜明的现代金融服务企业。

主要业务介绍

经纪业务

东兴证券经纪业务形成了实体经纪业务和虚拟经纪业务双轨发展、有效互动的模式，是公司重要的基础业务之一。目前公司业务范围包括证券代理买卖、代理还本付息、分红派息、证券代保管、鉴证、代理登记开户、证券投资咨询及中国证监会批准的其他业务等。

公司在北京、上海、天津、深圳、福州、武汉、杭州、成都、南京、南昌、南宁等中心城市设立了 48 家经营机构，形成了市场范围与服务辐射全国的经纪业务网络。公司为客户提供多种安全、方便、快捷的委托方式，包括柜台委托、磁卡委托、电话委托、自助委托、网上交易和手机炒股等。

公司从规章制度建设、业务操作流程、信息技术系统、后台体系监督和预警等方面全方位对经纪业务进行风险控制，已形成一套完整的风险内部控制体系，确保客户交易安全，也为公司经纪业务在制度化、规范化、严格化轨道上运行提供了有力保证。

投资银行业务

东兴证券以打造“精品投行”为战略，秉承“诚信、尽责、创新、求精”的理念。“诚信”是根本，“尽责”是基础，“创新”是手段，“求精”是作风。

投资银行业务主要面向国内优秀的、成长性良好的企业，为他们提供高质量的全方位金融服务，包括股权和债权融资、企业重组改制、直接股权投资、兼并收购、资产证券化及财务顾问等业务。

投资银行部负责投资银行业务的具体管理和执行，在全国各大中心城市均设有业务代表办事机构，并形成覆盖全国的投行业务服务平台。市场化的组织架构和集约化的管理模式，使东兴证券投资银行业务形成了立足北京、上海两地，服务全国的战略格局。

公司组建了高质量的投资银行工作团队，团队成员拥有丰富的投资银行业务经验，并根据客户的需求成立专门的项目小组，项目组组长由资深的投资银行业务骨干担任，小组成员由行业专家、财务专家、法律专家等具有不同专长的人员组成。

我们将依靠良好的专业技能及各项综合业务资源，以国际化的视野和创新思维，综合运用各种金融工具，为客户提供专业化、个性化、全方位的投资银行服务。

研究业务

东兴证券研究所研究范围覆盖宏观经济、行业与上市公司、基金债券、投资策略、金融工程等所有资本市场交易品种和相关投资领域。

东兴证券研究所目前已经拥有完整的研究产品和资讯产品。研究产品主要包括定期和及时出版的投资策略报告、行业与公司报告、权证研究报告、股指期货研究报告等;资讯产品包括每日出版的《东兴晨讯》、《每日 A 股动态》、《海外资讯》;每周出版的《投资视点》、《研究概览》、《金融工程周报》;每月出版的《市场数据解析》等。

东兴研究所与中央电视台、《中国证券报》等媒体及诸多机构投资者建立了长期合作关系,并始终秉承“专业精神、专业水准、专业服务”的理念,为广大客户提供及时、专业和深入的研究服务与资讯产品。

资产管理业务

东兴证券股份有限公司于 2009 年 7 月获得中国证券监督管理委员会批准的从事受托资产管理业务资格,可以从事集合资产管理业务、定向资产管理业务和专项资产管理业务。

东兴证券目前公司已构建完善的资产管理业务组织架构,形成了科学严密的投资决策体系和业务运作流程,资产管理部拥有一支专业的投研团队,核心成员均具有丰富的投资实践经验和管理经验,资产管理部已建设覆盖债券市场、基金市场、股票市场的较为完整的资产管理产品线,以满足低、中、高不同风险收益特征的投资者的理财需求。

东兴资产管理业务坚持秉承“以客户为中心,与客户共成长”的经营理念,坚持价值投资的理念,依托历经磨炼的投资团队和专业化的市场管理团队,致力于为客户提供全方位、个性化的理财服务,以良好的投资业绩和专业的理财服务回报客户。

固定收益业务

固定收益部是按照国家和公司有关规定成立,专门从事固定收益类产品承销、投资、研究、交易、销售及创新开发等业务的部门,所涉及的业务品种包括国债、央行票据、政策性金融债、一般金融债、次级债、企业债、公司债、短期融资券、中期票据、资产证券化产品等,是公司的主要业务部门之一。

固定收益部下设项目承揽、投资和研究、交易销售、风险管理和后台等多个业务团队,均由拥有优良业绩、丰富经验、高学历、高素质的专业人士构成,是一支团结、务实、专业、高效的工作团队,为公司固定收益业务在高起点上稳步、快速发展奠定了基础。

固定收益部坚持稳健发展的经营理念,严格遵守中国债券市场的相关政策和公司的规章制度。已取得开展银行间债券市场和交易所债券市场各项主要债券交易业务的资质,具有债券承销业务资质。依托公司的雄厚实力,固定收益部为客户提供企业债券融资、债券交易销售、投资咨询等全方位的专业服务,及时满足客户个性化的需求,与众多客户建立了长期良好的合作关系,拥有大批具有较高忠诚度的客户群体。

东兴期货

东兴期货有限责任公司是东兴证券股份有限公司在全资收购蓬达期货经纪有限公司的基础上设立。公司注册资本 10800 万元,拥有上海期货交易所、大连商品交易所和郑州商品交易所的会员资格,可以为客户代理国内所有商品期货的交易。

公司拥有国内一流的软硬件设施,主机房设于上海期货交易所张江数据中心内,一流的网上综合交易平台,先进的期货交易管理和结算系统,通过多条不同运营商的百兆宽带接入,确保交易的安全、快捷。

根据“总部在上海,营业网点遍及全国主要中心城市”的发展战略,公司已经将总部从山东迁入上海,并在山东烟台设立了第一家营业部,全国性期货公司的发展格局已经初步形成。

东兴期货有限责任公司依靠强大的股东背景优势,秉承“诚信、专业、创新”的经营理念,高度重视对内部管理体制和风险防范机制的健全和完善,设有交易部、结算部、风险控制部、营销中心、研究中心等 11 个职能部门,并形成了一套稳健、规范的制度化管理体系。

公司以风险控制为前提、以市场为导向、以客户为中心,力争发展成为“资本充足、运作安全、内控严密、服务优质、效益良好、有核心竞争力”的现代金融服务企业。

公司地址:北京市西城区金融大街 5 号(新盛大厦)
B 座 12、15 层
客户服务与投诉电话:4008 - 888 - 993
投诉传真号码:010 - 66555246
投诉邮箱:dxzqts@ dxzq. net

爱建证券有限责任公司

爱建证券有限责任公司于 2002 年经中国证券监督管理委员会批准成立,并于 2006 年 10 月完成增资扩股,目前注册资本为 11 亿元人民币。公司总部所在地为上海市,并在上海、深圳、厦门、宁波、嘉兴、重庆等大中城市设立了 15 家证券营业部和 1 家证券服务部,员工总数 300 余人。

公司形成了包括证券经纪、投资银行、证券投资、资产管理、固定收益等业务体系以及风险管理、研究咨询、信息技术等业务支持体系。2005 年,公司通过了客户交易结算资金独立存管的验收,实现了交易集中、清算集中和数据集中;2007 年,公司全面实施了客户交易结算资金第三方存管,通过了证券公司综合治理及重组达标验收;2008 年,历时三年的账户规范工作取得突破,全面达到规定的标准。几年来,公司的风险控制水平不断提升,经营管理基础不断夯实。

“诚信、稳健、开拓”是公司经营管理的核心理念。公司推行全面风险控制,倡导和推进合规文化建设,在实施严格管理、稳健经营和规范运作基础上,积极稳步开展各项业务的开拓与创新,不断做优做强,实现跨越式发展。公司已具备一支专业素质良好的员工队伍,力求以良好的专业技能和高度的敬业精神,为客户提供专业化、多元化、个性化的服务。

公司倡导“以人为本、以德为先、人为为人”和“实事求是”为基础的企业文化管理,强调德为才帅、德才兼备的人才观,注重建设长期稳定的学习型组织。公司借助成功重组契机,以优秀的企业文化为导向,以崭新的企业机制为动力,以“服务客户、公益社会”为使命,致力于打造企业的核心竞争力,实现企业的持续健康发展 实现企业与社会的和谐发展。

主要业务

经纪业务

公司拥有行业较高水准的交易平台和信息通道,交易手段齐全,包括现场委托、电话委托、远程终端委托、网上交易和手机炒股等,证券投资方便快捷,沪、深 A 股、B 股、债券、基金、权证等交易品种齐。营业网点分布在上海、深圳、厦门、宁波、嘉兴、重庆等地。

秉持“诚信、稳健、开拓”的经营理念,公司经纪业务从业务管理、风险监控、客户服务、营销创新等方面不断完善管理体系。公司实行了覆盖全部营业网点的大集中交易,实现了交易集中、清算集中、数据集中。全面实施了客户交易结算资金第三方存管,做到客户资金和自有资金的完全分离,确保客户保证金安全。集中化管理、前后台业务的分离、制定并执行严格的规章制度和对经纪业务进行集中监控进一步有效控制了经纪业务的风险。

公司逐步建立一支专业进取的营销团队，通过营销服务平台，以客户为中心，力求为客户提供专业化、多元化、个性化的服务，全方位满足客户理财需求，实现公司与客户的共同成长。

投行业务

爱建证券投资银行系统现有专业人员30余名，拥有一支由金融、管理、会计、法律、工程技术等方面的硕士、博士专业人员组成的诚信、高效的专业团队。

爱建证券投行系统人员精诚团结，富有创新精神和工作热情，严谨而不刻板，创新而不随意，精通证券市场的各种专业技能，可为企业参与资本市场运作提供全方位的专业化服务。

爱建证券投行系统以重组为契机，将采取极富竞争力的激励机制和以人为本的管理理念吸收更多优秀的投行专业人士加盟，为客户提供专业化、多元化、个性化服务。

固定收益业务

公司固定收益业务始于2004年6月，其业务范围主要包括企业债券、公司债券承销，固定收益证券投资业务等。

公司拥有中央国债登记结算有限责任公司结算会员（乙类）资格、全国银行间同业拆借中心债券市场交易成员资格、上海交易所固定收益证券综合电子平台交易商资格。

2005年以来，公司承销、分销了全国银行间债券市场和上海证券交易所上市的多家公司企业债券、公司债券，客户资源不断丰富。

目前，公司正大力加强业务团队建设，逐步建立与相关政府机构、各大商业银行及非银行金融机构等的合作，不断加强业务开拓，以促进公司固定收益业务的长足发展。

研究咨询

公司研究发展总部拥有20多名高质量专业研究和咨询服务团队，近半数研究员为博士和海归金融精英，硕士以上学历占82%。

公司研发总部研究涉及中国证券投资的经济、行业、公司策略、股票、基金和衍生品等领域，以重点上市公司为核心，覆盖近20个主要行业（重点为农业、食品饮料、医药、化工、通讯、煤炭、电力、工程机械、交通运输、有色金属、钢铁等行业）及专题研究。

公司研发总部致力于为各类投资者提供独立、特色、前瞻、务实的研究咨询服务，帮助客户发现新机会、拓展新价值。

证券投资业务

证券投资总部在公司投资决策委员会授权及领导下，具体负责股票、债券、基金及权证等投资品种的日常自营工作，同时接受公司风险控制委员会的监督。证券投资奉行价值投资理念，通过风险控制等对部门的投资行为进行事前监督、事中监控及事后评估，防范及控制部门投资风险，在研究、决策、投资、交易等各个环节均建立并实施较为完备的投资管理与风险控制制度，同时依托先进的电子交易平台对投资流程进行技术控制，在合规操作的前提下确保具体投资策略的有效实施。

地址：上海市南京西路758号（博爱大厦）20层－25层
总机：021－32229888
传真：021－62878701
服务与投诉热线：021－63340678
邮编：200041
E－mail：ajzq@ajzq.com

北京高华证券有限责任公司

北京高华证券有限责任公司可从事证券经纪、自营、证券投资咨询（含财务顾问）、资产管理及中国证监会批准的其他业务。公司总部按照管理功能进行组织机构的设置，下设自营与固定收益部、经纪业务总部、研究部、资产管理部、营运部、财务部、资金部、风险管理部、信息技术部、合规部（含内部审计）、法务部、人力资源部和行政办公室（安全及行政服务）。

公司总部设在北京，管理层由国内外资深的证券界人士担任，他们包括首席执行官章星、副总经理姚嘉仁、副总经理宋冰、副总经理殷雷、首席财务官孟秋、合规总监屠卫东、法务总监章靖和首席信息官杨晓虹。

高华于2004年由中国资深投资银行家方风雷先生领导的若干投资者及中国知名企业集团联想控股共同创立。

同年，高华与全球领先的投资银行高盛集团成立了一家合资公司，即高盛高华证券有限责任公司，总部亦设在北京。高盛高华可向客户提供广泛的投资银行服务，包括承销股票、债券与可转债等各类证券，还可提供收购兼并等财务顾问服务及其他相关服务。

客户服务

高华旨在成为优秀的证券公司，致力于为客户提供一流水准的服务。高华将充分凭借和发挥其管理团队丰富的市场经验和专业知识，为政府和企业开辟更多进入证券市场的途径，为我国资本市场的发展做出应有的贡献。

高华为客户提供的服务包括证券经纪服务、证券投资咨询服务以及其他经批准的业务。目前，高华在全国设有6个营业部。

基于和高盛所达成的协议，高华和高盛的研究分析人员将通力合作，为我们的客户提供全面完整的国内和国际研究报告，结合本土的特点发表具国际标准的研究分析。2011年年度到7月底为止，研究范围覆盖376家在深、沪两地和香港上市的公司，其中包括177家A股公司。

为了充分保护客户及公司自身的利益，高华建立了严格符合有关法律法规同时具有国际水准的内部控制机制。高华通过一系列既独立而又互补的政策、程序和系统进行风险监控。公司建立了财务、信用、运营、法律和合规等管理控制职能，奉行责任分离又相互配合的控制原则，以确保在最有效的控制环境之下开展业务。

根据证券法，证券公司应采用客户证券交易结算资金第三方存管模式，从而在根本上保障客户资金的安全性。高华已率先开发、实施这一模式，保证为客户提供安全、高效及优质的服务。

企业文化

高华证券遵循客户至上、团队合作、诚信守法、追求卓越和开拓进取的企业精神，并认同其合作伙伴高盛公司的十四条业务原则。

企业社会责任

高华证券致力于满足经济和社会的发展需求，对于回报工作和生活所在的社区具有极大热情。高华积极参与其战略合作伙伴高盛集团在中国的企业社会责任项目，具体内容如下：

万名女性助学计划—"巾帼圆梦"

"巾帼圆梦"（10,000Women）于2008年3月启动。这

项为期 5 年的计划旨在为全球的 1 万名弱势女性提供商业和管理教育。这个计划是基于高盛、世界银行和其他机构进行的研究。这些研究表明，类似的教育投入能对国内生产总值增长产生显著影响。研究还表明，对女性的教育投入能产生成倍放大的效应，不仅能增加收入和从业者数量，而且能提高家庭的健康和受教育水平，进而增进社会繁荣。学员可以报名参加根据当地情况设计的证书教育计划，课程包括：营销、会计、市场研究、撰写商业计划书、战略规划、融资和电子商务。这些课程具有文化上适合、灵活和短期的特点，旨在帮助因为受经济和现实条件的限制而无法接受传统商业教育的众多女性打开眼界。自启动以来，“巾帼圆梦”已经深入到 22 个国家，包括阿富汗、巴西、中国、埃及、印度、卢旺达和美国。我们的员工在工余或周末的时间，通过辅导、担任学员选拔委员会委员及担任客座讲师的方式，为“巾帼圆梦”贡献出时间和专长。

“巾帼圆梦”在中国于 2008 年年底启动。至 2013 年年底，将有两千多名中国女性企业家参与培训，数量将占到全球培训总数的近四分之一。同时，“巾帼圆梦”于 2011 年 6 月向中国西部扩展，在成都启动了项目。西部大开发是中国经济发展策略的重要组成部分，它需要有针对性地在当地投入大量资源，尝试各种创新手段。企业家和就业机会是地区发展的主要动力。“巾帼圆梦”的西部扩展受到了众多关注。

社区义工服务计划

公司致力于通过义工服务以及与公益组织的合作，帮助困难人群并致力于改善我们工作和生活的社区。社区义工服务计划是这一理念的具体体现，鼓励员工每年用一天的时间，参与当地公益组织协调开展的团队项目。2011 年是社区义工服务计划在全球开展的第 15 个年头。在中国，通过与 11 个公益组织合作，今年总共开展了 17 个项目。

慈善捐赠

高盛积极了解社区中活跃的公益组织，并通过小额慈善捐赠的方式，来帮助公益组织提升项目质量，扩大项目影响，在中国已经为众多组织提供捐赠，主要领域集中在：健康、教育、环境，以及文化、艺术和历史。

高盛慈善基金

高盛慈善基金创立于 2007 年，是专门针对公司合伙人而设立的慈善基金。基金通常由合伙人提出捐赠意愿，并推荐受赠的公益组织。公司在中国的合伙人也积极参与此项基金的活动，在社会发展的众多领域进行了捐赠。

渤海证券有限责任公司

渤海证券股份有限公司是唯一一家注册在天津滨海新区的综合类证券公司。前身为渤海证券有限责任公司，是在原天津证券有限责任公司、天津市国际信托投资公司、天津信托投资公司、天津北方国际信托投资公司、天津滨海信托投资有限公司等四家信托机构的证券营业部合并重组的基础上，吸收国内多家有影响、有实力的企业共同参股组建的大型证券公司。于 2001 年 6 月 8 日正式开业。

2007 年 8 月，经中国证券业协会评审，公司获得规范类券商资格。2008 年 5 月，经中国证监会核准，公司改制为股份有限公司，2011 年的券商分类监管年度评级中，公司获得 B 类 BBB 级。目前公司实际控制人为天津泰达投资控股有限公司，股东 24 家。目前注册资本为 3,226,866,520 元。

公司总部座落于天津，设有上海分公司和北京办事处。截至 2010 年 12 月 31 日，公司在全国重要省市和地区共有 46 个证券营业部。

公司秉承“诚信、和谐、高效、共赢”的经营理念、“团队拼搏、创新图强”的企业精神和“客户至上、服务领先”的基本原则，坚定不移地走市场化、专业化、规范化、特色化发展道路，在团结高效的经营团队带领下，坚持守法合规经营，严格控制各类风险，大力拓展各项业务，为客户提供专业化的金融服务。公司将努力把握中央关于加快滨海新区开发开放的历史性机遇，立足天津，面向全国，努力争取成为全国一流券商，以优良的经营业绩回报股东、回报社会。

业务介绍

渤海证券经纪业务起步较早，基础雄厚，到目前为止共有 31 家证券营业部分布于天津、上海、北京、广州、深圳、郑州、西安、太原、苏州、济南、重庆、福州等经济发达的地区。各营业部均已开通沪、深证券交易所 A 股、B 股、基金、债券以及其他有价证券的代理买卖业务，为客户提供交易卡自助、热键自助、电话自助、远程自助、网上自助等多种委托方式。

渤海证券为客户提供多品种、多交易方式的全面服务。

证券品种：渤海证券各个营业部均已开通了沪深交易所 A 股交易、B 股交易、封闭式基金、开放式基金、国债、企业债、代办股份转让以及其他有价证券的代理买卖。

现场交易：渤海证券各营业部为客户提供了良好的交易环境，优质的咨询服务，帮助客户解决各种投资疑问。大、中户室环境优雅，服务周到。

网上交易：具有网上证券委托业务的经营资格，“渤海易网”（www. ewww. com. cn）包含丰富的证券咨讯，并提供免费的行情分析及网上交易软件下载，软件的分析功能强大，直接下单，让客户足不出户，尽享大户待遇。

电话委托：线路通畅，操作方便。天津市内委托电话为：022－88227888、022－23001788

开放式基金：在渤海证券不仅可投资封闭式基金，同时代销多种开放式基金。如华安 180、华安创新、融通行业景气、长盛动态精选、大成蓝畴稳健、南方避险增值、湘财荷银行业精选、鹏华货币基金等众多品种。

国债投资：追求稳定收益的投资者可在渤海证券投资多种期限的记账式国债及国债回购等稳健投资品种。

代办股份转让：客户可在渤海证券下属任何一家营业部进行“三板”市场股票交易，即：已退市股分公司的代办股份转让业务。

投资理财顾问：渤海证券有着一支强大的投资顾问队伍，各个营业部均可为投资者提供证券投资咨询服务。同时，投资者还可能通过互联网查询分析报告或与专家进行在线交流。

财富里昂证券有限责任公司

财富里昂证券有限责任公司（以下简称“财富里昂”）是中国加入世界贸易组织后获准设立的首家中外合资证券公司。2003 年 4 月 25 日，中国总理温家宝和法国总理拉法兰（Jean－PierreRaffarin）出席在人民大会堂举行的公司运营协议的签字仪式，标志着财富里昂（时名“华欧国际证券有限责任公司”，简称“华欧国际”）的正式成立。

2007 年，经中国证监会批准和商务部核准，华欧国际的中方股东由湘财证券变更为财富证券。2009 年，华欧国际正式更名为"财富里昂证券有限责任公司"。目前，财富里昂注册资本为5亿元人民币，股东分别为财富证券有限责任公司和里昂证券资本市场有限公司（CLSAEquity Capital Markets Limited）。

财富里昂是中国大陆第一家获得A股、B股及人民币债券承销资格的合资券商，是中国首家、也是唯一一家获得创新类券商资格的专业投资银行。财富里昂拥有高学历、高素质的一流投行团队，在具备广阔国际视野的同时，拥有丰富的本土成功经验。财富里昂秉承以诚信立足市场、以专业创造财富、以服务赢得尊重的价值观，致力于成为"与客户共同成长、终生相伴"的投资银行。

作为一家2003年才开始正式运营的投资银行，财富里昂创造了辉煌业绩。中国首例股权分置改革试点项目（三一重工）、中国首例H股公司以吸收合并方式回归A股市场项目（潍柴动力）、中国第一只无担保公司债券顺利发行（中联重科），均由财富里昂成功完成，在彰显创新实力的同时，也奠定了财富里昂在机械行业的良好声誉。而亚厦股份、广田股份在2010年的成功上市，又确立了财富里昂在建筑装饰行业的领先优势。

财富里昂目前主要从事证券（股票、上市公司发行的公司债券）承销与保荐，以及以企业并购重组为核心的财务顾问业务。财富里昂定位于作一家"技术型"的投资银行，致力于作企业发展的战略总顾问，为企业提供量身定做的资本市场解决方案，帮助中国企业实现"从优秀到卓越"的跨越。

2008年6月14日，财富里昂经中国证监会批准，取得证券投资咨询业务和A股经纪业务许可，成为中国加入WTO后，首家规范批准的多牌照合资券商。

财富里昂将始终站在中国资本市场创新与发展的前沿，为客户提供高品质、专业化的服务。

公司愿景

我们的价值观：

以诚信立足市场——我们诚恳面对客户，一诺千金；我们诚实面对监管，规范执业；我们诚挚面对投资者，奉献精品。

以专业创造财富——我们以专业判断为投资者甄选优质企业，以专业能力为企业打造融资方案，以专业态度为客户提供周到服务。我们的专业，将为企业和投资者创造价值与财富。

以服务赢得尊重——我们志在为每一位客户提供尽职尽责、尽善尽美的服务，从企业的战略规划到细节执行，我们的专业意见与增值服务都将伴其同行。对客户的持续服务和由此赢得的口碑，是我们业务开展的基石。

我们的经营理念：

与客户共同成长，终生相伴。我们致力于服务志向远大、成长性优秀的企业，与客户携手同行，为企业实现"从优秀到卓越"的跨越，提供长期稳定的投资银行服务和金融技术支持。

与股东资源共享，互利共赢。作为中外合资的证券公司，我们拥有中外技术与经验相结合的优势，背靠股东财富证券在国内资本市场的深厚经验以及里昂证券雄厚的研究实力和国际营销网络，在为股东创造利润的同时，努力实现自身的成长壮大。

与员工分享成功，共品人生。我们组建具有一流专业水准、优秀道德操守的员工队伍，并且力争在中国市场上提供具有竞争力的薪酬，帮助员工实现自我价值，成为高尚、富有、快乐的专业人士。

长城证券有限责任公司

长城证券有限责任公司（以下简称"长城证券"）是1995年11月经中国人民银行总行批准、在原深圳长城证券部和海南汇通国际信托投资公司所属证券机构合并基础上，设立的一家全国性专业证券公司，是我国最早成立的证券公司之一。长城证券的战略定位是"专长于以资源为核心的基础产业领域的国内一流投资银行"。

长城证券凭借规范稳健的经营作风，经过15年努力，已经成长为一家资质齐全、业务覆盖全国的综合类证券公司。长城证券的战略定位是"专长于以资源为核心的基础产业领域的国内一流投资银行"。目前长城证券已在经纪业务、投资银行、固定收益、证券投资、证券研究、融资融券、资产管理等业务方面，形成了多功能协调发展的金融业务体系，业务能力不断得到加强。

长城证券不断完善金融产业平台，目前控参股长城基金管理有限公司、景顺长城基金管理有限公司和宝城期货有限责任公司，为客户提供全方位金融服务。近几年来，在各股东单位及社会各界的大力支持下，公司广大干部员工奋发努力，紧紧抓住市场机遇，实现了快速发展。

2005年至2010年，公司连续六年实现盈利，各项业务蒸蒸日上，企业面貌焕然一新。到2010年底，公司总资产达到178.38亿元，净资产达到64.2亿元，净资本达到45.96亿元，在国内券商中位居前列。长城证券目前在北京、深圳、上海、武汉、广州、杭州、大连等全国主要城市共设有40家营业部，拥有先进的证券交易系统。2010年，长城证券营业部的部均代理买卖净收入在国内证券公司中排第10名，显著高于行业平均水平。

长城证券将继续秉承"资源整合、团队作战、为客户提供增值服务"的经营理念，以证券为核心，通过完善的金融多功能协调发展的业务体系，以深厚的专业背景、勤奋的敬业精神、全面的专家解决方案、个性化的产品和服务，为我们的客户创造价值。

长江证券承销保荐有限公司

长江证券承销保荐有限公司更名前为长江巴黎百富勤证券有限责任公司，系长江证券与法国巴黎银行合资设立的国内首批中外合资证券公司。合资三年运营期间，公司取得了骄人业绩。鉴于股东双方的战略布局考虑，法国巴黎银行于2007年1月将股权转让给长江证券，长江巴黎百富勤更名为长江证券承销保荐有限公司，成为国内唯一一家由证券公司控股的专业投资银行子公司。

长江证券承销保荐有限公司成功融合了国际投资银行先进的管理经验和国内投资银行的本土优势，拥有规范、严谨的公司治理架构和资深、专业的职业团队，深得客户的信赖。

长江证券承销保荐有限公司，国内惟一一家由上市证券公司控股的专业投资银行子公司，依托强大的母公司系统资源，不仅专业，更显特色。未来将打造"精品投行、特色投行"为己任，以浓厚的人文关怀和家一般的团队氛围凝聚人才。

诚浩证券有限责任公司

一、公司基本概况

1. 公司名称、住所、法定代表人

公司名称：诚浩证券有限责任公司

英文名:ChengHao Securities CO.,LTD.

注册地址:沈阳市沈河区热闹路51号

法定代表人:王晓

2. 公司的沿革

诚浩证券有限责任公司,是按照国务院及中国证监会关于财政类国债中介机构转制的有关文件精神,由沈阳财政证券公司转制而成的经纪类证券公司,2003年8月18日,中国证监会证监机构字[2003]163号文件批准同意公司开业。公司下设7家证券交易营业部,是中国证券业协会,中国国债协会,上海、深圳证券交易所的会员单位。

沈阳财政证券公司前身为沈阳市国库券流通服务公司,成立于1988年4月21日,同年11月26日更名为沈阳财政证券公司,1992年11月6日,中国人民银行银复1992[478]号文件下发《关于沈阳财政证券公司重新登记的批复》并颁发《经营金融业务许可证》,注册资本金1000万元。1994年12月,中国人民银行沈阳市分行同意公司开设皇姑、铁西、于洪、东陵四个证券交易营业部,1995年1月批准开设五爱证券交易营业部,1995年4月18日,公司更换企业法人营业执照,注册资本金增至6000万元。2003年8月18日,公司转制成功,更名为诚浩证券有限责任公司。2008年6月12日,中国证监会证监许可2008[803]号文件同意公司增资扩股。

3. 公司经营范围

公司的经营范围经过中国证监会和工商行政管理局核准登记,包括下列各项:

(1)证券经纪。

(2)证券自营。

(3)证券投资咨询。

4. 股本结构

公司注册资本金20074.7万元,由四名股东构成。大连大显控股股份有限公司出资人民币8100万元,占公司总股本的40.35%;沈阳恒信投资管理有限公司(系沈阳市国有资产经营公司)出资人民币73,201,495.68元,占公司总股本的36.46%;深圳市新永湘投资有限公司出资人民币3900万元,占总股本的19.43%;沈阳沈资汽车发展有限公司出资人民币7,545,500元,占总股本的3.76%。

5. 组织结构

公司实行董事会领导下的总经理负责制。董事会由7名成员组成,董事长王晓,根据《证券公司管理办法》聘任独立董事2人。公司高管人员:总经理:王媖;常务副总经理:李晓东;副总经理兼财务总监:张家军;副总经理兼稽核总监:贾向安;合规总监:张松启。

公司总部设有总经理办公室、计划财务部、人力资源部、研究发展部、经纪业务管理部、信息工程部、稽核部、合规部、清算中心等职能部门。此外,公司还设有11家证券营业部。

二、经营性分支机构

营业部名称	地址	负责人	咨询电话
热闹路营业部	沈阳市沈河区热闹路51号(五爱西区西走100米)	徐念	22955419 22955416 22955389
西顺城街营业部	沈阳市沈河区西顺城街239号(怀远门南走200米)	孙晓东	24847619 24850832
兴华街营业部	沈阳市铁西区兴华南街20号7门(铁西百货南走100米)	赵常青	25871513 25853721 25847370
启工街营业部	沈阳市铁西区启工街72号(启工街南十路路口北走路西)	张所亮	85732461 85732462
泉园街营业部	沈阳市东陵区泉园街28号(东陵区长青公园西门对过)	赵秋野	24230124 24230366
崇山东路营业部	沈阳市于洪区崇山东路32号(长客总站西走200米路北)	周立君	86622835 86623778
宁山中路营业部	沈阳市皇姑区宁山中路66号(北行宁山中路东走100米)	雷亮	86247636 86264944
营口体育馆路营业部	营口市西市区体育馆路1-甲2	赵辉	0417-2800907 2801288 2800905
锦州和平路营业部	锦州市古塔区和平2段76号新大路9号	高坚	0416-3230317 3230319 3230320
朝阳朝阳大街营业部	朝阳朝阳大街三段书香欣苑4楼	陶宇	0421-7220999 7202999 0421-7225555
丹东江城大街营业部	丹东江城大街137-13号	付钢	0415-3882700 3818800 3818811

川财证券经纪有限责任公司

川财证券经纪有限公司是经中国证监会批准成立的、全国首家由财政国债中介机构整体转制而成的专业证券公司。公司前身四川省川财证券公司是1988年经四川省人民政府批准,由四川省财政出资兴办的全省最大的国债中介机构,主要从事国债代理发行、兑付及国债转让等业务。2001年,经中国证监会批准,以原四川省川财证券公司的国有资产代表单位四川省国有资产经营投资管理有限责任公司为主体,联合射洪县、乐山市五通桥区、南充市顺庆区、犍为县的国有资产授权管理单位共同发起设立了川财证券经纪有限公司。新公司是以原四川省川财证券公司为主,在整合省内多家财政国债中介机构的基础上设立而成,注册资本为人民币9291万元,拥有沪、深交易席位5个,是中国证券业协会和中国国债协会会员,在省内不同区域拥有6家证券营业部,分布在成都、射洪、南充、乐山和犍为5地,初步构建了辐射全川、面向全国的业务经营机构网络。

作为省内首家由原财政国债中介机构转制而成的证券经纪公司,川财证券经纪有限公司在证券经纪代理业务方面有得天独厚的优势。

1. 经营业绩卓著

公司自开展代理买卖业务以来,严格依法经营、规范运作,以服务于客户为本,不断提高服务质量。1998年被《四川日报》、《华西都市报》联合评选为四川地区"投资者最满意券商"。公司成立十多年来,年年赢利,创造了良好的经济效益和社会效益,为四川省国债、股票市场的繁荣与发展作出了应有的贡献。

2. 专业优势明显,经营证券业务经验丰富

公司由从业多年的财政证券中介机构重组整合而成,多年的发展积累了许多的经营证券业务的经验,公司研发部还配备有专业的国债天地咨询人员,能为客户提供良好的服务及投资建议。同时,多年的发展还使公司积累了大量的有形和无形资产,公司作为财政证券服务机构,方便群众做了大量的工作,在广大投资者心目中有良好的形象,各营业部经营各类证券业绩良好,在证券市场中有重要的影响。经过多年的发展,公司已拥有一批高素质的人才队伍。截至2002年2月,公司在册职工180人,绝大多数具有五年以上证券从业经

历，其中博士、硕士研究生20余人，占员工总数的11%左右。所有业务人员均参加了各类培训和从业资格考试，拥有中高级职称的员工10人，占员工总数的5.6%，获得各类证券从业资格的人数已达135人，占总人数的75%。其余大多具有大学本科以上学历。全体员工敬业精神极强，具有较高的职业道德水准和较强的竞争意识、管理意识和服务意识。这样高素质的人才队伍为公司发展壮大和确立竞争优势提供了强有力的保证。

3. 布点合理，方便客户

公司现有6个营业部，都分布在四川省经济发达，机构投资者众多的地区，各营业部都在当地繁华闹市地段，交通方便，信息通畅。能保证客户方便、及时、快速的进行各种交易相关活动。今年内我公司还拟在重庆、宜宾等地新设数家证券服务部，以实现公司营业网点的科学合理布局，奠定"立足四川、面向全国"的业务发展模式。

4. 舒适的营业场所及先进的交易设施

公司6个营业部总营业面积有12400平方米，营业环境清洁舒适。各营业部营业场所均有完善的防火、防盗系统和健全的安全保障制度。各营业部均有500平方米以上的散户交易大厅，并安装有大型显示屏、小键盘自助委托机。大中户室设施齐全，环境优雅，为投资者提供了安全、舒适的交易场所。电话委托数字中继线路和可视电话委托中继线路均完全能满足其业务发展需要，除犍为外，都拥有深、沪高速单向卫星接受系统；成都的两个营业部还拥有深、沪双向卫星系统。机房按有关部门的要求配备了先进的硬件设备和健全的安全保障系统。

5. 先进安全的计算机信息系统

我公司是全国最早实现集中交易、集中清算、集中核算的券商之一。公司使用杭州恒生电子有限公司开发的恒生企业版2.0系统作为集中交易的柜台交易系统，并建立了实时备份系统与异地灾难备份中心；同时，各营业部与公司总部还使用了多条通信线路进行广域网联网。电脑中心的机房还配备了UPS、接地与防雷系统、空调系统、消防系统及防盗系统，这些高水平的软硬件平台为集中交易系统的安全运行提供了可靠的保障。在现有的集中交易系统的基础之上，我公司还构建了集中的财务系统、法人清算系统、办公系统及内控系统，极大地提高了公司内部控制管理能力。

公司多年经营证券业务的经验和大量的专业人才，加之先进安全的计算机信息系统、舒适的营业场所，这些优势从各个方面提高了公司的内控管理能力，保障了公司业务活动的开展，也保证了我们能为客户提供优质高效的服务。

公司总部
服务电话：028－86583000
经纪业务部客户投诉电话：028－86583033
详细地址：四川省成都市中新街49号锦贸大厦19楼
邮政编码：610016

成都中新营业部
咨询电话：028－86654108
委托电话：028－962708
投诉电话：028－86671032
详细地址：成都市中新街68号
邮政编码：610016

成都武侯营业部
咨询电话：028－85559999
委托电话：028－962707
投诉电话：028－85532989
详细地址：成都市武侯祠大街3号附1号
邮政编码：610041

乐山五通桥营业部
咨询电话：0833－3353132
委托电话：0833－3357239
投诉电话：0833－3356333
详细地址：四川省乐山市五通桥区文化街广电大厦
邮政编码：614800

乐山犍为营业部
咨询电话：0833－4235132
委托电话：0833－4225366
投诉电话：0833－4220827
详细地址：四川省犍为县玉津镇滨江路中段
邮政编码：614400

南充营业部
咨询电话：0817－2235423　0817－2240045
委托电话：0817－2228111　0817－2228333
投诉电话：0817－2242018
详细地址：四川省南充市人民北路135号
邮政编码：637000

射洪营业部
咨询电话：0825－6633421
委托电话：0825－6655888，0825－8989000
投诉电话：0825－6633621
详细地址：四川省射洪县太和大道中段人民市场
邮政编码：629200

大通证券股份有限公司

大通证券股份有限公司是总部设在大连的唯一一家证券公司，注册资本22亿元，经营范围包括：证券经纪；证券投资咨询；与证券交易、证券投资活动有关的财务顾问；证券承销与保荐；证券自营；证券资产管理；为期货公司提供中间介绍业务；证券投资基金销售业务、中国证监会批准的其他业务。公司目前拥有35家分支机构，分布于大连、上海、北京、天津、广州、深圳等全国20余个城市。

2007年8月，公司通过中国证券业协会组织的规范类证券公司评审，取得规范类证券公司资格。

历史沿革

公司是经中国证监会《关于同意大通证券股份有限公司开业的批复》（证监机构字[2001]90号）批准，于2001年7月18日领取了《中华人民共和国经营证券业务许可证》，同年7月28日正式注册登记成立，注册资本11.188亿元。

2006年12月，在中国证监会及国家相关部委的关心帮助下，在大连市人民政府的主导下，公司进行了重整，重新变更登记，注册资本5亿元。2007年10月，公司增资扩股获得中国证监会批准，注册资本增至12亿元；2010年11月，公司增资扩股至22亿元。

发展战略

立足大连，面向全国，积极培育国际视野，在资本实力、资产规模、业务开拓、管理水平、技术手段、市场占有率等方面实现跨越式发展，最终成为具有较强核心竞争力和综合实力的证券公司。

营业网点：

营业部名称	地址	咨询电话	席位号
大连民意街证券营业部	大连市中山区民意街16号三江商务酒店	0411－82519998	215600
大连昆明街证券营业部	大连市中山区武汉街53号	0411－39817750	019300
大连黑石礁街证券营业部	大连市中山路700号(大通证券)	0411－84698906	019300
大连车家村证券营业部	大连市沙河口区华北路210号	0411－39767165	287200
大连西南路证券营业部	大连市甘井子区西南路(甘)9－10号3层2号	0411－39573600	302100
大连开发区金马路证券营业部	大连开发区金马路158号中银大厦21层	0411－39261880	302100
大连瓦房店证券营业部	瓦房店市南共济街一段1号	0411－85634793	287200
沈阳大西路营业部	沈阳市沈河区大西路339号(银基发展大厦3层)	024－22934888	287200
丹东南金桥证券营业部	丹东市振兴区南金桥小区12号楼11号	0415－2166633	019300
北京建国路证券营业部	北京市朝阳区建国路93号万达广场9号楼2层	010－58207417	019300
天津解放南路证券营业部	天津市河西区解放南路325号增1号	022－23264119	215600
天津塘沽证券营业部	天津市塘沽区解放路488号盛和大厦2层	022－25890825	215600
上海南车站证券营业部	上海市黄浦区南车站路388号305	021－53072086	302100
上海广中西路证券营业部	上海市广中西路988号3层	021－56378817－26	302100
上海民生路证券营业部	上海市浦东新区沈家弄路770号运昌商务楼2层（近民生路）	021－58521511	302100
上海幸福路证券营业部	上海市长宁区幸福路42号	021－52540108	287200
上海黄陂南路证券营业部	上海市卢湾区黄陂南路700号	021－63844276	302100
徐州淮海西路证券营业部	徐州市淮海西路54号	0516－85644444	215600
无锡建筑路证券营业部	无锡市建筑路456号	0510－85816186	287200
深圳深南中路证券营业部	深圳市福田区深南中路4026号田面城市大厦16层D、E单元	0755－33959522	287200
广州天河路证券营业部	广州市天河区天河路228号广晟大厦28层2801－2802单元	020－38361628	287200
福州华林路证券营业部	福州市华林路207号东南网络大厦8层	0591－87877905	287200
新余仙来中大道证券营业部	新余市仙来中大道79号3－5层	0790－6245917	287200
柳州中山东路证券营业部	柳州市中山东路68号东都百货大楼7层	0772－2854877	019300
来宾北二路证券营业部	来宾市北二路280号建行大楼4层	0772－4216895	019300
新沂南京路证券营业部	新沂市南京路38号新天地商城3－4层	0516－88938339	215600
柳州鹿寨县建中东路营业部	柳州市鹿寨县鹿寨镇建中东路8号	0772－6818973	215600
鞍山胜利南路证券营业部	鞍山市铁东区胜利南路85号	0412－6305888	215600
葫芦岛新华大街证券营业部	葫芦岛市连山区新华大街1号楼J、K	0429－2865888	302100
南宁金湖路证券营业部	南宁市金湖路38号永鑫大厦1、4层(五象广场旁)	0771－5502196	302100
保定恒祥北大街证券营业部	保定市北市区恒祥北大街679号	0312－3360566	302100
杭州庆春路证券营业部	杭州市庆春路87号中都大厦15层	0571－87210477	302100
吉林汉阳南街证券营业部	吉林市龙潭区汉阳南街5号	0432－65117980	302100
抚顺新城路营业部	抚顺市顺城区新城路中段25号	024－57768399	302100
宜春市营业部	宜春市袁山中路689号(商城对面)	0795－3569555	302100

大同证券经纪有限责任公司

大同证券的前身“晋冀内蒙古地盟市大同证券公司”，是1988年5月经中国人民银行总行批准成立的股份制非银行金融机构，是中国证券史上最早成立的证券公司之一，是山西省改革开放后资本市场起步的标志。2000年增资扩股后公司名称变更为“大同证券经纪有限责任公司”。公司注册资本人民币一亿元，主要从事证券经纪、投资咨询、财务顾问等业务，现为上海证券交易所、深圳证券交易所、中国证券业协会、中国国债协会会员。法定代表人是董祥董事长。

目前，公司共有31家分支机构，主要分布于北京、上海、广东、江苏、浙江、山东、福建、河北、河南、内蒙古、云南、湖南和山西省内各地市，为全国各地投资者提供网上、电话、手机等多种交易平台和沪、深证券行情揭示系统。同时，公司与工行、农行、建行、中行、民生、华夏、交通、招商等银行开通了客户资金第三方存管业务，为投资者提供高效、安全、便捷、优质的银证转账服务。

公司拥有实力雄厚的研究团队和资深的分析师团队，并推出了“新股申购、抛售策略”、“行业、个股深度研究报告”、“投资策略报告”、“热点分析”、“煤炭行业股票池”、“投资周刊”及每日盘中“一对一短信”等投资理财和特色服务。此外，公司全国客服电话4007121212为投资者适时答疑解惑。

经过20多年的发展，大同证券总体规模实现了历史性的突破，公司总资产、净资产、客户资产存量、交易总额、利润总额、上缴税金、分支机构和员工队伍等各项指标都实现了数倍乃至50多倍的增长，发生了翻天覆地的变化。其中以1996年与2009年可比数据对比，在14年间，公司总资产翻了16倍多、净资产翻了27倍多、客户资产存量翻了53倍多、交易总额翻了15倍多、利润总额翻了17倍多、上缴税金翻了28倍多、分支机构数量翻了8倍多、员工队伍翻了7倍多。

在22年的发展历程中，大同证券始终抓住“走特色化发展之路”的中心不动摇，坚定“做精做好经纪业务”的决心不懈怠，贯彻“诚信立业、稳健经营、规范发展、求实创新”的宗旨不折腾，坚持“有所为有所不为”的理念不含糊，通过艰辛努力探索出一条有别于其他券商的特色化发展之路，从一家地域性券商迈入了全国性券商的行列，并逐步成为一家具有鲜明地域文化特色和较强影响力的中等规模证券公司。

2006年，公司通过了中国证券业协会组织的规范类证券公司评审。

2006年、2007年、2008年和2009年，公司净资产收益率在全国证券公司排名中分别位居第20位、第13位、第7位和第5位。

2008年和2009年，公司净资本收益率在全国证券公司排名中均位居第2位。

2008年，作为探索成功发展模式的证券公司，大同证券亮相于“证券公司规范发展座谈会”这个资本市场的最高舞台，并作了题为“扬长避短找准定位，坚定不移走特色化发展之路”的典型发言，公司的特色化发展之路为业界广为关注，由此奠定了大同证券在中小规模证券公司的领头羊地位。

注册地址:山西省大同市大北街 13 号
邮政编码:037004
咨询电话:4007121212
电子邮件:webmaster@ dtsbc. com. cn
网站地址:www. dtsbc. com. cn
会员席位:上海:22692 深圳:200100

德邦证券有限责任公司

德邦证券有限责任公司成立于 2003 年 5 月,注册资本金为 10.08 亿元人民币,是经中国证监会批准设立的全国性综合类证券公司,公司已连续 8 年实现盈利。德邦证券在投资银行、固定收益、资产管理、量化投资、财富管理、公募基金服务、私募基金评价、客户服务等方面勇于探索,不断创新,秉承“心连心、手拉手”的服务理念,为广大客户提供全面的投资、融资等服务。

德邦证券坚持不断创新,根据差异化发展战略,公司建立了“7 +4”的公司运作模式,全面推动德邦证券逐步成为一流的金融服务公司。在经纪业务领域创立“财富玖功”服务品牌,推动广告公司在 A 股挂牌上市,管理中国青年创业就业基金会的创业基金等。创新推动了公司各项业务的迅猛发展,数年来赢得了投资者、合作伙伴等的广泛肯定和充分信任,同时公司获得了“2010 年度中国最佳创新证券公司奖”、“2011 中国区优秀投行——最具创新奖”等多项荣誉。

德邦证券作为中国财富管理领域的先行者,率先设立了财富管理中心,为高端客户提供全面财富管理服务。公司先后发起主办了“中国阳光私募高峰论坛”及“中国财富管理高峰论坛”,与上海证券报社联合组织了两届中国私募基金“金阳光奖”的评选。作为财富管理领域研究和推动力量之一,德邦证券组织编写、出版了《中国财富管理年度报告 2011》、《中国阳光私募年度报告 2010》、《中国阳光私募年度报告 2011》等,深受广大投资者及社会各界的高度评价。

公司业务介绍

公司的主要业务是为投资者提供证券代理买卖、证券发行与承销、收购兼并、资产重组、财务顾问、资产管理、投资咨询等证券投、融资全方位专业化服务。

证券经纪业务

公司目前设有 12 家营业网点,分布在全国 6 个省或直辖市。自 2003 年成立以来,公司以服务高端客户为导向,积极打造“财富玖功”品牌,市场份额和品牌影响力持续上升,截至 2010 年底,累计托管资产达到 709 亿元,客户数量超过 16 万。

公司通过精细化管理、差异化经营,打造精品投资顾问团队,抓渠道建多层次营销队伍,形成突出的产品销售能力,打造高端客户服务商,不断提升自身市场份额。

投资银行业务

公司投资银行业务主要包括股票承销、债券承销、私募融资、并购重组等。截至目前,公司先后完成了“独一味”、“罗普斯金”、“省广股份”等多家优秀企业的承销保荐工作,并为众多上市公司提供包括并购重组、私募融资等全面财务顾问服务。优秀的业务团队、先进的运作理念,以及灵活高效的管理机制等有机结合,使得公司在国内投资银行业务领域树立了自身的行业地位、竞争优势和品牌价值。德邦投行已被《证券时报》评为中国区“最具潜力投行”,其专业服务品质和销售定价能力已得到监管机构和全行业的广泛认可。

证券投资业务

公司证券投资部始终坚持价值投资、稳健经营的原则,年投资收益率明显超越市场整体水平。

公司未来的工作重点是:更新投资理念,进一步完善现有的投资模式,合理控制风险敞口,实现自营业务稳健增长;加强投研团队建设和内部协同,强化学习与培训;通过与金融产品部密切合作,在追求相对收益的同时保证绝对收益,打造稳定收入来源。

固定收益业务

公司固定收益部依托精通业务、敬业奉献、精干高效的业务团队,始终以客户利益最大化为核心理念,以全方位、专业化服务为目标定位,不断提升研究创新能力,债券承销发行和融资创新研究形成了共同发展、相互支持的良好格局,承销业务获得迅猛发展,在市场中树立了良好口碑。

德邦证券具备企业债、公司债主承销资格,为全国银行间债券市场会员、中国国债协会会员,并可开办中国国债登记结算公司实名制记账式企业债券甲类托管账户和代理账户。公司固定收益业务主要包括:公司债、企业债、资产支持证券的发行承销,债券代理投标,固定收益证券研究等。

资产管理业务

资产管理部是公司 2010 年新设立的部门,也是公司未来重点发展的业务部门。目前公司已将客户资产管理业务确定为下一个十年发展规划的核心业务发展方向,尽全力对资产管理业务进行倾斜和支持。

公司资产管理部机制灵活、风控完善,且拥有一支具有丰富从业经验的投研团队,将秉承价值投资的理念,立足于基本面分析,把握市场脉络,“自下而上”和“自上而下”精选证券相结合,追求长期较高的投资收益。

业务内容主要包括集合理财、定向理财等。

研究咨询业务

德邦证券研究所是国内运作规范、较具规模和市场影响力的专业证券研究机构之一。

研究所目前拥有专职研究员超过 20 人,各研究员全部为硕士以上学历,其中拥有博士学位者有 4 人。重要研究领域包括宏观经济、市场策略及金融、地产、医药、零售、旅游、纺织、化工、造纸、农业、有色、钢铁、建材、TMT 等 10 多个行业。

德邦证券研究所坚持价值投资理念,坚持国际化视野,始终贴近市场,将以最专业的团队为广大客户提供全面、贴心的服务。

财富管理中心

德邦证券财富管理中心是为高净值客户提供专业的证券及股权配置服务,努力为其实现资产保值增值的私人财富管理部门。作为国内证券行业高端私人财富管理领域的开拓者之一,财富管理中心自 2009 年 9 月成立以来,一直秉承“整合、服务、个性化”的发展思路,力争成为中国券商私人财富管理的第一品牌。

业务范围:第一类是私人财富管理,具体包括固定收益类、阳光私募、定向增发类、房地产投资基金类、房地产投资基金类、P 投资类和另类投资等多系列/多市场/不同风险收益特征的产品设计/筛选/研究/顾问;第二类为市值管理咨询,包括为上市公司以及股东提供资本运营,产品经营和公司治理等方面的市值管理咨询服务,根据上市公司发展规划要求,实现上市公司和其股东利益的最大化。

特色服务:财富管理、研究开发、市场推广等。

机构客户服务

机构客户部作为德邦证券对机构客户提供全方位服务的窗口，以丰富的机构业务种类和精干的专业人才为基础，面向银行、保险公司、信托公司、公募公司、私募公司、企业年金、QFII、投资公司、财务公司，以及大型国企、上市公司及股东等机构客户，为机构投资者提供专业的、有特色的产品及服务。

机构客户部依托券商平台优势，发挥证券公司在金融服务领域一、二级市场中间的桥梁和纽带作用，以各大机构客户需求为出发点，以投研及产品创新为核心，以专业化的研究团队、高效严谨的态度、多样化的产品、优质的服务，为广大机构客户长期搭建信息交流、共同成长的平台，致力于成为机构投资者信赖的合作伙伴。

衍生产品业务

公司金融产品部拥有一支专业精锐的专业团队，始终坚持以客户需求为中心，积极探索持续稳定的交易盈利模式，致力于研究、制定与执行衍生产品的套利、套保（对冲）、系统交易方法等各类交易策略，为客户提供高效、便捷和专业的全方位服务，满足客户的个性化和差异化需求，实现客户财富的稳步增长。

主要业务范围包括股指期货业务、权证业务等。

2011 年度公司荣誉

2011 年 5 月，在《证券时报》主办的"2011 中国区优秀投行"评选中获得"最具创新奖"。

2011 年 6 月，在《21 世纪经济报道》主办的"中国券商奖"评选中获得"2010 年度中国最佳创新证券公司奖"。

2011 年 12 月，在《华夏时报》主办的"金蝉奖"评选中获得"2011 年最稳健证券公司奖"。

地址：上海市福山路 500 号城建国际中心 26 楼
电话：021－68761616
传真：021－68767880
邮箱：webmaster@ tebon. com. cn
网址：http://www. tebon. com. cn

第一创业摩根大通证券有限责任公司

第一创业摩根大通证券有限责任公司（J. P. MorganFirst-CapitalSecuritiesCo. ，Ltd. ）（中文简称"一创摩根"，英文简称"JPMFC"）由第一创业证券有限责任公司（简称"第一创业"）和摩根大通共同出资组建。公司总部位于中国北京。公司法定代表人和董事长为刘学民先生，首席执行官为贝多广先生。

一创摩根，是第一创业和摩根大通基于相互认同的企业价值观、互利共赢的发展愿景，依照规范的公司治理架构所创建的合资证券公司，体现了双方对中国资本市场的长期承诺。一创摩根借助第一创业长期根植本土资本市场所积累的丰富经验与摩根大通作为具有悠久历史的全球领先金融机构的国际视野和平台，秉承以一流方式做一流业务的传统，坚持开放、创新、包容、协作的发展理念，努力成为推动中国资本市场发展的重要力量。

公司文化

以客户价值为核心：一创摩根始终以客户价值为核心，与客户密切合作，协助客户应对挑战，从而达成长远的战略目标。以客户价值为核心，意味着不仅着眼于当前的解决方案，更放眼于客户未来的价值提升。一创摩根以严谨的专业精神和强大的执行能力为基础，通过创新的视野洞悉资本市场的趋势，确保客户获得可持续的发展动力与竞争优势。

以员工为自豪：一创摩根视员工为最重要的资产，努力创造机会激发每位员工的潜力、责任感和对卓越的不懈追求。一创摩根强调团队协作，亦充分尊重个人特质。一创摩根在差异中寻求共同点，在开放的体系中不断完善自身。我们相信，具有卓越才能、激情与创造力的投资银行家将是一创摩根成功服务客户的基础。

成就行业典范：一创摩根强调风险控制与合规管理贯穿于公司业务的各个环节，恪守规范、稳健的发展之道。一创摩根严格遵循监管规定与行业自律要求，规范员工的执业操守。我们的目标是将"一创摩根"的品牌打造成为中国投资银行业的典范与标杆。

关于摩根大通

摩根大通集团（纽约证券交易所：JPM）是一家全球领先的金融服务公司，目前管理资产达 2. 2 万亿美元，业务遍及全球 60 多个国家。公司在投资银行、消费者金融服务、小型企业及商业银行服务、金融交易处理、资产及财富管理、私募股权投资等领域享有领先地位。作为道琼斯工业平均指数的成分股，摩根大通集团为美国数百万计的私人客户，以及全球众多知名企业、机构及政府客户提供服务。摩根大通在亚太区 15 个国家设有 27 个分支机构，并在这些地区开展批发银行业务有近 160 年的历史。

摩根大通于 1921 年在上海开设办事处，从此开始其在华业务。在中国，摩根大通为客户提供广泛的金融服务，涵盖投资银行、企业银行、风险管理、大宗商品、现金管理、贸易融资、贷款、外汇及衍生品交易、资产管理、期货经纪和私募股权投资等领域。目前，摩根大通通过在北京、上海、天津、广州、成都、哈尔滨及中山的业务网络及分支机构为中国本土和跨国公司、金融机构和政府机构提供全方位的金融服务。

关于第一创业

第一创业是一家中国境内战略清晰、锐意进取的综合性创新类证券公司。经过十几年的稳健经营和发展，在企业融资、固定收益、收购兼并、经纪业务、资产管理等经营领域形成了自身的特色及核心竞争优势，在为政府、企业、机构和个人投资者提供优质专业的金融服务中建立了良好的声誉。第一创业拥有期货、股权投资、基金等子公司及参股公司，在全国 21 个经济发达城市设有分支机构。

业务优势

一创摩根团队长期根植于中国资本市场，深刻了解本土客户、尤其是中小客户的发展需求，积淀了业内领先的中小板和创业板发行经验。对中小客户，我们强调以独特视角发掘企业未来价值，着力培养中国经济的明日之星。对于大型客户，一创摩根团队凭借丰富的市场经验、强大的执行能力、广泛的分销网络，可为之提供最佳的资本市场服务。

一创摩根对客户的服务价值，不仅在于我们拥有一流的投资银行产品，同时，一创摩根的客户还可能获得摩根大通旗下的广泛金融服务，包括商业银行、外汇、商品、期货经纪、资产管理、私募股权投资等，从而满足客户日益复杂的金融服务需求。

在中国资本市场逐步开放与中国企业全球化步伐日益加快的今天，一创摩根力求发挥重要的桥梁作用，打造 A 股和 H 股市场综合平台，并根据中外客户的战略需要、各个资本市场的动态变化，提供 A 股（包括即将推出的国际板）、H 股和全球其他重要市场的融资选择。

地址：北京市西城区武定侯街 6 号卓著中心 10 层
邮编：100033
电话：010－63212001
传真：010－66032671

东海证券有限责任公司

最早成立——东海证券的前身常州证券，成立于 1993 年江苏常州，是国内最早成立的证券公司之一。

最优质——2004 年 9 月被上海远东资信评估有限公司评为 AA—资信等级，该资信等级为目前国内证券业最高资信等级之一。

最年轻——是国内拥有最年轻团队的证券公司之一。平均年龄 30 岁；总部硕士研究生以上学历占人员总数的 45%，其中博士、博士后 20 多人。

最快速——国内发展速度最快的证券公司之一。近年来，营业网点从 9 个发展到 43 个（含正在筹建的 4 个），客户数量从 12 万发展到 80 万户，管理客户资产从 30 亿发展到 600 多亿，员工人数从 170 人发展到 1700 多人。

最市场化——公司拥有 47 个股东，分布在全国各大、中城市，股权分布均衡。同时，公司管理层也都是从公开市场上招聘选拔。

最安全——是国内最早实现集中交易、客户交易资金第三方存管的证券公司之一。

最完善——拥有中国政府颁发的所有相关牌照与资格，并有控股子公司东海期货、全资子公司东海投资有限公司。

最注重创新力——是最注重创新业务的证券公司之一，是全国首批第十家创新试点证券公司。自营及资产证券化、短期融资券、衍生产品等创新业务均走在国内前列。

东海证券成立于 1993 年，前身为常州证券公司，是国内最早成立的证券公司之一，2003 年通过增资改制成为最市场化的券商。目前公司注册资本为 16.7 亿元，拥有 47 个股东，分布在全国各大、中城市。

2005 年，东海证券成为全国第十家创新试点类券商。拥有注册保荐机构、客户资产管理、短期融资券承销、经纪业务、网上交易、投资咨询、同业拆借、股票质押贷款、银行间市场交易、证券自营、基金管理公司设立、权证创设、权证一级交易商、资产证券化和代办转让市场、首批甲类结算人资格等证券公司业务经营的全部牌照和资格。

公司近年来取得了超常规发展，经营规模不断扩大，网点布局日趋合理，营业网点从 9 家发展到 43 家（含在筹建中的 4 个），分布于北京、上海、深圳、南京、长沙、青岛、常州、洛阳、焦作、苏州、武汉、重庆、天津、广州、杭州、泉州、郴州、郑州、珠海、厦门、徐州、盐城等 20 多个城市。客户数量从 12 万发展到 80 万，员工人数从 170 人发展到 1700 多人。近年，公司各项业务平稳快速发展，自营及衍生产品、固定收益、资产管理等创新业务均走在国内前列。

2007 年、2008 年、2009 年东海证券净利润分别达到 15.65 亿、0.9 亿、7.9 亿，上缴利税分别为 6.24 亿、7.48 亿、4.86 亿，成为常州第一纳税大户，也是常州市迄今为止单年上缴利税最多的优质企业。

2007 年、2008 年连续两年获常州市企业“特别重大贡献奖”，2007 年也是年度中国独立企业属地纳税总排名五百强。

公司在有较强赢利能力与市场竞争能力之后以爱心回报社会，近年来共捐款 1100 多万元。2007 年同股东一起，与中国青少年发展基金会合作，捐款 200 万，在常州、洛阳、重庆等地捐建了 7 所希望小学；2008 年向湖南雪灾捐款 30 万元；5 月，汶川地震，捐款近 500 万元；2010 年 4 月青海玉树地震，捐款 120 多万元；7 月，向江苏省运动会捐款 300 万元；向甘肃省舟曲捐款 35.6 万元。

2007 年，还设立了“东海爱心基金”，救助遭遇困难的员工。

东海证券一直保持着优良的资产质量和资信水平。2004 年 9 月被上海远东资信评估有限公司评为 AA－资信等级，该资信等级为目前中国证券业最高资信等级之一。

公司始终坚持以人为本的经营理念，“自信、和谐、感恩、快乐”的企业文化造就了一支富有战斗力的员工队伍，海纳百川，志存高远，崇尚“以微笑传递智慧、让事实缔造杰出”，正以云帆高挂的姿态，驰向未来。

地址：江苏省常州市延陵西路 59 号常信大厦 18 楼
邮编：213003
电话：400－8888－588
客户投诉电话：400－8888－588

东莞证券有限责任公司

东莞证券有限责任公司成立于 1988 年 6 月，注册资本 15 亿元，是国有控股的全国性综合类证券公司，也是全国首批承销保荐机构之一。公司业务范围涵盖了证券经纪、投资咨询、财务顾问、承销与保荐、证券自营、资产管理、基金代销、期货 IB 等领域。

截至 2011 年底，公司有分支机构 48 家（其中营业网点 45 家，上海分公司 1 家，深圳分公司 1 家，北京办事处 1 家），营业网点遍布珠三角、长三角及环渤海经济圈，“立足东莞、面向华南、走向全国”的格局基本形成。公司全资拥有东证锦信投资管理有限公司，并参股华联期货有限公司。

企业文化：开放、包容、分享

经营理念：规范、诚信、务实、创新

核心价值观：智慧创造财富、专业成就价值

公司近三年发展大事记

1.2009 年

莞太路营业部荣获“中国最佳区域证券营业部”；公司在北京等地第一批五家新设网点获批设立；2009 年 7 月 29 日，我公司经纪业务单日指标创“新高”——当日成交量取得 62.59 亿元新高以及当日以市场份额 66.70‰，创下 2008 年以来单日市场份额新高；2009 年公司累计新开户数达 54357 户，账户总数已超 49 万户；举办首届东莞证券“财富通杯”实盘炒股大赛；首只集合理财产品旗峰 1 号筹资超过 10 亿元；2009 年，公司成本管理能力全国排名第 5，营业部均代理买卖证券业务净收入排名第 8，公司净资产收益率排名第 13。

2.2010 年

2010 年，举办第二届“财富通杯”股神实盘炒股大赛；公司莞太路营业部获得第三届中国明星证券营业部；公司保荐项目天龙集团成功上市，这是公司首个保荐 IPO 项目；公司新设网点增至 10 家，截至 2010 年底，公司共有网点 35 家（包括筹建网点）；公司成为东莞第三批上市后备企业；2010 年，公司晋升为 A 类券商。

3.2011 年

2011 年，新设 10 家证券营业部，使得公司营业网点达到

45家;新设东证锦信全资直投子公司、深圳资产管理分公司并取得了新三板业务资格。成功发行首只小集合产品——财富1号,募集资金1.56亿元;完成生益科技、深深宝、云南铜业非公开发行和银禧科技IPO工作;作为主承销商顺利完成"11海城债"的承销发行工作,实现了公司债券主承销业务零的突破。2010年,再次被评为A类A级券商。

业务亮点

1. 稳步提升的经纪业务

经纪业务是东莞证券的核心业务之一,公司以营业网点为服务前端,通过完善发达的电子化网络服务系统、三位一体的客服中心,为客户提供网上交易、电话委托、手机炒股等交易方式及专业、及时、全面的投资资讯服务。

经纪业务为客户提供深沪A股、B股,权证、债券、回购、基金等齐全的证券投资品种,在东莞、深圳、上海等城市设有45家营业网点,初步形成了立足东莞、面向全国的业务格局。

近几年,公司经纪业务规模迅速成长,2011年托管客户资产已超700亿元,代理交易量高达5400多亿元人民币,在全国106家券商中排名至42位,跻身行业中上游。在东莞地区市场份额达52.33%,东莞证券品牌知名度及美誉度稳步提升。

2. 保值增值的资产管理业务

资产管理部门成立于2003年,部门架构完善,制度健全,有着良好的决策流程,丰富的信息来源,有效的风控机制。2011年为更贴近证券投资市场,适应资产管理业务发展需要,专门成立东莞证券深圳分公司,从事资产管理业务。东莞证券深圳分公司目前经营的资产管理业务类型有:集合理财业务、定向资产管理业务、投资顾问业务等。

目前资产管理部门员工研究生及以上学历人数高达80%以上,来自各大核心券商、基金公司、私募等金融机构,大都具备多年大规模资金投资经验,对市场有较好把握,是一支专业知识丰富,操作水平较高,配合默契的团队。

资产管理业务作为公司重点发展的业务之一,致力于为客户提供各种低风险、高收益的投资品种,以打造"旗峰理财"这一品牌做为长远的目标。2009年12月22日,公司首只集合计划——旗峰1号策略精选集合资产管理计划正式成立,截止2011年12月30日,资产管理规模近7亿元。首只限额资产管理计划——旗峰财富1号于2011年9月6日成立,筹集资金规模1.6亿。2012年深圳分公司将继续秉承"成长为王、风控至上"的投资理念,推出债券避险、股指期货对冲等产品适应客户不同风险偏好及投资收益的需求。

3. 蓬勃发展的投资银行业务

起步于2003年的投资银行业务为企业提供企业改制及上市辅导、股票发行承销与上市保荐、资产重组及收购兼并财务顾问、企业咨询等服务。

2004年东莞证券正式成为全国首批保荐机构之一。成功完成了银禧科技、沪电股份、瑞普生物、天龙集团等IPO项目,以及伟星股份、广东榕泰、ST特力、生益科技、天茂集团、中科英华、人福医药、宁波华翔等公司的股权分置改革或再融资项目。近几年,东莞推出了系列企业上市的扶持政策,立志打造东莞板块,借此东风,公司已与数十家企业签订了上市协议。

目前投资银行部有保荐代表人13人,金融证券、法律、财务、企业管理等方面的专业人员近60人,80%以上具有硕士以上学历,70%以上拥有律师、注册会计师、经济师等专业技术职称和资格,是国内最具实力的专业性投资银行队伍之一。

4. 稳步成长的债券承销业务

东莞证券是全国首批承销保荐机构之一,具有企业债券、公司债券主承销资质。

部门自2009年成立以来,已成功发行企业债券一支,多支企业债券已上报主管机关审批;近20家企业的债券主承销项目正在积极洽谈中;参加70余支企业(公司)债券承销团,其中37支已成功发行。

东莞证券债券融资部将以专业的服务技能、卓越的承销能力为企业提供全方位的债券融资服务。

5. 蓄势待发的股份报价转让业务

随着我国多层次资本市场建设的日趋完善,"新三板"市场即将成为科技型中小企业与高新技术企业融资的崭新平台,将为企业提供借力资本市场快速发展的全新机遇。

东莞证券于2011年上半年取得代办系统主办券商业务资格,致力于为科技型、创新型企业提供企业改制及"新三板"挂牌辅导、"新三板"定向增发等服务。截至2011年年底已签约企业6家,先后与松山湖国家高新技术产业开发区、大连国家高新技术产业开发区、珠海国家高新技术产业开发区签订战略合作协议。

优秀的团队和专业的人才将为您提供最优质的服务。

6. 实力雄厚的研究资讯业务

东莞证券研究所十多年来奋勇进取,经历了两轮牛市熊市循环的考验,目前已经成长为覆盖有色金属、钢铁、煤炭、化工、能源、机械设备、电力设备、食品饮料、农业、零售等主要行业,拥有金融工程、宏观策略、行业等近30名分析师的中型券商研究机构。按照"以市场为导向、以客户为中心"的服务理念,东莞证券研究所围绕东莞证券独具特色的财富通服务体系打造了一系列宏观、行业、公司、基金、策略等专业性研究报告产品。

一路走来,东莞证券研究所始终秉承"智慧创造财富、专业成就价值"的核心价值观,以"提升客户价值"为宗旨,以"客观分析、独立判断"为原则,坚持创新不人云亦云,在2005年底市场还笼罩在熊市气氛之中时,东莞证券研究所就发布了《从熊市步入牛市、由防御转入进攻》年度策略报告,在2010年上半年市场抛弃周期性行业的时候,东莞证券研究所持续推荐小金属以及有色金属等资源性行业。无论是在牛市还是在熊市,东莞证券研究所都能够通过深入研究基本面挖掘出长期投资回报可观的品种。根据《中国经营报》独立研究结果,2010年东莞证券研究所以排名靠后的规模取得了在券商研究机构当中研究报告准确率排名第31名的成绩。2010年、2011年连续两年东莞证券研究所都有分析师入选经济观察报和今日投资联合举办的天眼分析师最佳排名。

高盛高华证券有限责任公司

高盛高华证券有限责任公司是一家中外合资经营的证券公司。由全球具有领先地位的投资银行高盛集团和其在中国的战略合作伙伴北京高华证券有限责任公司("北京高华")于2004年12月共同出资组建。公司总部设在北京,向客户提供广泛的投资银行服务,包括承销股票、债券与可转债等各类证券,还可提供收购兼并等财务顾问服务及其他相关服务。

公司按照管理功能进行组织机构的设置,下设投资银行部、资本市场部、债券市场部、并购部、财务部、法务部、合规部(含内部稽核)和企业交流部。母公司北京高华证券有限责任公司的资金部、风险管理部、营运部、人力资源部、信息技术部及行政办公室向高盛高华提供相关支持性服务。

公司管理层由国内外资深的证券界人士担任，他们包括董事长方风雷、首席执行官蔡金勇、首席财务官孟秋、合规总监李臣及公司董事会秘书章靖。

高盛高华成立6年来，逐步建立了具有国际一流水准的组织架构、业务流程及技术系统。同时，还汇聚了一大批在国内外金融领域工作多年的专业人才，组建了一支实力雄厚的专业团队。我们的目标是成为一家被客户最信任的、最有业务能力的和提供最佳服务的投资银行。迄今，高盛高华执行了不少在市场上有影响力的重要项目，包括由本公司牵头的迄今为止最大的A股可转债项目（中石化230亿人民币可转债）。

高盛高华所取得的成绩离不开我们的首要合作伙伴高盛的鼎力支持。我们借助高盛在全球金融界的丰富经验，按国际一流投资银行的标准来运营操作，其最终目的不只是为了建造一个根植于中国的证券公司，更是为了对推进中国资本市场的不断完善和发展做出长期贡献。

另一方面，高盛高华也秉承高盛的百年文化，其中又以社会公益事业建设为重：在成立之初，公司便鼓励员工积极参与“社区义工服务计划”等公益活动；“巾帼圆梦”全球万名女性助学计划于2008年3月推出，目前在华已培养了500多名女性学员；在多次的赈灾和援建活动中，高盛高华员工们也都踊跃相助。

高盛高华注重长远发展，力求打造诚信经营、优质服务的良好声誉以赢得客户的信赖。中国的资本市场有着无穷的发展潜力，我们愿与大家齐心协力，共同为中国资本市场的完善和发展做出贡献。

国都证券有限责任公司

国都证券有限责任公司是经中国证监会批准，于2001年12月28日在中诚信托有限责任公司和北京国际信托有限公司原有证券业务整合的基础上，吸收其他股东出资成立的综合性证券公司。公司注册地为北京。

2005年，公司经中国证券业协会评审取得创新试点证券公司资格。2011年，公司在中国证监会组织的证券公司分类评级中再次取得A类A级的评级。截至2010年末，公司注册资本262,298万元、净资产61.29亿元。

国都证券前身早在1990年开始从事证券经纪业务、1992年开始从事承销业务，并于1992年在北京设立了第一家证券营业部——工体营业部。多年的业务积淀使公司在金融服务领域拥有丰富的成功经验和众多的资深专业人士。

国都证券成立以来，始终秉承“关注客户需求、与客户共成长”的服务理念，在坚持合规经营的基础上，努力为客户提供便捷、多样化、个性化的金融服务，深得客户认可与信赖，并在业内赢得了良好的声誉。为拓展业务发展空间，公司通过设立香港子公司、控股期货公司、参股基金公司，整合股东、银行等金融机构的资源，搭建起一个多元化的金融服务平台。公司发展至今，已形成了门类齐全、服务模式多样化的业务体系，可针对客户的个性化需求，提供一揽子金融解决方案。

在管理方面，公司构建了完善的法人治理结构、科学严密的内部控制机制和风险管理体系，形成了以人为本、和谐发展的企业文化，打造了一支独具特色、精诚团结、锐意进取的精英团队，为公司健康稳步的发展奠定了坚实的基础。

“互信、共赢、美好生活”是国都证券的发展愿景，也是国都人的责任所在。国都证券全体同仁愿凭借自身的专业优势，携手广大客户及各界伙伴，把握经济发展的契机，共同开创我们健康丰盛的财富人生。

企业文化

公司倡导“以人为本，积极向上，讲奉献、重执行、求创新”的企业文化，其具体体现在：公司尊重每一位员工的合法权益，在整体利益的前提下，提倡个性发挥；致力于引导和传递积极向上的工作态度、健康和谐的生活方式；推崇勤勉尽责、忠诚守信、团结进取的执业精神。它塑造了企业精神，也赋予了公司旺盛的生命力。

“互信、共赢、美好生活”是公司的发展愿景，它不仅要求我们做到员工与员工之间、员工和企业之间、企业与客户之间要相互信赖、相互认同、共荣发展，还赋予了我们更多社会责任与使命，即承载股东的重托，视客户需求为己任，以资本市场繁荣发展为使命，用激情与智慧为社会创造财富，实现和谐发展的美好愿景。

国海证券股份有限公司

基本情况

国海证券前身为广西证券，1988年经中国人民银行批准正式设立。是国内首批设立、唯一一家在广西区内注册的全国性综合类证券公司。2001年增资扩股至8亿元并更名为国海证券有限责任公司。2011年上市并更名为国海证券股份有限公司。

目前，国海证券拥有5家分公司和55家营业部，并控股国海富兰克林基金管理有限公司和国海良时期货有限公司。截至2010年12月31日，公司总资产133.79亿元，净资产27.91亿元。2010年度，实现营业收入18.95亿元，利润总额6.62亿元。

治理结构

根据《公司法》、《证券法》等法律、法规和规范性文件的规定，公司构建了由股东大会、董事会、监事会和经理层组成的科学规范、权责明确、协调运转、有效制衡的完善的法人治理结构，有效控制各项经营风险，为公司长远、健康发展提供了坚实基础。

经营范围

证券经纪、证券投资咨询、与证券交易、证券投资活动有关的财务顾问、证券承销与保荐、证券自营、证券资产管理、证券投资基金代销、为期货公司提供中间介绍业务。

业务资格

证券业务外汇经营资格、网上证券委托业务资格、全国银行间同业拆借市场成员资格、国债承销业务资格、中国证券登记结算有限责任公司结算参与人资格、代办系统主办券商业务资格。

国海荣誉

2010年

国海证券在《证券时报》“2010年中国区优秀投行评选”中，荣获“最具区域影响力投行（华南）”、“债券最佳投行”、“最佳再融资保荐人”三项大奖。

国海证券玉林人民东路证券营业部在《证券时报》“第三届中国明星证券营业部评选”中，荣获“中国最佳区域证券营业部”奖。

2009年

国海证券在《上海证券报》主办的2009年“股民学校”优

秀系列评选活动中，荣获"中国证券市场投资者教育优秀组织奖"。

国海证券荣获由国家财政部颁发的"2009 年度记账式国债承销优秀奖"。

国海证券获得由农行授予的"2009 年度中国农业发展银行金融债券优秀承销商"荣誉称号。

国海证券在《证券时报》"2009 年中国区优秀投行评选"中，荣获"最具区域影响力投行"奖，"柳工可转债项目"荣获"最具投资价值保荐项目"奖。

广西国海扶贫助学基金会获得由广西自治区民政厅授予的"全区先进社会组织"荣誉称号。

国海证券桂林中山中路证券营业部在《证券时报》"第二届中国明星证券营业部评选"中，荣获"中国最佳区域证券营业部"奖，南宁民族大道民族艺术宫证券营业部荣获"中国最佳投资者教育证券营业部"奖。

2008 年

国海证券荣获由国家财政部颁发的"2008 年度记账式国债承销优秀奖"。

国海证券在《上海证券报》主办的2008 年股民学校优秀系列评选活动中，荣获"中国证券市场投资者教育优秀组织奖"。

国海证券获得由广西社保局授予的"2008 年度社会保险工作先进单位"荣誉称号。

国海证券获得由广西投资集团授予的"2008 年度信息化建设先进单位"荣誉称号。

国海证券南宁民族大道民族艺术宫营业部和桂林中山中路营业部获得"2008 年度广西证券期货业协会十佳营业部"荣誉称号。

2007 年

国海证券荣获由国家财政部颁发的"2007 年度记账式国债承销优秀奖"。

国海证券南宁民族大道民族艺术宫营业部在《证券时报》首届"大智慧杯"中国明星证券营业部评选中，获得"区域明星证券营业部"荣誉称号，南宁民族大道营业部获得"公益活动明星证券营业部"荣誉称号。

国海证券桂林中山中路、玉林人民东路、柳州北站路、北海贵州路 4 家证券营业部获得"广西 2007 年度十佳营业部"荣誉称号。

国海证券柳州飞鹅二路、贵港中山路、南宁民族大道民族艺术宫 3 家证券营业部获得"广西 2007 年度诚信营业部"荣誉称号。

经营业绩

报告期内，宏观经济形势错综复杂，物价指数持续攀升、通胀压力加大、人民币持续升值。我国政府坚持实施积极的财政政策和稳健的货币政策，不断加强和改善宏观调控，收缩流动性、平抑物价。受通胀上升、宏观调控收紧及外围经济形势等经济因素影响，2011 年上半年中国证券市场行情呈现震荡走势，券商整体经营压力较大。在较为不利的市场环境下，公司各项业务发展总体维持平稳运行，营业收入同比基本持平。尽管证券经纪业务代理交易总额同比有所增长，但受市场佣金率下滑及主营业务发展导致的费用相应增加等因素的影响，公司整体经营业绩比上年同期有一定程度的下降。

公司报告期内实现营业收入 75,021.14 万元，较 2010 年同期减少 3,117.47 万元，减幅 3.99%；实现营业利润 23,479.16 万元，较 2010 年同期减少 5,698.69 万元，减幅 19.53%；实现归属于母公司所有者的净利润 15,533.17 万元，较 2010 年同期减少 4,714.67 万元，减幅 23.28%。

国海历程

1988 年 10 月，经中国人民银行总行批准，广西证券公司正式成立。

2001 年 11 月，公司增资扩股并更名为国海证券有限责任公司。

2002 年 6 月，经中国证券监督管理委员会批准，国海证券收购广西信托投资公司和广西国际信托投资公司的 11 家证券营业部，公司证券营业部增至 24 家。

2004 年 11 月，国海证券与全球最大上市资产管理公司之一——美国富兰克林邓普顿基金集团的全资子公司邓普顿国际股份有限公司合资组建国海富兰克林基金管理有限公司。

2005 年 9 月，国海证券通过中国证券业协会组织的规范类证券公司评审，成为全国首批规范类证券公司。

2006 年 11 月，由国海证券发起设立的"广西国海扶贫助学基金会"正式成立，这是国内证券行业第一家慈善基金会，210 万初始资金全部来自员工自愿捐款。

2009 年 1 月，参与浙江良时期货经纪有限公司增资扩股，浙江良时期货经纪有限公司更名为国海良时期货有限公司。至 2010 年底，国海证券出资比例达到 83.84%。

2011 年 6 月，公司借壳上市获得证监会批准。

2011 年 8 月，公司上市并更名为国海证券股份有限公司。

国开证券有限责任公司

国开证券的前身是航空证券，公司成立于 2003 年 12 月 29 日，2009 年 11 月公司原股东与国家开发银行签订股权转让协议转让公司 100% 股权，2010 年 2 月 10 日获中国证监会批准，2010 年 2 月 23 日完成股权变更的工商登记，成为国家开发银行的全资子公司。2010 年 6 月 17 日完成工商变更登记，公司正式更名为国开证券有限责任公司。

公司唯一股东国家开发银行成立于 1994 年 3 月，是直属国务院领导的政策性金融机构，经过 16 年的发展已形成"两基一支"、基层金融和国际合作"三位一体"的业务发展格局，业务功能覆盖贷款、债券、投资、投行、租赁、担保等多个领域，成为我国对外投融资合作和中长期投融资主力银行，是我国金融体系中不可或缺的重要力量。截至 2009 年底，开发银行资产余额 4.5 万亿元，其中人民币贷款余额 3 万亿元，外币贷款余额 979 亿美元，税后利润 302 亿元。人均管理资产额、人均创利等指标均在国内外居于领先地位。2008 年 12 月根据国务院部署开发银行正式转型为商业银行，主要从事中长期业务，服务于国民经济重大中长期发展战略，并按"一拖二"的组织架构设立投资公司和投资银行公司（证券公司），分别从事投资业务和相关证券业务经营。

公司更换股东后综合实力得到极大提升，资本金已由原来的 5.2 亿元增至 23.7 亿元，并将进一步增加至 73.7 亿元，同时公司的业务范围和服务质量都得到巨大提升。目前公司的经营范围包括证券经纪；证券投资咨询；证券交易、证券投资活动有关的财务咨询；证券承销；证券的自营买卖和中国证监会批准的其他业务，下一步将进一步扩充为客户提供更全面更优质的专业服务。

公司在北京、上海、深圳和保定等地设有五家证券营业部，正在筹建北京和天津的三家营业部，并计划在全国各省会和重要城市新设多家营业部，构建为客户服务的全国网络。

总部办公址：

地址：北京市东城区东直门南大街1号来福士中心
办公楼21、23、25层
邮编：100007
电话：51789000、51789100

泰利明苑办公址：

地址：北京市朝阳区安华里外馆斜街甲1号泰利明苑
A座二区4层
邮编：100011
电话：85285202－09
传真：010－85285229

国盛证券有限责任公司

国盛证券有限责任公司是2002年12月经江西省省人民政府和中国证监会批准设立的综合类证券公司，公司注册地为江西省南昌市，注册资本59334.07万元。2007年2月2日，经中国证券业协会评审通过，公司成为规范发展类证券公司，现证券评级为BBB级。

公司设立了17个职能及业务部门，45家营业网点分布于北京、上海、深圳、天津、杭州、武汉、长沙及江西省各地市县区，拥有A、B股经纪、外汇业务、代理实时开户业务、基金代销、证券自营、投资咨询、股票、债券主承销资格、代办股份转让主办券商预备资格，是中国证监会注册的保荐机构，曾首次获批准参与股权分置改革试点。是全国银行间和交易所间同业拆借及债券市场成员单位，中国证券业协会监事单位。

公司始终致力于建设昂扬向上的企业文化，以“共同利益观”（即国家、企业、客户、员工利益一体，互利共赢）为核心价值观，以“忠诚拼搏、艰苦创业”为企业精神，融入Customer Relationship Management（CRM，客户关系管理）的管理思想精髓，突破以企业本身利益最大化为目标的传统企业文化，重视客户利益，关注客户个性需求，注重引导客户的投资情绪，努力与客户建立基于彼此信任和价值贡献之上的长期关系，以优质高效的服务，不断满足投资者多方位需求，实现企业的可持续发展。

展望未来，豪情满怀。国盛证券正大力实施人才战略、品牌战略、资本战略和国际化战略，国盛人正在为了共同利益，坚持“忠诚拼搏、艰苦创业”的企业精神，着力打造“开放的国盛，世界的国盛”。努力在2－3年内使公司进入A类证券公司行列，跻身为全国券商综合排名前20位，并在不远的将来，把公司打造成为一家金融控股上市证券公司。

地址：南昌市永叔路15号信达大厦
电话：0791－6281441
传真：0791－6281441
邮编：330003
电子邮箱：bgs@gsstock.com
网址：www.gsstock.com

国泰君安证券股份有限公司

国泰君安证券股份有限公司是国内最大综合类证券公司之一，由国泰证券有限公司和君安证券有限责任公司于1999年合并新设，注册资本47亿元，2010年底净资本173.7亿元人民币，经营业绩稳居业内前三，经营管理、风险控制、合规体系、信息技术等水平领先。

发展历程

1999年8月18日，经中国证监会核准，国泰君安证券股份有限公司由国泰证券有限公司和君安证券有限责任公司合并新设，成为国内当时最大证券公司。

公司前身国泰证券和君安证券均于1992年创办，是新中国最早设立的证券公司之一，处于行业领先地位。合并新设后，公司注册资本37.3亿元。2001年，公司分立为国泰君安证券股份有限公司和国泰君安投资管理股份有限公司（非证券类资产），注册资本变更为37亿元。2005年，中央汇金投资有限责任公司向公司增资10亿元，注册资本增至47亿元。

1999年起，国泰君安证券经历了三大发展阶段：第一个阶段完成了一个公司的整合。通过整合两家公司的经营管理模式和企业文化，形成了集中统一管理、分级授权经营、条块协同配合的经营管理体制。第二个阶段通过四次战略性财务重组，整体提升了公司质量。通过剥离及置换资产、股权变更、发债及引进注资等，优化了公司资产质量和财务结构。第三个阶段推动改革创新，抓住市场机遇，确立和巩固了行业一流公司地位。从一家传统粗放型综合类券商，成长为一家开拓创新及综合经营能力强、管理模式集约化的一流券商。经过多年努力，国泰君安证券初步成为了“资本充足、业务完备、创新突出、内控严密、运营安全、管理高效、服务优质”创利水平高的现代金融企业。

历史沿革

2001年，“主承销商信誉排名榜”第一名（评选机构：中国证券业协会）。

2002年，“研究所综合实力排名第一”（评选机构：安邦咨询与《财经时报》）。

2003年，“本土最佳研究团队”（评选机构：《新财富》，2003—2008连获）。

2004年，“首席财务官最青睐兼并与收购业务投行”（评选机构：《欧洲货币》）。

2005年，“中国客户关怀标杆企业”（评选机构：信息产业部）。

2006年，“券商综合实力大奖”（评选机构：《21世纪经济报道》）；“最佳经纪商”（评选机构：《亚洲金融》）。

2007年，“中国企业信息化500强”（评选机构：国家信息化测评中心）；“金融品牌价值榜年度最佳证券公司”（评选机构：第一财经）。

2008年，“年度最佳证券公司”（评选机构：中国社科院和《金融时报》）；“中国金融企业慈善榜——证券业·突出贡献奖”；“最佳证券经纪商奖”（评选机构：《上海证券报》）。

2009年，“中国区最具影响力投行奖”（评选机构：《证券时报》）“中国信息化建设优秀企业”（评选机构：信息产业部）；“全国精神文明建设工作先进单位”。

2010年，“卓越综合实力证券公司”（评选机构：搜狐网、和讯网、金融界网）；“最佳经济预言奖”和“最受信赖证券公司”（评选机构：15万网友、50位经济学家、20位业内专家、30位财经主编、30位财经记者通过搜狐网投票评选）。

“中国500最具价值品牌·中国券商品牌价值第一”（评选机构：《世界品牌实验室》2004－2010连获）。

“券商分类评价A类AA级”（评选机构：中国证监会，2008－2010年连获）。

“中国最具创新能力投行”（评选机构：《新财富》）。

“2010年度上海金融创新成果一等奖”。

"上海市企业文化建设示范基地"称号。

部门介绍－投资银行业务

投资银行

中国本土最悠久的投行部门，起步于1990年代初。横跨内地及香港两个市场，涵盖多种业务类别，致力于为客户提供多层次、全方位的资本金融服务，包括股权融资、债券融资、购并重组、资产证券化、战略投资、衍生产品设计发行、私募服务、PE投资财务顾问服务等，满足企业各发展阶段的不同资本市场需求，为企业实现战略远景提供一站式的资本运作服务。

中国资本市场最主要的参与者之一，证券承销总金额一直名列前茅。十多年来，担任保荐机构兼主承销商合计完成首次公开发行、公开增发、定向增发、配股、可转债、可分离债逾120家，筹集资金约1800亿元；为逾80家企业提供了购并重组顾问服务，为上海、深圳等五个省、市政府担任财务顾问，列全国券商之首；资产证券化、衍生产品设计发行方面始终处于市场领先地位。

凭借一流的业务能力与创新精神，成就了诸多投行界"第一"。如主承销其时史上筹资规模最大上市项目——中国工商银行和中国农业银行的首次A＋H同步发行上市，首例换股吸收合并整体上市（上港集团），IPO首家缩股发行（新钢钒），首次采用社会公发与定向配售相结合（华能国际），首次将"派生分立"用于股份公司改制和设立等。拥有200名投行专才，90％三年以上业务经验，98％硕士以上学位，在业内具有良好的口碑。多次获得"最佳投资银行"、"最佳大型团队项目奖"、"最受尊敬的投行"、"最佳投行团队"、"最佳债券承销投行"、"IPO业务能力第一"、"增发业务第一"、"最具定价能力投行"和"最佳债券销售奖"等荣誉。

股权和混合类融资及收购兼并业务

在国内券商中最早独立建制，目前已发展成为国内最具规模、最有影响力的收购兼并领域专业服务机构。十多年的收购兼并业务开展，以专业技能与创新精神给市场留下了诸多成功的案例，如新加坡佳通集团收购并重组桦林轮胎（中国对外资开放上市公司国有股后第一例外资并购案），南京金鹰国际购物集团收购南京新百（通过流通股连续举牌方式完成非全流通上市公司控制权收购的第一例产业并购），以及东风汽车收购郑州日产、上海汽车收购上柴股份等。

我们致力于八大业务方向：1. 策划并协助实施上市公司控制权的收购与反收购；2. 策划并协助实施上市公司资产收购、出售或置换；3. 协助大型企业通过兼并收购进行行业整合，提升企业市场占有率和竞争力；4. 为境内企业引进境内外战略投资者/战略联盟；5. 上市公司股权结构优化方案设计；6. 企业跨境并购；7. 企业战略规划、区域产业整合及行业规划与重组顾问；8. 管理层收购、员工持股与股权激励计划顾问等多层次、全方位的专业金融服务。

30名在收购兼并业务领域独具专长的业务人才，95％三年以上投行业务经验，98％硕士以上学位，多次荣膺"最佳投资银行"、"最佳大型团队项目奖"、"最受尊敬的投行"、"并购业务第一名"等多个奖项。

固定收益证券业务

提供债务融资、结构融资、投资交易、研究咨询等全方位固定收益业务服务。是银行间债券市场做市商、国债甲类承销团成员、央行公开市场业务一级交易商、政策性金融债承销团成员，为国内拥有固定收益证券业务专业资格最多的券商之一。

业务涵盖国债、央行票据、各类金融债券（包括政策性金融债、一般金融债、次级债、证券公司债），以及各类非金融企业债券（包括企业债券、公司债券、短期融资券、超短期融资券、中期票据、资产证券化产品）等所有固定收益类产品，并积极开展创新研究，固定收益创新能力居行业领先水平。

至2010年底，累计主承销企业债券近80家，承销总金额近4000亿元，其中独立主承销大型债券项目50余家，并多次主承销铁道部、国家电网、国家开发投资公司等国内特大型债权融资项目，债券总承销量和现券交易量始终排名同业前三。连续多年被权威媒体机构评为业内"最佳固定收益团队"。

股权及混合类工具融资

首家设计以专项金额定期存单形式公开发行A股——白鸽股份（000544）；

首家高速公路H股发行A股——皖通高速（600012）；

首家核准制下外商投资股份有限公司IPO项目——双良股份（600481）；

首次在国内A股市场采用社会公开发行与定向配售相结合的发行方式，且大股东以现金全额认购配售股份——华能国际（600011）；

成功担任国内信托投资公司改制扩股的私募承销商——沈阳信托；

首次以券商给予投资者指导价格的形式实现了不设上限的询价方式——茉织华（600555）；

高比例增发A股，增发数量（13000万股）达到原流通股数量（5500万股）的2.4倍——广电信息（600637）；

首家纯B股公司增发A股——张裕A（000869）；

在面临亚洲金融风暴的严峻时刻，采用"一次买断，闪电配售"方式成功完成增发——深赛格B（200058）；

1998年全国第一例纺织行业解困试点，开辟亏损上市公司资产整体置换，向法人股股东定向增发，同时增发流通股的先河——龙头股份（600630）；

2002年新加坡佳通集团收购并重组桦林轮胎，国泰君安担任买方顾问和卖方顾问。该项目是中国对外资开放上市公司国有股后第一例外资并购案，也是国资委成立后国有股权第一次通过拍卖被转让的案例；

2004年东风汽车收购郑州日产，国泰君安担任买方顾问；

南京金鹰国际购物集团敌意收购南京新百，国泰君安担任买方顾问，该项目是非全流通公司的收购中通过流通股连续举牌方式完成控制权收购的第一例产业并购；

深圳市市属上市公司整体重组项目。深圳市政府于2003年末就市属企业改制做出部署，对市属上市公司重组整体推进。国泰君安成为深圳市政府该次整体重组的财务顾问，在2003年底至2005年初的一年多时间内，完成了一致药业、深万山、深宝恒、深长城和ST华发共5家上市公司的改置重组和引入战略投资者工作，引入了包括中粮集团、国药集团、德赛电子等重要战略投资者；

农产品股权分置改革方案，该方案是首例不送股、不派现的创新方案，采用了流通股定价出售的方式，创造了"破净"公司对价支付的新模式；

首例股改方案实施复牌当日填权的方案——中兴通讯股权分置改革方案；

股改中首次推出权证方案——宝钢权证；

上港集团换股吸收合并暨首次公开发行，为国内大型企业集团整体上市创造了可借鉴的模式；

中国工商银行首次公开发行，创八项第一，即第一次A＋H同步发行、A股市场同时也是全球迄今为止规模最大的发行、A 股市场市值最大的上市公司、首次在发行中大规模引入 A 股战略配售、首次引入绿鞋机制、首次在 A 股发行中引入分析师大会形式、首次创造性地解决境内外信息的同步披露问题、首次在 H 股采用预披露机制。

2008 年保荐的九阳股份因高水准的承销方案策划和良好的盈利能力荣获《证券时报》"最具投资价值保荐项目"奖，以及新财富财经专业杂志"最佳 IPO 项目"奖。

2008 年在股市深度下跌和房地产行业回落的情况下，抓住难得的发行时间窗口，成功组织了金融街和名流置业的公开增发，获得市场的高度认可。

债券承销

策划承销国内首只可转换公司债券——深宝安可转换债券；

策划首次采用"网点通兑方式"进行 95 中国石化企业债券兑付；

策划承销国内首只多家发债主体、多家担保单位分别担保，并统一发行的企业债券——97 高新技术产业开发区债券；

2003 年在国内率先推出企业债券柜台系统，该系统直接与中央国债登记公司系统连接，使得企业债券的销售范围和销售效率大为提高；

2004 年首推保底浮动企业债券创新品种河南高速债，并引发该类企业债批量发行，成功解决当年企业债滞销问题；

2005 年担任国内首只资产证券化产品——国家开发银行 05 开元一期信贷资产支持证券（ABS）的独家财务顾问及次级档证券主承销商；

2005 年首家推出完全开放型的固定收益类券商集合理财产品——国泰君安"君得利"一号货币增强集合资产管理计划，其收益表现保持领先；

2006 年担任首只以主承销商模式发行的金融债——06 十九期国开债的联合主承销商；

2006 年担任国内首只混合资本债——06 兴业银行混合资本债的联合主承销商；

2007 年担任上海浦发银行、兴业银行的信贷资产证券化项目主承销商，信贷资产证券化承销规模和家数排名第一；

担任个人住房抵押贷款支持证券（MBS）、外资机构人民币债券（"熊猫债券"）、商业银行金融债、次级债的承销团成员。

2008 年策划并主承销 2000 年以来国内首只无银行担保的地方企业债券——08 昆明城投债，率先突破地方企业债券发行担保创新难题；

2008 年主承销中国铁道部、国家开发投资公司、南方电网公司、中国有色矿业集团等中央企业债券和多只地方企业债券，主承销家数列市场第一位。

资产管理业务

国泰君安证券 1993 年起即开展资产管理业务，为国内第一家，截至目前已有 18 年的历史。国泰君安证券资产管理有限公司成立于 2010 年 10 月，注册资本 8 亿元，是业内首批和最大的券商系资产管理公司。坚持"诚信、专业、勤勉、创新"的理念，力争为客户实现资产"绝对收益，复利增长"。

提供各类量身定制的理财产品，满足客户资产管理在风险、收益、流动性等方面的不同需求。截至 2011 年 3 月，公司共发行 12 只集合资产管理计划，形成了一条包括股票、基金、债券、货币，量化、市值管理、海外投资等多个系列的完整产品线。历年来"君得益"、"君得利"、"君得惠"等集合理财产品收益率位居行业前列。目前管理的客户资产规模达到 150 亿元人民币，稳居证券行业前列。

在国内最早从事 ETF、权证等金融衍生品领域套利投资，积累了丰富的投资实战经验；率先推出规范的定向资产管理业务，满足高端客户需求。推出了国内首只套利产品，2011 年发行国内首只对冲基金产品。

团队经历中国证券市场多次牛熊考验，投资经理具有丰富的实际操作经验和深厚理论功底，从事证券投资管理业务的平均年限达到 10 年以上。现有投资、研究、风控、市场营销等业务人员 70 余人，85% 具有国内外硕士以上学历。

直接投资业务

国泰君安创新投资有限公司成立于 2009 年 5 月，注册资本 5 亿元，是首批券商直接投资公司之一。主要业务为对未上市企业进行股权投资及为客户提供股权投资的财务顾问服务。

我们的愿景：秉承诚信、亲和、专业、创新的企业文化，兼具积极的态度、稳健的风格，争做行业的领先标杆公司。

我们的目标：致力于帮助有理想的企业家发现价值并创造企业价值，使企业成为受广大投资者欢迎的公众上市公司，为基业常青打下根基。

我们的团队：专业、规范、学习型组织。经验丰富，均为硕士以上，在投资、法律、财务等领域具有专长，在新能源、医药及消费品、电气设备、生物科技、新闻传媒等行业具丰富经验，熟悉并购、资本运作及上市筹备等业务，能熟练运用各类财务估值模型对项目进行专业分析和判断。

我们的策略：在中国经济转型的大背景下，顺应国家产业政策和十二五规划的导向，重点关注医药及消费品行业、进口替代相关行业、七大新兴产业等领域，以期获得良好的社会效益和经济效益。

我们的业绩：我们已在消费电子、低压电器、日常消费品、医药保健、新闻媒体、电子化学、新型材料、建筑智能化、环保机械等行业拥有多个投资成功案例。

我们的责任：关注环境保护，积极履行企业社会责任，为社会发现价值、创造价值。

零售业务

创设了中国证券行业首家专注于中高端投资者的君弘财富俱乐部，提供"行 +、优 +、惠 +"三大尊荣服务套餐，是会员优越的社交互动平台。会员尊享高速交易跑道、贵宾通道、一对一服务、百种礼品积分回馈和丰富高雅的主题活动。《君弘财富》定期发布"君弘指数"和高端研究，为会员发掘多视野的投资机遇。

设立了"VIP 交易中心"，为专业投资者提供高频策略化交易一揽子解决方案，提供极速行情、专线交易通道，量身定制股指期货、ETF 等衍生品套利软件接口，全面满足超高频投资者对速度和个性化策略的极致要求。

打造了覆盖全国的立体化、专业化"投资顾问"服务体系，为投资咨询型客户提供即时资讯、权威数据和账户贴身指导等投资决策服务。独家推出客服支持平台——君弘百事通，以总部数百名专业研究分析师、全国 193 家营业部数千名投资顾问及优秀客户经理的雄厚服务实力，及时帮助投资者回避风险、把握趋势，提升回报。

拥有完备的业务资格，创新领跑行业。首批获得融资融券和股指期货 IB 业务资格，是全国首家开放式基金代销券商、LOF 主交易商、ETF 参与券商、代办股份转让主办报价券商。代销了已发行的所有开放式基金，数量和累计金额持续排名第一,股指期货和融资融券等雄居前列。

具备完整的渠道服务能力,服务随时随地。智博汇理财大厅是业内首创的互联网综合服务平台,提供软件维护、资讯推送、风险测评、产品筛选和在线咨询等网上服务;“易阳指”连续三届蝉联中国最佳手机证券大奖,服务客户超过 200 万;全国统一客户服务热线 95521,提供 7×24 小时不间断证券全面服务。

卓越零售服务

君弘财富俱乐部

君子之道,弘泽天下,君弘财富俱乐部由公司倾力打造,是中国证券服务第一俱乐部品牌。依托公司雄厚的研究实力和专业服务,为会员提供非同一般的尊荣与精准的理财规划。凡资产或交易量达到一定级别的客户,都有机会被邀请成为君弘财富俱乐部的会员。君弘财富俱乐部为会员提供优质专享的各项服务,设有俱乐部网站,为会员提供高端资讯服务;设置会员积分计划,可自由兑换精选服务与礼品;金卡会员专设“优 + 服务套餐”,尊享优选、优先服务;定期举办各类主题活动,给会员提供交流、分享的平台。

君弘财富俱乐部秉承公司“诚信、亲和、专业、创新”的服务理念,为会员提供周全尊荣的理财服务,与每一位客户一起,同创辉煌未来!依托公司研究员、总部分析师、分支机构分析师的立体化投资咨询服务体系,通过金融资讯平台,公司为客户提供证券研究、投资评级、数据分析和选股决策的精准服务,引领价值投资,帮助客户回避风险、把握趋势。

作为全国首家开放式基金代销券商、LOF 主交易商和 ETF 参与券商,公司以“建立基金超市、销售精品基金”为策略,全力打造“精品基金超市”,代销基金产品数量和累计销售金额在行业中持续多年排名第一。

95521 客户服务中心

“95521”是国泰君安证券全国统一客户服务中心。集预约开户、多品种交易、电话委托、业务咨询与受理、服务订阅、短信推送、投诉受理、客户回访等于一身,为投资者提供 7×24 小时不间断服务。投资者无论身在何地,只需拨通 95521,即可享受国泰君安证券的优质服务。

“95521”以规范化运营、为客户提供专业化服务为己任,以树立证券行业客户服务标杆为目标,不断拓宽服务范围、持续提升服务品质,多次荣获“中国最佳呼叫中心”等称号。

“95521”人工坐席全时段在线,接受投资者预约开户申请,随时帮助投资者选择合适的开户营业部;客户经理全程服务,在投资者办理业务时提供实时帮助。

近年来,随着客户理财需求的不断增长,“95521”正通过规模化运营,提高服务覆盖能力、提升客户服务感受。在为投资者提供全面服务的同时,也为“君弘财富俱乐部”高端客户提供优先专属服务。

“用心聆听您的需要”是国泰君安证券“95521”对广大投资者的真诚承诺!

“易阳指手机证券服务”

“易阳指”是公司根据手机用户需求自主研发设计的手机证券服务,提供行情、资讯、互动、交易的全方位无线互联网服务,“易阳指”手机证券服务凝聚四大优势:安全、免资费、简单易用、功能强大。特色功能包括全球行情、银证转账、实时解盘、深度资讯;手机兼容性强,支持全部主流手机型号,具有多重安全保护策略。

境外业务

注册于香港的国泰君安金融控股有限公司,设于 1995 年,具有丰富的国际市场运作经验,业务涵盖证券及期货经纪、企业融资、资产及基金管理、融资融券、证券投资顾问和外汇业务,处于香港中资券商前列。旗下国泰君安国际控股有限公司 2010 年 7 月 8 日在香港联交所上市(代码:1788),实现了内地券商旗下公司在港 IPO 零的突破。

网上交易平台支持 9 个境外证券市场(包括香港、伦敦、台湾、沪深 B 股及美、日、加、新加坡)、18 个全球期货市场。包括杠杆外汇买卖证券、期货买卖、首次公发认购、孖展融资申请、投资基金认购等,并提供市场研究报告。客户可实现“一站式”全球投资交易。

完成了多个首家在港上市的标志性投行保荐项目,包括首家 A 股公司(中兴通讯)、首家 AB 股公司(晨鸣纸业)、首家德国公司(星亮控股)在港上市。到 2010 年底,累计保荐 28 家企业,主承销 30 家企业,担任 185 家企业包销商,独家配售代理 53 家企业增发;担任 62 家企业财务顾问(独立财务顾问 18 家)和 48 家上市公司合规顾问。

在香港中资券商中,最早提供资产管理服务。至 2010 年底,担任 7 只公募基金和 3 只私募基金的管理人,9 只基金的投资顾问。“国泰君安大中华增长基金”被列入香港政府“资本投资者入境计划”的获许投资资产名单。

孖展融资业务发展迅速,截止 2010 年底,孖展融资规模为 19.76 亿港元,孖展融资收入同比增长 61.6%。

研究咨询实力突出,多次获“恒生中国企业指数盈利预测”第一名、“五大最佳获奖经纪”之一、2010 年 STARMINE “亚洲地区盈利预测准确度”第二名等。

融资融券业务

中国证券业协会融资融券专业评价第一名,首批获得融资融券业务资格,成功开通国内首单融资融券交易。试点以来,秉承“诚信、亲和、专业、创新”的精神竭诚为客户提供优质、专业的融资融券服务。业务发展势头良好,截至 2010 年底,融资融券交易量在券商中排名第二,融资融券业务规模在券商中排名第三,行业地位领先。

公司净资本实力雄厚,可向客户提供充足的资金和证券进行融资融券交易;融资融券业务组织架构完备,总部配备多名有信贷、财务、法律、信息技术等背景的专业人才、分公司及营业部配备专业融资融券推荐人;风险控制严密,客户资金全面实施三方存管;交易管理系统运行安全,客户交易软件方便快捷。

研发业务

在券商中最早设立研究机构,为高端机构客户、零售 VIP 客户、重要客户及一般客户等提供量身定制的、高质量的研究分析、投资咨询服务及投资品种推荐。研究分析覆盖行业公司、策略、宏观、债券、衍生品和金融工程等领域,涉及从国际到国内、从宏观到微观、从货币市场到资本市场、从上市公司到非上市公司、从行业到个股等的广阔范围。坚持价值投资理念,贴近市场、贴近客户。是券商中规模最大、实力最强、最具影响力的研究机构之一。

提供《机构投资者速递》、《投资视点》、《机构投资与理财》、《行业动态月报》、《国泰君安证券通讯》、《行业投资策略和投资组合》等日刊、季刊、年刊在内的丰富的研究产品系列。

100 余名在不同方向有丰富研究分析经验的研究员,每年提供数量不少于 3000 篇的高质量研究报告。历年来研究成果在业界和市场树立了突出的品牌优势和影响力,在包括《新财富》等权威评选活动中屡获殊荣。

办公地址：上海市银城中路 168 号上海银行大厦 29 楼
联系电话：+86 －21 －38676666
邮政编码：200120
客户服务电话：95521
电子邮箱：webmaster@ gtja. com

海际大和证券有限责任公司

海际大和证券有限责任公司是由上海证券有限责任公司与日本大和证券资本市场株式会社合资创建，注册地在上海，注册资本为 5 亿元人民币，其中上海证券有限责任公司占注册资本的 67%，日本大和证券资本市场株式会社占注册资本的 33%。

产品及服务

股票（包括人民币普通股、外资股）和债券（包括政府债券、公司债券）等的承销，外资股的经纪，债券（包括政府债券、公司债券）的经纪和自营，以及中国证监会批准的其他业务。

企业特色

公司将集中和利用合营双方的优势和业务经验，为国内外客户提供优质、专业的证券服务，并通过合营公司经营，为中国证券业的发展做出贡献，同时使合营双方获得满意的经济利益。海际大和证券有限责任公司将充分发挥中日双方的管理、技术和客户资源优势，为客户提供国际水准的投资银行服务。

企业理念

要成就事业巅峰，不仅要拥有过人的专业技能，更要以平和心态来对待我们所追求的事业，凭借自身的经营优势和业务经验，为客户提供高技术含量的专业服务，实现客户利益最大化。

航天证券有限责任公司

航天证券有限责任公司是 2005 年 3 月经中国证监会批准，由中国航天科工集团公司控股，在重组原上海久联证券经纪有限责任公司的基础上设立（上海久联证券经纪有限责任公司设立于 2000 年 9 月）。2010 年 1 月，经中国证监会批准，公司注册资本从 2 亿元变更为 6 亿元，其中，中国航天科工集团公司及所属单位占 90%。

公司设总裁办公室、党群工作部、人力资源部、财务部、合规稽查部、风险管理部、资金结算部、信息技术部、研究发展部、经纪业务部、投资银行部、证券投资部等 12 个部门。公司现有员工 120 余人，本科以上学历占 78.1% 以上。

公司经营范围：证券经纪，证券投资咨询，与证券交易、证券投资活动有关的财务顾问、证券自营、证券承销。

随着我国资本市场的日益规范和发展，国内资本和国际资本的逐渐接轨，证券行业的竞争将更加激烈，航天证券将秉承“诚、严、专、实”的企业作风，坚持“稳健、规范、创新、卓越”的经营理念，着力提高核心竞争力和持续发展能力，开拓创新，追求卓越，力争把公司建设成为“品牌鲜明、服务优质、管理一流、效益显著”的证券公司。

2010 年大事记

1 月 6 日，中国证监会正式批准公司变更注册资本，注册资本由 2 亿增至 6 亿。

1 月 29 日，中国证监会核准公司更名为航天证券有限责任公司。

3 月 11 日，公司召开 2009 年度股东大会，选举产生新一届董事会、监事会成员，同时召开了第三届董事会第一次会议，聘任了公司新一届经营层人员。

6 月 18 日，中国证监会印发《关于核准航天证券有限责任公司证券自营和证券承销业务资格的批复》（证监许可［2010］812 号），核准航天证券公司变更业务范围，增加证券自营和证券承销两项业务。

恒泰长财证券有限责任公司

恒泰长财证券有限责任公司前身为长财证券经纪有限责任公司，成立于 2002 年 1 月 10 日。是经中国证券监督管理委员会批准（证监机构字［2001］327 号文件），在原长春市财政证券公司和长春信托投资公司证券部的基础上组建的一家经纪类证券公司，注册资本为人民币 5615 万元。2009 年 3 月 10 日，证监许可［2009］223 号文件，恒泰证券股份有限公司收购长财证券经纪有限责任公司，长财证券成为恒泰证券全资子公司，并更名为“恒泰长财证券有限责任公司”。

恒泰长财证券有限责任公司自成立以来，始终坚持“稳健、诚信、务实、创新”的经营理念和“全心全意为客户服务”的经营宗旨，以繁荣和服务证券市场、促进地方经济发展为己任，依法经营、规范运作，各项事业都取得了长足发展，已成为吉林省实力较强、影响力较大的证券公司，为吉林省地区资本市场的繁荣和发展起到了积极的推动作用，公司注册地为长春市，在沈阳市和吉林省内设有 17 家证券营业部。

公司经营范围：证券经纪（限辽宁、吉林、黑龙江三省行政区域）。

单项业务资格：证券经纪业务资格和证券投资基金销售资格。

面对快速发展、日益开放且充满机遇与挑战的中国证券市场，恒泰长财证券将满怀与时俱进、追求卓越、创造辉煌的信念和勇气，抓住机遇，迎接挑战，实现与中国证券市场同发展、共繁荣的奋斗目标，以优良的业绩和丰厚的收益回报社会。公司感谢广大投资者对于恒泰长财证券始终如一的厚爱和支持，并期望与大家在今后的岁月中风雨同舟，同舟共济。

主要业务

1. 经纪业务

证券经纪业务是长财证券最基础、最重要的业务之一。

长财证券经纪有限责任公司目前在北京、上海、长春和吉林四个城市拥有 10 家证券营业部，营业总面积达 32000 平方米，直接为近 10 万户投资者提供服务。投资品种包括 A 股、基金、国债、企业债等代理业务。

公司现为上海证券交易所、深圳证券交易所、中国证券业协会、吉林省证券业协会、中国国债协会会员，在沪、深证券交易所共拥有 20 个独立的交易席位。

在二级市场上，公司采用最先进的交易方式，努力为客户提供完善的证券经纪及投资咨询服务，各项业务的迅猛发展，使公司取得了良好的经营业绩，为证券市场建设和地方经济发展做出了贡献。其中长财证券上海凉城路证券营业部 2002 年交易额在全国 2500 家营业部中排名第 12 位；2003 年排名第 19 位，成为公司的品牌与特色。

2. 债券业务

记账式国债与凭证式国债同属国家发行的金边债券。凭证式国债是利用银行柜台完成发行、兑付的一种国债。而记账式国债是利用证券账户通过证券交易所的交易系统完成发行、交易、兑付的一种国债，其良好的流动性、便捷的交易方式、稳定的投资收益，越来越受到投资者的青睐。其投资收益率远高于当前银行所发行的凭证式国债和同期银行存款的收益率水平。

目前，投资者在我公司所辖十家营业部均可直接购买记账式国债。我公司会以专业化的服务为投资者提供投资建议。

恒泰证券股份有限公司

恒泰证券股份有限公司由恒泰证券有限责任公司改制而来，前身为内蒙古证券有限责任公司。2008 年 9 月经中国证监会批准，公司增资改制并更名为恒泰证券股份有限公司，注册地为呼和浩特市。

经中国证监会及国家工商局核准，公司经营范围包括：证券的承销和上市推荐；证券自营；代理证券买卖业务；代理证券还本付息和红利的支付；证券投资咨询；资产管理；发起设立证券投资基金和基金管理公司；中国证监会批准的其他业务。

公司自成立以来，秉承“稳健、诚信、务实、创新”的经营理念和“全心全意为客户服务”的经营宗旨，以繁荣和服务证券市场为己任，依法经营、规范运作、科学管理、锐意进取，各项事业都取得了长足发展，成为国内具有一定业务规模和竞争优势的综合性证券公司。

面对新的历史机遇和挑战，恒泰证券股份有限公司将凭借优良的公司信誉、高素质的人才队伍和精诚团结的创业精神，继续向着规范化、市场化、国际化的方向发展，为中国证券市场的繁荣做出更大贡献。

主要业务介绍

1. 证券经纪业务

恒泰证券经纪业务，依托公司日益壮大的资本实力和灵活的经营机制，已经搭建了职能完备、布局合理的综合业务平台，并在整合传统经纪业务管理、营业网点建设、市场营销策划、产品销售推广、机构客户开发等工作职能的基础上，大力倡导市场营销理念和加速推进市场营销工作，不断优化营业网点布局，形成了以内蒙古、上海周边城市为中心，北京、深圳为两翼的核心业务区域，辐射全国主要大、中城市的优化布局结构，具有丰富的经纪业务操作经验、完善的组织架构和内部风险控制制度。

恒泰证券目前在全国拥有 30 多家证券营业网点。公司具有 A 股、B 股、国债、基金等交易代理资格。经纪业务平台为客户提供具有双向卫星、DDN 等高速、安全的交易跑道和电话委托、网上交易、磁卡委托、远程终端、热自助等多种交易手段，并以丰富的经验为各类公司股份托管提供多元化服务。公司目前开发的个性化的服务主要有国内外财经信息服务、市场重要信息分析、投资策略报告、行业与个股研究、专家操作建议、恒泰电子邮件服务、实时互动专家在线、短信信息服务等，客户资产的增值是恒泰证券客户服务的根本。

致力于专业化的营销团队建设是恒泰证券现在与未来一以贯之的经营理念；另外不断完善丰富金融产品为客户提供全方位的家庭理财也是恒泰证券一直努力的方向，从 2004 年至今恒泰证券已与嘉实、长盛、易方达、南方、富国与汇添富等多家知名基金公司建立了良好的合作关系，为客户提供了货币型、债券型与股票型等不同类型且业绩表现优秀的基金产品。恒泰为客户提供的开放式基金代销服务是建立在系统化的基金代销业务客户服务体系的基础上，以专业分析判断为基础，根据市场的变化，对各类基金产品进行精选推介，以满足客户资产配置需求，从而实现客户资产价值最大化为目标。

恒泰证券经纪业务奉行“以客户为中心，以市场为导向”的现代经营法则，突显恒泰证券经纪业务服务的特色，全面深化服务内涵、提升服务层次和水平，打破传统服务模式，实施新型的客户关系管理，在细分市场的基础上，根据不同类型客户的投资需求和偏好，推出个性化的全方位贴身服务；依托公司研究中心高质量的研究成果和信息资源，以标准规范的管理为客户提供精品服务；将先进的高新技术手段引入传统经纪业务领域，向着更加富有专业化、个性化、人性化的服务境界迈进。

2. 投资银行业务

多年来，恒泰证券凭藉自身良好的品牌优势，已从区域性证券机构成长为全国性综合类券商。公司坚持将“诚信、稳健、求实、创新”作为长期经营的理念，通过为客户提供全面和个性化服务，来体现公司的服务宗旨。

投资银行事业部是恒泰证券最重要的业务部之一。专职从事企业 IPO、上市公司再融资的保荐与承销，上市公司并购与重组业务财务顾问，企业债券发行的承销，直接投资等投资银行业务。投资银行总部设于北京，并在北京、上海、深圳分设各业务部门，业务范围辐射全国。

业务类型

1. 公司融资服务

配合企业的资金需求和财务安排，持续地为企业的 IPO、增发配股、债券融资、项目融资或海外融资提供服务。

2. 财务顾问服务

为企业的吸收合并、重大资产重组、定向增发、收购兼并、投资咨询等活动在目标选择、方案制定、财务处理、资金运用等方面提供咨询服务。

3. 创新业务服务

探索开展非传统的投资银行业务，包括运用新的方式、手段在传统业务中改革创新，特别是积极研究开发任何符合市场需要和发展趋势的，尤其是证监会鼓励倡导的新的具体业务创新产品，将成熟的研发产品投入到业务实践中。

4. 专业研究服务

恒泰证券具有较强的专业研究力量，每日出版《每日财经快讯》、《市场快迅》，内部刊物《恒泰证券研究报告》定期对国内外经济发展，证券市场的走势，行业的发展变化进行细致分析。按照企业要求编制不定期的专项研究报告。

5. 市场形象维护

恒泰证券能在企业市场形象维护方面起到重要的作用。例如，协助企业在全国性报章和其他媒介发布公司信息，特别是能通过恒泰证券庞大的客户网络为企业新的金融产品和业务进行全力推介。

6. 公关协调工作

恒泰证券利用其在证券界良好的社会背景，以及有关发行人员资深的证券从业经历，为实现企业各项资本运作早日成功的目标，将同有关主管部门和证券监管部门以及交易所做好公关协调工作，为企业提供最大可能的方便。

7. 信息服务

恒泰证券能够在融资过程中为企业提供许多有价值的政策信息，使企业在申报过程中少费周折。此外，恒泰证券成立以来一直着重于信息的搜集分析工作，并为核心客户搜集和加工要求的各种信息。

研发中心

重建后的恒泰证券研发中心，积极延揽国内高端经济研究人才，努力创建顺应证券市场发展趋势的研究体系，致力于全面提升客户服务能力，不断改善服务质量，持续增强服务效率。研究人员中，博士占比43%、硕士占比57%，研究范围从宏观、中观到微观，重点研究领域涉及新能源、新材料、新能源汽车、高端装备制造、节能环保、信息技术、生物医药、化工及消费品等行业。

核心理念：智慧创造价值。智慧为本，研究为体，价值为用。

团队座右铭：行己有耻，博学于文，唯实心正，一丝不苟。

自上而下的研究体系：长周期市场价值发现。

坚持基于人口与流动性两大资源的中国经济长周期增长理念，深入探索东西部经济差距成因，正确把握西部经济跨越式发展带给西部、东部以至全国的机遇和受益路线，不断发掘证券市场及上市公司投资机会，持久增进客户价值。

自下而上的研究体系：打造前瞻性价值发现工具。秉承"万物有痕"的国学思想，利用公司财务报告与经济统计数据，捕捉过往残留信息与未来增长预期之间的拓扑关系，为增进客户价值打造最贴近市场的前瞻性价值发现工具。

固定收益业务

固定收益业务以其低风险、收益稳定、业务创新突破点多的特点，在恒泰证券获得了较大发展。2004年度，固定收益部大力开展了银行间回购套利、交易所回购套利、企业债销售、可转债申购、债券二级市场操作等业务，取得了可喜成绩。其中银行间回购交易量11.61亿，交易所回购交易量17.2亿，企业债销售8000万，债券二级市场交易量23个亿，可转债申购申购期无风险收益5.5%。2005年以来，部门大力拓展债券承销分销业务，分销数十支短期融资券和企业债，并参与了现代投资债、天富热电债等企业债的副主承销，已初步构建起客户群、销售渠道和信息平台的基本框架，未来将积极拓展企业债融资领域的策划、实施、承销、投资等各类业务。

固定收益部在债券项目策划和组织承销等方面积累了丰富的实践经验，在销售网络建设、社会关系建设等方面做了大量投入，并取得了丰硕的成果。客户包括商业银行、基金公司、证券公司、保险公司、财务公司、信用联社以及其他机构投资者，遍及北京、上海、江苏、浙江、广东、湖北、甘肃等地，庞大的客户网络为企业债券的顺利承销奠定了坚实的基础。

红塔证券股份有限公司

红塔证券股份有限公司是在对云南省原三家信托投资公司及两家证券经营机构证券业务重组的基础上，由红塔集团等13家国内知名企业共同发起，经中国证监会批准设立的比照综合类证券公司。注册资本为人民币138,651.04万元，注册地为云南省昆明市。2002年1月31日，公司在云南省工商行政管理局领取了《企业法人营业执照》。2002年3月23日，公司正式开业。

2009年12月14日，中国证监会颁发证券经营机构营业许可证，公司上海分公司正式成立，专门负责证券资产管理业务的运作。

截至2010年12月31日，公司总资产75亿元，净资产36.65亿元，净资本30.99亿元。

公司成立以来，以"法制、监管、自律、规范"八字方针为指引，秉承"诚信、稳健、专业、创新、共享"的理念，并坚持以客户需求为导向，以技术平台为手段，以研究开发为基础，以风险控制为保障，改进和完善了管理模式与业务流程，在稳健经营的基础上不断开拓创新，取得了较好的经营业绩。目前，已逐渐发展成为制度体系完善、风险管理严密、财务指标健康、资产质量良好的特色证券经营机构，也是业内屈指可数的连续八年实现盈利的券商之一。

经营范围

证券经纪；证券自营；证券承销与保荐；证券投资咨询；与证券交易、证券投资活动有关的财务顾问；证券资产管理；证券投资基金代销；为期货公司提供中间介绍业务。

组织架构

股东大会是公司的权力机构；董事会是公司的决策机构，对股东大会负责；董事会下设发展战略委员会、提名及薪酬委员会、审计和风险控制委员会三个专门委员会；监事会是公司的监督机构，对股东大会负责；经理层是公司的执行机构，对董事会负责；经理层下设证券自营业务投资决策委员会、资产管理业务投资决策委员会、投资银行业务内核小组、风险管理委员会四个专业委员会。

公司总部设15个职能部门，下辖1家分公司、1家全资子公司和20家证券营业部。证券营业部的分布情况为：云南省内11家，分别为昆明6家，呈贡1家，大理1家，楚雄1家、曲靖1家、建水1家；省外9家，分别为上海3家，北京1家，苏州1家，深圳1家，温州1家、广州1家、重庆1家。

公司分公司情况红塔证券股份有限公司上海分公司是公司根据监管规定设立的专门经营证券资产管理业务的专业分公司，设立于2009年12月，注册地址为上海市浦东新区长柳路58号1505室。

公司子公司情况

红塔期货有限责任公司系公司全资子公司，其前身为云南国资期货经纪有限公司，设立于1993年4月，注册地址为昆明市祥云街55－59号银佳大厦16楼。

2007年，公司正式启动控股国资期货工作。11月8日，国资期货变更注册资本和股权的申请获中国证监会审核批准，国资期货总股本增至1.01亿股，由公司持有6,100万股，占国资期货总股本的60.4%。

2008年3月13日，国资期货更名为红塔期货有限责任公司。随后，公司启动了后续的全资控股期货公司的工作。12月9日，经中国证监会核准，公司获批持有红塔期货全部10,100万股股权，实现了全资控股。

2010年，红塔期货进行了同城搬迁，注册地址变更为昆明市北辰财富中心商住楼A幢28楼(2801－ABCD号)。

宏源证券股份有限公司

基本情况

宏源证券股份有限公司(以下简称本公司或公司)系1993年经新疆维吾尔自治区经济体制改革委员会以新体改[1993]001号文批准改组的新疆宏源信托投资股份有限公司，初始注册资本为人民币175,000,000元。根据国务院1999年下达的关于信托业整顿改组的精神和中国证监会、中国人民银行转发的有关文件，经中国证监会以证监机构字[2000]210号文批准，新疆宏源信托投资股份有限公司整体改组为综合类证券公司并于2000年9月13日更名为宏源证券股份有限公司。

经过历年的派送红股、配售新股、转增股本及增发新股，截至2011年6月30日止，本公司注册资本已增至1,461，

204,166 元。经新疆维吾尔自治区工商行政管理局核准，本公司取得了注册号为 650000040000388 的企业法人营业执照。法定代表人：冯戎。公司总部住所：新疆乌鲁木齐市文艺路 233 号。公司注册地点：乌鲁木齐市。本公司的控股股东为中国建银投资有限责任公司；最终控制人为中央汇金投资有限责任公司。

公司股东大会为公司权力机构，公司设立董事会、监事会，董事会下设发展战略委员会、提名与薪酬考核委员会、风险管理委员会和审计委员会。本公司经营管理层的总体组织架构由业务系统、业务支持系统、运营支持系统、风险管理系统组成。截至 2011 年 6 月 30 日，本公司拥有 80 家证券营业部，下设资产管理分公司、承销保荐分公司，2 家全资子公司——宏源期货有限公司和宏源汇富创业投资有限公司。此外，批准筹建但尚未开业的证券营业部数量为 4 家。截止报告期末，本公司员工为 3953 人，其中高级管理人员数量为 12 人。

经营范围

证券经纪；证券投资咨询；与证券交易、证券投资活动有关的财务顾问；证券承销与保荐；证券自营；证券资产管理；融资融券；证券投资基金代销；为期货公司提供中间介绍业务。

经营情况

截至 2011 年 6 月 30 日，公司资产总额 238.08 亿元，较上年末 268.34 亿元减少 30.26 亿元，减少幅度为 11.28%。资产变化比较大的项目为：货币资金减少 14.72 亿元，减幅为 10.72%；结算备付金减少 30.37 亿元，减幅为 70.20%；存出保证金减少 2.04 亿元，减幅为 21.35%，上述资金变化主要是本期证券市场交易低迷，客户资金存款减少所致。买入返售金融资产减少 4.71 亿元，减幅为 44.64%，主要是减少买入返售业务量所致。交易性金融资产增加 17.18 亿元，增幅为 53.58%，主要是对其投资规模增加所致。长期股权投资增加 0.85 亿元，增幅为 230.81%，主要是子公司宏源汇富创业投资有限公司对外投资增加所致。其他资产增加 5.15 亿元，增幅为 252.42%，主要是融出资金规模增加所致。公司绝大部分资产变现能力较强，而固定资产、无形资产、投资性房产、长期股权投资等仅占公司资产总额的 5.00%，公司资产流动性强，资产结构合理。

截至 2011 年 6 月 30 日，公司负债总额 163.59 亿元，较上年末的 195.35 亿元减少 31.76 亿元，减少幅度为 16.26%。其中代买卖证券款减少 38.40 亿元，减幅为 23.32%，主要是客户资金减少所致。应付职工薪酬减少 2.16 亿元，减幅为 66.05%，主要是公司将上期计提数本期发放职工所致。卖出回购金融资产款增加 7.57 亿元，增幅为 31.87%，主要是公司增加回购业务所致。交易性金融负债增加 1.98 亿元，增幅为 100%，主要是公司增加相关业务所致。

截至 2011 年 6 月 30 日，公司总股本 14.61 亿元，净资产 74.49 亿元，较年初增长 2.06%。母公司净资本 49.88 亿元，较年初减少 1.63%，与母公司净资产的比例为 67.34%，公司资产结构优良，各项财务及业务风险监管指标符合《证券公司管理办法》和《证券公司风险控制指标管理办法》的有关规定。

2011 年 1－6 月，公司实现营业收入 15.55 亿元，较上年同期减少 1.53 亿元，减幅为 8.97%。收入变动的主要原因是：证券自营业务、证券经纪业务和受托客户资产管理业务收入减少，而证券承销业务收入增加所致。公司发生营业支出 7.39 亿元，较上年同期减少 0.04 亿元，减幅为 0.51%。其中，营业税金及附加减幅为 4.68%，业务及管理费与上年同期基本持平。公司实现利润总额 8.15 亿元，净利润 6.14 亿元，较上年同期减少 1.17 亿元，减幅为 15.94%，每股收益 0.42 元。其他综合收益－7,978 万元，主要构成为：西飞国际－1,695 万元，新大洲 A－2,955 万元，太原重工 2,441 万元，豫园商城－1,658 万元，宏源一号－769 万元，宏源三号－825 万元。综合收益总额为 5.35 亿元。

报告期公司现金及现金等价物净流出 45.08 亿元，扣除客户资金流量影响，公司自有资金净流出约 6.68 亿元。每股经营活动产生的现金流量净额为－2.740 元。其中（1）经营活动现金净流出 40.03 亿元，主要为代理买卖证券支付的现金净额为 38.40 亿元，收取利息、手续费及佣金净增加额为 13.18 亿元，买卖金融资产净流出额为 12.05 亿元，回购业务净增加额为 12.28 亿元，支付各项税费 4.50 亿元，支付职工 5.70 亿元，存出保证金流入 2.04 亿元，融出资金 5.22 亿元，支付业务及管理费约 2.05 亿元。（2）投资活动现金净流出 1.19 亿元，主要是报告期内购建固定资产和无形资产等支出增加 0.36 亿元，投资支付的现金 0.85 亿元。（3）筹资活动现金净流出 3.82 亿元，主要为分配股利所致。

企业文化

公司始终履行“为客户创造价值、为员工提升价值、为股东实现价值、为社会奉献价值”的使命，坚持“客户至上、人才为本、诚信协作、进取卓越”的核心价值观，践行“专业、高效、创新、发展”的经营管理理念，努力成为持续创造价值的一流金融服务公司。

华宝证券有限责任公司

华宝证券有限责任公司（以下简称：公司）是经中国证监会批准，依法注册登记，具有独立法人资格，实行自主经营，独立核算，自负盈亏的有限责任公司。

公司于 2002 年 3 月 8 日开业，注册地上海，注册资本金人民币 15 亿元。公司在上海、北京、杭州、舟山、福州、深圳、成都、武汉等地设有营业部。

公司目前经营范围：证券经纪、证券投资咨询、证券自营、证券投资基金代销。

经中国证监会批准，公司于 2006 年实施重组，并于 2007 年 2 月完成了新老股东的股权转让，公司股东为：宝钢集团有限公司、华宝投资有限公司和华宝信托有限责任公司。

公司作为宝钢集团旗下的证券公司，在股东的大力支持下，秉承“为客户创造价值，为员工创造机会，为社会创造效益”的经营宗旨，将以崭新的面貌为新老客户提供专业的、优质的证券金融服务。

2010 年大事记

华宝证券于 2010 年正式取得监管部门认可，顺利完成公司增资工作，注册资本金变更为 15 亿元。

华宝证券于 2010 年完成公司章程变更及工商变更登记手续，公司英文名称正式变更为：HWABAO SECURITIES CO.，LTD.。

由“投资总监 20 人论坛组委会”主办，华宝证券承办的第一、二届“投资总监 20 人论坛”于 2010 年 4 月和 11 月，分别在苏州及成都成功举办。

华宝证券于 8 月 27 日成功召开了第三届董事会第六次会议及第三届监事会第三次会议。

2010 年 11 月 19 日，华宝证券成都营业部正式开业。

2010 年 12 月 30 日，华宝证券武汉营业部正式开业。

华宝证券经纪业务部客服研究课题成功入围“中国证券业协会2009年度科研课题候选获奖研究成果”。

华宝证券福州营业部闽闽东确权项目于2010年内顺利完成首阶段工作。

总部地址：中国上海市浦东新区世纪大道100号
　　　　　上海环球金融中心57楼
联系电话：021－68777222
传真号码：021－68777822
邮政编码：200120

华福证券有限责任公司

华福证券前身为福建省华福证券公司，成立于1988年6月，是我国首批成立的证券公司之一。2003年4月，引进广发证券为控股股东，经中国证监会批准，增资改制并更名为广发华福证券有限责任公司。2010年12月，广发证券将其所持公司股权，依法转让给福建省能源集团有限责任公司、福建省交通运输集团有限责任公司和联华国际信托有限公司（现更名为兴业国际信托有限公司）。2011年8月，经批准更名为华福证券有限责任公司。现公司注册资本5.5亿元人民币，总部设在福建省福州市，在福建省及上海等地拥有48家证券营业部，董事长兼总裁黄金琳，员工1300多人。

华福证券一贯坚持“打造一流证券公司”的经营愿景、“诚信专业，创造价值”的经营宗旨、“规范经营，稳健发展”的经营理念。2005年10月被评为全国首批七家规范类证券公司之一。2006年实施了集中交易项目，为公司的长远发展提供了技术保障。

华福证券是福建省纳税大户，更是诚信纳税企业，从2002年起每年均被评为福州市诚信纳税A级企业，2003年以来累计向国家缴纳各类税费近16亿元。同时，积极投身于社会公益事业，近三年向台湾“莫拉克”台风、四川汶川地震等灾区累计现金捐赠达640万元。

作为海峡西岸主要的证券经营机构，公司正立足于海峡西岸经济区，集中各种优势资源，倾力发展成为管理科学、运作规范、资产优质、抗风险能力强、独具经营特色的优秀券商，为海峡西岸资本市场建设贡献自身的一份力量。

地址：福州五四路新天地大厦7至10层
邮编：350003
客服电话：96326
传真：0591－87841150
网址：www.hfzq.com.cn

华林证券有限责任公司

历史沿革

华林证券有限责任公司原名江门证券公司，于1988年4月经中国人民银行广东省分行批准成立，是我国最早成立的证券公司之一；1991年7月经中国人民银行批复同意重新登记，注册资本为人民币1000万元；1996年7月经中国人民银行批复同意增资扩股，注册资本变更为人民币5600万元，并更名为江门证券有限责任公司；2003年2月经中国证券监督管理委员会批准同意再次增资扩股，注册资本增加至80700万元，并更名为华林证券有限责任公司。

业务范围

证券（含境内上市外资股）的代理买卖；代理证券的还本付息、分红派息；证券代保管、鉴证；代理登记开户；证券的自营买卖；证券（含境内上市外资股）的承销；证券投资咨询（含财务顾问）。保荐机构资格；开放式证券投资基金代销业务资格；IPO询价资格；网上证券委托业务资格；全国银行间同业拆借市场同业拆借资格；国债买断式回购交易参与主体资格；权证交易和结算资格。

经营管理

2007年以来，公司新的经营管理团队组建到位，为华林证券带来了先进成熟的经营理念和管理经验，初步建立了以绩效考核为核心、风险控制为前提、优秀人才为依托、客户利益为导向、流程管理为手段的经营管理机制，公司内部管理日趋规范，经营业绩稳步增长。公司充分发挥中小券商包袱小、资产质量高、机制灵活的优势，聚集业内优秀的人才队伍，营造积极、进取的企业氛围，致力于为客户提供专业化、多元化的资本市场服务。

机构设置

公司根据发展需要，建立起与之相适应的组织架构和运行机制，设有经纪业务总部、投资银行总部、固定收益总部、投资管理总部、债券投资部、董事会办公室、合规管理部、计划财务部、结算托管部、信息技术部、人力资源部及行政运行部等内部机构，有效保障了公司的规范和高效运作。同时，公司共有13家营业网点，分布在深圳、北京、广州、上海、合肥、长沙、江门等地，正逐步形成以各省会城市为中心、辐射周边地区的营销服务布局，构建起广泛的营销网络。

发展战略

用3－5年的时间，使公司成长为具备一流专业水准的全国性券商，在服务内容、服务方式、业务管理和人才队伍等方面，充分展现真正的专业水准、专业特色和专业信誉，并在这种专业优势的引领下，逐步形成自身的核心竞争力，树立市场品牌，提升市场影响力。

发展目标

在2－3年内，夯实基础，站稳脚跟，使各项业务初具规模，再用2－3年的时间，使公司综合实力进入全行业前20名，成为国内具备较强市场竞争力和影响力的证券公司之一。

主要业务介绍

1. 经纪业务

公司在北京、上海、深圳、广州、长沙、合肥及江门地区共设有13家营业网点，可提供证券的代理买卖、代理证券的还本付息、分红派息、证券代保管、鉴证、代理登记开户、基金代销等业务服务，支持现场委托、网上交易、电话委托及手机炒股等多种交易方式。公司在业务管理、营销管理、客户服务和风险监控等方面已形成了较为完整的管理体系，致力于为客户提供专业化、个性化的优质服务。

公司实行覆盖全部营业网点的大集中交易与集中清算，并在此基础上建立起经纪业务实时集中监控系统，为客户提供安全、高效的交易平台。2007年，公司客户交易结算资金第三方存管系统全面上线，并与国内十多家银行建立了紧密的合作关系，积极开展深层次银证合作业务。2008年，公司因为账户清理成绩突出，被中国证监会授予“账户规范先进集体”光荣称号，成为获此殊荣仅有的14家券商之一。

公司坚持特有的差异化营销宗旨，逐步形成了以“规范运行、团队营销、特色咨询”为特点的新型经纪业务发展模式。2007年初，公司引进了业界资深的营销管理团队，大力发展团队营销,吸引并培养了一大批营销精英,营销队伍不断壮大。同时,公司组建了客户服务中心,建立了强大的研究团队为投资者精心挑选和加工各类证券资讯信息,并根据客户的不同需要,研究、开发不同类型的资讯产品,以专业的资讯、多样化的服务为切入点,完善客户服务体系,为客户提供更为全面、细致、专业的投资服务。

2. 投资银行业务

公司投资银行业务始终以客户为中心,强调团队合作,为客户提供全方位、系统化、专业化服务,是集管理监控与支持服务为一体的新型投行运作模式,该模式有利于发挥投行整体资源的配置效应,确保投行的专业服务水准。

公司投资银行总部下设业务一部、二部、三部等业务部门以及质量监控部、资本市场部、研究发展部、综合管理部等管理和支持部门。作为首批保荐机构,公司投资银行总部致力于同优秀企业建立战略伙伴关系,为客户提供从改制、IPO 发行、再融资等保荐承销业务,到发行公司债券、项目融资、股权私募、收购兼并、财务顾问、企业重组等全方位深层次服务,尤其注重对企业的管理咨询服务,为企业的经营战略规划、资本资产运作提供专业、贴身、周到的优质服务。

目前的公司投行团队成员多来自近年投行业绩出色的国内知名券商,团队核心成员从事投行业务超过 10 年,一直活跃在发行市场一线,先后完成了主板"金瑞科技"IPO、"江西铜业"增发、"华菱管线"IPO、增发、可转债及非公开发行、"华阳科技"IPO、"明天科技"增发、"天房发展"非公开发行、"宗申动力"非公开发行、"风帆股份"非公开发行、"顺鑫农业"配股,中小板"双鹭药业"IPO、"栋梁新材"IPO 等多个发行项目,以及"潍柴动力"收购"湘火炬"项目以及其后的 H 股和 A 股上市公司换股合并项目。

2007 年以来,公司先后完成"沧州明珠"IPO、"亿利能源"重大资产重组等多个并购重组项目。公司目前拥有注册保荐代表人 6 名,正在办理注册手续的保荐代表人多名。公司投行将凭借业内领先的管理制度和激励机制,依托高水平的人才队伍,实现超常规发展,跻身国内最专业的一流投行之列。

3. 固定收益业务

公司固定收益团队主要由原国内大型证券公司从事过多年固定收益业务的业务人员组成,为近两年中国债券市场崛起的新锐力量,是中国债券市场的重要参与者。该业务团队具有很强的专业优势,奠定了公司固定收益业务在高起点上稳步、快速发展的基础。

公司固定收益团队自 2005 年以来先后完成 37 家企业债券主承销项目,融资规模 530.40 亿元;完成 2 个企业债券财务顾问项目,融资规模 50 亿元。作为多年从事债券承销业务的专业人员,公司固定收益团队具有丰富的债券融资实务经验。

2007 年以来,公司共完成了"07 湖交投债"、"07 常高新债"、"08 蒙奈伦债"、"08 甬交投债"、"08 嘉城投"、"09 浙能债"、"09 许继债"、"09 浙交投债"、"09 盐国资债"、"09 杭城投债"、"09 海宁国资债"、"09 桐城投债"、"09 湖交投债"、"09 常高新债"、"09 兖城投债"、"09 绍交投债"、"09 衡城投债"、"09 嘉高投债"、"09 嘉善债"、"10 鄂国资债"、"10 金坛债"、"10 平湖债"、"10 嵊州债"、"10 嘉建投债"、"10 并高铁债"、"10 苏海发债"、"10 绍黄酒"、"10 杭交投债"、"10 开元债"、"10 云建工债"、"10 东城发债"、"10 太重债"等 32 家企业债券主承销项目,融资总规模达 450.40 亿元。

公司固定收益业务始终坚持以企业债券主承销项目为核心,尤其专注于为地方企业债券发行融资提供服务。2009 年,公司主承销的企业债券(含铁道债券、中央企业债券和地方企业债券)和地方企业债券的家数分别排名全国第三、第二;2010 年,公司主承销的企业债券和地方企业债券家数均位列全国第二。在《证券时报》组织的"2010 年中国区最佳投行评选"中,公司获得"2010 年中国区债券最佳投行"称号。

公司将以企业债券承销业务为基础,有计划、分步骤地逐渐涉足资产证券化、产业基金等其他固定收益类业务,在行业内树立华林证券有限责任公司高效率、专业化的品牌形象,力争保持公司在固定收益行业的领先水平。

4. 证券自营业务

公司证券自营业务是在公司投资管理委员会规范、高效的专家投资决策机制的授权及领导下,按照规范化、程序化、制度化要求而开展的。公司证券自营业务奉行价值投资、理性投资的理念,充分调动和利用公司资源,发掘市场机会,实行科学决策,在保证资金安全性的前提下最大限度地实现投资利润水平。

公司投资管理总部具体负责公司证券自营业务的经营管理和交易操作,投资范围包括依法公开发行的股票、债券、权证、证券投资基金,或国务院证券监督管理机构认可的其他证券。

公司证券自营业务的优势在于:具有一批高素质、经验丰富的投资专业人员;以较少的风险获取较大的收益;证券自营业务严格遵守既定的管理制度和流程,确保整个投资流程的质量控制是稳定的;利用各种技术手段,对投资实行实时评估和动态跟踪,并对其进行安全性控制。

为防范风险,公司在研究、决策、投资、交易等各个投资环节均建立并实施了较为完备的投资管理与风险监控,除此之外,还建立了多层次的立体监控体系。公司的证券自营业务立体监控体系由投资部门的责任监控、合规部门的独立监控、事后稽核监察以及监管部门的外部监督构成,对证券自营业务进行全面动态的风险监控。

地址:深圳市福田区民田路 178 号华融大厦 6 楼
电话:0755 - 82707888
传真:0755 - 82707700
邮编:518048

华西证券有限责任公司

华西证券有限责任公司于 2000 年 6 月 26 日经中国证券监督管理委员会证监机构字[2000]133 号文批准,由原四川省证券股份有限公司与原四川证券交易中心合并重组、增资扩股成立,注册资本 14.13 亿元,注册地为四川省成都市。泸州老窖为第一大股东和实际控制人。

目前公司出资人总数为 37 家,其中上市公司 5 家,非上市国有企业 20 家,民营企业 17 家;其中,泸州老窖股份有限公司持股比例为 24.99%,是公司的第一大股东。其他大股东还包括泸州老窖集团有限责任公司、四川华能太平驿水电有限责任公司、都江堰蜀电投资有限责任公司、四川剑南春(集团)有限责任公司等。

公司拥有证券营业部近 60 家,遍布四川、北京、上海、天津、重庆、南京、广州、深圳、大连和杭州等地。目前,公司有多家营业部在当地市场占有率排名靠前,其中,成都高升桥营业部市场占有率排名稳居四川省第一,北京营业部在北京地区市场占有率排名前五，深圳营业部在深圳的市场占有率中排名前十。公司投资银行总部的主要办公地点在北京，证券研究业务和自营投资业务的办公地点在深圳；公司还拥有两家全资子公司，专注期货业务的华西期货有限责任公司及开展直投业务的华西金智投资有限责任公司。

公司倡导“助你成功、共享成果”的核心价值观，秉承专业化、市场化的经营理念规范运作。多年来，无论市场变幻如何起伏跌宕，华西证券凭着其强大的市场适应能力，一直保持强劲盈利发展势头，是全国少有的连续7年持续盈利的证券公司，并已成为中国证券行业具有相当竞争力的生力军队伍。

地址：四川省成都市陕西街239号
网址：www.hx168.com.cn
电话：028－86150061
传真：028－86150615
邮编：610041

江海证券有限公司

江海证券有限公司作为黑龙江省辖区内唯一一家国有控股券商，自2003年组建以来，在黑龙江省及哈尔滨市政府的深切关怀及社会各界的鼎力支持下，秉承“稳健经营、创新发展”的经营理念，以风险控制为前提，以人才队伍建设为依托，通过卓有成效的产品、服务和技术创新，实现了快速发展。

公司目前注册资本13.63亿元，股东11家，主要股东均为国有资产背景的大型企业集团，前三家股东哈尔滨投资集团有限责任公司、吉林亚泰（集团）股份有限公司及黑龙江省大正投资集团有限责任公司出资比例合计95.93%。

公司建立了涵盖证券经纪、证券投资咨询、证券自营、证券承销与保荐、证券资产管理、证券投资基金代销、为期货公司提供中间介绍等业务在内的综合业务体系；设有营业网点42家，遍布北京、上海、深圳、厦门、济南、大连、沈阳及黑龙江省内各主要城市，形成了“覆盖龙江、辐射沿海、布局全国”的网络格局；出资控股江海汇鑫期货有限公司，确立了证券、期货协同发展的经纪业务架构。

江海证券集聚了一批年轻化、专业化的优秀人才，拥有一支具备博士、硕士学历和丰富实践经验的管理团队，构建了责权清晰、科学规范、运营高效的现代金融企业制度和管理体系，形成了稳健务实的经营风格。

公司积极为地方经济建设及社会发展服务，被黑龙江省政府评为“金融机构促进经济社会发展先进单位”，被共青团中央授予“青年就业创业见习基地”。

江海证券凭借专业的人才技术优势，成为哈尔滨市政府的金融顾问，精心打造的“江海锦龙”系列产品，更赢得了广大投资者的认可与信赖，在业内树立了良好的信誉和品牌。

面对新的发展形势，江海证券确定了新的市场定位和发展方向，抓住行业转轨的有利时机，全面提升公司核心竞争力，力争发展成为“规模适度、业态优化、持续盈利、个性突出”的专业性、国际化现代金融企业集团，践行“服务客户、回报股东、激励员工、奉献社会”的责任与使命，与社会各界一道为中国资本市场的健康稳定发展贡献力量。

业务介绍

1.全面的业务资格

具有沪深交易所全品种业务资格，沪深A股、B股、债券、基金、权证、代办股份转让等交易业务齐全；

具有IB业务资格，部分营业部已开展股指期货等金融衍生品业务。

2.便捷齐全的交易模式

建立了覆盖所有营业网点的大集中交易系统，快捷安全，具备现场自助委托、电话委托、网上交易（含客户端和WEB两种方式）、手机炒股等多种交易方式，为客户提供便捷齐全的交易手段。

3.以客户为中心的零售服务体系

零售服务业务，秉持“以客户为中心”的理念，将“以客户为中心”作为在激烈市场竞争中脱颖而出的立身之本，并依此构建零售服务体系和框架。

4.充满朝气的营销团队

坚持经纪业务转型与创新，对制度流程、组织架构、人员重新进行再造及整合，逐步建立起一支业务熟练、锐意进取的营销团队，促进公司经纪业务又好又快发展。

5.优质高效的咨询服务体系

构建了强大的研究团队，并依托客户关系管理系统（CRM），根据客户的资产规模、投资偏好、风险承受能力等对客户进行分类，通过各级客服人员及多种服务工具，提供给客户，为客户提供分类咨询服务。

通过网站、电子邮件、手机短信等方式，向非现场客户提供贴身的咨询服务。

公司近两年大事记

2010年1月23日由上海证券报、江海证券和中国证券网联办的中国资本市场第32届季度高级研讨会在哈尔滨成功举办。

2010年3月30日由黑龙江省金融办、黑龙江证监局和江海证券共同举办的“黑龙江省企业境内外上市对接会”在哈尔滨和平邨宾馆隆重举行。上交所、深交所、香港交易所及新加坡交易所的专家为拟上市企业进行现场培训和交流。

2011年6月24日中国证监会核准我公司保荐机构资格。

2011年8月1日中国证监会核准我公司为汇鑫期货经纪有限公司提供中间介绍业务的资格。

2011年8月9日中国证监会核准我公司变更业务范围，增加证券资产管理业务。

金元证券股份有限公司

金元证券股份有限公司成立于2002年8月，是经中国证监会批准，由首都机场集团公司作为核心股东出资成立的综合类证券公司，是首都机场集团金融板块的核心企业。公司注册资本9亿元，开业以来年年盈利，净资本率达80%以上。公司总部位于深圳，在全国各大中心城市设有27家证券营业部，并参股设立金元期货经纪有限公司和金元比联基金管理公司。

金元证券坚持“诚信、亲和、创新、志成”的企业精神和“稳健经营、规范管理、风险控制”的经营理念，并将其贯穿于经营管理和客户服务的每个环节。公司全体同仁以使命感、事业心和专业追求致力于为客户提供优质、高效的全方位服务。并努力为繁荣和发展中国证券市场，推动中国资本市场建设进程贡献力量。

业务介绍

1.经纪业务

伴随着金元证券的稳步发展，金元证券经纪业务得到快速提升。目前，金元证券在全国拥有 25 家营业网点。秉承“先进技术带动金融创新，专业服务提升客户满意度”的理念，依托先进的技术手段、丰富的交易品种和不断创新的产品服务，金元证券全面深化服务内涵，致力于为不同投资需求的人士提供全面周到的专业化、个性化服务。

业务覆盖面广交易品种丰富

金元证券经纪业务涵盖了国内证券市场的所有证券交易品种。

经验丰富的投资顾问团队长期对各类证券品种进行跟踪研究，根据客户要求制定科学合理的投资理财方案，满足客户在任何行情下的投资理财需求。

（1）基金：金元证券代销了南方基金、广发基金、华夏基金等二十多家基金公司两百多只基金，涵盖了保本型基金、股票型基金、债券型基金、货币型基金、混合型基金等所有基金品种；

（2）债券：国债、公司债券、可转换债券及国债回购等全面债券业务；股票、权证品种齐全；股指期货等其他金融衍生品交易服务已做好充分准备。

交易系统全国领先高速行情服务客户

金元证券致力于高速交易传输系统的开发利用，开发出了被客户誉为“金通道”的交易通道，为高速行情、快速委托等提供了便利，满足了客户对高质量交易通道服务的要求。

金元证券在业内始终保持技术领先优势，率先在全国范围内实行集中交易，全面实现各营业网点之间的通买通卖，并提供网上交易、电话委托、手机炒股等多种非现场交易方式。无论身处何地，客户的交易都畅通无阻。

服务全面细致产品创新务实

金元财富管理中心作为经纪管理总部的产品研发中心，联合国内多家知名技术服务提供商，开发了一系列创新务实的个性化服务产品，为会员提供差异化增值资讯与互动式金融产品的服务体系，包括基础服务和高端服务。

基础服务包括以下方面：

（1）金缘智讯：高级研究员全天关注市场动态，实时发送板块、个股异动及重大政策变动等高附加值的即时信息。

（2）智用双赢：研究团队根据市场动态，精心打造进取型、稳健型等极具操作性的市场投资策略，为客户搏击股海提供参考。

（3）专家在线：功能强大的网络系统构建了客户与分析师之间的互动平台，只需登录金元证券网站，即可与知名分析师实时交流，共享投资心得。

高端服务包括在行业第一家推出全面新股申购无忧管家服务的财富管理产品；业内首家推出根据客户的投资投资理念设计投资组合产品的投资顾问团队；创造性的融入投资顾问纠偏的量化交易系统，在风险可控的前提下实现利润最大化；研报淘金系统，站在巨人的肩上投资；逆向投资组合，博弈市场的误差；独家推出研报定制服务，为行业内高端客户提供独一无二的研究报告和跟踪服务。

设立全国统一客户服务中心

金元证券在业内率先设立了全国统一的客户服务中心，通过网络系统、移动通讯、电话终端等先进技术，以及邮件寄送等多种方式，为客户提供全面、细致、周到的专业化服务。

2. 投资银行

金元证券具有证券发行上市保荐机构资格、股票发行主承销资格、企业债券发行主承销资格、上市公司股权分置改革保荐机构资格、首次公开发行股票询价对象资格等投资银行业务资质。

金元证券投资银行团队熟悉国内外资本市场运作，具有丰富的项目运作经验，在证券发行承销、上市保荐、资产重组、收购兼并、改制辅导等多项业务领域成绩斐然。

金元证券投资银行服务客户遍布全国经济发达地区，分布在基础设施建设、能源、交通、有色金属、医药、电子及信息技术等产业领域，绝大部分客户属于所在地区优势企业和所在行业领先企业。

3. 首次公开发行股票保荐及承销业务

金元证券充分了解客户行业特征、竞争环境，洞悉发展诉求，精心设计发行上市计划，帮助客户通过上市融资实现跨越式发展，达成长远战略目标。

4. 再融资保荐及承销业务

金元证券协助客户合理设计财务结构及融资计划，发挥自身资源优势为客户安排最适当的投资者，帮助客户以最低成本达成融资目标，实现既定发展规划。

5. 资产重组财务顾问业务

金元证券洞悉产业发展规律及资本市场运作方式，为重组双方安排合适对象，精心设计完美方案，协调各项工作关系，主导促进重组工作顺利进行，帮助客户实现资源整合和战略配置。

6. 收购兼并财务顾问业务

金元证券熟悉企业跨越式发展要素及资本交易手段，为并购双方利益充分考虑，设计最优并购安排和策略，主导促成交易成功，实现客户组织再造、规模扩张、发展升级目标。

7. 企业改制辅导财务顾问业务

金元证券协助客户设立长远发展规划，制定股份制改造计划，辅导建立现代企业治理结构及规范化运作，使客户符合进入资本市场之条件要求，并最终促成发行上市既定目标。

8. 债券发行承销业务

金元证券熟悉债权融资及固定收益业务运作，结合客户资产负债结构、资金运用计划、发展规划，精心安排设计融资方案，协助客户从企业债、公司债、可转换债、票据融资、短期融资券等多业务品种中以最低成本获得发展所需资金，优化财务结构，实现快速发展。

9. 股权分置改革保荐业务

金元证券充分考虑限售股份股东意愿，结合上市公司长远发展利益，为公司提供完善合理的改革方案，并为限售股东股份流通提供信息及增值服务。

10. 证券研究所

金元证券研究所是金元证券的专职研究支持机构，拥有一支具有较强研究能力的研究团队，全部研究人员具有硕士或博士学位，为公司业务部门和公司客户提供了宏观经济、行业发展、公司研究、资产配置、金融产品、投资策略、基金研究等多方面、系统化的研究成果。

研究所行业研究覆盖从传统制造到新兴服务业的主要优势行业，对公司的深入挖掘独树一帜，在诸多细分行业形成独到研究，在市场和业内享有盛誉。根据《投资者报》的统计分析，研究报告准确度雄踞业内第二。

2007 年有色金属行业分析师获今日投资、《中国证券报》、CCTV《中国证券》栏目共同主办评选的“2006 年度中国最佳分析师”明星入围奖。2008 年金融地产行业分析师和生物医药行业分析师分获《上海证券报》、中国证券网联合主办的“顶级券商预测研究员”总排名第四名和第十七名。2009 年电力设备行业分析师获上海证券报和开来资讯共推的

“2008 年度分析师综合实力和业绩预测准确率”机械设备行业排名第三名。2010 年汽车行业、公用事业和建筑建材行业分析师获得今日投资“2009 年度中国最佳证券分析师”明星分析师、最佳分析师和最佳入围奖。

在深交所 2003 – 2004 年度的优秀研究论文评选中，所获奖项数在所有参评机构中名列第二。在深交所 2004 – 2005 年度的优秀研究论文评选中，所选论文获制度结构类二等奖。

金元证券研究所将秉承“研究创造价值”的理念，不断提高研究水平，追求卓越品质，为公司业务发展和客户服务提供高水平高质量的研究成果。

开源证券有限责任公司

开源证券有限责任公司是经中国证监会批准设立的证券经营机构，注册资本 5 亿元。公司的经营范围为：证券的代理买卖（沪、深 A 股、证券投资基金、ETF、LOF、权证、国债现货、国债回购、可转换债券、企业债券等）；代理证券的还本付息、分红派息；证券代保管、鉴证；代理登记开户、证券投资咨询；与证券交易、证券投资活动有关的财务顾问；证券自营。

公司下设西安西大街营业部、长安路营业部、纺织城营业部和榆林航宇路营业部、榆林神木营业部、商洛名人街营业部、安康石泉营业部、铜川正阳路营业部八家营业部。拥有宽敞现代的交易大厅、安静舒适的中大户专区，为投资者提供安全、便捷的交易通道，丰富、专业的咨询信息及细致周到的服务。先进的集中交易系统可满足投资者通买通卖的交易需求。公司目前已与建设银行、工商银行、招商银行、兴业银行、农业银行、浦发银行、交通银行等多家银行开通客户资金第三方存管业务，确保投资者资金安全流转，随时随地轻松理财。

公司名称：开源证券有限责任公司

办公地址：西安市锦业路 1 号都市之门 B 座 5 层

公司网址：www. kysec. cn

注册资本（万元）：50000

邮政编码：710065

投诉电话：029 – 88365850

电子邮箱：sxkyzq@ 163. com

经营证券业务许可证号码：J21861000

营业执照号码：610000100215286

公司经营范围：证券经纪、证券投资咨询；与证券交易、证券投资活动有关的财务顾问；证券自营

民生证券有限责任公司

民生证券有限责任公司成立于 1986 年，注册资本为21.77亿元，注册地为北京，是全国性综合类证券公司。公司具备中国证监会批准的证券经纪；证券投资咨询；与证券交易、证券投资活动有关的财务顾问；证券承销与保荐；证券自营；证券资产管理；证券投资基金代销；IB 业务；代办系统主办券商等各项业务资格。

公司在北京、上海、天津、深圳、重庆、郑州、济南、广州、成都、太原、长沙、福州、杭州、青岛、大连、合肥、南宁、武汉、南京、西安、沈阳等地设立了 44 家证券营业部，在上海、广东、河南、山东、深圳设有分公司。公司控股的民生期货有限公司在北京、天津、郑州、南宁、大连等地设有 10 多家营业部。

公司坚持“以诚信求生存、以创新谋发展”的经营理念，积极进取，全面开拓各项业务，不断推进机制创新和业务模式创新，为各类客户提供优质、规范、高效的投融资工具和专业化、个性化的投资理财服务。

公司具有完善的法人治理结构，科学构建公司法人治理组织体系。公司合规建设和内控机制不断完善，建立了前中后台相结合、相互监督的内控架构，以及系统配套、促控有力的制度体系和较为完备的风险监控技术支持系统，确保各项业务健康发展。

公司坚持以人为本，建立以绩效为导向的薪酬激励机制和以促进员工发展、人力资本增值为核心的人力资源开发体系，倡导员工与企业同成长，使人力资本真正成为企业的核心竞争力。

公司理念

公司使命：为企业创造最大效益，为社会创造最大财富。

企业精神：敬业、守信、忠诚、奉献、开拓、创新、立志、图强。

人力机制：以人为本，共同竞争，员工与企业共成长；建立以绩效为导向的薪酬激励机制和以促进人力资本增值为核心的人力资源管理与开发系统。

领导风范：敬业、自律、求实、创新。

员工理念：以专业求生存、以精业谋发展。

竞争战略：以诚信求生存、以创新谋发展。

日信证券有限责任公司

日信证券有限责任公司（简称“日信证券”）是经中国证监会核准并在国家工商行政部门注册登记的综合性证券公司。公司成立于 2002 年 4 月，注册资本为 6 亿元人民币。公司的股东包括“北京华联集团投资控股有限公司”、“北京长安投资集团有限公司”、“内蒙古日信担保投资（集团）有限公司”等国内知名大中型企业。

公司秉承“合规经营、稳健发展”的经营理念，自成立以来，资产质量一直保持优良，经营业绩稳步提高，公司的经营管理能力得到了监管部门的肯定，在广大证券投资者中拥有较高的美誉度。

公司于 2005 年 11 月通过了中国证券业协会规范类证券公司评审；于 2008 年 11 月在内蒙古自治区首届诚信企业评选中被评为“诚信企业”；于 2008 年 11 月被内蒙古自治区国税局、地税局共同评定为 A 级纳税人；公司是呼和浩特新城区纳税先进集体。

公司经营业务主要包括：证券经纪；证券投资咨询；与证券交易、证券投资活动有关的财务顾问；证券承销与保荐；证券自营；证券资产管理；证券投资基金代销等综合业务。

公司目前在全国（北京、深圳、重庆、上海、长沙、呼和浩特、通辽、乌兰浩特、包头、赤峰、鄂尔多斯、呼伦贝尔、乌海、锡林浩特、满洲里）已拥有16 家证券营业部，公司将通过大力发展经纪业务、投资银行业务、资产管理业务、债券业务，致力于为客户提供全面的资本市场金融服务。

公司拥有一支专业、高素质的人才队伍，包括在经纪业务、发行承销、资本投资、证券投资、研究发展、客户服务、风险控制等方面具有丰富经验的专家，共同致力于以卓越的金融服务为客户实现价值的增长。“规范守法、诚信尽职”是公司发展经营中恪守的最高准则，在步入规范发展的繁荣轨道后，公司将继续秉承“稳健、长远”的经营思路，稳步前进。面对激烈的市场竞争，公司将进一步增强“改革、创新”意识，完善

经营管理体制和运行机制，提升服务品质，夯实公司核心竞争能力。

目前，公司分支机构除了证券营业部外，下辖北京分公司，并控股首创期货有限责任公司。

公司分支机构

日信证券有限责任公司北京分公司
地址：北京市西城区闹市口大街1号长安兴融中心
西楼11层
邮编：100031
电话：010－83991888

日信证券北京新街口北大街证券营业部
地址：北京市西城区新街口北大街3号星街坊
购物中心六层
邮编：100035
业务咨询电话：010－82200210/82200220
电话委托号码：400－660－9839

日信证券呼和浩特锡林南路证券营业部
地址：内蒙古呼和浩特市锡林南路18号
邮编：010020
业务咨询电话：0471－6292456/6292494
电话委托号码：400－660－9839

日信证券通辽和平路证券营业部
地址：内蒙古通辽市和平路中段178号
邮编：028000
业务咨询电话：0475－8263840/8265217
电话委托号码：400－660－9839

日信证券乌兰浩特兴安北大路证券营业部
地址：内蒙古兴安盟乌兰浩特市兴安北大路52号
邮编：137400
业务咨询电话：0482－8223737/8223131
电话委托号码：400－660－9839

日信证券重庆天陈路证券营业部
地址：重庆市沙坪坝区天陈路12号重庆师范大学
学术交流中心3楼A栋
邮编：400030
业务咨询电话：023－65302970
电话委托号码：400－660－9839

日信证券深圳宝民路证券营业部
地址：深圳市宝安三区宝民路中粮地产集团中心18－19楼
邮编：518101
业务咨询电话：0755－33016666
电话委托号码：400－660－9839

日信证券包头沙河街证券营业部
地址：内蒙古包头市九原区沙河镇沙河街29号
邮编：014060
业务咨询电话：0472－2802204
电话委托号码：400－660－9839

日信证券赤峰临潢大街证券营业部
地址：内蒙古赤峰市新城区临潢大街与锦山路交汇处东侧
邮编：024000
业务咨询电话：0476－5897788
电话委托号码：400－660－9839

日信证券长沙人民东路证券营业部
地址：长沙市雨花区人民东路46号铭诚大厦一楼
邮编：410007
业务咨询电话：0731－82903333
电话委托号码：400－660－9839

日信证券上海三泉路证券营业部
地址：上海市宝山区三泉路1839－1847号、1849号
邮编：200433
业务咨询电话：021－61735900
电话委托号码：400－660－9839

日信证券呼伦贝尔满洲里路证券营业部
地址：呼伦贝尔市海拉尔区满洲里路绿波家园
康平3号楼M14号、M15号
邮编：021008
业务咨询电话：0470－82059902
电话委托号码：400－660－9839

日信证券鄂尔多斯伊金霍洛证券营业部
地址：鄂尔多斯市伊金霍洛旗阿勒腾席热镇可汗路
北兴泰·星园小区1017、2017
邮编：017200
业务咨询电话：0477－38503000
电话委托号码：400－660－9839

日信证券乌海海吉街证券营业部
地址：内蒙古乌海市海勃湾区海吉街北二街坊
新洋花园小区2号楼01－2号
邮编：016000
业务咨询电话：0473－36680000
电话委托号码：400－660－9839

日信证券锡林浩特察哈尔大街证券营业部
地址：内蒙古锡林浩特市察哈尔大街27号
邮编：026000
业务咨询电话：0479－69100068
电话委托号码：400－660－9839

日信证券满洲里中苏街证券营业部
地址：满洲里市一道街桥园小区17号门市
邮编：021400
业务咨询电话：0470－62107702
电话委托号码：400－660－9839

日信证券呼和浩特中山西路证券营业部
地址：呼和浩特市玉泉区中山西路212号立达国际16层
邮编：010010
业务咨询电话：0471－5223535
电话委托号码：400－660－9839

瑞信方正证券有限责任公司

瑞信方正证券有限责任公司（英文名称：Credit Suisse Founder Securities Limited，英文简称：CSFS）是由方正证券有限责任公司与瑞士信贷共同出资设立的中外合资证券公司，注册资金8亿元人民币，其中方正证券出资比例为66.7%，瑞士信贷出资比例为33.3%。

2008年6月13日，中国证监会向方正证券有限责任公司下发证监许可[2008]793号《关于批准设立瑞信方正证券有限责任公司的批复》，批准方正证券与瑞士信贷（Credit Suisse）共同出资设立瑞信方正证券。公司经商务部批准后，于2008年10月24日取得营业执照正式设立。2008年12月29日，中国证监会颁发了公司的《经营证券业务许可证》（编号：

Z15911000），公司经批准的经营范围包括：股票（包括人民币普通股、外资股）和债券（包括政府债券、公司债券）的承销与保荐；中国证监会批准的其他业务。

瑞信方正证券的法定代表人为雷杰董事长，主要负责人为马勇总经理。

瑞信方正证券是2007年12月28日中国证监会修订《外商参股证券公司设立规则》后，首家获批设立的证券公司。

公司注册地设在北京，办公地址设在金融大街金融街中心大厦12－15层。

股东情况

方正证券股份有限公司

方正证券股份有限公司，注册成立于1994年10月26日，公司住所位于湖南省长沙市芙蓉中路二段华侨国际大厦22－24层，注册资本46亿元，法定代表人为董事长雷杰，主要负责人为总裁王红舟。方正证券的经营范围包括：证券经纪，证券投资咨询，证券自营业务，证券资产管理业务，与证券交易、证券投资活动有关的财务顾问，证券投资基金代销。

Credit Suisse AG

Credit Suisse AG（中文译名为“瑞士信贷银行股份有限公司”，以下简称“瑞信”）作为一家领先国际的银行，瑞信为其全球客户提供私人银行、投资银行及资产管理服务。瑞信为全球各类企业、机构性客户和高净值个人客户，以及瑞士的个人客户，提供顾问服务、全面的解决方案及创新的金融产品。瑞信业务遍布全球超过50个国家，并有大概47,400名员工。其母公司瑞士信贷集团是一家国际领先的金融服务公司，总部设于瑞士苏黎世，集团于瑞士上市，股票登记代号为CS-GN，并以美国预托证券的方式在纽约买卖（CS）。在投资银行业务方面，瑞信在全球30个国家57个地区为融资双方提供全面的证券产品及金融咨询服务，包括债务与资本承保、销售与买卖、合并与收购、投资研究、中介及主要经纪服务等。

业务范围

根据中国证监会2008年12月29日颁发的《经营证券业务许可证》，瑞信方正的业务范围是：股票（包括人民币普通股、外资股）和债券（包括政府债券、公司债券）的承销与保荐；中国证监会批准的其他业务。投资银行是瑞信方正的核心业务。

秉承瑞士信贷以客为本的投资银行理念和经验，瑞信方正的投资银行业务部门按照国际化、规范化的操作标准，致力于为客户提供优质的投资银行服务，包括中国国内的股本和债券资本市场的证券融资顾问，承销和保荐服务，以及收购兼并等财务顾问服务。同时，瑞信方正在投资银行业务、咨询、研究等多方面也与瑞士信贷有着紧密的合作，通过瑞士信贷的全球资源和网络，使客户得到更便捷、周到、专业的全方位投资银行服务。

投资银行特别重视与客户建立长期的信任与合作关系，为客户提供高质量的个性化服务。针对每个客户的具体需求，投资银行在充分了解客户自身情况、需求及所处行业竞争环境的基础上，为客户设计和提出最佳解决方案，帮助客户实现战略或业务发展目标。投资银行帮助客户通过重组改制、上市融资来建立现代企业制度及规范的公司治理结构，协助客户应对全球化竞争，实现长足发展。

服务介绍

1. 股本资本市场融资

瑞信方正的股本市场部为企业客户提供贴身和全方位的股权融资服务，主要产品包括首次公开股票发行并上市，上市公司的股权相关再融资如配股、公开增发、非公开股票发行、可转换公司债券和分离交易的可转换公司债券等。在提供股权融资服务过程中，我们会根据客户的情况和需要，为客户就业务重组、募集资金投向和投资故事定位等各方面设计和执行最合适的方案。在股本证券推介和销售方面，我们的销售网络覆盖了全国的大型投资基金，保险公司，金融机构和知名的企业投资者。另外，通过瑞士信贷的强大海外投资者平台，我们也和大型的QFII有着紧密的联系。

2. 债券资本市场融资

瑞信方正的债券资本市场部为企业提供一系列的债券融资服务，针对客户的不同需要，我们为客户研究和设计合适和创新的固定收益产品和方案，我们的主要业务覆盖了国债、金融债、次级债、企业债和公司债等多种产品，以及相关产品的销售、研究和产品开发。我们拥有广泛而有效的销售渠道和客户网络。债券资本市场部拥有一支高素质的团队，并以国际水准的服务，与各商业银行、保险公司、基金公司、社保基金、农信社、邮政储蓄、财务公司和大型企业等专业债券投资者建立了长期的业务合作关系，在迅速成长的中国债券市场上，赢得企业客户和投资者的信赖和市场的尊重。

3. 收购兼并和财务顾问

瑞信方正的企业融资部拥有丰富的收购兼并和财务顾问服务经验，为客户提供全面的收购兼并服务，包括为客户寻找合适的国内和海外的收购兼并项目机会，也为有意出售业务的企业设计方案和寻找合适的买家等。同时，我们也为客户提供其他的财务顾问服务，包括收购上市公司，业务和资产重组，定向增发和业务价值评估等。我们也和瑞士信贷的投资银行部在全球的不同行业组和收购兼并组有着紧密的合作，以求满足客户在收购兼并方面的不同需要。

地址：中国北京市西城区金融大街甲9号
金融街中心南楼15层
邮编：100033
电话：(86)1066538666
传真：(86)1066538566
邮箱：csfs@csfounder.com

首创证券有限责任公司

首创证券有限责任公司于2000年初成立，注册地为北京，是一家具备证券经纪、投资咨询、承销与保荐、自营、财务顾问等多项业务资格的综合类证券公司。2004年初，公司完成了增资扩股工作，增资扩股后的注册资本为65,000万元人民币。公司股东包括北京首都创业集团有限公司、北京能源投资（集团）有限公司、中国石化财务有限责任公司等多家大型国有企业。

经过首创人11年不懈努力，公司从刚成立时仅一家证券营业部的小型券商，通过多次收购兼并，发展成为拥有15家证券营业部，参控股京都期货、中邮基金两家金融企业的综合类证券公司。

自成立以来，公司一直坚持“稳健经营、规范管理”的经营原则，高度重视健全内部管理体制和完善风险防范机制，初步形成了一套具有自身特色、合乎证券业规范运作要求的制度化管理体系。

首创证券将一如既往的秉承诚实信用原则，遵循专业化、规模化的经营方针，积极开拓市场，吸引人才，不断地推行业务创新和机制创新，抓住机遇做大做强。

部门介绍

经纪业务总部

经纪业务总部是公司经纪业务的经营和管理部门，负责对整个公司经纪业务的发展提出战略性规划，落实、完成公司下达的各项经纪业务任务，保证经纪业务开展过程中的规范性、稳定性。

经纪业务总部下设两个二级部门，分别为综合业务部、投资咨询和产品营销部，经纪业务总部下辖15家营业部。

经纪业务总部负责经纪业务的整体发展规划；参与各项创新业务的论证、设计和开发工作；拟订各项新业务的制度和业务流程；跟踪了解证券市场发展的新动态、新趋势；负责新业务、新流程和新产品的前期试运行阶段的统筹安排；对现有产品进行组合，制订有开创性的营销方案。同时负责证券经纪业务的业务运行管理及业务指导。负责制定证券经纪业务的业务管理细则和具体业务的操作规程；负责所属营业部及营业网点日常业务的组织实施，并对其进行检查与指导；准确了解新产品或新系统在所属营业部及营业网点推广和运行情况，并及时形成报告；负责与信息技术中心联络、沟通和协调涉及证券经纪业务的电脑技术保障和证券经纪业务智能化建设的相关工作，及公司电脑软件开发中有关证券经纪业务的业务需求与认证工作；负责公司交易席位和交易员的管理。负责大型机构客户的开发与服务；机构客户营销工作的发展规划及实施方案，完善公司经纪业务营销体系；组织开展专项、大型营销活动；负责证券经纪业务品牌战略的实施工作；机构客户市场营销手段推介、宣传公司证券经纪业务服务产品；联系、协调各银行、基金公司等合作伙伴，以及后期机构客户营销计划的落实工作；组织所属营业部有关市场营销的交流活动等。

投资银行部

首创证券获得了主承销商资格和保荐机构资格，拥有一支业务经验丰富、工作规范严谨、业务水平较高并熟知金融、证券、财务和法律知识的投资银行团队，能为客户提供包括证券发行、股权分置改革、企业资产重组、收购、兼并、项目融资、财务顾问、管理咨询在内的全方位投资银行服务。并建立了完备的业务流程及规范，层层监督实施，业务人员具有丰富的从业经验，在财务、法律等知识领域具有较深的造诣。坚持客户至上，保护投资者利益的原则，恪守勤勉尽责、公平诚信的行业准则和职业道德，确保为客户提供优质、全面、高效、持续的精品服务。

首创券投行业务以"诚信、规范、稳健、创新"为经营理念，为客户提供全面、专业、诚信的服务。对每一个项目我们都将集中人才和技术优势，为客户定身打造切实可行的战略。除大力拓展IPO、股权再融资、债权融资等承销业务之外，还积极涉足重组并购、财务顾问、管理咨询等领域，为客户提供一揽子的优质服务。

固定收益部

固定收益部从事各类固定收益证券以及相关产品的销售、交易和研究，拥有广泛而有效的销售渠道和客户网络，并致力新产品的开发。固定收益部的业务覆盖国债、央行票据、金融债、企业债、可转债等多种固定收益产品. 固定收益部拥有一支高水平、高素质、市场感觉敏锐的专业队伍，竭诚为客户和市场成员提供高水准的服务。

研究发展部

研究发展部是一支以博士、硕士为主，具有丰富的市场经验和敏锐洞察力的研究队伍。以提供迅捷、实用和丰富的研究成果为宗旨，着重建立起高效、完整的研究平台体系，为公司和客户价值的提升提供服务。

地址：北京市西城区德胜门外大街115号德胜尚城E座
邮编：100088
电话：010－59366000
传真：010－59366281
客户服务/投诉热线：4006200620
客户服务/投诉邮箱：tousu@sczq.com.cn
网址：www.sczq.com.cn

太平洋证券股份有限公司

太平洋证券股份有限公司是一家全国性综合类证券公司，其前身为太平洋证券有限责任公司。

公司于2004年1月6日在云南省昆明市注册成立，注册资本6.65亿元；2007年2月，注册资本增至13.98亿元；2007年4月，公司整体变更为股份有限公司，再次增资扩股至15.03亿元，并获得规范类券商资格。2007年12月28日，太平洋证券A股（601099）在上海证券交易所成功上市，成为证券行业第七家上市的证券公司。

公司以"守正、出奇"为行为准则，追求"宁静、致远"的精神境界，坚持企业的社会责任，以促进中国资本市场的健康发展为己任。

公司作为在云南本地注册的企业，是云南省内营业网点最多、市场份额最大的证券公司，省内拥有17家营业部2个服务部计19个营业网点，省外经济发达地区拥有10家营业部。公司与多家银行建立了良好的合作关系，共同为客户提供多品种、多方式、多渠道金融服务。目前，公司与中国工商银行、中国交通银行、中国农业银行、中国建设银行、中国银行、招商银行、兴业银行、中信银行签订了证券保证金第三方存管协议，并顺利上线运行，太平洋证券的客户在云南任何一个县区都可以办理第三方存管业务，进行资金的存取。

太平洋证券将继续规范发展，以组织创新、机制创新和业务创新为基础，进一步提升研发能力，培育核心竞争力，成为资产质量良好、收入结构合理、综合业务水平位居全国前列，在某些细分市场具有强大品牌和影响力的证券公司。

公司总体经营情况

公司经营范围包括：证券（含境内上市外资股）的代理买卖；代理证券的还本付息、分红派息；证券代保管、鉴定；代理登记开户；证券的自营买卖；证券的承销（含主承销）；证券投资咨询（含财务顾问）；中国证监会批准的其他业务等。

报告期内，公司实现营业收入45,545.88万元，比2010年同期增长了20,864.65万元，增长了84.54%；实现营业利润18,273.14万元，比2010年同期增长了11,810.97万元，增长了182.77%；净利润13,524.22万元，比2010年同期增长了7,876.26万元，增长了139.45%。

报告期营业收入、营业利润较2010年同期变动幅度较大，主要原因在于：由于上半年债券融资规模继续保持增长态势，A股市场新股发行速度基本维持平稳之势，公司及时抓住机遇，债券和股票承销收入方面有了较大的增长。虽然A股市场整体冲高回落，上证指数呈现倒V型走势，但公司自营业务谨慎操作，严控仓位，加大了债券投资的规模，上半年实现盈利，而自营业务去年同期亏损，所以对净利润有较大幅度的影响。

业务概括

经纪业务

2011 年半年报，报告期内经纪业务实现收入 18,654.81 万元，比去年同期降低 15.48%。营业收入较去年同期有所下降，主要是由于市场行情低迷，竞争日趋激烈，公司市场份额和佣金率均继续呈现下降趋势。上半年公司市场份额 2.68‰，较去年同期 2.73‰下降了 1.83%；行业佣金率总体呈现出下降趋势，公司在云南省内部分传统优势地区受其他券商新设营业部冲击影响，平均佣金率也随之下滑。

投资银行业务

公司投资银行业务延续了上年的良好发展态势，经营业绩持续增长，债券和股票承销收入方面有了较大的增长。市场知名度不断提高，内部管理逐渐完善，2011 年初，公司在深交所和证券时报社组织的年度保荐机构评比中分别获得了"2010 年度保荐机构最佳进步奖"和"2010 年度中国区最具成长性投行"等荣誉称号。上半年完成主板 IPO 项目 1 个、定向增发项目 1 个、配股项目 1 个、城投债项目 5 个项目；企业债承销取得了令人欣喜的业绩。

报告期内投资银行业务实现净收入 12,997.90 万元，比去年同期增长了 74.88%。其中股票承销净收入 5,759.49 万元，债券承销净收入 5,871.41 万元，财务顾问收入 607.00 万元，保荐业务收入 760.00 万元。

证券投资业务

虽然 A 股市场整体冲高回落，上证指数呈现倒"V"型走势，但公司证券投资业务汲取了过去投资中的经验教训，在投资决策委员会的领导下，紧密追踪市场变化，不断调整投资思路，谨慎操作，严格控制仓位，加大了债券投资的规模，及时兑现收益，上半年实现盈利，而去年同期证券投资业务亏损，对净利润有较大幅度的影响。

报告期内实现净收入 12,153.22 万元，其中：投资收益 13,685.99 万元，公允价值变动收益 -1,142.71 万元，利息净收入 -384.81 万元，手续费支出 5.25 万元。

研发业务

公司研究院致力于成为我国宏观经济、金融和政策研究的领先者；公司创新业务和创新产品的研发中心，新业务和新产品的"孵化器"；公司构建综合金融服务平台的战略研究中心；公司经纪、直投、投行等全方位业务支持平台，以全面提升公司价值和品牌知名度。

公司研究院总部设在首都北京，下设三个研究所：宏观经济研究所、证券研究所、货币金融研究所。汇集了一批专业素质优秀、市场经验丰富的高级研究人才，硕士以上学历的研究人员占 80%，形成了一支精干、高效、实力较强的专业化研究团队。

公司研发业务研究范围覆盖宏观经济研究、金融和政策研究、行业研究、投资策略研究、上市公司研究、衍生金融产品研究、债券业务研究和信息服务等各主要领域，形成了较为完整的研究产品体系。

并购业务

并购业务是公司重点发展的主要业务之一，主要为各级地方政府的国企改革和各类企业的改制、资产重组、兼并收购等提供财务顾问服务。

主要业务：企业现状分析咨询、企业改制、重组总体策划、企业并购总体策划、专项咨询服务。

公司并购业务总部汇聚了一批行业经验丰富、专业素质高，由多学科的专业人士组成的专业工作团队，对中国资本市场的运作具有深入独到的见解、丰富的实践经验和良好的社会关系资源。

创新业务

团队理念：适应证券市场发展的要求，通过金融创新完善管理理念和经营模式，提升自身的竞争力，在市场竞争中做优做强。

创新业务的宗旨是大力探索现有经纪、投行、投资等传统业务以外的市场机会和业务模式，以发起设立、管理产业投资基金为突破口，积极关注、适时推进非上市公众公司、融资融券、股指期货等创新型业务。

目前已开展的创新业务包括发起设立产业投资基金、政府融资业务、开展市值管理业务、准备融资融券业务等。

创新业务部已经和众多的信托、银行、证券、期货金融机构以及各种科研机构建立的良好的合作关系。目前已完成的的业务有战略财务顾问项目和政府融资项目，以及代销信托理财产品等。

创新业务部配备了知识结构完整的专业团队，一批拥有高学历、高能力的人才，他们对创新业务既有开拓探索的精神，又有脚踏实地的实际工作能力。

固定收益部

固定收益部主要从事各类固定收益证券的承销发行、交易、兑付、融资策划、上市推荐、债券顾问以及固定收益证券新品种的开发设计等业务。

固定收益部拥有强大的技术实力，深谙债券市场的运作方式和程序，并拥有尖端的债券研究队伍，对中国宏观经济和固定收益证券市场具有较深入的研究，在债券定价方面具有准确的定价能力。

固定收益部拥有丰富的客户资源，与四大国有银行、多家股份制商业银行、众多地方商业银行以及保险公司都具有密切的合作关系。销售经验丰富、销售网络齐全，可为资金富裕、风险偏好低、追求固定收益的投资人提供丰富的固定收益品种。

地址：昆明市青年路 389 号志远大厦 18 楼
北京市西城区北展北街九号华远·企业号 D 座
上海市浦东南路 500 号国开行大厦 17 楼
电话：0871 - 8885858010 - 88321818
传真：0871 - 8898100010 - 88321819
邮编：650021（昆明）　100044（北京）
网址：http://www.tpyzq.com

天风证券有限责任公司

天风证券有限责任公司，简称天风证券，是一家国有控股的全国性证券公司，总部设于武汉，注册资本 8.37 亿元。

历史与发展

天风证券的前身为成立于 1995 年的成都联合期货交易所。2000 年成都联合期货交易所改组为四川省天风证券经纪有限责任公司。2007 年更名为天风证券经纪有限责任公司。2008 年天风证券成功控股北方期货经纪有限责任公司。2008 年 2 月将注册地迁至湖北省武汉市。2009 年更名为天风证券有限责任公司，是总部设于武汉的两家全国性证券公司之一。

股东背景与组织结构

天风证券第一大股东为武汉市国资委下属的武汉国有资产经营公司，总资产 210 亿元人民币。

天风证券是一家全国性的证券公司，在全国多个省市设有 12 家证券营业部，为全国广大投资者提供专业细致的咨询与服务。

业务范围

天风证券经营范围包括：证券经纪；证券投资咨询；与证券交易、证券投资活动有关的财务顾问。

在证券经纪业务方面，天风证券规范、安全、严格遵守法律法规和监管部门制定的各项规章制度。自成立以来，天风证券一直坚持公司“赚取阳光下的利润”的原则，分类评级不断上升。

天风证券具有完整的证券投资咨询体系，拥有证券投资咨询资格。除自身网点外，天风证券还积极利用网站、电话、短信、电子邮件、专家面对面、场内实时股评等多种渠道为客户提供咨询服务。

天风证券在财务顾问业务方面主要从事企业改制、公司治理、并购重组、企业融资、公司上市、政府顾问等财务顾问业务。自成立财务顾问部以来，在较短的时间内，完成了多个改制及增资扩股、私募融资等项目，并与多个律师事务所、会计师事务所、资产评估机构、上市保荐机构建立了良好的长期、稳定的战略合作关系。

文化与发展

天风证券在证券金融市场服务客户 14 年，了解证券市场，并拥有训练有素的员工，配合跨区域性的优势坚持向客户提供高水平的金融服务。经过多年的发展，天风证券在获得广大客户认可的同时，保持了市场占有率稳步上升，品牌影响力日渐增强。

公司优势

公司自成立起始终坚持“诚信、稳健、创新、效率”经营理念，倡导“勤奋、团结、真诚、坚毅”的企业文化，坚持客户利益至上的原则，积极探索客户、员工、社会、公司协调发展模式，努力为客户创造优质高效的投资理财平台。

公司于 2009 年初完成了新一轮的增资扩股，武汉国有资产经营公司成为公司第一大股东。雄厚的资本实力对公司提高抗风险能力和实现业务体系扩充提供了保障。

公司控股的北方期货经纪有限责任公司，是中国期货业协会理事单位。北方期货在期货市场研究方面有突出的优势，且具有金融期货结算会员资格。

公司建有完善的经纪业务营销、监管体系，对客户信息严格保密，分类评级不断上升。

公司建有完整的证券投资咨询体系，具有证券投资咨询资格，公司研发团队有着丰富的市场实战经验，并多次受邀在媒体发表评论。公司目前开设了网站、电话、短信、电子邮件、专家面对面、场内实时股评等多种渠道的咨询服务，创办了内部资讯刊物《天风投资》，努力帮助投资者树立正确的投资理念，享受投资带来的乐趣。

公司的财务顾问部有着丰富的市场经验，与多个会计师事务所、律师事务所建立了良好的长期、稳定的战略合作关系。

证券公司信息系统的建设是保证客户正常投资交易的核心，公司信息系统按照现有交易规模峰值的 3 倍进行配置，有效地保障了客户交易畅通、稳定。

天风证券的目标不仅是满足客户的需要，而是要比客户预期的做得更好。

地址：湖北省武汉市东湖新技术开发区关东园路 2 号
高科大厦四楼
电话：(027)87618889
传真：(027)87618863
邮编：430074

天源证券经纪有限公司

天源证券经纪有限公司（以下简称为“公司”或“本公司”）前身为三江源证券经纪有限公司，三江源证券经纪有限公司是依据证监会证监机构字［2002］351 号批复，整合 11 家财政系统的国债服务中介机构为基础，由 8 家股东联合发起设立的经纪类证券公司。三江源证券经纪有限公司于 2002 年 12 月 10 日在青海省工商行政管理局正式注册成立，领取 6300001201905 号企业法人营业执照。经中国证监会《关于三江源证券经纪有限公司股权变更的批复》（证监机构字［2006］262 号文件）、西宁市政府宁证办［2006］96 号文件、青国资产［2006］148 号文件批复同意，中国南方航空集团公司于 2006 年度受让西宁财盛投融资有限责任公司、西宁国华资产经营有限责任公司、青海金诃藏药集团有限公司、西宁寰晨项目投资有限公司、武汉光谷城风险投资有限责任公司所持有三江源证券经纪有限公司股份共 14，800 万元，持股比例为 80.47%，成为三江源证券的第一大股东。三江源证券经纪有限公司依据证监会证监机构字［2007］88 号批复于 2007 年 5 月 28 日更名为天源证券经纪有限公司，并办理了工商变更登记。

公司注册资本为 18，392 万元人民币；注册地址：西宁市长江路 53 号；法定代表人：裴东平；公司经营证券业务许可证号：J36963000。

主要经营的范围为：证券的代理买卖、代理证券的还本付息和分红派息、证券的代保管、鉴证、代理证券登记开户；证券投资基金代销，经中国证监会批准的其他业务。

截至 2010 年 12 月 31 日，公司共有员工 376 名，其中高级管理人员 6 名，本年度实际发放的高管薪酬总额为 214.81 万元，无公司高管持有公司股份或期权的情况。

截至 2010 年 12 月 31 日止，本公司拥有 1 家分公司和 13 家证券营业部，具体明细列示如下：

营业部	客服电话	委托电话
辽阳新华路证券营业部	0419 – 2146808	无
本溪东明路证券营业部	0414 – 2807509	0414 – 2819288
抚顺东四路证券营业部	024 – 52782188	024 – 52780118
盘锦泰山路证券营业部	0427 – 2818913	0427 – 2812228
大连庄河新华路证券营业部	0411 – 89852499	0411 – 89852999
西宁七一路证券营业部	0971 – 8251119	无
西宁西关大街证券营业部	0971 – 6107037	无
兰州雁南路证券营业部	0931 – 2116905	0931 – 2150888
唐山卫国路证券营业部	0315 – 2841909	0315 – 2816666
唐山滦南县中大街证券营业部	0315 – 4166896	无
长沙三一大道营业部	0731 – 88210558	0731 – 82770088
福州交通路营业部	0591 – 88598686	无
深圳民田路证券营业部	0755 – 33029108 0755 – 33029109	0755 – 33960166
广州龙口西路证券营业部	020 – 28261088	020 – 28261000
东莞胜和路证券营业部	0759 – 23661988 0759 – 23663988	无

地址:青海省西宁市城中区西大街 11 号工商银行 3 楼
邮编:810001
客服热线:4006－5432－18

万和证券有限责任公司

万和证券有限责任公司成立于 2002 年 1 月 18 日,是经中国证监会批准,由原深圳市深财证券业务部、成都财盛证券公司和海口财政证券公司三家财政国债中介机构重组设立的证券公司。公司在海南、成都、深圳、广州、福州共设有 8 家证券营业部,拥有员工逾 200 人。公司具备证券经纪、证券投资基金销售、证券自营、证券投资咨询业务资格。

万和证券坚持规范、诚信、稳健的经营方针,以对股东投资与客户资产保值增值高度负责的态度,致力于以严谨的业务流程和管理制度安排确保公司合规经营。公司 2005 年通过独立存管评审、2006 年通过规范类券商评审、2007 年 12 月通过客户结算资金第三方存管评审、08 年通过账户规范验收核查。公司以一贯的稳健经营化解市场风险。万和证券 2007 年的经营业绩实现了历史性的突破,取得了公司成立以来最佳的业绩。2008 年,公司创下自成立以来第二好的业绩,保持了令行业瞩目的优良财务指标。公司的管理水平不断提高,风险控制能力进一步的加强,合规体系逐步完善,客户服务及投资者教育进一步细化。

万和证券拥有一支具备较高专业水平与服务意识的员工队伍,一直以来努力为投资者提供良好理财咨询与优质服务。公司建立了投资资讯、咨询服务平台,引进《万得资讯》、《博览财经》、《今日投资》等专业分析系统,定制《万和每日资讯》、《万和决策视野》等资讯产品,并且形成了手机短信、交易系统、公司网站等专业服务机制。

地址:深圳市福田区深南大道 7028 号时代科技大厦
　　20 层西厅
邮编:518040
邮箱:office@ wanhesec. com
网址:www. vanho. com. cn

万联证券有限责任公司

万联证券有限责任公司于 2001 年 8 月 23 日经中国证监会证监机构字[2001]148 号文批准设立,是由实力雄厚的国有资产经营公司和投资公司出资组建的全资国有企业,公司注册资本雄厚,是广东省首家规范类证券公司。

公司经营范围包括:证券经纪;证券投资咨询;与证券交易、证券投资活动有关的财务顾问;证券承销与保荐;证券自营;证券资产管理;证券投资基金代销。

公司总部设在广州市,在广州、北京、上海、湖南、湖北、四川、浙江等省市设立了近 30 家营业网点,初步形成了以华南为中心、辐射全国的营业网点布局。

自成立以来,公司秉承“诚信、务实、创新、高效”的经营理念,以人为本,稳健进取,深入研究客户需求,致力于将客户利益放在第一位,以高超的专业技能和至诚的服务精神赢得客户信任;深入推进业务的开拓创新,在产品设计、项目运作上追求高质量、低风险;奉行以严格的风险控制为前提、以合理的投资收益为目标的稳健投资策略,建立科学、严谨、高效的业务流程和风险管控体系,追求稳步增长的经营效益。多年来,公司坚持合规、守法经营,构建稳健的业务组合,促使公司长期健康、稳定持续地发展。公司已逐步发展成为运作规范、资产优质、抗风险能力强的全国性综合类证券公司。

展望未来,在广州市政府领导、相关主管部门的关心和支持下,在证券监管部门的指导和帮助下,在董事会及经营班子的正确带领下,公司上下团结一致,齐心协力,认真贯彻中国证监会关于证券公司综合治理的有关文件精神,紧紧围绕广州市区域金融中心建设的战略构想,抓住机遇,凭借“团结、敬业、创新、发展”的企业精神和规范类券商的品牌优势,不断提升营销能力、风控能力、研发创新能力以及企业文化等核心竞争能力,进一步完善公司治理机制、管理能力、服务水平,强化风险管理,逐步扩展业务规模和业务种类,进一步优化盈利模式,把万联建设成一个业务上有特色、行业中有影响、经营管理规范、对股东有较好回报、为广大客户提供优质服务的证券公司。

地址:广州市中山二路 18 号广东电信广场 37 层
电话:400－8888－133
邮箱:wlzqxf@ wlzq. com. cn
网站:http://www. wlzq. com. cn

五矿证券有限公司

五矿证券有限公司(以下简称五矿证券)成立于 2000 年 8 月,总部设在深圳,是深圳首批荣获规范类券商资格的证券公司。前身为深圳市金牛证券经纪有限责任公司。2004 年 4 月 28 日,经中国证监会批准,中国五矿集团成为公司控股股东,并正式更名为五矿证券。注册资本金 5 亿元。

控股股东中国五矿集团公司成立于 1950 年,是由黑色金属、有色金属、金融、房地产、物流五大业务板块构成的全球化经营企业集团。1992 年中国五矿集团公司被国务院确定为全国首批 55 家企业集团试点和 7 家国有资产授权经营单位之一。1999 年,中国五矿集团公司被列入由中央管理的 44 家国有重要骨干企业。2007 年,在中央企业业绩考核中,中国五矿评为 A 级。2008 年,中国五矿总经营额为 277 亿美元,营业收入 1809 亿元,利润达到 71 亿元人民币,位居世界 500 强企业第 331 位。

在强大股东背景的支持下,五矿证券积极发挥集团板块间的协同效应,有效整合集团资源并发挥自身优势。公司始终秉承“规范运作、稳健经营、务实创新”的经营理念,及为客户“抢占理财先机,创造无限财富”的服务宗旨,在探索中不断进取,创新发展。

2003 年 2 月,公司获得网上证券交易资格。2010 年 3 月 22 日本公司获得投资咨询和与证券交易、证券投资活动有关的财务顾问业务资格。2010 年 4 月 6 日本公司获得基金代销业务资格。

截至 2009 年 10 月,五矿证券客户资产规模已近 200 亿元。目前公司经营网点包括深圳、浙江等地。

2010 年,五矿证券在全国 102 家券商的排名提升了 11 名,在全国证券公司代理买卖证券业务净收入增长率排行榜中,排名全国第一。

五矿证券拥有业界最先进快捷的交易系统,能帮助客户以全国最快的交易速度进行委托下单,抢占交易先机。同时,公司提供多种网上交易系统和特色交易功能,满足了不同客户的操作习惯和交易风格。2009 年 9 月,五矿证券搬迁至深圳金融 CBD,为客户提供了更加良好的交易环境和更为优质的客户服务。

作为一家机制先进而富有活力的证券公司,推出了在市场上领先的激励机制,大量引进高素质的专业人才,建立了优质的理财管理团队。严格规范的内部管理和优良的服务水平,使公司的业绩稳步上升,并在不断发展中形成了以规范为核心的公司风格和稳健发展的经营特色。

在公司迈向第十个年头之际,新一届董事会及管理团队,确立公司新的经营战略:依托集团公司在有色、黑色金属和矿产品等方面的资源优势,充分发挥新管理团队在产品设计和技术开发等方面的特长,建立具有自身特色的独特发展模式。

五矿证券将继续以集团"诚信、责任、创新、和谐"的价值观武装自己,规范开展证券业务,奋发图强,为成为最有特色的中型券商而不懈努力!

公司优势:

1. 强大的股东背景

国内少数央企背景券商之一,中国五矿集团绝对控股。

全国最大的钢铁、有色产业集团;位居世界 500 强企业第 331 位。

全国央企排名第 6 位。

连续三年在央企业绩考核中列 A 级。

2. 丰富的集团资源

有效整合并利用集团各板块间的资源。

强大的金融板块,拥有多家期货、银行、保险公司。

掌握国内外最新、最全面、最丰富的有色、钢铁行业信息。

3. 先进的交易系统

最快速的证券交易系统,委托成交速度最快 300 毫秒。

多种网上交易系统,满足不同客户的操作习惯。

强大的系统功能,包括预先埋单,夜市委托、多种特色交易手段及证券分析等功能。

为核心客户量身订做 VIP 通道,专线连接交易所,更快速、更便捷。

4. 专业的投资咨询

专业、深度的有色金属、钢铁行业的研究。

先进的数量化选股模型,领先市场。

5. 贴心的客户服务

位处深圳市金融 CBD,为客户提供一流的投资环境。

最先进的硬件设施,管家式的软件服务。

充分利用集团丰富的金融板块资源,为客户提供一揽子的综合理财方案服务。

规范、灵活的客户服务机制,最有效的实现个性化客户服务。

地址:深圳市福田区金田路 4028 号荣超经贸
中心大厦 47 层
邮编:518035
网址:http://www.wkzq.com.cn
客服热线:40018-40028

西藏同信证券有限责任公司

西藏同信证券有限责任公司(以下简称"公司")原名西藏证券经纪有限责任公司(以下简称"西藏证券"),西藏证券的前身是西藏自治区信托投资公司(以下简称"西藏信托")证券部。根据国务院关于信托与证券分业经营的原则,经中国证监会《关于同意西藏证券经纪有限责任公司开业的批复》批准,2000 年 3 月 18 日,成立了西藏证券经纪有限责任公司;2006 年 12 月 26 日,经中国证监会批准,郑州宇通集团有限公司以现金方式向西藏证券增资 1.4 亿元人民币,增资完成后公司注册资本增至 2 亿元人民币。2009 年底西藏证券获中国证监会批准,正式更名为西藏同信证券有限责任公司。所属的 17 家直属营业部分布于全国 10 个省、自治区、直辖市,是目前国内资产质量优异、专业团队精干、创新能力突出的全国性证券公司之一。

经过十余年的不懈努力,从一家坐落于雪域高原的区域性证券公司、发展至今已拥有北京、上海、四川、浙江、河南、河北、山东、西藏等地 17 家营业部,公司已具有全国性的证券服务网络和覆盖全国的证券服务能力。

自成立以来,公司始终秉承"诚信学习努力协同"的理念。在上级监管部门的指导和关怀下、在股东的鼎力支持下,在全体员工共同努力下,公司经营业绩和行业地位得到了大幅度提升。

2008 年 1 月,公司全面完成客户账户的规范工作,并通过西藏证监局的验收,为全国第一家通过验收的证券公司。

2008 年 10 月,中国证监会发文,对在账户规范工作中表现突出、做出优异成绩的先进集体和先进个人进行了表彰,我司被评为证券市场账户规范工作先进集体,我司成都营业部的柜台主管陈莉同志被评为先进个人。

2008 年、2009 年及 2010 年,公司连续三年在证券公司分类评级中获得 A 类 A 级。

2009 年 8 月,公司获得中国证监会的批文,核准我公司在上海设立西藏证券有限责任公司上海分公司,管理全国范围内的证券营业部。

2010 年 2 月 2 日,上海分公司的筹建工作通过上海证监局的现场验收。

2010 年 11 月 26 日,中国证监会下发《关于核准西藏同信证券有限责任公司变更持有 5% 以上的股权的股东的批复》(证监许可[2010]1708 号),批准西藏自治区投资有限公司承接原股东西藏自治区信托投资公司的全部股份划转,合公司 30% 股份,股东西藏自治区信托投资公司变更为西藏自治区投资有限公司。

2010 年 12 月,公司获得了投资咨询业务牌照,正在积极行动准备新业务的推广,实现公司业务模式的转变。

我们秉承一贯的"诚信、尽责、稳健、务实"的服务理念,以市场为导向,以客户为中心,贯穿于客户服务的每一个细节。公司客户服务中心以"提供专业服务,营造互动关心"为口号;"专业、协作、创新、进取"为团队精神;"提升客户服务,赢取客户忠诚"为目标不断的努力给客户提供最优质的服务。

公司设定的理想人才为守信誉、用创意和热情挑战、在自己的岗位上表现最高专业性、拥有全面感知力的人,900 多名同信证券人用自身良好的基本素质,努力创造着一个个辉煌的明天。

厦门证券有限公司

厦门证券成立于 1988 八八年,是国内最早设立的证券公司之一。从成立伊始,厦门证券就秉承诚信为本的企业理念,致力于通过创新产品和优质服务为客户创造最大的效益,并在此基础上为股东谋求最大的回报。10 多年来,厦门证券积极参与本地区资本市场的发展,曾成功地为十多家企业的

IPO 及再融资项目担任主承销商和上市推荐人，成功为企业募集资金 20 多亿元。

在经纪业务方面，公司目前拥有 12 家营业部，分别为厦门莲前西路营业部、厦门莲前东路营业部、厦门湖滨西路营业部、厦门仙岳东明路营业部、厦门后江埭路营业部、晋江泉安路营业部、成都星辉中路营业部、成都新都区电子路营业部、上海陆家浜路营业部、北京远大路营业部、广州华利路营业部、福州五一北路营业部。公司一贯以投资者交易的方便快捷和安全为己任，倾听客户意见，努力提高营业部的交易设施技术档次和服务品质，公司的证券股票交易量、硬件水平和软件服务在地区同行业中处于先进行列，公司还连续三年被福建省企业评价中心评为“福建省最佳形象企业”称号。

公司坚持规范运作、稳健经营的方针，依靠完善的法人治理结构和严密的内控体系，有效地化解了风险，保持了较好的发展势头。2007 年，公司全面实现客户交易结算资金第三方存管工作，为投资者资金安全提供了切实的保障，为公司的下一步发展打好基础。

企业文化

核心价值观：为客户创造价值。

经营理念：立信于心永续发展。

企业发展

1. 完善的法人治理结构

法人治理结构是现代公司制度的核心，是公司内控制度的重要组成部分和公司规范发展的基石。公司内部控制的目标之一就是“健全符合现代企业制度要求的法人治理结构，形成科学合理的决策机制、执行机制和监督机制”。公司按照《公司法》、《证券公司内控指引》等规定，建立了符合现代企业制度的股东会、董事会、监事会三会制度，建立了独立董事、董事会下设专门委员会等制度，建立和完善了符合现代企业制度要求的法人治理结构和健全的公司内部风险控制体系，以实现内部控制和风险管理的目标，最佳发挥公司运作潜能，从而促进各项业务健康发展。

2. 独立、完整的运作体系

公司不仅具有完善的法人治理结构，而且具有独立、完整的运作体系。公司股东会、董事会、监事会的召开、决议程序及内容均符合国家法律法规和公司章程的规定，股东会、董事会、监事会和管理层各司其职，各尽其责，运作顺畅，公司股东、员工和客户的权益均得到有效保障。

3. 有效的风险控制体系

公司决策层及经营层对证券市场的高风险一直有足够的认识，始终坚持走“合规经营、稳健发展”之路，确立了在规范经营、稳健发展的基础上将厦门证券打造成海峡西岸“金牌券商”的远景目标。公司领导经常性地对各部门、各营业部进行内部风险教育，将风险控制是企业生命线的观念深植于每个员工心中，贯彻落实到每个岗位。厦门证券领导充分认识合规经营的重要性，根据自身经纪业务券商的实际，梳理组织架构，完善内控制度，健全内控体系，构筑了完善的事前、事中、事后风险防御体系。

湘财证券有限责任公司

湘财证券有限责任公司注册资本为 29.97 亿元人民币，法定代表人：林俊波。

经营范围：

证券经纪；证券投资咨询；与证券交易、证券投资活动有关的财务顾问；证券承销与保荐；证券自营；证券资产管理；证券投资基金代销及中国证监会批准的其他证券业务。

历史沿革

1992 年，设立湖南省湘财实验银行证券交易营业部（公司前身）；

1996 年，成立湘财证券有限责任公司；

1999 年，首家获准为全国性综合类证券公司；

1999 年，首批获准进入全国银行间同业拆借市场；

2002 年，首家获准设立中外合资证券公司；

2003 年，唯一获准成立国家级证券博物馆；

2008 年，公司股权结构发生重大改变，新湖控股有限公司成为公司的控股股东；

2009 年，公司调整了治理结构，各项业务平稳发展、市场份额稳步提升；

2010 年，公司金诺信服务体系荣获 2010 年度“中国最佳经纪业务服务品牌”；

公司金禾金融终端、金穗金融终端和金谷 VIP 快速交易系统荣获 2010 年度“最佳网上交易平台”；

公司投资者教育工作荣获 2010 年度“投资者教育创新奖”。

证券经纪业务

公司在全国各主要大中城市设有 52 家营业部，公司经纪业务依托遍布全国的营业网点、强大的研究力量、先进的 IT 支撑、不断创新，坚持走“精品营业部”发展道路，市场地位、盈利能力和客户服务水平持续提升。湘财证券金禾金融终端、金穗金融终端和金谷 VIP 快速交易系统融合了全新的交易理念，全面的财经资讯，新颖的界面设计，获得了 2010 年度“最佳网上交易平台”；金诺信服务体系同时荣膺 2010 年度“中国最佳经纪业务服务品牌”。

为改变投资者个性化专业服务普遍缺失的现状，湘财证券用科技诠释了让投资成为一种享受的投资理念，针对不同需求的投资者推出了系列特色服务。

（1）首家金融工程实验室：强大的硬件设备；全面的决策工具；灵活的金融模型。

（2）金禾金融终端：新行情，全新体验；新资讯，面面俱到；新交易，功能强大；新服务，体贴周到。

（3）金穗金融终端：新导航——全球视野，运筹帷幄；新资讯——权威报告，深度剖析；新行情——环球股指，快速行情；新方法——有效选股，洞察先机。

（4）金谷 VIP 快速交易系统：下单仅需 0.4 秒。

（5）股指期货套利系统：创新交易模式，有效规避风险，享受交易乐趣。

全面深化金诺信服务品牌建设，通过活动、工具、产品等创新，不断完善客户服务体系，提升客户服务水平。根据投资者的不同需求构建了多维度的金诺信客户服务体系。

资产管理业务

服务范围：大型企事业单位、上市公司、银行、保险公司、信托公司、财务公司和个人投资者等。

运作方式：根据客户的投资偏好和风险承受能力，配置相应的投资品种，严格遵循科学的投资决策与操作流程，健全风险控制制度，为客户资产实现最佳收益。

机构客户业务

通过整合公司研究、投行、资产管理、经纪业务等各项资源，致力于为商业银行、信托公司、保险公司、大型国企、上市公司、财务公司、投资公司、私募基金、QFII 等机构投资者和高端私人客户提供高层次、全方位、多元化的综合金融服务，努力以专业化销售和服务为手段，促进公司客户收益最大化。

研究咨询业务

研究队伍：广聚研究精英人才，覆盖行业、宏观、策略、固定收益与金融工程、机构销售等专业领域；研究队伍具有规模化、专业化、高学历、实战经验丰富等特点，对资本市场各个领域进行全方位的跟踪、研究。

研究产品：研究产品包括投资早参、宏观策略、投资周刊、行业公司、投资月刊、基金研究等6大产品体系，34类细分产品。

地址：湖南省长沙市天心区湘府中路198号
标志商务中心A栋11层
邮编：410004
电话：0731－84451488
全国统一客服：400－888－1551
网址：http://www.xcsc.com
邮箱：kfzx@xcsc.com

银泰证券有限责任公司

历史沿革

银泰证券有限责任公司（以下简称“公司”或“本公司”）于2004年11月8日经中国证券监督管理委员会以证监机构字[2004]146号文件批准筹建，并于2005年8月与中国人民银行关闭中国新技术创业投资公司清算组、深圳金融租赁有限责任公司签订《原中国新技术创业投资公司所属证券交易营业部转让协议书》，收购原中国新技术创业投资公司所属11家证券营业部的有关权益。公司于2006年8月5日由深圳金融租赁有限责任公司、江西银泰投资有限公司分别出资7,200万元、4,800万元共同组建而成，注册资本12,000万元。2006年7月19日，取得中国证券监督管理委员会“关于同意银泰证券经纪有限责任公司开业的批复”（证监机构字[2006]150号）。2006年8月28日取得中国证券监督管理委员会颁发的经营证券业务许可证，编号为：J16974000，许可证有效期为2010年9月16日至2013年9月16日。2006年9月5日获得由深圳市工商行政管理局颁发的企业法人营业执照，注册号为：4403011240994，营业期限自2006年9月5日至2056年9月5日。

2007年1月18日公司召开股东会，同意北京嘉鑫世纪投资有限公司作为新股东，对公司增资人民币38,000万元。2008年7月16日，公司取得中国证券监督管理委员会“关于核准银泰证券经纪有限责任公司变更注册资本的批复”（证监许可[2008]150号）。2008年8月5日，北京嘉鑫世纪投资有限公司认缴了人民币38,000万元的新增注册资本。由此公司注册资本增加为人民币5亿元。变更后，公司的股东为北京嘉鑫世纪投资有限公司（持有本公司76.00%的股份）、深圳金融租赁有限公司（该公司于2008年更名为国银金融租赁有限公司，持有本公司14.40%的股份）、江西银泰投资有限公司（持有本公司9.60%的股份）。

2009年8月25日公司召开股东会，同意北京嘉鑫世纪投资有限公司增加资本金5亿元。2010年6月23日，公司取得中国证券监督管理委员会“关于核准银泰证券有限责任公司变更注册资本的批复”（证监许可[2010]815号）。2010年8月26日，北京嘉鑫世纪投资有限公司认缴了人民币6.5亿元，其中增加注册资本5亿元，由此公司注册资本增加为人民币10亿元，增加资本公积1.5亿元。增资后北京嘉鑫世纪投资有限公司持有本公司增加至88.00%的股份、深圳金融租赁有限公司（该公司于2008年更名为国银金融租赁有限公司）持有本公司7.20%的股份、江西银泰投资有限公司持有本公司4.80%的股份。

注册信息

公司于2008年8月26日获得由深圳市工商行政管理局颁发的新的企业法人营业执照，注册号：440301103583950，营业期限自2006年9月5日至2056年9月5日。根据公司2008年第二届股东会第一次会议决议，公司名称由“银泰证券经纪有限责任公司”变更为“银泰证券有限责任公司”。公司于2009年3月12日获得了中国证监会（证监许可[2009]226号）《关于核准银泰证券经纪有限责任公司变更公司章程重要条款的批复》，并于2009年4月2日获得了深圳市工商行政管理局颁发的440301103583950号《企业法人营业执照》。

经营范围

证券经纪；证券自营；证券资产管理；证券投资基金代销；证券投资咨询业务；与证券交易、证券投资活动有关的财务顾问业务。

治理结构

公司建立了以股东会、董事会、监事会和经理层为主体的法人治理结构。公司总部设立经纪业务管理总部、风险控制部、计划财务部、合规管理部、运营中心、人力资源管理部和总部办公室等13个职能部门。员工总人数为519人，其中高级管理人员6人。

2010年公司大事记

2010年6月23日，经中国证监会核准，银泰证券有限责任公司注册资本由5亿元变更为10亿元。

2010年7月27日，中国证券监督管理委员会深圳监管局同意银泰证券有限责任公司实施证券经纪人制度。

2010年8月24日，经中国证券监督管理委员会河北监管局核准同意银泰证券有限责任公司唐山北新西道证券营业部开业。

2010年8月24日，2010年12月24日，公司增加证券投资咨询业务，与证券交易、证券投资活动有关的财务顾问业务。

地址：深圳市福田区竹子林四路紫竹七道18号
光大银行大厦18楼
邮编：518040
电话：0755－83710885
传真：0755－83704195
电子信箱：ytjhb@ytzq.net

英大证券有限责任公司

英大证券有限责任公司是一家全国性的证券经营机构，注册资本12亿元，注册地在深圳。公司现在拥有员工436人，聚集了大批高素质的金融、经济、法律、财务和计算机等各类专业人才，业务范围涵盖证券经纪、证券自营、证券承销与保荐、基金代销、资产管理、投资咨询、财务顾问、期货IB等领域。

公司股东实力雄厚，目前控股股东国网资产管理有限公司为国家电网公司设立的全资子公司。国家电网公司是关系国家能源安全和国民经济命脉的国有重要骨干企业，以建设和运营电网为核心业务，承担着为经济社会发展提供安全、经济、清洁、可持续的电力供应的基本使命，经营区域覆盖26个省（自治区、直辖市），覆盖国土面积的88%，供电人口超过10亿人，管理员工153.7万人，名列2010年《财富》全球企业500强第8位，是全球最大的公用事业企业。

公司树立"以客户为中心"的服务理念，致力于创建体现个性化、差异化、专业化的客户服务体系。公司在深圳、北京、上海、天津、沈阳、南京、武汉、南昌、长沙、兰州、重庆、福州等国内经济发达地区和省会所在地设有16家证券营业部，构建了面向全国的经纪业务框架及完善的营销和服务网络，及时满足客户各类投资需求。此外，公司拥有一支实力强大的研究咨询团队，汇聚了一批专业资深的证券研究人员，研究力量覆盖宏观经济、所有主要行业，可以为广大客户提供高质量的研究咨询服务。公司还在北京设立了能源研究中心，通过充分发挥股东单位的行业和资源优势，重点推动电力及其设备配套行业、能源行业的研究，全力打造英大特色研究品牌，形成了公司战略发展的核心竞争力。

公司以向国内外投资者提供一流专业服务、努力推动中国资本市场繁荣发展为己任，秉承"客户至上、回报股东、奉献社会"的企业宗旨，发扬"努力超越、追求卓越"的企业精神，信守"以人为本、诚信立业、合规经营、创新发展"的经营理念，逐步将英大证券打造成为国内一流的综合性证券公司。

地址：深圳市深南中路华能大厦30楼
咨询服务热线：0755－26982993
电子信箱：jgbts@ydzq.sgcc.com.cn

中德证券有限责任公司

公司概览

中德证券有限责任公司是一家中外合资证券公司，由全球领先的综合金融机构德意志银行和具有丰富本土经验的山西证券股份有限公司共同出资设立。公司向客户提供广泛的投资银行服务，包括各类证券承销以及与资本市场相关的顾问服务等。公司董事长为侯巍先生，总经理为姜培兴先生。

2008年12月，中国证监会下发《关于批准设立中德证券有限责任公司的批复》，批准山西证券与德意志银行共同出资设立中德证券有限责任公司。2009年4月，公司取得营业执照正式设立。2009年7月中国证监会向公司颁发了《经营证券业务许可证》。经批准的经营范围包括：股票（包括人民币普通股、外资股）和债券（包括政府债券、公司债券）的承销与保荐以及中国证监会批准的其他业务。2009年8月，公司取得了保荐机构资格。

公司总部设在北京，办公地址为北京市朝阳区建国路81号华贸中心德意志银行大厦22层。

公司愿景

中德证券有限责任公司作为一家合资券商，由德意志银行具有丰富中国和国际资本市场经验的投行团队、山西证券优秀的投行团队、以及国内证券市场的投行精英共同组成，具备全球化的视野、国际市场的磨练、以及丰富的本土作战经验。

中德证券的目标是成为中国一流的投资银行。中德证券本着以客户为核心、以人才为根本、以稳健为原则、以创新为导向的经营理念，竭诚为每一个客户量身打造出全面优质的个性化融资方案，在合规前提下向客户提供专业高效的金融服务。

以客户为核心

致力于为客户提供具有国际水准的金融服务，为客户实现其战略目标增添动力，成为客户最信任的资本市场顾问。

以人才为根本

创建业绩导向的企业文化；立足长远，加强专业人才的引进和培养；提供激励与挑战并存的工作环境；鼓励多元文化。

以稳健为原则

力求实现长期稳定且合理的收益率，保持卓越的财务状况，达到长期持续的发展。

以创新为导向

通过领导产品创新和行业实践，形成中德的独特竞争优势。

中国的资本市场蓬勃发展、潜力无限，充满机遇也富含挑战。我们将本着"卓越慧中、厚德致远"的公司宗旨，发扬团队精神，在机遇中寻求发展，在挑战中谋求突破，坚持不懈地为客户提供一流的专业服务，通过为客户创造价值来实现自身的发展。

产品与服务

中德证券以满足客户需求、提升企业价值为宗旨，致力于为客户提供全方位的企业融资服务，其中包括股本融资、债券融资及与资本市场相关的财务顾问服务等。

股本融资与保荐业务

中德证券股本融资产品包括首次公开发行股票并上市、上市公司公开发行股票/非公开发行股票/配股、上市公司发行可转债及分离交易可转债等。

依照中德证券为客户提供量身打造的全方位股本融资服务的宗旨，我们将在对股票资本市场动态进行深入分析的基础上，结合企业的实际情况及具体需求为客户提供最佳股本融资方案。中德证券强大的股票资本市场销售网络覆盖了全国的大型投资基金、金融机构和知名的企业投资者，为股票资本市场产品的成功发行提供了有力保障。

债务融资业务

中德证券债务融资产品主要包括企业债、公司债和金融债（含次级债）等多种债券的公开发行承销及其他非公开的债务融资，同时我们也会根据客户的需求，提供债券市场分析与研究报告。

中德证券根据需求为客户提供从方案设计、材料准备与申报、定价、发行到销售的全过程专业债务融资服务。依托稳定的产品销售渠道及与各大机构债券投资者良好的业务合作关系，债券资本市场团队已赢得企业客户的信赖以及市场的尊重与认可。

与资本市场相关的其他业务

中德证券投资银行团队在私募、企业重组、融资顾问等各领域均具有丰富的专业经验，我们将在证监会批准的业务范围内及合法、合规的前提下不断致力于新业务的探索与新产品的开发，为您提供创新、优质、卓越的金融服务。

地址：中国北京市朝阳区建国路81号华贸中心
　　　德意志大厦22层
邮编：100025
电话：(86－10)59026600
传真：(86－10)59026670

中国民族证券有限责任公司

中国民族证券有限责任公司（以下简称“中国民族证券公司”或“公司”）成立于 2002 年 4 月，是经中国证监会批准的综合类证券公司，注册地北京市，现注册资本 13.9 亿元人民币。总部位于北京市西城区金融大街，是上海证券交易所、深圳证券交易所的会员单位，拥有上交所席位 30 个、深交所席位 19 个。

公司始终坚持依法稳健的经营理念，内部管理严格，运作规范，业务资质齐全，目前已取得的业务资格有：受托投资管理业务资格、证券投资咨询业务资格、银行间债券市场成员、交易所债券市场成员、证券业务外汇经营资格、经营股票主承销商资格、网上证券委托业务资格、保险兼业代理资格、经营证券业务资格、企业债券主承销商资格、IPO 询价对象资格、证券投资基金代销业务资格、LOF 基金申购、赎回代理销售业务资格、上证基金通业务资格、定向资产管理业务资格。

公司坚持合规经营，近几年来公司整体实力显著增强，各项业务排名逐年上升。以专业合规管理部门为主体、一线业务合规管理岗位为依托的合规管理体系不断健全，合规基础制度、管理流程建设不断完善。建立公司内控部门联席会议制度，合规、风险监控、稽核三个风险管理部门信息共享、协同作战的风险管控格局基本形成。大力建设公司合规文化，合规人人有责、合规创造价值的理念得到强化。

公司实行全面预算管理，通过预算目标、预算监控、预算考评，实现资源的整合和经营目标的实现。公司与 IBM 公司合作开发了 ORACLE－ERP 财务管理系统居国内同行业领先水平。

截至 2010 年末，公司资产总额 116.06 亿元，净资本 14.98亿元，未分配利润 4.20 亿元。全年累计实现营业收入 12.33亿元，营业支出 8.16 亿元，净利润 3.13 亿元，连续 5 年盈利。

公司坚持推进品牌建设，树立良好形象。随着法人治理结构的逐步完善，逐渐培育和形成了以“诚信、和谐、进取、规范”为核心的民族证券企业文化，各项业务发展呈现良好态势，在部分领域取得了新的突破，得到了监管部门和业内的好评，先后有 22 个单位和部门、42 人次获得省部级以上“五一劳动奖状”、“工人先锋号”、“青年文明号”等荣誉称号 73 个，其中获得全国级先进集体有 11 个，先进个人 6 个。

员工队伍

截至 2011 年 5 月 31 日，公司拥有正式员工 2187 人。具有大学本科以上学历的占 64.5%，其中博士 20 人、硕士 178 人。

主要业务发展情况

1. 证券经纪业务

经纪业务是公司主要业务之一，目前，公司在北京、上海、深圳、天津、广州、南京、杭州、苏州、宁波、沈阳、大连、哈尔滨、长春、济南、长沙、成都、西安、昆明、鞍山、石家庄、乌鲁木齐、呼和浩特、通化、吉首、延吉、乐山、江门、漳州等全国主要中心城市和经济发达地区设立了 50 家分支机构。

经纪业务拥有齐全的经营品种，包括 A 股、B 股、基金、权证、国债、企业债等，并代理上市公司办理投资者的分红派息、代理上海、深圳证券登记公司办理登记开户等多种业务；交易方式涵盖了柜台委托、自助委托、电话委托、网上委托、手机炒股、网页委托等多种查询和委托方式，交易快捷、便利。在国内率先打造了稳定、强大的“集中交易”平台，为股民提供证券经纪业务服务。

“民富齐实”是公司旗下核心经纪业务服务品牌，专注于为客户提供专业化增值服务的全新概念经纪业务服务产品。“民富齐实”品牌旗下设立三级服务产品，分别为“民富保和”、“民富中和”及“民富太和”。产品设计以客户需求为导向，满足了不同投资偏好客户的多样化需求。2010 年荣获首届国家理财规划师年会“中国理财行业突出贡献奖”。

客户呼叫中心 400－889－5618 于 2009 年 1 月 1 日全面开通，为客户提供业务咨询和投诉建议等优质、便利服务。

“点金手”手机炒股系统为投资者提供全方位的行情查询、证券交易、投资资讯等服务，真正做到了股市行情，一手掌握。

民证“股信通”短信平台依托港澳资讯强大的信息库和公司专业的研发队伍最新研究成果，向客户提供及时、贴心的资讯服务。

“股网”真正实现了投资者提供实时行情查询、证券交易和投资咨询等服务。曾荣获“首届中国金融机构 CIO 年会暨第九届中国优秀财经证券网站”最佳营销推广奖和最具创新奖两项大奖，2010 年获得“可信网站示范单位”荣誉称号，2011 年“股网”交易系统进行了全面升级，系统安全可靠，功能强大，使用方便。

全新的营销服务管理平台——CRM 系统本着竞争、精准打击、多平台高效整合、界面操作友好便捷、实时高效等理念进行开发，形成了集营销管理、投资顾问业务、薪酬管理、产品管理、资讯管理、客户服务等功能为一体的经纪业务全过程控制的管理系统。该系统是公司自主研发、拥有自主知识产权，在多项功能点中处于业内领先地位，为广大投资者提供多样化投资服务，更为公司的核心客户提供专业化的投资理财服务。

2. 投资银行业务

公司为全国首批注册登记的保荐机构之一，投行团队共 80 余人，其中保荐代表人 14 人，准保荐代表人 9 人；员工分别拥有法律、会计、金融等专业的博士、硕士学位，以及注册会计师、律师资格，在股权融资、债权融资及并购重组、改制上市财务顾问等方面，拥有丰富的投行实务操作经验，具备国内外著名院校金融、会计、法律等专业的硕士、博士学位，多人具有注册会计师（CPA）、特许金融分析师（CFA）资格，是一支专业结构合理、勤勉务实、高效精干的团队。

业务包括：首次公开发行上市和上市公司再融资业务的保荐、发行、承销与上市推荐；企业债等债权融资业务的发行、承销与上市推荐；改制上市、股权融资、债权融资、兼并收购、资产重组、股权激励等业务的方案设计。自 2004 年以来，投资银行部门先后完成了 19 个保荐、主承销及独立财务顾问项目。其中，IPO 项目 7 个、再融资项目 6 个、债券项目 5 个、并购重组项目 1 个，累计实现主承销金额 114.12 亿元。

2008 年公司成功发行了国内证券市场首单无银行担保公司债券“08 钒钛债”项目，荣膺《证券时报》社主办的 2009 年中国区优秀投行“最具创新项目奖”，当年债券主承销家数排名第 20 位，债券主承销金额排名第 21 位，股票及债券承销金额排名第 29 位。2009 年成功发行的“09 亿城债”，为首单在深交所综合协议交易平台上市交易的公司债券，是证券市场又一创新。2010 年公司主承销的首单创业板 IPO 项目——金刚玻璃，在深交所举办的创业板周年庆祝活动中，荣膺 5 家“创业板优秀企业”之一。

3. 证券投资业务

公司证券投资业务形成了符合市场发展规律的投资理念，建立了集中领导、科学决策、分级管理、严格监督的投资决策体系和风险管理制度，并建设了一只具有雄厚的理论基础、丰富的市场经验及敏锐洞察力的投资队伍，以高效、严密的内部专业分工体系为依托，建立事前分析论证，事中捕捉战机，事后有效监督的投资体系，借助现代投资分析手段，力求以高超的投资策略，构造出科学、高效的投资组合，努力实现公司投资收益最大化。

4. 资产管理业务

资产管理业务坚持"成就客户所托，与客户共同成长"的经营理念，始终将客户利益放在首位，以规范的经营管理、严谨的投资策略和严格的风险控制，进行业务开拓与创新，给客户带来稳定、持续的回报。现有三大系列共八个产品，包括股票型、债券型、基金型等多种投资风格，可满足不同投资者的资产管理需求。

资产管理业务团队专业背景覆盖经济、金融、法律、信息技术，核心业务人员大多具有在证券公司、大型国有银行、大型企业的工作经验，现已发展为一个能够覆盖投资研究、产品设计、数量分析、市场营销、风险控制、运营支持和客户服务等环节的业务团队。

5. 研发业务

研究发展中心秉承"研究创造价值、专业铸就成功"的理念，保持"公正、客观、专业、严谨"的研风，广纳贤才，硕士以上学历占95%以上，组成了一支具备多个行业优势和 CFA、数量经济、金融工程及海外背景的研发团队。

中心下设7个研究小组，涵盖策略研究、行业研究、金融创新三大研究领域，重点推出系列产品，满足不同风险偏好和投资期限的客户需求。与三大报、中央电视台、北京电视台、中证网、和讯网、《央视数字频道》等主流媒体建立了长期合作关系。

研究成果多次在中国证券业协会课题评选、深交所课题评选中荣获前三名；在"顶级券商年报预测"活动中取得优异成绩；获得2010年"证券通——中国行业研究员业绩预测与股价影响力榜"研究所综合排名第一；多名研究员获得今日投资主办的天眼中国证券分析师行业最佳分析师排名；2010年11月26日，中国民族证券在"第八届新财富最佳分析师"颁奖典礼上，荣获"2010年新财富最具潜力研究机构第一名"，获得了资本市场顶级机构投资者的广泛认可。

地址：北京市西城区金融大街5号新盛大厦A座6－9层
邮编：100033
电话：400－889－5618
网址：http://www.e5618.com

中山证券有限责任公司

中山证券有限责任公司（英文名称：Zhongshan Securities Co.，Ltd.），成立于1992年11月，是中国早期的证券公司之一。公司一贯秉承"诚信、稳健、创新、和谐"的经营理念，为客户提供完善、有效的服务。

公司经营范围：证券经纪；证券投资咨询；与证券交易、证券投资活动有关的财务顾问；证券承销与保荐；证券自营；证券资产管理；证券投资基金代销；为期货公司提供中间介绍业务。

公司现有14家证券营业部，分布在从东北到华南的东部沿海经济发达地区，充分发挥中央振兴东北的政策优势，依托环渤海经济圈、长江三角洲与珠江三角洲等经济发达地区，拥有广泛的具有雄厚经济基础的客户群体。

地址：深圳市福田区益田路6009号新世界中心29层
电话：0755－82943755
邮编：518026
E－mail：jjywb@zszq.com

分支机构名录（名称电话地址）

中山证券有限责任公司北京车公庄大街证券营业部
地址：北京市西城区车公庄大街乙1号
电话：010－68348803
邮编：100044

中山证券有限责任公司上海零陵路证券营业部
地址：上海市零陵路231号
电话：021－64038244
邮编：200032

中山证券有限责任公司深圳人民北路证券营业部
地址：深圳市罗湖区人民北路3146号永通大厦2楼
电话：0755－82286504
邮编：510180

中山证券有限责任公司深圳深南大道证券营业部
地址：深圳市南山区华侨城深南大道9010号
电话：0755－26608601
邮编：518053

中山证券有限责任公司中山竹苑路证券营业部
地址：广东省中山市东区竹苑新村竹苑路102号
电话：0760－8310942
邮编：528403

中山证券有限责任公司南通孩儿巷证券营业部
地址：江苏省南通市孩儿巷66号南通物资大厦一楼
电话：0513－5122222
邮编：226001

中山证券有限责任公司武汉新华下路证券营业部
地址：湖北省武汉市新华下路21号
电话：027－85606969
邮编：430015

中山证券有限责任公司上海长宁路证券营业部
地址：上海市长宁路515号二楼
电话：021－64038244
邮编：200032

中山证券有限责任公司鞍山二道街证券营业部
地址：辽宁省鞍山市铁东区二道街85号
电话：0412－2211578
邮编：114001

中山证券有限责任公司鞍山南胜利路证券营业部
地址：辽宁省鞍山市铁东区南胜利路21号
电话：0412－5536351
邮编：114001

中山证券有限责任公司沈阳和平大街证券营业部
地址：辽宁省沈阳市和平区和平北大街69号二十四层
电话：024－22812779
邮编：110016

中山证券有限责任公司杭州凤起路证券营业部
地址:浙江省杭州市凤起路151号
电话:0571-87249955
邮编:310012
中山证券有限责任公司广州花城大道证券营业部
地址:广州市珠江新城花城大道1号南天广场1、6楼
电话:020-38297802
邮编:510623
中山证券有限责任公司沈阳和平大街海城证券服务部
地址:辽宁省海城市站前普临购物中心四楼
电话:0412-8290870
邮编:114200

中天证券有限责任公司

中天证券有限责任公司由原辽宁东方证券公司及原属辽宁信托投资公司、辽宁省国际信托投资公司、辽宁华盛信托投资公司的证券类资产重组设立,2004年7月14日正式成立,注册地及总部办公地点在辽宁省沈阳市。目前注册资本10.38亿元人民币,股东分别为辽宁省国有资产监督管理委员会、辽宁省投资集团有限公司、北方联合出版传媒(集团)股份有限公司。

公司业务范围包括:证券经纪;证券投资咨询;与证券交易、证券投资活动有关的财务顾问;证券承销;证券自营;证券资产管理;证券投资基金代销;为期货公司提供中间介绍业务。

公司下属证券营业部21家,其中辽宁地区15家(沈阳10家;辽阳、葫芦岛、锦州、朝阳、盘锦各1家),辽宁省外6家(上海3家;天津2家;深圳1家)。鞍山、抚顺营业部正在筹建,预计年内开业。

公司秉承"客户至上、诚信为本、专业服务、不断创新"的宗旨,坚持立足辽宁,辐射全国的经营思路,以人为本,稳健经营,致力为客户提供专业的理财服务,为股东提供持续稳定的价值回报,为人才提供广阔的发展空间;不断完善管理体制和运行机制,不断提高管理水平,提高证券经纪业务市场份额,加大证券资产管理等新业务开发力度,提升证券投资业务的经营效益;加强与相关经营机构合资、合作,做优、做强、做大、做出特色,从而发展成为有实力、有特色、有品牌的全国性综合类证券公司。

经纪业务介绍

公司2006-2008年经纪业务累计总收入为6.36亿元,年均收入2.12亿元。2009年实现收入2.85亿元,市场占有率为0.306%。

2010年实现收入2.47亿元,市场占有率为0.313%,环比上升2.28%。

资产管理业务

中天证券资产管理业务投资团队多来自公司自营部门,部分人员从事自营业务达15年以上,其余人员也大多具备从事研究及投资工作3年以上的经历。

公司在2010年1月8日获得资产管理业务的经营许可之后,积极开展定向资产管理业务。自2010年4月7日运作第一单开始至2010年12月31日,资产管理总部定向资产管理业务受托资产的绝对收益率达到1.58%,最高一单的年化收益率超过23%,而同期上证指数跌幅为10.80%。

根据万德(wind)数据统计显示,我公司2010年定向资产管理的业绩水平相当于在134只混合型集合资产管理计划中排名27位。

投资顾问业务

中天证券有限责任公司为适应经纪业务发展,更好的服务于投资者,于2010年12月份成立投资顾问部,隶属公司经纪事业部管理。证券投资顾问业务是证券投资咨询业务的一种基本形式,指公司接受客户委托,按照约定,向客户提供涉及证券及证券相关产品的投资建议服务,辅助客户做出投资决策,并直接或者间接获取经济利益的经营活动。投资建议服务内容包括投资的品种选择、投资组合以及理财规划建议等。

中天证券投资顾问部创建"天和"互动创富俱乐部服务产品,该产品共分三大系列10项产品,针对不同客户类型贴心设计。根据业务推广计划,该产品将分阶段逐步推出,中天证券将以厚重的研发能力、严谨的执业态度、专业的服务团队将"天和"互动创富俱乐部打造成一块禁得起市场考验的投顾品牌。

中天证券优势

1.卓越的企业文化

中天证券的企业文化为"公开、民主、选择、竞争",其中,"公开"是其他文化要素的基础、是核心、是根本。公司以邮件系统作为践行公开文化的主要载体,同时辅以OA系统;以推进公开企业文化建设为主题的研讨会的召开则进一步体现了中天证券培育卓越企业文化的信念;中天证券坚信,企业因文化而卓越。

2.强大的区域优势

中天证券在沈阳、上海、辽阳、葫芦岛、锦州、天津、深圳等地设21个证券交易营业部,通过较广的覆盖面全面提升综合服务能力;公司总部位于沈阳市的区位优势,不仅策应了中天证券立足辽宁的战略出发点,对于为数众多的本地客户来说更是可以缩短客户需求的响应时间,同时也为客户提供专业化、个性化的服务提供了有利条件。

3.人力资源优势

公司在编员工中,本科以上学历员工占比70.75%,硕士研究生以上学历员工占比15.77%,层次结构合理的人员配置对于公司快速发展起到了巨大的推动作用;建立在人才优势基础上,在中天证券构建的以证券经纪业务为核心,自营业务、资产管理业务、基金代销业务、期货IB业务全面铺开的框架体系的过程中,逐步成立了一支业务素质高、专业能力强的投研队伍,这支成熟的队伍保证了中天证券在投研领域持续的竞争优势。

4.极具特色的体制优势

兼具可行性、效率性,人性化的制度安排是中天证券持续运转良好的保证。全员竞聘制度,对于激励员工、最大限度地发挥人才优势具有重要作用,且有助于培养出全能型的高、精、尖人才,此项制度安排也为员工提供了寻找与个人能力方向相适应的岗位的职业发展平台;独具行业特色的制度安排,可以很好地调节公司和各部门之间的关系,促使公司上下形成利益统一体,以此提升公司内部资源调配和使用效率。

5.以客户为中心的经营理念

在客户服务中,中天证券不以获得价值为目标,而是以为客户提供多少满意的服务作为衡量与评价工具。中天证券将客户视为企业生存与发展最重要的战略资源,客户是公司最重要的资产。中天证券致力于为客户提供价值,这种价值不仅体现在产品的"实用性"、"价值性"上,更体现在获得产品的途径与难易程度上,做您身边"最便捷的券商"便是对此最好的诠

释；中天证券还尝试建立全方位的客户关系，时刻将客户的利益最大化、提升客户的满意度和忠诚度作为奋斗目标。

子公司及参股公司简介

银建期货经纪有限责任公司成立于1993年。2009年7月9日，经中国证监会核准，中天证券受让银建期货95.4%股权，控股银建期货。银建期货注册资本5000万元，注册地北京，设有上海、天津、南宁、郑州、沈阳营业部和大连联络处，是上海期货交易所、大连商品交易所、郑州商品交易所和中国金融期货交易所的会员单位。目前经营范围主要有商品期货经纪金融期货经纪。

新业务资格

中天证券有限责任公司在主营证券经纪业务的同时积极开展创新业务的研究工作并取得可喜成绩。2009年9月28日，中国证监会核准中天证券有限责任公司证券资产管理业务资格；2010年1月7日，中国证监会核准中天证券有限责任公司证券投资基金销售业务资格；2010年8月20日，中国证监会核准中天证券有限责任公司为期货公司提供中间介绍业务资格，中天证券由此加速步入多元化经营阶段。

中信万通证券有限责任公司

公司概况

中信万通证券有限责任公司由中信证券股份有限公司控股重组原万通证券有限责任公司后于2004年设立。1988年，中国人民银行青岛分行独资设立"青岛证券公司"，1992年改制为有限责任公司，资本金5000万元。1997年，由青岛市财政局出资4500万元控股并更名为"青岛万通证券有限责任公司"。2000年进行增资扩股，资本金增至55198万元，更名为"万通证券有限责任公司"。2002年2月开始实施以中信证券股份有限公司出资控股为主要方式的增资重组并于2003年12月完成。2004年4月更名为"中信万通证券有限责任公司"。

公司为山东地区两家法人证券公司之一。注册资本8亿元，股东11家，其中中信证券公司持股91.40%。自2004年完成增资重组以来，公司始终坚持立足客户需求，打造差异化服务品牌的宗旨。抓住机遇，加快分支机构建设和营销网络布局；深化业务转型，强化以客户资产增值为目标的财富管理平台的建设；务实创新，强化管理，合规经营，努力提高执行力；以人为本，加强队伍建设，进一步提升公司的核心竞争力。经营收入、利润总额和上缴税收连年创造好于市场的业绩。公司被授予"全国帐户规范工作先进集体"。为山东省、青岛市政府命名的"山东省服务业先进单位"、"山东省纳税先进单位"和"青岛市文明单位"。入围青岛市重点发展的百强服务业重点企业。董事长和总经理分别入选山东省、青岛市优秀企业家。

业务范围

经中国证监会批准，公司的业务范围是：证券（含境内上市外资股）的代理买卖，代理证券的还本付息、分红派息，证券的代保管、鉴证，代理登记开户，证券的自营买卖，证券（含境内上市外资股）的承销（含主承销），受托投资管理和证券投资咨询（含财务顾问）业务。具有经营股票承销业务、债券承销业务、证券投资咨询业务、网上证券委托业务、受托投资管理业务、全国银行间同业拆借市场成员、开放式证券投资基金代销业务、权证交易业务、上证基金通业务、ETF一级交易商、买断式国债回购业务、证券大宗交易业务、证券业务外汇经营、股权分置改革试点保荐和期货业务代理等业务资格。

分支机构

近年来，公司积极推进营业网点的布局调整，力求最大限度地发挥牌照资源作用，为广大投资者提供便捷高效的服务。到目前，公司共有27个营业网点。其中，有12个设在青岛市区及开发区、胶州、即墨和平度，其余15个分布在济南、烟台、莱州、潍坊、淄博、南定、东营、滨州、博兴、无棣、邹平、济宁、临沂等地。目前，公司正在进行在威海、德州、枣庄、日照、泰安等地设立证券营业部的论证和申报。争取到2010年8月底前，完成在山东所有地市网点的铺设，实现以总部集中统一的交易、服务、核算平台为支撑的，以营业部为骨架的，覆盖山东所有地市、县和发达乡镇的三级营销网络。

公司特色

差异化优势明显的客户服务体系。公司按照打造"标准化、专业化、差异化"服务品牌的目标，一直致力于客户服务体系的建设。已经形成了以"96577"客服热线为基础平台，以理财通、金股信、理财邮箱、公司网站和贵宾俱乐部为特色平台的综合服务体系。凭借公司强大的研发支持，借助多层次、全方位、知识化的服务手段，为投资者提供高水平、专业化、标准化的服务，满足不同投资群体的个性化需求，服务效果得到越来越多投资者的认可和信赖。根据发展需求，能够容纳100个座席以上的新的客服中心正在建设中。

安全稳健的信息系统。公司高度重视信息系统建设。几年来投入巨资进行网络扩容和功能升级，运行效率和安全系数大大增强，网上交易系统可支持数倍于现有客户量同时在线。完善了包括自查自检、应急演练、系统评估和监控在内的各项制度，实现了灾备同城异地双备份。公司信息系统建设情况也得到了监管部门的充分肯定。在2008年证监会组织的包括国家安全局专家在内的检查结论给予了很高的评价。

健全稳健的经营管理体系。几年来，公司通过坚持不懈的努力，基本清收完所有应收债权，资产优质状况居业内前列。公司规章制度体系健全，三级风控体系确立，各部门在职能定位、业务流程和技术系统各自独立完善的基础上达到了相互制衡，公司抗风险能力彰显，管理水平明显提升。形成合规管理、即时监控、风险评估和稽核整改的完整体系，各项风控指标连续四年达到证监会规定的标准。

强大的集团和控股股东背景。中信集团及中信证券的品牌影响和市场形象，成为公司业务开拓中极具感召力和吸引力的因素。中信证券与其麾下的中信建投、中信万通、中信金通和华夏基金总计拥有220多个营业网点，为网点最多的券商组织体系，彼此间形成了各自独立、相互支持的合作关系，可以低成本、高效率地完成各项业务。选择了中信万通，就等于选择了中信集团的综合金融服务和全部业务资源。

中邮证券有限责任公司

中邮证券有限责任公司是经中国证监会批准，由西安华弘证券经纪有限责任公司变更延续的专业证券公司。

西安华弘证券经纪有限责任公司是经中国证监会2002年6月以证监机构字［2002］192号文批复同意，由西安市财政证券中心转制的证券经纪公司。公司股东为西安市财政局、西安市莲湖区财政局、西安市阎良区财政局，公司注册地址为西安市太白北路320号，初次注册资本为人民币5,300万元，公司经营范围为：证券经纪。

2005 年 9 月 26 日，中国证监会以证监机构字［2005］97 号文批复同意公司增资扩股，公司新增股东中国邮政集团公司（原国家邮政局）、北京市邮政公司（原北京邮政局）、中国集邮总公司，新增注册资本人民币 50，700 万元。至此，公司股东为：中国邮政集团公司、北京市邮政公司、中国集邮总公司、西安市财政局、西安市莲湖区财政局、西安市阎良区财政局。公司注册资本为人民币 56，000 万元。

2009 年 3 月 20 日，中国证券监督管理委员会以证监许可［2009］247 号文批复同意公司增加“证券自营、证券投资咨询业务”。2010 年 11 月 2 日以证监许可［2010］1516 号文批复同意公司增加证券投资基金销售业务资格的申请，公司目前的经营范围为：证券经纪；证券自营；证券投资咨询；证券投资基金销售。

2009 年 8 月 26 日，中国证监会以证监许可字［2009］856 号文核准批复，同意将西安华弘证券经纪有限责任公司更名为“中邮证券有限责任公司”，并于 2009 年 10 月 21 日为公司换发了新的《经营证券业务许可证》。

业务简介

1. 证券经纪业务

我公司经中国证监会批准，开展证券经纪业务。业务内容包括：证券的代理买卖；代理证券的还本付息、分红派息；证券代保管、鉴证；代理登记开户。

公司为投资者提供现场、自助终端、电话、互联网、手机等多种委托通道。公司开展网上交易业务已经中国证券监督管理委员会核准。

公司全面实行客户交易资金第三方存管。目前存管银行有：中国工商银行、中国建设银行、中国银行、民生银行、兴业银行、招商银行、北京银行、华夏银行。

2. 证券自营业务

我公司经中国证监会批准，开展证券自营业务。使用自有资金和依法筹集的资金，以公司的名义开设证券账户买卖依法公开发行或中国证监会认可的其他有价证券的自营业务。自营业务内容包括权益类投资和固定收益类投资。

3. 证券投资咨询业务

我公司经中国证监会批准开展证券投资咨询业务。为证券投资者或客户提供证券投资的相关信息、分析、预测或建议。

4. 证券投资基金销售业务

我公司经中国证监会批准开展证券投资基金销售业务。代理发售各类基金产品，办理基金份额申购、赎回等业务。

5. 证券资产管理业务

我公司经中国证监会批准开展证券资产管理业务。

地址：西安高新区唐延路 5 号陕西邮政信息大厦
邮编：710075
传真：029 － 88602189
网址：www. cnpsec. com
手机网站：wap. cnpsec. com
客户服务电话：4008 － 888 － 005

众成证券经纪有限公司

公司概况

众成证券经纪有限公司系由山东、河南、湖南、西安、沈阳五大证券交易中心改组筹建的全国性证券公司，2001 年 12 月经中国证券监督管理委员会批准开业。注册资本 6250 万元人民币，实收资本 12050 万人民币（其中山东五证交投资控股有限公司持股 79.2%；平顶山城市投资开发经营公司持股 12%；豫证产业投资有限公司持股 8%；山东银铭投资有限公司持股 0.8%）。高层领导班子从事金融、证券工作多年，具有强烈的敬业精神和高度的责任感，有较高的管理水平和业务开拓能力，均获证监会高管人员任职资格。

分支机构：众成证券现拥有 9 家证券交易营业部，分布在上海、济南、郑州、长沙、西安、沈阳、平顶山等全国大都市，具有深交所、上交所会员资格，拥有交易席位 19 个，开通了沪、深 A 股、基金、国债等有价证券的经纪业务。开通了卫星双向、电话委托、无形席位、网上交易，银证联网等，委托手段有柜台委托、电话委托、磁卡委托、可视委托、热键委托、网上交易，其中网上交易资格已获中国证监会核准。

公司特色

（1）服务优良。公司建有众成证券网站，页面信息丰富，股民随时可得各类资讯；营业部开通银证联网，提供每日解盘、邮寄对账单、配（新）股电话提醒、上门开户、随时查询等服务，专业人员驻守大堂提供投资理财咨询，令客户得到超值服务。

（2）设施先进。采用先进的卫星接收与发射装置、高性能的计算机及通讯网络系统等硬件，行情与交易服务器分开，双机热备份，数据传输，卫星通讯与 DDN 网双通道，确保行情传输及交易委托畅通无阻、数据传输快捷准确，除向客户提供柜台委托、磁卡委托、热自助委托、电话委托、可视电话委托等交易手段外，还开通了网上交易业务。

（3）交易安全。实行各营业部资金统一清算制度，各营业部制定有完善的业务操作规程与内控管理制度，涵盖每个部门和岗位，每项工作都有章可循，使客户委托得到忠实履行，交易安全得以切实保证。

维维食品饮料股份有限公司

维维食品饮料股份有限公司2010年年度报告摘要

第一节 重要提示

1.1 本公司董事会、监事会及董事、监事、高级管理人员保证本报告所载资料不存在任何虚假记载、误导性陈述或者重大遗漏，并对其内容的真实性、准确性和完整性承担个别及连带责任。

本年度报告摘要摘自年度报告全文，投资者欲了解详细内容，应当仔细阅读年度报告全文。

1.2 如有董事未出席董事会，应当单独列示其姓名

未出席董事姓名	未出席董事职务	未出席董事的说明	被委托人姓名
梅野雅之	董事	因公	黑木直树
张 一	董事	因公	黑木直树

1.3 立信会计师事务所有限公司为本公司出具了标准无保留意见的审计报告。

1.4 是否存在被控股股东及其关联方非经营性占用资金情况？

否

1.5 是否存在违反规定决策程序对外提供担保的情况？

否

1.6 公司负责人杨启典、主管会计工作负责人张明扬及会计机构负责人（会计主管人员）赵昌磊声明：保证年度报告中财务报告的真实、完整。

第二节 公司基本情况简介

2.1 基本情况简介

股票简称	维维股份
股票代码	600300
股票上市交易所	上海证券交易所
公司注册地址和办公地址	江苏省徐州市维维大道300号
邮政编码	221111
公司国际互联网网址	www.vvgroup.com
电子信箱	vvzqb@vvgroup.com

2.2 联系人和联系方式

	董事会秘书	证券事务代表
姓名	丁金礼	詹齐安
联系地址	江苏省徐州市维维大道300号	江苏省徐州市维维大道300号
电话	0516-83290169	0516-83398890
传真	0516-83394888	0516-83394888
电子信箱	dingjl@vvgroup.com	zhanqa@vvgroup.com

第三节 会计数据和业务数据摘要

3.1 主要会计数据

单位：元 币种：人民币

	2010年	2009年	本期比上年同期增减(%)	2008年
营业收入	4,763,196,958.43	2,839,390,225.46	67.75	2,833,812,863.51
利润总额	251,736,722.83	369,202,355.90	−31.82	61,094,158.19
归属于上市公司股东的净利润	150,448,048.08	220,183,726.09	−31.67	50,673,232.02
归属于上市公司股东的扣除非经常性损益的净利润	46,831,367.08	−55,130,175.32	不适用	18,635,783.90
经营活动产生的现金流量净额	77,730,795.74	448,680.16	17,224.32	164,111,122.24
	2010年末	2009年末	本期末比上年同期末增减(%)	2008年末
总资产	5,304,777,375.17	4,840,183,962.18	9.60	3,632,823,276.00
所有者权益(或股东权益)	2,402,682,346.93	2,400,370,910.08	0.10	2,202,718,500.71

3.2 主要财务指标

	2010年	2009年	本期比上年同期增减(%)	2008年
基本每股收益(元/股)	0.09	0.13	−30.77	0.07
稀释每股收益(元/股)	0.09	0.13	−30.77	0.07
扣除非经常性损益后的基本每股收益(元/股)	0.03	−0.03	不适用	0.03
加权平均净资产收益率(%)	6.18	9.58	减少3.40个百分点	2.65
扣除非经常性损益后的加权平均净资产收益率(%)	1.92	−2.40	增加4.32个百分点	0.97
每股经营活动产生的现金流量净额(元/股)	0.05	0.000268	18,556.72	0.22
	2010年末	2009年末	本期末比上年同期末增减(%)	2008年末
归属于上市公司股东的每股净资产(元/股)	1.44	1.44	0	2.9

扣除非经常性损益项目

√适用 □不适用

单位：元 币种：人民币

项目	金额
非流动资产处置损益	118,304,219.57
计入当期损益的政府补助(与企业业务密切相关，按照国家统一标准定额或定量享受的政府补助除外)	58,053,065.47
除同公司正常经营业务相关的有效套期保值业务外，持有交易性金融资产、交易性金融负债产生的公允价值变动损益，以及处置交易性金融资产、交易性金融负债和可供出售金融资产取得的投资收益	−30,584,602.20
除上述各项之外的其他营业外收入和支出	−848,798.39
所得税影响额	36,230,971.14
少数股东权益影响额(税后)	−5,076,232.31
合计	103,616,681.00

采用公允价值计量的项目

单位：元 币种：人民币

项目名称	期初余额	期末余额	当期变动	对当期利润的影响金额
交易性金融资产		153,093,653.40	153,093,653.40	−18,799,053.74
合计		153,093,653.40	153,093,653.40	−18,799,053.74

第四节 股本变动及股东情况

4.1 股份变动情况表

√适用 □不适用

单位：股

	本次变动前		本次变动增减(+,−)					本次变动后	
	数量	比例(%)	发行新股	送股	公积金转股	其他	小计	数量	比例(%)
一、有限售条件股份	66,000,000	3.95						66,000,000	3.95
1、国家持股									
2、国有法人持股									
3、其他内资持股	22,000,000	1.32						22,000,000	1.32
其中：境内非国有法人持股	22,000,000	1.32						22,000,000	1.32
境内自然人持股									
4、外资持股	44,000,000	2.63						44,000,000	2.63
其中：境外法人持股									
境外自然人持股	44,000,000	2.63						44,000,000	2.63
二、无限售条件流通股份	1,606,000,000	96.05						1,606,000,000	96.05
1、人民币普通股	1,606,000,000	96.05						1,606,000,000	96.05
2、境内上市的外资股									
3、境外上市的外资股									
4、其他									
三、股份总数	1,672,000,000	100						1,672,000,000	100

限售股份变动情况表

√适用 □不适用

单位：股

股东名称	年初限售股数	本年解除限售股数	本年增加限售股数	年末限售股数	限售原因	解除限售日期
维维集团股份有限公司	22,000,000			22,000,000	定向增发承诺	2011年5月22日
大冢(中国)投资有限公司	44,000,000			44,000,000	定向增发承诺	2011年5月22日
合计	66,000,000			66,000,000	/	/

4.2 股东数量和持股情况

单位：股

报告期末股东总数	213,644户

前十名股东持股情况

股东名称	股东性质	持股比例(%)	持股总数	持有有限售条件股份数量	质押或冻结的股份数量
维维集团股份有限公司	其他	32.05	535,795,665	22,000,000	质押 472,800,000
GIANT HARVEST LIMITED	境外法人	18.95	316,800,000		未知
大冢(中国)投资有限公司	境外法人	6.26	104,731,478	44,000,000	未知

中国平安人寿保险股份有限公司-传统-普通保险产品	其他	0.66	11,000,000	未知
中国平安财产保险股份有限公司-传统-普通保险产品	其他	0.36	6,000,000	未知
中国银行-嘉实沪深300 指数证券投资基金	其他	0.29	4,792,300	未知
杨孝梁	其他	0.22	3,600,134	未知
中国工商银行股份有限公司-华夏沪深 300 指数证券投资基金	其他	0.20	3,342,721	未知
湖北信联实业发展有限公司	其他	0.15	2,475,400	未知
孙桥	其他	0.14	2,363,632	未知

前十名无限售条件股东持股情况

股东名称	持有无限售条件股份的数量	股份种类及数量	
维维集团股份有限公司	513,795,665	人民币普通股	513,795,665
GIANT HARVEST LIMITED	316,800,000	人民币普通股	316,800,000
大冢(中国)投资有限公司	60,731,478	人民币普通股	60,731,478
中国平安人寿保险股份有限公司-传统-普通保险产品	11,000,000	人民币普通股	11,000,000
中国平安财产保险股份有限公司-传统-普通保险产品	6,000,000	人民币普通股	6,000,000
中国银行-嘉实沪深 300 指数证券投资基金	4,792,300	人民币普通股	4,792,300
杨孝梁	3,600,134	人民币普通股	3,600,134
中国工商银行股份有限公司-华夏沪深300 指数证券投资基金	3,342,721	人民币普通股	3,342,721
湖北信联实业发展有限公司	2,475,400	人民币普通股	2,475,400
孙桥	2,363,632	人民币普通股	2,363,632
上述股东关联关系或一致行动的说明	GIANT HARVEST LIMITED、大冢(中国)投资有限公司同为大冢制药株式会社的子公司,两名股东之间存在关联关系或一致行动人;维维集团股份有限公司与其他股东之间不存在关联关系或一致行动人;其余股东为流通股东,本公司未知股东之间是否存在关联关系,未知其是否属于《上市公司股东持股变动信息披露管理办法》规定的一致行动人。		

4.3 控股股东及实际控制人情况介绍

4.3.1 控股股东及实际控制人变更情况

□适用　　√不适用

4.3.2 控股股东及实际控制人具体情况介绍

4.3.2.1 控股股东情况

○ 法人

单位:元 币种:人民币

名称	维维集团股份有限公司
单位负责人或法定代表人	崔桂亮
成立日期	1992 年 11 月 17 日
注册资本	161,080,200
主要经营业务或管理活动	豆奶系列产品、非酒精饮料、其他食品(领取许可证后经营)的生产、加工、销售;建筑材料装潢;金属材料、大豆、白糖、防腐材料的销售;食用油的生产、加工、销售;汽车货运服务。粮食收购(限自用粮)。

4.3.2.2 实际控制人情况

○ 自然人

姓名	杨启典、崔焕礼、魏伯玲、胡云峰、张桂宣、庞政堂、曹荣开
国籍	中国、中国、中国、中国、中国、中国、中国
是否取得其他国家或地区居留权	无、无、无、无、无、无、无
最近 5 年内的职业及职务	杨启典:行政职业。曾任维维集团股份有限公司董事长、维维食品饮料股份有限公司监事、监事会召集人、维维食品饮料股份有限公司董事。现任维维食品饮料股份有限公司董事长;崔焕礼:已退休;魏伯玲:经理,曾任维维集团股份有限公司副总经理;维维食品饮料股份有限公司董事、维维食品饮料股份有限公司监事、监事会召集人。现任维维集团股份有限公司董事;胡云峰:经理,曾任维维食品饮料股份有限公司总经理、维维食品饮料股份有限公司董事长。现任维茗酒坊有限公司总经理;张桂宣:已退休;庞政堂:经理,2001 年至今任维维食品饮料股份有限公司研发中心顾问;曹荣开:经理,曾任珠海维维大亨乳业有限公司董事长;现任维维食品饮料股份有限公司常务副总经理。

4.3.3 公司与实际控制人之间的产权及控制关系的方框图(略)

4.3.4 实际控制人通过信托或其他资产管理方式控制公司

□适用　　√不适用

第五节　董事、监事和高级管理人员

5.1 董事、监事和高级管理人员持股变动及报酬情况

单位:股

姓名	职务	性别	年龄	任期起始日期	任期终止日期	年初持股数	年末持股数	变动原因	报告期内从公司领取的报酬总额(万元)税前	是否在股东单位或其他关联单位领取薪酬
杨启典	董事长	男	53	2008-8-1	2011-8-1				43.72	否
崔桂亮	董事	男	49	20088-1	2011-8-1				0	是
梅野雅之	副董事长	男	60	2008-8-1	2011-8-1				0	是
张　一	董事	男	43	2008-8-1	2011-8-1				0	是
黑木直树	董事、副经理	男	45	2008-8-1	2011-8-1				12	是
熊铁虹	董事、总经理	男	54	2008-8-1	2011-8-1				62.31	否
丁金礼	董事、董事会秘书	男	49	2008-8-1	2011-8-1				24.62	否
张玉明	独立董事	男	49	2008-8-1	2011-8-1				5	否
张泽源	独立董事	男	48	2008-8-1	2011-8-1				5	否
罗栋梁	独立董事	男	39	2008-8-1	2011-8-1				5	否
马占国	独立董事	男	39	2008-8-1	2011-8-1				5	否
孟召永	监事、监事会召集人	男	39	2008-8-1	2011-8-1					是
孙洪斌	监事	男	36	2008-8-1	2011-8-1					是
张俊玲	监事	女	39	2008-8-1	2011-8-1				12.84	否
曹荣开	常务副经理	男	49	2010-4-27	2011-8-1				39.98	否
张明扬	财务总监	男	50	2008-8-1	2011-8-1				26.37	否
合　计	/	/	/	/	/			/	241.84	/

第六节　董事会报告

6.1 管理层讨论与分析

(一)报告期内总体经营情况

本公司的主要产品为豆奶粉系列产品及乳品系列产品,所属的行业为食品制造业。

2010 年公司管理层在全体股东的大力支持与公司董事会的领导下,全力谋发展,加大宣传力度,加强新产品的开发和推广,不断拓展公司的主营业务,努力克服原材料、能源价格不断上涨的压力,使公司豆奶、牛奶产业保持稳定发展,枝江酒业取得了良好业绩,白酒产业将成为公司主要支柱产业,同时,营养棒和食用油产品 2010 年取得了较快发展,市场占有率迅速提高。坚持不断优化产业结构、强化公司治理,保持公司稳健发展,为公司 2011 年的发展打下了良好基础。

2010 年,公司实现营业总收入 476,319.69 万元,比上年增长 67.75%;实现利润总额 25,173.67 万元,比上年减少 31.82%;归属于母公司所有者的净利润 15,044.80 万元,比上年减少 31.67%。

(二)报告期内主要完成工作

1、公司治理工作:

报告期内,公司严格按照新《公司法》、《证券法》和监管部门的有关要求,不断完善公司的法人治理结构,制订并通过了《维维食品饮料股份有限公司内幕信息及知情人管理制度》、《维维食品饮料股份有限公司年报信息披露重大差错责任追究制度》、《维维食品饮料股份有限公司外部信息报送和使用管理规定》、《维维食品饮料股份有限公司重大信息内部报告制度》及内部管理各项制定。公司法人治理结构的实际情况与中国证监会发布的有关上市公司治理的规范性文件不存在较大差异。认真执行内幕信息及知情人管理制度,本年度公司没有发现内幕信息知情人在影响公司股价的重点敏感信息披露前利用内幕信息买卖公司股份的情况。报告期内,没有发现公司高管违法违规买卖公司股份的情况。公司不断完善信息保密措施,防止信息外泄,维护信息披露的公平原则,降低引发内幕交易的风险。认真执行重大信息内部报告制度、外部信息报送和使用管理规定等,报告期内,没有发现股东或实际控制人在影响公司股价的重点敏感信息披露前利用内幕信息违法违规买卖公司股份的情况。

加强资金风险管理,规范关联方资金往来,严禁违规占用资金行为。报告期内,控股股东及其关联方没有违规资金占用侵占上市公司利益。

完善公司治理结构,保持上市公司的独立性,报告期内不存在控股股东或实际控制人同业竞争和违规关联交易的行为。

公司将按照《企业内部控制基本规范》和《企业内控制度配套指引》的相关要求不断建立健全内部控制体系,提高公司风险防范能力和规范运作水平。

2、重大资产收购和出让:

公司 2010 年 4 月 16 日召开的第四届董事会第十八次会议审议通过《子公司西安维维资源有限公司拟收购乌海市正兴煤化有限责任公司 49%股权的议案》。子公司西安维维资源有限公司拟以现金出资 1.8 亿元收购王茂盛先生等五名自然人所持有的乌海市正兴煤化有限责任公司 49.00%股权,即 54,584,350 股。其中:王茂盛 17,740,500 股(占 15.925%);张福录 14,465,300 股(占 12.985%);张志刚 9,006,700 股(占 8.085%);张和 8,568,250 股(占 7.692%);任义民 4,803,600 股(占 4.312%)。

本次股权转让完成后,西安维维资源有限公司将持有乌海市正兴煤化有限责任公司 100.00%股权。

(三)公司发展中的困难与对策

公司所处酒业、豆奶、牛奶行业为充分竞争行业,市场竞争压力较大;原材料价格不断上涨,导致产品成本的上升,影响效益的提升。

为此,公司将重点抓好以下工作:

1、增强新产品开发及市场开发力度,形成新的利润增长点;

2、进一步提升产品技术力量,增加产品附加值;

3、加强内部管理,搞好技术革新和挖潜,推行财务精细化核算,最大限度地降低产品成本;

4、加强资金管理和运作,有效地降低财务费用;

5、加大产品宣传,完善营销网络,加强市场管理,扩大销售规模。

(四)报告期内公司财务状况、经营成果同比发生重大变动的说明

(1)财务主要指标(金额单位:万元)

	2010 年	2009 年	增减比例(%)
主营业务收入	459,733.13	265,443.27	73.19
营业利润	8,433.86	33,276.69	−74.66
利润总额	25,173.67	36,920.24	−31.82
净利润	15,044.80	22,018.37	−31.67

发生重大变化的原因分析：

1.主营业务收入：枝江酒业股份有限公司上年并入 2 个月，本期全年增加收入 14 亿元；乌海市正兴煤化有限责任公司上年并入 3 个季度，本期全年增加收入 1.3 亿元；维维茗酒坊有限公司及其控股子公司业务扩张增加收入 1 亿元。

2.营业利润：2009 年出售联营企业双沟酒业股份有限公司股权收益 2.53 亿元。

3.利润总额：2010 年公司拆迁实现收益 1.11 亿元，2009 年出售联营企业双沟酒业股份有限公司股权收益 2.53 亿元。

4.净利润：2010 年公司拆迁实现收益 1.11 亿元，2009 年出售联营企业双沟酒业股份有限公司股权收益 2.53 亿元。

(2)报告期末公司资产构成发生重大变化的说明(金额单位：万元)

项目	2010 年		2009 年		增减
	金额	占总资产比重(%)	金额	占总资产比重(%)	变动(%)
交易性金融资产	15,309.37	2.89			
应收票据	23,500.03	4.43	2,040.23	0.42	1,051.84
长期股权投资	8,601.79	1.62	4,699.70	0.97	83.03
长期待摊费用	367.14	0.07	573.74	0.12	−36.01
递延所得税资产	1,735.08	0.33	999.66	0.21	73.57
短期借款	108,853.71	20.52	50,754.49	10.49	114.47
应付票据	1,225.63	0.23	2,598.20	0.54	−52.83
应交税费	22,430.37	4.23	15,023.13	3.10	49.31

变动原因的说明：

项目	变动原因
交易性金融资产	新增股票投资
应收票据	公司拆迁补偿收到银票 2,300 万元；枝江公司销售新增银票 8,300 万元；正兴公司销售新增银票 4,200 万元；国贸公司新增银票 5,900 万元
长期股权投资	子公司物流配售本年出资 3,200 万元成立北京海福鑫公司，持股比例 40%；成本法核算无锡超科本年增资 667.54 万元
长期待摊费用	茗酒坊公司产生的装修费摊销减少
递延所得税资产	交易性金融资产公允价值变动
短期借款	公司为补充流动资金增加银行借款
应付票据	前期票据已支付
应交税费	枝江公司增值税增加 7,323.24 万元

(3)报告期主要财务数据发生重大变化的说明(金额单位：万元)

报表项目	2010 年	2009 年	增减额	增减变动%
营业收入	476,319.70	283,939.02	192,380.67	67.75
营业成本	329,227.95	204,850.52	124,377.42	60.72
营业税金及附加	14,379.52	3,929.09	10,450.44	265.98
销售费用	87,285.37	51,380.51	35,904.86	69.88
管理费用	25,996.35	19,050.55	6,945.80	36.46
资产减值损失	3,311.10	5,321.37	−2,010.26	−37.78
公允价值变动收益	−1,890.82	265.77	−2,156.59	−811.45
投资收益	−1,996.36	37,290.64	−39,287.00	−105.35
营业外收入	18,538.61	6,446.85	12,091.76	187.56
营业外支出	1,798.79	2,803.31	−1,004.51	−35.83

原因分析：

报表项目	变动原因
营业收入	枝江公司上年并入 2 个月，本期全年增加收入 14 亿元；正兴公司上年并入 3 个季度，本期全年增加收入 1.3 亿元；茗酒坊各公司业务扩张增加收入 1 亿元
营业成本	枝江公司上年并入 2 个月，本期全年增加成本 8.2 亿元；正兴公司上年并入 3 个季度，本期全年增加成本 5,500 万元；茗酒坊各公司业务扩张增加成本 8,800 万元
营业税金及附加	枝江公司上年并入 2 个月，本期全年增加消费税等 9,200 万元
销售费用	枝江公司上年并入 2 个月，本期全年增加销售费用 3.5 亿元
管理费用	枝江公司上年并入 2 个月，本期全年增加管理费用 5,400 万元
资产减值损失	应收账款、其他应收款坏账准备减少
公允价值变动收益	交易性金融资产(股票)期末成本价低于市价产生公允价值变动损失
投资收益	交易性金融资产股票期货本年亏损 3,065 万元，上年盈利 8,614 万元，同时上年处置双沟公司股权获利 2.53 亿元
营业外收入	公司拆迁实现收益 1.11 亿元
营业外支出	处置生产性生物资产比上年减少

(4)报告期现金流量构成：(金额单位：万元)

	2010 年	2009 年	增减额	增减变动%
经营活动产生的现金流量净额	7,773.08	44.87	7,728.21	17,224.32
投资活动产生的现金流量净额	−65,171.52	23,109.52	−88,281.04	−382.01
筹资活动产生的现金流量净额	42,453.70	−31,942.32	74,396.02	

变动原因：

1.经营活动产生的现金流量净额增加的原因是营业收入增加。

2.投资活动产生的现金流量净额减少的原因是购买乌海市正兴煤化有限责任公司股权 1.8 亿元和购买交易性金融资产股票等现金流出增加以及 2009 年出售联营企业双沟酒业股份有限公司股权。

3.筹资活动产生的现金流量净额增加的原因是债务偿还金额减少。

(5)主要供应商、客户情况

前五名供应商采购金额合计(万元人民币)	67,616.49	占采购总额比重(%)	20.65
前五名销售客户销售金额合计(万元人民币)	17,195.68	占销售总额比重(%)	3.62

(五)主要参控股子公司经营情况(金额单位：万元)

公司名称	业务性质	主要产品或服务	注册资本	资产规模	营业收入	净利润
枝江酒业股份有限公司	生产销售	白酒	8,000.00	130,152.56	177,729.54	10,262.24
乌海市正兴煤化有限责任公司	生产销售	煤炭	11,140.00	59,383.42	23,517.14	1,648.29
西安维维资源有限公司	生产销售	豆奶粉	23,980.00	45,020.94	6,840.18	1,162.33
徐州维维金澜食品有限公司	生产销售	豆奶粉	3,000.00	11,159.08	33,077.20	3,326.68
维维国际贸易有限公司	贸易	国内国际贸易	10,000.00	10,221.65	2,438.30	−2,627.42
维维乳业有限公司	生产销售	乳品系列饮料	2999 万美元	31,690.01	33,136.39	−1,877.80
江苏维维商业总配售有限公司	物流贸易	销售食品饮料	5,000.00	5,458.71	87,670.31	296.07

(六)与公允价值相关的内部控制情况

公司目前与公允价值计量相关的资产主要是交易性金融资产−股票投资和期货合约，除此之外，公司无其他按公允价值计量的资产。由于这两项资产有公开的市场价格，公司采用其公开市价作为公允值。公司将按照《企业内部控制基本规范》的要求，做好公司同公允价值相关的内控制度的建设。

(七)企业发展优势

在过去的一年里，公司从公司治理、内部管理、产业结构等各方面都得到了很大的改进与提升，集中力量将企业做大做强，为今后的发展奠定了坚实的基础。

1、2010 年起子公司湖北枝江酒业的白酒产业成为本公司一大主导产业；枝江酒业处在中国白酒行业前十位，湖北省第一位，拥有湖北省唯一的白酒行业的省级技术开发中心，具有雄厚研发力量和人才队伍，具有较强品牌优势，具有很强的竞争优势和发展后劲。

2、稳定发展的豆奶及牛奶主导产业，发展强劲的维维食用油产业。

根据中国商业联合会、中华全国商业信息中心 2010 年度最新统计监测结果显示：本公司主产品"维维"牌豆奶粉名列 2010 年中国同类商品市场综合占有率第一位。

根据国家统计局中国行业企业信息发布中心最新统计结果显示：本公司主产品"维维"牌豆奶粉，2010 年度荣列全国同类产品销量第一位。

3、企业技术力量不断增强：公司订立了行之有效的技术研发奖励制度，激励公司总部研发中心及子公司技术人员根据市场需要及时研发新产品，及做好产品结构调整和更新换代，保证了公司的可持续发展能力。

4、公司治理与管理力度不断增强：不断完善公司的法人治理结构，公司具备坚实而科学的治理结构，确保股东意志的贯彻与董事会决策的落实。推行财务的精细化核算和不断完善公司各层次的内部承包和岗位责任制，完善企业的激励机制。

6.2 主营业务分行业、产品情况表

单位:元 币种:人民币

分行业或分产品	营业收入	营业成本	营业利润率(%)	营业收入比上年增减(%)	营业成本比上年增减(%)	营业利润率比上年增减(%)
分行业						
食品行业	4,288,374,957.80	2,918,300,789.96	31.95	78.56	79.41	增加 0.32 个百分点
贸易行业	73,966,470.49	72,712,875.68	1.69	−50.80	−51.66	增加 1.74 个百分点
能源行业	234,989,847.20	161,503,042.78	31.27	129.21	51.74	增加 35.09 个百分点
分产品						
豆奶粉	1,130,488,216.06	755,860,056.79	33.14	26.30	49.58	减少 10.41 个百分点
功能性营养食品(嚼益嚼)	56,156,553.45	28,643,222.51	48.99	127.47	111.10	增加 3.95 个百分点
植物蛋白饮料(牛奶及谷动等)	869,463,108.35	721,197,009.14	17.05	3.99	11.11	减少 5.31 个百分点
食用油	96,857,641.12	75,913,362.38	21.62	181.62	184.28	减少 0.73 个百分点
面粉	137,141,955.31	130,358,804.64	4.95	1.57	2.33	减少 0.71 个百分点
酒类	1,963,001,016.28	1,177,097,266.82	40.04	343.41	334.78	增加 1.19 个百分点
综合贸易类	73,966,470.49	72,712,875.68	1.69	−49.89	−50.83	增加 1.88 个百分点
煤矿	234,989,847.20	161,503,042.78	31.27	129.21	51.74	增加 35.09 个百分点
花生粕及菜粕	7,751,670.65	7,985,660.65	−3.02	−77.72	−76.72	减少 4.43 个百分点
畜牧业(鲜奶销售)	25,327,198.08	19,430,591.11	23.28			
其他	2,187,598.50	1,814,815.92	17.04	39.57	−9.64	增加 45.19 个百分点

6.3 主营业务分地区情况表

单位:元 币种:人民币

地区	营业收入	营业收入比上年增减(%)
东北地区	103,722,651.81	113.90
华北地区	481,037,874.59	126.27
华东地区	1,603,894,212.50	32.73
华中地区	1,633,167,610.98	195.40
西北地区	312,797,549.60	-6.57
西南地区	279,051,776.72	46.96
华南地区	171,540,573.67	70.06
东南亚地区(印尼)	12,119,025.62	85.78

6.4 募集资金使用情况

√适用　□不适用

单位:万元 币种:人民币

承诺项目	是否变更项目	拟投入金额	实际投入金额	是否符合计划进度	预计收益	产生收益情况
氨基酸保健饮料项目	是	15,350	8,438.57	否	3,642.40	无法单独核算
新建塑料彩印外袋及纸箱生产线项目	是	15,051	15,051	是		
婴儿食品饮料及婴儿配方奶粉项目	是	20,000	20,000	是		
豆奶粉技改项目	是	10,713	10,713	否	2,734	无法单独核算
功能性营养食品项目	否	15,046	459.10	否	2,740	尚未完工
合计	/	76,160	54,661.67	/	9,116.40	/
尚未使用的募集资金用途及去向	银行存款					

变更项目情况

√适用　□不适用

单位:万元 币种:人民币

变更投资项目资金总额　57,431.77

变更后的项目	对应的原承诺项目	变更项目拟投入金额	实际投入金额	是否符合计划进度	变更项目的预计收益	产生收益情况
收购湖北枝江酒业股份有限公司51%的股权	婴儿食品饮料及婴儿配方奶粉项目和新建塑料彩印外袋及纸箱生产线项目	34,802.40	34,802.4	是	8,800.93	5233.75
补充公司流动资金	新建塑料彩印外袋及纸箱生产线项目	248.6	248.6	是		
植物蛋白饮料生产项目	氨基酸保健饮料项目	15,350.00	8,051.25	是	3,642.40	无法单独核算
补充公司流动资金	植物蛋白饮料生产项目	387.32	387.32	是		
补充公司流动资金	豆奶粉技改项目	6,643.45	6,643.45	是		
合计	/	57,431.77	50,133.02	/	12,443.33	/

6.5 非募集资金项目情况

√适用　□不适用

单位:万元 币种:人民币

项目名称	项目金额	项目进度	项目收益情况
子公司西安维维资源有限公司收购乌海市正兴煤化有限责任公司49%股权	18,000	报告期内公司完成董事会和股东大会审议程序,股权过户手续已完成,正常经营。	1648.29
合计	18,000	/	/

6.6 董事会对会计师事务所"非标准审计报告"的说明

□适用　√不适用

6.7 董事会本次利润分配或资本公积金转增股本预案

经审计,公司2010年度母公司实现净利润294,650,985.11元,按10%提公积金29,465,098.51元,当年实现可供分配的利润为265,185,886.60元,加年初未分配利润91,529,941.32元,公司2010年5月份分配现金股利83,600,000.00元,累计可供分配的利润为273,115,827.92元。合并报表本年度未分配利润为400,062,226.88元。公司本年度实现的可供分配利润为265,185,886.60元,合并报表本年实现可供分配利润为120,982,949.57元。

公司拟按2010年末总股本167,200万股为基数,每10股派发现金红利0.6元(社会公众股含个人所得税),计派发现金红利100,320,000.00元,占本年实现可供分配利润的37.83%,累计剩余未分配利润172,795,827.92元,结转下年度。

该预案需提交2010年年度股东大会审议通过后实施。

公司本报告期内盈利但未提出现金利润分配预案

□适用　√不适用

第七节　重要事项

7.1 收购资产

√适用　□不适用

单位:万元 币种:人民币

交易对方或最终控制方	被收购资产	购买日	收购价格	自购买日起至本年末为公司贡献的净利润	本年初至本年末为公司贡献的净利润(适用于同一控制下企业合并)	是否为关联交易(如是,说明定价原则)	所涉及的资产产权是否已全部过户	所涉及的债权债务是否已全部转移
乌海市正兴煤化有限责任公司	股权	2010年4月16日	18,000	1,648.29		否	是	是

7.2 出售资产

□适用　√不适用

7.3 重大担保

□适用　√不适用

7.4 重大关联交易

7.4.1 与日常经营相关的关联交易

□适用　√不适用

7.4.2 关联债权债务往来

□适用　√不适用

7.4.3 报告期内资金被占用情况及清欠进展情况

□适用　√不适用

截至报告期末,上市公司未完成非经营性资金占用的清欠工作的,董事会提出的责任追究方案

□适用　√不适用

7.5 委托理财

□适用　√不适用

7.6 承诺事项履行情况

7.6.1 公司或持股5%以上股东在报告期内或持续到报告期内的承诺事项

√适用　□不适用

承诺事项	承诺内容	履行情况
发行时所作承诺	公司控股股东维维集团股份有限公司认购的2007年非公开发行股票1000万股股份和大冢(中国)投资有限公司认购的2000万股股份,自2008年5月22日起,在36个月内不上市交易和转让;其余机构投资者认购的7000万股股份自2008年5月22日起,在12个月内不上市交易和转让。	履行承诺。

7.6.2 公司资产或项目存在盈利预测,且报告期仍处在盈利预测期间,公司就资产或项目是否达到原盈利预测及其原因作出说明

□适用　√不适用

7.7 重大诉讼仲裁事项

□适用　√不适用

7.8 其他重大事项及其影响和解决方案的分析说明

7.8.1 证券投资情况

√适用　□不适用

序号	证券品种	证券代码	证券简称	最初投资成本(元)	持有数量	期末账面价值	占期末证券总投资比例(%)	报告期损益
1	股票	601009	南京银行	172,001,871.27	15,401,776	153,093,653.40	100	-18,908,217.87
报告期已出售证券投资损益				/	/	/	/	109,164.13
合计				172,001,871.27	/	153,093,653.40	100%	-18,799,053.74

7.8.2 持有其他上市公司股权情况

□适用　√不适用

7.8.3 持有非上市金融企业股权情况

√适用　□不适用

所持对象名称	最初投资成本(元)	持有数量(股)	占该公司股权比例(%)	期末账面价值(元)	报告期损益(元)	报告期所有者权益变动(元)	会计核算科目	股份来源
徐州市郊农村信用合作联社	27,000,000	27,000,000	10	27,000,000			长期股权投资	信用合作社增发
宜昌市商业银行股份有限公司	30,000,000	30,000,000	5.24	7,158,515.46	172,833,056.74		长期股权投资	合并子公司持有
合计	57,000,000	57,000,000	/	34,158,515.46			/	/

7.8.4 买卖其他上市公司股份的情况

√适用　□不适用

买卖方向	股份名称	期初股份数量	报告期买入/卖出股份数量	期末股份数量	使用的资金数量	产生的投资收益
卖出	贵州茅台		456,300		67,044,465.14	-4,118,100.35
买入	南京银行		19,797,467	15,401,776	172,001,871.27	4,227,264.48

7.9 公司是否披露内部控制的自我评价报告或履行社会责任的报告:否

第八节　监事会报告

8.1 监事会对公司依法运作情况的独立意见

报告期内,公司监事列席了董事会会议、参加了股东大会,根据《上市公司治理准则》等法律法规及《公司章程》的相关规定,对决策程序、决策行为、管理制度、决议事项等进行了监督。公司监事会认为:本年度,公司董事会的决策程序和决策行为符合《公司法》和《公司章程》的有关规定;公司按照中国证监会和上海证券交易所的要求,结合公司实际情况和发展需要,已建立了较为完善的公司治理结构和内部控制制度,公司运作日趋规范,决策水平、管理水平和执行力均在本质上显著提高,公司治理结构日趋完善;同时公司对相关规章制度按照要求作了进一步的修订和完善,公司内部控制制度更加健全;公司内部治理结构和控制制度的改善,有效地控制了企业风险,实现主营业务稳定发展,有利于公司利益最大化目标的实现。

报告期内,公司监事会对公司股东大会决议的执行情况及公司董事、高级管理人员的尽职情况进行了监督。公司监事会认为:公司董事会能够按照《公司法》、《证券法》、《股票上市规则》及《公司章程》的有关规定进行规范运作,认真执行股东大会的决议和授权,公司的各项决策能够按合法的程序进行;同时公司独立董事及董事会专项委员会发挥了积极的作用,董事会决策科学化、合理化、民主化水平进一步提高;公司董事、高级管理人员在履行职权时,做到了勤勉尽责,监事会未发现其违反法律、法规、公司章程或损害公司及股东利益的行为。

8.2 监事会对检查公司财务情况的独立意见

公司监事会认真检查了公司的财务制度和财务管理情况,审议了公司 2010 年第一季度、2010 年半年度、2010 年第三季度及 2010 年年度财务报告,公司监事会认为:公司各项费用的支出基本合理,各项计提符合国家法律、法规和《公司章程》的规定,经营成本基本控制在预算范围内;公司财务管理基础工作进一步加强,财务管理规范有序、制度基本健全、管理较为完善,财务运行状况良好;公司财务报告的内容及格式严格按照国家财政法规、中国证监会及新企业会计准则的相关规定进行编制。立信会计师事务所有限公司为公司 2010 年度财务报告出具了标准无保留意见的审计报告,审计意见客观、真实、公正地反映了公司 2010 年度的财务状况、经营成果和现金流量。监事会同意其所出具的标准无保留审计意见。

8.3 监事会对公司最近一次募集资金实际投入情况的独立意见

公司募集资金的使用与《招股说明书》承诺的部分投资项目有所变更,募集资金投资项目的进度与计划进度有所差异。营养棒项目因设备进口问题尚未解决,没能按计划全部完成。由于金融危机和市场情况的变化,为充分发挥募集资金效益,公司谨慎考虑,将部分闲置募集资金暂时补充流动资金;根据公司产业发展规划,将部分募集资金投资项目进行了变更。部分闲置募集资金暂时补充流动资金及募集资金投资项目的变更经过了公司董事会、监事会和股东大会审议通过,程序合法,同时,保荐机构海通证券股份有限公司出具了保荐意见。符合中国证监会、上海证券交易所及公司募集资金存放和使用的管理规定等上市公司募集资金管理规定的相关规定。

8.4 监事会对公司收购、出售资产情况的独立意见

公司监事会对公司 2010 年度收购、出售资产情况进行了监督,认为公司重大收购、出售资产均严格履行了董事会的决策程序、法定审批程序和信息披露义务,收购、出售资产的交易价格合理,未发现内幕交易情形,没有损害股东权益特别是中小股东的权益,未造成公司资产流失,不存在违法、违规的情况。

8.5 监事会对公司关联交易情况的独立意见

监事会对公司 2010 年度发生的关联交易进行了监督和核查,监事会认为:报告期内,公司与关联方发生的关联交易是公司经营过程中发生的经营性业务,遵循了公平、公正、公开的原则,经过了相关权力机构的批准,均签署了书面协议并履行了必要的审议程序。公司董事会、股东大会在审议上述关联交易时,关联董事、关联股东均履行了回避表决程序,独立董事对关联交易进行了事前认可并发表了独立意见。关联交易的决策、交易程序符合有关法律法规、政策和《公司章程》的规定,并履行了信息披露义务,符合市场原则,定价公允,没有损害公司及其他股东的利益,无内幕交易行为发生,对公司全体股东是公平的。

第九节　财务会计报告

9.1 审计意见

财务报告	□未经审计	√审计
审计意见	√标准无保留意见	□非标意见

9.2 财务报表

合并资产负债表

2010 年 12 月 31 日

编制单位:维维食品饮料股份有限公司　　单位:元 币种:人民币

项目	附注	期末余额	年初余额
流动资产:			
货币资金		695,275,229.17	805,832,417.84
结算备付金			
拆出资金			
交易性金融资产		153,093,653.40	
应收票据		235,000,301.92	20,402,253.00
应收账款		190,642,026.28	197,006,602.20
预付款项		161,028,699.89	200,971,526.63
应收保费			
应收分保账款			
应收分保合同准备金			
应收利息			
应收股利			
其他应收款		125,029,880.34	121,938,594.54
买入返售金融资产			
存货		816,711,569.39	705,519,882.74
一年内到期的非流动资产			
其他流动资产			
流动资产合计		2,376,781,360.39	2,051,671,276.95
非流动资产:			
发放委托贷款及垫款			
可供出售金融资产			
持有至到期投资			
长期应收款			
长期股权投资		86,017,881.97	46,997,030.17
投资性房地产			
固定资产		1,732,286,452.18	1,600,563,859.22
在建工程		72,241,783.95	97,926,262.79
工程物资		4,381,637.36	5,361,061.73
固定资产清理			
生产性生物资产		98,579,068.00	94,899,982.32
油气资产			
无形资产		788,354,378.09	799,823,147.61
开发支出			
商誉		125,112,663.24	127,207,334.78
长期待摊费用		3,671,367.59	5,737,437.82
递延所得税资产		17,350,782.40	9,996,568.79
其他非流动资产			
非流动资产合计		2,927,996,014.78	2,788,512,685.23
资产总计		5,304,777,375.17	4,840,183,962.18
流动负债:			
短期借款		1,088,537,136.40	507,544,889.24
向中央银行借款			
吸收存款及同业存放			
拆入资金			
交易性金融负债			
应付票据		12,256,348.00	25,982,000.00
应付账款		429,043,338.83	421,801,809.56
预收款项		179,734,106.65	147,670,455.65
卖出回购金融资产款			
应付手续费及佣金			
应付职工薪酬		18,876,253.31	20,994,333.93
应交税费		224,303,677.62	150,231,270.12
应付利息			
应付股利		27,973,309.97	29,393,886.63
其他应付款		228,377,068.62	317,383,236.89
应付分保账款			
保险合同准备金			
代理买卖证券款			
代理承销证券款			
一年内到期的非流动负债			
其他流动负债			
流动负债合计		2,209,101,239.40	1,621,001,882.02
非流动负债:			
长期借款		3,960,000.00	3,960,000.00
应付债券			
长期应付款		28,933,940.00	36,533,040.00
专项应付款			
预计负债			
递延所得税负债		145,474,164.29	148,402,188.59
其他非流动负债		47,911,453.46	39,619,379.93
非流动负债合计		226,279,557.75	228,514,608.52
负债合计		2,435,380,797.15	1,849,516,490.54
所有者权益(或股东权益):			
实收资本(或股本)		1,672,000,000.00	1,672,000,000.00
资本公积		176,180,370.19	243,116,091.16
减:库存股			
专项储备		3,855,884.07	1,456,774.33
盈余公积		150,583,865.79	121,118,767.28
一般风险准备			
未分配利润		400,062,226.88	362,679,277.31
外币报表折算差额			
归属于母公司所有者权益合计		2,402,682,346.93	2,400,370,910.08
少数股东权益		466,714,231.09	590,296,561.56
所有者权益合计		2,869,396,578.02	2,990,667,471.64
负债和所有者权益总计		5,304,777,375.17	4,840,183,962.18

法定代表人:杨启典　　主管会计工作负责人:张明扬　　会计机构负责人:赵昌磊

母公司资产负债表

2010 年 12 月 31 日

编制单位:维维食品饮料股份有限公司　单位:元 币种:人民币

项目	附注	期末余额	年初余额
流动资产:			
货币资金		252,363,901.10	363,306,471.15
交易性金融资产			
应收票据		33,879,802.00	41,969.00
应收账款		39,413,290.59	21,548,236.89
预付款项		78,147,250.83	94,547,779.86
应收利息			
应收股利			
其他应收款		1,191,669,851.66	616,399,804.15
存货		144,580,477.85	138,492,590.50
一年内到期的非流动资产			
其他流动资产			
流动资产合计		1,740,054,574.03	1,234,336,851.55
非流动资产:			
可供出售金融资产			
持有至到期投资			
长期应收款			
长期股权投资		1,556,980,815.92	1,556,980,815.92
投资性房地产		40,947,322.25	38,650,600.15
固定资产		359,308,773.92	313,469,217.20
在建工程		54,447,762.23	30,344,339.60
工程物资			
固定资产清理			
生产性生物资产			
油气资产			
无形资产		100,209,391.94	105,478,983.64
开发支出			
商誉			
长期待摊费用			73,333.36
递延所得税资产		4,988,099.84	2,875,750.54
其他非流动资产			
非流动资产合计		2,116,882,166.10	2,047,873,040.41
资产总计		3,856,936,740.13	3,282,209,891.96
流动负债:			
短期借款		1,017,000,000.00	394,544,889.24
交易性金融负债			
应付票据			
应付账款		219,487,591.36	286,214,218.09
预收款项		147,985,758.56	118,267,958.40
应付职工薪酬		5,278,613.33	2,529,332.27
应交税费		−13,944,380.11	−9,989,222.99
应付利息			
应付股利		473,309.97	473,309.97
其他应付款		145,026,080.57	365,727,084.64
一年内到期的非流动负债			
其他流动负债			
流动负债合计		1,521,306,973.68	1,157,767,569.62
非流动负债:			
长期借款			
应付债券			
长期应付款			
专项应付款			
预计负债			
递延所得税负债			
其他非流动负债		8,718,959.00	8,582,500.00
非流动负债合计		8,718,959.00	8,582,500.00
负债合计		1,530,025,932.68	1,166,350,069.62
所有者权益(或股东权益):			
实收资本(或股本)		1,672,000,000.00	1,672,000,000.00
资本公积		231,211,113.74	231,211,113.74
减:库存股			
专项储备			
盈余公积		150,583,865.79	121,118,767.28
一般风险准备			
未分配利润		273,115,827.92	91,529,941.32
所有者权益(或股东权益)合计		2,326,910,807.45	2,115,859,822.34
负债和所有者权益(或股东权益)总计		3,856,936,740.13	3,282,209,891.96

法定代表人:杨启典　主管会计工作负责人:张明扬　会计机构负责人:赵昌磊

合并利润表

2010 年 1—12 月

单位:元 币种:人民币

项目	附注	本期金额	上期金额
一、营业总收入		4,763,196,958.43	2,839,390,225.46
其中:营业收入		4,763,196,958.43	2,839,390,225.46
利息收入			
已赚保费			
手续费及佣金收入			
二、营业总成本		4,639,986,521.81	2,882,187,390.28
其中:营业成本		3,292,279,459.21	2,048,505,219.83
利息支出			
手续费及佣金支出			
退保金			
赔付支出净额			
提取保险合同准备金净额			
保单红利支出			
分保费用			
营业税金及附加		143,795,209.12	39,290,855.34
销售费用		872,853,707.73	513,805,107.37
管理费用		259,963,516.23	190,505,509.61
财务费用		37,983,589.69	36,867,028.47
资产减值损失		33,111,039.83	53,213,669.66
加:公允价值变动收益(损失以"−"号填列)		−18,908,217.87	2,657,695.06
投资收益(损失以"−"号填列)		−19,963,609.09	372,906,378.33
其中:对联营企业和合营企业的投资收益		80,619.63	37,408,451.26
汇兑收益(损失以"−"号填列)			
三、营业利润(亏损以"−"号填列)		84,338,609.66	332,766,908.57
加:营业外收入		185,386,053.47	64,468,502.24
减:营业外支出		17,987,940.30	28,033,054.91
其中:非流动资产处置损失		14,461,038.73	21,372,601.37
四、利润总额(亏损总额以"−"号填列)		251,736,722.83	369,202,355.90
减:所得税费用		47,648,888.32	131,519,751.13
五、净利润(净亏损以"−"号填列)		204,087,834.51	237,682,604.77
归属于母公司所有者的净利润		150,448,048.08	220,183,726.09
少数股东损益		53,639,786.43	17,498,878.68
六、每股收益:			
(一)基本每股收益		0.09	0.13
(二)稀释每股收益		0.09	0.13
七、其他综合收益			
八、综合收益总额		204,087,834.51	237,682,604.77
归属于母公司所有者的综合收益总额		150,448,048.08	220,183,726.09
归属于少数股东的综合收益总额			

法定代表人:杨启典　主管会计工作负责人:张明扬　会计机构负责人:赵昌磊

母公司利润表

2010 年 1—12 月

单位:元 币种:人民币

项目	附注	本期金额	上期金额
一、营业收入		1,881,331,403.85	1,278,659,255.67
减:营业成本		1,573,027,452.94	1,120,433,539.72
营业税金及附加		1,298,620.70	1,685,936.69
销售费用		199,664,481.16	184,963,957.29
管理费用		94,866,685.67	85,567,221.50
财务费用		35,854,301.35	34,172,552.90
资产减值损失		20,452,044.66	24,508,239.62
加:公允价值变动收益(损失以"−"号填列)			
投资收益(损失以"−"号填列)		190,030,000.00	280,121,250.06
其中:对联营企业和合营企业的投资收益			37,275,068.97
二、营业利润(亏损以"−"号填列)		146,197,817.37	107,449,058.01
加:营业外收入		155,518,173.76	35,224,020.22
减:营业外支出		6,033,648.90	10,713,572.60
其中:非流动资产处置损失		5,360,000.83	7,369,653.29
三、利润总额(亏损总额以"−"号填列)		295,682,342.23	131,959,505.63
减:所得税费用		1,031,357.12	71,693,749.99
四、净利润(净亏损以"−"号填列)		294,650,985.11	60,265,755.64
五、每股收益:			
(一)基本每股收益		0.18	0.04
(二)稀释每股收益		0.18	0.04
六、其他综合收益			
七、综合收益总额		294,650,985.11	60,265,755.64

法定代表人:杨启典　主管会计工作负责人:张明扬　会计机构负责人:赵昌磊

合并现金流量表

2010 年 1—12 月

单位:元 币种:人民币

项目	附注	本期金额	上期金额

一、经营活动产生的现金流量:		
销售商品、提供劳务收到的现金	5,245,882,786.24	3,944,975,012.04
客户存款和同业存放款项净增加额		
向中央银行借款净增加额		
向其他金融机构拆入资金净增加额		
收到原保险合同保费取得的现金		
收到再保险业务现金净额		
保户储金及投资款净增加额		
处置交易性金融资产净增加额		
收取利息、手续费及佣金的现金		
拆入资金净增加额		
回购业务资金净增加额		
收到的税费返还		
收到其他与经营活动有关的现金	71,701,183.52	67,447,852.25
经营活动现金流入小计	5,317,583,969.76	4,012,422,864.29
购买商品、接受劳务支付的现金	3,638,709,883.87	3,085,169,825.04
客户贷款及垫款净增加额		
存放中央银行和同业款项净增加额		
支付原保险合同赔付款项的现金		
支付利息、手续费及佣金的现金		
支付保单红利的现金		
支付给职工以及为职工支付的现金	339,465,776.45	244,875,221.91
支付的各项税费	440,166,282.40	291,640,687.17
支付其他与经营活动有关的现金	821,511,231.30	390,288,450.01
经营活动现金流出小计	5,239,853,174.02	4,011,974,184.13
经营活动产生的现金流量净额	77,730,795.74	448,680.16
二、投资活动产生的现金流量:		
收回投资收到的现金	71,742,722.65	777,140,501.63
取得投资收益收到的现金	2,430,000.00	11,792,516.08
处置固定资产、无形资产和其他		
长期资产收回的现金净额	70,006,018.60	47,159,018.39
处置子公司及其他营业单位收到的现金净额	2,504,096.31	
收到其他与投资活动有关的现金	102,905,819.45	168,528,404.84
投资活动现金流入小计	249,588,657.01	1,004,620,440.94
购建固定资产、无形资产和其他长期资产支付的现金	394,253,593.89	277,317,098.41
投资支付的现金	506,050,285.04	173,894,600.00
质押贷款净增加额		
取得子公司及其他营业单位支付的现金净额		262,313,542.93
支付其他与投资活动有关的现金	1,000,000.00	60,000,000.00
投资活动现金流出小计	901,303,878.93	773,525,241.34
投资活动产生的现金流量净额	−651,715,221.92	231,095,199.60
三、筹资活动产生的现金流量:		
吸收投资收到的现金	6,700,000.00	21,100,000.00
其中:子公司吸收少数股东投资收到的现金	6,490,000.00	21,100,000.00
取得借款收到的现金	1,195,799,889.04	1,599,694,889.24
发行债券收到的现金		
收到其他与筹资活动有关的现金	45,340,000.00	
筹资活动现金流入小计	1,247,839,889.04	1,620,794,889.24
偿还债务支付的现金	614,807,641.88	1,833,970,810.00
分配股利、利润或偿付利息支付的现金	188,495,227.39	106,247,239.75
其中:子公司支付给少数股东的股利、利润	140,920,576.66	60,800,000.00
支付其他与筹资活动有关的现金	20,000,000.00	
筹资活动现金流出小计	823,302,869.27	1,940,218,049.75
筹资活动产生的现金流量净额	424,537,019.77	−319,423,160.51
四、汇率变动对现金及现金等价物的影响	−29,418.87	−64,639.25
五、现金及现金等价物净增加额	−149,476,825.28	−87,943,920.00
加:期初现金及现金等价物余额	788,250,417.84	876,194,337.84
六、期末现金及现金等价物余额	638,773,592.56	788,250,417.84

法定代表人:杨启典　　主管会计工作负责人:张明扬　　会计机构负责人:赵昌磊

母公司现金流量表

2010 年 1—12 月

单位:元 币种:人民币

项目	附注	本期金额	上期金额
一、经营活动产生的现金流量:			
销售商品、提供劳务收到的现金		1,910,599,106.82	1,239,213,191.38
收到的税费返还			
收到其他与经营活动有关的现金		45,714,453.93	42,244,549.37
经营活动现金流入小计		1,956,313,560.75	1,281,457,740.75
购买商品、接受劳务支付的现金		1,696,621,237.40	1,156,011,975.11
支付给职工以及为职工支付的现金		82,290,158.90	57,256,601.15
支付的各项税费		72,272,710.52	89,297,022.50
支付其他与经营活动有关的现金		200,294,222.70	180,581,417.17
经营活动现金流出小计		2,051,478,329.52	1,483,147,015.93
经营活动产生的现金流量净额		−95,164,768.77	−201,689,275.18
二、投资活动产生的现金流量:			
收回投资收到的现金			411,201,441.43
取得投资收益收到的现金		190,030,000.00	11,792,516.08
处置固定资产、无形资产和其他			
长期资产收回的现金净额		40,848,320.94	5,565,228.09
处置子公司及其他营业单位收到的现金净额			
收到其他与投资活动有关的现金		61,450,623.45	417,214,415.34
投资活动现金流入小计		292,328,944.39	845,773,600.94
购建固定资产、无形资产和			
其他长期资产支付的现金		175,390,855.78	101,236,929.14
投资支付的现金			348,024,000.00
取得子公司及其他营业单位支付的现金净额			
支付其他与投资活动有关的现金		637,456,264.56	104,402,217.02
投资活动现金流出小计		812,847,120.34	553,663,146.16
投资活动产生的现金流量净额		−520,518,175.95	292,110,454.78
三、筹资活动产生的现金流量:			
吸收投资收到的现金			
取得借款收到的现金		1,087,000,000.00	1,321,544,889.24
发行债券收到的现金			
收到其他与筹资活动有关的现金		5,000,000.00	60,151,916.10
筹资活动现金流入小计		1,092,000,000.00	1,381,696,805.34
偿还债务支付的现金		464,544,889.24	1,587,000,000.00
分配股利、利润或偿付利息支付的现金		124,085,867.30	64,472,431.96
支付其他与筹资活动有关的现金			94,128,259.11
筹资活动现金流出小计		588,630,756.54	1,745,600,691.07
筹资活动产生的现金流量净额		503,369,243.46	−363,903,885.73
四、汇率变动对现金及现金等价物的影响		−28,868.79	−12,166.68
五、现金及现金等价物净增加额		−112,342,570.05	−273,494,872.81
加:期初现金及现金等价物余额		361,706,471.15	635,201,343.96
六、期末现金及现金等价物余额		249,363,901.10	361,706,471.15

法定代表人:杨启典　　主管会计工作负责人:张明扬　　会计机构负责人:赵昌磊

合并所有者权益变动表

2010 年 1—12 月

单位:元 币种:人民币

本期金额

项目	归属于母公司所有者权益								少数股东权益	所有者权益合计
	实收资本(或股本)	资本公积	减:库存股	专项储备	盈余公积	一般风险准备	未分配利润	其他		
一、上年年末余额	1,672,000,000.00	243,116,091.16		1,456,774.33	121,118,767.28		362,679,277.31		590,296,561.56	2,990,667,471.64
加:会计政策变更										
前期差错更正										
其他										
二、本年年初余额	1,672,000,000.00	243,116,091.16		1,456,774.33	121,118,767.28		362,679,277.31		590,296,561.56	2,990,667,471.64
三、本期增减变动金额										
(减少以"−"号填列)		−66,935,720.97		2,399,109.74	29,465,098.51		37,382,949.57		−123,582,330.47	−121,270,893.62
(一)净利润							150,448,048.08		53,639,786.43	204,087,834.51
(二)其他综合收益										
上述(一)和(二)小计							150,448,048.08		53,639,786.43	204,087,834.51
(三)所有者投入和减少资本		−66,935,720.97							−121,322,116.90	−188,257,837.87
1.所有者投入资本									6,490,000.00	6,490,000.00
2.股份支付计入所有者权益的金额										
3.其他		−66,935,720.97							−127,812,116.90	−194,747,837.87
(四)利润分配					29,465,098.51		−113,065,098.51		−55,900,000.00	−139,500,000.00
1.提取盈余公积					29,465,098.51		−29,465,098.51			
2.提取一般风险准备										
3.对所有者(或股东)的分配							−83,600,000.00		−55,900,000.00	−139,500,000.00
4.其他										
(五)所有者权益内部结转										
1.资本公积转增资本(或股本)										
2.盈余公积转增资本(或股本)										
3.盈余公积弥补亏损										
4.其他										
(六)专项储备				2,399,109.74						2,399,109.74
1.本期提取				19,601,450.53						19,601,450.53
2.本期使用				17,202,340.79						17,202,340.79
(七)其他										
四、本期期末余额	1,672,000,000.00	176,180,370.19		3,855,884.07	150,583,865.79		400,062,226.88		466,714,231.09	2,869,396,578.02

上年同期金额

项目	归属于母公司所有者权益								少数股东权益	所有者权益合计
	实收资本(或股本)	资本公积	减:库存股	专项储备	盈余公积	一般风险准备	未分配利润	其他		
一、上年年末余额	760,000,000.00	1,156,304,182.21			115,092,191.72		171,322,126.78		157,853,546.19	2,360,572,046.90
加:会计政策变更										

前期差错更正							
其他							
二、本年年初余额	760,000,000.00	1,156,304,182.21		115,092,191.72	171,322,126.78	157,853,546.19	2,360,572,046.90
三、本期增减变动金额							
(减少以"−"号填列)	912,000,000.00	−913,188,091.05	1,456,774.33	6,026,575.56	191,357,150.53	432,443,015.37	630,095,424.74
(一)净利润					220,183,726.09	17,498,878.68	237,682,604.77
(二)其他综合收益							
上述(一)和(二)小计					220,183,726.09	17,498,878.68	237,682,604.77
(三)所有者投入和减少资本		−1,188,091.05				414,944,136.69	413,756,045.64
1.所有者投入资本						21,100,000.00	21,100,000.00
2.股份支付计入所有者权益的金额							
3.其他		−1,188,091.05				393,844,136.69	392,656,045.64
(四)利润分配				6,026,575.56	−28,826,575.56		−22,800,000.00
1.提取盈余公积				6,026,575.56	−6,026,575.56		
2.提取一般风险准备							
3.对所有者(或股东)的分配					−22,800,000.00		−22,800,000.00
4.其他							
(五)所有者权益							
内部结转	912,000,000.00	−912,000,000.00					
1.资本公积转增							
资本(或股本)	912,000,000.00	−912,000,000.00					
2.盈余公积转增资本(或股本)							
3.盈余公积弥补亏损							
4.其他							
(六)专项储备			1,456,774.33				1,456,774.33
1.本期提取			8,145,403.55				8,145,403.55
2.本期使用			6,688,629.22				6,688,629.22
(七)其他							
四、本期期末余额	1,672,000,000.00	243,116,091.16	1,456,774.33	121,118,767.28	362,679,277.31	590,296,561.56	2,990,667,471.64

法定代表人:杨启典　　主管会计工作负责人:张明扬　　会计机构负责人:赵昌磊

母公司所有者权益变动表

2010 年 1—12 月

单位:元 币种:人民币

项目	本期金额 实收资本(或股本)	资本公积	减:库存股	专项储备	盈余公积	一般风险准备	未分配利润	所有者权益合计
一、上年年末余额	1,672,000,000.00	231,211,113.74			121,118,767.28		91,529,941.32	2,115,859,822.34
加:会计政策变更								
前期差错更正								
其他								
二、本年年初余额	1,672,000,000.00	231,211,113.74			121,118,767.28		91,529,941.32	2,115,859,822.34
三、本期增减变动金额								
(减少以"−"号填列)					29,465,098.51		181,585,886.60	211,050,985.11
(一)净利润							294,650,985.11	294,650,985.11
(二)其他综合收益								
上述(一)和(二)小计							294,650,985.11	294,650,985.11
(三)所有者投入和减少资本								
1.所有者投入资本								
2.股份支付计入所有者权益的金额								
3.其他								
(四)利润分配					29,465,098.51		−113,065,098.51	−83,600,000.00
1.提取盈余公积					29,465,098.51		−29,465,098.51	
2.提取一般风险准备								
3.对所有者(或股东)的分配							−83,600,000.00	−83,600,000.00
4.其他								
(五)所有者权益内部结转								
1.资本公积转增资本(或股本)								
2.盈余公积转增资本(或股本)								
3.盈余公积弥补亏损								
4.其他								
(六)专项储备								
1.本期提取								
2.本期使用								
(七)其他								
四、本期期末余额	1,672,000,000.00	231,211,113.74			150,583,865.79		273,115,827.92	2,326,910,807.45

项目	上年同期金额 实收资本(或股本)	资本公积	减:库存股	专项储备	盈余公积	一般风险准备	未分配利润	所有者权益合计
一、上年年末余额	760,000,000.00	1,143,211,113.74			115,092,191.72		60,090,761.24	2,078,394,066.70
加:会计政策变更								
前期差错更正								
其他								
二、本年年初余额	760,000,000.00	1,143,211,113.74			115,092,191.72		60,090,761.24	2,078,394,066.70
三、本期增减变动金额								
(减少以"−"号填列)	912,000,000.00	−912,000,000.00			6,026,575.56		31,439,180.08	37,465,755.64
(一)净利润							60,265,755.64	60,265,755.64
(二)其他综合收益								
上述(一)和(二)小计							60,265,755.64	60,265,755.64
(三)所有者投入和减少资本								
1.所有者投入资本								
2.股份支付计入所有者权益的金额								
3.其他								
(四)利润分配					6,026,575.56		−28,826,575.56	−22,800,000.00
1.提取盈余公积					6,026,575.56		−6,026,575.56	
2.提取一般风险准备								
3.对所有者(或股东)的分配							−22,800,000.00	−22,800,000.00
4.其他								
(五)所有者权益								
内部结转	912,000,000.00	−912,000,000.00						
1.资本公积转增								
资本(或股本)	912,000,000.00	−912,000,000.00						
2.盈余公积转增资本(或股本)								
3.盈余公积弥补亏损								
4.其他								
(六)专项储备								
1.本期提取								
2.本期使用								
(七)其他								
四、本期期末余额	1,672,000,000.00	231,211,113.74			121,118,767.28		91,529,941.32	2,115,859,822.34

法定代表人:杨启典　　主管会计工作负责人:张明扬　　会计机构负责人:赵昌磊

9.3 本报告期无会计政策、会计估计的变更。

9.4 本报告期无前期会计差错更正。

9.5 企业合并及合并财务报表

9.5.1 合并范围发生变更的说明

1、与上年相比本年新增合并单位 2 家,原因为:

合并范围新增公司	原因
维维茗酒坊南京有限公司	投资新设
武汉维维食品有限公司	投资新设

2、本年减少合并单位 4 家,原因为:

不再纳入合并范围的公司	原因
徐州维维丰沛商贸有限公司	因不同比例增资而减少持股比例
徐州维维网架有限公司	股权转让
宿州维维新锦丰粮油有限公司	注销
深圳维维食品销售有限公司	注销

9.5.2 本期新纳入合并范围的主体和本期不再纳入合并范围的主体

9.5.2.1 本期新纳入合并范围的子公司、特殊目的主体、通过受托经营或承租等方式形成控制权的经营实体

单位:万元 币种:人民币

名称	期末净资产	本期净利润
维维茗酒坊南京有限公司	294.25	−5.75
武汉维维食品有限公司	104.67	4.67

9.5.2.2 本期不再纳入合并范围的子公司、特殊目的主体、通过受托经营或承租等方式形成控制权的经营实体

单位:万元 币种:人民币

名称	处置日净资产	期初至处置日净利润
徐州维维丰沛商贸有限公司	279.14	
徐州维维网架有限公司	223.91	
宿州维维新锦丰粮油有限公司	−677.12	
深圳维维食品销售有限公司	99.10	

董事长:杨启典

维维食品饮料股份有限公司

2011 年 3 月 29 日

西藏天路股份有限公司

西藏天路股份有限公司2010年年度报告摘要

第一节　重要提示

1.1 本公司董事会、监事会及董事、监事、高级管理人员保证本报告所载资料不存在任何虚假记载、误导性陈述或者重大遗漏，并对其内容的真实性、准确性和完整性承担个别及连带责任。

本年度报告摘要摘自年度报告全文，投资者欲了解详细内容，应当仔细阅读年度报告全文。

1.2 如有董事未出席董事会，应当单独列示其姓名

未出席董事姓名	未出席董事职务	未出席董事的说明	被委托人姓名
张韶华	独立董事	因工作原因未能亲自出席	易德鹤
	委托	第四届董事会第十二次会议，特委托独立董事易德鹤先生代为出席会议并行使表决权。	

1.3 中审亚太会计师事务所为本公司出具了标准无保留意见的审计报告。

1.4 是否存在被控股股东及其关联方非经营性占用资金情况？

否

1.5 是否存在违反规定决策程序对外提供担保的情况？

否

1.6 公司负责人多吉罗布、主管会计工作负责人汪波及会计机构负责人(会计主管人员)央珍声明：保证年度报告中财务报告的真实、完整。

第二节　公司基本情况简介

2.1 基本情况简介

股票简称	西藏天路
股票代码	600326
股票上市交易所	上海证券交易所
公司注册地址和办公地址	西藏拉萨市夺底路14号
邮政编码	850000
公司国际互联网网址	http://www.xztianlu.com
电子信箱	xztlgf@263.net/xztl@xztianlu.com

2.2 联系人和联系方式

	董事会秘书
姓名	王启云
联系地址	西藏拉萨市夺底路14号
电话	0891-6902700
传真	0891-6903003

第三节　会计数据和业务数据摘要

3.1 主要会计数据

单位：元 币种：人民币

	2010年	2009年	本期比上年同期增减(%)	2008年
营业收入	1,130,873,530.59	1,040,765,241.72	8.66	619,718,438.86
利润总额	121,378,913.72	120,481,228.61	0.75	14,249,899.35
归属于上市公司股东的净利润	74,621,792.91	77,642,775.70	−3.89	8,100,600.44
归属于上市公司股东的扣除非经常性损益的净利润	62,635,202.74	73,657,003.44	−14.96	3,123,978.48
经营活动产生的现金流量净额	141,132,479.33	144,528,298.31	−2.35	−20,747,438.55
	2010年末	2009年末	本期末比上年同期末增减(%)	2008年末
总资产	2,150,558,317.36	2,050,303,743.69	4.89	1,976,816,418.33
所有者权益(或股东权益)	1,059,805,149.33	996,406,186.84	6.36	918,926,392.75

3.2 主要财务指标

	2010年	2009年	本期比上年同期增减(%)	2008年
基本每股收益(元/股)	0.14	0.17	−17.65	0.018
稀释每股收益(元/股)	0.14	0.17	−17.65	0.018
扣除非经常性损益后的基本每股收益(元/股)	0.11	0.16	−31.25	0.007
加权平均净资产收益率(%)	7.22	8.11	减少0.89个百分点	0.89
扣除非经常性损益后的加权平均净资产收益率(%)	6.09	7.71	减少1.62个百分点	0.34
每股经营活动产生的现金流量净额(元/股)	0.258	0.317	−18.61	−0.0455
	2010年末	2009年末	本期末比上年同期末增减(%)	2008年末
归属于上市公司股东的每股净资产(元/股)	1.9368	2.1851	−11.36	2.0152

扣除非经常性损益项目

√适用　□不适用

单位：元　币种：人民币

项目	金额
非流动资产处置损益	344,765.76
计入当期损益的政府补助(与企业业务密切相关，按照国家统一标准定额或定量享受的政府补助除外)	16,889,839.75
委托他人投资或管理资产的损益	2,849,220.00
除上述各项之外的其他营业外收入和支出	−2,841,245.14
其他符合非经常性损益定义的损益项目	1,440,000.00
所得税影响额	−3,171,406.57
少数股东权益影响额(税后)	−3,524,583.63
合计	11,986,590.17

第四节　股本变动及股东情况

4.1 股份变动情况表

√适用　□不适用

单位：股

	本次变动前		本次变动增减(+,−)					本次变动后	
	数量	比例(%)	发行新股	送股	公积金转股	其他	小计	数量	比例(%)
一、有限售条件股份									
1、国家持股									
2、国有法人持股	91,859,610	20.14			18,371,922		18,371,922	110,231,532	20.14
3、其他内资持股									
其中：境内非国有法人持股									
境内自然人持股									
4、外资持股									
其中：境外法人持股									
境外自然人持股									
二、无限售条件流通股份									
1、人民币普通股	364,140,390	79.86			72,828,078		72,828,078	436,968,468	79.86
2、境内上市的外资股									
3、境外上市的外资股									
4、其他									
三、股份总数	456,000,000	100			91,200,000		91,200,000	547,200,000	100

限售股份变动情况表

√适用　□不适用

单位：股

股东名称	年初限售股数	本年解除限售股数	本年增加限售股数	年末限售股数	限售原因	解除限售日期
西藏天路建筑工业集团有限公司	109,859,610	18,000,000	18,371,922	110,231,532	股改承诺	2010-4-26
西藏自治区交通工业总公司	7,616,486	7,616,486		0	股改承诺	2010-4-26
西藏拉萨汽车运输总公司	2,943,692	2,943,692		0	股改承诺	2010-4-26
合计	120,419,788	28,560,178		110,231,532	/	/

4.2 股东数量和持股情况

单位：股

报告期末股东总数	86,571户

前十名股东持股情况

股东名称	股东性质	持股比例(%)	持股总数	报告期内增减	持有有限售条件股份数量	质押或冻结的股份数量
西藏天路建筑工业集团有限公司	国有法人	27.58	150,923,532	24,653,922	110,231,532	无
西藏自治区交通工业总公司	国有法人	3.85	21,067,863	3,511,311		无
西藏拉萨汽车运输总公司	国有法人	3.26	17,812,431	2,968,739		无
中国银行－招商先锋证券投资基金	未知	0.37	2,000,000			未知
西藏自治区交通厅格尔木运输总公司	国有法人	0.28	1,512,255	252,043		无
伍灼富	未知	0.23	1,264,542			未知

梁永林	未知	0.23	1,255,600		未知
邓大凯	未知	0.23	1,249,459		未知
陈冠生	未知	0.21	1,146,800		未知
山西潞源田能源有限公司	未知	0.20	1,112,725		未知

前十名无限售条件股东持股情况

股东名称	持有无限售条件股份的数量	股份种类及数量	
西藏天路建筑工业集团有限公司	40,692,000	人民币普通股	40,692,000
西藏自治区交通工业总公司	21,067,863	人民币普通股	21,067,863
西藏拉萨汽车运输总公司	17,812,431	人民币普通股	17,812,431
中国银行-招商先锋证券投资基金	2,000,000	人民币普通股	2,000,000
西藏自治区交通厅格尔木运输总公司	1,512,255	人民币普通股	1,512,255
伍灼富	1,264,542	人民币普通股	1,264,542
梁永林	1,255,600	人民币普通股	1,255,600
邓大凯	1,249,459	人民币普通股	1,249,459
陈冠生	1,146,800	人民币普通股	1,146,800
山西潞源田能源有限公司	1,112,725	人民币普通股	1,112,725
上述股东关联关系或一致行动的说明	上述前10名股东中,除公司发起人股东外,其他无限售条件股东之间公司未知其是否存在关联关系,也未知是否属于《上市公司股东持股变动信息披露管理办法》规定的一致行动人。		

4.3 控股股东及实际控制人情况介绍

4.3.1 控股股东及实际控制人变更情况

□适用 √不适用

4.3.2 控股股东及实际控制人具体情况介绍

4.3.2.1 控股股东及实际控制人具体情况介绍

(1) 控股股东及实际控制人具体情况介绍

A、法人控股股东情况

控股股东名称:西藏天路建筑工业集团有限公司

法人代表:多吉罗布

注册资本:80,000 万元

成立日期:2009 年

主要经营业务或管理活动:建筑设备安装、工程机械租赁;物业管理、房地产开发;进出口业务;与本集团有关的产业投资、股权管理、资产管理、资本管理、物资管理。

企业性质:国有企业

B、公司控股股东实际控制人情况

公司控股股东实际控制人:西藏自治区人民政府国有资产监督管理委员会

法定代表人:余和平

单位性质:政府直属特设机构

主要职能:履行西藏自治区内国有资产出资人职责

注册地址:西藏拉萨市林廓北路 15 号

西藏天路建筑工业集团有限公司已于 2004 年 9 月 4 日根据西藏自治区人民政府(藏政函[2004] 56 号)移交西藏自治区人民政府国有资产监督管理委员会,由西藏自治区人民政府国有资产监督管理委员会履行出资人职责。

4.3.3 实际控制人通过信托或其他资产管理方式控制公司

□适用 √不适用

第五节 董事、监事和高级管理人员

5.1 董事、监事和高级管理人员持股变动及报酬情况

单位:股

姓名	职务	性别	年龄	任期起始日期	任期终止日期	年初持股数	年末持股数	变动原因	报告期内从公司领取的报酬总额(万元)税前	是否在股东单位或其他关联单位领取薪酬
多吉罗布	董事长、党委书记	男	37	2009-5-5	2012-5-5				14.63	否
张金庆	副董事长、党委副书记、总经理	男	46	2009-5-5	2012-5-5				14.63	否
徐玉华	副董事长、党委副书记、常务副总经理	女	44	2009-5-5	2012-5-5				11.7	否
吴振华	副董事长	男	51	2009-5-5	2012-5-5					是
边巴次仁	董事	女	48	2009-5-5	2012-5-5					是
张德川	董事	男	55	2009-5-5	2012-5-5					是
易德鹤	独立董事	男	49	2009-5-5	2012-5-5				3.33	否
张韶华	独立董事	男	42	2009-5-5	2012-5-5				3.33	否
曾庆高	独立董事	男	44	2009-5-5	2012-5-5				3.33	否
梅珍	监事会主席	女	40	2009-5-5	2012-5-5					是
拉珍	监事	女	45	2010-4-28	2012-5-5					是
次央	职工监事	女	41	2009-5-5	2012-5-5				5.76	否
杨弋	副总经理、总工程师	男	47	2009-5-5	2012-5-5				10.79	否
边连仲	副总经理	男	57	2009-5-5	2012-5-5				8.78	否
田庆潮	副总经理	男	43	2009-5-5	2012-5-5				10.97	否
达娃次仁	副总经理	男	37	2009-5-5	2012-5-5				11.64	否
王启云	董事会秘书	男	46	2009-5-5	2012-5-5				10.97	否
汪波	财务负责人	男	37	2009-5-5	2012-5-5				10.97	否
合计									120.83	

第六节 董事会报告

6.1 管理层讨论与分析

报告期内,公司主营业务未发生变化,仍为公路工程基础设施建设,主要承担区内公路、桥梁建设任务,经营工业与民用建筑工程施工、水利水电工程施工、装饰工程施工、氧气制造与销售等。公司公路及桥梁施工能力、工程施工质量、公路建设市场占有率、高等级公路施工市场占有率,工程机械设备的先进程度及拥有量,在区内一直处于领先优势。公司同时经营建材、矿业等实体业务。目前,公司共有五家控股子公司即西藏高争建材股份有限公司、西藏天源路桥有限公司、西藏天路邛崃水业有限责任公司、西藏天路矿业开发有限公司、西藏天鹰公路技术开发有限公司;二家参股公司,即西藏雅江经贸培训中心管理有限公司、西藏高新建材集团股份有限公司。

2010 年,按照中央第五次西藏工作座谈会、西部大开发会议以及全区经济工作会议等精神,公司紧紧围绕自治区"二产抓重点"的经济发展战略和"一个突破,两个转变,三个提升"的二次创业目标以及年初制定的经营目标,大力实施"巩固建筑业,配套建材业,科学发展矿产业"的适度多元化的发展战略,统筹兼顾,突出重点,深入贯彻落实科学发展观,加强精细化管理,公司董事会和经营班子,精心谋划、科学决策,坚持"树诚信意识,做精品工程,创天路品牌"的质量方针,不断开拓创新经营思路,调整经营策略,加快结构调整、加强风险管理,降本增效,带领全体干部员工团结一心、锐意进取,保质保量完成了经营任务,取得了良好的经济效益。

截至 2010 年 12 月 31 日,总资产 215,056 万元,其中固定资产 75,173 万元,流动资产 124,373 万元,负债总额 86,559 万元,所有者权益 128,497 万元,归属于母公司所有者权益 105,981 万元。实现营业收入 113,087 万元,较上年同期的 104,077 万元增加 9,010 万元,增幅 8.66%;营业成本 90,805 万元,较上年 80,775 万元增加 10,030 万元,增幅 12.42%。营业利润 10,555 万元,较上年同期的 12,447 万元减少 1,892 万元,减幅 15.20%;利润总额 12,138 万元,较上年同期的 12,048 万元增加 90 万元,增幅 0.75%;净利润 10,122 万元,较上年同期的 10,047 万元增加 75 万元,增幅 0.75%;归属母公司所有者的净利润 7,462 万元,较上年同期的 7,764 万元减少 302 万元,减幅 3.89%。

Ⅰ、建筑业方面:公司以"牢抓交通项目,培育地区市场,开拓水利、铁路、房建市场"为主要目标,切实加强投标基础工作,努力开拓公路、市政、房建市场。对所有的工程项目均实行项目法施工,采用项目经理责任制。根据 ISO9001:2000 国际质量管理体系标准,认真落实《工程安全管理办法》、《工程成本管理办法》、《项目管理办法》,不断强化质量意识,各项目部按照精干高效、统一务实的原则设置了职能现场管理部门,使得工程质量、进度、效益全面提高。同时,公司积极开展监理、检测等相关业务,较好的实现了拓展与延伸公路建设检测、监理业务的目标,有效提高了建筑业市场份额和市场竞争力,为企业可持续发展奠定了坚实的基础。2010 年公司承建公路工程、市政工程、房屋建筑工程建设、工程监理项目共 25 个,其中续建项目 18 个,新建项目 3 个,房屋建筑工程项目 2 个、监理项目 2 个,具体如下:

A、续建工程

(a)青藏公路格尔木至拉萨段改建完善工程第五合同段;

(b)国道 219 线新藏公路(西藏境)桑桑至拉孜段改建工程施工第 A 合同段;

(c)国道 219 线新藏公路(西藏境)桑桑至拉孜段改建工程施工第 E 合同段;

(d)西藏波密扎木至墨脱县城公路新改建工程第 E 合同段;

(e)西藏昌都地区青泥洞至贡觉公路改建工程全一合同段;

(f)巴尔兵站至札达(古格王朝遗址)公路改建工程第 B 合同段;

(g)国道 214 线滇藏公路(西藏境)昌都至年拉山段整治改建工程第二合同段;

(h)国道 214 线滇藏公路(西藏境)昌都至年拉山段整治改建工程第三合同段(天源公司);

(i)国道 219 线新藏公路达吉岭至国杰(22 道班)段改建整治工程第 A 合同段;

(j)西藏自治区 S306 线加查至桑日段公路新改建工程第 B 合同段;

(k)国道 318 线川藏公路海通沟兵站至东达山段整治改建工程第 A 合同段;

(l)国道 318 线川藏公路海通沟兵站至东达山段整治改建工程第 B 合同段;

(m)西藏日喀则地区中尼公路 60 道班至吉隆县城公路改建工程第 E 合同段;(天源公司)

(n)国道 317 线川藏公路北线夏曲卡(夏比交叉口)至那曲段改建整治工程(o)北京中路东段(布达拉宫两侧)地下人行通道工程;

(p)中尼公路 K5011-K5020 病害治理;

(q)省道 201 线然乌至古玉公路整治改建工程;

(r)省道 201 线古玉至察隅公路整治改建工程。

B、新建工程

(a)拉萨至贡嘎机场专用公路新建工程路面全一合同段;

(b)拉萨市民族南路和北路(林廓西路至民族路段)改造工程第二标段;

(c)中铁八局拉日铁路第三分部项目。

C、报告期内续建房建施工项目

(a)自治区区直机关行政事业单位周转房一期代建工程;

(b)西藏拉萨饭店改扩建工程。

D、报告期内工程监理项目

(a)西藏山南地区汀汀拉至棒拉山口(中印军方会晤站)边防公路工程施工监理标全一合同;

(b)国道 318 线川藏公路(西藏境)牛踏沟至东坝段整治改建工程全一合同段。

Ⅱ、建材业方面:继续大力实施"配套建材业"的战略目标,做透做细市场研究,做精做足项目品质,不断加强水泥生产规模、水泥产品质量和营销管理,努力提升产品市场占有率。公司控股子公司高争股份有限公司第二条日产 2000 吨水泥熟料生产线运行以来,水泥生产规模、水泥产品质量和市场占有率得以大幅度提升,成为公司新的重要利润增长点。

Ⅲ、矿产业方面:报告期内,已完成矿区矿产地质勘察整体工作,累计钻探进尺 28319 米,采集

样品 12000 多件，完成投资 4000 多万元，目前正在加快开展详查报告的编写和评审、矿山开发利用方案和评审、矿区建设环境评价和审查工作。

对公司未来发展的展望：

2011 年是“十二五”的开局之年，随着“十二五”期间国家对西藏经济社会发展做出的重大部署，区内基础设施建设必将迎来更大的发展，也必然给公司建筑、建材产业的发展壮大带来新的历史机遇。公司将充分利用自身优势，抓住机遇，开拓创新，建立科学、规范、顺畅的生产流程和制衡有序、管理有责、高效运行的内部运营机制，全力推进公司生产经营各项工作再上新台阶、再创新局面。

Ⅰ、按照公司“巩固建筑业、配套建材业、科学发展矿产业”的发展战略，公司将充分发挥建筑、建材的规模优势、行业优势，突出建筑主业，加大公司招投标力度，提高市场占有率，增加交通代建工程业绩，努力开拓公路工程代建、施工总承包以及设计、检测、监理等业务，为建筑工业产业升级奠定坚实基础。同时进一步加强建材业和矿业项目的建设开发力度，形成建筑、建材、矿业生产协同经营、共同增长的战略格局和产业框架。

Ⅱ、进一步强化精细化管理，加强内部控制制度，严格落实各项规章制度，实现从粗放型向精细化管理发展。同时严格财务审批制度，严格控制各项成本开支，开源节流，不断提高经营利润，努力挖掘潜力，使公司经营管理模式更加规范化、科学化、合理化。

Ⅲ、加强队伍建设，增强企业凝聚力，重视安全生产工作，持续改进各项安全规章制度，坚持依法依规生产经营，强化企业安全生产主体责任落实。同时扎实做好维稳工作，加强预控，确保企业安全形势持续稳定，和谐发展。

6.2 主营业务分行业、产品情况表

单位:元币种 :人民币

分行业或分产品	营业收入	营业成本	营业利润率(%)	营业收入比上年增减(%)	营业成本比上年增减(%)	营业利润率比上年增减(%)
分行业						
公路工程	635,998,423.78	572,812,841.71	−0.51	15.33	18.32	减少 2.25 个百分点
房建工程	110,704,566.27	108,453,244.68	−8.41	177.07	200.25	减少 7.54 个百分点
水泥销售	352,498,528.91	208,715,590.31	30.35	−11.13	−16.00	增加 3.46 个百分点
商砼销售	16,932,171.02	9,057,680.04	36.07	−61.97	−75.05	增加 28.07 个百分点
监理	5,457,470.50	3,617,800.82	23.27	82.41	165.32	减少 20.68 个百分点
氧气销售	1,719,505.97	1,232,541.58	17.88	12.41	31.34	减少 10.30 个百分点
合计	1,123,310,666.45	903,889,699.14	9.40	8.31	11.96	减少 2.60 个百分点
分产品						
公路工程	635,998,423.78	572,812,841.71	−0.51	15.33	18.32	减少 2.25 个百分点
房建工程	110,704,566.27	108,453,244.68	−8.41	177.07	200.25	减少 7.54 个百分点
水泥销售	352,498,528.91	208,715,590.31	30.35	−11.13	−16.00	增加 3.46 个百分点
商砼销售	16,932,171.02	9,057,680.04	36.07	−61.97	−75.05	增加 28.07 个百分点
监理	5,457,470.50	3,617,800.82	23.27	82.41	165.32	减少 20.68 个百分点
氧气销售	1,719,505.97	1,232,541.58	17.88	12.41	31.34	减少 10.30 个百分点
合计	1,123,310,666.45	903,889,699.14	9.40	8.31	11.96	减少 2.60 个百分点

6.3 主营业务分地区情况表

单位:元币种 :人民币

地区	营业收入	营业收入比上年增减(%)
西藏地区	1,123,310,666.45	8.31
合计	1,123,310,666.45	8.31

6.4 募集资金使用情况

√适用　□不适用

单位:万元币种 :人民币

承诺项目	是否变更项目	拟投入金额	实际投入金额	是否符合计划进度	预计收益	产生收益情况
A、2001 年首次发行						
1000t/d 级带改进型分解炉的五级预热预分解窑水泥生产线改扩建项目	是	14,103.31	6,910.62	否		
工程施工机械设备技改项目	否	4,900.00	6,335.22	是		
汽车修理厂改扩建项目	是	4,713.00	0	否		
更新大吨位载货车辆项目	否	2,500.00	687.50	否		
补充流动资金	否	35.77	21.07	是		
B、2007 年非公开发行						
投资西藏高争建材股份有限公司第二条水泥熟料生产线	否	28,000.00	28,000.00	是		
收购西藏公路工程总公司所持西藏高争建材股份有限公司股权	否	7,981.023	7,981.023	是		
补充公司流动资金	否	5,376.337	5,376.337	是		
合计	/	67,609.44	55,311.77	/		/

变更原因及变更程序说明(分具体项目)

项目拟投入 14,103.31 万元，实际投入 6,910.62 万元，占 49%，此项目未达计划进度，根据政策与市场分析，公司采取与西藏高争建材股份有限公司共同承担该项目，组建了西藏高天水泥有限责任公司，并且将 1000t/d 扩大为 2000t/d 的生产规模，按照实际情况，我公司投资 6,910.62 万元已达到项目要求。

项目拟投入 4,900.00 万元，实际投入 6,335.22 万元，占 129.29%，此项目超过计划进度。

项目拟投入 4,713.00 万元，实际投入 0 万元，占 0.00%，此项目未达计划进度，由于市场因素变更，实际投资项目改为收购四川省邛崃市自来水有限责任公司。

项目拟投入 2,500.00 万元，实际投入 687.50 万元，占 27.50%，此项目未达计划进度，由于青藏铁路的建设，势必会造成运输市场格局的变化，公司放慢了该项目的实施进度。

项目拟投入 28,000.00 万元，实际投入 28,000.00 万元目前西藏高争建材股份有限公司第二条水泥熟料生产线主体工程建设已完成。

项目拟投入 7,981.023 万元，实际投入 7,981.023 万元公司已完成收购西藏公路工程总公司所持西藏高争建材股份有限公司股权。

项目拟投入 5,376.337 万元，实际投入 5,376.337 万元按募集资金承诺发行实际募集资金超过投资项目实际所需金额将用于补充公司流动资金。

尚未使用的募集资金用途及去向

尚未使用募集资金仍足额存放在本公司指定的银行帐户中。

变更项目情况

√适用　□不适用

单位:万元币种 :人民币

变更后的项目	对应的原承诺项目	变更项目拟投入金额	实际投入金额	是否符合计划进度	变更项目的预计收益	产生收益情况
西藏高天水泥有限责任公司	1000t/d 级带改进型分解炉的五级预热预分解窑水泥生产线改扩建项目	6,910.62	6,910.62	是		
西藏高争建材股份有限公司	1000t/d 级带改进型分解炉的五级预热预分解窑水泥生产线改扩建项目	2,040.00	2,040.00	是		
汽车展场改扩建项目	1000t/d 级带改进型分解炉的五级预热预分解窑水泥生产线改扩建项目	400.00	414.70	是		
西藏云天工程建筑有限责任公司	1000t/d 级带改进型分解炉的五级预热预分解窑水泥生产线改扩建项目	1,200.00	1,200.00	是		
西藏天路邛崃水业有限责任公司	汽车修理厂改扩建项目	3,438.00	3,438.00	是		
补充流动资金	补充流动资金	35.77	21.07	是		
高争股份单方增资扩股和收购西藏高争建材股份有限公司四家股东的股份	使用募集资金余额 5,204.97 万元	4,565.858	4,565.858	是		
合计	/	18,590.248	18,590.248	/	/	

未达到计划进度和预计收益的说明(分具体项目)

公司变更原计划投资项目 1000t/d 级带改进型分解炉的五级预热预分解窑水泥生产线改扩建项目，变更后新项目拟投入 6,910.62 万元，实际投入 6,910.62 万元。

公司变更原计划投资项目 1000t/d 级带改进型分解炉的五级预热预分解窑水泥生产线改扩建项目，变更后新项目拟投入 2,040.00 万元，实际投入 2,040.00 万元。

公司变更原计划投资项目 1000t/d 级带改进型分解炉的五级预热预分解窑水泥生产线改扩建项目，变更后新项目拟投入 400.00 万元，实际投入 414.70 万元。

公司变更原计划投资项目 1000t/d 级带改进型分解炉的五级预热预分解窑水泥生产线改扩建项目，变更后新项目拟投入 1,200.00 万元，实际投入

1,200.00 万元。

公司变更原计划投资项目汽车修理厂改扩建项目，变更后新项目拟投入 3,438.00 万元，实际投入 3,438.00 万元。

在前次募集资金招股说明书表明，拟对上述投资后的余款 35.77 万元作为补充流动资金使用，后因汽车展场改扩建项目超支 14.7 万元，实际用作补充流动资金的金额为 21.07 万元。

公司变更原计划投资项目使用募集资金余额 5,204.97 万元，变更后新项目拟投入 4,565.858 万元，实际投入 4,565.858 万元。

6.5 非募集资金项目情况

□适用 √不适用

6.6 董事会对会计师事务所"非标准审计报告"的说明

□适用 √不适用

6.7 董事会本次利润分配或资本公积金转增股本预案

公司 2010 年度财务会计报表经中审亚太会计师事务所审计，实现净利润 101,216,400.59 元，其中：归属于母公司的净利润 74,621,792.91 元，按《公司章程》的有关规定计提 10%的法定盈余公积金 7,189,920.36 元，加上 2009 年度剩余未分配利润 188,940,313.85 元，2010 年度可供投资者分配的利润为 256,372,186.40 元，期末资本公积金共计 197,654,443.48 元。

考虑到公司承揽新项目较多，需要垫付大量流动资金，为确保公司各工程项目建设进度，本年度不进行利润分配也不以资本公积金转增股本。

公司本报告期内盈利但未提出现金利润分配预案

□适用 √不适用

第七节 重要事项

7.1 收购资产

□适用 √不适用

7.2 出售资产

□适用 √不适用

7.3 重大担保

□适用 √不适用

7.4 重大关联交易

7.4.1 与日常经营相关的关联交易

□适用 √不适用

7.4.2 关联债权债务往来

√适用 □不适用

单位：元币种：人民币

关联方	向关联方提供资金		关联方向公司提供资金	
	发生额	余额	发生额	余额
西藏天路建筑工业集团有限公司			761,555.41	319,820.83
西藏天源路桥有限公司	21,080,259.25	60,357,837.47		
西藏高争建材股份有限公司	3,947,316.05	74,816.64		
西藏天鹰公路技术开发有限公司	597,668.01	1,407,288.71		
合计	25,625,243.31	61,839,942.82	761,555.41	319,820.83

其中：报告期内公司向控股股东及其子公司提供资金的发生额 0.00 元，余额 0.00 元。

7.4.3 报告期内资金被占用情况及清欠进展情况

□适用 √不适用

7.5 委托理财

□适用 √不适用

7.6 承诺事项履行情况

7.6.1 公司或持股 5%以上股东在报告期内或持续到报告期内的承诺事项

√适用 □不适用

承诺事项	承诺内容	履行情况
股改承诺	(1)公司的非流通股股东工程公司、工业公司、拉运公司、格运公司承诺：其持有的原非流通股股份自获得上市流通权之日起至 2007 年报公告之日不上市交易。 (2)在前述规定期满后，工程公司、工业公司、拉运公司、格运公司承诺：自 2007 年年报公告日后第一个交易日起十二个月内，其持有的原西藏天路非流通股股份不上市交易；在前述承诺期满后，工程公司、工业公司、拉运公司承诺其通过证券交易所挂牌交易出售原非流通股股份，出售数量占西藏天路股份总数的比例在十二个月内不超过百分之五，在二十四个月内不超过百分之十。	本公司全体有限售条件的流通股股东(原非流通股股东)严格依照股权分置改革期间承诺及相关法律法规之规定，在承诺期限内没有上市交易。

7.6.2 公司资产或项目存在盈利预测，且报告期仍处在盈利预测期间，公司就资产或项目是否达到原盈利预测及其原因作出说明

□适用 √不适用

7.7 重大诉讼仲裁事项

□适用 √不适用

7.8 其他重大事项及其影响和解决方案的分析说明

7.8.1 证券投资情况

□适用 √不适用

7.8.2 持有其他上市公司股权情况

□适用 √不适用

7.8.3 持有非上市金融企业股权情况

□适用 √不适用

7.8.4 买卖其他上市公司股份的情况

□适用 √不适用

7.9 公司是否披露内部控制的自我评价报告或履行社会责任的报告：否

第八节 监事会报告

8.1 监事会对公司依法运作情况的独立意见

报告期内，公司监事会依据国家有关法律法规对公司股东大会、董事会召集召开程序、表决事项、董事会对股东大会决议的执行情况、公司高级管理人员执行职务情况、对公司各项管理制度执行情况进行了监督，认为公司董事会决策程序符合《公司法》及《公司章程》规定。公司董事及高级管理人员在担任公司职务期间认真履行职责，严格遵守国家各项法律、法规和《公司章程》规定，没有发生违反法律法规、《公司章程》和损害公司利益的行为。公司董事会认真履行《公司章程》规定的职责，严格执行了股东大会的各项决议。

8.2 监事会对检查公司财务情况的独立意见

报告期内，监事会对公司财务状况进行了认真、细致的检查，认为公司财务报告真实地反映了公司 2010 年度的财务状况和经营成果，公司财务核算体系健全，财务管理规范、有序，财务决算报告的编制及公司所执行的会计制度符合会计准则要求。

8.3 监事会对公司最近一次募集资金实际投入情况的独立意见

报告期内，无募集资金投入。

8.4 监事会对公司收购、出售资产情况的独立意见

报告期内，无收购、出售资产情况。

8.5 监事会对公司关联交易情况的独立意见

报告期内，无关联交易。

8.6 监事会对会计师事务所非标意见的独立意见

中审亚太会计师事务所对公司出具了标准无保留意见的审计报告。

第九节 财务会计报告

9.1 审计意见

财务报告	□未经审计	√审计
审计意见	√标准无保留意见	□非标意见

9.2 财务报表

合并资产负债表

2010 年 12 月 31 日

编制单位：西藏天路股份有限公司　　单位：元　币种：人民币

项目	附注	期末余额	年初余额
流动资产：			
货币资金		338,049,232.91	276,069,742.83
结算备付金			
拆出资金			
交易性金融资产			0.00
应收票据			
应收账款		236,310,475.22	209,243,623.99
预付款项		55,770,192.90	73,868,966.59
应收保费			
应收分保账款			
应收分保合同准备金			
应收利息			
应收股利			
其他应收款		132,034,663.74	120,283,260.92
买入返售金融资产			
存货		481,563,856.23	404,686,958.12
一年内到期的非流动资产			
其他流动资产			
流动资产合计		1,243,728,421.00	1,084,152,552.45
非流动资产：			
发放委托贷款及垫款			
可供出售金融资产			
持有至到期投资			
长期应收款			
长期股权投资		58,800,679.18	59,767,478.91
投资性房地产			
固定资产		751,728,381.83	810,312,191.50
在建工程			0.00
工程物资			
固定资产清理			
生产性生物资产			
油气资产			
无形资产		86,338,273.92	87,420,846.73
开发支出			
商誉			
长期待摊费用		187,499.94	312,499.98

递延所得税资产	8,918,356.68	7,374,381.21
其他非流动资产	856,704.81	963,792.91
非流动资产合计	906,829,896.36	966,151,191.24
资产总计	2,150,558,317.36	2,050,303,743.69
流动负债：		
短期借款		47,000,000.00
向中央银行借款		
吸收存款及同业存放		
拆入资金		
交易性金融负债		
应付票据		
应付账款	220,359,120.96	250,570,388.01
预收款项	96,176,210.39	65,531,859.65
卖出回购金融资产款		
应付手续费及佣金		
应付职工薪酬	14,252,463.11	11,103,725.61
应交税费	11,803,846.32	13,220,895.00
应付利息		
应付股利	6,357,865.65	2,315,846.86
其他应付款	112,642,865.91	58,615,052.86
应付分保账款		
保险合同准备金		
代理买卖证券款		
代理承销证券款		
一年内到期的非流动负债	232,000,000.00	135,000,000.00
其他流动负债		
流动负债合计	693,592,372.34	583,357,767.99
非流动负债：		
长期借款	172,000,000.00	247,000,000.00
应付债券		
长期应付款		5,000,000.00
专项应付款		
预计负债		
递延所得税负债		
其他非流动负债		
非流动负债合计	172,000,000.00	252,000,000.00
负债合计	865,592,372.34	835,357,767.99
所有者权益(或股东权益)：		
实收资本(或股本)	547,200,000.00	456,000,000.00
资本公积	197,654,443.48	300,077,273.90
减：库存股		
专项储备		
盈余公积	58,578,519.45	51,388,599.09
一般风险准备		
未分配利润	256,372,186.40	188,940,313.85
外币报表折算差额		
归属于母公司所有者权益合计	1,059,805,149.33	996,406,186.84
少数股东权益	225,160,795.69	218,539,788.86
所有者权益合计	1,284,965,945.02	1,214,945,975.70
负债和所有者权益总计	2,150,558,317.36	2,050,303,743.69

法定代表人：多吉罗布　　主管会计工作负责人：汪波　　会计机构负责人：央珍

母公司资产负债表

2010 年 12 月 31 日

制单位：西藏天路股份有限公司　　单位：元　币：人民币

项目	附注	期末余额	年初余额
流动资产：			
货币资金		208,297,591.80	180,021,209.97
交易性金融资产			
应收票据			
应收账款		146,509,810.35	131,776,082.99
预付款项		42,976,493.55	51,837,149.01
应收利息			
应收股利		9,121,712.41	
其他应收款		180,666,077.94	147,381,543.26
存货		231,923,338.25	250,395,807.15
一年内到期的非流动资产			
其他流动资产			
流动资产合计		819,495,024.30	761,411,792.38
非流动资产：			
可供出售金融资产			
持有至到期投资			
长期应收款			
长期股权投资		603,401,656.85	603,297,575.57
投资性房地产			
固定资产		86,532,781.11	95,022,073.89
在建工程			
工程物资			
固定资产清理			
生产性生物资产			
油气资产			
无形资产		57,450,000.00	57,900,000.00
开发支出			
商誉			
长期待摊费用		187,499.94	312,499.98
递延所得税资产		5,397,046.30	4,509,372.79
其他非流动资产			963,792.91
非流动资产合计		752,968,984.20	762,005,315.14
资产总计		1,572,464,008.50	1,523,417,107.52
流动负债：			
短期借款			47,000,000.00
交易性金融负债			
应付票据			
应付账款		171,667,938.22	174,418,828.43
预收款项		17,375,781.34	27,631,099.34
应付职工薪酬		1,381,252.05	1,337,742.03
应交税费		9,133,750.74	10,331,479.61
应付利息			
应付股利			387,057.00
其他应付款		81,349,790.18	84,654,608.76
一年内到期的非流动负债		100,000,000.00	70,000,000.00
其他流动负债			
流动负债合计		380,908,512.53	415,760,815.17
非流动负债：			
长期借款		172,000,000.00	160,000,000.00
应付债券			
长期应付款			
专项应付款			
预计负债			
递延所得税负债			
其他非流动负债			
非流动负债合计		172,000,000.00	160,000,000.00
负债合计		552,908,512.53	575,760,815.17
所有者权益(或股东权益)：			
实收资本(或股本)		547,200,000.00	456,000,000.00
资本公积		234,812,229.11	326,012,229.11
减：库存股			
专项储备			
盈余公积		51,894,866.17	44,704,945.81
一般风险准备			
未分配利润		185,648,400.69	120,939,117.43
所有者权益(或股东权益)合计		1,019,555,495.97	947,656,292.35
负债和所有者权益(或股东权益)总计		1,572,464,008.50	1,523,417,107.52

法定代表人：多吉罗布　　主管会计工作负责人：汪波　　会计机构负责人：央珍

合并利润表

2010 年 1—12 月

单位：元　币种：人民币

项目	附注	本期金额	上期金额
一、营业总收入		1,130,873,530.59	1,040,765,241.72
其中：营业收入		1,130,873,530.59	1,040,765,241.72
利息收入			
已赚保费			
手续费及佣金收入			
二、营业总成本		1,024,254,089.41	918,847,207.54
其中：营业成本		908,054,116.36	807,748,421.23
利息支出			
手续费及佣金支出			
退保金			
赔付支出净额			
提取保险合同准备金净额			
保单红利支出			
分保费用			
营业税金及附加		31,713,977.23	27,108,431.18
销售费用		7,001,718.91	5,924,100.25
管理费用		51,577,354.17	52,687,009.45
财务费用		13,965,088.16	17,605,893.66
资产减值损失		11,941,834.58	7,773,351.77
加：公允价值变动收益(损失以“−”号填列)			2,001,856.53
投资收益(损失以“−”号填列)		−1,073,887.83	553,685.65
其中：对联营企业和合营企业的投资收益			
汇兑收益(损失以“−”号填列)			

三、营业利润(亏损以"-"号填列)	105,545,553.35	124,473,576.36
加:营业外收入	18,898,835.07	5,463,360.61
减:营业外支出	3,065,474.70	9,455,708.36
其中:非流动资产处置损失		
四、利润总额(亏损总额以"-"号填列)	121,378,913.72	120,481,228.61
减:所得税费用	20,162,513.13	20,009,851.72
五、净利润(净亏损以"-"号填列)	101,216,400.59	100,471,376.89
归属于母公司所有者的净利润	74,621,792.91	77,642,775.70
少数股东损益	26,594,607.68	22,828,601.19
六、每股收益:		
(一)基本每股收益	0.14	0.17
(二)稀释每股收益	0.14	0.17
七、其他综合收益		
八、综合收益总额	101,216,400.59	100,471,376.89
归属于母公司所有者的综合收益总额	74,621,792.91	77,642,775.70
归属于少数股东的综合收益总额	26,594,607.68	22,828,601.19

本期发生同一控制下企业合并的,被合并方在合并前实现的净利润为:0.00 元。

法定代表人:多吉罗布　　主管会计工作负责人:汪波　　会计机构负责人:央珍

母公司利润表

2010 年 1—12 月

单位:元　币种:人民币

项目	附注	本期金额	上期金额
一、营业收入		611,009,734.57	484,607,952.42
减:营业成本		547,645,433.03	412,985,408.80
营业税金及附加		19,960,532.76	15,791,502.34
销售费用		727,554.68	597,923.40
管理费用		19,458,254.70	20,850,988.47
财务费用		9,268,213.32	11,220,658.42
资产减值损失		7,507,097.29	6,496,151.91
加:公允价值变动收益(损失以"-"号填列)			2,001,856.53
投资收益(损失以"-"号填列)		65,462,000.78	25,034,346.69
其中:对联营企业和合营企业的投资收益			
二、营业利润(亏损以"-"号填列)		71,904,649.57	43,701,522.30
加:营业外收入		1,718,495.32	
减:营业外支出		174,034.24	23,220.83
其中:非流动资产处置损失			
三、利润总额(亏损总额以"-"号填列)		73,449,110.65	43,678,301.47
减:所得税费用		1,549,907.03	3,122,825.81
四、净利润(净亏损以"-"号填列)		71,899,203.62	40,555,475.66
五、每股收益:			
(一)基本每股收益		0.132	0.089
(二)稀释每股收益		0.132	0.089
六、其他综合收益			
七、综合收益总额			

法定代表人:多吉罗布　　主管会计工作负责人:汪波　　会计机构负责人:央珍

合并现金流量表

2010 年 1—12 月

单位:元　币种:人民币

项目	附注	本期金额	上期金额
一、经营活动产生的现金流量:			
销售商品、提供劳务收到的现金		1,306,412,643.56	1,068,823,919.64
客户存款和同业存放款项净增加额			
向中央银行借款净增加额			
向其他金融机构拆入资金净增加额			
收到原保险合同保费取得的现金			
收到再保险业务现金净额			
保户储金及投资款净增加额			
处置交易性金融资产净增加额			
收取利息、手续费及佣金的现金			
拆入资金净增加额			
回购业务资金净增加额			
收到的税费返还		1,440,000.00	
收到其他与经营活动有关的现金		101,340,714.54	26,990,786.21
经营活动现金流入小计		1,409,193,358.10	1,095,814,705.85
购买商品、接受劳务支付的现金		852,779,293.51	608,865,513.30
客户贷款及垫款净增加额			
存放中央银行和同业款项净增加额			
支付原保险合同赔付款项的现金			
支付利息、手续费及佣金的现金			
支付保单红利的现金			
支付给职工以及为职工支付的现金		272,346,194.07	195,395,232.18
支付的各项税费		93,109,552.47	87,135,788.01
支付其他与经营活动有关的现金		49,825,838.72	59,889,874.05
经营活动现金流出小计		1,268,060,878.77	951,286,407.54
经营活动产生的现金流量净额		141,132,479.33	144,528,298.31
二、投资活动产生的现金流量:			
收回投资收到的现金			4,165,371.82
取得投资收益收到的现金			24,480,661.04
处置固定资产、无形资产和其他长期资产收回的现金净额			55,322.00
处置子公司及其他营业单位收到的现金净额			
收到其他与投资活动有关的现金			1,027,575.73
投资活动现金流入小计			29,728,930.59
购建固定资产、无形资产和其他长期资产支付的现金			32,357,175.01
投资支付的现金		8,884,718.32	29,421,673.54
质押贷款净增加额			
取得子公司及其他营业单位支付的现金净额			
支付其他与投资活动有关的现金			
投资活动现金流出小计		8,884,718.32	61,778,848.55
投资活动产生的现金流量净额		-8,884,718.32	-32,049,917.96
三、筹资活动产生的现金流量:			
吸收投资收到的现金			
其中:子公司吸收少数股东投资收到的现金			
取得借款收到的现金		112,000,000.00	139,000,000.00
发行债券收到的现金			
收到其他与筹资活动有关的现金			
筹资活动现金流入小计		112,000,000.00	139,000,000.00
偿还债务支付的现金		142,000,000.00	160,000,000.00
分配股利、利润或偿付利息支付的现金		40,268,270.93	42,534,771.04
其中:子公司支付给少数股东的股利、利润			
支付其他与筹资活动有关的现金			25,000,000.00
筹资活动现金流出小计		182,268,270.93	227,534,771.04
筹资活动产生的现金流量净额		-70,268,270.93	-88,534,771.04
四、汇率变动对现金及现金等价物的影响			
五、现金及现金等价物净增加额		61,979,490.08	23,943,609.31
加:期初现金及现金等价物余额		276,069,742.83	252,126,133.52
六、期末现金及现金等价物余额		338,049,232.91	276,069,742.83

法定代表人:多吉罗布　　主管会计工作负责人:汪波　　会计机构负责人:央珍

母公司现金流量表

2010 年 1—12 月

单位:元　币种:人民币

项目	附注	本期金额	上期金额
一、经营活动产生的现金流量:			
销售商品、提供劳务收到的现金		663,596,446.36	467,567,371.22
收到的税费返还			
收到其他与经营活动有关的现金		13,060,924.84	12,559,952.57
经营活动现金流入小计		676,657,371.20	480,127,323.79
购买商品、接受劳务支付的现金		428,704,706.64	291,387,375.11
支付给职工以及为职工支付的现金		199,411,713.37	116,181,926.45
支付的各项税费		23,703,043.83	15,300,922.64
支付其他与经营活动有关的现金		35,262,088.75	41,659,785.74
经营活动现金流出小计		687,081,552.59	464,530,009.94
经营活动产生的现金流量净额		-10,424,181.39	15,597,313.85
二、投资活动产生的现金流量:			
收回投资收到的现金			4,165,371.82
取得投资收益收到的现金		57,200,000.00	24,480,661.04
处置固定资产、无形资产和其他长期资产收回的现金净额			
处置子公司及其他营业单位收到的现金净额			
收到其他与投资活动有关的现金			
投资活动现金流入小计		57,200,000.00	28,646,032.86
购建固定资产、无形资产和其他长期资产支付的现金		3,606,849.78	3,613,751.28
投资支付的现金			29,421,673.54
取得子公司及其他营业单位支付的现金净额			
支付其他与投资活动有关的现金			
投资活动现金流出小计		3,606,849.78	33,035,424.82
投资活动产生的现金流量净额		53,593,150.22	-4,389,391.96
三、筹资活动产生的现金流量:			
吸收投资收到的现金			
取得借款收到的现金		112,000,000.00	107,000,000.00
发行债券收到的现金			
收到其他与筹资活动有关的现金			
筹资活动现金流入小计		112,000,000.00	107,000,000.00
偿还债务支付的现金		117,000,000.00	110,000,000.00
分配股利、利润或偿付利息支付的现金		9,892,587.00	11,441,900.00
支付其他与筹资活动有关的现金			
筹资活动现金流出小计		126,892,587.00	121,441,900.00
筹资活动产生的现金流量净额		-14,892,587.00	-14,441,900.00
四、汇率变动对现金及现金等价物的影响			
五、现金及现金等价物净增加额		28,276,381.83	-3,233,978.11

加:期初现金及现金等价物余额	180,021,209.97	183,255,188.08
六、期末现金及现金等价物余额	208,297,591.80	180,021,209.97

法定代表人:多吉罗布　　主管会计工作负责人:汪波　　会计机构负责人:央珍

合并所有者权益变动表

2010 年 1—12 月

单位:元　币种:人民币

本期金额

项目	归属于母公司所有者权益 实收资本(或股本)	资本公积	减:库存股	专项储备	盈余公积	一般风险准备	未分配利润	其他	少数股东权益	所有者权益合计
一、上年年末余额	456,000,000.00	300,077,273.90			51,388,599.09		188,940,313.85		218,539,788.86	1,214,945,975.70
加:会计政策变更										
前期差错更正										
其他										
二、本年年初余额	456,000,000.00	300,077,273.90			51,388,599.09		188,940,313.85		218,539,788.86	1,214,945,975.70
三、本期增减变动金额										
(减少以"-"号填列)	91,200,000.00	-102,422,830.42			7,189,920.36		67,431,872.55		6,621,006.83	70,019,969.32
(一)净利润							74,621,792.91		26,594,607.68	101,216,400.59
(二)其他综合收益										
上述(一)和(二)小计							74,621,792.91		26,594,607.68	101,216,400.59
(三)所有者投入和减少资本		-11,222,830.42							-254,387.00	-11,477,217.42
1.所有者投入资本										
2.股份支付计入所有者权益的金额										
3.其他		-11,222,830.42							-254,387.00	-11,477,217.42
(四)利润分配					7,189,920.36		-7,189,920.36		-19,719,213.85	-19,719,213.85
1.提取盈余公积					7,189,920.36		-7,189,920.36			
2.提取一般风险准备										
3.对所有者(或股东)的分配									-19,719,213.85	-19,719,213.85
4.其他										
(五)所有者权益										
内部结转	91,200,000.00	-91,200,000.00								
1.资本公积转增										
资本(或股本)	91,200,000.00	-91,200,000.00								
2.盈余公积转增资本(或股本)										
3.盈余公积弥补亏损										
4.其他										
(六)专项储备										
1.本期提取										
2.本期使用										
(七)其他										
四、本期期末余额	547,200,000.00	197,654,443.48			58,578,519.45		256,372,186.40		225,160,795.69	1,284,965,945.02

上年同期金额

项目	归属于母公司所有者权益 实收资本(或股本)	资本公积	减:库存股	专项储备	盈余公积	一般风险准备	未分配利润	其他	少数股东权益	所有者权益合计
一、上年年末余额	456,000,000.00	300,240,255.51			47,333,051.52		115,353,085.72		230,394,575.77	1,149,320,968.52
加:会计政策变更										
前期差错更正										
其他										
二、本年年初余额	456,000,000.00	300,240,255.51			47,333,051.52		115,353,085.72		230,394,575.77	1,149,320,968.52
三、本期增减变动金额										
(减少以"-"号填列)		-162,981.61			4,055,547.57		73,587,228.13		-11,854,786.91	65,625,007.18
(一)净利润							77,642,775.70		22,828,601.19	100,471,376.89
(二)其他综合收益										
上述(一)和(二)小计							77,642,775.70		22,828,601.19	100,471,376.89
(三)所有者投入和减少资本		-162,981.61							-12,904,296.61	-13,067,278.22
1.所有者投入资本									1,094,395.32	1,094,395.32
2.股份支付计入所有者权益的金额										
3.其他		-162,981.61							-13,998,691.93	-14,161,673.54
(四)利润分配					4,055,547.57		-4,055,547.57		-21,779,091.49	-21,779,091.49
1.提取盈余公积					4,055,547.57		-4,055,547.57			
2.提取一般风险准备										
3.对所有者(或股东)的分配									-21,779,091.49	-21,779,091.49
4.其他										
(五)所有者权益内部结转										
1.资本公积转增资本(或股本)										
2.盈余公积转增资本(或股本)										
3.盈余公积弥补亏损										
4.其他										
(六)专项储备										
1.本期提取										
2.本期使用										
(七)其他										
四、本期期末余额	456,000,000.00	300,077,273.90			51,388,599.09		188,940,313.85		218,539,788.86	1,214,945,975.70

法定代表人:多吉罗布　　主管会计工作负责人:汪波　　会计机构负责人:央珍

母公司所有者权益变动表

2010 年 1—12 月

单位:元　币:人民币

本期金额

项目	实收资本(或股本)	资本公积	减:库存股	专项储备	盈余公积	一般风险准备	未分配利润	所有者权益合计
一、上年年末余额	456,000,000.00	326,012,229.11			44,704,945.81		120,939,117.43	947,656,292.35
加:会计政策变更								
前期差错更正								
其他								
二、本年年初余额	456,000,000.00	326,012,229.11			44,704,945.81		120,939,117.43	947,656,292.35
三、本期增减变动金额								
(减少以"-"号填列)	91,200,000.00	-91,200,000.00			7,189,920.36		64,709,283.26	71,899,203.62
(一)净利润							71,899,203.62	71,899,203.62
(二)其他综合收益								
上述(一)和(二)小计							71,899,203.62	71,899,203.62
(三)所有者投入和减少资本								
1.所有者投入资本								
2.股份支付计入所有者权益的金额								
3.其他								
(四)利润分配					7,189,920.36		-7,189,920.36	
1.提取盈余公积					7,189,920.36		-7,189,920.36	
2.提取一般风险准备								
3.对所有者(或股东)的分配								
4.其他								
(五)所有者权益								
内部结转	91,200,000.00	-91,200,000.00						
1.资本公积转增								
资本(或股本)	91,200,000.00	-91,200,000.00						
2.盈余公积转增资本(或股本)								
3.盈余公积弥补亏损								
4.其他								
(六)专项储备								
1.本期提取								
2.本期使用								
(七)其他								
四、本期期末余额	547,200,000.00	234,812,229.11			51,894,866.17		185,648,400.69	1,019,555,495.97

上年同期金额

项目	实收资本(或股本)	资本公积	减:库存股	专项储备	盈余公积	一般风险准备	未分配利润	所有者权益合计
一、上年年末余额	456,000,000.00	326,012,229.11			40,649,398.24		84,439,189.34	907,100,816.69
加:会计政策变更								
前期差错更正								
其他								
二、本年年初余额	456,000,000.00	326,012,229.11			40,649,398.24		84,439,189.34	907,100,816.69
三、本期增减变动金额								
(减少以"-"号填列)					4,055,547.57		36,499,928.09	40,555,475.66
(一)净利润							40,555,475.66	40,555,475.66
(二)其他综合收益								
上述(一)和(二)小计							40,555,475.66	40,555,475.66
(三)所有者投入和减少资本								
1.所有者投入资本								
2.股份支付计入所有者权益的金额								
3.其他								
(四)利润分配					4,055,547.57		-4,055,547.57	
1.提取盈余公积					4,055,547.57		-4,055,547.57	
2.提取一般风险准备								
3.对所有者(或股东)的分配								
4.其他								
(五)所有者权益内部结转								
1.资本公积转增资本(或股本)								
2.盈余公积转增资本(或股本)								
3.盈余公积弥补亏损								
4.其他								
(六)专项储备								
1.本期提取								
2.本期使用								
(七)其他								
四、本期期末余额	456,000,000.00	326,012,229.11			44,704,945.81		120,939,117.43	947,656,292.35

法定代表人:多吉罗布　　主管会计工作负责人:汪波　　会计机构负责人:央珍

9.3 本报告期无会计政策、会计估计的变更。

9.4 本报告期无前期会计差错更正。

9.5 企业合并及合并财务报表

9.5.1 合并范围发生变更的说明

备注 1:根据 2005 年 1 月 16 日与四川瑞云集团股份有限公司签订的《委托经营管理合同》,本公司将西藏天路邛崃水业有限责任公司委托给四川瑞云集团股份有限公司经营管理,根据有关合同条款,本公司对该公司生产经营不再具有控制权,未将其纳入合并范围。

本期会计报表合并范围未发生变更。

广 西 五 洲 交 通 股 份 有 限 公 司

广西五洲交通股份有限公司 2010 年年度报告摘要

第一节　重要提示

1.1 本公司董事会、监事会及董事、监事、高级管理人员保证本报告所载资料不存在任何虚假记载、误导性陈述或者重大遗漏，并对其内容的真实性、准确性和完整性承担个别及连带责任。

本年度报告摘要摘自年度报告全文，投资者欲了解详细内容，应当仔细阅读年度报告全文。

1.2 如有董事未出席董事会，应当单独列示其姓名

未出席董事姓名	未出席董事职务	未出席董事的说明	被委托人姓名
宋振雄	董事	因其他公务未能亲自出席公司第六届董事会第二十七次会议	何国纯
莫庆鹏	董事	因其他公务未能亲自出席公司第六届董事会第二十七次会议	李　东

1.1 深圳市鹏城会计师事务所有限公司为本公司出具了标准无保留意见的审计报告。

1.2 是否存在被控股股东及其关联方非经营性占用资金情况？

否

1.3 是否存在违反规定决策程序对外提供担保的情况？

否

1.4 公司负责人何国纯、主管会计工作负责人韩钢及会计机构负责人(会计主管人员)傅应华声明：保证年度报告中财务报告的真实、完整。

第二节　公司基本情况简介

2.1 基本情况简介

股票简称	五洲交通
股票代码	600368
股票上市交易所	上海证券交易所
公司注册地址和办公地址	广西南宁市民族大道 115-1 号现代国际大厦 27 层
邮政编码	530028
电子信箱	wzjt600368@sohu.com

2.2 联系人和联系方式

	董事会秘书	证券事务代表
姓名	王　权	林　明
联系地址	广西南宁市民族大道 115-1 号现代国际大厦 27 层	广西南宁市民族大道 115-1 号现代国际大厦 26 层
电话	0771-5518383	0771-5518383
传真	0771-5518111	0771-5518111
电子信箱	wzjt600368@sohu.com	wzjt600368@sohu.com

第三节　会计数据和业务数据摘要

3.1 主要会计数据

单位：元 币种：人民币

	2010 年	2009 年	本期比上年同期增减(%)	2008 年
营业收入	358,396,513.24	240,505,907.17	49.02	208,889,672.34
利润总额	210,174,964.79	145,333,551.27	44.62	102,440,781.98
归属于上市公司股东的净利润	213,825,337.63	142,680,993.18	49.86	94,457,298.27
归属于上市公司股东的扣除非经常性损益的净利润	128,353,526.93	142,203,913.19	-9.74	98,383,981.20
经营活动产生的现金流量净额	222,763,845.69	131,789,685.82	69.03	117,384,406.84
	2010 年末	2009 年末	本期末比上年同期末增减(%)	2008 年末
总资产	9,837,357,629.77	3,997,930,438.44	146.06	2,870,007,808.60
所有者权益(或股东权益)	2,330,812,857.54	2,161,456,934.95	7.84	1,709,990,138.38

3.2 主要财务指标

	2010 年	2009 年	本期比上年同期增减(%)	2008 年
基本每股收益(元/股)	0.38	0.28	35.71	0.21
稀释每股收益(元/股)	0.38	0.28	35.71	0.18
扣除非经常性损益后的基本每股收益(元/股)	0.23	0.28	-17.86	0.22
加权平均净资产收益率(%)	9.52	6.99	增加 2.53 个百分点	6.09
扣除非经常性损益后的加权平均净资产收益率(%)	5.71	6.96	减少 1.25 个百分点	6.34
每股经营活动产生的现金流量净额(元/股)	0.40	0.24	66.67	0.25
	2010 年末	2009 年末	本期末比上年同期末增减(%)	2008 年末
归属于上市公司股东的每股净资产(元/股)	4.19	3.89	7.71	3.63

扣除非经常性损益项目

√适用　□不适用

单位：元 币种：人民币

项目	金额
非流动资产处置损益	-605,375.04
计入当期损益的政府补助(与企业业务密切相关，按照国家统一标准定额或定量享受的政府补助除外)	1,048,015.33
除上述各项之外的其他营业外收入和支出	834,121.20
其他符合非经常性损益定义的损益项目	84,784,370.91
所得税影响额	-344,822.76
少数股东权益影响额(税后)	-244,498.94
合计	85,471,810.70

第四节　股本变动及股东情况

4.1 股份变动情况表

□适用　√不适用

限售股份变动情况表

□适用　√不适用

4.2 股东数量和持股情况

单位：股

报告期末股东总数	54,069 户

前十名股东持股情况

股东名称	股东性质	持股比例(%)	持股总数	报告期内增减	持有有限售条件股份数量	质押或冻结的股份数量
广西交通投资集团有限公司	国有法人	33.96	188,755,200	0	0	无
华建交通经济开发中心	国有法人	13.86	77,020,800	0	0	无
广西国宏经济发展集团有限公司	国有法人	6.69	37,200,000	0	0	质押 18,000,000
陈镇其	未知	0.48	2,678,760	39,999	0	未知
列海权	未知	0.42	2,350,000	-150,000	0	未知
罗楚珠	未知	0.38	2,116,400	29,300	0	未知
李吉军	未知	0.30	1,660,900	18,800	0	未知
陈小斌	未知	0.29	1,591,953	0	0	未知
陈镇美	未知	0.26	1,465,920	0	0	未知
罗映宏	未知	0.22	1,216,330	0	0	未知

前十名无限售条件股东持股情况

股东名称	持有无限售条件股份的数量	股份种类及数量	
广西交通投资集团有限公司	188,755,200	人民币普通股	188,755,200
华建交通经济开发中心	77,020,800	人民币普通股	77,020,800
广西国宏经济发展集团有限公司	37,200,000	人民币普通股	37,200,000
陈镇其	2,678,760	人民币普通股	2,678,760
列海权	2,350,000	人民币普通股	2,350,000
罗楚珠	2,116,400	人民币普通股	2,116,400
李吉军	1,660,900	人民币普通股	1,660,900
陈小斌	1,591,953	人民币普通股	1,591,953
陈镇美	1,465,920	人民币普通股	1,465,920
罗映宏	1,216,330	人民币普通股	1,216,330
上述股东关联关系或一致行动的说明	1、前十名股东中，第一名至第三名股东即广西交通投资集团有限公司、华建交通经济开发中心、广西国宏经济发展集团有限公司之间不存在关联关系。 2、第四名到第十名股东未知其是否存在关联关系。		

4.3 控股股东及实际控制人情况介绍

4.3.1 控股股东及实际控制人变更情况

□适用　√不适用

4.3.2 控股股东及实际控制人具体情况介绍

4.3.2.1 控股股东及实际控制人具体情况介绍

本公司控股股东为广西交通投资集团有限公司(以下简称“集团公司”)是广西壮族自治区人民政府批准成立的国有独资大型企业集团，于 2008 年 7 月 28 日挂牌成立，截至 2010 年 6 月，总资产 528 亿元，净资产 223 亿元，现有员工 3900 多人。主要从事高速公路等重大交通基础设施建设与经营；交通设施养护、维护、收费；对房地产、金融、物流、资源开发、交通、能源、市政设施、建筑等行业的投资、建设与管理以及国际经济技术合作。

集团公司下属有 23 家全资子公司，2 家参股公司和 1 家控股上市公司。直接管理运营着灵川至临桂、南宁至坛洛等 13 条(段)高速公路，共 1124 公里，以及集团公司控股的本公司运营管理的

柳州至王灵高速公路小平阳至王灵段、筋竹至岑溪高速公路、南宁(坛洛)至百色高速公路，共257公里;从2008年7月至2010年，在建、改建、筹建的高速公路项目22个，建设总里程2556.89公里，总投资1,446亿元。目前正筹建滨海一级公路，建设里程141公里，投资57亿元。

4.3.2.2 控股股东情况

○ 法人

单位:亿元 币种:人民币

名称	广西交通投资集团有限公司
单位负责人或法定代表人	余昌文
成立日期	2008年7月18日
注册资本	50
主要经营业务或管理活动	交通建设与经营;交通设施养护、维护、收费;对房地产、金融业、物流业、资源开发、交通、能源、市政设施、建筑业的投资、建设、管理以及国际经济技术合作;工业与民用建设工程咨询、施工、承包;工程项目管理;交通类科技开发;设计、制作、代理、发布国内各类广告;金属材料、建筑材料、装饰材料、机械设备、汽车配件、日用百货、办公设备、通信器材的销售;机械设备租赁。(法律、法规禁止的项目除外，法律、法规限制的项目取得许可后方可开展经营活动)

4.3.2.3 实际控制人情况

○ 法人

单位:元 币种:人民币

名称	广西壮族自治区人民政府国有资产监督管理委员会
单位负责人或法定代表人	肖文荪

4.3.3 公司与实际控制人之间的产权及控制关系的方框图(略)

4.3.4 实际控制人通过信托或其他资产管理方式控制公司

□适用　　√不适用

第五节　董事、监事和高级管理人员

5.1 董事、监事和高级管理人员持股变动及报酬情况

单位:万股

姓名	职务	性别	年龄	任期起始日期	任期终止日期	年初持股数	年末持股数	变动原因	报告期内从公司领取的报酬总额(万元)税前	是否在股东单位或其他关联单位领取薪酬
何国纯	董事长	男	52	2008-7-29	2011-7-29				56.95	否
刘先福	副董事长	男	46	2008-7-29	2011-7-29				7.8	是
饶东平	董事、总经理	男	52	2008-7-29	2011-7-29				55.13	否
王　权	董事、副总经理、董秘	男	42	2008-7-29	2011-7-29	1.06	1.06		46.29	否
莫庆鹏	董事	男	42	2009-10-16	2011-7-29				4.97	是
李　东	董事	男	47	2009-10-16	2011-7-29				4.97	是
宋振雄	董事	男	55	2008-10-14	2011-7-29				5.94	是
孟　杰	董事	男	33	2008-7-29	2011-7-29				5.94	是
赵　振	独立董事	男	44	2008-7-29	2011-7-29				5.99	否
何以全	独立董事	男	52	2008-7-29	2011-7-29				5.99	否
孟勤国	独立董事	男	53	2008-7-29	2011-7-29				5.99	否
董　威	独立董事	男	46	2008-7-29	2011-7-29				5.99	否
高力生	监事会主席	男	51	2008-10-14	2011-7-29				6.75	是
张丽桂	监事会副主席	女	51	2009-10-16	2011-7-29				5.4	是
黎　宇	监事	男	35	2010-9-29	2011-7-29				1.01	是
胡　煜	监事	女	35	2009-10-16	2011-7-29				4.81	是
孔庆丰	职工监事	男	60	2008-7-29	2011-7-29	0.50	0.50		21.07	否
邓北陵	职工监事	男	53	2008-7-29	2011-7-29	1.00	1.00		33.92	否
李宁国	副总经理	男	58	2008-7-29	2011-7-29				44.45	否
徐　德	副总经理	男	43	2008-7-29	2011-7-29	0.33	0.33		44.97	否
韩　钢	财务总监	男	35	2009-10-16	2011-7-29				32.91	否
韦炳朋	原监事	男	45	2009-10-16	2010-9-29				3.98	是
合　计	/	/	/	/	/	2.89	2.89	/	411.22	/

第六节　董事会报告

6.1 管理层讨论与分析

1、报告期内公司经营情况的回顾

(1)公司报告期内总体经营情况

2010年是公司坚定改革、抢抓机遇、开拓创新、克难攻坚的一年，是发展提速、实现飞跃的一年。公司面对日趋严峻的通货膨胀和国家执行宏观调控政策的形势，以收费公路和项目建设经营为重点，不断完善管理制度，加强内控制度，在经营管理和改革发展中采取多项创新措施，在保持企业可持续发展和增强核心竞争力上下功夫，努力推动各项工作较好开展，坛百公司68%股权的收购完成，更是确保了公司经营业绩的稳步提升，并为以后的发展壮大奠定了基础。

2010年公司收入、利润均较上年大幅增长。具体如下:

项目	2010年度(元)	2009年度(元)	较上年增减(%)
营业收入	358,396,513.24	240,505,907.17	49.02
其中:通行费收入	281,038,236.21	215,033,339.00	30.70
投资收益	146,616,531.37	66,258,471.06	121.28
营业利润	208,898,203.30	144,585,869.11	44.48
利润总额	210,174,964.79	145,333,551.27	44.62
净利润	199,855,711.93	135,948,180.10	47.01
归属于母公司股东的净利润	213,825,337.63	142,680,993.18	49.86

公司营业收入增长的原因主要是除平王路、金宜路、南梧路通行费收入的增长外报告期还增加了岑罗路的通行费收入。投资收益增长的原因主要是坛百路通行费收入的大幅增长及公司完成了坛百公司68%股权的收购。由于营业收入和投资收益的大幅增长，使得利润也有大幅增长。

报告期末，公司总资产已近百亿，较上年增长146.06%;净资产收益率达到9.52%，较上年增加了2.53个百分点。具体如下:

项目	2010年度(元)	2009年度(元)	较上年末增减(%)
总资产	9,837,357,629.77	3,997,930,438.44	146.06
所有者权益	2,666,253,534.70	2,401,547,237.81	11.02
归属于母公司的股东权益	2,330,812,857.54	2,161,456,934.95	7.84
净资产收益率	9.52%	6.99%	增加2.53个百分点

2010年公司管理层围绕"做强做大主业，稳步推进多元化经营"的经营理念，带领全体员工团结拼搏，努力克服国家宏观调控政策带来的影响，较好完成了年初董事会制定的年度经营计划目标。对照公司董事会确定且已披露的年度经营计划目标，公司2010年实现营业总收入、净利润、归属于母公司股东的净利润分别完成目标值79,000万元、18,200万元、15,880万元的45.37%、109.81%和134.65%;公司净资产收益率为9.52%，完成目标值5.85%的162.74%。

实现归属于母公司所有者净利润较计划超出34.65%的原因主要是报告期公司投资收益由于广西坛百高速公路有限公司经营业绩的大幅增长及坛百公司股权收购的完成同比也大幅增长;由于报告期净利润的大幅增长以及2009年度实际分红比计划增加使得净资产收益率较计划超出62.74%;收入目标未能完成主要是因为:1、中国证监会因应国家调控房地产政策，对涉及房地产业务的上市公司再融资核准从紧，公司未能如期完成非公开发行股票的再融资工作，导致坛百公司68%股权收购拖延到年底才完成，按相关会计准则规定坛百公司2010年的营业收入只能并为公司投资收益，而不能并为营业收入。2、南宁金桥农产品批发市场二期土地未能如期完成"招、拍、挂"程序，二期部分建设内容(交易大棚、冷库等)是一期配套设施，未能如期实施，导致一期未能实现开园，金桥公司未能实现原预计的营业收入。

随着营运路段收入的增长、投资项目效益的逐步体现，公司的总体经营也将获得持续稳定的发展，但目前仍然存在以下一些问题和困难:一是公司公路运营管理工作重心面临转移。公司2010年完成了对坛百公司的股权收购，并将在2011年对平王路进行直接管理。高速公路资产运营管理成为公司公路运营工作重心，从而使公司公路运营管理面临着由非高速公路管理向高速公路转变的问题，同时也对公司如何做好不同级别公路的管理和养护问题提出了更高的要求。二是公司再融资和房地产业务受宏观政策影响。国家调控房地产政策实施，导致银行信贷从紧，对公司五洲国际房地产项目的销售工作产生了一定的影响，也导致公司非公开发行股票融资未能按计划完成。三是公司负债率升高、财务压力有所增加。公司以自筹资金完成了坛百路股权收购工作，使资产负债率升高，财务成本有所上升。四是部分项目推进受建设用地制约。去年受客观因素的影响，金桥农产品批发市场二期和凭祥物流园二、三期建设用地，未能如期完成拿地手续，制约了项目的进一步推进。五是岑罗路通道效应尚待对接释放。岑罗路虽已通车，但广东境内的连接路段并未按照两省(区)协议同期建成，通道效应尚待其对接，运营效益未能如期释放。

2011年，公司将加强收费业务管理，增收节支，提高经济效益，做大做强公路主业，稳步推进多元化投资经营，积极寻求新项目投资为公司形成新的利润增长点，使得公司持续盈利、稳步发展，以更好的业绩回报公司全体股东。

(2)公司主营业务及其经营状况

① 主营业务分行业和分产品构成情况

单位:元

分行业	营业收入	营业成本	营业利润率(%)	营业收入比上年增减(%)	营业成本比上年增减(%)	营业利润率比上年增减(%)
交通运输业	281,038,236.21	79,417,155.40	67.18	30.70	62.17	-12.90
房地产业	2,699,529.43	2,985,379.90	-16.24	-	-	-
贸易	72,068,340.75	71,427,537.71	-4.76	-	-	-
分产品	营业收入	营业成本	营业利润率(%)	营业收入比上年增减(%)	营业成本比上年增减(%)	营业利润率比上年增减(%)
通行费收入	281,038,236.21	79,417,155.40	67.18	30.70	62.17	-12.90
代建房地产收入	2,699,529.43	2,985,379.90	-16.24	-	-	-
贸易	72,068,340.75	71,427,537.71	-4.76	-	-	-

报告期，公司交通运输业收入主要是母公司及控股子公司岑罗公司的通行费收入和万通公司的物流业务收入，房地产业收入主要是全资子公司五洲房地产公司的代建收入，贸易收入主要是控股子公司万通公司的贸易业务收入。

报告期公司交通运输业营业成本比上年增加62.17%主要是控股子公司广西凭祥万通国际物流有限公司的营业成本增幅较大所致。

报告期公司主营业务构成、利润构成或利润来源未发生重大变动，主要还是交通运输业的通行费收入。

②主营业务分地区情况

地区	营业收入	营业收入比上年增减(%)
广西壮族自治区	283,737,765.64	31.95
境内(广西外)	24,039,374.95	-
境外	48,028,965.80	-

报告期，母公司、全资子公司五洲房地产公司、控股子公司岑罗公司和金桥公司经营均在广西

进行,控股子公司万通公司经营业务除在广西内进行外,还拓展了上海等地的经营业务以及越南的经营业务。

③公路路段车流量及通行费收入情况

报告期,母公司主要经营管理三条收费公路:南梧路(南宁至梧州收费公路)部分路段、平王路(广西南宁至柳州高速公路小平阳至王灵段)、金宜路(金城江至宜州一级公路);全资子公司坛百公司(股权收购工作完成后公司已全面接管该公司)主要经营管理坛百路(广西南宁坛洛至百色高速公路);控股子公司广西岑罗高速公路有限公司主要经营管理岑罗路(广西筋竹至岑溪高速公路)。

平王路全长29.44公里;金宜路全长67.73公里;南梧路全长384公里,公司拥有南梧路五塘至新桥路(全长47.196公里)、黎塘绕城路(全长22.258公里)和贵港绕城路(全长21.253公里);坛百路全长187.62公里;岑罗路全长39.991公里(目前通车运营30.67公里)。

上述各路段报告期车流量及通行费情况具体如下:

路　段	2010年车流量(辆/年)	车流量较上年增减(%)	2010年通行费收入(元)	通行费较上年增减(%)
平王路	3,914,138	−5.72	86,252,279	−3.64
金宜路	4,691,863	17.69	45,467,246	25.99
南梧路	9,055,923	38.06	105,455,904	19.99
坛百路	2,920,546	15.46	481,466,863	27.85
岑罗路	313,578	–	13,043,593	–
合　计	20,896,040	–	731,685,885	–

④主要供应商、客户情况

公司报告期没有特定或明确的主要供应商和主要客户。

(3)公司资产构成同比发生重大变动的情况和说明以及公司财务数据同比发生重大变动的情况和说明

报告期,公司主要资产采用历史成本进行计量,无发生重大变化。公司无采用公允价值计量的金融资产、投资性房地产、与股份支付相关的成本或费用、企业合并涉及的公允价值损益等主要报表项目。

①资产构成同比变动情况及原因说明(合并报表)

单位:元

项目	2010年末	占总资产比例(%)	2009年末	占总资产比例(%)	增减比例(%)	变动原因
总资产	9,837,357,629.77	–	3,997,930,438.44	–	146.06	
货币资金	743,355,110.61	7.56	542,308,717.76	13.56	37.07	主要是收购广西坛百高速公路有限公司股权后,合并报表货币资金增加,2009年度无合并广西坛百高速公路有限公司报表事项。
应收账款	84,062,829.68	0.85	13,153,753.00	0.33	539.08	主要是合并广西坛百高速公路有限公司报表中应收未收通行费清分收入。
其他应收款	103,787,071.92	1.06	13,512,644.68	0.34	668.07	主要是广西坛百高速公路有限公司应收坛百路建设办的亚洲开发银行贷款本金差异5637万元,南宁金桥农产品有限公司支付的项目诚意金3000万元、农民工工资保证金等。
存货	644,933,984.17	6.56	431,532,122.35	10.79	49.45	主要是子公司南宁金桥农产品有限公司批发市场开发成本4.14亿元及“五洲国际”项目开发成本2.3亿元。
长期股权投资		–	620,765,821.57	15.53	−100.00	主要是收购广西坛百高速公路有限公司股权后,合并报表由原来权益法核算变更成本法核算后抵消账面余额后为0。
投资性房地产		–	4,359,830.10	0.11	−100.00	主要是收购子公司广西坛百高速公路有限公司股权后,租给其办公楼因合并报表抵消原有投资性房地产科目余额后为0。
固定资产	7,290,330,590.13	74.11	912,383,133.70	22.82	699.04	主要是新增子公司广西坛百高速公路有限公司公路资产51.14亿元,广西岑罗高速公路有限责任公司在公路通车后在建工程转入固定资产13.86亿元所致。
在建工程	473,099,237.52	4.81	935,216,863.83	23.39	−49.41	主要是子公司广西岑罗高速公路有限责任公司在公路通车后在建工程转入固定资产所致。本期在建工程主要是平王路改扩建0.7亿元及岑罗公司的4.03亿元组成。
长期待摊费用	12,281,945.79	0.12	9,339,069.98	0.23	31.51	主要是新增子公司广西万通国际物流有限公司需分摊房租及装修69.3万元及其子公司上海容顺物流有限公司分摊房租及装修费357万元所致。
递延所得税资产	1,963,971.86	0.02	439,146.02	0.01	347.23	主要是合并子公司广西坛百高速公路有限公司计提的坏账准备金增加。
短期借款	639,450,000.00	6.50	140,000,000.00	3.50	356.75	主要是母公司新增银行贷款6.3945亿元所致,年初贷款已到期归还。
应付账款	888,707,662.44	9.03	42,804,016.49	1.07	1,976.22	主要是母公司收购子公司广西坛百高速公路有限公司68%股权款按收购协议应付未付4.5亿元所致。
预收款项	772,469,052.45	7.85	262,440,760.66	6.56	194.34	主要是子公司南宁金桥农产品有限公司预收预售款4.55亿元及“五洲国际”项目预收预售款3.14亿元所致。
应付职工薪酬	15,961,800.40	0.16	1,543,129.11	0.04	934.38	主要是本期计提应付职工薪酬金额增加所致。
应交税费	−23,768,282.07	–	−12,961,325.37	–	−83.38	主要是子公司南宁金桥农产品有限公司及“五洲国际”项目预交的土地增值税等税款所致。
应付利息	1,196,841.09	0.01		–		本期计提银行贷款利息应付未付款项。
长期借款	3,002,000,000.00	30.52	580,000,000.00	14.51	417.59	主要是合并子公司广西坛百高速公路有限公司增加长期借款所致,去年同期无合并广西坛百高速公路有限公司资产负债表内容。
长期应付款	1,610,114,157.52	16.37	251,218,641.37	6.28	540.92	主要是合并子公司广西坛百高速公路有限公司增加长期应付款所致,去年同期无合并广西坛百高速公路有限公司资产负债表内容。
其他非流动负债	35,246,845.33	0.36	23,125,460.65	0.58	52.42	本期新增子公司广西凭祥万通国际物流有限公司收到项目建设经费等104万元,广西岑罗高速公路有限责任公司转让服务区经营权收入486万元分摊余额。
少数股东权益	335,440,677.16	3.41	240,090,302.86	6.01	39.71	新增子公司广西岑罗高速公路有限责任公司收到股东广西区高速公路管理局追加投资款10800万元。

②利润表财务指标同比重大变动情况及原因说明(合并报表)

单位:元

项目	2010年度	2009年度	增减比例(%)	变动原因
营业收入	358,396,513.24	240,505,907.17	49.02	主要是子公司广西凭祥万通国际物流有限公司营业收入较去年同期增

				加8000万元及新增子公司广西岑罗高速公路有限责任有限公司2010年4月13日通车后取得的通行费收入1314万元，去年同期无该项内容。
营业成本	156,198,783.98	65,374,250.57	138.93	主要是子公司广西凭祥万通国际物流有限公司增加营业成本较去年同期增加7800万元。
管理费用	45,586,492.98	32,352,415.62	40.91	主要新增子公司广西岑罗高速公路有限责任公司因通车后增加的管理费用核算内容，去年同期因项目属在建而资本化。
财务费用	33,965,444.03	8,067,496.61	321.02	主要新增子公司广西岑罗高速公路有限责任公司因通车后贷款无资本化后增加的财务费用核算内容，去年同期因项目在建，无核算该项内容。
投资收益	146,616,531.37	66,258,471.06	121.28	本期确认参股投资广西坛百高速有限公司2010年产生的净利润较去年同期净利润大。
营业利润	208,898,203.30	144,585,869.11	44.48	主要是本期营业收入及投资收益较去年同期增加所致。
营业外收入	2,385,552.99	1,040,693.66	129.23	主要是子公司广西凭祥万通国际物流有限公司收到政府补助款随资产受益年限分摊所致。
营业外支出	1,108,791.50	293,011.50	278.41	主要是子公司广西岑罗高速公路有限责任公司处置固定资产一批产生的损失52.5万元所致。
利润总额	210,174,964.79	145,333,551.27	44.62	本期营业收入及投资收益较去年同期增幅较大所致。
净利润	199,855,711.93	135,948,180.10	47.01	本期营业收入及投资收益较去年同期增幅较大所致。
归属于母公司股东的净利润	213,825,337.63	142,680,993.18	49.86	主要是本期母公司营业收入及投资收益增加所致。
少数股东损益	−13,969,625.70	−6,732,813.08	−107.49	主要是子公司增加少数股东损失所致。

③现金流量构成情况、同比变动情况及原因说明(合并报表)

单位：元

项目	2010年度	2009年度	增减比例(%)	变动原因
一、经营活动产生的现金流量：				
销售商品、提供劳务收到的现金	863,500,344.24	490,299,352.59	76.12	主要是本期通行费收入及五洲国际项目、金桥农产品批发市场项目预售收到的款项较去年同期增加所致。
收到的税费返还	2,877,269.38	4,934,417.94	−41.69	本期主要是子公司广西凭祥万通国际物流有限公司收到的增值税返还款，去年同期是子公司南宁金桥农产品有限公司收到的返还的税款。
收到其他与经营活动有关的现金	144,964,221.76	400,295,463.79	−63.79	主要是本期收到的单位往来款较去年同期的单位往来款减少所致。
购买商品、接受劳务支付的现金	352,417,357.85	230,182,114.35	53.10	主要是本期五洲国际项目及金桥农产品批发市场项目的开发成本较去年同期增加所致。
支付给职工以及为职工支付的现金	48,926,701.04	36,900,363.13	32.59	主要是本期有新增人员较大增加导致支付给职工及为职工支付的人工成本增加较去年同期增加所致。
支付的各项税费	62,535,024.75	31,921,393.00	95.90	主要是本期五洲国际及南宁金桥农产品批发市场两项目预交的土地增值税和企业所得税较去年同期增加所致。
支付其他与经营活动有关的现金	324,698,906.05	464,735,678.02	−30.13	主要是本期支付的单位往来款较去年同期较少所致。
经营活动产生的现金流量净额	222,763,845.69	131,789,685.82	69.03	本期经营活动流入量较去年同期增加而经营活动流出量较去年流出量基本持导致经营活动产生的现金流量净额增加。
二、投资活动产生的现金流量：				
取得投资收益收到的现金	3,938,062.50	31,976,749.42	−87.68	主要是本期是收到联营单位的利润分成的尾款而去年同期是收到的联营企业的利润分成主款。
处置固定资产、无形资产和其他长期资产收回的现金净额	1,023,439.79			主要是本期子公司广西岑罗高速有限责任公司处置一批固定资产收到的现金，去年同期无此核算内容。
收到其他与投资活动有关的现金		10,546,574.31		主要是去年同期子公司广西岑罗高速公路有限责任公司收到工程设计投标保证金而本期无该项核算内容。
购建固定资产、无形资产和其他长期资产支付的现金	409,254,264.71	676,269,559.23	−39.48	主要是本期子公司广西岑罗高速公路有限责任公司购建固定资产3.2亿元及母公司平王路改扩建的0.67亿元，去年同期主要是子公司广西岑罗高速公路有限责任有限公司的6.48亿元。
投资支付的现金		54,080,000.00		去年同期支付追加投资参股广西坛百高速公路有限公司投资款5408万元，本期无该项核算内容。
取得子公司及其他营业单位支付的现金净额	642,606,576.94			主要是合并子公司广西坛百高速公路有限公司资产负债表的现金所致。
支付其他与投资活动有关的现金	349,500.00	4,366,873.50	−92.00	主要是本期子公司广西岑罗高速公路有限责任公司退合同履约保证金34.95万元，去年同期是子公司广西岑罗高速公路有限责任公司支付的合同履约保证金436万元。
投资活动产生的现金流量净额	−1,047,248,839.36	−692,193,109.00	−51.29	本期投资活动现金流入较去年同期减少而投资活动现金流出量较去年同期增加导致本期投资活动的现金流量净额负增加。
三、筹资活动产生的现金流量：				
吸收投资收到的现金	109,302,000.00	40,048,000.00	172.97	主要是本期子公司广西岑罗高速公路有限责任公司收到股东广西区高速公路管理局追加的投资1.08亿元，去年同期是子公司南宁金桥农产品有限公司收到股东南宁威宁资产管理有限公司投资款4000万元。
取得借款收到的现金	1,199,450,000.00	650,000,000.00	84.53	主要是本期母公司新增借款8.89万元及子公司广西岑罗高速公路有限责任有限公司新增借款2.5亿元所致。
收到其他与筹资活动有关的现金		158,221,792.10		主要是子公司广西岑罗高速公路有限公司收到的项目投标金及项目保证金。
支付其他与筹资活动有关的现金		2,729,363.09		主要是去年同期子公司广西岑罗高速公路有限责任公司退投标保证金，本期无核算该内容。
筹资活动产生的现金流量净额	1,025,531,386.52	603,664,225.85	69.88	本期筹资活动产生的现金流入增幅比筹资活动产生的现金流出量增幅大导致该活动的现金流量净额增加。

报告期公司经营活动产生的现金流量净额与公司实现的净利润不存在重大差异。

(5)公司主营业务为经营收费公路，报告期无公司设备利用情况、订单获取情况、产品的销售或积压情况，主要技术人员无发生较大变动。

(6)公司主要子公司、参股公司的经营情况及业绩分析

①广西岑罗高速公路有限责任公司(岑罗公司)

岑罗公司成立于2006年8月，注册资本82,019.36万元，为本公司与广西高速公路管理局共同出资成立，本公司出资58,019.36万元，占70.74%，广西高速公路管理局出资24,000万元，占29.26%。该公司主要负责广西筋竹至岑溪高速公路(岑罗高速)的建设及经营管理。

岑罗高速2007年10月开工建设，2010年4月13日竣工通车。截至2010年末，岑罗公司的总资产为2,096,514,215.00元，净资产为783,966,393.07元。2010年实现通行费收入13,043,593.00元，实现营业利润−34,815,195.01元。报告期岑罗路虽已通车，但广东境内的连接路段并未按照两省(区)协议同期建成。由于通道效应尚待广东连接路段对接，岑罗路的运营效益未能如期释放。

②广西万通国际物流有限公司(万通公司)

万通公司成立于2005年10月，是以口岸基础设施和物流基础设施投资、一站式综合物流服务(融国际货运、仓储、搬运装卸、报关、报检、进出口贸易代理等为一体)为主导的第三方物流企业，主营业务范围：对物流基础设施建设的投资、管理；提供国际货运、仓储、搬运装卸、报关、报检、进出口贸易的代理服务；国内贸易(国家有专项规定除外)；机动车配件销售。万通公司为本公司与广西道路运输管理局共同出资成立，注册资本9,000万元，本公司出资6,300万元，占70%；广西道路运输管理局出资2,700万元，占30%。

报告期万通公司的经营情况主要包括全资子公司广西凭祥万通国际物流有限公司物流园设施的有偿使用、物流网点经营以及广西凭祥万通报关行有限公司开展代理进出口货物报关报检、经营陆路国际货运代理和控股单位中国东盟自由贸易区凭祥物流园现代物流技术培训中心开展的物业管理、电子商务及计算机操作等非学历培训。2010年万通公司控股60%设立了上海容顺物流有限公司。

2010年万通公司经营业绩情况如下：

单位：元

项目	2010年度	2009年度	与上年同期增减额	增减比例(%)
总资产	295,898,496.69	262,842,085.21	33,056,411.48	12.58
净资产	83,297,789.64	84,471,281.50	−1,173,491.86	−1.39
营业收入	101,871,259.75	22,734,680.17	79,136,579.58	348.09
净利润	−1,573,491.86	−2,821,416.57	1,247,924.71	44.23

2010年万通公司围绕“三足鼎立一延伸”的战略思想构建物流服务网络布局，通过拓展业务渠道，积极创收，2010年实现营业收入较上年增长348.09%，增长的主要原因是子公司广西凭祥万通国际物流有限公司经营出口煤碳业务增加营业收入所致。

③南宁金桥农产品有限公司(金桥公司)

金桥公司成立于2007年4月，经营范围：农副土特产品(除粮油批发)的销售、房地产开发、建

筑工程(凭资质证经营)、仓储及保管服务(国家有规定的除外)、物流管理咨询服务;农产品的加工、包装;对市场开发的投资。主要负责南宁金桥农产品批发市场的建设与经营。金桥公司注册资本30,000万元,公司以增资扩股方式出资21,000万元,占70%;南宁威宁资产经营有限责任公司占30%。

2010年金桥公司紧抓项目一期建设及招商销售的工作,项目一期已竣工并陆续交房,已累计签订租赁合同360套,累计销售商铺412套。由于项目二期土地未能如期完成“招、拍、挂”程序,部分一期配套设施未能如期实施导致报告期项目一期未能实现开园。截至2010年末,金桥公司总资产为762,506,425.48元,净资产为270,144,701.55元。

④广西五洲房地产有限公司(五洲房地产公司)

五洲房地产公司成立于2009年11月9日,注册资本1000万元,为公司的全资子公司。

2010年五洲房地产公司主营项目是钦州基础设施代建工程。报告期该公司实现营业收入2,699,529.43元,营业利润-1,455,238.40元。截至2010年末,五洲房地产公司的总资产为13,273,140.53元,净资产为8,441,088.11元。

⑤广西坛百高速公路有限公司(坛百公司)

坛百公司成立于2007年7月,注册资本180,400万元,为2006年公司参股32%与广西高速公路管理局共同投资设立,2010年公司完成了对广西高速公路管理局持有坛百公司68%股权的收购,全面接管坛百公司。

广西南宁(坛洛)至百色高速公路(坛百高速)于2007年12月28日建成通车。2010年坛百公司主要经营管理广西南宁(坛洛)至百色高速公路。报告期,坛百公司实现营业收入491,891,751.87元,较上年增长28.19%,实现利润总额212,194,178.27元,较上年增长102.41%;实现净利润193,225,501.43元,较上年增长103.77%。2010年坛百公司的收入、利润大幅增长,除了车流量自然增长外,主要受益于:云南境内连接的高速公路通车,通道效应提升;计重收费政策的执行(2009年为半年)。2010年公司实现对坛百公司的投资收益为193,275,501.43元。

截至2010年末,坛百公司总资产5,443,750,799.98元,净资产2,080,380,135.47元。

(7)公司报告期无《企业会计准则第33号——合并财务报表》应用指南中所规定的特殊目的主体。

(8)公司报告期无节能减排如环保情况等技术创新和研发投入等情况。

2、对公司未来发展的展望

(1)公司所处行业发展趋势及面临的市场竞争格局及其变化对公司可能的影响程度

①行业发展趋势

近年来,随着广西多区域合作的持续推进,广西经济、社会发展迎来了难得的机遇,广西交通建设与发展进入了黄金期。自治区党委、政府提出了交通优先发展的战略,加大对交通建设的投入。为加快出海出省出边高速公路的项目建设,2011年开工和续建高速公路28条,建设总里程3200公里以上。

“十二五”是广西继续推进交通优先发展的重要时期,综合交通发展初步设想是:按照适度超前、系统优化、优势互补、有效衔接、绿色低碳的要求,统筹各种运输方式发展,构建便捷、安全、高效的综合运输体系,进一步完善以高速公路和高速铁路为重点的出省出边出海国际大通道,构建现代化综合运输体系。在公路方面,广西将推进高速公路建设和国省干线公路改造,基本形成区内高速公路网,广西境内所有国家高速公路网路段将全部建成。

在此背景下,公司除了可以直接享受到相关扶持政策,区域经济发展也给公司现有业务(收费公路、物流、房地产)的开展带来利好。因此,公司一定要抢抓机遇、借助上市融资优势,开展资产并购、拓展新项目、寻求新的利润增长点,以实现做大做强战略目标。

②市场竞争格局

公司目前所经营公路面临着非本公司拥有的其他公路的竞争,未来随着高速公路路网日趋完善,还将面临新的分流问题。此外,随着国家实现燃油税费改革,政府收费还贷二级公路将逐步取消收费,也会分流经营性收费公路(包括公司的公路)的车流量。

公司将积极采取各种营销改革措施,加大经营管理力度,提高服务水平和质量,提升公路附加服务(服务区加油、餐饮和公路沿线广告)收入,力争公司营业收入稳步增长。同时,公司将通过收购优良高速公路资产来增强市场竞争能力。

(2)公司发展战略和业务发展规划

公司发展战略:提升交通主业,稳步推动多元化经营;发挥上市优势,积极实施收购与融资相结合的资本运作,把公司做强做大。

公司中长期发展规划总体思路:积极提升高速公路,稳步推进物流,适时适度开展房地产;构建多元化拓展、专业化经营的发展新态势。注重协调好稳健、扩张与增长的关系,推进公司较快发展,实现企业品牌推广新目标。

主业发展规划:抓住区域发展良机,以收购优良公路资产为重点,提高高速公路资产比例,强化交通主业。

公司将紧抓机遇,开拓进取,对当前营运中的高速公路资产进行深入分析与研究,以便适时启动收购工作,实现主业扩张目标。同时,公司也要注重提高收费公路的服务水平和质量,提升附加服务收入。

主业外多元业务发展规划:充分利用内外资源,灵活发展主业外业务,稳步推进公司多元化经营。

公司主业发展规划的实现不仅要通过收购战略的实施,强化现有路产,更要充分利用内外资源,灵活发展主营外业务,提升公司经营业绩,为公司的资本运作和跨越式增长奠定良好基础。在现有基础上,未来公司主业外业务发展重点为物流和资源开发,将逐步形成以经营高速公路为主,物流、资源开发齐头并进的多元化经营格局。

(3)公司新年度经营计划

2010年,公司较好地完成董事会制定的年度经营计划目标,实现了“扩张资产规模、优化资产结构,提升资产质量”阶段性目标。

2011年是公司继续夯实基础、加快发展的关键时期。公司将根据“提升主业、稳步推进多元经营”的战略构想,努力完成2011年年度经营计划,不断完善管理制度,加强内部控制,推进企业可持续发展、增强核心竞争力,确保公司各项工作稳步开展、经营业绩取得新成果。2011年公司力争实现营业收入128,700万元。

1)继续做强公路主业

公司将继续积极推进优质公路资产并购工作,以有效扩大公司资产规模,改善资产结构。在目前国内资本市场融资渠道受阻的情况下,需不断研究和尝试新的融资渠道、方式和产品,如中期票据、企业债券等,采取灵活的办法,多管齐下,达到调整和优化信贷结构的目的,进一步降低财务费用。

随着公司管理的高速公路资产的大幅度增长,公路运营管理要适当转移工作重心,进一步转变工作思路和管理方式,在保持有序经营的前提下,实施差异化管理。此外,还应大力采用和推广新技术,推行公路标准化管理和科学化养护,着力提升服务水平,搞好服务区建设,绿化、优化、美化行车环境,做好保畅通、保安全的工作。

2)持续推进项目进度

对建设项目诸如用地难问题,采取各种措施和方法,积极协调、竭力推进,力求尽快解决。想方设法加快金桥二期用地招拍挂工作,凭祥物流园二期、三期项目的征地工作;抓紧工期,尽快推动五洲国际项目完工;金桥公司大力推进招商和销售工作,为一期开园做好准备;万通公司妥善处理好物流园和保税区的功能衔接问题,确保发挥现有通关功能作用;岑罗路做好遗留、后续工程的收尾工作,同时加快工程计量及结算工作的进度。

3)寻求新项目投资

随着北部湾经济区进一步开发建设和广西路网的完善,在2010年考察、研究后所建立的项目贮备中,重点考虑在南宁和沿海城市及高速公路沿线,建设新建物流基地、启动新的房地产等“短、平、快”项目,采取物流地产、文化地产和商业地产的运作形式,力求为公司形成新的利润增长点。

4)加强基础建设

继续加强企业文化建设。2010年企业文化建设已经初见成效,初步建立了企业文化识别体系。2011年,公司将全面大力推广和宣传五洲交通企业理念和企业精神,不断提高企业核心竞争力。

深入推进内控体系建设。组织学习和培训,全面解读内部控制配套指引,以贯彻实施企业内部控制配套指引为契机,修订和完善各项内控制度,推行全面风险管理,全力做好试点工作。

提升整体经营管理水平。继续推行绩效管理和预算管理,细化管理办法,增强可操作性和效力,做好督促、跟进和落实,并根据情况及时调整指标,切实发挥指标导向作用。

完善人才引进、使用和培养机制。将着力完善人才引进和培养机制,深入开发人力资源,积极引进高素质人才,为公司进一步发展壮大提供保障。

(4)实现未来发展战略的资金需求、使用计划及资金来源情况

公司目前在投项目的资金需求、使用计划及资金来源情况为:

1)广西南宁(坛洛)至百色高速公路项目

项目总投资51.53亿元,其中项目资本金18.04亿元。2008年9月,广西壮族自治区政府批复同意本公司收购广西高速公路管理局持有的广西坛百高速公路有限公司68%的股份。经协商、确认,上述股权收购价格为15亿元,本公司通过自筹资金方式收购广西高速公路管理局持有广西坛百高速公路有限公司68%的股份。根据该收购协议截至报告期末本公司已支付10.5亿元,剩余4.5亿元收购资金款将于2011年3月31前支付完毕。

2)中国东盟自由贸易区凭祥物流园

该项目一期工程总投资2.5亿元,由本公司投入1.75亿元,广西道路运输管理局投入0.75亿元,二、三期投资资金由广西万通国际物流有限公司自筹。截至报告期末公司已投入资金1.75亿元。

3)南宁金桥农产品批发市场项目

项目总投资12亿元,项目公司注册资本金3亿元,由本公司出资2.1亿元,占70%;南宁威宁资产经营有限责任公司出资0.9亿元,占30%。余下资金由项目公司自筹。截至报告期末本公司出资已投入完毕。

4)五洲国际房地产项目

该项目为公司独资开发的项目,预计投资额2.9亿元,截至2010年末公司已投入资金8600万元,余下资金按照项目建设工程进度,除公司自有资金投入外主要通过项目销售收入周转解决。

5)2009年公司设立了全资子公司广西五洲房地产有限公司,报告期内该公司尚无在投项目。

未来公司若收购其他高速公路资产或投资其他项目,公司除了通过自有资金、银行贷款、资本市场融资解决资金需求外,还可以采用灵活多样的筹资方式如发行中期票据、短期融资券等有效降低融资成本,优化公司负债结构,确保公司发展资金。

(5)对公司未来发展战略和经营目标的实现产生不利影响的风险因素及对策措施

①公路收费标准由政府制定,不能根据市场变化自主调整,在各种成本不断变化的情况下,价格的限制会使公司利润水平出现波动。对此公司通过主业外多元业务的发展,积极寻求非主业项目投资收益对主业收入的适当补充。

②公路收费经营权有时间限制。公路收费期结束后,如果没有新的项目替代,将在一定程度影响公司的经营收益。对此近年来公司通过建设、收购新的优良公路资产,确保公司可持续发展。

③公路大、中修,如时间过长会影响车辆通行,也会增加公司营运成本。目前,公司对平王路改扩建和南梧路部分路段大修,为尽量减少工程施工的影响,委托了专业公司来实施,以确保养护质量,缩短维修时间并尽可能降低费用支出。

④经济发展水平和宏观经济政策对公司生产经营有较大影响。

交通运输的客货流量,同国家及当地的经济状况有直接关系。宏观经济政策和宏观经济运行情况会直接导致运输需求的变化,进而会影响到公路经营企业的收入水平。交通项目投资金额巨大,国家宏观经济紧缩政策和物价上涨、利率上升,增加了公路行业上市公司经营成本。此外,公司的利润水平也会随着当地的税收政策、物价政策变化而变化,如提高公路营业税率、扩大免征车辆范围、收费标准在较长时间内得不到调整等。如果国家调整公路收费方面的相关政策,也将对公司生产经营产生影响。

面临国家西部大开发战略深入实施、中国东盟自由贸易区建设和泛珠三角区域合作等给广西经济发展带来的发展机遇。公司目前享受税收优惠政策,所经营公路路段车流也呈逐年上升态势,物流和地产也有较好的发展前景。公司将密切关注,积极研究国家有关宏观政策的变化,及时制定应对措施,果断决策,确保公司正常运营及收入利润的稳定增长。

3、公司目前暂未制订同公允价值计量相关的内部控制制度,也无采用公允价值计量的报表项目。

4、报告期内公司未持有外币金融资产和金融负债。

6.2 主营业务分行业、产品情况表

请见前述6.1

6.3 主营业务分地区情况表

请见前述6.1

6.4 募集资金使用情况

√适用 □不适用

单位:元 币种:人民币

募集资金总额	54,000	本年度已使用募集资金总额				4,790	
		已累计使用募集资金总额				53,190	
承诺项目	是否变更项目	拟投入金额	实际投入金额	是否符合计划进度	预计收益	产生收益情况	
广西筋竹至岑溪高速公路	否	580,193,600	580,193,600	是		报告期实现通行费收入1,304万元	
合计	/	580,193,600	580,193,600	/		/	
尚未使用的募集资金用途及去向		–					

变更项目情况

□适用 √不适用

6.5 非募集资金项目情况

√适用 □不适用

单位:万元 币种:人民币

项目名称	项目金额	项目进度	项目收益情况
南宁(坛洛)至百色高速公路	162,728	2007年12月28日竣工通车	报告期公司该项投资收益193,275,501.43元
中国东盟自由贸易区凭祥物流园	17,500	一期工程2006年11月开园运营	报告期项目公司广西凭祥万通国际物流有限公司实现营业收入91,940,785.53元,实现利润总额1,228,039.87元,实现净利润1,071,360.82元。
南宁金桥农产品批发市场	21,000	一期工程竣工交房,尚未开园	尚未实现收益
五洲国际房地产项目	29,000	主体建筑全面封顶	尚未实现收益
合计	230,228	/	/

6.6 董事会对会计师事务所"非标准审计报告"的说明

□适用 √不适用

6.7 董事会本次利润分配或资本公积金转增股本预案

2010年度,归属于上市公司股东的净利润213,825,337.63元,母公司实现净利润293,909,281.22元,按母公司实现的净利润计提10%法定盈余公积金29,390,928.12元,加上股东未分配利润年初余额555,862,365.19元,扣除已支付的2009年度普通股股利44,469,415.04元,可供分配的利润年末余额为695,827,359.66元。

公司拟按每10股派发现金红利1.10元(含税)进行分配。

本年度不送红股也不进行公积金转增股本。

以上分配预案,尚需提请股东大会审议批准。

公司本报告期内盈利但未提出现金利润分配预案

□适用 √不适用

第七节 重要事项

7.1 收购资产

√适用 □不适用

单位:元 币种:人民币

交易对方或最终控制方	被收购资产	购买日	收购价格	自购买日起至本年末为公司贡献的净利润	本年初至本年末为公司贡献的净利润(适用于同一控制下的企业合并)	是否为关联交易(如是,说明定价原则)	所涉及的资产产权是否已全部过户	所涉及的债权债务是否已全部转移
广西壮族自治区高速公路管理局	广西坛百高速公路有限公司68%的股权	2010年12月31日	1,500,000,000			否	是	是

7.2 出售资产

□适用 √不适用

7.3 重大担保

√适用 □不适用

单位:万元 币种:人民币

公司对外担保情况(不包括对控股子公司的担保)	
报告期内担保发生额合计	15,242.40
报告期末担保余额合计	15,242.40
公司对控股子公司的担保情况	
报告期内对子公司担保发生额合计	15,000
报告期末对子公司担保余额合计	6,500
公司担保总额情况(包括对控股子公司的担保)	
担保总额	21,742.40
担保总额占公司净资产的比例(%)	9.33

7.4 重大关联交易

7.4.1 与日常经营相关的关联交易

□适用 √不适用

7.4.2 关联债权债务往来

√适用 □不适用

单位:元 币种:人民币

关联方	向关联方提供资金发生额	向关联方提供资金余额	关联方向公司提供资金发生额	关联方向公司提供资金余额
广西交通投资集团南宁高速公路运营有限公司			421,292.04	0
广西交通投资集团南宁高速公路运营有限公司	6,000,000.00	0		
广西交通投资集团有限公司			0	251,218,641.37
合计	6,000,000.00	0	421,292.04	251,218,641.37

7.4.3 报告期内资金被占用情况及清欠进展情况

□适用 √不适用

截至报告期末,上市公司未完成非经营性资金占用的清欠工作的,董事会提出的责任追究方案

□适用 √不适用

7.5 委托理财

□适用 √不适用

7.6 承诺事项履行情况

7.6.1 公司或持股5%以上股东在报告期内或持续到报告期内的承诺事项

√适用 □不适用

承诺事项	承诺内容	履行情况
收购报告书或权益变动报告书中所作承诺	公司控股股东广西交通投资集团有限公司(交通投资集团)在资产划转的收购报告书中承诺: (1)本次划转股份以及涉及高管局与五洲交通资产置换所发生的资产、债权、债务、税金等问题一并由交通投资集团负责。在接收划转股份后,继续履行五洲交通与员工签订的劳动合同。 2009年2月28日,交通投资集团与高管局签订《无偿划转股份协议书》,其中交通投资集团承诺,本次划转股份以及涉及广西区高管局与五洲交通资产置换所发生的资产、债权、债务、税金等问题一并由交通投资集团负责。在本次股权划转完成后,交通投资集团将持有置换进出资产差额形成对五洲交通的债权,与之相对应置换进出资产差额记为五洲交通对交通投资集团的长期负债。为提高五洲交通的可持续发展能力,交通投资集团承诺在协议约定的清偿期内,不主动追偿该笔款项,并且不计息,由五洲交通根据自身的财务状况在协议约定的清偿期内予以清偿。 (2)本次无偿受让公路局国有产权事项在收费经营期内不涉及公路局员工(受托在五洲交通经营的南梧二级路和金宜一级路收费站工作的人员)分流安置问题,也不涉及五洲交通职工分流和安置问题。同时,交通投资集团在接收划转股份后,继续履行五洲交通与员工签订的劳动合同,南梧二级路和金宜一级路收费期满,在南梧二级路和金宜一级路收费站工作的公路局事业单位在编员工,由公路局自行安置,其余人员由交通投资集团按有关政策规定处理。 (3)本公司持有的五洲交通股份在收购完成后12个月内不进行转让。 (4)本公司已对避免同业竞争出具"广西交通投资集团有限公司关于避免同业竞争的承诺函",主要内容为:为避免今后可能将产生的同业竞争,本公司承诺不利用从五洲交通获取的信息直接或间接参与同业竞争的活动;在涉及到五洲交通与本公司及其他关联方为争取同一项目而发生竞争时,本公司将放弃与五洲交通进行竞争;在涉及本公司已建成、在建、新建的高速公路项目与五洲交通所经营公路路段存在同业竞争关系时,本公司将进行充分论证,并与五洲交通进行充分沟通,在有利于提高五洲交通盈利能力的基础上,采取资产置换或注入等方式予以解决。 (5)为提高五洲交通的盈利能力,本公司承诺:将在本次股权划转完成后半年内启动资产置换工作,用本公司已建成在运营中的优质高速公路资产与五洲交通正在运营中的金宜一级公路进行置换,经履行必要的程序后对此潜在同业竞争问题予以妥善解决。	相关股东信守承诺。其承诺持有五洲交通股份在收购完成后12个月内不进行转让的承诺已履行完毕。

发行时所作承诺	经中国证监会批准,公司于 2008 年 2 月 29 日在上海证券交易所公开发行 5.4 亿可转换公司债券,募集资金扣除承销费后按照募集说明书中承诺投入筋竹至岑溪高速公路的建设。截至报告期末已全部投入。	公司信守承诺并履行完毕

7.6.2 公司资产或项目存在盈利预测,且报告期仍处在盈利预测期间,公司就资产或项目是否达到原盈利预测及其原因作出说明

□适用　√不适用

7.7 重大诉讼仲裁事项

□适用　√不适用

7.8 其他重大事项及其影响和解决方案的分析说明

7.8.1 证券投资情况

□适用　√不适用

7.8.2 持有其他上市公司股权情况

□适用　√不适用

7.8.3 持有非上市金融企业股权情况

□适用　√不适用

7.8.4 买卖其他上市公司股份的情况

□适用　√不适用

7.9 公司是否披露内部控制的自我评价报告或履行社会责任的报告:否

第八节　监事会报告

8.1 监事会对公司依法运作情况的独立意见

1、报告期内通过出席公司股东大会及列席董事会会议,公司监事认真审阅和听取了股东大会和董事会的各项议案和报告,监事会认为:报告期内公司股东大会和董事会会议决策程序合规,决策事项合法。

2、监事会对董事会执行股东大会决议的情况进行了监督,认为:报告期内公司董事会能严格遵照《公司法》、《证券法》以及上海证券交易所《股票上市规则》等有关法规制度及公司章程规范运作,没有发现董事会成员在工作中有违反法律规定、公司章程或损害公司利益的行为,没有损害公司利益和股东利益的情况。

3、监事会认为:公司已根据实际需要建立了良好的内部控制体系,制定了符合公司实际的规章制度。报告期内公司进一步建立和完善了内部控制制度,相关制度得到切实有效执行。公司还通过全面推行目标管理制度和签订目标责任状,有效促进了公司内部约束机制和责任追究机制的完善,借实施全面绩效管理和预算管理,重新修订、完善了有关制度和办法。

4、经对公司高级管理人员执行职务情况的检查和监督,监事会认为:公司高级管理人员在履行职务时没有违反法律法规、公司章程的行为,亦无滥用职权及损害公司利益的行为。

8.2 监事会对检查公司财务情况的独立意见

报告期监事会会同董事会审计委员会定期对公司的内控制度、经营情况和财务状况进行了检查,通过与公司财务、审计人员的面谈,了解公司真实财务情况。在每次公司定期报告提交董事会审议前,监事会均会同董事会审计委员会对公司的财务报表、账册和会计原始凭证进行全面检查和审核,并向公司财务人员提出改进意见。在公司 2010 年财务报表审计过程中,监事会通过对公司财务情况的检查和对 2010 年财务报表的审核,监事会认为公司 2010 年财务报表的数据是真实的,符合公司实际情况,真实反映了公司 2010 年的经营成果和财务状况,深圳市鹏城会计师事务所对公司编制的年度财务报表提出的审计意见和对相关事项的评价和判断是客观、公正的。

8.3 监事会对公司最近一次募集资金实际投入情况的独立意见

经中国证券监督管理委员会证监许可【2008】161 号文件批准,公司于 2008 年 2 月 29 日在上海证券交易所向社会公开发行可转换公司债券(简称可转债)54,000 万元,扣除承销费用 810 万元,实际筹资额为 53,190 万元。上述募集资金已于 2008 年 3 月 6 日全部到位,并经上海东华会计师事务所有限公司东华桂验字(2008)18-1 号验资报告验证。本次募集资金用于广西筋竹至岑溪高速公路的建设,投资项目未进行变更。

为规范募集资金的管理和使用,公司依照《上海证券交易所股票上市规则》、《上海证券交易所上市公司募集资金管理规定》等相关法规的规定并结合公司的实际情况,制定了《募集资金管理办法》。上述募集资金到位后,公司与保荐机构、担保银行签订了募集资金专户存储三方监管协议,并严格按协议规定执行。截至 2010 年 4 月 30 日,公司累计使用募集资金 53,190 万元,本次募集资金全部使用完毕。

8.4 监事会对公司收购、出售资产情况的独立意见

报告期内鉴于受国家房地产调控政策影响,为加快对广西坛百高速公路有限公司 68%股权的收购进程,公司决定先用自筹资金收购上述股权,并于报告期内完成了上述收购。上述事项已严格履行了法定审批程序和信息披露义务,且未发现因此发生内幕交易或其他损害股东利益的情况,不存在违法、违规的行为。

8.5 监事会对公司关联交易情况的独立意见

报告期公司与控股股东广西交通投资集团有限公司的全资子公司南宁高速公路运营有限公司签订《资产运营、养护委托管理协议》,从 2010 年 1 月 1 日至 2010 年 12 月 31 日,公司将平王路的资产运营和养护委托该公司管理。委托管理的内容包括全部资产、运营业务、维修养护、人员经费、安全生产等。经双方协商一致,2010 年度的委托管理费为 631.45 万元。

上述事项构成关联交易,在董事会审议该项议案时,关联董事已回避表决,董事会决策程序符合我国现行法律法规、规范性文件和本公司章程的规定。根据本公司章程的规定,公司董事会可以决定不超过公司最近一期经审计的净资产 5%或绝对金额在 3000 万元以下的关联交易,因此该关联交易不提交股东大会审议批准。该项关联交易公平合理,没有损害公司和中小股东的利益。

8.6 监事会对公司利润实现与预测存在较大差异的独立意见

公司未对报告期利润进行过盈利预测。对照公司披露的年度经营计划目标,公司 2010 年实现净利润、归属于母公司股东的净利润分别完成目标值 18,200 万元、15,880 万元的 109.81%和 134.65%,较好完成计划。

实现归属于母公司所有者净利润较计划超出 34.65%的原因主要是报告期公司投资收益由于广西坛百高速公路有限公司经营业绩的大幅增长及坛百公司股权收购的完成同比也大幅增长。

第九节　财务会计报告

9.1 审计意见

财务报告	□未经审计	√审计
审计意见	√标准无保留意见	□非标意见

9.2 财务报表

合并资产负债表

2010 年 12 月 31 日

编制单位:广西五洲交通股份有限公司　　单位:元 币种:人民币

项目	附注	期末余额	年初余额
流动资产:			
货币资金	五.1	743,355,110.61	542,308,717.76
结算备付金			
拆出资金			
交易性金融资产			
应收票据			
应收账款	五.2	84,062,829.68	13,153,753.00
预付款项	五.4	432,660,035.44	463,776,572.22
应收保费			
应收分保账款			
应收分保合同准备金			
应收利息			
应收股利			
其他应收款	五.3	103,787,071.92	13,512,644.68
买入返售金融资产			
存货	五.5	644,933,984.17	431,532,122.35
一年内到期的非流动资产			
其他流动资产			
流动资产合计		2,008,799,031.82	1,464,283,810.01
非流动资产:			
发放委托贷款及垫款			
可供出售金融资产			
持有至到期投资			
长期应收款			
长期股权投资	五.6		620,765,821.57
投资性房地产	五.7		4,359,830.47
固定资产	五.8	7,290,330,590.13	912,383,133.70
在建工程	五.9	473,099,237.52	935,216,863.83
工程物资			
固定资产清理			
生产性生物资产			
油气资产			
无形资产	五.10	49,758,775.57	50,018,685.78
开发支出			
商誉	五.11	1,124,077.08	1,124,077.08
长期待摊费用	五.12	12,281,945.79	9,339,069.98
递延所得税资产	五.13	1,963,971.86	439,146.02
其他非流动资产			
非流动资产合计		7,828,558,597.95	2,533,646,628.43
资产总计		9,837,357,629.77	3,997,930,438.44
流动负债:			
短期借款	五.15	639,450,000.00	140,000,000.00
向中央银行借款			
吸收存款及同业存放			
拆入资金			
交易性金融负债			
应付票据			
应付账款	五.16	888,707,662.44	42,804,016.49
预收款项	五.17	772,469,052.45	262,440,760.66
卖出回购金融资产款			
应付手续费及佣金			
应付职工薪酬	五.18	15,961,800.40	1,543,129.11
应交税费	五.19	−23,768,282.07	−12,961,325.37
应付利息	五.20	1,196,841.09	
应付股利			
其他应付款	五.21	229,498,619.97	307,977,611.12
应付分保账款			
保险合同准备金			
代理买卖证券款			
代理承销证券款			
一年内到期的非流动负债			
其他流动负债			
流动负债合计		2,523,515,694.28	741,804,192.01
非流动负债:			
长期借款	五.22	3,002,000,000.00	580,000,000.00

应付债券			
长期应付款	五.23	1,610,114,157.52	251,218,641.37
专项应付款			
预计负债			
递延所得税负债	五.13	227,397.94	234,906.60
其他非流动负债	五.24	35,246,845.33	23,125,460.65
非流动负债合计		4,647,588,400.79	854,579,008.62
负债合计		7,171,104,095.07	1,596,383,200.63
所有者权益(或股东权益):			
实收资本(或股本)	五.25	555,867,688.00	555,867,688.00
资本公积	五.26	809,525,916.83	809,525,916.83
减:库存股			
专项储备			
盈余公积	五.27	269,591,893.05	240,200,964.93
一般风险准备			
未分配利润	五.28	695,827,359.66	555,862,365.19
外币报表折算差额			
归属于母公司所有者权益合计		2,330,812,857.54	2,161,456,934.95
少数股东权益		335,440,677.16	240,090,302.86
所有者权益合计		2,666,253,534.70	2,401,547,237.81
负债和所有者权益总计		9,837,357,629.77	3,997,930,438.44

法定代表人:何国纯　主管会计工作负责人:韩 钢　会计机构负责人:傅应华

母公司资产负债表

2010 年 12 月 31 日

编制单位:广西五洲交通股份有限公司　单位:元 币种:人民币

项目	附注	期末余额	年初余额
流动资产:			
货币资金		55,797,719.35	225,112,465.54
交易性金融资产			
应收票据			
应收账款	十一.1	2,029,683.55	6,793,498.36
预付款项		42,939,268.07	222,007,364.50
应收利息			
应收股利		61,500,000.00	
其他应收款	十一.2	145,277,389.85	125,369,722.28
存货		230,173,577.74	162,665,921.29
一年内到期的非流动资产			
其他流动资产			
流动资产合计		537,717,638.56	741,948,971.97
非流动资产:			
可供出售金融资产			
持有至到期投资			
长期应收款			
长期股权投资	十一.3	3,115,684,923.00	1,220,648,221.57
投资性房地产		9,021,457.01	9,182,998.01
固定资产		677,889,124.64	723,885,985.52
在建工程		66,795,120.49	
工程物资			
固定资产清理			
生产性生物资产			
油气资产			
无形资产		2,287,527.94	2,064,717.60
开发支出			
商誉			
长期待摊费用		8,439,439.51	9,339,069.98
递延所得税资产		259,551.76	372,963.13
其他非流动资产			
非流动资产合计		3,880,377,144.35	1,965,493,955.81
资产总计		4,418,094,782.91	2,707,442,927.78
流动负债:			
短期借款		639,450,000.00	140,000,000.00
交易性金融负债			
应付票据			
应付账款		463,842,825.35	9,819,358.87
预收款项		314,785,298.95	14,036,312.16
应付职工薪酬		5,771,469.06	1,377,119.00
应交税费		12,593,166.68	8,725,382.29
应付利息		1,196,841.09	
应付股利			
其他应付款		24,927,087.16	27,189,018.36
一年内到期的非流动负债			
其他流动负债			
流动负债合计		1,462,566,688.29	201,147,190.68
非流动负债:			
长期借款		275,000,000.00	75,000,000.00
应付债券			
长期应付款		251,218,641.37	251,218,641.37
专项应付款			
预计负债			
递延所得税负债		227,397.94	234,906.60
其他非流动负债			200,000.00
非流动负债合计		526,446,039.31	326,653,547.97
负债合计		1,989,012,727.60	527,800,738.65
所有者权益(或股东权益):			
实收资本(或股本)		555,867,688.00	555,867,688.00
资本公积		809,525,916.83	809,525,916.83
减:库存股			
专项储备			
盈余公积		269,591,893.05	240,200,964.93
一般风险准备			
未分配利润		794,096,557.43	574,047,619.37
所有者权益(或股东权益)合计		2,429,082,055.31	2,179,642,189.13
负债和所有者权益(或股东权益)总计		4,418,094,782.91	2,707,442,927.78

法定代表人:何国纯　主管会计工作负责人:韩 钢　会计机构负责人:傅应华

合并利润表

2010 年 1—12 月

单位:元 币种:人民币

项目	附注	本期金额	上期金额
一、营业总收入	五.29	358,396,513.24	240,505,907.17
其中:营业收入		358,396,513.24	240,505,907.17
利息收入			
已赚保费			
手续费及佣金收入			
二、营业总成本		296,114,841.31	162,178,509.12
其中:营业成本	五.29	156,198,783.98	65,374,250.57
利息支出			
手续费及佣金支出			
退保金			
赔付支出净额			
提取保险合同准备金净额			
保单红利支出			
分保费用			
营业税金及附加	五.30	12,818,261.06	10,281,049.70
销售费用	五.31	45,856,827.70	44,770,822.53
管理费用	五.32	45,586,492.98	32,352,415.62
财务费用	五.33	33,965,444.03	8,067,496.61
资产减值损失	五.34	1,689,031.56	1,332,474.09
加:公允价值变动收益			
投资收益(损失以"-"号填列)	五.35	146,616,531.37	66,258,471.06
其中:对联营企业和合营企业的投资收益		146,616,531.37	30,343,659.14
汇兑收益(损失以"-"号填列)			
三、营业利润(亏损以"-"号填列)		208,898,203.30	144,585,869.11
加:营业外收入	五.36	2,385,552.99	1,040,693.66
减:营业外支出	五.37	1,108,791.50	293,011.50
其中:非流动资产处置损失		605,375.04	267,991.50
四、利润总额(亏损总额以"-"号填列)		210,174,964.79	145,333,551.27
减:所得税费用	五.38	10,319,252.86	9,385,371.17
五、净利润(净亏损以"-"号填列)		199,855,711.93	135,948,180.10
归属于母公司所有者的净利润		213,825,337.63	142,680,993.18
少数股东损益		−13,969,625.70	−6,732,813.08
六、每股收益:			
(一)基本每股收益	五.39	0.38	0.28
(二)稀释每股收益		0.38	0.28
七、其他综合收益			
八、综合收益总额		199,855,711.93	135,948,180.10
归属于母公司所有者的综合收益总额		213,825,337.63	142,680,993.18
归属于少数股东的综合收益总额		−13,969,625.70	−6,732,813.08

本期发生同一控制下企业合并的,被合并方在合并前实现的净利润为:0.00 元。

法定代表人:何国纯　主管会计工作负责人:韩 钢　会计机构负责人:傅应华

母公司利润表

2010 年 1—12 月

单位:元 币种:人民币

项 目	附注	本期金额	上期金额
一、营业收入	十一.4	242,195,154.66	217,954,812.00
减:营业成本	十一.4	52,096,847.06	50,857,148.77
营业税金及附加		10,689,042.82	9,343,751.15

销售费用		33,424,000.22	22,670,582.54
管理费用		26,788,745.13	24,518,480.09
财务费用		8,735,548.59	8,103,787.94
资产减值损失		−709,628.07	609,683.99
加:公允价值变动收益(损失以"−"号填列)			
投资收益(损失以"−"号填列)	十一.5	193,225,501.43	66,258,471.06
其中:对联营企业和合营企业的投资收益			30,343,659.14
二、营业利润(亏损以"−"号填列)		304,396,100.34	168,109,848.58
加:营业外收入		369,450.00	142,456.41
减:营业外支出		200,668.81	290,991.50
其中:非流动资产处置损失			267,991.50
三、利润总额(亏损总额以"−"号填列)		304,564,881.53	167,961,313.49
减:所得税费用		10,655,600.31	9,422,776.63
四、净利润(净亏损以"−"号填列)		293,909,281.22	158,538,536.86
五、每股收益:			
(一)基本每股收益			
(二)稀释每股收益			
六、其他综合收益			
七、综合收益总额		293,909,281.22	158,538,536.86

法定代表人:何国纯　　主管会计工作负责人:韩 钢　　会计机构负责人:傅应华

合并现金流量表

2010 年 1—12 月

单位:元 币种:人民币

项目	附注	本期金额	上期金额
一、经营活动产生的现金流量:			
销售商品、提供劳务收到的现金		863,500,344.24	490,299,352.59
客户存款和同业存放款项净增加额			
向中央银行借款净增加额			
向其他金融机构拆入资金净增加额			
收到原保险合同保费取得的现金			
收到再保险业务现金净额			
保户储金及投资款净增加额			
处置交易性金融资产净增加额			
收取利息、手续费及佣金的现金			
拆入资金净增加额			
回购业务资金净增加额			
收到的税费返还		2,877,269.38	4,934,417.94
收到其他与经营活动有关的现金	五.40(1)	144,964,221.76	400,295,463.79
经营活动现金流入小计		1,011,341,835.38	895,529,234.32
购买商品、接受劳务支付的现金		352,417,357.85	230,182,114.35
客户贷款及垫款净增加额			
存放中央银行和同业款项净增加额			
支付原保险合同赔付款项的现金			
支付利息、手续费及佣金的现金			
支付保单红利的现金			
支付给职工以及为职工支付的现金		48,926,701.04	36,900,363.13
支付的各项税费		62,535,024.75	31,921,393.00
支付其他与经营活动有关的现金	五.40(2)	324,698,906.05	464,735,678.02
经营活动现金流出小计		788,577,989.69	763,739,548.50
经营活动产生的现金流量净额		222,763,845.69	131,789,685.82
二、投资活动产生的现金流量:			
收回投资收到的现金			
取得投资收益收到的现金		3,938,062.50	31,976,749.42
处置固定资产、无形资产和其他			
长期资产收回的现金净额		1,023,439.79	
处置子公司及其他营业单位收到的现金净额			
收到其他与投资活动有关的现金			10,546,574.31
投资活动现金流入小计		4,961,502.29	42,523,323.73
购建固定资产、无形资产和其他长期资产支付的现金		409,254,264.71	676,269,559.23
投资支付的现金			54,080,000.00
质押贷款净增加额			
取得子公司及其他营业单位支付的现金净额		642,606,576.94	
支付其他与投资活动有关的现金	五.40(3)	349,500.00	4,366,873.50
投资活动现金流出小计		1,052,210,341.65	734,716,432.73
投资活动产生的现金流量净额		−1,047,248,839.36	−692,193,109.00
三、筹资活动产生的现金流量:			
吸收投资收到的现金		109,320,000.00	40,048,000.00
其中:子公司吸收少数股东投资收到的现金			
取得借款收到的现金		1,199,450,000.00	650,000,000.00
发行债券收到的现金			
收到其他与筹资活动有关的现金			158,221,792.10
筹资活动现金流入小计		1,308,770,000.00	848,269,792.10
偿还债务支付的现金		190,000,000.00	165,000,000.00
分配股利、利润或偿付利息支付的现金		93,238,613.48	76,876,203.16
其中:子公司支付给少数股东的股利、利润			
支付其他与筹资活动有关的现金			2,729,363.09
筹资活动现金流出小计		283,238,613.48	244,605,566.25
筹资活动产生的现金流量净额		1,025,531,386.52	603,664,225.85
四、汇率变动对现金及现金等价物的影响			
五、现金及现金等价物净增加额		201,046,392.85	43,260,802.67
加:期初现金及现金等价物余额		542,308,717.76	499,047,915.09
六、期末现金及现金等价物余额		743,355,110.61	542,308,717.76

法定代表人:何国纯　　主管会计工作负责人:韩 钢　　会计机构负责人:傅应华

母公司现金流量表

2010 年 1—12 月

单位:元 币种:人民币

项 目	附注	本期金额	上期金额
一、经营活动产生的现金流量:			
销售商品、提供劳务收到的现金		526,030,923.09	230,782,877.54
收到的税费返还			4,704,370.33
收到其他与经营活动有关的现金		334,453,912.17	371,267,456.36
经营活动现金流入小计		860,484,835.26	606,754,704.23
购买商品、接受劳务支付的现金		84,982,808.57	78,720,484.35
支付给职工以及为职工支付的现金		34,014,811.96	29,883,457.37
支付的各项税费		28,860,740.66	15,048,478.52
支付其他与经营活动有关的现金		149,519,884.32	368,131,545.41
经营活动现金流出小计		297,378,245.51	491,783,965.65
经营活动产生的现金流量净额		563,106,589.75	114,970,738.58
二、投资活动产生的现金流量:			
收回投资收到的现金			
取得投资收益收到的现金		3,938,062.50	31,976,749.42
处置固定资产、无形资产和其他			
长期资产收回的现金净额		324,393.74	
处置子公司及其他营业单位收到的现金净额			
收到其他与投资活动有关的现金			80,304.00
投资活动现金流入小计		4,262,456.24	32,057,053.42
购建固定资产、无形资产和其他长期资产支付的现金		67,428,129.00	9,029,916.58
投资支付的现金		1,313,311,200.00	341,080,000.00
取得子公司及其他营业单位支付的现金净额			
支付其他与投资活动有关的现金			900,000.00
投资活动现金流出小计		1,380,739,329.00	351,009,916.58
投资活动产生的现金流量净额		−1,376,476,872.76	−318,952,863.16
三、筹资活动产生的现金流量:			
吸收投资收到的现金			
取得借款收到的现金		889,450,000.00	215,000,000.00
发行债券收到的现金			
收到其他与筹资活动有关的现金			3,293,855.96
筹资活动现金流入小计		889,450,000.00	218,293,855.96
偿还债务支付的现金		190,000,000.00	135,000,000.00
分配股利、利润或偿付利息支付的现金		55,394,463.18	50,505,540.22
支付其他与筹资活动有关的现金			2,000,363.09
筹资活动现金流出小计		245,394,463.18	187,505,903.31
筹资活动产生的现金流量净额		644,055,536.82	30,787,952.65
四、汇率变动对现金及现金等价物的影响			
五、现金及现金等价物净增加额		−169,314,746.19	−173,194,171.93
加:期初现金及现金等价物余额		225,112,465.54	398,306,637.47
六、期末现金及现金等价物余额		55,797,719.35	225,112,465.54

法定代表人:何国纯　　主管会计工作负责人:韩 钢　　会计机构负责人:傅应华

合并所有者权益变动表

编制年度:2010 年度

编制单位:广西五洲交通股份有限公司　　单位:元 币种:人民币

项目	本年金额									
	归属于母公司所有者权益									
	股本	资本公积	减:库存股	专项储备	盈余公积	一般风险准备	未分配利润	其他	少数股东权益	所有者权益合计
一、上年年末余额	555,867,688.00	809,525,916.83	−	−	240,200,964.93	−	555,862,365.19	−	240,090,302.86	2,401,547,237.81
加:会计政策变更	−	−	−	−	−	−	−	−	−	−
前期差错更正	−	−	−	−	−	−	−	−	−	−
其他	−	−	−	−	−	−	−	−	−	−
二、本年年初余额	555,867,688.00	809,525,916.83	−	−	240,200,964.93	−	555,862,365.19	−	240,090,302.86	2,401,547,237.81
三、本期增减变动金额										
(减少以"−"号填列)	−	−	−	−	29,390,928.12	−	139,964,994.47	−	95,350,374.30	264,706,296.89
(一)净利润	−	−	−	−	−	−	213,825,337.63	−	−13,969,625.70	199,855,711.93
(二)其他综合收益	−	−	−	−	−	−	−	−	−	−
上述(一)和(二)小计	−	−	−	−		−	213,825,337.63	−	−13,969,625.70	199,855,711.93
(三)股东投入和减少资本	−	−	−	−	−	−	−	−	109,320,000.00	109,320,000.00
1.股东投入资本	−	−	−	−	−	−	−	−	109,320,000.00	109,320,000.00
2.股份支付计入股东权益的金额	−	−	−	−	−	−	−	−	−	−
3.其他	−	−	−	−	−	−	−	−	−	−
(四)利润分配	−	−	−	−	29,390,928.12	−	−73,860,343.16	−	−	−44,469,415.04

1.提取盈余公积	-	-	-	-	29,390,928.12	-	-29,390,928.12	-	-	-
2.提取一般风险准备	-	-	-	-	-	-	-	-	-	-
3.对股东的分配	-	-	-	-	-	-	-44,469,415.04	-	-	-44,469,415.04
4.其他	-	-	-	-	-	-	-	-	-	-
(五)股东权益内部结转	-	-	-	-	-	-	-	-	-	-
1.资本公积转增股本	-	-	-	-	-	-	-	-	-	-
2.盈余公积转增股本	-	-	-	-	-	-	-	-	-	-
3.盈余公积弥补亏损	-	-	-	-	-	-	-	-	-	-
4.其他	-	-	-	-	-	-	-	-	-	-
(六)专项储备	-	-	-	-	-	-	-	-	-	-
1.本期提取	-	-	-	-	-	-	-	-	-	-
2.本期使用	-	-	-	-	-	-	-	-	-	-
(七)其他	-	-	-	-	-	-	-	-	-	-
四、本期期末余额	555,867,688.00	809,525,916.83	-	-	269,591,893.05	-	695,827,359.66	-	335,440,677.16	2,666,253,534.70

法定代表人:何国纯　　主管会计工作负责人:韩 钢　　会计机构负责人:傅应华

合并所有者权益变动表

编制年度:2009 年度

编制单位:广西五洲交通股份有限公司　　单位:元 币种:人民币

项目	本年金额									
	归属于母公司所有者权益									
	股本	资本公积	减:库存股	专项储备	盈余公积	一般风险准备	未分配利润	其他	少数股东权益	所有者权益合计
一、上年年末余额	471,225,596.00	552,030,144.16	-	-	224,347,111.24	-	462,387,286.98	-	86,195,115.94	1,796,185,254.32
加:会计政策变更	-	-	-	-	-	-	-	-	-	-
前期差错更正	-	-	-	-	-	-	-	-	-	-
其他	-	-	-	-	-	-	-	-	-	-
二、本年年初余额	471,225,596.00	552,030,144.16	-	-	224,347,111.24	-	462,387,286.98	-	86,195,115.94	1,796,185,254.32
三、本期增减变动金额										
(减少以"-"号填列)	84,642,092.00	257,495,772.67	-	-	15,853,853.69	-	93,475,078.21	-	153,895,186.92	605,361,983.49
(一)净利润	-	-	-	-	-	-	142,680,993.18	-	-6,732,813.08	135,948,180.10
(二)其他综合收益	-	-	-	-	-	-	-	-	-	-
上述(一)和(二)小计	-	-	-	-	-	-	142,680,993.18	-	-6,732,813.08	135,948,180.10
(三)股东投入和										
减少资本	84,642,092.00	257,495,772.67	-	-	-	-	-	-	160,628,000.00	502,765,864.67
1.股东投入资本	-	-	-	-	-	-	-	-	160,628,000.00	160,628,000.00
2.股份支付计入										
股东权益的金额	-	-	-	-	-	-	-	-	-	-
3.其他	84,642,092.00	257,495,772.67	-	-	-	-	-	-	-	342,137,864.67
(四)利润分配	-	-	-	-	15,853,853.69	-	-49,205,914.97	-	-	-33,352,061.28
1.提取盈余公积	-	-	-	-	15,853,853.69	-	-15,853,853.69	-	-	-
2.提取一般风险准备	-	-	-	-	-	-	-	-	-	-
3.对股东的分配	-	-	-	-	-	-	-33,352,061.28	-	-	-33,352,061.28
4.其他	-	-	-	-	-	-	-	-	-	-
(五)股东权益内部结转	-	-	-	-	-	-	-	-	-	-
1.资本公积转增股本	-	-	-	-	-	-	-	-	-	-
2.盈余公积转增股本	-	-	-	-	-	-	-	-	-	-
3.盈余公积弥补亏损	-	-	-	-	-	-	-	-	-	-
4.其他	-	-	-	-	-	-	-	-	-	-
(六)专项储备	-	-	-	-	-	-	-	-	-	-
1.本期提取	-	-	-	-	-	-	-	-	-	-
2.本期使用	-	-	-	-	-	-	-	-	-	-
(七)其他	-	-	-	-	-	-	-	-	-	-
四、本期期末余额	555,867,688.00	809,525,916.83	-	-	240,200,964.93	-	555,862,365.19	-	240,090,302.86	2,401,547,237.81

法定代表人:何国纯　　主管会计工作负责人:韩 钢　　会计机构负责人:傅应华

母公司所有者权益变动表

编制年度:2010 年度

编制单位:广西五洲交通股份有限公司　　单位:元 币种:人民币

项目	本年金额							
	股本	资本公积	减:库存股	专项储备	盈余公积	一般风险准备	未分配利润	所有者权益合计
一、上年年末余额	555,867,688.00	809,525,916.83	-	-	240,200,964.93	-	574,047,619.37	2,179,642,189.13
加:会计政策变更	-	-	-	-	-	-	-	-
前期差错更正	-	-	-	-	-	-	-	-
其他	-	-	-	-	-	-	-	-
二、本年年初余额	555,867,688.00	809,525,916.83	-	-	240,200,964.93	-	574,047,619.37	2,179,642,189.13
三、本期增减变动金额								
(减少以"-"号填列)	-	-	-	-	29,390,928.12	-	220,048,938.06	249,439,866.18
(一)净利润	-	-	-	-	-	-	293,909,281.22	293,909,281.22
(二)其他综合收益	-	-	-	-	-	-	-	-
上述(一)和(二)小计	-	-	-	-	-	-	293,909,281.22	293,909,281.22
(三)股东投入和减少资本	-	-	-	-	-	-	-	-
1.股东投入资本	-	-	-	-	-	-	-	-
2.股份支付计入股东权益的金额	-	-	-	-	-	-	-	-
3.其他	-	-	-	-	-	-	-	-
(四)利润分配	-	-	-	-	29,390,928.12	-	-73,860,343.16	-44,469,415.04
1.提取盈余公积	-	-	-	-	29,390,928.12	-	-29,390,928.12	-
2.提取一般风险准备	-	-	-	-	-	-	-	-
3.对股东的分配	-	-	-	-	-	-	-44,469,415.04	-44,469,415.04
4.其他	-	-	-	-	-	-	-	-
(五)股东权益内部结转	-	-	-	-	-	-	-	-
1.资本公积转增股本	-	-	-	-	-	-	-	-
2.盈余公积转增股本	-	-	-	-	-	-	-	-
3.盈余公积弥补亏损	-	-	-	-	-	-	-	-
4.其他	-	-	-	-	-	-	-	-
(六)专项储备	-	-	-	-	-	-	-	-
1.本期提取	-	-	-	-	-	-	-	-
2.本期使用	-	-	-	-	-	-	-	-
(七)其他								
四、本期期末余额	555,867,688.00	809,525,916.83	-	-	269,591,893.05	-	794,096,557.43	2,429,082,055.31

法定代表人:何国纯　　主管会计工作负责人:韩 钢　　会计机构负责人:傅应华

母公司所有者权益变动表

编制年度:2009 年度

编制单位:广西五洲交通股份有限公司　　单位:元 币种:人民币

项目	本年金额							
	股本	资本公积	减:库存股	专项储备	盈余公积	一般风险准备	未分配利润	所有者权益合计
一、上年年末余额	471,225,596.00	552,030,144.16	-	-	224,347,111.24	-	464,714,997.48	1,712,317,848.88
加:会计政策变更	-	-	-	-	-	-	-	-
前期差错更正	-	-	-	-	-	-	-	-
其他	-	-	-	-	-	-	-	-
二、本年年初余额	471,225,596.00	552,030,144.16	-	-	224,347,111.24	-	464,714,997.48	1,712,317,848.88
三、本期增减变动金额								
(减少以"-"号填列)	84,642,092.00	257,495,772.67	-	-	15,853,853.69	-	109,332,621.89	467,324,340.25
(一)净利润	-	-	-	-	-	-	158,538,536.86	158,538,536.86
(二)其他综合收益	-	-	-	-	-	-	-	-
上述(一)和(二)小计	-	-	-	-	-	-	158,538,536.86	158,538,536.86
(三)股东投入和								
减少资本	84,642,092.00	257,495,772.67	-	-	-	-	-	342,137,864.67
1.股东投入资本	-	-	-	-	-	-	-	-
2.股份支付计入								
股东权益的金额	-	-	-	-	-	-	-	-
3.其他	84,642,092.00	257,495,772.67	-	-	-	-	-	342,137,864.67
(四)利润分配	-	-	-	-	15,853,853.69	-	-49,205,914.97	-33,352,061.28
1.提取盈余公积	-	-	-	-	15,853,853.69	-	-15,853,853.69	-
2.提取一般风险准备	-	-	-	-	-	-	-	-
3.对股东的分配	-	-	-	-	-	-	-33,352,061.28	-33,352,061.28
4.其他	-	-	-	-	-	-	-	-
(五)股东权益内部结转	-	-	-	-	-	-	-	-
1.资本公积转增股本	-	-	-	-	-	-	-	-
2.盈余公积转增股本	-	-	-	-	-	-	-	-
3.盈余公积弥补亏损	-	-	-	-	-	-	-	-
4.其他	-	-	-	-	-	-	-	-
(六)专项储备	-	-	-	-	-	-	-	-
1.本期提取	-	-	-	-	-	-	-	-
2.本期使用	-	-	-	-	-	-	-	-
(七)其他								
四、本期期末余额	555,867,688.00	809,525,916.83	-	-	240,200,964.93	-	574,047,619.37	2,179,642,189.13

法定代表人:何国纯　　主管会计工作负责人:韩 钢　　会计机构负责人:傅应华

9.3 本报告期无会计政策、会计估计的变更。

9.4 本报告期无前期会计差错更正。

9.5 企业合并及合并财务报表

9.5.1 合并范围发生变更的说明

本报告期内新增二个合并单位:

1、广西坛百高速公路有限公司

本公司于 2010 年 12 月末已完成收购广西壮族自治区高速公路管理局持有的广西坛百高速公路有限公司(下称坛百高速公司)68%的股权,加上本公司原持有的 32%股权,收购完成后该公司已成为本公司全资子公司,其注册资本为 180,400 万元。公司本期合并了其资产负债表,未合并其利润表和现金流量表。

2、上海容顺物流有限公司

本公司之子公司广西万通国际物流有限公司于 2010 年 1 月 22 日出资 60 万元设立上海容顺物流有限公司,注册资本 100 万元,广西万通国际物流有限公司持有其 60%股权。

9.5.2 本期新纳入合并范围的主体和本期不再纳入合并范围的主体

9.5.2.1 本期新纳入合并范围的子公司、特殊目的主体、通过受托经营或承租等方式形成控制权的经营实体

单位:元 币种:人民币

名称	期末净资产	本期净利润
广西坛百高速公路有限公司	2,080,380,135.47	193,225,501.43
上海容顺物流有限公司	-645,517.11	-1,645,517.11

天津天士力制药股份有限公司

天津天士力制药股份有限公司 2010 年年度报告摘要

第一节　重要提示

1.1 本公司董事会、监事会及董事、监事、高级管理人员保证本报告所载资料不存在任何虚假记载、误导性陈述或者重大遗漏，并对其内容的真实性、准确性和完整性承担个别及连带责任。

本年度报告摘要摘自年度报告全文，投资者欲了解详细内容，应当仔细阅读年度报告全文。

1.2 独立董事王永炎先生因工作原因未能出席本公司第四届董事会第十三次会议，书面委托独立董事王爱俭女士代为行使表决权。其余董事全部出席会议。

1.3 天健会计师事务所有限公司为本公司出具了标准无保留意见的审计报告。

1.4 不存在被控股股东及其关联方非经营性占用资金情况。

1.5 不存在违反规定决策程序对外提供担保的情况。

1.6 公司董事长闫希军先生、总经理李文先生及财务总监王瑞华先生声明：保证年度报告中财务报告的真实、完整。

第二节　公司基本情况简介

2.1 基本情况简介

股票简称	天士力
股票代码	600535
股票上市交易所	上海证券交易所
公司注册地址和办公地址	天津市北辰区普济河东道 2 号(天士力现代中药城)
邮政编码	300410
公司国际互联网网址	http://www.tasly.com
电子信箱	stock@tasly.com

2.2 联系人和联系方式

	董事会秘书	证券事务代表
姓名	刘俊峰	赵　颖
联系地址	天津北辰区普济河东道 2 号天士力现代中药城	天津北辰区普济河东道 2 号天士力现代中药城
电话	022-26736999	022-26736999
传真	022-26736721	022-26736721
电子信箱	stock@tasly.com	stock@tasly.com

第三节　会计数据和业务数据摘要

3.1 主要会计数据

单位：元 币种：人民币

	2010 年	2009 年	本期比上年同期增减(%)	2008 年
营业收入	4,651,591,064.18	3,992,645,337.10	16.50	3,434,215,527.41
利润总额	555,627,704.65	399,098,576.80	39.22	314,590,585.23
归属于上市公司股东的净利润	450,301,670.61	316,706,340.30	42.18	255,887,518.48
归属于上市公司股东的扣除非经常性损益的净利润	437,723,838.27	308,207,970.60	42.02	259,848,911.40
经营活动产生的现金流量净额	395,052,912.51	400,387,357.40	-1.33	260,207,628.97
	2010 年末	2009 年末	本期末比上年同期末增减(%)	2008 年末
总资产	5,452,698,947.48	4,025,330,514.76	35.46	3,448,124,882.53
所有者权益(或股东权益)	3,306,589,928.40	2,033,369,264.89	62.62	1,911,867,612.24

3.2 主要财务指标

	2010 年	2009 年	本期比上年同期增减(%)	2008 年
基本每股收益(元/股)	0.92	0.65	42.18	0.52
稀释每股收益(元/股)	0.92	0.65	42.18	0.52
扣除非经常性损益后的基本每股收益(元/股)	0.90	0.63	42.02	0.53
加权平均净资产收益率(%)	21.06	16.46	增加 4.6 个百分点	13.58
扣除非经常性损益后的加权平均净资产收益率(%)	20.47	16.02	增加 4.45 个百分点	13.79
每股经营活动产生的现金流量净额(元/股)	0.76	0.82	-7.32	0.53
	2010 年末	2009 年末	本期末比上年同期末增减(%)	2008 年末
归属于上市公司股东的每股净资产(元/股)	6.40	4.17	53.48	3.92

注 1：报告期内，公司主营业务收入增长，利润总额及归属于上市公司股东的净利润等指标较去年同期有所增长。

注 2：报告期内，公司非公开发行股票募集资金到位，总资产及归属于上市公司股东的所有者权益等指标较去年同期有所增长。

扣除非经常性损益项目

√适用　　□不适用

单位：元 币种：人民币

项目	金额
非流动资产处置损益	552,496.92
计入当期损益的政府补助(与企业业务密切相关，按照国家统一标准定额或定量享受的政府补助除外)	14,494,950.80
单独进行减值测试的应收款项减值准备转回	2,227.14
除上述各项之外的其他营业外收入和支出	5,762,624.54
所得税影响额	-5,759,435.94
少数股东权益影响额(税后)	-2,475,031.12
合计	12,577,832.34

第四节　股本变动及股东情况

4.1 股份变动情况表

√适用　　□不适用

单位：股

	本次变动前		本次变动增减(+，-)					本次变动后	
	数量	比例(%)	发行新股	送股	公积金转股	其他	小计	数量	比例(%)
一、有限售条件股份			28,421,327				28,421,327	28,421,327	5.50
1、国家持股									
2、国有法人持股									
3、其他内资持股			26,300,000				26,300,000	26,300,000	5.09
其中：境内非国有法人持股			15,900,000				15,900,000	15,900,000	3.08
境内自然人持股			10,400,000				10,400,000	10,400,000	2.01
4、外资持股			2,121,327				2,121,327	2,121,327	0.41
其中：境外法人持股			2,121,327				2,121,327	2,121,327	0.41
境外自然人持股									
二、无限售条件流通股份	488,000,000							488,000,000	94.50
1、人民币普通股	488,000,000							488,000,000	94.50
2、境内上市的外资股									
3、境外上市的外资股									
4、其他									
三、股份总数	488,000,000		28,421,327				28,421,327	516,421,327	100

限售股份变动情况表

□适用　　√不适用

4.2 股东数量和持股情况

单位：股

报告期末股东总数　18,528 户

前十名股东持股情况

股东名称	股东性质	持股比例(%)	持股总数	持有有限售条件股份数量	质押或冻结的股份数量
天津天士力集团有限公司	境内非国有法人	47.27	244,100,553	0	质押 91,795,783
上海浦东发展银行-广发小盘成长股票型证券投资基金	其他	1.83	9,437,619	0	未知
中国人寿保险(集团)公司-传统-普通保险产品	其他	1.71	8,837,125	0	未知
交通银行-博时新兴成长股票型证券投资基金	其他	1.41	7,299,825	0	未知
中国工商银行-易方达价值成长混合型证券投资基金	其他	1.37	7,050,000	0	未知
中国建设银行-国泰金马稳健回报证券投资基金	其他	1.27	6,540,000	0	未知
上海昊益实业有限公司	其他	1.26	6,500,000	0	未知
中国人寿保险股份有限公司-分红-个人分红-005L-FH002 沪	其他	1.17	6,032,040	0	未知
张建斌	其他	1.16	6,000,000	0	未知
中国工商银行-广发大盘成长混合型证券投资基金	其他	1.16	6,000,000	0	未知

前十名无限售条件股东持股情况

股东名称	持有无限售条件股份的数量	股份种类及数量
天津天士力集团有限公司	244,100,553	人民币普通股
上海浦东发展银行-广发小盘成长股票型证券投资基金	9,437,619	人民币普通股
中国人寿保险(集团)公司-传统-普通保险产品	8,837,125	人民币普通股
交通银行-博时新兴成长股票型证券投资基金	7,299,825	人民币普通股
中国工商银行-易方达价值成长混合型证券投资基金	7,050,000	人民币普通股

中国人寿保险股份有限公司－分红－个人分红－005L－FH002 沪	6,032,040	人民币普通股
中国工商银行－广发大盘成长混合型证券投资基金	6,000,000	人民币普通股
中国农业银行－交银施罗德成长股票证券投资基金	5,758,001	人民币普通股
交通银行－科瑞证券投资基金	5,077,730	人民币普通股
金鑫证券投资基金	4,584,074	人民币普通股
上述股东关联关系或一致行动的说明	公司第一大股东与其他股东之间不存在关联关系；公司未知其余社会公众股股东是否属于《上市公司股东持股变动信息披露管理办法》规定的一致行动人。	

4.3 控股股东及实际控制人情况介绍

4.3.1 控股股东及实际控制人变更情况

□适用　　√不适用

4.3.2 控股股东及实际控制人具体情况介绍

4.3.2.1 控股股东情况

○ 法人

单位：元 币种：人民币

名称	天津天士力集团有限公司
单位负责人或法定代表人	闫希军
成立日期	2000 年 3 月 30 日
注册资本	237,843,846
主要经营业务或管理活动	对外投资、控股；天然植物药种植及相关加工，分离；组织所属企业开展产品的生产、科研、销售、进出口经营业务；各类商品、物资（含医疗器械）的批发、零售；技术开发、咨询、服务、转让生物技术（不含药品生产与销售）及产品；自有设备、房屋的租赁；各类经济信息咨询；本企业研制开发的技术和生产的科研产品的出口业务；本企业科研和生产所需的技术、原辅材料、机械设备、仪器仪表、零配件的进口业务；本企业的进料加工和"三来一补"业务；矿业开发经营；原料药（盐酸非索非那定、右佐匹克隆）生产；因特网信息服务（除新闻、出版、教育、医疗器械和电子公告以外的信息服务内容，业务覆盖范围：天津市）

4.3.2.2 实际控制人情况

○ 法人

单位：元 币种：人民币

名称	天津帝士力投资控股集团有限公司
单位负责人或法定代表人	闫希军
成立日期	1998 年 11 月 12 日
注册资本	35,000,000
主要经营业务或管理活动	技术开发、咨询、服务、转让生物技术（不含药品生产与销售）技术及产品，以自有资金对保健食品、高科技行业投资。

○ 自然人

姓名	闫希军
国籍	中国
是否取得其他国家或地区居留权	否
最近 5 年内的职业及职务	曾任天津天士力制药集团有限公司董事长兼总经理。现任本公司董事长、天津天士力集团有限公司董事长、天津帝士力投资控股集团有限公司董事长。第十一届全国人大代表，第十四届、第十五届天津市人大代表，并任中国药学会药事管理专业委员会副主任委员、环渤海企业合作促进会会长、天津市工商业联合会副主席、天津市企业家协会副会长、天津市上市公司协会副会长等职务。

4.3.3 实际控制人通过信托或其他资产管理方式控制公司

□适用　　√不适用

第五节　董事、监事和高级管理人员

5.1 董事、监事和高级管理人员持股变动及报酬情况

单位：股

姓　名	职务	性别	年龄	任期起始日期	任期终止日期	年初持股数	年末持股数	变动原因	报告期内从公司领取的报酬总额(万元)税前	是否在股东单位或其他关联单位领取薪酬
闫希军	董事长	男	57	2008-12-13	2011-12-13	0	0	–	142.34	否
蒋晓萌	副董事长	男	48	2008-12-13	2011-12-13	0	0	–	0	是
吴迺峰	董事	女	58	2008-12-13	2011-12-13	0	0	–	66.32	是
李　文	董事、总经理	男	44	2008-12-13	2011-12-13	0	0	–	96.12	否
何显鸿	董事	男	53	2009-3-21	2011-12-13	0	0	–	79.41	否
王永炎	独立董事	男	72	2008-12-13	2011-12-13	0	0	–	10	否
王国刚	独立董事	男	56	2008-12-13	2011-12-13	0	0	–	10	否
王爱俭	独立董事	女	57	2008-12-13	2011-12-13	0	0	_	10	否
张建忠	监事会主席	男	58	2009-5-16	2012-5-16	0	0	_	49.41	是
李　丽	监事	女	43	2009-5-16	2012-5-16	0	0	_	16.47	是
蔡金勇	监事	男	39	2009-5-16	2012-5-16	0	0	_	49.59	否
王瑞华	财务总监	男	48	2008-12-13	2011-12-13	0	0	_	84.61	否
刘俊峰	董事会秘书	男	43	2008-12-13	2011-12-13	0	0	_	84.61	否
合计	/	/	/	/	/	0	0	/	698.88	/

第六节　董事会报告

6.1 管理层讨论与分析

报告期内，公司经营管理层严格按照董事会部署，锐意创新，坚持"转变发展方式、实现产业升级，推动产业格局科学发展"，圆满完成了年初制定的经营管理计划，确保了公司健康稳定发展。报告期内，公司主打产品复方丹参滴丸成为我国第一例圆满完成向美国食品与药品监督管理局(FDA)申请之Ⅱ期临床试验，并即将进入Ⅲ期临床试验的中成药，标志着中药国际化迈出了关键和有力的一步，更是公司实现跨越式发展的里程碑。2010 年实现营业总收入 465,159.11 万元，比上年增长 16.50%，完成净利润（归属于母公司股东）45,030.17 万元，比上年增长 42.18%。

1.2010 年度主要工作业绩回顾

(1)积极打造现代中药产业链，促进产业不断升级

制造领域——实现了复方丹参滴丸双规格最优生产；运用价值流流程分析工具，对整个产业链的成本进行分析和控制，完成了流程的精益化再造方案设计，对制约效率提升和影响成本的关键环节进行改善，缩短制造周期，进一步提高生产效率；制剂中试中心洁净工程主体完成；子公司博科林药品包装技术有限公司药用辅料聚乙二醇(PEG)车间竣工并一次性投料试车成功。

技术领域——取得复方丹参滴丸、养血清脑颗粒、芪参益气滴丸等 8 个主要产品的再注册批件；产品的工艺过程精细化持续改进；报告期内，过程制造精细化使得复方丹参滴丸、养血清脑颗粒（丸）等产品的总收率进一步提高，降低了生产成本；水林佳新工艺发明获得专利；博科林药品包装技术有限公司开发了包衣品系列新配方；注射用丹参多酚酸针剂成为中药注射剂注册管理办法实施后第一个通过现场审查中药注射品种。

质量领域——增加了养血清脑颗粒、藿香正气滴丸中药保护质量标准研究，建立了养血清脑颗粒 8 味药材、藿香正气滴丸 7 味药材的薄层鉴别，优化了复方丹参滴丸等 6 个主要产品的检验程序，实现了快速转序，使得产品能够进一步精益化、准时生产。

药材资源领域——完成了公司自主培育的丹参品种天丹一号种苗的大规模培育，初步建立了丹参药材溯源体系，建设了三七、黄芪、当归新的种植基地，加大了主要大宗药材的战略储备，保障整体药材资源的优质、安全、稳定及可持续性。创新基地管理模式，与专业种植公司合作，共同投资开展"天士力苗乡三七规范化种植项目"。

(2)加快现代生物制药创新和发展平台建设

公司控股子公司天士力金纳生物技术（天津）有限公司第三代亚单位流感病毒疫苗取得了国家食品药品监督管理局颁发的药品注册批件，于 2010 年 5 月接受国家食品药品监督管理局认证管理中心对该公司进行的 GMP 认证，并于 7 月份获颁药品 GMP 证书；控股子公司上海天士力药业有限公司继续积极推进"注射用重组人尿激酶原"新药申报相关工作，目前已顺利通过国家食品药品监督管理局药品审评中心的新药注册现场检查，新药注册工作正在继续积极推进中。

(3)紧抓机遇，创新营销，提高市场占有率

报告期内公司采取组织架构创新、产品策略创新、营销模式创新、渠道管理创新等整合品牌营销方案，市场营销取得了新突破。公司控股子公司天士力医药营销集团有限公司充分利用复方丹参滴丸通过 FDAⅡ期临床试验的契机，紧紧抓住新医改实施的重大机遇，立体规划、分类指导、重点实施，全面提升天士力品牌的内在质量和美誉度；通过复方丹参滴丸、养血清脑颗粒等大产品的带动，芪参益气滴丸循症医学成果的推动和品牌优势的拉动，快速增加全产品目标市场的终端覆盖率。公司产品复方丹参滴丸荣获"2010 中国健康年度总评榜"之"百姓最放心药品品牌"和"最受欢迎心脑血管用药"两项大奖；产品"藿香正气滴丸"荣获总评榜之"最受欢迎肠胃用药"。

(4)科研创新，不断加强知识产权保护

2010 年重点保障了复方丹参滴丸 FDAII 期临床试验，追踪整理试验报告，对临床数据进行清理、统计分析，完成临床试验报告的总结。同时与 FDA 共同探讨了与全球多中心三期临床研究和后期研发相关的许多共性和特性的问题，并获得了 FDA 授予的 SPA (Special Protocol Assessment)特许。重点规划并建设了药物筛选、中药提取、疫苗研究及质量标准研究技术平台，构建了包括药物筛选、药物新靶点确认、计算机辅助药物分子设计和先导化合物优化、合成与分离纯化、临床前安全性评价，使产学研研发技术链进一步完整，创新能力得到显著提升。以科研项目化管理和科学指数量化考核体系为核心的矩阵式管理体制逐渐成熟，职能管理与项目管理实现互补，对研发管线内的项目实现标准化管理，确保了在研项目按计划高效推进。

加强了由"核心专利、外围专利、防御专利、竞争专利"构成的复合型、网状专利保护体系。2010 年度公司及控股子公司共进行新专利申请 74 项，其中发明专利 70 项，实用新型专利 4 项；专利授权 104 项，其中发明专利 98 项，实用新型专利 6 项；另外，本年度申请 PCT (Patent Cooperation Treaty)2 项，境外专利授权 14 个。

(5)发挥资本市场融资功能，构筑和谐投资者关系

2010 年 5 月 23 日，公司董事会经过审议通过了《关于公司 2010 年度非公开发行股票方案》等相关议案，并筛选了复方丹参滴丸扩产项目、现代中药固体制剂扩产建设项目、天士力现代中药资源有限公司 GMP 技改项目、天士力研发中心建设项目等 7 个项目作为募集资金投向。公司此次非公开发行股票申请获得中国证券监督管理委员会审核通过。2010 年 12 月 14 日，天健会计师事务所有限公司出具了天健验〔2010〕406 号《验资报告》，截至 2010 年 12 月 13 日止，本次发行募集资金总额为 1,068,641,895.20 元。

报告期内，公司继续完善公司治理，认真履行信息披露义务，研究并积极应对资本市场的新变化，持续加强与投资者的沟通、交流，与投资者保持良好的互动关系。2010 年 12 月 18 日，在上海证券交易所成立二十年"第九届中国公司治理论坛"中，公司继 2009 年度后再次获得"2010 年度董事会奖提名"奖；在中国证券市场 20 年回顾与展望暨第四届中国上市公司市值管理高峰论坛活动中，公司入选"中国证券市场 20 年——20 家最受投资者喜爱的上市公司"；在"第五届中国投资者关系年会"评选活动中公司荣膺"2009 年度中国投资者关系百强奖"；在"第六届中国证券市场年会"活动中，公司荣获上市公司"金鹰奖"，并与其他 19 家企业一起入选"中国证券市场 20 年——20 家最受投资者喜爱的上市公司"。

(6) 公司主要财务报表项目的异常情况及原因说明

单位：元

资产负债表项目	期末数	期初数	变动幅度	变动原因说明
货币资金	1,603,682,894.61	556,258,018.93	188.30%	主要系公司本期非公开发行股票募集资金到位所致
应收票据	283,767,616.58	194,720,825.17	45.73%	主要系公司本期较多地采用以票据结算货款的方式所致
其他应收款	54,093,375.77	77,445,525.96	−30.15%	主要系本期以股权受让款抵

				偿的方式收回 2009 年末应收广东天之骄药物开发有限公司和广东天之骄生命科技有限公司 33,390,000.00 元所致
存货	561,308,292.70	387,762,910.68	44.76%	主要系随着公司医药商业业务的增长，期末库存增加所致
长期待摊费用	28,013,955.05	15,289,267.69	83.23%	主要系公司租入固定资产改良支出增加所致
递延所得税资产	22,121,175.87	13,096,403.59	68.91%	主要系公司应付未付的中长期激励基金导致的可抵扣暂时性差异增加所致
预收款项	63,502,056.00	11,257,401.60	464.09%	主要系公司以预收方式结算货款的比例增加所致
应付职工薪酬	63,152,908.98	40,828,889.96	54.68%	主要系公司应付未付的中长期激励基金增加所致
资本公积	1,554,411,379.84	564,427,294.26	175.40%	主要系公司本期采用非公开溢价发行股票所致

利润表项目	本期数	上年同期数	变动幅度	变动原因说明
财务费用	61,567,714.47	42,065,311.11	46.36%	主要系票据贴现利率上升所致
营业外收入	25,432,954.60	13,807,718.38	84.19%	主要系公司收到的政府补助增加以及本期收到违约金收入所致

(7)主要控股和参股公司的经营状况及业绩分析

a.天津天士力医药营销集团有限公司

该公司注册资本金为 7,900 万元，本公司持有其 70%股权。该公司主营业务范围为：中药饮片、中药材、中成药、化学原料药及其制剂、抗生素、生化药品、生物制品、诊断药品批发；化学原料(危险化学品、易制毒品除外)、化妆品、保健食品批发兼零售；自营和代理各类商品及技术的进出口业务、但国家限定公司经营或禁止进出口的商品及技术除外；经营进料加工和"三来一补"业务；经营对销贸易和转口贸易。(国家有专营专项规定的按专营专项规定办理)。2010 年底该公司总资产 74518.75 万元，净资产 14291.85 万元，2010 年度实现净利润 3592.89 万元，同比增长 28.04%。

b.天津天士力现代中药资源有限公司

该公司注册资本金为 18,539 万元，本公司持有其 100%股权。该公司主营业务范围为：中药数字仪器、制药设备及技术的开发、生产、销售；中药数字化检测分析及相关技术咨询服务；中药材、日用化学品提取物的加工及销售(食品、药品及化学危险品、易制毒品除外)；中草药采购；流浸膏剂(中间体)；原料药(穿心莲内酯)生产；进出口业务；化妆品批发兼零售。(国家有专营、专项规定的按专营、专项规定办理)。2010 年底该公司总资产 28599.51 万元，净资产 26536.15 万元，2010 年度实现净利润 1797.92 万元，同比增长 51.40%。

c.陕西天士力植物药业有限责任公司

该公司注册资本金为 6,556.60 万元，本公司持有其 83.53%股权。该公司主营业务范围为：中药材(国家管理品种除外)种植、购销；中药饮片加工、销售(凭药品生产经营许可证经营)。2010 年底该公司总资产 10357.73 万元，净资产 7405.65 万元，2010 年度实现净利润 260.16 万元，同比增长 153.26%。

公司是否披露过盈利预测或经营计划：否

6.2 主营业务分行业、产品情况表

单位:元 币种:人民币

分行业或分产品	营业收入	营业成本	营业利润率(%)	营业收入比上年增减(%)	营业成本比上年增减(%)	营业利润率比上年增减(%)
分行业						
医药工业	1,869,620,699.23	472,519,583.23	74.73	15.07	6.84	增加 1.95 个百分点
医药商业	2,750,241,186.81	2,589,447,418.50	5.85	17.52	16.14	增加 1.12 个百分点

6.3 主营业务分地区情况表

单位:元 币种:人民币

地区	营业收入	营业收入比上年增减(%)
天津市	2,097,180,839.35	19.14
北京市	377,309,561.26	22.43
广东省广州市	372,211,033.54	6.05
山东省济南市	443,979,567.32	25.71
陕西省西安市	863,203,074.18	5.61
湖南省湘潭市	606,943,410.42	6.11
辽宁省沈阳市	483,821,787.95	30.31
其他	75,129,430.71	15.14
小 计	5,319,778,704.73	15.68
抵 销	699,916,818.69	10.47
合 计	4,619,861,886.04	16.52

6.4 对公司未来发展的展望

公司是否编制并披露新年度的盈利预测：否

(1)行业发展趋势

首先，政府指导、给付能力和需求结构三方面共同推动医药行业迎来未来 20 年的黄金发展。但是我国的医药行业目前整体呈现出"小、散、乱"的特征，制药企业规模偏小，且创新不足，缺乏核心竞争力。未来的行业内部发展方向必然是行业的整合以及创新(包括技术和经营)的胜出。

其次，新版 GMP(药品质量管理规范)于 2011 年 3 月 1 日起执行，GMP 规定了所有制药企业在生产和销售药品前必须达到的标准。大中型企业多数已经在过去几年的新建扩建中提升了自身标准，已提前消化实施新版 GMP 带来的技改成本和投入；无法承担成本的小型公司如不能达标将被淘汰——最终带来行业洗牌的加剧，优胜劣汰。

再次，作为"十二五"七个重点产业之一的生物医药行业，产业升级势在必行，产业链的中下游的集中度将加速提高，其中的动力来自于企业需要发展壮大的自身诉求，也来自于政府政策的推动。大型综合性企业，具有高标准产品生产和管理，在有实力的大股东和资本市场的支持下，将在兼并重组中抢得头筹。真正有持续创新力的，拥有核心技术，长远战略眼光的企业是国家政策扶持的重点，也能在复杂的竞争环境中以较高的技术壁垒脱颖而出，从而实现强劲的内生和外延式成长。

(2)面临的风险因素及对策

行业风险

2011 年上半年可能出台的基本药物价格体制改革可能会对行业估值带来较大压力，但是随着未来后续政策的明朗化，行业升级的机会将是未来难得见到的。

经营管理风险

a.新产品开发风险

医药产品具有高科技、高风险、高附加值的特点，新药开发的前期研发以及产品从研制、临床实验报批到投产的周期长、环节多，容易受到一些不可预测因素的影响。

主要措施：进一步完善新产品开发体制建设，继续发挥技术委员会和专家委员会的作用，加强对新药立项的内部审批和论证工作，力求开发科研风险小、市场潜力大、产业化可行性高的产品，降低公司新产品开发风险；同时在新产品的研发中，注重产品长、中、短研究周期的合理搭配，有效地分配研究力量和财务支出，缩短研究周期，尽量降低新产品开发风险。

b.原材料及动力成本涨价风险

近年来，我国对中药材的需求不断增长，出口量也持续加大，中药材价格整体不断上涨。此外，部分生产用辅料、包装材料价格也在上升，水、电、煤、天然气等能源价格长期看还将稳中有升。

主要措施：公司建设的首批通过 GAP 认证的中药材种植基地，经过几年来探索实践，不仅可以保证公司主要产品需要的丹参大规模标准化种植，还推广到其他产品需要的主要药材的种植，从而可以确保未来公司多产品大规模生产持续稳定，降低了原材料价格波动带来的风险；通过三七等其他主要药材资源战略储备，进一步减弱或者消除药材价格波动对成本的影响；同时，公司将继续完善精益生产，加强成本管理，压缩费用，减少动力成本涨价带来的影响。

c.子公司管理风险

公司子公司地域分布较广，涉及的业务类型多样，而且各家公司管理水平、企业文化各不相同，可能会对子公司的管理带来不利影响。

主要措施：公司已建立了《子公司综合管理制度》，进一步完善子公司的内部控制制度体系，加强子公司信息披露管理及相关人员培训。通过建立合并预算管理体系等方式，提高母子公司在经营管理方面的协调性；通过资金结算中心，继续加强对子公司资金的实时监控，控制子公司财务风险；并将进一步加强子公司企业文化建设，使公司和子公司员工的价值观趋于一致。

d.人才储备风险

伴随着公司快速发展，在全面国际化过程中，公司不可避免地在研发、营销、技术保障、资金保障等方面，存在人才短缺的问题，从而制约企业核心竞争力的进一步提升。

主要措施：既要坚持人才自主培养开发，又要适应形势变化，积极引进海外人才和海外智力。统筹开发利用好国内国际两种人才资源，这是新形势下公司做好人才工作的重要内容。统筹开发利用两种人才资源，关键是树立全球发展的眼光，加强人才战略布局，坚持整体开发方针，把自主培养开发人才和引进海外人才结合起来。一方面立足国内人才的选择、培养和使用，重点培养拔尖创新人才、急需紧缺人才、战略性后备人才，实现产业经济各类人才队伍协调发展；另一方面积极联络、合作、引进海外人才，重点引进各产业的拔尖人才、特别是掌握关键技术、带动新产品、新市场发展急需的战略领军人物，积极开展人才开发的国际交流。

(3)2011 年度主要生产经营计划

2011 年是"十二五"规划的开局之年，做好今年各项工作，对实现"十二五"战略目标有重大意义

a.加快流程再造，全面提高精益生产的技术创新能力

全面强化销售计划、生产计划、采购计划、回款计划的管理，通过可实施的战略方案的制定、预算流程完善与再造、成本管理以提高公司运营能力以及核心竞争力。

新年度要把精益制造工艺流程、提高人员素质、质量控制、降本增效作为强化流程再造的重点，确保高标准、高质量完成新年度的各项任务：继续把推进 FDAⅢ期临床项目作为 2011 年度工作的重中之重，如期完成 FDA 标准生产车间建设，完成 FDAⅢ期临床的药品制备工作、流程再造和生产系统人员培训工作，要达到美国欧盟 cGMP 的标准要求；按期完成 FDA 制剂用丹参、三七药材以及粉针用药材的技术档案制备，进一步完善从种植到加工全过程可追溯的管理体系；积极加大丹参总酚酸上市之前的工作力度，保证产品顺利上市，确保产品质量的明确性和安全无事故；持续增加药材资源战略储备，仓储规模要进一步扩大；博科林公司要强化精益生产，满足现代中药国际化的质量需求，按期完成聚乙二醇精制项目的产品验证取得生产文号。

b.持续推进生物药产业化发展进程

上海天士力药业有限公司年内要重点完成新药证书以及 GMP 认证工作，并保证产品上市。天士力金纳生物技术(天津)有限公司要在已取得新药证书和 GMP 认证的基础上，完成生产任务以及儿童临床试验，确保产品质量零缺陷。

c.以国内外市场需求为导向，全面提升营销模式的创新能力

天津天士力医药营销集团有限公司将围绕目标加快体制改革，提高驾驭市场能力。充分利用开展 FDAⅢ期临床试验契机，通过大产品大品牌提高终端覆盖率。立体规划、分类指导、重点实施。同时加大激励力度，全面提高营销能力。充分发挥现代信息化网络优势，为营销板块提供全方位服务的同时，开展独具特色的网络销售。

d.深化产学研结合，全面提升科研创新的核心能力

重点保障复方丹参滴丸 FDAⅢ期临床试验的按期启动，确保阶段性成果落实，全面保障复方丹参滴丸专利保护的技术支持工作。重点抓好拟上市新药的研究工作；完成中药新药丹参多酚酸、生物药新药尿激酶原和亚单位流感疫苗上市前和上市后的工艺支持和科研保障工作。

6.5 募集资金使用情况

√适用　　□不适用

单位:万元 币种:人民币

募集资金总额(元)	1,028,850,892.04	本年度已使用募集资金总额(元)	19,688,367.90
		已累计使用募集资金总额(元)	19,688,367.90

承诺项目	是否变更项目	拟投入金额	实际投入金额	是否符合计划进度	预计收益	产生收益情况
复方丹参滴丸扩产项目	否	30,481.55	299.90	是	–	–
其中：复方丹参滴丸、芪参益气滴丸新型滴丸剂生产线建设项目	否	20,628.55		是	–	–
现代中药出口生产基地集成控制建设项目	否	9,853.00	299.90	是	–	–

现代中药固体制剂扩产建设项目	否	25,385.58	5.94	是	-	-
天士力现代中药资源有限公司GMP技改项目	否	15,489.00		是	-	-
天士力研发中心建设项目	否	11,950.00	1,663.00	是	-	-
现代物流配送中心建设项目	否	6,843.51		是	-	-
三七药材储备及种植基地建设项目	否	13,623.27		是	-	-
现代中药产业链信息系统建设项目	否	3,091.28		是	-	-
合计	/	106,864.19	1,968.84	/	-	/

变更项目情况

□适用 √不适用

6.6 非募集资金项目情况

□适用 √不适用

6.7 董事会对会计师事务所"非标准审计报告"的说明

□适用 √不适用

6.8 董事会本次利润分配或资本公积金转增股本预案

本次股利分配拟以 2010 年末总股本 516,421,327 股为基数，按每 10 股派发现金股利 6 元（含税），向股利分配股权登记日登记在册的全体股东派发现金股利总额为 309,852,796.20 元（含税）。本次股利分配后合并会计报表未分配利润余额为 661,537,676.84 元。

公司本报告期内盈利但未提出现金利润分配预案

□适用 √不适用

7 重要事项

7.6 收购资产

□适用 √不适用

7.7 出售资产

□适用 √不适用

7.8 重大担保

√适用 □不适用

单位:元 币种:人民币

公司对控股子公司的担保情况	
报告期内对子公司担保发生额合计	113,760,601.29
报告期末对子公司担保余额合计	344,593,832.59
公司担保总额情况（包括对控股子公司的担保）	
担保总额	344,593,832.59
担保总额占公司净资产的比例(%)	10.42
其中：	
直接或间接为资产负债率超过 70%的被担保对象提供的债务担保金额	344,593,832.59
上述三项担保金额合计	344,593,832.59

上述直接或间接为资产负债率超过 70%的被担保对象提供的债务担保金额 344,593,832.59 元，均系对子公司提供的担保金额：其中

被担保单位	担保金额（单位：元）
山东天士力医药有限公司	60,946,879.00
湖南天士力民生药业有限公司	75,356,809.00
广东天士力医药有限公司	38,016,971.16
陕西天士力医药有限公司	76,458,327.67
辽宁天士力医药有限公司	93,814,845.76
小计	344,593,832.59

7.9 重大关联交易

7.9.1 与日常经营相关的关联交易

□适用 √不适用

7.9.2 关联债权债务往来

□适用 √不适用

7.9.3 报告期内资金被占用情况及清欠进展情况

□适用 √不适用

截至报告期末，上市公司未完成非经营性资金占用的清欠工作的，董事会提出的责任追究方案

□适用 √不适用

7.10 委托理财

□适用 √不适用

7.11 承诺事项履行情况

7.11.1 公司或持股 5%以上股东在报告期内或持续到报告期内的承诺事项

□适用 √不适用

7.11.2 公司资产或项目存在盈利预测，且报告期仍处在盈利预测期间，公司就资产或项目是否达到原盈利预测及其原因作出说明

□适用 √不适用

7.12 重大诉讼仲裁事项

□适用 √不适用

7.13 其他重大事项及其影响和解决方案的分析说明

7.13.1 证券投资情况

□适用 √不适用

7.13.2 持有其他上市公司股权情况

□适用 √不适用

7.13.3 持有非上市金融企业股权情况

√适用 □不适用

所持对象名称	最初投资成本（元）	持有数量（股）	占该公司股权比例(%)	期末账面价值（元）	报告期损益（元）	报告期所有者权益变动（元）	会计核算科目	股份来源
徐州市郊农村	27,000,000	27,000,000	10	27,000,000			长期股	信用
天津天士力融通小额贷款有限公司	5,000,000		10	5,000,000	-	-	-	-
合计	5,000,000		/	5,000,000			/	/

7.13.4 买卖其他上市公司股份的情况

□适用 √不适用

7.14 公司披露了内部控制的自我评价报告或履行社会责任报告，详见年报全文。

第八节 监事会报告

8.6 监事会对公司依法运作情况的独立意见

监事会成员列席了本年度召开的各次股东大会和董事会，会议通知、会议召集、股东和董事出席会议情况、会议审议事项及表决结果等均符合法律规定的程序。各次会议所作决议均符合法律、法规和《公司章程》的规定，未发现有损害公司和股东利益的情况。

监事会认为，公司董事会和管理层 2010 年度的工作能严格按照《公司法》、《公司章程》等有关法规制度进行规范运作，认真履行股东大会有关决议，经营决策科学合理，工作认真负责，未发现有违反法律、法规和《公司章程》或损害公司利益的行为。

8.7 监事会对检查公司财务情况的独立意见

监事会通过对公司 2010 年度决算报告认真核查后认为：公司财务报告真实地反映了本公司 2010 年度的财务状况和经营成果，天健会计师事务所真实、客观地对本公司 2010 年度财务报告出具了标准无保留意见的审计报告。

8.8 监事会对公司最近一次募集资金实际投入情况的独立意见

经中国证券监督管理委员会（证监许可[2010]1714 号文）核准，公司非公开发行人民币普通股（A 股）股票 28,421,327 股，每股面值 1 元，发行价格为 37.6 元/股，募集资金总额为人民币 106,864.19 万元，扣除相关发行费用 3,979.10 万元后，实际募集资金净额为人民币 102,885.09 万元。上述募集资金到位情况已经天健会计师事务所有限公司验证，并于 2010 年 12 月 14 日，出具天健验〔2010〕406 号《验资报告》。本公司对募集资金采取了专户存储管理。

8.9 监事会对公司关联交易情况的独立意见

2010 年度公司所发生关联交易事项均属合理、必要，交易定价合理有据、客观公允，公司及其股东并未因关联交易遭受任何损害。上述关联交易事项均已按相关法律法规办理了相关的授权、批准、登记或备案手续，交易事项合法合规、真实有效。

第九节 财务会计报告

9.6 审计意见

财务报告	□未经审计	√审计
审计意见	√标准无保留意见	□非标意见

9.7 财务报表

合并资产负债表

2010 年 12 月 31 日

编制单位:天津天士力制药股份有限公司 单位:元 币种:人民币

项目	附注	期末余额	年初余额
流动资产：			
货币资金	1	1,603,682,894.61	556,258,018.93
结算备付金			
拆出资金			
交易性金融资产			
应收票据	2	283,767,616.58	194,720,825.17
应收账款	3	564,403,934.13	535,861,809.06
预付款项	4	104,750,293.77	89,310,613.95
应收保费			
应收分保账款			
应收分保合同准备金			
应收利息			
应收股利			
其他应收款	5	54,093,375.77	77,445,525.96
买入返售金融资产			
存货	6	561,308,292.70	387,762,910.68
一年内到期的非流动资产			
其他流动资产			
流动资产合计		3,172,006,407.56	1,841,359,703.75
非流动资产：			
发放委托贷款及垫款			
可供出售金融资产			
持有至到期投资			
长期应收款			
长期股权投资	8	469,475,496.01	448,400,314.22
投资性房地产	9	26,584,956.52	27,425,412.72
固定资产	10	1,159,611,437.82	1,139,925,310.51
在建工程	11	254,895,454.46	227,334,150.77
工程物资			
固定资产清理			
生产性生物资产			
油气资产			
无形资产	12	172,283,080.72	172,683,398.83
开发支出	12	133,204,289.92	125,313,859.13
商誉	13	14,502,693.55	14,502,693.55
长期待摊费用	14	28,013,955.05	15,289,267.69
递延所得税资产	15	22,121,175.87	13,096,403.59

其他非流动资产			
非流动资产合计		2,280,692,539.92	2,183,970,811.01
资产总计		5,452,698,947.48	4,025,330,514.76
流动负债:			
短期借款	17	802,256,300.00	801,948,000.00
向中央银行借款			
吸收存款及同业存放			
拆入资金			
交易性金融负债			
应付票据	18	551,714,764.39	483,685,554.84
应付账款	19	193,349,715.16	156,508,759.23
预收款项	20	63,502,056.00	11,257,401.60
卖出回购金融资产款			
应付手续费及佣金			
应付职工薪酬	21	63,152,908.98	40,828,889.96
应交税费	22	36,502,876.76	31,748,656.61
应付利息	23	1,255,534.08	751,582.01
应付股利			
其他应付款	24	66,418,590.08	82,485,079.32
应付分保账款			
保险合同准备金			
代理买卖证券款			
代理承销证券款			
一年内到期的非流动负债	25	2,000,000.00	2,000,000.00
其他流动负债			
流动负债合计		1,780,152,745.45	1,611,213,923.57
非流动负债:			
长期借款	26	225,000,000.00	225,000,000.00
应付债券			
长期应付款			
专项应付款	27		400,000.00
预计负债			
递延所得税负债			
其他非流动负债	28	22,606,622.27	17,619,093.18
非流动负债合计		247,606,622.27	243,019,093.18
负债合计		2,027,759,367.72	1,854,233,016.75
所有者权益(或股东权益):			
实收资本(或股本)	29	516,421,327.00	488,000,000.00
资本公积	30	1,554,411,379.84	564,427,294.26
减:库存股			
专项储备			
盈余公积	31	265,488,358.35	221,357,736.27
一般风险准备			
未分配利润	32	971,390,473.04	760,419,424.51
外币报表折算差额		-1,121,609.83	-835,190.15
归属于母公司所有者权益合计		3,306,589,928.40	2,033,369,264.89
少数股东权益		118,349,651.36	137,728,233.12
所有者权益合计		3,424,939,579.76	2,171,097,498.01
负债和所有者权益总计		5,452,698,947.48	4,025,330,514.76

法定代表人:闫希军　　主管会计工作负责人:李文　　会计机构负责人:王瑞华

母公司资产负债表

2010 年 12 月 31 日

编制单位:天津天士力制药股份有限公司　　单位:元 币种:人民币

项目	附注	期末余额	年初余额
流动资产:			
货币资金		1,137,075,520.84	176,203,629.46
交易性金融资产			
应收票据		303,275,764.38	442,438,421.10
应收账款	1	513,489,024.85	221,375,105.69
预付款项		23,821,203.09	29,259,050.78
应收利息		16,155,869.89	8,203,180.51
应收股利			
其他应收款	2	190,052,382.18	183,436,002.06
存货		111,124,948.37	75,569,470.72
一年内到期的非流动资产			
其他流动资产			
流动资产合计		2,294,994,713.60	1,136,484,860.32
非流动资产:			
可供出售金融资产			
持有至到期投资			
长期应收款		180,000,000.00	180,000,000.00
长期股权投资	3	1,257,375,128.73	1,225,977,927.98
投资性房地产		26,584,956.52	27,425,412.72
固定资产		452,560,559.79	458,267,927.90
在建工程		89,743,866.19	38,819,118.64
工程物资			
固定资产清理			
生产性生物资产			
油气资产			
无形资产		66,840,031.23	70,219,945.14
开发支出		116,107,588.45	98,606,379.65
商誉			
长期待摊费用			
递延所得税资产		11,011,793.52	6,231,092.41
其他非流动资产			
非流动资产合计		2,200,223,924.43	2,105,547,804.44
资产总计		4,495,218,638.03	3,242,032,664.76
流动负债:			
短期借款		712,667,000.00	749,800,000.00
交易性金融负债			
应付票据		50,000,000.00	80,000,000.00
应付账款		79,904,616.03	85,405,331.17
预收款项		20,000,000.00	1,649,630.34
应付职工薪酬		55,267,371.15	33,636,426.88
应交税费		40,492,500.44	14,897,156.63
应付利息		1,076,617.77	686,895.00
应付股利			
其他应付款		7,231,989.67	22,011,294.65
一年内到期的非流动负债		2,000,000.00	2,000,000.00
其他流动负债			
流动负债合计		968,640,095.06	990,086,734.67
非流动负债:			
长期借款		225,000,000.00	225,000,000.00
应付债券			
长期应付款			
专项应付款			
预计负债			
递延所得税负债			
其他非流动负债			324,500.00
非流动负债合计		225,000,000.00	225,324,500.00
负债合计		1,193,640,095.06	1,215,411,234.67
所有者权益(或股东权益):			
实收资本(或股本)		516,421,327.00	488,000,000.00
资本公积		1,643,635,974.99	643,206,409.95
减:库存股			
专项储备			
盈余公积		256,314,060.17	212,183,438.09
一般风险准备			
未分配利润		885,207,180.81	683,231,582.05
所有者权益(或股东权益)合计		3,301,578,542.97	2,026,621,430.09
负债和所有者权益(或股东权益)总计		4,495,218,638.03	3,242,032,664.76

法定代表人:闫希军　　主管会计工作负责人:李文　　会计机构负责人:王瑞华

合并利润表

2010 年 1—12 月

单位:元 币种:人民币

项目	附注	本期金额	上期金额
一、营业总收入		4,651,591,064.18	3,992,645,337.10
其中:营业收入	1	4,651,591,064.18	3,992,645,337.10
利息收入			
已赚保费			
手续费及佣金收入			
二、营业总成本		4,121,635,455.55	3,608,107,339.92
其中:营业成本	1	3,084,270,243.84	2,687,390,062.11
利息支出			
手续费及佣金支出			
退保金			
赔付支出净额			
提取保险合同准备金净额			
保单红利支出			
分保费用			
营业税金及附加	2	31,147,685.38	25,785,464.85
销售费用	3	631,623,973.76	565,828,760.62
管理费用	4	305,512,919.75	281,275,319.61
财务费用	5	61,567,714.47	42,065,311.11
资产减值损失	6	7,512,918.35	5,762,421.62
加:公允价值变动收益(损失以"-"号填列)			
投资收益(损失以"-"号填列)	7	5,651,235.29	6,600,937.29
其中:对联营企业和合营企业的投资收益		5,496,555.14	456,630.66
汇兑收益(损失以"-"号填列)			
三、营业利润(亏损以"-"号填列)		535,606,843.92	391,138,934.47
加:营业外收入	8	25,432,954.60	13,807,718.38
减:营业外支出	9	5,412,093.87	5,848,076.05
其中:非流动资产处置损失		623,348.94	869,553.72
四、利润总额(亏损总额以"-"号填列)		555,627,704.65	399,098,576.80

减:所得税费用	10	96,198,414.90	75,464,558.15
五、净利润(净亏损以"–"号填列)		459,429,289.75	323,634,018.65
归属于母公司所有者的净利润		450,301,670.61	316,706,340.30
少数股东损益		9,127,619.14	6,927,678.35
六、每股收益:			
(一)基本每股收益	11	0.92	0.65
(二)稀释每股收益	11	0.92	0.65
七、其他综合收益	12	–286,419.68	–5,090.84
八、综合收益总额		459,142,870.07	323,628,927.81
归属于母公司所有者的综合收益总额		450,015,250.93	316,701,249.46
归属于少数股东的综合收益总额		9,127,619.14	6,927,678.35

法定代表人:闫希军　　主管会计工作负责人:李文　　会计机构负责人:王瑞华

母公司利润表

2010 年 1—12 月

单位:元 币种:人民币

项目	附注	本期金额	上期金额
一、营业收入	1	1,737,582,874.76	1,461,744,246.44
减:营业成本	1	539,387,342.50	497,676,038.58
营业税金及附加		22,842,080.68	19,145,341.80
销售费用		495,938,573.88	442,083,839.55
管理费用		158,379,495.44	142,999,360.97
财务费用		36,727,770.62	23,832,345.26
资产减值损失		16,554,521.93	6,818,299.66
加:公允价值变动收益(损失以"–"号填列)			
投资收益(损失以"–"号填列)	2	36,584,372.54	43,122,781.78
其中:对联营企业和合营企业的投资收益		2,250,884.08	456,630.66
二、营业利润(亏损以"–"号填列)		504,337,462.25	372,311,802.40
加:营业外收入		12,086,671.63	9,344,798.16
减:营业外支出		4,040,191.14	4,905,489.15
其中:非流动资产处置损失		383,191.14	751,818.49
三、利润总额(亏损总额以"–"号填列)		512,383,942.74	376,751,111.41
减:所得税费用		71,077,721.90	46,014,380.27
四、净利润(净亏损以"–"号填列)		441,306,220.84	330,736,731.14
五、每股收益:			
(一)基本每股收益			
(二)稀释每股收益			
六、其他综合收益			
七、综合收益总额		441,306,220.84	330,736,731.14

法定代表人:闫希军　　主管会计工作负责人:李文　　会计机构负责人:王瑞华

合并现金流量表

2010 年 1—12 月

单位:元 币种:人民币

项目	附注	本期金额	上期金额
一、经营活动产生的现金流量:			
销售商品、提供劳务收到的现金		5,317,790,178.56	4,550,737,370.72
客户存款和同业存放款项净增加额			
向中央银行借款净增加额			
向其他金融机构拆入资金净增加额			
收到原保险合同保费取得的现金			
收到再保险业务现金净额			
保户储金及投资款净增加额			
处置交易性金融资产净增加额			
收取利息、手续费及佣金的现金			
拆入资金净增加额			
回购业务资金净增加额			
收到的税费返还			15,499.82
收到其他与经营活动有关的现金	1	117,721,117.01	74,370,332.55
经营活动现金流入小计		5,435,511,295.57	4,625,123,203.09
购买商品、接受劳务支付的现金		3,542,862,495.24	2,921,536,566.97
客户贷款及垫款净增加额			
存放中央银行和同业款项净增加额			
支付原保险合同赔付款项的现金			
支付利息、手续费及佣金的现金			
支付保单红利的现金			
支付给职工以及为职工支付的现金		284,931,400.94	259,245,173.78
支付的各项税费		432,674,912.81	333,191,194.53
支付其他与经营活动有关的现金	2	779,989,574.07	710,762,910.41
经营活动现金流出小计		5,040,458,383.06	4,224,735,845.69
经营活动产生的现金流量净额		395,052,912.51	400,387,357.40
二、投资活动产生的现金流量:			
收回投资收到的现金		2,506,900.00	19,636,699.10
取得投资收益收到的现金		1,972,933.33	119,500.00
处置固定资产、无形资产和其他			
长期资产收回的现金净额		26,208,840.61	3,389,375.53
处置子公司及其他营业单位收到的现金净额			
收到其他与投资活动有关的现金	3	3,021,596.63	5,656,416.30
投资活动现金流入小计		33,710,270.57	28,801,990.93
购建固定资产、无形资产和其他长期资产支付的现金		166,130,764.27	116,804,827.91
投资支付的现金		31,260,340.00	289,800,000.00
质押贷款净增加额			
取得子公司及其他营业单位支付的现金净额		116,124.20	
支付其他与投资活动有关的现金	4	28,870.00	232,858.86
投资活动现金流出小计		197,536,098.47	406,837,686.77
投资活动产生的现金流量净额		–163,825,827.90	–378,035,695.84
三、筹资活动产生的现金流量:			
吸收投资收到的现金		1,030,150,892.04	1,600,000.00
其中:子公司吸收少数股东投资收到的现金			1,600,000.00
取得借款收到的现金		1,466,056,290.00	1,616,948,000.00
发行债券收到的现金			
收到其他与筹资活动有关的现金	5	235,219,037.53	233,518,490.82
筹资活动现金流入小计		2,731,426,219.57	1,852,066,490.82
偿还债务支付的现金		1,465,747,990.00	1,310,560,520.00
分配股利、利润或偿付利息支付的现金		247,646,373.10	246,678,605.96
其中:子公司支付给少数股东的股利、利润		12,635,370.40	17,066,919.23
支付其他与筹资活动有关的现金	6	237,442,736.19	186,954,506.62
筹资活动现金流出小计		1,950,837,099.29	1,744,193,632.58
筹资活动产生的现金流量净额		780,589,120.28	107,872,858.24
四、汇率变动对现金及现金等价物的影响		–274,454.53	–40,897.34
五、现金及现金等价物净增加额		1,011,541,750.36	130,183,622.46
加:期初现金及现金等价物余额		461,503,089.38	331,319,466.92
六、期末现金及现金等价物余额		1,473,044,839.74	461,503,089.38

法定代表人:闫希军　　主管会计工作负责人:李文　　会计机构负责人:王瑞华

母公司现金流量表

2010 年 1—12 月

单位:元 币种:人民币

项目	附注	本期金额	上期金额
一、经营活动产生的现金流量:			
销售商品、提供劳务收到的现金		1,831,396,246.74	1,628,893,477.87
收到的税费返还			
收到其他与经营活动有关的现金		17,392,966.39	24,548,073.71
经营活动现金流入小计		1,848,789,213.13	1,653,441,551.58
购买商品、接受劳务支付的现金		559,593,473.29	468,622,012.16
支付给职工以及为职工支付的现金		180,915,206.85	159,629,694.03
支付的各项税费		305,625,735.95	231,758,714.63
支付其他与经营活动有关的现金		502,744,026.77	457,416,151.40
经营活动现金流出小计		1,548,878,442.86	1,317,426,572.22
经营活动产生的现金流量净额		299,910,770.27	336,014,979.36
二、投资活动产生的现金流量:			
收回投资收到的现金			44,286,779.10
取得投资收益收到的现金		36,192,105.12	36,763,412.75
处置固定资产、无形资产和其他			
长期资产收回的现金净额		24,311,041.89	1,761,904.12
处置子公司及其他营业单位收到的现金净额			318,194.24
收到其他与投资活动有关的现金		1,275,565.22	7,983,617.78
投资活动现金流入小计		61,778,712.23	91,113,907.99
购建固定资产、无形资产和其他长期资产支付的现金		101,530,271.64	60,495,001.00
投资支付的现金		14,529,300.00	464,800,000.00
取得子公司及其他营业单位支付的现金净额			
支付其他与投资活动有关的现金		49,500,803.42	7,377,759.32
投资活动现金流出小计		165,560,375.06	532,672,760.32
投资活动产生的现金流量净额		–103,781,662.83	–441,558,852.33
三、筹资活动产生的现金流量:			
吸收投资收到的现金		1,030,150,892.04	
取得借款收到的现金		1,337,667,000.00	1,564,800,000.00
发行债券收到的现金			
收到其他与筹资活动有关的现金			
筹资活动现金流入小计		2,367,817,892.04	1,564,800,000.00
偿还债务支付的现金		1,374,800,000.00	1,185,000,000.00
分配股利、利润或偿付利息支付的现金		226,980,166.61	221,716,635.21
支付其他与筹资活动有关的现金		1,300,000.00	
筹资活动现金流出小计		1,603,080,166.61	1,406,716,635.21
筹资活动产生的现金流量净额		764,737,725.43	158,083,364.79
四、汇率变动对现金及现金等价物的影响		5,058.51	–24,466.50
五、现金及现金等价物净增加额		960,871,891.38	52,515,025.32
加:期初现金及现金等价物余额		176,203,629.46	123,688,604.14
六、期末现金及现金等价物余额		1,137,075,520.84	176,203,629.46

法定代表人:闫希军　　主管会计工作负责人:李文　　会计机构负责人:王瑞华

合并所有者权益变动表

2010 年 1—12 月

单位:元 币种:人民币

本期金额

归属于母公司所有者权益

项目	实收资本(或股本)	资本公积	减:库存股	专项储备	盈余公积	一般风险准备	未分配利润	其他	少数股东权益	所有者权益合计
一、上年年末余额	488,000,000.00	564,427,294.26			221,357,736.27		760,419,424.51	−835,190.15	137,728,233.12	2,171,097,498.01
加:会计政策变更前										
期差错更正										
其他										
二、本年年初余额	488,000,000.00	564,427,294.26			221,357,736.27		760,419,424.51	−835,190.15	137,728,233.12	2,171,097,498.01
三、本期增减变动金额										
(减少以"−"号填列)	28,421,327.00	989,984,085.58			44,130,622.08		210,971,048.53	−286,419.68	−19,378,581.76	1,253,842,081.75
(一)净利润							450,301,670.61		9,127,619.14	459,429,289.75
(二)其他综合收益								−286,419.68		−286,419.68
上述(一)和(二)小计							450,301,670.61	−286,419.68	9,127,619.14	459,142,870.07
(三)所有者投入和										
减少资本	28,421,327.00	1,000,429,565.04							−15,870,830.50	1,012,980,061.54
1.所有者投入资本	28,421,327.00	1,000,429,565.04								1,028,850,892.04
2.股份支付计入所有者权益的金额										
3.其他									−15,870,830.50	−15,870,830.50
(四)利润分配					44,130,622.08		−239,330,622.08		−12,635,370.40	−207,835,370.40
1.提取盈余公积					44,130,622.08		−44,130,622.08			
2.提取一般风险准备										
3.对所有者(或股东)的分配							−195,200,000.00		−12,635,370.40	−207,835,370.40
4.其他										
(五)所有者权益内部结转										
1.资本公积转增资本(或股本)										
2.盈余公积转增资本(或股本)										
3.盈余公积弥补亏损										
4.其他										
(六)专项储备										
1.本期提取										
2.本期使用										
(七)其他		−10,445,479.46								−10,445,479.46
四、本期期末余额	516,421,327.00	1,554,411,379.84			265,488,358.35		971,390,473.04	−1,121,609.83	118,349,651.36	3,424,939,579.76

上年同期金额

归属于母公司所有者权益

项目	实收资本(或股本)	资本公积	减:库存股	专项储备	盈余公积	一般风险准备	未分配利润	其他	少数股东权益	所有者权益合计
一、上年年末余额	488,000,000.00	564,426,891.07			188,284,063.16		671,986,757.32	−830,099.31	181,036,426.15	2,092,904,038.39
加:会计政策变更										
前期差错更正										
其他										
二、本年年初余额	488,000,000.00	564,426,891.07			188,284,063.16		671,986,757.32	−830,099.31	181,036,426.15	2,092,904,038.39
三、本期增减变动金额										
(减少以"−"号填列)		403.19			33,073,673.11		88,432,667.19	−5,090.84	−43,308,193.03	78,193,459.62
(一)净利润							316,706,340.30		6,927,678.35	323,634,018.65
(二)其他综合收益								−5,090.84		−5,090.84
上述(一)和(二)小计							316,706,340.30	−5,090.84	6,927,678.35	323,628,927.81
(三)所有者投入和减少资本									−33,168,952.15	−33,168,952.15
1.所有者投入资本									1,600,000.00	1,600,000.00
2.股份支付计入所有者权益的金额										
3.其他									−34,768,952.15	−34,768,952.15
(四)利润分配					33,073,673.11		−228,273,673.11		−17,066,919.23	−212,266,919.23
1.提取盈余公积					33,073,673.11		−33,073,673.11			
2.提取一般风险准备										
3.对所有者(或股东)的分配							−195,200,000.00		−17,066,919.23	−212,266,919.23
4.其他										
(五)所有者权益内部结转										
1.资本公积转增资本(或股本)										
2.盈余公积转增资本(或股本)										
3.盈余公积弥补亏损										
4.其他										
(六)专项储备										
1.本期提取										
2.本期使用										
(七)其他		403.19								403.19
四、本期期末余额	488,000,000.00	564,427,294.26			221,357,736.27		760,419,424.51	−835,190.15	137,728,233.12	2,171,097,498.01

法定代表人:闫希军　　主管会计工作负责人:李文　　会计机构负责人:王瑞华

母公司所有者权益变动表

2010 年 1—12 月

单位:元 币种:人民币

本期金额

项目	实收资本(或股本)	资本公积	减:库存股	专项储备	盈余公积	一般风险准备	未分配利润	所有者权益合计
一、上年年末余额	488,000,000.00	643,206,409.95			212,183,438.09		683,231,582.05	2,026,621,430.09
加:会计政策变更								
前期差错更正								
其他								
二、本年年初余额	488,000,000.00	643,206,409.95			212,183,438.09		683,231,582.05	2,026,621,430.09
三、本期增减变动金额								
(减少以"−"号填列)	28,421,327.00	1,000,429,565.04			44,130,622.08		201,975,598.76	1,274,957,112.88
(一)净利润							441,306,220.84	441,306,220.84
(二)其他综合收益								
上述(一)和(二)小计							441,306,220.84	441,306,220.84
(三)所有者投入和								
减少资本	28,421,327.00	1,000,429,565.04						1,028,850,892.04
1.所有者投入资本	28,421,327.00	1,000,429,565.04						1,028,850,892.04
2.股份支付计入所有者权益的金额								
3.其他								
(四)利润分配					44,130,622.08		−239,330,622.08	−195,200,000.00
1.提取盈余公积					44,130,622.08		−44,130,622.08	
2.提取一般风险准备								
3.对所有者(或股东)的分配							−195,200,000.00	−195,200,000.00
4.其他								
(五)所有者权益内部结转								
1.资本公积转增资本(或股本)								
2.盈余公积转增资本(或股本)								
3.盈余公积弥补亏损								
4.其他								
(六)专项储备								
1.本期提取								
2.本期使用								
(七)其他								
四、本期期末余额	516,421,327.00	1,643,635,974.99			256,314,060.17		885,207,180.81	3,301,578,542.97

上年同期金额

项目	实收资本(或股本)	资本公积	减:库存股	专项储备	盈余公积	一般风险准备	未分配利润	所有者权益合计
一、上年年末余额	488,000,000.00	643,206,409.95			179,109,764.98		580,768,524.02	1,891,084,698.95
加:会计政策变更								
前期差错更正								
其他								
二、本年年初余额	488,000,000.00	643,206,409.95			179,109,764.98		580,768,524.02	1,891,084,698.95
三、本期增减变动金额								
(减少以"−"号填列)					33,073,673.11		102,463,058.03	135,536,731.14
(一)净利润							330,736,731.14	330,736,731.14
(二)其他综合收益								
上述(一)和(二)小计							330,736,731.14	330,736,731.14
(三)所有者投入和减少资本								
1.所有者投入资本								
2.股份支付计入所有者权益的金额								
3.其他								
(四)利润分配					33,073,673.11		−228,273,673.11	−195,200,000.00
1.提取盈余公积					33,073,673.11		−33,073,673.11	
2.提取一般风险准备								
3.对所有者(或股东)的分配							−195,200,000.00	−195,200,000.00
4.其他								
(五)所有者权益内部结转								
1.资本公积转增资本(或股本)								
2.盈余公积转增资本(或股本)								
3.盈余公积弥补亏损								
4.其他								
(六)专项储备								
1.本期提取								
2.本期使用								
(七)其他								
四、本期期末余额	488,000,000.00	643,206,409.95			212,183,438.09		683,231,582.05	2,026,621,430.09

法定代表人:闫希军　　主管会计工作负责人:李文　　会计机构负责人:王瑞华

9.8 本报告期无会计政策、会计估计的变更。

9.9 本报告期无前期会计差错更正。

9.10 企业合并及合并财务报表

9.10.1 合并范围发生变更的说明

本期,无增加或减少子公司的情况。

4.其他说明

(1) 无母公司拥有其半数或半数以下表决权而纳入合并财务报表范围的子公司。

(2) 无母公司拥有半数以上表决权但未能对其形成控制的公司。

9.10.2 境外经营实体主要报表项目的折算汇率

项目	币种	折算汇率
资产、负债项目	美元	资产负债表日即期汇率
实收资本	美元	发生时的即期汇率
利润表项目	美元	交易发生时的即期汇率的近似汇率

第十节　备查文件目录

1、载有法定代表人、主管会计工作负责人、会计机构负责人签名并盖章的会计报表;

2、载有会计师事务所盖章、注册会计师签名并盖章的审计报告原件;

3、报告期内在中国证监会指定报纸上公开披露过的所有公司文件的正文及公告的原稿。

董事长:闫希军

天津天士力制药股份有限公司

2011 年 3 月 25 日

安徽山鹰纸业股份有限公司

安徽山鹰纸业股份有限公司2010年年度报告摘要

第一节　重要提示

1.1 本公司董事会、监事会及董事、监事、高级管理人员保证本报告所载资料不存在任何虚假记载、误导性陈述或者重大遗漏，并对其内容的真实性、准确性和完整性承担个别及连带责任。

本年度报告摘要摘自年度报告全文，投资者欲了解详细内容，应当仔细阅读年度报告全文。

1.2 公司全体董事出席董事会会议。

1.3 利安达会计师事务所有限责任公司为本公司出具了标准无保留意见的审计报告。

1.4 是否存在被控股股东及其关联方非经营性占用资金情况？

否

1.5 是否存在违反规定决策程序对外提供担保的情况？

否

1.6 公司负责人王德贤、主管会计工作负责人汤涌泉及会计机构负责人（会计主管人员）何加宇声明：保证年度报告中财务报告的真实、完整。

第二节　公司基本情况简介

2.1 基本情况简介

股票简称	山鹰纸业
股票代码	600567
股票上市交易所	上海证券交易所
公司注册地址和办公地址	安徽省马鞍山市勤俭路3号
邮政编码	243021
公司国际互联网网址	http://www.shanyingpaper.com
电子信箱	stock@shanyingpaper.com

2.2 联系人和联系方式

	董事会秘书	证券事务代表
姓名	孙红莉	丁伯节
联系地址	安徽省马鞍山市勤俭路3号证券部	安徽省马鞍山市勤俭路3号证券部
电话	0555-2826275	0555-2826275
传真	0555-2826369	0555-2826369
电子信箱	stock@shanyingpaper.com	stock@shanyingpaper.com

第三节　会计数据和业务数据摘要

3.1 主要会计数据

单位：元 币种：人民币

	2010年	2009年	本期比上年同期增减(%)	2008年
营业收入	3,746,236,633.57	2,693,920,922.67	39.06	2,858,835,048.74
利润总额	221,577,732.98	89,685,788.04	147.06	18,746,004.35
归属于上市公司股东的净利润	184,893,193.18	58,948,463.07	213.65	4,006,728.04
归属于上市公司股东的扣除非经常性损益的净利润	68,075,979.16	30,538,736.11	122.92	1,703,360.78
经营活动产生的现金流量净额	322,604,611.84	299,646,110.28	7.66	178,910,308.89
	2010年末	2009年末	本期末比上年同期末增减(%)	2008年末
总资产	5,399,360,191.28	4,878,001,677.20	10.69	4,657,169,348.77
所有者权益(或股东权益)	1,943,135,209.42	1,584,699,876.15	22.62	1,301,930,083.84

3.2 主要财务指标

	2010年	2009年	本期比上年同期增减(%)	2008年
基本每股收益(元/股)	0.35	0.14	150	0.01
稀释每股收益(元/股)	0.35	0.13	169.23	0.01
扣除非经常性损益后的基本每股收益(元/股)	0.13	0.07	85.71	0.004
加权平均净资产收益率(%)	9.79	4.41	增加5.38个百分点	0.31
扣除非经常性损益后的加权平均净资产收益率(%)	3.60	2.29	增加1.31个百分点	0.13
每股经营活动产生的现金流量净额(元/股)	0.60	0.62	-3.23	0.42
	2010年末	2009年末	本期末比上年同期末增减(%)	2008年末
归属于上市公司股东的每股净资产(元/股)	3.63	3.28	10.68	3.03

扣除非经常性损益项目

√适用　　□不适用

单位：元 币种：人民币

项目	金额
非流动资产处置损益	50,195,161.40
计入当期损益的政府补助(与企业业务密切相关，按照国家统一标准定额或定量享受的政府补助除外)	80,635,185.60
债务重组损益	-27,799.65
对外委托贷款取得的损益	486,267.99
除上述各项之外的其他营业外收入和支出	985,263.30
所得税影响额	-17,429,117.22
少数股东权益影响额(税后)	1,972,252.60
合计	116,817,214.02

第四节　股本变动及股东情况

4.1 股份变动情况表

√适用　　□不适用

单位：股

	本次变动前		本次变动增减(+,-)					本次变动后	
	数量	比例(%)	发行新股	送股	公积金转股	其他	小计	数量	比例(%)
一、有限售条件股份	37,848,250	7.83				-21,309,290	-21,309,290	16,538,960	3.09
1、国家持股	37,848,250	7.83				-21,309,290	-21,309,290	16,538,960	3.09
2、国有法人持股									
3、其他内资持股									
其中：境内非国有法人持股									
境内自然人持股									
4、外资持股									
其中：境外法人持股									
境外自然人持股									
二、无限售条件流通股份	445,694,761	92.17				73,012,464	73,012,464	518,707,225	96.91
1、人民币普通股	445,694,761	92.17				73,012,464	73,012,464	518,707,225	96.91
2、境内上市的外资股									
3、境外上市的外资股									
4、其他									
三、股份总数	483,543,011	100.00				51,703,174	51,703,174	535,246,185	100.00

限售股份变动情况表

√适用　　□不适用

单位：股

股东名称	年初限售股数	本年解除限售股数	本年增加限售股数	年末限售股数	限售原因	解除限售日期
马鞍山山鹰纸业集团有限公司	37,848,250	21,309,290	0	16,538,960	原非流通股股改	2010-5-18

4.2 股东数量和持股情况

单位：股

报告期末股东总数	100,913户

前十名股东持股情况

股东名称	股东性质	持股比例(%)	持股总数	报告期内增减	持有有限售条件股份数量	质押或冻结的股份数量
马鞍山山鹰纸业集团有限公司	国家	11.05	59,157,540		16,538,960	无
晏　娜	境内自然人	1.07	5,736,400			未知
陈继红	境内自然人	0.54	2,900,099			未知
中信证券股份有限公司客户信用交易担保证券账户	境内自然人	0.53	2,813,101			未知
吴幼彬	境内自然人	0.45	2,388,600			未知
晏福有	境内自然人	0.34	1,835,300			未知
丁春林	境内自然人	0.32	1,686,200			未知
李旭东	境内自然人	0.29	1,543,750			未知
麦琼妹	境内自然人	0.27	1,460,000			未知
王天军	境内自然人	0.24	1,300,000			未知

前十名无限售条件股东持股情况

股东名称	持有无限售条件股份的数量	股份种类及数量
马鞍山山鹰纸业集团有限公司	42,618,580	人民币普通股
晏　娜	5,736,400	人民币普通股
陈继红	2,900,099	人民币普通股
中信证券股份有限公司客户信用交易担保证券账户	2,813,101	人民币普通股
吴幼彬	2,388,600	人民币普通股
晏福有	1,835,300	人民币普通股

丁春林	1,686,200	人民币普通股
李旭东	1,543,750	人民币普通股
麦琼妹	1,460,000	人民币普通股
王天军	1,300,000	人民币普通股
上述股东关联关系或一致行动的说明	公司控股股东马鞍山山鹰纸业集团有限公司与上述其他股东无关联关系,公司未知其他股东之间是否存在关联关系或属于《上市公司股东持股变动信息披露管理办法》规定的一致行动人。	

4.3 控股股东及实际控制人情况介绍

4.3.1 控股股东及实际控制人变更情况

□适用　　√不适用

4.3.2 控股股东及实际控制人具体情况介绍

4.3.2.1 控股股东情况

○ 法人

单位:万元 币种:人民币

名称	马鞍山山鹰纸业集团有限公司
单位负责人或法定代表人	周著青
成立日期	1997 年 8 月 1 日
注册资本	23,000
主要经营业务或管理活动	持有、管理并运作公司的各项资产,科研开发,能源开发,物业管理,后勤服务,贸易,本企业产品、技术出口及本企业所需技术、设备、原辅材料进口。

4.3.2.2 实际控制人情况

○ 法人

单位:万元 币种:人民币

名称	马鞍山市工业投资有限责任公司
单位负责人或法定代表人	徐道才
成立日期	2002 年 2 月 27 日
注册资本	130,000
主要经营业务或管理活动	市国资委授权范围内的国有资产经营管理,国有资产产(股)权交易,证券交易,融资与投资,资产租赁、拍卖与收购、信息咨询、代理等中介服务,担保。(国家法律法规禁止的除外)

4.3.3 公司与实际控制人之间的产权及控制关系的方框图(略)

4.3.4 实际控制人通过信托或其他资产管理方式控制公司

□适用　　√不适用

第五节　董事、监事和高级管理人员

5.1 董事、监事和高级管理人员持股变动及报酬情况

单位:股

姓名	职务	性别	年龄	任期起始日期	任期终止日期	年初持股数	年末持股数	变动原因	报告期内从公司领取的报酬总额(万元)税前	是否在股东单位或其他关联单位领取薪酬
王德贤	董事长	男	64	2008-10-24	2011-10-23	0	0		56.21	否
汤涌泉	董事、总经理	男	57	2008-10-24	2011-10-23	0	0		49.75	否
夏　林	董事、副总经理	男	54	2008-10-24	2011-10-23	0	0		38.63	否
杨义传	董事、副总经理	男	58	2008-10-24	2011-10-23	0	0		38.59	否
沈晓卿	董事	女	46	2008-10-24	2011-10-23	0	0		38.59	否
方　敏	董事、副总经理	男	43	2010-10-13	2011-10-23	0	0		38.59	否
鲁招金	董事、副总经理	男	46	2010-4-20	2011-10-23	0	0		38.63	否
席彦群	独立董事	男	47	2008-10-24	2011-10-23	0	0		4.00	否
江益民	独立董事	男	52	2008-10-24	2011-10-23	0	0		4.00	否
方一苗	独立董事	男	47	2008-10-24	2011-10-23	0	0		4.00	否
戴红旗	独立董事	男	47	2008-10-24	2011-10-23	0	0		4.00	否
田永霞	监事会主席	女	57	2008-10-24	2011-10-23	0	0		27.60	否
朱皖苏	监事	女	41	2008-10-24	2011-10-23	0	0		16.81	否
江　胜	监事	男	30	2008-10-24	2011-10-23	0	0		16.31	否
孙后一	副总经理	男	42	2008-10-24	2011-10-23	0	0		38.63	否
何加宇	财务负责人	男	33	2008-10-24	2011-10-23	0	0		22.44	否
孙红莉	董事会秘书	女	33	2008-10-24	2011-10-23	0	0		20.29	否
合　计	/	/	/	/	/	0	0	/	457.07	/

第六节　董事会报告

6.1 管理层讨论与分析

(A)报告期内公司经营情况的回顾

1、报告期内公司总体经营情况

2010 年度,宏观经济企稳复苏,市场需求持续向好,行业当年新增产能不多,且国家淘汰落后产能政策的实施力度不断加大,成品纸价格回升,行业盈利呈现向好态势,行业景气度水平较高。

依托良好的市场环境和多年的经验积累,报告期内,公司不断向市场和管理要效益。一方面,公司充分利用国家产业带转移带来的新机遇,积极拓展中部市场,不断加大华中、华北地区销售力度,扩大公司产品的市场占有率;另一方面,公司从内部管理上不断挖潜,紧跟市场需求调整产品结构,改良生产工艺降低原料消耗,加强综合利用降低能源消耗。经过不懈努力,公司 2010 年度生产经营取得了一定成效。报告期内,公司实现营业收入 37.46 亿元,同比增长 39.06%;实现利润总额 2.22 亿元,同比增长 147.06%;实现归属于股东的净利润 1.85 亿元,同比增长 213.65%。公司主营业务继续保持良好发展势头,销售收入大幅增长的同时,各项费用得到有效控制,营业利润稳步提升,加之取得了房地产业务转让收益和财政补贴,公司 2010 年度利润大幅增长,全年经营目标超额实现。

2、主营业务及其经营状况分析

公司属于造纸企业,经营范围为:纸、纸板、纸箱制造,本公司生产产品出口及本公司生产、科研所需的原辅材料、机械设备、仪器仪表、零配件进口。公司主营"山鹰牌"各类包装纸板、新闻纸、瓦楞箱板纸箱及其他纸制品的生产和销售。多年来,公司始终坚持走循环经济道路,以废纸为主要原料开展生产经营。目前,公司年造纸产能近 100 万吨,年瓦楞箱板纸箱产能 6 亿平方米。公司拥有自备电站、铁路专用线、集装箱专用港口,并在多个城市设立了废纸收购网点。公司生产规模的稳步增长和一系列较完善的配套设施,将进一步提升公司的综合竞争力。

(1)主营业务分行业、分产品情况表

单位:元 币种:人民币

分行业或分产品	主营业务收入	主营业务成本	主营业务利润率(%)	主营业务收入比上年增减(%)	主营业务成本比上年增减(%)	主营业务利润率比上年增减(%)
行业						
造纸行业	3,700,626,195.27	3,197,097,821.85	12.96%	40.34%	42.71%	减少 1.37 个百分点
房地产行业	24,876,928.00	11,810,441.46	36.04%	−48.10%	−33.93%	减少 17.34 个百分点
产品						
箱板类纸品	3,016,384,492.50	2,582,046,538.70	13.75%	50.92%	51.48%	减少 0.26 个百分点
新闻纸	547,233,266.23	499,495,269.26	8.08%	−9.01%	−1.59%	减少 6.82 个百分点
文化纸	137,008,436.54	115,556,013.89	15.01%	272.51%	309.55%	减少 7.57 个百分点
房地产	24,876,928.00	11,810,441.46	36.04%	−48.10%	−33.93%	减少 17.34 个百分点

(2)主营业务分地区情况表

单位:元 币种:人民币

地区	主营业务收入	主营业务收入比上年增减(%)
华东	2,650,495,104.41	21.27%
东北	18,639,593.40	2063.98%
华北	243,493,905.96	147.05%
华南	99,922,483.61	−22.37%
华中	635,725,968.86	212.91%
西北	29,268,007.09	−38.30%
西南	47,958,059.94	136.04%

(3)生产经营的主要产品情况表

单位:元 币种:人民币

产品名称	主营业务收入	主营业务成本	毛利率(%)
箱板类纸品	3,016,384,492.50	2,582,046,538.70	14.40%
新闻纸	547,233,266.23	499,495,269.26	8.72%

(4)主要供应商、客户情况

单位:元 币种:人民币

前五名供应商采购金额合计	531,396,515.18	占采购总额比重	15.08%
前五名销售客户销售金额合计	259,433,349.37	占销售总额比重	6.69%

3、报告期公司财务报表项目变动说明

单位:元 币种:人民币

科目名称	本年金额	上年金额	变动比例	变动原因
应收票据	481,664,874.05	268,666,937.53	79%	营业收入增长,票据结算相应增加
在建工程	352,942,140.42	36,545,780.68	866%	本年新增在建工程项目和投资,如污泥焚烧综合利用项目 4848.44 万元;PM1 纸机节能减排技改工程 17236.06 万元;造纸中段废水处理技改工程 1754.73 万元;年产 45 万吨造纸项目 7302.92 万元;纸箱加工车间 1437.09 万元等
无形资产	188,825,304.83	135,051,141.19	40%	本年新购入了勤俭路 3 号土地使用权 5,480.00 万元
应付票据	536,190,000.00	46,070,000.00	1064%	主要原因系公司采购量增加,应付票据结算余额增加
预收款项	33,557,422.62	83,316,570.44	−60%	主要为处置其子公司山鹰置业减少其预收款项合并数
应付职工薪酬	16,007,352.17	10,029,589.21	60%	主要是 2010 年计提的职工教育经费、工会经费实际支出减少,累计余额比上年增长
应交税费	29,100,399.48	47,621,965.69	−39%	主要系 2010 年末应缴纳的增值税和企业所得税比去年同期减少
应付利息	4,287,436.92	3,254,463.02	32%	主要系银行借款增加,计提利息相应增加
一年内到期的非流动负债	154,000,000.00	111,680,000.00	38%	长期借款中 2011 年到期的借款增加
应付债券		203,851,965.51	−100%	2010 年可转债全部转股及赎回

营业收入	3,746,236,633.57	2,693,920,922.67	39%	销售量增加和销售价格上升双重影响
营业成本加	3,227,619,642.63	2,265,039,362.25	42%	营业收入增加，营业成本相应增加
资产减值损失	6,373,645.20	9,193,019.25	-31%	主要系本期计提的坏账准备比上期减少
投资收益	65,596,593.78	161,676.19	40473%	主要系本公司处置子公司马鞍山山鹰置业限公司获取的收益
营业外收入	98,431,503.52	53,470,697.65	84%	主要是政府补助大幅增加：其中废纸回收财政补贴增加1306.07万元、再生资源增值税退税增加2619.17万元
所得税费用	35,709,353.22	22,924,222.76	56%	公司应纳税所得额增加，影响当期所得税费用大幅增长

4、对公司设备利用情况、订单的获取情况、产品的销售或积压情况、主要技术人员变动情况等与公司经营相关的重要信息的讨论与分析

(1)公司生产设备利用充分，运转情况良好。

(2)公司基本保持产销平衡，造纸全年产量92.46万吨，全年销量90.35万吨，产销率97.72%；瓦楞箱板纸箱全年产量54,260.03万平方米，全年销量54,261.17万平方米，产销率100%。公司产品库存维持在合理范围内，销售市场和地区继续向中部拓展。

(3)公司主要生产技术及管理人员稳定，没有发生重大变动。

5、公司控股公司及参股公司的经营情况及业绩分析

单位:元 币种:人民币

公司名称	主营业务	注册资本（万元）	资产规模	净利润
马鞍山市天福纸箱纸品有限公司	生产销售纸制品、纸箱、分切纸	13,500	398,346,083.82	38,680,282.40
苏州山鹰纸业纸品有限公司	生产纸制品、纸箱商标印刷	6,000	192,219,819.50	5,946,430.00
扬州山鹰纸业包装有限公司	生产销售包装制品、塑料制品、纸张印刷	7,000	239,796,673.95	2,506,382.11
杭州山鹰纸业纸品有限公司	瓦楞纸箱板、销售箱纸板、纱管纸生产销售	5,500	166,669,828.69	-1,510,638.22
常州山鹰纸业纸品有限公司	瓦楞原纸、纸箱、纸制品的生产、销售等	1,500	66,235,013.68	1,491,085.71
马鞍山山鹰纸箱纸品有限公司	瓦楞原纸、纸箱、纸制品的生产、销售等	6,000	224,336,702.29	5,269,113.46
嘉善山鹰纸业纸品有限公司	纸制品生产销售	10,000	177,931,369.80	-8,700,831.72
马鞍山天顺港口有限责任公司	港口业务	7,000	184,601,399.30	-2,498,011.32
马鞍山市蓝天废旧物资回收有限公司	购销造纸原料、辅助材料	244	31,056,233.72	-8,388,657.38

6、报告期内，公司技术创新、节能减排及自主创新情况

技术创新及自主创新情况：2010年公司进一步加强技术研发与创新工作，完成研发投入约8200万人民币，研发项目有50-60g/m²再生胶印书刊纸研发、靴式压榨技术研究应用和造纸中段废水处理技术研发等，其中50-60g/m²再生胶印书刊纸被认定为高新技术产品。2010年，公司获得国家知识产权局授权的发明专利两项，分别是利用废渣生产再生纱管原纸的生产方法及其产品(专利号:200810233948.6)和表面施胶剂制造方法、施胶剂及其应用(专利号:200810233947.1)。

节能减排情况：公司一贯重视节能减排工作，严格执行国家节能减排法律法规，不断加大节能技改投入。2010年，公司节能目标为8532吨标煤，实际完成全年节能量为9256吨标煤；2006-2010年，公司节能量共为51091吨标煤，超额完成了"十一五"期间国家和省、市下达的42660吨标煤节能目标。节能减排成效明显。

(B)对公司未来发展的展望

1、所处行业的发展趋势及公司面临的市场竞争格局

造纸行业作为我国国民经济的重要行业，现处于从造纸大国向造纸强国转变的成长阶段，行业维持较高景气度。从供给角度来看，2011年新增产能有限，且国家淘汰落后产能政策将进一步压缩供给；从需求角度看，随着经济复苏，行业高速增长的趋势短期内不会改变，尤其是高强度低克重类纸品，国内市场依然处于供不应求的状态，进口依赖较大。因此，目前正是行业进行产业结构调整、产品优化升级的机遇期，行业发展呈现向好态势。

经过多年积累，本公司现已具备技术装备先进、产业链协同发展、配套设施完善等多重经营优势。未来，公司将依托皖江城市带发展政策，通过丰富产品品种、提高产品质量、优化产品结构、加强纵深管理、加大节能减排和技术创新力度等多项措施，推动企业更快更好发展。

2、公司未来发展机遇、发展战略和新年度经营计划

(1)公司发展战略为：发挥技术及区位优势，继续利用废纸发展高档包装纸板和新闻纸、文化纸等品种，并向纸箱等下游产业链延伸，增强企业在同行业中的竞争能力。在发展过程中着重提高企业的装备水平，坚持严格的企业管理，始终以市场为导向灵活经营，努力取得良好的经济效益，使企业不断发展壮大。坚持发展循环经济，发展生态纸业，加强环境治理，进一步实现清洁生产，走可持续发展道路，把公司建设成为现代化高效环保型造纸企业。

(2)公司2011年总体经营目标为：计划完成造纸产量90万吨，其中包装纸产量72万吨，新闻纸和文化纸产量18万吨；瓦楞箱板纸箱产销量完成56,000万平方米。计划实现营业收入37亿元以上，三项费用总额控制在4亿元以内，其中：营业费用1.4亿元、管理费用1.4亿元、财务费用1.2亿元。

(3)为实现上述经营目标，公司将采取如下措施：

①加大中部市场开拓力度，紧紧围绕市场需求，开发新产品，提高产品质量，优化产品结构，扩大市场占有率。

②抓好原辅料采购，既要充分利用招标、议标，比价采购，降低采购成本，又要积极捕捉原辅料市场变动信息，及时调整采购策略灵活采购。

③加速销售资金回笼，加大营销人员绩效考核力度，确保资金安全，提高资金使用率。

④增产降耗、节能减排，进一步建立健全内部考核责任制，增产降耗指标与员工考核紧密结合，充分调动员工积极性，努力降低生产成本，力求稳产高产。

3、资金需求及使用计划

造纸行业属于资金密集型行业，公司主要资金需求如下：

(1)流动资金，保证公司生产经营的正常需要；

(2)建设项目资金，保证公司项目建设的顺利进行。

为保证公司经营计划目标的实现和项目建设的顺利进行，公司将采取以下有效措施保证资金供应：

(1)积极发展主业，增加销售资金回笼力度，减小存货周转周期，提高自有资金利用率。

(2)与金融机构建立良好合作关系，通过银行信贷方式筹集资金，保证资金需求。

(3)维护资本市场形象，提高市场美誉度，通过资本融资，获得投资者支持。

4、对公司未来发展战略和经营目标的实现产生不利影响的所有风险因素以及已(或拟)采取的对策和措施

公司面临的主要风险因素：一是造纸行业市场化程度很高，行业内部竞争激烈；二是原料及能源价格尤其是废纸价格波动较大，影响公司生产成本和利润水平。

针对上述风险，公司采取的主要措施：一是拓展中部市场，提高市场占有率；二是发挥子公司用纸优势，争取上下游产业链协同发展；三是通过造纸项目和配套设施相辅相成建设，扩大规模效应；四是加强原料价格走势预测，灵活采购，控制成本；五是跟踪市场动态，提高产品质量、优化产品结构；六是强化产品研发和内部考核，保证产品质量，降低各项消耗。

6.2 主营业务分行业、产品情况表

请见前述6.1

6.3 主营业务分地区情况表

请见前述6.1

6.4 募集资金使用情况

□适用　　√不适用

变更项目情况

□适用　　√不适用

6.5 非募集资金项目情况

√适用　　□不适用

(1)PM1纸机节能减排技改工程计划总投资1.82亿元，截至2010年12月31日，已累计投入1.72亿元，主要是设备采购款，目前设备已经陆续到货。

(2)污泥焚烧综合利用项目计划总投资4.38亿元，截至2010年12月31日，已累计投入0.48亿元，主要是前期土地成本，以及部分设备款。目前项目的设备招投标工作已经完成，计划于2011年5月份施工，2012年投产。

(3)年产45万吨造纸项目计划总投资12.56亿元，截至2010年12月31日，已累计投入0.73亿元，主要是土地成本，以及一些前期费用，目前正在进行主体设备的招投标工作。

6.6 董事会对会计师事务所"非标准审计报告"的说明

□适用　　√不适用

6.7 董事会本次利润分配或资本公积金转增股本预案

为兼顾公司发展和股东利益，董事会拟定本次利润分配预案为：以公司股权登记日总股本为基数，向全体股东每股派发0.06元现金红利(含税)，剩余未分配利润结转以后年度分配。

公司本报告期内盈利但未提出现金利润分配预案

□适用　　√不适用

第七节　重要事项

7.1 收购资产

□适用　　√不适用

7.2 出售资产

□适用　　√不适用

7.3 重大担保

√适用　　□不适用

单位:元 币种:人民币

公司对外担保情况(不包括对控股子公司的担保)

担保对象名称	发生日期（协议签署日）	担保金额	担保类型	担保期	担保是否已经履行完毕	是否为关联方担保
马鞍山天顺港口有限责任公司	2008年7月15日	47,000,000	连带责任担保	2008年7月15日~2015年7月14日	否	是
马鞍山山鹰置业有限公司	2010年9月27日	28,000,000	连带责任担保	2010年10月27日~2014年10月27日	否	是
马鞍山山鹰置业有限公司	2010年9月27日	37,000,000	连带责任担保	2010年9月29日~2014年9月29日	否	是
报告期内担保发生额合计						0
报告期末担保余额合计						112,000,000.00

公司对控股子公司的担保情况

报告期内对子公司担保发生额合计	393,330,000.00
报告期末对子公司担保余额合计	291,800,000.00

公司担保总额情况(包括对控股子公司的担保)

担保总额	403,800,000.00
担保总额占公司净资产的比例(%)	21.23
其中：	
为股东、实际控制人及其关联方提供担保的金额	65,000,000.00

直接或间接为资产负债率超过70%的被担保对象提供的债务担保金额	80,800,000.00
担保总额超过净资产50%部分的金额	0
上述三项担保金额合计	145,800,000.00

7.4 重大关联交易

7.4.1 与日常经营相关的关联交易

√适用 □不适用

单位:元 币种:人民币

关联方	向关联方销售产品和提供劳务 交易金额	占同类交易金额的比例(%)	向关联方采购产品和接受劳务 交易金额	占同类交易金额的比例(%)
马鞍山市民政印刷有限公司	926,365.49	0.03	11,343,095.64	0.56
马鞍山同辉纸制品股份有限公司	19,780,442.72	0.71	19,633,388.15	1.32

7.4.2 关联债权债务往来

□适用 √不适用

7.4.3 报告期内资金被占用情况及清欠进展情况

□适用 √不适用

截至报告期末,上市公司未完成非经营性资金占用的清欠工作的,董事会提出的责任追究方案

□适用 √不适用

7.5 委托理财

□适用 √不适用

7.6 承诺事项履行情况

7.6.1 公司或持股 5%以上股东在报告期内或持续到报告期内的承诺事项

√适用 □不适用

承诺事项	承诺内容	履行情况
股改承诺	马鞍山山鹰纸业集团有限公司持有山鹰纸业的非流通股股份自获得上市流通权之日起,在 36 个月内不上市交易或转让,在该项承诺期满后,通过上海证券交易所挂牌交易出售股份,出售数量占公司股份总数的比例在 12 个月内不超过 5%,在 24 个月内不超过 10%。	严格履行

7.6.2 公司资产或项目存在盈利预测,且报告期仍处在盈利预测期间,公司就资产或项目是否达到原盈利预测及其原因作出说明

□适用 √不适用

7.7 重大诉讼仲裁事项

□适用 √不适用

7.8 其他重大事项及其影响和解决方案的分析说明

7.8.1 证券投资情况

□适用 √不适用

7.8.2 持有其他上市公司股权情况

□适用 √不适用

7.8.3 持有非上市金融企业股权情况

√适用 □不适用

所持对象名称	最初投资成本(元)	持有数量(股)	占该公司股权比例(%)	期末账面价值(元)	会计核算科目 权益变动	股份来源
徽商银行股份有限公司	7,668,000.00	10,000,000	0.14	7,668,000.00	长期股权投资	购买

7.8.4 买卖其他上市公司股份的情况

□适用 √不适用

7.9 公司是否披露内部控制的自我评价报告或履行社会责任的报告:否

第八节 监事会报告

8.1 监事会对公司依法运作情况的独立意见

公司决策程序规范、合法、有效,并且已建立了较为完善的内部控制制度,公司董事、高级管理人员履行职务时没有违反法律法规、《公司章程》或损害公司利益和投资者利益的行为。

8.2 监事会对检查公司财务情况的独立意见

公司财务制度健全,管理规范,2010 年度财务报告能够真实地反映公司的财务状况和经营成果,利安达会计师事务所有限责任公司出具的审计意见和对所涉及事项作出的评价是真实、公允的。

8.3 监事会对公司最近一次募集资金实际投入情况的独立意见

公司能够合理使用募集资金,募集资金投资项目已按投资计划顺利实施完毕,募集资金的实际使用情况与募集说明书承诺基本相符。

8.4 监事会对公司收购、出售资产情况的独立意见

2010 年度公司无重大债务重组事项,无重大非货币性交易事项,无重大资产置换、收购、转让及出售事项,无其他对投资者决策有影响的重要事项,至今未发现内幕交易,也未发现损害公司及股东权益或造成公司资产流失的情况。

8.5 监事会对公司关联交易情况的独立意见

公司关联交易遵循市场公允原则,均按照有关关联交易协议执行,未发生损害公司及股东利益的情况。

8.6 监事会对会计师事务所非标意见的独立意见

公司财务报告均被出具了标准无保留意见,未发生过被出具非标意见的情形。

8.7 监事会对公司利润实现与预测存在较大差异的独立意见

2010 年度,公司未做盈利预测,不存在利润实现与预测存在较大差异的情形。

第九节 财务会计报告

9.1 审计意见

财务报告	□未经审计	√审计
审计意见	√标准无保留意见	□非标意见

9.2 财务报表

合并资产负债表

2010 年 12 月 31 日

编制单位:安徽山鹰纸业股份有限公司 单位:元 币种:人民币

项目	附注	期末余额	年初余额
流动资产:			
货币资金		509,159,494.89	408,367,103.16
结算备付金			
拆出资金			
交易性金融资产			
应收票据		481,664,874.05	268,666,937.53
应收账款		396,402,839.37	326,127,386.57
预付款项		63,240,076.74	60,483,345.22
应收保费			
应收分保账款			
应收分保合同准备金			
应收利息			
应收股利			
其他应收款		9,327,219.22	8,068,995.04
买入返售金融资产			
存货		447,438,439.57	537,637,024.70
一年内到期的非流动资产			
其他流动资产			
流动资产合计		1,907,232,943.84	1,609,350,792.22
非流动资产:			
发放委托贷款及垫款			
可供出售金融资产			
持有至到期投资			
长期应收款			
长期股权投资		36,635,767.72	37,777,608.69
投资性房地产		17,652,979.47	18,115,196.15
固定资产		2,884,232,021.16	3,030,842,780.34
在建工程		352,942,140.42	36,545,780.68
工程物资			
固定资产清理			
生产性生物资产			
油气资产			
无形资产		188,825,304.83	135,051,141.19
开发支出			
商誉			
长期待摊费用		105,807.13	
递延所得税资产		11,733,226.71	10,318,377.93
其他非流动资产			
非流动资产合计		3,492,127,247.44	3,268,650,884.98
资产总计		5,399,360,191.28	4,878,001,677.20
流动负债:			
短期借款		1,492,594,762.96	1,575,341,672.96
向中央银行借款			
吸收存款及同业存放			
拆入资金			
交易性金融负债			
应付票据		536,190,000.00	46,070,000.00
应付账款		404,599,164.82	401,393,067.88
预收款项		33,557,422.62	83,316,570.44
卖出回购金融资产款			
应付手续费及佣金			
应付职工薪酬		16,007,352.17	10,029,589.21
应交税费		29,100,399.48	47,621,965.69
应付利息		4,287,436.92	3,254,463.02
应付股利		8,455.72	8,455.72
其他应付款		18,914,671.22	5,666,294.71
应付分保账款			
保险合同准备金			
代理买卖证券款			
代理承销证券款			
一年内到期的非流动负债		154,000,000.00	111,680,000.00
其他流动负债		20,094,307.39	19,907,325.67
流动负债合计		2,709,353,973.30	2,304,289,405.30
非流动负债:			
长期借款		736,690,000.00	756,990,000.00
应付债券			203,851,965.51
长期应付款			
专项应付款		10,800,000.00	9,420,000.00

预计负债		
递延所得税负债		
其他非流动负债		
非流动负债合计	747,490,000.00	970,261,965.51
负债合计	3,456,843,973.30	3,274,551,370.81
所有者权益(或股东权益):		
实收资本(或股本)	535,246,185.00	483,543,011.00
资本公积	902,854,737.66	748,901,000.47
减:库存股		
专项储备		
盈余公积	80,175,859.66	61,978,758.38
一般风险准备		
未分配利润	424,858,427.10	290,277,106.30
外币报表折算差额		
归属于母公司所有者权益合计	1,943,135,209.42	1,584,699,876.15
少数股东权益	−618,991.44	18,750,430.24
所有者权益合计	1,942,516,217.98	1,603,450,306.39
负债和所有者权益总计	5,399,360,191.28	4,878,001,677.20

法定代表人:王德贤　　主管会计工作负责人:汤涌泉　　会计机构负责人:何加宇

母公司资产负债表

2010 年 12 月 31 日

编制单位:安徽山鹰纸业股份有限公司　　单位:元 币种:人民币

项目	附注	期末余额	年初余额
流动资产:			
货币资金		402,354,220.14	236,532,313.65
交易性金融资产			
应收票据		437,932,237.17	237,529,992.24
应收账款		635,609,350.76	514,485,410.02
预付款项		62,257,811.23	40,727,713.17
应收利息			
应收股利			
其他应收款		70,106,030.05	67,669,298.58
存货		236,331,459.81	192,440,336.53
一年内到期的非流动资产			
其他流动资产			
流动资产合计		1,844,591,109.16	1,289,385,064.19
非流动资产:			
可供出售金融资产			
持有至到期投资			135,000,000.00
长期应收款			
长期股权投资		397,373,767.72	408,715,608.69
投资性房地产		1,122,651.07	1,174,496.71
固定资产		2,182,299,513.64	2,307,001,855.31
在建工程		332,167,614.85	27,870,238.64
工程物资			
固定资产清理			
生产性生物资产			
油气资产			
无形资产		150,654,783.39	95,936,293.66
开发支出			
商誉			
长期待摊费用			
递延所得税资产		4,162,530.84	784,474.34
其他非流动资产			
非流动资产合计		3,067,780,861.51	2,976,482,967.35
资产总计		4,912,371,970.67	4,265,868,031.54
流动负债:			
短期借款		1,165,494,762.96	875,021,672.96
交易性金融负债			
应付票据		506,560,000.00	367,700,000.00
应付账款		344,881,570.27	282,119,907.60
预收款项		31,049,355.22	49,496,543.91
应付职工薪酬		9,988,875.12	4,167,382.27
应交税费		10,276,119.21	36,407,956.55
应付利息		3,773,389.24	
应付股利		8,455.72	8,455.72
其他应付款		43,236,379.65	46,521,272.31
一年内到期的非流动负债		134,000,000.00	90,000,000.00
其他流动负债		13,720,076.18	17,783,040.52
流动负债合计		2,262,988,983.57	1,769,226,231.84
非流动负债:			
长期借款		736,690,000.00	736,990,000.00
应付债券			203,851,965.51
长期应付款			
专项应付款		10,800,000.00	9,420,000.00
预计负债			
递延所得税负债			
其他非流动负债			
非流动负债合计		747,490,000.00	950,261,965.51
负债合计		3,010,478,983.57	2,719,488,197.35
所有者权益(或股东权益):			
实收资本(或股本)		535,246,185.00	483,543,011.00
资本公积		902,518,048.56	748,564,311.37
减:库存股			
专项储备			
盈余公积		80,175,859.66	61,978,758.38
一般风险准备			
未分配利润		383,952,893.88	252,293,753.44
所有者权益(或股东权益)合计		1,901,892,987.10	1,546,379,834.19
负债和所有者权益(或股东权益)总计		4,912,371,970.67	4,265,868,031.54

法定代表人:王德贤　　主管会计工作负责人:汤涌泉　　会计机构负责人:何加宇

合并利润表

2010 年 1—12 月

单位:元 币种:人民币

项目	附注	本期金额	上期金额
一、营业总收入		3,746,236,633.57	2,693,920,922.67
其中:营业收入		3,746,236,633.57	2,693,920,922.67
利息收入			
已赚保费			
手续费及佣金收入			
二、营业总成本		3,685,948,327.69	2,655,305,859.58
其中:营业成本		3,227,619,642.63	2,265,039,362.25
利息支出			
手续费及佣金支出			
退保金			
赔付支出净额			
提取保险合同准备金净额			
保单红利支出			
分保费用			
营业税金及附加		27,963,225.11	23,066,147.34
销售费用		156,127,572.53	125,452,907.27
管理费用		123,708,124.91	95,800,474.53
财务费用		144,156,117.31	136,753,948.94
资产减值损失		6,373,645.20	9,193,019.25
加:公允价值变动收益(损失以"−"号填列)			
投资收益(损失以"−"号填列)		65,596,593.78	161,676.19
其中:对联营企业和合营企业的投资收益			
汇兑收益(损失以"−"号填列)			
三、营业利润(亏损以"−"号填列)		125,884,899.66	38,776,739.28
加:营业外收入		98,431,503.52	53,470,697.65
减:营业外支出		2,738,670.20	2,561,648.89
其中:非流动资产处置损失		924,454.03	1,357,850.41
四、利润总额(亏损总额以"−"号填列)		221,577,732.98	89,685,788.04
减:所得税费用		35,709,353.22	22,924,222.76
五、净利润(净亏损以"−"号填列)		185,868,379.76	66,761,565.28
归属于母公司所有者的净利润		184,893,193.18	58,948,463.07
少数股东损益		975,186.58	7,813,102.21
六、每股收益:			
(一)基本每股收益		0.35	0.14
(二)稀释每股收益		0.35	0.13
七、其他综合收益			
八、综合收益总额		185,868,379.76	66,761,565.28
归属于母公司所有者的综合收益总额		184,893,193.18	58,948,463.07
归属于少数股东的综合收益总额		975,186.58	7,813,102.21

法定代表人:王德贤　　主管会计工作负责人:汤涌泉　　会计机构负责人:何加宇

母公司利润表

2010 年 1—12 月

单位:元 币种:人民币

项目	附注	本期金额	上期金额
一、营业收入		2,770,811,371.94	2,050,432,376.57
减:营业成本		2,423,646,376.84	1,782,002,839.52
营业税金及附加		8,310,108.52	10,105,433.82
销售费用		90,418,531.52	74,219,740.71
管理费用		66,448,697.05	44,814,964.03
财务费用		106,623,742.00	115,134,457.17
资产减值损失		3,223,790.49	3,311,271.91
加:公允价值变动收益(损失以"−"号填列)			
投资收益(损失以"−"号填列)		98,348,084.82	158,391,507.00
其中:对联营企业和合营企业的投资收益			

二、营业利润(亏损以"－"号填列)	170,488,210.34	179,235,176.41
加:营业外收入	28,795,875.78	11,675,718.76
减:营业外支出	1,478,843.05	749,283.40
其中:非流动资产处置损失	26,900.45	1,434.42
三、利润总额(亏损总额以"－"号填列)	197,805,243.07	190,161,611.77
减:所得税费用	15,834,230.25	7,098,471.53
四、净利润(净亏损以"－"号填列)	181,971,012.82	183,063,140.24
五、每股收益:		
(一)基本每股收益		
(二)稀释每股收益		
六、其他综合收益		
七、综合收益总额		

法定代表人:王德贤　　主管会计工作负责人:汤涌泉　　会计机构负责人:何加宇

合并现金流量表

2010 年 1—12 月

单位:元 币种:人民币

项目	附注	本期金额	上期金额
一、经营活动产生的现金流量:			
销售商品、提供劳务收到的现金		3,140,802,533.31	3,105,046,921.98
客户存款和同业存放款项净增加额			
向中央银行借款净增加额			
向其他金融机构拆入资金净增加额			
收到原保险合同保费取得的现金			
收到再保险业务现金净额			
保户储金及投资款净增加额			
处置交易性金融资产净增加额			
收取利息、手续费及佣金的现金			
拆入资金净增加额			
回购业务资金净增加额			
收到的税费返还		66,282,690.00	40,704,034.81
收到其他与经营活动有关的现金		62,954,586.11	29,195,167.37
经营活动现金流入小计		3,270,039,809.42	3,174,946,124.16
购买商品、接受劳务支付的现金		2,252,842,263.13	2,396,103,597.21
客户贷款及垫款净增加额			
存放中央银行和同业款项净增加额			
支付原保险合同赔付款项的现金			
支付利息、手续费及佣金的现金			
支付保单红利的现金			
支付给职工以及为职工支付的现金		180,428,201.22	156,606,290.97
支付的各项税费		320,241,503.93	180,252,980.79
支付其他与经营活动有关的现金		193,923,229.30	142,337,144.91
经营活动现金流出小计		2,947,435,197.58	2,875,300,013.88
经营活动产生的现金流量净额		322,604,611.84	299,646,110.28
二、投资活动产生的现金流量:			
收回投资收到的现金			65,000,000.00
取得投资收益收到的现金		13,689,925.79	8,577,698.31
处置固定资产、无形资产和其他			
长期资产收回的现金净额		3,134,802.80	2,259,134.83
处置子公司及其他营业单位收到的现金净额		23,656,579.32	
收到其他与投资活动有关的现金			
投资活动现金流入小计		105,481,307.91	10,836,833.14
购建固定资产、无形资产和其他长期资产支付的现金		349,747,305.93	181,821,864.09
投资支付的现金			
质押贷款净增加额			
取得子公司及其他营业单位支付的现金净额			
支付其他与投资活动有关的现金		10,000,000.00	10,000,000.00
投资活动现金流出小计		359,747,305.93	191,821,864.09
投资活动产生的现金流量净额		−254,265,998.02	−180,985,030.95
三、筹资活动产生的现金流量:			
吸收投资收到的现金			
其中:子公司吸收少数股东投资收到的现金			
取得借款收到的现金		1,846,945,711.16	1,929,891,950.35
发行债券收到的现金			
收到其他与筹资活动有关的现金			
筹资活动现金流入小计		1,846,945,711.16	1,929,891,950.35
偿还债务支付的现金		1,524,569,846.01	1,773,870,277.39
分配股利、利润或偿付利息支付的现金		173,822,498.33	136,127,812.69
其中:子公司支付给少数股东的股利、利润			
支付其他与筹资活动有关的现金		9,420,000.00	
筹资活动现金流出小计		1,707,812,344.34	1,909,998,090.08
筹资活动产生的现金流量净额		139,133,366.82	19,893,860.27
四、汇率变动对现金及现金等价物的影响		−105,554.18	213,016.53
五、现金及现金等价物净增加额		207,366,426.46	138,767,956.13
加:期初现金及现金等价物余额		182,938,409.98	44,170,453.85
六、期末现金及现金等价物余额		390,304,836.44	182,938,409.98

法定代表人:王德贤　　主管会计工作负责人:汤涌泉　　会计机构负责人:何加宇

母公司现金流量表

2010 年 1—12 月

单位:元 币种:人民币

项目	附注	本期金额	上期金额
一、经营活动产生的现金流量:			
销售商品、提供劳务收到的现金		2,310,719,468.40	2,062,908,095.25
收到的税费返还			
收到其他与经营活动有关的现金		62,584,881.27	28,957,972.80
经营活动现金流入小计		2,373,304,349.67	2,091,866,068.05
购买商品、接受劳务支付的现金		1,907,334,374.20	1,784,179,664.23
支付给职工以及为职工支付的现金		88,592,211.79	77,865,586.06
支付的各项税费		135,041,825.32	77,091,207.10
支付其他与经营活动有关的现金		125,287,282.28	109,131,087.30
经营活动现金流出小计		2,256,255,693.59	2,048,267,544.69
经营活动产生的现金流量净额		117,048,656.08	43,598,523.36
二、投资活动产生的现金流量:			
收回投资收到的现金		135,000,000.00	
取得投资收益收到的现金		48,689,925.79	160,281,898.31
处置固定资产、无形资产和其他			
长期资产收回的现金净额		1,259,852.00	3,111,815.42
处置子公司及其他营业单位收到的现金净额		61,000,000.00	
收到其他与投资活动有关的现金			
投资活动现金流入小计		245,949,777.79	163,393,713.73
购建固定资产、无形资产和其他长期资产支付的现金		301,341,866.93	122,352,328.85
投资支付的现金			75,000,000.00
取得子公司及其他营业单位支付的现金净额			
支付其他与投资活动有关的现金			
投资活动现金流出小计		301,341,866.93	197,352,328.85
投资活动产生的现金流量净额		−55,392,089.14	−33,958,615.12
三、筹资活动产生的现金流量:			
吸收投资收到的现金			
取得借款收到的现金		1,536,945,711.16	1,591,571,950.35
发行债券收到的现金			
收到其他与筹资活动有关的现金			
筹资活动现金流入小计		1,536,945,711.16	1,591,571,950.35
偿还债务支付的现金		1,201,669,846.01	1,444,550,277.39
分配股利、利润或偿付利息支付的现金		135,295,761.56	108,701,181.70
支付其他与筹资活动有关的现金		9,420,000.00	
筹资活动现金流出小计		1,346,385,607.57	1,553,251,459.09
筹资活动产生的现金流量净额		190,560,103.59	38,320,491.26
四、汇率变动对现金及现金等价物的影响		−105,554.18	213,016.53
五、现金及现金等价物净增加额		252,111,116.35	48,173,416.03
加:期初现金及现金等价物余额		66,073,103.79	17,899,687.76
六、期末现金及现金等价物余额		318,184,220.14	66,073,103.79

法定代表人:王德贤　　主管会计工作负责人:汤涌泉　　会计机构负责人:何加宇

合并所有者权益变动表

2010 年 1—12 月

单位:元币种:人民币

项目	本期金额									
	归属于母公司所有者权益									
	实收资本(或股本)	资本公积	减:库存股	专项储备	盈余公积	一般风险准备	未分配利润	其他	少数股东权益	所有者权益合计
一、上年年末余额	483,543,011.00	748,901,000.47			61,978,758.38		290,277,106.30		18,750,430.24	1,603,450,306.39
加:会计政策变更										
前期差错更正										
其他										
二、本年年初余额	483,543,011.00	748,901,000.47			61,978,758.38		290,277,106.30		18,750,430.24	1,603,450,306.39
三、本期增减变动金额(减少以"－"号填列)	51,703,174.00	153,953,737.19			18,197,101.28		134,581,320.80		−19,369,421.68	339,065,911.59
(一)净利润							184,893,193.18		975,186.58	185,868,379.76
(二)其他综合收益										
上述(一)和(二)小计							184,893,193.18		975,186.58	185,868,379.76
(三)所有者投入和减少资本	51,703,174.00	153,953,737.19								205,656,911.19
1.所有者投入资本										
2.股份支付计入所有者权益的金额										
3.其他	51,703,174.00	153,953,737.19								205,656,911.19
(四)利润分配					18,197,101.28		−50,311,872.38			−32,114,771.10
1.提取盈余公积					18,197,101.28		−18,197,101.28			
2.提取一般风险准备										
3.对所有者(或股东)的分配							−32,114,771.10			−32,114,771.10
4.其他										
(五)所有者权益内部结转										
1.资本公积转增资本(或股本)										
2.盈余公积转增资本(或股本)										

项目	实收资本(或股本)	资本公积	减:库存股	专项储备	盈余公积	一般风险准备	未分配利润	其他	少数股东权益	所有者权益合计
3.盈余公积弥补亏损										
4.其他										
(六)专项储备										
1.本期提取										
2.本期使用										
(七)其他									−20,344,608.26	−20,344,608.26
四、本期期末余额	535,246,185.00	902,854,737.66			80,175,859.66		424,858,427.10		−618,991.44	1,942,516,217.98

上年同期金额

项目	归属于母公司所有者权益									
	实收资本(或股本)	资本公积	减:库存股	专项储备	盈余公积	一般风险准备	未分配利润	其他	少数股东权益	所有者权益合计
一、上年年末余额	429,598,454.00	579,024,228.23			43,672,444.36		249,634,957.25		18,287,328.03	1,320,217,411.87
加:会计政策变更										
前期差错更正										
其他										
二、本年年初余额	429,598,454.00	579,024,228.23			43,672,444.36		249,634,957.25		18,287,328.03	1,320,217,411.87
三、本期增减变动金额(减少以"−"号填列)	53,944,557.00	169,876,772.24			18,306,314.02		40,642,149.05		463,102.21	283,232,894.52
(一)净利润							58,948,463.07		7,813,102.21	66,761,565.28
(二)其他综合收益										
上述(一)和(二)小计							58,948,463.07		7,813,102.21	66,761,565.28
(三)所有者投入和减少资本	53,944,557.00	169,876,772.24								223,821,329.24
1.所有者投入资本										
2.股份支付计入所有者权益的金额										
3.其他	53,944,557.00	169,876,772.24								223,821,329.24
(四)利润分配					18,306,314.02		−18,306,314.02		−7,350,000.00	−7,350,000.00
1.提取盈余公积					18,306,314.02		−18,306,314.02			
2.提取一般风险准备										
3.对所有者(或股东)的分配									−7,350,000.00	−7,350,000.00
4.其他										
(五)所有者权益内部结转										
1.资本公积转增资本(或股本)										
2.盈余公积转增资本(或股本)										
3.盈余公积弥补亏损										
4.其他										
(六)专项储备										
1.本期提取										
2.本期使用										
(七)其他										
四、本期期末余额	483,543,011.00	748,901,000.47			61,978,758.38		290,277,106.30		18,750,430.24	1,603,450,306.39

法定代表人:王德贤　　主管会计工作负责人:汤涌泉　　会计机构负责人:何加宇

母公司所有者权益变动表

2010 年 1—12 月

单位:元 币种:人民币

本期金额

项目	实收资本(或股本)	资本公积	减:库存股	专项储备	盈余公积	一般风险准备	未分配利润	所有者权益合计
一、上年年末余额	483,543,011.00	748,564,311.37			61,978,758.38		252,293,753.44	1,546,379,834.19
加:会计政策变更								
前期差错更正								
其他								
二、本年年初余额	483,543,011.00	748,564,311.37			61,978,758.38		252,293,753.44	1,546,379,834.19
三、本期增减变动金额(减少以"−"号填列)	51,703,174.00	153,953,737.19			18,197,101.28		131,659,140.44	355,513,152.91
(一)净利润							181,971,012.82	181,971,012.82
(二)其他综合收益								
上述(一)和(二)小计							181,971,012.82	181,971,012.82
(三)所有者投入和减少资本	51,703,174.00	153,953,737.19						205,656,911.19
1.所有者投入资本								
2.股份支付计入所有者权益的金额								
3.其他	51,703,174.00	153,953,737.19						205,656,911.19
(四)利润分配					18,197,101.28		−50,311,872.38	−32,114,771.10
1.提取盈余公积					18,197,101.28		−18,197,101.28	
2.提取一般风险准备								
3.对所有者(或股东)的分配							−32,114,771.10	−32,114,771.10
4.其他　(五)所有者权益内部结转								
1.资本公积转增资本(或股本)								
2.盈余公积转增资本(或股本)								
3.盈余公积弥补亏损								
4.其他　(六)专项储备								
1.本期提取								
2.本期使用								
(七)其他								
四、本期期末余额	535,246,185.00	902,518,048.56			80,175,859.66		383,952,893.88	1,901,892,987.10

上年同期金额

项目	实收资本(或股本)	资本公积	减:库存股	专项储备	盈余公积	一般风险准备	未分配利润	所有者权益合计
一、上年年末余额	429,598,454.00	578,687,539.13			43,672,444.36		87,536,927.22	1,139,495,364.71
加:会计政策变更								
前期差错更正								
其他								
二、本年年初余额	429,598,454.00	578,687,539.13			43,672,444.36		87,536,927.22	1,139,495,364.71
三、本期增减变动金额(减少以"−"号填列)	53,944,557.00	169,876,772.24			18,306,314.02		164,756,826.22	406,884,469.48
(一)净利润							183,063,140.24	183,063,140.24
(二)其他综合收益								
上述(一)和(二)小计							183,063,140.24	183,063,140.24
(三)所有者投入和减少资本	53,944,557.00	169,876,772.24						223,821,329.24
1.所有者投入资本								
2.股份支付计入所有者权益的金额								
3.其他	53,944,557.00	169,876,772.24						223,821,329.24
(四)利润分配					18,306,314.02		−18,306,314.02	
1.提取盈余公积					18,306,314.02		−18,306,314.02	
2.提取一般风险准备								
3.对所有者(或股东)的分配								
4.其他　(五)所有者权益内部结转								
1.资本公积转增资本(或股本)								
2.盈余公积转增资本(或股本)								
3.盈余公积弥补亏损								
4.其他　(六)专项储备								
1.本期提取								
2.本期使用								
(七)其他								
四、本期期末余额	483,543,011.00	748,564,311.37			61,978,758.38		252,293,753.44	1,546,379,834.19

9.3 本报告期无会计政策、会计估计的变更。

9.4 本报告期无前期会计差错更正。

9.5 企业合并及合并财务报表

9.5.1 合并范围发生变更的说明

本公司 2009 年度纳入合并财务报表范围的控股子公司马鞍山山鹰置业有限公司（以下简称"山鹰置业公司"）已于 2010 年 10 月转让。因此本报告合并财务报表的合并范围与上年度相比，减少了山鹰置业公司。

2010 年 9 月 27 日，公司第四届董事会第十四次会议审议通过《关于向山鹰集团转让山鹰置业公司 51%股权的议案》，董事会同意以 2010 年 8 月 31 日为基准日对山鹰置业公司进行审计评估，参考评估结果以总价 6100 万元将公司所持山鹰置业公司 51%股权全部转让给山鹰集团，公司退出房地产行业。该股权处置行为于 2010 年 10 月 13 日获得股东大会通过。

根据《企业会计准则-合并财务报表》相关规定，对于处置的子公司，在编制合并报表时不再合并其资产负债表，且不调整合并资产负债表的期初数；但合并利润表和合并现金流量表已适当包括了山鹰置业公司年初至处置日期间的经营成果及现金流量。

本年度不再纳入合并范围的山鹰置业公司情况如下：

名称	处置日净资产	期初至处置日净利润
马鞍山山鹰置业有限公司	26,519,608.68	2,846,162.14

董事长：王德贤

安徽山鹰纸业股份有限公司

2011 年 3 月 9 日

泰豪科技股份有限公司

泰豪科技股份有限公司 2010 年年度报告摘要

第一节　重要提示

1.1 本公司董事会、监事会及董事、监事、高级管理人员保证本报告所载资料不存在任何虚假记载、误导性陈述或者重大遗漏，并对其内容的真实性、准确性和完整性承担个别及连带责任。

本年度报告摘要摘自年度报告全文，投资者欲了解详细内容，应当仔细阅读年度报告全文。

1.2 公司全体董事出席董事会会议。

1.3 中磊会计师事务所有限责任公司为本公司出具了标准无保留意见的审计报告。

1.4 是否存在被控股股东及其关联方非经营性占用资金情况？否

1.5 是否存在违反规定决策程序对外提供担保的情况？否

1.6 公司负责人毛勇、主管会计工作负责人吴菊林及会计机构负责人(会计主管人员)詹秋梅声明：保证年度报告中财务报告的真实、完整。

第二节　公司基本情况简介

2.1 基本情况简介

股票简称	泰豪科技
股票代码	600590
股票上市交易所	上海证券交易所
公司注册地址和办公地址	江西省南昌高新开发区泰豪大厦
邮政编码	330096
公司国际互联网网址	http://www.tellhow.com
电子信箱	tsinghua@tellhow.com

2.1 联系人和联系方式

	董事会秘书	证券事务代表
姓名	杨骏	杨洁芸
联系地址	江西省南昌高新开发区泰豪大厦	江西省南昌高新开发区泰豪大厦
电话	0791-8110590	0791-8110590
传真	0791-8110590	0791-8110590
电子信箱	stock@tellhow.com	stock@tellhow.com

第三节　会计数据和业务数据摘要

3.1 主要会计数据

单位：元 币种：人民币

	2010 年	2009 年	本期比上年同期增减(%)	2008 年
营业收入	2,972,437,038.54	2,389,284,556.37	24.41	2,279,790,832.58
利润总额	91,345,080.88	126,528,334.75	−27.81	107,088,463.71
归属于上市公司股东的净利润	54,222,293.36	98,286,614.45	−44.83	91,486,228.14
归属于上市公司股东的扣除非经常性损益的净利润	75,466,100.63	86,130,796.41	−12.38	82,992,907.66
经营活动产生的现金流量净额	179,242,134.75	46,589,295.38	284.73	147,156,352.99
	2010 年末	2009 年末	本期末比上年同期末增减(%)	2008 年末
总资产	4,852,961,584.45	4,222,563,341.15	14.93	3,341,801,647.50
所有者权益(或股东权益)	1,694,851,737.85	1,677,105,053.08	1.06	981,451,131.81

3.2 主要财务指标

	2010 年	2009 年	本期比上年同期增减(%)	2008 年
基本每股收益(元/股)	0.12	0.30	−60.00	0.31
稀释每股收益(元/股)	0.12	0.30	−60.00	0.31
扣除非经常性损益后的基本每股收益(元/股)	0.17	0.27	−37.04	0.28
加权平均净资产收益率(%)	3.22	8.01	减少 4.79 个百分点	9.69
扣除非经常性损益后的加权平均净资产收益率(%)	4.49	7.02	减少 2.53 个百分点	8.79
每股经营活动产生的现金流量净额(元/股)	0.39	0.12	225.00	0.50
	2010 年末	2009 年末	本期末比上年同期末增减(%)	2008 年末
归属于上市公司股东的每股净资产(元/股)	3.72	4.42	−15.84	3.33

扣除非经常性损益项目

√适用　　□不适用

单位：元 币种：人民币

项目	金额
非流动资产处置损益	405,463.16
计入当期损益的政府补助(与企业业务密切相关，按照国家统一标准定额或定量享受的政府补助除外)	18,343,018.00
对外委托贷款取得的损益	1,304,490.00
除上述各项之外的其他营业外收入和支出	−18,879,052.42
其他符合非经常性损益定义的损益项目	−20,000,000.00
所得税影响额	−188,842.08
少数股东权益影响额(税后)	−2,228,883.93
合计	−21,243,807.27

第四节　股本变动及股东情况

4.1 股份变动情况表

√适用　　□不适用

单位：股

	本次变动前		本次变动增减(+,−)					本次变动后	
	数量	比例(%)	发行新股	送股	公积金转股	其他	小计	数量	比例(%)
一、有限售条件股份	0	0			0		0	0	0
1、国家持股									
2、国有法人持股									
3、其他内资持股	0	0			0		0	0	0
其中：境内非国有法人持股	0	0			0		0	0	0
境内自然人持股									
4、外资持股									
其中：境外法人持股									
境外自然人持股									
二、无限售条件流通股份	379,438,093	100			75,887,619		75,887,619	455,325,712	100
1、人民币普通股	379,438,093	100			75,887,619		75,887,619	455,325,712	100
2、境内上市的外资股									
3、境外上市的外资股									
4、其他									
三、股份总数	379,438,093	100			75,887,619		75,887,619	455,325,712	100

限售股份变动情况表

□适用　　√不适用

4.2 股东数量和持股情况

单位：股

报告期末股东总数　71,007 户

前十名股东持股情况

股东名称	股东性质	持股比例(%)	持股总数	持有有限售条件股份数量	质押或冻结的股份数量
同方股份有限公司	境内非国有法人	22.71	103,424,845	0	无
泰豪集团有限公司	境内非国有法人	14.08	64,100,000	0	质押 55,139,999
中信证券股债双赢集合资产管理计划	未知	1.27	5,783,285	0	未知
广发内需增长灵活配置混合型证券投资基金	未知	0.89	4,041,646	0	未知
华夏平稳增长混合型证券投资基金	未知	0.66	2,999,981	0	未知
中信理财 2 号集合资产管理计划	未知	0.45	2,029,213	0	未知
诺安股票证券投资基金	未知	0.44	1,989,911	0	未知
申银万国−汇丰−MERRILL LYNCH INTERNATIONAL	未知	0.40	1,800,000	0	未知
上投摩根行业轮动股票型证券投资基金	未知	0.35	1,612,987	0	未知
威海威高投资有限公司	未知	0.34	1,550,000	0	未知

前十名无限售条件股东持股情况

股东名称	持有无限售条件股份数量	股份种类及数量
同方股份有限公司	103,424,845	人民币普通股
泰豪集团有限公司	64,100,000	人民币普通股
中信证券股债双赢集合资产管理计划	5,783,285	人民币普通股
广发内需增长灵活配置混合型证券投资基金	4,041,646	人民币普通股
华夏平稳增长混合型证券投资基金	2,999,981	人民币普通股
中信理财 2 号集合资产管理计划	2,029,213	人民币普通股
诺安股票证券投资基金	1,989,911	人民币普通股
申银万国−汇丰−MERRILL LYNCH INTERNATIONAL	1,800,000	人民币普通股

上投摩根行业轮动股票型证券投资基金	1,612,987	人民币普通股
威海威高投资有限公司	1,550,000	人民币普通股
上述股东关联关系或一致行动的说明	前十名股东之间以及前十名无限售条件股东之间未知是否存在关联关系或是否属于一致行动人。	

4.3 控股股东及实际控制人情况介绍

4.3.1 控股股东及实际控制人变更情况

□适用　　√不适用

4.3.2 控股股东及实际控制人具体情况介绍

4.3.2.1 控股股东情况

○ 法人

单位:元 币种:人民币

名称	同方股份有限公司
单位负责人或法定代表人	荣泳霖
成立日期	1997 年 6 月 25 日
注册资本	993,850,000
主要经营业务或管理活动	信息技术、人工环境等领域产品的生产和销售

4.3.2.2 实际控制人情况

○ 法人

单位:元 币种:人民币

名称	清华控股有限公司
单位负责人或法定代表人	荣泳霖
成立日期	1992 年 8 月 26 日
注册资本	2,000,000,000
主要经营业务或管理活动	资产管理;资产受托管理;实业投资管理;企业收购、兼并、资产重组的策划;科技、经济及相关业务的咨询及人员培训

4.3.3 公司与实际控制人之间的产权及控制关系的方框图(略)

4.3.4 实际控制人通过信托或其他资产管理方式控制公司

□适用　　√不适用

第五节 董事、监事和高级管理人员

5.1 董事、监事和高级管理人员持股变动及报酬情况

单位:股

姓名	职务	性别	年龄	任期起始日期	任期终止日期	年初持股数	年末持股数	变动原因	报告期内从公司领取的报酬总额(万元)税前	是否在股东单位或其他关联单位领取薪酬
陆致成	董事长	男	62	2009-10-24	2012-10-23	0	0		0	是
黄代放	副董事长	男	48	2009-10-24	2012-10-23	933,140	1,119,768	公积金转增股本	25.78	否
张宇宙	董事	男	49	2009-10-24	2012-10-23	0	0		0	是
范　新	董事	男	51	2009-10-24	2012-10-23	0	0		30	否
周钟山	独立董事	男	37	2009-10-24	2012-10-23	0	0		8	否
熊墨辉	独立董事	男	62	2009-10-24	2012-10-23	0	0		8	否
张　蕊	独立董事	女	49	2009-10-24	2012-10-23	0	0		8	否
万晓民	监事会主席	男	54	2009-10-24	2012-10-23	114,075	108,000	减持、公积金转增股本	21.28	否
孙　岷	监事	男	43	2009-10-24	2012-10-23	0	0		0	是
饶兰秀	监事	女	53	2009-10-24	2012-10-23	216,450	194,940	减持、公积金转增股本	0	是
毛　勇	总裁	男	47	2009-10-24	2012-10-23	133,575	120,690	减持、公积金转增股本	25.76	否
李春生	副总裁	男	48	2009-10-24	2012-10-23	0	0		21.6	否
邹映明	副总裁	男	47	2009-10-24	2012-10-23	133,770	120,924	减持、公积金转增股本	16.23	否
杨　骏	副总裁兼董事会秘书	男	50	2009-10-24	2012-10-23	126,750	114,084	减持、公积金转增股本	21.01	否
邹卫明	副总裁	男	39	2009-10-24	2012-10-23	0	0		19.2	否
曾智杰	副总裁	男	48	2009-10-24	2012-10-23	0	0		18.16	否
刘　璋	副总裁	男	59	2009-10-24	2012-10-23	0	0		14.25	否
杨　剑	总裁助理	男	32	2009-10-24	2012-10-23	0	0		18.91	否
吴菊林	总裁助理兼财务负责人	男	54	2009-10-24	2012-10-23	0	0		17.86	否
合计	/	/	/	/	/	1,657,760	1,778,406	/	274.04	/

第六节 董事会报告

6.1 管理层讨论与分析

(一)报告期内总体工作经营情况

2010 年,公司围绕"创新思路、优化结构、实现公司快速发展"的主题,紧扣"以智能节能产业为主体,电机电源和装备信息产业为两翼"的发展思路,积极开拓公司新的业务发展领域,呈现了良好的发展机遇。

2010 年,面对复杂的市场环境和严峻的竞争形势,公司密切关注行业政策调整趋势,把握市场变化脉搏,稳步扎实推进公司新的业务模式,并积极寻找与公司产业相关的投资机会。

2010,公司在开拓市场、营销规模扩大上取得了显著成效。公司实现营业收入 297,244 万元,比上年同期增长 24.41%,其中三大产品智能建筑电气、发电机及电源、装备信息产品分别实现销售收入 105,521 万元、61.598 万元、66,577 万元。但由于受原材料价格上涨和出口业务增长的影响,及相关担保计提损失的影响,实现利润总额 9,135 万元,比上年同期下降 27.80%,净利润为 7,684 万元,比上年同期下降 30.01%。

公司积极推进技术创新工作。公司完成国家级技术创新项目 7 项,省级项目 72 项;截至 2010 年底公司专利受理 204 件、获得授权 158 件,主持、参与国家行业标准制订 2 项,公司自主创新能力得到进一步提升。

公司积极推进员工队伍建设。坚持开展"我与公司"的学习讨论活动,提升员工的基本素质和责任意识。全年共组织 16674 人/次员工培训,成功举办了公司第二届员工技能大赛。坚持公司"四大专业队伍"(财务/人事/质量/物流)的培训和建设,坚持公司年度"三考"(考试/考核/考评)工作,优化员工队伍。

公司积极推进产品质量管理工作。强化"6S"现场管理,开展生产线 QC 小组活动及员工合理化建议活动。实施控制超计划采购和强制处理逾期存货的机制,重点推动"招标准入,比价采购"的机制。2010 年公司被江西省质监局授予"江西省质量信用 AAA 级企业"。

1、智能节能业务:

①大力发展新能源业务

公司作为智能节能领域的领先企业,积极推进新能源产业的开发和应用,打造光伏电站的系统集成商和运营管理商。2010 年公司积极参与市场推广活动,在行业中取得了一定的影响力。2010 年公司相关子公司承接了被财政部、科技部、国家能源局列入"金太阳示范工程项目"的北京经济技术开发区示范项目(10MWP)和上海张江高科技园区示范项目(9.3MWP),全资子公司北京泰豪太阳能电源技术有限公司完成了北京 1MWP、深圳 1.28MWP 的光伏工程,同时该公司还成为上海、北京市政府重点扶持的新能源企业。

②打造合同能源管理典范

公司凭借自主研发、具有自主知识产权的节能技术,通过与客户签订节能服务合同,为客户提供数据统计、能耗分析、节能方案、节能目标、节能预算、项目融资、工程实施、节能效果评估等一整套节能服务,配合政府推行的多种个性化合同能源管理模式积极开展业务。公司子公司上海泰豪智能节能技术有限公司和北京泰豪智能工程有限公司近期被国家发改委和财政部列入第二批节能服务公司备案名单,这将得到国家财政的资金支持,有利于公司合同能源管理项目的开展。

2010 年 5 月 27 日,公司在首届"节能贡献,榜样中国"节能中国贡献奖颁奖典礼上受到表彰,获"2010 节能中国十大突出贡献企业"荣誉称号。本公司下属子公司北京泰豪智能工程有限公司成为第一批节能服务机构——首都"节能管家"15 家企业之一,将遵循相应法律法规推进合同能源管理的开展,为用能单位提供节能改造服务。

③开拓机场产业新领域

公司在完成了首都机场 T3 航站楼、上海虹桥机场改扩建工程及新郑机场多个机场智能化工程后,又与西部机场集团在钓鱼台举行了绿色机场建设战略合作签约仪式。公司今后将在更广的范围参与更多绿色机场的建设,促进城市低碳经济的发展,服务市民的低碳出行。

④做好世博场馆智能化建设的巧工匠

在 2010 年上海世博会上,公司同时肩负世博场馆智能化建设者及民营企业联合馆参展两大使命。公司以一系列自主创新的建筑智能化节能技术承担世博中心和民营企业联合馆的智能化建设,为世博场馆创造了一个永不落幕的绿色节能舞台。

2、电机电源业务:

公司发电机及电源产业经受住了市场激烈竞争的严峻考验,公司电源产品研发了多系列产品以满足市场个性化需求。创新的产品设计理念、完善的售后服务网络以及产品的智能化,从各方面满足了客户对产品的需求,进而给企业带来了良好的经济效益。在国内市场方面,公司电源产品瞄准国家拉动内需带来的市场机遇,重点拓展铁路、电信、公路、通讯基站及数据中心等高端行业市场,并屡见成效,并保持和国家电网应急电源车的供应商地位。公司的中央电视台、铁道部大型养护设备项目、国家电网项目、武广高速铁路等多个项目的承接使公司向国内发电机组大市场份额迈进了一步。海外市场方面,公司在金融危机后逆势向上,出口业务快速恢复并得到快速发展,屡屡创造佳绩,包括 GE 项目、阿富汗拖车电站项目等。同时公司通过借助行业客户在海外的市场平台,做有代表性、有影响力的标志性大项目,在海外市场努力提升泰豪品牌,向实现国际化前进一大步。

3、装备信息产业:

2010 年,装备信息产品业务获得一定的发展。公司装备信息产业将顺应国家装备发展方向的调整,抓住"十二五"开局之年,国防信息化作战平台装备建设的契机,促进业务增长,争取今后在新市场、新项目开发工作中有一个较大的突破,并保持细分行业领先地位。

(二)公司存在的主要优势和困难、经营和赢利能力的持续性和稳定性

1、主要优势

①示范工程服务广效应高

在建筑节能领域,公司研发出泰豪 IBMS 建筑电气集成整体解决方案,该方案集成了楼宇自控系统,冷热源变频控制系统,照明节能控制系统,智能供配电系统以及多回路能耗计量系统等最优化的建筑节能整体解决方案。目前,该集成系统已经在人民大会堂、国家会议中心、国家博物馆、世博中心等大型公共建筑中得以实施。根据建设部发布的智能建筑工程量统计,公司的市场占有率已

经连续四年位居行业前三。

2010 年 12 月 15 日，公司被评为“中国智能建筑品牌奖”，获得“十大智能建筑系统集成商”和“五大优秀智能建筑管理系统奖”两项大奖。“中国智能建筑品牌奖”是由千家网旗下的千家品牌实验室设立，以全年品牌指数为核心依据，并综合市场调查、用户反馈和专家评议产生，并根据评分进行奖项排名。“中国智能建筑品牌奖”分为十大品牌奖和单项奖，分别颁发给行业领域里品牌建设成就最突出的十大品牌和某个单项表现卓越的品牌。

②合同能源管理进入发展快车道

伴随着能源危机的警钟和节能呼声的节节攀升，“合同能源管理” 这一发展模式已被各地政府接受并推动，形成节能服务产业。

公司响应国家发展低碳产业的号召，积极推广合同能源管理模式。公司不仅对既有建筑应用合同能源管理模式进行节能改造，还针对新建筑提出自己的商业网模式“T-EMC 模式”。该模式将有力地推进新建项目的节能减排，弥补传统 EMC 模式的不足，形成新的经济增长点。积极以 EPC 的形式参与国际光伏电站建设。

③融资业务能力稳步提升

继 2009 年完成配股融资后，公司又圆满完成 2010 年度公司债发行工作，并取得 5 年期 5.3%的较优利率。

④重视公司内控管理，提升公司抗风险能力

针对公司子公司股权结构相对分散，股东控制权集中度不高的情况，建立了良好的法人治理结构，并建立了一套完善的内部控制管理机制。同时公司建立了科学规范的企业管理体系，同时将公司“承担责任实现”核心价值与“技术+资本”管理理念有机融合，为企业发展提供了内在动力。

2、主要困难

面对通胀压力，企业竞争环境更加严峻，公司将进一步调整产品结构，增强创新能力，增加产品附加值，提高产品竞争力和盈利能力。

(三)对公司未来发展展望

1、公司战略规划

致力于信息技术应用，创导智能科技生活，使公司成为引领中国智能节能产业发展的企业，实现电机电源产品专业国际化和装备信息产品相关规模化发展。

2、新年度工作计划

2011 年公司确立了“强化绩效考核、强化成本控制、提升赢利能力”的主题，将着力做好以下工作：(1)完善核算单位激励机制，加快公司产业进一步增长；(2)强化企业内部控制制度规范管理；(3)推进新业务领域的发展和壮大；(4)重点推进沈阳电机产业、卫星导航项目、楼宇节能与工业节能领域、军工装备产业整合等发展，争取成为公司业务的重要支撑。

3、资金需求及使用计划

2011 年公司资金主要来源于：公司自有资金、银行贷款、再融资资金。

公司是否披露过盈利预测或经营计划：否

(四)公司主营业务及其经营状况

1、主营业务分行业、产品情况

单位:元 币种:人民币

分行业或分产品	营业收入	营业成本	营业利润率(%)	营业收入比上年增减(%)	营业成本比上年增减(%)	营业利润率比上年增减(%)
分行业						
制造业						
分产品						
智能建筑电气	1,643,386,001.75	1,347,549,114.93	18.00	13.91	18.34	减少 3.07 个百分点
发电机及电源	665,769,874.11	577,910,361.84	13.20	75.95	86.70	减少 5.00 个百分点
装备信息产品	615,979,626.75	487,734,233.42	20.82	19.92	17.11	增加 1.90 个百分点

2、主营业务分地区情况

单位:元 币种:人民币

地区	营业收入	营业收入比上年增减(%)
国内	2,412,714,863.81	8.39
国外	512,420,638.80	370.62

3、报告期公司资产构成情况同比发生重大变动的原因

单位:元 币种:人民币

项 目	2010 年 12 月 31 日 金额	比重	2009 年 12 月 31 日 金额	比重	与去年相比金额增减幅 度	比重变动幅度	说 明
资产总计	4,852,961,584.45		4,222,563,341.15		14.93%		经营业绩及募集资金增加所致
预付款项	444,314,551.73	9.16	340,007,617.28	8.05	30.68%	1.10	公司生产规模扩大增加采购量所致
其他应收款	362,319,101.22	7.47	179,420,555.27	4.25	101.94%	3.22	购置资产保证金及项目前期垫付款增加
长期股权投资	254,030,925.52	5.23	62,993,178.61	1.49	303.27%	3.74	对外股权投资增加
开发支出	30,051,180.71	0.62	14,337,866.81	0.34	109.59%	0.28	研发投入加大
短期借款	108,889,540.00	2.24	582,000,000.00	13.78	-81.29%	-11.54	归还银行借款
应付票据	454,377,741.84	9.36	282,430,947.13	6.69	60.88%	2.67	公司结算方式的变化
预收款项	181,667,865.17	3.74	129,696,535.51	3.07	40.07%	0.67	销售业务的增长
应付利息	7,613,241.69	0.16	929,593.00	0.02	718.99%	0.13	债券利息增加
一年内到期的非流动负债	5,000,000.00	0.10	19,000,000.00	0.45	-73.68%	-0.35	归还银行借款
长期借款	490,620,000.00	10.11	207,120,000.00	4.91	136.88%	5.20	改变负债结构

4、报告期内公司主要财务数据同比发生重大变动的原因

单位:元 币种:人民币

项 目	2010 年度	2009 年度	增减幅度	说明
毛利率(%)	17.67	20.41	下降 2.74 个百分点	材料价格上涨影响
管理费用	176,694,959.78	140,371,736.11	25.88%	世博参展费用及研发费用增加
资产减值损失	27,507,675.74	20,918,044.72	31.50%	计提的坏账准备及存货跌价准备增加
投资收益	9,489,743.46	1,746,679.14	443.30%	处置股权及交易性金融资产收益
营业外支出	20,199,157.70	8,157,002.74	147.63%	本期预计担保损失增加

5、报告期内现金流量同比发生重大变动情况

单位:元 币种:人民币

项 目	2010 年度	2009 年度	增减幅度	说明
一、经营活动产生的现金流量:				
经营活动现金流入小计	3,373,546,714.46	2,421,846,659.47	39.30%	货款回笼加快、应收账款收回所致
经营活动现金流出小计	3,194,304,579.71	2,375,257,364.09	34.48%	
经营活动产生的现金流量净额	179,242,134.75	46,589,295.38	284.73%	
二、投资活动产生的现金流量:				
投资活动现金流入小计	187,525,620.94	54,280,643.44	245.47%	对外股权投资和工程技改投入增加所致
投资活动现金流出小计	482,713,585.85	266,256,809.86	81.30%	
投资活动产生的现金流量净额	-295,187,964.91	-211,976,166.42	-39.26%	
三、筹资活动产生的现金流量:				
筹资活动现金流入小计	1,220,483,876.00	1,639,618,905.73	-25.56%	归还银行贷款及去年同期募集资金增加所致

6、控股子公司经营情况

单位:元 币种:人民币

公司名称	业务性质及经营范围	注册资本	资产规模	净利润
同方人工环境有限公司	中央空调机组、空气和水净化系统	249,000,000.00	818,202,997.26	19,300,529.07
北京泰豪智能科技有限公司	智能建筑产品和系统集成解决方案	200,000,000.00	686,238,948.63	22,752,973.95
上海泰豪智能节能技术有限公司	建筑弱电、中央空调、电气自动化和环保工程	50,000,000.00	71,297,636.34	-1,430,381.61
山东吉美乐有限公司	发电机、办公设备产销	36,400,000.00	88,342,891.92	-93,472.49
北京泰豪太阳能电源技术有限公司	建筑太阳能电源系统的设计、制造、销售和服务	50,000,000.00	56,226,503.70	-4,396,956.68
深圳市泰豪晟大创业投资有限公司	创业投资业务	50,000,000.00	83,266,278.13	284,698.77
江西泰豪电源技术有限公司	发电机及机组的设计、制造、销售与售后服务	200,000,000.00	248,702,737.90	629,643.60
江西泰豪科技进出口有限公司	自营或代理种类商品和技术进出口	100,000,000.00	150,289,599.65	-1,282,310.40
江西泰豪特种电机有限公司	水轮/风力发电机组、特种电机及成套设备	50,000,000.00	154,956,066.04	4,610,511.82
江西清华泰豪三波电机有限公司	电源、电机及成套设备	100,000,000.00	255,256,619.01	20,406,536.62
衡阳泰豪通信车辆有限公司	车载通信系统	80,000,000.00	434,707,111.81	18,549,142.07
江西清华泰豪微电机有限公司	发电机及机组、其他机电设备	10,000,000.00	39,564,442.86	1,082,486.29
长春泰豪电子装备有限公司	天线、雷达、光机电一体化产品	30,000,000.00	45,140,744.27	-2,733,953.87
济南吉美乐电源技术有限公司	电源设备新技术开发及技术服务	10,000,000.00	65,505,595.95	16,659,730.14
北京泰豪联星技术有限公司	卫星导航产业终端设备组件、系统、整机制造与销售	50,000,000.00	50,161,319.16	-209,991.61

7、单个控股子公司的净利润或单个参股公司的投资收益对公司净利润的影响达到 10%以上

单位:元 币种:人民币

公司名称	业务性质及经营范围	营业收入	营业利润	净利润	参股公司贡献的投资收益占上市公司净利润的比重(%)
同方人工环境	中央空调机组、空气	612,471,300.35	18,136,358.54	19,300,529.07	18.15

有限公司	和水净化系统				
北京泰豪智能科技有限公司	智能建筑产品和系统集成解决方案	497,574,505.96	27,466,367.39	22,752,973.95	22.55
江西清华泰豪三波电机有限公司	电源、电机及成套设备	221,310,114.44	24,040,942.37	20,406,536.62	37.63
衡阳泰豪通信车辆有限公司	车载通信系统	239,527,217.45	20,403,316.79	18,549,142.07	30.85
济南吉美乐电源技术有限公司	电源设备新技术开发及技术服务	98,777,359.66	19,554,431.42	16,659,730.14	30.72

8、主要供应商、客户情况

单位:元 币种:人民币

前五名客户的销售金额	604,253,774.59	占销售总额比重(%)	20.33
前五名供应商采购金额	488,038,768.38	占采购总额比重(%)	19.55

6.2 主营业务分行业、产品情况表

单位:元 币种:人民币

分行业或分产品	营业收入	营业成本	营业利润率(%)	营业收入比上年增减(%)	营业成本比上年增减(%)	营业利润率比上年增减(%)
分产品						
智能节能业务	1,643,386,001.75	1,347,549,114.93	18.00	13.91	18.34	减少 3.07 个百分点
电机电源业务	665,769,874.11	577,910,361.84	13.20	75.95	86.70	减少 5.00 个百分点
装备信息业务	615,979,626.75	487,734,233.42	20.82	19.92	17.11	增加 1.90 个百分点

6.3 主营业务分地区情况表

单位:元 币种:人民币

地区	营业收入	营业收入比上年增减(%)
国内	2,412,714,863.81	8.39
国外	512,420,638.80	370.62

6.4 募集资金使用情况

√适用 □不适用

单位:万元 币种:人民币

募集资金总额	61,103.41	本年度已使用募集资金总额	3,730.47
		已累计使用募集资金总额	45,860.02

承诺项目	是否变更项目	拟投入金额	实际投入金额	是否符合计划进度	预计收益	产生收益情况
家用静音电源技术改造项目	否	38,103.41	26,644.61	是		685.15
车载通讯系统技术改造项目	否	12,000.00	8,215.41	是		
补充流动资金	否	11,000.00	11,000.00	是		
合计	/	61,103.41	45,860.02	/	/	
尚未使用的募集资金用途及去向	继续投入承诺项目					

变更项目情况

□适用 √不适用

6.5 非募集资金项目情况

√适用 □不适用

单位:元 币种:人民币

项目名称	项目金额	项目进度	项目收益情况
亦庄研发基地	95,518,972.03		
其他工程	1,605,828.95		
合计	97,124,800.98	/	/

6.6 董事会对会计师事务所"非标准审计报告"的说明

□适用 √不适用

6.7 董事会本次利润分配或资本公积金转增股本预案

公司利润分配预案如下:公司 2010 年度拟以 2010 年 12 月 31 日总股本 455,325,712 股为基数,按每 10 股派现金红利 0.5 元(含税),共计分配 22,766,285.6 元,不转增、不送股,剩余未分配利润结转下一年度。

公司本报告期内盈利但未提出现金利润分配预案

□适用 √不适用

第七节 重要事项

7.1 收购资产

□适用 √不适用

7.2 出售资产

□适用 √不适用

7.3 重大担保

√适用 □不适用

单位:万元 币种:人民币

公司对外担保情况(不包括对子公司的担保)

担保方	担保方与上市公司的关系	被担保方	担保金额	担保起始日	担保到期日	担保类型	担保是否已经履行完毕	担保是否逾期	是否存在反担保	是否为关联方担保	关联关系
泰豪科技股份有限公司	公司本部	江西汇仁药业有限公司	3,500	2010-4-28	2011-4-27	连带责任担保	否	否	是	否	
泰豪科技股份有限公司	公司本部	江西汇仁集团医药科研营销有限责任公司	2,000	2009-1-13	2011-1-12	连带责任担保	否	否	是	否	
泰豪科技股份有限公司	公司本部	江西汇仁集团医药科研营销有限责任公司	4,500	2010-1-26	2011-1-25	连带责任担保	否	否	是	否	
泰豪科技股份有限公司	公司本部	江西特种电机股份有限公司	2,000	2010-5-18	2012-5-18	连带责任担保	否	否	是	否	
泰豪科技股份有限公司	公司本部	江西特种电机股份有限公司	3,000	2010-11-23	2011-11-22	连带责任担保	否	否	是	否	
泰豪科技股份有限公司	公司本部	南昌 ABB 发电机有限公司	2,940	2010-11-12	2011-11-11	连带责任担保	否	否	否	是	联营公司
报告期内担保发生额合计(不包括对子公司的担保)											15,940
报告期末担保余额合计(不包括对子公司的担保)											17,940
公司对子公司的担保情况											
报告期内对子公司担保发生额合计											16,088
报告期末对子公司担保余额合计											19,555.6
公司担保总额情况(包括对子公司的担保)											
担保总额											37,495.6
担保总额占公司净资产的比例(%)											22.12
其中:											
为股东、实际控制人及其关联方提供担保的金额											0
直接或间接为资产负债率超过 70%的被担保对象提供的债务担保金额											2,940
担保总额超过净资产 50%部分的金额											0
上述三项担保金额合计											2,940

7.4 重大关联交易

7.4.1 与日常经营相关的关联交易

√适用 □不适用

关联方	向关联方销售产品和提供劳务 交易金额	向关联方销售产品和提供劳务 占同类交易金额的比例(%)	向关联方采购产品和接受劳务 交易金额	向关联方采购产品和接受劳务 占同类交易金额的比例(%)
同方股份有限公司	10,502,231.70	0.64	1,013,329.47	0.09
同方股份有限公司			200,000.00	1.08
泰豪软件股份有限公司	188,810.00	0.02	10,213,498.06	0.95
泰豪软件股份有限公司	33,808.00	0.01	50,797.26	0.01
泰豪软件股份有限公司			655,888.08	3.55
北京同方洁净技术有限公司	21,006,601.04	1.28	14,828,628.79	1.37
北京同方吉兆科技有限公司	74,000.00	0.01		
南昌 ABB 发电机有限公司	421,517.98	0.06		
南昌 ABB 发电机有限公司	4,744,745.43	24.31	5,427,042.51	1.18
泰豪集团有限公司	1,100,000.00	0.07		
江西泰豪动漫职业学院	182,482.39	0.01		
无锡同方创新科技园有限公司			2,500,000.00	13.51
北京同方房地产开发有限公司			253,621.11	1.37
同方川崎空调设备有限公司			2,483,302.00	0.23
江西泰豪动漫有限公司			150,000.00	1.30
合计	38,254,196.54		37,776,107.28	

其中:报告期内公司向控股股东及其子公司销售产品或提供劳务的关联交易金额 10,576,231.70 元。

7.4.2 关联债权债务往来

√适用 □不适用

单位:元 币种:人民币

关联方	向关联方提供资金 发生额	向关联方提供资金 余额	关联方向公司提供资金 发生额	关联方向公司提供资金 余额
同方股份有限公司	−2,275,021.46	1,868,402.25		27,286,921.80
北京同方洁净技术有限公司	−9,678,978.80	27,037,864.20		65,016.00
南昌 ABB 发电机有限公司	−4,753,860.83	277,993.38		196,117.08
同方川崎空调设备有限公司	26,566,000.00	26,566,000.00		112,044.80
同方物业管理有限公司	−229,755.58	37,663.17		
天津清华泰豪智能科技有限公司	15,447.56	78,730.54		3,922,144.84
泰豪软件股份有限公司	41,458.72	41,458.72		5,130,413.00
泰豪集团有限公司				8,101,690.54
南通同方科技园有限公司				4,000,000.00
同方恩凯(无锡)膜技术有限公司				150,000.00
合计	9,685,289.61	55,908,112.26		48,964,348.06

其中:报告期内公司向控股股东及其子公司提供资金的发生额−2,504,777.04 元,余额 1,906,065.42 元。

7.4.3 报告期内资金被占用情况及清欠进展情况

√适用 □不适用

单位:元 币种:人民币

控股股东及其他关联方非经营性占用上市公司资金的余额	报告期内发生的期	报告期内已清欠情况

报告期初	报告期内发生额	报告期末	间占用、期末归还的总金额	报告期内清欠总额	清欠方式	清欠金额	清欠时间（月份）
		26,566,000.00					

报告期内新增非经营性资金占用的原因　　系同方人工环境有限公司与同方川崎空调设备有限公司内部资金往来所致

截至报告期末，上市公司未完成非经营性资金占用的清欠工作的，董事会提出的责任追究方案

□适用　　√不适用

7.5 委托理财

□适用　　√不适用

7.6 承诺事项履行情况

7.6.1 公司或持股 5%以上股东在报告期内或持续到报告期内的承诺事项

□适用　　√不适用

7.6.2 公司资产或项目存在盈利预测，且报告期仍处在盈利预测期间，公司就资产或项目是否达到原盈利预测及其原因作出说明

□适用　　√不适用

7.7 重大诉讼仲裁事项

□适用　　√不适用

7.8 其他重大事项及其影响和解决方案的分析说明

7.8.1 证券投资情况

□适用　　√不适用

7.8.2 持有其他上市公司股权情况

□适用　　√不适用

7.8.3 持有非上市金融企业股权情况

□适用　　√不适用

7.8.4 买卖其他上市公司股份的情况

□适用　　√不适用

7.9 公司是否披露内部控制的自我评价报告或履行社会责任的报告：否

第八节　监事会报告

8.1 监事会对公司依法运作情况的独立意见

2010 年度董事会和经营层能够依照法律法规和公司章程规范运作，决策程序合法，无违反法律、法规和公司章程或损害公司利益的行为。公司对董事的增补和高级管理人员的调整程序合法。

8.2 监事会对检查公司财务情况的独立意见

2010 年度公司能够严格执行相关法律法规和公司财务制度，财务运作情况正常，中磊会计师事务所有限责任公司对 2010 年度会计报表审计出具的标准无保留意见的审计报告，真实公允地反映了公司财务状况和经营成果。

8.3 监事会对公司最近一次募集资金实际投入情况的独立意见

2010 年公司实施完成配股项目，公司在募集资金使用上严格按照证监会的有关规定和公司制定的《募集资金管理办法》进行，未发现损害投资者和公司利益的情况。

8.4 监事会对公司收购、出售资产情况的独立意见

2010 年度公司未有收购、出售资产的情况。

8.5 监事会对公司关联交易情况的独立意见

2010 年度公司的关联交易均严格遵循公正、公平、公开的原则进行，且履行了相关的审批程序。公司 2010 年度日常关联交易不存在损害公司利益的情形。

第九节　财务会计报告

9.1 审计意见

财务报告	□未经审计	√审计
审计意见	√标准无保留意见	□非标意见

9.2 财务报表

合并资产负债表

2010 年 12 月 31 日

编制单位:泰豪科技股份有限公司　　单位:元 币种:人民币

项目	附注	期末余额	年初余额
流动资产：			
货币资金		920,332,947.35	822,991,990.62
结算备付金			
拆出资金			
交易性金融资产			
应收票据		29,133,399.49	25,997,415.00
应收账款		898,381,697.14	1,010,101,838.89
预付款项		444,314,551.73	340,007,617.28
应收保费			
应收分保账款			
应收分保合同准备金			
应收利息			
应收股利			
其他应收款		362,319,101.22	179,420,555.27
买入返售金融资产			
存货		611,000,480.00	531,622,809.83
一年内到期的非流动资产			
其他流动资产			
流动资产合计		3,265,482,176.93	2,910,142,226.89
非流动资产：			
发放委托贷款及垫款			
可供出售金融资产			
持有至到期投资			40,000,000.00
长期应收款			
长期股权投资		254,030,925.52	62,993,178.61
投资性房地产			35,647,005.97
固定资产		810,686,455.23	679,819,776.56
在建工程		198,279,975.63	185,112,621.87
工程物资			
固定资产清理			
生产性生物资产			
油气资产			
无形资产		256,005,957.46	263,293,515.78
开发支出		30,051,180.71	14,337,866.81
商誉		10,984,102.12	12,793,416.03
长期待摊费用		1,616,319.02	2,131,472.27
递延所得税资产		25,824,491.83	16,292,260.36
其他非流动资产			
非流动资产合计		1,587,479,407.52	1,312,421,114.26
资产总计		4,852,961,584.45	4,222,563,341.15
流动负债：			
短期借款		108,889,540.00	582,000,000.00
向中央银行借款			
吸收存款及同业存放			
拆入资金			
交易性金融负债			
应付票据		454,377,741.84	282,430,947.13
应付账款		703,272,519.86	666,162,859.34
预收款项		181,667,865.17	129,696,535.51
卖出回购金融资产款			
应付手续费及佣金			
应付职工薪酬		10,068,767.69	8,537,042.24
应交税费		53,795,313.20	59,220,860.90
应付利息		7,613,241.69	929,593.00
应付股利			
其他应付款		201,067,161.02	209,246,588.53
应付分保账款			
保险合同准备金			
代理买卖证券款			
代理承销证券款			
一年内到期的非流动负债		5,000,000.00	19,000,000.00
其他流动负债			
流动负债合计		1,725,752,150.47	1,957,224,426.65
非流动负债：			
长期借款		490,620,000.00	207,120,000.00
应付债券		489,263,173.51	
长期应付款		5,311,000.00	5,311,000.00
专项应付款		104,900.40	124,400.40
预计负债		16,090,744.00	
递延所得税负债		506,203.55	1,630,639.24
其他非流动负债		19,413,039.00	20,795,039.00
非流动负债合计		1,021,309,060.46	234,981,078.64
负债合计		2,747,061,210.93	2,192,205,505.29
所有者权益(或股东权益)：			
实收资本(或股本)		455,325,712.00	379,438,093.00
资本公积		776,152,312.07	850,369,827.52
减:库存股			
专项储备			
盈余公积		54,915,705.02	48,620,993.22
一般风险准备			
未分配利润		408,458,008.76	398,676,139.34
外币报表折算差额			
归属于母公司所有者权益合计		1,694,851,737.85	1,677,105,053.08
少数股东权益		411,048,635.67	353,252,782.78
所有者权益合计		2,105,900,373.52	2,030,357,835.86
负债和所有者权益总计		4,852,961,584.45	4,222,563,341.15

法定代表人:毛勇　　主管会计工作负责人:吴菊林　　会计机构负责人:詹秋梅

母公司资产负债表

2010 年 12 月 31 日

编制单位:泰豪科技股份有限公司　　单位:元 币种:人民币

项目	附注	期末余额	年初余额
流动资产：			
货币资金		324,875,779.25	230,834,069.25
交易性金融资产			
应收票据		2,370,399.49	11,352,952.00
应收账款		370,626,637.34	410,499,090.76
预付款项		242,037,729.87	201,804,749.49
应收利息			
应收股利			
其他应收款		581,606,323.52	259,962,422.29
存货		143,887,696.94	189,251,256.60
一年内到期的非流动资产			
其他流动资产			
流动资产合计		1,665,404,566.41	1,303,704,540.39
非流动资产：			
可供出售金融资产			
持有至到期投资		100,000,000.00	65,000,000.00
长期应收款			
长期股权投资		1,271,028,646.71	1,214,175,051.46
投资性房地产			11,851,549.69
固定资产		273,752,047.42	177,981,005.62
在建工程		7,659,638.66	43,580,664.32
工程物资			
固定资产清理			
生产性生物资产			
油气资产			
无形资产		52,425,675.02	48,455,549.26
开发支出		11,286,739.64	3,246,044.84
商誉			
长期待摊费用			92,200.00
递延所得税资产		11,392,535.60	4,621,662.45
其他非流动资产			
非流动资产合计		1,727,545,283.05	1,569,003,727.64
资产总计		3,392,949,849.46	2,872,708,268.03
流动负债：			
短期借款		63,389,540.00	474,000,000.00
交易性金融负债			
应付票据		374,231,359.16	208,319,457.67
应付账款		240,581,708.40	268,807,143.07
预收款项		52,783,121.40	48,060,643.42
应付职工薪酬		2,422,314.99	2,384,179.80
应交税费		21,951,488.56	28,088,715.00
应付利息		7,496,082.69	795,211.25
应付股利			
其他应付款		175,630,293.04	219,122,353.79
一年内到期的非流动负债			
其他流动负债			
流动负债合计		938,485,908.24	1,249,577,704.00
非流动负债：			
长期借款		401,620,000.00	101,620,000.00
应付债券		489,263,173.51	
长期应付款			
专项应付款			
预计负债		16,090,744.00	
递延所得税负债			
其他非流动负债		10,134,000.00	10,296,000.00
非流动负债合计		917,107,917.51	111,916,000.00
负债合计		1,855,593,825.75	1,361,493,704.00
所有者权益(或股东权益)：			
实收资本(或股本)		455,325,712.00	379,438,093.00
资本公积		789,211,943.18	863,961,411.18
减：库存股			
专项储备			
盈余公积		51,981,829.05	45,687,117.25
一般风险准备			
未分配利润		240,836,539.48	222,127,942.60
所有者权益(或股东权益)合计		1,537,356,023.71	1,511,214,564.03
负债和所有者权益(或股东权益)总计		3,392,949,849.46	2,872,708,268.03

法定代表人：毛勇　　主管会计工作负责人：吴菊林　　会计机构负责人：詹秋梅

合并利润表

2010 年 1—12 月

单位：元 币种：人民币

项目	附注	本期金额	上期金额
一、营业总收入		2,972,437,038.54	2,389,284,556.37
其中：营业收入		2,972,437,038.54	2,389,284,556.37
利息收入			
已赚保费			
手续费及佣金收入			
二、营业总成本		2,890,451,129.86	2,281,031,654.69
其中：营业成本		2,447,310,466.99	1,901,538,215.62
利息支出			
手续费及佣金支出			
退保金			
赔付支出净额			
提取保险合同准备金净额			
保单红利支出			
分保费用			
营业税金及附加		30,691,023.89	32,414,570.83
销售费用		160,066,689.39	139,086,945.38
管理费用		176,694,959.78	140,371,736.11
财务费用		48,180,314.07	46,702,142.03
资产减值损失		27,507,675.74	20,918,044.72
加：公允价值变动收益(损失以"−"号填列)			
投资收益(损失以"−"号填列)		9,489,743.46	1,746,679.14
其中：对联营企业和合营企业的投资收益		−3,180,753.09	560,050.73
汇兑收益(损失以"−"号填列)			
三、营业利润(亏损以"−"号填列)		91,475,652.14	109,999,580.82
加：营业外收入		20,068,586.44	24,685,756.67
减：营业外支出		20,199,157.70	8,157,002.74
其中：非流动资产处置损失		577,244.79	5,837,714.33
四、利润总额(亏损总额以"−"号填列)		91,345,080.88	126,528,334.75
减：所得税费用		14,505,400.82	16,751,665.00
五、净利润(净亏损以"−"号填列)		76,839,680.06	109,776,669.75
归属于母公司所有者的净利润		54,222,293.36	98,286,614.45
少数股东损益		22,617,386.70	11,490,055.30
六、每股收益：			
(一)基本每股收益		0.12	0.30
(二)稀释每股收益		0.12	0.30
七、其他综合收益			
八、综合收益总额		76,839,680.06	109,776,669.75
归属于母公司所有者的综合收益总额		54,222,293.36	98,286,614.45
归属于少数股东的综合收益总额		22,617,386.70	11,490,055.30

法定代表人：毛勇　　主管会计工作负责人：吴菊林　　会计机构负责人：詹秋梅

母公司利润表

2010 年 1—12 月

单位：元 币种：人民币

项目	附注	本期金额	上期金额
一、营业收入		1,139,927,606.99	871,622,264.96
减：营业成本		997,259,514.63	717,867,658.77
营业税金及附加		9,556,715.14	15,701,825.51
销售费用		31,055,675.99	29,147,090.93
管理费用		60,208,746.91	34,238,840.63
财务费用		37,368,565.32	30,269,482.59
资产减值损失		15,041,703.49	11,601,019.04
加：公允价值变动收益(损失以"−"号填列)			
投资收益(损失以"−"号填列)		82,827,580.77	22,176,426.83
其中：对联营企业和合营企业的投资收益		−1,396,155.75	1,075,877.56
二、营业利润(亏损以"−"号填列)		72,264,266.28	54,972,774.32
加：营业外收入		8,397,537.01	4,437,710.11
减：营业外支出		18,723,542.44	1,274,339.34
其中：非流动资产处置损失		13,660.41	91,599.75
三、利润总额(亏损总额以"−"号填列)		61,938,260.85	58,136,145.09
减：所得税费用		−1,008,857.13	4,873,763.67
四、净利润(净亏损以"−"号填列)		62,947,117.98	53,262,381.42
五、每股收益：			
(一)基本每股收益			
(二)稀释每股收益			
六、其他综合收益			
七、综合收益总额		62,947,117.98	53,262,381.42

法定代表人：毛勇　　主管会计工作负责人：吴菊林　　会计机构负责人：詹秋梅

合并现金流量表

2010 年 1—12 月

单位：元 币种：人民币

项目	附注	本期金额	上期金额
一、经营活动产生的现金流量：			

销售商品、提供劳务收到的现金	3,144,918,524.80	2,185,459,619.02
客户存款和同业存放款项净增加额		
向中央银行借款净增加额		
向其他金融机构拆入资金净增加额		
收到原保险合同保费取得的现金		
收到再保险业务现金净额		
保户储金及投资款净增加额		
处置交易性金融资产净增加额		
收取利息、手续费及佣金的现金		
拆入资金净增加额		
回购业务资金净增加额		
收到的税费返还	14,588,686.86	4,697,625.34
收到其他与经营活动有关的现金	214,039,502.80	231,689,415.11
经营活动现金流入小计	3,373,546,714.46	2,421,846,659.47
购买商品、接受劳务支付的现金	2,391,628,754.25	1,771,927,214.32
客户贷款及垫款净增加额		
存放中央银行和同业款项净增加额		
支付原保险合同赔付款项的现金		
支付利息、手续费及佣金的现金		
支付保单红利的现金		
支付给职工以及为职工支付的现金	164,442,194.23	164,673,077.64
支付的各项税费	105,297,920.61	104,401,463.48
支付其他与经营活动有关的现金	532,935,710.62	334,255,608.65
经营活动现金流出小计	3,194,304,579.71	2,375,257,364.09
经营活动产生的现金流量净额	179,242,134.75	46,589,295.38
二、投资活动产生的现金流量：		
收回投资收到的现金	102,240,000.00	26,571,691.08
取得投资收益收到的现金	13,023,657.92	1,735,735.56
处置固定资产、无形资产和其他		
长期资产收回的现金净额	1,835,026.67	19,121,935.49
处置子公司及其他营业单位收到的现金净额	70,426,936.35	6,851,281.31
收到其他与投资活动有关的现金		
投资活动现金流入小计	187,525,620.94	54,280,643.44
购建固定资产、无形资产和其他长期资产支付的现金	179,784,297.79	214,618,493.84
投资支付的现金	302,929,288.06	49,800,000.00
质押贷款净增加额		
取得子公司及其他营业单位支付的现金净额		
支付其他与投资活动有关的现金		1,838,316.02
投资活动现金流出小计	482,713,585.85	266,256,809.86
投资活动产生的现金流量净额	−295,187,964.91	−211,976,166.42
三、筹资活动产生的现金流量：		
吸收投资收到的现金	10,000,000.00	646,205,023.73
其中：子公司吸收少数股东投资收到的现金	10,000,000.00	29,800,000.00
取得借款收到的现金	710,483,876.00	993,413,882.00
发行债券收到的现金	500,000,000.00	
收到其他与筹资活动有关的现金		
筹资活动现金流入小计	1,220,483,876.00	1,639,618,905.73
偿还债务支付的现金	914,094,336.00	967,813,882.00
分配股利、利润或偿付利息支付的现金	82,308,391.88	67,278,853.52
其中：子公司支付给少数股东的股利、利润	6,100,304.85	1,277,058.30
支付其他与筹资活动有关的现金	60,077,589.85	6,655,836.17
筹资活动现金流出小计	1,056,480,317.73	1,041,748,571.69
筹资活动产生的现金流量净额	164,003,558.27	597,870,334.04
四、汇率变动对现金及现金等价物的影响	−54,361.23	303,791.58
五、现金及现金等价物净增加额	48,003,366.88	432,787,254.58
加：期初现金及现金等价物余额	822,991,990.62	390,204,736.04
六、期末现金及现金等价物余额	870,995,357.50	822,991,990.62

法定代表人：毛勇　　主管会计工作负责人：吴菊林　　会计机构负责人：詹秋梅

母公司现金流量表

2010 年 1—12 月

单位:元 币种:人民币

项目	附注	本期金额	上期金额
一、经营活动产生的现金流量：			
销售商品、提供劳务收到的现金		1,242,859,716.87	787,902,861.96
收到的税费返还		7,644,490.42	2,547,804.60
收到其他与经营活动有关的现金		10,455,246.35	173,004,288.48
经营活动现金流入小计		1,260,959,453.64	963,454,955.04
购买商品、接受劳务支付的现金		937,198,150.96	754,728,798.36
支付给职工以及为职工支付的现金		23,186,598.14	28,865,102.06
支付的各项税费		34,256,068.42	32,352,107.48
支付其他与经营活动有关的现金		352,928,699.75	200,247,542.49
经营活动现金流出小计		1,347,569,517.27	1,016,193,550.39
经营活动产生的现金流量净额		−86,610,063.63	−52,738,595.35
二、投资活动产生的现金流量：			
收回投资收到的现金		93,490,000.00	
取得投资收益收到的现金		80,147,483.35	20,509,811.77
处置固定资产、无形资产和其他			
长期资产收回的现金净额		22,800.00	1,820.00
处置子公司及其他营业单位收到的现金净额			
收到其他与投资活动有关的现金			
投资活动现金流入小计		173,660,283.35	20,511,631.77
购建固定资产、无形资产和其他长期资产支付的现金		49,753,050.96	52,574,904.14
投资支付的现金		227,248,900.00	381,700,000.00
取得子公司及其他营业单位支付的现金净额			
支付其他与投资活动有关的现金			
投资活动现金流出小计		277,001,950.96	434,274,904.14
投资活动产生的现金流量净额		−103,341,667.61	−413,763,272.37
三、筹资活动产生的现金流量：			
吸收投资收到的现金			616,405,023.73
取得借款收到的现金		563,134,476.00	708,913,882.00
发行债券收到的现金		500,000,000.00	
收到其他与筹资活动有关的现金		69,005,662.50	590,737.50
筹资活动现金流入小计		1,132,140,138.50	1,325,909,643.23
偿还债务支付的现金		673,744,936.00	598,313,882.00
分配股利、利润或偿付利息支付的现金		63,607,400.03	46,337,395.80
支付其他与筹资活动有关的现金		142,284,121.76	68,679,066.40
筹资活动现金流出小计		879,636,457.79	713,330,344.20
筹资活动产生的现金流量净额		252,503,680.71	612,579,299.03
四、汇率变动对现金及现金等价物的影响		−54,361.23	314,398.15
五、现金及现金等价物净增加额		62,497,588.24	146,391,829.46
加：期初现金及现金等价物余额		230,834,069.25	84,442,239.79
六、期末现金及现金等价物余额		293,331,657.49	230,834,069.25

法定代表人：毛勇　　主管会计工作负责人：吴菊林　　会计机构负责人：詹秋梅

合并所有者权益变动表

2010 年 1—12 月

单位:元 币种:人民币

本期金额

项目	归属于母公司所有者权益								少数股东权益	所有者权益合计
	实收资本(或股本)	资本公积	减:库存股	专项储备	盈余公积	一般风险准备	未分配利润	其他		
一、上年年末余额	379,438,093.00	850,369,827.52			48,620,993.22		398,676,139.34		353,252,782.78	2,030,357,835.86
加:会计政策变更										
前期差错更正										
其他										
二、本年年初余额	379,438,093.00	850,369,827.52			48,620,993.22		398,676,139.34		353,252,782.78	2,030,357,835.86
三、本期增减变动金额										
(减少以"-"号填列)	75,887,619.00	−74,217,515.45			6,294,711.80		9,781,869.42		57,795,852.89	75,542,537.66
(一)净利润							54,222,293.36		22,617,386.70	76,839,680.06
(二)其他综合收益										
上述(一)和(二)小计							54,222,293.36		22,617,386.70	76,839,680.06
(三)所有者投入和减少资本		1,670,103.55							41,278,771.04	42,948,874.59
1.所有者投入资本									41,810,724.19	41,810,724.19
2.股份支付计入所有者权益的金额										
3.其他		1,670,103.55							−531,953.15	1,138,150.40
(四)利润分配					6,294,711.80		−44,440,423.94		−6,100,304.85	−44,246,016.99
1.提取盈余公积					6,294,711.80		−6,294,711.80			
2.提取一般风险准备										
3.对所有者(或股东)的分配							−37,943,809.30		−6,100,304.85	−44,044,114.15
4.其他							−201,902.84			−201,902.84
(五)所有者权益										
内部结转	75,887,619.00	−75,887,619.00								
1.资本公积转增资本										
(或股本)	75,887,619.00	−75,887,619.00								
2.盈余公积转增资本(或股本)										
3.盈余公积弥补亏损										
4.其他										
(六)专项储备										
1.本期提取										
2.本期使用										
(七)其他										
四、本期期末余额	455,325,712.00	776,152,312.07			54,915,705.02		408,458,008.76		411,048,635.67	2,105,900,373.52

上年同期金额

项目	归属于母公司所有者权益								少数股东权益	所有者权益合计
	实收资本(或股本)	资本公积	减:库存股	专项储备	盈余公积	一般风险准备	未分配利润	其他		
一、上年年末余额	294,495,615.00	323,220,217.95			43,294,755.08		320,440,543.78		310,601,602.18	1,292,052,733.99
加:会计政策变更										
前期差错更正										
其他										

二、本年年初余额	294,495,615.00	323,220,217.95			43,294,755.08		320,440,543.78	310,601,602.18	1,292,052,733.99
三、本期增减变动金额									
(减少以"-"号填列)	84,942,478.00	527,149,609.57			5,326,238.14		78,235,595.56	42,651,180.60	738,305,101.87
(一)净利润							98,286,614.45	11,490,055.30	109,776,669.75
(二)其他综合收益									
上述(一)和(二)小计							98,286,614.45	11,490,055.30	109,776,669.75
(三)所有者投入和									
减少资本	84,942,478.00	527,149,609.57						32,438,183.60	644,530,271.17
1.所有者投入资本	84,942,478.00	526,091,638.50						50,745,905.76	661,780,022.26
2.股份支付计入所有者权益的金额									
3.其他		1,057,971.07						-18,307,722.16	-17,249,751.09
(四)利润分配					5,326,238.14		-20,051,018.89	-1,277,058.30	-16,001,839.05
1.提取盈余公积					5,326,238.14		-5,326,238.14		
2.提取一般风险准备									
3.对所有者(或股东)的分配							-14,724,780.75	-1,277,058.30	-16,001,839.05
4.其他									
(五)所有者权益内部结转									
1.资本公积转增资本(或股本)									
2.盈余公积转增资本(或股本)									
3.盈余公积弥补亏损									
4.其他									
(六)专项储备									
1.本期提取									
2.本期使用									
(七)其他									
四、本期期末余额	379,438,093.00	850,369,827.52			48,620,993.22		398,676,139.34	353,252,782.78	2,030,357,835.86

法定代表人:毛勇　　主管会计工作负责人:吴菊林　　会计机构负责人:詹秋梅

母公司所有者权益变动表

2010 年 1—12 月

单位:元 币种:人民币

项目	本期金额 实收资本(或股本)	资本公积	减:库存股	专项储备	盈余公积	一般风险准备	未分配利润	所有者权益合计
一、上年年末余额	379,438,093.00	863,961,411.18			45,687,117.25		222,127,942.60	1,511,214,564.03
加:会计政策变更								
前期差错更正								
其他								
二、本年年初余额	379,438,093.00	863,961,411.18			45,687,117.25		222,127,942.60	1,511,214,564.03
三、本期增减变动金额								
(减少以"-"号填列)	75,887,619.00	-74,749,468.00			6,294,711.80		18,708,596.88	26,141,459.68
(一)净利润							62,947,117.98	62,947,117.98
(二)其他综合收益								
上述(一)和(二)小计							62,947,117.98	62,947,117.98
(三)所有者投入和减少资本		1,138,151.00						1,138,151.00
1.所有者投入资本								
2.股份支付计入所有者权益的金额								
3.其他		1,138,151.00						1,138,151.00
(四)利润分配					6,294,711.80		-44,238,521.10	-37,943,809.30
1.提取盈余公积					6,294,711.80		-6,294,711.80	
2.提取一般风险准备								
3.对所有者(或股东)的分配							-37,943,809.30	-37,943,809.30
4.其他								
(五)所有者权益内部结转	75,887,619.00	-75,887,619.00						
1.资本公积转增资本								
(或股本)	75,887,619.00	-75,887,619.00						
2.盈余公积转增资本(或股本)								
3.盈余公积弥补亏损								
4.其他								
(六)专项储备								
1.本期提取								
2.本期使用								
(七)其他								
四、本期期末余额	455,325,712.00	789,211,943.18			51,981,829.05		240,836,539.48	1,537,356,023.71

项目	上年同期金额 实收资本(或股本)	资本公积	减:库存股	专项储备	盈余公积	一般风险准备	未分配利润	所有者权益合计
一、上年年末余额	294,495,615.00	330,381,772.69			40,360,879.11		188,916,580.07	854,154,846.87
加:会计政策变更								
前期差错更正								
其他								
二、本年年初余额	294,495,615.00	330,381,772.69			40,360,879.11		188,916,580.07	854,154,846.87
三、本期增减变动金额								
(减少以"-"号填列)	84,942,478.00	533,579,638.49			5,326,238.14		33,211,362.53	657,059,717.16
(一)净利润							53,262,381.42	53,262,381.42
(二)其他综合收益								
上述(一)和(二)小计							53,262,381.42	53,262,381.42
(三)所有者投入和								
减少资本	84,942,478.00	533,579,638.49						618,522,116.49
1.所有者投入资本	84,942,478.00	526,091,638.50						611,034,116.50
2.股份支付计入所有者权益的金额								
3.其他		7,487,999.99						7,487,999.99
(四)利润分配					5,326,238.14		-20,051,018.89	-14,724,780.75
1.提取盈余公积					5,326,238.14		-5,326,238.14	
2.提取一般风险准备								
3.对所有者(或股东)的分配							-14,724,780.75	-14,724,780.75
4.其他								
(五)所有者权益内部结转								
1.资本公积转增资本(或股本)								
2.盈余公积转增资本(或股本)								
3.盈余公积弥补亏损								
4.其他								
(六)专项储备								
1.本期提取								
2.本期使用								
(七)其他								
四、本期期末余额	379,438,093.00	863,961,411.18			45,687,117.25		222,127,942.60	1,511,214,564.03

法定代表人:毛勇　　主管会计工作负责人:吴菊林　　会计机构负责人:詹秋梅

9.3 本报告期无会计政策、会计估计的变更。

9.4 本报告期无前期会计差错更正。

9.5 企业合并及合并财务报表

9.5.1 合并范围发生变更的说明

注:2010 年 7 月本公司第四届董事会第九次会议决议通过了《关于授权公司经营层处置控股子公司衡阳泰豪通信车辆有限公司全资子公司衡阳泰豪置业有限公司股权的议案》,本公司控股子公司衡阳泰豪通信车辆有限公司将持有的衡阳泰豪置业有限公司 100%股权转让江西康富置业有限公司,股权转让价格为 6360.11 万元,股权转让款已全部收到且工商变更登记手续已经办理完毕,故本期未纳入合并报表范围。

9.5.2 本期新纳入合并范围的主体和本期不再纳入合并范围的主体

9.5.2.1 本期不再纳入合并范围的子公司、特殊目的主体、通过受托经营或承租等方式形成控制权的经营实体

单位:元 币种:人民币

名称	处置日净资产	期初至处置日净利润
衡阳泰豪置业有限公司	59,050,660.25	-352,573.72

董事长:陆致成

泰豪科技股份有限公司

2011 年 3 月 20 日

大连圣亚旅游控股股份有限公司

大连圣亚旅游控股股份有限公司 2010 年年度报告摘要

第一节　重要提示

1.1 本公司董事会、监事会及董事、监事、高级管理人员保证本报告所载资料不存在任何虚假记载、误导性陈述或者重大遗漏，并对其内容的真实性、准确性和完整性承担个别及连带责任。

本年度报告摘要摘自年度报告全文，投资者欲了解详细内容，应当仔细阅读年度报告全文。

1.2 如有董事未出席董事会，应当单独列示其姓名

未出席董事姓名	未出席董事职务	未出席董事的说明	被委托人姓名
张岳令	独立董事	因工作原因	王振山

1.3 中准会计师事务所为本公司出具了标准无保留意见的审计报告。

1.4 是否存在被控股股东及其关联方非经营性占用资金情况？

否

1.5 是否存在违反规定决策程序对外提供担保的情况？

否

1.6 公司负责人刘达、主管会计工作负责人周昱今及会计机构负责人（会计主管人员）李炳罡声明：保证年度报告中财务报告的真实、完整。

第二节　公司基本情况简介

2.1 基本情况简介

股票简称	大连圣亚
股票代码	600593
股票上市交易所	上海证券交易所
公司注册地址和办公地址	中国辽宁省大连市沙河口区中山路 608-6-8 号
邮政编码	116023
公司国际互联网网址	www.sunasia.com
电子信箱	tzb@sunasia.com

2.2 联系人和联系方式

	董事会秘书	证券事务代表
姓名	肖　峰	惠美娜（代）
联系地址	中国辽宁省大连市沙河口区中山路 608-6-8	中国辽宁省大连市沙河口区中山路 608-6-8
电话	0411-84685225	0411-84685225
传真	0411-84685217	0411-84685217
电子信箱	xf@sunaisa.com	sunyu@sunasia.com

第三节　会计数据和业务数据摘要

3.1 主要会计数据

单位：元 币种：人民币

	2010 年	2009 年	本期比上年同期增减(%)	2008 年
营业收入	126,223,958.40	116,425,251.06	8.42	110,233,854.10
利润总额	4,068,967.97	6,620,289.95	-38.54	2,850,212.10
归属于上市公司股东的净利润	5,227,455.41	3,800,012.88	37.56	3,636,261.68
归属于上市公司股东的扣除非经常性损益的净利润	-2,695,184.17	300,143.97	-997.96	-809,054.54
经营活动产生的现金流量净额	65,479,389.71	30,719,037.51	113.16	36,677,960.79
	2010 年末	2009 年末	本期末比上年同期末增减(%)	2008 年末
总资产	596,887,395.78	652,259,649.72	-8.49	600,945,343.10
所有者权益（或股东权益）	274,735,297.37	271,058,552.40	1.36	265,700,353.23

3.2 主要财务指标

	2010 年	2009 年	本期比上年同期增减(%)	2008 年
基本每股收益（元/股）	0.0568	0.0413	37.53	0.0395
稀释每股收益（元/股）	0.0568	0.0413	37.53	0.0395
扣除非经常性损益后的基本每股收益（元/股）	-0.0293	0.0033	-987.88	-0.0088
加权平均净资产收益率(%)	1.91	1.41	增加 0.50 个百分点	1.38
扣除非经常性损益后的加权平均净资产收益率(%)	-0.98	0.11	减少 1.09 个百分点	-0.31
每股经营活动产生的现金流量净额（元/股）	0.71	0.33	115.15	0.40
	2010 年末	2009 年末	本期末比上年同期末增减(%)	2008 年末
归属于上市公司股东的每股净资产（元/股）	2.99	2.95	1.36	2.89

扣除非经常性损益项目

√适用　　□不适用

单位：元 币种：人民币

项目	金额
非流动资产处置损益	6,868,120.78
计入当期损益的政府补助（与企业业务密切相关，按照国家统一标准定额或定量享受的政府补助除外）	1,000,000.00
除上述各项之外的其他营业外收入和支出	74,383.64
所得税影响额	-19,864.84
合计	7,922,639.58

第四节　股本变动及股东情况

4.1 股份变动情况表

√适用　　□不适用

单位：股

	本次变动前		本次变动增减(+,-)					本次变动后	
	数量	比例(%)	发行新股	送股	公积金转股	其他	小计	数量	比例(%)
一、有限售条件股份									
1、国家持股									
2、国有法人持股									
3、其他内资持股									
其中：境内非国有法人持股									
境内自然人持股									
4、外资持股									
其中：境外法人持股									
境外自然人持股									
二、无限售条件流通股份	92,000,000	100						92,000,000	100
1、人民币普通股	92,000,000	100						92,000,000	100
2、境内上市的外资股									
3、境外上市的外资股									
4、其他									
三、股份总数	92,000,000	100						92,000,000	100

限售股份变动情况表

□适用　　√不适用

4.2 股东数量和持股情况

单位：股

报告期末股东总数　7,338 户

前十名股东持股情况

股东名称	股东性质	持股比例(%)	持股总数	持有有限售条件股份数量	质押或冻结的股份数量
大连星海湾金融商务区投资管理股份有限公司	国有法人	24.03	22,104,000	0	无
辽宁迈克集团股份有限公司	境内非国有法人	8.59	7,900,000	0	无
N.Z. UNDERWATER WORLD ENGINEERING AND DEVELOPMENT CO LIMITED	境外法人	8.01	7,368,000	0	无
中融人寿保险股份有限公司-传统保险产品	未知	3.49	3,209,866	0	未知
上海杉业实业有限公司	未知	3.26	3,000,000	0	未知
联华国际信托有限公司-浙江中行新股申购信托项目<3 期>	未知	3.26	3,000,000	0	未知
中融国际信托有限公司-融裕 25 号	未知	2.77	2,550,035	0	未知
林良昌	境内自然人	2.77	2,550,000	0	未知
大连神洲游艺公司	境内非国有法人	2.67	2,456,000	0	未知
王娜影	境内自然人	2.57	2,360,000	0	未知

前十名无限售条件股东持股情况

股东名称	持有无限售条件股份的数量	股份种类及数量	
大连星海湾金融商务区投资管理股份有限公司	22,104,000	人民币普通股	22,104,000
辽宁迈克集团股份有限公司	7,900,000	人民币普通股	7,900,000
N.Z. UNDERWATER WORLD ENGINEERING AND DEVELOPMENT CO LIMITED	7,368,000	人民币普通股	7,368,000

中融人寿保险股份有限公司-传统保险产品	3,209,866	人民币普通股	3,209,866
上海杉业实业有限公司	3,000,000	人民币普通股	3,000,000
联华国际信托有限公司-浙江中行新股申购信托项目<3 期>	3,000,000	人民币普通股	3,000,000
中融国际信托有限公司-融裕 25 号	2,550,035	人民币普通股	2,550,035
林良昌	2,550,000	人民币普通股	2,550,000
大连神洲游艺公司	2,456,000	人民币普通股	2,456,000
王娜影	2,360,000	人民币普通股	2,360,000
上述股东关联关系或一致行动的说明	大连星海湾金融商务区投资管理股份有限公司为公司实际控制人,其他持股 5%以上股东与公司不存在关联关系。公司持股 5%以上的三位股东之间不存在关联关系,公司未知其他股东之间是否存在关联关系或一致行动。		

4.3 控股股东及实际控制人情况介绍

4.3.1 控股股东及实际控制人变更情况

□适用　　√不适用

4.3.2 控股股东及实际控制人具体情况介绍

4.3.2.1 控股股东及实际控制人具体情况介绍

公司控股股东为大连星海湾金融商务区投资管理股份有限公司，其控股股东为大连市星海实业发展总公司，最终控制人为大连星海湾开发建设管理中心。大连星海湾开发建设管理中心为大连市政府派出机构,负责星海湾区域的开发建设及国有资产管理。

4.3.2.2 控股股东情况

○ 法人

单位:元 币种:人民币

名称	大连星海湾金融商务区投资管理股份有限公司
单位负责人或法定代表人	刘达
成立日期	2006 年 5 月 8 日
注册资本	100,000,000
主要经营业务或管理活动	项目投资及管理;投资咨询;房地产开发及销售;土地整理;受托资产管理;法律法规禁止的,不得经营;应经审批的,未获审批前不得经营;法律法规未规定审批的,企业自主选择经营项目,开展经营活动。

4.3.2.3 实际控制人情况

○ 法人

单位:元 币种:人民币

名称	大连市星海实业发展总公司
单位负责人或法定代表人	刘达
成立日期	1993 年 8 月 28 日
注册资本	720,000,000
主要经营业务或管理活动	主营房地产开发,兼营旅游服务、仓储、海水养殖、餐厅住宿、经销建筑材料、商亭出租、日用百货、服装鞋帽、照相器材、旅游纪念品。

4.3.3 公司与实际控制人之间的产权及控制关系的方框图(略)

4.3.4 实际控制人通过信托或其他资产管理方式控制公司

□适用　　√不适用

第五节　董事、监事和高级管理人员

5.1 董事、监事和高级管理人员持股变动及报酬情况

单位:股

姓名	职务	性别	年龄	任期起始日期	任期终止日期	年初持股数	年末持股数	变动原因	报告期内从公司领取的报酬总额(万元)税前	是否在股东单位或其他关联单位领取薪酬
刘　达	董事长	男	46	2009-6-30	2012-6-30	0	0	无	0	是
王双宏	副董事长	男	55	2009-6-30	2012-6-30	0	0	无	0	是
周昱今	副董事长、总经理	男	52	2009-6-30	2012-6-30	0	0	无	34	否
张志新	董事	男	44	2009-6-30	2012-6-30	0	0	无	0	是
肖　峰	董事、董事会秘书、副总经理	男	42	2010-4-28	2012-6-30	0	0	无	11	否
刘德义	董事	男	57	2009-6-30	2012-6-30	0	0	无	0	是
王振山	独立董事	男	47	2009-6-30	2012-6-30	0	0	无	5	否
邸雪筠	独立董事	女	53	2009-6-30	2012-6-30	0	0	无	5	否
张岳令	独立董事	男	42	2009-6-30	2012-6-30	0	0	无	5	否
金永春	监事长	男	47	2009-6-30	2012-6-30	0	0	无	0	是
吴　健	监事	男	46	2010-12-6	2012-6-30	0	0	无	0	是
范　力	监事	男	45	2009-6-30	2012-6-30	0	0	无	0	是
李绍君	监事	男	38	2009-6-30	2012-6-30	0	0	无	9	否
赵成东	监事	男	43	2009-6-30	2012-6-30	0	0	无	7	否
Ricci Gordon Jakamarra Simpson Simo	监事	男	56	2009-6-30	2012-6-30	0	0	无	0	是
陆　红	副总经理	女	40	2009-6-30	2012-6-30	0	0	无	13	否
谭文成	副总经理	男	41	2009-6-30	2012-6-30	0	0	无	12	否
李炳罡	财务总监	男	36	2009-9-4	2012-6-30	0	0	无	14	否
戚杰	董事	男	56	2009-6-30	2010-4-28	0	0	无	0	是
邵惠涛	监事	男	46	2009-6-30	2010-12-6	0	0	无	0	是
合　计	/	/	/	/	/	0	0	/	115	/

第六节　董事会报告

6.1 管理层讨论与分析

一、报告期内公司经营情况的回顾

2010 年,大连市旅游市场受到上海世博会、大连输油管道爆炸事件的严重冲击,旅游业整体经营收益大幅下降。面对如此严峻的市场环境,公司在董事会的领导下,在全体员工的共同努力下,较为圆满地完成了年度各项经营计划。

2010 年公司实现营业收入 12,622.40 万元,比上年同期 11,642.53 万元,增加 979.87 万元,增涨幅度为 8.42%;实现净利润 522.75 万元,比上年同期的 380.00 万元,增加了 142.75 万元,增涨幅度为 37.57%。

大连本部项目收入 8,663.66 万元,比上年同期的 7,988.89 万元,增加了 674.77 万元,增涨幅度为 8.45%。

公司控股子公司哈尔滨公司收入 4,398.85 万元，比上年同期的 3,873.85 万元，增加了 525 万元,增涨幅度为 13.55%。

2010 年,公司主营业务收入较去年同期相比增涨幅度较大。主要原因为近几年公司不断提高核心产品的品质,使得公司产品的综合竞争力和市场认知度得到了有效提升。

(1)公司主营业务分行业、产品情况

分行业或分产品	营业收入(元)	营业成本(元)	营业利润率(%)	营业收入比上年增减(%)	营业成本比上年增减(%)	营业利润率比上年增减(%)
分行业						
旅游业收入	124,576,721.10	63,819,956.27	48.77	9.35	4.72	增加 4.86 个百分点

(2)公司主营业务分地区情况

地区	营业收入	营业收入比上年增减(%)
大连地区	80,638,213.00	7.95
其他地区	43,938,508.10	12.01

二、公司主要会计报表项目的异常情况及原因的说明

1、应收账款期末余额为 0.00 元,较期初减少 475,000.00 元,减少比率为 100%,主要系本期收回前期的应收账款所致。

2、其他应收款期末余额为 20,843,382.44 元,较期初减少 29,446,054.28 元,减少比率为 59%,主要系本期收回往来款项所致。

3、存货期末余额 9,102,133.10 元,较期初增加 3,907,207.58 元,增长比率为 75%,主要系公司之控股子公司大连昊丰房地产开发有限公司存货本期有所增加所致。

4、其他流动资产期末余额为 0.00 元,较期初减少 289,367.52 元,减少比率为 100%,主要系本期其他流动资产减少所致。

5、在建工程期末余额 4,961,030.50 元,较期初增加 2,900,522.66 元,增长比率为 141%,增加的主要内容为本期公司对经营场馆进行了改造,本报告期末尚未完工。

6、递延所得税资产期末余额 51,833.28 元,较期初减少 211,453.32 元,减少比率为 80%,主要系本期公司计提的坏账准备较上期减少所产生的可抵扣暂时性差异减少所致。

7、预收账款期末余额 42,585.52 元,较期初增加 26,110.52 元,增长比率为 158%,主要系本期公司预收门票款有所增加所致。

8、应交税费期末余额 1,011,042.36 元,较期初减少 764,915.57 元,减少比率为 43%,减少的主要原因系本期应交所得税减少所致。

9、应付股利期末 8,737,391.12 元,较期初减少 6,999,786.50 元,减少比率为 44.48%,主要系本期公司支付前期欠付的股东股利所致。

10、一年内到期的非流动负债期末余额为 6,000,000.00 元,较期初减少 16,000,000.00 元,减少比率为 73%,主要系本期偿还到期的银行借款所致。

11、长期借款期末余额为 0.00 元,较期初减少 6,000,000.00 元,减少比率为 100%,主要系本期转入一年内到期的长期借款所致。

12、销售费用本期发生数为 14,986,229.99 元,本期较上年同期增加 5,350,939.92 元,增长比率为 56%,主要原因系报告期内大连地区发生油管爆裂事件,公司为消除影响加大营销推广力度,致使营销企划费用增长所致。

13、营业利润本期发生额为 2,157,308.51 元，较上年同期减少 3,640,822.00 元，减少比率为 63%。主要原因系报告期内大连地区发生油管爆裂事件,公司为消除影响加大营销推广力度,致使营销企划费用增长所致。

14、营业外收入本期发生额为 2,042,442.37 元,较上年同期增加 1,021,217.40 元,增长比率为 100%,主要原因系公司本期获得驰名商标奖励资金和取得生物资产死亡赔偿增加所致。

15、利润总额本期发生额为 4,068,967.97 元，较上年同期减少 2,551,321.98 元，减少比率为 39%,减少的主要原因系报告期内大连地区发生油管爆裂事件,公司为消除影响加大营销推广力度,致使营销企划费用、人工成本费用增加及物价上涨所致。

16、所得税费用本期发生额为 565,850.99 元,较上年同期减少 843,858.89 元,减少比率为 60%,减少的主要原因系本期公司利润总额减少相应减少企业所得税费用所致。

17、净利润本期发生额为 3,503,116.98 元,较上年同期减少 1,707,463.09 元,减少比率为 33%,减少的主要原因系报告期内大连地区发生油管爆裂事件,公司为消除影响加大营销推广力度,致使

营销企划费用、人工成本费用增加及物价上涨所致。

18、收到其他与经营活动有关的现金本期发生额为 26,614,902.09 元，较上年同期减少 12,699,525.63 元，减少比率为 32%，主要原因为本期减少大额其他与经营活动有关的现金收入所致。

19、支付给职工以及为职工支付的现金本期发生额为 19,089,383.74 元，较上年同期增加 5,510,850.48 元，增长比率为 41%，主要原因系本期公司根据社会平均工资水平上调职工工资所致。

20、支付的其他与经营活动有关的现金本期发生额为 19,107,599.90 元，较上年同期减少 51,559,680.19 元，减少比率为 73%，主要原因系本期减少大额其他与经营活动有关的现金支出所致。

21、经营活动产生的现金流量净额本期发生额 65,479,389.71 元，较上年同期增加 34,760,352.20 元，增加比率为 113%，主要原因系本期减少大额其他与经营活动有关的现金支出所致。

22、收回投资所收到的现金本期发生额为 0.00 元，较上年同期减少 26,000,000.00 元，减少比率为 100%，主要原因系上期公司出售大连银行股权所致。

23、购建固定资产、无形资产和其他长期资产支付的现金本期发生额 38,332,917.84 元，较上年同期增加 18,153,676.04 元，增长比率为 90%，主要原因为本期公司增加场馆更新改造等项目支出所致。

24、投资活动产生的现金流量净额本期发生额-25,067,562.68 元，较上年同期减少 30,498,705.68 元，减少比率为 562%，主要原因系上期出售大连银行股权及本期公司增加场馆更新改造等项目支出所致。

25、分配股利、利润或偿付利息支付的现金本期发生额 23,064,005.55 元，较上年同期增加 8,035,038.27 元，增长比率为 53%，主要原因系本期支付以前年度欠股东股利所致。

三、对公司未来发展的展望

(一)旅游行业及公司所处人造景观行业的发展趋势分析

2010 年 3 月，国家旅游局、国家发展改革委联合发布《东北地区旅游业发展规划》。《规划》对未来 5 到 10 年内东北地区旅游业发展的战略定位、发展目标、主要任务等提出了要求，力将东北地区打造成产业体系完善、发展水平较高、竞争力较强的综合型旅游板块，成为世界知名的冰雪休闲度假旅游区、中温带生态旅游区，东北亚著名的历史文化综合旅游区和商务会展旅游区，国内重要的生态、冰雪、避暑、边境、文化旅游目的地，将旅游业发展成为东北老工业基地产业结构调整的先导产业，现代服务业的主导产业，促进资源型城市转型的重要产业。

公司作为中国唯一以经营室内景观为主业的东北地区的旅游行业上市公司，国家发展旅游行业相关政策的出台为公司提供了有利的政策支持和良好的外部条件，这必将给公司未来的发展带来更多的机遇。

同时，2010 年，公司被评为海洋极地文化旅游行业首家"国家级文化产业示范基地"，公司也将充分利用这一优势，在国家文化产业规划的总体指导下，积极发挥国家文化产业基地的示范、带动和辐射作用。

(二)公司目前面临的风险及对策

目前，公司长期以来面对的主要发展瓶颈仍未解决，依然面临着巨大的生存和发展的压力。

一是主营业务依然单一，抵抗风险的能力较弱，现有主营业务市场饱和、市场竞争激烈、成本费用刚性支出等特质无法缓解，现有经营规模和盈利模式在较短期内可以保持生存，但很难促进公司的长远发展。

二是受国家宏观调控政策影响，公司重组计划再次延期，未能发挥上市公司融资平台作用，资金周转压力和银行信贷压力仍未得到根本缓解。

(三)公司 2011 年的经营计划和主要目标

2011 年，公司生存和发展的形势依然严峻。第一，因受宏观调控政策的影响，重组承诺再次延期，2011 年的首要任务仍是抓住资本市场时机，全面推动公司重组工作；第二，必须保持现有主营业务的稳定经营；第三，结合重组工作制订符合公司实际的中长期发展计划。

公司管理层结合市场环境和公司实际情况，提出"抓队伍、抓管理、抓作风，保安全稳定运营、保经营业绩"的"三抓"、"两保"经营方针。全力配合大股东开展重组工作，实现现有主营业务持续盈利的目标。

6.2 主营业务分行业、产品情况表

单位:元 币种:人民币

分行业或分产品	营业收入	营业成本	营业利润率(%)	营业收入比上年增减(%)	营业成本比上年增减(%)	营业利润率比上年增减(%)
分行业						
旅游业收入	124,576,721.10	63,819,956.27	48.77	9.35	4.72	增加 4.86 个百分点

6.3 主营业务分地区情况表

单位:元 币种:人民币

地区	营业收入	营业收入比上年增减(%)
大连地区	80,638,213.00	7.95
其他地区	43,938,508.10	12.01

6.4 募集资金使用情况

□适用 √不适用

变更项目情况

□适用 √不适用

6.5 非募集资金项目情况

√适用 □不适用

单位:万元 币种:人民币

项目名称	项目金额	项目进度	项目收益情况
丽江圣亚生态旅游有限公司	700	前期筹备	
合 计	700	/	/

6.6 董事会对会计师事务所"非标准审计报告"的说明

□适用 √不适用

6.7 董事会本次利润分配或资本公积金转增股本预案

公司本报告期内盈利但未提出现金利润分配预案

√适用 □不适用

本报告期内盈利但未提出现金利润分配预案的原因	未用于分红的资金留存公司的用途
弥补以前年度亏损	日常经营

第七节 重要事项

7.1 收购资产

□适用 √不适用

7.2 出售资产

√适用 □不适用

单位:元 币种:人民币

交易对方	被出售资产	出售日	出售价格	本年初起至出售日该出售资产为公司贡献的净利润	出售产生的损益	是否为关联交易(如是，说明定价原则)	所涉及的资产产权是否已全部过户	所涉及的债权债务是否已全部转移
大连星海湾金融商务区投资管理股份有限公司	大连星海湾商务区圣亚旅游管理有限公司全部股权	2010 年 5 月 10 日	14,544,000.00	-279,331.60	6,389,844.42	是以 2009 年 7 月 31 日净资产评估值为依据	是	是
大连大洋野生动物驯养繁育有限公司	北京蓝色动感展览有限公司的 80%股权	2010 年 12 月 31 日	100.00		-358,999.46	否	是	是

7.3 重大担保

√适用 □不适用

单位:万元 币种:人民币

公司对控股子公司的担保情况	
报告期内对子公司担保发生额合计	2,900
报告期末对子公司担保余额合计	2,900
公司担保总额情况(包括对控股子公司的担保)	
担保总额	2,900
担保总额占公司净资产的比例(%)	10.56

7.4 重大关联交易

7.4.1 与日常经营相关的关联交易

□适用 √不适用

7.4.2 关联债权债务往来

√适用 □不适用

单位:元 币种:人民币

关联方	向关联方提供资金 发生额	向关联方提供资金 余额	关联方向公司提供资金 发生额	关联方向公司提供资金 余额
大连星海湾金融商务区投资管理股份有限公司			-14,544,000.00	6,656,121.39
大连地中海温泉公园有限公司	-12,000,000.00	17,709.93		
辽宁迈克集团股份有限公司		25,803.53		
北京主题智库顾问有限公司		43,016.00		
北京艾肯联合企业顾问有限公司		50,000.00		
合计	-12,000,000.00	136,529.46	-14,544,000.00	6,656,121.39

7.4.3 报告期内资金被占用情况及清欠进展情况

□适用 √不适用

截至报告期末，上市公司未完成非经营性资金占用的清欠工作的，董事会提出的责任追究方案

□适用 √不适用

7.5 委托理财

□适用 √不适用

7.6 承诺事项履行情况

7.6.1 公司或持股 5%以上股东在报告期内或持续到报告期内的承诺事项

√适用 □不适用

承诺事项	承诺内容	履行情况
收购报告书或权益变动报告书中所作承诺	为支持上市公司的发展，在本次收购完成后的十二个月内，投资公司将根据旅游行业、证券市场发展以及项目进展的情况，择机向上市公司提议通过上市公司采取定向增发、现金购买或资产置换等方式，将大连市星海公园改造工程项目、星海湾旅游景区商铺项目等优质项目以及其他优质项目或资产注入上市公司。	公司至今尚未如期启动重组承诺注入资产事项。

7.6.2 公司资产或项目存在盈利预测，且报告期仍处在盈利预测期间，公司就资产或项目是否达到原盈利预测及其原因作出说明

□适用　　　√不适用

7.7 重大诉讼仲裁事项

√适用　　　□不适用

2002年8月，公司与珠海晶艺玻璃工程有限公司(以下简称“晶艺公司”)签定了装饰工程合同，2003年4月上述工程基本完工。双方在工程决算过程中对部分工程量及工程单价未能够达成共识，2005年6月20日晶艺公司向大连市中级人民法院提起诉讼，要求公司支付其工程款14,152,112.47元及损失257,584.32元。公司认为依据实际工程量及市场平均价格所做出的测算，其工程款已足额支付，同时由于工程存在严重质量问题，公司就此案件向法院提出反诉，就工程款结算事项与质量问题产生的损失1,100万元请求对方偿付。此案已经法院多次开庭审理，法院已就工程价款、工程质量问题及因质量问题产生的损失等事项委托相关部门进行司法鉴定。

2010年5月9日，大连市中级人民法院一审判决公司胜诉，珠海市晶艺玻璃工程有限公司应返还公司工程款233,892.26元，并赔偿公司损失131,576.22元。一审判决后，双方对判决结果不服，均上诉到辽宁省高级人民法院。目前二审尚未结案。

7.8 其他重大事项及其影响和解决方案的分析说明

7.8.1 证券投资情况

□适用　　　√不适用

7.8.2 持有其他上市公司股权情况

□适用　　　√不适用

7.8.3 持有非上市金融企业股权情况

□适用　　　√不适用

7.8.4 买卖其他上市公司股份的情况

□适用　　　√不适用

7.9 公司是否披露内部控制的自我评价报告或履行社会责任的报告：否

第八节　监事会报告

8.1 监事会对公司依法运作情况的独立意见

公司在2010年能够依法规范运作，决策程序合法，公司建立了完善的内控制度，公司董事及高级管理人员能够守法经营，认真执行股东大会决议，未见违反法律、法规、公司章程及损害股东、员工利益的行为。

8.2 监事会对检查公司财务情况的独立意见

经中准会计师事务所有限公司审定的公司2010年度财务报告是客观公正的，真实反映了公司的财务状况和经营成果。

8.3 监事会对公司最近一次募集资金实际投入情况的独立意见

公司最近一次募集资金实际投入项目与承诺投入项目一致，募集资金的投入对公司发展起到了重要的作用。

8.4 监事会对公司收购、出售资产情况的独立意见

公司收购、出售资产交易价格合理，未发现内幕交易，未有损害股东的权益或造成公司资产流失的情况发生。

8.5 监事会对公司关联交易情况的独立意见

公司2010年未发生关联交易情况，没有损害公司利益的情况。

第九节　财务会计报告

9.1 审计意见

财务报告	□未经审计	√审计
审计意见	√标准无保留意见	□非标意见

9.2 财务报表

合并资产负债表

2010年12月31日

编制单位:大连圣亚旅游控股股份有限公司　　　　单位:元 币种:人民币

项目	附注	期末余额	年初余额
流动资产：			
货币资金	(七)1	70,024,118.83	87,686,653.50
结算备付金			
拆出资金			
交易性金融资产			
应收票据			
应收账款	(七)2		475,000.00
预付款项	(七)4	33,026,326.18	37,726,187.10
应收保费			
应收分保账款			
应收分保合同准备金			
应收利息			
应收股利			
其他应收款	(七)3	20,843,382.44	50,289,436.72
买入返售金融资产			
存货	(七)5	9,102,133.10	5,194,925.52
一年内到期的非流动资产			
其他流动资产			289,367.52
流动资产合计		132,995,960.55	181,661,570.36
非流动资产：			
发放委托贷款及垫款			
可供出售金融资产			
持有至到期投资			
长期应收款			
长期股权投资	(七)7	59,263,490.34	59,716,349.25
投资性房地产			
固定资产	(七)8	275,497,924.59	269,292,025.58
在建工程	(七)9	4,961,030.50	2,060,507.84
工程物资			
固定资产清理			
生产性生物资产	(七)10	5,751,487.63	6,397,290.90
油气资产			
无形资产	(七)11	43,252,164.89	55,261,592.71
开发支出			
商誉			
长期待摊费用	(七)12	75,113,504.00	77,607,026.48
递延所得税资产	(七)13	51,833.28	263,286.60
其他非流动资产			
非流动资产合计		463,891,435.23	470,598,079.36
资产总计		596,887,395.78	652,259,649.72
流动负债：			
短期借款	(七)15	229,000,000.00	242,000,000.00
向中央银行借款			
吸收存款及同业存放			
拆入资金			
交易性金融负债			
应付票据			
应付账款	(七)16	2,511,775.30	2,103,651.28
预收款项	(七)17	42,585.52	16,475.00
卖出回购金融资产款			
应付手续费及佣金			
应付职工薪酬	(七)18	1,305,942.61	305,942.61
应交税费	(七)19	1,011,042.36	1,775,957.93
应付利息			
应付股利	(七)20	8,737,391.12	15,737,177.62
其他应付款	(七)21	57,895,396.13	68,233,682.84
应付分保账款			
保险合同准备金			
代理买卖证券款			
代理承销证券款			
一年内到期的非流动负债	(七)22	6,000,000.00	22,000,000.00
其他流动负债	(七)23	143,446.00	211,457.00
流动负债合计		306,647,579.04	352,384,344.28
非流动负债：			
长期借款	(七)24		6,000,000.00
应付债券			
长期应付款			
专项应付款			
预计负债			
递延所得税负债			
其他非流动负债			
非流动负债合计			6,000,000.00
负债合计		306,647,579.04	358,384,344.28
所有者权益(或股东权益)：			
实收资本(或股本)	(七)25	92,000,000.00	92,000,000.00
资本公积	(七)26	201,799,027.44	203,349,737.88
减：库存股			
专项储备			
盈余公积	(七)27	13,331,377.31	13,331,377.31
一般风险准备			
未分配利润	(七)28	−32,395,107.38	−37,622,562.79
外币报表折算差额			
归属于母公司所有者权益合计		274,735,297.37	271,058,552.40
少数股东权益		15,504,519.37	22,816,753.04
所有者权益合计		290,239,816.74	293,875,305.44
负债和所有者权益总计		596,887,395.78	652,259,649.72

法定代表人：刘达　　　主管会计工作负责人：周昱今　　　会计机构负责人：李炳罡

母公司资产负债表

2010年12月31日

编制单位:大连圣亚旅游控股股份有限公司　　　　单位:元 币种:人民币

项目	附注	期末余额	年初余额
流动资产：			
货币资金		46,710,386.56	83,565,189.98

交易性金融资产			
应收票据			
应收账款			
预付款项		6,387,383.32	11,691,572.87
应收利息			
应收股利			
其他应收款	(十四)2	57,390,177.78	62,947,484.44
存货		286,725.49	578,585.56
一年内到期的非流动资产			
其他流动资产			
流动资产合计		110,774,673.15	158,782,832.85
非流动资产:			
可供出售金融资产			
持有至到期投资			
长期应收款			
长期股权投资	(十四)3	156,683,490.34	162,720,440.25
投资性房地产			
固定资产		159,605,946.28	144,252,906.18
在建工程		4,961,030.50	2,060,507.84
工程物资			
固定资产清理			
生产性生物资产		5,384,794.82	5,823,636.44
油气资产			
无形资产		33,057,249.25	34,095,240.14
开发支出			
商誉			
长期待摊费用		75,113,504.00	77,607,026.48
递延所得税资产			
其他非流动资产			
非流动资产合计		434,806,015.19	426,559,757.33
资产总计		545,580,688.34	585,342,590.18
流动负债:			
短期借款		200,000,000.00	220,000,000.00
交易性金融负债			
应付票据			
应付账款		757,767.50	832,489.90
预收款项			
应付职工薪酬		1,185,078.61	185,078.61
应交税费		-88,936.89	-244,460.12
应付利息			
应付股利		8,737,391.12	15,737,177.62
其他应付款		57,320,771.36	60,812,495.39
一年内到期的非流动负债		6,000,000.00	12,000,000.00
其他流动负债		143,446.00	211,457.00
流动负债合计		274,055,517.70	309,534,238.40
非流动负债:			
长期借款			6,000,000.00
应付债券			
长期应付款			
专项应付款			
预计负债			
递延所得税负债			
其他非流动负债			
非流动负债合计			6,000,000.00
负债合计		274,055,517.70	315,534,238.40
所有者权益(或股东权益):			
实收资本(或股本)		92,000,000.00	92,000,000.00
资本公积		203,296,428.92	203,296,428.92
减:库存股			
专项储备			
盈余公积		13,617,418.11	13,617,418.11
一般风险准备			
未分配利润		-37,388,676.39	-39,105,495.25
所有者权益(或股东权益)合计		271,525,170.64	269,808,351.78
负债和所有者权益(或股东权益)总计		545,580,688.34	585,342,590.18

法定代表人:刘达　　主管会计工作负责人:周昱今　　会计机构负责人:李炳罡

合并利润表

2010 年 1—12 月

单位:元 币种:人民币

项目	附注	本期金额	上期金额
一、营业总收入		126,223,958.40	116,425,251.06
其中:营业收入	(七)29	126,223,958.40	116,425,251.06
利息收入			
已赚保费			
手续费及佣金收入			
二、营业总成本		132,844,635.94	120,769,531.05
其中:营业成本	(七)29	63,819,956.27	60,942,627.87
利息支出			
手续费及佣金支出			
退保金			
赔付支出净额			
提取保险合同准备金净额			
保单红利支出			
分保费用			
营业税金及附加	(七)30	4,261,772.10	3,876,782.76
销售费用		14,986,229.99	9,635,290.07
管理费用		32,707,895.00	30,065,464.20
财务费用		15,778,311.71	15,290,531.02
资产减值损失	(七)32	1,290,470.87	958,835.13
加:公允价值变动收益(损失以"-"号填列)			
投资收益(损失以"-"号填列)	(七)31	8,777,986.05	10,142,410.50
其中:对联营企业和合营企业的投资收益		-452,858.91	-57,589.50
汇兑收益(损失以"-"号填列)			
三、营业利润(亏损以"-"号填列)		2,157,308.51	5,798,130.51
加:营业外收入	(七)33	2,042,442.37	1,021,224.97
减:营业外支出	(七)34	130,782.91	199,065.53
其中:非流动资产处置损失		123,677.19	66,201.23
四、利润总额(亏损总额以"-"号填列)		4,068,967.97	6,620,289.95
减:所得税费用	(七)35	565,850.99	1,409,709.88
五、净利润(净亏损以"-"号填列)		3,503,116.98	5,210,580.07
归属于母公司所有者的净利润		5,227,455.41	3,800,012.88
少数股东损益		-1,724,338.43	1,410,567.19
六、每股收益:			
(一)基本每股收益	(七)36	0.0568	0.0413
(二)稀释每股收益	(七)36	0.0568	0.0413
七、其他综合收益	(七)37	-1,550,710.44	
八、综合收益总额		1,952,406.54	5,210,580.07
归属于母公司所有者的综合收益总额		3,676,744.97	3,800,012.88
归属于少数股东的综合收益总额		-1,724,338.43	1,410,567.19

法定代表人:刘达　　主管会计工作负责人:周昱今　　会计机构负责人:李炳罡

母公司利润表

2010 年 1—12 月

单位:元 币种:人民币

项目	附注	本期金额	上期金额
一、营业收入	(十四)4	86,636,550.32	79,888,857.80
减:营业成本	(十四)4	45,049,229.27	43,086,939.66
营业税金及附加		2,780,215.01	2,514,187.77
销售费用		8,127,728.14	5,363,344.60
管理费用		21,984,231.37	17,633,503.06
财务费用		14,034,766.05	12,509,427.35
资产减值损失		-1,171,032.19	1,280,254.71
加:公允价值变动收益(损失以"-"号填列)			
投资收益(损失以"-"号填列)	(十四)5	4,053,206.09	3,142,410.50
其中:对联营企业和合营企业的投资收益		-452,858.91	57,589.50
二、营业利润(亏损以"-"号填列)		-115,381.24	643,611.15
加:营业外收入		1,960,983.01	1,010,510.31
减:营业外支出		128,782.91	186,196.83
其中:非流动资产处置损失		123,677.19	
三、利润总额(亏损总额以"-"号填列)		1,716,818.86	1,467,924.63
减:所得税费用			
四、净利润(净亏损以"-"号填列)		1,716,818.86	1,467,924.63
五、每股收益:			
(一)基本每股收益		0.0187	0.0160
(二)稀释每股收益		0.0187	0.0160
六、其他综合收益			
七、综合收益总额		1,716,818.86	1,467,924.63

法定代表人:刘达　　主管会计工作负责人:周昱今　　会计机构负责人:李炳罡

合并现金流量表

2010 年 1—12 月

单位:元 币种:人民币

项目	附注	本期金额	上期金额
一、经营活动产生的现金流量:			
销售商品、提供劳务收到的现金	125,399,612.22	118,863,285.14	
客户存款和同业存放款项净增加额			
向中央银行借款净增加额			

向其他金融机构拆入资金净增加额			
收到原保险合同保费取得的现金			
收到再保险业务现金净额			
保户储金及投资款净增加额			
处置交易性金融资产净增加额			
收取利息、手续费及佣金的现金			
拆入资金净增加额			
回购业务资金净增加额			
收到的税费返还			
收到其他与经营活动有关的现金	(七)38	26,614,902.09	39,314,427.72
经营活动现金流入小计		152,014,514.31	158,177,712.86
购买商品、接受劳务支付的现金		41,212,412.24	36,053,843.79
客户贷款及垫款净增加额			
存放中央银行和同业款项净增加额			
支付原保险合同赔付款项的现金			
支付利息、手续费及佣金的现金			
支付保单红利的现金			
支付给职工以及为职工支付的现金		19,089,383.74	13,578,533.26
支付的各项税费		7,125,728.72	7,159,018.21
支付其他与经营活动有关的现金	(七)38	19,107,599.9	70,667,280.09
经营活动现金流出小计		86,535,124.60	127,458,675.35
经营活动产生的现金流量净额		65,479,389.71	30,719,037.51
二、投资活动产生的现金流量:			
收回投资收到的现金			26,000,000.00
取得投资收益收到的现金		3,200,000.00	3,200,000.00
处置固定资产、无形资产和其他			
长期资产收回的现金净额		1,568,720.50	410,384.80
处置子公司及其他营业单位收到的现金净额		−3,365.34	
收到其他与投资活动有关的现金	(七)38	8,500,000.00	
投资活动现金流入小计		13,265,355.16	29,610,384.80
购建固定资产、无形资产和其他长期资产支付的现金		38,332,917.84	20,179,241.80
投资支付的现金			4,000,000.00
质押贷款净增加额			
取得子公司及其他营业单位支付的现金净额			
支付其他与投资活动有关的现金			
投资活动现金流出小计		38,332,917.84	24,179,241.80
投资活动产生的现金流量净额		−25,067,562.68	5,431,143.00
三、筹资活动产生的现金流量:			
吸收投资收到的现金			
其中:子公司吸收少数股东投资收到的现金			
取得借款收到的现金		299,000,000.00	287,000,000.00
发行债券收到的现金			
收到其他与筹资活动有关的现金			
筹资活动现金流入小计		299,000,000.00	287,000,000.00
偿还债务支付的现金		334,000,000.00	242,000,000.00
分配股利、利润或偿付利息支付的现金		23,064,005.55	15,028,967.28
其中:子公司支付给少数股东的股利、利润			
支付其他与筹资活动有关的现金			
筹资活动现金流出小计		357,064,005.55	257,028,967.28
筹资活动产生的现金流量净额		−58,064,005.55	29,971,032.72
四、汇率变动对现金及现金等价物的影响		−10,356.15	
五、现金及现金等价物净增加额		−17,662,534.67	66,121,213.23
加:期初现金及现金等价物余额		87,686,653.50	21,565,440.27
六、期末现金及现金等价物余额		70,024,118.83	87,686,653.50

法定代表人:刘达　　主管会计工作负责人:周昱今　　会计机构负责人:李炳罡

母公司现金流量表

2010 年 1—12 月

单位:元 币种:人民币

项目	附注	本期金额	上期金额
一、经营活动产生的现金流量:			
销售商品、提供劳务收到的现金		85,387,244.02	80,257,617.10
收到的税费返还			
收到其他与经营活动有关的现金		19,685,914.00	76,504,867.78
经营活动现金流入小计		105,073,158.02	156,762,484.88
购买商品、接受劳务支付的现金		19,770,506.41	17,726,908.48
支付给职工以及为职工支付的现金		13,962,344.87	9,806,386.60
支付的各项税费		3,747,194.95	4,632,169.73
支付其他与经营活动有关的现金		25,007,987.76	93,079,401.76
经营活动现金流出小计		62,488,033.99	125,244,866.57
经营活动产生的现金流量净额		42,585,124.03	31,517,618.31
二、投资活动产生的现金流量:			
收回投资收到的现金			
取得投资收益收到的现金		3,200,000.00	3,200,000.00
处置固定资产、无形资产和其他			
长期资产收回的现金净额		1,568,720.50	410,384.80
处置子公司及其他营业单位收到的现金净额		100.00	
收到其他与投资活动有关的现金		8,500,000.00	
投资活动现金流入小计		13,268,820.50	3,610,384.80
购建固定资产、无形资产和其他长期资产支付的现金		32,414,286.17	8,543,373.97
投资支付的现金		7,000,000.00	
取得子公司及其他营业单位支付的现金净额			
支付其他与投资活动有关的现金			
投资活动现金流出小计		39,414,286.17	8,543,373.97
投资活动产生的现金流量净额		−26,145,465.67	−4,932,989.17
三、筹资活动产生的现金流量:			
吸收投资收到的现金			
取得借款收到的现金		270,000,000.00	255,000,000.00
发行债券收到的现金			
收到其他与筹资活动有关的现金			
筹资活动现金流入小计		270,000,000.00	255,000,000.00
偿还债务支付的现金		302,000,000.00	205,000,000.00
分配股利、利润或偿付利息支付的现金		21,284,105.63	12,590,994.18
支付其他与筹资活动有关的现金			
筹资活动现金流出小计		323,284,105.63	217,590,994.18
筹资活动产生的现金流量净额		−53,284,105.63	37,409,005.82
四、汇率变动对现金及现金等价物的影响		−10,356.15	
五、现金及现金等价物净增加额		−36,854,803.42	63,993,634.96
加:期初现金及现金等价物余额		83,565,189.98	19,571,555.02
六、期末现金及现金等价物余额		46,710,386.56	83,565,189.98

法定代表人:刘达　　主管会计工作负责人:周昱今　　会计机构负责人:李炳罡

合并所有者权益变动表

2010 年 1—12 月

单位:元 币种:人民币

本期金额

项目	归属于母公司所有者权益								少数股东权益	所有者权益合计
	实收资本(或股本)	资本公积	减:库存股	专项储备	盈余公积	一般风险准备	未分配利润	其他		
一、上年年末余额	92,000,000.00	203,349,737.88			13,331,377.31		−37,622,562.79		22,816,753.04	293,875,305.44
加:会计政策变更										
前期差错更正										
其他										
二、本年年初余额	92,000,000.00	203,349,737.88			13,331,377.31		−37,622,562.79		22,816,753.04	293,875,305.44
三、本期增减变动金额										
(减少以"−"号填列)		−1,550,710.44					5,227,455.41		−7,312,233.67	−3,635,488.70
(一)净利润							5,227,455.41		−1,724,338.43	3,503,116.98
(二)其他综合收益		−1,550,710.44								−1,550,710.44
上述(一)和(二)小计		−1,550,710.44					5,227,455.41		−1,724,338.43	1,952,406.54
(三)所有者投入和减少资本									−5,587,895.24	−5,587,895.24
1.所有者投入资本										
2.股份支付计入所有者权益的金额										
3.其他									−5,587,895.24	−5,587,895.24
(四)利润分配										
1.提取盈余公积										
2.提取一般风险准备										
3.对所有者(或股东)的分配										
4.其他										
(五)所有者权益内部结转										
1.资本公积转增资本(或股本)										
2.盈余公积转增资本(或股本)										
3.盈余公积弥补亏损										
4.其他										
(六)专项储备										
1.本期提取										
2.本期使用										
(七)其他										
四、本期期末余额	92,000,000.00	201,799,027.44			13,331,377.31		−32,395,107.38		15,504,519.37	290,239,816.74

上年同期金额

项目	归属于母公司所有者权益								少数股东权益	所有者权益合计
	实收资本(或股本)	资本公积	减:库存股	专项储备	盈余公积	一般风险准备	未分配利润	其他		
一、上年年末余额	92,000,000.00	203,349,737.88			13,331,377.31		−42,980,761.96		26,144,372.14	291,844,725.37
加:会计政策变更							1,558,186.29		−1,558,186.29	
前期差错更正										
其他										
二、本年年初余额	92,000,000.00	203,349,737.88			13,331,377.31		−41,422,575.67		24,586,185.85	291,844,725.37
三、本期增减变动金额										
(减少以"−"号填列)							3,800,012.88		−1,769,432.81	2,030,580.07
(一)净利润							3,800,012.88		1,410,567.19	5,210,580.07
(二)其他综合收益										

上述(一)和(二)小计				3,800,012.88	1,410,567.19	5,210,580.07
(三)所有者投入和减少资本					−3,180,000.00	−3,180,000.00
1.所有者投入资本						
2.股份支付计入所有者权益的金额						
3.其他					−3,180,000.00	−3,180,000.00
(四)利润分配						
1.提取盈余公积						
2.提取一般风险准备						
3.对所有者(或股东)的分配						
4.其他						
(五)所有者权益内部结转						
1.资本公积转增资本(或股本)						
2.盈余公积转增资本(或股本)						
3.盈余公积弥补亏损						
4.其他						
(六)专项储备						
1.本期提取						
2.本期使用						
(七)其他						
四、本期期末余额	92,000,000.00	203,349,737.88	13,331,377.31	−37,622,562.79	22,816,753.04	293,875,305.44

法定代表人:刘达　　　　主管会计工作负责人:周昱今　　　　会计机构负责人:李炳罡

母公司所有者权益变动表

2010 年 1—12 月

单位:元 币种:人民币

项目	本期金额 实收资本(或股本)	资本公积	减:库存股	专项储备	盈余公积	一般风险准备	未分配利润	所有者权益合计
一、上年年末余额	92,000,000.00	203,296,428.92			13,617,418.11		−39,105,495.25	69,808,351.78
加:会计政策变更								
前期差错更正								
其他								
二、本年年初余额	92,000,000.00	203,296,428.92			13,617,418.11		−39,105,495.25	269,808,351.78
三、本期增减变动金额								
(减少以"−"号填列)							1,716,818.86	1,716,818.86
(一)净利润							1,716,818.86	1,716,818.86
(二)其他综合收益								
上述(一)和(二)小计							1,716,818.86	1,716,818.86
(三)所有者投入和减少资本								
1.所有者投入资本								
2.股份支付计入所有者权益的金额								
3.其他								
(四)利润分配								
1.提取盈余公积								
2.提取一般风险准备								
3.对所有者(或股东)的分配								
4.其他								
(五)所有者权益内部结转								
1.资本公积转增资本(或股本)								
2.盈余公积转增资本(或股本)								
3.盈余公积弥补亏损								
4.其他								
(六)专项储备								
1.本期提取								
2.本期使用								
(七)其他								
四、本期期末余额	92,000,000.00	203,296,428.92			13,617,418.11		−37,388,676.39	271,525,170.64

项目	上年同期金额 实收资本(或股本)	资本公积	减:库存股	专项储备	盈余公积	一般风险准备	未分配利润	所有者权益合计
一、上年年末余额	92,000,000.00	203,296,428.92			13,617,418.11		−40,573,419.88	268,340,427.15
加:会计政策变更								
前期差错更正								
其他								
二、本年年初余额	92,000,000.00	203,296,428.92			13,617,418.11		−40,573,419.88	268,340,427.15
三、本期增减变动金额								
(减少以"−"号填列)							1,467,924.63	1,467,924.63
(一)净利润							1,467,924.63	1,467,924.63
(二)其他综合收益								
上述(一)和(二)小计							1,467,924.63	1,467,924.63
(三)所有者投入和减少资本								
1.所有者投入资本								
2.股份支付计入所有者权益的金额								
3.其他								
(四)利润分配								
1.提取盈余公积								
2.提取一般风险准备								
3.对所有者(或股东)的分配								
4.其他								
(五)所有者权益内部结转								
1.资本公积转增资本(或股本)								
2.盈余公积转增资本(或股本)								
3.盈余公积弥补亏损								
4.其他								
(六)专项储备								
1.本期提取								
2.本期使用								
(七)其他								
四、本期期末余额	92,000,000.00	203,296,428.92			13,617,418.11		−39,105,495.25	269,808,351.78

法定代表人:刘达　　　　主管会计工作负责人:周昱今　　　　会计机构负责人:李炳罡

9.3 本报告期无会计政策、会计估计的变更。

9.4 会计差错更正

9.4.1 追溯重述法

单位:元 币种:人民币

会计差错更正的内容	批准处理情况	受影响的各个比较期间报表项目名称	累积影响数
			3,299,246.16
少数股东分担的当期亏损	《企业会计准则解释第 4 号》(财会[2010]15 号)	归属于母公司所有者权益	
少数股东分担的当期亏损	《企业会计准则解释第 4 号》(财会[2010]15 号)	归属于母公司所有者的净利润	182,873.58
少数股东分担的当期亏损	《企业会计准则解释第 4 号》(财会[2010]15 号)	少数股东权益	−3,299,246.16

9.4.2 未来适用法

无

9.5 企业合并及合并财务报表

9.5.1 合并范围发生变更的说明

公司 2010 年 9 月 20 日新设成立全资子公司丽江圣亚生态旅游有限公司，本期丽江圣亚生态旅游有限公司自成立之日起纳入合并范围。公司 2009 年 9 月 28 日与控股股东大连星海湾金融商务区投资管理股份有限公司签订股权转让协议，将公司持有的大连星海湾商务区圣亚旅游管理有限公司全部股权转让给控股股东,2010 年 5 月 10 日工商登记变更办理完毕,实际控制权转移,本期期末不再将星海湾圣亚纳入合并范围。公司 2010 年 12 月 25 日与大连大洋野生动物驯养繁育有限公司签订股权转让协议,将其持有的北京蓝色动感展览有限公司的 80%股权转让,本期期末不再将北京蓝色动感纳入合并范围。

9.5.2 本期新纳入合并范围的主体和本期不再纳入合并范围的主体

9.5.2.1 本期新纳入合并范围的子公司、特殊目的主体、通过受托经营或承租等方式形成控制权的经营实体

单位:元 币种:人民币

名称	期末净资产	本期净利润
丽江圣亚生态旅游有限公司	6,991,477.17	−8,522.83

9.5.2.2 本期不再纳入合并范围的子公司、特殊目的主体、通过受托经营或承租等方式形成控制权的经营实体

单位:元 币种:人民币

名称	处置日净资产	期初至处置日净利润
北京蓝色动感展览有限公司	−368,555.67	
大连星海湾商务区圣亚旅游管理有限公司	11,366,472.39	−279,331.60

9.5.3 本期出售丧失控制权的股权而减少子公司

子公司	出售日	损益确认方法
北京蓝色动感展览有限公司	2010 年 12 月 31 日	公司以 2010 年 12 月 31 日作为股权处置日,对本期期初至处置日利润进行合并,本期期末不再将北京蓝色动感纳入合并范围。
大连星海湾商务区圣亚旅游管理有限公司	2010 年 5 月 10 日	公司以 2010 年 5 月 10 日作为股权处置日,对本期期初至处置日利润进行合并,本期期末不再将星海湾圣亚纳入合并范围。

光明乳业股份有限公司

光明乳业股份有限公司2010年年度报告摘要

第一节 重要提示

1.1 本公司董事会、监事会及董事、监事、高级管理人员保证本报告所载资料不存在任何虚假记载、误导性陈述或者重大遗漏,并对其内容的真实性、准确性和完整性承担个别及连带责任。

本年度报告摘要摘自年度报告全文,投资者欲了解详细内容,应当仔细阅读年度报告全文。

1.2 公司董事沈伟平先生因公未能亲自出席本次董事会会议,委托董事长庄国蔚先生出席并行使表决权。公司其余董事均亲自出席董事会会议。

1.3 德勤华永会计师事务所有限公司为本公司出具了标准无保留意见的审计报告

1.4 是否存在被控股股东及其关联方非经营性占用资金情况?

否

1.5 是否存在违反规定决策程序对外提供担保的情况?

否

1.6 公司负责人庄国蔚、主管会计工作负责人董宗泊及会计机构负责人(会计主管人员)姚第兴声明:保证年度报告中财务报告的真实、完整。

第二节 公司基本情况简介

2.1 基本情况简介

股票简称	光明乳业
股票代码	600597
股票上市交易所	上海证券交易所
公司注册地址和办公地址	上海市吴中路578号
邮政编码	201103
公司国际互联网网址	www.brightdairy.com
电子信箱	600597@brightdairy.com

2.2 联系人和联系方式

	董事会秘书	证券事务代表
姓名	朱建毅	沈小燕
联系地址	上海市吴中路578号	上海市吴中路578号
电话	021-54584520	021-54584520
传真	021-64013337	021-64013337
电子信箱	600597@brightdairy.com	shenxiaoyan@brightdairy.com

第三节 会计数据和业务数据摘要

3.1 主要会计数据

单位:元 币种:人民币

主要会计数据	2010年	2009年	本期比上年同期增减(%)	2008年
营业收入	9,572,111,030	7,943,169,711	20.51	7,358,544,348
利润总额	240,962,588	189,821,125	26.94	-319,543,911
归属于上市公司股东的净利润	194,375,554	122,470,128	58.71	-285,994,374
归属于上市公司股东的扣除非经常性损益的净利润	166,999,179	97,583,841	71.13	-420,331,957
经营活动产生的现金流量净额	534,244,918	465,104,702	14.87	166,156,861
	2010年末	2009年末	本期末比上年同期末增减(%)	2008年末
总资产	5,974,549,480	4,122,987,766	44.91	4,037,663,243
所有者权益(或股东权益)	2,329,316,250	2,106,669,172	10.57	1,984,683,544

3.2 主要财务指标

	2010年	2009年	本期比上年同期增减(%)	2008年
基本每股收益(元/股)	0.19	0.12	58.33	-0.27
稀释每股收益(元/股)	0.19	0.12	58.33	-0.27
扣除非经常性损益后的基本每股收益(元/股)	0.16	0.09	70.83	-0.40
加权平均净资产收益率(%)	8.8	6	增加2.80个百分点	-13
扣除非经常性损益后的加权平均净资产收益率(%)	7.6	4.7	增加2.90个百分点	-19
每股经营活动产生的现金流量净额(元/股)	0.51	0.45	14.07	0.16
	2010年末	2009年末	本期末比上年同期末增减(%)	2008年末
归属于上市公司股东的每股净资产(元/股)	2.22	2.02	9.80	1.90

扣除非经常性损益项目

√适用 □不适用

单位:元 币种:人民币

项目	金额
非流动资产处置损益	-2,347,766
计入当期损益的政府补助(与企业业务密切相关,按照国家统一标准定额或定量享受的政府补助除外)	32,399,429
除同公司正常经营业务相关的有效套期保值业务外,持有交易性金融资产、交易性金融负债产生的公允价值变动损益,以及处置交易性金融资产、交易性金融负债和可供出售金融资产取得的投资收益	679,656
除上述各项之外的其他营业外收入和支出	2,289,336
所得税影响额	-5,378,556
少数股东权益影响额(税后)	-265,724
合计	27,376,375

第四节 股本变动及股东情况

4.1 股份变动情况表

√适用 □不适用

单位:股

	本次变动前		本次变动增减(+,-)			本次变动后	
	数量	比例(%)	发行新股	其他	小计	数量	比例(%)
一、有限售条件股份	524,619,421	50.352				531,920,221	50.698
1、国家持股							
2、国有法人持股	262,309,711	25.176		262,309,710	262,309,710	524,619,421	50.002
3、其他内资持股			7,300,800		7,300,800	7,300,800	0.696
其中:境内非国有法人持股							
境内自然人持股			7,300,800		7,300,800	7,300,800	0.696
4、外资持股	262,309,710	25.176		-262,309,710	-262,309,710		
其中:境外法人持股	262,309,710	25.176		-262,309,710	-262,309,710		
境外自然人持股							
二、无限售条件流通股份	517,273,139	49.648				517,273,139	49.302
1、人民币普通股	517,273,139	49.648				517,273,139	49.302
2、境内上市的外资股							
3、境外上市的外资股							
4、其他							
三、股份总数	1,041,892,560	100				1,049,193,360	100

限售股份变动情况表

√适用 □不适用

单位:股

股东名称	年初限售股数	本年解除限售股数	本年增加限售股数	年末限售股数	限售原因	解除限售日期
上海牛奶(集团)有限公司	262,309,711	0	0	262,309,711	股改、股份转让承诺	2011-2-26
S.I. FOOD PRODUCTS HOLDINGS LIMITED (上实食品控股有限公司)	262,309,710	0	0	0		
光明食品(集团)有限公司	0	0	0	262,309,710	股改、股权转让承诺	2011-2-26
公司股权激励对象	0	0	7,300,800	7,300,800	股权激励	详见公司A股限制性股票激励方案
合 计	524,619,421			531,920,221	/	/

4.2 股东数量和持股情况

单位:股

报告期末股东总数	59,444户

前十名股东持股情况

股东名称	股东性质	持股比例(%)	持股总数	报告期内增减	持有有限售条件股份数量	质押或冻结的股份数量
上海牛奶(集团)有限公司	国有法人	35.027	367,498,967		262,309,711	无
光明食品(集团)有限公司	国有法人	29.966	314,404,338	314,404,338	262,309,710	无

中国太平洋人寿保险股份有限公司－分红－个人分红	未知	20,570,000	未知
全国社保基金一一零组合	未知	12,975,810	未知
中国银行－华夏大盘精选证券投资基金	未知	8,000,749	未知
中国工商银行－易方达价值成长混合型证券投资基金	未知	7,409,582	未知
东海证券－光大－东风 6 号集合资产管理计划	未知	6,560,000	未知
金鑫证券投资基金	未知	5,000,000	未知
中国人寿保险股份有限公司－分红－个人分红－005L－FH002 沪	未知	4,659,116	未知
中信实业银行－建信恒久价值股票型证券投资基金	未知	4,499,889	未知

前十名无限售条件股东持股情况

股东名称	持有无限售条件股份的数量	股份种类及数量
上海牛奶(集团)有限公司	105,189,256	人民币普通股
光明食品(集团)有限公司	52,094,628	人民币普通股
中国太平洋人寿保险股份有限公司－分红－个人分红	20,570,000	人民币普通股
全国社保基金一一零组合	12,975,810	人民币普通股
中国银行－华夏大盘精选证券投资基金	8,000,749	人民币普通股
中国工商银行－易方达价值成长混合型证券投资基金	7,409,582	人民币普通股
东海证券－光大－东风 6 号集合资产管理计划	6,560,000	人民币普通股
金鑫证券投资基金	5,000,000	人民币普通股
中国人寿保险股份有限公司－分红－个人分红－005L－FH002 沪	4,659,116	人民币普通股
中信实业银行－建信恒久价值股票型证券投资基金	4,499,889	人民币普通股
上述股东关联关系或一致行动的说明	光明食品(集团)有限公司系上海牛奶(集团)有限公司控股股东，持有上海牛奶(集团)有限公司 95.5%的股份。其余股东未知是否存在关联关系或一致行动的关系。	

4.3 控股股东及实际控制人情况介绍

4.3.1 控股股东及实际控制人变更情况

□适用　　√不适用

4.3.2 控股股东及实际控制人具体情况介绍

4.3.2.1 控股股东及实际控制人具体情况介绍

光明食品(集团)有限公司成立于 2006 年 8 月 8 日，是一家国有控股的，以食品产业链为核心的现代都市产业集团。

上海牛奶(集团)有限公司是光明食品(集团)有限公司控股子公司，是一家以牧业为核心业务的国有控股公司。

4.3.2.2 控股股东情况

○ 法人

单位:亿元 币种:人民币

名称	上海牛奶(集团)有限公司
单位负责人或法定代表人	赵柏礼
成立日期	1997 年 6 月 2 日
注册资本	8
主要经营业务或管理活动	生产、加工橡胶制品、畜牧机械、乳品食品加工机械、塑料及纸制包装容器，饲料销售，从事牛奶、奶牛领域内的科研和咨询服务，食品销售管理(非实物方式)，实业投资，资产管理，自有房屋租赁，物业管理，附设分支机构。

4.3.2.3 实际控制人情况

○ 法人

单位:亿元 币种:人民币

名称	光明食品(集团)有限公司
单位负责人或法定代表人	王宗南
成立日期	2006 年 8 月 8 日
注册资本	34.3
主要经营业务或管理活动	食品销售管理(非实物方式)，国有资产的经营与管理，实业投资，农、林、牧、渔、水利及其服务业，国内商业批发零售(除专项规定)，货物及技术进出口业务，产权经纪。

4.3.3 公司与实际控制人之间的产权及控制关系的方框图(略)

4.3.4 实际控制人通过信托或其他资产管理方式控制公司

□适用　　√不适用

第五节　董事、监事和高级管理人员

5.1 董事、监事和高级管理人员持股变动及报酬情况

单位:股

姓名	职务	性别	年龄	任期起始日期	任期终止日期	年初持股数	年末持股数	变动原因	报告期内从公司领取的报酬总额(万元)税前	是否在股东单位或其他关联单位领取薪酬
庄国蔚	董事长	男	56	2010-4-22	2013-4-22					是
沈伟平	董事	男	48	2010-4-22	2013-4-22					是
郭本恒	董事	男	47	2010-4-22	2013-4-22	104,272	376,172	股权激励	137	否
刘向东	独立董事	男	59	2010-4-22	2013-4-22				11.5	否
傅鼎生	独立董事	男	57	2010-4-22	2013-4-22				11.5	否
潘　飞	独立董事	男	54	2010-4-22	2013-4-22				11.5	否
彭一浩	独立董事	男	33	2010-4-22	2013-4-22				9	否
张大鸣	监事会主席	男	52	2010-4-22	2013-4-22					是
王春喜	监事	男	61	2010-4-22	2013-4-22					是
夏旭升	监事	男	40	2010-4-22	2013-4-22				30.5	否
梁永平	副总经理	男	53	2010-4-22	2013-4-22	55,216	276,216	股权激励	130.5	否
沈伟平	副总经理	男	46	2010-4-22	2013-4-22	0	201,000	股权激励	102	否
罗　海	副总经理	男	41	2010-4-22	2013-4-22	0	201,000	股权激励	62.7	否
李　柯	副总经理	女	42	2010-4-22	2013-4-22	0	201,000	股权激励	65.5	否
孙克杰	副总经理	男	36	2010-4-22	2013-4-22	0	201,000	股权激励	50.8	否
朱建毅	董事会秘书	男	56	2010-4-22	2013-4-22	48,496	210,696	股权激励	59	否
董宗泊	财务总监	男	55	2010-4-22	2013-4-22	0	140,300	股权激励	55.9	否
赵柏礼	董事长	男	61	2007-4-26	2010-4-22					是
汪正纲	副董事长	男	60	2007-4-26	2010-4-22					是
徐晓冰	董事	男	44	2007-4-26	2010-4-22					是
季建忠	董事	男	54	2008-4-28	2010-4-22					是
陈馥荪	董事	男	64	2008-4-28	2010-4-22					是
陆耀华	董事	男	45	2008-4-28	2010-2-22				52.9	否
石良平	独立董事	男	55	2007-4-26	2010-4-22				3.3	否
周　杰	监事长	男	43	2007-4-26	2010-4-22					是
王　瑛	监事	女	55	2007-4-26	2010-4-22				12.1	否
张华富	副总经理	男	62	2007-4-26	2010-4-22	161,840	161,840		44	否
合　计	/	/	/	/	/	369,824	1,969,224	/	849.7	/

注:董事、总经理郭本恒先生 2010 年度内领取的薪酬包括 2007 年至 2009 年上一届任期内延缓支付的薪酬。

董事、监事、高级管理人员报告期内被授予的股权激励情况

单位:万股

姓　名	职　务	报告期新授予限制性股票数量	限制性股票的授予价格(元)	期末持有限制性股票数量
郭本恒	总经理	27.19	4.70	27.19
梁永平	副总经理	22.10	4.70	22.10
沈伟平	副总经理	20.10	4.70	20.10
罗　海	副总经理	20.10	4.70	20.10
李　柯	副总经理	20.10	4.70	20.10
孙克杰	副总经理	20.10	4.70	20.10
朱建毅	董事会秘书	16.22	4.70	16.22
董宗泊	财务总监	14.03	4.70	14.03
合　计	/	159.94	/	159.94

第六节　董事会报告

6.1 管理层讨论与分析

1、总体经营情况

2010 年是公司股权激励计划实施的起点年，并成功认购新西兰 Synlait Milk 公司 51%的新增股份，有利于公司的持续发展。公司继续贯彻聚焦原则，聚焦重点产品，提高产品贡献率；聚焦重点区域，扩大市场份额。在产品销售模式、渠道、市场、机制等方面推行改革，进一步解放和发展生产力。

2010 年，在公司股东大会的领导下，在董事会的正确决策下，公司管理层全力拼搏，上下协同作战。经公司全体员工的努力，实现营业总收入 95.72 亿元，比去年同期增长 20.5%；实现净利润 2.28 亿元，比去年同期增长 77.3%；归属于上市公司股东的净利润 1.94 亿元，比去年同期增长 58.7%；每股收益 0.19 元，比去年同期增长 58.3%；净资产收益率 8.8%，比去年同期增加 2.8 个百分点。

2、报告期内财务状况分析

(1)经营成果分析

项目	金额(元) 2010 年	2009 年	增减额	增减比率(%)
营业税金及附加	43,002,564	26,761,995	16,240,569	60.69
财务费用	26,766,848	18,429,744	8,337,104	45.24
资产减值损失	21,511,699	41,277,383	-19,765,684	-47.89
投资收益	3,527,009	2,523,766	1,003,243	39.75
营业外收入	43,819,299	64,451,709	-20,632,410	-32.01
营业外支出	11,478,300	26,650,079	-15,171,779	-56.93
所得税费用	13,267,403	61,365,099	-48,097,696	-78.38
少数股东损益	33,319,631	5,985,898	27,333,733	456.64

注:变动的主要原因

1)营业税金及附加比上年增加，主要原因是本公司不再享受免税优惠。

2)财务费用比上年增加，主要原因是购汇支付投资款的汇兑损失。

3)资产减值损失比上年减少,主要原因是本年计提的各项准备减少。

4)投资收益比上年增加,主要原因是上年处置子公司损失。

5)营业外收入比上年减少,主要原因是政府补助减少。

6)营业外支出比上年减少,主要原因是处置固定资产损失减少。

7)所得税费用比上年减少,主要原因是本期收到初级加工农产品所得税返还增多。

8)少数股东损益比上年增加,主要原因是上年子公司亏损增加。

(2)财务状况分析

项目	金额(元)		增减额	增减比率(%)
	2010年末	2009年末		
应收账款	930,868,689	552,854,222	378,014,467	68.38
预付款项	160,947,227	116,414,231	44,532,996	38.25
存货	805,764,956	518,861,344	286,903,612	55.29
长期股权投资	10,896,132	23,138,226	−12,242,094	−52.91
固定资产	1,977,980,322	1,491,662,337	486,317,985	32.60
在建工程	223,201,703	40,958,952	182,242,751	444.94
商誉	258,884,662	54,389,320	204,495,342	375.98
短期借款	257,604,123	128,000,000	129,604,123	101.25
应付账款	1,229,710,189	709,239,966	520,470,223	73.38
应交税费	81,885,941	4,458,185	77,427,756	1,736.76
一年内到期的非流动负债	7,194,189	108,857,288	−101,663,099	−93.39
长期借款	567,330,924	67,368,496	499,962,428	742.13
递延所得税负债	44,377,725	−	44,377,725	−

注:变动的主要原因

1)应收账款增加,主要原因本年销售增加,相应应收账款增加及并购新西兰 Synlait Milk Limited 影响。

2)预付款项增加,主要原因是预付原材料款增加。

3)存货增加,主要原因是原材料价格不断上涨,企业储备原材料及并购新西兰 Synlait Milk Limited 影响。

4)长期股权投资减少,主要原因是上年按照权益法核算的内蒙古天和荷斯坦牧业有限公司本期纳入集团合并范畴。

5)固定资产增加,主要原因是资产购置及并购新西兰 Synlait Milk Limited。

6)在建工程增加,主要原因是为扩大产能而增加厂房、设备建设工程及并购新西兰 Synlait Milk Limited 所致。

7)商誉增加,主要原因是认购新西兰 Synlait Milk Limited 新增股份。

8)应付账款增加,主要原因企业采购增加及并购新西兰 Synlait Milk Limited 影响。

9)短期借款增加,主要原因是本期新增银行借款及并购新西兰 Synlait Milk Limited 影响。

10)应交税费增加,主要原因是应交增值税额增加。

11)一年内到期的非流动负债减少,主要原因是一年内到期的长期借款归还。

12) 长期借款增加, 主要原因是本期新增长期银行借款及并购新西兰 Synlait Milk Limited 影响。

13)递延所得税负债增加,主要原因是新西兰 Synlait Milk Limited 长期资产折旧时间性差异。

(3)现金流量分析

项目	金额(元)		增减额
	2010年	2009年	
经营活动产生的现金流量净额	534,244,918	465,104,702	69,140,216
投资活动产生的现金流量净额	−319,186,122	−118,835,976	−200,350,146
筹资活动产生的现金流量净额	8,557,630	−134,797,283	143,354,913

1)经营活动产生的现金流量净额比上年增加,主要原因是本期收到销售商品、提供劳务收到的现金增加。

2)投资活动产生的现金流量净额比上年减少,主要原因是购建固定资产、无形资产和其他长期资产支付的现金增加。

3)筹资活动产生的现金流量净额比上年增加,主要原因是本期取得借款增加以及吸收投资增加。

(4)主要供应商客户情况表

前 5 名供应商采购金额 173,051 万元 占采购比例 27.30%

前 5 名客户销售金额 127,122 万元 占销售比例 13%

3、公司主营业务及其经营状况

(1)主营业务分行业、产品情况

单位:元 币种:人民币

分产品	营业收入	营业成本	营业利润率(%)	营业收入比上年增减(%)	营业成本比上年增减(%)	营业利润率比上年增减(%)
分产品						
乳制品	8,994,499,231	5,800,198,599	35.51%	20.45%	27.37%	减少 3.5 个百分点
其他	304,739,244	202,192,545	33.65%	21.34%	9.77%	增加 7 个百分点

(2)主营业务分地区情况

单位:万元 币种:人民币

地区	营业收入	营业收入比上年增减(%)
上海	268,630	10.92
外地	631,219	19.18
海外	30,075	−

4、公司主要控股公司情况

单位:万元 币种:人民币

子公司全称	业务性质	主要产品或服务	注册资本	资产规模	净利润
上海邀请电子商务有限公司	网上乳品销售	网站开发、经营和服务	3,000	8,429	−3,324
上海乳品四厂有限公司	制造	乳品加工、销售	4,452	28,254	14,986
黑龙江省光明松鹤乳品有限责任公司	制造	乳品加工、销售	21,810	56,321	6,296
光明乳业(德州)有限公司	制造	乳品加工、销售	5,061	29,651	7,320
北京光明健能乳业有限公司	制造	乳品加工、销售	11,959	33,024	−1,545
天津光明梦得乳品有限公司	制造	乳品加工、销售	6,500	25,496	5,866
武汉光明乳品有限公司	制造	乳品加工、销售	2,160	19,277	1,220
上海光明荷斯坦牧业有限公司	牧业	外购、自产鲜奶	10,000	57,490	−1,928
上海奶牛育种中心有限公司	牧业	生产销售公牛、冻精、胚胎	2,857	11,105	2,275
南京光明乳品有限公司	制造	乳品加工、销售	1,500	15,763	1,627
广州光明乳品有限公司	制造	乳品加工、销售	2,000	11,830	−359
上海光明奶酪黄油有限公司	制造	乳品加工、销售	2,000	20,093	1,571
Synlait Milk Limited	制造	乳品加工、销售	5,102 万新西兰元	107,720	172

2010 年 7 月 9 日, 本公司与 Synlait Milk Limited 和 Synlait Limited 签订股东协议和认购协议。公司以现金出资认购新西兰 Synlait Milk Limited 新增 51%股份, 出资金额 8,200 万新西兰元,折合人民币 421,134,182 元,认购 26,021,658 股新增普通股,每股 3.15 新西兰元。2010 年 11 月 11 日股权交割完成。

购买日至报告期期末,Synlait Milk Limited 营业收入 300,748,439 元人民币, 占本公司 2010 年度营业收入 3.14%,净利润 1,715,806 元人民币,占本公司 2010 年度净利润 0.75%。

2011 年 2 月 22 日,Synlait Milk Limited 所在地附近的克莱斯特彻奇发生里氏 6.3 级强烈地震,由于 Synlait Milk Limited 工厂距离地震震中较远,工厂没有受到地震破坏,生产经营正常。截至本年报报告日,该地震未对 Synlait Milk Limited 业务产生实质影响。

5、报告期技术创新情况

公司技术中心依托"国家级企业技术中心"和上海的人才优势,成功通过乳业生物技术国家重点实验室的认证。公司还获得了上海市高新技术企业的认定,在乳业技术上继续保持领先。

2010 年度,公司强化精准管理,确保食品安全。公司选择以"AIB1000 分"为参考基准,建立并逐步完善了"工厂千分"考核体系。 该考核体系标准内容涵盖了乳品质量管理体系、建筑设备等硬件设施、检测工艺、过程控制、员工培训和管理、环境卫生等模块,每年都根据实际情况从严修订。同时,公司所有工厂全部通过 HACCP(危害分析与关键控制点)体系的再审认证和国家 GMP(乳制品良好生产规范)认证,并建立了与国际接轨的 ISO22000(食品安全管理)体系。

2010 年度,公司对全国工厂环保投资共计约 1153.40 万元,其中节能减排技改项目 20 项,项目投入资金 355.58 万元,年节约费用 473.24 万元,年节能量 2711.38 吨标准煤,按平均每消费 1 吨标准煤换算成二氧化碳 2.46 吨(节能手册)计算,则二氧化碳排放减少了约 6670 吨。

6、对未来的展望

(1)2011 年发展展望

2011 年,国内原奶价格仍将处于高位,成本压力巨大。为扩大各自的市场份额,乳制品企业之间的竞争必将非常激烈。

面对乳业现状,2011 年度,公司董事会将按照既定的战略目标,以股东价值最大化为原则,认真履行董事会职责,充分发挥独立董事及各专业委员会的作用,不断完善公司治理结构,确保规范运作,维护股东利益。2011 年度董事会将进一步完善内控机制,继续开展内部控制专业咨询,加强财务指标,确保财务安全,降低企业运作风险;加强对新西兰 Synlait Milk 公司的监督管理,利用海外奶源基地、提升品牌影响力,充分发挥整合优势;贯彻食品安全是企业生命线的理念,严把奶源收购、生产加工、成品保存、产品运输等各环节,杜绝产品质量问题;积极履行社会责任,进一步加强投资者关系管理,构建和谐、互动的投资者关系。

2011 年全年争取实现营业总收入 113.76 亿元, 扣除非经常性损益和激励成本后净利润 2.28 亿元,净资产收益率不低于 8%。

(2)资金需求及使用计划

为实现 2011 年经营目标,预计全年固定资产投资及技术改造费用约 68,822 万元,其中包括大型迁建项目:马桥华东中央工厂项目 2011 年计划投资数额 40,000 万元。

(3)公司面临风险因素分析

公司对未来发展的展望及拟定新年度的经营计划所依据的假设条件为:所遵循的现行法律、法规以及国家有关行业政策将不会有重大改变;国民经济平稳发展的大环境不会有大的波动;所在行业的市场环境不会有重大改变; 不会发生对公司经营业务造成重大不利影响以及导致公司财产重大损失的任何不可抗力事件和任何不可预见的因素等等。公司未来面临的主要风险因素有:

1) 行业风险。2011 年度, 乳业仍然存在许多不定因素, 公司将充分利用现有的资源和优势,不断拓展市场,扩大经营规模;同时,公司将进一步加强产品质量管理、成本管理、对下属子公司管理,同时严格控制各项费用,以增强企业的生存和发展能力。

2) 牛只疾病和防疫的风险。牛只疫病在世界范围内常有发生,特别是人们对生活质量的日益关心和当代媒体的信息快速传播能力,使发生疾病造成的社会影响大大超过了疾病的本身。牛只疾病将会对乳制品行业和牧业带来风险,但风险是可控的。公司历来十分重视牛只疾病的防疫工作,建立了以牛只饲料和牛只健康为中心的防病体系和危机处理系统,并将进一步加强相关技术研究,提高防范牛只疾病和防疫风险的能力。

3) 财务风险。公司属于快速消费品行业,对资产的流动性要求较高。但由于能够影响资产流动性的因素众多,不排除在公司今后的生产经营中出现资产流动性风险的可能。为了降低资产流动性可能带来的风险,公司将加快应收账款的回收速度和存货管理,并根据公司实际情况和市场行情,加强销售、减少库存、减少资金占用,提高资产的流动性。

4) 产品质量风险。公司历来高度重视产品的质量,公司提倡无抗奶,提倡欧盟标准,目前使用的主要设备和工艺均达到当今国际领先水平。但是乳制品的质量与人民生活和身体健康息息相关,生产过程中出现任何问题,都可能给消费者的身体健康带来危害。因此,公司将继续加大质量控制的力度，不断完善质量控制体系，对奶源、收奶、运输、生产、配送等各环节进行实时监控，保证产品质量安全。

公司是否披露过盈利预测或经营计划：否

6.2 募集资金使用情况

□适用　　√不适用

变更项目情况

□适用　　√不适用

6.3 非募集资金项目情况

√适用　　□不适用

单位：万元　币种：人民币

项目名称	项目金额	项目进度	项目收益情况
马桥华东中央工厂项目（即光明乳业马桥工业园区项目）	146,808	初期准备阶段	无
天津光明梦得乳品有限公司增资迁建项目	20,000	初期准备阶段	无
认购 Synlait Milk Limited51%股权	8,200 万新西兰元	2010 年 11 月份股权交割结束	购买日至报告期期末，净利润 1,715,806 元人民币

6.4 董事会对会计师事务所"非标准审计报告"的说明

□适用　　√不适用

6.5 董事会本次利润分配或资本公积金转增股本预案

2011 年 3 月 29 日，本公司第四届董事会第十次会议审议通过了《2010 年度利润分配预案》。本公司（母公司）2010 年度实现税后利润 226,816,584 元（已经审计），拟分配如下：弥补以前年度亏损余额计 15,781,235 元；提取法定公积金(10%)计 21,103,535 元；可供分配的利润为 189,931,814 元；建议以 2010 年末总股本 1,049,193,360 股为基数向全体股东每股派现金红利 0.12 元（含税），共计 125,903,203 元，其余 64,028,611 元结转下一年度。

公司本报告期内盈利但未提出现金利润分配预案

□适用　　√不适用

第七节　重要事项

7.1 收购资产

√适用　　□不适用

单位：元　币种：人民币

交易对方或最终控制方	被收购资产	购买日	资产收购价格	自收购日起至本年末为上市公司贡献的净利润	是否为关联交易（如是，说明定价原则）	所涉及的资产产权是否已全部过户	所涉及的债权债务是否已全部转移	该资产贡献的净利润占上市公司净利润的比例(%)
Synlait Milk Limited	26,021,658 股新增普通股	2010-11-11	8,200 万新西兰元	875,062	否	是	是	0.45%

7.2 出售资产

□适用　　√不适用

7.3 重大担保

√适用　　□不适用

单位：万元　币种：人民币

公司对外担保情况（不包括对控股子公司的担保）	
报告期内担保发生额合计（不包括对子公司的担保）	0
报告期末担保余额合计（A）（不包括对子公司的担保）	0
公司对控股子公司的担保情况	
报告期内对子公司担保发生额合计	29,140
报告期末对子公司担保余额合计（B）	34,140
公司担保总额情况（包括对控股子公司的担保）	
担保总额（A+B）	34,140
担保总额占公司净资产的比例(%)	14.66

7.4 重大关联交易

7.4.1 与日常经营相关的关联交易

√适用　　□不适用

单位：元　币种：人民币

关联方	向关联方销售产品和提供劳务		向关联方采购产品和接受劳务	
	交易金额	占同类交易金额的比例(%)	交易金额	占同类交易金额的比例(%)
光明集团及其下属子公司	332,100,653	4	68,116,937	70
牛奶集团及其下属子公司	7,440,265	3	176,916,710	9

7.4.2 关联债权债务往来

□适用　　√不适用

7.4.3 报告期内资金被占用情况及清欠进展情况

□适用　　√不适用

截至报告期末，上市公司未完成非经营性资金占用的清欠工作的，董事会提出的责任追究方案

□适用　　√不适用

7.5 委托理财

□适用　　√不适用

7.6 承诺事项履行情况

7.6.1 公司或持股 5%以上股东在报告期内或持续到报告期内的承诺事项

√适用　　□不适用

承诺事项	承诺内容	履行情况
股改承诺	股东上海牛奶（集团）有限公司股改时承诺：1、若东方希望不能履行相关股东会议表决通过的股权分置改革方案中规定的支付对价的义务时，将垫付其按股权分置改革方案确定承担的对价。若此后该等股东所持的原非流通股股份上市流通，须向垫付方支付所垫付的对价及补偿金，或在取得垫付方的书面同意后，由光明乳业董事会向上海证券交易所提出该等股份的上市流通申请。2、自获得上市流通权之日起，在二十四个月内不上市交易。上述期满后，十二个月内通过证券交易所挂牌交易出售的股份占光明乳业总股本的比例不超过百分之五；二十四个月内通过证券交易所挂牌交易出售的股份占光明乳业总股本的比例不超过百分之十。3、在 2006 年、2007 年、2008 年光明乳业年度股东大会上将联合提议现金分红比例不低于当年经审计后净利润可分配部分的 50%，并对此提案投赞成票。4、为了增强流通股股东的持股信心，激励管理层的积极性，使管理层与公司股东的利益相统一，将推动公司在股权分置改革完成后按有关规定制订管理层激励计划。 股东上实食品控股有限公司在股改时承诺：1、自获得上市流通权之日起，在二十四个月内不上市交易。上述期满后，十二个月内通过证券交易所挂牌交易出售的股份占光明乳业总股本的比例不超过百分之五；二十四个月内通过证券交易所挂牌交易出售的股份占光明乳业总股本的比例不超过百分之十。2、在 2006 年、2007 年、2008 年光明乳业年度股东大会上将联合提议现金分红比例不低于当年经审计后净利润可分配部分的 50%，并对此提案投赞成票。3、为了增强流通股股东的持股信心，激励管理层的积极性，使管理层与公司股东的利益相统一，将推动公司在股权分置改革完成后按有关规定制订管理层激励计划。	严格履行承诺
收购报告书或权益变动报告书中所作承诺	2009 年 7 月，光明食品（集团）有限公司受让上实食品控股有限公司持有的光明乳业股份有限公司股份。光明食品（集团）有限公司承诺：目前没有拟在未来 12 个月改变光明乳业主营业务的计划或对光明乳业主营业务进行重大调整的计划；目前没有拟在未来 12 个月内对光明乳业或其子公司的资产和业务进行出售、合并、与他人合资或合作的计划，或拟购买或置换资产的重组计划；本次权益变动完成后，将保持上市公司现有分红政策不变。	严格履行承诺

7.6.2 公司资产或项目存在盈利预测，且报告期仍处在盈利预测期间，公司就资产或项目是否达到原盈利预测及其原因作出说明

□适用　　√不适用

7.7 重大诉讼仲裁事项

□适用　　√不适用

7.8 其他重大事项及其影响和解决方案的分析说明

7.8.1 证券投资情况

√适用　　□不适用

报告期内卖出申购的新股产生的投资收益总额 679,656 元。

7.8.2 持有其他上市公司股权情况

□适用　　√不适用

7.8.3 持有非上市金融企业股权情况

□适用　　√不适用

7.8.4 买卖其他上市公司股份的情况

□适用　　√不适用

7.9 公司披露了内部控制评价报告或履行社会责任报告，详见年报全文。

第八节　监事会报告

8.1 监事会对公司依法运作情况的独立意见

报告期内，公司能够依据《公司法》、《证券法》、《上市公司治理准则》、《上海证券交易所股票上市规则》以及《公司章程》等规定规范运作。公司决策程序合法，内部控制制度较完善。监事会至今未发现公司董事、经理执行公司职务时有违反法律、法规、公司章程的行为。

8.2 监事会对检查公司财务情况的独立意见

报告期内，监事会对公司的财务报告进行了认真审核，监事会认为 2010 年度财务报告真实地反映了公司的财务状况和经营成果，德勤华永会计师事务所出具的标准无保留意见的审计报告是客观公正的。

8.3 监事会对公司最近一次募集资金实际投入情况的独立意见

监事会认为公司的募集资金投入项目、金额、进度与公司承诺的投入项目、金额、进度相符。

8.4 监事会对公司收购、出售资产情况的独立意见

监事会认为公司收购、出售资产交易价格合理，至今未发现内幕交易行为及损害股东权益或造成公司资产流失的行为。

8.5 监事会对公司关联交易情况的独立意见

报告期内，公司关联交易条件公平合理，至今未发现损害公司利益及股东利益的情形发生。

第九节　财务会计报告

9.1 审计意见

财务报告	□未经审计	√审计
审计意见	√标准无保留意见	□非标意见

9.2 财务报表

合并资产负债表

人民币元

流动资产:		
货币资金	1,138,612,323	929,253,805
交易性金融资产	32,255,158	88,180
应收票据	2,639,849	2,755,018
应收账款	930,868,689	552,854,222
预付款项	160,947,227	116,414,231
应收保费	–	–
应收利息	–	–
应收股利	1,225,000	1,225,000
其他应收款	34,999,690	35,875,469
存货	805,764,956	518,861,344
一年内到期的非流动资产	–	–
其他流动资产	–	–
流动资产合计	3,107,312,892	2,157,327,269
非流动资产:		
可供出售金融资产	–	–
持有至到期投资	–	–
长期应收款	10,075,707	10,314,872
长期股权投资	10,896,132	23,138,226
投资性房地产	416,231	491,775
固定资产	1,977,980,322	1,491,662,337
在建工程	223,201,703	40,958,952
生产性生物资产	114,993,418	104,153,003
无形资产	145,075,660	122,071,256
开发支出	–	–
商誉	258,884,662	54,389,320
长期待摊费用	–	–
递延所得税资产	125,712,753	118,480,756
其他非流动资产	–	–
非流动资产合计	2,867,236,588	1,965,660,497
资产总计	5,974,549,480	4,122,987,766
流动负债:		
短期借款	257,604,123	128,000,000
交易性金融负债	15,448,697	–
应付票据	2,865,026	3,701,988
应付账款	1,229,710,189	709,239,966
预收款项	230,555,915	202,068,574
应付职工薪酬	100,406,630	97,726,790
应交税费	81,885,941	4,458,185
应付利息	1,140,490	498,509
应付股利	–	–
其他应付款	635,106,735	501,763,879
一年内到期的非流动负债	7,194,189	108,857,288
其他流动负债	–	–
流动负债合计	2,561,917,935	1,756,315,179
非流动负债:		
长期借款	567,330,924	67,368,496
应付债券		
长期应付款	16,115,022	12,461,313
专项应付款	24,634,172	24,882,326
预计负债	–	–
递延所得税负债	44,377,725	–
其他非流动负债	73,379,597	63,856,269
非流动负债合计	725,837,440	168,568,404
负债合计	3,287,755,375	1,924,883,583
所有者权益(或股东权益):		
股本	1,049,193,360	1,041,892,560
资本公积	447,848,259	426,235,380
减:库存股	–	–
专项储备	–	–
盈余公积	255,521,444	234,417,909
一般风险准备		
未分配利润	577,395,342	404,123,323
外币报表折算差额	(642,155)	–
归属于母公司所有者权益合计	2,329,316,250	2,106,669,172
少数股东权益	357,477,855	91,435,011
所有者权益合计	2,686,794,105	2,198,104,183
负债和所有者权益总计	5,974,549,480	4,122,987,766

法定代表人:庄国蔚　　主管会计工作负责人:董宗泊　　会计机构负责人:姚第兴

母公司资产负债表

人民币元

项目	期末余额	期初余额
流动资产:		
货币资金	773,379,241	557,015,947
交易性金融资产	–	88,180
应收票据	–	–
应收账款	794,430,175	602,715,027
预付款项	84,800,189	69,130,334
应收利息	–	–
应收股利	6,519,062	2,425,000
其他应收款	700,166,232	615,271,791
存货	174,433,311	130,332,934
一年内到期的非流动资产	–	–
其他流动资产	–	–
流动资产合计	2,533,728,210	1,976,979,213
非流动资产:		
可供出售金融资产	–	–
持有至到期投资	–	–
长期应收款	7,951,768	7,951,768
长期股权投资	910,506,390	715,065,209
投资性房地产	416,231	491,775
固定资产	449,828,748	480,311,759
在建工程	22,291,569	4,689,206
工程物资	–	–
固定资产清理	–	–
生产性生物资产	–	–
无形资产	36,779,759	36,716,706
开发支出	–	–
商誉	–	–
长期待摊费用	–	–
递延所得税资产	277,845,690	240,650,694
其他非流动资产		
非流动资产合计	1,705,620,155	1,485,877,117
资产总计	4,239,348,365	3,462,856,330
流动负债:		
短期借款	–	–
交易性金融负债	–	–
应付票据	–	–
应付账款	1,413,262,444	1,035,122,110
预收款项	155,151,281	128,263,090
应付职工薪酬	51,035,563	49,157,845
应交税费	105,926,095	21,452,562
应付利息	–	–
应付股利	–	–
其他应付款	547,827,536	526,820,101
一年内到期的非流动负债	1,495,200	1,580,400
其他流动负债	–	–
流动负债合计	2,274,698,119	1,762,396,108
非流动负债:	–	–
长期借款	15,402,311	16,818,496
应付债券	–	–
长期应付款	–	–
专项应付款	700,000	700,000
预计负债	–	–
递延所得税负债	–	–
其他非流动负债	20,282,768	19,194,930
非流动负债合计	36,385,079	36,713,426
负债合计	2,311,083,198	1,799,109,534
股东权益:		
股本	1,049,193,360	1,041,892,560
资本公积	433,618,549	403,217,562
减:库存股	–	–
专项储备	–	–
盈余公积	255,521,444	234,417,909
一般风险准备	–	–
未分配利润	189,931,814	(15,781,235)

股东权益合计	1,928,265,167	1,663,746,796
负债和股东权益总计	4,239,348,365	3,462,856,330

法定代表人:庄国蔚　　主管会计工作负责人:董宗泊　　会计机构负责人:姚第兴

合并利润表

人民币元

项目	本期金额	上期金额
一、营业总收入	9,572,111,030	7,943,169,711
其中:营业收入	9,572,111,030	7,943,169,711
二、营业总成本	9,368,762,716	7,793,673,982
其中:营业成本	6,269,987,809	4,960,554,093
营业税金及附加	43,002,564	26,761,995
销售费用	2,727,328,253	2,472,027,574
管理费用	280,165,543	274,623,193
财务费用	26,766,848	18,429,744
资产减值损失	21,511,699	41,277,383
加:公允价值变动收益(损失以"-"号填列)	1,746,266	-
投资收益(损失以"-"号填列)	3,527,009	2,523,766
其中:对联营企业和合营企业的投资收益	2,010,265	8,129,234
汇兑收益(损失以"-"号填列)	-	-
三、营业利润(亏损以"-"号填列)	208,621,589	152,019,495
加:营业外收入	43,819,299	64,451,709
减:营业外支出	11,478,300	26,650,079
其中:非流动资产处置损失	6,892,259	21,052,838
四、利润总额(亏损总额以"-"号填列)	240,962,588	189,821,125
减:所得税费用	13,267,403	61,365,099
五、净利润(净亏损以"-"号填列)	227,695,185	128,456,026
归属于母公司所有者的净利润	194,375,554	122,470,128
少数股东损益	33,319,631	5,985,898
六、每股收益:		
(一)基本每股收益	0.19	0.12
(二)稀释每股收益	不适用	不适用
七、其他综合收益(损失)	(17,548,773)	-
八、综合收益总额	210,146,412	128,456,026
归属于母公司所有者的综合收益总额	184,945,291	122,470,128
归属于少数股东的综合收益总额	25,201,121	5,985,898

法定代表人:庄国蔚　　主管会计工作负责人:董宗泊　　会计机构负责人:姚第兴

母公司利润表

人民币元

项目	本期金额	上期金额
一、营业收入	7,103,929,570	6,210,494,597
减:营业成本	5,432,067,026	4,630,381,770
营业税金及附加	16,580,903	1,101,294
销售费用	1,534,212,917	1,337,116,726
管理费用	146,381,240	133,220,241
财务费用	(7,077,928)	(1,713,448)
资产减值损失	119,812,469	235,864,906
加:公允价值变动收益(损失以"-"号填列)	-	-
投资收益(损失以"-"号填列)	315,249,945	138,195,154
其中:对联营企业和合营企业的投资收益	2,673,122	2,323,654
二、营业利润(亏损以"-"号填列)	177,202,888	12,718,262
加:营业外收入	12,736,328	25,064,141
减:营业外支出	317,628	2,649,855
其中:非流动资产处置损失	188,628	172,559
三、利润总额(亏损总额以"-"号填列)	189,621,588	35,132,548
减:所得税费用	(37,194,996)	(32,883,616)
四、净利润(净亏损以"-"号填列)	226,816,584	68,016,164
五、每股收益:		
(一)基本每股收益	0.22	0.07
(二)稀释每股收益	不适用	不适用
六、其他综合收益	-	-
七、综合收益总额	226,816,584	68,016,164

法定代表人:庄国蔚　　主管会计工作负责人:董宗泊　　会计机构负责人:姚第兴

合并现金流量表

人民币元

项目	本期金额	上期金额
一、经营活动产生的现金流量:		
销售商品、提供劳务收到的现金	10,515,999,063	9,003,248,393
收到的税费返还	45,333,041	25,212,968
收到其他与经营活动有关的现金	44,675,784	32,798,065
经营活动现金流入小计	10,606,007,888	9,061,259,426
购买商品、接受劳务支付的现金	6,416,568,003	5,245,862,228
支付给职工以及为职工支付的现金	522,391,187	462,157,748
支付的各项税费	497,976,927	578,251,400
支付其他与经营活动有关的现金	2,634,826,853	2,309,883,348
经营活动现金流出小计	10,071,762,970	8,596,154,724
经营活动产生的现金流量净额	534,244,918	465,104,702
二、投资活动产生的现金流量:		
收回投资收到的现金	6,154,696	1,375,080
取得投资收益收到的现金	2,087,088	1,575,850
处置固定资产、无形资产和其他长期资产收回的现金净额	19,434,808	21,289,984
处置子公司及其他营业单位收到的现金净额	-	9,689,838
收到其他与投资活动有关的现金	15,822,700	94,914,735
投资活动现金流入小计	43,499,292	128,845,487
购建固定资产、无形资产和其他长期资产支付的现金	343,499,477	246,218,203
投资支付的现金	5,386,860	1,463,260
取得子公司及其他营业单位支付的现金净额	13,799,077	-
支付其他与投资活动有关的现金	-	-
投资活动现金流出小计	362,685,414	247,681,463
投资活动产生的现金流量净额	(319,186,122)	(118,835,976)
三、筹资活动产生的现金流量:		
吸收投资收到的现金	54,313,760	6,800,000
其中:子公司吸收少数股东投资收到的现金	20,000,000	6,800,000
取得借款收到的现金	758,982,737	288,000,000
发行债券收到的现金	-	-
收到其他与筹资活动有关的现金	14,019,460	-
筹资活动现金流入小计	827,315,957	294,800,000
偿还债务支付的现金	787,927,197	378,562,693
分配股利、利润或偿付利息支付的现金	30,831,130	34,142,037
其中:子公司支付给少数股东的股利、利润	7,653,835	10,104,123
支付其他与筹资活动有关的现金	-	16,892,553
筹资活动现金流出小计	818,758,327	429,597,283
筹资活动产生的现金流量净额	8,557,630	(134,797,283)
四、汇率变动对现金及现金等价物的影响	(238,448)	-
五、现金及现金等价物净增加额	223,377,978	211,471,443
加:期初现金及现金等价物余额	911,912,227	700,440,784
六、期末现金及现金等价物余额	1,135,290,205	911,912,227

法定代表人:庄国蔚　　主管会计工作负责人:董宗泊　　会计机构负责人:姚第兴

母公司现金流量表

人民币元

项目	本期金额	上期金额
一、经营活动产生的现金流量:		
销售商品、提供劳务收到的现金	7,768,356,846	6,901,974,756
收到的税费返还	-	-
收到其他与经营活动有关的现金	17,624,723	28,256,771
经营活动现金流入小计	7,785,981,569	6,930,231,527
购买商品、接受劳务支付的现金	5,636,198,493	4,831,328,425
支付给职工以及为职工支付的现金	238,314,502	361,714,215
支付的各项税费	198,004,581	278,799,090
支付其他与经营活动有关的现金	1,482,053,030	1,461,656,133
经营活动现金流出小计	7,554,570,606	6,933,497,863
经营活动产生的现金流量净额	231,410,963	(3,266,336)
二、投资活动产生的现金流量:		
收回投资收到的现金	6,154,696	1,375,080
取得投资收益收到的现金	309,053,105	170,119,223
处置固定资产、无形资产和其他长期资产收回的现金净额	5,763,319	1,907,658
处置子公司及其他营业单位收到的现金净额	-	10,000,001
收到其他与投资活动有关的现金	1,641,000	-
投资活动现金流入小计	322,612,120	183,401,962
购建固定资产、无形资产和其他长期资产支付的现金	85,054,506	48,631,881
投资支付的现金	5,386,860	11,663,260
取得子公司及其他营业单位支付的现金净额	194,018,059	-
支付其他与投资活动有关的现金	85,900,559	-
投资活动现金流出小计	370,359,984	60,295,141
投资活动产生的现金流量净额	(47,747,864)	123,106,821
三、筹资活动产生的现金流量:		
吸收投资收到的现金	34,313,760	-
取得借款收到的现金	-	100,000,000
发行债券收到的现金	-	-
收到其他与筹资活动有关的现金	-	-
筹资活动现金流入小计	34,313,760	100,000,000
偿还债务支付的现金	1,501,385	101,563,420
分配股利、利润或偿付利息支付的现金	112,180	2,211,300
支付其他与筹资活动有关的现金	-	-
筹资活动现金流出小计	1,613,565	103,774,720

筹资活动产生的现金流量净额	32,700,195	(3,774,720)
四、汇率变动对现金及现金等价物的影响	–	–
五、现金及现金等价物净增加额	216,363,294	116,065,765
加:期初现金及现金等价物余额	557,015,947	440,950,182
六、期末现金及现金等价物余额	773,379,241	557,015,947

法定代表人:庄国蔚　　主管会计工作负责人:董宗泊　　会计机构负责人:姚第兴

合并所有者权益变动表

人民币元

本期金额

项目	归属于母公司所有者权益 股本	资本公积	盈余公积	未分配利润	外币报表折算差额	归属于母公司股东权益合计	少数股东权益	股东权益合计
一、上期期末余额	1,041,892,560	426,235,380	234,417,909	404,123,323	–	2,106,669,172	91,435,011	2,198,104,183
加:会计政策变更	–	–	–	–	–	–	–	–
前期差错更正	–	–	–	–	–	–	–	–
其他	–	–	–	–	–	–	–	–
二、本期期初余额	1,041,892,560	426,235,380	234,417,909	404,123,323	–	2,106,669,172	91,435,011	2,198,104,183
三、本期增减变动金额								
(一)净利润	–	–	–	194,375,554	–	194,375,554	33,319,631	227,695,185
(二)其他综合收益	–	(8,788,108)	–	–	(642,155)	(9,430,263)	(8,118,510)	(17,548,773)
上述(一)和(二)小计	–	(8,788,108)	–	194,375,554	(642,155)	184,945,291	25,201,121	210,146,412
(三)所有者投入和减								
1.所有者投入资本	7,300,800	27,012,960	–	–	–	34,313,760	27,350,000	61,663,760
2.股份支付计入所有	–	3,388,027	–	–	–	3,388,027	–	3,388,027
3.其他	–	–	–	–	–	–	221,145,558	221,145,558
(四)利润分配								
1.提取盈余公积	–	–	21,103,535	(21,103,535)	–	–	–	–
2.对所有者(或股东)	–	–	–	–	–	–	(7,653,835)	(7,653,835)
3.其他	–	–	–	–	–	–	–	–
(五)所有者权益内部								
1.资本公积转增资本	–	–	–	–	–	–	–	–
2.其他	–	–	–	–	–	–	–	–
(六)专项储备								
1.本期提取	–	–	–	–	–	–	–	–
2.本期使用	–	–	–	–	–	–	–	–
(七)其他	–	–	–	–	–	–	–	–
四、本期期末余额	1,049,193,360	447,848,259	255,521,444	577,395,342	(642,155)	2,329,316,250	357,477,855	2,686,794,105

上期金额

项目	归属于母公司所有者权益 股本	资本公积	盈余公积	未分配利润	外币报表折算差额	少数股东权益	股东权益合计
一、上期期末余额	1,041,892,560	426,719,880	234,417,909	281,653,195	1,984,683,544	94,789,398	2,079,472,942
加:会计政策变更	–	–	–	–	–	–	–
前期差错更正	–	–	–	–	–	–	–
其他	–	–	–	–	–	–	–
二、本期期初余额	1,041,892,560	426,719,880	234,417,909	281,653,195	1,984,683,544	94,789,398	2,079,472,942
三、本期增减变动金额							
(一)净利润	–	–	–	122,470,128	122,470,128	5,985,898	128,456,026
(二)其他综合收益	–	–	–	–	–	–	–
上述(一)和(二)小计	–	–	–	122,470,128	122,470,128	5,985,898	128,456,026
(三)所有者投入和减							
1.所有者投入资本	–	–	–	–	–	9,800,000	9,800,000
2.股份支付计入所有	–	–	–	–	–	–	–
3.其他	–	–	–	–	–	–	–
(四)利润分配							
1.提取盈余公积	–	–	–	–	–	–	–
2.对所有者(或股东)	–	–	–	–	–	(19,140,285)	(19,140,285)
3.其他	–	–	–	–	–	–	–
(五)所有者权益内部							
1.资本公积转增资本	–	–	–	–	–	–	–
2.其他	–	(484,500)	–	–	(484,500)	–	(484,500)
(六)专项储备							
1.本期提取	–	–	–	–	–	–	–
2.本期使用	–	–	–	–	–	–	–
(七)其他	–	–	–	–	–	–	–
四、本期期末余额	1,041,892,560	426,235,380	234,417,909	404,123,323	2,106,669,172	91,435,011	2,198,104,183

法定代表人:庄国蔚　　主管会计工作负责人:董宗泊　　会计机构负责人:姚第兴

母公司所有者权益变动表

人民币元

本期金额

项目	股本	资本公积	减:库存股	专项储备	盈余公积	一般风险	未分配利润	所有者权益合计
一、上期期末余额	1,041,892,560	403,217,562	–	–	234,417,909	–	(15,781,235)	1,663,746,796
加:会计政策变更	–	–	–	–	–	–	–	–
前期差错更正	–	–	–	–	–	–	–	–
其他	–	–	–	–	–	–	–	–
二、本期期初余额	1,041,892,560	403,217,562	–	–	234,417,909	–	(15,781,235)	1,663,746,796
三、本期增减变动金额								
(一)净利润	–	–	–	–	–	–	226,816,584	226,816,584
(二)其他综合收益	–	–	–	–	–	–	–	–
上述(一)和(二)小计	–	–	–	–	–	–	226,816,584	226,816,584
(三)所有者投入和减少资本								
1.所有者投入资本	7,300,800	27,012,960	–	–	–	–	–	34,313,760
2.股份支付计入所有者权益	–	3,388,027	–	–	–	–	–	3,388,027
3.其他	–	–	–	–	–	–	–	–
(四)利润分配								
1.提取盈余公积	–	–	–	–	21,103,535	–	(21,103,535)	–
2.提取一般风险准备	–	–	–	–	–	–	–	–
3.对所有者(或股东)的分配	–	–	–	–	–	–	–	–
4.其他	–	–	–	–	–	–	–	–
(五)所有者权益内部结转								
1.资本公积转增资本(或股本)	–	–	–	–	–	–	–	–
2.盈余公积转增资本(或股本)	–	–	–	–	–	–	–	–
3.盈余公积弥补亏损	–	–	–	–	–	–	–	–
4.其他	–	–	–	–	–	–	–	–
(六)专项储备								
1.本期提取	–	–	–	–	–	–	–	–
2.本期使用	–	–	–	–	–	–	–	–
(七)其他	–	–	–	–	–	–	–	–
四、本期期末余额	1,049,193,360	433,618,549	–	–	255,521,444	–	189,931,814	1,928,265,167

上期金额

项目	股本	资本公积	减:库存股	专项储备	盈余公积	一般风险	未分配利润	所有者权益合计
一、上期期末余额	1,041,892,560	403,217,562	–	–	234,417,909	–	(83,797,399)	1,595,730,632
加:会计政策变更	–	–	–	–	–	–	–	–
前期差错更正	–	–	–	–	–	–	–	–
其他	–	–	–	–	–	–	–	–
二、本期期初余额	1,041,892,560	403,217,562	–	–	234,417,909	–	(83,797,399)	1,595,730,632
三、本期增减变动金额								
(一)净利润	–	–	–	–	–	–	68,016,164	68,016,164
(二)其他综合收益	–	–	–	–	–	–	–	–
上述(一)和(二)小计	–	–	–	–	–	–	68,016,164	68,016,164
(三)所有者投入和减少资本								
1.所有者投入资本	–	–	–	–	–	–	–	–
2.股份支付计入所有者权益	–	–	–	–	–	–	–	–
3.其他	–	–	–	–	–	–	–	–
(四)利润分配								
1.提取盈余公积	–	–	–	–	–	–	–	–
2.提取一般风险准备	–	–	–	–	–	–	–	–
3.对所有者(或股东)的分配	–	–	–	–	–	–	–	–
4.其他	–	–	–	–	–	–	–	–
(五)所有者权益内部结转								
1.资本公积转增资本(或股本)	–	–	–	–	–	–	–	–
2.盈余公积转增资本(或股本)	–	–	–	–	–	–	–	–
3.盈余公积弥补亏损	–	–	–	–	–	–	–	–
4.其他	–	–	–	–	–	–	–	–
(六)专项储备								
1.本期提取	–	–	–	–	–	–	–	–
2.本期使用	–	–	–	–	–	–	–	–
(七)其他	–	–	–	–	–	–	–	–
四、本期期末余额	1,041,892,560	403,217,562	–	–	234,417,909	–	(15,781,235)	1,663,746,796

法定代表人:庄国蔚　　主管会计工作负责人:董宗泊　　会计机构负责人:姚第兴

9.3 本报告期无会计政策、会计估计的变更。

9.4 本报告期无前期会计差错更正。

董事长:庄国蔚

光明乳业股份有限公司

2011 年 3 月 29 日

黑龙江北大荒农业股份有限公司

黑龙江北大荒农业股份有限公司 2010 年年度报告摘要

第一节 重要提示

1.1 本公司董事会、监事会及董事、监事、高级管理人员保证本报告所载资料不存在任何虚假记载、误导性陈述或者重大遗漏,并对其内容的真实性、准确性和完整性承担个别及连带责任。

本年度报告摘要摘自年度报告全文,投资者欲了解详细内容,应当仔细阅读年度报告全文。

1.2 如有董事未出席董事会,应当单独列示其姓名

未出席董事姓名	未出席董事职务	未出席董事的说明	被委托人姓名
王 贵	董事	因工作原因	刘长友
陶喜军	董事	因工作原因	丁晓枫
于金友	董事	因工作原因	刘长友

1.3 信永中和会计师事务所有限责任公司为本公司出具了标准无保留意见的审计报告。

1.4 是否存在被控股股东及其关联方非经营性占用资金情况?

否

1.5 是否存在违反规定决策程序对外提供担保的情况?

否

1.6 公司负责人王道明、主管会计工作负责人高建国及会计机构负责人(会计主管人员)刘颖声明:保证年度报告中财务报告的真实、完整。

第二节 公司基本情况简介

2.1 基本情况简介

股票简称	北大荒
股票代码	600598
股票上市交易所	上海证券交易所
公司注册地址和办公地址	哈尔滨市南岗区汉水路 263 号
邮政编码	150090
公司国际互联网网址	http://www.hacl.cn
电子信箱	600598@hacl.cn

2.2 联系人和联系方式

	董事会秘书	证券事务代表
姓名	史晓丹	赵义军
联系地址	哈尔滨市南岗区汉水路 263 号	哈尔滨市南岗区汉水路 263 号
电话	0451-55195980	0451-55195980
传真	0451-55195986	0451-55195986
电子信箱	600598@hacl.cn	600598@hacl.cn

第三节 会计数据和业务数据摘要

3.1 主要会计数据

单位:元 币种:人民币

	2010 年	2009 年	本期比上年同期增减(%)	2008 年
营业收入	9,227,687,397.56	6,521,953,199.48	41.49	5,610,025,153.25
利润总额	354,541,109.91	334,948,719.98	5.85	560,561,039.19
归属于上市公司股东的净利润	356,678,466.33	358,524,686.06	-0.51	588,060,813.52
归属于上市公司股东的扣除非经常性损益的净利润	310,208,889.11	309,917,558.43	0.09	547,418,285.98
经营活动产生的现金流量净额	-1,958,453,003.86	-934,497,988.81	109.57	909,747,752.59
	2010 年末	2009 年末	本期末比)上年同期末增减(%	2008 年末
总资产	17,904,665,176.36	11,981,814,996.18	49.43	10,193,213,012.28
所有者权益(或股东权益)	5,599,664,737.47	4,956,493,659.61	12.98	4,731,510,357.35

3.2 主要财务指标

	2010 年	2009 年	本期比上年同期增减(%)	2008 年
基本每股收益(元/股)	0.20	0.21	-4.76	0.36
稀释每股收益(元/股)	0.20	0.21	-4.76	0.36
扣除非经常性损益后的基本每股收益(元/股)	0.18	0.18	0	0.33
加权平均净资产收益率(%)	6.56	7.30	减少 0.74 个百分点	13.53
扣除非经常性损益后的加权平均净资产收益率(%)	5.71	6.31	减少 0.6 个百分点	12.59
每股经营活动产生的现金流量净额(元/股)	-1.10	-0.55	-100	0.54
	2010 年末	2009 年末	本期末比上年同期末增减(%)	2008 年末
归属于上市公司股东的每股净资产(元/股)	3.15	2.89	9	2.82

扣除非经常性损益项目

√适用 □不适用

单位:元 币种:人民币

项目	金额
非流动资产处置损益	2,934,502.83
计入当期损益的政府补助(与企业业务密切相关,按照国家统一标准定额或定量享受的政府补助除外)	40,980,120.56
除同公司正常经营业务相关的有效套期保值业务外,持有交易性金融资产、交易性金融负债产生的公允价值变动损益,以及处置交易性金融资产、交易性金融负债和可供出售金融资产取得的投资收益	-288,897.02
除上述各项之外的其他营业外收入和支出	10,121,232.43
所得税影响额	-1,534,585.35
少数股东权益影响额(税后)	-5,742,796.23
合计	46,469,577.22

第四节 股本变动及股东情况

4.1 股份变动情况表

√适用 □不适用

单位:股

	本次变动前		本次变动增减(+,-)					本次变动后	
	数量	比例(%)	发行新股	送股	公积金转股	其他	小计	数量	比例(%)
一、有限售条件股份									
1、国家持股									
2、国有法人持股									
3、其他内资持股									
其中:境内非国有法人持股									
境内自然人持股									
4、外资持股									
其中:境外法人持股									
境外自然人持股									
二、无限售条件流通股份	1,714,481,800	100				63,198,109	63,198,109	1,777,679,909	100
1、人民币普通股	1,714,481,800	100				63,198,109	63,198,109	1,777,679,909	100
2、境内上市的外资股									
3、境外上市的外资股									
4、其他									
三、股份总数	1,714,481,800	100				63,198,109	63,198,109	1,777,679,909	100

限售股份变动情况表

□适用 √不适用

4.2 股东数量和持股情况

单位:股

报告期末股东总数 149,395 户

前十名股东持股情况

股东名称	股东性质	持股比例(%)	持股总数	持有有限售条件股份数量	质押或冻结的股份数量
黑龙江北大荒农垦集团总公司	国家	64.14	1,140,262,121		无
中信证券股份有限公司	未知	3.98	70,669,074		未知
中国太平洋财产保险股份有限公司-传统-普通保险产品-013C-CT001 沪	未知	3.14	55,835,254		未知
中国工商银行-南方隆元产业主题股票型证券投资基金	未知	1.86	33,038,449		未知
中国工商银行-开元证券投资基金	未知	0.62	11,082,803		未知
中信实业银行-招商优质成长股票型证券投资基金	未知	0.37	6,527,000		未知
中国银行-嘉实沪深 300 指数证券投资基金	未知	0.23	4,076,153		未知
BILL & MELINDA GATES FOUNDATION TRUST	未知	0.17	3,000,054		未知
交通银行-天治核心成长股票型证券投资基金	未知	0.17	3,000,000		未知
中国工商银行股份有限公司-华夏沪深 300 指数证券投资基金	未知	0.16	2,900,000		未知

前十名无限售条件股东持股情况

股东名称	持有无限售条件股份的数量	股份种类及数量	
黑龙江北大荒农垦集团总公司	1,140,262,121	人民币普通股	1,140,262,121
中信证券股份有限公司	70,669,074	人民币普通股	70,669,074
中国太平洋财产保险股份有限公司-传统			

-普通保险产品-013C-CT001 沪	55,835,254	人民币普通股	55,835,254
中国工商银行-南方隆元产业主题股票型证券投资基金	33,038,449	人民币普通股	33,038,449
中国工商银行-开元证券投资基金	11,082,803	人民币普通股	11,082,803
中信实业银行-招商优质成长股票型证券投资基金	6,527,000	人民币普通股	6,527,000
中国银行-嘉实沪深 300 指数证券投资基金	4,076,153	人民币普通股	4,076,153
BILL & MELINDA GATES FOUNDATION TRUST	3,000,054	人民币普通股	3,000,054
交通银行-天治核心成长股票型证券投资基金	3,000,000	人民币普通股	3,000,000
中国工商银行股份有限公司-华夏沪深 300 指数证券投资基金	2,900,000	人民币普通股	2,900,000
上述股东关联关系或一致行动的说明	公司控股股东黑龙江北大荒农垦集团总公司与上述其他股东无关联关系，本公司未知上述其他无限售条件股东之间是否存在关联关系或属于《上市公司股东持股变动信息披露管理办法》规定的一致行动人。		

4.3 控股股东及实际控制人情况介绍

4.3.1 控股股东及实际控制人变更情况

□适用　　√不适用

4.3.2 控股股东及实际控制人具体情况介绍

4.3.2.1 控股股东情况

○ 法人

单位:亿元 币种:人民币

名称	黑龙江北大荒农垦集团总公司
单位负责人或法定代表人	隋凤富
成立日期	1994 年 4 月 9 日
注册资本	60
主要经营业务或管理活动	农林牧渔业、采掘、生产加工、交通运输、建筑工程、房地产开发、物资供销、仓储、金融保险业、文教卫生、社会服务业；承接境外农业工程和境内国际招标工程，及工程所需的设备、材料出口；对外派遣农业行业所需的劳务人员。

4.3.2.2 实际控制人情况

○ 法人

单位:亿元 币种:人民币

名称	中华人民共和国农业部

4.3.3 公司与实际控制人之间的产权及控制关系的方框图(略)

4.3.4 实际控制人通过信托或其他资产管理方式控制公司

□适用　　√不适用

第五节　董事、监事和高级管理人员

5.1 董事、监事和高级管理人员持股变动及报酬情况

单位:股

姓　名	职务	性别	年龄	任期起始日期	任期终止日期	年初持股数	年末持股数	变动原因	报告期内从公司领取的报酬总额(万元)税前	是否在股东单位或其他关联单位领取薪酬
王道明	董事长	男	51	2010-9-9	2012-11-12	0	0		5.68	否
丁晓枫	董事、总经理	男	52	2009-11-12	2012-11-12	0	0		25.81	否
刘长友	董事	男	49	2009-11-12	2012-11-12	0	0			是
王　贵	董事	男	48	2010-9-9	2012-11-12	0	0			是
陶喜军	董事	男	50	2009-11-12	2012-11-12	0	0			是
于金友	董事	男	57	2009-11-12	2012-11-12	0	0			是
宋　颀	董事	男	48	2009-11-12	2012-11-12	0	0		13.67	是
朱小平	独立董事	男	62	2009-11-12	2012-11-12	0	0		10	否
于逸生	独立董事	男	59	2009-11-12	2012-11-12	0	0		10	否
李一军	独立董事	男	54	2009-11-12	2012-11-12	0	0		10	否
赵世君	独立董事	男	44	2009-11-12	2012-11-12	0	0		10	否
徐　丰	监事会主席	男	56	2009-11-12	2012-11-12	0	0		22.39	否
于国良	监事	男	49	2009-11-12	2012-11-12	0	0			是
姜秀奇	监事	女	44	2009-11-12	2012-11-12	0	0			否
史晓丹	副总经理、董事会秘书	男	51	2009-11-12	2012-11-12	0	0		37.91	否
杨占海	副总经理	男	46	2010-9-9	2012-11-12	0	0		3.68	否
高建国	总会计师	男	39	2009-11-12	2012-11-12	0	0		37.91	否
奚河滨	董事长(已离任)	男	51	2009-11-12	2012-11-12	0	0		49.29	否
贺天元	董事(已离任)	男	47	2009-11-12	2012-11-12	0	0			是
合计	/	/	/	/	/	0	0	/	236.34	/

第六节　董事会报告

6.1 管理层讨论与分析

1、报告期内经营情况的回顾

(1)报告期总体经营情况

2010 年，受各种不利因素的影响，公司经受住了严峻的考验。面对不利局面，公司董事会、管理层审时度势，统一思想，迎难而上，转方式，调结构，在经营管理、制度创新、产业升级方面上做了大量的工作，使公司经营业绩有了较好的起色。2010 年公司实现营业收入 92.28 亿元，比上年增长 41.49%，营业利润 3.01 亿元，比上年增加 7.76%，利润总额 3.55 亿元，比上年增长 5.85%，归属于上市公司股东的净利润 3.57 亿元，比上年减少 0.51%；由于可转债全部转股，基本每股收益 0.20 元，比上年降低 4.76%；加权平均净资产收益率 6.56%，比上年减少 0.74 个百分点。2010 年末公司资产总额 179.05 亿元，比上年增长 49.43%；净资产 56 亿元，比上年增长 12.98%；每股净资产 3.15 元，比上年增长 9%；资产负债率 67.19%，同比增加 10.59 个百分点。

①2010 年农业情况。农业战胜了严重的自然灾害，实现粮豆总产 563 万吨，亩均单产 557 公斤，农业盈利能力持续提高，为公司各产业的健康发展奠定了良好的基础。重点夯实了粮食处理、农机装备、农田水利、集中育秧和催芽基地等基础设施，特别是芽种供应达到了全面积的 92.1%。进一步完善理顺了农业科研体系，与八一农大建立了以高端米研发合作项目为基础的产学研战略合作关系。

②2010 年工业情况。米业公司积极开拓市场，产销大米同比上年分别增长 65%、47%，实现营业收入 57 亿元，由于原料价格及筹资费用的提高，面临的形势比较严峻；麦芽公司实现营业收入 6.5 亿元，比上年减亏 7,408 万元，实现了扭亏为盈；浩良河化肥分公司实现营业收入 4.4 亿元，经营效益与上年基本持平，主要原因是原料成本持续上升、尿素价格低迷及甲醇销售价格过低停车而导致的固定成本提高所致；纸业公司实现营业收入 1.84 亿元，亏损 5,246 万元，亏损原因是由于主要原材料价格上升且供应量不足，造成生产成本提高所致；北大荒希杰公司实现营业收入 5,305 万元，亏损 962 万元，主要原因是原料供应不足，生产工艺尚未达到设计标准，停车较多导致成本提高所致。

③房地产开发、资本运作和资金运营情况。北大荒鑫都房地产公司开发项目正在实施当中，预计于 2011 年底前竣工交付使用，届时公司盈利水平将得到提升；年内参股了大兴安岭农村商业银行股份有限公司使公司在金融产业方面取得了阶段性进展；本年度成功发行了 13 亿元短期融资券，降低了财务费用，为公司原料收购任务的完成提供了资金保障。

④技术创新情况。2010 年公司科技投入 393.8 万元，用于高端米研发及产业化合作以及稻草漂白化学浆及浓黑液提取技术合作等项目，上述项目为公司未来占领高端米市场和开发植物全价营养有机肥料和饲料添加剂奠定了基础。

(2)主要供应商、客户情况

2010 年向前五名供应商采购金额合计 10,763 万元，占全年采购总额的 1.79%。向前五名销售商销售金额合计 136,698 万元，占全年总销售收入的 14.81%。

(3)年度主要财务数据重大变动情况

单位:万元

序号	项　目	本期发生额	上期发生额	增(+)减(-)	增减比率(%)
1	货币资金	141,771	101,576	40,195	39.6%
2	应收票据	2,034	1,103	931	84.4%
3	预付账款	260,032	100,242	159,790	159.4%
4	其他应收款	20,605	31,253	-10,648	-34.1%
5	存货	648,498	330,334	318,164	96.3%
6	长期股权投资	1,310	210	1,100	523.8%
7	在建工程	36,808	22,751	14,057	61.8%
8	短期借款	712,720	453,090	259,630	57.3%
9	应付票据	7,720	55	7,665	13936.4%
10	应付账款	108,305	37,892	70,413	185.8%
11	预收账款	215,636	37,727	177,909	471.6%
12	应交税费	-63,742	-32,000	-31,742	99.2%
13	应付利息	3,311	515	2,796	542.9%
14	应付债券	80,000	55,060	24,940	45.3%
15	资本公积	242,751	194,092	48,659	25.1%
	项　目	本期发生额	上期发生额	增(+)减(-)	增减比率(%)
16	营业收入	922,769	652,195	270,574	41.5%
17	营业成本	720,501	478,932	241,569	50.4%
18	营业税金及附加	660	181	479	264.6%
19	销售费用	33,864	26,361	7,503	28.5%
20	管理费用	107,789	90,947	16,842	18.5%
21	财务费用	19,231	11,686	7,545	64.6%
22	资产减值损失	10,644	16,182	-5,538	-34.2%
23	营业外支出	840	1,207	-367	-30.4%
24	经营活动产生的现金流量净额	-195,845	-93,450	-102,395	109.6%
25	投资活动产生的现金流量净额	-63,581	-60,011	-3,570	5.9%
26	筹资活动产生的现金流量净额	296,339	142,518	153,821	107.9%

a、货币资金比年初增加 40195 万元，增长 39.6%，主要原因系粮食采购业务规模的扩大，期末增加了对外借款形成。

b、应收票据比年初增加 931 万元，增长 84.4%，主要原因系银行承兑汇票增加形成。

c、预付账款比年初增加 159790 万元，增长 159.4%，主要原因系本年粮食市场交易活跃，本公司相应扩大了粮食购销业务。本年粮食销售规模比上年增加了 37.96%，相应的收购粮食的预付货款也增加较多，年末预付账款余额中 70.44%为预付的购粮款。

d、其他应收款比年初减少 10648 万元，下降 34.1%，主要原因系本年度加大清理以前年度欠款回收力度形成。

e、存货比年初增加 318164 万元，增长 96.3%，主要原因系随着本年粮食购销业务规模扩大，年末粮食余额增加较大。另外，房地产公司开工建设导致了在产品余额增加。

f、长期股权投资比年初增加 1100 万元，增长 523.8%，系本年度公司投资(持股比例 10%)大兴安岭农村商业银行股份有限公司形成。

g、在建工程比年初增加 14057 万元，增长 61.8%，主要原因系本年度投资建设稻谷加工项目暂未完工形成。

h、短期借款比年初增加 259630 万元，增长 57.3%，主要原因系随着本年度粮食购销业务规模扩大，本公司相应增加了流动资金借款。

i、应付票据比年初增加 7665 万元，增长 13936.4%，主要原因系银行承兑汇票增加形成。

j、应付账款比年初增加 70413 万元，增长 185.8%，主要原因系随着本年度粮食购销业务规模扩大，应付粮食采购款增加较多。

k、预收账款比年初增加 177909 万元，增长 471.6%，主要原因系米业公司预收的售粮款及房地

产公司预收的购房款较多。

l、应交税费比年初减少 31742 万元，系本年粮食等原材料采购量较大，导致增值税待抵扣进项税进项税增加形成。

m、应付利息比年初增加 2796 万元，增长 542.9%，主要原因系暂未到付息期限的短期融资券和短期借款利息形成。

n、应付债券比年初增加 24940 万元，增长 136.1%，主要原因系本年发行短期融资券增加及可转换公司债券转股减少形成。

o、资本公积比年初增加 48659 万元，增长 25.1%，主要原因系可转换公司债券转股溢价形成。

p、营业收入同比增加 270574 万元，增长 41.5%，主要原因：(1)在国家有关鼓励农业生产政策引导下，本年度土地承包收入稳步增长；(2)本年度农产品销售规模增加较快；(3)工业品中麦芽销售较上年度增加了 80.9%；尿素销售较上年度增加了 56.67%。

q、营业成本同比增加 241569 万元，增长 50.4%，系随着营业收入增加相应增加形成。

r、营业税金及附加同比增加 479 万元，增长 264.6%，主要原因系本年营业税应税项目金额增加较多形成。

s、销售费用同比增加 7503 万元，增长 28.5%，主要原因系粮食等销售规模增加的同时，导致了职工薪酬、运费等销售相关费用相应增加。

t、管理费用同比增加 16842 万元，增长 18.5%，主要原因系职工薪酬、固定资产折旧以及加强农业基础设施建设、农田水利设施改造等支出增加较多。

u、财务费用同比增加 7545 万元，增长 64.6%，主要原因系本年银行贷款金额比上年增加较大且利率提升，以及本年新增发行短期融资券，使得本年利息支出及融资费用增加。

v、资产减值损失同比减少 5538 万元，下降 34.2%，主要原因系麦芽产品市场价格回升，存货跌价损失同比减少形成。

w、营业外支出同比减少 367 万元，下降 30.4%，主要原因系非流动资产处置损失减少形成。

x、经营活动产生的现金流量净额为−19.58 亿元，同比减少 10.24 亿元，主要原因系本年采购生产原料及原粮较上年增加较多所致。

y、投资活动产生的现金流量净额为−6.36 亿元，同比减少 3570 万元。

z、筹资活动产生的现金流量净额为 29.63 亿元，同比增加 15.38 亿元，主要原因系本年公司扩大了原料及原粮购销业务，向银行借款筹措所需资金增加形成。

(4)主要控股和参股公司的经营情况及业绩分析

公司名称	业务性质	主要产品或服务	注册资本（万元）	总资产（万元）	净资产（万元）	净利润（万元）
黑龙江省北大荒集团有限公司	加工及销售农产品	水稻生产加工销售等	51,000	1,005,079	60,116	−4,713
黑龙江北大荒有限责任公司	纸制品生产和销售	文化用纸及其他纸制品生产、加工、销售	6,000	35,358	1,073	−5,246
北大荒龙垦麦芽有限公司	麦芽生产和销售	麦芽生产、销售；大麦经营等	38,500	135,681	25,086	10

2、公司未来发展展望

(1)所处行业的发展趋势及公司面临的市场竞争格局。

近年来，党中央、国务院不断加强强农惠农政策，加大了投入力度，保持农业连续丰收和农民收入较快增长的好形势，为促进经济平稳较快发展、维护社会和谐稳定做出了重大贡献，也为应对国际金融危机奠定了坚实基础。总体看，农业是中国的基础产业，国家对农业的支持将是根本性的和持续性的，并从逐年加强各类资金投入和减轻农民负担两个方面落实对农业的资金和政策支持，国家鼓励农产品加工业的发展，农产品加工企业未来发展潜力较大。我国入世后，农业对外开放的范围和程度不断扩大，使我们目前正处于更加激烈的国际市场竞争环境当中。

(2)公司未来发展机遇、发展战略和新年度的经营计划。

公司作为垦区唯一一家上市公司，集聚了得天独厚的资源优势、现代大农业领先优势、产业化发展优势、现代经营体制优势、诚信绩优的蓝筹股形象和筹融资优势、经受资本市场锤炼的人才队伍优势；特别是 2010 年进一步夯实了资产质量，工业经营形势已见好转，房地产获利预期明朗，进军金融产业顺利推进。综合判断面临的客观环境和发展形势，我们正处于可以大有作为的重要战略机遇期，面临的机遇更多，竞争更激烈，形势更复杂，遇到的新问题也将更多。我们要积极争取国家和上级的政策支持，奋力在现代化大农业建设上率先突破。

公司未来发展战略是：公司将牢牢把握当前重要的发展战略期，借助国家惠农政策，构建起紧密衔接、高效整合、核心竞争力凸显的现代化大农业产业体系，建成全国重要的现代农业经济区和高效生态经济区。并将充分利用自身的优势，突出北大荒绿色产品优势，大力拓展以水稻为主的农产品精深加工，使公司成为国内最大、国际有影响的农业高新技术示范基地、农产品精深加工基地、绿色(有机)产品生产基地，通过农产品精深加工，不断推进科技创新，积极开拓多种经营、延长产业链条，提升企业在上市公司的地位，实现公司的可持续发展，为股东创造良好回报。

2011 年是实施"十二五"规划的开局之年，起步之年，也是公司健康发展的关键一年。要立足提升经济发展质量和效益，围绕"引领大农业、做强加工业、夯实流通业、加快地产业、进军金融业"这一主题，着力创新体制机制，完善"五个体系"，全力构建公司核心竞争力，为实现"十二五"发展目标开好局、起好步。2011 年公司发展的预期目标是：力争实现营业收入 100 亿元、利润 4.1 亿元。

(3)未来发展战略所需的资金需求及使用计划。

由于公司加工企业每年大量采购并储存原料，资金需求较大。公司将根据生产经营实际情况，采用银行借款、探索新型金融产品及自身经营积累等多种方式，保障 2011 年公司发展的资金需求。

(4)公司面临的风险及对策。

公司作为农业类股份公司，受惠于国家有关农业及粮食优惠政策，如果目前享受的优惠政策面临修改或取消，将对公司的业务和盈利能力产生不利影响。近年来由于生产原料价格上涨，加之国际、国内和民营资本大举进军农产品加工行业争夺资源，推高了水稻等农作物收购价格，致使公司农产品加工企业成本上升，利润减少。对策是：科技创新，提质、降耗、减排，努力降低产品成本，开发高端产品，在设备改造、技术改造上下功夫，树立品牌，开发市场和新产品研发。

6.2 主营业务分行业、产品情况表

单位:元 币种:人民币

分行业或分产品	营业收入	营业成本	营业利润率(%)	营业收入比上年增减(%)	营业成本比上年增减(%)	营业利润率比上年增减(%)
分行业						
农业	2,955,393,078.05	2,249,602,178.40	23.88	27.81	31.54	减少 2.16 个百分点
米业	5,221,887,929.16	5,376,745,935.81	−2.97	41.54	43.32	减少 1.27 个百分点
化肥	436,774,550.86	612,636,778.44	−40.26	56.67	41.34	增加 15.21 个百分点
纸业	184,005,226.65	238,543,707.99	−29.64	−21.95	−3.86	减少 24.40 个百分点
分产品						
土地承包	1,496,163,410.88	805,312,679.56	46.17	9.88	2.65	增加 3.79 个百分点
农产品及农用物资	6,043,548,118.76	6,197,659,945.94	−2.55	38.30	40.46	减少 1.58 个百分点
工业品及其他	1,687,975,867.92	1,923,632,899.89	−13.96	92.72	70.49	增加 14.86 个百分点

6.3 募集资金使用情况

√适用　□不适用

单位:万元 币种:人民币

募集资金总额	146,380.8	本年度已使用募集资金总额	5,112
		已累计使用募集资金总额	135,002.8

承诺项目	是否变更项目	拟投入金额	实际投入金额	是否符合计划进度	预计收益	产生收益情况
150 万亩优质水稻生产基地建设项目	否	40,665	40,370	是	5,730	3,253
浩化分公司年增产 11.3 万吨尿素项目	否	18,159	18,159	是	3,390	−501
米业公司优质大米加工技改项目	是	24,020	0		4,928	
米业公司迎春制米厂年综合加工 30 万吨稻谷技改项目	否	9,002	6,261	是	1,868	1,556
米业公司年产 8,000 吨米糠蛋白项目	是	12,010	0		2,792	
合资公司建设"米糠深加工项目"	否		10,710			
公司营销网络建设项目	否	9,120	2,078	否	2,613	171
补充流动资金	否	38,000	57,424.8	是	1,448	3,546
合计	/	150,976	135,002.8	/	22,769	/

未达到计划进度和预计收益的说明(分具体项目)　1、浩化分公司年增产 11.3 万吨尿素项目：由于 2010 年度煤价上涨较大，使本期尿素产品毛利为负数，从而未能达到预期收益。

2、公司营销网络建设项目：营销网络项目背景试点已经结束，北京、上海、广州三地的区域性分子公司经销商资源的梳理、调整和整合需要一定的时间，以便理顺营销体系，顺利推进项目实施。

未达到计划进度和预计收益的说明(分具体项目)　尚未使用的募集资金用途及去向

变更项目情况

√适用　□不适用

单位:万元 币种:人民币

变更后的项目	对应的原承诺项目	变更项目拟投入金额	实际投入金额	是否符合计划进度	变更项目的预计收益	产生收益情况
补充流动资金	米业公司优质大米加工技改项目	24,020	24,020	是	1,665	957
合资公司建设米糠深加工项目	米业公司年产 8,000 吨米糠蛋白项目	14,310	10,710	是	5,665	−802
合计	/	38,330	34,730		7,330	/

未达到计划进度和预计收益的说明(分具体项目)　合资公司建设米糠深加工项目：根据合资公司建设"米糠深加工项目"建设进度，2010 年 6 月份开始生产，由于生产不稳定、达产率低，因此未能达到预期收益。

6.4 非募集资金项目情况

√适用　□不适用

单位:万元 币种:人民币

项目名称	项目金额	项目进度	项目收益情况
粮食仓储及设施建设	10,546.2	97.1%	
种子基地及种子加工工程	11,725.6	95.6	
前进三十万吨稻谷加工项目	5,813.4	77.3%	在建、暂未产生收益
二九〇三十万吨稻谷加工项目	11,600	46.9%	在建、暂未产生收益
八五九三十万吨稻谷加工项目	5,450.57	52.3%	在建、暂未产生收益
浩化分公司循环硫化床锅炉项目	5,140	70.9%	在建、暂未产生收益
浩化分公司尿素造粒装置改造项目	2,200	96.1%	在建、暂未产生收益
北大荒纸业公司废水深度处理项目	1,730.69	71%	在建、暂未产生收益
合　计	54,206.46	/	/

6.5 董事会对会计师事务所"非标准审计报告"的说明

□适用　√不适用

6.6 董事会本次利润分配或资本公积金转增股本预案

经信永中和会计师事务所有限责任公司审计，公司 2010 年度母公司实现净利润 475,109,481.30 元，根据《公司法》和《公司章程》规定，以母公司净利润 475,109,481.30 元为基数，按 10%比例提取法定盈余公积金 47,510,948.13 元，按 5%比例提取任意盈余公积金 23,755,474.07 元。剩余利润公司以 2010 年末总股本 1,777,679,909 股为基数，向全体股东按每 10 股派发 1.55 元(含税)现金红利，共计派发现金红利 275,540,385.90 元。

公司本报告期内盈利但未提出现金利润分配预案

□适用　　　√不适用

第七节　重要事项

7.1 收购资产

□适用　　　√不适用

7.2 出售资产

□适用　　　√不适用

7.3 重大担保

√适用　　　□不适用

单位:亿元 币种:人民币

公司对控股子公司的担保情况	
报告期内对子公司担保发生额合计	71.2
报告期末对子公司担保余额合计	58.7
公司担保总额情况(包括对控股子公司的担保)	
担保总额	58.7
担保总额占公司净资产的比例(%)	104.8
其中:	
直接或间接为资产负债率超过70%的被担保对象提供的债务担保金额	58.7
上述三项担保金额合计	58.7

7.4 重大关联交易

7.4.1 与日常经营相关的关联交易

√适用　　　□不适用

单位:元 币种:人民币

关联方	向关联方销售产品和提供劳务		向关联方采购产品和接受劳务	
	交易金额	占同类交易金额的比例(%)	交易金额	占同类交易金额的比例(%)
黑龙江北大荒农垦集团总公司	4,497,078.43	0.28	57,360.00	0.01
黑龙江北大荒农垦集团总公司			2,709,321.00	0.25
黑龙江北大荒农垦集团总公司所属企业	81,284,718.11	4.99	7,328,376.04	0.14
黑龙江北大荒农垦集团总公司所属企业	196,489,357.01	3.76	3,276,147.00	0.06
黑龙江北大荒农垦集团总公司所属企业	8,829,407.86	0.54		
普宁市北大荒米业有限公司	712,087.10	0.01		
黑龙江北大荒农垦集团总公司所属企业	1,224,000.00	0.3		
黑龙江北大荒农垦集团总公司所属企业			97,279,806.89	12.07
黑龙江北大荒农垦集团总公司所属企业			8,308,047.77	0.77
合计	293,036,648.51		118,959,058.70	

其中：报告期内公司向控股股东及其子公司销售产品或提供劳务的关联交易金额291,100,561.41元。

7.4.2 关联债权债务往来

√适用　　　□不适用

单位:元 币种:人民币

关联方	向关联方提供资金		关联方向公司提供资金	
	发生额	余额	发生额	余额
普宁市北大荒米业有限公司		648,654.62		
哈尔滨北米科技发展有限公司		3,421,844.07		
合计		4,070,498.69		

7.4.3 报告期内资金被占用情况及清欠进展情况

□适用　　　√不适用

截至报告期末,上市公司未完成非经营性资金占用的清欠工作的,董事会提出的责任追究方案

□适用　　　√不适用

7.5 委托理财

□适用　　　√不适用

7.6 承诺事项履行情况

7.6.1 公司或持股5%以上股东在报告期内或持续到报告期内的承诺事项

√适用　　　□不适用

承诺事项	承诺内容	履行情况
股改承诺	本公司未来5年每年的现金分红不低于当年实现的可分配利润的50%。	严格按承诺履行。

7.6.2 公司资产或项目存在盈利预测,且报告期仍处在盈利预测期间,公司就资产或项目是否达到原盈利预测及其原因作出说明

□适用　　　√不适用

7.7 重大诉讼仲裁事项

□适用　　　√不适用

7.8 其他重大事项及其影响和解决方案的分析说明

7.8.1 证券投资情况

□适用　　　√不适用

7.8.2 持有其他上市公司股权情况

□适用　　　√不适用

7.8.3 持有非上市金融企业股权情况

√适用　　　□不适用

所持对象名称	最初投资成本(元)	持有数量(股)	占该公司股权比例(%)	期末账面价值(元)	报告期损益(元)	报告期所有者权益变动(元)	会计核算科目	股份来源
大兴安岭农村商业银行股份有限公司	11,000,000.00	11,000,000	10	11,000,000.00			长期股权投资	
合计	11,000,000.00	11,000,000	/	11,000,000.00			/	/

7.8.4 买卖其他上市公司股份的情况

□适用　　　√不适用

7.9 公司是否披露内部控制的自我评价报告或履行社会责任的报告:否

第八节　监事会报告

8.1 监事会对公司依法运作情况的独立意见

2010年度公司监事会对公司董事会和高管层在经营活动中进行了全面的全程监督，未发现公司董事会、高级管理层在执行职务时有违反国家法律、法规、公司章程及管理制度的情况,没有发生任何损害公司利益和股东权益的行为。公司董事会和高管层在经营活动中恪尽职守、遵纪守规、思想解放、开拓创新,使公司的经营版块更加清晰、科学,发展战略更加宏伟、远大,使公司在多元化的科学发展中向前推进了一大步。

8.2 监事会对检查公司财务情况的独立意见

2010年度监事会对公司财务制度执行情况和财务状况进行了认真检查，通过审阅公司财务报表及其他会计资料,监事会认为公司账目清楚,会计核算、会计政策变更和财务管理均符合有关规定,未发现重大差错与问题。认为公司2010年度财务报告真实地反映了公司的财务状况和经营成果,信永中和会计师事务所出具的标准无保留意见的审计报告公正、客观、真实、可靠,未发现虚假与重大遗漏。

8.3 监事会对公司最近一次募集资金实际投入情况的独立意见

公司最近一次募集资金投资项目及实际投资金额与相关文件相符，项目变更时也及时履行了相关法律程序及披露义务,没有违反法律、法规及损害股东利益的行为发生。

8.4 监事会对公司收购、出售资产情况的独立意见

2010年度公司无重大资产收购、出售等情况,不存在内幕交易,未发生损害股东利益或造成公司资产流失的情况。

8.5 监事会对公司关联交易情况的独立意见

2010年度公司与关联方均签订一系列合同及协议,本着公开、公平、公正的原则,按正常的商业往来进行交易,未发现损害公司利益的情况,也未发现给公司资产造成损失的情况。

8.6 监事会对会计师事务所非标意见的独立意见

信永中和会计师事务所对公司本年度财务报告出具了标准无保留意见的审计报告。

第九节　财务会计报告

9.1 审计意见

财务报告	□未经审计	√审计
审计意见	√标准无保留意见	□非标意见

9.2 财务报表

合并资产负债表

2010年12月31日

编制单位:黑龙江北大荒农业股份有限公司　　单位:元 币种:人民币

项目	附注	期末余额	年初余额
流动资产：			
货币资金		1,417,709,488.16	1,015,762,162.76
结算备付金			
拆出资金			
交易性金融资产			
应收票据		20,338,489.50	11,025,503.81
应收账款		906,250,416.45	713,965,697.36
预付款项		2,600,321,926.63	1,002,420,829.18
应收保费			
应收分保账款			
应收分保合同准备金			
应收利息			
应收股利			
其他应收款		206,049,002.01	312,527,439.70
买入返售金融资产			
存货		6,484,977,713.77	3,303,344,642.54
一年内到期的非流动资产		6,824,168.46	7,414,717.07
其他流动资产		141,018,029.00	17,990,732.77
流动资产合计		11,783,489,233.98	6,384,451,725.19
非流动资产：			
发放委托贷款及垫款			
可供出售金融资产			
持有至到期投资			
长期应收款			
长期股权投资		13,102,284.56	2,101,696.58
投资性房地产			9,830,012.15
固定资产		5,482,809,832.81	5,093,232,189.02
在建工程		368,077,348.32	227,508,443.79

工程物资			20,286.34
固定资产清理			
生产性生物资产			
油气资产			
无形资产		249,164,897.87	257,684,184.16
开发支出			
商誉			
长期待摊费用		8,021,578.82	6,986,458.95
递延所得税资产			
其他非流动资产			
非流动资产合计		6,121,175,942.38	5,597,363,270.99
资产总计		17,904,665,176.36	11,981,814,996.18
流动负债：			
短期借款		7,127,195,897.20	4,530,897,062.77
向中央银行借款			
吸收存款及同业存放			
拆入资金			
交易性金融负债			
应付票据		77,200,000.00	550,000.00
应付账款		1,083,052,105.60	378,916,674.75
预收款项		2,156,364,897.95	377,268,657.05
卖出回购金融资产款			
应付手续费及佣金			
应付职工薪酬		252,295,980.11	229,150,652.88
应交税费		−637,417,337.09	−319,997,236.88
应付利息		33,108,522.98	5,148,876.92
应付股利		387,613.38	379,889.56
其他应付款		1,065,921,092.60	967,115,132.42
应付分保账款			
保险合同准备金			
代理买卖证券款			
代理承销证券款			
一年内到期的非流动负债			
其他流动负债			
流动负债合计		11,158,108,772.73	6,169,429,709.47
非流动负债：			
长期借款		12,257,151.80	12,418,501.13
应付债券		800,000,000.00	550,602,487.71
长期应付款		137,271.31	137,271.31
专项应付款			
预计负债			
递延所得税负债			
其他非流动负债		60,138,228.40	49,699,691.37
非流动负债合计		872,532,651.51	612,857,951.52
负债合计		12,030,641,424.24	6,782,287,660.99
所有者权益(或股东权益)：			
实收资本(或股本)		1,777,679,909.00	1,714,481,800.00
资本公积		2,427,512,871.77	1,940,918,474.08
减：库存股			
专项储备			
盈余公积		806,889,607.64	735,623,185.44
一般风险准备			
未分配利润		587,582,349.06	565,470,200.09
外币报表折算差额			
归属于母公司所有者权益合计		5,599,664,737.47	4,956,493,659.61
少数股东权益		274,359,014.65	243,033,675.58
所有者权益合计		5,874,023,752.12	5,199,527,335.19
负债和所有者权益总计		17,904,665,176.36	11,981,814,996.18

法定代表人：王道明　　主管会计工作负责人：高建国　　会计机构负责人：刘颖

母公司资产负债表

2010 年 12 月 31 日

编制单位：黑龙江北大荒农业股份有限公司　　单位：元　币种：人民币

项目	附注	期末余额	年初余额
流动资产：			
货币资金		607,655,201.87	441,408,239.91
交易性金融资产			
应收票据		9,140,753.00	3,000,000.00
应收账款		44,509,194.53	69,410,489.43
预付款项		111,674,436.40	113,058,804.49
应收利息			
应收股利			
其他应收款		3,411,393,628.06	2,547,037,379.37
存货		1,265,838,883.28	786,001,645.93
一年内到期的非流动资产		4,717,632.80	3,628,791.09
其他流动资产			
流动资产合计		5,454,929,729.94	3,963,545,350.22
非流动资产：			
可供出售金融资产			
持有至到期投资			
长期应收款			
长期股权投资		965,208,056.55	933,639,576.33
投资性房地产			
固定资产		3,512,552,454.82	3,297,413,737.66
在建工程		179,450,180.18	107,805,928.22
工程物资			
固定资产清理			
生产性生物资产			
油气资产			
无形资产		93,357,794.79	96,527,491.11
开发支出			
商誉			
长期待摊费用		2,213,052.76	1,988,831.35
递延所得税资产			
其他非流动资产			
非流动资产合计		4,752,781,539.10	4,437,375,564.67
资产总计		10,207,711,269.04	8,400,920,914.89
流动负债：			
短期借款		1,550,000,000.00	1,410,000,000.00
交易性金融负债			
应付票据			
应付账款		494,532,125.90	234,471,679.36
预收款项		562,563,787.66	276,574,888.87
应付职工薪酬		212,245,601.02	196,623,218.77
应交税费		6,429,296.24	−20,399,230.47
应付利息		25,952,026.94	2,500,985.42
应付股利		70,309.90	62,586.08
其他应付款		849,333,745.99	805,340,667.26
一年内到期的非流动负债			
其他流动负债			
流动负债合计		3,701,126,893.65	2,905,174,795.29
非流动负债：			
长期借款		12,257,151.80	12,418,501.13
应付债券		800,000,000.00	550,602,487.71
长期应付款		137,271.31	137,271.31
专项应付款			
预计负债			
递延所得税负债			
其他非流动负债			
非流动负债合计		812,394,423.11	563,158,260.15
负债合计		4,513,521,316.76	3,468,333,055.44
所有者权益(或股东权益)：			
实收资本(或股本)		1,777,679,909.00	1,714,481,800.00
资本公积		2,418,562,020.00	1,931,967,622.31
减：库存股			
专项储备			
盈余公积		793,854,852.35	722,588,430.15
一般风险准备			
未分配利润		704,093,170.93	563,550,006.99
所有者权益(或股东权益)合计		5,694,189,952.28	4,932,587,859.45
负债和所有者权益(或股东权益)总计		10,207,711,269.04	8,400,920,914.89

法定代表人：王道明　　主管会计工作负责人：高建国　　会计机构负责人：刘颖

合并利润表

2010 年 1—12 月

单位：元　币种：人民币

项目	附注	本期金额	上期金额
一、营业总收入		9,227,687,397.56	6,521,953,199.48
其中：营业收入		9,227,687,397.56	6,521,953,199.48
利息收入			
已赚保费			
手续费及佣金收入			
二、营业总成本		8,926,893,834.43	6,242,905,082.30
其中：营业成本		7,205,009,592.33	4,789,324,132.61
利息支出			
手续费及佣金支出			
退保金			
赔付支出净额			
提取保险合同准备金净额			
保单红利支出			
分保费用			
营业税金及附加		6,595,614.97	1,814,396.03
销售费用		338,639,396.25	263,613,129.02
管理费用		1,077,892,503.48	909,472,934.24
财务费用		192,312,066.99	116,862,005.04
资产减值损失		106,444,660.41	161,818,485.36

加:公允价值变动收益(损失以"-"号填列)		-495,000.00
投资收益(损失以"-"号填列)	-288,309.04	316,351.21
其中:对联营企业和合营企业的投资收益	587.98	-1,253,688.79
汇兑收益(损失以"-"号填列)		
三、营业利润(亏损以"-"号填列)	300,505,254.09	278,869,468.39
加:营业外收入	62,440,837.66	68,147,060.32
减:营业外支出	8,404,981.84	12,067,808.73
其中:非流动资产处置损失	1,663,058.60	8,514,489.91
四、利润总额(亏损总额以"-"号填列)	354,541,109.91	334,948,719.98
减:所得税费用	6,957,922.82	9,743,712.32
五、净利润(净亏损以"-"号填列)	347,583,187.09	325,205,007.66
归属于母公司所有者的净利润	356,678,466.33	358,524,686.06
少数股东损益	-9,095,279.24	-33,319,678.40
六、每股收益:		
(一)基本每股收益	0.20	0.21
(二)稀释每股收益	0.20	0.21
七、其他综合收益		
八、综合收益总额	347,583,187.09	325,205,007.66
归属于母公司所有者的综合收益总额	356,678,466.33	358,524,686.06
归属于少数股东的综合收益总额	-9,095,279.24	-33,319,678.40

法定代表人:王道明　　主管会计工作负责人:高建国　　会计机构负责人:刘颖

母公司利润表

2010 年 1—12 月

单位:元 币种:人民币

项目	附注	本期金额	上期金额
一、营业收入		3,308,052,717.91	2,501,883,010.88
减:营业成本		1,763,322,837.15	1,089,383,646.45
营业税金及附加		5,858,287.48	242,240.97
销售费用		86,263,515.62	58,356,645.15
管理费用		904,279,340.09	823,043,592.57
财务费用		-396,741.86	-15,716,141.80
资产减值损失		17,239,583.35	101,972,097.15
加:公允价值变动收益(损失以"-"号填列)			
投资收益(损失以"-"号填列)		-351,519.78	1,634,669.77
其中:对联营企业和合营企业的投资收益			
二、营业利润(亏损以"-"号填列)		531,134,376.30	446,235,600.16
加:营业外收入		11,792,565.55	5,542,018.90
减:营业外支出		67,817,460.55	36,339,091.56
其中:非流动资产处置损失		657,198.57	6,330,380.34
三、利润总额(亏损总额以"-"号填列)		475,109,481.30	415,438,527.50
减:所得税费用			2,737,777.14
四、净利润(净亏损以"-"号填列)		475,109,481.30	412,700,750.36
五、每股收益:			
(一)基本每股收益			
(二)稀释每股收益			
六、其他综合收益			
七、综合收益总额		475,109,481.30	412,700,750.36

法定代表人:王道明　　主管会计工作负责人:高建国　　会计机构负责人:刘颖

合并现金流量表

2010 年 1—12 月

单位:元 币种:人民币

项目	附注	本期金额	上期金额
一、经营活动产生的现金流量:			
销售商品、提供劳务收到的现金		11,411,957,266.37	6,722,518,948.70
客户存款和同业存放款项净增加额			
向中央银行借款净增加额			
向其他金融机构拆入资金净增加额			
收到原保险合同保费取得的现金			
收到再保险业务现金净额			
保户储金及投资款净增加额			
处置交易性金融资产净增加额			
收取利息、手续费及佣金的现金			
拆入资金净增加额			
回购业务资金净增加额			
收到的税费返还		2,020,861.63	
收到其他与经营活动有关的现金		132,188,025.42	75,608,308.02
经营活动现金流入小计		11,546,166,153.42	6,798,127,256.72
购买商品、接受劳务支付的现金		11,950,582,804.98	6,292,072,070.27
客户贷款及垫款净增加额			
存放中央银行和同业款项净增加额			
支付原保险合同赔付款项的现金			
支付利息、手续费及佣金的现金			
支付保单红利的现金			
支付给职工以及为职工支付的现金		562,512,825.49	509,175,942.05
支付的各项税费		48,201,190.85	54,512,103.28
支付其他与经营活动有关的现金		943,322,335.96	876,865,129.93
经营活动现金流出小计		13,504,619,157.28	7,732,625,245.53
经营活动产生的现金流量净额		-1,958,453,003.86	-934,497,988.81
二、投资活动产生的现金流量:			
收回投资收到的现金			
取得投资收益收到的现金			1,266,737.36
处置固定资产、无形资产和其他长期资产收回的现金净额		1,492,100.00	9,018,905.73
处置子公司及其他营业单位收到的现金净额			
收到其他与投资活动有关的现金		11,270,000.00	36,350,000.00
投资活动现金流入小计		12,762,100.00	46,635,643.09
购建固定资产、无形资产和其他长期资产支付的现金		637,570,705.06	642,912,505.26
投资支付的现金		11,000,000.00	3,530,003.99
质押贷款净增加额			
取得子公司及其他营业单位支付的现金净额			299,665.17
支付其他与投资活动有关的现金			
投资活动现金流出小计		648,570,705.06	646,742,174.42
投资活动产生的现金流量净额		-635,808,605.06	-600,106,531.33
三、筹资活动产生的现金流量:			
吸收投资收到的现金		40,420,618.31	76,449,549.11
其中:子公司吸收少数股东投资收到的现金		40,420,618.31	76,599,381.69
取得借款收到的现金		11,730,983,105.24	5,268,897,062.77
发行债券收到的现金			
收到其他与筹资活动有关的现金			
筹资活动现金流入小计		11,771,403,723.55	5,345,346,611.88
偿还债务支付的现金		8,344,045,495.81	3,377,850,000.00
分配股利、利润或偿付利息支付的现金		463,965,025.04	542,319,958.24
其中:子公司支付给少数股东的股利、利润			
支付其他与筹资活动有关的现金			
筹资活动现金流出小计		8,808,010,520.85	3,920,169,958.24
筹资活动产生的现金流量净额		2,963,393,202.70	1,425,176,653.64
四、汇率变动对现金及现金等价物的影响		-64,749.82	161,272.00
五、现金及现金等价物净增加额		369,066,843.96	-109,266,594.50
加:期初现金及现金等价物余额		890,594,644.78	999,861,239.28
六、期末现金及现金等价物余额		1,259,661,488.74	890,594,644.78

法定代表人:王道明　　主管会计工作负责人:高建国　　会计机构负责人:刘颖

母公司现金流量表

2010 年 1—12 月

单位:元 币种:人民币

项目	附注	本期金额	上期金额
一、经营活动产生的现金流量:			
销售商品、提供劳务收到的现金		3,145,120,304.02	2,285,382,111.50
收到的税费返还			
收到其他与经营活动有关的现金		47,644,456.14	25,069,039.51
经营活动现金流入小计		3,192,764,760.16	2,310,451,151.01
购买商品、接受劳务支付的现金		1,386,826,232.41	978,426,545.85
支付给职工以及为职工支付的现金		440,285,609.44	413,543,995.95
支付的各项税费		24,162,483.74	31,257,570.57
支付其他与经营活动有关的现金		1,389,713,104.08	888,756,050.35
经营活动现金流出小计		3,240,987,429.67	2,311,984,162.72
经营活动产生的现金流量净额		-48,222,669.51	-1,533,011.71
二、投资活动产生的现金流量:			
收回投资收到的现金		500,000.00	25,000,000.00
取得投资收益收到的现金			
处置固定资产、无形资产和其他长期资产收回的现金净额		3,600.00	1,533,556.23
处置子公司及其他营业单位收到的现金净额			
收到其他与投资活动有关的现金			
投资活动现金流入小计		503,600.00	26,533,556.23
购建固定资产、无形资产和其他长期资产支付的现金		357,105,864.31	354,199,171.55
投资支付的现金		32,420,000.00	54,425,777.54
取得子公司及其他营业单位支付的现金净额			
支付其他与投资活动有关的现金			
投资活动现金流出小计		389,525,864.31	408,624,949.09
投资活动产生的现金流量净额		-389,022,264.31	-382,091,392.86
三、筹资活动产生的现金流量:			
吸收投资收到的现金			
取得借款收到的现金		3,570,000,000.00	1,510,000,000.00
发行债券收到的现金			
收到其他与筹资活动有关的现金			
筹资活动现金流入小计		3,570,000,000.00	1,510,000,000.00
偿还债务支付的现金		2,639,180,600.00	899,850,000.00
分配股利、利润或偿付利息支付的现金		327,327,504.22	479,474,127.64
支付其他与筹资活动有关的现金			
筹资活动现金流出小计		2,966,508,104.22	1,379,324,127.64
筹资活动产生的现金流量净额		603,491,895.78	130,675,872.36

四、汇率变动对现金及现金等价物的影响		169,916.00
五、现金及现金等价物净增加额	166,246,961.96	−252,778,616.21
加:期初现金及现金等价物余额	441,408,239.91	694,186,856.12
六、期末现金及现金等价物余额	607,655,201.87	441,408,239.91

法定代表人:王道明　　主管会计工作负责人:高建国　　会计机构负责人:刘颖

合并所有者权益变动表

2010 年 1—12 月

单位:元 币种:人民币

本期金额

项目	归属于母公司所有者权益 实收资本(或股本)	资本公积	减:库存股	专项储备	盈余公积	一般风险准备	未分配利润	其他	少数股东权益	所有者权益合计
一、上年年末余额	1,714,481,800.00	1,940,918,474.08			735,623,185.44		565,470,200.09		243,033,675.58	5,199,527,335.19
加:会计政策变更										
前期差错更正										
其他										
二、本年年初余额	1,714,481,800.00	1,940,918,474.08			735,623,185.44		565,470,200.09		243,033,675.58	5,199,527,335.19
三、本期增减变动金额										
(减少以"−"号填列)	63,198,109.00	486,594,397.69			71,266,422.20		22,112,148.97		31,325,339.07	674,496,416.93
(一)净利润							356,678,466.33		−9,095,279.24	347,583,187.09
(二)其他综合收益										
上述(一)和(二)小计							356,678,466.33		−9,095,279.24	347,583,187.09
(三)所有者投入和										
减少资本	63,198,109.00	486,594,397.69							40,420,618.31	590,213,125.00
1.所有者投入资本	63,198,109.00	486,594,397.69							40,420,618.31	590,213,125.00
2.股份支付计入所有者权益的金额										
3.其他										
(四)利润分配					71,266,422.20		−334,566,317.36			−263,299,895.16
1.提取盈余公积					71,266,422.20		−71,266,422.20			
2.提取一般风险准备										
3.对所有者(或股东)的分配							−263,299,895.16			−263,299,895.16
4.其他										
(五)所有者权益内部结转										
1.资本公积转增资本(或股本)										
2.盈余公积转增资本(或股本)										
3.盈余公积弥补亏损										
4.其他										
(六)专项储备										
1.本期提取										
2.本期使用										
(七)其他										
四、本期期末余额	1,777,679,909.00	2,427,512,871.77			806,889,607.64		587,582,349.06		274,359,014.65	5,874,023,752.12

上年同期金额

项目	归属于母公司所有者权益 实收资本(或股本)	资本公积	减:库存股	专项储备	盈余公积	一般风险准备	未分配利润	其他	少数股东权益	所有者权益合计
一、上年年末余额	1,676,307,587.00	1,653,325,791.94			673,718,072.88		728,158,905.53		201,853,055.55	4,933,363,412.90
加:会计政策变更										
前期差错更正										
其他										
二、本年年初余额	1,676,307,587.00	1,653,325,791.94			673,718,072.88		728,158,905.53		201,853,055.55	4,933,363,412.90
三、本期增减变动金额										
(减少以"−"号填列)	38,174,213.00	287,592,682.14			61,905,112.56		−162,688,705.44		41,180,620.03	266,163,922.29
(一)净利润							358,524,686.06		−33,319,678.40	325,205,007.66
(二)其他综合收益										
上述(一)和(二)小计							358,524,686.06		−33,319,678.40	325,205,007.66
(三)所有者投入和										
减少资本	38,174,213.00	287,592,682.14							74,500,298.43	400,267,193.57
1.所有者投入资本	38,174,213.00	287,659,376.42							74,675,381.69	400,508,971.11
2.股份支付计入所有者权益的金额										
3.其他		−66,694.28							−175,083.26	−241,777.54
(四)利润分配					61,905,112.56		−521,213,391.50			−459,308,278.94
1.提取盈余公积					61,905,112.56		−61,905,112.56			
2.提取一般风险准备										
3.对所有者(或股东)的分配							−459,308,278.94			−459,308,278.94
4.其他										
(五)所有者权益内部结转										
1.资本公积转增资本(或股本)										
2.盈余公积转增资本(或股本)										
3.盈余公积弥补亏损										
4.其他										
(六)专项储备										
1.本期提取										
2.本期使用										
(七)其他										
四、本期期末余额	1,714,481,800.00	1,940,918,474.08			735,623,185.44		565,470,200.09		243,033,675.58	5,199,527,335.19

法定代表人:王道明　　主管会计工作负责人:高建国　　会计机构负责人:刘颖

母公司所有者权益变动表

2010 年 1—12 月

单位:元 币种:人民币

本期金额

项目	实收资本(或股本)	资本公积	减:库存股	专项储备	盈余公积	一般风险准备	未分配利润	所有者权益合计
一、上年年末余额	1,714,481,800.00	1,931,967,622.31			722,588,430.15		563,550,006.99	4,932,587,859.45
加:会计政策变更								
前期差错更正								
其他								
二、本年年初余额	1,714,481,800.00	1,931,967,622.31			722,588,430.15		563,550,006.99	4,932,587,859.45
三、本期增减变动金额								
(减少以"−"号填列)	63,198,109.00	486,594,397.69			71,266,422.20		140,543,163.94	761,602,092.83
(一)净利润							475,109,481.30	475,109,481.30
(二)其他综合收益								
上述(一)和(二)小计							475,109,481.30	475,109,481.30
(三)所有者投入和减少资本	63,198,109.00	486,594,397.69						549,792,506.69
1.所有者投入资本	63,198,109.00	486,594,397.69						549,792,506.69
2.股份支付计入所有者权益的金额								
3.其他								
(四)利润分配					71,266,422.20		−334,566,317.36	−263,299,895.16
1.提取盈余公积					71,266,422.20		−71,266,422.20	
2.提取一般风险准备								
3.对所有者(或股东)的分配							−263,299,895.16	−263,299,895.16
4.其他								
(五)所有者权益内部结转								
1.资本公积转增资本(或股本)								
2.盈余公积转增资本(或股本)								
3.盈余公积弥补亏损								
4.其他								
(六)专项储备								
1.本期提取								
2.本期使用								
(七)其他								
四、本期期末余额	1,777,679,909.00	2,418,562,020.00			793,854,852.35		704,093,170.93	5,694,189,952.28

上年同期金额

项目	实收资本(或股本)	资本公积	减:库存股	专项储备	盈余公积	一般风险准备	未分配利润	所有者权益合计
一、上年年末余额	1,676,307,587.00	1,644,308,245.89			660,683,317.59		672,062,648.13	4,653,361,798.61
加:会计政策变更								
前期差错更正								
其他								
二、本年年初余额	1,676,307,587.00	1,644,308,245.89			660,683,317.59		672,062,648.13	4,653,361,798.61
三、本期增减变动金额								
(减少以"−"号填列)	38,174,213.00	287,659,376.42			61,905,112.56		−108,512,641.14	279,226,060.84
(一)净利润							412,700,750.36	412,700,750.36
(二)其他综合收益								
上述(一)和(二)小计							412,700,750.36	412,700,750.36
(三)所有者投入和减少资本	38,174,213.00	287,659,376.42						325,833,589.42
1.所有者投入资本	38,174,213.00	287,659,376.42						325,833,589.42
2.股份支付计入所有者权益的金额								
3.其他								
(四)利润分配					61,905,112.56		−521,213,391.50	−459,308,278.94
1.提取盈余公积					61,905,112.56		−61,905,112.56	
2.提取一般风险准备								
3.对所有者(或股东)的分配							−459,308,278.94	−459,308,278.94
4.其他								
(五)所有者权益内部结转								
1.资本公积转增资本(或股本)								
2.盈余公积转增资本(或股本)								
3.盈余公积弥补亏损								
4.其他								
(六)专项储备								
1.本期提取								
2.本期使用								
(七)其他								
四、本期期末余额	1,714,481,800.00	1,931,967,622.31			722,588,430.15		563,550,006.99	4,932,587,859.45

法定代表人:王道明　　主管会计工作负责人:高建国　　会计机构负责人:刘颖

9.3 本报告期无会计政策、会计估计的变更。

9.4 本报告期无前期会计差错更正。

9.5 企业合并及合并财务报表

9.5.1 合并范围发生变更的说明

北京北大荒米业有限公司系黑龙江北大荒米业集团有限公司新设立全资子公司。

黑龙江北大荒汉枫农业发展有限公司系北大荒鑫亚经贸有限责任公司新设立控股子公司。

秦皇岛北大荒龙业房地产开发有限公司系北大荒龙垦麦芽有限公司新设立全资子公司。

珠海锦尚房地产开发有限公司系北大荒鑫都房地产开发有限公司新设立全资子公司。

9.5.2 本期新纳入合并范围的主体和本期不再纳入合并范围的主体

9.5.2.1 本期新纳入合并范围的子公司、特殊目的主体、通过受托经营或承租等方式形成控制权的经营实体

单位:元 币种:人民币

名称	期末净资产	本期净利润
北京北大荒米业有限公司	−9,934,533.38	−12,134,533.38
黑龙江北大荒汉枫农业发展有限公司	32,236,830.64	2,236,830.64
秦皇岛北大荒龙业房地产开发有限公司	49,922,692.62	−77,307.38
珠海锦尚房地产开发有限公司	3,000,000.00	

马应龙药业集团股份有限公司

马应龙药业集团股份有限公司2010年年度报告摘要

第一节　重要提示

1.1 本公司董事会、监事会及董事、监事、高级管理人员保证本报告所载资料不存在任何虚假记载、误导性陈述或者重大遗漏，并对其内容的真实性、准确性和完整性承担个别及连带责任。

本年度报告摘要摘自年度报告全文，投资者欲了解详细内容，应当仔细阅读年度报告全文。

1.2 公司全体董事出席董事会会议。

1.3 武汉众环会计师事务所有限责任公司为本公司出具了标准无保留意见的审计报告。

1.4 是否存在被控股股东及其关联方非经营性占用资金情况？否

1.5 是否存在违反规定决策程序对外提供担保的情况？否

1.6 公司负责人陈平、总经理苏光祥、主管会计工作负责人钱文洒及会计机构负责人(会计主管人员)孟凡龙声明：保证年度报告中财务报告的真实、完整。

第二节　公司基本情况简介

2.1 基本情况简介

股票简称	马应龙
股票代码	600993
股票上市交易所	上海证券交易所
公司注册地址和办公地址	武汉武昌南湖周家湾100号
邮政编码	430064
公司国际互联网网址	www.mayinglong.cn
电子信箱	stock@my1582.com

2.1 联系人和联系方式

	董事会秘书	证券事务代表
姓名	夏有章	马倩
联系地址	武汉武昌南湖周家湾100号	武汉武昌南湖周家湾100号
电话	027-87389583、87291519	027-87389583、87291519
传真	027-87291724	027-87291724
电子信箱	xiayouzhang@sohu.com	maqian1582@sohu.com

第三节　会计数据和业务数据摘要

3.1 主要会计数据

单位：元　币种：人民币

	2010年	2009年	本期比上年同期增减(%)	2008年
营业收入	1,178,494,580.77	1,021,983,355.06	15.31	809,630,970.50
利润总额	144,239,575.58	220,540,831.24	-34.60	89,448,981.02
归属于上市公司股东的净利润	122,538,058.93	180,081,085.42	-31.95	80,429,493.75
归属于上市公司股东的扣除非经常性损益的净利润	103,022,436.24	114,409,852.31	-9.95	69,277,328.85
经营活动产生的现金流量净额	-11,420,430.73	216,112,501.79	-105.28	102,586,327.54
	2010年末	2009年末	本期末比上年同期末增减(%)	2008年末
总资产	1,448,908,861.77	1,435,824,427.02	0.91	1,162,889,531.16
所有者权益(或股东权益)	1,023,045,843.86	951,437,906.80	7.53	780,575,855.76

3.1 主要财务指标

	2010年	2009年	本期比上年同期增减(%)	2008年
基本每股收益(元/股)	0.74	1.09	-32.11	0.49
稀释每股收益(元/股)	0.74	1.09	-32.11	0.49
扣除非经常性损益后的基本每股收益(元/股)	0.62	0.69	-10.14	0.42
加权平均净资产收益率(%)	12.36	20.79	减少8.43个百分点	10.72
扣除非经常性损益后的加权平均净资产收益率(%)	10.39	13.21	减少2.82个百分点	9.24
每股经营活动产生的现金流量净额(元/股)	-0.07	1.30	-105.38	0.62
	2010年末	2009年末	本期末比上年同期末增减(%)	2008年末
归属于上市公司股东的每股净资产(元/股)	6.17	5.74	7.50	4.71

扣除非经常性损益项目

√适用　　□不适用

单位：元　币种：人民币

项目	金额
非流动资产处置损益	-517,999.87
越权审批或无正式批准文件的税收返还、减免	
计入当期损益的政府补助(与企业业务密切相关，按照国家统一标准定额或定量享受的政府补助除外)	10,726,342.96
企业取得子公司、联营企业及合营企业的投资成本小于取得投资时应享有被投资单位可辨认净资产公允价值产生的收益	95,810.31
除同公司正常经营业务相关的有效套期保值业务外，持有交易性金融资产、交易性金融负债产生的公允价值变动损益，以及处置交易性金融资产、交易性金融负债和可供出售金融资产取得的投资收益	17,226,124.32
除上述各项之外的其他营业外收入和支出	-2,283,189.89
所得税影响额	-3,439,016.34
少数股东权益影响额(税后)	-2,292,448.80
合计	19,515,622.69

第四节　股本变动及股东情况

4.1 股份变动情况表

√适用　　□不适用

单位：股

	本次变动前		本次变动增减(+,-)					本次变动后	
	数量	比例(%)	发行新股	送股	公积金转股	其他	小计	数量	比例(%)
一、有限售条件股份	433,383	0.26				-59,616	-59,616	373,767	0.23
1、国家持股									
2、国有法人持股									
3、其他内资持股	433,383	0.26				-59,616	-59,616	373,767	0.23
其中：境内非国有法人持股									
境内自然人持股	433,383	0.26				-59,616	-59,616	373,767	0.23
4、外资持股									
其中：境外法人持股									
境外自然人持股									
二、无限售条件流通股份	165,356,575	99.74				59,616	59,616	165,416,191	99.77
1、人民币普通股	165,356,575	99.74				59,616	59,616	165,416,191	99.77
2、境内上市的外资股									
3、境外上市的外资股									
4、其他									
三、股份总数	165,789,958	100						165,789,958	100

限售股份变动情况表

√适用　　□不适用

单位：股

股东名称	年初限售股数	本年解除限售股数	本年增加限售股数	年末限售股数	限售原因	解除限售日期
个人股	433,383	53,143		373,767	股权分置改革	
武汉华汉投资管理有限公司		6,473	6,473		股权分置改革	2010年10月19日
合计	433,383	59,616	6,473	373,767	/	/

4.2 股东数量和持股情况

单位：股

报告期末股东总数	12,333户

前十名股东持股情况

股东名称	股东性质	持股比例(%)	持股总数	持有有限售条件股份数量	质押或冻结的股份数量
中国宝安集团股份有限公司	境内非国有法人	29.27	48,524,351		质押48,524,351
武汉国有资产经营公司	国家	12.50	20,729,912		质押10,364,400
融通新蓝筹证券投资基金	境内非国有法人	4.78	7,924,456		无
武汉华汉投资管理有限公司	境内非国有法人	3.23	5,360,000		无
全国社保基金一零九组合	其他	3.20	5,310,000		无
UBS AG	境外法人	2.17	3,603,996		无
交通银行-华安策略优选股票型证券投资基金	境内非国有法人	1.48	2,447,711		无
中国平安财产保险股份有限公司-传统-普通保险产品	境内非国有法人	1.32	2,194,113		无
招商证券-渣打-ING BANK N.V.	境外法人	1.22	2,018,729		无

中国银行-大成财富管理 2020 生命周期证券投资基金	境内非国有法人	1.21	2,000,000	无

前十名无限售条件股东持股情况

股东名称	持有无限售条件股份数量	股份种类及数量
中国宝安集团股份有限公司	48,524,351	人民币普通股
武汉国有资产经营公司	20,729,912	人民币普通股
融通新蓝筹证券投资基金	7,924,456	人民币普通股
武汉华汉投资管理有限公司	5,360,000	人民币普通股
全国社保基金一零九组合	5,310,000	人民币普通股
UBS AG	3,603,996	人民币普通股
交通银行-华安策略优选股票型证券投资基金	2,447,711	人民币普通股
中国平安财产保险股份有限公司-传统-普通保险产品	2,194,113	人民币普通股
招商证券-渣打-ING BANK N.V.	2,018,729	人民币普通股
中国银行-大成财富管理 2020 生命周期证券投资基金	2,000,000	人民币普通股
上述股东关联关系或一致行动的说明	前十名无限售条件股东中,武汉华汉投资管理有限公司与武汉国有资产经营公司为一致行动人;未知其他前十名流通股股东之间存在关联关系。	

4.3 控股股东及实际控制人情况介绍

4.3.1 控股股东及实际控制人变更情况

□适用　　√不适用

4.3.2 控股股东及实际控制人具体情况介绍

4.3.2.1 控股股东及实际控制人具体情况介绍

根据公司控股股东中国宝安集团股份有限公司信息披露情况，本公司控股股东中国宝安集团股份有限公司的第一大股东为深圳市富安控股有限公司,持股比例为 8.44%;第二大股东为深圳市宝安区投资管理公司,持股比例为 6.75%。该公司无控股股东,无实际控制人。

4.3.2.2 控股股东情况

○ 法人

单位:万元 币种:人民币

名称	中国宝安集团股份有限公司
法定代表人	陈政立
成立日期	1990 年 10 月 8 日
注册资本	109,075.0529
主要经营业务或管理活动	国内商业、物资供销业(不含专营、专控、专卖商品);投资兴办工业,引进三来一补;进出口贸易业务(按深贸管审证第 094 号文规定办理);房地产开发,仓储、运输、酒店等服务业,文化业(以上各项须政府有关部门获领许可证后方可经营)。

4.3.3 公司与实际控制人之间的产权及控制关系的方框图(略)

4.3.4 实际控制人通过信托或其他资产管理方式控制公司

□适用　　√不适用

第五节　董事、监事和高级管理人员

5.1 董事、监事和高级管理人员持股变动及报酬情况

单位:股

姓名	职务	性别	年龄	任期起始日期	任期终止日期	年初持股数	年末持股数	变动原因	报告期内从公司领取的报酬总额(万元)税前	是否在股东单位或其他关联单位领取薪酬
陈　平	董事长	男	49	2010-5-19	2013-5-18				0	是
曾广胜	副董事长	男	45	2010-5-19	2013-5-18				0	是
苏光祥	董事、总经理	男	49	2010-5-19	2013-5-18				42	否
汤　俊	董事	男	40	2010-5-19	2013-5-18				0	是
郭山清	董事	男	44	2010-5-19	2013-5-18				0	是
陈继勇	独立董事	男	59	2010-5-19	2013-5-18				4.8	否
曾繁典	独立董事	男	71	2010-5-19	2013-5-18				4.8	否
杨汉刚	独立董事	男	57	2010-5-19	2013-5-18				4.8	否
王方明	监事会主席	男	53	2010-5-19	2013-5-18				20.6	否
刘晓燕	监事	女	41	2010-5-19	2013-5-18				0	是
胡大军	监事	男	32	2010-5-19	2013-5-18				7.8	否
田正军	常务副总经理	男	43	2010-5-19	2013-5-18				28	否
李加林	副总经理	男	49	2010-5-19	2013-5-18				26	否
钱文洒	董事、副总经理、财务总监	男	47	2010-5-19	2013-5-18				24	否
马健驹	副总经理	男	52	2010-5-19	2013-5-18				26	否
夏　军	副总经理	男	47	2010-5-19	2013-5-18				24	否
王　虹	副总经理	女	49	2010-5-19	2013-5-18				25	否
王礼德	总经理助理	男	46	2010-5-19	2013-5-18				26	否
赵和平	总经理助理	男	47	2010-5-19	2013-5-18				22	否
夏有章	董事会秘书	男	33	2010-5-19	2013-5-18				20.6	否
合　计	/	/	/	/	/			/	306.4	/

第六节　董事会报告

6.1 管理层讨论与分析

1、2010 年年度主要经营情况

(1)主营业务收入稳步增长。本报告期公司共实现营业收入 11.78 亿元,同比增长 15.31%,其中母公司实现营业收入 4.44 亿元,同比增长 12.13%。公司共实现归属于母公司所有者的净利润为 1.23 亿元。旗下各子公司经营情况正常,其中大药房实现主营业务收入 6.53 亿元,同比增长 15.57%。

(2)品牌经营稳步推进,品牌价值持续提升。在世界品牌实验室最新发布的 2010 年中国 500 最具价值品牌排行榜中马应龙以 43.21 亿元的品牌价值连续七年入选,位次和价值逐年提升。

(3)扎实推进终端开发,网络营销初见成效。顺应行业发展形势,强化与主流渠道大连锁的战略合作关系,着力推进销售队伍建设,加强学术营销推广,推动联合用药应用;创新营销模式,积极尝试网络营销,加强病患者相关知识普及教育,实现网络营销与慈善活动相结合,网络宣传辐射能力得到较大提高。

(4)加快创新体系建设,技术创新步入良性发展轨道。制定《关于加快构建技术创新体系的指导意见》并督导实施,与中国中医科学院、中国军事医学科学院等科研机构达成项目合作,继与北京大学开展博士后联合培养工作后,公司又与中国军事医学科学院共建博士后工作站,项目研发实力进一步增强。

(5)药妆经营模式和营销策略基本成型。重点城市重点通路试点建设取得成效,营销策划能力不断提高。研究和挖掘四百年马应龙八宝眼药制作技艺,不断丰富眼部护理产品系列,继去黑眼圈眼霜上市后,眼部系列新品也陆续推出,融瑕透皙、释袋焕颜、舒纹臻养三款眼贴膜开始销售,清眸代用茶也同步上市。

(6)肛肠诊疗产业发展步伐加快,品牌优势、专家资源优势得到进一步发挥,高端品牌专科医院的定位逐步获得认同。肛肠医院连锁经营模式成型,连锁医院布局逐步展开,南京肛肠医院正在筹建中,肛肠诊断试剂研发进度加快,大便隐血试纸上市销售。

(7)医药商业经营业态升级取得积极进展。马应龙大药房网上药店资质获批,成为湖北省首家网上药店;零售经营业态横向拓展,在马应龙大药房的基础上开办康尔美时尚个人用品连锁店,品牌营销建设全面展开。

(8)全面质量管理能力不断提高。品质管理理念和能力不断提升,环安体系认证获得通过,在 QC 小组成果交流活动中,取得国家医药行业 QC 小组成果二等奖及最佳发表奖,获得两项武汉市 QC 小组成果二等奖。导入卓越绩效模式,对照《卓越绩效评价准则》进行全方位自我诊断和持续改进,获得全国质量奖鼓励奖以及全国实施卓越绩效模式先进企业。

(9)推动企业经营管理能力的升级。全面总结马应龙多年改革发展实践,构建以方针管理为主轴,以客户、股东、员工为经营对象,以预算管理系统与绩效管理系统为支撑的马应龙三维三力系统,并以此为指导,推动公司持续健康快速发展。

2、2011 年外部环境展望

随着经济发展、技术进步以及国家相关产业政策的大力扶持,2011 年生物医药行业的整体发展势头势必呈现良好态势。但是,随着医改配套机制的逐步推出,医改形势的逐步明朗,由此带来的矛盾也将逐渐浮出水面，医药市场的结构性变化和系统性风险将使医药企业面临前所未有的挑战。

(1)宏观经济通胀形势加剧,货币政策渐转稳健,流通性收紧,逐步进入加息通道,原辅材料成本仍将呈上升趋势,人力资源成本压力加大。

(2)医疗消费水平将进一步升级,城镇化进程的加速发展和城镇人口绝对数量的增加将极大地刺激城镇医药市场需求的强劲增长。国家基本药物制度建设等配套改革工作将陆续进入加快实施阶段,新型农村合作医疗参合率、城镇居民基本医疗保险覆盖范围的不断扩大和基本医疗保障标准的不断提高,以及基本医疗服务体系的建设和完善,将加速国内医药市场规模的不断扩大,为我国医药工业继续保持快速发展提供非常有利的环境。

(3)医药市场的扩容以及医改产生的结构性影响将为企业发展带来新的机遇,医改矛盾的逐渐突出也将对医药企业提出新的考验,政策成本压力增大,行业监管愈趋严格,医药企业的经营成本将显著增加,非独家产品的成本竞争将愈发激烈。

(4)兼并重组加剧,行业集中度将逐步提高,市场准入门槛趋高,中小型医药企业将面临重大危机,行业规范和整合将是必然趋势;行业发展方向的逐渐明朗,医药企业的前瞻能力、适应能力和应变能力将愈发重要。

3、2011 年工作思路

(1)2011 年经营方针

2011 年要切实贯彻执行"转机制、调结构、促升级"的经营方针。"转机制"是基础,遵循市场导向和结果导向,转变经营观念,革新管理思路,优化调整机制建设;"调结构"是方法,坚持平衡管理理念,追求企业持续发展的平衡与协调;"促升级"是结果,提升技术创新能力,找短板、寻差距,强化基础管理创新水平,实现经营管理的标准化、精细化和前沿化。

(2)2011 年经营策略

①强化战略支撑,转换发展机制。以强化经营能力为核心,切实提高产品力、营销力和品牌力;完善市场导向机制,建立和完善市场调研评价体系,深化和细化以增量为主线的绩效管理和预算管理,促进绩效和预算管理向业务单元的延伸;建立以"压力、活力、动力"为主题的三力评估系统,突出绩效管理的针对性,推进各项资源向三力工作的倾斜。

②推进战略实施,调整发展结构。应用"加减法"基本策略,优化调整产业产品结构,把握行业机遇,加快工业发展和商业整合,切实贯彻"目标客户一元化、功能服务多元化"的战略思路,挖掘利用各方资源,加快诊疗领域发展和下消化道系列产品的延伸推广,进一步提高公司在核心定位领域的主导地位;积极寻求多种合作模式，盘活不具备发展优势或战略优势的存量资源,逐步退出面临重大发展障碍或已经衰退的项目;优化人力资源结构,优化薪酬结构,实现员工收入和企业发展的协调。

③巩固战略保障,促进创新升级。促进产品产业的升级,不断提升产品产业技术附加值;促

进管理水平的升级，切实发挥三维三力系统对公司经营管理的指导作用；深入贯彻人力资源经营理念，促进人力资源整体素质的升级。

(3)2011 年工作重点

①市场营销工作方面。完善市场导向机制，高度重视马痔膏的营销工作；强化终端促销能力，提升渠道掌控水平，建立健全价格、流向、在途库存管控体系；切实提高营销策划能力，积极探索新的营销模式；推行品类管理模式，不断完善品牌经理制；加快药妆产品发展速度。

②产品研发工作方面。进一步健全国家级企业技术中心，完善技术创新体系建设，提升自主创新能力；突出产品定位优势，加快产品研发进程；持续推进半商业化运作机制的建设，拓宽营运思路，推动职能化管理与商业化经营的有效结合，完善项目风险评估机制，合理规避风险。

③生产质量工作方面。推动工艺技术革新，强化新形势下的工程技术管理；巩固延伸标准化流程化管理，开展三标(GMP、ISO14000 及 OHSAS18000)一体化建设，促进品质管理水平不断提高。

④资产营运及子公司工作方面。加快企业并购步伐；优化控股子公司的产权管理，完善子公司内控机制，促进各子公司在新的市场形势下，进一步转换经营机制，提高经营效率；着力推动肛肠诊疗产业的快速发展，巩固妇科用药经营平台。

⑤综合管理工作方面。强化公司知识产权管理，健全法律风险防控体系；规范内部审计流程，加大审计监督力度。深化实施以“引进一批、培养一批、稳定一批、淘汰一批”为主题的四批工程；持续推进人力资源三力系统建设，完善人才综合评价体系；不断提升品牌价值，争取高附加值的品牌资质，持续完善马应龙慈善基金运作机制；优化投资者关系管理，进一步提高战略研究水平，加快公司信息化建设。

公司是否披露过盈利预测或经营计划：否

6.2 主营业务分行业、产品情况表

单位:元 币种:人民币

分行业或分产品	营业收入	营业成本	营业利润率(%)	营业收入比上年增减(%)	营业成本比上年增减(%)	营业利润率比上年增减(%)
分行业						
药品生产	469,803,210.14	124,325,660.07	73.54	16.86	7.96	增加 2.18 个百分点
药品零售批发	677,959,435.92	599,673,864.99	11.55	11.55	16.12	减少 3.48 个百分点
医院诊疗	17,616,778.39	9,670,871.75	45.10	612.50	290.32	增加 45.31 个百分点
分产品						
治痔类产品	334,529,952.37	60,196,132.69	82.01	2.59	−18.20	增加 4.57 个百分点
其他产品	135,273,257.77	64,129,527.38	52.59	78.13	54.27	增加 7.33 个百分点
药品零售批发	677,959,435.92	599,673,864.99	11.55	11.55	16.12	减少 3.48 个百分点
医院诊疗	17,616,778.39	9,670,871.75	45.10	612.50	290.32	增加 45.31 个百分点

6.3 主营业务分地区情况表

单位:元 币种:人民币

地区	营业收入	营业收入比上年增减(%)
华北地区	324,952,189.22	144.35
华东地区	96,944,719.12	−14.34
华南地区	107,244,518.03	−0.43
华中地区	505,991,436.09	−8.35
其他地区	130,246,561.99	22.49
合计	1,165,379,424.45	15.12

6.4 募集资金使用情况

√适用 □不适用

单位:元 币种:人民币

募集资金总额	277,168,670.00	本年度已使用募集资金总额	12,751,400.00
		已累计使用募集资金总额	269,818,500.00

承诺项目	是否变更项目	拟投入金额	实际投入金额	是否符合计划进度	预计收益	产生收益情况
软膏车间 GMP 技术改造	否	35,400,000.00	35,400,000.00	是		25,370,000.00
固体制剂车间 GMP 技术改造	否	38,000,000.00	38,000,000.00	是		9,200,000.00
增资深圳大佛药业有限公司	是	40,000,000.00		否		
建设武汉马应龙大药房连锁有限公司连锁药店	否	41,600,000.00	41,600,000.00	是		11,370,000.00
建设马应龙新药中试基地	否	38,000,000.00	30,774,500.00	否		
扩建公司销售网络	否	33,490,000.00	33,490,000.00	是		40,000,000.00
开发“马应龙”系列产品	否	33,780,000.00	33,780,000.00	是		2,670,000.00
建设武汉马应龙大药房连锁有限公司物流中心	是	16,774,000.00		否		
合计	/	277,044,000.00	213,044,500.00	/		/

未达到计划进度和预计收益的说明，变更原因及变更程序说明(分具体项目)	1、增资深圳大佛药业有限公司项目拟投入 40,000,000.00 元，实际投入 0.00 元，未实施。该项目已经 2006 年 6 月 29 日股东大会批准，变更募集资金投向为建设武汉马应龙医院投资管理有限公司项目。 2、建设马应龙新药中试基地项目拟投入 38,000,000.00 元，实际投入 30,774,500.00 元，正在建设过程中。 3、建设武汉马应龙大药房连锁有限公司物流中心项目拟投入 16,774,000.00 元，实际投入 0.00 元，未实施。该项目已经 2006 年 6 月 29 日股东大会批准，变更募集资金投向为设立“武汉马应龙医药物流有限公司”项目。
尚未使用的募集资金用途及去向	存放于募集资金专户

变更项目情况

√适用 □不适用

单位:元 币种:人民币

变更后的项目	对应的原承诺项目	变更项目拟投入金额	实际投入金额	是否符合计划进度	变更项目的预计收益	产生收益情况
设立“武汉马应龙医药物流有限公司”	建设武汉马应龙大药房连锁有限公司物流中心	16,774,000.00	16,774,000.00	是		130,000.00
设立武汉马应龙医院投资管理有限公司	增资深圳大佛药业有限公司					
合计	/	56,774,000.00	56,774,000.00	/		/

6.5 非募集资金项目情况

√适用 □不适用

单位:元 币种:人民币

项目名称	项目金额	项目进度	项目收益情况
湖北马应龙连锁医院投资管理有限公司	20,000,000.00	100%	−14,900.00
北京长青医院管理有限公司	23,200,000.00	100%	−380,800.00
南京马应龙医院管理有限公司	15,950,000.00	100%	−351,600.00
武汉马应龙综合门诊部有限公司	1,000,000.00	100%	−32,500.00

6.6 董事会对会计师事务所“非标准审计报告”的说明

□适用 √不适用

6.7 董事会本次利润分配或资本公积金转增股本预案

经武汉众环会计师事务所有限责任公司审计，公司 2010 年度实现净利润 122,761,123.56 元(为母公司数，下皆为母公司数)，加上 2010 年初公司未分配利润 363,870,067.54 元，减去发放的 2009 年度现金股利 49,736,987.40 元，2010 年末本公司可供股东分配的利润为 436,894,203.70 元。

现提议公司 2010 年度利润分配方案如下：

1、按照 2010 年度净利润的 10%提取法定盈余公积 12,276,112.36 元。

2、拟向在派息公告中确认的股权登记日在册的全体股东派发股利如下：每 10 股派发现金股利 0.5 元(含税)，派发现金红利总额为 8,289,497.90 元；每 10 股送红股 4 股(含税)，派发股票红利总额为 66,315,983.20 元。

3、公司 2010 年末资本公积金余额为 220,369,961.04 元，本次拟利用资本公积金转增股本，以 2010 年末公司的总股本 165,789,958 股为基数，每 10 股转增 6 股，共计转增 99,473,975 股。

公司本报告期内盈利但未提出现金利润分配预案

□适用 √不适用

第七节 重要事项

7.1 收购资产

□适用 √不适用

7.2 出售资产

□适用 √不适用

7.3 重大担保

√适用 □不适用

单位:元 币种:人民币

公司对控股子公司的担保情况	
报告期内对子公司担保发生额合计	25,956,510.00
报告期末对子公司担保余额合计	25,956,510.00
公司担保总额情况(包括对控股子公司的担保)	
担保总额	25,956,510.00
担保总额占公司净资产的比例(%)	2.54
其中：	
为股东、实际控制人及其关联方提供担保的金额	0
直接或间接为资产负债率超过 70%的被担保对象提供的债务担保金额	0
担保总额超过净资产 50%部分的金额	0
上述三项担保金额合计	0

7.4 重大关联交易

7.4.1 与日常经营相关的关联交易

□适用 √不适用

7.4.2 关联债权债务往来

√适用 □不适用

单位:万元 币种:人民币

关联方	向关联方提供资金		关联方向公司提供资金	
	发生额	余额	发生额	余额
武汉马应龙医院投资管理有限公司	2,064.08	2,142.16		

武汉马应龙大药房连锁有限公司	964.16	1,189.41		
武汉天一医药科技投资有限公司		203.26		
武汉天一医药开发有限公司	4.82	15.68		
武汉马应龙中西医结合肛肠医院有限公司	15.46	15.46		
武汉马应龙医药有限公司	0.09	11.06		
武汉马应龙综合门诊部有限公司	5.10	6.10		
深圳大佛药业有限公司	0.19	2.64		
武汉马应龙达安基因诊断技术有限公司	1.18	1.18		
湖北天下明药业有限公司	0.98	0.98		
深圳市大佛医药贸易有限公司	0.95	0.95		
武汉马应龙医药物流有限公司		0.88		
西安太极药业有限公司	0.17	0.17		
北京长青医院管理有限公司			1,500.00	1,500.00
南京马应龙医院管理有限公司			499.00	499.00
合计	3,057.18	3,589.93	1,999.00	1,999.00

其中：报告期内公司向控股股东及其子公司提供资金的发生额 0 元，余额 0 元。

7.4.3 报告期内资金被占用情况及清欠进展情况

□适用　　√不适用

截至报告期末，上市公司未完成非经营性资金占用的清欠工作的，董事会提出的责任追究方案

□适用　　√不适用

7.5 委托理财

□适用　　√不适用

7.6 承诺事项履行情况

7.6.1 公司或持股 5%以上股东在报告期内或持续到报告期内的承诺事项

□适用　　√不适用

7.6.2 公司资产或项目存在盈利预测，且报告期仍处在盈利预测期间，公司就资产或项目是否达到原盈利预测及其原因作出说明

□适用　　√不适用

7.7 重大诉讼仲裁事项

□适用　　√不适用

7.8 其他重大事项及其影响和解决方案的分析说明

7.8.1 证券投资情况

√适用　　□不适用

序号	证券品种	证券代码	证券简称	最初投资成本（元）	持有数量	期末账面价值	占期末证券总投资比例(%)	报告期损益
1	股票	000538	云南白药	13,931,935.78	217,067	13,110,846.78	21.81	−821,089.00
2	股票	600380	健康元	13,595,229.15	1,080,000	11,955,600.00	19.89	−1,639,629.15
3	股票	000522	白云山 A	8,931,365.29	490,000	8,388,800.00	13.95	−542,565.30
4	股票	600866	星湖科技	7,224,087.32	530,000	7,494,200.00	12.47	270,112.68
5	股票	600297	美罗药业	6,692,077.36	650,000	7,026,500.00	11.69	334,422.64
6	股票	000766	通化金马	6,967,680.97	800,000	6,104,000.00	10.15	−863,680.97
7	股票	002393	力生制药	5,515,108.78	110,000	5,500,000.00	9.15	−15,108.78
8	股票	300156	天立环保	145,000.00	2,500	145,000.00	0.24	
9	股票	300157	恒泰艾普	85,500.00	1,500	85,500.00	0.14	
10	股票	300159	新研股份	69,980.00	1,000	69,980.00	0.12	
期末持有的其他证券投资				241,490.00	/	241,490.00	0.40	
报告期已出售证券投资损益				/	/	/	/	19,247,424.68
合计				63,399,454.65	/	60,121,916.78	100%	15,969,886.80

7.8.2 持有其他上市公司股权情况

□适用　　√不适用

7.8.3 持有非上市金融企业股权情况

□适用　　√不适用

7.8.4 买卖其他上市公司股份的情况

√适用　　□不适用

买卖方向	股份名称	期初股份数量	报告期买入/卖出股份数量	期末股份数量	使用的资金数量	产生的投资收益
	三九药业	1,915,000			34,137,876.71	
	中国北车	11,000.00			61,160.00	
	中国化学	117,000			635,310.00	
	上海凯宝	2,000.00			76,000.00	
	朗科科技	1,000.00			39,000.00	
	罗普斯金	1,500.00			33,000.00	
	得利斯	2,000.00			26,360.00	
	回天胶业	500.00			18,200.00	
	新宙邦	500.00			14,495.00	
	皖通科技	500.00			13,500.00	
	仙琚制药	1,000.00			8,200.00	
买入	白云山 A		941,023		17,141,552.02	
买入	广济药业		1,117,300		16,278,718.00	
买入	华北制药		6,947,692		77,707,126.84	
买入	华海药业		296,887		7,800,844.38	
买入	华润三九		466,686		11,422,420.01	
买入	华泰股份		136,000		2,720,000.00	
买入	健康元		1,246,362		15,738,207.76	
买入	九芝堂		1,475,811		20,848,025.56	
买入	力生制药		117,000		5,855,795.54	
买入	美罗药业		1,326,491		13,108,567.38	
买入	千金药业		1,043,840		14,156,430.40	
买入	三九药业		400,000		8,269,463.89	
买入	山东药玻		90,000		1,649,614.35	
买入	通化金马		2,687,325		23,634,257.78	
买入	中国西电		84,000		663,600.00	
买入	星湖科技		1,496,371		19,375,227.60	
买入	云南白药		362,000		22,254,647.69	
买入	恒泰艾普		500	500	28,500.00	
买入	胜景山河		1,000	1,000	34,200.00	
买入	天立环保		500	500	29,000.00	
买入	新研股份		500	500	34,990.00	
买入	振东制药		500	500	19,400.00	
卖出	白云山 A		451,023	490,000		737,664.31
卖出	广济药业		1,117,300			578,317.71
卖出	华北制药		6,947,692			3,260,903.41
卖出	华海药业		296,887			316,336.66
卖出	华润三九		466,686			379,552.65
卖出	华泰股份		136,000			155,472.69
卖出	健康元		166,362	1,080,000		125,485.99
卖出	九芝堂		1,475,811			−865,325.11
卖出	力生制药		7,000	110,000		43,674.24
卖出	美罗药业		676,491	650,000		1,281,525.51
卖出	千金药业		1,043,840			2,717,897.34
卖出	三九药业		2,315,000			10,844,036.94
卖出	山东药玻		90,000			35,537.94
卖出	通化金马		1,887,325	800,000		−2,666,981.58
卖出	中国西电		84,000			9,460.22
卖出	星湖科技		966,371	530,000		1,551,900.33
卖出	云南白药		144,933	217,067		331,243.66
卖出	中国化学			117,000		42,859.58
卖出	中国北车			11,000		5,455.44
卖出	上海凯宝			2,000		30,727.97
卖出	朗科科技			1,000		13,008.44
卖出	罗普斯金			1,500		12,411.25
卖出	得利斯			2,000		15,552.05
卖出	回天胶业			500		3,930.09
卖出	新宙邦			500		5,479.93
卖出	皖通科技			500		7,447.50
卖出	仙琚制药			1,000		10,919.94

报告期内卖出申购取得的新股产生的投资收益总额 4,354,722.84 元。

7.9 公司披露了内部控制的自我评价报告或履行社会责任报告，详见年报全文。

第八节　监事会报告

8.1 监事会对公司依法运作情况的独立意见

2010 年，公司监事会成员出席了年内召开的股东大会并列席了历次董事会，会议通知、会议召集、股东和董事出席会议情况、会议表决程序均符合法律规定的程序，各次会议所作的决议均符合法律、法规和《公司章程》的规定，未发现有损害公司和股东利益的情况。报告期内，公司决策程序合法，建立了较完善的内部控制制度。公司按照国家法律、法规和公司章程的规定，坚持规范运作。公司董事及高管能在履行职务中尽职尽责，认真履行股东大会和董事会的决议，未发现上述人员在执行公司职务时有违反法律、法规和公司章程规定以及损害公司利益的行为。

8.2 监事会对检查公司财务情况的独立意见

监事会根据相关法律法规的规定，对公司的财务进行了认真、细致的核查，对公司季报、半年报和年报的编制工作，对财务管理存在的问题提出了看法和建议。通过对财务工作的检查，监事会认为，公司财务管理规范，内控制度得到有效的贯彻执行，保证了公司生产经营的健康运行。公司财务状况良好，经营规模稳步增长，给股东创造了良好的经济效益。公司通过会计事务所审计的财务报告能够真实反映公司的财务状况和经营成果，出具的标准无保留意见审计报告是真实、客观、公正的。

8.3 监事会对公司最近一次募集资金实际投入情况的独立意见

监事会依据相关规定，对公司募集资金的投入情况、变更募集资金进行了认真细致的审核，监事会认为公司在募集资金管理上采取了有效的控制措施，严格按照招股说明书及内部控制制度使用募集资金，未出现违规使用募集资金情况发生。公司变更募集项目程序合规、符合法律、法规和公司章程的规定，符合公司及全体股东的利益。

8.4 监事会对公司收购、出售资产情况的独立意见

监事会认为，报告期内公司对外投资及出售资产行为审批程序合规、价格合理、决策有效，没有发现内幕交易和损害部分股东权益及导致公司资产流失的行为，并有利于公司资源整合和长远发展。

8.5 监事会对公司关联交易情况的独立意见

监事会认为，报告期内公司发生的关联交易体现了公开、公平、公正的原则，符合公司和全

体股东的利益，没有损害公司中小股东的利益，有利于公司的长远发展。

第九节　财务会计报告

9.1 审计意见

财务报告	□未经审计	√审计
审计意见	√标准无保留意见	□非标意见

9.2 财务报表

合并资产负债表

2010 年 12 月 31 日

编制单位:马应龙药业集团股份有限公司　　单位:元 币种:人民币

项目	附注	期末余额	年初余额
流动资产：			
货币资金	(五).1	578,857,295.78	720,520,998.26
结算备付金			
拆出资金			
交易性金融资产	(五).2	60,121,916.78	39,154,895.00
应收票据	(五).3	75,407,058.96	33,097,639.71
应收账款	(五).4	118,210,171.76	110,662,685.36
预付款项	(五).5	34,044,133.32	27,854,819.92
应收保费			
应收分保账款			
应收分保合同准备金			
应收利息			
应收股利			
其他应收款	(五).6	12,908,591.75	10,909,483.12
买入返售金融资产			
存货	(五).7	158,497,030.94	149,865,145.73
一年内到期的非流动资产	(五).8	3,861,002.93	2,969,660.75
其他流动资产			
流动资产合计		1,041,907,202.22	1,095,035,327.85
非流动资产：			
发放委托贷款及垫款			
可供出售金融资产	(五).9	50,000,000.00	
持有至到期投资			
长期应收款			
长期股权投资	(五).11	59,711,673.45	62,568,582.16
投资性房地产			
固定资产	(五).12	212,606,470.34	205,738,605.42
在建工程	(五).13	25,144,928.10	17,635,932.51
工程物资		54,132.09	325,042.09
固定资产清理			
生产性生物资产			
油气资产			
无形资产	(五).14	33,460,942.66	31,099,607.89
开发支出	(五).14	3,619,185.24	2,919,903.17
商誉	(五).15	7,080,483.90	7,080,483.90
长期待摊费用	(五).16	7,875,103.76	5,308,864.35
递延所得税资产	(五).17	7,448,740.01	8,112,077.68
其他非流动资产			
非流动资产合计		407,001,659.55	340,789,099.17
资产总计		1,448,908,861.77	1,435,824,427.02
流动负债：			
短期借款	(五).19	50,836,510.00	60,990,080.00
向中央银行借款			
吸收存款及同业存放			
拆入资金			
交易性金融负债			
应付票据	(五).20	79,212,767.91	109,462,643.31
应付账款	(五).21	87,317,463.02	89,181,510.34
预收款项	(五).22	13,044,632.32	34,168,062.37
卖出回购金融资产款			
应付手续费及佣金			
应付职工薪酬	(五).23	3,967,687.65	4,679,665.32
应交税费	(五).24	18,235,543.20	21,694,322.54
应付利息			
应付股利	(五).25	8,866,338.37	433,866.49
其他应付款	(五).26	59,907,557.53	62,295,223.93
应付分保账款			
保险合同准备金			
代理买卖证券款			
代理承销证券款			
一年内到期的非流动负债			
其他流动负债			
流动负债合计		321,388,500.00	382,905,374.30
非流动负债：			
长期借款			
应付债券			
长期应付款			
专项应付款			
预计负债			
递延所得税负债	(五).17		614,395.99
其他非流动负债	(五).27	293,333.34	586,666.67
非流动负债合计		293,333.34	1,201,062.66
负债合计		321,681,833.34	384,106,436.96
所有者权益(或股东权益)：			
实收资本(或股本)	(五).28	165,789,958.00	165,789,958.00
资本公积	(五).29	217,046,731.29	218,132,246.33
减：库存股			
专项储备			
盈余公积	(五).30	193,331,956.67	181,055,844.31
一般风险准备			
未分配利润	(五).31	448,168,696.17	387,643,737.00
外币报表折算差额		−1,291,498.27	−1,183,878.84
归属于母公司所有者权益合计		1,023,045,843.86	951,437,906.80
少数股东权益		104,181,184.57	100,280,083.26
所有者权益合计		1,127,227,028.43	1,051,717,990.06
负债和所有者权益总计		1,448,908,861.77	1,435,824,427.02

法定代表人：陈平　　主管会计工作负责人：钱文酒　　会计机构负责人：孟凡龙

母公司资产负债表

2010 年 12 月 31 日

编制单位:马应龙药业集团股份有限公司　　单位:元 币种:人民币

项目	附注	期末余额	年初余额
流动资产：			
货币资金		413,997,057.43	532,498,199.12
交易性金融资产		59,726,036.78	38,685,020.00
应收票据		71,127,697.34	27,385,559.41
应收账款	(十一).1	14,922,283.27	7,501,973.60
预付款项		4,736,082.97	8,578,666.36
应收利息			
应收股利			
其他应收款	(十一).2	36,288,803.61	6,390,775.89
存货		34,134,021.93	30,711,991.01
一年内到期的非流动资产			
其他流动资产			
流动资产合计		634,931,983.33	651,752,185.39
非流动资产：			
可供出售金融资产		50,000,000.00	
持有至到期投资			
长期应收款			
长期股权投资	(十一).3	274,230,928.97	252,286,611.97
投资性房地产			
固定资产		97,654,623.00	102,488,734.33
在建工程		24,472,928.10	12,624,705.58
工程物资		52,914.09	52,914.09
固定资产清理			
生产性生物资产			
油气资产			
无形资产		12,732,395.72	9,802,829.16
开发支出		3,619,185.24	2,919,903.17
商誉			
长期待摊费用			
递延所得税资产		4,322,778.96	5,496,882.63
其他非流动资产			
非流动资产合计		467,085,754.08	385,672,580.93
资产总计		1,102,017,737.41	1,037,424,766.32
流动负债：			
短期借款			
交易性金融负债			
应付票据			
应付账款		10,908,580.99	13,233,001.43
预收款项		6,380,028.29	23,083,963.31
应付职工薪酬		1,208,103.62	1,965,492.30
应交税费		11,321,219.36	15,599,720.15
应付利息			
应付股利		8,866,338.37	433,866.49
其他应付款		58,930,166.39	50,823,396.59

一年内到期的非流动负债		
其他流动负债		
流动负债合计	97,614,437.02	105,139,440.27
非流动负债：		
长期借款		
应付债券		
长期应付款		
专项应付款		
预计负债		
递延所得税负债		612,828.49
其他非流动负债	293,333.34	586,666.67
非流动负债合计	293,333.34	1,199,495.16
负债合计	97,907,770.36	106,338,935.43
所有者权益(或股东权益)：		
实收资本(或股本)	165,789,958.00	165,789,958.00
资本公积	220,369,961.04	220,369,961.04
减:库存股		
专项储备		
盈余公积	193,331,956.67	181,055,844.31
一般风险准备		
未分配利润	424,618,091.34	363,870,067.54
所有者权益(或股东权益)合计	1,004,109,967.05	931,085,830.89
负债和所有者权益(或股东权益)总计	1,102,017,737.41	1,037,424,766.32

法定代表人：陈平　主管会计工作负责人：钱文洒　会计机构负责人：孟凡龙

合并利润表

2010 年 1—12 月

单位：元 币种：人民币

项目	附注	本期金额	上期金额
一、营业总收入		1,178,494,580.77	1,021,983,355.06
其中：营业收入	(五).32	1,178,494,580.77	1,021,983,355.06
利息收入			
已赚保费			
手续费及佣金收入			
二、营业总成本		1,057,645,184.31	905,203,813.66
其中：营业成本	(五).32	733,986,804.73	634,978,657.45
利息支出			
手续费及佣金支出			
退保金			
赔付支出净额			
提取保险合同准备金净额			
保单红利支出			
分保费用			
营业税金及附加	(五).33	10,776,244.17	9,209,943.26
销售费用	(五).34	241,904,744.73	200,588,231.18
管理费用	(五).35	69,243,509.67	61,817,388.34
财务费用	(五).36	−2,473,510.99	−2,746,344.55
资产减值损失	(五).37	4,207,392.00	1,355,937.98
加：公允价值变动收益(损失以"−"号填列)	(五).38	−7,369,331.16	−9,255,541.97
投资收益(损失以"−"号填列)	(五).39	22,738,546.77	107,084,741.26
其中：对联营企业和合营企业的投资收益	(五).39	−1,856,908.71	15,112,851.12
汇兑收益(损失以"−"号填列)			
三、营业利润(亏损以"−"号填列)		136,218,612.07	214,608,740.69
加：营业外收入	(五).40	11,021,638.62	8,182,577.21
减：营业外支出	(五).41	3,000,675.11	2,250,486.66
其中：非流动资产处置损失		670,195.28	82,654.81
四、利润总额(亏损总额以"−"号填列)		144,239,575.58	220,540,831.24
减：所得税费用	(五).42	24,474,883.91	31,348,369.28
五、净利润(净亏损以"−"号填列)		119,764,691.67	189,192,461.96
归属于母公司所有者的净利润		122,538,058.93	180,081,085.42
少数股东损益		−2,773,367.26	9,111,376.54
六、每股收益：			
(一)基本每股收益	(五).43	0.74	1.09
(二)稀释每股收益	(五).43	0.74	1.09
七、其他综合收益	(五).44	−109,861.50	−6,685.79
八、综合收益总额		119,654,830.17	189,185,776.17
归属于母公司所有者的综合收益总额		122,430,439.50	180,074,536.07
归属于少数股东的综合收益总额		−2,775,609.33	9,111,240.10

法定代表人：陈平　主管会计工作负责人：钱文洒　会计机构负责人：孟凡龙

母公司利润表

2010 年 1—12 月

单位：元 币种：人民币

项目	附注	本期金额	上期金额
一、营业收入	(十一).4	443,755,495.61	395,761,502.74
减：营业成本	(十一).4	124,527,904.17	116,055,291.54
营业税金及附加		8,463,131.45	6,579,719.05
销售费用		150,239,359.37	127,471,116.43
管理费用		38,006,206.80	35,046,316.57
财务费用		−4,939,053.97	−4,905,439.97
资产减值损失		2,533,760.26	−546,548.60
加：公允价值变动收益(损失以"−"号填列)		−7,363,061.16	−8,095,204.80
投资收益(损失以"−"号填列)	(十一).5	22,244,223.54	71,820,948.32
其中：对联营企业和合营企业的投资收益			
二、营业利润(亏损以"−"号填列)		139,805,349.91	179,786,791.24
加：营业外收入		5,346,327.77	4,896,987.18
减：营业外支出		1,167,901.75	848,747.70
其中：非流动资产处置损失		48,003.57	35,557.78
三、利润总额(亏损总额以"−"号填列)		143,983,775.93	183,835,030.72
减：所得税费用		21,222,652.37	27,257,064.37
四、净利润(净亏损以"−"号填列)		122,761,123.56	156,577,966.35
五、每股收益：			
(一)基本每股收益			
(二)稀释每股收益			
六、其他综合收益			
七、综合收益总额		122,761,123.56	156,577,966.35

法定代表人：陈平　主管会计工作负责人：钱文洒　会计机构负责人：孟凡龙

合并现金流量表

2010 年 1—12 月

单位：元 币种：人民币

项目	附注	本期金额	上期金额
一、经营活动产生的现金流量：			
销售商品、提供劳务收到的现金		1,232,776,357.77	1,231,206,950.99
客户存款和同业存放款项净增加额			
向中央银行借款净增加额			
向其他金融机构拆入资金净增加额			
收到原保险合同保费取得的现金			
收到再保险业务现金净额			
保户储金及投资款净增加额			
处置交易性金融资产净增加额			
收取利息、手续费及佣金的现金			
拆入资金净增加额			
回购业务资金净增加额			
收到的税费返还		879,314.43	604,223.38
收到其他与经营活动有关的现金	(五).45	17,008,915.25	16,856,518.02
经营活动现金流入小计		1,250,664,587.45	1,248,667,692.39
购买商品、接受劳务支付的现金		809,620,406.90	674,306,542.53
客户贷款及垫款净增加额			
存放中央银行和同业款项净增加额			
支付原保险合同赔付款项的现金			
支付利息、手续费及佣金的现金			
支付保单红利的现金			
支付给职工以及为职工支付的现金		106,986,058.45	92,855,617.33
支付的各项税费		117,958,268.66	100,221,442.38
支付其他与经营活动有关的现金	(五).45	227,520,284.17	165,171,588.36
经营活动现金流出小计		1,262,085,018.18	1,032,555,190.60
经营活动产生的现金流量净额		−11,420,430.73	216,112,501.79
二、投资活动产生的现金流量：			
收回投资收到的现金		853,154,184.12	1,043,639,126.79
取得投资收益收到的现金			
处置固定资产、无形资产和其他长期资产收回的现金净额		5,160,189.95	554,695.73
处置子公司及其他营业单位收到的现金净额			
收到其他与投资活动有关的现金			
投资活动现金流入小计		858,314,374.07	1,044,193,822.52
购建固定资产、无形资产和其他长期资产支付的现金		33,547,810.27	34,933,622.47
投资支付的现金		916,154,721.97	849,023,749.60
质押贷款净增加额			
取得子公司及其他营业单位支付的现金净额	(五).45	3,994,642.21	
支付其他与投资活动有关的现金			
投资活动现金流出小计		953,697,174.45	883,957,372.07
投资活动产生的现金流量净额		−95,382,800.38	160,236,450.45
三、筹资活动产生的现金流量：			
吸收投资收到的现金		4,950,000.00	
其中：子公司吸收少数股东投资收到的现金		4,950,000.00	
取得借款收到的现金		75,943,950.00	561,979,280.16
发行债券收到的现金			

收到其他与筹资活动有关的现金		
筹资活动现金流入小计	80,893,950.00	561,979,280.16
偿还债务支付的现金	86,097,520.00	546,489,200.16
分配股利、利润或偿付利息支付的现金	45,362,180.12	19,329,376.88
其中:子公司支付给少数股东的股利、利润		
支付其他与筹资活动有关的现金		
筹资活动现金流出小计	131,459,700.12	565,818,577.04
筹资活动产生的现金流量净额	−50,565,750.12	−3,839,296.88
四、汇率变动对现金及现金等价物的影响	−109,861.50	−6,685.79
五、现金及现金等价物净增加额	−157,478,842.73	372,502,969.57
加:期初现金及现金等价物余额	720,520,998.26	348,018,028.69
六、期末现金及现金等价物余额	563,042,155.53	720,520,998.26

法定代表人:陈平　　主管会计工作负责人:钱文洒　　会计机构负责人:孟凡龙

母公司现金流量表

2010 年 1—12 月

单位:元 币种:人民币

项目	附注	本期金额	上期金额
一、经营活动产生的现金流量:			
销售商品、提供劳务收到的现金		450,758,161.27	512,692,778.30
收到的税费返还			
收到其他与经营活动有关的现金	(十一).6	10,068,139.23	22,935,358.69
经营活动现金流入小计		460,826,300.50	535,628,136.99
购买商品、接受劳务支付的现金		118,494,121.57	113,928,739.97
支付给职工以及为职工支付的现金		58,144,153.48	49,929,491.91
支付的各项税费		91,365,962.95	78,503,138.98
支付其他与经营活动有关的现金	(十一).6	170,143,527.43	111,295,644.39
经营活动现金流出小计		438,147,765.43	353,657,015.25
经营活动产生的现金流量净额		22,678,535.07	181,971,121.74
二、投资活动产生的现金流量:			
收回投资收到的现金		665,884,800.41	967,125,436.40
取得投资收益收到的现金			
处置固定资产、无形资产和其他			
长期资产收回的现金净额		119,059.75	457,745.00
处置子公司及其他营业单位收到的现金净额			
收到其他与投资活动有关的现金			
投资活动现金流入小计		666,003,860.16	967,583,181.40
购建固定资产、无形资产和其他			
长期资产支付的现金		21,890,049.59	24,208,704.49
投资支付的现金		743,988,971.81	798,307,832.88
取得子公司及其他营业单位支付的现金净额			
支付其他与投资活动有关的现金			
投资活动现金流出小计		765,879,021.40	822,516,537.37
投资活动产生的现金流量净额		−99,875,161.24	145,066,644.03
三、筹资活动产生的现金流量:			
吸收投资收到的现金			
取得借款收到的现金			453,509,200.16
发行债券收到的现金			
收到其他与筹资活动有关的现金			
筹资活动现金流入小计			453,509,200.16
偿还债务支付的现金			453,509,200.16
分配股利、利润或偿付利息支付的现金		41,304,515.52	15,747,633.73
支付其他与筹资活动有关的现金			
筹资活动现金流出小计		41,304,515.52	469,256,833.89
筹资活动产生的现金流量净额		−41,304,515.52	−15,747,633.73
四、汇率变动对现金及现金等价物的影响			
五、现金及现金等价物净增加额		−118,501,141.69	311,290,132.04
加:期初现金及现金等价物余额		532,498,199.12	221,208,067.08
六、期末现金及现金等价物余额		413,997,057.43	532,498,199.12

法定代表人:陈平　　主管会计工作负责人:钱文洒　　会计机构负责人:孟凡龙

合并所有者权益变动表

2010 年 1—12 月

单位:元 币种:人民币

本期金额

项目	归属于母公司所有者权益									
	实收资本(或股本)	资本公积	减:库存股	专项储备	盈余公积	一般风险准备	未分配利润	其他	少数股东权益	所有者权益合计
一、上年年末余额	165,789,958.00	218,132,246.33			181,055,844.31		387,643,737.00	−1,183,878.84	100,280,083.26	1,051,717,990.06
加:会计政策变更										
前期差错更正										
其他										
二、本年年初余额	165,789,958.00	218,132,246.33			181,055,844.31		387,643,737.00	−1,183,878.84	100,280,083.26	1,051,717,990.06
三、本期增减变动金额										
(减少以"−"号填列)		−1,085,515.04			12,276,112.36		60,524,959.17	−107,619.43	3,901,101.31	75,509,038.37
(一)净利润							122,538,058.93		−2,773,367.26	119,764,691.67
(二)其他综合收益								−107,619.43	−2,242.07	−109,861.50
上述(一)和(二)小计							122,538,058.93	−107,619.43	−2,775,609.33	119,654,830.17
(三)所有者投入和减少资本									5,591,195.60	5,591,195.60
1.所有者投入资本									5,591,195.60	5,591,195.60
2.股份支付计入所有者权益的金额										
3.其他										
(四)利润分配					12,276,112.36		−62,013,099.76			−49,736,987.40
1.提取盈余公积					12,276,112.36		−12,276,112.36			
2.提取一般风险准备										
3.对所有者(或股东)的分配							−49,736,987.40			−49,736,987.40
4.其他										
(五)所有者权益内部结转		−1,085,515.04							1,085,515.04	
1.资本公积转增资本(或股本)										
2.盈余公积转增资本(或股本)										
3.盈余公积弥补亏损										
4.其他		−1,085,515.04							1,085,515.04	
(六)专项储备										
1.本期提取										
2.本期使用										
(七)其他										
四、本期期末余额	165,789,958.00	217,046,731.29			193,331,956.67		448,168,696.17	−1,291,498.27	104,181,184.57	1,127,227,028.43

上年同期金额

项目	归属于母公司所有者权益									
	实收资本(或股本)	资本公积	减:库存股	专项储备	盈余公积	一般风险准备	未分配利润	其他	少数股东权益	所有者权益合计
一、上年年末余额	92,105,532.00	254,976,391.16			165,398,047.67		269,273,214.42	−1,177,329.49	90,849,337.01	871,425,192.77
加:会计政策变更										
前期差错更正										
其他										
二、本年年初余额	92,105,532.00	254,976,391.16			165,398,047.67		269,273,214.42	−1,177,329.49	90,849,337.01	871,425,192.77
三、本期增减变动金额										
(减少以"−"号填列)	73,684,426.00	−36,844,144.83			15,657,796.64		118,370,522.58	−6,549.35	9,430,746.25	180,292,797.29
(一)净利润							180,081,085.42		9,111,376.54	189,192,461.96
(二)其他综合收益								−6,549.35	−136.44	−6,685.79
上述(一)和(二)小计							180,081,085.42	−6,549.35	9,111,240.10	189,185,776.17
(三)所有者投入和减少资本									317,574.32	317,574.32
1.所有者投入资本									317,574.32	317,574.32
2.股份支付计入所有者权益的金额										
3.其他										
(四)利润分配	36,842,213.00				15,657,796.64		−61,710,562.84			−9,210,553.20
1.提取盈余公积					15,657,796.64		−15,657,796.64			
2.提取一般风险准备										
3.对所有者(或股东)的分配	36,842,213.00						−46,052,766.20			−9,210,553.20
4.其他										
(五)所有者权益内部结转	36,842,213.00	−36,844,144.83							1,931.83	
1.资本公积转增资本(或股本)	36,842,213.00	−36,842,213.00								
2.盈余公积转增资本(或股本)										
3.盈余公积弥补亏损										
4.其他		−1,931.83							1,931.83	
(六)专项储备										
1.本期提取										
2.本期使用										
(七)其他										
四、本期期末余额	165,789,958.00	218,132,246.33			181,055,844.31		387,643,737.00	−1,183,878.84	100,280,083.26	1,051,717,990.06

法定代表人:陈平　　主管会计工作负责人:钱文洒　　会计机构负责人:孟凡龙

母公司所有者权益变动表

2010 年 1—12 月

单位:元 币种:人民币

本期金额

项目	实收资本(或股本)	资本公积	减:库存股	专项储备	盈余公积	一般风险准备	未分配利润	所有者权益合计
一、上年年末余额	165,789,958.00	220,369,961.04			181,055,844.31		363,870,067.54	931,085,830.89
加:会计政策变更								
前期差错更正								
其他								
二、本年年初余额	165,789,958.00	220,369,961.04			181,055,844.31		363,870,067.54	931,085,830.89
三、本期增减变动金额								
(减少以"−"号填列)					12,276,112.36		60,748,023.80	73,024,136.16
(一)净利润							122,761,123.56	122,761,123.56
(二)其他综合收益								
上述(一)和(二)小计							122,761,123.56	122,761,123.56
(三)所有者投入和减少资本								
1.所有者投入资本								
2.股份支付计入所有者权益的金额								
3.其他								

(四)利润分配					12,276,112.36		-62,013,099.76	-49,736,987.40
1.提取盈余公积					12,276,112.36		-12,276,112.36	
2.提取一般风险准备								
3.对所有者(或股东)的分配							-49,736,987.40	-49,736,987.40
4.其他								
(五)所有者权益内部结转								
1.资本公积转增资本(或股本)								
2.盈余公积转增资本(或股本)								
3.盈余公积弥补亏损								
4.其他								
(六)专项储备								
1.本期提取								
2.本期使用								
(七)其他								
四、本期期末余额	165,789,958.00	220,369,961.04			193,331,956.67		424,618,091.34	1,004,109,967.05

上年同期金额

项目	实收资本(或股本)	资本公积	减:库存股	专项储备	盈余公积	一般风险准备	未分配利润	所有者权益合计
一、上年年末余额	92,105,532.00	257,212,174.04			165,398,047.67		269,002,664.03	783,718,417.74
加:会计政策变更								
前期差错更正								
其他								
二、本年年初余额	92,105,532.00	257,212,174.04			165,398,047.67		269,002,664.03	783,718,417.74
三、本期增减变动金额(减少以"-"号填列)	73,684,426.00	-36,842,213.00			15,657,796.64		94,867,403.51	147,367,413.15
(一)净利润							156,577,966.35	156,577,966.35
(二)其他综合收益								
上述(一)和(二)小计							156,577,966.35	156,577,966.35
(三)所有者投入和减少资本								
1.所有者投入资本								
2.股份支付计入所有者权益的金额								
3.其他								
(四)利润分配	36,842,213.00				15,657,796.64		-61,710,562.84	-9,210,553.20
1.提取盈余公积					15,657,796.64		-15,657,796.64	
2.提取一般风险准备								
3.对所有者(或股东)的分配	36,842,213.00						-46,052,766.20	-9,210,553.20
4.其他								
(五)所有者权益内部结转	36,842,213.00	-36,842,213.00						
1.资本公积转增资本(或股本)	36,842,213.00	-36,842,213.00						
2.盈余公积转增资本(或股本)								
3.盈余公积弥补亏损								
4.其他								
(六)专项储备								
1.本期提取								
2.本期使用								
(七)其他								
四、本期期末余额	165,789,958.00	220,369,961.04			181,055,844.31		363,870,067.54	931,085,830.89

法定代表人:陈平　　主管会计工作负责人:钱文洒　　会计机构负责人:孟凡龙

9.3 主要会计政策、会计估计的变更

9.3.1 会计政策变更

无

9.3.2 会计估计变更

公司于 2010 年 8 月 12 日召开的第七届董事会第二次会议,审议通过了《关于修改应收款项坏账准备计提政策的议案》,会议同意鉴于新医改推进和国家宏观调控政策影响,公司结合自身医药商业板块和下游商业实际情况,判断需调整账龄长的应收款项坏账计提比例,坏账准备的计提比例变化前后情况如下:

账龄	原计提比例(%)	现计提比例(%)
1 年以内(含 1 年)	5%	5%
1-2 年(含 2 年)	10%	10%
2-3 年(含 3 年)	20%	20%
3 年以上	50%	
3-4 年(含 4 年)		50%
4-5 年(含 5 年)		80%
5 年以上		100%

该项会计估计自 2010 年 1 月 1 日起变更，根据规定本次应收账款坏账准备计提比例的变更属于会计估计变更,应采用未来适用法处理,无需对以前年度进行追溯调整,因此不会对公司已披露的财务报表产生影响。经测算，本次会计估计变更减少公司 2010 年度合并净利润 194.64 万元、母公司净利润 40.03 万元。

9.4 本报告期无前期会计差错更正。

9.5 企业合并及合并财务报表

9.5.1 合并范围发生变更的说明

报告期内新纳入合并范围公司

公司名称	变更原因	本年净利润	期末净资产
武汉马应龙综合门诊部有限公司	新设成立	-32,456.57	967,543.43
湖北马应龙连锁医院投资管理有限公司	新设成立	-14,923.68	19,985,076.32
南京马应龙医院管理有限公司	新设成立	-351,600.77	20,148,399.23
北京长青医院管理有限公司	增资及股权收购	-574,911.49	32,429,249.79
北京长青肛肠医院有限公司	股权收购	169,680.46	15,100,779.44

注 1:武汉马应龙综合门诊部有限公司,系公司子公司武汉马应龙中西医结合肛肠医院有限公司以货币出资设立的全资子公司,工商登记事宜已于 2010 年 1 月 18 日办理完毕。

注 2:湖北马应龙连锁医院投资管理有限公司,系公司与子公司武汉天一医药科技投资有限公司共同以货币出资设立的全资子公司,工商登记事宜已于 2010 年 5 月 19 日办理完毕。

注 3:南京马应龙医院管理有限公司,系公司子公司湖北马应龙连锁医院投资管理有限公司与自然人丁义江、丁彤共同以货币出资设立的控股子公司,持股比例 77.80%,工商登记事宜已于 2010 年 6 月 24 日办理完毕。

注 4:北京长青医院管理有限公司,系公司子公司武汉马应龙医院投资管理有限公司以"增资+受让"方式投资 2,320 万元收购的控股子公司,持股比例 70.31%,工商登记事宜已于 2010 年 2 月 26 日办理完毕。

注 5:北京长青肛肠医院有限公司,系公司子公司北京长青医院管理有限公司原控股的子公司,持股比例 98.65%。

9.5.2 本期新纳入合并范围的主体和本期不再纳入合并范围的主体

9.5.2.1 本期新纳入合并范围的子公司、特殊目的主体、通过受托经营或承租等方式形成控制权的经营实体

单位:元 币种:人民币

名称	期末净资产	本期净利润
武汉马应龙综合门诊部有限公司	967,543.43	-32,456.57
湖北马应龙连锁医院投资管理有限公司	19,985,076.32	-14,923.68
南京马应龙医院管理有限公司	20,148,399.23	-351,600.77
北京长青医院管理有限公司	32,429,249.79	-574,911.49
北京长青肛肠医院有限公司	15,100,779.44	169,680.46

9.5.3 境外经营实体主要报表项目的折算汇率

本公司对境外经营的财务报表进行折算时,遵循下列规定:资产负债表中的资产和负债项目,采用资产负债表日的即期汇率折算,所有者权益项目除"未分配利润"项目外,其他项目采用发生时的即期汇率折算;利润表中的收入和费用项目,采用交易发生日的即期汇率折算。按照上述折算产生的外币财务报表折算差额,在资产负债表中所有者权益项目下单独列示。比较财务报表的折算比照上述规定处理。

董事长:陈平

马应龙药业集团股份有限公司

2011 年 3 月 17 日

七台河宝泰隆煤化工股份有限公司

七台河宝泰隆煤化工股份有限公司2011年半年度报告摘要

第一节 重要提示

1.1 本公司董事会、监事会及董事、监事、高级管理人员保证本报告所载资料不存在任何虚假记载、误导性陈述或者重大遗漏,并对其内容的真实性、准确性和完整性承担个别及连带责任。

本半年度报告摘要摘自半年度报告全文,投资者欲了解详细内容,应当仔细阅读半年度报告全文。

1.2 如有董事未出席董事会,应当单独列示其姓名。

未出席董事姓名	未出席董事职务	未出席董事的说明	被委托人姓名
黄金干	独立董事	出差在外	秦雪军

1.3 公司半年度财务报告未经审计。

1.4 是否存在被控股股东及其关联方非经营性占用资金情况?

否

1.5 是否存在违反规定决策程序对外提供担保的情况?

否

1.6 公司负责人焦云、主管会计工作负责人宋希祥及会计机构负责人常万昌声明:保证半年度报告中财务报告的真实、完整。

第二节 公司基本情况

2.1 基本情况简介

股票简称	宝泰隆	
股票代码	601011	
股票上市交易所	上海证券交易所	
	董事会秘书	证券事务代表
姓名	王维舟	唐 晶
联系地址	黑龙江省七台河市新兴区宝泰隆路1号	黑龙江省七台河市新兴区宝泰隆路1号
电话	0464-2924686-8097	0464-2924686-8510
传真	0464-8338010	0464-8336555
电子信箱	wwz0451@163.com	475542078@qq.com

2.2 主要财务数据和指标

2.2.1 主要会计数据和财务指标

单位:元 币种:人民币

	本报告期末	上年度期末	本报告期末比上年度期末增减(%)
总资产	3,957,388,972.68	2,814,184,270.47	40.62
所有者权益(或股东权益)	2,723,326,597.92	985,068,683.50	176.46
归属于上市公司股东的每股净资产(元/股)	7.037	3.397	107.15
	报告期(1-6月)	上年同期	本报告期比上年同期增减(%)
营业利润	106,632,406.06	115,359,439.58	-7.57
利润总额	115,022,591.78	129,288,408.04	-11.03
归属于上市公司股东的净利润	93,970,755.08	104,355,618.03	-9.95
归属于上市公司股东的扣除非经常性损益的净利润	87,430,696.34	94,022,662.11	-7.01
基本每股收益(元)	0.2776	0.3598	-22.85
扣除非经常性损益后的基本每股收益(元)	0.2583	0.3242	-20.33
稀释每股收益(元)	0.2776	0.3598	-22.85
加权平均净资产收益率(%)	5.0680	12.4182	减少7.3502个百分点
经营活动产生的现金流量净额	-391,735,187.48	39,146,952.96	-1,100.68
每股经营活动产生的现金流量净额(元)	-1.0122	0.1350	-849.78

2.2.2 非经常性损益项目

√适用 □不适用

单位:元 币种:人民币

非经常性损益项目	金 额
非流动资产处置损益	337,001.01
计入当期损益的政府补助(与企业业务密切相关,按照国家统一标准定额或定量享受的政府补助除外)	7,603,333.41
除上述各项之外的其他营业外收入和支出	449,851.30
所得税影响额	-1,850,126.98
合计	6,540,058.74

第三节 股本变动及股东情况

3.1 股份变动情况表

√适用 □不适用

单位:股

	本次变动前		本次变动增减(+,-)					本次变动后	
	数量	比例(%)	发行新股	送股	公积金转股	其他	小计	数量	比例(%)
一、有限售条件股份	290,000,000	100.00						290,000,000	74.94
1、国家持股									
2、国有法人持股									
3、其他内资持股	290,000,000	100.00						290,000,000	74.94
其中:境内非国有法人持股	205,543,633	70.88						205,543,633	53.11
境内自然人持股	84,456,367	29.12						84,456,367	21.83
4、外资持股									
其中:境外法人持股									
境外自然人持股									
二、无限售条件流通股份			97,000,000				97,000,000	97,000,000	25.06
1、人民币普通股			97,000,000				97,000,000	97,000,000	25.06
2、境内上市的外资股									
3、境外上市的外资股									
4、其他									
三、股份总数	290,000,000	100.00						387,000,000	100.00

3.2 股东数量和持股情况

单位:股

报告期末股东总数 32,880户

前十名股东持股情况

股东名称	股东性质	持股比例(%)	持股总数	持有有限售条件股份数量	质押或冻结的股份数量
黑龙江宝泰隆煤化工集团有限公司	境内非国有法人	47.96	185,587,095	185,587,095	无
焦云	境内自然人	8.82	34,140,141	34,140,141	无
焦贵波	境内自然人	4.58	17,720,805	17,720,805	无
焦岩岩	境内自然人	3.58	13,849,537	13,849,537	无
荣盛创业投资有限公司	境内非国有法人	1.55	6,001,966	6,001,966	无
北京荷信利华投资顾问有限公司	境内非国有法人	1.28	4,951,622	4,951,622	质押4,951,622
广州市黄埔龙的投资管理有限公司	境内非国有法人	1.16	4,501,475	4,501,475	无
孙宝亮	境内自然人	1.02	3,948,664	3,948,664	无
华安财产保险股份有限公司-传统保险产品	国有法人	0.79	3,059,837	0	无
佛山市顺德金纺集团有限公司	境内非国有法人	0.78	3,000,983	3,000,983	无

前十名无限售条件股东持股情况

股东名称	持有无限售条件股份的数量	股份种类及数量	
华安财产保险股份有限公司-传统保险产品	3,059,837	人民币普通股	3,059,837
中国建设银行-工银瑞信信用添利债券型证券投资基金	1,529,918	人民币普通股	1,529,918
华宸信托有限责任公司	1,261,788	人民币普通股	1,261,788
宏源证券股份有限公司	1,000,097	人民币普通股	1,000,097
大通-光大-大通星海一号集合资产管理计划	920,000	人民币普通股	920,000
王子明	817,800	人民币普通股	817,800
高存标	760,000	人民币普通股	760,000
王成友	672,289	人民币普通股	672,289
中国建设银行-华富竞争力优选混合型证券投资基金	585,500	人民币普通股	585,500
中意人寿保险有限公司-传统保险产品-股票账户	536,260	人民币普通股	536,260
上述股东关联关系或一致行动的说明	本公司未知上述股东之间是否存在关联关系,也未知上述股东是否属于《上市公司股东持股变动信息披露管理办法》中规定的一致行动人。		

3.3 控股股东及实际控制人变更情况

□适用 √不适用

第四节 董事、监事和高级管理人员情况

4.1 董事、监事和高级管理人员持股变动

□适用 √不适用

第五节 董事会报告

5.1 主营业务分行业、产品情况表

单位:元 币种:人民币

分行业或分产品	营业收入	营业成本	营业利润率(%)	营业收入比上	营业成本比上	营业利润率比上年

				年同期增减(%)	年同期增减(%)	同期增减(%)
分行业						
煤焦产品	987,205,009.41	940,024,870.55	4.78	16.69	19.49	减少 2.23 个百分点
化工产品	212,760,828.39	56,732,912.18	73.33	52.37	64.30	减少 1.94 个百分点
热电产品	38,662,573.67	34,816,446.59	9.95	6.62	15.23	减少 6.72 个百分点
分产品						
焦 炭	880,272,474.82	847,913,467.54	3.68	21.73	25.99	减少 3.26 个百分点
沫 煤	103,641,568.24	88,246,574.58	14.85	−15.64	−22.36	增加 7.37 个百分点
甲 醇	89,945,044.45	35,639,344.15	60.38	59.18	14.18	增加 15.62 个百分点
焦 油	12,607,217.10	434,490.41	96.55	−69.65	0.07	减少 2.40 个百分点
粗 苯	39,349,939.32	4,176,584.87	89.39	51.27	150.51	减少 4.20 个百分点
精制洗油及沥青调和组分	67,855,926.54	11,321,771.41	83.31	361.73	22,070	减少 16.34 个百分点
电 力	27,393,005.43	27,749,030.01	−1.30	10.03	31.38	减少 16.46 个百分点
其 他	17,563,235.57	16,092,966.35	8.37	43.49	56.87	减少 7.82 个百分点

5.2 主营业务分地区情况

单位:元 币种:人民币

地区	营业收入	营业收入比上年增减(%)
黑龙江省	325,777,139.45	7.48
吉林省	51,987,350.77	100.42
辽宁省	842,961,179.37	24.19
其他地区	17,902,741.88	26.90

5.3 主营业务及其结构发生重大变化的原因说明

□适用 √不适用

5.4 主营业务盈利能力(毛利率)与上年相比发生重大变化的原因说明

√适用 □不适用

报告期,公司主要产品焦炭的毛利率较上年同期下降了 3.26 个百分点(本期毛利率为 3.676%,上年同期为 6.932%),主要是本期原材料和加工成本比上年同期增长较多所致(本期焦炭的不含税平均销售单价为 1,534.89 元,较上年同期 1,484.65 元增长 3.38%;单位销售成本本期是 1,478.46 元,较上年同期 1,381.73 元增长 7%)。甲醇的毛利率较上年同期增加了 15.62 个百分点,主要原因:一是本期甲醇的不含税平均销售单价 1,967.64 元较上年同期 1,569.79 元增长了 25.34%;二是本期单位销售成本 779.65 元比上年同期 867.15 元下降了 10.09%。甲醇销量增加和单位销售成本下降的主要原因是:本期 98 万吨/年捣固焦项目全部投入生产使生产甲醇的主要原材料煤气的供应得了保证,使本期甲醇的产量比上年同期增长了 53.57%,随着产量的增加,使产品分摊的固定成本减少。

5.5 利润构成与上年度相比发生重大变化的原因分析

□适用 √不适用

5.6 募集资金使用情况

5.6.1 募集资金运用

√适用 □不适用

单位:万元 币种:人民币

募集资金总额	164,147.23	本报告期已使用募集资金总额	92,686.61
		已累计使用募集资金总额	92,686.61

承诺项目	是否变更项目	拟投入金额	实际投入金额	是否符合计划进度	预计收益	产生收益情况
30 万吨/年煤焦油深加工工程项目	否	78,960.62	0	是	22,887.48	0
合计	/	78,960.62	0	/	22,887.48	/
未达到计划进度和预计收益的说明(分具体项目)	因该项目尚在建设期,故未产生收益					
尚未使用的募集资金用途及去向	部分闲置资金暂时补充公司流动资金,其余募集资金存放在募集资金专户中					

5.6.2 变更项目情况

□适用 √不适用

5.7 非募集资金项目情况

报告期内,公司无非募集资金投资项目。

5.8 董事会下半年的经营计划修改计划

□适用 √不适用

5.9 预测年初至下一报告期期末的累计净利润可能为亏损或者与上年同期相比发生大幅度变动的警示及说明

□适用 √不适用

5.10 公司董事会对会计师事务所本报告期"非标准审计报告"的说明

□适用 √不适用

5.11 公司董事会对会计师事务所上年度"非标准审计报告"涉及事项的变化及处理情况的说明

□适用 √不适用

第六节 重要事项

6.1 收购资产

√适用 □不适用

单位:万元 币种:人民币

交易对方或最终控制方	被收购资产	购买日	收购价格	自购买日起至报告期末为公司贡献的净利润	自本年初至本期末为公司贡献的净利润(适用于同一控制下的企业合并)	是否为关联交易(如是,说明定价原则)	所涉及的资产产权是否已全部过户	所涉及的债权债务是否已全部转移
黑龙江宝泰隆煤化工集团有限公司	七台河市桃山区桃南街(景丰路117号)房产	2011 年 5 月 7 日	4,500	0	0	是(资产评估报告)	否	是

6.2 出售资产

□适用 √不适用

6.3 担保事项

□适用 √不适用

6.4 关联债权债务往来

□适用 √不适用

6.5 重大诉讼仲裁事项

□适用 √不适用

6.6 其他重大事项及其影响和解决方案的分析说明

6.6.1 证券投资情况

□适用 √不适用

6.6.2 持有其他上市公司股权情况

□适用 √不适用

6.6.3 持有非上市金融企业股权情况

√适用 □不适用

所持对象名称	最初投资成本(元)	持有数量(股)	占该公司股权比例(%)	期末账面价值(元)	报告期损益(元)	报告期所有者权益变动(元)	会计核算科目	股份来源
龙江银行股份有限公司	8,000,000	10,666,700	0.34633	8,000,000			长期股权投资	直接投资

第七节 财务会计报告

7.1 审计意见

财务报告 √未经审计 □审计

7.2 财务报表

合并资产负债表(之一)

2011 年 6 月 30 日

编制单位:七台河宝泰隆煤化工股份有限公司 单位:元 币种:人民币

项目	附注	期末余额	年初余额
流动资产:			
货币资金		801,304,671.80	50,271,568.77
结算备付金			
拆出资金			
交易性金融资产			
应收票据		135,400,000.00	6,726,000.00
应收账款		97,920,874.94	28,801,661.81
预付款项		182,554,525.55	78,591,314.14
应收保费			
应收分保账款			
应收分保合同准备金			
应收利息			
应收股利			
其他应收款		17,840,035.43	16,581,441.73
买入返售金融资产			
存货		641,831,589.37	545,944,625.51
一年内到期的非流动资产			
其他流动资产			
流动资产合计		1,876,851,697.09	726,916,611.96
非流动资产:			
发放委托贷款及垫款			
可供出售金融资产			
持有至到期投资			
长期应收款			
长期股权投资		145,675,046.81	139,334,724.14
投资性房地产			
固定资产		1,475,456,679.07	1,538,672,452.29
在建工程		169,018,294.35	138,137,732.34
工程物资		7,243,975.31	2,104,042.24
固定资产清理			
生产性生物资产			
油气资产			
无形资产		196,055,019.07	187,554,875.63
开发支出			
商誉			
长期待摊费用		1,428,334.22	1,918,584.84
递延所得税资产		20,808,323.84	20,180,123.20
其他非流动资产		64,851,602.92	59,365,123.83

非流动资产合计		2,080,537,275.59	2,087,267,658.51
资产总计		3,957,388,972.68	2,814,184,270.47

法定代表人:焦云　　主管会计工作负责人:宋希祥　　会计机构负责人:常万昌

合并资产负债表(之二)

2011 年 6 月 30 日

编制单位:七台河宝泰隆煤化工股份有限公司　　单位:元 币种:人民币

项目	附注	期末余额	年初余额
流动负债:			
短期借款		530,000,000.00	715,000,000.00
向中央银行借款			
吸收存款及同业存放			
拆入资金			
交易性金融负债			
应付票据			
应付账款		223,750,081.21	479,326,096.71
预收款项		66,701,481.51	201,296,248.13
卖出回购金融资产款			
应付手续费及佣金			
应付职工薪酬		8,997,787.53	8,097,952.92
应交税费		9,616,288.84	−27,629,530.47
应付利息		1,413,325.00	1,873,277.11
应付股利			
其他应付款		2,492,373.94	11,956,102.72
应付分保账款			
保险合同准备金			
代理买卖证券款			
代理承销证券款			
一年内到期的非流动负债		110,000,000.00	125,000,000.00
其他流动负债			
流动负债合计		952,971,338.03	1,514,920,147.12
非流动负债:			
长期借款		140,000,000.00	170,000,000.00
应付债券			
长期应付款		40,900,000.00	40,900,000.00
专项应付款			
预计负债			
递延所得税负债			
其他非流动负债		67,678,187.27	72,615,571.96
非流动负债合计		248,578,187.27	283,515,571.96
负债合计		1,201,549,525.30	1,798,435,719.08
所有者权益(或股东权益):			
实收资本(或股本)		387,000,000.00	290,000,000.00
资本公积		1,777,926,444.50	233,454,144.50
减:库存股			
专项储备		15,197,445.36	12,382,586.02
盈余公积		44,480,806.72	44,480,806.72
一般风险准备			
未分配利润		498,721,901.34	404,751,146.26
外币报表折算差额			
归属于母公司所有者权益合计		2,723,326,597.92	985,068,683.50
少数股东权益		32,512,849.46	30,679,867.89
所有者权益合计		2,755,839,447.38	1,015,748,551.39
负债和所有者权益总计		3,957,388,972.68	2,814,184,270.47

法定代表人:焦云　　主管会计工作负责人:宋希祥　　会计机构负责人:常万昌

母公司资产负债表 (之一)

2011 年 6 月 30 日

编制单位:七台河宝泰隆煤化工股份有限公司　　单位:元 币种:人民币

项目	附注	期末余额	年初余额
流动资产:			
货币资金		53,212,958.28	39,358,932.07
交易性金融资产			
应收票据		134,400,000.00	4,046,000.00
应收账款		89,663,748.70	28,417,467.73
预付款项		90,391,192.88	64,684,847.43
应收利息			
应收股利			
其他应收款		259,493,693.42	198,331,518.73
存货		608,932,729.28	526,793,760.01
一年内到期的非流动资产			
其他流动资产			
流动资产合计		1,236,094,322.56	861,632,525.97
非流动资产:			
可供出售金融资产			
持有至到期投资			
长期应收款			
长期股权投资		1,247,071,517.02	321,219,757.08
投资性房地产			
固定资产		994,141,563.89	1,036,373,029.41
在建工程		111,625,928.40	94,836,668.64
工程物资		1,033,297.14	905,028.76
固定资产清理			
生产性生物资产			
油气资产			
无形资产		102,919,538.06	104,535,961.70
开发支出			
商誉			
长期待摊费用		332,000.00	
递延所得税资产		13,160,178.12	13,309,339.43
其他非流动资产		64,851,602.92	59,365,123.83
非流动资产合计		2,535,135,625.55	1,630,544,908.85
资产总计		3,771,229,948.11	2,492,177,434.82

法定代表人:焦云　　主管会计工作负责人:宋希祥　　会计机构负责人:常万昌

母公司资产负债表(之二)

2011 年 6 月 30 日

编制单位:七台河宝泰隆煤化工股份有限公司　　单位:元 币种:人民币

项目	附注	期末余额	年初余额
流动负债:			
短期借款		490,000,000.00	555,000,000.00
交易性金融负债			
应付票据			
应付账款		209,647,576.92	476,980,574.23
预收款项		48,108,576.84	192,136,196.06
应付职工薪酬		6,801,168.93	4,808,062.70
应交税费		22,519,856.14	−22,701,487.43
应付利息		1,345,369.44	1,553,387.50
应付股利			
其他应付款		51,096,201.97	5,380,495.74
一年内到期的非流动负债		110,000,000.00	110,000,000.00
其他流动负债			
流动负债合计		939,518,750.24	1,323,157,228.80
非流动负债:			
长期借款		140,000,000.00	170,000,000.00
应付债券			
长期应付款		40,900,000.00	40,900,000.00
专项应付款			
预计负债			
递延所得税负债			
其他非流动负债		53,805,502.15	58,076,775.72
非流动负债合计		234,705,502.15	268,976,775.72
负债合计		1,174,224,252.39	1,592,134,004.52
所有者权益(或股东权益):			
实收资本(或股本)		387,000,000.00	290,000,000.00
资本公积		1,754,940,342.50	210,468,042.50
减:库存股			
专项储备		6,498,998.80	5,579,719.42
盈余公积		44,480,806.72	44,480,806.72
一般风险准备			
未分配利润		404,085,547.70	349,514,861.66
所有者权益(或股东权益)合计		2,597,005,695.72	900,043,430.30
负债和所有者权益(或股东权益)总计		3,771,229,948.11	2,492,177,434.82

法定代表人:焦云　　主管会计工作负责人:宋希祥　　会计机构负责人:常万昌

合并利润表

2011 年 1—6 月

编制单位:七台河宝泰隆煤化工股份有限公司　　单位:元 币种:人民币

项目	附注	本期金额	上期金额
一、营业总收入		1,251,458,618.46	1,022,255,724.63
其中:营业收入		1,251,458,618.46	1,022,255,724.63
利息收入			
已赚保费			
手续费及佣金收入			
二、营业总成本		1,171,297,169.59	932,490,349.87
其中:营业成本		1,043,850,197.71	851,443,084.33
利息支出			
手续费及佣金支出			
退保金			
赔付支出净额			
提取保险合同准备金净额			
保单红利支出			
分保费用			
营业税金及附加		11,320,013.15	5,280,613.47
销售费用		12,808,976.91	6,956,648.15
管理费用		43,736,211.41	31,050,000.46

财务费用		55,819,856.31	35,724,059.15
资产减值损失		3,761,914.10	2,035,944.31
加:公允价值变动收益(损失以"-"号填列)			
投资收益(损失以"-"号填列)		26,470,957.19	25,594,064.82
其中:对联营企业和合营企业的投资收益		-659,677.33	-405,935.18
汇兑收益(损失以"-"号填列)			
三、营业利润(亏损以"-"号填列)		106,632,406.06	115,359,439.58
加:营业外收入		8,416,694.42	14,579,201.14
减:营业外支出		26,508.70	650,232.68
其中:非流动资产处置损失			
四、利润总额(亏损总额以"-"号填列)		115,022,591.78	129,288,408.04
减:所得税费用		19,176,006.74	25,013,879.61
五、净利润(净亏损以"-"号填列)		95,846,585.04	104,274,528.43
归属于母公司所有者的净利润		93,970,755.08	104,355,618.03
少数股东损益		1,875,829.96	-81,089.60
六、每股收益:			
(一)基本每股收益		0.2776	0.3598
(二)稀释每股收益		0.2776	0.3598
七、其他综合收益			
八、综合收益总额		95,846,585.04	104,274,528.43
归属于母公司所有者的综合收益总额		93,970,755.08	104,355,618.03
归属于少数股东的综合收益总额		1,875,829.96	

法定代表人:焦云　　主管会计工作负责人:宋希祥　　会计机构负责人:常万昌

母公司利润表

2011 年 1—6 月

编制单位:七台河宝泰隆煤化工股份有限公司　　单位:元 币种:人民币

项目	附注	本期金额	上期金额
一、营业收入		1,167,923,011.89	977,443,882.93
减:营业成本		1,029,019,621.22	836,863,692.13
营业税金及附加		9,857,578.99	4,714,956.81
销售费用		12,803,816.91	6,948,851.15
管理费用		30,955,600.71	20,020,097.48
财务费用		51,431,243.02	31,998,095.14
资产减值损失		3,239,950.53	1,614,189.49
加:公允价值变动收益(损失以"-"号填列)			
投资收益(损失以"-"号填列)		26,376,194.46	26,000,000.00
其中:对联营企业和合营企业的投资收益		-754,440.06	
二、营业利润(亏损以"-"号填列)		56,991,394.97	101,284,000.73
加:营业外收入		7,626,494.30	14,124,688.24
减:营业外支出		26,508.70	207,624.04
其中:非流动资产处置损失			
三、利润总额(亏损总额以"-"号填列)		64,591,380.57	115,201,064.93
减:所得税费用		10,020,694.53	22,394,246.24
四、净利润(净亏损以"-"号填列)		54,570,686.04	92,806,818.69
五、每股收益:			
(一)基本每股收益			
(二)稀释每股收益			
六、其他综合收益			
七、综合收益总额		54,570,686.04	92,806,818.69

法定代表人:焦云　　主管会计工作负责人:宋希祥　　会计机构负责人:常万昌

合并现金流量表

2011 年 1—6 月

编制单位:七台河宝泰隆煤化工股份有限公司　　单位:元 币种:人民币

项目	附注	本期金额	上期金额
一、经营活动产生的现金流量:			
销售商品、提供劳务收到的现金		1,087,513,814.94	1,100,941,447.99
客户存款和同业存放款项净增加额			
向中央银行借款净增加额			
向其他金融机构拆入资金净增加额			
收到原保险合同保费取得的现金			
收到再保险业务现金净额			
保户储金及投资款净增加额			
处置交易性金融资产净增加额			
收取利息、手续费及佣金的现金			
拆入资金净增加额			
回购业务资金净增加额			
收到的税费返还			
收到其他与经营活动有关的现金		12,413,209.31	17,436,553.67
经营活动现金流入小计		1,099,927,024.25	1,118,378,001.66
购买商品、接受劳务支付的现金		1,281,095,389.13	953,279,529.76
客户贷款及垫款净增加额			
存放中央银行和同业款项净增加额			
支付原保险合同赔付款项的现金			
支付利息、手续费及佣金的现金			
支付保单红利的现金			
支付给职工以及为职工支付的现金		51,920,829.83	31,896,336.11
支付的各项税费		130,279,162.81	84,651,292.80
支付其他与经营活动有关的现金		28,366,829.96	9,403,890.03
经营活动现金流出小计		1,491,662,211.73	1,079,231,048.70
经营活动产生的现金流量净额		-391,735,187.48	39,146,952.96

法定代表人:焦云　　主管会计工作负责人:宋希祥　　会计机构负责人:常万昌

合并现金流量表

2011 年 1—6 月

编制单位:七台河宝泰隆煤化工股份有限公司　　单位:元 币种:人民币

项目	附注	本期金额	上期金额
二、投资活动产生的现金流量:			
收回投资收到的现金			
取得投资收益收到的现金		27,130,634.52	26,000,000.00
处置固定资产、无形资产和其他			
长期资产收回的现金净额			
处置子公司及其他营业单位收到的现金净额			
收到其他与投资活动有关的现金			8,724,200.00
投资活动现金流入小计		27,130,634.52	34,724,200.00
购建固定资产、无形资产和其他长期资产支付的现金		232,185,042.12	171,218,083.02
投资支付的现金		7,000,000.00	9,000,000.00
质押贷款净增加额			
取得子公司及其他营业单位支付的现金净额			
支付其他与投资活动有关的现金			
投资活动现金流出小计		239,185,042.12	180,218,083.02
投资活动产生的现金流量净额		-212,054,407.60	-145,493,883.02
三、筹资活动产生的现金流量:			
吸收投资收到的现金		1,653,310,000.00	5,877,600.00
其中:子公司吸收少数股东投资收到的现金			
取得借款收到的现金		330,000,000.00	475,000,000.00
发行债券收到的现金			
收到其他与筹资活动有关的现金			
筹资活动现金流入小计		1,983,310,000.00	480,877,600.00
偿还债务支付的现金		560,000,000.00	263,000,000.00
分配股利、利润或偿付利息支付的现金		57,209,962.90	34,611,350.42
其中:子公司支付给少数股东的股利、利润			
支付其他与筹资活动有关的现金		11,277,338.99	2,420,568.13
筹资活动现金流出小计		628,487,301.89	300,031,918.55
筹资活动产生的现金流量净额		1,354,822,698.11	180,845,681.45
四、汇率变动对现金及现金等价物的影响			
五、现金及现金等价物净增加额		751,033,103.03	74,498,751.39
加:期初现金及现金等价物余额		50,271,568.77	35,646,348.04
六、期末现金及现金等价物余额		801,304,671.80	110,145,099.43

法定代表人:焦云　　主管会计工作负责人:宋希祥　　会计机构负责人:常万昌

母公司现金流量表

2011 年 1—6 月

编制单位:七台河宝泰隆煤化工股份有限公司　　单位:元 币种:人民币

项目	附注	本期金额	上期金额
一、经营活动产生的现金流量:			
销售商品、提供劳务收到的现金		982,433,360.34	1,024,944,128.39
收到的税费返还			
收到其他与经营活动有关的现金		6,486,438.66	10,901,479.33
经营活动现金流入小计		988,919,799.00	1,035,845,607.72
购买商品、接受劳务支付的现金		1,299,816,416.89	947,954,883.36
支付给职工以及为职工支付的现金		41,794,699.14	27,356,568.99
支付的各项税费		93,901,293.98	75,511,537.00
支付其他与经营活动有关的现金		11,904,301.35	5,443,797.71
经营活动现金流出小计		1,447,416,711.36	1,056,266,787.06
经营活动产生的现金流量净额		-458,496,912.36	-20,421,179.34
二、投资活动产生的现金流量:			
收回投资收到的现金			
取得投资收益收到的现金		27,130,634.52	26,000,000.00
处置固定资产、无形资产和其他			
长期资产收回的现金净额			
处置子公司及其他营业单位收到的现金净额			
收到其他与投资活动有关的现金			7,824,200.00
投资活动现金流入小计		27,130,634.52	33,824,200.00
购建固定资产、无形资产和其他长期资产支付的现金		119,038,163.08	111,941,264.64
投资支付的现金		926,606,200.00	9,000,000.00
取得子公司及其他营业单位支付的现金净额			
支付其他与投资活动有关的现金		3,782,440.60	
投资活动现金流出小计		1,049,426,803.68	120,941,264.64
投资活动产生的现金流量净额		-1,022,296,169.16	-87,117,064.64
三、筹资活动产生的现金流量:			
吸收投资收到的现金		1,653,310,000.00	
取得借款收到的现金		330,000,000.00	355,000,000.00
发行债券收到的现金			
收到其他与筹资活动有关的现金			20,998,445.60

筹资活动现金流入小计	1,983,310,000.00	375,998,445.60
偿还债务支付的现金	425,000,000.00	213,000,000.00
分配股利、利润或偿付利息支付的现金	52,385,773.28	30,028,462.92
支付其他与筹资活动有关的现金	11,277,118.99	2,420,568.13
筹资活动现金流出小计	488,662,892.27	245,449,031.05
筹资活动产生的现金流量净额	1,494,647,107.73	130,549,414.55
四、汇率变动对现金及现金等价物的影响		
五、现金及现金等价物净增加额	13,854,026.21	23,011,170.57
加:期初现金及现金等价物余额	39,358,932.07	23,155,286.60
六、期末现金及现金等价物余额	53,212,958.28	46,166,457.17

法定代表人:焦云　　主管会计工作负责人:宋希祥　　会计机构负责人:常万昌

合并所有者权益变动表

2011 年 1—6 月

编制单位:七台河宝泰隆煤化工股份有限公司　　单位:元 币种:人民币

本期金额

项目	归属于母公司所有者权益								少数股东权益	所有者权益合计
	实收资本(或股本)	资本公积	减:库存股	专项储备	盈余公积	一般风险准备	未分配利润	其他		
一、上年年末余额	290,000,000.00	233,454,144.50		12,382,586.02	44,480,806.72		404,751,146.26		30,679,867.89	1,015,748,551.39
加:会计政策变更										
前期差错更正										
其他										
二、本年年初余额	290,000,000.00	233,454,144.50		12,382,586.02	44,480,806.72		404,751,146.26		30,679,867.89	1,015,748,551.39
三、本期增减变动金额(减少以"-"号填列)	97,000,000	1,544,472,300		2,814,859.34			93,970,755.08		1,832,981.57	1,740,090,895.99
(一)净利润							93,970,755.08		1,875,829.96	95,846,585.04
(二)其他综合收益										
上述(一)和(二)小计							93,970,755.08		1,875,829.96	95,846,585.04
(三)所有者投入和减少资本	97,000,000	1,544,472,300								1,641,472,300
1.所有者投入资本	97,000,000	1,544,472,300								1,641,472,300
2.股份支付计入所有者权益的金额										
3.其他										
(四)利润分配										
1.提取盈余公积										
2.提取一般风险准备										
3.对所有者(或股东)的分配										
4.其他										
(五)所有者权益内部结转										
1.资本公积转增资本(或股本)										
2.盈余公积转增资本(或股本)										
3.盈余公积弥补亏损										
4.其他										
(六)专项储备				2,814,859.34					-42,848.39	2,772,010.95
1.本期提取				3,816,097.84					241,667.08	4,057,764.92
2.本期使用				1,001,238.50					284,515.47	1,285,753.97
(七)其他										
四、本期期末余额	387,000,000.00	1,777,926,444.50		15,197,445.36	44,480,806.72		498,721,901.34		32,512,849.46	2,755,839,447.38

上年同期金额

项目	归属于母公司所有者权益								少数股东权益	所有者权益合计
	实收资本(或股本)	资本公积	减:库存股	专项储备	盈余公积	一般风险准备	未分配利润	其他		
一、上年年末余额	290,000,000	233,454,144.50		8,294,183.29	28,868,264.01		226,435,326.01			787,051,917.81
加:会计政策变更										
前期差错更正										
其他										
二、本年年初余额	290,000,000	233,454,144.50		8,294,183.29	28,868,264.01		226,435,326.01			787,051,917.81
三、本期增减变动金额(减少以"-"号填列)				2,230,457.23			104,355,618.03		5,796,510.40	112,382,585.66
(一)净利润							104,355,618.03		-81,089.60	104,274,528.43
(二)其他综合收益										
上述(一)和(二)小计							104,355,618.03		-81,089.60	104,274,528.43
(三)所有者投入和减少资本									5,877,600.00	5,877,600.00
1.所有者投入资本									5,877,600.00	5,877,600.00
2.股份支付计入所有者权益的金额										
3.其他										
(四)利润分配										
1.提取盈余公积										
2.提取一般风险准备										
3.对所有者(或股东)的分配										
4.其他										
(五)所有者权益内部结转										
1.资本公积转增资本(或股本)										
2.盈余公积转增资本(或股本)										
3.盈余公积弥补亏损										
4.其他										
(六)专项储备				2,230,457.23						2,230,457.23
1.本期提取				3,308,501.22						3,308,501.22
2.本期使用				1,078,043.99						1,078,043.99
(七)其他										
四、本期期末余额	290,000,000.00	233,454,144.50		10,524,640.52	28,868,264.01		330,790,944.04		5,796,510.40	899,434,503.47

法定代表人:焦云　　主管会计工作负责人:宋希祥　　会计机构负责人:常万昌

母公司所有者权益变动表

2011 年 1—6 月

编制单位:七台河宝泰隆煤化工股份有限公司　　单位:元 币种:人民币

本期金额

项目	实收资本(或股本)	资本公积	减:库存股	专项储备	盈余公积	一般风险准备	未分配利润	所有者权益合计
一、上年年末余额	290,000,000.00	210,468,042.50		5,579,719.42	44,480,806.72		349,514,861.66	900,043,430.30
加:会计政策变更								
前期差错更正								
其他								
二、本年年初余额	290,000,000.00	210,468,042.50		5,579,719.42	44,480,806.72		349,514,861.66	900,043,430.30
三、本期增减变动金额(减少以"-"号填列)	97,000,000.00	1,544,472,300.00		919,279.38			54,570,686.04	1,696,962,265.42
(一)净利润							54,570,686.04	54,570,686.04
(二)其他综合收益								
上述(一)和(二)小计							54,570,686.04	54,570,686.04
(三)所有者投入和减少资本	97,000,000.00	1,544,472,300.00						1,641,472,300.00
1.所有者投入资本	97,000,000.00	1,544,472,300.00						1,641,472,300.00
2.股份支付计入所有者权益的金额								
3.其他								
(四)利润分配								
1.提取盈余公积								
2.提取一般风险准备								
3.对所有者(或股东)的分配								
4.其他								
(五)所有者权益内部结转								
1.资本公积转增资本(或股本)								
2.盈余公积转增资本(或股本)								
3.盈余公积弥补亏损								
4.其他								
(六)专项储备				919,279.38				919,279.38
1.本期提取				1,565,473.53				1,565,473.53
2.本期使用				646,194.15				646,194.15
(七)其他								
四、本期期末余额	387,000,000.00	1,754,940,342.50		6,498,998.80	44,480,806.72		404,085,547.70	2,597,005,695.72

上年同期金额

项目	实收资本(或股本)	资本公积	减:库存股	专项储备	盈余公积	一般风险准备	未分配利润	所有者权益合计
一、上年年末余额	290,000,000	210,468,042.50		3,710,730.21	28,868,264.01		209,001,977.25	742,049,013.97
加:会计政策变更								
前期差错更正								
其他								
二、本年年初余额	290,000,000	210,468,042.50		3,710,730.21	28,868,264.01		209,001,977.25	742,049,013.97
三、本期增减变动金额(减少以"-"号填列)				979,420.31			92,806,818.69	93,786,239.00
(一)净利润							92,806,818.69	92,806,818.69
(二)其他综合收益								
上述(一)和(二)小计							92,806,818.69	92,806,818.69
(三)所有者投入和减少资本								
1.所有者投入资本								
2.股份支付计入所有者权益的金额								
3.其他								
(四)利润分配								
1.提取盈余公积								
2.提取一般风险准备								
3.对所有者(或股东)的分配								
4.其他								
(五)所有者权益内部结转								
1.资本公积转增资本(或股本)								
2.盈余公积转增资本(或股本)								
3.盈余公积弥补亏损								
4.其他								
(六)专项储备				979,420.31				979,420.31
1.本期提取				1,747,334.65				1,747,334.65
2.本期使用				767,914.34				767,914.34
(七)其他								
四、本期期末余额	290,000,000.00	210,468,042.50		4,690,150.52	28,868,264.01		301,808,795.94	835,835,252.97

法定代表人:焦云　　主管会计工作负责人:宋希祥　　会计机构负责人:常万昌

7.3 本报告期无会计政策、会计估计的变更。

7.4 本报告期无前期会计差错更正。

7.5 企业合并及合并财务报表

7.5.1 合并范围发生变更的说明

2011 年 1-6 月合并范围新增七台河宝泰隆矿业有限责任公司(以下简称"宝泰隆矿业公司"),其成立于 2011 年 5 月 12 日,由本公司投资设立的全资子公司,注册资本 13,000 万元。截至 2011 年 6 月 30 日,宝泰隆矿业公司已收到投资款 13,000 万元,占实收资本的 100%。

7.5.2 本期新纳入合并范围的主体和本期不再纳入合并范围的主体

7.5.2.1 本期新纳入合并范围的子公司、特殊目的主体、通过受托经营或承租等方式形成控制权的经营实体

单位:元 币种:人民币

名　称	期末净资产	本期净利润
七台河宝泰隆矿业有限责任公司	129,922,892.35	-77,107.65

北京昊华能源股份有限公司

北京昊华能源股份有限公司 2010 年年度报告摘要

第一节　重要提示

1.1 本公司董事会、监事会及董事、监事、高级管理人员保证本报告所载资料不存在任何虚假记载、误导性陈述或者重大遗漏，并对其内容的真实性、准确性和完整性承担个别及连带责任。

本年度报告摘要摘自年度报告全文，投资者欲了解详细内容，应当仔细阅读年度报告全文。

1.2 如有董事未出席董事会，应当单独列示其姓名

未出席董事姓名	未出席董事职务	未出席董事的说明	被委托人姓名
崔建国	董事	因公不能出席本次会议	张伟
俞　凌	董事	因公不能出席本次会议	韩玉和

1.3 利安达会计师事务所有限责任公司为本公司出具了标准无保留意见的审计报告。

1.4 是否存在被控股股东及其关联方非经营性占用资金情况？

否

1.5 是否存在违反规定决策程序对外提供担保的情况？

否

1.6 公司负责人耿养谋、主管会计工作负责人韩玉和及会计机构负责人（会计主管人员）马淑春声明：保证年度报告中财务报告的真实、完整。

第二节　公司基本情况简介

2.1 基本情况简介

股票简称	昊华能源
股票代码	601101
股票上市交易所	上海证券交易所
公司注册地址和办公地址	北京市门头沟区新桥南大街 2 号
邮政编码	102300
公司国际互联网网址	http://www.bjhhny.com
电子信箱	hhny@bjhhny.com

2.2 联系人和联系方式

	董事会秘书	证券事务代表
姓名	关杰	薛志宏
联系地址	北京市门头沟区新桥南大街 2 号	北京市门头沟区新桥南大街 2 号
电话	01069839412	01069839412　01069842461 转 21331
传真	01069839412	01069839412
电子信箱	xzhh@bjhhny.com	xzhh@bjhhny.com

第三节　会计数据和业务数据摘要

3.1 主要会计数据

单位：元 币种：人民币

	2010 年	2009 年	本期比上年同期增减(%)	2008 年
营业收入	4,047,165,454.24	3,096,931,914.45	30.68	4,144,201,705.02
利润总额	1,174,599,840.91	633,792,213.30	85.33	960,056,962.38
归属于上市公司股东的净利润	872,560,359.78	471,854,377.32	84.92	714,861,069.51
归属于上市公司股东的扣除非经常性损益的净利润	860,963,697.34	467,399,418.04	84.20	718,023,940.26
经营活动产生的现金流量净额	837,321,615.22	540,943,024.80	54.79	689,949,973.98
	2010 年末	2009 年末	本期末比上年同期末增减(%)	2008 年末
总资产	8,837,938,822.01	3,502,432,736.75	152.34	2,831,732,094.27
所有者权益(或股东权益)	5,389,909,793.03	1,670,190,288.79	222.71	1,528,323,456.27

3.2 主要财务指标

	2010 年	2009 年	本期比上年同期增减(%)	2008 年
基本每股收益(元/股)	2.05	1.37	49.64	2.08
稀释每股收益(元/股)	2.05	1.37	49.64	2.08
扣除非经常性损益后的基本每股收益(元/股)	2.02	1.36	48.53	2.09
加权平均净资产收益率(%)	20.09	28.20	减少 8.11 个百分点	52.07
扣除非经常性损益后的加权平均净资产收益率(%)	19.82	27.94	减少 8.12 个百分点	52.30
每股经营活动产生的现金流量净额(元/股)	1.84	1.57	17.20	2.01
	2010 年末	2009 年末	本期末比上年同期末增减(%)	2008 年末
归属于上市公司股东的每股净资产(元/股)	11.87	4.86	144.24	4.44

扣除非经常性损益项目

√适用　　□不适用

单位：元 币种：人民币

项目	金额
非流动资产处置损益	2,082,709.19
计入当期损益的政府补助(与企业业务密切相关，按照国家统一标准定额或定量享受的政府补助除外)	13,992,602.23
除上述各项之外的其他营业外收入和支出	229,084.50
所得税影响额	−4,290,598.98
少数股东权益影响额(税后)	−417,134.50
合计	11,596,662.44

第四节　股本变动及股东情况

4.1 股份变动情况表

√适用　　□不适用

单位：股

	本次变动前		本次变动增减(+,−)					本次变动后	
	数量	比例(%)	发行新股	送股	公积金转股	其他	小计	数量	比例(%)
一、有限售条件股份	344,000,000	100.00						344,000,000	75.77
1、国家持股									
2、国有法人持股	320,000,000	93.02						320,000,000	70.48
3、其他内资持股	24,000,000	6.98						24,000,000	5.29
其中：境内非国有法人持股	24,000,000	6.98						24,000,000	5.29
境内自然人持股									
4、外资持股									
其中：境外法人持股									
境外自然人持股									
二、无限售条件流通股份			110,000,000				110,000,000	110,000,000	24.23
1、人民币普通股			110,000,000				110,000,000	110,000,000	24.23
2、境内上市的外资股									
3、境外上市的外资股									
4、其他									
三、股份总数	344,000,000	100	110,000,000				110,000,000	454,000,000	100

限售股份变动情况表

√适用　　□不适用

单位：股

股东名称	年初限售股数	本年解除限售股数	本年增加限售股数	年末限售股数	限售原因	解除限售日期
北京京煤集团有限责任公司	0	0	282,829,056	282,829,056	上市锁定	2013-3-31
金石投资有限公司	0	0	24,000,000	24,000,000	上市锁定	2011-3-31
全国社会保障基金理事会转持三户	0	0	10,068,348	10,068,348	上市锁定	2013-3-31
五矿发展股份有限公司	0	0	8,742,773	8,742,773	上市锁定	2011-3-31
首钢总公司	0	0	8,442,240	8,442,240	上市锁定	2011-3-31
中国中煤能源集团有限公司	0	0	8,442,240	8,442,240	上市锁定	2011-3-31
煤炭科学研究总院	0	0	844,224	844,224	上市锁定	2011-3-31
全国社会保障基金理事会转持三户	0	0	631,119	631,119	上市锁定	2011-3-31
首次公开发行网下配售部分	0	22,000,000	22,000,000	0	上市锁定	2010-7-1
合计		22,000,000	366,000,000	344,000,000	/	/

4.2 股东数量和持股情况

单位：股

报告期末股东总数	38,177 户

前十名股东持股情况

股东名称	股东性质	持股比例(%)	持股总数	持有有限售条件股份数量	质押或冻结的股份数量
北京京煤集团有限责任公司	国有法人	62.297	282,829,056	282,829,056	无
金石投资有限公司	其他	5.286	24,000,000	24,000,000	未知
全国社会保障基金理事会转持三户	其他	2.357	10,699,467	10,699,467	未知

五矿发展股份有限公司	国有法人	1.925	8,742,773	8,742,773	未知
首钢总公司	国有法人	1.860	8,444,240	8,444,240	未知
中国中煤能源集团有限公司	国有法人	1.860	8,442,240	8,442,240	未知
中国人寿保险股份有限公司-传统-普通保险产品-005L-CT001 沪	其他	0.561	2,545,710		未知
中国银行-工银瑞信核心价值股票型证券投资基金	其他	0.430	1,953,522		未知
中国银行股份有限公司-富兰克林国海中小盘股票型证券投资基金	其他	0.308	1,399,885		未知
中国银行-景宏证券投资基金	其他	0.298	1,352,749		未知

前十名无限售条件股东持股情况

股东名称	持有无限售条件股份数量	股份种类及数量
中国人寿保险股份有限公司-传统-普通保险产品-005L-CT001 沪		人民币普通股 2,545,710
中国银行-工银瑞信核心价值股票型证券投资基金		人民币普通股 1,953,522
中国银行股份有限公司-富兰克林国海中小盘股票型证券投资基金		人民币普通股 1,399,885
中国银行-景宏证券投资基金		人民币普通股 1,352,749
中国工商银行-富兰克林国海中国收益证券投资基金		人民币普通股 1,109,950
中国银行股份有限公司-华泰柏瑞盛世中国股票型开放式证券投资基金		人民币普通股 1,034,189
中国银行-嘉实沪深 300 指数证券投资基金		人民币普通股 780,768
中国银行股份有限公司-华泰柏瑞积极成长混合型证券投资基金		人民币普通股 638,167
中国银行股份有限公司-华泰柏瑞价值增长股票型证券投资基金		人民币普通股 636,100
广西天鸿鑫锰业科技有限公司		人民币普通股 612,320
上述股东关联关系或一致行动的说明	未知上述股东之间是否存在关联关系，未知上述股东之间是否属于《上市公司股东持股变动信息披露管理办法》中规定的一致行动人。	

4.3 控股股东及实际控制人情况介绍

4.3.1 控股股东及实际控制人变更情况

□适用　　√不适用

4.3.2 控股股东及实际控制人具体情况介绍

4.3.2.1 控股股东及实际控制人具体情况介绍

公司控股股东——北京京煤集团有限责任公司的前身是北京矿务局，系原煤炭部直属统配煤矿之一，1998 年起隶属北京市管理。2000 年 2 月，经北京市政府《关于同意组建北京京煤集团有限责任公司的批复》(京政函[2000]120 号)批准，原北京矿务局和原北京市煤炭总公司合并改制为京煤集团。北京市政府以截至 2000 年 6 月 30 日在原北京矿务局和原北京市煤炭总公司中拥有的国家资本权益作为出资，独家发起设立京煤集团，并于 2001 年 2 月 8 日在北京市工商局登记注册，目前注册资本为 139,251 万元，法定代表人付合年，注册地址为北京市门头沟区新桥南大街 2 号。

4.3.2.2 控股股东情况

○ 法人

单位：万元 币种：人民币

名称	北京京煤集团有限责任公司
单位负责人或法定代表人	付合年
成立日期	2001 年 2 月 8 日
注册资本	139,251
主要经营业务或管理活动	房地产开发、饭店、宾馆、旅游、现代物流；机械加工制造、建筑安装设计、新型建材、水煤浆、民爆器材、科研设计、地质勘探、食品饮料等

4.3.2.3 实际控制人情况

○ 法人

单位：元 币种：人民币

名称	北京市人民政府国有资产监督管理委员会

4.3.3 公司与实际控制人之间的产权及控制关系的方框图(略)

4.3.4 实际控制人通过信托或其他资产管理方式控制公司

□适用　　√不适用

第五节　董事、监事和高级管理人员

5.1 董事、监事和高级管理人员持股变动及报酬情况

单位：股

姓名	职务	性别	年龄	任期起始日期	任期终止日期	年初持股数	年末持股数	变动原因	报告期内从公司领取的报酬总额(万元)税前	是否在股东单位或其他关联单位领取薪酬
耿养谋	董事长	男	48	2009-7-10	2012-7-10				94.02	否
付合年	董事	男	55	2009-7-10	2012-7-10					是
阚　兴	董事	男	45	2009-7-10	2012-7-10					是
张　伟	董事、总经理	男	42	2009-11-5	2012-7-10				111.08	否
刘锡良	董事	男	57	2009-7-10	2012-7-10				87.32	否
韩玉和	董事、副总经理、财务总监	男	58	2009-7-10	2012-7-10				87.3	否
崔建国	董事	男	54	2009-7-10	2012-7-10					是
李永进	董事	男	56	2009-7-10	2012-7-10					是
俞　凌	董事	女	47	2009-7-10	2012-7-10					是
王　峰	董事	男	44	2009-7-10	2012-7-10					是
王显政	独立董事	男	64	2009-7-10	2012-7-10				8	否
梁钧平	独立董事	男	57	2009-7-10	2012-7-10				8	否
张圣怀	独立董事	男	48	2009-7-10	2012-7-10				8	否
杨有红	独立董事	男	47	2009-7-10	2012-7-10				8	否
任准秀	独立董事	男	54	2009-7-10	2012-7-10				8	否
张　强	监事会主席	男	60	2010-6-18	2012-7-10					是
鲍　霞	监事会副主席	女	42	2009-7-10	2012-7-10				86.94	否
姬阳瑞	监事	男	38	2009-7-10	2012-7-10					是
董瑞亮	职工监事	男	59	2009-7-10	2012-7-10				18.28	否
李宏伟	职工监事	男	31	2010-6-18	2012-7-10				5.88	否
常宝才	副总经理	男	55	2009-7-10	2012-7-10				94.82	否
关　杰	副总经理、董事会秘书	男	52	2009-7-10	2012-7-10				87.16	否
于福国	副总经理、总工程师	男	47	2010-10-15	2012-7-10				59.76	否
陈德怀	副总经理	男	51	2010-10-15	2012-7-10				88.88	否
合　计	/	/	/	/	/			/	861.44	/

第六节　董事会报告

6.1 管理层讨论与分析

2010 年，是昊华能源不平凡的一年。公司董事会强力推进强大京煤主业战略的实施，成功登陆资本市场，取得了良好的经营业绩。

1、2010 年总体经营工作回顾

2010 年，在各位股东的关心和帮助下，昊华能源董事会深入学习贯彻科学发展观，坚持以上市带动企业又好又快发展，超前谋划，抢抓机遇，规范运作，固强补弱，统筹兼顾，狠抓落实，企业继续保持了健康快速发展态势，公司知名度和美誉度持续攀升，核心竞争力显著增强，公司进入到快速发展的新阶段。

2010 年公司实现煤炭产量 705.39 万吨，同比增长 37.50%，其中京西矿区煤炭产量完成 500.02 万吨，昊华精煤公司(即高家梁煤矿)完成煤炭产量 205.37 万吨；实现煤炭销量 706.59 万吨，同比增长 29.95%；实现营业收入 40.47 亿元，同比增长 30.68%；营业成本 19.89 亿元，同比增长 5.48%；实现净利润 8.75 亿元，同比增长 84.70%。

(1)成功登陆资本市场，提升企业价值

实现上市是公司战略发展的阶段性目标，是实现强大主业的前提和重要途径。公司董事会坚持科学决策、超前谋划，历经七年磨砺，终于 2010 年 3 月 31 日在上海证券交易所成功挂牌上市。

一是科学决策实现成功上市。公司董事会通过详实的数据、深入的比较和理智客观的分析判断，充分发掘公司内在品质，通过路演推介、媒体宣传，树立了昊华能源"无烟煤细分市场龙头、募投项目增强持续发展潜力"的企业形象，使公司规范的经营管理、良好的经营业绩和发展前景获得了广大投资者的认同，提升了市场估值水平，发行价格和募集资金超出预期。

二是完善制度，规范运作，提升公司知名度。通过上市审核后，公司董事会坚持规范运作、依法经营，先后制定了《内幕信息知情人管理制度》和《年报信息披露重大差错责任追究制度》等，完善了内控体系建设；加强了相关员工的业务培训，公司定期报告和临时报告按时在上交所网站、中证报、上证报公开披露，信息真实、准确、完整，确保市场投资者能够及时公平地获取公司重大信息；同时公司经济效益保持了良好增长态势，募投项目进展顺利，股权收购和投资战略定位清晰，发展前景广阔，股价基本保持稳定，公司股票进入上证 180 指数和沪深 300 指数样本股，成为资本市场能源板块的一颗耀眼的新星，被中国企业十大新闻评选委员会评为 2010 年度"最具成长性企业"。

(2)强化安全管理和科技创新，推进安全发展和可持续发展

① 强化安全生产基础，推动企业安全发展

建设强大京煤主业的关键在于安全发展。2010 年，公司董事会严格贯彻国务院 23 号文件精神，不断加大安全投入力度，共投入安全资金 9082.54 万元，用于提升安全装备水平、技术进步和员工培训等，不断夯实安全基础。

一是深入开展隐患排查，监督隐患治理整改工作。通过研究和制定隐患治理方案，加强对隐患的跟踪、监督和闭环消解，充分发挥隐患排查的预防作用，提高了隐患治理的有效性。二是从基础做起，强化班组建设。通过推行白国周式班组管理法、精细了班组工作的流程，增强了员工职业化意识和规范意识，有力推动了班组建设的开展，班组长综合管理水平得到进一步提升，班组凝聚力和战斗力明显增强。三是强化安全教育培训，提高培训工作的实效性和针对性。坚持实施全员和分层培训机制，坚持"事故案例"教育和强化员工现场培训，提高了员工安全生产意识和安全生产技能。四是安全管理考核方式由注重考核为主向经济激励与考核并重的方式转变，同时规范段队班组二次分配工作，经济激励政策取得了实际效果。

② 加强科技创新，确保公司可持续发展

一是公司在分析总结多年来京西复杂地质条件下进行机械化采煤经验的基础上，实现了大倾角急倾斜煤层综合机械化采煤的突破，做到了公司机械化采煤所有矿井的全覆盖，极大地提高了采煤工作面的本质安全基础，减轻了员工的劳动强度。全年京西矿区机采产量完成了

238 万吨，占京西矿区矿井回采产量的 52%。二是加大勘探和开发力度，结合生产部署分析了近期和长远的资源状况，提出并实施了木城涧矿曹家铺新区和大安山矿西区开发方案、大安山矿部分水平深部延深、千坑石炭纪水平恢复方案，保持了京西矿区强劲的发展后劲。

(3)巩固环保和节能减排成果，推动企业绿色发展

经过多年不懈努力，公司下属矿井全部建立了煤炭开采运输的防降尘系统，实现了矿井水循环利用。公司煤炭产品具有"特低硫、特低磷、低氮、高发热量"等环保特性，为钢铁企业降低二氧化硫和氮氧化物等废气排放、提高钢铁冶炼质量作出了巨大贡献。2010 年公司继续投入节能和环保资金 1214.45 万元，加快推广使用高效节能设备，"十一五"期间，公司共实现节能量 1825.3 吨标准煤，超额完成了公司与北京市政府签约的"十一五"期间节能目标的 30.4%，被中国煤炭加工利用协会评选为"煤炭工业节能减排先进企业"。同时公司还投入 200 多万元，在长沟峪煤矿进行矸石充填技术的研究与应用，缓解了水平提升斜坡的提升压力，全年共循环利用矸石 1.5 万立方米，并开展了高家梁煤矿矸石综合利用的研究。

(4)适应市场调整销售结构与价格，降低销售成本费用，增加收益

2010 年公司紧抓国内外经济复苏、煤炭价格尤其是出口煤价大幅提高的有利时机，充分分析市场变化和客户需求，及时与客户进行沟通协调，比较顺利地完成了销售结构和价格调整工作。通过结构调整和内外资源统筹调配，基本满足了公司对国内及出口冶金煤增量的要求，冶金煤资源量由 295 万吨增加到 337 万吨，京西矿区煤炭平均售价由 552.72 元/吨提高到 722.23 元/吨，增加了销售收入。同时以降低港存费问题为重点，实现了出口煤港存费的大幅降低，有效地控制了销售成本。

(5)募集资金项目进展顺利

募投项目进展符合预计进度，其中高家梁煤矿实现了"当年投产、当年验收、当年达产、当年盈利"的工作目标，于 2010 年第三季度完成项目验收工作，被评为一级质量标准化矿井，生产销售保持顺畅，未发生重伤及以上人身伤害事故，当年共实现利润 2088 万元；东铜铁路项目进展顺利，开工至今未发生安全事故，建设过程中环保、水保符合国家和地方政策法规要求，并已于 2010 年底基本完成了路基、桥梁桥涵和铺架工程，线路铺设全部完成，铁路专用线建设标准和建设速度获得业内的普遍赞誉。

公司董事会根据募投项目增资协议约定，经过与募投项目其他相关股东的沟通，已完成同比例增资工作。其中：昊华精煤另一股东鄂尔多斯市国有资产投资经营有限责任公司于 2010 年 12 月 29 日将增资款划入昊华精煤账户；东铜铁路公司其他股东于 2010 年 12 月 30 日将增资款划入东铜铁路账户。

(6)抢抓机遇、科学决策，成功收购西部能源股权

成功上市后，公司董事会以做强做大京煤主业、保障首都能源供应安全为目标，进一步加快了项目开发和扩大煤炭资源占有的步伐。在对多个投资项目论证、评估的基础上，公司抓住机遇、果断决策，锁定了榆次中博公司子公司西部能源拥有的红庆梁煤矿建设项目。经过前期深入细致的考察和调研，通过与多家大型煤企的竞争性谈判，公司抢得了先机。根据资产评估结果，公司出资 108520 万元收购了杭锦旗西部能源开发有限公司 60%股权，后续还完成了将西部能源注册资本增至 2 亿元的工作。

成功收购西部能源公司股权，增加了昊华能源 7.42 亿吨煤炭资源量，公司每股资源量由 3.865 吨/股增长至 5.506 吨/股，企业综合竞争力、抗风险能力和可持续发展能力大为增强。

(7)其他项目开发情况

上市后，公司董事会主动适应首都功能定位和产业结构调整的要求，围绕"上市后我们怎么办"这一主题，深入探讨、细致分析，确立了"科学提升、加速扩张、创新发展"的发展思路，即在稳定京西产能的同时，加快推进红庆梁煤矿项目、煤化工及配套煤矿项目、海外资源储备项目和新能源项目的运作，为公司未来发展提供更加强大的增长引擎。2010 年，公司一是在加快推进红庆梁项目工作的同时，对有意向合作的资源及重点煤炭产区的多个项目进行了详细调研和考察，收集整理了矿区的地理位置、地形地貌、交通运输、供水供电等资料；二是加强对国内外煤炭和非煤矿产资源开发进行调研，并对所在国矿产政策进行研究整理；三是适应北京能源需求变化和内蒙古能源开发政策的要求，开展了煤转化项目的可行性研究；四是开展了新能源项目的前期调研论证工作。

2、公司经营状况和财务状况分析

(1)营业收入及其构成分析

2010 年，公司主营业务为煤炭开采和销售，没有发生变化，其中煤炭销售收入占公司营业收入的 98.82%。

单位：万元

产品	主营业务收入			主营业务成本			主营业务利润率(%)		
	2010 年	2009 年	增减(%)	2010 年	2009 年	增减(%)	2010 年	2009 年	增减
煤炭	399,952.96	305,262.41	31.02	195,862.50	185,446.80	5.62	51.03	39.25	增长 11.78 个百分点

公司 2010 年营业收入按业务分类情况参见下表：

单位：万元

项目	2010 年		2009 年	
	金额	比例(%)	金额	比例(%)
主营业务收入	399,952.96	98.82	305,262.41	98.57
其中：国内煤销售收入	225,776.20	55.79	207,568.51	67.02
出口煤销售收入	174,176.76	43.03	97,693.90	31.55
其他业务收入	4,763.59	1.18	4,430.78	1.43
其中：销售材料	247.60	0.06	520.53	0.17
销售次杂煤	2,589.65	0.64	2,257.52	0.73
其他	1,926.34	0.48	1,652.73	0.53
营业收入合计	404,716.55	100.00	309,693.19	100

公司 2010 年营业收入按销售地区分类情况参见下表：

单位：万元

地区	2010 年		2009 年	
	销售收入	百分比	销售收入	百分比
国外(煤炭)	174,176.76	43.03%	97,693.90	31.55%
国内(煤炭)	225,776.20	55.79%	207,568.51	67.02%
国内(其他)	4,763.59	1.18%	4,430.78	1.43%
合计	404,716.55	100%	309,693.19	100%

(2)公司财务状况分析

① 总体资产变化分析

单位：万元

项目	2010 年 12 月 31 日		2009 年 12 月 31 日		比上年增减	
	金额	占总资产比例(%)	金额	占总资产比例(%)	金额	增减变化(%)
货币资金	266,776.39	30.19	46,529.57	13.28	220,246.82	473.35
应收票据	26,096.32	2.95	18,476.67	5.28	7,619.65	41.24
应收账款	22,894.48	2.59	8,131.76	2.32	14,762.72	181.54
预付款项	9,728.74	1.10	4,078.16	1.16	5,650.58	138.56
其他应收款	3,133.33	0.35	1,346.00	0.38	1,787.33	132.79
存货	24,380.69	2.76	18,229.66	5.20	6,151.03	33.74
长期股权投资	14,700.10	1.66	10,618.20	3.03	4,081.90	38.44
固定资产	207,263.33	23.45	55,725.96	15.91	151,537.37	271.93
在建工程	66,411.77	7.51	123,845.42	35.36	−57,433.65	−46.38
工程物资	398.05	0.05	2,940.01	0.84	−2,541.96	−86.46
无形资产	241,359.78	27.31	59,496.67	16.99	181,863.11	305.67
短期借款			81,200.00	23.18	−81,200.00	−100.00
应付票据			1,889.50	0.54	−1,889.50	−100.00
应付账款	64,954.73	7.35	42,409.32	12.11	22,545.41	53.16
预收款项	10,219.09	1.16	7,175.36	2.05	3,043.73	42.42
应付职工薪酬	2,575.91	0.29	1,793.05	0.51	782.86	43.66
应交税费	3,045.67	0.34	−2,783.30	−0.79	5,828.97	209.43
应付利息	1,514.44	0.17			1,514.44	
其他应付款	84,860.80	9.60	11,115.38	3.17	73,745.42	663.45
一年内到期的非流动负债	3,068.00	0.35			3,068.00	
其他流动负债	50,037.99	5.66	281.14	0.08	49,756.85	17,698.25
长期借款			19,000.00	5.42	−19,000.00	−100.00
长期应付款	2,882.29	0.33	8,512.64	2.43	−5,630.35	−66.14
股本	45,400.00	5.14	34,400.00	9.82	11,000.00	31.98
资本公积	323,497.71	36.60	18,014.97	5.14	305,482.74	1,695.72
未分配利润	101,379.31	11.47	54,806.78	15.65	46,572.53	84.98
资产总计	883,793.88	100.00	350,243.27	100.00	533,550.61	152.34

货币资金年末余额比年初余额增加的主要原因是：收到上市发行股票募集资金款项。

应收票据年末余额比年初余额增加的主要原因是：公司本期国内销售商品煤采用银行承兑汇票结算方式较多。

应收账款年末净额比年初净额增加的主要原因是：本期出口销售收入大幅增长，应收账款随之增长。

预付账款年末余额比年初余额增加的主要原因是：公司的子公司东铜铁路物流有限责任公司工程预付款大幅增加。

其他应收款年末净额比年初净额增加的主要原因是：公司本期收购的杭锦旗西部能源开发有限公司带入 1856.11 万元。

存货年末余额比年初余额增加的主要原因是：本期母公司销售数量少于上年，期末煤炭库存量增加。

长期股权投资年末余额比年初余额增加的主要原因是：本期新增对呼伦贝尔太伟矿业有限责任公司和鄂尔多斯沿河铁路有限责任公司投资。

固定资产年末净额比年初净额增加的主要原因是：子公司鄂尔多斯市昊华精煤有限责任公司高家梁矿井及选煤厂工程项目转增固定资产。

在建工程年末余额比年初余额减少的主要原因是：子公司鄂尔多斯市昊华精煤有限责任公司高家梁矿井及选煤厂工程项目已达到预计可使用状态转增固定资产。

工程物资年末余额比年初余额减少的主要原因是：公司的子公司鄂尔多斯市昊华精煤有限责任公司高家梁矿井及选煤厂工程项目已达到预计可使用状态转增固定资产，期末为其购置的专用设备及专用物资较期初减少。

无形资产年末净额比年初净额增加的主要原因是：公司本期收购的杭锦旗西部能源开发有限公司带入了价值 18.14 亿元的探矿权。

短期借款年末余额比年初余额减少的主要原因是：本期公司已经偿还全部短期借款。

应付票据年末余额比年初余额减少的主要原因是：应收票据背书转让已满足本公司对外支付的需要，故相应减少应付票据的使用。

应付账款年末余额比年初余额增加的主要原因是：公司的子公司鄂尔多斯市昊华精煤有限责任公司和鄂尔多斯市东铜铁路物流有限公司应付工程款增加。

预收账款年末余额比年初余额增加的主要原因是：本期预收煤款增加。

应付职工薪酬年末余额比年初余额增加的主要原因是：本年工资政策调整，以工资为基数计提尚未缴纳的 12 月份社会保险费用较上年增加。

应交税费年末余额比年初余额增加的主要原因是：子公司鄂尔多斯市昊华精煤有限责任公司年初的待抵扣固定资产进项税额 6,092.46 万元已于本期抵扣。

应付利息年末余额比年初余额增加的主要原因是：2010 年 2 月发行 5 亿元短期融资债券所计提的利息。

其他应付款年末余额比年初余额增加的主要原因是：公司收购杭锦旗西部能源开发有限公司股权，年末尚未支付山西榆次中博房地产公司股权转让款 6.85 亿元。

一年内到期的非流动负债年末余额比年初余额增加的主要原因是：依据深度采矿权购买合同，公司将于 2011 年支付采矿权价款 3,068 万元。

其他流动负债年末余额比年初余额增加的主要原因是：公司 2010 年 2 月按面值发行了短期融资债券 5 亿元。

长期借款年末余额比年初余额减少的主要原因是：本期公司已经偿还全部长期借款。

长期应付款年末净额比年初净额减少的主要原因是：依据协议本年支付了采矿权价款 3,068 万元，另有将于下一年支付的 3,068 万元转入一年内到期的非流动负债列报。

股本年末余额比年初余额增加的主要原因是：2010 年 3 月公司向社会公开发行人民币普通股股票 11,000 万股。

资本公积年末余额比年初余额增加的主要原因是：2010 年 3 月公司向社会公开发行人民币普通股股票 11,000 万股溢价 3,055,284,440.00 元。

未分配利润年末余额比年初余额增加的主要原因是：公司本期归属于母公司净利润转入 872,560,359.78 元，提取盈余公积金减少 89,034,987.04 元，分配股利减少 317,799,997.00 元。

资产减值损失的详细情况分析

单位：万元

项目	2010 年 12 月 31 日	2009 年 12 月 31 日
坏账准备	1,387.84	787.55
固定资产减值准备	404.26	421.43
资产减值准备合计	1,792.10	1,208.98

本期应收账款增加而相应计提坏账准备增加。

② 利润变动分析

单位：万元

项目	2010 年度	2009 年度	同比增长(%)
营业收入	404,716.55	309,693.19	30.68
营业税金及附加	24,485.50	13,198.22	85.52
销售费用	17,898.15	12,733.11	40.56
管理费用	42,610.86	30,629.09	39.12
资产减值损失	600.29	−1,468.09	140.89
投资收益	−418.10		
营业外收入	2,037.21	1,159.68	75.67
所得税费用	29,926.96	15,985.79	87.21

营业收入本年金额比上年金额增加的主要原因是：本期国际经济形势转好，出口销售数量较上年增长 47.24%，出口销售价格也较上年增长 21.09%，综合比较本期出口销售的收入额较上年增长 78.29%。

营业税金及附加本年金额比上年金额增加的主要原因是：公司本期出口收入增加而相应关税增加。

销售费用本年金额比上年金额增加的主要原因是：一是鄂尔多斯市昊华精煤有限责任公司下半年进入正式运营，发生销售费用 2131 万元；二是由于出口煤收入同比大幅增加，使得出口煤代理费同比增加。

管理费用本年金额比上年金额增加的主要原因是：一是公司出台工资调整政策，使得行政管理人员人工成本有所增长；二是公司所属的鄂尔多斯市昊华精煤有限责任公司下半年进入正式运营，发生管理费用同比增加。

资产减值损失本年金额比上年金额增加的主要原因是：本期应收账款增加而相应计提坏账准备增加。

投资收益本年金额比上年金额减少的主要原因是：本年鑫华双安被关闭，形成投资损失 410.2 万元。

营业外收入本年金额比上年金额增加的主要原因是：本年收到的政府补助金额大于上年。

所得税费用本年金额比上年金额增加的主要原因是：本年利润增加，相应所得税费用增加。

③ 现金流量变化分析

单位：万元

项目	2010 年度	2009 年度	同比增长(%)
收到的税费返还	110.33		
支付的各项税费	111,123.06	75,712.94	46.77
支付其他与经营活动有关的现金	26,250.79	18,204.83	44.20
处置固定资产、无形资产和其他长期资产收回的现金净额	390.35	176.13	121.63
处置子公司及其他营业单位收到的现金净额	443.94		
投资支付的现金	4,713.15	4.50	104,636.67
取得子公司及其他营业单位支付的现金净额	39,998.46		
支付其他与投资活动有关的现金	2.00		
吸收投资收到的现金	370,510.20	14,850.00	2,395.02
取得借款收到的现金	50,000.00	92,200.00	−45.77
偿还债务支付的现金	100,200.00	45,200.00	121.68
分配股利、利润或偿付利息支付的现金	34,033.85	17,320.05	96.50
支付其他与筹资活动有关的现金	11,964.69		

收到的税费返还本年金额比上年金额增加的主要原因是：公司的子公司北京京煤南方商贸有限责任公司本年收到所得税返还。

支付的各项税费本年金额比上年金额增加的主要原因是：本年收入增加，相应的税费增加。

支付其他与经营活动有关的现金本年金额比上年金额增加的主要原因是：本年出口销售增加，支付的港杂费、运输费等相应增加。

处置固定资产、无形资产和其他长期资产收回的现金净额本年金额比上年金额增加的主要原因是：本年处置固定资产较多，相应收到的处置收入增加。

处置子公司及其他营业单位收到的现金净额本年金额比上年金额增加的主要原因是：本期处置了子公司天津京西煤炭有限责任公司。

投资支付的现金本年金额比上年金额增加的主要原因是：本期新增对呼伦贝尔太伟矿业有限责任公司和鄂尔多斯沿河铁路有限责任公司投资。

取得子公司及其他营业单位支付的现金净额本年金额比上年金额增加的主要原因是：本年支付了收购杭锦旗西部能源开发有限公司股权款 4 亿元。

支付其他与投资活动有关的现金本年金额比上年金额增加的主要原因是：本期发放委托贷款，支付委托贷款手续费 2 万元。

吸收投资收到的现金本年金额比上年金额增加的主要原因是：2010 年 3 月公司向社会公开发行人民币普通股股票 11,000 万股，收到募集资金 327,800 万元。

取得借款收到的现金本年金额比上年金额减少的主要原因是：本年公司上市募集资金，相应贷款减少。

偿还债务支付的现金本年金额比上年金额增加的主要原因是：本年公司偿还了全部长、短期借款。

分配股利、利润或偿付利息支付的现金本年金额比上年金额增加的主要原因是：公司本年支付的股利金额较上年增加。

支付其他与筹资活动有关的现金本年金额比上年金额增加的主要原因是：本年公司向社会公开发行股票及发行短期债券，相应支付了发行费用及手续费。

(4)公司前五大供应商和销售商情况

2010 年本公司前五大供应商采购金额详细情况

名次	供应商	采购内容	采购金额（万元）	占当期采购总额的比例(%)
1	北京鑫华源机械制造有限责任公司	设备、配件及材料	4,701.28	11.68%
2	北京京煤化工有限公司	火工品	2,613.71	6.49%
3	开滦集团国际物流有限责任公司中煤物资分公司	材料	1,744.59	4.33%
4	中煤张家口煤矿机械有限责任公司	设备及配件	1,347.90	3.35%
5	天地科技股份有限公司上海分公司	设备及配件	990.30	2.46%
	合计		11,397.76	28.31%

2010 年本公司前五名客户销售收入详细情况及占营业收入的比例

名次	单位名称	销售收入（万元）	占营业收入比例(%)
1	新日本制铁株式会社	79,588.47	19.67
2	(大韩民国)韩国浦项制铁集团公司	61,600.01	15.22
3	河北钢铁集团有限公司	34,219.04	8.46
4	首钢总公司	12,420.12	3.07
5	天津渤海化工有限责任公司天津碱厂	10,155.33	2.51
	合 计	197,982.97	48.93

(5)公司控股和参股公司情况

① 公司控股子公司情况

子公司名称	注册资本（万元）	经营范围	总资产（万元）	净资产（万元）	净利润（万元）
鄂尔多斯市昊华精煤有限责任公司	50000	煤炭前期基础设施建设(国家法律、行政法规和国务院决定应经审批的，未获审批前不得生产经营，国家明令禁止的除外)	227,528.24	203,473.95	1,419.07
鄂尔多斯市东铜铁路物流有限公司	17850	铁路专用线建设(国家法律法规规定应经审批的，未获审批前不得生产经营)	67,799.45	3,327.46	−120.36
北京京煤南方商贸有限责任公司	2000	煤炭，焦炭销售，矿山设备，木材制品，金属材料(除黄金)；建筑材料；仪器仪表；百货；零售：粮油；技术开发、转让；养殖；影视策划；广告设计、制作；信息咨询(不含中介服务)	5,293.06	2,438.01	68.48
济南京煤商贸有限责任公司	500	煤炭；批发、零售、仓储：金属材料、普通机械、五金、交电、汽车零配件、日用品。	1,156.63	1,137.07	9.51
杭锦旗西部能源开发有限公司	20000	矿产资源勘探及相关业务(法律、行政法规、国务院决定规定应经许可的，未获许可不得生产经营)	197,744.26	197,743.34	−123.98

② 公司参股子公司情况

单位：万元

公司名称	注册资本	经营范围	2010 年	2010 年	2010 年

			总资产	净资产	净利润
新包神铁路有限责任公司	255,200	承担包头至神木段铁路工程的建设与经营，铁路客货运输等	662,280.84	231,448.12	23,047.88
呼伦贝尔太伟矿业有限责任公司	2,100	按照《矿产资源勘查许可证》规定的范围及期限进行矿产勘查活动等	1,680.38	1,680.41	-100.13

6.2 主营业务分行业、产品情况表

请见前述 6.1

6.3 主营业务分地区情况表

请见前述 6.1

6.4 募集资金使用情况

√适用　　□不适用

单位:万元　币种:人民币

承诺项目	是否变更项目	拟投入金额	实际投入金额	是否符合计划进度	预计收益	产生收益情况
内蒙古鄂尔多斯市高家梁煤矿项目	否	122,013	122,013	是		2,088
万利矿区铜匠川铁路专用线项目	否	24,794	24,794	是		
高家梁煤矿选煤厂项目	否	33,297	33,297	是		
偿还银行借款和补充流动资金	否	20,000	20,000	是		
合计	/	200,104	200,104	/		/
尚未使用的募集资金用途及去向	存储在公司募集资金专户					

变更项目情况

□适用　　√不适用

6.5 非募集资金项目情况

□适用　　√不适用

6.6 董事会对会计师事务所"非标准审计报告"的说明

□适用　　√不适用

6.7 董事会本次利润分配或资本公积金转增股本预案

经利安达会计师事务所有限公司审计，公司 2010 年度实现净利润 890,349,870.43 元，加上 2009 年未分配利润 209,139,398.93 元，公司 2010 年度可供分配的利润为 1,099,489,269.36 元。根据《公司法》和《公司章程》规定，公司按当年实现的净利润提取 10%法定盈余公积金为 89,034,987.04 元，当年可供股东分配的利润为 1,010,454,282.32 元。

公司拟以 2010 年度净利润提取相应法定盈余公积金后，以 2010 年 12 月 31 日总股本 454,000,000 股为基数，向全体股东每 10 股送 12.0264 股，派发现金红利 7.00 元（含税），共计 863,800,000.00 元，期末留存可供分配的利润 146,654,282.32 元结转下一年度。2010 年无资本公积金转增股本预案。此利润分配预案尚需经公司股东大会审议批准后执行。

公司本报告期内盈利但未提出现金利润分配预案

□适用　　√不适用

第七节　重要事项

7.1 收购资产

√适用　　□不适用

单位:万元　币种:人民币

交易对方或最终控制方	被收购资产	购买日	收购价格	自购买日起至本年末为公司贡献的净利润	本年初至本年末为公司贡献的净利润(适用于同一控制下企业合并)	是否为关联交易(如是,说明定价原则)	所涉及的资产产权是否已全部过户	所涉及的债权债务是否已全部转移
山西榆次中博房地产开发有限公司	杭锦旗西部能源开发有限公司 60%股权	2010 年 8 月 16 日	108,520			否	是	是

7.2 出售资产

□适用　　√不适用

7.3 重大担保

□适用　　√不适用

7.4 重大关联交易

7.4.1 与日常经营相关的关联交易

√适用　　□不适用

单位:元　币种:人民币

关联方	向关联方销售产品和提供劳务 交易金额	占同类交易金额的比例(%)	向关联方采购产品和接受劳务 交易金额	占同类交易金额的比例(%)
首钢总公司	124,201,153.84	3.11		
中国矿产有限责任公司	24,570,923.09	0.61		
北京市京浆工贸有限公司	1,695,462.81	0.04		
北京金泰集团有限公司	43,337,298.11	1.08		
北京鑫华源机械制造有限责任公司	1,892,571.63	3.97	60,302,588.81	
北京京煤集团有限责任公司			8,796,086.26	8.78
北京京煤化工有限公司			26,137,053.26	6.08
北京昊煜工贸有限责任公司			3,902,686.59	0.91
北京金泰恒业燃料有限公司			2,469,155.08	0.57
中国中煤能源集团公司（含中国中煤能源股份有限公司）	40,784,155.90	100.00		
合计	236,481,565.38		101,607,570.00	

其中：报告期内公司向控股股东及其子公司销售产品或提供劳务的关联交易金额 199,230,818.58 元。

7.4.2 关联债权债务往来

□适用　　√不适用

7.4.3 报告期内资金被占用情况及清欠进展情况

□适用　　√不适用

截至报告期末，上市公司未完成非经营性资金占用的清欠工作的，董事会提出的责任追究方案

□适用　　√不适用

7.5 委托理财

□适用　　√不适用

7.6 承诺事项履行情况

7.6.1 公司或持股 5%以上股东在报告期内或持续到报告期内的承诺事项

√适用　　□不适用

承诺事项	承诺内容	履行情况
发行时所作承诺	本公司控股股东京煤集团承诺:"自昊华能源 A 股股票上市之日起三十六个月内，我公司不转让或者委托他人管理我公司持有的昊华能源 A 股股份，也不由昊华能源回购我公司持有的 A 股股份。"本公司其他股东金石投资、中煤集团、首钢总公司、五矿发展和煤科总院均承诺:"自昊华能源 A 股股票上市之日起十二个月内，我公司不转让或者委托他人管理我公司持有的昊华能源 A 股股份，也不由昊华能源回购我公司持有的 A 股股份。"(注 1) 京煤集团同意并承诺:(1)在重组设立本公司时，已将大安山煤矿、长沟峪煤矿和木城涧煤矿(含大台煤矿)的有关煤炭生产及销售的经营性资产和业务全部投入本公司;京煤集团下属的门头沟煤矿、房山煤矿及杨坨煤矿分别于 2001 年 9 月 28 日、2003 年 9 月 10 日、2004 年 12 月 3 日完成破产关闭程序。(2)自九十年代初至今，京煤集团下属王平村煤矿就一直处于停产状态，并且未来该煤矿也不会从事任何煤炭生产经营业务。(3)京煤集团控股子公司北京金泰恒业有限责任公司目前从事少量的民用煤销售业务，该项业务属于京煤集团承担的社会职能，与本公司不构成实质性同业竞争。(4)京煤集团未来将不会在中国境内任何地方和以任何形式(合资经营、合作经营或拥有其他公司或企业的股票或权益)从事与本公司有竞争或构成竞争的业务。(5)京煤集团将承担因违反本承诺而给本公司造成的任何损失及相关法律责任。(注 2)	截至本报告期末，该承诺一直履行。

7.6.2 公司资产或项目存在盈利预测，且报告期仍处在盈利预测期间，公司就资产或项目是否达到原盈利预测及其原因作出说明

□适用　　√不适用

7.7 重大诉讼仲裁事项

□适用　　√不适用

7.8 其他重大事项及其影响和解决方案的分析说明

7.8.1 证券投资情况

□适用　　√不适用

7.8.2 持有其他上市公司股权情况

□适用　　√不适用

7.8.3 持有非上市金融企业股权情况

□适用　　√不适用

7.8.4 买卖其他上市公司股份的情况

□适用　　√不适用

7.9 公司披露了内部控制的自我评价报告或履行社会责任报告，详见年报全文。

第八节　监事会报告

8.1 监事会对公司依法运作情况的独立意见

2010 年，公司监事会根据国家有关法律法规，按照中国证监会发布的有关上市公司依法治理的规范性文件，对公司股东大会、董事会的召开程序、决议事项，董事会对股东大会决议的执行情况，公司高级管理人员履行职责的合法、合规性以及执行公司各项管理制度等进行了监督。监事会认为，公司董事会能够严格遵循《公司法》、《证券法》、《上市规则》、《公司章程》等相

关法律法规和制度的要求规范运作，决策科学民主，逐步健全和完善了公司内部管理和内部控制机制。公司董事和高级管理人员执行职务时能够勤勉、尽职地履行各自职责，按照科学发展观的要求，突出重点抓关键，坚持推动企业的可持续发展，赢得了客户、员工和社会公众的认同和信赖。未发现公司董事及高级管理人员在执行公司职务时有违反法律法规及《公司章程》或损害公司利益及股东权益的行为。

8.2 监事会对检查公司财务情况的独立意见

公司2010年度财务报告经利安达会计师事务所有限责任公司审计，出具了标准无保留意见的审计报告。公司监事会认真细致地检查和审核了本公司的会计报表及财务资料，监事会认为：该报告真实、客观、公允地反映了公司的财务状况和经营成果，不存在虚假记载、误导性陈述或重大遗漏，符合会计准则的规定。

8.3 监事会对公司最近一次募集资金实际投入情况的独立意见

2010年3月公司首次公开发行A股，募集资金净额达人民币31.56亿元。2010年度公司按照决策权限和审批程序，共使用募集资金200,104万元，实际投入项目和用途均与招股说明书中所承诺的一致。现作为募集资金使用项目的高家梁煤矿已圆满完成项目验收，东铜铁路专用线全线铺通。

8.4 监事会对公司收购、出售资产情况的独立意见

公司于2010年6月18日召开的2009年度股东大会审议通过了《关于收购西部能源公司股权的议案》，同意公司以股权收购的方式，按资产评估结果依法签订股权转让协议，收购西部能源60%的股权从而控股西部能源，支付收购资金108,520万元，截至2010年末公司已支付首期股权转让价款40,000万元，并完成了工商变更登记手续。公司于2010年10月15日召开的第三届董事会第五次会议审议通过了《关于受让鄂尔多斯市东铜铁路有限公司股权的议案》，同意公司分别以人民币240万元和80万元受让鄂尔多斯市乌兰煤炭(集团)有限责任公司、鄂尔多斯市腾远煤炭有限责任公司持有的鄂尔多斯市东铜铁路有限公司6%和2%的股权，股权转让完成后，公司持有鄂尔多斯市东铜铁路有限公司59%的股权；审议通过了《关于收购北京京煤南方商贸有限责任公司20%股权的议案》和《关于收购济南京煤商贸有限责任公司15%股权的议案》；审议通过了《关于公司拟增资入股呼伦贝尔太伟矿业有限责任公司的议案》，同意公司以人民币1000万元对呼伦贝尔太伟矿业有限责任公司增资，本次增资完成后公司持有呼伦贝尔太伟矿业有限责任公司47.62%的股权。

监事会认为公司上述收购行为价格公平合理，程序合法依规，符合本公司及股东的整体利益。

85 监事会对公司关联交易情况的独立意见

监事会认为：2010年度公司关联交易公平、交易价格合理，关联交易行为均按照有关协议和股东大会的决议执行，不存在内幕交易和损害及非关联股东利益的行为，也无损害公司利益的情况。

第九节　财务会计报告

9.1 审计意见

财务报告	□未经审计	√审计
审计意见	√标准无保留意见	□非标意见

9.2 财务报表

合并资产负债表

2010年12月31日

编制单位:北京昊华能源股份有限公司　　单位:元 币种:人民币

项目	附注	期末余额	年初余额
流动资产：			
货币资金	五、1	2,667,763,866.36	465,295,668.09
结算备付金			
拆出资金			
交易性金融资产			
应收票据	五、2	260,963,231.00	184,766,689.14
应收账款	五、3	228,944,760.49	81,317,636.68
预付款项	五、5	97,287,359.50	40,781,596.29
应收保费			
应收分保账款			
应收分保合同准备金			
应收利息			
应收股利			
其他应收款	五、4	31,333,338.03	13,459,978.65
买入返售金融资产			
存货	五、6	243,806,926.32	182,296,617.63
一年内到期的非流动资产			
其他流动资产			
流动资产合计		3,530,099,481.70	967,918,186.48
非流动资产：			
发放委托贷款及垫款			
可供出售金融资产			
持有至到期投资			
长期应收款			
长期股权投资	五、8	147,001,018.37	106,182,000.00
投资性房地产			
固定资产	五、9	2,072,633,304.08	557,259,626.34
在建工程	五、10	664,117,749.91	1,238,454,192.64
工程物资	五、11	3,980,519.39	29,400,100.67
固定资产清理			
生产性生物资产			
油气资产			
无形资产	五、12	2,413,597,776.91	594,966,654.31
开发支出			
商誉			
长期待摊费用			
递延所得税资产	五、13	6,508,971.65	8,251,976.31
其他非流动资产			
非流动资产合计		5,307,839,340.31	2,534,514,550.27
资产总计		8,837,938,822.01	3,502,432,736.75
流动负债：			
短期借款	五、15		812,000,000.00
向中央银行借款			
吸收存款及同业存放			
拆入资金			
交易性金融负债			
应付票据	五、16		18,895,000.00
应付账款	五、17	649,547,348.03	424,093,155.20
预收款项	五、18	102,190,891.29	71,753,558.85
卖出回购金融资产款			
应付手续费及佣金			
应付职工薪酬	五、19	25,759,087.75	17,930,465.92
应交税费	五、20	30,456,715.94	−27,833,048.16
应付利息	五、21	15,144,383.56	
应付股利	五、22		
其他应付款	五、22	848,607,962.34	111,153,784.58
应付分保账款			
保险合同准备金			
代理买卖证券款			
代理承销证券款			
一年内到期的非流动负债	五、23	30,680,000.00	
其他流动负债	五、24	500,379,906.65	2,811,351.23
流动负债合计		2,202,766,295.56	1,430,804,267.62
非流动负债：			
长期借款	五、25		190,000,000.00
应付债券			
长期应付款	五、26	28,822,871.85	85,126,365.73
专项应付款			
预计负债			
递延所得税负债			
其他非流动负债			
非流动负债合计		28,822,871.85	275,126,365.73
负债合计		2,231,589,167.41	1,705,930,633.35
所有者权益(或股东权益)：			
实收资本(或股本)	五、27	454,000,000.00	344,000,000.00
资本公积	五、28	3,234,977,124.20	180,149,678.88
减：库存股			
专项储备	五、29	126,487,081.64	126,355,385.50
盈余公积	五、30	560,652,456.41	471,617,469.37
一般风险准备			
未分配利润	五、31	1,013,793,130.78	548,067,755.04
外币报表折算差额			
归属于母公司所有者权益合计		5,389,909,793.03	1,670,190,288.79
少数股东权益		1,216,439,861.57	126,311,814.61
所有者权益合计		6,606,349,654.60	1,796,502,103.40
负债和所有者权益总计		8,837,938,822.01	3,502,432,736.75

法定代表人：耿养谋　　主管会计工作负责人：韩玉和　　会计机构负责人：马淑春

母公司资产负债表

2010年12月31日

编制单位:北京昊华能源股份有限公司　　单位:元 币种:人民币

项目	附注	期末余额	年初余额
流动资产：			
货币资金		2,283,726,843.17	300,942,778.34
交易性金融资产			
应收票据		252,786,281.00	182,518,909.14
应收账款	十二、1	225,315,702.68	80,493,897.58
预付款项		14,319,743.60	8,656,191.20
应收利息			
应收股利			
其他应收款	十二、2	474,027,169.76	1,231,097,781.54
存货		217,099,905.42	163,025,387.31

一年内到期的非流动资产			
其他流动资产	十二、3	20,000,000.00	
流动资产合计		3,487,275,645.63	1,966,734,945.11
非流动资产：			
可供出售金融资产			
持有至到期投资			
长期应收款			
长期股权投资	十二、4	2,938,815,372.35	542,607,194.67
投资性房地产			
固定资产		500,254,251.90	512,746,719.20
在建工程		9,556,735.65	
工程物资			
固定资产清理			
生产性生物资产			
油气资产			
无形资产		224,750,712.79	234,966,654.31
开发支出			
商誉			
长期待摊费用			
递延所得税资产		4,126,763.09	2,914,661.38
其他非流动资产			
非流动资产合计		3,677,503,835.78	1,293,235,229.56
资产总计		7,164,779,481.41	3,259,970,174.67
流动负债：			
短期借款			812,000,000.00
交易性金融负债			
应付票据			18,895,000.00
应付账款		341,263,168.71	328,810,941.86
预收款项		82,010,557.39	67,419,197.63
应付职工薪酬		25,568,182.23	17,429,818.92
应交税费		46,658,160.02	34,111,826.60
应付利息		15,144,383.56	
应付股利			
其他应付款		733,868,676.95	56,303,720.22
一年内到期的非流动负债		30,680,000.00	
其他流动负债		500,379,906.65	2,811,351.23
流动负债合计		1,775,573,035.51	1,337,781,856.46
非流动负债：			
长期借款			190,000,000.00
应付债券			
长期应付款		28,822,871.85	85,126,365.73
专项应付款			
预计负债			
递延所得税负债			
其他非流动负债			
非流动负债合计		28,822,871.85	275,126,365.73
负债合计		1,804,395,907.36	1,612,908,222.19
所有者权益(或股东权益)：			
实收资本(或股本)		454,000,000.00	344,000,000.00
资本公积		3,235,434,118.88	180,149,678.88
减：库存股			
专项储备		101,842,693.64	126,355,385.50
盈余公积		558,652,479.21	469,617,492.17
一般风险准备			
未分配利润		1,010,454,282.32	526,939,395.93
所有者权益(或股东权益)合计		5,360,383,574.05	1,647,061,952.48
负债和所有者权益(或股东权益)总计		7,164,779,481.41	3,259,970,174.67

法定代表人：耿养谋　　主管会计工作负责人：韩玉和　　会计机构负责人：马淑春

合并利润表

2010 年 1—12 月

单位：元 币种：人民币

项目	附注	本期金额	上期金额
一、营业总收入		4,047,165,454.24	3,096,931,914.45
其中：营业收入	五、32	4,047,165,454.24	3,096,931,914.45
利息收入			
已赚保费			
手续费及佣金收入			
二、营业总成本		2,884,689,027.62	2,469,212,100.82
其中：营业成本	五、32	1,989,237,719.13	1,885,805,213.73
利息支出			
手续费及佣金支出			
退保金			
赔付支出净额			
提取保险合同准备金净额			
保单红利支出			
分保费用			
营业税金及附加	五、33	244,855,036.85	131,982,212.96
销售费用	五、34	178,981,471.45	127,331,133.92
管理费用	五、35	426,108,576.80	306,290,857.12
财务费用	五、36	39,503,324.23	32,483,545.85
资产减值损失	五、37	6,002,899.16	−14,680,862.76
加：公允价值变动收益(损失以"−"号填列)	五、38		
投资收益(损失以"−"号填列)	五、38	−4,180,981.63	
其中：对联营企业和合营企业的投资收益		−78,981.63	
汇兑收益(损失以"−"号填列)			
三、营业利润(亏损以"−"号填列)		1,158,295,444.99	627,719,813.63
加：营业外收入	五、39	20,372,119.02	11,596,798.94
减：营业外支出	五、40	4,067,723.10	5,524,399.27
其中：非流动资产处置损失		3,069,698.93	3,070,627.37
四、利润总额(亏损总额以"−"号填列)		1,174,599,840.91	633,792,213.30
减：所得税费用	五、41	299,269,616.88	159,857,915.62
五、净利润(净亏损以"−"号填列)		875,330,224.03	473,934,297.68
归属于母公司所有者的净利润		872,560,359.78	471,854,377.32
少数股东损益		2,769,864.25	2,079,920.36
六、每股收益：			
(一)基本每股收益	五、42	2.05	1.37
(二)稀释每股收益	五、42	2.05	1.37
七、其他综合收益			
八、综合收益总额		875,330,224.03	473,934,297.68
归属于母公司所有者的综合收益总额		872,560,359.78	471,854,377.32
归属于少数股东的综合收益总额		2,769,864.25	2,079,920.36

法定代表人：耿养谋　　主管会计工作负责人：韩玉和　　会计机构负责人：马淑春

母公司利润表

2010 年 1—12 月

单位：元 币种：人民币

项目	附注	本期金额	上期金额
一、营业收入	十二、5	3,613,801,749.03	2,946,384,321.63
减：营业成本	十二、5	1,657,957,888.63	1,786,194,395.06
营业税金及附加		239,077,547.60	131,044,180.71
销售费用		155,891,149.78	119,435,308.29
管理费用		375,726,301.42	284,696,246.23
财务费用		31,384,970.52	31,727,866.00
资产减值损失		5,020,125.98	−14,481,103.10
加：公允价值变动收益(损失以"−"号填列)			
投资收益(损失以"−"号填列)	十二、6	19,637,266.10	17,663,005.24
其中：对联营企业和合营企业的投资收益		−78,981.63	
二、营业利润(亏损以"−"号填列)		1,168,381,031.20	625,430,433.68
加：营业外收入		17,294,183.93	10,885,194.94
减：营业外支出		3,858,345.45	5,512,805.45
其中：非流动资产处置损失		3,060,396.28	3,070,058.45
三、利润总额(亏损总额以"−"号填列)		1,181,816,869.68	630,802,823.17
减：所得税费用		291,466,999.25	154,379,524.26
四、净利润(净亏损以"−"号填列)		890,349,870.43	476,423,298.91
五、每股收益：			
(一)基本每股收益			
(二)稀释每股收益			
六、其他综合收益			
七、综合收益总额		890,349,870.43	476,423,298.91

法定代表人：耿养谋　　主管会计工作负责人：韩玉和　　会计机构负责人：马淑春

合并现金流量表

2010 年 1—12 月

单位：元 币种：人民币

项目	附注	本期金额	上期金额
一、经营活动产生的现金流量：			
销售商品、提供劳务收到的现金		4,364,874,294.96	3,462,443,531.14
客户存款和同业存放款项净增加额			
向中央银行借款净增加额			
向其他金融机构拆入资金净增加额			
收到原保险合同保费取得的现金			
收到再保险业务现金净额			
保户储金及投资款净增加额			
处置交易性金融资产净增加额			
收取利息、手续费及佣金的现金			

拆入资金净增加额			
回购业务资金净增加额			
收到的税费返还		1,103,257.91	
收到其他与经营活动有关的现金	五、43	117,321,000.40	99,657,240.24
经营活动现金流入小计		4,483,298,553.27	3,562,100,771.38
购买商品、接受劳务支付的现金		967,351,653.72	1,002,719,909.59
客户贷款及垫款净增加额			
存放中央银行和同业款项净增加额			
支付原保险合同赔付款项的现金			
支付利息、手续费及佣金的现金			
支付保单红利的现金			
支付给职工以及为职工支付的现金		1,304,886,856.13	1,079,260,148.76
支付的各项税费		1,111,230,559.48	757,129,401.63
支付其他与经营活动有关的现金	五、43	262,507,868.72	182,048,286.60
经营活动现金流出小计		3,645,976,938.05	3,021,157,746.58
经营活动产生的现金流量净额		837,321,615.22	540,943,024.80
二、投资活动产生的现金流量：			
收回投资收到的现金			
取得投资收益收到的现金			
处置固定资产、无形资产和其他长期资产收回的现金净额		3,903,477.02	1,761,339.00
处置子公司及其他营业单位收到的现金净额		4,439,387.50	
收到其他与投资活动有关的现金			
投资活动现金流入小计		8,342,864.52	1,761,339.00
购建固定资产、无形资产和其他长期资产支付的现金		939,176,804.74	1,036,594,951.93
投资支付的现金		47,131,521.52	45,000.00
质押贷款净增加额			
取得子公司及其他营业单位支付的现金净额		399,984,576.67	
支付其他与投资活动有关的现金	五、43	20,000.00	
投资活动现金流出小计		1,386,312,902.93	1,036,639,951.93
投资活动产生的现金流量净额		−1,377,970,038.41	−1,034,878,612.93
三、筹资活动产生的现金流量：			
吸收投资收到的现金		3,705,102,000.00	148,500,000.00
其中：子公司吸收少数股东投资收到的现金		427,102,000.00	148,500,000.00
取得借款收到的现金		500,000,000.00	922,000,000.00
发行债券收到的现金			
收到其他与筹资活动有关的现金			
筹资活动现金流入小计		4,205,102,000.00	1,070,500,000.00
偿还债务支付的现金		1,002,000,000.00	452,000,000.00
分配股利、利润或偿付利息支付的现金		340,338,498.26	173,200,469.53
其中：子公司支付给少数股东的股利、利润		4,850,541.51	4,032,229.08
支付其他与筹资活动有关的现金	五、43	119,646,880.28	
筹资活动现金流出小计		1,461,985,378.54	625,200,469.53
筹资活动产生的现金流量净额		2,743,116,621.46	445,299,530.47
四、汇率变动对现金及现金等价物的影响			
五、现金及现金等价物净增加额		2,202,468,198.27	−48,636,057.66
加：期初现金及现金等价物余额		465,295,668.09	513,931,725.75
六、期末现金及现金等价物余额		2,667,763,866.36	465,295,668.09

法定代表人：耿养谋　　主管会计工作负责人：韩玉和　　会计机构负责人：马淑春

母公司现金流量表

2010 年 1—12 月

单位:元 币种:人民币

项目	附注	本期金额	上期金额
一、经营活动产生的现金流量：			
销售商品、提供劳务收到的现金		3,854,340,785.74	3,194,467,764.44
收到的税费返还			
收到其他与经营活动有关的现金		181,395,734.25	91,911,635.93
经营活动现金流入小计		4,035,736,519.99	3,286,379,400.37
购买商品、接受劳务支付的现金		749,551,043.65	782,712,656.68
支付给职工以及为职工支付的现金		1,243,264,252.72	1,072,961,159.61
支付的各项税费		1,053,043,341.11	738,436,540.94
支付其他与经营活动有关的现金		211,942,262.66	154,299,800.40
经营活动现金流出小计		3,257,800,900.14	2,748,410,157.63
经营活动产生的现金流量净额		777,935,619.85	537,969,242.74
二、投资活动产生的现金流量：			
收回投资收到的现金			
取得投资收益收到的现金		9,410,643.14	17,663,005.24
处置固定资产、无形资产和其他长期资产收回的现金净额		3,337,035.00	1,761,339.00
处置子公司及其他营业单位收到的现金净额		4,439,387.50	
收到其他与投资活动有关的现金			
投资活动现金流入小计		17,187,065.64	19,424,344.24
购建固定资产、无形资产和其他长期资产支付的现金		102,372,262.11	79,985,976.94
投资支付的现金		630,811,521.52	910,245,000.00
取得子公司及其他营业单位支付的现金净额		400,000,000.00	
支付其他与投资活动有关的现金		20,000.00	
投资活动现金流出小计		1,133,203,783.63	990,230,976.94
投资活动产生的现金流量净额		−1,116,016,717.99	−970,806,632.70
三、筹资活动产生的现金流量：			
吸收投资收到的现金		3,278,000,000.00	
取得借款收到的现金		500,000,000.00	922,000,000.00
发行债券收到的现金			
收到其他与筹资活动有关的现金			
筹资活动现金流入小计		3,778,000,000.00	922,000,000.00
偿还债务支付的现金		1,002,000,000.00	452,000,000.00
分配股利、利润或偿付利息支付的现金		335,487,956.75	169,168,240.45
支付其他与筹资活动有关的现金		119,646,880.28	
筹资活动现金流出小计		1,457,134,837.03	621,168,240.45
筹资活动产生的现金流量净额		2,320,865,162.97	300,831,759.55
四、汇率变动对现金及现金等价物的影响			
五、现金及现金等价物净增加额		1,982,784,064.83	−132,005,630.41
加：期初现金及现金等价物余额		300,942,778.34	432,948,408.75
六、期末现金及现金等价物余额		2,283,726,843.17	300,942,778.34

法定代表人：耿养谋　　主管会计工作负责人：韩玉和　　会计机构负责人：马淑春

合并所有者权益变动表

2010 年 1—12 月

单位:元 币种:人民币

本期金额

项目	归属于母公司所有者权益								少数股东权益	所有者权益合计
	实收资本(或股本)	资本公积	减:库存股	专项储备	盈余公积	一般风险准备	未分配利润	其他		
一、上年年末余额	344,000,000.00	180,149,678.88		126,355,385.50	471,617,469.37		548,067,755.04		126,311,814.61	1,796,502,103.40
加:会计政策变更										
前期差错更正										
其他										
二、本年年初余额	344,000,000.00	180,149,678.88		126,355,385.50	471,617,469.37		548,067,755.04		126,311,814.61	1,796,502,103.40
三、本期增减变动金额(减少以"−"号填列)	110,000,000.00	3,054,827,445.32		131,696.14	89,034,987.04		465,725,375.74		1,090,128,046.96	4,809,847,551.20
(一)净利润							872,560,359.78		2,769,864.25	875,330,224.03
(二)其他综合收益										
上述(一)和(二)小计							872,560,359.78		2,769,864.25	875,330,224.03
(三)所有者投入和减少资本	110,000,000.00	3,054,827,445.32							371,739,362.37	3,536,566,807.69
1.所有者投入资本	110,000,000.00	3,055,284,440.00							371,739,362.37	3,537,023,802.37
2.股份支付计入所有者权益的金额										
3.其他		−456,994.68								−456,994.68
(四)利润分配					89,034,987.04		−406,834,984.04		−2,011,556.66	−319,811,553.66
1.提取盈余公积					89,034,987.04		−89,034,987.04			
2.提取一般风险准备										
3.对所有者(或股东)的分配							−317,799,997.00		−2,011,556.66	−319,811,553.66
4.其他										
(五)所有者权益内部结转										
1.资本公积转增资本(或股本)										
2.盈余公积转增资本(或股本)										
3.盈余公积弥补亏损										
4.其他										
(六)专项储备				131,696.14					6,161,097.00	6,292,793.14
1.本期提取				144,754,894.00					7,187,946.50	151,942,840.50
2.本期使用				−144,623,197.86					−1,026,849.50	−145,650,047.36
(七)其他									711,469,280.00	711,469,280.00
四、本期期末余额	454,000,000.00	3,234,977,124.20		126,487,081.64	560,652,456.41		1,013,793,130.78		1,216,439,861.57	6,606,349,654.60

上年同期金额

项目	归属于母公司所有者权益								少数股东权益	所有者权益合计
	实收资本(或股本)	资本公积	减:库存股	专项储备	盈余公积	一般风险准备	未分配利润	其他		
一、上年年末余额	344,000,000.00	180,149,678.88		112,342,927.30	349,424,552.19		542,406,297.90		29,909,123.33	1,558,232,579.60
加:会计政策变更										
前期差错更正										
其他										
二、本年年初余额	344,000,000.00	180,149,678.88		112,342,927.30	349,424,552.19		542,406,297.90		29,909,123.33	1,558,232,579.60
三、本期增减变动金额(减少以"−"号填列)				14,012,458.20	122,192,917.18		5,661,457.14		96,402,691.28	238,269,523.80
(一)净利润							471,854,377.32		2,079,920.36	473,934,297.68
(二)其他综合收益										
上述(一)和(二)小计							471,854,377.32		2,079,920.36	473,934,297.68
(三)所有者投入和减少资本									98,355,000.00	98,355,000.00
1.所有者投入资本									98,355,000.00	98,355,000.00
2.股份支付计入所有者权益的金额										
3.其他										
(四)利润分配					122,192,917.18		−466,192,920.18		−4,032,229.08	−348,032,232.08

1.提取盈余公积				122,192,917.18	−122,192,917.18		
2.提取一般风险准备							
3.对所有者(或股东)的分配					−344,000,003.00	−4,032,229.08	−348,032,232.08
4.其他							
(五)所有者权益内部结转							
1.资本公积转增资本(或股本)							
2.盈余公积转增资本(或股本)							
3.盈余公积弥补亏损							
4.其他							
(六)专项储备			14,012,458.20				14,012,458.20
1.本期提取			118,410,328.00				118,410,328.00
2.本期使用			−104,397,869.80				−104,397,869.80
(七)其他							
四、本期期末余额	344,000,000.00	180,149,678.88	126,355,385.50	471,617,469.37	548,067,755.04	126,311,814.61	1,796,502,103.40

法定代表人:耿养谋　　主管会计工作负责人:韩玉和　　会计机构负责人:马淑春

母公司所有者权益变动表

2010 年 1—12 月

单位:元 币种:人民币

本期金额

项目	实收资本(或股本)	资本公积	减:库存股	专项储备	盈余公积	一般风险准备	未分配利润	所有者权益合计
一、上年年末余额	344,000,000.00	180,149,678.88		126,355,385.50	469,617,492.17		526,939,395.93	1,647,061,952.48
加:会计政策变更								
前期差错更正								
其他								
二、本年年初余额	344,000,000.00	180,149,678.88		126,355,385.50	469,617,492.17		526,939,395.93	1,647,061,952.48
三、本期增减变动金额(减少以"−"号填列)	110,000,000.00	3,055,284,440.00		−24,512,691.86	89,034,987.04		483,514,886.39	3,713,321,621.57
(一)净利润							890,349,870.43	890,349,870.43
(二)其他综合收益								
上述(一)和(二)小计							890,349,870.43	890,349,870.43
(三)所有者投入和减少资本	110,000,000.00	3,055,284,440.00						3,165,284,440.00
1.所有者投入资本	110,000,000.00	3,055,284,440.00						3,165,284,440.00
2.股份支付计入所有者权益的金额								
3.其他								
(四)利润分配					89,034,987.04		−406,834,984.04	−317,799,997.00
1.提取盈余公积					89,034,987.04		−89,034,987.04	
2.提取一般风险准备								
3.对所有者(或股东)的分配							−317,799,997.00	−317,799,997.00
4.其他								
(五)所有者权益内部结转								
1.资本公积转增资本(或股本)								
2.盈余公积转增资本(或股本)								
3.盈余公积弥补亏损								
4.其他								
(六)专项储备				−24,512,691.86				−24,512,691.86
1.本期提取				116,003,108.00				116,003,108.00
2.本期使用				−140,515,799.86				−140,515,799.86
(七)其他								
四、本期期末余额	454,000,000.00	3,235,434,118.88		101,842,693.64	558,652,479.21		1,010,454,282.32	5,360,383,574.05

上年同期金额

项目	实收资本(或股本)	资本公积	减:库存股	专项储备	盈余公积	一般风险准备	未分配利润	所有者权益合计
一、上年年末余额	344,000,000.00	180,149,678.88		112,342,927.30	347,424,574.99		516,709,017.20	1,500,626,198.37
加:会计政策变更								
前期差错更正								
其他								
二、本年年初余额	344,000,000.00	180,149,678.88		112,342,927.30	347,424,574.99		516,709,017.20	1,500,626,198.37
三、本期增减变动金额(减少以"−"号填列)				14,012,458.20	122,192,917.18		10,230,378.73	146,435,754.11
(一)净利润							476,423,298.91	476,423,298.91
(二)其他综合收益								
上述(一)和(二)小计							476,423,298.91	476,423,298.91
(三)所有者投入和减少资本								
1.所有者投入资本								
2.股份支付计入所有者权益的金额								
3.其他								
(四)利润分配					122,192,917.18		−466,192,920.18	−344,000,003.00
1.提取盈余公积					122,192,917.18		−122,192,917.18	
2.提取一般风险准备								
3.对所有者(或股东)的分配							−344,000,003.00	−344,000,003.00
4.其他								
(五)所有者权益内部结转								
1.资本公积转增资本(或股本)								
2.盈余公积转增资本(或股本)								
3.盈余公积弥补亏损								
4.其他								
(六)专项储备				14,012,458.20				14,012,458.20
1.本期提取				118,410,328.00				118,410,328.00
2.本期使用				−104,397,869.80				−104,397,869.80
(七)其他								
四、本期期末余额	344,000,000.00	180,149,678.88		126,355,385.50	469,617,492.17		526,939,395.93	1,647,061,952.48

法定代表人:耿养谋　　主管会计工作负责人:韩玉和　　会计机构负责人:马淑春

9.3 本报告期无会计政策、会计估计的变更。

9.4 本报告期无前期会计差错更正。

9.5 企业合并及合并财务报表

9.51 合并范围发生变更的说明

本公司编制 2009 年度合并财务报表时纳入合并范围的天津京西煤炭有限责任公司，于 2010 年 11 月 12 日作价转让给了天津市武清区供销商业总公司，2010 年 11 月 30 日该股权转让完成，因此本报告合并财务报表的合并范围与上年度相比，减少了天津京西公司。

与此同时，2010 年 6 月 27 日，公司与山西榆次中博房地产开发有限公司签署《股权转让合同》，以 1,085,203,920.00 元受让榆次中博公司拥有的杭锦旗西部能源开发有限公司 60%的股权，该项股权转让已于 2010 年 8 月 16 日完成工商变更登记手续，所以，本报告合并财务报表的合并范围增加了西部能源公司。

9.5.2 本期新纳入合并范围的主体和本期不再纳入合并范围的主体

9.5.2.1 本期新纳入合并范围的子公司、特殊目的主体、通过受托经营或承租等方式形成控制权的经营实体

单位:元 币种:人民币

名称	期末净资产	本期净利润
杭锦旗西部能源开发有限公司	1,977,433,416.22	−1,239,783.78

9.5.2.2 本期不再纳入合并范围的子公司、特殊目的主体、通过受托经营或承租等方式形成控制权的经营实体

单位:元 币种:人民币

名称	处置日净资产	期初至处置日净利润
天津京西煤炭有限责任公司	5,487,500.00	3,556,010.88

9.5.3 本期发生的非同一控制下企业合并

单位:元 币种:人民币

被合并方	商誉金额	商誉计算方法
杭锦旗西部能源开发有限公司		不适用

9.5.4 本期出售丧失控制权的股权而减少子公司

子公司	出售日	损益确认方法
天津京西煤炭有限责任公司	2010 年 11 月 30 日	成本法

维维金装豆奶粉

豆奶贵族

1 五星级原料
彰显贵族气质

2 金牌营养
添加大豆肽、低聚果糖

3 至臻口感
尊享美味

4 科技豆奶
12大工艺全程护航

5 独特条形内包
时尚大气,现代感十足

http://www.vvgroup.com

市场营销 苏宁电器依托 SCS 平台，与全球数万名知名家电供应商建立了紧密的合作关系，并坚持市场导向、顾客核心，不断创新经营产品品类，承诺"品牌、价格、服务"一步到位。目前经营的商品涵盖空调、冰洗、彩电、音像、小家电、通讯、电脑、数码、OA 办公、厨卫等综合品类。除门店常规电器产品外，苏宁对公销售还提供中央空调系统、地暖系统、净水系统、锅炉系统、办公集成系统、影音集成系统等商用电器产品整体解决方案。

2011年3月与LG电子签订战略合作协议

2011年4月与三菱重工签署连锁渠道独家销售合同

2011年7月与先锋签订全面战略合作协议

2011年三星苏宁营销学院零售管理培训班

智慧苏宁 依托 SAP/ERP 系统，苏宁电器完成了涵盖 SCS、B2C、BI、WMS、TMS、CRM、CallCenter、OA、SOA、HR 等 10 多类、120 多项的信息应用模块开发，实现了"高效采销运营、精益客户服务、精细内部管理"三位一体的全流程信息管理。目前拥有 4000 多名专业 IT 人员，2005 年以来，苏宁电器先后携手 IBM、SAP、思科等世界知名 IT 企业开展信息系统建设战略合作，打造国际化一流信息平台。未来，苏宁将充分运用云的理念和技术，高度整合、灵活调动企业内外部资源，在供应链合作、消费者服务、企业内部管理等方面都形成云服务平台和瘦客户端的模型，全面转型为苏宁"云服务"商业模式。

2011年11月苏宁与IBM签署"电子商务创新共同体"合作协议

数据中心

苏宁易购速递队伍

呼叫中心

客户服务 苏宁电器在全国建立了区域配送中心、城市配送中心、转配点全国三级物流网络体系，依托 WMS、DPS、TMS、GPS 等先进信息系统，实现了长途配送、短途调拨与零售配送到户一体化运作。苏宁电器依托遍布城乡的数千家售后服务网络，2 万多名专业服务工程师时刻响应顾客需求，24 小时内快速上门，为顾客提供专业、可信赖的售后保障。苏宁电器还推出了阳光包、IT 帮客、服务管家卡等自主服务产品，自主推广的系列家用电器安检标准也成为行业或国家标准，拥有多项国家发明专利，是业内首家国家职业技能鉴定资质单位。

人力资源 秉承"自主培养、内部提拔"的人才培养方针，苏宁电器陆续实施了 1200 梯队、总经理梯队、采购经理梯队、店长梯队、督导梯队、销售突击队、蓝领工程等 10 多项人才梯队计划，保障了企业持续快速的发展，并建立了新员工、企业文化、业务能力与领导力等培训领域，涵盖入职、在职、脱岗、E—Learning 自学以及厂商联合培训、校企合作、外部机构合作等多种形式的培训体系。苏宁形成涵盖员工福利、各类奖励、晋升加薪、期权激励等多方面的激励体系，鼓励员工树立远大的事业理想，并立足苏宁平台，与企业共同成长，成为苏宁的事业经理人。

1200 梯队

苏宁员工旅游奖励

社会责任 苏宁电器通过吸纳就业、缴纳税收、慈善公益等方式，不断回馈与服务社会，为推动经济发展与社会和谐奉献力量。目前累计纳税超百亿元，直接解决就业 17 万人，间接支撑就业人数上百万，多次荣获国家、省、市税务部门颁布的纳税先进企业称号，在抗灾救民、扶贫救弱、捐赠教育、环境保护等领域累计捐赠 7 亿多元。2006 年，苏宁创立"1+1 阳光行—苏宁社工志愿者行动"，号召全体员工每人每年捐出 1 天工资用于慈善捐赠，每人每年奉献 1 天时间参加社工服务，成为中国第一家将社会公益长期化、制度化推进的企业。"1+1 阳光行" 自启动以来，共在全国组建 1000 多支志愿者分队，年平均活动人数达到 10 多万人次。

2011 年 6 月，苏宁电器举行未来十年发展战略发布会，从连锁发展、营销创新、科技转型、电子商务等方面阐述公司整体发展战略，立志将苏宁打造成一个在连锁地域、经营规模、科技创新、服务能力等方面都具备全球化竞争力的世界级企业。

1+1 阳光行志愿者

公益捐款

冠军课堂

走进儿童福利院

让生活的基础更坚实

管理团队

证券简称：冀东水泥　证券代码：000401

企业文化

公司以“共创、共赢”为核心价值观，以“让生活的基础更坚实”为宗旨，以“团结、创新、诚信、敬业”的企业精神，以“紧扣市场、追求高效”的经营理念，力求“为您做的多一点、细一点”。

核心价值观：共创　共赢

创造，是生存之道；创新，是活力之源；创优，是发展之体。与社会、自然实现共赢，达致和谐境界，是冀东水泥的终极目标。

企业精神：团结、创新、诚信、敬业

团结就是力量，创新就是希望，
诚信是立业之木，敬业是成功之基。

创新是企业发展之源；自主创新，更让行业龙头企业如虎添翼。冀东水泥倡导的节能减排、循环经济的观念，是一种以资源的高效利用和循环利用为核心，以“减量化、资源化、再利用”为原则，以低消耗、低排放、高效率为基本特征，符合可持续发展理念的经济增长模式，是对“大量生产、大量消费、大量废弃”的传统增长模式的根本变革。冀东水泥通过生态经济的综合规划和设计，使不同企业间形成共享资源和互换副产品的产业共生组合，使上游生产过程产生的废弃物成为下游生产过程的原材料，实现废弃物的综合利用，达到产业之间资源的最优化配置，使区域的物质和能源在经济的循环中得到永续利用，从而实现产品清洁生产和资源可持续利用的环境和谐的经济发展模式。

冀东水泥以“共创、共赢”为核心价值观，以“让生活的基础更坚实”为宗旨，以“团结、创新、诚信、敬业”为企业精神。冀东水泥把建设资源节约型、环境友好型企业作为落实科学发展观、实现可持续发展的头等大事来抓，把绿色环保作为应尽的社会责任，以务实的工作态度认真做好节能减排各项工作，积极响应国家号召，大力推行绿色环保循环经济，让灰色水泥焕发出绿色的生机。

三元立交桥

首都国际机场

鸟巢

曹妃甸港口

创造，是生存之道；创新，是活力之源；创优，是发展之本。

证券简称: 西部牧业　股票代码: 300106
地址：新疆石河子市西四路5号　邮编：832000　电话：0993-2011608

董事长：徐义民先生

总经理：杨文博先生

西部牧业公司成立于 2003 年 6 月 18 日，前身为新疆西部牧业有限责任公司，2008 年 12 月改制为新疆西部牧业股份有限公司（国有控股），现注册资本 11700 万元人民币。主要股东由石河子国有资产经营（集团）有限公司、上海联创永宣投资企业、新疆恒和源投资有限公司及自然人构成。2010 年公司实现营业总收入 29463 万元，净利润 3415.7 万元，资产总额已达 7.375 亿元。

“十一五”期间，西部牧业成为石河子国家级畜牧科技示范园区企业，是国家绒毛用羊产业技术体系石河子试验站，近年还相继被自治区批准为循环经济试点企业，被兵团批准为省级农业产业化龙头企业、兵团农产品协会肉类加工分会理事长单位、兵团首批创新型试点企业和兵团级畜牧工程技术研究中心，形成了以西部牧业为主体、以市场为导向、产学研相结合的畜牧技术创新体系和较完整的畜牧产业链，在师市畜牧业发展中的龙头地位和示范作用得以充分体现。

西部牧业目前拥有天源奶业（鲜奶收储配送）、泉牲牧业（饲料生产）、喀尔万食品科技（牛羊屠宰加工）、绿洲牧业（高产奶牛养殖）、澳瑞新生物科技（高产奶牛育种技术）、饲草料综合开发利用（高档油脂加工）及国家级紫泥泉种羊场、兵团级肉种羊场、高产奶牛繁育中心、沙依巴克畜产品交易市场等十余家分（子）公司。主要产品有荷斯坦奶牛，安格斯肉牛，美利奴细毛羊，杜泊、道赛特种羊、高档油脂、排酸牛羊肉（清真产品）等。

2010 年 6 月 25 日，公司通过中国证监会创业板发审委审核，8 月 9 日公司在深圳证券交易所创业板发行，募集资金达 3.57 亿元，8 月 20 日开始交易。公司通过上市，将募集的资金用于 6000 头高产奶牛标准化养殖基地建设项目、生鲜乳综合服务体系升级改造项目、牛羊良种繁育技术工程研究中心扩建项目，将已经育成的优良种畜迅速繁殖，以提高新疆优良种畜的比例，可提高广大农牧民的收入，有效保障新疆畜产品，特别是牛羊肉的供给，并保持合理价格，是新疆社会稳定，建设小康社会的基本保证。将区域性的服务模式在其它地区推广，使广大农牧民受益，通过完整的服务体系建设和创新模式，增强企业的盈利能力。把西部牧业建成新疆最好，全国知名的畜牧业龙头企业，为新疆的现代畜牧业建设贡献力量。

西部牧业做为国内首家在创业板上市的农业产业化龙头企业，以产业报国为己任，推进畜牧业现代化进程，在中国农业深化发展的进程中正发挥着重要的推动作用。

绿色 诚信 节约 和谐 效益

艰苦奋斗 求实创新 诚信团结 永创一流

坚持畜牧专业化基础上的多元化，围绕种畜、奶业、饲料、清真肉类加工主业，集中在有限、相关的领域内发展，打造核心竞争力，做大做强做优西牧，实现又快又好持续发展。

庆祝酒会

上市仪式

敲钟仪式

中国美利奴（新疆军垦型）细毛种公羊

学生饮用奶专用车

荷斯坦奶牛舍

红安格斯肉用牛

纳川股份
NEWCHOICE PIPE

员工为本。客户至尊
Rely on employees and value customer above all else
国家级高新技术企业生产
东宝生物、中国科学院理化技术研究所合作开发
解放军第309医院应用推广
包头东宝生物技术股份有限公司
BAOTOU DONGBAO BIO-TECH CO.,LTD

传承中华文明　服务人类健康

益盛药业董事长张益胜先生—敲钟仪式◀

益盛药业董事长张益胜先生（右）和深交所领导（左）在上市仪式上互换礼物
▼

吉林省集安益盛药业股份有限公司始建于 1997 年 6 月，是一家主要从事中成药的研发、生产与销售的上市公司。公司注册资本 11032 万元，资产总额 15.7 亿元，员工总数 1700 余人，银行信用等级为 AAA，11 种剂型获得国家药品 GMP 证书，与国内 20 多家大专院校和科研机构建立了紧密的技术协作关系，形成了由国内知名学者、专家为技术带头人的科技创新体系。在公司生产的 11 种剂型，116 个品种，129 个批准文号的产品中，6 个品种为独家生产品种；4 个品种为国家中药保护品种；51 个品种列入《国家基本医疗保险药品目录》；13 个品种列入《国家基本药物目录》，“益盛”商标被认定为中国驰名商标。公司在北京设立营销策划中心，已在 30 个省、自治区和直辖市设立省级市场部，产品行销全国。

公司成立以来，秉承“传承中华文明，服务人类健康”的宗旨，坚持“关爱众生，诚信笃实，以人为本，创新为先”的经营理念，依托“世界自然保留地”长白山当地特产的人参、西洋参、五味子等道地药材，开发出了以人参、西洋参提取物为主要原材料的系列产品，逐步在产品、研发、营销、原材料资源、质量及品牌建设等方面形成了自己的核心竞争优势。公司被认定为国家火炬计划重点高新技术企业、国家火炬计划通化生物医药产业基地骨干企业、农业产业化国家重点龙头企业、全国“守合同重信用”单位、全国价格信用 A 级单位；中国医院协会授予“公益事业特殊贡献奖”；中华全国总工会授予“全国五一劳动奖状”；荣获吉林省质量管理先进企业、吉林省药品生产企业质量检验机构 AAA 级企业、吉林省明星企业、吉林省“小巨人”明星企业、吉林省民营经济纳税明星企业、吉林省诚信守法民营企业、吉林省模范集体、吉林百强民营企业等荣誉称号。

激情 创新 协作 责任 学习

【证券代码：002238 证券简称：天威视讯】

topway 深圳市天威视讯股份有限公司

深圳市天威视讯股份有限公司（以下简称：天威视讯）成立于 1995 年，是我国有线电视网络行业的第一家股份制企业，负责深圳地区有线电视网络的建设、经营和维护，提供有线电视收视服务、电视增值业务以及互联网接入服务等。

筚路蓝缕，峥嵘往昔。带着成为中国最好的有线数字电视网络综合信息运营商的愿景，公司秉承着"服务社会、服务人群"的企业理念，不停飞翔，实现了跨越式发展。2006 年 5 月，中共中央政治局常委李长春同志赴深圳考察数字电视发展情况，对天威视讯的有线电视数字化工作和业务发展给予充分肯定。国家广电总局张海涛副局长对天威视讯的发展模式进行了高度评价，他指出，天威视讯在有线电视数字化方面所取得的成功，关键在于能不断追求观念创新、科技创新、体制创新与服务创新。

追求之路，永无止境。十余年来，天威视讯立志做视音频服务专家，为客户提供高端前沿的视频产品和丰富多彩的融合业务，目前，公司已逐步发展成为集管理科学化、经营规模化、产业多元化为一体的现代企业，凭借科学的经营规划，超前的技术研发，良好的业务结构和优质的服务水平，公司经营业绩逐年稳步增加，2010 年收入达 8 个亿，净利润 8700 余万。

天威宽带用户 影视盛宴再升级

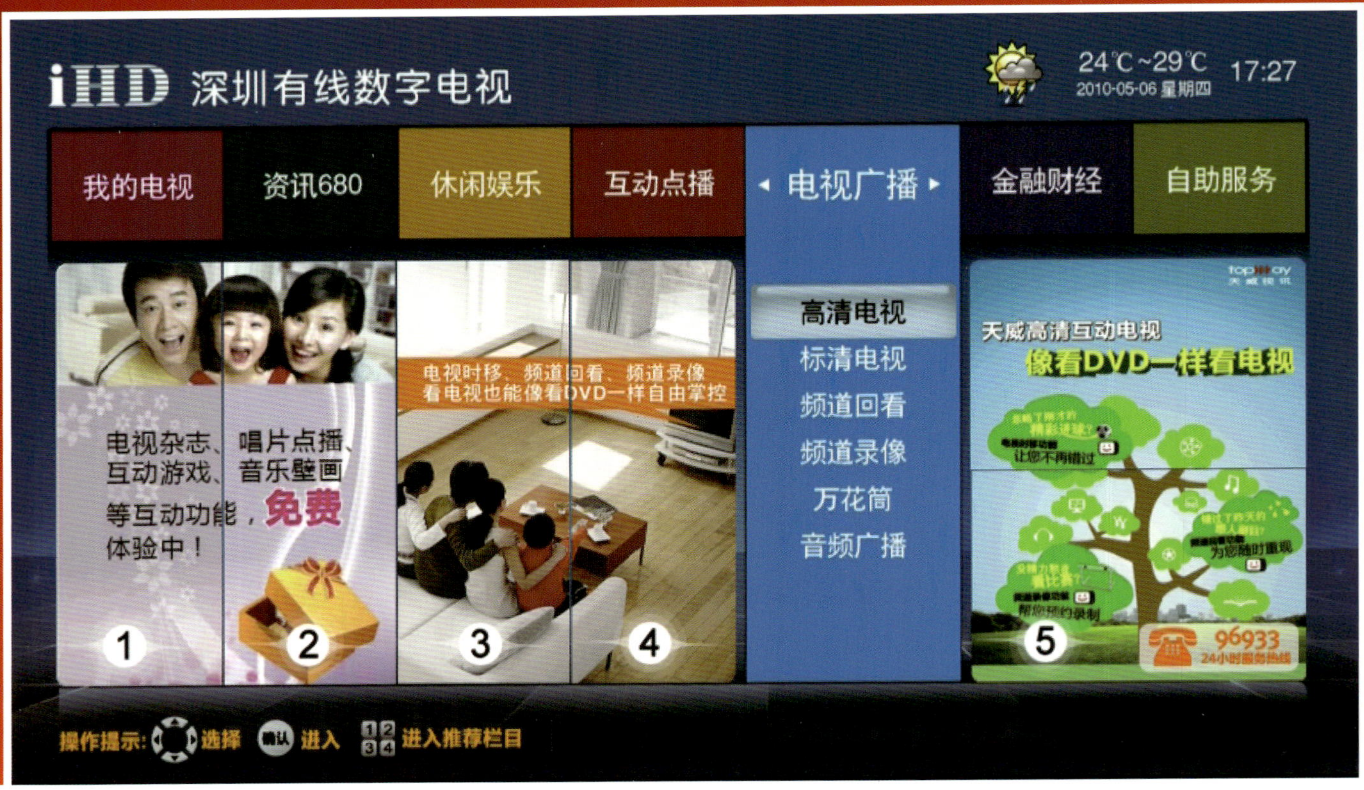

天威荣誉

- 2006 年，天威"有线交互数字电视系统"荣获国家广电总局科技创新奖突出贡献奖一等奖；
- 2007 年，公司"数字媒体内容集成交换平台"等 4 个项目，作为"中国互动新媒体网络与新业务科技工程"被列入科技部"十一五"国家科技支撑计划重点项目；
- 2008 年，天威公司历经 6 年成功上市，成为深圳第一家文化类上市企业；
- 2008 年，荣获"全国文化体制改革优秀企业"称号，是深圳市唯一获此殊荣的文化企业；
- 2009 年，天威"全业务智能调度管理系统"荣获国家广电总局科技创新奖一等奖；
- 2009 年，公司营业厅荣获国家商务部颁发的"中国最佳营业厅"称号，成为业内唯一获此殊荣的广电运营商。
- 2010 年，被深圳市委组织部评为"深圳市百优处室"。

登高望远，更上层楼。今天，面对"三网融合"给有线电视网络运营商带来的新的机遇与挑战，天威人将与时俱进，以更饱满的热情、创新的技术、优质的产品和贴心的服务翱翔在数字浪潮的前沿，为成为中国领先的综合信息服务运营商而努力奋斗。

天威客服热线 96933
www.topway.com.cn
地址：深圳市福田区彩田路6001号
电话：0755-83069184
传真：0755-83067777

真情奉献　服务无限　Great Dedication & Best Service

云南铜业

证券简称：云南铜业
证券代码：000878

CHINALCO

云南铜业全景

云南铜业股份有限公司是由云南铜业（集团）有限公司独家发起，将原云南冶炼厂主体生产经营性资产剥离改制成立的上市公司，于 1998 年 5 月 8 日正式挂牌运行。截至 2011 年 6 月，公司总资产 348.12 亿元，净资产 80.92 亿元，总股本为 1,416,398,800 股，其中国有法人股 682,348,800 股，占总股本的 48.17%。

云南铜业董事长杨超先生在非公开发行路演上介绍公司概况

云南铜业非公开发行路演会场

云南铜业非公开发行路演会场，董事长杨超先生和投资者进行交流沟通

公司现已成为集采、选、冶及深加工为一体的以铜为主的上市公司，拥有达亚公司、玉溪矿业、楚雄矿冶、金沙矿业、迪庆矿业、星焰公司和景谷矿冶七家矿业公司，冶炼加工总厂、赤峰云铜、滇中有色、易门铜业四个冶炼单位，截止 2011 年 12 月 31 日，云铜股份所属矿山共保有 333 以上铜资源金属量 196.31 万吨；铁矿石资源量 4689.97 万吨，具备年产铜精矿 7 万吨、矿产粗铜 43 万吨，电解铜 63 万吨、硫酸 104 万吨，黄金 10 吨，白银 400 吨的生产能力。

公司建立了 ISO9001:200 和 GB/T28001-2001 质量、职业健康安全"二合一"的管理体系，主产品"铁峰牌"电解铜在伦敦金属交易所注册，荣获中国名牌产品、国家免检产品称号。公司是国内西南五省被国家认定的标准金锭生产单位，上海黄金交易所会员单位，国家白银生产标准的主要制订者，在伦敦金银市场协会注册。

按照"做大资源、做强矿山、做优冶炼、做精加工"的发展战略，"优化结构、突出主业、加强管理、效益优先"的发展思路，公司努力打造一流的现代铜企业。

2011 年 5 月 17 日，公司非公开发行股票获得中国证监会《关于核准云南铜业股份有限公司非公开发行股票的批复》证监许可 [2011]717 号），核准公司非公开发行不超过 30,000 万股新股。公司于 2011 年 6 月 30 日在中国证券登记结算公司进行登记并于 7 月 14 日正式进行非公开发行情况公告，这标志着本次非公开发行股票事项在资本市场上顺利完成。

非公开发行完成后，公司的总股本为 1,416,398,800 股。本次非公开发行募集资金总额人民币 297,699.44 万元，扣除发行费用后实际募集资金净额人民币 291,696.65 万元，为云南省上市公司近三年来非公开发行募集资金总额规模最大的一次。

www.yunnan-copper.com

地址：云南省昆明市人民东路111号　邮编：650051　电话：0871-3106739　传真：0871-3106735　电邮：yncopper@yunnan-copper.com

無上妙品
JIU GUI
酒鬼
JIUGUI
中国驰名商标
中国酒鬼酒
酒鬼
酒鬼酒股份有限公司
JIUGUI LIQUOR CO., LTD.
酒中妙品 鬼斧神工

C&Y 山西仟源制药股份有限公司
SHANXI C&Y PHARMACEUTICAL CO., LTD.

股票简称:仟源制药　股票代码: 300254

董事长: 翁占国先生

2011年8月19日 "仟源制药"在深圳证券交易所隆重挂牌上市

仟源制药6位董事合影

山西仟源制药股份有限公司是由山西仟源制药有限公司于 2010 年 6 月 6 日整体变更设立的股份有限公司，经过六年的不懈努力，通过自身建设积累和并购等手段，实现跨越式发展。公司于 2011 年 8 月 19 日首次公开发行 A 股并在深圳证券交易所创业版成功上市。公司自 2005 年创立以来，从创业之初的品种较少，种类分散，无明显优势产品的公司，发展成为一家以研发、生产和销售抗感染药物为主，产品品种丰富、结构合理，成为新一代青霉素领域中具备较强竞争力的科技型医药企业。

公司是以提供解决细菌耐药问题的抗感染综合产品和方案为战略核心，在新一代青霉素领域具备较强竞争力，同时拥有呼吸系统药、心脑血管药、抗抑郁药和原料药等药品种类。抗感染药物覆盖半合成青霉素复方制剂、半合成青霉素、单环内酰胺类、磷霉素类、硝基咪唑等多类别的粉针剂、固体制剂品种。

公司主要产品有注射用美洛西林钠舒巴坦钠、注射用阿莫西林钠舒巴坦钠、阿莫西林克拉维酸钾片、注射用阿莫西林钠克拉维酸钾、注射用美洛西林钠、注射用阿洛西林钠、注射用氨曲南、注射用甲硝唑磷酸二钠、磷霉素氨丁三醇散、盐酸氟西汀胶囊、盐酸舍曲林片、盐酸氨溴索分散片、银杏叶分散片等。

公司 2011 年销售规模达 3.20 亿元，2009 年已跻身全国青霉素市场和半合成青霉素复方制剂市场前十位，在该领域民营内资企业中名列前茅。公司为山西省科学技术厅、山西省财政厅、山西省国家税务局、山西省地方税务局联合认定的高新技术企业，拥有发明专利 1 项、实用新型专利 1 项、已受理专利申请 1 项。新药证书产品 10 个，其中注射用阿莫西林钠舒巴坦钠、注射用甲硝唑磷酸二钠两个品种为国内首家上市新药品种；注射用氨曲南为国内首家获批仿制药品种。公司拥有 272 个药品批准文号，其中有 81 个被列入《基本药物目录》，189 个被列入《国家医保目录》。2009 年、2010 年公司产品注射用美洛西林钠舒巴坦钠、盐酸氨溴索分散片陆续被《健康报》评为"百姓心目中的放心药"和"最受百姓关注的药品"。

公司将抓住医药行业当前面临的历史性发展机遇，不断提升研发能力，加速推进产业规模化、产品结构调整产业深化，并将借助上市的推动力，始终关注上市的发展方向，继续扎实推进公司各项工作，保证公司持续、稳定、常效、常态地蓬勃发展，力争成为具备产品领域扩张潜力的国内领先医药企业！

关爱生命　源于专业

www.cy-pharm.com

地址：山西省大同市经济技术开发区湖滨大街 53 号　电话：0352-6116426 6116452　传真：0352-6116443　邮编：037010　邮箱：stock@cy-pharm.com

2011
中國證券業年鑒
CHINA SECURITIES YEAR BOOK

总第十九期 中

图书在版编目（CIP）数据

中国证券业年鉴. 2011/ 中国证券业年鉴编辑委员会 编.
上海:复旦大学出版社，2012.5
ISBN 978-7-309-08752-9

Ⅰ.中… Ⅱ.中… Ⅲ.资本市场—中国—2011—年鉴 Ⅳ.F832.51-54

中国版本图书馆 CIP 数据核字（2012）第 030431 号

中国证券业年鉴（2011·总第十九期）
中国证券业年鉴编辑委员会 编

责任编辑　王联合　张咏梅　鲍雯妍　宋朝阳　岑品杰
封面设计　上海众证文化传播有限公司
出版发行　复旦大学出版社有限公司出版发行
　　　　　上海市国权路 579 号　　邮编 200433
经　　销　新华书店
印　　刷　上海泰业印刷有限公司
开　　本　850mm×1168mm　1/16
印　　张　160
插　　页　260
字　　数　4500 千字
版　　次　2012 年 3 月第 1 版　2012 年 3 月第 1 次印刷

定　　价　人民币 1980 元　港币 2680 元　美元 400 元

编辑说明

《中国证券业年鉴》以客观、公正、全面、权威的历史使命，忠实记录了我国证券市场的发展轨迹，向海内外各界人士宣传、展现我国证券市场的发展成就，做出了应有的贡献；并给后人查阅、研究我国证券市场历史年度的动态，提供了权威资料。做好中国证券业历史的编辑整理工作，保证中国证券业历史记录的有序延续，是我们的历史使命。自 1993 年创刊以来，《中国证券业年鉴》已经逐渐成长为一个展示公司业绩、总结市场成就、记录中国证券业历史、向海内外各界人士展现和推介中国证券市场形象的权威窗口。《中国证券业年鉴》每年出版一次，分上、中、下三册向国内外公开发行。

《中国证券业年鉴》（2011. 总第十九期）主要反映本年度中国金融、证券、基金、期货、保险、债券市场及企业制度建设和发展方面的情况和最新动态，供海内外有关机关、社团、学校、研究部门、企事业单位及社会各界人士做进一步研究参考使用。为推动中国证券业的规范化和国际化、建设有中国特色的社会主义市场经济服务。

《中国证券业年鉴（2011）》内容设置专论、中国金融市场、中国证券市场、中国基金市场、中国期货市场、中国保险市场、中国证券业人物纪实与访谈、优秀企业选介等部分，另有彩色图片 1260 幅。

《中国证券业年鉴（2011）》的资料直接来源于公司的公告和报告、国务院有关部委及各省、市相关单位提供的材料，保证了《年鉴》的权威性和准确性。《中国证券业年鉴（2011）》基本保持上一期的内容和体例，同时充实了原有的编章，重点充实了各省、市、自治区证券市场的详细资料，突出反映了 2011 年我国证券市场的整体发展状况。但由于中国证券业仍处于快速发展阶段，加上各地区的发展不平衡以及我们的水平有限，难免出现一些疏漏，敬请读者谅解和指正。

《中国证券业年鉴》由上海、深圳证券交易所和中国证券业年鉴编辑委员会共同主办，总编辑由张育军、宋丽萍担任。在编辑出版过程中得到了国务院有关部门及中国证券监督管理委员会及各省、直辖市、自治区证监局、上海证券交易所、深圳证券交易所、香港联合证券交易所、中国证券报社、中国证券登记结算有限责任公司、大同煤业股份有限公司及证券界有关领导、专家的指导和支持，在此我们表示最诚挚的感谢。

中国证券业年鉴编辑部

顾伟国	中国银河证券股份有限公司	总裁
毛　勇	泰豪科技股份有限公司	董事长、总裁
马宝平	金堆城钼业股份有限公司	董事长
宫少林	招商证券股份有限公司	董事长
牛冠兴	安信证券股份有限公司	董事长、党委书记
盛希泰	华泰联合证券有限责任公司	董事长
蔡　咏	国元证券股份有限公司	总裁
张招兴	广州证券有限责任公司	董事长
马金声	新时代证券有限责任公司	董事长
钱　卫	中银国际证券有限责任公司	执行总裁
李舫金	万联证券有限责任公司	董事长
张广慧	山西证券股份有限公司	党委书记、董事长
李晓安	华龙证券有限责任公司	董事长
高良玉	南方基金管理有限公司	总经理
尚　健	国投瑞银基金管理有限公司	总经理
杨光裕	长城基金管理有限公司	董事长
潘卫东	上海国际信托有限公司	董事长
赵学军	嘉实基金管理有限公司	总经理
范勇宏	华夏基金管理有限公司	总经理
刘平春	深圳华侨城股份有限公司	总经理
张相军	山东金岭矿业股份有限公司	董事长
陆　涛	金元证券股份有限公司	总裁
徐建平	东吴基金管理有限公司	总裁
王德贤	安徽山鹰纸业股份有限公司	董事长
王文京	用友软件股份有限公司	董事长、总裁
任志强	华远地产股份有限公司	董事长
张近东	苏宁电器股份有限公司	董事长
袁　泽	新疆新鑫矿业股份有限公司	董事局主席
石维国	中天城投集团股份有限公司	副董事长
闫希军	天津天士力制药股份有限公司	董事长
刘　达	大连圣亚旅游控股股份有限公司	董事长
王道明	黑龙江北大荒农业股份有限公司	董事长
张建台	天津市房地产发展(集团)股份有限公司	董事长
陈　平	马应龙药业集团股份有限公司	董事长
何国纯	广西五洲交通股份有限公司	董事长
包士金	江苏吉鑫风能科技股份有限公司	董事长
焦　云	七台河宝泰隆煤化工股份有限公司	董事长
夏　平	南京银行	行长
李春宏	江苏连云港港口股份有限公司	董事长
丁尔民	义乌华鼎锦纶股份有限公司	董事长
于少波	四川东材科技集团股份有限公司	董事长、总经理
杜江涛	内蒙古君正能源化工股份有限公司	董事长

杨建东	云南盐化股份有限公司	董事长
高　庆	南方产权联合交易中心有限责任公司	董事长
张恺颙	陕西延长石油化建股份有限公司	董事长
刘世春	金融街控股股份有限公司	董事长
张增光	唐山冀东水泥股份有限公司	董事长
锁炳勋	安徽金种子酒业股份有限公司	董事长
曾昭秦	山东天业恒基股份有限公司	董事长
邱　卫	湖南新五丰股份有限公司	董事长
于九洲	唐山冀东水泥股份有限公司	总经理
徐义民	新疆西部牧业股份有限公司	董事长
王龙雏	福建省厦门象屿股份有限公司	董事长
傅　帆	上海国际信托有限公司	总经理
刘相学	鲁银投资集团股份有限公司	董事长
曹和平	长春欧亚集团股份有限公司	董事长
谢长军	龙源电力股份有限公司	总经理
张永年	四川成渝高速公路股份有限公司	董事会秘书
王宜明	山东联合化工股份有限公司	董事长
付守杰	广汽长丰汽车股份有限公司	总经理
龚永福	万福生科(湖南)农业开发股份有限公司	董事长、总经理
薛伟成	罗莱家纺股份有限公司	董事长

地　　址： 上海浦东桃林路 18 号环球广场 B 座 2809 室
邮　　编： 200135
电　　话： 021－22819146
传　　真： 021－22819145
邮　　箱： shcwq@163.com

目　录

第一编　专　论

第二编　中国金融市场

第三编　中国证券市场

第三节　深圳证券交易所上市公司/财务指标 …… 1479

第四编　中国基金市场

第六编　中国保险市场

第七编　中国证券业人物纪实与访谈

第八编　中国证券市场优秀企业选介

■**上市公司**

※上交所上市公司※

※深交所主板上市公司※

※中小板上市公司※

※创业板上市公司※

插页目录

上 册

中 册

下 册

中国证券业年度人物

NEWS PICTURE 新闻图片

2011深交所创业板首发上市公司

证券简称: 天瑞仪器　　证券代码: 300165 ▼

2011年1月25日，“天瑞仪器”在深交所成功上市
董事长刘召贵先生在公司上市仪式上致辞

江苏天瑞仪器股份有限公司新股发行网上路演嘉宾合影

证券简称: 东富龙　　证券代码: 300171 ▼

2011年2月1日，“东富龙”在深圳证券交易所成功上市

上海东富龙科技股份有限公司董事长郑效东先生在公司上市现场留影

证券简称: 捷成股份　　证券代码: 300182 ▼

2011年2月22日，北京捷成世纪科技股份有限公司
董事长徐子泉先生在公司上市仪式上致辞

捷成股份董事长徐子泉（左）
和深交所领导（右）在上市仪式上互赠上市纪念品

NEWS PICTURE
新闻图片

证券简称: 银信科技　证券代码: 300231

2011年6月15日，北京银信科技股份有限公司在深圳证券交易所成功上市

银信科技新股发行网上路演全体嘉宾合影

证券简称：飞力达　证券代码: 300240

2011年7月6日，“飞力达”在深圳证券交易所隆重挂牌上市

共贺江苏飞力达国际物流股份有限公司深交所成功上市

证券简称：瑞丰光电　证券代码: 300241

2011年7月12日，深圳瑞丰光电子股份有限公司在深圳证券交易所成功上市

瑞丰光电董事长龚伟斌先生在上市现场留影

证券简称：仟源制药　证券代码: 300254

2011年8月19日，“仟源制药”在深圳证券交易所隆重挂牌上市

山西仟源制药股份有限公司领导及贵宾参加上市庆典

证券简称：隆华传热　证券代码: 300263

2011年9月16日，“隆华传热”在深圳证券交易所成功上市

洛阳隆华传热科技股份有限公司董事长李占明先生在公司上市仪式上留影

证券简称：万福生科　证券代码: 300268

2011年9月27日，万福生科(湖南)农业开发股份有限公司
在深圳交易所成功上市

万福生科首次公开发行股票并在创业板上市网上路演的全体嘉宾合影

NEWS PICTURE 新闻图片

股票简称: 步森股份　股票代码: 002569

2011年4月12日，"步森股份"在深圳证券交易所隆重上市

参加步森股份新股发行网上路演的嘉宾合影

股票简称: 恒大高新　股票代码: 002591

2011年6月21日，"恒大高新"隆重上市，公司高管在上市典礼后的集体合影

恒大高新新股发行网上路演现场

股票简称: 金禾实业　股票代码: 002597

2011年7月7日，"金禾实业"在深圳证券交易所隆重上市

安徽金禾实业股份有限公司董事长杨迎春先生在公司上市仪式上致辞

股票简称: 龙力生物　股票代码: 002604

2011年7月28日，"龙力生物"隆重挂牌上市，
公司董事长与深交所领导互赠上市纪念品

龙力生物董事长程少博先生和华英证券总裁丁可先生在上市现场合影

股票简称: 爱康科技　股票代码: 002610

2011年8月15日，江苏爱康太阳能科技股份有限公司
董事长邹承慧(左起第二位)参加上市敲钟仪式

参加爱康科技新股发行网上路演的全体嘉宾合影

股票简称: 仁智油服　股票代码: 002629

2011年11月3日，四川仁智油田技术服务股份有限公司
在深圳证券交易所成功上市

仁智油服董事长钱忠良先生在公司上市仪式上致辞

深圳证券交易所
SHENZHEN STOCK EXCHANGE

监管　创新　培育　服务

地址：深圳市深南东路5045号　邮编：518010
电话：0755-82083333　电邮：cis@szse.cn　网址：www.szse.cn

公开　公平　公正

深圳证券交易所（以下简称“深交所”）成立于1990年12月1日，是为证券集中交易提供场所和设施，组织和监督证券交易，履行国家有关法律、法规、规章、政策规定的职责，实行自律管理的法人，由中国证券监督管理委员会（以下简称“中国证监会”）监督管理。深交所的主要职能包括：提供证券交易的场所和设施；制定业务规则；接受上市申请、安排证券上市；组织、监督证券交易；对会员进行监管；对上市公司进行监管；管理和公布市场信息；中国证监会许可的其他职能。

深交所以建设中国多层次资本市场体系为使命，全力支持中国中小企业发展，推进自主创新国家战略实施。2004年5月，中小企业板正式推出；2006年1月，中关村科技园区非上市公司股份报价转让开始试点；2009年10月，创业板正式启动，深交所主板、中小企业板、创业板以及非上市公司股份报价转让系统协调发展的多层次资本市场体系架构基本确立。深交所坚持从严监管根本理念，贯彻“监管、创新、培育、服务”八字方针，努力营造公开、公平、公正的市场环境。

截至2011年底，深交所共有上市公司1411家，市值6.6万亿元，上市基金产品151只，挂牌债券品种321只。多层次资本市场规模稳步增长，质量逐步提高，合理配置资源、服务经济转型的功能进一步发挥。

http://www.szse.cn

坚持开展国情教育和生态建设活动

2003年开始，深交所连续9年开展阿拉善生态和国情教育基地建设活动。截至目前，全所共有12批次近500名员工参加了该项活动。我所历年累计为阿拉善生态基地建设捐助1,836,850元，我所员工累计捐助2,669,900元；2011年2月，我所出资500万元，发起设立了阿拉善生态基金会。

回馈社会，支持教育、救灾公益事业

1993年以来，我所先后援建9所希望小学；2008年，在甘肃省康县、文县、舟曲县和武都区捐建4所灾后重建学校。截至2011年6月，经履行相关批准程序，我所历年累计为2008年雪灾灾区、2008年汶川地震灾区、2010年青海玉树地震灾区、2010年甘肃舟曲泥石流灾区、2011年为云南盈江地震灾区等捐款45,762,971元，员工累计捐助6,158,863元。

广东广弘控股股份有限公司
Guangdong Guanghong Holdings Co.,Ltd.

股票简称:广弘控股 股票代码:000529

◎ 广东广弘控股股份有限公司（股票代码 000529）是原广东美雅集团股份有限公司经重组后更名的大型省属国有控股上市公司，于 2009 年 9 月 11 日在深交所复牌。上市后企业迅速发展壮大，2010 年即进入广东省 500 强企业行列（201 名）。截至 2010 年 12 月 31 日公司股本总额为 5.84 亿股，资产总额为 9.93 亿元，2010 年实现营业收入 12.37 亿元，实现净利润 6035 万元。公司主营业务为肉类食品供应和教育出版物发行，现有员工近千人。

◎ 在肉类食品供应领域，公司拥有华南地区最大的食品冷藏库和最大的肉类冷冻食品批发市场。冷藏库年吞吐量近 50 万吨，冻肉年销售量约占广东省市场的 15%；批发市场占地 20000 多平方米，成为影响华南地区和全国多个省市的冻品购销集散地、价格中心、信息中心，年交易额超过 40 亿元，经营的肉类冷冻食品约占广州市 70% 的市场份额。公司以冷冻食品仓储和销售为基础，大力发展上游养殖、屠宰和深加工以及下游货运物流，建立了以广州为中心，覆盖珠三角和港澳市场的肉类冷冻食品物流配送网络，培育出了“狮山牌”南海黄鸡系列省名牌产品和“狮山牌”省著名商标，开发了“广食”牌冻猪肉精品礼盒，“粤桥牌”月饼、腊制品礼盒套装，“狮山牌”土鸡蛋礼盒、“广丰牌”贵妃鸡礼盒等产品。

◎ 在教育出版物发行领域，公司全资子公司广东教育书店作为我省中小学教材发行的两条渠道之一，秉承“服务教育、服务社会”的宗旨，积极实施教材发行和市场产品经营“双轮驱动”发展战略，大力推进连锁经营模式，积极参与各类（级）教材、书刊、音像制品的发行工作，目前已在省内各市县（区）开设了 60 家连锁发行网点，形成了一张覆盖全省、服务优良、触觉灵敏、反应快捷的配送网络。

◎ 展望未来，公司将遵循科学发展观，加快技术创新和产业升级，不断提高产品质量，提升企业核心竞争力，科学处理融资、发展、价值提升、投资回报的关系，充分利用资本市场，发展现代食品冷藏物流业、食品加工业、现代畜禽业和教育出版物发行业，提升企业在行业中的地位和影响力，推动企业又好又快发展。

www.ghkg000529.com

地址：广州市东风中路 437 号越秀城市广场南塔 37 楼

电话：020-83603961　传真：020-83603989　E-mail：ghkg@ghkg000529.com

山东联合化工股份有限公司

SHANDONG LIAHERD CHEMICAL INDUSTRY CO.,LTD.

股票简称：联合化工
股票代码：002217

联合化工-董事长王宜明先生

山东联合化工股份有限公司，位于齐鲁腹地的沂源城西，北临瓷都淄博，西望五岳之尊泰山，东靠青岛、日照港，高速公路、即将建成的铁路交通十分便利。公司是一个以合成氨生产为龙头，集有机、无机化工产品生产及运输为一体的具有自营进出口权的化工企业。

公司始终遵循“循环经济”的发展原则，通过不断加大技术改造和创新，在产品结构优化、品种设置、工艺流程设置、产业链延长、资源综合利用等方面已形成了典型的“循环经济”发展模式，企业的核心竞争力不断提升，公司被淄博市政府评为淄博市发展循环经济先进集体，被山东省列为山东省发展循环经济试点企业。公司产品齐全，结构丰富，特别是互补型产品较多，生产调配灵活性较大，具有很强的市场应变能力和极大的产品结构升级空间，是山东省内合成氨行业产品结构最为合理的企业之一。公司主要产品工业硝酸铵为山东省独家生产，是采用国家标准和国际标准的“双采标”产品，多年来在省内民爆行业中享有盛誉。公司有四十多年的生产历史，技术优势明显，目前公司已申请受理各类专利 109 项，已授权专利 89 项，已授权发明专利 9 项，拥有科技成果 7 项。

自 2003 年改制为有限公司以来，在“内涵充实提高，外延扩张壮大”的发展理念指引下，企业经济取得了快速发展，规模不断壮大。目前公司拥有两家全资子公司山东新泰联合化工有限公司和淄博新联化物流有限公司，一家控股子公司山东联合丰元化工有限公司。山东联合化工股份有限公司产品产能情况为：合成氨 10 万吨 / 年，纯碱 3 万吨 / 年，氯化铵 3 万吨 / 年，硝酸 17 万吨 / 年，三聚氰胺 3.5 万吨 / 年，结晶硝酸铵 7 万吨 / 年，硝基复合肥 11 万吨 / 年（可转产颗粒硝酸铵），硝盐 2 万吨 / 年等；控股子公司山东联合丰元化工有限公司主要产品产能有：合成氨 7 万吨 / 年，硝酸 10 万吨 / 年等，子公司山东新泰联合化工有限公司合成氨 4 万吨 / 年，尿素 10 万吨 / 年，三聚氰胺 3 万吨 / 年等，其投建的 5 万吨苯酐项目也将于 2012 年 2 季度投产。

企业确立并践行“顾客为本、科技先导、自我加压、争创一流”的质量方针，高度重视质量工作，诚信经营，赢得市场客户及政府部门的广泛认可和信赖。企业先后荣获“中国化工 500 强”、“中国石油化学工业肥料制造业销售收入百强和综合效益百强”、“全国小氮肥企业效益、产品销售收入 50 强”、“山东省卓越绩效质量管理先进企业”、“山东省十大竞争力品牌”、“山东省质量竞争力百强”、“山东省银行业最佳诚信单位”、“省级重合同守信用企业”等荣誉称号。公司产品“东风”牌商标被认定为“山东省著名商标”，工业硝酸、工业硝酸铵等主要产品荣获“山东省名牌产品”称号。

省委书记姜异康来我公司检查指导工作

3万吨三胺DCS中控室

公司募投项目 三聚氰胺生产设备

公司网址：www.lianhechem.com.cn　公司地址：沂源县县城东风路36号　公司电话：0533-3261986

隆华 LONGHUA

证券简称：隆华传热
证券代码：300263

改进再改进
用户更满意

董事长：李占明先生

洛阳隆华传热科技股份有限公司是洛阳首家深圳创业板上市企业、国家高新技术企业，是河南省工业传热节能设备工程技术研究中心依托企业；是中国最大的高效复合型冷却（凝）设备的研发、制造基地，中国最优秀的冷却（凝）设备制造商之一。产品广泛应用于石油、化工、冶金、电力、食品等行业。

公司开创了中国冷却（凝）技术更新换代的新理念，形成具有自主知识产权的高效复合型冷却（凝）器技术的系列产品，把流程工业的工程转化为工厂的标准产品制作，引领着中国工业领域高效复合型冷却（凝）技术的发展方向。高效复合型冷却（凝）技术，以潜热换热先进机理为基础，将蒸发换热和空冷换热优化组合，大幅度提升了蒸发式冷却（凝）设备的适用性和综合效能，在节能、节水、环保等方面优势明显。公司的核心换热技术深层次的研发团队，换热技术市场应用的推广团队，产品检测、验证、反馈和服务的保障团队，三者相辅相成紧密配合，形成了从技术研发成果快速向高技术产品的转化、从高技术品质产品向市场产业化应用推广的良性运行。

公司以"为了人类资源的有效利用，紧紧围绕传热技术的应用研究"为宗旨，按照"创业人为本、发展靠科技、管理出效益、信誉是生命"的理念，致力于中国工业传热领域的高品质设备的研发和应用，努力发展成为国内最强、国际著名的工业换热设备研发、制造企业。

为了人类资源的有效利用，紧紧围绕传热技术的应用研究

为工业换热领域提供高效、节能、节水、清洁环保的冷却(凝)设备及整套解决方案

www.longhuachuanre.com

地址：河南省洛阳市洛阳空港产业集聚区　邮编：471132
电话：0379-67891833　传真：0379-67891813　邮箱：lylhzqb@126.com

聚光科技（杭州）股份有限公司
Focused Photonics(Hangzhou), Inc.

证券简称：聚光科技
证券代码：300203

聚光科技-董事长王健先生

聚光科技-总经理姚纳新先生

聚光科技，环境与安全综合解决方案与服务专家！

聚光科技（杭州）股份有限公司是由归国留学人员创办的高新技术企业，2002 年 1 月注册成立于浙江省杭州市国家高新技术产业开发区，注册资金 4.45 亿人民币。现有员工 1300 余人，80% 以上人员拥有大专以上学历。公司主营业务是研发、生产和销售应用于环境监测、工业过程分析和安全监测领域的仪器仪表。以先进的检测、信息化软件技术和产品为核心，为环境保护、工业过程、公共安全和工业安全提供分析测量、信息化和运维服务的综合解决方案。产品广泛应用于环保、冶金、石化、化工、能源、食品、农业、交通、水利、建筑、制药、酿造、航空及科学研究等众多行业，并出口到美、日、英、俄罗斯等国家和地区。

通过多年的快速发展，聚光科技在公司规模、研发实力和市场占有率等方面都排名国内行业首位，成为中国分析仪器行业和环境与安全检测仪器行业龙头企业，以及中国在环境与安全检测分析仪器领域重要的创新平台与产业化基地。

公司2009年在分析仪器行业销售额在国内厂家排名第一！

聚光科技先后被评为"国家级企业研发技术中心"、"环保部环保监测仪器工程技术中心"、"火炬计划重点高新技术企业"、"浙江省安全和环境监测重点实验室"、"浙江省环保产业协会会长单位"，"国家级博士后科研工作站"，并连续三年上榜"福布斯 - 中国最具潜力企业百强"。成为业内综合实力最强的企业之一。

目前，公司已拥有了 12 个产品系列、近 200 个产品。已获得专利 110 项，其中发明专利 35 项，软件著作权 77 项。自主产品"半导体激光在线气体分析系统"和"紫外 / 可见光纤光谱气体分析系统"分别获得"国家科技进步二等奖"。同时公司代表中国主导起草了 1 项 IEC 国际标准和多项国家标准。

www.fpi-inc.com 地址：浙江省杭州市滨江（高新）区滨安路760号 电话：0571-85012176 传真：0571-85012008

Jetsen 捷成世纪

证券简称：捷成股份
证券代码：300182

融合领先科技　诚信开拓进取
铸就卓越品牌　勤奋严谨创新

捷成股份董事长徐子泉先生在上市庆典酒会现场致辞

捷成股份董事长徐子泉（左）
和深交所领导（右）在上市仪式上互换礼物

共贺捷成股份深交所成功上市

公司前身北京捷成世纪科技发展有限公司成立于2006年8月23日，2009年10月28日整体变更为股份有限公司，注册地址位于中关村国家自主创新示范区。公司于2011年2月22日在深圳证券交易所创业板成功上市，证券简称为“捷成股份”，证券代码为“300182”，人民币普通股股份总数为5600万股。捷成股份是北京市科学技术委员会认定的软件企业，北京市科学技术委员会、北京市财政局、北京市国家税务局和北京市地方税务局联合认定的高新技术企业 科学技术部、中国科学院和北京人民政府联合认定的创新型试点企业。

捷成股份属于音视频制作、控制和管理系统行业，专业从事音视频整体解决方案的设计、开发与实施，是目前国内最具实力的专业音视频整体解决方案产品提供商之一。目标市场涵盖广电行业、部队、互联网科技公司、科研院校、政府机关、事业单位及其他音视频领域。

捷成股份秉持“融合领先科技，铸就卓越品牌，诚信开拓进取，勤奋严谨创新”的理念，致力于音视频领域的信息技术创新，公司的多个产品和实施项目都荣获了国家广电总局的“科技创新一等奖”，也获得了中国广播电视设备工业协会、中国电子学会等多个奖项。近年，公司还获得了“广播电视十大民族品牌奖”、“科技创新优秀企业奖”等多项大奖。

捷成股份将努力成为国内自主知识产权技术水平最高、响应客户要求最快、综合服务能力最强的音视频整体解决方案提供商，并向世界领先的音视频整体解决方案提供商的战略目标不断迈进！

捷成股份-办公楼前厅

捷成股份-荣誉陈列

地址：北京市海淀区知春路1号学院国际大厦709室
电话：010-82330899　传真：010-82330880
www.jetsen.com.cn

四川仁智油田技术服务股份有限公司

SICHUAN RENZHI OILFIELD TECHNOLOGY SERVICES CO.,LTD.

董事长：钱忠良先生

奉献无止境　努力到永远

股票简称：仁智油服　　股票代码：002629

www.chinarenzhi.com

地址：四川省绵阳市滨河北路东段 116 号　邮编：621000

电话：0816-2211551　传真：0816-2211551

电子信箱：bds@renzhi.cn

四川仁智油田技术服务股份有限公司（简称“仁智油服”），股票代码：002629。公司注册资本 11443 万元，总部设在四川绵阳。

仁智油服围绕石油天然气钻井工程领域提供各类专业服务，是一家持续健康发展中的高新技术企业。公司以油田技术服务为主业，主要为客户提供钻井液技术服务、油田环保技术服务、油田特种设备检测维修技术服务、防腐工程技术服务等技术服务，拥有这四大领域的多项资质认证。公司依托优秀的研发团队及省级技术中心，获得发明专利 7 项，实用新型专利 2 项；此外 5 项发明专利处于申请过程中并已获受理通知书。

仁智油服是国内服务能力较强、市场占有率相对较高的民营钻井液技术服务提供商，是国内能够提供一体化、一站式钻井液技术服务的优势企业之一，是西南地区市场占有率较高的油田环保技术服务提供商，是西南地区主要的油田特种设备检测维修技术服务及防腐工程技术服务提供商。

仁智油服坚持执行国际安全、环保、健康标准，通过了 ISO9001 质量管理标准、ISO14000 环境管理标准和 OHSAS18000 职业健康安全标准体系认证。

仁智油服秉承“奉献无止境，努力到永远”为核心的企业精神，在“创一流技术服务，促能源事业发展”的企业使命下，竭诚为顾客提供一流品质服务，实现与顾客、伙伴、股东、职工、社会共赢，努力打造国内知名专业油服公司。

管理层合影

敲钟仪式

重要会议

上市仪式

通化双龙化工股份有限公司

双龙股份

Tong Hua Shuang Long Chemical Industry Co.,ltd.

股票简称: 双龙股份
股票代码: 300108

董事长: 卢忠奎先生

通化双龙化工股份有限公司是国内最早从事沉淀法白炭黑生产厂家，具有四十多年沉淀法白炭黑生产历史，不仅为我国的国防工业和航空、航天事业做出较大贡献，而且在民用高性能白炭黑制造领域占用较大市场份额。2010年8月25日成功在深交所挂牌上市，成为吉林省的首家创业板上市企业。公司占地面积4 万多平方米，建筑面积2.4 万平方米，注册资金6,760 万元，职工人数330 人，公司总资产34,424 万元，生产能力66kt/沉淀法白炭黑。生产的产品有20 余个型号，其中TM 白炭黑获国家科技进步三等奖；36 - 5 白炭黑是国内唯一为军工配套的沉淀法白炭黑；TMG 白炭黑获吉林省科技进步三等奖，作为硅橡胶专用白炭黑，其产品质量达到国际同类产品水平。公司技术力量雄厚，已认定为国家高新技术企业和省级企业技术中心，目前已获得白炭黑授权专利5项。

双龙化工在“立足高新技术，提供一流产品，诚信守约，携手双赢”的发展战略理念指导下，产品的质量保证体系不断完善，以满足市场和社会需求为宗旨，不断开发和支持生产高新技术产品，以满足不同客户需求。

2010年8月25日，“双龙股份”在深圳证券交易所隆重上市

http://www.thslhg.com

地址: 吉林省通化市二道江区铁厂镇 | 邮编: 134006 | 电话: 0435-3752903 | 传真: 0435-3751886

河南省西峡汽车水泵股份有限公司

Henan Province Xixia Automobilc Water Pump Co., Ltd.

股票简称：西泵股份
证券代码：002536

董事长: 孙耀忠先生

河南省西峡汽车水泵股份有限公司建于 1952 年，主导产品为汽车水泵、发动机进、排气歧管和飞轮壳等，是国内生产汽车零部件的重要基地。资产总额 18 亿元，辖设 4 个全资子公司：河南飞龙（芜湖）汽车零部件有限公司、南阳飞龙汽车零部件有限公司、西峡县飞龙铝制品有限责任公司和西峡县西泵特种铸造有限公司。公司通过 ISO/TS16949、ISO14001 和 OHSAS18001"三标一体"认证，先后被上海大众、一汽 - 大众、上汽通用五菱、奇瑞等公司评为"优秀供应商"、"核心供应商"和"质量卓越奖"，连续多年被中国汽车报评为"全国百家优秀汽车零部件供应商"，被河南省工商行政管理局评为"河南省守合同重信用企业"，被河南省质量技术监督局评为"质量管理 100 强企业"，被河南省工商联、国税局、地税局、财政厅评为"河南省纳税百强企业"；"飞龙牌"汽车水泵、进排气歧管被评为"河南省名牌产品"，2008 年 3 月公司"飞龙"商标被国家工商管理总局商标局认定为"中国驰名商标"。2011 年 1 月，公司被河南省人民政府评为"百高企业"。

2011 年 1 月 11 日，西泵股份在深圳证券交易所成功上市，为公司注入了新的活力和发展后劲。在集团公司及总经理孙耀忠的带领下，西泵公司以"做行业先锋、创世界品牌"为愿景目标，坚持"两抓两创"的经营方针，践行"追求卓越"的经营理念，高效运用募集资金，快速扩大产能；坚定不移的实施创新战略，加大科技投入，增强创新能力；深化市场调整战略，调整产品结构；强化质量管理，打造企业核心竞争力，促进企业快速健康发展。

做行业先锋　创世界品牌

www.xixia-waterpump.com

地址：河南省西峡县工业大道 299 号　邮编：474500　总机：0377-69671456　信箱：dmb@xixia-waterpump.com

huafon 华峰超纤

股票简称：华峰超纤　股票代码：300180

上海华峰超纤材料股份有限公司位于美丽的杭州湾畔——上海市金山区。公司创立于 2002 年，注册资本 1.58 亿。公司专业从事超细纤维材料的开发、生产和销售，拥有包括革用 PU 树脂、超细束状纤维纺丝、无纺布、含浸等以及贴面、染色等所有超纤产品涉及的工艺研发、生产能力。

华峰超纤以绿色生态为企业的发展理念，以技术创新不断开拓产品应用的新领域，贴近现实生活，打破传统消费理念，提高人类生活质量。主导产品华峰生态超纤皮在设计开发上，严格以欧盟各项环保要求为标准，从原材料的选择到生产工艺乃至成品包装上进行严格控制，塑造出华峰超纤的绿色生态环保形象。同时采用与天然皮革中束状胶原纤维的结构和性能相似的尼龙超细纤维，制成具有三维网络结构的的高密度无纺布，再填充性能优异具有开式微孔结构的聚氨酯，最大限度的还原真皮优良的触感和舒适度，并在回弹性、强度、防水、防霉变、耐寒、耐磨等性能上全面超越真皮，目前已广泛应用与运动、休闲生活和工业产品等众多领域。

卓越的产品品质，源自科学的生产过程管理和严格的产品检测控制。华峰生态超纤在生产过程中引入 ISO9001 质量管理体系，ISO14001 环境管理体系，OHSAS18001 职业健康安全管理体系，ISO/TS16949 国际汽车质量体系规范等四大科学管理体系，保证生产过程稳定；拥有原料入厂检测、半成品外观检验、半成品物性检测、成品外观检验、成品物性检测等五道检验工序，保证产品交付质量。

维护生态平衡，保护自然环境，实现人类的可持续发展已成当今为世界的主题。华峰生态超纤在高速发展的同时，注重对环境的保护和改善。自 2002 年创立以来，严格按照国家环保标准对生产过程中可能出现的任何破坏生态环境的物质进行回收、处理，实现企业的可持续发展，保护我们共同的家园——地球。

“共同目标、共同创业、共同利益、共同发展”是华峰企业的核心理念。公司将始终以此为准则处理与投资者、客户、员工和社会的和谐关系，努力为员工创造价值，为客户创造效益，为股东创造回报，为社会创造财富，为人类创造更加美好的新生活。

华峰超纤 - 敲钟仪式

华峰超纤 - 上市仪式

华峰集团
Huafon Group

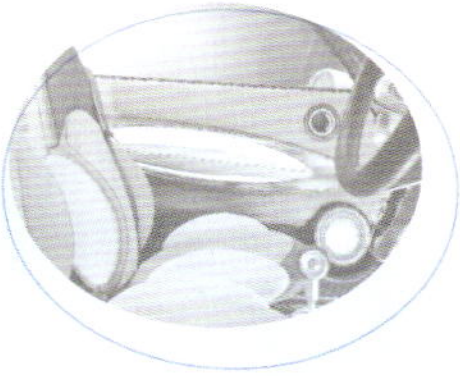

华峰超纤 - 产品图

共同目标　共同创业　共同利益　共同发展

www.hfmicrofibre.com

地址：上海市金山区亭卫南路 888 号　电话：021-57245678　传真：021-57245993
电子信箱：allenbzhao@163.com　chengming2003@126.com

MIG 广东明家科技股份有限公司
MIG TECHNOLOGY INC.

股票简称：明家科技
股票代码：300242

广东明家科技股份有限公司创建于2002年5月，是广东省民营高科技企业和国家高新技术企业。公司注册资本人民币5600万元，是一家集研发、生产、销售电涌保护产品，防雷工程设计和防雷工程施工于一体的龙头企业。本公司拥有广州迪瓦和武汉雷之神两个全资子公司，其中武汉雷之神技术有限公司注册资本500万元，并具有防雷设计、施工资质乙级资质。

公司位于交通便利的珠江三角洲东莞市横沥镇村头村工业区，占地面积约23000余平方米，厂房面积35000余平方米。公司目前拥有员工六百余人，其中具有初、中、高级职称人员60多人。公司建立了完善的员工教育培训体系，确保每个员工都能得到定期或不定期的在职培训。

公司拥有面积1100平方米的研发中心和拥有一百余人的研发团队。公司始终重视研发投入，公司先后投入资金1000多万元，购置先进实验设备，完全按照美国UL、欧洲TUV及中国国家标准配置建立了高水平的实验室，公司实验室既是电涌保护行业中少数经美国UL、德国TUV和美国ETL认可的目击实验室，还是经中国合格评定国家认可委员（CNAS）认可的防雷实验室（国家认可实验室）。公司技术开发能力雄厚，本着"高起点、高科技、高效率、有竞争力"的指导思想，积极与成都电子科大、东莞电子研究院、广东工业大学、美国UL实验室等机构合作，开发、生产了一大批高科技防雷产品，平均每年开发一百余款新产品推向市场。公司可根据客户的特殊要求进行新产品的设计、开发及生产，满足客户多方面需求。近几年来，公司凭借着雄厚的技术开发能力，获得53技术专利和多项荣誉，绝大部分产品得到了美国UL、加拿大CSA、日本PSE、欧洲CE、英国BS、德国TUV及中国3C等国际国内质量认证。

公司自主创新能力强，成立仅八年多就成长为国内规模最大的电涌保护产品制造企业之一，产品先后进入国际市场和国内通信、电力、安防等国民经济基础行业。民用电涌保护产品主要出口到美国、日本和欧洲等西方发达国家和地区，主要客户包括美国的贝尔金和魔声、日本的YAZAWA等国际知名品牌渠道商；公司自主研发的"MIG"系列防雷产品广泛应用用于通讯、石化、铁道、建筑、安防等行业。

作为一家专业电涌防护产品的制造企业，公司始终重视产品质量和产品开发创新，公司生产的MIG牌系列防雷产品被评定为"广东省名牌产品"，并获得"东莞市科技进步二等奖"和防雷企业杰出创新奖；公司注册商标"MIG"于2010年被评定为"广东省著名商标"，2009年4月，被广东省科学技术厅授予广东省重大科技专项实施单位。

公司积极承担社会责任，2009年出资在贵州省正安县乐俭乡天鹅池村捐建了天鹅池明家小学，已经投入使用。2010年在云南省大理州云龙县白石镇捐建了云顶明家希望小学，目前已经竣工。

公司坚持"以人为本，科技创新"的发展道路，建立了完善的人才吸收、培训机制，并形成"能者上、平者让、庸者下"的唯才是用人力资源管理机制。"第一次就做好，不断追求完美，让顾客满意"是明家科技对品质管理的执着追求，同时也是明家科技对客户的庄严承诺。

公司经过多年的发展，经济效益正逐年上升，财务状况良好。在取得良好的经济效益和社会效益的同时，明家人正在不断努力，力争为我国防雷事业做出新的贡献。

董事长：周建林先生

企业的兴衰成败取决于企业的发展战略。明家科技的发展战略是致力于成为国内领先的电涌保护产品生产企业。公司将致力于发展成为国内领先的电涌保护产品生产企业。国内市场，为国内工业客户提供整体解决方案和高技术含量的电涌保护产品，推动自有品牌电涌保护产品在中国民用市场的应用；国外市场，为更多的国际知名品牌渠道商提供一站式采购服务。

总经理王平、董事长周建林、董秘黎伟

高管会议

义乌华鼎锦纶股份有限公司

义乌华鼎锦纶股份有限公司2011年半年度报告摘要

第一节　重要提示

1.1 本公司董事会、监事会及董事、监事、高级管理人员保证本报告所载资料不存在任何虚假记载、误导性陈述或者重大遗漏，并对其内容的真实性、准确性和完整性承担个别及连带责任。

本半年度报告摘要摘自半年度报告全文，投资者欲了解详细内容，应当仔细阅读半年度报告全文。

1.2 公司全体董事出席董事会会议。

1.3 公司半年度财务报告未经审计。

1.4 是否存在被控股股东及其关联方非经营性占用资金情况？

否

1.5 是否存在违反规定决策程序对外提供担保的情况？

否

1.6 公司负责人丁尔民、主管会计工作负责人张惠珍及会计机构负责人（会计主管人员）张惠珍声明：保证半年度报告中财务报告的真实、完整。

第二节　公司基本情况

2.1 基本情况简介

股票简称	华鼎锦纶	
股票代码	601113	
股票上市交易所	上海证券交易所	
	董事会秘书	证券事务代表
姓名	王　磊	
联系地址	浙江省义乌市北苑街道雪峰西路751号	
电话	0579-85261479	
传真	0579-85261475	
电子信箱	zq@hdnylon.com	

2.2 主要财务数据和指标

2.2.1 主要会计数据和财务指标

单位：元　币种：人民币

	本报告期末	上年度期末	本报告期末比上年度期末增减(%)
总资产	2,802,812,764.95	1,520,269,771.78	84.36
所有者权益(或股东权益)	1,663,678,010.53	492,773,606.78	237.62
归属于上市公司股东的每股净资产(元/股)	5.199	2.053	153.24
	报告期(1-6月)	上年同期	本报告期比上年同期增减(%)
营业利润	116,511,458.74	57,895,455.08	101.24
利润总额	120,685,657.94	57,888,932.61	108.48
归属于上市公司股东的净利润	101,954,334.30	47,909,696.29	112.81
归属于上市公司股东的扣除非经常性损益的净利润	97,513,732.75	47,250,033.44	106.38
基本每股收益(元)	0.38	0.20	90.00
扣除非经常性损益后的基本每股收益(元)	0.37	0.20	85.00
稀释每股收益(元)	0.38	0.20	90.00
加权平均净资产收益率(%)	11.33	12.19	-0.86
经营活动产生的现金流量净额	-150,957,791.79	15,889,857.56	-1,050.03
每股经营活动产生的现金流量净额(元)	-0.4717	0.07	-773.86

2.2.2 非经常性损益项目

√适用　□不适用

单位：元　币种：人民币

非经常性损益项目	金额
计入当期损益的政府补助(与企业业务密切相关，按照国家统一标准定额或定量享受的政府补助除外)	5,288,943
所得税影响额	-848,341.45
合计	4,440,601.55

第三节　股本变动及股东情况

3.1 股份变动情况表

√适用　□不适用

单位：万股

	本次变动前		本次变动增减(+,-)					本次变动后	
	数量	比例(%)	发行新股	送股	公积金转股	其他	小计	数量	比例(%)
一、有限售条件股份	24,000	100						24,000	75
1、国家持股									
2、国有法人持股									
3、其他内资持股									
其中：境内非国有法人持股	18,000	75						18,000	56.25
境内自然人持股									
4、外资持股									
其中：境外法人持股	6,000	25						6,000	18.75
境外自然人持股									
二、无限售条件流通股份			8,000				8,000	8,000	25
1、人民币普通股			8,000				8,000	8,000	25
2、境内上市的外资股									
3、境外上市的外资股									
4、其他									
三、股份总数	24,000	100					8,000	32,000	100

3.2 股东数量和持股情况

单位：股

报告期末股东总数	21,600户

前十名股东持股情况

股东名称	股东性质	持股比例(%)	持股总数	持有有限售条件股份数量	质押或冻结的股份数量
三鼎控股集团有限公司	国有法人	52.50	168,000,000	168,000,000	无
王俊元	国有法人	18.75	60,000,000	60,000,000	无
义乌市德卡贸易有限公司	国有法人	3.75	12,000,000	12,000,000	无
山西信托有限责任公司-丰收五号	其他	1.19	3,811,396	0	未知
兴业国际信托有限公司-兴业天津<2008-3号>	其他	0.37	1,182,889	0	未知
厦门国际信托有限公司-利得盈单独管理资金信托030	其他	0.35	1,130,000	0	未知
中国建设银行-华宝兴业多策略增长证券投资基金	其他	0.30	971,176	971,176	无
江苏瑞华投资发展有限公司	其他	0.30	971,168	971,168	无
全国社保基金五零四组合	其他	0.30	971,168	971,168	无
中国工商银行股份有限公司—嘉实多元收益债券型证券投资基金	其他	0.30	971,168	971,168	无
中国建设银行-华宝兴业行业精选股票型证券投资基金	其他	0.30	971,168	971,168	无
中国工商银行股份有限公司-中银稳健增利债券型证券投资基金	其他	0.30	971,168	971,168	无
云南国际信托有限公司-云信成长2007-2号(第八期)集合资金信托计划	其他	0.30	971,168	971,168	无
云南国际信托有限公司-金丝猴证券投资.瑞园	其他	0.30	971,168	971,168	无
云南国际信托有限公司-瑞新(一)集合资金信托计划	其他	0.30	971,168	971,168	无

前十名无限售条件股东持股情况

股东名称	持有无限售条件股份的数量	股份种类及数量
山西信托有限责任公司-丰收五号	3,811,396	人民币普通股
兴业国际信托有限公司-兴业天津<2008-3号>	1,182,889	人民币普通股
厦门国际信托有限公司-利得盈单独管理资金信托030	1,130,000	人民币普通股
马兰桂	773,400	人民币普通股
张晨龙	534,500	人民币普通股
兴业国际信托有限公司-新股申购<建行财富第一期(11期)>	387,521	人民币普通股
李媛媛	329,276	人民币普通股
何一鸣	316,756	人民币普通股
上海仁维丰工贸有限公司	299,941	人民币普通股
管伟民	253,000	人民币普通股

3.3 控股股东及实际控制人变更情况

□适用　√不适用

第四节　董事、监事和高级管理人员情况

4.1 董事、监事和高级管理人员持股变动

□适用　√不适用

第五节　董事会报告

5.1 主营业务分行业、产品情况表

单位:元 币种:人民币

分行业或分产品	营业收入	营业成本	营业利润率(%)	营业收入比上年同期增减(%)	营业成本比上年同期增减(%)	营业利润率比上年同期增减(%)
分行业						
化学纤维制造业	719,905,877.77	551,103,187.46	0.2345	50.20	42.00	4.42
分产品						
锦纶丝	719,905,877.77	551,103,187.46	0.2345	50.20	42.00	4.42

其中：报告期内上市公司向控股股东及其子公司销售产品和提供劳务的关联交易总金额660.39万元。

5.2 主营业务分地区情况

单位:元 币种:人民币

地区	营业收入	营业收入比上年增减(%)
国内	713,515,917.39	50.22
国外	6,389,960.38	48.29

5.3 主营业务及其结构发生重大变化的原因说明

□适用　√不适用

5.4 主营业务盈利能力(毛利率)与上年相比发生重大变化的原因说明

□适用　√不适用

5.5 利润构成与上年度相比发生重大变化的原因分析

□适用　√不适用

5.6 募集资金使用情况

5.6.1 募集资金运用

√适用　□不适用

单位:元 币种:人民币

募集资金总额	1,120,000,000.00	本报告期已使用募集资金总额	251,049,930.55
		已累计使用募集资金总额	251,049,930.55

承诺项目	是否变更项目	拟投入金额	实际投入金额	是否符合计划进度	预计收益	产生收益情况
年产4万吨差别化锦纶长丝项目	否	200,000,000.00	200,000,000.00	是	0	销售收入1.6亿元,毛利额3800万元
年产2万吨差别化DTY锦纶长丝项目	否	313,000,000.00	0	是	0	项目未开始建设,未产生效益。
未达到计划进度和预计收益的说明(分具体项目)	募投项目提前完成,目前已进入试生产阶段。					
尚未使用的募集资金用途及去向	用于后续募投项目的建设,存放于募投资金专户。					

5.6.2 变更项目情况

□适用　√不适用

5.7 非募集资金项目情况

报告期内,公司无非募集资金投资项目。

5.8 董事会下半年的经营计划修改计划

□适用　√不适用

5.9 预测年初至下一报告期期末的累计净利润可能为亏损或者与上年同期相比发生大幅度变动的警示及说明

□适用　√不适用

5.10 公司董事会对会计师事务所本报告期"非标准审计报告"的说明

□适用　√不适用

5.11 公司董事会对会计师事务所上年度"非标准审计报告"涉及事项的变化及处理情况的说明

□适用　√不适用

第六节　重要事项

6.1 收购资产

□适用　√不适用

6.2 出售资产

□适用　√不适用

6.3 担保事项

□适用　√不适用

6.4 关联债权债务往来

□适用　√不适用

6.5 重大诉讼仲裁事项

√适用　□不适用

单位:元 币种:人民币

诉讼(仲裁)基本情况	诉讼(仲裁)涉及金额	诉讼(仲裁)进展	诉讼(仲裁)审理结果及影响	诉讼(仲裁)判决执行情况
已经判决生效	7,937,200	已经胜诉,正在申请执行过程中	已经全额计提坏账准备	正在执行过程中

2010年7月19日,本公司与北京中纺物产贸易公司(以下简称"中纺贸易")通过传真方式签订《工矿产品购销合同》,约定:中纺贸易向本公司供应锦纶6切片500吨,单价为2.165万元,合同总金额为1,082.50万元。合同签订后,本公司陆续向中纺贸易预付了总金额为1,079.50万元的汇票及现金,但是在合同履行过程中,中纺贸易委托的生产厂家无锡明特化纤有限公司(以下简称"明特化纤")仅向本公司交付了132吨切片;2010年8月6日,明特化纤告知本公司,表示不能再向本公司供货;2010年8月23日,本公司致函中纺贸易,要求退还未发货货款并赔偿损失;2010年8月27日,中纺贸易复函本公司,表示明特化纤法定代表人及部分员工将中纺贸易价值5,100万元产品骗离监管区后销售一空,所得款项去向不明,因公司被诈骗,故没有库存产品供应给本公司,也没有能力退回货款。

2010年9月6日,本公司向北京市东城区人民法院提起诉讼,要求中纺贸易退回货款7,937,200元,并赔偿损失1,080,128元。因中纺贸易实际经营地已移至北京市朝阳区,因此北京市东城区人民法院依法将案件移送北京市朝阳区人民法院管辖。2010年11月11日,北京市朝阳区人民法院对本案进行了开庭审理,在诉讼过程中,本公司向法院申请了财产保全,已冻结中纺贸易的银行账户。

2010年11月25日,北京市朝阳区人民法院作出(2010)朝民初字第33749号《民事判决书》,判决解除本公司与中纺贸易签订的合同,中纺贸易退还货款7,937,200元,案件受理费、保全费合计72,360元由被告负担。

中纺贸易收到一审判决书后15天内未上诉,一审判决已于2010年12月21日生效;2010年12月22日,本公司向北京市朝阳区人民法院申请对北京中纺物产贸易公司强制执行,北京市朝阳区人民法院已经立案。

2011年5月13号已经执行"中纺贸易"货款22万元,剩余款项正在强制执行过程中。

6.6 其他重大事项及其影响和解决方案的分析说明

6.6.1 证券投资情况

□适用　√不适用

6.6.2 持有其他上市公司股权情况

□适用　√不适用

6.6.3 持有非上市金融企业股权情况

□适用　√不适用

第七节　财务会计报告

7.1 审计意见

财务报告　√未经审计　□审计

7.2 财务报表

合并资产负债表

2011年6月30日

编制单位:义乌华鼎锦纶股份有限公司　单位:元 币种:人民币

项目	附注	期末余额	年初余额
流动资产:			
货币资金	(一)	1,206,551,248.96	189,281,730.47
结算备付金			
拆出资金			
交易性金融资产			
应收票据	(二)	165,270,748.92	93,486,584.55
应收账款	(三)	183,004,755.16	141,429,148.85
预付款项	(四)	17,193,013.94	7,778,213.32
应收保费			
应收分保账款			
应收分保合同准备金			
应收利息			
应收股利			
其他应收款	(五)	11,608,388.50	24,604,280.11
买入返售金融资产			
存货	(六)	386,136,752.85	275,331,660.32
一年内到期的非流动资产			
其他流动资产			
流动资产合计		1,969,764,908.33	731,911,617.62
非流动资产:			
发放委托贷款及垫款			
可供出售金融资产			
持有至到期投资			
长期应收款			
长期股权投资			
投资性房地产			
固定资产	(七)	813,366,506.02	395,844,212.98
在建工程	(八)	4,824,289.63	378,053,460.81
工程物资			
固定资产清理			
生产性生物资产			
油气资产			
无形资产	(九)	10,398,101.32	11,062,731.82
开发支出			
商誉			
长期待摊费用	(十)	503,076.67	297,934.08
递延所得税资产	(十一)	3,955,882.98	3,099,814.47
其他非流动资产			

非流动资产合计		833,047,856.62	788,358,154.16
资产总计		2,802,812,764.95	1,520,269,771.78
流动负债：			
短期借款	（十三）	725,666,376.37	552,758,980.70
向中央银行借款			
吸收存款及同业存放			
拆入资金			
交易性金融负债	（十四）		1,602,101.21
应付票据			
应付账款	（十五）	205,141,251.31	334,886,518.31
预收款项	（十六）	17,535,553.80	38,588,349.29
卖出回购金融资产款			
应付手续费及佣金			
应付职工薪酬	（十七）	3,483,055.69	2,741,205.19
应交税费	（十八）	4,211,641.75	−5,379,047.86
应付利息	（十九）	2,186,267.40	2,277,516.62
应付股利			
其他应付款	（二十）	2,830,608.10	940,541.54
应付分保账款			
保险合同准备金			
代理买卖证券款			
代理承销证券款			
一年内到期的非流动负债	（二十一）	80,000,000.00	50,000,000.00
其他流动负债			
流动负债合计		1,041,054,754.42	978,416,165.00
非流动负债：			
长期借款	（二十二）	96,500,000.00	47,500,000.00
应付债券			
长期应付款			
专项应付款	（二十三）	1,580,000.00	1,580,000.00
预计负债			
递延所得税负债			
其他非流动负债			
非流动负债合计		98,080,000.00	49,080,000.00
负债合计		1,139,134,754.42	1,027,496,165.00
所有者权益(或股东权益)：			
实收资本(或股本)	（二十四）	320,000,000.00	240,000,000.00
资本公积	（二十五）	1,016,197,190.60	27,247,121.15
减：库存股			
专项储备			
盈余公积	（二十六）	20,681,098.68	20,681,098.68
一般风险准备			
未分配利润	（二十七）	306,799,721.25	204,845,386.95
外币报表折算差额			
归属于母公司所有者权益合计		1,663,678,010.53	492,773,606.78
少数股东权益			
所有者权益合计		1,663,678,010.53	492,773,606.78
负债和所有者权益总计		2,802,812,764.95	1,520,269,771.78

法定代表人：丁尔民　主管会计工作负责人：张惠珍　会计机构负责人：张惠珍

母公司资产负债表

2011年6月30日

编制单位：义乌华鼎锦纶股份有限公司　单位：元 币种：人民币

项目	附注	期末余额	年初余额
流动资产：			
货币资金		1,190,628,397.77	178,954,819.05
交易性金融资产			
应收票据		110,968,300.88	50,517,107.58
应收账款	（一）	232,719,304.37	167,968,517.98
预付款项		17,193,013.94	7,778,213.32
应收利息			
应收股利			
其他应收款	（二）	11,608,388.50	24,273,416.39
存货		374,757,366.91	272,822,947.14
一年内到期的非流动资产			
其他流动资产			
流动资产合计		1,937,874,772.37	702,315,021.46
非流动资产：			
可供出售金融资产			
持有至到期投资			
长期应收款			
长期股权投资	（三）	6,500,000.00	6,500,000.00
投资性房地产			
固定资产		813,350,026.97	395,825,743.13
在建工程		4,824,289.63	378,053,460.81
工程物资			
固定资产清理			
生产性生物资产			
油气资产			
无形资产		10,381,791.30	11,044,091.82
开发支出			
商誉			
长期待摊费用		503,076.67	297,934.08
递延所得税资产		2,466,012.09	2,550,705.49
其他非流动资产			
非流动资产合计		838,025,196.66	794,271,935.33
资产总计		2,775,899,969.03	1,496,586,956.79
流动负债：			
短期借款		725,666,376.37	552,758,980.70
交易性金融负债			1,602,101.21
应付票据			
应付账款		204,609,979.82	334,279,787.15
预收款项		15,444,437.77	37,203,455.04
应付职工薪酬		3,483,055.69	2,741,205.19
应交税费		3,350,294.30	−8,354,738.51
应付利息		2,186,267.40	2,277,516.62
应付股利			
其他应付款		2,830,608.10	940,541.54
一年内到期的非流动负债		80,000,000.00	50,000,000.00
其他流动负债			
流动负债合计		1,037,571,019.45	973,448,848.94
非流动负债：			
长期借款		96,500,000.00	47,500,000.00
应付债券			
长期应付款			
专项应付款		1,580,000.00	1,580,000.00
预计负债			
递延所得税负债			
其他非流动负债			
非流动负债合计		98,080,000.00	49,080,000.00
负债合计		1,135,651,019.45	1,022,528,848.94
所有者权益(或股东权益)：			
实收资本(或股本)		320,000,000.00	240,000,000.00
资本公积		1,016,197,190.60	27,247,121.15
减：库存股			
专项储备			
盈余公积		20,681,098.68	20,681,098.68
一般风险准备			
未分配利润		283,370,660.30	186,129,888.02
所有者权益(或股东权益)合计		1,640,248,949.58	474,058,107.85
负债和所有者权益(或股东权益)总计		2,775,899,969.03	1,496,586,956.79

法定代表人：丁尔民　主管会计工作负责人：张惠珍　会计机构负责人：张惠珍

合并利润表

2011年1—6月

单位：元 币种：人民币

项目	附注	本期金额	上期金额
一、营业总收入	（二十八）	724,285,399.13	480,859,809.39
其中：营业收入		724,285,399.13	480,859,809.39
利息收入			
已赚保费			
手续费及佣金收入			
二、营业总成本		607,773,940.39	422,964,354.31
其中：营业成本	（二十八）	556,780,102.50	390,061,892.90
利息支出			
手续费及佣金支出			
退保金			
赔付支出净额			
提取保险合同准备金净额			
保单红利支出			
分保费用			
营业税金及附加	（二十九）	62,845.26	233,153.69
销售费用		4,654,116.33	1,177,992.00
管理费用		28,396,335.19	14,639,896.99
财务费用	（三十）	16,604,871.91	19,005,336.03
资产减值损失	（三十一）	1,275,669.20	−2,153,917.30
加：公允价值变动收益(损失以"−"号填列)			
投资收益(损失以"−"号填列)	（三十二）		
其中：对联营企业和合营企业的投资收益			
汇兑收益(损失以"−"号填列)			
三、营业利润(亏损以"−"号填列)		116,511,458.74	57,895,455.08
加：营业外收入	（三十三）	5,288,943.00	776,073.94

减:营业外支出	(三十四)	1,114,743.80	782,596.41
其中:非流动资产处置损失			
四、利润总额(亏损总额以"-"号填列)		120,685,657.94	57,888,932.61
减:所得税费用	(三十五)	18,731,323.64	9,979,236.32
五、净利润(净亏损以"-"号填列)		101,954,334.30	47,909,696.29
归属于母公司所有者的净利润		101,954,334.30	47,909,696.29
少数股东损益			
六、每股收益:			
(一)基本每股收益	(三十六)	0.38	0.20
(二)稀释每股收益	(三十六)	0.38	0.20
七、其他综合收益			
八、综合收益总额		101,954,334.30	47,909,696.29
归属于母公司所有者的综合收益总额		101,954,334.30	47,909,696.29
归属于少数股东的综合收益总额			

本期发生同一控制下企业合并的,被合并方在合并前实现的净利润为:97,240,772.28 元。

法定代表人:丁尔民　　主管会计工作负责人:张惠珍　　会计机构负责人:张惠珍

母公司利润表

2011 年 1—6 月

单位:元 币种:人民币

项目	附注	本期金额	上期金额
一、营业收入	(四)	714,128,691.81	461,291,432.32
减:营业成本	(四)	555,735,035.37	385,167,391.81
营业税金及附加		1,080.00	86,657.81
销售费用		3,490,062.67	728,190.33
管理费用		28,386,336.05	14,432,347.68
财务费用		17,446,256.66	19,178,991.89
资产减值损失		-1,306,473.20	-6,067,289.00
加:公允价值变动收益(损失以"-"号填列)			
投资收益(损失以"-"号填列)			
其中:对联营企业和合营企业的投资收益			
二、营业利润(亏损以"-"号填列)		110,376,394.26	47,765,141.80
加:营业外收入		4,738,943.00	776,073.94
减:营业外支出		714,428.70	461,291.44
其中:非流动资产处置损失			
三、利润总额(亏损总额以"-"号填列)		114,400,908.56	48,079,924.30
减:所得税费用		17,160,136.28	7,526,984.25
四、净利润(净亏损以"-"号填列)		97,240,772.28	40,552,940.05
五、每股收益:			
(一)基本每股收益			
(二)稀释每股收益			
六、其他综合收益			
七、综合收益总额		97,240,772.28	40,552,940.05

法定代表人:丁尔民　　主管会计工作负责人:张惠珍　　会计机构负责人:张惠珍

合并现金流量表

2011 年 1—6 月

单位:元 币种:人民币

项目	附注	本期金额	上期金额
一、经营活动产生的现金流量:			
销售商品、提供劳务收到的现金		705,795,034.22	555,472,234.52
客户存款和同业存放款项净增加额			
向中央银行借款净增加额			
向其他金融机构拆入资金净增加额			
收到原保险合同保费取得的现金			
收到再保险业务现金净额			
保户储金及投资款净增加额			
处置交易性金融资产净增加额			
收取利息、手续费及佣金的现金			
拆入资金净增加额			
回购业务资金净增加额			
收到的税费返还		5,593,790.46	686,073.94
收到其他与经营活动有关的现金	(三十七)	24,502,754.27	6,074,626.63
经营活动现金流入小计		735,891,578.95	562,232,935.09
购买商品、接受劳务支付的现金		818,114,044.69	504,216,531.00
客户贷款及垫款净增加额			
存放中央银行和同业款项净增加额			
支付原保险合同赔付款项的现金			
支付利息、手续费及佣金的现金			
支付保单红利的现金			
支付给职工以及为职工支付的现金		23,997,336.62	13,310,691.42
支付的各项税费		24,281,458.33	15,255,398.28
支付其他与经营活动有关的现金	(三十七)	20,456,531.10	13,560,456.83
经营活动现金流出小计		886,849,370.74	546,343,077.53
经营活动产生的现金流量净额		-150,957,791.79	15,889,857.56
二、投资活动产生的现金流量:			
收回投资收到的现金			
取得投资收益收到的现金			
处置固定资产、无形资产和其他长期资产收回的现金净额			
处置子公司及其他营业单位收到的现金净额			
收到其他与投资活动有关的现金			
投资活动现金流入小计			
购建固定资产、无形资产和其他长期资产支付的现金		113,352,023.40	134,380,218.91
投资支付的现金			
质押贷款净增加额			
取得子公司及其他营业单位支付的现金净额			
支付其他与投资活动有关的现金			
投资活动现金流出小计		113,352,023.40	134,380,218.91
投资活动产生的现金流量净额		-113,352,023.40	-134,380,218.91
三、筹资活动产生的现金流量:			
吸收投资收到的现金		1,068,950,069.45	
其中:子公司吸收少数股东投资收到的现金			
取得借款收到的现金		700,837,455.50	418,168,649.72
发行债券收到的现金			
收到其他与筹资活动有关的现金	(三十七)		
筹资活动现金流入小计		1,769,787,524.95	418,168,649.72
偿还债务支付的现金		401,237,105.08	330,891,879.67
分配股利、利润或偿付利息支付的现金		23,499,065.88	13,485,747.85
其中:子公司支付给少数股东的股利、利润			
支付其他与筹资活动有关的现金	(三十七)	2,206,964.35	3,650,000.00
筹资活动现金流出小计		426,943,135.31	348,027,627.52
筹资活动产生的现金流量净额		1,342,844,389.64	70,141,022.20
四、汇率变动对现金及现金等价物的影响			
五、现金及现金等价物净增加额		1,078,534,574.45	-48,349,339.15
加:期初现金及现金等价物余额		122,151,674.51	103,661,688.37
六、期末现金及现金等价物余额		1,200,686,248.96	55,312,349.22

法定代表人:丁尔民　　主管会计工作负责人:张惠珍　　会计机构负责人:张惠珍

母公司现金流量表

2011 年 1—6 月

单位:元 币种:人民币

项目	附注	本期金额	上期金额
一、经营活动产生的现金流量:			
销售商品、提供劳务收到的现金		651,995,628.25	509,765,042.10
收到的税费返还		5,593,790.46	686,073.94
收到其他与经营活动有关的现金		23,584,324.16	6,060,048.71
经营活动现金流入小计		681,173,742.87	516,511,164.75
购买商品、接受劳务支付的现金		774,340,370.21	469,612,009.94
支付给职工以及为职工支付的现金		23,834,718.26	13,026,502.74
支付的各项税费		20,074,324.29	13,289,251.24
支付其他与经营活动有关的现金		19,478,061.67	13,209,837.21
经营活动现金流出小计		837,727,474.43	509,137,601.13
经营活动产生的现金流量净额		-156,553,731.56	7,373,563.62
二、投资活动产生的现金流量:			
收回投资收到的现金			
取得投资收益收到的现金			
处置固定资产、无形资产和其他长期资产收回的现金净额			
处置子公司及其他营业单位收到的现金净额			
收到其他与投资活动有关的现金			
投资活动现金流入小计			
购建固定资产、无形资产和其他长期资产支付的现金		113,352,023.40	134,334,799.26
投资支付的现金			
取得子公司及其他营业单位支付的现金净额			
支付其他与投资活动有关的现金			
投资活动现金流出小计		113,352,023.40	134,334,799.26
投资活动产生的现金流量净额		-113,352,023.40	-134,334,799.26
三、筹资活动产生的现金流量:			
吸收投资收到的现金		1,068,950,069.45	
取得借款收到的现金		700,837,455.50	418,168,649.72
发行债券收到的现金			
收到其他与筹资活动有关的现金			
筹资活动现金流入小计		1,769,787,524.95	418,168,649.72
偿还债务支付的现金		401,237,105.08	330,891,879.67
分配股利、利润或偿付利息支付的现金		23,499,065.88	13,485,747.85
支付其他与筹资活动有关的现金		2,206,964.35	3,650,000.00
筹资活动现金流出小计		426,943,135.31	348,027,627.52
筹资活动产生的现金流量净额		1,342,844,389.64	70,141,022.20
四、汇率变动对现金及现金等价物的影响			
五、现金及现金等价物净增加额		1,072,938,634.68	-56,820,213.44
加:期初现金及现金等价物余额		111,824,763.09	97,159,023.13
六、期末现金及现金等价物余额		1,184,763,397.77	40,338,809.69

法定代表人:丁尔民　　主管会计工作负责人:张惠珍　　会计机构负责人:张惠珍

合并所有者权益变动表

2011 年 1—6 月

单位:元 币种:人民币

本期金额

项目	归属于母公司所有者权益 实收资本(或股本)	资本公积	减:库存股	专项储备	盈余公积	一般风险准备	未分配利润	其他	少数股东权益	所有者权益合计
一、上年年末余额	240,000,000.00	27,247,121.15			20,681,098.68		204,845,386.95			492,773,606.78
加:会计政策变更										
前期差错更正										
其他										
二、本年年初余额	240,000,000.00	27,247,121.15			20,681,098.68		204,845,386.95			492,773,606.78
三、本期增减变动金额(减少以"-"号填列)	80,000,000.00	988,950,069.45					101,954,334.30			1,170,904,403.75
(一)净利润							101,954,334.30			101,954,334.30
(二)其他综合收益										
上述(一)和(二)小计							101,954,334.30			101,954,334.30
(三)所有者投入和减少资本	80,000,000.00	988,950,069.45								1,068,950,069.45
1.所有者投入资本	80,000,000.00	988,950,069.45								1,068,950,069.45
2.股份支付计入所有者权益的金额										
3.其他										
(四)利润分配										
1.提取盈余公积										
2.提取一般风险准备										
3.对所有者(或股东)的分配										
4.其他										
(五)所有者权益内部结转										
1.资本公积转增资本(或股本)										
2.盈余公积转增资本(或股本)										
3.盈余公积弥补亏损										
4.其他										
(六)专项储备										
1.本期提取										
2.本期使用										
(七)其他										
四、本期期末余额	320,000,000.00	1,016,197,190.60			20,681,098.68		306,799,721.25			1,663,678,010.53

上年同期金额

项目	归属于母公司所有者权益 实收资本(或股本)	资本公积	减:库存股	专项储备	盈余公积	一般风险准备	未分配利润	其他	少数股东权益	所有者权益合计
一、上年年末余额	240,000,000.00	27,247,121.15			10,172,399.20		91,551,592.73			368,971,113.08
加:会计政策变更										
前期差错更正										
其他										
二、本年年初余额	240,000,000.00	27,247,121.15			10,172,399.20		91,551,592.73			368,971,113.08
三、本期增减变动金额(减少以"-"号填列)							47,909,696.29			47,909,696.29
(一)净利润							47,909,696.29			47,909,696.29
(二)其他综合收益										
上述(一)和(二)小计							47,909,696.29			47,909,696.29
(三)所有者投入和减少资本										
1.所有者投入资本										
2.股份支付计入所有者权益的金额										
3.其他										
(四)利润分配										
1.提取盈余公积										
2.提取一般风险准备										
3.对所有者(或股东)的分配										
4.其他										
(五)所有者权益内部结转										
1.资本公积转增资本(或股本)										
2.盈余公积转增资本(或股本)										
3.盈余公积弥补亏损										
4.其他										
(六)专项储备										
1.本期提取										
2.本期使用										
(七)其他										
四、本期期末余额	240,000,000.00	27,247,121.15			10,172,399.20		139,461,289.02			416,880,809.37

法定代表人:丁尔民　　主管会计工作负责人:张惠珍　　会计机构负责人:张惠珍

母公司所有者权益变动表

2011 年 1—6 月

单位:元 币种:人民币

本期金额

项目	实收资本(或股本)	资本公积	减:库存股	专项储备	盈余公积	一般风险准备	未分配利润	所有者权益合计
一、上年年末余额	240,000,000.00	27,247,121.15			20,681,098.68		186,129,888.02	474,058,107.85
加:会计政策变更								
前期差错更正								
其他								
二、本年年初余额	240,000,000.00	27,247,121.15			20,681,098.68		186,129,888.02	474,058,107.85
三、本期增减变动金额(减少以"-"号填列)	80,000,000.00	988,950,069.45					97,240,772.28	1,166,190,841.73
(一)净利润							97,240,772.28	97,240,772.28
(二)其他综合收益								
上述(一)和(二)小计							97,240,772.28	97,240,772.28
(三)所有者投入和减少资本	80,000,000.00	988,950,069.45						1,068,950,069.45
1.所有者投入资本	80,000,000.00	988,950,069.45						1,068,950,069.45
2.股份支付计入所有者权益的金额								
3.其他								
(四)利润分配								
1.提取盈余公积								
2.提取一般风险准备								
3.对所有者(或股东)的分配								
4.其他								
(五)所有者权益内部结转								
1.资本公积转增资本(或股本)								
2.盈余公积转增资本(或股本)								
3.盈余公积弥补亏损								
4.其他								
(六)专项储备								
1.本期提取								
2.本期使用								
(七)其他								
四、本期期末余额	320,000,000.00	1,016,197,190.60			20,681,098.68		283,370,660.30	1,640,248,949.58

上年同期金额

项目	实收资本(或股本)	资本公积	减:库存股	专项储备	盈余公积	一般风险准备	未分配利润	所有者权益合计
一、上年年末余额	240,000,000.00	27,247,121.15			10,172,399.20		91,551,592.73	368,971,113.08
加:会计政策变更								
前期差错更正								
其他								
二、本年年初余额	240,000,000.00	27,247,121.15			10,172,399.20		91,551,592.73	368,971,113.08
三、本期增减变动金额(减少以"-"号填列)							40,552,940.05	40,552,940.05
(一)净利润							40,552,940.05	40,552,940.05
(二)其他综合收益								
上述(一)和(二)小计							40,552,940.05	40,552,940.05
(三)所有者投入和减少资本								
1.所有者投入资本								
2.股份支付计入所有者权益的金额								
3.其他								
(四)利润分配								
1.提取盈余公积								
2.提取一般风险准备								
3.对所有者(或股东)的分配								
4.其他								
(五)所有者权益内部结转								
1.资本公积转增资本(或股本)								
2.盈余公积转增资本(或股本)								
3.盈余公积弥补亏损								
4.其他								
(六)专项储备								
1.本期提取								
2.本期使用								
(七)其他								
四、本期期末余额	240,000,000.00	27,247,121.15			10,172,399.20		132,104,532.78	409,524,053.13

法定代表人:丁尔民　　主管会计工作负责人:张惠珍　　会计机构负责人:张惠珍

7.3 本报告期无会计政策、会计估计的变更。

7.4 本报告期无前期会计差错更正。

董事长:丁尔民

义乌华鼎锦纶股份有限公司

2011 年 8 月 18 日

西部矿业股份有限公司

西部矿业股份有限公司2010年年度报告摘要

第一节　重要提示

1.1 本公司董事会、监事会及董事、监事、高级管理人员保证本报告所载资料不存在任何虚假记载、误导性陈述或者重大遗漏，并对其内容的真实性、准确性和完整性承担个别及连带责任。

本年度报告摘要摘自年度报告全文，投资者欲了解详细内容，应当仔细阅读年度报告全文。

1.2 公司全体董事出席董事会会议。

1.3 安永华明会计师事务所为本公司出具了标准无保留意见的审计报告。

1.4 是否存在被控股股东及其关联方非经营性占用资金情况？

否

1.5 是否存在违反规定决策程序对外提供担保的情况？

否

1.6 公司负责人汪海涛、主管会计工作负责人刘惠君及会计机构负责人（会计主管人员）刘伟雄声明：保证年度报告中财务报告的真实、完整。

第二节　公司基本情况简介

2.1 基本情况简介

股票简称	西部矿业
股票代码	601168
股票上市交易所	上海证券交易所
公司注册地址和办公地址	青海省西宁市五四大街52号
邮政编码	810001
公司国际互联网网址	www.westmining.com
电子信箱	wm@westmining.com

2.2 联系人和联系方式

	董事会秘书
姓名	胡晗东
联系地址	青海省西宁市五四大街52号
电话	0971-6108188
传真	0971-6122926
电子信箱	huhd@westmining.com

第三节　会计数据和业务数据摘要

3.1 主要会计数据

单位：元　币种：人民币

主要会计数据	2010年	2009年	本期比上年同期增减(%)	2008年
营业收入	1[illegible],511,447,284	16,886,505,391	9.62	12,619,226,033
利润总额	[illegible],193,209,127	812,856,418	46.79	584,227,850
归属于上市公司股东的净利润	989,427,083	601,594,773	64.47	557,062,213
归属于上市公司股东的扣除非经常性损益的净利润	898,366,841	733,979,991	22.40	173,978,298
经营活动产生的现金流量净额	[illegible],771,565,001	417,237,729	324.59	184,720,322
	2010年末	2009年末	本期末比上年同期末增减(%)	2008年末
总资产	2[illegible],457,274,320	19,072,288,926	17.75	17,404,867,270
所有者权益(或股东权益)	1[illegible],133,793,434	10,362,065,792	7.45	10,034,924,796

3.2 主要财务指标

主要财务指标	2010年	2009年	本期比上年同期增减(%)	2008年
基本每股收益(元/股)	0.42	0.25	68	0.23
稀释每股收益(元/股)			不适用	
扣除非经常性损益后的基本每股收益(元/股)	0.38	0.31	22.58	0.07
加权平均净资产收益率(%)	9.21	5.92	3.29	5.55
扣除非经常性损益后的加权平均净资产收益率(%)	8.36	7.22	1.14	1.74
每股经营活动产生的现金流量净额(元/股)	0.74	0.18	311.11	0.08
	2010年末	2009年末	本期末比上年同期末增减(%)	2008年末
归属于上市公司股东的每股净资产(元/股)	4.67	4.35	7.36	4.21

扣除非经常性损益项目

√适用　　□不适用

单位：元　币种：人民币

项目	金额
非流动资产处置损益	-15,238,012
计入当期损益的政府补助（与企业业务密切相关，按照国家统一标准定额或定量享受的政府补助除外）	25,823,272
除同公司正常经营业务相关的有效套期保值业务外，持有交易性金融资产、交易性金融负债产生的公允价值变动损益，以及处置交易性金融资产、交易性金融负债和可供出售金融资产取得的投资收益	159,424,388
除上述各项之外的其他营业外收入和支出	-74,454,100
所得税影响额	-23,910,426
少数股东权益影响额(税后)	19,415,120
合计	91,060,242

第四节　股本变动及股东情况

4.1 股份变动情况表

√适用　　□不适用

单位：股

	本次变动前		本次变动增减(+,-)					本次变动后	
	数量	比例(%)	发行新股	送股	公积金转股	其他	小计	数量	比例(%)
一、有限售条件股份									
1、国家持股									
2、国有法人持股									
3、其他内资持股									
其中：境内非国有法人持股									
境内自然人持股									
4、外资持股									
其中：境外法人持股									
境外自然人持股									
二、无限售条件流通股份	2,383,000,000	100						2,383,000,000	100
1、人民币普通股	2,383,000,000	100						2,383,000,000	100
2、境内上市的外资股									
3、境外上市的外资股									
4、其他									
三、股份总数	2,383,000,000	100						2,383,000,000	100

限售股份变动情况表

√适用　　□不适用

单位：股

股东名称	年初限售股数	本年解除限售股数	本年增加限售股数	年末限售股数	限售原因	解除限售日期
西部矿业集团有限公司	672,300,000	672,300,000	0	0	公司首次公开发行之发起人股东承诺锁定	2010-7-12

4.2 股东数量和持股情况

单位：股

报告期末股东总数	368,839户

前十名股东持股情况

股东名称	股东性质	持股比例(%)	持股总数	报告期内增减	质押或冻结的股份数量
西部矿业集团有限公司	国有法人	28.2120	672,300,000	0	质押 558,735,948
新疆塔城国际资源有限公司	境内非国有法人	3.4980	83,350,000	0	质押 83,350,000
上海联创创业投资有限公司	境内非国有法人	2.0390	48,580,000	-5,050,000	无 0
招商证券股份有限公司融券专用证券账户	境内非国有法人	1.3750	32,754,412	32,754,412	无 0
上海同裕投资有限公司	境内非国有法人	1.1690	27,869,055	-990,945	无 0

交通银行－易方达 50 指数证券投资基金	境内非国有法人	0.8540	20,349,032	2,134,291	无 0
NEWMARGIN MINING CORPORATION LIMITED	境外法人	0.8390	20,000,000	−60,030,000	无 0
株洲冶炼集团股份有限公司	境内非国有法人	0.7130	17,000,000	0	无 0
上海海成资源(集团)有限公司	境内非国有法人	0.6330	15,083,034	0	质押 15,083,034
中国工商银行－上证 50 交易型开放式指数证券投资基金	未知	0.6060	14,436,765	−1,850,405	无 0

前十名无限售条件股东持股情况

股东名称	持有无限售条件股份的数量	股份种类及数量
西部矿业集团有限公司	672,300,000	人民币普通股
新疆塔城国际资源有限公司	83,350,000	人民币普通股
上海联创创业投资有限公司	48,580,000	人民币普通股
招商证券股份有限公司融券专用证券账户	32,754,412	人民币普通股
上海同裕投资有限公司	27,869,055	人民币普通股
交通银行－易方达 50 指数证券投资基金	20,349,032	人民币普通股
NEWMARGIN MINING CORPORATION LIMITED	20,000,000	人民币普通股
株洲冶炼集团股份有限公司	17,000,000	人民币普通股
上海海成资源(集团)有限公司	15,083,034	人民币普通股
中国工商银行－上证 50 交易型开放式指数证券投资基金	14,436,765	人民币普通股

上述股东关联关系或一致行动的说明	1. 公司股东上海海成资源(集团)有限公司和新疆塔城国际资源有限公司属同一自然人控制,两者在报告期末合并持有本公司 4.13%的股份; 2. 公司股东上海联创创业投资有限公司和 Newmargin Mining Co., Limited 构成一致行动关系,两者在报告期末合并持有本公司 2.88%的股份; 3. 公司未知其他股东之间是否存在关联关系和属于《上市公司收购管理办法》规定的一致行动人。

4.3 控股股东及实际控制人情况介绍

4.3.1 控股股东及实际控制人变更情况

□适用　　√不适用

4.3.2 控股股东及实际控制人具体情况介绍

4.3.2.1 控股股东及实际控制人具体情况介绍

西部矿业集团有限公司为本公司的控股股东，持股比例为 28.21%。公司于 2000 年 5 月 8 日成立,注册资本为 16 亿元,住所为青海省西宁市五四大街 56 号,法定代表人为汪海涛。

实际控制人情况：

公司的实际控制人为青海省政府国有资产监督管理委员会,是青海省人民政府根据《中共中央办公厅、国务院办公厅关于印发<青海省人民政府机构改革方案>的通知》(厅字【2003】42 号)设置的省政府直属正厅级特设机构。

4.3.2.2 控股股东情况

○ 法人

单位:元 币种:人民币

名称	西部矿业集团有限公司
单位负责人或法定代表人	汪海涛
成立日期	2000 年 5 月 8 日
注册资本	1,600,000,000
主要经营业务或管理活动	投资和经营矿产资源项目(国家法律法规所禁止的除外,涉及资质证和许可证经营的除外);经营国家禁止和指定公司经营以外的进出口商品;经营净出口代理业务。

4.3.3 公司与实际控制人之间的产权及控制关系的方框图(略)

4.3.4 实际控制人通过信托或其他资产管理方式控制公司

□适用　　√不适用

第五节　董事、监事和高级管理人员

5.1 董事、监事和高级管理人员持股变动及报酬情况

单位:股

姓名	职务	性别	年龄	任期起始日期	任期终止日期	年初持股数	年末持股数	报告期内从公司领取的报酬总额(万元)税前	是否在股东单位或其他关联单位领取薪酬
汪海涛	董事长	男	43	2009-9-10	2011-2-21	0	0	145.64	否
孙永贵	副董事长、总裁	男	58	2007-9-8	2011-2-21	0	0	109.25	否
白永强	董事	男	49	2009-9-10	2011-2-21	0	0	0	是
冯　涛	董事	男	44	2007-9-8	2011-2-21	0	0	3	否
黄建荣	董事	男	54	2007-9-8	2011-2-21	0	0	3	是
周宏亮	董事	男	47	2007-9-8	2011-2-21	0	0	3	否
高德柱	独立董事	男	71	2007-9-8	2011-2-21	0	0	25	否
古德生	独立董事	男	74	2007-9-8	2011-2-21	0	0	25	否
姚立中	独立董事	男	70	2007-9-8	2011-2-21	0	0	25	否
张宜生	独立董事	男	59	2007-9-8	2011-2-21	0	0	25	否
王建平	独立董事	男	54	2009-12-21	2011-2-21	0	0	25	否
陈有凯	监事会主席	男	49	2007-9-8	2011-2-21	0	0	0	是
彭　莉	职工代表监事	女	43	2007-9-8	2011-2-21	0	0	46.98	否
岳艳珍	职工代表监事	女	47	2007-9-8	2011-2-21	0	0	12	否
李华云	监事	男	57	2007-9-8	2011-2-21	0	0	3	是
马兆畅	监事	男	56	2009-3-30	2011-2-21	0	0	3	是
范建明	副总裁	男	46	2009-12-2	2011-2-27	0	0	50.98	否
刘惠君	副总裁	女	46	2009-12-2	2011-2-27	0	0	54.98	否
李伍波	副总裁	男	39	2009-12-2	2011-2-27	0	0	54.98	否
林大泽	副总裁	男	48	2009-12-2	2011-2-27	0	0	50.98	否
周启发	副总裁	男	46	2010-4-23	2011-2-27	0	0	54.98	否
潘希宏	副总裁	男	40	2009-12-2	2011-2-27	0	0	54.98	否
李全学	副总裁	男	45	2009-12-2	2011-2-27	0	0	50.98	否
刘昭衡	副总裁	男	37	2009-12-2	2011-2-27	0	0	54.98	否
刘伟雄	副总裁	男	37	2010-6-10	2011-2-27	0	0	50.98	否
胡晗东	副总裁、董事会秘书	男	39	2009-12-2	2011-2-27	0	0	50.98	否
周　淦	副总裁级	男	45	2009-12-2	2011-2-27	0	0	50.98	否
合计	/	/	/	/	/	0	0	1034.65	/

第六节　董事会报告

6.1 管理层讨论与分析

1.报告期内公司经营情况回顾

2010 年,公司抢抓机遇,加快发展,强化管理,实现了生产经营平稳较快发展,各项工作取得了新进展。

(1)经济运行走势向好,安全生产形势稳定

矿山、冶炼均基本完成公司下达的生产经营计划,大有色板块正在做大做强。公司“大营销”、“大贸易”取得实质性进展,体系建设和业务开展有序进行,实现套期保值目标;环境保护与节能减排稳步推进,安全生产形势持续稳定。

2010 年 5 月,国家环保部办公厅《关于上市公司环保核查后督查情况的通报》(环办〔2010〕67 号文)对未在承诺期限内完成整改事项的公司进行了通报,其中包括我公司的百河铝业、锌业分公司、唐湖电力分公司。接到文件后公司积极开展自查工作,并高质量、高标准地按期完成了上述三家公司的环保整改。

①公司 2010 年主要产品产量完成情况

报告期内,公司累计生产铅精矿(金属量,下同)65,145 吨、锌精矿 84,620 吨、铜精矿 26,139 吨、精矿含金 145 公斤、精矿含银 125,010 公斤、电解锌 61,061 吨、电解锰 5,128 吨、电解铝 97,920 吨(其中含铝型材 7740 吨)、电解铜 26,583 吨、粗铅 26,275 吨,电铅 657 吨,锌粉 3563 吨,供电量 10.50 亿千瓦时。除了粗铅、电铅和电解铜产量完成率较低外,其他产品都基本完成了生产任务。

粗铅产量 26,275 吨,完成年度计划的 65.69%,主要原因是控股子公司西豫有色公司本期处于试生产期,生产不能稳定运行,铅精矿供应满足不了正常生产需求。

电铅产量 657 吨,完成年度计划的 3.29%,主要原因是控股子公司西部铅业公司原材料供应尚未妥善解决,一直未能恢复生产,铅业分公司 5.5 万吨电铅项目在 11 月才开始试生产。

电解铜产量 26,583 吨，完成年度计划的 75.95%，主要原因是控股子公司玉龙铜业公司 2010 年进行生产工艺完善,未能启动电解铜的生产。

②公司 2010 年总体经营情况

公司 2010 年度实现营业收入 185 亿元,较上年同期增长 10%;实现归属于母公司股东的净利润 9.89 亿元,较上年同期增长 64%。

从整体毛利构成来看,2010 年度公司整体营业毛利较上年同期增长 22%,主要是有色金属采选冶业务毛利增加。

有色金属采选冶板块收入和毛利的增加,主要是受全球经济形势好转的影响,本期主要产品价格都出现了不同程度的上涨,特别是铜产品的价格上涨幅度更大,其中公司铜精矿、电解铜的平均销售价格分别较上年同期增长 43%和 36%,铝锭价格涨了 16%,锌锭价格上涨了 28%,价格的上涨使得公司各种产品的利润空间增加;在产品价格上涨的同时,公司又通过精细化管理,严格控制可控成本,使得矿山产品成本基本保持在去年同期水平,使得产品毛利增加。此外,本期西豫有色公司投产增加了粗铅的销售,西部铜业增加了中间产品粗铜的销售,都使得营业收入有一定的增长。

公司自产产品期货套期保值业务主要在国内展开,对矿产品的保值价格是基于预算,冶炼产品的保值为保证冶炼加工空间,此两种套期保值业务的开展既可以保证公司的预算利润,同时也可以保证冶炼企业的正常生产,并且在业务操作过程中,公司根据生产计划和销售计划严格执行,对公司预算经营业绩无重大影响。

③报告期发生重大变化的资产负债表项目及原因

单位:元 币种:人民币

项目	2010-12-31	2009-12-31	增减额	增减率(%)
货币资金	5,570,269,905	3,616,857,290	1,953,412,615	54
交易性金融资产	2,412,875	30,084,061	−27,671,186	−92
应收票据	205,102,388	40,118,406	164,983,982	411
其他应收款	597,787,731	362,235,147	235,552,584	65
可供出售金融资产	94,508,381	65,950,443	28,557,938	43
长期应收款	12,430,567	80,577,997	−68,147,430	−85
递延所得税资产	116,791,634	57,866,803	58,924,831	102

其他非流动资产	101,165,409	458,797,771	−357,632,362	−78
应付短期融资券	3,574,793,151	1,013,300,000	2,561,493,151	253
应付票据	274,884,310	74,996,100	199,888,210	267
应付账款	685,634,118	344,856,338	340,777,780	99
应付职工薪酬	155,454,784	46,145,024	109,309,760	237
一年内到期的非流动负债	1,232,102,030	719,755,100	512,346,930	71
长期借款	1,042,200,000	2,144,000,000	−1,101,800,000	−51
未分配利润	2,712,707,048	2,018,729,763	693,977, 285	34

上述资产负债表的对比分析列示了变动幅度超过30%的项目，其变动原因如下：

1.1 货币资金年末余额为人民币55.70亿元，比上年增加54%，主要是公司由于有色金属市场行情的好转，经营活动现金净流入增加，同时发行了短期融资券35亿元，归还了9.6亿元的银行借款；

1.2 交易性金融资产年末余额为人民币241.29万元，比上年减少92%，主要是期末期货持仓的公允价值较上年同期减少；

1.3 应收票据年末余额约人民币2.05亿元，比上年增加411%，主要是本期票据结算方式增加；

1.4 其他应收款年末余额约人民币5.98亿元，比上年增长65%，主要原因是本期期货保证金增加；

1.5 可供出售金融资产年末余额人民币0.95亿元，比上年增加53%，主要是公司参股澳大利亚上市公司 FerrAus Limited 的股权投资公允价值回升；

1.6 长期应收款年末余额约人民币0.12亿元，比上年减少85%，主要是应收西藏珠峰的0.56亿元资产转让款在2011年到期，转入"一年内到期的非流动资产"核算，目前长期应收款主要为本公司应收政府环境恢复保证金人民币908万元，以及控股子公司赛什塘铜业公司应收青海资源厅环境保护金335万元；

1.7 递延所得税资产年末余额约人民币1.17亿元，比上年增加102%，主要是本期计提了部分减值准备，导致所确认的相应的递延所得税资产增加；

1.8 其他非流动资产年末余额约人民币1.01亿元，比上年减少78%，主要是上期控股子公司未达到可使用状态的土地转让金，本期已取得土地使用权证，转入无形资产；

1.9 应付短期融资券年末余额约人民币35.75亿元，比上年增加253%，主要是本期发行了35亿元的短期融资券，其中2010年2月24日发行短期融资券25亿元，年利率为3.31%，2010年11月16日发行短期融资券10亿元，年利率为3.36%，均为一年后到期一次性还本付息；

1.10 应付票据年末余额约人民币2.75亿元，比上年增加267%，主要是由于业务需要及资金周转的现实要求，同时追求资金利用效率最大化，本期增加开出银行承兑汇票用于日常业务结算；

1.11 应付账款年末余额约人民币6.86亿元，比上年增加99%，主要是公司应付的材料和设备采购款增加；

1.12 应付职工薪酬年末余额约人民币1.55亿元，比上年增加237%，主要是公司组织机构调整后，施行了新的薪酬方案，按新方案计提了工资并在2011年1月发放；

1.13 一年内到期的非流动负债年末余额约人民币12.32亿元，比上年增长71%，主要是因为本公司于2007年及2008年向银行借的用于生产周转的长期借款将于2011年到期，致使一年内到期的长期借款有所增长；

1.14 长期借款年末余额约人民币10.42亿元，比上年减少51%，主要是本期发行短期融资券后，为了减少利息支出，归还了部分利率较高的长期借款；

1.15 未分配利润年末余额为人民币27.13亿元，比上年增加34%，主要是由于本期实现利润转入未分配利润所致。

④报告期发生重大变化的利润表项目及原因

单位:元 币种:人民币

项目	本期金额	上期金额	增减额	增减率(%)
管理费用	815,090,295	522,902,302	292,187,993	56
资产减值损失	27,701,907	−37,574,958	65,276,865	−174
公允价值变动收益	−14,916,689	−31,948,186	17,031,497	−53
投资收益	323,571,860	−104,843,205	428,415,065	−409
营业外收入	30,576,799	70,575,577	−39,998,778	−57
营业外支出	90,757,222	27,825,675	62,931,547	226

上述利润表的对比分析列示了变动幅度超过30%的项目，其变动原因如下：

1.1 管理费用本期较上年同期增加2.92亿元，增长56%，主要原因是公司组织机构改革后，实行了新的薪酬计划，再加上去年同期冲回了以前年度计提的工资及企业年金等0.85亿元，导致本期员工成本增加1.80亿元，此外资源补偿费和维修费也有所增加；

1.2 资产减值损失本期较上年同期增加0.65亿元，增加174%，主要原因是本期由于部分冶炼机器设备已达到使用年限，无法继续使用，本公司计提了资产减值准备0.28亿元，而上年同期由于市场行情较好，公司转回了以前年度计提的存货跌价准备0.43亿元；

1.3 公允价值变动收益本期较上年同期增加1,703万元，增加53%，主要原因是本期套期保值的浮亏较上年同期有所减少；

1.4 投资收益本期较上年同期增加4.28亿元，增加409%，主要原因是2010年期货套期保值盈利增加，而去年同期为亏损，同时受有色金属价格上涨的影响，本期公司的联营公司和合营公司业绩回升，导致本期按权益法确认的股权投资收益增加；

1.5 营业外收入本期较上年同期减少0.40亿元，减少57%，主要原因是公司上年同期收购双利矿业可辨认净资产公允价值份额高于现金收购对价确认的收入4,224万元；

1.6 营业外支出本期较上年同期增加0.63亿元，增加226%，主要原因是公司本期确认了控股子公司西部铅业公司的盘亏损失0.37亿元，此外本期公益性捐赠增加，主要是向玉树地震灾区捐款(物)0.17亿元。

⑤报告期发生重大变化的现金流量表项目及原因

单位:元 币种:人民币

项目	本期金额	上期金额	增减额	增减率(%)
经营活动现金净流量	1,771,565,001	417,237,729	1,354,327,272	325
筹资活动现金净流量	1,437,403,034	281,278,793	1,156,124,241	411

上述现金流量表的对比分析列示了变动幅度超过30%的项目，其变动原因如下：

1.1 经营活动现金净流量本期较上年同期增加325%，主要原因是本期由于有色金属市场行情持续好转，本公司加大了业务量，导致经营活动现金净流量增加；

1.2 筹资活动现金净流量本期较上年同期增加411%，主要原因是本期发行了35亿元的短期融资券。

(2)组织结构体系优化，人力资源管理取得突破性进展

为提高组织效率、更有效地适应市场激烈竞争的要求，公司积极开展组织结构调整和全员竞聘工作，将相对固定的编制控制和职责界定与变化的业务绩效紧密结合，以数字化的视角量化公司的组织效率、劳动效率，为构建高效率、高效益的组织模式打下了坚实的基础同时极大地调动了员工的积极能动性，增强了企业活力。

(3)制度建设加强，提升管理水平

在组织机构调整和部门职责明确的基础上，公司进一步加强和完善制度建设，进一步提高了企业管理的科学性与规范性，增强了公司执行力和运营效率，为"和谐西矿"建设和公司长远发展奠定了制度基础、提供了制度保障。

(4)财务管理水平提高，资本运作成绩突出

2010年公司积极拓宽融资渠道，科学使用金融工具，有效组合金融产品，发行短期融资债券35亿元，优化了公司债务结构，降低融资成本，为公司"十二五"发展提供了强有力的资金支持。公司积极争取银行授信和税款延期，取得银行综合授信人民币229.27亿元、美元4.2亿元；争取税款延期，节约利息支出1,041.60万元。

(5)科技创新再上台阶，节能减排稳步推进

公司深入贯彻落实国家节能减排工作部署，自觉履行社会责任，加强节能技改、群策群力实现挖潜增效，通过技改节约费用近500万元。实行全员成本管理，积极修旧利废，增加经济效益近500万元。2010年公司申请发明专利6项，实用新型专利7项，授权专利7项，获得省科技进步一等奖1项，中国有色金属工业科技进步一等奖1项、二等奖1项，并建立"企业院士专家工作站"。

6.2 主营业务分行业、产品情况表

单位:元 币种:人民币

分行业或分产品	营业收入	营业成本	营业利润率(%)	营业收入比上年增减(%)	营业成本比上年增减(%)	营业利润率比上年增减(%)
分行业						
有色金属采选冶	6,690,595,114	4,423,429,672	33.89	32.84	28.49	2.24
有色金属贸易	11,407,655,364	11,411,186,484	−0.03	−0.58	1.88	−2.42
其他	239,379,155	306,127,053	−27.88	−3.82	−3.29	−0.71
分产品						
铅类产品	1,668,521,021	843,321,695	49.46	75.18	214.02	−22.35
锌类产品	3,480,701,685	3,174,256,504	8.80	17.96	32.20	−9.82
铜类产品	10,133,761,264	9,148,122,906	9.73	13.82	7.36	5.43
铝类产品	1,831,746,186	1,702,332,504	7.07	−34.40	−36.19	2.61
铁类产品				−100.00	−100.00	
银锭	242,779,749	233,557,050	3.80	46.30	42.79	2.36
锰片	70,848,077	69,639,428	1.71	−61.44	−59.18	−5.45
其他	909,271,651	969,513,122	−6.63	29.55	46.77	−12.51

6.3 主营业务分地区情况表

单位:元 币种:人民币

地区	营业收入	营业收入比上年增减(%)
大陆地区	17,318,676,989	5.42
海外地区	1,018,952,644	320.83

6.4 募集资金使用情况

√适用　□不适用

单位:万元 币种:人民币

承诺项目名称	是否变更项目	募集资金拟投入金额	募集资金实际投入金额	是否符合计划进度	项目进度	未达到计划进度和收益说明
锡铁山深部衔接工程	否	18,449	9,802	否	竣工	已竣工
获各琦采矿技改扩建工程	否	37,696	30,730	是	正常	
5.5万吨/年铅冶炼项目	否	31,559	8,607	是	竣工	已竣工
10万吨/年电锌氧压浸出项目	否	49,682	4,042	否	滞后	根据市场价格变化，调整了工程进度
鑫源矿业股权收购及增资项目	否	36,300	21,100	是	正常	
锡铁山铅锌矿山深部(2702米以下)工程	否	23,638	8,574	是	正常	
合 计		197,324	82,855			

变更项目情况

□适用　√不适用

6.5 非募集资金项目情况

√适用　□不适用

单位:万元 币种:人民币

项目名称	项目金额	项目进度
获各琦多金属矿采选工程	49,860	基建阶段
玉龙铜矿采选冶工程	178,707	工艺完善阶段

10万吨/年粗铅冶炼项目	41,740.49	已竣工投产
5万吨/年电解铜项目	19,985.22	基建收尾阶段
合 计	290,292.71	

6.6 董事会对会计师事务所"非标准审计报告"的说明

□适用　√不适用

6.7 董事会本次利润分配或资本公积金转增股本预案

经安永华明会计师事务所审计，公司2010年度实现净利润人民币989,427,083元(归属于母公司股东的净利润)。根据《公司章程》的规定，提取法定盈余公积金57,149, 798元，截至报告期末，公司可供股东分配的利润为2,712,707,048元。根据公司生产经营对资金的需求和以前年度利润分配情况，提议2010年度公司利润分配预案为：以2010年度末公司总股本2,383,000,000股为基数，向全体股东每10股派发现金股利1.8元(含税)，共计分配428,940,000元(占2010年度可分配利润989,427,083元的43.35%)，剩余未分配利润结转以后年度分配。

公司本报告期内盈利但未提出现金利润分配预案

□适用　√不适用

第七节　重要事项

7.1 收购资产

√适用　□不适用

7.2 出售资产

√适用　□不适用

7.3 重大担保

√适用　□不适用

单位:元 币种:人民币

公司对外担保情况(不包括对控股子公司的担保)	
报告期内担保发生额合计	0
报告期末担保余额合计	0
公司对控股子公司的担保情况	
报告期内对子公司担保发生额合计	141,300,000
报告期末对子公司担保余额合计	671,900,200
公司担保总额情况(包括对控股子公司的担保)	
担保总额	671,900,200
担保总额占公司净资产的比例(%)	5.98
为股东、实际控制人及其关联方提供担保的金额(C)	0
直接或间接为资产负债率超过70%的被担保对象提供的债务担保金额(D)	0
担保总额超过净资产50%部分的金额(E)	0
上述三项担保金额合计(C+D+E)	0

7.4 重大关联交易

7.4.1 与日常经营相关的关联交易

√适用　□不适用

单位:元 币种:人民币

关联方	向关联方销售产品和提供劳务		向关联方采购产品和接受劳务	
	交易金额	占同类交易金额的比例(%)	交易金额	占同类交易金额的比例(%)
青海西海煤电有限责任公司			61,644,924	0.38
新疆塔城国际资源有限公司			32,724,948	0.20
青海珠峰锌业有限公司	249,609,884	1.35		
合 计	249,609,884	1.35	94,369,872	0.58

其中：报告期内公司向控股股东及其子公司销售产品或提供劳务的关联交易金额10,038,847元。

7.4.2 关联债权债务往来

□适用　√不适用

7.4.3 报告期内资金被占用情况及清欠进展情况

□适用　√不适用

截至报告期末，上市公司未完成非经营性资金占用的清欠工作的，董事会提出的责任追究方案

□适用　√不适用

7.5 委托理财

□适用　√不适用

7.6 承诺事项履行情况

7.6.1 公司或持股5%以上股东在报告期内或持续到报告期内的承诺事项

√适用　□不适用

承诺事项	承诺内容	履行情况
控股股东关于不竞争的承诺	根据本公司与控股股东西部矿业集团有限公司于2007年4月9日签署的《不竞争协议》，西矿集团同意其本身及其控股企业和参股企业不会以任何形式在中国境内从事与本公司或本公司控股企业的主营业务构成或可能构成直接或间接竞争关系的业务或活动，并授予本公司优先购买西矿集团有关竞争业务的权利。该承诺函自签署并经西矿集团股东会审议通过之日起生效，至西矿集团直接或间接持有本公司的股份少于本公司已发行股本20%当日失效。	上述承诺如约履行，未有违反。

7.6.2 公司资产或项目存在盈利预测，且报告期仍处在盈利预测期间，公司就资产或项目是否达到原盈利预测及其原因作出说明

□适用　√不适用

7.7 重大诉讼仲裁事项

√适用　□不适用

本年度公司无重大诉讼、仲裁事项。

7.8 其他重大事项及其影响和解决方案的分析说明

7.8.1 证券投资情况

√适用　□不适用

7.8.2 持有其他上市公司股权情况

√适用　□不适用

单位:元

证券简称	最初投资成本	占该公司股权比例(%)	期末账面价值	会计核算科目	股份来源
FRS(非国内上市公司)	116,483,115	9.99	94,508,381	可供出售金融资产	自有资金认购

7.8.3 持有非上市金融企业股权情况

□适用　√不适用

7.8.4 买卖其他上市公司股份的情况

□适用　√不适用

7.9 公司披露了内部控制的自我评价报告或履行社会责任报告，详见年报全文。

第八节　监事会报告

8.1 监事会对公司依法运作情况的独立意见

报告期内，公司日常运作决策程序合法，董事和高级管理人员执行股东大会决议得当，履行公司职责时能够做到恪尽职守，无违反法律、法规、《公司章程》和利用职权损害公司利益的行为。

8.2 监事会对检查公司财务情况的独立意见

经审核并对公司的2010年报审计工作进行了监督，监事会认为公司会计核算与财务管理遵守了《企业会计准则》和公司财务会计管理制度，安永华明会计师事务所为公司出具标准无保留意见的2010年度审计报告，真实、客观、准确地反映了公司的财务状况和经营成果。

8.3 监事会对公司最近一次募集资金实际投入情况的独立意见

报告期内，公司根据募集资金使用计划，合理运用募集资金，未发现违反法律、法规挪用募集资金及损害股东和公司利益的情形，未发生改变募集资金用途的情况。

8.4 监事会对公司收购、出售资产情况的独立意见

报告期内，公司未有收购及出售资产情况发生。

8.5 监事会对公司关联交易情况的独立意见

报告期内，公司的关联交易严格依照《公司章程》、《关联交易管理办法》和上海证券交易所《股票上市规则》履行了审批与信息披露程序，关联交易根据公司发展需要，确定额度并遵行市场定价原则，独立董事发表了独立意见，上市公司及非关联股东的利益未受侵害。

第九节　财务会计报告

9.1 审计意见

财务报告	□未经审计	√审计
审计意见	√标准无保留意见	□非标意见

9.2 财务报表

合并资产负债表

2010年12月31日

编制单位:西部矿业股份有限公司　　单位:元 币种:人民币

项目	期末余额	年初余额
流动资产：		
货币资金	5,570,269,905	3,616,857,290
交易性金融资产	2,412,875	30,084,061
应收票据	205,102,388	40,118,406
应收账款	1,615,995,754	1,652,787,093
预付款项	484,698,211	432,111,531
应收股利	100,000,000	100,000,000
其他应收款	597,787,731	362,235,147
存货	1,443,693,955	1,180,968,531
一年内到期的非流动资产	60,892,423	
流动资产合计	10,080,853,242	7,415,162,059
非流动资产：		
可供出售金融资产	94,508,381	65,950,443
长期应收款	12,430,567	80,577,997
长期股权投资	2,146,656,688	2,008,463,115
投资性房地产	13,575,956	14,121,576
固定资产	5,750,566,352	5,623,337,674
在建工程	1,677,826,088	1,371,614,664
无形资产	2,365,336,331	1,878,833,152
商誉	97,563,672	97,563,672
递延所得税资产	116,791,634	57,866,803

其他非流动资产	101,165,409	458,797,771
非流动资产合计	12,376,421,078	11,657,126,867
资产总计	22,457,274,320	19,072,288,926
流动负债：		
短期借款	1,954,992,266	1,965,854,438
应付债券	3,574,793,151	1,013,300,000
交易性金融负债	35,321,839	48,076,336
应付票据	274,884,310	74,996,100
应付账款	685,634,118	344,856,338
预收款项	146,836,035	203,864,718
应付职工薪酬	155,454,784	46,145,024
应交税费	374,899,054	316,852,502
其他应付款	425,477,913	449,418,796
一年内到期的非流动负债	1,232,102,030	719,755,100
流动负债合计	8,860,395,500	5,183,119,352
非流动负债：		
长期借款	1,042,200,000	2,144,000,000
长期应付款	55,730,272	
递延所得税负债	60,993,024	58,932,624
其他非流动负债	556,659,743	577,951,788
非流动负债合计	1,715,583,039	2,780,884,412
负债合计	10,575,978,539	7,964,003,764
所有者权益(或股东权益)：		
实收资本(或股本)	2,383,000,000	2,383,000,000
资本公积	5,544,847,532	5,524,739,818
专项储备	44,247,106	49,728,063
盈余公积	427,297,584	370,147,786
未分配利润	2,712,707,048	2,018,729,763
外币报表折算差额	21,694,164	15,720,362
归属于母公司所有者权益合计	11,133,793,434	10,362,065,792
少数股东权益	747,502,347	746,219,370
所有者权益合计	11,881,295,781	11,108,285,162
负债和所有者权益总计	22,457,274,320	19,072,288,926

法定代表人：汪海涛　　主管会计工作负责人：刘惠君　　会计机构负责人：刘伟雄

母公司资产负债表

2010 年 12 月 31 日

编制单位：西部矿业股份有限公司　　单位：元 币种：人民币

项目	期末余额	年初余额
流动资产：		
货币资金	4,320,187,075	2,882,934,879
交易性金融资产	2,412,875	
应收票据	185,577,832	31,000,000
应收账款	260,673,108	843,595,106
预付款项	367,997,704	395,947,197
应收股利	7,131,102	4,420,113
其他应收款	2,799,374,127	2,144,828,860
存货	521,457,213	303,964,203
一年内到期的非流动资产	60,892,423	
流动资产合计	8,525,703,459	6,606,690,358
非流动资产：		
长期应收款	9,079,395	67,226,825
长期股权投资	5,030,742,812	4,998,065,458
固定资产	2,243,290,517	2,309,607,459
在建工程	299,342,341	289,107,805
无形资产	349,421,906	344,561,602
递延所得税资产	38,037,126	12,305,650
其他非流动资产	436,466,183	436,500,663
非流动资产合计	8,406,380,280	8,457,375,462
资产总计	16,932,083,739	15,064,065,820
流动负债：		
短期借款	300,000,000	1,030,000,000
应付债券	3,574,793,151	1,013,300,000
交易性金融负债		44,241,636
应付账款	406,712,182	248,892,482
预收款项	81,483,547	65,725,137
应付职工薪酬	102,825,325	9,684,778
应交税费	246,944,617	226,896,488
其他应付款	599,497,955	648,209,381
一年内到期的非流动负债	1,100,000,000	441,000,000
流动负债合计	6,412,256,777	3,727,949,902
非流动负债：		
长期借款	532,000,000	1,672,000,000
预计负债	25,506,000	22,260,000
非流动负债合计	557,506,000	1,694,260,000
负债合计	6,969,762,777	5,422,209,902
所有者权益(或股东权益)：		
实收资本(或股本)	2,383,000,000	2,383,000,000
资本公积	5,571,368,455	5,579,818,679
专项储备	27,458,082	31,740,790
盈余公积	387,081,824	329,932,026
未分配利润	1,593,412,601	1,317,364,423
所有者权益(或股东权益)合计	9,962,320,962	9,641,855,918
负债和所有者权益(或股东权益)总计	16,932,083,739	15,064,065,820

法定代表人：汪海涛　　主管会计工作负责人：刘惠君　　会计机构负责人：刘伟雄

合并利润表

2010 年 1—12 月

单位：元 币种：人民币

项目	本期金额	上期金额
一、营业总收入	18,511,447,284	16,886,505,391
其中：营业收入	18,511,447,284	16,886,505,391
二、营业总成本	17,566,712,905	15,979,607,484
其中：营业成本	16,281,190,704	15,106,782,975
营业税金及附加	63,148,429	57,597,449
销售费用	136,462,473	138,582,927
管理费用	815,090,295	522,902,302
财务费用	243,119,097	191,316,789
资产减值损失	27,701,907	−37,574,958
加：公允价值变动收益(损失以"−"号填列)	−14,916,689	−31,948,186
投资收益(损失以"−"号填列)	323,571,860	−104,843,205
其中：对联营企业和合营企业的投资收益	142,594,766	73,412,028
汇兑收益(损失以"−"号填列)		
三、营业利润(亏损以"−"号填列)	1,253,389,550	770,106,516
加：营业外收入	30,576,799	70,575,577
减：营业外支出	90,757,222	27,825,675
其中：非流动资产处置损失	11,876,681	2,186,005
四、利润总额(亏损总额以"−"号填列)	1,193,209,127	812,856,418
减：所得税费用	177,746,368	188,478,558
五、净利润(净亏损以"−"号填列)	1,015,462,759	624,377,860
归属于母公司所有者的净利润	989,427,083	601,594,773
少数股东损益	26,035,676	22,783,087
六、每股收益：		
(一)基本每股收益	0.42	0.25
(二)稀释每股收益		
七、其他综合收益	12,089,546	−47,798,437
八、综合收益总额	1,027,552,305	576,579,423
归属于母公司所有者的综合收益总额	1,001,516,629	553,796,336
归属于少数股东的综合收益总额	26,035,676	22,783,087

本期发生同一控制下企业合并的，被合并方在合并前实现的净利润为：0 元。

法定代表人：汪海涛　　主管会计工作负责人：刘惠君　　会计机构负责人：刘伟雄

母公司利润表

2010 年 1—12 月

单位：元 币种：人民币

项目	本期金额	上期金额
一、营业收入	7,962,883,214	10,110,678,774
减：营业成本	6,995,065,979	9,038,880,142
营业税金及附加	43,720,209	46,200,576
销售费用	77,964,278	73,578,731
管理费用	366,646,620	190,433,864
财务费用	158,709,820	138,898,130
资产减值损失	−4,450,804	−16,123,070
加：公允价值变动收益(损失以"−"号填列)	46,654,511	−54,280,179
投资收益(损失以"−"号填列)	305,128,798	−104,884,058
其中：对联营企业和合营企业的投资收益	43,410,548	58,021,385
二、营业利润(亏损以"−"号填列)	677,010,421	479,646,164
加：营业外收入	1,568,909	310,944
减：营业外支出	15,918,810	10,494,827
其中：非流动资产处置损失	3,569,939	
三、利润总额(亏损总额以"−"号填列)	662,660,520	469,462,281
减：所得税费用	91,162,544	64,021,982
四、净利润(净亏损以"−"号填列)	571,497,976	405,440,299
五、每股收益：		
(一)基本每股收益		
(二)稀释每股收益		
六、其他综合收益	−22,442,194	−33,160,383
七、综合收益总额	549,055,782	372,279,916

法定代表人:汪海涛　　主管会计工作负责人:刘惠君　　会计机构负责人:刘伟雄

合并现金流量表

2010 年 1—12 月

单位:元 币种:人民币

项目	本期金额	上期金额
一、经营活动产生的现金流量:		
销售商品、提供劳务收到的现金	20,642,113,366	18,711,436,550
收到其他与经营活动有关的现金	14,911,668	20,769,498
经营活动现金流入小计	20,657,025,034	18,732,206,048
购买商品、接受劳务支付的现金	17,244,931,032	16,717,791,684
支付给职工以及为职工支付的现金	440,386,005	399,749,109
支付的各项税费	821,893,024	763,477,759
支付其他与经营活动有关的现金	378,249,972	433,949,767
经营活动现金流出小计	18,885,460,033	18,314,968,319
经营活动产生的现金流量净额	1,771,565,001	417,237,729
二、投资活动产生的现金流量:		
取得投资收益收到的现金	183,174,103	14,034,672
处置固定资产、无形资产和其他		
长期资产收回的现金净额	7,326,676	64,448
减少使用受限和定期存款所收到的现金	65,700,255	158,467,978
取得存款利息收入所收到的现金	85,049,480	51,057,450
收到其他与投资活动有关的现金	19,546,000	470,164,161
投资活动现金流入小计	360,796,514	693,788,709
购建固定资产、无形资产和其他		
长期资产支付的现金	1,342,459,654	1,729,460,086
投资支付的现金	20,000,000	796,212,274
取得子公司及其他营业单位支付的现金净额		75,027,654
收购子公司少数股权支付的现金		26,200,000
增加使用受限和定期存款所收到的现金	402,525,047	65,700,255
支付其他与投资活动有关的现金	186,036,875	
投资活动现金流出小计	1,951,021,576	2,692,600,269
投资活动产生的现金流量净额	−1,590,225,062	−1,998,811,560
三、筹资活动产生的现金流量:		
吸收投资收到的现金	4,898,200	
其中:子公司吸收少数股东投资收到的现金	4,898,200	
取得借款收到的现金	5,495,735,849	4,651,357,526
发行债券收到的现金	3,500,000,000	1,000,000,000
筹资活动现金流入小计	9,000,634,049	5,651,357,526
偿还债务支付的现金	7,024,288,094	4,917,191,031
分配股利、利润或偿付利息支付的现金	528,942,921	452,887,702
其中:子公司支付给少数股东的股利、利润	37,884,700	34,920,500
支付其他与筹资活动有关的现金	10,000,000	
筹资活动现金流出小计	7,563,231,015	5,370,078,733
筹资活动产生的现金流量净额	1,437,403,034	281,278,793
四、汇率变动对现金及现金等价物的影响	−2,155,150	−712,089
五、现金及现金等价物净增加额	1,616,587,823	−1,301,007,127
加:期初现金及现金等价物余额	3,551,157,035	4,852,164,162
六、期末现金及现金等价物余额	5,167,744,858	3,551,157,035

法定代表人:汪海涛　　主管会计工作负责人:刘惠君　　会计机构负责人:刘伟雄

母公司现金流量表

2010 年 1—12 月

单位:元 币种:人民币

项目	本期金额	上期金额
一、经营活动产生的现金流量:		
销售商品、提供劳务收到的现金	9,807,878,361	11,292,707,648
收到的税费返还		
收到其他与经营活动有关的现金	4,814,909	10,220,944
经营活动现金流入小计	9,812,693,270	11,302,928,592
购买商品、接受劳务支付的现金	8,059,293,315	10,145,223,046
支付给职工以及为职工支付的现金	216,830,599	194,824,390
支付的各项税费	380,488,429	485,287,040
支付其他与经营活动有关的现金	650,335,493	99,794,511
经营活动现金流出小计	9,306,947,836	10,925,128,987
经营活动产生的现金流量净额	505,745,434	377,799,605
二、投资活动产生的现金流量:		
收回投资收到的现金		
取得投资收益收到的现金	260,966,261	26,123,142
处置固定资产、无形资产和其他		
长期资产收回的现金净额		
处置子公司及其他营业单位收到的现金净额		
取得存款利息收入所收到的现金	71,130,414	81,590,224
收到其他与投资活动有关的现金	10,370,123	146,060,375
投资活动现金流入小计	342,466,798	253,773,741
购建固定资产、无形资产和其他		
长期资产支付的现金	160,124,127	293,325,147
投资支付的现金	133,684,175	1,202,975,271
取得子公司及其他营业单位支付的现金净额		
支付其他与投资活动有关的现金		
投资活动现金流出小计	293,808,302	1,496,300,418
投资活动产生的现金流量净额	48,658,496	−1,242,526,677
三、筹资活动产生的现金流量:		
吸收投资收到的现金		
取得借款收到的现金	400,000,000	1,584,300,000
发行债券收到的现金	3,500,000,000	1,000,000,000
收到其他与筹资活动有关的现金		
筹资活动现金流入小计	3,900,000,000	2,584,300,000
偿还债务支付的现金	2,611,000,000	2,236,378,000
分配股利、利润或偿付利息支付的现金	395,781,610	487,906,012
支付其他与筹资活动有关的现金		
筹资活动现金流出小计	3,006,781,610	2,724,284,012
筹资活动产生的现金流量净额	893,218,390	−139,984,012
四、汇率变动对现金及现金等价物的影响		
五、现金及现金等价物净增加额	1,447,622,320	−1,004,711,084
加:期初现金及现金等价物余额	2,872,564,755	3,877,275,839
六、期末现金及现金等价物余额	4,320,187,075	2,872,564,755

法定代表人:汪海涛　　主管会计工作负责人:刘惠君　　会计机构负责人:刘伟雄

合并所有者权益变动表

2010 年 1—12 月

单位:元 币种:人民币

本期金额

项目	归属于母公司所有者权益								少数股东权益	所有者权益合计
	实收资本(或股本)	资本公积	减:库存股	专项储备	盈余公积	一般风险准备	未分配利润	其他		
一、上年年末余额	2,383,000,000	5,524,739,818		49,728,063	370,147,786		2,018,729,763	15,720,362	746,219,370	11,108,285,162
二、本年年初余额	2,383,000,000	5,524,739,818		49,728,063	370,147,786		2,018,729,763	15,720,362	746,219,370	11,108,285,162
三、本期增减变动金额										
(减少以"−"号填列)		20,107,714		−5,480,957	57,149,798		693,977,285	5,973,802	1,282,977	773,010,619
(一)净利润							989,427,083		26,035,676	1,015,462,759
(二)其他综合收益		20,107,714		−13,991,970				5,973,802		12,089,546
上述(一)和(二)小计		20,107,714		−13,991,970			989,427,083	5,973,802	26,035,676	1,027,552,305
(三)所有者投入和减少资本									13,132,000	13,132,000
1.所有者投入资本									13,132,000	13,132,000
(四)利润分配					57,149,798		−295,449,798		−37,884,699	−276,184,699
1.提取盈余公积					57,149,798		−57,149,798			
2.提取一般风险准备										
3.对所有者(或股东)的分配							−238,300,000		−37,884,699	−276,184,699
4.其他										
(五)所有者权益内部结转										
(六)专项储备				8,511,013						8,511,013
1.本期提取				41,438,528						41,438,528
2.本期使用				32,927,515						32,927,515
(七)其他										
四、本期期末余额	2,383,000,000	5,544,847,532		44,247,106	427,297,584		2,712,707,048	21,694,164	747,502,347	11,881,295,781

上年同期金额

项目	归属于母公司所有者权益								少数股东权益	所有者权益合计
	实收资本(或股本)	资本公积	减:库存股	专项储备	盈余公积	一般风险准备	未分配利润	其他		
一、上年年末余额	2,383,000,000	5,577,229,062			367,321,912		1,688,405,790	15,162,883	723,981,274	10,755,100,921
加:会计政策变更				33,950,075	−37,718,156		7,573,230		−6,255,148	−2,449,999
二、本年年初余额	2,383,000,000	5,577,229,062		33,950,075	329,603,756		1,695,979,020	15,162,883	717,726,126	10,752,650,922
三、本期增减变动金额										
(减少以"−"号填列)		−52,489,244		15,777,988	40,544,030		322,750,743	557,479	28,493,244	355,634,240
(一)净利润							601,594,773		22,783,087	624,377,860
(二)其他综合收益		−48,355,916						557,479		−47,798,437
上述(一)和(二)小计		−48,355,916					601,594,773	557,479	22,783,087	576,579,423
(三)所有者投入和减少资本		−4,133,328							36,099,957	31,966,629
1.所有者投入资本									12,000,000	12,000,000
2.股份支付计入所有者权益的金额										0
3.其他		−4,133,328							24,099,957	19,966,629
(四)利润分配					40,544,030		−278,844,030		−30,389,800	−268,689,800
1.提取盈余公积					40,544,030		−40,544,030			0
2.提取一般风险准备										0
3.对所有者(或股东)的分配							−238,300,000		−30,389,800	−268,689,800
(五)所有者权益内部结转										0
(六)专项储备				15,777,988						15,777,988
1.本期提取				32,875,818						32,875,818
2.本期使用				17,097,830						17,097,830
(七)其他										0
四、本期期末余额	2,383,000,000	5,524,739,818		49,728,063	370,147,786		2,018,729,763	15,720,362	746,219,370	11,108,285,162

法定代表人:汪海涛　　主管会计工作负责人:刘惠君　　会计机构负责人:刘伟雄

母公司所有者权益变动表

2010 年 1—12 月

单位:元 币种:人民币

项目	实收资本(或股本)	资本公积	减:库存股	专项储备	盈余公积	一般风险准备	未分配利润	所有者权益合计
本期金额								
一、上年年末余额	2,383,000,000	5,579,818,679		31,740,790	329,932,026		1,317,364,423	9,641,855,918
二、本年年初余额	2,383,000,000	5,579,818,679		31,740,790	329,932,026		1,317,364,423	9,641,855,918
三、本期增减变动金额								
(减少以"-"号填列)		-8,450,224		-4,282,708	57,149,798		276,048,178	320,465,044
(一)净利润							571,497,976	571,497,976
(二)其他综合收益		-8,450,224		-13,991,970				-22,442,194
上述(一)和(二)小计		-8,450,224		-13,991,970			571,497,976	549,055,782
(三)所有者投入和减少资本								
1.所有者投入资本								
2.股份支付计入所有者权益的金额								
3.其他								
(四)利润分配					57,149,798		-295,449,798	-238,300,000
1.提取盈余公积					57,149,798		-57,149,798	
2.提取一般风险准备								
3.对所有者(或股东)的分配							-238,300,000	-238,300,000
4.其他								
(五)所有者权益内部结转								
1.资本公积转增资本(或股本)								
2.盈余公积转增资本(或股本)								
3.盈余公积弥补亏损								
4.其他								
(六)专项储备				9,709,262				9,709,262
1.本期提取				10,632,152				10,632,152
2.本期使用				922,890				922,890
(七)其他								
四、本期期末余额	2,383,000,000	5,571,368,455		27,458,082	387,081,824		1,593,412,601	9,962,320,962

项目	实收资本(或股本)	资本公积	减:库存股	专项储备	盈余公积	一般风险准备	未分配利润	所有者权益合计
上年同期金额								
一、上年年末余额	2,383,000,000	5,612,979,062			311,634,519		1,189,606,934	9,497,220,515
加:会计政策变更				21,085,303	-22,246,523		1,161,220	
二、本年年初余额	2,383,000,000	5,612,979,062		21,085,303	289,387,996		1,190,768,154	9,497,220,515
三、本期增减变动金额								
(减少以"-"号填列)		-33,160,383		10,655,487	40,544,030		126,596,269	144,635,403
(一)净利润							405,440,299	405,440,299
(二)其他综合收益		-33,160,383						-33,160,383
上述(一)和(二)小计		-33,160,383					405,440,299	372,279,916
(三)所有者投入和减少资本								
1.所有者投入资本								
2.股份支付计入所有者权益的金额								
3.其他								
(四)利润分配					40,544,030		-278,844,030	-238,300,000
1.提取盈余公积					40,544,030		-40,544,030	
2.提取一般风险准备								
3.对所有者(或股东)的分配							-238,300,000	-238,300,000
4.其他								
(五)所有者权益内部结转								
1.资本公积转增资本(或股本)								
2.盈余公积转增资本(或股本)								
3.盈余公积弥补亏损								
4.其他								
(六)专项储备				10,655,487				10,655,487
1.本期提取				10,655,487				10,655,487
2.本期使用								
(七)其他								
四、本期期末余额	2,383,000,000	5,579,818,679		31,740,790	329,932,026		1,317,364,423	9,641,855,918

法定代表人:汪海涛　　主管会计工作负责人:刘惠君　　会计机构负责人:刘伟雄

9.3 本报告期无会计政策、会计估计的变更。

9.4 本报告期无前期会计差错更正。

9.5 企业合并及合并财务报表

9.5.1 合并范围发生变更的说明

除本年新设立的子公司、本年度发生的非同一控制下企业合并及注销的子公司外，合并财务报表范围与上年度一致。

此外，本公司持有内蒙古双利矿业有限公司(双利矿业)50%的股权，其在董事会持有 60%的表决权，但因双利矿业章程规定董事会通过决议需要三分之二的表决权，因此本公司不能对双利矿业的生产经营活动和财务政策实施控制。因此本公司认定双利矿业为公司的合营公司，而非子公司。

9.5.2 本期新纳入合并范围的主体和本期不再纳入合并范围的主体

9.5.2.1 本期新纳入合并范围的子公司、特殊目的主体、通过受托经营或承租等方式形成控制权的经营实体

单位:元 币种:人民币

名称	期末净资产	本期净利润
曼顿公司	-46,851	-10,875

9.5.2.1 本期不再纳入合并范围的子公司、特殊目的主体、通过受托经营或承租等方式形成控制权的经营实体

单位:元 币种:人民币

名称	处置日净资产	期初至处置日净利润
湖南新株药	46,549,594	0

9.5.3 本期发生的非同一控制下企业合并

单位:元 币种:人民币

被合并方	商誉金额	商誉计算方法
曼顿公司	46,851	购买日公允价值与投资成本价差

9.5.4 境外经营实体主要报表项目的折算汇率

	平均汇率		年末汇率	
	2010 年	2009 年	2010 年	2009 年
美元	6.6479	6.8314	6.6227	6.8282
港元	0.8482	0.8813	0.8509	0.8805
澳元	6.5727	5.4124	6.7139	6.1294

董事长:汪海涛

西部矿业股份有限公司

2011 年 3 月 24 日

四川东材科技集团股份有限公司

四川东材科技集团股份有限公司 2011 年半年度报告摘要

第一节　重要提示

1.1 本公司董事会、监事会及董事、监事、高级管理人员保证本报告所载资料不存在任何虚假记载、误导性陈述或者重大遗漏，并对其内容的真实性、准确性和完整性承担个别及连带责任。

本半年度报告摘要摘自半年度报告全文，投资者欲了解详细内容，应当仔细阅读半年度报告全文。

1.2 如有董事未出席董事会，应当单独列示其姓名

未出席董事姓名	未出席董事职务	未出席董事的说明	被委托人姓名
于少波	董事长	因公出差	唐安斌

1.3 公司半年度财务报告未经审计。

1.4 是否存在被控股股东及其关联方非经营性占用资金情况？

否

1.5 是否存在违反规定决策程序对外提供担保的情况？

否

1.6 公司负责人于少波、主管会计工作负责人周乔及会计机构负责人（会计主管人员）袁飞声明：保证半年度报告中财务报告的真实、完整。

第二节　公司基本情况

2.1 基本情况简介

股票简称	东材科技	
股票代码	601208	
股票上市交易所	上海证券交易所	
	董事会秘书	证券事务代表
姓名	周　乔	陈　杰
联系地址	绵阳市东兴路 6 号	绵阳市东兴路 6 号
电话	0816－2289750	0816－2289750
传真	0816－2289750	0816－2289750
电子信箱	zhouqiao@emtco.cn	chenjie@emtco.cn

2.2 主要财务数据和指标

2.2.1 主要会计数据和财务指标

单位：元 币种：人民币

	本报告期末	上年度期末	本报告期末比上年度期末增减(%)
总资产	2,687,159,221.35	959,024,349.15	180.20
所有者权益(或股东权益)	2,078,661,783.34	508,127,305.55	309.08
归属于上市公司股东的每股净资产(元/股)	6.7515	2.2298	202.79
	报告期(1–6 月)	上年同期	本报告期比上年同期增减(%)
营业利润	148,316,958.76	65,598,516.91	126.10
利润总额	157,682,113.98	71,835,437.96	119.50
归属于上市公司股东的净利润	132,887,577.79	69,557,854.73	91.05
归属于上市公司股东的扣除非经常性损益的净利润	124,861,409.29	53,080,988.85	135.23
基本每股收益(元)	0.55	0.38	44.74
扣除非经常性损益后的基本每股收益(元)	0.52	0.29	79.31
稀释每股收益(元)	0.55	0.38	44.74
加权平均净资产收益率(%)	16.02	18.70	减少 2.68 个百分点
经营活动产生的现金流量净额	51,636,902.49	31,606,448.75	63.37
每股经营活动产生的现金流量净额(元)	0.1677	0.1387	20.91

2.2.2 非经常性损益项目

√适用　　□不适用

单位：元 币种：人民币

非经常性损益项目	金额
非流动资产处置损益	437,394.80
计入当期损益的政府补助(与企业业务密切相关，按照国家统一标准定额或定量享受的政府补助除外)	9,035,000.00
除上述各项之外的其他营业外收入和支出	−15,603.43
所得税影响额	−1,418,518.70
少数股东权益影响额(税后)	−12,104.17
合计	8,026,168.50

第三节　股本变动及股东情况

3.1 股份变动情况表

√适用　　□不适用

单位：股

	本次变动前		本次变动增减(+,−)					本次变动后	
	数量	比例(%)	发行新股	送股	公积金转股	其他	小计	数量	比例(%)
一、有限售条件股份	227,880,000	100.00	16,000,000				16,000,000	243,880,000	79.21
1、国家持股									
2、国有法人持股									
3、其他内资持股	227,880,000	100.00	16,000,000				16,000,000	243,880,000	79.21
其中：境内非国有法人持股	143,160,480	62.82	16,000,000				16,000,000	159,160,480	51.69
境内自然人持股	84,719,520	37.18						84,719,520	27.52
4、外资持股									
其中：境外法人持股									
境外自然人持股									
二、无限售条件流通股份			64,000,000				64,000,000	64,000,000	20.79
1、人民币普通股			64,000,000				64,000,000	64,000,000	20.79
2、境内上市的外资股									
3、境外上市的外资股									
4、其他									
三、股份总数	227,880,000	100.00	80,000,000				80,000,000	307,880,000	100.00

3.2 股东数量和持股情况

单位：股

报告期末股东总数					10,868 户
前十名股东持股情况					
股东名称	股东性质	持股比例(%)	持股总数	持有有限售条件股份数量	质押或冻结的股份数量
广州高金技术产业集团有限公司	境内非国有法人	37.75	116,218,800	116,218,800	无
广州诚信创业投资有限公司	境内非国有法人	8.75	26,941,680	26,941,680	无
于少波	境内自然人	5.18	15,951,600	15,951,600	无
熊海涛	境内自然人	3.55	10,938,240	10,938,240	无
熊玲瑶	境内自然人	3.40	10,482,480	10,482,480	无
唐安斌	境内自然人	3.12	9,602,100	9,602,100	无
尹　胜	境内自然人	2.46	7,570,800	7,570,800	无
刘照林	境内自然人	2.43	7,485,780	7,469,280	无
中国建设银行–华夏优势增长股票型证券投资基金	未知	2.27	6,996,416		未知
罗　洋	境内自然人	2.15	6,608,520	6,608,520	无

前十名无限售条件股东持股情况

股东名称	持有无限售条件股份的数量	股份种类及数量	
中国建设银行–华夏优势增长股票型证券投资基金	6,996,416	人民币普通股	6,996,416
中国银行–银华优质增长股票型证券投资基金	2,699,872	人民币普通股	2,699,872
交通银行股份有限公司–农银汇理行业成长股票型证券投资基金	2,499,929	人民币普通股	2,499,929
全国社保基金六零一组合	2,030,012	人民币普通股	2,030,012
中国建设银行股份有限公司–农银汇理中小盘股票型证券投资基金	1,568,460	人民币普通股	1,568,460
中国建设银行股份有限公司–农银汇理策略价值股票型证券投资基金	1,366,912	人民币普通股	1,366,912
中国农业银行–长信银利精选证券投资基金	1,300,000	人民币普通股	1,300,000
中国工商银行股份有限公司–华安动态灵活配置混合型证券投资基金	990,179	人民币普通股	990,179
交通银行–华夏蓝筹核心混合型证券投资基金(LOF)	832,400	人民币普通股	832,400
中融国际信托有限公司–融金 21 号资金信托合同	824,150	人民币普通股	824,150
上述股东关联关系或一致行动的说明	公司未知以上前 10 名无限售条件股东之间是否存在关联关系或一致行动人关系。		

3.1 控股股东及实际控制人变更情况

□适用　　√不适用

第四节　董事、监事和高级管理人员情况

4.1 董事、监事和高级管理人员持股变动

√适用　　□不适用

单位:股

姓　名	职务	年初持股数	本期增持股份数量	本期减持股份数量	期末持股数	变动原因
于少波	董事长	15,951,600			15,951,600	
熊玲瑶	董事	10,482,480			10,482,480	
唐安斌	董事	9,602,100			9,602,100	
尹　胜	董事	7,570,800			7,570,800	

第五节　董事会报告

5.1 主营业务分行业、产品情况表

单位:元 币种:人民币

分行业或分产品	营业收入	营业成本	营业利润率(%)	营业收入比上年同期增减(%)	营业成本比上年同期增减(%)	营业利润率比上年同期增减(%)
分行业						
绝缘材料行业	651,182,614.93	434,108,792.08	33.34	46.76	33.09	增加 6.85 个百分点
分产品						
电工聚丙烯薄膜	102,046,142.43	70,053,023.51	31.35	14.26	11.02	增加 2.00 个百分点
电工聚酯薄膜	338,822,656.01	201,705,163.82	40.47	71.39	36.31	增加 15.32 个百分点
电工柔软复合制品	70,863,203.90	50,386,369.57	28.90	52.22	51.13	增加 0.52 个百分点
电工层(模)压制品	41,230,496.82	31,807,517.59	22.85	48.53	48.32	增加 0.11 个百分点
电工塑料	7,195,627.49	6,263,575.26	12.95	78.06	76.12	增加 0.96 个百分点
电工绝缘油漆及树脂	49,235,975.16	40,868,869.29	16.99	32.53	30.58	增加 1.24 个百分点
PC 膜(无卤阻燃)	32,766,794.13	25,802,876.74	21.25	4.35	23.59	减少 12.26 个百分点
其他	9,021,718.99	7,221,396.30	19.96	−7.80	57.84	减少 33.29 个百分点

其中:报告期内上市公司向控股股东及其子公司销售产品和提供劳务的关联交易总金额 0 万元。

5.2 主营业务分地区情况

单位:元 币种:人民币

地区	营业收入	营业收入比上年增减(%)
东方片区	213,500,201.74	52.36
南方片区	174,569,531.52	16.18
西方片区	71,760,387.39	37.23
北方片区	61,896,801.64	87.44
境外	129,455,692.64	90.39
合计	651,182,614.93	46.76

5.3 主营业务及其结构发生重大变化的原因说明

√适用　　□不适用

(1)截至报告期末,公司资产、负债、所有者权益变化情况分析

项目	期末数	期初数	增减额	增减比例(%)
货币资金	1,603,248,321.11	95,550,940.73	1,507,697,380.38	1,577.90
应收账款	168,281,338.64	101,821,832.86	66,459,505.78	65.27
预付款项	172,145,111.14	53,268,681.96	118,876,429.18	223.16
其他应收款	9,451,706.51	3,681,686.55	5,770,019.96	156.72
在建工程	48,352,878.54	32,901,587.60	15,451,290.94	46.96
开发支出	8,059,519.66	4,050,189.68	4,009,329.98	98.99
应付账款	27,137,517.20	36,723,384.71	−9,585,867.51	−26.10
应交税费	17,164,988.30	5,910,995.72	11,253,992.58	190.39
应付股利	93,771,142.00	55,300.00	93,715,842.00	169,468.07
其他应付款	9,202,900.19	6,767,254.91	2,435,645.28	35.99
长期借款	60,000,000.00	78,000,000.00	−18,000,000.00	−23.08
一年内到期的非流动负债	78,000,000.00	0.00	78,000,000.00	
股本	307,880,000.00	227,880,000.00	80,000,000.00	35.11
资本公积	1,454,227,943.83	4,217,043.83	1,450,010,900.00	34,384.53

a、货币资金期末余额比期初余额增加 1,507,697,380.38,增幅 1577.90%,主要是因为公司首次公开发行股票募集资金增加。

b、应收帐款期末余额比期初余额增加 66,459,505.78,增幅 65.27%,主要是因为公司上半年销售规模扩大,部分货款未到结算期。

c、预付款项期末余额比期初余额增加 118,876,429.18,增幅 223.16%,主要是因为公司处在快速扩张期,包括募投项目在内的投资大幅增加,预付工程款大幅增加。

d、其他应收款期末余额比期初余额增加 5,770,019.96,增幅 156.72%,主要是因为上缴员工社保费用未取得结算凭证以及公司职工备用金增加。

e、在建工程期末余额比期初余额增加 15,451,290.94,增幅 46.96%,主要是因为公司包括募投项目在内的项目投资建设增加。

f、开发支出期末余额比期初余额增加 4,009,329.98,增幅 98.99%,主要是因为公司部分研发项目进入开发阶段,相应的研发费用进入开发支出。

g、应付帐款期末余额比期初余额减少 9,585,867.51,减幅 26.10%,主要是因为公司正常支付到期货款所致。

h、应交税费期末余额比期初余额增加 11,253,992.58,增幅 190.39%,主要是因为公司销售收入及利润增加导致应交增值税和应交所得税增加。

i、应付股利期末余额比期初余额增加 93,715,842.00,增幅 169468.07%,主要是因为公司于报告期末通过了 2010 年度利润分配方案,暂未实施。

j、其他应付款期末余额比期初余额增加 2,435,645.28,增幅 35.99%,主要是因为公司投资增加,收到各建设工程单位交来的履约保证金增加所致。

k、长期借款期末余额比期初余额减少 18,000,000.00,减幅 23.08%,主要是因为期初的长期借款将于 2012 年 6 月到期,报表重分类到一年内到期的非流动负债;同时公司为预先投入部分募集资金投资项目,增加工程专项借款,导致长期借款本年度内新增 6000 万。

l、一年内到期的非流动负债期末余额比期初余额增加 78,000,000.00,主要是因为期初的长期借款将于 2012 年 6 月到期,报表重分类所致。

m、股本期末余额比期初余额增加 80,000,000.00,增幅 35.11%,主要是因为公司向社会公众公开发行 8000 万股,股本增加。

n、资本公积期末余额比期初余额增加 1,450,010,900.00,增幅 34384.53%,主要是因为公司公开发行募集资金到位,资本公积大幅增加。

(2)报告期,公司利润表项目大幅变动原因分析

项目	本期数	上年同期数	增减额	增减比例(%)
营业收入	668,978,243.05	457,323,175.80	211,655,067.25	46.28
营业成本	449,209,872.53	338,003,983.94	111,205,888.59	32.90
营业税金及附加	4,351,038.78	2,411,861.56	1,939,177.22	80.40
资产减值损失	3,268,234.52	687,504.22	2,580,730.30	375.38
营业外收入	9,390,719.79	6,660,830.69	2,729,889.10	40.98
营业外支出	25,564.57	423,909.64	−398,345.07	−93.97
所得税费用	24,049,769.94	1,866,924.28	22,182,845.66	1188.20
净利润	133,632,344.04	69,968,513.68	63,663,830.36	90.99
归属于母公司股东的净利润	132,887,577.79	69,557,854.73	63,329,723.06	91.05

a、营业收入本年数比上期数增加 211,655,067.25,增幅 46.28%,主要是因为公司产品销量及销售价格提高所致。

b、营业成本本年数比上期数增加 111,205,888.59,增幅 32.9%,主要是因为公司产品销量及单位成本提高所致。

c、营业税金及附加本年数比上期数增加 1,939,177.22,增幅 80.40%,主要是因为公司本期应交增值税增加导致营业税金及附加随之增加,同时地方教育附加税率由 1%增加到 2%。

d、资产减值损失本年数比上期数增加 2,580,730.30,增幅 375.38%,主要是因为公司应收账款增加,按公司坏账准备计提政策,坏账准备计提数增加。

e、营业外收入本年数比上期数增加 2,729,889.10,增幅 40.98%,主要是因为公司部分研发项目获得的财政补助,在项目实施完毕并通过验收后转入营业外收入所致。

f、营业外支出本年数比上期数减少 398,345.07,减幅 93.97%,主要是因为本报告期公司处置资产损失减少。

g、所得税费用本年数比上期数增加 22,182,845.66,增幅 1188.20%,主要是因为公司利润大幅增加,同时公司下属控股子公司四川东方绝缘材料股份有限公司和绵阳东方绝缘材料综合加工公司于上年同期享受的 5.12 地震减免所得税税收优惠政策于 2010 年底到期,本报告期不再享受此政策。

h、净利润本年数比上期数增加 63,663,830.36,增幅 90.99%,主要是因为公司营业收入大幅增加,同时主营业务的毛利率提高,导致利润总额大幅增加。

(3)报告期,公司现金流量表项目大幅变动原因分析

项　目	本期数	上年同期数	增减额	增减比例(%)
经营活动产生的现金流量净额	51,636,902.49	31,606,448.75	20,030,453.74	63.37
投资活动产生的现金流量净额	−127,077,725.70	−36,081,791.19	−90,995,934.51	252.19
筹资活动产生的现金流量净额	1,596,398,425.74	47,633,946.44	1,548,764,479.30	3,251.39

a、经营活动产生的现金流量净额比上年同期增加 20,030,453.74,增幅 63.37%,主要是因为公司销售规模较去年同期扩大,销售回款也相应增加。

b、投资活动产生的现金流量净额比上年同期减少 90,995,934.51,减幅 252.19%,主要是因为公司包括募投项目在内的项目投资建设投入增加。

c、筹资活动产生的现金流量净额比上年同期增加 1,548,764,479.30,增幅 3251.39%,主要是因为公司公开发行 A 股取得募集资金。

5.4 主营业务盈利能力(毛利率)与上年相比发生重大变化的原因说明

□适用　　√不适用

5.5 利润构成与上年度相比发生重大变化的原因分析

□适用　　√不适用

5.6 募集资金使用情况

5.6.1 募集资金运用

√适用　　□不适用

单位:元 币种:人民币

承诺项目	是否变更项目	拟投入金额	实际投入金额	是否符合计划进度	预计收益	产生收益情况
年产4000吨无卤阻燃绝缘片材项目	否	49,900,000.00	8,906,566.94	是	19,080,000.00	0
年产3500吨电容器用聚丙烯薄膜项目	否	143,650,000.00	149,078.00	是	21,540,000.00	0
年产7000吨绝缘层(模)压复合材料扩能项目	否	70,650,000.00	5,906,442.30	是	26,490,000.00	0
年产3500吨柔软复合绝缘材料技改项目	否	46,960,000.00	1,805,042.40	是	23,760,000.00	0
年产15000吨特种聚酯薄膜技术改造项目	否	247,600,000.00	11,300.00	是	57,070,000.00	0
合计	/	558,760,000.00	16,778,429.64	/	147,940,000.00	/
尚未使用的募集资金用途及去向		募集资金专户存放				

5.6.2 变更项目情况

□适用　　　√不适用

5.7 非募集资金项目情况

单位:元 币种:人民币

项目名称	项目金额	项目进度	项目收益情况
小枧办公楼工程	20,667,402.10	49.21%	0
倒班宿舍	5,279,902.00	59.20%	0
聚酯切片项目工程	5,076,180.66	84.60%	0
缠绕设备项目	1,043,488.40	52.17%	0
污水处理工程	565,250.00	28.26%	0
合计	32,632,223.16	/	/

5.8 董事会下半年的经营计划修改计划

□适用　　　√不适用

5.9 预测年初至下一报告期期末的累计净利润可能为亏损或者与上年同期相比发生大幅度变动的警示及说明

□适用　　　√不适用

5.10 公司董事会对会计师事务所本报告期"非标准审计报告"的说明

□适用　　　√不适用

5.11 公司董事会对会计师事务所上年度"非标准审计报告"涉及事项的变化及处理情况的说明

□适用　　　√不适用

第六节　重要事项

□适用　　　√不适用

□适用 √不适用

6.2 出售资产

□适用　　　√不适用

6.3 担保事项

√适用　　　□不适用

单位:万元 币种:人民币

公司对外担保情况(不包括对控股子公司的担保)	
报告期内担保发生额合计	0
报告期末担保余额合计	0
公司对控股子公司的担保情况	
报告期内对子公司担保发生额合计	7,000
报告期末对子公司担保余额合计	12,000
公司担保总额情况(包括对控股子公司的担保)	
担保总额	12,000
担保总额占公司净资产的比例(%)	6.25
其中:	
为股东、实际控制人及其关联方提供担保的金额	0
直接或间接为资产负债率超过70%的被担保对象提供的债务担保金额	0
担保总额超过净资产50%部分的金额	0
上述三项担保金额合计	0

6.4 关联债权债务往来

□适用　　　√不适用

6.5 重大诉讼仲裁事项

□适用　　　√不适用

6.6 其他重大事项及其影响和解决方案的分析说明

6.6.1 证券投资情况

□适用　　　√不适用

6.6.2 持有其他上市公司股权情况

□适用　　　√不适用

6.6.3 持有非上市金融企业股权情况

□适用　　　√不适用

第七节　财务会计报告

7.1 审计意见

财务报告	√未经审计	□审计

7.2 财务报表

合并资产负债表

2011年6月30日

编制单位:四川东材科技集团股份有限公司　　　单位:元 币种:人民币

项目	附注	期末余额	年初余额
流动资产:			
货币资金		1,603,248,321.11	95,550,940.73
结算备付金			
拆出资金			
交易性金融资产			
应收票据		151,211,092.49	130,898,032.43
应收账款		168,281,338.64	101,821,832.86
预付款项		172,145,111.14	53,268,681.96
应收保费			
应收分保账款			
应收分保合同准备金			
应收利息			
应收股利			
其他应收款		9,451,706.51	3,681,686.55
买入返售金融资产			
存货		188,283,593.10	188,394,379.01
一年内到期的非流动资产			
其他流动资产		488,271.14	1,874,506.82
流动资产合计		2,293,109,434.13	575,490,060.36
非流动资产:			
发放委托贷款及垫款			
可供出售金融资产			
持有至到期投资			
长期应收款			
长期股权投资			
投资性房地产			
固定资产		268,128,889.75	275,707,766.47
在建工程		48,352,878.54	32,901,587.60
工程物资			
固定资产清理			
生产性生物资产			
油气资产			
无形资产		63,060,582.04	64,588,700.20
开发支出		8,059,519.66	4,050,189.68
商誉			
长期待摊费用			
递延所得税资产		5,892,825.87	6,286,044.84
其他非流动资产		555,091.36	
非流动资产合计		394,049,787.22	383,534,288.79
资产总计		2,687,159,221.35	959,024,349.15
流动负债:			
短期借款		259,500,000.00	255,168,618.12
向中央银行借款			
吸收存款及同业存放			
拆入资金			
交易性金融负债			
应付票据			
应付账款		27,137,517.20	36,723,384.71
预收款项		26,085,642.42	23,775,466.87
卖出回购金融资产款			
应付手续费及佣金			
应付职工薪酬		5,698,993.13	6,356,134.75
应交税费		17,164,988.30	5,910,995.72
应付利息			
应付股利		93,771,142.00	55,300.00
其他应付款		9,202,900.19	6,767,254.91
应付分保账款			
保险合同准备金			
代理买卖证券款			
代理承销证券款			
一年内到期的非流动负债		78,000,000.00	
其他流动负债			
流动负债合计		516,561,183.24	334,757,155.08
非流动负债:			
长期借款		60,000,000.00	78,000,000.00
应付债券			
长期应付款			

专项应付款		
预计负债		
递延所得税负债		
其他非流动负债	25,590,000.00	31,180,000.00
非流动负债合计	85,590,000.00	109,180,000.00
负债合计	602,151,183.24	443,937,155.08
所有者权益(或股东权益):		
实收资本(或股本)	307,880,000.00	227,880,000.00
资本公积	1,454,227,943.83	4,217,043.83
减:库存股		
专项储备		
盈余公积	12,675,004.92	12,675,004.92
一般风险准备		
未分配利润	303,878,834.59	263,355,256.80
外币报表折算差额		
归属于母公司所有者权益合计	2,078,661,783.34	508,127,305.55
少数股东权益	6,346,254.77	6,959,888.52
所有者权益合计	2,085,008,038.11	515,087,194.07
负债和所有者权益总计	2,687,159,221.35	959,024,349.15

法定代表人:于少波　　主管会计工作负责人:周乔　　会计机构负责人:袁飞

母公司资产负债表

2011 年 6 月 30 日

编制单位:四川东材科技集团股份有限公司　　单位:元 币种:人民币

项目	附注	期末余额	年初余额
流动资产:			
货币资金		1,127,374,962.94	51,070,249.93
交易性金融资产			
应收票据		39,331,846.25	64,230,611.22
应收账款		67,511,429.82	33,130,041.84
预付款项		80,376,494.93	15,550,487.28
应收利息			
应收股利		198,641,600.00	
其他应收款		231,403,656.31	1,860,758.19
存货		55,198,199.32	58,178,367.69
一年内到期的非流动资产			
其他流动资产		24,653.10	1,777,686.80
流动资产合计		1,799,862,842.67	225,798,202.95
非流动资产:			
可供出售金融资产			
持有至到期投资			
长期应收款			
长期股权投资		313,083,254.06	313,083,254.06
投资性房地产			
固定资产		34,112,066.86	29,959,408.87
在建工程		32,273,428.90	23,033,199.81
工程物资			
固定资产清理			
生产性生物资产			
油气资产			
无形资产		22,845,302.60	23,274,877.28
开发支出		4,939,208.96	4,050,189.68
商誉			
长期待摊费用			
递延所得税资产		3,788,378.13	4,340,330.95
其他非流动资产		251,485.84	
非流动资产合计		411,293,125.35	397,741,260.65
资产总计		2,211,155,968.02	623,539,463.6
流动负债:			
短期借款		49,000,000.00	70,000,000.00
交易性金融负债			
应付票据			20,000,000.00
应付账款		12,036,183.84	13,790,598.15
预收款项		3,669,178.19	4,511,295.36
应付职工薪酬		2,222,579.15	4,777,914.69
应交税费		3,353,813.87	−946,911.77
应付利息			
应付股利		92,364,000.00	
其他应付款		76,033,665.40	217,674,150.00
一年内到期的非流动负债			
其他流动负债			
流动负债合计		238,679,420.45	329,807,046.43
非流动负债:			
长期借款		30,000,000.00	
应付债券			
长期应付款			
专项应付款			
预计负债			
递延所得税负债			
其他非流动负债		21,580,000.00	27,170,000.00
非流动负债合计		51,580,000.00	27,170,000.00
负债合计		290,259,420.45	356,977,046.43
所有者权益(或股东权益):			
实收资本(或股本)		307,880,000.00	227,880,000.00
资本公积		1,454,783,268.04	4,772,368.04
减:库存股			
专项储备			
盈余公积		12,675,004.92	12,675,004.92
一般风险准备			
未分配利润		145,558,274.61	21,235,044.21
所有者权益(或股东权益)合计		1,920,896,547.57	266,562,417.17
负债和所有者权益(或股东权益)总计		2,211,155,968.02	623,539,463.60

法定代表人:于少波　　主管会计工作负责人:周乔　　会计机构负责人:袁飞

合并利润表

2011 年 1—6 月

单位:元 币种:人民币

项目	附注	本期金额	上期金额
一、营业总收入		668,978,243.05	457,323,175.8
其中:营业收入		668,978,243.05	457,323,175.8
利息收入			
已赚保费			
手续费及佣金收入			
二、营业总成本		520,661,284.29	392,959,077.90
其中:营业成本		449,209,872.53	338,003,983.94
利息支出			
手续费及佣金支出			
退保金			
赔付支出净额			
提取保险合同准备金净额			
保单红利支出			
分保费用			
营业税金及附加		4,351,038.78	2,411,861.56
销售费用		20,714,318.68	18,422,259.17
管理费用		35,568,503.90	23,593,767.37
财务费用		7,549,315.88	9,839,701.64
资产减值损失		3,268,234.52	687,504.22
加:公允价值变动收益(损失以"−"号填列)			
投资收益(损失以"−"号填列)			1,234,419.01
其中:对联营企业和合营企业的投资收益			
汇兑收益(损失以"−"号填列)			
三、营业利润(亏损以"−"号填列)		148,316,958.76	65,598,516.91
加:营业外收入		9,390,719.79	6,660,830.69
减:营业外支出		25,564.57	423,909.64
其中:非流动资产处置损失			
四、利润总额(亏损总额以"−"号填列)		157,682,113.98	71,835,437.96
减:所得税费用		24,049,769.94	1,866,924.28
五、净利润(净亏损以"−"号填列)		133,632,344.04	69,968,513.68
归属于母公司所有者的净利润		132,887,577.79	69,557,854.73
少数股东损益		744,766.25	410,658.95
六、每股收益:			
(一)基本每股收益		0.55	0.38
(二)稀释每股收益		0.55	0.38
七、其他综合收益			
八、综合收益总额		133,632,344.04	69,968,513.68
归属于母公司所有者的综合收益总额		132,887,577.79	69,557,854.73
归属于少数股东的综合收益总额		744,766.25	410,658.95

法定代表人:于少波　　主管会计工作负责人:周乔　　会计机构负责人:袁飞

母公司利润表

2011 年 1—6 月

单位:元 币种:人民币

项目	附注	本期金额	上期金额
一、营业收入		228,869,467.24	158,737,924.49
减:营业成本		188,423,494.54	133,065,979.48
营业税金及附加		361,438.44	213,420.74
销售费用		4,980,365.63	3,915,481.06
管理费用		19,106,847.88	10,595,642.23

财务费用	−181,418.64	998,045.96
资产减值损失	1,910,314.54	1,318,540.29
加:公允价值变动收益(损失以"−"号填列)		
投资收益(损失以"−"号填列)	198,641,600.00	
其中:对联营企业和合营企业的投资收益		
二、营业利润(亏损以"−"号填列)	212,910,024.85	8,630,814.73
加:营业外收入	7,016,594.82	1,266,700.00
减:营业外支出	25,137.07	122,622.38
其中:非流动资产处置损失		
三、利润总额(亏损总额以"−"号填列)	219,901,482.60	9,774,892.35
减:所得税费用	3,214,252.20	1,756,769.99
四、净利润(净亏损以"−"号填列)	216,687,230.40	8,018,122.36
五、每股收益:		
(一)基本每股收益		
(二)稀释每股收益		
六、其他综合收益		
七、综合收益总额	216,687,230.40	8,018,122.36

法定代表人:于少波　　主管会计工作负责人:周乔　　会计机构负责人:袁飞

合并现金流量表

2011 年 1—6 月

单位:元 币种:人民币

项目	附注	本期金额	上期金额
一、经营活动产生的现金流量:			
销售商品、提供劳务收到的现金		712,715,729.09	491,810,822.86
客户存款和同业存放款项净增加额			
向中央银行借款净增加额			
向其他金融机构拆入资金净增加额			
收到原保险合同保费取得的现金			
收到再保险业务现金净额			
保户储金及投资款净增加额			
处置交易性金融资产净增加额			
收取利息、手续费及佣金的现金			
拆入资金净增加额			
回购业务资金净增加额			
收到的税费返还		277,083.65	1,590,470.11
收到其他与经营活动有关的现金		4,244,747.31	19,340,100.35
经营活动现金流入小计		717,237,560.05	512,741,393.32
购买商品、接受劳务支付的现金		558,358,012.56	393,706,168.41
客户贷款及垫款净增加额			
存放中央银行和同业款项净增加额			
支付原保险合同赔付款项的现金			
支付利息、手续费及佣金的现金			
支付保单红利的现金			
支付给职工以及为职工支付的现金		37,059,409.04	29,835,044.33
支付的各项税费		39,522,719.24	32,035,442.57
支付其他与经营活动有关的现金		30,660,516.72	25,558,289.26
经营活动现金流出小计		665,600,657.56	481,134,944.57
经营活动产生的现金流量净额		51,636,902.49	31,606,448.75
二、投资活动产生的现金流量:			
收回投资收到的现金			
取得投资收益收到的现金			
处置固定资产、无形资产和其他			
长期资产收回的现金净额		78,000.00	25,000.00
处置子公司及其他营业单位收到的现金净额			1,504,641.30
收到其他与投资活动有关的现金			
投资活动现金流入小计		78,000.00	1,529,641.30
购建固定资产、无形资产和其他长期资产支付的现金		127,155,725.70	36,325,412.49
投资支付的现金			
质押贷款净增加额			
取得子公司及其他营业单位支付的现金净额			
支付其他与投资活动有关的现金			1,286,020.00
投资活动现金流出小计		127,155,725.70	37,611,432.49
投资活动产生的现金流量净额		−127,077,725.70	−36,081,791.19
三、筹资活动产生的现金流量:			
吸收投资收到的现金		1,538,500,000.00	
其中:子公司吸收少数股东投资收到的现金			
取得借款收到的现金		276,646,417.02	179,368,618.12
发行债券收到的现金			
收到其他与筹资活动有关的现金		26,000,000.00	114,000,000.00
筹资活动现金流入小计		1,841,146,417.02	293,368,618.12
偿还债务支付的现金		182,315,035.14	103,400,000.00
分配股利、利润或偿付利息支付的现金		10,927,783.48	20,941,333.56
其中:子公司支付给少数股东的股利、利润		6,558.00	
支付其他与筹资活动有关的现金		51,505,172.66	121,393,338.12
筹资活动现金流出小计		244,747,991.28	245,734,671.68
筹资活动产生的现金流量净额		1,596,398,425.74	47,633,946.44
四、汇率变动对现金及现金等价物的影响		−260,222.15	−1,785.28
五、现金及现金等价物净增加额		1,520,697,380.38	43,156,818.72
加:期初现金及现金等价物余额		63,550,940.73	56,403,528.88
六、期末现金及现金等价物余额		1,584,248,321.11	99,560,347.60

法定代表人:于少波　　主管会计工作负责人:周乔　　会计机构负责人:袁飞

母公司现金流量表

2011 年 1—6 月

单位:元 币种:人民币

项目	附注	本期金额	上期金额
一、经营活动产生的现金流量:			
销售商品、提供劳务收到的现金		255,578,532.82	135,879,930.02
收到的税费返还			
收到其他与经营活动有关的现金		2,005,756.01	107,977,426.39
经营活动现金流入小计		257,584,288.83	243,857,356.41
购买商品、接受劳务支付的现金		231,977,895.66	122,777,353.76
支付给职工以及为职工支付的现金		20,333,284.96	19,581,358.21
支付的各项税费		5,727,556.15	3,711,254.76
支付其他与经营活动有关的现金		380,663,232.92	47,721,552.68
经营活动现金流出小计		638,701,969.69	193,791,519.41
经营活动产生的现金流量净额		−381,117,680.86	50,065,837.00
二、投资活动产生的现金流量:			
收回投资收到的现金			
取得投资收益收到的现金			
处置固定资产、无形资产和其他			
长期资产收回的现金净额			
处置子公司及其他营业单位收到的现金净额			
收到其他与投资活动有关的现金			
投资活动现金流入小计			
购建固定资产、无形资产和其他长期资产支付的现金		79,326,514.93	34,598,614.80
投资支付的现金			
取得子公司及其他营业单位支付的现金净额			
支付其他与投资活动有关的现金			1,286,020.00
投资活动现金流出小计		79,326,514.93	35,884,634.80
投资活动产生的现金流量净额		−79,326,514.93	−35,884,634.80
三、筹资活动产生的现金流量:			
吸收投资收到的现金		1,538,500,000.00	
取得借款收到的现金		72,146,417.02	43,000,000.00
发行债券收到的现金			
收到其他与筹资活动有关的现金		6,000,000.00	46,000,000.00
筹资活动现金流入小计		1,616,646,417.02	89,000,000.00
偿还债务支付的现金		43,146,417.02	23,000,000.00
分配股利、利润或偿付利息支付的现金		2,248,523.50	13,586,011.00
支付其他与筹资活动有关的现金		28,502,567.70	46,393,338.12
筹资活动现金流出小计		73,897,508.22	82,979,349.12
筹资活动产生的现金流量净额		1,542,748,908.80	6,020,650.88
四、汇率变动对现金及现金等价物的影响			
五、现金及现金等价物净增加额		1,082,304,713.01	20,201,853.08
加:期初现金及现金等价物余额		29,070,249.93	19,476,453.62
六、期末现金及现金等价物余额		1,111,374,962.94	39,678,306.70

法定代表人:于少波　　主管会计工作负责人:周乔　　会计机构负责人:袁飞

合并所有者权益变动表

2011 年 1—6 月

单位:元 币种:人民币

项目	本期金额									
	归属于母公司所有者权益									
	实收资本(或股本)	资本公积	减:库存股	专项储备	盈余公积	一般风险准备	未分配利润	其他	少数股东权益	所有者权益合计
一、上年年末余额	227,880,000.00	4,217,043.83			12,675,004.92		263,355,256.80		6,959,888.52	515,087,194.07
加:会计政策变更										
前期差错更正										
其他										
二、本年年初余额	227,880,000.00	4,217,043.83			12,675,004.92		263,355,256.80		6,959,888.52	515,087,194.07
三、本期增减变动金额										
(减少以"−"号填列)	80,000,000.00	1,450,010,900.00					40,523,577.79		−613,633.75	1,569,920,844.04
(一)净利润							132,887,577.79		744,766.25	133,632,344.04
(二)其他综合收益										
上述(一)和(二)小计							132,887,577.79		744,766.25	133,632,344.04
(三)所有者投入和										
减少资本	80,000,000.00	1,450,010,900.00								1,530,010,900.00
1.所有者投入资本	80,000,000.00	1,450,010,900.00								1,530,010,900.00
2.股份支付计入所有者权益的金额										

项目	实收资本(或股本)	资本公积	减:库存股	专项储备	盈余公积	一般风险准备	未分配利润	其他	少数股东权益	所有者权益合计
3.其他										
(四)利润分配							-92,364,000.00		-1,358,400.00	-93,722,400.00
1.提取盈余公积										
2.提取一般风险准备										
3.对所有者(或股东)的分配							-92,364,000.00		-1,358,400.00	-93,722,400.00
4.其他										
(五)所有者权益内部结转										
1.资本公积转增资本(或股本)										
2.盈余公积转增资本(或股本)										
3.盈余公积弥补亏损										
4.其他										
(六)专项储备										
1.本期提取										
2.本期使用										
(七)其他										
四、本期期末余额	307,880,000.00	1,454,227,943.83			12,675,004.92		303,878,834.59		6,346,254.77	2,085,008,038.11

上年同期金额

项目	归属于母公司所有者权益								少数股东权益	所有者权益合计
	实收资本(或股本)	资本公积	减:库存股	专项储备	盈余公积	一般风险准备	未分配利润	其他		
一、上年年末余额	168,800,000.00	4,217,043.83			10,392,423.42		159,407,905.87		1,866,764.19	344,684,137.31
加:会计政策变更										
前期差错更正										
其他										
二、本年年初余额	168,800,000.00	4,217,043.83			10,392,423.42		159,407,905.87		1,866,764.19	344,684,137.31
三、本期增减变动金额										
(减少以"-"号填列)	59,080,000.00				98,551.28		-6,500,696.55		410,658.95	53,088,513.68
(一)净利润							69,557,854.73		410,658.95	69,968,513.68
(二)其他综合收益										
上述(一)和(二)小计							69,557,854.73		410,658.95	69,968,513.68
(三)所有者投入和减少资本										
1.所有者投入资本										
2.股份支付计入所有者权益的金额										
3.其他										
(四)利润分配					98,551.28		-16,978,551.28			-16,880,000.00
1.提取盈余公积					98,551.28		-98,551.28			
2.提取一般风险准备										
3.对所有者(或股东)的分配							-16,880,000.00			-16,880,000.00
4.其他										
(五)所有者权益										
内部结转	59,080,000.00						-59,080,000.00			
1.资本公积转增资本(或股本)										
2.盈余公积转增资本(或股本)										
3.盈余公积弥补亏损										
4.其他	59,080,000.00						-59,080,000.00			
(六)专项储备										
1.本期提取										
2.本期使用										
(七)其他										
四、本期期末余额	227,880,000.00	4,217,043.83			10,490,974.70		152,907,209.32		2,277,423.14	397,772,650.99

法定代表人:于少波　　主管会计工作负责人:周乔　　会计机构负责人:袁飞

母公司所有者权益变动表

2011 年 1—6 月

单位:元 币种:人民币

本期金额

项目	实收资本(或股本)	资本公积	减:库存股	专项储备	盈余公积	一般风险准备	未分配利润	所有者权益合计
一、上年年末余额	227,880,000.00	4,772,368.04			12,675,004.92		21,235,044.21	266,562,417.17
加:会计政策变更								
前期差错更正								
其他								
二、本年年初余额	227,880,000.00	4,772,368.04			12,675,004.92		21,235,044.21	266,562,417.17
三、本期增减变动金额								
(减少以"-"号填列)	80,000,000.00	1,450,010,900.00					124,323,230.40	1,654,334,130.40
(一)净利润							216,687,230.40	216,687,230.40
(二)其他综合收益								
上述(一)和(二)小计							216,687,230.40	216,687,230.40
(三)所有者投入和								
减少资本	80,000,000.00	1,450,010,900.00						1,530,010,900
1.所有者投入资本	80,000,000.00	1,450,010,900.00						1,530,010,900
2.股份支付计入所有者权益的金额								
3.其他								
(四)利润分配							-92,364,000.00	-92,364,000.00
1.提取盈余公积								
2.提取一般风险准备								
3.对所有者(或股东)的分配							-92,364,000.00	-92,364,000.00
4.其他								
(五)所有者权益内部结转								
1.资本公积转增资本(或股本)								
2.盈余公积转增资本(或股本)								
3.盈余公积弥补亏损								
4.其他								
(六)专项储备								
1.本期提取								
2.本期使用								
(七)其他								
四、本期期末余额	307,880,000.00	1,454,783,268.04			12,675,004.92		145,558,274.61	1,920,896,547.57

上年同期金额

项目	实收资本(或股本)	资本公积	减:库存股	专项储备	盈余公积	一般风险准备	未分配利润	所有者权益合计
一、上年年末余额	168,800,000.00	4,772,368.04			10,392,423.42		77,637,323.54	261,602,115.00
加:会计政策变更								
前期差错更正								
其他								
二、本年年初余额	168,800,000.00	4,772,368.04			10,392,423.42		77,637,323.54	261,602,115.00
三、本期增减变动金额								
(减少以"-"号填列)	59,080,000.00				98,551.28		-68,040,428.92	-8,861,877.64
(一)净利润							8,018,122.36	8,018,122.36
(二)其他综合收益								
上述(一)和(二)小计							8,018,122.36	8,018,122.36
(三)所有者投入和减少资本								
1.所有者投入资本								
2.股份支付计入所有者权益的金额								
3.其他								
(四)利润分配					98,551.28		-16,978,551.28	-16,880,000.00
1.提取盈余公积					98,551.28		-98,551.28	
2.提取一般风险准备								
3.对所有者(或股东)的分配							-16,880,000.00	-16,880,000.00
4.其他								
(五)所有者权益内部结转	59,080,000.00						-59,080,000.00	
1.资本公积转增资本(或股本)								
2.盈余公积转增资本(或股本)								
3.盈余公积弥补亏损								
4.其他	59,080,000.00						-59,080,000.00	
(六)专项储备								
1.本期提取								
2.本期使用								
(七)其他								
四、本期期末余额	227,880,000.00	4,772,368.04			10,490,974.70		9,596,894.62	252,740,237.36

法定代表人:于少波　　主管会计工作负责人:周乔　　会计机构负责人:袁飞

7.3 本报告期无会计政策、会计估计的变更。

7.4 本报告期无前期会计差错更正。

内蒙古君正能源化工股份有限公司

内蒙古君正能源化工股份有限公司 2011 年半年度报告摘要

第一节　重要提示

1.1 本公司董事会、监事会及董事、监事、高级管理人员保证本报告所载资料不存在任何虚假记载、误导性陈述或者重大遗漏，并对其内容的真实性、准确性和完整性承担个别及连带责任。

本半年度报告摘要摘自半年度报告全文，投资者欲了解详细内容，应当仔细阅读半年度报告全文。

1.2 公司全体董事出席董事会会议。

1.3 立信大华会计师事务所有限公司为本公司出具了标准无保留意见的审计报告。

1.4 是否存在被控股股东及其关联方非经营性占用资金情况？否

1.5 是否存在违反规定决策程序对外提供担保的情况？否

1.6 公司负责人杜江涛、主管会计工作负责人卢信群及会计机构负责人(会计主管人员)杨丽华声明：保证半年度报告中财务报告的真实、完整。

第二节　公司基本情况

2.1 基本情况简介

股票简称	内蒙君正
股票代码	601216
股票上市交易所	上海证券交易所
	董事会秘书
姓　名	崔力军
联系地址	内蒙古乌海市乌达工业园区
电　话	0473-6989106
传　真	0473-6989105
电子信箱	junzheng@junzhenggroup.com

2.2 主要财务数据和指标

2.2.1 主要会计数据和财务指标

单位:元　币种:人民币

	本报告期末	上年度期末	本报告期末比上年度期末增减(%)
总资产	6,781,011,231.53	4,581,874,573.18	48.00
所有者权益(或股东权益)	4,764,137,831.36	1,515,966,996.46	214.26
归属于上市公司股东的每股净资产(元/股)	7.4440	2.9153	155.34
	报告期(1-6 月)	上年同期	本报告期比上年同期增减(%)
营业利润	364,798,931.39	192,418,043.83	89.59
利润总额	392,229,445.85	198,685,015.65	97.41
归属于上市公司股东的净利润	337,177,613.61	163,241,940.82	106.55
归属于上市公司股东的扣除非经常性损益的净利润	310,334,153.10	157,058,715.28	97.59
基本每股收益(元)	0.562	0.3139	79.04
扣除非经常性损益后的基本每股收益(元)	0.5172	0.302	71.26
稀释每股收益(元)	0.562	0.3139	79.04
加权平均净资产收益率(%)	9.29	14.69	减少 5.4 个百分点
经营活动产生的现金流量净额	63,151,500.48	104,456,013.04	-39.54
每股经营活动产生的现金流量净额(元)	0.0987	0.2009	-50.87

注：基本每股收益采用加权平均法计算，上年期末公司总股本为 52,000 万股，今年 2 月公司首次发行新股 12,000 万股，报告期末公司总股本为 64,000 万股。

2.2.2 非经常性损益项目

√适用　　□不适用

单位：元　币种：人民币

非经常性损益项目	金额
非流动资产处置损益	325,549.07
计入当期损益的政府补助(与企业业务密切相关，按照国家统一标准定额或定量享受的政府补助除外)	26,093,158.02
除同公司正常经营业务相关的有效套期保值业务外，持有交易性金融资产、交易性金融负债产生的公允价值变动损益，以及处置交易性金融资产、交易性金融负债和可供出售金融资产取得的投资收益	-31,405.94
除上述各项之外的其他营业外收入和支出	1,011,807.37
所得税影响额	-555,648.01
合计	26,843,460.51

第三节　股本变动及股东情况

3.1 股份变动情况表

√适用　　□不适用

单位：万股

	本次变动前		本次变动增减(+,-)					本次变动后	
	数量	比例(%)	发行新股	送股	公积金转股	其他	小计	数量	比例(%)
一、有限售条件股份	52,000	100						52,000	81.25
1、国家持股									
2、国有法人持股									
3、其他内资持股									
其中：境内非国有法人持股	17,682	34						17,682	27.63
境内自然人持股	34,318	66						34,318	53.62
4、外资持股									
其中：境外法人持股									
境外自然人持股									
二、无限售条件流通股份			12,000				12,000	12,000	18.75
1、人民币普通股			12,000				12,000	12,000	18.75
2、境内上市的外资股									
3、境外上市的外资股									
4、其他									
三、股份总数	52,000	100	12,000				12,000	64,000	100

3.2 股东数量和持股情况

单位：股

报告期末股东总数　31,399 户

前十名股东持股情况

股东名称	股东性质	持股比例(%)	持股总数	持有有限售条件股份数量	质押或冻结的股份数量
杜江涛	境内自然人	36.56	234,000,000	234,000,000	无
乌海市君正科技产业有限责任公司	境内非国有法人	24.50	156,820,000	156,820,000	质押 90,000,000
田秀英	境内自然人	12.19	78,000,000	78,000,000	无
内蒙古凯德伦泰投资有限公司	境内非国有法人	3.13	20,000,000	20,000,000	无
卢信群	境内自然人	0.98	6,280,000	6,280,000	无
中国人保资产管理股份有限公司-安心收益投资产品	未知	0.78	5,000,000	0	无
梅迎军	境内自然人	0.70	4,500,000	4,500,000	无
黄　辉	境内自然人	0.58	3,680,000	3,680,000	无
翟晓枫	境内自然人	0.54	3,480,000	3,480,000	无
苏　钢	境内自然人	0.52	3,300,000	3,300,000	无

前十名无限售条件股东持股情况

股东名称	持有无限售条件股份的数量	股份种类及数量
中国人保资产管理股份有限公司-安心收益投资产品	5,000,000	
东莞证券有限责任公司	2,799,604	
中国工商银行-国投瑞银核心企业股票型证券投资基金	2,357,542	
通联资本管理有限公司	2,160,000	
光大永明人寿保险有限公司	2,126,102	
中核财务有限责任公司	1,972,602	
重庆国际信托有限公司	1,868,600	
交通银行-易方达科讯股票型证券投资基金	1,600,000	
交通银行-金鹰中小盘精选证券投资基金	1,361,454	
中国建设银行-工银瑞信增强收益债券型证券投资基金	1,315,068	
中国建设银行-工银瑞信信用添利债券型证券投资基金	1,315,068	
上述股东关联关系或一致行动的说明	1、前 10 名股东中，乌海市君正科技产业有限责任公司股东为杜江波、郝虹、杜江涛，其中杜江波系公司第一大股东杜江涛之兄，郝虹系杜江涛之妻； 2、公司未知其他股东之间是否存在关联关系或属于《上市公司股东持股变动信息披露管理办法》规定的一致行动人。	

3.3 控股股东及实际控制人变更情况

□适用　　√不适用

第四节　董事、监事和高级管理人员情况

4.1 董事、监事和高级管理人员持股变动

□适用　　√不适用

第五节　董事会报告

5.1 主营业务分行业、产品情况表

单位:元　币种:人民币

分行业或分产品	营业收入	营业成本	营业利润率(%)	营业收入比上年同期增减(%)	营业成本比上年同期增减(%)	营业利润率比上年同期增减(%)
分行业						
煤炭采选业	399,936,441.28	277,204,646.17	30.69	1,022.83	630.64	增加 37.21 个百分点
电力生产业	442,162,017.67	283,341,829.16	35.92	6.82	22.54	减少 8.22 个百分点
基本化学原料制造业	1,248,740,174.76	954,983,343.41	23.52	45.01	35.34	增加 5.47 个百分点
水泥制造业	59,779,823.84	54,452,297.71	8.91	165.50	241.22	减少 20.21 个百分点
铁合金冶炼业	342,362,872.23	285,787,905.32	16.52	13.77	3.12	增加 8.62 个百分点
其他	26,926,259.02	21,739,525.13	19.26	−63.69	−61.72	减少 4.16 个百分点
公司内各业务分部相互抵销	−689,144,711.63	−661,553,023.53				
合计	1,830,762,877.17	1,215,956,523.37	33.58	45.10	37.96	增加 3.29 个百分点
分产品						
电	442,162,017.67	283,341,829.16	35.92	6.82	22.54	减少 8.22 个百分点
硅铁	342,362,872.23	285,787,905.32	16.52	13.77	3.12	增加 8.62 个百分点
聚氯乙烯	1,048,466,669.22	820,664,957.83	21.73	38.64	43.69	减少 2.75 个百分点
片碱	108,600,317.55	78,312,898.23	27.89	198.79	94.90	增加 38.44 个百分点
液碱	91,673,187.99	56,005,487.35	38.91	33.76	−40.63	增加 76.55 个百分点
煤	399,936,441.28	277,204,646.17	30.69	1,022.83	630.64	增加 37.21 个百分点
水泥熟料	59,779,823.84	54,452,297.71	8.91	165.50	241.22	减少 20.21 个百分点
其他	26,926,259.02	21,739,525.13	19.26	−63.69	−61.72	减少 4.16 个百分点
公司内各业务分部相互抵销	−689,144,711.63	−661,553,023.53				
合计	1,830,762,877.17	1,215,956,523.37	33.58	45.10	37.96	增加 3.29 个百分点

5.2 主营业务及其结构发生重大变化的原因说明

□适用 √不适用

5.3 主营业务盈利能力(毛利率)与上年相比发生重大变化的原因说明

□适用 √不适用

5.4 利润构成与上年度相比发生重大变化的原因分析

□适用 √不适用

5.5 募集资金使用情况

5.5.1 募集资金运用

√适用 □不适用

单位:万元 币种:人民币

承诺项目	是否变更项目	拟投入金额	实际投入金额	是否符合计划进度	预计收益	产生收益情况
年产 40 万吨 PVC/烧碱项目 PVC 项目一期工程	否	197,988.05	159,887.85	是	38,540	17844
超募集资金-年产 60 万吨 PVC/烧碱及电石配套项目一期工程	否	65,000.00	23,284.94	是		
合计	/	262,988.05	183,172.79	/		/
尚未使用的募集资金用途及去向	40 万吨 PVC 项目、鄂尔多斯君正 60 万吨 PVC 项目一期工程					

5.5.2 变更项目情况

□适用 √不适用

5.6 非募集资金项目情况

单位:万元 币种:人民币

项目名称	项目金额	项目进度	项目收益情况
白音乌素煤矿技改工程	100,000.00	30.00%	
电石工程项目(乌达)	23,980.00	20.00%	
铁路专用线工程	8,792.85	60.00%	
2# 气烧窑项目工程	7,000.00	100.00%	
3# 气烧窑项目工程	5,560.00	10.00%	
合计	145,332.85	/	/

5.7 董事会下半年的经营计划修改计划

□适用 √不适用

5.8 预测年初至下一报告期期末的累计净利润可能为亏损或者与上年同期相比发生大幅度变动的警示及说明

□适用 √不适用

5.9 公司董事会对会计师事务所本报告期"非标准审计报告"的说明

□适用 √不适用

5.10 公司董事会对会计师事务所上年度"非标准审计报告"涉及事项的变化及处理情况的说明

□适用 √不适用

第六节 重要事项

6.1 收购资产

□适用 √不适用

6.2 出售资产

□适用 √不适用

6.3 担保事项

√适用 □不适用

单位:万元 币种:人民币

公司对控股子公司的担保情况	
报告期末对子公司担保余额合计	171,018
公司担保总额情况(包括对控股子公司的担保)	
担保总额	171,018

6.4 关联债权债务往来

□适用 √不适用

6.5 重大诉讼仲裁事项

□适用 √不适用

6.6 其他重大事项及其影响和解决方案的分析说明

6.6.1 证券投资情况

□适用 √不适用

6.6.2 持有其他上市公司股权情况

□适用 √不适用

6.6.3 持有非上市金融企业股权情况

√适用 □不适用

所持对象名称	最初投资成本(元)	持有数量(股)	占该公司股权比例(%)	期末账面价值(元)	报告期损益(元)	报告期所有者权益变动(元)	会计核算科目	股份来源
天弘基金管理有限公司	31,200,000	26,000,000	26	26,154,654.81	3,296,221.94	3,934,988.09	长期股权投资	股权转让
国都证券有限责任公司	87,500,000	25,000,000	0.95	87,500,000.00	145,852,481.17	60,570,573.40	长期股权投资	出资认购

第七节 财务会计报告

7.1 审计意见

财务报告	□未经审计	√审计
审计意见	√标准无保留意见	□非标意见

7.2 财务报表

合并资产负债表

2011 年 6 月 30 日

编制单位:内蒙古君正能源化工股份有限公司 单位:元 币种:人民币

项目	附注	期末余额	年初余额
流动资产:			
货币资金		1,796,073,779.92	175,367,419.39
结算备付金			
拆出资金			
交易性金融资产		364,633.66	
应收票据		373,306,651.22	192,738,276.05
应收账款		43,820,234.24	31,410,413.94
预付款项		369,992,616.75	232,295,765.67
应收保费			
应收分保账款			
应收分保合同准备金			
应收利息			
应收股利			
其他应收款		15,424,879.68	14,962,002.42
买入返售金融资产			
存货		367,445,367.18	277,066,929.12
一年内到期的非流动资产			
其他流动资产		49,661,514.15	6,428,876.59
流动资产合计		3,016,089,676.80	930,269,683.18
非流动资产:			
发放委托贷款及垫款			
可供出售金融资产			
持有至到期投资			
长期应收款			
长期股权投资		184,624,585.41	177,280,993.44
投资性房地产			
固定资产		2,988,372,617.61	2,826,772,864.39
在建工程		269,713,385.35	382,723,778.55
工程物资		24,768,019.91	13,613,473.38
固定资产清理			

生产性生物资产			
油气资产			
无形资产		270,929,342.84	228,166,791.30
开发支出			
商誉		11,863,395.07	11,863,395.07
长期待摊费用		14,638,926.70	11,059,126.32
递延所得税资产		11,281.84	124,467.55
其他非流动资产			
非流动资产合计		3,764,921,554.73	3,651,604,890.00
资产总计		6,781,011,231.53	4,581,874,573.18
流动负债：			
短期借款		30,000,000.00	170,610,000.00
向中央银行借款			
吸收存款及同业存放			
拆入资金			
交易性金融负债			
应付票据		77,291,792.64	46,038,500.00
应付账款		311,613,912.25	345,548,424.67
预收款项		107,356,084.35	103,953,449.54
卖出回购金融资产款			
应付手续费及佣金			
应付职工薪酬		33,810,928.36	36,500,881.48
应交税费		−30,590,519.32	−140,275,794.94
应付利息		5,468,507.23	7,335,338.62
应付股利			
其他应付款		43,275,333.39	38,830,916.95
应付分保账款			
保险合同准备金			
代理买卖证券款			
代理承销证券款			
一年内到期的非流动负债			
其他流动负债		18,894,466.95	3,695,125.64
流动负债合计		597,120,505.85	612,236,841.96
非流动负债：			
长期借款		1,371,900,000.00	2,405,870,000.00
应付债券			
长期应付款			
专项应付款			
预计负债		2,509,811.47	2,425,092.07
递延所得税负债			
其他非流动负债		10,189,999.95	9,299,999.97
非流动负债合计		1,384,599,811.42	2,417,595,092.04
负债合计		1,981,720,317.27	3,029,831,934.00
所有者权益（或股东权益）：			
实收资本（或股本）		640,000,000.00	520,000,000.00
资本公积		3,091,630,953.56	295,551,575.29
减：库存股			
专项储备		1,550,283.06	6,636,440.04
盈余公积		62,426,315.30	62,426,315.30
一般风险准备			
未分配利润		968,530,279.44	631,352,665.83
外币报表折算差额			
归属于母公司所有者权益合计		4,764,137,831.36	1,515,966,996.46
少数股东权益		35,153,082.90	36,075,642.72
所有者权益合计		4,799,290,914.26	1,552,042,639.18
负债和所有者权益总计		6,781,011,231.53	4,581,874,573.18

法定代表人：杜江涛　　主管会计工作负责人：卢信群　　会计机构负责人：杨丽华

母公司资产负债表

2011 年 6 月 30 日

编制单位：内蒙古君正能源化工股份有限公司　　单位：元　币种：人民币

项目	附注	期末余额	年初余额
流动资产：			
货币资金		589,384,199.37	8,220,414.19
交易性金融资产		364,633.66	
应收票据			
应收账款		4,888,473.23	571,212.67
预付款项		66,601,817.36	14,013,925.81
应收利息			
应收股利			
其他应收款		811,840,898.69	554,704,749.06
存货		72,548,621.58	70,765,588.37
一年内到期的非流动资产			
其他流动资产		6,999,876.64	6,305,224.53
流动资产合计		1,552,628,520.53	654,581,114.63
非流动资产：			
可供出售金融资产			
持有至到期投资			
长期应收款			
长期股权投资		2,446,739,145.41	1,115,439,961.83
投资性房地产			
固定资产		910,224,207.15	938,843,724.60
在建工程			
工程物资			
固定资产清理			
生产性生物资产			
油气资产			
无形资产		37,620,138.00	38,101,145.10
开发支出			
商誉			
长期待摊费用			
递延所得税资产		10,615.05	112,726.48
其他非流动资产			
非流动资产合计		3,394,594,105.61	2,092,497,558.01
资产总计		4,947,222,626.14	2,747,078,672.64
流动负债：			
短期借款			89,400,000.00
交易性金融负债			
应付票据			
应付账款		24,074,784.69	25,552,108.36
预收款项			
应付职工薪酬		3,400,870.72	4,061,814.46
应交税费		−42,913,509.47	−64,804,871.45
应付利息		3,875,483.29	4,322,466.30
应付股利			
其他应付款		222,189.78	492,885,455.93
一年内到期的非流动负债			
其他流动负债		850,000.00	850,000.00
流动负债合计		−10,490,180.99	552,266,973.60
非流动负债：			
长期借款		500,000,000.00	755,000,000.00
应付债券			
长期应付款			
专项应付款			
预计负债			
递延所得税负债			
其他非流动负债			
非流动负债合计		500,000,000.00	755,000,000.00
负债合计		489,509,819.01	1,307,266,973.60
所有者权益（或股东权益）：			
实收资本（或股本）		640,000,000.00	520,000,000.00
资本公积		3,091,612,515.90	295,548,546.02
减：库存股			
专项储备			
盈余公积		62,426,315.30	62,426,315.30
一般风险准备			
未分配利润		663,673,975.93	561,836,837.72
所有者权益（或股东权益）合计		4,457,712,807.13	1,439,811,699.04
负债和所有者权益（或股东权益）总计		4,947,222,626.14	2,747,078,672.64

法定代表人：杜江涛　　主管会计工作负责人：卢信群　　会计机构负责人：杨丽华

合并利润表

2011 年 1—6 月

单位：元　币种：人民币

项目	附注	本期金额	上期金额
一、营业总收入		1,836,359,142.49	1,268,626,202.77
其中：营业收入		1,836,359,142.49	1,268,626,202.77
利息收入			
已赚保费			
手续费及佣金收入			
二、营业总成本		1,478,751,793.46	1,078,714,384.32
其中：营业成本		1,217,380,699.73	881,420,134.78
利息支出			
手续费及佣金支出			
退保金			
赔付支出净额			
提取保险合同准备金净额			
保单红利支出			
分保费用			
营业税金及附加		30,215,649.00	5,568,820.20
销售费用		76,223,827.34	59,402,839.00
管理费用		99,183,049.42	71,286,651.90
财务费用		52,839,993.18	60,980,955.05
资产减值损失		2,908,574.79	54,983.39
加：公允价值变动收益（损失以“−”号填列）		−31,405.94	
投资收益（损失以“−”号填列）		7,222,988.30	2,506,225.38
其中：对联营企业和合营企业的投资收益			
汇兑收益（损失以“−”号填列）			

三、营业利润(亏损以"-"号填列)	364,798,931.39	192,418,043.83
加:营业外收入	27,792,256.87	6,834,943.36
减:营业外支出	361,742.41	567,971.54
其中:非流动资产处置损失		
四、利润总额(亏损总额以"-"号填列)	392,229,445.85	198,685,015.65
减:所得税费用	55,974,392.06	35,455,792.55
五、净利润(净亏损以"-"号填列)	336,255,053.79	163,229,223.10
归属于母公司所有者的净利润	337,177,613.61	163,241,940.82
少数股东损益	-922,559.82	-12,717.72
六、每股收益:		
(一)基本每股收益	0.562	0.3139
(二)稀释每股收益	0.562	0.3139
七、其他综合收益	116,643.27	
八、综合收益总额	336,371,697.06	163,229,223.10
归属于母公司所有者的综合收益总额	337,294,256.88	163,241,940.82
归属于少数股东的综合收益总额	-922,559.82	-12,717.72

本期发生同一控制下企业合并的,被合并方在合并前实现的净利润为:-1,083.83 元。

法定代表人:杜江涛　　主管会计工作负责人:卢信群　　会计机构负责人:杨丽华

母公司利润表

2011 年 1—6 月

单位:元 币种:人民币

项目	附注	本期金额	上期金额
一、营业收入		459,492,138.33	429,500,359.95
减:营业成本		296,410,083.30	241,793,362.84
营业税金及附加		4,390,989.29	4,048,269.09
销售费用			
管理费用		24,434,229.62	15,676,619.92
财务费用		10,122,824.12	29,000,148.42
资产减值损失		23,320.40	
加:公允价值变动收益(损失以"-"号填列)		-31,405.94	
投资收益(损失以"-"号填列)		7,222,988.30	2,506,225.38
其中:对联营企业和合营企业的投资收益			
二、营业利润(亏损以"-"号填列)		131,302,273.96	141,488,185.06
加:营业外收入		2,240,753.29	334,985.12
减:营业外支出		32,031.50	
其中:非流动资产处置损失			
三、利润总额(亏损总额以"-"号填列)		133,510,995.75	141,823,170.18
减:所得税费用		31,673,857.54	35,455,792.54
四、净利润(净亏损以"-"号填列)		101,837,138.21	106,367,377.64
五、每股收益:			
(一)基本每股收益			
(二)稀释每股收益			
六、其他综合收益		101,234.88	
七、综合收益总额		101,938,373.09	106,367,377.64

法定代表人:杜江涛　　主管会计工作负责人:卢信群　　会计机构负责人:杨丽华

合并现金流量表

2011 年 1—6 月

单位:元 币种:人民币

项目	附注	本期金额	上期金额
一、经营活动产生的现金流量:			
销售商品、提供劳务收到的现金		783,120,152.96	696,147,426.53
客户存款和同业存放款项净增加额			
向中央银行借款净增加额			
向其他金融机构拆入资金净增加额			
收到原保险合同保费取得的现金			
收到再保险业务现金净额			
保户储金及投资款净增加额			
处置交易性金融资产净增加额			
收取利息、手续费及佣金的现金			
拆入资金净增加额			
回购业务资金净增加额			
收到的税费返还			
收到其他与经营活动有关的现金		36,586,077.56	8,611,434.31
经营活动现金流入小计		819,706,230.52	704,758,860.84
购买商品、接受劳务支付的现金		309,550,896.97	332,520,633.41
客户贷款及垫款净增加额			
存放中央银行和同业款项净增加额			
支付原保险合同赔付款项的现金			
支付利息、手续费及佣金的现金			
支付保单红利的现金			
支付给职工以及为职工支付的现金		106,426,918.27	82,795,956.36
支付的各项税费		193,124,114.22	119,686,809.23
支付其他与经营活动有关的现金		147,452,800.58	65,299,448.80
经营活动现金流出小计		756,554,730.04	600,302,847.80
经营活动产生的现金流量净额		63,151,500.48	104,456,013.04
二、投资活动产生的现金流量:			
收回投资收到的现金			310,178.63
取得投资收益收到的现金			2,500,000.00
处置固定资产、无形资产和其他长期资产收回的现金净额		10,000.00	275,659.81
处置子公司及其他营业单位收到的现金净额			
收到其他与投资活动有关的现金		8,204,453.19	4,683,285.60
投资活动现金流入小计		8,214,453.19	7,769,124.04
购建固定资产、无形资产和其他长期资产支付的现金		181,051,651.69	120,644,782.33
投资支付的现金		400,000.00	32,300,000.00
质押贷款净增加额			
取得子公司及其他营业单位支付的现金净额			
支付其他与投资活动有关的现金		3,992,853.71	2,942,550.00
投资活动现金流出小计		185,444,505.40	155,887,332.33
投资活动产生的现金流量净额		-177,230,052.21	-148,118,208.29
三、筹资活动产生的现金流量:			
吸收投资收到的现金		2,926,248,000.00	890,000.00
其中:子公司吸收少数股东投资收到的现金			
取得借款收到的现金		30,000,000.00	799,400,000.00
发行债券收到的现金			
收到其他与筹资活动有关的现金			0.00
筹资活动现金流入小计		2,956,248,000.00	800,290,000.00
偿还债务支付的现金		1,204,580,000.00	340,780,000.00
分配股利、利润或偿付利息支付的现金		63,550,610.38	77,267,767.34
其中:子公司支付给少数股东的股利、利润			
支付其他与筹资活动有关的现金		10,096,270.00	
筹资活动现金流出小计		1,278,226,880.38	418,047,767.34
筹资活动产生的现金流量净额		1,678,021,119.62	382,242,232.66
四、汇率变动对现金及现金等价物的影响			
五、现金及现金等价物净增加额		1,563,942,567.89	338,580,037.41
加:期初现金及现金等价物余额		175,367,419.39	53,998,206.40
六、期末现金及现金等价物余额		1,739,309,987.28	392,578,243.81

法定代表人:杜江涛　　主管会计工作负责人:卢信群　　会计机构负责人:杨丽华

母公司现金流量表

2011 年 1—6 月

单位:元 币种:人民币

项目	附注	本期金额	上期金额
一、经营活动产生的现金流量:			
销售商品、提供劳务收到的现金		532,272,178.78	502,500,796.56
收到的税费返还			0.00
收到其他与经营活动有关的现金		819,644,894.24	528,543,072.99
经营活动现金流入小计		1,351,917,073.02	1,031,043,869.55
购买商品、接受劳务支付的现金		120,444,500.54	97,690,504.47
支付给职工以及为职工支付的现金		20,896,898.05	14,886,809.71
支付的各项税费		58,291,430.60	85,731,142.89
支付其他与经营活动有关的现金		1,788,549,337.42	679,053,223.60
经营活动现金流出小计		1,988,182,166.61	877,361,680.67
经营活动产生的现金流量净额		-636,265,093.59	153,682,188.88
二、投资活动产生的现金流量:			
收回投资收到的现金			310,178.63
取得投资收益收到的现金			2,500,000.00
处置固定资产、无形资产和其他长期资产收回的现金净额			150,000.00
处置子公司及其他营业单位收到的现金净额			0.00
收到其他与投资活动有关的现金			0.00
投资活动现金流入小计			2,960,178.63
购建固定资产、无形资产和其他长期资产支付的现金		4,867,314.79	1,900,493.31
投资支付的现金		1,324,371,000.00	500,000.00
取得子公司及其他营业单位支付的现金净额			0.00
支付其他与投资活动有关的现金			0.00
投资活动现金流出小计		1,329,238,314.79	2,400,493.31
投资活动产生的现金流量净额		-1,329,238,314.79	559,685.32
三、筹资活动产生的现金流量:			
吸收投资收到的现金		2,926,248,000.00	0.00
取得借款收到的现金			89,400,000.00
发行债券收到的现金			0.00
收到其他与筹资活动有关的现金			0.00
筹资活动现金流入小计		2,926,248,000.00	89,400,000.00
偿还债务支付的现金		344,400,000.00	186,780,000.00
分配股利、利润或偿付利息支付的现金		25,084,536.44	28,351,874.35
支付其他与筹资活动有关的现金		10,096,270.00	0.00
筹资活动现金流出小计		379,580,806.44	215,131,874.35
筹资活动产生的现金流量净额		2,546,667,193.56	-125,731,874.35
四、汇率变动对现金及现金等价物的影响			0.00
五、现金及现金等价物净增加额		581,163,785.18	28,509,999.85
加:期初现金及现金等价物余额		8,220,414.19	27,244,935.84
六、期末现金及现金等价物余额		589,384,199.37	55,754,935.69

法定代表人:杜江涛　　主管会计工作负责人:卢信群　　会计机构负责人:杨丽华

合并所有者权益变动表

2011 年 1—6 月

单位:元 币种:人民币

本期金额

归属于母公司所有者权益

项目	实收资本(或股本)	资本公积	减:库存股	专项储备	盈余公积	一般风险准备	未分配利润	其他	少数股东权益	所有者权益合计
一、上年年末余额	520,000,000.00	295,551,575.29		6,636,440.04	62,426,315.30		631,352,665.83		36,075,642.72	1,552,042,639.18
加:会计政策变更										
前期差错更正										
其他										
二、本年年初余额	520,000,000.00	295,551,575.29		6,636,440.04	62,426,315.30		631,352,665.83		36,075,642.72	1,552,042,639.18
三、本期增减变动金额(减少以“-”号填列)	120,000,000.00	2,796,079,378.27		-5,086,156.98			337,177,613.61		-922,559.82	3,247,248,275.08
(一)净利润							337,177,613.61		-922,559.82	336,255,053.79
(二)其他综合收益		116,643.27								116,643.27
上述(一)和(二)小计		116,643.27					337,177,613.61		-922,559.82	336,371,697.06
(三)所有者投入和减少资本	120,000,000.00	2,795,962,735.00								2,915,962,735.00
1.所有者投入资本	120,000,000.00	2,795,962,735.00								2,915,962,735.00
2.股份支付计入所有者权益的金额										
3.其他										
(四)利润分配										
1.提取盈余公积										
2.提取一般风险准备										
3.对所有者(或股东)的分配										
4.其他										
(五)所有者权益内部结转										
1.资本公积转增资本(或股本)										
2.盈余公积转增资本(或股本)										
3.盈余公积弥补亏损										
4.其他										
(六)专项储备				-5,086,156.98						-5,086,156.98
1.本期提取				10,288,485.97						10,288,485.97
2.本期使用				15,374,642.95						15,374,642.95
(七)其他										
四、本期期末余额	640,000,000.00	3,091,630,953.56		1,550,283.06	62,426,315.30		968,530,279.44		35,153,082.90	4,799,290,914.26

上年同期金额

归属于母公司所有者权益

项目	实收资本(或股本)	资本公积	减:库存股	专项储备	盈余公积	一般风险准备	未分配利润	其他	少数股东权益	所有者权益合计
一、上年年末余额	520,000,000.00	295,685,296.52		6,025,541.03	33,018,019.40		174,677,725.88		35,284,762.97	1,064,691,345.80
加:会计政策变更										
前期差错更正										
其他										
二、本年年初余额	520,000,000.00	295,685,296.52		6,025,541.03	33,018,019.40		174,677,725.88		35,284,762.97	1,064,691,345.80
三、本期增减变动金额(减少以“-”号填列)				7,033,735.88			163,241,940.83		-12,717.72	170,262,958.99
(一)净利润							163,241,940.83		-12,717.72	163,229,223.11
(二)其他综合收益										
上述(一)和(二)小计							163,241,940.83		-12,717.72	163,229,223.11
(三)所有者投入和减少资本										
1.所有者投入资本										
2.股份支付计入所有者权益的金额										
3.其他										
(四)利润分配										
1.提取盈余公积										
2.提取一般风险准备										
3.对所有者(或股东)的分配										
4.其他										
(五)所有者权益内部结转										
1.资本公积转增资本(或股本)										
2.盈余公积转增资本(或股本)										
3.盈余公积弥补亏损										
4.其他										
(六)专项储备				7,033,735.88						7,033,735.88
1.本期提取				7,108,293.63						7,108,293.63
2.本期使用				74,557.75						74,557.75
(七)其他										
四、本期期末余额	520,000,000.00	295,685,296.52		13,059,276.91	33,018,019.40		337,919,666.71		35,272,045.25	1,234,954,304.79

法定代表人:杜江涛　　主管会计工作负责人:卢信群　　会计机构负责人:杨丽华

母公司所有者权益变动表

2011 年 1—6 月

单位:元 币种:人民币

本期金额

项目	实收资本(或股本)	资本公积	减:库存股	专项储备	盈余公积	一般风险准备	未分配利润	所有者权益合计
一、上年年末余额	520,000,000.00	295,548,546.02			62,426,315.30		561,836,837.72	1,439,811,699.04
加:会计政策变更								
前期差错更正								
其他								
二、本年年初余额	520,000,000.00	295,548,546.02			62,426,315.30		561,836,837.72	1,439,811,699.04
三、本期增减变动金额(减少以“-”号填列)	120,000,000.00	2,796,063,969.88					101,837,138.21	3,017,901,108.09
(一)净利润							101,837,138.21	101,837,138.21
(二)其他综合收益		101,234.88						101,234.88
上述(一)和(二)小计		101,234.88					101,837,138.21	101,938,373.09
(三)所有者投入和减少资本	120,000,000.00	2,795,962,735.00						2,915,962,735.00
1.所有者投入资本	120,000,000.00	2,795,962,735.00						2,915,962,735.00
2.股份支付计入所有者权益的金额								
3.其他								
(四)利润分配								
1.提取盈余公积								
2.提取一般风险准备								
3.对所有者(或股东)的分配								
4.其他								
(五)所有者权益内部结转								
1.资本公积转增资本(或股本)								
2.盈余公积转增资本(或股本)								
3.盈余公积弥补亏损								
4.其他								
(六)专项储备								
1.本期提取								
2.本期使用								
(七)其他								
四、本期期末余额	640,000,000.00	3,091,612,515.90			62,426,315.30		663,673,975.93	4,457,712,807.13

上年同期金额

项目	实收资本(或股本)	资本公积	减:库存股	专项储备	盈余公积	一般风险准备	未分配利润	所有者权益合计
一、上年年末余额	520,000,000.00	295,682,267.25			33,018,019.40		297,162,174.59	1,145,862,461.24
加:会计政策变更								
前期差错更正								
其他								
二、本年年初余额	520,000,000.00	295,682,267.25			33,018,019.40		297,162,174.59	1,145,862,461.24
三、本期增减变动金额(减少以“-”号填列)							106,367,377.64	106,367,377.64
(一)净利润							106,367,377.64	106,367,377.64
(二)其他综合收益								
上述(一)和(二)小计							106,367,377.64	106,367,377.64
(三)所有者投入和减少资本								
1.所有者投入资本								
2.股份支付计入所有者权益的金额								
3.其他								
(四)利润分配								
1.提取盈余公积								
2.提取一般风险准备								
3.对所有者(或股东)的分配								
4.其他								
(五)所有者权益内部结转								
1.资本公积转增资本(或股本)								
2.盈余公积转增资本(或股本)								
3.盈余公积弥补亏损								
4.其他								
(六)专项储备								
1.本期提取								
2.本期使用								
(七)其他								
四、本期期末余额	520,000,000.00	295,682,267.25			33,018,019.40		403,529,552.23	1,252,229,838.88

法定代表人:杜江涛　　主管会计工作负责人:卢信群　　会计机构负责人:杨丽华

7.3 本报告期无会计政策、会计估计的变更。

7.4 本报告期无前期会计差错更正。

7.5 企业合并及合并财务报表

7.5.1 合并范围发生变更的说明

内蒙古君正化工有限责任公司将其拥有的全资子公司——鄂尔多斯市君正能源化工有限公司 100%的股权,转让给内蒙古君正能源化工股份有限公司,本期鄂尔多斯市君正能源化工有限公司由间接合并的子公司成为直接合并的子公司。

7.5.2 本期发生的同一控制下企业合并

单位:元 币种:人民币

被合并方	属于同一控制下企业合并的判断依据	同一控制的实际控制人	合并本期期初至合并日的收入	合并本期至合并日的净利润	合并本期至合并日的经营活动现金流
鄂尔多斯市君正能源化工有限公司	参与合并的企业在合并前后均受同一方控制	内蒙古君正能源化工股份有限公司	6,245.73	-1,083.83	

第八节 备查文件目录

1、报告期内在证监会指定报纸上公开披露过的所有公司文件的正本及公告的原稿。

2、载有公司法定代表人、主管会计工作的公司负责人、公司会计机构负责人签名并盖章的会计报表。

董事长:杜江涛

内蒙古君正能源化工股份有限公司

2011 年 8 月 24 日

江苏吉鑫风能科技股份有限公司

江苏吉鑫风能科技股份有限公司 2011 年半年度报告摘要

第一节 重要提示

1.1 本公司董事会、监事会及董事、监事、高级管理人员保证本报告所载资料不存在任何虚假记载、误导性陈述或者重大遗漏，并对其内容的真实性、准确性和完整性承担个别及连带责任。

本半年度报告摘要摘自半年度报告全文，投资者欲了解详细内容，应当仔细阅读半年度报告全文。

1.2 公司全体董事出席董事会会议。

1.3 公司半年度财务报告未经审计。

1.4 是否存在被控股股东及其关联方非经营性占用资金情况？

否

1.5 是否存在违反规定决策程序对外提供担保的情况？

否

1.6 公司负责人包士金、主管会计工作负责人周德鸿及会计机构负责人（会计主管人员）刘云声明：保证半年度报告中财务报告的真实、完整。

第二节 公司基本情况

2.1 基本情况简介

股票简称	吉鑫科技	
股票代码	601218	
股票上市交易所	上海证券交易所	
	董事会秘书	证券事务代表
姓名	董事长包士金代行	孙　婷
联系地址	江苏省江阴市云亭街道工业园区那巷路 8 号	江苏省江阴市云亭街道工业园区那巷路 8 号
电话	0510-86157378	0510-86157378
传真	0510-86017708	0510-86017708
电子信箱	jixin@jyjxm.com	sunting@jyjxm.com

2.2 主要财务数据和指标

2.2.1 主要会计数据和财务指标

单位：元 币种：人民币

	本报告期末	上年度期末	本报告期末比上年度期末增减(%)
总资产	3,712,175,545.02	2,630,371,861.48	41.13
所有者权益(或股东权益)	2,164,865,850.85	980,585,294.91	120.77
归属于上市公司股东的每股净资产(元/股)	5.3	2.45	116.33
	报告期(1-6 月)	上年同期	本报告期比上年同期增减(%)
营业利润	116,809,417.81	189,042,825.00	-38.21
利润总额	115,525,362.02	194,018,127.10	-40.46
归属于上市公司股东的净利润	93,878,222.94	159,453,426.89	-41.12
归属于上市公司股东的扣除非经常性损益的净利润	90,856,361.94	167,126,255.29	-45.64
基本每股收益(元)	0.23	0.40	-42.50
扣除非经常性损益后的基本每股收益(元)	0.22	0.42	-47.62
稀释每股收益(元)	0.23	0.40	-42.50
加权平均净资产收益率(%)	7.78	21.29	减少了 13.51 个百分点
经营活动产生的现金流量净额	-454,230,916.48	51,749,421.86	不适用
每股经营活动产生的现金流量净额(元)	-1.11	0.13	-953.85

2.2.2 非经常性损益项目

√适用 □不适用

单位：元 币种：人民币

非经常性损益项目	金额
非流动资产处置损益	4,597,635.39
计入当期损益的政府补助(与企业业务密切相关，按照国家统一标准定额或定量享受的政府补助除外)	590,999.98
除上述各项之外的其他营业外收入和支出	-1,872,331.16
所得税影响额	-296,295.63
少数股东权益影响额(税后)	1,852.42
合计	3,021,861.00

第三节 股本变动及股东情况

3.1 股份变动情况表

√适用 □不适用

单位：万股

	本次变动前		本次变动增减(+,-)					本次变动后	
	数量	比例(%)	发行新股	送股	公积金转股	其他	小计	数量	比例(%)
一、有限售条件股份	40,000	100	1,016					41,016	90.9849
1、国家持股									
2、国有法人持股	2,333.2	5.833						2,333.2	5.1757
3、其他内资持股	37,666.8	94.167	1,016					38,682.8	85.8092
其中：境内非国有法人持股	1,200	3.000	1,016					2,216	4.9157
境内自然人持股	36,466.8	91.167						36,466.8	80.8935
4、外资持股									
其中：境外法人持股									
境外自然人持股									
二、无限售条件流通股份			4,064					4,064	9.0151
1、人民币普通股			4,064					4,064	9.0151
2、境内上市的外资股									
3、境外上市的外资股									
4、其他									
三、股份总数	40,000		5,080					45,080	100

3.2 股东数量和持股情况

单位：股

报告期末股东总数	24,113 户

前十名股东持股情况

股东名称	股东性质	持股比例(%)	持股总数	持有有限售条件股份数量	质押或冻结的股份数量
包士金	境内自然人	43.8476	197,665,200	197,665,200	无
曹万清	境内自然人	19.5743	88,240,800	88,240,800	无
王秋芬	境内自然人	5.6043	25,264,000	25,264,000	无
无锡高德创业投资有限公司	国有法人	3.6229	16,332,000	16,332,000	无
章志亮	境内自然人	2.5803	11,632,000	11,632,000	无
黄晓霞	境内自然人	2.0674	9,320,000	9,320,000	无
江阴市华鑫投资有限公司	境内非国有法人	1.7746	8,000,000	8,000,000	无
吉惠仙	境内自然人	1.3310	6,000,000	6,000,000	无
江苏高科技投资集团有限公司	国有法人	1.2147	5,475,913	5,475,913	无
张建红	境内自然人	1.0382	4,680,000	4,680,000	无

前十名无限售条件股东持股情况

股东名称	持有无限售条件股份的数量	股份种类及数量	
杜　虹	182,300	人民币普通股	182,300
冯婷婷	147,500	人民币普通股	147,500
刘兴明	128,633	人民币普通股	128,633
林法均	107,800	人民币普通股	107,800
昆明詹玺科技有限公司	107,499	人民币普通股	107,499
李学峰	101,680	人民币普通股	101,680
厦门国际信托有限公司-利得盈单独管理资金信托 030	90,000	人民币普通股	90,000
员学方	86,500	人民币普通股	86,500
陈志洪	84,500	人民币普通股	84,500
刘一冰	75,000	人民币普通股	75,000
上述股东关联关系或一致行动的说明	公司未知前十名无限售条件股东之间是否存在关联关系或一致行动人的情况。		

3.3 控股股东及实际控制人变更情况

□适用 √不适用

第四节 董事、监事和高级管理人员情况

4.1 董事、监事和高级管理人员持股变动

□适用 √不适用

第五节 董事会报告

5.1 主营业务分行业、产品情况表

单位：元 币种：人民币

分行业或分产品	营业收入	营业成本	营业利润率(%)	营业收入比上年同期增减(%)	营业成本比上年同期增减(%)	营业利润率比上年同期增减(%)
分行业						
制造业	869,117,547.81	681,277,268.19	20.12	-3.34	10.24	减少 9.84

						个百分点
分产品						
轮毂	337,524,619.81	280,701,018.80	16.84	−26.32	−10.22	减少 29.68 个百分点
底座	288,057,903.74	225,885,731.18	21.58	14.80	26.07	减少 18.46 个百分点
轴、轴承座	189,587,953.53	138,953,836.60	26.71	26.38	34.29	减少 18.27 个百分点
梁	5,088,081.03	3,863,007.16	24.08	−38.84	−43.88	增加 3.21 个百分点
其他	48,858,989.70	44,853,899.78	8.20	53.52	62.78	减少 7.30 个百分点

5.2 主营业务分地区情况

单位:元 币种:人民币

地区	营业收入	营业收入比上年增减(%)
欧美地区	93,734,774.70	−46.69
亚洲地区	31,918,110.59	−42.14
西部地区	267,959,021.18	−20.14
华北地区	228,476,613.36	623.99
东北地区	27,212,393.15	−85.32
华东地区	148,722,841.65	102.05
华南地区	71,093,793.18	68.95

5.3 主营业务及其结构发生重大变化的原因说明

□适用　　√不适用

5.4 主营业务盈利能力(毛利率)与上年相比发生重大变化的原因说明

□适用　　√不适用

5.5 利润构成与上年度相比发生重大变化的原因分析

□适用　　√不适用

5.6 募集资金使用情况

5.6.1 募集资金运用

√适用　　□不适用

单位:元 币种:人民币

承诺项目	是否变更项目	拟投入金额	实际投入金额	是否符合计划进度	预计收益	产生收益情况
年产 8 万吨 2.5MW 以上风电大型铸件扩建项目	否	918,800,000	440,889,649.39	是		正在建设,尚未盈利
年产 2000 套风电主齿轮箱部件项目	否	273,100,000	5,173,705.27			正在建设,尚未盈利
大功率风电机组关键零部件工程技术研发中心项目	否	49,500,000	937,745.92			研发投入,无销售收入
合计	/	1,241,400,000	447,001,100.58	/		/
尚未使用的募集资金用途及去向		仍用于募投项目				

5.6.2 变更项目情况

□适用　　√不适用

5.7 非募集资金项目情况

报告期内,公司无非募集资金投资项目。

5.8 董事会下半年的经营计划修改计划

□适用　　√不适用

5.9 预测年初至下一报告期期末的累计净利润可能为亏损或者与上年同期相比发生大幅度变动的警示及说明

□适用　　√不适用

5.10 公司董事会对会计师事务所本报告期"非标准审计报告"的说明

□适用　　√不适用

5.11 公司董事会对会计师事务所上年度"非标准审计报告"涉及事项的变化及处理情况的说明

□适用　　√不适用

第六节　重要事项

6.1 收购资产

□适用　　√不适用

6.2 出售资产

√适用　　□不适用

单位:万元 币种:人民币

交易对方	被出售资产	出售日	出售价格	本年初起至出售日该出售资产为公司贡献的净利润	出售产生的损益	是否为关联交易(如是,说明定价原则)	所涉及的资产产权是否已全部过户	所涉及的债权债务是否已全部转移
华　洁	公司所持有的江阴嘉鑫风电轴承有限公司 6%的股权	2011.7.2	3,180			否		

6.3 担保事项

√适用　　□不适用

单位:万元 币种:人民币

公司对控股子公司的担保情况	
报告期末对子公司担保余额合计	3,800
公司担保总额情况(包括对控股子公司的担保)	
担保总额	3,800

6.4 关联债权债务往来

□适用　　√不适用

6.5 重大诉讼仲裁事项

□适用　　√不适用

6.6 其他重大事项及其影响和解决方案的分析说明

6.6.1 证券投资情况

□适用　　√不适用

6.6.2 持有其他上市公司股权情况

□适用　　√不适用

6.6.3 持有非上市金融企业股权情况

□适用　　√不适用

第七节　财务会计报告

7.1 审计意见

财务报告　　　　√未经审计　　　　□审计

7.2 财务报表

合并资产负债表

2011 年 6 月 30 日

编制单位:江苏吉鑫风能科技股份有限公司　　　　单位:元 币种:人民币

项目	附注	期末余额	年初余额
流动资产:			
货币资金		978,071,817.87	431,373,885.90
结算备付金			
拆出资金			
交易性金融资产			
应收票据		237,523,084.62	114,344,010.00
应收账款		970,176,341.70	683,673,770.58
预付款项		81,526,423.74	142,771,396.57
应收保费			
应收分保账款			
应收分保合同准备金			
应收利息			
应收股利			
其他应收款		3,225,599.28	1,264,553.07
买入返售金融资产			
存货		400,129,144.44	300,475,266.78
一年内到期的非流动资产			
其他流动资产			
流动资产合计		2,670,652,411.65	1,673,902,882.90
非流动资产:			
发放委托贷款及垫款			
可供出售金融资产			
持有至到期投资			
长期应收款			
长期股权投资		70,693,066.37	66,717,982.68
投资性房地产			
固定资产		719,126,629.37	692,957,357.08
在建工程		122,612,144.70	73,997,953.88
工程物资			
固定资产清理			
生产性生物资产			
油气资产			
无形资产		108,588,776.83	101,928,349.23
开发支出			
商誉			
长期待摊费用			
递延所得税资产		10,502,516.10	10,867,335.71
其他非流动资产		10,000,000.00	10,000,000.00
非流动资产合计		1,041,523,133.37	956,468,978.58
资产总计		3,712,175,545.02	2,630,371,861.48
流动负债:			
短期借款		333,533,624.04	289,364,664.00
向中央银行借款			
吸收存款及同业存放			
拆入资金			
交易性金融负债			
应付票据		603,873,117.41	737,111,436.70
应付账款		341,614,974.43	368,101,690.08
预收款项		2,230,428.59	632,995.23

卖出回购金融资产款			
应付手续费及佣金			
应付职工薪酬		26,606,784.46	37,512,077.12
应交税费		−3,821,419.22	5,084,565.70
应付利息		93,240.75	616,422.37
应付股利			
其他应付款		20,425,264.44	13,003,137.39
应付分保账款			
保险合同准备金			
代理买卖证券款			
代理承销证券款			
一年内到期的非流动负债		82,500,000.00	53,000,000.00
其他流动负债			
流动负债合计		1,407,056,014.90	1,504,426,988.59
非流动负债：			
长期借款		80,000,000.00	109,500,000.00
应付债券			
长期应付款			
专项应付款			
预计负债			
递延所得税负债			
其他非流动负债		5,714,916.73	6,054,416.71
非流动负债合计		85,714,916.73	115,554,416.71
负债合计		1,492,770,931.63	1,619,981,405.30
所有者权益(或股东权益)：			
实收资本(或股本)		450,800,000.00	400,000,000.00
资本公积		1,143,872,652.79	104,270,319.79
减：库存股			
专项储备			
盈余公积		85,745,363.67	76,357,541.38
一般风险准备			
未分配利润		484,447,834.39	399,957,433.74
外币报表折算差额			
归属于母公司所有者权益合计		2,164,865,850.85	980,585,294.91
少数股东权益		54,538,762.54	29,805,161.27
所有者权益合计		2,219,404,613.39	1,010,390,456.18
负债和所有者权益总计		3,712,175,545.02	2,630,371,861.48

法定代表人：包士金　　主管会计工作负责人：周德鸿　　会计机构负责人：刘云

母公司资产负债表

2011 年 6 月 30 日

编制单位:江苏吉鑫风能科技股份有限公司　　单位:元 币种:人民币

项目	附注	期末余额	年初余额
流动资产：			
货币资金		931,690,042.52	415,822,234.92
交易性金融资产			
应收票据		237,523,084.62	114,244,010.00
应收账款		970,176,341.71	683,673,770.59
预付款项		80,793,478.95	141,425,623.25
应收利息			
应收股利			
其他应收款		884,915.30	1,234,925.02
存货		397,856,781.39	298,060,444.46
一年内到期的非流动资产			
其他流动资产			
流动资产合计		2,618,924,644.49	1,654,461,008.24
非流动资产：			
可供出售金融资产			
持有至到期投资			
长期应收款			
长期股权投资		168,428,403.26	136,953,319.57
投资性房地产			
固定资产		566,124,955.85	538,774,626.39
在建工程		101,124,442.02	68,682,378.88
工程物资			
固定资产清理			
生产性生物资产			
油气资产			
无形资产		86,284,716.44	87,195,155.72
开发支出			
商誉			
长期待摊费用			
递延所得税资产		10,125,669.94	10,477,182.97
其他非流动资产		10,000,000.00	10,000,000.00
非流动资产合计		942,088,187.51	852,082,663.53
资产总计		3,561,012,832.00	2,506,543,671.77
流动负债：			
短期借款		307,533,624.04	245,364,664.00
交易性金融负债			
应付票据		588,395,196.53	719,101,207.20
应付账款		351,248,561.97	355,851,859.72
预收款项		2,230,428.59	632,995.23
应付职工薪酬		24,555,079.54	33,081,061.07
应交税费		−6,968,605.14	4,405,313.82
应付利息			515,128.12
应付股利			
其他应付款		12,791,564.15	46,310,420.71
一年内到期的非流动负债		44,500,000.00	15,000,000.00
其他流动负债			
流动负债合计		1,324,285,849.68	1,420,262,649.87
非流动负债：			
长期借款		80,000,000.00	109,500,000.00
应付债券			
长期应付款			
专项应付款			
预计负债			
递延所得税负债			
其他非流动负债		5,714,916.73	6,054,416.71
非流动负债合计		85,714,916.73	115,554,416.71
负债合计		1,410,000,766.41	1,535,817,066.58
所有者权益(或股东权益)：			
实收资本(或股本)		450,800,000.00	400,000,000.00
资本公积		1,140,491,994.85	100,889,661.85
减：库存股			
专项储备			
盈余公积		85,597,007.07	76,608,694.33
一般风险准备			
未分配利润		474,123,063.67	393,228,249.01
所有者权益(或股东权益)合计		2,151,012,065.59	970,726,605.19
负债和所有者权益(或股东权益)总计		3,561,012,832.00	2,506,543,671.77

法定代表人：包士金　　主管会计工作负责人：周德鸿　　会计机构负责人：刘云

合并利润表

2011 年 1—6 月

单位:元 币种:人民币

项目	附注	本期金额	上期金额
一、营业总收入		885,830,531.58	937,457,927.99
其中：营业收入		885,830,531.58	937,457,927.99
利息收入			
已赚保费			
手续费及佣金收入			
二、营业总成本		791,929,609.50	736,461,748.39
其中：营业成本		687,723,653.37	633,330,759.53
利息支出			
手续费及佣金支出			
退保金			
赔付支出净额			
提取保险合同准备金净额			
保单红利支出			
分保费用			
营业税金及附加		1,206,446.78	2,232,775.26
销售费用		30,501,848.01	31,806,076.49
管理费用		51,879,955.91	54,863,586.26
财务费用		15,184,207.02	9,385,032.73
资产减值损失		5,433,498.41	4,843,518.12
加：公允价值变动收益(损失以“−”号填列)			
投资收益(损失以“−”号填列)		22,908,495.73	−11,953,354.60
其中：对联营企业和合营企业的投资收益			
汇兑收益(损失以“−”号填列)			
三、营业利润(亏损以“−”号填列)		116,809,417.81	189,042,825.00
加：营业外收入		609,593.98	7,188,593.54
减：营业外支出		1,893,649.77	2,213,291.44
其中：非流动资产处置损失			55,850.21
四、利润总额(亏损总额以“−”号填列)		115,525,362.02	194,018,127.10
减：所得税费用		19,413,537.81	32,699,857.06
五、净利润(净亏损以“−”号填列)		96,111,824.21	161,318,270.04
归属于母公司所有者的净利润		93,878,222.94	159,453,426.89
少数股东损益		2,233,601.27	1,864,843.15
六、每股收益：			
(一)基本每股收益		0.23	0.40
(二)稀释每股收益		0.23	0.40
七、其他综合收益			
八、综合收益总额		96,111,824.21	161,318,270.04
归属于母公司所有者的综合收益总额		93,878,222.94	159,453,426.89

归属于少数股东的综合收益总额		2,233,601.27	1,864,843.15

法定代表人:包士金　　主管会计工作负责人:周德鸿　　会计机构负责人:刘云

母公司利润表

2011 年 1—6 月

单位:元 币种:人民币

项目	附注	本期金额	上期金额
一、营业收入		885,830,531.58	918,715,102.45
减:营业成本		700,703,878.70	635,580,768.56
营业税金及附加		676,388.86	2,098,728.75
销售费用		30,501,848.01	31,581,708.77
管理费用		50,083,402.47	51,340,861.64
财务费用		12,650,261.98	7,628,913.66
资产减值损失		5,741,479.79	3,222,222.74
加:公允价值变动收益(损失以"-"号填列)			
投资收益(损失以"-"号填列)		22,908,495.73	5,339,841.06
其中:对联营企业和合营企业的投资收益			
二、营业利润(亏损以"-"号填列)		108,381,767.50	192,601,739.39
加:营业外收入		608,693.98	7,180,933.54
减:营业外支出		1,875,064.61	2,039,970.23
其中:非流动资产处置损失			
三、利润总额(亏损总额以"-"号填列)		107,115,396.87	197,742,702.70
减:所得税费用		17,232,269.47	29,042,681.66
四、净利润(净亏损以"-"号填列)		89,883,127.40	168,700,021.04
五、每股收益:			
(一)基本每股收益		0.22	0.42
(二)稀释每股收益		0.22	0.42
六、其他综合收益			
七、综合收益总额		89,883,127.40	168,700,021.04

法定代表人:包士金　　主管会计工作负责人:周德鸿　　会计机构负责人:刘云

合并现金流量表

2011 年 1—6 月

单位:元 币种:人民币

项目	附注	本期金额	上期金额
一、经营活动产生的现金流量:			
销售商品、提供劳务收到的现金		602,478,630.69	809,855,610.40
客户存款和同业存放款项净增加额			
向中央银行借款净增加额			
向其他金融机构拆入资金净增加额			
收到原保险合同保费取得的现金			
收到再保险业务现金净额			
保户储金及投资款净增加额			
处置交易性金融资产净增加额			
收取利息、手续费及佣金的现金			
拆入资金净增加额			
回购业务资金净增加额			
收到的税费返还		10,179,139.57	26,508,898.70
收到其他与经营活动有关的现金		43,470,224.36	81,092,255.87
经营活动现金流入小计		656,127,994.62	917,456,764.97
购买商品、接受劳务支付的现金		939,790,135.70	696,427,953.83
客户贷款及垫款净增加额			
存放中央银行和同业款项净增加额			
支付原保险合同赔付款项的现金			
支付利息、手续费及佣金的现金			
支付保单红利的现金			
支付给职工以及为职工支付的现金		82,149,228.47	65,471,462.89
支付的各项税费		40,333,982.88	51,309,000.34
支付其他与经营活动有关的现金		48,085,564.05	52,498,926.05
经营活动现金流出小计		1,110,358,911.10	865,707,343.11
经营活动产生的现金流量净额		−454,230,916.48	51,749,421.86
二、投资活动产生的现金流量:			
收回投资收到的现金		31,800,000.00	
取得投资收益收到的现金			
处置固定资产、无形资产和其他			
长期资产收回的现金净额			
处置子公司及其他营业单位收到的现金净额			−6,813,959.02
收到其他与投资活动有关的现金			
投资活动现金流入小计		31,800,000.00	−6,813,959.02
购建固定资产、无形资产和其他长期资产支付的现金		133,193,351.80	110,722,316.03
投资支付的现金			
质押贷款净增加额			
取得子公司及其他营业单位支付的现金净额			
支付其他与投资活动有关的现金			
投资活动现金流出小计		133,193,351.80	110,722,316.03
投资活动产生的现金流量净额		−101,393,351.80	−117,536,275.05
三、筹资活动产生的现金流量:			
吸收投资收到的现金		1,106,776,000.00	
其中:子公司吸收少数股东投资收到的现金			
取得借款收到的现金		579,449,920.03	218,236,399.69
发行债券收到的现金			
收到其他与筹资活动有关的现金			
筹资活动现金流入小计		1,686,225,920.03	218,236,399.69
偿还债务支付的现金		568,280,959.99	109,261,594.25
分配股利、利润或偿付利息支付的现金		15,865,652.40	69,205,679.15
其中:子公司支付给少数股东的股利、利润			
支付其他与筹资活动有关的现金			
筹资活动现金流出小计		584,146,612.39	178,467,273.40
筹资活动产生的现金流量净额		1,102,079,307.64	39,769,126.29
四、汇率变动对现金及现金等价物的影响		242,892.61	−160,245.35
五、现金及现金等价物净增加额		546,697,931.97	−26,177,972.25
加:期初现金及现金等价物余额		431,373,885.90	107,960,207.47
六、期末现金及现金等价物余额		978,071,817.87	81,782,235.22

法定代表人:包士金　　主管会计工作负责人:周德鸿　　会计机构负责人:刘云

母公司现金流量表

2011 年 1—6 月

单位:元 币种:人民币

项目	附注	本期金额	上期金额
一、经营活动产生的现金流量:			
销售商品、提供劳务收到的现金		602,478,630.69	794,983,027.68
收到的税费返还		10,179,139.57	26,508,898.70
收到其他与经营活动有关的现金		40,681,279.24	117,765,901.70
经营活动现金流入小计		653,339,049.50	939,257,828.08
购买商品、接受劳务支付的现金		985,972,223.04	720,378,687.21
支付给职工以及为职工支付的现金		53,418,434.32	52,577,165.49
支付的各项税费		32,136,811.56	44,502,843.10
支付其他与经营活动有关的现金		46,951,747.22	36,463,066.92
经营活动现金流出小计		1,118,479,216.14	853,921,762.72
经营活动产生的现金流量净额		−465,140,166.64	85,336,065.36
二、投资活动产生的现金流量:			
收回投资收到的现金		38,000,000.00	
取得投资收益收到的现金			
处置固定资产、无形资产和其他			
长期资产收回的现金净额			
处置子公司及其他营业单位收到的现金净额			
收到其他与投资活动有关的现金			
投资活动现金流入小计		38,000,000.00	
购建固定资产、无形资产和其他			
长期资产支付的现金		111,220,022.41	98,563,726.20
投资支付的现金		27,500,000.00	21,000,000.00
取得子公司及其他营业单位支付的现金净额			
支付其他与投资活动有关的现金			
投资活动现金流出小计		138,720,022.41	119,563,726.20
投资活动产生的现金流量净额		−100,720,022.41	−119,563,726.20
三、筹资活动产生的现金流量:			
吸收投资收到的现金		1,084,276,000.00	
取得借款收到的现金		560,649,920.03	195,236,399.69
发行债券收到的现金			
收到其他与筹资活动有关的现金			
筹资活动现金流入小计		1,644,925,920.03	195,236,399.69
偿还债务支付的现金		550,280,959.99	109,261,594.25
分配股利、利润或偿付利息支付的现金		13,159,856.00	67,678,391.29
支付其他与筹资活动有关的现金			
筹资活动现金流出小计		563,440,815.99	176,939,985.54
筹资活动产生的现金流量净额		1,081,485,104.04	18,296,414.15
四、汇率变动对现金及现金等价物的影响		242,892.61	−160,245.35
五、现金及现金等价物净增加额		515,867,807.60	−16,091,492.04
加:期初现金及现金等价物余额		415,822,234.92	93,693,171.27
六、期末现金及现金等价物余额		931,690,042.52	77,601,679.23

法定代表人:包士金　　主管会计工作负责人:周德鸿　　会计机构负责人:刘云

合并所有者权益变动表

2011 年 1—6 月

单位:元 币种:人民币

项目	本期金额									
	归属于母公司所有者权益									
	实收资本(或股本)	资本公积	减:库存股	专项储备	盈余公积	一般风险准备	未分配利润	其他	少数股东权益	所有者权益合计
一、上年年末余额	400,000,000.00	104,270,319.79			76,357,541.38		399,957,433.74		29,805,161.27	1,010,390,456.18
加:会计政策变更										
前期差错更正										
其他										
二、本年年初余额	400,000,000.00	104,270,319.79			76,357,541.38		399,957,433.74		29,805,161.27	1,010,390,456.18
三、本期增减变动金额										

(减少以"-"号填列)	50,800,000.00	1,039,602,333.00			9,387,822.29		84,490,400.65		24,733,601.27	1,209,014,157.21
(一)净利润							93,878,222.94		2,233,601.27	96,111,824.21
(二)其他综合收益										
上述(一)和(二)小计							93,878,222.94		2,233,601.27	96,111,824.21
(三)所有者投入和										
减少资本	50,800,000.00	1,039,602,333.00							22,500,000.00	1,112,902,333.00
1.所有者投入资本	50,800,000.00	1,026,735,745.04							22,500,000.00	1,100,035,745.04
2.股份支付计入所有者权益的金额										
3.其他		12,866,587.96								12,866,587.96
(四)利润分配					9,387,822.29		-9,387,822.29			
1.提取盈余公积					9,387,822.29		-9,387,822.29			
2.提取一般风险准备										
3.对所有者(或股东)的分配										
4.其他										
(五)所有者权益内部结转										
1.资本公积转增资本(或股本)										
2.盈余公积转增资本(或股本)										
3.盈余公积弥补亏损										
4.其他										
(六)专项储备										
1.本期提取										
2.本期使用										
(七)其他										
四、本期期末余额	450,800,000.00	1,143,872,652.79			85,745,363.67		484,447,834.39		54,538,762.54	2,219,404,613.39

上年同期金额

项目	归属于母公司所有者权益								少数股东权益	所有者权益合计
	实收资本(或股本)	资本公积	减:库存股	专项储备	盈余公积	一般风险准备	未分配利润	其他		
一、上年年末余额	400,000,000.00	100,889,661.85			44,988,888.12		108,649,993.13			654,528,543.10
加:会计政策变更										
前期差错更正										
其他										
二、本年年初余额	400,000,000.00	100,889,661.85			44,988,888.12		108,649,993.13			654,528,543.10
三、本期增减变动金额										
(减少以"-"号填列)					251,152.95		170,960,397.59			171,211,550.54
(一)净利润							168,700,021.04			168,700,021.04
(二)其他综合收益										
上述(一)和(二)小计							168,700,021.04			168,700,021.04
(三)所有者投入和减少资本										
1.所有者投入资本										
2.股份支付计入所有者权益的金额										
3.其他										
(四)利润分配					251,152.95		2,260,376.55			2,511,529.50
1.提取盈余公积					251,152.95		-251,152.95			
2.提取一般风险准备										
3.对所有者(或股东)的分配										
4.其他							2,511,529.50			2,511,529.50
(五)所有者权益内部结转										
1.资本公积转增资本(或股本)										
2.盈余公积转增资本(或股本)										
3.盈余公积弥补亏损										
4.其他										
(六)专项储备										
1.本期提取										
2.本期使用										
(七)其他										
四、本期期末余额	400,000,000.00	100,889,661.85			45,240,041.07		279,610,390.72			825,740,093.64

法定代表人:包士金　　主管会计工作负责人:周德鸿　　会计机构负责人:刘云

母公司所有者权益变动表

2011 年 1—6 月

单位:元 币种:人民币

本期金额

项目	实收资本(或股本)	资本公积	减:库存股	专项储备	盈余公积	一般风险准备	未分配利润	所有者权益合计
一、上年年末余额	400,000,000.00	100,889,661.85			76,608,694.33		393,228,249.01	970,726,605.19
加:会计政策变更								
前期差错更正								
其他								
二、本年年初余额	400,000,000.00	100,889,661.85			76,608,694.33		393,228,249.01	970,726,605.19
三、本期增减变动金额								
(减少以"-"号填列)	50,800,000.00	1,039,602,333.00			8,988,312.74		80,894,814.66	1,180,285,460.40
(一)净利润							89,883,127.40	89,883,127.40
(二)其他综合收益								
上述(一)和(二)小计							89,883,127.40	89,883,127.40
(三)所有者投入和								
减少资本	50,800,000.00	1,039,602,333.00						1,090,402,333.00
1.所有者投入资本	50,800,000.00	1,026,735,745.04						1,077,535,745.04
2.股份支付计入所有者权益的金额								
3.其他		12,866,587.96						12,866,587.96
(四)利润分配					8,988,312.74		-8,988,312.74	
1.提取盈余公积					8,988,312.74		-8,988,312.74	
2.提取一般风险准备								
3.对所有者(或股东)的分配								
4.其他								
(五)所有者权益内部结转								
1.资本公积转增资本(或股本)								
2.盈余公积转增资本(或股本)								
3.盈余公积弥补亏损								
4.其他								
(六)专项储备								
1.本期提取								
2.本期使用								
(七)其他								
四、本期期末余额	450,800,000.00	1,140,491,994.85			85,597,007.07		474,123,063.67	2,151,012,065.59

上年同期金额

项目	实收资本(或股本)	资本公积	减:库存股	专项储备	盈余公积	一般风险准备	未分配利润	所有者权益合计
一、上年年末余额	400,000,000.00	100,889,661.85			44,988,888.12		108,649,993.13	654,528,543.10
加:会计政策变更								
前期差错更正								
其他								
二、本年年初余额	400,000,000.00	100,889,661.85			44,988,888.12		108,649,993.13	654,528,543.10
三、本期增减变动金额								
(减少以"-"号填列)					251,152.95		170,960,397.59	171,211,550.54
(一)净利润							168,700,021.04	168,700,021.04
(二)其他综合收益								
上述(一)和(二)小计							168,700,021.04	168,700,021.04
(三)所有者投入和减少资本								
1.所有者投入资本								
2.股份支付计入所有者权益的金额								
3.其他								
(四)利润分配					251,152.95		2,260,376.55	2,511,529.50
1.提取盈余公积					251,152.95		-251,152.95	
2.提取一般风险准备								
3.对所有者(或股东)的分配								
4.其他							2,511,529.50	2,511,529.50
(五)所有者权益内部结转								
1.资本公积转增资本(或股本)								
2.盈余公积转增资本(或股本)								
3.盈余公积弥补亏损								
4.其他								
(六)专项储备								
1.本期提取								
2.本期使用								
(七)其他								
四、本期期末余额	400,000,000.00	100,889,661.85			45,240,041.07		279,610,390.72	825,740,093.64

法定代表人:包士金　　主管会计工作负责人:周德鸿　　会计机构负责人:刘云

7.3 本报告期无会计政策、会计估计的变更。

7.4 本报告期无前期会计差错更正。

7.5 企业合并及合并财务报表

7.5.1 合并范围发生变更的说明

2011 年 5 月 20 日,公司召开第一届董事会第二十次会议,审议通过了《江苏吉鑫风能科技股份有限公司关于增资并控股江阴长龄新能源设备有限公司的议案》。

公司以 2750 万元增资长龄新能源,占长龄新能源增资后股权比例的 55%;长龄新能源增资前三位股东共同以 250 万元增资,各自增资额度按 250 万元 * 增资前三方持股比例计算,增资后原有股东股权比例合计为 45%。

长龄新能源于 2011 年 6 月 8 日办妥了上述增资的工商变更登记手续,因此公司以 2011 年 6 月 30 日为购买日。目前该公司处于正在建设状态。

7.5.2 本期新纳入合并范围的主体和本期不再纳入合并范围的主体

7.5.2.1 本期新纳入合并范围的子公司、特殊目的主体、通过受托经营或承租等方式形成控制权的经营实体

单位:元 币种:人民币

名　称	期末净资产	本期净利润
江阴长龄新能源设备有限公司	49,854,728.51	-145,271.49

7.5.3 本期发生的非同一控制下企业合并

单位:元 币种:人民币

被合并方	商誉金额	商誉计算方法
江阴长龄新能源设备有限公司		

庞大汽贸集团股份有限公司

庞大汽贸集团股份有限公司2011年半年度报告摘要

第一节　重要提示

1.1 本公司董事会、监事会及董事、监事、高级管理人员保证本报告所载资料不存在任何虚假记载、误导性陈述或者重大遗漏，并对其内容的真实性、准确性和完整性承担个别及连带责任。

本半年度报告摘要摘自半年度报告全文，投资者欲了解详细内容，应当仔细阅读半年度报告全文。

1.2 公司全体董事出席董事会会议。

1.3 安永华明会计师事务所为本公司出具了标准无保留意见的审计报告。

1.4 公司不存在被控股股东及其关联方非经营性占用资金情况。

1.5 公司不存在违反规定决策程序对外提供担保的情况。

1.6 公司负责人庞庆华、主管会计工作负责人武成及会计机构负责人(会计主管人员)沈宝东声明：保证半年度报告中财务报告的真实、完整。

第二节　公司基本情况

2.1 基本情况简介

股票简称	庞大集团	
股票代码	601258	
股票上市交易所	上海证券交易所	
	董事会秘书	证券事务代表
姓名	王　寅	刘世博
联系地址	北京经济技术开发区荣华南路16号中冀斯巴鲁大厦C座3层	北京经济技术开发区荣华南路16号中冀斯巴鲁大厦C座3层
电话	010-59767095	010-59767090
传真	010-59767091	010-59767091
电子信箱	dshmsc@pdqmjt.com	dshmsc@pdqmjt.com

2.2 主要财务数据和指标

2.2.1 主要会计数据和财务指标

单位：元 币种：人民币

	本报告期末	上年度期末	本报告期末比上年度期末增减(%)
总资产	42,269,864,584.00	35,225,990,812.00	20
所有者权益(或股东权益)	9,534,655,066.00	3,272,399,520.00	191.37
归属于上市公司股东的每股净资产(元/股)	9.09	3.6	152.58
	报告期(1-6月)	上年同期	本报告期比上年同期增减(%)
营业利润	514,801,117.00	863,191,998.00	-40.36
利润总额	584,852,484.00	874,466,131.00	-33.12
归属于上市公司股东的净利润	403,725,853.00	632,794,738.00	-36.2
归属于上市公司股东的扣除非经常性损益的净利润	351,139,078.00	621,080,544.00	-43.46
基本每股收益(元)	0.42	0.70	-40
扣除非经常性损益后的基本每股收益(元)	0.37	0.68	-45.58
加权平均净资产收益率(%)	7.5	27	减少19.5个百分点
经营活动产生的现金流量净额	-3,097,670,270.00	2,591,675,906.00	-219.52
每股经营活动产生的现金流量净额(元)	-2.9541	2.85	-203.6526

2.2.2 非经常性损益项目

√适用　　□不适用

单位：元 币种：人民币

非经常性损益项目	金额
非流动资产处置损益	44,079,994
计入当期损益的政府补助(与企业业务密切相关，按照国家统一标准定额或定量享受的政府补助除外)	20,647,091
其他	5,324,281
所得税影响额	-17,406,880
少数股东权益影响额(税后)	-57,711
合计	52,586,775

第三节　股本变动及股东情况

3.1 股份变动情况表

√适用　　□不适用

单位：股

	本次变动前		本次变动增减(+,-)		本次变动后	
	数量	比例(%)	发行新股	小计	数量	比例(%)
一、有限售条件股份						
非国有内资持股	908,600,000	100	28,000,000	28,000,000	936,600,000	89.32
其中：境内非国有法人持股	364,802,900	40.15	28,000,000	28,000,000	392,802,900	37.46
境内自然人持股	543,797,100	59.85	0	0	543,797,100	51.86
二、无限售条件流通股份						
人民币普通股	0	0	112,000,000	112,000,000	112,000,000	10.68
三、股份总数	908,600,000	100	140,000,000	140,000,000	1,048,600,000	100

3.2 股东数量和持股情况

单位：股

报告期末股东总数　　29,285户

前十名股东持股情况

股东名称	股东性质	持股比例(%)	持股总数	持有有限售条件股份数量	质押或冻结的股份数量
庞庆华	境内自然人	25.99	272,580,000	272,580,000	无
唐山盛诚企业策划股份有限公司	境内非国有法人	20.93	219,426,900	219,426,900	无
北京英维特汽车服务连锁有限公司	境内非国有法人	9.53	99,946,000	99,946,000	无
北京联合信投资有限公司	境内非国有法人	4.33	45,430,000	45,430,000	无
杨家庆	境内自然人	2.28	23,896,180	23,896,180	无
郭文义	境内自然人	2.26	23,714,460	23,714,460	无
王玉生	境内自然人	2.22	23,260,160	23,260,160	无
贺立新	境内自然人	2.20	23,078,440	23,078,440	无
杨晓光	境内自然人	2.20	23,078,440	23,078,440	无
裴文会	境内自然人	2.20	23,078,440	23,078,440	无

前十名无限售条件股东持股情况

股东名称	持有无限售条件股份的数量	股份种类及数量	
招商银行股份有限公司-光大保德信优势配置股票型证券投资基金	3,361,411	人民币普通股	3,361,411
中国人寿保险股份有限公司-分红-个人分红-005L-FH002沪	2,561,160	人民币普通股	2,561,160
银丰证券投资基金	1,998,319	人民币普通股	1,998,319
中国工商银行-易方达价值精选股票型证券投资基金	1,857,856	人民币普通股	1,857,856
交通银行-易方达科讯股票型证券投资基金	1,600,000	人民币普通股	1,600,000
中国银行-华夏大盘精选证券投资基金	800,066	人民币普通股	800,066
泰康资产管理有限责任公司-开泰-稳健增值投资产品	708,648	人民币普通股	708,648
泰康人寿保险股份有限公司-分红-个人分红-019L-FH002沪	571,499	人民币普通股	571,499
中国建设银行-上投摩根阿尔法股票型证券投资基金	524,000	人民币普通股	524,000
中国银行股份有限公司-华夏策略精选灵活配置混合型证券投资基金	499,912	人民币普通股	499,912

3.3 控股股东及实际控制人变更情况

□适用　　√不适用

第四节　董事、监事和高级管理人员情况

4.1 董事、监事和高级管理人员持股变动

□适用　　√不适用

第五节　董事会报告

5.1 主营业务分行业、产品情况表

单位：万元 币种：人民币

项目	营业收入	营业成本	毛利率	营业收	营业成	毛利率

项目	营业收入	营业成本	毛利率(%)	营业收入比上年同期增减(%)	营业成本比上年同期增减(%)	毛利率比上年同期增减(%)
汽车销售	2,463,156.55	2,279,767.11	7.45	1.26	2.57	−13.67
售后服务	174,199.35	119,180.91	31.58	19.43	12.63	15.05
其他业务	40,151.62	246.73	99.39	69.28	−74.00	3.53
合计	2,677,507.52	2,399,194.75	10.39	2.90	3.00	−0.86

单位:万元 币种:人民币

项目	营业收入	营业成本	毛利率(%)	营业收入比上年同期增减(%)	营业成本比上年同期增减(%)	毛利率比上年同期增减(%)
汽车销售						
轿车销售	1,408,202.74	1,282,120.39	8.95	17.44	19.26	−13.44
其中:斯巴鲁	365,259.87	308,568.48	16.00	−10.26	−6.85	−15.79
卡车销售	845,954.24	806,229.47	4.70	−13.36	−11.51	−29.75
微型面包车销售	158,206.73	143,150.14	9.52	−18.60	−18.89	3.48
其他种类汽车销售	50,792.84	48,267.11	4.97	−18.80	−19.51	20.63
汽车销售小计	2,463,156.55	2,279,767.11	7.45	1.26	2.57	−13.67
售后服务						
零部件销售	139.942.33	96,714.23	30.89	13.79	3.67	27.91
保养维修服务	34,257.02	22,466.68	34.42	49.76	79.27	−23.87
售后服务小计	174,199.35	119,180.91	31.58	19.43	12.63	15.05
其他业务						
其他业务	40,151.62	246.73	99.39	69.28	−74.00	3.53
合计	2,677,507.52	2,399,194.75	10.39	2.90	3.00	−0.86

其中：报告期内上市公司向控股股东及其子公司销售产品和提供劳务的关联交易总金额 92.4957 万元。

5.2 主营业务及其结构发生重大变化的原因说明

□适用 √不适用

5.3 主营业务盈利能力(毛利率)与上年相比发生重大变化的原因说明

□适用 √不适用

5.4 利润构成与上年度相比发生重大变化的原因分析

□适用 √不适用

5.5 募集资金使用情况

5.5.1 募集资金运用

√适用 □不适用

单位:元 币种:人民币

承诺项目名称	是否变更项目	募集资金拟投入金额	募集资金实际投入金额	项目进度	预计收益	产生收益情况	是否符合预计收益	不适用符合预计收益说明
(唐山市)汽车大市场重建、扩建项目	否	78,000,000.00	78,000,000.00	未建设完成	576,392,000.00	不适用	不适用	根据公司招股说明书的披露,公司募投项目根据项目所在地的经济发展水平、商圈的成熟程度、品牌等因素,预计在达到使用状态后第五年达到预计效益。
(承德市)汽车市场搬迁、扩建项目	否	228,620,000.00	154,871,497.76	未建设完成	995,934,200.00	不适用	不适用	
(张家口市)汽车市场搬迁、扩建项目	否	99,575,400.00	99,575,400.00	未建设完成	664,461,800.00	不适用	不适用	
(衡水市)汽车市场及配送中心项目	否	361,624,800.00	68,062,429.52	未建设完成	656,341,600.00	不适用	不适用	
(唐山遵化市)汽车市场及配送中心项目	否	180,000,000.00	78,722,230.33	未建设完成	736,564,000.00	不适用	不适用	
(唐山唐海县)汽车市场项目	否	90,537,000.00	63,631,019.15	未建设完成	767,455,600.00	不适用	不适用	
(唐山迁安市)汽车市场项目	否	80,000,000.00	73,350,958.84	建设完成	464,755,200.00	149,641,456.33	不适用	
(保定市)汽车市场项目	否	88,708,000.00	86,003,977.00	未建设完成	721,515,300.00	不适用	不适用	
(沈阳新民市)汽车市场项目	否	40,000,000.00	40,000,000.00	未建设完成	390,746,000.00	不适用	不适用	
(本溪市)广州本田汽车专卖店项目	否	20,000,000.00	20,000,000.00	建设完成	172,271,900.00	24,415,452.03	不适用	
(延吉市)广州本田、斯巴鲁汽车专卖店项目	否	42,923,700.00	42,923,700.00	建设完成	297,483,800.00	47,517,609.58	不适用	
(白城市)广州本田、斯巴鲁汽车专卖店项目	否	31,166,700.00	31,166,700.00	建设完成	229,204,000.00	44,471,364.93	不适用	
(呼伦贝尔市)汽车市场项目	否	80,000,000.00	80,000,000.00	未建设完成	536,354,800.00	不适用	不适用	
(原平市)汽车市场项目	否	30,000,000.00	30,000,000.00	建设完成	237,095,100.00	14,963,721.61	不适用	
补充营运资金	否	400,000,000.00	400,000,000.00	/	/	不适用	不适用	
合计	/	1,851,155,600.00	1,346,307,912.60	/	7,446,575,300.00	/	/	

5.5.2 变更项目情况

□适用 √不适用

5.6 非募集资金项目情况

报告期内,公司无非募集资金投资项目。

5.7 董事会下半年的经营计划修改计划

□适用 √不适用

5.8 预测年初至下一报告期期末的累计净利润可能为亏损或者与上年同期相比发生大幅度变动的警示及说明

□适用 √不适用

5.9 公司董事会对会计师事务所本报告期"非标准审计报告"的说明

□适用 √不适用

5.10 公司董事会对会计师事务所上年度"非标准审计报告"涉及事项的变化及处理情况的说明

□适用 √不适用

第六节 重要事项

6.1 收购资产

√适用 □不适用

单位:元 币种:人民币

交易对方或最终控制方	被收购资产	购买日	资产收购价格	是否为关联交易	资产收购定价原则	所涉及的资产产权是否已全部过户	所涉及的债权债务是否已全部转移	关联关系
中美天道(北京)生物技术有限公司	房屋	2011年2月13日	34,843,136.00	是	根据交易对方出售给第三方的价格和该房产评估价值定价	是	不适用	控股股东控制的企业
林志斌	七家汽车销售公司100%的股权[1]	2011年6月24日	430,000,000.00	否	不适用	否	是	无

1 七家汽车销售公司为长沙和信丰田汽车销售服务有限公司、衡阳市和信丰田汽车销售服务有限公司、株洲和信丰田汽车销售服务有限公司、娄底和兴丰田汽车销售服务有限公司、永州和信汽车销售服务有限公司、衡阳市和信汽车贸易有限公司和衡阳市畅安汽车贸易有限公司。

6.2 出售资产

□适用 √不适用

6.3 担保事项

√适用 □不适用

单位:元 币种:人民币

公司对外担保情况(不包括对控股子公司的担保)	
报告期末担保余额合计(A)(不包括对子公司的担保)[2]	0
公司对控股子公司的担保情况	
报告期末对子公司担保余额合计(B)	9,988,667,706
公司担保总额情况(包括对控股子公司的担保)	
担保总额(A+B)	9,988,667,706
担保总额占公司净资产的比例(%)	104.33

其中：

为股东、实际控制人及其关联方提供担保的金额　0

担保情况说明　经公司2010年度股东大会审议通过，公司2011年度为下属公司的银行票据、借款、授信等金融债务提供的对外担保余额不超过300亿元人民币。

2 前述公司为第三方提供担保情况未包含公司因"冀东模式"汽车消费信贷业务为贷款购车客户提供的连带责任保证，本报告期末，公司汽车消费信贷担保余额为8,259,214,930元，2010年年末为8,153,096,620元。

6.4 关联债权债务往来

□适用　√不适用

6.5 重大诉讼仲裁事项

□适用　√不适用

6.6 其他重大事项及其影响和解决方案的分析说明

6.6.1 证券投资情况

□适用　√不适用

6.6.2 持有其他上市公司股权情况

□适用　√不适用

6.6.3 持有非上市金融企业股权情况

□适用　√不适用

第七节　财务会计报告

7.1 审计意见

财务报告	□未经审计	√审计
审计意见	√标准无保留意见	□非标意见

7.2 财务报表

合并资产负债表

2011年6月30日

编制单位:庞大汽贸集团股份有限公司　单位:元 币种:人民币

项目	附注	期末余额	年初余额
流动资产：			
货币资金	1	13,503,456,209	13,735,497,595
交易性金融资产	44	0	4,743,748
应收票据	2	12,760,000	37,462,808
应收账款	3	951,242,481	1,348,472,580
预付款项	4	4,372,795,943	4,210,761,884
其他应收款	5	3,162,507,359	2,014,875,960
存货	6	8,034,983,292	6,226,323,831
一年内到期的非流动资产		1,439,543,430	223,180,569
流动资产合计		31,477,288,714	27,801,318,975
非流动资产：			
长期股权投资	8	3,745,741	3,858,354
固定资产	9	2,926,649,165	2,354,531,846
在建工程	10	1,353,256,335	921,736,657
无形资产	11	3,517,382,420	2,431,269,288
商誉	12	203,610,989	151,079,513
长期待摊费用	7	175,160,756	181,707,313
长期应收款	45	830,985,911	61,403,931
递延所得税资产	14	215,858,756	157,267,760
其他非流动资产	13	1,565,925,797	1,161,817,175
非流动资产合计		10,792,575,870	7,424,671,837
资产总计		42,269,864,584	35,225,990,812
流动负债：			
短期借款	16	9,217,664,058	9,653,001,490
应付票据	17	15,635,007,635	15,606,306,336
应付账款	18	2,719,180,022	2,701,790,152
预收款项	19	271,823,459	291,080,534
应付职工薪酬	20	90,025,202	72,454,525
应交税费	21	164,886,625	235,792,851
应付股利	46	29,075,200	43,184,980
其他应付款	22	1,623,274,371	1,493,958,472
预计负债	23	43,041,524	41,664,813
一年内到期的非流动负债	24	716,722,710	155,810,505
流动负债合计		30,510,700,886	30,295,044,658
非流动负债：			
长期借款	25	2,184,724,343	1,624,824,236
非流动负债合计		2,184,724,343	1,624,824,236
负债合计		32,695,425,149	31,919,868,894
股东权益：			
股本	26	1,048,600,000	908,600,000
资本公积	27	5,906,317,991	6,311,245
盈余公积	28	216,972,798	216,972,798
外币报表折算差额		−248,943	−491,890
未分配利润	29	2,363,013,220	2,141,007,367
归属于母公司股东权益合计		9,534,655,066	3,272,399,520
少数股东权益	30	39,784,369	33,722,398
股东权益合计		9,574,439,435	3,306,121,918
负债和股东权益总计		42,269,864,584	35,225,990,812

法定代表人：庞庆华　主管会计工作负责人：武成　会计机构负责人：沈宝东

母公司资产负债表

2011年6月30日

编制单位:庞大汽贸集团股份有限公司　单位:元 币种:人民币

项目	附注	期末余额	年初余额
流动资产：			
货币资金		4,206,231,786	2,931,100,916
交易性金融资产		220,680,000	220,680,000
应收票据		10,200,000	47,344,000
应收账款	1	438,451,818	464,838,614
预付款项		585,079,485	613,253,944
其他应收款	2	9,593,163,343	6,818,232,477
存货		1,608,739,168	1,253,003,813
一年内到期的非流动资产		19,073,666	13,195,061
流动资产合计		16,681,619,266	12,361,648,825
非流动资产：			
长期股权投资	3	2,495,459,737	1,995,546,450
固定资产		359,400,397	296,988,859
在建工程		460,733,424	299,052,654
无形资产		1,320,490,598	983,586,750
长期待摊费用		14,116,520	13,725,251
递延所得税资产		33,813,220	14,689,584
其他非流动资产		1,301,077,245	1,019,918,336
非流动资产合计		5,985,091,141	4,623,507,884
资产总计		22,666,710,407	16,985,156,709
流动负债：			
短期借款		1,952,298,600	1,899,055,240
应付票据		5,570,172,462	5,069,596,149
应付账款		707,761,425	537,428,366
预收款项		867,957,447	553,120,971
应付职工薪酬		10,508,964	11,104,079
应交税费		3,941,897	13,631,854
应付股利		29,075,200	43,184,980
其他应付款		4,211,022,258	4,955,845,519
预计负债		4,718,155	4,718,155
一年内到期的非流动负债		203,954,000	112,250,000
流动负债合计		13,561,410,408	13,199,935,313
非流动负债：			
长期借款		1,028,290,000	1,501,130,000
非流动负债合计		1,028,290,000	1,501,130,000
负债合计		14,589,700,408	14,701,065,313
股东权益：			
股本		1,048,600,000	908,600,000
资本公积		5,905,387,016	5,380,270
盈余公积		216,972,798	216,972,798
未分配利润		906,050,185	1,153,138,328
股东权益合计		8,077,009,999	2,284,091,396
负债和股东权益总计		22,666,710,407	16,985,156,709

法定代表人：庞庆华　主管会计工作负责人：武成　会计机构负责人：沈宝东

合并利润表

2011年1—6月

单位:元 币种:人民币

项目	附注	本期金额	上期金额
一、营业总收入	31	26,775,075,172	26,019,930,889
其中：营业收入	31	26,775,075,172	26,019,930,889
二、营业总成本		26,262,713,951	25,162,144,488
其中：营业成本	31	23,991,947,485	23,293,773,198
营业税金及附加	32	53,967,332	24,108,106
销售费用	50	1,174,886,227	1,044,139,342
管理费用	51	770,343,789	486,202,181
财务费用	33	232,425,986	298,906,296

资产减值损失	34	39,143,132	15,015,365
加:公允价值变动收益	49	0	4,285,274
投资收益	35	2,439,896	1,120,323
其中:对合营企业的投资损失		−112,613	−1,170,245
三、营业利润		514,801,117	863,191,998
加:营业外收入	36	84,533,720	18,088,045
减:营业外支出	37	14,482,353	6,813,912
其中:非流动资产处置损失		5,782,892	1,199,352
四、利润总额		584,852,484	874,466,131
减:所得税费用	38	175,064,660	239,255,671
五、净利润		409,787,824	635,210,460
归属于母公司股东的净利润		403,725,853	632,794,738
少数股东损益		6,061,971	2,415,722
六、每股收益:			
(一)基本每股收益		0.42	0.70
(二)稀释每股收益		不适用	不适用
七、其他综合收益		242,947	54,874
八、综合收益总额		410,030,771	635,265,334
归属于母公司股东的综合收益总额		403,968,800	632,849,612
归属于少数股东的综合收益总额		6,061,971	2,415,722

法定代表人:庞庆华　　主管会计工作负责人:武成　　会计机构负责人:沈宝东

母公司利润表

2011 年 1—6 月

单位:元 币种:人民币

项目	附注	本期金额	上期金额
一、营业收入	4	7,041,028,305	8,161,374,533
减:营业成本	4	6,723,390,325	7,728,737,636
营业税金及附加		4,634,584	4,187,529
销售费用		172,822,842	179,115,930
管理费用		156,655,630	102,282,644
财务费用		82,863,627	70,308,987
资产减值损失		7,640,088	777,249
加:投资收益		14,156,783	10,120,682
其中:对合营企业的投资损失		−112,613	−1,170,245
二、营业利润		−92,822,008	86,085,240
加:营业外收入		3,813,994	1,937,570
减:营业外支出		3,398,997	2,044,474
其中:非流动资产处置损失		206,589	54,018
三、利润总额(亏损总额以"−"号填列)		−92,407,011	85,978,336
减:所得税费用		−27,038,868	18,735,666
四、净利润(净亏损以"−"号填列)		−65,368,143	67,242,670
五、综合收益总额		−65,368,143	67,242,670

法定代表人:庞庆华　　主管会计工作负责人:武成　　会计机构负责人:沈宝东

合并现金流量表

2011 年 1—6 月

单位:元 币种:人民币

项目	附注	本期金额	上期金额
一、经营活动产生的现金流量:			
销售商品、提供劳务收到的现金		32,740,111,293	33,071,039,818
收到其他与经营活动有关的现金	40	21,502,438	14,822,064
经营活动现金流入小计		32,761,613,731	33,085,861,882
购买商品、接受劳务支付的现金		32,942,498,681	28,330,205,367
支付给职工以及为职工支付的现金		911,908,634	520,341,294
支付的各项税费		837,532,898	614,574,995
支付其他与经营活动有关的现金	40	1,167,343,788	1,029,064,320
经营活动现金流出小计		35,859,284,001	30,494,185,976
经营活动产生的现金流量净额	41	−3,097,670,270	2,591,675,906
二、投资活动产生的现金流量:			
收回投资收到的现金		22,041	0
非同一控制下的企业合并所收到的现金		0	95,585,668
处置固定资产、无形资产收回的现金净额		70,420,444	21,943,839
取得存款利息收入所收到的现金		56,630,536	21,662,909
投资活动现金流入小计		127,073,021	139,192,416
购建固定资产、无形资产和其他长期资产支付的现金		−2,684,145,296	−1,331,239,029
投资支付的现金		−861,637,986	0
质押贷款净增加额			
非同一控制下的企业合并所支付的现金		−43,520,907	0
投资活动现金流出小计		−3,589,304,189	−1,331,239,029
投资活动产生的现金流量净额		−3,462,231,168	−1,192,046,613
三、筹资活动产生的现金流量:			
吸收投资收到的现金		6,040,006,746	0
取得借款收到的现金		7,451,186,802	8,347,223,766
筹资活动现金流入小计		13,491,193,548	8,347,223,766
增加使用受限制定期存款所支付的现金		−135,815,232	−899,569,055
偿还债务所支付的现金		−6,757,791,101	−4,606,331,148
分配股利、利润或偿付利息支付的现金		−475,908,927	−241,784,436
筹资活动现金流出小计		−7,369,515,260	−5,747,684,639
筹资活动产生的现金流量净额		6,121,678,288	2,599,539,127
四、汇率变动对现金及现金等价物的影响		70,366,532	8,742,220
五、现金及现金等价物净增加额		−367,856,618	4,007,910,640
加:期初现金及现金等价物余额		11,464,434,595	6,414,043,570
六、期末现金及现金等价物余额		11,096,577,977	10,421,954,210

法定代表人:庞庆华　　主管会计工作负责人:武成　　会计机构负责人:沈宝东

母公司现金流量表

2011 年 1—6 月

单位:元 币种:人民币

项目	附注	本期金额	上期金额
一、经营活动产生的现金流量:			
销售商品、提供劳务收到的现金		6,533,699,600	9,913,027,225
收到其他与经营活动有关的现金		1,115,375	7,150,779
经营活动现金流入小计		6,534,814,975	9,920,178,004
购买商品、接受劳务支付的现金		−8,241,360,098	−8,567,129,023
支付给职工以及为职工支付的现金		−144,277,040	−93,499,307
支付的各项税费		−104,696,924	−88,685,071
支付其他与经营活动有关的现金		−48,559,403	−145,439,950
经营活动现金流出小计		−8,538,893,465	−8,894,753,351
经营活动产生的现金流量净额		−2,004,078,490	1,025,424,653
二、投资活动产生的现金流量:			
收回投资收到的现金		1,300,000	0
取得投资收益收到的现金		11,738,928	0
处置固定资产、无形资产和其他长期资产收回的现金净额		14,833,649	703,729
取得存款利息收入所收到的现金		19,138,993	7,003,514
投资活动现金流入小计		47,011,570	7,707,243
购建固定资产、无形资产和其他长期资产支付的现金		−875,705,135	−667,832,038
投资支付的现金		−1,333,675,900	−223,985,000
非同一控制下的企业合并所支付的现金		−12,200,070	−300,000
投资活动现金流出小计		−2,221,581,105	−892,117,038
投资活动产生的现金流量净额		−2,174,569,535	−884,409,795
三、筹资活动产生的现金流量:			
吸收投资收到的现金		6,040,006,746	0
取得借款收到的现金		1,478,920,040	2,439,839,725
减少使用受限制和定期存款所收到的现金		32,000,000	0
筹资活动现金流入小计		7,550,926,786	2,439,839,725
偿还债务支付的现金		−1,806,812,679	−512,755,740
分配股利、利润或偿付利息支付的现金		−258,335,212	−135,180,985
增加使用受限制和定期存款所支付的现金		0	−25,300,000
筹资活动现金流出小计		−2,065,147,891	−673,236,725
筹资活动产生的现金流量净额		5,485,778,895	1,766,603,000
四、现金及现金等价物净增加额		1,307,130,870	1,907,617,858
加:期初现金及现金等价物余额		2,899,100,916	2,154,409,399
五、期末现金及现金等价物余额		4,206,231,786	4,062,027,257

法定代表人:庞庆华　　主管会计工作负责人:武成　　会计机构负责人:沈宝东

合并所有者权益变动表

2011 年 1—6 月

单位:元 币种:人民币

项目	本期金额							
	归属于母公司所有者权益							
	股本	资本公积	盈余公积	外币报表折算差额	未分配利润	小计	少数股东权益	股东权益合计
一、本期期初余额	908,600,000	6,311,245	216,972,798	−491,890	2,141,007,367	3,272,399,520	33,722,398	3,306,121,918
二、本期增减变动金额								
(一)净利润	0	0	0	0	403,725,853	403,725,853	6,061,971	409,787,824
(二)其他综合收益	0	0	0	242,947	0	242,947	0	242,947
综合收益总额	0	0	0	242,947	403,725,853	403,968,800	6,061,971	410,030,771
(三)股东投入和减少								

1.股东投入资本	140,000,000	5,900,006,746	0	0	0	6,040,006,746	0	6,040,006,746
(四)利润分配								
1.对股东的分配	0	0	0	0	−181,720,000	−181,720,000	0	−181,720,000
	140,000,000	5,900,006,746	0	242,947	222,005,853	6,262,255,546	6,061,971	6,268,317,517
三、本期期末余额	1,048,600,000	5,906,317,991	216,972,798	−248,943	2,363,013,220	9,534,655,066	39,784,369	9,574,439,435

单位:元 币种:人民币

2010 年度

项目	归属于母公司所有者权益							
	股本	资本公积	盈余公积	外币报表折算差额	未分配利润	小计	少数股东权益	股东权益合计
一、本年年初余额	908,600,000	6,311,245	147,142,548	−1,246,233	1,065,428,097	2,126,235,657	19,254,692	2,145,490,349
二、本年增减变动金额								
(一)净利润	0	0	0	0	1,236,269,520	1,236,269,520	6,381,864	1,242,651,384
(二)其他综合收益	0	0	0	754,343	0	754,343	0	754,343
综合收益总额	0	0	0	754,343	1,236,269,520	1,237,023,863	6,381,864	1,243,405,727
(三)股东投入和减少								
1、收购子公司的股权	0	0	0	0	0	0	5,085,842	5,085,842
2.股东投入资本	0	0	0	0	0	0	3,000,000	3,000,000
(四)利润分配								
1.提取盈余公积	0	0	69,830,250	0	−69,830,250	0	0	0
2.对股东的分配	0	0	0	0	−90,860,000	−90,860,000	0	−90,860,000
	0	0	69,830,250	754,343	1,075,579,270	1,146,163,863	14,467,706	1,160,631,569
三、本年年末余额	908,600,000	6,311,245	216,972,798	−491,890	2,141,007,367	3,272,399,520	33,722,398	3,306,121,918

法定代表人:庞庆华　　主管会计工作负责人:武成　　会计机构负责人:沈宝东

母公司所有者权益变动表

2011 年 1—6 月

单位:元 币种:人民币

项目	截至 2011 年 6 月 30 日止 6 个月期间				
	股本	资本公积	盈余公积	未分配利润	股东权益合计
一、本期期初余额	908,600,000	5,380,270	216,972,798	1,153,138,328	2,284,091,396
二、本期增减变动金额					
(一)净利润	0	0	0	−65,368,143	−65,368,143
(二)其他综合收益	0	0	0	0	0
综合收益总额	0	0	0	−65,368,143	−65,368,143
(三)利润分配					
1.对股东的分配	0	0	0	−181,720,000	−181,720,000
(四)股东投入和减少					
1.股东投入资本	140,000,000	5,900,006,746	0	0	6,040,006,746
	140,000,000	5,900,006,746	0	−247,088,143	5,792,918,603
三、本期期末余额	1,048,600,000	5,905,387,016	216,972,798	906,050,185	8,077,009,999

单位:元 币种:人民币

项目	2010 年度				
	股本	资本公积	盈余公积	未分配利润	股东权益合计
一、本年年初余额	908,600,000	5,380,270	147,142,548	615,526,073	1,676,648,891
二、本年增减变动金额					
(一)净利润	0	0	0	698,302,505	698,302,505
(二)其他综合收益	0	0	0	0	0
综合收益总额	0	0	0	698,302,505	698,302,505
(三)利润分配					
1、提取盈余公积	0	0	69,830,250	−69,830,250	0
1.对股东的分配	0	0	0	−90,860,000	−90,860,000
	0	0	69,830,250	537,612,255	607,442,505
三、本年年末余额	908,600,000	5,380,270	216,972,798	1,153,138,328	2,284,091,396

法定代表人:庞庆华　　主管会计工作负责人:武成　　会计机构负责人:沈宝东

7.3 本报告期无会计政策、会计估计的变更。

7.4 本报告期无前期会计差错更正。

7.5 企业合并及合并财务报表

7.5.1 本期发生的非同一控制下企业合并

单位:元 币种:人民币

被合并方	商誉金额	商誉计算方法
乌兰察布集宁森诺汽车贸易有限公司	10,966,932	折现率-所采用的折现率能是反映汽车专卖店特定风险的税前折现率。 管理层经过上述商誉减值测试,判断于各会计报表期末的商誉无需计提减值。
新疆大地汽车销售有限责任公司	9,070,875	
营口安顺汽车销售服务有限公司	13,192,449	
延边金山丰田汽车销售服务有限公司	19,301,220	

董事长:庞庆华

庞大汽贸集团股份有限公司

2011 年 8 月 25 日

审计报告

安永华明(2011)审字 第 60604719_A03 号

庞大汽贸集团股份有限公司全体股东:

我们审计了后附的庞大汽贸集团股份有限公司的财务报表,包括 2011 年 6 月 30 日的合并及公司资产负债表,截至 2011 年 6 月 30 日止 6 个月期间的合并及公司的利润表、股东权益变动表、现金流量表以及财务报表附注。

一、管理层对财务报表的责任

编制和公允列报财务报表是庞大汽贸集团股份有限公司管理层的责任。这种责任包括:(1)按照企业会计准则的规定编制财务报表,并使其实现公允反映;(2)设计、执行和维护必要的内部控制,以使财务报表不存在由于舞弊或错误而导致的重大错报。

二、注册会计师的责任

我们的责任是在执行审计工作的基础上对财务报表发表审计意见。我们按照中国注册会计师审计准则的规定执行了审计工作。中国注册会计师审计准则要求我们遵守中国注册会计师职业道德守则,计划和执行审计工作以对财务报表是否不存在重大错报获取合理保证。

审计工作涉及实施审计程序,以获取有关财务报表金额和披露的审计证据。选择的审计程序取决于注册会计师的判断,包括对由于舞弊或错误导致的财务报表重大错报风险的评估。在进行风险评估时,注册会计师考虑与财务报表编制和公允列报相关的内部控制,以设计恰当的审计程序,但目的并非对内部控制的有效性发表意见。审计工作还包括评价管理层选用会计政策的恰当性和作出会计估计的合理性,以及评价财务报表的总体列报。

我们相信,我们获取的审计证据是充分、适当的,为发表审计意见提供了基础。

三、审计意见

我们认为,上述财务报表在所有重大方面按照企业会计准则的规定编制,公允反映了庞大汽贸集团股份有限公司 2011 年 6 月 30 日的合并及公司财务状况以及截至 2011 年 6 月 30 日止 6 个月期间的合并及公司的经营成果和现金流量。

安永华明会计师事务所　　中国注册会计师: 赵　宁

中国注册会计师: 肖　慧

中国　北京

2011 年 8 月 25 日

中国北车股份有限公司

中国北车股份有限公司2010年年度报告摘要

第一节 重要提示

1.1.1 本公司董事会、监事会及董事、监事、高级管理人员保证本报告所载资料不存在任何虚假记载、误导性陈述或者重大遗漏，并对其内容的真实性、准确性和完整性承担个别及连带责任。

本年度报告摘要摘自年度报告全文，投资者欲了解详细内容，应当仔细阅读年度报告全文。

1.2 公司全体董事出席董事会会议。

1.3 毕马威华振会计师事务所为本公司出具了标准无保留意见的审计报告。

1.4 公司不存在被控股股东及其关联方非经营性占用资金的情况。

1.5 公司不存在违反规定决策程序对外提供担保的情况。

1.6 公司负责人崔殿国、主管会计工作负责人高志及会计机构负责人(会计主管人员)鄢德佳声明：保证年度报告中财务报告的真实、完整。

第二节 公司基本情况简介

2.1 基本情况简介

股票简称	中国北车
股票代码	601299
股票上市交易所	上海证券交易所
公司注册地址和办公地址	北京市丰台区芳城园一区15号楼
邮政编码	100078
公司国际互联网网址	www.chinacnr.com
电子信箱	ir@chinacnr.com

2.2 联系人和联系方式

	董事会秘书	证券事务代表
姓名	谢纪龙	时景丽
联系地址	北京市丰台区芳城园一区15号楼	北京市丰台区芳城园一区15号楼
电话	010-51897290	010-51897290
传真	010-52608380	010-52608380
电子信箱	ir@chinacnr.com	ir@chinacnr.com

第三节 会计数据和业务数据摘要

3.1 主要会计数据

单位：人民币千元

	2010年	2009年	本期比上年同期增减(%)	2008年
营业收入	62,184,321.00	40,515,922.00	53.48	34,710,720.00
利润总额	2,332,756.00	1,608,706.00	45.01	1,429,920.00
归属于上市公司股东的净利润	1,909,089.00	1,315,560.00	45.12	1,130,741.00
归属于上市公司股东的扣除非经常性损益的净利润	1,752,533.00	800,162.00	119.02	937,824.00
经营活动产生的现金流量净额	904,907.00	925,034.00	−2.18	3,728,319.00
	2010年末	2009年末	本期末比上年同期末增减(%)	2008年末
总资产	77,162,202.00	63,341,101.00	21.82	41,348,565.00
归属于上市公司股东的所有者权益合计	22,911,115.00	21,085,013.00	8.66	6,819,254.00

3.2 主要财务指标

	2010年	2009年	本期比上年同期增减(%)	2008年
基本每股收益(元/股)	0.23	0.23	不适用	0.19
稀释每股收益(元/股)			不适用	
扣除非经常性损益后的基本每股收益(元/股)	0.21	0.14	50.00	0.16
加权平均净资产收益率(%)	8.69	18.57	减少9.88个百分点	22.8
扣除非经常性损益后的加权平均净资产收益率(%)	7.97	11.42	减少3.45个百分点	18.91
每股经营活动产生的现金流量净额(元/股)	0.11	0.11	不适用	0.64
	2010年末	2009年末	本期末比上年同期末增减(%)	2008年末
归属于上市公司股东的每股净资产(元/股)	2.76	2.54	8.66	1.18

扣除非经常性损益项目

√适用 □不适用

单位：人民币千元

项目	金额
非流动资产处置损益	−11,636
计入当期损益的政府补助(与企业业务密切相关，按照国家统一标准定额或定量享受的政府补助除外)	349,330
债务重组损益	14
除同公司正常经营业务相关的有效套期保值业务外，持有交易性金融资产、交易性金融负债产生的公允价值变动损益，以及处置交易性金融资产、交易性金融负债和可供出售金融资产取得的投资收益	−176,909
单独进行减值测试的应收款项减值准备转回	592
除上述各项之外的其他营业外收入和支出	33,255
所得税影响额	−32,832
少数股东权益影响额(税后)	−5,258
合计	156,556

采用公允价值计量的项目

单位：人民币千元

项目名称	期初余额	期末余额	当期变动	对当期利润的影响金额
可供出售金融资产	75,364	219,803	144,439	50,970
交易性金融资产		39,987	39,987	−631
交易性金融负债		61,927	61,927	−226,858
其他流动负债		17,354	17,354	

第四节 股本变动及股东情况

4.1 股份变动情况表

√适用 □不适用

单位：股

	本次变动前		本次变动增减(+,−)	本次变动后	
	数量	比例(%)	其他	数量	比例(%)
一、有限售条件股份	6,675,000,000	80.42	−932,660,800	5,742,339,200	69.18
1、国家持股					
2、国有法人持股	5,800,000,000	69.88	−57,660,800	5,742,339,200	69.18
3、其他内资持股	875,000,000	10.54	−875,000,000		
其中：境内非国有法人持股	875,000,000	10.54	−875,000,000		
境内自然人持股					
4、外资持股					
其中：境外法人持股					
境外自然人持股					
二、无限售条件流通股份	1,625,000,000	19.58	932,660,800	2,557,660,800	30.82
1、人民币普通股	1,625,000,000	19.58	932,660,800	2,557,660,800	30.82
2、境内上市的外资股					
3、境外上市的外资股					
4、其他					
三、股份总数	8,300,000,000	100	0	8,300,000,000	100

限售股份变动情况表

√适用 □不适用

单位：股

股东名称	年初限售股数	本年解除限售股数	本年增加限售股数	年末限售股数	限售原因	解除限售日期
中国北方机车车辆工业集团公司	5,063,157,924	0	0	5,063,157,924	发起人股东承诺A股股票上市后36个月内限售	2012-12-30
大同前进投资有限责任公司	431,666,656	0	0	431,666,656	发起人股东承诺A股股票上市后36个月内限售	2012-12-30
全国社会保障基金理事会	247,514,620	0	0	247,514,620	承继原国有股股东的禁售期义务	2012-12-30
中国诚通控股集团有限公司	32,456,112	32,456,112	0	0	发起人股东承诺A股股票上市后1年内限售	2012-12-30
中国华融资产管理有限公司	22,719,308	22,719,308	0	0	发起人股东承诺A股股票上市后1年内限售	2012-12-30
全国社会保障基金理事会	2,485,380	2,485,380	0	0	承继原国有股股东的禁售期义务	2012-12-30
网下发行A股股份	875,000,000	875,000,000	0	0	A股股票上市之日起3个月内限售	2012-12-30
合计	6,675,000,000	932,660,800	0	5,742,339,200	/	/

4.2 股东数量和持股情况

单位：股

报告期末股东总数	144,267户

前十名股东持股情况

股东名称	股东性质	持股比例(%)	持股总数	持有有限售条件股份数量	质押或冻结的股份数量
中国北方机车车辆工业集团公司	国有法人	61.00	5,063,157,924	5,063,157,924	无
大同前进投资有限责任公司	国有法人	5.20	431,666,656	431,666,656	无
全国社会保障基金理事会转持三户	国有法人	3.01	250,000,000	247,514,620	未知
中国建设银行-华夏优势增长股票型证券投资基金	未知	1.04	85,996,141	0	未知
长城-中行-景顺资产管理有限公司-景顺中国系列基金	未知	0.88	73,077,015	0	未知
中国工商银行-南方隆元产业主题股票型证券投资基金	未知	0.70	58,000,000	0	未知
中国工商银行-诺安价值增长股票证券投资基金	未知	0.60	50,000,000	0	未知
中国建设银行股份有限公司-长盛同庆可分离交易股票型证券投资基金	未知	0.60	49,999,891	0	未知
中国建设银行-长城品牌优选股票型证券投资基金	未知	0.53	44,127,654	0	未知
华西证券有限责任公司	未知	0.52	42,892,419	0	未知

前十名无限售条件股东持股情况

股东名称	持有无限售条件股份的数量	股份种类及数量	
中国建设银行-华夏优势增长股票型证券投资基金	85,996,141	人民币普通股	85,996,141
长城-中行-景顺资产管理有限公司-景顺中国系列基金	73,077,015	人民币普通股	73,077,015
中国工商银行-南方隆元产业主题股票型证券投资基金	58,000,000	人民币普通股	58,000,000
中国工商银行-诺安价值增长股票证券投资基金	50,000,000	人民币普通股	50,000,000
中国建设银行股份有限公司-长盛同庆可分离交易股票型证券投资基金	49,999,891	人民币普通股	49,999,891
中国建设银行-长城品牌优选股票型证券投资基金	44,127,654	人民币普通股	44,127,654
华西证券有限责任公司	42,892,419	人民币普通股	42,892,419
中国诚通控股集团有限公司	32,456,112	人民币普通股	32,456,112
陈世辉	31,523,898	人民币普通股	31,523,898
交通银行-华夏蓝筹核心混合型证券投资基金(LOF)	29,756,620	人民币普通股	29,756,620

上述股东关联关系或一致行动的说明　　未知上述股东是否存在关联关系

4.3 控股股东及实际控制人情况介绍

4.3.1 控股股东及实际控制人变更情况

□适用　　√不适用

4.3.2 控股股东及实际控制人具体情况介绍

4.3.2.1 控股股东及实际控制人具体情况介绍

公司控股股东为中国北方机车车辆工业集团公司(以下简称“北车集团”),北车集团是根据《国务院关于组建中国北方机车车辆工业集团公司有关问题的批复》(国函[2002]18 号),在原中国铁路机车车辆工业总公司所属部分企事业单位的基础上组建的大型国有企业集团。北车集团成立于 2002 年 7 月 1 日,注册资金为人民币 816,472.70 万元。北车集团的主要业务是股权管理和资产管理。

4.3.2.2 控股股东情况

○ 法人

单位:人民币千元

名称	中国北方机车车辆工业集团公司
单位负责人或法定代表人	崔殿国
成立日期	2002 年 7 月 1 日
注册资本	816,472.70
主要经营业务或管理活动	股权管理及资产管理等

4.3.2.3 实际控制人情况

○ 法人

单位:人民币千元

名称	国务院国有资产监督管理委员会

4.3.3 公司与实际控制人之间的产权及控制关系的方框图(略)

4.3.4 实际控制人通过信托或其他资产管理方式控制公司

□适用　　√不适用

第五节　董事、监事和高级管理人员

5.1 董事、监事和高级管理人员持股变动及报酬情况

单位:股

姓　名	职务	性别	年龄	任期起始日期	任期终止日期	年初持股数	年末持股数	变动原因	报告期内从公司领取的报酬总额(万元)税前	是否在股东单位或其他关联单位领取薪酬
崔殿国	董事长	男	56	2008-6-25	2011-6-24	0	0		62.36	否
王立刚	副董事长	男	60	2008-6-25	2010-12-7	0	0		62.36	否
奚国华	董事(兼总裁)	男	47	2008-6-25	2011-6-24	0	0		62.36	否
林万里	职工董事	男	49	2008-6-25	2011-6-24	0	0		55.93	否
秦家铭	独立董事	男	65	2008-6-25	2011-6-24	0	0		14.82	否
张　忠	独立董事	男	64	2008-6-25	2011-6-24	0	0		15.72	否
陈丽芬	独立董事	女	51	2008-6-25	2011-6-24	0	0		12.72	否
邵　瑛	独立董事	女	64	2008-6-25	2011-6-24	0	0		13.92	否
张新民	独立董事	男	48	2008-6-25	2011-6-24	0	0		15.32	否
刘克鲜	监事会主席	男	58	2008-9-23	2011-9-22	0	0		43.68	否
陈方平	职工监事	男	50	2008-6-25	2011-6-24	0	0		40.55	否
朱三华	监事	男	48	2008-6-25	2011-6-24	0	0		37.4	否
赵光兴	副总裁	男	52	2008-6-25	2011-6-24	0	0		55.93	否
孙　锴	副总裁	男	57	2008-6-25	2011-6-24	0	0		55.93	否
高　志	副总裁(兼财务总监)	男	45	2008-6-25	2011-6-24	0	0		55.93	否
孙永才	副总裁(兼总工程师)	男	46	2008-12-19	2011-12-18	0	0		43.09	否
谢纪龙	董事会秘书	男	44	2008-8-5	2011-8-4	0	0		41.72	否
合　计	/	/	/	/	/			/	689.74	/

董事、监事、高级管理人员报告期内被授予的股权激励情况

□适用 √不适用

第六节　董事会报告

6.1 管理层讨论与分析

1、报告期内公司总体经营情况概述

2010 年公司的业务收入主要来源于轨道交通装备制造业务。近几年,国家不断增加轨道交通运输基础建设的投资,为公司提供了良好的发展平台。2010 年得益于国家积极的宏观经济政策,国家在轨道交通装备方面的投资增加,特别是高速铁路网的建设,公司迎来了快速发展的机遇。同时,公司也积极开拓新业务和海外市场,公司业务量不断扩大,盈利能力大幅上升,成为全球成长性最好的轨道交通装备制造商之一。

2010 年度公司经营业绩继续呈增长态势,实现营业收入 6,218,432 万元,较上年增长 53.48%;实现营业利润 196,179 万元,较上年增长 58.40%;实现归属于母公司净利润 190,909 万元,较上年增长 45.12%。

2、公司主营业务情况

(1)公司主营业务情况概述

公司的主营业务为铁路机车车辆(含动车组)、城市轨道车辆、工程机械、机电设备、环保设备、相关部件等产品的研发、制造、修理及技术服务、设备租赁等。

(2)各业务板块收入分析

2010 年度各业务板块收入与上年度的比较情况如下表所示:

项　　目	2010 年度 收入(千元)	占比	2009 年度 收入(千元)	占比	增长率
机车	14,921,042	23.99%	9,045,374	22.33%	64.96%
客车	15,101,054	24.28%	7,378,734	18.21%	104.66%
其中:动车组	11,677,028	18.78%	3,553,792	8.77%	228.58%
城轨地铁车辆	5,162,817	8.30%	2,229,661	5.50%	131.55%
货车	8,216,680	13.21%	6,709,740	16.56%	22.46%
工程机械、机电产品(含配件)	8,996,055	14.47%	7,776,751	19.19%	15.68%
其他	9,786,673	15.74%	7,375,662	18.21%	32.69%
合计	62,184,321	100%	40,515,922	100%	53.48%

公司营业收入主要由机车、客车、动车组、城轨地铁车辆、货车、工程机械、机电产品(含配件)和其他收入构成。报告期内,公司营业收入保持了快速增长。

机车业务收入 2010 年较上年有较大幅度的增长,主要是公司生产的和谐系列电力机车销量大幅提高所致。

客车业务(含动车组)收入 2010 年较上年有较大幅度的增长,主要是报告期内,按照订单计划,动车组开始集中交付客户,动车组收入急速增长。

城轨地铁车辆收入 2010 年较上年有较大幅度的增长,主要是随着国内城轨地铁进入快速发展时期,公司承接的订单在本年度交付量大大超过上年所致。

货车业务收入在 2010 年较上年有稳定的增长,主要是本报告期铁路货运量恢复增长,客户货车需求回升,公司货车销售量提高所致。

工程机械、机电产品业务(含配件)2010 年收入较上年有稳定的增长,主要是公司报告期内继续大力开拓相关多元市场,风电设备、养路机械等多元业务收入继续保持增长所致。

其他业务收入包括与轨道交通装备专有技术相关的多元产业等,2010 年度与上年相比增长的主要原因是公司积极拓展新的相关多元产业,相关产品收入增加。

(3)分地区营业收入分析

2010 年度分地区营业收入与上年度的比较情况如下表所示:

项　　目	2010 年度 收入(千元)	占比	2009 年度 收入(千元)	占比	增长率
国内市场	57,697,718	92.78%	38,229,171	94.36%	50.93%
国际市场	4,486,603	7.22%	2,286,751	5.64%	96.20%
合　　计	62,184,321	100%	40,515,922	100.00%	53.48%

报告期内公司国内市场营业收入增幅为 50.93%,国际市场营业收入增幅为 96.20%,主要是报告期内公司积极开拓国内和国际市场,产能、产量和销量较上年增长较快,使国内、国外市场均有较大幅度的增长。

(4)毛利和毛利率分析

2010 年度公司综合毛利及与上年度的比较情况如下表所示:

项　目	2010 年度 金额(千元)	2009 年度 金额(千元)	增长率
营业收入	62,184,321	40,515,922	53.48%
营业成本	53,943,006	35,445,123	52.19%
营业税金及附加	179,062	109,391	63.69%

毛利	8,062,253	4,961,408	62.50%
毛利率	12.97%	12.25%	5.88%

2010 年度公司毛利较上年度大幅度增长，主要原因是报告期内各业务板块收入均保持增长，其中动车组、城轨地铁、机车增幅较大，相应贡献的毛利也大幅增长。2010 年度公司毛利率较上年度有所提高，主要原因是公司报告期产品结构有所变化，平均毛利率相对较高的动车组收入占比提高所致。

(5)主要供货商及客户情况

报告期内，公司向前 5 名供货商合计采购金额为 567,469.6 万元，占年度采购比例的 12.35%；公司向前 5 名客户的销售额合计 3,701,833 万元，占年度销售总额的比例为 59.53%。客户集中度较高的原因在于铁道部及下属铁路局是公司的最主要客户。

3、报告期内公司主要资产、负债构成及变动情况

(1)报告期内公司主要资产构成及变动情况

截至 2010 年 12 月 31 日，公司主要资产构成及同比变动情况如下表所示(以净额反映)：

项　目	2010 年 12 月 31 日		2009 年 12 月 31 日		增长率
	金额(千元)	占比	金额(千元)	占比	
流动资产合计	51,369,133	66.57%	43,971,722	69.42%	16.82%
其中：货币资金	5,252,877	6.81%	11,363,012	17.94%	−53.77%
应收账款	10,274,264	13.32%	11,764,587	18.57%	−12.67%
预付款项	9,609,317	12.45%	6,647,819	10.50%	44.55%
存货	24,161,482	31.31%	12,934,504	20.42%	86.70%
非流动资产合计	25,793,069	33.43%	19,369,379	30.58%	33.16%
其中：固定资产	11,805,022	15.30%	9,335,159	14.74%	26.46%
在建工程	3,895,379	5.05%	2,098,151	3.31%	85.66%
无形资产	6,716,207	8.71%	6,064,451	9.57%	10.95%
资产总额	77,162,202	100%	63,341,101	100%	21.82%

截至 2010 年 12 月 31 日，公司流动资产占总资产比重为 66.57%，公司的资产结构呈现流动资产比重较高、非流动资产比重较低的特点，这主要与轨道交通装备制造业在经营过程中产品生产周期较长有关。

公司货币资金主要包括现金和银行存款。2010 年末公司货币资金余额占总资产比重为 6.81%，与公司需保持一定的货币资金存量以满足日常生产经营需要有关；货币资金余额及占总资产比重较 2009 年末大幅下降，主要原因是公司 2009 年底上市募集的资金按募投项目进展情况大部分资金仍以货币资金形式存放于金融机构。

公司应收账款主要为按销售合同约定的应收销货款。从绝对额看，2010 年末应收账款净额较 2009 年末减少了 12.67%，主要是 2010 年末应收款回款额较大所致；从占总资产比重看，2010 年末应收账款净额占总资产比重为 13.32%，较 2009 年末的 18.57%有一定下降。

公司预付款项主要是预付给原材料和设备供货商的采购款。从绝对额看，2010 年末预付款项较 2009 年末增加了 44.55%，主要是公司已签订了多项大功率电力机车、高速动车组和机电设备的生产订单，上述高技术产品生产周期较长，价值较高，需要提前订购部分材料并预付相应款项，报告期内支付上述款项增加所致；从占总资产比重看，2010 年末预付款项占总资产比重为 12.45%，较 2009 年末的 10.50%有一定提高。

公司存货主要为原材料、在产品和库存商品等。从绝对额看，2010 年末存货净额较 2009 年末增加了 86.70%，主要是公司经营规模快速扩大、业务量快速上升带来相应的增长；从占总资产比重看，2010 年末存货净额占总资产比重为 31.30%，较 2009 年末的 20.42%有一定的提高。

公司固定资产主要是房屋建筑物和机器设备等。从绝对额看，2010 年末固定资产净额较 2009 年末增加了 26.46%，主要是公司为满足业务规模扩大、业务扩张以及技术更新改造升级，投资增加所带来的一定增长；从占总资产比重看，2010 年末固定资产净额占总资产比重为 15.30%，较 2009 年末的 14.74%略有提高。

公司在建工程主要是为扩大生产能力、产品与技术更新改造升级所投资建设的在建项目。从绝对额看，2010 年末在建工程较 2009 年末增加了 85.66%，主要是公司 2010 年募投项目投入所致；从占总资产比重看，2010 年末在建工程占总资产比重为 5.05%，较 2009 年末的 3.31%有所提高。

公司无形资产主要是土地使用权和非专利技术等。从绝对额看，2010 年末无形资产净额较 2009 年末增加了 10.95%，主要是部分投资项目配套获取的土地使用权增加所致；从占总资产比重看，2010 年末无形资产净额占总资产比重为 8.71%，较 2009 年末的 9.57%有一定下降。

(2)报告期内公司主要负债构成及变动情况

截至 2010 年 12 月 31 日，公司主要负债构成及同比变动情况如下表所示：

项　目	2010 年 12 月 31 日		2009 年 12 月 31 日		增长率
	金额(千元)	占比	金额(千元)	占比	
流动负债合计	50,064,428	94.41%	37,913,474	90.90%	32.05%
其中：短期借款	1,237,870	2.33%	3,432,545	8.23%	−63.94%
应付票据	6,849,420	12.92%	5,120,856	12.28%	33.76%
应付账款	16,517,809	31.15%	11,827,640	28.36%	39.65%
预收款项	17,583,255	33.16%	14,389,147	34.50%	22.20%
非流动负债合计	2,963,234	5.59%	3,796,069	9.10%	−21.94%
其中：长期借款	22,365	0.04%	920,083	2.21%	−97.57%
其他非流动负债	2,940,869	5.55%	2,875,986	6.89%	2.26%
负债总额	53,027,662	100%	41,709,543	100%	27.14%

截至 2010 年 12 月 31 日，公司流动负债占总负债的比重为 94.41%，与较高的流动资产比重相对应，公司负债结构也呈现高流动负债比重的特点。

公司短期借款主要为向银行借入的款项，用于满足经营过程中短期流动资金的需求。2010 年末短期借款较 2009 年末减少了 63.94%，主要是 2010 年末应收款回款额较大，短期借款相应减少所致。

公司应付票据主要是为融通资金开具给供货商的票据款。2010 年末应付票据较 2009 年末增加 33.76%，主要原因是公司 2010 年度经营规模扩大、采购额增加带来的相应增加。

公司应付账款主要是应付原材料供货商、机器设备供货商和工程款项的应付未付款。2010 年末应付账款较 2009 年末增加 39.65%，主要原因是公司经营规模扩大、采购额增加带来的相应增加。

公司 2010 年预收款项较 2009 年末增加 22.20%，主要原因是公司已签订了多项大功率电力机车、高速动车组和机电设备的生产订单，报告期内收到的项目预收款增加所致。

公司 2010 年末长期借款较 2009 年末减少 97.57%，减幅较大，主要原因是公司报告期内偿还到期长期借款所致。

公司其他非流动负债主要是补充退休福利和提前退休福利形成的负债。2010 年末其他非流动负债较 2009 年末增加 2.26%，变动幅度不大。

4、报告期内期间费用等财务数据的重大变动情况

2010 年度，公司期间费用等财务数据及同期变动情况如下表所示：

项　目	2010 年度	2009 年度	增长率
	金额(千元)	金额(千元)	
销售费用	1,109,469	577,602	92.08%
管理费用	4,618,419	3,266,461	41.39%
财务费用	384,178	363,884	5.58%
资产减值损失	84,535	4,508	1,775.22%
公允价值变动损失	41,132	—	—
投资收益	137,273	489,546	−71.96%
营业外收入	467,823	424,720	10.15%
所得税费用	303,085	195,196	55.27%

2010 年度，公司销售费用 1,109,469 千元，较上年增长 92.08%，主要是由于经营规模扩大、营业收入大幅增长带动销售费用增长所致；公司管理费用 4,618,419 千元，较上年增长 41.39%，主要是经营规模扩大和研发费用增加导致管理费用相应增加所致；公司财务费用 384,178 千元，较上年增长 5.58%，变动不大；公司资产减值损失 84,535 千元，较上年增加较大，主要是上年度收回了部分以前年度已计提了坏账准备的应收账款、相应坏账准备出现转回所致；公司投资收益 137,273 千元，较上年减少 71.96%，主要原因是：一方面公司上年度出售了部分所持有的上市公司股票获取了较大收益，另一方面公司报告期处置交易性金融负债所致；公司营业外收入 467,823 千元，较上年增长了 10.15%，主要是政府补助有所增长所致；公司所得税费用 303,085 千元，较上年增长 55.27%，主要原因是本年度营业利润增加所致。

5、报告期内现金流量分析

2010 年度，公司现金流量及同期变动情况如下表所示：

项　目	2010 年度	2009 年度	增长率
	金额(千元)	金额(千元)	
经营活动产生的现金流量净额	904,907	925,034	−2.18%
投资活动产生的现金流量净额	−7,148,141	−3,144,414	不适用
筹资活动产生的现金流量净额	197,587	11,115,390	−98.22%

2010 年度，公司经营活动的现金净流量 904,907 千元，较上年减少了 2.18%，主要是随着生产经营的快速增长，公司报告期购买商品接受劳务支出的现金较上年度增加额大于销售商品、提供劳务收到的现金较上年度增加额所致；公司投资活动的现金净流量−7,148,141 千元，主要原因是公司报告期募投项目陆续投入，投资支出增加所致；公司筹资活动产生现金净流量 197,587 千元，较上年大幅减少，主要原因：一方面上年度上市融资基数较大，另一方面报告期偿还借款所致。

6、报告期内重大资本性支出情况

2010 年度，公司重大资本性支出情况如下表所示：

项　目	2010 年度	2009 年度
	金额(千元)	金额(千元)
投资性房地产	—	—
固定资产	488,886	172,324
在建工程	5,133,372	2,840,332
无形资产	880,283	214,571
开发支出	1,687	850
合　计	6,504,228	3,228,077

报告期内，公司的资本性支出主要用于固定资产、在建工程等支出。这些资本性支出增强了公司的业务能力和可持续发展能力，进一步提高了公司的经营规模和综合实力。

7、公司主要子公司的经营情况(占公司收益 10%以上的子公司)

单位：人民币千元

子公司名称	主营业务	注册资本	年末资产总额	归属于母公司股东的年末净资产	归属于母公司股东的 2010 年净利润	2010 年营业收入
大连机车车辆有限公司	铁路内燃机车、电力机车、城轨车辆研发制造与修理	2,079,388	19,888,591	5,240,722	519,788	10,768,581
长春轨道客车股份有限公司	铁路动车组、客车、城轨车辆研发、制造，铁路动车组、高档客车修理	1,470,000	8,548,523	2,641,717	420,698	10,811,272
唐山轨道客车有限责任公司	铁路货车研发、制造与修理；铁路起重机研发、制造	1,810,000	12,283,440	2,147,792	240,051	10,338,485
永济新时速电机电器有限责任公司	轨道交通电传与控制技术及相关电器设备、电机研发、制造；工程机械、风力发电产品研发、制造	630,000	4,855,477	1,231,932	205,545	4,988,530
齐齐哈尔轨道交通装备有限责任公司	铁路货车研发、制造与修理；铁路起重机研发、制造	1,130,000	3,975,844	2,010,587	199,572	6,468,297

8、同公允价值计量相关资产情况

单位:人民币千元

项目	期初金额	本期公允价值变动损益	计入权益的累计公允价值变动	本期计提的减值	本期其他增减变动	期末金额
金融资产						
其中:可供出售的金融资产	75,364	—	169,376	—	−24,937	219,803
衍生金融资产	—	−631		—	40,618	39,987
金融资产小计	75,364	−631	169,376	—	15,681	259,790
金融负债	—	226,858	17,324		−164,901	79,281
合计	75,364	−227,489	152,052	—	180,582	180,509

9、持有外币金融资产、金融负债情况

单位:人民币千元

项目	期初金额	本期公允价值变动损益	计入权益的累计公允价值变动	本期计提的减值	本期其他增减变动	期末金额
金融资产						
其中:1.以公允价值计量且其变动计入当期损益的金融资产	—	−631	—	—	40,618	39,987
其中:衍生金融资产	—	−631	—	—	40,618	39,987
2.贷款和应收款项	618,887	—	—	—	−159,007	459,880
3.可供出售的金融资产	—	67,556	67,556	—	27,854	95,410
4.持有至到期投资	—	—	—	—	—	—
金融资产小计	618,887	66,925	67,556	—	−90,535	595,277
金融负债	815,900	244,843	17,324	—	−426,229	634,514

10、技术创新情况

公司加强技术创新体系建设,全面做好产品技术开发,努力突破核心和关键技术,大幅提升技术创新能力,技术创新工作取得了新的业绩,全面提升了公司核心竞争力和在国际轨道交通装备行业的影响力,有力地支撑了公司的全面发展。

公司研发的"HXD3型大功率交流传动电力机车"获得国家科技进步一等奖,是中国机车发展史上的最高奖项,此外还有11项成果获省部级科学技术奖。"高速列车系统集成国家工程实验室"和"动车组和机车牵引与控制国家重点实验室"建设工作进展顺利,当年新承担国家级科研项目3项,铁道部科研项目立项14项,两项产品获得2010年国家重点新产品资质认可。申请专利1026件,其中发明专利396件,申请PCT(国际)专利23件;获第十二届中国专利优秀奖和外观设计优秀奖各1项。2010年,公司的技术投入比例达4.55%。

我国首辆CRH380新一代高速动车组在中国北车下线,"和谐号"380系列动车组进入量产阶段。国产化直线电机车辆完成样机试制。新型100%低地板车辆试制成功。国内首条城际地铁项目广佛线用车下线。沙特麦加地铁、泰国BTS地铁、香港地铁、伊朗马沙德轻轨等5个项目完成试制。

HXD2B、HXD2C型交流传动电力机车同时下线。新一代大功率交流传动客货通用HXD3C型电力机车运行稳定、性能优越。经过多项技术提升和适应性改进的HXN3型内燃机车担当重载货物列车的牵引任务。出口新西兰CKD9B型窄轨内燃机车批量交付,中国北车机车产品首次进入发达国家市场。

轴重26.5~30t大轴重货车和160~200km/h快捷货车列入国家《重大技术装备自主创新指导目录》。适应国际市场需求,完成澳大利亚煤炭漏斗车等21种货车产品的开发。

研制国内首列LZC-800型路基处理车,形成路基处理车、钢轨打磨车批量制造能力。1.5MW风电机组成功并网发电。国内功率最大的3兆瓦永磁风力发电机并网发电。自主研制的1.5兆瓦风电双馈电机变频器批量投产。

11、节能减排情况

2010年度,公司深入贯彻落实科学发展观,积极抓住轨道交通产业前所未有的发展机遇,坚持技术引进和自主创新相结合,坚持节能减排与产业发展相结合,认真履行社会责任,大力推进节能减排工作,以全面实施结构节能、工艺节能、技术节能和管理节能为手段,加快结构调整,转变经济增长方式,依托技术进步,实施工艺改造,应用节能减排新技术、新模式,不断夯实强化基础管理,跨越式地实现了降耗增效和污染物总量控制,为提升公司利润水平,实现"三步走"发展战略奠定了坚实基础。

2010年,公司的节能减排工作取得了十分可喜的成绩,所属二级企业全部顺利通过了ISO14001环境管理体系年度审核,全年没有发生一起环境污染事故,能源消耗指标较上年同期降明显,万元产值综合能耗和万元增加值综合能耗降幅均达到30%,污染物排放指标也较上年同期有所下降,SO_2排放量降幅超过10%,COD排放量降幅为2.5%,不仅全面完成了国资委下达的节能减排考核指标要求,而且全面完成了国家"十一五"节能减排的指标要求。

12、对公司未来发展的展望

公司未来发展有若干特点,可归纳如下:

(1)国内外经济形势,为公司持续发展创造了良好的外部环境

从国际环境看,经济全球化深入发展,世界科技创新孕育着重大突破并可能催生新兴产业形成发展。同时,科技创新为传统的铁路工业注入了新的活力,增强了发展的动力,全球铁路呈现出新的复兴,特别是高速铁路作为一种安全可靠、快捷舒适、运载量大、低碳环保的运输方式,成为世界铁路发展的重要趋势。从国内环境看,我国正处于工业化、信息化、城镇化、市场化和国际化快速发展的重要阶段,也是全面建设小康社会的关键时期,国民经济将保持平稳较快增长速度。国家"十一五"发展规划纲要确定未来五年我国国民经济和社会发展的指导思想、主要目标和重点措施,并把"改造提升制造业"和"发展战略性新兴产业"做为转型升级、提升产业竞争力的重要举措。轨道交通装备制造业作为国家战略性新兴产业的重要组成部分,可以预见,在"十一五"期间将有良好的政策环境和巨大的发展空间。近年来,中国北车在提升高端轨道交通装备自主创新能力和产业化水平的同时,在新能源、新能源汽车、节能环保产品等领域积累了一定的技术实力和产业基础,在国家新兴产业政策的引导和支持下,具备了进一步拓展新的业务领域的有利条件。

(2)铁路和城市轨道交通建设快速发展,公司面临着可持续的市场机遇

根据欧洲铁路行业协会分析预测,到2015年全球轨道交通装备市场将保持年均3%的增长,届时年均容量将高达1000多亿欧元,其中产品和服务收入各占50%。

2011年全国铁路工作会议提出了铁路"十一五"期间的发展构想,到2015年,全国铁路营业里程达到12万公里,其中高速铁路1.6万公里,西部铁路5万公里,复线率和电气化率分别达到50%、60%;以高速铁路为骨架、总规模5万公里的快速铁路网基本建成,总规模7万公里的区际大能力通道布局形成,繁忙干线实现客货分线运输;时速200公里及以上动车组成为快速客运的主要装备,全路投入运营的动车组达到1500列;大功率机车成为主要干线的主力机型,投入运用的大功率机车达到1.3万台以上,占机车保有量的60%;新型空调客车达到3.6万辆,占客车保有量的80%;货车车辆达到时速120公里技术标准,70吨级及以上通用货车占货车保有量的30%。2011年,全国铁路安排基本建设投资7000亿元,新线铺轨7935公里,复线铺轨6211公里,新线投产7901公里,复线投产6861公里,电气化投产8800公里,高铁投产4715公里。

铁路建设的大发展,直接拉动机车车辆装备和大型养路机械的需求,高速动车组、大功率机车、大型养路机械、新型重载快捷货车等新技术装备将进入密集生产、密集运用的周期。2011年全路计划投用新造动车组293组、新造和谐型机车1681台、新造客车1500辆、新造货车25000辆,技术装备水平将实现大幅度跨越。从城轨方面看,我国城市轨道交通进入了一个快速发展期,目前已有北京、上海、广州、深圳、武汉、天津、南京、重庆、大连和长春十个城市开通了34条城市轨道交通线路,运营里程总长近1000公里,在线运营车辆将近8000辆。预计到2015年,全国运营总里程约3500多公里,在线运营车辆将达到约25000辆,"十一五"期间城轨车辆年均需求预计约3300辆。巨大且可持续的市场需求,为公司的发展提供了难得的机遇。"十一五"期间,围绕"高速、重载、节能、环保"的技术方向以及落实"走出去"战略,中国北车在轨道交通装备领域将大有作为。

(3)公司监管不断强化,上市运作更加严格,对公司发展提出了更高的要求

在2010年年底召开的中央企业负责人会议上,国务院国资委明确提出"十一五"期间中央企业改革发展的核心目标:做强做优中央企业,培育具有国际竞争力的世界一流企业,并要求中央企业做到"四强四优"。"四强"就是自主创新能力强、资源配置能力强、风险管控能力强、人才队伍强;"四优"就是经营业绩优、公司治理优、布局结构优、社会形象优。国务院国资委领导同志对中国北车经营管理层寄予厚望,希望公司紧紧抓住难得的发展机遇,努力把中国北车打造成为世界一流的机车车辆跨国集团,打造成为高端制造业自主创新的典范,打造成为中央企业技术领先、具有自主品牌的排头兵,打造成为30-50家具有国际竞争力的中央企业之一。国务院国资委决定从今年起,将国有资本收益收取比例从5%提高到10%,继续深化经济增加值考核,稳妥推进全员业绩考核和董事会业绩考核。这些对公司改进经营管理,提高发展质量,规范企业运营提出了更高的要求。另外,财政部、证监会等有关部委要求国有控股上市公司加强内控制度体系建设,提高管理的标准化、系列化和科学化水平,需要公司在管理理念、制度完善和流程规范上下更大的功夫。

此外,公司未来的经营也会面临一些风险。从国际环境看,国际金融危机影响深远,全球经济走势的不确定性和波动性增加,全球经济形势错综复杂,未来五年公司将面临更高层次、更高水平、更为激烈的国际竞争环境。从国内形势看,国内制约发展的深层次矛盾依然存在,公司面临诸多可以预见和难以预见的风险、挑战和困难;各国经济刺激政策加剧流动性过剩,通胀压力逐步加大;我国已进入土地、原材料、劳动力等生产要素成本持续上升的发展阶段,资源环境约束和成本压力不断强化;另外,随着我国经济回升向好的趋势不断巩固发展,一些刺激经济增长的政策措施将逐渐退出,等等。从轨道交通装备行业看,随着国内区域经济的快速发展、高端装备产品需求的急速增长和铁路体制改革的不断深化,用户和公众对产品质量、服务、价格的要求越来越高。从公司内部看,公司还应在人才建设、资源配置、技术创新、管理水平等方面进一步提升能力,以适应公司国际化经营的需要。

2011年度公司经营管理的总体思路是:

面对国内外政策形势的调整与变化,公司必须要密切关注,未雨绸缪,主动抓住一切可能的机遇,积极应对一切可能的挑战,全力做好2011年各项工作,为全面实施"十一五"各项任务目标开好局、起好步。

公司2011年改革发展的总体思路是:全面贯彻落实科学发展观,深入推进"三步走"发展战略,围绕"成长、效益、健康"三大主题,着力改进经营管理,加速推进自主创新,持续优化资源配置,不断拓展市场领域,大力培育新兴产业,加快实施国际化战略,稳妥开展资本经营,着力做强做优,促进转型升级,全面提升整体素质和发展质量,全力推进世界级企业建设。

6.2 主营业务分行业、产品情况表

请见前述6.1

6.3 主营业务分地区情况表

请见前述6.1

6.4 募集资金使用情况

√适用　　□不适用

单位:人民币千元

募集资金总额	1,354,292	本年度已使用募集资金总额	708,392
		已累计使用募集资金总额	1,182,400

承诺项目	是否变更项目	拟投入金额	实际投入金额	是否符合计划进度	预计收益	产生收益情况
时速350公里动车组制造平台建设项目	是	131,200	131,200			33,504
时速300公里动车组技术引进消化吸收和国产化技术改造项目	否	68,000	68,000			759,059
时速300公里动车组仓储系统建设项目	否	9,000	9,000			不适用
时速200公里动车组技术引进消化吸收和国产化技术改造项目	否	46,000	39,356			585,130
高速列车系统集成国家工程实验室建设项目	否	11,400	4,399			不适用
时速300公里动车组转向架技术引进消化吸收和国产化技术改造项目	否	9,800	9,800			69,231
六轴大功率交流传动电力机车技术引进消化吸收和国产化技术改造项目	否	38,800	17,251			不适用
9600kW大功率交流传动电力机车技术改造项目	否	45,100	42,411			387,408
生产六轴大功率交流传动电力机车技术改造项目	否	34,500	34,500			68,043
大功率交流传动内燃机机车技术引进消化吸收和国产化技术改造项目	否	47,800	41,587			40,380
大型养路工程机械技术引进消化						

吸收和国产化技术改造项目	否	20,000	9,647		105,604
大功率交流机车微机网络控制系统及内燃机车柴油机关键部件技术引进消化吸收和国产化技术改造项目	否	10,000	9,159		31,081
时速200公里动车组配套列车网络系统、制动系统和钩缓装置技术引进消化吸收和国产化技术改造项目	否	11,000	11,000		61,755
加强电力牵引核心技术自主创新能力技术改造项目	否	9,000	1,673		不适用
提高铁路货车水平及关键零部件专业化生产技术改造项目	否	32,000	16,099		不适用
建设铁路货车研发中心和组装基地建设项目	否	22,000	22,000		58,611
出口铁路客车生产技术改造项目	否	36,000	33,086		216,281
适应25吨轴重货运重载技术开发提高70吨级铁路新型罐车制造工艺水平技术改造项目	否	19,600	13,207		3,949
新型电力机车检修和提高工程车制造工艺水平技术改造项目	否	31,000	3,168		不适用
建设快速重载铁路货车研发与制造基地改造项目	否	23,400	21,400		235,317
风力发电和研发中心项目	否	82,000	54,538		不适用
大型钢结构产业基地及智能化装配设备技术改造项目	否	27,000	22,274		1,007
列车电气产品及空气弹簧产品技术改造项目	否	37,000	28,186		49,303
整体信息化建设工程项目	否	16,000	3,459		不适用
合计	/	817,600	646,400	/	/
尚未使用的募集资金用途及去向	以募集资金向控股子公司增资并存放于控股子公司账户尚未使用的募集资金余额约为161,124万元(含利息约2,463万元),公司募集资金专户余额约14,415万元(含利息约1,183万元)。				

变更项目情况

√适用　□不适用

单位:人民币千元

变更后的项目	对应的原承诺项目	变更项目拟投入金额	实际投入金额	是否符合计划进度	变更项目的预计收益	产生收益情况
变更投资项目资金总额						131,200
时速350公里动车组制造平台建设项目	时速350公里动车组制造平台建设项目	131,200	131,200	是		33,504
合计	/	131,200	131,200	/		/

6.5 非募集资金项目情况

√适用　□不适用

6.6 董事会对会计师事务所"非标准审计报告"的说明

□适用　√不适用

6.7 董事会本次利润分配或资本公积金转增股本预案

经毕马威华振会计师事务所审计,公司2010年度实现净利润561,708,040.67元,加上年初未分配利润311,878,494.60元,2010年公司可供分配利润为873,586,535.27元,根据公司章程,提取法定盈余公积金56,170,804.07元,减去公司分配2009年166,000,000.00元,可供股东分配的利润651,415,731.20元。

考虑到公司长远发展的需要及股东的投资收益,董事会于2011年4月6日提议公司向普通股股东派发现金股利,以公司总股本830,000万股为基数,向全体股东以每股人民币0.05元派发股息。本次派息共需现金人民币41,500万元(含税)。

关于2010年度利润分配的预案尚待公司2010年年度股东大会审议批准。

公司本报告期内盈利但未提出现金利润分配预案

□适用　√不适用

第七节　重要事项

7.1 收购资产

√适用 □不适用

单位:人民币千元

交易对方或最终控制方	被收购资产	购买日	收购价格	自购买日起至本年末为公司贡献的净利润	本年初至本年末为公司贡献的净利润(适用于同一控制下的企业合并)	是否为关联交易(如是,说明定价原则)	所涉及的资产产权是否已全部过户	所涉及的债权债务是否已全部转移
上海电气集团股份有限公司	上海轨道交通设备发展有限公司	2010年9月27日	450,080.00	4,860	0	否	是	是
重庆机电控股(集团)公司	重庆长客轨道车辆有限公司	2010年1月6日	35,172.00	-34,182	0	否	是	是
裴建章	陕西华阜科工贸有限责任公司	2010年3月31日	10,710.00	1,010	0	否	是	是

7.2 出售资产

√适用　□不适用

单位:人民币千元

公司对外担保情况(不包括对控股子公司的担保)

担保对象名称	发生日期(协议签署日)	担保金额	担保类型	担保期	担保是否已经履行完毕	是否为关联方担保
上海国际集团金融服务有限公司		317			否	否
报告期内担保发生额合计						0
报告期末担保余额合计						317

公司对控股子公司的担保情况

报告期内对子公司担保发生额合计	15,885,804
报告期末对子公司担保余额合计	7,579,787

公司担保总额情况(包括对控股子公司的担保)

担保总额	7,580,104
担保总额占公司净资产的比例(%)	31
其中:	
为股东、实际控制人及其关联方提供担保的金额	0
直接或间接为资产负债率超过70%的被担保对象提供的债务担保金额	6,856,121
担保总额超过净资产50%部分的金额	189,665
上述三项担保金额合计	7,045,785

7.4 重大关联交易

7.4.1 与日常经营相关的关联交易

√适用　□不适用

关联方	向关联方销售产品和提供劳务 交易金额	占同类交易金额的比例(%)	向关联方采购产品和接受劳务 交易金额	占同类交易金额的比例(%)
北车集团	114,102	1.26		
大同AAB牵引变压器有限公司			322,922	0.65
大连东芝机车电气设备有限公司			1,631,904	3.28
合计	114,102	1.26	1,954,826	3.93

7.4.2 关联债权债务往来

√适用　□不适用

关联方	向关联方提供资金 发生额	余额	关联方向公司提供资金 发生额	余额
北车集团	0	0	300,000	0
合计			300,000	

7.4.3 报告期内资金被占用情况及清欠进展情况

□适用　√不适用

截至报告期末,上市公司未完成非经营性资金占用的清欠工作的,董事会提出的责任追究方案

□适用　√不适用

7.5 委托理财

□适用　√不适用

7.6 承诺事项履行情况

7.6.1 公司或持股5%以上股东在报告期内或持续到报告期内的承诺事项

√适用　□不适用

承诺事项	承诺内容	履行情况
发行时所作承诺	(1)北车集团承诺:自公司股票上市之日起三十六个月内,不转让或者委托他人管理其直接和间接持有的公司首次公开发行股票前已发行股份,也不由公司回购该部分股份; (2)北车集团承诺:尽最大努力避免沈车公司可能带来的同业竞争问题; (3)前进投资承诺:自公司股票上市之日起三十六个月内,东北车集团及股东前进不转让或者委托他人管理其直接和间接持有的公司首次公开发行股票前已发行股份,也不由公司回购该部分股份; (4)北车集团承诺:尽最大努力协助公司解决部分房屋为获得《房屋所有权证》的问题; (5)北车集团承诺:尽最大努力协助公司解决部分土地的《国有土地使用证》未注明使用权限或终止日期的问题。	本报告期内,公司控股股东北车集团及股东前进投资遵守了其所作出的承诺。

7.6.2 公司资产或项目存在盈利预测,且报告期仍处在盈利预测期间,公司就资产或项目是否达到原盈利预测及其原因作出说明

□适用　√不适用

7.7 重大诉讼仲裁事项

□适用　√不适用

7.8 其他重大事项及其影响和解决方案的分析说明

7.8.1 证券投资情况

□适用　√不适用

7.8.2 持有其他上市公司股权情况

√适用　□不适用

单位:人民币千元

证券代码	证券简称	最初投资成本	占该公司股权比例(%)	期末账面价值	报告期损益	报告期所有者权益变动	会计核算科目	股份来源
600458	时代新材	2,555	0.83	124,393	50,970	51,090	可供出售	

							金融资产	
HK00580	赛晶电力电子	27,854	2.56	95,410	0	67,556	可供出售金融资产	
合计		30,409	/	219,803	50,970	118,646	/	/

7.8.3 持有非上市金融企业股权情况

□适用　　√不适用

7.8.4 买卖其他上市公司股份的情况

√适用　　□不适用

买卖方向	股份名称	期初股份数量	报告期买入/卖出股份数量	期末股份数量	使用的资金数量	产生的投资收益
卖出	时代新材	3,521,699	1,572,568	1,949,131		50,579,637.58
买入	赛晶电力电子	0	51,200,000	51,200,000	27,854,028.8	0

7.9 公司披露了内部控制的自我评价报告或履行社会责任报告，详见年报全文。

第八节　监事会报告

8.1 监事会对公司依法运作情况的独立意见

公司监事会依据公司章程赋予的职权，在报告期内，围绕公司规范运作、风险防范、有效管控和确保上市等方面建设性地开展工作。监事会认为：公司董事会能够严格按照《公司法》、《证券法》、《公司章程》及其他有关法律法规和制度的要求，依法经营。公司重大经营决策合理，程序合法有效。为进一步规范运作，公司进一步健全了内部管理制度和内部控制机制；公司董事、高级管理人员在执行公司职务时，均能认真贯彻执行国家法律法规、《公司章程》和股东大会、董事会决议，忠于职守、勤勉敬业、开拓进取。未发现公司董事、高级管理人员在执行公司职务时违反法律法规、《公司章程》或损害公司股东、公司利益的行为。

8.2 监事会对检查公司财务情况的独立意见

监事会成员通过听取公司财务负责人的专项汇报、审查公司财务报表、审议公司定期报告及会计师事务所审计报告、对董事会决策的重大投资项目进行实地考察等方式，对公司财务运作情况进行检查、监督。

监事会认为，本年度公司财务制度健全，各项费用提取合理。经毕马威华振会计师事务所对公司财务报告进行审计，并出具了无保留意见的审计报告，认定公司会计报告符合《会计准则》和《企业会计制度》的有关规定，客观、公正、真实、准确地反映了公司2010年度的财务状况和经营成果。

8.3 监事会对公司最近一次募集资金实际投入情况的独立意见

报告期内，公司监事会对公司使用募集资金的情况进行监督，监事会认为：公司完全按照《募集资金使用管理制度》的要求管理和使用募集资金，募集资金实际投入项目与承诺投入项目一致。最近一次募集资金实际投入情况符合国家有关法律法规和《公司章程》的规定，不存在损害公司和股东的利益的行为。

8.4 监事会对公司收购、出售资产情况的独立意见

公司在报告期内的资产收购、出售资产交易中，定价合理、程序合法，不存在公司资产流失或股东权益受损的情况。

8.5 监事会对公司关联交易情况的独立意见

报告期内，监事会对公司发生的关联交易进行监督，监事会认为：公司所有关联交易均认真执行了《公司法》、《证券法》、《上海证券交易所股票上市规则》等法律法规及《公司章程》、《关联交易管理制度》的规定，关联交易均经公司董事会和经理层充分论证、谨慎决策，依据政府定价、公允市价等原则定价，没有违反公开、公平、公正的原则，不存在损害上市公司和中小股东的利益的情况。

第九节　财务会计报告

9.1 审计意见

财务报告	□未经审计	√审计
审计意见	√标准无保留意见	□非标意见

9.2 财务报表

合并资产负债表

2010年12月31日

编制单位：中国北车股份有限公司　　单位：人民币千元

项目	附注	2010年	2009年
流动资产：			
货币资金	五、1	5,252,877	11,363,012
交易性金融资产	五、2	39,987	–
应收票据	五、3	602,796	469,898
应收账款	五、4	10,274,264	11,764,587
预付款项	五、6	9,609,317	6,647,819
应收利息		355	–
应收股利		2,015	2,337
其他应收款	五、5	660,401	351,418
存货	五、7	24,161,482	12,934,504
一年内到期的非流动资产	五、10	234,005	57,859
其他流动资产	五、8	531,634	380,288
流动资产合计		51,369,133	43,971,722
非流动资产：			
可供出售金融资产	五、9	219,803	75,364
长期应收款	五、10	470,167	151,675
长期股权投资	五、11	1,187,080	854,162
投资性房地产	五、12	97,527	81,007
固定资产	五、13	11,805,022	9,335,159
在建工程	五、14	3,895,379	2,098,151
工程物资	665,402	528,914	
无形资产	五、15	6,716,207	6,064,451
开发支出	五、16	8,620	6,933
长期待摊费用	7,965	8,562	
递延所得税资产	五、17	167,074	165,001
其他非流动资产	五、18	552,823	–
非流动资产合计		25,793,069	19,369,379
资产总计		77,162,202	63,341,101
流动负债：			
短期借款	五、21	1,237,870	3,432,545
交易性金融负债	五、2	61,927	–
应付票据	五、22	6,849,420	5,120,856
应付账款	五、23	16,517,809	11,827,640
预收款项	五、24	17,583,255	14,389,147
应付职工薪酬	五、25	883,201	959,564
应交税费	五、26	693,636	339,816
应付利息	41,923	4,494	
应付股利	五、27	149,966	125,542
其他应付款	五、28	1,597,458	1,455,623
一年内到期的非流动负债	五、30	60,000	100,000
预计负债	五、29	378,960	158,247
其他流动负债	五、31	4,009,003	–
流动负债合计		50,064,428	37,913,474
非流动负债：			
长期借款	五、32	22,365	920,083
应付职工薪酬	五、25	2,110,712	2,344,455
长期应付款	4,113	8,914	
专项应付款	13,303	29,843	
递延所得税负债	五、17	14,614	–
其他非流动负债	五、33	798,127	492,774
非流动负债合计		2,963,234	3,796,069
负债合计		53,027,662	41,709,543
股东权益：			
股本	五、34	8,300,000	8,300,000
资本公积	五、35	11,024,776	10,937,932
盈余公积	五、36	152,458	96,287
未分配利润	五、37	3,433,881	1,750,794
归属于母公司股东权益合计		22,911,115	21,085,013
少数股东权益		1,223,425	546,545
股东权益合计		24,134,540	21,631,558
负债和股东权益总计		77,162,202	63,341,101

法定代表人：崔殿国　　主管会计工作负责人：高志　　会计机构负责人：鄢德佳

母公司资产负债表

2010年12月31日

编制单位：中国北车股份有限公司　　单位：人民币千元

项目	附注	2010年	2009年
流动资产：			
货币资金	十一、1	350,221	6,946,463
应收账款	十一、2	5,562	10,799
预付款项	19,912	17,175	
应收股利	十一、3	241,547	144,849
应收利息	15,317	14,445	
其他应收款	十一、4	155,928	434
存货		14,264	4,672
一年内到期的非流动资产	十一、9	370,430	132,690
其他流动资产	十一、5	5,374,353	3,443,189
流动资产合计		6,547,534	10,714,716
非流动资产：			
长期股权投资	十一、6	18,962,583	14,317,320
固定资产	十一、7	29,723	18,724
在建工程		37	–
无形资产	十一、8	16,139	1,093
递延所得税资产		3,293	618
其他非流动资产	十一、9	3,406,300	1,550,410
非流动资产合计		22,418,075	15,888,165
资产总计		28,965,609	26,602,881
流动负债：			
短期借款	十一、10	1,800,000	2,940,000
应付账款		4,322	3,902
预收款项		63,582	152
应付职工薪酬		12,735	2,041
应交税费	十一、11	11,741	48,566
应付利息		40,187	4,277
其他应付款	十一、12	74,054	98,369
一年内到期的非流动负债	五、30	60,000	100,000

其他流动负债	五、31	3,991,650	–
流动负债合计		6,058,271	3,197,307
非流动负债:			
长期借款		–	890,000
其他非流动负债		2,179	6,123
非流动负债合计		2,179	896,123
负债合计		6,060,450	4,093,430
股东权益:			
股本		8,300,000	8,300,000
资本公积	十一、13	13,801,286	13,801,286
减:库存股		–	–
盈余公积		152,458	96,287
未分配利润		651,415	311,878
股东权益合计		22,905,159	22,509,451
负债和股东权益总计		28,965,609	26,602,881

法定代表人:崔殿国　　主管会计工作负责人:高志　　会计机构负责人:鄢德佳

合并利润表

2010 年 1—12 月

单位:人民币千元

项目	附注	2010 年	2009 年
一、营业收入	五、38	62,184,321	40,515,922
二、营业成本	五、38	53,943,006	35,445,123
营业税金及附加	五、39	179,062	109,391
销售费用	五、40	1,109,469	577,602
管理费用	五、41	4,618,419	3,266,461
财务费用	五、42	384,178	363,884
资产减值损失	五、45	84,535	4,508
公允价值变动损失	五、43	41,132	–
加:投资收益	五、44	137,273	489,546
其中:对联营企业和合营企业的投资收益		271,651	252,562
三、营业利润		1,961,793	1,238,499
加:营业外收入	五、46	467,823	424,720
减:营业外支出	五、47	96,860	54,513
其中:非流动资产处置损失		38,669	24,075
四、利润总额		2,332,756	1,608,706
减:所得税费用	五、48	303,085	195,196
五、净利润		2,029,671	1,413,510
归属于母公司股东的净利润		1,909,089	1,315,560
少数股东损益		120,582	97,950
六、每股收益:			
(一)基本每股收益		0.23	0.23
(二)稀释每股收益		不适用	不适用
七、其他综合收益	五、49	85,110	(52,212)
八、综合收益总额		2,114,781	1,361,298
归属于母公司股东的综合收益总额		1,994,199	1,263,348
归属于少数股东的综合收益总额		120,582	97,950

本期发生同一控制下企业合并的,被合并方在合并前实现的净利润为:0 元。

法定代表人:崔殿国　　主管会计工作负责人:高志　　会计机构负责人:鄢德佳

母公司利润表

2010 年 1—12 月

单位:人民币千元

项目	附注	2010 年	2009 年
一、营业收入	十一、14	175,536	510,138
二、营业成本	十一、14	151,456	376,736
营业税金及附加		15,705	3,358
销售费用		1,026	–
管理费用	十一、15	201,726	73,320
财务净收益	十一、16	(285,203)	(30,734)
资产减值损失		(2)	2
加:投资收益	十一、17	481,990	277,716
其中:对联营企业的投资收益		19,394	16,128
三、营业利润		572,818	365,172
加:营业外收入		254	224
减:营业外支出		212	95
其中:非流动资产处置损失		–	95
四、利润总额		572,860	365,301
减:所得税费用		11,152	18,770
五、净利润		561,708	346,531
六、其他综合收益		–	–
七、综合收益总额		561,708	346,531

法定代表人:崔殿国　　主管会计工作负责人:高志　　会计机构负责人:鄢德佳

合并现金流量表

2010 年 1—12 月

单位:人民币千元

项目	附注	2010 年	2009 年
一、经营活动产生的现金流量:			
销售商品、提供劳务收到的现金		73,852,577	46,192,655
收到的税费返还		369,481	222,055
收到其他与经营活动有关的现金	五、51(1)	889,625	1,134,529
经营活动现金流入小计		75,111,683	47,549,239
购买商品、接受劳务支付的现金		(65,564,527)	(39,565,959)
支付给职工以及为职工支付的现金		(5,343,615)	(4,167,417)
支付的各项税费		(1,787,818)	(1,583,061)
支付其他与经营活动有关的现金	五、51(2)	(1,510,816)	(1,307,768)
经营活动现金流出小计		(74,206,776)	(46,624,205)
经营活动产生的现金流量净额	五、52(1)	904,907	925,034
二、投资活动产生的现金流量:			
收回投资收到的现金		52,641	342,338
取得投资收益收到的现金		104,221	110,258
处置固定资产、无形资产和其他长期资产收回的现金净额		75,287	87,984
收到其他与投资活动有关的现金	五、51(3)	214,420	–
投资活动现金流入小计		446,569	540,580
购建固定资产、无形资产和其他长期资产支付的现金		(7,278,625)	(3,286,578)
投资支付的现金		(290,407)	(96,861)
取得子公司支付的现金净额		(25,678)	(301,555)
投资活动现金流出小计		(7,594,710)	(3,684,994)
投资活动产生的现金流量净额		(7,148,141)	(3,144,414)
三、筹资活动产生的现金流量:			
吸收投资收到的现金		30,634	13,644,589
其中:子公司吸收少数股东投资收到的现金		28,900	3,997
取得借款收到的现金		23,242,645	18,958,650
发行债券收到的现金		3,986,000	–
收到其他与筹资活动有关的现金		–	11,156
筹资活动现金流入小计		27,259,279	32,614,395
偿还债务支付的现金		(26,564,892)	(20,758,237)
分配股利、利润或偿付利息支付的现金		(475,012)	(672,472)
其中:子公司支付给少数股东的股利、利润		(54,565)	(50,915)
支付其他与筹资活动有关的现金	五、51(4)	(21,788)	(68,296)
筹资活动现金流出小计		(27,061,692)	(21,499,005)
筹资活动产生的现金流量净额		197,587	11,115,390
四、汇率变动对现金及现金等价物的影响		15,093	(323)
五、现金及现金等价物净(减少)/增加额	五、52(1)	(6,030,554)	8,895,687
加:年初现金及现金等价物余额		11,196,714	2,301,027
六、年末现金及现金等价物余额		5,166,160	11,196,714

法定代表人:崔殿国　　主管会计工作负责人:高志　　会计机构负责人:鄢德佳

母公司现金流量表

2010 年 1—12 月

单位:人民币千元

项目	附注	2010 年	2009 年
一、经营活动产生的现金流量:			
销售商品、提供劳务收到的现金		263,602	582,322
收到其他与经营活动有关的现金		22,087	57,997
经营活动现金流入小计		285,689	640,319
购买商品、接受劳务支付的现金		(288,287)	(449,114)
支付给职工以及为职工支付的现金		(43,670)	(34,548)
支付的各项税费		(71,809)	(1,067)
支付其他与经营活动有关的现金		(198,579)	(34,661)
经营活动现金流出小计		(602,345)	(519,390)
经营活动产生的现金流量净额	十一、18	(316,656)	120,929
二、投资活动产生的现金流量:			
收回投资收到的现金		23,505,880	13,473,880
取得投资收益收到的现金		853,269	874,186
处置固定资产、无形资产和其他长期资产收回的现金净额		–	60
投资活动现金流入小计		24,359,149	14,348,126
购建固定资产、无形资产和其他长期资产支付的现金		(32,096)	(18,208)
投资支付的现金		(31,718,279)	(18,934,420)
取得子公司支付的现金净额		(450,080)	(301,555)
支付其他与投资活动有关的现金		–	(98,398)
投资活动现金流出小计		(32,200,455)	(19,352,581)
投资活动产生的现金流量净额		(7,841,306)	(5,004,455)
三、筹资活动产生的现金流量:			
吸收投资收到的现金		–	13,640,592
取得借款收到的现金		21,510,000	17,063,000
发行债券收到的现金		3,986,000	–

收到其他与筹资活动有关的现金		–	8,490
筹资活动现金流入小计		25,496,000	30,712,082
偿还债务支付的现金		(23,580,000)	(19,200,000)
分配股利、利润或偿付利息支付的现金		(332,492)	(603,575)
支付其他与筹资活动有关的现金		(21,788)	(68,296)
筹资活动现金流出小计		(23,934,280)	(19,871,871)
筹资活动产生的现金流量净额		1,561,720	10,840,211
四、汇率变动对现金及现金等价物的影响		–	–
五、现金及现金等价物净增加额	十一、18	(6,596,242)	5,956,685
加:年初现金及现金等价物余额		6,946,463	989,778
六、年末现金及现金等价物余额		350,221	6,946,463

法定代表人:崔殿国　　主管会计工作负责人:高志　　会计机构负责人:郾德佳

合并所有者权益变动表

2010 年 1—12 月

单位:人民币千元

2010 年

项目	附注	归属于母公司股东权益 股本	资本公积	盈余公积	未分配利润	少数股东权益	股东权益合计
一、上年年末余额		8,300,000	10,937,932	96,287	1,750,794	546,545	21,631,558
加:会计政策变更		–	–	–	–	–	–
前期差错更正		–	–	–	–	–	–
其他		–	–	–	–	–	–
二、本年年初余额		8,300,000	10,937,932	96,287	1,750,794	546,545	21,631,558
三、本年增减变动金额							
(减少以“–”号填列)		–	86,844	56,171	1,683,087	676,880	2,502,982
(一)净利润		–	–	–	1,909,089	120,582	2,029,671
(二)其他综合收益	五、49	–	85,110	–	–	–	85,110
上述(一)和(二)小计		–	85,110	–	1,909,089	120,582	2,114,781
(三)股东投入和减少资本		–	1,734	–	–	638,069	639,803
1.股东投入资本		–	–	–	–	669,619	669,619
2.根据重组安排向北车集团返还的净资产		–	–	–	–	–	–
3.对子公司增资稀释少数股东股权比例影响		–	–	–	–	–	–
4.同一控制下企业合并		–	–	–	–	–	–
5.其他		–	1,734	–	–	(31,550)	(29,816)
(四)利润分配	五、37	–	–	56,171	(226,002)	(81,771)	(251,602)
1.提取盈余公积		–	–	56,171	(56,171)	–	–
2.对股东的分配		–	–	–	(166,000)	(78,941)	(244,941)
3.子公司提取职工奖励及福利基金		–	–	–	(3,831)	(2,830)	(6,661)
四、本年年末余额		8,300,000	11,024,776	152,458	3,433,881	1,223,425	24,134,540

2009 年

项目	附注	归属于母公司股东权益 股本	资本公积	盈余公积	未分配利润	少数股东权益	股东权益合计
一、上年年末余额		5,800,000	(62,072)	61,634	718,137	499,588	7,017,287
加:会计政策变更		–	–	–	–	–	–
前期差错更正		–	–	–	–	–	–
其他		–	300,000	–	1,555	–	301,555
二、本年年初余额		5,800,000	237,928	61,634	719,692	499,588	7,318,842
三、本年增减变动金额							
(减少以“–”号填列)		2,500,000	10,700,004	34,653	1,031,102	46,957	14,312,716
(一)净利润		–	–	–	1,315,560	97,950	1,413,510
(二)其他综合收益		–	(52,212)	–	–	–	(52,212)
上述(一)和(二)小计		–	(52,212)	–	1,315,560	97,950	1,361,298
(三)股东投入和减少资本		2,500,000	10,752,216	–	–	(1,242)	13,250,974
1.股东投入资本		2,500,000	11,042,925	–	–	5,310	13,548,235
2.根据重组安排向北车集团返还的净资产		–	–	–	–	–	–
3.对子公司增资稀释少数股东股权比例影响		–	–	–	–	–	–
4.同一控制下企业合并		–	(301,555)	–	–	–	(301,555)
5.其他		–	10,846	–	–	(6,552)	4,294
(四)利润分配		–	–	34,653	(284,458)	(49,751)	(299,556)
1.提取盈余公积		–	–	34,653	(34,653)	–	–
2.对股东的分配		–	–	–	(246,539)	(47,573)	(294,112)
3.子公司提取职工奖励及福利基金		–	–	–	(3,266)	(2,178)	(5,444)
四、本年年末余额		8,300,000	10,937,932	96,287	1,750,794	546,545	21,631,558

法定代表人:崔殿国　　主管会计工作负责人:高志　　会计机构负责人:郾德佳

母公司所有者权益变动表

2010 年 1—12 月

单位:人民币千元

2010年

项目	附注	股本	资本公积	盈余公积	未分配	股东权益合计
一、本年年初余额		8,300,000	13,801,286	96,287	311,878	22,509,451
二、本年增减变动金额						
(减少以“–”号填列)		–	–	56,171	339,537	395,708
(一)净利润		–	–	–	561,708	561,708
(二)其他综合收益		–	–	–	–	–
上述(一)和(二)小计		–	–	–	561,708	561,708
(三)股东投入和减少资本		–	–	–	–	–
1.股东投入资本		–	–	–	–	–
2.其他		–	–	–	–	–
(四)利润分配		–	–	56,171	(222,171)	(166,000)
1.提取盈余公积		–	–	56,171	(56,171)	–
2.对股东的分配		–	–	–	(166,000)	(166,000)
三、本年年末余额		8,300,000	13,801,286	152,458	651,415	22,905,159

2009 年

项目	附注	股本	资本公积	盈余公积	未分配	股东权益合计
一、本年年初余额		5,800,000	2,750,000	61,634	246,539	8,858,173
二、本年增减变动金额						
(减少以“–”号填列)		2,500,000	11,051,286	34,653	65,339	13,651,278
(一)净利润		–	–	–	346,531	346,531
(二)其他综合收益		–	–	–	–	–
上述(一)和(二)小计		–	–	–	346,531	346,531
(三)股东投入和减少资本		2,500,000	11,051,286	–	–	13,551,286
1.股东投入资本		2,500,000	11,042,925	–	–	13,542,925
2.其他		–	8,361	–	–	8,361
(四)利润分配		–	–	34,653	(281,192)	(246,539)
1.提取盈余公积		–	–	34,653	(34,653)	–
2.对股东的分配		–	–	–	(246,539)	(246,539)
三、本年年末余额		8,300,000	13,801,286	96,287	311,878	22,509,451

法定代表人:崔殿国　　主管会计工作负责人:高志　　会计机构负责人:郾德佳

9.3 本报告期无会计政策、会计估计的变更。

9.4 本报告期无前期会计差错更正。

9.5 企业合并及合并财务报表

9.5.1 合并范围发生变更的说明

本年合并范围发生变更主要是由于子公司的新设和注销,以及以非同一控制下企业合并方式取得的子公司,具体情况参见附注四、3。

9.5.2 本期新纳入合并范围的主体和本期不再纳入合并范围的主体

9.5.2.1 本期新纳入合并范围的子公司、特殊目的主体、通过受托经营或承租等方式形成控制权的经营实体。

单位:人民币千元

名称	期末净资产	本期净利润
北车(香港)有限公司	86,966	–158
上海轨发公司	786,087	44,842
上海阿尔斯通交通设备有限公司(“上海阿尔斯通公司”)	237,917	49,550
上海轨道交通设备车辆工程有限公司(“上海轨道车辆公司”)	30,557	44
北京唐车公司	5,257	257
北车(泉州)装备公司	199,976	–24
天津北车装备公司	200,027	27
天津机辆钢铁公司	8,001	1
重庆长客公司	48,391	–34,182
陕西华阜公司	22,051	1,010

9.5.3 本期发生的非同一控制下企业合并

单位:人民币千元

被合并方	商誉金额	商誉计算方法
上海轨发公司	0	
重庆长客公司	0	
陕西华阜公司	0	

董事长:崔殿国

中国北车股份有限公司

2011 年 4 月 6 日

骆驼集团股份有限公司

骆驼集团股份有限公司2011年半年度报告摘要

第一节 重要提示

1.1 本公司董事会、监事会及董事、监事、高级管理人员保证本报告所载资料不存在任何虚假记载、误导性陈述或者重大遗漏,并对其内容的真实性、准确性和完整性承担个别及连带责任。

本半年度报告摘要摘自半年度报告全文,投资者欲了解详细内容,应当仔细阅读半年度报告全文。

1.2 如有董事未出席董事会,应当单独列示其姓名

未出席董事姓名	未出席董事职务	未出席董事的说明	被委托人姓名
周运鸿	独立董事	因教学任务	陈宋生

1.3 公司半年度财务报告未经审计。

1.4 是否存在被控股股东及其关联方非经营性占用资金情况?

否

1.5 是否存在违反规定决策程序对外提供担保的情况?

否

1.6 公司负责人刘国本、主管会计工作负责人谭文萍及会计机构负责人(会计主管人员)黄春丽声明:保证半年度报告中财务报告的真实、完整。

第二节 公司基本情况

2.1 基本情况简介

股票简称	骆驼股份	
股票代码	601311	
股票上市交易所	上海证券交易所	
	董事会秘书	证券事务代表
姓名	王从强	王从强
联系地址	湖北省谷城县石花镇武当路83号	湖北省谷城县石花镇武当路83号
电话	0710-7617518	0710-7617518
传真	0710-7616869	0710-7616869
电子信箱	ir@hinaamel.om	ir@hinaamel.om

2.2 主要财务数据和指标

2.2.1 主要会计数据和财务指标

单位:元 币种:人民币

	本报告期末	上年度期末	本报告期末比上年度期末增减(%)
总资产	3,939,614,543.99	2,172,256,718.11	81.36
所有者权益(或股东权益)	2,552,741,946.34	919,647,020.48	177.58
归属于上市公司股东的每股净资产(元/股)	6.0722	2.73	122.42
	报告期(1-6月)	上年同期	本报告期比上年同期增减(%)
营业利润	180,249,291.68	120,054,193.50	50.14
利润总额	182,955,576.02	125,054,929.43	46.30
归属于上市公司股东的净利润	154,852,573.64	109,611,119.23	41.27
归属于上市公司股东的扣除非经常性损益的净利润	156,876,199.38	108,152,264.02	45.05
基本每股收益(元)	0.44	0.32	37.5
扣除非经常性损益后的基本每股收益(元)	0.45	0.32	40.63
稀释每股收益(元)	0.44	0.32	37.5
加权平均净资产收益率(%)	12.45	15.26	减少2.81个百分点
经营活动产生的现金流量净额	-300,219,340.77	-86,256,687.17	不适用
每股经营活动产生的现金流量净额(元)	-0.7141	-0.26	不适用

2.2.2 非经常性损益项目

√适用 □不适用

单位:元 币种:人民币

非经常性损益项目	金额
非流动资产处置损益	-98,984.20
计入当期损益的政府补助(与企业业务密切相关,按照国家统一标准定额或定量享受的政府补助除外)	4,065,300.00
除上述各项之外的其他营业外收入和支出	-6,195,120.46
所得税影响额	286,281.12
少数股东权益影响额(税后)	-81,102.20
合计	-2,023,625.74

第三节 股本变动及股东情况

3.1 股份变动情况表

√适用 □不适用

单位:股

	本次变动前		本次变动增减(+,-)					本次变动后	
	数量	比例(%)	发行新股	送股	公积金转股	其他	小计	数量	比例(%)
一、有限售条件股份	337,396,875	100	16,600,000				16,600,000	353,996,875	84.205
1、国家持股									
2、国有法人持股									
3、其他内资持股	289,584,375	85.83	16,600,000				16,600,000	306,184,375	72.832
其中:境内非国有法人持股	98,969,914	29.33	16,600,000				16,600,000	115,569,914	27.491
境内自然人持股	190,614,461	56.5						190,614,461	45.341
4、外资持股	47,812,500	14.17						47,812,500	11.373
其中:境外法人持股	47,812,500	14.17						47,812,500	11.373
境外自然人持股									
二、无限售条件流通股份			66,400,000				66,400,000	66,400,000	15.795
1、人民币普通股			66,400,000				66,400,000	66,400,000	15.795
2、境内上市的外资股									
3、境外上市的外资股									
4、其他									
三、股份总数	337,396,875	100	83,000,000				83,000,000	420,396,875	100

3.2 股东数量和持股情况

单位:股

报告期末股东总数	22,186户

前十名股东持股情况

股东名称	股东性质	持股比例(%)	持股总数	报告期内增减	持有有限售条件股份数量	质押或冻结的股份数量
刘国本	境内自然人	28.61	120,270,514	0	120,270,514	无
湖北驼峰投资有限公司	境内非国有法人	13.34	56,061,520	0	56,061,520	无
MKCP DIRECT INVESTMENTS (MAURITIUS) II LTD.	境外法人	10.51	44,185,125	0	44,185,125	未知
湖北驼铃投资有限责任公司	境内非国有法人	8.24	34,636,194	0	34,636,194	无
刘长来	境内自然人	3.89	16,341,690	0	16,341,690	无
杨诗军	境内自然人	3.01	12,672,837	0	12,672,837	无
王从强	境内自然人	2.70	11,354,664	0	11,354,664	无
谭文萍	境内自然人	1.83	7,693,077	0	7,693,077	无
张青青	境内自然人	1.52	6,414,111	0	6,414,111	未知
路明占	境内自然人	1.41	5,948,592	0	5,948,592	无

前十名无限售条件股东持股情况

股东名称	持有无限售条件股份数量	股份种类及数量
陆仁宝	3,392,837	人民币普通股
兴业国际信托有限公司-呈瑞2期证券投资集合资金信托计划	2,544,863	人民币普通股
兴业国际信托有限公司-呈瑞1期证券投资集合资金信托计划	1,318,075	人民币普通股
华宝信托有限责任公司-单一类资金信托R2007ZX059	889,441	人民币普通股
史爱昭	871,370	人民币普通股
黄 燕	723,882	人民币普通股
赵桂荣	710,000	人民币普通股
华宝信托有限责任公司-单一类资金信托R2007ZX053	670,300	人民币普通股
李 玲	449,532	人民币普通股
唐伟为	418,602	人民币普通股
上述股东关联关系或一致行动的说明	公司未知上述股东是否属于一致行动人,也未知其是否存在关联关系。	

3.3 控股股东及实际控制人变更情况

□适用 √不适用

第四节 董事、监事和高级管理人员情况

4.1 董事、监事和高级管理人员持股变动

□适用 √不适用

第五节　董事会报告

5.1 主营业务分行业、产品情况表

单位:元 币种:人民币

分行业或分产品	营业收入	营业成本	营业利润率(%)	营业收入比上年同期增减(%)	营业成本比上年同期增减(%)	营业利润率比上年同期增减(%)
分行业						
蓄电池行业	1,532,283,914.31	1,229,495,155.90	19.76	36.4	35.2	增加 0.71 个百分点
分产品						
汽车起动电池	1,417,295,704.03	1,125,162,811.04	20.61	31.16	29.72	增加 0.88 个百分点
电动助力车电池	26,387,722.54	22,805,021.89	13.58	53.74	37.94	增加 9.98 个百分点
牵引电池	48,543,971.70	44,825,272.19	7.66	219.31	183.06	增加 11.83 个百分点
其他	40,056,516.04	36,702,050.78	8.37	283.59	279.64	增加 0.96 个百分点

其中:报告期内上市公司向控股股东及其子公司销售产品和提供劳务的关联交易总金额 0 万元。

5.2 主营业务分地区情况

单位:元 币种:人民币

地区	营业收入	营业收入比上年增减(%)
华北地区	112,831,343.10	52.32
华东地区	671,474,462.35	53.96
华南地区	45,333,215.94	15.80
华中地区	417,907,627.28	16.49
西南地区	130,679,000.57	60.60
西北地区	49,297,085.87	−14.90
东北地区	83,307,512.37	32.18
出口	21,453,666.83	65.88
合计	1,532,283,914.31	36.40

5.3 主营业务及其结构发生重大变化的原因说明

□适用　√不适用

5.4 主营业务盈利能力(毛利率)与上年相比发生重大变化的原因说明

□适用　√不适用

5.5 利润构成与上年度相比发生重大变化的原因分析

□适用　√不适用

5.6 募集资金使用情况

5.6.1 募集资金运用

√适用　□不适用

单位:万元 币种:人民币

募集资金总额	147,824.24	本报告期已使用募集资金总额	29,509.31
		已累计使用募集资金总额	29,509.31

承诺项目	是否变更项目	拟投入金额	实际投入金额	是否符合计划进度	预计收益	产生收益情况
年产 600 万 KVAH 新型高性能低铅耗免维护蓄电池项目	否	60,184.40	23,227.84	是		
谷城骆驼塑胶制品异地新建工程项目	否	16,300.00	6,155.47	是		
混合动力车用蓄电池项目	否	37,672.96	126.00	是		
合计	/	114,157.36	29,509.31	/	/	
尚未使用的募集资金用途及去向	募投项目					

5.6.2 变更项目情况

□适用　√不适用

5.7 非募集资金项目情况

单位:万元 币种:人民币

项目名称	项目金额	项目进度	项目收益情况
楚凯冶金仙人渡铅厂二期	520.25	82.34%	
骆驼海峡综合办公楼	216.50	100%	体现在整体收益中
合计	736.75	/	/

5.8 董事会下半年的经营计划修改计划

□适用　√不适用

5.9 预测年初至下一报告期期末的累计净利润可能为亏损或者与上年同期相比发生大幅度变动的警示及说明

□适用　√不适用

5.10 公司董事会对会计师事务所本报告期“非标准审计报告”的说明

□适用　√不适用

5.11 公司董事会对会计师事务所上年度“非标准审计报告”涉及事项的变化及处理情况的说明

□适用　√不适用

第六节　重要事项

6.1 收购资产

□适用　√不适用

6.2 出售资产

□适用　√不适用

6.3 担保事项

□适用　√不适用

6.4 关联债权债务往来

□适用　√不适用

6.5 重大诉讼仲裁事项

□适用　√不适用

6.6 其他重大事项及其影响和解决方案的分析说明

6.6.1 证券投资情况

□适用　√不适用

6.6.2 持有其他上市公司股权情况

□适用　√不适用

6.6.3 持有非上市金融企业股权情况

□适用　√不适用

第七节　财务会计报告

7.1 审计意见

财务报告　√未经审计　□审计

7.2 财务报表

合并资产负债表

2011 年 6 月 30 日

编制单位:骆驼集团股份有限公司　单位:元 币种:人民币

项目	附注	期末余额	年初余额
流动资产:			
货币资金	附注六、1	1,593,702,531.27	401,020,401.78
结算备付金			
拆出资金			
交易性金融资产			
应收票据	附注六、2	279,588,474.89	31,837,234.00
应收账款	附注六、3	355,488,335.85	228,958,785.47
预付款项	附注六、5	290,965,494.76	207,508,674.87
应收保费			
应收分保账款			
应收分保合同准备金			
应收利息			
应收股利			
其他应收款	附注六、4	11,664,748.38	13,365,684.16
买入返售金融资产存货	附注六、6	467,814,674.91	541,987,263.24
一年内到期的非流动资产			
其他流动资产			
流动资产合计		2,999,224,260.06	1,424,678,043.52
非流动资产:			
发放委托贷款及垫款			
可供出售金融资产			
持有至到期投资			
长期应收款			
长期股权投资	附注六、7	7,227,640.74	3,881,520.32
投资性房地产			
固定资产	附注六、8	756,532,676.98	523,950,987.93
在建工程	附注六、9	51,178,169.50	117,261,672.88
工程物资			
固定资产清理			
生产性生物资产			
油气资产			
无形资产	附注六、10	110,338,922.89	90,486,756.23
开发支出			
商誉	附注六、11	1,049,046.14	1,049,046.14
长期待摊费用			
递延所得税资产	附注六、12	14,063,827.68	10,948,691.09
其他非流动资产			
非流动资产合计		940,390,283.93	747,578,674.59
资产总计		3,939,614,543.99	2,172,256,718.11
流动负债:			
短期借款	附注六、14	930,000,000.00	770,000,000.00
向中央银行借款			
吸收存款及同业存放			

拆入资金			
交易性金融负债			
应付票据			
应付账款	附注六、15	165,027,707.14	244,111,468.53
预收款项	附注六、16	87,970,028.35	89,353,865.81
卖出回购金融资产款			
应付手续费及佣金			
应付职工薪酬	附注六、17	8,845,899.77	11,104,875.27
应交税费	附注六、18	−9,371,770.55	2,516,158.83
应付利息			
应付股利			
其他应付款	附注六、19	32,308,210.32	29,151,714.57
应付分保账款			
保险合同准备金			
代理买卖证券款			
代理承销证券款			
一年内到期的非流动负债			
其他流动负债			
流动负债合计		1,214,780,075.03	1,146,238,083.01
非流动负债:			
长期借款	附注六、20	57,000,000.00	1,000,000.00
应付债券			
长期应付款			
专项应付款			
预计负债			
递延所得税负债			
其他非流动负债	附注六、21	69,910,804.00	58,880,804.00
非流动负债合计		126,910,804.00	59,880,804.00
负债合计		1,341,690,879.03	1,206,118,887.01
所有者权益(或股东权益):			
实收资本(或股本)	附注六、22	420,396,875.00	337,396,875.00
资本公积	附注六、23	1,397,523,915.62	2,281,563.40
减:库存股			
专项储备			
盈余公积	附注六、24	49,813,446.16	49,813,446.16
一般风险准备			
未分配利润	附注六、25	685,007,709.56	530,155,135.92
外币报表折算差额			
归属于母公司所有者权益合计		2,552,741,946.34	919,647,020.48
少数股东权益		45,181,718.62	46,490,810.62
所有者权益合计		2,597,923,664.96	966,137,831.10
负债和所有者权益总计		3,939,614,543.99	2,172,256,718.11

法定代表人:刘国本　　主管会计工作负责人:谭文萍　　会计机构负责人:黄春丽

母公司资产负债表

2011 年 6 月 30 日

编制单位:骆驼集团股份有限公司　　单位:元　币种:人民币

项目	附注	期末余额	年初余额
流动资产:			
货币资金		1,566,892,874.07	390,916,425.27
交易性金融资产			
应收票据		278,788,474.89	30,154,234.00
应收账款	附注十三、1	332,937,781.61	215,700,754.47
预付款项		620,105,144.05	481,575,088.67
应收利息			
应收股利			392,628.93
其他应收款	附注十三、2	122,067,880.67	105,510,883.26
存货		262,772,164.38	342,665,465.06
一年内到期的非流动资产			
其他流动资产			
流动资产合计		3,183,564,319.67	1,566,915,479.66
非流动资产:			
可供出售金融资产			
持有至到期投资			
长期应收款			
长期股权投资	附注十三、3	153,250,940.74	149,904,820.32
投资性房地产			
固定资产		149,750,661.22	133,456,090.86
在建工程		2,085,206.05	325,137.00
工程物资			
固定资产清理			
生产性生物资产			
油气资产			
无形资产		20,024,723.02	15,574,400.19
开发支出			
商誉			
长期待摊费用			
递延所得税资产		3,119,201.15	1,993,099.51
其他非流动资产			
非流动资产合计		328,230,732.18	301,253,547.88
资产总计		3,511,795,051.85	1,868,169,027.54
流动负债:			
短期借款		820,000,000.00	700,000,000.00
交易性金融负债			
应付票据			
应付账款		77,862,953.02	176,224,848.42
预收款项		82,775,174.11	85,580,907.34
应付职工薪酬		5,918,711.12	8,159,652.74
应交税费		22,863,095.67	10,413,941.96
应付利息			
应付股利			
其他应付款		2,041,681.78	4,747,979.55
一年内到期的非流动负债			
其他流动负债			
流动负债合计		1,011,461,615.70	985,127,330.01
非流动负债:			
长期借款			
应付债券			
长期应付款			
专项应付款			
预计负债			
递延所得税负债			
其他非流动负债		18,880,804.00	18,880,804.00
非流动负债合计		18,880,804.00	18,880,804.00
负债合计		1,030,342,419.70	1,004,008,134.01
所有者权益(或股东权益):			
实收资本(或股本)		420,396,875.00	337,396,875.00
资本公积		1,401,237,661.58	5,995,309.36
减:库存股			
专项储备			
盈余公积		51,315,074.13	51,315,074.13
一般风险准备			
未分配利润		608,503,021.44	469,453,635.04
所有者权益(或股东权益)合计		2,481,452,632.15	864,160,893.53
负债和所有者权益(或股东权益)总计		3,511,795,051.85	1,868,169,027.54

法定代表人:刘国本　　主管会计工作负责人:谭文萍　　会计机构负责人:黄春丽

合并利润表

2011 年 1—6 月

编制单位:骆驼集团股份有限公司　　单位:元　币种:人民币

项目	附注	本期金额	上期金额
一、营业总收入		1,574,876,442.08	1,124,582,251.99
其中:营业收入	附注六、26	1,574,876,442.08	1,124,582,251.99
利息收入			
已赚保费			
手续费及佣金收入			
二、营业总成本		1,391,379,715.30	1,004,528,058.49
其中:营业成本	附注六、26	1,260,342,199.31	909,779,832.25
利息支出			
手续费及佣金支出			
退保金			
赔付支出净额			
提取保险合同准备金净额			
保单红利支出			
分保费用			
营业税金及附加	附注六、27	7,028,129.74	4,661,232.79
销售费用	附注六、28	34,575,529.11	34,857,244.95
管理费用	附注六、29	55,194,146.74	37,786,134.83
财务费用	附注六、30	25,919,148.88	10,837,762.14
资产减值损失	附注六、32	8,320,561.52	6,605,851.53
加:公允价值变动收益(损失以"−"号填列)			
投资收益(损失以"−"号填列)	附注六、31	−3,247,435.10	
其中:对联营企业和合营企业的投资收益			
汇兑收益(损失以"−"号填列)			
三、营业利润(亏损以"−"号填列)		180,249,291.68	120,054,193.50
加:营业外收入	附注六、33	6,422,832.64	6,894,405.16
减:营业外支出	附注六、34	3,716,548.30	1,893,669.23

项目	附注	本期金额	上期金额
其中:非流动资产处置损失			
四、利润总额(亏损总额以"-"号填列)		182,955,576.02	125,054,929.43
减:所得税费用	附注六、35	29,412,094.38	17,752,194.43
五、净利润(净亏损以"-"号填列)		153,543,481.64	107,302,735.00
归属于母公司所有者的净利润		154,852,573.64	109,611,119.23
少数股东损益		−1,309,092.00	−2,308,384.23
六、每股收益:			
(一)基本每股收益		0.44	0.32
(二)稀释每股收益		0.44	0.32
七、其他综合收益		−5,215,373.93	
八、综合收益总额		153,543,481.64	102,087,361.07
归属于母公司所有者的综合收益总额		154,852,573.64	104,395,745.30
归属于少数股东的综合收益总额		−1,309,092.00	−2,308,384.23

法定代表人:刘国本　　主管会计工作负责人:谭文萍　　会计机构负责人:黄春丽

母公司利润表

2011 年 1—6 月

编制单位:骆驼集团股份有限公司　　单位:元 币种:人民币

项目	附注	本期金额	上期金额
一、营业收入	附注十三、4	1,489,184,277.13	1,143,079,885.51
减:营业成本	附注十三、4	1,190,999,029.37	935,797,849.29
营业税金及附加		5,461,074.98	3,300,211.57
销售费用		56,551,395.35	53,189,727.64
管理费用		39,623,165.16	30,549,157.04
财务费用		22,550,799.95	8,984,607.79
资产减值损失		7,507,344.27	4,267,114.01
加:公允价值变动收益(损失以"-"号填列)			
投资收益(损失以"-"号填列)	附注十三、5	−136,810.10	2,091,222.95
其中:对联营企业和合营企业的投资收益			
二、营业利润(亏损以"-"号填列)		166,354,657.95	109,082,441.12
加:营业外收入		797,967.68	2,662,645.23
减:营业外支出		3,507,168.11	866,568.29
其中:非流动资产处置损失			
三、利润总额(亏损总额以"-"号填列)		163,645,457.52	110,878,518.06
减:所得税费用		24,596,071.12	12,976,320.44
四、净利润(净亏损以"-"号填列)		139,049,386.40	97,902,197.62
五、每股收益:			
(一)基本每股收益		0.40	0.29
(二)稀释每股收益		0.40	0.29
六、其他综合收益			
七、综合收益总额		139,049,386.40	97,902,197.62

法定代表人:刘国本　　主管会计工作负责人:谭文萍　　会计机构负责人:黄春丽

合并现金流量表

2011 年 1—6 月

编制单位:骆驼集团股份有限公司　　单位:元 币种:人民币

项目	附注	本期金额	上期金额
一、经营活动产生的现金流量:			
销售商品、提供劳务收到的现金		1,187,686,031.75	877,927,217.96
客户存款和同业存放款项净增加额			
向中央银行借款净增加额			
向其他金融机构拆入资金净增加额			
收到原保险合同保费取得的现金			
收到再保险业务现金净额			
保户储金及投资款净增加额			
处置交易性金融资产净增加额			
收取利息、手续费及佣金的现金			
拆入资金净增加额			
回购业务资金净增加额			
收到的税费返还		1,824,464.00	5,792,885.68
收到其他与经营活动有关的现金	附注六、37	34,223,947.36	51,812,784.59
经营活动现金流入小计		1,223,734,443.11	935,532,888.23
购买商品、接受劳务支付的现金		1,296,449,024.59	825,698,875.56
客户贷款及垫款净增加额			
存放中央银行和同业款项净增加额			
支付原保险合同赔付款项的现金			
支付利息、手续费及佣金的现金			
支付保单红利的现金			
支付给职工以及为职工支付的现金		79,924,407.76	57,522,997.76
支付的各项税费		92,263,540.86	81,195,500.84
支付其他与经营活动有关的现金	附注六、37	55,316,810.67	57,372,201.24
经营活动现金流出小计		1,523,953,783.88	1,021,789,575.40
经营活动产生的现金流量净额		−300,219,340.77	−86,256,687.17
二、投资活动产生的现金流量:			
收回投资收到的现金			1,500,000.00
取得投资收益收到的现金		392,628.93	
处置固定资产、无形资产和其他长期资产收回的现金净额			191,947.00
处置子公司及其他营业单位收到的现金净额			
收到其他与投资活动有关的现金		0	
投资活动现金流入小计		392,628.93	1,691,947.00
购建固定资产、无形资产和其他长期资产支付的现金		172,745,592.68	230,855,149.60
投资支付的现金		3,482,930.52	
质押贷款净增加额			
取得子公司及其他营业单位支付的现金净额			
支付其他与投资活动有关的现金		3,182,416.08	
投资活动现金流出小计		179,410,939.28	230,855,149.60
投资活动产生的现金流量净额		−179,018,310.35	−229,163,202.60
三、筹资活动产生的现金流量:			
吸收投资收到的现金		1,486,423,200.00	1,500,000.00
其中:子公司吸收少数股东投资收到的现金			1,500,000.00
取得借款收到的现金		664,000,000.00	503,000,000.00
发行债券收到的现金			
收到其他与筹资活动有关的现金			
筹资活动现金流入小计		2,150,423,200.00	504,500,000.00
偿还债务支付的现金		448,000,000.00	90,000,000.00
分配股利、利润或偿付利息支付的现金		24,789,003.43	11,088,165.00
其中:子公司支付给少数股东的股利、利润			
支付其他与筹资活动有关的现金		5,863,546.68	
筹资活动现金流出小计		478,652,550.11	101,088,165.00
筹资活动产生的现金流量净额		1,671,770,649.89	403,411,835.00
四、汇率变动对现金及现金等价物的影响		149,130.72	−159,118.99
五、现金及现金等价物净增加额		1,192,682,129.49	87,832,826.24
加:期初现金及现金等价物余额		401,020,401.78	218,912,137.85
六、期末现金及现金等价物余额		1,593,702,531.27	306,744,964.09

法定代表人:刘国本　　主管会计工作负责人:谭文萍　　会计机构负责人:黄春丽

母公司现金流量表

2011 年 1—6 月

单位:元 币种:人民币

项目	附注	本期金额	上期金额
一、经营活动产生的现金流量:			
销售商品、提供劳务收到的现金		1,134,929,941.65	1,014,963,970.79
收到的税费返还			2,321,772.00
收到其他与经营活动有关的现金		8,688,933.39	23,000,586.11
经营活动现金流入小计		1,143,618,875.04	1,040,286,328.90
购买商品、接受劳务支付的现金		1,348,700,951.89	1,172,944,931.68
支付给职工以及为职工支付的现金		40,120,706.01	35,445,402.89
支付的各项税费		78,313,647.05	64,651,338.64
支付其他与经营活动有关的现金		51,663,054.10	50,537,876.04
经营活动现金流出小计		1,518,798,359.05	1,323,579,549.25
经营活动产生的现金流量净额		−375,179,484.01	−283,293,220.35
二、投资活动产生的现金流量:			
收回投资收到的现金			1,500,000.00
取得投资收益收到的现金		392,628.93	1,625,464.98
处置固定资产、无形资产和其他长期资产收回的现金净额			66,947.00
处置子公司及其他营业单位收到的现金净额			
收到其他与投资活动有关的现金			
投资活动现金流入小计		392,628.93	3,192,411.98
购建固定资产、无形资产和其他长期资产支付的现金		23,802,323.34	15,652,210.71
投资支付的现金		3,482,930.52	3,210,887.05
取得子公司及其他营业单位支付的现金净额			
支付其他与投资活动有关的现金			
投资活动现金流出小计		27,285,253.86	18,863,097.76
投资活动产生的现金流量净额		−26,892,624.93	−15,670,685.78
三、筹资活动产生的现金流量:			
吸收投资收到的现金		1,486,423,200.00	
取得借款收到的现金		548,000,000.00	433,000,000.00
发行债券收到的现金			
收到其他与筹资活动有关的现金			
筹资活动现金流入小计		2,034,423,200.00	433,000,000.00
偿还债务支付的现金		428,000,000.00	73,000,000.00
分配股利、利润或偿付利息支付的现金		22,660,226.30	10,620,147.50
支付其他与筹资活动有关的现金		5,863,546.68	
筹资活动现金流出小计		456,523,772.98	83,620,147.50

筹资活动产生的现金流量净额	1,577,899,427.02	349,379,852.50
四、汇率变动对现金及现金等价物的影响	149,130.72	−159,118.99
五、现金及现金等价物净增加额	1,175,976,448.80	50,256,827.38
加:期初现金及现金等价物余额	390,916,425.27	204,169,568.78
六、期末现金及现金等价物余额	1,566,892,874.07	254,426,396.16

法定代表人:刘国本　　主管会计工作负责人:谭文萍　　会计机构负责人:黄春丽

合并所有者权益变动表

2011 年 1—6 月

单位:元 币种:人民币

本期金额

项目	归属于母公司所有者权益 实收资本(或股本)	资本公积	减:库存股	专项储备	盈余公积	一般风险准备	未分配利润	其他	少数股东权益	所有者权益合计
一、上年年末余额	337,396,875.00	2,281,563.40			49,813,446.16		530,155,135.92		46,490,810.62	966,137,831.10
加:会计政策变更										
前期差错更正										
其他										
二、本年年初余额	337,396,875.00	2,281,563.40			49,813,446.16		530,155,135.92		46,490,810.62	966,137,831.10
三、本期增减变动金额(减少以"−"号填列)	83,000,000.00	1,395,242,352.22					154,852,573.64		−1,309,092.00	1,631,785,833.86
(一)净利润							154,852,573.64		−1,309,092.00	153,543,481.64
(二)其他综合收益										
上述(一)和(二)小计							154,852,573.64		−1,309,092.00	153,543,481.64
(三)所有者投入和减少资本	83,000,000.00	1,395,242,352.22								1,478,242,352.22
1.所有者投入资本	83,000,000.00	1,395,242,352.22								1,478,242,352.22
2.股份支付计入所有者权益的金额										
3.其他										
(四)利润分配										
1.提取盈余公积										
2.提取一般风险准备										
3.对所有者(或股东)的分配										
4.其他										
(五)所有者权益内部结转										
1.资本公积转增资本(或股本)										
2.盈余公积转增资本(或股本)										
3.盈余公积弥补亏损										
4.其他										
(六)专项储备										
1.本期提取										
2.本期使用										
(七)其他										
四、本期期末余额	420,396,875.00	1,397,523,915.62			49,813,446.16		685,007,709.56		45,181,718.62	2,597,923,664.96

上年同期金额

项目	归属于母公司所有者权益 实收资本(或股本)	资本公积	减:库存股	专项储备	盈余公积	一般风险准备	未分配利润	其他	少数股东权益	所有者权益合计
一、上年年末余额	106,662,500.00	184,617,184.36			28,027,165.74		343,946,776.40		53,159,003.03	716,412,629.53
加:会计政策变更										
前期差错更正										
其他										
二、本年年初余额	106,662,500.00	184,617,184.36			28,027,165.74		343,946,776.40		53,159,003.03	716,412,629.53
三、本期增减变动金额(减少以"−"号填列)	230,734,375.00	−182,335,620.96			−1,501,627.97		57,498,619.23		−7,166,310.32	97,229,434.98
(一)净利润							109,611,119.23		−2,308,384.23	107,302,735.00
(二)其他综合收益		−3,713,745.96			−1,501,627.97					−5,215,373.93
上述(一)和(二)小计		−3,713,745.96			−1,501,627.97		109,611,119.23		−2,308,384.23	102,087,361.07
(三)所有者投入和减少资本									−4,857,926.09	−4,857,926.09
1.所有者投入资本									−8,800,000.00	−8,800,000.00
2.股份支付计入所有者权益的金额										
3.其他									3,942,073.91	3,942,073.91
(四)利润分配										
1.提取盈余公积										
2.提取一般风险准备										
3.对所有者(或股东)的分配										
4.其他										
(五)所有者权益内部结转	230,734,375.00	−178,621,875.00					−52,112,500.00			
1.资本公积转增资本(或股本)	178,621,875.00	−178,621,875.00								
2.盈余公积转增资本(或股本)										
3.盈余公积弥补亏损										
4.其他	52,112,500.00						−52,112,500.00			
(六)专项储备										
1.本期提取										
2.本期使用										
(七)其他										
四、本期期末余额	337,396,875.00	2,281,563.40			26,525,537.77		401,445,395.63		45,992,692.71	813,642,064.51

法定代表人:刘国本　　主管会计工作负责人:谭文萍　　会计机构负责人:黄春丽

母公司所有者权益变动表

2011 年 1—6 月

单位:元 币种:人民币

本期金额

项目	实收资本(或股本)	资本公积	减:库存股	专项储备	盈余公积	一般风险准备	未分配利润	所有者权益合计
一、上年年末余额	337,396,875.00	5,995,309.36			51,315,074.13		469,453,635.04	864,160,893.53
加:会计政策变更								
前期差错更正								
其他								
二、本年年初余额	337,396,875.00	5,995,309.36			51,315,074.13		469,453,635.04	864,160,893.53
三、本期增减变动金额(减少以"−"号填列)	83,000,000.00	1,395,242,352.22					139,049,386.40	1,617,291,738.62
(一)净利润							139,049,386.40	139,049,386.40
(二)其他综合收益								
上述(一)和(二)小计							139,049,386.40	139,049,386.40
(三)所有者投入和减少资本	83,000,000.00	1,395,242,352.22						1,478,242,352.22
1.所有者投入资本	83,000,000.00	1,395,242,352.22						1,478,242,352.22
2.股份支付计入所有者权益的金额								
3.其他								
(四)利润分配								
1.提取盈余公积								
2.提取一般风险准备								
3.对所有者(或股东)的分配								
4.其他								
(五)所有者权益内部结转								
1.资本公积转增资本(或股本)								
2.盈余公积转增资本(或股本)								
3.盈余公积弥补亏损								
4.其他								
(六)专项储备								
1.本期提取								
2.本期使用								
(七)其他								
四、本期期末余额	420,396,875.00	1,401,237,661.58			51,315,074.13		608,503,021.44	2,481,452,632.15

上年同期金额

项目	实收资本(或股本)	资本公积	减:库存股	专项储备	盈余公积	一般风险准备	未分配利润	所有者权益合计
一、上年年末余额	106,662,500.00	184,617,184.36			28,027,165.74		311,974,959.54	631,281,809.64
加:会计政策变更								
前期差错更正								
其他								
二、本年年初余额	106,662,500.00	184,617,184.36			28,027,165.74		311,974,959.54	631,281,809.64
三、本期增减变动金额(减少以"−"号填列)	230,734,375.00	−178,621,875.00					45,789,697.62	97,902,197.62
(一)净利润							97,902,197.62	97,902,197.62
(二)其他综合收益								
上述(一)和(二)小计							97,902,197.62	97,902,197.62
(三)所有者投入和减少资本								
1.所有者投入资本								
2.股份支付计入所有者权益的金额								
3.其他								
(四)利润分配								
1.提取盈余公积								
2.提取一般风险准备								
3.对所有者(或股东)的分配								
4.其他								
(五)所有者权益内部结转	230,734,375.00	−178,621,875.00					−52,112,500.00	
1.资本公积转增资本(或股本)	178,621,875.00	−178,621,875.00						
2.盈余公积转增资本(或股本)								
3.盈余公积弥补亏损								
4.其他	52,112,500.00						−52,112,500.00	
(六)专项储备								
1.本期提取								
2.本期使用								
(七)其他								
四、本期期末余额	337,396,875.00	5,995,309.36			28,027,165.74		357,764,657.16	729,184,007.26

法定代表人:刘国本　　主管会计工作负责人:谭文萍　　会计机构负责人:黄春丽

7.3 本报告期无会计政策、会计估计的变更。

7.4 本报告期无前期会计差错更正。

交通银行股份有限公司

交通银行股份有限公司2010年年度报告摘要

第一节　重要提示

1.1 交通银行股份有限公司(“本行”)董事会、监事会及其董事、监事、高级管理人员保证本行及其附属公司(“本集团”)截至2010年12月31日止12个月报告(“年度报告”)所载资料不存在任何虚假记载、误导性陈述或者重大遗漏，并对其内容的真实性、准确性和完整性负个别及连带责任。

1.2 本行第六届董事会第五次会议于2011年3月30日审议通过了年度报告及摘要。出席会议应到董事17名，亲自出席董事13名，委托出席董事4名，其中：王冬胜董事和冯婉眉董事分别书面委托李家祥独立董事出席会议并代为行使表决权，冀国强董事书面委托牛锡明副董事长出席会议并代为行使表决权，陈清泰独立董事书面委托顾鸣超独立董事出席会议并代为行使表决权。10名监事以及全部高管列席会议。

本集团按照中国会计准则编制的财务报表经德勤华永会计师事务所有限公司审计，按照国际财务报告准则编制的财务报表经罗兵咸永道会计师事务所审计，并出具了标准无保留意见的审计报告。

本年度报告摘要摘自本集团年度报告，报告全文同时刊载于上海证券交易所网站(www.sse.com.cn)及本行网站(www.bankcomm.com)。投资者欲了解详细内容，应仔细阅读年度报告全文。

1.3 本行不存在大股东非经营性资金占用情况。

1.4 本行不存在违反规定决策程序对外提供担保的情况。

1.5 本行董事长胡怀邦先生、主管会计工作副行长兼首席财务官于亚利女士及会计机构负责人林至红女士声明：保证年度报告中财务报告的真实、完整。

第二节　公司基本情况简介

2.1 基本情况

股票简称	交通银行
股票代码	601328
上市交易所	上海证券交易所
股票简称	交通银行
股票代码	03328
上市交易所	香港联合交易所有限公司
注册地址和办公地址	上海浦东新区银城中路188号
邮政编码	200120
国际互联网网址	www.bankcomm.com
电子信箱	investor@bankcomm.com

2.2 联系人和联系方式

	董事会秘书
姓名	杜江龙
联系地址	上海浦东新区银城中路188号
电话	021-58766688
传真	021-58798398
电子信箱	investor@bankcomm.com

第三节　会计数据和业务数据摘要

3.1 主要会计数据和财务指标

截至2010年12月31日，按照中国会计准则要求编制的主要会计数据和财务指标如下：

(除另有标明外，人民币百万元)

	2010年12月31日	2009年12月31日	比上年增减(%)	2008年12月31日
资产总额	3,951,593	3,309,137	19.41	2,678,255
贷款总额	2,236,927	1,839,314	21.62	1,328,590
其中：公司贷款和垫款	1,819,002	1,528,676	18.99	1,123,532
个人贷款和垫款	417,925	310,638	34.54	205,058
减值贷款	24,988	25,009	(0.08)	25,520
总负债	3,727,936	3,144,712	18.55	2,532,613
存款总额	2,867,847	2,372,055	20.90	1,865,815
其中：公司活期存款	1,021,759	827,053	23.54	631,605
公司定期存款	674,132	513,703	31.23	387,764
个人活期存款	384,851	313,339	22.82	247,131
个人定期存款	501,052	475,877	5.29	397,629
拆入资金	98,251	85,729	14.61	51,563
贷款损失准备	46,437	37,776	22.93	29,814
股东权益(归属于母公司股东)	222,773	163,848	35.96	145,209
每股净资产(归属于母公司股东，元)	3.96	3.34	18.56	2.96
经营业绩	2010年度	2009年度	比上年增减(%)	2008年度
营业收入	104,234	80,937	28.78	76,660
营业利润	49,700	38,219	30.04	35,783
利润总额	49,954	38,240	30.63	35,818
净利润(归属于母公司股东)	39,042	30,075	29.82	28,423
扣除非经常性损益后的净利润[1](归属于母公司股东)	38,826	29,869	29.99	28,396
每股收益[2](加权平均，元)	0.73	0.59	23.73	0.55
经营活动产生的现金流量净额	(24,167)	73,747	(132.77)	193,331
每股经营活动产生的现金流量净额(元)	(0.43)	1.51	(128.48)	3.95
主要财务指标	2010年(%)	2009年(%)	变化(百分点)	2008年(%)
平均资产回报率[3]	1.08	1.01	0.07	1.19
净资产收益率[2](加权平均)	20.08	19.26	0.82	20.86
净利差	2.39	2.21	0.18	2.87
净利息收益率	2.46	2.29	0.17	3.01
成本收入比率[4]	31.89	32.43	(0.54)	31.38
减值贷款比率[5]	1.12	1.36	(0.24)	1.92
拨备覆盖率[6]	185.84	151.05	34.79	116.83
不良贷款率[7]	1.12	1.36	(0.24)	1.92
资本充足率	12.36	12.00	0.36	13.47
核心资本充足率	9.37	8.15	1.22	9.54

注：

1、按照中国证监会发布的《公开发行证券的公司信息披露解释性公告第1号-非经常性损益(2008)》要求计算。

2、按照中国证监会发布的《公开发行证券的公司信息披露编报规则第9号-净资产收益率和每股收益的计算及披露》(2010年修订)要求计算，本年度因配股事项，可比年度数据已相应重述。本集团不存在稀释性潜在普通股。

3、根据当期净利润除以报告期初与期末资产总额的平均值计算。

4、根据业务及管理费除以营业收入扣除其他业务成本后的净额计算。

5、根据报告期末减值贷款余额除以拨备前贷款余额计算。

6、根据报告期末拨备余额除以减值贷款余额计算。

7、根据中国银行业监管口径计算。

3.2 非经常性损益项目

(人民币百万元)

非经常性损益项目	2010年度
处置固定资产、无形资产产生的损益	(39)
采用公允价值模式进行后续计量的投资性房地产公允价值变动产生的损益	(21)
其他应扣除的营业外收支净额	(241)
非经常性损益的所得税影响	76
少数股东权益影响额(税后)	9
归属于公司普通股股东的非经常性损益合计	(216)

3.3 中国会计准则与国际财务报告准则财务信息差异调节表

本集团按照中国会计准则编制的合并财务报表及按照国际财务报告准则编制的合并财务报表中列示的2010年1月1日至12月31日止年度的净利润和于2010年12月31日的股东权益无差异。

第四节　银行业务数据信息

4.1 补充财务指标

主要指标		2010年12月31日(%)	2009年12月31日(%)	2008年12月31日(%)
拆借资金比例	拆入资金占比	0.32	1.31	0.49
拆出资金占比	1.85	2.23	2.08	
流动性比例	本外币	32.23	27.83	39.62
存贷比	本外币	72.10	71.97	64.91
单一最大客户贷款比率		4.60	2.75	3.81
前十大客户贷款比率		25.13	22.15	21.10

注：以上数据均为银行口径，根据中国银行业监管口径计算。

4.2 资本构成

(除另有标明外，人民币百万元)

项目	2010年12月31日	2009年12月31日	2008年12月31日
资本净额	298,553	226,433	185,447
其中：核心资本	227,296	154,489	132,151
附属资本	77,313	77,823	54,716
加权风险资产净额	2,416,255	1,887,022	1,376,432
资本充足率(%)	12.36	12.00	13.47
核心资本充足率(%)	9.37	8.15	9.54

注：以上数据均为集团口径。

4.3 营业收入结构

(除另有标明外，人民币百万元)

项目	2010 年度		比上年
	金额	占比(%)	增减(%)
利息净收入	84,995	81.54	27.69
手续费及佣金净收入	14,479	13.89	27.02
投资收益/(损失)	747	0.72	(46.37)
公允价值变动收益/(损失)	(71)	(0.07)	(121.26)
汇兑收益/(损失)	650	0.62	34.58
保险业务收入	689	0.66	不适用
其他业务收入	2,745	2.64	259.29
合 计	104,234	100.00	28.78

4.4 应收利息

(人民币百万元)

项目	2010 年 12 月 31 日	2009 年 12 月 31 日
以公允价值计量且其变动计入当期损益的金融资产利息	376	253
持有至到期投资利息	7,815	7,312
发放贷款及垫款利息	4,978	2,994
可供出售金融资产利息	1,396	1,142
应收款项类投资利息	48	748
其他应收利息	536	438
合 计	15,149	12,887

4.5 贷款担保方式分类

(除另有标明外,人民币百万元)

贷款分类	2010 年 12 月 31 日		2009 年 12 月 31 日	
	余额	占比(%)	余额	占比(%)
信用贷款	648,070	28.97	519,075	28.22
保证贷款	612,268	27.37	492,730	26.79
附担保物贷款	976,589	43.66	827,509	44.99
——抵押贷款	731,337	32.70	570,937	31.04
——质押贷款	245,252	10.96	256,572	13.95
合计	2,236,927	100.00	1,839,314	100.00

4.6 抵债资产

(人民币百万元)

	2010 年 12 月 31 日	2009 年 12 月 31 日
抵债资产原值	605	1,357
减:抵债资产跌价准备	(343)	(646)
抵债资产净值	262	711

4.7 重组贷款和逾期贷款

(除另有标明外,人民币百万元)

	2010 年 12 月 31 日	2009 年 12 月 31 日	比上年增减(%)
重组贷款	2,502	3,396	(26.33)
逾期贷款	20,911	25,943	(19.40)

4.8 贷款损失准备

(人民币百万元)

	2010 年度		
	个别方式评估	组合方式评估	合计
年初余额	14,998	22,778	37,776
本年计提	3,146	9,100	12,246
本年核销	(3,142)	–	(3,142)
本年转入/转出	(388)	–	(388)
—收回原转销贷款和垫款导致的转入	238	–	238
—贷款价值因折现价值上升导致的转出	(626)	–	(626)
小计	14,614	31,878	46,492
汇率差异	(10)	(45)	(55)
年末余额	14,604	31,833	46,437

4.9 衍生金融工具

(人民币百万元)

	2010 年 12 月 31 日			2009 年 12 月 31 日		
	名义金额	公允价值 资产	公允价值 负债	名义金额	公允价值 资产	公允价值 负债
利率衍生工具	234,836	1,281	(1,752)	152,656	1,339	(1,586)
货币衍生工具	549,996	3,450	(3,397)	357,328	1,031	(1,319)
其他衍生工具	760	–	(1)	376	–	(2)
合计	785,592	4,731	(5,150)	510,360	2,370	(2,907)

4.10 承诺及或有事项

(人民币百万元)

	2010 年 12 月 31 日	2009 年 12 月 31 日
信贷承诺及财务担保	838,498	613,384
其中:贷款承诺	242,055	164,704
承兑汇票	346,646	233,871
开出保函及担保	198,573	177,357
开出信用证	51,224	37,452
经营租赁承诺	5,282	4,942
资本性承诺	2,846	394

4.11 境内分级管理及分支机构数量情况

机构名称	地 址	邮编	网点数	从业人员
总行	上海浦东银城中路 188 号	200120	1	2288
北京市分行	北京市西城区金融大街 22 号	100033	108	4378
天津市分行	天津市河西区南京路 35 号	300200	70	1617
河北省分行	石家庄市自强路 22 号	050000	30	903
唐山分行	唐山市新华东道 103 号	063000	21	609
秦皇岛分行	秦皇岛市海港区文化路 174 号	066000	22	478
邯郸分行	邯郸市人民东路 340 号	056008	2	63
山西省分行	太原市解放路 35 号	030002	27	747
晋城分行	晋城市黄华街 878 号	048026	6	173
临汾分行	临汾市解放路 34 号	041000	1	46
大同分行	大同市新建南路 452 号	037008	1	36
内蒙古区分行	呼和浩特市赛罕区大学西路 110 号	010020	5	290
包头分行	包头市青山区钢铁大街 24 号	014030	9	259
辽宁省分行	沈阳市沈河区十一纬路 100 号	110014	46	1185
鞍山分行	鞍山市铁东区二一九路 38 号	114001	27	532
抚顺分行	抚顺市新抚区西一路 2-1 号	113008	21	509
丹东分行	丹东市锦山大街 68 号	118000	16	352
锦州分行	锦州市云飞街二段 42 号	121000	20	381
营口分行	营口市渤海大街西 21 号	115003	28	584
辽阳支行	辽阳市新运大街 114 号	111000	6	129
吉林省分行	长春市人民大街 3515 号	130021	36	1056
吉林分行	吉林市松江东路 4 号	132001	23	519
延边分行	延吉市光明街 172 号	133000	11	308
黑龙江省分行	哈尔滨市道里区友谊路 428 号	150010	44	1133
齐齐哈尔分行	齐齐哈尔市建华区卜奎大街 199 号	161006	20	412
大庆分行	大庆市东风新村东风路热源街 2 号	163311	23	642
上海市分行	上海市中山南路 99 号	200010	120	4609
江苏省分行	南京市中山北路 124 号	210009	73	1847
徐州分行	徐州市中山南路 56 号	221006	24	493
连云港分行	连云港市新浦区海连中路 141 号	222003	20	381
扬州分行	扬州市汶河路北路 2 号	225002	21	457
泰州分行	泰州市青年北路 151 号	225300	15	313
南通分行	南通市人民中路 27 号	226001	22	498
镇江分行	镇江市解放路 229 号	212001	23	514
常州分行	常州市延陵西路 171 号	213003	35	720
盐城分行	盐城市建军东路 68 号	224002	3	133
淮安分行	淮安市淮海东路 126 号	223001	1	52
宿迁分行	宿迁市西湖路 139 号	223800	1	31
浙江省分行	杭州市剧院路 1-39 号	310020	42	1167
温州分行	温州市车站大道交行广场	325000	21	702
嘉兴分行	嘉兴市中山东路 1086 号	314001	13	460
湖州分行	湖州市人民路 299 号	313000	10	354
绍兴分行	绍兴市人民中路 283 号	312000	34	848
台州分行	台州市经济技术开发区东环大道 298 号	318000	5	212
金华分行	金华市双溪西路 191 号	321017	4	171
衢州分行	衢州市柯城区新桥街 17 号	324000	1	40
舟山分行	舟山市环城北路 177 号	316000	1	43
安徽省分行	合肥市花园街 38 号	230001	29	817
芜湖分行	芜湖市北京西路交行大楼	241000	19	383
蚌埠分行	蚌埠市南山路 88 号	233000	19	333
淮南分行	淮南市朝阳中路 95 号	232001	17	314
安庆分行	安庆市龙山路 99 号	246003	13	305
马鞍山分行	马鞍山市湖东南路 156 号	243000	3	116
铜陵分行	铜陵市长江中路 990 号	244000	1	47
六安分行	六安市解放南路 53 号	237005	1	33
巢湖分行	巢湖市健康西路丽景国际小区综合楼	238000	1	30
滁州分行	滁州市琅琊西路 81 号	239000	1	31
福建省分行	福州市湖东路 116 号	350003	26	738
泉州分行	泉州市丰泽街 550 号	362000	3	111
江西省分行	南昌市红谷滩新区会展路 199 号	330003	28	657
景德镇分行	景德镇市昌南大道 1 号	333000	12	208
新余分行	新余市北湖西路 98 号	338000	11	186
九江分行	九江市浔阳路 139 号	332000	11	185
赣州分行	赣州市章贡区南门文化广场东园	341000	1	33
山东省分行	济南市共青团路 98 号	250012	28	820
淄博分行	淄博市张店区金晶大道 100 号	255040	26	569
潍坊分行	潍坊市东风东街 358 号	261041	21	492
烟台分行	烟台市大马路 5 号	264000	22	446
威海分行	威海市海滨北路 34 号	264200	13	301
济宁分行	济宁市红星中路 36 号	272045	15	316
泰安分行	泰安市东岳大街 55 号	271000	12	262
东营分行	东营市东二路 213 号	257000	1	33
河南省分行	郑州市郑花路 11 号	450008	63	1634

洛阳分行	洛阳市开元大道 226 号	471000	17	461
南阳分行	南阳市中州路 25 号	373000	2	74
安阳分行	安阳市友谊路 1 号	455000	1	66
焦作分行	焦作市人民路 1159 号	454000	1	38
平顶山分行	平顶山市建设路 895 号	467000	1	34
湖北省分行	武汉市建设大道 847 号	430015	56	1460
黄石分行	黄石市颐阳路 380 号	435000	13	271
宜昌分行	宜昌市胜利四路 22 号	443000	10	248
襄樊分行	襄樊市樊城沿江大道特 8 号	441000	2	65
咸宁分行	咸宁市潜山路 18 号	437100	1	29
湖南省分行	长沙市韶山中路 37 号	410007	34	913
岳阳分行	岳阳市南湖大道银都大厦	414000	12	249
常德分行	常德市人民路 1508 号	415000	1	51
郴州分行	郴州市人民西路 17 号	423000	1	30
衡阳分行	衡阳市华新开发区解放大道 9 号	421001	1	27
广东省分行	广州解放南路 123 号	510120	80	2078
珠海分行	珠海市吉大九州大道 1227 号	519015	21	595
汕头分行	汕头市金砂路 83 号	515041	28	636
东莞分行	东莞市旗峰路 190 号	523008	9	247
中山分行	中山市石岐悦来南路 30 号	528400	20	535
佛山分行	佛山市禅城区季华五路 30 号	528000	27	585
揭阳支行	揭阳市榕城区北环城路 6 号	522000	10	203
惠州分行	惠州市惠城区江北云山西路 8 号	516003	4	151
江门分行	江门市东华二路 18 号	529000	2	79
广西区分行	南宁市人民东路 228 号	530012	36	813
柳州分行	柳州市跃进路 32 号	545001	23	481
桂林分行	桂林市南环路 8 号	541002	17	388
梧州分行	梧州市大中路 47 号	543000	7	191
北海分行	北海市云南路 25 号	536000	4	137
海南省分行	海口市国贸路 45 号	570125	16	493
重庆市分行	重庆市渝中区中山三路 158 号	400015	57	1348
四川省分行	成都市西玉龙街 211 号	510016	75	1645
自贡分行	自贡市自流井区五星街 108 号	643000	8	163
攀枝花分行	攀枝花市炳草岗大街 129 号	617000	9	154
德阳分行	德阳市珠江东路 10 号	618000	1	44
贵州省分行	贵阳市省府路 4 号	550001	27	517
遵义分行	遵义市红花岗区中华路 108 号	563000	16	313
云南省分行	昆明市护国路 67 号	650021	31	921
曲靖分行	曲靖市麒麟南路与文昌街交叉口	655000	5	108
玉溪分行	玉溪市红塔区玉兴路 61 号	653100	5	102
楚雄分行	楚雄市北浦路 102 号	675000	5	99
陕西省分行	西安市西新街 88 号	710004	50	1066
咸阳分行	咸阳市安定东路 1 号	712000	2	68
榆林分行	榆林市肤施路 132 号	719000	1	57
甘肃省分行	兰州市庆阳路 129 号	730030	27	643
宁夏区分行	银川市民族北街 296 号	750001	5	192
新疆区分行	乌鲁木齐市东风路 16 号	830002	27	691
青海省分行	西宁市五四西路 29 号	810008	1	60
大连分行	大连市中山区中山广场 6 号	116001	48	1331
宁波分行	宁波市海曙区中山东路 55 号	315000	40	1043
厦门分行	厦门市湖滨中路 9 号	361004	19	485
青岛分行	青岛市中山路 6 号	266001	58	1254
深圳分行	深圳市深南中路 2066 号	518031	48	1726
无锡分行	无锡市人民中路 198 号	214001	51	1301
苏州分行	苏州市南园北路 77 号	215006	60	1324
太平洋卡中心	上海浦东新区张江高科技园区松涛路 80 号	201203		9589
金融服务中心(武汉)	武汉市东湖开发区关山大道特 1 号	430073		2360
金融服务中心(南宁)	南宁市人民东路 228 号	530012		149

第五节 股本变动及股东情况

5.1 股份变动情况表

截至 2010 年 12 月 31 日，本行股东总数量为 474,665 户，其中 A 股股东 430,170 户，H 股股东 44,495 户。

	2010 年 1 月 1 日		本次变动(+,-)					2010 年 12 月 31 日	
	数量(股)	比例(%)	发行新股	送股	公积金转股	其他	小计	数量(股)	比例(%)
一、有限售条件股份	9,974,982,648	20.36				-9,974,982,648	-9,974,982,648		
1、国家持股	9,974,982,648	20.36				-9,974,982,648	-9,974,982,648		
2、国有法人持股									
3、其他内资持股									
其中：									
境内非国有法人持股									
境内自然人持股									
4、外资持股									
其中：									
境外法人持股									
境外自然人持股									
二、无限售条件股份	39,019,401,055	79.64	+7,265,257,695			+9,974,982,648	+17,240,240,343	56,259,641,398	100.00
1、人民币普通股	15,954,932,919	32.56	+3,805,587,475			+9,974,982,648	+13,780,570,123	29,735,503,042	52.85
2、境内上市外资股									
3、境外上市外资股	23,064,468,136	47.08	+3,459,670,220				+3,459,670,220	26,524,138,356	47.15
4、其他									
三、股份总数	48,994,383,703	100.00	+7,265,257,695				+7,265,257,695	56,259,641,398	100.00

说明：

1、根据本行 A 股上市时第一大股东财政部所持有本行 A 股股份锁定期 36 个月的承诺，其所持本行 A 股 9,974,982,648 股于 2010 年 5 月 17 日可上市流通，相关公告刊载于 2010 年 5 月 12 日的中国证券报、上海证券报、证券时报及上交所网站(www.sse.com.cn)。

2、根据本行股东大会决议及中国证券监督管理委员会证监许可〔2010〕778 号文和〔2010〕779 号文核准，报告期内，本行实施 A+H 配股，其中 A 股配售 3,805,587,475 股于 2010 年 6 月完成，并于 2010 年 6 月 30 日上市流通，相关配股股份变动及获配股票上市公告书刊载于 2010 年 6 月 29 日的中国证券报、上海证券报、证券时报及上交所网站 (www.sse.com.cn)；H 股配售 3,459,670,220 股于 2010 年 7 月完成，并于 2010 年 7 月 19 日上市流通，相关配股发行结果及配股股份变动公告刊载于 2010 年 7 月 16 日的中国证券报、上海证券报、证券时报及上交所网站(www.sse.com.cn)和香港联交所"披露易"网站(www.hkexnews.hk)。

5.2 前 10 名有限售条件股东持股数量及限售条件情况

截至 2010 年 12 月 31 日，本行无限售股份。

5.3 前 10 名股东、前 10 名无限售条件股东持股情况表 (以下数据来源于本行备置于本行股份过户登记处的股东名册)

5.3.1 前 10 名股东持股情况

股东名称	股东性质	持股比例(%)	持股总数	股份质押或冻结数[1]
财政部	国家	26.52	14,921,230,045	无
香港中央结算(代理人)有限公司[2]	外资	21.93	12,335,266,807	
汇丰银行[3]	外资	18.63	10,482,252,967	无
首都机场集团公司	国有	2.01	1,133,264,625	
国网资产管理有限公司	国有	0.92	519,161,972	
云南红塔集团有限公司	国有	0.71	398,806,176	
中国石化财务有限责任公司	国有	0.62	348,400,000	
上海海烟投资管理有限公司	国有	0.60	335,077,253	
中国航空工业集团公司	国有	0.50	282,434,940	
大庆石油管理局	国有	0.48	268,123,786	

注：

1、除标明外，本行未知上述股东的股份存在质押或冻结的情况，未知上述股东之间关联关系。

2、香港中央结算(代理人)有限公司是以代理人身份，代表截至 2010 年 12 月 31 日止，在该公司开户登记的所有机构和个人投资者的 H 股股份合计数。

3、根据本行备置于香港中央证券登记有限公司的股东名册所载，截至 2010 年 12 月 31 日，汇丰银行持有本行 H 股股份为 10,482,252,967 股。根据汇丰控股(HSBC Holding plc)向港交所报备的披露权益表格，截至 2010 年 12 月 31 日，汇丰银行实益持有本行 H 股 10,716,204,617 股，占本行总股本的 19.05%。

5.3.2 前 10 名无限售条件股东持股情况

股东名称	持股数	持股比例(%)	股份类型
财政部	14,921,230,045	26.52	A+H 股
香港中央结算(代理人)有限公司	12,335,266,807	21.93	H 股
汇丰银行	10,482,252,967	18.63	H 股
首都机场集团公司	1,133,264,625	2.01	A 股
国网资产管理有限公司	519,161,972	0.92	A 股
云南红塔集团有限公司	398,806,176	0.71	A 股
中国石化财务有限责任公司	348,400,000	0.62	A 股
上海海烟投资管理有限公司	335,077,253	0.60	A 股
中国航空工业集团公司	282,434,940	0.50	A 股
大庆石油管理局	268,123,786	0.48	A 股
上述股东关联关系或一致行动的说明	本行未知上述股东之间有关联关系或一致行动关系		

5.4 本行与 5%以上股东之间股权关系的方框图(略)

第六节 董事、监事和高级管理人员

6.1 董事、监事和高级管理人员持股变动及薪酬情况

姓名	职务	性别	年龄	委任日期	年初持股数	年末持股数	股份增减数	变动原因	报告期内领取税前总薪酬[1](万元) 薪酬	其他福利	合计	是否在股东单位或其他关联单位领取报酬津贴
胡怀邦	执行董事、董事长	男	55	2010-8-19	0	0	0		78.80	20.13	98.93	否
牛锡明	执行董事、副董事长、行长	男	54	2010-8-19	0	0	0		70.92	20.13	91.05	否
钱文挥	执行董事、											

	副行长	男	49	2010-8-19	0	0	0		66.98	16.72	83.70	否
王　滨	执行董事、副行长	男	52	2010-8-19	0	0	0		66.98	16.59	83.57	否
张冀湘	非执行董事	男	57	2010-8-19	0	0	0		63.04	14.88	77.92	否
胡华庭	非执行董事	男	53	2010-8-19	0	0	0		63.04	14.87	77.91	否
钱红一	非执行董事	男	59	2010-8-19	0	0	0		0	0	0	否
王冬胜	非执行董事	男	59	2010-8-19	0	0	0		0	0	0	是
冯婉眉	非执行董事	女	50	2010-11-18	0	0	0		0	0	0	是
冀国强	非执行董事	男	45	2010-8-19	0	0	0		0	0	0	是
雷　俊	非执行董事	男	41	2010-8-19	0	0	0		0	0	0	是
陈清泰	独立非执行董事	男	73	2010-8-19	0	0	0		0	0	0	否
李家祥	独立非执行董事	男	57	2010-8-19	0	0	0		25.00	0	25.00	否
顾鸣超	独立非执行董事	男	67	2010-8-19	0	0	0		0	0	0	否
王为强	独立非执行董事	男	63	2010-11-18	0	0	0		0	0	0	否
彼得·诺兰	独立非执行董事	男	62	2010-11-18	0	0	0		3.01	0	3.01	否
陈志武	独立非执行董事	男	48	2010-11-18	0	0	0		3.01	0	3.01	否
华庆山	监事长	男	58	2010-8-19	0	0	0		69.35	20.13	89.48	否
郑　力	外部监事	女	75	2010-8-19	0	0	0		0	0	0	否
蒋祖祺	外部监事	男	70	2010-8-19	0	0	0		0	0	0	否
顾惠忠	监事	男	54	2010-8-19	0	0	0		0	0	0	是
郭　宇	监事	男	36	2010-8-19	0	0	0		0	0	0	是
杨发甲	监事	男	56	2010-8-19	0	0	0		0	0	0	是
褚红军	监事	男	57	2010-8-19	0	0	0		0	0	0	是
李　进	监事	男	44	2010-8-19	0	0	0		0	0	0	是
闫　宏	监事	男	44	2010-8-19	0	0	0		0	0	0	是
刘　莎	职工监事	女	55	2010-8-19	0	0	0		49.04	11.91	60.95	否
陈　青	职工监事	女	50	2010-8-19	0	0	0		49.10	11.97	61.07	否
帅　师	职工监事	男	42	2010-8-19	0	0	0		45.33	11.14	56.47	否
杜亚荣[2]	职工监事	男	47	2010-8-19	0	0	0		19.60	4.61	24.21	否
于亚利	副行长、首席财务官	女	53	2010-6-29	0	0	0		66.98	16.72	83.70	否
寿梅生	纪委书记	男	54	2007-5-10	0	0	0		66.98	16.72	83.70	否
侯维栋	副行长、首席信息官	男	51	2010-10-28	0	0	0		63.04	14.87	77.91	否
叶迪奇	副行长	男	64	2008-4-29	0	0	0		0	0	0	是
杨东平	首席风险官	男	54	2010-6-29	75,000	86,200	+11,200	配股	63.04	14.61	77.65	否
杜江龙	董事会秘书	男	40	2009-8-19	0	0	0		63.04	14.87	77.91	否
朱鹤新[2]	公司业务总监	男	43	2010-2-23	0	0	0		57.79	13.34	71.13	否

注：

1. 根据国家有关部门的规定，本行董事、监事和高级管理人员的最终薪酬正在确认过程中，其余部分待确认之后再行披露。

2. 杜亚荣先生于 2010 年 8 月经本行职工代表大会选举为本行职工监事；朱鹤新先生于 2010 年 2 月获委任为本行公司业务总监，上述人士从本行获取的税前薪酬为其自任现职以后起计算。

3.彭纯先生于 2010 年 4 月 21 日因工作调动，辞任本行执行董事、副行长职务，彭先生于 2010 年度从本行获得税前薪酬合计为人民币 27.96 万元。

第七节　管理层讨论与分析

7.1 集团总体经营概况

本集团深入研判宏观经济金融形势变化，积极顺应国家宏观经济政策调整，稳步推进“两化一行”战略，取得了良好业绩。截至报告期末，本集团资产总额达到人民币 39,515.93 亿元，比年初增长 19.41%；实现净利润人民币 390.42 亿元，同比增长 29.82%；平均资产回报率和平均股东权益报酬率分别为 1.08%和 20.20%。净利差和净利息收益率分别为 2.39%和 2.46%，比上年分别提高 18 个和 17 个基点。减值贷款比率为 1.12%，比年初下降 0.24 个百分点；拨备覆盖率达到 185.84%，比年初提高 34.79 个百分点。

7.2 集团主要业务回顾

以国家宏观调控为指导，业务规模稳健增长

2010 年，我国以加快推进经济结构调整和转变经济发展方式为主线，实施积极的财政政策和稳健的货币政策，持续加强和改善宏观调控。本集团以国家宏观调控为指导，坚持积极审慎的经营方针，支持并服务于产业结构调整升级和实体经济发展，业务规模实现稳步增长，同时保持了信贷规模的合理均衡增长以及结构优化。截至报告期末，本集团资产总额达到人民币 39,515.93 亿元，比年初增长 19.41%；客户存款余额达人民币 28,678.47 亿元，较年初增长 20.90%；客户贷款余额(拨备前，如无特别说明，下同)达人民币 22,369.27 亿元，较年初增长 21.62%。人民币存、贷款市场份额分别达到 5.93%和 6.62%，分别较年初上升 0.18 和 0.07 个百分点。

在合理把握信贷总量和节奏的基础上，本集团着力优化调整信贷结构。在行业结构方面，主要投向符合国家信贷政策和经济运行特点的交通运输、公共设施管理、现代服务业、战略性新兴产业等方向。同时，积极培育新兴增长点，充分把握消费、民生、先进制造业、低碳经济等领域增长机遇。在客户结构方面，继续重点发展个人贷款以及小企业贷款业务，个人贷款余额达人民币 4,179.25 亿元，占比较年初提高了 1.79 个百分点至 18.68%；小企业贷款服务突出客户分层，创新“创业一站通”、“e 贷在线”、“小企业 e 贷卡”和“应收账款债权融资”等业务，全方位满足小企业金融服务需求，小企业贷款规模较年初实现翻番。

为进一步充实业务发展的资本基础，报告期内，本行在境内大型商业银行中率先成功实施 A+H 配股融资计划，A 股和 H 股募集资金净额共为人民币 323.56 亿元，有效补充了核心资本。截至报告期末，集团资本充足率和核心资本充足率分别达到 12.36%和 9.37%，较年初分别提高 0.36 和 1.22 个百分点。

以深化战略转型为导向，盈利能力持续提高

面对市场环境的深刻变化，本集团不断探索转型发展之路，以战略转型为导向，大力推进增长模式和盈利模式的转型。

面对金融脱媒日益加剧的挑战，本集团深入推动增长模式转型，从资本消耗向资本集约型发展转变，加快零售业务和资金业务发展。在证券市场快速扩容，储蓄存款大量分流的背景下，实现了储蓄业务和个人金融资产管理业务的较快增长。截至报告期末，境内人民币储蓄存款余额达人民币 8,327 亿元，较年初增长 15.49%，市场份额为 4.18%，较年初提高了 0.04 个百分点；管理的个人金融资产(AUM)余额达人民币 13,175.43 亿元，较年初增长 15.79%。同时，把握财富新流向，大力拓展金融市场投融资渠道中的脱媒资金，强化资金运作。报告期内，本行在银行间市场人民币现券交易量达人民币 72,866.70 亿元，市场排名第三；在银行间外汇市场累计交易量达 6,191.78 亿美元，在做市商排名中位列第一。

伴随着利率市场化加速推进，本集团大力推进盈利模式转型，收入来源更趋多元化。报告期内，非利息收入占比为 18.46%，同比提高 0.70 个百分点。其中，中间业务发展质效进一步提高，实现手续费及佣金净收入人民币 144.79 亿元，同比增加人民币 30.80 亿元，增幅 27.02%。围绕扩大内需和居民消费升级的机遇，大力发展银行卡业务，银行卡年费及手续费收入人民币 51.80 亿元，同比增长 29.76%，其中，信用卡在册卡量超过 1,660 万张，全年累计消费额达到人民币 2,301.50 亿元；针对旺盛的企业融资需求，继续积极推动各类投资银行业务发展，实现投行业务收入人民币 32.44 亿元，同比增长 37.87%，主承销债券 55 只，发行总金额继续保持市场前列；顺应经济回升、外贸复苏的有利形势，大力发展贸易结算业务，支付结算与代理手续费收入人民币 33.20 亿元，同比增长 39.26%。

战略转型推动集团盈利能力和发展质效持续提高。报告期内，本集团实现净利润人民币 390.42 亿元，同比增长 29.82%。平均资产回报率和平均股东权益报酬率分别为 1.08%和 20.20%，分别较上年提高了 0.07 和 0.74 个百分点。报告期内，集团再次跻身《财富》(FORTUNE)世界 500 强，营业收入排名第 440 位，较上年提升 54 位；并继续保持英国《银行家》杂志全球 1000 家银行一级资本排名第 49 位。穆迪将本行长期信用评级由 Baa1 调升为 A3。

以业务结构优化为基础，息差水平稳步攀升

由于 2010 年内两次上调基准利率时间集中于第四季度，加息效应尚未完全释放，本集团息差的扩大主要基于资产负债结构的优化和存贷款定价管理水平的提高。

本集团不断深化资产负债结构调整，着力提高定价管理能力和非信贷资金收益水平，业务结构的优化推动净利差和净利息收益率稳步攀升。资产业务方面，高收益类资产的占比进一步提升，客户贷款(拨备后)占总资产的比重较年初上升 0.99 个百分点至 55.43%。负债业务方面，活期存款期末余额占比为 50.56%，较年初提高了 0.86 个百分点。资产负债结构的优化，再加上存贷款定价管理水平进一步提高，截至报告期末，生息资产平均收益率同比上升 9 个基点至 4.08%，计息负债平均成本率同比下降 9 个基点至 1.69%。此外，积极开展本外币资金运作，优化投资结构，债券投资收益率达到 3.16%的较好水平。

得益于此，报告期内息差水平继续攀升，利息净收入大幅增长，净利差和净利息收益率分别达到 2.39%和 2.46%，同比分别提高 18 个和 17 个基点，环比分别提高 4 个和 5 个基点；实现利息净收入人民币 849.95 亿元，同比增长 27.69%。

以全面风险管理体系为保障，资产质量继续改善

2010 年是宏观经济形势较为复杂的一年，有利因素与不利因素交织，发展机遇和信贷风险并存。本集团继续深化全面风险管理，统筹兼顾业务发展与风险防范，加强重点领域风险控制，同时，统一管理规范，优化风险治理机制，建立健全了风险管理委员会议事决策体系，该体系包括一个全面风险管理委员会、三个专业风险管理委员会(信用风险管理委员会、市场与流动性风险管理委员会、操作风险与反洗钱管理委员会)和两个业务审查委员会(贷款审查委员会和风险资产审查委员会)。信贷风险管理方面，建立公司信贷审批人资质考试和认定制度；提高信贷投向指引覆盖率，提升动态管理能力；推广应用新的信贷资产风险分类体系，有效落实“三个办法、一个指引”的监管要求；对产能过剩行业贷款实施限额管理，高风险领域贷款动态排查和减退加固取得实效。市场风险管理方面，上线市场风险管理系统，开展市场风险日常独立监测。操作风险管理方面，持续开展“内控和案防制度执行年”活动与反欺诈专项行动；推广应用操作风险管理体系，规范操作风险管理流程和工具。此外，加强跨业跨境风险管理，加大对子公司和海外行的风险监控；稳步推进新资本协议达标准备工作，进一步完善内部评级体系。

由于全面风险管理措施的进一步加强，本集团资产质量持续改善。报告期末，减值贷款余额为人民币 249.88 亿元，较年初减少人民币 0.21 亿元，降幅为 0.08%；减值贷款比率为 1.12%，比年初下降 0.24 个百分点；拨备覆盖率达到 185.84%，比年初提高 34.79 个百分点。

以财富管理银行为目标，创新进程明显提速

随着社会财富快速增长、投资需求升级和消费文化转变，客户的金融需求和财富管理目标日益多样化和个性化。本集团紧密围绕“交通银行，您的财富管理银行”这一品牌形象，加快产品和服务创新，不断增强多元化、跨市场的竞争能力。推出私人银行“跨境综合财富管理”，为客户提供全球配置和管理财富的服务；成功举办沃德财富博览会，创国内由商业银行独立主办金融产品和服务博览会的先河；加快跨境人民币业务创新步伐，获批境外项目人民币融资试点，实现由贸易结算服务向境外融资服务的延伸；首家获得在上海地区开展新台币现钞与人民币双向兑换业务资格，成为境内经营外汇币种最多的两家银行之一；率先推出航运金融“租约融资”产品，办理业内首单人民币跨境融资、出口买方信贷、境外船舶融资“三合一”的创新融资业务；不断加强现金管理服务，成功实现及优化了二级分账户、联动账户、票据池等多样化功能，连续几年荣获《欧洲货币》和《亚洲货币》的“中国最佳现金管理银行”奖。

为顺应客户跨境跨业的财富管理要求，本集团进一步加快全球服务网络建设并持续推动综合化进程。本行在台湾设立代表处，成为首批赴台设立机构的大陆银行；胡志明市分行获批成立并已于 2011 年正式开业；旧金山分行筹建和英国子银行申设继续推进；交银康联人寿保险有限公司正式挂牌，浙江安吉村镇银行顺利运营。海外行与子公司不断致力于提升创新和服

务能力，业务发展迅速，财富管理特色显著。香港分行保持 IPO 综合业务当地市场领先地位，并成为香港银行同业结算公司人民币中央结算及交收系统首批指定银行之一；东京分行在日本中资同业中率先开展跨境人民币结算业务；澳门分行积极打造财务管理特色，沃德客户数量同比快速增长；交银国际投行业务跨上新台阶，连续在多个 IPO 项目中担任重要角色，并推出直投基金及零售公募基金；大邑村镇银行和安吉村镇银行深入农村市场，大力支持三农发展。

跨境跨业的综合财富管理平台努力满足客户金融需求，为客户持续创造价值，成为拓展客户的重要基础。报告期内，本集团持续深化客户分层服务体系，品牌客户数量快速增长，结构持续优化。私人银行、达标"沃德财富"和"交银理财"客户数量增幅分别达 109.81%、40.6%和 38.31%，公司业务客户数新增 12.4 万户，国际业务"领汇财富"客户持续增长，离岸客户数量实现翻番。

以"三位一体"模式为依托，服务能力不断提升

随着信息技术飞速发展，个人客户对金融便捷性的要求不断提高。本集团全面拓展客户服务渠道，努力构建人工网点、电子银行、客户经理"三位一体"、互为支撑，全方位、立体式的新型服务网络。人工网点方面，通过网点调整完善机构布局，加快建设优质高效的人工网点，青海省分行正式成立，六安、焦作、衢州、赣州等 14 家省辖分行顺利开业，地市级城市和百强县网点覆盖率大幅提高。电子银行方面，加大自助银行和自助机具投放力度，新增离行式自助银行 186 个、离行单机点 622 个；创新电子银行业务处理模式，实现客户在门户网站完成安全、方便的"一站式"签约，推出家庭综合理财账户、"超级网银"功能。在业内首创无卡金融服务新理念，率先推出手机银行无卡取现和无卡消费。截至报告期末，手机银行新增签约客户数突破 100 万户；电子商务交易量达到人民币 248.7 亿元，同比增长 78.3%；电子银行业务分流率达 57.17%，较年初提高 7.47 个百分点。客户经理方面，人员结构进一步优化，专业素质进一步提高。截至报告期末，本行共有 AFP、CFP 和 EFP 持证人员 6,701 人，较年初增加 1,467 人。

以"三位一体"的经营模式为依托，本集团不断强化客户服务能力，提高运营效率和服务质量，荣获 2010 年度中国银行业文明规范服务千佳示范单位评选活动突出贡献奖。作为中国 2010 年上海世博会商业银行全球合作伙伴，本集团世博金融服务工作全面实现"业务零差错、服务零投诉、安全零事故"的目标，获中国银行业协会世博金融服务突出贡献奖，向全世界展示了中国银行业优质服务形象。

以管理提升活动为契机，管理基础有效夯实

为进一步提高精细化管理水平，用管理促效益，本集团深入开展"管理提升年"活动，积极推进管理提升项目，夯实管理基础。

报告期内，本集团优化总行组织架构，北京管理部开始运行，公司与机构业务推进委员会、零售与私人业务推进委员会正式设立，形成对公、对私两大前台业务板块；全面推行全额资金预算管理模式，增强资金集中管理的运作效率，建立起更加科学的绩效评估体系；成立产品创新与推进委员会，整合完善创新工作流程，大力推动产品创新、流程创新和管理创新；成立营运管理部专司全行营运管理和营运体系建设，南宁金融服务中心投入运行，单证中心建设稳步推进，多中心互为备份、相互支撑的集中式后台布局初步形成；省辖行经营管理模式改革趋向深化，大力推动省辖行矩阵式管理模式改革试点，新建省辖行全部实行业务后台集中化处理模式，营运成本大幅降低；以建设新一代业务系统为目标的"531 工程"全面启动，旨在打造以客户为中心、境内外一体化、全面风险管理、后台集中运营、核算相对独立、管理信息集中的集团 IT 架构。

在管理基础迈上新台阶的同时，本集团继续厉行"降本增效"措施，努力控制成本。报告期内，本集团业务及管理费为人民币 324.35 亿元，比上年增长 24.54%，增幅低于营业收入增幅 4.24 个百分点；成本收入比为 31.89%，比上年下降了 0.54 个百分点。

7.3 财务报表分析

7.3.1 利润表主要项目分析

(1)利润总额

报告期内，本集团实现利润总额人民币 499.54 亿元，比上年增加人民币 117.14 亿元，增幅 30.63%。利润总额主要来源于利息净收入和手续费及佣金净收入。

下表列示了本集团在所示期间的利润总额的部分资料：

（人民币百万元）

	2010 年	2009 年
利息净收入	84,995	66,564
手续费及佣金净收入	14,479	11,399
资产减值损失	(12,533)	(10,896)
利润总额	49,954	38,240

(2)利息净收入

报告期内，本集团实现利息净收入人民币 849.95 亿元，比上年增长 27.69%，在营业收入中的占比为 81.54%，是本集团业务收入的主要组成部分。

下表列示了本集团在所示期间的生息资产和计息负债的平均每日结余、相关利息收入和支出以及平均收益率或平均成本率：

（除另有标明外，人民币百万元）

	2010 年 1 月至 12 月			2009 年 1 月至 12 月		
	平均结余	利息收支	平均收益（成本）率(%)	平均结余	利息收支	平均收益（成本）率(%)
资产						
存放中央银行款项	451,052	6,855	1.52	354,396	5,501	1.55
存放、拆放同业及其他金融机构款项	211,004	4,424	2.10	283,054	4,895	1.73
贷款及应收款项	2,067,067	106,056	5.13	1,619,593	83,027	5.13
其中：公司贷款及应收款项	1,595,373	82,984	5.20	1,222,267	66,267	5.42
个人贷款	338,765	18,701	5.52	230,236	13,142	5.71
贴现	132,929	4,371	3.29	167,090	3,618	2.17
债券投资及其他	777,937	24,570	3.16	692,926	23,216	3.35
生息资产	3,456,166[3]	140,901[3]	4.08	2,901,391[3]	115,873[3]	3.99
非生息资产	157,646			133,612		
资产总额	3,613,812[3]			3,035,003[3]		
负债及股东权益						
吸收存款	2,572,046	36,628	1.42	2,161,675	34,007	1.57
其中：公司存款	1,709,519	24,710	1.45	1,437,109	21,431	1.49
个人存款	862,527	11,918	1.38	724,566	12,576	1.74
同业及其他金融机构存放和拆入款项	723,292	18,220	2.52	598,415	13,994	2.34
应付债券及其他	59,540	2,062	3.46	52,122	2,074	3.98
计息负债	3,303,984[3]	55,906[3]	1.69	2,763,634[3]	49,309[3]	1.78
股东权益及非计息负债	309,828			271,369		
负债及股东权益合计	3,613,812[3]			3,035,003[3]		
利息净收入		84,995			66,564	
净利差[1]			2.39[3]			2.21[3]
净利息收益率[2]			2.46[3]			2.29[3]
净利差[1]			2.46[4]			2.29[4]
净利息收益率[2]			2.53[4]			2.37[4]

注：

1、指平均生息资产总额的平均收益率与平均计息负债总额的平均成本率间的差额。

2、指利息净收入与平均生息资产总额的比率。

3、剔除代理客户理财产品的影响。

4、剔除代理客户理财产品的影响，并考虑国债投资利息收入免税因素。

报告期内，本集团净利息收益率水平保持持续攀升的良好态势，利息净收入大幅增长，净利差和净利息收益率分别达到 2.39%和 2.46%，同比分别提高 18 个和 17 个基点；实现利息净收入人民币 849.95 亿元，同比增幅 27.69%。其中，生息资产平均收益率同比上升 9 个基点，而计息负债平均成本率同比下降 9 个基点。

2010 年第四季度，央行两次上调存贷款基准利率。由于报告期内加息效应还未完全释放，从全年来看，资产负债结构的调整优化和定价管理水平的提高依然是净利差和净利息收益率扩大的的最主要动力：

①活期存款占比上升。报告期末，客户活期存款占比为 50.56%，较上年提高 0.86 个百分点；

②客户贷款占总资产的比重上升。报告期末，客户贷款（拨备后）占总资产的比重为 55.43%，较年初提高 0.99 个百分点；

③定价水平进一步提高。报告期末，新增人民币贷款中，按基准以及上浮利率发放的贷款占比达到 60.89%，较上年提高 4.38 个百分点。

下表列示了本集团利息收入和利息支出因金额和利率变动而引起的变化。金额和利率变动的计算基准是这些期间内平均结余的变化以及有关生息资产和计息负债的利率变化。

（人民币百万元）

	2010 年与 2009 年的比较		
	增加/(减少)由于		
	金额	利率	净增加/(减少)
生息资产			
存放中央银行款项	1,498	(144)	1,354
存放、拆放同业及其他金融机构款项	(1,246)	775	(471)
贷款及应收款项	23,029	–	23,029
债券投资及其他	2,848	(1,494)	1,354
利息收入变化	26,129	(863)	25,266
计息负债			
吸收存款	6,443	(3,822)	2,621
同业及其他金融机构存放和拆入款项	2,922	1,304	4,226
应付债券及其他	295	(307)	(12)
利息支出变化	9,660	(2,825)	6,835
利息净收入变化	16,469	1,962	18,431

报告期内，本集团利息净收入较上年增加人民币 184.31 亿元，其中，各项资产负债平均余额变动带动利息净收入增加人民币 164.69 亿元，平均收益率和平均成本率变动带动利息净收入增加人民币 19.62 亿元。

①利息收入

报告期内，本集团实现利息收入人民币 1,419.05 亿元，比上年增长人民币 252.66 亿元，增幅 21.66%。

a.客户贷款利息收入

客户贷款利息收入是本集团利息收入的最大组成部分。报告期内，客户贷款及应收款项利息收入为人民币 1,060.56 亿元，比上年增加人民币 230.29 亿元，增幅 27.74%。主要是客户贷款规模增加所致。

b.证券投资利息收入

报告期内，证券投资利息收入为人民币 245.70 亿元，比上年增加人民币 13.54 亿元，增幅 5.83%。主要由于本集团及时把握投资时机，加大投资运作力度，优化投资结构，使得债券投资收益率保持在 3.16%的较好水平。

c.存放中央银行款项利息收入

存放中央银行款项主要包括法定存款准备金和超额存款准备金。报告期内，存放中央银行款项利息收入为人民币 68.55 亿元，比上年增加人民币 13.54 亿元，主要由于客户存款的增长以及年内六次上调存款准备金率两个因素共同带动法定存款准备金的增长，存放央行款项平均余额同比增加了人民币 966.56 亿元，增幅 27.27%。

d.存放、拆放同业及其他金融机构款项利息收入

存放、拆放同业及其他金融机构款项利息收入为人民币 44.24 亿元，比上年减少人民币 4.71 亿元，主要系本期生息资产结构优化所致，存放、拆放同业及其他金融机构款项平均余额同比减少人民币 720.50 亿元，降幅 25.45%。

②利息支出

报告期内,本集团利息支出为人民币 569.10 亿元,比上年增加人民币 68.35 亿元,增幅 13.65%。

a.客户存款利息支出

客户存款是本集团主要资金来源。报告期内,客户存款利息支出为人民币 366.28 亿元,比上年增加人民币 26.21 亿元,增幅 7.71%,占全部利息支出的 64.36%。客户存款利息支出的增加主要是由于吸收存款规模增加所致。

b.同业及其他金融机构存放和拆入款项利息支出

报告期内,同业及其他金融机构存放和拆入款项利息支出为人民币 182.20 亿元,比上年增加人民币 42.26 亿元,增幅 30.20%。平均余额较上年增长 20.87%,同时,受国内货币市场利率上升的影响,同业及其他金融机构存放和拆入平均成本率较上年上升 18 个基点。

c.发行债券及其他利息支出

报告期内,发行债券及其他利息支出为人民币 20.62 亿元,比上年同期减少人民币 0.12 亿元,平均成本率由上年的 3.98%下降至 3.46%。

(3)手续费及佣金净收入

手续费及佣金净收入是本集团营业收入的重要组成部分。报告期内,本集团不断加快产品和服务创新,推动盈利模式转型,从主要依靠存贷利差向多元化收入结构转变,中间业务保持了较快增长。报告期内,本集团实现手续费及佣金净收入人民币 144.79 亿元,比上年增加人民币 30.80 亿元,增幅 27.02%,在营业收入中的占比为 13.89%。投资银行业务、信用卡、支付结算与代理等业务成为中间业务的主要增长点。

下表列示了本集团在所示期间的手续费及佣金净收入的组成结构:

(人民币百万元)

	2010 年	2009 年
支付结算与代理手续费收入	3,320	2,384
银行卡年费及手续费收入	5,180	3,992
担保及承诺业务手续费收入	1,238	1,133
托管业务佣金收入	707	655
基金销售手续费收入	741	984
基金管理费收入	736	761
投资银行业务收入	3,244	2,353
其他手续费及佣金收入	1,910	1,152
手续费及佣金收入合计	17,076	13,414
减:手续费及佣金支出	(2,597)	(2,015)
手续费及佣金净收入	14,479	11,399

支付结算与代理手续费收入为人民币 33.20 亿元,同比增加人民币 9.36 亿元,增幅 39.26%,其中,代理保险业务手续费收入人民币 7.34 亿元,增幅达 36.69%。

银行卡年费及手续费收入为人民币 51.80 亿元,同比增加人民币 11.88 亿元,增幅 29.76%,主要由于发卡量的增加及消费额和自助设备交易额的大幅增长。

担保及承诺业务手续费收入为人民币 12.38 亿元,同比增加人民币 1.05 亿元,增幅 9.27%,主要由于非融资类担保业务及贷款承诺业务量的增长。

托管业务佣金收入为人民币 7.07 亿元,同比增加人民币 0.52 亿元,主要由于托管资产规模增长。

基金销售手续费收入为人民币 7.41 亿元,同比减少人民币 2.43 亿元,主要由于基金销售量同比下降。

投资银行业务收入为人民币 32.44 亿元,同比增加人民币 8.91 亿元,增幅 37.87%,主要由于各类投资银行业务的较快增长。

(4)业务成本

报告期内,本集团降本增效工作取得了较好成效,业务及管理费为人民币 324.35 亿元,比上年增加人民币 63.92 亿元,增幅 24.54%,较营业收入的增幅低 4.24 个百分点;成本收入比为 31.89%,比上年下降 0.54 个百分点。

(5)资产减值损失

本集团资产减值损失包括为其他应收款、拆出资金、发放贷款和垫款、长期股权投资、抵债资产、债券投资等提取的拨备。

报告期内,本集团贷款的减值拨备支出为人民币 122.46 亿元,比上年增加人民币 9.91 亿元,其中:(1)整体评估的拨备支出为人民币 91 亿元,较上年减少人民币 2.18 亿元;(2)逐笔拨备支出为人民币 31.46 亿元,比上年增加人民币 12.06 亿元。报告期内,信贷成本比率为 0.55%,比上年下降 0.06 个百分点。

(6)所得税

报告期内,本集团所得税支出为人民币 107.82 亿元,比上年增加人民币 27.53 亿元,增幅 34.29%。实际税率为 21.58%,低于 25%的法定税率,主要是由于本集团持有的中国国债利息收入按税法规定为免税收益。

下表列示了本集团在所示期间的当期所得税费用及递延所得税费用/(收益)的明细:

(人民币百万元)

	2010 年	2009 年
当期所得税费用	11,752	9,119
递延所得税费用/(收益)	(970)	(1,090)

7.3.2 资产负债表主要项目分析

(1)资产

截至报告期末,本集团资产总额为人民币 39,515.93 亿元,比年初增加人民币 6,424.56 亿元,增幅 19.41%。

下表列示了本集团在所示日期总资产中主要组成部分的余额(拨备后)及其占比情况:

(除另有标明外,人民币百万元)

	2010 年 12 月 31 日		2009 年 12 月 31 日	
	余额	占比(%)	余额	占比(%)
发放贷款和垫款	2,190,490	55.43	1,801,538	54.44
现金及存放中央银行款项	586,554	14.84	434,996	13.15
持有至到期投资	563,721	14.27	509,179	15.39
可供出售金融资产	161,534	4.09	131,568	3.98
资产总额	3,951,593		3,309,137	

①客户贷款

报告期内,本集团抓住国家一系列政策措施带来的发展机遇,全力加大对优质客户、大型项目的拓展力度,全年贷款实现较快增长。截至报告期末,本集团客户贷款余额为人民币 22,369.27 亿元,比年初增加人民币 3,976.13 亿元,增幅 21.62%。

行业集中度

报告期内,本集团按照国家宏观调控政策和实体经济发展要求,适时主动调整业务经营策略,合理把握信贷投放总量、投向和节奏,大力推动业务结构优化。公司增量贷款主要投向符合国家信贷政策和经济运行特点的交通运输、公共设施管理、战略性新兴产业、现代服务业等行业。

下表列示了本集团在所示日期客户贷款按行业分布的情况:

(除另有标明外,人民币百万元)

	2010 年 12 月 31 日		2009 年 12 月 31 日	
	余额	占比(%)	余额	占比(%)
采矿业	40,223	1.80	31,230	1.70
制造业				
-石油化工	93,525	4.18	82,319	4.48
-电子	44,993	2.01	38,132	2.07
-钢铁	45,568	2.04	40,109	2.18
-机械	68,911	3.08	56,766	3.09
-纺织及服装	29,560	1.32	27,918	1.52
-其他制造业	155,663	6.96	133,450	7.25
电力、燃气及水的生产和供应业	138,707	6.20	141,628	7.70
建筑业	68,337	3.05	55,387	3.01
交通运输、仓储和邮政业	307,422	13.74	226,757	12.33
电信、计算机服务和软件业	9,618	0.43	8,213	0.45
批发和零售业	214,588	9.59	145,278	7.90
住宿和餐饮业	15,746	0.70	13,163	0.72
金融业	37,108	1.66	22,853	1.24
房地产业	142,868	6.39	106,089	5.77
服务业	131,496	5.88	95,151	5.17
水利、环境和公共设施管理业	163,992	7.33	147,976	8.05
科教文卫	30,192	1.35	27,822	1.51
其他	23,411	1.06	26,563	1.43
贴现	57,074	2.55	101,872	5.54
公司贷款总额	1,819,002	81.32	1,528,676	83.11
个人贷款	417,925	18.68	310,638	16.89
贷款和垫款总额	2,236,927	100.00	1,839,314	100.00

截至报告期末,本集团公司贷款余额为人民币 18,190.02 亿元,较年初增加人民币 2,903.26 亿元,增幅 18.99%。其中,贷款分布最多的四个行业是制造业,交通运输、仓储和邮政业,批发和零售业,水利、环境和公共设施管理业,占全部公司贷款的 61.80%。

截至报告期末,本集团个人贷款余额为人民币 4,179.25 亿元,较年初增加人民币 1,072.87 亿元,增幅 34.54%,在客户贷款中的占比较上年末上升 1.79 个百分点至 18.68%。

借款人集中度

根据中国现行的银行法规,银行向单一集团客户提供的授信总额不得超过该银行资本净额的 15%,向单一借款人提供的贷款余额不得超过该银行资本净额的 10%。本集团现时符合这些法规的要求。

下表列示了在所示日期本集团向十大借款人提供的贷款余额:

(除另有标明外,人民币百万元)

		2010 年 12 月 31 日	
	行业类型	贷款余额	占贷款总额比例(%)
客户 A	金融业	13,245	0.59
客户 B	房地产业	10,000	0.45
客户 C	交通运输、仓储和邮政业	7,519	0.34
客户 D	交通运输、仓储和邮政业	7,244	0.32
客户 E	交通运输、仓储和邮政业	6,908	0.31
客户 F	交通运输、仓储和邮政业	6,378	0.29
客户 G	交通运输、仓储和邮政业	5,560	0.25
客户 H	服务业	5,530	0.25
客户 I	交通运输、仓储和邮政业	5,020	0.22
客户 J	电力、燃气及水的生产和供应业	5,000	0.22
十大客户合计		72,404	3.24

地域集中度

本集团贷款主要集中在长江三角洲、环渤海经济圈和珠江三角洲地区。截至报告期末,上述三个地区贷款余额占本集团贷款总额的比重分别为 31.70%、23.48%和 8.20%。

贷款质量

本集团贷款质量进一步改善。截至报告期末,减值贷款比率为 1.12%,比年初下降 0.24 个百分点;拨备覆盖率达到 185.84%,比年初提高 34.79 个百分点。

下表列示了本集团在所示日期的减值贷款和逾期 90 天以上贷款的部分资料:

(除另有标明外,人民币百万元)

	2010 年 12 月 31 日	2009 年 12 月 31 日
减值贷款	24,988	25,009
逾期 90 天以上的贷款	16,297	21,190
减值贷款占贷款余额的百分比(%)	1.12	1.36

贷款客户结构

根据本行新资本协议实施计划，2010 年四季度开始采用内部评级作为唯一的客户评级结果。2010 年末，本行公司客户内部评级 1-8 级客户贷款占比 92.10%，9-12 级客户贷款占比 5.06%，13-15 级贷款占比 1.36%。

②证券投资业务

本集团不断加大本外币资金集中运作力度，优化调整投资结构。截至报告期末，本集团证券投资净额为人民币 8,091.84 亿元，比上年增加人民币 339.49 亿元，增幅 4.38%；债券投资收益率仍保持在 3.16%的较好水平。

证券投资结构

下表列示了在所示日期本集团按持有目的划分和按发行主体划分的证券投资结构：

——按持有目的划分的投资结构：

（除另有标明外，人民币百万元）

	2010 年 12 月 31 日		2009 年 12 月 31 日	
	余额	占比(%)	余额	占比(%)
以公允价值计量且其变动计入当期损益的金融资产	41,312	5.11	26,884	3.47
应收款项类投资	42,617	5.27	107,604	13.88
可供出售金融资产	161,534	19.96	131,568	16.97
持有至到期投资	563,721	69.66	509,179	65.68
合计	809,184	100.00	775,235	100.00

——按发行主体划分的投资结构

（除另有标明外，人民币百万元）

	2010 年 12 月 31 日		2009 年 12 月 31 日	
	余额	占比(%)	余额	占比(%)
政府及中央银行	309,198	38.21	301,136	38.85
公共实体	17,131	2.12	11,643	1.50
金融机构	266,169	32.89	250,334	32.29
公司法人	216,686	26.78	212,122	27.36
合计	809,184	100.00	775,235	100.00

(2)负债

截至报告期末，本集团负债总额为人民币 37,279.36 亿元，比年初增加人民币 5,832.24 亿元，增幅 18.55%。其中，客户存款比年初增加人民币 4,957.92 亿元，在负债总额中的占比为 76.93%，比年初上升 1.50 个百分点；同业及其他金融机构存放和拆入资金较年初增加人民币 669.48 亿元，在负债总额中的占比为 18.74%，比年初下降 1.34 个百分点。

客户存款

客户存款是本集团最主要的资金来源。截至报告期末，本集团客户存款余额为人民币 28,678.47 亿元，比年初增加人民币 4,957.92 亿元，增幅 20.90%。本集团的存款结构良好，从客户结构上看，公司存款占比为 68.17%，比年初上升 2.45 个百分点；个人存款占比为 31.60%，比年初下降 2.39 个百分点。从期限结构上看，活期存款占比为 50.56%，比年初上升 0.86 个百分点；定期存款占比为 49.21%，比年初下降 0.79 个百分点。

下表列示了本集团在所示日期的公司存款和个人存款情况：

（人民币百万元）

	2010 年 12 月 31 日	2009 年 12 月 31 日
公司存款	1,954,936	1,558,842
其中：公司活期存款	1,064,528	865,097
公司定期存款	890,408	693,745
个人存款	906,301	806,190
其中：个人活期存款	385,449	313,835
个人定期存款	520,852	492,355

注：含保证金存款。

7.3.3 分部情况

(1)按地区划分的分部经营业绩

下表列示了本集团在所示期间各个地区分部的利润总额和营业收入：

（人民币百万元）

	2010 年		2009 年	
	利润总额	营业收入[1]	利润总额	营业收入[1]
华北[2]	5,608	12,974	5,862	12,227
东北[3]	1,320	4,392	625	3,210
华东[4]	18,428	38,475	14,615	29,453
华中及华南[5]	7,601	18,986	5,367	14,362
西部[6]	4,475	8,710	2,362	6,047
海外[7]	1,997	3,713	1,887	3,524
总部	10,525	16,984	7,522	12,114
总计[8]	49,954	104,234	38,240	80,937

注：

1.包括利息净收入、手续费及佣金净收入、投资收益/(损失)、公允价值变动收益/(损失)、汇兑收益/(损失)、保险业务收入、其他业务收入。

2.包括北京市、天津市、河北省、山西省及内蒙古自治区。(下同)

3.包括辽宁省、吉林省及黑龙江省。(下同)

4.包括上海市(不含总部)、江苏省、浙江省、安徽省、福建省、江西省及山东省。(下同)

5.包括河南省、湖南省、湖北省、广东省、广西壮族自治区及海南省。(下同)

6.包括重庆市、四川省、贵州省、云南省、西藏自治区、陕西省、甘肃省、青海省、宁夏回族自治区及新疆维吾尔自治区。(下同)

7.包括海外附属公司及以下分行：香港、纽约、新加坡、东京、首尔、澳门及法兰克福。(下同)

8.含少数股东损益。

(2)按地区划分的分部存贷款情况

下表列示了本集团在所示日期按地区划分的客户存款余额和客户贷款余额：

（人民币百万元）

	2010 年 12 月 31 日		2009 年 12 月 31 日	
	存款余额	贷款余额	存款余额	贷款余额
华北	549,157	422,830	446,405	332,812
东北	199,400	110,034	175,077	90,882
华东	1,108,096	880,314	920,550	750,489
华中及华南	587,970	424,785	482,137	360,322
西部	267,576	206,079	222,223	172,251
海外	125,187	147,128	93,918	100,761
总部	30,461	45,757	31,745	31,797
总计	2,867,847	2,236,927	2,372,055	1,839,314

(3)按业务板块划分的分部经营业绩

本集团的业务主要分成四类：企业银行业务、零售银行业务、资金业务和其他业务。本集团企业银行业务是利润的最主要来源，企业银行利润总额占比达到 66.46%。

下表列示了本集团在所示期间按业务板块划分的业务经营业绩：

（人民币百万元）

	对外交易收入		利润总额
	2010 年	2009 年	2010 年
企业银行业务	93,419	74,958	33,199
零售银行业务	29,097	20,286	6,503
资金业务	38,527	35,650	9,815
其他业务	2,698	2,133	437
总计	163,741	133,027	49,954

7.4 其他财务信息

以下为根据中国证监会要求列示的有关信息。

7.4.1 与公允价值计量相关的项目

本集团建立了董事会最终负责和领导的市场风险管理体系，搭建了以公允价值计量为基础的内部控制的框架，以满足内部管理和信息披露的需求，并逐步有序地建设市场风险系统化管理，联结前中后台的所有相关部门，涵盖公允价值的取得、计量、监控和验证等各环节。本集团还将继续借鉴同行业经验及国际惯例，进一步完善与公允价值相关的内部控制制度。本集团对于存在活跃市场的资产负债金融工具，首选以活跃市场中报价为公允价值；对于不存在活跃市场的金融工具，采用公认的估值模型和可观测的市场参数进行估值或参考第三方报价并经相关风险管理部门复核后确定其公允价值。

下表列示了本集团 2010 年与公允价值计量相关的项目情况：

（人民币百万元）

项目	年初金额	本年公允价值变动收益/(损失)	计入权益的累计公允价值变动	本年(计提)/转回的减值	年末金额
金融资产					
1.以公允价值计量且其变动计入当期损益的金融资产(不含衍生金融资产)	26,884	(158)	–	–	41,312
2.衍生金融资产	2,370	2,341	–	–	4,731
3.可供出售金融资产	131,568	–	(731)	(150)	161,534
金融资产小计	160,822	2,183	(731)	(150)	207,577
投资性房地产	124	21	–	–	141
合计	160,946	2,204	(731)	(150)	207,718
金融负债小计[注]	(9,375)	(2,275)	–	–	(14,379)

注：包括以公允价值计量且其变动计入当期损益的金融负债和衍生金融负债。

7.4.2 持有外币金融资产、金融负债情况

下表列示了本集团 2010 年持有外币金融资产、金融负债的情况：

（人民币百万元）

项目	年初金额	本年公允价值变动收益/(损失)	计入权益的累计公允价值变动	本年(计提)/转回的减值	年末金额
金融资产					
1.以公允价值计量且其变动计入当期损益的金融资产(不含衍生金融资产)	10,042	58	–	–	8,391
2.衍生金融资产	1,158	319	–	–	1,497
3.贷款和应收款[1]	232,079	–	–	165	278,112
4.可供出售金融资产	35,587	–	631	(150)	34,011
5.持有至到期投资	2,730	–	–	–	2,460
金融资产小计	281,596	377	631	15	324,471
金融负债小计[2]	(249,263)	(2,466)	–	–	(281,787)

注：

1、包括现金及存放中央银行款项、存放同业款项、拆出资金、发放贷款和垫款、应收款项类投资以及其他金融资产。

2、包括同业及其他金融机构存放款项、拆入资金、以公允价值计量且其变动计入当期损益的金融负债、衍生金融负债、卖出回购金融资产款、吸收存款以及其他金融负债。

7.5 风险管理

2010 年，本行继续以三年全面风险管理规划为指导，坚持“积极、稳健、平衡”的风险偏好，遵循“积极主动与稳健安全相平衡、模型计量与经验判断相补充、统一管理与差别对待相结合、协同效应与分工效率相权衡”的原则进行全面风险管理。进一步优化全行风险管理体系，编制全行风险管理手册，不断健全风险管控协同机制，加快提升全面风险管理能力，夯实集团经营

管理稳健运行基础。

7.5.1 风险管理架构

本行董事会承担风险管理最终责任和最高决策职能，通过其下设风险管理委员会掌控全行风险状况。本行建立起"1+3+2"风险管理委员会体系。高管层设立全面风险管理委员会，根据董事会制定的风险管理战略，统领全行风险管理工作，定期评估风险，检验管理有效性。全面风险管理委员会下设信用风险管理委员会、市场与流动性风险管理委员会、操作风险与反洗钱管理委员会三个专业风险管理委员会，以及贷款审查委员会、风险资产审查委员会两个业务审查委员会，接受全面风险管理委员会领导并定期向其报告工作，监督指导全行风险管理工作的执行落实。本行行长、副行长和首席风险官分工推进全面风险管理各项工作。

本行建立了较为完善的风险管理执行体系和报告路线。成立风险管理板块，组织协调全行风险管理工作并统一进行报告，凝聚风险管控合力。风险管理委员会各成员部门以条线管理带动全行各级机构，具体执行落实风险管理要求。通过规范完善"大小中台"和双线报告机制，建立风险管理"四道防线"，板块条线式的风险管理架构基本成型。

报告期内，本行稳步推进新资本协议达标准备工作，内部评级体系持续完善，市场风险管理、操作风险管理和资本充足自评估体系建设成型。

7.5.2 信用风险管理

本行公司业务部、零售信贷管理部、授信管理部与授信审批中心、风险管理部、资产保全部、信用卡中心等共同构成信用风险管理的主要职能部门，对包括授信投向指导、授信调查和申报、授信审查审批、贷款发放、贷后监控和不良贷款管理等环节的公司、零售信贷业务实行规范化管理。

(1)风险分类程序和方法

本行根据中国银监会《贷款风险分类指引》的监管要求，按照风险程度对信贷资产实行五级分类管理，即正常、关注、次级、可疑和损失五类，其中后三类合称为不良贷款，其实质是判断信贷资产本息及时足额偿还的可能性。对公司类信贷资产，本行以监管核心定义为基础，参照内部评级结果和逐笔拨备情况，详细规定了更为严格和明确的五级分类定性风险特征与定量评价标准，确保充分考虑影响信贷资产质量的各项因素，审慎确定风险分类。对零售类信贷资产(含信用卡)，本行以贷款逾期账龄和担保方式为标准，统一采用脱期法进行五级分类管理。

为进一步提升信贷资产管理的精细化水平，本行采用巴塞尔新资本协议内部评级方法，建立起以违约概率(PD)为划分标准、更为细致的内部信用风险评估体系，对境内分行的公司、小企业、个贷、信用卡客户和业务实行分类管理。

2010 年，本行持续优化信用风险内部评级模型，完善内评管理体系，创建内评体系运行和授信客户风险自动诊断评价体系，积极推进内部评级在信贷管理全流程中的应用，提升对客户信用风险的分级别区分能力和管控能力。

(2)风险管理和控制政策

①公司类贷款信用风险管理

2010 年，本行根据国家宏观调控和政策导向，丰富完善行业信贷政策，对全行授信业务的覆盖度达 85%以上。对部分行业实施名单管理，提升信贷政策的精细度和可操作性。建立信贷政策动态反馈调整机制，提高政策适用性和灵活性。

2010 年，本行进一步优化授信授权结构，简化中小企业和存量客户续授信审批流程。建立绿色信贷跟踪管理机制和工具，绿色信贷工程持续深入和精细化。建立公司信贷审批人资质考试和认定制度，强化专业审贷、专家审贷队伍建设。全面落实"三个办法、一个指引"的贷款新规，贷款支付和发放环节管理得到强化。

2010 年，本行持续强化潜在和现实风险的控制与管理。运用限额领额工具，对产能过剩、政府融资平台主要行业分别实施限额和领额管理。严格按照监管要求持续开展政府融资平台贷款清查，全面掌控风险情况，推进落实管控措施。加强对房地产行业的比例和余额双线控制管理，并制定引导式准入名单。潜在风险排查和减退加固工作常态化运行，关注类、监察名单和借新还旧贷款的管理逐步严格细致。贷后资金用途的系统化监控水平不断增强，公司业务贷后管理达标活动成效明显，管理水平得到实质提升。

②个人贷款信用风险管理

2010 年，本行及时制定、实施符合监管规定的个贷信贷政策，推进分行层面个贷管理差异化和动态化。积极调整产品结构，优化客户结构，加强目标客户选择，推进交叉销售策略，大力拓展优质合作机构。

2010 年，本行全面加强个贷风险管理。关注经济和市场变化趋势，及时开展风险提示和排查，强化风险监控和报告。完善和加强抵押登记管理和押品价值预警，加强资产质量走势监控和信用风险分析，提前实施潜在风险化解举措。

③信用卡业务信用风险管理

本行独立核算的信用卡中心负责信用卡业务的运行管理。2010 年，本行信用卡中心在防控风险的前提下，关注资产组合的盈利性，实现了风险与收益的平衡。通过优化征信策略和拓展征信渠道，不断提高运营效率，优化客户结构。通过加强数据分析，细分风险特征，制定区域化、差别化的授信政策和反欺诈策略，有效提高销售前端的风险控制能力。通过实现风险定价，优化催收策略，采取差异化价格和催收行动，实现风险调整后的利润最大化。通过不断完善和优化各种预测模型，引入先进风险管理系统，强化风险管理手段，提高信用卡业务风险管理技术水平。

④资金业务信用风险管理

本行对资金业务涉及的同业授信实行总行统一审查审批和额度管理。2010 年，本行进一步规范同业授信流程和额度管理。明确全行金融保险行业投向指导意见，进一步规范同业授信年审的职责分工、申报流程和要求，对同业客户授信额度进行全面梳理，更新完善同业授信管理系统功能。

⑤不良贷款管理

本行通过催收、重组、处置抵质押物或向担保方追索、诉讼或仲裁、按监管规定核销等方式对不良贷款进行管理。2010 年，本行进一步加强总行和省分行直接介入工作力度，强力督导重点不良资产清收项目，建立总行集中式个贷催收平台，加快信用卡不良透支处置，清收保全总量提高、质量优化、综合收益明显。

(3)资产质量和迁徙情况

截至 2010 年末，本集团按中国银行业监管口径划分的贷款五级分类情况如下：

(除另有标明外，人民币百万元)

五级分类	2010 年 12 月 31 日		2009 年 12 月 31 日		2008 年 12 月 31 日	
	余额	占比(%)	余额	占比(%)	余额	占比(%)
正常类贷款	2,149,629	96.10	1,764,060	95.91	1,248,988	94.00
关注类贷款	62,310	2.78	50,245	2.73	54,142	4.08
正常贷款合计	2,211,939	98.88	1,814,305	98.64	1,303,130	98.08
次级类贷款	10,592	0.47	10,756	0.59	12,087	0.91
可疑类贷款	9,930	0.45	11,490	0.62	11,086	0.84
损失类贷款	4,466	0.20	2,763	0.15	2,287	0.17
不良贷款合计	24,988	1.12	25,009	1.36	25,460	1.92
合 计	2,236,927	100.00	1,839,314	100.00	1,328,590	100.00

截至 2010 年末，本集团按照中国银行业监管口径计算的贷款迁徙率如下：

贷款迁徙率(%)	2010 年	2009 年	2008 年
正常类贷款迁徙率	1.60	1.96	2.32
关注类贷款迁徙率	35.69	24.22	21.72
次级类贷款迁徙率	45.93	36.46	43.86
可疑类贷款迁徙率	30.11	5.46	9.04

7.5.3 市场风险管理

2010 年，本行根据有关监管指引和要求，继续推进市场风险管理体系建设。建立市场风险内部模型、计量验证、压力测试和风险价值返回检验等方面的管理规范。建成并上线市场风险管理信息系统，实现了产品估值、敏感性分析、风险价值(VaR)计量、压力测试等多项功能。依托系统推进市场风险日常独立监测体系的建立。

(1)交易账户市场风险管理

本行根据自身的风险偏好和经营水平实施面向交易组合的限额管理。2010 年，本行进一步完善市场风险限额管理，并对限额执行情况进行独立监控。当市场环境发生变化、风险指标值接近限额时，通过及时调整利率、汇率风险敞口或运用金融衍生工具进行对冲等手段，实现对交易账户市场风险的有效管控。

本行采用风险价值历史模拟法对交易账户的利率风险和汇率风险进行计量，并进行日常监测。

(2)银行账户市场风险管理

本行已初步建成较为完善的银行账户利率风险监测体系。通过缺口分析等方法对利率敏感资产负债的重定价期限缺口实施定期监控，并运用主动调整浮动利率与固定利率资产比重等手段对银行账户利率风险进行有效管理。2010 年，本行密切监测本外币利率走势，细化风险限额，加强组合化运作和限额监控。通过合理调整贷款定价策略，强化贷款议价的精细化管理，实现风险可控下的收益最大化。

(3)市场风险分析

本集团主要采用敏感性分析对交易账户及银行账户市场风险进行评估与计量。

①利率风险及敏感性分析

截至 2010 年末，本集团资产和负债的重新定价日或到期日(较早者)情况如下：

(人民币百万元)

	1 个月内	1–3 个月	3 个月–1 年	1–5 年	5 年以上	不计息	合计
资产总额	1,763,357	394,769	1,125,194	386,921	181,346	100,006	3,951,593
负债总额	(2,309,304)	(343,557)	(654,688)	(297,416)	(32,143)	(90,828)	(3,727,936)
净敞口	(545,947)	51,212	470,506	89,505	149,203	9,178	223,657

下表列示了基于所示资产负债表日的资产、负债结构，所有货币的收益率同时平行上升或下降 100 个基点对本集团利息净收入及其他综合收益的影响：

(人民币百万元)

	2010 年 12 月 31 日		2009 年 12 月 31 日	
	利息净收入	其他综合收益	利息净收入	其他综合收益
收益率上升 100 个基点	8,258	(2,400)	5,387	(1,951)
收益率下降 100 个基点	(8,258)	2,553	(5,387)	2,055

②汇率风险及敏感性分析

截至 2010 年末，本集团外汇风险敞口情况如下：

(人民币百万元)

	人民币	美元折人民币	港币折人民币	其他币种折人民币	合计
资产总额	3,625,990	234,469	61,931	29,203	3,951,593
负债总额	(3,445,505)	(161,530)	(86,793)	(34,108)	(3,727,936)
净敞口	180,485	72,939	(24,862)	(4,905)	223,657

下表列示了基于所示资产负债表日的资产、负债结构，当人民币对所有外币的即期与远期汇率同时升值 5%或贬值 5%时，对本集团净利润及其他综合收益的影响：

(人民币百万元)

	2010 年 12 月 31 日		2009 年 12 月 31 日	
	净利润	其他综合收益	净利润	其他综合收益
人民币升值 5%	(896)	(560)	(747)	(496)
人民币贬值 5%	1,329	560	747	496

7.5.4 流动性风险管理

本行主要采取以下措施管理流动性风险：(1)根据监管要求、流动性风险容忍度和资金管理实际需要，设置监控指标和限额，合理确定全行本外币流动性水平；(2)努力扩大负债来源，提高负债稳定性及核心存款在负债中的比重；(3)总行集中资金管理，对流动性储备资金实施统一运作，保持适当比例的央行备付金和流动性二级储备；(4)合理匹配资产到期日结构，通过多层次的流动性组合降低流动性风险；(5)积极参与货币市场和债券市场交易，维持良好的市场形象，保证充分的市场融资能力。

2010 年，国家货币政策从宽松转向适度宽松，继而转向稳健，人民币升值预期有所加强，上海同业拆借利率(SHIBOR)多次出现倒挂现象，境内外外币市场利率差异扩大，市场流动性紧

张局面加剧，对本行流动性管理工作造成一定压力。本行密切关注宏观环境、金融市场和货币政策变化，进一步加强流动性风险管理，努力扩大存款来源，严格控制贷款增速，保持适当的存贷比，确保业务发展资金的自我供给能力；加强对宏观经济政策、国内外金融市场的监控和分析，开展流动性风险压力测试，在合理预测流动性需求的基础上，及时采取调整流动性储备、调整资产负债结构等前瞻性措施，严防流动性风险加剧；完善流动性风险管理信息系统建设，采取统计分析的数量手段优化现金流预测模型，提高对流动性风险的识别和监测能力；建设和完善全额资金管理体制，强化总行对资金的集中管理和统一运作，提高流动性风险的防范能力和资金使用效率。

截至 2010 年末，按中国银行业监管口径计算，反映本行流动性状况的有关指标如下：

主要监管指标	2010 年 12 月 31 日(%)	2009 年 12 月 31 日(%)	2008 年 12 月 31 日(%)
流动性比例(本外币)	32.23	27.83	39.62
存贷比(本外币)	72.10	71.97	64.91

截至 2010 年末，本集团非衍生金融资产与金融负债未经折现的合同现金流量按合同规定到期日的期限结构情况如下：

(人民币百万元)

	已逾期	即时偿还	1 个月内	1-3 个月	3 个月 -1 年	1-5 年	5 年以上	合计
非衍生金融资产	18,429	612,576	349,520	329,405	962,827	1,280,991	1,022,564	4,576,312
非衍生金融负债	-	(1,696,113)	(478,045)	(348,516)	(680,566)	(499,632)	(100,715)	(3,803,587)
净敞口	18,429	(1,083,537)	(128,525)	(19,111)	282,261	781,359	921,849	772,725

7.5.5 操作风险管理

2010 年，本行加快推进操作风险管理体系和机制建设。出台全行操作风险管理基本政策、实施办法，并对管理流程和工具加以规范；完成操作风险管理体系和系统的全行推广，开展分行层面的风险与控制自我评估，启动全行损失数据收集；对后台管理板块开展流程梳理、风险与控制自评估工作，推进操作风险管理体系的全覆盖。

加强营运、IT、个金等重点领域操作风险管控。2010 年，本行建立会计风险核查、预警和重点整治机制，强化制度流程、人员队伍、责任文化、示范交流建设，完善风险防控工具与流程、提升系统化水平、推进流程再造，积极构建"安全、高效、优质"的运营体系。完善信息安全管理体系，加强安全培训和风险评估，完善系统运行监控和应急保障机制，严格系统变更、外包服务和终端管理，进一步提升信息科技风险的持续性管理水平，圆满完成世博信息安全保障工作。有机融合风险文化和销售文化，量化销售风险控制指标，构建个金风险管理体系，通过量化评价、五级分类、考核挂钩、动态管理、常态检查、立体抽查、及时预警等一系列综合管控手段，创新个金风险管理，有效控制个金风险。

7.5.6 反洗钱

本行已逐步建立起以机构建设为基础、内控制度为核心、系统平台为保障的全行反洗钱运行体系，反洗钱工作得以持续深入开展。

2010 年，本行进一步强化反洗钱制度建设，提出工作指导意见和反洗钱工作评估管理规范，指导和督促全行加强反洗钱工作；继续推进反洗钱管理信息系统升级和完善；在全行开展反洗钱检查指导，提高反洗钱工作质量；高度重视大额、可疑交易报告和核查工作，反洗钱工作得到多个地方政府部门的表彰。

7.5.7 内部交易管理

按照中国银监会《银行并表监管指引(试行)》的有关规定，本行持续加强内部交易管理。在出台的证券和基金、租赁和信托、保险等不同行业的子公司风险管理办法中，分别根据各子公司的行业特点，明确内部交易的报告内容和报告频率，逐步完善集团内部交易的风险报告、监测、控制和处理机制。

2010 年，本行按月报告、按季评估内部交易数据，未发现以监管套利、风险转移为目的，不具有真实业务交易背景或者不以市场价格为基础，以及对本行稳健经营带来负面影响的内部交易。本行正在开发内部交易管理系统，以推进内部交易管理水平再上新台阶。

7.6 展望

展望 2011 年，商业银行经营管理将面临许多新的压力和挑战。货币政策回归稳健，央行窗口指导力度加强，贷款业务发展面临较强政策约束；M2 增速放缓，通胀预期加速储蓄搬家，负债业务面临政策与市场的双重压力；加息周期开始，汇率波动加大，商业银行政策研判能力与市场敏感度面临新的考验。本集团将努力把握经济金融形势的新变化、新特点，继续推进既定发展战略，围绕"稳健发展、加快转型、创新管理、建设队伍、提升效益"，重点做好以下工作：一是主动适应货币信贷动态调控新要求，保持信贷合理均衡增长；二是加快转变发展方式，全面推进业务转型，进一步促进中间业务与资金业务发展；三是落实监管机构审慎监管要求，加强前瞻性风险管理，提升风险化解能力；四是持续加强管理创新，进一步提高精细化管理水平，增强可持续发展能力；五是着力提升服务水平，提高市场竞争力和品牌形象；六是加强人才队伍建设，提高员工业务素质，夯实发展基础。

第八节　重要事项

8.1 募集资金使用情况

2005 年 6 月，本行在境外公开发行 H 股 67.3397 亿股(含超额配售 8.7834 亿股)，募集资金净额约人民币 172.90 亿元，用于补充本行资本金。

2007 年 4 月，本行在境内公开发行 A 股 31.9035 亿股，募集资金净额约人民币 247.50 亿元，用于补充本行资本金。

2010 年 6 月，本行分别在境内外实施了 A+H 配股，其中 A 股配售 3,805,587,475 股，募集资金净额人民币 170 亿元，H 股配售 3,459,670,220 股，募集资金净额约折人民币 153.56 亿元，用于补充本行资本金。

8.2 董事会建议本次利润分配或资本公积转增股本预案

2010 年度经审计的中国会计准则和国际财务报告准则报表集团净利润(归属于母公司)均为人民币 390.42 亿元，银行净利润均为人民币 383.08 亿元。根据《公司法》、《公司章程》，以及《金融企业呆账准备提取管理办法》(财金[2005]49 号)等相关监管规定，本行 2010 年度末可供分配利润数为人民币 326.82 亿元。本行董事会建议对 2010 年度末期利润提出如下分配预案：

1)按照中国会计准则报表银行净利润 10%提取法定盈余公积人民币 38.31 亿元。

2)按照一般准备余额不低于风险资产期末余额 1%的原则，提取一般准备人民币 51.32 亿元。

3)提取任意盈余公积人民币 169.68 亿元。

4) 以截至 2010 年 12 月 31 日的总股本 562.60 亿股为基数，向本行登记在册的 A 股股东和 H 股股东，每 10 股派发红股 1 股，分配股票股利总额为人民币 56.26 亿元；每 10 股分配现金股利人民币 0.2 元(税前)；加上上半年已每股现金分红人民币 0.10 元(分配现金股利总额人民币 56.26 亿元)，2010 年全年分配各类股利合计人民币 123.77 亿元，占中国会计准则集团净利润(归属于母公司)的 31.70%，银行净利润的 32.31%。

本年度无资本公积转增股本预案。

该预案将于本行 2010 年度股东大会审议通过后实施。

8.3 上半年度利润分配情况

根据本行《公司章程》，2010 年 8 月 18 日召开的第五届董事会第二十七次会议审议通过了 2010 年上半年度利润分配方案，以 2010 年 A+H 配股完成后的总股本 562.60 亿股为基数，向本行登记在册的 A 股股东和 H 股股东，每股派发现金股利人民币 0.10 元(税前)，分配股利总额为人民币 56.26 亿元。此次分红派息的股权登记日为 2010 年 9 月 10 日，到账日为 2010 年 10 月 15 日。

8.4 前三年现金分红的数额与依据中国会计准则编制年度净利润的比率

(除另有标明外，人民币百万元)

	2007 年度	2008 年度	2009 年度
股利分配总额	7,349	9,799	9,799
年度净利润	20,513	28,423	30,075
分配比例(%)	35.83	34.48	32.58

8.5 收购资产

□适用　　√不适用

8.6 出售资产

□适用　　√不适用

8.7 重大担保

□适用　　√不适用

8.8 重大关联交易

8.8.1 与日常经营相关的关联交易

□适用　　√不适用

8.8.2 关联债权债务往来

□适用　　√不适用

8.9 委托理财

□适用　　√不适用

8.10 承诺事项履行情况

□适用　　√不适用

8.11 重大诉讼仲裁事项

报告期内，本行未发生对经营活动产生重大影响的诉讼、仲裁事项。

截至 2010 年 12 月 31 日，本行作为被告或第三人的未结诉讼涉及的诉讼金额约为人民币 13.84 亿元，经法律咨询，本行认为该等法律诉讼事项不会对本集团的财务状况产生重大影响。

8.12 其他重大事项及其影响和解决方案的分析说明

8.12.1 证券投资情况

□适用　　√不适用

8.12.2 持有其他上市公司股权情况

(除另有标明外，人民币元)

证券代码	证券简称	初始投资金额	占该公司股权比例(%)	期末账面价值	报告期损益	报告期所有者权益变动	会计核算科目	股份来源
600068	葛洲坝	135,080,299.07	1.42	572,460,000.00	-	187,201,000.00	可供出售金融资产	抵债取得
000979	中弘地产	12,494,400.00	1.95	193,444,000.00	-	20,495,200.00	可供出售金融资产	抵债取得
01798	大唐新能源	133,222,431.13	2.66	120,571,666.91	-	(12,650,764.22)	可供出售金融资产	投资取得
00388	香港交易所	2,203,412.56	0.07	116,264,693.23	29,284.47	21,218,553.70	可供出售金融资产	投资取得
02198	中国三江化工	70,731,203.07	4.31	99,443,934.45	-	28,712,731.38	可供出售金融资产	投资取得
03377	远洋地产	136,051,534.61	0.36	88,266,054.15	(42,526,235.07)	5,815,993.45	以公允价值计量且其变动计入当期损益的金融资产/可供出售金融资产	投资取得
01193	华润燃气	65,838,893.27	0.38	66,112,155.42	765,490.20	(492,228.06)	以公允价值计量且其变动计入当期损益的金融资产/可供出售金融资产	投资取得
01428	耀才证券金融	9,703,884.04	7.36	51,906,730.00	-	42,202,845.96	可供出售金融资产	投资取得

00658	中国高速传动	40,056,556.71	0.22	30,837,703.20	–	(21,092,286.33)	可供出售金融资产	投资取得
600728	ST 新太	6,152,015.00	0.76	29,308,199.46	–	23,156,184.46	可供出售金融资产	抵债取得
	其他	313,354,861.70		258,414,559.86	48,447,187.93	(77,078,651.17)		
	合计	924,889,491.16		1,627,029,696.68	6,715,727.53	217,488,579.17		

注：

1、本表为本集团在可供出售金融资产和以公允价值计量且其变动计入当期损益的金融资产中核算的持有其他上市公司股权情况。

2、报告期损益指该项投资对本集团报告期合并净利润的影响。

8.12.3 持有非上市金融企业股权情况

（除另有标明外，人民币元）

所持对象名称	投资成本	持股数量(股)	占该公司股权比例(%)	期末账面价值	报告期损益	报告期所有者权益变动(元)	会计核算科目	股份来源
江苏常熟农村商业银行股份有限公司	489,500,000.00	101,340,337	10.00	489,500,000.00	17,268,067.50	–	长期股权投资	投资取得
中国银联股份有限公司	146,250,000.00	112,500,000	3.90	146,250,000.00	3,037,500.00	–	长期股权投资	投资取得
合计	635,750,000.00	213,340,337		635,750,000.00	20,305,567.50	–		

8.12.4 买卖其他上市公司股份的情况

（除另有标明外，人民币元）

	期初股份数量(股)	报告期买入/(卖出)股分数量(股)	期末股份数量(股)	使用的资金数量	产生的投资收益
买入	39,102,000.00	206,185,696.00	245,287,696.00	456,785,691.34	–
卖出	74,365,590.00	67,891,090.00	6,474,500.00	–	115,479,842.94

注：上表所述股份变动情况除本行处置经营过程中取得的抵债股权外，其余均为本行控股子公司买卖上市公司股份所致。

第九节　监事会报告

监事会认为：本行依法运作，本行董事及高级管理人员勤勉尽职、积极进取、稳健务实，未发现有重大违反法律、法规和损害本行及股东利益行为。本行重视内部控制制度建设，不断致力于内部控制的完善和提升，积极履行企业社会责任，未发现在财务情况、募集资金使用、收购、出售资产交易和关联交易等方面存在问题。

第十节　财务报告

10.1 审计意见

财务报告	审计
审计意见	标准无保留意见

10.2 财务报表

10.2.1 合并资产负债表

（人民币百万元）

项目	年末余额	年初余额
资产：		
现金及存放中央银行款项	586,554	434,996
存放同业款项	37,223	68,037
拆出资金	79,610	43,297
以公允价值计量且其变动计入当期损益的金融资产	41,312	26,884
衍生金融资产	4,731	2,370
买入返售金融资产	146,143	111,337
应收利息	15,149	12,887
发放贷款和垫款	2,190,490	1,801,538
可供出售金融资产	161,534	131,568
持有至到期投资	563,721	509,179
应收款项类投资	42,617	107,604
长期股权投资	636	526
投资性房地产	141	124
固定资产	25,835	23,728
在建工程	8,076	6,150
无形资产	1,221	1,151
递延所得税资产	7,341	5,821
其他资产	39,259	21,940
资产总计	3,951,593	3,309,137
负债：		
向中央银行借款	20	11
同业及其他金融机构存放款项	600,265	545,839
拆入资金	98,251	85,729
以公允价值计量且其变动计入当期损益的金融负债	9,229	6,468
衍生金融负债	5,150	2,907
卖出回购金融资产款	18,496	21,593
吸收存款	2,867,847	2,372,055
应付职工薪酬	6,269	4,744
应交税费	6,909	5,533
应付利息	32,715	25,156
预计负债	635	653
应付债券	52,000	53,000
递延所得税负债	66	35
其他负债	30,084	20,989
负债合计	3,727,936	3,144,712
股东权益：		
股本	56,260	48,994
资本公积	68,876	45,405
盈余公积	45,052	25,936
一般风险准备	23,962	18,456
未分配利润	29,941	26,046
外币报表折算差额	(1,318)	(989)
归属于母公司股东权益合计	222,773	163,848
少数股东权益	884	577
股东权益合计	223,657	164,425
负债及股东权益总计	3,951,593	3,309,137

10.2.2 银行资产负债表

（人民币百万元）

项目	年末余额	年初余额
资产：		
现金及存放中央银行款项	586,466	434,989
存放同业款项	36,014	66,479
拆出资金	79,610	43,297
以公允价值计量且其变动计入当期损益的金融资产	41,084	26,257
衍生金融资产	4,731	2,370
买入返售金融资产	146,143	111,337
应收利息	15,102	12,887
发放贷款和垫款	2,189,154	1,801,996
可供出售金融资产	158,784	130,641
持有至到期投资	563,393	509,020
应收款项类投资	42,349	107,419
长期股权投资	8,725	6,187
投资性房地产	141	124
固定资产	25,284	23,145
在建工程	8,076	6,150
无形资产	1,203	1,139
递延所得税资产	7,372	5,864
其他资产	7,980	5,607
资产总计	3,921,611	3,294,908
负债：		
向中央银行借款	20	11
同业及其他金融机构存放款项	602,226	547,291
拆入资金	75,851	73,719
以公允价值计量且其变动计入当期损益的金融负债	9,229	6,468
衍生金融负债	5,150	2,907
卖出回购金融资产款	18,496	21,593
吸收存款	2,867,983	2,372,759
应付职工薪酬	6,072	4,581
应交税费	6,745	5,381
应付利息	32,614	25,124
预计负债	635	653
应付债券	50,000	53,000
递延所得税负债	13	9
其他负债	25,080	18,125
负债合计	3,700,114	3,131,621
股东权益：		
股本	56,260	48,994
资本公积	68,690	45,200
盈余公积	45,052	25,936
一般风险准备	23,962	18,456
未分配利润	28,851	25,690
外币报表折算差额	(1,318)	(989)
股东权益合计	221,497	163,287
负债及股东权益总计	3,921,611	3,294,908

10.2.3 合并利润表

（人民币百万元）

项目	本年金额	上年金额(已重述)
一、营业收入	104,234	80,937
利息净收入	84,995	66,564
利息收入	141,905	116,639

利息支出	(56,910)	(50,075)
手续费及佣金净收入	14,479	11,399
手续费及佣金收入	17,076	13,414
手续费及佣金支出	(2,597)	(2,015)
投资收益/(损失)	747	1,393
公允价值变动收益/(损失)	(71)	334
汇兑收益/(损失)	650	483
保险业务收入	689	–
其他业务收入	2,745	764
二、营业支出	(54,534)	(42,718)
营业税金及附加	(6,431)	(5,147)
业务及管理费	(32,435)	(26,043)
资产减值损失	(12,533)	(10,896)
保险业务支出	(599)	–
其他业务成本	(2,536)	(632)
三、营业利润(亏损以"–"号填列)	49,700	38,219
加:营业外收入	509	525
减:营业外支出	(255)	(504)
四、利润总额(亏损总额以"–"号填列)	49,954	38,240
减:所得税费用	(10,782)	(8,029)
五、净利润(净亏损以"–"号填列)	39,172	30,211
归属于母公司股东的净利润	39,042	30,075
少数股东损益	130	136
六、每股收益:		
基本每股收益(人民币元)	0.73	0.59
七、其他综合收益	(1,931)	(1,594)
八、综合收益总额	37,241	28,617
归属于母公司股东的综合收益总额	37,123	28,438
归属于少数股东的综合收益总额	118	179

10.2.4 银行利润表

（人民币百万元）

项目	本年金额	上年金额
一、营业收入	101,313	79,234
利息净收入	84,037	66,067
利息收入	140,423	115,888
利息支出	(56,386)	(49,821)
手续费及佣金净收入	13,372	10,425
手续费及佣金收入	15,763	12,267
手续费及佣金支出	(2,391)	(1,842)
投资收益/(损失)	705	1,323
公允价值变动收益/(损失)	(56)	283
汇兑收益/(损失)	679	484
其他业务收入	2,576	652
二、营业支出	(52,708)	(41,878)
营业税金及附加	(6,336)	(5,068)
业务及管理费	(31,649)	(25,371)
资产减值损失	(12,309)	(10,808)
其他业务成本	(2,414)	(631)
三、营业利润(亏损以"–"号填列)	48,605	37,356
加:营业外收入	468	479
减:营业外支出	(254)	(503)
四、利润总额(亏损总额以"–"号填列)	48,819	37,332
减:所得税费用	(10,511)	(7,775)
五、净利润(净亏损以"–"号填列)	38,308	29,557
六、其他综合收益	(1,929)	(1,898)
七、综合收益总额	36,379	27,659

10.2.5 合并现金流量表

（人民币百万元）

项目	本年金额	上年金额
一、经营活动产生的现金流量:		
客户存款和同业存放款项净增加额	550,218	569,004
向中央银行借款净增加额	9	11
向其他金融机构拆入资金净增加额	12,522	34,166
收取利息、手续费及佣金的现金	131,659	106,281
收到其他与经营活动有关的现金	13,389	73,761
经营活动现金流入小计	707,797	783,223
客户贷款及垫款净增加额	400,515	513,505
存放中央银行款项和同业款项净增加额	132,343	82,348
支付利息、手续费及佣金的现金	49,934	47,182
支付给职工以及为职工支付的现金	14,224	11,615
支付的各项税费	17,129	14,787
支付其他与经营活动有关的现金	117,819	40,039
经营活动现金流出小计	731,964	709,476
经营活动产生的现金流量净额	(24,167)	73,747
二、投资活动产生的现金流量:		
收回投资收到的现金	337,046	527,427
取得投资收益收到的现金	24,510	21,944
处置固定资产、无形资产收回的现金净额	306	527
投资活动现金流入小计	361,862	549,898
投资支付的现金	357,866	676,695
购建固定资产、无形资产和其他长期资产支付的现金	8,611	5,390
取得子公司及其他营业单位支付的现金	173	–
投资活动现金流出小计	366,650	682,085
投资活动产生的现金流量净额	(4,788)	(132,187)
三、筹资活动产生的现金流量:		
吸收投资收到的现金	32,809	–
其中:子公司吸收少数股东投资收到的现金	186	–
发行债券收到的现金	2,000	24,955
筹资活动现金流入小计	34,809	24,955
偿还债务支付的现金	3,000	12,000
分配股利、利润或偿付利息支付的现金	12,593	11,857
其中:子公司支付给少数股东的股利、利润	53	35
支付的其他与筹资活动有关的现金	318	–
筹资活动现金流出小计	15,911	23,857
筹资活动产生的现金流量净额	18,898	1,098
四、汇率变动对现金及现金等价物的影响	(1,542)	108
五、现金及现金等价物净增加额	(11,599)	(57,234)
加:年初现金及现金等价物余额	168,498	225,732
六、年末现金及现金等价物余额	156,899	168,498

10.2.6 银行现金流量表

（人民币百万元）

项目	本年金额	上年金额
一、经营活动产生的现金流量:		
客户存款和同业存放款项净增加额	550,159	569,125
向中央银行借款净增加额	9	11
向其他金融机构拆入资金净增加额	2,132	26,208
收取利息、手续费及佣金的现金	128,948	104,407
收到其他与经营活动有关的现金	11,539	73,050
经营活动现金流入小计	692,787	772,801
客户贷款及垫款净增加额	398,718	513,372
存放中央银行款项和同业款项净增加额	131,565	82,344
支付利息、手续费及佣金的现金	49,272	46,771
支付给职工以及为职工支付的现金	13,772	11,311
支付的各项税费	16,774	14,511
支付其他与经营活动有关的现金	103,006	30,738
经营活动现金流出小计	713,107	699,047
经营活动产生的现金流量净额	(20,320)	73,754
二、投资活动产生的现金流量:		
收回投资收到的现金	337,034	526,999
取得投资收益收到的现金	24,497	21,968
处置固定资产、无形资产收回的现金净额	285	526
投资活动现金流入小计	361,816	549,493
投资支付的现金	358,803	677,357
购建固定资产、无形资产和其他长期资产支付的现金	8,567	5,368
投资活动现金流出小计	367,370	682,725
投资活动产生的现金流量净额	(5,554)	(133,232)
三、筹资活动产生的现金流量:		
吸收投资收到的现金	32,623	–
发行债券收到的现金	–	24,955
筹资活动现金流入小计	32,623	24,955
偿还债务支付的现金	3,000	12,000
分配股利、利润或偿付利息支付的现金	12,540	11,822
支付的其他与筹资活动有关的现金	267	–
筹资活动现金流出小计	15,807	23,822
筹资活动产生的现金流量净额	16,816	1,133
四、汇率变动对现金及现金等价物的影响	(1,495)	108
五、现金及现金等价物净增加额	(10,553)	(58,237)
加:年初现金及现金等价物余额	166,938	225,175
六、年末现金及现金等价物余额	156,385	166,938

10.2.7 合并股东权益变动表

	本年金额							
	归属于母公司股东权益							
项目	股本	资本公积	盈余公积	一般风险准备	未分配利润	外币报表折算差额	少数股东权益	股东权益合计
一、本年年初余额	48,994	45,405	25,936	18,456	26,046	(989)	577	164,425
二、本年增减变动金额								
(一)净利润	–	–	–	–	39,042	–	130	39,172
(二)其他综合收益	–	(1,590)	–	–	–	(329)	(12)	(1,931)

项目	股本	资本公积	盈余公积	一般风险准备	未分配利润	外币报表折算差额	少数股东权益	股东权益合计
上述(一)和(二)小计	–	(1,590)	–	–	39,042	(329)	118	37,241
(三)所有者投入和减少资本	7,266	25,061	–	–	–	–	242	32,569
1.所有者投入资本	7,266	25,090	–	–	–	–	186	32,542
2.股份支付计入所有者权益的金额	–	–	–	–	–	–	–	–
3.其他	–	(29)	–	–	–	–	56	27
(四)利润分配	–	–	19,116	5,506	(35,147)	–	(53)	(10,578)
1.提取盈余公积	–	–	19,116	–	(19,116)	–	–	–
2.提取一般风险准备	–	–	–	5,506	(5,506)	–	–	–
3.对所有者(或股东)的分配	–	–	–	–	(10,525)	–	(53)	(10,578)
4.其他	–	–	–	–	–	–	–	–
(五)所有者权益内部结转	–	–	–	–	–	–	–	–
1.资本公积转增资本(或股本)	–	–	–	–	–	–	–	–
2.盈余公积转增资本(或股本)	–	–	–	–	–	–	–	–
3.盈余公积弥补亏损	–	–	–	–	–	–	–	–
4.其他	–	–	–	–	–	–	–	–
(六)专项储备	–	–	–	–	–	–	–	–
1.本年提取	–	–	–	–	–	–	–	–
2.本年使用	–	–	–	–	–	–	–	–
(七)其他	–	–	–	–	–	–	–	–
三、本年年末余额	56,260	68,876	45,052	23,962	29,941	(1,318)	884	223,657

上年金额

项目	归属于母公司股东权益 股本	资本公积	盈余公积	一般风险准备	未分配利润	外币报表折算差额	少数股东权益	股东权益合计
一、本年年初余额	48,994	47,147	16,080	12,574	21,508	(1,094)	433	145,642
二、本年增减变动金额								
(一)净利润	–	–	–	–	30,075	–	136	30,211
(二)其他综合收益	–	(1,742)	–	–	–	105	43	(1,594)
上述(一)和(二)小计	–	(1,742)	–	–	30,075	105	179	28,617
(三)所有者投入和减少资本	–	–	–	–	–	–	–	–
1.所有者投入资本	–	–	–	–	–	–	–	–
2.股份支付计入所有者权益的金额	–	–	–	–	–	–	–	–
3.其他	–	–	–	–	–	–	–	–
(四)利润分配	–	–	9,856	5,882	(25,537)	–	(35)	(9,834)
1.提取盈余公积	–	–	9,856	–	(9,856)	–	–	–
2.提取一般风险准备	–	–	–	5,882	(5,882)	–	–	–
3.对所有者(或股东)的分配	–	–	–	–	(9,799)	–	(35)	(9,834)
4.其他	–	–	–	–	–	–	–	–
(五)所有者权益内部结转	–	–	–	–	–	–	–	–
1.资本公积转增资本(或股本)	–	–	–	–	–	–	–	–
2.盈余公积转增资本(或股本)	–	–	–	–	–	–	–	–
3.盈余公积弥补亏损	–	–	–	–	–	–	–	–
4.其他	–	–	–	–	–	–	–	–
(六)专项储备	–	–	–	–	–	–	–	–
1.本年提取	–	–	–	–	–	–	–	–
2.本年使用	–	–	–	–	–	–	–	–
(七)其他	–	–	–	–	–	–	–	–
三、本年年末余额	48,994	45,405	25,936	18,456	26,046	(989)	577	164,425

10.2.8 银行股东权益变动表

本年金额

项目	归属于母公司股东权益 股本	资本公积	盈余公积	一般风险准备	未分配利润	外币报表折算差额	股东权益合计
一、本年年初余额	48,994	45,200	25,936	18,456	25,690	(989)	163,287
二、本年增减变动金额							
(一)净利润	–	–	–	–	38,308	–	38,308
(二)其他综合收益	–	(1,600)	–	–	–	(329)	(1,929)
上述(一)和(二)小计	–	(1,600)	–	–	38,308	(329)	36,379
(三)所有者投入和减少资本	7,266	25,090	–	–	–	–	32,356
1.所有者投入资本	7,266	25,090	–	–	–	–	32,356
2.股份支付计入所有者权益的金额	–	–	–	–	–	–	–
3.其他	–	–	–	–	–	–	–
(四)利润分配	–	–	19,116	5,506	(35,147)	–	(10,525)
1.提取盈余公积	–	–	19,116	–	(19,116)	–	–
2.提取一般风险准备	–	–	–	5,506	(5,506)	–	–
3.对所有者(或股东)的分配	–	–	–	–	(10,525)	–	(10,525)
4.其他	–	–	–	–	–	–	–
(五)所有者权益内部结转	–	–	–	–	–	–	–
1.资本公积转增资本(或股本)	–	–	–	–	–	–	–
2.盈余公积转增资本(或股本)	–	–	–	–	–	–	–
3.盈余公积弥补亏损	–	–	–	–	–	–	–
4.其他	–	–	–	–	–	–	–
(六)专项储备	–	–	–	–	–	–	–
1.本年提取	–	–	–	–	–	–	–
2.本年使用	–	–	–	–	–	–	–
(七)其他	–	–	–	–	–	–	–
三、本年年末余额	56,260	68,690	45,052	23,962	28,851	(1,318)	221,497

上年金额

项目	归属于母公司股东权益 股本	资本公积	盈余公积	一般风险准备	未分配利润	外币报表折算差额	股东权益合计
一、本年年初余额	48,994	47,203	16,080	12,574	21,670	(1,094)	145,427
二、本年增减变动金额							
(一)净利润	–	–	–	–	29,557	–	29,557
(二)其他综合收益	–	(2,003)	–	–	–	105	(1,898)
上述(一)和(二)小计	–	(2,003)	–	–	29,557	105	27,659
(三)所有者投入和减少资本	–	–	–	–	–	–	–
1.所有者投入资本	–	–	–	–	–	–	–
2.股份支付计入所有者权益的金额	–	–	–	–	–	–	–
3.其他	–	–	–	–	–	–	–
(四)利润分配	–	–	9,856	5,882	(25,537)	–	(9,799)
1.提取盈余公积	–	–	9,856	–	(9,856)	–	–
2.提取一般风险准备	–	–	–	5,882	(5,882)	–	–
3.对所有者(或股东)的分配	–	–	–	–	(9,799)	–	(9,799)
4.其他	–	–	–	–	–	–	–
(五)所有者权益内部结转	–	–	–	–	–	–	–
1.资本公积转增资本(或股本)	–	–	–	–	–	–	–
2.盈余公积转增资本(或股本)	–	–	–	–	–	–	–
3.盈余公积弥补亏损	–	–	–	–	–	–	–
4.其他	–	–	–	–	–	–	–
(六)专项储备	–	–	–	–	–	–	–
1.本年提取	–	–	–	–	–	–	–
2.本年使用	–	–	–	–	–	–	–
(七)其他	–	–	–	–	–	–	–
三、本年年末余额	48,994	45,200	25,936	18,456	25,690	(989)	163,287

10.3 财务报表附注

10.3.1 与最近一期年度报告相比，重要会计政策、会计估计和核算方法未发生变化。

10.3.2 不存在重大会计差错。

第十一节　备查文件

11.1 载有本行法定代表人、主管会计工作负责人及会计机构负责人签字的 2010 年度财务报表原件。

11.2 载有会计师事务所注册会计师签字的审计报告原件。

11.3 报告期内本行在国内报纸披露过的所有文件正本及公告原件。

11.4 本行公司章程。

交通银行股份有限公司

2011 年 3 月 30 日

东吴证券股份有限公司

东吴证券股份有限公司首次公开发行A股股票上市公告书

第一节　重要声明与提示

东吴证券股份有限公司(以下简称"东吴证券"、"本公司"或"发行人")及全体董事、监事、高级管理人员保证上市公告书的真实性、准确性、完整性,承诺上市公告书不存在虚假记载、误导性陈述或重大遗漏,并承担个别和连带的法律责任。

上海证券交易所、其他政府机关对本公司股票上市及有关事项的意见,均不表明对本公司的任何保证。

本公司提醒广大投资者注意,凡本上市公告书未涉及的有关内容,请投资者查阅刊载于上海证券交易所网站(http://www.sse.com.cn)的本公司首次公开发行A股股票招股说明书全文。

本公司董事、监事与高级管理人员均未以任何方式直接或间接持有本公司的股份,并承诺将严格遵守《中华人民共和国公司法》(以下简称"《公司法》")、《中华人民共和国证券法》(以下简称"《证券法》")和《上海证券交易所股票上市规则》(以下简称"《上市规则》")等有关法律、法规关于公司董事、监事和高级管理人员持股及锁定的有关规定。

如无特别说明,本上市公告书中的简称或名词的释义与本公司首次公开发行A股股票招股说明书中的相同。

第二节　股票上市情况

一、本上市公告书系根据《公司法》、《证券法》和《上市规则》等有关律法规规定,并按照上海证券交易所《股票上市公告书内容与格式指引》编制而成,旨在向投资者提供有关本公司首次公开发行A股股票上市的基本情况。

二、本公司首次公开发行A股股票(以下简称"本次发行")经中国证券监督管理委员会"证监许可[2011]1887号"文核准。本次发行采用网下向询价对象询价配售与网上资金申购发行相结合的方式。

三、本公司A股股票上市经上海证券交易所"上证发字[2011]48号"文批准。股票简称"东吴证券",证券代码"601555";其中本次发行中网上资金申购发行的275,000,000股股票将于2011年12月12日起上市交易。

四、股票上市相关信息

1、上市地点:上海证券交易所

2、上市时间:2011年12月12日

3、股票简称:东吴证券

4、股票代码:601555

5、本次发行完成后总股本:2,000,000,000股

6、本次A股公开发行的股份数:500,000,000股

7、发行前股东所持股份的流通限制及期限以及股东对所持股份自愿锁定的承诺:

根据《公司法》规定,公司公开发行股份前已发行的股份,自公司股票在证券交易所上市交易之日起一年内不得转让。

根据《上市规则》规定,控股股东和实际控制人承诺自发行人股票上市之日起36个月内,不转让或者委托他人管理其已直接和间接持有的发行人股份,也不由发行人收购该部分股份;但符合交易所股票上市规则另有规定的,可以豁免遵守该承诺。

根据中国证监会审慎监管的有关要求,证券公司在申请IPO上市监管意见书前三年内发生增资扩股和股权转让的,对于存在控股股东或者实际控制人的证券公司,其控股股东或者实际控制人增持的,承诺自持股日起60个月内不转让,其他新增持公司股份的股东承诺自持股日起36个月内不转让。股东所持股权因证券公司合并、分立、重组、风险处置等特殊原因经中国证监会批准发生股权变更的,不视为违反承诺。持股日按照股权变更获得中国证监会核准之日或向中国证监会报备之日确认。

根据《境内证券市场转持部分国有股充实全国社会保障基金实施办法》(财企[2009]94号)的规定,在本次发行上市时转由全国社会保障基金理事会持有的本公司国有股,全国社会保障基金理事会应承继原国有股东的禁售义务。

8、本次上市股份的其他锁定安排

本次发行中网下向询价对象询价配售的225,000,000股股票自本次网上资金申购发行的股票在上海证券交易所上市交易之日起锁定3个月。

9、本次上市的无流通限制及锁定安排的股份

本次发行中网上资金申购发行的275,000,000股股票无流通限制及锁定安排,自2011年12月12日起上市交易。

10、股票登记机构:中国证券登记结算有限责任公司上海分公司

11、上市保荐机构(主承销商):中信证券股份有限公司

第三节　发行人、股东和实际控制人情况

一、发行人基本情况

1、中文名称:东吴证券股份有限公司

2、英文名称:SOOCHOWSECURITIESCO.,LTD.

3、注册地址:苏州工业园区翠园路181号

4、注册资本:1,500,000,000元(本次发行前)

5、法定代表人:吴永敏

6、经营范围:证券经纪;证券投资咨询;与证券交易、证券投资活动有关的财务顾问;证券承销与保荐;证券自营;证券资产管理;证券投资基金代销;为期货公司提供中间介绍业务。

7、主营业务:证券经纪、投资银行、证券自营、资产管理、基金管理、直接投资等。

8、所属行业:证券业

9、电话号码:0512-62601555

10、传真号码:0512-62938812

11、互联网网址:http://www.dwjq.com.cn

12、电子信箱:dwzqdb@gsjq.com.cn

13、董事会秘书:魏纯

14、董事、监事、高级管理人员名单

(1)董事截至本上市公告书刊登之日,本公司共有12名董事,具体情况如下:

姓　名	性别	职务
吴永敏	男	董事长、总裁
范　力	男	董事、常务副总裁
马震亚	男职	工董事、副总裁、财务负责人
袁维静	女	董事
朱　凯	男	董事
李　莹	女	董事
徐旭珠	女	董事
钱晓红	女	董事
庄毓敏	女	独立董事
杨瑞龙	男	独立董事
韩晓梅	女	独立董事
黄祖严	男	独立董事

(2)监事截至本上市公告书刊登之日,本公司共有6名监事,具体情况如下:

姓　名	性别	职务
沈国强	男	监事会主席、职工监事
陈孝勇	男	监事
唐　烨	男	监事
朱立教	女	监事
陆春喜	男	监事
杭五一	女	职工监事

(3)高级管理人员

截至本上市公告书刊登之日,本公司共有7名高级管理人员,具体情况如下:

姓　名	性别	职务
吴永敏	男	董事长、总裁
范　力	男	董事、常务副总裁
马震亚	男	职工董事、副总裁、财务负责人
任少华	男	副总裁
李齐兵	男	副总裁
顾锡康	男	合规总监

魏纯女董事会秘书、董事会办公室主任

15、董事、监事、高级管理人员持有本公司股票、债券情况

截至本上市公告书刊登之日,本公司董事、监事、高级管理人员不存在直接或间接持有本公司股票、债券的情况。

二、控股股东及实际控制人情况

本次发行前,苏州国际发展集团有限公司(以下简称"国发集团")直接持有本公司股份63,175万股,占本公司总股本的42.12%。同时,国发集团通过其全资子公司苏州市营财投资集团公司(以下简称"营财投资")和控股子公司苏州信托有限公司(以下简称"苏州信托")分别持有本公司股份6,750万股和5,312万股,占本公司总股本的4.50%和3.54%。国发集团实际控制本公司50.16%的股权,国发集团是本公司的控股股东和实际控制人。本次发行后,国发集团直接持有本公司30.22%的股权。同时,国发集团通过其全资子公司营财投资和控股子公司苏州信托分别持有本公司3.23%和2.66%的股权。国发集团实际控制本公司36.11%的股权,国发集团仍然是本公司的控股股东和实际控制人。

三、股东情况

1、本次发行前后的股本结构

股东名称	发行前 持股数量(股)	发行前 持股比例(%)	发行后 持股数量(股)	发行后 持股比例(%)	锁定期限
苏州国际发展集团有限公司(SS)	631,750,000	42.12	604,407,4333	0.22	6 个月
苏州创业投资集团有限公司(SS)	125,000,000	8.33	119,589,916	5.98	12 个月
苏州市营财投资集团公司(SS)	67,500,000	4.50	64,578,554	3.23	36 个月
苏州工业园区国有资产控股发展有限公司(SS)	64,630,000	4.31	61,832,770	3.09	12 个月
昆山市创业控股有限公司(SS)	62,500,000	4.17	59,794,958	2.99	12 个月
苏州信托有限公司(SS)	53,120,000	3.54	53,120,000	2.66	36 个月
江苏隆力奇集团有限公司	41,000,000	2.73	41,000,000	2.05	12 个月
吴江市东方国有资产经营有限公司(SS)	37,500,000	2.50	35,876,975	1.79	12 个月
苏州市相城区江南化纤集团有限月公司	36,000,000	2.40	36,000,000	1.80	12 个
攀华集团有限公司	26,000,000	1.73	26,000,000	1.30	12 个月
丰立集团有限公司	26,000,000	1.73	26,000,000	1.30	12 个月
苏州苏盛热电有限公司	26,000,000	1.73	26,000,000	1.30	12 个月
无锡瑞银投资有限公司	26,000,000	1.73	26,000,000	1.30	12 个月
常熟市发展投资有限公司(SS)	25,000,000	1.67	23,917,983	1.20	12 个月
常熟常能电力实业集团有限公司	22,000,000	1.47	22,000,000	1.10	12 个月
苏州爱昆投资发展有限公司(SS)	20,630,000	1.38	19,737,120	0.99	36 个月
苏州高新区经济发展集团总公司(SS)	20,000,000	1.33	19,134,386	0.96	12 个月
苏州尼盛国际投资管理有限公司	20,000,000	1.33	20,000,000	1.00	12 个月
江苏仁泰地产发展有限公司	20,000,000	1.33	20,000,000	1.00	12 个月
张家港市直属公有资产经营有限公司(SS)	18,750,000	1.25	17,938,487	0.90	12 个月
太仓市资产经营投资有限公司(SS)	15,750,000	1.05	15,068,329	0.75	12 个月
苏州和基投资有限公司	15,000,000	1.00	15,000,000	0.75	12 个月
苏州奥特房产有限公司	15,000,000	1.00	15,000,000	0.75	12 个月
苏州医药集团有限公司	11,000,000	0.73	11,000,000	0.55	12 个月
江苏隆力奇生物科技股份有限公司	10,250,000	0.68	10,250,000	0.51	12 个月
苏州新城花园酒店有限公司	10,000,000	0.67	10,000,000	0.50	12 个月
北京启迪兴业广告有限公司	10,000,000	0.67	10,000,000	0.50	12 个月
上海南都集团有限公司	10,000,000	0.67	10,000,000	0.50	12 个月
苏州工业园区经济发展有限公司(SS)	7,500,000	0.50	7,175,395	0.36	12 个月
苏州创元投资发展(集团)有限公司(SS)	5,620,000	0.37	5,376,763	0.27	36 个月
洋浦永联实业有限公司	5,500,000	0.37	5,500,000	0.28	12 个月
苏州新区高新技术产业股份有限公司	5,000,000	0.33	5,000,000	0.25	12 个月
苏州建设(集团)有限责任公司	5,000,000	0.33	5,000,000	0.25	12 个月
苏州金河置业有限公司	5,000,000	0.33	5,000,000	0.25	12 个月
全国社保基金理事会	–	–	31,400,130	1.57	36 个月
	–	–	16,300,801	0.82	12 个月
本次发行股份	–	–	500,000,000	25.00	
其中:网下配售部分	–	–	225,000,000	11.25	3 个月
网上资金申购部分	–	–	275,000,000	13.75	无
合计	1,500,000,000	100.00	2,000,000,000	100.00	

注

1、股东名称后 SS(即 State-ownedShareholder 的缩写)标识的含义为国有股东。按照江苏省人民政府国有资产监督管理委员会 2011 年 1 月 18 日出具的《关于东吴证券股份有限公司国有股权管理有关问题的批复》(苏国资复[2011]5 号)界定上表所列 14 家国有股东。

2、本次发行后、上市前公司前十名股东持股情况

序号	股东名称	持股数量(股)	持股比例(%)
1	苏州国际发展集团有限公司	604,407,433	30.22
2	苏州创业投资集团有限公司	119,589,916	5.98
3	苏州市营财投资集团公司	64,578,554	3.23
4	苏州工业园区国有资产控股发展有限公司	61,832,770	3.09
5	昆山市创业控股有限公司	59,794,958	2.99
6	苏州信托有限公司	53,120,000	2.66
7	全国社会保障基金理事会转持三户	47,700,931	2.39
8	江苏隆力奇集团有限公司	41,000,000	2.05
9	苏州市相城区江南化纤集团有限公司	36,000,000	1.80
10	吴江市东方国有资产经营有限公司	35,876,975	1.79
	合计	1,123,901,537	56.20

第四节　股票发行情况

一、发行数量:500,000,000 股

二、发行价格:6.50 元/股

三、发行方式

本次发行采用网下向询价对象询价配售与网上资金申购发行相结合的方式进行，其中网下向询价对象配售 225,000,000 股，网上向社会公众投资者发行 275,000,000 股。

四、募集资金总额及注册会计师对资金到位的验证情况

1、本次募集资金总额为 3,250,000,000 元。

2、江苏公证天业会计师事务所有限公司于 2011 年 12 月 7 日对本次发行的资金到位情况进行了审验，并出具了《验资报告》(苏公 W[2011]B120 号)。

五、发行费用总额及项目、每股发行费用

1、本次发行费用总额为 100,151,151.23 元，主要包括：

(1)承销及保荐费:87,250,000.00 元

(2)律师费:2,100,000.00 元

(3)会计师费:2,800,000.00 元

(4)信息披露费及印刷费:5,640,726.81 元

(5)印花税:1,574,924.42 元

(6)股权登记及发行上市等费用:785,500.00 元

2、每股发行费用为 0.20 元。(每股发行费用=发行费用总额/本次发行股本)

六、募集资金净额:3,149,848,848.77 元

七、发行后每股净资产:3.70 元(按本次发行后净资产除以本次发行后总股本计算，其中，本次发行后的净资产为 2011 年 6 月 30 日经审计归属于母公司股东的净资产加上本次发行募集资金净额之和)。

八、发行后每股收益:0.29 元(每股收益按照经会计师事务所审计的、遵照中国会计准则确定的扣除非经常性损益前后孰低的 2010 年净利润除以本次发行后的总股数计算，即本次发行全面摊薄后 2010 年每股收益)。

九、本次发行定价及 A 股已上市中小型券商估值情况

发行人和保荐机构(主承销商)中信证券股份有限公司根据本次发行总体申购情况，并综合考虑发行人基本面、所处行业、可比公司估值水平及市场情况等因素，协商确定本次发行价格为 6.50 元/股。该发行价格对应的市净率(发行后)为 1.75 倍(发行价格÷"发行后每股净资产")，对应的市盈率(发行后)为 22.58 倍(发行价格÷"发行后每股收益")。

截至本次发行网上申购日 (2011 年 12 月 2 日)，A 股已上市中小型券商 2011 年最新市净率(MRQ)平均值为 2.57 倍，2010 年市盈率平均值为 24.44 倍(数据来源为 WIND 资讯)。

第五节　其他重要事项

根据《上海证券交易所上市公司募集资金管理规定》，本公司将在募集资金到账后两周内与保荐机构中信证券股份有限公司签订《东吴证券股份有限公司募集资金专户存储三方监管协议》，并在该协议签订后两个交易日内公开披露该协议的主要内容。

本公司在招股意向书刊登日(2011 年 11 月 25 日)至上市公告书刊登前，没有发生可能对本公司有较大影响的重要事项，具体如下：

1、本公司主营业务目标进展情况正常。

2、本公司所处行业和市场未发生重大变化。

3、本公司接受或提供的产品及服务价格未发生重大变化。

4、本公司没有发生未履行法定程序的关联交易，且没有发生未在招股说明书中披露的重大关联交易。

5、本公司未进行重大投资。

6、本公司未发生重大资产(或股权)购买、出售及置换。

7、本公司住所没有变更。

8、本公司董事、监事、高级管理人员没有变化。

9、本公司未发生重大诉讼、仲裁事项。

10、本公司未发生对外担保等或有事项。

11、本公司的财务状况和经营成果未发生重大变化。

12、本公司未发生其他应披露的重大事项。

第六节　上市保荐机构及其意见

一、上市保荐机构基本情况

保荐机构:中信证券股份有限公司

法定代表人:王东明

注册地址:深圳市深南大道 7088 号招商银行大厦 A 层

联系地址:北京市朝阳区亮马桥路 48 号中信证券大厦 25 层

电话:010-60838648

传真:010-60833940

保荐代表人:邵向辉、周继卫

二、上市保荐机构的推荐意见

上市保荐机构认为，发行人申请其 A 股股票上市符合《公司法》、《证券法》及《上市规则》等国家法律、法规的有关规定，发行人 A 股股票具备在上海证券交易所上市的条件。中信证券股份有限公司同意推荐东吴证券股份有限公司 A 股股票在上海证券交易所上市交易，并承担相关保荐责任。

发行人:东吴证券股份有限公司

保荐机构(主承销商):中信证券股份有限公司

2011 年 12 月 9 日

北京北辰实业股份有限公司

北京北辰实业股份有限公司2010年年度报告摘要

第一节 重要提示

1.1 本公司董事会、监事会及董事、监事、高级管理人员保证本报告所载资料不存在任何虚假记载、误导性陈述或者重大遗漏，并对其内容的真实性、准确性和完整性承担个别及连带责任。

本年度报告摘要摘自年度报告全文，投资者欲了解详细内容，应当仔细阅读年度报告全文。

1.2 公司全体董事出席董事会会议。

1.3 普华永道中天会计师事务所有限公司为本公司出具了标准无保留意见的审计报告。

1.4 公司不存在被控股股东及其关联方非经营性占用资金情况。

1.5 公司不存在违反规定决策程序对外提供担保的情况。

1.6 公司负责人贺江川、主管会计工作负责人赵惠芝及会计机构负责人(会计主管人员)吴子辉声明：保证年度报告中财务报告的真实、完整。

第二节 公司基本情况简介

2.1 基本情况简介

股票简称	北辰实业
股票代码	601588
股票上市交易所	上海证券交易所
股票简称	北京北辰实业股份
股票代码	0588
股票上市交易所	香港交易所
股票简称	08 北辰债
股票代码	122013
股票上市交易所	上海证券交易所
公司注册地址和办公地址	北京市朝阳区北辰东路 8 号汇欣大厦 A 座 707
邮政编码	100101
公司国际互联网网址	http://www.beijingns.com.cn
电子信箱	northstar@beijingns.com.cn

2.2 联系人和联系方式

	董事会秘书	证券事务代表
姓名	郭 川	胡 浩
联系地址	北京市朝阳区北辰东路 8 号汇欣大厦 A 座 707	北京市朝阳区北辰东路 8 号汇欣大厦 A 座 707
电话	010-64991277	010-64991277
传真	010-64991352	010-64991352
电子信箱	northstar@beijingns.com.cn	northstar@beijingns.com.cn

第三节 会计数据和业务数据摘要

3.1 主要会计数据

单位：元 币种：人民币

	2010 年	2009 年	本期比上年同期增减(%)	2008 年
营业收入	5,564,129,051.00	4,900,963,040.00	13.53	4,181,270,618.00
利润总额	436,346,307.00	963,328,013.00	−54.70	806,685,842.00
归属于上市公司股东的净利润	203,058,165.00	577,102,372.00	−64.81	448,929,262.00
归属于上市公司股东的扣除非经常性损益的净利润	202,202,694.00	588,857,875.00	−65.66	468,823,074.00
经营活动产生的现金流量净额	−661,903,655.00	407,280,857.00	−262.52	2,465,966,116.00
	2010 年末	2009 年末	本期末比上年同期末增减(%)	2008 年末
总资产	25,740,009,334.00	26,355,970,840.00	−2.34	25,619,295,384.00
所有者权益(或股东权益)	9,175,655,893.00	9,059,788,718.00	1.28	8,586,279,207.00

3.2 主要财务指标

	2010 年	2009 年	本期比上年同期增减(%)	2008 年
基本每股收益(元/股)	0.06	0.17	−64.71	0.13
稀释每股收益(元/股)	0.06	0.17	−64.71	0.13
扣除非经常性损益后的基本每股收益(元/股)	0.06	0.17	−64.71	0.14
加权平均净资产收益率(%)	2.23	6.55	减少 4.32 个百分点	5.34
扣除非经常性损益后的加权平均净资产收益率(%)	2.22	6.68	减少 4.46 个百分点	5.58
每股经营活动产生的现金流量净额(元/股)	−0.20	0.12	−266.67	0.73
	2010 年末	2009 年末	本期末比上年同期末增减(%)	2008 年末
归属于上市公司股东的每股净资产(元/股)	2.73	2.69	1.49	2.55

扣除非经常性损益项目

√适用 □不适用

单位：元 币种：人民币

项目	金额
非流动资产处置损益	−643,115
单独进行减值测试的应收款项减值准备转回	4,010,353
除上述各项之外的其他营业外收入和支出	−3,796,884
其他符合非经常性损益定义的损益项目	1,525,000
所得税影响额	−290,229
少数股东权益影响额(税后)	50,346
合计	855,471

3.3 境内外会计准则下会计数据差异

3.3.1 同时按照国际会计准则与按中国会计准则披露的财务报告中净利润和净资产差异情况

√适用 □不适用

单位：元 币种：人民币

	净利润		净资产	
	本期数	上期数	期末数	期初数
按中国会计准则	203,058,165	577,102,372	9,175,655,893	9,059,788,718
按国际会计准则调整的项目及金额：				
冲回中国准则下投资性房地产所计提折旧(a)	127,516,835	67,784,628	611,988,107	484,471,282
投资性房地产公允值变化对损益影响(a)	766,526,000	860,783,000	3,030,804,000	2,264,280,000
1997 年企业改制资产评估产生的差异(b)	2,686,000	2,686,000	−16,807,000	−19,493,000
按国际会计准则	1,099,787,000	1,508,356,000	12,801,641,000	11,789,047,000

3.3.2 境内外会计准则差异的说明：

(a)投资性房地产在香港财务报告准则下采用公允价值模式进行后续计量，不计提折旧或摊销；在中国企业会计准则下采用成本模式进行后续计量，按其预计使用寿命及净残值率相应计提折旧或摊销。

(b)本公司在进行公司制改建时，国有股股东投入的固定资产，按国有资产管理部门确认的评估值作为入账价值，在香港财务报告准则下，该部分评估增值未予确认。

第四节 股本变动及股东情况

4.1 股份变动情况表

√适用 □不适用

单位：股

	本次变动前		本次变动增减(+,−)					本次变动后	
	数量	比例(%)	发行新股	送股	公积金转股	其他	小计	数量	比例(%)
一、有限售条件股份									
1、国家持股									
2、国有法人持股									
3、其他内资持股									
其中：境内非国有法人持股									
境内自然人持股									
4、外资持股									
其中：境外法人持股									
境外自然人持股									
二、无限售条件流通股份									
1、人民币普通股	2,660,000,000	79.002						2,660,000,000	79.002
2、境内上市的外资股									
3、境外上市的外资股	707,020,000	20.998						707,020,000	20.998
4、其他									
三、股份总数	3,367,020,000	100						3,367,020,000	100

限售股份变动情况表

□适用 √不适用

4.2 股东数量和持股情况

单位：股

报告期末股东总数 337,157 户

前十名股东持股情况

股东名称	股东性质	持股比例(%)	持股总数	持有有限售条件股份数量	质押或冻结的股份数量
北京北辰实业集团公司	国有法人	34.482	1,161,000,031	0	冻结 150,000,000
HKSCC NOMINEES LIMITED	境外法人	20.365	685,704,498	0	无
北京王府井百货(集团)					

股份有限公司	国有法人	4.069	137,000,000	0	无
中航鑫港担保有限公司	境内非国有法人	2.185	73,573,353	0	无
浙江海越股份有限公司	境内非国有法人	0.802	27,000,000	0	无
中国光大银行股份有限公司 -国投瑞银景气行业证券投资基金	境内非国有法人	0.681	22,939,294	0	无
中国人寿保险股份有限公司 -分红-个人分红-005L-FH002 沪	国有法人	0.383	12,899,917	0	无
浙江农资集团有限公司	境内非国有法人	0.255	8,600,000	0	无
华润深国投信托有限公司 -福祥新股申购 3 号信托	境内非国有法人	0.196	6,600,000	0	无
张小霞	境内自然人	0.158	5,329,511	0	无

前十名无限售条件股东持股情况

股东名称	持有无限售条件股份的数量	股份种类及数量	
北京北辰实业集团公司	1,161,000,031	人民币普通股	1,161,000,031
HKSCC NOMINEES LIMITED	685,704,498	境外上市外资股	685,704,498
北京王府井百货(集团)股份有限公司	137,000,000	人民币普通股	137,000,000
中航鑫港担保有限公司	73,573,353	人民币普通股	73,573,353
浙江海越股份有限公司	27,000,000	人民币普通股	27,000,000
中国光大银行股份有限公司-国投瑞银景气行业证券投资基金	22,939,294	人民币普通股	22,939,294
中国人寿保险股份有限公司-分红-个人分红-005L-FH002 沪	12,899,917	人民币普通股	12,899,917
浙江农资集团有限公司	8,600,000	人民币普通股	8,600,000
华润深国投信托有限公司-福祥新股申购 3 号信托	6,600,000	人民币普通股	6,600,000
张小霞	5,329,511	人民币普通股	5,329,511
上述股东关联关系或一致行动的说明	第 2 大股东 HKSCC NOMINEES LIMITED 拥有的公司 H 股股份，为代表多个客户持有；第 3 大股东北京王府井百货(集团)股份有限公司与本公司控股股东北辰集团的实际控制人均为北京市人民政府国有资产监督管理委员会；公司未知其余股东之间是否存在关联关系，也未知其余股东是否属于《上市公司收购管理办法》规定的一致行动人。		

根据《境内证券市场转持部分国有股充实全国社会保障基金实施办法》(财企[2009]94 号)文件和中华人民共和国财政部、国务院国有资产监督管理委员会、中国证券监督管理委员会及全国社会保障基金理事会联合发出的 2009 年第 63 号公告，公司控股股东北京北辰实业集团公司持有的 150,000,000 股股份目前处于冻结状态。

4.3 控股股东及实际控制人情况介绍

4.3.1 控股股东及实际控制人变更情况

□适用　　√不适用

4.3.2 控股股东及实际控制人具体情况介绍

4.3.2.1 控股股东及实际控制人具体情况介绍

北京北辰实业集团公司(以下简称北辰集团)为本公司的控股股东，持有本公司 34.482%的股权。北辰集团主要从事房地产开发、商品销售、餐饮、会议承接、旅游接待等。

本公司实际控制人是北京市人民政府国有资产监督管理委员会(以下简称北京市国资委)。北京国有资本经营管理中心是北京市国资委独家出资成立的全民所有制企业。

4.3.2.2 控股股东情况

○ 法人

单位：元 币种：人民币

名称	北京北辰实业集团公司
单位负责人或法定代表人	沙万泉
成立日期	1992 年 8 月 3 日
注册资本	700,000,000
主要经营业务或管理活动	房地产开发、商品销售、餐饮、会议承接、旅游接待

4.3.2.3 实际控制人情况

○ 法人

单位：元 币种：人民币

名称	北京市人民政府国有资产监督管理委员会

4.3.3 公司与实际控制人之间的产权及控制关系的方框图(略)

4.3.4 实际控制人通过信托或其他资产管理方式控制公司

□适用　　√不适用

第五节 董事、监事和高级管理人员

5.1 董事、监事和高级管理人员持股变动及报酬情况

单位：股

姓名	职务	性别	年龄	任期起始期	任期终止期	报告期内从公司领取的报酬总额(元)(税前)	是否在股东单位或其他关联单位领取报酬、津贴
贺江川	董事长	男	47	2009-5-19	2012-5-19	0	是
赵惠芝	董事、总经理	女	57	2009-5-19	2012-5-19	62.00	否
刘建平	董事	男	57	2009-5-19	2012-5-19	0	是
陈　冀	董事	男	59	2009-5-19	2012-5-19	0	是
龙　涛	独立董事	男	59	2009-5-19	2012-5-19	8.57	否
甘培忠	独立董事	男	55	2009-5-19	2012-5-19	8.57	否
黄翼忠	独立董事	男	43	2009-5-19	2012-5-19	8.57	否
何文玉	监事长	男	57	2009-5-19	2012-5-19	0	是
陈援朝	监事	男	58	2009-5-19	2012-5-19	0	是
柳耀中	监事	男	56	2009-5-19	2012-5-19	0	是
刘焕波	副总经理	男	53	2002-9-24	至今	53.51	否
刘铁林	副总经理	男	48	2002-9-24	至今	53.51	否
司海群	副总经理	男	56	2004-6-2	至今	53.30	否
曾　劲	副总经理	男	41	2009-1-16	至今	104.85(含 40.20 万元长期出差补贴)	否
郭　川	董事会秘书	男	42	2004-2-27	至今	44.60	否
合　计	/	/	/	/	/	397.48	

报告期内公司现任董事、监事和高级管理人员均未买入、卖出或持有公司股票。此外，公司也未实施股权激励计划或授予任何一位董事、监事和高级管理人员限制性股票。

第六节 董事会报告

6.1 致股东的信

各位股东：

本人代表董事会向各位股东提呈公司截至 2010 年 12 月 31 日之年度经营业绩报告。

2010 年，国际金融危机影响的严重性和世界经济复苏的曲折性远超预期，在全球需求依然不足的大背景下，我国依靠调整经济结构、全力扩大内需的方式，成功保持国民经济继续平稳快速增长。就房地产市场而言，经历了贯穿全年的深度调控，成交仍小幅上升，表明现阶段刚性需求依然强劲；土地市场受供需矛盾和楼市持续看涨预期的刺激，土地价格高位运行并屡创新高，部分地区甚至出现过热迹象。就投资物业和商业物业而言，虽然市场需求受益于宏观经济快速增长和外部环境不断好转而稳步回升，但由于产品供给快速增加，导致部分业态供需矛盾仍然突出，竞争程度不断升级。

面对复杂多变的外部环境和日趋激烈的市场竞争，期间公司又经历了房地产市场深度调控、新增物业起步爬坡、北辰福第(双限房部分)承担社会责任但毛利率相对不高和国家会议中心、北辰世纪中心写字楼等项目投入运营后利息费用不再资本化，在这些因素叠加影响下，公司营业收入同比有所上升，利润水平却出现较大下降，使 2010 年成为公司自上市以来经营压力最大的一年。

面对压力，虽然经营业绩有所波动，但在管理层和全体员工的辛勤努力下，公司积极应对、稳健运营，成功将这种资产规模迅速扩大、发展再上台阶所产生的波动，转化为企业波浪式前进和螺旋式上升过程中发展力量的再一次积蓄和凝聚，进而使 2010 年成为公司为未来发展奠定坚实基础的关键一年。报告期内，公司发展物业现有项目扎实推进、土地储备择机增加，重点项目长沙北辰三角洲首期开盘当日基本售罄，持有型物业存量资产经营稳步回升，新增资产快速爬坡，其中国家会议中心更创造了奥运场馆设施赛后第一个完整经营年度就实现盈利的纪录，公司经营不仅呈现诸多亮点，可持续发展能力也得到显著提升。

按照中国财务报告准则，截至 2010 年 12 月 31 日，由于投资物业经营面积大幅增加，公司实现营业额人民币 556,412.9 万元，同比上升 13.53%，但受前述因素影响，报告期内公司实现利润总额、净利润和归属于母公司股东的净利润分别为人民币 43,634.6 万元、30,451.7 万元和 20,305.8 万元，分别下降 54.70%、57.38%和 64.81%。每股收益为人民币 0.06 元，较 2009 年下降 64.71%。

展望 2011 年，从外部环境来看，长期困扰欧洲国家的主权债务危机仍在继续，国际金融危机的阴霾也还未真正散去，尽管世界经济有望继续恢复增长，但不稳定、不确定因素依然存在。从内部环境来看，我国经济总量虽然已经位居世界第二，但结构性矛盾仍然突出，经济增长内在动力仍显不足。针对这一局面，国家将以“促增长、稳物价和调结构”为发展核心，实施积极的财政政策和稳健的货币政策，不断增强宏观调控的针对性、灵活性和有效性，进而保持国民经济平稳健康增长。

2011 年伊始，相继出台的“国八条”和试点房产税，预示针对房地产市场的宏观调控将更加严厉和深入，而农历新年刚过就迅速加息，显示经济增速企稳下的流动性紧缩格局已成必然。尽管旺盛的刚性需求仍然存在，但在进入加息周期和去杠杆化、去泡沫化等因素的影响下，房地产市场或将面临波动发展，而随着保障性住房体系建设的不断完善和购房者预期的不断变化，未来楼市也将在动态中达到新的均衡。投资物业和商业物业虽然整体仍面临供需矛盾加大和市场竞争激烈的局面，但在加快转变经济发展方式和推动消费结构升级的宏观背景下，未来增长潜力依然巨大。此外，随着“十二五”期间北京作为“国际活动聚集之都、世界高端企业总部聚集之都”的倾力打造和“国际商贸中心”的加速建设，北京在向中国特色世界城市转变的同时，北京市的投资物业和商业物业发展空间也必将更加广阔。

2011 年，公司将以提高经营能力为核心，通过深入研究宏观经济和政策的变化，不断加强对新形势下市场走势的预判能力和市场机遇的把握能力，强化会展对其他业态的带动作用，着力提升收益水平，持续打造品牌竞争力，择机增加土地储备，进一步增强公司竞争优势和可持续发展能力。发展物业将根据市场变化，重点提高项目周转速度和风险管控能力，全力推进产品销售和高品质项目开发建设，为公司收益水平的增长奠定坚实基础。长沙北辰三角洲将在销售筹备和工程建设按计划有序推进的前提下，继续优化和完善各期产品的规划设计，积极推进沿江商业公建组团的招商和商业商务氛围的积淀，提升产品的性价比和项目的综合竞争力。投资物业不断深化并创新“会展联销”的经营模式，打造北辰品牌优势，深入挖掘存量资产的经营潜力，快速完成国家会议中心、北辰世纪中心写字楼等新增资产的经营爬坡，推动投资物业收益水平的上升。商业物业继续完善多店经营的运行模式和管理架构，加大联合营销推广力度，提升北辰商业的品牌形象，稳步提高存量项目的收益水平，努力缩短新开项目的经营爬坡期，全力推进商业物业经营业绩的增长。

各位股东，2011 年，公司经营开发最困难的时期已经过去。公司不仅将再次进入上升通道，而且过去几年的巨大投入，也将换来公司快速发展的新局面。

作为一家以物业投资和物业开发为基本业务的国有控股房地产企业，公司有幸成为中国第一家 H 股地产上市公司，并成为第一家、也是目前唯一一家回归 A 股的 A+H 股地产上市公司。公司承载的不仅是资本市场的殷切期望，更是投资人的无比信任，而这也是公司作为公众公司所必须直面的压力。面对这份期望，面对这份信任，全体北辰人有决心、更有信心，不负重托，不辱使命，在追求股东价值最大化的同时，为实现公司“创造物业价值，筑就百年基业”的历史使命和“创建全国大型一流房地产综合运营企业”的战略目标而努力奋斗。

最后，我谨代表公司董事会向一直以来支持公司发展的各位股东致以最诚挚的谢意，并对公司董事会及监事会同仁的勤勉尽责，以及公司全体员工的辛勤努力表示衷心的感谢！

6.2 管理层讨论与分析

一、经营环境

2010 年，尽管各国经济先后走出衰退并开始复苏，但是发达国家和新兴市场复苏进程，以及实体经济和虚拟经济复苏进程的不平衡，使得世界经济复苏的曲折性远超预期。面对全球需求依然不足和仍处于缓慢回升过程的世界经济，我国在"调结构、扩内需、促增长"的发展目标指引下，通过实施积极的财政政策和灵活、有针对性的适度宽松货币政策，实现了投资增速的高位企稳和消费增速的不断回升，国民经济继续保持平稳快速增长，全年 GDP 增速达到 10.3%。

1、发展物业

2010 年，房地产市场的深度调控贯穿全年，国家及有关部门自四月起连续出台调控政策，通过加大保障性住房供应、加强土地增值税清算、提高首付款比例、严格"二套房"认定、停发"三套房"贷款、限定家庭购房套数等形式，重点调整住房供应结构，抑制投资、投机性购房需求，并导致房地产市场中的观望气氛再次出现，成交尽管在刚性需求带动下持续小幅回升，但增速大幅回落，销售压力开始显现。2010 年全国房地产市场商品住宅平均销售价格为 4,723 元/平方米，同比小幅上升 5.9%，销售面积和销售金额分别为 93,051 万平方米和 43,953 亿元，虽然分别上涨 8.0%和 14.4%，但增速较一季度大幅回落 26.2 个百分点和 40.8 个百分点。

北京房地产市场在国家及有关部门宏观调控和地方细则的叠加影响下，销售价格在 4 月份达到顶峰后冲高回落，销售持续下滑，市场一度呈现"量价齐跌"的局面。然而随着政策效应的逐步减退和刚性需求的依然强劲，年末市场再度出现"量价齐升"的局面。全年北京市商品住宅平均售价为 17,151 元/平方米，虽然较 1-4 月最高时的平均价格下降了 11.8%，但同比仍大幅上涨 29.7%。此外，2010 年北京市商品住宅销售面积和销售金额分别为 1,201 万平方米和 2,060 亿元，较 2009 年分别下降 36.1%和 17.1%，其中商品住宅批准上市面积为 1,191 万平方米，供销比达到 0.99 倍，较上年同期的 0.59 倍大幅上升，供求矛盾开始显现。

相比于北京成交水平的大幅下滑，长沙房地产市场仍处于快速上升期，在强劲的刚性需求及一线城市的挤出效应带动下，长沙商品房销售量不断攀升，房价逐月走高。2010 年长沙市商品住宅销售面积达到 1,624 万平方米，同比增长 19.7%，相对于 1,331 万平方米的批准上市面积，供不应求的局面显示长沙房地产市场仍处于快速发展阶段。随着众多全国知名房企的加速进入和沿江及高端产品的相继入市，不仅快速提升了长沙房地产市场的消费，销售价格也屡创新高，全年商品住宅销售均价为 4,322 元/平方米，同比上涨 22.3%，其中 12 月的销售均价更达到 4,960 元/平方米，较上年同期的 3,751 元/平方米大幅上升 32.2%。

2、投资物业（含酒店）

2010 年，随着宏观经济的快速增长和外部环境的不断好转，北京投资物业市场的需求稳步回升，并呈现出逐渐回暖的态势。其中，会展市场在北京市积极调整城市功能定位、建设世界城市的背景下，得益于经济的快速增长和培训及会展需求的不断增加，市场持续提升，对相关行业的拉动作用愈发明显；高星级酒店市场新增供应放缓，随着海外入境人员的大幅增加和高端商旅客户的快速恢复，平均房价和出租率逐渐回升；写字楼市场受活跃的大宗交易和旺盛的内资需求带动，市场净吸纳量快速增长，空置率不断下降，市场整体租金稳中有升；公寓市场在跨国公司商务活动增加和租房预算提高等因素推动下，经营状况企稳反弹，加之预期存量下降，供需矛盾有所缓和。

3、商业物业

北京商业市场在扩大内需优惠政策的刺激下，累计实现社会消费品零售额 6,229.3 亿元，同比增长 17.3%，城镇居民家庭人均可支配收入为 29,073 元，同比增长 8.7%。随着人均可支配收入稳定增长和消费优惠政策的持续实施，消费增幅快速回升，商业已经成为拉动北京经济发展的最重要引擎。得益于市场的优异表现，北京商业市场迎来了开业高峰，共计 16 个约 113 万平方米的商业物业项目进入市场，"购物中心+百货+超市+影院+X"的多元业态商业模式逐渐成为发展趋势。在经历了 2 年的金融危机低谷后，虽然国内外零售品牌不断加大扩张力度，纷纷新开或增设门店，但由于供过于求的形势并未根本改变，市场中供需矛盾仍然突出。

二、报告期经营回顾

2010 年，面对深度的宏观调控和日益激烈的市场竞争，公司加强对新形势下房地产市场的趋势研究和机会把握，在现有项目扎实推进、择机扩充京内优质项目储备的同时，不断深化"会展联销"的营销策略，重点强化会展业对其他业态的带动作用，存量资产经营稳步回升，增量资产快速爬坡，公司可持续发展能力显著提升。2010 年，受投资物业经营面积大幅增加带动，公司实现营业收入人民币 556,412.9 万元，同比上升 13.53%，但由于商品房开发结算周期、北辰福第（双限房部分）毛利率相对不高和大量新增投资物业处于经营爬坡期、利息费用不再资本化处理等因素影响，公司实现利润总额、净利润和归属于母公司股东的净利润分别为人民币 43,634.6 万元、30,451.7 万元和 20,305.8 万元，分别下降 54.70%、57.38%和 64.81%。此外，报告期内公司严格压缩可控费用，实现了既定目标。

1、发展物业

面对严厉的房地产行业宏观调控，公司以市场为导向、以客户需求为核心，根据项目特点采取有针对性的营销策略，在有限的可售资源中，顺利完成了销售计划。同时，公司通过对北京房地产市场走势的深入研究和土地市场供应的密切跟踪，年内新增北京市顺义区马坡镇 21 万平方米的优质项目储备，进一步提高了公司项目储备和可持续发展能力。

2010 年 9 月，公司北辰福第（双限房部分）如期实现了客户的大规模入住。作为关系到民生的政策性住房，责任重大，公司克服时间短、任务重的困难，全力保竣工、保验收、保入住，截至年末，已累计入住 3087 户，实现了这些中低收入家庭"居者有其屋"的安居梦想。公司作为国有控股的上市公司，不仅以实际行动履行了社会责任、取得了良好的社会效益，更为北京市保障性住房的建设起到积极的推动作用。

在京内项目顺利运作的同时，公司加速推进长沙北辰三角洲的市政道路建设和项目工程施工，区域内委托代建的"四纵七横一环"路网建设全面启动，首开区一期（D3 区）住宅提前封顶，首开区二期（E5 区）住宅主体结构施工平均达到地上 10 层，80 万平方米沿江商业公建和住宅组团（A1、D1 区）的方案设计不断优化和深化，地下工程建设全面展开。为进一步提升项目的综合实力和竞争优势，公司结合项目"以文化休闲为驱动，以商务商业为引领，以生态居住为主体"的开发理念，联手七大世界顶级规划设计机构，持续完善住宅、商业、交通、景观等规划设计，积极推进招商和教育资源的引入，确定了洲际酒店集团为滨江酒店的管理方，与华谊兄弟合作建设中南地区旗舰型 IMAX 影院，成功实现名校雅礼中学和清水塘小学的进驻，商业地产和教育地产打造取得了良好开端。2010 年十月，经过 3 年多的辛勤耕耘，长沙北辰三角洲项目首开区一期（D3 区）住宅推向市场。作为长沙乃至长株潭城市圈区位最优、景观最佳、配套最全的城市综合体，项目一经面世便受到市场追捧，开盘当日销售率达到 90%，截至年末实现签约面积 14.2 万平方米，签订合同金额 104,926 万元，平均销售价格达到 7,400 元/平方米，一举成为长沙房地产市场中最为耀眼的明星楼盘。

2010 年，公司发展物业实现营业收入 369,643.2 万元，同比小幅上升 3.30%，但受商品房开发结算周期和北辰福第（双限房部分）毛利率相对不高的影响，税前利润为人民币 56,798.0 万元，较去年同期下降 50.96%。报告期内，公司发展物业实现新开工面积 112 万平方米，开复工面积 217 万平方米，竣工面积 64 万平方米。受可售面积减少的影响，发展物业实现合同销售金额和销售面积分别为人民币 245,742 万元和 24.6 万平方米，市场占有率同比有所下降。

2010 年公司在售项目销售及结算统计表

项目名称		累计		剩余		2010 年			
	总可售面积（万 m²）	销售面积（万 m²）	结算面积（万 m²）	可售面积（万 m²）	销售面积（万 m²）	销售金额（万元）	结算面积（万 m²）	结算金额（万元）	公司权益（%）
绿色家园住宅	95.03	92.51	92.02	2.52	0.41	5,095	1.79	21,307	100%
绿色家园商业及写字楼	13.91	9.02	8.04	4.89	3.03	36,489	7.04	88,078	100%
北辰香麓一期（B 区）	6.09	3.81	2.53	2.28	1.58	21,721	2.53	33,141	100%
北辰香麓二期（D 区）	6.86	3.74	–	3.12	3.74	60,651	–	–	100%
北辰福第（双限房部分）	28.77	25.55	25.23	3.22	0.88	5,196	25.23	148,666	100%
香山清琴	14.37	14.37	13.33	0	0.82	11,665	1.51	78,452	50.2%
北辰三角洲 D3 区	21.79	14.18	–	7.61	14.18	104,926	–	–	100%

注释：①报告期内，受政策影响公司长河玉墅及碧海方舟 2 个低密度项目的二期仍尚未开工，待开发建筑面积分别为 16.62 万平方米和 2.40 万平方米，公司所占权益分别为 98.5%和 50.2%，目前上述项目的方案报批均已取得实质性进展，长河玉墅已经完成规划方案的公示，碧海方舟也已经完成职能部门的规划意见征求，2 个项目的施工前期准备有序推进，一旦获得批准就可迅速开工并实现对公司销售业绩的支持；②上表未包含各项目可供销售的车位统计。

2、投资物业（含酒店）

2010 年，随着总建筑面积 53 万平方米的国家会议中心、北辰世纪中心写字楼、北辰洲际酒店和国家会议中心大酒店全面投入使用，公司投资物业（含酒店）经营面积迅速由 51 万平方米上升至 104 万平方米。公司投资物业（含酒店）无论经营规模，还是资产质量，均在行业或房地产类上市公司中处于领先地位。

报告期内，受经营面积增加带动，公司投资物业（含酒店）实现营业收入人民币 141,429.8 万元，同比大幅上升 72.70%。在不考虑国家会议中心及配套项目利息费用分摊的情况下，投资物业实现税前利润人民币 22,723.7 万元，较 2009 年同期大幅上涨 257.03%。

尽管新增项目集中处于经营爬坡给公司带来了较大的经营压力，但投资物业通过不断提升市场预判能力、营销推广能力和专业经营能力，继续深化"以会展为龙头，大力推进会展联销"的经营模式，在国家会议中心、北辰世纪中心写字楼等新增资产还未达到预期出租率的情况下，成功实现经营面积翻番、销售收入翻番，完成了"新增资产快速增长、存量资产稳步提升"的既定目标，经营呈现诸多亮点。

国家会议中心以"打开知名度、树立行业地位"为核心，依靠精心的开业筹备、积极的宣传推广和强力的市场开发，2010 年共计接待了 625 个会议项目和 62 个展览项目，其中千人以上大会共计接待 84 个，不仅行业影响力和知名度迅速大幅提升，更创造了奥运场馆设施赛后完整经营第一年就实现盈利的纪录，为打造会展业的龙头地位奠定了良好开局。北京国际会议中心面对大中型会议向国家会议中心转移的局面，坚持差异化定位，深度挖掘项目潜力，通过市场细分和灵活价格策略，重点加强中型市场、培训市场和京外市场的开发与营销力度，收入和业绩保持稳定。在"会展联销"策略下，随着会展数量和规模的快速提升，公司成功将增加的需求最大程度留在了投资物业系统内部，并一定程度上提升了酒店和公寓的出租率。

北辰时代大厦写字楼作为亚奥核心区地标性建筑，在保持与 CBD 同品质写字楼同等价格水平基础上，年底时点签约率达到 82%，成为投资物业重要的利润增长点。北辰世纪中心写字楼作为重要新增资产，将有影响力的跨国公司作为重点公关对象，采取有针对性的营销策略，年底时点签约率达到 52%，实现了缩短经营爬坡期的既定目标。

3、商业物业

商业物业根据目标顾客消费特征，继续加大了商品结构的调整和品类组合的优化工作，加强推广力度并开展特色营销活动，努力挖掘商圈内客户的消费潜力，经营利润稳步提升。新增项目针对金融危机后大量商业物业集中入市、竞争愈发激烈的局面，全力以赴进行营销推广和招商工作，使品牌和品类更加丰富完善，经过周密的筹备，北辰购物中心北苑店于 2010 年 9 月 21 日顺利开业，开业率超过 95%，经营业绩亦高于行业内新开项目的平均水平。

报告期内，公司商业物业实现营业收入人民币 35,236.0 万元，同比小幅下降 1.86%。受毛利率回升和租金收入增加的影响，2010 年商业物业实现税前利润为人民币 2,424.9 万元，较 2009 年大幅上涨 216.24%。

4、综合实力

公司不断加大品牌规划纲要执行力度，综合部署媒体传播和品牌传播策略，行业影响力和品牌价值得到进一步提升。年内，公司充分利用长沙北辰三角洲项目启动及热销、北辰福第（双限房部分）入住和投资物业、商业物业新增项目全面投入使用的契机，主动进行项目宣传和品牌推广，在提升公司美誉度和影响力的同时，也为公司日常运作营造了良好的舆论环境。此外，在由国务院发展研究中心、清华大学和中国指数研究院共同组成的中国房地产 TOP10 研究组发布的研究成果中，公司不仅再次荣获全国房地产百强企业称号，更连续被评为全国房地产复合运营模式和企业领先品牌，公司集物业开发和物业投资为一体的复合地产的运营模式和企业形象，已经得到了消费者和社会的认可。

5、投资者关系

公司作为目前国内唯一一家 A+H 股地产类上市公司，根据两地上市特点，注重投资者关系的建立和维护。公司通过业绩说明会、投资者见面会和实地调研、项目考察的方式，多次接待境内、外的基金及机构投资者的调研活动，并于 12 月在湖南长沙组织了公司 A 股上市以来的首次反向路演，在为投资者了解公司发展情况提供便利的同时，投资者关系工作得到显著提升。

6、环保努力

公司积极响应国家绿色低碳、节能减排的号召，所有发展物业项目均严格选用环保、低能耗建筑材料，并不断优化项目规划与设计，以达到建筑节能、降低排放的目的。例如，公司在所有商品房项目的开发中，利用国家对清洁能源自采暖分时段优惠计量电价的政策，积极推行分户发热电缆地板采暖方式的使用，业主可根据需要调整室内温度，既避免了传统集中供暖方式的空气污染，又节约了能源消耗和采暖费用。此外，公司正在开发建设中的长沙北辰三角洲项目，作为国土资源部土地节约、集约利用的典范，采用"立体开发、人车分流"的领先设计理念，通过大幅增加社区内绿化面积，可成功降低建筑物周边的热岛效应。与此同时，公司根据长沙北辰三角洲项目分期开发的施工

特点，利用待开发用地建设苗圃基地，栽种植物苗木，既达到了美化环境的效果，未来又可根据景观需要进行移植，大幅节约绿化采购费用。

对于持有型物业，公司始终坚持加强节能降耗，将节能环保指标作为选取新增或更换设备的重要条件，并通过设立奖项的方式，鼓励员工增强节能意识和创新意识。其中，2010 年公司五洲皇冠假日酒店通过安装节水器，全年节水 1.3 万吨，而正在进行中的冷冻机组变频改造，预计完成后每年可节电 36 万度。在公司员工不懈努力下，2010 年亚运村综合物业群实际能源消耗 1.76 万吨标准煤，较政府有关部门下达的计划指标降低 0.21 万吨。基于在节能减排方面所做的多项努力和取得的优异成绩，公司获得了北京市节能减排先进集体称号。

三、财务状况回顾与分析

1、主要财务指标变动

单位：元

项目	2010 年 12 月 31 日	2009 年 12 月 31 日	增减变动 变动金额	变动比例	主要变动原因
货币资金	2,559,133,585	4,640,377,124	−2,081,243,539	−45%	主要由于支付房地产开发项目款、支付股息及借款利息等
应收账款	94,006,533	31,173,751	62,832,782	202%	主要为 2010 年新增应收购房款
存货	15,149,892,649	13,658,765,698	1,491,126,951	11%	主要为房地产开发项目工程支出增加所致
长期股权投资	6,591,960	26,105,556	−19,513,596	−75%	主要由于根据合营企业北辰嘉权净亏损及持股比例确认投资损失所致
在建工程	5,218,965	1,195,814,655	−1,190,595,690	−100%	主要由于国家会议中心配套项目北辰世纪中心写字楼达到预定可使用状态转入投资性房地产所致
递延所得税资产	48,481,169	34,248,776	14,232,393	42%	主要为年末预提费用余额及累计可抵扣亏损增加造成可抵扣暂时性差异增加
应付账款	2,823,590,907	2,054,989,203	768,601,704	37%	主要由于应付工程款增加所致
预收款项	2,151,964,823	3,626,621,038	−1,474,656,215	−41%	主要由于房地产开发项目结算实现营业收入相应结转所致
一年内到期的非流动负债	288,000,000	1,144,000,000	−856,000,000	−75%	主要由于偿还到期银行借款所致
少数股东权益	173,511,315	271,704,184	−98,192,869	−36%	主要由于子公司北京兴荣基房地产开发有限公司分配股利所致

项目	2010 年度	2009 年度	增减变动 变动金额	变动比例	主要变动原因
营业成本	3,654,976,186	2,716,530,026	938,446,160	35%	因 2010 年度营业收入增加相应结转成本增加
财务费用-净额	323,657,200	178,192,658	145,464,542	82%	2010 年度建设项目部分完工相应的利息费用资本化停止；同时为补充流动资金一般借款增加
投资损失	19,513,596	8,168,649	11,344,947	139%	主要由于根据合营企业北辰嘉权净亏损及持股比例确认投资损失所致
所得税费用	131,829,392	248,865,309	−117,035,917	−47%	2010 年度利润总额减少所致
净利润	304,516,915	714,462,704	−409,945,789	−57%	2010 年度利润总额减少所致
归属于母公司股东的净利润	203,058,165	577,102,372	−374,044,207	−65%	2010 年度净利润减少所致

2、现金流量分析

公司 2010 年经营活动产生的现金流量净额−66,190.4 万元，比 2009 年同期减少 106,918.5 万元，主要为公司 2010 年支付马坡地价款及可售房源减少。

投资活动产生的现金流量净额 −39,130.1 万元，比 2009 年同期增加 40,495.9 万元。主要由于公司国家会议中心及配套项目完工并投入使用，固定资产投资减少。

筹资活动现金净流量−99,410.6 万元，比 2009 年同期减少 102,091.2 万元，主要由于 2010 年当期借款规模较 2009 年减少。

单位：元

项目	2010 年	2009 年
经营活动产生的现金流量净额	−661,903,655	407,280,857
投资活动产生的现金流量净额	−391,300,650	−796,260,330
筹资活动产生的现金流量净额	−994,105,827	26,806,045
现金及现金等价物净增加额	−2,047,310,132	−362,173,428

3、主要供应商和客户情况

公司 2010 年度前五名客户销售的收入总额为 42,615.86 万元(2009 年度 15,778.32 万元)，占公司 2010 年度经营收入的比例为 7.66%(2009 年：3.22%)。

公司 2010 年度前五名采购供应商采购金额为 50,383.71 万元(2009 年度 58,550.49 万元)，占公司 2010 年度采购金额的比例为 13.13%(2009 年：22.80%)。

4、主要控股公司经营情况和业绩

单位：元

被投资单位全称	注册地	注册资本	业务性质及经营范围	持股比例(%)	表决权比例(%)	持股比例与表决权比例不一致的原因	净资产	净利润
北京北辰房地产开发股份有限公司	北京市	500,180,000	房地产开发	98	98	不适用	1,209,319,209	177,926,648
北京兴荣基房地产开发有限公司	北京市	30,000,000	房地产开发	50	51	间接持股	178,473,811	222,358,997
北京北辰会议中心发展有限公司	北京市	1,700,000,000	房地产开发	100	100	不适用	1,700,000,000	_
长沙北辰房地产开发有限公司	长沙市	500,000,000	房地产开发	100	100	不适用	461,456,007	−21,707,438

5、公司总体财务状况分析

报告期末公司总资产 2,574,001 万元，比上年期末减少 2.34%。流动资产占公司总资产 70.65%；存货占公司总资产 58.86%，投资性房地产、固定资产及在建工程项目占公司总资产 29.11%。报告期末，公司负债 1,639,084 万元，其中预收账款为 215,196 万元，占负债总额 13.13%；银行借款 708,316 万元，占负债总额的 43.21%。公司资产负债率为 63.68%。

2010 年度公司实现营业收入 556,413 万元，实现利润总额 43,635 万元，同比减少 54.70%。基本每股收益 0.06 元，同比下降 64.71%。

由于报告期内投资物业经营面积大幅增加相应固定费用增加，同时受商品房开发结算周期和北辰福第(双限房部分)毛利率相对不高，利息费用不再资本化处理等因素共同影响，本期利润总额较上年同期下降 54.70%。

6、计量属性

除特别说明采用公允价值、可变现净值、现值等计量属性之外，一般采用历史成本计量。

7、与公允价值计量相关的项目

公司不存在与公允价值计量相关的项目。

8、公司减值准备主要为应收款项坏账准备与存货跌价准备。

对于应收款项，公司于资产负债表日对其进行检查，当存在客观证据表明公司将无法按应收款项的原有条款收回款项时，根据其预计未来现金流量现值低于其账面价值的差额，计提坏账准备；对于存货，公司按日常活动中，以存货的估计售价减去至完工时估计将要发生的成本、估计的销售费用以及相关税费后的金额确定其可变现净值，将存货成本高于其可变现净值的差额计提存货跌价准备。

四、2011 年经营环境展望及潜在影响

"十一五"的收官之年，我国成为了世界第二大经济体。"十二五"的开局之年，针对经济中还存在的结构性矛盾突出和增长内生动力不足等问题，国家将以"促增长、稳物价和调结构"为核心目标，实施积极的财政政策和稳健的货币政策，通过流动性管理、通胀预期管理和加快经济结构调整步伐，不断增强宏观调控的针对性、灵活性和有效性，确保国民经济继续平稳健康发展。

就发展物业而言，2011 年伊始相继出台的房产税试点和新"国八条"及各地方细则，预示着在资产价格未见明显松动之前，房地产市场的宏观调控不仅仍将持续，而且会更加严厉和深入。随着我国经济增速的企稳，连续加息和提高存款准备金率，意味着稳健货币政策下的流动性收紧已成必然，房地产行业也将再次面临融资难度加大、资金成本上升和去杠杆化带来的销售压力。此外，由于保障性住房建设力度不断加大，消费者的预期变化导致观望情绪日渐浓厚，如果需求长期难以得到有效释放，房地产市场或将面临波动发展。受上述因素影响，房地产市场中短期走势具有较大的不确定性，而房地产项目运作周期较长，其间市场一旦出现大幅波动，将可能对公司稳定运营和房地产销售带来负面影响。

就投资物业和商业物业而言，尽管部分业态供需矛盾依然存在，但随着国民经济的平稳健康增长和需求的稳步回升，市场已呈现出逐渐回暖态势。在未来一段时期内，政府的主要目标将是调结构和稳物价。为了削弱加息对经济结构调整和经济增长的负面影响，政府势必将大力加强对第三产业的支持，并加速发展服务市场与消费市场。根据政府主管部门和专业机构的判断，未来几年北京会展市场的整体需求将保持 15%—20%的年均增长率。此外，"十一五"期间，北京已经把会展业定位为第三产业的支柱，而在"十二五"规划中，北京市明确提出建设"中国特色世界城市"的目标，其中对"国际活动聚集之都"的倾力打造，将为北京市服务经济和会展经济的快速发展带来巨大历史机遇，会展业对其他产业的带动作用也将愈发明显。公司持有并经营大量投资物业和商业物业，需求回升、市场回暖和北京加速建设"中国特色世界城市"，都将对公司产生积极影响，进而使存量物业的经营不断提升，新增物业的爬坡期相应缩短。

五、2011 年管理层应对

公司将以提高经营能力为核心，通过深入研究宏观经济和政策的变化，不断加强新形势下对市场走势的预判能力和市场机遇的把握能力，在加速发展发展物业的同时，不断强化会展对其他业态的带动作用，着力提升收益水平，持续打造品牌竞争力，择机增加土地储备，进一步提高公司竞争优势和可持续发展能力。2010 年面对巨大的经营压力，公司虽然经营业绩有所波动，但发展物业项目扎实推进，持有物业新增项目经营快速爬坡。2011 年，随着可供结算的商品房资源增加和新增物业经营的快速提升，公司也将再次进入上升通道，并呈现加速发展的新局面。2011 年，公司将继续强化和巩固专业化能力，夯实管理基础，有效提高内控管理水平，控制费用，继续压缩可控费用，使公司健康发展。

1、发展物业

公司发展物业将根据市场变化，不断提升产品定位能力和营销策划能力，全力推进现有项目高品质开发建设，着力提升产品销售速度，并采取有针对性的销售策略，重点加强已竣工项目的现房

及车库销售和奥运媒体村北区6号楼住宅的整售，为公司收益水平的提高奠定坚实的基础。碧海方舟及长河玉墅2个低密度项目的二期工程，将继续加速推进各项手续的报批，力争尽早开工，实现对公司业绩的支持。

2011年，公司将继续加速长沙北辰三角洲的开发，全力推进项目的市场推广和销售工作。首开区一期住宅(D3区)力争年底完工，确保客户二零一二年顺利入住，首开区二期住宅(E5区)主体结构年中全面封顶，沿江商业公建和住宅组团(A1、D1区)克服临江施工和规模较大的困难，主体结构施工平均达到地上5层，并实现D2区31万平方米住宅年内启动。与此同时，公司还将充分总结项目开盘热销的经验，继续加大宣传推广力度，加速积累潜在客户，首开区二期住宅(E5区)根据市场状况择机开盘销售。此外，公司还将根据长沙房地产市场发展趋势和项目自身优势，不断优化和完善后期产品的规划设计，积极推进沿江商业公建组团(A1、D1区)的招商和商业商务氛围的积淀，持续提升产品的性价比和项目的综合竞争力，在为项目持续热销提供有力支持的同时，不仅要把北辰三角洲打造为长沙"一江两岸，山水洲城"人居理念的城市名片，更要将其建设成为"长沙市民的满意之所、购房置业者的满意之家以及政府和社会的满意之城"。

2011年，公司发展物业预计实现开复工面积220万平方米，新开工面积67万平方米，竣工面积12万平方米。受可售资源增加的影响，预计实现销售面积29.4万平方米，合同销售收入39亿元。

2.投资物业(含酒店)

公司将以北京建设世界城市为契机，充分利用存量和增量资产均集中处于亚奥核心区的地缘优势，继续深化并创新"会展联销"的经营模式，不断提高专业经营能力和综合运营能力，打造北辰品牌优势，培育公司投资物业"以会展带动其他经营业态共同发展"的核心竞争力。此外，公司还将根据投资物业产品不可储存的特点，重点加强市场开发力度，努力提高经营的边际效益，确保实现存量资产效益全面提升、新增资产全面盈利的既定目标，并为投资物业收益水平的持续上升奠定坚实基础。

3、商业物业

2011年，公司商业物业将加快完善北辰商业多店经营的运行模式和管理架构，进一步调整商品的品牌和品类组合，通过多项目的联合营销推广，不断提高北辰商业的品牌形象及影响力，稳步提升存量项目收益水平，努力缩短新开项目的经营爬坡期，全力推进商业物业经营业绩的增长。

4、融资工作和资本开支

公司将以提高经营能力为核心，在加速项目开发、加大营销力度、加快周转速度的同时，大力加强财务管理和全面预算管理，不断提高对现金流的分析和运用，充分利用"总部融资"模式，强化资金计划管理，着力提升资金的使用效率。此外，公司将重点研究宏观政策走向和资本市场变化，积极学习和借鉴行业内的先进经验，利用两地上市和业务结构独特的优势，大力探索多元化、多渠道融资模式，努力通过创新融资寻求公司新的发展机遇，进而确保公司在经营规模不断扩大的过程中保持良好的财务状况。

公司2011年预计固定资产投资2.7亿元，按工程进度付款，资金来源安排为自有资金和银行贷款，资金成本为同期银行贷款利息。

六、公司优劣势、面临问题和风险因素分析

1、公司发展的优势简要分析

公司的优势主要体现在准确的机会把握能力、独特业务结构的抗风险能力和综合运营能力。首先，公司对于市场变化和走势具有较强的前瞻能力和把握能力，能够有效降低不利因素的影响。其次，公司"物业开发+物业投资"的独特经营模式，既可以通过房地产开发获得快速增长收益，又能通过出租、经营物业获得长期稳定收益，抗风险能力优于单一业务的房地产开发企业。最后，公司集发展物业、投资物业和商业物业为一体的综合运营能力，三大业务互相促进、优势互补，使公司在大型和综合房地产项目的开发中具有明显优势。

2、公司发展的劣势简要分析

随着公司经营规模的不断扩大和大量持有型物业投入使用，对人才需求的快速上升和目前公司人才储备之间的缺口有待进一步弥补。

3、公司发展面临的问题和风险分析

公司发展面临的问题和风险，主要来自于市场风险和经营风险。

(1)市场风险。2011年伊始相继出台的房产税试点和新"国八条"及各地方细则，预示着针对房地产市场的宏观调控不仅仍将持续，而且会更加严厉和深入。随着部分城市成交量的快速下跌，消费者的观望情绪日渐浓厚，如果需求长期难以得到有效释放，房地产市场或将面临波动发展。受上述因素影响，房地产市场的中短期走势具有较大的不确定性，而房地产项目运作周期较长，其间市场一旦出现大幅波动，将可能对公司稳定运营和房地产销售带来较大的风险。

针对上述市场风险，公司发展物业将根据市场变化，不断提升产品定位能力和营销策划能力，全力推进现有项目高品质开发建设，着力提升产品销售速度，采取有针对性的销售策略，重点加强已竣工项目的现房及车库销售和奥运媒体村北区6号楼住宅的整售，在提升收益水平的同时，积极寻找市场机会，继续择机增加优质土地储备，不断增强发展物业的核心竞争力和可持续发展能力。

(2)经营风险。在发展物业方面，虽然碧海方舟及长河玉墅2个低密度项目二期的手续报批已经取得阶段性成果，但截至目前受政策影响仍尚未开工，致使公司可供结算的高毛利率产品减少，并对经营业绩产生影响。在投资物业新增资产方面，国家会议中心、北辰世纪中心写字楼等项目仍处于经营爬坡期，由于其规模庞大、投资额较高，每年均会产生约2亿元无法资本化的利息费用，因此在项目的经营爬坡期内，该费用将对公司经营业绩产生一定压力。此外，2011年2月，有关部门出台《关于严格控制在华举办国际会议的通知》，旨在加强对在国内举办的国际会议的管理和限制，可能对公司2个会议中心的经营产生一定负面影响。

面临上述经营风险，对于碧海方舟及长河玉墅2个低密度项目二期工程，公司将继续加速推进各项手续的报批，力争尽早开工，实现对经营业绩的支持。对于投资物业新增资产，公司将以开源节流、增收节支为核心，利用地缘优势和品牌优势，继续深化并创新"会展联销"的经营模式，培育公司投资物业"以会展带动其他经营业态共同发展"的核心竞争力，确保实现新增资产全面盈利的既定目标。对于2个会议中心，公司将通过认真分析和总结会议、展览厅室的使用特点，采用有针对性的价格策略和营销策略，重点加强市场开发力度，提高项目的使用效率、运营效率和边际效益，将政策的负面影响降至最低。

4、公司可持续发展能力分析

公司"进取不忘稳健，稳健不忘进取，在加速发展中控制风险，在控制风险中加速发展"的经营理念，是公司可持续发展的理论依据；与当前发展物业开发能力相匹配的616万平方米的适度土地储备规模，是公司可持续发展的必备条件；120万平方米持有型物业持续经营所产生的稳定现金流，是公司可持续发展的强力支持；三大主业互相促进、优势互补的"三位一体"综合运营模式，面对市场波动时较强的抗风险能力，是公司可持续发展的根本基础。随着三大业务板块项目运作扎实推进，经营规模不断扩大，公司可持续发展能力也将持续提高。

6.3 主营业务分行业、产品情况表

单位:元 币种:人民币

分行业或分产品	营业收入(元)	营业成本(元)	营业利润率(%)	营业收入比上年增减(%)	营业成本比上年增减(%)	营业利润率比上年增减(%)
		分行业				
出售开发产品业务	3,696,431,553	2,676,589,581	27.59	3.30	40.46	减少19.16个百分点
零售商业业务	352,359,644	213,066,604	39.53	−1.86	−6.82	增加3.21个百分点
投资物业和酒店业务	1,414,298,248	688,934,022	51.29	72.70	46.22	增加8.82个百分点
分产品						
绿色家园媒体村	311,779,984	169,742,320	45.56	−89.08	−89.46	增加1.99个百分点
香山清琴	784,519,476	329,897,938	57.95	9.59	14.82	减少1.91个百分点
北辰福第两限房(常营项目)	1,486,656,248	1,411,751,048	5.04	—	—	—

6.4 主营业务分地区情况表

单位:元 币种:人民币

地区	营业收入	营业收入比上年增减(%)
北京	5,549,529,342	13.50

6.5 募集资金使用情况

√适用 □不适用

单位:元 币种:人民币

募集资金总额	5,198,370,000		本年度已使用募集资金总额			49,120,000
已累计使用募集资金总额	5,084,170,000					
承诺项目	是否变更项目	拟投入金额	实际投入金额	是否符合计划进度	预计收益	产生收益情况
北辰大厦	是	1,282,130,000	1,167,930,000	否		报告期内实现的效益7595万元
偿还债项	否	183,400,000	183,400,000	是		
一般营运资金	是	336,970,000	336,970,000	是		
奥运媒体村	否	1,714,570,000	1,714,570,000	是		告期内实现的效益5738万元
偿还银行借款及补充流动资金	否	1,681,300,000	1,681,300,000	是		
合计	/	5,198,370,000	5,084,170,000	/		/

未达到计划进度和预计收益的说明(分具体项目)　北辰大厦项目已完工，尚有部分工程尾款未支付。

变更原因及变更程序说明(分具体项目)　北辰大厦项目由于市场需求、产品定位发生变化和设计变更等原因使预计总投资减少，该项目变更已经2008年5月6日召开的2007年年度股东大会批准。2008年5月6日召开的2007年度股东大会批准，北辰大厦项目预计由161910万元调减为128213万元，剩余募集资金33697万元，变更为一般营运资金。

尚未使用的募集资金用途及去向　随承诺项目开发进度逐步投入

变更项目情况

√适用 □不适用

单位:元 币种:人民币

变更投资项目资金总额	336,970,000					
变更后的项目	对应的原承诺项目	变更项目拟投入金额	实际投入金额	是否符合计划进度	变更项目的预计收益	产生收益情况
一般营运资金	北辰大厦	336,970,000	336,970,000	是		
合计	/	336,970,000	336,970,000	/		/

6.6 非募集资金项目情况

□适用 √不适用

6.7 董事会对会计师事务所"非标准审计报告"的说明

□适用 √不适用

6.8 董事会本次利润分配或资本公积金转增股本预案

每10股派0.20元(含税)，不实施资本公积金转增。

公司本报告期内盈利但未提出现金利润分配预案

□适用 √不适用

第七节 重要事项

7.1 收购资产

√适用 □不适用

(1)本公司购买北辰集团持有的北京北辰饭店管理公司的100%股权(已在2008年年报进行披露)，有关转让手续已于报告期内办理完毕。

(2)2010年7月，本公司从北京城市开发集团有限责任公司，以北京北方亚事资产评估有限责任公司按照公允评估定价原则采用成本法作出的资产评估报告净资产为转让价格的标准，受让了其持有的长沙北辰房地产开发有限公司4%股权，购买上述股权支付的对价为26,400,000元。该交易不属于关联交易，上述股权均已完成过户。自收购日起至本年末，该4%的股权为上市公司贡献的

净利润为-529,329 元，占 2010 年上市公司净利润的比例为-0.41%。截至 2010 年 12 月 31 日，本公司持有长沙北辰房地产开发有限公司的股权合计为 100%。

(3)2010 年 9 月，本公司陆续从子公司北京北辰房地产开发股份有限公司的六家少数股东（分别为北京建筑材料经贸有限责任公司、北京金隅股份有限公司、中国航空技术国际工程有限公司、北京市市政工程设计研究总院、北京市政路桥建设控股（集团）有限公司和北京市建筑设计研究院），以北京岳华德威资产评估有限公司按照公允评估定价原则采用成本法作出的资产评估报告净资产为转让价格的标准，合计受让了其持有的北京北辰房地产开发股份有限公司 1.37%的股权（分别为 0.22%、0.22%、0.06%、0.20%、0.45%和 0.22%），购买上述股权支付的对价合计为 16,973,424 元（分别为 2,751,662 元、2,751,662 元、741,700 元、2,471,500 元、5,504,600 元和 2,752,300 元）。上述交易均不属于关联交易，股权均已完成过户。自收购日起至本年末，上述六项股权收购对应的合计 1.37%的股权，为上市公司贡献的净利润为 62,927.50 元（分别为 10,201.55 元、10,201.55 元、2,749.79 元、9,162.87 元、20,407.83 元和 10,203.91 元），占 2010 年上市公司净利润的比例为 0.049%（分别为 0.008%、0.008%、0.002%、0.007%、0.016%和 0.008%）。截至 2010 年 12 月 31 日，本公司持有北京北辰房地产开发股份有限公司的股权合计为 98.43%。

7.2 出售资产

□适用　　√不适用

7.3 重大担保

√适用　　□不适用

单位:元 币种:人民币

公司对外担保情况（不包括对控股子公司的担保）	
报告期内担保发生额合计	0
报告期末担保余额合计	0
公司对控股子公司的担保情况	
报告期内对子公司担保发生额合计	0
报告期末对子公司担保余额合计	0
公司担保总额情况（包括对控股子公司的担保）	
担保总额	0
担保总额占公司净资产的比例(%)	0
其中：	
为股东、实际控制人及其关联方提供担保的金额	0
直接或间接为资产负债率超过 70%的被担保对象提供的债务担保金额	0
担保总额超过净资产 50%部分的金额	0
上述三项担保金额合计	0

本公司除按照房地产经营惯例为银行向购房客户发放的抵押贷款提供阶段性担保而形成的担保外，无其他形式的担保。

截至 2010 年 12 月 31 日，本公司为银行向购房客户发放的抵押贷款提供阶段性担保总额为 1,328,240,098 元。上述担保不会对本公司财务状况产生重大影响。

7.4 重大关联交易

7.4.1 与日常经营相关的关联交易

√适用　　□不适用

单位:元 币种:人民币

关联方	向关联方销售产品和提供劳务		向关联方采购产品和接受劳务	
	交易金额	占同类交易金额的比例(%)	交易金额	占同类交易金额的比例(%)
北京北辰实业集团公司			租赁土地、办公场所和租赁商标使用权，合计 15169099 元	占本公司租赁土地、办公场所和租赁商标使用权总费用的 55.11%
北京北辰实业集团公司	提供办公用房租赁，合计 2901582 元	占本公司投资物业（含酒店）收入的 0.21%		
北京北辰实业集团公司	提供电力、电话服务，合计 217329 元	占本公司投资物业（含酒店）收入的 0.02%		
北京北辰嘉权时代名门商业有限公司	32,468,292	占本公司投资物业（含酒店）收入的 2.29%		
合计	35,587,203	占本公司投资物业（含酒店）收入的 2.52%	15,169,099	占本公司租赁土地、办公场所和租赁商标使用权总费用的 55.11%

其中：报告期内公司向控股股东及其子公司销售产品或提供劳务的关联交易金额 3,118,911 元。

7.4.2 关联债权债务往来

√适用　　□不适用

单位:元 币种:人民币

关联方	向关联方提供资金		关联方向公司提供资金	
	发生额	余额	发生额	余额
北京北辰实业集团公司	-801,600	5,140,600	-27,939,643	5,162,801
合计	-801,600	5,140,600	-27,939,643	5,162,801

其中：报告期内公司向控股股东及其子公司提供资金的发生额-801,600 元，余额 5,140,600 元。

7.4.3 报告期内资金被占用情况及清欠进展情况

□适用　　√不适用

截至报告期末，上市公司未完成非经营性资金占用的清欠工作的，董事会提出的责任追究方案

□适用　　√不适用

7.5 委托理财

□适用　　√不适用

7.6 承诺事项履行情况

7.6.1 公司或持股 5%以上股东在报告期内或持续到报告期内的承诺事项

□适用　　√不适用

7.6.2 公司资产或项目存在盈利预测，且报告期仍处在盈利预测期间，公司就资产或项目是否达到原盈利预测及其原因作出说明

□适用　　√不适用

7.7 重大诉讼仲裁事项

□适用　　√不适用

7.8 其他重大事项及其影响和解决方案的分析说明

7.8.1 证券投资情况

□适用　　√不适用

7.8.2 持有其他上市公司股权情况

□适用　　√不适用

7.8.3 持有非上市金融企业股权情况

□适用　　√不适用

7.8.4 买卖其他上市公司股份的情况

□适用　　√不适用

7.9 公司披露了内部控制的自我评价报告或履行社会责任报告，详见年报全文。

第八节　监事会报告

8.1 监事会对公司依法运作情况的独立意见

公司的决策程序符合有关法律法规及公司章程的规定，公司董事会、董事及高级管理人员遵守诚信原则，以股东最大利益为出发点行使职权。报告期内，公司没有发生违反法律、法规、公司章程及损害公司、股东利益的行为发生。

8.2 监事会对检查公司财务情况的独立意见

报告期内，公司的财务状况良好，财务报告能够真实、客观地反映公司的财务状况和经营成果。

8.3 监事会对公司最近一次募集资金实际投入情况的独立意见

2010 年度，本公司募集资金使用的相关信息披露及时、真实、准确、完整。募集资金管理不存在违规情形。

8.4 监事会对公司收购、出售资产情况的独立意见

报告期内，公司收购资产的交易价格公平、合理，无内幕交易、损害股东权益或造成公司财产流失的情况发生。

8.5 监事会对公司关联交易情况的独立意见

报告期内，公司发生的关联交易遵循价格公正、公平的原则，决策程序和披露程序符合法律、法规及公司章程的规定，没有发生损害公司及股东利益的情况。

第九节　财务会计报告

9.1 审计意见

财务报告	□未经审计	√审计
审计意见	√标准无保留意见	□非标意见

9.2 财务报表

合并资产负债表

2010 年 12 月 31 日

编制单位:北京北辰实业股份有限公司　　单位:元 币种:人民币

项目	附注	期末余额	年初余额
流动资产：			
货币资金		2,559,133,585	4,640,377,124
结算备付金			
拆出资金			
交易性金融资产			
应收票据			
应收账款		94,006,533	31,173,751
预付款项		315,919,371	335,954,437
应收保费			
应收分保账款			
应收分保合同准备金			
应收利息			
应收股利			
其他应收款		65,960,662	71,255,139
买入返售金融资产			
存货		15,149,892,649	13,658,765,698
一年内到期的非流动资产			
其他流动资产			
流动资产合计		18,184,912,800	18,737,526,149
非流动资产：			
发放委托贷款及垫款			
可供出售金融资产			
持有至到期投资			
长期应收款			
长期股权投资		6,591,960	26,105,556
投资性房地产		5,518,545,330	4,402,611,320
固定资产		1,968,828,016	1,951,407,613
在建工程		5,218,965	1,195,814,655
工程物资			
固定资产清理			

生产性生物资产		
油气资产		
无形资产	7,431,094	8,256,771
开发支出		
商誉		
长期待摊费用		
递延所得税资产	48,481,169	34,248,776
其他非流动资产		
非流动资产合计	7,555,096,534	7,618,444,691
资产总计	25,740,009,334	26,355,970,840
流动负债：		
短期借款	880,000,000	700,000,000
向中央银行借款		
吸收存款及同业存放		
拆入资金		
交易性金融负债		
应付票据		
应付账款	2,823,590,907	2,054,989,203
预收款项	2,151,964,823	3,626,621,038
卖出回购金融资产款		
应付手续费及佣金		
应付职工薪酬	38,058,238	36,945,570
应交税费	451,675,310	356,462,465
应付利息	112,178,565	111,114,245
应付股利	1,162,190	1,162,190
其他应付款	548,178,153	492,412,976
应付分保账款		
保险合同准备金		
代理买卖证券款		
代理承销证券款		
一年内到期的非流动负债	288,000,000	1,144,000,000
其他流动负债	1,681,145,778	
流动负债合计	8,975,953,964	8,523,707,687
非流动负债：		
长期借款	5,915,159,562	5,326,000,000
应付债券	1,487,542,600	3,160,510,251
长期应付款	9,636,000	11,710,000
专项应付款		
预计负债		
递延所得税负债		
其他非流动负债	2,550,000	2,550,000
非流动负债合计	7,414,888,162	8,500,770,251
负债合计	16,390,842,126	17,024,477,938
所有者权益(或股东权益)：		
实收资本(或股本)	3,367,020,000	3,367,020,000
资本公积	3,697,619,833	3,683,800,223
减：库存股		
专项储备		
盈余公积	599,915,374	586,958,424
一般风险准备		
未分配利润	1,511,100,686	1,422,010,071
外币报表折算差额		
归属于母公司所有者权益合计	9,175,655,893	9,059,788,718
少数股东权益	173,511,315	271,704,184
所有者权益合计	9,349,167,208	9,331,492,902
负债和所有者权益总计	25,740,009,334	26,355,970,840

法定代表人：贺江川　　主管会计工作负责人：赵惠芝　　会计机构负责人：吴子辉

母公司资产负债表

2010年12月31日

编制单位：北京北辰实业股份有限公司　　单位：元 币种：人民币

项目	附注	期末余额	年初余额
流动资产：			
货币资金		1,877,877,822	3,710,193,760
交易性金融资产			
应收票据			
应收账款		44,101,257	25,463,595
预付款项		198,142,748	211,072,701
应收利息			
应收股利			
其他应收款		10,592,737,807	10,290,755,887
存货		5,918,938,254	5,381,893,831
一年内到期的非流动资产			
其他流动资产			
流动资产合计		18,631,797,888	19,619,379,774
非流动资产：			
可供出售金融资产			
持有至到期投资			
长期应收款			
长期股权投资		2,793,444,942	2,768,783,514
投资性房地产		1,707,545,330	1,864,611,320
固定资产		1,346,708,894	1,344,808,061
在建工程		5,218,965	3,016,825
工程物资			
固定资产清理			
生产性生物资产			
油气资产			
无形资产			
开发支出			
商誉			
长期待摊费用			
递延所得税资产		21,106,550	16,740,928
其他非流动资产			
非流动资产合计		5,874,024,681	5,997,960,648
资产总计		24,505,822,569	25,617,340,422
流动负债：			
短期借款		880,000,000	700,000,000
交易性金融负债			
应付票据			
应付账款		1,751,484,183	1,028,710,438
预收款项		1,382,392,916	2,764,957,519
应付职工薪酬		34,435,384	30,910,777
应交税费		283,912,943	313,929,057
应付利息		112,178,565	111,114,245
应付股利			
其他应付款		2,164,758,960	2,538,881,367
一年内到期的非流动负债		288,000,000	1,144,000,000
其他流动负债		1,681,145,778	
流动负债合计		8,578,308,729	8,632,503,403
非流动负债：			
长期借款		5,915,159,562	5,326,000,000
应付债券		1,487,542,600	3,160,510,251
长期应付款		9,636,000	11,710,000
专项应付款			
预计负债			
递延所得税负债			
其他非流动负债			
非流动负债合计		7,412,338,162	8,498,220,251
负债合计		15,990,646,891	17,130,723,654
所有者权益(或股东权益)：			
实收资本(或股本)		3,367,020,000	3,367,020,000
资本公积		3,681,309,353	3,681,309,353
减：库存股			
专项储备			
盈余公积		599,915,374	586,958,424
一般风险准备			
未分配利润		866,930,951	851,328,991
所有者权益(或股东权益)合计		8,515,175,678	8,486,616,768
负债和所有者权益(或股东权益)总计		24,505,822,569	25,617,340,422

法定代表人：贺江川　　主管会计工作负责人：赵惠芝　　会计机构负责人：吴子辉

合并利润表

2010年1—12月

单位：元 币种：人民币

项目	附注	本期金额	上期金额
一、营业总收入		5,564,129,051	4,900,963,040
其中：营业收入		5,564,129,051	4,900,963,040
利息收入			
已赚保费			
手续费及佣金收入			
二、营业总成本		5,103,829,149	3,924,345,206
其中：营业成本		3,654,976,186	2,716,530,026
利息支出			
手续费及佣金支出			
退保金			
赔付支出净额			
提取保险合同准备金净额			
保单红利支出			
分保费用			
营业税金及附加		472,310,348	520,690,202
销售费用		162,589,758	128,219,555
管理费用		494,306,010	383,872,153
财务费用		323,657,200	178,192,658
资产减值损失		−4,010,353	−3,159,388
加：公允价值变动收益(损失以“−”号填列)			
投资收益(损失以“−”号填列)		−19,513,596	−8,168,649

其中:对联营企业和合营企业的投资收益	−19,513,596	−8,569,240
汇兑收益(损失以"−"号填列)		
三、营业利润(亏损以"−"号填列)	440,786,306	968,449,185
加:营业外收入	1,037,949	2,088,416
减:营业外支出	5,477,948	7,209,588
其中:非流动资产处置损失	833,029	564,942
四、利润总额(亏损总额以"−"号填列)	436,346,307	963,328,013
减:所得税费用	131,829,392	248,865,309
五、净利润(净亏损以"−"号填列)	304,516,915	714,462,704
归属于母公司所有者的净利润	203,058,165	577,102,372
少数股东损益	101,458,750	137,360,332
六、每股收益:		
(一)基本每股收益	0.06	0.17
(二)稀释每股收益	0.06	0.17
七、其他综合收益		
八、综合收益总额	304,516,915	714,462,704
归属于母公司所有者的综合收益总额	203,058,165	577,102,372
归属于少数股东的综合收益总额	101,458,750	137,360,332

法定代表人:贺江川　主管会计工作负责人:赵惠芝　会计机构负责人:吴子辉

母公司利润表

2010 年 1—12 月

单位:元 币种:人民币

项目	附注	本期金额	上期金额
一、营业收入		4,472,998,834	3,899,808,849
减:营业成本		3,091,601,479	2,224,014,312
营业税金及附加		300,339,606	434,238,761
销售费用		121,810,853	79,492,237
管理费用		420,031,733	329,995,782
财务费用		344,195,831	219,751,960
资产减值损失		−4,010,353	−3,159,388
加:公允价值变动收益(损失以"−"号填列)			
投资收益(损失以"−"号填列)		−19,513,596	−10,130,479
其中:对联营企业和合营企业的投资收益		−19,513,596	−8,569,240
二、营业利润(亏损以"−"号填列)		179,516,089	605,344,706
加:营业外收入		860,592	1,544,274
减:营业外支出		5,238,080	6,213,392
其中:非流动资产处置损失		593,624	461,874
三、利润总额(亏损总额以"−"号填列)		175,138,601	600,675,588
减:所得税费用		45,569,091	155,345,667
四、净利润(净亏损以"−"号填列)		129,569,510	445,329,921
五、每股收益:			
(一)基本每股收益		0.04	0.13
(二)稀释每股收益		0.04	0.13
六、其他综合收益			
七、综合收益总额		129,569,510	445,329,921

法定代表人:贺江川　主管会计工作负责人:赵惠芝　会计机构负责人:吴子辉

合并现金流量表

2010 年 1—12 月

单位:元 币种:人民币

项目	附注	本期金额	上期金额
一、经营活动产生的现金流量:			
销售商品、提供劳务收到的现金		4,062,513,405	4,172,864,388
客户存款和同业存放款项净增加额			
向中央银行借款净增加额			
向其他金融机构拆入资金净增加额			
收到原保险合同保费取得的现金			
收到再保险业务现金净额			
保户储金及投资款净增加额			
处置交易性金融资产净增加额			
收取利息、手续费及佣金的现金			
拆入资金净增加额			
回购业务资金净增加额			
收到的税费返还			
收到其他与经营活动有关的现金		110,008,325	47,917,393
经营活动现金流入小计		4,172,521,730	4,220,781,781
购买商品、接受劳务支付的现金		3,651,774,021	2,005,253,526
客户贷款及垫款净增加额			
存放中央银行和同业款项净增加额			
支付原保险合同赔付款项的现金			
支付利息、手续费及佣金的现金			
支付保单红利的现金			
支付给职工以及为职工支付的现金		480,600,040	440,154,957
支付的各项税费		642,427,107	1,327,970,208
支付其他与经营活动有关的现金		59,624,217	40,122,233
经营活动现金流出小计		4,834,425,385	3,813,500,924
经营活动产生的现金流量净额		−661,903,655	407,280,857
二、投资活动产生的现金流量:			
收回投资收到的现金			
取得投资收益收到的现金			
处置固定资产、无形资产和其他长期资产收回的现金净额		714,168	4,251,969
处置子公司及其他营业单位收到的现金净额			
收到其他与投资活动有关的现金		23,755,555	10,000,000
投资活动现金流入小计		24,469,723	14,251,969
购建固定资产、无形资产和其他长期资产支付的现金		372,396,949	792,075,139
投资支付的现金		43,373,424	13,608,000
质押贷款净增加额			
取得子公司及其他营业单位支付的现金净额			
支付其他与投资活动有关的现金			4,829,160
投资活动现金流出小计		415,770,373	810,512,299
投资活动产生的现金流量净额		−391,300,650	−796,260,330
三、筹资活动产生的现金流量:			
吸收投资收到的现金			
其中:子公司吸收少数股东投资收到的现金			
取得借款收到的现金		2,193,159,562	3,830,000,000
发行债券收到的现金			
收到其他与筹资活动有关的现金			
筹资活动现金流入小计		2,193,159,562	3,830,000,000
偿还债务支付的现金		2,280,000,000	2,950,000,000
分配股利、利润或偿付利息支付的现金		907,265,389	853,193,955
其中:子公司支付给少数股东的股利、利润		163,633,071	88,604,552
支付其他与筹资活动有关的现金			
筹资活动现金流出小计		3,187,265,389	3,803,193,955
筹资活动产生的现金流量净额		−994,105,827	26,806,045
四、汇率变动对现金及现金等价物的影响			
五、现金及现金等价物净增加额		−2,047,310,132	−362,173,428
加:期初现金及现金等价物余额		4,567,455,757	4,929,629,185
六、期末现金及现金等价物余额		2,520,145,625	4,567,455,757

法定代表人:贺江川　主管会计工作负责人:赵惠芝　会计机构负责人:吴子辉

母公司现金流量表

2010 年 1—12 月

单位:元 币种:人民币

项目	附注	本期金额	上期金额
一、经营活动产生的现金流量:			
销售商品、提供劳务收到的现金		3,098,648,932	3,144,985,190
收到的税费返还			
收到其他与经营活动有关的现金		32,564,114	40,588,054
经营活动现金流入小计		3,131,213,046	3,185,573,244
购买商品、接受劳务支付的现金		2,367,744,285	1,288,279,980
支付给职工以及为职工支付的现金		313,803,904	318,440,437
支付的各项税费		452,629,859	603,540,895
支付其他与经营活动有关的现金		854,579,657	1,032,508,187
经营活动现金流出小计		3,988,757,705	3,242,769,499
经营活动产生的现金流量净额		−857,544,659	−57,196,255
二、投资活动产生的现金流量:			
收回投资收到的现金			
取得投资收益收到的现金			
处置固定资产、无形资产和其他长期资产收回的现金净额		278,668	3,890,084
处置子公司及其他营业单位收到的现金净额			4,845,216
收到其他与投资活动有关的现金		23,400,000	
投资活动现金流入小计		23,678,668	8,735,300
购建固定资产、无形资产和其他长期资产支付的现金		94,058,658	75,255,357
投资支付的现金		43,373,424	413,608,000
取得子公司及其他营业单位支付的现金净额			
支付其他与投资活动有关的现金			
投资活动现金流出小计		137,432,082	488,863,357
投资活动产生的现金流量净额		−113,753,414	−480,128,057
三、筹资活动产生的现金流量:			
吸收投资收到的现金			
取得借款收到的现金		2,193,159,562	3,830,000,000
发行债券收到的现金			
收到其他与筹资活动有关的现金			
筹资活动现金流入小计		2,193,159,562	3,830,000,000
偿还债务支付的现金		2,280,000,000	2,950,000,000
分配股利、利润或偿付利息支付的现金		775,934,817	802,847,953
支付其他与筹资活动有关的现金			
筹资活动现金流出小计		3,055,934,817	3,752,847,953
筹资活动产生的现金流量净额		−862,775,255	77,152,047
四、汇率变动对现金及现金等价物的影响			
五、现金及现金等价物净增加额		−1,834,073,328	−460,172,265
加:期初现金及现金等价物余额		3,699,470,260	4,159,642,525

六、期末现金及现金等价物余额	1,865,396,932	3,699,470,260

法定代表人：贺江川　　主管会计工作负责人：赵惠芝　　会计机构负责人：吴子辉

合并所有者权益变动表

2010 年 1—12 月

单位:元 币种:人民币

本期金额

项目	实收资本(或股本)	资本公积	减:库存股	专项储备	盈余公积	一般风险准备	未分配利润	其他	少数股东权益	所有者权益合计
	归属于母公司所有者权益									
一、上年年末余额	3,367,020,000	3,683,800,223			586,958,424		1,422,010,071		271,704,184	9,331,492,902
加:会计政策变更										
前期差错更正										
其他										
二、本年年初余额	3,367,020,000	3,683,800,223			586,958,424		1,422,010,071		271,704,184	9,331,492,902
三、本期增减变动金额										
(减少以"-"号填列)		13,819,610			12,956,950		89,090,615		-98,192,869	17,674,306
(一)净利润							203,058,165		101,458,750	304,516,915
(二)其他综合收益										
上述(一)和(二)小计							203,058,165		101,458,750	304,516,915
(三)所有者投入和减少资本		13,819,610							-36,018,548	-22,198,938
1.所有者投入资本										
2.股份支付计入所有者权益的金额										
3.其他		13,819,610							-36,018,548	-22,198,938
(四)利润分配					12,956,950		-113,967,550		-163,633,071	-264,643,671
1.提取盈余公积					12,956,950		-12,956,950			
2.提取一般风险准备										
3.对所有者(或股东)的分配							-101,010,600		-163,633,071	-264,643,671
4.其他										
(五)所有者权益内部结转										
1.资本公积转增资本(或股本)										
2.盈余公积转增资本(或股本)										
3.盈余公积弥补亏损										
4.其他										
(六)专项储备										
1.本期提取										
2.本期使用										
(七)其他										
四、本期期末余额	3,367,020,000	3,697,619,833			599,915,374		1,511,100,686		173,511,315	9,349,167,208

上年同期金额

项目	实收资本(或股本)	资本公积	减:库存股	专项储备	盈余公积	一般风险准备	未分配利润	其他	少数股东权益	所有者权益合计
	归属于母公司所有者权益									
一、上年年末余额	3,367,020,000	3,686,382,484			542,425,432		990,451,291		220,520,516	8,806,799,723
加:会计政策变更										
前期差错更正										
其他										
二、本年年初余额	3,367,020,000	3,686,382,484			542,425,432		990,451,291		220,520,516	8,806,799,723
三、本期增减变动金额										
(减少以"-"号填列)		-2,582,261			44,532,992		431,558,780		51,183,668	524,693,179
(一)净利润							577,102,372		137,360,332	714,462,704
(二)其他综合收益										
上述(一)和(二)小计							577,102,372		137,360,332	714,462,704
(三)所有者投入和减少资本		-2,582,261							2,427,888	-154,373
1.所有者投入资本										
2.股份支付计入所有者权益的金额										
3.其他		-2,582,261							2,427,888	-154,373
(四)利润分配					44,532,992		-145,543,592		-88,604,552	-189,615,152
1.提取盈余公积					44,532,992		-44,532,992			
2.提取一般风险准备										
3.对所有者(或股东)的分配							-101,010,600		-88,604,552	-189,615,152
4.其他										
(五)所有者权益内部结转										
1.资本公积转增资本(或股本)										
2.盈余公积转增资本(或股本)										
3.盈余公积弥补亏损										
4.其他										
(六)专项储备										
1.本期提取										
2.本期使用										
(七)其他										
四、本期期末余额	3,367,020,000	3,683,800,223			586,958,424		1,422,010,071		271,704,184	9,331,492,902

法定代表人：贺江川　　主管会计工作负责人：赵惠芝　　会计机构负责人：吴子辉

母公司所有者权益变动表

2010 年 1—12 月

单位:元 币种:人民币

本期金额

项目	实收资本(或股本)	资本公积	减:库存股	专项储备	盈余公积	一般风险准备	未分配利润	所有者权益合计
一、上年年末余额	3,367,020,000	3,681,309,353			586,958,424		851,328,991	8,486,616,768
加:会计政策变更								
前期差错更正								
其他								
二、本年年初余额	3,367,020,000	3,681,309,353			586,958,424		851,328,991	8,486,616,768
三、本期增减变动金额								
(减少以"-"号填列)					12,956,950		15,601,960	28,558,910
(一)净利润							129,569,510	129,569,510
(二)其他综合收益								
上述(一)和(二)小计							129,569,510	129,569,510
(三)所有者投入和减少资本								
1.所有者投入资本								
2.股份支付计入所有者权益的金额								
3.其他								
(四)利润分配					12,956,950		-113,967,550	-101,010,600
1.提取盈余公积					12,956,950		-12,956,950	
2.提取一般风险准备								
3.对所有者(或股东)的分配							-101,010,600	-101,010,600
4.其他								
(五)所有者权益内部结转								
1.资本公积转增资本(或股本)								
2.盈余公积转增资本(或股本)								
3.盈余公积弥补亏损								
4.其他								
(六)专项储备								
1.本期提取								
2.本期使用								
(七)其他								
四、本期期末余额	3,367,020,000	3,681,309,353			599,915,374		866,930,951	8,515,175,678

上年同期金额

项目	实收资本(或股本)	资本公积	减:库存股	专项储备	盈余公积	一般风险准备	未分配利润	所有者权益合计
一、上年年末余额	3,367,020,000	3,681,308,639			542,425,432		551,542,662	8,142,296,733
加:会计政策变更								
前期差错更正								
其他								
二、本年年初余额	3,367,020,000	3,681,308,639			542,425,432		551,542,662	8,142,296,733
三、本期增减变动金额								
(减少以"-"号填列)		714			44,532,992		299,786,329	344,320,035
(一)净利润							445,329,921	445,329,921
(二)其他综合收益								
上述(一)和(二)小计							445,329,921	445,329,921
(三)所有者投入和减少资本		714						714
1.所有者投入资本								
2.股份支付计入所有者权益的金额								
3.其他		714						714
(四)利润分配					44,532,992		-145,543,592	-101,010,600
1.提取盈余公积					44,532,992		-44,532,992	
2.提取一般风险准备								
3.对所有者(或股东)的分配							-101,010,600	-101,010,600
4.其他								
(五)所有者权益内部结转								
1.资本公积转增资本(或股本)								
2.盈余公积转增资本(或股本)								
3.盈余公积弥补亏损								
4.其他								
(六)专项储备								
1.本期提取								
2.本期使用								
(七)其他								
四、本期期末余额	3,367,020,000	3,681,309,353			586,958,424		851,328,991	8,486,616,768

法定代表人：贺江川　　主管会计工作负责人：赵惠芝　　会计机构负责人：吴子辉

9.2 本报告期无会计政策、会计估计的变更。

9.3 本报告期无前期会计差错更正。

9.4 企业合并及合并财务报表

(1)2010 年，本公司与北京市政路桥建设控股集团有限公司(以下称"北京路桥")等少数股东签订股权转让协议，受让北京路桥等少数股东持有的北辰房地产合计 1.37%的股权，该股权转让于 2010 年 10 月完成，本公司对北辰房地产的持股比例增至 98.43%。

(2)2010 年，本公司与北京城市开发集团有限责任公司(以下称"北京城开")签订股权转让协议，受让北京城开持有的长沙北辰 4%的股权，该股权转让于 2010 年 8 月完成，本公司对长沙北辰的持股比例增至 100%。

方正证券股份有限公司

方正证券股份有限公司首次公开发行A股股票上市公告书

第一节　重要声明与提示

方正证券股份有限公司(以下简称"方正证券"、"公司"、"本公司"或"发行人")及全体董事、监事、高级管理人员保证上市公告书的真实性、准确性、完整性,承诺上市公告书不存在虚假记载、误导性陈述或重大遗漏,并承担个别和连带的法律责任。

上海证券交易所、其他政府机关对本公司股票上市及有关事项的意见,均不表明对本公司的任何保证。

为规范本公司募集资金管理,保护投资者的权益,根据有关法律法规及《上海证券交易所上市公司募集资金管理规定》,本公司分别在中国银行股份有限公司长沙市宏景支行、中国农业银行股份有限公司长沙劳动路支行、中国建设银行股份有限公司长沙解放西路支行、兴业银行股份有限公司长沙分行、深圳发展银行股份有限公司北京中关村支行和中信银行股份有限公司长沙分行营业部(以下简称"开户行")开设账户作为募集资金专项账户。《募集资金专户存储三方监管协议》(以下简称"协议")约定的主要条款如下:

一、本公司已在中国银行股份有限公司长沙市宏景支行、中国农业银行股份有限公司长沙劳动路支行、中国建设银行股份有限公司长沙解放西路支行、兴业银行股份有限公司长沙分行、深圳发展银行股份有限公司北京中关村支行和中信银行股份有限公司长沙分行营业部开设募集资金专项账户(以下简称"专户"),账号分别为608057407676、18-067901040010893、43001700661052503151、368100100100438802、19009886427303和7401110187000001611,专户仅用于募集资金的存储和使用,不得用作其他用途。

二、本公司和开户行应当共同遵守《人民币银行结算账户管理办法》、《支付结算办法》、《中华人民共和国票据法》等法律、法规、规章。

三、平安证券作为本公司的保荐机构,应当依据有关规定指定保荐代表人或其他工作人员对甲方募集资金使用情况进行监督。平安证券应当依据《上海证券交易所上市公司募集资金管理规定》以及本公司制订的募集资金管理制度履行其督导职责,并可以采取现场调查、书面问询等方式行使其监督权。本公司和开户行应当配合平安证券的调查与查询。平安证券每季度对本公司现场调查时应当同时检查募集资金专户存储情况。

四、本公司授权平安证券指定的保荐代表人陈新军、刘哲可以随时到开户行查询、复印本公司专户的资料;开户行应当及时、准确、完整地向其提供所需的有关专户的资料。保荐代表人向开户行查询本公司专户有关情况时应当出具本人的合法身份证明;平安证券指定的其他工作人员向开户行查询本公司专户有关情况时应当出具本人的合法身份证明和单位介绍信。

五、开户行按月(每月10日前)向本公司出具对账单,并抄送平安证券。开户行应当保证对账单内容真实、准确、完整。

六、本公司一次或12个月内累计从专户中支取的金额超过5,000万元或募集资金总额的20%的,开户行应当及时以传真方式通知平安证券,同时提供专户的支出清单。

七、平安证券有权根据有关规定更换指定的保荐代表人。平安证券更换保荐代表人的,应当将相关证明文件书面通知开户行,同时书面通知更换后保荐代表人的联系方式。更换保荐代表人不影响本协议的效力。

八、开户行连续三次未及时向平安证券出具对账单或向平安证券通知专户大额支取情况,以及存在未配合平安证券调查专户情形的,本公司或者平安证券可以要求本公司单方面终止本协议并注销募集资金专户。

九、本协议自本公司、开户行、平安证券三方法定代表人或其授权代表签署并加盖各自单位公章之日起生效,至专户资金全部支出完毕并依法销户之日起失效。平安证券义务至持续督导期结束之日,即2013年12月31日解除。

本公司提醒广大投资者注意,凡本上市公告书未涉及的有关内容,请投资者查阅刊载于上海证券交易所网站(http://www.sse.com.cn)的本公司首次公开发行股票(A股)招股说明书全文。

本公司董事、监事与高级管理人员均未以任何方式直接或间接持有本公司的股份,并承诺将严格遵守《中华人民共和国公司法》(以下简称"《公司法》")、《中华人民共和国证券法》(以下简称"《证券法》")和《上海证券交易所股票上市规则》(以下简称"《上市规则》")等有关法律、法规关于公司董事、监事和高级管理人员持股及锁定的有关规定。

如无特别说明,本上市公告书中的简称或名词的释义与本公司首次公开发行股票(A股)招股说明书中的相同。

第二节　股票上市情况

一、本上市公告书系根据《公司法》、《证券法》和《上市规则》等有关法律法规规定,并按照上海证券交易所《股票上市公告书内容与格式指引》编制而成,旨在向投资者提供有关本公司首次公开发行A股股票上市的基本情况。

二、本公司首次公开发行A股股票(以下简称"本次发行")经中国证券监督管理委员会证监许可[2011]1124号文核准。本次发行采用网下向询价对象询价配售与网上资金申购发行相结合的方式。

三、本公司A股股票上市经上海证券交易所上证发字[2011]31号文批准。股票简称"方正证券",证券代码"601901";其中本次发行中网上资金申购发行的825,000,000股股票将于2011年8月10日起上市交易。

四、股票上市相关信息

1、上市地点:上海证券交易所

2、上市时间:2011年8月10日

3、股票简称:方正证券

4、股票代码:601901

5、本次发行完成后总股本:6,100,000,000股

6、本次A股公开发行的股份数:1,500,000,000股

7、发行前股东所持股份的流通限制及期限以及股东对所持股份自愿锁定的承诺:

根据《公司法》规定,公司公开发行股份前已发行的股份,自公司股票在证券交易所上市交易之日起一年内不得转让。

根据《上市规则》规定,控股股东和实际控制人承诺自发行人股票上市之日起36个月内,不转让或者委托他人管理其已直接和间接持有的发行人股份,也不由发行人收购该部分股份;但符合交易所股票上市规则另有规定的,可以豁免遵守该承诺。

根据中国证监会审慎监管的有关要求,证券公司在申请IPO上市监管意见书前三年内发生增资扩股和股权转让的,控股股东或者实际控制人增持的,承诺自持股日起60个月内不转让,其他新增持公司股份的股东承诺自持股日起36个月内不转让。股东所持股权因证券公司合并、分立、重组、风险处置等特殊原因经中国证监会批准发生股权变更的,不视为违反承诺。持股日按照股权变更获得中国证监会核准之日或向中国证监会报备之日确认。

根据《境内证券市场转持部分国有股充实全国社会保障基金实施办法》(财企[2009]94号)和《财政部关于批复方正证券股份有限公司部分国有股权转由全国社会保障基金理事会持有的函》(财教函[2010]198号),由本公司国有股东转由全国社会保障基金理事会持有的本公司国有股,全国社会保障基金理事会承继原国有股东的禁售义务。

8、本次上市股份的其他锁定安排

本次发行网下向配售对象配售的675,000,000股股票自本次网上资金申购发行的股票在上海证券交易所上市交易之日起锁定3个月。

9、本次上市的无流通限制及锁定安排的股份

本次发行中网上资金申购发行的825,000,000股股份无流通限制及锁定安排,自2011年8月10日起上市交易。

10、股票登记机构:中国证券登记结算有限责任公司上海分公司

11、上市保荐机构:平安证券有限责任公司

12、联合主承销商:平安证券有限责任公司、中信证券股份有限公司

13、财务顾问(副主承销商):瑞信方正证券有限责任公司

第三节　发行人、股东和实际控制人情况

一、发行人基本情况

1、公司名称:方正证券股份有限公司

2、英文名称:FOUNDER SECURITIES CO.,LTD

3、注册地址:湖南省长沙市芙蓉中路二段华侨国际大厦22-24层

4、注册资本:4,600,000,000元(本次发行前)

5、法定代表人:雷杰

6、经营范围:证券经纪;证券投资咨询;与证券交易、证券投资活动有关的财务顾问;证券

自营;证券资产管理;证券投资基金代销;融资融券业务;为方正期货有限公司提供中间介绍业务。

7、主营业务:证券经纪、投资银行、证券自营、资产管理、基金管理、直接投资等。

8、所属行业:证券业

9、电话号码:0731-85832367

10、传真号码:0731-85832366

11、互联网网址:http://www.foundersc.com

12、电子信箱:pub@foundersc.com

13、董事会秘书:陈锐

14、董事、监事、高级管理人员名单

(1)截至本上市公告书刊登之日,本公司董事名单如下:

姓　名	性别	国籍	职务
雷　杰	男	中国	董事长
王红舟	男	中国	董事、总裁
余　丽	女	中国	董事
汤世生	男	中国	董事
汪辉文	男	中国	董事
徐建伟	男	中国	董事
张永国	男	中国	独立董事
王关中	男	中国	独立董事
赵旭东	男	中国	独立董事

(2)截至本上市公告书刊登之日,本公司监事名单如下:

姓　名	性别	国籍	职务
郭旭光	男	中国	监事会主席
郝丽敏	女	中国	监事
郑　华	男	中国	职工监事

(3)截至本上市公告书刊登之日,本公司高级管理人员名单如下:

姓　名	性别	国籍	职务
王红舟	男	中国	总裁
何亚刚	男	中国	副总裁
贺新莉	女	中国	副总裁、财务负责人
施光耀	男	中国	副总裁
李皎予	男	中国	副总裁
孙　斌	男	中国	合规总监
陈　锐	女	中国	董事会秘书
杨广明	男	中国	助理总裁(分管公司资产管理业务)
李小平	男	中国	助理总裁(分管公司融资融券业务)

15、董事、监事、高级管理人员持有本公司股票、债券情况

截至本上市公告书刊登之日,本公司董事、监事、高级管理人员及其近亲属不存在直接或间接持有本公司股票、债券的情况。

二、控股股东及实际控制人情况

本次发行前,北大方正集团有限公司(简称"方正集团")持有本公司56.592%的股权,为本公司控股股东;北大资产经营有限公司(简称"北大资产")持有方正集团70%的股权,为本公司控股股东的控股股东;北京大学为北大资产唯一出资人,为本公司的实际控制人。本次发行后,方正集团持有本公司41.184%的股权,仍为本公司控股股东;北京大学仍为本公司实际控制人。

三、股东情况

1、本次发行前后的股本结构

股东	本次发行前 股数(股)	本次发行前 比例	本次发行后 股数(股)	本次发行后 比例
北大方正集团有限公司(SS)	2,603,228,385	56.592%	2,512,252,232	41.184%
利德科技发展有限公司	397,731,595	8.646%	397,731,595	6.520%
哈尔滨哈投投资股份有限公司	296,234,942	6.440%	296,234,942	4.856%
苏州尼盛国际投资管理有限公司	139,066,991	3.023%	139,066,991	2.280%
嘉鑫投资有限公司	139,066,991	3.023%	139,066,991	2.280%
北京万华信融投资咨询有限公司	139,066,991	3.023%	139,066,991	2.280%
长沙先导投资控股有限公司(SS)	83,440,195	1.814%	79,274,451	1.300%
上海圆融担保租赁有限公司	83,440,195	1.814%	83,440,195	1.368%
郑州煤电物资供销有限公司(SS)	79,963,520	1.738%	79,963,520	1.311%
浙江省丝绸集团有限公司	74,957,108	1.630%	74,957,108	1.229%
浙江省经济建设投资有限公司(SS)	74,888,965	1.628%	74,888,965	1.228%
浙江兴发化纤集团有限公司	73,177,051	1.591%	73,177,051	1.200%
上海容大贸易发展有限公司	54,613,810	1.187%	54,613,810	0.895%
温州联创控股有限公司	54,236,127	1.179%	54,236,127	0.889%
河南和信新型建材有限公司	48,770,794	1.060%	48,770,794	0.800%
广东粤财投资有限公司(SS)	34,752,841	0.755%	33,017,809	0.541%
中国运载火箭技术研究院(SS)	28,756,272	0.625%	27,320,618	0.448%
秦山核电有限公司(SS)	24,531,417	0.533%	23,306,688	0.382%
湖南华升集团公司(SS)	20,860,049	0.453%	19,818,613	0.325%
浙江省国信企业(集团)公司(SS)	18,440,283	0.401%	17,519,654	0.287%
湖南金泰实业有限公司	13,300,078	0.289%	13,300,078	0.218%
越美集团有限公司	12,933,230	0.281%	12,933,230	0.212%
深圳市新龙实业有限公司	12,794,163	0.278%	12,794,163	0.210%
深圳市晨泓生业投资有限公司	11,913,177	0.259%	11,913,177	0.195%
北京航星机器制造公司(SS)	10,221,424	0.222%	9,711,120	0.159%
现代投资股份有限公司	10,012,823	0.218%	10,012,823	0.164%
湖南正虹科技发展股份有限公司	8,900,287	0.193%	8,900,287	0.146%
湖南省轻工盐业集团有限责任公司(SS)	8,631,310	0.188%	8,200,393	0.134%
巨化集团公司(SS)	7,495,711	0.163%	7,121,488	0.117%
浙江省商业集团有限公司(SS)	5,069,826	0.110%	4,816,715	0.079%
长沙新大新威迈农业有限公司	5,006,412	0.109%	5,006,412	0.082%
山东省(鲁财)产权交易中心有限公司	4,172,010	0.091%	4,172,010	0.068%
天津市中环投资有限公司(SS)	4,088,570	0.089%	3,884,449	0.064%
浙江省手工业合作社联合社	3,107,313	0.068%	3,107,313	0.051%
杭州通诚投资有限公司	2,998,284	0.065%	2,998,284	0.049%
长沙明辉房地产开发有限公司	2,372,669	0.052%	2,372,669	0.039%
湖南金信丰商贸有限公司	2,225,072	0.048%	2,225,072	0.036%
浙江新安化工集团股份有限公司	2,044,285	0.044%	2,044,285	0.034%
大唐华银电力股份有限公司	1,420,661	0.031%	1,420,661	0.023%
湖南大盛实业投资有限公司	657,773	0.014%	657,773	0.011%
湖南省银宏实业发展总公司	453,033	0.010%	453,033	0.007%
长沙点石资产管理有限公司	287,290	0.006%	287,290	0.005%
深圳市金泽房地产经纪有限责任公司	287,290	0.006%	287,290	0.005%
湖南缘润文化投资有限公司	239,145	0.005%	239,145	0.004%
湖南省国立投资(控股)有限公司(SS)	143,642	0.003%	136,471	0.002%
公众股股东	-	-	1,500,000,000	24.590%
全国社会保障基金理事会	-	-	103,279,224	1.693%
合计	4,600,000,000	100%	6,100,000,000	100.000%

注:SS(State-owned Shareholder 的缩写)代表国有股股东。

2、本次发行后、上市前公司前十名股东持股情况

序号	股东名称	股份数(股)	股份比例(%)
1	北大方正集团有限公司	2,512,252,232	41.184%
2	利德科技发展有限公司	397,731,595	6.520%
3	哈尔滨哈投投资股份有限公司	296,234,942	4.856%
4	北京万华信融投资咨询有限公司	139,066,991	2.280%
5	嘉鑫投资有限公司	139,066,991	2.280%
6	苏州尼盛国际投资管理有限公司	139,066,991	2.280%
7	全国社会保障基金理事会转持三户	103,279,224	1.693%
8	上海圆融担保租赁有限公司	83,440,195	1.368%
9	郑州煤电物资供销有限公司	79,963,520	1.311%
10	长沙先导投资控股有限公司	79,274,451	1.300%
	合计	3,969,377,132	65.072%

第四节　股票发行情况

一、发行数量:1,500,000,000股

二、发行价格:3.90元/股

三、发行方式

本次发行采用网下向询价对象询价配售与网上资金申购发行相结合的方式进行,其中网下向询价对象配售675,000,000股,网上向社会公众投资者发行825,000,000股。

四、募集资金总额及注册会计师对资金到位的验证情况

1、本次募集资金总额为 5,850,000,000 元。

2、天健会计师事务所有限公司于 2011 年 8 月 4 日对本次发行的资金到位情况进行了审验,并出具了《验资报告》(天健验[2011]2-18 号)。

五、发行费用总额及项目、每股发行费用

1、本次发行费用总计为 201,824,687.66 元,主要包括:

(1)承销保荐费:191,000,000.00 元

(2)审计及验资费:1,840,000.00 元

(3)律师费:600,000.00 元

(4)股权登记费、摇号公证费及上市初费:1,130,000.00 元

(5)招股说明书印刷及信息披露费:4,430,600.00 元

(6)印花税:2,824,087.66 元

2、每股发行费用为 0.13 元。(每股发行费用=发行费用总额/本次发行股本)

六、募集资金净额:5,648,175,312.34 元。

七、发行后每股净资产:2.34 元(按本次发行后净资产除以本次发行后总股本计算,其中,本次发行后的净资产为 2010 年 12 月 31 日经审计归属于母公司股东的净资产加上本次发行募集资金净额之和)。

八、发行后每股收益:0.20 元(按 2010 年度经审计的扣除非经常性损益前后孰低的归属于母公司的净利润除以本次发行后总股本计算)。

第五节　财务会计资料

本上市公告书已披露本公司 2011 年 6 月 30 日资产负债表、2011 年 1-6 月利润表、现金流量表、所有者权益变动表。其中,2011 年 1-6 月财务数据和对比表中 2010 年 1-6 月财务数据未经审计,对比表中 2010 年年度财务数据已经审计。公司上市后不再披露 2011 年半年报,敬请投资者注意。

一、2011 年 1-6 月主要财务数据和指标

项目	2011 年 6 月 30 日	2010 年 12 月 31 日	比上年度期末增减(%)
总资产(元)	23,136,663,268.77	28,024,035,763.29	-17.44%
总负债(元)	13,943,564,895.20	19,060,412,932.29	-26.85%
归属于发行人股东的所有者权益(元)	8,873,976,208.11	8,636,377,384.38	2.75%
归属于发行人股东的每股净资产(元/股)	1.93	1.88	2.66%
项目	2011 年 1-6 月	2010 年 1-6 月	比上年同期增减(%)
营业总收入(元)	966,345,224.80	985,948,363.05	-1.99%
利润总额(元)	371,570,674.79	441,129,454.72	-15.77%
归属于发行人股东的净利润(元)	287,967,480.59	330,046,077.62	-12.75%
扣除非经常性损益后的净利润(元)	281,983,905.80	330,552,578.39	-14.69%
基本每股收益(元/股)	0.06	0.07	-14.29%
净资产收益率(全面摊薄)	3.25%	4.33%	-1.08%
扣除非经常性损益后的净资产收益率(全面摊薄)	3.18%	4.34%	-1.16%
经营活动产生的现金流量净额(元)	-4,267,433,596.17	-3,775,545,661.73	-13.03%
每股经营活动产生的现金流量净额(元)	-0.93	-0.82	-13.41%

二、经营业绩和财务状况情况说明

1、经营业绩情况说明

2011 年 1-6 月,公司实现营业收入 96,634.52 万元、利润总额 37,157.07 万元、归属于发行人股东的净利润 28,796.75 万元,分别比去年同期下降 1.99%、15.77%、12.75%。

公司业绩较上年同期下降的主要原因是:1、近年来,证券行业竞争加剧,在报告期内,公司佣金率受行业整体影响也出现一定程度下滑,加之,投行项目存在周期性,子公司瑞信方正报告期结算投行项目较少,导致公司报告期营业收入同比略有下降;2、由于公司正处于扩张期,营业网点数量同比大幅增加,公司新取得资格的资产管理、融资融券等业务也处于发展期,公司员工数同比增长较快,公司营业成本同比出现一定程度上升。

2、财务状况情况说明

截至 2011 年 6 月末,公司资产质量好,流动性强,财务状况稳定。

其中,资产总额 2,313,666.33 万元、公司负债总额 1,394,356.49 万元,分别较年初减少 17.44%、26.85%;主要原因是客户保证金比年初减少 28.39%,客户资金与证券市场景气度具有较大的关联性,本期行情不景气导致客户资金减少。

归属于发行人股东的所有者权益为 887,397.62 万元,较年初增长 2.75%,基本保持稳定。

2011 年 1-6 月公司经营活动产生的现金流量净额为-426,743.36 万元,主要系客户资金减少所致。

第六节　其他重要事项

根据《上海证券交易所上市公司募集资金管理规定》,本公司将在募集资金到账后两周内与保荐机构平安证券有限责任公司签订《方正证券股份有限公司募集资金专户存储三方监管协议》,并在该协议签订后两个交易日内公开披露该协议的主要内容。

本公司在招股意向书刊登日(2011 年 7 月 21 日)至上市公告书刊登前,没有发生可能对本公司有较大影响的重要事项,具体如下:

1、本公司主营业务目标进展情况正常。

2、本公司所处行业和市场未发生重大变化。

3、本公司接受或提供的产品及服务价格未发生重大变化。

4、本公司没有发生未履行法定程序的关联交易,且没有发生未在招股说明书中披露的重大关联交易。

5、本公司未进行重大投资。

6、本公司未发生重大资产(或股权)购买、出售及置换。

7、本公司住所没有变更。

8、本公司董事、监事、高级管理人员没有变化。

9、本公司未发生重大诉讼、仲裁事项。

10、本公司未发生除正常经营业务之外的重大对外担保等或有事项。

11、本公司的财务状况和经营成果未发生重大变化。

12、本公司未发生其他应披露的重大事项。

第七节　上市保荐机构及其意见

一、上市保荐机构基本情况

保荐机构:平安证券有限责任公司

法定代表人:杨宇翔

注册地址:广东省深圳市福田区金田路大中华国际交易广场 8 层

联系地址:上海市常熟路 8 号静安广场 6 楼

电话:021-62078613

传真:021-62078900

保荐代表人:陈新军、刘哲

二、上市保荐机构的推荐意见

上市保荐机构认为,方正证券申请 A 股股票上市符合《公司法》、《证券法》及《上市规则》等国家法律、法规的有关规定,方正证券 A 股股票具备在上海证券交易所上市的条件。平安证券同意推荐方正证券股份有限公司 A 股股票在上海证券交易所上市交易,并承担相关保荐责任。

发行人:方正证券股份有限公司

保荐人(主承销商):平安证券有限责任公司

联合主承销商:中信证券股份有限公司

财务顾问(副主承销商):瑞信方正证券有限责任公司

2011 年 8 月 9 日

唐山冀东水泥股份有限公司

唐山冀东水泥股份有限公司2010年年度报告摘要

第一节　重要提示

1.1 本公司董事会、监事会及其董事、监事、高级管理人员保证本报告所载资料不存在任何虚假记载、误导性陈述或者重大遗漏，并对其内容的真实性、准确性和完整性负个别及连带责任。

本年度报告摘要摘自年度报告全文，报告全文同时刊载于巨潮资讯网（www.cninfo.com.cn）。投资者欲了解详细内容，应当仔阅读年度报告全文。

1.2 公司年度财务报告已经信永中和会计师事务所审计并被出具了标准无保留意见的审计报告。

1.3 公司董事长张增光先生、主管会计工作负责人及会计机构负责人任前进先生声明：保证年度报告中财务报告的真实、完整。

第二节　公司基本情况简介

2.1 基本情况简介

股票简称	冀东水泥
股票代码	000401
上市交易所	深圳证券交易所
注册地址	唐山市丰润区林荫路
注册地址的邮政编码	064000
办公地址	唐山市丰润区林荫路
办公地址的邮政编码	064000
公司国际互联网网址	http://www.jdsn.com.cn
电子信箱	zqb@jdsn.com.cn

2.2 联系人和联系方式

	董事会秘书	证券事务代表
姓名	李占军	
联系地址	唐山市丰润区林荫路	
电话	0315—3244005	
传真	0315—3244005	
电子信箱	zqb@jdsn.com.cn	

第三节　会计数据和业务数据摘要

3.1 主要会计数据

单位：元

	2010年	2009年		本年比上年增减(%)	2008年	
		调整前	调整后	调整后	调整前	调整后
营业总收入	11,064,097,724.70	6,937,728,816.58	6,989,910,248.12	58.29%	4,568,733,936.62	4,614,951,508.83
利润总额	1,989,574,021.33	1,280,436,632.57	1,291,853,713.31	54.01%	574,285,107.40	573,985,502.62
归属于上市公司股东的净利润	1,398,175,025.52	983,867,929.09	992,430,739.65	40.88%	435,522,934.56	435,298,230.98
归属于上市公司股东的扣除非经常性损益的净利润	1,371,701,704.80	995,211,172.58	995,211,172.58	37.83%	439,280,354.85	439,280,354.85
经营活动产生的现金流量净额	1,698,956,369.55	1,970,154,438.78	1,981,420,342.30	−14.26%	629,191,375.83	630,654,099.58
	2010年末	2009年末		本年末比上年末增减(%)	2008年末	
		调整前	调整后	调整后	调整前	调整后
总资产	30,252,312,683.55	21,617,321,948.63	21,672,116,653.40	39.59%	12,736,836,602.60	12,782,892,784.91
归属于上市公司股东的所有者权益	8,079,492,343.89	6,687,592,550.43	6,691,365,835.69	20.75%	5,925,391,326.21	5,920,601,800.91
股本	1,212,770,614.00	1,212,770,614.00	1,212,770,614.00	0.00%	1,212,770,614.00	1,212,770,614.00

3.2 主要财务指标

单位：元

	2010年	2009年		本年比上年增减(%)	2008年	
		调整前	调整后	调整后	调整前	调整后
基本每股收益(元/股)	1.153	0.811	0.818	40.95%	0.400	0.400
稀释每股收益(元/股)	1.153	0.811	0.818	40.95%	0.400	0.400
扣除非经常性损益后的基本每股收益(元/股)	1.131	0.821	0.821	37.76%	0.404	0.404
加权平均净资产收益率(%)	18.93%	15.45%	15.87%	3.06%	10.20%	10.20%
扣除非经常性损益后的加权平均净资产收益率	18.57%	15.63%	15.91%	2.66%	10.29%	10.29%
每股经营活动产生的现金流量净额(元/股)	1.40	1.62	1.63	−14.11%	0.52	0.52
	2010年末	2009年末		本年末比上年末增减(%)	2008年末	
		调整前	调整后	调整后	调整前	调整后
归属于上市公司股东的每股净资产(元/股)	6.66	5.51	5.52	20.65%	4.89	4.88

非经常性损益项目

√ 适用　□ 不适用

单位：元

非经常性损益项目	金额	附注(如适用)
非流动资产处置损益	−21,410,026.47	
计入当期损益的政府补助，但与公司正常经营业务密切相关，符合国家政策规定、按照一定标准定额或定量持续享受的政府补助除外	29,309,474.58	
非货币性资产交换损益	11,204.51	
对外委托贷款取得的损益	22,767,546.87	
单独进行减值测试的应收款项减值准备转回	313,096.34	
同一控制下企业合并产生的子公司期初至合并日的当期净损益	894,643.28	
其他符合非经常性损益定义的损益项目	9,708,809.06	
除上述各项之外的其他营业外收入和支出	−7,887,428.82	
所得税影响额	−5,622,745.51	
少数股东权益影响额	−1,611,253.12	
合计	26,473,320.72	−

3.3 境内外会计准则差异

□ 适用　√ 不适用

第四节　股本变动及股东情况

4.1 股份变动情况表

单位：股

	本次变动前		本次变动增减(+,−)					本次变动后	
	数量	比例(%)	发行新股	送股	公积金转股	其他	小计	数量	比例(%)
一、有限售条件股份	1,106,121	0.09%				−581,490	−581,490	524,631	0.04%
1、国家持股									
2、国有法人持股	3,304	0.00%				−3,304	−3,304	0	0.00%
3、其他内资持股	999,296	0.08%				−554,696	−554,696	444,600	0.04%
其中:境内非国有法人持股	984,600	0.08%				−540,000	−540,000	444,600	0.04%
境内自然人持股	14,696	0.00%				−14,696	−14,696	0	0.00%
4、外资持股									
其中:境外法人持股									
境外自然人持股									
5、高管股份	103,521	0.01%				−23,490	−23,490	80,031	0.01%
二、无限售条件股份	1,211,664,493	99.91%				581,490	581,490	1,212,245,983	99.96%
1、人民币普通股	1,211,664,493	99.91%				581,490	581,490	1,212,245,983	99.96%
2、境内上市的外资股									
3、境外上市的外资股									
4、其他									
三、股份总数	1,212,770,614	100.00%				0	0	1,212,770,614	100.00%

限售股份变动情况表

单位：股

股东名称	年初限售股数	本年解除限售股数	本年增加限售股数	年末限售股数	限售原因	解除限售日期
冀东发展集团有限责任公司	3,304	72,684	69,380	0	股改偿还垫付股份	2010-11-1
朱永明	14,696	14,696	0	0	股改限售股份	2010-2-12
孙立宁	0	25,571	25,571	0	股改未偿还垫付股份	2010-11-1
付素珍	0	25,571	25,571	0	股改未偿还垫付股份	2010-11-1
侯载德	0	25,571	25,571	0	股改未偿还垫付股份	2010-11-1
马宇平	0	153,428	153,428	0	股改未偿还垫付股份	2010-11-1
刘向阳	0	32,479	32,479	0	股改未偿还垫付股份	2010-11-1
刘少凡	0	3,821	3,821	0	股改未偿还垫付股份	2010-11-1
宋丽容	0	14,696	14,696	0	股改未偿还垫付股份	2010-11-1
毕树林	0	132,266	132,266	0	股改未偿还垫付股份	2010-11-1
唐山市丰润区新城物资公司	0	14,697	14,697	0	股改未偿还垫付股份	2010-11-1
唐山市丰润区第一运输公司	0	29,734	29,734	0	股改未偿还垫付股份	2010-11-1

张士江	23,490	23,490	0	0	系离职高管持股,已满6个,内解除锁定	2010-1-10
赵晓平	0	12,786	12,786	0	股改未偿还垫付股份	2010-11-1
合　计	41,490	581,490	540,000	0	–	–

4.2 前10名股东、前10名无限售条件股东持股情况表

单位:股

股东总数					37,440
前10名股东持股情况					
股东名称	股东性质	持股比例(%)	持股总数	持有有限售条件股份数量	质押或冻结的股份数量
冀东发展集团有限责任公司	国有法人	41.42%	502,385,997	0	173,932,416
安徽海螺水泥股份有限公司	境内非国有法人	11.28%	136,809,489	0	0
中国人寿保险股份有限公司–分红–个人分红–005L–FH002深	境内非国有法人	1.96%	23,797,676	0	0
中国工商银行–广发聚丰股票型证券投资基金	境内非国有法人	1.85%	22,493,247	0	0
中国人寿保险(集团)公司–传统–普通保险产品	境内非国有法人	1.49%	18,009,727	0	0
中国工商银行–建信优化配置混合型证券投资基金	境内非国有法人	1.31%	15,923,465	0	0
中国建设银行–华商盛世成长股票型证券投资基金	境内非国有法人	1.20%	14,511,200	0	0
中国工商银行–上投摩根内需动力股票型证券投资基金	境内非国有法人	1.12%	13,603,886	0	0
中国建设银行–国泰金鼎价值精选混合型证券投资基金	境内非国有法人	1.01%	12,285,860	0	0
中国银行–泰达宏利行业精选证券投资基金	境内非国有法人	0.97%	11,753,569	0	0

前10名无限售条件股东持股情况

股东名称	持有无限售条件股份数量	股份种类
冀东发展集团有限责任公司	502,385,997	人民币普通股
安徽海螺水泥股份有限公司	136,809,489	人民币普通股
中国人寿保险股份有限公司–分红–个人分红–005L–FH002深	23,797,676	人民币普通股
中国工商银行–广发聚丰股票型证券投资基金	22,493,247	人民币普通股
中国人寿保险(集团)公司–传统–普通保险产品	18,009,727	人民币普通股
中国工商银行–建信优化配置混合型证券投资基金	15,923,465	人民币普通股
中国建设银行–华商盛世成长股票型证券投资基金	14,511,200	人民币普通股
中国工商银行–上投摩根内需动力股票型证券投资基金	13,603,886	人民币普通股
中国建设银行–国泰金鼎价值精选混合型证券投资基金	12,285,860	人民币普通股
中国银行–泰达宏利行业精选证券投资基金	11,753,569	人民币普通股
上述股东关联关系或一致行动的说明	中国人寿保险股份有限公司–分红–个人分红–005L–FH002深、中国人寿保险(集团)公司—传统—普通保险产品均为中国人寿资产管理有限公司管理产品。	

4.3 控股股东及实际控制人情况介绍

4.3.1 控股股东及实际控制人变更情况

□ 适用　√ 不适用

4.3.2 控股股东及实际控制人具体情况介绍

1、公司控股股东是冀东发展集团有限责任公司,其法定代表人为张增光;成立日期为1996年9月16日;为国有控股的有限责任公司;注册资本为123,975.2万元。该公司经营范围是通过控股、参股、兼并、租赁运营资本;熟料、水泥、水泥制品、水泥机械设备、塑料及橡胶制品、针纺织品销售;货物及技术进出口业务(国家限定或禁止的项目除外);普通货运(期限至2015年4月12日);对外承包工程:承包与其实力、规模、业绩相适应的国外工程项目、对外派遣实施上述境外工程所需的劳务人员(许可期限至2013年3月31日);装备工程制造、安装、调试技术咨询(以上各项涉及国家专项审批的未经批准不得经营)。

2、冀东发展集团有限责任公司为唐山市政府授权唐山市经济贸易委员会投资成立的国有控股公司,公司最终控制人为唐山市人民政府国有资产监督管理委员会。

4.3.3 公司与实际控制人之间的产权及控制关系的方框图(略)

第五节　董事、监事和高级管理人员

5.1 董事、监事和高级管理人员持股变动及报酬情况

姓　名	职务	性别	年龄	任期起始日期	任期终止日期	年初持股数	年末持股数	变动原因	报告期内从公司领取的报酬总额(万元)税前	是否在股东单位或其他关联单位领取薪酬
张增光	董事长	男	52	2009-06-24	2012-06-24	36,540	36,540		70.04	否
于九洲	总经理	男	53	2009-06-24	2012-06-24	0	0		70.04	否
于宝池	副总经理	男	51	2009-06-24	2012-06-24	37,584	37,584		56.03	否
王晓华	董事	男	56	2009-06-24	2012-06-24	32,584	32,584		0.00	是
刘　臣	副总经理	男	48	2009-06-24	2012-06-24	0	0		56.03	否
秦国勖	董事	男	47	2009-06-24	2012-06-24	0	0		0.00	是
李晓春	独立董事	男	46	2009-06-24	2012-06-24	0	0		5.00	否
郑洪涛	独立董事	男	45	2009-06-24	2012-06-24	0	0		5.00	否
王建新	独立董事	男	38	2009-06-24	2012-06-24	0	0		5.00	否
王贵福	监事	男	48	2009-06-24	2012-06-24	0	0		41.80	否
周小丽	监事	女	46	2009-06-24	2012-06-24	0	0		33.94	否
赵阳	监事	男	38	2009-06-24	2012-06-24	0	0		31.38	否
龚天林	副总经理	男	57	2009-06-24	2012-06-24	0	0		56.03	否
李占军	副总经理	男	42	2009-06-24	2012-06-24	0	0		50.83	否
刘宗山	副总经理	男	50	2009-06-24	2012-06-24	0	0		56.03	否
贾增军	副总经理	男	55	2009-06-24	2012-06-24	0	0		50.83	否
陈　鹰	副总经理	男	55	2009-06-24	2012-06-24	0	0		25.65	否
任前进	财务总监	男	44	2009-06-24	2012-06-24	0	0		55.38	否
合　计	–	–	–	–	–	106,708	106,708	–	669.01	–

董事、监事、高级管理人员报告期内被授予的股权激励情况

□ 适用　√ 不适用

5.2 董事出席董事会会议情况

董事姓名	具体职务	应出席次数	现场出席次数	以通讯方式参加会议次数	委托出席次数	缺席次数	是否连续两次未亲自出席会议
张增光	董事长	20	20	0	0	0	否
于九洲	副董事长、总经理	20	20	0	0	0	否
于宝池	副董事长、副总经理	20	20	0	0	0	否
王晓华	董事	20	20	0	0	0	否
刘　臣	董事、副总经理	20	20	0	0	0	否
秦国勖	董事	20	20	0	0	0	否
李晓春	独立董事	20	20	0	0	0	否
郑洪涛	独立董事	20	20	0	0	0	否
王建新	独立董事	20	20	0	0	0	否

连续两次未亲自出席董事会会议的说明

年内召开董事会会议次数	20
其中:现场会议次数	20
通讯方式召开会议次数	0
现场结合通讯方式召开会议次数	0

第六节　董事会报告

6.1 管理层讨论与分析

报告期内,公司克服了原燃材料价格上涨、局部地区市场竞争激烈等不利因素的影响,通过强化大区营销管理,优化产品销售结构,进一步提高了营销管理的效能和水平;通过原燃材料直采业务以及战略供应模式的建立,资源把控能力进一步增强;通过深入推进管理创新,强化内部精细化管理,公司管控能力进一步增强;同时积极推进节能减排及资源综合利用工作,降低单位能耗与消化工业废渣工作都取得了突破性进展,实现了公司规模与效益的同步增长。

公司全年共生产水泥4,578万吨,同比增长54%;生产熟料4,097万吨,同比增长49%;销售水泥及水泥熟料5,681万吨,同比增长48.99%。报告期内公司实现营业收入1,106,410万元,同比增长58%;利润总额198,957万元,同比增长54%;实现归属于母公司的净利润139,818万元,同比增长41%。

报告期内,公司在稳健经营的基础上,坚持产业整合与项目建设相结合的道路,快速有序地推进公司"区域领先"战略,水泥产能跃升至9,000万吨。唐县项目、三友二期、烟台项目、启新迁建、凤翔项目、大同二期、滦县二期7条水泥熟料生产线及曹妃甸年产120万吨矿渣细磨生产线项目报告期末建成投产,包头、涞水、平泉、阳泉、永吉等5个项目陆续开工;完成了承德康达项目收购及秦岭水泥29%股权划转工作,成为秦岭水泥第一大股东;截至报告期末,全公司余热发电项目共累计投产23台机组(上年同期全公司共累计投产14台机组),总装机容量220.9MW,全年共利用余热发电12.66亿度,在建发电机组15台,发电容量为121MW。

6.2 主营业务分行业、产品情况表

单位:万元

分行业或分产品	营业收入	营业成本	毛利率(%)	营业收入比上年增减(%)	营业成本比上年增减(%)	毛利率比上年增减(%)
主营业务分行业情况						
建材行业	1,106,409.77	755,843.45	31.69%	58.29%	58.55%	降低0.11个百分点
主营业务分产品情况						
水泥及熟料	1,006,021.35	684,572.19	31.95%	55.22%	53.44%	提高0.79个百分点

6.3 主营业务分地区情况

单位:万元

地区	营业收入	营业收入比上年增减(%)
华北地区	822,412.65	63.08%
东北地区	135,812.77	-0.34%
其他地区	47,795.93	534.33%
合计	1,006,021.35	55.22%

6.4 采用公允价值计量的项目

□ 适用　√ 不适用

6.5 募集资金使用情况对照表

√ 适用　　　　□ 不适用

单位:万元

募集资金总额	293,288.00		
报告期内变更用途的募集资金总额	0.00	本年度投入募集资金总额	13,166.51
累计变更用途的募集资金总额	92,264.97	已累计投入募集资金总额	293,288.00
累计变更用途的募集资金总额比例	31.46%		

承诺投资项目和超募资金投向	是否已变更项目(含部分变更)	募集资金承诺投资总额	调整后投资总额(1)	本年度投入金额	截至期末累计投入金额(2)
承诺投资项目					
刺山日产4500吨新型干法熟料水泥生产线带余热发电项目	否	35,032.31	35,032.31	0.00	35,032.31
马蹄山日产4500吨新型干法熟料水泥生产线带余热发电项目	否	37,452.43	37,452.43	0.00	37,452.43
马头山日产4500吨新型干法熟料水泥生产线带余热发电项目	否	37,069.85	37,069.85	0.00	37,069.85
三友公司日产4000吨新型干法熟料水泥生产线带余热发电项目	是	33,257.26	0.00	0.00	0.00
磐石公司工业固废综合利用日产4000吨熟料水泥生产线扩建工程	是	36,542.25	17,740.00	0.00	17,740.00
亿利公司综合利用工业废渣日产2500吨熟料新型干法水泥项目	是	14,670.00	7,670.00	7,670.00	0.00
曹妃甸年产200万吨水泥粉磨站与300万吨矿渣微粉粉磨生产线、100万立方米商品混凝土搅拌站	是	0.00	33,205.46	0.00	0.00
扶风公司日产4500吨新型干法熟料水泥生产线及纯低温余热发电技改项目	否	26,688.44	26,688.44	0.00	26,688.44
泾阳公司日产4500吨新型干法熟料水泥生产线及纯低温余热发电技改项目	否	27,370.00	27,370.00	0.00	27,370.00
泾阳公司日产5000吨新型干法熟料水泥生产线	否	12,000.00	12,000.00	0.00	12,000.00
大同冀东水泥有限责任公司二期日产4500吨熟料新型干法水泥生产线带余热发电技改项目	是	0.00	20,000.00	0.00	20,000.00
冀东水泥重庆合川有限责任公司日产4600吨熟料新型干法水泥生产线带余热发电项目	是	0.00	22,000.00	0.00	22,000.00
冀东水泥璧山有限责任公司日产4500吨熟料新型干法水泥生产线带余热发电技术改造项目	是	0.00	28,000.00	13,166.51	28,000.00
补充流动资金	是	0.00	22,264.97	0.00	22,264.97
承诺投资项目小计	–	293,288.00	293,288.00	13,166.51	293,288.00
超募资金投向					
归还银行贷款(如有)	–				
补充流动资金(如有)	–				
超募资金投向小计	–	0.00	0.00	0.00	0.00
合计	–	293,288.00	293,288.00	13,166.51	293,288.00

承诺投资项目和超募资金投向	截至期末投资进度(%)(3)=(2)/(1)	项目达到预定可使用状态日期	本年度实现的效益	是否达到预计效益	项目可行性是否发生重大变化
承诺投资项目					
刺山日产4500吨新型干法熟料水泥生产线带余热发电项目	100.00%	2008年9月1日	14,546.12	是	否
马蹄山日产4500吨新型干法熟料水泥生产线带余热发电项目	100.00%	2008年12月29日	14,543.21	是	否
马头山日产4500吨新型干法熟料水泥生产线带余热发电项目	100.00%	2008年11月17日	14,537.32	是	否
三三友公司日产4000吨新型干法熟料水泥生产线带余热发电项目	0.00%	2010年10月31日	0.00	不适用	否
磐石公司工业固废综合利用日产4000吨熟料水泥生产线扩建工程	100.00%	2008年12月01日	5,153.88	是	否
亿利公司综合利用工业废渣日产2500吨熟料新型干法水泥项目	100.00%	2008年6月1日	14,480.38	是	否
曹妃甸年产200万吨水泥粉磨站与300万吨矿渣微粉粉磨生产线、100万立方米商品混凝土搅拌站	0.00%	2009年11月30日	0.00	不适用	否
扶风公司日产4500吨新型干法熟料水泥生产线及纯低温余热发电技改项目	100.00%	2008年10月11日	12,198.74	是	否
泾阳公司日产4500吨新型干法熟料水泥生产线及纯低温余热发电技改项目	100.00%	2008年10月28日	15,770.73	是	否
泾阳公司日产5000吨新型干法熟料水泥生产线	100.00%	2007年10月01日	22,359.59	是	否
大同冀东水泥有限责任公司二期日产4500吨熟料新型干法水泥生产线带余热发电技改项目	100.00%	2010年10月31日	2,037.01	是	否
冀东水泥重庆合川有限责任公司日产4600吨熟料新型干法水泥生产线带余热发电项目	100.00%	2011年7月31日	0.00	在建期不适用	否
冀东水泥璧山有限责任公司日产4500吨熟料新型干法水泥生产线带余热发电技术改造项目	100.00%	2011年9月30日	0.00	在建期不适用	否
补充流动资金	100.00%	2009年3月6日	0.00	不适用	否
承诺投资项目小计	–	–	115,626.98	–	–
超募资金投向					
归还银行贷款(如有)		–	–	–	–
补充流动资金(如有)		–	–	–	–
超募资金投向小计	–	–	0.00	–	–
合计	–	–	115,626.98	–	–

未达到计划进度或预计收益的情况和原因(分具体项目)	无
项目可行性发生重大变化的情况说明	无
超募资金的金额、用途及使用进展情况	不适用
募集资金投资项目实施地点变更情况	不适用
募集资金投资项目实施方式调整情况	不适用
募集资金投资项目先期投入及置换情况	不适用
用闲置募集资金暂时补充流动资金情况	适用 公司2008年第二次临时股东大会审议通过了关于用部分闲置募集资金暂时补充公司流动资金的议案。 公司用部分闲置募集资金暂时补充公司流动资金总额为6亿元人民币,使用期限自股东大会批准之日起不超过6个月。公司于2009年2月25日,已将6亿元全部归还中国银行股份有限公司唐山市新城道支行公司募集资金专用账户。
项目实施出现募集资金结余的金额及原因	不适用
尚未使用的募集资金用途及去向	无
募集资金使用及披露中存在的问题或其他情况	无

变更募集资金投资项目情况表

√ 适用　　　　□ 不适用

单位:万元

变更后项目	对应的原承诺项目	变更后项目拟投入募集资金总额(1)	本年度实际投入金额	截至期末实际累计投入金额(2)	截至期末投资进度(%)(3)=(2)/(1)	项目达到预定可使用状态日期	本年度实现的效益	是否达到预计效益	变更后的项目可行性是否发生重大变化
大同冀东水泥有限责任公司二期日产4500吨熟料新型干法水泥生产线带余热发电技改项目	三友公司日产4000吨新型干法熟料水泥生产线带余热发电项目、曹妃甸年产200万吨水泥粉磨站与300万吨矿渣微粉粉磨生产线、100万立方米商品混凝土搅拌站项目、磐石公司工业固废综合利用日产4000吨熟料水泥生产线扩建工程项目、亿利公司综合利用工业废渣日产2500吨熟料新型干法水泥项目。	20,000.00	0.00	20,000.00	100.00%	2010-10-31	2,037.01	是	否
冀东水泥重庆合川有限责任公司日产4600吨熟料新型干法水泥生产线带余热发电项目		22,000.00	0.00	22,000.00	100.00%	2011-07-31	0.00	在建期不适用	否
冀东水泥璧山有限责任公司日产4500吨熟料新型干法水泥生产线带余热发电技术改造项目		28,000.00	13,166.51	28,000.00	100.00%	2011-9-30	0.00	在建期不适用	否
补充流动资金		22,264.97	0.00	22,264.97	100.00%	2009-03-06	0.00	不适用	否
合计	–	92,264.97	13,166.51	92,264.97	–	–	2,037.01	–	–

变更原因、决策程序及信息披露情况说明(分具体项目)

经中国证券监督管理委员会证监许可[2008]737号文核准,本公司于2008年6月12日非公开发行新股2.5亿股,募集资金净额293,288万元。本次募集资金投资项目共计十个。

根据项目的实际情况,三友公司日产4000吨新型干法熟料水泥生产线带余热发电项目和曹妃甸年产200万吨水泥粉磨站与300万吨矿渣微粉粉磨生产线、100万立方米商品混凝土搅拌站项目,因有其他投资者介入,相关事宜正在洽谈中。为了提高募集资金的使用效率,上述两个项目不再以募集资金投入,全部由本公司自筹资金解决,其对应的募集资金合计

	66,462.72 万元拟变更募集资金投向。磐石公司工业固废综合利用日产 4000 吨熟料水泥生产线扩建工程项目中的 18,802.25 万元以及亿利公司综合利用工业废渣日产 2500 吨熟料新型干法水泥项目中的 7,000 万元不再投入原项目,合计金额 25,802.25 万元,上述拟变更募集资金金额共计 92,264.97 万元,占本次募集资金净额 293,288 万元的 31.46%。变更募集资金新投资项目如下:1、拟投入大同冀东水泥有限责任公司二期日产 4500 吨新型干法水泥生产线带余热发电技改项目 20,000 万元;2、拟投入冀东水泥重庆合川有限责任公司日产 4600 吨熟料新型干法水泥生产线带余热发电项目 22,000 万元;3、拟投入冀东水泥璧山有限责任公司日产 4500 吨熟料新型干法水泥生产线带余热发电技术改造项目 28,000 万元;4、剩余 22,264.97 万元及专户存储期间及以后产生的利息用于补充公司流动资金。 上述募集资金项目变更经 2009 年 3 月 4 日召开的 2009 年第一次临时股东大会审议通过,相关内容刊登在 2009 年 3 月 5 日的《中国证券报》、《证券时报》上。
未达到计划进度或预计收益的情况和原因(分具体项目)	无
变更后的项目可行性发生重大变化的情况说明	无

6.6 非募集资金项目情况

√ 适用　　□ 不适用

单位:万元

项目名称	项目金额	项目进度	项目收益情况
凤翔公司日产 4500 吨熟料新型干法水泥生产线纯低温余热发电项目	24,300.00	基建期	尚无收益
启新公司日产 4000 吨熟料新型干法水泥生产线带余热发电项目	27,500.00	基建期	尚无收益
涞水公司日产 4000 吨熟料新型干法水泥生产线带纯低温余热发电项目	15,000.00	基建期	尚无收益
永吉公司日产 4500 吨熟料新型干法水泥生产线带纯低温余热发电项目	10,500.00	基建期	尚无收益
烟台公司日产 4500 吨熟料新型干法水泥生产线带纯低温余热发电项目	32,800.00	基建期	尚无收益
阳泉公司日产 4500 吨熟料新型干法水泥生产线带纯低温余热发电项目	13,600.00	基建期	尚无收益
包头公司日产 4500 吨熟料新型干法水泥生产线带纯低温余热发电项目	13,000.00	基建期	尚无收益

6.7 董事会对公司会计政策、会计估计变更或重大会计差错更正的原因及影响的说明

□ 适用　　√ 不适用

6.8 董事会对会计师事务所"非标准审计报告"的说明

□ 适用　　√ 不适用

6.9 董事会本次利润分配或资本公积金转增股本预案

2010 年度,母公司实现净利润 1,023,712,441.82 元,合并报表中归属于母公司净利润 1,398,175,025.52 元,提取 10%的法定盈余公积金 102,371,244.18 元,当年可供股东分配的利润为 1,295,803,781.34 元,加上年初未分配利润 1,657,673,171.63 元,累计可供股东分配的利润为 2,953,476,952.97 元。鉴于公司处在快速发展期,新建及并购项目资金需求量大,公司 2010 年度拟不进行利润分配,结余 2,953,476,952.97 元结转下一年度分配。

公司最近三年现金分红情况表

单位:元

分红年度	现金分红金额(含税)	分红年度合并报表中归属于上市公司股东的净利润	占合并报表中归属于上市公司股东的净利润的比率	年度可分配利润
2009 年	0.00	992,430,739.65	0.00%	1,657,673,171.63
2008 年	121,277,061.40	435,298,230.98	27.86%	506,251,123.04
2007 年	115,532,473.68	364,110,214.57	31.73%	230,124,293.85
最近三年累计现金分红金额占最近年均净利润的比例(%)				39.65%

公司本报告期内盈利但未提出现金利润分配预案

√ 适用　　□ 不适用

本报告期内盈利但未提出现金利润分配预案的原因	公司未分配利润的用途和使用计划
公司处在快速发展期,新建及并购项目资金需求量大。	公司未分配利润将用于公司的发展。

第七节　重要事项

7.1 收购资产

√ 适用　　□ 不适用

单位:万元

交易对方或最终控制方	被收购或置入资产	购买日	交易价格	自购买日起至本年末为公司贡献的净利润(适用于非同一控制下的企业合并)	本年初至本年末为公司贡献的净利润(适用于同一控制下企业合并)	是否为关联交易	定价原则	所涉及的资产产权是否已全部过户	所涉及的债权债务是否已全部转移	与交易对方的关联关系(适用关联交易情形)
冀东发展集团有限责任公司	唐山冀昌塑料制品有限公司75%股权	2010 年 5 月 31 日	435.00	0.00	365.38	是	市场价	是	是	母公司
康达制造有限公司	康达(承德)水泥有限公司、康达(承德)水泥矿产品有限公司、康达(承德)水泥制成品有限公司三家公司 100%股权	2010 年 10 月 31 日	32,911.70	−1,375.82	0.00	否	市场价	是	是	外部单位

7.2 出售资产

□ 适用　　√ 不适用

7.1、7.2 所涉及事项对公司业务连续性、管理层稳定性的影响。

1、鉴于冀昌公司为本公司所需水泥编织袋的主要供应商,公司购买大股东冀东发展集团有限责任公司持有的唐山冀昌塑料制品有限公司 75%股权,有利于上市公司减少关联交易,增强上市公司独立性。

2、公司购买康达制造有限公司所持有的康达(承德)水泥有限公司、康达(承德)水泥矿产品有限公司、康达(承德)水泥制成品有限公司三家公司 100%股权符合本公司总体发展战略,本公司将以收购目标公司为突破口,进一步整合承德水泥市场,提高公司在承德地区的市场占有率。本次股权收购完成后有利于公司扩大产能规模提升盈利水平,为股东创造更多效益,并提高公司可持续发展能力。本次股权收购不影响公司持续经营能力,不会对本公司未来财务状况造成不良影响。

3、上述交易完成后,标的公司人员未进入公司管理层,不影响公司管理层稳定性。

7.3 重大担保

√ 适用　　□ 不适用

单位:万元

公司对外担保情况(不包括对子公司的担保)

担保对象名称	担保额度相关公告披露日和编号	担保额度	实际发生日期(协议签署日)	实际担保金额	担保类型	担保期	是否履行完毕	是否为关联方担保(是或否)
北京城建九混凝土有限公司	公告日:2010 年 4 月 23 日,2010 年 7 月 21 日;编号:2010-16,2010-38	1,400.00	2010-04-12	280.00	连带责任保证	半年	是	否
北京城建九混凝土有限公司			2010-05-28	280.00	连带责任保证	半年	是	否
北京城建九混凝土有限公司			2010-06-29	280.00	连带责任保证	半年	是	否
北京城建九混凝土有限公司			2010-07-30	280.00	连带责任保证	半年	是	否
北京城建九混凝土有限公司			2010-08-26	280.00	连带责任保证	半年	是	否
北京城建九混凝土有限公司			2010-09-30	280.00	连带责任保证	半年	是	否
北京城建九混凝土有限公司			2010-11-24	280.00	连带责任保证	半年	是	否
北京城建九混凝土有限公司			2010-12-03	280.00	连带责任保证	半年	是	否
北京城建九混凝土有限公司			2010-12-29	280.00	连带责任保证	半年	是	否
北京京辉混凝土有限公司	公告日:2010 年 4 月 23 日;编号:2010-16	1,400.00	2010-06-25	700.00	连带责任保证	半年	是	否
北京京辉混凝土有限公司			2010-12-02	700.00	连带责任保证	半年	否	否
北京京辉混凝土有限公司			2010-12-30	700.00	连带责任保证	半年	否	否
北京看丹合力混凝土有限公司	公告日:2010 年 11 月 23 日;编号:2010-54	490.00	2010-12-21	350.00	连带责任保证	半年	否	否
北京盛和诚信混凝土有限公司	公告日:2010 年 4 月 23 日;编号 2010-16	700.00	2010-09-30	350.00	连带责任保证	半年	否	否
北京双良混凝土有限公司	公告日:2010 年 8 月 21 日;编号:2010-43	700.00	2010-12-01	560.00	连带责任保证	半年	否	否
北京住总商品混凝土中心	公告日:2010 年 4 月 23 日;编号:2010-16	1,750.00	2010-06-13	700.00	连带责任保证	半年	是	否
北京住总商品混凝土中心		1,750.00	2010-11-05	700.00	连带责任保证	半年	否	否
北京住总商品混凝土中心		1,750.00	2010-12-16	525.00	连带责任保证	半年	否	否
唐山昌坤商贸有限公司		700.00	2010-06-29	700.00	连带责任保证	半年	是	否

天津华跃基业混凝土有限公司		1400.00	2010-04-30	210.00	连带责任保证	半年	是	否
天津华跃基业混凝土有限公司		1400.00	2010-11-03	210.00	连带责任保证	半年	否	否
天津滨涛混凝土有限公司		1,400.00	2010-09-30	700.00	连带责任保证	半年	否	否
天津市宏瑞混凝土有限公司		700.00	2010-06-25	700.00	连带责任保证	半年	是	否
天津欣洲万隆商贸有限公司		1,400.00	2010-12-13	700.00	连带责任保证	半年	否	否
天津欣洲万隆商贸有限公司		1,400.00	2010-12-30	700.00	连带责任保证	半年	否	否
天津市中凝佳业混凝土有限公司	公告日：2010年9月28日；编号：2010-47	1,400.00	2010-09-30	1,400.00	连带责任保证	半年	否	否

报告期内审批的对外担保额度合计(A1)	21,000.00	报告期内对外担保实际发生额合计(A2)	13,125.00
报告期末已审批的对外担保额度合计(A3)	21,000.00	报告期末实际对外担保余额合计(A4)	8,995.00

担保对象名称	担保额度相关公告披露日和编号	担保额度	实际发生日期(协议签署日)	实际担保金额	担保类型	担保期	是否履行完毕	是否为关联方担保(是或否)
冀东水泥滦县有限责任公司	公告日：2009年5月9日；编号：2009-25	18,750.00	2009-10-10	18,750.00	连带责任保证	2009.10.10-2016.10.20	否	否
唐山冀东水泥三友有限公司		30,000.00	2009-12-25	30,000.00	连带责任保证	2009.12.25-2015.12.25	否	否
唐山冀东启新水泥有限责任公司		44,000.00	2010-03-05	44,000.00	连带责任保证	2010.03.05-2017.03.05	否	否
平泉冀东水泥有限责任公司		13,000.00	2010-09-17	13,000.00	连带责任保证	2010.09.17-2013.09.13	否	否
冀东水泥磐石有限责任公司		11,929.87	2007-09-27	11,929.87	连带责任保证	2007.09.27-2012.09.26	否	否
沈阳冀东水泥有限公司		2,500.00	2010-01-15	2,500.00	连带责任保证	2010.01.15-2011.11.25	否	否
鞍山冀东水泥有限责任公司		10,603.50	2010-01-04	10,603.50	连带责任保证	2010.01.04-2011.11.02	否	否
内蒙古冀东水泥有限责任公司		33,000.00	2009-03-26	33,000.00	连带责任保证	2009.03.26-2013.12.24	否	否
内蒙古亿利冀东水泥有限责任公司		3,985.45	2008-01-11	3,985.45	连带责任保证	2008.01.11-2012.12.25	否	否
冀东水泥阿巴嘎旗有限责任公司		39,975.00	2009-07-09	39,975.00	连带责任保证	2009.07.09-2015.09.03	否	否
大同冀东水泥有限责任公司		65,000.00	2009-05-14	65,000.00	连带责任保证	2009.05.14-2014.09.22	否	否
包头冀东水泥有限公司		20,000.00	2010-07-16	20,000.00	连带责任保证	2010.07.16-2015.07.14	否	否
临澧冀东水泥有限公司		43,465.91	2008-11-14	43,465.91	连带责任保证	2008.11.14-2014.04.15	否	否
冀东海德堡(扶风)水泥有限公司	公告日：2010年4月23日；编号：2010-16	13,139.50	2008-04-01	13,139.50	连带责任保证	2008.04.01-2013.09.18	否	否
冀东海德堡(泾阳)水泥有限公司		13,250.00	2006-03-31	13,250.00	连带责任保证	2006.03.31-2013.06.25	否	否
冀东水泥凤翔有限责任公司		41,800.00	2009-09-24	41,800.00	连带责任保证	2009.09.24-2015.12.21	否	否
冀东海天水泥闻喜有限责任公司		17,267.22	2009-05-14	17,267.22	连带责任保证	2009.05.14-2012.12.25	否	否
奎山冀东水泥有限公司		5,000.00	2010-07-12	5,000.00	连带责任保证	2010.07.12-2011.07.11	否	否
唐县冀东水泥有限责任公司		44,522.84	2009-08-18	44,522.84	连带责任保证	2009.08.18-2015.09.26	否	否
涞水冀东水泥有限责任公司		25,000.00	2010-05-10	25,000.00	连带责任保证	2010.05.10-2017.12.31	否	否
冀东水泥(烟台)有限责任公司		51,700.00	2009-12-29	51,700.00	连带责任保证	2009.12.29-2015.12.18	否	否
冀东水泥重庆江津有限责任公司		53,880.00	2009-07-21	53,880.00	连带责任保证	2009.07.21-2014.10.20	否	否
冀东水泥重庆合川有限责任公司		43,000.00	2010-02-09	43,000.00	连带责任保证	2010.02.09-2014.10.15	否	否
冀东水泥璧山有限责任公司		45,000.00	2009-10-15	45,000.00	连带责任保证	2009.10.15-2015.10.20	否	否

报告期内审批对子公司担保额度合计(B1)	215,000.00	报告期内对子公司担保实际发生额合计(B2)	401,947.73
报告期末已审批的对子公司担保额度合计(B3)	714,826.00	报告期末对子公司实际担保余额合计(B4)	689,769.29
公司担保总额(即前两大项的合计)			
报告期内审批担保额度合计(A1+B1)	236,000.00	报告期内担保实际发生额合计(A2+B2)	415,072.73
报告期末已审批的担保额度合计(A3+B3)	735,826.00	报告期末实际担保余额合计(A4+B4)	698,764.29
实际担保总额(即 A4+B4)占公司净资产的比例			86.49%
其中：			
为股东、实际控制人及其关联方提供担保的金额(C)			0.00
直接或间接为资产负债率超过 70%的被担保对象提供的债务担保金额(D)			39,975.00
担保总额超过净资产 50%部分的金额(E)			294,790.00
上述三项担保金额合计(C+D+E)			334,765.00
未到期担保可能承担连带清偿责任说明			无

7.4 重大关联交易

7.4.1 与日常经营相关的关联交易

√ 适用　　□ 不适用

单位：万元

关联方	向关联方销售产品和提供劳务		向关联方采购产品和接受劳务	
	交易金额	占同类交易金额的比例	交易金额	占同类交易金额的比例
唐山盾石机械制造有限责任公司	0.00	0.00%	36,908.93	5.80%
唐山盾石机械制造有限责任公司	0.00	0.00%	154.64	0.08%
唐山盾石建筑工程有限责任公司	0.00	0.00%	13,385.39	2.10%
唐山盾石建筑工程有限责任公司	0.00	0.00%	12,725.24	6.68%
唐山盾石建筑工程有限责任公司	345.36	0.03%	0.00	0.00%
唐山盾石建筑工程有限责任公司	63.44	1.99%	0.00	0.00%
唐山盾石电气有限责任公司	0.00	0.00%	10,788.57	1.69%
唐山盾石筑炉工程有限责任公司	0.00	0.00%	2,125.01	1.12%
冀东发展集团盾石实业公司	0.00	0.00%	2,073.85	0.33%
冀东发展集团盾石实业公司	0.00	0.00%	29.60	0.01%
河北盾石商贸有限公司	0.00	0.00%	2,918.95	0.39%
河北省建筑材料工业设计研究院	0.00	0.00%	1,957.26	0.31%
河北省建筑材料工业设计研究院	0.00	0.00%	2,352.54	1.23%
冀东发展集团有限责任公司	0.00	0.00%	4,331.32	95.37%
冀东发展集团有限责任公司	0.00	0.00%	393.16	0.06%
冀东发展集团有限责任公司	41.20	1.29%	0.00	0.00%
冀东发展集团有限责任公司	27.11	0.00%	0.00	0.00%
北京冀东海强混凝土有限公司	3,269.79	0.30%	0.00	0.00%
北京冀东海强混凝土有限公司	0.00	0.00%	11.00	0.01%
北京冀东海强混凝土有限公司	626.14	0.06%	0.00	0.00%
北京空港通和混凝土有限公司	3,209.31	0.29%	0.00	0.00%
北京空港通和混凝土有限公司	594.67	0.05%	0.00	0.00%
唐山冀东水泥胥建混凝土有限公司	2,724.82	0.25%	0.00	0.00%
大同市金龙商品混凝土有限责任公司	2,283.84	0.21%	0.00	0.00%
天津盾石欣顺达混凝土有限公司	1,364.14	0.12%	0.00	0.00%
天津盾石欣顺达混凝土有限公司	225.90	0.02%	0.00	0.00%
北京城乡混凝土有限公司	1,955.68	0.18%	0.00	0.00%
北京城乡混凝土有限公司	19.69	0.62%	0.00	0.00%
北京城乡混凝土有限公司	584.75	0.05%	0.00	0.00%
包头市建源混凝土有限责任公司	950.79	0.09%	0.00	0.00%
其他关联企业	3,128.41	0.28%	0.00	0.00%
其他关联企业	0.00	0.00%	327.90	0.05%
其他关联企业	319.56	0.03%	0.00	0.00%
其他关联企业	0.00	0.00%	180.90	0.04%
其他关联企业	133.01	4.16%	0.00	0.00%
其他关联企业	0.00	0.00%	60.30	0.03%
合计	21,867.61	1.98%	90,724.56	5.73%

其中：报告期内公司向控股股东及其子公司销售产品或提供劳务的关联交易金额 21,867.61 万元。

与年初预计临时披露差异的说明	本公司 2009 年年度股东大会审批的日常关联交易额为 90,100 万元，随着公司新建生产线项目的快速推进及生产经营规模的不断扩大，2009 年年度股东大会批准的日常关联交易已不能满足公司持续扩大的生产经营的需要，公司于六届二十八次董事会追加了 2010 年日常经营性关联交易 72,234 万元，全年公司审批的总额度为 162,334 万元。2010 年公司与关联方实际发生的与日常经营有关的关联交易总额为 112,592.17 万元，在公司审批额度范围内。

7.4.2 关联债权债务往来

□ 适用　　√ 不适用

7.4.3 大股东及其附属企业非经营性资金占用及清偿情况表

□ 适用　　√ 不适用

7.5 委托理财

□ 适用　　√ 不适用

7.6 承诺事项履行情况

上市公司及其董事、监事和高级管理人员、公司持股 5%以上股东及其实际控制人等有关方在报告期内或持续到报告期内的以下承诺事项

√ 适用　　□ 不适用

承诺事项	承诺人	承诺内容	履行情况
股改承诺	无	不适用	不适用
收购报告书或权益变动报告书中所作承诺	无	不适用	不适用
重大资产重组时所作承诺	本公司	公司六届董事会第八次会议审议通过了公司作为重组方参与秦岭水泥破产重整，并有条件受让全体出资人让渡的 128,967,835 股股份。承诺如下：1、以融资方式为秦岭水泥重整计划中规定债务的清偿以及秦岭水泥控股子公司部分债务的清偿提供委托贷款或担保的支持，保证偿债资金按重整计划规定的期限及时足额支付。该项偿债所需资金不超过 9.7 亿元。2、为秦岭水泥提供必要的流动资金和设备维修所需资金提供委托贷款或担保，保证秦岭水泥正常经营。截至 2010 年 3 月底，该项委托贷款或担保不超过 0.8 亿元。3、确保秦岭水泥继续录用现有 2500 名在岗员工。4、秦岭水泥已获准新建一条日产 4500 吨水泥熟料生产线，我公司为该生产线的建设提供委托贷款或担保。该项委托贷款或担保不超过 5 亿元。上述委托贷款或担保累计不超过 15.5 亿元。5、将本公司在陕西省的水泥资产以定向增发的方式注入秦岭水泥，以解决上市公司同业竞争问题，并提高秦岭水泥盈利能力。本公司承诺拟注入资产 2010 年的净利润不低于人民币 2 亿元。该事项属上市公司重大资产重组，尚需取得本公司董事会和股东大会、秦岭水泥董事会和股东大会批准，以及中国证监会核准。	1、截至报告期末，公司为保证秦岭水泥偿债资金按重整计划规定的期限及时足额支付，已向秦岭水泥提供 68,607 万元委托贷款。2、为保证秦岭水泥正常经营，公司已向秦岭水泥提供 7,000 万元委托贷款，其间因秦岭水泥经营状况改善，秦岭水泥偿还 4500 万元银行贷款，截至期末公司为保证秦岭水泥正常经营而提供的委托贷款余额为 2500 万元。3、秦岭水泥继续录用现有 2500 名在岗员工。4、新建项目正在积极筹建中，公司已为该生产线的建设提供委托贷款 8500 万元。5、2010 年 5 月 7 日，秦岭水泥股票停牌，拟进行重大资产重组。重组方案为冀东水泥将其在陕西省内的水泥资产注入秦岭水泥。经与关部门沟通认为，上市公司目前不宜分拆业务重组注入另一家上市公司或单独申请主板上市，且秦岭水泥重组方案会加大两家上市公司间的同业竞争问题。出于上述原因，2010 年 6 月 7 日，秦岭水泥公告因本次重大资产重组方案尚不成熟，股票复牌。冀东水泥与相关各方正在探讨和寻找适当的能够解决问题的方案。
发行时所作承诺	无	不适用	不适用
其他承诺（含追加承诺）	无	不适用	不适用

7.7 重大诉讼仲裁事项

□ 适用　　√ 不适用

7.8 其他重大事项及其影响和解决方案的分析说明

7.8.1 证券投资情况

□ 适用　　√ 不适用

7.8.2 持有其他上市公司股权情况

√ 适用　　□ 不适用

单位：元

证券代码	证券简称	最初投资成本	占该公司股权比例(%)	期末账面价值	报告期损益	报告期所有者权益变动	会计核算科目	股份来源
600217	*ST 秦岭	334,000,000.00	29.00%	338,546,269.37	5,481,439.13	4,546,269.37	长期股权投资	收购
合计		334,000,000.00	–	338,546,269.37	5,481,439.13	4,546,269.37	–	–

7.8.3 持有拟上市公司及非上市金融企业股权情况

□ 适用　　√ 不适用

7.8.4 买卖其他上市公司股份的情况

□ 适用　　√ 不适用

7.8.5 其他综合收益细目

单位：元

项目	本期发生额	上期发生额
1.可供出售金融资产产生的利得(损失)金额		
减：可供出售金融资产产生的所得税影响		
前期计入其他综合收益当期转入损益的净额		
小计		
2.按照权益法核算的在被投资单位其他综合收益中所享有的份额		
减：按照权益法核算的在被投资单位其他综合收益中所享有的份额产生的所得税影响		
前期计入其他综合收益当期转入损益的净额		
小计		
3.现金流量套期工具产生的利得(或损失)金额		
减：现金流量套期工具产生的所得税影响		
前期计入其他综合收益当期转入损益的净额		
转为被套期项目初始确认金额的调整额		
小计		
4.外币财务报表折算差额		
减：处置境外经营当期转入损益的净额		
小计		
5.其他		
减：由其他计入其他综合收益产生的所得税影响		
前期其他计入其他综合收益当期转入损益的净额		
小计		
合计	0.00	0.00

第八节　监事会报告

√ 适用　　□ 不适用

一、本报告期内监事会的工作情况

本报告期内监事会共召开四次会议，具体情况如下：

1、2010 年 3 月 25 日召开第六届监事会第四次会议，会议审议通过了如下决议：(1)审议通过了 2009 年度监事会工作报告。(2)审议通过了公司 2009 年度财务决算报告。(3)审议通过了公司 2009 年年度报告及年度报告摘要。(4)审议通过了公司 2009 年度内部控制的自我评价报告。

2、2010 年 4 月 22 日召开第六届监事会第五次会议，会议审议通过了公司《2010 年第一季度季度报告》。

3、2010 年 8 月 19 日召开第六届监事会第六次会议，会议审议通过了《2010 年半年度报告及半年度报告摘要》。

4、2010 年 10 月 20 日召开第六届监事会第七次会议，会议审议通过了公司《2010 年第三季度报告》。

二、监事会对有关事项发表独立意见如下

1、公司依法运作情况

报告期内，各位监事列席了历次董事会会议，参加了 2009 年度股东大会和 2010 年第一次、第二次临时股东大会。监事会通过审查董事会、股东大会方案及程序，对其决策程序、内容进行监督，认为公司能够按照《公司法》、《证券法》、《公司章程》有关规定依法运作，法人治理结构完善，决策程序合法。公司建立了较为完善的内部控制制度，并得到了有效的执行。2010 年公司董事、高级管理人员勤勉履责，无违反法律、法规和公司章程，或损害公司利益的行为。

2、检查公司财务的情况

报告期内，监事会通过对公司本部及所属各子公司、分公司的财务情况的检查，认为公司 2010 年年度财务报告真实、客观、公允地反映了公司的财务状况和经营成果。信永中和会计师事务所对公司 2010 年年度财务报告出具了标准无保留意见的审计报告。

3、募集资金使用情况

报告期内，公司前次募集资金已全部用于承诺投入项目及 2009 年第一次临时股东大会审议通过的变更部分募集资金用途的项目中。期间不存在改变募集资金用途情况，没有损害中小投资者利益。

4、收购、出售资产情况公司收购或出售资产交易价格合理，未发现内幕交易，也未损害部分股东的权益或造成公司资产流失。

5、关联交易情况公司报告期内发生的关联交易均按市场价格或协议价格结算，公平合理，未发现损害上市公司利益的情况。

6、会计师事务所对 2010 年年度财务报告出具了标准无保留意见的审计报告。公司未对报告期利润实现数进行预测。

7、公司内部控制自我评价意见监事会认为，公司内部控制自我评价符合《上市公司内部控制指引》、《企业内部控制基本规范》、《企业内部控制配套指引》等相关文件的要求，公司内部控制自我评价报告真实、完整地反映了公司内部控制制度的建立、健全及执行情况。

第九节　财务报告

9.1 审计意见

财务报告	是
审计意见	标准无保留审计意见
审计报告编号	XYZH/2010A3015-1
审计报告标题	审计报告
审计报告收件人	任前进
引言段	我们审计了后附的唐山冀东水泥股份有限公司(以下简称冀东水泥公司)合并及母公司财务报表包括 2010 年 12 月 31 日的资产负债表,2010 年度的利润表、现金流量表、股东权益变动表及财务报表附注。
管理层对财务报表的责任段	按照企业会计准则的规定编制财务报表是冀东水泥公司管理层的责任。这种责任包括:(1)设计实施和维护与财务报表编制相关的内部控制,以使财务报表不存在由于舞弊或错误而导致的重大错报;(2)选择和运用恰当的会计政策;(3)作出合理的会计估计。
注册会计师责任段	我们的责任是在实施审计工作的基础上对财务报表发表审计意见。我们按照中国注册会计师审计准则的规定执行了审计工作。中国注册会计师审计准则要求我们遵守职业道德规范,计划和实施审计工作以对财务报表是否不存在重大错报获取合理保证。 审计工作涉及实施审计程序,以获取有关财务报表金额和披露的审计证据。选择的审计程序取决于注册会计师的判断,包括对由于舞弊或错误导致的财务报表重大错报风险的评估。在进行风险评估时,我们考虑与财务报表编制相关的内部控制,以设计恰当的审计程序。审计工作还包括评价管理层选用会计政策的恰当性和作出会计估计的合理性,以及评价财务报表的总体列报。 我们相信,我们获取的审计证据是充分、适当的,为发表审计意见提供了基础。
审计意见段	我们认为,冀东水泥公司财务报表已经按照企业会计准则的规定编制,在所有重大方面公允反映了冀东水泥公司 2010 年 12 月 31 日的财务状况以及 2010 年度的经营成果和现金流量。
非标意见	
审计机构名称	信永中和会计师事务所
审计机构地址	中国　北京
审计报告日期	2011 年 04 月 13 日
注册会计师姓名	罗玉成、丁慧春

9.2 财务报表

9.2.1 资产负债表

编制单位:唐山冀东水泥股份有限公司　　2010 年 12 月 31 日　　单位:元

项目	期末余额		年初余额	
	合并	母公司	合并	母公司
流动资产:				
货币资金	3,255,957,841.29	1,672,168,604.84	3,060,561,972.70	1,181,943,796.23
结算备付金				
拆出资金				
交易性金融资产				
应收票据	410,703,609.01	243,992,567.13	192,636,313.87	145,173,259.22
应收账款	574,858,651.14	257,582,512.91	372,187,306.33	261,735,325.83
预付款项	1,202,237,852.48	173,242,110.92	1,254,397,102.61	60,729,384.89
应收保费				
应收分保账款				
应收分保合同准备金				
应收利息				
应收股利				
其他应收款	121,065,441.97	2,488,873,457.41	457,811,909.84	1,654,566,894.83
买入返售金融资产				
存货	1,445,369,900.40	156,252,997.66	904,895,184.86	179,512,099.54
一年内到期的非流动资产				
其他流动资产	801,070,000.00	796,070,000.00	211,070,000.00	211,070,000.00
流动资产合计	7,811,263,296.29	5,788,182,250.87	6,453,559,790.21	3,694,730,760.54
非流动资产:				
发放委托贷款及垫款				
可供出售金融资产				
持有至到期投资	8,000.00	8,000.00	15,000.00	15,000.00
长期应收款				
长期股权投资	2,055,535,334.03	9,488,903,861.44	1,161,099,992.50	6,921,012,036.09
投资性房地产				
固定资产	13,489,395,684.25	2,622,318,740.84	9,142,851,921.43	2,639,190,977.72
在建工程	5,372,377,278.60	53,554,769.94	3,757,979,886.63	159,622,174.48
工程物资	193,191,739.38	12,436,826.97	318,916,755.57	18,182,010.48
固定资产清理				
生产性生物资产				
油气资产				
无形资产	1,132,470,523.31	18,172,918.41	738,214,966.20	8,968,510.63
开发支出				
商誉	23,693,493.14	0.00	20,700,989.04	0.00
长期待摊费用	76,213,519.03	8,408,000.00	27,456,033.05	10,270,000.00
递延所得税资产	71,444,135.52	20,930,981.54	51,321,318.77	22,095,130.19
其他非流动资产	26,719,680.00	0.00	0.00	0.00
非流动资产合计	22,441,049,387.26	12,224,734,099.14	15,218,556,863.19	9,779,355,839.59
资产总计	30,252,312,683.55	18,012,916,350.01	21,672,116,653.40	13,474,086,600.13
流动负债:				
短期借款	3,821,000,000.00	3,240,000,000.00	2,518,000,000.00	1,775,000,000.00
向中央银行借款				
吸收存款及同业存放				
拆入资金				
交易性金融负债				
应付票据	331,862,665.83	30,000,000.00	788,384,889.83	99,875,000.00
应付账款	2,795,283,036.98	362,634,747.38	2,060,305,346.34	361,407,103.96
预收款项	324,334,969.90	74,132,608.54	426,592,269.83	65,503,808.26
卖出回购金融资产款				
应付手续费及佣金				
应付职工薪酬	70,927,232.02	19,478,409.33	57,307,943.48	18,983,401.31
应交税费	-324,359,775.51	91,981,476.89	-231,807,396.21	20,183,036.50
应付利息	17,770,477.74	17,770,477.74	13,725,000.00	13,725,000.00
应付股利	2,929,281.54	2,784,367.61	9,814,639.19	2,830,478.95
其他应付款	393,123,864.28	341,365,118.65	271,896,936.11	294,101,427.31
应付分保账款				
保险合同准备金				
代理买卖证券款				
代理承销证券款				
一年内到期的非流动负债	1,317,106,964.05	505,129,512.43	723,964,536.56	415,964,536.56
其他流动负债	309,206,137.15	307,011,333.26	612,797,985.67	610,953,681.20
流动负债合计	9,059,184,853.98	4,992,288,051.83	7,250,982,150.80	3,678,527,474.05
非流动负债:				
长期借款	10,743,570,000.00	4,786,000,000.00	5,653,050,000.00	2,543,000,000.00
应付债券	581,548,782.87	581,548,782.87	579,378,448.89	579,378,448.89
长期应付款	516,826,908.96	339,628,253.40	420,129,477.54	387,777,471.30
专项应付款				
预计负债	22,768,346.60	17,612,790.49	14,489,473.68	12,450,852.90
递延所得税负债				
其他非流动负债	38,251,075.35	11,951,180.57	35,793,212.57	13,247,847.23
非流动负债合计	11,902,965,113.78	5,736,741,007.33	6,702,840,612.68	3,535,854,620.32
负债合计	20,962,149,967.76	10,729,029,059.16	13,953,822,763.48	7,214,382,094.37
所有者权益(或股东权益):				
实收资本(或股本)	1,212,770,614.00	1,212,770,614.00	1,212,770,614.00	1,212,770,614.00
资本公积	3,332,114,678.78	3,424,655,182.23	3,339,199,091.94	3,425,496,084.27
减:库存股				
专项储备	26,058,939.68	16,829,226.31	29,023,043.84	15,517,981.00
盈余公积	555,071,158.46	523,513,264.42	452,699,914.28	421,142,020.24
一般风险准备				
未分配利润	2,953,476,952.97	2,106,119,003.89	1,657,673,171.63	1,184,777,806.25
外币报表折算差额				
归属于母公司所有者权益合计	8,079,492,343.89	7,283,887,290.85	6,691,365,835.69	6,259,704,505.76
少数股东权益	1,210,670,371.90		1,026,928,054.23	
所有者权益合计	9,290,162,715.79	7,283,887,290.85	7,718,293,889.92	6,259,704,505.76
负债和所有者权益总计	30,252,312,683.55	18,012,916,350.01	21,672,116,653.40	13,474,086,600.13

9.2.2 利润表

编制单位:唐山冀东水泥股份有限公司　　2010 年 1-12 月　　单位:元

项目	本期金额		上期金额	
	合并	母公司	合并	母公司
一、营业总收入	11,064,097,724.70	4,506,627,411.03	6,989,910,248.12	3,236,288,696.00
其中:营业收入	11,064,097,724.70	4,506,627,411.03	6,989,910,248.12	3,236,288,696.00
利息收入				
已赚保费				
手续费及佣金收入				
二、营业总成本	9,658,272,001.36	4,160,052,991.78	6,234,382,641.07	3,097,807,483.35
其中:营业成本	7,558,434,512.23	3,359,367,075.39	4,767,319,192.80	2,494,818,145.18
利息支出				
手续费及佣金支出				
退保金				
赔付支出净额				
提取保险合同准备金净额				
保单红利支出				
分保费用				
营业税金及附加	74,780,881.13	30,694,816.24	47,801,651.87	16,666,557.63
销售费用	403,517,582.58	85,225,417.25	266,511,376.79	89,995,375.13

管理费用	1,061,983,200.59	351,817,566.19	854,638,754.35	333,900,696.35
财务费用	540,841,497.07	330,088,362.62	274,006,425.52	151,825,115.55
资产减值损失	18,714,327.76	2,859,754.09	24,105,239.74	10,601,593.51
加:公允价值变动收益(损失以"-"号填列)				
投资收益(损失以"-"号填列)	330,599,459.06	710,363,656.55	391,535,766.51	732,021,060.03
其中:对联营企业和合营企业的投资收益	298,123,103.13	297,573,655.47	391,574,866.51	391,042,776.80
汇兑收益(损失以"-"号填列)				
三、营业利润(亏损以"-"号填列)	1,736,425,182.40	1,056,938,075.80	1,147,063,373.56	870,502,272.68
加:营业外收入	304,500,656.89	106,982,799.22	205,372,313.44	82,279,225.85
减:营业外支出	51,351,817.96	26,841,537.17	60,581,973.69	27,162,403.92
其中:非流动资产处置损失	29,501,809.65	26,393,846.43	46,199,470.91	23,073,798.26
四、利润总额(亏损总额以"-号填列)"	1,989,574,021.33	1,137,079,337.85	1,291,853,713.31	925,619,094.61
减:所得税费用	421,074,650.79	113,366,896.03	215,999,085.83	36,948,267.26
五、净利润(净亏损以"-"号填列)	1,568,499,370.54	1,023,712,441.82	1,075,854,627.48	888,670,827.35
归属于母公司所有者的净利润	1,398,175,025.52	1,023,712,441.82	992,430,739.65	888,670,827.35
少数股东损益	170,324,345.02		83,423,887.83	
六、每股收益:				
(一)基本每股收益	1.153		0.818	
(二)稀释每股收益	1.153		0.818	
七、其他综合收益				
八、综合收益总额	1,568,499,370.54	1,023,712,441.82	1,075,854,627.48	888,670,827.35
归属于母公司所有者的综合收益总额	1,398,175,025.52	1,023,712,441.82	992,430,739.65	888,670,827.35
归属于少数股东的综合收益总额	170,324,345.02		83,423,887.83	

本期发生同一控制下企业合并的,被合并方在合并前实现的净利润为:894,643.28 元。

9.2.3 现金流量表

编制单位:唐山冀东水泥股份有限公司　　2010 年 1-12 月　　单位:元

项目	本期金额		上期金额	
	合并	母公司	合并	母公司
一、经营活动产生的现金流量:				
销售商品、提供劳务收到的现金	10,283,239,272.63	3,637,245,465.96	7,091,533,672.99	2,926,092,719.04
客户存款和同业存放款项净增加额				
向中央银行借款净增加额				
向其他金融机构拆入资金净增加额				
收到原保险合同保费取得的现金				
收到再保险业务现金净额				
保户储金及投资款净增加额				
处置交易性金融资产净增加额				
收取利息、手续费及佣金的现金				
拆入资金净增加额				
回购业务资金净增加额				
收到的税费返还	247,644,871.95	93,625,568.15	163,385,179.83	70,512,061.03
收到其他与经营活动有关的现金	202,191,727.24	384,160,146.84	171,504,172.28	601,258,173.56
经营活动现金流入小计	10,733,075,871.82	4,115,031,180.95	7,426,423,025.10	3,597,862,953.63
购买商品、接受劳务支付的现金	6,908,580,139.78	2,409,417,925.00	3,864,517,308.55	1,819,175,421.43
客户贷款及垫款净增加额				
存放中央银行和同业款项净增加额				
支付原保险合同赔付款项的现金				
支付利息、手续费及佣金的现金				
支付保单红利的现金				
支付给职工以及为职工支付的现金	637,688,345.81	152,184,984.93	446,964,958.11	122,779,753.31
支付的各项税费	1,059,513,533.58	337,173,213.04	748,086,563.35	219,209,966.81
支付其他与经营活动有关的现金	428,337,483.10	409,047,593.63	385,433,852.79	419,426,324.67
经营活动现金流出小计	9,034,119,502.27	3,307,823,716.60	5,445,002,682.80	2,580,591,466.22
经营活动产生的现金流量净额	1,698,956,369.55	807,207,464.35	1,981,420,342.30	1,017,271,487.41
二、投资活动产生的现金流量:				
收回投资收到的现金	66,177,000.00	2,180,957,000.00	13,148,200.00	1,443,148,200.00
取得投资收益收到的现金	205,558,947.77	667,105,029.30	241,518,069.20	593,560,659.47
处置固定资产、无形资产和其他长期资产收回的现金净额	22,429,419.52	16,073,569.31	19,253,682.12	17,844,880.63
处置子公司及其他营业单位收到的现金净额		102,000.00		
收到其他与投资活动有关的现金				
投资活动现金流入小计	294,165,367.29	2,864,237,598.61	273,919,951.32	2,054,553,740.10
购建固定资产、无形资产和其他长期资产支付的现金	5,527,315,444.76	155,742,547.77	4,673,048,140.45	254,799,020.36
投资支付的现金	1,348,465,119.99	5,740,675,000.00	843,816,317.50	5,371,532,917.50
质押贷款净增加额				
取得子公司及其他营业单位支付的现金净额	270,201,900.17	295,817,020.16		
支付其他与投资活动有关的现金	36,890,000.00	36,890,000.00		
投资活动现金流出小计	7,182,872,464.92	6,229,124,567.93	5,516,864,457.95	5,626,331,937.86
投资活动产生的现金流量净额	-6,888,707,097.63	-3,364,886,969.32	-5,242,944,506.63	-3,571,778,197.76
三、筹资活动产生的现金流量:				
吸收投资收到的现金	3,544,516.00		12,986,000.00	
其中:子公司吸收少数股东投资收到的现金	3,544,516.00		12,986,000.00	
取得借款收到的现金	11,080,750,000.00	6,090,000,000.00	8,287,903,333.00	4,485,000,000.00
发行债券收到的现金	298,740,000.00	298,740,000.00	597,480,000.00	597,480,000.00
收到其他与筹资活动有关的现金	705,188,399.30	106,355,000.00	55,585,047.59	0.00
筹资活动现金流入小计	12,088,222,915.30	6,495,095,000.00	8,953,954,380.59	5,082,480,000.00
偿还债务支付的现金	5,193,386,706.45	2,932,000,000.00	4,062,203,046.40	2,224,308,000.00
分配股利、利润或偿付利息支付的现金	795,271,249.50	405,626,728.96	576,500,446.07	379,669,978.47
其中:子公司支付给少数股东的股利、利润	53,936,673.52		33,867,036.65	
支付其他与筹资活动有关的现金	287,332,960.42	73,988,957.46	710,546,469.80	111,528,510.50
筹资活动现金流出小计	6,275,990,916.37	3,411,615,686.42	5,349,249,962.27	2,715,506,488.97
筹资活动产生的现金流量净额	5,812,231,998.93	3,083,479,313.58	3,604,704,418.32	2,366,973,511.03
四、汇率变动对现金及现金等价物的影响				
五、现金及现金等价物净增加额	622,481,270.85	525,799,808.61	343,180,253.99	-187,533,199.32
加:期初现金及现金等价物余额	2,355,373,573.40	1,075,588,796.23	2,012,193,319.41	1,263,121,995.55
六、期末现金及现金等价物余额	2,977,854,844.25	1,601,388,604.84	2,355,373,573.40	1,075,588,796.23

9.2.4 合并所有者权益变动表

编制单位:唐山冀东水泥股份有限公司　　2010 年度　　单位:元

项目	本期金额									
	归属于母公司所有者权益									
	实收资本(或股本)	资本公积	减:库存股	专项储备	盈余公积	一般风险准备	未分配利润	其他	少数股东权益	所有者权益合计
一、上年年末余额	1,212,770,614.00	3,325,506,789.14	0.00	29,023,043.84	451,674,260.55	0.00	1,668,617,842.90	0.00	1,025,670,292.48	7,713,262,842.91
加:会计政策变更										
前期差错更正										
其他		13,692,302.80			1,025,653.73		-10,944,671.27		1,257,761.75	5,031,047.01
二、本年年初余额	1,212,770,614.00	3,339,199,091.94	0.00	29,023,043.84	452,699,914.28	0.00	1,657,673,171.63	0.00	1,026,928,054.23	7,718,293,889.92
三、本年增减变动金额(减少以"-"号填列)		-7,084,413.16		-2,964,104.16	102,371,244.18		1,295,803,781.34		183,742,317.67	1,571,868,825.87
(一)净利润							1,398,175,025.52		170,324,345.02	1,568,499,370.54
(二)其他综合收益										
上述(一)和(二)小计							1,398,175,025.52		170,324,345.02	1,568,499,370.54
(三)所有者投入和减少资本		-7,084,413.16							64,580,189.34	57,495,776.18
1.所有者投入资本									63,842,430.68	63,842,430.68
2.股份支付计入所有者权益的金额										
3.其他		-7,084,413.16							737,758.66	-6,346,654.50
(四)利润分配					102,371,244.18		-102,371,244.18		-49,869,051.91	-49,869,051.91
1.提取盈余公积					102,371,244.18		-102,371,244.18			
2.提取一般风险准备										
3.对所有者(或股东)的分配									-49,869,051.91	-49,869,051.91
4.其他										
(五)所有者权益内部结转										
1.资本公积转增资本(或股本)										
2.盈余公积转增资本(或股本)										
3.盈余公积弥补亏损										
4.其他										
(六)专项储备				-2,964,104.16					-1,293,164.78	-4,257,268.94
1.本期提取				31,080,819.44					1,198,177.77	32,278,997.21
2.本期使用				34,044,923.60					2,491,342.55	36,536,266.15
(七)其他										
四、本期期末余额	1,212,770,614.00	3,332,114,678.78	0.00	26,058,939.68	555,071,158.46	0.00	2,953,476,952.97	0.00	1,210,670,371.90	9,290,162,715.79

项目	上年金额 归属于母公司所有者权益 实收资本(或股本)	资本公积	减:库存股	专项储备	盈余公积	一般风险准备	未分配利润	其他	少数股东权益	所有者权益合计
一、上年年末余额	1,212,770,614.00	3,444,408,822.88	0.00	10,510,653.57	362,807,177.81	0.00	894,894,057.95	0.00	384,768,891.56	6,310,160,217.77
加:会计政策变更										
前期差错更正										
其他		13,692,302.80			1,025,653.73		−19,507,481.83		−1,596,508.43	−6,386,033.73
二、本年年初余额	1,212,770,614.00	3,458,101,125.68	0.00	10,510,653.57	363,832,831.54	0.00	875,386,576.12	0.00	383,172,383.13	6,303,774,184.04
三、本年增减变动金额										
(减少以"−"号填列)		−118,902,033.74		18,512,390.27	88,867,082.74		782,286,595.51		643,755,671.10	1,414,519,705.88
(一)净利润							992,430,739.65		83,423,887.83	1,075,854,627.48
(二)其他综合收益										
上述(一)和(二)小计							992,430,739.65		83,423,887.83	1,075,854,627.48
(三)所有者投入和减少资本		−118,902,033.74							631,274,971.69	512,372,937.95
1.所有者投入资本									628,774,247.42	628,774,247.42
2.股份支付计入所有者权益的金额										
3.其他		−118,902,033.74							2,500,724.27	−116,401,309.47
(四)利润分配					88,867,082.74		−210,144,144.14		−72,233,621.31	−193,510,682.71
1.提取盈余公积					88,867,082.74		−88,867,082.74			
2.提取一般风险准备										
3.对所有者										
(或股东)的分配							−121,277,061.40		−72,233,621.31	−193,510,682.71
4.其他										
(五)所有者权益内部结转										
1.资本公积转增资本(或股本)										
2.盈余公积转增资本(或股本)										
3.盈余公积弥补亏损										
4.其他										
(六)专项储备				18,512,390.27					1,290,432.89	19,802,823.16
1.本期提取				20,674,808.95					1,294,254.22	21,969,063.17
2.本期使用				2,162,418.68					3,821.33	2,166,240.01
(七)其他										
四、本期期末余额	1,212,770,614.00	3,339,199,091.94	0.00	29,023,043.84	452,699,914.28	0.00	1,657,673,171.63	0.00	1,026,928,054.23	7,718,293,889.92

9.2.5 母公司所有者权益变动表

项目	本期金额 实收资本(或股本)	资本公积	减:库存股	专项储备	盈余公积	一般风险准备	未分配利润	所有者权益合计
一、上年年末余额	1,212,770,614.00	3,425,496,084.27	0.00	15,517,981.00	421,142,020.24	0.00	1,184,777,806.25	6,259,704,505.76
加:会计政策变更	0.00	0.00	0.00	0.00	0.00	0.00	0.00	0.00
前期差错更正								
其他								
二、本年年初余额	1,212,770,614.00	3,425,496,084.27		15,517,981.00	421,142,020.24		1,184,777,806.25	6,259,704,505.76
三、本年增减变动金额								
(减 少以"−"号填列)	0.00	−840,902.04	0.00	1,311,245.31	102,371,244.18	0.00	921,341,197.64	1,024,182,785.09
(一)净利润							1,023,712,441.82	1,023,712,441.82
(二)其他综合收益								
上述(一)和(二)小计							1,023,712,441.82	1,023,712,441.82
(三)所有者投入和减少资本		−840,902.04						−840,902.04
1.所有者投入资本								
2.股份支付计入所有者权益的金额								
3.其他		−840,902.04						−840,902.04
(四)利润分配					102,371,244.18		−102,371,244.18	
1.提取盈余公积					102,371,244.18		−102,371,244.18	
2.提取一般风险准备								
3.对所有者(或股东的分配)								
4.其他								
(五)所有者权益内部结转								
1.资本公积转增资本(或股本)								
2.盈余公积转增资本(或股本)								
3.盈余公积弥补亏损								
4.其他								
(六)专项储备				1,311,245.31				1,311,245.31
1.本期提取				12,154,454.04				12,154,454.04
2.本期使用				10,843,208.73				10,843,208.73
四、本期期末余额	1,212,770,614.00	3,424,655,182.23		16,829,226.31	523,513,264.42		2,106,119,003.89	7,283,887,290.85

项目	上年金额 实收资本(或股本)	资本公积	减:库存股	专项储备	盈余公积	一般风险准备	未分配利润	所有者权益合计
一、上年年末余额	1,212,770,614.00	3,425,496,084.27	0.00	6,164,991.17	332,274,937.50	0.00	506,251,123.04	5,482,957,749.98
加:会计政策变更	0.00	0.00	0.00	0.00	0.00	0.00	0.00	0.00
前期差错更正								
其他								
二、本年年初余额	1,212,770,614.00	3,425,496,084.27		6,164,991.17	332,274,937.50		506,251,123.04	5,482,957,749.98
三、本年增减变动金额								
(减 少以"−"号填列)	0.00	0.00	0.00	9,352,989.83	88,867,082.74	0.00	678,526,683.21	776,746,755.78
(一)净利润							888,670,827.35	888,670,827.35
(二)其他综合收益								
上述(一)和(二)小计							888,670,827.35	888,670,827.35
(三)所有者投入和减少资本								
1.所有者投入资本								
2.股份支付计入所有者权益的金额								
3.其他								
(四)利润分配					88,867,082.74		−210,144,144.14	−121,277,061.40
1.提取盈余公积					88,867,082.74		−88,867,082.74	
2.提取一般风险准备								
3.对所有者(或股东的分配)							−121,277,061.40	−121,277,061.40
4.其他								
(五)所有者权益内部结转								
1.资本公积转增资本(或股本)								
2.盈余公积转增资本(或股本)								
3.盈余公积弥补亏损								
4.其他								
(六)专项储备				9,352,989.83				9,352,989.83
1.本期提取				9,808,162.64				9,808,162.64
2.本期使用				455,172.81				455,172.81
(七)其他								
四、本期期末余额	1,212,770,614.00	3,425,496,084.27		15,517,981.00	421,142,020.24		1,184,777,806.25	6,259,704,505.76

9.3 与最近一期年度报告相比，会计政策、会计估计和核算方法发生变化的具体说明

□ 适用　　√ 不适用

9.4 重大会计差错的内容、更正金额、原因及其影响

□ 适用　　√ 不适用

9.5 与最近一期年度报告相比，合并范围发生变化的具体说明

√ 适用　　□ 不适用

1.本年度新纳入合并范围的子公司：

(1)本公司将新设立的子公司重庆冀东水泥物流有限公司、深圳冀东水泥有限责任公司、辽阳冀东恒盾矿业有限公司、张家口冀东水泥有限责任公司纳入合并范围。

(2)本公司将通过同一控制下企业合并取得的公司纳入合并范围：

2010 年 2 月，冀东集团与本公司签署股权转让协议，冀东集团将其持有的唐山冀昌塑料制品有限公司(以下简称冀昌公司)全部股权转让本公司，转让后本公司持股比例为 75%。本公司和冀昌公司在合并前后均受冀东集团控制，因此本公司将冀昌公司作为同一控制下企业合并取得的子公司纳入合并范围，合并日为 2010 年 5 月 31 日。

(3)本公司将通过非同一控制下企业合并取得的公司纳入合并范围：

2010 年 4 月，本公司与康达制造有限公司签订股权转让协议，本公司受让康达制造有限公司持有的康达(承德)水泥有限公司(以下简称承德公司)、康达(承德)水泥矿产品有限公司和康达(承德)水泥制成品有限公司 100%股权。2010 年 12 月，承德公司吸收合并了康达(承德)水泥矿产品有限公司和康达(承德)水泥制成品有限公司。本公司将承德公司作为非同一控制下企业合并取得的子公司纳入合并范围，合并日为 2010 年 10 月 31 日。

2.本年度不再纳入合并范围的公司本公司之子公司吉林市冀东建筑建材设计研究有限责任公司和冀东水泥辽阳弓长岭有限责任公司本期注销，不再纳入合并范围。

董事长：张增光

唐山冀东水泥股份有限公司董事会

2011 年 4 月 13 日

酒鬼酒股份有限公司

酒鬼酒股份有限公司2010年年度报告摘要

第一节　重要提示

1.1 本公司董事会、监事会及其董事、监事、高级管理人员保证本报告所载资料不存在任何虚假记载、误导性陈述或者重大遗漏，并对其内容的真实性、准确性和完整性负个别及连带责任。

本年度报告摘要摘自年度报告全文，报告全文同时刊载于巨潮资讯网（www.cninfo.com.cn）。投资者欲了解详细内容，应当仔细阅读年度报告全文。

1.2 公司年度财务报告已经国富浩华会计师事务所审计并被出具了标准无保留意见的审计报告。

1.3 公司负责人王新国、主管会计工作负责人任宝岩及会计机构负责人（会计主管人员）钟希文声明：保证年度报告中财务报告的真实、完整。

第二节　公司基本情况简介

2.1 基本情况简介

股票简称	酒鬼酒
股票代码	000799
上市交易所	深圳证券交易所
注册地址	湖南省吉首市
注册地址的邮政编码	416000
办公地址	湖南省吉首市振武营酒鬼工业园
办公地址的邮政编码	416000
公司国际互联网网址	www.china000799.com
电子信箱	xjgzj@xjg.sina.net

2.2 联系人和联系方式

	董事会秘书	证券事务代表
姓名	张儒平	李文生
联系地址	湖南省吉首市振武营	湖南省吉首市振武营
电话	0743-8312178	0743-8312079
传真	0743-8312178	0743-8312079
电子信箱	xjgzj@xjg.sina.net	lwswl@xjg.sina.net

第三节　会计数据和业务数据摘要

3.1 主要会计数据

单位：元

	2010 年	2009 年	本年比上年增减(%)	2008 年
营业总收入(元)	560,487,308.47	364,902,874.26	53.60%	326,509,176.77
利润总额(元)	86,266,304.03	55,268,662.18	56.09%	41,143,382.51
归属于上市公司股东的净利润(元)	79,417,863.62	58,484,410.04	35.79%	41,165,051.09
归属于上市公司股东的扣除非经常性损益的净利润(元)	24,991,458.77	15,318,815.68	63.14%	7,495,683.22
经营活动产生的现金流量净额(元)	100,481,599.72	−93,458.38	107,557.03%	22,082,077.03

	2010 年末	2009 年末	本年末比上年末增减(%)	2008 年末
总资产(元)	1,290,349,826.98	1,222,482,163.27	5.55%	1,161,337,671.38
归属于上市公司股东的所有者权益(元)	756,074,607.01	676,656,743.39	11.74%	618,173,023.35
股本(股)	303,050,000.00	303,050,000.00	0.00%	303,050,000.00

3.2 主要财务指标

单位：元

	2010 年	2009 年	本年比上年增减(%)	2008 年
基本每股收益(元/股)	0.2621	0.1930	35.80%	0.13584
稀释每股收益(元/股)	0.2621	0.1930	35.80%	0.13584
扣除非经常性损益后的基本每股收益(元/股)	0.0825	0.0505	63.37%	0.02473
加权平均净资产收益率(%)	11.09%	9.03%	2.06%	6.89%
扣除非经常性损益后的加权平均净资产收益率(%)	3.49%	2.37%	1.12%	1.25%
每股经营活动产生的现金流量净额(元/股)	0.3316	−0.0003	110,633.33%	0.0729

	2010 年末	2009 年末	本年末比上年末增减(%)	2008 年末
归属于上市公司股东的每股净资产(元/股)	2.4949	2.2328	11.74%	2.03984

非经常性损益项目

√ 适用　　□ 不适用

单位：元

非经常性损益项目	金额	附注(如适用)
非流动资产处置损益	10,909,167.46	
计入当期损益的政府补助，但与公司正常经营业务密切相关，符合国家政策规定、按照一定标准定额或定量持续享受的政府补助除外	6,852,450.00	
债务重组损益	2,000,260.93	
单独进行减值测试的应收款项减值准备转回	40,544,276.21	
除上述各项之外的其他营业外收入和支出	2,701,651.07	
其他符合非经常性损益定义的损益项目	−8,437,498.88	
所得税影响额	−148,789.15	
少数股东权益影响额	4,887.21	
合计	54,426,404.85	–

3.3 境内外会计准则差异

□ 适用　　√ 不适用

第四节　股本变动及股东情况

4.1 股份变动情况表

单位：股

	本次变动前		本次变动增减(+,−)					本次变动后	
	数量	比例(%)	发行新股	送股	公积金转股	其他	小计	数量	比例(%)
一、有限售条件股份	129,827,529	42.84%				−32,382,085	−32,382,085	97,445,444	32.15%
1、国家持股									
2、国有法人持股	129,827,529	42.84%				−32,382,085	−32,382,085	97,445,444	32.15%
3、其他内资持股	0	0.00%						0	0.00%
其中：境内非国有法人持股	0	0.00%						0	0.00%
境内自然人持股	0	0.00%						0	0.00%
4、外资持股									
其中：境外法人持股									
境外自然人持股									
5、高管股份									
二、无限售条件股份	173,222,471	57.16%				32,382,085	32,382,085	205,604,556	67.85%
1、人民币普通股	173,222,471	57.16%				32,382,085	32,382,085	205,604,556	67.85%
2、境内上市的外资股									
3、境外上市的外资股									
4、其他									
三、股份总数	303,050,000	100.00%						303,050,000	100.00%

限售股份变动情况表

单位：股

股东名称	年初限售股数	本年解除限售股数	本年增加限售股数	年末限售股数	限售原因	解除限售日期
中皇有限公司	97,445,444	0	0	97,445,444	股改承诺	2011-1-11(未解禁)
中国长城资产管理公司	32,382,085	32,382,085	0	0	股改承诺	2010-6-7
合计	129,827,529	32,382,085	0	97,445,444	–	–

4.2 前 10 名股东、前 10 名无限售条件股东持股情况表

单位：股

股东总数					53,105
前 10 名股东持股情况					
股东名称	股东性质	持股比例(%)	持股总数	持有有限售条件股份数量	质押或冻结的股份数量
中皇有限公司	国有法人	32.15%	97,445,444	97,445,444	0

中国长城资产管理公司	国有法人	8.58%	26,000,801	0	0
北京盈动安通投资顾问有限公司	境内非国有法人	2.69%	8,150,000	0	0
中国银行-华泰柏瑞盛世中国股票型开放式证券投资基金	境内非国有法人	2.18%	6,593,336	0	0
中国农业银行-宝盈策略增长股票型证券投资基金	境内非国有法人	1.24%	3,750,051	0	0
中国工商银行-易方达价值成长混合型证券投资基金	境内非国有法人	0.99%	3,000,000	0	0
赵建平	境内自然人	0.56%	1,700,000	0	0
吴应宏	境内自然人	0.51%	1,545,377	0	0
钟幸华	境内自然人	0.47%	1,409,400	0	0
湖南星钢钢铁有限公司	境内非国有法人	0.40%	1,204,060	0	0

前10名无限售条件股东持股情况

股东名称	持有无限售条件股份数量	股份种类
中国长城资产管理公司	26,000,801	人民币普通股
北京盈动安通投资顾问有限公司	8,150,000	人民币普通股
中国银行-华泰柏瑞盛世中国股票型开放式证券投资基金	6,593,336	人民币普通股
中国农业银行-宝盈策略增长股票型证券投资基金	3,750,051	人民币普通股
中国工商银行-易方达价值成长混合型证券投资基金	3,000,000	人民币普通股
赵建平	1,700,000	人民币普通股
吴应宏	1,545,377	人民币普通股
钟幸华	1,409,400	人民币普通股
湖南星钢钢铁有限公司	1,204,060	人民币普通股
中国银行-华泰柏瑞积极成长混合型证券投资基金	1,099,608	人民币普通股
上述股东关联关系或一致行动的说明	公司法人股东之间不存在关联关系，不属于《上市公司股东持股变动信息披露管理办法》规定的一致行动人，本公司未知前十名社会流通股东之间、流通股东及法人股东之间是否存在关联关系，也未知社会流通股东之间是否属于一致行动人。	

4.3 控股股东及实际控制人情况介绍

4.3.1 控股股东及实际控制人变更情况

□ 适用 √ 不适用

4.3.2 控股股东及实际控制人具体情况介绍

中皇有限公司是2004年6月18日在天津港保税区注册的中外合资企业，注册地址为天津港保税区天保大道86号K18室，中方股东为：天津中糖华丰实业有限公司，占注册资本的15.08%；天津中糖物流公司，占注册资本的34.92%。外方股东为：香港EverwinPacificLimited，占注册资本的50%。公司经营范围为国际贸易，糖类加工、销售，进料加工、三来一补，转口贸易、保税仓储、物流服务，房地产开发销售。

4.3.3 公司与实际控制人之间的产权及控制关系的方框图(略)

第五节 董事、监事和高级管理人员

5.1 董事、监事和高级管理人员持股变动及报酬情况

姓名	职务	性别	年龄	任期起始日期	任期终止日期	年初持股数	年末持股数	变动原因	报告期内从公司领取的报酬总额(万元)税前	是否在股东单位或其他关联单位领取薪酬
王新国	董事长	男	60	2008-06-27	2011-06-26	0	0	无	8.00	是
赵公微	董事	男	55	2007-01-09	2011-06-26	0	0	无	92.25	否
夏心国	总经理	男	55	2010-08-16	2013-08-15	0	0	无	92.25	否
郑应南	董事	男	54	2008-06-27	2011-06-26	0	0	无	8.00	是
邱生顺	董事	男	62	2008-06-27	2011-06-26	0	0	无	37.30	否
王俊	董事	男	50	2008-06-27	2011-06-26	0	0	无	49.19	否
郭国庆	独立董事	男	49	2008-06-27	2011-06-26	0	0	无	14.90	是
高一斌	独立董事	男	48	2008-06-27	2011-06-26	0	0	无	14.90	是
张贵华	独立董事	男	48	2008-06-27	2011-06-26	0	0	无	14.90	是
滕建新	监事会召集人、党委书记	男	46	2004-05-29	2011-06-26	0	0	无	33.64	否
李小平	监事	男	48	2008-06-27	2011-06-26	0	0	无	5.00	是
陈芳	监事	女	48	2008-06-27	2011-06-26	0	0	无	5.00	是
刘龙	监事	男	38	2008-06-27	2011-06-26	0	0	无	13.92	否
李文生	监事	男	42	2004-02-16	2011-06-26	0	0	无	14.14	否
范震	副总经理	男	60	2008-06-27	2011-06-26	0	0	无	41.30	否
任宝岩	财务总监	男	48	2009-09-10	2012-09-09	0	0	无	41.19	否
苏晓飚	副总经理	男	41	2010-07-02	2013-07-01	0	0	无	0.00	是
曾盛全	副总经理	男	51	2009-06-18	2012-06-18	0	0	无	92.22	否
张儒平	副总经理	男	45	2004-02-16	2011-06-26	0	0	无	32.79	否
姚蔚	副总经理	男	48	2010-07-02	2013-07-01	0	0	无	34.50	否
郝刚	副总经理	男	41	2010-07-02	2013-07-01	0	0	无	35.18	否
白敬	总经理助理	男	38	2008-06-27	2011-06-26	0	0	无	27.99	否
樊林	总经理助理	男	47	2008-06-27	2012-06-26	0	0	无	27.99	否
合计	–	–	–	–	–	0	0	–	736.55	–

董事、监事、高级管理人员报告期内被授予的股权激励情况

□ 适用 √ 不适用

5.2 董事出席董事会会议情况

董事姓名	具体职务	应出席次数	现场出席次数	以通讯方式参加会议次数	委托出席次数	缺席次数	是否连续两次未亲自出席会议
王新国	董事长	10	2	8	0	0	否
赵公微	执行董事	10	2	8	0	0	否
夏心国	执行董事	10	2	8	0	0	否
郑应南	董事	10	0	8	2	0	否
邱生顺	董事	10	2	8	0	0	否
王俊	董事	10	2	8	0	0	否
郭国庆	独立董事	10	2	8	0	0	否
高一斌	独立董事	10	1	8	1	0	否
张贵华	独立董事	10	2	8	0	0	否

连续两次未亲自出席董事会会议的说明

年年内召开董事会会议次数	10
其中：现场会议次数	2
通讯方式召开会议次数	8
现场结合通讯方式召开会议次数	0

第六节 董事会报告

6.1 管理层讨论与分析

一、报告期内公司经营情况的回顾

公司紧紧围绕"以质量为根本、以产品为重点、以销售为龙头、以管理为基础、以企业文化为动力、争创中国酒业一流品牌"的经营思路，积极实施"销售服务年"，经营业绩实现较大增长。

(一)市场营销方面

2010年，公司紧扣"精耕湖南、做透亮点；拓展全国 突出重点；加大促销、活跃终端；整合资源，抢占高端"的营销思路，立足长远，突出重点，完成了市场战略布局。

1、创新市场机制，深入精耕湖南本土市场

2010年7月，酒鬼酒供销公司与湖南省骨干经销商共同出资成立了"酒鬼酒湖南销售有限责任公司"，实现了厂商价值一体化。酒鬼酒湖南公司成立以来，调整了长株潭市场渠道，整治了湖南市场市场秩序，改进了内参品牌销售模式，加强了内部组织和团队建设，完善了内部管理机制，提高了经销商的积极性，实现了酒鬼酒主力产品在湖南省商超和流通渠道的全品相陈列，进一步巩固了本土市场的基础性地位。

2、突出市场重点，稳步拓展省外重点市场

在精耕湖南市场的基础上，稳步拓展省外重点市场，建立了十七个营销片区；进一步选择和培养有实力、有信誉、有网络、有队伍的主流经销商进行战略合作。西北片区、山东片区、河南片区、内参二部取得了较好的经营业绩，为振兴全国市场打下了良好基础。

3、整合市场资源，全力抢占高端团购市场

以北京、湖南为重点目标市场，以"内参"为主推品牌，以高端消费群体为主要目标客户，以参与高端主题活动、举行高端品鉴会、发展高端品鉴顾问、专题公关活动为营销手段。公司各片区开辟了高端品牌的专有、特色营销通道，以高端消费、精英消费引领大众消费的团购营销初显成效。

4、强化市场措施，不断活跃终端销费市场

为进一步做实做透市场，公司加强了终端市场启动，紧扣酒店、商超、名烟名酒店，加强促销人员的培训工作，提高促销人员整体素质，优化促销人员队伍，加大了促销宣传，公司产品在市场终端的消费氛围和消费口碑越来越好。

5、发展市场空间，努力开拓国外销售市场

全年出口销售实现了较大增长，被湘西州人民政府授予"2009年度出口先进企业"，被州外汇局授予"自动核销及出口收汇荣誉企业"。

6、加强市场管理，全面完善市场营销体系

公司在精耕湖南市场、布局省外重点城市市场的基础上，加强了公司专业化营销机构的组织建设，公司成立了总代理品牌管理部(贴牌产品管理、专卖店事务管理)、出口部、内参事业部、基酒部等专门营销机构。同时，成立了湘泉事业部，在强化酒鬼酒主导产品的同时，加大"湘泉"系列产品的开发与营销，推进湘泉品牌营销队伍专业化、组织化、制度化，制定了专项营销政策和营销策略，招聘配备了专业营销团队。

(二)品牌建设方面

1、打造主导，强化标杆，优化了公司品牌结构

公司在传承酒鬼酒传统文化、独特个性和基本元素的基础上，进一步明晰企业品牌体系，突出强化标杆产品，使主导品牌上规模、上效益。精心运作高端"内参"品牌，主推"52°酒鬼酒"和红坛15年、紫坛20年封坛年份酒鬼酒，开发完成了一系列自营新产品，并突出加大了"湘泉"新系列产品开发力度，使公司的产品结构、产品体系更加优化。

2、塑造品牌，加大宣传，提升了公司品牌形象

公司的资源配置、广告宣传、资金投入进一步向主导、标杆品牌倾斜，除央视、湖南卫视主流媒体外，加大对高端杂志、主流报纸、高档场所、权威网站的广告投放力度。通过"相信品质的力量"核心广告登陆中央电视台、湖南卫视的黄金标段，加强与《三湘都市报》、《京华时报》、《南方都市报》、《糖烟酒周刊》等高端纸质媒体的深度合作，加大高档场所、权威网站的广告投放；通过精心策划春秋两季糖酒会和主题招商活动，极大提升了品牌形象。2010年3月，"封坛年份酒鬼酒"获第二届"中国酒业金爵奖"之"中国酒业潜力新品奖"；10月，在上海世博园国际信息发展网馆举行的"中国酒类优秀企业荣誉日"会

上，"52°酒鬼酒"获联合国授予的"千年金奖"殊荣；11 月，在"华樽杯"第二届中国酒类品牌价值评议活动中，"酒鬼"品牌价值再创历史新高，获"中华白酒十大全球代表性品牌"称号。

（三）生产技术方面公司严格贯彻落实"质量是立业之本、质量是兴业之本、质量是发展之本"的质量方针，进一步加强产品质量管理、生产技术管理和生产安全管理。继续实施以"企业内部控制为主导、国家权威监督检测机构为支撑、国家著名白酒专家团队为指导"的质量管理方针，深入推行"全过程抓质量、全员抓质量、专家团队抓质量"三大主题活动，严格遵守执行"馥郁香型"工艺标准，随着卫生条件、生产条件不断改善，使"馥郁香型"酒鬼酒产品质量得到稳定和巩固。公司通过了企业质量信用等级评定，被商务厅确认为最高等级 A 级企业；在 2010 年国家质量监督检验检疫总局组织的"中国质量稳定食品品牌"评比活动中，公司获"中国质量稳定食品品牌(百佳)"殊荣。

（四）资本经营方面

2010 年 7 月 14 日，公司董事会审议通过了《关于公司 2010 年非公开发行股票方案的议案》，公司董事会启动了非公开发行股票工作，发行对象为包括本公司控股股东中皇有限公司在内的不超过十家特定投资者；本次发行的股票数量不超过 3838 万股，其中，中皇有限公司以现金认购不超过 576 万股，其他特定投资者以现金认购本次发行股票的剩余部分；本次非公开发行股票募集资金上限 44,317.70 万元，扣除发行费用后将全部用于投资"馥郁香型"优质基酒酿造技改项目、基酒分级储藏及包装中心技改项目、营销网络建设项目、品牌媒体推广项目。报告期申报材料已上报中国证监会。

（五）企业文化方面公司

高度重视企业的领导班子建设、员工队伍建设、企业制度建设、企业宣传阵地建设、企业文化活动建设和员工群协组织建设，积极组织各项劳动竞赛，在公司上下掀起了争优创选、争当优秀员工、争创先锋集体的热潮。在北京第二届全国白酒品酒职业技能竞赛决赛中，公司再添 1 名国家级白酒评委；在省、州上级有关部门组织的"争优创选"活动中，公司员工被省总工会授予"湖南省劳动模范"1 名、授予"五一先锋"2 名、授予"湖南省工人先锋号"班组集体 1 个、授予湖南省"首席技师"3 名；公司创办的《天下酒鬼报》成为消费者、经销商、投资者、企业员工的情感纽带；公司酒文化陈列馆、张家界土家风情园"酒鬼酒文化体验馆"成为展示企业和品牌形象的窗口；公司开展了丰富多彩的文化体育活动，举办了文化艺术节，成立了公司员工篮球俱乐部、摄影协会、合唱队、电声乐队、镏子队和苗鼓队，公司员工演艺队伍初具规模，极大增强了企业的凝聚力。在湖南省企业文化论坛大会上，公司荣获"优秀成果奖"；在湖南省职工技术协会第五次代表大会上，公司职工技协被评为湖南省"先进集体"。

二、对公司未来发展的展望

公司是湖南省唯一的酒类上市公司，酒鬼酒是中国唯一的"馥郁香型"白酒，"酒鬼"为"中国驰名商标"，其香型和工艺在中华酒林独树一帜，被列为"中国地理标志产品"，其酿造工艺拥有独立知识产权，被列入湖南省非物质文化遗产名录。酒鬼酒因其"地理环境的特殊性、品牌文化的独特性、酿酒工艺的唯一性、溶洞贮藏的稀缺性、包装设计的独创性和产品质量的卓越性"而成为中国文化酒的典范，成为 2008 年北京奥运会国礼精品。

近年来，公司在湖南省委、省政府及湘西州委、州政府的重视和支持下，在社会各界的关心下，进入了全面恢复性发展阶段。目前公司具备了进一步做大、做强的条件和基础。2010 年度，省领导多次来公司视察工作，对加快公司发展、打造湘酒第一品牌作了重要指示，并提出殷切希望。要求公司要整合品牌、突出主打产品，要整合力量、加大销售力度，要科学定位、突出高端产品，要加快发展、尽快做大做强。湘西州委、州政府主要领导也多次深入公司调研，鼓励公司抓住机遇，乘势而上，迅速做大做强。公司认真总结了四年来的发展经验和存在的问题，分析了发展环境和前景，科学制定了公司"十二五"战略发展规划。

2011 年是实施"十二五"规划的开局之年，也是公司确定的"市场拓展年"，是酒鬼酒营销起势之年。公司将紧紧围绕"巩固优势、创新机制、提升形象、加快发展"的指导思想展开各项工作。

（一）新年度工作计划

1、进一步巩固公司的产品质量优势、品牌文化优势、工艺香型优势、地域资源优势，不断锤炼酒鬼品牌的核心竞争力。确保产品质量、产品风格、产品批次高度稳定，保持"馥郁香型"酒鬼酒高端系列产品的尊贵品位和卓越品质。

2、进一步创新公司的法人治理机制、企业用人机制、薪酬分配机制、内部控制机制、营销管理机制，不断提高企业的整体盈利能力，确保公司规范运作、科学决策、稳健经营、高效发展。

3、进一步提升公司的团队形象、品牌形象、文化形象、诚信形象，不断增强企业的社会公信力，确保经销商价值、股东价值、员工价值、社会价值与企业价值共同成长。

4、进一步加快公司的全国重点营销市场的发展，加快高端营销的发展，加快酒鬼酒主导品牌的发展，加快湘泉品牌的发展，加快证券市场的发展，全面提升企业的综合实力。确保公司在消费升级的大背景下，抓住机遇，乘势而上，推动公司"馥郁香型"酒鬼酒产业升级，加快市场营销规模大发展，实现产品市场、资本市场互促联动，打造"湘酒第一品牌"，实现公司跨越式发展。

（二）重大项目投资及资金需求计划

2010 年 7 月 14 日，公司董事会审议通过了《关于公司 2010 年非公开发行股票方案的议案》，公司董事会启动了非公开发行股票工作，发行对象为包括本公司控股股东中皇有限公司在内的不超过十家特定投资者；本次发行的股票数量不超过 3838 万股，其中，中皇有限公司以现金认购不超过 576 万股，其他特定投资者以现金认购本次发行股票的剩余部分；本次非公开发行股票募集资金上限 44,317.70 万元，扣除发行费用后将全部用于投资"馥郁香型"优质基酒酿造技改项目、基酒分级储藏及包装中心技改项目、营销网络建设项目、品牌媒体推广项目。

1、2010 年 7 月 14 日，公司召开的第四届董事会第十七次会议审议通过了：《关于公司符合非公开发行股票条件的议案》、《关于公司 2010 年非公开发行股票方案的议案》、《酒鬼酒股份有限公司 2010 年度非公开发行股票预案的议案》、《关于提请股东大会授权董事会全权办理本次非公开发行股票相关事宜的议案》、《关于前次募集资金使用情况的报告的议案》、《关于本次非公开发行股票募集资金运用可行性方案的议案》、《中皇有限公司认购酒鬼酒股份有限公司非公开发行股票的协议》、《关于公司建立募集资金专项账户的议案》。

详见会议召开次日本公司刊登在《中国证券报》、《证券时报》、《上海证券报》及巨潮网站(www.cninfo.com.cn)上的董事会公告。

2、2010 年 11 月 26 日（网络投票时间为：2010 年 11 月 25 日至 2010 年 11 月 26 日有效时间），公司召开的 2010 年度第二次临时股东大会审议通过了《关于公司符合非公开发行股票条件的议案》、《关于公司 2010 年非公开发行股票方案的议案》、《酒鬼酒股份有限公司 2010 年度非公开发行股票预案的议案》、《关于提请股东大会授权董事会全权办理本次非公开发行股票相关事宜的议案》、《关于前次募集资金使用情况的报告的议案》、《关于本次非公开发行股票募集资金运用可行性方案的议案》、《中皇有限公司认购酒鬼酒股份有限公司非公开发行股票的协议》。

详见会议召开次日本公司刊登在《中国证券报》、《证券时报》、《上海证券报》及巨潮网站(www.cninfo.com.cn)上的董事会公告。

3、2010 年 9 月 29 日，公司发布了《关于非公开发行股票事宜获得国资委批复的公告》。报告期内，公司非公开增发新股的申报材料已上报中国证监会。

6.2 主营业务分行业、产品情况表

单位：万元

分行业或分产品	营业收入	营业成本	毛利率(%)	营业收入比上年增减(%)	营业成本比上年增减(%)	毛利率比上年增减(%)
主营业务分行业情况						
酒类销售	56,017.67	14,616.61	73.91%	53.61%	83.98%	-4.31%
主营业务分产品情况						
高档酒	43,240.82	7,635.67	82.34%	43.53%	64.98%	-2.30%
中低档酒	12,776.85	6,980.94	45.36%	101.44%	110.48%	-2.34%
合计	56,017.67	14,616.61	73.91%	53.61%	83.98%	-4.31%

6.3 主营业务分地区情况

单位：万元

地区	营业收入	营业收入比上年增减(%)
华北地区	10,881.51	51.11%
华东地区	536.86	-24.83%
华南地区	7,796.31	35.27%
华中地区	26,390.68	26.82%
其他地区	10,412.31	425.79%

6.4 采用公允价值计量的项目

□ 适用 √ 不适用

6.5 募集资金使用情况对照表

□ 适用 √ 不适用

变更募集资金投资项目情况表

□ 适用 √ 不适用

6.6 非募集资金项目情况

√ 适用 □ 不适用

单位：万元

项目名称	项目金额	项目进度	项目收益情况
酒鬼酒供销公司对酒鬼酒湖南销售公司股权投资	2,000.00	已经完成	良好
合 计	2,000.00	-	-

6.7 董事会对公司会计政策、会计估计变更或重大会计差错更正的原因及影响的说明

□ 适用 √ 不适用

6.8 董事会对会计师事务所"非标准审计报告"的说明

□ 适用 √ 不适用

6.9 董事会本次利润分配或资本公积金转增股本预案

无

公司最近三年现金分红情况表

单位：元

分红年度	现金分红金额(含税)	分红年度合并报表中归属于上市公司股东的净利润	占合并报表中归属于上市公司股东的净利润的比率	年度可分配利润
2009 年	0.00	58,484,410.04	0.00%	-581,962,104.56
2008 年	0.00	41,165,051.09	0.00%	-640,446,514.60
2007 年	0.00	62,461,009.30	0.00%	-681,611,565.69
最近三年累计现金分红金额占最近年均净利润的比例(%)			0.00%	

公司本报告期内盈利但未提出现金利润分配预案

√ 适用 □ 不适用

本报告期内盈利但未提出现金利润分配预案的原因	公司未分配利润的用途和使用计划
1、公司 2007-2009 年可供分配利润均为负值。 2、经国富浩华会计师事务所有限公司审计，公司 2010 年度实现归属于母公司所有者的合并净利润为 79,417,863.62 元、本年度合并实际可供分配利润-502,544,240.94 元；母公司 2010 年度实现净利润为 193,221,494.92 元，母公司本年度实际可供分配利润为-169,501,376.85 元。本期净利润弥补以前年度亏损后，期末未分配利润仍为负值。公司决定不进行利润分配也不进行公积金转增股本。 鉴于公司进行利润分配以母公司为主体，公司董事会研究决定，公司 2010 年末不进行利润分配，也不以资本公积金转增股本。	不适用

第七节 重要事项

7.1 收购资产

□ 适用 √ 不适用

7.2 出售资产

√ 适用 □ 不适用

单位:万元

交易对方	被出售或置出资产	出售日	交易价格	本年初起至出售日该出售资产为公司贡献的净利润	出售产生的损益	是否为关联交易	定价原则	所涉及的资产产权是否已全部过户	所涉及的债权债务是否已全部转移	与交易对方的关联关系(适用关联交易情形)
成都新合能房地产开发有限公司	湖南利新源房地产开发有限公司的75%股权转让及其债权转移	2010-11-08	17,210.12	−193.94	,113.96	否	协议定价	是	是	不适用

7.1、7.2 所涉及事项对公司业务连续性、管理层稳定性的影响。

无影响

7.3 重大担保

□ 适用 √ 不适用

7.4 重大关联交易

7.4.1 与日常经营相关的关联交易

√ 适用 □ 不适用

单位:万元

关联方	向关联方销售产品和提供劳务		向关联方采购产品和接受劳务	
	交易金额	占同类交易金额的比例	交易金额	占同类交易金额的比例
中糖世纪股份有限公司	0.00	0.00%	0.00	0.00%
北京中糖酒类有限责任公司	57.15	0.43%	0.00	0.00%
天津中糖华丰实业有限公司	197.99	1.50%	0.00	0.00%
河南中糖物流有限公司	0.00	0.00%	0.00	0.00%
皇权集团(香港)有限公司	19.60	0.15%	0.00	0.00%
云南中糖发展有限公司	0.00	0.00%	0.00	0.00%
酒鬼酒湖南销售有限责任公司	11,073.65	84.13%	0.00	0.00%
北京京糖酒鬼酒业有限公司	1,450.26	11.02%	0.00	0.00%
河北廊坊中糖华洋公司	11.15	0.08%	0.00	0.00%
北京北方京糖洋酒销售有限公司	353.08	2.68%	0.00	0.00%
合计	13,162.88	100.00%	0.00	0.00%

其中:报告期内公司向控股股东及其子公司销售产品或提供劳务的关联交易金额13,162.88万元。

与年初预计临时披露差异的说明 无

7.4.2 关联债权债务往来

√ 适用 □ 不适用

单位:万元

关联方	向关联方提供资金		关联方向上市公司提供资金	
	发生额	余额	发生额	余额
中皇有限公司	3,350.40	0.00	0.00	0.00
合计	3,350.40	0.00	0.00	0.00

其中:报告期内上市公司向控股股东及其子公司提供资金的发生额3,350.40万元,余额0.00万元。

7.4.3 大股东及其附属企业非经营性资金占用及清偿情况表

□ 适用 √ 不适用

7.5 委托理财

□ 适用 √ 不适用

7.6 承诺事项履行情况

上市公司及其董事、监事和高级管理人员、公司持股5%以上股东及其实际控制人等有关方在报告期内或持续到报告期内的以下承诺事项

√ 适用 □ 不适用

承诺事项	承诺人	承诺内容	履行情况
股改承诺	中皇有限公司、中国长城资产管理公司	中皇有限公司:(1)限售承诺:自获得流通权之日起,在三十六个月内不上市交易;(2)追加承诺:触发追加条件时,中皇有限公司追送4,024,965股,相当于向每持有10股流通股的股东追送0.5股;(3)中皇有限公司所持限售股份上市日为2011年1月11日。 中国长城资产管理公司:(1)限售承诺:自获得流通权之日起,在二十四个月内不上市交易;(2)追加承诺:触发追加条件时,中国长城资产管理公司追送1,337,535股,相当于向每持有10股流通股的股东追送0.5股;(3)中国长城资产管理公司所持限售股份上市日为2010年1月11日。	中皇有限公司:(1)履行了限售承诺;(2)未触发追加承诺;(3)目前尚未解禁。 中国长城资产管理公司:(1)履行了限售承诺;(2)未触发追加承诺;(3)限售条件流通股于2010年6月7日上市流通。
收购报告书或权益变动报告书中所作承诺	无	无	无
重大资产重组时所作承诺	无	无	无
发行时所作承诺	无	无	无
其他承诺(含追加承诺)	无	无	无

7.7 重大诉讼仲裁事项

√ 适用 □ 不适用

2010年4月1日,公司收到上海市高级人民法院(2010)沪高民二(商)终字第1号、(2010)沪高民二(商)终字第4号、(2010)沪高民二(商)终字第5号民事判决书。

1、泰腾贸易(上海)有限公司不服上海市第一中级人民法院(2009)沪一中民四(商)初字第9号民事判决而提出上诉,上海市高级人民法院依照《中华人民共和国民事诉讼法》第一百五十三条第一款第(一)项、第一百五十八条之规定,判决如下:驳回上诉,维持原判。二审案件受理费447,375元,由上诉人泰腾贸易(上海)有限公司负担。本判决为终审判决。

2、泰腾贸易(上海)有限公司不服上海市第一中级人民法院(2009)沪一中民四(商)初字第10号民事判决而提出上诉,上海市高级人民法院依照《中华人民共和国民事诉讼法》第一百五十三条第一款第(一)项、第一百五十八条之规定,判决如下:驳回上诉,维持原判。二审案件受理费227,695元,由上诉人泰腾贸易(上海)有限公司负担。本判决为终审判决。

3、泰腾贸易(上海)有限公司不服上海市第一中级人民法院(2009)沪一中民四(商)初字第13号民事判决而提出上诉,上海市高级人民法院依照《中华人民共和国民事诉讼法》第一百五十三条第一款第(一)项、第一百五十八条之规定,判决如下:驳回上诉,维持原判。二审案件受理费235,155.40元,由上诉人泰腾贸易(上海)有限公司负担。本判决为终审判决。

上述事项详见2010年4月3日公司董事会刊载在《中国证券报》、《证券时报》、《上海证券报》和巨潮资讯网上的《重大诉讼事项公告》。

7.8 其他重大事项及其影响和解决方案的分析说明

7.8.1 证券投资情况

□ 适用 √ 不适用

7.8.2 持有其他上市公司股权情况

□ 适用 √ 不适用

7.8.3 持有拟上市公司及非上市金融企业股权情况

□ 适用 √ 不适用

7.8.4 买卖其他上市公司股份的情况

□ 适用 √ 不适用

7.8.5 其他综合收益细目

单位:元

项目	本期发生额	上期发生额
1.可供出售金融资产产生的利得(损失)金额		
减:可供出售金融资产产生的所得税影响		
前期计入其他综合收益当期转入损益的净额		
小计		
2.按照权益法核算的在被投资单位其他综合收益中所享有的份额		
减:按照权益法核算的在被投资单位其他综合收益中所享有的份额产生的所得税影响		
前期计入其他综合收益当期转入损益的净额		
小计		
3.现金流量套期工具产生的利得(或损失)金额		
减:现金流量套期工具产生的所得税影响		
前期计入其他综合收益当期转入损益的净额		
转为被套期项目初始确认金额的调整额		
小计		
4.外币财务报表折算差额		
减:处置境外经营当期转入损益的净额		
小计		
5.其他		
减:由其他计入其他综合收益产生的所得税影响		
前期其他计入其他综合收益当期转入损益的净额		
小计		
合计	0.00	0.00

第八节 监事会报告

√ 适用 □ 不适用

监事会全体成员列席或出席了2010年度公司历次董事会议和股东大会,参与了公司重大决策的讨论。公司监事会对2010年度有关事项发表以下独立意见:

(一)公司依法运作情况。公司决策程序合法,建立完善了内部控制制度,公司董事、高级管

理人员执行公司职务时无违反法律、法规、公司章程或损害公司利益的行为。报告期公司基本实现了与控股股东在业务、人员、资产、机构、财务上的“五分开”，公司治理结构符合《公司法》、《证券法》和中国证监会有关规定的要求。

(二)检查公司财务情况。国富浩华会计师事务所有限公司为本公司签发了标准审计报告。本公司审计机构出具的审计意见真实客观地反映了公司 2010 年度的财务状况和经营成果。

(三)募集资金使用情况。报告期无募集资金使用情况。

(四)收购出售资产情况。公司收购、出售资产交易价格合理，均按市场原则和公平、公开、公正的市场原则进行，未发现内幕交易，未损害部分股东的权益或造成公司资产流失。

(五)重大关联交易情况。报告期未发生不利于上市公司的关联交易，关联交易均按照公正、公平、公开的市场原则进行，没有损害上市公司和中小股东的利益。

(六)高管行为监管情况。报告期内公司董事、经理和高级管理人员在执行公司职务时无违反法律、法规或者公司章程的行为，无损害公司利益的行为。

第九节　财务报告

9.1 审计意见

财务报告	是
审计意见	标准无保留审计意见
审计报告编号	国浩审字[2011]第 23 号
审计报告标题	审计报告
审计报告收件人	酒鬼酒股份有限公司
引言段	酒鬼酒股份有限公司全体股东：我们审计了后附的酒鬼酒股份有限公司(以下简称酒鬼酒公司)财务报表，包括 2010 年 12 月 31 日的资产负债表和合并资产负债表，2010 年度的利润表和合并利润表、股东权益变动表和合并股东权益变动表、现金流量表和合并现金流量表以及财务报表附注。
管理层对财务报表的责任段	按照企业会计准则的规定编制财务报表是酒鬼酒公司管理层的责任。这种责任包括：(1)设计、实施和维护与财务报表编制相关的内部控制，以使财务报表不存在由于舞弊或错误而导致的重大错报；(2)选择和运用恰当的会计政策；(3)作出合理的会计估计。
注册会计师责任段	我们的责任是在实施审计工作的基础上对财务报表发表审计意见。我们按照中国注册会计师审计准则的规定执行了审计工作。中国注册会计师审计准则要求我们遵守职业道德规范，计划和实施审计工作以对财务报表是否不存在重大错报获取合理保证。 审计工作涉及实施审计程序，以获取有关财务报表金额和披露的审计证据。选择的审计程序取决于注册会计师的判断，包括对由于舞弊或错误导致的财务报表重大错报风险的评估。在进行风险评估时，我们考虑与财务报表编制相关的内部控制，以设计恰当的审计程序，但目的并非对内部控制的有效性发表意见。审计工作还包括评价管理层选用会计政策的恰当性和作出会计估计的合理性，以及评价财务报表的总体列报。 我们相信，我们获取的审计证据是充分、适当的，为发表审计意见提供了基础。
审计意见段	我们认为，酒鬼酒公司财务报表已经按照企业会计准则的规定编制，在所有重大方面公允反映了酒鬼酒公司 2010 年 12 月 31 日的财务状况以及 2010 年度的经营成果和现金流量。
非标意见	
审计机构名称	国富浩华会计师事务所有限公司
审计机构地址	北京市海淀区西四环中路 16 号院 2 号楼 4 层
审计报告日期	2011 年 01 月 26 日
注册会计师姓名	李毅、金戈

9.2 财务报表

9.2.1 资产负债表

编制单位：酒鬼酒股份有限公司　　2010 年 12 月 31 日　　单位：元

项目	期末余额		年初余额	
	合并	母公司	合并	母公司
流动资产：				
货币资金	198,868,187.05	162,195,217.76	80,776,110.37	19,141,595.03
结算备付金				
拆出资金				
交易性金融资产				
应收票据	2,000,000.00		24,597,889.00	
应收账款	3,576,231.12	62,251,418.83	8,191,104.99	
预付款项	69,566,769.99	43,260,147.14	40,735,172.85	2,739,561.69
应收保费				
应收分保账款				
应收分保合同准备金				
应收利息				
应收股利				
其他应收款	65,832,604.94	60,458,912.57	19,211,543.47	141,552,692.85
买入返售金融资产				
存货	447,748,031.98	378,938,695.56	574,936,255.20	367,068,288.96
一年内到期的非流动资产				
其他流动资产				
流动资产合计	787,591,825.08	707,104,391.86	748,448,075.88	530,502,138.53
非流动资产：				
发放委托贷款及垫款				
可供出售金融资产				
持有至到期投资				
长期应收款				
长期股权投资	76,648,527.50	325,350,000.00	60,000,000.00	314,449,888.36
投资性房地产				
固定资产	324,967,636.01	314,429,940.93	301,931,654.11	298,338,311.58
在建工程			13,462,208.20	13,462,208.20
工程物资				
固定资产清理				
生产性生物资产				
油气资产				
无形资产	92,704,676.30	92,592,816.30	95,485,919.66	95,345,499.66
开发支出				
商誉			107,586.61	
长期待摊费用				
递延所得税资产	8,384,691.09	7,307,500.00	2,994,247.81	1,872,000.00
其他非流动资产	52,471.00	52,471.00	52,471.00	52,471.00
非流动资产合计	502,758,001.90	739,732,728.23	474,034,087.39	723,520,378.80
资产总计	1,290,349,826.98	1,446,837,120.09	1,222,482,163.27	1,254,022,517.33
流动负债：				
短期借款	190,000,000.00	190,000,000.00	150,000,000.00	150,000,000.00
向中央银行借款				
吸收存款及同业存放				
拆入资金				
交易性金融负债				
应付票据				
应付账款	47,910,181.44	5,264,398.69	32,358,392.19	3,294,811.83
预收款项	128,561,661.65	2,448,916.00	142,005,733.53	15,126,179.40
卖出回购金融资产款				
应付手续费及佣金				
应付职工薪酬	31,245,894.74	18,750,129.40	23,530,232.51	16,051,589.21
应交税费	67,590,664.34	68,817,765.33	48,309,000.41	70,428,842.06
应付利息	268,766.67	268,766.67	221,250.00	221,250.00
应付股利				
其他应付款	67,364,830.37	139,572,615.42	133,860,526.13	158,038,152.29
应付分保账款				
保险合同准备金				
代理买卖证券款				
代理承销证券款				
一年内到期的非流动负债	1,333,220.76	1,333,220.76		
其他流动负债				
流动负债合计	534,275,219.97	426,455,812.27	530,285,134.77	413,160,824.79
非流动负债：				
长期借款			3,338,720.50	3,338,720.50
应付债券				
长期应付款				
专项应付款				
预计负债			10,363,159.14	10,363,159.14
递延所得税负债				
其他非流动负债				
非流动负债合计			13,701,879.64	13,701,879.64
负债合计	534,275,219.97	426,455,812.27	543,987,014.41	426,862,704.43
所有者权益(或股东权益)：				
实收资本(或股本)	303,050,000.00	303,050,000.00	303,050,000.00	303,050,000.00
资本公积	759,982,107.95	759,982,107.95	759,982,107.95	759,982,107.95
减：库存股				
专项储备				
盈余公积	195,586,740.00	126,850,576.72	195,586,740.00	126,850,576.72
一般风险准备				
未分配利润	−502,544,240.94	−169,501,376.85	−581,962,104.56	−362,722,871.77
外币报表折算差额				
归属于母公司所有者权益合计	756,074,607.01	1,020,381,307.82	676,656,743.39	827,159,812.90
少数股东权益			1,838,405.47	
所有者权益合计	756,074,607.01	1,020,381,307.82	678,495,148.86	827,159,812.90
负债和所有者权益总计	1,290,349,826.98	1,446,837,120.09	1,222,482,163.27	1,254,022,517.33

9.2.2 利润表

编制单位：酒鬼酒股份有限公司　　2010 年 1－12 月　　单位：元

项目	本期金额		上期金额	
	合并	母公司	合并	母公司
一、营业总收入	560,487,308.47	349,914,038.65	364,902,874.26	182,657,373.09
其中:营业收入	560,487,308.47	349,914,038.65	364,902,874.26	182,657,373.09
利息收入				
已赚保费				
手续费及佣金收入				
二、营业总成本	497,467,861.86	180,549,439.02	352,587,333.22	135,780,258.05
其中:营业成本	146,217,939.88	68,434,627.00	79,464,775.80	33,337,849.62
利息支出				
手续费及佣金支出				
退保金				
赔付支出净额				
提取保险合同准备金净额				
保单红利支出				
分保费用				
营业税金及附加	85,159,188.58	82,367,303.78	47,974,798.01	45,952,445.20
销售费用	202,726,201.64	733,916.02	131,286,873.63	708,022.67
管理费用	81,996,130.75	60,436,603.03	70,861,923.78	52,018,853.38
财务费用	9,005,561.18	7,678,595.64	6,057,516.07	5,625,403.06
资产减值损失	-27,637,160.17	-39,101,606.45	16,941,445.93	-1,862,315.88
加:公允价值变动收益(损失以"-"号填列)				
投资收益(损失以"-"号填列)	11,922,890.44	7,673,036.07	915,102.91	1,167,455.76
其中:对联营企业和合营企业的投资收益	4,249,854.37		-202,759.39	
汇兑收益(损失以"-"号填列)				
三、营业利润(亏损以"-"号填列)	74,942,337.05	177,037,635.70	13,230,643.95	48,044,570.80
加:营业外收入	12,615,946.01	11,997,763.45	43,496,500.04	42,802,415.20
减:营业外支出	1,291,979.03	1,249,404.23	1,458,481.81	1,394,617.20
其中:非流动资产处置损失	19,548.84		517,160.34	454,860.34
四、利润总额(亏损总额以"-"号填列)	86,266,304.03	187,785,994.92	55,268,662.18	89,452,368.80
减:所得税费用	7,494,920.77	-5,435,500.00	-2,994,247.81	-1,872,000.00
五、净利润(净亏损以"-"号填列)	78,771,383.26	193,221,494.92	58,262,909.99	91,324,368.80
归属于母公司所有者的净利润	79,417,863.62	193,221,494.92	58,484,410.04	91,324,368.80
少数股东损益	-646,480.36		-221,500.05	
六、每股收益:				
(一)基本每股收益	0.2621	0.6376	0.1930	0.3000
(二)稀释每股收益	0.2621	0.6376	0.1930	0.3000
七、其他综合收益				
八、综合收益总额	78,771,383.26	193,221,494.92	58,262,909.99	91,324,368.80
归属于母公司所有者的综合收益总额	79,417,863.62	193,221,494.92	58,484,410.04	91,324,368.80
归属于少数股东的综合收益总额	-646,480.36		-221,500.05	

本期发生同一控制下企业合并的,被合并方在合并前实现的净利润为:0.00 元。

9.2.3 现金流量表

编制单位:酒鬼酒股份有限公司　　　2010 年 1-12 月　　　单位:元

项目	本期金额		上期金额	
	合并	母公司	合并	母公司
一、经营活动产生的现金流量:				
销售商品、提供劳务收到的现金	653,626,190.83	408,644,941.22	436,784,395.04	196,460,197.21
客户存款和同业存放款项净增加额				
向中央银行借款净增加额				
向其他金融机构拆入资金净增加额				
收到原保险合同保费取得的现金				
收到再保险业务现金净额				
保户储金及投资款净增加额				
处置交易性金融资产净增加额				
收取利息、手续费及佣金的现金				
拆入资金净增加额				
回购业务资金净增加额				
收到的税费返还				
收到其他与经营活动有关的现金	45,191,405.01	29,741,740.23	61,395,961.92	13,839,036.11
经营活动现金流入小计	698,817,595.84	438,386,681.45	498,180,356.96	210,299,233.32
购买商品、接受劳务支付的现金	209,093,360.32	54,768,249.03	126,889,183.61	30,913,723.04
客户贷款及垫款净增加额				
存放中央银行和同业款项净增加额				
支付原保险合同赔付款项的现金				
支付利息、手续费及佣金的现金				
支付保单红利的现金				
支付给职工以及为职工支付的现金	68,899,251.21	39,167,741.97	54,050,157.31	30,749,327.55
支付的各项税费	154,531,453.65	135,395,861.22	156,774,325.07	130,712,721.56
支付其他与经营活动有关的现金	165,811,930.94	109,146,280.55	160,560,149.35	81,488,771.97
经营活动现金流出小计	598,335,996.12	338,478,132.77	498,273,815.34	273,864,544.12
经营活动产生的现金流量净额	100,481,599.72	99,908,548.68	-93,458.38	-63,565,310.80
二、投资活动产生的现金流量:				
收回投资收到的现金			70,000,000.00	70,000,000.00
取得投资收益收到的现金				
处置固定资产、无形资产和其他长期资产收回的现金净额	186,104.00	25,604.00	39,542.00	39,542.00
处置子公司及其他营业单位收到的现金净额	116,090,199.91	120,000,000.00	6,999,997.05	7,000,000.00
收到其他与投资活动有关的现金				
投资活动现金流入小计	116,276,303.91	120,025,604.00	77,039,539.05	77,039,542.00
购建固定资产、无形资产和其他长期资产支付的现金	56,364,654.29	55,329,357.29	16,398,611.00	15,422,376.00
投资支付的现金	20,750,000.00			
质押贷款净增加额				
取得子公司及其他营业单位支付的现金净额			2,242,266.96	2,249,888.36
支付其他与投资活动有关的现金			28,473,369.67	28,473,369.67
投资活动现金流出小计	77,114,654.29	55,329,357.29	47,114,247.63	46,145,634.03
投资活动产生的现金流量净额	39,161,649.62	64,696,246.71	29,925,291.42	30,893,907.97
三、筹资活动产生的现金流量:				
吸收投资收到的现金				
其中:子公司吸收少数股东投资收到的现金				
取得借款收到的现金	190,000,000.00	190,000,000.00	150,000,000.00	150,000,000.00
发行债券收到的现金				
收到其他与筹资活动有关的现金				
筹资活动现金流入小计	190,000,000.00	190,000,000.00	150,000,000.00	150,000,000.00
偿还债务支付的现金	185,533,385.13	185,533,385.13	187,013,954.14	167,013,954.14
分配股利、利润或偿付利息支付的现金	9,017,445.40	9,017,445.40	6,002,162.60	6,002,162.60
其中:子公司支付给少数股东的股利、利润				
支付其他与筹资活动有关的现金	357,445.00	357,445.00	193,780.00	193,780.00
筹资活动现金流出小计	194,908,275.53	194,908,275.53	193,209,896.74	173,209,896.74
筹资活动产生的现金流量净额	-4,908,275.53	-4,908,275.53	-43,209,896.74	-23,209,896.74
四、汇率变动对现金及现金等价物的影响				
五、现金及现金等价物净增加额	134,734,973.81	159,696,519.86	-13,378,063.70	-55,881,299.57
加:期初现金及现金等价物余额	64,133,213.24	2,498,697.90	775,511,276.94	58,379,997.47
六、期末现金及现金等价物余额	198,868,187.05	162,195,217.76	762,133,213.24	2,498,697.90

9.2.4 合并所有者权益变动表

编制单位:酒鬼酒股份有限公司　　　2010 年度　　　单位:元

项目	本期金额									
	归属于母公司所有者权益									
	实收资本(或股本)	资本公积	减:库存股	专项储备	盈余公积	一般风险准备	未分配利润	其他	少数股东权益	所有者权益合计
一、上年年末余额	303,050,000.00	759,982,107.95			195,586,740.00		-581,962,104.56		1,838,405.47	678,495,148.86
加:会计政策变更										
前期差错更正										
其他										
二、本年年初余额	303,050,000.00	759,982,107.95			195,586,740.00		-581,962,104.56		1,838,405.47	678,495,148.86
三、本年增减变动金额(减少以"-"号填列)							79,417,863.62		-1,838,405.47	77,579,458.15
(一)净利润							79,417,863.62		-646,480.36	78,771,383.26

(二)其他综合收益										
上述(一)和(二)小计							79,417,863.62		-646,480.36	78,771,383.26
(三)所有者投入和减少资本									-1,191,925.11	-1,191,925.11
1.所有者投入资本										
2.股份支付计入所有者权益的金额										
3.其他									-1,191,925.11	-1,191,925.11
(四)利润分配										
1.提取盈余公积										
2.提取一般风险准备										
3.对所有者(或股东)的分配										
4.其他										
(五)所有者权益内部结转										
1.资本公积转增资本(或股本)										
2.盈余公积转增资本(或股本)										
3.盈余公积弥补亏损										
4.其他										
(六)专项储备										
1.本期提取										
2.本期使用										
(七)其他										
四、本期期末余额	303,050,000.00	759,982,107.95			195,586,740.00		-502,544,240.94			756,074,607.01

上年金额

项目	归属于母公司所有者权益									
	实收资本(或股本)	资本公积	减:库存股	专项储备	盈余公积	一般风险准备	未分配利润	其他	少数股东权益	所有者权益合计
一、上年年末余额	303,050,000.00	759,982,797.95			195,586,740.00		-640,446,514.60			618,173,023.35
加:会计政策变更										
前期差错更正										
其他										
二、本年年初余额	303,050,000.00	759,982,797.95			195,586,740.00		-640,446,514.60			618,173,023.35
三、本年增减变动金额										
(减少以"-"号填列)		-690.00					58,484,410.04		1,838,405.47	60,322,125.51
(一)净利润							58,484,410.04		-221,500.05	58,262,909.99
(二)其他综合收益										
上述(一)和(二)小计							58,484,410.04		-221,500.05	58,262,909.99
(三)所有者投入和减少资本		-690.00							2,059,905.52	2,059,215.52
1.所有者投入资本									2,059,905.52	2,059,905.52
2.股份支付计入所有者权益的金额										
3.其他		-690.00								-690.00
(四)利润分配										
1.提取盈余公积										
2.提取一般风险准备										
3.对所有者(或股东)的分配										
4.其他										
(五)所有者权益内部结转										
1.资本公积转增资本(或股本)										
2.盈余公积转增资本(或股本)										
3.盈余公积弥补亏损										
4.其他										
(六)专项储备										
1.本期提取										
2.本期使用										
(七)其他										
四、本期期末余额	303,050,000.00	759,982,107.95			195,586,740.00		-581,962,104.56		1,838,405.47	678,495,148.86

9.2.5 母公司所有者权益变动表(附后)

编制单位:酒鬼酒股份有限公司　　2010 年度　　单位:元

本期金额

项目	实收资本(或股本)	资本公积	减:库存股	专项储备	盈余公积	一般风险准备	未分配利润	所有者权益合计
一、上年年末余额	303,050,000.00	759,982,107.95			126,850,576.72		-362,722,871.77	827,159,812.90
加:会计政策变更								
前期差错更正								
其他								
二、本年年初余额	303,050,000.00	759,982,107.95			126,850,576.72		-362,722,871.77	827,159,812.90
三、本年增减变动金额								
(减少以"-"号填列)							193,221,494.92	193,221,494.92
(一)净利润							193,221,494.92	193,221,494.92
(二)其他综合收益								
上述(一)和(二)小计							193,221,494.92	193,221,494.92
(三)所有者投入和减少资本								
1.所有者投入资本								
2.股份支付计入所有者权益的金额								
3.其他								
(四)利润分配								
1.提取盈余公积								
2.提取一般风险准备								
3.对所有者(或股东)的分配								
4.其他								
(五)所有者权益内部结转								
1.资本公积转增资本(或股本)								
2.盈余公积转增资本(或股本)								
3.盈余公积弥补亏损								
4.其他								
(六)专项储备								
1.本期提取								
2.本期使用								
(七)其他								
四、本期期末余额	303,050,000.00	759,982,107.95			126,850,576.72		-169,501,376.85	1,020,381,307.82

上年金额

项目	实收资本(或股本)	资本公积	减:库存股	专项储备	盈余公积	一般风险准备	未分配利润	所有者权益合计
一、上年年末余额	303,050,000.00	759,982,797.95			126,850,576.72		-454,707,066.36	735,176,308.31
加:会计政策变更								
前期差错更正								
其他								
							659,825.79	659,825.79
二、本年年初余额	303,050,000.00	759,982,797.95			126,850,576.72		-454,047,240.57	735,836,134.10
三、本年增减变动金额								
(减少以"-"号填列)		-690.00					91,324,368.80	91,323,678.80
(一)净利润							91,324,368.80	91,324,368.80
(二)其他综合收益								
上述(一)和(二)小计							91,324,368.80	91,324,368.80
(三)所有者投入和减少资本		-690.00						-690.00
(四)利润分配								
1.提取盈余公积								
2.提取一般风险准备								
3.对所有者(或股东)的分配								
4.其他								
(五)所有者权益内部结转								
1.资本公积转增资本(或股本)								
2.盈余公积转增资本(或股本)								
3.盈余公积弥补亏损								
4.其他								
(六)专项储备								
1.本期提取								
2.本期使用								
(七)其他								
四、本期期末余额	303,050,000.00	759,982,107.95			126,850,576.72		-362,722,871.77	827,159,812.90

9.3 与最近一期年度报告相比,会计政策、会计估计和核算方法发生变化的具体说明

□ 适用　　√ 不适用

9.4 重大会计差错的内容、更正金额、原因及其影响

□ 适用　　√ 不适用

9.5 与最近一期年度报告相比,合并范围发生变化的具体说明

□ 适用　　√ 不适用

云南铜业股份有限公司

云南铜业股份有限公司 2010 年年度报告摘要

第一节　重要提示

1.1 本公司董事会、监事会及其董事、监事、高级管理人员保证本报告所载资料不存在任何虚假记载、误导性陈述或者重大遗漏，并对其内容的真实性、准确性和完整性负个别及连带责任。

本年度报告摘要摘自年度报告全文，报告全文同时刊载于巨潮资讯网（www.cninfo.com.cn）。投资者欲了解详细内容，应当仔细阅读年度报告全文。

1.2 除下列董事外，其他董事亲自出席了审议本次年报的董事会会议

未亲自出席董事姓名	未亲自出席董事职务	未亲自出席会议原因	被委托人姓名
金永静	董事	公务出差	牛　皓
汪　戎	独立董事	公务出差	杨国樑

1.3 公司年度财务报告已经天健正信会计师事务所有限公司审计并被出具了标准无保留意见的审计报告。

1.4 公司负责人杨超先生、主管会计工作负责人彭捍东先生及会计机构负责人(会计主管人员)许金先生声明：保证年度报告中财务报告的真实、完整。

第二节　公司基本情况简介

2.1 基本情况简介

股票简称	云南铜业
股票代码	000878
上市交易所	深圳证券交易所
注册地址	昆明高新技术产业开发区
注册地址的邮政编码	650000
办公地址	云南省昆明市人民东路 111 号
办公地址的邮政编码	650051
公司国际互联网网址	http://www.yunan-copper.com
电子信箱	yncopper@yunnan-copper.com

2.2 联系人和联系方式

	董事会秘书	证券事务代表
姓名	彭捍东	张万聪
联系地址	云南省昆明市人民东路 111 号	云南省昆明市人民东路 111 号
电话	0871-3106732	0871-3106797
传真	0871-3106735	0871-3106735
电子信箱	phd@yunnancopper.com	zqb@yunnancopper.com

第三节　会计数据和业务数据摘要

3.1 主要会计数据

单位：元

	2010 年	2009 年	本年比上年增减(%)	2008 年
营业总收入(元)	31,712,717,588.98	16,184,275,465.14	95.95%	25,754,533,965.94
利润总额(元)	678,706,934.17	469,265,650.58	44.63%	-3,075,764,765.61
归属于上市公司股东的净利润(元)	431,394,968.36	373,140,099.63	15.61%	-2,802,963,802.86
归属于上市公司股东的扣除非经常性损益的净利润(元)	391,177,151.70	391,908,763.08	-0.19%	-2,868,002,388.55
经营活动产生的现金流量净额(元)	-344,753,777.72	1,576,014,720.89	-121.88%	-5,147,642,423.32
	2010 年末	2009 年末	本年末比上年末增减(%)	2008 年末
总资产(元)	32,226,121,826.30	26,479,703,318.16	21.70%	21,608,564,625.03
归属于上市公司股东的所有者权益(元)	4,166,704,594.78	3,902,798,153.44	6.76%	3,524,643,146.05
股本(股)	1,256,688,800.00	1,256,688,800.00	0.00%	1,256,688,800.00

3.2 主要财务指标

单位：元

	2010 年	2009 年	本年比上年增减(%)	2008 年
基本每股收益(元/股)	0.34	0.30	13.33%	-2.23
稀释每股收益(元/股)	0.34	0.30	13.33%	-2.23
扣除非经常性损益后的基本每股收益(元/股)	0.[illegible]1	0.31	0.00%	-2.28
加权平均净资产收益率(%)	10.6[illegible]%	9.93%	0.76%	-53.37%
扣除非经常性损益后的加权平均净资产收益率(%)	9.7[illegible]%	10.43%	-0.73%	-55.71%
每股经营活动产生的现金流量净额(元/股)	-0.[illegible]7	1.25	-121.60%	-4.10
	2010 年末	2009 年末	本年末比上年末增减(%)	2008 年末
归属于上市公司股东的每股净资产(元/股)	3.[illegible]2	3.11	6.75%	2.80

非经常性损益项目

√ 适用　　□ 不适用

单位：元

非经常性损益项目	金额	附注(如适用)
非流动资产处置损益	-7,769,942.65	
计入当期损益的政府补助，但与公司正常经营业务密切相关，符合国家政策规定、按照一定标准定额或定量持续享受的政府补助除外	37,860,428.54	
除上述各项之外的其他营业外收入和支出	13,465,818.93	
所得税影响额	-1,929,845.71	
少数股东权益影响额	-1,408,642.45	
合 计	40,217,816.66	-

3.3 境内外会计准则差异

□ 适用　　√ 不适用

第四节　股本变动及股东情况

4.1 股份变动情况表

单位：股

	本次变动前		本次变动增减(+,-)					本次变动后	
	数量	比例(%)	发行新股	送股	公积金转股	其他	小计	数量	比例(%)
一、有限售条件股份	248,714,077	19.79%				-248,700,000	-248,700,000	14,077	0.00%
1、国家持股									
2、国有法人持股	248,700,000	19.79%	0	0	0	-248,700,000	-248,700,000	0	0.00%
3、其他内资持股									
其中：境内非国有法人持股									
境内自然人持股									
4、外资持股									
其中：境外法人持股									
境外自然人持股									
5、高管股份	14,077	0.00%	0	0	0	0	0	14,077	0.00%
二、无限售条件股份	1,007,974,723	80.21%				248,700,000	248,700,000	1,256,674,723	100.00%
1、人民币普通股	1,007,974,723	80.21%				248,700,000	248,700,000	1,256,674,723	100.00%
2、境内上市的外资股									
3、境外上市的外资股									
4、其他									
三、股份总数	1,256,688,800	100.00%						1,256,688,800	100.00%

限售股份变动情况表

单位：股

股东名称	年初限售股数	本年解除限售股数	本年增加限售股数	年末限售股数	限售原因	解除限售日期
云南铜业(集团)有限公司	248,700,000	248,700,000	0	0	公司定向增发限售股份上市流通。	2010-3-25
史谊峰	6,844	0	0	6,844	董事限售股份	—
朱庆芬	750	0	0	750	董事限售股份	—
管　弘	5,133	0	0	5,133	董事限售股份	—
赵　玉	1,350	0	0	1,350	监事限售股份	—
合　计	248,714,077	248,700,000	0	14,077	-	-

4.2 前 10 名股东、前 10 名无限售条件股东持股情况表

单位：股

股东总数						192,300
前 10 名股东持股情况						
股东名称	股东性质		持股比例(%)	持股总数	持有有限售条件股份数量	质押或冻结的股份数量

云南铜业(集团)有限公司	国有法人	54.30%	682,348,800	0	0
中国工商银行—诺安平衡证券投资基金	境内非国有法人	0.89%	11,185,552	0	0
中国农业银行—中邮核心优选股票型证券投资基金	境内非国有法人	0.65%	8,144,375	0	0
中国银行—易方达深圳 100 交易型开放式指数证券投资基金	境内非国有法人	0.64%	8,072,001	0	0
中国工商银行—融通深圳 100 指数证券投资基金	境内非国有法人	0.53%	6,650,107	0	0
中国工商银行—广发大盘成长混合型证券投资基金	境内非国有法人	0.45%	5,690,390	0	0
中国工商银行—易方达价值成长混合型证券投资基金	境内非国有法人	0.43%	5,399,950	0	0
中国农业银行—富国天瑞强势地区精选混合型开放式证券投资基金	境内非国有法人	0.38%	4,718,688	0	0
中国人民人寿保险股份有限公司—分红—个险分红	境内非国有法人	0.37%	4,700,000	0	0
中国银行—嘉实沪深 300 指数证券投资基金	境内非国有法人	0.29%	3,601,917	0	0

前 10 名无限售条件股东持股情况

股东名称	持有无限售条件股份数量	股份种类
云南铜业(集团)有限公司	682,348,800	人民币普通股
中国工商银行—诺安平衡证券投资基金	11,185,552	人民币普通股
中国农业银行—中邮核心优选股票型证券投资基金	8,144,375	人民币普通股
中国银行—易方达深圳 100 交易型开放式指数证券投资基金	8,072,001	人民币普通股
中国工商银行—融通深圳 100 指数证券投资基金	6,650,107	人民币普通股
中国工商银行—广发大盘成长混合型证券投资基金	5,690,390	人民币普通股
中国工商银行—易方达价值成长混合型证券投资基金	5,399,950	人民币普通股
中国农业银行—富国天瑞强势地区精选混合型开放式证券投资基金	4,718,688	人民币普通股
中国人民人寿保险股份有限公司—分红—个险分红	4,700,000	人民币普通股
中国银行—嘉实沪深 300 指数证券投资基金	3,601,917	人民币普通股
上述股东关联关系或一致行动的说明	据我公司所掌握的情况,上述股东之间未发现有关联关系或《上市公司持股变动信息披露管理办法》规定的一致行动人情况。	

4.3 控股股东及实际控制人情况介绍

4.3.1 控股股东及实际控制人变更情况

□ 适用　　√ 不适用

4.3.2 控股股东及实际控制人具体情况介绍

持有本公司 5%以上股份的股东是本公司的控股股东——云南铜业(集团)有限公司。

法定代表人:刘才明

注册资本:1,960,784,314 元人民币

成立日期:1996 年 4 月

企业类型:有限责任公司

经营范围:有色金属、贵金属的生产、销售、加工及开发;高科技产品;有色金属、贵金属的地质勘察、设计、施工、科研;机械动力设备的制作、销售;化工产品生产、加工、销售;建筑安装工程施工;进出口贸易;矿山开发。

云南铜业(集团)有限公司(简称"云铜集团")注册资本为人民币 1,960,784,314 元。

云铜集团 2010 年末持本公司股份 682,348,800 股,持股比例为 54.30%,股份类别为国有法人股。

2007 年 9 月 28 日,云铜集团以其持有本公司的 123,930,000 股股权(占公司总股本的 9.86%)以及质押期间该股权所分配的红股质押给中信银行股份有限公司总行营业部,质押双方已于 2007 年 9 月 28 日在中国证券登记结算有限责任公司深圳分公司办理完毕股权质押登记手续。2010 年 3 月 4 日,该部分质押股权已经解除质押。

云铜集团持有本公司股份 682,348,800 股,其中,有 248,700,000 股为 2007 年非公开发行股票时候认购的有限售条件流通股,该部分股份已经于 2010 年 3 月 25 日上市流通(具体内容详见 2010 年 3 月 22 日刊登在巨潮资讯网上的《云南铜业股份有限公司关于 2007 年非公开发行有限售条件流通股解除限售的提示性公告》)。

本公司实际控制人为中铝公司。2010 年 11 月 11 日,云南省国资委与中国铝业公司签署了《关于云南铜业(集团)有限公司的股权划转协议》。云南省国资委将所持云铜集团 2%的股权无偿划转给中铝公司持有。本次划转完成后,中铝公司持有云铜集团 51%股权,云南省国资委持有云铜集团 31.6%股权,云南省工业投资控股集团有限责任公司持有云铜集团 17.4%股权。

收购完成后,本公司实际控制人仍然是中铝公司,并未发生变更(具体内容详见 2010 年 11 月 15 日刊登在巨潮资讯网上的《云南铜业股份有限公司关于实际控制人持股变更的提示性公告》)。

4.3.3 公司与实际控制人之间的产权及控制关系的方框图(略)

第五节　董事、监事和高级管理人员

5.1 董事、监事和高级管理人员持股变动及报酬情况

姓名	职务	性别	年龄	任期起始日期	任期终止日期	年初持股数	年末持股数	变动原因	报告期内从公司领取的报酬总额(万元)税前	是否在股东单位或其他关联单位领取薪酬
杨　超	董事长	男	54	2010-06-18	2013-06-18	0	0	–	0.00	是
牛　皓	董事	男	47	2010-06-18	2013-06-18	0	0	–	47.28	否
金永静	董事	男	51	2010-06-18	2013-06-18	0	0	–	0.00	是
沈南山	董事	男	50	2010-06-18	2013-06-18	0	0	–	0.00	是
赵建勋	董事	男	42	2010-06-18	2013-06-18	0	0	–	0.00	是
管　弘	董事	男	46	2010-06-18	2013-06-18	6,844	6,844	–	0.00	是
李　犁	董事	女	44	2010-06-18	2013-06-18	0	0	–	0.00	是
朱庆芬	独立董事	女	59	2010-06-18	2013-06-18	1,000	1,000	–	12.00	否
汪　戎	独立董事	男	56	2010-06-18	2011-04-29	0	0	–	12.00	否
杨国樑	独立董事	男	64	2010-06-18	2013-06-18	0	0	–	12.00	否
王道豪	独立董事	男	69	2010-06-18	2013-06-18	0	0	–	6.00	否
毛义强	监事	男	56	2010-06-18	2011-04-29	0	0	–	0.00	是
赵　玉	监事	女	53	2010-06-18	2013-06-18	1,800	1,800	–	0.00	是
周润民	监事	男	56	2010-06-18	2013-06-18	0	0	–	0.00	是
沙先彬	监事	男	45	2010-06-18	2013-06-18	0	0	–	0.00	是
王　坚	监事	男	42	2010-06-18	2013-06-18	0	0	–	47.28	否
彭捍东	董事会秘书	男	40	2010-06-18	2013-06-18	0	0	–	21.93	否
彭捍东	财务总监	男	40	2010-06-18	2013-06-18	0	0	–	0.00	否
史谊峰	副总经理	男	47	2010-06-18	2013-06-18	9,126	9,126	–	39.21	否
代光辉	副总经理	男	48	2010-06-18	2013-06-18	0	0	–	39.21	否
薛兆升	副总经理	男	50	2010-06-18	2013-06-18	0	0	–	39.21	否
王　冲	副总经理	男	38	2010-06-18	2013-06-18	0	0	–	26.55	否
刘才明	董事长	男	48	2008-02-25	2010-06-18	0	0	–	0.00	是
虞海洋	董事	男	62	2007-06-22	2010-06-18	0	0	–	0.00	否
周　荣	独立董事	男	48	2007-06-22	2010-06-18	0	0	–	6.00	否
钟　亮	监事	男	59	2007-06-22	2010-06-18	0	0	–	0.00	是
张新普	监事	男	45	2008-06-27	2010-06-18	0	0	–	20.73	否
董佳伟	监事	男	51	2007-06-22	2010-06-18	0	0	–	18.14	否
高立东	董事会秘书	男	41	2009-02-10	2010-06-18	0	0	–	20.73	否
高立东	财务总监	男	41	2008-05-30	2010-06-18	0	0	–	0.00	否
合　计	–	–	–	–	–	18,770	18,770	–	368.27	–

董事、监事、高级管理人员报告期内被授予的股权激励情况

□ 适用　　√ 不适用

5.2 董事出席董事会会议情况

董事姓名	具体职务	应出席次数	现场出席次数	以通讯方式参加会议次数	委托出席次数	缺席次数	是否连续两次未亲自出席会议
杨　超	董事长	11	8	3	0	0	否
牛　皓	副董事长总经理	11	7	3	1	0	否
金永静	董　事	11	6	3	2	0	否
沈南山	董　事	11	4	3	4	0	是
赵建勋	董　事	7	3	2	2	0	否
管　弘	董　事	7	5	2	0	0	否
李　犁	董　事	7	4	2	1	0	否
朱庆芬	独立董事	11	8	3	0	0	否
汪　戎	独立董事	11	5	3	3	0	否
杨国樑	独立董事	11	8	3	0	0	否
王道豪	独立董事	7	5	2	0	0	否
刘才明	原董事长	4	2	1	1	0	否
虞海洋	原董事	4	2	1	1	0	否
周　荣	原独立董事	4	2	1	1	0	否

连续两次未亲自出席董事会会议的说明

沈南山先生因公务未能参加云南铜业股份有限公司第四届董事会第二十七次会议,特委托董事史谊峰先生出席并表决;

沈南山先生因公务未能参加云南铜业股份有限公司第四届董事会第二十八次会议,特委托副董事长杨超先生出席并表决;

沈南山先生因公务未能参加云南铜业股份有限公司第五届董事会第二次会议,特委托董事长杨超先生出席并表决;

沈南山先生因公务未能参加云南铜业股份有限公司第五届董事会第三次会议,特委托副董事长牛皓先生出席并表决。

年内召开董事会会议次数	11
其中:现场会议次数	8
通讯方式召开会议次数	3
现场结合通讯方式召开会议次数	0

第六节　董事会报告

6.1 管理层讨论与分析

2010 年,是国内外经济形势最复杂、最不确定的一年,公司在中铝公司和云铜集团的正确领导下,深入学习实践科学发展观,认真开展"转观念、抓改革、调结构、促发展"主题实践活动,

按照云铜集团“调整发展年”的总要求，继续强化全面预算管控，从职能管理、专业管理上，全员、全方位、全过程强化降本增效。

公司审时度势，适时调整生产组织方式，紧扣市场变化，公司全年外部生产环境在不断变化，但并没有打乱正常的生产秩序。春节期间电力相对富裕，公司争分夺秒抢生产，进入三月份后，面对百年不遇的干旱缺电、缺水形势，公司根据云铜集团有关生产安排，切实加强生产协调组织，竭力加强电力供应协调力度，最大限度保障生产平稳运行；各矿山企业认真贯彻“保持续、保存量、抓增量、控成本”的总要求，围绕产量目标，持续、均衡、稳产、高产，按计划实现了各项目标；营销工作根据生产组织安排，按照“保量、增利、降成本”的要求，合理采购、调配原料，销售产品，为全年利润目标的完成做出了积极贡献。

通过职能管控作用的进一步强化，各项专业管理制度的进一步规范，公司在投资管理、科技创新、矿产资源、财务审计等各项管理工作迈上了一个新台阶。公司管理体系创建工作取得进展，矿山标准化建设也卓有成效。

报告期内，公司主产品产量完成情况如下：精炼铜实现 32.64 万吨，为年计划 32.17 万吨的 101.48%，同比增加 13.42%；硫酸实现 59.66 万吨，为年计划 47.40 万吨的 125.87%，同比下降 17.65%；黄金 8,822 公斤，为年计划 7,800 公斤的 113.10%，同比增加 8.86%；白银 350.05 吨，为年计划 280 吨的 125.02%，同比增加 12.88%。

2010 年矿山自产铜金属量为 58,499 吨（其中：铜精矿含铜 58,330 吨、湿法铜 169 吨），为年计划 56,977 吨的 102.67%，同比下降 7.64%，铁精矿 56.62 万吨，为年计划 56 万吨的 101.11%，同比下降 2.87%。

报告期内，公司以对标管理和技术创新为驱动力，进一步推动了管理优化增效、科技创新增效工作，稳步推进压缩管理层级、规范职工持股工作，加大债权债务清收力度，公司主要经济技术指标、节能减排指标仍处于国内同行业领先水平。

6.2 主营业务分行业、产品情况表

单位：万元

分行业或分产品	营业收入	营业成本	毛利率(%)	营业收入比上年增减(%)	营业成本比上年增减(%)	毛利率比上年增减(%)
主营业务分行业情况						
重有色冶炼企业	3,171,271.76	3,113,542.60	1.82%	95.94%	98.27%	−1.15%
主营业务分产品情况						
电解铜	2,090,230.94	2,027,237.12	3.01%	83.13%	98.72%	−7.61%
铜杆	86,038.04	77,612.43	9.79%	27.12%	28.38%	−0.88%
硫酸	29,604.03	13,451.61	54.56%	69.39%	−1.27%	32.52%
贵金属	430,385.74	339,642.70	21.08%	72.14%	61.21%	5.35%
铁精矿	41,195.60	24,587.04	40.32%	75.83%	68.90%	2.45%
其他	461,581.23	415,711.78	9.94%	351.51%	502.79%	−21.23%
合计	3,139,035.58	2,898,242.68	7.67%	95.92%	108.74%	−5.77%

6.3 主营业务分地区情况

单位：万元

地区	营业收入	营业收入比上年增减(%)
东北地区（铜产品）	126,671.54	450.48%
华北地区（铜产品）	457,508.70	54.07%
华东地区（铜产品）	451,539.16	59.15%
华南地区（铜产品）	313,679.68	87.63%
西南地区（铜产品）	804,325.68	89.05%
西北地区（铜产品）	22,544.22	76.88%
合　计（铜产品）	2,176,268.98	80.00%

6.4 采用公允价值计量的项目

□ 适用　　√ 不适用

6.5 募集资金使用情况对照表

√ 适用　　□ 不适用

单位：万元

募集资金总额	117,334.77	本年度投入募集资金总额	4,443.35
报告期内变更用途的募集资金总额	0.00		
累计变更用途的募集资金总额	0.00	已累计投入募集资金总额	114,314.09
累计变更用途的募集资金总额比例	0.00%		

承诺投资项目和超募资金投向	是否已变更项目（含部分变更）	募集资金承诺投资总额	调整后投资总额(1)	本年度投入金额	截至期末累计投入金额(2)
承诺投资项目					
组建赤峰云铜有色金属有限公司	否	30,400.00	30,400.00	0.00	30,400.00
新增电解产能技改项目（电解九、十跨项目）	否	49,193.36	49,193.36	0.00	49,193.36
企业信息系统建设项目	否	7,150.00	7,150.00	−693.56	5,512.02
铜电解技术改造项目（电解七、八跨项目）	否	13,523.00	13,523.00	0.00	13,523.00
余热发电项目	否	6,226.62	6,226.62	0.00	5,890.85
供电系统改造项目	否	8,611.79	8,611.79	3,404.18	7,641.23
电子商务系统建设项目	否	2,230.00	2,230.00	1,732.73	2,153.63
承诺投资项目小计	–	117,334.77	117,334.77	4,443.35	114,314.09
超募资金投向					
归还银行贷款（如有）	–				
补充流动资金（如有）	–				
超募资金投向小计	–	0.00	0.00	0.00	0.00
合　计	–	117,334.77	117,334.77	4,443.35	114,314.09

承诺投资项目和超募资金投向	截至期末投资进度(%)(3)=(2)/(1)	项目达到预定可使用状态日期	本年度实现的效益	是否达到预计效益	项目可行性是否发生重大变化
承诺投资项目					
组建赤峰云铜有色金属有限公司	100.00%	2006 年 6 月 1 日	7,172.05	否	否
新增电解产能技改项目（电解九、十跨项目）	100.00%	2010 年 7 月 1 日	402.57	否	否
企业信息系统建设项目	77.09%	2011 年 12 月 31 日	0.00	否	否
铜电解技术改造项目（电解七、八跨项目）	100.00%	2004 年 11 月 7 日	3,227.78	是	否
余热发电项目	94.61%	2007 年 6 月 1 日	173.53	否	否
供电系统改造项目	88.73%	2011 年 12 月 31 日	0.00	否	否
电子商务系统建设项目	96.58%	2010 年 12 月 1 日	0.00	否	否
承诺投资项目小计	–	–	10,975.93	–	–
超募资金投向					
归还银行贷款（如有）		–	–	–	–
补充流动资金（如有）		–	–	–	–
超募资金投向小计	–	–	0.00	–	–
合　计	–	–	10,975.93	–	–

未达到计划进度或预计收益的情况和原因（分具体项目）	(1)组建赤峰云铜有色金属有限公司项目：2010 年生产电解铜 8.82 万吨，公司实现利润 7,172.05 万元。收益低于承诺收益的主要原因在于：油料价格的上涨因素导致成本及运输费用较上年增长。 (2)新增电解产能技改项目（电解九、十跨项目）：2010 年生产电解铜 1.58 万吨，实现利润 402.57 万元。该项目 2010 年 7 月份试车投产，目前还处于试生产阶段，生产不稳定，生产周期不足一年；艾萨炉停产检修，造成作为电解原料的阳极板产量降低，生产用阳极板大多外购，造成阳极板供应短缺。由于这两方面的原因导致电解九、十跨项目 2010 年产量未达到设计值 18 万吨/年，未实现承诺收益。 (3)余热发电项目：2010 年共发电 369.22 万度，实现利润 173.53 万元。除了蒸汽量未达到可研设计要求的 90t/h，造成发电量一直未达到预期产能外，收益低于承诺收益原因主要是自 2010 年 7 月份开始，公司总厂熔炼系统停产检修造成，由于艾萨余热锅炉发电的蒸气来自于艾萨炉产生的烟气，艾萨炉停产检修 10 个月，无锅炉蒸气产生，因此余热发电机也处于停产状态，造成发电量未达到预期产能。 (4)电子商务项目 2010 年 12 月底竣工验收，暂未产生收益。
项目可行性发生重大变化的情况说明	–
超募资金的金额、用途及使用进展情况	–
募集资金投资项目实施地点变更情况	–
募集资金投资项目实施方式调整情况	–
募集资金投资项目先期投入及置换情况	–
用闲置募集资金暂时补充流动资金情况	–
项目实施出现募集资金结余的金额及原因	–
尚未使用的募集资金用途及去向	募集资金余额存储在中国银行云南省分行募集定向增发专户中。
募集资金使用及披露中存在的问题或其他情况	–

变更募集资金投资项目情况表

□ 适用　　√ 不适用

6.6 非募集资金项目情况

√ 适用　　□ 不适用

单位：万元

项目名称	项目金额	项目进度	项目收益情况
加工总厂锅炉改造工程	6,169.00	项目土建、设备、电器等工程、4 号皮带廊安装和锅炉水压试验及化学清洗工作已完工。正在进行项目收尾工作。	项目属于节能降耗类项目，不直接产生经济效益
玉溪矿业大红山铜矿 3 万 t/a 精矿含铜–西部矿段采矿工程	125,376.87	完成总投资的 29.76%。累计完成掘进量：403.52m；6810.49m^3	工程在建，未产生收益

玉溪矿业大红山龙都尾矿库中后期排洪系统建设项目	9,553.78	项目已于2010年底完工。	项目属于安全环保类项目,不直接产生经济效益
迪庆矿业羊拉铜矿里农矿段采选工程	43,794.19	正在进行项目收尾工作。	工程在建,未产生收益
合 计	184,893.84	–	–

6.7 董事会对公司会计政策、会计估计变更或重大会计差错更正的原因及影响的说明

□ 适用 √ 不适用

6.8 董事会对会计师事务所"非标准审计报告"的说明

□ 适用 √ 不适用

6.9 董事会本次利润分配或资本公积金转增股本预案

根据天健正信会计师事务所有限公司出具的标准无保留意见审计报告(天健正信审(2011)GF字第010040号)确认,本公司2010年度母公司实现利润总额479,375,741.78元,净利润459,378,784.51元,报告期末母公司未分配利润为-2,223,265,965.74元。本年度公司拟不实施利润分配,也不进行资本公积金转增股本。

公司最近三年现金分红情况表

单位:元

分红年度	现金分红金额(含税)	分红年度合并报表中归属于上市公司股东的净利润	占合并报表中归属于上市公司股东的净利润的比率	年度可分配利润
2009年	0.00	373,140,099.63	0.00%	-539,134,636.77
2008年	0.00	-2,802,963,802.86	0.00%	-909,476,844.62
2007年	251,337,760.00	975,550,529.09	25.76%	2,067,201,358.75
最近三年累计现金分红金额占最近年均净利润的比例(%)			-17.41%	

公司本报告期内盈利但未提出现金利润分配预案

√ 适用 □ 不适用

本报告期内盈利但未提出现金利润分配预案的原因	公司未分配利润的用途和使用计划
根据天健正信会计师事务所有限公司出具的标准无保留意见审计报告(天健正信审(2011)GF字第010040号)确认,本公司2010年度母公司实现利润总额479,375,741.78元,净利润459,378,784.51元,报告期末母公司未分配利润为-2,223,265,965.74元。本年度公司拟不实施利润分配,也不进行资本公积金转增股本。	无

第七节 重要事项

7.1 收购资产

√ 适用 □ 不适用

单位:万元

交易对方或最终控制方	被收购或置入资产	购买日	交易价格	自购买日起至本年末为公司贡献的净利润(适用于非同一控制下的企业合并)	本年初至本年末为公司贡献的净利润(适用于同一控制下企业合并)	是否为关联交易	定价原则	所涉及的资产产权是否已全部过户	所涉及的债权债务是否已全部转移	与交易对方的关联关系(适用关联交易情形)
赤峰金峰铜业有限公司	赤峰金峰热力有限责任公司和赤峰金峰铁路物资转运有限公司	2010年7月1日	15,005.61	-481.48	0.00	是	评估定价	是	是	子公司参股股东
保定大利铜业有限公司	保定云铜有色金属有限公司	2010年3月4日	7,688.45	200.25	0.00	是	评估定价	是	是	子公司参股股东

7.2 出售资产

√ 适用 □ 不适用

单位:万元

交易对方	被出售或置出资产	出售日	交易价格	本年初起至出售日该出售资产为公司贡献的净利润	出售产生的损益	是否为关联交易	定价原则	所涉及的资产产权是否已全部过户	所涉及的债权债务是否已全部转移	与交易对方的关联关系(适用关联交易情形)
尚未成交	兰坪云矿银业有限公司	2010年8月10日	16,200.00	0.00	0.00	否	评估定	否	否	暂未明确
云南凯通(集团)有限公司	云南铜业凯通有色金属有限公司	2010年3月31日	0.00	0.00	0.00	是	评估定价	是	是	子公司参股股东

7.1、7.2所涉及事项对公司业务连续性、管理层稳定性的影响。

公司以上收购和出售资产事项均符合有关法律、法规及《公司章程》的规定,符合公司实际生产经营需要,并进一步调整和优化了公司的产业布局,且根据公司"突出主业和效益,兼顾战略发展需要"的投资原则进行,有利于集中力量突出主业,保证公司持续健康发展,在对公司管理层稳定性方面无实质影响。

7.3 重大担保

√ 适用 □ 不适用

单位:万元

公司对外担保情况(不包括对子公司的担保)

担保对象名称	担保额度相关公告披露日和编号	担保额度	实际发生日期(协议签署日)	实际担保金额	担保类型	担保期	是否履行完毕	是否为关联方担保(是或否)
–	–	–	–	–	–	–	–	–

报告期内审批的对外担保额度合计(A1)	0.00	报告期内对外担保实际发生额合计(A2)	0.00
报告期末已审批的对外担保额度合计(A3)	0.00	报告期末实际对外担保余额合计(A4)	0.00

公司对子公司的担保情况

担保对象名称	担保额度相关公告披露日和编号	担保额度	实际发生日期(协议签署日)	实际担保金额	担保类型	担保期	是否履行完毕	是否为关联方担保(是或否)
玉溪矿业有限公司	2008年7月11日,2008-31	21,000.00	2007-07-31	13,500.00	连带责任	五年	否	否
楚雄滇中有色金属有限责任公司	2008年7月11日,2008-31	5,000.00	2008-08-15	5,000.00	连带责任	三年	否	否
楚雄滇中有色金属有限责任公司	2008年7月11日,2008-31	15,000.00	2008-11-28	10,000.00	连带责任	三年	否	否

报告期内审批对子公司担保额度合计(B1)	41,000.00	报告期内对子公司担保实际发生额合计(B2)	28,500.00
报告期末已审批的对子公司担保额度合计(B3)	41,000.00	报告期末对子公司实际担保余额合计(B4)	28,500.00

公司担保总额(即前两大项的合计)

报告期内审批担保额度合计(A1+B1)	41,000.00	报告期内担保实际发生额合计(A2+B2)	28,500.00
报告期末已审批的担保额度合计(A3+B3)	41,000.00	报告期末实际担保余额合计(A4+B4)	28,500.00

实际担保总额(即A4+B4)占公司净资产的比例	6.84%
其中:	
为股东、实际控制人及其关联方提供担保的金额(C)	0.00
直接或间接为资产负债率超过70%的被担保对象提供的债务担保金额(D)	0.00
担保总额超过净资产50%部分的金额(E)	0.00
上述三项担保金额合计(C+D+E)	0.00
未到期担保可能承担连带清偿责任说明	承担连带责任

7.4 重大关联交易

7.4.1 与日常经营相关的关联交易

√ 适用 □ 不适用

单位:万元

关联方	向关联方销售产品和提供劳务 交易金额	占同类交易金额的比例	向关联方采购产品和接受劳务 交易金额	占同类交易金额的比例
大姚桂花铜选冶有限公司	766.05	0.02%	0.00	0.00%
大姚桂花铜选冶有限公司	414.65	0.01%	0.00	0.00%
大姚六苴电解铜有限责任公司	640.41	0.02%	0.00	0.00%
大姚六苴电解铜有限责任公司	63.92	0.00%	0.00	0.00%
德钦盈科矿冶开发有限公司	1,155.63	0.04%	6,865.07	0.36%
广东清远云铜有色金属有限公司	19,037.66	0.60%	29,865.18	1.58%
会理县昆鹏铜业有限责任公司	819.86	0.03%	56,471.58	2.99%
昆明西科工贸有限公司	4,062.86	0.13%	1,544.74	0.08%
昆明云铜机电工器材有限公司	1,958.16	0.06%	0.00	0.00%
昆明云铜投资有限公司	3,821.46	0.12%	0.00	0.00%
弥渡县九顶山矿业有限公司	0.00	0.00%	2,285.77	0.12%
磨憨光明采选有限责任公司	13.89	0.00%	571.37	0.03%
香格里拉县洪鑫矿业有限责任公司	600.38	0.02%	3,107.25	0.16%
香格里拉县洪鑫矿业有限责任公司	69.61	0.00%	0.00	0.00%
玉溪飞亚矿业开发管理有限公司	12.94	0.00%	2,876.12	0.15%
玉溪南亚勘探有限责任公司	0.00	0.00%	771.03	0.04%
云南楚雄思远投资有限公司	259.84	0.01%	22,298.01	1.18%
云南景谷矿冶股份有限公司	18.74	0.00%	4,309.81	0.23%
云南景谷矿冶股份有限公司	0.57	0.00%	0.00	0.00%
云南普洱矿冶有限公司	105.25	0.00%	0.00	0.00%
云南铜业(集团)有限公司	51,490.33	1.62%	533.55	0.03%

云南铜业凯通有色金属有限公司	5,804.16	0.18%	3,961.45	0.21%
云南铜业科技发展股份有限公司	3,050.59	0.10%	0.00	0.00%
云南铜业胜威化工有限公司	3,688.02	0.12%	0.00	0.00%
云南云铜稀贵新材料有限公司	272.81	0.01%	0.00	0.00%
云南云铜锌合金有限公司	6,858.25	0.22%	0.00	0.00%
中铝国际贸易有限公司	3,094.10	0.10%	12,742.97	0.67%
中铝华中铜业有限公司	117,584.42	3.71%	0.00	0.00%
中铝昆明铜业有限公司	25,890.32	0.82%	12,092.62	0.64%
中铝洛阳铜业有限公司	35,215.68	1.11%	0.00	0.00%
四川里伍铜业股份有限公司	0.00	0.00%	10,749.68	0.57%
云南凯通(集团)有限公司	0.00	0.00%	52,746.51	2.79%
会东县鑫联矿业有限责任公司	0.00	0.00%	480.16	0.03%
会理县马鞍坪矿山废石综合利用有限责任公司	0.00	0.00%	4,203.56	0.22%
会理县五龙富民矿业有限责任公司	0.00	0.00%	1,131.42	0.06%
昆明云铜杆业有限公司	0.00	0.00%	5,160.56	0.27%
昆明云铜杆业有限公司	0.00	0.00%	929.99	0.05%
凉山矿业股份有限公司	0.00	0.00%	113.84	0.01%
禄丰云铜锌业冶炼有限公司	0.00	0.00%	526.00	0.03%
云南达亚有色金属有限责任公司	0.00	0.00%	54,563.62	2.89%
中国铝业香港有限公司	0.00	0.00%	8,463.82	0.45%
中国云铜(澳大利亚)投资开发有限公司	0.00	0.00%	78,058.90	4.13%
昆明力量经贸有限公司	0.00	0.00%	1,044.58	0.06%
云南铜业矿产资源勘查开发有限公司	0.00	0.00%	28.80	0.00%
云南新平金辉矿业发展有限公司	0.00	0.00%	5,351.73	0.28%
玉溪红山球团工贸有限责任公司	41,195.60	1.30%	0.00	0.00%
云南亚太矿冶环保产业有限公司	235.25	0.01%	57.89	0.00%
昆明金沙人化工有限公司	0.00	0.00%	149.98	0.01%
赤峰金峰铜业有限公司	0.00	0.00%	21,077.04	1.11%
玉溪晨兴矿冶科技开发有限公司	0.00	0.00%	930.71	0.05%
合计	328,201.41	10.36%	406,065.31	21.48%

其中：报告期内公司向控股股东及其子公司销售产品或提供劳务的关联交易金额140612.73万元。

与年初预计临时披露差异的说明

一、年初预计关联方销售商品或提供劳务的金额为52.95亿元，本年实际发生额为32.58亿元，差异为20.37亿元，主要原因是：1、中铝洛阳铜业有限公司、中铝华中铜业有限公司、中铝国际贸易有限公司及中铝大冶铜板带有限公司，未按年初销售计划完成，差异约19亿元；2、云南铜业（集团）有限公司代理出口白银量减少，差异为4.45亿元；3、因铜价上涨，部分企业年初预计销售收入小于当年实际发生金额，差异约为3亿元。

二、年初预计关联方采购商品金额为38.68亿元，实际发生额为40.6亿，差异不大。

7.4.2 关联债权债务往来

√ 适用　　□ 不适用

单位：万元

关联方	向关联方提供资金		关联方向上市公司提供资金	
	发生额	余额	发生额	余额
云南铜业(集团)有限公司	0.00	0.00	360,000.00	360,000.00
合计	0.00	0.00	360,000.00	360,000.00

其中：报告期内上市公司向控股股东及其子公司提供资金的发生额0.00万元，余额0.00万元。

7.4.3 大股东及其附属企业非经营性资金占用及清偿情况表

□ 适用　　√ 不适用

7.5 委托理财

□ 适用　　√ 不适用

7.6 承诺事项履行情况

上市公司及其董事、监事和高级管理人员、公司持股5%以上股东及其实际控制人等有关方在报告期内或持续到报告期内的以下承诺事项

√ 适用　　□ 不适用

承诺事项	承诺人	承诺内容	履行情况
股改承诺	–	–	–
收购报告书或权益变动报告书中所作承诺	–	–	–
重大资产重组时所作承诺	–	–	–
发行时所作承诺	云南铜业(集团)有限公司	一、2007年非公开发行股票在本报告期内履行完毕和继续延续的承诺：1、云铜集团2006年6月2日出具承诺函，承诺在本次增发完成后力争在两年之内逐步将所拥有的全部相关铜矿山资产及其股权（包括但不限于凉山矿业股份有限公司的股权、迪庆有色金属有限公司股权等）以适当的方式全部投入云南铜业股份有限公司。2、在定向增发中，云南铜业集团有限公司认购约2.47亿股，承诺36个月不上市流通。 二、2010年度非公开发行股票有关承诺： （一）关于避免同业竞争的承诺 云铜集团就本次非公开发行股票关于避免同业竞争方面的承诺为： 1、截至本承诺函出具之日，本公司与云南铜业之间不存在实质性同业竞争。作为控股股东期间，本公司将不会从事任何直接或间接与云南铜业及其控股企业构成竞争的业务。 2、本公司已将与电解铜生产经营相关的主要经营性资产及部分矿山资产投入云南铜业；本公司所拥有的其他与铜相关的资产或股权在具备条件后，将择机以适当的方式注入云南铜业，逐步实现铜类业务整体上市。 3、本公司目前生产的铜原料将优先销售给云南铜业，并按照市场定价原则进行。在未取得云南铜业同意的前提下，本公司自产铜原料将不会对外销售。 4、本公司控制的广东清远云铜有色金属有限公司（以下简称“广东清远”）目前尚处于筹建期，投产后主要从事废铜回收、冶炼及再生铜电解业务，一期计划再生铜电解生产能力10万吨。本公司承诺在广东清远投产后且具备相对稳定盈利能力后择机注入云南铜业。注入前将采取委托加工或委托经营等方式避免与云南铜业业务发生同业竞争。 5、本公司参股企业所生产产品或所从事业务与云南铜业及其控股企业构成或可能构成竞争，在云南铜业提出要求时，且符合《公司法》和公司章程相关规定前提下，本公司将出让所持该等企业的全部出资、股份或权益，并承诺在同等条件下给予云南铜业优先购买该等出资、股份或权益的权利。 （二）关于标的资产权属方面的承诺 1、本公司合法持有标的公司股权，且不存在质押、司法冻结等行使权利受到限制的情形； 2、标的公司所属资产均为标的公司合法所有或使用，权属清晰，不存在任何权属纠纷； 3、因标的公司股权权属或标的公司资产权属瑕疵或其他或有风险产生纠纷，对标的公司生产经营造成影响的，本公司将积极予以协助办理并承担相关费用；进入股份公司后因上述问题对股份公司生产经营造成影响的，相关损失由本公司承担。 （三）关于标的资产采矿权方面的承诺 云南铜业股份有限公司拟非公开发行股票购买云南铜业（集团）有限公司所持有云南达亚有色金属有限公司、云南星焰有色金属有限公司、云南景谷矿冶有限公司、昆明西科工贸有限公司股权，云南铜业（集团）有限公司、云南铜业股份有限公司共同委托相关中介机构以2009年9月30日为基准日对云南达亚有色金属有限公司、云南星焰有色金属有限公司、云南景谷矿冶有限公司、昆明西科工贸有限公司进行评估，纳入此次评估范围的云南达亚有色金属有限公司的易门狮子山铜矿、狮凤山铜矿、云南星焰有色金属有限公司的牟定郝家河铜矿、牟定松山铜矿等四个采矿权证因涉及扩大矿区范围，截至2010年6月20日新的采矿权证正在办理过程中，对此我公司承诺如下： 1、云南达亚有色金属有限公司的易门	一、2007年非公开发行股票在本报告期内履行完毕和继续延续的承诺： 1、公司于2010年8月26日召开第五届董事会第四次会议和第五届监事会第三次会议，审议通过了《关于公司非公开发行A股股票方案的预案》等议案（具体内容详见2010年8月31日上海证券报、中国证券报、证券时报及巨潮资讯网公司2010-036、037、038、039、040号公告）；公司于2010年11月15日召开第五届董事会第六次会议和第五届监事会第五次会议，审议通过了《关于调整公司非公开发行股票募集资金总额及项目具体安排》等议案，公司将购买控股股东云南铜业（集团）有限公司所拥有的具备进入上市公司条件的部分矿山，现本次非公开发行股票工作正在进行。2、报告期内，云南铜业集团有限公司在定向增发中认购的股份仍为限售股份。2010年3月15日，该部分限售股份解除限售。 二、2010年度非公开发行股票有关承诺： （一）关于避免同业竞争的承诺 该项承诺正在履行当中，截至目前，云铜集团与云南铜业不存在同业竞争，云铜集团未从事任何直接或间接与云南铜业及其控股企业构成竞争的业务。 2007年非公开发行股票时，云铜集团

狮子山铜矿、狮凤山铜矿、云南星焰有色金属有限公司的牟定郝家河铜矿、牟定桂山铜矿等四个矿权已取得云南省国土资源厅颁发的《云南省划定矿区范围批复》，新的采矿权证正在办理过程中；

2、上述采矿权扩权前一直为我公司子公司合法使用，不存在权属纠纷，扩权亦不存在任何导致矿权权利行使受限的情形；

3、上述采矿权涉及价款缴纳及办证费用，由我公司承担。

（四）关于标的资产探矿权方面的承诺

云南铜业股份有限公司拟非公开发行股票购买云南铜业（集团）有限公司所持有云南达亚有色金属有限公司、云南星焰有色金属有限公司、云南景谷矿冶有限公司、昆明西科工贸有限公司股权，云南铜业（集团）有限公司、云南铜业股份有限公司共同委托相关中介机构以 2009 年 9 月 30 日为基准日对云南达亚有色金属有限公司、云南星焰有色金属有限公司、云南景谷矿冶有限公司、昆明西科工贸有限公司进行评估，纳入此次评估范围的云南星焰有色金属有限公司的云南省牟定县大古岩铜矿普查探矿权、云南省禄丰县新庄铜矿普查探矿权、云南省牟定县老虎硐铜矿普查探矿权、云南省禄丰县大龙树铜矿普查探矿权、云南省禄丰县大海菠铜多金属矿普查探矿权、云南省牟定县郝家河铜矿床外围大板桥铜矿普查探矿权、云南省牟定县新桥铜矿普查探矿权人为云南星焰有色金属股份有限公司，2009 年 10 月，云南星焰有色金属股份有限公司名称变更为云南星焰有色金属有限公司，相关探矿权人名称变更正在进行中。对此我公司承诺如下：

1、上述探矿权一直为我公司子公司云南星焰有色金属有限公司合法使用，不存在权属纠纷；

2、上述探矿权名称变更正中涉及的办证费用，由我公司承担。

（五）关于标的资产涉及采矿权价款的承诺

本公司下属子公司云南达亚有色金属有限公司拥有的狮凤山铜矿采矿权、狮子山铜矿采矿权，云南星焰有色金属有限公司拥有的牟定郝家河铜矿采矿权探获的资源储量，部分属国家危机矿山找矿勘查资金形成。鉴于目前国家对危机矿山国家出资形成的勘查成果是否纳入采矿权价款处臵范围尚无明确规定，经向国家有关主管部门咨询，该采矿权价款是否缴纳等有关事宜亦不明确，为此，本公司郑重承诺如下：

本次非公开发行所涉及的上述采矿权中国家危机矿山找矿勘查资金形成的部分勘查成果的采矿权价款，无论任何时间，如根据国家有关政策的变化或规定需要缴纳的，本公司将承担因此所发生一切费用。

（六）关于标的资产土地使用权方面的承诺

云南铜业股份有限公司拟非公开发行股票购买云铜集团所持有云南达亚有色金属有限公司、云南星焰有色金属有限公司、云南景谷矿冶有限公司、昆明西科工贸有限公司股权，云铜集团、云南铜业股份有限公司共同委托相关中介机构以 2009 年 9 月 30 日为基准日对云南达亚有色金属有限公司、云南星焰有色金属有限公司、云南景谷矿冶有限公司、昆明西科工贸有限公司进行评估，纳入此次评估范围的昆明西科工贸有限公司二宗土地使用权面积为 12,790.31 平方米，土地使用权人为昆明西科工贸有限公司改制前名称昆明西山有色金属科技开发公司，截至 2010 年 6 月 20

已将“四矿一厂”注入云南铜业；2010 年非公开发行，云南铜业拟收购云铜集团下属公司股权。因此，云铜集团已把与电解铜相关的主要经营性资产及大部分矿山资产注入云南铜业。

此外，云铜集团现有矿山所生产的铜原料全部销售给云南铜业。

因广东清远云铜有色金属有限公司目前仍处于筹建期，尚未构成现实的同业竞争。云铜集团拟在项目投产后，与云南铜业签订委托加工协议或委托经营协议等，从而避免与云南铜业产生同业竞争。

（二）关于标的资产权属方面的承诺

该项承诺正在履行当中，云铜集团及标的公司目前生产经营正常，财务结构合理，标的公司股权不存在行使权利受限制的情形；标的公司少部分存在瑕疵的矿权、房屋、土地等所属资产经过整改和完善，资产权属状况已得到进一步规范。

（三）关于标的资产采矿权方面的承诺

上述标的资产四个采矿权扩权后的采矿权证已经于 2010 年 9 月取得。云铜集团的该项承诺已履行完毕。

关于上述采矿权涉及的价款及办证费用，云铜集团已与上市公司签署了《股权转让合同之补

日新的土地使用权证正在办理换证变更，对此我公司承诺该土地使用权为昆明西科工贸有限公司合法拥有，若换证过程中涉及土地出让金及办证费用，由我公司承担。

（七）关于对玉溪矿业房地产开发有限公司所做有关承诺

云南铜业（集团）有限公司作为云南铜业股份有限公司控股股东、本次非公开发行拟收购标的资产云南达亚有色金属有限公司现控股股东，特对玉溪矿业房地产开发有限公司情况做出如下说明和承诺：

1、玉矿房地产自成立以来未实际从事过房地产开发经营业务；

2、玉矿房地产正在建设项目为达亚公司自用办公楼，不属于对外租售的商业地产项目；该公司目前也不拥有其他土地储备；

3、玉矿房地产未来不从事房地产开发经营业务；

4、本公司将督促玉矿房地产严格履行相关承诺事项。

充合同》，对相关费用做出了合理安排。其详细内容请参见本部分

（四）关于标的资产探矿权方面的承诺

该项承诺正在履行当中。除云南省牟定县郝家河铜矿床外围大板桥铜矿普查探矿权外，云南省牟定县老虎硐铜矿普查探矿权、云南省禄丰县新庄铜矿普查探矿权、云南省禄丰县大龙树铜矿普查探矿权的探矿权人名称均已变更为“云南星焰有色金属有限公司”，并同时申请办理了延续手续，其中，云南省牟定县老虎硐铜矿普查探矿权有效期限自 2010 年 11 月 5 日至 2012 年 11 月 5 日，云南省禄丰县新庄铜矿普查探矿权、云南省禄丰县大龙树铜矿普查探矿权有效期限均自 2010 年 10 月 8 日至 2012 年 10 月 8 日。

郝家河铜矿床外围大板桥铜矿普查，探矿权人为“云南星焰有色金属股份有限公司”，该探矿权有效期限为 2009 年 2 月 10 日至 2012 年 2 月 10 日。该探矿权将在有效期届满办理延续手续时一并办理更名手续。

（五）关于标的资产涉及采矿权价款的承诺

该项承诺正在履行当中。云铜集团已与云南铜业签署了《股权转让合同之补充合同》，就该部分在评估基

准日之前未进行计提或缴纳，而在评估基准日之后确认或实际缴纳的属于基准日前的相关税费做出了约定，即该部分金额在资产交割日前确定的，从股权转让价格中予以扣除，在资产交割日后确定的，由云铜集团给予现金补偿。

从云铜集团财务状况和盈利能力分析，完全有能力支付可能存在的上述补偿费用。

（六）关于标的资产土地使用权方面的承诺

该项承诺正在履行当中。昆明西科工贸有限公司系昆明西山有色金属科技开发公司改制而成，原公司所有的土地使用权自然由改制后的昆明西科工贸有限公司合法承继。截至目前，该项土地由昆明西科工贸有限公司正常使用，权属不存在任何纠纷。

鉴于昆明市现有的土地规划，在新的政策出台前，暂无法办理，待政策明朗后再行办理。云铜集团完全有能力和意愿承担出让金及相关办证费用。

（七）关于玉溪矿业房地产开发有限公司所做有关承诺

玉溪矿业房地产开发有限公司自成立以来未从事过房地产开发经营业务，该公司营业执照已于2011年1月6日变更完毕，经营范围中已不具备房地产开发业务，房地产开发企业暂定资质已于2011年2月13日批准注销。

其他承诺（含追加承诺）	–	–	–

7.7 重大诉讼仲裁事项

√ 适用　　□ 不适用

1、上海金山有色金属有限公司欠本公司货款1,947,000.00元，本公司2010年7月21日诉至上海市金山区人民法院，经审理，上海市金山区人民法院出具(2010)金民二(商)初字第1240号民事调解书，约定被告上海金山有色金属有限公司于2011年8月31日前分三次向本公司偿还欠款共计1,947,000.00元。截至到2010年12月31日 上海金山有色金属有限公司尚未履行付款义务，目前本公司正在准备向法院申请执行。

2、本公司2007年2月采购上海生科实业有限公司高纯度阴极铜1,206.8吨，已履行付款义务，上海生科实业有限公司尚有89吨高纯阴极铜的增值税发票未开具，发票金额为5,106,523.41元。2010年8月16日，本公司将上海生科实业有限公司起诉至上海市浦东新区人民法院，经审理，上海市浦东新区人民法院出具(2010)浦民二(商)初字第2313号民事调解书，约定被告上海生科实业有限公司应于2010年12月31日前向本公司开具金额为5,106,523.41元的增值税发票。但本公司尚未收到发票，正在准备向法院申请执行。

3、本公司子公司的子公司——云南思茅山水铜业有限公司(简称思茅山水公司)2007年11月16日与广东广弘国际贸易集团有限公司(简称广弘公司)订立矿产品购销合同，约定广弘公司向思茅山水公司购买硫化锌精矿(ZN≥48%)5000金属吨，每吨1.2万元，合计6000万元，合同期限为2008年2月28日。2008年1月14日双方又订立矿产品购销合同补充协议，对硫化锌精矿的质量及检验做了新的规定。2008年2月4日广弘公司以国内信用证方式向思茅山水公司支付货款6000万元，同时思茅山水公司出具了6000万元增值税发票。

2008年2月5日双方当事人再次签订补充协议，约定由思茅山水公司返还广弘公司货款3000万元，广弘公司首期提取1700金属吨货物后，如思茅山水公司有足够数量货物提供，广弘公司再支付3000万元货款并提取3300金属吨货物；如广弘公司在思茅山水公司有足够货物提供的情况下不再提货，广弘公司应承担已开增值税发票等违约赔偿责任；思茅山水公司必须在2008年5月31日前提供合同项下剩余货物，如思茅山水公司未能履行协议，则应承担相应违约责任，赔偿广弘公司全部损失。截至2008年5月31日双方当事人订立终止协议，载明：截至2008年4月4日，思茅山水公司共销售给广弘公司硫化锌精矿2032.62金属吨，共计24,289,648.58元。由于市场行情发生变化，锌价下跌幅度较大，经双方友好协议，确定终止该笔合同剩余部分。2008年6月30日思茅山水公司开具了剩余部分销项负数增值税发票。思茅山水公司共垫付运费3,339,,643.60元，尚欠广弘公司货款2,370,707.82元。截至到2010年12月31日，该笔款项尚未结算。2010年1月15日，广弘公司将思茅山水公司诉至云南省普洱市中级人民法院，主张思茅山水公司返还其货款2,370,707.82元及利息235150.5元。

2010年2月5日，思茅山水公司向云南省普洱市中级人民法院反诉广弘公司，请求判令广弘公司赔偿其由于锌价下跌造成的经济损失15,489,835.00元及利息1,370,966.00元。2010年9月6日，云南省普洱市中级人民法院审理并出具了(2010)普中民初字第3号民事判决书，判决思茅山水公司返还广弘公司货款2,370,707.82元，驳回其他诉求，驳回思茅山水公司反诉请求。思茅山水公司不服一审判决，诉至云南省高级人民法院，2010年12月1日云南省高级人民法院已受理该诉讼，并出具了案号为(2010)云高民二终字第00199号的传票。目前此案正在审理过程中。

4、保定大利铜业有限公司(以下简称保定大利)与本公司2007年签订了《铜精矿代理进口协议》，由本公司代保定大利进口铜精矿，代保定大利支付了货款及银行费用等共计162,959,765.07元，但保定大利一直未能付款。2008年4月21日本公司对保定大利进行了起诉，2009年2月25日云南省高级人民法院作出了民事判决，出具了民事判决书(2008)云高民三初字第一号，判决保定大利在判决生效后30日归还本公司款项161,573,658.26元和自2008年6月20日至实际清偿日利息，保定大利支付本公司实现债权的费用1,009,000.00元。保定大利不服此判决，向中华人民共和国最高人民法院提起上诉，2009年10月21日，经最高人民法院终审判决((2009)民二终字第56号)：驳回上诉，维持原判。本公司已申请法院，对保定大利位于保新公路南侧241,693.30平方米的土地使用权，保定云铜有色金属有限公司的30%股权以及保定大利的办公楼及厂区房产等财产进行了财产保全。2010年本公司与保定大利签订协议，收购保定大利所持保定云铜有色金属有限公司30%股份，并将保定大利股权转让所得76,884,500.00元抵偿欠款，该事项已于2010年3月4日完成工商变更手续。截至到2010年12月31日，保定大利尚欠本公司83,901,841.96元，正在执行过程中。

根据《深圳证券交易所股票上市规则》第十一章第一节第一条的有关诉讼披露规定，本公司2010年度发生的诉讼、仲裁事项涉及金额未达到公司最近一期经审计净资产绝对值10%以上，因此，公司在报告期未进行统一披露。

7.8 其他重大事项及其影响和解决方案的分析说明

7.8.1 证券投资情况

□ 适用　　√ 不适用

7.8.2 持有其他上市公司股权情况

□ 适用　　√ 不适用

7.8.3 持有拟上市公司及非上市金融企业股权情况

√ 适用　　□ 不适用

单位：元

所持对象名称	初始投资金额	持有数量	占该公司股权比例	期末账面值（元）	报告期损益	报告期所有者权益变动	会计核算科目	股份来源
云晨期货经纪有限公司	20,000,000.00	20,000,000	40.00%	48,875,993.39	12,743,714.53	5,097,485.81	长期股权投资	投资

合计	20,000,000.00	20,000,000	–	48,875,993.39	12,743,714.53	5,097,485.81	–	–

7.8.4 买卖其他上市公司股份的情况

□ 适用　√ 不适用

7.8.5 其他综合收益细目

单位:元

项 目	本期发生额	上期发生额
1.可供出售金融资产产生的利得(损失)金额		
减:可供出售金融资产产生的所得税影响		
前期计入其他综合收益当期转入损益的净额		
小 计		
2.按照权益法核算的在被投资单位其他综合收益中所享有的份额		
减:按照权益法核算的在被投资单位其他综合收益中所享有的份额产生的所得税影响		
前期计入其他综合收益当期转入损益的净额		
小 计		
3.现金流量套期工具产生的利得(或损失)金额	−208,933,210.00	
减:现金流量套期工具产生的所得税影响	−31,894,671.50	
前期计入其他综合收益当期转入损益的净额		
转为被套期项目初始确认金额的调整额		
小 计	−177,038,538.50	
4.外币财务报表折算差额		
减:处置境外经营当期转入损益的净额		
小 计		
5.其他	1,560,000.00	
减:由其他计入其他综合收益产生的所得税影响		
前期其他计入其他综合收益当期转入损益的净额		
小 计	1,560,000.00	
合 计	−175,478,538.50	0.00

第八节　监事会报告

√ 适用　□ 不适用

一、2010 年监事会工作概述

(一)2010 年公司监事会按照《公司法》、《公司章程》赋予的职责，履行了对公司董事、经理及其他高级管理人员履职情况的有效监督职责，通过定期或不定期的检查分析，对公司依法运作、财务情况、募集资金运用、关联交易等方面行使监督职能。在促进公司规范运作，维护股东权益方面发挥了重要的作用。本年度内监事会参加了公司 2009 年度股东大会、2010 年第一次临时股东大会，依法列席了报告期内所有的董事会会议，及时掌握公司经营决策、投资方案、生产经营等方面的情况。

(二)报告期内，公司第四届监事会共召开会议三次。

1、2010 年 4 月 7 日，公司第四届监事会第十六次会议审议通过了《云南铜业股份有限公司 2009 年年度报告正文》、《云南铜业股份有限公司 2009 年年度报告摘要》、《云南铜业股份有限公司 2009 年年度监事会报告》、《云南铜业股份有限公司 2009 年利润分配预案》、《云南铜业股份有限公司公司内部控制制度的评价报告》、《云南铜业股份有限公司聘任会计师事务所的预案》、《云南铜业股份有限公司关于对公司会计政策、会计估计变更或重大会计差错更正的说明》。

会议的内容刊登于 2010 年 4 月 9 日的《上海证券报》、《证券时报》和《中国证券报》上。

2、2010 年 4 月 23 日，公司第四届监事会第十七次会议审议通过了《云南铜业股份有限公司 2010 年第一季度报告》。会议的内容刊登于 2010 年 4 月 26 日的《上海证券报》、《证券时报》和《中国证券报》上。

3、2010 年 5 月 31 日，公司第四届监事会第十八次会议审议通过了《云南铜业股份有限公司关于提名第五届董事会监事候选人的预案》、《云南铜业股份有限公司章程(2010 年修订版)》。

会议的内容刊登于 20010 年 6 月 2 日的《上海证券报》、《证券时报》和《中国证券报》上。

(三)报告期内，公司第五届监事会共召开会议五次。

1、2010 年 6 月 18 日，公司第五届监事会第一次会议审议通过了《云南铜业股份有限公司关于选举第五届监事会监事会主席的议案》。

会议的内容刊登于 2010 年 6 月 19 日的《上海证券报》、《证券时报》和《中国证券报》上。

2、2010 年 8 月 17 日，公司第五届监事会第二次监事会审议通过了《云南铜业股份有限公司 2010 年半年度报告》、《云南铜业股份有限公司 2010 年半年度报告（摘要)》、《关于发行不超过 19 亿元短期融资券的预案》。

会议的内容刊登于 2010 年 8 月 18 日的《上海证券报》、《证券时报》和《中国证券报》上。

3、2010 年 8 月 26 日，公司第五届监事会第三次监事会审议通过了《关于公司符合非公开发行 A 股股票条件的预案》、《关于公司非公开发行 A 股股票方案的预案》、《云南铜业股份有限公司非公开发行股票预案》、《公司关于前次募集资金使用情况报告》、《公司关于本次非公开发行募集资金运用的可行性报告的预案》、《公司关于非公开发行股票涉及重大关联交易的报告》、《附条件生效的资产转让合同的主要内容的预案》。

会议的内容刊登于 2010 年 8 月 31 日的《上海证券报》、《证券时报》和《中国证券报》上。

4、2010 年 10 月 21 日，公司第五届监事会第四次监事会审议通过了《云南铜业股份有限公司 2010 年三季度报告》。

会议的内容刊登于 2010 年 10 月 22 日的《上海证券报》、《证券时报》和《中国证券报》上。

5、2010 年 11 月 12 日，公司第五届监事会第五次监事会审议通过了《关于调整公司非公开发行股票募集资金总额及项目具体安排》、《云南铜业股份有限公司非公开发行股票预案(补充修改版)》。

会议的内容刊登于 2010 年 11 月 15 日的《上海证券报》、《证券时报》和《中国证券报》上。

（四）本公司监事会监事列席了公司 2010 年度召开的董事会会议，听取了有关议案和报告，了解了公司经营情况及重大决策过程。

（五)本公司监事会监事出席了公司 2009 年度股东大会，报告了 2009 年度监事会工作情况，并对公司生产经营、财务状况及董事会成员和高级管理人员履行职责等情况发表了独立意见。出席了公司 2010 年第一次临时股东大会。

在报告期内公司监事会认真监督公司董事会完善其他的规章制度，促进公司治理结构的建设。

二、监事会在本年度按照《公司法》及《公司章程》所赋予的职责，依法对公司、董事会及高级管理人员进行了监督和检查，并发表如下独立意见：

（一）公司依法运作情况：监事会认为，本报告期内公司决策程序合法，建立完善内部控制制度，公司董事、经理执行公司职务时无违反法律、法规、公司章程或损害公司利益的行为。

（二）检查公司财务的情况：报告期内，天健正信会计师事务所出具的审计报告真实反映了公司的财务状况和经营成果。

（三）公司募集资金实际投入项目和承诺投入项目一致。

（四）报告期公司购买、售后回租资产的程序合法，价格合理，不存在内幕交易行为，没有损害股东利益，没有造成公司资产的流失。

（五）报告期内，公司的关联交易行为遵循“公开、公平、公正”的原则，不存在内幕交易，无损害股东利益或上市公司利益的现象。

（六）天健正信会计事务所有限公司为本公司 2010 年度财务报告出具了标准无保留意见的审计报告。

本公司监事会认为：公司 2010 年度报告所载资料不存在任何虚假记载、误导性陈述或者重大遗漏，并对其内容的真实性、准确性和完整性承担个别及连带责任。

第九节　财务报告

9.1 审计意见

财务报告	是
审计意见	标准无保留审计意见
审计报告编号	天健正信审(2011)GF 字第 010040 号
审计报告标题	审计报告
审计报告收件人	云南铜业股份有限公司全体股东
引言段	我们审计了后附的云南铜业股份有限公司(以下简称云南铜业公司)财务报表，包括 2010 年 12 月 31 日的资产负债表、合并资产负债表，2010 年度的利润表、合并利润表和现金流量表、合并现金流量表及股东权益变动表、合并股东权益变动表，以及财务报表附注。
管理层对财务报表的责任段	按照企业会计准则的规定编制财务报表是云南铜业公司管理层的责任。这种责任包括：(1)设计、实施和维护与财务报表编制相关的内部控制，以使财务报表不存在由于舞弊或错误而导致的重大错报；(2)选择和运用恰当的会计政策；(3)做出合理的会计估计。
注册会计师责任段	我们的责任是在实施审计工作的基础上对财务报表发表审计意见。我们按照中国注册会计师审计准则的规定执行了审计工作。中国注册会计师审计准则要求我们遵守职业道德规范，计划和实施审计工作以对财务报表是否不存在重大错报获取合理保证。 审计工作涉及实施审计程序，以获取有关财务报表金额和披露的审计证据。选择的审计程序取决于注册会计师的判断，包括对由于舞弊或错误导致的财务报表重大错报风险的评估。在进行风险评估时，我们考虑与财务报表编制相关的内部控制，以设计恰当的审计程序。审计工作还包括评价管理层选用会计政策的恰当性和做出会计估计的合理性，以及评价财务报表的总体列报。 我们相信，我们获取的审计证据是充分、适当的，为发表审计意见提供了基础。
审计意见段	我们认为，云南铜业公司财务报表已经按照企业会计准则的规定编制，在所有重大方面公允反映了云南铜业公司 2010 年 12 月 31 日的财务状况以及 2010 年度的经营成果和现金流量。
非标意见	–
审计机构名称	天健正信会计师事务所有限公司
审计机构地址	北京市西城区月坛北街 26 号恒华国际商务中心 A 座 401
审计报告日期	2011 年 3 月 29 日
注册会计师姓名	王晶、秦春芝

9.2 财务报表

9.2.1 资产负债表

编制单位:云南铜业股份有限公司　　2010 年 12 月 31 日　　单位:元

项目	期末余额		年初余额	
	合并	母公司	合并	母公司
流动资产:				
货币资金	3,216,436,389.03	1,932,124,192.40	2,667,545,363.17	1,157,648,062.32
结算备付金				
拆出资金				
交易性金融资产			24,178,950.00	24,178,950.00
应收票据	229,971,717.79	194,578,053.09	426,998,287.67	426,598,287.67
应收账款	598,726,345.36	506,380,596.02	352,045,383.16	219,422,103.46
预付款项	2,349,587,264.82	3,155,231,090.20	2,637,287,805.40	1,744,688,178.97

应收保费				
应收分保账款				
应收分保合同准备金				
应收利息				
应收股利	13,498,361.69	15,298,361.69	11,845,463.84	25,286,879.26
其他应收款	543,676,941.12	369,678,726.62	360,557,415.01	270,868,069.41
买入返售金融资产				
存货	14,480,388,362.72	12,392,584,010.64	10,979,079,834.32	9,560,183,269.82
一年内到期的非流动资产		450,000,000.00		250,000,000.00
其他流动资产			224,167,557.01	
流动资产合计	21,432,285,382.53	19,015,875,030.66	17,683,706,059.58	13,678,873,800.91
非流动资产：				
发放委托贷款及垫款				
可供出售金融资产				
持有至到期投资				
长期应收款	343,714,904.27	253,649,202.45		
长期股权投资	507,109,927.30	3,556,118,535.78	518,011,334.52	2,984,179,893.42
投资性房地产	2,379,103.50	2,379,103.50	2,493,781.52	2,493,781.52
固定资产	6,588,378,303.36	2,027,246,788.76	5,162,458,347.83	1,677,835,994.12
在建工程	1,384,631,563.97	430,300,242.82	1,666,764,372.80	788,997,583.79
工程物资	25,023,615.41	5,856,136.35	24,597,373.20	3,375,119.75
固定资产清理				
生产性生物资产				
油气资产				
无形资产	1,024,436,725.01	30,753,778.97	631,882,775.02	31,434,668.76
开发支出			800,000.00	
商誉				
长期待摊费用	549,723,227.96	7,840,617.17	455,151,978.05	8,890,234.36
递延所得税资产	368,439,072.99	340,095,892.07	333,837,295.64	329,584,902.84
其他非流动资产				
非流动资产合计	10,793,836,443.77	6,654,240,297.87	8,795,997,258.58	5,826,792,178.56
资产总计	32,226,121,826.30	25,670,115,328.53	26,479,703,318.16	19,505,665,979.47
流动负债：				
短期借款	16,454,334,440.57	14,750,934,440.57	10,089,550,717.39	8,717,150,717.39
向中央银行借款				
吸收存款及同业存放				
拆入资金				
交易性金融负债				
应付票据	1,788,609,414.64	1,357,499,091.93	1,971,997,067.93	1,331,536,190.83
应付账款	2,792,648,529.28	2,670,395,003.76	2,163,642,293.77	1,583,406,676.94
预收款项	492,073,517.68	453,802,768.27	481,542,867.50	363,532,192.04
卖出回购金融资产款				
应付手续费及佣金				
应付职工薪酬	96,850,233.81	581,804.27	141,868,652.77	37,789,198.45
应交税费	−553,515,209.64	−486,477,534.48	−743,998,362.66	−678,333,716.42
应付利息	144,004,365.81	48,447,487.46	106,505,690.37	14,801,634.93
应付股利	53,766,560.74		84,157,713.16	
其他应付款	477,318,904.47	172,530,408.57	415,913,496.56	44,353,626.61
应付分保账款				
保险合同准备金				
代理买卖证券款				
代理承销证券款				
一年内到期的非流动负债	450,000,000.00	450,000,000.00	886,645,472.75	684,705,733.33
其他流动负债	1,600,000.00		1,623,980,596.95	1,620,399,999.99
流动负债合计	22,197,690,757.36	19,417,713,470.35	17,221,806,206.49	13,719,342,254.09
非流动负债：				
长期借款	4,374,000,000.00	3,500,000,000.00	4,128,340,000.00	3,450,000,000.00
应付债券				
长期应付款	264,325,932.78		285,267,176.00	−6,108,756.78
专项应付款	39,600,000.00		10,000,000.00	
预计负债				
递延所得税负债				
其他非流动负债	69,679,844.98	35,826,844.98	44,453,850.60	38,082,899.24
非流动负债合计	4,747,605,777.76	3,535,826,844.98	4,468,061,026.60	3,481,974,142.46
负债合计	26,945,296,535.12	22,953,540,315.33	21,689,867,233.09	17,201,316,396.55
所有者权益(或股东权益)：				
实收资本(或股本)	1,256,688,800.00	1,256,688,800.00	1,256,688,800.00	1,256,688,800.00
资本公积	2,646,473,310.69	3,394,406,612.35	2,823,065,211.30	3,445,582,178.02
减：库存股				
专项储备	29,212,211.38	4,022,211.44	17,815,118.03	
盈余公积	344,363,660.48	284,723,355.15	344,363,660.48	284,723,355.15
一般风险准备				
未分配利润	−110,033,387.77	−2,223,265,965.74	−539,134,636.37	−2,682,644,750.25
外币报表折算差额				
归属于母公司所有者权益合计	4,166,704,594.78	2,716,575,013.20	3,902,798,153.44	2,304,349,582.92
少数股东权益	1,114,120,696.40		887,037,931.63	
所有者权益合计	5,280,825,291.18	2,716,575,013.20	4,789,836,085.07	2,304,349,582.92
负债和所有者权益总计	32,226,121,826.30	25,670,115,328.53	26,479,703,318.16	19,505,665,979.47

9.2.2 利润表

编制单位：云南铜业股份有限公司　　　　2010 年度　　　　单位：元

项目	本期金额		上期金额	
	合并	母公司	合并	母公司
一、营业总收入	31,712,717,588.98	29,693,567,690.66	16,184,275,465.14	14,958,508,567.60
其中：营业收入	31,712,717,588.98	28,796,625,657.40	16,184,275,465.14	14,958,508,567.60
利息收入				
已赚保费				
手续费及佣金收入				
二、营业总成本	31,135,426,005.14	29,620,200,302.57	15,703,611,002.34	14,760,803,866.25
其中：营业成本	29,226,144,794.92	28,796,625,657.40	14,009,739,025.63	13,877,382,581.08
利息支出				
手续费及佣金支出				
退保金				
赔付支出净额				
提取保险合同准备金净额				
保单红利支出				
分保费用				
营业税金及附加	88,731,158.92	2,035,435.59	88,055,783.30	11,014,026.66
销售费用	292,382,632.53	128,589,156.85	231,901,987.63	98,018,783.51
管理费用	793,216,451.62	151,671,102.18	681,242,758.10	186,412,379.06
财务费用	698,634,247.01	520,938,528.05	642,675,438.80	515,013,458.87
资产减值损失	36,316,720.14	20,340,422.39	49,996,008.88	72,962,637.07
加：公允价值变动收益				
(损失以“−”号填列)				
投资收益				
(损失以“−”号填列)	53,894,943.68	354,096,671.55	9,024,647.87	2,751,430.39
其中：对联营企业和				
合营企业的投资收益	61,001,206.20	55,107,667.91	37,845,981.01	31,184,988.33
汇兑收益(损失以“−”号填列)				
三、营业利润				
(亏损以“−”号填列)	631,186,527.52	427,464,060.04	489,689,110.67	200,456,131.74
加：营业外收入	82,658,943.25	60,508,120.74	25,927,012.60	5,154,811.74
减：营业外支出	35,138,536.60	8,596,439.00	46,350,472.69	30,149,897.83
其中：非流动资产处置损失	6,908,814.98		28,601,279.69	25,680,568.28
四、利润总额				
(亏损总额以“−”号填列)	678,706,934.17	479,375,741.78	469,265,650.58	175,461,045.65
减：所得税费用	100,467,116.39	19,996,957.27	29,061,249.24	−10,932,779.28
五、净利润				
(净亏损以“−”号填列)	578,239,817.78	459,378,784.51	440,204,401.34	186,393,824.93
归属于母公司				
所有者的净利润	431,394,968.36	459,378,784.51	373,140,099.63	186,393,824.93
少数股东损益	146,844,849.42		67,064,301.71	
六、每股收益：				
(一)基本每股收益	0.34		0.30	0.15
(二)稀释每股收益	0.34		0.30	0.15
七、其他综合收益	−175,478,538.50	−172,878,363.50		
八、综合收益总额	402,761,279.28	286,500,421.01	440,204,401.34	186,393,824.93
归属于母公司所有者				
的综合收益总额	255,916,429.86	286,500,421.01	373,140,099.63	186,393,824.93
归属于少数股东的				
综合收益总额	146,844,849.42		67,064,301.71	

本期发生同一控制下企业合并的，被合并方在合并前实现的净利润为：0.00 元。

9.2.3 现金流量表

编制单位：云南铜业股份有限公司　　　　2010 年度　　　　单位：元

项目	本期金额		上期金额	
	合并	母公司	合并	母公司
一、经营活动产生的现金流量：				
销售商品、提供劳				
收到的现金	34,929,098,140.60	33,960,914,363.24	19,402,843,074.84	16,956,883,373.25
客户存款和同业				
存放款项净增加额				
向中央银行借款净增加额				
向其他金融机构拆入资金净增加额				
收到原保险合同保费取得的现金				
收到再保险业务现金净额				
保户储金及投资款净增加额				
处置交易性金融资产净增加额				

收取利息、手续费及佣金的现金				
拆入资金净增加额				
回购业务资金净增加额				
收到的税费返还	10,074,021.42	4,347,089.23	1,877,780.46	
收到其他与经营活动有关的现金	1,135,985,229.19	2,477,092,448.90	412,118,946.84	95,372,252.92
经营活动现金流入小计	36,075,157,391.21	36,442,353,901.37	19,816,839,802.14	17,052,255,626.17
购买商品、接受劳务支付的现金	34,183,569,976.45	36,143,436,739.55	16,429,162,580.13	16,734,475,325.16
客户贷款及垫款净增加额				
存放中央银行和同业款项净增加额				
支付原保险合同赔付款项的现金				
支付利息、手续费及佣金的现金				
支付保单红利的现金				
支付给职工以及为职工支付的现金	892,069,358.11	260,670,817.48	714,444,312.33	217,900,879.76
支付的各项税费	686,829,703.90	42,526,793.75	693,290,243.25	218,730,868.53
支付其他与经营活动有关的现金	657,442,130.47	766,267,439.56	403,927,945.54	53,300,289.65
经营活动现金流出小计	36,419,911,168.93	37,212,901,790.34	18,240,825,081.25	17,224,407,363.10
经营活动产生的现金流量净额	−344,753,777.72	−770,547,888.97	1,576,014,720.89	−172,151,736.93
二、投资活动产生的现金流量:				
收回投资收到的现金	10,410,781.55	6,036,656.55	16,000,000.00	16,000,000.00
取得投资收益收到的现金	14,675,636.93	318,616,209.44	27,159,951.00	23,500,000.00
处置固定资产、无形资产和其他长期资产收回的现金净额	5,100,075.00		401,425.00	600.00
处置子公司及其他营业单位收到的现金净额				
收到其他与投资活动有关的现金	294,428,421.79	278,819,610.97	111,454,512.76	111,427,312.76
投资活动现金流入小计	324,614,915.27	603,472,476.96	155,015,888.76	150,927,912.76
购建固定资产、无形资产和其他长期资产支付的现金	904,989,794.12	80,055,552.35	720,258,306.62	126,038,264.31
投资支付的现金	448,000.00	368,232,490.00	27,564,091.66	22,773,601.00
质押贷款净增加额				
取得子公司及其他营业单位支付的现金净额	−6,135,946.01			
支付其他与投资活动有关的现金	942,524,017.65	1,085,999,432.57	136,974,118.07	136,974,118.07
投资活动现金流出小计	1,841,825,865.76	1,534,287,474.92	884,796,516.35	285,785,983.38
投资活动产生的现金流量净额	−1,517,210,950.49	−930,814,997.96	−729,780,627.59	−134,858,070.62
三、筹资活动产生的现金流量:				
吸收投资收到的现金				
其中:子公司吸收少数股东投资收到的现金				
取得借款收到的现金	15,196,437,387.96	12,643,037,387.96	13,486,900,141.62	12,114,500,141.62
发行债券收到的现金				
收到其他与筹资活动有关的现金	61,945,200.00	41,945,200.00	99,000,000.00	
筹资活动现金流入小计	15,258,382,587.96	12,684,982,587.96	13,585,900,141.62	12,114,500,141.62
偿还债务支付的现金	11,605,944,783.26	9,328,819,808.26	14,307,993,519.60	12,411,233,519.60
分配股利、利润或偿付利息支付的现金	894,868,902.03	685,724,033.90	744,267,113.61	567,123,061.67
其中:子公司支付给少数股东的股利、利润	10,200,000.00		800,000.00	
支付其他与筹资活动有关的现金	346,709,561.28	194,599,728.79	513,578,667.52	385,371,412.36
筹资活动现金流出小计	12,847,523,246.57	10,209,143,570.95	15,565,839,300.73	13,363,727,993.63
筹资活动产生的现金流量净额	2,410,859,341.39	2,475,839,017.01	−1,979,939,159.11	−1,249,227,852.01
四、汇率变动对现金及现金等价物的影响	−3,587.32		−3,575.96	
五、现金及现金等价物净增加额	548,891,025.86	774,476,130.08	−1,133,708,641.77	−1,556,237,659.56
加:期初现金及现金等价物余额	2,667,545,363.17	1,157,648,062.32	3,801,254,004.94	2,713,885,721.88
六、期末现金及现金等价物余额	3,216,436,389.03	1,932,124,192.40	2,667,545,363.17	1,157,648,062.32

9.2.4 合并所有者权益变动表

编制单位:云南铜业股份有限公司　　2010 年度　　单位:元

本期金额

项目	归属于母公司所有者权益：实收资本(或股本)	资本公积	减:库存股	专项储备	盈余公积	一般风险准备	未分配利润	其他	少数股东权益	所有者权益合计
一、上年年末余额	1,256,688,800.00	2,823,065,211.30		17,815,118.03	344,363,660.48		−539,134,636.37		887,037,931.63	4,789,836,085.07
加:会计政策变更										
前期差错更正										
其他										
二、本年年初余额	1,256,688,800.00	2,823,065,211.30		17,815,118.03	344,363,660.48		−539,134,636.37		887,037,931.63	4,789,836,085.07
三、本年增减变动金额(减少以"−"号填列)		−176,591,900.61		11,397,093.35			429,101,248.60		227,082,764.77	490,989,206.11
(一)净利润							431,394,968.36		146,844,849.42	578,239,817.78
(二)其他综合收益		−175,478,538.50								−175,478,538.50
上述(一)和(二)小计		−175,478,538.50					431,394,968.36		146,844,849.42	402,761,279.28
(三)所有者投入和减少资本		−1,113,362.11							165,621,700.00	164,508,337.89
1.所有者投入资本									165,621,700.00	165,621,700.00
2.股份支付计入所有者权益的金额										
3.其他		−1,113,362.11								−1,113,362.11
(四)利润分配							−2,293,719.76		−89,164,243.75	−91,457,963.51
1.提取盈余公积										
2.提取一般风险准备										
3.对所有者(或股东)的分配									−10,200,000.00	−10,200,000.00
4.其他							−2,293,719.76		−78,964,243.75	−81,257,963.51
(五)所有者权益内部结转										
1.资本公积转增资本(或股本)										
2.盈余公积转增资本(或股本)										
3.盈余公积弥补亏损										
4.其他										
(六)专项储备				11,397,093.35					3,780,459.10	15,177,552.45
1.本期提取				110,794,494.56					14,766,755.49	125,561,250.05
2.本期使用				99,397,401.21					10,986,296.39	110,383,697.60
(七)其他										
四、本期期末余额	1,256,688,800.00	2,646,473,310.69		29,212,211.38	344,363,660.48		−110,033,387.77		1,114,120,696.40	5,280,825,291.18

上年金额

项目	归属于母公司所有者权益：实收资本(或股本)	资本公积	减:库存股	专项储备	盈余公积	一般风险准备	未分配利润	其他	少数股东权益	所有者权益合计
一、上年年末余额	1,256,688,800.00	2,844,305,485.06			356,387,516.53		−887,690,460.48		862,438,198.63	4,432,129,539.74
加:会计政策变更		−21,240,273.76		9,933,737.65	−10,404,433.99		−25,392,908.55		−45,256,667.73	−92,360,546.38
前期差错更正					−1,550,840.82		3,606,524.41		2,695,710.12	4,751,393.71
其他										
二、本年年初余额	1,256,688,800.00	2,823,065,211.30		9,933,737.65	344,432,241.72		−909,476,844.62		819,877,241.02	4,344,520,387.07
三、本年增减变动金额(减少以"−"号填列)				7,881,380.38	−68,581.24		370,342,208.25		67,160,690.61	445,315,698.00
(一)净利润							373,140,099.63		67,064,301.71	440,204,401.34
(二)其他综合收益										
上述(一)和(二)小计							373,140,099.63		67,064,301.71	440,204,401.34
(三)所有者投入和减少资本										
1.所有者投入资本										
2.股份支付计入所有者权益的金额										
3.其他										
(四)利润分配							−1,077,358.33		−2,233,732.73	−3,311,091.06
1.提取盈余公积										
2.提取一般风险准备										
3.对所有者(或股东)的分配									−800,000.00	−800,000.00
4.其他							−1,077,358.33		−1,433,732.73	−2,511,091.06
(五)所有者权益内部结转				−65,891.77	−68,581.24		−1,720,533.05		1,855,006.06	
1.资本公积转增资本(或股本)										
2.盈余公积转增资本(或股本)										
3.盈余公积弥补亏损										
4.其他				−65,891.77	−68,581.24		−1,720,533.05		1,855,006.06	
(六)专项储备				7,947,272.15					475,115.57	8,422,387.72
1.本期提取				79,374,295.25					21,511,652.34	100,885,947.59
2.本期使用				71,427,023.10					21,036,536.77	92,463,559.87
(七)其他										
四、本期期末余额	1,256,688,800.00	2,823,065,211.30		17,815,118.03	344,363,660.48		−539,134,636.37		887,037,931.63	4,789,836,085.07

9.2.5 母公司所有者权益变动表

编制单位:云南铜业股份有限公司　　2010 年度　　单位:元

本期金额

项目	实收资本(或股本)	资本公积	减:库存股	专项储备	盈余公积	一般风险准备	未分配利润	所有者权益合计
一、上年年末余额	1,256,688,800.00	3,445,582,178.02			284,723,355.15		−2,682,644,750.25	2,304,349,582.92
加:会计政策变更								
前期差错更正								
其他								

二、本年年初余额	1,256,688,800.00	3,445,582,178.02			284,723,355.15		−2,682,644,750.25	2,304,349,582.92
三、本年增减变动金额								
(减少以"−"号填列)		−51,175,565.67		4,022,211.44			459,378,784.51	412,225,430.28
(一)净利润							459,378,784.51	459,378,784.51
(二)其他综合收益		−172,878,363.50						−172,878,363.50
上述(一)和(二)小计		−172,878,363.50					459,378,784.51	286,500,421.01
(三)所有者投入和减少资本		121,702,797.83						121,702,797.83
1.所有者投入资本								
2.股份支付计入所有者权益的金额								
3.其他		121,702,797.83						121,702,797.83
(四)利润分配								
1.提取盈余公积								
2.提取一般风险准备								
3.对所有者(或股东)的分配								
4.其他								
(五)所有者权益内部结转								
1.资本公积转增资本(或股本)								
2.盈余公积转增资本(或股本)								
3.盈余公积弥补亏损								
4.其他								
(六)专项储备				4,022,211.44				4,022,211.44
1.本期提取				4,100,211.44				4,100,211.44
2.本期使用				78,000.00				78,000.00
(七)其他								
四、本期期末余额	1,256,688,800.00	3,394,406,612.35		4,022,211.44	284,723,355.15		−2,223,265,965.74	2,716,575,013.20

上年金额

项目	实收资本(或股本)	资本公积	减:库存股	专项储备	盈余公积	一般风险准备	未分配利润	所有者权益合计
一、上年年末余额	1,256,688,800.00	3,445,582,178.02			284,723,355.15		−2,869,038,575.18	2,117,955,757.99
加:会计政策变更								
前期差错更正								
其他								
二、本年年初余额	1,256,688,800.00	3,445,582,178.02			284,723,355.15		−2,869,038,575.18	2,117,955,757.99
三、本年增减变动金额								
(减少以"−"号填列)							186,393,824.93	186,393,824.93
(一)净利润							186,393,824.93	186,393,824.93
(二)其他综合收益								
上述(一)和(二)小计							186,393,824.93	186,393,824.93
(三)所有者投入和减少资本								
1.所有者投入资本								
2.股份支付计入所有者权益的金额								
3.其他								
(四)利润分配								
1.提取盈余公积								
2.提取一般风险准备								
3.对所有者(或股东)的分配								
4.其他								
(五)所有者权益内部结转								
1.资本公积转增资本(或股本)								
2.盈余公积转增资本(或股本)								
3.盈余公积弥补亏损								
4.其他								
(六)专项储备								
1.本期提取								
2.本期使用								
(七)其他								
四、本期期末余额	1,256,688,800.00	3,445,582,178.02			284,723,355.15		−2,682,644,750.25	2,304,349,582.92

9.3 与最近一期年度报告相比,会计政策、会计估计和核算方法发生变化的具体说明

□ 适用　　√ 不适用

9.4 重大会计差错的内容、更正金额、原因及其影响

□ 适用　　√ 不适用

9.5 与最近一期年度报告相比,合并范围发生变化的具体说明

√ 适用　　□ 不适用

单位:元

新纳入合并范围的子公司名称	新纳入合并范围的时间	期末净资产	报告期末净资产	合并范围发生变更的原因
赤峰金峰热力有限责任公司	2010-07-01	95276162.27	−3272042.25	控制合并(注 12)
赤峰金峰铁路物资转运有限公司	2010-07-01	44933849.15	−1542798.57	控制合并(注 13)

不再纳入合并范围的子公司名称	不再纳入合并范围的时间	期末净资产	报告期末净资产	合并范围发生变更的原因
河南云铜鑫晨贸易有限公司	2010-12-31	3248631.24	93309.98	已进入清算程序(注 1)
杭州云坤贸易有限公司	2010-12-31	6857876.84	−107334.87	已进入清算程序(注 2)
西安云铜有色金属营销有限责任公司	2010-12-31	6129403.09	−239058.07	已进入清算程序(注 3)
成都云铜营销有限责任公司	2010-12-31	11237821.20	−1688964.63	已进入清算程序(注 4)
青岛云铜世纪营销有限公司	2010-12-31	5189011.46	−95601.39	已进入清算程序(注 5)
重庆滇云铜业有限公司	2010-12-31	7293172.19	−106957.35	已进入清算程序(注 6)
大连云铜营销有限公司	2010-12-31	4420495.66	−40302.04	已进入清算程序(注 7)
惠州云铜贸易有限公司	2010-12-31	8051335.80	−251361.63	已进入清算程序(注 8)
长沙云铜营销有限责任公司	2010-03-17	6708263.34	−22000.00	已清算完毕(注 9)
云南铜业铜材有限公司	2010-12-31	48838956.20	0.00	已进入清算程序(注 10)
普洱市思茅区山水酒店有限公司	2010-10-08	23443839.69	−1585314.18	已清算完毕(注 11)

注 1：本公司子公司——云南铜业营销有限公司下属河南云铜鑫晨营销有限公司于 2010 年 3 月注销国地税登记,同月取得郑州市工商局(金水工商)登记企备字[2010]第 88 号《备案通知书》,并于同月刊登公司关闭的信息公告。

注 2：本公司子公司——云南铜业营销有限公司下属杭州云坤贸易有限公司于 2010 年 3 月注销国地税登记。同月,成立清算小组,取得(杭)登记内备字[2010]第 000687 号《备案通知书》,于 2010 年 3 月 9 日刊登了拟注销公告。

注 3:本公司子公司——云南铜业营销有限公司下属西安云铜有色金属营销有限责任公司于 2010 年 2 月成立清算小组,同月取得工商行政管理局清算小组《备案通知单》。2010 年 8 月注销国地税登记。

注 4：本公司子公司——云南铜业营销有限公司下属成都云铜营销有限责任公司于 2010 年 2 月成立清算小组,同月取得工商(高新)登记内备字 2010 第 000041 号《备案通知书》,并刊登拟注销公告。2010 年 7 月注销国地税登记。

注 5：本公司子公司——云南铜业营销有限公司下属青岛云铜世纪营销有限公司于 2010 年 3 月注销国地税登记。目前正在办理工商注销手续。

注 6：本公司子公司——云南铜业营销有限公司下属重庆滇云铜业有限公司于 2009 年 5 月刊登拟注销公告。2009 年 5 月、10 月分别注销国地税登记。2010 年 1 月取得重庆市工商局渝中分局《备案通知书》。

注 7：本公司子公司——云南铜业营销有限公司下属大连云铜营销有限公司 2009 年 9 月已经注销国地税登记。正在进行工商注销登记和注销备案事宜。

注 8：本公司子公司——云南铜业营销有限公司下属惠州市云铜贸易有限公司 2009 年 2 月经股东会同意解散。2009 年 3 月刊登清算公告。2010 年 1 月国地税注销完毕。目前正在办理工商注销登记手续。

注 9:本公司子公司——云南铜业营销有限公司下属长沙云铜有色金属销售有限公司 2010 年 3 月已通过长沙市工商行政管理局雨花分局的审查,以(雨花)内资登记字[2010]第 53 号文件准予注销登记。

注 10:本公司子公司——云南铜业铜材有限公司,经股东会决议,并经云南铜业(集团)有限公司云铜[2009]186 号文件、中国铝业公司中铝管字[2009]197 号文件批复,同意解散,并成立清算组进行清算,在报刊上刊登公告。目前已取得云南省工商行政管理局"(云)登记内备字[2009]第 3421 号"备案通知书。

注 11：本公司子公司的子公司——云南思茅山水铜业有限公司下属普洱市思茅区山水酒店有限公司,2010 年 6 月 20 日的董事会决议和 2010 年 6 月 21 日云思铜[2010]37 号文件,通过了《关于注销普洱市思茅区山水酒店有限公司》的决定。目前普洱市思茅区山水酒店有限公司注销手续已经办理完毕。

注 12、注 13:2010 年 5 月 31 日,云南铜业股份有限公司第四届董事会第三十次会议审议通过了《云南铜业股份有限公司关于赤峰云铜有色金属有限公司购买赤峰金峰铜业有限公司资产的预案》。赤峰金峰铜业有限公司于 2010 年 6 月 1 日通过股东会决议,同意将其所持赤峰金峰热力有限公司、赤峰金峰铁路物资转运有限公司股份全部一次性转让给赤峰云铜有色金属有限公司,转让价款分别为:9910.41 万元和 5095.20 万元。赤峰金峰铜业公司以转让价款抵付赤峰云铜有色金属有限公司欠款。股权转让后赤峰金峰铜业有限公司不再享有、承担上述两个公司的一切权利和义务。2010 年 6 月 3 日,赤峰金峰热力有限责任公司和赤峰金峰铁路物资转运有限公司完成工商变更登记,纳入本公司合并范围。

云南铜业股份有限公司董事会

2011 年 3 月 29 日

江苏法尔胜股份有限公司

江苏法尔胜股份有限公司2010年年度报告摘要

第一节 重要提示

1.1 本公司董事会、监事会及其董事、监事、高级管理人员保证本报告所载资料不存在任何虚假记载、误导性陈述或者重大遗漏，并对其内容的真实性、准确性和完整性负个别及连带责任。

本年度报告摘要摘自年度报告全文，报告全文同时刊载于巨潮资讯网(www.cninfo.com.cn)。投资者欲了解详细内容，应当仔细阅读年度报告全文。

1.2 公司年度财务报告已经江苏公证天业会计师事务所有限公司审计并被出具了标准无保留意见的审计报告。

1.3 公司负责人刘礼华、主管会计工作负责人蒋纬球及会计机构负责人(会计主管人员)焦康祥声明：保证年度报告中财务报告的真实、完整。

第二节 公司基本情况简介

2.1 基本情况简介

股票简称	法尔胜
股票代码	000890
上市交易所	深圳证券交易所
注册地址	江苏省江阴市通江北路203号
注册地址的邮政编码	214433
办公地址	江苏省江阴市通江北路203号
办公地址的邮政编码	214433
公司国际互联网网址	http://www.fasten.com.cn
电子信箱	info@chinafasten.com

2.2 联系人和联系方式

	董事会秘书	证券事务代表
姓名	张文栋	曹鸣霞
联系地址	江苏省江阴市通江北路203号	江苏省江阴市通江北路203号
电话	0510-86119890	0510-86119890
传真	0510-86102007	0510-86102007
电子信箱	zhang_wendong@chinafasten.com	grace@chinafasten.com

第三节 会计数据和业务数据摘要

3.1 主要会计数据

单位：元

	2010年	2009年	本年比上年增减(%)	2008年
营业总收入)	1,683,268,479.56	1,545,332,103.14	8.93%	2,113,765,794.10
利润总额	30,839,334.97	35,081,956.96	-12.09%	-3,763,497.57
归属于上市公司股东的净利润	12,871,270.99	12,346,927.15	4.25%	10,280,370.41
归属于上市公司股东的扣除非经常性损益的净利润	-2,796,530.34	2,552,273.78	-209.57%	-39,688,690.31
经营活动产生的现金流量净额	86,172,723.44	37,748,415.95	128.28%	18,949,684.68
	2010年末	2009年末	本年末比上年末增减(%)	2008年末
总资产	3,378,202,336.44	3,030,781,005.73	11.46%	3,054,104,930.84
归属于上市公司股东的所有者权益	1,025,049,513.36	1,009,657,737.27	1.52%	997,550,981.69
股本(股)	379,641,600.00	379,641,600.00	0.00%	379,641,600.00

3.2 主要财务指标

单位：元

	2010年	2009年	本年比上年增减(%)	2008年
基本每股收益(元/股)	0.0339	0.0325	4.31%	0.0271
稀释每股收益(元/股)	0.0339	0.0325	4.31%	0.0271
扣除非经常性损益后的基本每股收益(元/股)	-0.0074	0.0067	-210.45%	-0.10
加权平均净资产收益率(%)	1.26%	1.22%	0.04%	1.03%
扣除非经常性损益后的加权平均净资产收益率(%)	-0.27%	0.25%	-0.52%	-3.98%
每股经营活动产生的现金流量净额(元/股)	0.23	0.10	130.00%	0.050
	2010年末	2009年末	本年末比上年末增减(%)	2008年末
归属于上市公司股东的每股净资产(元/股)	2.70	2.66	1.50%	2.63

非经常性损益项目

√ 适用　　□ 不适用

单位：元

非经常性损益项目	金额	附注(如适用)
非流动资产处置损益	-609,223.61	股权处置收益及固定资产处置收益
计入当期损益的政府补助，但与公司正常经营业务密切相关，符合国家政策规定、按照一定标准定额或定量持续享受的政府补助除外	3,521,769.00	各项补贴收入
除上述各项之外的其他营业外收入和支出	7,350,519.08	
对外委托贷款取得的损益	6,488,233.33	
少数股东权益影响额	-636,235.77	
所得税影响额	-447,260.70	
合计	15,667,801.33	

3.3 境内外会计准则差异

□ 适用　　√ 不适用

第四节 股本变动及股东情况

4.1 股份变动情况表

单位：股

	本次变动前		本次变动增减(+,-)					本次变动后	
	数量	比例(%)	发行新股	送股	公积金转股	其他	小计	数量	比例(%)
一、有限售条件股份	126,100	0.03%				-28,054	-28,054	98,046	0.03%
1、国家持股									
2、国有法人持股									
3、其他内资持股									
其中：境内非国有法人持股									
境内自然人持股									
4、外资持股									
其中：境外法人持股									
境外自然人持股									
5、高管股份	126,100	0.03%				-28,054	-28,054	98,046	0.03%
二、无限售条件股份	379,515,500	99.97%				28,054	28,054	379,543,554	99.97%
1、人民币普通股	379,515,50	99.97%				28,054	28,054	379,543,554	99.97%
2、境内上市的外资股									
3、境外上市的外资股									
4、其他									
三、股份总数	379,641,600	100.00%				0	0	379,641,600	100.00%

限售股份变动情况表

单位：股

股东名称	年初限售股数	本年解除限售股数	本年增加限售股数	年末限售股数	限售原因	解除限售日期
刘礼华	29,413	0	0	29,413	高管冻结	可减持上年末所持股份的25%
蒋纬球	41,177	0	0	41,177	高管冻结	可减持上年末所持股份的25%
王　平	25,490	25,490	0	0	高管冻结	2010年3月高管离任，2010年9月解除限售
刘　印	2,316	579	0	1,737	高管冻结	可减持上年末所持股份的25%
吉方宇	3,922	0	0	3,922	高管冻结	可减持上年末所持股份的25%
唐福如	7,941	1,985	0	5,956	高管冻结	可减持上年末所持股份的25%
张卫明	11,765	0	0	11,765	高管冻结	可减持上年末所持股份的25%
张　越	4,076	0	0	4,076	高管冻结	可减持上年末所持股份的25%
合　计	126,100	28,054	0	98,046	-	-

4.2 前10名股东、前10名无限售条件股东持股情况表

单位：股

股东总数　53,525

前10名股东持股情况

股东名称	股东性质	持股比例(%)	持股总数	持有有限售条件股份数量	质押或冻结的股份数量
江苏法尔胜泓昇集团有限公司	境内非国有法人	20.66%	78,432,018	0	0
胡　光	境内自然人	0.66%	2,519,995	0	0
许智慧	境内自然人	0.37%	1,400,000	0	0
刘凤宇	境内自然人	0.32%	1,218,945	0	0
中信信托有限责任公司-苏建708	国有法人	0.30%	1,150,000	0	0
马　青	境内自然人	0.27%	1,026,700	0	0
宋正飞	境内自然人	0.27%	1,020,000	0	0
余昭昭	境内自然人	0.23%	887,878	0	0
高荣军	境内自然人	0.22%	853,498	0	0
刘鹏举	境内自然人	0.22%	849,075	0	0

前10名无限售条件股东持股情况

股东名称	持有无限售条件股份数量	股份种类
江苏法尔胜泓昇集团有限公司	78,432,018	人民币普通股
胡　光	2,519,995	人民币普通股
许智慧	1,400,000	人民币普通股
刘凤宇	1,218,945	人民币普通股
中信信托有限责任公司-苏建708	1,150,000	人民币普通股
马　青	1,026,700	人民币普通股
宋正飞	1,020,000	人民币普通股
余昭昭	887,878	人民币普通股
高荣军	853,498	人民币普通股
刘鹏举	849,075	人民币普通股
上述股东关联关系或一致行动的说明	公司控股股东江苏法尔胜泓昇集团有限公司与前十名股东之间不存在关联关系，也不属于《上市公司收购管理办法》规定的一致行动人。未知其他股东之间是否存在关联关系，也未知是否属于《上市公司股东持股变动信息披露管理办法》规定的一致行动人。	

4.3 控股股东及实际控制人情况介绍

4.3.1 控股股东及实际控制人变更情况

□ 适用　　√ 不适用

4.3.2 控股股东及实际控制人具体情况介绍

实际控制人为周江、张炜、周津如、邓峰、缪勤、姚冬敏、张薇以及徐波八名自然人，前述八人出资额合计占江苏法尔胜泓昇集团有限公司注册资本的62.59%。

第五节　董事、监事和高级管理人员

5.1 董事、监事和高级管理人员持股变动及报酬情况

姓　名	职务	性别	年龄	任期起始日期	任期终止日期	年初持股数	年末持股数	变动原因	报告期内从公司领取的报酬总额(万元)税前	是否在股东单位或其他关联单位领取薪酬
刘礼华	董事长	男	46	2008-06-12	2011-06-11	39,217	39,217		32.37	否
蒋纬球	董事、总经理	男	55	2008-06-12	2011-06-11	54,903	54,903		32.37	否
董　东	董事、副总经理	男	41	2008-06-12	2011-06-11	0	0		0.00	否
张卫明	董事、副总经理	男	46	2008-06-12	2011-06-11	15,687	15,687		24.61	否
焦康祥	财务总监	男	40	2010-12-08	2011-06-11	0	0		14.70	否
刘　印	董事	男	41	2008-06-12	2011-06-11	2,316	2,316		0.00	是
张　越	董事	男	38	2008-06-12	2011-06-11	5,435	5,435		0.00	是
恢光平	独立董事	男	47	2008-06-12	2011-06-11	0	0		5.00	否
戚啸燕	独立董事	女	48	2008-06-12	2011-06-11	0	0		5.00	否
奚海清	独立董事	男	48	2008-06-12	2011-06-11	0	0		5.00	否
吉方宇	监事会主席	男	47	2008-06-12	2011-06-11	5,229	5,229		0.00	是
唐福如	监事	男	49	2008-06-12	2011-06-11	7,941	7,941		0.00	否
赵　军	监事	男	43	2008-06-12	2011-06-11	0	0		0.00	否
唐国强	监事	男	49	2008-06-12	2011-06-11	0	0		0.00	否
邹雅芳	监事	女	32	2010-06-08	2011-06-11	0	0		0.00	否
张文栋	董事会秘书	男	38	2008-06-12	2011-06-11	0	0		18.41	否
合　计	–	–	–	–	–	130,728	130,728	–	137.46	–

董事、监事、高级管理人员报告期内被授予的股权激励情况

□ 适用　　√ 不适用

5.2 董事出席董事会会议情况

董事姓名	具体职务	应出席次数	现场出席次数	以通讯方式参加会议次数	委托出席次数	缺席次数	是否连续两次未亲自出席会议
刘礼华	董事长	13	11	2	0	0	否
蒋纬球	董事、总经理	13	11	2	0	0	否
恢光平	独立董事	13	11	2	0	0	否
戚啸燕	独立董事	13	11	2	0	0	否
奚海清	独立董事	13	11	2	0	0	否
董　东	董事、副总经理	13	11	2	0	0	否
张卫明	董事、副总经理	13	11	2	0	0	否
刘　印	董事	13	11	2	0	0	否
张　越	董事	13	11	2	0	0	否

连续两次未亲自出席董事会会议的说明

无

年内召开董事会会议次数	13
其中：现场会议次数	7
通讯方式召开会议次数	2
现场结合通讯方式召开会议次数	0

第六节　董事会报告

6.1 管理层讨论与分析

一、报告期内的经营情况

(一)报告期内整体经营情况

回顾2010，金融危机的阴霾渐渐退去，世界经济缓慢复苏。2010年也是十一五规划的收官之年，面对复杂多变的外部市场环境和供求矛盾仍然突出的趋势，公司经营管理层带领全体员工，认真贯彻落实公司董事会的各项决议，以科学发展观为指导，紧紧把握机遇，坚持结构调整优化，坚持增长方式转变，坚持机制体制创新，团结进取，奋力开拓，顺利完成了"十一五"规划，也为公司"十二五"开局之年奠定了坚实的基础。

1、2010年度公司经营情况

1)2010年公司实现业务收入168326.85万元，较去年的154533.21万元增加了8.93%；

2)归属于母公司的净利润1287.13万元，较去年的1234.69万元增长了4.25%。

3)截至2010年12月31日，总资产337820.23万元，净资产102504.95万元。

2、2010年度公司主要工作

(一)坚持资产整合，不断提升资产效率

2010年度，根据股份公司战略发展规划和整体产业布局调整要求，进行了以下资产整合：

1)收购香港怡明国际有限公司持有的江苏法尔胜光通有限公司25%股权，光通公司成为股份公司全资子公司，并对其增资7000万元；

2)与日本东京制纲株式会社对控股子公司江苏法尔胜新日制铁缆索有限公司及其参股企业江苏双友东纲金属制品有限公司进行股权重组，股权重组后，本公司持有缆索公司和双友东纲股权都为60%，日本东京制纲株式会社持有缆索公司和双友东纲股权都为40%；

3)收购台湾东泰造纸股份有限公司持有的江苏法尔胜新型管业有限公司25%的股权，管业公司成为股份公司全资子公司；

4) 与江阴法尔胜泓昇集团有限公司合资设立江阴法尔胜金属制品有限公司，本公司持有75%的股权；

5)办理完毕江阴巨福精密五金制品有限公司、江苏法尔胜光通有限公司变为股份公司全资子公司的工商变更。

(二)坚持资本运作，不断拓宽融资平台，作好财务管理工作

1)增加融资规模，调整贷款结构

2010年国家开发银行江苏分行通过了对股份公司的4.18亿授信总额，股份公司另外新增其他商业银行授信2.3亿元。有效地解决了股份的资金需求，在贷款品种、期限、担保形式上也得到了调整，改善了贷款结构。

2)配合对外投资，统筹协调资金。

通过上述融资，不仅归还了部分高成本贷款，也有效地解决了公司新的投资资金来源。

3)加强资金预算，坚持财务例会。

2010年坚持月度资金平衡和财务工作例会制度，增加资金使用情况、预算执行情况和经济运营分析，总结当月财务工作情况，布置下月工作重点，有效地沟通了信息，提高了各子公司资金使用的有效性。

(三)坚持调整转型，不断优化产品结构

1)按江阴市政府退城进园总体要求，完成公司金属制品本部全部退城进园工作，新形成的普绳生产基地、特微绳基地随着新造和改造设备的不断改进和完善，实现了传统产品的升级换代和企业专业化、规模化、集约化生产。

2)通过近年生产、市场积累，公司金属制品主产业除了已有的胶带绳、特微绳、吊篮绳、绞车绳等产品外，铁路用绳、港机用绳、健身用绳、特钢公司高压胶管绳、线材制品商品钢丝等一批新品的生产正逐步稳定并扩大，公司结构调整和产业升级取得持续进展。

(四)坚持市场快速反应，不断强化经济效益

1)特钢制品公司2010年销售总量较2009年增长20%主要是由于国内外经济持续增长，基础建设力度加大，带来对资源类产品的开发力度的加大，导致生产性消费品胶带绳需求大幅提升。

2)线材制品公司2010年全年新开发各类钢丝客户40多家，弹簧钢丝、汽车座椅骨架用低碳钢丝、超高强度电力电缆用镀锌钢丝、打包钢丝等产品市场开发情况良好。

3)缆索公司顺利中标和承接项目40多个，包括南京四桥、嘉绍大桥、神龙溪大桥、韩国北港桥、越南NhatTan桥、泗阳大桥、哈尔滨西三环、杭州九堡桥等多座特大型项目。在立足国内市场的同时，加大力度开拓海外市场，目前已有所突破。

4)光通公司及时把握市场动态，果断实施扩容，敏锐地对待市场变化，做到大订单力争，小订单不放，国内、国外市场并驾齐驱，在竞争十分残酷的条件下，完成了90万芯公里的产销，实现了良好的经营效益。

5)住电公司承接了绍嘉通道项目、九堡桥、东宝河大桥等多个项目，生产经营已经步入良性轨道。

(五)坚持科技创新，不断增强竞争能力

1)江苏法尔胜新日制铁缆索有限公司主持完成的"耐久型超高强度平行钢丝拉索关键技术及产业化"项目获得2010年国家科技进步二等奖；参与的科研项目"千米级斜拉桥结构体系、设计及施工控制关键技术"获得2010年度国家科技进步一等奖。

2010年该公司共获国内授权专利5项，其中发明专利1项，实用新型专利4项，同时申请了1项PCT专利。

2)江苏法尔胜光通有限公司紧贴市场，坚持技术创新，不断开发新产品提高市场竞争力。完成了光缆加强芯垫层渗水攻关，高压攻关，解决困扰多年的技术难题，光缆合格率已达到98%以上，大大提高了光缆质量。2010年公司共获得授权专利3项。

3)金属制品主产业多年来加强与行业协会的协作，利用行业平台加快实施企业知识产权发展战略。完成了多个企业标准的制订和修订，各项标准的制订工作充分发挥了钢丝绳主产业在行业标准制订、人才吸引、市场主导方面的影响力，确保了我们在行业的产品领先和技术领先优势。2010年，申报国家发明专利1项，实用新型专利1项。

(六)坚持求真务实，不断提升管理水平

1)根据公司战略发展需要，加强公司管理体制优化和提升工作，加快事业部编制管理体制的建立，做到资源共享、分工明确、责任到人、优势互补，提高管理效率和运行质量。

2)按照公司做大做强主产业的整体规划要求，继续实施各子公司的清理整顿工作，统一思想，统一方向，保证公司减轻负担，轻装上阵。

3)继续做好并发扬法尔胜企业文化建设作用，凝聚发展合力。按照公司和谐发展、投资与文化同步延伸原则，2010年全面实现金属制品本部退城进园，同时，确保新建分公司的产能发挥和员工稳定。组织了元旦长跑活动、"迎国庆"羽毛球公开赛等各项文体活动，召开公司劳模表彰大会和各专业条线交流专题会，公司品牌影响力不断扩大，发展合力不断集聚。

4)强化成本意识，实施精细化管理，精优化生产，精益化产出，深入开展成本的控制和优化工作。建立公司大宗原辅料统一计划和采购机制，针对复杂多变的市场环境灵活应对，积极寻求多

渠道的供货保证;优化生产整体流程,利用公司同质化产品设备特性、产能匹配、运输整体环境,以最佳工艺流程,最佳物料配比,最优物流道次为目标,全面进行成本的优化和控制,为公司效益增长提供基础保障。

5)组织各公司通过教育、培训、监督、检查等扎实有效的全面质量管理和安全治安的综合管理,有效实现了全年无重大质量事故和无重大安全事故。

6)职工生活水平稳定提高。在岗职工收入稳步增长,实现了公司与员工收入同步的和谐发展。

6.2 主营业务分行业、产品情况表

单位:万元

分行业或分产品	营业收入	营业成本	毛利率(%)	营业收入比上年增减(%)	营业成本比上年增减(%)	毛利率比上年增减(%)
主营业务分行业情况						
金属制品销售	140,605.45	120,913.98	14.00%	16.58%	16.30%	0.20%
光通信销售	14,672.39	12,182.33	16.97%	-26.14%	-27.60%	1.66%
主营业务分产品情况						
金属制品销售	140,605.45	120,913.98	14.00%	16.58%	16.30%	0.20%
光通信销售	14,672.39	12,182.33	16.97%	-26.14%	-27.60%	1.66%

6.3 主营业务分地区情况

单位:万元

地区	营业收入	营业收入比上年增减(%)
境内销售	131,674.07	1.74%
境外销售	28,143.27	47.12%

6.4 采用公允价值计量的项目

□ 适用　　√ 不适用

6.5 募集资金使用情况对照表

□ 适用　　√ 不适用

变更募集资金投资项目情况表

□ 适用　　√ 不适用

6.6 非募集资金项目情况

□ 适用　　√ 不适用

6.7 董事会对公司会计政策、会计估计变更或重大会计差错更正的原因及影响的说明

□ 适用　　√ 不适用

6.8 董事会对会计师事务所"非标准审计报告"的说明

□ 适用　　√ 不适用

6.9 董事会本次利润分配或资本公积金转增股本预案

经江苏公证天业会计师事务所有限公司审计,2010 年度母公司实现净利润 47564597.81 元,计提盈余公积 4756459.78 元,加年初未分配利润-16,799,038.25 元,2010 年度母公司可供股东分配的利润为 26,009,099.78 元。

为更好地进行公司整体产业结构调整,以及保证公司搬迁计划的顺利进行,有利于持续稳定发展,董事会决定公司 2010 年度公司不实施利润分配,亦不进行资本公积金转增股本。未分配利润将用于补充公司经营和发展所需的流动资金。

公司最近三年现金分红情况表

单位:元

分红年度	现金分红金额(含税)	分红年度合并报表中归属于上市公司股东的净利润	占合并报表中归属于上市公司股东的净利润的比率	年度可分配利润
2009 年	0.00	12,346,927.15	0.00%	-16,799,038.25
2008 年	0.00	10,280,370.41	0.00%	-48,729,277.94
2007 年	0.00	15,404,081.78	0.00%	76,250,286.65
最近三年累计现金分红金额占最近年均净利润的比例(%)			0.00%	

公司本报告期内盈利但未提出现金利润分配预案

√ 适用　　□ 不适用

本报告期内盈利但未提出现金利润分配预案的原因	公司未分配利润的用途和使用计划
经江苏公证天业会计师事务所有限公司审计,2010 年度母公司实现净利润 47564597.81 元,计提盈余公积 4756459.78 元,加年初未分配利润-16,799,038.25 元,2010 年度母公司可供股东分配的利润为 26,009,099.78 元。 为更好地进行公司整体产业结构调整,以及保证公司搬迁计划的顺利进行,有利于持续稳定发展,董事会决定公司 2010 年度公司不实施利润分配,亦不进行资本公积金转增股本。	未分配利润将用于补充公司经营和发展所需的流动资金。

第七节　重要事项

7.1 收购资产

√ 适用　　□ 不适用

单位:万元

交易对方或最终控制方	被收购或置入资产	购买日	交易价格	自购买日起至本年末为公司贡献的净利润(适用于非同一控制下的企业合并)	本年初至本年末为公司贡献的净利润(适用于同一控制下企业合并)	是否为关联交易	定价原则	所涉及的资产产权是否已全部过户	所涉及的债权债务是否已全部转移	与交易对方的关联关系(适用关联交易情形)
香港怡明国际有限公司	江苏法尔胜光通有限公司 25%股权	2010 年 6 月 21 日	0.00	0.00	0.00	否	以基准日为 2009 年 12 月 31 日经审计的光通公司净资产为参考标准	是	是	不适用
江苏双友空调安装有限公司	江苏双友东纲金属制品有限公司 15.91%股权	2010 年 6 月 22 日	1,470.00	0.00	0.00	否	以 2009 年 12 月 31 日经审计的双友东纲净资产为参考标准,双方协商确定。	是	是	不适用
江苏法尔胜新日制铁缆索有限公司	江苏双友东纲金属制品有限公司 19.09%的股权	2010 年 6 月 22 日	1,802.64	0.00	0.00	否	以 2009 年 12 月 31 日经审计的双友东纲净资产为参考标准,双方协商确定。	是	是	不适用
东京制纲株式会社	江苏双友东纲金属制品有限公司 25%股权	2010 年 11 月 14 日	2,320.67	0.00	0.00	否	以经评估的 2010 年 8 月 31 日双友东纲净资产为参考标准,双方协商确定。	是	是	不适用
台湾东泰造纸股份有限公司	江苏法尔胜新型管业有限公司 25%的股权	2010 年 12 月 16 日	656.75	0.00	0.00	否	以 2010 年 11 月 30 日经审计管业公司净资产为参考标准,双方协商确定。	否	否	不适用

7.2 出售资产

√ 适用　　□ 不适用

单位:万元

交易对方	被出售或置出资产	出售日	交易价格	本年初起至出售日该出售资产为公司贡献的净利润	出售产生的损益	是否为关联交易	定价原则	所涉及的资产产权是否已全部过户	所涉及的债权债务是否已全部转移	与交易对方的关联关系(适用关联交易情形)
东京制纲株式会社	江苏法尔胜新日制铁缆索有限公司 15%的股权	2010 年 11 月 14 日	2,163.52	0.00	0.00	否	转让价格以经评估的缆索公司净资产为参考标准,经双方协商确定。			

7.1、7.2 所涉及事项对公司业务连续性、管理层稳定性的影响。

上述事项系本公司进行内部资产整合,优化产业结构,对本公司业务连续性、管理层稳定性无不良影响,有利于公司未来发展。

7.3 重大担保

√ 适用　　□ 不适用

单位:万元

公司对外担保情况(不包括对子公司的担保)

担保对象名称	担保额度相关公告披露日和编号	担保额度	实际发生日期(协议签署日)	实际担保金额	担保类型	担保期	是否履行完毕	是否为关联方担保(是或否)
报告期内审批的对外担保额度合计(A1)		0.00	报告期内对外担保实际发生额合计(A2)					0.00
报告期末已审批的对外担保额度合计(A3)		0.00	报告期末实际对外担保余额合计(A4)					0.00

担保对象名称	担保额度相关公告披露日和编号	担保额度	实际发生日期(协议签署日)	实际担保金额	担保类型	担保期	是否履行完毕	是否为关联方担保(是或否)
江阴法尔胜线材制品有限公司	2010 年 1 月 16 日,公告编号:2010-003	2,000.00	2010-1-14	1,995.00	提供连带保证责任担保	1 年	是	否
江苏法尔胜特钢制品有	2010 年 3 月 13 日,公告	2,300.00	2010-3-19	2,300.00	提供连带保证责任	1 年	是	否

限公司	编号:2010-007				担保			
江苏法尔胜新日制铁缆索有限公司	2010年4月30日,公告编号:2010-015	2,000.00	2010-4-19	2,000.00	提供连带保证责任担保	1年	是	否
江苏法尔胜特钢制品有限公司	2010年11月16日,公告编号:2010-038	2,500.00	2010-11-9	2,500.00	提供连带保证责任担保	6个月	否	否
江苏法尔胜特钢制品有限公司	2010年12月9日,公告编号:2010-045	3,000.00	2010-12-21	2,700.00	提供连带保证责任担保	1年	否	否
江苏法尔胜新日制铁缆索有限公司	2010年4月30日,公告编号:2010-015	1,000.00	2010-7-15	1,000.00	提供连带保证责任担保	1年	否	否

报告期内审批对子公司担保额度合计(B1)	12,800.00	报告期内对子公司担保实际发生额合计(B2)	12,495.00
报告期末已审批的对子公司担保额度合计(B3)	12,800.00	报告期末对子公司实际担保余额合计(B4)	12,495.00
公司担保总额(即前两大项的合计)			
报告期内审批担保额度合计(A1+B1)	12,800.00	报告期内担保实际发生额合计(A2+B2)	12,495.00
报告期末已审批的担保额度合计(A3+B3)	12,800.00	报告期末实际担保余额合计(A4+B4)	12,495.00
实际担保总额(即A4+B4)占公司净资产的比例			12.19%
其中:			
为股东、实际控制人及其关联方提供担保的金额(C)			0.00
直接或间接为资产负债率超过70%的被担保对象提供的债务担保			0.00
担保总额超过净资产50%部分的金额(E)			0.00
上述三项担保金额合计(C+D+E)			0.00

7.4 重大关联交易

7.4.1 与日常经营相关的关联交易

√ 适用 □ 不适用

单位:万元

关联方	向关联方销售产品和提供劳务		向关联方采购产品和接受劳务	
	交易金额	占同类交易金额的比例	交易金额	占同类交易金额的比例
法尔胜集团进出口有限公司	28,192.32	17.64%	7,261.87	6.60%
法尔胜集团有限公司	98.80	0.06%	1,599.73	15.56%
江苏法尔胜光子有限公司	914.31	0.30%	5,908.07	5.37%
江阴法尔胜钢铁制品有限公司	871.13	0.55%	1,166.10	1.06%
江阴纺织器材厂	0.00	0.00%	2,597.26	2.36%
江阴泓昇有限公司不锈钢制品分公司	44.89	0.03%	374.33	0.34%
江阴泓昇有限公司线缆制品厂	3,161.82	1.98%	80.67	0.07%
江阴泓安物业管理有限公司	0.00	0.00%	447.40	0.00%
法尔胜集团劳动服务公司	0.00	0.00%	3.47	0.00%
江苏法尔胜材料分析测试有限公司	13.75	0.00%	192.96	0.00%
江阴法尔胜大酒店有限公司	0.00	0.00%	88.05	0.00%
江阴泓昇苑酒店有限公司	0.00	0.00%	97.34	0.00%
江阴高新科技开发公司	0.52	0.00%	49.40	0.00%
江阴泓佳置业有限公司	12.15	0.01%	4.00	0.00%
合计	33,309.69	19.79%	19,870.65	13.86%

其中:报告期内公司向控股股东及其子公司销售产品或提供劳务的关联交易金额33,309.69万元。

与年初预计临时披露差异的说明	关联交易实际发生金额未超出2010年初披露的预计金额。

7.4.2 关联债权债务往来

□ 适用 √ 不适用

7.4.3 大股东及其附属企业非经营性资金占用及清偿情况表

□ 适用 √ 不适用

7.5 委托理财

√ 适用 □ 不适用

单位:万元

受托人	委托金额	委托期限		报酬确定方式	实际收益	实际收回金额
		起始日期	终止日期			
渣打银行南京分行	10,000.00	2010-11-3	2011-11-3	委托贷款利率根据国家最新年基准利率上浮20%,并随国家利率变动而变动	648.82	648.82
合计	10,000.00	–	–	–	648.82	648.82

其中:截至报告期末,逾期未收回的委托理财本金和收益累计0.00万元。

7.6 承诺事项履行情况

上市公司及其董事、监事和高级管理人员、公司持股5%以上股东及其实际控制人等有关方在报告期内或持续到报告期内的以下承诺事项

√ 适用 □ 不适用

承诺事项	承诺人	承诺内容	履行情况
股改承诺	–		
收购报告书或权益变动报告书中所作承诺	江苏法尔胜泓昇集团有限公司	为保证关联交易的公允性,泓昇公司承诺:“1、不利用泓昇公司控制地位及影响谋求法尔胜股份公司在业务合作等方面给予泓昇公司优于市场第三方的权利;2、不利用对法尔胜股份公司控制地位及影响谋求与法尔胜股份公司达成交易的优先权利;3、如果确属需要,关联交易将以市场公允价格与法尔胜股份公司进行交易,不利用该类交易从事任何损害法尔胜股份公司利益的行为;4、保证不会以侵占法尔胜股份公司利益为目的,与法尔胜股份公司之间开展显失公平的关联交易。”为消除将来可能与法尔胜股份公司之间的同业竞争,泓昇公司及其实际控制人承诺:1、泓昇公司及其所控制的企业、泓昇公司实际控制人所控制的企业均未从事任何对法尔胜股份公司构成直接或间接竞争的生产经营业务或活动 并保证将来亦不从事任何对法尔胜股份公司构成直接或间接竞争的生产经营业务或活动;2、泓昇公司及其实际控制人将对相关企业产品的生产经营活动进行监督和约束,如果将来泓昇公司及其所控制的企业、泓昇公司实际控制人所控制的企业的产品或业务与法尔胜股份公司的产品或业务出现相同或类似的情况,将采取以下措施解决:(1)法尔胜股份公司认为必要时,泓昇公司及其实际控制人将相关企业减持直至全部转让有关业务的资产;(2)法尔胜股份公司在认为必要时,可以通过适当的方式优先收购构成或者可能构成同业竞争的资产及业务;(3)如与法尔胜股份公司因同业竞争产生利益冲突,则优先考虑法尔胜股份公司的利益。(4)有利于避免同业竞争的其他措施。	江苏法尔胜泓昇集团有限公司严格按照承诺内容履行了上述承诺
重大资产重组时所作承诺	–	–	–
发行时所作承诺	–	–	–
其他承诺(含追加承诺)	–	–	–

7.7 重大诉讼仲裁事项

□ 适用 √ 不适用

7.8 其他重大事项及其影响和解决方案的分析说明

7.8.1 证券投资情况

□ 适用 √ 不适用

7.8.2 持有其他上市公司股权情况

□ 适用 √ 不适用

7.8.3 持有拟上市公司及非上市金融企业股权情况

□ 适用 √ 不适用

7.8.4 买卖其他上市公司股份的情况

□ 适用 √ 不适用

7.8.5 其他综合收益细目

单位:元

项 目	本期发生额	上期发生额
1.可供出售金融资产产生的利得(损失)金额		
减:可供出售金融资产产生的所得税影响		
前期计入其他综合收益当期转入损益的净额		
小计		
2.按照权益法核算的在被投资单位其他综合收益中所享有的份额		
减:按照权益法核算的在被投资单位其他综合收益中所享有的份额产生的所得税影响		
前期计入其他综合收益当期转入损益的净额		
小计		
3.现金流量套期工具产生的利得(或损失)金额		
减:现金流量套期工具产生的所得税影响		
前期计入其他综合收益当期转入损益的净额		
转为被套期项目初始确认金额的调整额		
小计		
4.外币财务报表折算差额		
减:处置境外经营当期转入损益的净额		
小计		
5.其他	1,787,358.88	
减:由其他计入其他综合收益产生的所得税影响		
前期其他计入其他综合收益当期转入损益的净额		
小计	1,787,358.88	
合计	1,787,358.88	0.00

第八节　监事会报告

√ 适用　　　□ 不适用

一、报告期内监事会召开情况

报告期内公司共召开五次监事会会议，会议的召开情况和审议的主要事项如下：

1、2010 年 4 月 15 日召开第六届第八次监事会会议，决议公告刊登在 2010 年 4 月 17 日的《证券时报》、《上海证券报》、《中国证券报》、《证券日报》及巨潮资讯网。

2、2010 年 4 月 27 日召开第六届第九次监事会，审议通过了《2010 年第一季度报告》。

3、2010 年 6 月 8 日召开第六届第十次监事会，审议通过了选举吉方宇先生担任第六届监事会主席职务的议案。决议公告刊登在 2010 年 6 月 9 日《证券时报》、《上海证券报》、《中国证券报》、《证券日报》及巨潮资讯网。

4、2010 年 8 月 19 日召开第六届第十一次监事会，审议通过了《2010 年半年度报告》。

5、2010 年 10 月 28 日召开第六届第十二次监事会，审议通过了《2010 年第三季度报告》。

二、监事会独立意见

报告期内，公司监事会依据《公司法》、《公司章程》及《监事会议事规则》等的有关规定，出席股东大会，认真履行了股东大会赋予的职责，列席了历次董事会，并对公司股东大会、董事会的召开程序、审议议案、决议的执行情况等进行了监督，对公司董事和高级管理人员的职责履行进行了有效监督。

1、监事会对公司依法运作情况的独立意见：

2010 年公司监事会成员通过列席董事会会议、总经理办公会议，参加股东大会等方式，对股东大会、董事会的召集召开程序、决议事项、董事会对股东大会决议的执行情况，以及公司的日常经营情况进行了监督检查。监事会认为：本年度公司决策程序合法有效，股东大会、董事会决议得到有效落实，内部控制制度健全完善，形成了较完善的经营机构、决策机构、监督机构之间的制衡机制。公司董事及高级管理人员在 2010 年的工作中，严格遵守国家有关的法律法规及公司的各项规章制度，努力为公司的发展尽职尽责，圆满完成了年初制定的各项任务。报告期内未发现董事及高级管理人员在执行职务时违反法律法规、《公司章程》或损害公司利益的行为。

2、监事会对检查公司财务情况的独立意见：

监事会成员通过听取公司财务负责人的专项汇报，审议公司年度报告，审查会计师事务所审计报告等方式，对公司财务运作情况进行检查、监督。监事会认为：本年度公司财务制度健全，各项费用提取合理。经江苏公证天业会计师事务所有限公司审计并出具了标准无保留意见的审计报告。公司监事会认为：公司的财务报告符合《公司会计准则》的有关规定，真实地反映了公司 2010 年度的财务状况和经营成果。

3、监事会对公司内部控制自我评价的独立意见：

根据财政部、证监会等部门联合发布的《企业内部控制基本规范》、深圳证券交易所《上市公司内部控制指引》和《关于做好上市公司 2010 年年度报告工作的通知》的有关规定，公司监事会对公司内部控制自我评价发表意见如下：

公司现行的内部控制体系较为规范、完善，内部控制组织机构完善，设置合理，保证了公司经营活动的正常有序进行，确保公开、公平、公正地对待所有投资者，切实保护公司全体股东的根本利益。公司监事会认为：报告期内，公司不存在违反深交所《上市公司规范运作指引》及公司各项内部控制制度的情形。公司内部控制自我评价报告全面、真实、准确，反映了公司内部控制的实际情况。

4、监事会对公司最近一次募集资金实际投入情况的独立意见：

报告期内，公司未募集资金。

5、监事会对公司收购出售资产情况的独立意见：

报告期内，公司收购、出售资产遵循了市场原则和公开、公平、公正的原则，价格公允、合理，符合上市公司和全体股东的利益，未发现损害中小股东权益的情况。

6、监事会对公司关联交易情况的独立意见：

公司针对关联交易制订了较为完善的《关联交易管理制度》，对关联交易的原则、关联人和关联关系、关联交易的决策程序、关联交易的披露等作了详尽的规定。公司发生的关联交易均严格依照《公司章程》、《关联交易管理制度》的规定执行，公司对关联交易的内部控制严格、充分、有效，未有违反以上规定的情形发生。报告期内公司因客观情况所发生的关联交易，已严格按照市场原则签订了协议，关联交易严格遵循了公平交易原则，定价合理，没有损害本公司利益，无内幕交易行为。

7、控股股东及其他关联方资金占用情况：

公司不存在控股股东及其他关联方违规占用资金情况。

8、监事会对会计师事务所出具审计报告的独立意见：

江苏公证天业会计师事务所有限公司对公司 2010 年年度报告出具了标准无保留意见的审计报告，监事会认为符合公司的财务状况和经营成果。

第九节　财务报告

9.1 审计意见

是否审计	是
审计意见	标准无保留审计意见
审计报告编号	苏公 W[2011]A243 号
审计报告标题	审计报告
审计报告收件人	江苏法尔胜股份有限公司全体股东：
引言段	我们审计了后附的江苏法尔胜股份有限公司财务报表，包括 2010 年 12 月 31 日合并资产负债表及母公司资产负债表，2010 年度合并利润表及母公司利润表、2010 年度合并所有者权益变动表及母公司所有者权益变动表、2010 年度合并现金流量表及母公司现金流量表，以及财务报表附注。
管理层对财务报表的责任段	按照企业会计准则的规定编制财务报表是江苏法尔胜股份有限公司管理层的责任。这种责任包括：(1)设计、实施和维护与财务报表编制相关的内部控制，以使财务报表不存在由于舞弊或错误而导致的重大错报；(2)选择和运用恰当的会计政策；(3)做出合理的会计估计。
注册会计师责任段	我们的责任是在实施审计工作的基础上对财务报表发表审计意见。我们按照中国注册会计师审计准则的规定执行了审计工
作。	中国注册会计师审计准则要求我们遵守职业道德规范，计划和实施审计工作以对财务报表是否不存在重大错报获取合理保证。 审计工作涉及实施审计程序，以获取有关财务报表金额和披露的审计证据。选择的审计程序取决于注册会计师的判断，包括
对	由于舞弊和错误导致的财务报表重大错报风险的评估。在进行风险评估时，我们考虑与财务报表编制相关的内部控制，以设计恰当的审计程序，但目的并非对内部控制的有效性发表意见。审计工
作	还包括评价管理层选用会计政策的恰当性和作出会计估计的合理性，以及评价财务报表的总体列报。 我们相信，我们获取的审计证据是充分、恰当的，为发表审计意见提供了基础。
审计意见段	我们认为，江苏法尔胜股份有限公司财务报表已经按照企业会计准则的规定编制，在所有重大方面公允反映了江苏法尔胜股份有限公司 2010 年 12 月 31 日的财务状况以及 2010 年度的经营成果和现金流量。
非标意见	
审计机构名称	江苏公证天业会计师事务所有限公司
审计机构地址	江苏省无锡市梁溪路 28 号
审计报告日期	2011 年 3 月 24 日
注册会计师姓名	刘勇 高烨

9.2 财务报表

9.2.1 资产负债表

编制单位：江苏法尔胜股份有限公司　　　2010 年 12 月 31 日　　　单位：元

项目	期末余额		年初余额	
	合并	母公司	合并	母公司
流动资产：				
货币资金	724,492,396.09	571,115,354.80	618,612,361.21	487,924,774.90
结算备付金				
拆出资金				
交易性金融资产				
应收票据	152,700,605.32	99,340,366.54	92,965,294.48	26,427,898.23
应收账款	652,056,529.91	245,100,188.40	656,364,265.14	264,081,709.26
预付款项	102,119,933.67	77,880,000.30	69,082,236.79	51,948,749.18
应收保费				
应收分保账款				
应收分保合同准备金				
应收利息	1,552,750.00	1,552,750.00	1,293,600.00	1,293,600.00
应收股利				
其他应收款	19,802,954.68	310,212,252.22	23,712,504.92	367,919,752.99
买入返售金融资产				
存货	380,021,868.92	93,377,420.83	366,866,285.43	135,510,945.08
一年内到期的非流动资产	487,647.50			
其他流动资产				
流动资产合计	2,033,234,686.09	1,398,578,333.09	1,828,896,547.97	1,335,107,429.64
非流动资产：				
发放委托贷款及垫款				
可供出售金融资产				
持有至到期投资	100,000,000.00	100,000,000.00	100,000,000.00	100,000,000.00
长期应收款				
长期股权投资	45,300,087.14	438,666,351.74	66,756,534.03	318,696,855.40
投资性房地产				
固定资产	974,121,723.40	471,649,339.22	836,827,233.67	327,659,633.73
在建工程	88,050,090.63	55,732,460.26	102,634,827.24	95,772,193.00
工程物资				
固定资产清理				
生产性生物资产				
油气资产				
无形资产	124,531,456.92	53,727,894.32	78,475,417.76	57,806,741.72
开发支出	388,964.28		388,964.28	
商誉				
长期待摊费用			1,038,226.34	
递延所得税资产	12,575,327.98	6,430,779.76	10,934,353.68	7,286,115.36
其他非流动资产			4,828,900.76	4,828,900.76
非流动资产合计	1,344,967,650.35	1,126,206,825.30	1,201,884,457.76	912,050,439.97
资产总计	3,378,202,336.44	2,524,785,158.39	3,030,781,005.73	2,247,157,869.61
流动负债：				
短期借款	1,024,750,000.00	792,800,000.00	1,003,000,000.00	771,000,000.00
向中央银行借款				
吸收存款及同业存放				
拆入资金				
交易性金融负债				
应付票据	550,000,000.00	530,000,000.00	444,467,500.00	415,000,000.00
应付账款	378,483,557.27	137,420,449.10	277,679,347.89	87,075,676.22

预收款项	78,998,277.21	24,466,236.24	60,190,118.61	35,365,112.87
卖出回购金融资产款				
应付手续费及佣金				
应付职工薪酬	3,686,134.42	35,306.21	4,873,550.52	689,991.20
应交税费	1,581,726.12	−6,112,474.30	562,221.44	−4,578,277.91
应付利息	337,003.00		352,923.75	
应付股利	247,906.50	247,906.50	247,906.50	247,906.50
其他应付款	8,098,899.05	4,055,725.25	2,635,968.04	895,231.83
应付分保账款				
保险合同准备金				
代理买卖证券款				
代理承销证券款				
一年内到期的非流动负债	40,000,000.00	40,000,000.00	65,000,000.00	20,000,000.00
其他流动负债				
流动负债合计	2,086,183,503.57	1,522,913,149.00	1,859,009,536.75	1,325,695,640.71
非流动负债：				
长期借款	81,320,000.00	54,320,000.00	20,000,000.00	20,000,000.00
应付债券				
长期应付款				
专项应付款			4,030,606.50	4,030,606.50
预计负债				
递延所得税负债				
其他非流动负债	19,100,000.00	7,200,000.00	11,880,000.00	5,600,000.00
非流动负债合计	100,420,000.00	61,520,000.00	35,910,606.50	29,630,606.50
负债合计	2,186,603,503.57	1,584,433,149.00	1,894,920,143.25	1,355,326,247.21
所有者权益(或股东权益)：				
实收资本(或股本)	379,641,600.00	379,641,600.00	379,641,600.00	379,641,600.00
资本公积	469,204,168.11	467,416,809.23	466,461,020.05	466,461,020.05
减：库存股				
专项储备				
盈余公积	67,284,500.38	67,284,500.38	62,528,040.60	62,528,040.60
一般风险准备				
未分配利润	108,919,244.87	26,009,099.78	101,027,076.62	−16,799,038.25
外币报表折算差额				
归属于母公司所有者权益合计	1,025,049,513.36	940,352,009.39	1,009,657,737.27	891,831,622.40
少数股东权益	166,549,319.51		126,203,125.21	
所有者权益合计	1,191,598,832.87	940,352,009.39	1,135,860,862.48	891,831,622.40
负债和所有者权益总计	3,378,202,336.44	2,524,785,158.39	3,030,781,005.73	2,247,157,869.61

9.2.2 利润表

编制单位：江苏法尔胜股份有限公司　　2010 年 1–12 月　　单位：元

项目	本期金额		上期金额	
	合并	母公司	合并	母公司
一、营业总收入	1,683,268,479.56	1,152,591,391.25	1,545,332,103.14	896,736,472.51
其中：营业收入	1,683,268,479.56	1,152,591,391.25	1,545,332,103.14	896,736,472.51
利息收入				
已赚保费				
手续费及佣金收入				
二、营业总成本	1,668,829,084.66	1,170,208,386.37	1,520,681,139.14	923,996,202.38
其中：营业成本	1,434,026,293.97	1,079,200,373.66	1,316,017,078.87	846,724,857.11
利息支出				
手续费及佣金支出				
退保金				
赔付支出净额				
提取保险合同准备金净额				
保单红利支出				
分保费用				
营业税金及附加	4,064,256.80	2,463,324.33	2,138,136.60	1,657,164.26
销售费用	53,719,976.90	12,039,132.48	51,958,809.57	11,962,579.51
管理费用	85,874,597.99	39,418,871.79	74,963,033.42	36,412,928.08
财务费用	73,317,716.14	41,235,875.03	64,583,721.59	27,256,428.12
资产减值损失	17,826,242.85	−4,149,190.92	11,020,359.09	−17,754.70
加：公允价值变动收益				
(损失以"−"号填列)				
投资收益(损失以"−"号填列)	6,099,846.17	65,099,031.12	5,959,672.44	54,514,882.19
其中：对联营企业和合营				
企业的投资收益	−361,357.73	−361,357.73	353,629.95	353,629.95
汇兑收益(损失以"−"号填列)				
三、营业利润				
(亏损以"−"号填列)	20,539,241.07	47,482,036.00	30,610,636.44	27,255,152.32
加：营业外收入	13,497,665.33	3,101,031.06	6,319,415.10	3,941,511.47
减：营业外支出	3,197,571.43	2,163,133.65	1,848,094.58	522,922.29
其中：非流动资产处置损失	1,803,597.75	1,793,567.36	547,848.33	502,010.21
四、利润总额				
(亏损总额以"−"号填列)	30,839,334.97	48,419,933.41	35,081,956.96	30,673,741.50
减：所得税费用	11,957,834.49	855,335.60	13,106,956.73	−1,256,498.19
五、净利润				
(净亏损以"−"号填列)	18,881,500.48	47,564,597.81	21,975,000.23	31,930,239.69
归属于母公司所有者				
的净利润	12,871,270.99	47,564,597.81	12,346,927.15	31,930,239.69
少数股东损益	6,010,229.49		9,628,073.08	
六、每股收益：				
(一)基本每股收益	0.0339	0.1251	0.0325	0.0841
(二)稀释每股收益	0.0339	0.1251	0.0325	0.0841
七、其他综合收益	1,787,358.88			
八、综合收益总额	20,668,859.36	47,564,597.81	21,975,000.23	31,930,239.69
归属于母公司所有者				
的综合收益总额	14,658,629.87	47,564,597.81	12,346,927.15	31,930,239.69
归属于少数股东的				
综合收益总额	6,010,229.49	0.00	9,628,073.08	0.00

本期发生同一控制下企业合并的，被合并方在合并前实现的净利润为：0.00 元。

9.2.3 现金流量表

编制单位：江苏法尔胜股份有限公司　　2010 年 1–12 月　　单位：元

项目	本期金额		上期金额	
	合并	母公司	合并	母公司
一、经营活动产生的现金流量：				
销售商品、提供劳务				
收到的现金	1,869,186,089.66	1,215,897,925.55	1,805,387,616.44	950,941,624.01
客户存款和同业存放款项净增加额				
向中央银行借款净增加额				
向其他金融机构拆入资金净增加额				
收到原保险合同保费取得的现金				
收到再保险业务现金净额				
保户储金及投资款净增加额				
处置交易性金融资产净增加额				
收取利息、手续费及佣金的现金				
拆入资金净增加额				
回购业务资金净增加额				
收到的税费返还	2,542,729.01			
收到其他与经营活动				
有关的现金	13,285,698.51	10,182,028.38	18,762,987.34	13,612,136.80
经营活动现金流入小计	1,885,014,517.18	1,226,079,954.93	1,824,150,603.78	964,553,760.81
购买商品、接受劳务				
支付的现金	1,473,121,301.52	1,169,844,033.99	1,500,721,345.35	869,365,264.64
客户贷款及垫款净增加额				
存放中央银行和同业款项净增加额				
支付原保险合同赔付款项的现金				
支付利息、手续费及佣金的现金				
支付保单红利的现金				
支付给职工以及为职工				
支付的现金	123,983,576.31	40,629,792.90	108,138,961.37	40,844,957.20
支付的各项税费	96,709,110.29	27,793,057.38	89,407,947.52	23,187,256.79
支付其他与经营活动				
有关的现金	105,027,805.62	29,593,282.59	88,133,933.59	25,071,207.29
经营活动现金流出小计	1,798,841,793.74	1,267,860,166.86	1,786,402,187.83	958,468,685.92
经营活动产生的				
现金流量净额	86,172,723.44	−41,780,211.93	37,748,415.95	6,085,074.89
二、投资活动产生的现金流量：				
收回投资收到的现金	2,200,000.00	2,200,000.00		
取得投资收益收到的现金	6,461,203.90	53,757,822.59		9,000,000.00
处置固定资产、无形资产和其他				
长期资产收回的现金净额	7,860,899.41	7,500,000.00	4,559,754.60	125,800.00
处置子公司及其他营业单位				
收到的现金净额			107,161,509.42	107,161,509.42
收到其他与投资活动				
有关的现金	46,579,520.00	46,579,520.00	21,772,413.50	12,191,083.50
投资活动现金流入小计	63,101,623.31	110,037,342.59	133,493,677.52	128,478,392.92
购建固定资产、无形资产和其他				
长期资产支付的现金	173,082,815.24	129,568,641.65	109,108,103.97	84,196,405.19
投资支付的现金	21,267,507.81	109,293,874.54	119,500,000.00	131,887,136.00
质押贷款净增加额				
取得子公司及其他营业单位支付的现金净额				
支付其他与投资活动有关的现金				
投资活动现金流出小计	194,350,323.05	238,862,516.19	228,608,103.97	216,083,541.19
投资活动产生的				
现金流量净额	−131,248,699.74	−128,825,173.60	−95,114,426.45	−87,605,148.27
三、筹资活动产生的现金流量：				
吸收投资收到的现金	2,621,683.20		655,468.80	
其中：子公司吸收少数股东				
投资收到的现金	2,621,683.20		655,468.80	
取得借款收到的现金	1,349,010,000.00	1,130,110,000.00	1,253,000,000.00	936,000,000.00
发行债券收到的现金				
收到其他与筹资活动				
有关的现金	40,379,346.09	63,426,856.64	106,359,740.96	196,309,740.96
筹资活动现金流入小计	1,392,011,029.29	1,193,536,856.64	1,360,015,209.76	1,132,309,740.96
偿还债务支付的现金	1,360,940,000.00	1,053,990,000.00	1,207,180,000.00	835,000,000.00
分配股利、利润或偿付				

利息支付的现金	76,575,511.02	45,750,921.21	74,668,134.19	47,947,454.77
其中:子公司支付给少数				
股东的股利、利润	15,768,872.90		3,000,000.00	
支付其他与筹资活动有关的现金				58,856,031.34
筹资活动现金流出小计	1,437,515,511.02	1,099,740,921.21	1,281,848,134.19	941,803,486.11
筹资活动产生的				
现金流量净额	−45,504,481.73	93,795,965.43	78,167,075.57	190,506,254.85
四、汇率变动对现金及现金等价物的影响				
合并范围变更对现金及				
现金等价物的影响	15,693,985.50		−7,514,091.76	
五、现金及现金等价				
物净增加额	−74,886,472.53	−76,809,420.10	13,286,973.31	108,986,181.47
加:期初现金及现金				
等价物余额	598,492,361.21	487,924,774.90	585,205,387.90	378,938,593.43
六、期末现金及现金				
等价物余额	523,605,888.68	411,115,354.80	598,492,361.21	487,924,774.90

9.2.4 合并所有者权益变动表

编制单位:江苏法尔胜股份有限公司　　2010 年度　　单位:元

本期金额

项目	归属于母公司所有者权益 实收资本(或股本)	资本公积	减:库存股	专项储备	盈余公积	一般风险准备	未分配利润	其他	少数股东权益	所有者权益合计
一、上年年末余额	379,641,600.00	466,461,020.05			62,528,040.60		101,027,076.62		126,203,125.2	11,135,860,862.48
加:会计政策变更										
前期差错更正										
其他										
二、本年年初余额	379,641,600.00	466,461,020.05			62,528,040.60		101,027,076.62		126,203,125.21	1,135,860,862.48
三、本年增减变动金额										
(减少以"−"号填列)		2,743,148.06			4,756,459.78		7,892,168.25		40,346,194.30	55,737,970.39
(一)净利润							12,871,270.99		6,010,229.49	18,881,500.48
(二)其他综合收益		1,787,358.88								1,787,358.88
上述(一)和(二)小计		1,787,358.88					12,871,270.99		6,010,229.49	20,668,859.36
(三)所有者投入和减少资本										
1.所有者投入资本										
2.股份支付计入所有者权益的金额										
3.其他										
(四)利润分配					4,756,459.78		−4,979,102.74		15,765,539.56	15,542,896.60
1.提取盈余公积					4,756,459.78		−4,756,459.78			
2.提取一般风险准备										
3.对所有者(或股东)的分配									15,765,539.56	15,765,539.56
4.其他							−222,642.96			−222,642.96
(五)所有者权益内部结转									18,570,425.25	18,570,425.25
1.资本公积转增资本(或股本)										
2.盈余公积转增资本(或股本)										
3.盈余公积弥补亏损										
4.其他									18,570,425.25	18,570,425.25
(六)专项储备										
1.本期提取										
2.本期使用										
(七)其他		955,789.18								955,789.18
四、本期期末余额	379,641,600.00	469,204,168.11			67,284,500.38		108,919,244.87		166,549,319.51	1,191,598,832.87

上年金额

项目	归属于母公司所有者权益 实收资本(或股本)	资本公积	减:库存股	专项储备	盈余公积	一般风险准备	未分配利润	其他	少数股东权益	所有者权益合计
一、上年年末余额	379,641,600.00	466,461,020.05			62,528,040.60		88,920,321.04		210,728,293.06	1,208,279,274.75
加:会计政策变更										
前期差错更正										
其他										
二、本年年初余额	379,641,600.00	466,461,020.05			62,528,040.60		88,920,321.04		210,728,293.06	1,208,279,274.75
三、本年增减变动金额										
(减少以"−"号填列)							12,106,755.58		−84,525,167.85	−72,418,412.27
(一)净利润							12,346,927.15		9,628,073.08	21,975,000.23
(二)其他综合收益										
上述(一)和(二)小计							12,346,927.15		9,628,073.08	21,975,000.23
(三)所有者投入和减少资本										
1.所有者投入资本										
2.股份支付计入所有者权益的金额										
3.其他										
(四)利润分配							−240,171.57		−3,000,000.00	−3,240,171.57
1.提取盈余公积										
2.提取一般风险准备										
3.对所有者(或股东)的分配									−3,000,000.00	−3,000,000.00
4.其他							−240,171.57			−240,171.57
(五)所有者权益内部结转									−91,153,240.93	−91,153,240.93
1.资本公积转增资本(或股本)										
2.盈余公积转增资本(或股本)										
3.盈余公积弥补亏损										
4.其他									−91,153,240.93	−91,153,240.93
(六)专项储备										
1.本期提取										
2.本期使用										
(七)其他										
四、本期期末余额	379,641,600.00	466,461,020.05			62,528,040.60		101,027,076.62		126,203,125.21	1,135,860,862.48

9.2.5 母公司所有者权益变动表

编制单位:江苏法尔胜股份有限公司　　2010 年度　　单位:元

本期金额

项目	实收资本(或股本)	资本公积	减:库存股	专项储备	盈余公积	一般风险准备	未分配利润	所有者权益合计
一、上年年末余额	379,641,600.00	466,461,020.05			62,528,040.60		−16,799,038.25	891,831,622.40
加:会计政策变更								
前期差错更正								
其他								
二、本年年初余额	379,641,600.00	466,461,020.05			62,528,040.60		−16,799,038.25	891,831,622.40
三、本年增减变动金额								
(减少以"−"号填列)		955,789.18			4,756,459.78		42,808,138.03	48,520,386.99
(一)净利润							47,564,597.81	47,564,597.81
(二)其他综合收益								
上述(一)和(二)小计							47,564,597.81	47,564,597.81
(三)所有者投入和减少资本								
1.所有者投入资本								
2.股份支付计入所有者权益的金额								
3.其他								
(四)利润分配					4,756,459.78		−4,756,459.78	
1.提取盈余公积					4,756,459.78		−4,756,459.78	
2.提取一般风险准备								
3.对所有者(或股东)的分配								
4.其他								
(五)所有者权益内部结转								
1.资本公积转增资本								
2.盈余公积转增资本(或股本)								
3.盈余公积弥补亏损								
4.其他								
(六)专项储备								
1.本期提取								
2.本期使用								
(七)其他		955,789.18						955,789.18
四、本期期末余额	379,641,600.00	467,416,809.23			67,284,500.38		26,009,099.78	940,352,009.39

上年金额

项目	实收资本(或股本)	资本公积	减:库存股	专项储备	盈余公积	一般风险准备	未分配利润	所有者权益合计
一、上年年末余额	379,641,600.00	466,461,020.05			62,528,040.60		−48,729,277.94	859,901,382.71
加:会计政策变更								
前期差错更正								
其他								
二、本年年初余额	379,641,600.00	466,461,020.05			62,528,040.60		−48,729,277.94	859,901,382.71
三、本年增减变动金额								
(减少以"−"号填列)							31,930,239.69	31,930,239.69
(一)净利润							31,930,239.69	31,930,239.69
(二)其他综合收益								
上述(一)和(二)小计							31,930,239.69	31,930,239.69]
(三)所有者投入和减少资本								
1.所有者投入资本								
2.股份支付计入所有者权益的金额								
3.其他								
(四)利润分配								
1.提取盈余公积								
2.提取一般风险准备								
3.对所有者(或股东)的分配								
4.其他								
(五)所有者权益内部结转								
1.资本公积转增资本								
2.盈余公积转增资本(或股本)								
3.盈余公积弥补亏损								
4.其他								
(六)专项储备								
1.本期提取								
2.本期使用								
(七)其他								
四、本期期末余额	379,641,600.00	466,461,020.05			62,528,040.60		−16,799,038.25	891,831,622.40

9.3 与最近一期年度报告相比,会计政策、会计估计和核算方法发生变化的具体说明

□ 适用　　√ 不适用

9.4 重大会计差错的内容、更正金额、原因及其影响

□ 适用　　√ 不适用

9.5 与最近一期年度报告相比,合并范围发生变化的具体说明

√ 适用　　□ 不适用

合并范围增加了江苏双友东纲金属制品有限公司。

江苏法尔胜股份有限公司董事会

董事长:刘礼华

2011 年 3 月 26 日

苏宁电器股份有限公司

苏宁电器股份有限公司2010年年度报告摘要

第一节　重要提示

1.1 本公司董事会、监事会及其董事、监事、高级管理人员保证本报告所载资料不存在任何虚假记载、误导性陈述或者重大遗漏，并对其内容的真实性、准确性和完整性负个别及连带责任。

本年度报告摘要摘自年度报告全文，报告全文同时刊载于巨潮资讯网(www.cninfo.com.cn)。投资者欲了解详细内容，应当仔细阅读年度报告全文。

1.2 公司年度财务报告已经普华永道中天会计师事务所审计并被出具了标准无保留意见的审计报告。

1.3 公司负责人张近东先生、主管会计工作负责人朱华女士及会计机构负责人(会计主管人员)肖忠祥先生声明：保证年度报告中财务报告的真实、完整。

第二节　公司基本情况简介

2.1 基本情况简介

股票简称	苏宁电器
股票代码	002024
上市交易所	深圳证券交易所
注册地址	江苏省南京市山西路8号金山大厦1-5层
注册地址的邮政编码	210005
办公地址	江苏省南京市淮海路68号
办公地址的邮政编码	210005
公司国际互联网网址	http://www.cnsuning.com
电子信箱	stock@cnsuning.com

2.2 联系人和联系方式

	董事会秘书	证券事务代表
姓名	任　峻	韩　枫
联系地址	江苏省南京市淮海路68号	江苏省南京市淮海路68号
电话	025-84418888-888155	025-84418888-888122
传真	025-84467008	025-84467008
电子信箱	stock@cnsuning.com	stock@cnsuning.com

第三节　会计数据和业务数据摘要

3.1 主要会计数据

单位：千元

	2010年	2009年	本年比上年增减(%)	2008年
营业总收入	75,504,739	58,300,149	29.51%	49,896,709
利润总额	5,402,044	3,926,367	37.58%	2,950,873
归属于上市公司股东的净利润	4,011,820	2,889,956	38.82%	2,170,189
归属于上市公司股东的扣除非经常性损益的净利润	4,029,589.00	2,852,724	41.25%	2,179,913
经营活动产生的现金流量净额	3,881,336.00	5,554,942	-30.13%	3,819,141
	2010年末	2009年末	本年末比上年末增减(%)	2008年末
总资产	43,907,382	35,839,832	22.51%	21,618,527
归属于上市公司股东的所有者权益	18,338,189	14,540,346	26.12%	8,775,957
股本	6,996,212	4,664,141	50.00%	2,991,008

3.2 主要财务指标

单位：元

	2010年	2009年	本年比上年增减(%)	2008年
基本每股收益(元/股，注)	0.57	0.43	32.56%	0.33
稀释每股收益(元/股)	0.57	0.43	32.56%	0.33
扣除非经常性损益后的基本每股收益(元/股)	0.58	0.42	38.10%	0.33
加权平均净资产收益率(%)	24.48%	28.44%	下降3.96%个百分点	31.60%
扣除非经常性损益后的加权平均净资产收益率(%)	24.58%	28.07%	下降3.49%个百分点	31.75%
每股经营活动产生的现金流量净额(元/股)	0.55	1.19	下降53.78%个百分点	1.28
	2010年末	2009年末	本年末比上年末增减(%)	2008年末
归属于上市公司股东的每股净资产(元/股)	2.62	3.12	-16.03%	2.93

注：根据《公开发行证券公司信息披露编报规则第9号——净资产收益率和每股收益的计算及披露》的要求，计算2010年基本每股收益时总股本额按6,996,211,866股计算，计算2009年每股收益时按照调整后的股本额6,729,768,000股计算。

非经常性损益项目

√适用　□不适用

单位：千元

非经常性损益项目	金额
非流动资产处置损益	-3,717
计入当期损益的政府补助，但与公司正常经营业务密切相关，符合国家政策规定、按照一定标准定额或定量持续享受的政府补助除外	41,982
除同公司正常经营业务相关的有效套期保值业务外，持有交易性金融资产、交易性金融负债产生的公允价值变动损益，以及处置交易性金融资产、交易性金融负债和可供出售金融资产取得的投资收益	5,658
其他营业外收支净额	-68,169
所得税影响额	6,062
少数股东权益影响额	415
合计	-17,769

3.3 境内外会计准则差异

□适用　√不适用

第四节　股本变动及股东情况

4.1 股份变动情况表

单位：股

	本次变动前		本次变动增减(+,-)					本次变动后	
	数量	比例(%)	发行新股	送股	公积金转股	其他(注1)	小计	数量	比例(%)
一、有限售条件股份	1,521,571,524	32.62			760,785,762	-728,233,933	32,551,829	1,554,123,353	22.21
1、国家持股									
2、国有法人持股									
3、其他内资持股	1,443,207,620	30.94			721,603,810	-2,138,648,640	-1,417,044,830	26,162,790	0.37
其中：境内非国有法人持股	142,000,000	3.04			71,000,000	-213,000,000	-142,000,000		
境内自然人持股	1,301,207,620	27.90			650,603,810	-1,925,648,640	-1,275,044,830	26,162,790	0.37
4、外资持股	18,187,384	0.39			9,093,692	-27,281,076	-18,187,384		
其中：境外法人持股	18,187,384	0.39			9,093,692	-27,281,076	-18,187,384		
境外自然人持股									
5、高管股份(注2)	60,176,520	1.29			30,088,260	1,437,695,783	1,467,784,043	1,527,960,563	21.84
二、无限售条件股份	3,142,569,720	67.38			1,571,284,860	728,233,933	2,299,518,793	5,442,088,513	77.79
1、人民币普通股	3,142,569,720	67.38			1,571,284,860	728,233,933	2,299,518,793	5,442,088,513	77.79
2、境内上市的外资股									
3、境外上市的外资股									
4、其他									
三、股份总数	4,664,141,244	100			2,332,070,622	0	2,332,070,622	6,996,211,866	100

注：1、2010年8月11日，公司控股股东及实际控制人张近东先生追加股份限售承诺期满，其所持限售股份上市流通，实际可上市流通数量为1,925,648,640股，其中1,437,695,783股股份以"高管股份"的形式予以锁定，实际可上市流通数量为487,952,857股；

2010年12月31日，除控股股东张近东先生以外的六名特定投资者认购的公司2009年非公开发行股票限售期满可上市流通。

2、董事、监事、高管所持股份按照国家相关法律法规及规范性文件规定予以锁定。

限售股份变动情况表

单位：股

股东名称	年初限售股数	本年解除限售股数	本年增加限售股数	年末限售股数	限售原因	解除限售日期
张近东	1,301,207,620	487,952,857	650,603,810	1,463,858,573	追加股份限售承诺2009年非公开发行	2010-8-10，追加股份限售解除；2012年12月31日，认购的2009年非公开发行股份限售解除。
金　明	60,176,520	0	30,088,260	90,264,780	高管股份锁定	未知
雅戈尔集团股份有限公司	40,000,000	60,000,000	20,000,000	0	2009年非公开发行	2010-12-31
斯坦福大学	18,187,384	27,281,076	9,093,692	0	2009年非公开发行	2010-12-31
中国农业银行-	2,000,000	3,000,000	1,000,000	0	2009年非	2010-12-31

大成景阳领先股票型证券投资基金					公开发行	
景福证券投资基金	2,000,000	3,000,000	1,000,000	0	2009 年非公开发行	2010-12-31
中国农业银行—大成积极成长股票型证券投资基金	1,500,000	2,250,000	750,000	0	2009 年非公开发行	2010-12-31
大成价值增长证券投资基金	3,000,000	4,500,000	1,500,000	0	2009 年非公开发行	2010-12-31
中国银行—大成蓝筹稳健证券投资基金	8,000,000	12,000,000	4,000,000	0	2009 年非公开发行	2010-12-31
中国银行—大成财富管理 2020 生命周期证券投资基金	3,000,000	4,500,000	1,500,000	0	2009 年非公开发行	2010-12-31
中国银行—大成优选股票型证券投资基金	5,000,000	7,500,000	2,500,000	0	2009 年非公开发行	2010-12-31
中国光大银行—大成策略回报股票型证券投资基金	500,000	750,000	250,000	0	2009 年非公开发行	2010-12-31
中国农业银行—富国天瑞强势地区精选混合型开放式证券投资基金	6,200,000	9,300,000	3,100,000	0	2009 年非公开发行	2010-12-31
中国建设银行—富国天博创新主题股票型证券投资基金	6,000,000	9,000,000	3,000,000	0	2009 年非公开发行	2010-12-31
中国农业银行—富国天成红利灵活配置混合型证券投资基金	400,000	600,000	200,000	0	2009 年非公开发行	2010-12-31
汉盛证券投资基金	2,500,000	3,750,000	1,250,000	0	2009 年非公开发行	2010-12-31
招商银行股份有限公司—富国天合稳健优选股票型证券投资基金	3,000,000	4,500,000	1,500,000	0	2009 年非公开发行	2010-12-31
交通银行—富国天益价值证券投资基金	6,200,000	9,300,000	3,100,000	0	2009 年非公开发行	2010-12-31
中国工商银行—富国天惠精选成长混合型证券投资基金(LOF)	2,500,000	3,750,000	1,250,000	0	2009 年非公开发行	2010-12-31
交通银行—汉兴证券投资基金	3,200,000	4,800,000	1,600,000	0	2009 年非公开发行	2010-12-31
中国工商银行—金泰证券投资基金	1,000,000	1,500,000	500,000	0	2009 年非公开发行	2010-12-31
金鑫证券投资基金	2,000,000	3,000,000	1,000,000	0	2009 年非公开发行	2010-12-31
中国建设银行—国泰金马稳健回报证券投资基金	7,000,000	10,500,000	3,500,000	0	2009 年非公开发行	2010-12-31
中国银行—国泰金鹏蓝筹价值混合证券投资基金	1,500,000	2,250,000	750,000	0	2009 年非公开发行	2010-12-31
中国农业银行—国泰金牛创新成长股票型证券投资基金	5,000,000	7,500,000	2,500,000	0	2009 年非公开发行	2010-12-31
全国社保基金——组合	3,000,000	4,500,000	1,500,000	0	2009 年非公开发行	2010-12-31
中国建设银行—国泰金鼎价值精选混合型证券投资基金	3,500,000	5,250,000	1,750,000	0	2009 年非公开发行	2010-12-31
交通银行—国泰金鹰增长证券投资基金	500,000	750,000	250,000	0	2009 年非公开发行	2010-12-31
上海浦东发展银行—国泰金龙行业精选证券投资基金	500,000	750,000	250,000	0	2009 年非公开发行	2010-12-31
中国人民财产保险股份有限公司—传统—普通保险产品	11,500,000	17,250,000	5,750,000	0	2009 年非公开发行	2010-12-31
中国人民人寿保险股份有限公司—万能—个险万能	4,000,000	6,000,000	2,000,000	0	2009 年非公开发行	2010-12-31
中国人民人寿保险股份有限公司—自有资金	7,500,000	11,250,000	3,750,000	0	2009 年非公开发行	2010-12-31
合计	1,521,571,524	728,233,933	760,785,762	1,554,123,353	–	–

4.2 前 10 名股东、前 10 名无限售条件股东持股情况表

单位:股

股东总数						297,213
前 10 名股东持股情况						
股东名称	股东性质	持股比例(%)	持股总数	持有有限售条件股份数量	质押或冻结的股份数量	
张近东	境内自然人	27.90%	1,951,811,430	1,463,858,573	0	
苏宁电器集团有限公司	境内非国有法人	13.47%	942,093,549	0	0	
陈金凤	境内自然人	2.81%	196,282,370	0	0	
金　明	境内自然人	1.72%	120,353,040	90,264,780	0	
中国工商银行—广发聚丰股票型证券投资基金	境内非国有法人	1.54%	108,000,000	0	未知	
中国建设银行-银华核心价值优选股票型证券投资基金	境内非国有法人	1.43%	99,999,979	0	未知	
中国工商银行-博时精选股票证券投资基金	境内非国有法人	0.96%	67,000,000	0	未知	
交通银行-博时新兴成长股票型证券投资基金	境内非国有法人	0.89%	61,999,913	0	未知	
交通银行-富国天益价值证券投资基金	境内非国有法人	0.87%	60,800,000	0	未知	
雅戈尔集团股份有限公司	境内非国有法人	0.86%	60,000,000	0	未知	

前 10 名无限售条件股东持股情况		
股东名称	持有无限售条件股份数量	股份种类
苏宁电器集团有限公司	942,093,549	人民币普通股
张近东	487,952,857	人民币普通股
陈金凤	196,282,370	人民币普通股
中国工商银行—广发聚丰股票型证券投资基金	108,000,000	人民币普通股
中国建设银行-银华核心价值优选股票型证券投资基金	99,999,979	人民币普通股
中国工商银行-博时精选股票证券投资基金	67,000,000	人民币普通股
交通银行-博时新兴成长股票型证券投资基金	61,999,913	人民币普通股
交通银行-富国天益价值证券投资基金	60,800,000	人民币普通股
雅戈尔集团股份有限公司	60,000,000	人民币普通股
蒋　勇	56,247,080	人民币普通股
上述股东关联关系或一致行动的说明	1、张近东先生持有苏宁电器集团有限公司 28%的股权,张近东先生与苏宁电器集团有限公司构成关联股东关系。 2、除前述关联关系外,未知公司前十名主要股东、前十名无限售条件股东之间是否存在其他关联关系,也未知是否存在《上市公司收购管理办法》中规定的一致行动人的情况。	

注:1、张近东先生认购的公司 2009 年非公开发行股票自 2009 年 12 月 31 日起限售三年;同时作为公司现任董事,其所持有的公司股份需按照国家相关法律法规及规范性文件进行锁定;

2、金明先生为公司现任董事,其所持有的公司股份需按照国家相关法律法规及规范性文件进行锁定。

4.3 控股股东及实际控制人情况介绍

4.3.1 控股股东及实际控制人变更情况

□ 适用　√ 不适用

4.3.2 控股股东及实际控制人具体情况介绍

张近东先生,中国国籍,1963 年 3 月出生,本科学历,曾任江苏苏宁交家电有限公司董事长兼总经理,现任苏宁电器股份有限公司董事长。无其他国家或地区居住权。

4.3.3 公司与实际控制人之间的产权及控制关系的方框图(略)

第五节　董事、监事和高级管理人员

5.1 董事、监事和高级管理人员持股变动及报酬情况

姓　名	职务	性别	年龄	任期起始日期	任期终止日期	年初持股数(股)	年末持股数(股)	变动原因	报告期内从公司领取的报酬总额	是否在股东单位或其他关联单位

									(万元)税前	领取薪酬
张近东	董事长	男	48	2010-07	2013-07	1,301,207,620	1,951,811,430	2009年度利润分配方案实施。	180.00	否
孙为民	董事、副董事长	男	48	2010-07	2013-07	0	0		100.00	否
金　明	董事、总裁	男	40	2010-07	2013-07	80,235,360	120,353,040	2009年度利润分配方案实施。	80.00	否
孟祥胜	董事、副总裁	男	39	2010-07	2013-07	0	0		80.00	否
任　峻	董事、副总裁、董秘	男	34	2010-07	2013-07	0	0		60.00	否
李　东	董事	男	50	2010-07	2013-07	0	0		8.00	否
沈坤荣	独立董事	男	48	2010-07	2013-07	0	0		8.00	否
孙剑平	独立董事	男	58	2010-07	2013-07	0	0		8.00	否
戴新民	独立董事	男	49	2010-07	2013-07	0	0		8.00	否
李建颖	监事	女	42	2010-07	2013-07	0	0		30.00	否
汪晓玲	监事	女	38	2010-07	2013-07	0	0		15.00	否
肖忠祥	监事	男	40	2010-07	2013-07	0	0		15.00	否
朱　华	财务负责人	女	46	2010-07	2013-07	0	0		30.00	否
合　计	–	–	–	–	–	1,381,442,980	2,072,164,470	–	622.00	–

董事、监事、高级管理人员报告期内被授予的股权激励情况

√ 适用　　□ 不适用

姓　名	职　务	期初持有股票期权数量(万份)	报告期新授予股票期权数量(万份)	报告期股票期权行权数量(万份)	股票期权行权价格(元)	期末持有股票期权数量(万份)	期初持有限制性股票数量(万股)	报告期新授予限制性股票数量(万股)	限制性股票的授予价格(元)	期末持有限制性股票数量(万股)
孙为民	董事、副董事长	0	300	0	14.50	300	0	0	0.00	0
金　明	董事、总裁	0	300	0	14.50	300	0	0	0.00	0
孟祥胜	董事、副总裁	0	280	0	14.50	280	0	0	0.00	0
任　峻	董事、副总裁、董秘	0	280	0	14.50	280	0	0	0.00	0
朱　华	财务负责人	0	50	0	14.50	50	0	0	0.00	0
合　计	–	0	1,210	0	–	1,210	0	0	–	0

5.2 董事出席董事会会议情况

董事姓名	具体职务	应出席次数	现场出席次数	以通讯方式参加会议次数	委托出席次数	缺席次数	是否连续两次未亲自出席会议
张近东	董事长	12	2	10	0	0	否
孙为民	副董事长	12	2	10	0	0	否
金　明	董事、总裁	12	1	11	0	0	否
孟祥胜	董事、副总裁	12	2	10	0	0	否
任　峻	董事、副总裁、董秘	12	2	10	0	0	否
李　东	外部董事	12	2	10	0	0	否
沈坤荣	独立董事	12	1	11	0	0	否
孙剑平	独立董事	12	2	10	0	0	否
戴新民	独立董事	12	2	10	0	0	否

连续两次未亲自出席董事会会议的说明

无

年内召开董事会会议次数	12
其中：现场会议次数	1
通讯方式召开会议次数	10
现场结合通讯方式召开会议次数	1

第六节　董事会报告

6.1 管理层讨论与分析

2010年是苏宁电器创立二十周年之际，依托中国改革开发的大好机遇，在全体员工的不懈努力之下，苏宁人已经逐步搭建起一个适应中国市场特点、较为成熟有效的经营管理后台，建立了遍布全国的零售网络，具备了为消费者、为供应商提供全面服务的能力，苏宁的知名度、美誉度持续提升。

苏宁在发展中不断探索、总结企业发展之道、零售创新之路，提出了"店面数量增加与质量提升平衡发展、前台扩展与后台建设协同进行、业务运营与资本理性互动、模式变革与组织优化同步开展"为原则的发展模式，得到了社会各界的广泛认同。尤其是公司在物流、信息、人才等后台体系建设的思路与方法，对中国企业的发展提供了良好的借鉴。

"执著拼搏"是苏宁的企业精神，正是在这样一个朴素的苏宁人的标准指引下，二十年来，不论遇到挑战、风险和困难，还是获得成功、赞赏和推崇；不论是摸着石头过河一步一步探索连锁发展的规律，还是坚持主业，抵御各种看似有巨大吸引力的诱惑；苏宁一旦确定目标，就一定会执著地追求，用苏宁人特有的踏实、敬业的风格，用讲求细节，力求把每件小事都做好的态度，一天一天、一点一点地去实现。所以，二十年来，中国大的商业环境、竞争格局在不断变换，但苏宁的战略和发展轨迹却越来越清晰，苏宁的发展基础也越来越夯实。不论从店面数量、规模、经营效率，还是管理理论、企业文化、团队建设，苏宁都已经成为行业的领导者，但追求、探索行业、企业更加长期持续的发展，为中国的内需市场注入更多活力，为消费者、供应商提供更好的服务，苏宁还刚刚启程，任重道远。

所以，2010年是公司发展"承前启后"、具有里程碑意义的一年。从2009年就已经开始全面部署的、面向未来十年发展的各项准备工作通过一年的理解、细化与积累，在2010年已卓有成效地全面展开，为一个新的十年发展奠定了良好的基础。

连锁发展方面，Expo超级旗舰店、常规店、精品店、县镇店多业态店面同步开发，进一步细分市场客户，加快三四级市场拓展；"租、建、购、并"多样化开发模式齐头并进，推进店面标准化建设，为消费者提供良好购物体验的实体平台进一步完善。

物流方面，批量开发实现突破，选址、建设工作在全国范围内展开；第四代机械化、信息化物流技术运用已实现标准化，面向未来经营模式和商品拓展的第五代智能化、自动化物流体系进入实质性设计和建设阶段，一个支撑未来十年发展的高效供应链和消费者物流服务网络已经初具雏形。

营销方面，创新、变革、转型已经进入实质阶段，各项成果渐次体现。从原有相对简单的谈判、采购、促销模式转变为以商品研究为核心，以客户需求为导向的精细化运营管理体系；大力发展和提升面向消费者、面向供应商的增值服务能力体系；基于强大供应链、物流服务平台之上的多渠道营销模式已经步入正轨，这打开了苏宁未来十年发展的新空间。

基于上述工作，2010年公司继续保持稳定经营、快速增长的发展态势，实现了既定的发展目标，经营绩效进一步提升。报告期内，公司新进地级以上城市31个，大陆、香港、日本地区合计新开连锁店408家，实现营业总收入755.05亿元，比上年同期增长29.51%；实现归属于母公司股东的净利润40.12亿元，比上年同期增长38.82%，经营效率进一步提升。

一、行业状况

（一）经济基本面趋好，消费市场平稳较快发展

2010年，中国宏观经济基本面迈入正轨，国民经济运行态势良好。在一系列促进消费、扩大内需的政策措施激励下，消费市场景气度提高，社会消费品零售总额同比增速整体呈上升态势，2010年全年社会消费品零售总额同比增长18.4%。

（二）激励政策、产品升级促进家电行业迅速回升

2010年，"以旧换新"政策期限延长，实施范围推广"家电下乡"产品限价提高，中标产品范围扩大；节能惠民补贴指向高能效空调产品，一系列拉动家电消费激励政策的深化落实为行业提供良好发展空间。

消费升级、更新换代趋势明显，彩电行业已经完成平板电视的升级之路；白色家电中高附加值产品如变频空调、滚筒洗衣机、三门冰箱等产品增长快速；3G、智能手机普及较快。

综上，2010年家电行业迅速回升，据北京中怡康时代市场研究有限公司数据显示，2010年中国家电市场零售总额突破万亿元大关，达10,560亿元，较2009年同期增长了18.9%。

二、连锁发展情况分析

（一）大陆市场

1、报告期内，公司新进地级以上城市31个，新开常规店273家，精品店9家，县镇店114家，共置换/关闭连锁店26家，净增加连锁店370家。其中，精品店、县镇店作为公司创新推出的两种新型店面形态，无论是在市场特点了解、客户需求挖掘还是在组织流程完善等方面，公司仍将不断地进行研究并推进实践。

2、报告期内，公司按照"租、建、并、购"的综合开发策略，分别在临沂、泰州、大同、昆明、重庆、西安、大连、北京的核心商圈新增购置店项目8个，并成功在威海开设首个自行开发模式自建店，在上海开设首个合作开发模式自建店。

3、截至2010年末，公司已在全国231个地级以上城市拥有连锁店共计1,311家，其中常规店1,187家、精品店10家、县镇店114家，连锁店面积合计达516.07万平方米，比上年同期增长29.26%；由于报告期内公司加快推进三、四级市场的开发，期末大陆地区公司平均单店面积同比下降7.24%至3,936平方米。

（二）国际市场

报告期内，公司持续推进香港地区连锁网络优化工作，新开连锁店8家，关闭/置换连锁店7家，净增加连锁店1家，截至期末香港地区拥有连锁店23家。

同时，公司协助日本LAOX公司新开连锁店4家，关闭/置换连锁店1家，净增加连锁店3家，截至期末，LAOX已拥有8家连锁店面。

综上，截至报告期末，公司在中国大陆、香港地区、日本市场共拥有连锁店1,342家。

三、经营结果情况

（一）报告期内，面对较好的外部环境，公司抓住时机，加快网络建设，店面经营质量不断提升，终端销售和服务能力进一步增强，公司实现营业收入较上年同期增长29.51%，其中主营业务收入同比增长30.14%。

（二）报告期内，公司进一步践行零供采购合作模式简单化，通过信息平台的运用，不断完善供应链对接功能，提高合作效率，零供双方的合作关系更加和谐。定制、包销、OEM、ODM等采购手段的不断深入推进，有助于各品类产品毛利的提升；3C品类产品随着销售规模的扩大，合同政策有所提升，同时公司还加大该类产品单品运作的比例，加强周边产品的销售，带来3C品类的毛利率水平提升较快。公司实现主营业务毛利率同比提升0.93个百分点，其他业务利润率同比下降0.52个百分点，综合毛利率同比增长0.41个百分点。

（三）报告期内公司新开店数量超过以往历年水平，带来费用投入较快增长，尤其四季度开店数量多，费用增长较快，同时，公司还开展了一系列二十周年庆典活动，加大品牌宣传投入，使得公司费用绝对值增长较快。2010年快速的网络拓展，虽然短期内带来费用的集中增长，但是长远看来能够为公司未来的发展提供良好的增长后劲，也有助于公司在租金尚未大幅度上涨的情况下，锁定较长的租约。另外随着品牌宣传投入效益的逐步体现，企业形象也有力提升，可以获得更多的客户信赖。依托公司已经形成的较为成熟的后台管理平台，运用共享模式，在快速开店中，连锁规模优势充分发挥，边际效应得以释放；另报告期内可比门店销售收入情况较好，使得销售费用率以及管理费用率仍保持一个相对稳定的水平，分别较上年同期增加0.07、0.08个百分点。

报告期内，公司通过合理规划有效提高资金效益，加强银企合作，一方面，较多地采用银行承兑汇票的方式支付供应商货款，相应的银行货币资金规模增大，带来利息收入增加；另一方

面，合理制定资金计划，购买了银行固定收益产品，也使得产生的利息收入有所增加，公司财务费用率同比下降 0.19 个百分点。

（四）报告期内，公司综合经营质量继续保持持续稳定的增长，实现归属于上市公司股东的净利润同比增长 38.82%。

四、2011 年发展规划

随着国家两会的召开，政府已经明确未来五年的 GDP 增长目标，并且将经济增长策略由“拉内需、保增长、调结构”转变为“调结构、扩内需、稳增长”，进一步强调内需推动经济发展。在国家相关政策的调控和推动下，我们坚信中国家电行业仍将保持平稳较快增长，苏宁电器面临良好的发展机遇。

当然，我们也面临着很多发展中的困难和不确定性，尤其是创新所形成的挑战。但是，任何行业，任何业态的发展都有其核心的部分，我们所要做的最重要的事，永远都是抓住核心并最大程度地强化和发展。在此基础上，可以“以变应变”，可以“以变应不变”，也可以“以不变应变”。零售业的核心是什么，从运营角度来说，是供应链、物流和客户体验；从管理角度来说，是组织、流程与绩效。过去是，未来还是。但在新的技术背景与市场发展趋势之下，如何以更有效率、更符合行业、市场特点的方式提升核心竞争力确实又都是需要我们不断思考、不断创新、不断优化的。

苏宁认为，未来十年的发展方向将是重点发展科技苏宁的能力，沿着智慧苏宁的道路，最大程度延伸自身能力与挖掘市场空间，以获得企业新一轮的长期、持续、较快发展。

苏宁会进一步将零售业的发展与信息技术的应用进行更加广泛的融合，在企业内部管理、供应链合作、客户交易与服务多个角度，借互联网、移动技术的发展，不断提升组织、流程、绩效，不断挖掘商业智能的深度，利用未来智能化的多媒体交互工具，建立更有效率、更有体验的管理模式、合作关系、服务体验。

最终来看，苏宁就是要将强大的后台管理、物流配送、购物服务体验全面进行集成，以最简单、便捷的形式呈现给客户。从这一点上看，强大的供应链物流网络、遍布全国的商品展示体验与客户服务网络和新技术支持之下的交易网络的融合，将是苏宁要追求的具体目标和打造的模式。我们将会从信息技术的充分应用、物流基地的快速建设、标准化店面体系的大力夯实、与互联网的经营全面展开等方面具体进行战略的实现。

战略的明确和清晰只是开始，苏宁将会秉承执著拼搏的传统，在实践中勇于探索，不断总结，一步一个脚印地去实现每一个阶段性目标。2011 年是苏宁新十年战略的开局之年，具有重要的意义，管理层与全体苏宁员工将会更加严谨地开展年度各项工作。

6.2 主营业务分行业、产品情况表

单位：万元

分行业或分产品	营业收入	营业成本	毛利率(%)	营业收入比上年增减(%)	营业成本比上年增减(%)	毛利率比上年增减(%)
主营业务分行业情况						
零售业	7,422,745.70	6,191,581.70	16.59%	30.14%	28.71%	0.93%
主营业务分产品情况						
彩电、音像、碟机	1,971,300.70	1,595,065.30	19.09%	19.14%	17.65%	1.03%
冰箱、洗衣机	1,293,773.60	1,020,111.40	21.15%	25.35%	20.79%	2.98%
小家电产品	952,836.80	754,642.50	20.80%	19.67%	17.19%	1.68%
数码及 IT 产品	1,236,445.80	1,146,049.70	7.31%	56.17%	53.90%	1.37%
空调器产品	969,857.40	793,224.50	18.21%	26.97%	26.09%	0.57%
通讯产品	889,884.90	800,714.70	10.02%	47.62%	43.53%	2.56%

6.3 主营业务分地区情况

单位：万元

地区	营业收入	营业收入比上年增减(%)
华东一区	1,744,220.60	31.97%
华东二区	1,358,178.10	24.09%
华北地区	1,170,747.70	23.31%
华南地区	1,134,950.00	35.58%
西南地区	751,324.10	29.28%
东北地区	429,856.20	26.49%
华中地区	424,551.30	31.63%
西北地区	325,217.40	26.33%
香港地区(注)	83,700.20	
合计	7,422,745.70	30.14%

注：公司于 2010 年 2 月全面开展在香港地区的家用电器及消费类电子的销售及服务业务，故香港地区销售收入为 11 个月数据。

6.4 采用公允价值计量的项目

□ 适用　√ 不适用

6.5 募集资金使用情况对照表

√ 适用　□ 不适用

1、首次公开发行募集资金项目已经全部实施完毕，结余募集资金 70.77 万元，为募集资金净额超过计划投入募集资金金额的部分，报告期内已投入用于补充流动资金。

2、历次非公开发行募集资金使用情况

单位：万元

募集资金总额	664,858.01	本年度投入募集资金总额	118,733.92
报告期内变更用途的募集资金总额	0.00		
累计变更用途的募集资金总额	0.00	已累计投入募集资金总额	394,871.06
累计变更用途的募集资金总额比例	0.00%		

承诺投资项目和超募资金投向	是否已变更项目(含部分变更)	募集资金承诺投资总额	调整后投资总额(1)	本年度投入金额	截至期末累计投入金额(2)
承诺投资项目					
100 家连锁店发展项目	否	50,000.00	50,000.00	674.00	50,000.00
江苏物流中心项目	否	15,310.00	15,310.00	1,040.16	15,190.17
信息中心项目	否	13,171.90	13,171.90	755.41	13,171.90
250 家连锁店发展项目(2007 非公开发行项目)	否	150,000.00	150,000.00	14,994.43	91,476.45
沈阳物流中心项目	否	14,348.37	14,348.37	3,817.65	8,902.99
武汉中南旗舰店购置项目	否	23,386.77	23,386.77	0.00	23,386.77
上海浦东旗舰店购置项目	否	57,620.87	54,270.41(注 4)	0.00	54,270.41
250 家连锁店发展项目(2009 非公开发行项目)	否	140,000.00	140,000.00	24,121.17	24,121.17
成都物流中心建设项目	否	15,198.08	15,198.08	4,818.07	4,818.07
无锡物流中心建设项目	否	15,246.99	15,246.99	6,890.21	6,890.21
重庆物流中心建设项目	否	16,669.70	16,669.70	6,293.35	6,293.35
天津物流中心建设项目	否	15,800.80	15,800.80	4,731.06	4,731.06
徐州物流中心建设项目	否	11,399.40	11,399.40	2,015.17	2,015.17
北京物流中心建设二期项目	否	26,720.80	26,720.80	9,239.55	9,239.55
补充流动资金项目	否	39,000.00	39,000.00	19,379.46	19,379.46
承诺投资项目小计	–	603,873.68	600,523.22	98,769.69	333,886.73
超募资金投向					
归还银行贷款(如有)	–				
补充流动资金(如有)	–	60,984.33	60,984.33	19,964.23	60,984.33
超募资金投向小计	–	60,984.33	60,984.33	19,964.23	60,984.33
合计	–	664,858.01	661,507.55	118,733.92	394,871.06

承诺投资项目和超募资金投向	截至期末投资进度(%)(3)=(2)/(1)	项目达到预定可使用状态日期	本年度实现的效益	是否达到预计效益	项目可行性是否发生重大变化
承诺投资项目					
100 家连锁店发展项目	100.00%	2010 年	19,959.12	是(注 1)	否
江苏物流中心项目	99.22%	2008 年	0.00	不适用(注 2)	否
信息中心项目	100.00%	2009 年	0.00	不适用(注 3)	否
250 家连锁店发展项目(2007 非公开发行项目)	60.98%	2010 年	13,183.36	不适用(注 5)	否
沈阳物流中心项目	62.05%	2010 年	0.00	不适用(注 6)	否
武汉中南旗舰店购置项目	100.00%	2007 年	1,747.17	否(注 7)	否
上海浦东旗舰店购置项目	100.00%	2007 年	2,977.58	否(注 7)	否
250 家连锁店发展项目(2009 非公开发行项目)	17.23%	2011 年	5,850.18	不适用(注 8)	否
成都物流中心建设项目	31.70%	2011 年	0.00	不适用(注 9)	否
无锡物流中心建设项目	45.19%	2011 年	0.00	否	
庆物流中心建设项目	37.75%	2012 年	0.00	否	
天津物流中心建设项目	29.94%	2011 年	0.00	否	
徐州物流中心建设项目	17.68%	2012 年	0.00	否	
北京物流中心建设二期项目	34.58%	2012 年	0.00	否	
补充流动资金项目	49.69%	2011 年	0.00	不适用(注 10)	否
承诺投资项目小计	–	–	43,717.41	–	–
超募资金投向					
归还银行贷款(如有)	–	–	–	–	
补充流动资金(如有)	100.00%	–	–	–	–
超募资金投向小计	–	–	0.00	–	–
合计	–	–	43,717.41	–	–

未达到计划进度或预计收益的情况和原因(分具体项目)	1、江苏物流中心已于 2008 年投入使用，未投入的募集资金为部分工程尾款与质保金。 2、截至 2010 年 12 月 31 日，公司 250 连锁店发展项目已开设 213 家连锁店。由于符合公司连锁发展标准的优质店面的稀缺性，且商业租金价格呈上涨趋势，给公司连锁发展的店面选址工作带来了一定的压力。公司在 2011 年加大开发力度，尽快实施完成该项目。 3、沈阳物流中心已于 2010 年投入使用，年底正在推进工程决算工作，年底结余资金为待支付的工程款以及质保金。
项目可行性发生重大变化的情况说明	无
超募资金的金额、用途及使用进展情况	1、经公司第二届董事会第二十五次会议通过的《关于公司 2006 年非公开发行股票方案的议案》并经公司 2006 年第一次临时股东大会决议通过：本次非公开发行股票募集的现金超过募集资金项目计划使用募集资金投入的部分用于补充公司的流动资金，不足部分由公司自筹解决。公司此次非公开发行股票募集的现金超过项目计划使用募集资金投入部分合计 41,020.10 万元，已用于补充流动资金。 2、经公司 2009 年第二次临时股东大会审议通过的《关于公司 2009 年非公开发行股票方案的议案》，本次非公开发行股票实际募集资金超过募集资金项目计划使用募集资金投入的部分，将用于补充公司营运资金，不足部分将由公司自筹解决。公司 2009 年非公开发行募集资金超过项目计划使用募集资金 199,642,295.45 元。已于报告期内用于补充公司的营运资金。
募集资金投资项目实施地点变更情况	2010 年 11 月 26 日，公司召开第四届董事会第六次会议，审议通过《关于连锁店发展项目中部分连锁店实施地点变更的议案》，根据董事会决议，分别对 2007 年、2009 年非公开发行募集资金项目之一的 250 家连锁店发展项目中合计 47 家连锁店的实施地点进行变更。上

	述连锁店实施地点变更后，原连锁店发展项目的投资方案不变，不会对项目的实施进度和盈利水平产生不利的影响，而通过本次调整，募集资金使用效率得到有效保证。
募集资金投资项目实施方式调整情况	不适用
募集资金投资项目先期投入及置换情况	截至2010年5月25日止，公司以自筹资金预先投入募集资金投资项目计人民币389,853,402元。公司以自筹资金预先投入募集资金投资项目的情况已经普华永道中天会计师事务所审核，并出具了普华永道中天特审字(2010)第710号《以自筹资金预先投入募集资金投资项目情况报告的鉴证报告》。经公司第三届董事会第三十七次会议审议通过，同意公司以募集资金置换预先已投入募投项目的自筹资金38,985.34万元。具体情况参见公司2010年6月8日《关于以募集资金置换预先已投入募投项目的自筹资金的公告》。
用闲置募集资金暂时补充流动资金情况	不适用
项目实施出现募集资金结余的金额及原因	不适用
尚未使用的募集资金用途及去向	1、2006年非公开发行项目公司尚未使用的募集资金存放于公司专户中，将用于江苏物流中心项目。 2、2007年非公开发行项目公司尚未使用的募集资金将主要用于250家连锁店发展项目及沈阳物流中心项目的建设。公司将尚未使用的募集资金存放于公司专户中，其中为提高资金使用效率，将闲置的募集资金及利息合计5.87亿元以定期存单的方式存放，5000万元以通知存款的方式存放，不存在存单抵押、质押及其他所有权、使用权受到限制的情况。 3、2009年非公开发行项目公司尚未使用的募集资金将主要用于连锁店发展项目及各物流中心项目的建设。公司将尚未使用的募集资金存放于公司专户中，其中为提高资金使用效率，将闲置的募集资金及利息17.23亿元以定期存单的方式存放，5000万元以通知存款的方式存放，不存在存单抵押、质押及其他所有权、使用权受到限制的情况。
募集资金使用及披露中存在的问题或其他情况	无

注1：截至2010年12月31日止，100家连锁店发展项目已全部实施完毕，使用募集资金投入开设78家。在已开设的店面中，部分已开设店面经营没有达到非公开发行上市公告书判定年限－正常年(开业后第三年)。随着项目实施的推进，已开设连锁店进入成熟稳定期，经营效益逐步提高，该项目效益情况将体现。

根据100家连锁店发展项目开业时间计算，共有72家店面在2010年达到开业后第三年，由于近年来本公司对部分租金成本较高，选址欠佳，商圈发生转移的店面加大了调整力度，在前述72家店面中公司调整关闭了12家，因此截至到报告期末实际共有60家连锁店经营达到上市公告书判定年限－正常年（开业后第三年）。该60家连锁店预计正常年实现销售收入503,400万元(含税)，本年度实际实现销售收入人民币535,164.2万元(含税)，符合预期。

注2：江苏物流中心项目不直接产生经济收入，故无法单独核算效益；江苏物流中心项目的效益主要体现在：其建成后有助于本公司的区域物流整合，在有效保障货源的前提下加快库存周转率，有效节约人力成本和租赁费用，提高作业效率，进一步提升本公司的配送服务质量和品牌形象。

注3：信息中心项目不直接产生经济收入，故无法单独核算效益；信息中心的效益主要体现在：其建成后能够有力支撑本公司未来连锁业务的拓展，加强本公司的系统数据处理能力和安全运行能力，进一步提高企业的管理水平和信息化应用能力，有利于企业的长期持续稳定发展。

注4：2007年非公开发行股票募集的资金低于募集资金原承诺金额的3,350.46万元已经调整上海浦东旗舰店购置项目的投资总额。

注5：250家连锁店项目尚未全部实施完毕，且连锁店均在2007年之后开设，经营没有达到非公开发行上市公告书判定年限－正常年(开业后第三年)。随着项目实施的推进，已开设连锁店进入成熟稳定期，经营效益逐步提高，该项目效益情况将会进一步体现。

根据250家连锁店发展项目开业计算，共有44家连锁店在2010年达到开业后第三年，其中本公司调整关闭3家，因此截至报告期末实际有41家连锁店达到上市公告书判定年限－正常年(开业后第三年)。该41家连锁店预计正常年实现销售收入348,000万元，本年度实际实现销售收入266,685.80万元(含税)，完成了预计销售的77%，较预期有一定的差距，主要原因为：部分店面所在商圈有待进一步培育、成熟，同时由于满足本公司连锁发展标准的优质店面资源有一定的稀缺性，部分连锁店未能取得目标商圈中的理想物业，随着本公司店面经营管理能力的提升，以及店面经营的成熟，效益水平将会进一步提升。

注6：沈阳物流中心项目不直接产生经济效益，但沈阳物流中心建成后有助于本公司的东北区域物流整合，在有效保障货源的前提下加快库存周转率，有效节约人力成本和租赁费用，提高作业效率，进一步提升本公司的配送服务质量和品牌形象。

注7：武汉中南旗舰店购置项目、上海浦东旗舰店购置项目在2010年达到上市公告书判定年限－正常年(开业后第三年)，两店预计正常年分别实现人民币3.5亿元(含税)、人民币7.5亿元(含税)的销售规模，武汉中南旗舰店2010年度实际实现销售收入人民币2.55亿元(含税)，上海浦东旗舰店2010年度实际实现销售收入人民币5.84亿元(含税)，分别完成了预期销售收入的73%、78%。

上述两家连锁店的购置，能够有效地保障本公司店面经营的持续性和稳定性，并且在商业物业租金水平不断上涨的市场环境下，以购置方式提前锁定物业成本，有助于本公司降低店面运营成本。武汉中南店和上海浦东旗舰店的开设，对本公司在当地的连锁发展起到了一锤定音的效果。两家旗舰店开设后，在店面布局、店面形象、购物环境、消费动线、店面服务以及购物流程等方面不断进行探索完善，销售收入逐年提升，两家连锁店的单店销售额均已跻身当地市场的前列，有力地提升了消费者对本公司的认知度与公司的品牌美誉度，增强了本公司的市场竞争力，扩大了本公司的市场份额。相较于原先较为积极的销售收入预计金额，两家连锁店的销售收入完成率尚有一定的差距，但从2010年的数据上看，两家连锁店仍然保持着较快的增长速度，我们相信，通过进一步增强商品规划，丰富产品类别以及加强宣传推广等措施，使得两家门店的销售收入在未来的2－3年进一步提升，以达到预期。

注8：250家连锁店项目尚未全部实施完毕，且连锁店均在2009年及以后开设，经营没有达到非公开发行上市公告书判定年限－正常年(开业后第三年)。随着项目实施的推进，已开设连锁店进入成熟稳定期，经营效益逐步提高，该项目效益情况将会进一步体现。

注9：成都物流、无锡物流等六个物流中心项目尚处于建设期，不产生经济效益；物流中心建成后有助于本公司全国各地区的物流整合，在有效保障货源的前提下加快库存周转率，有效节约人力成本和租赁费用，提高作业效率，进一步提升本公司的配送服务质量和品牌形象。

注10：补充流动资金项目募集资金将主要用于扩大本公司定制包销、OEM、差异化产品比例，能够有效加强本公司单品管理能力，从而有助于毛利率水平的提升；同时募集资金还将用于对供应商淡季生产和旺季备货的资金支持，进一步提升与供应商的合作关系，优化供应链管理，实现双方合作共赢。

变更募集资金投资项目情况表

□ 适用　　√ 不适用

6.6 非募集资金项目情况

√ 适用　　□ 不适用

单位：万元

项目名称	项目金额	项目进度	项目收益情况
Great Elite Limited	5.00(美金)	已完成	−0.96
香港苏宁采购有限公司	1,000.00(港币)	已完成	−70.60
香港苏宁镭射电器有限公司	1,000.00(港币)	已完成	−5262.17
北京苏宁尚品电器有限公司	500.00	已完成	−356.17
六盘水苏宁电器有限公司	500.00	已完成	59.58
超霸发展有限公司	500.00(港币)	已完成	−18.25
受让宝应苏宁电器有限公司股权	49[illegible].23	已完成	88.76
盐城盐宁苏宁电器有限公司	500.00	已完成	430.26
张家口苏宁电器有限公司	500.00	已完成	87.13
伊犁苏宁电器有限责任公司	500.00	已完成	23.40
保山苏宁电器有限公司	500.00	已完成	−51.97
安顺苏宁电器有限公司	500.00	已完成	−11.57
渭南苏宁电器有限公司	500.00	已完成	235.15
宁波甬东苏宁电器有限公司	500.00	已完成	8.17
淄博鲁宁苏宁电器有限公司	500.00	已完成	56.21
四平苏宁电器有限公司	500.00	已完成	−0.63
安阳苏宁电器有限公司	500.00	已完成	−46.97
湖北苏宁电器有限公司	2,000.00	已完成	5.47
哈尔滨苏宁电器采购中心有限公司	2,000.00	已完成	0.35
增资淮安苏宁电器有限责任公司	4,69[illegible].00	已完成	2111.32
枣庄苏宁电器有限公司	500.00	已完成	27.17
大庆苏宁电器有限公司	500.00	已完成	−216.77
运城苏宁电器有限公司	500.00	已完成	−68.58
深圳市苏宁精品电器有限公司	500.00	已完成	−501.77
聊城苏宁电器有限公司	500.00	已完成	0.11
开封苏宁电器有限公司	500.00	已完成	−72.45
临沂苏宁电器有限公司	500.00	已完成	77.45
汕尾市苏宁电器有限公司	500.00	已完成	−24.07
香港港宁广告有限公司	50.00(港币)	已完成	−80.83
南充苏宁电器有限公司	500.00	已完成	74.42
衡水苏宁电器有限公司	500.00	已完成	−4.60
苏宁(天津)电器采购有限公司	10,000.00	已完成	39.16
湖州苕溪苏宁电器有限公司	2,000.00	已完成	−135.06
自贡苏宁电器有限公司	500.00	已完成	220.52
湖南苏宁先锋电子有限公司	3,000.00	已完成	1533.92
吉安苏宁电器有限公司	500.00	已完成	27.69
菏泽苏宁电器有限公司	500.00	已完成	26.92
南京白下苏宁电器有限公司	1,000.00	已完成	1107.05
辽阳苏宁电器有限公司	500.00	已完成	178.56
丽水苏宁电器有限公司	500.00	已完成	6.92
新乡豫宁苏宁电器有限公司	500.00	已完成	−21.51
汉中苏宁电器有限公司	500.00	已完成	21.99
资阳苏宁电器有限公司	500.00	已完成	19.90
徐州苏宁电器采购有限公司	2,000.00	已完成	1.60
遂宁苏宁电器有限公司	500.00	已完成	35.11
云浮苏宁电器有限公司	500.00	已完成	35.39
上饶苏宁电器有限公司	500.00	已完成	7.78
红河苏宁电器有限公司	500.00	已完成	−4.69
铜川苏宁电器有限公司	500.00	已完成	0.30
广元苏宁电器有限公司	500.00	已完成	25.32
莆田涵江苏宁电器有限公司	700.00	已完成	15.35
江苏法迪欧电器有限公司	3,000.00	已完成	4.82
阜阳苏宁电器有限公司	500.00	已完成	59.20
广州市苏宁精品电器有限公司	1,000.00	已完成	1.06
上海苏宁精品电器有限公司	500.00	已完成	13.71
百色苏宁电器有限公司	500.00	已完成	3.00
长治市苏宁电器有限公司	500.00	已完成	−41.05
潮州苏宁电器有限公司	500.00	已完成	−2.26

上海嘉定苏宁电器有限公司	10,000.00	已完成	7.73
中卫苏宁电器有限公司	500.00	已完成	-9.56
抚州苏宁电器有限公司	500.00	已完成	-4.95
济源苏宁电器有限公司	500.00	已完成	-6.59
安康苏宁电器有限公司	500.00	已完成	26.55
衢州苏宁电器有限公司	500.00	已完成	-3.91
淮北苏宁电器有限公司	500.00	已完成	2.92
石嘴山苏宁电器有限公司	500.00	已完成	5.07
吴忠苏宁电器有限公司	500.00	已完成	-14.47
东营苏宁电器有限公司	500.00	已完成	18.00
江阴市苏宁电器有限公司	500.00	已完成	88.18
咸宁苏宁电器有限公司	1,000.00	已完成	-0.59
江苏苏宁易购电子商务有限公司	5,000.00	已完成	-1.58
北京北创融达信息咨询有限公司	18,470.00	已完成	-58.10

注:除特殊标注外,计价币种为人民币,下同。

6.7 董事会对公司会计政策、会计估计变更或重大会计差错更正的原因及影响的说明

□ 适用 √ 不适用

6.8 董事会对会计师事务所"非标准审计报告"的说明

□ 适用 √ 不适用

6.9 董事会本次利润分配或资本公积金转增股本预案

经普华永道中天会计师事务所有限公司出具的普华永道中天审字(2011)第 10045 号《审计报告》确认,2010 年公司母公司实现净利润 2,290,641 千元,按公司净利润 10%提取法定盈余公积金 229,064 千元,提取法定盈余公积金后剩余利润 2,061,577 千元。2010 年内,公司支付普通股股利 233,207 千元,加年初未分配利润 3,064,358 千元,报告期末公司未分配利润为 4,892,728 千元。

公司第四届董事会第九次会议审议通过 2010 年度利润分配方案:以 2010 年末公司总股本 6,996,211,866 股为基数,向全体股东每 10 股派发现金 1 元(含税),本次利润分配 699,621 千元,利润分配后,剩余未分配利润 4,193,107 千元转入下一年度。本次利润分配预案须经 2010 年年度股东大会审议批准后实施。

公司最近三年现金分红情况表

单位:万元

分红年度	现金分红金额(含税)	分红年度合并报表中归属于上市公司股东的净利润	占合并报表中归属于上市公司股东的净利润的比率	年度可分配利润
2009 年	23,320.71	288,995.60	8.07%	306,435.8
2008 年	23,928.06	217,018.90	11.03%	237,353.5
2007 年	28,830.08	146,542.60	19.67%	154,778.6
最近三年累计现金分红金额占最近年均净利润的比例(%)			34.98%	

公司本报告期内盈利但未提出现金利润分配预案

□ 适用 √ 不适用

第七节 重要事项

7.1 收购资产

√ 适用 □ 不适用

单位:万元

交易对方或最终控制方	被收购或置入资产	购买日	交易价格/投资成本	自购买日起至本年末为公司贡献的利润(适用于非同一控制下的企业合并)	本年初至本年末为公司贡献的净利润(适用于同一控制下企业合并)	是否为关联交易	定价原则	所涉及的资产产权是否已全部过户	所涉及的债权债务是否已全部转移	与交易对方的关联关系(适用关联交易情形)
McCallum	CRM 品牌、网络、业务、资产	2010 年 02 月 08 日(交割日)	11,972.0(港币)	不适用	不适用	否	参考净资产双方协商定价	商标转让办理过程中	不适用	不适用

7.2 出售资产

□ 适用 √ 不适用

7.1、7.2 所涉及事项对公司业务连续性、管理层稳定性的影响。

承接 CRM 品牌、网络、业务、资产是公司国际化经营的需要,符合公司长期发展规划的要求,且遵循市场原则,交易价格合理,对公司业务连续性、管理层稳定性不存在影响。

7.3 重大担保

√ 适用 □ 不适用

单位:万元

公司对外担保情况(不包括对子公司的担保)

担保对象名称	担保额度相关公告披露日和编号	担保额度	实际发生日期(协议签署日)	实际担保金额	担保类型	担保期	是否履行完毕	是否为关联方担保(是或否)
报告期内审批的对外担保额度合计(A1)		0.00	报告期内对外担保实际发生额合计(A2)				0.00	
报告期末已审批的对外担保额度合计(A3)		0.00	报告期末实际对外担保余额合计(A4)				0.00	

公司对子公司的担保情况

担保对象名称	担保额度相关公告披露日和编号	担保额度	实际发生日期(协议签署日)	实际担保金额	担保类型	担保期	是否履行完毕	是否为关联方担保(是或否)
福建苏宁电器有限公司	2008 年 7 月 1 日(2008-031)	8,000.00	2008-08-29	8,000.00	连带责任保证	2008.8.29-2010.1.30	是	否
安徽苏宁电器有限公司	2008 年 12 月 30 日(2008-056)	6,000.00	2009-04-02	6,000.00	连带责任保证	2009.4.2-2010.4.22	是	否
武汉苏宁电器有限公司	2009 年 3 月 31 日(2009-013)	7,000.00	2009-04-09	7,000.00	连带责任保证	2009.4.22-2010.4.27	是	否
武汉苏宁电器有限公司	2009 年 3 月 31 日(2009-013)	7,000.00	2009-04-10	7,000.00	连带责任保证	2009.4.10-2010.4.27	是	否
武汉苏宁电器有限公司	2009 年 3 月 31 日(2009-013)	10,000.00	2009-04-20	10,000.00	连带责任保证	2009.4.20-2010.4.28	是	否
广西苏宁电器有限公司	2008 年 12 月 30 日(2008-056)	7,700.00	2009-04-10	7,700.00	连带责任保证	2009.4.1-2010.9.17	是	否
湖南苏宁电器有限公司	2008 年 12 月 30 日(2008-056)	7,200.00	2009-02-04	7,200.00	连带责任保证	2009.2.4-2010.7.14	是	否
上海苏宁电器有限公司	2009 年 3 月 31 日(2009-013)	40,000.00	2009-04-16	40,000.00	连带责任保证	2009.4.16-2010.9.26	是	否
安徽苏宁电器有限公司	2010 年 5 月 15 日(2010-017)	10,500.00	2010-9-15	10,500.00	连带责任保证	2010.09.15-2014.03.15	否	否
武汉苏宁电器有限公司	2010 年 5 月 15 日(2010-017)	15,000.00	2010-09-14	15,000.00	连带责任保证	2010.09.14-2014.03.14	否	否
湖南苏宁电器有限公司	2010 年 5 月 15 日(2010-017)	14,000.00	2010-09-16	14,000.00	连带责任保证	2010.09.16-2014.09.16	否	否
香港苏宁电器有限公司	2010 年 5 月 15 日(2010-017)	10,000.00	2010-05-21	10,000.00	保证金质押	2010.5.21-2013.12.5	否	否
香港苏宁电器有限公司	2010 年 8 月 26 日(2010-036)	20,000.00	2010-08-25	20,000.00	保证金质押	2010.08.27-2014.03.11	否	否
香港苏宁电器有限公司	2010 年 5 月 15 日(2010-017)	20,000.00	2010-06-24	20,000.00	保证金质押	2010.7.7-2013.7.21	否	否
福建苏宁电器有限公司	2010 年 5 月 15 日(2010-017)	8,000.00		0.00				
武汉苏宁电器有限公司	2010 年 5 月 15 日(2010-017)	7,000.00		0.00				
报告期内审批对子公司担保额度合计(B1)		104,500.00	报告期内对子公司担保实际发生额合计(B2)				182,400.00	
报告期末已审批的对子公司担保额度合计(B3)		104,500.00	报告期末对子公司实际担保余额合计(B4)				89,500.00	
公司担保总额(即前两大项的合计)								
报告期内审批担保额度合计(A1+B1)		104,500.00	报告期内担保实际发生额合计(A2+B2)				182,400.00	
报告期末已审批的担保额度合计(A3+B3)		104,500.00	报告期末实际担保余额合计(A4+B4)				89,500.00	
实际担保总额(即 A4+B4)占公司净资产的比例								4.88%
其中:								
为股东、实际控制人及其关联方提供担保的金额(C)								-
直接或间接为资产负债率超过 70%的被担保对象提供的债务担保金额(D)								-
担保总额超过净资产 50%部分的金额(E)								-
上述三项担保金额合计(C+D+E)								-
未到期担保可能承担连带清偿责任说明								无

7.4 重大关联交易

7.4.1 与日常经营相关的关联交易

√ 适用 □ 不适用

单位:万元

关联方	向关联方销售产品和提供劳务 交易金额	占同类交易金额的比例	向关联方采购产品和接受劳务 交易金额	占同类交易金额的比例
苏宁电器集团有限公司	0.00	0.00%	1,859.43	45.34%
江苏苏宁银河国际购物广场有限公司	0.00	0.00%	2,100.00	51.21%
苏宁电器集团有限公司	200.00	100.00%	0.00	
合计	200.00	100.00%	3959.43	96.55%

其中:报告期内公司向控股股东及其子公司销售产品或提供劳务的关联交易金额 0.00 万元。

与年初预计临时披露差异的说明 无

7.4.2 关联债权债务往来

□ 适用 √ 不适用

7.4.3 大股东及其附属企业非经营性资金占用及清偿情况表

□ 适用 √ 不适用

7.5 委托理财

□ 适用 √ 不适用

7.6 承诺事项履行情况

上市公司及其董事、监事和高级管理人员、公司持股 5%以上股东及其实际控制人等有关方在报告期内或持续到报告期内的以下承诺事项

√ 适用　　□ 不适用

承诺事项	承诺人	承诺内容	履行情况
股改承诺	公司原非流通股股东	股权分置改革中公司原非流通股股东持续到报告期内的承诺为：通过证券交易所挂牌交易出售的股份数量，达到公司股份总数百分之一的，自该事实发生之日起两个工作日内做出公告。	报告期内，公司原非流通股股东均履行了所做的承诺。
股份限售承诺	张近东先生	张近东先生认购公司 2009 年非公开发行股票 17,441,860 股，该部分股票自 2009 年 12 月 31 日起至 2012 年 12 月 30 日止限售 36 个月。	报告期内，张近东先生履行其承诺。
收购报告书或权益变动报告书中所作承诺	–	–	–
重大资产重组时所作承诺	–	–	–
发行时所作承诺	张近东先生、苏宁电器集团有限公司、陈金凤女士、赵蓓女士	为避免同业竞争损害本公司及其他股东的利益，公司股东张近东先生、苏宁电器集团有限公司、陈金凤女士、赵蓓女士已于 2002 年 11 月 15 日分别向公司出具《不竞争承诺函》。苏宁电器集团有限公司 2003 年 3 月 6 日出具过承诺函，保证今后避免发生除正常业务外的一切资金往来。	报告期内，张近东先生、苏宁电器集团有限公司、陈金凤女士、赵蓓女士均履行其承诺。
其他承诺（含追加承诺）	张近东先生	2008 年 6 月 30 日，基于对苏宁电器未来发展的信心，为促进公司长期稳定发展，张近东先生在原股权分置改革承诺的基础上，追加股份限售承诺：于 2010 年 8 月 10 日前，张近东先生持有的所有苏宁电器股份不通过证券交易系统（含大宗交易系统）挂牌交易的方式减持。	报告期内，张近东先生履行其承诺。

7.7 重大诉讼仲裁事项

□ 适用　　√ 不适用

7.8 其他重大事项及其影响和解决方案的分析说明

7.8.1 证券投资情况

□ 适用　　√ 不适用

7.8.2 持有其他上市公司股权情况

√ 适用　　□ 不适用

单位：万元

证券代码	证券简称	初始投资金额	占该公司股权比例	期末账面值	报告期损益	报告期所有者权益变动	会计核算科目	股份来源
82020.T（注 1）	LAOX	237,90.8（注 2）	34.28%	25,190.3	1,062.5（注 3）	1,062.5	长期股权投资	认购
合计	237,90.8	–	25,190.3	1,062.5	1,062.5	–	–	

注：(1)LAOX 为东京证券交易所二部上市公司，证券代码 82020。

(2)2009 年 8 月 3 日，公司认购 LAOX 株式会社 6,666.67 万股股份并获得 1,066 万份新股预约权，共计支付 8 亿日元（约人民币 5,755.4 万元），其中对应的投资成本为 5,017.6 万元；2010 年 6 日 4 日，公司行使全部新股预约权，即出资 21,320 万日元（约 1,569.6 万元人名币）认购 1,066 万股新股，连同交易性金融资产于行权日之余额人民币 1,303.6 万元，构成本次增加投资之投资成本共计人民币 2,873.22 万元。2010 年 8 月 16 日，苏宁电器认购 LAOX 株式会社 2,127.66 万股，认购价格为 94 日元/股（约 7.58 元人民币/股），总投资额约为 20 亿日元（约 1.61 亿元人民币），构成本次增加投资成本。

(3) 报告期内，公司行使全部 1,066 万份新股预约权，将新股预约权公允价值变动损益 565.8 万元转入投资收益；同时，公司按照权益法核算确认对 LAOX 株式会社的投资收益 496.7 万元。故报告期内，公司累计确认投资收益 1,062.5 万元投资收益。

7.8.3 持有拟上市公司及非上市金融企业股权情况

√ 适用　　□ 不适用

单位：万元

所持对象名称	初始投资金额	持有数量	占该公司股权比例	期末账面值	报告期损益	报告期所有者权益变动	会计核算科目	股份来源
江苏银行股份有限公司	54,000	15,000	1.79%	54,000	–	–	长期股权投资	认购
合计	54,000	15,000	1.79%	54,000	–	–	–	–

7.8.4 买卖其他上市公司股份的情况

□ 适用　　√ 不适用

7.8.5 其他综合收益细目

单位：万元

项目	本期发生额	上期发生额
1.可供出售金融资产产生的利得（损失）金额	–	–
减：可供出售金融资产产生的所得税影响		
前期计入其他综合收益当期转入损益的净额		
小计	–	–
2.按照权益法核算的在被投资单位其他综合收益中所享有的份额	–	–
减：按照权益法核算的在被投资单位其他综合收益中所享有的份额产生的所得税影响		
前期计入其他综合收益当期转入损益的净额		
小计	–	–
3.现金流量套期工具产生的利得（或损失）金额	–	–
减：现金流量套期工具产生的所得税影响		
前期计入其他综合收益当期转入损益的净额		
转为被套期项目初始确认金额的调整额		
小计	–	–
4.外币财务报表折算差额	752.3	−22.9
减：处置境外经营当期转入损益的净额		
小计	752.3	−22.9
5.其他	–	–
减：由其他计入其他综合收益产生的所得税影响		
前期其他计入其他综合收益当期转入损益的净额		
小计	–	–
合计	752.3	−22.9

第八节 监事会报告

√ 适用　　□ 不适用

一、监事会会议情况

2010 年，公司监事会认真履行了《公司法》、公司《章程》及其他各项法律、法规的要求，依法独立行使职权，以保证公司经营的正常进行，维护投资者特别是中小投资者的利益。报告期内，公司共召开九次监事会，具体内容如下：

1、公司于 2010 年 3 月 14 日召开第三届监事会第十五次会议，会议审议通过了《2009 年度监事会工作报告》、《2009 年度财务决算报告》、《2009 年年度报告》及《2009 年年度报告摘要》、《2009 年度利润分配预案》、《关于 2009 年募集资金年度使用情况的专项报告》、《关于公司 2009 年度关联交易情况说明的议案》、《关于续聘会计师事务所的议案》、《关于公司 2009 年度内部控制的自我评价报告》、《关于调整公司部分监事薪酬的议案》，本次监事会决议公告刊登在 2010 年 3 月 16 日的巨潮资讯网站、《证券时报》、《中国证券报》、《上海证券报》和《证券日报》上；

2、公司于 2010 年 4 月 28 日召开第三届监事会第十六次会议，会议审议通过了《苏宁电器股份有限公司 2010 年第一季度报告》，本次监事会决议已提交深圳证券交易所备案；

3、公司于 2010 年 6 月 4 日召开第三届监事会第十七次会议，会议审议通过了《关于以募集资金置换预先已投入募投项目的自筹资金的议案》，本次监事会决议公告刊登在 2010 年 6 月 8 日的巨潮资讯网站、《证券时报》、《中国证券报》、《上海证券报》和《证券日报》上；

4、公司于 2010 年 7 月 8 日召开第三届监事会第十八次会议，会议审议通过了《关于公司监事会换届选举的议案》，本次监事会决议公告刊登在 2010 年 7 月 9 日的巨潮资讯网站、《证券时报》、《中国证券报》、《上海证券报》和《证券日报》上；

5、公司于 2010 年 7 月 27 日召开第四届监事会第一次会议，会议审议通过了《关于选举公司监事会主席的议案》，本次监事会决议公告刊登在 2010 年 7 月 28 日的巨潮资讯网站、《证券时报》、《中国证券报》、《上海证券报》和《证券日报》上；

6、公司于 2010 年 8 月 25 日召开第四届监事会第二次会议，会议审议通过了《苏宁电器股份有限公司 2010 年股票期权激励计划（草案）》及其摘要，本次监事会决议公告刊登在 2010 年 8 月 26 日的巨潮资讯网站、《证券时报》、《中国证券报》、《上海证券报》和《证券日报》上；

7、公司于 2010 年 8 月 30 日召开第四届监事会第三次会议，会议审议通过了《苏宁电器股份有限公司 2010 年半年度报告》及《苏宁电器股份有限公司 2010 年半年度报告摘要》，本次监事会决议已提交深圳证券交易所备案；

8、公司于 2010 年 10 月 29 日召开第四届监事会第四次会议，会议审议通过了《苏宁电器股份有限公司 2010 年第三季度报告》，本次监事会决议已提交深圳证券交易所备案；

9、公司于 2010 年 11 月 26 日召开第四届监事会第五次会议，会议审议通过了《关于核实公司期权激励计划中激励对象名单的议案》，本次监事会决议公告刊登在 2010 年 11 月 27 日的巨潮资讯网站、《证券时报》、《中国证券报》、《上海证券报》和《证券日报》上。

二、监事会对以下事项发表的独立意见

1、公司依法运作情况：

根据《公司法》、《证券法》、公司《章程》等各项法律法规的要求，监事会通过召开九次会议，列席报告期内历次董事会会议，参加公司 2009 年年度股东大会、2010 年第一次临时股东大会、2010 年第二次临时股东大会，对公司经营运作的情况进行了监督，认为 2010 年度，公司所有重大决策程序符合《公司法》、《证券法》、公司《章程》等规定规范运作，建立了较为完善的内部控制制度。信息披露及时、准确。公司董事、高级管理人员在执行公司职务时，不存在违反法律、法规、公司《章程》或有损于公司和股东利益的行为。

2、检查公司财务的情况：

监事会对公司 2010 年的财务状况、财务管理等进行了认真、细致的检查和审核，检查认为：公司财务制度健全、运作规范，执行《会计法》、《企业会计准则》等法律法规的情况良好。报告期内的财务报告真实、准确的反映了公司的财务状况和经营成果。公司 2010 年财务报告经普华永道中天会计师事务所有限公司出具了无保留意见的审计报告。

3、募集资金使用情况：

报告期内，公司募集资金的存放和使用管理严格遵循了《募集资金管理办法》的规定，募集资金实际投入项目与承诺投入项目一致，没有变更募集资金的投向。

4、公司收购、出售资产情况：

2010年公司不存在重大收购和出售资产的情况。报告期内，公司所有的资产购置行为，符合公司长期发展规划的要求，与公司主营业务配套相关，且遵循市场原则，交易价格合理，没有发现内幕交易及损害部分股东的权益或造成公司资产流失的情况。

5、公司关联交易情况：

经对公司2010年度关联交易的核查，认为公司2010年关联交易遵循了客观、公正、公平的交易原则，根据市场原则进行，不存在任何内部交易，严格执行了《股票上市规则》及《公司法》的各项规定，履行了相应的法定程序，并在关联方回避的情况下表决通过，因而没有损害到公司和其他关联方股东的利益。

6、公司对外担保及股权、资产置换情况：

2010年度公司未发生违规对外担保，未发生债务重组、非货币性交易事项及资产置换，也未发生其他损害公司股东利益或造成公司资产流失的情况。

第九节　财务报告

9.1 审计意见

财务报告	是
审计意见	标准无保留审计意见
审计报告编号	普华永道中天审字(2011)第10045号
审计报告标题	审计报告
审计报告收件人	苏宁电器股份有限公司全体股东
引言段	我们审计了后附的苏宁电器股份有限公司(以下简称“苏宁电器公司”)的财务报表，包括2010年12月31日的合并及公司资产负债表以及2010年度的合并及公司利润表、合并及公司现金流量表、合并及公司股东权益变动表和财务报表附注。
管理层对财务报表的责任段	一、管理层对财务报表的责任 按照企业会计准则的规定编制财务报表是苏宁电器公司管理层的责任。这种责任包括： (1)设计、实施和维护与财务报表编制相关的内部控制，以使财务报表不存在由于舞弊或错误而导致的重大错报； (2)选择和运用恰当的会计政策； (3)作出合理的会计估计。
注册会计师责任段	二、注册会计师的责任 我们的责任是在实施审计工作的基础上对财务报表发表审计意见。我们按照中国注册会计师审计准则的规定执行了审计工作。中国注册会计师审计准则要求我们遵守职业道德规范，计划和实施审计工作以对财务报表是否不存在重大错报获取合理保证。审计工作涉及实施审计程序，以获取有关财务报表金额和披露的审计证据。选择的审计程序取决于注册会计师的判断，包括对由于舞弊或错误导致的财务报表重大错报风险的评估。在进行风险评估时，我们考虑与财务报表编制相关的内部控制，以设计恰当的审计程序，但目的并非对内部控制的有效性发表意见。审计工作还包括评价管理层选用会计政策的恰当性和作出会计估计的合理性，以及评价财务报表的总体列报。 我们相信，我们获取的审计证据是充分、适当的，为发表审计意见提供了基础。
审计意见段	三、审计意见 我们认为，上述苏宁电器公司的财务报表已经按照企业会计准则的规定编制，在所有重大方面公允反映了苏宁电器公司2010年12月31日的合并及公司财务状况以及2010年度的合并及公司经营成果和现金流量。
非标意见	无
审计机构名称	普华永道中天会计师事务所有限公司
审计机构地址	中国　上海市
审计报告日期	2011年03月14日
注册会计师姓名	柯镇洪、曹婕

9.2 财务报表

9.2.1 资产负债表

苏宁电器股份有限公司

2010年12月31日合并及公司资产负债表

(除特别注明外，金额单位为人民币千元)

资　产	2010年12月31日 合并	2009年12月31日 合并	2010年12月31日 公司	2009年12月31日 公司
流动资产				
货币资金	19,351,838	21,960,978	13,156,780	16,884,623
交易性金融资产	–	7,378	–	–
应收票据	2,505	6,874	–	3,514
应收账款	1,104,611	347,024	2,578,887	1,430,653
预付款项	2,741,405	947,924	1,439,210	711,943
应收利息	31,385	32,376	18,793	22,492
应收股利	–	–	17,089	–
其他应收款	975,737	110,975	1,084,191	206,741
存货	9,474,449	6,326,995	8,104,804	5,843,150
其他流动资产	793,656	455,740	29,959	27,048
流动资产合计	34,475,586	30,196,264	26,429,713	25,130,164
非流动资产				
长期应收款	130,768	88,450	–	–
长期股权投资	792,896	597,374	6,486,786	4,704,374
投资性房地产	387,134	339,958	–	–
固定资产	3,914,317	2,895,971	778,685	685,132
在建工程	2,061,752	408,528	1,345,650	336,764
无形资产	1,309,337	764,874	390,253	267,988
开发支出	22,125	58,513	22,125	58,513
商誉	616	–	–	–
长期待摊费用	529,531	237,942	167,409	83,941
递延所得税资产	283,320	251,958	38,504	62,506
非流动资产合计	9,431,796	5,643,568	9,229,412	6,199,218
资产总计	43,907,382	35,839,832	35,659,125	31,329,382

企业负责人：张近东　　主管会计工作的负责人：朱华　　会计机构负责人：肖忠祥

资产负债表(续)

负债及股东权益	2010年12月31日 合并	2009年12月31日 合并	2010年12月31日 公司	2009年12月31日 公司
流动负债				
短期借款	317,789	–	–	–
应付票据	14,277,320	13,999,191	10,355,474	10,922,769
应付账款	6,839,024	5,003,117	4,791,271	3,524,856
预收款项	393,820	276,792	6,003,987	4,969,417
应付职工薪酬	201,295	139,530	35,936	29,659
应交税费	525,750	301,542	210,518	142,195
应付股利	9,397	–	–	–
其他应付款	1,539,020	666,391	438,553	287,669
一年内到期的非流动负债	112,178	97,128	16,057	8,970
其他流动负债	318,755	235,148	8,808	4,020
流动负债合计	24,534,348	20,718,839	21,860,604	19,889,555
非流动负债				
递延所得税负债	34,395	6,739	–	–
其他非流动负债	493,248	189,271	469,320	182,603
非流动负债合计	527,643	196,010	469,320	182,603
负债合计	25,061,991	20,914,849	22,329,924	20,072,158
股东权益				
股本	6,996,212	4,664,141	6,996,212	4,664,141
资本公积	655,288	2,975,652	693,732	3,011,260
盈余公积	746,529	517,465	746,529	517,465
未分配利润	9,932,866	6,383,317	4,892,728	3,064,358
外币报表折算差额	7,294	(229)	–	–
归属于母公司股东权益合计	18,338,189	14,540,346	13,329,201	11,257,224
少数股东权益	507,202	384,637	–	–
股东权益合计	18,845,391	14,924,983	13,329,201	11,257,224
负债及股东权益总计	43,907,382	35,839,832	35,659,125	31,329,382

企业负责人：张近东　　主管会计工作的负责人：朱华　　会计机构负责人：肖忠祥

9.2.2 利润表

苏宁电器股份有限公司

2010年度合并及公司利润表

(除特别注明外，金额单位为人民币千元)

项　目	2010年度 合并	2009年度 合并	2010年度 公司	2009年度 公司
一、营业收入	75,504,739	58,300,149	54,634,190	40,233,882
减：营业成本	(62,040,712)	(48,185,789)	(50,757,571)	(37,457,218)
营业税金及附加	(268,129)	(271,516)	(59,157)	(67,682)
销售费用	(6,809,109)	(5,192,356)	(728,231)	(512,402)
管理费用	(1,250,311)	(912,093)	(530,534)	(401,545)
财务费用-净额	360,769	172,924	509,406	281,087
资产减值损失	(75,924)	(32,335)	(45,347)	(22,600)
加：投资收益	10,625	(3,952)	53,846	–
其中：对联营企业的投资收益	4,967	(3,952)	–	–
二、营业利润	5,431,948	3,875,032	3,076,602	2,053,522
加：营业外收入	72,465	111,578	13,093	3,606
减：营业外支出	(102,369)	(60,243)	(44,190)	(16,057)
其中：非流动资产处置损失	(4,882)	(881)	(1,899)	(5)
三、利润总额	5,402,044	3,926,367	3,045,505	2,041,071
减：所得税费用	(1,296,536)	(937,872)	(754,864)	(509,121)
四、净利润	4,105,508	2,988,495	2,290,641	1,531,950
归属于母公司股东的净利润	4,011,820	2,889,956	2,290,641	1,531,950
少数股东损益	93,688	98,539	–	–
五、每股收益				
基本每股收益	人民币0.57元	人民币0.43元	不适用	不适用
稀释每股收益	人民币0.57元	人民币0.43元	不适用	不适用
六、其他综合收益	7,523	(229)	–	–
七、综合收益总额	4,113,031	2,988,266	2,290,641	1,531,950
归属于母公司股东				

的综合收益总额	4,019,343	2,889,727	2,290,641	1,531,950
归属于少数股东的				
综合收益总额	93,688	98,539	–	–

企业负责人：张近东　　主管会计工作的负责人：朱华　　会计机构负责人：肖忠祥

9.2.3 现金流量表

苏宁电器股份有限公司

2010 年度合并及公司现金流量表

(除特别注明外，金额单位为人民币千元)

项 目	2010 年度 合并	2009 年度 合并	2010 年度 公司	2009 年度 公司
一、经营活动产生的现金流量				
销售商品、提供劳 务收到的现金	86,811,064	66,475,716	57,065,887	43,616,550
收到的税费返还	1,164	2,152	–	–
收到其他与经营 活动有关的现金	1,859,413	706,951	483,159	231,503
经营活动现金流入小计	88,671,641	67,184,819	57,549,046	43,848,053
购买商品、接受劳务 支付的现金	(72,265,161)	(52,855,065)	(53,136,940)	(36,953,129)
支付给职工以及为 职工支付的现金	(2,369,111)	(1,702,300)	(367,446)	(303,323)
支付的各项税费	(3,256,178)	(3,107,429)	(1,402,233)	(1,167,163)
支付其他与经营 活动有关的现金	(6,899,855)	(3,965,083)	(1,214,071)	(488,569)
经营活动现金流出小计	(84,790,305)	(61,629,877)	(56,120,690)	(38,912,184)
经营活动产生的现金流量净额	3,881,336	5,554,942	1,428,356	4,935,869
二、投资活动产生的现金流量				
取得投资收益所收到的现金	–	–	36,768	–
处置固定资产收回的现金净额	2,695	2,772	–	947
投资活动现金流入小计	2,695	2,772	36,768	947
购建固定资产、无形资产和 其他长期资产支付的现金	(4,679,732)	(1,195,375)	(1,094,606)	(605,179)
处置固定资产支付的现金净额	–	–	(532)	–
投资支付的现金	(983,835)	(704,475)	(2,482,423)	(2,005,814)
投资活动现金流出小计	(5,663,567)	(1,899,850)	(3,577,561)	(2,610,993)
投资活动产生的现金流量净额	(5,660,872)	(1,897,078)	(3,540,793)	(2,610,046)
三、筹资活动产生的现金流量				
吸收投资收到的现金	41,226	3,020,951	–	3,000,000
其中：子公司吸收少数 股东投资收到的现金	41,226	20,951	–	–
取得借款收到的现金	412,883	–	–	–
筹资活动现金流入小计	454,109	3,020,951	–	3,000,000
偿还债务支付的现金	(95,094)	(156,000)	–	(40,000)
分配股利、利润或偿付 利息支付的现金	(235,565)	(91,296)	(233,207)	(90,466)
筹资活动现金流出小计	(330,659)	(247,296)	(233,207)	(130,466)
筹资活动产生的现金流量净额	123,450	2,773,655	(233,207)	2,869,534
四、汇率变动对现金及 现金等价物的影响	7,523	(229)	–	–
五、现金及现金等价物 净(减少)/增加额	(1,648,563)	6,431,290	(2,345,644)	5,195,357
加：年初现金及现金 等价物余额	13,325,028	6,893,738	10,527,343	5,331,986
六、年末现金及现金 等价物余额	11,676,465	13,325,028	8,181,699	10,527,343

企业负责人：张近东　　主管会计工作的负责人：朱华　　会计机构负责人：肖忠祥

9.2.4 合并所有者权益变动表

苏宁电器股份有限公司

2010 年度合并股东权益变动表

(除特别注明外，金额单位为人民币千元)

项目	归属于母公司股东权益 股本	资本公积	盈余公积	未分配利润	外币报表折算差额	归属于母公司股东权益合计	少数股东权益
2009 年 1 月 1 日年初余额	2,991,008	1,086,191	364,270	4,334,488	–	336,363	9,112,320
2009 年度增减变动额							
净利润	–	–	–	2,889,956	–	98,539	2,988,495
其他综合收益	–	–	–	–	(229)	–	(229)
股东投入和减少资本							
股东投入资本	177,629	2,822,371	–	–	–	–	3,000,000
少数股东投入资本	–	–	–	–	–	20,951	20,951
少数股东减少资本	–	(35,608)	–	–	–	(71,216)	(106,824)
利润分配							
提取盈余公积	–	–	153,195	(153,195)	–	–	–
对股东的分配	598,202	–	–	(687,932)	–	–	(89,730)
股东权益内部结转							
资本公积转增股本	897,302	(897,302)	–	–	–	–	–
2009 年 12 月 31 日年末余额	4,664,141	2,975,652	517,465	6,383,317	(229)	384,637	14,924,983
2010 年 1 月 1 日年初余额	4,664,141	2,975,652	517,465	6,383,317	(229)	384,637	14,924,983
2010 年度增减变动额							
净利润	–	–	–	4,011,820	–	93,688	4,105,508
其他综合收益	–	–	–	–	7,523	–	7,523
股东投入和减少资本							
股份支付计入股东权益	–	14,543	–	–	–	–	14,543
少数股东投入资本	–	–	–	–	–	41,226	41,226
少数股东减少资本	–	(2,836)	–	–	–	(2,077)	(4,913)
利润分配							
提取盈余公积	–	–	229,064	(229,064)	–	–	–
对股东的分配	–	–	–	(233,207)	–	(10,272)	(243,479)
股东权益内部结转							
资本公积转增股本	2,332,071	(2,332,071)	–	–	–	–	–
2010 年 12 月 31 日年末余额	6,996,212	655,288	746,529	9,932,866	7,294	507,202	18,845,391

企业负责人：张近东　　主管会计工作的负责人：朱华　　会计机构负责人：肖忠祥

9.2.5 母公司所有者权益变动表

苏宁电器股份有限公司

2010 年度公司股东权益变动表

(除特别注明外，金额单位为人民币千元)

项 目	股本	资本公积	盈余公积	未分配利润	股东权益合计
2009 年 1 月 1 日年初余额	2,991,008	1,086,191	364,270	2,373,535	6,815,004
2009 年度增减变动额					
净利润	–	–	–	1,531,950	1,531,950
股东投入和减少资本					
股东投入资本	177,629	2,822,371	–	–	3,000,000
利润分配					
提取盈余公积	–	–	153,195	(153,195)	–
对股东的分配	598,202	–	–	(687,932)	(89,730)
股东权益内部结转					
资本公积转增股本	897,302	(897,302)	–	–	–
2009 年 12 月 31 日年末余额	4,664,141	3,011,260	517,465	3,064,358	11,257,224
2010 年 1 月 1 日年初余额	4,664,141	3,011,260	517,465	3,064,358	11,257,224
2010 年度增减变动额					
净利润	–	–	–	2,290,641	2,290,641
股东投入和减少资本					
股份支付计入股东权益	–	14,543	–	–	14,543
利润分配					
提取盈余公积	–	–	229,064	(229,064)	–
对股东的分配	–	–	–	(233,207)	(233,207)
股东权益内部结转					
资本公积转增股本	2,332,071	(2,332,071)	–	–	–
2010 年 12 月 31 日年末余额	6,996,212	693,732	746,529	4,892,728	13,329,201

企业负责人：张近东　　主管会计工作的负责人：朱华　　会计机构负责人：肖忠祥

9.3 与最近一期年度报告相比，会计政策、会计估计和核算方法发生变化的具体说明

□ 适用　　√ 不适用

9.4 重大会计差错的内容、更正金额、原因及其影响

□ 适用　　√ 不适用

9.5 与最近一期年度报告相比，合并范围发生变化的具体说明

√ 适用　　□ 不适用

□ 适用　　√ 不适用报告期内公司新设立子公司的增加，带来合并范围的变化。

苏宁电器股份有限公司

董事长：张近东

2011 年 3 月 14 日

深 圳 市 天 威 视 讯 股 份 有 限 公 司

深圳市天威视讯股份有限公司2010年年度报告摘要

第一节　重要提示

1.1 本公司董事会、监事会及其董事、监事、高级管理人员保证本报告所载资料不存在任何虚假记载、误导性陈述或者重大遗漏，并对其内容的真实性、准确性和完整性负个别及连带责任。

本年度报告摘要摘自年度报告全文，报告全文同时刊载于巨潮资讯网(www.cninfo.com.cn)。投资者欲了解详细内容，应当仔细阅读年度报告全文。

1.2 除下列董事外，其他董事亲自出席了审议本次年报的董事会会议

未亲自出席董事姓名	未亲自出席董事职务	未亲自出席会议原因	被委托人姓名
蔡国强	董事	工作原因	尚育农
孟祥军	董事	工作原因	钟林
陈小洪	独立董事	工作原因	杨丽荣

1.3 公司年度财务报告已经立信大华会计师事务所有限公司审计并被出具了标准无保留意见的审计报告。

1.4 公司负责人吕建杰、主管会计工作负责人龙云及会计机构负责人(会计主管人员)吕成业声明：保证年度报告中财务报告的真实、完整。

第二节　公司基本情况简介

2.1 基本情况简介

股票简称	天威视讯
股票代码	002238
上市交易所	深圳证券交易所
注册地址	深圳市福田区彩田路6001号
注册地址的邮政编码	518036
办公地址	深圳市福田区彩田路6001号
办公地址的邮政编码	518036
公司国际互联网网址	http://www.topway.com.cn
电子信箱	do@topway.cn

2.2 联系人和联系方式

	董事会秘书	证券事务代表
姓名	钟　林	林　杨
联系地址	深圳市福田区彩田路6001号	深圳市福田区彩田路6001号
电话	0755-83069184	0755-83067777
传真	0755-83069184	0755-83067777

第三节　会计数据和业务数据摘要

3.1 主要会计数据

单位：元

	2010年	2009年	本年比上年增减(%)	2008年
营业总收入(元)	800,254,101.67	752,837,891.04	6.30%	710,643,498.06
利润总额(元)	94,783,227.85	96,751,138.53	-2.03%	90,366,902.76
归属于上市公司股东的净利润(元)	85,765,395.67	78,186,086.99	9.69%	75,723,025.08
归属于上市公司股东的扣除非经常性损益的净利润(元)	79,625,197.56	68,774,346.94	15.78%	62,360,009.75
经营活动产生的现金流量净额(元)	323,430,402.32	313,138,772.19	3.29%	285,344,458.82
	2010年末	2009年末	本年末比上年末增减(%)	2008年末
总资产(元)	1,737,751,476.33	1,713,859,384.12	1.39%	1,706,723,837.66
归属于上市公司股东的所有者权益(元)	1,300,313,086.27	1,241,247,690.60	4.76%	1,189,761,603.61
股本(股)	267,000,000.00	267,000,000.00	0.00%	267,000,000.00

3.2 主要财务指标

单位：元

	2010年	2009年	本年比上年增减(%)	2008年
基本每股收益(元/股)	0.3212	0.2928	9.70%	0.3167
稀释每股收益(元/股)	0.3212	0.2928	9.70%	0.3167
扣除非经常性损益后的基本每股收益(元/股)	0.2982	0.2576	15.76%	0.2608
加权平均净资产收益率(%)	6.75%	6.44%	0.31%	7.85%
扣除非经常性损益后的加权平均净资产收益率(%)	6.27%	5.67%	0.60%	6.47%
每股经营活动产生的现金流量净额(元/股)	1.21	1.17	3.42%	1.07
	2010年末	2009年末	本年末比上年末增减(%)	2008年末
归属于上市公司股东的每股净资产(元/股)	4.87	4.65	4.73%	4.46

非经常性损益项目

√ 适用　□ 不适用

单位：元

非经常性损益项目	金额	附注(如适用)
非流动资产处置损益	79,860.05	
计入当期损益的政府补助，但与公司正常经营业务密切相关，符合国家政策规定、按照一定标准定额或定量持续享受的政府补助除外	6,795,350.04	系公司收到的数字电视业务应用系统研究开发等项目的补助等
其他符合非经常性损益定义的损益项目	10,709.28	公司控股子公司天威广告出售艺能公司股权产生的投资收益
除上述各项之外的其他营业外收入和支出	744,011.25	
少数股东权益影响额	-1,024,387.34	
所得税影响额	-465,345.17	
合计	6,140,198.11	-

3.3 境内外会计准则差异

□ 适用　√ 不适用

第四节　股本变动及股东情况

4.1 股份变动情况表

单位：股

	本次变动前		本次变动增减(+,-)					本次变动后	
	数量	比例(%)	发行新股	送股	公积金转股	其他	小计	数量	比例(%)
一、有限售条件股份	164,006,750	61.43%				-1,688	-1,688	164,005,062	61.43%
1、国家持股									
2、国有法人持股	164,000,000	61.42%				0	0	164,000,000	61.42%
3、其他内资持股									
其中：境内非国有法人持股									
境内自然人持股									
4、外资持股									
其中：境外法人持股									
境外自然人持股									
5、高管股份	6,750	0.00%				-1,688	-1,688	5,062	0.00%
二、无限售条件股份	102,993,250	38.57%				1,688	1,688	102,994,938	38.57%
1、人民币普通股	102,993,250	38.57%				1,688	1,688	102,994,938	38.57%
2、境内上市的外资股									
3、境外上市的外资股									
4、其他									
三、股份总数	267,000,000	100.00%				0	0	267,000,000	100.00%

限售股份变动情况表

单位：股

股东名称	年初限售股数	本年解除限售股数	本年增加限售股数	年末限售股数	限售原因	解除限售日期
深圳广播电影电视集团	164,000,000	0	0	164,000,000	发行上市前承诺锁定3年	2011-5-26
蔡传毅	6,750	1,688	0	5,062	监事通过二级市场购买锁定	每年解除25%的锁定股份；若离任，则离任6个月后的12个月内解锁50%，12个月期满后全部解锁
合计	164,006,750	1,688	0	164,005,062	-	-

4.2 前10名股东、前10名无限售条件股东持股情况表

单位：股

股东总数	8,745

前10名股东持股情况

股东名称	股东性质	持股比例(%)	持股总数	持有有限售条件股份数量	质押或冻结的股份数量
深圳广播电影电视集团	国有法人	61.42%	164,000,000	164,000,000	5,494,000
深圳深大电话有限公司	国有法人	9.74%	26,000,000	0	871,000
中国建设银行-华夏红利混合型开放式证券投资基金	其他	1.76%	4,701,176	0	0
中国工商银行-南方绩优成长股票型证券投资基金	其他	1.62%	4,316,516	0	0
南方基金公司-工行-特定客户资产管理	其他	0.90%	2,396,105	0	0
中国工商银行-招商核心价值混合型证券投资基金	其他	0.88%	2,362,738	0	0
新华人寿保险股份有限公司-分红-个人分红-018L-FH002深	其他	0.85%	2,280,063	0	0
中国石油天然气集团公司企业年金计划-中国工商银行	其他	0.85%	2,257,811	0	0
中国工商银行-南方避险增值基金	其他	0.79%	2,119,568	0	0
交通银行-汇丰晋信消费红利股票型证券投资基金	其他	0.65%	1,731,737	0	0

前10名无限售条件股东持股情况

股东名称	持有无限售条件股份数量	股份种类
深圳深大电话有限公司	26,000,000	人民币普通股
中国建设银行-华夏红利混合型开放式证券投资基金	4,701,176	人民币普通股
中国工商银行-南方绩优成长股票型证券投资基金	4,316,516	人民币普通股
南方基金公司-工行-特定客户资产管理	2,396,105	人民币普通股
中国工商银行-招商核心价值混合型证券投资基金	2,362,738	人民币普通股
新华人寿保险股份有限公司-分红-个人分红-018L-FH002深	2,280,063	人民币普通股
中国石油天然气集团公司企业年金计划-中国工商银行	2,257,811	人民币普通股
中国工商银行-南方避险增值基金	2,119,568	人民币普通股
交通银行-汇丰晋信消费红利股票型证券投资基金	1,731,737	人民币普通股
全国社保基金一零一组合	1,497,197	人民币普通股
上述股东关联关系或一致行动的说明	1、公司第一大股东深圳广播电影电视集团与其他股东不存在关联关系或《上市公司收购管理办法(2008年修订)》中规定的一致行动人的情况; 2、公司未知其他股东之间是否存在关联关系或《上市公司收购管理办法(2008年修订)》中规定的一致行动人的情况。	

4.3 控股股东及实际控制人情况介绍

4.3.1 控股股东及实际控制人变更情况

□ 适用 √ 不适用

4.3.2 控股股东及实际控制人具体情况介绍

深圳广电集团成立于2004年6月,主要经营电视节目制作、播放以及广告业务等,拥有11个电视频道和4套广播频率(其中包括1个卫星电视频道、1个移动电视频道、1个DV付费频道、1个购物频道、7个地面电视频道和新闻频率、音乐频率、交通频率、生活频率)。深圳广电集团的法定代表人为王茂亮,开办资金为248,184万元,住所为广东省深圳市罗湖区怡景路深圳电视台大院。

4.3.3 公司与实际控制人之间的产权及控制关系的方框图(略)

第五节 董事、监事和高级管理人员

5.1 董事、监事和高级管理人员持股变动及报酬情况

姓名	职务	性别	年龄	任期起始日期	任期终止日期	年初持股数	年末持股数	变动原因	报告期内从公司领取的报酬总额(万元)税前	是否在股东单位或其他关联单位领取薪酬
吕建杰	董事长、总经理	男	46	2008-10-20	2011-10-20	0	0	无	79.00	否
尚育农	董事	男	51	2008-10-20	2011-10-20	0	0	无	0.00	是
蔡国强	董事	男	60	2008-10-20	2011-10-20	0	0	无	0.00	是
傅峰春	董事	男	47	2008-10-20	2011-10-20	0	0	无	0.00	是
孟祥军	董事	男	43	2008-10-20	2011-10-20	0	0	无	75.05	否
邓海涛	董事	男	46	2008-10-20	2011-10-20	0	0	无	0.00	是
钟林	董事、董事会秘书	男	55	2008-12-29	2011-10-20	0	0	无	47.40	否
陈小洪	独立董事	男	61	2008-10-20	2011-10-20	0	0	无	6.00	否
杨丽荣	独立董事	女	47	2008-10-20	2011-10-20	0	0	无	6.00	否
张远惠	独立董事	男	43	2008-10-20	2011-10-20	0	0	无	6.00	否
赵子忠	独立董事	男	38	2008-10-20	2011-10-20	0	0	无	6.00	否
吴华珍	监事会主席	女	50	2008-10-20	2011-10-20	0	0	无	0.00	是
郑建军	监事	男	56	2008-10-20	2011-10-20	0	0	无	0.00	是
李平均	监事	男	58	2008-10-20	2011-10-20	0	0	无	63.20	否
蔡传毅	监事	女	55	2008-10-20	2011-10-20	6,750	6,750	无	47.40	否
麦上保	常务副总经理	男	49	2008-10-20	2011-10-20	0	0	无	63.20	否
陈畅民	副总经理	男	49	2008-10-20	2011-10-20	0	0	无	63.20	否
陈志才	副总经理	男	49	2008-10-20	2011-10-20	0	0	无	63.20	否
罗平方	副总经理	女	53	2008-10-20	2011-10-20	0	0	无	63.20	否
徐江山	总工程师	男	42	2008-10-20	2011-10-20	0	0	无	63.20	否
龙云	财务总监	男	41	2008-10-20	2011-10-20	0	0	无	63.20	否
合计	-	-	-	-	-	6,750	6,750	-	715.25	-

董事、监事、高级管理人员报告期内被授予的股权激励情况

□ 适用 √ 不适用

5.2 董事出席董事会会议情况

董事姓名	具体职务	应出席次数	现场出席次数	以通讯方式参加会议次数	委托出席次数	缺席次数	是否连续两次未亲自出席会议
吕建杰	董事长、总经理	9	4	5	0	0	否
尚育农	董事	9	2	5	2	0	否
蔡国强	董事	9	3	5	1	0	否
傅峰春	董事	9	1	5	3	0	否
孟祥军	董事	9	3	5	1	0	否
邓海涛	董事	9	3	5	1	0	否
钟林	董事、董事会秘书	9	4	5	0	0	否
陈小洪	独立董事	9	3	5	1	0	否
杨丽荣	独立董事	9	4	5	0	0	否
张远惠	独立董事	9	2	5	2	0	否
赵子忠	独立董事	9	4	5	0	0	否

连续两次未亲自出席董事会会议的说明

不适用

年内召开董事会会议次数	9
其中:现场会议次数	4
通讯方式召开会议次数	5
现场结合通讯方式召开会议次数	0

第六节 董事会报告

6.1 管理层讨论与分析

一、报告期内公司经营情况的回顾

(一)公司总体经营情况

报告期内,公司主营业务发展正常,盈利能力保持稳定,公司重点发展高清互动业务和有线宽频业务。在高清交互业务推广方面,公司在总结2009年"高清互动家庭计划"实施工作的基础上充分评估2010年市场热点,推出了三个相互衔接、互为补充,有不同切入点的营销方案,并全面推进数字电视增值业务的开发应用,电子节目指南广告、时移电视功能等增值业务也不断推出。随着各季营销活动的推出,大大提升了用户对公司高清互动业务的认知度,用户订购高清互动业务的比率呈现上升态势,规模效应开始显现。为了应对三网融合形势下的市场竞争,公司尝试通过产品捆绑形成竞争合力,实施了数字电视与有线宽频两大业务的整合营销,有效降低了综合营销成本。2010年10月,高清互动机顶盒上网(有线宽频)产品推出,得到了市场的广泛关注。

报告期内,公司继续面向全国开展业务合作,实现产品营销和资源共享,"走出去"战略得到了很好的推进。公司控股的天华世纪传媒已拥有国内最多最丰富的高清节目储量,在全国数字电视节目供应与服务市场中占有一席之地,2010年天华世纪传媒已与全国10多省市、28家运营商签署了合作协议,业务覆盖黑龙江、吉林、河北、山西、湖北、湖南、山东、浙江、安徽、新疆、陕西、甘肃、云南、广东、广西等15个省及自治区的区域,以及深圳、武汉、广州等10多个城市。迪威特数字成功中标福建宁德市SMS系统项目、河南省呼叫中心系统等项目,影响力不断扩大。

2010年,公司荣获了"深圳市文化+科技型示范企业"、"首届深报指数最具竞争力上市公司"、"首届深报指数行业领军奖"称号,并被列为深圳市文化体制改革试点单位。

截至报告期末,公司共拥有的有线数字电视用户终端数为110.03万个,交互电视用户终端数23.85万个(其中高清交互电视用户终端数为17.40万个),付费频道用户终端数为4.67万个;有线宽频在网用户数为30.76万户。

报告期内,公司实现营业收入80,025.41万元,较上年度增长6.3%;实现营业利润8,730.36万元,较上年度增长3.33%;实现归属于母公司所有者的净利润8,576.54万元,较上年度增长9.69%。

1、有线数字电视业务

(1)基本业务

报告期内,有线数字电视用户总量继续保持稳定增长。在家庭用户方面,公司及时调整思路,改进工作模式,不断提高服务水平,由被动受理业务转变为主动服务,赢得了用户的好评,努力保持了对IPTV的竞争优势。在商业客户方面,公司合理利用服务资源,初步建立了商业客户分级服务体系,同时公司大力推动酒店业务基础平台建设,努力打造出了一套成熟的行业客户数字电视综合服务平台建设和运营机制。

(2)增值业务

报告期内，面对三网融合的全新政策环境以及 IPTV 步步紧逼的市场态势，公司对高清互动业务推广工作进行了统一部署，紧抓"推盒子"、"推业务"二条主线，高清互动等增值业务推广取得突出成效。2010 年，公司分别在不同销售季推出了差异化营销活动，大大提升了用户对公司高清互动业务的认知度。此外，公司对 VOD 点播模块的 UI、逻辑和用户交互页面进行了全面升级；对互动点播、休闲娱乐版块的业务更新率进行了定义和监控；完善和提升了用户在线帮助和自助服务体系，较好地满足了用户需求，提升了用户体验，为下一步的业务发展和持续运营打下了基础，累积了经验。

报告期内，公司继续加强对内容建设引进工作。付费电视频道业务方面，完成了高尔夫网球、国防军事、亚洲新闻频道、文广法治天地等 15 个频道的引进；互动点播业务方面，公司在线节目总量 10,000 小时，其中标清节目在线总量 6,500 小时，高清节目在线总量近 3,500 小时；节目库存量近 38,000 小时，其中标清节目库存总量达 28,000 小时，高清节目库存总量近 10,000 小时。

2、有线宽频业务

报告期内，公司重点进行了有线宽频网内资源建设，通过采取灵活多样的营销策略，提高营销服务水平，扩大了宽带个人业务市场。2010 年，公司开展了"天威宽带用户影视盛宴再升级"和"天威宽带与中国联通联合营销"等活动，并分别在 2010 年 5 月和 10 月分小规模试行和大规模推广两个阶段，正式向市场推出利用高清机顶盒上网的业务。此外，针对有线宽频大客户业务，公司依据市场不同的需求，制定了《光纤专线互联网接入产品完善方案》，调整了 25M、50M、100M 光纤专线产品的资费，并成功推出 5M 光纤分时限速接入产品，使公司的商企宽带产品在市场中具有得更大的竞争优势。报告期末，有线宽频在网用户数为 30.76 万户，与 2009 年同期相比增加 2.69 万户。

3、节目传输业务

根据公司与深圳广电集团签订的《<电视节目落地传输服务协议>2010 年度补充协议》，报告期内，公司传输深圳广电集团买断经营落地传输业务的境内外电视频道 48 套，全年实现节目传输费收入为 8,340.00 万元。

（二）公司主营业务及其经营情况

2010 年度，公司按照董事会批准的年度经营计划，开拓创新、稳健发展，资产规模、业务收入和净利润水平都取得了较好的增长，公司经营继续保持良好的发展势头。

1、主营业务分行业、产品情况表

单位：人民币元

分行业或分产品	营业收入	营业成本	毛利率(%)	营业收入比上年增减(%)	营业成本比上年增减(%)	毛利率比上年增减(%)
主营业务分行业情况						
有线电视行业	785,347,535.77	533,096,490.10	32.12%	5.74%	6.43%	−0.44%
主营业务分产品情况						
有线电视服务	785,347,535.77	533,096,490.10	32.12%	5.74%	6.43%	−0.44%

2、按地区划分，公司主营业务收入构成情况

单位：人民币元

地区	营业收入	营业收入比上年增减(%)	上年营业收入
华东地区	1,127,000.00	−24.18%	1,486,495.73
华南地区	773,675,163.89	4.62%	739,507,185.81
华中地区	6,766,371.88	289.78%	1,735,931.67
华北地区	1,200,000.00	--	--
西南地区	1,079,000.00	--	--
其他地区	1,500,000.00	--	--
合计	785,347,535.77	5.74%	742,729,613.21

3、近三年主要财务指标变动情况及变动原因

单位：人民币元

	2010 年	2009 年	增减幅度(%)	2008 年
营业收入	800,254,101.67	752,837,891.04	6.30%	710,643,498.06
营业利润	87,303,582.56	84,490,493.25	3.33%	73,371,965.90
利润总额	94,783,227.85	96,751,138.53	−2.03%	90,366,902.76
净利润	85,765,395.67	78,186,086.99	9.69%	75,723,025.08
除非经常性损益的净利润	79,625,197.56	68,774,346.94	15.78%	62,360,009.75
经营活动产生的现金流量净额	323,430,402.32	313,138,772.19	3.29%	285,344,458.82
	2010 年末	2009 年末	增减幅度(%)	2008 年末
总资产	1,737,751,476.33	1,713,859,384.12	1.39%	1,706,723837.66
股东权益	1,300,313,086.27	1,241,247,690.60	4.76%	1,189,761,603.61
股本	267,000,000.00	267,000,000.00	0.00%	267,000,000.00
每股净资产(元)	4.87	4.65	4.73%	4.46

报告期内，公司主营业务及其结构、主营业务盈利能力未发生重大变化。

报告期内，公司主营业务市场、主营业务成本构成未发生重大变化。

报告期内，公司主要产品价格及主要原材料市场价格未发生明显变化。

4、近三年销售毛利率变动情况

项目	2010 年度	2009 年度	本年度比上年度增减(%)	2008 年度
销售毛利率	32.12%	32.56%	−0.44%	31.13%

（三）主要供应商、客户情况及对公司的影响

1、公司主要供应商情况

报告期内，公司向前五名供应商采购金额合计为 18,181.85 万元，占年度采购总额的 59.29%；2009 年，本公司向前五名供应商采购金额合计为 16,503.48 万元，占年度采购总额的 57.17%。

报告期内，公司前五名供应商未发生重大变化，也没有单个供应商采购额超过采购总额达 30%的情形。公司与前五名供应商、客户之间不存在关联关系，公司董事、监事、高级管理人员、核心技术人员、持股 5%以上股东、实际控制人和其他关联方没有在前述供应商、客户中直接或间接拥有权益等。

2、公司主要客户情况

报告期内，公司向前五名客户销售金额合计为 11,108.44 万元，占公司年度销售总额的 14.14%。

单位：人民币元

前 5 名客户	金额	占年度销售收入的比例	应收账款余额	占公司应收账款总额的比例	是否存在关联关系
深圳广播电影电视集团	89,004,655.60	11.33%	601,185.7	4.50%	是
深圳市天隆广播电视网络股份有限公司	8,313,442.33	1.06%	1,405,750.00	10.52%	是
深圳市天宝广播电视网络股份有限公司	7,829,988.08	1.00%	703,711.57	5.27%	是
广州凤凰传说广告有限公司	4,213,500.00	0.54%	--	--	否
深圳市天明广播电视网络股份有限公司	1,722,797.84	0.22%	395,196.63	2.96%	是
合计	111,084,383.85	14.14%	3,105,843.93	23.24%	

（四）非经常性损益情况

单位：人民币元

明细项目	本年发生额	说明
1.非流动资产处置损益净额	79,860.05	
2.计入当期损益的政府补助，但与公司正常经营业务密切相关，符合国家政策规定、按照一定标准定额或定量持续享受的政府补助除外	6,795,350.04	注 1
3.企业出售子公司、联营企业及合营企业的产生的投资收益	10,709.28	本年度天威广告出售持有的全部艺能公司的股权产生的收益
4.除上述各项之外的其他营业外收支		
(1)营业外收入	793,465.66	
(2)营业外支出	−49,454.41	
5.少数股东损益影响金额	−1,024,387.34	
6.所得税影响额	−465,345.17	
合计	6,140,198.11	

注 1：系公司收到的数字电视业务应用系统研究开发等项目的政府补助以及有线电视整体转换借款贴息。注 1 所列示的政府补贴收入与公司的主营业务没有关系，其占公司当年度净利润的情况见下表：

单位：人民币元

	2010 年度	2009 年度	2008 年度
计入当期损益的政府补助	6,795,350.04	9,411,740.05	16,880,153.63
净利润	85,765,395.67	78,186,086.99	75,723,025.08
政府补助占净利润比例	7.92%	12.04%	22.29%

（五）近三年期间费用和所得税费用变动分析

单位：人民币元

费用项目	2010 年	2009 年	本年度比上年增减(%)	2008 年
销售费用	49,039,795.26	38,031,050.50	28.95%	32,441,535.93
管理费用	100,634,591.89	94,196,158.24	6.8%	85,849,765.90
财务费用	814,018.40	9,927,867.73	−91.80%	21,025,911.90
所得税费用	4,766,741.14	17,129,575.77	−72.17%	14,962,701.22
合计	155,255,146.69	159,284,652.24	−2.53%	154,279,914.95

2010 年度财务费用较 2009 年度降低 91.8%，主要是由于归还银行借款，利息支出减少；2010 年度所得税费用较 2009 年度降低 72.17%，是由于公司被认定为文化体制改革试点单位，免征 2009 至 2013 年企业所得税，2009 年企业所得税已经缴纳，将在退回年度进行账务处理。

（六）公司本年度经营计划完成情况

项目	预算指标(万元)	实际情况(万元)	完成情况(万元)
营业收入	83,600.00	80,025.41	95.72%
净利润	8,000.00	8,576.54	107.21%

（七）主要会计政策、会计估计及核算方法变更情况和重大前期会计差错情况

报告期内，公司无会计政策变更、会计估计变更、核算方法变更及重大前期会计差错发生的情况。

（八）公司的主要资产情况

1、公司的主要资产情况

单位：人民币元

资产项目	2010 年末		2009 年末		变动情况	
	金额	占总资产的比例%	金额	占总资产的比例%	金额	比例
货币资金	741,639,396.61	42.68%	659,543,667.05	38.48%	82,095,729.56	12.45%

投资性房地产	57,296,343.27	3.30%	58,469,752.95	3.41%	-1,173,409.68	-2.01%
固定资产	509,785,868.76	29.34%	561,594,842.99	32.77%	-51,808,974.23	-9.23%
在建工程	113,438,852.50	6.53%	73,996,473.02	4.32%	39,442,379.48	53.30%
长期待摊费用	152,288,408.89	8.76%	217,680,925.37	12.70%	-65,392,516.48	-30.04%

2、公司的重要资产情况

资产类别	存放状态	性质	使用情况	相关担保、诉讼、仲裁等情况
网络小区	正常无风险	生产用	正常使用	无
CMTS 设备	正常无风险	生产用	正常使用	无
卫星智能预警监控系统	正常无风险	生产用	正常使用	无
中央商务大厦房产	正常无风险	出租	正常使用	无
天威技术楼	正常无风险	生产用	正常使用	无
网络存播平台系统	正常无风险	生产用	正常使用	无
CDN 交换网络设备	正常无风险	生产用	正常使用	无
节目播出系统	正常无风险	生产用	正常使用	无
数据机房设备	正常无风险	生产用	正常使用	无

公司的重要资产使用效率正常，不存在减值情况。

截至报告期末，公司不存在金融资产、委托理财等财务性投资或套期保值等相关业务。

截至报告期末，公司没有持有任何外币金融资产。

(九)公司研发支出情况

单位：人民币万元

项目	2010 年度	2009 年度	2008 年度
营业收入	80,025.41	75,283.79	71,064.35
研发支出	2,798.00	3,759.00	3,566.00
占收入比例	3.50%	4.99%	5.02%

1、报告期内公司研发的新产品和新技术：

(1)完成了宽带网络出口扩容及部分机房 DOCSIS3.0 大带宽接入设备的部署，可提供基于同轴电缆的大带宽数据业务。

(2)进行了基于 IMS 的融合语音业务的研究及测试，为开展面向三网融合的语音业务奠定基础。

(3)进行了面向多屏的视频内容集成、分发应用研究，为开展面向三网融合的融合视频业务奠定基础。

2、公司目前已取得和正在申请的专利情况：

序号	专利名称	申请时间	专利类型	专利阶段
1	家用电器遥控器	2005-7-8	外观专利	外观设计专利证书
2	具有学习功能的数字电视机顶盒遥控器	2005-8-12	实用新型	实用新型专利证书
3	通过可视终端完成金融数据处理的方法及公共支付服务器	2006-6-30	发明专利	发明专利申请受理通知书
4	交互电视遥控器	2008-4-22	外观专利	外观设计专利证书
5	一种隐性用户特征提取方法和电视节目推荐方法和系统	2008-8-1	发明专利	发明专利证书
6	一种基于 MDS 算法的隐性用户特征提取方法	2008-11-17	发明专利	发明专利证书
7	一种基于贝叶斯算法的数字电视节目推荐方法和系统	2008-11-26	发明专利	发明专利证书
8	有线电视终端盒	2009-4-10	实用新型	实用新型专利证书

(十)公司主要债权、债务变动情况

单位：人民币元

项目	2010 年末	2009 年末	本年末比上年末增减%	2008 年末
一、主要债权				
应收账款	12,426,953.21	5,358,190.95	131.92%	5,300,774.78
其他应收款	14,069,550.87	9,035,685.55	55.71%	18,855,802.01
应收款项小计	26,496,504.08	14,393,876.50	84.08%	24,156,576.79
预付款项	15,148,458.96	7,041,660.23	115.13%	17946,919.97
二、主要债务				
应付账款	121,660,304.55	129,852,914.00	-6.31%	77,526,612.92
一年内到期的非流动负债	50,000,000.00	50,000,000.00	0.00%	100,000,000.00
长期借款	--	50,000,000.00	--	100,000,000.00

应收账款 2010 年末余额较 2009 年末余额大幅增加系软件及节目销售增加导致，其他应收款 2010 年末余额较 2009 年末余额大幅增加系由于本年度公司被认定为文化体制改革试点单位而确认应退回的 2010 年度已缴纳企业所得税，预付款项 2010 年末余额较 2009 年末余额大幅增加系公司预付的设备、节目购置款及收购天威数据股权款，长期借款 2010 年末余额较 2009 年末余额大幅减少，系 2010 年公司归还借款所致。

(十一)公司偿债能力分析

项目	2010 年末	2009 年末	同比增减	2008 年末
流动比率	2.28	2.13	6.93%	2.07
速动比率	2.25	2.09	7.79%	2.01
资产负债率(母公司)	23.53%	26.05%	-9.6%	28.79%
利息保障倍数	21.68	8.46	156.29%	4.85
经营活动现金净流量	323,430,402.32	313,138,772.19	3.29%	285,344,458.82

2010 年末公司流动比率、速动比率以及资产负债率与 2009 年末相比变动不大，由于公司归还了银行借款以及利润稳定增长，利息保障倍数 2010 年末较 2009 年末大幅增加，2008 至 2010 年度公司经营活动产生的现金流量净额分别为 285,344,458.82 元、313,138,772.19 元和 323,430,402.32 元，呈逐年增加的态势，且均高于当期净利润。总体而言，公司资产流动性较强，负债率低，主营业务发展良好，盈利能力较强，经营活动产生的现金流量充足，不存在显著的债务风险，具有较强的偿债能力。

(十二)资产运营能力分析

项目	2010 年度	2009 年度	同比增减	2008 年度
应收账款周转率	77.51	126.39	-38.68%	182.42
存货周转率	45.35	32.73	38.55%	23.91

公司在提供服务的当月，主要通过银行扣款的方式结算，收费成功率较高，资金回笼快，现金流稳定，因此，公司在 2008 年度、2009 年度和 2010 年度的应收账款周转率分别高达 182.42 次、126.39 次和 77.51 次；2008 年度、2009 年度和 2010 年度公司存货周转率分别达 23.91 次、32.73 次和 45.35 次，在同行业中均处于较高水平。总体而言，公司资产运营效率良好。

(十三)公司控股子公司及参股公司经营情况及业绩分析

1、控股子公司经营情况

单位：人民币万元

公司名称	控股比例	经营范围	注册资本	总资产	净资产	净利润
深圳市天威网络工程有限公司	100%	有线广播电视网络工程施工及相关的技术服务。	1,000	2,235	1,437	288
深圳市天威广告有限公司	95%	设计、制作、代理国内外各类广告业务。	800	2,572	2,387	27
深圳市迪威特数字视讯技术有限公司	75%	数字技术产品的技术开发、咨询、销售，计算机软、硬件的开发、销售；机顶盒、数字电视软件产品的生产、销售；进出口贸易业务(按深贸管准证字 2003-519 号资格证书规定经营)。	3,000	5,472	2,989	288
深圳市天威数据网络股份有限公司	60%	数据信息传输服务；数据信息网络技术开发；国内商业、物资供销业(不含专营、专控、专卖商品)；因特网接入服务业务；因特网信息服务。	1,500	2,086	1,878	69
深圳市天华世纪传媒有限公司	60%	文化活动策划、从事广告业务(法律、行政法规规定应进行广告经营审批登记的，另行办理审批登记后方可经营)、信息咨询(不含限制项目)、国内贸易(不含专营、专控、专卖商品)，经营进出口业务(法律、行政法规、国务院决定禁止的项目除外，限制项目须取得许可后方可经营)。	1,000	2,737	1,951	810

2、主要参股公司经营情况

单位：人民币万元

公司名称	参股比例	经营范围	注册资本	总资产	净资产	净利润
深圳市天威投资发展有限公司	43%	投资兴办实业(具体项目另行申报)；国内商业、物资供销业(不含专营、专控、专卖商品)；设计、制作国内外电视广告业务。	1,000	1,351	1,272	-2
深圳市茁壮网络股份有限公司	1.555%	数字电视软件开发及服务	8,360	40,445	32,390	3,235

3、控股子公司及参股公司经营情况分析

(1)深圳市天威网络工程有限公司

该公司于 2008 年 8 月 13 日成立，注册资本人民币 1000 万元，为公司全资控股企业，主要承担有线电视网络维护。报告期内，该公司主营业务收入为 4,504 万元，净利润为 288 万元。

(2)深圳市天威广告有限公司

报告期内，该公司主营业务收入为 1,766 万元，净利润为 27 万元。

(3)深圳市迪威特数字视讯技术有限公司

报告期内，迪威特数字取得了公司新 BOSS 系统建设的阶段性成果，顺利完成公司的各项运维任务，并在国内五省九地继续开展 BOSS 系统项目实施。迪威特数字成功中标福建莆田广电商业运营支撑系统和广东汕头广电商业运营支撑系统及呼叫中心项目，并与云南、昆明广电签订网络工程项目管理系统的开发合同。该公司 2010 年度主营业务收入为 3,112 万元，净利润为 288 万元。

(4)深圳市天威数据网络股份有限公司

报告期内，该公司主营业务收入为 315 万元，净利润为 69 万元。

报告期内，公司与天威数据的原股东之一深圳市采辰投资有限公司签署了《股权转让协议》，目前正在办理工商变更手续，变更完成后，公司持有天威数据的股份将达到 75%。

(5)深圳市天华世纪传媒有限公司

该公司主要从事节目集成业务，报告期内，主营业务收入为 3,942 万元，净利润为 810 万元。

该公司于 2009 年 8 月 28 日成立，注册资本为人民币 1000 万元，其中公司出资 600 万元，占合资公司 60%的股权，深圳市震华高新电子有限公司(以下简称“震华高新”)出资 400 万元，占合资公司 40%的股权。2010 年 11 月 15 日，公司第五届董事会第二十次会议审议通过了《关于对控股子公司天华世纪传媒增资的议案》，公司与震华高新同意以现金方式对天华世纪传媒进行增资扩股，其中公司增资 4,200 万元，震华高新增资 2,800 万元，增资扩股完成后，公司仍持有天华世纪传媒 60%的股权，震华高新仍持有天华世纪传媒 40%的股权；本次增资依照“一次增资，分步实施”的分期缴付原则进行，公司首次出资额为 1,200 万元，震华高新首次出资额为 800 万元，剩余款项将在 2 年内到位。2011 年 2 月 15 日，天华世纪传媒已办理完成增资扩股的工商变更登记手续，变更前和变更后的注册资本分别为 1,000 万元和 8,000 万元，变更前和变更后的实收资本分别为 1,000 万元和 3,000 万元，公司和震华高新仍分别持有天华世纪传媒 60%和 40%的股权。

(6)深圳市天威投资发展有限公司

依据(2007)中国贸仲深裁字第 D05 号裁决书，目前天威投资处于清算中。

(7)深圳市茁壮网络股份有限公司

该公司主要经营数字电视软件开发及服务，公司持有其 1.555%股权。报告期内，该公司主营业务收入为 14,356 万元，净利润为 3,235 万元。

二、公司未来发展的展望

1、行业发展趋势及市场竞争格局

(1)行业发展趋势

A、2010 年国内有线数字电视用户规模稳定增长。截至 2010 年底，全国有线数字电视用户达到 8,829.6 万户，较 2009 年增长 35.90%。随着地级市数字化整体转换接近尾声，我国有线数字化工作重点已经逐渐向县级城市及农村地区转移。

B、国内有线电视行业发展方向逐步明确。继国办发[2008]1 号《国务院办公厅转发发展改革委等部门关于鼓励数字电视产业发展若干政策的通知》后，广电总局又发布了《广电总局关于印发<关于加快广播电视有线网络发展的若干意见>的通知》，要求加快落实和推进国内有线电视网络整合。2010 年，国内有线电视行业加快推进网络整合，各省广电部门积极推进整合工作，目前已有江苏、广东、湖南、辽宁、黑龙江、贵州等省组建了省广电网络公司。

C、国内高清电视发展已成为趋势。随着《广电总局关于促进高清电视发展的通知》的发出，以及中央电视台综合频道和北京卫视、上海东方卫视、江苏卫视、湖南卫视、黑龙江卫视、浙江卫视、广东卫视和深圳卫视节目高、标清同播的推出，国内有线高清电视获得了较快的发展。据格兰研究统计，目前全国有线高清用户数已经超过 300 万，标志着中国有线数字高清电视已步入了快速发展的阶段。

D、有线运营商对双向互动业务重视程度提升。据格兰研究调查数据显示，有线电视网络运营商开通增值业务的比例逐渐提高，数据广播已成为最基础的增值业务，交互电视(VOD)已成为最重要的增值业务，运营商开通 VOD 的比例逐年递增。

(2)市场竞争格局

2010 年 1 月份，国务院常务会议上决定加快推进电信网、广播电视网和互联网三网融合。随后相继发出了《国务院关于印发<推进三网融合总体方案的通知>》(国发[2010]5 号文)、《三网融合试点方案》(国办发[2010]35 号文)、《关于印发第一批三网融合试点地区(城市)名单的通知》(国办函 [2010]111 号文)、《关于三网融合试点工作有关问题的通知》(国协办函[2010]3 号文)。2010 年 9 月 8 日，国务院常务会议审议并原则通过《国务院关于加快培育和发展战略性新兴产业的决定》，明确指出加快建设宽带、泛在、融合、安全的信息网络基础设施，推动新一代移动通信、下一代互联网核心设备和智能终端的研发及产业化，加快推进三网融合，促进物联网、云计算的研发和示范应用。

随着三网融合进程的加速，电信运营商与广电运营商的直接将竞争加剧。在中国电信的大力推动下，我国 IPTV 用户在“十一五”期间发展到约 750 万户，主要分布在上海、江苏、广东、重庆等部分地区，IPTV 用户在逐渐增加。互联网电视是三网融合的主要载体之一，在我国三网融合来临之际，家电厂商纷纷推出具备互联网功能的电视机，互联网电视目前趋向智能化电视方向发展，并逐渐发展成为数字电视主流，电视机将逐渐成为家庭多媒体娱乐终端。

2、机遇与挑战

(1)公司面临的机会

A、公司拥有良好的网络质量与业务能力，随着三网融合不断的推进，公司将有更多业务的发展机会。

B、作为国内有线电视行业为数不多的上市公司之一，公司拥有良好的直接融资能力，具备良好的资源整合优势。

C、整个广电行业的户均 ARPU 值与总收入处于较低水平，付费电视庞大的市场消费潜能正在逐步释放。

D、高清互动电视业务在全国范围快速发展，为天华世纪传媒公司的业务发展提供了机会。

(2)公司面临的挑战

A、国家推进实施三网融合发展，为市场化程度较高的电信系进入视频领域提供了政策保证。

B、IPTV、互联网电视、网络电视等发展迅猛，对公司的数字电视增值业务形成较大威胁。

3、公司的未来发展战略和规划

公司未来将继续围绕有线数字电视业务和有线宽频业务两条主线，进一步加强资源整合，加大以高清互动电视为代表的数字电视增值业务推广力度，不断提升盈利能力和核心竞争力，并逐步优化公司的收入结构，争取实现数字电视基本收视业务占公司总收入比的 40%以下，数字电视增值业务占公司总收入比的 15%以上，有线宽频业务占公司总收入比的 25%以上，最终成为以“音视频服务专家”为核心竞争力的中国领先的有线电视综合运营商。

公司将采取以下内部发展策略：

(1)数字电视业务。公司致力于做强电视传输主业，加快数字电视增值业务的发展，实施差异化竞争。为此，公司将适时开展高清节目导视试验，努力扩大高清互动电视规模，提高付费电视、视频点播、时移回放等数字电视增值业务的收入；探索电视的新业务形态，推动数字电视新业务的发展，保持电视领域的领先性。在未来三年里，公司将开展 3D 电视的试验和业务准备；探索利用数字电视交互功能为电视台节目提供新的服务方式，实现有线电视网络与电视台的更紧密合作关系；探索与发展电视与互联网、移动网络相结合的新业务。

(2)宽带业务。公司致力于加快向互联网领域进入，抢占互联网业务制高点。为此，公司将加快实施业务捆绑策略，在稳步推进宽带业务的同时，积极为用户提供差异化服务，并探索在网内开展 VOIP 语音业务和视频通信、视频监控等业务，丰富宽带业务的应用，使宽带业务尽可能占有更多的市场份额；其次，公司将争取广电总局、市政府和各主管部门的支持，加快互联网业务布局，抢占广电互联网发展的先机，争取早日开展网络电视的商业运营。

同时，公司将采取积极扩张的外部策略，加强高清内容业务的输出，以天华世纪传媒和迪威特为主要平台，加快实施业务输出形式的“走出去”战略，实现对外的扩张。

4、2011 年公司经营计划及重点工作

公司将继续贯彻“成为领先的音视频服务专家”的战略发展理念，抓住三网融合的发展契机，持续实施“科学管理、规范运作，立足市场竞争，与时俱进，全面建立适应市场和服务需要的现代企业管理机制，逐步成长为领先的有线电视综合信息网络运营商”的经营战略，努力实现“做中国最优秀的有线电视综合运营商”的战略发展愿景。

董事会通过公司全年新拓展有线数字电视用户终端 2 万个、发展高清交互电视用户终端 5.47 万个和新拓展有线宽频用户 5.5 万户的计划。预计 2011 年公司全年实现营业收入 83,500.00 万元，比 2010 年增长 4.34%；预计 2011 年实现归属于上市公司股东的净利润 12,677.00 万元，比 2010 年增长 47.81%。(特别提示：以上计划业务目标和预计经营目标并不代表公司对 2011 年度的盈利预测，能否实现取决于市场状况变化、经营团队的努力程度等多种因素，存在很大的不确定性，请投资者特别注意。)

2011 年将继续贯彻公司的发展策略，为了达成既定的各项经营管理目标，公司将有次序地开展各项重点工作。

(1)继续做好安全传输工作，确保网络的安全运营。2011 年，公司将继续提高和完善安全传输的管理体系，充分运用各种技术保障手段，重点落实各项保障措施，加强人员的管理，提高人员安全责任意识，继续保证安全播出。

(2)加强对三网融合的业务研究及网络建设规划。年内围绕国家三网融合的新形势和下一代广电网络(NGB)的发展要求，积极研究和试验新技术和新业务。加快建设支持多业务应用的技术平台，确保新的运营支撑管理系统(BOSS)及时上线。加强基础网络建设的规划及新信息地理系统(GIS)的建设，加快容备灾机房的建设，重点解决局部区域的机房及站点建设。

(3)继续推广天华公司在高清交互业务方面已取得的先发优势，提高高清互动电视用户的网内渗透率，同时积极挖掘新的增值业务，形成新的盈利增长点。年内继续加大营销力度，深入研究用户需求，丰富产品组合，努力实现高清互动家庭的计划用户数目标，并以此为基础积极发展高清互动业务。继续拓展电子节目指南(EPG)广告、网络存播(NPVR)等增值业务的市场，努力提高数字电视增值业务的收入。

(4)力争有线宽频个人用户稳中有升，并逐步提高商企客户的收入比重，全面促进宽带业务用户 ARPU 值的不断提升。2011 年，继续探索各种创新营销模式，以重点发展大客户业务作为工作方向，不断扩大商企客户业务的收入比例。

(5)不断提高客户服务水平，保证用户使用体验，稳定个人用户比例，在稳步推进各项业务的同时，为用户提供差异化服务。2011 年将继续优化服务网点布局，加强客服终端及网上营业厅的建设；积极推动客户服务走进社区，探索服务营销的新模式；继续改善安装维护及障碍排除等的工作效率，提高服务品质，提升客户满意度。

(6)研究完善人才激励机制，加强技术项目管理体系的建设，提高公司运营管理水平。继续推动绩效导向的管理文化，进一步完善以业绩为导向的综合考核评价体系。同时积极探索适应企业发展、适合员工成长的长效激励机制，促进提升公司人力资源的效率。推动公司技术项目管理体系的有效运作，提高技术项目的管理效率，保证重点技术项目的及时完成。进一步完善财务预算管理和成本控制，优化公司成本结构，合理控制成本增长与收益增长的比率，提高公司的整体经济效益。

(7)继续实施以业务输出为主，辅以资本输出的“走出去”战略，积极向产业链延伸。抓住三网融合的发展机遇，加快天华世纪传媒的业务发展。积极探索构建新的资本运作平台，寻求网络整合以及互联网新媒体发展的投资机会。

5、发展风险及对策

2011 年，公司的发展面临着来自市场与技术等多方面的风险因素：

(1)三网融合的不断发展和持续深入，给有线电视网络运营商带来很大压力。对此，公司将大力推进高清交互业务，积极布局其他各项数字电视增值业务，充分利用用户规模的先发优势以及与内容产业的紧密关联，深入挖掘并努力满足用户需求，以抵御其他渠道对数字电视客户的分流。

(2)有线宽频业务面临的竞争依然激烈。对此，公司除了着手开展与中国移动等进行尝试性的战略合作之外，将继续加大拓展价值更高，稳定性更强的行业大客户，并不断巩固现有的市场份额并提升市场价值。

6.2 主营业务分行业、产品情况表

单位：万元

分行业或分产品	营业收入	营业成本	毛利率(%)	营业收入比上年增减(%)	营业成本比上年增减(%)	毛利率比上年增减(%)
主营业务分行业情况						
有线电视行业	78,534.75	53,309.65	32.12%	5.74%	6.43%	−0.44%
主营业务分产品情况						
有线电视服务	78,534.75	53,309.65	32.12%	5.74%	6.43%	−0.44%

6.3 主营业务分地区情况

单位：万元

地区	营业收入	营业收入比上年增减(%)
华东地区	112.70	−24.18%
华南地区	77,367.52	4.62%
华中地区	676.64	289.78%
华北地区	120.00	

西南地区	107.90
其他地区	150.00

6.4 采用公允价值计量的项目

□ 适用　　√ 不适用

6.5 募集资金使用情况对照表

√ 适用　　□ 不适用

单位:万元

募集资金总额	44,543.56	本年度投入募集资金总额	7,081.71
报告期内变更用途的募集资金总额	0.00		
累计变更用途的募集资金总额	0.00	已累计投入募集资金总额	22,337.75
累计变更用途的募集资金总额比例	0.00%		

承诺投资项目和超募资金投向	是否已变更项目(含部分变更)	募集资金承诺投资总额	调整后投资总额(1)	本年度投入金额	截至期末累计投入金额(2)
承诺投资项目					
有线电视网络传输系统技术改造项目	否	14,790.00	14,790.00	3,741.64	8,431.25
交互电视(ITV)系统建设项目	否	10,760.00	10,760.00	2,867.51	6,707.24
内容集成与运营建设项目	否	10,860.00	10,860.00	173.85	2,112.86
有线网络运营支撑平台建设项目	否	8,650.00	8,650.00	298.71	5,086.40
深圳市广电宽带数据网络技改项目	否	20,070.00	0.00	0.00	0.00
罗湖区数字电视转换及技术改造项目	否	8,739.00	0.00	0.00	0.00
南山区数字电视转换及技术改造项目	否	7,803.00	0.00	0.00	0.00
承诺投资项目小计	–	81,672.00	45,060.00	7,081.71	22,337.75
超募资金投向					
归还银行贷款(如有)	–				
补充流动资金(如有)	–				
超募资金投向小计	–	0.00	0.00	0.00	0.00
合计	–	81,672.00	45,060.00	7,081.71	22,337.75

承诺投资项目和超募资金投向	截至期末投资进度(%)(3)=(2)/(1)	项目达到预定可使用状态日期	本年度实现的效益	是否达到预计效益	项目可行性是否发生重大变化
承诺投资项目					
有线电视网络传输系统技术改造项目	57.01%	2011-05-30	0.00	不适用	否
交互电视(ITV)系统建设项目	62.33%	2011-05-30	0.00	不适用	否
内容集成与运营建设项目	19.46%	2011-05-30	0.00	不适用	否
有线网络运营支撑平台建设项目	58.80%	2011-05-30	0.00	不适用	否
深圳市广电宽带数据网络技改项目	0.00%	2011-05-30	0.00	不适用	否
罗湖区数字电视转换及技术改造项目	0.00%	2011-05-30	0.00	不适用	否
南山区数字电视转换及技术改造项目	0.00%	2011-05-30	0.00	不适用	否
承诺投资项目小计	–	–	0.00		–
超募资金投向					
归还银行贷款(如有)		–	–	–	–
补充流动资金(如有)		–	–	–	–
超募资金投向小计	–	–	0.00		–
合计	–	–	0.00		–

未达到计划进度或预计收益的情况和原因(分具体项目)	1、有线电视网络传输系统技术改造项目:一方面是由于技术成熟导致建设成本下降;二是此项目的网络建设部分投入的3,950.02万元因业务特点由自有资金支付而未从募集资金中支出,加上这部分自有资金投入后本项目的实际投入进度达到83.71%。2、交互电视(ITV)系统建设项目:主要是由于有894.68万元由自有资金支付而未从募集资金中支出,加上这部分自有资金投入后本项目的实际投入进度达到70.64%。3、内容集成与运营建设项目:主要是由于项目建设成本和设备价格下降以及公司业务运营方式改变造成,公司于2010年3月29日终止本项目的建设。4、有线网络运营支撑平台建设项目:主要是由于建设成本和设备价格下降所致。
项目可行性发生重大变化的情况说明	不适用
超募资金的金额、用途及使用进展情况	不适用
募集资金投资项目实施地点变更情况	不适用
募集资金投资项目实施方式调整情况	不适用
募集资金投资项目先期投入及置换情况	适用 截至2008年6月30日,公司募集资金投资项目累计投入自有资金13,144.59万元,其中:有线电视网络传输系统技术改造项目已投入2,681.83万元;交互电视(ITV)系统建设项目已投入1,816.11万元;内容集成与运营建设项目已投入513.52万元;有线网络运营支撑平台建设项目已投入3,365.82万元;深圳市广电宽带数据网络技改项目已投入4,767.31万元。公司于2008年8月14日召开的第四届董事会第七次会议审议通过了《关于以募集资金置换先期投入募集资金投资项目自筹资金的议案》,同意用募集资金置换预先已投入前四个募集资金投资项目的自筹资金,置换资金总额为8,377.28万元。公司独立董事、监事会和保荐人均对募集资金投资项目置换出具了明确同意的意见。
用闲置募集资金暂时补充流动资金情况	适用 为了提高募集资金使用效率,经公司于2010年1月14日召开的第五届董事会第十二次会议同意,公司利用闲置的募集资金暂时补充流动资金4,000万元,使用期限为6个月。截至2010年7月12日,公司已将上述用于补充流动资金的募集资金全部归还至募集资金专户,同时将上述募集资金的归还情况通知了保荐机构国信证券股份有限公司及保荐代表人。 经2010年8月16日召开的第五届董事会第十八次会议同意,公司继续将闲置的4,000万元募集资金暂时补充流动资金,使用期限为6个月。截至2011年1月24日,公司已将上述用于补充流动资金的募集资金全部归还至公司募集资金专用账户,同时将上述募集资金的归还情况通知了保荐机构国信证券股份有限公司及保荐代表人。
项目实施出现募集资金结余的金额及原因	适用 截至2010年12月31日,募集资金账户余额为188,631,860.13元,系根据投资进度尚未投入。
尚未使用的募集资金用途及去向	尚未使用的募集资金仍存放于募集资金专用账户。
募集资金使用及披露中存在的问题或其他情况	1、公司于2009年9月8日起接受了深圳证监局的现场检查,深圳证监局指出公司募集资金使用中曾存在如下问题:(1)募集资金置换自筹资金不规范;(2)部分募集资金使用不符合公司募集资金管理办法的规定;(3)部分募集资金没有通过专户使用。公司已按照深圳证监局的要求于2010年2月25日前完成了以上问题的全部整改。 2、2009年3月30日,公司未经上市公司董事会审议及履行必备手续直接从募集资金账户转出用于募集项目的铺底流动资金合1,110万元,其中:有线电视网络传输系统技术改造项目220万元,交互电视(ITV)系统建设项目360万元,内容集成与运营建设项目190万元,有线网络运营支撑平台建设项目340万元。公司已于2010年1月15日将该铺底流动资金归还至募集资金专户。 3、2008年10月20日,公司召开的第五届董事会第一次会议审议通过了《关于调整募集资金投资使用计划的议案》,鉴于公司实际募集的资金仅能满足前4个项目的需求,同意深圳市广电宽带数据网络技改项目以公司自有资金投资建设,取消罗湖区数字电视转换及技术改造项目和南山区数字电视转换及技术改造项目的投资建设。2008年12月29日,公司召开的2008年第三次临时股东大会审议通过了该议案。 4、2009年3月29日,公司召开第五届董事会第五次会议,同意《内容集成与运营建设项目》建设周期调整为3年,即到2011年5月。2009年4月28日,公司召开的2008年年度股东大会审议通过了该议案。2010年3月29日,公司召开第五届董事会第十四次会议通过,同意终止该项目。2010年4月28日,公司召开的2009年年度股东大会审议通过了终止该项目的议案。

变更募集资金投资项目情况表

□ 适用　　√ 不适用

6.6 非募集资金项目情况

√ 适用　　□ 不适用

单位:万元

项目名称	项目金额	项目进度	项目收益情况
建设"深圳市有线电视枢纽大厦"	6,000.00	截至2010年12月31日,该合作项目已完成设计招标及设计方案优化等工作,目前正在进行规划方案报建等前期工作。	不适用
合计	6,000.00	–	–

6.7 董事会对公司会计政策、会计估计变更或重大会计差错更正的原因及影响的说明

□ 适用　　√ 不适用

6.8 董事会对会计师事务所"非标准审计报告"的说明

□ 适用　　√ 不适用

6.9 董事会本次利润分配或资本公积金转增股本预案

经立信大华会计师事务所有限公司立信大华审字[2011]138号审计报告确认,公司2010年度实现归属于上市公司股东的净利润85,765,395.67元,依据《公司法》和公司《章程》及国家有关规定,按以下方案进行分配:

1、提取10%法定盈余公积7,643,226.08元;

2、提取法定盈余公积后剩余利润78,122,169.59元,加年初未分配利润474,411,453.47元减去2010年度分配2009年度派发现金红利26,700,000.00元后,2010年末未分配利润为525,833,623.06元;

3、以2010年12月31日总股本267,000,000.00股为基数,向全体股东每10股派发现金红利1.00元(含税),派发现金红利总额为26,700,000.00元,剩余未分配利润499,133,623.06元,结转入下一年度;同时以资本公积金向全体股东每10股转增2股(即53,400,000股),转增后,公司总股本为320,400,000股,公司资本公积金由381,605,195.63元减少为328,205,195.63元。本预案须经2010年年度股东大会审议通过后实施。

公司最近三年现金分红情况表

单位:元

分红年度	现金分红金额(含税)	分红年度合并报表中归属于上市公司股东的净利润	占合并报表中归属于上市公司股东的净利润的比率	年度可分配利润
2009 年	26,700,000.00	78,186,086.99	34.15%	481,799,129.35
2008 年	26,700,000.00	75,723,025.08	35.26%	437,984,764.42
2007 年	0.00	71,273,387.74	0.00%	369,565,776.61
最近三年累计现金分红金额占最近年均净利润的比例(%)				71.14%

公司本报告期内盈利但未提出现金利润分配预案

□ 适用　　√ 不适用

第七节　重要事项

7.1 收购资产

□ 适用　　√ 不适用

7.2 出售资产

□ 适用　　√ 不适用

7.1、7.2 所涉及事项对公司业务连续性、管理层稳定性的影响。

不适用

7.3 重大担保

□ 适用　　√ 不适用

7.4 重大关联交易

7.4.1 与日常经营相关的关联交易

√ 适用　　□ 不适用

单位：万元

关联方	向关联方销售产品和提供劳务		向关联方采购产品和接受劳务	
	交易金额	占同类交易金额的比例	交易金额	占同类交易金额的比例
深圳广电集团	9,367.03	25.00%	83.35	0.95%
深视广告	210.25	100.00%	0.00	0.00%
宜和股份	20.43	0.11%	0.00	0.00%
移动视讯	117.66	4.16%	0.00	0.00%
天明网络	202.06	2.17%	0.00	0.00%
天隆网络	836.13	7.20%	50.00	1.86%
天宝网络	925.84	7.98%	60.35	2.25%
广视餐饮	0.00	0.00%	145.81	100.00%
广视后勤	0.00	0.00%	196.37	100.00%
深视传媒	0.00	0.00%	176.76	100.00%
广电生活传媒	0.00	0.00%	21.12	0.24%
合计	11,679.40	12.75%	733.76	5.00%

其中：报告期内公司向控股股东及其子公司销售产品或提供劳务的关联交易金额 11,679.40 万元。

与年初预计临时披露差异的说明	年初公司预计 2010 年度与关联方预计发生关联交易总金额不超过 13,345.04 万元，经统计，预计日常关联交易的实际发生金额为 10,442.48 万元，在预计的范围之内且均按签署的协议执行，没有损害公司和股东利益。报告期内公司全部实际发生的关联交易总金额为 12,413.16 万元，包括预计范围内发生的以及年初未预计但报告期内发生的关联交易(以上均履行了关联交易审批程序)。

7.4.2 关联债权债务往来

□ 适用　　√ 不适用

7.4.3 大股东及其附属企业非经营性资金占用及清偿情况表

□ 适用　　√ 不适用

7.5 委托理财

□ 适用　　√ 不适用

7.6 承诺事项履行情况

上市公司及其董事、监事和高级管理人员、公司持股 5%以上股东及其实际控制人等有关方在报告期内或持续到报告期内的以下承诺事项

√ 适用　　□ 不适用

承诺事项	承诺人	承诺内容	履行情况
股改承诺	无	无	无
收购报告书或权益变动报告书中所作承诺	无	无	无
重大资产重组时所作承诺	无	无	无
发行时所作承诺	控股股东深圳广电集团	1、公司首次公开发行股票前，控股股东深圳广电集团承诺：自公司股票上市之日起 36 个月内，不转让或者委托他人管理其本次发行前持有的公司股份，也不由公司回购该部分股份。 2、公司首次公开发行股票前，为保证公司将来有线电视的发展，深圳广电集团已向公司作出不发生同业竞争的承诺，主要内容包括：在作为公司股东期间，以及转让深圳广电集团持有的公司股份之后一年内，深圳广电集团及深圳广电集团控制的组织或个人不直接或间接从事或发展与公司经营范围相同或相类似的业务或项目，也不为自己或代表任何第三方成立、发展、参与、协助任何企业与公司进行直接或间接的竞争；如公司经营的业务与深圳广电集团以及受深圳广电集团控制的任何其他子公司或其他关联公司形成或可能形成实质性竞争，深圳广电集团同意公司有权以公平合理的价格优先收购集团在该子公司或其他关联公司中的全部股权或其他权益；不利用从公司处获取的信息从事、直接或间接参与与公司相竞争的活动；在可能与公司存在竞争的业务领域中出现新的发展机会时，给予公司优先发展权；不进行任何损害或可能损害公司利益的其他竞争行为。 3、公司首次公开发行股票前，为力争减少及避免与深圳广电集团因共同共有宗地号 B306-0005 土地以及后续衍生的建设、使用、分配、申请登记、物业管理等系列环节可能发生的关联交易，深圳广电集团已经出具下列承诺：A、对该共有土地上共建的物业，深圳广电集团将与天威视讯一起办理报建的相关手续，按比例共同承担报建手续所发生的相关费用。B、对于该共同共有土地上的建设，深圳广电集团承诺以公开招投标方式选择合格的、经深圳广电集团及天威视讯一致认可的设计/承建单位，由该单位设计/承建共有土地上的建筑物。C、在共有土地上房地产的建筑过程中，深圳广电集团承诺按照工程进度，与天威视讯做到"三同时"，即同时按比例投入资金、同时对建筑过程进行监管、同时对建成的物业投入使用。D、在共有土地上建筑物建成后，深圳广电集团承诺根据公平合理以及有利于使用的原则对建成的物业进行分割，并根据分割结果共同及时向国有土地管理部门办理产权登记。E、在建筑物的管理和维护方面，深圳广电集团与天威视讯将共同委派或指定物业管理公司进行维护管理，并按照共有建筑面积比例向物业管理公司支付包括保安、卫生、绿化、区内道路维护等相关费用；如由其中一方或其下属的公司或职能部门进行管理的，另一方应根据可比的物业管理费用标准及时向他方支付所分摊的管理费用。F、深圳广电集团进一步重申及承诺，深圳广电集团将尽量减少因共同共有土地而产生的关联交易，并承诺不会利用控股股东的地位，对共同共有的土地以及后续建设、管理过程中行为施加不当影响或者寻求不当利益。 4、公司首次公开发行股票前，深圳广电集团向公司已作出减少和规范关联交易的承诺，主要内容包括：A、深圳广电集团将充分尊重天威视讯的独立市场主体地位，尽量避免与天威视讯发生关联交易，不利用关联关系损害天威视讯及其他股东的利益；B、对于合理的、有利于天威视讯发展的关联交易，深圳广电集团将严格遵守有关法律、法规、证券交易所有关上市规则及天威视讯公司章程的规定，履行合法程序，遵循公开、公平、公正、合理的市场定价及交易原	报告期内，深圳广电集团遵守了所作的承诺。其中关于深圳广电集团和公司共有宗地号 B306-0005 土地的承诺履行情况：公司于 2010 年 3 月 29 日召开的第五届董事会第十四次会议和 2010 年 4 月 28 日召开的 2009 年年度股东大会审议通过了《关于合作建设"深圳市有线电视枢纽大厦"关联交易的议案》，同意公司与深圳广电集团签订合作建设协议，共同在共有宗地号为 B306-0005 的办公用地上建设"深圳市有线电视枢纽大厦"，建成后，深圳广电集团拥有该物业的 26,170 平方米，公司拥有该物业的 8,719.26 平方米。此次关联交易与公司招股说明书中披露的 B306-0005 号宗地处置方案一致，深圳广电集团作为公司控股股东也履行了在公司股票发行时所做的承诺。

		则，处理与天威视讯之间可能发生的关联交易，保证该等关联交易的公允性；C、对于深圳广电集团与天威视讯之间可能发生的任何关联交易，将按照相关法律法规和天威视讯公司章程的规定严格执行关联方回避制度，保证关联交易的公允和交易行为的透明；D、深圳广电集团有关规范关联交易的承诺，将同样适用于深圳广电集团除天威视讯以外的控股子公司和其他组织，深圳广电集团将在合法权限范围内促成除天威视讯以外的控股子公司和其他组织履行与天威视讯之间已经存在或可能发生的关联交易的义务。	
其他承诺（含追加承诺）	控股股东深圳广电集团、公司	按照深圳证监局有关治理非规范行为的文件精神，公司控股股东深圳广电集团于2008年7月8日向公司出具了《加强未公开信息管理承诺函》，承诺：深圳广电集团将建立和完善已获取的上市公司未公开信息管理内控制度，督促深圳广电集团及深圳广电集团实际控制人的相关信息知情人不利用公司未公开信息买卖公司证券，不建议他人买卖公司证券，也不泄露公司未公开信息，并及时、真实、准确、完整地提供深圳广电集团及深圳广电集团实际控制人知悉公司未公开信息的知情人名单，由公司报送深圳证监局、证券交易所备案。	报告期内，深圳广电集团和公司均遵守了所作的承诺。

7.7 重大诉讼仲裁事项

□ 适用 √ 不适用

7.8 其他重大事项及其影响和解决方案的分析说明

7.8.1 证券投资情况

□ 适用 √ 不适用

7.8.2 持有其他上市公司股权情况

□ 适用 √ 不适用

7.8.3 持有拟上市公司及非上市金融企业股权情况

□ 适用 √ 不适用

7.8.4 买卖其他上市公司股份的情况

□ 适用 √ 不适用

7.8.5 其他综合收益细目

单位：元

项目	本期发生额	上期发生额
1.可供出售金融资产产生的利得(损失)金额	0.00	0.00
减：可供出售金融资产产生的所得税影响	0.00	0.00
前期计入其他综合收益当期转入损益的净额	0.00	0.00
小计	0.00	0.00
2.按照权益法核算的在被投资单位其他综合收益中所享有的份额	0.00	0.00
减：按照权益法核算的在被投资单位其他综合收益中所享有的份额产生的所得税影响	0.00	0.00
前期计入其他综合收益当期转入损益的净额	0.00	0.00
小计	0.00	0.00
3.现金流量套期工具产生的利得(或损失)金额	0.00	0.00
减：现金流量套期工具产生的所得税影响	0.00	0.00
前期计入其他综合收益当期转入损益的净额	0.00	0.00
转为被套期项目初始确认金额的调整额	0.00	0.00
小计	0.00	0.00
4.外币财务报表折算差额	0.00	0.00
减：处置境外经营当期转入损益的净额	0.00	0.00
小计	0.00	0.00
5.其他	0.00	0.00
减：由其他计入其他综合收益产生的所得税影响	0.00	0.00
前期其他计入其他综合收益当期转入损益的净额	0.00	0.00
小计	0.00	0.00
合计	0.00	0.00

第八节 监事会报告

√ 适用 □ 不适用

2010年，公司监事会全体成员依法履行了职责，按照《公司法》、《股票上市规则》、公司《章程》和《监事会议事规则》等规定和要求，独立行使检查和监督职权，维护公司、股东及员工的合法权益。监事会对公司财务、股东大会决议执行情况、董事会重大决策程序及公司经营管理活动的合法合规性、重大投资项目、关联交易、董事及高级管理人员履行职务情况等进行了监督和检查，促进公司规范运作并健康发展。现将重点工作报告如下：

一、报告期内监事会的会议情况及决议内容

报告期内，公司监事会共召开了5次会议，具体情况如下：

会议届次	召开日期	决议内容	信息披露媒体	披露日期
五届九次会议（临时）	2010-1-14	审议通过了《关于深圳证监局现场检查整改计划的议案》、《关于修订公司<监事会议事规则>的议案》和《关于继续使用闲置募集资金暂时补充流动资金的议案》	《证券时报》和巨潮资讯网	2010-1-16
五届十次会议（定期）	2010-3-29	审议通过了《2009年度监事会报告》、《2009年度募集资金使用情况的专项报告》、《2009年度财务决算报告》、《关于公司2009年度利润分配预案的议案》、《关于2009年度内部控制的自我评价报告》、《关于2009年年度报告及其摘要的议案》、《关于终止<内容集成与运营建设项目>的议案》和《2010年度监事会工作计划》	《证券时报》和巨潮资讯网	2010-3-31
五届十一次会议（定期）	2010-4-28	审议通过了《公司2010年第一季度报告》	《证券时报》和巨潮资讯网	2010-4-29
五届十二次会议（定期）	2010-8-16	审议通过了《关于2010年半年度报告及其摘要的议案》和《关于继续使用闲置募集资金暂时补充流动资金的议案》	《证券时报》和巨潮资讯网	2010-8-17
五届十三次会议（定期）	2010-10-26	审议通过了《公司2010年第三季度报告》和《关于<对防止资金占用长效机制建立和落实情况的自查报告>的议案》	《证券时报》和巨潮资讯网	2010-10-27

二、监事会对2010年度有关事项的独立意见

1、公司依法运作情况

（1）监事会认为，报告期内，公司的决策、经营管理运作情况良好，建立了完善的内部控制制度，信息披露真实、准确、及时、完整。股东大会、董事会会议的召集、召开均按照有关法律、法规及公司《章程》规定的程序进行，有关决议的内容合法有效。

（2）通过列席董事会、总经理办公会等方式的监督检查，监事会认为，2010年度，公司董事会成员及高级管理人员能按照国家有关法律、行政法规和本公司章程的有关规定，忠实勤勉地履行其职责。董事会全面落实股东大会的各项决议；高级管理人员认真贯彻执行董事会决议，未发现公司董事及高级管理人员在执行职务、行使职权时有违反法律、法规、公司《章程》及损害公司和股东利益的行为。

2、检查公司财务情况

报告期内，监事会对公司的财务监管体系和财务状况进行了检查，认为公司财务状况、经营成果良好，财务会计内控制度健全，会计无重大遗漏和虚假记载，严格执行《会计法》和《企业会计准则》等法律法规，未发现有违法违规问题。报告期内，公司财务报告真实反映了公司的财务状况和经营成果，立信大华会计师事务所有限公司出具了标准无保留意见的审计报告。

3、募集资金使用情况

经过检查，监事会认为，公司对募集资金的使用遵循了《深圳证券交易所中小企业板上市公司规范运作指引》和公司《募集资金使用管理办法》的相关规定，公司2010年募集资金项目总体进度基本与计划一致。

公司董事会编制了年度募集资金存放与使用情况的专项报告，并聘请立信大华会计师事务所有限公司对募集资金存放与使用情况出具了鉴证报告。公司监事会认为公司董事会编制的专项报告及会计师事务所出具的专项鉴证报告与公司募集资金的实际使用情况相符。

4、公司收购、出售资产情况

报告期内，公司没有发生重大收购和出售资产的情形。

5、关联交易情况

经过对公司报告期内节目传输、宽频接入、光纤租用、销售付费节目、广告插播、合作赠报、广告代理、网络工程施工、投放广告、网络干线维护、接受物业管理和餐饮服务等关联交易的核查，监事会认为公司2010年关联交易遵循了公平、公开、公正的原则，关联方按照合同规定享有其权利、履行其义务，并依据市场价格公平、合理地确定交易金额，未发现通过关联交易转移利益的情形，不存在损害公司和中小股东利益的行为，未对公司未来的财务状况、经营成果及独立性产生负面影响。关联交易相关决策程序严格执行了《股票上市规则》及公司《章程》、《关联交易内部决策制度》的各项规定；有关审议事项在关联方回避的情况下表决通过。

6、对外担保及关联方占用资金情况

报告期内，监事会未发现公司存在对外担保的情形；也未发现公司存在控股股东及其关联方非经营性占用公司资金，以及通过不公允关联交易等方式变相占用公司资金的情形。

7、对公司2010年内部控制自我评价报告的独立意见

监事会审阅了公司2010年内部控制自我评价报告，对该报告无异议。公司建立了较为完善的内部控制体系并能有效执行，公司内部控制的自我评价报告真实、客观地反映了公司内部控制制度的建设及运行情况。

8、2010年度会计师事务所没有出具保留意见或解释性说明的审计报告。

三、2011年度监事会工作要点

2011年，监事会将适应新形势发展的需要，积极开拓创新，提高监督质量，紧紧围绕维护股

东权益和督促公司规范运作、促进国有资产保值增值的目标，坚持以财务监督为核心，及时跟踪公司重大决策、重要经营管理活动及重大异常变化的情况；督促公司推动内部控制建设的不断完善，促进公司持续、健康发展。重点做好以下几方面的工作：

1、严格按照法定要求，开好“三会”，向股东大会报告工作。

2、保持监事会的独立性和客观性，稳妥、创新地做好日常监督工作。

3、关注企业决策和经营管理重大事项，按照监管要求发表独立意见和评价。

4、团结协作，当好股东、公司、员工之间的沟通桥梁。

5、加强监事会组织建设，配合做好监事会换届选举工作。

第九节　财务报告

9.1 审计意见

财务报告	是
审计意见	标准无保留审计意见
审计报告编号	立信大华审字[2011]138 号
审计报告标题	审计报告
审计报告收件人	深圳市天威视讯股份有限公司全体股东
引言段	我们审计了后附的深圳市天威视讯股份有限公司(以下简称天威视讯)的财务报表，包括 2010 年 12 月 31 日合并资产负债表和资产负债表，2010 年度的合并利润表和利润表、合并现金流量表和现金流量表、合并股东权益变动表和股东权益变动表以及财务报表附注。
管理层对财务报表的责任段	按照企业会计准则的规定编制财务报表是天威视讯管理层的责任。这种责任包括：(1)设计、实施和维护与财务报表编制相关的内部控制，以使财务报表不存在由于舞弊或错误而导致的重大错报；(2)选择和运用恰当的会计政策；(3)作出合理的会计估计。
注册会计师责任段	我们的责任是在实施审计工作的基础上对财务报表发表审计意见。我们按照中国注册会计师审计准则的规定执行了审计工作。中国注册会计师审计准则要求我们遵守职业道德规范，计划和实施审计工作以对财务报表是否不存在重大错报获取合理保证。 审计工作涉及实施审计程序，以获取有关财务报表金额和披露的审计证据。选择的审计程序取决于注册会计师的判断，包括对由于舞弊或错误导致的财务报表重大错报风险的评估。在进行风险评估时，我们考虑与财务报表编制相关的内部控制，以设计恰当的审计程序，但目的并非对内部控制的有效性发表意见。审计工作还包括评价管理层选用会计政策的恰当性和作出会计估计的合理性，以及评价财务报表的总体列报。 我们相信，我们获取的审计证据是充分、适当的，为发表审计意见提供了基础。
审计意见段	我们认为，天威视讯财务报表已经按照企业会计准则的规定编制，在所有重大方面公允反映了天威视讯 2010 年 12 月 31 日的财务状况以及 2010 年度的经营成果和现金流量。
非标意见	
审计机构名称	立信大华会计师事务所有限公司
审计机构地址	北京市东城区东长安街 10 号长安大厦 3 层
审计报告日期	2011 年 3 月 29 日
注册会计师姓名	康跃华、高敏

9.2 财务报表

9.2.1 资产负债表

编制单位：深圳市天威视讯股份有限公司　　2010 年 12 月 31 日　　单位：元

项目	期末余额		年初余额	
	合并	母公司	合并	母公司
流动资产：				
货币资金	741,639,396.61	674,035,204.57	659,543,667.05	584,990,523.20
结算备付金				
拆出资金				
交易性金融资产				
应收票据	637,740.00	637,740.00		
应收账款	12,426,953.21	3,389,752.75	5,358,190.95	1,791,290.87
预付款项	15,148,458.96	14,846,671.15	7,041,660.23	5,194,472.07
应收保费				
应收分保账款				
应收分保合同准备金				
应收利息				
应收股利				
其他应收款	14,069,550.87	11,944,825.98	9,035,685.55	16,036,855.22
买入返售金融资产				
存货	8,601,073.97		13,118,923.54	
一年内到期的非流动资产				
其他流动资产				
流动资产合计	792,523,173.62	704,854,194.45	694,098,127.32	608,013,141.36
非流动资产：				
发放委托贷款及垫款				
可供出售金融资产				
持有至到期投资				
长期应收款				
长期股权投资	18,471,657.58	69,201,657.58	20,510,932.97	69,295,432.06
投资性房地产	57,296,343.27	57,296,343.27	58,469,752.95	58,469,752.95
固定资产	509,785,868.76	493,445,967.47	561,594,842.99	546,236,244.00
在建工程	113,438,852.50	113,438,852.50	73,996,473.02	73,945,703.79
工程物资	39,580,561.03	38,899,442.16	44,378,296.92	43,510,377.62
固定资产清理				
生产性生物资产				
油气资产				
无形资产	44,933,425.92	30,342,083.55	33,379,738.48	31,098,704.57
开发支出	7,589,929.39		7,564,581.00	
商誉				
长期待摊费用	152,288,408.89	150,723,442.59	217,680,925.37	216,528,360.22
递延所得税资产	1,843,255.37	1,475,437.93	2,185,713.10	1,947,694.29
其他非流动资产				
非流动资产合计	945,228,302.71	954,823,227.05	1,019,761,256.80	1,041,032,269.50
资产总计	1,737,751,476.33	1,659,677,421.50	1,713,859,384.12	1,649,045,410.86
流动负债：				
短期借款				
向中央银行借款				
吸收存款及同业存放				
拆入资金				
交易性金融负债				
应付票据				
应付账款	121,660,304.55	130,865,015.24	129,852,914.00	134,746,537.11
预收款项	64,527,735.22	62,056,446.72	58,568,592.70	55,249,695.20
卖出回购金融资产款				
应付手续费及佣金				
应付职工薪酬	18,765,694.82	7,519,073.05	11,513,312.44	3,828,469.38
应交税费	8,608,886.87	3,836,923.62	11,428,621.06	8,883,001.37
应付利息				
应付股利				
其他应付款	84,406,569.49	86,518,176.29	64,849,212.13	67,607,248.88
应付分保账款				
保险合同准备金				
代理买卖证券款				
代理承销证券款				
一年内到期的非流动负债	50,000,000.00	50,000,000.00	50,000,000.00	50,000,000.00
其他流动负债				
流动负债合计	347,969,190.95	340,795,634.92	326,212,652.33	320,314,951.94
非流动负债：				
长期借款			50,000,000.00	50,000,000.00
应付债券				
长期应付款				
专项应付款				
预计负债				
递延所得税负债				
其他非流动负债	65,484,957.60	49,684,957.60	76,665,890.72	59,265,890.72
非流动负债合计	65,484,957.60	49,684,957.60	126,665,890.72	109,265,890.72
负债合计	413,454,148.55	390,480,592.52	452,878,543.05	429,580,842.66
所有者权益(或股东权益)：				
实收资本(或股本)	267,000,000.00	267,000,000.00	267,000,000.00	267,000,000.00
资本公积	381,605,195.63	378,435,642.18	381,605,195.63	378,435,642.18
减：库存股				
专项储备				
盈余公积	125,874,267.58	122,456,337.80	118,231,041.50	114,813,111.72
一般风险准备				
未分配利润	525,833,623.06	501,304,849.00	474,411,453.47	459,215,814.30
外币报表折算差额				
归属于母公司				
所有者权益合计	1,300,313,086.27	1,269,196,828.98	1,241,247,690.60	1,219,464,568.20
少数股东权益	23,984,241.51		19,733,150.47	
所有者权益合计	1,324,297,327.78	1,269,196,828.98	1,260,980,841.07	1,219,464,568.20
负债和所有者权益总计	1,737,751,476.33	1,659,677,421.50	1,713,859,384.12	1,649,045,410.86

9.2.2 利润表

编制单位：深圳市天威视讯股份有限公司　　2010 年 1－12 月　　单位：元

项目	本期金额		上期金额	
	合并	母公司	合并	母公司
一、营业总收入	800,254,101.67	757,736,353.10	752,837,891.04	730,347,393.33

其中:营业收入	800,254,101.67	757,736,353.10	752,837,891.04	730,347,393.33
利息收入				
已赚保费				
手续费及佣金收入				
二、营业总成本	714,101,356.74	684,122,252.51	670,616,015.19	647,059,289.58
其中:营业成本	536,487,742.28	524,120,125.65	502,284,019.00	489,449,875.42
利息支出				
手续费及佣金支出				
退保金				
赔付支出净额				
提取保险合同准备金净额				
保单红利支出				
分保费用				
营业税金及附加	26,837,285.98	23,857,581.86	25,318,475.69	23,130,968.02
销售费用	49,039,795.26	49,978,390.05	38,031,050.50	43,741,514.56
管理费用	100,634,591.89	85,468,546.45	94,196,158.24	78,537,195.15
财务费用	814,018.40	1,469,680.09	9,927,867.73	10,810,043.44
资产减值损失	287,922.93	−772,071.590	858,444.03	1,389,692.99
加:公允价值变动收益				
(损失以"−"号填列)				
投资收益				
(损失以"−"号填列)	1,150,837.63	296,225.52	2,268,617.40	1,735,019.00
其中:对联营企业和				
合营企业的投资收益	420,274.71		2,268,617.40	1,735,019.00
汇兑收益(损失以"−"号填列)				
三、营业利润				
(亏损以"−"号填列)	87,303,582.56	73,910,326.11	84,490,493.25	85,023,122.75
加:营业外收入	7,588,815.70	2,969,840.03	12,859,369.09	4,980,907.72
减:营业外支出	109,170.41	90,741.00	598,723.81	549,411.04
其中:非流动资产处置损失			60.68	
四、利润总额				
(亏损总额以"−"号填列)	94,783,227.85	76,789,425.14	96,751,138.53	89,454,619.43
减:所得税费用	4,766,741.14	357,164.36	17,129,575.77	15,577,860.62
五、净利润				
(净亏损以"−"号填列)	90,016,486.71	76,432,260.78	79,621,562.76	73,876,758.81
归属于母公司				
所有者的净利润	85,765,395.67	76,432,260.78	78,186,086.99	73,876,758.81
少数股东损益	4,251,091.04		1,435,475.77	
六、每股收益:				
(一)基本每股收益	0.3212	0.2863	0.2928	0.2767
(二)稀释每股收益	0.3212	0.2863	0.2928	0.2767
七、其他综合收益				
八、综合收益总额	90,016,486.71	76,432,260.78	79,621,562.76	73,876,758.81
归属于母公司所有者				
的综合收益总额	85,765,395.67	76,432,260.78	78,186,086.99	73,876,758.81
归属于少数股东的				
综合收益总额	4,251,091.04		1,435,475.77	

本期发生同一控制下企业合并的,被合并方在合并前实现的净利润为:0.00 元。

9.2.3 现金流量表

编制单位:深圳市天威视讯股份有限公司 2010 年 1−12 月 单位:元

项目	本期金额		上期金额	
	合并	母公司	合并	母公司
一、经营活动产生的现金流量:				
销售商品、提供劳务				
收到的现金	780,653,973.05	747,200,216.53	739,328,230.83	706,715,069.03
客户存款和同业				
存放款项净增加额				
向中央银行借款净增加额				
向其他金融机构拆入资金净增加额				
收到原保险合同保费取得的现金				
收到再保险业务现金净额				
保户储金及投资款净增加额				
处置交易性金融资产净增加额				
收取利息、手续费及佣金的现金				
拆入资金净增加额				
回购业务资金净增加额				
收到的税费返还	308,516.32		1,404,739.90	
收到其他与经营				
活动有关的现金	29,328,494.93	32,434,442.20	24,635,726.71	19,533,444.88
经营活动现金流入小计	810,290,984.30	779,634,658.73	765,368,697.44	726,248,513.91
购买商品、接受劳务				
支付的现金	249,098,283.11	261,009,810.24	209,201,901.05	223,214,125.78
客户贷款及垫款净增加额				
存放中央银行和同业款项净增加额				
支付原保险合同赔付款项的现金				
支付利息、手续费及佣金的现金				
支付保单红利的现金				
支付给职工以及为				
职工支付的现金	116,159,016.85	80,654,628.10	123,748,131.10	91,967,218.50
支付的各项税费	57,276,543.01	49,408,274.17	46,145,509.02	41,910,002.78
支付其他与经营				
活动有关的现金	64,326,739.01	61,458,966.83	73,134,384.08	58,861,736.01
经营活动现金流出小计	486,860,581.98	452,531,679.34	452,229,925.25	415,953,083.07
经营活动产生的				
现金流量净额	323,430,402.32	327,102,979.39	313,138,772.19	310,295,430.84
二、投资活动产生的现金流量:				
收回投资收到的现金	3,822,614.72	1,127,800.00	8,011,100.00	8,011,100.00
取得投资收益收到的现金	495,298.30	390,000.00		
处置固定资产、无形				
资产和其他长期资				
产收回的现金净额	23,000.00	23,000.00	31,500.00	31,500.00
处置子公司及其他营业				
单位收到的现金净额				
收到其他与投资活动有关的现金				
投资活动现金流入小计	4,340,913.02	1,540,800.00	8,042,600.00	8,042,600.00
购建固定资产、无形				
资产和其他长期资				
产支付的现金	173,696,194.17	165,619,706.41	127,745,488.75	117,243,581.49
投资支付的现金	2,670,200.00	2,670,200.00	13,000,000.00	19,000,000.00
质押贷款净增加额				
取得子公司及其他营业				
单位支付的现金净额				
支付其他与投资活动有关的现金				
投资活动现金流出小计	176,366,394.17	168,289,906.41	140,745,488.75	136,243,581.49
投资活动产生的				
现金流量净额	−172,025,481.15	−166,749,106.41	−132,702,888.75	−128,200,981.49
三、筹资活动产生的现金流量:				
吸收投资收到的现金			4,000,000.00	
其中:子公司吸收少数股东			4,000,000.00	
投资收到的现金				
取得借款收到的现金				
发行债券收到的现金				
收到其他与筹资				
活动有关的现金	12,000,000.00	10,000,000.00	28,570,000.00	18,570,000.00
筹资活动现金流入小计	12,000,000.00	10,000,000.00	32,570,000.00	18,570,000.00
偿还债务支付的现金	50,000,000.00	50,000,000.00	100,000,000.00	100,000,000.00
分配股利、利润或偿付				
利息支付的现金	31,284,222.08	31,284,222.08	39,662,750.03	39,662,750.03
其中:子公司支付给				
少数股东的股利、利润				
支付其他与筹资				
活动有关的现金	168,482.25			
筹资活动现金流出小计	81,452,704.33	81,284,222.08	139,662,750.03	139,662,750.03
筹资活动产生的				
现金流量净额	−69,452,704.33	−71,284,222.08	−107,092,750.03	−121,092,750.03
四、汇率变动对现金				
及现金等价物的影响	−24,969.53	−24,969.53	−3,162.51	−1,040.46
五、现金及现金等				
价物净增加额	81,927,247.31	89,044,681.37	73,339,970.90	61,000,658.86
加:期初现金及现金				
等价物余额	659,543,667.05	584,990,523.20	586,203,696.15	523,989,864.34
六、期末现金及现金				
等价物余额	741,470,914.36	674,035,204.57	659,543,667.05	584,990,523.20

9.2.4 合并所有者权益变动表

编制单位:深圳市天威视讯股份有限公司 2010 年度 单位:元

项目	本期金额									
	归属于母公司所有者权益									
	实收资本(或股本)	资本公积	减:库存股	专项储备	盈余公积	一般风险准备	未分配利润	其他	少数股东权益	所有者权益合计
一、上年年末余额	267,000,000.00	381,605,195.63			118,231,041.50		474,411,453.47		19,733,150.47	1,260,980,841.07
加:会计政策变更										
前期差错更正										
其他										
二、本年年初余额	267,000,000.00	381,605,195.63			118,231,041.50		474,411,453.47		19,733,150.47	1,260,980,841.07
三、本年增减变动金额										
(减少以"−"号填列)					7,643,226.08		51,422,169.59		4,251,091.04	63,316,486.71

(一)净利润							85,765,395.67		4,251,091.04	90,016,486.71
(二)其他综合收益										
上述(一)和(二)小计							85,765,395.67		4,251,091.04	90,016,486.71
(三)所有者投入和减少资本										
1.所有者投入资本										
2.股份支付计入所有者权益的金额										
3.其他										
(四)利润分配					7,643,226.08		−34,343,226.08			−26,700,000.00
1.提取盈余公积					7,643,226.08		−7,643,226.08			
2.提取一般风险准备										
3.对所有者(或股东)的分配							−26,700,000.00			−26,700,000.00
(六)专项储备										
1.本期提取										
2.本期使用										
(七)其他										
四、本期期末余额	267,000,000.00	381,605,195.63			125,874,267.58		525,833,623.06		23,984,241.51	1,324,297,327.78

	上年金额									
	归属于母公司所有者权益									
项目	实收资本(或股本)	资本公积	减:库存股	专项储备	盈余公积	一般风险准备	未分配利润	其他	少数股东权益	所有者权益合计
一、上年年末余额	267,000,000.00	381,605,195.63			110,843,365.62		430,313,042.36		14,297,674.70	1,204,059,278.31
加:会计政策变更										
前期差错更正										
其他										
二、本年年初余额	267,000,000.00	381,605,195.63			110,843,365.62		430,313,042.36		14,297,674.70	1,204,059,278.31
三、本年增减变动金额										
(减少以"−"号填列)					7,387,675.88		44,098,411.11		5,435,475.77	56,921,562.76
(一)净利润							78,186,086.99		1,435,475.77	79,621,562.76
(二)其他综合收益										
上述(一)和(二)小计							78,186,086.99		1,435,475.77	79,621,562.76
(三)所有者投入和减少资本									4,000,000.00	4,000,000.00
1.所有者投入资本									4,000,000.00	4,000,000.00
2.股份支付计入所有者权益的金额										
3.其他										
(四)利润分配					7,387,675.88		−34,087,675.88			−26,700,000.00
1.提取盈余公积					7,387,675.88		−7,387,675.88			
2.提取一般风险准备										
3.对所有者(或股东)的分配							−26,700,000.00			−26,700,000.00
4.其他										
(五)所有者权益内部结转										
1.资本公积转增资本(或股本)										
2.盈余公积转增资本(或股本)										
3.盈余公积弥补亏损										
4.其他										
(六)专项储备										
1.本期提取										
2.本期使用										
(七)其他										
四、本期期末余额	267,000,000.00	381,605,195.63			118,231,041.50		474,411,453.47		19,733,150.47	1,260,980,841.07

9.2.5 母公司所有者权益变动表

编制单位:深圳市天威视讯股份有限公司　　2010 年度　　单位:元

	本期金额							
项目	实收资本(或股本)	资本公积	减:库存股	专项储备	盈余公积	一般风险准备	未分配利润	所有者权益合计
一、上年年末余额	267,000,000.00	378,435,642.18			114,813,111.72		459,215,814.30	1,219,464,568.20
加:会计政策变更								
前期差错更正								
其他								
二、本年年初余额	267,000,000.00	378,435,642.18			114,813,111.72		459,215,814.30	1,219,464,568.20
三、本年增减变动金额								
(减少以"−"号填列)					7,643,226.08		42,089,034.70	49,732,260.78
(一)净利润							76,432,260.78	76,432,260.78
(二)其他综合收益								
上述(一)和(二)小计							76,432,260.78	76,432,260.78
(三)所有者投入和减少资本								
1.所有者投入资本								
2.股份支付计入所有者权益的金额								
3.其他								
(四)利润分配					7,643,226.08		−34,343,226.08	−26,700,000.00
1.提取盈余公积					7,643,226.08		−7,643,226.08	
2.提取一般风险准备								
3.对所有者(或股东的分配)							−26,700,000.00	−26,700,000.00
4.其他								
(五)所有者权益内部结转								
1.资本公积转增资本(或股本)								
2.盈余公积转增资本(或股本)								
3.盈余公积弥补亏损								
4.其他								
(六)专项储备								
1.本期提取								
2.本期使用								
(七)其他								
四、本期期末余额	267,000,000.00	378,435,642.18			122,456,337.80		501,304,849.00	1,269,196,828.98

	上年金额							
项目	实收资本(或股本)	资本公积	减:库存股	专项储备	盈余公积	一般风险准备	未分配利润	所有者权益合计
一、上年年末余额	267,000,000.00	378,435,642.18			107,425,435.84		419,426,731.37	1,172,287,809.39
加:会计政策变更								
前期差错更正								
其他								
二、本年年初余额	267,000,000.00	378,435,642.18			107,425,435.84		419,426,731.37	1,172,287,809.39
三、本年增减变动金额								
(减少以"−"号填列)					7,387,675.88		39,789,082.93	47,176,758.81
(一)净利润							73,876,758.81	73,876,758.81
(二)其他综合收益								
上述(一)和(二)小计							73,876,758.81	73,876,758.81
(三)所有者投入和减少资本								
1.所有者投入资本								
2.股份支付计入所有者权益的金额								
3.其他								
(四)利润分配					7,387,675.88		−34,087,675.88	−26,700,000.00
1.提取盈余公积					7,387,675.88		−7,387,675.88	
2.提取一般风险准备								
3.对所有者(或股东的分配)							−26,700,000.00	−26,700,000.00
4.其他								
(五)所有者权益内部结转								
1.资本公积转增资本(或股本)								
2.盈余公积转增资本(或股本)								
3.盈余公积弥补亏损								
4.其他								
(六)专项储备								
1.本期提取								
2.本期使用								
(七)其他								
四、本期期末余额	267,000,000.00	378,435,642.18			114,813,111.72		459,215,814.30	1,219,464,568.20

9.3 与最近一期年度报告相比,会计政策、会计估计和核算方法发生变化的具体说明

□ 适用　　√ 不适用

9.4 重大会计差错的内容、更正金额、原因及其影响

□ 适用　　√ 不适用

9.5 与最近一期年度报告相比,合并范围发生变化的具体说明

□ 适用　　√ 不适用

深圳市天威视讯股份有限公司

董事长:吕建杰

2011 年 3 月 31 日

河南省西峡汽车水泵股份有限公司

河南省西峡汽车水泵股份有限公司2010年年度报告摘要

第一节　重要提示

1.1 本公司董事会、监事会及其董事、监事、高级管理人员保证本报告所载资料不存在任何虚假记载、误导性陈述或者重大遗漏，并对其内容的真实性、准确性和完整性负个别及连带责任。

本年度报告摘要摘自年度报告全文，报告全文同时刊载于巨潮资讯网(www.cninfo.com.cn)。投资者欲了解详细内容，应当仔细阅读年度报告全文。

1.2 公司年度财务报告已经立信大华会计师事务所有限公司审计并被出具了标准无保留意见的审计报告。

1.3 公司负责人孙耀忠、主管会计工作负责人孙定文及会计机构负责人(会计主管人员)李晓钰声明：保证年度报告中财务报告的真实、完整。

第二节　公司基本情况简介

2.1 基本情况简介

股票简称	西泵股份
股票代码	002536
上市交易所	深圳证券交易所
注册地址	河南省西峡县
注册地址的邮政编码	474500
办公地址	河南省西峡县工业大道299号
办公地址的邮政编码	474500
公司国际互联网网址	www.xixia-waterpump.com
电子信箱	dmb@xixia-waterpump.com

2.2 联系人和联系方式

	董事会秘书	证券事务代表
姓名	席洪民	谢国楼
联系地址	河南省西峡县工业大道	河南省西峡县工业大道
电话	0377-69662536	0377-69723888
传真	0377-69662536	0377-69722888
电子信箱	xhm@xixia-waterpump.com	dmb@xixia-waterpump.com

第三节　会计数据和业务数据摘要

3.1 主要会计数据

单位：元

	2010年	2009年	本年比上年增减(%)	2008年
营业总收入(元)	999,262,136.41	671,919,284.70	48.72%	643,048,690.82
利润总额(元)	103,544,696.99	63,500,099.23	63.06%	27,078,591.80
归属于上市公司股东的净利润(元)	88,457,038.13	53,034,283.85	66.79%	24,577,237.92
归属于上市公司股东的扣除非经常性损益的净利润(元)	86,361,073.51	49,638,044.04	73.98%	24,609,182.66
经营活动产生的现金流量净额(元)	89,957,328.69	43,900,476.74	104.91%	35,734,061.94
	2010年末	2009年末	本年末比上年末增减(%)	2008年末
总资产(元)	1,147,008,687.86	1,017,520,593.79	12.73%	779,014,921.55
归属于上市公司股东的所有者权益(元)	307,486,772.00	233,429,733.87	31.73%	194,795,450.02
股本(股)	72,000,000.00	72,000,000.00	0.00%	72,000,000.00

3.2 主要财务指标

单位：元

	2010年	2009年	本年比上年增减(%)	2008年
基本每股收益(元/股)	1.23	0.74	66.22%	0.34
稀释每股收益(元/股)	1.23	0.74	66.22%	0.34
用最新股本计算的每股收益(元/股)	0.92	-	-	-
扣除非经常性损益后的基本每股收益(元/股)	1.20	0.69	73.91%	0.34
加权平均净资产收益率(%)	33.00%	25.05%	7.95%	13.27%
扣除非经常性损益后的加权平均净资产收益率(%)	32.22%	23.45%	8.77%	13.28%
每股经营活动产生的现金流量净额(元/股)	1.25	0.61	104.92%	0.50
	2010年末	2009年末	本年末比上年末增减(%)	2008年末
归属于上市公司股东的每股净资产(元/股)	4.27	3.24	31.79%	2.71

非经常性损益项目

√ 适用　　□ 不适用

单位：元

非经常性损益项目	金额	附注(如适用)
非流动资产处置损益	-944,511.53	
计入当期损益的政府补助，但与公司正常经营业务密切相关，符合国家政策规定、按照一定标准定额或定量持续享受的政府补助除外	4,706,588.40	
除上述各项之外的其他营业外收入和支出	-432,943.98	
其他符合非经常性损益定义的损益项目	-1,155,516.21	
少数股东权益影响额	-48,967.81	
所得税影响额	-28,684.25	
合计	2,095,964.62	-

3.3 境内外会计准则差异

□ 适用　　√ 不适用

第四节　股本变动及股东情况

4.1 股份变动情况表

单位：股

	本次变动前		本次变动增减(+,-)					本次变动后	
	数量	比例(%)	发行新股	送股	公积金转股	其他	小计	数量	比例(%)
一、有限售条件股份									
1、国家持股									
2、国有法人持股									
3、其他内资持股									
其中：境内非国有法人持股									
境内自然人持股									
4、外资持股									
其中：境外法人持股									
境外自然人持股									
5、高管股份									
二、无限售条件股份	72,000,000	100.00%						72,000,000	100.00%
1、人民币普通股	72,000,000	100.00%						72,000,000	100.00%
2、境内上市的外资股									
3、境外上市的外资股									
4、其他									
三、股份总数	72,000,000	100.00%						72,000,000	100.00%

限售股份变动情况表

单位：股

股东名称	年初限售股数	本年解除限售股数	本年增加限售股数	年末限售股数	限售原因	解除限售日期
无	0	0	0	0	不适用	不适用
合计	0	0	0	0	-	-

4.2 前10名股东、前10名无限售条件股东持股情况表

单位：股

股东总数					194
前10名股东持股情况					
股东名称	股东性质	持股比例(%)	持股总数	持有有限售条件股份数量	质押或冻结的股份数量
河南省宛西制药股份有限公司	境内非国有法人	57.57%	41,450,000		0
孙耀忠	境内自然人	10.94%	7,880,000		0
张天长	境内自然人	1.19%	860,000		0
孙定文	境内自然人	0.97%	700,000		0
梁中华	境内自然人	0.97%	700,000		0
唐国忠	境内自然人	0.97%	700,000		0
王瑞金	境内自然人	0.97%	700,000		0
赵书峰	境内自然人	0.97%	700,000		0
冯长虹	境内自然人	0.97%	700,000		0
崔金华	境内自然人	0.97%	700,000		0

前 10 名无限售条件股东持股情况

股东名称	持有无限售条件股份数量	股份种类
河南省宛西制药股份有限公司	41,450,000	人民币普通股
孙耀忠	7,880,000	人民币普通股
张天长	860,000	人民币普通股
孙定文	700,000	人民币普通股
梁中华	700,000	人民币普通股
唐国忠	700,000	人民币普通股
王瑞金	700,000	人民币普通股
赵书峰	700,000	人民币普通股
冯长虹	700,000	人民币普通股
崔金华	700,000	人民币普通股

上述股东关联关系或一致行动的说明　　无

4.3 控股股东及实际控制人情况介绍

4.3.1 控股股东及实际控制人变更情况

□ 适用　　√ 不适用

4.3.2 控股股东及实际控制人具体情况介绍

孙耀志先生，出生于 1951 年 8 月，中国国籍，无境外永久居留权，中共党员，本科学历，现任本公司董事长、宛西制药董事长。1968 年 3 月至 1971 年 4 月在部队服役；1971 年 5 月至 1977 年 12 月在河南省地质队工作；1978 年 1 月至 1979 年 1 月在河南省西峡县物资站工作；1979 年 2 月至 1984 年 7 月任河南省宛西制药厂副厂长；1984 年 8 月至 1985 年 2 月任河南省西峡县经济贸易委员会人事科科长；1985 年 3 月至 1998 年 9 月任河南省宛西制药厂党委书记、厂长；1998 年 10 月至今，任宛西制药党委书记、董事长。第十届、第十一届全国人大代表，先后荣获国家有突出贡献专家、中国中药行业优秀企业家、全国五一劳动奖章、全国劳动模范等荣誉，享受国务院特殊津贴。2006 年 10 月，当选为中国共产党河南省第八届委员会候补委员。自 2002 年 9 月至今担任本公司董事长。

孙耀忠先生，出生于 1960 年 7 月，中国国籍，无境外永久居留权，中共党员，大专学历，现任本公司副董事长、总经理。1978 年 12 月至 1980 年 11 月在部队服役；1980 年 12 月至 1995 年 7 月任河南省内乡县石油公司副总经理、党支部副书记；1995 年 8 月至 2002 年 9 月任宛西制药副总经理；2002 年 10 月至今任本公司总经理、党委书记，并兼任河南省汽车工业协会副会长。2003 年被南阳市总工会授予“五一劳动奖章”，2004 年被评为河南省劳动模范，2005 年被评为西峡县第九届拔尖人才，同年在由中国改革与发展研究会、经济日报中国经济信息杂志社主办的第三届中国经济人物征评活动中被评为中国经济百名杰出人物，2006 年在由中国企业文化促进会、中国工业设计协会、人民日报社和品牌杂志社等单位共同举办的“第二届中国品牌高峰论坛年会”上被评为中国品牌建设十大企业家和当代创新优秀企业家。此外，还曾被评为河南省最具影响力企业家、河南省品牌推动力人物。自 2003 年 1 月 1 日至今担任本公司副董事长、总经理。

4.3.3 公司与实际控制人之间的产权及控制关系的方框图(略)

第五节　董事、监事和高级管理人员

5.1 董事、监事和高级管理人员持股变动及报酬情况

姓　名	职务	性别	年龄	任期起始日期	任期终止日期	年初持股数	年末持股数	变动原因	报告期内从公司领取的报酬总额(万元)税前	是否在股东单位或其他关联单位领取薪酬
孙耀志	董事长	男	60	2008-09-02	2011-09-01	0	0		0.00	是
孙耀忠	总经理	男	51	2008-09-02	2011-09-01	7,880,000	7,880,000		27.38	否
孙　锋	董事	男	36	2008-09-02	2011-09-01	0	0		0.00	是
李明黎	董事	男	43	2008-09-02	2011-09-01	0	0		0.00	是
梁中华	董事	男	48	2008-09-02	2011-09-01	700,000	700,000		6.88	否
张明华	董事	男	47	2008-09-02	2011-09-01		0		0.00	是
付于武	独立董事	男	66	2008-08-20	2011-09-01	0	0		5.00	否
田土城	独立董事	男	54	2008-09-02	2011-09-01	0	0		5.00	否
申明龙	独立董事	男	47	2008-09-02	2011-09-01	0	0		5.00	否
摆向荣	监事	女	44	2008-09-02	2011-09-01	0	0		0.00	是
万国敏	监事	男	47	2008-09-02	2011-09-01	432,000	432,000		5.48	否
徐晓锋	监事	男	43	2008-09-02	2011-09-01	412,000	412,000		2.16	否
崔金华	副总经理	男	42	2008-08-20	2011-09-01	700,000	700,000		6.88	否
冯长虹	副总经理	男	43	2008-08-20	2011-09-01	700,000	700,000		6.88	否
焦　雷	副总经理	男	41	2008-08-20	2011-09-01	700,000	700,000		6.88	否
孙定文	财务总监	男	44	2008-08-20	2011-09-01	700,000	700,000		6.88	否
王瑞金	副总经理	男	43	2008-08-20	2011-09-01	700,000	700,000		6.88	否
赵书峰	副总经理	男	38	2008-08-20	2011-09-01	700,000	700,000		6.88	否
唐国忠	副总经理	男	47	2008-08-20	2011-09-01	700,000	700,000		6.88	否
合　计	–	–	–	–	–	14,324,000	14,324,000	–	105.06	–

董事、监事、高级管理人员报告期内被授予的股权激励情况

□ 适用　　√ 不适用

5.2 董事出席董事会会议情况

董事姓名	具体职务	应出席次数	现场出席次数	以通讯方式参加会议次数	委托出席次数	缺席次数	是否连续两次未亲自出席会议
孙耀志	董事长	3	3	0	0	0	否
孙耀忠	副董事长	3	3	0	0	0	否
孙　锋	董事	3	3	0	0	0	否
李明黎	董事	3	3	0	0	0	否
张明华	董事	3	3	0	0	0	否
梁中华	董事	3	3	0	0	0	否
付于武	独立董事	3	3	0	0	0	否
田土城	独立董事	3	3	0	0	0	否
申明龙	独立董事	3	3	0	0	0	否

连续两次未亲自出席董事会会议的说明

无

年内召开董事会会议次数	3
其中：现场会议次数	3
通讯方式召开会议次数	0
现场结合通讯方式召开会议次数	0

第六节　董事会报告

6.1 管理层讨论与分析

2010 年度公司生产经营情况回顾

1、公司总体经营情况

2010 年是“十一五”的收官之年，也是中国汽车市场快速增量的一年。在多种鼓励消费政策叠加效应的作用下，汽车产销双双超过 1800 万辆，增幅超过 30%，行业经济效益明显提高。汽车行业的迅速发展为公司的发展提供了良好的契机。公司继续坚持抓好国内乘用车市场，抓好国际贸易，坚持管理创新，坚持技术创新的“两抓两创”经营方针，紧紧围绕年度经营目标和重点计划开展工作。市场方面在保持现有市场的同时，不断开发新市场，加速向国际市场扩张，为企业发展备足后劲；产品方面不断加大开发力度，优化产品结构，由低端产品向高端产品发力；管理方面深化精益生产管理和 TPM 管理，降低制造成本；科技方面坚持“产学研”相结合，加大技术投入，开展技术创新，不断提升技术水平；生产方面实施六西格玛质量管理，持续做好质量改进工作，合理安排生产计划，确保按期供货。公司经营管理能力、市场竞争能力，都得到了较大水平的提升，经营业绩保持了持续快速增长。

全年，实现营业总收入 99692.21 万元，较 2009 年度增加 32734.28 万元，增幅达 48.37%。其中：主营业务收入 99692.05 万元，较 2009 年度增加 32697.48 万元，增幅 48.81%；其他业务收入 234.16 万元，较 2009 年度增加 36.75 万元，增幅 18.62%。2010 年度，本公司实现利润总额 9397.06 万元，较 2009 年度增加 3047.06 万元，增长 47.99%，实现归属于母公司股东的净利润为 8845.7 万元，较 2009 年度增加 3542.27 万元，增长 66.79%。本公司主要经营业绩指标如下：

项目	2010 年度		2009 年度
	金额(万元)	增长率(%)	金额(万元)
主营业务收入	99692.05	48.81%	66,994.52
营业利润	9940.56	70.86%	5817.8
利润总额	9397.06	47.99%	6350
净利润(归属于母公司)	8845.7	66.79%	5303.43

2、报告期内公司主营业务及经营情况分析

国家发展和改革委员会于 2009 年 3 月正式发布《汽车产业调整和振兴规划》，减征乘用车购置税、开展“汽车下乡”、加快老旧汽车报废更新、清理取消限购汽车的不合理规定、促进和规范汽车消费信贷、加大技术进步和技术改造投资力度等。受益于此，汽车产业迎来了又一个快速发展期，为公司的发展提供了市场机遇。

(1)本年度公司分产品类别销售收入明细情况如下：

分产品或行业	营业收入(万元)	营业成本(万元)	毛利率(%)	营业收入比上年增减(%)	营业成本比上年增减(%)	毛利率比上年增减(%)
		主营业务分行业情况				
汽车零部件行业	99692.05	70162.83	29.62%	48.81%	48.66%	0.24%
		主营业务分产品情况				
汽车水泵	51847.08	34663.59	33.14%	30.19%	26.58%	6.08%
进排气歧管	28674	21108.44	26.38%	45.59%	46.89%	−2.40%
飞轮壳	5605.95	4055.28	27.66%	16.77%	7.95%	27.17%
其他	13565.02	10335.52	23.81%	407.08%	513.58%	−35.70%
合计	99692.05	70162.83	29.62%	48.81%	48.66%	0.24%

毛利上升主要是公司推行精益生产，节约了成本。2010 年销售量大，飞轮壳产品增加加工费，排气管类下降主要是 2009 年处于新市场的开发阶段，支付工装、模具费，2010 年批量生产后直接销售产品。

(2)主营业务分地区情况

单位：万元

地区	营业收入	同比上增减(%)
国内销售	91703.38	43.62%
国外销售	7988.67	154.24%

根据公司“两抓两创”的经营方针，公司加快了国外客户的开发进程。受市场影响 2010 年汽车行业销售火爆，国外订单增加。

(3)主要产品销售价格的变化

项目	2010 年度		2009 年度		2008 年度	
	销售均价	增幅	销售均价	增幅	销售均价	增幅
汽车水泵	143.52	6.04%	135.35	−18.94%	166.98	18.11%
进/排气歧管	134.68	76.24%	76.42	−19.1%	94.46	−5.6%
飞轮壳	297.53	29.46%	229.83	−26.77%	313.85	−20.47%

2010 年出口排气管销量大，且出口产品价格较高，2010 年生铁价格上涨，销售的飞轮壳毛坯提高的产品价格，同时增加工序增加加工费。

（4）主要原材料价格变动趋势

序号	原材料名称	2010 年度	2009 年度	2008 年度
1	生铁（元/吨）	2945.11	2658.38	4182.29
2	低碳钢（元/吨）	2995.83	2691.01	3571.38
3	铝合金（元/吨）	14610.00	13214.61	17254.96
4	钼铁（元/千克）	125.39	109.75	248.92
5	镍板（元/千克）	141.88	95.58	155.13

根据以上数据表明主要原材料生铁、低碳钢、钼铁、镍板、轴承、水封、合金铝 2008 年、2009 年价格持续走低，2010 年主要原材料总体价格上涨，轴承价格主要取决于其原材料生铁的价格走势，另外因公司生产需要水封由普通改为双碳化造成价格上涨，总体来说是公司所需原材料随原材料市场波动而波动。

（5）订单的获取和执行情况

公司销售主要分为三部分：为国内主机厂商的配套销售、对国内售后服务市场销售、海外销售。在国内配套市场，公司每年初与客户进行协商，签订整年的意向性框架合同。然后在此基础上，客户每个月下达具体采购订单，结算方式为现款或承兑汇票。在国内售后服务市场，公司主要采取经销商销售模式。公司经过考察，在全国范围内选择各地知名经销商作为长期合作伙伴，这些经销商一般在当地市场拥有较高的品牌知名度和较大份额的市场占有率。公司与经销商采取货款两清的销售方式。在海外市场，公司主要通过自营出口方式进行销售。通常根据客户订单，采用 FOB 或 CIF 定价方式，T/T 结算方式进行交易。出口到欧洲市场，结算货币为欧元，到美国、英国和亚洲其他国家，则结算货币为美元。

（6）产品的销售和积压情况

报告期内，存货较上年增加 2250.46 万元，一是因公司的产销量大幅增加，相应在制品、原材料等的实物储备也增加，二是年末原材料价格增长的预期加大，公司为了降低采购成本，先期储备了原材料库存。公司存货存在减值的风险较小，因此未计提跌价准备。

（7）毛利率变动情况

公司 2010 年度销售毛利率为 29.62%，在原材料涨价的情况下仍保持一个较高的水平，主要由于以下原因：公司推行精益生产；进行绩效考核；实行合化理提案；招标，比质比价。

（8）主要供应商、客户情况

①前 5 位供应商情况

公司	金额
翼城县钰烨铸造有限公司	34,070,760.00
广州市油封贸易有限公司	33,120,000.00
云南可伦铁合金冶炼有限公司	17,919,272.50
平顶山市海荣物资有限公司	16,995,649.87
南阳广发物资回收有限公司	16,383,703.31

2010 年度，公司出于生产经营和生产线技改等方面需要，向供应商采购大宗原材料及生产设备。全年公司向前 5 位供应商采购金额合计 17587.41 万元，占总采购金额的 22.52%。前 5 位供应商没有单个供应商采购额超过采购总额达 30%的情形，不存在过度依赖单一供应商的情形。

②前 5 位预付账款情况

供应商	金额
武汉振中科技发展有限公司	9,719,848.00
舍弗勒贸易（上海）有限公司	7,888,711.36
郑州恒源机床设备有限公司	4,105,580.48
武汉市金万达铝业有限公司	3,529,209.00
常州市法迪尔克粘土砂铸造机械有限公司	2,380,000.00

2010 年度，公司前 5 位预付款合计 2762.33 万元，占总预付账款的 32.73%，主要为预付的原材料采购款和设备采购款。公司前 5 位预付账款中无预付持有本公司 5%以上（含 5%）表决权股份的股东的款项。

③前 5 位客户情况

2010 年前五名销售收入	金额
潍柴动力（潍坊）备品资源有限公司	75,274,082.95
上汽通用五菱汽车股份有限公司	69,312,418.86
奇瑞汽车有限公司	61,473,951.46
陕西汉德车桥有限公司	60,698,853.00
上海大众汽车有限公司	58,395,962.94

2010 年度，公司营业收入中前 5 位客户总计 32515.53 万元，占公司总营业收入的 32.54%，该 5 位客户均为国内外知名发动机制造商，前 5 位客户中没有单个客户营业收入超过营业收入总额 30%的情形，不存在过度依赖单一客户的情形。

④前 5 位应收账款余额情况

2010 年前五名应收账款客户名称	金额
奇瑞汽车有限公司	21,444,131.85
一汽解放汽车有限公司无锡柴油机厂	17,937,398.56
陕西汉德车桥有限公司	16,320,350.91
潍柴动力（潍坊）备品资源有限公司	9,694,282.04
广西玉柴机器股份有限公司	9,651,129.92

公司前 5 位应收账款客户，无持有公司 5%以上（含 5%）表决权股份的股东单位款项，应收账款不能收回的风险较小。公司前 5 名供应商、客户与上市公司不存在关联关系；公司的董事、监事、高级管理人员、核心技术人员、持股 5%以上的股东、实际控制人和其他关联方在主要客户、供应商中均没有直接或间接拥有权益。

（9）非经常性损益情况

非经常性损益项目	金额（万元）
非流动资产处置损益	−944,511.53
计入当期损益的政府补助，但与公司正常经营业务密切相关，符合国家政策规定、按照一定标准定额或定量持续享受的政府补助除外	4,706,588.40
其他符合非经常性损益定义的损益项目	−1,155,516.21
除上述各项之外的其他营业外收入和支出	−432,943.98
所得税影响额	−48,967.81
少数股东权益影响额	−28,684.25
合计	2,095,964.63

报告期内公司非经常性损益主要为各种形式的政府补助和处置固定资产损益，其中，政府补助主要由政府贷款贴息、技改、研发及市场开拓项目白直接补贴等构成。2010 年度、2009 年度、2008 年度和 2007 年度非经常性损益影响额占归属于母公司股东的净利润的比重分别为 2.37%、6.4%、−0.13%，公司管理层认为：非经常性损益对公司盈利能力影响很小。

（10）行业比较分析

本公司是国内最大的汽车水泵和排气歧管生产企业，汽车水泵产品市场占有率连续多年稳居行业第一。与同行业公司相比，公司具有以下竞争优势：①本公司"飞龙"牌商标目前是本行业国内知名度最高的品牌，"飞龙"商标是中国驰名商标，"飞龙"牌各系列汽车水泵已经成为国内整车厂商和主机厂商的首选配套品牌。②公司是高新技术企业，设有行业内唯一博士后科研工作站；技术中心被评为河南省汽车水泵工程技术中心，并通过了 ISO/IEC17025 国家级实验室认可。③产品覆盖重、中、轻、微、轿五大类，500 多个品种，产品品种非常齐全。④公司通过了 ISO/TS16949 质量体系认证，目前公司的技术水平和产品质量都已达到国内先进水平。⑤公司产品销售覆盖全国市场，并出口美国、欧洲等国家和地区，产品已经进入美国康明斯、德国道依茨、意大利菲亚特、韩国斗山等企业全球采购系统。

3、报告期内，公司资产、负债情况

（1）重要资产情况报告期内

1.抵押资产情况

（1）2010 年 3 月 1 日，公司与中国银行股份有限公司西峡支行签订最高余额为 5,000.00 万元的《最高额抵押合同》，合同号为 2010 年信抵字 008 号，约定期限为 2010 年 3 月 1 日至 2011 年 3 月 1 日，公司以评估价值为 6,275.97 万元的房屋产权和土地使用权进行抵押（房屋所有权证：西房权证城关镇第 1013282 号、108108 号、108103 号、108119 号、109874 号、107657 号、1010407 号、1010408 号、1011246 号、1013283 号、1014740 号、1014742 号、1014743 号；土地使用权证：西国用（2005）第 346 号、347 号、408 号、217 号、218 号、219 号、220 号、351 号，西国用（2006）第 451 号），取得中国银行股份有限公司西峡支行短期借款为 5,000.00 万元。

截至 2010 年 12 月 31 日，该抵押合同下本公司尚有抵押借款金额为人民币 5,000.00 万元。用于抵押的房产账面原值为 19,360,343.28 元，累计折旧为 7,168,132.16 元，账面价值为 12,192,211.12 元；用于抵押的土地使用权账面原值为 5,466,024.98 元，累计摊销为 782,308.37 元，账面价值为 4,683,716.61 元。

（2）2010 年 1 月 22 日，公司与广东发展银行股份有限公司郑州科技支行签订最高余额评估值内的《西峡县房地产抵押合同》，合同号为西国土资登[2010]字 017 号，约定抵押期限为 2010 年 1 月 22 日至 2011 年 1 月 21 日，公司以评估价值为 1,589.86 万元的房屋产权和土地使用权进行抵押（房屋所有权证：西房城关镇字第 1014739 号、1014738 号；土地使用权证：西国用（2006）第 447 号、450 号），取得广东发展银行股份有限公司郑州科技支行短期借款为 2,000.00 万元。

截至 2010 年 12 月 31 日，该抵押合同下本公司尚有抵押借款金额为人民币 2,000.00 万元。用于抵押的房产账面原值为 9,784,213.10 元，累计折旧为 1,457,908.77 元，账面价值为 8,326,304.33 元；用于抵押的土地使用权账面原值为 1,638,857.92 元，累计摊销为 167,425.52 元，账面价值为 1,471,432.40 元。

（3）2010 年 7 月 16 日，公司与交通银行股份有限公司南阳分行签订编号为 N1010124004 的《土地使用权抵押合同》，约定抵押期限为 2010 年 7 月 16 日至 2011 年 7 月 16 日，为公司与交通银行股份有限公司南阳分行签订的额度为 550.00 万元的流动资金借款合同作担保，公司以土地使用权（土地使用权证：西国用（2005）第 213 号、214 号）取得交通银行股份有限公司南阳分行短期借款 550.00 万元。（同时该笔借款下有编号 N1010124004，保证人为河南省西保冶材有限公司的保证合同）

截至 2010 年 12 月 31 日，该抵押合同下本公司尚有抵押借款金额为人民币 550.00 万元。用于抵押的土地使用权原值为 4,366,719.42 元，累计摊销为 827,218.60 元，账面价值为 3,539,500.82 元。

（4）2010 年 6 月 21 日，子公司西峡县西泵特种铸造有限公司与中国建设银行南阳分行签订《抵押合同》，合同号为建宛抵（2010）07 号，约定期限为 2010 年 6 月 21 日至 2011 年 6 月 20 日，以房产及土地使用权（房产证号：西峡县字第 401018 号、第 401019 号、第 401020 号、第 401021 号、第 401022 号；土地证号：西国用（2003）135 号）为抵押物，取得中国建设银行南阳分行短期借款 1,600.00 万元。

截至 2010 年 12 月 31 日，该抵押合同下子公司西峡县西泵特种铸造有限公司尚有抵押借款金额为人民币 1,600.00 万元。用于抵押的房产账面原值为 6,482,025.32 元，累计折旧为 1,395,194.04 元，账面价值为 5,086,831.28 元；用于抵押的土地使用权账面原值为 2,432,526.22 元，累计摊销为 342,653.89 元，账面价值为 2,089,872.33 元。

（5）2010 年 4 月 20 日，子公司西峡县西泵特种铸造有限公司与广东发展银行郑州花园路支行签订《抵押合同》，合同号为 13102210Z024−1，约定期限为 2010 年 4 月 20 日至 2011 年 4 月 20 日，以房产及土地使用权（房产证号：西房权字第 401017 号、第 401023 号、第 401024 号、第 401025 号、第 401026 号、第 401027 号、第 401028 号、第 401029 号、西房权字第 107585 号、第 107586 号、第 107587 号、第 107588 号、第 107589 号、第 107590 号、第 107591 号、第 107592 号；土地证号西国用（2002）251 号、西国用（2003）136 号）为抵押物，取得短期借款 1,200.00 万元。

截至 2010 年 12 月 31 日，该抵押合同下子公司西峡县西泵特种铸造有限公司尚有抵押借款金额为人民币 1,200.00 万元。用于抵押的房产账面原值为 9,520,987.27 元，累计折旧为 2,301,404.43 元，账面价值为 7,219,582.84 元；用于抵押的土地使用权账面原值为 1,549,779.54 元，累计摊销为 234,145.43 元，账面价值为 1,315,634.11 元。

2.已签订的准备履行的抵押事项

公司控股子公司南阳飞龙汽车零部件有限公司于 2009 年 1 月 9 日与中国银行行南阳分行签订 18,000.00 万元的长期借款合同，用于"双千万"项目一期。该项借款由河南通宇冶材集团有限公司担保，担保期限为 2009 年 1 月 9 日至 2013 年 2 月 30 日。除上述担保外，本公司承诺"双千万"一期项目建成后形成的固定资产抵押给中国银行南阳分行。

（2）公司核心资产盈利能力

报告期内，公司核心资产的盈利能力未发生变动，也未出现替代资产或资产升级换代导致公司核心资产盈利能力下降情形。

（3）核心资产减值情况

公司核心资产多为国内外先进设备，具有较高的科技含量，报告期内没有发生资产实体毁

损或陈旧过时、闲置导致资产可收回金额大幅降低等情形，不存在减值迹象。

(4)金融资产投资情况

报告期内，公司不存在金融资产投资情形。报告期末，公司没有持有外币金融衍生产品。

(5)公司主要债权债务情况

单位：元

项目	2010 年	2009 年	2008 年
一、主要债权			
1、应收票据	67,399,184.00	37,698,216.43	20,359,820.08
2、应收账款	179,687,671.34	176,958,742.49	100,034,959.63
3、预付账款	84,389,138.35	78,956,558.87	75,059,384.82
小计	331,475,993.69	293,613,517.79	195,454,164.53
二、主要债务			
1、短期借款	393,299,897.31	225,080,000.00	247,478,800.00
2、应付票据	18,812,448.00	103,351,400.00	113,000,000.00
3、应付账款	143,336,209.90	106,166,791.03	74,675,836.39
4、预收账款	777,838.64	590,266.47	1,470,026.17
5、其他应付款	23,279,616.32	105,505,529.91	94,406,051.61

上述主要指标变动分析：

应收账款期末数较期初数增长绝对额增加 272.9 万元，主要系我国汽车行业产销两旺，公司销售收入大幅增加，相应的应收账款余额增加。

预付款项期末数较期初数增长 6.88%(绝对额增加 543.25 万元)，主要因为 2011 年订单多，购入原材料，存货库存产成品比去年同期增多。

短期借款期末数较期初数绝对额增加 16,821.99 万元，主要是抵押借款和保理借款，分别比去年多 3350 万元、4398 万元，新增信用借款 2100 万元。

应付票据期末数较期初数减少 81.8%(绝对额减少 8453.89 万元)，主要系逐步改变付款方式所致。应付账款期末数较期初数增长 35.01%(绝对额增加 3716.94 万元)，主要系 2010 年度市场需求较 2009 年同期上升，由于订单增加使采购量增大，造成应付账款余额增加。

预收款项期末数较期初数增加 31.76%(绝对额减少 18.75 万元)，主要是因为订单增多，同时调整销售政策，信誉度低的客户或第一次发生业务客户要求先付款后发货。

其他应付款期末数较期初数减少 77.94%(绝对额减少-8,222.59 万元)，主要系西峡县西泵特种铸造有限公司（以下简称“西泵特铸”)2009 年与河南瑞发水电设备有限责任公司资金拆借，2010 年无余额所致。

(6)偿债能力分析

项目	2010 年	2009 年	本年比上年增减幅度
流动比率	0.89	1.03	-0.14
速动比率	0.46	0.57	-0.11
资产负债率	71%	75%	-4%
利息保障倍数	3.48	2.71	0.77

公司流动比率和速动比率保持正常，报告期内，公司在各金融机构拥有良好的资信，均保持较高的信用等级。公司从未发生过银行贷款违约和不能偿付到期债务的情况，与各商业银行建立了稳定、良好的合作关系，因此，公司短期借款融资渠道畅通，为正常生产经营提供了良好的外部资金保证。公司长期负债主要是长期借款，截至 2010 年 12 月 31 日，长期借款余额为 12,000 万元，利息保障倍数达 3.48 倍，公司长期偿债压力较小，因此，公司不存在长期偿债风险。

4、研发情况

近 3 年公司研发费用投入情况见下表：

年度	研发支出(万元)	占营业收入比例
2010 年	4961.15	4.96%
2009 年	3826.54	5.69%
2008 年	2824.71	4.39%

2010 年，公司先后完成了 163 个新产品开发。在技术创新方面，2010 年公司先后被评为河南省重点转型升级企业、河南省铸锻行业综合实力 50 强、第六届全国优秀汽车零部件供应商。

本公司 2010 年度获得专利授权 15 项，新申报专利 6 项，明细情况如下：

2010 年授权专利目录

序号	专利名称	专利号	申请日期	专利类型	有效期	证书号
1	无中心定位零件跳动测量仪装置及测量方法	ZL200810230925.x	2008.11.18	发明	20 年	第 713366 号
2	一种保证水泵皮带运转后皮带涨力不变的实验装置	ZL2009200908976	2009.06.18	实用新型	10 年	第 1422856 号
3	球墨铸铁无冒口铸造模具	ZL2009200910389	2009.06.23	实用新型	10 年	第 1419907 号
4	固定齿轮的夹具	ZL2009200918037	2009.07.21	实用新型	10 年	第 1412184 号
5	造型线用模具底座	ZL2009200908980	2009.06.18	实用新型	10 年	第 1412991 号
6	支撑室水管装配装置	ZL2009200910374	2009.06.23	实用新型	10 年	第 1411258 号
7	压紧零件的加强型压爪	ZL2009200918022	2009.07.21	实用新型	10 年	第 1411259 号
8	一种高寿命汽车水泵	ZL2009200908092	2009.06.15	实用新型	10 年	第 1409507 号
9	一种排气歧管试漏装置	ZL2009200908088	2009.06.15	实用新型	10 年	第 1420648 号
10	旋转独臂吊	ZL200920090811X	2009.06.15	实用新型	10 年	第 1411212 号
11	双用模脚	ZL2009200908105	2009.06.15	实用新型	10 年	第 1412554 号
12	汽车水泵(475F 型)	ZL2009301180247	2009.06.15	外观设计	10 年	第 1204603 号
13	水泵总成(6108)	ZL2009301180251	2009.06.15	外观设计	10 年	第 1190157 号
14	汽车水泵(4G13T 型)	ZL2009301180228	2009.06.15	外观设计	10 年	第 1204492 号
15	汽车水泵(C14T 增压型)	ZL2009301180266	2009.06.15	外观设计	10 年	第 1204493 号

2010 年度新申报专利

序号	专利名称	申请日	受理号	专利性质
1	固定销式排气歧管气道检具	2010.04.21	201020165282.8	实用新型
2	外凸式排气歧管气道检具	2010.04.21	201020165288.5	实用新型
3	透视式排气歧管气道检具	2010.04.21	201020165297.4	实用新型
4	塞规式排气歧管气道检具	2010.04.21	201020165285.1	实用新型
5	凸凹槽式排气歧管气道检具	2010.04.21	201020165277.7	实用新型
6	液压夹具内油路搭接装置	2010.04.21	201020165255.0	实用新型

5、公司子公司的经营情况及业绩分析

子公司名称	注册资本(万元)	经营范围	持股比例	期末资产总额(元)	期末净资产总额(元)	本年度营业收入总额(元)	本年度净利润(元)
西峡县飞龙铝制品有限责任公司	500	汽车、摩托车零部件及机械产品的制造、销售	100%	38,088,978.80	29,253,997.50	40,864,850.12	2,642,945.61
河南飞龙(芜湖)汽车零部件有限公司	180	汽车零部件生产、加工、销售	100%	49,873,526.16	6,840,144.06	64,154,468.84	2,589,030.64
南阳飞龙汽车零部件有限公司	4100	汽车、摩托车零部件及机械产品的制造、销售	100%	354,031,500.19	49,922,194.48	305,423,121.67	8,645,675.61
西峡县西泵特种铸造有限公司	1800	汽车、机电产品零配件铸造、加工、销售	52%	235,838,084.09	51,151,693.94	259,114,310.21	11,486,655.60

6.2 主营业务分行业、产品情况表

单位：万元

分行业或分产品	营业收入	营业成本	毛利率(%)	营业收入比上年增减(%)	营业成本比上年增减(%)	毛利率比上年增减(%)
主营业务分行业情况						
				营业收入比上年增减(%)	营业成本	
汽车零部件	99,692.05	70,162.83	29.62%	48.81%	48.66%	0.24%
主营业务分产品情况						
水泵	51,847.08	34,663.59	33.14%	30.19%	26.58%	6.08%
进、排气歧管	28,674.00	21,108.44	26.38%	45.59%	46.89%	-2.40%
飞轮壳	5,605.95	4,055.28	27.66%	16.77%	7.95%	27.17%
其他	13,565.02	10,335.52	23.81%	407.08%	513.58%	-35.70%

6.3 主营业务分地区情况

单位：万元

地区	营业收入	营业收入比上年增减(%)
国内	91,703.38	43.62%
国外	7,988.67	154.24%

6.4 采用公允价值计量的项目

□ 适用　√ 不适用

6.5 募集资金使用情况对照表

□ 适用　√ 不适用

变更募集资金投资项目情况表

□ 适用　√ 不适用

6.6 非募集资金项目情况

□ 适用　√ 不适用

6.7 董事会对公司会计政策、会计估计变更或重大会计差错更正的原因及影响的说明

□ 适用　√ 不适用

6.8 董事会对会计师事务所“非标准审计报告”的说明

□ 适用　√ 不适用

6.9 董事会本次利润分配或资本公积金转增股本预案

经立信大华会计师事务所有限公司审计，2010 年度公司实现净利润为 93,970,632.82 元。其中归属于母公司的净利润为 88,457,038.13 元，提取法定公积金 7,200,998.78 元。加上年结转未分配利润 113,972,098.43 元，2010 年度可供股东分配的利润为 202,429,136.56 元。

公司于 2011 年 1 月 11 日成功上市，根据 2009 年度股东大会决议，所有未分配利润由上市后所有股东共享，结合公司 2010 年的实际情况，建议以上市后总股本 96,000,000 股为基数按每 10 股派现金红利 2 元（含税）的股利发放，共分配利润 19,200,000 元，剩余未分配利润 176,028,137.78 元结转下年。本年度不进行资本公积金转增股本。

公司最近三年现金分红情况表

单位：元

分红年度	现金分红金额(含税)	分红年度合并报表中归属于上市公司股东的净利润	占合并报表中归属于上市公司股东的净利润的比率	年度可分配利润
2009 年	14,400,000.00	53,034,283.85	27.15%	202,429,136.56
2008 年	14,400,000.00	24,577,237.92	58.59%	132,604,958.37
2007 年	8,254,290.00	43,319,981.61	19.05%	89,868,922.66
最近三年累计现金分红金额占最近年均净利润的比例(%)				66.94%

公司本报告期内盈利但未提出现金利润分配预案

□ 适用　√ 不适用

第七节　重要事项

7.1 收购资产

□ 适用　√ 不适用

7.2 出售资产

√ 适用　　□ 不适用

单位：万元

交易对方	被出售或置出资产	出售日	交易价格	本年初起至出售日该出售资产为公司贡献的净利润	出售产生的损益	是否为关联交易	定价原则	所涉及的资产产权是否已全部过户	所涉及的债权债务是否已全部转移	与交易对方的关联关系（适用关联交易情形）
詹付海	土地及附属物	2010-04-01	230.00	0.00	56.22	否	当期市场价格	是	是	不适用

7.1、7.2 所涉及事项对公司业务连续性、管理层稳定性的影响。

无

7.3 重大担保

√ 适用　　□ 不适用

单位：万元

公司对外担保情况（不包括对子公司的担保）

担保对象名称	担保额度相关公告披露日和编号	担保额度	实际发生日期（协议签署日）	实际担保金额	担保类型	担保期	是否履行完毕	是否为关联方担保（是或否）

报告期内审批的对外担保额度合计（A1）	0.00	报告期内对外担保实际发生额合计（A2）	0.00
报告期末已审批的对外担保额度合计（A3）	0.00	报告期末实际对外担保余额合计（A4）	0.00

公司对子公司的担保情况

担保对象名称	担保额度相关公告披露日和编号	担保额度	实际发生日期（协议签署日）	实际担保金额	担保类型	担保期	是否履行完毕	是否为关联方担保（是或否）
南阳飞龙汽车零部件有限公司	不适用	4,000.00	2010-02-20	2,000.00	信用	二年	否	否
西峡县西泵特种铸造有限公司	不适用	1,000.00	2010-03-30	1,000.00	信用	一年	否	否
西峡县西泵特种铸造有限公司	不适用	1,500.00	2010-10-25	1,500.00	信用	一年	否	否
西峡县西泵特种铸造有限公司	不适用	400.00	2010-02-04	400.00	信用	一年	否	否

报告期内审批对子公司担保额度合计（B1）	6,900.00	报告期内对子公司担保实际发生额合计（B2）	4,900.00
报告期末已审批的对子公司担保额度合计（B3）	6,900.00	报告期末对子公司实际担保余额合计（B4）	4,900.00

公司担保总额（即前两大项的合计）报告期内担

报告期内审批担保额度合计（A1+B1）	6,900.00	报告期内担保实际发生额合计（A2+B2）	4,900.00
报告期末已审批的担保额度合计（A3+B3）	6,900.00	报告期末实际担保余额合计（A4+B4）	4,900.00

实际担保总额（即 A4+B4）占公司净资产的比例	15.94%
其中：	
为股东、实际控制人及其关联方提供担保的金额（C）	0.00
直接或间接为资产负债率超过 70%的被担保对象提供的债务担保金额（D）	4,900.00
担保总额超过净资产 50%部分的金额（E）	0.00
上述三项担保金额合计（C+D+E）	4,900.00
未到期担保可能承担连带清偿责任说明	合并范围内子公司担保，无影响

7.4 重大关联交易

7.4.1 与日常经营相关的关联交易

√ 适用　　□ 不适用

单位：万元

关联方	向关联方销售产品和提供劳务		向关联方采购产品和接受劳务	
	交易金额	占同类交易金额的比例	交易金额	占同类交易金额的比例
河南省宛西制药股份有限公司	0.00	0.00%	365.09	100.00%
合计	0.00	0.00%	365.09	100.00%

其中：报告期内公司向控股股东及其子公司销售产品或提供劳务的关联交易金额 0.00 万元。

与年初预计临时披露差异的说明　　无

7.4.2 关联债权债务往来

□ 适用　　√ 不适用

7.4.3 大股东及其附属企业非经营性资金占用及清偿情况表

□ 适用　　√ 不适用

7.5 委托理财

□ 适用　　√ 不适用

7.6 承诺事项履行情况

上市公司及其董事、监事和高级管理人员、公司持股 5%以上股东及其实际控制人等有关方在报告期内或持续到报告期内的以下承诺事项

√ 适用　　□ 不适用

承诺事项	承诺人	承诺内容	履行情况
股改承诺	不适用	不适用	不适用
收购报告书或权益变动报告书中所作承诺	不适用	不适用	不适用
重大资产重组时所作承诺	不适用	不适用	不适用
发行时所作承诺	孙耀志、孙耀忠 192 名自然人股东；董事、监事高级管理人员的股东	孙耀志承诺：自发行人股票上市之日起三十六个月内，不减持或者委托他人管理其本次发行前已持有的河南省宛西制药股份有限公司的股份；孙耀忠承诺：自股票上市之日起三十六个月内，不转让或者委托他人管理其本次发行前已持有的发行人股份，也不由发行人回购该部分股份。公司其他 192 名自然人股东均承诺：自股票上市之日起十二个月内，不转让或者委托他人管理其本次发行前已持有的发行人股份，也不由发行人回购该部分股份。同时，担任公司董事、监事、高级管理人员的股东还承诺：除前述锁定期外，在其任职期间每年转让的股份不得超过其所持有本公司股份总数的百分之二十五；离职后半年内，不转让其所持有的本公司股份。承诺期限届满后，上述股份可以上市流通和转让	未到履行期
其他承诺（含追加承诺）	不适用	不适用	不适用

7.7 重大诉讼仲裁事项

□ 适用　　√ 不适用

7.8 其他重大事项及其影响和解决方案的分析说明

7.8.1 证券投资情况

□ 适用　　√ 不适用

7.8.2 持有其他上市公司股权情况

□ 适用　　√ 不适用

7.8.3 持有拟上市公司及非上市金融企业股权情况

□ 适用　　√ 不适用

7.8.4 买卖其他上市公司股份的情况

□ 适用　　√ 不适用

7.8.5 其他综合收益细目

单位：元

项目	本期发生额	上期发生额
1.可供出售金融资产产生的利得（损失）金额	0.00	0.00
减：可供出售金融资产产生的所得税影响	0.00	0.00
前期计入其他综合收益当期转入损益的净额	0.00	0.00
小计	0.00	0.00
2.按照权益法核算的在被投资单位其他综合收益中所享有的份额	0.00	0.00
减：按照权益法核算的在被投资单位其他综合收益中所享有的份额产生的所得税影响	0.00	0.00
前期计入其他综合收益当期转入损益的净额	0.00	0.00
小计	0.00	0.00
3.现金流量套期工具产生的利得（或损失）金额	0.00	0.00
减：现金流量套期工具产生的所得税影响	0.00	0.00
前期计入其他综合收益当期转入损益的净额	0.00	0.00
转为被套期项目初始确认金额的调整额	0.00	0.00
小计	0.00	0.00
4.外币财务报表折算差额	0.00	0.00
减：处置境外经营当期转入损益的净额	0.00	0.00
小计	0.00	0.00
5.其他	0.00	0.00
减：由其他计入其他综合收益产生的所得税影响	0.00	0.00
前期其他计入其他综合收益当期转入损益的净额	0.00	0.00
小计	0.00	0.00
合计	0.00	0.00

第八节　监事会报告

√ 适用　　□ 不适用

监事会报告

2010 年，公司监事会根据《公司法》、《证券法》、《公司章程》和《监事会议事规则》的有关规定，从切实维护公司利益和广大股东权益出发，恪尽职守，认真履行各项职权和义务，充分行使对公司董事及高级管理人员的监督职能，为企业的规范运作和发展起到了积极作用。

一、监事会会议情况

报告期内，公司监事会依照《公司法》、《公司章程》及《公司监事会议事规则》的规定，规范运作，认真履行了监事会的各项职权和义务；全体监事积极参加监事会会议和股东大会，列席董事会会议，有效行使了对公司经营管理及董事、高级管理人员的监督职能，维护了股东的合法权益。

报告期内，公司监事会共召开 2 次会议。会议召开和决议情况具体如下：

（一）2010 年 1 月 31 日，公司召开了第三届监事会第五次会议，会议审议通过了以下事项：

1、审议通过了《关于审议 2009 年度监事会工作报告的议案》；

2、审议通过了《关于审议 2009 年度财务决算的议案》；

3、审议通过了《关于审议 2010 年度财务预算的议案》；

4、审议通过了《关于审议 2009 年度利润分配方案的议案》。

（二）2010 年 7 月 25 日，公司召开了第三届监事会第六次会议，会议审议通过了以下事项：审议通过了《关于 2010 年上半年监事会工作总结的议案》

二、监事会对 2010 年度有关事项的独立意见

报告期内，公司监事会本着对全体股东负责的精神，依照《公司法》、《公司章程》、《监事会议事规则》等法律法规赋予的职责，监事会成员认真履行职责，积极开展工作，列席了历次董事会、股东大会会议，并对公司规范运作、财务状况、对外担保、对外投资等有关方面进行了一系列监督、审核活动。公司监事会经过认真研究，形成以下独立意见：

1、公司依法运作情况

报告期内，公司董事会能够严格按照《公司法》的有关法规和制度，并遵循《证券法》的要求进行规范化运作，公司董事会认真履行了股东大会的决议，忠实履行了诚信勤勉义务，本着审慎经营、有效防范、化解资产损失风险的原则，工作认真负责，决策科学合理，程序规范合法，公司的内控制度继续完善并得到切实执行，维护了全体股东的利益。监事会在监督公司董事及高级管理人员履行职责的情况时，未发现任何违法违规的行为，亦未发现任何损害股东权益的问题。

2、检查公司财务情况

监事会对公司财务进行监督检查，认为：公司严格执行了各项财经纪律，不存在违法、违规行为。监事会认真审查了公司董事会准备提交股东大会审议的公司 2010 年度财务决算报告、公司 2010 年度利润分配方案、经审计的 2010 年度财务报告等有关材料。监事会认为：公司 2010 年度的财务决算报告真实可靠，公司财务结构合理，财务运行状况良好；立信会计师事务所出具的标准无保留意见的审计报告及所涉及事项是客观公正的，真实反映了公司 2010 年度的财务状况和经营成果。

3、内部控制自我评价报告

监事会审核了董事会关于公司 2010 年内部控制自我评价报告，认为公司建立了较为完善的内部控制制度体系并能有效地执行，公司内部控制自我评价报告真实、客观地反映了公司内部控制制度的建设和运行情况。

4、对公司关联交易情况的独立意见：

报告期内，监事会对公司发生的关联交易进行监督，监事会认为，关联交易符合《公司法》、《证券法》及《公司章程》等相关法律、法规的规定，有利于提升公司的业绩，其公平性依据等价有偿、公允市价的原则定价，没有违反公开、公平、公正的原则，不存在损害公司中小股东利益的行为。

5、关于公司收购、出售资产情况

公司监事会成员对公司 2010 年度收购、出售资产情况进行核查，认为：公司无收购、出售资产行为。

6、关于募集资金使用情况

公司严格按照制定的《募集资金使用管理办法》来管理使用募集资金，募集资金项目进展和收益情况基本符合计划进度。未发现损害本公司及股东利益的情况。

7、股东大会决议执行情况的独立意见

报告期内，公司监事会对股东大会的决议执行情况进行了监督，监事会认为：股东大会召开程序合法，公司董事会能够认真履行股东大会的有关决议，未发生有损股东利益的行为。

第九节　财务报告

9.1 审计意见

财务报告	是
审计意见	标准无保留审计意见
审计报告编号	立信大华审字【2011】2221 号
审计报告标题	审计报告
审计报告收件人	孙耀忠
引言段	对报告使用者和使用目的的限定 本鉴证报告仅供贵公司 2010 年度报告披露之目的使用，不得用作其他任何目的。我们同意将本报告作为 2010 年度报告的必备文件，随其他文件一起报送并对外披露。
管理层对财务报表的责任段	按照企业会计准则的规定编制财务报表是西泵股份管理层的责任。这种责任包括：(1)设计、实施和维护与财务报表编制相关的内部控制，以使财务报表不存在由于舞弊或错误而导致的重大错报；(2)选择和运用恰当的会计政策；(3)作出合理的会计估计。
注册会计师责任段	我们的责任是在实施审计工作的基础上对财务报表发表审计意见。我们按照中国注册会计师审计准则的规定执行了审计工作。中国注册会计师审计准则要求我们遵守职业道德规范，计划和实施审计工作以对财务报表是否不存在重大错报获取合理保证。 审计工作涉及实施审计程序，以获取有关财务报表金额和披露的审计证据。选择的审计程序取决于注册会计师的判断，包括对由于舞弊或错误导致的财务报表重大错报风险的评估。在进行风险评估时，我们考虑与财务报表编制相关的内部控制，以设计恰当的审计程序，但目的并非对内部控制的有效性发表意见。审计工作还包括评价管理层选用会计政策的恰当性和作出会计估计的合理性，以及评价财务报表的总体列报。 我们相信，我们获取的审计证据是充分、适当的，为发表审计意见提供了基础。
审计意见段	我们认为，西泵股份财务报表已经按照企业会计准则的规定编制，在所有重大方面公允反映了西泵股份 2010 年 12 月 31 日的财务状况以及 2010 年度的经营成果和现金流量。
非标意见	不适用
审计机构名称	立信大华会计师事务所有限公司
审计机构地址	中国北京
审计报告日期	2011 年 04 月 06 日
注册会计师姓名	常明、吴少华

9.2 财务报表

9.2.1 资产负债表

编制单位：河南省西峡汽车水泵股份有限公司　　2010 年 12 月 31 日　　单位：元

项目	期末余额		年初余额	
	合并	母公司	合并	母公司
流动资产：				
货币资金	43,589,817.69	24,483,445.40	93,087,358.08	58,902,772.23
结算备付金				
拆出资金				
交易性金融资产				
应收票据	67,399,184.00		37,698,216.43	7,000,000.00
应收账款	179,687,671.34	121,561,636.35	176,958,742.49	145,317,446.24
预付款项	84,389,138.35	19,868,743.94	78,956,558.87	45,539,729.55
应收保费				
应收分保账款				
应收分保合同准备金				
应收利息				
应收股利				
其他应收款	6,504,949.95	35,552,235.29	6,328,573.32	1,347,202.29
买入返售金融资产				
存货	197,541,463.53	131,060,828.44	175,036,852.44	124,159,526.52
一年内到期的非流动资产				
其他流动资产				
流动资产合计	579,112,224.86	332,526,889.42	568,066,301.63	382,266,676.83
非流动资产：				
发放委托贷款及垫款				
可供出售金融资产				
持有至到期投资				
长期应收款		57,200,000.00		57,200,000.00
长期股权投资				
投资性房地产				
固定资产	462,177,679.89	202,803,400.62	390,340,840.72	186,348,007.12
在建工程	34,512,311.45	438,177.10	3,182,834.84	
工程物资				
固定资产清理				
生产性生物资产				
油气资产				
无形资产	70,732,947.41	18,893,318.56	54,953,415.16	20,876,080.41
开发支出				
商誉				
长期待摊费用				
递延所得税资产	473,524.25	265,887.81	977,201.44	544,653.28
其他非流动资产				
非流动资产合计	567,896,463.00	279,600,784.09	449,454,292.16	264,968,740.81
资产总计	1,147,008,687.86	612,127,673.51	1,017,520,593.79	647,235,417.64
流动负债：				
短期借款	393,299,897.31	240,000,000.00	225,080,000.00	145,000,000.00
向中央银行借款				
吸收存款及同业存放				
拆入资金				
交易性金融负债				
应付票据	18,812,448.00		103,351,400.00	73,680,000.00
应付账款	143,336,209.90	85,468,616.88	106,166,791.03	122,656,526.39
预收款项	777,838.64	473,987.54	590,266.47	465,705.47
卖出回购金融资产款				
应付手续费及佣金				
应付职工薪酬	3,186,752.36	332,801.54	5,323,331.28	1,564,279.44
应交税费	8,550,123.80	6,202,204.03	4,221,142.33	1,697,874.51
应付利息	0.00		159,378.01	
应付股利				
其他应付款	23,279,616.32	23,371,314.68	105,505,529.91	98,485,073.10
应付分保账款				
保险合同准备金				
代理买卖证券款				
代理承销证券款				

一年内到期的非流动负债	60,000,000.00			
其他流动负债				
流动负债合计	651,242,886.33	355,848,924.67	550,397,839.03	443,549,458.91
非流动负债:				
长期借款	120,000,000.00		180,000,000.00	
应付债券				
长期应付款	1,874,039.69	1,874,039.69	7,207,899.38	7,207,899.38
专项应付款				
预计负债				
递延所得税负债				
其他非流动负债	41,852,176.75	−1,938,854.80	25,717,903.11	−2,255,516.80
非流动负债合计	163,726,216.44	−64,815.11	212,925,802.49	4,952,382.58
负债合计	814,969,102.77	355,784,109.56	763,323,641.52	448,501,841.49
所有者权益(或股东权益):				
实收资本(或股本)	72,000,000.00	72,000,000.00	72,000,000.00	72,000,000.00
资本公积	35,593,616.58	33,000,000.00	35,593,616.58	33,000,000.00
减:库存股				
专项储备				
盈余公积	19,065,017.64	19,065,017.64	11,864,018.86	11,864,018.86
一般风险准备				
未分配利润	180,828,137.78	132,278,546.31	113,972,098.43	81,869,557.29
外币报表折算差额				
归属于母公司所有者权益合计	307,486,772.00	256,343,563.95	233,429,733.87	198,733,576.15
少数股东权益	24,552,813.09		20,767,218.40	
所有者权益合计	332,039,585.09	256,343,563.95	254,196,952.27	198,733,576.15
负债和所有者权益总计	1,147,008,687.86	612,127,673.51	1,017,520,593.79	647,235,417.64

9.2.2 利润表

编制单位:河南省西峡汽车水泵股份有限公司　　2010 年 1—12 月　　单位:元

项目	本期金额		上期金额	
	合并	母公司	合并	母公司
一、营业总收入	999,262,136.41	872,711,238.36	671,919,284.70	645,050,214.19
其中:营业收入	999,262,136.41	872,711,238.36	671,919,284.70	645,050,214.19
利息收入				
已赚保费				
手续费及佣金收入				
二、营业总成本	899,856,572.31	798,859,417.51	613,741,291.64	607,668,114.99
其中:营业成本	703,915,823.92	681,023,837.98	472,943,830.61	500,741,836.31
利息支出				
手续费及佣金支出				
退保金				
赔付支出净额				
提取保险合同准备金净额				
保单红利支出				
分保费用				
营业税金及附加	3,292,115.89	2,197,835.55	2,125,416.76	1,443,501.31
销售费用	42,184,256.97	28,991,642.36	30,478,513.16	24,318,832.34
管理费用	110,903,944.52	73,836,795.09	83,842,858.56	67,790,240.17
财务费用	39,641,474.63	12,993,220.85	23,351,553.70	12,661,247.48
资产减值损失	−81,043.62	−183,914.32	999,118.85	712,457.38
加:公允价值变动收益(损失以"−"号填列)				
投资收益(损失以"−"号填列)	0.00	3,592,000.00	0.00	3,044,635.37
其中:对联营企业和合营企业的投资收益				
汇兑收益(损失以"−"号填列)				
三、营业利润(亏损以"−"号填列)	99,405,564.10	77,443,820.85	58,177,993.06	40,426,734.57
加:营业外收入	6,139,577.57	2,545,549.06	5,709,120.95	3,843,013.37
减:营业外支出	2,000,444.68	1,318,823.66	387,014.78	353,150.75
其中:非流动资产处置损失				
四、利润总额(亏损总额以"−"号填列)	103,544,696.99	78,670,546.25	63,500,099.23	43,916,597.19
减:所得税费用	9,574,064.17	6,660,558.45	2,986,019.62	1,587,997.81
五、净利润(净亏损以"−"号填列)	93,970,632.82	72,009,987.80	60,514,079.61	42,328,599.38
归属于母公司所有者的净利润	88,457,038.13	72,009,987.80	53,034,283.85	42,328,599.38
少数股东损益	5,513,594.69		7,479,795.76	
六、每股收益:				
(一)基本每股收益	1.23	1.00	0.74	0.59
(二)稀释每股收益	1.23	1.00	0.74	0.59
七、其他综合收益				
八、综合收益总额	93,970,632.82	72,009,987.80	60,514,079.61	42,328,599.38
归属于母公司所有者的综合收益总额	88,457,038.13	72,009,987.80	53,034,283.85	42,328,599.38
归属于少数股东的综合收益总额	5,513,594.69		7,479,795.76	

本期发生同一控制下企业合并的,被合并方在合并前实现的净利润为:11,486,655.60 元。

9.2.3 现金流量表

编制单位:河南省西峡汽车水泵股份有限公司　　2010 年 1—12 月　　单位:元

项目	本期金额		上期金额	
	合并	母公司	合并	母公司
一、经营活动产生的现金流量:				
销售商品、提供劳务收到的现金	924,425,760.62	661,724,244.54	562,579,672.25	490,247,948.27
客户存款和同业存放款项净增加额				
向中央银行借款净增加额				
向其他金融机构拆入资金净增加额				
收到原保险合同保费取得的现金				
收到再保险业务现金净额				
保户储金及投资款净增加额				
处置交易性金融资产净增加额				
收取利息、手续费及佣金的现金				
拆入资金净增加额				
回购业务资金净增加额				
收到的税费返还	810,000.00	0.00	1,324,512.23	
收到其他与经营活动有关的现金	39,282,821.18	16,195,405.52	30,799,862.50	14,794,038.32
经营活动现金流入小计	964,518,581.80	677,919,650.06	594,704,046.98	505,041,986.59
购买商品、接受劳务支付的现金	719,285,657.39	502,514,474.55	446,544,760.41	368,782,086.97
客户贷款及垫款净增加额				
存放中央银行和同业款项净增加额				
支付原保险合同赔付款项的现金				
支付利息、手续费及佣金的现金				
支付保单红利的现金				
支付给职工以及为职工支付的现金	58,936,810.15	28,805,528.99	47,665,885.20	28,597,874.19
支付的各项税费	42,002,640.74	22,069,464.25	28,277,141.51	17,915,183.34
支付其他与经营活动有关的现金	54,336,144.83	60,533,855.28	28,315,783.12	27,159,220.51
经营活动现金流出小计	874,561,253.11	613,923,323.07	550,803,570.24	442,454,365.01
经营活动产生的现金流量净额	89,957,328.69	63,996,326.99	43,900,476.74	62,587,621.58
二、投资活动产生的现金流量:				
收回投资收到的现金				
取得投资收益收到的现金				
处置固定资产、无形资产和其他长期资产收回的现金净额	1,980,350.00	1,980,000.00	85,470.00	66,500.00
处置子公司及其他营业单位收到的现金净额				
收到其他与投资活动有关的现金				
投资活动现金流入小计	1,980,350.00	1,980,000.00	85,470.00	66,500.00
购建固定资产、无形资产和其他长期资产支付的现金	126,757,192.41	13,501,047.53	134,216,136.06	11,100,394.89
投资支付的现金				31,000,000.00
质押贷款净增加额				
取得子公司及其他营业单位支付的现金净额				
支付其他与投资活动有关的现金		73,470,235.97		
投资活动现金流出小计	126,757,192.41	86,971,283.50	134,216,136.06	42,100,394.89
投资活动产生的现金流量净额	−124,776,842.41	−84,991,283.50	−134,130,666.06	−42,033,894.89
三、筹资活动产生的现金流量:				
吸收投资收到的现金				
其中:子公司吸收少数股东投资收到的现金				
取得借款收到的现金	682,264,947.60	338,000,000.00	578,014,849.86	280,500,000.00
发行债券收到的现金				
收到其他与筹资活动有关的现金	62,042,146.23	46,682,550.23	18,901,749.77	54,448,478.39
筹资活动现金流入小计	744,307,093.83	384,682,550.23	596,916,599.63	334,948,478.39
偿还债务支付的现金	564,994,022.88	238,858,545.20	410,265,985.12	330,500,000.00
分配股利、利润或偿付利息支付的现金	46,060,517.81	26,677,391.54	47,725,784.66	27,640,423.49
其中:子公司支付给少数股东的股利、利润				
支付其他与筹资				

活动有关的现金	85,173,021.61	85,173,021.61	56,979,507.25	10,033,507.25
筹资活动现金流出小计	696,227,562.30	350,708,958.35	514,971,277.03	368,173,930.74
筹资活动产生的现金流量净额	48,079,531.53	33,973,591.88	81,945,322.60	-33,225,452.35
四、汇率变动对现金及现金等价物的影响	-715,411.97	-715,411.97	-172,542.85	-172,542.85
五、现金及现金等价物净增加额	12,544,605.84	12,263,223.40	-8,457,409.57	-12,844,268.51
加:期初现金及现金等价物余额	19,989,107.85	12,220,222.00	28,446,517.42	25,064,490.51
六、期末现金及现金等价物余额	32,533,713.69	24,483,445.40	19,989,107.85	12,220,222.00

9.2.4 合并所有者权益变动表

编制单位:河南省西峡汽车水泵股份有限公司　　2010 年度　　单位:元

本期金额

项目	实收资本(或股本)	资本公积	减:库存股	专项储备	盈余公积	一般风险准备	未分配利润	其他	少数股东权益	所有者权益合计
	归属于母公司所有者权益									
一、上年年末余额	72,000,000.00	35,593,616.58			11,864,018.86		113,972,098.43		20,767,218.40	254,196,952.27
加:会计政策变更										
前期差错更正										
其他										
二、本年年初余额	72,000,000.00	35,593,616.58			11,864,018.86		113,972,098.43		20,767,218.40	254,196,952.27
三、本年增减变动金额(减少以“-”号填列)					7,200,998.78		66,856,039.35		3,785,594.69	77,842,632.82
(一)净利润							88,457,038.13		5,513,594.69	93,970,632.82
(二)其他综合收益										
上述(一)和(二)小计							88,457,038.13		5,513,594.69	93,970,632.82
(三)所有者投入和减少资本										
1.所有者投入资本										
2.股份支付计入所有者权益的金额										
3.其他										
(四)利润分配					7,200,998.78		-21,600,998.78		-1,728,000.00	-16,128,000.00
1.提取盈余公积					7,200,998.78		-7,200,998.78			
2.提取一般风险准备										
3.对所有者(或股东)的分配							-14,400,000.00		-1,728,000.00	-16,128,000.00
4.其他										
(五)所有者权益内部结转										
1.资本公积转增资本(或股本)										
2.盈余公积转增资本(或股本)										
3.盈余公积弥补亏损										
4.其他										
(六)专项储备										
1.本期提取										
2.本期使用										
(七)其他										
四、本期期末余额	72,000,000.00	35,593,616.58			19,065,017.64		180,828,137.78		24,552,813.09	332,039,585.09

上年金额

项目	实收资本(或股本)	资本公积	减:库存股	专项储备	盈余公积	一般风险准备	未分配利润	其他	少数股东权益	所有者权益合计
	归属于母公司所有者权益									
一、上年年末余额	72,000,000.00	35,593,616.58			7,631,158.92		79,570,674.52		15,015,422.64	209,810,872.66
加:会计政策变更										
前期差错更正										
其他										
二、本年年初余额	72,000,000.00	35,593,616.58			7,631,158.92		79,570,674.52		15,015,422.64	209,810,872.66
三、本年增减变动金额(减少以“-”号填列)					4,232,859.94		34,401,423.91		5,751,795.76	44,386,079.61
(一)净利润							53,034,283.85		7,479,795.76	60,514,079.61
(二)其他综合收益										
上述(一)和(二)小计							53,034,283.85		7,479,795.76	60,514,079.61
(三)所有者投入和减少资本										
1.所有者投入资本										
2.股份支付计入所有者权益的金额										
3.其他										
(四)利润分配					4,232,859.94		-18,632,859.94		-1,728,000.00	-16,128,000.00
1.提取盈余公积					4,232,859.94		-4,232,859.94			
2.提取一般风险准备										
3.对所有者(或股东)的分配							-14,400,000.00		-1,728,000.00	-16,128,000.00
4.其他										
(五)所有者权益内部结转										
1.资本公积转增资本(或股本)										
2.盈余公积转增资本(或股本)										
3.盈余公积弥补亏损										
4.其他										
(六)专项储备										
1.本期提取										
2.本期使用										
(七)其他										
四、本期期末余额	72,000,000.00	35,593,616.58			11,864,018.86		113,972,098.43		20,767,218.40	254,196,952.27

9.2.5 母公司所有者权益变动表

编制单位:河南省西峡汽车水泵股份有限公司　　2010 年度　　单位:元

本期金额

项目	实收资本(或股本)	资本公积	减:库存股	专项储备	盈余公积	一般风险准备	未分配利润	所有者权益合计
一、上年年末余额	72,000,000.00	33,000,000.00			11,864,018.86		81,869,557.29	198,733,576.15
加:会计政策变更								
前期差错更正								
其他								
二、本年年初余额	72,000,000.00	33,000,000.00			11,864,018.86		81,869,557.29	198,733,576.15
三、本年增减变动金额(减少以“-”号填列)					7,200,998.78		50,408,989.02	57,609,987.80
(一)净利润							72,009,987.80	72,009,987.80
(二)其他综合收益								
上述(一)和(二)小计							72,009,987.80	72,009,987.80
(三)所有者投入和减少资本								
1.所有者投入资本								
2.股份支付计入所有者权益的金额								
3.其他								
(四)利润分配					7,200,998.78		-21,600,998.78	-14,400,000.00
1.提取盈余公积					7,200,998.78		-7,200,998.78	
2.提取一般风险准备								
3.对所有者(或股东)的分配							-14,400,000.00	-14,400,000.00
4.其他								
(五)所有者权益内部结转								
1.资本公积转增资本(或股本)								
2.盈余公积转增资本(或股本)								
3.盈余公积弥补亏损								
4.其他								
(六)专项储备								
1.本期提取								
2.本期使用								
(七)其他								
四、本期期末余额	72,000,000.00	33,000,000.00			19,065,017.64		132,278,546.31	256,343,563.95

上年金额

项目	实收资本(或股本)	资本公积	减:库存股	专项储备	盈余公积	一般风险准备	未分配利润	所有者权益合计
一、上年年末余额	72,000,000.00	33,000,000.00			7,631,158.92		58,173,817.85	170,804,976.77
加:会计政策变更								
前期差错更正								
其他								
二、本年年初余额	72,000,000.00	33,000,000.00			7,631,158.92		58,173,817.85	170,804,976.77
三、本年增减变动金额(减少以“-”号填列)					4,232,859.94		23,695,739.44	27,928,599.38
(一)净利润							42,328,599.38	42,328,599.38
(二)其他综合收益								
上述(一)和(二)小计							42,328,599.38	42,328,599.38
(三)所有者投入和减少资本								
1.所有者投入资本								
2.股份支付计入所有者权益的金额								
3.其他								
(四)利润分配					4,232,859.94		-18,632,859.94	-14,400,000.00
1.提取盈余公积					4,232,859.94		-4,232,859.94	
2.提取一般风险准备								
3.对所有者(或股东)的分配							-14,400,000.00	-14,400,000.00
4.其他								
(五)所有者权益内部结转								
1.资本公积转增资本(或股本)								
2.盈余公积转增资本(或股本)								
3.盈余公积弥补亏损								
4.其他								
(六)专项储备								
1.本期提取								
2.本期使用								
(七)其他								
四、本期期末余额	72,000,000.00	33,000,000.00			11,864,018.86		81,869,557.29	198,733,576.15

9.3 与最近一期年度报告相比,会计政策、会计估计和核算方法发生变化的具体说明

□ 适用　　√ 不适用

9.4 重大会计差错的内容、更正金额、原因及其影响

□ 适用　　√ 不适用

9.5 与最近一期年度报告相比,合并范围发生变化的具体说明

□ 适用　　√ 不适用

常州千红生化制药股份有限公司

常州千红生化制药股份有限公司2010年年度报告摘要

第一节　重要提示

1.1 本公司董事会、监事会及其董事、监事、高级管理人员保证本报告所载资料不存在任何虚假记载、误导性陈述或者重大遗漏，并对其内容的真实性、准确性和完整性负个别及连带责任。

本年度报告摘要摘自年度报告全文，报告全文同时刊载于巨潮资讯网（www.cninfo.com.cn）。投资者欲了解详细内容，应当仔细阅读年度报告全文。

1.2 公司年度财务报告已经江苏公证天业会计师事务所有限公司审计并被出具了标准无保留意见的审计报告。

1.3 公司负责人王耀方、主管会计工作负责人赵刚及会计机构负责人(会计主管人员)戴国平声明：保证年度报告中财务报告的真实、完整。

第二节　公司基本情况简介

2.1 基本情况简介

股票简称	千红制药
股票代码	002550
上市交易所	深圳证券交易所
注册地址	常州市新北区长江中路90号
注册地址的邮政编码	213022
办公地址	常州市新北区长江中路90号
办公地址的邮政编码	213022
公司国际互联网网址	www.qhsh.com.cn
电子信箱	qhsh@qhsh.com.cn

2.2 联系人和联系方式

	董事会秘书	证券事务代表
姓名	范泳	郑锋林
联系地址	常州市新北区长江中路90号	常州市新北区长江中路90号
电话	0519-85156003	0519-85156003
传真	0519-85156008	0519-85156008
电子信箱	frankie@qhsh.com.cn	frankie@qhsh.com.cn

第三节　会计数据和业务数据摘要

3.1 主要会计数据

单位：元

	2010年	2009年	本年比上年增减(%)	2008年
营业总收入(元)	1,144,767,230.97	743,796,773.62	53.91%	471,642,506.03
利润总额(元)	174,369,866.31	150,775,213.51	15.65%	107,246,911.58
归属于上市公司股东的净利润(元)	150,527,650.19	125,693,491.11	19.76%	90,438,283.22
归属于上市公司股东的扣除非经常性损益的净利润(元)	142,954,021.19	125,694,242.22	13.73%	90,648,821.00
经营活动产生的现金流量净额(元)	171,514,855.03	8,350,418.50	1,953.97%	54,358,639.85
	2010年末	2009年末	本年末比上年末增减(%)	2008年末
总资产(元)	548,526,586.04	533,867,640.60	2.75%	391,741,002.39
归属于上市公司股东的所有者权益(元)	394,145,038.90	243,647,388.71	61.77%	217,953,897.60
股本(股)	120,000,000.00	120,000,000.00	0.00%	120,000,000.00

3.2 主要财务指标

单位：元

	2010年	2009年	本年比上年增减(%)	2008年
基本每股收益(元/股)	1.25	1.05	19.05%	0.75
稀释每股收益(元/股)	1.25	1.05	19.05%	0.75
用最新股本计算的每股收益(元/股)	0.95	-	-	-
扣除非经常性损益后的基本每股收益(元/股)	1.19	1.05	13.33%	0.76
加权平均净资产收益率(%)	47.20%	46.13%	1.07%	35.23%
扣除非经常性损益后的加权平均净资产收益率(%)	45.37%	46.13%	-0.76%	35.29%
每股经营活动产生的现金流量净额(元/股)	1.43	0.07	1,942.86%	0.45
	2010年末	2009年末	本年末比上年末增减(%)	2008年末
归属于上市公司股东的每股净资产(元/股)	3.28	2.03	61.58%	1.82

非经常性损益项目

√适用　□不适用

单位：元

非经常性损益项目	金额	附注(如适用)
非流动资产处置损益	-18,175.30	
计入当期损益的政府补助，但与公司正常经营业务密切相关，符合国家政策规定、按照一定标准定额或定量持续享受的政府补助除外	10,108,299.30	
除同公司正常经营业务相关的有效套期保值业务外，持有交易性金融资产、交易性金融负债产生的公允价值变动损益，以及处置交易性金融资产、交易性金融负债和可供出售金融资产取得的投资收益	-32,500.00	
除上述各项之外的其他营业外收入和支出	-1,147,446.56	
所得税影响额	-1,336,548.44	
合计	7,573,629.00	-

3.3 境内外会计准则差异

□适用　√不适用

第四节　股本变动及股东情况

4.1 股份变动情况表

单位：股

	本次变动前		本次变动增减(+,-)					本次变动后	
	数量	比例(%)	发行新股	送股	公积金转股	其他	小计	数量	比例(%)
一、有限售条件股份	120,000,000	100.00%						120,000,000	100.00%
1、国家持股									
2、国有法人持股									
3、其他内资持股	120,000,000	100.00%						120,000,000	100.00%
其中：境内非国有法人持股									
境内自然人持股	120,000,000	100.00%						120,000,000	100.00%
4、外资持股									
其中：境外法人持股									
境外自然人持股									
5、高管股份									
二、无限售条件股份									
1、人民币普通股									
2、境内上市的外资股									
3、境外上市的外资股									
4、其他									
三、股份总数	120,000,000	100.00%						120,000,000	100.00%

限售股份变动情况表

单位：股

股东名称	年初限售股数	本年解除限售股数	本年增加限售股数	年末限售股数	限售原因	解除限售日期
王耀方	36,486,000	0	0	36,486,000	首发承诺	2014-2-18
赵　刚	18,243,000	0	0	18,243,000	首发承诺	2014-2-18
蒋建平	6,081,000	0	0	6,081,000	首发承诺	2014-2-18
周冠新	6,081,000	0	0	6,081,000	首发承诺	2014-2-18
沈小蕙	1,672,843	0	0	1,672,843	首发承诺	2014-2-18
邹少波等169名自然人	51,436,157	0	0	51,436,157	首发承诺	2012-2-18
合　计	120,000,000	0	0	120,000,000	-	-

4.2 前10名股东、前10名无限售条件股东持股情况表

单位：股

股东总数　174

前10名股东持股情况

股东名称	股东性质	持股比例(%)	持股总数	持有有限售条件股份数量	质押或冻结的股份数量
王耀方	境内自然人	30.41%	36,486,000	36,486,000	0
赵　刚	境内自然人	15.20%	18,243,000	18,243,000	0
蒋建平	境内自然人	5.07%	6,081,000	6,081,000	0
周冠新	境内自然人	5.07%	6,081,000	6,081,000	0
邹少波	境内自然人	4.17%	5,007,977	5,007,977	0
周　南	境内自然人	3.13%	3,760,123	3,760,123	0
刘　军	境内自然人	3.13%	3,760,123	3,760,123	0
周　青	境内自然人	1.76%	2,108,383	2,108,383	0
沈小蕙	境内自然人	1.39%	1,672,843	1,672,843	0

苏肖冰	境内自然人	1.12%	1,338,345	1,338,345	0

前 10 名无限售条件股东持股情况

股东名称	持有无限售条件股份数量	股份种类
无	0	人民币普通股
上述股东关联关系或一致行动的说明	上述股东中赵刚和沈小蕙为夫妻关系，其他人无关联关系。	

4.3 控股股东及实际控制人情况介绍

4.3.1 控股股东及实际控制人变更情况

□ 适用　　√ 不适用

4.3.2 控股股东及实际控制人具体情况介绍

王耀方先生，中国国籍，无境外永久居留权，1953 年出生，大学学历，高级工程师、国家执业药师、高级经济师，于 1992 年开始享受国务院特殊津贴。曾任常州生物化学制药厂副厂长、常州生化千红制药有限公司董事长兼总经理、常州千红生化制药有限公司董事长兼总经理。现任本公司董事长。

4.3.3 公司与实际控制人之间的产权及控制关系的方框图(略)

第五节　董事、监事和高级管理人员

5.1 董事、监事和高级管理人员持股变动及报酬情况

姓名	职务	性别	年龄	任期起始日期	任期终止日期	年初持股数	年末持股数	变动原因	报告期内从公司领取的报酬总额(万元)税前	是否在股东单位或其他关联单位领取薪酬
王耀方	董事长	男	57	2008-01-28	2011-01-27	36,486,000	36,486,000		63.03	否
赵　刚	董事、总经理	男	45	2008-01-28	2011-01-27	18,243,000	18,243,000		63.03	否
蒋建平	董事、副总经理	男	46	2008-01-28	2011-01-27	6,081,000	6,081,000		48.03	否
刘　军	董事、副总经理	男	43	2009-02-06	2011-01-27	3,760,123	3,760,123		51.04	否
范　泳	董事、董事会秘书	女	42	2008-01-28	2011-01-27	223,046	223,046		43.05	否
李大魁	独立董事	男	66	2009-10-30	2011-01-27	0	0		10.00	否
王　轶	独立董事	男	38	2009-10-30	2011-01-27	0	0		10.00	否
杜守颖	独立董事	女	50	2009-10-30	2011-01-27	0	0		10.00	否
蔡桂如	独立董事	男	38	2009-10-30	2011-01-27	0	0		10.00	否
周冠新	监事会主席	男	60	2008-01-28	2011-01-27	6,081,000	6,081,000		32.03	否
金小东	监事	男	37	2009-10-30	2011-01-27	0	0		30.00	否
郑　涛	监事	男	29	2008-01-28	2011-01-27	0	0		13.85	否
蒋文群	副总经理、财务负责人	女	42	2008-01-28	2011-01-27	1,216,200	1,216,200		51.03	否
合　计	–	–	–	–	–	72,090,369	72,090,369	–	435.09	–

董事、监事、高级管理人员报告期内被授予的股权激励情况

□ 适用　　√ 不适用

5.2 董事出席董事会会议情况

董事姓名	具体职务	应出席次数	现场出席次数	以通讯方式参加会议次数	委托出席次数	缺席次数	是否连续两次未亲自出席会议
王耀方	董事长	3	3	0	0	0	否
赵　刚	副董事长、总经理	3	3	0	0	0	否
蒋建平	董事、副总经理	3	3	0	0	0	否
刘　军	董事、副总经理	3	3	0	0	0	否
范　泳	董事、董事会秘书	3	3	0	0	0	否
李大魁	独立董事	3	1	2	0	0	否
王　轶	独立董事	3	0	2	1	0	否
杜守颖	独立董事	3	1	2	0	0	否
蔡桂如	独立董事	3	0	2	1	0	否

连续两次未亲自出席董事会会议的说明	
年内召开董事会会议次数	3
其中：现场会议次数	1
通讯方式召开会议次数	0
现场结合通讯方式召开会议次数	2

第六节　董事会报告

6.1 管理层讨论与分析

一、管理层讨论与分析

(一)报告期内公司经营情况的回顾

1.总体经营情况

2010 是公司调结构、促发展、见成效的一年，公司管理层坚决贯彻董事会关于产品结构转型升级与深化国际合作的指导方针，坚持创新经营，不断深化管理，公司经营管理取得明显成效：销售收入增加，销售结构与客户结构向高端发展，费用控制基本稳定，利润大幅增长。

报告期内，公司实现营业收入 114,476.72 万元，同比增长 53.91%，实现净利润 150,52.40 万元，同比增长 19.75%，实现归属于母公司所有者的净利润 15,052.77 万元，同比增长 19.76%，公司盈利能力、运营能力、增长能力在报告期内得到全面提升，较好地完成了年度预算指标，创历史最高水平，公司经营实力和行业竞争力得到提升。

2.主要工作回顾

(1)规划公司未来发展战略，理清发展思路。在对宏观环境、产业环境和区域环境做了客观全面的学习、认识和前景展望、对公司过去和现在的发展状况做了认真细致的分析、讨论和梳理后，确定了公司的使命和战略发展目标，并着手进行战略规划：坚持以生物医药为主业，高度重视重大产品产业链的整合，择机发展与医药健康相关的产业。产品发展以药用生物酶、蛋白质、粘多糖类制剂及其他活性化合物为特色；传统产品做到人有我精，标准高人一筹；新品开发坚持特色化、差别化原则。

(2)报告期内公司上市工作取得重大突破：在华泰证券公司、北京德润律师事务所、江苏公证天业会计事务所等单位大力支持和有效配合下，公司于 12 月 3 日通过国家证监会上市首发申请(IPO)审核，为 2011 年 2 月 18 日"千红制药"圆满挂牌上市奠定了实质性基础。

(3)产品质量国际国内认证均顺利通过：公司肝素钠原料药的质量控制水平已达到国际先进水平，已通过了欧盟 COS 认证及德国、澳大利亚、巴西、韩国 GMP 认证；公司生产的可作为依诺肝素原料的肝素产品已通过美国 FDA 的现场检查；肝素钠原料药现正在申请进行美国 FDA 的认证工作；"达肝素钠"原料药已于 2010 年 3 月获得日本厚生省的进口许可；公司胰激肽原酶原料药及制剂的产品质量内控标准已被国家药典委员会提升为国家药品标准（WS1-XG-003-2006）。

(4)依托技术与品牌进行资源产业链整合取得实质性成效：2010 年 1 月 15 日公司与国内知名食品大企业南京雨润食品有限公司签订合资组建润红生物科技有限公司的合作协议；8 月 30 日签订润红公司章程，章程规定：润红公司注册资本为 4000 万，其中本公司占 51%股份，南京雨润食品有限公司占 49%股份；12 月 8 日在湖北钟祥市举行润红公司奠基仪式；2010 年 12 月 10 日完成了湖北润红生物科技有限公司工商注册，12 月 15 日完成了税务登记工作。

(5)产品和企业得到市场广泛认可，公司信誉和产品知名度大幅提升：怡开针剂顺利进入 2010 版国家医保目录；注射级肝素钠被评为 2010 年江苏省第一批高新技术产品；公司被评为常州市纳税 A 级企业、江苏省创新型企业、江苏省优秀民营企业；通过江苏省工业企业 A 级质量信用现场核查。

(6)新药研发、技术进步、科技成果转化工作取得重大成绩：在研的国家重大科技专项、国家一类新药抗血栓蛋白完成临床前研究，预计 2011 年上半年完成国家 SFDA 临床申报；国家一类新药 TRAIL 项目完成了立项报告。知识产权申报取得显著成效，《纯化 L-门冬酰胺酶的方法》、《弹性蛋白酶的纯化方法》均取得国家专利证书。江苏省科技成果转化项目"高质量肝素和胰激肽原酶大品种生化药物重大技术创新及产业化"通过省科技厅专家组的中期验收。

(7)加强公司内部管理，全面提升公司行政效率。通过建立高层例会制度，促进公司运营效率提高；通过优化组织架构，对肝素经营采取事业部制，将肝素经营划归同一部门管理，提高肝素经营整体水平；成立证券投资部，推进上市步伐和提高资本运作水平；成立审计部，监督和规范企业管理，提高经营运作质量。人事和薪酬改革工作取得明显成效，公司聘请专业公司帮助建立薪酬人事制度，完成企业诊断、组织架构设计、岗位分析、培训制度设计、岗位排序等模块，初步建立了薪酬管理、绩效考核制度框架，出具了整个项目的报告书，2011 年将正式实施。

(二)主营业务及其经营情况

1.主营业务的范围

本公司的主营业务为药品生产许可证范围内的冻干粉、冻干粉针剂(含抗肿瘤药)、小容量注射剂(非最终灭菌)、片剂、硬胶囊剂、颗粒剂、原料药的研发、生产和销售。主要产品包括肝素钠原料药及制剂、胰激肽原酶制剂和门冬酰胺酶原料药及制剂。

2.主营业务分行业、产品、地区经营情况

2.1 公司主营业务分行业、产品构成情况

主营业务分行业情况，具体内容见 6.2 章节

2.2 公司主营产品分地区，具体内容见 6.3 章节

3.近三年主要财务数据变动及其原因，具体内容见 3.1 章节

报告期内，受益于销售规模的扩大和肝素钠原料药价格上涨，公司营业收入较上年度增长 53.91%，利润总额增长 15.65%，归属于上市公司股东的净利润增长 19.75%，同时，营业收入和利润的增长使得公司基本每股收益较上年增长 19.05%。报告期内，经营活动产生的现金流量净额较上年增加 1953.97%，主要原因是净利润增加、应收款项减少。

4.毛利率变动情况

类别	2010 年	2009 年	增减变动(%)	2008 年
胰激肽原酶系列产品	74.15%	75.05%	-0.90%	70.76%
肝素类系列产品	17.21%	21.96%	-4.75%	28.06%
其他类	93.19%	90.53%	2.66%	73.40%
合计	26.64%	34.99%	-8.35%	40.14%

报告期内，销售毛利率较上年度下降了 8.35 个百分点，原因是公司产品肝素钠原料药的原料成本上升幅度大于肝素钠原料药销售价格的上升幅度。

5.主要供应商、客户情况

单位：人民币元

	前 5 名供应商采购额合计	占全部采购金额比例	前 5 名客户销售额合计	占全部销售额比例
2010 年	525,918,422.92	57.23%	744,101,317.58	65.00%
2009 年	273,362,134.19	45.12%	435,452,025.24	58.54%
2008 年	147,041,053.75	44.08%	268,396,004.45	56.91%

报告期内，公司向前 5 名供应商采购额较上年增加 12.11 个百分点，原因是公司加大对重点供应商生产的肝素粗品的采购。

报告期内，公司向前 5 名客户销售额较上年增加 6.46 个百分点，原因是公司产品肝素钠原料药销售价格上涨。

公司前 5 名供应商、客户与公司不存在关联关系，公司董事、监事、高级管理人员、核心技术人员、持股 5%以上股东、实际控制人和其他关联方在主要客户、供应商中无直接或间接权益。

(三)资产负债表、利润表、现金流量表项目的变动分析

1.合并资产负债表项目大幅度变动的原因分析

单位：人民币元

资产负债表项目	2010 年 12 月 31 日	2009 年 12 月 31 日	本年比上年增减(%)
应收票据	3,924,706.56	9,321,724.51	-57.90%

投资性房地产	50,366.96	88,513.84	-43.10%
在建工程	236,376.10	7,473,714.89	-96.84%
递延所得税资产	1,843,378.07	2,970,587.46	-37.95%
短期借款	55,000,000.00	107,000,000.00	-48.60%
预收账款	111,428.40	5,270,748.16	-97.89%
应交税费	-6,063,076.20	2,983,395.28	-303.23%
应付利息	110,845.83	165,000.00	-32.82%
应付股利		95,200,000.00	-100.00%
其他应付款	2,696,043.08	6,593,134.74	-59.11%
其他流动负债	1,914,922.51	9,599,708.09	-80.05%
长期借款	29,000,000.00	9,000,000.00	222.22%
盈余公积	36,641,950.38	21,599,317.65	69.64%
未分配利润	229,670,576.00	94,185,558.54	143.85%
归属于母公司股东权益	394,145,038.90	243,647,388.71	61.77%
少数股东权益	19,630,427.94	34,058.87	57536.76%

(1)应收票据:2010 年期末余额比 2009 年期末余额下降 57.90%,其主要原因为 2010 年增加银行承兑汇票贴现所致。

(2)投资性房地产:2010 年期末余额比 2009 年期末余额下降 43.10%,其主要原因为公司沿街房屋减少出租所致。

(3)在建工程:2010 年期末余额比 2009 年期末余额下降 96.84%,其主要原因为 2009 年的工程在 2010 年完工转入固定资产核算所致。

(4)递延所得税资产:2010 年期末余额比 2009 年期末余额下降 37.95%,其主要原因为 2010 年减少应付未付的市场开发费用所致。

(5)短期借款:2010 年期末余额比 2009 年期末余额下降 48.60%,其主要原因为 2010 年归还银行流动资金借款所致。

(6)预收账款:2010 年期末余额比 2009 年期末余额下降 97.89%,其主要原因为 2010 年公司对客户销售发货冲减预收账款所致。

(7)应交税费:2010 年期末余额比 2009 年期末余额下降 303.23%,其主要原因为 2010 年 12 月出口应退税额 944 万元在 2011 年 1 月退到公司账户所致。

(8)应付利息:2010 年期末余额比 2009 年期末余额下降 32.82%,其主要原因为 2010 年归还银行流动资金借款,应付未付的银行利息费用减少所致。

(9)应付股利:2010 年期末余额比 2009 年期末余额下降 100%,其主要原因为 2010 年支付了 2009 年应付未付的 9520 万元股利所致。

(10)其他应付款:2010 年期末余额比 2009 年期末余额下降 59.11%,其主要原因为 2010 年 2 月偿还了常州广安房地产开发有限公司的定金 300 万元所致。

(11)其他流动负债:2010 年期末余额比 2009 年期末余额下降 80.05%,其主要原因为 2010 年应付未付的市场开发费减少所致。

(12)长期借款:2010 年期末余额比 2009 年期末余额增长 222.22%,其主要原因为 2010 年增加长期贷款 2000 万元,专项用于高质量肝素和胰激肽原酶大品种生化药物重大技术创新及产业化科技成果转化项目所致。

(13)盈余公积:2010 年期末余额比 2009 年期末余额增长 69.64%,其主要原因为公司按照 2010 年度税后净利润为基数计提了 10%的法定盈余公积金所致。

(14)未分配利润:2010 年期末余额比 2009 年期末余额增长 143.85%,其主要原因为公司 2010 年度盈利增加所致。

(15)归属于母公司股东权益:2010 年期末余额比 2009 年期末余额增长 61.77%,其主要原因为公司 2010 年度盈利增加所致。

(16)少数股东权益:2010 年期末余额比 2009 年期末余额增长 57536.76%,其主要原因为 2010 年公司与雨润食品集团公司共同出资 4000 万元成立湖北润红生物科技有限公司,雨润食品集团公司占 49%股份所致。

2.合并利润表项目大幅度变动的原因分析

单位:人民币元

利润表项目	2010 年 12 月 31 日	2009 年 12 月 31 日	本年比上年增减(%)
营业收入	1,144,767,230.97	743,796,773.62	53.91%
营业成本	836,580,468.89	482,943,653.46	73.23%
营业税金及附加	5,249,161.40	3,386,042.41	55.02%
管理费用	76,605,301.38	58,523,900.52	30.90%
财务费用	12,846,463.26	6,698,229.26	91.79%
资产减值损失	-48,973.15	315,277.31	-115.53%
公允价值变动收益	-32,500.00	110,500.00	-129.41%
投资收益	20,150.00	35,100.00	-42.59%
营业外收入	10,148,936.63	1,354,061.32	649.52%
少数股东损益	-3,630.93	-136.69	

(1)营业收入:2010 年营业收入比上年增长 53.91%,其主要原因为销售规模的扩大和肝素钠原料药价格上涨所致。

(2)营业成本:2010 年营业成本比上年增长 73.23%,其主要原因为销售规模的扩大和肝素钠粗品原材料成本上涨所致。

(3)营业税金及附加:2010 年营业税金及附加比上年增长 55.02%,其主要原因为 2010 年公司应缴增值税的增加,相应营业税金及附加也增加所致。

(4)管理费用:2010 年管理费用比上年增长 30.90%,其主要原因为 2010 年公司研发费用、职工薪酬增加所致。

(5)财务费用:2010 年财务费用比上年增长 91.79%,其主要原因为 2010 年公司利息支出增加所致。

(6)资产减值损失:2010 年资产减值损失比上年下降 115.53%,其主要原因为 2010 年度公司加强存货管理,呆滞物资减少,计提的存货跌价准备减少所致。

(7)公允价值变动收益:2010 年公允价值变动收益比上年下降 129.41%,其主要原因为 2010 年度公司持有的宁沪高速股票公允价值下跌所致。

(8)投资收益:2010 年投资收益比上年下降 42.59%,其主要原因为 2010 年度公司持有的宁沪高速股票分红减少所致。

(9)营业外收入:2010 年营业外收入比上年增长 649.52%,其主要原因为政府补助增加 880 万元所致。

(10)少数股东损益:2010 年少数股东损益比上年减少 3494.24 元,其主要原因为千红通用和生物技术中心两个子公司经营亏损所致。

3.合并现金流量表项目大幅度变动的原因分析

单位:人民币元

项目	2010 年 12 月 31 日	2009 年 12 月 31 日	本年比上年增减(%)
一、经营活动产生的现金流量净额	171,514,855.0[illegible]	8,350,418.50	1953.97%
经营活动现金流入量	1,325,080,772.5[illegible]	789,223,258.01	67.90%
经营活动现金流出量	1,153,565,917.5[illegible]	780,872,839.51	47.73%
二、投资活动产生的现金流量净额	-10,645,103.6[illegible]	-13,288,177.38	19.89%
投资活动现金流入量	23,150.0[illegible]	79,888.46	-71.02%
投资活动现金流出量	10,668,253.6[illegible]	13,368,065.84	-20.20%
三、筹资活动产生的现金流量净额	-135,899,688.5[illegible]	-10,390,139.17	-1207.97%
筹资活动现金流入量	199,604,279.8[illegible]	153,000,000.00	30.46%
筹资活动现金流出量	335,503,968.4[illegible]	163,390,139.17	105.34%
四、现金及现金等价物净增加额	23,391,308.7[illegible]	-15,697,484.21	-249.01%

(1)经营活动现金流入量:2010 年经营活动现金流入量比上年增长 67.90%,其主要原因为 2010 年公司销售肝素钠原料药所收到的现金以及收到的出口退税额增加所致。

(2)经营活动现金流出量:2010 年经营活动现金流出量比上年增长 47.73%,其主要原因为 2010 年公司采购肝素粗品原料所支付的现金以及支付的税金和支付给职工的现金增加所致。

(3)投资活动现金流入量:2010 年投资活动现金流入量比上年下降 71.02%,其主要原因为 2010 年公司处置固定资产所收到的现金减少所致。

(4)筹资活动现金流入量:2010 年筹资活动现金流入量比上年增长 30.46%,其主要原因为 2010 年公司与雨食品集团公司共同出资成立湖北润红生物科技有限公司,收到雨润食品集团公司出资 1960 万元以及公司增加银行贷款 2700 万元所致。

(5)筹资活动现金流出量:2010 年筹资活动现金流出量比上年增长 105.34%,其主要原因为 2010 年度支付 2009 年度分红 9520 万元以及 2010 年归还银行贷款的金额比 2009 年增加 9200 万元所致。

4.偿债能力分析

财务指标	2010 年度	2009 年度	2008 年度	本年比上年同比增减
流动比率(倍)	4.60	1.58	1.69	191.14%
速动比率(倍)	2.39	0.84	1.18	184.52%
资产负债率(母公司)	25.55%	54.39%	44.41%	-53.02%
已获利息倍数(倍)	16.50	35.24	21.17	-53.18%

2010 年度,公司流动比率、速动比率财务指标较上年有所上升,资产负债率和已获利息倍数下降,各项偿债能力指标较上年明显改善,公司资产状况良好,银行授信额度充沛,无表外融资情况及其他或有负债等情况。

5.资产营运能力分析

财务指标	2010 年度	2009 年度	2008 年度	本年比上年同比增减(天)
应收账款周转天数	29.88	42.91	46.21	-13.83
存货周转天数	90.91	108.43	83.92	-17.52

应收账款周转天数较上年同期下降 13.83 天,主要原因是公司为了缩短外销收入应收账款期限,提高资金使用效率,避免因外销收入结算产生的汇兑风险,与银行签订了《无追索权融信达业务合同》,截至 2010 年 12 月 31 日,已转让未到期外币应收账款 724.90 万美元,加快了货款回笼;存货周转天数较上年同期下降 17.52 天,主要原因是公司 2010 年度比上年度销售成本上升幅度大于存货库存的上升幅度,从而存货周转天数减少。

6.研发支出及专利情况

(1)公司前三年的研发支出情况

单位:人民币万元

项目	2010 年度	2009 年度	同比增减	2008 年度
研发支出	3665.08	2,259.85	59.97%	1426.08
营业收入(合并数)	114,476.72	74379.68	53.91%	47164.25
研发支出占营业收入的比重	3.20%	3.04%	3.90%	3.02%

(2)公司专利情况

专利名称	申请日	公开号	法律状态	法律状态开始日
纯化 L-门冬酰胺酶的方法	2007-4-18	CN101063118A	授权	2010-9-8
纯化弹性蛋白酶的方法	2007-4-6	CN101058806	授权	2010-2-10
胰激肽原酶在制备放射治疗肿瘤的药物中的应用	2006-9-27	CN1943780	实质审查	2007-6-6
复方消化酶制剂及其制备方法	2006-9-27	CN1973783	授权	2009-4-1
门冬酰胺酶冻干粉针剂及其制备方法	2010-12-30		申请	

7.控股子公司及参股公司经营情况

(1)常州生物制药工程技术中心有限公司:注册资本 30 万元人民币,本公司持有其 70%的股权。经营范围为遗传工程,酶工程,生物工程,医药,农药,化工中间体的技术服务。截至 2010 年 12 月 31 日,资产总额为 10.14 万元,净资产为 10.14 万元。2010 年度无营业收入,净利润-1.21 万元。

(2)常州千红通用细胞工程研究所有限公司:注册资本 30 万元人民币,本公司持有其 90%的股权。经营范围为人类组织胚胎干细胞、具有医疗价值的人类再生组织、人类胚胎全能性干细胞、人类器官组织的再生及以上有价值产品的衍生物的技术开发、转让、咨询。截至 2010 年 12 月 31 日,资产总额为 1.80 万元,净资产为-33.20 万元。2010 年度无营业收入,净利润-2.20 万元。

(3)湖北润红生物科技有限公司:注册资本 4000 万元人民币,本公司持有其 51%的股权。经营范围为收购、销售猪小肠、肠衣,收购制造猪小肠黏膜肝素钠粗品、猪胰酶粉等生化制药原料制造。截至 2010 年 12 月 31 日,资产总额为 4001.98 万元,净资产为 4000 万元。2010 年度营业收入和净利润为零。

8.董事、监事、高管薪酬情况

报告期内,公司董事、监事、高级管理人员合计从公司领取薪酬 435.09 万元(含独立董事薪酬,独立董事薪酬为税前人民币 10 万元/年),比上年同期增长 16.36%,主要原因是 2009 年独立董事只领取 2 个月薪酬。除独立董事外,其他董事、监事、高级管理人员合计薪酬比上年同期增长 7.59%。同期公司净利润同比增长 19.75%。2010 年公司董事、监事、高级管理人员薪酬增长幅度低于公司净利润增长幅度。体现了董事、监事、高级管理人员薪酬与公司业绩挂钩的考核机制。公司董事、监事、高级管理人员的基本年薪和奖金发放符合公司整体业绩增长和岗位履职情况,公司董事会披露的董事、监事和高级管理人员的薪酬情况与实际相符。

二、公司所处行业的发展趋势及公司面临的机遇与挑战

(一)行业发展趋势

1.国际医药市场概况

受益于世界人口总量的增长和社会老龄化程度的提高,全球医药市场增长率远高于全球经济增长率,2007 年全球药品市场销售总额突破 7,000 亿美元。根据 IMS Health 发布的《2009 年全球药品市场增长预测》报告,医药行业比金融业、制药业受金融危机影响较小,全球药品行业 2009 年销售额比 2008 年的 7,730 亿美元增长 2.5%-3.5%,市场规模将达到约 8,000 亿美元。

创新治疗方法的发明和新药品的诞生将继续带动全球医药市场的快速发展,预计 2011 年全球医药市场规模将达到 8,800 亿美元。与此同时,"新兴医药市场"中国,俄罗斯,印度,土耳其,巴西,韩国,墨西哥等国家,在全球制药业发展中已经逐渐崭露头角,并发挥出越来越重要的作用。目前,这些新兴医药市场在全球医药市场中占据的份额仍比较小,但不容忽视的是,相对于欧美成熟市场,新兴市场的增长仍然比较乐观。据 IMS Health 预测,截至 2013 年,世界七个新兴医药市场(中国,俄罗斯,印度,土耳其,巴西,韩国,墨西哥)的销售额将达到 1550-1850 亿美元;2008-2013 年五年里,中国的年复合增长率为 20%-25%,将位于新兴市场榜首。

2008-2013 新兴市场销售额复合增长率

区域	年复合增长率	排名
中国	20%-25%	1
俄罗斯	14%-17%	2
印度	11%-14%	3
土耳其	11%-14%	3
巴西	7%-10%	4
韩国	7%-10%	4
墨西哥	4%-7%	5
新兴市场整体增长	13%-16%	

资料来源:IMS Health Market Prognosis

2.国内医药行业市场概况

1999 年以来我国医药行业持续快速发展,医药工业总产值年复合增长率接近 20%,2008 年我国医药工业累计完成工业生产总值 8,667 亿元,比 2007 年增长 29.8%。2008 年全国医药行业累计实现销售收入 7,788 亿元,比 2007 年的 6,280 亿元增长了 24%,已是全球第六大的药品市场。根据 IMS Health 的预测,到 2011 年我国将成为全球第三大药品市场,药品消费潜力巨大。

与此同时,医药体制改革的启动,有关部门一系列相关政策的出台,特别是连续出台了降低药品价格、推行药品招标采购、限制处方药在大众媒体做广告、药品强制 GMP 认证等政策,几乎涵盖了药品研发、生产、流通的各个环节,规范并推动了医药行业的发展。新品种的研发、原料药生产、制剂药生产和销售产业链一体化的深入,行业集中度的提高,自发研究、合同生产、合资建厂等多种方式运用,从不同方面提高了我国医药企业在国际医药市场的竞争力。

3.全球和我国生物制药行业发展状况

生物药物是指运用微生物学、生物学、医学、生物化学等的研究成果,从生物体、生物组织、细胞、体液等,综合利用微生物学、化学、生物化学、生物技术、药学等科学的原理和方法制造的一类用于预防、治疗和诊断的制品。生物医药已经成为现代生物技术生产的重要的产品,并成为衡量一个国家现代生物技术发展水平的一个重要的标志,生物制药产业是制药业中发展最快、活力最强、技术含量最高的领域之一。从 1998 年开始,全球生物制药产业销售额连续保持 15%-33%的增长速度。据 IMS Health 统计,到 2007 年底全球生物制药销售额达到 750 亿美元,其增长速度远高于传统制药业的增长速度。Frost&Sullivan 的报告指出,全球生物制药产业规模到 2010 年有望达到 982 亿美元。

我国生物制药产业起步于上世纪 80 年代,被列为我国重点支持的发展领域,已经成为制药行业乃至整个国民经济增长中新的亮点。在国家的支持和市场的推动下,我国生物制药产业规模保持较快增长,技术成果产业化进展加快,涌现出一批快速发展的企业,全国生物制药产业初具规模。截至 2008 年,我国生物制药产业占全国医药产业的比重已经超过 9%,在我国医药产业体系中的地位越来越突出。2009 年,我国生物制药行业继续保持较高增长速度。国家统计局数据显示,2009 年 1-6 月,全国累计实现生物制药行业工业销售产值 383.59 亿元,同比增长 23.1%。

(二)公司面临的机遇与挑战

1.公司面临的机遇

(1)正在规划中的《生物产业发展"十二五"规划》是国民经济和社会发展第十二个五年规划体系中的专项规划之一,也是正在编制的《战略性新兴产业发展"十二五"规划》的配套专项规划之一。作为新兴产业的生物医药产业将迎来新的发展机遇,有望在生物产业的技术创新、产业化与产业的发展、产业布局、市场培育、人才培养,以及财税政策、投融资政策等多方面得到支持。

(2)随着国家调整和优化国民经济产业结构的指导思想不断得到落实,生物医药产业的发展得到了国家和地方政府的高度重视,尤其是常州市委市政府先后发布了《常州市振兴五大产业行动计划(2009-2011 年)》(常发【2009】6 号)和《常州市振兴五大产业行动计划实施细则》(以下简称"实施细则")的通知(常发办[2009]14 号)决定加大对生物医药等五大产业进行振兴计划,集中政策资源,加大支持力度,在组织领导、资金扶持、项目管理和环境营造等方面给予企业支持。公司根据自己的实际情况,积极配合地方政府振兴生物医药产业的规划的政策,加快发展自己的优势业务,不断做好、做强、做大。

(3)随着国家医疗改革的不断深化和发展,公司多品种和丰富的产品线的优势将得到新的发展。公司国内主营业务胰激肽原酶原料及制剂、门冬酰胺酶原料及制剂、肝素钠针剂,将随着国家医疗体制改革的不断深入和主要病种纳入医保范围,产品市场份额也将得到不断提升,目前公司共生产 7 个品种 11 种规格的制剂药品,其中胰激肽原酶肠溶片、注射用胰激肽原酶,肝素钠注射液和注射用门冬酰胺酶已列入《国家医保目录》,肝素钠注射液被列入《国家基本药物目录》,为公司不断发展国内市场和顺利进行招投标奠定了坚实的基础。

(4)随着国际市场对肝素需求的不断增长和肝素原料药国际药典标准的不断提高,我国肝素出口市场竞争格局正在发生新的变化,出口进一步向具有规模和质量优势的的企业集中,行业集中度进一步加快。由于肝素主要出口地区美国和欧洲的肝素原料药质量标准的提高,将逐步淘汰无法达到最新质量标准的肝素生产企业。公司面对新的质量标准及时修订质量内控标准,更新仪器设备。2010 年公司共接受国内外官方现场检查 5 次,国内外客户对我司作为其供应商审计共 8 次,全部获得通过,公司不断创新的工艺技术能力、高标准的质量内控管理赢得了国内外药政监管机构和客户的广泛认可,为公司赢得国内外更大的市场份额奠定了质量基础。

2.公司面临的挑战

(1)随着国内医疗体制改革的不断深入,国内将有更多的公司的药品及品种进入医保范围,在各地实行的招投标过程中,公司面临着较为激烈的竞争,这将鞭策公司不断提高自己的软硬件的建设,严格控制产品质量标准,加大营销网络、品牌建设和医患教育的力度,不断提高自己的研发和创新能力来提高自己的市场份额。

(2)随着国内外药典标准的不断提高,国内新版 GMP 的实施,对国内的生物医药企业的要求也越来越高,行业的集中度将逐渐提高。国内生物医药企业尤其是同类产品的制药企业将面临更为激烈的竞争,资源也将逐步向优势企业集中。公司虽然近几年的管理水平和公司业绩得到了大幅提升,但是面对未来的市场竞争,公司还需要在多方面不断积累经验,提高自己的软硬件的建设能力和水平。

三、公司的发展规划

(一)公司发展战略

公司将继续本着"用心制好药,造福全人类"的经营理念,抓住我国肝素钠原料药行业发展和胰激肽原酶市场开拓的机遇,保持和发挥公司产品质量竞争优势,延伸肝素产品产业链资源,增强新产品、新技术研发能力,加大产品市场推广力度,不断提高相关产品市场占有率,全面提升公司核心竞争力,使公司成为细分行业最具竞争力的药品生产企业之一。

(二)经营目标

1.整体经营目标

公司计划利用 3-5 年的时间,在保持从天然物中提取活性生物医药产品的技术与质量优势的基础上,力争在基因工程产品上有重大突破,年销售总额争取超 20 亿元,利税总额突破 8 亿元,成为在国内外生物医药行业有较高美誉度的高新生物医药技术企业。

2.市场开拓与产品发展目标

公司将致力拓展国内销售网络,加强重点市场的开发和上量工作,确保国内销售的快速增长;在出口方面,抓住肝素钠原料药行业整合机遇,在精心做好现有客户维护工作的同时,积极开拓新的市场和客户,尽快打开并扩大美国和日本等市场份额。

未来三年内,公司力争:销售收入年均增长 30%,利润总额年均增长 20%,保持公司在胰激肽原酶等酶制剂细分市场的国内领先企业地位,肝素钠原料药出口保持国内前三位水平。

(三)产品研究开发目标

未来三年,公司将致力于研发低分子肝素原料药及制剂、一类新药靶向性重组人抗血栓蛋白等创新药物,力争获得新药证书,进一步提高公司产品的技术含量,丰富产品线,增强竞争力,提升公司业绩。

(四)可能面临的主要风险及对策

1.产品质量风险

公司产品生产流程长、工艺复杂,影响公司产品质量的因素多,原材料采购、中间体和产成品的生产、存储和运输等过程都可能会出现质量风险。尽管历史上未发生过重大产品质量纠纷事件,公司仍可能因其他各种原因导致出现产品质量问题,从而给公司带来经营风险。

对策:公司已建立了质量受权人及全员质量管理制度,利用较为完善的管理制度,先进的检测等质量控制手段,严格把控,防止产品质量风险的发生。

2.主要产品销售价格波动的风险

肝素钠原料药为公司主打产品,报告期内肝素钠原料药销售分别占当期主营业务收入的 83.90%。但自 2010 年下半年起,国际上对肝素钠原料药采购价格有所下降,肝素钠原料药价格的波动对公司的经营业绩有较大的影响。

另外,随着药品价格改革、医疗保险制度改革的不断深入以及其他政策、法规的调整或出台,公司内销产品的价格也可能面临降价的风险。

主要应对措施:①加强技术改进,在保持产品质量前提下,努力提高产品收率,降低生产成本;②优化原辅料采购及生产流程安排,加速物料周转,降低库存;③加大国内外市场开拓力度,进一步扩大产品销售市场份额,做强做大经营规模。

3.主要原材料供应风险

公司主产品肝素钠原料及胰激肽原酶制剂的主要原材料分别为肝素粗品和猪胰脏粉,属资源依赖性产品,在一定程度上依赖于生猪养殖、屠宰等较长的上游产业链的稳步健康发展。随全球肝素类制剂的需求增长,肝素原料药生产商对肝素粗品资源的争夺也将日趋激烈,肝素粗品采购价格将会发生波动,从而导致生产成本的波动。此外,随着募集资金投资项目的实施,公司胰激肽原酶相关产品产能将大幅提升,对猪胰脏粉的要求量也将相应增长,猪胰脏粉未来的价格波动也将对公司采购成本产生影响。

主要应对措施:①实施产供销平衡管理,降低库存风险;②实施产品单位毛利额与毛利率管理,保持合理的产品利润;③对产业链上游的资源进行整合,与主要大型原料企业进行合资合作,控制紧缺资源。

4.汇率波动的风险

公司出口产品收入主要以美元结算,2010 年人民币汇率继续呈升值趋势,报告期内汇兑损失 157.87 万元,相对金额较小。但随着公司出口收入逐步提升,如果人民币汇率发生较大变动或结算周期延长,由此引致的汇兑损益将对公司经营业绩产生一定影响。

主要对应措施:公司将加大海外应收账款的限额管理,严格控制应收账款规模和期限,通过各种可行的措施(包括即时跟踪外汇牌价,选取合适汇率结汇等)来控制汇率波动给公司带来的汇兑损益;在制订外销价格时,把可预计的汇率风险计算在内,转嫁汇率风险。

5.与公司主要产品胰激肽原酶、肝素钠等有相同治疗效应的产品也在不断增加,市场竞争风险加大。

主要对应措施:公司将不断加大投入,一方面加强利用本次营销网络募投机会,加大营销网络偶的建设,扩大市场份额;另一方面,对现有产品进行延伸式开发,增加竞争能力。

(五)2011 年公司应加强的重点工作

1.经营工作

国内市场通过创新销售管理机制和市场开发模式,加强队伍建设打造一支专业化的开发队伍,根本上提升市场开拓能力;进一步细分市场,强化重点市场、重点品种的开拓,合理配置资源;改进销售薪酬考核办法;加强销售计划管理等一系列措施确保国内市场销售计划的完

成。国外市场通过加强外销队伍力量，加快国际质量体系认证步伐，实施重点产品生产技术水平的控制和提升，全面提高国际市场开拓能力和竞争能力，开拓新的目标客户，重点加强美国市场开拓。公司应继续本着"用心制好药，造福全人类"的经营理念，高度注重产品的质量，重视原料采购和产品生产环节的质量控制，在原辅料采购验收、中间体加工生产、成品储存发运等流程中严格按照质量控制体系规定执行，以保证公司的产品质量。

2.公司内部治理

按照上市公司的管理规范和要求，完善公司内部控制等各项管理制度，确保股东大会、董事会、监事会等机构合法运作和科学决策，建立有效的激励约束机制，树立风险防范意识。2011年将实施新的薪酬考核管理办法，使公司的薪酬体系和绩效考核评价更加科学，更加合理，体现"多劳多得，鼓励创新；效率优先，兼顾公平"的原则，达到充分调动员工的工作积极性和责任性，提高工作效率和执行力，实现吸引人才、留住人才、用好人才的根本目的。

3.加快主导产品产业链的整合

在实现资源优势互补形成合力的基础上，年内完成控股子公司湖北润红生物科技有限公司的全面建设，力争年底进入试运行状态。

4.推进在研产品的开发进度

年内完成一类新药 rHAP 的临床前各项研究工作，完成向 SFDA 申报产品临床工作；完成一类新药 TRAIL 的前期研究指标，年内争取进入药理试验。做好小分子肝素原料药及制剂的报批工作。

5.募投项目的全面启动

公司将科学运筹，精心组织做好 5 个募投项目的建设实施工作，确保在承诺的期限内完成募投项目工作。

6.做好后备人才的培养工作

通过引进、培养等多种方式，扩充公司发展所需的技术开发人员、市场营销人员及后备管理干部，进一步提高员工的整体素质，为未来公司快速发展储备优秀的人才。

7.加强企业文化建设

培育良好的企业精神及内部控制文化，既要创造全体职工充分了解并履行职责的环境，又要营造积极向上、团结协作的企业工作氛围。关心职工生活，完善福利制度和福利条件，提高职工收入。

四、报告期内投资情况

（一）本报告期内不存在募集资金使用情况。

（二）本报告期内非募集资金项目投资情况如下：

投资湖北润红生物科技有限公司 2040 万元人民币作为注册资本，本公司持有其 51%的股权，属于上市公司控股子公司。该公司已于 2010 年 12 月 10 日注册成功，领取了营业执照，注册号为 420881000260215。项目正在进行厂区的基建工程。

五、报告期内公司重要会计政策变更、会计估计变更以及重大前期差错更正的说明

本报告期内无重要会计政策变更、会计估计变更以及重大前期差错更正情况。

六、董事会日常工作情况

（一）报告期内董事会的会议情况及决议内容

报告期内，公司董事会共召开了三次会议，具体情况如下：

1. 2010 年 02 月 01 日公司召开第一届董事会第十二次会议，审议并通过《2010 年公司的销售及利润目标》的议案；审议《常州千红生化制药股份有限公司三年（2007、2008、2009 年）财务报表和附注》等议案。

2. 2010 年 5 月 24 日公司召开第一届董事会第十三次会议，审议并通过《2009 年年度董事会工作报告》的议案；审议并通过《2009 年年度年度财务决算报告》的议案；审议并通过《2010 年年度预算报告》的议案；审议并通过《2009 年利润分配方案》的议案；审议并通过《2009 年独立董事述职报告》的议案；审议并通过《关于公司 2010 年向银行申请年度授信额度的报告》的议案；审议并通过《关于聘请江苏公证天业会计师事务所有限公司为公司 2010 年审计机构》的议案；审议并通过《关于设立公司审计总监》的议案；审议并通过《关于召开 2009 年年度股东大会》等议案。其中议案前七项递交 2009 年年度股东大会审议。

3. 2010 年 8 月 10 日公司召开第一届董事会第十四次会议，审议并通过了《常州千红生化制药股份有限公司三年又一期(2007 年、2008 年、2009 年及 2010 年 1-6 月份)财务报表和附注》的议案；

（二）董事会对股东大会决议的执行情况

报告期内，公司于 2010 年 6 月 18 日召开了年度股东大会，公司董事会严格按照股东大会的决议和授权，认真执行股东大会通过的各项决议。

根据 2010 年 6 月 18 日公司 2010 年年度股东大会决议，2009 年年度利润分配方案为：公司 2009 年已经在第一届董事会第十一次会议进行了中期利润分配的决议，2009 年度不再进行利润分配（第一届董事会第十一次会议进有关中期利润分配的决议内容为：公司以经江苏公证天业会计师务所有限公司审计后截至至 2009 年 9 月 30 日的未分配利润余额为基础，其中 10000 万元人民币向老股东分配，剩余部分及 2009 年 10 月 1 日至本次发行前产生的利润由本次发行后公司新老股东按所持股份比例共同享有。）

公司董事会根据上述决议，除上述分配外，2010 年未再对 2009 年利润进行分配。

（三）董事会下设专业委员会的履职情况

1.董事会下设的审计委员会的履职情况

报告期内，审计委员会主要负责公司内、外部审计的工作通过各种方式和形式进行沟通、监督和核查工作，确保董事会对经理层的有效监督。审计委员会会同审计部对公司 2010 年财务审计报告进行了审核，认为：公司编制的经会计师初审后的财务会计报表真实、客观地反映了公司 2010 年末的财务状况和 2010 年度的经营成果，同意提交董事会将其作为年报的基础数据材料，并经董事会审议年报议案后，作为公告材料加以最终披露。审计委员会于 2011 年 4 月 2 日召开了会议，审议通过了《关于公司 2010 年度审计报告初稿的议案》、《关于 2010 年公司财务决算报告的议案》、《关于 2010 年度内部控制自我评价报告的议案》、《关于续聘江苏公证天业会计师事务所有限公司为公司 2011 年审计机构的议案》，并同意将上述议案递交第一届董事会第十六次会议审议。

2.董事会下设的薪酬与考核委员会的履职情况

截至到报告报出之日，公司董事会薪酬与考核委员会勤勉履行职责，于 2011 年 4 月 2 日召开了会议，审议通过了 2010 年度公司董事、高级管理人员薪酬的情况，审议通过了《关于实施人力资源改革方案的议案》等议案，同意将以上《关于实施人力资源改革方案的议案》提交第一届董事会第十六次会议审议。

3.董事会下设的战略委员会的履职情况

截至到报告报出之日，公司董事会战略委员会勤勉履行职责，于 2011 年 4 月 2 日召开了会议，审议并通过了《关于成立合资研究院和变更募投项目生物医药技术研发中心项目实施主体、实施方式及实施地点的议案》、《关于使用部分超募资金购买生产用地及项目前期基础设施建设的议案》、《关于变更部分募投项目实施地点的议案》、《关于常州千红生化制药股份有限公司"十二五"规划的议案》等议案，并同意将以上方案递交第一届董事会第十六次会议审议。

4.董事会下设的提名委员会的履职情况

截至到报告报出之日，未发生需要本委员会提名的情况。

七、公司利润分配情况

（一）2010 年公司利润分配情况

公司第一届董事会第十六次会议审议通过了《关于 2010 年公司利润分配方案的议案》，作出如下分配决议：根据江苏公证天业会计师事务所有限公司出具的标准无保留意见审计报告，按照 2010 年度母公司净利润 150,527,650.19 元的 10%提取法定盈余公积金 15,042,632.73 元，扣除法定盈余公积金后，剩余的归属于母公司所有者的净利润，加上年初未分配利润 94,185,558.54 元，报告期末累计未分配利润为 229,670,576.00 元，资本公积余额 7,832,512.52 元。公司拟按照以下方案实施分配：以 2011 年 2 月 18 日发行后的总股本 160,000,000 股为基数，向全体股东每 10 股派发现金红利 2.5 元（含税），共分配现金股利 40,000,000 元，利润分配后公司剩余未分配利润 189,670,576.00 元转入下一年度。

（二）最近三年公司分红情况

公司实行持续、稳定的股利分配政策，前三年现金分红情况如下：具体内容见 6.9 章节

八、其他需要披露的事项

（一）公司选定的信息披露报纸为《证券时报》、《中国证券报》、《证券日报》以及网络披露媒体为巨潮资讯网（http://www.cninfo.com.cn），在报告期内尚未上市，无公告披露信息。

（二）截至到报告披露之日，公司开展投资者关系管理的具体情况

公司安排专人做好投资者来电来访的接待工作，并对各次接待来访做好登记工作。公司通过公司网站、电话和传真、网上互动平台等方式与投资者进行沟通，在不违背信息披露规定的前提下尽可能地解答投资者的疑问。截至到报告报出之日，公司上市后共接到投资者电话、接待来访共 26 次。.

（三）注册会计师对公司控股股东及其他关联方占用资金情况的专项说明详见披露在巨潮资讯网站（http://www.cninfo.com.cn）上的有关公司控股股东及其他关联方占用资金情况的专项说明。

（四）公司独立董事对公司控股股东及其他关联方占用公司资金、公司对外担保情况的专项说明和独立意见详见巨潮资讯网（http://www.cninfo.com.cn）《独立董事关于相关事项的独立意见》。

6.2 主营业务分行业、产品情况表

单位：万元

分产品或行业	营业收入（万元）	营业成本（万元）	毛利率(%)	营业收入比上年增减(%)	营业成本比上年增减(%)	毛利率比上年增减(%)
主营业务分行业情况						
生物制药行业	114,033.85	83,654.97	26.64%	53.51%	73.23%	−8.35%
主营业务分产品情况						
肝素系列	95,678.16	79,216.45	17.21%	68.22%	78.48%	−4.76%
胰激肽原酶系列	16,744.93	4,328.91	74.15%	14.77%	18.93%	−0.90%
其他药品收入	1,610.76	109.62	93.19%	−42.88%	58.96%	2.67%

6.3 主营业务分地区情况

单位：万元

地区	营业收入	营业收入比上年增减(%)
出口	71,856.02	55.54%
华东	16,108.75	54.04%
华北	11,805.45	32.75%
华南	8,921.69	104.57%
其他地区	5,331.94	22.04%

6.4 采用公允价值计量的项目

√ 适用　　□ 不适用

单位：元

项目	期初金额	本期公允价值变动损益	计入权益的累计公允价值变动	本期计提的减值	期末金额
金融资产：					
其中：1.以公允价值计量且其变动计入当期损益的金融资产	117,000.00	−32,500.00	0.00	0.00	431,600.00
其中：衍生金融资产					
2.可供出售金融资产					
金融资产小计	117,000.00	−32,500.00	0.00	0.00	431,600.00
金融负债					
投资性房地产	88,513.84	0.00	0.00	0.00	50,366.96
生产性生物资产					
其他					
合计	205,513.84	−32,500.00	0.00	0.00	481,966.96

6.5 募集资金使用情况对照表

□ 适用　　√ 不适用

变更募集资金投资项目情况表

□ 适用　　√ 不适用

6.6 非募集资金项目情况

√ 适用　　□ 不适用

单位：万元

项目名称	项目金额	项目进度	项目收益情况
湖北润红生物科技有限公司	2,040.00	公司投资 2040 万元，总注册资本为 4000 万元，占	尚无产生效益

		注册资本的 51%，属于上市公司控股子公司该公司已于 2010 年 12 月 10 日注册成功，领取了营业执照，注册号为 420881000260215。项目正在进行厂区的基建工程。	
合计	2,040.00	−	−

6.7 董事会对公司会计政策、会计估计变更或重大会计差错更正的原因及影响的说明

□ 适用　　√ 不适用

6.8 董事会对会计师事务所"非标准审计报告"的说明

□ 适用　　√ 不适用

6.9 董事会本次利润分配或资本公积金转增股本预案

根据江苏公证天业会计师事务所有限公司出具的标准无保留意见审计报告，按照 2010 年度母公司净利润 150,527,650.19 元的 10%提取法定盈余公积金 15,042,632.73 元，扣除法定盈余公积金后，剩余的归属于母公司所有者的净利润，加上年初未分配利润 94,185,558.54 元，报告期末累计未分配利润为 229,670,576.00 元，资本公积余额 7,832,512.52 元。公司拟按照以下方案实施分配：以 2011 年 2 月 18 日发行后的总股本 160,000,000 股为基数，向全体股东每 10 股派发现金红利 2.5 元（含税），共分配现金股利 40,000,000 元，利润分配后公司剩余未分配利润 189,670,576.00 元转入下一年度。

公司最近三年现金分红情况表

单位：元

分红年度	现金分红金额(含税)	分红年度合并报表中归属于上市公司股东的净利润	占合并报表中归属于上市公司股东的净利润的比率	年度可分配利润
2009 年	100,000,000.00	125,693,491.11	79.56%	206,748,873.41
2008 年	0.00	90,438,283.22	0.00%	130,321,372.90
2007 年	84,000,000.00	45,625,390.44	184.11%	128,483,807.25

公司本报告期内盈利但未提出现金利润分配预案

□ 适用　　√ 不适用

第七节　重要事项

7.1 收购资产

□ 适用　　√ 不适用

7.2 出售资产

□ 适用　　√ 不适用

7.1、7.2 所涉及事项对公司业务连续性、管理层稳定性的影响。

7.3 重大担保

□ 适用　　√ 不适用

7.4 重大关联交易

7.4.1 与日常经营相关的关联交易

□ 适用　　√ 不适用

7.4.2 关联债权债务往来

□ 适用　　√ 不适用

7.4.3 大股东及其附属企业非经营性资金占用及清偿情况表

□ 适用　　√ 不适用

7.5 委托理财

□ 适用　　√ 不适用

7.6 承诺事项履行情况

上市公司及其董事、监事和高级管理人员、公司持股 5%以上股东及其实际控制人等有关方在报告期内或持续到报告期内的以下承诺事项

√ 适用　　□ 不适用

承诺事项	承诺人	承诺内容	履行情况
股改承诺	无	无	无
收购报告书或权益变动报告书中所作承诺	无	无	无
重大资产重组时所作承诺	无	无	无
发行时所作承诺	公司所有股东	公司控股股东王耀方先生，持有公司 5%以上股份的股东赵刚先生及其妻子沈小蕙女士，蒋建平先生、周冠新先生承诺：自发行人股票在证券交易所上市交易之日起三十六个月内，本人不转让或委托他人管理直接或间接持有的发行人股份，也不由发行人回购本人直接或间接持有的发行人股份。其他股东承诺：自本公司股票在证券交易所上市交易之日起十二个月内，不转让或委托他人管理其持有的该部分股份；也不由发行人回购本人直接或间接持有的发行人股份。全体董事监事和高级管理人员承诺：本人在董事、监事高级管理人员职务期间，每年转让的股份不超过所持有股份总数的 25%；本人离职后六个月内，不转让本人所持有的股份；在本人申报离任六个月后的十二个月内通过证券交易所挂牌交易出售公司股票数量占本人直接或间接所持有股票总数的比例不超过 50%。	截至到报告报出日，承诺人严格履行承诺。
其他承诺(含追加承诺)	本公司	本公司拟于 3 年内 2009 年 10 月至 2012 年 9 月为高质量肝素和胰激肽原酶大品种生化药物重大技术创新及产业化项目新增投资 7000 万元。	截至到报告期末，公司已完成投资 5865 万元，公司将继续履行该承诺。

7.7 重大诉讼仲裁事项

□ 适用　　√ 不适用

7.8 其他重大事项及其影响和解决方案的分析说明

7.8.1 证券投资情况

√ 适用　　□ 不适用

单位：元

序号	证券品种	证券代码	证券简称	初始投资金额（元）	期末持有数量（股）	期末账面值	占期末证券总投资比例(%)	报告期损益
1	股票	600377	宁沪高速	117,000.00	65,000	431,600.00	100.00%	−32,500.00
期末持有的其他证券投资				0.00	−	0.00	0.00%	0.00
报告期已出售证券投资损益				−	−	−	−	0.00
合计				117,000.00	−	431,600.00	100%	−32,500.00

证券投资情况说明

公司持有宁沪高速股票 65,000 万股，系公司前身企业在上级主管部门的批准下，于 2000 年为支持江苏宁沪高速的建设而出资 11.70 万元认购的股票，持有至今已为全部可流通股票。该部分股票，公司在持有期间没有买卖和转让，由于涉及金额较小，对公司报告期业绩的影响较小。报告期内公司没有进行证券投资的情况。

7.8.2 持有其他上市公司股权情况

□ 适用　　√ 不适用

7.8.3 持有拟上市公司及非上市金融企业股权情况

□ 适用　　√ 不适用

7.8.4 买卖其他上市公司股份的情况

□ 适用　　√ 不适用

7.8.5 其他综合收益细目

单位：元

项目	本期发生额	上期发生额
1.可供出售金融资产产生的利得(损失)金额		
减：可供出售金融资产产生的所得税影响		
前期计入其他综合收益当期转入损益的净额		
小计		
2.按照权益法核算的在被投资单位其他综合收益中所享有的份额		
减：按照权益法核算的在被投资单位其他综合收益中所享有的份额产生的所得税影响		
前期计入其他综合收益当期转入损益的净额		
小计		
3.现金流量套期工具产生的利得(或损失)金额		
减：现金流量套期工具产生的所得税影响		
前期计入其他综合收益当期转入损益的净额		
转为被套期项目初始确认金额的调整额		
小计		
4.外币财务报表折算差额		
减：处置境外经营当期转入损益的净额		
小计		
5.其他		
减：由其他计入其他综合收益产生的所得税影响		
前期其他计入其他综合收益当期转入损益的净额		
小计	0.00	0.00
合计	0.00	0.00

第八节　监事会报告

√ 适用　　□ 不适用

2010 年度监事会报告

2010 年度公司监事会根据《中华人民共和国公司法》、《证券法》、《公司章程》及《监事会议事规则》的有关规定，本着对全体股东负责的精神，恪尽职守，认真履行法律、法规所赋予的各项职权和义务，对公司经营决策程序、依法运作情况、财务状况以及内部管理等方面进行了核查，并对公司董事、经理层等执行公司职务的行为进行了有效的监督，为企业的规范运作和发展起到了积极作用。现将 2010 年度监事会工作情况报告如下：

一、2010 年度主要工作情况：

（一）2010 年监事会列席了历次董事会，对董事会执行股东大会的决议、履行义务情况进行了监督。认为各次董事会决策程序合法，认真执行了股东大会的决议，忠实履行了诚信义务，公司的内部控制制度基本健全，董事、高级管理人员执行职务过程中无损害公司利益和侵犯股东权益的行为。

（二）2010 年度公司监事会共召开两次会议，会议召开情况如下：

2010 年 5 月 28 日，第一届监事会第六次会议在公司二楼小会议室召开，3 名监事均准时参加，会议由监事会主席周冠新主持，审议通过了《2009 年度监事会工作报告》、《2009 年度财务决算报告》、《2010 年度财务预算报告》。

2010 年 8 月 10 日，第一届监事会第七次会议在公司二楼小会议室召开，3 名监事均准时参

加,会议由监事会主席周冠新主持,审议通过了《关于常州千红生化制药股份有限公司三年又一期(2007 年、2008 年、2009 年及 2010 年 1-6 月份)财务报表和附注的议案》。

二、监事会监督情况

(一)公司遵守法律法规及公司制度等情况

根据《公司法》、《公司章程》和相关法律、法规的有关规定,监事会对 2010 年度公司股东大会、董事会的召集召开程序、决议事项,董事会对股东大会决议的执行情况,公司高级管理人员执行职务的情况以及公司的管理制度执行等进行了监督,并列席了股东大会和董事会会议。监事会认为:董事会能严格按照《中华人民共和国公司法》、《证券法》、《公司章程》等规定规范运作,决策合理,工作负责,认真执行股东大会的各项决议,及时完成股东大会决定的工作;公司董事、高级管理人员在执行公司职务时能够严格按照国家法律、法规、公司章程规定,履行职责,无违反法律法规、《公司章程》或损害公司利益的行为。

(二)检查公司财务、审计情况报告期内,监事会认真细致地检查和审核了公司的会计报表及财务资料,监事会认为:公司财务制度健全、财务运作规范、财务状况良好;公司财务报表的编制符合《企业会计制度》和《企业会计准则》等有关规定,2010 年度财务报告能够反应公司的财务状况和经营成果;江苏公证会计师事务所有限公司出具的"标准无保留意见"的审议报告,审计意见是客观公正的。

(三)检查公司关联交易情况报告期内,公司未发生法律法规规定情形的关联交易事项。

(四)检查公司重大收购、出售资产情况报告期内,公司无重大收购、出售资产事项。

(五)内部控制制度情况

对董事会关于公司 2010 年度内部控制的自我评价报告、公司内部控制制度的建设和运行情况进行了审核,认为:公司已根据《公司法》、中国证监会、深圳证券交易所的有关规定以及依据《企业内部控制基本规范》及其配套指引的规定,按照自身的实际情况,建立健全了公司治理结构和各项内部控制制度,保证了公司各项业务活动的规范有序进行;公司目前的内部控制符合公司治理结构的有关要求,已建立了较为完善、有效的与财务报告和信息披露事务相关的内部控制制度,并得到了较有效的实施,对公司的规范运作起到了较好的监督、指导作用,公司内部控制体系不存在明显薄弱环节和重大缺陷。公司 2010 年度内部控制的自我评价报告真实、客观地反映了公司内部控制制度的建设及运作情况。但是随着 2011 年公司在深圳证券交易所的成功挂牌,公司还应根据监管部门的要求,继续制定和完善符合上市公司要求的有关规章制度。同意《公司 2010 年度内部控制自我评价报告》。

(六)执行股东大会决议情况

公司监事会对股东大会的决议执行情况进行了监督,监事会认为:公司董事会能认真履行股东大会的有关决议,未发生有损股东利益的行为。

三、监事会工作计划

2011 年工作思路:适应公司上市后的新形势新要求,完善监督职责,以提高监督水平为核心不断改进工作方式;强化日常监督,采取多种方式了解和掌握公司重大决策、重要经营管理活动及重大异常变化的情况;促进公司内部控制不断优化、经营管理不断规范;按照监管部门对上市公司治理提出的要求,推动公司对各项法人治理制度进行完善,督促公司整体实现又好又快地发展。重点做好以下几方面的工作:

(一)按照法律法规,认真履行职责

2011 年监事会将严格执行《中华人民共和国公司法》、《证券法》和《公司章程》等有关规定,依法对董事会、高级管理人员进行监督,以便使其决策和经营活动更加规范、合法。主要做好如下几点:

1、按照现代企业制度的要求,督促公司进一步完善法人治理结构,提高治理水准;

2、按照《监事会议事规则》继续加强落实监督职能,依法列席公司董事会,及时掌握公司重大决策事项和各项决策程序的合法性,从而更好地维护股东的权益;

3、落实《监事会议事规则》,定期组织召开监事会工作会议,全年按规定至少召开两次以上例会。

(二)加强监督检查,防范经营风险

监事会将不断加大对董事和高级管理人员在履行职责、执行决议和遵守法规方面的监督,主要做好如下几点:

1、坚持以财务监督为核心,依法对公司的财务情况进行监督检查;

2、为了防范企业风险,防止公司资产流失,进一步加强内部控制制度,定期了解并掌握公司的经营状况,特别是重大经营项目和投资项目,一旦发现问题,及时建议予以制止和纠正;

3、经常保持与内部审计和公司所委托的会计师事务所进行沟通及联系,充分利用内外部审计信息,及时了解和掌握有关情况。

(三)搞好专项检查

对发现的较为突出,带有共性的问题,可以适时进行专项检查。

(四)加强自身学习,提高业务水平

为了进一步维护公司和全体股东,尤其是中小股东的利益,2011 年监事会成员将继续按照上市公司监事会的要求,不断加强学习,有计划地参加有关培训和自学,不断拓宽专业知识和提高业务水平,严格依照法律法规和《公司章程》,认真履行职责,更好地发挥监事会的监督职能。

第九节　财务报告

9.1 审计意见

财务报告	是
审计意见	标准无保留审计意见
审计报告编号	苏公 W[2011]A277 号
审计报告标题	审计报告
审计报告收件人	常州千红生化制药股份有限公司全体股东
引言段	我们审计了后附的常州千红生化制药股份有限公司(以下简称"千红制药")财务报表,包括 2010 年 12 月 31 日的合并资产负债表及母公司资产负债表,2010 年度的合并利润表及母公司利润表合并现金流量表及母公司现金流量表、合并所有者权益变动表及母公司所有者权益变动表以及财务报表附注。
管理层对财务报表的责任段	按照企业会计准则的规定编制财务报表是千红制药管理层的责任。这些责任包括:(1)设计、实施和维护与财务报表编制相关的内部控制,以使财务报表不存在由于舞弊或错误而导致的重大错报;(2)选择和运用恰当的会计政策;(3)作出合理的会计估计。
注册会计师责任段	我们的责任是在实施审计工作的基础上对财务报表发表审计意见。我们按照中国注册会计师审计准则的规定执行了审计工作。中国注册会计师审计准则要求我们遵守职业道德规范,计划和实施审计工作以对财务报表是否不存在重大错报获取合理保证。 审计工作涉及实施审计程序,以获取有关财务报表金额和披露的审计证据。选择的审计程序取决于注册会计师的判断,包括对由于舞弊或错误导致的财务报表重大错报风险的评估。在进行风险评估时,我们考虑与财务报表相关的内部控制,以设计恰当的审计程序,但目的并非对内部控制的有效性发表意见。审计工作还包括评价管理层选用会计政策的恰当性和作出会计估计的合理性以及评价财务报表的总体列报。 我们相信,我们获取的审计证据是充分、适当的,为发表审计意见提供了基础。
审计意见段	我们认为,千红制药财务报表已经按照企业会计准则的规定编制,在所有重大方面公允反映了千红制药 2010 年 12 月 31 日的财务状况以及 2010 年度的经营成果和现金流量。
非标意见	
审计机构名称	江苏公证天业会计师事务所有限公司
审计机构地址	江苏省无锡市梁溪路 28 号
审计报告日期	2011 年 04 月 14 日
注册会计师姓名	王亚明、王文凯

9.2 财务报表

9.2.1 资产负债表

编制单位:常州千红生化制药股份有限公司　　2010 年 12 月 31 日　　单位:元

项目	期末余额		年初余额	
	合并	母公司	合并	母公司
流动资产:				
货币资金	123,309,213.72	83,185,466.78	99,917,904.94	99,764,379.80
结算备付金				
拆出资金				
交易性金融资产	431,600.00	431,600.00	464,100.00	464,100.00
应收票据	3,924,706.56	3,924,706.[illegible]6	9,321,724.51	9,321,724.51
应收账款	86,120,796.05	86,120,796.05	103,938,277.07	103,938,277.07
预付款项	20,440,458.37	20,440,458.37	16,008,327.48	16,008,327.48
应收保费				
应收分保账款				
应收分保合同准备金				
应收利息				
应收股利				
其他应收款	2,458,765.85	2,498,765.85	3,339,266.70	3,534,266.70
买入返售金融资产				
存货	219,423,859.06	219,423,859.06	202,730,965.77	202,730,965.77
一年内到期的非流动资产				
其他流动资产	160,152.66	160,152.66	124,932.63	124,932.63
流动资产合计	456,269,552.27	416,185,805.33	435,845,499.10	435,886,973.96
非流动资产:				
发放委托贷款及垫款				
可供出售金融资产				
持有至到期投资				
长期应收款				
长期股权投资		21,139,516.55		709,516.65
投资性房地产	50,366.96	50,366.96	88,513.84	88,513.84
固定资产	77,647,871.49	77,647,871.49	74,718,093.99	74,718,093.99
在建工程	236,376.10	236,376.10	7,473,714.89	7,473,714.89
工程物资				
固定资产清理				
生产性生物资产				
油气资产				
无形资产	12,428,841.00	12,428,841.00	12,736,569.32	12,736,569.32
开发支出				
商誉				
长期待摊费用	15,538.15			
递延所得税资产	1,843,378.07	1,889,878.07	2,970,587.46	2,993,837.46
其他非流动资产	34,662.00	34,662.00	34,662.00	34,662.00
非流动资产合计	92,257,033.77	113,427,512.27	98,022,141.50	98,754,908.15
资产总计	548,526,586.04	529,613,317.50	533,867,640.60	534,641,882.11
流动负债:				
短期借款	55,000,000.00	55,000,000.00	107,000,000.00	107,000,000.00
向中央银行借款				
吸收存款及同业存放				
拆入资金				
交易性金融负债				
应付票据				
应付账款	33,170,028.54	33,170,028.54	32,532,055.91	32,532,055.91
预收款项	111,428.40	111,428.40	5,270,748.16	5,270,748.16
卖出回购金融资产款				
应付手续费及佣金				
应付职工薪酬	12,331,084.95	12,331,084.95	16,290,767.75	16,290,767.75

应交税费	-6,063,076.20	-6,063,076.20	2,983,395.28	2,983,395.28
应付利息	110,845.83	110,845.83	165,000.00	165,000.00
应付股利			95,200,000.00	95,200,000.00
其他应付款	2,696,043.08	3,276,225.08	6,593,134.74	7,193,134.74
应付分保账款				
保险合同准备金				
代理买卖证券款				
代理承销证券款				
一年内到期的非流动负债				
其他流动负债	1,914,922.51	1,914,922.51	9,599,708.09	9,599,708.09
流动负债合计	99,271,277.11	99,851,459.11	275,634,809.93	276,234,809.93
非流动负债：				
长期借款	29,000,000.00	29,000,000.00	9,000,000.00	9,000,000.00
应付债券				
长期应付款				
专项应付款				
预计负债				
递延所得税负债	46,508.09	46,508.09	51,383.09	51,383.09
其他非流动负债	6,433,334.00	6,433,334.00	5,500,000.00	5,500,000.00
非流动负债合计	35,479,842.09	35,479,842.09	14,551,383.09	14,551,383.09
负债合计	134,751,119.20	135,331,301.20	290,186,193.02	290,786,193.02
所有者权益(或股东权益)：				
实收资本(或股本)	120,000,000.00	120,000,000.00	120,000,000.00	120,000,000.00
资本公积	7,832,512.52	7,862,512.52	7,862,512.52	7,862,512.52
减：库存股				
专项储备				
盈余公积	36,641,950.38	36,641,950.38	21,599,317.65	21,599,317.65
一般风险准备				
未分配利润	229,670,576.00	229,777,553.50	94,185,558.54	94,393,858.92
外币报表折算差额				
归属于母公司所有者权益合计	394,145,038.90	394,282,016.40	243,647,388.71	243,855,689.09
少数股东权益	19,630,427.94		34,058.87	
所有者权益合计	413,775,466.84	394,282,016.40	243,681,447.58	243,855,689.09
负债和所有者权益总计	548,526,586.04	529,613,317.60	533,867,640.60	534,641,882.11

9.2.2 利润表

编制单位：常州千红生化制药股份有限公司　2010 年 1－12 月　单位：元

项目	本期金额		上期金额	
	合并	母公司	合并	母公司
一、营业总收入	1,144,767,230.97	1,144,767,230.97	743,796,773.62	743,796,773.62
其中：营业收入	1,144,767,230.97		743,796,773.62	
利息收入				
已赚保费				
手续费及佣金收入				
二、营业总成本	979,327,692.10	979,448,779.52	593,055,776.45	593,130,232.14
其中：营业成本	836,580,468.89	836,580,468.89	482,943,653.46	482,943,653.46
利息支出				
手续费及佣金支出				
退保金				
赔付支出净额				
提取保险合同准备金净额				
保单红利支出				
分保费用				
营业税金及附加	5,249,161.40	5,249,161.40	3,386,042.41	3,386,042.41
销售费用	48,095,270.32	48,095,270.32	41,188,673.49	41,188,673.49
管理费用	76,605,301.38	76,572,022.50	58,523,900.52	58,503,978.52
财务费用	12,846,463.26	12,845,829.56	6,698,229.26	6,697,606.95
资产减值损失	-48,973.15	106,026.85	315,277.31	410,277.31
加：公允价值变动收益(损失以"-"号填列)	-32,500.00	-32,500.00	110,500.00	110,500.00
投资收益(损失以"-"号填列)	20,150.00	20,150.00	35,100.00	35,100.00
其中：对联营企业和合营企业的投资收益				
汇兑收益(损失以"-"号填列)				
三、营业利润(亏损以"-"号填列)	165,427,188.87	165,306,101.45	150,886,597.17	150,812,141.48
加：营业外收入	10,148,936.63	10,148,936.63	1,354,061.32	1,354,061.32
减：营业外支出	1,206,259.19	1,206,113.72	1,465,444.98	1,465,444.98
其中：非流动资产处置损失	18,258.80	18,258.80	1,036,368.19	1,036,368.19
四、利润总额(亏损总额以"-"号填列)	174,369,866.31	174,248,924.36	150,775,213.51	150,700,757.82
减：所得税费用	23,845,847.05	23,822,597.05	25,081,859.09	25,067,609.09
五、净利润(净亏损以"-"号填列)	150,524,019.26	150,426,327.31	125,693,354.42	125,633,148.73
归属于母公司所有者的净利润	150,527,650.19	150,426,327.31	125,693,491.11	125,633,148.73
少数股东损益	-3,630.93		-136.69	
六、每股收益：				
(一)基本每股收益	1.25		1.05	
(二)稀释每股收益	1.25		1.05	
七、其他综合收益				
八、综合收益总额	150,524,019.26	150,426,327.31	125,693,354.42	125,633,148.73
归属于母公司所有者的综合收益总额	150,527,650.19	150,426,327.31	125,693,491.11	125,633,148.73
归属于少数股东的综合收益总额	-3,630.93		-136.69	

本期发生同一控制下企业合并的，被合并方在合并前实现的净利润为：0.00 元。

9.2.3 现金流量表

编制单位：常州千红生化制药股份有限公司　2010 年 1－12 月　单位：元

项目	本期金额		上期金额	
	合并	母公司	合并	母公司
一、经营活动产生的现金流量：				
销售商品、提供劳务收到的现金	1,232,608,380.33	1,232,608,380.33	762,569,026.04	762,569,026.04
客户存款和同业存放款项净增加额				
向中央银行借款净增加额				
向其他金融机构拆入资金净增加额				
收到原保险合同保费取得的现金				
收到再保险业务现金净额				
保户储金及投资款净增加额				
处置交易性金融资产净增加额				
收取利息、手续费及佣金的现金				
拆入资金净增加额				
回购业务资金净增加额				
收到的税费返还	74,615,740.24	74,615,740.24	12,419,075.23	12,419,075.23
收到其他与经营活动有关的现金	17,856,652.02	17,856,225.72	14,235,156.74	14,234,686.55
经营活动现金流入小计	1,325,080,772.59	1,325,080,346.29	789,223,258.01	789,222,787.82
购买商品、接受劳务支付的现金	995,680,620.41	995,680,620.41	635,791,153.14	635,791,153.14
客户贷款及垫款净增加额				
存放中央银行和同业款项净增加额				
支付原保险合同赔付款项的现金				
支付利息、手续费及佣金的现金				
支付保单红利的现金				
支付给职工以及为职工支付的现金	50,390,432.55	50,390,432.55	33,661,917.13	33,661,917.13
支付的各项税费	36,664,598.04	36,641,953.16	38,383,300.75	38,383,300.75
支付其他与经营活动有关的现金	70,830,266.56	70,818,427.09	73,036,468.49	73,065,453.99
经营活动现金流出小计	1,153,565,917.56	1,153,531,433.21	780,872,839.51	780,901,825.01
经营活动产生的现金流量净额	171,514,855.03	171,548,913.08	8,350,418.50	8,320,962.81
二、投资活动产生的现金流量：				
收回投资收到的现金				
取得投资收益收到的现金	20,150.00	20,150.00	35,100.00	35,100.00
处置固定资产、无形资产和其他长期资产收回的现金净额	3,000.00	3,000.00	44,788.46	44,788.46
处置子公司及其他营业单位收到的现金净额				
收到其他与投资活动有关的现金				
投资活动现金流入小计	23,150.00	23,150.00	79,888.46	79,888.46
购建固定资产、无形资产和其他长期资产支付的现金	10,638,253.68	10,638,253.68	13,368,065.84	13,368,065.84
投资支付的现金	30,000.00	20,430,000.00		
质押贷款净增加额				
取得子公司及其他营业单位支付的现金净额				
支付其他与投资活动有关的现金				
投资活动现金流出小计	10,668,253.68	31,068,253.68	13,368,065.84	13,368,065.84
投资活动产生的现金流量净额	-10,645,103.68	-31,045,103.68	-13,288,177.38	-13,288,177.38
三、筹资活动产生的现金流量：				
吸收投资收到的现金	19,600,000.00			
其中：子公司吸收少数股东投资收到的现金				
取得借款收到的现金	180,000,000.00	180,000,000.00	153,000,000.00	153,000,000.00
发行债券收到的现金				
收到其他与筹资活动有关的现金	4,279.85			
筹资活动现金流入小计	199,604,279.85	180,000,000.00	153,000,000.00	153,000,000.00
偿还债务支付的现金	212,000,000.00	212,000,000.00	120,000,000.00	120,000,000.00
分配股利、利润或偿付				

利息支付的现金	123,503,968.41	123,503,968.41	43,390,139.17	43,390,139.17
其中：子公司支付给少数股东的股利、利润				
支付其他与筹资活动有关的现金				
筹资活动现金流出小计	335,503,968.41	335,503,968.41	163,390,139.17	163,390,139.17
筹资活动产生的				
现金流量净额	−135,899,688.56	−155,503,968.41	−10,390,139.17	−10,390,139.17
四、汇率变动对现金				
及现金等价物的影响	−1,578,754.01	−1,578,754.01	−369,586.16	−369,586.16
五、现金及现金等				
价物净增加额	23,391,308.78	−16,578,913.02	−15,697,484.21	−15,726,939.90
加：期初现金及				
现金等价物余额	99,917,904.94	99,764,379.80	115,615,389.15	115,491,319.70
六、期末现金及现金				
等价物余额	123,309,213.72	83,185,466.78	99,917,904.94	99,764,379.80

9.2.4 合并所有者权益变动表

编制单位：常州千红生化制药股份有限公司　　　　2010 年度　　　　单位：元

项目	本期金额 归属于母公司所有者权益 实收资本(或股本)	资本公积	减：库存股	专项储备	盈余公积	一般风险准备	未分配利润	其他	少数股东权益	所有者权益合计
一、上年年末余额	120,000,000.00	7,862,512.52			21,599,317.65		94,185,558.54		34,058.87	243,681,447.58
加：会计政策变更										
前期差错更正										
其他										
二、本年年初余额	120,000,000.00	7,862,512.52			21,599,317.65		94,185,558.54		34,058.87	243,681,447.58
三、本年增减变动金额										
(减少以“−”号填列)		−30,000.00			15,042,632.73		135,485,017.46		19,596,369.07	170,094,019.26
(一)净利润							150,527,650.19		−3,630.93	150,524,019.26
(二)其他综合收益										0.00
上述(一)和(二)小计							150,527,650.19		−3,630.93	150,524,019.26
(三)所有者投入和减少资本									19,600,000.00	19,600,000.00
1.所有者投入资本									19,600,000.00	19,600,000.00
2.股份支付计入所有者权益的金额										
3.其他										
(四)利润分配					15,042,632.73		−15,042,632.73			
1.提取盈余公积					15,042,632.73		−15,042,632.73			
2.提取一般风险准备										
3.对所有者(或股东)的分配										
4.其他										
(五)所有者权益内部结转		−30,000.00								−30,000.00
1.资本公积转增资本(或股本)										
2.盈余公积转增资本(或股本)										0.00
3.盈余公积弥补亏损										0.00
4.其他		−30,000.00								−30,000.00
(六)专项储备										
1.本期提取										
2.本期使用										
(七)其他										
四、本期期末余额	120,000,000.00	7,832,512.52			36,641,950.38		229,670,576.00		19,630,427.94	413,775,466.84

项目	上年金额 归属于母公司所有者权益 实收资本(或股本)	资本公积	减：库存股	专项储备	盈余公积	一般风险准备	未分配利润	其他	少数股东权益	所有者权益合计
一、上年年末余额	120,000,000.00	7,862,512.52			9,036,002.78		81,055,382.30		34,195.56	217,988,093.16
加：会计政策变更										
前期差错更正										
其他										
二、本年年初余额	120,000,000.00	7,862,512.52			9,036,002.78		81,055,382.30		34,195.56	217,988,093.16
三、本年增减变动金额										
(减少以“−”号填列)					12,563,314.87		13,130,176.24		−136.69	25,693,354.42
(一)净利润							125,693,491.11		−136.69	125,693,354.42
(二)其他综合收益										
上述(一)和(二)小计							125,693,491.11		−136.69	125,693,354.42
(三)所有者投入和减少资本										
1.所有者投入资本										
2.股份支付计入所有者权益的金额										
3.其他										
(四)利润分配					12,563,314.87		−112,563,314.87			−100,000,000.00
1.提取盈余公积					12,563,314.87		−12,563,314.87			0.00
2.提取一般风险准备										
3.对所有者(或股东)的分配							−100,000,000.00			−100,000,000.00
4.其他										
(五)所有者权益内部结转										
1.资本公积转增资本(或股本)										
2.盈余公积转增资本(或股本)										
3.盈余公积弥补亏损										
4.其他										
(六)专项储备										
1.本期提取										
2.本期使用										
(七)其他										
四、本期期末余额	120,000,000.00	7,862,512.52			21,599,317.65		94,185,558.54		34,058.87	243,681,447.58

9.2.5 母公司所有者权益变动表

编制单位：常州千红生化制药股份有限公司　　　　2010 年度　　　　单位：元

项目	本期金额 实收资本(或股本)	资本公积	减：库存股	专项储备	盈余公积	一般风险准备	未分配利润	所有者权益合计
一、上年年末余额	120,000,000.00	7,862,512.52			21,599,317.65		94,393,858.92	243,855,689.09
加：会计政策变更								
前期差错更正								
其他								
二、本年年初余额	120,000,000.00	7,862,512.52			21,599,317.65		94,393,858.92	43,855,689.09
三、本年增减变动金额								
(减少以“−”号填列)					15,042,632.73		135,383,694.58	150,426,327.31
(一)净利润							150,426,327.31	150,426,327.31
(二)其他综合收益								
上述(一)和(二)小计							150,426,327.31	150,426,327.31
(三)所有者投入和减少资本								
1.所有者投入资本								
2.股份支付计入所有者权益的金额								
3.其他								
(四)利润分配					15,042,632.73		−15,042,632.73	
1.提取盈余公积					15,042,632.73		−15,042,632.73	
2.提取一般风险准备								
3.对所有者(或股东的分配)								
4.其他								
(五)所有者权益内部结转								
1.资本公积转增资本(或股本)								
2.盈余公积转增资本(或股本)								
3.盈余公积弥补亏损								
4.其他								
(六)专项储备								
1.本期提取								
2.本期使用								
(七)其他								
四、本期期末余额	120,000,000.00	7,862,512.52			36,641,950.38		229,777,553.50	394,282,016.40

项目	上年金额 实收资本(或股本)	资本公积	减：库存股	专项储备	盈余公积	一般风险准备	未分配利润	所有者权益合计
一、上年年末余额	120,000,000.00	7,862,512.52			9,036,002.78		81,324,025.06	218,222,540.36
加：会计政策变更								
前期差错更正								
其他								
二、本年年初余额	120,000,000.00	7,862,512.52			9,036,002.78		81,324,025.06	218,222,540.36
三、本年增减变动金额								
(减少以“−”号填列)					12,563,314.87		13,069,833.86	25,633,148.73
(一)净利润							125,633,148.73	125,633,148.73
上述(一)和(二)小计							125,633,148.73	125,633,148.73
(三)所有者投入和减少资本								
1.所有者投入资本								
2.股份支付计入所有者权益的金额								
3.其他								
(四)利润分配					12,563,314.87		−112,563,314.87	−100,000,000.00
1.提取盈余公积					12,563,314.87		−12,563,314.87	
2.提取一般风险准备								
3.对所有者(或股东的分配)							−100,000,000.00	−100,000,000.00
4.其他								
(五)所有者权益内部结转								
1.资本公积转增资本(或股本)								
2.盈余公积转增资本(或股本)								
3.盈余公积弥补亏损								
4.其他								
(六)专项储备								
1.本期提取								
2.本期使用								
(七)其他								
四、本期期末余额	120,000,000.00	7,862,512.52			21,599,317.65		94,393,858.92	243,855,689.09

9.3 与最近一期年度报告相比，会计政策、会计估计和核算方法发生变化的具体说明

□ 适用　　√ 不适用

9.4 重大会计差错的内容、更正金额、原因及其影响

□ 适用　　√ 不适用

9.5 与最近一期年度报告相比，合并范围发生变化的具体说明

√ 适用　　□ 不适用

根据公司 2009 年 10 月 9 日第一届董事会第十次会议审议通过的《与雨润集团的合资项目》，公司与雨润集团共同投资设立湖北润红生物科技有限公司，注册资本 4,000 万元，公司投资为人民币 2,040 万元，占总投资的 51%。公司 2010 年 12 月 10 日成立并领取了营业执照。故从 2010 年 12 月开始纳入公司合并报表范围。

常州千红生化制药股份有限公司

董事长：王耀方

2011 年 4 月 14 日

吉林省集安益盛药业股份有限公司

吉林省集安益盛药业股份有限公司 2011 年半年度报告摘要

第一节　重要提示

1.1 本公司董事会、监事会及其董事、监事、高级管理人员保证本报告所载资料不存在任何虚假记载、误导性陈述或者重大遗漏，并对其内容的真实性、准确性和完整性负个别及连带责任。

本半年度报告摘要摘自半年度报告全文，报告全文同时刊载于巨潮资讯网(www.cninfo.com.cn)。投资者欲了解详细内容，应当仔细阅读半年度报告全文。

1.2 公司半年度财务报告未经会计师事务所审计。

1.3 公司负责人张益胜、主管会计工作负责人毕建涛及会计机构负责人(会计主管人员)苏美华声明：保证半年度报告中财务报告的真实、完整。

第二节　上市公司基本情况

2.1 基本情况简介

股票简称	益盛药业	
股票代码	002566	
上市证券交易所	深圳证券交易所	
	董事会秘书	证券事务代表
姓名	李铁军	丁富君
联系地址	吉林省集安市文化东路 17-20 号	吉林省集安市文化东路 17-20 号
电话	13604452984	13604457040
传真	0435-6236009	0435-6236009
电子信箱	junlitie@sina.com	dingfujun1010@yahoo.com.cn

2.2 主要财务数据和指标

2.2.1 主要会计数据和财务指标

单位：元

	本报告期末	上年度期末	本报告期末比上年度期末增减(%)
总资产(元)	1,559,988,827.45	515,059,410.64	202.88%
归属于上市公司股东的所有者权益(元)	1,438,584,175.04	358,724,787.01	301.03%
股本(股)	110,317,200.00	82,717,200.00	33.37%
归属于上市公司股东的每股净资产(元/股)	13.04	4.34	200.46%
	报告期(1-6 月)	上年同期	本报告期比上年同期增减(%)
营业总收入(元)	266,677,265.19	220,413,512.61	20.99%
营业利润(元)	45,681,048.60	36,217,489.19	26.13%
利润总额(元)	46,963,144.84	40,360,032.92	16.36%
归属于上市公司股东的净利润(元)	40,638,215.82	33,574,171.62	21.04%
归属于上市公司股东的扣除非经常性损益后的净利润(元)	39,615,828.32	30,053,009.45	31.82%
基本每股收益(元/股)	0.42	0.41	2.44%
稀释每股收益(元/股)	0.42	0.41	2.44%
加权平均净资产收益率(%)	4.52%	11.48%	-6.96%
扣除非经常性损益后的加权平均净资产收益率(%)	4.41%	10.28%	-5.87%
经营活动产生的现金流量净额(元)	-56,385,219.85	28,535,281.02	-297.60%
每股经营活动产生的现金流量净额(元/股)	-0.51	0.34	-250.00%

2.2.2 非经常性损益项目

√ 适用　　□ 不适用

单位：元

非经常性损益项目	金额	附注(如适用)
非流动资产处置损益	81,394.40	
计入当期损益的政府补助，但与公司正常经营业务密切相关，符合国家政策规定、按照一定标准定额或定量持续享受的政府补助除外	1,191,741.61	
除上述各项之外的其他营业外收入和支出	8,960.23	
所得税影响额	-259,708.74	
合计	1,022,387.50	-

2.2.3 境内外会计准则差异

□ 适用　　√ 不适用

第三节　股本变动及股东情况

3.1 股份变动情况表

√ 适用　　□ 不适用

单位：股

	本次变动前		本次变动增减(+,-)					本次变动后	
	数量	比例(%)	发行新股	送股	公积金转股	其他	小计	数量	比例(%)
一、有限售条件股份	82,717,200	100.00%						82,717,200	74.98%
1、国家持股									
2、国有法人持股								0	0.00%
3、其他内资持股	82,717,200	100.00%						82,717,200	74.98%
其中：境内非国有法人持股								0	0.00%
境内自然人持股	82,717,200	100.00%						82,717,200	74.98%
4、外资持股									
其中：境外法人持股									
境外自然人持股									
5、高管股份									
二、无限售条件股份			27,600,000				27,600,000	27,600,000	25.02%
1、人民币普通股			27,600,000				27,600,000	27,600,000	25.02%
2、境内上市的外资股									
3、境外上市的外资股									
4、其他									
三、股份总数	82,717,200	100.00%	27,600,000			0	27,600,000	110,317,200	100.00%

3.2 前 10 名股东、前 10 名无限售条件股东持股情况表

单位：股

股东总数	20,754

前 10 名股东持股情况

股东名称	股东性质	持股比例(%)	持股总数	持有有限售条件股份数量	质押或冻结的股份数量
张益胜	境内自然人	38.88%	42,892,524	42,892,524	0
王玉胜	境内自然人	7.58%	8,362,710	8,362,710	0
尚书媛	境内自然人	7.37%	8,134,425	8,134,425	0
刘建明	境内自然人	7.37%	8,131,101	8,131,101	0
王　斌	境内自然人	6.52%	7,196,396	7,196,396	0
李国君	境内自然人	1.36%	1,498,473	1,498,473	0
薛晓民	境内自然人	1.19%	1,315,204	1,315,204	0
尹笠金	境内自然人	1.16%	1,282,117	1,282,117	0
曲　波	境内自然人	1.12%	1,240,758	1,240,758	0
李方荣	境内自然人	1.12%	1,240,758	1,240,758	0

前 10 名无限售条件股东持股情况

股东名称	持有无限售条件股份数量	股份种类
五矿集团财务有限责任公司	690,000	人民币普通股
上海浦东发展集团财务有限责任公司	690,000	人民币普通股
兵器装备集团财务有限责任公司	690,000	人民币普通股
新华信托股份有限公司	690,000	人民币普通股
万联证券有限责任公司	690,000	人民币普通股
幸福人寿保险股份有限公司-分红	690,000	人民币普通股
涂　坚	519,604	人民币普通股
郑海华	274,500	人民币普通股
厦门国际信托有限公司-凯瑞投资二号集合资金信托	215,092	人民币普通股
厦门国际信托有限公司-资金信托	170,100	人民币普通股
上述股东关联关系或一致行动的说明	公司前 10 名股东之间不存在关联关系，不属于一致行动人。前 10 名无限售条件股东之间，未知是否存在关联，也未知是否属于一致行动人。	

3.3 控股股东及实际控制人变更情况

□ 适用　　√ 不适用

第四节　董事、监事和高级管理人员情况

4.1 董事、监事和高级管理人员持股变动

□ 适用　　√ 不适用

第五节　董事会报告

5.1 主营业务分行业、产品情况表

单位：万元

主营业务分行业情况

分行业或分产品	营业收入（万元）	营业成本（万元）	毛利率(%)	营业收入比上年同期增减(%)	营业成本比上年同期增减(%)	毛利率比上年同期增减(%)
医药制造	26,667.73	6,473.89	75.72%	21.01%	28.13%	-1.35%
主营业务分产品情况						
振源胶囊	11,312.52	1,277.03	88.71%	53.67%	51.53%	0.16%
桂附地黄胶囊	911.85	153.97	83.11%	72.49%	101.00%	-2.40%
清开灵注射液	5,104.77	1,822.28	64.30%	15.06%	20.97%	-1.74%
生脉注射液	4,651.89	1,303.00	71.99%	-32.13%	-21.60%	-3.76%
心悦胶囊	771.71	105.99	86.27%	300.60%	292.31%	0.29%
其他	3,914.99	1,811.62	53.73%	46.96%	93.17%	-11.07%
合计	26,667.73	6,473.89	75.72%	21.01%	28.13%	-1.35%

5.2 主营业务分地区情况

单位：万元

地区	营业收入	营业收入比上年增减(%)
东北	3,366.49	35.15%
华北	4,039.22	54.15%
华东	6,061.46	12.79%
西北	2,021.13	36.65%
西南	4,914.56	19.03%
中南	5,865.77	4.95%
其他	399.10	12.38%
合计	26,667.73	21.01%

5.3 主营业务及其结构发生重大变化的原因说明

□ 适用　　√ 不适用

5.4 主营业务盈利能力(毛利率)与上年相比发生重大变化的原因说明

□ 适用　　√ 不适用

5.5 利润构成与上年度相比发生重大变化的原因分析

□ 适用　　√ 不适用

5.6 募集资金使用情况

5.6.1 募集资金使用情况对照表

√ 适用　　□ 不适用

单位：万元

募集资金总额	103,922.12	本报告期投入募集资金总额	7,474.05
报告期内变更用途的募集资金总额	0.00		
累计变更用途的募集资金总额	0.00	已累计投入募集资金总额	7,474.05
累计变更用途的募集资金总额比例	0.00%		

承诺投资项目和超募资金投向	是否已变更项目(含部分变更)	募集资金承诺投资总额	调整后投资总额(1)	本报告期投入金额	截至期末累计投入金额(2)
承诺投资项目					
年扩产2亿粒硬胶囊剂生产线建设项目	否	14,113.21	14,113.21	369.22	369.22
年扩产1亿支针剂生产线建设项目	否	10,014.27	10,014.27	0.00	0.00
扩建省级研发中心项目	否	3,505.26	3,505.26	151.70	151.70
承诺投资项目小计	-	27,632.74	27,632.74	520.92	520.92
超募资金投向					
归还银行贷款(如有)	-	2,600.00	2,600.00	2,600.00	2,600.00
补充流动资金(如有)	-	7,000.00	7,000.00	4,353.13	4,353.13
超募资金投向小计	-	9,600.00	9,600.00	6,953.13	6,953.13
合计	-	37,232.74	37,232.74	7,474.05	7,474.05

承诺投资项目和超募资金投向	截至期末投资进度(%)(3)=(2)/(1)	项目达到预定可使用状态日期	本报告期实现的效益	是否达到预计效益	项目可行性是否发生重大变化
承诺投资项目					
年扩产2亿粒硬胶囊剂生产线建设项目	2.62%	2012年12月31日	0.00	不适用	否
年扩产1亿支针剂生产线建设项目	0.00%	2012年12月31日	0.00	不适用	否
扩建省级研发中心项目	4.33%	2012年12月31日	0.00	不适用	否
承诺投资项目小计	-	-	0.00	-	-
超募资金投向					
归还银行贷款(如有)	100.00%	-	-	-	-
补充流动资金(如有)	62.19%	-	-	-	-
超募资金投向小计	-	-	0.00	-	-
合计	-	-	0.00	-	-

未达到计划进度或预计收益的情况和原因(分具体项目)	无
项目可行性发生重大变化的情况说明	无
超募资金的金额、用途及使用进展情况	适用 公司募集资金净额为1,039,221,172.21元，超出原募集计划762,893,772.21元。根据《深圳证券交易所股票上市规则》、《深圳证券交易所中小企业板保荐工作指引》(2010年修订)、《中小企业板信息披露业务备忘录第29号：超募资金使用及募集资金永久性补充流动资金》等有关法律法规的规定，公司结合实际经营情况，经审慎研究、规划，制订超募资金使用计划，并经2011年4月12日公司第四届董事会第五次会议审议通过，具体内容如下： 1、公司使用超募资金2,600万元用于偿还银行贷款； 2、公司使用超募资金7,000万元用于永久补充流动资金，报告期内投入金额4353.13万元。
募集资金投资项目实施地点变更情况	不适用
募集资金投资项目实施方式调整情况	不适用
募集资金投资项目先期投入及置换情况	不适用
用闲置募集资金暂时补充流动资金情况	不适用
项目实施出现募集资金结余的金额及原因	不适用
尚未使用的募集资金用途及去向	公司募集资金净额为103,922.12万元，累计投入募集资金总额为7,474.05万元，尚未使用的募集资金总额为96,448.07万元，全部存入银行，其中：定期存款90,500.00万元，活期存款5948.07万元。
募集资金使用及披露中存在的问题或其他情况	无

5.6.2 变更募集资金投资项目情况表

□ 适用　　√ 不适用

5.7 董事会下半年的经营计划修改计划

□ 适用　　√ 不适用

5.8 对2011年1-9月经营业绩的预计

2011年1-9月预计的经营业绩	归属于上市公司股东的净利润比上年同期增长幅度小于50%		
2011年1-9月净利润同比变动幅度的预计范围	归属于上市公司股东的净利润比上年同期增长幅度为：	10.00%	30.00%
2010年1-9月经营业绩	归属于上市公司股东的净利润(元)：		55,533,933.75
业绩变动的原因说明	公司主导产品需求旺盛，业务持续稳定增长。		

5.9 公司董事会对会计师事务所本报告期"非标准审计报告"的说明

□ 适用　　√ 不适用

5.10 公司董事会对会计师事务所上年度"非标准审计报告"涉及事项的变化及处理情况的说明

□ 适用　　√ 不适用

第六节　重要事项

6.1 收购、出售资产及资产重组

6.1.1 收购资产

□ 适用　　√ 不适用

6.1.2 出售资产

□ 适用　　√ 不适用

6.1.3 自资产重组报告书或收购出售资产公告刊登后，该事项的进展情况及对报告期经营成果与财务状况的影响

□ 适用　　√ 不适用

6.2 担保事项

□ 适用　　√ 不适用

6.3 非经营性关联债权债务往来

□ 适用　　√ 不适用

6.4 重大诉讼仲裁事项

□ 适用　　√ 不适用

6.5 其他重大事项及其影响和解决方案的分析说明

□ 适用　　√ 不适用

6.5.1 证券投资情况

□ 适用　　√ 不适用

6.5.2 持有其他上市公司股权情况

□ 适用　　√ 不适用

6.5.3 大股东及其附属企业非经营性资金占用及清偿情况表

□ 适用　　√ 不适用

6.5.4 公司、股东及实际控制人承诺事项履行情况

上市公司及其董事、监事和高级管理人员、公司持股5%以上股东及其实际控制人等有关方在报告期内或持续到报告期内的以下承诺事项

√ 适用　　□ 不适用

承诺事项	承诺人	承诺内容	履行情况
股改承诺	无	无	无
收购报告书或权益变动报告书中所作承诺	无	无	无
重大资产重组时所作承诺	无	无	无

发行时所作承诺	公司在首次公开发行前全体股东、公司实际控制人及担任公司的董事、监事、高级管理人员	本次发行前控股股东和实际控制人张益胜承诺:自发行人股票在深圳证券交易所上市交易之日起三十六个月内不转让或者委托他人管理本次公开发行前其持有的发行人股份,也不由发行人回购该部分股份。承诺期限届满后,上述股份可以上市流通和转让。本公司其他股东王玉胜、尚书媛、刘建明、王斌、李国君、薛晓民、尹笠佥、曲波、李方荣、李铁军、李玉凤、杨力、张祖英、白志强承诺:自发行人股票上市之日起十二个月内不转让或者委托他人管理已持有的发行人股份,也不由发行人回购该部分股份。承诺期限届满后,上述股份可以上市流通和转让。担任公司董事、监事、高级管理人员的张益胜、薛晓民、李铁军、杨力、白志强、李国君、张祖英、尹笠佥、曲波、李方荣、刘建明承诺:在上述锁定期满后,在任职期间每年转让公司的股份不超过其持有公司股份总数的 25%,在离职后半年内,不转让其所持有的公司股份。控股股东、实际控制人张益胜、持有 5%以上股份的股东王玉胜、尚书媛、刘建明、王斌上市前均签署避免同业竞争的承诺函。承诺内容:本人没有经营与发行人相同或同类的业务。本人将不在任何地方以任何方式自营与发行人相同或相似的经营业务,不自营任何对发行人经营及拟经营业务构成直接竞争的类同项目或功能上具有替代作用的项目,也不会以任何方式投资与发行人经营业务构成或可能构成竞争的业务,从而确保避免对发行人的生产经营构成任何直接或间接的业务竞争。	上述承诺事项得到严格执行。
其他承诺(含追加承诺)	无	无	无

6.5.5 董事会本次利润分配或资本公积金转增股本预案

□ 适用　√ 不适用

6.5.6 其他综合收益细目

单位:元

项目	本期发生额	上期发生额
1.可供出售金融资产产生的利得(损失)金额	0.00	0.00
减:可供出售金融资产产生的所得税影响	0.00	0.00
前期计入其他综合收益当期转入损益的净额	0.00	0.00
小计	0.00	0.00
2.按照权益法核算的在被投资单位其他综合收益中所享有的份额	0.00	0.00
减:按照权益法核算的在被投资单位其他综合收益中所享有的份额产生的所得税影响	0.00	0.00
前期计入其他综合收益当期转入损益的净额	0.00	0.00
小计	0.00	0.00
3.现金流量套期工具产生的利得(或损失)金额	0.00	0.00
减:现金流量套期工具产生的所得税影响	0.00	0.00
前期计入其他综合收益当期转入损益的净额	0.00	0.00
转为被套期项目初始确认金额的调整额	0.00	0.00
小计	0.00	0.00
4.外币财务报表折算差额	0.00	0.00
减:处置境外经营当期转入损益的净额	0.00	0.00
小计	0.00	0.00
5.其他	0.00	0.00
减:由其他计入其他综合收益产生的所得税影响	0.00	0.00
前期其他计入其他综合收益当期转入损益的净额	0.00	0.00
小计	0.00	0.00
合计	0.00	0.00

6.6 报告期接待调研、沟通、采访等活动情况表

接待时间	接待地点	接待方式	接待对象	谈论的主要内容及提供的资料
2011 年 5 月 27 日	公司住所	实地调研	证券时报	公司经营情况、发展状况
2011 年 6 月 9 日	公司住所	实地调研	银华基金、华泰证券	公司经营情况、发展状况
2011 年 6 月 11 日	公司住所	实地调研	中信证券	公司经营情况、发展状况

第七节　财务报告

7.1 审计意见

财务报告　√未经审计　□审计

7.2 财务报表

7.2.1 资产负债表

编制单位:吉林省集安益盛药业股份有限公司　2011 年 06 月 30 日　单位:元

项目	期末余额		年初余额	
	合并	母公司	合并	母公司
流动资产:				
货币资金	969,376,352.35	968,092,725.75	46,180,726.68	42,116,674.90
结算备付金				
拆出资金				
交易性金融资产				
应收票据	40,060,807.05	36,710,807.05	55,764,706.77	53,464,706.77
应收账款	180,209,796.08	180,209,796.08	87,712,574.68	87,712,574.68
预付款项	5,055,335.47	4,837,353.25	7,140,368.10	6,787,064.44
应收保费				
应收分保账款				
应收分保合同准备金				
应收利息	6,741,583.00	6,741,583.00		
应收股利				
其他应收款	20,541,900.57	20,610,024.57	17,622,611.88	17,645,326.58
买入返售金融资产				
存货	119,536,382.41	117,952,154.26	98,524,418.21	97,042,250.93
一年内到期的非流动资产				
其他流动资产				
流动资产合计	1,341,522,156.93	1,335,154,443.96	312,945,406.32	304,768,598.30
非流动资产:				
发放委托贷款及垫款				
可供出售金融资产				
持有至到期投资				
长期应收款				
长期股权投资		11,476,760.00		11,476,760.00
投资性房地产				
固定资产	169,263,498.39	160,509,496.15	162,187,093.51	153,325,315.76
在建工程	32,851,725.31	32,851,725.31	22,978,879.35	22,978,879.35
工程物资				
固定资产清理				
生产性生物资产				
油气资产				
无形资产	10,474,607.76	10,268,101.95	11,770,762.02	11,563,210.96
开发支出				
商誉				
长期待摊费用	6,222.20	6,222.20	15,555.56	15,555.56
递延所得税资产	5,870,616.86	5,798,108.25	5,161,713.88	5,104,791.16
其他非流动资产				
非流动资产合计	218,466,670.52	220,910,413.86	202,114,004.32	204,464,512.79
资产总计	1,559,988,827.45	1,556,064,857.82	515,059,410.64	509,233,111.09
流动负债:				
短期借款			40,000,000.00	40,000,000.00
向中央银行借款				
吸收存款及同业存放				
拆入资金				
交易性金融负债				
应付票据				
应付账款	11,246,110.53	12,701,727.07	7,340,487.28	6,828,258.99
预收款项	484,063.12	484,063.12	2,245,766.76	2,245,766.76
卖出回购金融资产款				
应付手续费及佣金				
应付职工薪酬	3,982,115.55	3,936,097.18	4,281,501.34	3,998,572.86
应交税费	9,723,440.86	9,186,633.25	11,282,107.25	10,757,326.02
应付利息	86,358.00	86,358.00		
应付股利				
其他应付款	78,503,577.59	79,091,758.75	73,566,045.36	72,640,444.78
应付分保账款				
保险合同准备金				
代理买卖证券款				
代理承销证券款				
一年内到期的非流动负债				
其他流动负债				
流动负债合计	104,025,665.65	105,486,637.37	138,715,907.99	136,470,369.41
非流动负债:				

长期借款	3,890,000.00	3,890,000.00	3,890,000.00	3,890,000.00
应付债券				
长期应付款				
专项应付款				
预计负债				
递延所得税负债				
其他非流动负债	12,837,267.50	12,837,267.50	13,055,066.06	13,055,066.06
非流动负债合计	16,727,267.50	16,727,267.50	16,945,066.06	16,945,066.06
负债合计	120,752,933.15	122,213,904.87	155,660,974.05	153,415,435.47
所有者权益(或股东权益)：				
实收资本(或股本)	110,317,200.00	110,317,200.00	82,717,200.00	82,717,200.00
资本公积	1,050,370,973.39	1,050,370,973.39	38,749,801.18	38,749,801.18
减：库存股				
专项储备				
盈余公积	46,361,160.41	45,876,370.96	46,361,160.41	45,876,370.96
一般风险准备				
未分配利润	231,534,841.24	227,286,408.60	190,896,625.42	188,474,303.48
外币报表折算差额				
归属于母公司所有者权益合计	1,438,584,175.04	1,433,850,952.95	358,724,787.01	355,817,675.62
少数股东权益	651,719.26		673,649.58	
所有者权益合计	1,439,235,894.30	1,433,850,952.95	359,398,436.59	355,817,675.62
负债和所有者权益总计	1,559,988,827.45	1,556,064,857.82	515,059,410.64	509,233,111.09

7.2.2 利润表

编制单位：吉林省集安益盛药业股份有限公司　　2011 年 1−6 月　　单位：元

项目	本期金额		上期金额	
	合并	母公司	合并	母公司
一、营业总收入	266,677,265.19	266,749,265.19	220,413,512.61	220,425,512.61
其中：营业收入	266,677,265.19	266,749,265.19	220,413,512.61	220,425,512.61
利息收入				
已赚保费				
手续费及佣金收入				
二、营业总成本	220,996,216.59	222,742,082.60	184,194,182.30	184,480,409.06
其中：营业成本	64,738,889.99	66,931,355.19	50,529,590.56	50,986,565.95
利息支出				
手续费及佣金支出				
退保金				
赔付支出净额				
提取保险合同准备金净额				
保单红利支出				
分保费用				
营业税金及附加	3,633,521.18	3,553,445.22	2,605,316.63	2,585,550.51
销售费用	121,343,344.69	121,343,344.69	107,623,759.08	107,623,759.08
管理费用	33,279,949.86	32,909,317.98	23,709,713.06	23,555,730.85
财务费用	−6,839,222.14	−6,835,292.93	338,066.56	339,761.01
资产减值损失	4,839,733.01	4,839,912.45	−612,263.59	−610,958.34
加：公允价值变动收益(损失以"−"号填列)				
投资收益(损失以"−"号填列)			−1,841.12	−1,841.12
其中：对联营企业和合营企业的投资收益			−1,841.12	−1,841.12
汇兑收益(损失以"−"号填列)				
三、营业利润(亏损以"−"号填列)	45,681,048.60	44,007,182.59	36,217,489.19	35,943,262.43
加：营业外收入	1,291,585.84	617,642.79	4,394,177.18	3,145,612.61
减：营业外支出	9,489.60	9,489.60	251,633.45	251,633.45
其中：非流动资产处置损失	7,489.60	7,489.60	189,133.45	189,133.45
四、利润总额(亏损总额以"−"号填列)	46,963,144.84	44,615,335.78	40,360,032.92	38,837,241.59
减：所得税费用	6,346,859.34	5,803,230.66	6,795,208.55	6,636,682.05
五、净利润(净亏损以"−"号填列)	40,616,285.50	38,812,105.12	33,564,824.37	32,200,559.54
归属于母公司所有者的净利润	40,638,215.82	38,812,105.12	33,574,171.62	32,200,559.54
少数股东损益	−21,930.32		−9,347.25	
六、每股收益：				
(一)基本每股收益	0.42		0.41	
(二)稀释每股收益	0.42		0.41	
七、其他综合收益				
八、综合收益总额	40,616,285.50	38,812,105.12	33,564,824.37	32,200,559.54
归属于母公司所有者的综合收益总额	40,638,215.82	38,812,105.12	33,574,171.62	32,200,559.54
归属于少数股东的综合收益总额	−21,930.32		−9,347.25	

本期发生同一控制下企业合并的，被合并方在合并前实现的净利润为：0.00 元。

7.2.3 现金流量表

编制单位：吉林省集安益盛药业股份有限公司　　2011 年 1−6 月　　单位：元

项目	本期金额		上期金额	
	合并	母公司	合并	母公司
一、经营活动产生的现金流量：				
销售商品、提供劳务收到的现金	230,450,671.96	229,582,384.46	259,012,712.18	257,648,894.64
客户存款和同业存放款项净增加额				
向中央银行借款净增加额				
向其他金融机构拆入资金净增加额				
收到原保险合同保费取得的现金				
收到再保险业务现金净额				
保户储金及投资款净增加额				
处置交易性金融资产净增加额				
收取利息、手续费及佣金的现金				
拆入资金净增加额				
回购业务资金净增加额				
收到的税费返还	673,943.05		367,500.42	
收到其他与经营活动有关的现金	1,048,511.41	1,043,718.86	3,861,814.69	3,859,309.74
经营活动现金流入小计	232,173,126.42	230,626,103.32	263,242,027.29	261,508,204.38
购买商品、接受劳务支付的现金	65,193,701.16	65,266,336.03	68,199,871.27	67,162,236.66
客户贷款及垫款净增加额				
存放中央银行和同业款项净增加额				
支付原保险合同赔付款项的现金				
支付利息、手续费及佣金的现金				
支付保单红利的现金				
支付给职工以及为职工支付的现金	49,826,940.82	48,534,432.71	15,816,720.54	15,575,441.54
支付的各项税费	47,568,577.62	46,194,936.82	36,834,619.67	36,637,684.73
支付其他与经营活动有关的现金	125,969,126.67	124,237,559.10	113,855,534.79	113,684,833.92
经营活动现金流出小计	288,558,346.27	284,233,264.66	234,706,746.27	233,060,196.85
经营活动产生的现金流量净额	−56,385,219.85	−53,607,161.34	28,535,281.02	28,448,007.53
二、投资活动产生的现金流量：				
收回投资收到的现金				
取得投资收益收到的现金				
处置固定资产、无形资产和其他长期资产收回的现金净额	81,394.40	81,394.40	245,098.03	245,098.03
处置子公司及其他营业单位收到的现金净额				
收到其他与投资活动有关的现金				
投资活动现金流入小计	81,394.40	81,394.40	245,098.03	245,098.03
购建固定资产、无形资产和其他长期资产支付的现金	21,462,448.22	21,460,081.55	36,297,281.50	36,188,281.50
投资支付的现金				
质押贷款净增加额				
取得子公司及其他营业单位支付的现金净额			8,640,248.44	10,000,000.00
支付其他与投资活动有关的现金				
投资活动现金流出小计	21,462,448.22	21,460,081.55	44,937,529.94	46,188,281.50
投资活动产生的现金流量净额	−21,381,053.82	−21,378,687.15	−44,692,431.91	−45,943,183.47
三、筹资活动产生的现金流量：				
吸收投资收到的现金	1,046,178,000.00	1,046,178,000.00		
其中：子公司吸收少数股东投资收到的现金				
取得借款收到的现金			41,000,000.00	41,000,000.00
发行债券收到的现金				
收到其他与筹资活动有关的现金				
筹资活动现金流入小计	1,046,178,000.00	1,046,178,000.00	41,000,000.00	41,000,000.00
偿还债务支付的现金	40,000,000.00	40,000,000.00	16,000,000.00	16,000,000.00
分配股利、利润或偿付利息支付的现金	459,272.87	459,272.87	9,513,364.98	9,513,364.98
其中：子公司支付给少数股东的股利、利润				
支付其他与筹资活动有关的现金	4,756,827.79	4,756,827.79		
筹资活动现金流出小计	45,216,100.66	45,216,100.66	25,513,364.98	25,513,364.98
筹资活动产生的现金流量净额	1,000,961,899.34	1,000,961,899.34	15,486,635.02	15,486,635.02
四、汇率变动对现金及现金等价物的影响				
五、现金及现金				

等价物净增加额	923,195,625.67	925,976,050.85	-670,515.87	-2,008,540.92
加:期初现金及现金				
等价物余额	46,180,726.68	42,116,674.90	47,135,403.27	46,291,600.71
六、期末现金及现金				
等价物余额	969,376,352.35	968,092,725.75	46,464,887.40	44,283,059.79

7.2.4 合并所有者权益变动表

编制单位:吉林省集安益盛药业股份有限公司　　2011 半年度　　单位:元

本期金额

项目	实收资本(或股本)	资本公积	减:库存股	专项储备	盈余公积	一般风险准备	未分配利润	其他	少数股东权益	所有者权益合计
	归属于母公司所有者权益									
一、上年年末余额	82,717,200.00	38,749,801.18			46,361,160.41		190,896,625.42		673,649.58	359,398,436.59
加:会计政策变更										
前期差错更正										
其他										
二、本年年初余额	82,717,200.00	38,749,801.18			46,361,160.41		190,896,625.42		673,649.58	359,398,436.59
三、本年增减变动金额										
(减少以"-"号填列)	27,600,000.00	1,011,621,172.21					40,638,215.82		-21,930.32	1,079,837,457.71
(一)净利润							40,638,215.82		-21,930.32	40,616,285.50
(二)其他综合收益										
上述(一)和(二)小计							40,638,215.82		-21,930.32	40,616,285.50
(三)所有者投入和										
减少资本	27,600,000.00	1,011,621,172.21								1,039,221,172.21
1.所有者投入资本	27,600,000.00	1,011,621,172.21								1,039,221,172.21
2.股份支付计入所有者权益的金额										
3.其他										
(四)利润分配										
1.提取盈余公积										
2.提取一般风险准备										
3.对所有者(或股东)的分配										
4.其他										
(五)所有者权益内部结转										
1.资本公积转增资本(或股本)										
2.盈余公积转增资本(或股本)										
3.盈余公积弥补亏损										
4.其他										
(六)专项储备										
1.本期提取										
2.本期使用										
(七)其他										
四、本期期末余额	110,317,200.00	1,050,370,973.39			46,361,160.41		231,534,841.24		651,719.26	1,439,235,894.30

上年金额

项目	实收资本(或股本)	资本公积	减:库存股	专项储备	盈余公积	一般风险准备	未分配利润	其他	少数股东权益	所有者权益合计
	归属于母公司所有者权益									
一、上年年末余额	61,272,000.00	38,749,801.18			37,409,298.07		142,846,497.72		713,289.63	280,990,886.60
加:会计政策变更										
前期差错更正										
其他										
二、本年年初余额	61,272,000.00	38,749,801.18			37,409,298.07		142,846,497.72		713,289.63	280,990,886.60
三、本年增减变动金额										
(减少以"-"号填列)	21,445,200.00				8,951,862.34		48,050,127.70		-39,640.05	78,407,549.99
(一)净利润							87,637,990.04		-39,640.05	87,598,349.99
(二)其他综合收益										
上述(一)和(二)小计							87,637,990.04		-39,640.05	87,598,349.99
(三)所有者投入和减少资本										
1.所有者投入资本										
2.股份支付计入所有者权益的金额										
3.其他										
(四)利润分配					8,951,862.34		-18,142,662.34			-9,190,800.00
1.提取盈余公积					8,951,862.34		-8,951,862.34			
2.提取一般风险准备										
3.对所有者(或股东)的分配							-9,190,800.00			-9,190,800.00
4.其他										
(五)所有者权益										
内部结转	21,445,200.00						-21,445,200.00			
1.资本公积转增资本(或股本)										
2.盈余公积转增资本(或股本)										
3.盈余公积弥补亏损										
4.其他	21,445,200.00						-21,445,200.00			
(六)专项储备										
1.本期提取										
2.本期使用										
(七)其他										
四、本期期末余额	82,717,200.00	38,749,801.18			46,361,160.41		190,896,625.42		673,649.58	359,398,436.59

7.2.5 母公司所有者权益变动表

编制单位:吉林省集安益盛药业股份有限公司　　2011 半年度　　单位:元

本期金额

项目	实收资本(或股本)	资本公积	减:库存股	专项储备	盈余公积	一般风险准备	未分配利润	所有者权益合计
一、上年年末余额	82,717,200.00	38,749,801.18			45,876,370.96		188,474,303.48	355,817,675.62
加:会计政策变更								
前期差错更正								
其他								
二、本年年初余额	82,717,200.00	38,749,801.18			45,876,370.96		188,474,303.48	355,817,675.62
三、本年增减变动金额								
(减少以"-"号填列)	27,600,000.00	1,011,621,172.21					38,812,105.12	1,078,033,277.33
(一)净利润							38,812,105.12	38,812,105.12
(二)其他综合收益								
上述(一)和(二)小计							38,812,105.12	38,812,105.12
(三)所有者投入和减少资本	27,600,000.00	1,011,621,172.21						1,039,221,172.21
1.所有者投入资本	27,600,000.00	1,011,621,172.21						1,039,221,172.21
2.股份支付计入所有者权益的金额								
3.其他								
(四)利润分配								
1.提取盈余公积								
2.提取一般风险准备								
3.对所有者(或股东)的分配								
4.其他								
(五)所有者权益内部结转								
1.资本公积转增资本(或股本)								
2.盈余公积转增资本(或股本)								
3.盈余公积弥补亏损								
4.其他								
(六)专项储备								
1.本期提取								
2.本期使用								
(七)其他								
四、本期期末余额	110,317,200.00	1,050,370,973.39			45,876,370.96		227,286,408.60	1,433,850,952.95

上年金额

项目	实收资本(或股本)	资本公积	减:库存股	专项储备	盈余公积	一般风险准备	未分配利润	所有者权益合计
一、上年年末余额	61,272,000.00	38,749,801.18			37,409,298.07		142,906,647.48	280,337,746.73
加:会计政策变更								
前期差错更正								
其他								
二、本年年初余额	61,272,000.00	38,749,801.18			37,409,298.07		142,906,647.48	280,337,746.73
三、本年增减变动金额								
(减少以"-"号填列)	21,445,200.00				8,467,072.89		45,567,656.00	75,479,928.89
(一)净利润							84,670,728.89	84,670,728.89
(二)其他综合收益								
上述(一)和(二)小计							84,670,728.89	84,670,728.89
(三)所有者投入和减少资本								
1.所有者投入资本								
2.股份支付计入所有者权益的金额								
3.其他								
(四)利润分配					8,467,072.89		-17,657,872.89	-9,190,800.00
1.提取盈余公积					8,467,072.89		-8,467,072.89	
2.提取一般风险准备								
3.对所有者(或股东)的分配							-9,190,800.00	-9,190,800.00
4.其他								
(五)所有者权益内部结转	21,445,200.00						-21,445,200.00	
1.资本公积转增资本(或股本)								
2.盈余公积转增资本(或股本)								
3.盈余公积弥补亏损								
4.其他	21,445,200.00						-21,445,200.00	
(六)专项储备								
1.本期提取								
2.本期使用								
(七)其他								
四、本期期末余额	82,717,200.00	38,749,801.18			45,876,370.96		188,474,303.48	355,817,675.62

7.3 报表附注

7.3.1 如果出现会计政策、会计估计变更或会计差错更正的,说明有关内容、原因及影响数

□ 适用　√ 不适用

7.3.2 如果财务报表合并范围发生重大变化的,说明原因及影响数

□ 适用　√ 不适用

7.3.3 如果被出具非标准审计报告,列示涉及事项的有关附注

□ 适用　√ 不适用

浙江步森服饰股份有限公司

浙江步森服饰股份有限公司 2011 年半年度报告摘要

第一节　重要提示

1.1 本公司董事会、监事会及其董事、监事、高级管理人员保证本报告所载资料不存在任何虚假记载、误导性陈述或者重大遗漏，并对其内容的真实性、准确性和完整性负个别及连带责任。

1.2 公司半年度财务报告未经会计师事务所审计。

1.3 公司负责人王建军、主管会计工作负责人袁建军及会计机构负责人(会计主管人员)何苗芬声明：保证半年度报告中财务报告的真实、完整。

第二节　上市公司基本情况

2.1 基本情况简介

股票简称	步森股份	
股票代码	002569	
上市证券交易所	深圳证券交易所	
	董事会秘书	证券事务代表
姓名	寿鹤蕾	钱明均
联系地址	浙江省诸暨市枫桥镇步森大道 419 号	浙江省诸暨市枫桥镇步森大道 419 号
电话	0575-87047953	0575-87480311
传真	0575-87043967	0575-87043967
电子信箱	bsgf@busen-group.com	bsgf@busen-group.com

2.2 主要财务数据和指标

2.2.1 主要会计数据和财务指标

单位：元

	本报告期末	上年度期末	本报告期末比上年度期末增减(%)
总资产(元)	763,047,711.38	448,722,519.09	70.05%
归属于上市公司股东的所有者权益(元)	583,564,825.28	205,847,636.85	183.49%
股本(股)	93,340,000.00	70,000,000.00	33.34%
归属于上市公司股东的每股净资产(元/股)	6.25	2.94	112.59%
	报告期(1-6 月)	上年同期	本报告期比上年同期增减(%)
营业总收入(元)	257,019,027.79	202,394,799.59	26.99%
营业利润(元)	21,845,265.16	21,033,399.49	3.86%
利润总额(元)	22,178,087.48	21,357,566.59	3.84%
归属于上市公司股东的净利润(元)	16,895,328.43	15,328,760.57	10.22%
归属于上市公司股东的扣除非经常性损益后的净利润(元)	16,448,229.55	14,486,703.03	13.54%
基本每股收益(元/股)	0.22	0.22	0.00%
稀释每股收益(元/股)	0.22	0.22	0.00%
加权平均净资产收益率 (%)	5.05%	8.95%	-3.90%
扣除非经常性损益后的加权平均净资产收益率(%)	4.92%	8.45%	-3.53%
经营活动产生的现金流量净额(元)	-75,469,346.35	2,316,097.84	-3,358.47%
每股经营活动产生的现金流量净额(元/股)	-0.8085	0.0331	-2,542.60%

2.2.2 非经常性损益项目

√ 适用　□ 不适用

单位：元

非经常性损益项目	金额	附注(如适用)
非流动资产处置损益	7,735.38	
计入当期损益的政府补助，但与公司正常经营业务密切相关，符合国家政策规定、按照一定标准定额或定量持续享受的政府补助除外	422,788.50	
除上述各项之外的其他营业外收入和支出	16,575.00	
合计	447,098.88	-

2.2.3 境内外会计准则差异

□ 适用　√ 不适用

第三节　股本变动及股东情况

3.1 股份变动情况表

√ 适用　□ 不适用

单位：股

	本次变动前		本次变动增减(+,-)					本次变动后	
	数量	比例(%)	发行新股	送股	公积金转股	其他	小计	数量	比例(%)
一、有限售条件股份	70,000,000	100.00%	4,600,000	0	0	0	4,600,000	74,600,000	79.92%
1、国家持股	0	0.00%	0	0	0	0	0	0	0.00%
2、国有法人持股	0	0.00%	0	0	0	0	0	0	0.00%
3、其他内资持股	68,040,000	97.20%	4,600,000	0	0	0	4,600,000	72,640,000	77.82%
其中：境内非国有法人持股	65,660,000	93.80%	2,760,000	0	0	0	2,760,000	68,420,000	73.30%
境内自然人持股	2,380,000	3.40%	1,840,000	0	0	0	1,840,000	4,220,000	4.52%
4、外资持股	0	0.00%	0	0	0	0	0	0	0.00%
其中：境外法人持股	0	0.00%	0	0	0	0	0	0	0.00%
境外自然人持股	0	0.00%	0	0	0	0	0	0	0.00%
5、高管股份	1,960,000	2.80%	0	0	0	0	0	1,960,000	2.10%
二、无限售条件股份	0	0.00%	18,740,000	0	0	0	18,740,000	18,740,000	20.08%
1、人民币普通股	0	0.00%	18,740,000	0	0	0	18,740,000	18,740,000	20.08%
2、境内上市的外资股	0	0.00%	0	0	0	0	0	0	0.00%
3、境外上市的外资股	0	0.00%	0	0	0	0	0	0	0.00%
4、其他	0	0.00%		0	0	0	0	0	0.00%
三、股份总数	70,000,000	100.00%	23,340,000	0	0	0	23,340,000	93,340,000	100.00%

3.2 前 10 名股东、前 10 名无限售条件股东持股情况表

单位：股

股东总数					9,766
前 10 名股东持股情况					
股东名称	股东性质	持股比例(%)	持股总数	持有有限售条件股份数量	质押或冻结的股份数量
步森集团有限公司	境内非国有法人	59.55%	55,580,000	55,580,000	0
诸暨市达森投资有限公司	境内非国有法人	7.12%	6,650,000	6,650,000	0
诸暨市美邦针织有限公司	境内非国有法人	3.67%	3,430,000	3,430,000	0
吴永杰	境内自然人	1.50%	1,400,000	1,400,000	0
宣梦炎	境内自然人	1.50%	1,400,000	1,400,000	0
全国社保基金四零四组合	境内非国有法人	0.99%	920,000	920,000	0
华润深国投信托有限公司-景林稳健 II 号证券投资集合资金	境内非国有法人	0.99%	920,000	920,000	0
中国工商银行-建信稳定增利债券型证券投资基金	境内非国有法人	0.99%	920,000	920,000	0
中国工商银行股份有限公司企业年金计划-中国建设银行	境内自然人	0.99%	920,000	920,000	0
中信银行-国联安信心增益债券型证券投资基金	境内自然人	0.99%	920,000	920,000	0

前 10 名无限售条件股东持股情况

股东名称	持有无限售条件股份数量	股份种类
王泉生	353,500	人民币普通股
孙树锁	270,000	人民币普通股
王　瑄	168,849	人民币普通股
陈　琼	118,799	人民币普通股
涂昌仁	116,700	人民币普通股
陆　卿	106,900	人民币普通股
孙建浩	102,943	人民币普通股
苗文玲	100,000	人民币普通股
咸阳金贤房地产开发有限公司	98,842	人民币普通股
潘兆华	92,000	人民币普通股
上述股东关联关系或一致行动的说明	发行人实际控制人为寿氏家族，成员包括寿彩凤、陈建飞、陈建国、陈能恩、陈智宇、陈智君、王建霞、王建军、王建丽、寿能丰、寿鹤蕾、吴永杰 12 人。寿氏家族内部采用对发行人重大事项的决策保持一致的方式，达成对公司的一致控制。	

3.3 控股股东及实际控制人变更情况

□ 适用　√ 不适用

第四节　董事、监事和高级管理人员情况

4.1 董事、监事和高级管理人员持股变动

□ 适用　√ 不适用

第五节　董事会报告

5.1 主营业务分行业、产品情况表

单位：万元

主营业务分行业情况

分行业或分产品	营业收入（万元）	营业成本（万元）	毛利率(%)	营业收入比上年同期增减(%)	营业成本比上年同期增减(%)	毛利率比上年同期增减(%)
服装纺织业	25,573.91	18,026.38	29.51%	27.04%	26.25%	0.44%
主营业务分产品情况						
衬衫	7,445.60	5,186.08	30.35%	29.46%	28.77%	0.38%
裤装	6,831.46	4,952.71	27.50%	42.31%	36.49%	3.09%
西服	5,258.62	3,894.35	25.94%	40.46%	54.43%	−6.70%
茄克衫	2,470.69	1,509.36	38.91%	31.04%	15.57%	8.18%
针织衫	2,364.50	1,467.08	37.95%	−1.93%	−2.37%	0.27%
加工	646.93	616.59	4.69%	−28.05%	28.86%	1.09%
其他	556.10	400.22	28.03%	−13.19%	−5.92%	−5.56%
合计	25,573.91	18,026.38	29.51%	27.04%	26.25%	0.44%

5.2 主营业务分地区情况

单位：万元

地区	营业收入	营业收入比上年增减(%)
华东	8,918.21	27.06%
中南	4,093.10	16.38%
华北	2,979.54	20.18%
西南	2,553.33	37.64%
东北	767.87	4.58%
西北	1,641.31	90.73%
其他	627.78	45.61%
内销合计	21,581.15	27.73%
外销	3,992.76	23.42%
总计	25,573.91	27.04%

5.3 主营业务及其结构发生重大变化的原因说明

□ 适用　√ 不适用

5.4 主营业务盈利能力(毛利率)与上年相比发生重大变化的原因说明

□ 适用　√ 不适用

5.5 利润构成与上年度相比发生重大变化的原因分析

□ 适用　√ 不适用

5.6 募集资金使用情况

5.6.1 募集资金使用情况对照表

√ 适用　□ 不适用

单位：万元

募集资金总额	36,082.22	本报告期投入募集资金总额	8,510.20
报告期内变更用途的募集资金总额	0.00		
累计变更用途的募集资金总额	0.00	已累计投入募集资金总额	8,510.20
累计变更用途的募集资金总额比例	0.00%		

承诺投资项目和超募资金投向	是否已变更项目(含部分变更)	募集资金承诺投资总额	调整后投资总额(1)	本报告期投入金额	截至期末累计投入金额(2)
承诺投资项目					
营销网络建设项目	否	12,015.00	12,015.00	1,746.85	1,746.85
年产 40 万件中高档茄克衫生产线建设项目	否	5,365.00	5,365.00	2,973.88	2,973.88
新增 10 万套/件中高档西服生产线技改项目	否	3,812.00	3,812.00	203.69	203.69
品牌设计研发中心技术改造项目	否	1,708.00	1,708.00	85.78	85.78
承诺投资项目小计	−	22,900.00	22,900.00	5,010.20	5,010.20
超募资金投向					
归还银行贷款(如有)	−				
补充流动资金(如有)	−	3,500.00	3,500.00	3,500.00	3,500.00
超募资金投向小计	−	3,500.00	3,500.00	3,500.00	3,500.00
合计	−	26,400.00	26,400.00	8,510.20	8,510.20

承诺投资项目和超募资金投向	截至期末投资进度(%)(3)=(2)/(1)	项目达到预定可使用状态日期	本报告期实现的效益	是否达到预计效益	项目可行性是否发生重大变化
承诺投资项目					
营销网络建设项目	14.54%	2014 年 12 月 30 日	0.00	否	否
年产 40 万件中高档茄克衫生产线建设项目	55.43%	2014 年 12 月 30 日	0.00	否	否
新增 10 万套/件中高档西服生产线技改项目	5.34%	2014 年 12 月 30 日	0.00	否	否
品牌设计研发中心技术改造项目	5.02%	2013 年 12 月 30 日	0.00	否	否
承诺投资项目小计	−	−	0.00	−	−
超募资金投向					
归还银行贷款(如有)		−	−	−	−
补充流动资金(如有)	100.00%	−	−	−	−
超募资金投向小计	−	−	0.00	−	−
合计	−	−	0.00	−	−

未达到计划进度或预计收益的情况和原因(分具体项目)	项目正在按计划顺利建设中。
项目可行性发生重大变化的情况说明	
超募资金的金额、用途及使用进展情况	适用 经中国证券监督管理委员会核准，公司获准向社会公开发行人民币普通股(A 股)2334 万股，每股面值人民币 1.00 元，每股发行价人民币 16.88 元，募集资金总额人民币 393,979,200.00 元，扣除发行费用 33,157,340.00 元后，募集资金净额为人民币 360,821,860.00 元。其中计划用募集项目资金 229,000,000.00 元，超募资金 13182186.00 元。公司于 2011 年 4 月 27 日召开第二届董事会第十八次会议，审议通过了《关于使用部分超募资金永久性补充流动资金的议案》，同意公司使用超募资金中的 35,000,000.00 元永久性补充公司流动资金。
募集资金投资项目实施地点变更情况	适用 公司于 2011 年 6 月 27 日召开第二届董事会第二十次会议和第二届监事会第十六次会议，审议通过了《关于对营销网络建设项目实施地点进行部分调整的议案》，将原计划营销网络建设项目实施地点的 26 个城市改为全国范围内的具有重要战略意义的城市，包括但不限于原有 26 个城市。
募集资金投资项目实施方式调整情况	不适用
募集资金投资项目先期投入及置换情况	适用 公司于 2011 年 4 月 27 日召开第二届董事会第十八次会议，审议通过了《关于以募集资金置换预先已投入募投项目自筹资金的议案》，同意公司用募集资金中的 33,028,728.88 元置换预先已投入募投项目的自筹资金。其中营销网络建设项目置换 5,665,186.00 元，年产 40 万件中高档茄克衫生产线建设项目置换 24,738,852.88 元，新增 10 万套/件中高档西服生产线技改项目置换 1,766,860.00 元，品牌设计研发中心技术改造项目置换 857,830.00 元。
用闲置募集资金暂时补充流动资金情况	不适用
项目实施出现募集资金结余的金额及原因	不适用
尚未使用的募集资金用途及去向	尚未使用的募集资金存放在募集资金专户中。
募集资金使用及披露中存在的问题或其他情况	无。

5.6.2 变更募集资金投资项目情况表

□ 适用　√ 不适用

5.7 董事会下半年的经营计划修改计划

□ 适用　√ 不适用

5.8 对 2011 年 1-9 月经营业绩的预计

2011 年 1-9 月预计的经营业绩	归属于上市公司股东的净利润比上年同期增长幅度小于 50%		
2011 年 1-9 月净利润同比变动幅度的预计范围	归属于上市公司股东的净利润比上年同期增长幅度为：	20.00%	50.00%
2010 年 1-9 月经营业绩	归属于上市公司股东的净利润(元)：		25,067,988.97
业绩变动的原因说明	公司上市后，品牌形象进一步提升，销售渠道稳步拓展，公司销售收入持续增长，预计 2011 年 1-9 月份经营业绩较去年同期增长。		

5.9 公司董事会对会计师事务所本报告期“非标准审计报告”的说明

□ 适用　√ 不适用

5.10 公司董事会对会计师事务所上年度“非标准审计报告”涉及事项的变化及处理情况的说明

□ 适用　√ 不适用

第六节　重要事项

6.1 收购、出售资产及资产重组

6.1.1 收购资产

□ 适用　√ 不适用

6.1.2 出售资产

□ 适用　√ 不适用

6.1.3 自资产重组报告书或收购出售资产公告刊登后，该事项的进展情况及对报告期经营成果与财务状况的影响

□ 适用　√ 不适用

6.2 担保事项

□ 适用　√ 不适用

6.3 非经营性关联债权债务往来

□ 适用　√ 不适用

6.4 重大诉讼仲裁事项

□ 适用　√ 不适用

6.5 其他重大事项及其影响和解决方案的分析说明

□ 适用　√ 不适用

6.5.1 证券投资情况

□ 适用　√ 不适用

6.5.2 持有其他上市公司股权情况

□ 适用　　√ 不适用

6.5.3 大股东及其附属企业非经营性资金占用及清偿情况表

□ 适用　　√ 不适用

6.5.4 公司、股东及实际控制人承诺事项履行情况

上市公司及其董事、监事和高级管理人员、公司持股 5%以上股东及其实际控制人等有关方在报告期内或持续到报告期内的以下承诺事项

√ 适用　　□ 不适用

承诺事项	承诺人	承诺内容	履行情况
股改承诺	无	无	无
收购报告书或权益变动报告书中所作承诺	无	无	无
重大资产重组时所作承诺	无	无	无
发行时所作承诺	公司控股股东、实际控制人、董事、监事、高级管理人员做出的重要承诺	(1)公司股东步森集团、达森投资、吴永杰承诺:自公司股票在证券交易所上市之日起三十六个月内,不转让或者委托他人管理其本次发行前所持有的发行人股份,也不由发行人回购其持有的该部分股份。(2)公司实际控制人寿氏家族成员陈能恩、寿彩凤、陈建飞、陈建国、王建军、陈智君、陈智宇、王建霞、王建丽、寿能丰、寿鹤蕾、吴永杰承诺:自公司股票在证券交易所上市之日起三十六个月内,不转让或者委托他人管理其本次发行前所直接或间接持有的发行人股份,也不由发行人回购其直接或间接持有的该部分股份。(3)公司董事、监事、高级管理人员承诺:在其任职期间每年转让的股份不超过其所持有公司股份总数的百分之二十五;在离职后半年内,不转让其所持有的公司股份;在申报离任六个月后的十二个月内,通过证券交易所挂牌交易出售公司股票数量占本人所持有公司股票总数的比例不超过 50%。(4)2009 年 10 月 15 日,寿彩凤、陈建飞、陈建国、陈能恩、陈智宇、陈智君、王建霞、王建军、王建丽、寿能丰、寿鹤蕾、吴永杰签署《一致行动协议书》,上述 12 人对发行人重大事项的决策保持一致。	报告期内承诺仍在履行之中
其他承诺(含追加承诺)	无	无	无

6.5.5 董事会本次利润分配或资本公积金转增股本预案

√ 适用　　□ 不适用

根据公司 2011 年半年度财务报告（未经审计）,2011 年 1-6 月份，母公司共实现净利润 18,362,288.19 元，加母公司年初未分配利润 119,021,383.10 元，母公司实际可供分配的利润为 137,383,671.29 元。鉴于公司最近年度未实施利润分配的实际情况，董事会提议 2011 年半年度利润分配预案为:以 2011 年 6 月 30 日总股本 93,340,000.00 股为基数，向公司全体股东按每 10 股派送现金红利 4.0 元(含税),共计派发现金红利 37,336,000.00 元，母公司剩余未分配利润为 100,047,671.29 元。本次不进行资本公积转增股本。

6.5.6 其他综合收益细目

单位:元

项目	本期发生额	上期发生额
1.可供出售金融资产产生的利得(损失)金额		
减:可供出售金融资产产生的所得税影响		
前期计入其他综合收益当期转入损益的净额		
小计		
2.按照权益法核算的在被投资单位其他综合收益中所享有的份额		
减:按照权益法核算的在被投资单位其他综合收益中所享有的份额产生的所得税影响		
前期计入其他综合收益当期转入损益的净额		
小计		
3.现金流量套期工具产生的利得(或损失)金额		
减:现金流量套期工具产生的所得税影响		
前期计入其他综合收益当期转入损益的净额		
转为被套期项目初始确认金额的调整额		
小计		
4.外币财务报表折算差额		
减:处置境外经营当期转入损益的净额		
小计		
5.其他		
减:由其他计入其他综合收益产生的所得税影响		
前期其他计入其他综合收益当期转入损益的净额		
小计		
合计	0.00	0.00

6.6 报告期接待调研、沟通、采访等活动情况表

接待时间	接待地点	接待方式	接待对象	谈论的主要内容及提供的资料
2011 年 5 月 18 日	公司行政大楼四楼会议室	实地调研	中投证券、国联安基金	1、公司现状;2、市场拓展;3、主要财务指标概况;4、公司主营业务情况。未提供资料。
2011 年 6 月 1 日	公司行政大楼四楼会议室	实地调研	海通证券	1、公司现状;2、市场拓展;3、主要财务指标概况;4、公司主营业务情况。未提供资料。

第七节　财务报告

7.1 审计意见

财务报告　　√未经审计　　□审计

7.2 财务报表

7.2.1 资产负债表

编制单位:浙江步森服饰股份有限公司　　2011 年 06 月 30 日　　单位:元

项目	期末余额		年初余额	
	合并	母公司	合并	母公司
流动资产:				
货币资金	379,407,085.05	341,786,368.70	147,911,140.61	147,555,801.32
结算备付金				
拆出资金				
交易性金融资产				
应收票据	155,900.00	155,900.00	6,550,000.00	6,550,000.00
应收账款	91,107,356.28	92,953,117.35	75,784,552.12	78,646,557.23
预付款项	65,536,215.28	52,425,154.37	22,841,753.71	21,596,775.31
应收保费				
应收分保账款				
应收分保合同准备金				
应收利息				
应收股利				
其他应收款	5,065,115.59	4,873,549.66	1,314,075.01	14,485,199.52
买入返售金融资产				
存货	118,145,239.79	110,587,795.86	90,368,830.19	83,158,303.43
一年内到期的非流动资产				
其他流动资产				
流动资产合计	659,416,911.99	602,781,885.94	344,770,351.64	351,992,636.81
非流动资产:				
发放委托贷款及垫款				
可供出售金融资产				
持有至到期投资				
长期应收款				
长期股权投资		105,650,000.00		12,000,000.00
投资性房地产	4,764,278.52	5,580,819.66	4,896,196.32	5,736,195.66
固定资产	74,944,116.22	48,589,817.21	75,440,662.17	48,603,198.82
在建工程	4,799,701.55		4,799,701.55	
工程物资				
固定资产清理				
生产性生物资产				
油气资产				
无形资产	13,551,245.59	11,691,328.01	13,669,006.79	11,787,220.59
开发支出				
商誉				
长期待摊费用	571,409.64	466,666.64	626,463.00	560,000.00
递延所得税资产	5,000,047.87	3,002,387.65	4,520,137.62	3,276,800.42
其他非流动资产				
非流动资产合计	103,630,799.39	174,981,019.17	103,952,167.45	81,963,415.49
资产总计	763,047,711.38	777,762,905.11	448,722,519.09	433,956,052.30
流动负债:				
短期借款	20,500,000.00	20,500,000.00	49,500,000.00	49,500,000.00
向中央银行借款				
吸收存款及同业存放				
拆入资金				
交易性金融负债				
应付票据	35,730,000.00	35,730,000.00	45,740,000.00	45,740,000.00
应付账款	69,191,788.38	65,101,905.38	77,667,491.84	66,577,999.44
预收款项	15,284,850.21	13,881,718.47	20,682,081.17	20,326,868.35
卖出回购金融资产款				
应付手续费及佣金				
应付职工薪酬	11,481,591.27	11,089,222.75	15,294,314.81	14,413,432.10
应交税费	1,612,633.51	1,076,639.37	8,952,009.65	8,410,077.92
应付利息	29,776.25	29,776.25	80,313.75	80,313.75

应付股利				
其他应付款	25,652,246.48	47,136,065.24	24,909,302.27	24,824,562.53
应付分保账款				
保险合同准备金				
代理买卖证券款				
代理承销证券款				
一年内到期的非流动负债				
其他流动负债				
流动负债合计	179,482,886.10	194,545,327.46	242,825,513.49	229,873,254.09
非流动负债：				
长期借款				
应付债券				
长期应付款				
专项应付款				
预计负债				
递延所得税负债			49,368.75	49,368.75
其他非流动负债				
非流动负债合计			49,368.75	49,368.75
负债合计	179,482,886.10	194,545,327.46	242,874,882.24	229,922,622.84
所有者权益(或股东权益)：				
实收资本(或股本)	93,340,000.00	93,340,000.00	70,000,000.00	70,000,000.00
资本公积	337,481,860.00	337,481,860.00		
减：库存股				
专项储备				
盈余公积	15,012,046.36	15,012,046.36	15,012,046.36	15,012,046.36
一般风险准备				
未分配利润	137,730,918.92	137,383,671.29	120,835,590.49	119,021,383.10
外币报表折算差额				
归属于母公司所有者权益合计	583,564,825.28	583,217,577.65	205,847,636.85	204,033,429.46
少数股东权益				
所有者权益合计	583,564,825.28	583,217,577.65	205,847,636.85	204,033,429.46
负债和所有者权益总计	763,047,711.38	777,762,905.11	448,722,519.09	433,956,052.30

7.2.2 利润表

编制单位：浙江步森服饰股份有限公司　　2011 年 1-6 月　　单位：元

项目	本期金额		上期金额	
	合并	母公司	合并	母公司
一、营业总收入	257,019,027.79	252,708,824.83	202,394,799.59	199,226,203.58
其中：营业收入	257,019,027.79	252,708,824.83	202,394,799.59	199,226,203.58
利息收入				
已赚保费				
手续费及佣金收入				
二、营业总成本	235,173,762.63	228,492,354.28	181,361,400.10	179,269,493.26
其中：营业成本	181,288,170.47	181,098,087.00	143,565,842.29	143,718,120.30
利息支出				
手续费及佣金支出				
退保金				
赔付支出净额				
提取保险合同准备金净额				
保单红利支出				
分保费用				
营业税金及附加	1,124,875.18	1,036,481.93	1,250,955.44	1,196,205.71
销售费用	29,165,836.51	26,778,094.44	21,669,843.83	20,223,568.50
管理费用	20,220,881.29	18,105,875.60	13,957,922.82	12,296,587.71
财务费用	1,092,469.85	1,091,984.50	1,395,038.48	1,385,024.86
资产减值损失	2,281,529.33	381,830.81	−478,202.76	449,986.18
加：公允价值变动收益(损失以"−"号填列)				
投资收益(损失以"−"号填列)				
其中：对联营企业和合营企业的投资收益				
汇兑收益(损失以"−"号填列)				
三、营业利润(亏损以"−"号填列)	21,845,265.16	24,216,470.55	21,033,399.49	19,956,710.32
加：营业外收入	596,131.84	151,213.84	530,085.00	530,085.00
减：营业外支出	263,309.52	251,822.68	205,917.90	198,623.22
其中：非流动资产处置损失			293.96	293.96
四、利润总额(亏损总额以"−"号填列)	22,178,087.48	24,115,861.71	21,357,566.59	20,288,172.10
减：所得税费用	5,282,759.05	5,753,573.52	6,028,806.02	5,431,534.48
五、净利润(净亏损以"−"号填列)	16,895,328.43	18,362,288.19	15,328,760.57	14,856,637.62
归属于母公司所有者的净利润	16,895,328.43	18,362,288.19	15,328,760.57	14,856,637.62
少数股东损益				
六、每股收益：				
(一)基本每股收益	0.22	0.24	0.22	0.21
(二)稀释每股收益	0.22	0.24	0.22	0.21
七、其他综合收益				
八、综合收益总额	16,895,328.43	18,362,288.19	15,328,760.57	14,856,637.62
归属于母公司所有者的综合收益总额	16,895,328.43	18,362,288.19	15,328,760.57	14,856,637.62
归属于少数股东的综合收益总额				

本期发生同一控制下企业合并的，被合并方在合并前实现的净利润为：18,362,288.19 元。

7.2.3 现金流量表

编制单位：浙江步森服饰股份有限公司　　2011 年 1-6 月　　单位：元

项目	本期金额		上期金额	
	合并	母公司	合并	母公司
一、经营活动产生的现金流量：				
销售商品、提供劳务收到的现金	267,019,044.72	261,994,158.90	241,893,337.68	237,679,498.27
客户存款和同业存放款项净增加额				
向中央银行借款净增加额				
向其他金融机构拆入资金净增加额				
收到原保险合同保费取得的现金				
收到再保险业务现金净额				
保户储金及投资款净增加额				
处置交易性金融资产净增加额				
收取利息、手续费及佣金的现金				
拆入资金净增加额				
回购业务资金净增加额				
收到的税费返还	725,525.70	725,525.70	485,373.63	485,373.63
收到其他与经营活动有关的现金	4,164,656.25	25,218,314.82	4,503,172.12	4,451,435.21
经营活动现金流入小计	271,909,226.67	287,937,999.42	246,881,883.43	242,616,307.11
购买商品、接受劳务支付的现金	243,298,586.20	243,864,765.37	160,424,989.86	160,070,970.32
客户贷款及垫款净增加额				
存放中央银行和同业款项净增加额				
支付原保险合同赔付款项的现金				
支付利息、手续费及佣金的现金				
支付保单红利的现金				
支付给职工以及为职工支付的现金	47,409,254.93	44,912,562.61	37,016,968.44	35,623,135.34
支付的各项税费	21,032,107.69	19,561,934.91	16,762,153.47	15,571,129.66
支付其他与经营活动有关的现金	35,638,624.20	32,907,385.68	30,361,673.82	28,115,156.70
经营活动现金流出小计	347,378,573.02	341,246,648.57	244,565,785.59	239,380,392.02
经营活动产生的现金流量净额	−75,469,346.35	−53,308,649.15	2,316,097.84	3,235,915.09
二、投资活动产生的现金流量：				
收回投资收到的现金				
取得投资收益收到的现金				
处置固定资产、无形资产和其他长期资产收回的现金净额	12,207.69	12,207.69	14,991.55	14,991.55
处置子公司及其他营业单位收到的现金净额				
收到其他与投资活动有关的现金	20,879,000.00	35,979,000.00	17,800,000.00	17,800,000.00
投资活动现金流入小计	20,891,207.69	35,991,207.69	17,814,991.55	17,814,991.55
购建固定资产、无形资产和其他长期资产支付的现金	24,141,513.11	5,017,587.37	6,729,219.60	3,722,708.57
投资支付的现金		93,650,000.00		
质押贷款净增加额				
取得子公司及其他营业单位支付的现金净额				
支付其他与投资活动有关的现金	27,819,500.00	27,819,500.00	13,030,000.00	16,030,000.00
投资活动现金流出小计	51,961,013.11	126,487,087.37	19,759,219.60	19,752,708.57
投资活动产生的现金流量净额	−31,069,805.42	−90,495,879.68	−1,944,228.05	−1,937,717.02
三、筹资活动产生的现金流量：				
吸收投资收到的现金	361,821,860.00	361,821,860.00		
其中：子公司吸收少数股东投资收到的现金				
取得借款收到的现金	20,500,000.00	20,500,000.00	40,000,000.00	40,000,000.00
发行债券收到的现金				
收到其他与筹资活动有关的现金				
筹资活动现金流入小计	382,321,860.00	382,321,860.00	40,000,000.00	40,000,000.00
偿还债务支付的现金	49,500,000.00	49,500,000.00	30,000,000.00	30,000,000.00
分配股利、利润或偿付利息支付的现金	1,727,263.79	1,727,263.79	1,973,388.23	1,973,388.23

其中:子公司支付给少数股东的股利、利润				
支付其他与筹资活动有关的现金				
筹资活动现金流出小计	51,227,263.79	51,227,263.79	31,973,388.23	31,973,388.23
筹资活动产生的现金流量净额	331,094,596.21	331,094,596.21	8,026,611.77	8,026,611.77
四、汇率变动对现金及现金等价物的影响				
五、现金及现金等价物净增加额	224,555,444.44	187,290,067.38	8,398,481.56	9,324,809.84
加:期初现金及现金等价物余额	127,032,140.61	126,676,801.32	103,906,961.06	102,659,821.63
六、期末现金及现金等价物余额	351,587,585.05	313,966,868.70	112,305,442.62	111,984,631.47

7.2.4 合并所有者权益变动表

本期金额

项目	归属于母公司所有者权益 实收资本(或股本)	资本公积	减:库存股	专项储备	盈余公积	一般风险准备	未分配利润	其他	少数股东权益	所有者权益合计
一、上年年末余额	70,000,000.00				15,012,046.36		120,835,590.49			205,847,636.85
加:会计政策变更										
前期差错更正										
其他										
二、本年年初余额	70,000,000.00				15,012,046.36		120,835,590.49			205,847,636.85
三、本年增减变动金额(减少以"−"号填列)	23,340,000.00	337,481,860.00					16,895,328.43			377,717,188.43
(一)净利润							16,895,328.43			16,895,328.43
(二)其他综合收益										
上述(一)和(二)小计							16,895,328.43			6,895,328.43
(三)所有者投入和减少资本	23,340,000.00	337,481,860.00								360,821,860.00
1.所有者投入资本	23,340,000.00	337,481,860.00								360,821,860.00
2.股份支付计入所有者权益的金额										
3.其他										
(四)利润分配										
1.提取盈余公积										
2.提取一般风险准备										
3.对所有者(或股东)的分配										
4.其他										
(五)所有者权益内部结转										
1.资本公积转增资本(或股本)										
2.盈余公积转增资本(或股本)										
3.盈余公积弥补亏损										
4.其他										
(六)专项储备										
1.本期提取										
2.本期使用										
(七)其他										
四、本期期末余额	93,340,000.00	337,481,860.00			15,012,046.36		137,730,918.92			583,564,825.28

上年金额

项目	归属于母公司所有者权益 实收资本(或股本)	资本公积	减:库存股	专项储备	盈余公积	一般风险准备	未分配利润	其他	少数股东权益	所有者权益合计
一、上年年末余额	70,000,000.00				10,794,648.15		82,894,745.14			163,689,393.29
加:会计政策变更										
前期差错更正										
其他										
二、本年年初余额	70,000,000.00				10,794,648.15		82,894,745.14			163,689,393.29
三、本年增减变动金额(减少以"−"号填列)					4,217,398.21		37,940,845.35			42,158,243.56
(一)净利润							42,158,243.56			42,158,243.56
(二)其他综合收益										
上述(一)和(二)小计							42,158,243.56			42,158,243.56
(三)所有者投入和减少资本										
1.所有者投入资本										
2.股份支付计入所有者权益的金额										
3.其他										
(四)利润分配					4,217,398.21		−4,217,398.21			
1.提取盈余公积					4,217,398.21		−4,217,398.21			
2.提取一般风险准备										
3.对所有者(或股东)的分配										
4.其他　(五)所有者权益内部结转										
1.资本公积转增资本(或股本)										
2.盈余公积转增资本(或股本)										
3.盈余公积弥补亏损										
4.其他										
(六)专项储备										
1.本期提取										
2.本期使用										
(七)其他										
四、本期期末余额	70,000,000.00				15,012,046.36		120,835,590.49			205,847,636.85

7.2.5 母公司所有者权益变动表

本期金额

项目	实收资本(或股本)	资本公积	减:库存股	专项储备	盈余公积	一般风险准备	未分配利润	所有者权益合计
一、上年年末余额	70,000,000.00				15,012,046.36		119,021,383.10	204,033,429.46
加:会计政策变更								
前期差错更正								
其他								
二、本年年初余额	70,000,000.00				15,012,046.36		119,021,383.10	204,033,429.46
三、本年增减变动金额(减少以"−"号填列)	23,340,000.00	337,481,860.00					18,362,288.19	379,184,148.19
(一)净利润							18,362,288.19	18,362,288.19
(二)其他综合收益								
上述(一)和(二)小计							18,362,288.19	18,362,288.19
(三)所有者投入和减少资本	23,340,000.00	337,481,860.00						360,821,860.00
1.所有者投入资本	23,340,000.00	337,481,860.00						360,821,860.00
2.股份支付计入所有者权益的金额								
3.其他								
(四)利润分配								
1.提取盈余公积								
2.提取一般风险准备								
3.对所有者(或股东)的分配								
4.其他								
(五)所有者权益内部结转								
1.资本公积转增资本(或股本)								
2.盈余公积转增资本(或股本)								
3.盈余公积弥补亏损								
4.其他								
(六)专项储备								
1.本期提取								
2.本期使用								
(七)其他								
四、本期期末余额	93,340,000.00	337,481,860.00			15,012,046.36		137,383,671.29	583,217,577.65

上年金额

项目	实收资本(或股本)	资本公积	减:库存股	专项储备	盈余公积	一般风险准备	未分配利润	所有者权益合计
一、上年年末余额	70,000,000.00				10,794,648.15		81,064,799.19	161,859,447.34
加:会计政策变更								
前期差错更正								
其他								
二、本年年初余额	70,000,000.00				10,794,648.15		81,064,799.19	161,859,447.34
三、本年增减变动金额(减少以"−"号填列)					4,217,398.21		37,956,583.91	42,173,982.12
(一)净利润							42,173,982.12	42,173,982.12
(二)其他综合收益								
上述(一)和(二)小计							42,173,982.12	42,173,982.12
(二)其他综合收益								
(三)所有者投入和减少资本								
1.所有者投入资本								
2.股份支付计入所有者权益的金额								
3.其他								
(四)利润分配					4,217,398.21		−4,217,398.21	
1.提取盈余公积					4,217,398.21		−4,217,398.21	
2.提取一般风险准备								
3.对所有者(或股东)的分配								
4.其他								
(五)所有者权益内部结转								
1.资本公积转增资本(或股本)								
2.盈余公积转增资本(或股本)								
3.盈余公积弥补亏损								
4.其他								
(六)专项储备								
1.本期提取								
2.本期使用								
(七)其他								
四、本期期末余额	70,000,000.00				15,012,046.36		119,021,383.10	204,033,429.46

7.3 报表附注

7.3.1 如果出现会计政策、会计估计变更或会计差错更正的,说明有关内容、原因及影响数

□ 适用　　√ 不适用

7.3.2 如果财务报表合并范围发生重大变化的,说明原因及影响数

□ 适用　　√ 不适用

7.3.3 如果被出具非标准审计报告,列示涉及事项的有关附注

□ 适用　　√ 不适用

吉林永大集团股份有限公司

吉林永大集团股份有限公司首次公开发行股票上市公告书

第一节　重要声明与提示

本公司及全体董事、监事、高级管理人员保证上市公告书的真实性、准确性、完整性，承诺上市公告书不存在虚假记载、误导性陈述或重大遗漏，并承担个别和连带的法律责任。

深圳证券交易所、其他政府机关对本公司A股股票上市及有关事项的意见，均不表明对公司的任何保证。

本公司已承诺在股票上市后三个月内按照《深圳证券交易所中小企业板块上市公司特别规定》的要求修改公司章程，并在章程中载明：公司股票被终止上市后，公司股票进入代办股份转让系统继续交易；公司不得修改公司章程中的前项规定。

本公司提醒广大投资者注意，凡本上市公告书未涉及的有关内容，请投资者查阅刊载于巨潮资讯网站(www.cninfo.com.cn)的本公司招股说明书全文。

公司控股股东和实际控制人吕永祥及股东吕兰、李向文承诺：(1)自公司首次向社会公开发行股票并上市之日起三十六个月内，不转让或者委托他人管理其所直接或间接持有的公司股份，也不由公司回购其所直接或间接持有的股份。(2)在公司任职期间，每年转让的股份不超过其直接或间接持有的公司股份总数的25%，且离职后半年内不转让其所直接或间接持有的公司股份；同时，在申报离任六个月后的十二个月内通过证券交易所挂牌交易出售公司股票数量占其直接或间接持有公司股票总数的比例不超过50%。

公司股东吕洋、兰秀珍、吕永凯、吕玉珍、吉林市君和企业管理有限公司承诺：自公司首次向社会公开发行股票并上市之日起三十六个月内，不转让或者委托他人管理其所持有的公司股份，也不由公司回购其所持有的股份。

公司股东马立明承诺：自公司首次向社会公开发行股票并上市之日起十二个月内，不转让或者委托他人管理其所持有的公司股份，也不由公司回购其所持有的股份。

作为吉林市君和企业管理有限公司股东同时也是发行人高级管理人员的赵峰、王龙、王桂芹、董玉华和刘忠民承诺：(1)自公司首次公开发行股票并上市之日起三十六个月内，不转让或者委托他人管理其所直接或间接持有的公司股份，也不由公司回购其所持有的股份。(2)在公司任职期间，每年转让的股份不超过其所直接或间接持有公司股份总数的25%；离职后半年内，不转让其所直接或间接持有的公司股份。

本公司上市公告书已披露2011年前三季度财务数据及资产负债表、利润表和现金流量表。其中，2011年1-9月财务数据及可比的2010年1-9月财务数据未经审计。敬请投资者注意。

第二节　股票上市情况

一、公司股票发行上市审批情况

本上市公告书是根据《中华人民共和国公司法》、《中华人民共和国证券法》、《首次公开发行股票并上市管理办法》和《深圳证券交易所股票上市规则》等有关法律、法规的规定，并按照《深圳证券交易所股票上市公告书内容与格式指引》而编制，旨在向投资者提供有关吉林永大集团股份有限公司(以下简称"本公司"、"发行人"或"永大集团")首次公开发行股票上市的基本情况。

经中国证券监督管理委员会证监许可[2011]1470号文核准，本公司首次公开发行人民币普通股股票3,800万股。本次发行采用网下向股票配售对象询价配售(以下简称"网下配售")与网上向社会公众投资者定价发行(以下简称"网上发行")相结合的方式，其中，网下配售760万股，网上发行3,040万股，发行价格为20.00元/股。

经深圳证券交易所《关于吉林永大集团股份有限公司人民币普通股股票上市的通知》(深证上[2011]311号)同意，本公司发行的人民币普通股股票在深圳证券交易所上市，股票简称"永大集团"，股票代码"002622，其中网上定价发行的3,040万股股票将于2011年10月18日起上市交易。

本公司本次发行的招股意向书、招股说明书全文及相关备查文件可以在巨潮资讯网站(www.cninfo.com.cn)查询。本公司招股意向书及招股说明书的披露距今不足1个月，故与其重复的内容不再重述，敬请投资者查阅上述内容。

二、公司股票上市概况

1、上市地点：深圳证券交易所

2、上市时间：2011年10月18日

3、股票简称：永大集团

4、股票代码：002622

5、首次公开发行后总股本：15,000万股

6、首次公开发行股票增加的股份：3,800万股

7、发行前股东所持股份的流通限制及期限

根据《公司法》的有关规定，公司公开发行股份前已发行的股份，自公司股票在证券交易所上市交易之日起一年内不得转让。

8、发行前股东对所持股份自愿锁定的承诺

公司控股股东和实际控制人吕永祥及股东吕兰、李向文承诺：(1)自公司首次向社会公开发行股票并上市之日起三十六个月内，不转让或者委托他人管理其所直接或间接持有的公司股份，也不由公司回购其所直接或间接持有的股份。(2)在公司任职期间，每年转让的股份不超过其直接或间接持有的公司股份总数的25%，且离职后半年内不转让其所直接或间接持有的公司股份；同时，在申报离任六个月后的十二个月内通过证券交易所挂牌交易出售公司股票数量占其直接或间接持有公司股票总数的比例不超过50%。

公司股东吕洋、兰秀珍、吕永凯、吕玉珍、吉林市君和企业管理有限公司承诺：自公司首次向社会公开发行股票并上市之日起三十六个月内，不转让或者委托他人管理其所持有的公司股份，也不由公司回购其所持有的股份。

公司股东马立明承诺：自公司首次向社会公开发行股票并上市之日起十二个月内，不转让或者委托他人管理其所持有的公司股份，也不由公司回购其所持有的股份。

作为吉林市君和企业管理有限公司股东同时也是发行人高级管理人员的赵峰、王龙、王桂芹、董玉华和刘忠民承诺：(1)自公司首次公开发行股票并上市之日起三十六个月内，不转让或者委托他人管理其所直接或间接持有的公司股份，也不由公司回购其所持有的股份。(2)在公司任职期间，每年转让的股份不超过其所直接或间接持有公司股份总数的25%；离职后半年内，不转让其所直接或间接持有的公司股份。

9、本次上市股份的其他锁定安排：本次公开发行中网下向配售对象配售的760万股股份自本次网上发行的股票在深圳证券交易所上市交易之日起锁定3个月。

10、本次上市的无流通限制及锁定安排的股份：本次公开发行中网上发行的3,040万股股份无流通限制及锁定安排。

11、公司股份可上市交易时间

项目	股东名称	持股数量(股)	持股比例(%)	所持股份可上市交易时间(非交易日顺延)
一、首次公开发行前的股份	吕永祥	5,048.26	33.66	2014年10月18日
	吕　兰	2,054.40	13.70	2014年10月18日
	吕　洋	2,054.40	13.70	2014年10月18日
	兰秀珍	1,027.20	6.85	2014年10月18日
	吉林市君和企业管理有限公司	500.00	3.33	2014年10月18日
	马立明	428.00	2.85	2012年10月18日
	吕永凯	42.80	0.28	2014年10月18日
	李向文	25.68	0.17	2014年10月18日
	吕玉珍	19.26	0.13	2014年10月18日
	小计	11,200.00	74.67	–
二、首次公开发行的股份	网下配售发行的股份	760.00	5.07	2012年1月18日
	网上定价发行的股份	3,040.00	20.26	2011年10月18日
	小计	3,800.00	25.33	–
	合计	15,000.00	100.00	–

12、股票登记机构：中国证券登记结算有限责任公司深圳分公司

13、上市保荐机构：广发证券股份有限公司

第三节　发行人、股东和实际控制人情况

一、发行人的基本情况

公司名称：吉林永大集团股份有限公司

英文名称：Jilin Yongda Group CO., LTD.

注册资本：15,000万元(发行后)

法定代表人：吕永祥

董事会秘书：李东

成立日期：1998年11月6日

整体变更为股份公司日期：2008年1月31日

公司住所：吉林省吉林市高新区吉林大街45-1号

邮政编码：132013

公司电话：0432-64602099

公司传真：0432-64602099

互联网网址：www.jlydjt.com

电子信箱：ydjt_security@jlydjt.com

经营范围：电控设备及母线槽、电缆桥架制造；自动化仪表制造及设备成套；自动控制、计算机系统工程及其安装；高速公路设施制造及其装配；电子式电表制造；高压线路架空设施的铁塔制造；楼宇对讲安全门制造；化工产品(不含化学危险品)、建筑机械、装卸机械、建筑材料、装饰材料、通讯设备(不含手机)、五金交电、机械设备、汽车(不含小汽车)及其零配件销售；自营和代理各类商品及技术的进出口业务、国家规定的专营进出口商品和国家禁止进出口等特殊商品除外。经营进料加工和"三来一补"业务、开展对销贸易和转口贸易(涉及国家专项审批的凭许可证经营)。

主营业务：研发、生产和销售永磁开关产品。

所属行业：根据中国证监会2001年颁布的《上市公司行业分类指引》，本公司所属的细分行业为电器机械及器材制造业(代码C76)。

二、公司董事、监事、高级管理人员及其持有公司的股票情况

序号	姓　名	职　务	任职起止日期	直接持股数量(万股)	间接持股数量(万股)	合计占发行后比例
1	吕永祥	董事长、总经理	2011年2月至2014年2月	5,048.26	450.00	36.66%
2	赵　峰	董事、副总经理	2011年2月至2014年2月	–	10.00	0.07%
3	吕　兰	董事	2011年2月至2014年2月	2,054.40	–	13.70%
4	李向文	董事	2011年2月至2014年2月	25.68	–	0.17%
5	高益人	董事	2011年7月至2014年2月	–	–	–
6	韩　毅	董事	2011年7月至2014年2月	–	–	–
7	穆　钢	独立董事	2011年2月至2014年2月	–	–	–
8	张　茂	独立董事	2011年2月至2014年2月	–	–	–
9	韩　波	独立董事	2011年2月至2014年2月	–	–	–
10	张希锟	监事会主席	2011年2月至2014年2月	–	–	–
11	尹知明	监事	2011年2月至2014年2月	–	–	–
12	姚进北	监事	2011年2月至2014年2月	–	–	–

13	李　东	董事会秘书、常务副总经理	2011 年 2 月至 2014 年 2 月	–	–	–
14	王　龙	副总经理	2011 年 2 月至 2014 年 2 月	–	10.00	0.07%
15	王桂芹	副总经理	2011 年 2 月至 2014 年 2 月	–	10.00	0.07%
16	董玉华	副总经理	2011 年 2 月至–2014 年 2 月	10.00	0.07%	
17	刘忠民	副总经理	2011 年 2 月至 2014 年 2 月	–	10.00	0.07%
18	邓　强	财务总监	2011 年 2 月至 2014 年 2 月	–	–	–
	合　计			7,128.34	500.00	50.86%

三、公司控股股东和实际控制人的情况

1.公司控股股东和实际控制人

本公司的控股股东和实际控制人吕永祥(身份证号:22020319500103****)。本次发行后,吕永祥直接持有本公司 33.66%的股权。

实际控制人基本情况见如下:

公司董事长。男,中国国籍,无境外永久居留权。1950 年出生,本科学历,高级工程师。1975 至 1993 年,历任中国石油吉化集团公司车间主任、吉林市自动化仪表一厂厂长、吉林市江北自动化仪表厂厂长;1993 年创立吉林永大有限公司,1998 年设立吉林永大集团有限公司,自此至今任公司董事长、总经理。2006 年享受国务院特殊津贴,2008 年被吉林省人事厅授予"电气自动化研究员"职称;2002 年至 2006 年当选吉林省人大代表,2007 年当选吉林市第十四届人民代表大会常务委员。先后获得"第九届全国创业之星"、"吉林省科学进步二等奖"、"吉林省职工优秀技术创新成果一等奖"、"优秀民营企业创业家"、"吉林省劳动模范"、"吉林省优秀企业经营管理人才"等光荣称号。

2.公司控股股东和实际控制人的其他对外投资情况

本公司控股股东和实际控制人吕永祥直接持有本公司股票,且投资设立了吉林市君和企业管理有限公司,除上述情况外,吕永祥无对外投资情况。

吉林市君和企业管理有限公司

姓　名	投资金额(万元)	持股比例
吕永祥	450	90%

吉林市君和企业管理有限公司的经营范围是以自有资产对外投资、企业管理咨询服务。上述对外投资与公司不存在利益冲突。

四、公司前十名股东持有本公司股份的情况

本次发行后,公司股东总数为 53,510 名,公司前十名股东持有股份的情况如下:

序号	股东名称	持股数(万股)	持股比例(%)
1	吕永祥	5,048.26	33.66
2	吕　兰	2,054.40	13.70
3	吕　洋	2,054.40	13.70
4	兰秀珍	1,027.20	6.85
5	吉林市君和企业管理有限公司	500.00	3.33
6	马立明	428.00	2.85
7	兴华证券投资基金	95.00	0.63
8	全国社保基金一零一组合	95.00	0.63
9	全国社保基金五零四组合	95.00	0.63
10	中国银行–易方达策略成长二号混合型证券投资基金	95.00	0.63
合计	—	11,492.26	76.61

第四节　股票发行情况

一、发行数量:3,800 万股

二、发行价格:20.00 元/股,对应的发行市盈率:

(1)36.36 倍(每股收益按照 2010 年度经会计师事务所审计的扣除非经常性损益前后孰低的净利润除以本次发行后总股本计算);

(2)27.03 倍(每股收益按照 2010 年度经会计师事务所审计的扣除非经常性损益前后孰低的净利润除以本次发行前总股本计算)。

三、发行方式:采用网下向询价对象询价配售与网上资金申购定价发行相结合的方式。本次发行中通过网下配售向配售对象配售的股票为 760 万股,有效申购为 8,740 万股,超额认购倍数为 11.5 倍。本次发行网上定价发行 3,040 万股,中签率为 1.3803562591%,超额认购倍数为 72 倍。本次发行网上、网下均不存在余股。

四、募集资金总额:76,000 万元

上海众华沪银会计师事务所有限公司已于 2011 年 10 月 13 日对公司首次公开发行股票的资金到位情况进行了审验,并出具沪众会验字(2011)第 4732 号《验资报告》。

五、本次发行费用:3,218.49 万元,每股发行费用 0.85 元,具体明细如下:

项目	金额(万元)
承销及保荐费用	2,529.50
审计及验资费用	145.00
律师费用	90.00
评估费用	10.00
信息披露费用	369.80
上市初费	3.00
信息查询费	0.10
登记托管费	15.00
印刷费及印花税费	56.09
合计	3,218.49

六、募集资金净额:72,781.51 万元

七、发行后每股净资产:7.08 元/股(以截至 2011 年 6 月 30 日经审计的净资产加上本次募集资金净额计算)

八、发行后每股收益:0.55 元/股(按照 2010 年 12 月 31 日经会计师事务所审计的扣除非经常性损益前后孰低的净利润除以本次发行后总股本计算)

第五节　财务会计资料

本上市公告书已披露 2011 年第三季度未经审计的财务数据及资产负债表、利润表和现金流量表。其中,对比表中 2011 年第三季度财务数据未经审计,2010 年年报财务数据已经审计,敬请投资者注意。

一、主要财务数据及财务指标

项目	2011 年 9 月 30 日	2010 年 12 月 31 日	本期末较上年末增减
流动资产(元)	318,441,813.80	302,452,125.31	5.29%
流动负债(元)	98,632,090.64	142,391,912.21	-30.73%
总资产(元)	472,783,622.90	455,014,795.87	3.91%
归属于发行人股东的所有者权益(元)	370,181,532.26	308,652,883.66	19.93%
归属于发行人股东的每股净资产(元/股)	3.31	2.76	19.93%
项目	2011 年 1–9 月	2010 年 1–9 月	同比增减
营业收入(元)	245,590,749.29	280,700,094.66	-12.51%
利润总额(元)	73,374,280.53	55,961,772.62	31.12%
归属于发行人股东的净利润(元)	61,528,648.60	46,560,920.70	32.15%
归属于发行人股东的净利润(元)	56,392,340.80	47,663,314.89	18.31%
基本每股收益(元/股)	0.55	0.42	30.95%
全面摊薄净资产收益率	16.62%	15.91%	0.71%
扣除非经常性损益后全面摊薄净资产收益率	15.23	16.29	-6.51%
经营活动产生的现金流量净额(元)	39,817,379.16	14,098,047.09	182.43%
每股经营活动产生的现金流量净额(元/股)	0.36	0.13	176.92%
项目	2011 年 7–9 月	2010 年 7–9 月	同比增减
营业收入(元)	113,924,761.19	161,774,233.82	-29.58%
利润总额(元)	40,557,609.78	36,768,481.50	10.31%
归属于发行人股东的净利润(元)	36,273,985.68	31,133,623.13	16.51%
扣除非经常性损益的净利润(元)	32,162,642.53	32,414,046.85	-0.78%
基本每股收益(元/股)	0.29	0.29	

二、经营业绩和财务状况的简要说明

(一)经营业绩

2011 年 1–9 月,公司实现营业收入 24,559.07 万元,较去年同期减少 12.51%,实现利润总额 7,337.43 万元,归属于母公司所有者的净利润 6,152.86 万元,分别较去年同期增长 31.12%和 32.15%。其主要因是:公司主导产品永磁开关在 2011 年 1–9 月实现销售收入 16,539.57 万元,较去年同期增加 2,700.84 万元,增长率为 19.52%。但公司其他产品(高低压开关成套设备、电子式电能表、高速公路交通设施等)的销售收入为 8,019.51 万元,较去年同期减少 6,211.77 万元,增长率为-43.65%,由此导致公司 2011 年 1–9 月营业收入同比下降,但永磁开关的毛利率较高,永磁开关对公司的毛利贡献率较大,同时公司减少了银行借款,财务费用下降较大,综合以上因素,公司 2011 年 1–9 月利润总额同比有所增长。

(二)财务状况和现金流量

2011 年 9 月 30 日,公司的流动资产、总资产、归属于发行人股东的所有者权益较 2010 年末均实现稳定的增长,与公司的整体业务发展相匹配,资产负债结构合理,财务状况良好。

2011 年 1–9 月公司经营活动产生的现金流量净额比上年同期增加 2,571.93 万元,增长幅度为 182.43%,原因是:公司 2011 年 1–9 月以销售永磁开关为主,永磁开关采用款到发货的结算方式,因此公司现金流比较充裕。

第六节　其他重要事项

一、本公司已向深圳证券交易所承诺,将严格按照中小企业板的有关规则,在公司股票上市后三个月内完善公司章程等规章制度。

二、本公司自 2011 年 9 月 16 日刊登首次公开发行股票招股意向书至本上市公告书刊登前,没有发生可能对本公司有较大影响的重要事项,具体如下:

1.本公司严格依照《公司法》、《证券法》等法律法规的要求,规范运作,生产经营状况正常,主营业务发展目标进展正常。

2.本公司所处行业和市场未发生重大变化。

3.本公司原材料采购价格和产品销售价格没有发生重大变化。

4.本公司未发生重大关联交易。

5.本公司未进行重大投资。

6.本公司未发生重大资产(或股权)购买、出售及置换。

7.本公司住所没有变更。

8.本公司董事、监事、高级管理人员及核心技术人员没有变化。

9.本公司未发生重大诉讼、仲裁事项。

10.本公司未发生对外担保等或有事项。

11.本公司的财务状况和经营成果未发生重大变化。

12.本公司无其他应披露的重大事项。

第七节　上市保荐机构及其意见

一、上市保荐机构情况

上市保荐机构:广发证券股份有限公司

法定代表人:林治海

住所:广州市天河北路 183 号大都会广场 43 楼

保荐代表人:崔海峰、赵瑞梅

电话:020–87555888

传真:020–87557566

二、上市保荐机构的推荐意见

上市保荐人广发证券股份有限公司认为本公司首次公开发行的股票符合上市条件,已向深圳证券交易所出具了《广发证券股份有限公司关于吉林永大集团股份有限公司股票上市保荐书》,上市保荐人的保荐意见如下:

吉林永大集团股份有限公司符合《中华人民共和国公司法》、《中华人民共和国证券法》、《深圳证券交易所股票上市规则》等有关法律、法规所要求的股票上市条件,同意担任吉林永大集团股份有限公司本次发行上市的保荐人,推荐其股票在深圳证券交易所上市交易。

四川仁智油田技术服务股份有限公司

四川仁智油田技术服务股份有限公司首次公开发行股票上市公告书

第一节 重要声明与提示

四川仁智油田技术服务股份有限公司(以下简称"仁智油服"、"公司"、"本公司"或"发行人")及全体董事、监事、高级管理人员保证上市公告书的真实性、准确性、完整性,承诺上市公告书不存在虚假记载、误导性陈述或重大遗漏,并承担个别和连带的法律责任。

证券交易所、其他政府机关对本公司股票上市及有关事项的意见,均不表明对本公司的任何保证。

本公司已承诺将在本公司股票上市后三个月内按照《中小企业板块上市公司特别规定》的要求修改公司章程,在章程中载明(1)股票被终止上市后,公司股票进入代办股份转让系统继续交易;(2)公司不得修改公司章程中的前项规定。

公司实际控制人钱忠良及其一致行动人雷斌、汪建军、卜文海、王海滨、尹显庸、杨燎、张军、李远恩、张曹、龚崇明、王浩、姚兵、田琳、杨勇、黄文勇、李成静、贾云刚、冯嫔、盛科、叶娟、蓝灵、王定英、雎迎春承诺:自发行人股票上市之日起三十六个月内,不转让或者委托他人管理本次发行前本人直接或者间接持有的发行人股份,也不由发行人回购该部分股份。

公司其他93名自然人股东及法人股东绵阳博业、绵阳依洋、绵阳智宇、绵阳皓景、德阳新盛、云南佛尔斯特承诺:自发行人股票上市之日起十二个月内,不转让或者委托他人管理本次发行前本人/本公司已直接或间接持有的发行人股份,也不由发行人回购该部分股份。

在上述基础上,担任公司董事、监事、高级管理人员的一致行动人钱忠良、雷斌、汪建军、卜文海、王海滨、冯嫔、王浩、张军、杨燎、李远恩、姚兵、张曹以及前监事会主席尹显庸还承诺:自发行人股票上市之日起三十六个月内和离职后半年内,不转让或者委托他人管理本次发行前本人直接或者间接持有的发行人股份,也不由发行人回购该部分股份。承诺期限届满后,在任职期间内所持发行人股份发生变动的,应当及时向发行人报告,并由发行人按照有关规定向证券交易所申报并公告。在发行人股票上市之日起三十六个月后的任职期间内每年转让的股份不得超过所持有发行人股份总数的百分之二十五。在申报离任六个月后的十二个月内通过证券交易所挂牌交易出售发行人的股份占其所持有发行人股份总数的比例不超过百分之五十。

担任公司董事、监事、高级管理人员的股东熊海河、刘惠琴、曾昌华承诺:自发行人股票上市之日起一年内和离职后半年内,不转让或者委托他人管理本次发行前本人直接或者间接持有的发行人股份,也不由发行人回购该部分股份。一年锁定期满后,在任职期间内所持发行人股份发生变动的,应当及时向发行人报告,并由发行人按照有关规定向证券交易所申报并公告。在任职期间内每年转让的股份不得超过所持有发行人股份总数的百分之二十五。在申报离任六个月后的十二个月内通过证券交易所挂牌交易出售发行人的股份占其所持有发行人股份总数的比例不超过百分之五十。

自然人股东杨济林承诺:自发行人股票上市之日起一年内以及罗平亚作为发行人董事离职后半年内,不转让或者委托他人管理本次发行前本人直接或间接持有的发行人的股份,也不由发行人回购该部分股份。承诺期满后,在罗平亚担任董事的任职期间内所持发行人股份发生变动的,应当及时向发行人报告,并由发行人按照有关规定向证券交易所申报并公告。在罗平亚担任发行人董事的任职期间内,每年转让的股份不得超过本人直接或间接持有的发行人股份总数的百分之二十五;在罗平亚申报离任六个月后的十二个月内通过证券交易所挂牌交易出售发行人的股份占所持有发行人股份总数的比例不超过百分之五十。

自然人股东王定英承诺:自发行人股票上市之日起三十六个月内以及李远恩作为发行人高级管理人员离职后半年内,不转让或者委托他人管理本次发行前本人直接或间接持有的发行人的股份,也不由发行人回购该部分股份。承诺期满后,在李远恩担任高级管理人员的任职期间内所持发行人股份发生变动的,应当及时向发行人报告,并由发行人按照有关规定向证券交易所申报并公告。在李远恩担任发行人高级管理人员的任职期间内,每年转让的股份不得超过本人直接或间接持有的发行人股份总数的百分之二十五;在李远恩申报离任六个月后的十二个月内通过证券交易所挂牌交易出售发行人的股份占所持有发行人股份总数的比例不超过百分之五十。

本公司提醒广大投资者注意,凡本上市公告书未涉及的有关内容,请投资者查阅刊载于巨潮网站(http://www.cninfo.com.cn)的本公司招股说明书全文。

本上市公告书已披露本公司2011年9月30日及2010年12月31日资产负债表、2011年1-9月及2010年1-9月利润表、2011年7-9月及2010年7-9月利润表、2011年1-9月及2010年1-9月现金流量表。其中,2011年1-9月及7-9月、2010年7-9月财务数据未经审计,敬请投资者注意。

第二节 股票上市情况

一、公司股票发行上市审批情况

本上市公告书是根据《中华人民共和国公司法》、《中华人民共和国证券法》、《首次公开发行股票并上市管理办法》、《深圳证券交易所股票上市规则(2008年修订)》等有关规定,并按照《深圳证券交易所股票上市公告书内容与格式指引(2009年9月修订)》而编制,旨在向投资者提供有关仁智油服首次公开发行股票并上市的基本情况。

经中国证券监督管理委员会"证监许可[2011]1607号"文核准,本公司公开发行2,861万股人民币普通股。本次发行采用网下向询价对象询价配售与网上资金申购定价发行相结合的方式,其中网下配售570万股,网上定价发行2,291万股,发行价格为15元/股。经深圳证券交易所"深证上[2011]336号"文同意,本公司发行的人民币普通股股票在深圳证券交易所上市,股票简称"仁智油服",股票代码"002629";其中本次公开发行中网上定价发行的2,291万股股票将于2011年11月3日起上市交易。

本次发行的招股意向书、招股说明书全文及相关备查文件可以在巨潮资讯网站(www.cninfo.com.cn)查询。本公司招股意向书及招股说明书的披露距今不足一个月,故与其重复的内容不再重述,敬请投资者查阅上述内容。

二、公司股票上市概况

1、上市地点:深圳证券交易所

2、上市时间:2011年11月3日

3、股票简称:仁智油服

4、股票代码:002629

5、首次公开发行后总股本:11,443万股

6、首次公开发行股票增加的股份:2,861万股

7、发行前股东所持股份的流通限制及期限:根据《公司法》的有关规定,公司公开发行股份前已发行的股份,自公司股票在证券交易所上市交易之日起一年内不得转让。

8、发行前股东所持股份的流通限制、期限及对其股份自愿锁定的承诺:公司实际控制人钱忠良及其一致行动人雷斌、汪建军、卜文海、王海滨、尹显庸、杨燎、张军、李远恩、张曹、龚崇明、王浩、姚兵、田琳、杨勇、黄文勇、李成静、贾云刚、冯嫔、盛科、叶娟、蓝灵、王定英、雎迎春承诺:自发行人股票上市之日起三十六个月内,不转让或者委托他人管理本次发行前本人直接或者间接持有的发行人股份,也不由发行人回购该部分股份。

公司其他93名自然人股东及法人股东绵阳博业、绵阳依洋、绵阳智宇、绵阳皓景、德阳新盛、云南佛尔斯特承诺:自发行人股票上市之日起十二个月内,不转让或者委托他人管理本次发行前本人/本公司已直接或间接持有的发行人股份,也不由发行人回购该部分股份。

在上述基础上,担任公司董事、监事、高级管理人员的一致行动人钱忠良、雷斌、汪建军、卜文海、王海滨、冯嫔、王浩、张军、杨燎、李远恩、姚兵、张曹以及前监事会主席尹显庸还承诺:自发行人股票上市之日起三十六个月内和离职后半年内,不转让或者委托他人管理本次发行前本人直接或者间接持有的发行人股份,也不由发行人回购该部分股份。承诺期限届满后,在任职期间内所持发行人股份发生变动的,应当及时向发行人报告,并由发行人按照有关规定向证券交易所申报并公告。在发行人股票上市之日起三十六个月后的任职期间内每年转让的股份不得超过所持有发行人股份总数的百分之二十五。在申报离任六个月后的十二个月内通过证券交易所挂牌交易出售发行人的股份占其所持有发行人股份总数的比例不超过百分之五十。

担任公司董事、监事、高级管理人员的股东熊海河、刘惠琴、曾昌华承诺:自发行人股票上市之日起一年内和离职后半年内,不转让或者委托他人管理本次发行前本人直接或者间接持有的发行人股份,也不由发行人回购该部分股份。一年锁定期满后,在任职期间内所持发行人股份发生变动的,应当及时向发行人报告,并由发行人按照有关规定向证券交易所申报并公告。在任职期间内每年转让的股份不得超过所持有发行人股份总数的百分之二十五。在申报离任六个月后的十二个月内通过证券交易所挂牌交易出售发行人的股份占其所持有发行人股份总数的比例不超过百分之五十。

自然人股东杨济林承诺:自发行人股票上市之日起一年内以及罗平亚作为发行人董事离职后半年内,不转让或者委托他人管理本次发行前本人直接或间接持有的发行人的股份,也不由发行人回购该部分股份。承诺期满后,在罗平亚担任董事的任职期间内所持发行人股份发生变动的,应当及时向发行人报告,并由发行人按照有关规定向证券交易所申报并公告。在罗平亚担任发行人董事的任职期间内,每年转让的股份不得超过本人直接或间接持有的发行人股份总数的百分之二十五;在罗平亚申报离任六个月后的十二个月内通过证券交易所挂牌交易出售发行人的股份占所持有发行人股份总数的比例不超过百分之五十。

自然人股东王定英承诺:自发行人股票上市之日起三十六个月内以及李远恩作为发行人高级管理人员离职后半年内,不转让或者委托他人管理本次发行前本人直接或间接持有的发行人的股份,也不由发行人回购该部分股份。承诺期满后,在李远恩担任高级管理人员的任职期间内所持发行人股份发生变动的,应当及时向发行人报告,并由发行人按照有关规定向证券交易所申报并公告。在李远恩担任发行人高级管理人员的任职期间内,每年转让的股份不得超过本人直接或间接持有的发行人股份总数的百分之二十五;在李远恩申报离任六个月后的十二个月内通过证券交易所挂牌交易出售发行人的股份占所持有发行人股份总数的比例不超过百分之五十。

9、本次上市股份的其他锁定安排:本次发行中配售对象参与网下配售获配的股票自本次网上发行的股票在深圳证券交易所上市交易之日起锁定三个月。

10、本次上市的无流通限制及锁定安排的股份：本次公开发行中网上发行的2,291万股股份无流通限制及锁定安排。

11、公司股份可上市交易时间：

序号	股东名称	持股数(股)	比例(%)	可上市交易时间(非交易日顺延)
	一、本次公开发行前已发行的股份			
1	钱忠良	15,531,700	18.10%	2014年11月3日
2	刘海龙	6,322,000	7.37%	2012年11月3日
3	绵阳博业	4,800,000	5.59%	2012年11月3日
4	绵阳依洋	4,332,600	5.05%	2012年11月3日
5	绵阳智宇	4,320,000	5.03%	2012年11月3日
6	云南佛尔斯特	4,000,000	4.66%	2012年11月3日
7	绵阳皓景	3,620,000	4.22%	2012年11月3日
8	贾文凤	2,750,000	3.20%	2012年11月3日
9	汪建军	2,110,000	2.46%	2014年11月3日
10	卜文海	1,910,000	2.23%	2014年11月3日
11	雷 斌	1,910,000	2.23%	2014年11月3日
12	杨轶群	1,400,000	1.63%	2012年11月3日
13	睢迎春	1,216,800	1.42%	2014年11月3日
14	冯 嫔	1,120,000	1.31%	2014年11月3日
15	王海滨	1,110,000	1.29%	2014年11月3日
16	德阳新盛	1,000,000	1.17%	2012年11月3日
17	蓝绍广	1,000,000	1.17%	2012年11月3日
18	杨 燎	800,040	0.93%	2014年11月3日
19	王 浩	754,500	0.88%	2014年11月3日
20	李远恩	750,000	0.87%	2014年11月3日
21	陈蓉章	750,000	0.87%	2012年11月3日
22	张 曹	700,000	0.82%	2014年11月3日
23	韩 鹏	695,652	0.81%	2012年11月3日
24	张 丽	695,652	0.81%	2012年11月3日
25	张 军	658,000	0.77%	2014年11月3日
26	姚 兵	651,600	0.76%	2014年11月3日
27	李成静	599,990	0.70%	2014年11月3日
28	尹显庸	512,915	0.60%	2014年11月3日
29	李盛辉	500,000	0.58%	2012年11月3日
30	卢盛杰	500,000	0.58%	2012年11月3日
31	罗研波	500,000	0.58%	2012年11月3日
32	王旭波	500,000	0.58%	2012年11月3日
33	余惠莉	500,000	0.58%	2012年11月3日
34	吴庆海	500,000	0.58%	2012年11月3日
35	田 琳	477,058	0.56%	2014年11月3日
36	陈 锋	450,000	0.52%	2012年11月3日
37	姬莉敏	430,000	0.50%	2012年11月3日
38	龚崇明	400,000	0.47%	2014年11月3日
39	盛 科	400,000	0.47%	2014年11月3日
40	王定英	400,000	0.47%	2014年11月3日
41	杨 勇	373,100	0.43%	2014年11月3日
42	刘 军	363,800	0.42%	2012年11月3日
43	戴俊洪	362,100	0.42%	2012年11月3日
44	贾云刚	350,000	0.41%	2014年11月3日
45	李丽珠	350,000	0.41%	2012年11月3日
46	刘克秀	347,826	0.41%	2012年11月3日
47	谢永斌	319,215	0.37%	2012年11月3日
48	安明强	301,260	0.35%	2012年11月3日
49	敖 燕	300,000	0.35%	2012年11月3日
50	黄卫兵	300,000	0.35%	2012年11月3日
51	熊海河	300,000	0.35%	2012年11月3日
52	杨济林	300,000	0.35%	2012年11月3日
53	叶 娟	300,000	0.35%	2014年11月3日
54	甘赛宜	300,000	0.35%	2012年11月3日
55	蒋 宁	300,000	0.35%	2012年11月3日
56	罗悟唐	289,900	0.34%	2012年11月3日
57	向钢丹	280,000	0.33%	2012年11月3日
58	向 强	278,400	0.32%	2012年11月3日
59	刘智刚	260,870	0.30%	2012年11月3日
60	李 龙	259,900	0.30%	2012年11月3日
61	罗健生	257,700	0.30%	2012年11月3日
62	蓝 灵	230,003	0.27%	2014年11月3日
63	苏福兰	220,000	0.26%	2012年11月3日
64	肖盛菊	220,000	0.26%	2012年11月3日
65	黄文勇	217,200	0.25%	2014年11月3日
66	刘惠琴	209,900	0.24%	2012年11月3日
67	李 平	200,000	0.23%	2012年11月3日
68	牟雪容	200,000	0.23%	2012年11月3日
69	张文英	200,000	0.23%	2012年11月3日
70	张福伶	200,000	0.23%	2012年11月3日
71	周爱武	200,000	0.23%	2012年11月3日
72	周 剑	200,000	0.23%	2012年11月3日
73	贺 明	194,500	0.23%	2012年11月3日
74	樊文泽	186,600	0.22%	2012年11月3日
75	林子荣	185,000	0.22%	2012年11月3日
76	曾昌华	183,225	0.21%	2012年11月3日
77	郝希良	176,600	0.21%	2012年11月3日
78	邵琼玉	176,600	0.21%	2012年11月3日
79	蒋会珍	169,925	0.20%	2012年11月3日
80	高 举	165,800	0.19%	2012年11月3日
81	钟利萍	163,300	0.19%	2012年11月3日
82	姚新喜	161,241	0.19%	2012年11月3日
83	杨光和	157,625	0.18%	2012年11月3日
84	李智斌	157,500	0.18%	2012年11月3日
85	王小安	154,006	0.18%	2012年11月3日
86	周正明	153,100	0.18%	2012年11月3日
87	罗 梅	150,000	0.17%	2012年11月3日
88	任晓葆	150,000	0.17%	2012年11月3日
89	燕 飞	150,000	0.17%	2012年11月3日
90	万 俊	127,900	0.15%	2012年11月3日
91	高 燕	125,100	0.15%	2012年11月3日
92	刘 敬	123,140	0.15%	2012年11月3日
93	邓存芳	120,000	0.14%	2012年11月3日
94	陈 斌	119,000	0.14%	2012年11月3日
95	王方国	117,413	0.14%	2012年11月3日
96	张 强	103,800	0.13%	2012年11月3日
97	李玉斌	100,000	0.12%	2012年11月3日
98	肖 晓	100,000	0.12%	2012年11月3日
99	谷静敏	100,000	0.12%	2012年11月3日
100	宋自家	96,800	0.11%	2012年11月3日
101	温银武	92,500	0.11%	2012年11月3日
102	陈 凤	90,000	0.10%	2012年11月3日
103	彭商平	89,544	0.10%	2012年11月3日
104	梁 燕	87,900	0.10%	2012年11月3日
105	王光平	87,900	0.10%	2012年11月3日
106	王利娟	87,900	0.10%	2012年11月3日
107	胡艺凡	85,300	0.10%	2012年11月3日
108	邓红梅	80,000	0.09%	2012年11月3日
109	陈 波	70,000	0.08%	2012年11月3日
110	李福蓉	70,000	0.08%	2012年11月3日
111	林科君	67,900	0.08%	2012年11月3日
112	张丽平	65,000	0.08%	2012年11月3日
113	杜金阳	57,700	0.07%	2012年11月3日
114	王占朝	52,500	0.06%	2012年11月3日
115	刁宇露	50,000	0.06%	2012年11月3日
116	杨文艳	50,000	0.06%	2012年11月3日
117	郑冬生	50,000	0.06%	2012年11月3日
118	李 艳	35,800	0.04%	2012年11月3日
119	彭 波	33,300	0.04%	2012年11月3日
120	段志平	30,000	0.03%	2012年11月3日
121	王 曦	30,000	0.03%	2012年11月3日
122	杨仲林	10,000	0.01%	2012年11月3日
123	郑 锟	8,900	0.01%	2012年11月3日
	小 计	85,820,000	75.00%	

	二、本次公开发行的股份			
124	网下询价发行的股份	5,700,000	19.92%	2012 年 2 月 3 日
125	网上定价发行的股份	22,910,000	80.08%	2011 年 11 月 3 日
	小　计	28,610,000	25.00%	–
	合　计	114,430,000	100.00%	–

12、股票登记机构：中国证券登记结算有限责任公司深圳分公司

13、上市保荐机构：民生证券有限责任公司(以下简称“民生证券”)

第三节　发行人、股东和实际控制人情况

一、发行人的基本情况

1、中文名称：四川仁智油田技术服务股份有限公司

英文名称：Sichuan Renzhi Oilfield Technology Services Co.,Ltd.

2、注册资本：人民币 11,443 万元

3、法定代表人：钱忠良

4、成立时间：2006 年 9 月 27 日

5、董事会秘书：冯嫔

6、公司住所：四川省绵阳市滨河北路东段 116 号

7、邮政编码：621000

8、电话号码：0816-2211551

9、传真号码：0816-2211551

10、互联网网址：http:// www.chinarenzhi.com

11、电子信箱：bds@renzhi.cn

12、经营范围：钻井液设计、施工及技术服务；油气采输技术服务；环保工程设计、施工及技术服务；防腐工程设计、施工及技术服务；油田化学品开发、生产、销售(不含易燃易爆易制毒品)；石油装备设计、制造、销售；石油管具技术服务；新能源开发、生产、销售；新材料开发、生产、销售；盐酸、硫酸、高锰酸钾、甲醛溶液、氢氧化钠、氢氧化钾、三氯化铝溶液、氯化钡、4,6-二硝基邻甲基苯酚钠零售；国内进出口贸易(国家禁止的除外)；投资与管理服务。(以上经营范围涉及行政许可事项的需取得许可证后方可经营)

13、主营业务：油田技术服务

14、所属行业：采掘服务业

二、公司董事、监事、高级管理人员及其持有公司股票的情况

序号	姓　名	职务	任职起止日期	直接持股数(万股)	间接持股数(万股)	占发行后总股本的比例(%)
1	钱忠良	董事长	2006 年 10 月至今	1,553.17	0.00	13.57%
2	雷斌副	董事长	2006 年 10 月至今	191.00	0.00	1.67%
3	汪建军	副董事长	2006 年 10 月至今	211.00	0.00	1.84%
4	卜文海	董事、总裁	2006 年 10 月至今	191.00	0.00	1.67%
5	王海滨	董事、副总裁	2006 年 10 月至今	111.00	0.00	0.97%
6	熊海河	监事会主席	2011 年 8 月至今	30.00	0.00	0.26%
7	刘惠琴	监事	2006 年 10 月至今	20.99	0.00	0.18%
8	曾昌华	监事	2006 年 10 月至今	18.3225	0.00	0.16%
9	王　浩	副总裁	2007 年 4 月至今	75.45	0.00	0.66%
10	李远恩	副总裁	2007 年 4 月至今	75.00	0.00	0.66%
11	杨　燎	副总裁	2009 年 6 月至今	80.004	0.00	0.70%
12	张　军	副总裁	2009 年 6 月至今	65.80	0.00	0.58%
13	姚　兵	副总裁	2009 年 7 月至今	65.16	0.00	0.57%
14	张　曹	财务总监	2008 年 1 月至今	70.00	0.00	0.61%
15	冯　嫔	董事会秘书	2006 年 10 月至今	112.00	0.00	0.98%
16	罗平亚	董事	2010 年 8 月至今	–	0.00	–
17	谭红旭	独立董事	2010 年 8 月至今	–	0.00	–
18	汪习根	独立董事	2010 年 8 月至今	–	0.00	–
19	黄志宇	独立董事	2010 年 8 月至今	–	0.00	–
20	任家川	副总裁	2010 年 6 月至今	–	0.00	–

三、公司控股股东及实际控制人情况

1、公司控股股东及实际控制人情况简介

本公司控股股东、实际控制人为钱忠良(身份证号：5107021962********)，持有本公司股份数 1,553.17 万股，占发行前总股本的 18.10%。

钱忠良，男，1962 年出生，中国国籍，无境外居留权，大专学历，高级经济师。曾任中石化集团西南石油局十一普计财科总经济师、仁智实业董事长兼总经理，2006 年 10 月至 2008 年 7 月任公司董事长兼总裁，2008 年 8 月至今任公司董事长。

2、公司控股股东、实际控制人控制的其他企业的情况简介

实际控制人钱忠良除控制本公司外，不存在控制或投资其他企业的情况。

四、公司前十名股东持有公司发行后股份情况

此次发行后，公司股东总数为：45641 户。

公司前 10 名股东持有公司发行后股份情况如下：

序号	股东名称	持股数(股)	比例(%)
1	钱忠良	15,531,700	13.57%
2	刘海龙	6,322,000	5.52%
3	绵阳博业	4,800,000	4.19%
4	绵阳依洋	4,332,600	3.79%
5	绵阳智宇	4,320,000	3.78%
6	云南佛尔斯特	4,000,000	3.50%
7	绵阳皓景	3,620,000	3.16%
8	贾文凤	2,750,000	2.40%
9	汪建军	2,110,000	1.84%
10	雷　斌	1,910,000	1.67%
11	卜文海	1,910,000	1.67%
合　计		51,606,300	45.10%

第四节　股票发行情况

1、发行股票数量为 2,861 万股。其中，网下配售数量为 570 万股，占本次发行数量的 19.92%；网上定价发行数量为 2,291 万股，占本次发行总量的 80.08%。

2、发行价格为：15 元/股，此价格对应的市盈率为：

(1)25.00 倍(每股收益按照 2010 年经会计师事务所审计的扣除非经常性损益前后孰低的净利润除以本次发行前总股本计算)；

(2)33.33 倍(每股收益按照 2010 年经会计师事务所审计的扣除非经常性损益前后孰低的净利润除以本次发行后总股本计算)。

3、发行方式：本次发行采用网下向股票配售对象询价配售(以下简称“网下配售”)与网上向社会公众投资者定价发行(以下简称“网上发行”)相结合的方式。本次发行网下配售向询价对象配售的股票为 570 万股，有效申购为 5,320 万股，有效申购获得配售的比例为 10.71%，认购倍数为 9.33 倍。本次发行网上发行 2,291 万股，中签率为 0.4518931978%，超额认购倍数为 221 倍。本次发行中，网上网下发行部分均不存在余股。

4、募集资金总额：429,150,000.00 元。

5、发行费用总额：本次发行费用共计 43,610,130.00 元，具体明细如下：

费用名称	金额(元)
承销费用	32,335,700.00
保荐费用	3,000,000.00
会计师费	2,230,000.00
律师费	1,820,000.00
信息披露费用	4,080,000.00
登记存管费	114,430.00
上市交易初费	30,000.00
合　计	43,610,130.00

每股发行费用 1.52 元/股。(每股发行费用=发行费用总额/本次发行股本)

6、募集资金净额：385,539,870.00 元。深圳市鹏城会计师事务所有限责任公司于 2011 年 10 月 31 日对公司首次公开发行股票的资金到位情况进行了审验，并出具了深鹏所验字[2011]0355 号《验资报告》；扣除发行费用 43,610,130.00 元以后，募集资金净额为 385,539,870.00 元。

7、发行后每股净资产：5.56 元(按照 2011 年 6 月 30 日经审计的归属于母公司的净资产加本次发行募集资金净额除以本次发行后总股本计算)。

8、发行人每股收益：0.45 元/股(以公司 2010 年扣除非经常性损益后的净利润除以发行后股本摊薄计算)。

第五节　财务会计资料

本上市公告书已披露未经审计的 2011 年三季度财务数据及资产负债表、利润表、现金流量表。敬请投资者注意。

一、主要会计数据及财务指标

项目	2011 年 9 月 30 日	2010 年 12 月 31 日	增减幅度(%)
流动资产(元)	411,690,050.08	387,161,295.87	6.34
流动负债(元)	237,702,161.90	240,397,070.65	-1.12
总资产(元)	517,537,381.39	482,541,557.27	7.25
股本(股本)	85,820,000.00	85,820,000.00	–
归属于发行人股东的所有者权益(元)	275,037,593.01	237,334,050.44	15.89
归属于发行人股东的每股净资产(元/股)	3.20	2.77	15.89
项目	2011 年 1–9 月	2010 年 1–9 月	增减幅度(%)
营业收入(元)	309,355,992.91	237,207,502.98	30.42
营业利润(元)	44,186,490.75	32,291,653.54	36.84
归属于发行人股东的净利润(元)	37,703,542.57	28,854,655.47	30.67

扣除非经常性损益后归属于发行人			
股东的净利润(元)	37,249,575.30	21,598,384.82	72.46
基本每股收益(元/股)	0.44	0.34	29.41
稀释每股收益(元/股)	0.44	0.34	29.41
加权平均净资产收益率(%)	14.72	14.43	0.29
扣除非经常性损益后的净资产收益率(%)	14.54	10.80	3.74
经营活动产生的现金流量净额(元)	−66,388,770.05	27,490,110.06	−341.50
每股经营活动产生的现金流量净额(元/股)	−0.77	0.32	−341.50
项目	2011年7-9月	2010年7-9月	增减幅度(%)
营业收入(元)	134,159,681.20	84,694,240.30	58.40
营业利润(元)	27,284,783.02	18,497,780.21	47.50
归属于发行人股东的净利润(元)	24,034,940.35	17,006,231.27	41.33
扣除非经常性损益后归属于发行人			
股东的净利润(元)	23,666,285.78	16,678,027.95	41.90
基本每股收益(元/股)	0.28	0.20	40.00
稀释每股收益(元/股)	0.28	0.20	40.00
加权平均净资产收益率(%)	9.14	8.61	0.53
扣除非经常性损益后的净资产收益率(%)	9.00	8.45	0.55
经营活动产生的现金流量净额(元)	−19,549,599.16	17,851,645.68	−209.51
每股经营活动产生的现金流量净额(元/股)	−0.23	0.21	−209.51

二、经营业绩和财务状况的简要说明

1、经营业绩情况说明

2011年1-9月公司实现营业收入30,935.60万元，比2010年同期23,720.75万元增加7,214.85万元，增幅为30.42%。主要是公司经营规模扩大，合同工作量较去年有较大增加，使公司营业收入相应增长。

2011年1-9月公司实现利润总额4,472.06万元，较上年同期3,364.09万元增加1,107.97万元，增幅为32.93%；实现净利润3,770.35万元，较上年同期2,885.47万元增加884.88万元，增幅为30.67%。2011年1-9月利润总额、净利润增加主要是本期营业收入增加，相应带来利润的增加所致。

2、财务状况说明

(1)资产变化情况

截至2011年9月30日，公司资产总额为51,753.74万元，较上年年末48,254.16万元增加3,499.58万元，增长7.25%。公司2011年9月末资产总额较上年末增加主要源于以下几方面：

1) 公司2011年9月30日流动资产41,169.01万元比上年年末38,716.13万元增加2,452.88万元，其中：货币资金余额为7,459.15万元，较上年年末12,609.88万元减少5,150.73万元，主要是因为公司主要客户为中石化和中石油下属公司，工程结算一般在工程完工验收后进行，而工程项目的实施贯穿全年，年中公司需要为正在实施的项目垫付资金，导致从年初到结算前货币资金余额降低；应收账款净额为26,291.10万元，较上年年末19,848.85万元增加6,442.25万元，增长32.46%，主要原因是公司按照收入确认原则确认了营业收入，但主要客户中石化和中石油下属公司按其内部管理程序，要在工程完工验收结算后一段期限内支付，这就导致公司三季度末应收账款净额比上年年末增加。预付账款1,884.75万元比上年年末1,032.98万元增加了851.77万元，主要是工程施工作业中需垫付部分材料款及预先支付给中介机构的上市发行费用增加所致。

2) 公司2011年9月30日固定资产净值7,311.52万元，比上年年末6,073.69万元增加1,237.83万元，主要是公司随着经营规模的扩大，购置的生产设备相应增加所致。

(2)负债变化情况

截至2011年9月30日，公司负债总额为24,270.22万元，较上年年末24,539.71万元减少269.49万元，降幅1.10%，负债总额变化不大。其中：短期借款增加4,800万元，主要是公司因经营规模扩大而向银行增加的流动资金信用借款。应付票据3,594.19万元比上年年末5,119.00万元减少1,524.81万元，主要是上年银行承兑汇票到期兑付所致。应付职工薪酬289.16万元比上年年末2,012.08万元减少1,722.92万元，主要是公司上年度末余额中包含的年度绩效工资已在本期支付所致。

(3)现金流量情况

2011年1-9月，公司经营活动产生的现金流量净额为−6,638.88万元，经营活动产生的现金流量净额与同期净利润相差较大，主要是经营性应收款项的增加较多，同时上期债务在本期到期较多，导致本期支付的到期债务增加所致。公司的主要客户为中石化和中石油下属公司，发生坏账的可能性较小，应收账款的回收也有保障；但由于客户资金支付流程的相关规定，年度中期支付资金额度较小，导致公司年度中期应收账款余额较大。同时由于本期公司经营规模扩大，需垫付的生产经营资金量增加，从而使公司在年初到工程完工结算前货币资金余额降低，公司经营活动产生的现金流量净额呈现负数；经营活动产生的现金净流量出现负增长，这与公司经营性现金净流量具有的季节性特征一致。

2011年1-9月，公司投资活动产生的现金流量净额为−2,822.57万元，主要是公司经营规模扩大，新增购置生产设备支付款增加，同时支付上年购置的一批固定资产(修井设备款)1,100多万元所致。

2011年1-9月，公司筹资活动产生的现金流量净额为4,310.72万元，主要原因是公司新增了4,800万元短期银行借款所致。

总体看来，公司2011年三季度经营状况良好，财务状况稳定，没有对财务数据和指标产生重大影响的其他重要事项。

第六节　其他重要事项

一、公司已向深圳证券交易所承诺，将严格按照中小企业板的有关规则，在上市后三个月内尽快完善公司章程等相关规章制度。

二、本公司自2011年10月17日刊登首次公开发行股票招股意向书至本上市公告书刊登前，没有发生可能对公司有较大影响的重要事项：

1、本公司严格依照《公司法》、《证券法》等法律法规的要求，规范运作，经营状况正常；主营业务目标进展情况正常；

2、本公司所处行业及市场未发生重大变化；

3、原材料采购价格和产品销售价格未发生重大变化；

4、公司未发生重大关联交易；

5、公司未发生重大投资；

6、公司未发生重大资产(或股权)购买、出售及置换；

7、公司住所没有变更；

8、公司董事、监事、高级管理人员及核心技术人员未发生变化；

9、公司未发生重大诉讼、仲裁事项；

10、公司未发生对外担保等或有事项；

11、公司的财务状况和经营成果未发生重大变化；

12、公司无其他应披露的重大事项。

第七节　上市保荐机构及其意见

一、上市保荐机构情况

保荐机构(主承销商)：民生证券有限责任公司

法定代表人：岳献春

住所：北京市东城区建国门内大街28号民生金融中心A座16-20层

联系地址：北京市东城区建国门内大街28号民生金融中心A座16-20层

电话：010-85127999

传真：010-85127888

保荐代表人：张星岩、卢少平

项目协办人：姚利民

二、上市保荐机构的推荐意见

上市保荐机构民生证券已向深圳证券交易所提交了《民生证券有限责任公司关于四川仁智油田技术服务股份有限公司股票上市保荐书》，民生证券的推荐意见如下：

民生证券认为仁智油服申请其股票上市符合《中华人民共和国公司法》、《中华人民共和国证券法》及《深圳证券交易所股票上市规则》(2008年修订)等有关规定，仁智油服股票具备在深圳证券交易所上市的条件。民生证券愿意推荐仁智油服的股票在深圳证券交易所上市交易，并承担相关保荐责任。

江苏华宏科技股份有限公司

江苏华宏科技股份有限公司首次公开发行股票上市公告书

第一节 重要声明与提示

本公司及全体董事、监事、高级管理人员保证上市公告书的真实性、准确性、完整性，承诺上市公告书不存在虚假记载、误导性陈述或重大遗漏，并承担个别和连带的法律责任。

证券交易所、其他政府机关对本公司股票上市及有关事项的意见，均不表明对本公司的任何保证。

本公司已承诺将在本公司股票上市后三个月内按照《中小企业板块上市公司特别规定》的要求修改公司章程，在章程中载明(1)股票被终止上市后，公司股票进入代办股份转让系统继续交易；(2)不对公司章程中的前款规定作任何修改。

本公司控股股东江苏华宏实业集团有限公司及实际控制人胡士勇、胡士清、胡士法、胡士勤承诺：自公司首次公开发行的股票在深圳证券交易所上市之日起三十六个月内，不转让或者委托他人管理其直接或间接持有的公司公开发行股票前已发行的股份，也不由公司回购该部分股份。

本公司股东胡品龙、江阴睿华投资管理顾问有限公司、朱大勇承诺：自公司首次公开发行的股票在深圳证券交易所上市之日起十二个月内，不转让或者委托他人管理其持有的公司公开发行股票前已发行的股份，也不由公司回购该部分股份。

除前述承诺外，担任公司董事、高级管理人员的胡士勇、胡士清、胡品龙、朱大勇还承诺：在任职期间每年转让的公司股份不得超过其所持有公司股份总数的百分之二十五；离职后半年内，不转让其所持有的公司股份，且离职半年后的十二个月内通过证券交易所挂牌交易出售的公司股份不得超过其所持有发行人股份总数的百分之五十。

本公司提醒广大投资者注意，凡本上市公告书未涉及的有关内容，请投资者查阅刊载于巨潮网站(http://www.cninfo.com.cn)的本公司招股说明书全文。

第二节 股票上市情况

一、本公司股票发行上市审批情况

本上市公告书系根据《中华人民共和国公司法》、《中华人民共和国证券法》、《首次公开发行股票并上市管理办法》和《深圳证券交易所股票上市规则》(2008年修订)等有关法律法规规定，并按照《深圳证券交易所股票上市公告书内容与格式指引》(2009年9月修订)编制而成，旨在向投资者提供有关本公司首次公开发行股票并上市的基本情况。

经中国证券监督管理委员会"证监许可[2011]1908号"文核准，本公司向社会公开发行不超过1,667万股社会公众股工作已于2011年12月2日刊登招股意向书。根据初步询价结果，确定本次发行数量为1,667万股，本次发行采用网下向股票配售对象询价配售与网上向社会公众投资者定价发行相结合的方式，其中网下配售330万股，网上定价发行1,337万股，发行价格为27.00元/股。

经深圳证券交易所《关于江苏华宏科技股份有限公司人民币普通股股票上市的通知》(深证上[2011]382号)同意，本公司发行的人民币普通股股票在深圳证券交易所上市，股票简称"华宏科技"，股票代码"002645"；其中本次公开发行中网上定价发行的1,337万股股票将于2011年12月20日起上市交易。

二、公司股票上市概况

1、上市地点：深圳证券交易所

2、上市时间：2011年12月20日

3、股票简称：华宏科技

4、股票代码：002645

5、首次公开发行后总股本：6,667万股

6、首次公开发行股票增加的股份：1,667万股

7、发行前股东所持股份的流通限制及期限：根据《公司法》的有关规定，本公司公开发行股份前已发行的股份，自本公司股票在证券交易所上市交易之日起十二个月内不得转让。

8、发行前股东对所持股份自愿锁定的承诺：

本公司控股股东江苏华宏实业集团有限公司及实际控制人胡士勇、胡士清、胡士法、胡士勤承诺：自公司首次公开发行的股票在深圳证券交易所上市之日起三十六个月内，不转让或者委托他人管理其直接或间接持有的公司公开发行股票前已发行的股份，也不由公司回购该部分股份。

本公司股东胡品龙、江阴睿华投资管理顾问有限公司、朱大勇承诺：自公司首次公开发行的股票在深圳证券交易所上市之日起十二个月内，不转让或者委托他人管理其持有的公司公开发行股票前已发行的股份，也不由公司回购该部分股份。

除前述承诺外，担任公司董事、高级管理人员的胡士勇、胡士清、胡品龙、朱大勇还承诺：在任职期间每年转让的公司股份不得超过其所持有公司股份总数的百分之二十五；离职后半年内，不转让其所持有的公司股份，且离职半年后的十二个月内通过证券交易所挂牌交易出售的公司股份不得超过其所持有发行人股份总数的百分之五十。

9、本次上市股份的其他锁定安排：本次公开发行中股票配售对象参与网下配售获配的股票自本次网上发行的股票在深圳证券交易所上市交易之日起锁定三个月。

10、本次上市的无流通限制及锁定安排的股份：本次公开发行中网上发行的1,337万股股份无流通限制及锁定安排。

11、本公司股份可上市交易时间：

类别	股东名称	持股数量(万股)	占发行后总股本的(%)	可上市交易时间(非交易日顺延)
本次公开发行前已发行的股份	江苏华宏实业集团有限公司	3,875	58.12%	2014年12月20日
	胡士勇	390	5.85%	2014年12月20日
	胡士清	150	2.25%	2014年12月20日
	胡士法	150	2.25%	2014年12月20日
	胡士勤	150	2.25%	2014年12月20日
	胡品龙	150	2.25%	2012年12月20日
	江阴睿华投资管理顾问有限公司	125	1.88%	2012年12月20日
	朱大勇	10	0.15%	2012年12月20日
	小　计	5,000	75.00%	-
本次公开发行的股份	网下配售股份	330	4.95%	2012年3月20日
	网上定价发行股份	1,337	20.05%	2011年12月20日
	小　计	1,667	25.00%	-
	合　计	6,667	100%	-

12、股票登记机构：中国证券登记结算有限责任公司深圳分公司

13、上市保荐机构：齐鲁证券有限公司

第三节 公司、股东和实际控制人情况

一、公司基本情况

1、公司中文名称：江苏华宏科技股份有限公司

公司英文名称：Jiangsu Huahong Technology Stock Co., Ltd.

2、法定代表人：胡士勇

3、注册资本：6,667万元(发行后)

4、设立日期：2004年8月19日

5、住所：江苏省江阴市周庄镇澄杨路1118号

6、经营范围：许可经营项目：无。一般经营项目：新型液压打包机和剪切机的研究、生产和销售。自营和代理各类商品和技术的进出口。

7、主营业务：再生资源加工设备的研发、生产和销售

8、所属行业：专用设备制造业

9、电话：0510-80629685 传真：0510-80629683

10、互联网址：http://www.hhyyjx.net

11、电子信箱：hhkj@hhyyjx.com

12、董事会秘书：胡斌

二、公司董事、监事、高级管理人员直接或间接持有公司的股票情况

(一)直接持股情况

姓　名	职　务	任职期限	持股数量(万股)	占发行后公司总股本的比例(%)
胡士勇	董事长	2011.6.20-2014.6.19	390	5.85%
胡士清	董事	2011.6.20-2014.6.19	150	2.25%
胡品龙	董事、总经理	2011.6.20-2014.6.19	150	2.25%
胡品荣	董事、副总经理	2011.6.20-2014.6.19	0	0
顾瑞华	董事、副总经理	2011.6.20-2014.6.19	0	0
朱大勇	董事、财务总监	2011.6.20-2014.6.19	10	0.15%
闫启平	独立董事	2011.6.20-2014.6.19	0	0
陈　议	独立董事	2011.6.20-2014.6.19	0	0

刘 斌	独立董事	2011.6.20-2014.6.19	0	0
葛爱军	监事	2011.6.20-2014.6.19	0	0
陈 洪	监事	2011.6.20-2014.6.19	0	0
胡德明	职工监事	2011.6.05-2014.6.04	0	0
蒋金根	副总经理	2011.6.26-2014.6.25	0	0
胡 斌	董事会秘书	2011.6.26-2014.6.25	0	0
	合 计		700	10.50%

(二)间接持股情况

本公司的董事胡士勇、胡士清、胡品龙、胡品荣、顾瑞华,以及监事陈洪、胡德明均通过控股股东江苏华宏实业集团有限公司(以下简称"华宏集团")对本公司进行间接持股。截至本上市公告书公告之日,江苏华宏实业集团有限公司持有本公司58.12%的股份。本次发行后,本公司董监高间接持股情况如下:

姓 名	职 务	持股对象	出资额(万元)	出资比例	发行后董监高间接持股比例
胡士勇	董事长		1,888	18.53%	10.77%
胡士清	董事		1,200	11.78%	6.85%
胡品龙	董事、总经理		700	6.87%	3.99%
胡品荣	董事、副总经理	华宏集团	400	3.93%	2.28%
顾瑞华	董事、副总经理		300	3.00%	1.74%
胡德明	监事		200	1.96%	1.14%
陈 洪	监事		100	0.98%	0.57%
合 计			4,788	47.05%	27.34%

三、公司控股股东及实际控制人情况

(一)公司控股股东及实际控制人的基本情况

1、控股股东的基本情况

华宏集团成立于1989年7月26日,注册资本10,188万元,法定代表人胡士勇,营业执照号320281000078173,经营范围:许可经营项目:无。一般经营项目:纺织;服装、皮革、羽绒、橡胶制品、办公用品、改性工程塑料、汽车饰件的制造;建筑装饰;房屋的租赁;利用自有资金对外投资;国内贸易;自营和代理各类商品及技术的进出口业务,但国家限定企业经营或禁止进出口的商品和技术除外。(以上项目不含国家法律、行政法规限制、禁止类;涉及专项审批的,经批准后方可经营)。

截至2010年12月31日,华宏集团总资产463,219.47万元、净资产66,341.66万元;2010年实现营业收入551,298.40万元、净利润22,205.46万元(以上数据经无锡德恒方会计师事务所有限公司审计)。截至2011年6月30日,华宏集团总资产551,033.05万元,净资产73,275.52万元;2011年1-6月实现营业收入443,728.15万元、净利润7,833.86万元(以上数据未经审计)。

2、公司实际控制人基本情况

本公司的实际控制人为胡士勇、胡士清、胡士法、胡士勤四兄弟,该四人对本公司的控制情况为:直接持有本公司合计16.80%的股份,直接持有本公司控股股东华宏集团合计45.03%的股权,详情如下:

姓 名	国籍	是否拥有永久境外居留权	身份证号码	住 所
胡士勇	中国	否	32021919490815****	江苏省江阴市周庄镇华宏世纪苑
胡士清	中国	否	32021919570915****	江苏省江阴市周庄镇华宏世纪苑
胡士法	中国	否	32021919510507****	江苏省江阴市周庄镇华宏世纪苑
胡士勤	中国	否	32021919470722****	江苏省江阴市周庄镇华宏世纪苑

除了控制本公司、华宏集团及其控制的其他下属企业外,实际控制人胡士勇、胡士法还分别持有凯旋投资贸易有限公司55%、45%的股权,该企业主要从事化纤产品的贸易业务。此外,实际控制人胡士法还持有江阴市毗山湾酒店有限公司50%的股权、持有江阴市华瑞塑胶建材有限公司30%的股权、持有江阴华宏投资担保有限公司30%的股权。

四、本次发行后上市前公司前十二名股东持有公司股份情况

此次发行后,公司股东总数为:24,444户。

本次发行后上市前公司前十二名股东持有本公司股份情况如下:

序号	股东名称(姓名)	持股数量(万股)	持股比例(%)
1	江苏华宏实业集团有限公司	3,875	58.12%
2	胡士勇	390	5.85%
3	胡品龙	150	2.25%
4	胡士法	150	2.25%
5	胡士清	150	2.25%
6	胡士勤	150	2.25%
7	江阴睿华投资管理顾问有限公司	125	1.88%
8	东北证券股份有限公司	66	0.99%
9	中国农业银行-华夏复兴股票型证券投资基金	66	0.99%
10	中国工商银行-华夏希望债券型证券投资基金	66	0.99%
11	兴业银行股份有限公司-兴全有机增长灵活配置混合型证券投资基金	66	0.99%
12	中国建设银行-华夏盛世精选股票型证券投资基金	66	0.99%
	合计	5,320	79.80%

第四节 股票发行情况

一、发行数量:1,667万股。

二、发行价格:27.00元/股。

1、30.44倍(每股收益按照2010年度经审计扣除非经常性损益前后孰低的净利润除以本次发行前总股本计算)

2、40.60倍(每股收益按照2010年度经审计扣除非经常性损益前后孰低的净利润除以本次发行后总股本计算)

三、发行方式:本次发行采用网下向股票配售对象询价配售和网上向社会公众投资者定价发行相结合的方式。本次发行中通过网下配售向股票配售对象配售的股票为330万股,有效申购数量为3,168万股,网下摇号配售中签率为10.41666667%,认购倍数为9.60倍。本次网上定价发行1,337万股,中签率为0.9923631827%,超额认购倍数为101倍。本次网下发行及网上发行均不存在余股。

四、募集资金总额:450,090,000.00元。

五、发行费用总额:33,930,803.52元。

1、发行费用明细如下:

项目	金额(元)
承销及保荐费用	26,572,385.00
审计及验资费用	1,300,000.00
律师费用	1,300,000.00
信息披露费	4,180,000.00
股份登记、上市初费、手续费及印刷费	370,338.92
印花税	208,079.60
合计	33,930,803.52

2、每股发行费用:2.04元(每股发行费用=发行费用总额/本次发行股本)。

六、募集资金净额:416,159,196.48元。江苏公证天业会计师事务所有限公司已于2011年12月15日对本公司首次公开发行股票的资金到位情况进行了审验,并出具苏公W[2011]B126号《验资报告》。

七、发行后每股净资产:9.01元(按2011年6月30日经审计归属于母公司所有者权益加上本次募集资金净额计算)。

八、发行后每股收益:0.67元/股(按2010年度经审计的公司扣除非经常性损益前后孰低的净利润按照发行后股本摊薄计算)。

第五节 财务会计资料

本上市公告书已披露公司2011年9月30日的资产负债表,2011年1-9月的利润表及现金流量表。2011年1-9月财务数据及可比的2010年1-9月财务数据均未经审计,敬请投资者注意。

一、2011年三季度主要会计数据及财务指标

项目	2011年9月30日	2010年12月31日	本报告期末比上年度期末增减
流动资产(元)	275,199,828.07	222,274,309.75	23.81%
流动负债(元)	226,401,304.02	142,603,990.72	58.76%
总资产(元)	424,293,715.04	335,838,551.26	26.34%
归属于发行人股东的所有者权益(元)	197,892,411.02	193,234,560.54	2.41%
归属于发行人股东的每股净资产(元/股)	3.96	3.86	2.59%
项目	2011年1-9月	2010年1-9月	本报告期比上年同期增减
营业总收入(元)	427,839,963.84	325,101,357.41	31.60%
利润总额(元)	52,684,265.45	38,146,866.06	38.11%
归属于发行人股东的净利润(元)	44,657,850.48	32,424,836.15	37.73%
扣除非经常性损益后归属于发行人股东的净利润(元)	44,255,546.13	31,919,749.24	38.65%
基本每股收益(元/股)	0.89	0.65	36.92%
稀释每股收益(元/股)	0.89	0.65	36.92%
净资产收益率(全面摊薄)	22.57%	17.94%	上升了4.63个百分点
扣除非经常性损益后的净资产收益率(全面摊薄)	22.36%	17.66%	上升了4.70个百分点
经营活动产生的现金流量净额(元)	41,367,324.80	37,079,715.94	11.56%
每股经营活动产生的现金流量净额(元)	0.83	0.74	12.16%

项目	2011 年 7-9 月	2010 年 7-9 月	本报告期比上年同期增减
营业总收入(元)	140,923,268.15	118,463,733.29	18.96%
利润总额(元)	16,096,796.54	13,165,182.23	22.27%
归属于发行人股东的净利润(元)	13,682,277.05	11,184,876.46	22.33%
扣除非经常性损益后归属于发行人股东的净利润(元)	13,660,310.00	11,158,890.82	22.42%
基本每股收益(元/股)	0.27	0.22	22.73%
稀释每股收益(元/股)	0.27	0.22	22.73%
净资产收益率(全面摊薄)	6.91%	6.19%	上升了 0.72 个百分点
扣除非经常性损益后的净资产收益率(全面摊薄)	6.90%	6.17%	上升了 0.73 个百分点

二、2011 年三季度经营业绩及财务状况的简要说明

(一)经营业绩

2011 年 1-9 月,本公司实现营业收入、利润总额和归属于发行人股东的净利润分别为 42,784.00 万元、5,268.43 万元和 4,465.79 万,分别比上年同期增长 31.60%、38.11%和 37.73%。公司实现的利润总额及归属于发行人股东的净利润较去年增长幅度较大主要是因为市场形势良好,公司主要产品的销售数量增加,尤其是单价和毛利率均较高的废钢破碎生产线销售数量增加所致。鉴于本公司 2011 年 1-9 月的营业收入增长较快,本公司盈利能力及净资产收益率较去年同期稳步增长。

2011 年 1-9 月公司销售费用比上年同期增加 782.38 万元,增长 43.59%,一方面是因为销售数量及单位运输成本增加,使得运输费用有较大幅度的增长;另一方面是因为人工费用在报告期内的增加,主要系发行人为了开拓市场,扩大销售规模,营销人员人数有所增加,同时为了调动营销人员的工作积极性,对营销人员绩效工资制度进行了改革。

2011 年 1-9 月公司管理费用比上年同期增加 952.99 万元,增长 39.87%,主要系公司引进管理人员以及员工平均薪资水平有所提高和公司根据经营情况和研发项目进展情况逐步加大研发投入所致。

(二)财务状况和现金流量

1、主要资产项目的变化

报告期末,公司货币资金余额 2011 年 9 月末较 2010 年末减少 4,688.87 万元,下降 50.12%,主要是由于本年度支付了现金股利及土地购置款所致。

报告期末,公司应收票据余额较 2010 年末增加 909.40 万元,增加 519.45%,主要系公司下游客户因为宏观金融信贷收紧,资金链紧张,逐步增加用票据结算的方式所致。

报告期末,公司预付款项余额较期初增加 478.02 万元,增长 91.68%,主要系公司为募投项目之废旧金属再生处理中小型设备技术改造项目而预付的设备款等款项增加。

报告期末,公司其他应收款余额较期初增加 1,092.33 万元,增长 1,079.49%,主要系公司竞拍土地使用权但目前正待收回的土地质保金和土地竞拍押金。

报告期末,公司存货余额较期初增加 6,767.36 万元,增加 72.95%,主要系公司为新增的废钢破碎生产线等大设备产品订单备货所致。

报告期末,公司的在建工程主要是为实施募投项目所扩建的厂房,而无形资产的增加是因为购入新的土地使用权所致。

2、主要负债项目的变化

报告期末,公司预收款项余额较期初增加 6,779.67 万元,增加 322.24%,主要系公司随着实行预付款制的废钢破碎生产线等大型设备订单增加,所收预收款项余额也相应增加。

报告期末,公司应交税费余额较期初减少 219.15 万元,减少 102.98%,主要系因为公司 2011 年 1-9 月份采购存货金额较大,增值税进项税额较大,导致应交税费期末余额为负。

3、主要现金流量表项目的变化

2011 年 1-9 月,公司经营活动产生的现金流量净额为 4,136.73 万元,比 2010 年同期增长 11.56%,主要原因是公司销售商品、提供劳务收到的现金增长幅度与同期营业收入增长幅度趋同,另外公司提高了应收账款管理能力,使得应收账款周转速度加快。

报告期内,公司购建固定资产、无形资产和其他长期资产所支付的现金较上年同期增加 3,099.38 万元,增长 198.59%,主要系公司为实施募投项目扩建厂房与购入土地使用权所致。

报告期内,公司经营情况良好,财务状况稳定,不存在对公司财务数据和指标产生重大影响的其他重要事项。

第六节　其他重要事项

一、本公司已向深圳证券交易所承诺,将严格按照中小企业板的有关规则,在上市后三个月内尽快完善公司章程等相关规章制度。

二、本公司自 2011 年 12 月 2 日刊登首次公开发行股票招股意向书至本上市公告书刊登前,除以上事项外,没有发生可能对公司有较大影响的重要事项,具体如下:

(一)公司严格依照《公司法》、《证券法》等法律法规的要求,规范运作,经营状况正常,主要业务发展目标进展正常;

(二)公司所处行业或市场未发生重大变化;

(三)公司原材料采购价格和产品销售价格未发生重大变化;

(四)公司未发生重大关联交易事项,资金未被关联方非经营性占用;

(五)公司未发生重大投资行为;

(六)公司未发生重大资产(或股权)购买、出售及置换行为;

(七)公司住所没有变更;

(八)公司董事、监事、高级管理人员及核心技术人员未发生变化;

(九)公司未发生重大诉讼、仲裁事项;

(十)公司未发生对外担保等或有事项;

(十一)公司财务状况和经营成果未发生重大变化;

(十二)公司无其他应披露的重大事项。

第七节　上市保荐机构及其意见

一、上市保荐机构情况

上市保荐机构:齐鲁证券有限公司

法定代表人:李玮

住所:济南市市中区经七路 86 号

联系地址:深圳市福田区深南中路 4011 号港中旅大厦 6D

邮编:518000

电话:0755-82792750

传真:0755-82792736

保荐代表人:艾可仁、郭湘

二、上市保荐机构的推荐意见

上市保荐机构齐鲁证券有限公司已向深圳证券交易所提交了《齐鲁证券有限公司关于江苏华宏科技股份有限公司股票上市保荐书》,上市保荐机构的推荐意见如下:江苏华宏科技股份有限公司申请其股票上市符合《中华人民共和国公司法》、《中华人民共和国证券法》及《深圳证券交易所股票上市规则》等法律、法规的有关规定,江苏华宏科技股份有限公司股票具备在深圳证券交易所上市的条件,齐鲁证券有限公司愿意推荐江苏华宏科技股份有限公司的股票上市交易,并承担相关保荐责任。

江苏华宏科技股份有限公司

2011 年 12 月 16 日

加加食品集团股份有限公司

加加食品集团股份有限公司首次公开发行股票上市公告书

第一节　重要声明与提示

加加食品集团股份有限公司(以下简称"加加食品"、"公司"、"本公司"或"发行人")及全体董事、监事、高级管理人员保证上市公告书的真实性、准确性、完整性,承诺上市公告书不存在虚假记载、误导性陈述或重大遗漏,并承担个别和连带的法律责任。

深圳证券交易所、其他政府机关对本公司股票上市及有关事项的意见,均不表明对本公司的任何保证。

本公司已承诺将在本公司股票上市后三个月内按照《中小企业板块上市公司特别规定》的要求修改公司章程,在章程中载明"(1)股票被终止上市后,公司股票进入代办股份转让系统继续交易;(2)公司不得修改公司章程中的前项规定。"

本公司提醒广大投资者注意,凡本上市公告书未涉及的有关内容,请投资者查阅刊载于巨潮网站(http://www.cninfo.com.cn)的本公司首次公开发行股票招股说明书全文。

发行人控股股东卓越投资承诺:自公司股票在证券交易所上市交易之日起36个月内,不转让或委托他人管理其直接或间接持有的公司首次公开发行股票之前已发行的股份,也不由公司回购其直接或间接持有的公司首次公开发行股票之前已发行的股份。

发行人实际控制人杨振、肖赛平、杨子江承诺:自公司股票在证券交易所上市交易之日起36个月内,不转让或委托他人管理其持有或间接持有的公司股份。在担任公司的董事、监事、高级管理人员期间:(1)每年转让的公司股份不超过其直接或间接持有的公司股份总数的25%;(2)在离职后半年内不转让其直接或间接持有的公司股份;(3)申报离任6个月后的12个月内,通过证券交易所挂牌交易出售的公司股票数量不超过其所直接及间接持有的公司股份的50%。

发行人股东点量一期、嘉华卓越、苏州大道、嘉华致远、鼎源投资、嘉华优势承诺:自公司股票在证券交易所上市交易之日起12个月内,不转让或委托他人管理其所直接或间接持有的公司首次公开发行股票之前已发行的股份,也不由公司回购其直接或间接持有的公司首次公开发行股票之前已发行的股份。

发行人股东天恒投资、盈盛投资承诺:自公司股票在证券交易所上市交易之日起36个月内,不转让或委托他人管理其所直接或间接持有的公司首次公开发行股票之前已发行的股份,也不由公司回购其直接或间接持有的公司首次公开发行股票之前已发行的股份。

发行人股东李建章、汪宏、周继良、莫文科、成应科、周罗明、肖新良、陈建夫承诺:自公司股票在证券交易所上市交易之日起36个月内,不转让或委托他人管理其所直接或间接持有的公司首次公开发行股票之前已发行的股份,也不由公司回购其直接或间接持有的公司首次公开发行股票之前已发行的股份。

发行人董事戴自良,发行人监事蒋小红、王彦武,发行人高级管理人员陈伯球、刘永交,财务负责人成定强承诺:自公司股票在证券交易所上市交易之日起36个月内,不转让或委托他人管理其所直接或间接持有的公司首次公开发行股票之前已发行的股份。在担任公司的董事、监事、高级管理人员期间:(1)每年转让的公司股份不超过其直接或间接持有的公司股份总数的25%;(2)在离职后半年内不转让其直接或间接持有的公司股份;(3)申报离任6个月后的12个月内,通过证券交易所挂牌交易出售的公司股票数量不超过其所直接及间接持有的公司股份的50%。

发行人董事宋向前、汤毅承诺:自公司股票在证券交易所上市交易之日起12个月内,不转让或委托他人管理其所直接或间接持有的公司股份。在担任公司的董事、监事、高级管理人员期间:(1)每年转让的公司股份不超过其直接或间接持有的公司股份总数的25%;(2)在离职后半年内不转让其直接或间接持有的公司股份;(3)申报离任6个月后的12个月内,通过证券交易所挂牌交易出售的公司股票数量不超过其所直接及间接持有的公司股份的50%。

本上市公告书已披露2011年9月末资产负债表、2011年1-9月利润表及现金流量表、2010年1-9月利润表及现金流量表、2011年7-9月和2010年7-9月利润表。其中,2011年9月末、2011年1-9月、2011年7-9月、2010年1-9月、2010年7-9月的财务数据未经审计,2010年年末的财务数据已经审计,敬请投资者注意。

第二节　股票上市情况

一、公司股票发行上市审批情况

本上市公告书是根据《中华人民共和国公司法》、《中华人民共和国证券法》、《首次公开发行股票并上市管理办法》和《深圳证券交易所股票上市规则》(2008年修订)等国家有关法律、法规的规定,并按照《深圳证券交易所股票上市公告书内容与格式指引(2009年9月修订)》而编制,旨在向投资者提供有关加加食品首次公开发行股票并上市的基本情况。

经中国证券监督管理委员会(以下简称"中国证监会")"证监许可[2011]1979号"文核准,本公司公开发行4,000万股人民币普通股。采用向参与网下配售的询价对象配售(以下简称"网下配售")和网上资金申购定价发行(以下简称"网上发行")相结合的发行方式,其中网下配售800万股,网上发行3,200万股,发行价格为30元/股。

经深圳证券交易所《关于加加食品集团股份有限公司人民币普通股股票上市的通知》(深证上[2012]2号)同意,本公司发行的人民币普通股股票在深圳证券交易所上市,股票简称"加加食品",股票代码"002650";其中本次公开发行中网上定价发行的3,200万股股票将于2012年1月6日起上市交易。

本次公开发行的招股意向书、招股说明书全文及相关备查文件可以在巨潮网站(www.cninfo.com.cn)查询。本公司招股意向书及招股说明书的披露距今不足一个月,故与其重复的内容不再重述,敬请投资者查阅上述内容。

二、公司股票上市概况

(一)上市地点:深圳证券交易所

(二)上市时间:2012年1月6日

(三)股票简称:加加食品

(四)股票代码:002650

(五)首次公开发行后总股本:16,000万股

(六)首次公开发行股票增加的股份:4,000万股

(七)发行前股东所持股份的流通限制及期限:根据《公司法》的有关规定,公司公开发行股份前已发行的股份,自公司股票在证券交易所上市之日起一年内不得转让。

(八)发行前股东对所持股份自愿锁定的承诺:请参见本上市公告书"第一节 重要声明与提示"的相关内容。

(九)本次上市股份的其他锁定安排:本次发行中网下配售对象参与网下配售获配的股票自本次网上发行的股票在深圳证券交易所上市交易之日起锁定3个月。

(十)本次上市的无流通限制及锁定安排的股份:本次公开发行中网上发行的3,200万股股份无流通限制及锁定安排。

(十一)公司股份可上市交易时间

项目	股东名称	本次发行后股本结构 股份数量(股)	股权比例(%)	可上市交易时间 (非交易日顺延)
首次公开发行前已发行的股份	卓越投资	64,086,000	40.0538	2015年1月6日
	点量一期	8,550,000	5.3438	2013年1月6日
	天恒投资	8,250,000	5.1563	2015年1月6日
	嘉华卓越	7,714,320	4.8215	2013年1月6日
	苏州大道	7,635,000	4.7719	2013年1月6日
	嘉华致远	5,364,000	3.3525	2013年1月6日
	鼎源投资	4,365,000	2.7281	2013年1月6日
	嘉华优势	4,285,680	2.6786	2013年1月6日
	杨子江	3,450,000	2.1563	2015年1月6日
	盈盛投资	2,100,000	1.3125	2015年1月6日
	陈伯球	450,000	0.2813	2015年1月6日
	刘永交	450,000	0.2813	2015年1月6日
	李建章	375,000	0.2344	2015年1月6日
	汪　宏	375,000	0.2344	2015年1月6日
	周继良	375,000	0.2344	2015年1月6日
	莫文科	375,000	0.2344	2015年1月6日
	成应科	375,000	0.2344	2015年1月6日
	成定强	375,000	0.2344	2015年1月6日
	周罗明	300,000	0.1875	2015年1月6日
	肖新良	300,000	0.1875	2015年1月6日
	戴自良	300,000	0.1875	2015年1月6日
	陈建夫	150,000	0.0938	2015年1月6日
首次公开发行的股份	网下询价发行的股份	8,000,000	5.0000	2012年4月6日
	网上定价发行的股份	32,000,000	20.0000	2012年1月6日
	合计	160,000,000	100	

(十二)股票登记机构:中国证券登记结算有限责任公司深圳分公司

(十三)上市保荐机构:东兴证券股份有限公司(以下简称"东兴证券")

第三节　发行人、股东和实际控制人情况

一、发行人基本情况

(一)中文名称:加加食品集团股份有限公司

（二）英文名称：Jiajia Food Group Co., Ltd.

（三）注册资本：12,000 万元人民币（本次发行前）

16,000 万元人民币（本次发行后）

（四）法定代表人：杨振

（五）注册地址：湖南省宁乡县经济开发区车站路

（六）成立日期：1996 年 8 月 3 日

整体变更日期：2010 年 10 月 25 日

（七）经营范围：农产品(11.58,0.11,0.96%)初加工服务；生产调味品，酱制品及产品自销；谷类及其他作物的种植、豆类和谷物的种植。（涉及行政许可的凭许可证经营）

（八）主营业务：酱油、食用植物油和其他调味品的研发、生产和销售

（九）所属行业：C03 食品制造业

（十）电 话：0731-87807235

（十一）传真：0731-87807235

（十二）互联网网址：www.jiajiagroup.com

（十三）电子信箱：dm@jiajiagroup.com

（十四）董事会秘书：戴自良

二、公司董事、监事及高级管理人员持有公司的股票情况

发行前公司董事、监事及高级管理人员持有公司的股票情况如下：

（一）直接持股情况

股东姓名	所任职务	任职时间	持股数量（股）	持股比例
杨　振	董事长、总经理	2010.10.15-2013.10.14	-	-
杨子江	副董事长、总经理助理	2010.10.15-2013.10.14	3,450,000	2.8750%
肖赛平	董事	2010.10.15-2013.10.14	-	-
戴自良	董事、董事会秘书	2010.10.15-2013.10.14	300,000	0.2500%
宋向前	董事	2010.10.15-2013.10.14	-	-
汤　毅	董事	2010.10.15-2013.10.14	-	-
白　燕	独立董事	2010.10.15-2013.10.14	-	-
刘定华	独立董事	2010.10.15-2013.10.14	-	-
姚禄仕	独立董事	2010.10.15-2013.10.14	-	-
蒋小红	监事会主席、总经理办公室主任	2010.10.15-2013.10.14	-	-
伍雄志	监事会副主席	2010.10.15-2013.10.14	-	-
王彦武	监事、审计总监	2010.10.15-2013.10.14	-	-
陈伯球	副总经理	2010.10.15-2013.10.14	450,000	0.3750%
刘永交	副总经理	2010.10.15-2013.10.14	450,000	0.3750%
成定强	财务总监	2010.10.15-2013.10.14	375,000	0.3125%

（二）间接持股情况

姓　名	所任职务	间接持股方式	持股数量（股）	持股比例
杨　振	董事长、总经理	通过卓越投资间接持股	32,683,920	27.2366%
杨子江	副董事长、总经理助理	通过卓越投资间接持股	12,945,360	10.7878%
肖赛平	董事	通过卓越投资间接持股	18,456,720	15.3806%
宋向前	董事	通过嘉华卓越间接持股	9,600	0.0080%
汤　毅	董事	通过苏州大道、鼎源投资间接持股	1,012,920	0.8441%
蒋小红	监事会主席、总经理办公室主任	通过盈盛投资间接持股	75,000	0.0625%
王彦武	监事、审计总监	通过盈盛投资间接持股	75,000	0.0625%

三、公司控股股东及实际控制人情况

（一）控股股东

本公司控股股东为卓越投资，工商登记注册号 430100000010929，持有本公司 53.405%的股份，卓越投资注册资本为 6,353 万元，法定代表人杨振。其中杨振出资 3,240 万元，占注册资本的 51%；肖赛平出资 1,830 万元，占注册资本的 28.80%；杨子江出资 1,283 万元，占注册资本的 20.20%。

截至 2011 年 6 月 30 日，按母公司口径卓越投资总资产为 23,381.46 万元，净资产为 18,144.47 万元，2011 年 1-6 月净利润为-69.71 万元。以上财务数据已经湖南金信达会计师事务所有限公司审计。

（二）实际控制人

杨子江直接持有本公司 345 万股股份，占公司本次发行前总股本的 2.875%，杨振、肖赛平、杨子江通过卓越投资间接持有本公司 6,408.60 万股股份，占本次发行前总股本的 53.405%。

杨振家庭（杨振、肖赛平夫妇和其子杨子江）合计持有本公司 6,753.60 万股股份，占公司本次发行前总股本的 56.28%，为本公司实际控制人。

杨振现任加加食品董事长、总经理，卓越投资执行董事，身份证号码 4301241962******76。肖赛平现任加加食品董事，卓越投资总经理，身份证号码 4301241963******86。杨子江现任加加食品副董事长、总经理助理，卓越投资监事，身份证号码 4301241987******79。

（三）控股股东及实际控制人对外投资情况

实际控制人杨振家庭除持有本公司股份及公司控股股东卓越投资股权外，杨振还持有香港盘中餐粮油集团有限公司、香港加加集团有限公司、台湾可可槟榔屋连锁企业集团有限公司各 95%股权，肖赛平还持有香港盘中餐粮油集团有限公司、香港加加集团有限公司、台湾可可槟榔屋连锁企业集团有限公司各 5%股权。控股股东卓越投资除持有本公司 53.405%的股份外，还持有长沙可可槟榔屋有限公司 75%的股权（另 25%股权由台湾可可槟榔屋连锁企业集团有限公司持有）。详细情况见《加加食品集团股份有限公司首次公开发行股票招股说明书》"第五章 发行人基本情况"之"七、发起人、持有 5%以上股份的主要股东及实际控制人的基本情况"之"（二）控股股东和实际控制人控制的其他企业的基本情况"。

除上述投资外，实际控制人及控股股东未控制其他企业。

四、公司前十名股东持有公司发行后股份情况

公司本次发行后上市前的股东总数为 35630 户，其中前十名股东持有公司股份情况如下：

序号	股东名称	持股数量（股）	持股比例
1	卓越投资	64,086,000	40.0538%
2	点量一期	8,550,000	5.3438%
3	天恒投资	8,250,000	5.1563%
4	嘉华卓越	7,714,320	4.8215%
5	苏州大道	7,635,000	4.7719%
6	嘉华致远	5,364,000	3.3525%
7	鼎源投资	4,365,000	2.7281%
8	嘉华优势	4,285,680	2.6786%
9	杨子江	3,450,000	2.1563%
10	兴业国际信托有限公司—福建中行新股申购资金信托项目 3 期	2,500,000	1.5625%
	合计	116,200,000	72.6250%

第四节　股票发行情况

一、发行数量

本次发行股份数量为 4,000 万股，其中，网下配售 800 万股，占本次发行总量的 20.00%；网上发行 3,200 万股，占本次发行总量的 80.00%。

二、发行价格及发行市盈率

本次发行价格为 30 元/股。

本次发行市盈率为：

（一）40.54 倍（每股收益按照经会计师事务所遵照中国会计准则审计的扣除非经常性损益前后孰低的 2010 年净利润除以本次发行后的总股本计算）

（二）30.61 倍（每股收益按照经会计师事务所遵照中国会计准则审计的扣除非经常性损益前后孰低的 2010 年净利润除以本次发行前的总股本计算）

三、发行方式及认购情况

本次发行采用网下向询价机构配售与网上资金申购定价发行相结合的发行方式。

本次发行中通过网下配售向配售对象配售的股票为 800 万股，有效申购数量为 1,700 万股，网下摇号中签率为 47.058824%，认购倍数为 2.125 倍。

本次发行网上定价发行 3,200 万股，中签率为 3.7034186605%，超额认购倍数为 27 倍。本次网上发行及网下发行不存在余股。

四、募集资金总额及注册会计师对资金到位的验证情况

本次发行募集资金总额为 120,000 万元，中审国际会计师事务所有限公司已于 2011 年 12 月 27 日对发行人首次公开发行股票的网下网上资金到位情况进行了审验，并出具了中审国际验字[2011]01020359 号和中审国际验字[2011]01020360 号《验资报告》。

五、发行费用总额及项目、每股发行费用

本次发行费用明细及总额情况如下：

序号	发行费用种类	金额（万元）
1	保荐费（含承销费用）	7,610
2	审计、评估、验资费用	
3	律师费用	
4	信息披露费	
5	股份登记及上市初费	
	合计	8,490

每股发行费用（发行费用总额/本次发行股数）为 2.12 元/股。

六、募集资金净额

本次募集资金总额为 120,000 万元，扣除发行费用 8,490 万元后，募集资金净额为 111,510 万元。

七、发行后每股净资产

本次发行后每股净资产为 9.49 元（以 2011 年 6 月 30 日经审计的归属于母公司所有者权益加上本次发行募集资金净额之和除以本次发行后总股本计算）。

八、发行后每股收益

本次发行后每股收益为 0.74 元（按照经会计师事务所遵照中国会计准则审计的扣除非经常性损益前后孰低的 2010 年净利润除以本次发行后的总股本计算）。

第五节　财务会计资料

公司已在招股说明书中披露了截至 2011 年 6 月 30 日经审计的财务资料，本次补充披露的财务数据为 2011 年 9 月 30 日资产负债表、2011 年 1-9 月利润表及现金流量表、2010 年 1-9 月利润表及现金流量表、2011 年 7-9 月和 2010 年 7-9 月利润表。其中，2011 年 9 月末、2011 年 1-9 月、2011 年 7-9 月、2010 年 1-9 月、2010 年 7-9 月的财务数据未经审计，敬请投资者注意。

一、主要财务数据及财务指标

项目	2011 年 9 月 30 日	2010 年 12 月 31 日	增减幅度
流动资产(元)	686,764,389.51	624,987,566.56	9.88%
流动负债(元)	469,275,888.49	454,396,027.53	3.27%
总资产(元)	926,791,731.17	800,923,069.33	15.72%
归属于发行人股东的所有者权益(元)	422,115,842.68	346,527,041.80	21.81%
归属于发行人股东的每股净资产(元/股)	3.52	2.89	21.81%
项目	2011 年 1-9 月	2010 年 1-9 月	增减幅度
营业收入(元)	1,215,743,021.67	889,760,447.81	36.64%
利润总额(元)	101,484,971.73	87,850,026.33	15.52%
归属于发行人股东的净利润(元)	76,047,444.54	64,106,596.14	18.63%
扣除非经常性损益后归属于发行人股东的净利润(元)	75,434,207.31	53,069,562.40	42.14%
基本每股收益(元/股)	0.63	0.53	18.63%
扣除非经常性损益后基本每股收益(元/股)	0.63	0.44	42.14%
加权平均净资产收益率(%)	19.78	29.13	-9.35
扣除非经常性损益后加权平均净资产收益率(%)	19.62	24.11	-4.49
经营活动产生的现金流量净额(元)	7,265,992.00	15,721,445.88	-53.78%
每股经营活动产生的现金流量净额(元/股)	0.06	0.13	-53.78%
项目	2011 年 7-9 月	2010 年 7-9 月	增减幅度
营业收入(元)	405,179,641.25	352,068,987.54	15.09%
利润总额(元)	24,531,551.71	36,718,885.12	-33.19%
归属于发行人股东的净利润(元)	18,402,971.12	27,710,625.04	-33.59%
扣除非经常性损益后归属于发行人股东的净利润(元)	18,324,766.87	25,473,624.95	-28.06%
基本每股收益(元/股)	0.15	0.23	-33.59%
扣除非经常性损益后基本每股收益(元/股)	0.15	0.21	-28.06%
净资产收益率(全面摊薄)(%)	4.36	9.75	-55.29%
扣除非经常性损益后净资产收益率(全面摊薄)(%)	4.34	8.96	-51.57%

二、经营业绩和财务状况的简要说明

(一)经营业绩的简要说明

2011 年 1-9 月，公司营业收入较 2010 年同期增长 36.64%，其主要原因系随着公司销售规模的扩大和产品结构的不断优化，公司主导产品酱油、食用植物油销售收入分别比 2010 年同期增长了 6,685 万元和 20,848 万元，增长率达 14%和 72%。

2011 年 1-9 月，公司利润总额、净利润分别较 2010 年同期增长 15.52%、18.63%，利润总额和净利润的增长主要系由于营业收入增长，相应引起的利润总额和净利润增长。

2011 年 7-9 月公司利润总额、净利润分别较 2010 年同期下降 33.19%、33.59%，利润总额和净利润下降的主要原因系公司 2010 年净补收的 1,125.57 万元关联方资金占用费计入了 2010 年 8 月的财务费用中。

(二)财务状况的简要说明

2011 年 9 月末，公司财务状况良好，随着经营规模的不断扩大和盈利能力的不断增强，资产规模稳步增长，2011 年 9 月末，总资产较 2010 年末增长 15.72%，净资产较 2010 年末增长 21.81%。2011 年 9 月末，公司资产负债率 54.45%，较 2010 年末的 56.77%略有下降，资本结构较为稳定。

2011 年 1-9 月，公司经营活动产生的现金流量净额较 2010 年同期下降 53.78%，其主要原因是因 2011 年原料油脂、味精等大宗原材料价格仍保持高位运行，为锁定成本，公司仍保持了较高的采购预付规模；且随着产能及营销规模的扩展，公司 2011 年 1-9 月广告宣传等营销费用及营销团队的投入较高，营业费用同期增加了 43.94%；为避免因硬件设施存在潜在风险影响公司的生产经营，2011 年 1-9 月公司对全部厂区地面、厂房、车间、办公楼、环保设施等设施的屋面及主要设备进行了全面检修，更新或维修了较多设施和设备使修理费同期增加了 714.59 万元及公司平均上调了 15%的管理人员工资使得工资性支出增加，管理费用同期增加了 39.99%。

三、对 2011 年度经营业绩的预计

公司预计 2011 年度营业收入 16 亿-17 亿元，较 2010 年度增长 16%-24%；归属于母公司所有者的净利润 1.55 亿-1.65 亿元，较 2010 年增长 19%-27%，业绩增长主要系本年度公司销售规模的扩大和产品结构的不断优化，同时郑州味业新增 3 万吨酱油年产能和食用植物油 2 万吨年产能的释放为产销规模的扩大提供了有力保障。

第六节　其他重要事项

一、公司已向深圳证券交易所承诺，将严格按照中小企业板的有关规则，在上市后三个月内尽快完善公司章程等相关制度。

二、本公司自 2011 年 12 月 15 日刊登首次公开发行股票招股意向书至本上市公告书刊登前，除以上事项外，没有发生可能对公司有较大影响的重要事项，具体如下：

(一)公司严格依照《公司法》、《证券法》等法律法规的要求，规范运作，经营状况正常，主要业务发展目标进展正常；

(二)公司所处行业或市场未发生重大变化；

(三)公司原材料采购价格和产品销售价格未发生重大变化；

(四)公司未发生重大关联交易事项，资金未被关联方非经营性占用；

(五)公司未发生重大投资行为；

(六)公司未发生重大资产(或股权)购买、出售及置换行为；

(七)公司住所没有变更；

(八)公司董事、监事、高级管理人员及核心技术人员未发生变化；

(九)公司未发生重大诉讼、仲裁事项；

(十)公司未发生对外担保等或有事项；

(十一)公司财务状况和经营成果未发生重大变化；

(十二)公司无其他应披露的重大事项。

第七节　上市保荐人及其意见

一、上市保荐人基本情况

保荐人(主承销商)：东兴证券股份有限公司

法定代表人：徐勇力

住所：北京市西城区金融大街 5 号新盛大厦 B 座 12、15 层

电话：010-66555202

传真：010-66555327

保荐代表人：杨志、张艳英

项目协办人：李刚安

项目经办人：李民、李志勇、周飞、沈梦、方敏

二、上市保荐人的推荐意见

上市保荐机构东兴证券已向深圳证券交易所提交了《关于加加食品集团股份有限公司之股票上市保荐书》，东兴证券的推荐意见如下：

东兴证券认为，发行人申请其股票上市符合《中华人民共和国公司法》、《中华人民共和国证券法》及《深圳证券交易所股票上市规则》(2008 年修订)等国家有关法律、法规的有关规定，发行人股票具备在深圳证券交易所上市的条件。

东兴证券愿意推荐加加食品集团股份有限公司的股票在深圳证券交易所上市交易，并承担相关保荐责任。

通化双龙化工股份有限公司

通化双龙化工股份有限公司 2010 年年度报告摘要

第一节 重要提示

1.1 本公司董事会、监事会及董事、监事、高级管理人员保证本报告所载资料不存在任何虚假记载、误导性陈述或者重大遗漏，并对其内容的真实性、准确性和完整性承担个别及连带责任。本年度报告摘要摘自年度报告全文，报告全文同时刊载于证监会指定网站和公司网站。为全面了解本公司生产经营状况和财务成果及公司的未来发展规划，投资者应到指定网站仔细阅读年度报告全文。

1.2 公司年度财务报告已经中准会计师事务所审计并被出具了标准无保留意见的审计报告。

1.3 公司负责人卢忠奎、主管会计工作负责人樊俊芝及会计机构负责人(会计主管人员)宋慧云声明：保证年度报告中财务报告的真实、完整。

第二节 公司基本情况简介

2.1 基本情况简介

股票简称	双龙股份
股票代码	300108
上市交易所	深圳证券交易所
注册地址	通化市二道江区铁厂镇
注册地址的邮政编码	134006
办公地址	通化市二道江区铁厂镇
办公地址的邮政编码	134006
公司国际互联网网址	http://www.thslhg.com
电子信箱	shuanglong@thslhg.com

2.2 联系人和联系方式

	董事会秘书	证券事务代表
姓名	张亮	
联系地址	通化市二道江区铁厂镇	
电话	0435-3752903	
传真	0435-3751886	
电子信箱	zhangliang@thslhg.com	

第三节 会计数据和业务数据摘要

3.1 主要会计数据

单位：元

	2010 年	2009 年	本年比上年增减(%)	2008 年
营业总收入(元)	112,671,734.92	78,583,548.18	43.38%	61,591,880.03
利润总额(元)	28,369,134.68	27,384,643.53	3.60%	16,023,438.29
归属于上市公司股东的净利润(元)	24,382,113.83	23,509,220.15	3.71%	13,361,107.98
归属于上市公司股东的扣除非经常性损益的净利润(元)	23,532,113.83	20,040,846.27	17.42%	13,303,307.98
经营活动产生的现金流量净额(元)	14,459,295.75	16,643,439.99	-13.12%	6,662,017.56
	2010 年末	2009 年末	本年末比上年末增减(%)	2008 年末
总资产(元)	344,243,568.03	105,384,466.10	226.65%	76,548,011.97
归属于上市公司股东的所有者权益(元)	339,922,208.63	82,068,094.80	314.20%	58,558,874.65
股本(股)	52,000,000.00	39,000,000.00	33.33%	39,000,000.00

3.2 主要财务指标

	2010 年	2009 年	本年比上年增减(%)	2008 年
基本每股收益(元/股)	0.56	0.60	-6.67%	0.34
稀释每股收益(元/股)	0.56	0.60	-6.67%	0.34
扣除非经常性损益后的基本每股收益(元/股)	0.54	0.51	5.88%	0.34
加权平均净资产收益率(%)	14.17%	33.43%	-19.26%	25.75%
扣除非经常性损益后的加权平均净资产收益率(%)	13.67%	28.50%	-14.83%	25.64%
每股经营活动产生的现金流量净额(元/股)	0.28	0.43	-34.88%	0.17

	2010 年末	2009 年末	本年末比上年末增减(%)	2008 年末
归属于上市公司股东的每股净资产(元/股)	6.54	2.10	211.43%	1.50

非经常性损益项目

√ 适用 □ 不适用

单位：元

非经常性损益项目	金额	附注(如适用)
计入当期损益的政府补助，但与公司正常经营业务密切相关，符合国家政策规定、按照一定标准定额或定量持续享受的政府补助除外 1,000,000.00		
所得税影响额	-150,000.00	
合计	850,000.00	-

采用公允价值计量的项目

□ 适用 √ 不适用

第四节 董事会报告

4.1 对经营情况及未来发展情况讨论与分析

一、2010 年公司总体经营情况回顾

(一)公司报告期内总体经营情况

2010 年，公司在董事会领导下主持召开股东大会 4 次；召开董事会 7 次；审议通过多项重大议题，内容涉及重大投资项目决策、日常工作决策、公司中、季报、资金募集等方面工作，形成了多方的和谐共识，通过认真审议和审慎决策，确保了公司经营管理工作稳步发展。

(二)圆满完成各项经济指标，企业稳步发展

2010 年主要经营指标的完成情况：2010 年公司实现营业收入 112,671,734.92 万元，比上年增长 43.4%；营业总成本 59,440,709.11 万元，比上年增长 65.61%；实现净利润 24,382,113.83 万元，比上年增长 3.71%；每股收益为(扣除非经常性损益)0.54 元，比上年增长 5.88%。

(1)报告期内营业收入变动原因：主营业务收入较上年同期增长 43.38%，主要原因是公司市场规模不断扩大，主营业务发展良好，经营业绩按照预期持续增长。

(2)公司报告期内主要来源于 T150 型、TMG 型、消光剂系列、TB-2 疏水系列较上年分别增长 120%、14.5%和 74.8%、，均实现了稳步增长。

(3)报告期内营业成本变动原因：营业成本较上年同期增长 65.61%，系公司报告期内营业收入增长所致。

(三)规范公司动作，健全公司治理结构

1、董事会进一步完善法人治理结构，建立健全了一系列内部管理制度，董事会决策程序更加规范，决策能力增强。会议的召开及审议程序均严格执行了证监会、证交所的相关规章制度，确保了投资人的知情权、参与权、决策权、收益权的落实。每次董事会召开之前，对各位参会董事做到了会议资料事先送达、议题内容事先了解、重大事项事先沟通，确保了董事会审议决策的质量与效能。

2、开展了公司治理专项活动。根据上市公司标准及规范要求，对照中国证监会关于"加强上市公司治理专项活动"自查事项，全面检查公司治理结构中存在的不足。公司根据吉林省证监局提出的整改意见，制订了切实可行的整改措施，并认真进行了整改；通过检查验收，对整改结果和经营管理现状给予了肯定，并在中国证监会指定创业板信息披露网站披露了本次整改的全部内容及时间。

总之在过去的一年里公司不断加强规范运作、完善公司治理、提高各项管理水平等方面还有不足之处，严格按照《公司法》、《证券法》和监管机构的要求，进一步完善和提升公司治理水平，维护公司及全体股东的合法利益。

(四)依法行事规范运作，及时披露信息

董事会依照国家证券监管法规的要求，自觉履行信息披露义务，增强了公司规范运作的透明度。在规范披露信息方面健全完善了《外部信息使用管理制度》、《内幕信息知情人登记制度》、《年报信息披露重大差错责任追究制度》，形成了较完善的公司信息披露体系，确保了公司信息"真实、准确、完整、及时、公平"地披露，在提高公司透明度和落实"公平、公正、公开"原则方面发挥了应有作用。

(五)公司主要优势

1、自主创新优势

公司的高分散白炭黑产品生产技术处于国内领先水平。公司技术中心为省级技术中心，承担着新技术、新工艺、新产品的开发任务，并以技术中心为基础构建了技术产业化、科研产品产业化为一体的核心技术体系。作为国家高新技术企业，公司依托省级企业技术中心，自主创新，掌握了生产高分散白炭黑的多项核心技术。公司自主研发了中高档硅橡胶专用高分散白炭黑、消光剂系列高分散白炭黑、塑料薄膜开口剂用特种白炭黑等产品，拥有沉淀法白炭黑比表面积控制技术、PE 隔板用白炭黑的制备技术、三级风送产品粉碎技术、白炭黑表面处理技术、白炭黑的除铁技术、反应过程中的 PH 值控制技术、消光剂扩孔技术、白炭黑生产过程的热综合利用

技术、白炭黑生产的节能减排技术等多项核心技术。经国家级权威机构检测和专家鉴定，公司主要产品品质处于国内领先水平。

公司以高新技术为支撑，在HTV硅橡胶领域、高档涂料领域、军工专用沉淀法白炭黑领域把握市场发展机遇，所生产产品赢得了广大用户的信赖。沉淀法白炭黑制造的核心技术是反应工序，技术的先进性、优化组合的各项工艺参数和产品升级换代的能力是沉淀法白炭黑行业内企业核心竞争力的体现。

公司秉承"企业的生命在产品，产品的生命在于创新"的研发理念，不断进行技术创新。技术升级能力体现在对现有生产工艺的不断改进，从而达到提高产品质量、降低原料和能源消耗、减轻劳动强度、提高劳动生产率等目标。公司发明的白炭黑比表面积控制技术，可以生产行业标准中规定的6类比表面积，使产品形成多品种、系列化、多用途，并为今后开发高比表面积、特种应用白炭黑奠定了理论基础、积累了实践经验。公司生产的系列高分散沉淀法白炭黑质量在国内同类产品中处于领先地位，部分型号的产品已达到国外同类产品的先进水平。由于产品品质高、质量稳定，公司一直是国内唯一一家定点生产国防化工用沉淀白炭黑的企业。

公司是中国无机盐工业协会常务理事单位、全国橡胶与橡胶制品标准化技术委员会炭黑分技术委员会会员单位。公司作为主要起草单位，于2008年参与了国家化工行业标准《橡胶配合剂沉淀水合二氧化硅》和国家标准《橡胶配合剂沉淀水合二氧化硅比表面积的测定 CTAB法》的起草。

2、工艺技术优势

目前国内大部分白炭黑生产企业的反应采用直接加浓硫酸。本公司率先采用分三段加稀硫酸反应的工艺，各段的反应时间、反应速度各不相同，最终产品的比表面积和DBP吸收值控制在要求范围内，提高了产品质量稳定性。公司企业技术中心为公司高分散白炭黑系列产品从中试到产业化生产提供了有效的技术保障，为现有产品的升级换代提供了坚实的基础。公司吸收了国内外先进的生产技术，并与国内著名的无机盐科研机构合作，促进了白炭黑生产技术的提高。公司长期从事沉淀法白炭黑的生产，拥有丰富的实践经验和工艺技术优势，为公司的可持续发展提供有效保障。

3、管理团队优势

本公司长期致力于高分散白炭黑系列产品的生产，培养了一批在公司工作多年并拥有丰富行业管理经验的管理团队，对公司的技术、生产、经营管理熟悉、经验丰富、互相了解，具有很好的沟通协作效应。公司在管理、研发、生产等方面建立了梯形人才培养机制，并通过定期轮流培训，包括岗位技能培训、业务知识培训、质量管理培训等提高员工理论和实践水平，形成学习型管理团队和具有较高业务和职业技能的员工队伍。

4、销售服务优势

公司销售部门与客户建立了长期稳定的业务合作关系，对市场有较强的驾驭能力。公司针对不同客户、不同应用领域、不同的使用要求，不断提供最适用的产品和服务。公司拥有一批懂技术的专业人才进行售后服务，并对客户在生产中遇到的问题，及时提出解决方案；同时，公司凭借自身的技术优势为一些特殊用户提供特定规格的产品。公司通过专业性刊物、公司网站、专业性会展等进行品牌宣传，并组成以公司领导、技术人员、销售人员参加的团队走访重要客户，征求意见、沟通业务、了解市场需求信息，建立携手双赢的合作关系。公司针对不同的用户和不同的应用条件提供最适用的产品和服务，最及时、最大限度地满足用户的需求。公司通过了解下游用户实际生产中遇到的问题，借助企业技术中心的研发力量，寻找解决方案，从而推出专门针对用户具体问题的高价值的产品体系，在客户心目中树立了高端的品牌形象和优质服务形象。

5、产品优势

公司致力于高分散白炭黑系列产品的生产，公司生产的HTV硅橡胶用高分散沉淀法白炭黑产品和高档涂料用系列高分散白炭黑(消光剂)产品国内市场占有率的排名分别为第一位和第二位。同时，公司是国内唯一一家定点生产国防化工用沉淀白炭黑的企业。

公司质量管理体系通过了ISO9001认证；产品质量通过SGS检测，符合欧盟"ROHS指令2002/95/EC"标准及后续修正指令要求，在行业细分市场中具有相应的竞争优势。公司向客户提供的各种型号白炭黑所使用的原料、辅助材料均符合ROHS的相关标准，不使用被管制的环境关联物质，这为客户使用本公司高分散白炭黑加工的制品出口欧美创造了有利条件。公司生产的HTV硅橡胶专用沉淀法白炭黑供给下游硅橡胶加工企业，可以替代同类进口白炭黑，加工的硅橡胶混炼胶主要出口欧美、东南亚地区，填补了国产沉淀法白炭黑加工的硅橡胶不能出口的空白，对HTV硅橡胶用沉淀法白炭黑国产化做出了重要贡献。公司生产的消光剂系列高分散白炭黑产品品质经中国化工建设总公司常州涂料化工研究院检测达到国际同类产品水平。公司现已成功研制出用于生产"绿色轮胎"的GF系列高分散白炭黑产品，经北京橡胶工业研究设计院检测达到国际同类产品水平。

(六)公司可能面临的风险

1、行业竞争风险

目前，国内主要白炭黑生产企业有54家，2008年全国白炭黑产量71.2万吨，其中1万吨以上的企业有38家，行业集中度不高，且多为普通产品，市场竞争较为激烈。

报告期内，公司的主导产品已在高分散白炭黑市场建立了自己的竞争优势，在行业内拥有良好的品牌形象。公司以高新技术为支撑，在HTV硅橡胶领域、高档涂料领域、军工专用沉淀法白炭黑领域把握市场发展机遇，所生产产品赢得了广大用户的信赖。公司秉承"企业的生命在产品，产品的生命在于创新"的研发理念，不断进行技术创新，但面对国内尤其国外企业在高端产品市场的竞争，如果公司不能保持持续创新能力，将面临竞争优势下降的风险。

2、实际控制人控制风险

报告期内，公司控股股东、实际控制人卢忠奎先生持有本公司股份19,128,572股，持股比例为36.79%；卢忠奎先生的妻子黄克凤女士持有本公司股份1,300,000股，持股比例为2.50%，前述二人持有本公司39.29%的股份。不存在公司控股股东、实际控制人利用控制地位损害公司利益的情形。本次发行后，如果公司控股股东、实际控制人利用其控股地位，通过行使表决权对本公司的人事、经营决策等进行控制，可能会使公司的法人治理结构不能有效发挥作用，从而给公司经营及其他股东的利益带来损害。

3、募集资金使用风险

报告期内，公司的生产能力不能满足市场的需求，为此，公司通过调整产品结构、不断扩大生产能力的方式提高盈利水平。公司募集资金投资项目的产品品种充分体现了公司发展战略，募集资金投资项目的主要产品包括轮胎用高分散白炭黑(GF型)、高档硅橡胶用高分散白炭黑(TMG型)、中档硅橡胶用高分散白炭黑(T150型)、消光剂系列白炭黑。随着本次募集资金项目的实施，公司的生产能力将大幅增加。如果不能及时采取相应措施，公司将会面临产能过剩或产品销售价格低于预期目标的局面，从而直接影响公司的经营业绩。

4、核心技术人员流失的风险

本公司生产的高分散白炭黑系列产品的技术含量高，并拥有自主知识产权。核心技术和核心技术人员构成公司的核心竞争力重要组成部分。公司主导产品的专有技术和独特生产工艺是公司多年来取得生存、发展的重要因素。公司为目前东北地区唯一一家沉淀法白炭黑生产厂家，90%以上客户均在东北地区之外，产品远销华南地区。多年来，公司通过不断加大产品研发力度，走自主创新之路，克服所处地理位置远离客户的不利条件，不断开发高分散白炭黑系列新产品，形成了自己的核心竞争力。报告期内，由于公司相关措施较完善，技术人员队伍保持稳定。公司根据自身情况缔造良好的企业文化氛围，使员工对公司有很强的归属感和认同感，保持了稳定的管理团队。

随着公司经营规模的扩大，如果激励机制及约束机制未能不断完善，可能出现核心技术人员流失或主要技术泄密的情形，从而对公司的竞争优势产生影响，将使公司在市场竞争中处于不利地位。

(七)做好募集资金监管，合法合规使用

2010年8月25日公司在深圳创业板成功上市，公司实际募集的资金总额为26,624.00万元，扣除发行费用总额32,768.00万元，实际募集资金净额为23,347.2万元。公司开设了专门的银行专户对募集资金和超募集资金专户存储，并与开户银行、保荐机构签订了《募集资金专户存储三方监管协议》，对募集资金的使用实施严格审批，以保证专款专用。目前，截至至2010年12月31日公司募资金总额尚剩余161,715,465.35元。

二、公司未来发展战略与经营目标

1、公司未来发展战略

公司将在以后的发展中，充分利用公司在自主创新、工艺技术、管理团队、企业文化、销售服务、品牌和质量等方面竞争优势，提升生产规模，扩大产品的应用领域，提高市场份额和产品附加值，将公司经营和管理带上新台阶，力争使公司各项效益指标居于行业领先水平。

2、公司经营目标

公司以2010年成功发行上市为契机，充分利用现有自主创新、产业化、体制、和管理等方面的竞争优势，提升生产规模，扩大产品的覆盖范围，提高市场份额和产品附加值，将公司经营和管理带上新台阶，确保完成2011年的各项经营指标。为了实现战略目标公司制定了以下方案：

(1)新产品研发方面技术创新是公司的核心竞争优势之一，是公司保持快速稳健发展的关键所在。公司将依托企业中心，充分利用国家振兴东北老工业基地的优惠政策，申请吉林省科技型创新企业培育工程，加大研发投入，积极开展自主创新；同时加大与科研院所、大专院校、客户等的合作交流，掌握行业前沿技术；了解客户需求，研究、开发具有国内领先的新产品、新技术、新工艺。

(2)市场开拓方面

目前，公司的销售网络已覆盖全国29个省、市、自治区，公司将适时在产品主要销售地区，建立2-3个销售办事处，以方便与用户联络。针对募投项目重点是生产轮胎用高分散白炭黑，公司拟制定轮胎行业大客户营销方案，突出技术营销。同时发挥行业协会、行业专家、科研院所、权威检测机构等社会力量的作用，形成多种形式、多种渠道进行产品宣传、推广。

(3)融资计划方面

公司将根据本期项目建设情况、产品经营效益情况和市场发展前景，合理选择证券市场、银行贷款等多种形式筹集资金用于新产品的开发、生产规模扩建、补充流动资金等。

(4)并购重组方面

公司将充分发挥在白炭黑领域良好的口碑、商业信誉和行业影响力，充分利用资本优势，通过并购重组等方式，优化资源配置，整合国内外行业资源和上下游供应链，推动公司快速稳健发展，实现规模、技术、盈利能力不断提高。拟通过非公开发行、换股收购等资本运作方式，收购上游原材料生产企业，强化对上游原料的控制力。择机进行横向收购，实施低成本扩张，通过有效整合，进一步提升公司的行业竞争地位。

(5)人才方面

公司将不断完善优化用人机制，吸纳优秀经营管理人才、营销人才和科技人才，建立科学的人力资源管理体系，进一步增强公司持续发展能力。

(6)组织结构改革和调整方面

随着业务的发展及经营规模的不断扩大，公司将继续严格按照《公司法》、《证券法》等法律法规的要求，进一步完善法人治理结构和内部控制制度，确保经营管理和投资决策的科学性和准确性以降低经营风险。同时，公司将进一步深化劳动、人事和分配制度改革，完善员工的聘用、职务晋升和分配制度，完善激励和约束机制，充分调动管理人员、技术人员、生产人员、营销人员的工作积极性和创造性，以确保公司经营目标的实现。

4.2 主营业务产品或服务情况表

单位：万元

分产品或服务	营业收入	营业成本	毛利率(%)	营业收入比上年同期增减(%)	营业成本比上年同期增减(%)	毛利率比上年同期增减(%)
T150型	4,564.33	2,490.74	45.43%	120.11%	149.44%	-6.42%
TMG型	2,221.67	1,187.02	46.57%	14.52%	38.64%	-9.30%
消光剂系列	2,053.58	879.32	57.18%	8.05%	6.26%	0.72%
TB-2型	736.08	420.47	42.88%	-2.92%	26.66%	-13.47%

疏水系列	953.16	603.36	36.70%	82.18%	115.39%	-9.76%
TM 型	198.45	97.56	50.84%	11.61%	15.38%	-1.61%
TY 型	154.27	82.18	46.73%	-11.50%	7.37%	-9.36%
通用型	180.88	90.28	50.09%	69.09%	91.07%	-5.74%
36-5 型	98.93	42.43	57.11%	10.04%	21.26%	-3.97%
特 36-5 型	60.39	29.16	51.71%	-15.80%	-15.89%	0.05%
T20 型	44.74	17.06	61.87%	8.08%	27.79%	-5.88%
TM10 型	0.71	0.37	47.89%	17.16%	48.62%	-10.97%

4.3 主营业务分地区情况

单位:万元

地区	营业收入	营业收入比上年增减(%)
华南地区	5,024.74	16.19%
华东地区	4,578.61	86.58%
华北地区	925.14	59.32%
东北地区	460.64	45.57%
西南地区	180.91	-0.98%
西北地区	97.14	0.00%

4.4 募集资金使用情况对照表

√ 适用 □ 不适用

单位:万元

募集资金总额	26,624.00	本年度投入募集资金总额	5,187.12
报告期内变更用途的募集资金总额	0.00		
累计变更用途的募集资金总额	0.00	已累计投入募集资金总额	5,187.12
累计变更用途的募集资金总额比例	0.00%		

承诺投资项目和超募资金投向	是否已变更项目(含部分变更)	募集资金承诺投资总额	调整后投资总额(1)	本报告期投入金额	截至期末累计投入金额(2)
承诺投资项目					
年产二万吨高分散沉淀法白炭黑	否	12,040.23	12,040.23	5,187.12	5,187.12
承诺投资项目小计	-	12,040.23	12,040.23	5,187.12	5,187.12
超募资金投向					
归还银行贷款(如有)	-	1,500.00			
补充流动资金(如有)	-	500.00			
超募资金投向小计	-	2,000.00	0.00	0.00	0.00
合计	-	14,040.23	12,040.23	5,187.12	5,187.12

承诺投资项目和超募资金投向	截至期末投资进度(%)(3)=(2)/(1)	项目达到预定可使用状态日期	本报告期实现的效益	是否达到预计效益	项目可行性是否发生重大变化
承诺投资项目					
年产二万吨高分散沉淀法白炭黑	43.08%	2011 年 10 月 31 日	0.00	不适用	否
承诺投资项目小计	-	-	0.00	-	-
超募资金投向					
归还银行贷款(如有)		-	-	-	-
补充流动资金(如有)		-	-	-	-
超募资金投向小计	-	-	0.00	-	-
合计	-	-	0.00	-	-

未达到计划进度或预计收益的情况和原因(分具体项目)	不适用
项目可行性发生重大变化的情况说明	不适用
超募资金的金额、用途及使用进展情况	根据双龙股份 2010 年 9 月 15 日召开的第一届董事会第十次会议,审议通过了《关于使用闲置募集资金暂时补充流动资金的议案》,用超募资金 2,000 万元暂时补充流动资金。保荐机构国元证券股份有限公司就此进行了核查并出具同意的保荐意见。
募集资金投资项目实施地点变更情况	不适用
募集资金投资项目实施方式调整情况	不适用
募集资金投资项目先期投入及置换情况	经中准会计师事务所有限公司 2010 年 8 月 31 日出具的中准专审字[2010]2081 号"关于通化双龙化工股份有限公司以自筹资金预先投入募集资金投资项目的鉴证报告",公司用募投资金置换预先投入"年产 2 万吨高分散沉淀法白炭黑"项目款 1,003.28 万元。
用闲置募集资金暂时补充流动资金情况	公司 2010 年 9 月 14 日召开了第一届董事会第十次会议,审议通过了《关于使用闲置募集资金暂时补充流动资金的议案》,同意补充流动资金 2000 万元,期限不超过 6 个月。公司用超募资金 500 万元补充流动资金、1500 万元用于偿还银行借款。
项目实施出现募集资金结余的金额及原因	截至 2010 年 12 月 31 日,公司累计使用募集资金总额 51,871,239.65 元,较募集资金净额 233,472,000.00 元,应剩余募集资金 181,600,760.35 元,实际剩余募集资金 161,715,465.35 元(其中:中国工商银行通化二道江支行开立募集资金专户(账号 0806020429000173385)余额为 68,639,530.90 元;中国农业银行股份有限公司通化二道江支行开立超募资金专户(账号 07-631001040008273)余额为 93,075,934.45 元。),应剩余募集资金与实际剩余募集资金差额为 19,885,295.00 元,原因为公司用超募资金补充流动资金 2,000 万元、募集资金存放在专户银行产生的利息收入为 114,705.00 元。
尚未使用的募集资金用途及去向	1、中国工商银行股份有限公司通化二道江支行,账号为 0806020429000173385。该专户仅用于公司"年产二万吨高分散沉淀法白炭黑项目"募集资金的存储和使用。 2、中国农业银行股份有限公司通化二道江支行,账号为 07-631001040008273。该专户仅用于公司其他与主营业务相关的营运资金项目募集资金的存储和使用,不作其他用途。
募集资金使用及披露中存在的问题或其他情况	根据本公司 2010 年 12 月 31 日第三次临时股东大会决议《关于通化双龙化工股份有限公司拟使用超募资金与万载县辉明化工有限公司共同出资组建合资公司的议案》,新建公司注册资本为人民币 5,000 万元,其中:本公司出资人民币 4,000 万元,占注册资本的 80%;万载县辉明化工有限公司出资人民币 1,000 万元,占注册资本的 20%。根据中磊会计师事务所有限责任公司 2011 年 1 月 6 日出具的中磊验字【2011】2001 号验资报告,新建公司已于 2011 年 1 月 10 日取得万载县工商行政管理局核发的注册号为 360922210005981 号企业法人营业执照,名称为万载县双龙化工有限公司,注册资本为 5,000 万元。

4.5 变更募集资金投资项目情况表

□ 适用 √ 不适用

4.6 非募集资金项目情况

□ 适用 √ 不适用

4.7 持有其他上市公司股权情况

□ 适用 √ 不适用

4.8 持有拟上市公司及非上市金融企业股权情况

□ 适用 √ 不适用

4.9 买卖其他上市公司股份的情况

□ 适用 √ 不适用

4.10 董事会对会计师事务所"非标准审计报告"的说明

□ 适用 √ 不适用

4.11 董事会本次利润分配或资本公积金转增股本预案

根据本公司 2011 年 1 月 27 日第二届董事会第二次会议,审议通过了《关于通化双龙化工股份有限公司 2010 年度利润分配及资本公积转增股本的议案》,拟以 2010 年 12 月 31 日总股本 5,200 万股为基数,向全体股东每 10 股派发现金红利 1.20 元(含税),同时以资本公积转增股本,每 10 股转增 3 股,剩余未分配利润结转以后年度分配。

公司本报告期内盈利但未提出现金利润分配预案

□ 适用 √ 不适用

第五节 重要事项

5.1 重大诉讼仲裁事项

□ 适用 √ 不适用

5.2 收购资产

□ 适用 √ 不适用

5.3 出售资产

□ 适用 √ 不适用

5.2、5.3 所涉及事项对公司业务连续性、管理层稳定性的影响和说明

5.4 重大担保

□ 适用 √ 不适用

5.5 重大关联交易

5.5.1 与日常经营相关的关联交易

√ 适用 □ 不适用

单位:万元

关联方	向关联方销售产品和提供劳务		向关联方采购产品和接受劳务	
	交易金额	占同类交易金额的比例	交易金额	占同类交易金额的比例
通化双龙集团有限公司	0.00	0.00%	485.88	45.59%
合计	0.00	0.00%	485.88	45.59%

其中:报告期内公司向控股股东及其子公司销售产品或提供劳务的关联交易金额 0.00 万元。

与年初预计临时披露差异的说明　　无

5.5.2 关联债权债务往来

□ 适用 √ 不适用

5.6 委托理财

□ 适用 √ 不适用

5.7 承诺事项履行情况

√ 适用 □ 不适用

1、公司全体发起人股东、董事、监事、高级管理人员，严格履行公司上市前作出的关于对所持股份自愿锁定的承诺。截至报告期末，没有违反承诺的情况发生。

2、本公司实际控制人卢忠奎及其妻子黄克凤，持股5%以上的股东张本华、李秀成严格信守避免同业竞争的承诺，没有出现违反承诺的情况发生。

5.8 大股东及其附属企业非经营性资金占用及清偿情况表

□ 适用　√ 不适用

5.9 证券投资情况

□ 适用　√ 不适用

5.10 违规对外担保情况

□ 适用　√ 不适用

5.11 按深交所相关指引规定应披露的报告期日常经营重大合同的情况

√ 适用　□ 不适用

一、重大采购合同

1、客户名称：临江市华扬隆经贸有限公司，合同标的：纯碱，数量：5000 吨，价格：市场价，期限：2010.01.01-2010.12.31

2、客户名称：安徽凤阳县银山石英砂厂，合同标的：石英砂，数量：11,000 吨，价格：市场价，期限：2010.01.01-2010.12.31

3、客户名称：通辽明州化工股份有限公司，合同标的：硫酸，数量：5,000 吨，价格：市场价，期限：2010.01.01-2010.12.31

二、重大销售合同

1、客户名称：江苏宏达新材料股份有限公司，合同标的：T150 白炭黑，数量：2000 吨，价格：市场价，期限：2010.01.01-2010.12.31

2、客户名称：东莞新东方化工有限公司，合同标的:T150,数量：600 吨，价格：市场价，期限：2010.01.01-2010.12.31

3、客户名称：陕西宏达橡胶有限公司，合同标的：TMG、TM 和通用型白炭黑，数量：370 吨，价格：市场价，期限：2010.01.01-2010.12.31

4、客户名称：东莞市蔚美高分子材料有限公司，合同标的：TMG 白炭黑，数量：500 吨，价格：市场价，期限：2010.01.01-2010.12.31

5、客户名称：深圳雨顺通工贸发展有限公司，合同标的：消光剂和疏水型，数量：800 吨，价格：市场价，期限：2010.01.01-2010.12.31

第六节　股本变动及股东情况

6.1 股份变动情况表

单位：股

	本次变动前		本次变动增减（+，-）					本次变动后	
	数量	比例(%)	发行新股	送股	公积金转股	其他	小计	数量	比例(%)
一、有限售条件股份	39,000,000	100.00%	2,600,000			-2,600,000	0	39,000,000	75.00%
1、国家持股									
2、国有法人持股									
3、其他内资持股	38,488,171	98.69%	2,600,000			-2,600,000	0	38,488,171	74.02%
其中：境内非国有法人持股	1,003,861	2.57%	2,154,635			-2,154,635	0	1,003,861	1.93%
境内自然人持股	37,484,310	96.11%	445,365			-445,365	0	37,484,310	72.09%
4、外资持股									
其中：境外法人持股									
境外自然人持股									
5、高管股份	511,829	1.31%						511,829	0.98%
二、无限售条件股份	0		10,400,000			2,600,000	13,000,000	13,000,000	25.00%
1、人民币普通股	0		10,400,000			2,600,000	13,000,000	13,000,000	25.00%
2、境内上市的外资股									
3、境外上市的外资股									
4、其他									
三、股份总数	39,000,000	100.00%	13,000,000				13,000,000	52,000,000	100.00%

限售股份变动情况表

单位：股

股东名称	年初限售股数	本年解除限售股数	本年增加限售股数	年末限售股数	限售原因	解除限售日期
卢忠奎	19,128,572	0	0	19,128,572	上市承诺锁定	2013-8-25
张本华	3,011,583	0	0	3,011,583	上市承诺锁定	2011-8-25
李秀成	2,409,266	0	0	2,409,266	上市承诺锁定	2011-8-25
张庆杰	1,606,178	0	0	1,606,178	上市承诺锁定	2011-8-25
李广学	1,515,800	0	0	1,515,800	上市承诺锁定	2011-8-25
李福才	1,505,771	0	0	1,505,771	上市承诺锁定	2011-8-25
韩文君	1,505,771	0	0	1,505,771	上市承诺锁定	2011-8-25
黄克凤	1,300,000	0	0	1,300,000	上市承诺锁定	2013-8-25
谭凤云	1,214,757	0	0	1,214,757	上市承诺锁定	2011-8-25
刘晓光	1,114,361	0	0	1,114,361	上市承诺锁定	2011-8-25
通化金马药业集团股份有限公司	1,003,861	0	0	1,003,861	上市承诺锁定	2011-8-25
李国君	1,003,861	0	0	1,003,861	上市承诺锁定	2011-8-25
张爱强	1,003,861	0	0	1,003,861	上市承诺锁定	2011-8-25
徐淑祯	569,933	0	0	569,933	上市承诺锁定	2011-8-25
邵长俊	494,210	0	0	494,210	上市承诺锁定	2011-8-25
贾元龙	260,929	0	0	260,929	上市承诺锁定	2011-8-25
白英杰	250,900	0	0	250,900	上市承诺锁定	2011-8-25
温淑静	100,386	0	0	100,386	上市承诺锁定	2011-8-25
网下配售	2,600,000	2,600,000	0	0	网下配售锁定	2010-11-25
合计	41,600,000	2,600,000	0	39,000,000	-	-

6.2 前 10 名股东、前 10 名无限售流通股股东持股情况表

单位：股

股东总数　4,435

前 10 名股东持股情况

股东名称	股东性质	持股比例(%)	持股总数	持有有限售条件股份数量	质押或冻结的股份数量
卢忠奎	境内自然人	36.79%	19,128,572	19,128,572	
张本华	境内自然人	5.79%	3,011,583	3,011,583	
李秀成	境内自然人	4.63%	2,409,266	2,409,266	
张庆杰	境内自然人	3.09%	1,606,178	1,606,178	
李广学	境内自然人	2.92%	1,515,800	1,515,800	
李福才	境内自然人	2.90%	1,505,771	1,505,771	
韩文君	境内自然人	2.90%	1,505,771	1,505,771	
黄克凤	境内自然人	2.50%	1,300,000	1,300,000	
谭凤云	境内自然人	2.34%	1,214,757	1,214,757	
刘晓光	境内自然人	2.14%	1,114,361	1,114,361	

前 10 名无限售条件股东持股情况

股东名称	持有无限售条件股份数量	股份种类
中国工商银行-广发行业领先股票型证券投资基金	1,004,686	人民币普通股
王建强	389,068	人民币普通股
兴华证券投资基金	328,589	人民币普通股
上海新禧创业投资有限公司	264,718	人民币普通股
中国农业银行-华夏平稳增长混合型证券投资基金	247,182	人民币普通股
彭新明	207,000	人民币普通股
中国工商银行-易方达价值精选股票型证券投资基金	200,855	人民币普通股
华夏银行股份有限公司-益民红利成长混合型证券投资基金	174,400	人民币普通股
陶海安	162,041	人民币普通股
谢金华	128,500	人民币普通股

上述股东关联关系或一致行动的说明　黄克凤与实际控制人卢忠奎为夫妻关系。

6.3 控股股东及实际控制人情况介绍

6.3.1 控股股东及实际控制人变更情况

□ 适用　√ 不适用

6.3.2 控股股东及实际控制人具体情况介绍

卢忠奎先生，中国国籍，未拥有永久境外居留权，1958 年 6 月出生，中央党校学习毕业，高级经济师，中共党员，通化市第三、四、五、六届人大代表，多次被评为二道江区劳动模范、优秀共产党员、通化市劳动模范、优秀青年企业家，曾任二道江区三道江村白灰厂厂长、三道江村党支部书记、二道江乡工业办主任、二道江区洗煤厂厂长和党支部书记，金马洗煤总经理，通化金马董事。现任本公司董事长兼总经理。其担任本公司董事的任期为 2010 年 12 月 15 日至 2013 年 12 月 14 日。

6.3.3 公司与实际控制人之间的产权及控制关系的方框图（略）

第七节　董事、监事、高级管理人员和员工情况

7.1 董事、监事和高级管理人员持股变动及报酬情况

姓名	职务	性别	年龄	任期起始日期	任期终止日期	年初持股数	年末持股数	变动原因	报告期内从公司领取的报酬总额(万元)税前	是否在股东单位或其他关联单位领取薪酬
卢忠奎	董事长	男	53	2010-12-15	2013-12-14	19,128,572	19,128,572		20.00	否
由克利	董事、副总经理	男	53	2010-12-15	2013-12-14	0	0		10.00	否
陈祥志	董事	男	41	2010-12-15	2013-12-14	0	0		0.00	是
于　军	董事	男	40	2010-12-15	2013-12-14	0	0		0.00	是
付　胜	独立董事	男	56	2010-12-15	2013-12-14	0	0		1.50	否
朱春雨	独立董事	男	46	2010-12-15	2013-12-14	0	0		1.50	否
张新强	独立董事	男	42	2010-12-15	2013-12-14	0	0		1.50	否
尹远新	监事会主席	女	41	2010-12-15	2013-12-14	0	0		2.40	否
单　聪	监事	男	29	2010-12-15	2013-12-14	0	0		1.44	否

田玉生	监事	男	51	2010-12-15	2013-12-14	0	0	1.98	否
贾元龙	副总经理	男	48	2010-12-15	2013-12-14	260,929	260,929	7.50	否
白英杰	副总经理	男	41	2010-12-15	2013-12-14	250,900	250,900	7.50	否
张　亮	副总经理	男	34	2010-12-15	2013-12-14	0	0	7.50	否
辛大成	副总经理	男	32	2010-12-15	2013-12-14	0	0	7.50	否
樊俊芝	财务总监	女	65	2010-12-15	2013-12-14	0	0	7.50	否
杜崇恩	总工程师	男	72	2010-12-15	2013-12-14	0	0	7.50	否
合　计	–	–	–	–	–	19,640,401	19,640,401	– 85.32	–

董事、监事、高级管理人员报告期内被授予的股权激励情况

□ 适用 √ 不适用

7.2 核心技术团队或关键技术人员变动情况(非董事、监事、高级管理人员)

□ 适用　　　√ 不适用

第八节　监事会报告

□ 适用　　　√ 不适用

第九节　财务报告

9.1 审计意见

财务报告	是
审计意见	标准无保留审计意见
审计报告编号	中准审字[2011]2016 号
审计报告标题	审计报告
审计报告收件人	通化双龙化工股份有限公司董事会
引言段	我们审计了后附的通化双龙化工股份有限公司(以下简称贵公司)财务报表,包括 2010 年 12 月 31 日的资产负债表,2010 年度的利润表、现金流量表、所有者权益变动表以及财务报表附注。
管理层对财务报表的责任段	按照《企业会计准则》的规定编制财务报表是贵公司管理层的责任。这种责任包括:(1)设计、实施和维护与财务报表编制相关的内部控制,以使财务报表不存在由于舞弊或错误而导致的重大错报;(2)选择和运用恰当的会计政策;(3)作出合理的会计估计。
注册会计师责任段	我们的责任是在实施审计工作的基础上对财务报表发表审计意见。我们按照中国注册会计师审计准则的规定执行了审计工作。中国注册会计师审计准则要求我们遵守职业道德规范,计划和实施审计工作以对财务报表是否不存在重大错报获取合理保证。 审计工作涉及实施审计程序,以获取有关财务报表金额和披露的审计证据。选择的审计程序取决于注册会计师的判断,包括对由于舞弊或错误导致财务报表重大错报风险的评估。在进行风险评估时,我们考虑与财务报表编制相关的内部控制,以设计恰当的审计程序,但目的并非对内部控制的有效性发表意见。审计工作还包括评价管理层选用会计政策的恰当性和作出会计估计的合理性,以及评价财务报表总体列报。 我们相信,我们获取的审计证据是充分、适当的,为发表审计意见提供了基础。
审计意见段	我们认为,贵公司财务报表已经按照《企业会计准则》的规定编制,在所有重大方面公允反映了贵公司 2010 年 12 月 31 日的财务状况以及 2010 年度的经营成果和现金流量。
非标意见	
审计机构名称	中准会计师事务所有限公司
审计机构地址	北京市海淀区首体南路 22 号国兴大厦 4 层
审计报告日期	2011 年 1 月 27 日
注册会计师姓名	刘昆、张忠伟

9.2 财务报表

9.2.1 资产负债表

编制单位:通化双龙化工股份有限公司　　　　2010 年 12 月 31 日　　　　单位:元

项目	期末余额		年初余额	
	合并	母公司	合并	母公司
流动资产:				
货币资金	173,938,063.86	173,938,063.86	21,427,884.41	21,427,884.41
结算备付金				
拆出资金				
交易性金融资产				
应收票据	7,029,823.71	7,029,823.71	3,192,170.00	3,192,170.00
应收账款	15,943,967.12	15,943,967.12	14,067,366.84	14,067,366.84
预付款项	2,107,572.06	2,107,572.06	7,607,736.24	7,607,736.24
应收保费				
应收分保账款				
应收分保合同准备金				
应收利息				
应收股利				
其他应收款	557,473.61	557,473.61	283,730.65	283,730.65
买入返售金融资产				
存货	15,831,920.53	15,831,920.53	8,512,428.58	8,512,428.58
一年内到期的非流动资产				
其他流动资产				
流动资产合计	215,408,820.89	215,408,820.89	55,091,316.72	55,091,316.72
非流动资产:				
发放委托贷款及垫款				
可供出售金融资产				
持有至到期投资				
长期应收款				
长期股权投资				
投资性房地产				
固定资产	71,874,105.42	71,874,105.42	39,367,089.56	39,367,089.56
在建工程	54,212,915.75	54,212,915.75	8,165,469.95	8,165,469.95
工程物资				
固定资产清理				
生产性生物资产				
油气资产				
无形资产	2,422,110.48	2,422,110.48	2,480,914.79	2,480,914.79
开发支出				
商誉				
长期待摊费用				
递延所得税资产	325,615.49	325,615.49	279,675.08	279,675.08
其他非流动资产				
非流动资产合计	128,834,747.14	128,834,747.14	50,293,149.38	50,293,149.38
资产总计	344,243,568.03	344,243,568.03	105,384,466.10	105,384,466.10
流动负债:				
短期借款				
向中央银行借款				
吸收存款及同业存放				
拆入资金				
交易性金融负债				
应付票据				
应付账款	3,829,104.21	3,829,104.21	5,886,909.89	5,886,909.89
预收款项	455,851.27	455,851.27	143,109.10	143,109.10
卖出回购金融资产款				
应付手续费及佣金				
应付职工薪酬	746,301.02	746,301.02	470,901.00	470,901.00
应交税费	−1,244,229.71	−1,244,229.71	371,108.06	371,108.06
应付利息				
应付股利				
其他应付款	534,332.61	534,332.61	1,444,343.25	1,444,343.25
应付分保账款				
保险合同准备金				
代理买卖证券款				
代理承销证券款				
一年内到期的非流动负债				
其他流动负债				
流动负债合计	4,321,359.40	4,321,359.40	8,316,371.30	8,316,371.30
非流动负债:				
长期借款			15,000,000.00	15,000,000.00
应付债券				
长期应付款				
专项应付款				
预计负债				
递延所得税负债				
其他非流动负债				
非流动负债合计			15,000,000.00	15,000,000.00
负债合计	4,321,359.40	4,321,359.40	23,316,371.30	23,316,371.30
所有者权益(或股东权益):				
实收资本(或股本)	52,000,000.00	52,000,000.00	39,000,000.00	39,000,000.00
资本公积	223,435,051.45	223,435,051.45	2,963,051.45	2,963,051.45
减:库存股				
专项储备				
盈余公积	6,448,715.72	6,448,715.72	4,010,504.34	4,010,504.34
一般风险准备				
未分配利润	58,038,441.46	58,038,441.46	36,094,539.01	36,094,539.01
外币报表折算差额				
归属于母公司				
所有者权益合计	339,922,208.63	339,922,208.63	82,068,094.80	82,068,094.80

少数股东权益				
所有者权益合计	339,922,208.63	339,922,208.63	82,068,094.80	82,068,094.80
负债和所有者权益总计	344,243,568.03	344,243,568.03	105,384,466.10	105,384,466.10

9.2.2 利润表

编制单位：通化双龙化工股份有限公司　　2010 年 1－12 月　　单位：元

项目	本期金额		上期金额	
	合并	母公司	合并	母公司
一、营业总收入	112,671,734.92	112,671,734.92	78,583,548.18	78,583,548.18
其中：营业收入	112,671,734.92	112,671,734.92	78,583,548.18	78,583,548.18
利息收入				
已赚保费				
手续费及佣金收入				
二、营业总成本	85,302,600.24	85,302,600.24	55,201,278.53	55,201,278.53
其中：营业成本	59,440,709.11	59,440,709.11	35,891,937.24	35,891,937.24
利息支出				
手续费及佣金支出				
退保金				
赔付支出净额				
提取保险合同准备金净额				
保单红利支出				
分保费用				
营业税金及附加	379,295.22	379,295.22	525,178.23	525,178.23
销售费用	14,723,128.88	14,723,128.88	11,576,510.82	11,576,510.82
管理费用	10,328,439.80	10,328,439.80	6,916,784.29	6,916,784.29
财务费用	124,757.87	124,757.87	1,207.11	1,207.11
资产减值损失	306,269.36	306,269.36	289,660.84	289,660.84
加：公允价值变动收益				
(损失以"－"号填列)				
投资收益(损失以"－"号填列)				
其中：对联营企业和合营企业的投资收益				
汇兑收益(损失以"－"号填列)				
三、营业利润				
(亏损以"－"号填列)	27,369,134.68	27,369,134.68	23,382,269.65	23,382,269.65
加：营业外收入	1,000,000.00	1,000,000.00	4,019,000.00	4,019,000.00
减：营业外支出			16,626.12	16,626.12
其中：非流动资产处置损失				
四、利润总额				
(亏损总额以"－"号填列)	28,369,134.68	28,369,134.68	27,384,643.53	27,384,643.53
减：所得税费用	3,987,020.85	3,987,020.85	3,875,423.38	3,875,423.38
五、净利润				
(净亏损以"－"号填列)	24,382,113.83	24,382,113.83	23,509,220.15	23,509,220.15
归属于母公司				
所有者的净利润	24,382,113.83	24,382,113.83	23,509,220.15	23,509,220.15
少数股东损益				
六、每股收益：				
(一)基本每股收益	0.56	0.56	0.60	0.60
(二)稀释每股收益	0.56	0.56	0.60	0.60
七、其他综合收益				
八、综合收益总额	24,382,113.83	24,382,113.83	23,509,220.15	23,509,220.15
归属于母公司所有者				
的综合收益总额	24,382,113.83	24,382,113.83	23,509,220.15	23,509,220.15
归属于少数股东的综合收益总额				

本期发生同一控制下企业合并的，被合并方在合并前实现的净利润为：24，382，113.83 元。

9.2.3 现金流量表

编制单位：通化双龙化工股份有限公司　　2010 年 1－12 月　　单位：元

项目	本期金额		上期金额	
	合并	母公司	合并	母公司
一、经营活动产生的现金流量：				
销售商品、提供劳务				
收到的现金	120,207,843.81	120,207,843.81	85,206,733.82	85,206,733.82
客户存款和同业存放款项净增加额				
向中央银行借款净增加额				
向其他金融机构拆入资金净增加额				
收到原保险合同保费取得的现金				
收到再保险业务现金净额				
保户储金及投资款净增加额				
处置交易性金融资产净增加额				
收取利息、手续费及佣金的现金				
拆入资金净增加额				
回购业务资金净增加额				
收到的税费返还				
收到其他与经营				
活动有关的现金	1,154,033.13	1,154,033.13	503,739.83	503,739.83
经营活动现金流入小计	121,361,876.94	121,361,876.94	85,710,473.65	85,710,473.65
购买商品、接受劳务				
支付的现金	70,550,170.62	70,550,170.62	36,393,138.70	36,393,138.70
客户贷款及垫款净增加额				
存放中央银行和同业款项净增加额				
支付原保险合同赔付款项的现金				
支付利息、手续费及佣金的现金				
支付保单红利的现金				
支付给职工以及				
为职工支付的现金	8,963,610.54	8,963,610.54	6,269,856.19	6,269,856.19
支付的各项税费	10,210,927.97	10,210,927.97	11,434,358.18	11,434,358.18
支付其他与经营				
活动有关的现金	17,177,872.06	17,177,872.06	14,969,680.59	14,969,680.59
经营活动现金流出小计	106,902,581.19	106,902,581.19	69,067,033.66	69,067,033.66
经营活动产生的				
现金流量净额	14,459,295.75	14,459,295.75	16,643,439.99	16,643,439.99
二、投资活动产生的现金流量：				
收回投资收到的现金				
取得投资收益收到的现金				
处置固定资产、无形				
资产和其他长期资				
产收回的现金净额			7,554.00	7,554.00
处置子公司及其他营业单位收到的现金净额				
收到其他与投资活动有关的现金				
投资活动现金流入小计			7,554.00	7,554.00
购建固定资产、无形				
资产和其他长期资				
产支付的现金	79,453,166.30	79,453,166.30	16,053,520.80	16,053,520.80
投资支付的现金				
质押贷款净增加额				
取得子公司及其他营业单位支付的现金净额				
支付其他与投资活动有关的现金				
投资活动现金流出小计	79,453,166.30	79,453,166.30	16,053,520.80	16,053,520.80
投资活动产生				
现金流量净额	－79,453,166.30	－79,453,166.30	－16,045,966.80	－16,045,966.80
三、筹资活动产生的现金流量：				
吸收投资收到的现金	244,272,000.00	244,272,000.00		
其中：子公司吸收少数股东投资收到的现金				
取得借款收到的现金			15,000,000.00	15,000,000.00
发行债券收到的现金				
收到其他与筹资活动有关的现金				
筹资活动现金流入小计	244,272,000.00	244,272,000.00	15,000,000.00	15,000,000.00
偿还债务支付的现金	15,000,000.00	15,000,000.00	5,000,000.00	5,000,000.00
分配股利、利润或				
偿付利息支付的现金	967,950.00	967,950.00	1,099,674.69	1,099,674.69
其中：子公司支付给少数股东的股利、利润				
支付其他与筹资				
活动有关的现金	10,800,000.00	10,800,000.00		
筹资活动现金流出小计	26,767,950.00	26,767,950.00	6,099,674.69	6,099,674.69
筹资活动产生的				
现金流量净额	217,504,050.00	217,504,050.00	8,900,325.31	8,900,325.31
四、汇率变动对现金及现金等价物的影响				
五、现金及现金等				
价物净增加额	152,510,179.45	152,510,179.45	9,497,798.50	9,497,798.50
加：期初现金及现金等价物余额				
六、期末现金及现金				
等价物余额	152,510,179.45	152,510,179.45	9,497,798.50	9,497,798.50

9.2.4 合并所有者权益变动表

编制单位：通化双龙化工股份有限公司　　2010 年度　　单位：元

项目	本期金额									
	归属于母公司所有者权益									
	实收资本(或股本)	资本公积	减：库存股	专项储备	盈余公积	一般风险准备	未分配利润	其他	少数股东权益	所有者权益合计
一、上年年末余额	39,000,000.00	2,963,051.45			4,010,504.34		36,094,539.01			82,068,094.80
加：会计政策变更										
前期差错更正										
其他										
二、本年年初余额	39,000,000.00	2,963,051.45			4,010,504.34		36,094,539.01			82,068,094.80

三、本年增减变动金额										
(减少以"-"号填列)	13,000,000.00	220,472,000.00			2,438,211.38		21,943,902.45			257,854,113.83
(一)净利润							24,382,113.83			24,382,113.83
(二)其他综合收益										
上述(一)和(二)小计							24,382,113.83			24,382,113.83
(三)所有者投入和减少资本	13,000,000.00	220,472,000.00								233,472,000.00
1.所有者投入资本	13,000,000.00	220,472,000.00								233,472,000.00
2.股份支付计入所有者权益的金额										
3.其他										
(四)利润分配					2,438,211.38		-2,438,211.38			
1.提取盈余公积					2,438,211.38		-2,438,211.38			
2.提取一般风险准备										
3.对所有者(或股东)的分配										
4.其他										
(五)所有者权益内部结转										
1.资本公积转增资本(或股本)										
2.盈余公积转增资本(或股本)										
3.盈余公积弥补亏损										
4.其他										
(六)专项储备										
1.本期提取										
2.本期使用										
(七)其他										
四、本期期末余额	52,000,000.00	223,435,051.45			6,448,715.72		58,038,441.46			339,922,208.63

上年金额

项目	归属于母公司所有者权益									
	实收资本(或股本)	资本公积	减:库存股	专项储备	盈余公积	一般风险准备	未分配利润	其他	少数股东权益	所有者权益合计
一、上年年末余额	39,000,000.00	2,963,051.45			1,659,582.32		14,936,240.88			58,558,874.65
加:会计政策变更										
前期差错更正										
其他										
二、本年年初余额	39,000,000.00	2,963,051.45			1,659,582.32		14,936,240.88			58,558,874.65
三、本年增减变动金额										
(减少以"-"号填列)					2,350,922.02		21,158,298.13			23,509,220.15
(一)净利润							23,509,220.15			23,509,220.15
(二)其他综合收益										
上述(一)和(二)小计							23,509,220.15			23,509,220.15
(三)所有者投入和减少资本										
1.所有者投入资本										
2.股份支付计入所有者权益的金额										
3.其他										
(四)利润分配					2,350,922.02		-2,350,922.02			
1.提取盈余公积					2,350,922.02		-2,350,922.02			
3.对所有者(或股东)的分配										
4.其他										
(五)所有者权益内部结转										
1.资本公积转增资本(或股本)										
2.盈余公积转增资本(或股本)										
3.盈余公积弥补亏损										
4.其他										
(六)专项储备										
1.本期提取										
2.本期使用										
(七)其他										
四、本期期末余额	39,000,000.00	2,963,051.45			4,010,504.34		36,094,539.01			82,068,094.80

9.2.5 母公司所有者权益变动表

编制单位:通化双龙化工股份有限公司　　2010 年度　　单位:元

本期金额

项目	实收资本(或股本)	资本公积	减:库存股	专项储备	盈余公积	一般风险准备	未分配利润	所有者权益合计
一、上年年末余额	39,000,000.00	2,963,051.45			4,010,504.34		12,585,318.86	58,558,874.65
加:会计政策变更								
前期差错更正								
其他								
二、本年年初余额	39,000,000.00	2,963,051.45			4,010,504.34		12,585,318.86	58,558,874.65
三、本年增减变动金额								
(减少以"-"号填列)	13,000,000.00	220,472,000.00			2,438,211.38		0.00	235,910,211.38
(一)净利润							2,438,211.38	2,438,211.38
(二)其他综合收益								
上述(一)和(二)小计							2,438,211.38	2,438,211.38
(三)所有者投入和减少资本	13,000,000.00	220,472,000.00						233,472,000.00
1.所有者投入资本	13,000,000.00	220,472,000.00						233,472,000.00
2.股份支付计入所有者权益的金额								
3.其他								
(四)利润分配					2,438,211.38		-2,438,211.38	
1.提取盈余公积					2,438,211.38		-2,438,211.38	
2.提取一般风险准备								
3.对所有者(或股东)的分配								
4.其他								
(五)所有者权益内部结转								
1.资本公积转增资本(或股本)								
2.盈余公积转增资本(或股本)								
3.盈余公积弥补亏损								
4.其他								
(六)专项储备								
1.本期提取								
2.本期使用								
(七)其他								
四、本期期末余额	52,000,000.00	223,435,051.45			6,448,715.72		12,585,318.86	294,469,086.03

上年金额

项目	实收资本(或股本)	资本公积	减:库存股	专项储备	盈余公积	一般风险准备	未分配利润	所有者权益合计
一、上年年末余额	39,000,000.00	2,963,051.45			1,659,582.32		14,936,240.88	58,558,874.65
加:会计政策变更								
前期差错更正								
其他								
二、本年年初余额	39,000,000.00	2,963,051.45			1,659,582.32		14,936,240.88	58,558,874.65
三、本年增减变动金额								
(减少以"-"号填列)					2,350,922.02		-2,350,922.02	0.00
(一)净利润								
(二)其他综合收益								
上述(一)和(二)小计								
(三)所有者投入和减少资本								
1.所有者投入资本								
2.股份支付计入所有者权益的金额								
3.其他								
(四)利润分配					2,350,922.02		-2,350,922.02	
1.提取盈余公积					2,350,922.02		-2,350,922.02	
2.提取一般风险准备								
3.对所有者(或股东)的分配								
4.其他								
(五)所有者权益内部结转								
1.资本公积转增资本(或股本)								
2.盈余公积转增资本(或股本)								
3.盈余公积弥补亏损								
4.其他								
(六)专项储备								
1.本期提取								
2.本期使用								
(七)其他								
四、本期期末余额	39,000,000.00	2,963,051.45			4,010,504.34		12,585,318.86	58,558,874.65

9.3 与最近一期年度报告相比,会计政策、会计估计和核算方法发生变化的具体说明

□ 适用　　√ 不适用

9.4 重大会计差错的内容、更正金额、原因及其影响

□ 适用　　√ 不适用

9.5 与最近一期年度报告相比,合并范围发生变化的具体说明

□ 适用　　√ 不适用

上海华峰超纤材料股份有限公司

上海华峰超纤材料股份有限公司2010年年度报告摘要

第一节 重要提示

1.1 本公司董事会、监事会及董事、监事、高级管理人员保证本报告所载资料不存在任何虚假记载、误导性陈述或者重大遗漏，并对其内容的真实性、准确性和完整性承担个别及连带责任。本年度报告摘要摘自年度报告全文，报告全文同时刊载于证监会指定网站和公司网站。为全面了解本公司生产经营状况和财务成果及公司的未来发展规划，投资者应到指定网站仔细阅读年度报告全文。

1.2 公司年度财务报告已经立信会计师事务所审计并被出具了标准无保留意见的审计报告。

1.3 公司负责人尤小平、主管会计工作负责人叶芬弟及会计机构负责人(会计主管人员)李德光声明：保证年度报告中财务报告的真实、完整。

第二节 公司基本情况简介

2.1 基本情况简介

股票简称	华峰超纤
股票代码	300180
上市交易所	深圳证券交易所
注册地址	上海市金山区亭卫南路888号
注册地址的邮政编码	201508
办公地址	上海市金山区亭卫南路888号
办公地址的邮政编码	201508
公司国际互联网网址	http://www.hfmicrofibre.com/
电子信箱	allenbzhao@163.com

2.2 联系人和联系方式

	董事会秘书	证券事务代表
姓名	赵鸿凯	程 鸣
联系地址	上海市金山区亭卫南路888号	上海市金山区亭卫南路888号
电话	021-57243140	021-57243140
传真	021-57245993	021-57245993
电子信箱	allenbzhao@163.com	chengming2003@126.com

第三节 会计数据和业务数据摘要

3.1 主要会计数据

单位：元

	2010年	2009年	本年比上年增减(%)	2008年
营业总收入(元)	433,182,433.79	361,570,903.33	19.81%	315,407,146.25
利润总额(元)	94,263,903.32	76,925,974.25	22.54%	38,026,380.93
归属于上市公司股东的净利润(元)	81,282,003.04	66,058,200.94	23.05%	37,812,587.55
归属于上市公司股东的扣除非经常性损益的净利润(元)	80,514,684.16	60,395,375.54	33.31%	33,443,695.36
经营活动产生的现金流量净额(元)	73,932,087.60	91,035,289.87	−18.79%	55,158,664.00
	2010年末	2009年末	本年末比上年末增减(%)	2008年末
总资产(元)	474,362,339.30	374,819,610.73	26.56%	317,064,126.68
归属于上市公司股东的所有者权益(元)	356,051,196.83	274,769,193.79	29.58%	208,710,992.85
股本(股)	118,000,000.00	118,000,000.00	0.00%	118,000,000.00

3.2 主要财务指标

	2010年	2009年	本年比上年增减(%)	2008年
基本每股收益(元/股)	0.69	0.56	23.21%	0.33
稀释每股收益(元/股)	0.69	0.56	23.21%	0.33
用最新股本计算的每股收益(元/股)	0.51	−	−	−
扣除非经常性损益后的基本每股收益(元/股)	0.68	0.51	33.33%	0.30
加权平均净资产收益率(%)	25.77%	27.33%	−1.56%	17.84%
扣除非经常性损益后的加权平均净资产收益率(%)	25.53%	24.98%	0.55%	15.77%
每股经营活动产生的现金流量净额(元/股)	0.63	0.77	−18.18%	0.47
	2010年末	2009年末	本年末比上年末增减(%)	2008年末
归属于上市公司股东的每股净资产(元/股)	3.02	2.33	29.61%	1.77

非经常性损益项目

√ 适用 □ 不适用

单位：元

非经常性损益项目	金额	附注(如适用)
非流动资产处置损益	−5,748,555.96	
计入当期损益的政府补助，但与公司正常经营业务密切相关，符合国家政策规定、按照一定标准定额或定量持续享受的政府补助除外	6,863,290.00	
除上述各项之外的其他营业外收入和支出	−212,005.94	
所得税影响额	−135,409.22	
合计	767,318.88	−

采用公允价值计量的项目

□ 适用 √ 不适用

第四节 董事会报告

4.1 对经营情况及未来发展情况讨论与分析

(一)2010年公司总体经营情况

2010年，是上海华峰超纤材料股份有限公司产能扩张、业务发展的重要一年，也是公司开始资本运营的关键一年。在公司董事会和全体员工共同努力下，公司发展势头良好，核心竞争力、品牌影响力及整体规模效应得到了较大幅度提升，销售收入和利润水平跨上了一个新的台阶，进一步巩固了公司在超细纤维聚氨酯合成革行业内的龙头地位，同时上市工作稳步推进，公司治理水平日益提高，也为企业利用资本市场快速扩张打下了坚实的基础。

回顾过去的一年的生产经营工作，主要是围绕化解两大矛盾展开的，一是现有产能不足与市场需求旺盛的矛盾，二是技术改造、新设备安装调试与生产稳产、增产之间的矛盾。为此，我们紧紧抓住主要矛盾带动全局，使全年的工作紧张而有序地开展。

(1)在市场经营工作中，由于国际金融危机触底反弹，使国内超纤市场回升较快，市场发展速度好于预期，造成供需矛盾紧张。为满足市场对不同品种超纤产品的迫切需求，公司对生产设备和生产工艺不断改进、生产效率不断提高，同时公司积极做好无纺布、纺丝等大宗设备选型确定进行产能扩张，产量和销量均有较快增长，保证公司销售收入和利润水平呈现较大幅度增长。此外，通过电子商务和各种展会等现代促销手段，加大外贸工作，提高产品在国际市场的知名度。

(2)加强对节能降耗的管理，针对主要消耗的水、电、气及导热油等加大考核力度，采取各种有效措施，降低成本。生产部门在加强对个车间通用能耗考核外，还提出了对各车间各自考核内容提出了控制指标。实施了甲苯、DMF回收改造，节能效果显著，能耗大幅下降。

(3)不断深化企业管理，继续开展绩效管理和绩效考核工作，提高质量管理、环境管理及职业健康安全管理三大体系的运行质量，再造、优化流程，提高操作性和实用性，企业管理质量显著提高，基层管理者的管理意识和执行力不断加强。环保基础工作得到加强，污水处理能力进一步提高，危废得到有效控制。

(二)未来发展战略规划

根据公司长期发展战略规划，公司未来将继续以做大做强超细纤维聚氨酯合成革产业为首要目标，利用募集资金，快速扩大生产规模；坚持科技创新的核心理念，实施科技兴企战略，促进科技成果的转化；对内加强企业技术中心的建设和研发队伍的壮大，对外增加与科研院校的合作，在产品性能、质量、品种、稳定性等方面领先于国内同行，不断提高超细纤维聚氨酯合成革的产品档次，追赶日本同行，提高国内超细纤维聚氨酯合成革行业的水平。

2011年2月，公司在深圳证券交易所创业板成功上市，募集资金总额为789,200,000.00元，扣除发行费用39,562,800.00元后实际募集资金净额为749,637,200.00元。根据公司发展战略规划，除募集资金项目外，公司计划将全部超募资金用于超纤业务的扩产。公司2011年主要工作目标主要有以下几个方面：

(1)公司募集资金项目位于新购地块，公司2011年将完成相关的政府审批工作，开始新地块上募集资金项目和超募资金项目的土建工程、设备和相关配套设施采购，争取早开工早投产，早日产生经济效益。

(2)根据超募资金使用计划，公司2011年将完成现有厂区内的360万平方米/年超纤基布扩产项目和300万平方米/年超细纤维聚氨酯合成革技改项目。同时，公司将在2011年对现有厂区内的部分设备进行搬迁，以提高场地利用效率和各工序的生产连贯性。

(3)围绕市场需求，继续作好新产品开发、新工艺推广应用工作；加强专利申报工作和科技项目管理工作；进一步做好科技队伍的建设和人才培养工作，努力打造一支业务能力强、科技素质高、专业结构合理的科技创新队伍。

(4)针对原材料价格上涨的因素，公司积极掌握市场变化信息，把握原料市场价格走势，拓宽物资采购渠道，作好物质采购供应工作，实施择价、竞价采购，降低原料采购成本。

(5)以负责任的态度做好客户服务工作,定期深入走访客户,了解客户需求,维系与客户良好的合作关系,树立华峰超纤的良好企业形象和优质超纤品牌,不断提升市场影响力;针对客户日益增多,销量稳步增长局面,规范应收账款,建立了风险控制体系和客户信用评价体系。

(6)加强对节能降耗的管理,针对主要消耗的煤、水、电、气及导热油等加大考核力度,采取各种有效措施,降低成本。不断深化企业管理,继续开展绩效管理和绩效考核工作,提高质量管理、环境管理及职业健康安全管理三大体系的运行质量,再造、优化流程,提高操作性和实用性。

(三)公司的核心竞争力

公司始终坚持科技创新的核心理念,实施科技兴企战略,促进科技成果的转化,在技术研发创新、产品质量、环保生产等方面均处于业内领先地位。

1、规模优势

随着公司2010年12月的300万平方米超纤技术改造项目的顺利达产,公司已具备900万平方米/年的超纤产品生产能力,在行业内居于领先地位。超细纤维PU合成革生产是集化纤、纺织、高分子材料、制革、后整理等多种技术设备为一体的综合生产技术,对生产设备、土地、配套设施和技术的投入要求很高。我国制鞋企业、家具制造企业和服装制造等下游企业众多,上述企业采购的特点是多品种、多款式、小批量,公司具备规模优势后,给订单管理、库存控制以及产品的定价都带来有利的因素,有利于公司在技术、成本、市场、人才等方面的竞争中占据有利地位,2010年公司被评为中国塑料加工行业首批AAA级信用企业。

公司2011年2月成功在创业板上市后,将借助资本市场迅速扩张。在募集资金项目以及超募资金投资项目建成后,公司的规模优势将进一步扩大,有助于公司迅速抢占市场,提高市场份额,巩固领先地位。

2、技术优势

公司自成立开始,始终注重技术研发与产品创新工作,坚持科技创新的核心理念,实施科技兴企战略,促进科技成果的转化,在产品性能、质量、品种、稳定性等方面领先于业内,各项指标达到国内先进水平。公司拥有一批由博士、硕士和学士为骨干的21位工程技术人员组成的技术研发队伍。公司自主开发新产品、新工艺、新技术100多项;目前公司已获得国家发明专利3项、实用新型专利3项、外观设计专利5项,另有16项专利申请已获国家专利局受理,其中发明专利13项、实用新型3项。超细纤维PU合成革于2006年9月被评为"上海市高新技术成果转化项目"、于2008年6月被认定为"2007年上海市高新技术成果转化项目自主创新十强、百佳";"彩色超细纤维尼龙聚氨酯绒面革"产品分别于2006年10月被上海市科学技术委员会认定为"上海市重点新产品"、于2007年12月被国家科技部认定为"国家重点新产品";"新型复合材料束状超细纤维聚氨酯高档仿真合成革的开发与应用"于2008年12月获得"上海市科学技术进步三等奖";"安全防护鞋用超纤合成革" 产品于2010年5月被上海市科学技术委员会列入"2010年度上海市重点新产品计划"。

3、产品稳定优势

超细纤维聚氨酯合成革产品加工工序多、流程长,涉及的不确定因素多,产品质量容易出现波动。公司拥有成熟的超细纤维聚氨酯合成革制造工艺技术,并引入ISO9001国际质量管理体系,实施精细化管理,保持了产品质量的稳定。公司产品耐水解、高剥离、耐黄变、耐曲折等方面的性能十分优异,以品质的稳定性赢得了客户的信任可,位居行业的领先地位。

4、完整产业链优势

公司具备独立的聚氨酯树脂制造、共混纺丝、无纺布加工、PU浸渍、开纤、干法贴面乃至后整理的超细纤维PU合成革的完整产业链,可以使公司在功能性聚氨酯树脂制造和超细纤维基布的生产过程中控制产品质量,最终保证了超细纤维聚氨酯合成革产品的质量稳定性。公司下游客户在下订单前,需要超纤合成革制造企业根据客户的初步需求进行先期打样提供样革,并根据客户对打样产品提出的颜色、物理化学性能、质感等方面的个性化要求进行产品配方的调整,在此基础上进行批量生产。是否具有快速的产品开发服务能力,也是超纤合成革企业竞争致胜的关键。公司产品研发延伸到聚氨酯树脂和超纤合成革生产的各道工序,缩短了新产品的开发周期,利于赢得客户的认同。公司从2010年2月开始自行生产树脂的原料之一聚酯多元醇,各中间产品的集中生产和短距离运输,进一步节约了原材料采购成本和中间产品的运输费用,降低了生产成本。

5、环保优势

公司通过了ISO14001:2004环境管理体系和BS-OHSAS18001:2007职业健康安全管理体系的认证,通过科学的管理手段进行生产过程控制,积极完善设备,不断提高节能减排工作水平,拥有行业领先的超纤合成革清洁生产技术,实现了DMF废水废气的高度回收。公司吸取了国际先进技术,将干法、浸渍中产生的DMF废气以水喷淋吸收的方式加以回收,并全程监控,既减小了对环境的污染,又节约了原料成本。同时,公司严格按照国家和上海市的环保标准,建立了整套污水处理系统,废水排放达到上海市环保局规定的排放指标。

随着我国环保政策的日趋完善与切实贯彻,各下游厂商对企业产品和环境保护的要求越来越严格,环保生产优势将使公司具备可持续发展潜力,在今后的竞争中占据先机。

(四)对公司未来发展战略和经营目标的实现产生不利影响的风险因素分析

1、主要原材料价格大幅波动的风险

公司生产所需的主要原材料为尼龙切片、聚乙烯、MDI以及多元醇等化工产品,公司超纤产品耗用的主要原材料占其生产成本的比例较高,原材料价格波动较大将影响公司的经营业绩,2010年,公司的主要原材料采购价格随着石油价格上升,特别是尼龙采购价格上升幅度较大,对公司的毛利率造成了不利影响。未来原材料价格还可能继续大幅波动,可能导致本公司的毛利率的波动。

2、市场需求不足的风险

公司产品的市场需求受国内宏观经济环境、人们消费观念的转变、环保意识的增强和技术进步的影响较大,尽管目前超纤产品仍处于供不应求状态,但如果经济形势发生重大不利变化,人们消费观念的转变和技术进步进度趋缓,将会影响公司产品的市场需求,使公司产品面临市场需求不足的风险。特别是公司募集资金投资项目和超募资金投资项目属于扩产项目,虽然公司在选择项目时进行了认真仔细的可行性论证,但若在项目实施过程中市场环境、产业政策、工程进度、产品市场销售状况等方面出现重大变化,快速增长的固定资产将带来折旧的增加,从而影响公司效益。

3、环保政策变动的风险

公司属于塑料制品行业的人造革合成革子行业,细分行业为超细纤维聚氨酯合成革行业,生产过程中会产生少量废水、废气等污染物,如果处理不当会污染环境,给周围环境造成不良影响。虽然本公司已严格按照有关环保法规及相应标准对上述污染性排放物进行了有效治理,使"三废"的排放达到了环保规定的标准,但随着社会环境保护意识的不断增强,国家及地方政府可能在将来颁布新的法律法规,提高环保标准,使本公司支付更高的环保费用,进而影响经营业绩。

4、汇率风险

公司的募集资金项目和超募资金项目中,部分关键设备需要进口,人民币汇率大幅波动将直接影响本公司进口机器设备的成本,可能对公司效益造成不利影响。

(五)管理层所关注的公司发展机遇和挑战

1、机遇

(1)天然皮革行业由于环保政策的限制和资源紧张,其发展受到严格限制。人造革合成革行业中,超细纤维PU合成革是第三代人工制革,可以替代真皮,将广泛地应用在真皮所应用的各个领域,代表人工制革的发展方向,具有很大的发展空间和广阔的市场前景。随着国民经济的发展和人民物质文化生活水平的提高,人们消费观念和消费能力不断上升,需求的档次逐渐增强,下游主要行业鞋类、家具、汽车、箱包、服装等将进入新一轮的发展阶段。这会有力拉动超细纤维聚氨酯合成革的增长。

(2)目前中国已经成为国际人造革合成革的主要产地。随着中国作为世界工厂地位的日益巩固,PVC人造革和普通PU合成革已经完成了产业转移,随着我国制造企业技术开发实力的提高,超细纤维PU合成革的制造也将逐步转移到中国,给中国超细纤维聚氨酯合成革行业的发展带来了很大的机遇。

(3)超细纤维聚氨酯合成革属于新型复合材料,在《国家产业结构调整指导目录(2007年本)》(征求意见稿)中的第一类里的鼓励类中,把"水性和生态型合成革研发、生产及人造革、合成革后整饰材料技术"明确列入其中。而环境保护要求的提高,可以促进高污染的PVC、PU人造革产品向低污染环保型的超细纤维聚氨酯合成革产品的升级转变,使超纤合成革的替代份额逐步扩大,促进产业升级,环保投入少、治理能力差、环保水平低的中小型合成革企业会面临停产的风险,而对于环保投入大、环保设备先进、治理水平较高的超纤合成革企业来说,则是难得的发展机遇。

(4)目前国内企业受到宏观调控影响,融资成本较高,而超纤行业扩产对于资金的需求较大,成本较高,扩产周期较长,造成市场较长时间的供应不足。公司充分利用超募资金的优势,结合公司自身的行业地位、技术优势、发展方向,快速地进行产能扩张,抢占市场,公司面临着快速发展的重大历史机遇。

2、挑战

国内大部分超细纤维聚氨酯合成革生产企业研发能力不强,依靠仿制其他厂家产品,造成了产品的趋同性严重。目前国内市场上超纤合成革较大的应用领域仍然主要局限于鞋业和沙发革,其他服装革、汽车革等领域有待开拓。超纤革产品品种单一,具有新物性、新功能的新产品较少,大部分超纤革生产企业局限于国内市场,国际市场的开拓力度不足。

面对激烈的市场竞争,公司将努力把产品的核心技术做好,严把产品质量关,快速地将公司在研发上的整体优势转化为市场优势,为客户提供更加完善的服务。

(六)资金需求及使用计划

公司于2011年2月22日在深圳证券交易所创业板上市,募集资金总额为789,200,000.00元,扣除发行费用39,562,800.00元后实际募集资金净额为749,637,200.00元。根据公司发展战略规划,除募集资金项目外,公司已计划将部分超募资金用于超纤业务的扩产。公司将严格按照中国证监会和深圳证券交易所的各项规定使用募集资金,积极推进募集资金投资项目的建设,加强募集资金使用的内部与外部监督,努力提高募集资金使用效率,为股东创造最大效益。

4.2 主营业务产品或服务情况表

单位:万元

分产品或服务	营业收入	营业成本	毛利率(%)	营业收入比上年同期增减(%)	营业成本比上年同期增减(%)	毛利率比上年同期增减(%)
超细纤维合成革	20,400.35	14,793.35	27.48%	11.23%	15.82%	-2.88%
超细纤维底坯	15,037.50	9,613.05	36.07%	26.68%	29.22%	-1.26%
绒面革	5,654.61	3,353.62	40.69%	31.66%	25.48%	2.92%
合计	41,092.46	27,760.02	32.44%	19.09%	21.31%	-1.24%

4.3 主营业务分地区情况

单位:万元

地区	营业收入	营业收入比上年增减(%)
国内	33,303.98	14.78%
国外	7,788.48	41.85%
合计	41,092.46	19.09%

4.4 募集资金使用情况对照表

□ 适用 √ 不适用

4.5 变更募集资金投资项目情况表

□ 适用 √ 不适用

4.6 非募集资金项目情况

√ 适用 □ 不适用

单位:万元

项目名称	项目金额	项目进度	项目收益情况
新增300万平方米/年超细纤维聚氨酯合成革技术改造项目	4,273.41	12月达产	2010年尚未产生效益
合计	4,273.41	-	2010年尚未产生效益

4.7 持有其他上市公司股权情况

□ 适用　　√ 不适用

4.8 持有拟上市公司及非上市金融企业股权情况

□ 适用　　√ 不适用

4.9 买卖其他上市公司股份的情况

□ 适用　　√ 不适用

4.10 董事会对会计师事务所"非标准审计报告"的说明

□ 适用　　√ 不适用

4.11 董事会本次利润分配或资本公积金转增股本预案

根据公司2010年度实际可供股东分配的利润情况以及公司实际情况，提议2010年度利润分配议案：鉴于公司正处于快速发展期，资金需求量大，剩余未分配利润不予分配，未分配利润结转下年度。

公司本报告期内盈利但未提出现金利润分配预案

√ 适用　　□ 不适用

本报告期内盈利但未提出现金利润分配预案的原因	公司未分配利润的用途和使用计划
鉴于公司正处于快速发展期，销售收入增长较快，对资金的需求量大，由于市场较好，为紧抓机遇抢占市场，计划自筹资金新建扩产项目	全部投入到主营业务日常经营，以及自筹资金项目的扩产

第五节　重要事项

5.1 重大诉讼仲裁事项

□ 适用　　√ 不适用

5.2 收购资产

√ 适用　　□ 不适用

单位：万元

交易对方或最终控制方	被收购或置入资产	购买日	交易价格	所确认的商誉金额	自购买日起至报告期末为公司贡献的净利润(适用于非同一控制下的企业合并)	本年初至本期末为公司贡献的净利润(适用于同一控制下企业合并)	是否为关联交易(如是，说明定价原则)	定价原则说明	所涉及的资产产权是否已全部过户	所涉及的债权债务是否已全部转移
上海金山嘴工业区企业发展有限公司	沪房地金(2001)第07385号房地产	2010年01月14日	1,041.00	0.00	0.00	0.00	否	公开拍卖	是	是

5.3 出售资产

□ 适用　　√ 不适用

5.2、5.3 所涉及事项对公司业务连续性、管理层稳定性的影响和说明

公司通过拍卖购入沪房地金(2001)第07385号房地产，解决了公司原厂区扩产项目用地紧张的局面，购入用地位于公司原厂区旁，可以部分利用原厂区的公用设施，对于降低成本，提高盈利能力有着积极的意义。截至报告期末，所拍卖的资产产权已顺利过户，扩产项目进展顺利。

5.4 重大担保

□ 适用　　√ 不适用

5.5 重大关联交易

5.5.1 与日常经营相关的关联交易

√ 适用　　□ 不适用

单位：万元

关联方	向关联方销售产品和提供劳务		向关联方采购产品和接受劳务	
	交易金额	占同类交易金额的比例	交易金额	占同类交易金额的比例
浙江华峰新材料股份有限公司	0.00	0.00%	389.65	1.49%
浙江华峰合成树脂有限公司	0.00	0.00%	67.56	0.26%
福建兰峰制革有限公司	202.47	0.47%	0.00	0.00%
合计	202.47	0.47%	457.21	0.00%

其中：报告期内公司向控股股东及其子公司销售产品或提供劳务的关联交易金额202.47万元。

与年初预计临时披露差异的说明　　无

5.5.2 关联债权债务往来

□ 适用　　√ 不适用

5.6 委托理财

□ 适用　　√ 不适用

5.7 承诺事项履行情况

√ 适用　　□ 不适用

(一)避免同业竞争的承诺

就与公司避免同业竞争，经华峰氨纶第四届董事会第八次会议审议通过，华峰氨纶向公司出具了《承诺函》，华峰氨纶承诺：截至本承诺函签署之日，本公司未直接或间接从事与华峰超纤构成竞争的任何业务；自本承诺函签署之日起，本公司及下属子公司将不直接或间接从事人造革合成革(包括超细纤维聚氨酯合成革)的生产和销售。

就与华峰氨纶避免同业竞争，经公司第一届董事会第九次会议审议通过，公司向华峰氨纶出具了《承诺函》，公司承诺：截至本承诺函签署之日，本公司未直接或间接从事与华峰氨纶构成竞争的任何业务；自本承诺函签署之日起，本公司及下属子公司将不直接或间接从事氨纶产品的生产和销售。

为避免今后与公司之间可能出现的同业竞争，维护公司全体股东的利益和保证公司的长期稳定发展，公司的第一大股东华峰集团以及本公司的实际控制人尤小平、尤金焕、尤小华、尤小玲、尤小燕、陈林真分别向本公司出具了《关于避免同业竞争的承诺函》，承诺函的主要内容如下：

1、于本承诺函签署之日，本公司、本公司(本人)直接或间接控制的除股份公司外的其他企业及本公司(本人)参股企业均未直接或间接生产、开发任何与股份公司生产的产品构成竞争或可能构成竞争的产品，未直接或间接从事任何与股份公司经营的业务构成竞争或可能构成竞争的业务或活动；

2、自本承诺函签署之日起，本公司、本公司(本人)直接或间接控制的除股份公司外的其他企业及本公司(本人)参股企业将不直接或间接生产、开发任何与股份公司生产的产品构成竞争或可能构成竞争的产品，不直接或间接从事任何与股份公司经营的业务构成竞争或可能构成竞争的业务或活动；

3、自本承诺函签署之日起，如股份公司进一步拓展其产品和业务范围，本公司、本公司(本人)直接或间接控制的除股份公司外的其他企业及本公司(本人)参股企业将不与股份公司拓展后的产品或业务相竞争；若与股份公司拓展后的产品或业务产生竞争，本公司、本公司(本人)直接或间接控制的除股份公司外的其他企业及本公司(本人)参股企业将停止生产或经营相竞争的产品或业务，或者将相竞争的产品或业务纳入到股份公司的生产或经营，或者将相竞争的产品或业务转让给无关联关系的第三方；

4、如本承诺函被证明是不真实或未被遵守，本公司(本人)将向股份公司赔偿一切直接和间接损失。

(二)股份锁定的承诺

本次发行前，公司第一大股东华峰集团及公司实际控制人尤小平、尤金焕、尤小华、尤小燕、尤小玲、陈林真均承诺：自公司股票上市之日起三十六个月内，不转让或者委托他人管理其已直接和间接持有的本公司股份，也不由本公司回购该部分股份。

本次发行前，2010年3月受让公司股份的自然人股东林建一、陈学通、陈恩之、袁水华、项金尧、林道友、唐志勇、林朝强及林孙林均承诺：自公司股票上市之日起三十六个月内，不转让或者委托他人管理其已直接和间接持有的本公司股份，也不由本公司回购该部分股份。

本次发行前，叶芬弟等其他33名自然人股东均承诺：自公司股票上市之日起十二个月内，不转让或者委托他人管理其已直接和间接持有的本公司股份，也不由本公司回购该部分股份。

持有本公司股份的本公司董事、监事、高级管理人员除了出具上述承诺以外，均特别承诺：在前述限售期满后，在其任职期间，每年转让的股份不超过其直接和间接持有发行人股份总数的百分之二十五，并且在卖出后六个月内不再买入发行人的股份，买入后六个月内不再卖出发行人股份；离职后六个月内，不转让其直接或间接持有的发行人股份；离职六个月后的十二个月内转让其直接或间接持有的发行人股份不超过其该部分股份总数的百分之五十。

本公司董事长尤小平、监事尤小玲以及其直系亲属尤金焕、尤小华、尤小燕、陈林真(以上六人为本公司实际控制人)除了出具上述承诺以外，均特别承诺：在前述限售期满后，在尤小平、尤小玲任职期间，每年转让的股份不超过其直接和间接持有发行人股份总数的百分之二十五，并且在卖出后六个月内不再买入发行人的股份，买入后六个月内不再卖出发行人股份；尤小平、尤小玲离职后六个月内，不转让其直接或间接持有的发行人股份；尤小平、尤小玲离职六个月后的十二个月内转让其直接或间接持有的发行人股份不超过其该部分股份总数的百分之五十。

本公司监事会主席杨耀的直系亲属杨建华除了出具上述承诺以外，特别承诺：在前述限售期满后，在杨耀任职期间，每年转让的股份不超过其直接和间接持有发行人股份总数的百分之二十五，并且在卖出后六个月内不再买入发行人的股份，买入后六个月内不再卖出发行人股份；杨耀离职后六个月内，不转让其直接或间接持有的发行人股份；杨耀离职六个月后的十二个月内转让其直接或间接持有的发行人股份不超过其该部分股份总数的百分之五十。

(三)减少及规范关联交易承诺函

就与公司减少关联交易，经华峰氨纶第四届董事会第八次会议审议通过，华峰氨纶向公司出具了《承诺函》，华峰氨纶承诺：本公司及下属子公司将不与华峰超纤及其子公司之间发生购销商品、提供劳务等经常性的关联交易，尽量避免发生偶发性关联交易；确属必要的关联交易，须遵循公平、公正的原则，严格执行关联交易决策程序，保证交易公允，不损害双方利益。

就与华峰氨纶减少关联交易，经公司第一届董事会第九次会议审议通过，公司向华峰氨纶出具了《承诺函》，公司承诺：本公司及下属子公司将不与华峰氨纶及其子公司之间发生购销商品、提供劳务等经常性的关联交易，尽量避免发生偶发性关联交易；确属必要的关联交易，须遵循公平、公正的原则，严格执行关联交易决策程序，保证交易价格公允，不损害双方利益。

第一大股东华峰集团以及实际控制人尤小平、尤金焕、尤小华、陈林真、尤小玲、尤小燕已经出具了《减少及规范关联交易承诺函》，做出如下承诺和保证：

1、华峰集团、尤小平、尤金焕、尤小华、陈林真、尤小玲、尤小燕及其控制的其他企业将尽量避免与股份公司及其控股或控制的子公司之间发生关联交易。

2、如果关联交易难以避免，交易双方将严格按照正常商业行为准则进行。关联交易的定价政策遵循市场公平、公正、公开的原则，交易价格依据与市场独立第三方交易价格确定。无市场价格可比较或定价受到限制的重大关联交易，按照交易的商品或劳务的成本基础上加合理利润的标准予以确定交易价格，以保证交易价格的公允性。

3、华峰集团、尤小平、尤金焕、尤小华、陈林真、尤小玲、尤小燕承诺不通过与股份公司之间的关联交易谋求特殊的利益，不进行有损股份公司及股份公司利益的关联交易。

报告期内，上述承诺人未发生违反承诺的情况。

5.8 大股东及其附属企业非经营性资金占用及清偿情况表

□ 适用　　√ 不适用

5.9 证券投资情况

□ 适用　　√ 不适用

5.10 违规对外担保情况

□ 适用　　√ 不适用

5.11 按深交所相关指引规定应披露的报告期日常经营重大合同的情况

□ 适用 √ 不适用

第六节 股本变动及股东情况

6.1 股份变动情况表

单位：股

	本次变动前		本次变动增减(+,-)					本次变动后	
	数量	比例(%)	发行新股	送股	公积金转股	其他	小计	数量	比例(%)
一、有限售条件股份	118,000,000	100.00%						118,000,000	100.00%
1、国家持股									
2、国有法人持股	118,000,000	100.00%						118,000,000	100.00%
3、其他内资持股									
其中：境内非国有法人持股	23,500,000	19.92%						23,500,000	19.92%
境内自然人持股	94,500,000	80.08%						94,500,000	80.08%
4、外资持股									
其中：境外法人持股									
境外自然人持股									
5、高管股份									
二、无限售条件股份									
1、人民币普通股									
2、境内上市的外资股									
3、境外上市的外资股									
4、其他									
三、股份总数	118,000,000	100.00%						118,000,000	100.00%

限售股份变动情况表

单位：股

股东名称	年初限售股数	本年解除限售股数	本年增加限售股数	年末限售股数	限售原因	解除限售日期
合计	0	0	0	0	–	–

6.2 前 10 名股东、前 10 名无限售流通股股东持股情况表

单位：股

股东总数					48
前 10 名股东持股情况					
股东名称	股东性质	持股比例(%)	持股总数	持有有限售条件股份数量	质押或冻结的股份数量
华峰集团有限公司	境内非国有法人	19.92%	23,500,000	23,500,000	0
尤金焕	境内自然人	13.26%	15,650,000	15,650,000	0
尤小华	境内自然人	9.41%	11,100,000	11,100,000	0
陈林真	境内自然人	5.51%	6,500,000	6,500,000	0
尤小玲	境内自然人	4.92%	5,800,000	5,800,000	0
尤小燕	境内自然人	4.92%	5,800,000	5,800,000	0
叶芬弟	境内自然人	4.92%	5,800,000	5,800,000	0
杨清文	境内自然人	4.24%	5,000,000	5,000,000	0
杨从登	境内自然人	4.24%	5,000,000	5,000,000	0
段伟东	境内自然人	4.24%	5,000,000	5,000,000	0

前 10 名无限售条件股东持股情况

股东名称	持有无限售条件股份数量	股份种类
无	0	人民币普通股
上述股东关联关系或一致行动的说明	第一大股东华峰集团有限公司之控股股东尤小平及其直系亲属尤金焕、尤小华、尤小燕、尤小玲、陈林真为本公司实际控制人，为一致行动人。	

6.3 控股股东及实际控制人情况介绍

6.3.1 控股股东及实际控制人变更情况

□ 适用 √ 不适用

6.3.2 控股股东及实际控制人具体情况介绍

尤小平、尤金焕、尤小华、尤小玲、尤小燕为兄妹关系，陈林真与尤小玲为夫妻关系

6.3.3 公司与实际控制人之间的产权及控制关系的方框图(略)

第七节 董事、监事、高级管理人员和员工情况

7.1 董事、监事和高级管理人员持股变动及报酬情况

董事、监事、高级管理人员报告期内被授予的股权激励情况

姓名	职务	性别	年龄	任期起始日期	任期终止日期	年初持股数	年末持股数	变动原因	报告期内从公司领取的报酬总额(万元)税前	是否在股东单位或其他关联单位领取薪酬
尤小平	董事长	男	53	2008-09-08	2011-09-07	0	0		0.00	是
叶芬弟	总经理	男	58	2008-09-08	2011-09-07	5,800,000	5,800,000	无	90.14	否
王克亮	副总经理	男	47	2008-09-08	2011-09-07	1,000,000	1,000,000	无	65.41	否
王道冲	副总经理	男	63	2008-09-08	2011-09-07	1,000,000	1,000,000	无	65.41	否
赵鸿凯	副总经理	男	42	2008-09-08	2011-09-07	1,000,000	1,000,000	无	65.41	否
杨清文	董事	男	51	2008-09-08	2011-09-07	5,000,000	5,000,000	无	0.00	是
孙向浩	董事	男	39	2008-09-08	2011-09-07	500,000	500,000	无	25.84	否
张光杰	独立董事	男	48	2010-01-20	2011-09-07	0	0		5.00	否
吕 政	独立董事	男	66	2010-01-20	2011-09-07	0	0		5.00	否
何元福	独立董事	男	56	2010-01-20	2011-09-07	0	0		5.00	否
田景岩	独立董事	男	51	2010-01-20	2011-09-07	0	0		5.00	否
杨 耀	监事	男	35	2008-09-08	2011-09-07	0	0		25.47	否
尤小玲	监事	女	45	2008-09-08	2011-09-07	5,800,000	5,800,000	无	0.00	是
刘勇胜	监事	男	40	2008-09-08	2011-09-07	500,000	500,000	无	22.58	否
合 计	–	–	–	–	–	20,600,000	20,600,000	–	380.26	–

□ 适用 √ 不适用

7.2 核心技术团队或关键技术人员变动情况(非董事、监事、高级管理人员)

□ 适用 √ 不适用

第八节 监事会报告

√ 适用 □ 不适用

报告期内公司监事会的全体成员严格按照《公司法》、《证券法》、《深圳证券交易所创业板股票上市规则》、《深圳证券交易所创业板上市公司规范运作指引》、《公司章程》和《公司监事会议事规则》等规定和要求，本着对全体股东负责的精神，认真地履行了自身的职责，依法独立行使职权，促进公司的规范运作，维护公司、股东及员工的合法权益。监事会对公司的财务、股东大会决议等执行情况、董事会的重大决策程序及公司经营管理活动的合法合规性、董事及高级管理人员履行其职务情况等方面进行了监督和检查，促进公司的健康、持续发展。

一、2010 年度监事会工作情况报告期内，公司监事会共召开了 3 次会议，具体情况如下：

序号	会议名称	召开日期
1	华峰超纤第一届监事会第三次会议	2010 年 1 月 4 日
2	华峰超纤第一届监事会第四次会议	2010 年 2 月 7 日
3	华峰超纤第一届监事会第五次会议	2010 年 8 月 8 日

(一)第一届监事会第三次会议

2010 年 1 月 4 日，公司于上海市金山区亭卫南路 888 号三楼会议室召开第一届监事会第三次会议，会议应到监事 3 人，实到监事 3 人，符合《公司法》和《公司章程》的规定，会议审议通过了《关于公司<监事会议事规则>的议案》、《关于公司 2010 年度日常关联交易的议案》、《关于改选公司监事会主席的议案》。

(二)第一届监事会第四次会议

2010 年 2 月 7 日，公司于上海市金山区亭卫南路 888 号三楼会议室召开第一届监事会第四次会议，会议应到监事 3 人，实到监事 3 人，符合《公司法》和《公司章程》的规定，会议审议通过了《2009 年度监事会工作报告》、《公司 2009 年度财务报告》、《公司 2009 年度财务决算报告》、《公司 2010 年度财务预算报告》及《公司 2010 年度经营计划》等议案。

(三)第一届监事会第五次会议

2010 年 8 月 8 日，公司于上海市金山区亭卫南路 888 号三楼会议室召开第一届监事会第五次会议，会议应到监事 3 人，实到监事 3 人，符合《公司法》和《公司章程》的规定，会议审议通过了《公司 2010 年上半年度财务报告》的议案。

二、监事会对公司 2010 年度有关事项的核查意见

(一)公司依法运作情况

监事会成员通过列席本年度董事会会议和股东大会，对公司的决策程序和公司董事、高级管理人员履行职务情况进行了严格的监督。监事会认为：2010 年度，公司的决策程序严格遵循了《公司法》、《证券法》等法律法规和《公司章程》所作出的各项规定，已建立内部控制制度并在不断完善。公司董事和高级管理人员在执行公司任务、履行职责时，没有发现违反法律法规、公司章程或有损于公司利益的行为。

(二)检查公司财务的情况

公司监事会对报告期内的财务监管体系和财务状况进行了检查，认为公司财务状况、经营成果良好，财务会计内控制度健全，会计无重大遗漏和虚假记载，严格执行《会计法》和《企业会计准则》等法律法规，未发现有违规违纪问题。报告期内，立信会计师事务所有限公司出具了无保留意见的 2010 年度审计报告，该审计报告真实、客观地反映了公司的财务状况和经营成果。

(三)收购、出售资产情况

报告期内，公司未发生出售资产交易的情况。

由于公司业务发展需要，公司于 2010 年 1 月 24 日通过公开拍卖获得了"沪房地金(2001)第 07385 号"房地产，监事会认为：相关程序符合法律法规规定，价格公允，出让方非公司关联方，未损害公司利益。

(四)公司关联交易情况

报告期内，公司发生关联销售 2,024,694.02 元，关联采购 4,572,093.18 元。监事会对报告期内公司的关联交易进行了核查，认为：报告期内公司关联交易金额较小，价格公允不存在损害公司及全体股东、特别是中小股东和非关联股东利益的情形；未发生重大关联交易，公司没有对关联方构成重大依赖。

(五)公司对外担保

报告期内，公司未发生对外担保事项。

（六）审核公司内部控制情况

公司已建立内部控制制度体系并达到有效地执行。公司内部控制的自我评价报告真实、客观地反映了公司内部控制制度的建设及运作情况。

第九节　财务报告

9.1 审计意见

财务报告	是
审计意见	标准无保留审计意见
审计报告编号	信会师报字(2011)第 12204 号
审计报告标题	审计报告
审计报告收件人	上海华峰超纤材料股份有限公司
引言段	我们审计了后附的上海华峰超纤材料股份有限公司(以下简称贵公司)财务报表，包括 2010 年 12 月 31 日的资产负债表，2010 年度的利润表、现金流量表、所有者权益变动表以及财务报表附注。
管理层对财务报表的责任段	一、管理层对财务报表的责任 按照企业会计准则的规定编制财务报表是贵公司管理层的责任。这种责任包括：(1)设计、实施和维护与财务报表编制相关的内部控制，以使财务报表不存在由于舞弊或错误而导致的重大错报；(2)选择和运用恰当的会计政策；(3)作出合理的会计估计。
注册会计师责任段	二、注册会计师的责任 我们的责任是在实施审计工作的基础上对财务报表发表审计意见。我们按照中国注册会计师审计准则的规定执行了审计工作。中国注册会计师审计准则要求我们遵守职业道德规范，计划和实施审计工作以对财务报表是否不存在重大错报获取合理保证。 审计工作涉及实施审计程序，以获取有关财务报表金额和披露的审计证据。选择的审计程序取决于注册会计师的判断，包括对由于舞弊或错误导致的财务报表重大错报风险的评估。在进行风险评估时，我们考虑与财务报表编制相关的内部控制，以设计恰当的审计程序，但目的并非对内部控制的有效性发表意见。审计工作还包括评价管理层选用会计政策的恰当性和作出会计估计的合理性，以及评价财务报表的总体列报。 我们相信，我们获取的审计证据是充分、适当的，为发表审计意见提供了基础。
审计意见段	三、审计意见 我们认为，贵公司财务报表已经按照企业会计准则的规定编制，在所有重大方面公允反映了贵公司 2010 年 12 月 31 日的财务状况以及 2010 年度的经营成果和现金流量。
非标意见	
审计机构名称	立信会计师事务所有限公司
审计机构地址	中国·上海
审计报告日期	2011 年 04 月 21 日
注册会计师姓名	朱伟、张建新

9.2 财务报表

9.2.1 资产负债表

编制单位：上海华峰超纤材料股份有限公司　　2010 年 12 月 31 日　　单位：元

项目	期末余额		年初余额	
	合并	母公司	合并	母公司
流动资产：				
货币资金	16,278,833.91	16,278,833.91	36,666,756.83	36,666,756.83
结算备付金				
拆出资金				
交易性金融资产				
应收票据	36,286,724.00	36,286,724.00	4,426,072.00	4,426,072.00
应收账款	34,138,603.85	34,138,603.85	63,692,996.66	63,692,996.66
预付款项	32,263,834.01	32,263,834.01	28,849,869.21	28,849,869.21
应收保费				
应收分保账款				
应收分保合同准备金				
应收利息				
应收股利				
其他应收款	2,837,539.28	2,837,539.28	1,294,493.03	1,294,493.03
买入返售金融资产				
存货	82,812,266.21	82,812,266.21	56,594,422.75	56,594,422.75
一年内到期的非流动资产				
其他流动资产				
流动资产合计	204,617,801.26	204,617,801.26	191,524,610.48	191,524,610.48
非流动资产：				
发放委托贷款及垫款				
可供出售金融资产				
持有至到期投资				
长期应收款				
长期股权投资				
投资性房地产				
固定资产	195,650,450.14	195,650,450.14	163,878,623.27	163,878,623.27
在建工程	15,388,681.07	15,388,681.07	7,890,372.61	7,890,372.61
工程物资	42,969.83	42,969.83	28,662.14	28,662.14
固定资产清理				
生产性生物资产				
油气资产				
无形资产	56,839,869.75	56,839,869.75	9,620,646.97	9,620,646.97
开发支出				
商誉				
长期待摊费用				
递延所得税资产	1,822,567.25	1,822,567.25	1,876,695.26	1,876,695.26
其他非流动资产				
非流动资产合计	269,744,538.04	269,744,538.04	183,295,000.25	183,295,000.25
资产总计	474,362,339.30	474,362,339.30	374,819,610.73	374,819,610.73
流动负债：				
短期借款	58,000,000.00	58,000,000.00	60,000,000.00	60,000,000.00
向中央银行借款				
吸收存款及同业存放				
拆入资金				
交易性金融负债				
应付票据			6,667,500.00	6,667,500.00
应付账款	26,205,742.21	26,205,742.21	18,605,294.16	18,605,294.16
预收款项	3,345,087.33	3,345,087.33	1,349,105.75	1,349,105.75
卖出回购金融资产款				
应付手续费及佣金				
应付职工薪酬	6,815,360.28	6,815,360.28	6,956,483.21	6,956,483.21
应交税费	−2,035,752.73	−2,035,752.73	3,307,287.44	3,307,287.44
应付利息	131,230.31	131,230.31	229,596.57	229,596.57
应付股利				
其他应付款	249,475.07	249,475.07	2,335,149.81	2,335,149.81
应付分保账款				
保险合同准备金				
代理买卖证券款				
代理承销证券款				
一年内到期的非流动负债				
其他流动负债				
流动负债合计	92,711,142.47	92,711,142.47	99,450,416.94	99,450,416.94
非流动负债：				
长期借款	25,000,000.00	25,000,000.00		
应付债券				
长期应付款				
专项应付款				
预计负债				
递延所得税负债				
其他非流动负债	600,000.00	600,000.00	600,000.00	600,000.00
非流动负债合计	25,600,000.00	25,600,000.00	600,000.00	600,000.00
负债合计	118,311,142.47	118,311,142.47	100,050,416.94	100,050,416.94
所有者权益(或股东权益)：				
实收资本(或股本)	118,000,000.00	118,000,000.00	118,000,000.00	118,000,000.00
资本公积	66,534,441.94	66,534,441.94	66,534,441.94	66,534,441.94
减：库存股				
专项储备				
盈余公积	17,151,675.49	17,151,675.49	9,023,475.19	9,023,475.19
一般风险准备				
未分配利润	154,365,079.40	154,365,079.40	81,211,276.66	81,211,276.66
外币报表折算差额				
归属于母公司				
所有者权益合计	356,051,196.83	356,051,196.83	274,769,193.79	274,769,193.79
少数股东权益				
所有者权益合计	356,051,196.83	356,051,196.83	274,769,193.79	274,769,193.79
负债和所有者权益总计	474,362,339.30	474,362,339.30	374,819,610.73	374,819,610.73

9.2.2 利润表

编制单位：上海华峰超纤材料股份有限公司　　2010 年 1−12 月　　单位：元

项目	本期金额		上期金额	
	合并	母公司	合并	母公司
一、营业总收入	433,182,433.79	433,182,433.79	361,570,903.33	361,570,903.33
其中：营业收入	433,182,433.79	433,182,433.79	361,570,903.33	361,570,903.33

利息收入				
已赚保费				
手续费及佣金收入				
二、营业总成本	339,821,258.57	339,821,258.57	288,219,576.62	288,219,576.62
其中：营业成本	286,593,382.63	286,593,382.63	238,606,769.18	238,606,769.18
利息支出				
手续费及佣金支出				
退保金				
赔付支出净额				
提取保险合同准备金净额				
保单红利支出				
分保费用				
营业税金及附加	403,481.18	403,481.18	674,273.50	674,273.50
销售费用	6,535,589.97	6,535,589.97	5,278,327.33	5,278,327.33
管理费用	42,815,804.21	42,815,804.21	31,446,785.03	31,446,785.03
财务费用	4,407,164.13	4,407,164.13	2,830,727.30	2,830,727.30
资产减值损失	−934,163.55	−934,163.55	9,382,694.28	9,382,694.28
加：公允价值变动收益(损失以“-”号填列)				
投资收益(损失以“-”号填列)				
其中：对联营企业和合营企业的投资收益				
汇兑收益(损失以“-”号填列)				
三、营业利润(亏损以“-”号填列)	93,361,175.22	93,361,175.22	73,351,326.71	73,351,326.71
加：营业外收入	6,917,591.75	6,917,591.75	3,751,756.77	3,751,756.77
减：营业外支出	6,014,863.65	6,014,863.65	177,109.23	177,109.23
其中：非流动资产处置损失	5,748,555.96	5,748,555.96		
四、利润总额(亏损总额以“-”号填列)	94,263,903.32	94,263,903.32	76,925,974.25	76,925,974.25
减：所得税费用	12,981,900.28	12,981,900.28	10,867,773.31	10,867,773.31
五、净利润(净亏损以“-”号填列)	81,282,003.04	81,282,003.04	66,058,200.94	66,058,200.94
归属于母公司所有者的净利润	81,282,003.04	81,282,003.04	66,058,200.94	66,058,200.94
少数股东损益				
六、每股收益：				
(一)基本每股收益	0.69	0.69	0.56	0.56
(二)稀释每股收益	0.69	0.69	0.56	0.56
七、其他综合收益				
八、综合收益总额	81,282,003.04	81,282,003.04	66,058,200.94	66,058,200.94
归属于母公司所有者的综合收益总额	81,282,003.04	81,282,003.04	66,058,200.94	66,058,200.94
归属于少数股东的综合收益总额				

本期发生同一控制下企业合并的，被合并方在合并前实现的净利润为：0.00 元。

9.2.3 现金流量表

编制单位：上海华峰超纤材料股份有限公司　　2010 年 1-12 月 单位：元

项目	本期金额		上期金额	
	合并	母公司	合并	母公司
一、经营活动产生的现金流量：				
销售商品、提供劳务收到的现金	494,810,009.95	494,810,009.95	381,007,474.92	381,007,474.92
客户存款和同业存放款项净增加额				
向中央银行借款净增加额				
向其他金融机构拆入资金净增加额				
收到原保险合同保费取得的现金				
收到再保险业务现金净额				
保户储金及投资款净增加额				
处置交易性金融资产净增加额				
收取利息、手续费及佣金的现金				
拆入资金净增加额				
回购业务资金净增加额				
收到的税费返还	554,227.75	554,227.75		
收到其他与经营活动有关的现金	7,900,581.33	7,900,581.33	7,213,258.45	7,213,258.45
经营活动现金流入小计	503,264,819.03	503,264,819.03	388,220,733.37	388,220,733.37
购买商品、接受劳务支付的现金	351,025,062.82	351,025,062.82	240,071,316.10	240,071,316.10
客户贷款及垫款净增加额				
存放中央银行和同业款项净增加额				
支付原保险合同赔付款项的现金				
支付利息、手续费及佣金的现金				
支付保单红利的现金				
支付给职工以及为职工支付的现金	35,465,521.11	35,465,521.11	24,959,612.07	24,959,612.07
支付的各项税费	27,611,708.97	27,611,708.97	22,155,409.85	22,155,409.85
支付其他与经营活动有关的现金	15,230,438.53	15,230,438.53	9,999,105.48	9,999,105.48
经营活动现金流出小计	429,332,731.43	429,332,731.43	297,185,443.50	297,185,443.50
经营活动产生的现金流量净额	73,932,087.60	73,932,087.60	91,035,289.87	91,035,289.87
二、投资活动产生的现金流量：				
收回投资收到的现金				
取得投资收益收到的现金				
处置固定资产、无形资产和其他长期资产收回的现金净额	10,000.00	10,000.00		
处置子公司及其他营业单位收到的现金净额				
收到其他与投资活动有关的现金				
投资活动现金流入小计	10,000.00	10,000.00		
购建固定资产、无形资产和其他长期资产支付的现金	112,694,332.56	112,694,332.56	21,163,871.23	21,163,871.23
投资支付的现金				
质押贷款净增加额				
取得子公司及其他营业单位支付的现金净额				
支付其他与投资活动有关的现金				
投资活动现金流出小计	112,694,332.56	112,694,332.56	21,163,871.23	21,163,871.23
投资活动产生的现金流量净额	−112,684,332.56	−112,684,332.56	−21,163,871.23	−21,163,871.23
三、筹资活动产生的现金流量：				
吸收投资收到的现金				
其中：子公司吸收少数股东投资收到的现金				
取得借款收到的现金	148,000,000.00	148,000,000.00	120,000,000.00	120,000,000.00
发行债券收到的现金				
收到其他与筹资活动有关的现金			50,000,000.00	50,000,000.00
筹资活动现金流入小计	148,000,000.00	148,000,000.00	170,000,000.00	170,000,000.00
偿还债务支付的现金	125,000,000.00	125,000,000.00	60,000,000.00	60,000,000.00
分配股利、利润或偿付利息支付的现金	3,673,537.60	3,673,537.60	1,155,763.98	1,155,763.98
其中：子公司支付给少数股东的股利、利润				
支付其他与筹资活动有关的现金	962,140.36	962,140.36	150,951,709.22	150,951,709.22
筹资活动现金流出小计	129,635,677.96	129,635,677.96	212,107,473.20	212,107,473.20
筹资活动产生的现金流量净额	18,364,322.04	18,364,322.04	−42,107,473.20	−42,107,473.20
四、汇率变动对现金及现金等价物的影响				
五、现金及现金等价物净增加额	−20,387,922.92	−20,387,922.92	27,763,945.44	27,763,945.44
加：期初现金及现金等价物余额	36,666,756.83	36,666,756.83	8,902,811.39	8,902,811.39
六、期末现金及现金等价物余额	16,278,833.91	16,278,833.91	36,666,756.83	36,666,756.83

9.2.4 合并所有者权益变动表

编制单位：上海华峰超纤材料股份有限公司　　2010 年度　　单位：元

项目	本期金额									
	归属于母公司所有者权益									
	实收资本(或股本)	资本公积	减：库存股	专项储备	盈余公积	一般风险准备	未分配利润	其他	少数股东权益	所有者权益合计
一、上年年末余额	118,000,000.00	66,534,441.94			9,023,475.19		81,211,276.66			274,769,193.79
加：会计政策变更										
前期差错更正										
其他										
二、本年年初余	118,000,000.00	66,534,441.94			9,023,475.19		81,211,276.66			274,769,193.79
三、本年增减变动金额(减少以“-”号填列)					8,128,200.30		73,153,802.74			81,282,003.04
(一)净利润							81,282,003.04			81,282,003.04
(二)其他综合收益										
上述(一)和(二)小计							81,282,003.04			81,282,003.04
(三)所有者投入和减少资本										

1.所有者投入资本										
2.股份支付计入所有者权益的金额										
3.其他										
(四)利润分配					8,128,200.30		−8,128,200.30			
1.提取盈余公积					8,128,200.30		−8,128,200.30			
2.提取一般风险准备										
3.对所有者(或股东)的分配										
4.其他										
(五)所有者权益内部结转										
1.资本公积转增资本(或股本)										
2.盈余公积转增资本(或股本)										
3.盈余公积弥补亏损										
4.其他										
(六)专项储备										
1.本期提取										
2.本期使用										
(七)其他										
四、本期期末余额	118,000,000.00	66,534,441.94			17,151,675.49		154,365,079.40			356,051,196.83

上年金额

项目	归属于母公司所有者权益：实收资本(或股本)	资本公积	减:库存股	专项储备	盈余公积	一般风险准备	未分配利润	其他	少数股东权益	所有者权益合计
一、上年年末余额	118,000,000.00	66,534,441.94			2,417,655.10		21,758,895.81			208,710,992.85
加:会计政策变更										
前期差错更正										
其他										
二、本年年初余额	118,000,000.00	66,534,441.94			2,417,655.10		21,758,895.81			208,710,992.85
三、本年增减变动金额										
(减少以“−”号填列)					6,605,820.09		59,452,380.85			66,058,200.94
(一)净利润							66,058,200.94			66,058,200.94
(二)其他综合收益										
上述(一)和(二)小计							66,058,200.94			66,058,200.94
(三)所有者投入和减少资本										
1.所有者投入资本										
2.股份支付计入所有者权益的金额										
3.其他										
(四)利润分配					6,605,820.09		−6,605,820.09			
1.提取盈余公积					6,605,820.09		−6,605,820.09			
2.提取一般风险准备										
3.对所有者(或股东)的分配										
4.其他										
(五)所有者权益内部结转										
1.资本公积转增资本(或股本)										
2.盈余公积转增资本(或股本)										
3.盈余公积弥补亏损										
4.其他										
(六)专项储备										
1.本期提取										
2.本期使用										
(七)其他										
四、本期期末余额	118,000,000.00	66,534,441.94			9,023,475.19		81,211,276.66			274,769,193.79

9.2.5 母公司所有者权益变动表

编制单位:上海华峰超纤材料股份有限公司　　2010 年度　　单位:元

本期金额

项目	实收资本(或股本)	资本公积	减:库存股	专项储备	盈余公积	一般风险准备	未分配利润	所有者权益合计
一、上年年末余额	118,000,000.00	66,534,441.94			9,023,475.19		81,211,276.66	274,769,193.79
加:会计政策变更								
前期差错更正								
其他								
二、本年年初余额	118,000,000.00	66,534,441.94			9,023,475.19		81,211,276.66	274,769,193.79
三、本年增减变动金额								
(减少以“−”号填列)					8,128,200.30		73,153,802.74	81,282,003.04
(一)净利润							81,282,003.04	81,282,003.04
(二)其他综合收益								
上述(一)和(二)小计							81,282,003.04	81,282,003.04
(三)所有者投入和减少资本								
1.所有者投入资本								
2.股份支付计入所有者权益的金额								
3.其他								
(四)利润分配					8,128,200.30		−8,128,200.30	
1.提取盈余公积					8,128,200.30		−8,128,200.30	
2.提取一般风险准备								
3.对所有者(或股东的分配)								
4.其他								
(五)所有者权益内部结转								
1.资本公积转增资本(或股本)								
2.盈余公积转增资本(或股本)								
3.盈余公积弥补亏损								
4.其他								
(六)专项储备								
1.本期提取								
2.本期使用								
(七)其他								
四、本期期末余额	118,000,000.00	66,534,441.94			17,151,675.49		154,365,079.40	356,051,196.83

上年金额

项目	实收资本(或股本)	资本公积	减:库存股	专项储备	盈余公积	一般风险准备	未分配利润	所有者权益合计
一、上年年末余额	118,000,000.00	66,534,441.94			2,417,655.10		21,758,895.81	208,710,992.85
加:会计政策变更								
前期差错更正								
其他								
二、本年年初余额	118,000,000.00	66,534,441.94			2,417,655.10		21,758,895.81	208,710,992.85
三、本年增减变动金额								
(减少以“−”号填列)					6,605,820.09		59,452,380.85	66,058,200.94
(一)净利润							66,058,200.94	66,058,200.94
(二)其他综合收益								
上述(一)和(二)小计							66,058,200.94	66,058,200.94
(三)所有者投入和减少资本								
1.所有者投入资本								
2.股份支付计入所有者权益的金额								
3.其他								
(四)利润分配					6,605,820.09		−6,605,820.09	
1.提取盈余公积					6,605,820.09		−6,605,820.09	
2.提取一般风险准备								
3.对所有者(或股东的分配)								
4.其他								
(五)所有者权益内部结转								
1.资本公积转增资本(或股本)								
2.盈余公积转增资本(或股本)								
3.盈余公积弥补亏损								
4.其他								
(六)专项储备								
1.本期提取								
2.本期使用								
(七)其他								
四、本期期末余额	118,000,000.00	66,534,441.94			9,023,475.19		81,211,276.66	274,769,193.79

9.3 与最近一期年度报告相比,会计政策、会计估计和核算方法发生变化的具体说明

□ 适用　　√ 不适用

9.4 重大会计差错的内容、更正金额、原因及其影响

□ 适用　　√ 不适用

9.5 与最近一期年度报告相比,合并范围发生变化的具体说明

□ 适用　　√ 不适用

北京捷成世纪科技股份有限公司

北京捷成世纪科技股份有限公司 2010 年年度报告摘要

第一节　重要提示

1.1 本公司董事会、监事会及董事、监事、高级管理人员保证本报告所载资料不存在任何虚假记载、误导性陈述或者重大遗漏，并对其内容的真实性、准确性和完整性承担个别及连带责任。本年度报告摘要摘自年度报告全文，报告全文同时刊载于证监会指定网站和公司网站。为全面了解本公司生产经营状况和财务成果及公司的未来发展规划，投资者应到指定网站仔细阅读年度报告全文。

1.2 公司年度财务报告已经大信会计师事务有限公司审计并被出具了标准无保留意见的审计报告。

1.3 公司负责人徐子泉、主管会计工作负责人谭明哲及会计机构负责人(会计主管人员)许艳燕声明：保证年度报告中财务报告的真实、完整。

第二节　公司基本情况简介

2.1 基本情况简介

股票简称	捷成股份
股票代码	300182
上市交易所	深圳证券交易所
注册地址	北京市海淀区知春路 1 号学院国际大厦 709 室
注册地址的邮政编码	100083
办公地址	北京市海淀区知春路 1 号学院国际大厦 709 室
办公地址的邮政编码	100083
公司国际互联网网址	WWW.JETSEN.COM.CN
电子信箱	JETSEN@JETSEN.CN

2.2 联系人和联系方式

	董事会秘书	证券事务代表
姓名	宋建云	庄　兵
联系地址	北京市海淀区知春路 1 号学院国际大厦 709 室	北京市海淀区知春路 1 号学院国际大厦 709 室
电话	010-82330868	010-82330869
传真	010-82330880	010-82330880
电子信箱	songjianyun@jetsen.cn	zhuangbing@jetsen.cn

第三节　会计数据和业务数据摘要

3.1 主要会计数据

单位：元

	2010 年	2009 年	本年比上年增减(%)	2008 年
营业总收入(元)	295,630,421.20	174,828,417.01	69.10%	116,546,594.77
利润总额(元)	73,452,104.21	41,697,850.47	76.15%	23,233,784.75
归属于上市公司股东的净利润(元)	67,074,039.70	41,697,850.47	60.86%	23,233,784.75
归属于上市公司股东的扣除非经常性损益的净利润(元)	66,422,114.70	41,856,137.02	58.69%	23,276,315.75
经营活动产生的现金流量净额(元)	54,892,165.56	34,027,526.69	61.32%	13,056,053.69
	2010 年末	2009 年末	本年末比上年末增减(%)	2008 年末
总资产(元)	323,218,738.41	170,768,212.93	89.27%	78,388,010.42
归属于上市公司股东的所有者权益(元)	188,787,872.55	121,713,832.85	55.11%	44,659,182.38
股本(股)	42,000,000.00	42,000,000.00	0.00%	11,000,000.00

3.2 主要财务指标

非经常性损益项目

√ 适用　　□ 不适用

单位：元

	2010 年	2009 年	本年比上年增减(%)	2008 年
基本每股收益(元/股)	1.60	1.16	37.93%	0.64
稀释每股收益(元/股)	1.60	1.16	37.93%	0.64
用最新股本计算的每股收益(元/股)	1.20	-	-	-
扣除非经常性损益后的基本每股收益(元/股)	1.58	1.16	36.21%	0.65
加权平均净资产收益率(%)	43.20%	56.09%	-12.89%	70.32%
扣除非经常性损益后的加权平均净资产收益率(%)	42.73%	56.30%	-13.57%	70.44%
每股经营活动产生的现金流量净额(元/股)	1.31	0.81	61.73%	1.19
	2010 年末	2009 年末	本年末比上年末增减(%)	2008 年末
归属于上市公司股东的每股净资产(元/股)	4.49	2.90	54.83%	4.06

采用公允价值计量的项目

□ 适用　　√ 不适用

单位：元

非经常性损益项目	金额	附注(如适用)
计入当期损益的政府补助，但与公司正常经营业务密切相关，符合国家政策规定、按照一定标准定额或定量持续享受的政府补助除外	777,500.00	
除上述各项之外的其他营业外收入和支出	-45,000.00	
其他符合非经常性损益定义的损益项目	-80,575.00	
合计	651,925.00	-

第四节　董事会报告

4.1 对经营情况及未来发展情况讨论与分析

一、报告期内公司总体经营情况

2010 年度，迎着国务院 2010 年初《推进三网融合总体方案》(5 号文)的春风，电信网、互联网、广播电视网之间"三网融合"作为国家战略进入部署与实施阶段，三者之间的界限日渐消融，对广电行业而言，它是行业发展的"新边疆"。这将大大增加电信、互联网、广电及其他行业对音视频整体解决方案的需求，扩大本行业的市场容量。公司紧紧抓住行业契机，积极推进品牌建设，注重提升产品研发能力，进一步拓展市场规模，经营业绩按照预期持续增长，公司各项总体经营指标继续保持了良好的高速上升趋势，公司整体经营步入良性循环，高速发展阶段。

报告期内公司实现营业收入 29,563.04 万元，比上年同期增长 69.10%；利润总额 7,345.21 万元，比上年同期增长 76.15%；归属于上市公司股东的净利润 6,707.40 万元，比上年同期增长 60.86%。

(一)公司主营业务及其经营情况

本公司属于音视频制作、控制和管理系统行业，专业从事音视频整体解决方案的设计、开发与实施，是目前国内最具实力的专业音视频整体解决方案产品提供商之一。目标市场涵盖广电行业、部队、互联网科技公司、科研院校、政府机关、事业单位及其他音视频领域。报告期内，公司主营业务及其结构、主营业务盈利能力未发生重大变化。公司主营业务市场、主营业务成本构成未发生显着变化。

1、公司主营业务及主要产品

报告期内，公司在音视频制作、控制和管理解决方案行业专注经营、持续积累，主营业务突出，核心竞争力增强，主营业务音视频整体解决方案收入同比上年增幅 40%以上，占全年营业收入总额的比重依然保持在 80%以上，同时带动运维等其他收入，收入结构进一步优化，使得报告期全年营业收入增幅接近 70%。

报告期内本公司的业务收入全部来源于国内客户，广电行业的客户依然占据了 65%左右的收入份额，项目的实施地或者项目合同的签订地分布在全国各地。公司在各地营销中心尚不完善的情况下，通过公司产品在中央电视台、国家新闻出版总署等标杆单位成功实施后再向各地推广的市场开拓策略，加强以北京为中心的华北地区业务开展，稳定华中、华南业务，进一步开拓西北、西南市场。东北地区业务收入下降主要是部分项目在实施中，尚未结算。

2、非经常性损益

报告期内公司非经常性损益总额为 651,925.00 元，其中 777,500.00 元为政府给予公司的财政资助，其他-125,575.00 元；占归属于公司普通股股东的净利润的 0.22%，对公司的经营成果影响较小。

3、费用情况

报告期内管理费用 3,733.83 万元，比上年增长 42.37%；销售费用 1,272.88 万元，比上年增长 45.68%，这与公司业务规模扩大，人员薪酬、办公费用、差旅费用及研发费用的投入增大密不可分，从其增幅低于业务收入、营业利润的增长幅度及占年营业收入比例相对减小来看，其增幅是非常合理的。财务费用 41.71 万元，虽然增幅较大，但绝对数额不大，主要原因是公司通过银行综合授信获得短期流动资金贷款而形成。

4、报告期公司资产、负债及重大投资等事项情况

(1)资产的构成及变动情况

公司自成立以来，采取了"轻资产"的经营战略，把有限的资金投入到日常经营周转和扩大业务规模，形成了流动资产占比较高的资产结构。

本公司流动资产主要由货币资金、应收账款、预付款项和存货构成，报告期内流动资产情况如下：

流动资产比上年同期增加 14,256.10 万元，同比增长 90.60%，主要原因：一是公司业务规模

扩大，短期流动资金借款增加，经营活动导致货币资金增加；二是未完成合同履约过程中，订购及发出商品导致预付账款及存货增加。

非流动资产以固定资产为主，报告期非流动资产期末数较初期增长幅度为71.05%，主要原因系公司基于业务发展需要，新增电子设备、运输设备等固定资产。

(2)负债构成及变动情况

公司负债主要源于流动负债，从结构上看，流动负债比上年增加8,537.65万元，增长幅度为175.30%，主要原因是随着公司业务规模扩大，通过银行综合授信取得短期流动资金贷款导致短期借款，以及公司正在履约的合同按合同约定收到客户预付货款及进货尚未结算的货款导致预收账款和应付账款的增加，从而使得流动负债增加，这是公司合理运用商业信用的行为，是公司对上游供应商、下游客户具有较强议价能力的体现。

(3)截至报告期末，公司没有对外投资的情形。

5、公司偿债能力分析

报告期内公司资产负债率为41.59%，流动比率、速动比率分别为2.24和1.79，比上年资产负债率上升12.86%，流动比率、速动比率分别下降30.65%和37.63%，主要原因是报告期内公司获得流动资金贷款和公司正在履约的合同按合同约定收到客户预付货款及进货尚未结算的货款导致短期借款、预收账款、应付账款的增加，从而使得流动负债大幅增长所致。

6、公司资产运营能力分析

报告期内，经营活动产生的现金流量净额5489.22万元，每股经营活动产生的现金流量1.31元，分别同比上年增长61.32%和39.36%，应收账款周转率7.37次，增长25.98%，说明公司业务经营正处于良性循环高速发展中，应收账款回收及时，公司整体运营正常稳定。存货周转率4.40次，略有下降是因为部分正在履行的合同尚未结算，其形成的发出商品导致报告期末存货增加所致。

7、公司核心竞争力

公司作为国内的重点软件企业，拥有实践经验丰富的核心音视频解决方案团队，并多次参与国家广电总局、国家新闻出版总署等组织的行业技术规范的起草和制订。

随着国家广电总局出台的一系列政策和文件，按照国家"十一五"规划，数字化、网络化和高清化已成为电视节目的生产、制作、播出、传送、发行、收看等各领域发展的必然趋势，这为本行业整体解决方案提供商在内的整个产业链带来了福音，给行业带来了巨大的发展空间。本公司积极响应政府的号召，坚持技术创新、自主研发的整体发展战略，不断加大研发投入，加大技术人才的引进与培养，不断推出顺应行业趋势的新技术、新产品，开拓市场领域，公司的媒体资产管理系统、高标清非编制作网及全台统一监测与监控解决方案等成功应用于广电行业内规模最大、系统最复杂、技术最先进、影响力最强的中央电视台，为公司进一步开发各省、市、县级电视台及其他行业客户奠定了强有力的品牌和技术基础，具有显著的示范效应。通过在广电领域积累的丰富实践经验并将其向其他领域推广，公司还积累了部队、互联网科技公司、新闻出版总署、国家气象局等优质客户群体。

截至本报告期末，公司拥有软件著作权共39项，所有著作权均为公司独占拥有，不存在共同所有的情况。

报告期内研发费用1586.95万元比上年增加66.72%，增加主要是研发人员人数及薪酬增加，以及设备折旧所致。

(二)、其他重大事项

1、公司不存在子公司、控股子公司及其控制下的特殊目的主体。

2、报告期内，公司存在深圳分公司，分公司业务持续正常运作。

3、报告期内，公司没有任何投资情况。

4、报告期内，公司无其他重大非募集资金投资项目。

5、报告期内，公司没有持有其他上市公司股权、参股商业银行、证券公司、保险公司、信托公司和期货公司等金融企业股份。

6、报告期内，公司没有持有以公允价值计量的境内外基金、债券、信托产品、期货、金融衍生工具等金融资产。

7、报告期内，公司没有发行在外的可转换为股份的各种金融工具、以公允价值计量的负债。

8、报告期内，公司无会计政策、会计估计变更或重大会计差错。

二、对公司未来发展的展望

(一)公司所处的行业发展趋势

1、音视频整体解决方案势在必行

从21世纪开始，是广电行业设备进入数字化、网络化发展的阶段。为实现业务系统与管理系统的高效整合，在国家广电总局关于数字化、网络化政策的推动下，业内用户加快了全台一体化网络系统及全台统一监控和监测系统的建设，客户希望整合各不同子部门需求，提高效率、降低成本、实现资源共享。整体解决方案实现了"功能整合、数据共享、广泛接入、跨部门协作、数据深度加工和分析"，将成为行业发展的趋势。

2、客户领域扩大的趋势

三网融合的大力推进，大大增加了电信行业、互联网行业、广电行业以及其他行业对音视频整体解决方案的需求，随着公司对音视频系统进行设备更新、技术升级及在广电领域的广泛应用，部队、互联网科技公司、科研院校、政府机关及事业单位等客户在音视频制作、控制和管理上产生了巨大需求，为本行业提供了更广泛的市场空间。

3、高清电视节目人心所向

按照国家"十一五"规划、2009年国家广电总局发布的《国家广电总局关于促进高清电视发展的通知》大力推进数字高清节目直播能力建设。根据《关于鼓励数字电视产业发展的若干政策》的要求，2015年基本停止播出模拟信号电视节目，用户基本转为数字电视用户。高清电视比普通电视图像更清晰、视听效果更好、使用更方便，是新的历史条件下满足人民群众精神文化需求的必然选择。

(二)公司未来发展的风险因素分析

1、宏观政策的风险

随着数字化、网络化的进一步深化，国务院、财政部等相继颁布了《鼓励软件产业和集成电路产业发展的若干政策》(国发[2000]18号)等一系列鼓励该行业企业发展的重要政策文件，政策连贯性较强，为信息产业的良性发展创造了有利的产业政策环境。

公司最主要的下游行业是广电行业。根据广电总局的规划，我国将于2015年以前完成从模拟到数字的过渡、加速推进从标清到高清的升级换代等。随着广电行业数字化、网络化、智能化、标准化建设的推进，公司面临历史性发展机遇。

公司所属行业作为信息产业的重要组成部分，在文化创意产业和文化信息传播领域发挥着越来越重要的作用，同时也在信息时代社会主义精神文明建设中起到了不可或缺的作用。前述一系列扶持、促进及优惠政策，在很大程度上为公司的业务发展提供了良好、稳定的市场环境。如果国家宏观经济政策及相关产业政策发生较大的调整，将对公司的生产经营造成一定的影响。

2、营业收入集中的风险

近年来，国家广电总局发布了《广播影视科技"十五"计划和2010年远景规划》、《我国有线电视向数字化过渡时间表》和《国家广电总局关于促进高清电视发展的通知》等一系列政策，广电行业率先大幅增加在音视频数字化、网络化建设的投入。预计未来几年广电行业数字化、网络化建设投入仍将保持较快增长。2007年、2008年、2009年和2010年，公司来自广电业方面的收入比例分别占到58.11%、64.66%、65.57%、65.41%，如果未来其他行业音视频数字化、网络化建设速度未如期推进，或广电行业发生不可预测的重大不利变化，将对公司的盈利能力产生不利影响。

3、综合管理要求进一步提高的风险

公司自成立以来持续快速发展，公司的营销规模、资产规模、经营业绩，业务覆盖区域和业务规模也在快速扩大，随之对人力资源、组织管理模式等各方面提出了更高的要求，同时对技术人员、管理人才、营销人才等有较大的需求，若公司的组织结构、管理模式和管理人员等综合管理水平未能跟上公司内外部环境的变化，公司发展将面临不利影响。

(三)公司的发展机遇与挑战

1、面临的发展机遇

(1)国家产业政策的协助

2009年国家广电总局发布的《国家广电总局关于促进高清化电视发展的通知》，并对高清频道制定了时间推进表：高、标清同播率和高清播出率2009年起步就要高于50%，2010年1月1日起要高于70%，2011年要力争达到100%。2010年1月13日国务院常务会议决定加快推进电信网、广播电视网和互联网三网融合，2010年6月7日，三网融合试点方案获得了国家三网融合领导小组的认可。其中音视频节目播控权被确定为广电总局独家所有，同时广电总局下属单位有权开展有线互联网IP电话等业务。

公司作为一家重点为广电行业服务的专业音视频整体解决方案产品提供商，已与央视国际网络有限公司、华数数字电视传媒集团、济南光电嘉和电视有限责任公司等三网融合内容提供商建立了良好的合作关系，为它们提供了相应的应用解决方案。三网融合的大力推进将为公司提供广阔的市场空间和新的利润增长点。

(2)市场需求量增加

文化产业的振兴作为国家发展战略已受到各级党委、政府的高调重视，包括广电在内的新兴媒体业的发展也进入到重大机遇期。三网融合的推进对未来国内电信、广电、互联网产业的升级和行业扩张将产生重大的影响。随着网络技术的不断发展，更多的新媒体形式将不断涌现出来，互动电视、网络电视、手机电视、互联网电视等新兴媒体迅速崛起，并成为主流发展趋势。数字化、网络化和高清化已经成为电视节目的生产、制作、播出、传送、发行、收看等各领域发展的必然趋势。广电行业由此呈现出来多元化的发展趋势。

(3)与国际软件市场的融合

随着改革开放的深入，大大促进了我国与国际市场的交流和合作。中国的软件市场成为国际软件市场的一部分，这给国内软件行业带来了良好的发展机遇；与国外厂商竞争和交流的增加，使国内软件企业能够及时接触和跟踪国际最先进的技术和管理模式，提高本身的产品技术含量和管理水平，使国内软件企业有更多的机会进入国际市场，不断增强企业竞争力；提高了中国软件行业的生存与发展能力。

(4)国内大型活动的开展加速了行业的发展

体育盛会等大型活动是推动高清化电视消费的主要动力之一，"十一五"规划期间，中国已举办了北京奥运会、上海世博会、广州亚运会三项重大活动。北京奥运会实现了运用数字技术向全球进行电视信号高清转播，推动了高清电视和视频点播等新业务的商业步伐，促进了中国高清电视业务发展，加快了向高清播出的转变进程。

2、面临的挑战

(1)加强技术升级及创新

技术成熟、经验丰富的整体解决方案厂商更容易获得用户的认可，本行业需要根据客户的需求，不断改进技术和工艺并开发新产品，对企业的技术创新能力有较高的要求。在项目实施过程中需要企业熟知客户的应用背景、运营流程、现场环境，整体解决方案产品在使用方式、设备维护、维修保养等方面均需要长期的技术服务。因此，企业的技术必须根据市场的情况及时升级或改进，以满足客户的需求。

(2)巩固和提升企业信誉

由于本行业产品的使用影响到下游行业的生产、运营安全，因此下游客户在选择产品时非常重视产品的品牌及企业信誉，然而，本行业产品需要经过长时间的验证，品牌需要长时间才能得到客户的了解和认可；信誉良好的企业一旦被客户认可，就更容易获得相关应用领域的市场准入，并为巩固既有市场、开拓新市场带来便利。

(3)加大资金投入应对业务规模扩大

本行业前期研发需要大量的资金投入，本行业属于资金密集型行业，项目执行过程中也需要一定的资金来做项目垫款。部分大型项目周期较长，需垫付的资金达千万元，且回款周期长，公司签订的销售合同中，通常需要留一定比例的质保金，在质保期满，设备运行正常情况下客户再向公司支付质保金，随着公司产品的市场销售量增加，质保金也随之增加。因此，整个行业的资金投入门槛较高。

(4)满足行业标准的严格要求

进入本行业，需要遵循一定的规范和标准，目前已执行和正在制订的标准有：《广播电视音像资料编目规范第二部分：广播资料》、《中国广播影视数字版权管理内容标识标准（规范）草案》、《中国广播影视数字版权管理元数据标准(规范)草案》、《中国广播影视数字版权论坛内容

提供域需求草案》、《ChinaDRM 移动电视版权保护标准规范草案》和《IPTV 内容分发数字版权管理技术标准(规范)草案》等。同时，国家广电总局科技司还提出：加快制定传输高清电视的有关政策和管理办法，制订高清接口、音视频格式、版权保护标准。公司必须严格遵守上述标准，才能获得国家的认可和客户的信赖。

(四)2011 年经营计划及公司未来发展战略规划

1、整体发展战略及经营目标

作为国内具有实力的专业音视频整体解决方案提供商，公司秉承"融合领先科技，铸就卓越品牌，诚信开拓进取，勤奋严谨创新"的理念，通过音视频整体解决方案的设计、开发与实施，依托目前在媒体资产管理、非线性编辑、监测监控等方面的技术积累，致力于音视频领域的信息技术创新，努力为客户音视频价值链的各个环节创造价值。

2、2011 年公司的经营计划

(1)融资方面，2011 年公司将通过上市、发行股票募集资金用于研发与产品化平台建设、编目服务中心扩建及营销网络建设，以此来解决未来在产品战略实施过程中面临的资金短缺问题，保证产品战略的顺利实施。

(2)营销方面，公司围绕在华东、华南、中南、东北和西南建设五个区域营销中心这一发展目标，公司将加大营销网络建设投入，成立专门的营销中心和领导小组，建立信息化管理一体化平台。进一步扩大公司产品的市场占有率。

(3)研发方面，围绕"做世界领先的音视频整体解决方案提供商"这一战略愿景，公司专门成立了研发管理小组，加大研发投入，建设一体化的研发平台，进一步增强公司的研发实力及提高研发效率，持续不断进行技术创新，及时了解行业发展动态，推动行业产品快速更新换代。

(4)人才队伍建设方面，随着公司生产经营规模的急剧扩张，针对现有的专业技术人才已不能满足公司需要的实际，2011 年我们要多途径、多渠道地加强基础设施人才队伍的建设，通过自己培养和引进两个渠道解决人才短缺问题。

(5)企业培训方面，2011 年通过持续、有效的内训和外训制度、培养和锻造一批合格的管理团队和核心员工队伍，通过丰富多彩的公司、中心、部门的沟通和交流活动，建立学习型、具有凝聚力的企业文化。

4.2 主营业务产品或服务情况表

单位：万元

分产品或服务	营业收入	营业成本	毛利率(%)	营业收入比上年同期增减(%)	营业成本比上年同期增减(%)	毛利率比上年同期增减(%)
媒体资产管理系统解决方案	9,507.56	4,666.83	50.91%	-4.88%	-25.27%	13.39%
高标清非编制作网解决方案	12,133.91	7,557.97	37.71%	251.16%	253.78%	-0.46%
产品销售与集成服务(含原单机产品销售)	4,319.13	3,815.64	11.66%	559.21%	523.07%	5.12%

4.3 主营业务分地区情况

单位：万元

地区	营业收入	营业收入比上年增减(%)
地区	营业收入	营业收入比上年增减(%)
东北	592.83	-53.20%
华北	23,518.09	103.09%
华中	2,101.76	-1.83%
华南	1,203.81	-22.77%
西北	733.97	121.02%
西南	1,412.58	133.86%

4.4 募集资金使用情况对照表

□ 适用 √ 不适用

4.5 变更募集资金投资项目情况表

□ 适用 √ 不适用

4.6 非募集资金项目情况

□ 适用 √ 不适用

4.7 持有其他上市公司股权情况

□ 适用 √ 不适用

4.8 持有拟上市公司及非上市金融企业股权情况

□ 适用 √ 不适用

4.9 买卖其他上市公司股份的情况

□ 适用 √ 不适用

4.10 董事会对会计师事务所"非标准审计报告"的说明

□ 适用 √ 不适用

4.11 董事会本次利润分配或资本公积金转增股本预案

以现有总股本 56,000,0000 股为基数，每 10 股派发现金股利 5 元(含税)，合计派发现金股利 28,000,000.00 元；资本公积金每 10 股转增 10 股，合计转增 56,000,000 股。

公司本报告期内盈利但未提出现金利润分配预案

□ 适用 √ 不适用

第五节 重要事项

5.1 重大诉讼仲裁事项

□ 适用 √ 不适用

5.2 收购资产

□ 适用 √ 不适用

5.3 出售资产

□ 适用 √ 不适用

5.2、5.3 所涉及事项对公司业务连续性、管理层稳定性的影响和说明

5.4 重大担保

□ 适用 √ 不适用

5.5 重大关联交易

5.5.1 与日常经营相关的关联交易

√ 适用 □ 不适用

单位：万元

关联方	向关联方销售产品和提供劳务		向关联方采购产品和接受劳务	
	交易金额	占同类交易金额的比例	交易金额	占同类交易金额的比例
学院国际大厦 706、707、708、714 室租赁费	0.00	0.00%	188.31	58.15%
学院国际大厦 709 室租赁费	0.00	0.00%	49.90	15.41%
合计	0.00	0.00%	238.21	73.56%

其中：报告期内公司向控股股东及其子公司销售产品或提供劳务的关联交易金额 0.00 万元。

与年初预计临时披露差异的说明　　无差异

5.5.2 关联债权债务往来

□ 适用 √ 不适用

5.6 委托理财

□ 适用 √ 不适用

5.7 承诺事项履行情况

√ 适用 □ 不适用

公司或持有公司股份 5%以上(含 5%)的股东及作为股东的董事、监事、高级管理人员在报告期内发生或持续到报告期内的承诺事项

(一)公司股票上市前股东所持股份的流通限制和自愿锁定股份的承诺

1、公司控股股东、实际控制人徐子泉及其他二十九名股东承诺：自公司股票上市交易之日起三十六个月内，不转让或者委托他人管理其本次发行前直接或间接持有的捷成世纪股份，也不由捷成世纪回购该部分股份。

2、担任公司董事、监事和高级管理人员的股东徐子泉、薛俊峰、郑羌、黄卫星、韩钢、肖炳珠、张宁(大)、张丽萍、康宁、宋建云、谭明哲承诺：前述锁定期满后，在任职期间内每年转让的股份不超过其所持捷成世纪股份总数的 25%；在离任后六个月内，不转让所持捷成世纪股份。截至报告期末，公司上述股东均遵守以上承诺，未有违反上述承诺的情况。

(二)避免同业竞争的承诺

为了避免未来可能发生的同业竞争，本公司控股股东、实际控制人徐子泉已向公司出具了《避免同业竞争与利益冲突的承诺函》，承诺：

1、本人目前未在中国境内或境外，直接或间接从事与发行人相同、相似且构成竞争的业务，亦未直接或间接拥有与发行人从事相同、相似且构成竞争的业务的其他企业、组织、经济实体的绝对或相对的控制权。

2、在对发行人拥有直接或间接控制权期间，本人将严格遵守国家有关法律、法规、规范性法律文件的规定，不在中国境内或境外，直接或间接从事与发行人及其所控制的企业(如有)相同、相似且构成竞争的业务，亦不会直接或间接拥有与发行人及其所控制的企业(如有)从事相同、相似且构成竞争的业务的其他企业、组织、经济实体的绝对或相对的控制权，亦不会在该等单位担任董事、高级管理人员或核心人员。

3、若将来发生本人从事与发行人及其控制的企业(如有)相同、相似且构成竞争的业务的情形，本人将根据发行人要求将相关资产在同等条件下优先转让给发行人，除非发行人以书面形式放弃优先购买权。若将来发生本人控制的其他企业、组织或经济实体从事与发行人及其所控制的企业(如有)相同、相似且构成竞争的业务的情形，本人将根据发行人要求促使相关单位将相关资产在同等条件下优先转让给发行人，除非发行人以书面形式放弃优先购买权；或以股权转让或增资等形式使发行人取得该等单位控制权；否则，本人将利用控制权促使该等单位停止从事相关业务。

4、本人将利用对所控制的其他企业、组织、经济实体(如有)的控制权，促使该等单位按照同样的标准遵守上述承诺。若违反上述承诺，本人将承担相应的法律责任，包括但不限于由此给发行人及其他中小股东造成的全部损失。

截至报告期末，公司上述股东均遵守以上承诺，未有违反上述承诺的情况。

(三)缴纳个人所得税的承诺

1、公司 30 名上市前自然人股东就捷成有限在整体变更为股份有限公司时，存在未分配利润折股情形已作出如下承诺：若税务征收机关要求本人就发行人整体变更时未分配利润折股事宜缴纳个人所得税，则本人将及时、足额缴纳相关个人所得税以及由此可能引起的全部滞纳金或罚款。如因此导致发行人承担责任或遭受损失，其将及时、足额地向发行人赔偿因此导致的全部损失。

2、公司控股股东徐子泉先生就捷成有限在整体变更为股份有限公司时，存在未分配利润折股情形已作出如下承诺：如因公司其他股东未缴纳公司整体变更时未分配利润折股涉及的个人所得税问题导致公司承担责任或遭受损失，其将及时、足额地代上述股东向公司赔偿因此导致的全部损失，代偿后其将自行向相关股东追偿。

截至报告期末，公司上述股东均遵守以上承诺，未有违反上述承诺的情况。

(四)缴纳住房公积金的承诺

公司控股股东徐子泉先生承诺，"如因社会保险或住房公积金主管部门的要求和决定，发行人需要为职工补缴社会保险、住房公积金或因发行人未为职工缴纳社会保险、住房公积金而被罚款或承担其他损失(包括直接损失或间接损失)，本人将予以全额补偿。"

截至报告期末，公司上述股东均遵守以上承诺，未有违反上述承诺的情况。

5.8 大股东及其附属企业非经营性资金占用及清偿情况表

□ 适用 √ 不适用

5.9 证券投资情况

□ 适用 √ 不适用

5.10 违规对外担保情况

□ 适用 √ 不适用

5.11 按深交所相关指引规定应披露的报告期日常经营重大合同的情况

√ 适用 □ 不适用

1、2010 年 10 月 29 日，本公司与北京银行股份有限公司万泉路支行签订综合授信合同(合同编号 0080159)，合同约定：北京银行股份有限公司万泉路支行向本公司提供最高授信额度 4,000 万元，额度类别为可循环额度，有效期(提款期)为自合同订立时起 364 天，合同由公司实际控制人徐子泉提供连带保证责任担保。同日，本公司与北京银行股份有限公司万泉路支行签订前述授信合同项下流动资金贷款人民币 2000 万元，期限为 6 个月。

第六节 股本变动及股东情况

6.1 股份变动情况表

单位：股

	本次变动前		本次变动增减(+,-)					本次变动后	
	数量	比例(%)	发行新股	送股	公积金转股	其他	小计	数量	比例(%)
一、有限售条件股份	42,000,000	100.00%	0	0	0	0	0	42,000,000	100.00%
1、国家持股									
2、国有法人持股									
3、其他内资持股	42,000,000	100.00%	0	0	0	0	0	42,000,000	100.00%
其中：境内非国有法人持股									
境内自然人持股	42,000,000	100.00%	0	0	0	0	0	42,000,000	100.00%
4、外资持股									
其中：境外法人持股									
境外自然人持股									
5、高管股份									
二、无限售条件股份									
1、人民币普通股									
2、境内上市的外资股									
3、境外上市的外资股									
4、其他									
三、股份总数	42,000,000	100.00%						42,000,000	100.00%

限售股份变动情况表

单位：股

股东名称	年初限售股数	本年解除限售股数	本年增加限售股数	年末限售股数	限售原因	解除限售日期
合计	0	0	0	0	—	—

6.2 前 10 名股东、前 10 名无限售流通股股东持股情况表

单位：股

股东总数					30
前 10 名股东持股情况					
股东名称	股东性质	持股比例(%)	持股总数	持有有限售条件股份数量	质押或冻结的股份数量
徐子泉	境内自然人	77.49%	32,545,800	32,545,800	0
黄卫星	境内自然人	8.60%	3,612,000	3,612,000	0
郑 羌	境内自然人	1.97%	827,400	827,400	0
薛俊峰	境内自然人	1.97%	827,400	827,400	0
康 宁	境内自然人	1.97%	827,400	827,400	0
韩 钢	境内自然人	1.88%	787,500	787,500	0
肖炳珠	境内自然人	1.00%	420,000	420,000	0
宋建云	境内自然人	1.00%	420,000	420,000	0
贾永利	境内自然人	0.50%	210,000	210,000	0
郝晔明	境内自然人	0.40%	168,000	168,000	0
前 10 名无限售条件股东持股情况					
股东名称			持有无限售条件股份数量		股份种类
无			0		人民币普通股
上述股东关联关系或一致行动的说明	公司前十名股东之间，徐子泉和康宁为配偶关系。除此以外，公司未知其他股东之间是否存在关联关系，是否属于一致行动人。				

6.3 控股股东及实际控制人情况介绍

6.3.1 控股股东及实际控制人变更情况

□ 适用 √ 不适用

6.3.2 控股股东及实际控制人具体情况介绍

徐子泉先生为公司创始人、控股股东和实际控制人，截至报告期末持有本公司股份 32,545,800 股，占公司总股本的 77.49%。报告期内，公司控股股东、实际控制人未发生变化。

徐子泉先生，中国国籍，无永久境外居留权，管理学学士，现任公司董事长。曾任职北京市曲艺团、北京捷成迪康影视科技有限公司总经理、媒体科技公司董事长；公司执行董事、总经理。徐子泉先生现为中国电影电视技术协会常务理事、国家广电总局科技委电视专业委员会特邀委员。曾荣获 2008 年度广电行业"十大企业风云人物"、中国广播电视设备工业协会授予的"科技创新优秀企业家"等多个荣誉称号。

6.3.3 公司与实际控制人之间的产权及控制关系的方框图(略)

第七节 董事、监事、高级管理人员和员工情况

7.1 董事、监事和高级管理人员持股变动及报酬情况

姓名	职务	性别	年龄	任期起始日期	任期终止日期	年初持股数	年末持股数	变动原因	报告期内从公司领取的报酬总额(万元)税前	是否在股东单位或其他关联单位领取薪酬
徐子泉	董事长	男	51	2009-10-28	2012-10-27	32,545,800	32,545,800	无变动	14.40	否
黄卫星	董事	男	52	2009-10-28	2012-10-27	3,612,000	3,612,000	无变动	0.00	否
薛俊峰	副董事长	男	52	2009-10-28	2012-10-27	827,400	827,400	无变动	13.20	否
郑 羌	副董事长	男	38	2009-10-28	2012-10-27	827,400	827,400	无变动	13.20	否
韩 钢	董事兼总经理	男	41	2009-10-28	2012-10-27	787,500	787,500	无变动	13.20	否
肖炳珠	董事兼副总经理	男	40	2009-10-28	2012-10-27	420,000	420,000	无变动	15.90	否
王正德	独立董事	男	62	2009-10-28	2012-10-27	0	0	无变动	6.00	否
张韶华	独立董事	男	41	2009-10-28	2012-10-27	0	0	无变动	6.00	否
李明高	独立董事	男	39	2009-10-28	2012-10-27	0	0	无变动	6.00	否
康 宁	总会计师	女	38	2009-10-28	2012-10-27	827,400	827,400	无变动	13.20	否
宋建云	副总经理兼董事会秘书	男	47	2009-10-28	2012-10-27	420,000	420,000	无变动	9.75	否
谭明哲	财务总监	男	58	2009-10-28	2012-10-27	126,000	126,000	无变动	6.60	否
张 宁	监事会主席	男	53	2009-10-28	2012-10-27	42,000	42,000	无变动	7.20	否
张丽萍	监事	女	32	2009-10-28	2012-10-27	52,500	52,500	无变动	6.60	否
姜建国	监事	男	38	2009-10-28	2012-10-27	0	0	无变动	4.35	否
合 计	—	—	—	—	—	40,488,000	40,488,000	—	135.60	—

董事、监事、高级管理人员报告期内被授予的股权激励情况

□ 适用 √ 不适用

7.2 核心技术团队或关键技术人员变动情况(非董事、监事、高级管理人员)

□ 适用 √ 不适用

第八节 监事会报告

√ 适用 □ 不适用

2010 年度，公司监事会按照《公司法》、《证券法》、《公司章程》和《监事会议事规则》等有关规定的要求，从切实维护公司利益和广大中小股东权益出发，认真履行了自身职责，对 2010 年度北京捷成世纪科技股份有限公司(以下简称"公司")的各方面情况进行了监督。监事会认为公司董事会成员忠于职守，全面落实了股东大会的各项决议，未出现损害股东利益的行为。现将 2010 年度监事会工作情况报告如下：

一、2010 年度监事会工作情况

报告期内，公司监事会共召开了 1 次会议，会议的召开与表决程序符合《公司法》及《公司章程》等法律法规和规范性文件的规定。具体情况为：

2010 年 1 月 15 日，第一届监事会第二次会议在公司召开，本次会议应到监事 3 人，实到监事 3 名。会议由监事会主席张宁先生主持，审议通过了《关于公司 2009 年度监事会工作报告》的议案。

除召开监事会会议外，公司监事会 2010 年还列席和出席了公司的董事会会议和股东大会，听取了公司各项重要提案和决议，了解了公司各项重要决策的形成过程，掌握了公司经营业绩情况，同时履行了监事会的知情监督检查职能。

二、监事会发表的独立意见

2010 年度，公司监事会根据《公司法》、《证券法》和《公司章程》等有关规定的要求，本着对股东负责的态度，认真履行了监事会的职能，对公司依法运作情况进行了检查。

(一)公司依法运作情况

2010 年度，公司监事会依法对公司运作情况进行了监督，认为公司股东大会、董事会会议的召集、召开均按照《公司法》、《证券法》及《公司章程》等有关制度的规定，决策程序符合有关法律、法规及《公司章程》的要求，有关决议的内容合法有效，未发现公司有违法违规的经营行为。

公司董事会成员及高级管理人员能按照国家有关法律、法规和《公司章程》的有关规定，忠实勤勉地履行其职责。报告期内未发现公司董事及高级管理人员在执行职务、行使职权时有违反法律、法规、《公司章程》及损害公司和股东利益的行为。

(二)检查公司财务情况

监事会对报告期内的公司财务进行了监督，认为公司财务制度健全，财务运行状况良好，公司严格按照企业会计制度和会计准则及其他相关财务规定的要求执行。会计无重大遗漏和虚假记载，未发现有违规违纪问题。报告期内，大信会计师事务所出具了无保留意见的 2010 年度审计报告，该审计报告真实、客观地反映了公司的财务状况和经营成果。

(三)检查公司收购、出售资产情况

2010 年度公司无收购、资产出售、资产置换、资产担保、抵押行为，没有发现内幕交易，无损害股东权益或造成公司资产流失的情况。

(四)对关联交易的意见

1、最近三年内，本公司与公司控股股东徐子泉先生、股东康宁女士存在房屋租赁关联交易。但上述关联交易均属公平交易，不存在损害公司及其他股东合法权益的情况，对公司当期营业成果影响较小。

2、最近三年内，本公司与公司控股股东控制的北京捷成世纪媒体科技有限公司（现已注销）之间存在注册商标许可使用及转让关联交易。但由于上述关联交易均为媒体科技公司无偿许可和转让注册商标，且该商标权不存在纠纷或潜在纠纷，因而对本公司未造成任何不利影响。

3、最近三年内，公司与公司股东康宁女士直接控制的东阳捷成影视有限公司之间存在技术服务关联交易，但上述偶发性关联交易系在向市场无关联广告公司询价，参考市场价格，平等协商签订的，交易定价与市场同期无关联第三方报价无明显差异。

4、最近三年内，公司与关联方的资金往来存在不规范之处，但该等借款已清偿完毕、且未发生纠纷、未受到金融监管部门的处罚，亦未对公司经营造成负面影响。相关股东已承诺杜绝类似事件再次发生。公司已制定《北京捷成世纪科技股份有限公司防范控股股东及关联方资金占用管理制度》。

5、报告期内，公司与北京银行股份有限公司万泉路支行签订《综合授信合同》，公司向北京银行股份有限公司万泉路支行申请获取最高授信额度人民币 4,000 万元。公司控股股东、实际控制人徐子泉先生与北京银行股份有限公司万泉路支行签订《最高额保证合同》，由徐子泉先生以保证方式为公司于上述《综合授信合同》项下的债务以及利息、罚息、违约金、损害赔偿金、实现债权和担保权益的费用等其他款项提供担保，但由于本公司主营方向符合国家产业政策，各项业务发展迅猛，财务状况良好，具备较强的盈利能力，不存在可预见的偿债压力，因此上述担保不会对本公司及关联人造成任何不利影响。

三、2011 年度工作计划

2011 年，公司监事会将坚决贯彻公司既定的战略方针，更严格遵照国家法律法规和《公司章程》赋予监事会的职责，恪尽职守，督促公司规范运作，完善公司法人治理结构，为维护股东和公司的利益及促进公司的可持续发展而努力工作。

（一）监督公司依法运作情况，积极督促内控体系的建设与有效运行。

（二）重点监督公司的高风险领域，对公司重大投资、对外担保、募集资金管理和关联交易等重要方面实施监督。

（三）监督公司的财务运作情况，通过定期了解财务报告，对公司的财务运作情况实施监督。

2011 年工作的整体思路：适应公司上市后的新形势新要求，完善监督职责，以提高监督水平为核心不断改进工作方式；强化日常监督，加强对公司投资、关联交易等重大事项的监督；促进公司内部控制不断优化、经营管理不断规范；按照监管部门对上市公司治理提出的新要求，推动公司各项法人治理制度的完善，实现公司整体又好又快地发展。

第九节　财务报告

9.1 审计意见

财务报告	是
审计意见	标准无保留审计意见
审计报告编号	大信审字[2010]第 1-0005 号
审计报告标题	审计报告
审计报告收件人	北京捷成世纪科技股份有限公司全体股东
引言段	我们审计了后附的北京捷成世纪科技股份有限公司（以下简称"贵公司"）财务报表，包括 2010 年 12 月 31 日的资产负债表，2010 年度的利润表、现金流量表、股东权益变动表以及财务报表附注。
管理层对财务报表的责任段	按照企业会计准则的规定编制财务报表是贵公司管理层的责任。这种责任包括：(1)设计、实施和维护与财务报表编制相关的内部控制，以使财务报表不存在由于舞弊或错误而导致的重大错报(2)选择和运用恰当的会计政策；(3)作出合理的会计估计。
注册会计师责任段	我们的责任是在实施审计工作的基础上对财务报表发表审计意见。我们按照中国注册会计师审计准则的规定执行了审计工作。中国注册会计师审计准则要求我们遵守职业道德规范，计划和实施审计工作以对财务报表是否不存在重大错报获取合理保证。 审计工作涉及实施审计程序，以获取有关财务报表金额和披露的审计证据。选择的审计程序取决于注册会计师的判断，包括对由于舞弊或错误导致的财务报表重大错报风险的评估。在进行风险评估时，我们考虑与财务报表编制相关的内部控制，以设计恰当的审计程序，但目的并非对内部控制的有效性发表意见。审计工作还包括评价管理层选用会计政策的恰当性和作出会计估计的合理性，以及评价财务报表的总体列报。 我们相信，我们获取的审计证据是充分、适当的，为发表审计意见提供了基础。
审计意见段	我们认为，贵公司财务报表已经按照企业会计准则的规定编制，在所有重大方面公允反映了贵公司 2010 年 12 月 31 日的财务状况以及 2010 年度的经营成果和现金流量。
非标意见	
审计机构名称	大信会计师事务有限公司
审计机构地址	北京市海淀区知春路 1 号学院国际大厦 15 层 1504 号
审计报告日期	2011 年 3 月 25 日
注册会计师姓名	郭健、胡小黑

9.2 财务报表

9.2.1 资产负债表

编制单位：北京捷成世纪科技股份有限公司　　2010 年 12 月 31 日　　单位：元

项目	期末余额		年初余额	
	合并	母公司	合并	母公司
流动资产：				
货币资金	143,518,666.96	143,518,666.96	82,932,710.13	82,932,710.13
结算备付金				
拆出资金				
交易性金融资产				
应收票据				
应收账款	41,443,760.03	41,443,760.03	38,831,040.55	38,831,040.55
预付款项	43,497,880.09	43,497,880.09	11,680,350.40	11,680,350.40
应收保费				
应收分保账款				
应收分保合同准备金				
应收利息				
应收股利				
其他应收款	10,171,129.32	10,171,129.32	6,299,713.32	6,299,713.32
买入返售金融资产				
存货	61,276,970.24	61,276,970.24	17,603,606.33	17,603,606.33
一年内到期的非流动资产				
其他流动资产				
流动资产合计	299,908,406.64	299,908,406.64	157,347,420.73	157,347,420.73
非流动资产：				
发放委托贷款及垫款				
可供出售金融资产				
持有至到期投资				
长期应收款				
长期股权投资				
投资性房地产				
固定资产	22,955,628.73	22,955,628.73	13,420,792.20	13,420,792.20
在建工程				
工程物资				
固定资产清理				
生产性生物资产				
油气资产				
无形资产				
开发支出				
商誉				
长期待摊费用				
递延所得税资产	354,703.04	354,703.04		
其他非流动资产				
非流动资产合计	23,310,331.77	23,310,331.77	13,420,792.20	13,420,792.20
资产总计	323,218,738.41	323,218,738.41	170,768,212.93	170,768,212.93
流动负债：				
短期借款	30,000,000.00	30,000,000.00	5,000,000.00	5,000,000.00
向中央银行借款				
吸收存款及同业存放				
拆入资金				
交易性金融负债				
应付票据				
应付账款	37,887,172.57	37,887,172.57	7,123,259.18	7,123,259.18
预收款项	56,772,509.80	56,772,509.80	32,892,617.00	32,892,617.00
卖出回购金融资产款				
应付手续费及佣金				
应付职工薪酬	742,605.38	742,605.38	290,522.50	290,522.50
应交税费	8,030,377.21	8,030,377.21	3,334,017.11	3,334,017.11
应付利息				
应付股利				
其他应付款	648,200.90	648,200.90	63,964.29	63,964.29
应付分保账款				
保险合同准备金				
代理买卖证券款				
代理承销证券款				
一年内到期的非流动负债				
其他流动负债				
流动负债合计	134,080,865.86	134,080,865.86	48,704,380.08	48,704,380.08
非流动负债：				
长期借款				
应付债券				
长期应付款				
专项应付款	350,000.00	350,000.00	350,000.00	350,000.00
预计负债				
递延所得税负债				

其他非流动负债				
非流动负债合计	350,000.00	350,000.00	350,000.00	350,000.00
负债合计	134,430,865.86	134,430,865.86	49,054,380.08	49,054,380.08
所有者权益(或股东权益)：				
实收资本(或股本)	42,000,000.00	42,000,000.00	42,000,000.00	42,000,000.00
资本公积	56,376,413.83	56,376,413.83	56,376,413.83	56,376,413.83
减：库存股				
专项储备				
盈余公积	18,082,291.74	18,082,291.74	4,667,483.80	4,667,483.80
一般风险准备				
未分配利润	72,329,166.98	72,329,166.98	18,669,935.22	18,669,935.22
外币报表折算差额				
归属于母公司所有者权益合计	188,787,872.55	188,787,872.55	121,713,832.85	121,713,832.85
少数股东权益				
所有者权益合计	188,787,872.55	188,787,872.55	121,713,832.85	121,713,832.85
负债和所有者权益总计	323,218,738.41	323,218,738.41	170,768,212.93	170,768,212.93

9.2.2 利润表

编制单位：北京捷成世纪科技股份有限公司　　2010 年 1－12 月　　单位：元

项目	本期金额		上期金额	
	合并	母公司	合并	母公司
一、营业总收入	295,630,421.20	295,630,421.20	174,828,417.01	174,828,417.01
其中：营业收入	295,630,421.20	295,630,421.20	174,828,417.01	174,828,417.01
利息收入				
已赚保费				
手续费及佣金收入				
二、营业总成本	228,466,947.86	228,466,947.86	138,459,415.57	138,459,415.57
其中：营业成本	173,544,195.88	173,544,195.88	99,716,468.86	99,716,468.86
利息支出				
手续费及佣金支出				
退保金				
赔付支出净额				
提取保险合同准备金净额				
保单红利支出				
分保费用				
营业税金及附加	3,881,427.46	3,881,427.46	2,624,516.12	2,624,516.12
销售费用	12,728,769.79	12,728,769.79	8,737,497.81	8,737,497.81
管理费用	37,338,336.96	37,338,336.96	26,227,047.23	26,227,047.23
财务费用	417,097.60	417,097.60	32,884.19	32,884.19
资产减值损失	557,120.17	557,120.17	1,121,001.36	1,121,001.36
加：公允价值变动收益(损失以"－"号填列)				
投资收益(损失以"－"号填列)				
其中：对联营企业和合营企业的投资收益				
汇兑收益(损失以"－"号填列)				
三、营业利润(亏损以"－"号填列)	67,163,473.34	67,163,473.34	36,369,001.44	36,369,001.44
加：营业外收入	6,333,630.87	6,333,630.87	5,487,135.58	5,487,135.58
减：营业外支出	45,000.00	45,000.00	158,286.55	158,286.55
其中：非流动资产处置损失				
四、利润总额(亏损总额以"－"号填列)	73,452,104.21	73,452,104.21	41,697,850.47	41,697,850.47
减：所得税费用	6,378,064.51	6,378,064.51		
五、净利润(净亏损以"－"号填列)	67,074,039.70	67,074,039.70	41,697,850.47	41,697,850.47
归属于母公司所有者的净利润	67,074,039.70	67,074,039.70	41,697,850.47	41,697,850.47
少数股东损益				
六、每股收益：				
(一)基本每股收益	1.60	1.60	1.16	1.16
(二)稀释每股收益	1.60	1.60	1.16	1.16
七、其他综合收益				
八、综合收益总额	67,074,039.70	67,074,039.70	41,697,850.47	41,697,850.47
归属于母公司所有者的综合收益总额	67,074,039.70	67,074,039.70	41,697,850.47	41,697,850.47
归属于少数股东的综合收益总额				

本期发生同一控制下企业合并的，被合并方在合并前实现的净利润为：0.00 元。

9.2.3 现金流量表

编制单位：北京捷成世纪科技股份有限公司　　2010 年 1－12 月　　单位：元

项目	本期金额		上期金额	
	合并	母公司	合并	母公司
一、经营活动产生的现金流量：				
销售商品、提供劳务收到的现金	361,111,151.59	361,111,151.59	192,146,488.57	192,146,488.57
客户存款和同业存放款项净增加额				
向中央银行借款净增加额				
向其他金融机构拆入资金净增加额				
收到原保险合同保费取得的现金				
收到再保险业务现金净额				
保户储金及投资款净增加额				
处置交易性金融资产净增加额				
收取利息、手续费及佣金的现金				
拆入资金净增加额				
回购业务资金净增加额				
收到的税费返还	5,556,130.87	5,556,130.87	5,487,135.58	5,487,135.58
收到其他与经营活动有关的现金	19,855,929.54	19,855,929.54	18,312,554.87	18,312,554.87
经营活动现金流入小计	386,523,212.00	386,523,212.00	215,946,179.02	215,946,179.02
购买商品、接受劳务支付的现金	239,739,666.43	239,739,666.43	105,435,516.93	105,435,516.93
客户贷款及垫款净增加额				
存放中央银行和同业款项净增加额				
支付原保险合同赔付款项的现金				
支付利息、手续费及佣金的现金				
支付保单红利的现金				
支付给职工以及为职工支付的现金	31,292,521.84	31,292,521.84	17,635,267.75	17,635,267.75
支付的各项税费	17,117,343.22	17,117,343.22	9,913,087.15	9,913,087.15
支付其他与经营活动有关的现金	43,481,514.95	43,481,514.95	48,934,780.50	48,934,780.50
经营活动现金流出小计	331,631,046.44	331,631,046.44	181,918,652.33	181,918,652.33
经营活动产生的现金流量净额	54,892,165.56	54,892,165.56	34,027,526.69	34,027,526.69
二、投资活动产生的现金流量：				
收回投资收到的现金				
取得投资收益收到的现金				
处置固定资产、无形资产和其他长期资产收回的现金净额				
处置子公司及其他营业单位收到的现金净额				
收到其他与投资活动有关的现金				
投资活动现金流入小计				
购建固定资产、无形资产和其他长期资产支付的现金	15,975,664.00	15,975,664.00	5,954,688.12	5,954,688.12
投资支付的现金				
质押贷款净增加额				
取得子公司及其他营业单位支付的现金净额				
支付其他与投资活动有关的现金				
投资活动现金流出小计	15,975,664.00	15,975,664.00	5,954,688.12	5,954,688.12
投资活动产生的现金流量净额	−15,975,664.00	−15,975,664.00	−5,954,688.12	−5,954,688.12
三、筹资活动产生的现金流量：				
吸收投资收到的现金			35,356,800.00	35,356,800.00
其中：子公司吸收少数股东投资收到的现金				
取得借款收到的现金	30,000,000.00	30,000,000.00	5,000,000.00	5,000,000.00
发行债券收到的现金				
收到其他与筹资活动有关的现金			350,000.00	350,000.00
筹资活动现金流入小计	30,000,000.00	30,000,000.00	40,706,800.00	40,706,800.00
偿还债务支付的现金	5,000,000.00	5,000,000.00		
分配股利、利润或偿付利息支付的现金	557,884.73	557,884.73	74,487.50	74,487.50
其中：子公司支付给少数股东的股利、利润				
支付其他与筹资活动有关的现金				
筹资活动现金流出小计	5,557,884.73	5,557,884.73	74,487.50	74,487.50
筹资活动产生的现金流量净额	24,442,115.27	24,442,115.27	40,632,312.50	40,632,312.50
四、汇率变动对现金及现金等价物的影响				
五、现金及现金等价物净增加额	63,358,616.83	63,358,616.83	68,705,151.07	68,705,151.07
加：期初现金及现金等价物余额	78,604,220.13	78,604,220.13	9,899,069.06	9,899,069.06
六、期末现金及现金等价物余额	141,962,836.96	141,962,836.96	78,604,220.13	78,604,220.13

9.2.4 合并所有者权益变动表

编制单位：北京捷成世纪科技股份有限公司　　2010 年度　　单位：元

本期金额

项目	归属于母公司所有者权益：实收资本(或股本)	资本公积	减:库存股	专项储备	盈余公积	一般风险准备	未分配利润	其他	少数股东权益	所有者权益合计
一、上年年末余额	42,000,000.00	56,376,413.83			4,667,483.80		18,669,935.22			121,713,832.85
加:会计政策变更										
前期差错更正										
其他										
二、本年年初余额	42,000,000.00	56,376,413.83			4,667,483.80		18,669,935.22			121,713,832.85
三、本年增减变动金额										
(减少以"-"号填列)					13,414,807.94		53,659,231.76			67,074,039.70
(一)净利润							67,074,039.70			67,074,039.70
(二)其他综合收益										
上述(一)和(二)小计							67,074,039.70			67,074,039.70
(三)所有者投入和减少资本										
1.所有者投入资本										
2.股份支付计入所有者权益的金额										
3.其他										
(四)利润分配					13,414,807.94		-13,414,807.94			
1.提取盈余公积					13,414,807.94		-13,414,807.94			
2.提取一般风险准备										
3.对所有者(或股东)的分配										
4.其他										
(五)所有者权益内部结转										
1.资本公积转增资本(或股本)										
2.盈余公积转增资本(或股本)										
3.盈余公积弥补亏损										
4.其他										
(六)专项储备										
1.本期提取										
2.本期使用										
(七)其他										
四、本期期末余额	42,000,000.00	56,376,413.83			18,082,291.74		72,329,166.98			188,787,872.55

上年金额

项目	归属于母公司所有者权益：实收资本(或股本)	资本公积	减:库存股	专项储备	盈余公积	一般风险准备	未分配利润	其他	少数股东权益	所有者权益合计
一、上年年末余额	11,000,000.00	9,827.63			6,729,870.96		26,919,483.79			44,659,182.38
加:会计政策变更										
前期差错更正										
其他										
二、本年年初余额	11,000,000.00	9,827.63			6,729,870.96		26,919,483.79			44,659,182.38
三、本年增减变动金额										
(减少以"-"号填列)	31,000,000.00	56,366,586.20			-2,062,387.16		-8,249,548.57			77,054,650.47
(一)净利润							41,697,850.47			41,697,850.47
(二)其他综合收益										
上述(一)和(二)小计							41,697,850.47			41,697,850.47
(三)所有者投入和减少资本	2,550,135.00	32,806,665.00								35,356,800.00
1.所有者投入资本	2,550,135.00	32,806,665.00								35,356,800.00
2.股份支付计入所有者权益的金额										
3.其他										
(四)利润分配					8,339,570.10		-8,339,570.10			
1.提取盈余公积					8,339,570.10		-8,339,570.10			
2.提取一般风险准备										
3.对所有者(或股东)的分配										
4.其他										
(五)所有者权益内部结转	28,449,865.00	23,559,921.20			-10,401,957.26		-41,607,828.94			
1.资本公积转增资本(或股本)										
2.盈余公积转增资本(或股本)										
3.盈余公积弥补亏损										
4.其他	28,449,865.00	23,559,921.20			-10,401,957.26		-41,607,828.94			
(六)专项储备										
1.本期提取										
2.本期使用										
(七)其他										
四、本期期末余额	42,000,000.00	56,376,413.83			4,667,483.80		18,669,935.22			121,713,832.85

9.2.5 母公司所有者权益变动表

编制单位:北京捷成世纪科技股份有限公司　　2010 年度　　单位:元

本期金额

项目	实收资本(或股本)	资本公积	减:库存股	专项储备	盈余公积	一般风险准备	未分配利润	所有者权益合计
一、上年年末余额	42,000,000.00	56,376,413.83			4,667,483.80		18,669,935.22	121,713,832.85
加:会计政策变更								
前期差错更正								
其他								
二、本年年初余额	42,000,000.00	56,376,413.83			4,667,483.80		18,669,935.22	121,713,832.85
三、本年增减变动金额								
(减少以"-"号填列)					13,414,807.94		53,659,231.76	67,074,039.70
(一)净利润							67,074,039.70	67,074,039.70
(二)其他综合收益								
上述(一)和(二)小计							67,074,039.70	67,074,039.70
(三)所有者投入和减少资本								
1.所有者投入资本								
2.股份支付计入所有者权益的金额								
3.其他								
(四)利润分配					13,414,807.94		-13,414,807.94	
1.提取盈余公积					13,414,807.94		-13,414,807.94	
2.提取一般风险准备								
3.对所有者(或股东的分配)								
4.其他								
(五)所有者权益内部结转								
1.资本公积转增资本(或股本)								
2.盈余公积转增资本(或股本)								
3.盈余公积弥补亏损								
4.其他								
(六)专项储备								
1.本期提取								
2.本期使用								
(七)其他								
四、本期期末余额	42,000,000.00	56,376,413.83			18,082,291.74		72,329,166.98	188,787,872.55

上年金额

项目	实收资本(或股本)	资本公积	减:库存股	专项储备	盈余公积	一般风险准备	未分配利润	所有者权益合计
一、上年年末余额	11,000,000.00	9,827.63			6,729,870.96		26,919,483.79	44,659,182.38
加:会计政策变更								
前期差错更正								
其他								
二、本年年初余额	11,000,000.00	9,827.63			6,729,870.96		26,919,483.79	44,659,182.38
三、本年增减变动金额								
(减少以"-"号填列)	31,000,000.00	56,366,586.20			-2,062,387.16		-8,249,548.57	77,054,650.47
(一)净利润							41,697,850.47	41,697,850.47
(二)其他综合收益								
上述(一)和(二)小计							41,697,850.47	41,697,850.47
(三)所有者投入和减少资本	2,550,135.00	32,806,665.00						35,356,800.00
1.所有者投入资本	2,550,135.00	32,806,665.00						35,356,800.00
2.股份支付计入所有者权益的金额								
3.其他								
(四)利润分配					8,339,570.10		-8,339,570.10	
1.提取盈余公积					8,339,570.10		-8,339,570.10	
2.提取一般风险准备								
3.对所有者(或股东的分配)								
4.其他								
(五)所有者权益内部结转	28,449,865.00	23,559,921.20			-10,401,957.26		-41,607,828.94	
1.资本公积转增资本(或股本)								
2.盈余公积转增资本(或股本)								
3.盈余公积弥补亏损								
4.其他	28,449,865.00	23,559,921.20			-10,401,957.26		-41,607,828.94	
(六)专项储备								
1.本期提取								
2.本期使用								
(七)其他								
四、本期期末余额	42,000,000.00	56,376,413.83			4,667,483.80		18,669,935.22	121,713,832.85

9.3 与最近一期年度报告相比,会计政策、会计估计和核算方法发生变化的具体说明

□ 适用　　√ 不适用

9.4 重大会计差错的内容、更正金额、原因及其影响

□ 适用　　√ 不适用

9.5 与最近一期年度报告相比,合并范围发生变化的具体说明

□ 适用　　√ 不适用

深圳市铁汉生态环境股份有限公司

深圳市铁汉生态环境股份有限公司2011年半年度报告摘要

第一节　重要提示

1.1 本公司董事会、监事会及其董事、监事、高级管理人员保证本报告所载资料不存在任何虚假记载、误导性陈述或者重大遗漏，并对其内容的真实性、准确性和完整性负个别及连带责任。

本半年度报告摘要摘自半年度报告全文，报告全文同时刊载于中国证监会指定网站。投资者欲了解详细内容，应当仔细阅读半年度报告全文。

1.2 除下列董事外，其他董事亲自出席了审议本次半年报的董事会会议

未亲自出席董事姓名	未亲自出席董事职务	未亲自出席会议原因	被委托人姓名
刘鸿雁	独立董事	因公务出差	尹公辉
王　斌	独立董事	因公务出差	尹公辉

1.3 公司半年度财务报告已经广东正中珠江会计师事务所审计并被出具了标准无保留意见的审计报告。

1.4 公司负责人刘水、主管会计工作负责人周扬波及会计机构负责人(会计主管人员)彭芸声明：保证半年度报告中财务报告的真实、完整。

第二节　公司基本情况简介

2.1 基本情况简介

股票简称	铁汉生态
股票代码	300197
法定代表人	刘水
上市证券交易所	深圳证券交易所

2.2 联系人和联系方式

项目	董事会秘书	证券事务代表
姓名	杨锋源	黄美芳
联系地址	深圳市福田区车公庙天祥大厦4D	深圳市福田区车公庙天祥大厦4D
电话	0755-82917023	0755-82917023
传真	0755-82927550	0755-82927550
电子信箱	yangfengyuan@sztechand.com	hmf7540186@163.com

2.3 主要财务数据和指标

2.3.1 主要会计数据

单位：元

项目	报告期	上年同期	本报告期比上年同期增减(%)
营业总收入(元)	341,127,547.00	186,084,028.35	83.32%
营业利润(元)	60,225,544.55	32,062,575.53	87.84%
利润总额(元)	60,227,544.55	32,602,575.53	84.73%
归属于上市公司股东的净利润(元)	51,685,760.06	27,778,273.49	86.07%
归属于上市公司股东的扣除非经常性损益后的净利润(元)	51,684,060.06	27,319,273.49	89.19%
经营活动产生的现金流量净额(元)	-144,354,318.77	-63,706,905.01	-126.59%
项目	报告期末	上年度期末	本报告期末比上年度期末增减(%)
总资产(元)	1,374,992,680.59	332,578,865.85	313.43%
归属于上市公司股东的所有者权益(元)	1,280,946,325.64	228,978,645.88	459.42%
股本(股)	61,560,600.00	46,060,600.00	33.65%

2.3.2 主要财务指标

单位：元

项目	报告期	上年同期	本报告期比上年同期增减(%)
基本每股收益(元/股)	0.96	0.60	60.00%
稀释每股收益(元/股)	0.96	0.60	60.00%
扣除非经常性损益后的基本每股收益(元/股)	0.96	0.59	62.71%
加权平均净资产收益率(%)	6.85%	15.58%	-8.73%
扣除非经常性损益后的加权平均净资产收益率(%)	6.85%	15.32%	-8.47%
每股经营活动产生的现金流量净额(元/股)	-2.34	-1.38	-69.57%
项目	报告期末	上年度期末	本报告期末比上年度期末增减(%)
归属于上市公司股东的每股净资产(元/股)	20.81	4.97	318.71%

2.3.3 非经常性损益项目

√ 适用　　□ 不适用

单位：元

非经常性损益项目	金额	附注(如适用)
计入当期损益的政府补助，但与公司正常经营业务密切相关，符合国家政策规定、按照一定标准定额或定量持续享受的政府补助除外	1,340,000.00	
除上述各项之外的其他营业外收入和支出	-1,338,000.00	
所得税影响额	-300.00	
合计	1,700.00	–

第三节　董事会报告

3.1 主营业务产品或服务情况表

单位：万元

分产品或服务	营业收入	营业成本	毛利率(%)	营业收入比上年同期增减(%)	营业成本比上年同期增减(%)	毛利率比上年同期增减(%)
生态修复工程收入	13,317.84	8,588.77	35.51%	71.77%	74.96%	-1.18%
园林绿化工程收入	20,453.68	14,533.46	28.94%	91.27%	87.96%	1.25%

3.2 主营业务分地区情况

单位：万元

地区	营业收入	营业收入比上年增减(%)
华南	28,652.91	134.01%
华北	1,367.36	-43.51%
华东	815.23	-60.27%
华中	1,576.60	76.05%
西南	1,700.66	70.66%
合计	34,112.75	83.32%

3.3 主营业务及其结构发生重大变化的原因说明

□ 适用　　√ 不适用

3.4 主营业务盈利能力(毛利率)与上年相比发生重大变化的原因说明

□ 适用　　√ 不适用

3.5 利润构成与上年度相比发生重大变化的原因分析

□ 适用　　√ 不适用

3.6 无形资产(商标、专利、非专利技术、土地使用权、水面养殖权、探矿权、采矿权)发生重大变化的影响因素及重大不利变化的应对措施

□ 适用　　√ 不适用

3.7 因设备或技术更新升级换代、核心技术人员辞职、特许经营权丧失等导致公司核心竞争能力受到严重影响的具体情况及公司拟采取的措施说明

□ 适用　　√ 不适用

3.8 募集资金使用情况

3.8.1 募集资金使用情况对照表

√ 适用　　□ 不适用

单位：万元

募集资金总额	100,028.19	本报告期投入募集资金总额	8,461.47
报告期内变更用途的募集资金总额	0.00		
累计变更用途的募集资金总额	0.00	已累计投入募集资金总额	8,461.47
累计变更用途的募集资金总额比例	0.00%		

承诺投资项目和超募资金投向	是否已变更项目(含部分变更)	募集资金承诺投资总额	调整后投资总额(1)	本报告期投入金额	截至期末累计投入金额(2)
承诺投资项目					
增加工程配套资金	否	13,000.00	13,000.00	2,311.47	2,311.47
广东梅县大坪镇苗圃基地建设项目	否	5,000.00	5,000.00	0.00	0.00
承诺投资项目小计	–	18,000.00	18,000.00	2,311.47	2,311.47
超募资金投向					
归还银行贷款(如有)	–	0.00	0.00	6,150.00	6,150.00
补充流动资金(如有)	–	0.00	0.00		
超募资金投向小计	–	0.00	0.00	6,150.00	6,150.00
合计	–	18,000.00	18,000.00	8,461.47	8,461.47
承诺投资项目和超募资金投向	截至期末投资进度(%)(3)=(2)/(1)	项目达到预定可使用状态日期	本报告期实现的效益	是否达到预计效益	项目可行性是否发生重大变化
增加工程配套资金	17.78%	2014年03月29日	402.11	是	否
广东梅县大坪镇苗圃基地建设项目	0.00%	2015年03月29日	0.00	不适用	否
承诺投资项目小计	–	–	402.11	–	–
超募资金投向					
归还银行贷款(如有)	0.00%	–	–	–	–
补充流动资金(如有)		–	–	–	–
超募资金投向小计	–	–	0.00	–	–
合计	–	–	402.11	–	–
未达到计划进度或预计收益的情况和原因(分具体项目)					
项目可行性发生重大变化的情况说明					

超募资金的金额、用途及使用进展情况	适用 超募资金用于归还银行贷款 6,150.00 万元。
募集资金投资项目实施地点变更情况	不适用
募集资金投资项目实施方式调整情况	不适用
募集资金投资项目先期投入及置换情况	不适用
用闲置募集资金暂时补充流动资金情况	不适用
项目实施出现募集资金结余的金额及原因	不适用
尚未使用的募集资金用途及去向	募集资金投资项目资金分别存放于 1、中信银行股份有限公司深圳泰然支行，账号为 7442510182600114617，存放募投项目“增加工程项目配套资金”、“广东梅县大坪镇苗圃基地建设项目”及“其他与主营业务相关的营运资金”资金 32,395.33 万元。 2、中信银行股份有限公司深圳泰然支行，账号为 7442510182600110512，存放募投项目“增加工程项目配套资金”资金 1,195.53 万元。 3、中国民生银行股份有限公司深圳分行，账号为 1818014170003881，存放募投项目“其他与主营业务相关的营运资金”资金 40,019.39 万元。 4、广东发展银行股份有限公司深圳南山支行，账号 102081512010006063，存放募投项目“其他与主营业务相关的营运资金”资金 18,009.15 万元。
募集资金使用及披露中存在的问题或其他情况	本公司已及时、真实、准确、完整披露募集资金的存放和使用情况。

3.8.2 变更募集资金投资项目情况表

□ 适用　　√ 不适用

3.8.3 重大非募集资金项目情况

□ 适用　　√ 不适用

3.9 董事会下半年的经营计划修改计划

□ 适用　　√ 不适用

3.10 报告期内现金分红政策的执行情况

□ 适用　　√ 不适用

3.11 预测年初至下一报告期期末的累计净利润可能为亏损、实现扭亏为盈或者与上年同期相比发生大幅度变动的警示及说明

□ 适用　　√ 不适用

3.12 公司董事会对会计师事务所本报告期“非标准审计报告”的说明

□ 适用　　√ 不适用

3.13 公司董事会对会计师事务所上年度“非标准审计报告”涉及事项的变化及处理情况的说明

□ 适用　　√ 不适用

第四节　重要事项

4.1 重大诉讼仲裁事项

□ 适用　　√ 不适用

4.2 收购、出售资产及资产重组

4.2.1 收购资产

□ 适用　　√ 不适用

4.2.2 出售资产

□ 适用　　√ 不适用

4.2.3 自资产重组报告书或收购出售资产公告刊登后，该事项的进展情况及对报告期经营成果与财务状况的影响

□ 适用　　√ 不适用

4.3 公司报告期内股权激励方案的执行情况，以及对公司报告期及未来财务状况和经营成果影响的说明

□ 适用　　√ 不适用

4.4 重大关联交易

4.4.1 与日常经营相关的关联交易

□ 适用　　√ 不适用

4.4.2 关联债权债务往来

□ 适用　　√ 不适用

4.5 担保事项

□ 适用　　√ 不适用

4.6 证券投资情况

□ 适用　　√ 不适用

4.7 承诺事项履行情况

√ 适用　　□ 不适用

（一）关于避免同业竞争的承诺函

控股股东、实际控制人作出的避免同业竞争承诺

为避免与本公司发生同业竞争，公司控股股东、实际控制人刘水出具如下承诺：

“本人目前乃至将来不从事、亦促使本人控制、与他人共同控制、具有重大影响的企业不从事任何在商业上对贵公司及/或贵公司的子公司、分公司、合营或联营公司构成或可能构成竞争或潜在竞争的业务或活动。如因国家法律修改或政策变动不可避免地使本人及/或本人控制、与他人共同控制、具有重大影响的企业与贵公司构成或可能构成同业竞争时，就该等构成同业竞争之业务的受托管理（或承包经营、租赁经营）或收购，发行人在同等条件下享有优先权。在贵公司今后经营活动中，本人将尽最大的努力减少与贵公司之间的关联交易。若本人与贵公司发生无法避免的关联交易，包括但不限于商品交易，相互提供服务或作为代理，则此种关联交易的条件必须按正常的商业条件进行，本人不要求或接受贵公司给予任何优于在一项市场公平交易中的第三者给予的条件。若需要与该项交易具有关联关系的贵公司的股东及/或董事回避表决，本人将促成该等关联股东及/或董事回避表决。前述承诺是无条件且不可撤销的。本人违反前述承诺将承担贵公司、贵公司其他股东或利益相关方因此所受到的任何损失。”

（二）公司股东关于股份锁定的承诺

发行人控股股东及实际控制人刘水，自然人股东魏国锋、张衡承诺：自发行人股票在证券交易所上市交易之日起 36 个月内，不转让或者委托他人管理其直接和间接持有的发行人股份，也不由发行人回购该部分股份；在上述期限届满后，在本人担任发行人董事、监事、高级管理人员期间，每年转让的股份不超过其所持有发行人股份总数的百分之二十五；离职后半年内，不转让本人直接和间接持有的发行人股份。同时作为刘水的关联方的刘溪、刘倩、刘长承诺，在刘水担任发行人董事、监事、高级管理人员期间，刘溪、刘倩、刘长每年转让的股份不超过其所持有发行人股份总数的百分之二十五；刘水离职后半年内，刘溪、刘倩、刘长不转让本人直接和间接持有的发行人股份。

发行人法人股东木胜投资承诺：自发行人股票在证券交易所上市交易之日起 36 个月内，不转让或者委托他人管理其直接和间接持有的发行人股份，也不由发行人回购该部分股份。同时木胜股东尹岚、吴忠明、黄美芳承诺，在证券交易所上市交易之日起 36 个月后，在本人担任发行人任职期间，每年转让的股份不超过其所持有发行人股份总数的百分之二十五；离职后半年内，不转让本人直接和间接持有的发行人股份。

发行人自然人股东陈阳春、杨锋源承诺：自发行人股票在证券交易所上市交易之日起 12 个月内，不转让或者委托他人管理本人持有的发行人股份，也不由发行人回购该部分股份；在上述期限届满后，在本人担任发行人董事、监事、高级管理人员期间，每年转让的股份不超过其所持有发行人股份总数的百分之二十五；离职后半年内，不转让本人直接和间接持有的发行人股份。

发行人自然人股东周扬波、郑媛茹承诺：自发行人股票在证券交易所上市交易之日起 12 个月内，不转让或者委托他人管理本人持有的发行人股份，也不由发行人回购该部分股份；24 个月内转让的股份不超过本人所持有股份总额的百分之五十；在上述期限届满后，在本人担任发行人董事、监事、高级管理人员期间，每年转让的股份不超过本人所持有发行人股份总数的百分之二十五；离职后半年内，不转让本人直接和间接持有的发行人股份。

发行人法人股东深圳创新投、无锡力合、中国风投、山河装饰承诺：自发行人股票在证券交易所上市交易之日起 36 个月内，不转让或者委托他人管理本机构持有的发行人股份，也不由发行人回购该部分股份。

（三）刘水对承担公路苗圃被追缴所得税的承诺

发行人控股股东及实际控制人刘水于 2010 年 12 月 1 日作出承诺，“若深圳市铁汉公路苗圃场有限公司被国家税务主管部门要求补缴上述 2008 年 1 月 1 日前因享受有关税收优惠政策而免缴或少缴的企业所得税，本人将无条件全额承担深圳市铁汉公路苗圃场有限公司应补缴的税款及因此所产生的所有相关费用”。

（四）刘水对承担发行人被追缴社保及住房公积金的承诺

如有关社保主管部门在任何时候依法要求发行人补缴在其首次公开发行股票之前任何期间内应缴的社会保险费用（包括但不限于基本养老保险、基本医疗保险、失业保险、工伤保险、生育保险五种基本保险和住房公积金），则刘水将无条件连带地全额承担相关费用。

（五）自然人发起人自行承担整体变更个人所得税的承诺

如若由于深圳市铁汉园林绿化有限公司以净资产折股整体变更为股份有限公司时，由于留存收益折股导致国家税务主管部门要求本人承担缴纳所得税税款的义务及/或税务处罚相关责任，或要求深圳市铁汉生态环境股份有限公司履行代扣代缴的义务，本人将无条件全额承担本人应缴纳的税款及因此所产生的所有相关费用，保证深圳市铁汉生态环境股份有限公司不因此遭受任何损失。

报告期内，公司、持股 5%以上股东在报告期内均遵守了上述承诺。

第五节　股本变动及股东情况

5.1 股份变动情况表

单位：股

	本次变动前		本次变动增减（+，-）					本次变动后	
	数量	比例(%)	发行新股	送股	公积金转股	其他	小计	数量	比例(%)
一、有限售条件股份	46,060,600	100.00%	0	0	0	0	0	46,060,600	74.82%
1、国家持股	0	0.00%	0	0	0	0	0	0	0.00%
2、国有法人持股	0	0.00%	0	0	0	0	0	0	0.00%
3、其他内资持股	46,060,600	100.00%	0	0	0	0	0	46,060,600	74.82%
其中：境内非国有法人持股	11,175,690	24.26%	0	0	0	0	0	11,175,690	18.15%
境内自然人持股	34,884,910	75.74%	0	0	0	0	0	34,884,910	56.67%
4、外资持股	0	0.00%	0	0	0	0	0	0	0.00%
其中：境外法人持股	0	0.00%	0	0	0	0	0	0	0.00%
境外自然人持股	0	0.00%	0	0	0	0	0	0	0.00%
5、高管股份	0	0.00%	0	0	0	0	0	0	0.00%
二、无限售条件股份	0	0.00%	15,500,000	0	0	0	15,500,000	15,500,000	25.18%
1、人民币普通股	0	0.00%	15,500,000	0	0	0	15,500,000	15,500,000	25.18%
2、境内上市的外资股	0	0.00%	0	0	0	0	0	0	0.00%
3、境外上市的外资股	0	0.00%	0	0	0	0	0	0	0.00%
4、其他	0	0.00%	0	0	0	0	0	0	0.00%
三、股份总数	46,060,600	100.00%	15,500,000	0	0	0	15,500,000	61,560,600	100.00%

限售股份变动情况表

单位：股

股东名称	年初限售股数	本期解除限售股数	本期增加限售股数	期末限售股数	限售原因	解除限售日期
刘　水	0	0	31,795,396	31,795,396	首发承诺	2014-3-29
深圳市木胜投资有限公司	0	0	5,115,090	5,115,090	首发承诺	2014-3-29
深圳市创新投资集团有限公司	0	0	2,424,240	2,424,240	首发承诺	2014-3-29
中国风险投资有限公司	0	0	1,212,120	1,212,120	首发承诺	2014-3-29
广州山河装饰工程有限公司	0	0	1,212,120	1,212,120	首发承诺	2014-3-29
无锡力合创业投资有限公司	0	0	1,212,120	1,212,120	首发承诺	2014-3-29
张　衡	0	0	1,036,658	1,036,658	首发承诺	2014-3-29
陈阳春	0	0	859,335	859,335	首发承诺	2012-3-29
杨锋源	0	0	682,012	682,012	首发承诺	2012-3-29
魏国锋	0	0	289,855	289,855	首发承诺	2014-3-29

周扬波	0	0	119,352	119,352	首发承诺	2012-3-29
郑媛茹	0	0	102,302	102,302	首发承诺	2012-3-29
首次公开发行网下配售股份	0	3,100,000	3,100,000	0	网下配售	2011-6-29
合计	0	3,100,000	49,160,600	46,060,600	–	–

5.2 前 10 名股东、前 10 名无限售流通股股东持股情况表

单位：股

股东总数					4,084
前 10 名股东持股情况					
股东名称	股东性质	持股比例(%)	持股总数	持有有限售条件股份数量	质押或冻结的股份数量
刘　水	境内自然人	51.65%	31,795,396	31,795,396	
深圳市木胜投资有限公司	境内非国有法人	8.31%	5,115,090	5,115,090	
深圳市创新投资集团有限公司	境内非国有法人	3.94%	2,424,240	2,424,240	
中国风险投资有限公司	境内非国有法人	1.97%	1,212,120	1,212,120	
广州山河装饰工程有限公司	境内非国有法人	1.97%	1,212,120	1,212,120	
无锡力合创业投资有限公司	境内非国有法人	1.97%	1,212,120	1,212,120	
张　衡	境内自然人	1.68%	1,036,658	1,036,658	
魏文芳	境内自然人	1.57%	966,544	966,544	
陈阳春	境内自然人	1.40%	859,335	859,335	
杨锋源	境内自然人	1.11%	682,012	682,012	100,000

前 10 名无限售条件股东持股情况		
股东名称	持有无限售条件股份数量	股份种类
魏文芳	966,544	人民币普通股
中国建设银行－华富竞争力优选混合型证券投资基金	560,000	人民币普通股
中国建设银行－华商盛世成长股票型证券投资基金	559,021	人民币普通股
魏子凤	539,220	人民币普通股
融通新蓝筹证券投资基金	395,628	人民币普通股
中国电力财务有限公司	310,000	人民币普通股
云南国际信托有限公司－云信成长 2007-2 第十期集合资金信托	310,000	人民币普通股
云南国际信托有限公司－云信成长 2007-2 第一期集合资金信托	310,000	人民币普通股
中国银行－国投瑞银稳定增利债券型证券投资基金	310,000	人民币普通股
中国工商银行－嘉实多元收益债券型证券投资基金	310,000	人民币普通股
上述股东关联关系或一致行动的说明	上述股东与公司控股股东、实际控制人均无关联关系或为一致行动人，未知上述股东之间是否存在关联关系或为一致行动人。	

5.3 控股股东及实际控制人变更情况

□ 适用　　√ 不适用

第六节　董事、监事和高级管理人员情况

6.1 董事、监事和高级管理人员持股变动

姓　名	职务	性别	年龄	任期起始日期	任期终止日期	年初持股数	年末持股数	变动原因	报告期内从公司领取的报酬总额(万元)税前	是否在股东单位或其他关联单位领取薪酬
刘　水	董事长兼总经理	男	42	2009-09-07	2012-09-06	31,795,396	31,795,396		11.60	否
张　衡	董事、副总经理	男	38	2009-09-07	2012-09-06	1,036,658	1,036,658		9.40	否
陈阳春	董事、副总经理	男	36	2009-09-07	2012-09-06	859,335	859,335		9.40	否
刘建云	董事	男	41	2009-09-07	2012-09-06	0	0		3.00	否
刘鸿雁	独立董事	男	43	2009-09-07	2012-09-06	0	0		3.68	否
王　斌	独立董事	男	46	2009-09-07	2012-09-06	0	0		3.68	否
尹公辉	独立董事	男	46	2010-06-09	2012-09-06	0	0		3.68	否
尹　岚	监事会召集人	女	41	2009-09-07	2012-09-06	0	0		6.40	否
黄美芳	监事	女	30	2009-12-19	2012-09-06	0	0		3.36	否
吴忠明	监事	男	43	2009-09-07	2012-09-06	0	0		3.58	否
魏国锋	副总经理	男	39	2009-09-07	2012-09-06	289,855	289,855		9.40	否
周扬波	财务总监	男	36	2009-09-07	2012-09-06	119,352	119,352		9.40	否
郑媛茹	副总经理	女	39	2009-09-07	2012-09-06	102,302	102,302		9.40	否
黄东光	副总经理	男	50	2009-11-29	2012-09-06	0	0		9.40	否
杨锋源	副总经理、董事会秘书	男	38	2009-09-18	2012-09-06	682,012	682,012		10.60	否
合计	–	–	–	–	–	34,884,910	34,884,910	–	105.98	–

上述人员持有本公司的股票期权及被授予的限售流通股股票数量。

□ 适用　　√ 不适用

第七节　财务报告

7.1 审计意见

财务报告	是
审计意见	标准无保留审计意见
审计报告编号	广会所审字[2011]第 10006310013 号
审计报告标题	审计报告
审计报告收件人	深圳市铁汉生态环境股份有限公司全体股东
引言段	我们审计了后附的深圳市铁汉生态环境股份有限公司（以下简称“铁汉生态”）财务报表，包括 2011 年 6 月 30 日的资产负债表，2011 年 1－6 月的利润表、现金流量表和股东权益变动表以及财务报表附注。
管理层对财务报表的责任段	按照企业会计准则的规定编制财务报表是铁汉生态管理层的责任。这种责任包括：(1)设计、实施和维护与财务报表编制相关的内部控制，以使财务报表不存在由于舞弊或错误而导致的重大错报；(2)选择和运用恰当的会计政策；(3)作出合理的会计估计。
注册会计师责任段	我们的责任是在实施审计工作的基础上对财务报表发表审计意见。我们按照中国注册会计师审计准则的规定执行了审计工作。中国注册会计师审计准则要求我们遵守职业道德规范，计划和实施审计工作以对财务报表是否不存在重大错报获取合理保证。 审计工作涉及实施审计程序，以获取有关财务报表金额和披露的审计证据。选择的审计程序取决于注册会计师的判断，包括对由于舞弊或错误导致的财务报表重大错报风险的评估。在进行风险评估时，我们考虑与财务报表编制相关的内部控制，以设计恰当的审计程序，但目的并非对内部控制的有效性发表意见。审计工作还包括评价管理层选用会计政策的恰当性和作出会计估计的合理性，以及评价财务报表的总体列报。 我们相信，我们获取的审计证据是充分、适当的，为发表审计意见提供了基础。
审计意见段	我们认为，铁汉生态财务报表已经按照企业会计准则的规定编制，在所有重大方面公允反映了铁汉生态 2011 年 6 月 30 日的财务状况以及 2011 年 1－6 月的经营成果和现金流量。
非标意见	
审计机构名称	广东正中珠江会计师事务所有限公司
审计机构地址	广州市东风东路 555 号粤海集团大厦 10 楼
审计报告日期	2011 年 8 月 07 日
注册会计师姓名	杨新春、熊永忠

7.2 财务报表

7.2.1 资产负债表

编制单位：深圳市铁汉生态环境股份有限公司　　2011 年 06 月 30 日　　单位：元

项目	期末余额 合并	期末余额 母公司	年初余额 合并	年初余额 母公司
流动资产：				
货币资金	943,385,876.53	943,385,876.53	107,845,847.54	107,845,847.54
结算备付金				
拆出资金				
交易性金融资产				
应收票据				
应收账款	49,783,834.72	49,783,834.72	21,747,793.58	21,747,793.58
预付款项	14,912,232.86	14,912,232.86	6,584,048.40	6,584,048.40
应收保费				
应收分保账款				
应收分保合同准备金				
应收利息	5,924,027.78	5,924,027.78		
应收股利				
其他应收款	52,651,727.71	52,651,727.71	22,368,640.10	22,368,640.10
买入返售金融资产				
存货	254,779,558.31	254,779,558.31	134,486,930.16	134,486,930.16
一年内到期的非流动资产				
其他流动资产				
流动资产合计	1,321,437,257.91	1,321,437,257.91	293,033,259.78	293,033,259.78
非流动资产：				
发放委托贷款及垫款				
可供出售金融资产				
持有至到期投资				
长期应收款				
长期股权投资	1,109,980.00	1,109,980.00	1,109,980.00	1,109,980.00
投资性房地产				
固定资产	41,740,641.17	41,740,641.17	31,308,555.28	31,308,555.28
在建工程				
工程物资				
固定资产清理				
生产性生物资产				
油气资产				
无形资产	176,029.90	176,029.90	195,990.94	195,990.94
开发支出				
商誉				
长期待摊费用	9,479,869.40	9,479,869.40	6,489,392.16	6,489,392.16
递延所得税资产	1,048,902.21	1,048,902.21	441,687.69	441,687.69
其他非流动资产				
非流动资产合计	53,555,422.68	53,555,422.68	39,545,606.07	39,545,606.07

资产总计	1,374,992,680.59	1,374,992,680.59	332,578,865.85	332,578,865.85
流动负债：				
短期借款	38,500,000.00	38,500,000.00	41,500,000.00	41,500,000.00
向中央银行借款				
吸收存款及同业存放				
拆入资金				
交易性金融负债				
应付票据				
应付账款	29,865,556.50	29,865,556.50	27,156,128.13	27,156,128.13
预收款项	2,448,806.00	2,448,806.00	15,598,332.39	15,598,332.39
卖出回购金融资产款				
应付手续费及佣金				
应付职工薪酬	2,087,799.07	2,087,799.07	3,628,196.37	3,628,196.37
应交税费	18,809,128.81	18,809,128.81	9,891,992.19	9,891,992.19
应付利息				
应付股利				
其他应付款	2,335,064.57	2,335,064.57	5,825,570.89	5,825,570.89
应付分保账款				
保险合同准备金				
代理买卖证券款				
代理承销证券款				
一年内到期的非流动负债				
其他流动负债				
流动负债合计	94,046,354.95	94,046,354.95	103,600,219.97	103,600,219.97
非流动负债：				
长期借款				
应付债券				
长期应付款				
专项应付款				
预计负债				
递延所得税负债				
其他非流动负债				
非流动负债合计				
负债合计	94,046,354.95	94,046,354.95	103,600,219.97	103,600,219.97
所有者权益(或股东权益)：				
实收资本(或股本)	61,560,600.00	61,560,600.00	46,060,600.00	46,060,600.00
资本公积	1,073,742,743.40	1,073,742,743.40	88,960,823.70	88,960,823.70
减:库存股				
专项储备				
盈余公积	14,564,298.22	14,564,298.22	9,395,722.21	9,395,722.21
一般风险准备				
未分配利润	131,078,684.02	131,078,684.02	84,561,499.97	84,561,499.97
外币报表折算差额				
归属于母公司				
所有者权益合计	1,280,946,325.64	1,280,946,325.64	228,978,645.88	228,978,645.88
少数股东权益				
所有者权益合计	1,280,946,325.64	1,280,946,325.64	228,978,645.88	228,978,645.88
负债和所有者权益总计	1,374,992,680.59	1,374,992,680.59	332,578,865.85	332,578,865.85

7.2.2 利润表

编制单位：深圳市铁汉生态环境股份有限公司　　2011 年 1－6 月　　单位：元

项目	本期金额		上期金额	
	合并	母公司	合并	母公司
一、营业总收入	341,127,547.00	341,127,547.00	186,084,028.35	186,084,028.35
其中：营业收入	341,127,547.00	341,127,547.00	186,084,028.35	186,084,028.35
利息收入				
已赚保费				
手续费及佣金收入				
二、营业总成本	280,902,002.45	280,902,002.45	154,021,452.82	154,021,452.82
其中：营业成本	233,416,287.63	233,416,287.63	127,412,901.71	127,412,901.71
利息支出				
手续费及佣金支出				
退保金				
赔付支出净额				
提取保险合同准备金净额				
保单红利支出				
分保费用				
营业税金及附加	11,404,676.14	11,404,676.14	6,071,512.17	6,071,512.17
销售费用				
管理费用	36,633,248.65	36,633,248.65	18,988,590.12	18,988,590.12
财务费用	−4,600,306.79	−4,600,306.79	533,924.91	533,924.91
资产减值损失	4,048,096.82	4,048,096.82	1,014,523.91	1,014,523.91
加：公允价值变动收益				
(损失以"−"号填列)				
投资收益(损失以"−"号填列)				
其中：对联营企业和合营企业的投资收益				
汇兑收益(损失以"−"号填列)				
三、营业利润				
(亏损以"−"号填列)	60,225,544.55	60,225,544.55	32,062,575.53	32,062,575.53
加：营业外收入	1,340,000.00	1,340,000.00	700,000.00	700,000.00
减：营业外支出	1,338,000.00	1,338,000.00	160,000.00	160,000.00
其中：非流动资产处置损失				
四、利润总额				
(亏损总额以"−"号填列)	60,227,544.55	60,227,544.55	32,602,575.53	32,602,575.53
减：所得税费用	8,541,784.49	8,541,784.49	4,824,302.04	4,824,302.04
五、净利润				
(净亏损以"−"号填列)	51,685,760.06	51,685,760.06	27,778,273.49	27,778,273.49
归属于母公司				
所有者的净利润	51,685,760.06	51,685,760.06	27,778,273.49	27,778,273.49
少数股东损益				
六、每股收益：				
(一)基本每股收益	0.96	0.96	0.60	0.60
(二)稀释每股收益	0.96	0.96	0.60	0.60
七、其他综合收益				
八、综合收益总额	51,685,760.06	51,685,760.06	27,778,273.49	27,778,273.49
归属于母公司所有者				
的综合收益总额	51,685,760.06	51,685,760.06	27,778,273.49	27,778,273.49
归属于少数股东的综合收益总额				

本期发生同一控制下企业合并的，被合并方在合并前实现的净利润为：51,685,760.06 元。

7.2.3 现金流量表

编制单位：深圳市铁汉生态环境股份有限公司　　2011 年 1－6 月　　单位：元

项目	本期金额		上期金额	
	合并	母公司	合并	母公司
一、经营活动产生的现金流量：				
销售商品、提供劳务				
收到的现金	194,068,745.07	194,068,745.07	96,571,659.62	96,571,659.62
客户存款和同业存放款项净增加额				
向中央银行借款净增加额				
向其他金融机构拆入资金净增加额				
收到原保险合同保费取得的现金				
收到再保险业务现金净额				
保户储金及投资款净增加额				
处置交易性金融资产净增加额				
收取利息、手续费及佣金的现金				
拆入资金净增加额				
回购业务资金净增加额				
收到的税费返还				
收到其他与经营				
活动有关的现金	2,030,783.38	2,030,783.38	700,000.00	700,000.00
经营活动现金流入小计	196,099,528.45	196,099,528.45	97,271,659.62	97,271,659.62
购买商品、接受				
劳务支付的现金	249,281,461.00	249,281,461.00	117,278,544.69	117,278,544.69
客户贷款及垫款净增加额				
存放中央银行和同业款项净增加额				
支付原保险合同赔付款项的现金				
支付利息、手续费及佣金的现金				
支付保单红利的现金				
支付给职工以				
为职工支付的现金	50,944,620.80	50,944,620.80	19,889,010.06	19,889,010.06
支付的各项税费	11,885,973.08	11,885,973.08	8,955,339.14	8,955,339.14
支付其他与经营				
活动有关的现金	28,341,792.34	28,341,792.34	14,855,670.74	14,855,670.74
经营活动现金流出小计	340,453,847.22	340,453,847.22	160,978,564.63	160,978,564.63
经营活动产生的				
现金流量净额	−144,354,318.77	−144,354,318.77	−63,706,905.01	−63,706,905.01
二、投资活动产生的现金流量：				
收回投资收到的现金				
取得投资收益收到的现金				
处置固定资产、无形资产和其他长期资产收回的现金净额				
处置子公司及其他营业单位收到的现金净额				
收到其他与投资活动有关的现金				
投资活动现金流入小计				
购建固定资产、无形				
资产和其他长期资				
产支付的现金	15,782,324.46	15,782,324.46	11,398,387.51	11,398,387.51
投资支付的现金				
质押贷款净增加额				
取得子公司及其他营业单位支付的现金净额				
支付其他与投资活动有关的现金				
投资活动现金流出小计	15,782,324.46	15,782,324.46	11,398,387.51	11,398,387.51
投资活动产生的				
现金流量净额	−15,782,324.46	−15,782,324.46	−11,398,387.51	−11,398,387.51
三、筹资活动产生的现金流量：				
吸收投资收到的现金	1,006,665,300.00	1,006,665,300.00		
其中：子公司吸收少				
数股东投资收到的现金				
取得借款收到的现金	58,500,000.00	58,500,000.00	21,500,000.00	21,500,000.00
发行债券收到的现金				
收到其他与筹资活动有关的现金			3,973,287.51	3,973,287.51

筹资活动现金流入小计	1,065,165,300.00	1,065,165,300.00	25,473,287.51	25,473,287.51
偿还债务支付的现金	61,500,000.00	61,500,000.00	9,850,000.00	9,850,000.00
分配股利、利润或偿付利息支付的现金	1,669,948.25	1,669,948.25	347,925.59	347,925.59
其中:子公司支付给少数股东的股利、利润				
支付其他与筹资活动有关的现金	6,319,076.20	6,319,076.20	1,381,900.61	1,381,900.61
筹资活动现金流出小计	69,489,024.45	69,489,024.45	11,579,826.20	11,579,826.20
筹资活动产生的现金流量净额	995,676,275.55	995,676,275.55	13,893,461.31	13,893,461.31
四、汇率变动对现金及现金等价物的影响	−15.15	−15.15	−8.40	−8.40
五、现金及现金等价物净增加额	835,539,617.17	835,539,617.17	−61,211,839.61	−61,211,839.61
加:期初现金及现金等价物余额	105,980,725.09	105,980,725.09	79,070,054.56	79,070,054.56
六、期末现金及现金等价物余额	941,520,342.26	941,520,342.26	17,858,214.95	17,858,214.95

7.2.4 合并所有者权益变动表

编制单位:深圳市铁汉生态环境股份有限公司　　2011 半年度　　单位:元

	本期金额									
	归属于母公司所有者权益									
项目	实收资本(或股本)	资本公积	减:库存股	专项储备	盈余公积	一般风险准备	未分配利润	其他	少数股东权益	所有者权益合计
一、上年年末余额	46,060,600.00	88,960,823.70			9,395,722.21		84,561,499.97			228,978,645.88
加:会计政策变更										
前期差错更正										
其他										
二、本年年初余额	46,060,600.00	88,960,823.70			9,395,722.21		84,561,499.97			228,978,645.88
三、本年增减变动金额(减少以"−"号填列)	15,500,000.00	984,781,919.70			5,168,576.01		46,517,184.05			1,051,967,679.76
(一)净利润							51,685,760.06			51,685,760.06
(二)其他综合收益										
上述(一)和(二)小计							51,685,760.06			51,685,760.06
(三)所有者投入和减少资本	15,500,000.00	984,781,919.70								1,000,281,919.70
1.所有者投入资本	15,500,000.00	984,781,919.70								1,000,281,919.70
2.股份支付计入所有者权益的金额										
3.其他										
(四)利润分配					5,168,576.01		−5,168,576.01			
1.提取盈余公积					5,168,576.01		−5,168,576.01			
2.提取一般风险准备										
3.对所有者(或股东)的分配										
4.其他										
(五)所有者权益内部结转										
1.资本公积转增资本(或股本)										
2.盈余公积转增资本(或股本)										
3.盈余公积弥补亏损										
4.其他										
(六)专项储备										
1.本期提取										
2.本期使用										
(七)其他										
四、本期期末余额	61,560,600.00	1,073,742,743.40			14,564,298.22		131,078,684.02			1,280,946,325.64

	上年金额									
	归属于母公司所有者权益									
项目	实收资本(或股本)	资本公积	减:库存股	专项储备	盈余公积	一般风险准备	未分配利润	其他	少数股东权益	所有者权益合计
一、上年年末余额	46,060,600.00	88,960,823.70			2,936,461.86		26,428,156.79			164,386,042.35
加:会计政策变更										
前期差错更正										
其他										
二、本年年初余额	46,060,600.00	88,960,823.70			2,936,461.86		26,428,156.79			164,386,042.35
三、本年增减变动金额(减少以"−"号填列)					6,459,260.35		58,133,343.18			64,592,603.53
(一)净利润							64,592,603.53			64,592,603.53
(二)其他综合收益										
上述(一)和(二)小计							64,592,603.53			64,592,603.53
(三)所有者投入和减少资本										
1.所有者投入资本										
2.股份支付计入所有者权益的金额										
3.其他										
(四)利润分配					6,459,260.35		−6,459,260.35			
1.提取盈余公积					6,459,260.35		−6,459,260.35			
2.提取一般风险准备										
3.对所有者(或股东)的分配										
4.其他										
(五)所有者权益内部结转										
1.资本公积转增资本(或股本)										
2.盈余公积转增资本(或股本)										
3.盈余公积弥补亏损										
4.其他										
(六)专项储备										
1.本期提取										
2.本期使用										
(七)其他										
四、本期期末余额	46,060,600.00	88,960,823.70			9,395,722.21		84,561,499.97			228,978,645.88

7.2.5 母公司所有者权益变动表

编制单位:深圳市铁汉生态环境股份有限公司　　2011 半年度　　单位:元

	本期金额							
项目	实收资本(或股本)	资本公积	减:库存股	专项储备	盈余公积	一般风险准备	未分配利润	所有者权益合计
一、上年年末余额	46,060,600.00	88,960,823.70			9,395,722.21		84,561,499.97	228,978,645.88
加:会计政策变更								
前期差错更正								
其他								
二、本年年初余额	46,060,600.00	88,960,823.70			9,395,722.21		84,561,499.97	228,978,645.88
三、本年增减变动金额(减少以"−"号填列)	15,500,000.00	984,781,919.70			5,168,576.01		46,517,184.05	1,051,967,679.76
(一)净利润							51,685,760.06	51,685,760.06
(二)其他综合收益								
上述(一)和(二)小计							51,685,760.06	51,685,760.06
(三)所有者投入和减少资本	15,500,000.00	984,781,919.70						1,000,281,919.70
1.所有者投入资本	15,500,000.00	984,781,919.70						1,000,281,919.70
2.股份支付计入所有者权益的金额	0.00	0.00						0.00
3.其他	0.00	0.00						0.00
(四)利润分配					5,168,576.01		−5,168,576.01	
1.提取盈余公积					5,168,576.01		−5,168,576.01	
2.提取一般风险准备								
3.对所有者(或股东)的分配								
4.其他								
(五)所有者权益内部结转								
1.资本公积转增资本(或股本)								
2.盈余公积转增资本(或股本)								
3.盈余公积弥补亏损								
4.其他								
(六)专项储备								
1.本期提取								
2.本期使用								
(七)其他								
四、本期期末余额	61,560,600.00	1,073,742,743.40			14,564,298.22		131,078,684.02	1,280,946,325.64

	上年金额							
项目	实收资本(或股本)	资本公积	减:库存股	专项储备	盈余公积	一般风险准备	未分配利润	所有者权益合计
一、上年年末余额	46,060,600.00	88,960,823.70			2,936,461.86		26,428,156.79	164,386,042.35
加:会计政策变更								
前期差错更正								
其他								
二、本年年初余额	46,060,600.00	88,960,823.70			2,936,461.86		26,428,156.79	164,386,042.35
三、本年增减变动金额(减少以"−"号填列)					6,459,260.35		58,133,343.18	64,592,603.53
(一)净利润							64,592,603.53	64,592,603.53
(二)其他综合收益								
上述(一)和(二)小计							64,592,603.53	64,592,603.53
(三)所有者投入和减少资本								
1.所有者投入资本								
2.股份支付计入所有者权益的金额								
3.其他								
(四)利润分配					6,459,260.35		−6,459,260.35	
1.提取盈余公积					6,459,260.35		−6,459,260.35	
2.提取一般风险准备								
3.对所有者(或股东)的分配								
4.其他								
(五)所有者权益内部结转								
1.资本公积转增资本(或股本)								
2.盈余公积转增资本(或股本)								
3.盈余公积弥补亏损								
4.其他								
(六)专项储备								
1.本期提取								
2.本期使用								
(七)其他								
四、本期期末余额	46,060,600.00	88,960,823.70			9,395,722.21		84,561,499.97	228,978,645.88

7.3 报表附注

7.3.1 如果出现会计政策、会计估计变更或会计差错更正的,说明有关内容、原因及影响数

□ 适用　　√ 不适用

7.3.2 如果财务报表合并范围发生重大变化的,说明原因及影响数

□ 适用　　√ 不适用

7.3.3 如果被出具非标准审计报告,列示涉及事项的有关附注

□ 适用　　√ 不适用

福建纳川管材科技股份有限公司

福建纳川管材科技股份有限公司 2011 年半年度报告摘要

第一节 重要提示

1.1 本公司董事会、监事会及其董事、监事、高级管理人员保证本报告所载资料不存在任何虚假记载、误导性陈述或者重大遗漏，并对其内容的真实性、准确性和完整性负个别及连带责任。

本半年度报告摘要摘自半年度报告全文，报告全文同时刊载于证监会指定披露网站。投资者欲了解详细内容，应当仔细阅读半年度报告全文。

1.2 除下列董事外，其他董事亲自出席了审议本次半年报的董事会会议

未亲自出席董事姓名	未亲自出席董事职务	未亲自出席会议原因	被委托人姓名
洪 波	独立董事	公务外出	陈少华

1.3 公司半年度财务报告已经福建华兴会计师事务所有限公司审计并被出具了标准无保留意见的审计报告。

1.4 公司负责人陈志江、主管会计工作负责人杨辉及会计机构负责人(会计主管人员)刘荣英声明：保证半年度报告中财务报告的真实、完整。

第二节 公司基本情况简介

2.1 基本情况简介

股票简称	纳川股份
股票代码	300198
法定代表人	陈志江
上市证券交易所	深圳证券交易所

2.2 联系人和联系方式

项目	董事会秘书	证券事务代表
姓名	杨 辉	徐婉娇
联系地址	泉州市泉港区普安工业区	泉州市泉港区普安工业区
电话	0595-87770399	0595-87770616
传真	0595-27730530	0595-27738935
电子信箱	nachuan@superpipe.cn	nachuan@superpipe.cn

2.3 主要财务数据和指标

2.3.1 主要会计数据

单位：元

项目	报告期	上年同期	本报告期比上年同期增减(%)
营业总收入(元)	123,029,097.15	63,632,762.86	93.34%
营业利润(元)	42,656,606.54	13,193,942.17	223.30%
利润总额(元)	41,900,185.14	16,879,692.17	148.23%
归属于上市公司股东的净利润(元)	35,081,706.33	14,431,440.42	143.09%
归属于上市公司股东的扣除非经常性损益后的净利润(元)	35,790,183.12	11,298,761.92	216.76%
经营活动产生的现金流量净额(元)	7,480,825.53	4,984,523.43	50.08%
项目	报告期末	上年度期末	本报告期末比上年度期末增减(%)
总资产(元)	942,566,033.99	293,428,489.06	221.23%
归属于上市公司股东的所有者权益(元)	896,186,868.98	190,278,662.65	370.99%
股本(股)	92,000,000.00	69,000,000.00	33.33%

2.3.2 主要财务指标

单位：元

项目	报告期	上年同期	本报告期比上年同期增减(%)
基本每股收益(元/股)	0.436	0.209	108.61%
稀释每股收益(元/股)	0.436	0.209	108.61%
扣除非经常性损益后的基本每股收益(元/股)	0.445	0.164	171.34%
加权平均净资产收益率(%)	6.60%	9.88%	-3.28%
扣除非经常性损益后的加权平均净资产收益率(%)	6.73%	7.74%	-1.01%
每股经营活动产生的现金流量净额(元/股)	0.08	0.07	14.29%
项目	报告期末	上年度期末	本报告期末比上年度期末增减(%)
归属于上市公司股东的每股净资产(元/股)	9.74	2.76	252.90%

2.3.3 非经常性损益项目

√ 适用　□ 不适用

单位：元

非经常性损益项目	金额	附注(如适用)
计入当期损益的政府补助，但与公司正常经营业务密切相关，符合国家政策规定、按照一定标准定额或定量持续享受的政府补助除外	400,000.00	
除上述各项之外的其他营业外收入和支出	-1,156,421.40	
所得税影响额	47,944.61	
合计	-708,476.79	-

第三节 董事会报告

3.1 主营业务产品或服务情况表

单位：万元

分产品或服务	营业收入	营业成本	毛利率(%)	营业收入比上年同期增减(%)	营业成本比上年同期增减(%)	毛利率比上年同期增减(%)
HDPE 缠绕增强管	12,285.82	5,439.98	55.72%	93.34%	54.88%	10.92%

3.2 主营业务分地区情况

单位：万元

地区	营业收入	营业收入比上年增减(%)
江西省	3,484.55	219.00%
广东省	3,197.13	46,675.14%
福建省	2,793.69	7.07%
浙江省	1,257.32	70.76%
江苏省	1,008.48	115.68%
内蒙古自治区	221.86	-29.88%
上海市	140.81	-9.74%
宁夏自治区	113.28	
湖北省	45.72	
北京市	22.30	
辽宁省	13.45	
山东省	6.40	-96.24%
湖南省	-19.20	-89.49%

3.3 主营业务及其结构发生重大变化的原因说明

□ 适用　√ 不适用

3.4 主营业务盈利能力(毛利率)与上年相比发生重大变化的原因说明

□ 适用　√ 不适用

3.5 利润构成与上年度相比发生重大变化的原因分析

□ 适用　√ 不适用

3.6 无形资产(商标、专利、非专利技术、土地使用权、水面养殖权、探矿权、采矿权)发生重大变化的影响因素及重大不利变化的应对措施

□ 适用　√ 不适用

3.7 因设备或技术更新升级换代、核心技术人员辞职、特许经营权丧失等导致公司核心竞争能力受到严重影响的具体情况及公司拟采取的措施说明

□ 适用　√ 不适用

3.8 募集资金使用情况

3.8.1 募集资金使用情况对照表

√ 适用　□ 不适用

单位：万元

募集资金总额	67,848.00	本报告期投入募集资金总额			2,599.04
报告期内变更用途的募集资金总额	0.00				
累计变更用途的募集资金总额	0.00	已累计投入募集资金总额			5,042.92
累计变更用途的募集资金总额比例	0.00%				
承诺投资项目和超募资金投向	是否已变更项目(含部分变更)	募集资金承诺投资总额	调整后投资总额(1)	本报告期投入金额	截至期末累计投入金额(2)
承诺投资项目					
纳川管材年产 4800 吨 HDPE 缠绕增强管项目	否	6,559.16	6,559.16	962.29	1,778.35
天津泰邦年产 4800 吨 HDPE 缠绕增强管项目	否	6,115.11	6,115.11	76.27	465.19

武汉汇川年产4800吨HDPE缠绕增强管项目	否	7,463.26	7,463.26	1,842.74	3,081.64
承诺投资项目小计	–	20,137.53	20,137.53	2,881.30	5,325.18
超募资金投向					
归还银行贷款(如有)	–			7,500.00	6,600.00
补充流动资金(如有)	–			1,500.00	2,400.00
超募资金投向小计	–	0.00	0.00	9,000.00	9,000.00
合计	–	20,137.53	20,137.53	11,881.30	14,325.18

承诺投资项目和超募资金投向	截至期末投资进度(%)(3)=(2)/(1)	项目达到预定可使用状态日期	本报告期实现的效益	是否达到预计效益	项目可行性是否发生重大变化
纳川管材年产4800吨HDPE缠绕增强管项目	27.11%	2011年12月31日	0.00	不适用	否
天津泰邦年产4800吨HDPE缠绕增强管项目	7.61%	2011年12月31日	0.00	不适用	否
武汉汇川年产4800吨HDPE缠绕增强管项目	41.29%	2011年12月31日	0.00	不适用	否
承诺投资项目小计	–	–	0.00	–	–
超募资金投向					
归还银行贷款(如有)		–	–	–	–
补充流动资金(如有)		–	–	–	–
超募资金投向小计	–	–	0.00	–	–
合计	–	–	0.00	–	–

未达到计划进度或预计收益的情况和原因(分具体项目)	无
项目可行性发生重大变化的情况说明	无
超募资金的金额、用途及使用进展情况	适用 公司使用超募资金归还了银行贷款7500万元,及补充流动资金1500万元。
募集资金投资项目实施地点变更情况	不适用
募集资金投资项目实施方式调整情况	不适用
募集资金投资项目先期投入及置换情况	适用 公司先期投入已置换1578.35万元,尚有1895.52万元。
用闲置募集资金暂时补充流动资金情况	适用 本期补充流动资金1500万元。
项目实施出现募集资金结余的金额及原因	不适用
尚未使用的募集资金用途及去向	尚未使用的募集资金尚在四个三方监管账户上。
募集资金使用及披露中存在的问题或其他情况	无

3.8.2 变更募集资金投资项目情况表

□ 适用　√ 不适用

3.8.3 重大非募集资金项目情况

□ 适用　√ 不适用

3.9 董事会下半年的经营计划修改计划

□ 适用　√ 不适用

3.10 报告期内现金分红政策的执行情况

□ 适用　√ 不适用

3.11 预测年初至下一报告期期末的累计净利润可能为亏损、实现扭亏为盈或者与上年同期相比发生大幅度变动的警示及说明

□ 适用　√ 不适用

3.12 公司董事会对会计师事务所本报告期"非标准审计报告"的说明

□ 适用　√ 不适用

3.13 公司董事会对会计师事务所上年度"非标准审计报告"涉及事项的变化及处理情况的说明

□ 适用　√ 不适用

第四节　重要事项

4.1 重大诉讼仲裁事项

□ 适用　√ 不适用

4.2 收购、出售资产及资产重组

4.2.1 收购资产

□ 适用　√ 不适用

4.2.2 出售资产

□ 适用　√ 不适用

4.2.3 自资产重组报告书或收购出售资产公告刊登后,该事项的进展情况及对报告期经营成果与财务状况的影响

□ 适用　√ 不适用

4.3 公司报告期内股权激励方案的执行情况,以及对公司报告期及未来财务状况和经营成果影响的说明

□ 适用　√ 不适用

4.4 重大关联交易

4.4.1 与日常经营相关的关联交易

√ 适用　□ 不适用

单位:万元

关联方	向关联方销售产品和提供劳务		向关联方采购产品和接受劳务	
	交易金额	占同类交易金额的比例	交易金额	占同类交易金额的比例
天津泰邦管材有限公司	0.00	0.00%	1,580.90	98.29%
合计	0.00	0.00%	1,580.90	98.29%

其中:报告期内公司向控股股东及其子公司销售产品或提供劳务的关联交易金额0.00万元。

与年初预计临时披露差异的说明　　无

4.4.2 关联债权债务往来

√ 适用　□ 不适用

单位:万元

关联方	向关联方提供资金		关联方向公司提供资金	
	发生额	余额	发生额	余额
天津泰邦管材有限公司	5,860.00	1,329.43	3,137.90	1,329.43
武汉汇川管材有限公司	960.00	1,064.30	0.00	0.00
福建东高污水管网投资有限公司	35.00	584.90	0.00	0.00
合计	6,855.00	2,978.63	3,137.90	1,329.43

其中:报告期内公司向控股股东及其子公司提供资金的发生额6,855.00万元,余额2,978.63万元。

4.5 担保事项

□ 适用　√ 不适用

4.6 证券投资情况

□ 适用　√ 不适用

4.7 承诺事项履行情况

√ 适用　□ 不适用

一、公司股票上市前股东所持股份的流通限制和自愿锁定股份的承诺

公司实际控制人陈志江先生承诺:

1、自发行人股票上市之日起36个月内,本人不转让或者委托他人管理本人直接或间接持有的发行人首次公开发行股票前已发行的股份,也不由发行人回购本人直接或间接持有的发行人首次公开发行股票前已发行的股份。

2、上述期限届满后,在本人担任发行人董事、监事或高级管理人员(如有)期间:本人每年转让的股份不超过本人持有的发行人股份总数的25%;如本人在买入后6个月内卖出或者在卖出后6个月内买入发行人股份的,则由此所得收益归发行人所有;在离职后半年内,本人不转让所持有的发行人股份。

3、在本人持有发行人5%以上(含5%)股份期间,如本人在买入后6个月内卖出或者在卖出后6个月内买入发行人股份的,则由此所得收益归发行人所有。

公司其他股东:李碧莲、林绿茵、泉州市泉港速通投资有限公司、钱明飞、王宗清、广发信德投资管理有限公司、阮卫星、廖宗雄、王利群等28位承诺:自发行人股票上市之日起12个月内,本人(本公司)不转让或者委托他人管理本人(本公司)直接或间接持有的发行人首次公开发行股票前已发行的股份,也不由发行人回购本人(本公司)直接或间接持有的发行人首次公开发行股票前已发行的股份。

报告期内,上述股东均信守承诺。

二、避免同行业竞争承诺

公司实际控制人陈志江先生关于《避免同行业竞争的承诺书》内容如下:

1、本人或本人控制的其他企业均未生产、开发任何与股份公司生产、开发的产品构成竞争或可能构成竞争的产品,未直接或间接经营任何与股份公司经营的业务构成竞争或可能构成竞争的业务,也未参与投资任何与股份公司生产、开发的产品或经营的业务构成竞争或可能构成竞争的其他公司、企业或其他组织、机构。

2、本人或本人控制的其他企业将不生产、开发任何与股份公司生产、开发的产品构成竞争或可能构成竞争的产品,不直接或间接经营任何与股份公司经营的业务构成竞争或可能构成竞争的业务,也不参与投资任何与股份公司生产的产品或经营的业务构成竞争或可能构成竞争的其他公司、企业或其他组织、机构。

3、如本人或本人控制的其他企业进一步拓展产品和业务范围,或股份公司进一步拓展产品和业务范围,本人或本人控制的其他企业将不与股份公司现有或拓展后的产品或业务相竞争;若与股份公司拓展后的产品或业务产生竞争,则本人或本人控制的其他企业将以停止生产或经营相竞争的产品或业务,或者将相竞争的产品或业务纳入到股份公司经营,或者将相竞争的产品或业务转让给无关联关系的第三方的方式避免同业竞争。

4、如以上承诺事项被证明不真实或未被遵守,本人将向股份公司赔偿由此造成的一切直接和间接损失,并承担相应的法律责任。

持股5%以上的股东:李碧莲、林绿茵、泉州市泉港速通投资有限公司、广发信德投资管理有限公司关于《避免同行业竞争的承诺书》内容如下:

1、本人(本公司)或本人(本公司)控制的其他企业均未生产、开发任何与股份公司生产、开发的产品构成竞争或可能构成竞争的产品,未直接或间接经营任何与股份公司经营的业务构成竞争或可能构成竞争的业务,也未参与投资任何与股份公司生产、开发的产品或经营的业务构成竞争或可能构成竞争的其他公司、企业或其他组织、机构。

2、自本承诺书签署之日起,本人(本公司)或本人(本公司)控制的其他企业将不生产、开发任何与股份公司生产、开发的产品构成竞争或可能构成竞争的产品,不直接或间接经营任何与股份公司经营的业务构成竞争或可能构成竞争的业务,也不参与投资任何与股份公司生产的产品或经营的业务构成竞争或可能构成竞争的其他公司、企业或其他组织、机构。

3、如本人(本公司)或本人(本公司)控制的其他企业进一步拓展产品和业务范围,或股份公司进一步拓展产品和业务范围,本公司或本公司控制的其他企业将不与股份公司现有或拓展后的产品或业务相竞争;若与股份公司拓展后的产品或业务产生竞争,则本公司或本公司控制的其他企业将以停止生产或经营相竞争的产品或业务,或者将相竞争的业务纳入到股份公司经营,或者将相竞争的产品或业务转让给无关联关系的第三方的方式避免同业竞争。

4、如以上承诺事项被证明不真实或未被遵守,本公司将向股份公司赔偿由此造成的一切直接和间接损失,并承担相应的法律责任。

报告期内,上述股东均信守承诺。

第五节　股本变动及股东情况

5.1 股份变动情况表

单位:股

	本次变动前		本次变动增减(+,-)					本次变动后	
	数量	比例(%)	发行新股	送股	公积金转股	其他	小计	数量	比例(%)
一、有限售条件股份	69,000,000	100.00%	4,500,000				4,500,000	73,500,000	79.89%
1、国家持股									
2、国有法人持股									
3、其他内资持股	69,000,000	100.00%	4,500,000				4,500,000	73,500,000	79.89%
其中:境内非国有法人持股	8,800,000	12.75%	4,500,000				4,500,000	13,300,000	14.46%
境内自然人持股	60,200,000	87.25%						60,200,000	65.43%
4、外资持股									
其中:境外法人持股									
境外自然人持股									
5、高管股份									
二、无限售条件股份			18,500,000				18,500,000	18,500,000	20.11%
1、人民币普通股			18,500,000				18,500,000	18,500,000	20.11%
2、境内上市的外资股									
3、境外上市的外资股									
4、其他									
三、股份总数	69,000,000	100.00%	23,000,000				23,000,000	92,000,000	100.00%

限售股份变动情况表

单位:股

股东名称	年初限售股数	本期解除限售股数	本期增加限售股数	期末限售股数	限售原因	解除限售日期
陈志江	30,014,400	0	0	30,014,400	首发承诺	2014-4-7
李碧莲	12,133,200	0	0	12,133,200	首发承诺	2012-4-7
林绿茵	9,558,600	0	0	9,558,600	首发承诺	2012-4-7
泉州市泉港速通投资有限公司	4,800,000	0	0	4,800,000	首发承诺	2012-4-7
广发信德投资管理有限公司	4,000,000	0	0	4,000,000	首发承诺	2012-4-7
钱明飞	3,193,800	0	0	3,193,800	首发承诺	2012-4-7
阮卫星	3,040,000	0	0	3,040,000	首发承诺	2012-4-7
王宗清	1,250,000	0	0	1,250,000	首发承诺	2012-4-7
廖宗雄	260,000	0	0	260,000	首发承诺	2012-4-7
王利群	100,000	0	0	100,000	首发承诺	2012-4-7
谭春艳	100,000	0	0	100,000	首发承诺	2012-4-7
黄孝勇	100,000	0	0	100,000	首发承诺	2012-4-7
杨 辉	50,000	0	0	50,000	首发承诺	2012-4-7
傅义营	50,000	0	0	50,000	首发承诺	2012-4-7
肖仁建	50,000	0	0	50,000	首发承诺	2012-4-7
许爱蓉	30,000	0	0	30,000	首发承诺	2012-4-7
陈政全	30,000	0	0	30,000	首发承诺	2012-4-7
朱丽华	30,000	0	0	30,000	首发承诺	2012-4-7
杨高明	30,000	0	0	30,000	首发承诺	2012-4-7
吴小勇	30,000	0	0	30,000	首发承诺	2012-4-7
金素洁	30,000	0	0	30,000	首发承诺	2012-4-7
陈毓桢	30,000	0	0	30,000	首发承诺	2012-4-7
林秀松	30,000	0	0	30,000	首发承诺	2012-4-7
庄树坤	10,000	0	0	10,000	首发承诺	2012-4-7
李林晓	10,000	0	0	10,000	首发承诺	2012-4-7
徐光辉	10,000	0	0	10,000	首发承诺	2012-4-7
刘荣英	10,000	0	0	10,000	首发承诺	2012-4-7
林环英	10,000	0	0	10,000	首发承诺	2012-4-7
黄春燕	10,000	0	0	10,000	首发承诺	2012-4-7
国都证券有限责任公司	0	0	750,000	750,000	网下发行限售	2011-7-7
华鑫证券有限责任公司	0	0	750,000	750,000	网下发行限售	2011-7-7
中国光大银行股份有限公司-国投瑞银融华债券型证券投资基金	0	0	750,000	750,000	网下发行限售	2011-7-7
中国银行-易方达积极成长证券投资基金	0	0	750,000	750,000	网下发行限售	2011-7-7
中国银行-国投瑞银稳定增利债券型证券投资基金	0	0	750,000	750,000	网下发行限售	2011-7-7
中国建设银行-易方达增强回报债券型证券投资基金	0	0	750,000	750,000	网下发行限售	2011-7-7
合计	69,000,000	0	4,500,000	73,500,000	-	-

5.2 前 10 名股东、前 10 名无限售流通股股东持股情况表

单位:股

股东总数　19,464

前 10 名股东持股情况

股东名称	股东性质	持股比例(%)	持股总数	持有有限售条件股份数量	质押或冻结的股份数量
陈志江	境内自然人	32.62%	30,014,400	30,014,400	
李碧莲	境内自然人	13.19%	12,133,200	12,133,200	
林绿茵	境内自然人	10.39%	9,558,600	9,558,600	
泉州市泉港速通投资有限公司	境内非国有法人	5.22%	4,800,000	4,800,000	
广发信德投资管理有限公司	境内非国有法人	4.35%	4,000,000	4,000,000	
钱明飞	境内自然人	3.52%	3,235,835	3,193,800	
阮卫星	境内自然人	3.30%	3,040,000	3,040,000	
王宗清	境内自然人	1.36%	1,250,000	1,250,000	
广发证券-交行-广发集合资产管理计划(3 号)	基金、理财产品等其他	0.96%	881,140	750,000	
国都证券有限责任公司	基金、理财产品等其他	0.82%	750,000	750,000	

前 10 名无限售条件股东持股情况

股东名称	持有无限售条件股份数量	股份种类
广发证券-交行-广发集合资产管理计划(3 号)	881,140	人民币普通股
施锡涛	360,044	人民币普通股
王柏洪	270,600	人民币普通股
施慧明	265,087	人民币普通股
中国建设银行-宝盈增强收益债券型证券投资基金	194,800	人民币普通股
赖满英	169,104	人民币普通股
林文革	157,260	人民币普通股
吕利芳	135,260	人民币普通股
岑倩屏	131,005	人民币普通股
光大银行-中欧新动力股票型证券投资基金	121,728	人民币普通股
上述股东关联关系或一致行动的说明	前 10 名股东中无关联关系,不属于一致行动人 1 未知前 10 名无限售条件股东之间是否存在关联关系,也未知是否属于一致行动人。	

5.3 控股股东及实际控制人变更情况

□ 适用　　√ 不适用

第六节　董事、监事和高级管理人员情况

6.1 董事、监事和高级管理人员持股变动

姓名	职务	性别	年龄	任期起始日期	任期终止日期	年初持股数	期末持股数	变动原因	报告期内从公司领取的报酬总额(万元)税前	是否在股东单位或其他关联单位领取薪酬
陈志江	董事长、总经理	男	44	2008-12-10	2011-12-09	30,014,400	30,014,400		12.19	否
杨 辉	董事、董事会秘书、财务总监	男	43	2009-08-12	2011-12-09	50,000	50,000		7.30	否
王利群	董事、副总经理	男	48	2008-12-10	2011-12-09	100,000	100,000		6.47	否
肖仁建	董事、副总经理	男	43	2008-12-10	2011-12-09	50,000	50,000		7.40	否
刘玉林	董事	男	44	2008-12-10	2011-12-09	0	0		0.66	是
陈志良	董事	男	62	2010-09-05	2011-12-09	0	0		1.44	否
陈少华	独立董事	男	50	2009-10-21	2011-12-09	0	0		2.88	否
洪 波	独立董事	男	52	2009-10-21	2011-12-09	0	0		2.88	否
简德武	独立董事	男	46	2009-10-21	2011-12-09	0	0		2.88	否
傅义营	监事	男	36	2008-12-10	2011-12-09	50,000	50,000		5.12	否

毛卫峰	监事	男	34	2008-12-10	2011-12-09	0	0		3.41	否
郭亚芳	监事	女	28	2008-12-10	2011-12-09	0	0		2.08	否
合 计	-	-	-	-	-	30,264,400	30,264,400	-	54.71	-

上述人员持有本公司的股票期权及被授予的限售流通股股票数量。

□ 适用 √ 不适用

第七节 财务报告

7.1 审计意见

财务报告	是
审计意见	标准无保留审计意见
审计报告编号	闽华兴所(2011)审字 E-098 号
审计报告标题	审计报告
审计报告收件人	杨 辉
引言段	我们审计了后附的福建纳川管材科技股份有限公司(以下简称贵公司)财务报表,包括了 2011 年 6 月 30 日的资产负债表及合并资产负债表,2011 年 1-6 月利润表及合并利润表,所有者权益变动表及合并所有者权益变动表和现金流量表及合并现金流量表以及财务报表附注。
管理层对财务报表的责任段	按照企业会计准则的规定编制财务报表是贵公司管理层的责任。这种责任包括:(1)设计、实施和维护与财务报表编制相关的内部控制,以使财务报表不存在由于舞弊或错误而导致的重大错报;(2)选择和运用恰当的会计政策;(3)作出合理的会计估计。
注册会计师责任段	我们的责任是在实施审计工作的基础上对财务报表发表审计意见。我们按照中国注册会计师审计准则的规定执行了审计工作。中国注册会计师审计准则要求我们遵守职业道德规范,计划和实施审计工作以对财务报表是否不存在重大错报获取合理保证。 审计工作涉及实施审计程序,以获取有关财务报表金额和披露的审计证据。选择的审计程序取决于注册会计师的判断,包括对由于舞弊或错误导致的财务报表重大错报风险的评估。在进行风险评估时,我们考虑与财务报表编制相关的内部控制,以设计恰当的审计程序,但目的并非对内部控制的有效性发表意见。审计工作还包括评价管理层选用会计政策的恰当性和作出会计估计的合理性,以及评价财务报表的总体列报。 我们相信,我们获取的审计证据是充分、适当的,为发表审计意见提供了基础。
审计意见段	我们认为,贵公司财务报表已经按照企业会计准则的规定编制,在所有重大方面公允反映了贵公司 2011 年 6 月 30 日的财务状况以及 2011 年 1-6 月的经营成果和现金流量。
非标意见	
审计机构名称	福建华兴会计师事务所有限公司
审计机构地址	福建省福州市湖东路 152 号中山大厦 B 座七-九楼
审计报告日期	2011 年 8 月 15 日
注册会计师姓名	刘延东、陈碧芸

7.2 财务报表

7.2.1 资产负债表

编制单位:福建纳川管材科技股份有限公司 2011 年 06 月 30 日 单位:元

项目	期末余额		年初余额	
	合并	母公司	合并	母公司
流动资产:				
货币资金	605,810,774.42	482,538,227.76	31,924,648.37	29,193,332.26
结算备付金				
拆出资金				
交易性金融资产				
应收票据	4,150,000.00	4,150,000.00	2,080,000.00	2,080,000.00
应收账款	133,594,607.88	133,455,123.98	118,284,860.89	117,956,611.96
预付款项	15,496,934.25	14,432,559.20	6,439,905.11	6,072,935.71
应收保费				
应收分保账款				
应收分保合同准备金				
应收利息	1,654,609.09	1,654,609.09		
应收股利				
其他应收款	3,500,766.30	25,547,425.11	3,955,490.55	8,455,854.67
买入返售金融资产				
存货	24,175,903.46	13,881,746.73	16,450,609.11	11,723,993.01
一年内到期的非流动资产				
其他流动资产				
流动资产合计	788,383,595.40	675,659,691.87	179,135,514.03	175,482,727.61
非流动资产:				
发放委托贷款及垫款				
可供出售金融资产				
持有至到期投资				
长期应收款	24,687,928.15	5,351,228.15	19,336,700.00	
长期股权投资		180,783,700.00		45,000,000.00
投资性房地产				
固定资产	84,276,684.65	51,851,028.27	71,545,427.17	38,731,258.26
在建工程	26,394,721.10		4,830,307.00	
工程物资	214,366.89			
固定资产清理				
生产性生物资产				
油气资产				
无形资产	17,163,776.98	3,624,393.54	17,242,395.85	3,562,058.37
开发支出				
商誉				
长期待摊费用				
递延所得税资产	1,444,960.82	1,523,170.14	1,338,145.01	1,320,936.73
其他非流动资产				
非流动资产合计	154,182,438.59	243,133,520.10	114,292,975.03	88,614,253.36
资产总计	942,566,033.99	918,793,211.97	293,428,489.06	264,096,980.97
流动负债:				
短期借款			66,000,000.00	66,000,000.00
向中央银行借款				
吸收存款及同业存放				
拆入资金				
交易性金融负债				
应付票据			680,625.00	680,625.00
应付账款	5,285,912.04	3,487,509.09	9,461,977.03	2,993,951.11
预收款项	26,629,743.48	12,213,438.00	14,159,497.20	
卖出回购金融资产款				
应付手续费及佣金				
应付职工薪酬	2,119,060.25	1,928,601.72	1,873,186.36	1,753,776.97
应交税费	6,119,404.95	6,250,465.44	10,620,682.99	7,557,658.32
应付利息				
应付股利				
其他应付款	6,225,044.29	11,943,993.96	353,857.83	6,508,090.79
应付分保账款				
保险合同准备金				
代理买卖证券款				
代理承销证券款				
一年内到期的非流动负债				
其他流动负债				
流动负债合计	46,379,165.01	35,824,008.21	103,149,826.41	85,494,102.19
非流动负债:				
长期借款				
应付债券				
长期应付款				
专项应付款				
预计负债				
递延所得税负债				
其他非流动负债				
非流动负债合计				
负债合计	46,379,165.01	35,824,008.21	103,149,826.41	85,494,102.19
所有者权益(或股东权益):				
实收资本(或股本)	92,000,000.00	92,000,000.00	69,000,000.00	69,000,000.00
资本公积	674,851,535.70	674,851,535.70	27,025,035.70	27,025,035.70
减:库存股				
专项储备				
盈余公积	9,292,784.30	9,292,784.30	9,292,784.30	9,292,784.30
一般风险准备				
未分配利润	120,042,548.98	106,824,883.76	84,960,842.65	73,285,058.78
外币报表折算差额				
归属于母公司所有者权益合计	896,186,868.98	882,969,203.76	190,278,662.65	178,602,878.78
少数股东权益				
所有者权益合计	896,186,868.98	882,969,203.76	190,278,662.65	178,602,878.78
负债和所有者权益总计	942,566,033.99	918,793,211.97	293,428,489.06	264,096,980.97

7.2.2 利润表

编制单位:福建纳川管材科技股份有限公司 2011 年 1-6 月 单位:元

项目	本期金额		上期金额	
	合并	母公司	合并	母公司
一、营业总收入	123,029,097.15	122,806,068.53	63,632,762.86	60,975,790.16

其中:营业收入	123,029,097.15	122,806,068.53	63,632,762.86	60,975,790.16
利息收入				
已赚保费				
手续费及佣金收入				
二、营业总成本	80,115,682.33	81,772,386.98	51,539,228.67	50,173,414.08
其中:营业成本	54,399,836.48	57,911,251.54	35,122,881.33	34,721,407.05
利息支出				
手续费及佣金支出				
退保金				
赔付支出净额				
提取保险合同准备金净额				
保单红利支出				
分保费用				
营业税金及附加	1,039,385.01	1,039,385.01	634,420.14	617,588.07
销售费用	9,753,518.35	9,474,721.94	6,522,064.79	6,010,835.09
管理费用	15,596,201.15	13,023,092.83	7,234,440.71	5,832,220.83
财务费用	−1,102,257.85	−1,024,287.10	856,072.19	864,228.10
资产减值损失	428,999.19	1,348,222.76	1,169,349.51	2,127,134.94
加:公允价值变动收益(损失以"−"号填列)				
投资收益(损失以"−"号填列)	−256,808.28		1,100,407.98	
其中:对联营企业和合营企业的投资收益				
汇兑收益(损失以"−"号填列)				
三、营业利润(亏损以"−"号填列)	42,656,606.54	41,033,681.55	13,193,942.17	10,802,376.08
加:营业外收入	411,578.60	8,392.60	3,754,890.00	3,752,800.00
减:营业外支出	1,168,000.00	1,168,000.00	69,140.00	69,140.00
其中:非流动资产处置损失				
四、利润总额(亏损总额以"−"号填列)	41,900,185.14	39,874,074.15	16,879,692.17	14,486,036.08
减:所得税费用	6,818,478.81	6,334,249.17	2,448,251.75	1,713,427.66
五、净利润(净亏损以"−"号填列)	35,081,706.33	33,539,824.98	14,431,440.42	12,772,608.42
归属于母公司所有者的净利润	35,081,706.33	33,539,824.98	14,431,440.42	12,772,608.42
少数股东损益				
六、每股收益:				
(一)基本每股收益	0.436		0.209	
(二)稀释每股收益	0.436		0.209	
七、其他综合收益				
八、综合收益总额	35,081,706.33	33,539,824.98	14,431,440.42	12,772,608.42
归属于母公司所有者的综合收益总额	35,081,706.33	33,539,824.98	14,431,440.42	12,772,608.42
归属于少数股东的综合收益总额				

本期发生同一控制下企业合并的,被合并方在合并前实现的净利润为:0.00 元。

7.2.3 现金流量表

编制单位:福建纳川管材科技股份有限公司　　2011 年 1-6 月　　单位:元

项目	本期金额		上期金额	
	合并	母公司	合并	母公司
一、经营活动产生的现金流量:				
销售商品、提供劳务收到的现金	138,145,877.82	137,488,468.39	61,006,744.84	59,239,857.53
客户存款和同业存放款项净增加额				
向中央银行借款净增加额				
向其他金融机构拆入资金净增加额				
收到原保险合同保费取得的现金				
收到再保险业务现金净额				
保户储金及投资款净增加额				
处置交易性金融资产净增加额				
收取利息、手续费及佣金的现金				
拆入资金净增加额				
回购业务资金净增加额				
收到的税费返还				
收到其他与经营活动有关的现金	1,211,906.05	31,756,373.16	4,312,229.76	15,544,542.92
经营活动现金流入小计	139,357,783.87	169,244,841.55	65,318,974.60	74,784,400.45
购买商品、接受劳务支付的现金	83,281,988.39	78,814,816.35	32,980,098.08	33,155,653.87
客户贷款及垫款净增加额				
存放中央银行和同业款项净增加额				
支付原保险合同赔付款项的现金				
支付利息、手续费及佣金的现金				
支付保单红利的现金				
支付给职工以及为职工支付的现金	7,606,226.58	6,134,317.61	5,686,180.31	4,464,168.39
支付的各项税费	21,545,047.32	18,685,198.29	12,294,508.56	10,952,481.48
支付其他与经营活动有关的现金	19,443,696.05	66,516,269.99	9,373,664.22	30,610,100.55
经营活动现金流出小计	131,876,958.34	170,150,602.24	60,334,451.17	79,182,404.29
经营活动产生的现金流量净额	7,480,825.53	−905,760.69	4,984,523.43	−4,398,003.84
二、投资活动产生的现金流量:				
收回投资收到的现金				
取得投资收益收到的现金				
处置固定资产、无形资产和其他长期资产收回的现金净额				
处置子公司及其他营业单位收到的现金净额				
收到其他与投资活动有关的现金			3,000,000.00	
投资活动现金流入小计			3,000,000.00	
购建固定资产、无形资产和其他长期资产支付的现金	40,630,393.23	17,001,337.56	20,976,000.28	1,165,473.19
投资支付的现金		135,783,700.00		
质押贷款净增加额				
取得子公司及其他营业单位支付的现金净额				
支付其他与投资活动有关的现金	5,300,000.00	5,300,000.00	1,300,000.00	
投资活动现金流出小计	45,930,393.23	158,085,037.56	22,276,000.28	1,165,473.19
投资活动产生的现金流量净额	−45,930,393.23	−158,085,037.56	−19,276,000.28	−1,165,473.19
三、筹资活动产生的现金流量:				
吸收投资收到的现金	678,480,000.00	678,480,000.00		
其中:子公司吸收少数股东投资收到的现金				
取得借款收到的现金	30,000,000.00	30,000,000.00	30,000,000.00	30,000,000.00
发行债券收到的现金				
收到其他与筹资活动有关的现金	1,004,157.62	1,004,157.62		
筹资活动现金流入小计	709,484,157.62	709,484,157.62	30,000,000.00	30,000,000.00
偿还债务支付的现金	96,000,000.00	96,000,000.00	53,500,000.00	53,500,000.00
分配股利、利润或偿付利息支付的现金	1,755,076.83	1,755,076.83	11,172,325.78	11,172,325.78
其中:子公司支付给少数股东的股利、利润				
支付其他与筹资活动有关的现金	3,958,000.00	3,958,000.00	19,781.02	19,781.02
筹资活动现金流出小计	101,713,076.83	101,713,076.83	64,692,106.80	64,692,106.80
筹资活动产生的现金流量净额	607,771,080.79	607,771,080.79	−34,692,106.80	−34,692,106.80
四、汇率变动对现金及现金等价物的影响				
五、现金及现金等价物净增加额	569,321,513.09	448,780,282.54	−48,983,583.65	−40,255,583.83
加:期初现金及现金等价物余额	31,924,648.37	29,193,332.26	69,225,201.99	55,780,373.59
六、期末现金及现金等价物余额	601,246,161.46	477,973,614.80	20,241,618.34	15,524,789.76

7.2.4 合并所有者权益变动表

编制单位:福建纳川管材科技股份有限公司　　2011 半年度　　单位:元

项目	本期金额								
	归属于母公司所有者权益								
	实收资本(或股本)	资本公积	减:库存股	专项储备	盈余公积	一般风险准备	未分配利润	其他	少数股东权益	所有者权益合计
一、上年年末余额	69,000,000.00	27,025,035.70			9,292,784.30		84,960,842.65			190,278,662.65
加:会计政策变更										
前期差错更正										
其他										
二、本年年初余额	69,000,000.00	27,025,035.70			9,292,784.30		84,960,842.65			190,278,662.65

项目	实收资本(或股本)	资本公积	减:库存股	专项储备	盈余公积	一般风险准备	未分配利润	其他	少数股东权益	所有者权益合计
三、本年增减变动金额										
(减少以"-"号填列)	23,000,000.00	647,826,500.00					35,081,706.33			705,908,206.33
(一)净利润							35,081,706.33			35,081,706.33
(二)其他综合收益										
上述(一)和(二)小计							35,081,706.33			35,081,706.33
(三)所有者投入										
和减少资本	23,000,000.00	647,826,500.00								670,826,500.00
1.所有者投入资本	23,000,000.00	647,826,500.00								670,826,500.00
2.股份支付计入所有者权益的金额										
3.其他										
(四)利润分配										
1.提取盈余公积										
2.提取一般风险准备										
3.对所有者(或股东)的分配										
4.其他										
(五)所有者权益内部结转										
1.资本公积转增资本(或股本)										
2.盈余公积转增资本(或股本)										
3.盈余公积弥补亏损										
4.其他										
(六)专项储备										
1.本期提取										
2.本期使用										
(七)其他										
四、本期期末余额	92,000,000.00	674,851,535.70			9,292,784.30		120,042,548.98			896,186,868.98

上年金额

项目	归属于母公司所有者权益 实收资本(或股本)	资本公积	减:库存股	专项储备	盈余公积	一般风险准备	未分配利润	其他	少数股东权益	所有者权益合计
一、上年年末余额	69,000,000.00	27,025,035.70			4,642,931.63		43,342,402.65			144,010,369.98
加:会计政策变更										
前期差错更正										
其他										
二、本年年初余额	69,000,000.00	27,025,035.70			4,642,931.63		43,342,402.65			144,010,369.98
三、本年增减变动金额										
(减少以"-"号填列)					4,649,852.67		41,618,440.00			46,268,292.67
(一)净利润							56,618,292.67			56,618,292.67
(二)其他综合收益										
上述(一)和(二)小计							56,618,292.67			56,618,292.67
(三)所有者投入和减少资本										
1.所有者投入资本										
2.股份支付计入所有者权益的金额										
3.其他										
(四)利润分配					4,649,852.67		-14,999,852.67			-10,350,000.00
1.提取盈余公积					4,649,852.67		-4,649,852.67			0.00
2.提取一般风险准备										
3.对所有者(或股东)的分配							-10,350,000.00			-10,350,000.00
4.其他										
(五)所有者权益内部结转										
1.资本公积转增资本(或股本)										
2.盈余公积转增资本(或股本)										
3.盈余公积弥补亏损										
4.其他										
(六)专项储备										
1.本期提取										
2.本期使用										
(七)其他										
四、本期期末余额	69,000,000.00	27,025,035.70			9,292,784.30		84,960,842.65			190,278,662.65

7.2.5 母公司所有者权益变动表

编制单位:福建纳川管材科技股份有限公司　　2011 半年度　　单位:元

本期金额

项目	实收资本(或股本)	资本公积	减:库存股	专项储备	盈余公积	一般风险准备	未分配利润	所有者权益合计
一、上年年末余额	69,000,000.00	27,025,035.70			9,292,784.30		73,285,058.78	178,602,878.78
加:会计政策变更								
前期差错更正								
其他								
二、本年年初余额	69,000,000.00	27,025,035.70			9,292,784.30		73,285,058.78	178,602,878.78
三、本年增减变动金额								
(减少以"-"号填列)	23,000,000.00	647,826,500.00					33,539,824.98	704,366,324.98
(一)净利润							33,539,824.98	33,539,824.98
(二)其他综合收益								
上述(一)和(二)小计							33,539,824.98	33,539,824.98
(三)所有者投入和减少资本	23,000,000.00	647,826,500.00						670,826,500.00
1.所有者投入资本	23,000,000.00	647,826,500.00						670,826,500.00
2.股份支付计入所有者权益的金额								
3.其他								
(四)利润分配								
1.提取盈余公积								
2.提取一般风险准备								
3.对所有者(或股东)的分配								
4.其他								
(五)所有者权益内部结转								
1.资本公积转增资本(或股本)								
2.盈余公积转增资本(或股本)								
3.盈余公积弥补亏损								
4.其他								
(六)专项储备								
1.本期提取								
2.本期使用								
(七)其他								
四、本期期末余额	92,000,000.00	674,851,535.70			9,292,784.30		106,824,883.76	882,969,203.76

上年金额

项目	实收资本(或股本)	资本公积	减:库存股	专项储备	盈余公积	一般风险准备	未分配利润	所有者权益合计
一、上年年末余额	69,000,000.00	27,025,035.70			4,642,931.63		41,786,384.73	142,454,352.06
加:会计政策变更								
前期差错更正								
其他								
二、本年年初余额	69,000,000.00	27,025,035.70			4,642,931.63		41,786,384.73	142,454,352.06
三、本年增减变动金额								
(减少以"-"号填列)					4,649,852.67		31,498,674.05	36,148,526.72
(一)净利润							46,498,526.72	46,498,526.72
(二)其他综合收益								
上述(一)和(二)小计							46,498,526.72	46,498,526.72
(三)所有者投入和减少资本								
1.所有者投入资本								
2.股份支付计入所有者权益的金额								
3.其他								
(四)利润分配					4,649,852.67		-14,999,852.67	-10,350,000.00
1.提取盈余公积					4,649,852.67		-4,649,852.67	0.00
2.提取一般风险准备								
3.对所有者(或股东)的分配							-10,350,000.00	-10,350,000.00
4.其他								
(五)所有者权益内部结转								
1.资本公积转增资本(或股本)								
2.盈余公积转增资本(或股本)								
3.盈余公积弥补亏损								
4.其他								
(六)专项储备								
1.本期提取								
2.本期使用								
(七)其他								
四、本期期末余额	69,000,000.00	27,025,035.70			9,292,784.30		73,285,058.78	178,602,878.78

7.3 报表附注

7.3.1 如果出现会计政策、会计估计变更或会计差错更正的,说明有关内容、原因及影响数

□ 适用　　√ 不适用

7.3.2 如果财务报表合并范围发生重大变化的,说明原因及影响数

□ 适用　　√ 不适用

7.3.3 如果被出具非标准审计报告,列示涉及事项的有关附注

□ 适用　　√ 不适用

聚光科技(杭州)股份有限公司

聚光科技(杭州)股份有限公司2011年半年度报告摘要

第一节 重要提示

1.1 本公司董事会、监事会及其董事、监事、高级管理人员保证本报告所载资料不存在任何虚假记载、误导性陈述或者重大遗漏,并对其内容的真实性、准确性和完整性负个别及连带责任。

本半年度报告摘要摘自半年度报告全文,报告全文同时刊载于中国证监会创业板信息披露指定网站。投资者欲了解详细内容,应当仔细阅读半年度报告全文。

1.2 公司半年度财务报告未经会计师事务所审计。

1.3 公司负责人王健、主管会计工作负责人匡志宏及会计机构负责人(会计主管人员)屈哲峰声明:保证半年度报告中财务报告的真实、完整。

第二节 公司基本情况简介

2.1 基本情况简介

股票简称	聚光科技
股票代码	300203
法定代表人	王健
上市证券交易所	深圳证券交易所

2.2 联系人和联系方式

项目	董事会秘书	证券事务代表
姓名	田昆仑	王春伟
联系地址	杭州市滨江区滨安路760号	杭州市滨江区滨安路760号
电话	0571-85012176	0571-85012176
传真	0571-85012008	0571-85012008
电子信箱	fpi@fpi-inc.com	fpi@fpi-inc.com

2.3 主要财务数据和指标

2.3.1 主要会计数据

单位:元

项目	报告期	上年同期	本报告期比上年同期增减(%)
营业总收入(元)	299,652,469.60	243,125,534.52	23.25%
营业利润(元)	32,455,235.82	19,204,813.71	69.00%
利润总额(元)	43,510,619.87	34,797,522.94	25.04%
归属于上市公司股东的净利润(元)	39,063,837.79	31,342,740.25	24.63%
归属于上市公司股东的扣除非经常性损益后的净利润(元)	34,103,468.82	27,352,998.10	24.68%
经营活动产生的现金流量净额(元)	-92,321,487.17	-53,764,318.81	-71.72%
项目	报告期末	上年度期末	本报告期末比上年度期末增减(%)
总资产(元)	1,779,792,144.89	1,013,937,190.53	75.53%
归属于上市公司股东的所有者权益(元)	1,482,904,749.64	606,927,027.34	144.33%
股本(股)	445,000,000.00	400,000,000.00	11.25%

2.3.2 主要财务指标

单位:元

项目	报告期	上年同期	本报告期比上年同期增减(%)
基本每股收益(元/股)	0.09	0.08	12.50%
稀释每股收益(元/股)	0.09	0.08	12.50%
扣除非经常性损益后的基本每股收益(元/股)	0.08	0.07	14.29%
加权平均净资产收益率(%)	4.31%	6.92%	-2.61%
扣除非经常性损益后的加权平均净资产收益率(%)	3.77%	6.04%	-2.27%
每股经营活动产生的现金流量净额(元/股)	-0.21	-0.13	-61.54%
项目	报告期末	上年度期末	本报告期末比上年度期末增减(%)
归属于上市公司股东的每股净资产(元/股)	3.33	1.52	119.08%

2.3.3 非经常性损益项目

√ 适用 □ 不适用

单位:元

非经常性损益项目	金额	附注(如适用)
非流动资产处置损益	-5,700.09	
计入当期损益的政府补助,但与公司正常经营业务密切相关,符合国家政策规定、按照一定标准定额或定量持续享受的政府补助除外	5,988,716.00	
除上述各项之外的其他营业外收入和支出	-460,331.27	
所得税影响额	-577,376.89	
少数股东权益影响额	15,061.22	
合计	4,960,368.97	-

第三节 董事会报告

3.1 主营业务产品或服务情况表

单位:万元

分产品或服务	营业收入	营业成本	毛利率(%)	营业收入比上年同期增减(%)	营业成本比上年同期增减(%)	毛利率比上年同期增减(%)
环境监测系统	12,472.98	5,529.34	55.67%	10.47%	16.29%	-2.22%
工业过程分析系统	13,292.27	6,653.78	49.94%	29.93%	33.46%	-1.33%
安全监测系统	1,551.46	694.95	55.21%	50.55%	43.85%	2.09%
运营维护服务	2,074.69	407.55	80.36%	627.44%	612.02%	0.43%
数字环保信息监测系统	115.81	56.66	51.08%	-86.71%	-86.94%	0.86%
其 他	421.88	314.29	25.50%	-5.23%	-4.48%	-0.59%
小 计	29,929.09	13,656.57	54.37%	23.91%	23.66%	0.09%

3.2 主营业务分地区情况

单位:万元

地区	营业收入	营业收入比上年增减(%)
华北	8,937.18	32.68%
东北	1,515.78	-9.29%
华东	12,273.63	81.57%
西南	1,586.90	-42.18%
华中	2,763.00	-9.01%
西北	1,439.74	-12.43%
华南	1,024.29	-17.87%
海外	388.58	23.70%
合计	29,929.10	23.91%

3.3 主营业务及其结构发生重大变化的原因说明

□ 适用 √ 不适用

3.4 主营业务盈利能力(毛利率)与上年相比发生重大变化的原因说明

□ 适用 √ 不适用

3.5 利润构成与上年度相比发生重大变化的原因分析

√ 适用 □ 不适用

报告期内,公司实现净利润3,896.53万元,同比上升19.90%,其中归属于母公司股东的净利润3,906.38万元,同比上升24.63%,主要是公司营业收入取得较大幅度增长所致。

1)报告期内营业收入较上年同期增长了23.25%,主要系公司加强经营管理,产品销售收入增长所致;

2)报告期内营业成本较上年同期增长了22.99%,主要系公司销售收入增长相应成本增长所致;

3)报告期内营业税金及附加较上年同期增加了388.81%,主要系外资企业税收政策发生变化,本公司及子公司杭州大地安科环境仪器有限公司自2010年12月份开始缴纳城建税及教育费附加所致;

4)报告期内资产减值损失较上年同期增加了68.40%,主要系公司销售收入增长应收账款增加,计提相应坏账准备增加所致;

5)报告期内所得税费用较上年同期增加了97.60%,主要原因是报告期内子公司利润较上年同期增长,相应的所得税费用增长所致。

3.6 无形资产(商标、专利、非专利技术、土地使用权、水面养殖权、探矿权、采矿权)发生重大变化的影响因素及重大不利变化的应对措施

√ 适用 □ 不适用

公司的无形资产主要包括土地使用权、专利、软件著作权等。

(1)土地使用情况

根据公司第一届董事会第七次会议审议通过的《关于购买土地并投资建设物联网产业园的议案》以及公司第一届董事会第十三次会议审议通过的《关于投资建设物联网产业园的议案》。

公司于2011年1月28日,通过竞拍形式,竞得杭政工出【2011】1号地块的土地使用权,面积为:40390平方米,土地价款:1940万元。取得杭州市国土局资源局颁发的"建设用地使用权挂牌竞买成交确认书",已交付土地款970万元。该建设项目已于2011年6月底取得了"环境影响评估报告的批复"和"节能评估的审批决定书"。公司由专人负责此项目的跟进和方案的实施。

(2)注册商标权属状况

截至2011年6月30日,公司拥有注册商标总计12项,其中有4项商标为公司改制设立前

有限公司取得，改制设立为股份有限公司后由公司承继取得。有1项为全资子公司北京英贤取得。报告期内，公司新增注册商标7项，向国家商标局申请但尚未核准的商标共1项。

（3）专利技术

截至2011年6月30日，公司已取得专利127项，其中发明专利41项，实用新型84项，外观设计2项。上述专利主要为公司股份改制设立前有限公司取得，改制后由公司承继取得。报告期内，公司新增专利17项，其中发明专利新增6项，实用新型新增11项。正在申请专利共111项，其中发明专利76项，实用新型专利35项。

（4）软件著作权

截至2011年6月30日，公司已取得计算机软件著作权83项。报告期内新增计算机软件著作权6项。

3.7 因设备或技术更新升级换代、核心技术人员辞职、特许经营权丧失等导致公司核心竞争能力受到严重影响的具体情况及公司拟采取的措施说明

□ 适用 √ 不适用

3.8 募集资金使用情况

3.8.1 募集资金使用情况对照表

√ 适用 □ 不适用

单位：万元

募集资金总额	90,000.00	本报告期投入募集资金总额	4,488.53
报告期内变更用途的募集资金总额	0.00		
累计变更用途的募集资金总额	0.00	已累计投入募集资金总额	4,488.53
累计变更用途的募集资金总额比例	0.00%		

承诺投资项目和超募资金投向	是否已变更项目（含部分变更）	募集资金承诺投资总额	调整后投资总额(1)	本报告期投入金额	截至期末累计投入金额(2)
承诺投资项目					
环境监测系统建设项目	否	8,375.00	8,375.00	1,068.33	1,068.33
工业过程分析系统建设项目	否	5,227.00	5,227.00	450.30	450.30
光纤传感安全监测系统建设项目	否	5,014.00	5,014.00	357.34	357.34
数字环保信息系统建设项目	否	6,793.00	6,793.00	1,149.16	1,149.16
运营维护体系建设项目	否	4,696.00	4,696.00	436.44	436.44
研究开发中心建设项目	否	5,213.00	5,213.00	1,026.96	1,026.96
承诺投资项目小计	–	35,318.00	35,318.00	4,488.53	4,488.53
超募资金投向					
归还银行贷款（如有）	–				
补充流动资金（如有）	–	9,300.00	9,300.00	9,300.00	9,300.00
超募资金投向小计	–	9,300.00	9,300.00	9,300.00	9,300.00
合计	–	44,618.00	44,618.00	13,788.53	13,788.53

承诺投资项目和超募资金投向	截至期末投资进度(%)(3)=(2)/(1)	项目达到预定可使用状态日期	本报告期实现的效益	是否达到预计效益	项目可行性是否发生重大变化
承诺投资项目					
环境监测系统建设项目	12.76%	2012年11月01日	0.00	不适用	否
工业过程分析系统建设项目	8.61%	2012年11月01日	0.00	不适用	否
光纤传感安全监测系统建设项目	7.13%	2012年11月01日	0.00	不适用	否
数字环保信息系统建设项目	16.92%	2012年11月01日	0.00	不适用	否
运营维护体系建设项目	9.29%	2012年11月01日	0.00	不适用	否
研究开发中心建设项目	19.70%	2012年11月01日	0.00	不适用	否
承诺投资项目小计	–	–	0.00	–	–
超募资金投向					
归还银行贷款（如有）		–	–	–	–
补充流动资金（如有）	100.00%	–	–	–	–
超募资金投向小计	–	–	0.00	–	–
合计	–	–	0.00	–	–

未达到计划进度或预计收益的情况和原因（分具体项目）	不适用
项目可行性发生重大变化的情况说明	不适用
超募资金的金额、用途及使用进展情况	适用 公司上市募集超募资金48369.75万元，2011年6月10日经公司一届董事会第十三次会议审议通过了《关于使用部分超募资金永久补充流动资金的议案》，同意使用部分超募资金9300万元用于永久补充流动资金。剩余超募资金尚未使用。
募集资金投资项目实施地点变更情况	不适用
募集资金投资项目实施方式调整情况	不适用
募集资金投资项目先期投入及置换情况	适用 截至2011年4月30日止，本公司以自筹资金预先投入募集资金项目的金额为3,356.10万元。对此，天健会计师事务所有限公司具了天健审〔2011〕3683号《关于聚光科技（杭州）股份有限公司以自筹资金预先投入募投项目的鉴证报告》，中信证券股份有限公司出具了核查意见，独立董事发表了独立意见，根据公司第一届董事会第十二次会议、第一届监事会第六次会议审议，公司已于本报告期置换完毕。
用闲置募集资金暂时补充流动资金情况	适用 公司实际募集资金净额为83,687.75万元，经过公司第一届董事会第十二次会议、第一届监事会第六次会议审议通过，同意公司使用闲置募集资金人民币8,300万元暂时补充流动资金，期限不超过6个月。对此，中信证券股份有限公司出具了核查意见，独立董事发表了独立意见。
项目实施出现募集资金结余的金额及原因	不适用
尚未使用的募集资金用途及去向	存放于募集资金专户
募集资金使用及披露中存在的问题或其他情况	不适用

3.8.2 变更募集资金投资项目情况表

□ 适用 √ 不适用

3.8.3 重大非募集资金项目情况

□ 适用 √ 不适用

3.9 董事会下半年的经营计划修改计划

□ 适用 √ 不适用

3.10 报告期内现金分红政策的执行情况

□ 适用 √ 不适用

3.11 预测年初至下一报告期期末的累计净利润可能为亏损、实现扭亏为盈或者与上年同期相比发生大幅度变动的警示及说明

□ 适用 √ 不适用

3.12 公司董事会对会计师事务所本报告期“非标准审计报告”的说明

□ 适用 √ 不适用

3.13 公司董事会对会计师事务所上年度“非标准审计报告”涉及事项的变化及处理情况的说明

□ 适用 √ 不适用

第四节 重要事项

4.1 重大诉讼仲裁事项

□ 适用 √ 不适用

4.2 收购、出售资产及资产重组

4.2.1 收购资产

□ 适用 √ 不适用

4.2.2 出售资产

□ 适用 √ 不适用

4.2.3 自资产重组报告书或收购出售资产公告刊登后，该事项的进展情况及对报告期经营成果与财务状况的影响

□ 适用 √ 不适用

4.3 公司报告期内股权激励方案的执行情况，以及对公司报告期及未来财务状况和经营成果影响的说明

□ 适用 √ 不适用

4.4 重大关联交易

4.4.1 与日常经营相关的关联交易

□ 适用 √ 不适用

4.4.2 关联债权债务往来

□ 适用 √ 不适用

4.5 担保事项

□ 适用 √ 不适用

4.6 证券投资情况

□ 适用 √ 不适用

4.7 承诺事项履行情况

√ 适用 □ 不适用

（一）公司股票上市前股东所持股份的流通限制和自愿锁定股份的承诺

控股股东睿洋科技、普渡科技，发起人股东RICH GOAL HOLDINGS LIMITED、ISLAND HONOUR LIMITED、WELL ADVANTAGE LIMITED、VISION WISE HOLDINGS LIMITED、JOY UP HOLDINGS LIMITED、MOST ACHIEVE LIMITED、GOLD DELIGHT LIMITED、ROSELAND HOLDINGS LIMITED、TRADE SINO LIMITED、凯洲科技、凯健科技、天津和光、天津和君、江苏新业科技、杭州恒赢投资、浙江瓯信创业投资、青岛泰屹投资，实际控制人王健、姚纳新承诺：“自公司股票上市之日起三十六个月内，不转让或者委托他人管理本公司直接或间接持有的公司公开发行股票前已发行的股份，也不由聚光科技回购其直接或间接持有的公司公开发行股票前已发行的股份。”

公司向中国证监会提交首次公开发行股票并在创业板上市申请并获正式受理之日前6个月内新增股东杭州赛智、绍兴龙山赛伯乐、杭州灵峰赛伯乐、北京中凡华软、华软投资（北京）承诺：“自持有公司股份之日起（以完成工商变更登记手续的2009年10月28日为基准日）三十六个月内，不转让或者委托他人管理本公司直接或间接持有的公司公开发行股票前已发行的股份，也不由公司回购本公司直接或间接持有的公司公开发行股票前已发行的股份，同时承诺自公司股票上市之日起十二个月内，不转让或者委托他人管理本公司直接或间接持有的公司公开发行股票前已发行的股份，也不由公司回购本公司直接或间接持有的公司公开发行股票前已发行的股份，自公司股票上市之日起二十四个月内，转让股份不超过其所持有股份总额的50%。”

除上述股份锁定外，在公司担任董事、监事、高级管理人员的股东及其关联自然人王健、姚纳新、朱敏、陈斌、王广宇、陈人、彭华、田昆仑、匡志宏、李凯、姚尧土、徐郁清(YUQING XU)还承诺："在本人及本人关联方担任董事、监事、高级管理人员职务期间，本人每年转让的直接或间接持有公司股份不超过其所直接或间接持有的股份总数的 25%；离职后半年内不转让其所直接或间接持有的公司的股份；在首次公开发行股票上市之日起六个月内申报离职的，自申报离职之日起十八个月内不得转让其直接持有的公司股份；在首次公开发行股票上市之日起第七个月至第十二个月之间申报离职的，自申报离职之日起十二个月内不得转让其直接持有的公司股份。"

报告期内，上述各方均严格履行了上述承诺。

(二)持有 5%以上股份的主要股东以及作为股东的董事、监事、高级管理人员做出的重要承诺及其履行情况

(1)持有 5%以上股份的主要股东做出的重要承诺

1、避免同业竞争承诺

为避免同业竞争损害公司及其他股东的利益，公司实际控制人王健、姚纳新，主要股东睿洋科技、普渡科技、杭州赛智、RICH GOAL 出具了《非竞争承诺函》，做出了以下承诺：

"在本承诺函签署之日，本公司(或本人)及本公司(或本人)控股子公司、拥有权益的附属公司及参股公司均未生产、开发任何与股份公司生产的产品构成竞争或可能构成竞争的产品，未直接或间接经营任何与股份公司经营的业务构成竞争或可能构成竞争的业务，也未参与投资于任何与股份公司生产的产品或经营的业务构成竞争或可能构成竞争的其他企业；

自本承诺函签署之日起，本公司(或本人)及本公司(或本人)控股子公司、拥有权益的附属公司及参股公司将不生产、开发任何与股份公司生产的产品构成竞争或可能构成竞争的产品，不直接或间接经营任何与股份公司经营的业务构成竞争或可能构成竞争的业务，也不参与投资于任何与股份公司生产的产品或经营的业务构成竞争或可能构成竞争的其他企业；

自本承诺函签署之日起，如股份公司进一步拓展其产品和业务范围，本公司(或本人)及本公司(或本人)控股子公司、拥有权益的附属公司及参股公司将不与股份公司拓展后的产品或业务相竞争；若与股份公司拓展后的产品或业务产生竞争，本公司(或本人)及本公司(或本人)控股子公司、拥有权益的附属公司及参股公司将以停止生产或经营相竞争的业务或产品的方式或者将相竞争的业务纳入到股份公司经营的方式或者将相竞争的业务转让给无关联关系的第三方的方式避免同业竞争。

如本承诺函被证明是不真实的或未被遵守，本公司(或本人)将向股份公司赔偿一切直接和间接损失。"

2、有关股份锁定的承诺

同(一)。

3、其他承诺

①关于技术无纠纷的承诺

实际控制人王健、姚纳新及控股股东出具承诺：聚光科技与杭州电子科技大学及其他任何第三方之间不存在任何技术纠纷和潜在技术纠纷，若由于聚光科技与杭州电子科技大学及其他任何第三方之间发生任何技术纠纷、并因此导致聚光科技遭受任何损失的，控股股东及实际控制人无条件地就该等损失全额向聚光科技进行补偿。

实际控制人王健、姚纳新及控股股东出具承诺：如发行人所进行之与代理产品有关的技术开发或因此所取得的技术成果存在侵犯他人知识产权或违反与代理产品生产厂商间约定的情形，并因此需向他人承担赔偿责任，发行人的控股股东及实际控制人将连带地向发行人补足发行人因此遭受的损失。

②关于山西聚光环保注册资本的承诺

睿洋科技、普渡科技、王健及姚纳新已于 2010 年 9 月 10 日出具承诺，若由于山西聚光环保注册资本未在规定期限内缴纳而被相关工商行政主管机关处罚，则因此导致发行人损失的，由王健和姚纳新对发行人作相应补偿。

③关于社保及住房公积金的承诺

睿洋科技、普渡科技、王健及姚纳新出具承诺，若由于发行人或其控股子公司未按规定给少数员工缴纳社会保险或住房公积金而导致需要发行人或其控股子公司补缴或被相关政府机关处罚的，则睿洋科技、普渡科技、王健及姚纳新同意全额补偿发行人或其控股子公司因此而遭受的损失。

④关于承担税务风险的承诺

睿洋科技、普渡科技、王健及姚纳新出具承诺：若由于股份公司或其前身直接或间接权益之转让行为、利润分配行为导致睿洋科技、普渡科技、王健、姚纳新被税务主管机关要求缴纳相应之税款，睿洋科技、普渡科技、王健、姚纳新将按要求及时缴纳相应税款，并对若由于其未及时缴纳前述相应税款导致股份公司被处罚或遭受损失作出全额补偿。

⑤关于分、子公司房产租赁的承诺

睿洋科技、普渡科技、王健及姚纳新出具承诺：若股份公司子公司及分公司之租赁因存在权属争议而导致分、子公司搬离相应之租赁场所、受到相关主管机关之处罚、导致向相关方作出赔偿，则睿洋科技、普渡科技、王健、姚纳新同意就股份公司及股份公司子公司的全部损失作出全额补偿。

⑥关于盈安科技股权转让代扣代缴个人所得税的承诺

睿洋科技、普渡科技及王健、姚纳新出具承诺：如主管税务部门要求发行人缴纳其于 2007 年收购北京盈安科技 100%股权过程中未为北京盈安科技原股东扣缴的个人所得税款及相应的滞纳金或罚款，其将就发行人因此而遭受的全部损失作出全额补偿。

(2)作为股东的董事、监事、高级管理人员关于股份锁定的承诺

"在本人及本人关联方担任董事、监事、高级管理人员职务期间，本人每年转让的直接或间接持有公司股份不超过其所直接或间接持有的股份总数的 25%；离职后半年内不转让其所直接或间接持有的公司的股份；在首次公开发行股票上市之日起六个月内申报离职的，自申报离职之日起十八个月内不得转让其直接持有的公司股份；在首次公开发行股票上市之日起第七个月至第十二个月之间申报离职的，自申报离职之日起十二个月内不得转让其直接持有的公司股份。"

报告期内，上述各方均严格履行了上述承诺。

第五节　股本变动及股东情况

5.1 股份变动情况表

单位：股

	本次变动前		本次变动增减(+,-)					本次变动后	
	数量	比例(%)	发行新股	送股	公积金转股	其他	小计	数量	比例(%)
一、有限售条件股份	400,000,000	100.00%	9,000,000				9,000,000	409,000,000	91.91%
1、国家持股									
2、国有法人持股			2,000,000				2,000,000	2,000,000	0.45%
3、其他内资持股	273,029,600	68.26%	7,000,000				7,000,000	280,029,600	62.93%
其中：境内非国有法人持股	273,029,600	68.26%	7,000,000				7,000,000	280,029,600	62.93%
境内自然人持股									
4、外资持股	126,970,400	31.74%						126,970,400	28.53%
其中：境外法人持股	126,970,400	31.74%						126,970,400	28.53%
境外自然人持股									
5、高管股份									
二、无限售条件股份			36,000,000				36,000,000	36,000,000	8.09%
1、人民币普通股			36,000,000				36,000,000	36,000,000	8.09%
2、境内上市的外资股									
3、境外上市的外资股									
4、其他									
三、股份总数	400,000,000	100.00%	45,000,000				45,000,000	445,000,000	100.00%

限售股份变动情况表

单位：股

股东名称	年初限售股数	本期解除限售股数	本期增加限售股数	期末限售股数	限售原因	解除限售日期
浙江睿洋科技有限公司	113,523,200	0	0	113,523,200	首发承诺	2014-4-15
浙江普渡科技有限公司	59,741,600	0	0	59,741,600	首发承诺	2014-4-15
杭州凯健科技有限公司	9,758,400	0	0	9,758,400	首发承诺	2014-4-15
杭州凯洲科技有限公司	16,289,600	0	0	16,289,600	首发承诺	2014-4-15
RICH GOAL HOLDINGS LIMITED	65,796,800	0	0	65,796,800	首发承诺	2014-4-15
GOLD DELIGHT LIMITED	4,079,200	0	0	4,079,200	首发承诺	2014-4-15
ISLAND HONOUR LIMITED	19,188,800	0	0	19,188,800	首发承诺	2014-4-15
MOST ACHIEVE LIMITED	5,327,600	0	0	5,327,600	首发承诺	2014-4-15
WELL ADVANTAGE LIMITED	11,870,800	0	0	11,870,800	首发承诺	2014-4-15
JOY UP HOLDINGS LIMITED	7,918,400	0	0	7,918,400	首发承诺	2014-4-15
TRADE SINO LIMITED	1,062,800	0	0	1,062,800	首发承诺	2014-4-15
VISION WISE HOLDINGS LIMITED	8,761,200	0	0	8,761,200	首发承诺	2014-4-15
ROSELAND HOLDINGS LIMITED	2,964,800	0	0	2,964,800	首发承诺	2014-4-15
杭州灵峰赛伯乐创业投资合伙企业(有限合伙)	6,451,600	0	0	6,451,600	首发承诺	2012-10-28
绍兴龙山赛伯乐创业投资有限公司	6,451,600	0	0	6,451,600	首发承诺	2012-10-28
杭州赛智创业投资有限公司	29,032,400	0	0	29,032,400	首发承诺	2012-10-28
华软投资 (北京)有限公司	1,612,800	0	0	1,612,800	首发承诺	2012-10-28
北京中凡华软投资有限公司	8,064,400	0	0	8,064,400	首发承诺	2012-10-28
天津和光股权投资基金合伙企业(有限合伙)	9,558,800	0	0	9,558,800	首发承诺	2014-4-15
天津和君企业管理咨询有限公司	3,465,200	0	0	3,465,200	首发承诺	2014-4-15
江苏新业科技投资发展有限公司	3,600,000	0	0	3,600,000	首发承诺	2014-4-15
杭州恒赢投资管理有限公司	1,360,000	0	0	1,360,000	首发承诺	2014-4-15
青岛泰屹投资发展有限公司	1,200,000	0	0	1,200,000	首发承诺	2014-4-15
浙江瓯信创业投资有限公司	2,920,000	0	0	2,920,000	首发承诺	2014-4-15
网下配售股份	0	0	9,000,000	9,000,000	网下配售规定	2011-7-15
合计	400,000,000	0	9,000,000	409,000,000	–	–

5.2 前 10 名股东、前 10 名无限售流通股股东持股情况表单位：股

股东总数	22,084

前 10 名股东持股情况

股东名称	股东性质	持股比例(%)	持股总数	持有有限售条件股份数量	质押或冻结的股份数量
浙江睿洋科技有限公司	境内非国有法人	25.51%	113,523,200	113,523,200	0
RICH GOAL HOLDINGS LIMITED	境外法人	14.79%	65,796,800	65,796,800	0
浙江普渡科技有限公司	境内非国有法人	13.43%	59,741,600	59,741,600	0
杭州赛智创业投资有限公司	境内非国有法人	6.52%	29,032,400	29,032,400	0
ISLAND HONOUR LIMITED	境外法人	4.31%	19,188,800	19,188,800	0
杭州凯洲科技有限公司	境内非国有法人	3.66%	16,289,600	16,289,600	0

WELL ADVANTAGE LIMITED	境外法人	2.67%	11,870,800	11,870,800	0
杭州凯健科技有限公司	境内非国有法人	2.19%	9,758,400	9,758,400	0
天津和光股权投资基金合伙企业(有限合伙)	境内非国有法人	2.15%	9,558,800	9,558,800	0
VISION WISE HOLDINGS LIMITED	境外法人	1.97%	8,761,200	8,761,200	0

前 10 名无限售条件股东持股情况

股东名称	持有无限售条件股份数量	股份种类
交通银行-国泰金鹰增长证券投资基金	2,015,696	人民币普通股
杭州德汇投资有限公司	950,000	人民币普通股
中国建设银行-国泰中小盘成长股票型证券投资基金(LOF)	825,997	人民币普通股
郑洪祥	463,530	人民币普通股
上海丰泽投资管理有限公司	455,000	人民币普通股
冯佳	452,006	人民币普通股
华夏银行股份有限公司-德盛精选股票证券投资基金	390,000	人民币普通股
赖小明	340,449	人民币普通股
东海证券-交行-东风 5 号集合资产管理计划	280,288	人民币普通股
钱月玉	275,700	人民币普通股
上述股东关联关系或一致行动的说明	公司前 10 名无限售流通股股东和前 10 名股东之间不存在关联关系及《上市公司收购管理办法》规定的一致行动人关系；公司未知前 10 名无限售流通股股东之间是否存在关联关系或属于《上市公司收购管理办法》规定的一致行动人。	

5.3 控股股东及实际控制人变更情况

☐ 适用　　√ 不适用

第六节　董事、监事和高级管理人员情况

6.1 董事、监事和高级管理人员持股变动

姓名	职务	性别	年龄	任期起始日期	任期终止日期	年初持股数	期末持股数	变动原因	报告期内从公司领取的报酬总额(万元)税前	是否在股东单位或其他关联单位领取薪酬
王　健	董事长	男	41	2009-12-18	2012-12-18	0	0	不适用	18.12	否
姚纳新	总经理	男	41	2009-12-18	2012-12-18	0	0	不适用	18.12	否
朱　敏	董事	男	62	2009-12-18	2012-12-18	0	0	不适用	0.00	是
陈　斌	董事	男	42	2009-12-18	2012-12-18	0	0	不适用	0.00	是
王广宇	董事	男	34	2009-12-18	2012-12-18	0	0	不适用	0.00	是
孙优贤	独立董事	男	71	2009-12-18	2012-12-18	0	0	不适用	6.00	否
汪力成	独立董事	男	51	2009-12-18	2012-12-18	0	0	不适用	6.00	否
吴晓波	独立董事	男	51	2009-12-18	2011-02-22	0	0	不适用	2.00	否
史晋川	独立董事	男	55	2011-02-22	2012-12-18	0	0	不适用	4.00	否
潘亚岚	独立董事	女	46	2009-12-18	2012-12-18	0	0	不适用	6.00	否
李明扬	监事	男	54	2009-12-18	2012-12-18	0	0	不适用	0.00	是
陈　人	监事	男	31	2009-12-18	2012-12-18	0	0	不适用	12.69	否
彭　华	监事	女	44	2009-12-18	2012-12-18	0	0	不适用	9.56	否
田昆仑	董事会秘书	男	34	2009-12-18	2012-12-18	0	0	不适用	13.92	否
匡志宏	财务总监	男	44	2009-12-18	2012-12-18	0	0	不适用	16.03	否
合　计	-	-	-	-	-	0	0	-	112.44	-

上述人员持有本公司的股票期权及被授予的限售流通股股票数量。

☐ 适用　　√ 不适用

第七节　财务报告

7.1 审计意见

财务报告　　√未经审计　　☐审计

7.2 财务报表

7.2.1 资产负债表

编制单位：聚光科技(杭州)股份有限公司　　2011 年 06 月 30 日　　单位：元

项目	期末余额		年初余额	
	合并	母公司	合并	母公司
流动资产：				
货币资金	786,016,557.65	723,042,365.34	172,438,983.30	139,763,655.24
结算备付金				
拆出资金				
交易性金融资产				
应收票据	38,136,491.24	30,078,311.24	21,820,397.33	21,062,697.33
应收账款	499,969,975.91	449,977,818.52	442,874,520.13	402,495,934.65
预付款项	36,917,493.91	30,630,815.19	21,274,875.37	18,589,483.57
应收保费				
应收分保账款				
应收分保合同准备金				
应收利息				
应收股利				
其他应收款	47,373,149.59	64,574,678.95	29,619,966.51	44,259,818.94
买入返售金融资产				
存货	198,540,521.22	156,698,026.06	147,517,781.28	107,557,547.31
一年内到期的非流动资产				
其他流动资产				
流动资产合计	1,606,954,189.52	1,455,002,015.30	835,546,523.92	733,729,137.04
非流动资产：				
发放委托贷款及垫款				
可供出售金融资产				
持有至到期投资				
长期应收款	12,491,870.42	12,491,870.42	13,292,865.75	13,292,865.75
长期股权投资	115,064.85	57,093,697.85	163,507.51	57,142,140.51
投资性房地产				
固定资产	128,947,795.02	125,879,654.30	130,886,017.97	127,618,881.43
在建工程	288,111.54	288,111.54	167,281.53	167,281.53
工程物资				
固定资产清理				
生产性生物资产				
油气资产				
无形资产	17,244,673.77	14,619,673.71	19,452,527.91	16,552,527.87
开发支出				
商誉				
长期待摊费用	784,641.55	784,641.55	908,532.31	908,532.31
递延所得税资产	12,965,798.22	6,196,267.81	13,519,933.63	5,769,506.21
其他非流动资产				
非流动资产合计	172,837,955.37	217,353,917.18	178,390,666.61	221,451,735.61
资产总计	1,779,792,144.89	1,672,355,932.48	1,013,937,190.53	955,180,872.65
流动负债：				
短期借款	105,000,000.00	105,000,000.00	210,000,000.00	210,000,000.00
向中央银行借款				
吸收存款及同业存放				
拆入资金				
交易性金融负债				
应付票据				
应付账款	95,438,898.09	69,725,671.24	94,868,669.31	85,947,667.78
预收款项	70,349,462.48	18,700,653.15	59,566,370.27	17,462,188.36
卖出回购金融资产款				
应付手续费及佣金				
应付职工薪酬	10,513,771.14	8,548,383.18	12,101,814.16	9,148,652.83
应交税费	234,646.57	-945,454.12	13,544,511.75	9,625,630.75
应付利息	116,251.44	116,251.44	309,239.03	309,239.03
应付股利				
其他应付款	5,809,496.39	5,330,419.58	6,743,845.14	20,251,185.89
应付分保账款				
保险合同准备金				
代理买卖证券款				
代理承销证券款				
一年内到期的非流动负债				
其他流动负债				
流动负债合计	287,462,526.11	206,475,924.47	397,134,449.66	352,744,564.64
非流动负债：				
长期借款				
应付债券				
长期应付款				
专项应付款				
预计负债				
递延所得税负债				
其他非流动负债	8,558,462.00	8,558,462.00	8,910,770.00	8,910,770.00
非流动负债合计	8,558,462.00	8,558,462.00	8,910,770.00	8,910,770.00
负债合计	296,020,988.11	215,034,386.47	406,045,219.66	361,655,334.64
所有者权益(或股东权益)：				
实收资本(或股本)	445,000,000.00	445,000,000.00	400,000,000.00	400,000,000.00
资本公积	858,445,229.42	850,433,083.27	66,567,729.42	58,555,583.27
减：库存股				
专项储备				
盈余公积	17,100,958.74	17,100,958.74	17,100,958.74	17,100,958.74
一般风险准备				
未分配利润	162,232,321.51	144,787,504.00	123,168,483.72	117,868,996.00

外币报表折算差额	126,239.97		89,855.46	
归属于母公司所有者权益合计	1,482,904,749.64	1,457,321,546.01	606,927,027.34	593,525,538.01
少数股东权益	866,407.14		964,943.53	
所有者权益合计	1,483,771,156.78	1,457,321,546.01	607,891,970.87	593,525,538.01
负债和所有者权益总计	1,779,792,144.89	1,672,355,932.48	1,013,937,190.53	955,180,872.65

7.2.2 利润表

编制单位：聚光科技(杭州)股份有限公司　　2011 年 1-6 月　　单位：元

项目	本期金额		上期金额	
	合并	母公司	合并	母公司
一、营业总收入	299,652,469.60	214,724,530.92	243,125,534.52	181,920,419.29
其中：营业收入	299,652,469.60	214,724,530.92	243,125,534.52	181,920,419.29
利息收入				
已赚保费				
手续费及佣金收入				
二、营业总成本	267,148,791.12	194,066,497.55	223,720,075.21	160,916,446.29
其中：营业成本	136,567,169.31	90,889,689.92	111,036,236.02	76,246,647.00
利息支出				
手续费及佣金支出				
退保金				
赔付支出净额				
提取保险合同准备金净额				
保单红利支出				
分保费用				
营业税金及附加	3,424,637.23	2,709,652.47	700,609.28	486,396.01
销售费用	56,787,207.92	43,792,661.12	51,227,490.31	33,424,176.54
管理费用	58,603,618.63	45,804,732.91	51,210,782.16	42,242,777.53
财务费用	4,638,746.46	4,423,615.05	5,312,419.34	5,542,341.53
资产减值损失	7,127,411.57	6,446,146.08	4,232,538.10	2,974,107.68
加：公允价值变动收益(损失以"-"号填列)				
投资收益(损失以"-"号填列)	−48,442.66	−48,442.66	−200,645.60	−200,645.60
其中：对联营企业和合营企业的投资收益	−48,442.66	−48,442.66	−138,592.13	−138,592.13
汇兑收益(损失以"-"号填列)				
三、营业利润(亏损以"-"号填列)	32,455,235.82	20,609,590.71	19,204,813.71	20,803,327.40
加：营业外收入	11,936,182.59	9,401,902.99	16,339,727.43	13,290,303.37
减：营业外支出	880,798.54	629,325.51	747,018.20	716,754.74
其中：非流动资产处置损失	8,616.96	2,735.86	34,226.30	31,893.72
四、利润总额(亏损总额以"-"号填列)	43,510,619.87	29,382,168.19	34,797,522.94	33,376,876.03
减：所得税费用	4,545,318.47	2,463,660.19	2,300,261.91	3,535,971.99
五、净利润(净亏损以"-"号填列)	38,965,301.40	26,918,508.00	32,497,261.03	29,840,904.04
归属于母公司所有者的净利润	39,063,837.79	26,918,508.00	31,342,740.25	29,840,904.04
少数股东损益	−98,536.39		1,154,520.78	
六、每股收益：				
(一)基本每股收益	0.09	0.06	0.08	0.07
(二)稀释每股收益	0.09	0.06	0.08	0.07
七、其他综合收益	36,384.51		8,012,814.86	
八、综合收益总额	39,001,685.91	26,918,508.00	40,510,075.89	29,840,904.04
归属于母公司所有者的综合收益总额	39,100,222.30	26,918,508.00	39,355,555.11	29,840,904.04
归属于少数股东的综合收益总额	−98,536.39		1,154,520.78	

本期发生同一控制下企业合并的，被合并方在合并前实现的净利润为：0.00 元。

7.2.3 现金流量表

编制单位：聚光科技(杭州)股份有限公司　　2011 年 1-6 月　　单位：元

项目	本期金额		上期金额	
	合并	母公司	合并	母公司
一、经营活动产生的现金流量：				
销售商品、提供劳务收到的现金	256,815,588.37	164,046,325.00	226,280,514.62	159,813,473.62
客户存款和同业存放款项净增加额				
向中央银行借款净增加额				
向其他金融机构拆入资金净增加额				
收到原保险合同保费取得的现金				
收到再保险业务现金净额				
保户储金及投资款净增加额				
处置交易性金融资产净增加额				
收取利息、手续费及佣金的现金				
拆入资金净增加额				
回购业务资金净增加额				
收到的税费返还	5,777,289.22	4,045,251.65	11,066,622.86	10,804,728.58
收到其他与经营活动有关的现金	21,178,619.62	17,951,887.66	19,424,580.70	17,690,598.40
经营活动现金流入小计	283,771,497.21	186,043,464.31	256,771,718.18	188,308,800.60
购买商品、接受劳务支付的现金	198,019,988.58	148,669,621.47	163,333,409.66	103,466,551.62
客户贷款及垫款净增加额				
存放中央银行和同业款项净增加额				
支付原保险合同赔付款项的现金				
支付利息、手续费及佣金的现金				
支付保单红利的现金				
支付给职工以及为职工支付的现金	63,312,725.37	52,485,714.95	50,263,831.22	36,137,965.12
支付的各项税费	44,017,286.63	32,424,713.80	32,321,040.65	25,870,308.55
支付其他与经营活动有关的现金	70,742,983.80	58,731,668.95	64,617,755.46	66,096,568.98
经营活动现金流出小计	376,092,984.38	292,311,719.17	310,536,036.99	231,571,394.27
经营活动产生的现金流量净额	−92,321,487.17	−106,268,254.86	−53,764,318.81	−43,262,593.67
二、投资活动产生的现金流量：				
收回投资收到的现金				
取得投资收益收到的现金				
处置固定资产、无形资产和其他长期资产收回的现金净额	6,974.09	4,649.71	11,024.78	9,193.78
处置子公司及其他营业单位收到的现金净额				687,946.53
收到其他与投资活动有关的现金	918,911.67	115,846,551.16	268,356.31	173,553.45
投资活动现金流入小计	925,885.76	115,851,200.87	279,381.09	870,693.76
购建固定资产、无形资产和其他长期资产支付的现金	5,907,977.95	5,851,477.95	8,056,301.92	7,858,941.11
投资支付的现金				17,700,000.00
质押贷款净增加额				
取得子公司及其他营业单位支付的现金净额				
支付其他与投资活动有关的现金	9,700,000.00	145,931,500.00		
投资活动现金流出小计	15,607,977.95	151,782,977.95	8,056,301.92	25,558,941.11
投资活动产生的现金流量净额	−14,682,092.19	−35,931,777.08	−7,776,920.83	−24,688,247.35
三、筹资活动产生的现金流量：				
吸收投资收到的现金	850,000,000.00	850,000,000.00		
其中：子公司吸收少数股东投资收到的现金				
取得借款收到的现金			130,000,000.00	130,000,000.00
发行债券收到的现金				
收到其他与筹资活动有关的现金				
筹资活动现金流入小计	850,000,000.00	850,000,000.00	130,000,000.00	130,000,000.00
偿还债务支付的现金	105,000,000.00	105,000,000.00	145,000,000.00	145,000,000.00
分配股利、利润或偿付利息支付的现金	5,484,609.47	5,484,609.47	27,550,343.75	27,550,343.75
其中：子公司支付给少数股东的股利、利润				
支付其他与筹资活动有关的现金	17,062,472.66	13,266,220.19	2,000,000.00	2,000,000.00
筹资活动现金流出小计	127,547,082.13	123,750,829.66	174,550,343.75	174,550,343.75
筹资活动产生的现金流量净额	722,452,917.87	726,249,170.34	−44,550,343.75	−44,550,343.75
四、汇率变动对现金及现金等价物的影响	−51,914.58	−21,980.81	668.71	
五、现金及现金等价物净增加额	615,397,423.93	584,027,157.59	−106,090,914.68	−112,501,184.77
加：期初现金及现金等价物余额	169,218,389.02	138,249,992.40	207,696,323.38	180,658,947.18
六、期末现金及现金等价物余额	784,615,812.95	722,277,149.99	101,605,408.70	68,157,762.41

7.2.4 合并所有者权益变动表

编制单位：聚光科技（杭州）股份有限公司　　　　2011 半年度　　　　单位：元

本期金额

项目	归属于母公司所有者权益：实收资本（或股本）	资本公积	减：库存股	专项储备	盈余公积	一般风险准备	未分配利润	其他	少数股东权益	所有者权益合计
一、上年年末余额	400,000,000.00	66,567,729.42			17,100,958.74		123,168,483.72	89,855.46	964,943.53	607,891,970.87
加：会计政策变更										
前期差错更正										
其他										
二、本年年初余额	400,000,000.00	66,567,729.42			17,100,958.74		123,168,483.72	89,855.46	964,943.53	607,891,970.87
三、本年增减变动金额（减少以“-”号填列）	45,000,000.00	791,877,500.00					39,063,837.79	36,384.51	-98,536.39	875,879,185.91
（一）净利润							39,063,837.79		-98,536.39	38,965,301.40
（二）其他综合收益								36,384.51		36,384.51
上述（一）和（二）小计							39,063,837.79	36,384.51	-98,536.39	39,001,685.91
（三）所有者投入和减少资本	45,000,000.00	791,877,500.00								836,877,500.00
1.所有者投入资本	45,000,000.00	791,877,500.00								836,877,500.00
2.股份支付计入所有者权益的金额										
3.其他										
（四）利润分配										
1.提取盈余公积										
2.提取一般风险准备										
3.对所有者（或股东）的分配										
4.其他										
（五）所有者权益内部结转										
1.资本公积转增资本（或股本）										
2.盈余公积转增资本（或股本）										
3.盈余公积弥补亏损										
4.其他										
（六）专项储备										
1.本期提取										
2.本期使用										
（七）其他										
四、本期期末余额	445,000,000.00	858,445,229.42			17,100,958.74		162,232,321.51	126,239.97	866,407.14	1,483,771,156.78

上年金额

项目	归属于母公司所有者权益：实收资本（或股本）	资本公积	减：库存股	专项储备	盈余公积	一般风险准备	未分配利润	其他	少数股东权益	所有者权益合计
一、上年年末余额	400,000,000.00	58,555,583.27			4,004,403.63		-25,618,584.13	10,306.52	10,309,519.31	447,261,228.60
加：会计政策变更										
前期差错更正										
其他										
二、本年年初余额	400,000,000.00	58,555,583.27			4,004,403.63		-25,618,584.13	10,306.52	10,309,519.31	447,261,228.60
三、本年增减变动金额（减少以“-”号填列）		8,012,146.15			13,096,555.11		148,787,067.85	79,548.94	-9,344,575.78	160,630,742.27
（一）净利润							161,883,622.96		1,173,122.37	163,056,745.33
（二）其他综合收益		8,012,146.15						79,548.94		8,091,695.09
上述（一）和（二）小计		8,012,146.15					161,883,622.96	79,548.94	1,173,122.37	171,148,440.42
（三）所有者投入和减少资本									-10,517,698.15	-10,517,698.15
1.所有者投入资本									1,500,000.00	1,500,000.00
2.股份支付计入所有者权益的金额										
3.其他									-12,017,698.15	-12,017,698.15
（四）利润分配					13,096,555.11		-13,096,555.11			
1.提取盈余公积					13,096,555.11		-13,096,555.11			
2.提取一般风险准备										
3.对所有者（或股东）的分配										
4.其他										
（五）所有者权益内部结转										
1.资本公积转增资本（或股本）										
2.盈余公积转增资本（或股本）										
3.盈余公积弥补亏损										
4.其他										
（六）专项储备										
1.本期提取										
2.本期使用										
（七）其他										
四、本期期末余额	400,000,000.00	66,567,729.42			17,100,958.74		123,168,483.72	89,855.46	964,943.53	607,891,970.87

7.2.5 母公司所有者权益变动表

编制单位：聚光科技（杭州）股份有限公司　　　　2011 半年度　　　　单位：元

本期金额

项目	实收资本（或股本）	资本公积	减：库存股	专项储备	盈余公积	一般风险准备	未分配利润	所有者权益合计
一、上年年末余额	400,000,000.00	58,555,583.27			17,100,958.74		117,868,996.00	593,525,538.01
加：会计政策变更								
前期差错更正								
其他								
二、本年年初余额	400,000,000.00	58,555,583.27			17,100,958.74		117,868,996.00	593,525,538.01
三、本年增减变动金额（减少以“-”号填列）	45,000,000.00	791,877,500.00					26,918,508.00	863,796,008.00
（一）净利润							26,918,508.00	26,918,508.00
（二）其他综合收益								
上述（一）和（二）小计							26,918,508.00	26,918,508.00
（三）所有者投入和减少资本	45,000,000.00	791,877,500.00						836,877,500.00
1.所有者投入资本	45,000,000.00	791,877,500.00						836,877,500.00
2.股份支付计入所有者权益的金额								
3.其他								
（四）利润分配								
1.提取盈余公积								
2.提取一般风险准备								
3.对所有者（或股东）的分配								
4.其他								
（五）所有者权益内部结转								
1.资本公积转增资本（或股本）								
2.盈余公积转增资本（或股本）								
3.盈余公积弥补亏损								
4.其他								
（六）专项储备								
1.本期提取								
2.本期使用								
（七）其他								
四、本期期末余额	445,000,000.00	850,433,083.27			17,100,958.74		144,787,504.00	1,457,321,546.01

上年金额

项目	实收资本（或股本）	资本公积	减：库存股	专项储备	盈余公积	一般风险准备	未分配利润	所有者权益合计
一、上年年末余额	400,000,000.00	58,555,583.27			4,004,403.63		-9,131,231.04	453,428,755.86
加：会计政策变更								
前期差错更正								
其他								
二、本年年初余额	400,000,000.00	58,555,583.27			4,004,403.63		-9,131,231.04	453,428,755.86
三、本年增减变动金额（减少以“-”号填列）					13,096,555.11		127,000,227.04	140,096,782.15
（一）净利润							140,096,782.15	140,096,782.15
（二）其他综合收益								
上述（一）和（二）小计							140,096,782.15	140,096,782.15
（三）所有者投入和减少资本								
1.所有者投入资本								
2.股份支付计入所有者权益的金额								
3.其他								
（四）利润分配					13,096,555.11		-13,096,555.11	
1.提取盈余公积					13,096,555.11		-13,096,555.11	
2.提取一般风险准备								
3.对所有者（或股东）的分配								
4.其他								
（五）所有者权益内部结转								
1.资本公积转增资本（或股本）								
2.盈余公积转增资本（或股本）								
3.盈余公积弥补亏损								
4.其他								
（六）专项储备								
1.本期提取								
2.本期使用								
（七）其他								
四、本期期末余额	400,000,000.00	58,555,583.27			17,100,958.74		117,868,996.00	593,525,538.01

7.3 报表附注

7.3.1 如果出现会计政策、会计估计变更或会计差错更正的，说明有关内容、原因及影响数

□ 适用　　　√ 不适用

7.3.2 如果财务报表合并范围发生重大变化的，说明原因及影响数

□ 适用　　　√ 不适用

7.3.3 如果被出具非标准审计报告，列示涉及事项的有关附注

□ 适用　　　√ 不适用

北京拓尔思信息技术股份有限公司

北京拓尔思信息技术股份有限公司2011年半年度报告摘要

第一节 重要提示

1.1 本公司董事会、监事会及其董事、监事、高级管理人员保证本报告所载资料不存在任何虚假记载、误导性陈述或者重大遗漏，并对其内容的真实性、准确性和完整性负个别及连带责任。

本半年度报告摘要摘自半年度报告全文，报告全文同时刊载于中国证监会指定信息披露网站。投资者欲了解详细内容，应当仔细阅读半年度报告全文。

1.2 公司半年度财务报告未经会计师事务所审计。

1.3 公司负责人李渝勤、主管会计工作负责人马信龙及会计主管人员林义声明：保证半年度报告中财务报告的真实、完整。

第二节 公司基本情况简介

2.1 基本情况简介

股票简称	拓尔思
股票代码	300229
法定代表人	李渝勤
上市证券交易所	深圳证券交易所

2.2 联系人和联系方式

项目	董事会秘书	证券事务代表
姓名	何东炯	付　静
联系地址	北京市海淀区知春路6号锦秋国际大厦14层14B04	北京市海淀区知春路6号锦秋国际大厦14层14B04
电话	010-82800995	010-82800995
传真	010-82800995-880	010-82800995-880
电子信箱	he.dongjiong@trs.com.cn	ir@trs.com.cn

2.3 主要财务数据和指标

2.3.1 主要会计数据

单位：元

项目	报告期	上年同期	本报告期比上年同期增减(%)
营业总收入(元)	63,765,436.40	53,050,968.99	20.20%
营业利润(元)	10,260,301.63	8,981,251.98	14.24%
利润总额(元)	16,868,666.32	15,720,160.57	7.31%
归属于上市公司股东的净利润(元)	14,512,006.83	13,549,256.87	7.11%
归属于上市公司股东的扣除非经常性损益后的净利润(元)	10,966,315.77	11,160,972.27	-1.74%
经营活动产生的现金流量净额(元)	-9,145,175.69	3,757,820.19	-343.36%
项目	报告期末	上年度期末	本报告期末比上年度期末增减(%)
总资产(元)	715,575,681.24	284,793,944.20	151.26%
归属于上市公司股东的所有者权益(元)	686,067,449.62	253,184,628.20	170.98%
股本(股)	120,000,000.00	90,000,000.00	33.33%

2.3.2 主要财务指标

单位：元

项目	报告期	上年同期	本报告期比上年同期增减(%)
基本每股收益(元/股)	0.16	0.15	6.67%
稀释每股收益(元/股)	0.16	0.15	6.67%
扣除非经常性损益后的基本每股收益(元/股)	0.12	0.12	0.00%
加权平均净资产收益率(%)	5.57%	6.96%	-1.39%
扣除非经常性损益后的加权平均净资产收益率(%)	4.21%	5.73%	-1.52%
每股经营活动产生的现金流量净额(元/股)	-0.08	0.04	-300.00%
项目	报告期末	上年度期末	本报告期末比上年度期末增减(%)
归属于上市公司股东的每股净资产(元/股)	5.72	2.81	103.56%

2.3.3 非经常性损益项目

√ 适用　　□ 不适用

单位：元

非经常性损益项目	金额	附注(如适用)
计入当期损益的政府补助，但与公司正常经营业务密切相关，符合国家政策规定、按照一定标准定额或定量持续享受的政府补助除外	4,206,695.37	
除上述各项之外的其他营业外收入和支出	-30,000.00	
所得税影响额	-631,004.31	
合计	3,545,691.06	-

第三节 董事会报告

3.1 主营业务产品或服务情况表

单位：万元

分产品或服务	营业收入	营业成本	毛利率(%)	营业收入比上年同期增减(%)	营业成本比上年同期增减(%)	毛利率比上年同期增减(%)
软件销售	3,775.41	582.18	84.58%	-3.28%	1.69%	-0.75%
技术服务	2,539.75	537.90	78.82%	92.51%	21.37%	12.41%
其他收入	61.38	57.60	6.16%	-25.38%	-25.14%	-0.31%

3.2 主营业务分地区情况

单位：万元

地区	营业收入	营业收入比上年增减(%)
东北、华北地区	3,924.49	5.72%
华东地区	1,195.83	41.21%
华南地区	821.70	27.61%
西部地区	434.52	325.89%

3.3 主营业务及其结构发生重大变化的原因说明

□ 适用　　√ 不适用

3.4 主营业务盈利能力(毛利率)与上年相比发生重大变化的原因说明

□ 适用　　√ 不适用

3.5 利润构成与上年度相比发生重大变化的原因分析

□ 适用　　√ 不适用

3.6 无形资产(商标、专利、非专利技术、土地使用权、水面养殖权、探矿权、采矿权)发生重大变化的影响因素及重大不利变化的应对措施

□ 适用　　√ 不适用

3.7 因设备或技术更新升级换代、核心技术人员辞职、特许经营权丧失等导致公司核心竞争能力受到严重影响的具体情况及公司拟采取的措施说明

□ 适用　　√ 不适用

3.8 募集资金使用情况

3.8.1 募集资金使用情况对照表

√ 适用　　□ 不适用

单位：万元

募集资金总额	41,837.08	本报告期投入募集资金总额	1,287.34
报告期内变更用途的募集资金总额	0.00		
累计变更用途的募集资金总额	0.00	已累计投入募集资金总额	2,374.15
累计变更用途的募集资金总额比例	0.00%		

承诺投资项目和超募资金投向	是否已变更项目(含部分变更)	募集资金承诺投资总额	调整后投资总额(1)	本报告期投入金额	截至期末累计投入金额(2)
承诺投资项目					
TRS企业搜索引擎软件V7.0升级项目	否	4,500.00	4,500.00	390.49	1,001.30
TRS内容管理软件V7.0及营运平台升级项目	否	4,100.00	4,100.00	278.02	487.12
面向知识管理和竞争情报的企业应用软件研发项目	否	4,500.00	4,500.00	300.29	487.73
基于垂直搜索的软件营运和信息服务平台研发项目	否	3,500.00	3,500.00	254.99	398.00
承诺投资项目小计	-	16,600.00	16,600.00	1,223.79	2,374.15
超募资金投向					
超募资金	否	25,237.08	25,237.08	0.00	0.00
归还银行贷款(如有)	-				
补充流动资金(如有)	-				
超募资金投向小计	-	25,237.08	25,237.08	0.00	0.00
合计	-	41,837.08	41,837.08	1,223.79	2,374.15

承诺投资项目和超募资金投向	截至期末投资进度(%)(3)=(2)/(1)	项目达到预定可使用状态日期	本报告期实现的效益	是否达到预计效益	项目可行性是否发生重大变化
承诺投资项目					

TRS 企业搜索引擎软件 V7.0 升级项目	22.25%	2010 年 04 月 01 日	0.00	否	否
TRS 内容管理软件 V7.0 及营运平台升级项目	11.88%	2010 年 04 月 01 日	0.00	否	否
面向知识管理和竞争情报的企业应用软件研发项目	10.84%	2010 年 04 月 01 日	0.00	否	否
基于垂直搜索的软件营运和信息服务平台研发项目	11.37%	2010 年 04 月 01 日	0.00	否	否
承诺投资项目小计	–	–	0.00	–	–
超募资金投向					
超募资金	0.00%	–	0.00	不适用	否
归还银行贷款(如有)		–	–	–	–
补充流动资金(如有)		–	–	–	–
超募资金投向小计	–	–	0.00	–	–
合计	–	–	0.00	–	–

未达到计划进度或预计收益的情况和原因(分具体项目)	上述公司四个募集资金投资项目均于 2008 年 4 月取得主管部门备案,并开始实施,建设期均为 2 年。但因公司上市筹备及审批过程较长,截至项目原计划达到预定可使用状态的 2010 年 4 月前募集资金一直没有到位,募集资金投资项目仅进行了小规模投入。2011 年 6 月 7 日公司股票发行成功,募集资金到位后公司已开始按照原计划逐步投入。
项目可行性发生重大变化的情况说明	不适用
超募资金的金额、用途及使用进展情况	不适用 公司收到超募资金 25,237.08 万元,截至本报告期末,公司尚未使用超募资金,超募资金全部存储于募集资金专户。
募集资金投资项目实施地点变更情况	不适用
募集资金投资项目实施方式调整情况	不适用
募集资金投资项目先期投入及置换情况	不适用
用闲置募集资金暂时补充流动资金情况	不适用
项目实施出现募集资金结余的金额及原因	不适用
尚未使用的募集资金用途及去向	截至报告期末,尚未使用的募集资金存放于募集资金专户。
募集资金使用及披露中存在的问题或其他情况	无

3.8.2 变更募集资金投资项目情况表

□ 适用　√ 不适用

3.8.3 重大非募集资金项目情况

□ 适用　√ 不适用

3.9 董事会下半年的经营计划修改计划

□ 适用　√ 不适用

3.10 报告期内现金分红政策的执行情况

□ 适用　√ 不适用

3.11 预测年初至下一报告期期末的累计净利润可能为亏损、实现扭亏为盈或者与上年同期相比发生大幅度变动的警示及说明

□ 适用　√ 不适用

3.12 公司董事会对会计师事务所本报告期"非标准审计报告"的说明

□ 适用　√ 不适用

3.13 公司董事会对会计师事务所上年度"非标准审计报告"涉及事项的变化及处理情况的说明

□ 适用　√ 不适用

第四节　重要事项

4.1 重大诉讼仲裁事项

□ 适用　√ 不适用

4.2 收购、出售资产及资产重组

4.2.1 收购资产

□ 适用　√ 不适用

4.2.2 出售资产

□ 适用　√ 不适用

4.2.3 自资产重组报告书或收购出售资产公告刊登后,该事项的进展情况及对报告期经营成果与财务状况的影响

□ 适用　√ 不适用

4.3 公司报告期内股权激励方案的执行情况,以及对公司报告期及未来财务状况和经营成果影响的说明

□ 适用　√ 不适用

4.4 重大关联交易

4.4.1 与日常经营相关的关联交易

√ 适用　□ 不适用

单位:万元

关联方	向关联方销售产品和提供劳务		向关联方采购产品和接受劳务	
	交易金额	占同类交易金额的比例	交易金额	占同类交易金额的比例
北京信息科技大学	0.00	0.00%	26.00	14.62%
合计	0.00	0.00%	26.00	14.62%

其中:报告期内公司向控股股东及其子公司销售产品或提供劳务的关联交易金额 0.00 万元。

与年初预计临时披露差异的说明　　无

4.4.2 关联债权债务往来

□ 适用　√ 不适用

4.5 担保事项

□ 适用　√ 不适用

4.6 证券投资情况

□ 适用　√ 不适用

4.7 承诺事项履行情况

√ 适用　□ 不适用

(一)公司控股股东、实际控制人作出的避免同业竞争的承诺

为避免今后与本公司之间可能出现的同业竞争,公司发行上市前,控股股东北京信科互动科技发展有限公司和实际控制人李渝勤女士分别出具了《关于避免同业竞争的承诺函》,截至报告期末,公司控股股东和实际控制人均信守承诺,没有发生与公司同业竞争的情况。

(二)持有公司股份 5%以上(含 5%)的股东以及作为股东的董事、监事、高级管理人员在发行前所持股份的流通限制和自愿锁定股份的承诺

1、本公司控股股东北京信科互动科技发展有限公司承诺:自拓尔思股票上市之日起三十六个月内,不转让或者委托他人管理其持有的拓尔思公开发行股票前已发行的股份,也不由拓尔思回购其持有的拓尔思公开发行股票前已发行的股份。

2、通过北京信科互动科技发展有限公司间接持有本公司股份的董事长和实际控制人李渝勤女士承诺:自拓尔思股票上市之日起三十六个月内不转让或者委托他人管理其直接或间接持有的拓尔思股份,也不由拓尔思回购其直接或间接持有的拓尔思股份;在其任职期间每年转让的股份不超过其直接或间接持有的拓尔思股份总数的百分之二十五,离职后半年内,不转让其直接或者间接持有的拓尔思股份。

3、通过北京信科互动科技发展有限公司间接持有本公司股份的董事、总经理施水才先生承诺:自拓尔思股票上市之日起十二个月内不转让或者委托他人管理其直接或间接持有的拓尔思股份,也不由拓尔思回购其直接或间接持有的拓尔思股份;在其任职期间每年转让的股份不超过其直接或间接持有的拓尔思股份总数的百分之二十五,离职后半年内,不转让其直接或者间接持有的拓尔思股份。

4、本公司股东北京市北信计算机系统工程公司承诺:自拓尔思股票上市之日起三十六个月内,不转让或者委托他人管理其持有的拓尔思公开发行股票前已发行的股份,也不由拓尔思回购其持有的拓尔思公开发行股票前已发行的股份。

截至报告期末,上述股东及相关人员均遵守了所做的承诺。

第五节　股本变动及股东情况

5.1 股份变动情况表

单位:股

	本次变动前		本次变动增减(+,-)					本次变动后	
	数量	比例(%)	发行新股	送股	公积金转股	其他	小计	数量	比例(%)
一、有限售条件股份	90,000,000	100.00%	6,000,000				6,000,000	96,000,000	80.00%
1、国家持股									
2、国有法人持股	11,651,400	12.95%						11,651,400	9.71%
3、其他内资持股	78,348,600	87.05%	6,000,000				6,000,000	84,348,600	70.29%
其中:境内非国有法人持股	78,348,600	87.05%	6,000,000				6,000,000	84,348,600	70.29%
境内自然人持股									
4、外资持股									
其中:境外法人持股									
境外自然人持股									
5、高管股份									
二、无限售条件股份			24,000,000				24,000,000	24,000,000	20.00%
1、人民币普通股			24,000,000				24,000,000	24,000,000	20.00%
2、境内上市的外资股									
3、境外上市的外资股									
4、其他									
三、股份总数	90,000,000	100.00%	30,000,000				30,000,000	120,000,000	100.00%

限售股份变动情况表

单位:股

股东名称	年初限售股数	本期解除限售股数	本期增加限售股数	期末限售股数	限售原因	解除限售日期
北京信科互动科技发展有限公司	68,062,500	0	0	68,062,500	首发限售承诺	2014-06-15
北京市北信计算机系统工程公司	8,651,400	0	0	8,651,400	首发限售承诺	2014-06-15
深圳市创新资本投资有限公司	5,786,100	0	0	5,786,100	首发限售承诺	2012-06-15
全国社会保障基金理事会转持三户	3,000,000	0	0	3,000,000	首发限售承诺	2014-06-15
深圳市达晨创业投资有限公司	2,571,300	0	0	2,571,300	首发限售承诺	2012-06-15
美联融通资产管理(北京)有限公司	1,286,100	0	0	1,286,100	首发限售承诺	2012-06-15
北京金科高创投资管理咨询有限公司	642,600	0	0	642,600	首发限售承诺	2012-06-15
网下配售股份	0	0	6,000,000	6,000,000	网下配售股份	2011-09-15
合计	90,000,000	0	6,000,000	96,000,000	–	–

5.2 前 10 名股东、前 10 名无限售流通股股东持股情况表

单位:股

股东总数	7,224

前 10 名股东持股情况

股东名称	股东性质	持股比例(%)	持股总数	持有有限售条件股份数量	质押或冻结的股份数量
北京信科互动科技发展有限公司	境内非国有法人	56.72%	68,062,500	68,062,500	
北京市北信计算机系统工程公司	国有法人	7.21%	8,651,400	8,651,400	
深圳市创新资本投资有限公司	境内非国有法人	4.82%	5,786,100	5,786,100	
全国社会保障基金理事会转持三户	国有法人	2.50%	3,000,000	3,000,000	
深圳市达晨创业投资有限公司	境内非国有法人	2.14%	2,571,300	2,571,300	
中国工商银行-银华和谐主题灵活配置混合型证券投资基金	基金、理财产品	1.25%	1,500,000	1,000,000	
美联融通资产管理(北京)有限公司	境内非国有法人	1.07%	1,286,100	1,286,100	
宏源证券股份有限公司	国有法人	0.83%	1,000,000	1,000,000	
中国建设银行-宝盈资源优选股票型证券投资基金	基金、理财产品等其他	0.83%	1,000,000	1,000,000	
中国建设银行-银华保本增值证券投资基金	基金、理财产品等其他	0.83%	1,000,000	1,000,000	

前 10 名无限售条件股东持股情况

股东名称	持有无限售条件股份数量	股份种类
张永胜	800,052	人民币普通股
刘世强	600,339	人民币普通股
中国工商银行-银华和谐主题灵活配置混合型证券投资基金	500,000	人民币普通股
李　俊	358,000	人民币普通股
彭崇勃	285,266	人民币普通股
中国对外经济贸易信托有限公司-鸿道 3 期	280,000	人民币普通股
李贵芬	268,800	人民币普通股
周　武	250,000	人民币普通股
陈玉平	249,700	人民币普通股
王志刚	245,000	人民币普通股
上述股东关联关系或一致行动的说明	上述股东之间,未知是否存在关联关系或属于《上市公司股东持股变动信息披露管理办法》规定的一致行动人。	

5.3 控股股东及实际控制人变更情况

□ 适用　　√ 不适用

第六节　董事、监事和高级管理人员情况

6.1 董事、监事和高级管理人员持股变动

姓名	职务	性别	年龄	任期起始日期	任期终止日期	年初持股数	期末持股数	变动原因	报告期内从公司领取的报酬总额(万元)税前	是否在股东单位或其他关联单位领取薪酬
李渝勤	董事长	女	48	2010-12-16	2013-12-15	0	0		36.30	否
施水才	副董事长、总经理	男	45	2010-12-16	2013-12-15	0	0		46.26	否
钟　玲	董事	女	48	2010-12-16	2013-12-15	0	0		0.00	是
陶志红	董事	男	46	2010-12-16	2013-12-15	0	0		0.00	是
汪　旭	独立董事	男	42	2010-12-16	2013-12-15	0	0		2.50	否
王　慧	独立董事	女	53	2010-12-16	2013-12-15	0	0		2.50	否
王惠芳	独立董事	女	40	2010-12-16	2013-12-15	0	0		2.50	否
王弘蔚	监事会主席	男	45	2010-12-16	2013-12-15	0	0		15.89	否
都云程	监事	男	44	2010-12-16	2013-12-15	0	0		15.50	否
晏小平	监事	男	43	2010-12-16	2013-12-15	0	0		0.00	是
肖诗斌	副总经理、技术总监	男	45	2010-12-16	2013-12-15	0	0		24.78	否
马信龙	副总经理、财务总监	男	35	2010-12-16	2013-12-15	0	0		26.78	否
林春雨	副总经理	男	35	2010-12-16	2013-12-15	0	0		19.78	否
李　琳	副总经理	女	48	2010-12-16	2013-12-15	0	0		23.58	否
何东炯	董事会秘书	男	42	2010-12-16	2013-12-15	0	0		13.17	否
合　计	-	-	-	-	-	0	0	-	229.54	-

上述人员持有本公司的股票期权及被授予的限售流通股股票数量。

□ 适用　　√ 不适用

第七节　财务报告

7.1 审计意见

财务报告　　√未经审计　　□审计

7.2 财务报表

7.2.1 资产负债表

编制单位:北京拓尔思信息技术股份有限公司　　2011 年 06 月 30 日　　单位:元

项目	期末余额 合并	期末余额 母公司	年初余额 合并	年初余额 母公司
流动资产:				
货币资金	554,437,927.85	554,437,927.85	141,637,227.40	141,637,227.40
结算备付金				
拆出资金				
交易性金融资产				
应收票据	1,229,000.00	1,229,000.00	312,000.00	312,000.00
应收账款	97,555,768.88	97,555,768.88	75,458,542.79	75,458,542.79
预付款项				
应收保费				
应收分保账款				
应收分保合同准备金				
应收利息				
应收股利				
其他应收款	5,273,308.52	5,273,308.52	9,815,144.41	9,815,144.41
买入返售金融资产				
存货				
一年内到期的非流动资产				
其他流动资产				
流动资产合计	658,496,005.25	658,496,005.25	227,222,914.60	227,222,914.60
非流动资产:				
发放委托贷款及垫款				
可供出售金融资产				
持有至到期投资				
长期应收款				
长期股权投资				
投资性房地产				
固定资产	45,796,582.85	45,796,582.85	47,070,309.25	47,070,309.25
在建工程				
工程物资				
固定资产清理				
生产性生物资产				
油气资产				
无形资产	6,788,625.22	6,788,625.22	7,879,058.18	7,879,058.18
开发支出	3,520,896.23	3,520,896.23	1,580,200.96	1,580,200.96
商誉				
长期待摊费用	202,933.87	202,933.87	270,823.39	270,823.39
递延所得税资产	770,637.82	770,637.82	770,637.82	770,637.82
其他非流动资产				
非流动资产合计	57,079,675.99	57,079,675.99	57,571,029.60	57,571,029.60
资产总计	715,575,681.24	715,575,681.24	284,793,944.20	284,793,944.20
流动负债:				
短期借款				
向中央银行借款				
吸收存款及同业存放				
拆入资金				
交易性金融负债				
应付票据				
应付账款	10,298,190.37	10,298,190.37	16,054,396.98	16,054,396.98
预收款项				
卖出回购金融资产款				
应付手续费及佣金				
应付职工薪酬	16,130.78	16,130.78	62,619.12	62,619.12
应交税费	14,903,618.26	14,903,618.26	10,820,416.80	10,820,416.80
应付利息				
应付股利				
其他应付款	4,143,104.48	4,143,104.48	3,018,000.00	3,018,000.00
应付分保账款				
保险合同准备金				
代理买卖证券款				
代理承销证券款				
一年内到期的非流动负债				
其他流动负债	147,187.73	147,187.73	1,653,883.10	1,653,883.10
流动负债合计	29,508,231.62	29,508,231.62	31,609,316.00	31,609,316.00
非流动负债:				
长期借款				
应付债券				
长期应付款				
专项应付款				
预计负债				
递延所得税负债				
其他非流动负债				
非流动负债合计				

负债合计	29,508,231.62	29,508,231.62	31,609,316.00	31,609,316.00
所有者权益(或股东权益):				
实收资本(或股本)	120,000,000.00	120,000,000.00	90,000,000.00	90,000,000.00
资本公积	405,016,870.85	405,016,870.85	16,646,056.26	16,646,056.26
减:库存股				
专项储备				
盈余公积	17,953,857.19	17,953,857.19	17,953,857.19	17,953,857.19
一般风险准备				
未分配利润	143,096,721.58	143,096,721.58	128,584,714.75	128,584,714.75
外币报表折算差额				
归属于母公司所有者权益合计	686,067,449.62	686,067,449.62	253,184,628.20	253,184,628.20
少数股东权益				
所有者权益合计	686,067,449.62	686,067,449.62	253,184,628.20	253,184,628.20
负债和所有者权益总计	715,575,681.24	715,575,681.24	284,793,944.20	284,793,944.20

7.2.2 利润表

编制单位:北京拓尔思信息技术股份有限公司　　2011 年 1-6 月　　单位:元

项目	本期金额		上期金额	
	合并	母公司	合并	母公司
一、营业总收入	63,765,436.40	63,765,436.40	53,050,968.99	53,050,968.99
其中:营业收入	63,765,436.40	63,765,436.40	53,050,968.99	53,050,968.99
利息收入				
已赚保费				
手续费及佣金收入				
二、营业总成本	53,505,134.77	53,505,134.77	44,069,717.01	44,069,717.01
其中:营业成本	11,776,816.17	11,776,816.17	10,923,359.06	10,923,359.06
利息支出				
手续费及佣金支出				
退保金				
赔付支出净额				
提取保险合同准备金净额				
保单红利支出				
分保费用				
营业税金及附加	1,989,555.98	1,989,555.98	1,612,647.50	1,612,647.50
销售费用	16,137,591.30	16,137,591.30	13,295,297.34	13,295,297.34
管理费用	25,488,190.29	25,488,190.29	17,832,663.79	17,832,663.79
财务费用	-924,098.60	-924,098.60	-160,244.48	-160,244.48
资产减值损失	-962,920.37	-962,920.37	562,993.80	562,993.80
加:公允价值变动收益(损失以"-"号填列)				
投资收益(损失以"-"号填列)				
其中:对联营企业和合营企业的投资收益				
汇兑收益(损失以"-"号填列)				
三、营业利润(亏损以"-"号填列)	10,260,301.63	10,260,301.63	8,981,251.98	8,981,251.98
加:营业外收入	6,638,364.69	6,638,364.69	7,390,330.84	7,390,330.84
减:营业外支出	30,000.00	30,000.00	651,422.25	651,422.25
其中:非流动资产处置损失				
四、利润总额(亏损总额以"-"号填列)	16,868,666.32	16,868,666.32	15,720,160.57	15,720,160.57
减:所得税费用	2,356,659.49	2,356,659.49	2,170,903.70	2,170,903.70
五、净利润(净亏损以"-"号填列)	14,512,006.83	14,512,006.83	13,549,256.87	13,549,256.87
归属于母公司所有者的净利润	14,512,006.83	14,512,006.83	13,549,256.87	13,549,256.87
少数股东损益				
六、每股收益:				
(一)基本每股收益	0.16	0.16	0.15	0.15
(二)稀释每股收益	0.16	0.16	0.15	0.15
七、其他综合收益				
八、综合收益总额	14,512,006.83	14,512,006.83	13,549,256.87	13,549,256.87
归属于母公司所有者的综合收益总额	14,512,006.83	14,512,006.83	13,549,256.87	13,549,256.87
归属于少数股东的综合收益总额				

本期发生同一控制下企业合并的,被合并方在合并前实现的净利润为:0.00 元。

7.2.3 现金流量表

编制单位:北京拓尔思信息技术股份有限公司　　2011 年 1-6 月　　单位:元

项目	本期金额		上期金额	
	合并	母公司	合并	母公司
一、经营活动产生的现金流量:				
销售商品、提供劳务收到的现金	48,214,939.94	48,214,939.94	40,114,945.47	40,114,945.47
客户存款和同业存放款项净增加额				
向中央银行借款净增加额				
向其他金融机构拆入资金净增加额				
收到原保险合同保费取得的现金				
收到再保险业务现金净额				
保户储金及投资款净增加额				
处置交易性金融资产净增加额				
收取利息、手续费及佣金的现金				
拆入资金净增加额				
回购业务资金净增加额				
收到的税费返还	2,431,669.32	2,431,669.32	4,397,547.63	4,397,547.63
收到其他与经营活动有关的现金	3,324,252.91	3,324,252.91	3,374,645.95	3,374,645.95
经营活动现金流入小计	53,970,862.17	53,970,862.17	47,887,139.05	47,887,139.05
购买商品、接受劳务支付的现金	17,803,543.61	17,803,543.61	6,355,604.20	6,355,604.20
客户贷款及垫款净增加额				
存放中央银行和同业款项净增加额				
支付原保险合同赔付款项的现金				
支付利息、手续费及佣金的现金				
支付保单红利的现金				
支付给职工以及为职工支付的现金	23,933,321.90	23,933,321.90	18,225,641.68	18,225,641.68
支付的各项税费	10,203,510.92	10,203,510.92	8,766,918.05	8,766,918.05
支付其他与经营活动有关的现金	11,175,661.43	11,175,661.43	10,781,154.93	10,781,154.93
经营活动现金流出小计	63,116,037.86	63,116,037.86	44,129,318.86	44,129,318.86
经营活动产生的现金流量净额	-9,145,175.69	-9,145,175.69	3,757,820.19	3,757,820.19
二、投资活动产生的现金流量:				
收回投资收到的现金				
取得投资收益收到的现金				
处置固定资产、无形资产和其他长期资产收回的现金净额				
处置子公司及其他营业单位收到的现金净额				
收到其他与投资活动有关的现金				
投资活动现金流入小计				
购建固定资产、无形资产和其他长期资产支付的现金	3,466,389.09	3,466,389.09	3,397,965.93	3,397,965.93
投资支付的现金				
质押贷款净增加额				
取得子公司及其他营业单位支付的现金净额				
支付其他与投资活动有关的现金				
投资活动现金流出小计	3,466,389.09	3,466,389.09	3,397,965.93	3,397,965.93
投资活动产生的现金流量净额	-3,466,389.09	-3,466,389.09	-3,397,965.93	-3,397,965.93
三、筹资活动产生的现金流量:				
吸收投资收到的现金	430,250,000.00	430,250,000.00		
其中:子公司吸收少数股东投资收到的现金				
取得借款收到的现金				
发行债券收到的现金				
收到其他与筹资活动有关的现金			13,746,384.86	13,746,384.86
筹资活动现金流入小计	430,250,000.00	430,250,000.00	13,746,384.86	13,746,384.86
偿还债务支付的现金				
分配股利、利润或偿付利息支付的现金			18,000,000.00	18,000,000.00
其中:子公司支付给少数股东的股利、利润				
支付其他与筹资活动有关的现金	4,817,463.80	4,817,463.80		
筹资活动现金流出小计	4,817,463.80	4,817,463.80	18,000,000.00	18,000,000.00
筹资活动产生的现金流量净额	425,432,536.20	425,432,536.20	-4,253,615.14	-4,253,615.14
四、汇率变动对现金及现金等价物的影响	-20,270.97	-20,270.97	-5,507.99	-5,507.99
五、现金及现金等价物净增加额	412,800,700.45	412,800,700.45	-3,899,268.87	-3,899,268.87
加:期初现金及现金等价物余额	141,025,857.40	141,025,857.40	97,639,535.25	97,639,535.25
六、期末现金及现金等价物余额	553,826,557.85	553,826,557.85	93,740,266.38	93,740,266.38

7.2.4 合并所有者权益变动表

编制单位:北京拓尔思信息技术股份有限公司　　2011 半年度　　单位:元

本期金额

项目	归属于母公司所有者权益 实收资本(或股本)	资本公积	减:库存股	专项储备	盈余公积	一般风险准备	未分配利润	其他	少数股东权益	所有者权益合计
一、上年年末余额	90,000,000.00	16,646,056.26			17,953,857.19		128,584,714.75			253,184,628.20
加:会计政策变更										
前期差错更正										
其他										
二、本年年初余额	90,000,000.00	16,646,056.26			17,953,857.19		128,584,714.75			253,184,628.20
三、本年增减变动金额										
(减少以"-"号填列)	30,000,000.00	388,370,814.59					14,512,006.83			432,882,821.42
(一)净利润							14,512,006.83			14,512,006.83
(二)其他综合收益										
上述(一)和(二)小计							14,512,006.83			14,512,006.83
(三)所有者投入										
和减少资本	30,000,000.00	388,370,814.59								418,370,814.59
1.所有者投入资本	30,000,000.00	388,370,814.59								418,370,814.59
2.股份支付计入所有者权益的金额										
3.其他										
(四)利润分配										
1.提取盈余公积										
2.提取一般风险准备										
3.对所有者(或股东)的分配										
4.其他										
(五)所有者权益内部结转										
1.资本公积转增资本(或股本)										
2.盈余公积转增资本(或股本)										
3.盈余公积弥补亏损										
4.其他										
(六)专项储备										
1.本期提取										
2.本期使用										
(七)其他										
四、本期期末余额	120,000,000.00	405,016,870.85			17,953,857.19	0.00	143,096,721.58			686,067,449.62

上年金额

项目	归属于母公司所有者权益 实收资本(或股本)	资本公积	减:库存股	专项储备	盈余公积	一般风险准备	未分配利润	其他	少数股东权益	所有者权益合计
一、上年年末余额	90,000,000.00	2,643,711.40			11,923,394.12		92,310,547.11			196,877,652.63
加:会计政策变更										
前期差错更正										
其他										
二、本年年初余额	90,000,000.00	2,643,711.40			11,923,394.12		92,310,547.11			196,877,652.63
三、本年增减变动金额										
(减少以"-"号填列)		14,002,344.86			6,030,463.07		36,274,167.64			56,306,975.57
(一)净利润							60,304,630.71			60,304,630.71
(二)其他综合收益		255,960.00					0.00			255,960.00
上述(一)和(二)小计		255,960.00					60,304,630.71			60,560,590.71
(三)所有者投入										
和减少资本		13,746,384.86								13,746,384.86
1.所有者投入资本		13,746,384.86								13,746,384.86
2.股份支付计入所有者权益的金额										
3.其他										
(四)利润分配					6,030,463.07		-24,030,463.07			-18,000,000.00
1.提取盈余公积					6,030,463.07		-6,030,463.07			
2.提取一般风险准备							-18,000,000.00			-18,000,000.00
3.对所有者(或股东)的分配										
4.其他										
(五)所有者权益内部结转										
1.资本公积转增资本(或股本)										
2.盈余公积转增资本(或股本)										
3.盈余公积弥补亏损										
4.其他										
(六)专项储备										
1.本期提取										
2.本期使用										
(七)其他										
四、本期期末余额	90,000,000.00	16,646,056.26			17,953,857.19		128,584,714.75			253,184,628.20

7.2.5 母公司所有者权益变动表

编制单位:北京拓尔思信息技术股份有限公司　　2011 半年度　　单位:元

本期金额

项目	实收资本(或股本)	资本公积	减:库存股	专项储备	盈余公积	一般风险准备	未分配利润	所有者权益合计
一、上年年末余额	90,000,000.00	16,646,056.26			17,953,857.19		128,584,714.75	253,184,628.20
加:会计政策变更								
前期差错更正								
其他								
二、本年年初余额	90,000,000.00	16,646,056.26			17,953,857.19		128,584,714.75	253,184,628.20
三、本年增减变动金额								
(减少以"-"号填列)	30,000,000.00	388,370,814.59					14,512,006.83	432,882,821.42
(一)净利润							14,512,006.83	14,512,006.83
(二)其他综合收益								
上述(一)和(二)小计							14,512,006.83	14,512,006.83
(三)所有者投入和减少资本	30,000,000.00	388,370,814.59						418,370,814.59
1.所有者投入资本	30,000,000.00	388,370,814.59						418,370,814.59
2.股份支付计入所有者权益的金额								
3.其他								
(四)利润分配								
1.提取盈余公积								
2.提取一般风险准备								
3.对所有者(或股东)的分配								
4.其他								
(五)所有者权益内部结转								
1.资本公积转增资本(或股本)								
2.盈余公积转增资本(或股本)								
3.盈余公积弥补亏损								
4.其他								
(六)专项储备								
1.本期提取								
2.本期使用								
(七)其他								
四、本期期末余额	120,000,000.00	405,016,870.85			17,953,857.19		143,096,721.58	686,067,449.62

上年金额

项目	实收资本(或股本)	资本公积	减:库存股	专项储备	盈余公积	一般风险准备	未分配利润	所有者权益合计
一、上年年末余额	90,000,000.00	2,643,711.40			11,923,394.12		92,310,547.11	196,877,652.63
加:会计政策变更								
前期差错更正								
其他								
二、本年年初余额	90,000,000.00	2,643,711.40			11,923,394.12		92,310,547.11	196,877,652.63
三、本年增减变动金额								
(减少以"-"号填列)		14,002,344.86			6,030,463.07		36,274,167.64	56,306,975.57
(一)净利润							60,304,630.71	60,304,630.71
(二)其他综合收益		255,960.00						255,960.00
上述(一)和(二)小计		255,960.00					60,304,630.71	60,560,590.71
(三)所有者投入和减少资本		13,746,384.86						13,746,384.86
1.所有者投入资本		13,746,384.86						13,746,384.86
2.股份支付计入所有者权益的金额								
3.其他								
(四)利润分配					6,030,463.07		-24,030,463.07	-18,000,000.00
1.提取盈余公积					6,030,463.07		-6,030,463.07	
2.提取一般风险准备							-18,000,000.00	-18,000,000.00
3.对所有者(或股东)的分配								
4.其他								
(五)所有者权益内部结转								
1.资本公积转增资本(或股本)								
2.盈余公积转增资本(或股本)								
3.盈余公积弥补亏损								
4.其他								
(六)专项储备								
1.本期提取								
2.本期使用								
(七)其他								
四、本期期末余额	90,000,000.00	16,646,056.26			17,953,857.19		128,584,714.75	253,184,628.20

7.3 报表附注

7.3.1 如果出现会计政策、会计估计变更或会计差错更正的,说明有关内容、原因及影响数

□ 适用　　√ 不适用

7.3.2 如果财务报表合并范围发生重大变化的,说明原因及影响数

□ 适用　　√ 不适用

7.3.3 如果被出具非标准审计报告,列示涉及事项的有关附注

□ 适用　　√ 不适用

包头东宝生物技术股份有限公司

包头东宝生物技术股份有限公司2011年半年度报告摘要

第一节　重要提示

1.1 本公司董事会、监事会及其董事、监事、高级管理人员保证本报告所载资料不存在任何虚假记载、误导性陈述或者重大遗漏，并对其内容的真实性、准确性和完整性负个别及连带责任。

本半年度报告摘要摘自半年度报告全文，报告全文同时刊载于证监会指定的网站和公司网站。投资者欲了解详细内容，应当仔细阅读半年度报告全文。

1.2 除下列董事外，其他董事亲自出席了审议本次半年报的董事会会议

未亲自出席董事姓名	未亲自出席董事职务	未亲自出席会议原因	被委托人姓名
张仁亮	独立董事	工作原因	李满威

1.3 公司半年度财务报告未经会计师事务所审计。

1.4 公司负责人王军、主管会计工作负责人展炜及会计机构负责人(会计主管人员)杜丽声明：保证半年度报告中财务报告的真实、完整。

第二节　公司基本情况简介

2.1 基本情况简介

股票简称	东宝生物
股票代码	300239
法定代表人	王军
上市证券交易所	深圳证券交易所

2.2 联系人和联系方式

项目	董事会秘书	证券事务代表
姓名	刘　芳	
联系地址	内蒙古包头市稀土高新区黄河大街46号	
电话	0472-5319863	
传真	0472-5319863	
电子信箱	xmliu@dbgelatin.cn	

2.3 主要财务数据和指标

2.3.1 主要会计数据

单位：元

项目	报告期	上年同期	本报告期比上年同期增减(%)
营业总收入(元)	94,206,179.20	89,408,057.66	5.37%
营业利润(元)	13,934,009.48	11,816,573.37	17.92%
利润总额(元)	14,970,575.98	12,292,838.34	21.78%
归属于上市公司股东的净利润(元)	12,592,564.49	10,392,796.33	21.17%
归属于上市公司股东的扣除非经常性损益后的净利润(元)	11,543,997.99	9,961,429.80	15.89%
经营活动产生的现金流量净额(元)	13,182,741.79	-3,718,019.28	
项目	报告期末	上年度期末	本报告期末比上年度期末增减(%)
总资产(元)	394,301,804.83	220,060,709.32	79.18%
归属于上市公司股东的所有者权益(元)	283,911,475.07	122,440,600.58	131.88%
股本(股)	75,980,000.00	56,980,000.00	33.35%

2.3.2 主要财务指标

单位：元

项目	报告期	上年同期	本报告期比上年同期增减(%)
基本每股收益(元/股)	0.2210	0.1824	21.16%
稀释每股收益(元/股)	0.2210	0.1824	21.16%
扣除非经常性损益后的基本每股收益(元/股)	0.2026	0.1748	15.90%
加权平均净资产收益率(%)	9.78%	8.97%	0.81%
扣除非经常性损益后的加权平均净资产收益率(%)	8.97%	8.60%	0.37%
每股经营活动产生的现金流量净额(元/股)	0.1735	-0.0653	
项目	报告期末	上年度期末	本报告期末比上年度期末增减(%)
归属于上市公司股东的每股净资产(元/股)	3.74	2.15	73.95%

注：公司于2011年6月30日收到募集资金款项，按照公司未发行人民币普通股前总股本5,698万股计算的每股经营活动产生的现金流量净额为0.2314元/股、归属于上市公司股东的每股净资产为4.98元/股(本报告期末比上年度期末增减131.63%)。

2.3.3 非经常性损益项目

√ 适用　　□ 不适用

单位：元

非经常性损益项目	金额	附注(如适用)
计入当期损益的政府补助，但与公司正常经营业务密切相关，符合国家政策规定、按照一定标准定额或定量持续享受的政府补助除外	1,084,547.19	
除上述各项之外的其他营业外收入和支出	-47,980.69	
所得税影响额	12,000.00	
合计	1,048,566.50	-

第三节　董事会报告

3.1 主营业务产品或服务情况表

单位：万元

分产品或服务	营业收入	营业成本	毛利率(%)	营业收入比上年同期增减(%)	营业成本比上年同期增减(%)	毛利率比上年同期增减(%)
明胶及副产品磷酸氢钙	8,996.84	6,759.61	24.87%	3.26%	2.05%	3.71%
胶原蛋白系列产品	423.78	114.81	72.91%	86.11%	-13.50%	74.80%

3.2 主营业务分地区情况

单位：万元

地区	营业收入	营业收入比上年增减(%)
华北地区	3,360.77	9.39%
华东地区	4,004.77	15.88%
华南地区	1,043.37	-4.60%
西北地区	2.46	-41.39%
西南地区	26.58	-67.62%
东北地区	455.74	-14.19%
华中地区	526.92	-24.87%

3.3 主营业务及其结构发生重大变化的原因说明

□ 适用　　√ 不适用

3.4 主营业务盈利能力(毛利率)与上年相比发生重大变化的原因说明

□ 适用　　√ 不适用

3.5 利润构成与上年度相比发生重大变化的原因分析

□ 适用　　√ 不适用

3.6 无形资产(商标、专利、非专利技术、土地使用权、水面养殖权、探矿权、采矿权)发生重大变化的影响因素及重大不利变化的应对措施

□ 适用　　√ 不适用

3.7 因设备或技术更新升级换代、核心技术人员辞职、特许经营权丧失等导致公司核心竞争能力受到严重影响的具体情况及公司拟采取的措施说明

□ 适用　　√ 不适用

3.8 募集资金使用情况

3.8.1 募集资金使用情况对照表

□ 适用　　√ 不适用

3.8.2 变更募集资金投资项目情况表

□ 适用　　√ 不适用

3.8.3 重大非募集资金项目情况

□ 适用　　√ 不适用

3.9 董事会下半年的经营计划修改计划

□ 适用　　√ 不适用

3.10 报告期内现金分红政策的执行情况

□ 适用　　√ 不适用

3.11 预测年初至下一报告期期末的累计净利润可能为亏损、实现扭亏为盈或者与上年同期相比发生大幅度变动的警示及说明

□ 适用　　√ 不适用

3.12 公司董事会对会计师事务所本报告期"非标准审计报告"的说明

□ 适用　　√ 不适用

3.13 公司董事会对会计师事务所上年度"非标准审计报告"涉及事项的变化及处理情况的说明

□ 适用　　√ 不适用

第四节　重要事项

4.1 重大诉讼仲裁事项

□ 适用　　√ 不适用

4.2 收购、出售资产及资产重组

4.2.1 收购资产

□ 适用　　√ 不适用

4.2.2 出售资产

□ 适用　　√ 不适用

4.2.3 自资产重组报告书或收购出售资产公告刊登后，该事项的进展情况及对报告期经营成果与财务状况的影响

□ 适用　　√ 不适用

4.3 公司报告期内股权激励方案的执行情况，以及对公司报告期及未来财务状况和经营成果影响的说明

□ 适用　　√ 不适用

4.4 重大关联交易

4.4.1 与日常经营相关的关联交易

√ 适用　　□ 不适用

单位：万元

关联方	向关联方销售产品和提供劳务		向关联方采购产品和接受劳务	
	交易金额	占同类交易金额的比例	交易金额	占同类交易金额的比例
杭州群利明胶有限公司	56.41	0.72%	0.00	0.00%
中国乐凯胶片集团公司第二胶片厂	117.52	1.50%	0.00	0.00%
合计	173.93	2.22%	0.00	0.00%

其中：报告期内公司向控股股东及其子公司销售产品或提供劳务的关联交易金额 0.00 万元。

与年初预计临时披露差异的说明　　无差异。

4.4.2 关联债权债务往来

□ 适用　　√ 不适用

4.5 担保事项

□ 适用　　√ 不适用

4.6 证券投资情况

□ 适用　　√ 不适用

4.7 承诺事项履行情况

□ 适用　　√ 不适用

第五节　股本变动及股东情况

5.1 股份变动情况表

单位：股

	本次变动前		本次变动增减(+,-)					本次变动后	
	数量	比例(%)	发行新股	送股	公积金转股	其他	小计	数量	比例(%)
一、有限售条件股份	56,980,000	100.00%	3,800,000				3,800,000	60,780,000	79.99%
1、国家持股	1,538,500	2.70%				−317,785	−317,785	1,220,715	1.61%
2、国有法人持股	7,660,000	13.44%				317,785	317,785	7,977,785	10.50%
3、其他内资持股	47,781,500	83.86%	3,800,000				3,800,000	51,581,500	67.89%
其中：境内非国有法人持股	28,681,500	50.34%	2,850,000				2,850,000	31,531,500	41.50%
境内自然人持股	19,100,000	33.52%	950,000				950,000	20,050,000	26.39%
4、外资持股									
其中：境外法人持股									
境外自然人持股									
5、高管股份									
二、无限售条件股份			15,200,000				15,200,000	15,200,000	20.01%
1、人民币普通股			15,200,000				15,200,000	15,200,000	20.01%
2、境内上市的外资股									
3、境外上市的外资股									
4、其他									
三、股份总数	56,980,000	100.00%	19,000,000				19,000,000	75,980,000	100.00%

限售股份变动情况表

单位：股

股东名称	年初限售股数	本期解除限售股数	本期增加限售股数	期末限售股数	限售原因	解除限售日期
包头东宝实业(集团)有限公司	0	0	28,681,500	28,681,500	IPO 前发行限售	2014-7-5
中国乐凯胶片集团公司	0	0	3,726,809	3,726,809	IPO 前发行限售	2012-7-5
徐伟宇	0	0	3,750,000	3,750,000	IPO 前发行限售	2012-7-5
江任飞	0	0	3,700,000	3,700,000	IPO 前发行限售	2012-7-5
江　萍	0	0	3,300,000	3,300,000	IPO 前发行限售	2012-7-5
中国科学院理化研究所	0	0	1,625,768	1,625,768	IPO 前发行限售	2012-7-5
包头市人民政府国有资产监督管理委员会	0	0	1,220,715	1,220,715	IPO 前发行限售	2012-7-5
王丽萍	0	0	1,050,000	1,050,000	IPO 前发行限售	2012-7-5
刘　芳	0	0	1,050,000	1,050,000	IPO 前发行限售	2012-7-5
林红桥	0	0	1,000,000	1,000,000	IPO 前发行限售	2012-7-5
陈　莹	0	0	1,000,000	1,000,000	IPO 前发行限售	2012-7-5
杨志华	0	0	1,000,000	1,000,000	IPO 前发行限售	2012-7-5
内蒙古自治区生产力促进中心	0	0	725,208	725,208	IPO 前发行限售	2012-7-5
许　强	0	0	700,000	700,000	IPO 前发行限售	2012-7-5
余　荀	0	0	450,000	450,000	IPO 前发行限售	2012-7-5
李文玉	0	0	300,000	300,000	IPO 前发行限售	2012-7-5
郭　萍	0	0	300,000	300,000	IPO 前发行限售	2012-7-5
张振光	0	0	300,000	300,000	IPO 前发行限售	2012-7-5
张　岩	0	0	260,000	260,000	IPO 前发行限售	2012-7-5
赵海霞	0	0	200,000	200,000	IPO 前发行限售	2012-7-5
贺志贤	0	0	170,000	170,000	IPO 前发行限售	2012-7-5
展　炜	0	0	100,000	100,000	IPO 前发行限售	2012-7-5
王富荣	0	0	60,000	60,000	IPO 前发行限售	2014-7-5
王富华	0	0	60,000	60,000	IPO 前发行限售	2014-7-5
王　清	0	0	60,000	60,000	IPO 前发行限售	2012-7-5
贾利明	0	0	40,000	40,000	IPO 前发行限售	2012-7-5
张增明	0	0	30,000	30,000	IPO 前发行限售	2012-7-5
王　刚	0	0	30,000	30,000	IPO 前发行限售	2012-7-5
杜　丽	0	0	30,000	30,000	IPO 前发行限售	2012-7-5
王晓慧	0	0	30,000	30,000	IPO 前发行限售	2014-7-5
贾喜荣	0	0	30,000	30,000	IPO 前发行限售	2012-7-5
刘　伟	0	0	20,000	20,000	IPO 前发行限售	2012-7-5
苏文斌	0	0	20,000	20,000	IPO 前发行限售	2012-7-5
张志成	0	0	20,000	20,000	IPO 前发行限售	2012-7-5
于建华	0	0	20,000	20,000	IPO 前发行限售	2012-7-5
张　涛	0	0	20,000	20,000	IPO 前发行限售	2012-7-5
全国社会保障基金理事会	0	0	1,900,000	1,900,000	IPO 前发行限售	2012-7-5
方正证券股份有限公司	0	0	950,000	950,000	定向发行限售	2011-10-5
山东省国际信托有限公司-鲁信.汇鑫 1 号集合资金信托计划	0	0	950,000	950,000	定向发行限售	2011-10-5
光大证券股份有限公司	0	0	950,000	950,000	定向发行限售	2011-10-5
招商银行股份有限公司-富国天合稳健优选股票型证券投资基金	0	0	950,000	950,000	定向发行限售	2011-10-5
合计	0	0	60,780,000	60,780,000	–	–

5.2 前 10 名股东、前 10 名无限售流通股股东持股情况表

单位：股

股东总数　　30,441

前 10 名股东持股情况

股东名称	股东性质	持股比例(%)	持股总数	持有有限售条件股份数量	质押或冻结的股份数量
包头东宝实业(集团)有限公司	境内非国有法人	37.75%	28,681,500	28,681,500	
中国乐凯胶片集团公司	国有法人	4.90%	3,726,809	3,726,809	
徐伟宇	境内自然人	4.94%	3,750,000	3,750,000	
江任飞	境内自然人	4.87%	3,700,000	3,700,000	
江　萍	境内自然人	4.34%	3,300,000	3,300,000	
中国科学院理化研究所	国有法人	2.14%	1,625,768	1,625,768	
包头市人民政府国有资产监督管理委员会	国家	1.61%	1,220,715	1,220,715	
王丽萍	境内自然人	1.38%	1,050,000	1,050,000	
刘　芳	境内自然人	1.38%	1,050,000	1,050,000	
全国社保基金理事会	国有法人	2.50%	1,900,000	1,900,000	

前 10 名无限售条件股东持股情况

股东名称	持有无限售条件股份数量	股份种类
陈武明	500	人民币普通股
周华英	500	人民币普通股
罗继红	500	人民币普通股
曾石喜	500	人民币普通股
曾美健	500	人民币普通股
湛耀佳	500	人民币普通股
林慧文	500	人民币普通股
罗桂英	500	人民币普通股
黄合金	500	人民币普通股
黄东升	500	人民币普通股
上述股东关联关系或一致行动的说明	公司实际控制人王军与公司股东王富荣、王富华、王晓慧系父子、父女关系；公司股东江任飞和江萍系父女关系。	

5.3 控股股东及实际控制人变更情况

□ 适用　　√ 不适用

第六节　董事、监事和高级管理人员情况

6.1 董事、监事和高级管理人员持股变动

姓名	职务	性别	年龄	任期起始日期	任期终止日期	年初持股数	期末持股数	变动原因	报告期内从公司领取的报酬总额(万元)税前	是否在股东单位或其他关联单位领取薪酬
王军	董事长	男	60	2000-08-28	2013-12-20	0	0		27.57	否
王丽萍	董事、总经理	女	42	2000-08-28	2013-12-20	1,050,000	1,050,000		19.94	否
刘芳	董事、副总经理董事会秘书	男	47	2000-08-28	2013-12-20	1,050,000	1,050,000		19.85	否
马礼谦	董事	男	50	2000-08-28	2013-12-20	0	0		0.18	是
张仁亮	独立董事	男	59	2009-12-21	2013-12-20	0	0		1.65	是
张方	独立董事	男	40	2009-12-21	2013-12-20	0	0		1.65	是
李满威	独立董事	男	46	2009-12-21	2013-12-20	0	0		1.65	是
展炜	财务总监	男	35	2010-06-07	2013-12-20	100,000	100,000		4.95	否
贾利明	副总经理	男	50	2009-12-04	2013-12-20	30,000	30,000		8.54	否
王清	总经理助理	女	49	2010-06-07	2013-12-20	60,000	60,000		2.40	否
于建华	监事会主席	男	55	2007-12-08	2013-12-20	20,000	20,000		2.77	否
锡林塔娜	监事	女	57	2007-12-08	2013-12-20	0	0		0.18	是
贺志贤	监事	女	41	2009-12-01	2013-12-20	170,000	170,000		3.32	否
合计	–	–	–	–	–	2,480,000	2,480,000	–	94.65	–

上述人员持有本公司的股票期权及被授予的限售流通股股票数量。

□ 适用　　√ 不适用

第七节　财务报告

7.1 审计意见

财务报告　　√未经审计　　□审计

7.2 财务报表

7.2.1 资产负债表

编制单位：包头东宝生物技术股份有限公司　　2011 年 06 月 30 日　　单位：元

项目	期末余额 合并	期末余额 母公司	年初余额 合并	年初余额 母公司
流动资产：				
货币资金	172,117,767.51		8,276,806.83	
结算备付金				
拆出资金				
交易性金融资产				
应收票据	14,043,400.96		18,087,408.65	
应收账款	19,882,478.49		9,740,461.47	
预付款项	3,935,756.61		2,497,509.03	
应收保费				
应收分保账款				
应收分保合同准备金				
应收利息				
应收股利				
其他应收款	2,855,456.53		3,620,547.00	
买入返售金融资产				
存货	55,439,124.61		50,996,664.24	
一年内到期的非流动资产				
其他流动资产				
流动资产合计	268,273,984.71		93,219,397.22	
非流动资产：				
发放委托贷款及垫款				
可供出售金融资产				
持有至到期投资				
长期应收款				
长期股权投资				
投资性房地产				
固定资产	112,180,672.44		115,216,304.61	
在建工程	5,295,434.45		2,888,407.80	
工程物资				
固定资产清理				
生产性生物资产				
油气资产				
无形资产	7,949,178.65		8,174,592.29	
开发支出				
商誉				
长期待摊费用				
递延所得税资产	602,534.58		562,007.40	
其他非流动资产				
非流动资产合计	126,027,820.12		126,841,312.10	
资产总计	394,301,804.83		220,060,709.32	
流动负债：				
短期借款	59,750,000.00		54,750,000.00	
向中央银行借款				
吸收存款及同业存放				
拆入资金				
交易性金融负债				
应付票据				
应付账款	17,832,643.55		14,591,354.80	
预收款项	3,603,571.54		49,847.55	
卖出回购金融资产款				
应付手续费及佣金				
应付职工薪酬	112,892.87		107,080.84	
应交税费	3,320,758.82		4,517,791.89	
应付利息				
应付股利			3,377,472.99	
其他应付款	6,078,756.05		298,756.05	
应付分保账款				
保险合同准备金				
代理买卖证券款				
代理承销证券款				
一年内到期的非流动负债				
其他流动负债	643,726.40		879,824.09	
流动负债合计	91,342,349.23		78,572,128.21	
非流动负债：				
长期借款				
应付债券				
长期应付款	10,000,000.00		10,000,000.00	
专项应付款				
预计负债				
递延所得税负债				
其他非流动负债	9,047,980.53		9,047,980.53	
非流动负债合计	19,047,980.53		19,047,980.53	
负债合计	110,390,329.76		97,620,108.74	
所有者权益(或股东权益)：				
实收资本(或股本)	75,980,000.00		56,980,000.00	
资本公积	142,469,059.26		12,590,749.26	
减：库存股				
专项储备				
盈余公积	8,660,125.06		8,660,125.06	
一般风险准备				
未分配利润	56,802,290.75		44,209,726.26	
外币报表折算差额				
归属于母公司所有者权益合计	283,911,475.07		122,440,600.58	
少数股东权益				
所有者权益合计	283,911,475.07		122,440,600.58	
负债和所有者权益总计	394,301,804.83		220,060,709.32	

7.2.2 利润表

编制单位：包头东宝生物技术股份有限公司　　2011 年 1-6 月　　单位：元

项目	本期金额 合并	本期金额 母公司	上期金额 合并	上期金额 母公司
一、营业总收入	94,206,179.20		89,408,057.66	
其中：营业收入	94,206,179.20		89,408,057.66	
利息收入				
已赚保费				
手续费及佣金收入				
二、营业总成本	80,272,169.72		77,591,484.29	
其中：营业成本	68,744,214.69		67,566,010.89	

利息支出				
手续费及佣金支出				
退保金				
赔付支出净额				
提取保险合同准备金净额				
保单红利支出				
分保费用				
营业税金及附加	657,311.62		460,831.72	
销售费用	2,929,601.69		1,900,741.39	
管理费用	5,719,211.09		4,586,657.04	
财务费用	1,961,649.44		2,121,714.30	
资产减值损失	270,181.19		955,528.95	
加:公允价值变动收益(损失以"-"号填列)				
投资收益(损失以"-"号填列)				
其中:对联营企业和合营企业的投资收益				
汇兑收益(损失以"-"号填列)				
三、营业利润(亏损以"-"号填列)	13,934,009.48		11,816,573.37	
加:营业外收入	1,084,547.19		488,694.96	
减:营业外支出	47,980.69		12,429.99	
其中:非流动资产处置损失				
四、利润总额(亏损总额以"-"号填列)	14,970,575.98		12,292,838.34	
减:所得税费用	2,378,011.49		1,900,042.01	
五、净利润(净亏损以"-"号填列)	12,592,564.49		10,392,796.33	
归属于母公司所有者的净利润	12,592,564.49		10,392,796.33	
少数股东损益				
六、每股收益:				
(一)基本每股收益	0.2210		0.1824	
(二)稀释每股收益	0.2210		0.1824	
七、其他综合收益				
八、综合收益总额	12,592,564.49		10,392,796.33	
归属于母公司所有者的综合收益总额	12,592,564.49		10,392,796.33	
归属于少数股东的综合收益总额				

本期发生同一控制下企业合并的,被合并方在合并前实现的净利润为:0.00 元。

7.2.3 现金流量表

编制单位:包头东宝生物技术股份有限公司　　2011 年 1-6 月　　单位:元

项目	本期金额		上期金额	
	合并	母公司	合并	母公司
一、经营活动产生的现金流量:				
销售商品、提供劳务收到的现金	93,747,274.45		72,064,803.16	
客户存款和同业存放款项净增加额				
向中央银行借款净增加额				
向其他金融机构拆入资金净增加额				
收到原保险合同保费取得的现金				
收到再保险业务现金净额				
保户储金及投资款净增加额				
处置交易性金融资产净增加额				
收取利息、手续费及佣金的现金				
拆入资金净增加额				
回购业务资金净增加额				
收到的税费返还				
收到其他与经营活动有关的现金	880,017.65		301,358.05	
经营活动现金流入小计	94,627,292.10		72,366,161.21	
购买商品、接受劳务支付的现金	58,313,534.43		58,670,398.87	
客户贷款及垫款净增加额				
存放中央银行和同业款项净增加额				
支付原保险合同赔付款项的现金				
支付利息、手续费及佣金的现金				
支付保单红利的现金				
支付给职工以及为职工支付的现金	7,851,487.38		5,959,827.91	
支付的各项税费	10,318,629.40		6,802,949.17	
支付其他与经营活动有关的现金	4,960,899.10		4,651,004.54	
经营活动现金流出小计	81,444,550.31		76,084,180.49	
经营活动产生的现金流量净额	13,182,741.79		-3,718,019.28	
二、投资活动产生的现金流量:				
收回投资收到的现金				
取得投资收益收到的现金				
处置固定资产、无形资产和其他长期资产收回的现金净额				
处置子公司及其他营业单位收到的现金净额				
收到其他与投资活动有关的现金				
投资活动现金流入小计				
购建固定资产、无形资产和其他长期资产支付的现金	3,500,946.47		3,375,104.35	
投资支付的现金				
质押贷款净增加额				
取得子公司及其他营业单位支付的现金净额				
支付其他与投资活动有关的现金				
投资活动现金流出小计	3,500,946.47		3,375,104.35	
投资活动产生的现金流量净额	-3,500,946.47		-3,375,104.35	
三、筹资活动产生的现金流量:				
吸收投资收到的现金	148,878,310.00			
其中:子公司吸收少数股东投资收到的现金				
取得借款收到的现金	5,000,000.00		18,056,779.90	
发行债券收到的现金				
收到其他与筹资活动有关的现金	5,630,000.00			
筹资活动现金流入小计	159,508,310.00		18,056,779.90	
偿还债务支付的现金			13,716,615.94	
分配股利、利润或偿付利息支付的现金	5,349,144.64		2,406,080.48	
其中:子公司支付给少数股东的股利、利润				
支付其他与筹资活动有关的现金			147,380.00	
筹资活动现金流出小计	5,349,144.64		16,270,076.42	
筹资活动产生的现金流量净额	154,159,165.36		1,786,703.48	
四、汇率变动对现金及现金等价物的影响				
五、现金及现金等价物净增加额	163,840,960.68		-5,306,420.15	
加:期初现金及现金等价物余额	8,276,806.83		6,593,037.41	
六、期末现金及现金等价物余额	172,117,767.51		1,286,617.26	

7.2.4 合并所有者权益变动表

编制单位:包头东宝生物技术股份有限公司　　2011 半年度　　单位:元

项目	本期金额									
	归属于母公司所有者权益									
	实收资本(或股本)	资本公积	减:库存股	专项储备	盈余公积	一般风险准备	未分配利润	其他	少数股东权益	所有者权益合计
一、上年年末余额	56,980,000.00	12,590,749.26			8,660,125.06		44,209,726.26			122,440,600.58
加:会计政策变更										
前期差错更正										
其他										
二、本年年初余额	56,980,000.00	12,590,749.26			8,660,125.06		44,209,726.26			122,440,600.58
三、本年增减变动金额(减少以"-"号填列)	19,000,000.00	129,878,310.00					12,417,340.54			161,295,650.54
(一)净利润							12,417,340.54			12,417,340.54
(二)其他综合收益										
上述(一)和(二)小计							12,417,340.54			12,417,340.54
(三)所有者投入和减少资本	19,000,000.00	129,878,310.00								148,878,310.00
1.所有者投入资本	19,000,000.00	129,878,310.00								148,878,310.00

2.股份支付计入所有者权益的金额										
3.其他										
(四)利润分配										
1.提取盈余公积										
2.提取一般风险准备										
3.对所有者(或股东)的分配										
4.其他										
(五)所有者权益内部结转										
1.资本公积转增资本(或股本)										
2.盈余公积转增资本(或股本)										
3.盈余公积弥补亏损										
4.其他										
(六)专项储备										
1.本期提取										
2.本期使用										
(七)其他										
四、本期期末余额	75,980,000.00	142,469,059.26			8,660,125.06		56,627,066.80			283,736,251.12

上年金额

项目	归属于母公司所有者权益									所有者权益合计
	实收资本(或股本)	资本公积	减:库存股	专项储备	盈余公积	一般风险准备	未分配利润	其他	少数股东权益	
一、上年年末余额	56,980,000.00	22,428,749.26			6,497,676.08		24,747,685.44			110,654,110.78
前期差错更正		−10,000,000.00								−10,000,000.00
其他										
二、本年年初余额	56,980,000.00	12,428,749.26			6,497,676.08		24,747,685.44			100,654,110.78
三、本年增减变动金额(减少以"−"号填列)		162,000.00			2,162,448.98		19,462,040.82			21,786,489.80
(一)净利润							21,624,489.80			21,624,489.80
(二)其他综合收益										
上述(一)和(二)小计							21,624,489.80			21,624,489.80
(三)所有者投入和减少资本		162,000.00								162,000.00
1.所有者投入资本										
2.股份支付计入所有者权益的金额										
3.其他		162,000.00								162,000.00
(四)利润分配					2,162,448.98		−2,162,448.98			
1.提取盈余公积					2,162,448.98		−2,162,448.98			
2.提取一般风险准备										
3.对所有者(或股东)的分配										
4.其他										
(五)所有者权益内部结转										
1.资本公积转增资本(或股本)										
2.盈余公积转增资本(或股本)										
3.盈余公积弥补亏损										
4.其他										
(六)专项储备										
1.本期提取										
2.本期使用										
(七)其他										
四、本期期末余额	56,980,000.00	12,590,749.26			8,660,125.06		44,209,726.26			122,440,600.58

7.2.5 母公司所有者权益变动表

编制单位:包头东宝生物技术股份有限公司　　2011 半年度　　单位:元

本期金额

项目	实收资本(或股本)	资本公积	减:库存股	专项储备	盈余公积	一般风险准备	未分配利润	所有者权益合计
一、上年年末余额								
加:会计政策变更								
前期差错更正								
其他								
二、本年年初余额								
三、本年增减变动金额(减少以"−"号填列)								
(一)净利润								
(二)其他综合收益								
上述(一)和(二)小计								
(三)所有者投入和减少资本								
1.所有者投入资本								
2.股份支付计入所有者权益的金额								
3.其他								
(四)利润分配								
1.提取盈余公积								
2.提取一般风险准备								
3.对所有者(或股东)的分配								
4.其他								
(五)所有者权益内部结转								
1.资本公积转增资本(或股本)								
2.盈余公积转增资本(或股本)								
3.盈余公积弥补亏损								
4.其他								
(六)专项储备								
1.本期提取								
2.本期使用								
(七)其他								
四、本期期末余额								0.00

上年金额

项目	实收资本(或股本)	资本公积	减:库存股	专项储备	盈余公积	一般风险准备	未分配利润	所有者权益合计
一、上年年末余额								
加:会计政策变更								
前期差错更正								
其他								
二、本年年初余额								
三、本年增减变动金额(减少以"−"号填列)								
(一)净利润								
(二)其他综合收益								
上述(一)和(二)小计								
(三)所有者投入和减少资本								
1.所有者投入资本								
2.股份支付计入所有者权益的金额								
3.其他								
(四)利润分配								
1.提取盈余公积								
2.提取一般风险准备								
3.对所有者(或股东)的分配								
4.其他								
(五)所有者权益内部结转								
1.资本公积转增资本(或股本)								
2.盈余公积转增资本(或股本)								
3.盈余公积弥补亏损								
4.其他								
(六)专项储备								
1.本期提取								
2.本期使用								
(七)其他								
四、本期期末余额								0.00

7.3 报表附注

7.3.1 如果出现会计政策、会计估计变更或会计差错更正的,说明有关内容、原因及影响数

□ 适用　　√ 不适用

7.3.2 如果财务报表合并范围发生重大变化的,说明原因及影响数

□ 适用　　√ 不适用

7.3.3 如果被出具非标准审计报告,列示涉及事项的有关附注

□ 适用　　√ 不适用

广东明家科技股份有限公司

广东明家科技股份有限公司2011年半年度报告摘要

第一节 重要提示

1.1 本公司董事会、监事会及全体董事、监事、高级管理人员保证本报告所载资料不存在任何虚假记载、误导性陈述或者重大遗漏，并对其内容的真实性、准确性和完整性负个别及连带责任。

本半年度报告摘要摘自半年度报告全文，报告全文同时刊载于中国证券报，上海证券报，证券时报，证券日报。投资者欲了解详细内容，应当仔细阅读半年度报告全文。

1.2 公司半年度财务报告未经会计师事务所审计。

1.3 公司负责人周建林、主管会计工作负责人王平及会计机构负责人(会计主管人员)黎伟声明：保证半年度报告中财务报告的真实、完整。

第二节 公司基本情况简介

2.1 基本情况简介

股票简称	明家科技
股票代码	300242
法定代表人	周建林
上市证券交易所	深圳证券交易所

2.2 联系人和联系方式

项目	董事会秘书	证券事务代表
姓名	黎伟	
联系地址	广东省东莞市横沥镇村头村工业区	
电话	0769-88972266	
传真	0769-88973889	
电子信箱	riter@migsurge.com.cn	

2.3 主要财务数据和指标

2.3.1 主要会计数据

单位：元

项目	报告期	上年同期	本报告期比上年同期增减(%)
营业总收入(元)	86,384,389.20	81,809,250.63	5.59%
营业利润(元)	9,455,916.29	9,291,611.77	1.77%
利润总额(元)	10,820,880.96	11,169,234.72	-3.12%
归属于上市公司股东的净利润(元)	9,213,967.27	9,254,155.06	-0.43%
归属于上市公司股东的扣除非经常性损益后的净利润(元)	8,053,747.30	7,658,199.31	5.17%
经营活动产生的现金流量净额(元)	-1,820,571.57	-6,707,471.98	72.86%
项目	报告期末	上年度期末	本报告期末比上年度期末增减(%)
总资产(元)	171,904,181.61	168,728,636.07	1.88%
归属于上市公司股东的所有者权益(元)	116,204,544.31	106,990,577.04	8.61%
股本(股)	56,000,000.00	56,000,000.00	0.00%

2.3.2 主要财务指标

单位：元

项目	报告期	上年同期	本报告期比上年同期增减(%)
基本每股收益(元/股)	0.1645	0.1653	-0.48%
稀释每股收益(元/股)	0.1645	0.1653	-0.48%
扣除非经常性损益后的基本每股收益(元/股)	0.1438	0.136	5.74%
加权平均净资产收益率(%)	8.26%	10.62%	-2.36%
扣除非经常性损益后的加权平均净资产收益率(%)	7.22%	8.79%	-1.57%
每股经营活动产生的现金流量净额(元/股)	-0.0325	-0.1198	72.86%
项目	报告期末	上年度期末	本报告期末比上年度期末增减(%)
归属于上市公司股东的每股净资产(元/股)	2.0751	1.9105	8.62%

2.3.3 非经常性损益项目

√ 适用 □ 不适用

单位：元

非经常性损益项目	金额	附注(如适用)
计入当期损益的政府补助，但与公司正常经营业务密切相关，符合国家政策规定、按照一定标准定额或定量持续享受的政府补助除外	1,368,010.00	
除上述各项之外的其他营业外收入和支出	-3,045.33	
所得税影响额	-204,744.70	
合计	1,160,219.97	-

第三节 董事会报告

3.1 主营业务产品或服务情况表

单位：万元

分产品或服务	营业收入	营业成本	毛利率(%)	营业收入比上年同期增减(%)	营业成本比上年同期增减(%)	毛利率比上年同期增减(%)
电涌保护产品	7,700.93	5,364.56	30.34%	14.38%	16.53%	-1.29%
塑胶产品	706.96	487.03	31.11%	-38.58%	-36.88%	-1.86%
其他	217.29	148.12	31.83%	-6.53%	-4.99%	-1.11%

3.2 主营业务分地区情况

单位：万元

地区	营业收入	营业收入比上年增减(%)
东北	1.84	-50.95%
华北	23.54	2,318.24%
华东	342.26	-35.69%
华南	931.64	-11.69%
华中	325.37	43.85%
西南	62.28	34.12%
国外	6,938.25	10.98%

3.3 主营业务及其结构发生重大变化的原因说明

□ 适用 √ 不适用

3.4 主营业务盈利能力(毛利率)与上年相比发生重大变化的原因说明

□ 适用 √ 不适用

3.5 利润构成与上年度相比发生重大变化的原因分析

□ 适用 √ 不适用

3.6 无形资产(商标、专利、非专利技术、土地使用权、水面养殖权、探矿权、采矿权)发生重大变化的影响因素及重大不利变化的应对措施

□ 适用 √ 不适用

3.7 因设备或技术更新升级换代、核心技术人员辞职、特许经营权丧失等导致公司核心竞争能力受到严重影响的具体情况及公司拟采取的措施说明

□ 适用 √ 不适用

3.8 募集资金使用情况

3.8.1 募集资金使用情况对照表

□ 适用 √ 不适用

3.8.2 变更募集资金投资项目情况表

□ 适用 √ 不适用

3.8.3 重大非募集资金项目情况

□ 适用 √ 不适用

3.9 董事会下半年的经营计划修改计划

□ 适用 √ 不适用

3.10 报告期内现金分红政策的执行情况

□ 适用 √ 不适用

3.11 预测年初至下一报告期期末的累计净利润可能为亏损、实现扭亏为盈或者与上年同期相比发生大幅度变动的警示及说明

□ 适用 √ 不适用

3.12 公司董事会对会计师事务所本报告期"非标准审计报告"的说明

□ 适用 √ 不适用

3.13 公司董事会对会计师事务所上年度"非标准审计报告"涉及事项的变化及处理情况的说明

□ 适用 √ 不适用

第四节 重要事项

4.1 重大诉讼仲裁事项

□ 适用 √ 不适用

4.2 收购、出售资产及资产重组

4.2.1 收购资产

□ 适用 √ 不适用

4.2.2 出售资产

□ 适用　　　√ 不适用

4.2.3 自资产重组报告书或收购出售资产公告刊登后，该事项的进展情况及对报告期经营成果与财务状况的影响

□ 适用　　　√ 不适用

4.3 公司报告期内股权激励方案的执行情况，以及对公司报告期及未来财务状况和经营成果影响的说明

□ 适用　　　√ 不适用

4.4 重大关联交易

4.4.1 与日常经营相关的关联交易

□ 适用　　　√ 不适用

4.4.2 关联债权债务往来

□ 适用　　　√ 不适用

4.5 担保事项

□ 适用　　　√ 不适用

4.6 证券投资情况

□ 适用　　　√ 不适用

4.7 承诺事项履行情况

√ 适用　　　□ 不适用

公司或持有公司股份5%以上(含5%)的股东在报告期内发生或持续到报告期内的承诺事项

(一)股票上市前股东所持股份的流通限制和自愿锁定股份的承诺

本公司控股股东周建林、首次公开发行前持股5%以上的自然人股东王平、周建禄承诺：自公司股票在证券交易所创业板上市之日起三十六个月内，本人不转让或者委托他人管理本人持有的公司股份，亦不以任何理由要求公司回购本人持有的公司股份。

除上述三名股东外，其余39名自然人股东分别承诺：自公司股票在证券交易所创业板上市之日起十二个月内，本人不转让或者委托他人管理本人持有的公司股份，亦不以任何理由要求公司回购本人持有的公司股份。

除上述承诺外，担任公司董事、监事、高级管理人员的自然人股东承诺：在任职期间每年转让的股份不超过其所持有本公司股份总数的百分之二十五；离职后半年内，不转让其所持有的本公司股份。

截至2011年6月30日，上述公司实际控制人和股东均遵守了所作的承诺。

(二)避免同业竞争的承诺

为避免与公司之间可能出现同业竞争，维护公司利益和保证公司长期稳定的发展，公司控股股东及实际控制人周建林、发行前持有本公司5%以上股份的主要股东周建禄和王平于2009年12月10日出具了《避免同业竞争的承诺函》，承诺：

1、本人及本人控制的除明家科技以外的其他企业保证现时不存在与明家科技相同或同类的经营业务；

2、本人及本人控制的除明家科技以外的其他企业将不在任何地方以任何方式自营与明家科技相同或相似的经营业务，不自营任何对明家科技经营及拟经营业务构成直接竞争的类同项目或功能上具有替代作用的项目，也不会以任何方式投资与明家科技经营业务构成或可能构成竞争的业务，从而确保避免对明家科技的生产经营构成任何直接或间接的业务竞争；

3、如本人从第三方获得的任何商业机会与明家科技经营的业务有竞争或可能有竞争，则立即通知明家科技，并尽力将该商业机会让予明家科技；

4、如本人违反上述保证与承诺而给明家科技造成损失的，本人将予以赔偿。

截至2011年6月30日，周建林、周建禄和王平信守承诺，没有发生与公司同业竞争的行为。

(三)其他承诺

1、补缴2007年所得税优惠的承诺

公司2007年12月被广东省科学技术厅认定为“高新技术企业”，有效期二年。根据广东省的相关政策，公司2007年减按15%的税率计缴企业所得税。由于广东省的相关政策与国家有关部门颁布的行政规章存在差异，公司存在被国家有关税务机关认定2007年度享受15%所得税优惠税率条件不成立的可能性，公司可能需按照33%的所得税税率补缴2007年度的所得税差额229.39万元。

对于公司存在可能补缴2007年度企业所得税差额的风险，公司控股股东周建林已作出承诺：一旦发生上述情况，愿意承担公司需向税务部门补缴的全部所得税差额和一切相关费用。

2、武汉雷之神补缴所得税的承诺

发行人子公司武汉雷之神2008年度采用查账征收方式计缴企业所得税，2009年度采用核定征收方式计缴企业所得税。

根据武汉市洪山区国家税务局2009年3月出具的《企业所得税核定征收鉴定表》，认定武汉雷之神在账簿设置、收入核算、成本费用核算、纳税申报及履行纳税义务等方面能够符合相关要求，根据《企业所得税核定征收办法(试行)》第四条规定，审核确认武汉雷之神按照4%的核定应税所得率计征企业所得税。2009年度，武汉雷之神经审计后的净利润为-68.19万元，营业收入为19.1万元，武汉雷之神已按照4%的核定应税所得率缴纳税款0.19万元（19.1×4%×25%)，不存在补缴所得税税款的风险。

公司控股股东暨实际控制人周建林出具了《承诺函》：若相关税务部门就上述核定征收事宜要求武汉雷之神补缴税款及其他相关费用，本人将承担全部责任。

3、公司整体变更时非员工股东补缴所得税的承诺

2008年10月，公司整体变更设立股份有限公司时，公司股东均未缴纳个人所得税。

公司于2007年12月27日取得广东省科学技术厅颁发的《高新技术企业认定证书》，有效期两年；后又于2008年12月29日取得广东省科学技术厅、广东省财政厅、广东省国家税务局、广东省地方税务局联合批准颁发的《高新技术企业证书》，有效期三年。

根据中共广东省委、广东省人民政府1998年印发的《关于依靠科技进步推动产业结构优化升级的决定》(粤发[1998]16号)“18.加大政策扶持力度，促进高新技术企业的发展。高新技术企业和项目奖励或分配给员工的股份红利，直接再投入企业生产经营的，不列为个人所得税计税所得额。”以及广东省地税局和广东省国税局1999年印发的《贯彻落实〈中共广东省委、广东省人民政府关于依靠科技进步推动产业结构优化升级的决定〉有关税收政策的实施意见》“六、(二)个人所得税方面。经有关部门认定和省地税局确认的高新技术企业和项目奖励或分配给员工的股份红利，直接再投入企业生产经营的，可免征个人所得税。”的相关规定，公司控股股东、实际控制人在明家有限整体变更为股份有限公司时未缴纳个人所得税符合地方的相关规定。

2010年10月28日，东莞市地方税务局横沥税务分局出具审批意见，认为公司股东符合粤发[1998]16号及东地税发[1999]178号文的要求，同意免征上述股东的个人所得税。

2011年3月12日，发行人控股股东周建林就明家有限整体变更为股份公司所涉及的个人所得税问题已作出如下承诺：如因有关税务部门要求或决定，公司需要补缴(或被追缴)整体变更设立股份公司时全体自然人股东以净资产折股所涉及的个人所得税，本人将先行承担全体股东应补缴(或被追缴)的个人所得税款。如因公司当时未履行代扣代缴义务而导致公司承担罚款或其他损失的，将全部由本人负责缴纳，保证不使公司因此遭受任何的经济损失，不对公司本次发行及上市及未来经营活动产生不利影响。

4、香港旺亿存续期间合法经营的承诺

公司控股股东及实际控制人周建林于2010年9月6日出具《声明及承诺》：“1.香港旺亿在存续期间合法经营，不存在任何违法行为；香港旺亿的撤销是严格按照香港法律规定的程序实施并已获得相关部门的核准，其撤销行为不存在潜在纠纷；2.本人保证上述声明是真实的；3.如本人作出的上述声明有任何不实，本人愿意承担法律责任；如因香港旺亿存续期间存在违法行为或者其撤销行为存在潜在纠纷而导致广东明家科技股份有限公司遭受损失，本人愿意向广东明家科技股份有限公司全额赔偿。”

5、公司控股股东、实际控制人补缴社会保险和住房公积金承诺

公司控股股东、实际控制人周建林于2011年2月22日出具了《承诺函》，承诺应有权部门要求或决定，公司及下属子公司需要为员工补缴此前应由公司缴付的社会保险费，或公司因未为员工足额缴纳社保而承担任何罚款或损失，其本人愿意承担需要补缴的全部社会保险费和或该等罚款或损失，保证公司不会因此遭受任何损失。

公司控股股东、实际控制人周建林于2011年2月22日出具了《承诺函》，承诺应有权部门要求或决定，公司及下属子公司需要为员工补缴住房公积金，或公司及下属子公司因未为员工缴纳住房公积金而承担任何罚款或损失，其本人愿意承担需要补缴的全部住房公积金和或该等罚款或损失。

截至2011年6月30日，未发生或存在与上述承诺相背的事项。

第五节　股本变动及股东情况

5.1 股份变动情况表

单位：股

	本次变动前		本次变动增减(+,-)					本次变动后	
	数量	比例(%)	发行新股	送股	公积金转股	其他	小计	数量	比例(%)
一、有限售条件股份	56,000,000	100.00%						56,000,000	100.00%
1、国家持股									
2、国有法人持股									
3、其他内资持股	56,000,000	100.00%						56,000,000	100.00%
其中：境内非国有法人持股									
境内自然人持股	56,000,000	100.00%						56,000,000	100.00%
4、外资持股									
其中：境外法人持股									
境外自然人持股									
5、高管股份									
二、无限售条件股份									
1、人民币普通股									
2、境内上市的外资股									
3、境外上市的外资股									
4、其他									
三、股份总数	56,000,000	100.00%						56,000,000	100.00%

限售股份变动情况表

单位：股

股东名称	年初限售股数	本期解除限售股数	本期增加限售股数	期末限售股数	限售原因	解除限售日期
周建林	33,020,000	0	0	33,020,000	无	2014-7-11
周建禄	12,000,000	0	0	12,000,000	无	2014-7-11
王　平	2,880,000	0	0	2,880,000	无	2014-7-11
其他39名股东	8,100,000	0	0	8,100,000	无	2012-7-11
合计	56,000,000	0	0	56,000,000	–	–

5.2 前10名股东、前10名无限售流通股股东持股情况表

单位：股

股东总数					42
前10名股东持股情况					
股东名称	股东性质	持股比例(%)	持股总数	持有有限售条件股份数量	质押或冻结的股份数量
周建林	境内自然人	58.96%	33,020,000	33,020,000	
周建禄	境内自然人	21.43%	12,000,000	12,000,000	
王　平	境内自然人	5.14%	2,880,000	2,880,000	

朱志林	境内自然人	2.57%	1,440,000	1,440,000
黄映凤	境内自然人	1.50%	840,000	840,000
敖访记	境内自然人	1.07%	600,000	600,000
马洪明	境内自然人	0.93%	520,000	520,000
黄　俊	境内自然人	0.88%	490,000	490,000
李浩棠	境内自然人	0.79%	440,000	440,000
吉　赛	境内自然人	0.71%	400,000	400,000

前 10 名无限售条件股东持股情况

股东名称	持有无限售条件股份数量	股份种类
无	0	人民币普通股
上述股东关联关系或一致行动的说明	第一大股东周建林与周建禄为兄弟，其他股东之间没有关联关系。	

5.3 控股股东及实际控制人变更情况

□ 适用　　√ 不适用

第六节　董事、监事和高级管理人员情况

6.1 董事、监事和高级管理人员持股变动

姓　名	职务	性别	年龄	任期起始日期	任期终止日期	年初持股数	期末持股数	变动原因	报告期内从公司领取的报酬总额(万元)税前	是否在股东单位或其他关联单位领取薪酬
周建林	董事长	男	40	2008-10-12	2011-10-11	33,020,000	33,020,000		18.35	否
王　平	总经理	男	44	2008-10-12	2011-10-11	2,880,000	2,880,000		14.42	否
周建禄	副总经理	男	36	2008-10-12	2011-10-11	12,000,000	12,000,000		14.45	否
黎　伟	董事会秘书	男	36	2009-06-03	2011-10-11	150,000	150,000		13.17	否
王培育	董事	男	38	2008-10-12	2011-10-11	90,000	90,000		7.14	否
朱志林	董事	男	31	2008-10-12	2011-10-11	1,440,000	1,440,000		0.00	否
张　雷	独立董事	男	42	2009-06-03	2011-10-11	0	0		3.04	否
高兴龙	独立董事	男	57	2009-06-03	2011-10-11	0	0		3.04	否
黎炬勇	独立董事	男	39	2011-03-28	2011-10-11	0	0		2.16	否
阮　航	监事	女	38	2009-06-03	2011-10-11	0	0		3.04	否
汪文勇	监事	男	44	2009-06-03	2011-10-11	0	0		3.04	否
曾文国	监事	男	32	2008-10-12	2011-10-11	0	0		6.08	否
邓　兵	副总经理	男	43	2009-10-12	2011-10-11	100,000	100,000		10.63	否
黄　俊	副总经理	男	43	2009-10-12	2011-10-11	490,000	490,000		8.73	否
王永钢	副总经理	男	48	2009-10-12	2011-10-11	0	0		8.14	否
邹　晖	独立董事	女	44	2009-06-03	2011-03-09	0	0		1.52	否
合　计	-	-	-	-	-	50,170,000	50,170,000	-	116.95	-

上述人员持有本公司的股票期权及被授予的限售流通股股票数量。

□ 适用　　√ 不适用

第七节　财务报告

7.1 审计意见

财务报告　　√未经审计　　□审计

7.2 财务报表

7.2.1 资产负债表

编制单位：广东明家科技股份有限公司　　2011 年 06 月 30 日　　单位：元

项目	期末余额 合并	期末余额 母公司	年初余额 合并	年初余额 母公司
流动资产：				
货币资金	35,892,840.32	34,967,038.96	46,648,373.91	44,853,514.90
结算备付金				
拆出资金				
交易性金融资产				
应收票据	334,905.00	334,905.00		
应收账款	43,347,000.72	43,635,715.85	45,436,112.93	46,119,611.81
预付款项	2,227,631.98	1,997,631.98	1,582,797.16	1,352,797.16
应收保费				
应收分保账款				
应收分保合同准备金				
应收利息				
应收股利				
其他应收款	2,971,617.36	2,385,376.64	3,433,075.11	3,255,417.09
买入返售金融资产				
存货	43,822,140.68	43,533,101.73	30,165,269.81	30,010,599.04
一年内到期的非流动资产				
其他流动资产	654,990.97	654,990.97	155,565.38	155,565.38
流动资产合计	129,251,127.03	127,508,761.13	127,421,194.30	125,747,505.38
非流动资产：				
发放委托贷款及垫款				
可供出售金融资产				
持有至到期投资				
长期应收款				
长期股权投资		7,000,000.00		7,000,000.00
投资性房地产				
固定资产	37,669,820.76	37,469,878.85	36,726,505.33	36,487,135.86
在建工程				
工程物资				
固定资产清理				
生产性生物资产				
油气资产				
无形资产	4,417,643.88	4,417,643.88	3,988,375.97	3,988,375.97
开发支出				
商誉	114,615.13		114,615.13	
长期待摊费用	33,896.00		33,682.00	
递延所得税资产	417,078.81	329,044.82	444,263.34	385,741.27
其他非流动资产				
非流动资产合计	42,653,054.58	49,216,567.55	41,307,441.77	47,861,253.10
资产总计	171,904,181.61	176,725,328.68	168,728,636.07	173,608,758.48
流动负债：				
短期借款	10,000,000.00	10,000,000.00	15,000,000.00	15,000,000.00
向中央银行借款				
吸收存款及同业存放				
拆入资金				
交易性金融负债				
应付票据				
应付账款	43,758,559.55	43,758,559.55	40,887,779.39	40,887,779.39
预收款项	1,169,662.68	1,025,504.68	2,714,713.03	2,815,147.58
卖出回购金融资产款				
应付手续费及佣金				
应付职工薪酬	1,908,447.70	1,908,447.70	1,715,042.19	1,715,042.19
应交税费	-1,477,056.99	-1,690,411.38	1,055,730.45	1,031,989.43
应付利息				
应付股利				
其他应付款	166,119.67	1,249,520.46	147,975.82	915,257.21
应付分保账款				
保险合同准备金				
代理买卖证券款				
代理承销证券款				
一年内到期的非流动负债				
其他流动负债	173,904.69	173,904.69	216,818.15	216,818.15
流动负债合计	55,699,637.30	56,425,525.70	61,738,059.03	62,582,033.95
非流动负债：				
长期借款				
应付债券				
长期应付款				
专项应付款				
预计负债				
递延所得税负债				
其他非流动负债				
非流动负债合计				
负债合计	55,699,637.30	56,425,525.70	61,738,059.03	62,582,033.95
所有者权益(或股东权益)：				
实收资本(或股本)	56,000,000.00	56,000,000.00	56,000,000.00	56,000,000.00
资本公积	5,467,939.25	5,556,605.43	5,467,939.25	5,556,605.43
减：库存股				
专项储备				
盈余公积	5,875,209.33	5,875,209.33	5,875,209.33	5,875,209.33
一般风险准备				
未分配利润	48,861,395.73	52,867,988.22	39,647,428.46	43,594,909.77
外币报表折算差额				
归属于母公司所有者权益合计	116,204,544.31	120,299,802.98	106,990,577.04	111,026,724.53
少数股东权益				
所有者权益合计	116,204,544.31	120,299,802.98	106,990,577.04	111,026,724.53
负债和所有者权益总计	171,904,181.61	176,725,328.68	168,728,636.07	173,608,758.48

7.2.2 利润表

编制单位：广东明家科技股份有限公司　　2011 年 1-6 月　　单位：元

项目	本期金额		上期金额	
	合并	母公司	合并	母公司
一、营业总收入	86,384,389.20	84,795,153.44	81,809,250.63	81,622,845.88
其中:营业收入	86,384,389.20	84,795,153.44	81,809,250.63	81,622,845.88
利息收入				
已赚保费				
手续费及佣金收入				
二、营业总成本	76,928,472.91	75,250,614.05	72,517,638.86	70,919,385.43
其中:营业成本	60,107,497.46	60,089,320.89	55,985,705.05	55,866,319.60
利息支出				
手续费及佣金支出				
退保金				
赔付支出净额				
提取保险合同准备金净额				
保单红利支出				
分保费用				
营业税金及附加	123,737.01	64,597.41	3,149.49	1,708.14
销售费用	5,185,147.08	4,643,117.16	3,748,400.49	3,734,193.75
管理费用	10,789,218.49	9,820,914.86	12,061,909.97	10,607,195.66
财务费用	1,011,690.59	1,010,640.08	290,654.20	289,274.90
资产减值损失	−288,817.72	−377,976.35	427,819.66	420,693.38
加:公允价值变动收益(损失以"−"号填列)				
投资收益(损失以"−"号填列)				
其中:对联营企业和合营企业的投资收益				
汇兑收益(损失以"−"号填列)				
三、营业利润(亏损以"−"号填列)	9,455,916.29	9,544,539.39	9,291,611.77	10,703,460.45
加:营业外收入	1,372,337.70	1,372,337.70	2,172,607.00	2,172,069.38
减:营业外支出	7,373.03	7,373.03	294,984.05	294,684.05
其中:非流动资产处置损失				
四、利润总额(亏损总额以"−"号填列)	10,820,880.96	10,909,504.06	11,169,234.72	12,580,845.78
减:所得税费用	1,606,913.69	1,636,425.61	1,915,079.66	1,920,158.95
五、净利润(净亏损以"−"号填列)	9,213,967.27	9,273,078.45	9,254,155.06	10,660,686.83
归属于母公司所有者的净利润	9,213,967.27	9,273,078.45	9,254,155.06	10,660,686.83
少数股东损益				
六、每股收益:				
(一)基本每股收益	0.1645		0.1653	
(二)稀释每股收益	0.1645		0.1653	
七、其他综合收益				
八、综合收益总额	9,213,967.27	9,273,078.45	9,254,155.06	10,660,686.83
归属于母公司所有者的综合收益总额	9,213,967.27	9,273,078.45	9,254,155.06	10,660,686.83
归属于少数股东的综合收益总额				

本期发生同一控制下企业合并的,被合并方在合并前实现的净利润为:−104,915.38 元。

7.2.3 现金流量表

编制单位:广东明家科技股份有限公司　　2011 年 1−6 月　　单位:元

项目	本期金额		上期金额	
	合并	母公司	合并	母公司
项目	本期金额	上期金额		
合并	母公司	合并	母公司	
一、经营活动产生的现金流量:				
销售商品、提供劳务收到的现金	89,991,207.64	87,449,608.24	77,227,921.26	76,307,886.78
客户存款和同业存放款项净增加额				
向中央银行借款净增加额				
向其他金融机构拆入资金净增加额				
收到原保险合同保费取得的现金				
收到再保险业务现金净额				
保户储金及投资款净增加额				
处置交易性金融资产净增加额				
收取利息、手续费及佣金的现金				
拆入资金净增加额				
回购业务资金净增加额				
收到的税费返还	8,275,293.26	8,275,293.26	5,463,824.30	5,463,824.30
收到其他与经营活动有关的现金	2,306,879.85	2,128,818.46	4,569,898.11	3,490,302.29
经营活动现金流入小计	100,573,380.75	97,853,719.96	87,261,643.67	85,262,013.37
购买商品、接受劳务支付的现金	74,706,650.22	73,706,650.22	64,737,336.95	64,736,316.95
客户贷款及垫款净增加额				
存放中央银行和同业款项净增加额				
支付原保险合同赔付款项的现金				
支付利息、手续费及佣金的现金				
支付保单红利的现金				
支付给职工以及为职工支付的现金	12,714,737.31	12,234,250.14	13,382,886.56	12,944,371.70
支付的各项税费	3,531,886.53	3,441,441.35	3,121,535.80	3,113,881.16
支付其他与经营活动有关的现金	11,440,678.26	9,422,892.17	12,727,356.34	11,017,330.05
经营活动现金流出小计	102,393,952.32	98,805,233.88	93,969,115.65	91,811,899.86
经营活动产生的现金流量净额	−1,820,571.57	−951,513.92	−6,707,471.98	−6,549,886.49
二、投资活动产生的现金流量:				
收回投资收到的现金				
取得投资收益收到的现金				
处置固定资产、无形资产和其他长期资产收回的现金净额				
处置子公司及其他营业单位收到的现金净额				
收到其他与投资活动有关的现金				
投资活动现金流入小计				
购建固定资产、无形资产和其他长期资产支付的现金	3,399,163.11	3,399,163.11	2,417,343.65	2,168,124.65
投资支付的现金				
质押贷款净增加额				
取得子公司及其他营业单位支付的现金净额				
支付其他与投资活动有关的现金				
投资活动现金流出小计	3,399,163.11	3,399,163.11	2,417,343.65	2,168,124.65
投资活动产生的现金流量净额	−3,399,163.11	−3,399,163.11	−2,417,343.65	−2,168,124.65
三、筹资活动产生的现金流量:				
吸收投资收到的现金				
其中:子公司吸收少数股东投资收到的现金				
取得借款收到的现金	20,000,000.00	20,000,000.00	10,000,000.00	10,000,000.00
发行债券收到的现金				
收到其他与筹资活动有关的现金				
筹资活动现金流入小计	20,000,000.00	20,000,000.00	10,000,000.00	10,000,000.00
偿还债务支付的现金	25,000,000.00	25,000,000.00		
分配股利、利润或偿付利息支付的现金	342,618.33	342,618.33	51,772.50	51,772.50
其中:子公司支付给少数股东的股利、利润				
支付其他与筹资活动有关的现金				
筹资活动现金流出小计	25,342,618.33	25,342,618.33	51,772.50	51,772.50
筹资活动产生的现金流量净额	−5,342,618.33	−5,342,618.33	9,948,227.50	9,948,227.50
四、汇率变动对现金及现金等价物的影响	−193,180.58	−193,180.58	−39,967.11	−39,967.11
五、现金及现金等价物净增加额	−10,755,533.59	−9,886,475.94	783,444.76	1,190,249.25
加:期初现金及现金等价物余额	46,648,373.91	44,853,514.90	26,066,519.24	24,531,394.18
六、期末现金及现金等价物余额	35,892,840.32	34,967,038.96	26,849,964.00	25,721,643.43

7.2.4 合并所有者权益变动表

编制单位:广东明家科技股份有限公司　　2011 半年度　　单位:元

项目	本期金额									
	归属于母公司所有者权益									
	实收资本(或股本)	资本公积	减:库存股	专项储备	盈余公积	一般风险准备	未分配利润	其他	少数股东权益	所有者权益合计
一、上年年末余额	56,000,000.00	5,467,939.25			5,875,209.33		39,647,428.46			106,990,577.04
加:会计政策变更										
前期差错更正										
其他										
二、本年年初余额	56,000,000.00	5,467,939.25			5,875,209.33		39,647,428.46			106,990,577.04
三、本年增减变动金额(减少以"−"号填列)							9,213,967.27			9,213,967.27
(一)净利润							9,213,967.27			9,213,967.27
(二)其他综合收益										

上述(一)和(二)小计							9,213,967.27			9,213,967.27
(三)所有者投入和减少资本										
1.所有者投入资本										
2.股份支付计入所有者权益的金额										
3.其他										
(四)利润分配										
1.提取盈余公积										
2.提取一般风险准备										
3.对所有者(或股东)的分配										
4.其他										
(五)所有者权益内部结转										
1.资本公积转增资本(或股本)										
2.盈余公积转增资本(或股本)										
3.盈余公积弥补亏损										
4.其他										
(六)专项储备										
1.本期提取										
2.本期使用										
(七)其他										
四、本期期末余额	56,000,000.00	5,467,939.25			5,875,209.33		48,861,395.73			116,204,544.31

项目	上年金额 归属于母公司所有者权益 实收资本(或股本)	资本公积	减:库存股	专项储备	盈余公积	一般风险准备	未分配利润	其他	少数股东权益	所有者权益合计
一、上年年末余额	56,000,000.00	5,467,939.25			3,300,511.29		17,758,837.66			82,527,288.20
加:会计政策变更										
前期差错更正										
其他										
二、本年年初余额	56,000,000.00	5,467,939.25			3,300,511.29		17,758,837.66			82,527,288.20
三、本年增减变动金额										
(减少以"-"号填列)					2,574,698.04		21,888,590.80			24,463,288.84
(一)净利润							24,463,288.84			24,463,288.84
(二)其他综合收益										
上述(一)和(二)小计							24,463,288.84			24,463,288.84
(三)所有者投入和减少资本										
1.所有者投入资本										
2.股份支付计入所有者权益的金额										
3.其他										
(四)利润分配					2,574,698.04		-2,574,698.04			
1.提取盈余公积					2,574,698.04		-2,574,698.04			
2.提取一般风险准备										
3.对所有者(或股东)的分配										
4.其他										
(五)所有者权益内部结转										
1.资本公积转增资本(或股本)										
2.盈余公积转增资本(或股本)										
3.盈余公积弥补亏损										
4.其他										
(六)专项储备										
1.本期提取										
2.本期使用										
(七)其他										
四、本期期末余额	56,000,000.00	5,467,939.25			5,875,209.33		39,647,428.46			106,990,577.04

7.2.5 母公司所有者权益变动表

编制单位:广东明家科技股份有限公司　　2011 半年度　　单位:元

项目	本期金额 实收资本(或股本)	资本公积	减:库存股	专项储备	盈余公积	一般风险准备	未分配利润	所有者权益合计
一、上年年末余额	56,000,000.00	5,556,605.43			5,875,209.33		43,594,909.77	111,026,724.53
加:会计政策变更								
前期差错更正								
其他								
二、本年年初余额	56,000,000.00	5,556,605.43			5,875,209.33		43,594,909.77	111,026,724.53
三、本年增减变动金额								
(减少以"-"号填列)							9,273,078.45	9,273,078.45
(一)净利润							9,273,078.45	9,273,078.45
(二)其他综合收益								
上述(一)和(二)小计							9,273,078.45	9,273,078.45
(三)所有者投入和减少资本								
1.所有者投入资本								
2.股份支付计入所有者权益的金额								
3.其他								
(四)利润分配								
1.提取盈余公积								
2.提取一般风险准备								
3.对所有者(或股东)的分配								
4.其他								
(五)所有者权益内部结转								
1.资本公积转增资本(或股本)								
2.盈余公积转增资本(或股本)								
3.盈余公积弥补亏损								
4.其他								
(六)专项储备								
1.本期提取								
2.本期使用								
(七)其他								
四、本期期末余额	56,000,000.00	5,556,605.43			5,875,209.33		52,867,988.22	120,299,802.98

项目	上年金额 实收资本(或股本)	资本公积	减:库存股	专项储备	盈余公积	一般风险准备	未分配利润	所有者权益合计
一、上年年末余额	56,000,000.00	5,556,605.43			3,300,511.29		20,422,627.44	85,279,744.16
加:会计政策变更								
前期差错更正								
其他								
二、本年年初余额	56,000,000.00	5,556,605.43			3,300,511.29		20,422,627.44	85,279,744.16
三、本年增减变动金额								
(减少以"-"号填列)					2,574,698.04		23,172,282.33	25,746,980.37
(一)净利润							25,746,980.37	25,746,980.37
(二)其他综合收益								
上述(一)和(二)小计							25,746,980.37	25,746,980.37
(三)所有者投入和减少资本								
1.所有者投入资本								
2.股份支付计入所有者权益的金额								
3.其他								
(四)利润分配					2,574,698.04		-2,574,698.04	
1.提取盈余公积					2,574,698.04		-2,574,698.04	
2.提取一般风险准备								
3.对所有者(或股东)的分配								
4.其他								
(五)所有者权益内部结转								
1.资本公积转增资本(或股本)								
2.盈余公积转增资本(或股本)								
3.盈余公积弥补亏损								
4.其他								
(六)专项储备								
1.本期提取								
2.本期使用								
(七)其他								
四、本期期末余额	56,000,000.00	5,556,605.43			5,875,209.33		43,594,909.77	111,026,724.53

7.3 报表附注

7.3.1 如果出现会计政策、会计估计变更或会计差错更正的,说明有关内容、原因及影响数

□ 适用　√ 不适用

7.3.2 如果财务报表合并范围发生重大变化的,说明原因及影响数

□ 适用　√ 不适用

7.3.3 如果被出具非标准审计报告,列示涉及事项的有关附注

□ 适用　√ 不适用

洛阳隆华传热科技股份有限公司

洛阳隆华传热科技股份有限公司首次公开发行股票并在创业板上市之上市公告书

第一节　重要声明与提示

洛阳隆华传热科技股份有限公司(以下简称"本公司"、"公司"、"发行人"或"隆华传热")股票将在深圳证券交易所创业板市场上市，该市场具有较高的投资风险。创业板公司具有业绩不稳定、经营风险高、退市风险大等特点，投资者面临较大的市场风险。投资者应充分了解创业板市场的投资风险及本公司所披露的风险因素，审慎做出投资决定。

本公司及全体董事、监事、高级管理人员保证上市公告书的真实性、准确性、完整性，承诺上市公告书不存在虚假记载、误导性陈述或重大遗漏，并承担个别和连带的法律责任。

深圳证券交易所、其他政府机关对本公司股票上市及有关事项的意见，均不表明对公司的任何保证。

本公司提醒广大投资者注意，凡本上市公告书未涉及的有关内容，请投资者查阅刊载于中国证监会创业板指定的五家信息披露网站：巨潮资讯网(www.cninfo.com.cn)、中证网(www.cs.com.cn)、中国证券网(www.cnstock.com)、证券时报网(www.secutimes.com)、中国资本证券网(www.ccstock.cn)的本公司招股说明书全文。本次发行前股东所持股份的限售安排、股东对所持股份自愿锁定的承诺：

1、本公司共同控股股东及实际控制人李占明、李占强、李明卫、李明强承诺：自发行人股票上市之日起三十六个月内，不转让或者委托他人管理其在本次发行前已持有的发行人股份，也不由发行人回购该股份。

2、本公司股东中国风险投资有限公司、上海石基投资有限公司、中国汇富控股有限公司、北京汇鑫茂通咨询有限公司、董晓强、刘岩承诺：自发行人股票上市之日起十二个月内，不转让或者委托他人管理其在本次发行前已持有的发行人股份，也不由发行人回购该股份。

3、除上述承诺外，担任公司董事及高级管理人员的股东李占明、李占强、李明卫、李明强、董晓强、刘岩承诺：在其任职期间每年转让的股份不得超过其所持有发行人股份总数的25%；在发行人股票上市之日起六个月内申报离职的，自申报离职之日起十八个月内不转让其直接持有的发行人股份；在发行人股票上市之日起第七个月至第十二个月之间申报离职的，自申报离职之日起十二个月内不转让其直接持有的发行人股份。

4、承诺期限届满后，在符合相关法律法规和公司章程规定的条件下，上述股份可以上市流通和转让。

第二节　股票上市情况

一、公司股票发行上市审批情况

本上市公告书是根据《中华人民共和国公司法》、《中华人民共和国证券法》、《首次公开发行股票并在创业板上市管理暂行办法》和《深圳证券交易所创业板股票上市规则》等有关法律、法规的规定，并按照《深圳证券交易所股票上市公告书内容与格式指引(2009年9月修订)》而编制，旨在向投资者提供有关本公司首次公开发行股票上市的基本情况。

经中国证券监督管理委员会证监许可[2011]1348号文核准，本公司首次公开发行人民币普通股股票2,000万股。本次发行采用网下向股票配售对象询价配售(以下简称"网下配售")与网上向社会公众投资者定价发行(以下简称"网上发行")相结合的方式，其中：网下向配售对象询价配售股票数量为400万股，占本次最终发行数量的20%；网上向社会公众投资者定价发行股票数量为1,600万股，占本次发行总量的80%。发行价格为33元/股。

经深圳证券交易所《关于洛阳隆华传热科技股份有限公司人民币普通股股票在创业板上市的通知》(深证上【2011】284号)同意，本公司发行的人民币普通股股票在深圳证券交易所上市，股票简称"隆华传热"，股票代码"300263"，其中，网上定价发行的1,600万股股票将于2011年9月16日起上市交易。

本次发行的招股意向书、招股说明书全文及相关备查文件可以在中国证监会指定的五家网站(巨潮资讯网，网址www.cninfo.com.cn；中证网，网址www.cs.com.cn；中国证券网，网址www.cnstock.com；证券时报网，网址：www.secutimes.com；中国资本证券网，网址www.ccstock.cn)查询，故与其重复的内容不再重述，敬请投资者查阅上述内容。

二、公司股票上市概况

1、上市地点：深圳证券交易所

2、上市时间：2011年9月16日

3、股票简称：隆华传热

4、股票代码：300263

5、首次公开发行后总股本：8,000万股

6、首次公开发行股票增加的股份：2,000万股

7、发行前股东所持股份的流通限制及期限：根据《公司法》的有关规定，本公司本次发行前股东所持股份自公司股票上市之日起12个月内不转让。

8、发行前股东对所持股份自愿锁定的承诺本公司本次发行前股东对所持股份自愿锁定的承诺详见本上市公告书"第一节重要声明与提示"。

9、本次上市股份的其他锁定安排本次公开发行中网下向配售对象配售的400万股股份自本次网上发行的股票在深圳证券交易所上市交易之日起锁定3个月。

10、本次上市的无流通限制及锁定安排的股份本次公开发行中网上发行的1,600万股股份无流通限制及锁定安排。

11、公司股份可上市交易时间

项目	股东名称	持股数量(股)	持股比例(%)	所持股份可上市交易时间(非交易日顺延)
一、首次公开发行前的股份	李占明	12,500,000	15.63	2014年9月16日
	李占强	12,500,000	15.63	2014年9月16日
	李明卫	12,500,000	15.63	2014年9月16日
	李明强	12,500,000	15.63	2014年9月16日
	中国风险投资有限公司	2,083,333	2.60	2012年9月16日
	上海石基投资有限公司	2,083,333	2.60	2012年9月16日
	中国汇富控股有限公司	1,666,667	2.08	2012年9月16日
	北京汇鑫茂通咨询有限公司	1,466,667	1.83	2012年9月16日
	董晓强	1,350,000	1.69	2012年9月16日
	刘岩	1,350,000	1.69	2012年9月16日
小　计		60,000,000	75.00	
二、首次公开发行的股份	网下询价发行的股份	4,000,000	5.00	2011年12月16日(股票上市之日起3个月)
	网上定价发行的股份	16,000,000	20.00	2011年9月16日(股票上市之日)
小　计		20,000,000	25.00	
总　计		80,000,000	100.00	—

注：各加数之和与合计数在尾数上存在差异，该差异是由计算过程中四舍五入造成的。

12、股票登记机构：中国证券登记结算有限责任公司深圳分公司

13、上市保荐机构：光大证券股份有限公司

第三节　发行人、股东和实际控制人情况

一、发行人的基本情况

公司名称：	洛阳隆华传热科技股份有限公司
英文名称：	Luoyang Longhua Heat Transfer Technology Co.,Ltd
公司简称：	隆华传热
发行后股本：	8,000万元
法定代表人：	李占明
设立日期：	1995年7月5日
住所：	洛阳空港产业集聚区
邮政编码：	471132
电话：	0379-67891813
传真：	0379-67891813
互联网地址：	www.longhuachuanre.com
电子邮箱：	lylhzqb@126.com
信息披露和投资者关系的部门：	董事会秘书办公室
董秘：	张国安
联系电话：	0379-67891833

公司主要从事冷却(凝)设备的研发、生产和销售。冷却(凝)设备属于通用机械设备，按换热机理不同可分为水冷设备、空冷器和蒸发式冷却(凝)设备。公司在蒸发式冷却(凝)设备领域已形成了集研究开发、设计、制造、营销、售后服务的完整业务体系，具有了一定的生产规模和广泛的客户基础，拥有了较高的品牌知名度、较好的市场声誉和较强的市场影响力，具备自主创新能力和高成长性，公司综合竞争力在蒸发式冷却(凝)设备领域处于领先地位。

公司的经营范围为：传热设备、非标设备及配件的研究、开发、制造、销售；本公司产品、技术及生产所需设备、材料的进出口业务(国家法律规定应经审批方可经营或禁止进出口的货物和技术除外，凭对外贸易经营者备案登记表经营，备案登记表编号：00644555)。第一类压力容器、第二类低、中压容器设计(凭特种设备设计许可证经营编号TS1241038-2014，有效期至2014年7月19日)第三类低、中压容器制造(凭特种设备制造许可经营，编号TS2210745-2012，有效期至2012年3月20日)。

本公司所属行业为CSRC行业分类中的"普通机械制造业(C71)"。

二、发行人董事、监事、高级管理人员及其持有公司股票情况

姓　名	职务	任职起止日期	直接持股数(股)	持股比例
李占明	董事长	2009年12月-2012年12月	12,500,000	15.63%
李占强	副董事长、总经理	2009年12月-2012年12月	12,500,000	15.63%

董晓强	董事、副总经理	2009 年 12 月-2012 年 12 月	1,350,000	2.60%
李明强	董事	2009 年 12 月-2012 年 12 月	12,500,000	15.63%
刘　岩	董事、副总经理	2009 年 12 月-2012 年 12 月	1,350,000	2.60%
徐建伟	董事	2010 年 3 月-2012 年 12 月	-	-
陈宏民	独立董事	2010 年 5 月-2012 年 12 月	-	-
何雅玲	独立董事	2010 年 5 月-2012 年 12 月	-	-
毕会静	独立董事	2010 年 5 月-2012 年 12 月	-	-
刘建伟	监事会主席	2010 年 5 月-2012 年 12 月	-	-
刘保民	监事	2009 年 12 月-2012 年 12 月	-	-
赵光政	监事	2009 年 12 月-2012 年 12 月	-	-
曹春国	副总经理	2009 年 12 月-2012 年 12 月		
李明卫	副总经理	2010 年 6 月-2012 年 12 月	12,500,000	15.63%
张国安	财务总监、董事会秘书	2010 年 4 月-2012 年 12 月		

三、公司控股股东和实际控制人的情况

李占明、李占强、李明卫、李明强为公司的共同控股股东和实际控制人。李占明、李占强、李明卫、李明强系同胞兄弟，各持有公司股份 12,500,000 股，占发行前公司总股本的比例均为 20.83%。

1、李占明先生

本公司发起人自然人股东李占明，蒙古族，中国国籍，未拥有永久境外居留权；身份证住址为河南省孟津县；身份证号为 41032219620920****。

李占明持有本公司股份 1,250 万股，占本公司发行前总股本 20.83%，为发行人的控股股东，同时也是发行人的实际控制人。

2、李占强先生

本公司发起人自然人股东李占强，蒙古族，中国国籍，未拥有永久境外居留权；身份证住址为河南省孟津县；身份证号为 41032219710924****。

李占强持有本公司股份 1,250 万股，占本公司发行前总股本 20.83%，为发行人的控股股东，同时也是发行人的实际控制人。

3、李明卫先生

本公司发起人自然人股东李明卫，蒙古族，中国国籍，未拥有永久境外居留权；身份证住址为河南省孟津县；身份证号为 41032219690416****。

李明卫持有本公司股份 1,250 万股，占本公司发行前总股本 20.83%，为发行人的控股股东，同时也是发行人的实际控制人。

4、李明强先生

本公司发起人自然人股东李明强，蒙古族，中国国籍，未拥有永久境外居留权；身份证住址为河南省孟津县；身份证号为 41032219731212****。

李明强持有本公司股份 1,250 万股，占本公司发行前总股本 20.83%，为发行人的控股股东，同时也是发行人的实际控制人。

截至本上市公告书签署日，发行人的控股股东、实际控制人无其他所控制企业。

四、公司前十名股东持有公司股份的情况

本次发行后至上市前，公司股东总数为 31,505 名，前十名股东持有股份的情况如下：

序号	股东名称	公开发行后	
		持股数（股）	比例（%）
1	李占明	12,500,000	15.63
2	李占强	12,500,000	15.63
3	李明卫	12,500,000	15.63
4	李明强	12,500,000	15.63
5	中国风险投资有限公司	2,083,333	2.60
6	上海石基投资有限公司	2,083,333	2.60
7	中国汇富控股有限公司	1,666,667	2.08
8	北京汇鑫茂通咨询有限公司	1,466,667	1.83
9	董晓强	1,350,000	1.69
10	刘　岩	1,350,000	1.69
	合　计	60,000,000	75.00

注：各加数之和与合计数在尾数上存在差异，该差异是由计算过程中四舍五入造成的。

第四节　股票发行情况

一、发行数量：2,000 万股

二、发行价格：33.00 元/股

三、发行市盈率：

(1)55.00 倍（每股收益按照 2010 年度经会计师事务所审计的扣除非经常性损益前后孰低的净利润除以本次发行后总股本计算）；

(2)41.25 倍（每股收益按照 2010 年度经会计师事务所审计的扣除非经常性损益前后孰低的净利润除以本次发行前总股本计算）。

四、发行方式：发行采用网下向配售对象询价配售和网上向社会公众投资者定价发行相结合的方式。其中，网下向配售对象询价配售股票数量为 400 万股，认购倍数为 18.6 倍；网上定价发行股票数量为 1,600 万股，中签率为 1.2647216565%，认购倍数为 79 倍。本次网下发行与网上发行均不存在余股。

五、募集资金总额：66,000 万元，北京兴华会计师事务所有限责任公司已于 2011 年 9 月 13 日对公司首次公开发行股票的资金到位情况进行了审验，并出具了“(2011)京会兴验字第 4-046 号”验资报告。

六、本次发行费用：49,264,639.53 元，每股发行费用 2.46 元，具体明细如下：

项目	金额（元）
承销及保荐费用	41,600,000.00
信息披露费	3,000,000.00
审计及验资费用	1,640,000.00
律师费用	1,300,000.00
评估费用	100,000.00
印花税	305,517.68
股份登记托管费	40,000.00
上市初费	15,000.00
招股书印刷费等费用	1,264,121.85
合计	49,264,639.53

七、募集资金净额：610,735,360.47 元

八、发行后每股净资产：10.35 元/股（按照 2011 年 6 月 30 日经审计的净资产加上本次发行募集资金净额除以本次发行后总股本计算）

九、发行后每股收益：0.60 元/股（按照 2010 年度经审计的扣除非经常性损益前后孰低的净利润除以本次发行后总股本计算）

十、募集资金使用承诺：关于募集资金的运用，本公司承诺：公司的所有募集资金将存放于专户管理，并用于公司主营业务。对于尚没有具体使用项目的“其他与主营业务相关的营运资金项目”，本公司最晚于募集资金到账后 6 个月内，根据公司的发展规划及实际生产经营需要，妥善安排该部分资金的使用计划，提交董事会审议通过后及时披露。公司实际使用该部分资金前，将履行相应的董事会或股东大会审议程序，并及时披露。

第五节　其他重要事项

一、本公司已向深圳证券交易所承诺，将严格按照创业板的有关规则，在公司股票上市后三个月内完善公司章程等规章制度。

二、本公司自 2011 年 8 月 26 日刊登首次公开发行股票招股意向书至本上市公告书刊登前，没有发生可能对本公司有较大影响的重要事项，具体如下：

1、本公司严格依照《公司法》、《证券法》等法律法规的要求，规范运作，生产经营状况正常，主营业务发展目标进展正常。

2、本公司所处行业和市场未发生重大变化。

3、本公司原材料采购价格和产品销售价格没有发生重大变化。

4、本公司未发生重大关联交易。

5、本公司未进行重大投资。

6、本公司未发生重大资产（或股权）购买、出售及置换。

7、本公司住所没有变更。

8、本公司董事、监事、高级管理人员及核心技术人员没有变化。

9、本公司未发生重大诉讼、仲裁事项。

10、本公司未发生对外担保等或有事项。

11、本公司的财务状况和经营成果未发生重大变化。

12、本公司无其他应披露的重大事项。

第六节　上市保荐机构及其意见

一、上市保荐机构情况

上市保荐机构：光大证券股份有限公司

法定代表人：徐浩明

住所：上海市静安区新闸路 1508 号

保荐代表人：张奇英、黄永华

电话：0755-82960759

传真：0755-82960296

二、上市保荐机构的推荐意见

上市保荐机构光大证券股份有限公司认为本公司首次公开发行的股票符合上市条件，并已向深圳证券交易所出具了《关于洛阳隆华传热科技股份有限公司股票上市保荐书》，保荐机构认为：

洛阳隆华传热科技股份有限公司符合《中华人民共和国公司法》、《中华人民共和国证券法》以及《深圳证券交易所创业板股票上市规则》等有关法律、法规所要求的股票上市条件，光大证券股份有限公司同意推荐其股票在深圳证券交易所创业板上市交易，并承担相关保荐责任。

万福生科(湖南)农业开发股份有限公司

万福生科(湖南)农业开发股份有限公司首次公开发行股票并在创业板上市公告书

第一节 重要声明与提示

本公司股票将在深圳证券交易所创业板市场上市,该市场具有较高的投资风险。创业板公司具有业绩不稳定、经营风险高、退市风险大等特点,投资者面临较大的市场风险。投资者应充分了解创业板市场的投资风险及本公司所披露的风险因素,审慎做出投资决定。

本公司及全体董事、监事、高级管理人员保证上市公告书的真实性、准确性、完整性,承诺上市公告书不存在虚假记载、误导性陈述或重大遗漏,并承担个别和连带的法律责任。

证券交易所、其他政府机关对本公司股票上市及有关事项的意见,均不表明对本公司的任何保证。

本公司提醒广大投资者注意,凡本上市公告书未涉及的有关内容,请投资者查阅刊载于中国证监会创业板指定的五家信息披露网站:巨潮资讯网(www.cninfo.com.cn)、中证网(www.cs.com.cn)、中国证券网(www.cnstock.com)、证券时报网(www.secutimes.com)、中国资本证券网(www.ccstock.cn)的本公司招股说明书全文。

公司股东深圳市盛桥投资管理有限公司(以下简称"盛桥投资")、南京鸿景创业投资有限公司(以下简称"鸿景创投")、苏州工业园区中晓生物科技有限公司(以下简称"中晓生物")、余小泉、刘丽、彭志勇、李方沂、张苏江、邓鹰分别承诺:自发行人股票上市之日起十二个月内,不转让或者委托他人管理本公司(本人)所持有的发行人公开发行股票前已发行的股份,也不由发行人回购本公司(本人)所持有的发行人公开发行股票前已发行的股份。

作为公司董事、监事和高级管理人员的监事张苏江还承诺:除前述锁定期外,在任职期内每年转让的股份不超过各自所持有公司股份总数的25%;在离职后半年内,不转让各自所持有的公司股份。

公司控股股东、实际控制人龚永福、杨荣华及股东陈鑫分别承诺:自公司股票上市之日起三十六个月内,不转让或者委托他人管理本人所持有的公司公开发万福生科(湖南)农业开发股份有限公司上市公告书3行股票前已发行的股份,也不由公司回购本人所持有的公司公开发行股票前已发行的股份;自公司股票上市之日起,在本人或本人的关联方任职期间(董事、监事和高级管理人员)每年转让的股份不超过本人所持有的公司股份的25%;离职后半年内,不转让本人所持有的公司股份。

第二节 股票上市情况

一、公司股票发行上市审批情况

本上市公告书是根据《中华人民共和国公司法》、《中华人民共和国证券法》、《首次公开发行股票并在创业板上市管理暂行办法》和《深圳证券交易所创业板股票上市规则》等国家有关法律、法规的规定,并按照《深圳证券交易所股票上市公告书内容与格式指引(2009年9月修订)》而编制,旨在向投资者提供有关万福生科(湖南)农业开发股份有限公司(以下简称"本公司"、"公司"或"万福生科")首次公开发行股票并在创业板上市的基本情况。

经中国证券监督管理委员会"证监许可[2011]1412号"文核准,本公司公开发行1,700万股人民币普通股。本次发行采用网下向股票配售对象询价配售与网上向社会公众投资者定价发行相结合的方式,其中网下配售340万股,网上定价发行1,360万股,发行价格为25.00元/股。

经深圳证券交易所《关于万福生科(湖南)农业开发股份有限公司人民币普通股股票在创业板上市的通知》(深证上[2011]294号)同意,本公司发行的人民币普通股股票在深圳证券交易所创业板上市,股票简称"万福生科",股票代码"300268";其中本次公开发行中网上定价发行的1,360万股股票将于2011年9月27日起上市交易。

本次发行的招股意向书、招股说明书全文及相关备查文件可以在中国证监会创业板指定的五家信息披露网站:巨潮资讯网(www.cninfo.com.cn)、中证网(www.cs.com.cn)、中国证券网(www.cnstock.com)、证券时报网(www.secutimes.com)、中国资本证券网(www.ccstock.cn)查询。本公司招股意向书及招股说明书的披露距今不足一个月,故与其重复的内容不再重述,敬请投资者查阅上述内容。

二、公司股票上市概况

1、上市地点:深圳证券交易所

2、上市时间:2011年9月27日

3、股票简称:万福生科

4、股票代码:300268

5、首次公开发行后总股本:67,000,000股

6、首次公开发行股票增加的股份:17,000,000股

7、发行前股东所持股份的流通限制及期限:

根据《公司法》的有关规定,公司公开发行股份前已发行的股份,自公司股票在证券交易所上市交易之日起一年内不得转让。

8、发行前股东对所持股份自愿锁定的承诺(详见"第一节重要声明与提示")

9、本次上市股份的其他锁定安排:本次公开发行中配售对象参与网下配售获配的股票自本次网上发行的股票在深圳证券交易所上市交易之日起锁定三个月。

10、本次上市的无流通限制及锁定安排的股份:本次公开发行中网上发行的1,360万股股份无流通限制及锁定安排。

11、公司股份可上市交易时间项目数量(万股)

项 目		数量(万股)	比例	可上市交易时间(非交易日顺延)
首次公开发行前已发行的股份	龚永福	2,009.50	29.99%	2014年9月27日
	杨荣华	2,009.50	29.99%	2014年9月27日
	盛桥投资	320.00	4.78%	2012年9月27日
	余小泉	200.00	2.99%	2012年9月27日
	刘 丽	180.00	2.69%	2012年9月27日
	鸿景创投	80.00	1.19%	2012年9月27日
	陈 鑫	55.50	0.83%	2014年9月27日
	彭志勇	44.50	0.66%	2012年9月27日
	中晓生物	40.00	0.60%	2012年9月27日
	李方沂	30.00	0.45%	2012年9月27日
	张苏江	20.00	0.30%	2012年9月27日
	邓 鹰	11.00	0.16%	2012年9月27日
	小 计	5,000.00	74.63%	—
首次公开发行的股份	网下询价发行的股份	340.00	5.07%	2011年12月27日
	网上定价发行的股份	1,360.00	20.30%	2011年9月27日
	小 计	1,700.00	25.37%	—
	合 计	6,700.00	100.00%	—

12、股票登记机构:中国证券登记结算有限责任公司深圳分公司

13、上市保荐机构:平安证券有限责任公司

第三节 公司、股东和实际控制人情况

一、公司基本情况

1、中文名称:万福生科(湖南)农业开发股份有限公司

英文名称:Wanfu Biotechnology (Hunan) Agricultural Development Co.,Ltd.

2、法定代表人:龚永福

3、注册资本:6,700万元(发行后)

4、成立日期:2003年5月8日(股份公司于2009年10月28日设立)

5、住所及邮政编码:湖南省常德市桃源县陬市镇桂花路1号;415701

6、经营范围:生产、销售高麦芽糖浆、麦芽糊精、淀粉、淀粉糖(葡萄糖、饴糖、异构化糖)、糖果、饼干、豆奶粉、大米蛋白粉、油脂、食用植物油;收购、仓储、销售粮食;加工、销售大米、饲料;生产销售稻壳活性炭、畜牧养殖加工。(以上涉及行政许可的项目凭许可证经营)。

7、所属行业:C01食品加工业

8、主营业务:稻米精深加工系列产品的研发、生产和销售

9、电话:0736-6689376 传真:0736-6689376

10、互联网址:www.wanfushk.com10、电子信箱:wanfushk@126.com

11、董事会秘书:肖明清

二、公司董事、监事、高级管理人员及其持有公司的股票情况

姓 名	职 务	任期	持有公司股份(万股)
龚永福	董事长、总经理	2009年10月至2012年10月	2,009.50
蒋建初	副董事长	2009年10月至2012年10月	–
张 行	董事、副总经理	2009年10月至2012年10月	–
杨荣华	董事	2009年10月至2012年10月	2,009.50
肖德祥	董事	2009年10月至2012年10月	–
马海啸	董事	2009年10月至2012年10月	–
邹丽娟	独立董事	2009年10月至2012年10月	–
单 杨	独立董事	2009年10月至2012年10月	–
程云辉	独立董事	2009年10月至2012年10月	–
刘炎溪	监事会主席、职工监事	2009年10月至2012年10月	–
王湛淅	监事	2009年10月至2012年10月	–
张苏江	监事	2009年10月至2012年10月	20.00
黄 平	副总经理	2009年10月至2012年10月	–
文会清	副总经理	2009年10月至2012年10月	–
严平贵	副总经理	2009年10月至2012年10月	–

叶　华	副总经理	2009 年 10 月至 2012 年 10 月	–
覃学军	财务总监	2009 年 10 月至 2012 年 10 月	–
肖明清	董事会秘书	2009 年 10 月至 2012 年 10 月	–

三、公司控股股东及实际控制人的情况

公司实际控制人、控股股东为龚永福、杨荣华夫妇。本次发行前，公司实际控制人、控股股东龚永福、杨荣华夫妇合计持有公司 4,019 万股股份，本次发行 1,700 万股后，将占发行后公司总股本的比例为 59.98%。

龚永福，男，汉族，1959 年 8 月出生，中国国籍，无永久境外居留权，身份证号码 43072519590806****。杨荣华，女，汉族，1962 年 6 月出生，中国国籍，无永久境外居留权，身份证号码 43072519620628****。公司实际控制人、控股股东不存在其他对外投资情况。

四、公司前十名股东持有公司发行后股份情况

此次发行后，公司股东总数为：27,206 户。

公司前 10 名股东持有公司发行后股份情况如下：

序号	股东名称	持股数量（股）	比例
1	龚永福	20,095,000	29.99%
2	杨荣华	20,095,000	29.99%
3	深圳市盛桥投资管理有限公司	3,200,000	4.78%
4	余小泉	2,000,000	2.99%
5	刘　丽	1,800,000	2.69%
6	南京鸿景创业投资有限公司	800,000	1.19%
7	潞安集团财务有限公司	680,000	1.01%
8	鸿阳证券投资基金	680,000	1.01%
9	中国工商银行–中银收益混合型证券投资基金	680,000	1.01%
10	全国社保基金四零九组合	680,000	1.01%
11	信达证券–建行–信达满堂红基金优选集合资产管理计划	680,000	1.01%
	合　计	51,390,000	76.68%

第四节　股票发行情况

1、发行数量：1,700 万股

2、发行价格：25.00 元/股，对应发行市盈率：

（1）25.25 倍（每股收益按照经会计师事务所遵照中国会计准则审核的扣除非经常性损益前后孰低的 2010 年净利润除以本次发行前的总股数计算）；

（2）33.78 倍（每股收益按照经会计师事务所遵照中国会计准则审核的扣除非经常性损益前后孰低的 2010 年净利润除以本次发行后的总股数计算，发行后总股数按本次发行 1,700 万股计算）。

3、发行方式：本次发行采用网下向询价对象配售与网上向社会公众投资者定价发行相结合的发行方式。本次发行中通过网下配售向股票配售对象配售的股票为 340 万股，有效申购为 7,208 万股，有效申购获得配售的比例为 4.71698%，申购倍数为 21.20 倍。本次网上定价发行 1,360 万股，中签率为 0.3357532253%，超额认购倍数为 298 倍。本次网上网下发行均不存在余股。

4、募集资金总额：425,000,000 元。中磊会计师事务所有限责任公司已于 2011 年 9 月 20 日对公司首次公开发行股票的资金到位情况进行了审验，并出具中磊验字[2011]第 0075 号《验资报告》。

5、发行费用总额：30,189,459 元，明细如下：

项　目	金额（元）
承销费用及保荐费用	25,250,000
审计、验资费用	1,033,000
律师费用	900,000
信息披露费	2,804,000
股份登记费及上市初费	50,000
招股说明书印刷费	152,459
合　计	30,189,459

每股发行费用：1.78 元。（每股发行费用=发行费用总额/本次发行股本）

6、募集资金净额：394,810,541 元。

7、发行后每股净资产：9.57 元（按照 2011 年 6 月 30 日净资产值加上本次发行募集资金净额，除以本次发行后总股本计算）。

8、发行后每股收益：0.74 元/股（以公司 2010 年扣除非经常性损益后的净万福生科（湖南）农业开发股份有限公司上市公告书 11 利润按照发行后股本摊薄计算）。

9、对于募集资金的运用，本公司承诺：所有募集资金将存放于专户管理，并用于公司主营业务。对于尚没有具体使用项目的"其他与主营业务相关的营运资金"，公司最晚于募集资金到账后 6 个月内，根据公司的发展规划及实际生产经营需求，妥善安排该部分资金的使用计划，提交董事会审议通过后及时披露。公司实际使用该部分资金前，将履行相应的董事会或股东大会审议程序，并及时披露。

第五节　其他重要事项

一、本公司已向深圳证券交易所承诺，将严格按照创业板的有关规则，在上市后三个月内尽快完善公司章程等相关规章制度。

二、本公司自 2011 年 9 月 6 日刊登首次公开发行股票招股意向书至本上市公告书刊登前，除以上事项外，没有发生可能对公司有较大影响的重要事项，具体如下：

（一）公司严格依照《公司法》、《证券法》等法律法规的要求，规范运作，经营状况正常，主要业务发展目标进展正常；

（二）公司所处行业或市场未发生重大变化；

（三）公司原材料采购价格和产品销售价格未发生重大变化；

（四）公司未发生重大关联交易事项，资金未被关联方非经营性占用；

（五）公司未发生重大投资行为；

（六）公司未发生重大资产（或股权）购买、出售及置换行为；

（七）公司住所没有变更；

（八）公司董事、监事、高级管理人员及核心技术人员未发生变化；

（九）公司未发生重大诉讼、仲裁事项；

（十）公司未发生对外担保等或有事项；

（十一）公司财务状况和经营成果未发生重大变化；

（十二）公司无其他应披露的重大事项。

第六节　上市保荐机构及其意见

一、上市保荐机构情况

上市保荐机构：平安证券有限责任公司

法定代表人：杨宇翔

联系地址：北京市西城区金融大街 23 号平安大厦 610 室

邮编：100033

电话：010–5973–4995

传真：010–5973–4978

保荐代表人：吴文浩何涛

二、上市保荐机构的推荐意见上市保荐机构平安证券有限责任公司（以下简称"平安证券"）已向深圳证券交易所提交了《平安证券有限责任公司关于万福生科（湖南）农业开发股份有限公司股票上市保荐书》，上市保荐机构的推荐意见如下：万福生科（湖南）农业开发股份有限公司申请其股票上市符合《中华人民共和国公司法》、《中华人民共和国证券法》及《深圳证券交易所创业板股票上市规则》等国家有关法律、法规的有关规定，万福生科（湖南）农业开发股份有限公司股票具备在深圳证券交易所创业板上市的条件。平安证券愿意推荐万福生科（湖南）农业开发股份有限公司的股票在深圳证券交易所创业板上市交易，并承担相关保荐责任。

上海浦东发展银行股份有限公司

公司概况	公司名称	上海浦东发展银行股份有限公司			证券简称	浦发银行
	法人代表	吉晓辉	董秘	沈思	证券代码	600000
	公司网址	www.spdb.com.cn		电子信箱	Shens2@spdb.com.cn	
	电　话	021-63611226 61618888		传　真	021-63230807	
	办公地址	上海市中山东一路 12 号				
	经营范围	吸收公众存款;发放短期、中期和长期贷款;办理结算;办理票据贴现等				

主要财务指标	指标＼报告期	2011.06.30	2010.12.31	2010.06.30	2009.12.31
	每股收益(元)	0.6900	1.6040	0.6100	1.2470
	每股收益(扣除)(元)	0.6850	1.5880	0.7800	1.6100
	每股净资产(元)	7.1420	8.5720	6.6110	7.6960
	调整后每股净资产(元)	-	-	-	-
	每股资本公积金(元)	3.1247	4.0867	2.1336	2.7540
	每股盈余公积金(元)	1.0231	1.0628	1.1614	1.2105
	每股未分配利润(元)	0.9919	1.7603	1.4879	1.9497
	每股现金净流量(元)	-	-	-	-
	每股经营现金净流量(元)	-	-	-	-
	净资产收益率(扣除)(%)	-	-	-	-
	净资产收益率(%)	9.6670	15.5920	11.9700	19.4500
	总资产(万)	245523999.40	219141077.40	178126137.54	162271796.04
	股东权益(万)	-	-		
	主营业务收入(万)	3186510.80	4985585.07	2275149.00	3682393.22
	主营成本(万)	-	-	-	-
	营业收入(万)	-	-	-	-
	营业成本(万)	-	-	-	-
	投资收益(万)	-	-	-	-
	利润总额(万)	1693809.00	2528090.56	1182883.80	1729602.45
	净利润(万)	1287952.40	1917721.09	908074.90	1321658.11

广州白云国际机场股份有限公司

公司概况	公司名称	广州白云国际机场股份有限公司			证券简称	白云机场
	法人代表	卢光霖	董秘	徐光玉	证券代码	600004
	公司网址	www.baiyunairport.com		电子信箱	sh600004@tom.com	
	电　话	020-36063595 36063593		传　真	020-36063416	
	办公地址	广东省广州市白云国际机场南区股份公司机关办公大楼				
	经营范围	旅客过港服务;与航空运输有关的地面服务、交通运输和仓储服务等				

主要财务指标	指标＼报告期	2011.06.30	2010.12.31	2010.06.30	2009.12.31
	每股收益(元)	0.2850	0.5100	0.2380	0.4700
	每股收益(扣除)(元)	0.2770	0.5000	0.2350	0.4700
	每股净资产(元)	5.6700	5.7000	5.3600	5.3800
	调整后每股净资产(元)	-	-	-	-
	每股资本公积金(元)	2.8157	2.8333	2.7705	2.7705
	每股盈余公积金(元)	0.3709	0.3709	0.3243	0.3243
	每股未分配利润(元)	1.4798	1.4945	1.2682	1.2900
	每股现金净流量(元)	0.1746	-0.2072	-0.3554	0.5186
	每股经营现金净流量(元)	0.3936	1.4317	0.5868	1.0046
	净资产收益率(扣除)(%)	-	9.1500	-	9.0300
	净资产收益率(%)	5.0350	8.9690	4.4430	8.7830
	总资产(万)	1123772.38	1129050.77	1068456.21	1123135.59
	股东权益(万)	651643.20	655343.50	616748.96	619247.64
	主营业务收入(万)	-	-	-	-
	主营成本(万)	-	-	-	-
	营业收入(万)	202830.62	386547.95	177285.54	330608.95
	营业成本(万)	125617.49	245252.59	108354.27	189942.36
	投资收益(万)	-	-	-	-
	利润总额(万)	47629.61	83456.18	39864.66	75725.95
	净利润(万)	32812.70	58777.86	27401.31	54389.47

武汉钢铁股份有限公司

公司概况	公司名称	武汉钢铁股份有限公司			证券简称	武钢股份
	法人代表	邓崎琳	董秘	万毅	证券代码	600005
	公司网址	www.wisco.com.cn		电子信箱	wiscl@wisco.com.cn	
	电　话	027-86802031 86807873		传　真	86-27-86306023	
	办公地址	湖北省武汉市青山区厂前				
	经营范围	冶金产品及副产品,钢铁延伸产品制造;冶金产品的技术开发等				

主要财务指标	指标＼报告期	2011.06.30	2010.12.31	2010.06.30	2009.12.31
	每股收益(元)	0.1250	0.2170	0.1120	0.1930
	每股收益(扣除)(元)	0.1330	0.2150	0.1170	0.1300
	每股净资产(元)	3.5820	3.2810	3.5060	3.4790
	调整后每股净资产(元)	-	-	-	-
	每股资本公积金(元)	1.0048	1.2224	0.6525	0.6525
	每股盈余公积金(元)	0.4547	0.5856	0.5402	0.5402
	每股未分配利润(元)	1.1201	1.4148	1.3084	1.2854
	每股现金净流量(元)	-0.1931	-0.1062	-0.2515	0.1089
	每股经营现金净流量(元)	0.0221	0.7309	0.0802	1.0122
	净资产收益率(扣除)(%)	-	6.0910	-	3.7010
	净资产收益率(%)	3.3900	6.0440	3.5060	5.5565
	总资产(万)	9498705.87	9390593.37	7370683.61	7332400.69
	股东权益(万)	3616033.24	3311454.42	2747980.19	2727238.71
	主营业务收入(万)	4888839.50	7282823.30	3909759.83	5203123.16
	主营成本(万)	4530743.27	6696184.72	3554023.13	4789936.18
	营业收入(万)	5082176.59	7559660.31	4124441.59	5371416.65
	营业成本(万)	4688547.11	6943973.68	3736691.31	4935961.28
	投资收益(万)	-	-	-	-
	利润总额(万)	161218.59	220682.49	142413.69	195667.85
	净利润(万)	122580.88	170426.55	106840.07	151537.68

东风汽车股份有限公司

公司概况	公司名称	东风汽车股份有限公司			证券简称	东风汽车
	法人代表	徐平	董秘	张新峰	证券代码	600006
	公司网址	www.dfac.com		电子信箱	zhangxinfeng@dfac.com	
	电　话	027-84287896 84287977		传　真	027-84287988	
	办公地址	湖北省武汉市汉阳经济技术开发区创业路 58 号				
	经营范围	汽车(小轿车除外)、汽车发动机及零部件、铸件的开发、设计、生产、销售等				

主要财务指标	指标＼报告期	2011.06.30	2010.12.31	2010.06.30	2009.12.31
	每股收益(元)	0.1473	0.2854	0.1912	0.1590
	每股收益(扣除)(元)	0.1456	0.2707	0.1848	0.1153
	每股净资产(元)	2.9729	2.9463	2.8446	2.7088
	调整后每股净资产(元)	-	-	-	-
	每股资本公积金(元)	0.3545	0.3552	0.3470	0.3423
	每股盈余公积金(元)	0.3383	0.3383	0.3119	0.3119
	每股未分配利润(元)	1.2801	1.2529	1.1858	1.0546
	每股现金净流量(元)	-0.0729	-0.1560	0.1917	0.6381
	每股经营现金净流量(元)	0.1520	0.1799	0.6097	1.0824
	净资产收益率(扣除)(%)	-	9.5700	-	4.3300
	净资产收益率(%)	4.9540	9.6870	6.7200	5.8690
	总资产(万)	1953854.21	1882427.45	1748654.72	1496699.52
	股东权益(万)	594583.28	589269.81	568923.69	541757.09
	主营业务收入(万)	1013131.01	1857968.57	915729.87	1355894.87
	主营成本(万)	902610.93	1634833.07	802946.42	1180636.77
	营业收入(万)	1111342.22	1980017.95	968036.08	1431144.09
	营业成本(万)	989970.16	1748027.98	851769.47	1244625.80
	投资收益(万)	-	-	-	-
	利润总额(万)	34961.04	62986.29	42968.47	42115.07
	净利润(万)	29452.42	57082.48	38232.59	31793.97

中国国际贸易中心股份有限公司

公司概况					
公司名称	中国国际贸易中心股份有限公司			证券简称	中国国贸
法人代表	洪敬南	董秘	王京京	证券代码	600007
公司网址	www.cwtc.com		电子信箱	cwtc@cwtc.com	
电　　话	010-65052288		传　　真	010-65053862	
办公地址	北京市朝阳区建国门外大街一号				
经营范围	写字楼、宾馆、公寓、商场、展览厅、会议厅、停车场的出租、服务等				

主要财务指标：指标\报告期	2011.06.30	2010.12.31	2010.06.30	2009.12.31
每股收益(元)	0.0600	0.1200	0.1200	0.2900
每股收益(扣除)(元)	–	0.1200	0.1200	0.2800
每股净资产(元)	4.2800	4.3100	4.3100	4.3300
调整后每股净资产(元)	–	–	–	–
每股资本公积金(元)	–	1.8590	1.8590	1.8590
每股盈余公积金(元)	–	0.3965	0.3847	0.3847
每股未分配利润(元)	–	1.0526	1.0647	1.0845
每股现金净流量(元)	–	0.0573	–0.0449	–0.0088
每股经营现金净流量(元)	–	0.4361	0.2034	0.3512
净资产收益率(扣除)(%)	–	2.7900	2.7500	6.7200
净资产收益率(%)	1.4400	2.7800	2.7900	6.6400
总资产(万)	935550.00	940855.59	917433.84	896615.75
股东权益(万)	431079.00	433944.66	433977.76	435968.78
主营业务收入(万)	–	103594.48	42382.72	87118.78
主营成本(万)	–	58005.65	16518.35	33577.68
营业收入(万)	75239.00	103594.48	42382.72	87118.78
营业成本(万)	–	58005.65	16518.35	33577.68
投资收益(万)	–	–	–	–
利润总额(万)	8297.00	16221.26	16171.80	38723.85
净利润(万)	6199.00	12077.83	12110.93	28955.20

北京首创股份有限公司

公司概况					
公司名称	北京首创股份有限公司			证券简称	首创股份
法人代表	刘晓光	董秘	郭鹏	证券代码	600008
公司网址	www.capitalwater.cn		电子信箱	securities@capitalwater.cn	
电　　话	010-64689035 84552266		传　　真	010-64689030	
办公地址	北京市朝阳区北三环东路8号静安中心三层				
经营范围	公用基础设施的投资及投资管理;高科技产品的技术开发,咨询,转让等				

主要财务指标：指标\报告期	2011.06.30	2010.12.31	2010.06.30	2009.12.31
每股收益(元)	0.0729	0.2194	0.0565	0.2034
每股收益(扣除)(元)	0.0703	0.1954	0.0551	0.1892
每股净资产(元)	2.2735	2.3320	2.1604	2.2275
调整后每股净资产(元)	–	–	–	–
每股资本公积金(元)	0.7417	0.7431	0.7335	0.7368
每股盈余公积金(元)	0.2480	0.2480	0.2338	0.2338
每股未分配利润(元)	0.2928	0.3499	0.2011	0.2646
每股现金净流量(元)	0.6216	–0.1352	–0.0536	0.0992
每股经营现金净流量(元)	0.2211	0.2972	0.0407	0.3759
净资产收益率(扣除)(%)	–	8.6100	–	8.7100
净资产收益率(%)	3.2070	9.4080	2.6130	9.1310
总资产(万)	1876259.28	1684104.80	1591512.58	1444518.30
股东权益(万)	500167.83	513049.93	475284.95	490045.92
主营业务收入(万)	118811.64	297849.95	98577.02	259153.75
主营成本(万)	63588.32	177523.84	56995.59	159705.49
营业收入(万)	120527.52	303666.08	102127.88	263792.06
营业成本(万)	64431.75	180671.88	59569.17	161013.48
投资收益(万)	–	–	–	–
利润总额(万)	26073.85	74176.83	21181.32	65988.43
净利润(万)	16040.12	48266.84	12420.32	44745.39

上海国际机场股份有限公司

公司概况					
公司名称	上海国际机场股份有限公司			证券简称	上海机场
法人代表	俞吾炎	董秘	黄晔	证券代码	600009
公司网址	www.shairport.com		电子信箱	ir@shairport.com	
电　　话	021-68341609		传　　真	021-68341615	
办公地址	上海市浦东新区启航路900号				
经营范围	为国内外航空运输企业及旅客提供地面保障服务等				

主要财务指标：指标\报告期	2011.06.30	2010.12.31	2010.06.30	2009.12.31
每股收益(元)	0.3800	0.6800	0.2900	0.3700
每股收益(扣除)(元)	0.3800	0.6800	0.2900	0.3700
每股净资产(元)	7.5700	7.2900	6.9000	6.6600
调整后每股净资产(元)	–	–	–	–
每股资本公积金(元)	1.3366	1.3366	1.3332	1.3332
每股盈余公积金(元)	0.6797	0.6797	0.6797	0.6797
每股未分配利润(元)	4.5519	4.2768	3.8822	3.6466
每股现金净流量(元)	0.4857	0.5356	0.0857	–0.0000
每股经营现金净流量(元)	0.4633	1.1664	0.3290	0.6147
净资产收益率(扣除)(%)	–	9.7300	–	5.6400
净资产收益率(%)	4.9570	9.3270	4.1420	5.5040
总资产(万)	1820440.13	1750176.83	1701160.12	1695989.39
股东权益(万)	1458366.86	1405349.69	1328670.08	1283273.62
主营业务收入(万)	217401.27	418640.83	192100.92	333833.71
主营成本(万)	134956.27	255957.35	121237.60	229153.55
营业收入(万)	217401.27	418640.83	192100.92	333833.71
营业成本(万)	134956.27	255957.35	121237.60	229153.55
投资收益(万)	–	–	–	–
利润总额(万)	92049.69	166900.72	71061.35	87192.91
净利润(万)	72286.76	131070.86	55031.25	70633.87

内蒙古包钢钢联股份有限公司

公司概况					
公司名称	内蒙古包钢钢联股份有限公司			证券简称	包钢股份
法人代表	周秉利	董秘	郭景龙	证券代码	600010
公司网址	www.baoganggufen.com		电子信箱	glgfzqb@126.com	
电　　话	0472-2189528 2189529		传　　真	0472-2189530	
办公地址	内蒙古志头市包钢信息大楼东副楼				
经营范围	生产销售黑色金属及其延压加工产品、冶金机械、设备及配件、汽车等				

主要财务指标：指标\报告期	2011.06.30	2010.12.31	2010.06.30	2009.12.31
每股收益(元)	0.0600	0.0300	0.0600	–0.2500
每股收益(扣除)(元)	0.0600	0.0300	0.0600	–0.2600
每股净资产(元)	2.0100	1.9600	1.9900	1.9300
调整后每股净资产(元)	–	–	–	–
每股资本公积金(元)	0.6112	0.6112	0.6109	0.6109
每股盈余公积金(元)	0.1362	0.1362	0.1362	0.1362
每股未分配利润(元)	0.2588	0.2136	0.2417	0.1834
每股现金净流量(元)	0.5581	–0.2939	0.1812	0.1042
每股经营现金净流量(元)	0.4517	0.3482	0.5144	0.4430
净资产收益率(扣除)(%)	–	1.6200	–	–12.5800
净资产收益率(%)	2.8450	1.5400	2.9300	–13.1060
总资产(万)	4848083.47	4204398.71	4461557.39	4294919.31
股东权益(万)	1289822.97	1260472.38	1277969.11	1244661.15
主营业务收入(万)	2147618.52	3936737.06	1851420.86	3335221.44
主营成本(万)	1987369.11	3750136.97	1713906.45	3356600.93
营业收入(万)	2193719.81	4054638.07	1889591.67	3401623.03
营业成本(万)	2029797.96	3856140.98	1748330.57	3422079.44
投资收益(万)	–	–	–	–
利润总额(万)	49731.50	25987.40	50945.81	–216442.66
净利润(万)	36698.32	19409.85	37448.38	–163121.85

华能国际电力股份有限公司

公司概况						
	公司名称	华能国际电力股份有限公司			证券简称	华能国际
	法人代表	曹培玺	董秘	谷碧泉	证券代码	600011
	公司网址	www.hpi.com.cn		电子信箱	zqb@hpi.com.cn	
	电　话	010-63226999 66086750		传　真	010-63226888 66412321	
	办公地址	北京市西城区复兴门内大街4号华能大厦				
	经营范围	投资、建设、营运管理电厂;开发、投资、经营等				

主要财务指标	指标\报告期	2011.06.30	2010.12.31	2010.06.30	2009.12.31
	每股收益(元)	0.0800	0.2900	0.1700	0.4200
	每股收益(扣除)(元)	0.0800	0.2700	0.1600	0.4600
	每股净资产(元)	3.6500	3.7600	3.3100	3.4000
	调整后每股净资产(元)	-	-	-	-
	每股资本公积金(元)	1.2454	1.2626	0.7287	0.7755
	每股盈余公积金(元)	0.4984	0.4984	0.5517	0.5095
	每股未分配利润(元)	0.8787	0.9945	1.0635	1.1473
	每股现金净流量(元)	0.1715	0.2988	0.0479	-0.0665
	每股经营现金净流量(元)	0.6615	1.2854	0.7498	1.3263
	净资产收益率(扣除)(%)	-	7.7600	-	13.8400
	净资产收益率(%)	2.2990	6.7010	5.0740	12.3880
	总资产(万)	25276890.76	22395274.78	20273639.16	19399712.69
	股东权益(万)	5127380.15	5289126.92	3992670.97	4101551.93
	主营业务收入(万)	6320334.09	10273825.39	4840090.64	7939389.05
	主营成本(万)	5774825.03	9151494.22	4292680.69	6676822.15
	营业收入(万)	6405414.58	10430770.19	4885385.85	7974233.09
	营业成本(万)	5774825.03	9281845.18	4328696.60	6696116.98
	投资收益(万)	-	-	-	-
	利润总额(万)	173839.08	459342.39	258512.10	604983.55
	净利润(万)	117872.38	354430.44	202596.37	508099.66

安徽皖通高速公路股份有限公司

公司概况						
	公司名称	安徽皖通高速公路股份有限公司			证券简称	皖通高速
	法人代表	周仁强	董秘	谢新宇	证券代码	600012
	公司网址	www.anhui-expressway.net		电子信箱	wtgs@anhui-expressway.cn	
	电　话	0551-5338681 5338697		传　真	0551-5338696	
	办公地址	安徽省合肥市望江西路520号				
	经营范围	高等级公路投资、建设、设计、监理,收费、养护、施救、路产路权管理等				

主要财务指标	指标\报告期	2011.06.30	2010.12.31	2010.06.30	2009.12.31
	每股收益(元)	0.2681	0.4720	0.2222	0.4060
	每股收益(扣除)(元)	0.2676	0.4740	0.2153	0.4100
	每股净资产(元)	3.5294	3.4708	3.2100	3.1900
	调整后每股净资产(元)	-	-	-	-
	每股资本公积金(元)	0.2881	0.2881	0.2881	0.2881
	每股盈余公积金(元)	0.4886	0.4886	0.4452	0.4452
	每股未分配利润(元)	1.7270	1.6690	1.4625	1.4403
	每股现金净流量(元)	0.0297	-0.1727	-0.3724	0.3085
	每股经营现金净流量(元)	0.5123	0.9305	0.4775	0.6890
	净资产收益率(扣除)(%)	-	13.6600	-	13.2000
	净资产收益率(%)	7.5950	13.6000	6.9120	12.7200
	总资产(万)	961459.27	941138.77	881132.10	957368.56
	股东权益(万)	585394.75	575670.70	533193.90	529454.11
	主营业务收入(万)	112100.17	208753.59	102180.79	175158.04
	主营成本(万)	34753.53	61653.27	36411.41	54264.81
	营业收入(万)	113888.56	210956.53	102847.60	177156.23
	营业成本(万)	35687.56	61991.67	37036.17	54813.47
	投资收益(万)	-	-	-	-
	利润总额(万)	64302.64	112676.78	53078.60	95079.59
	净利润(万)	44462.31	78291.73	36856.57	67344.93

华夏银行股份有限公司

公司概况						
	公司名称	华夏银行股份有限公司			证券简称	华夏银行
	法人代表	吴建	董秘	赵军学	证券代码	600015
	公司网址	www.hxb.com.cn		电子信箱	zhdb@hxb.com.cn	
	电　话	010-85239938 85238570		传　真	010-85239605	
	办公地址	北京市东城区建国门内大街22号华夏银行大厦				
	经营范围	吸收公众存款;发放短期、中期和长期贷款;办理国内外结算等				

主要财务指标	指标\报告期	2011.06.30	2010.12.31	2010.06.30	2009.12.31
	每股收益(元)	0.7600	1.2000	0.6000	0.7500
	每股收益(扣除)(元)	0.7700	1.2022	0.6000	0.7400
	每股净资产(元)	8.5900	7.1100	6.5400	6.0600
	调整后每股净资产(元)	-	-	-	-
	每股资本公积金(元)	4.7387	2.8609	2.8908	2.8768
	每股盈余公积金(元)	0.3478	0.4774	0.3573	0.3573
	每股未分配利润(元)	1.2708	1.0891	0.8965	0.4238
	每股现金净流量(元)	-	-	-	-
	每股经营现金净流量(元)	-	-	-	-
	净资产收益率(扣除)(%)	7.2570	16.8740	9.2080	12.4370
	净资产收益率(%)	-	-	-	-
	总资产(万)	114076849.18	104023044.22	94169574.94	84545643.24
	股东权益(万)	5880550.87	3549588.02	3266287.61	3023418.52
	主营业务收入(万)	1586642.35	2447889.46	1156128.17	1712963.49
	主营成本(万)	-	-	-	-
	营业收入(万)	-	-	-	-
	营业成本(万)	-	-	-	-
	投资收益(万)	-	-	-	-
	利润总额(万)	567202.94	800795.40	401200.67	482758.63
	净利润(万)	426742.09	598958.25	300753.93	376022.68

中国民生银行股份有限公司

公司概况						
	公司名称	中国民生银行股份有限公司			证券简称	民生银行
	法人代表	董文标	董秘	毛晓峰	证券代码	600016
	公司网址	www.cmbc.com.cn		电子信箱	cmbc@cmbc.com.cn	
	电　话	010-68946790		传　真	010-68466796	
	办公地址	北京市西城区复兴门内大街2号				
	经营范围	吸收公众存款;发放短期,中期和长期贷款;发放委托贷款等				

主要财务指标	指标\报告期	2011.06.30	2010.12.31	2010.06.30	2009.12.31
	每股收益(元)	0.5200	0.6600	0.3300	0.5100
	每股收益(扣除)(元)	0.5200	0.6600	0.4000	0.4400
	每股净资产(元)	4.3100	3.9000	4.3100	3.9500
	调整后每股净资产(元)	-	-	-	-
	每股资本公积金(元)	1.4112	1.4145	1.7235	1.7151
	每股盈余公积金(元)	0.2210	0.2210	0.1879	0.1879
	每股未分配利润(元)	1.1652	0.7442	0.9099	0.5616
	每股现金净流量(元)	-	-	-	-
	每股经营现金净流量(元)	-	-	-	-
	净资产收益率(扣除)(%)	12.5400	18.2900	9.5900	20.1900
	净资产收益率(%)	12.0740	16.8870	9.2380	13.7490
	总资产(万)	216100500.00	182373700.00	163077600.00	142639200.00
	股东权益(万)	-	-	-	-
	主营业务收入(万)	3885600.00	5476800.00	2608600.00	4206000.00
	主营成本(万)	-	-	-	-
	营业收入(万)	-	-	-	-
	营业成本(万)	-	-	-	-
	投资收益(万)	-	-	-	-
	利润总额(万)	1840700.00	2297600.00	1161500.00	1565600.00
	净利润(万)	1391800.00	1758100.00	886600.00	1210400.00

日照港股份有限公司

公司概况						
	公司名称	日照港股份有限公司			证券简称	日照港
	法人代表	杜传志	董秘	余慧芳	证券代码	600017
	公司网址	www.rzpcl.com		电子信箱	yhfang@rzport.com	
	电话	0633-8388822		传真	0633-8387361	
	办公地址	山东省日照市海滨二路				
	经营范围	港口货物中转、装卸、搬运和仓储(不含易燃易爆危险品)服务等				

主要财务指标	指标\报告期	2011.06.30	2010.12.31	2010.06.30	2009.12.31
	每股收益(元)	0.1070	0.1900	0.1020	0.1900
	每股收益(扣除)(元)	0.1060	0.1900	0.1020	0.1700
	每股净资产(元)	2.3550	1.9970	2.9060	2.7100
	调整后每股净资产(元)	–	–	–	–
	每股资本公积金(元)	0.6744	0.3221	0.8961	0.9150
	每股盈余公积金(元)	0.0774	0.0898	0.1125	0.1125
	每股未分配利润(元)	0.6030	0.5847	0.8971	0.7251
	每股现金净流量(元)	0.3466	–0.0199	–0.1034	0.1424
	每股经营现金净流量(元)	0.1487	0.2110	0.0793	0.3269
	净资产收益率(扣除)(%)	–	9.8900	–	10.6700
	净资产收益率(%)	4.2260	9.4340	5.2730	9.1800
	总资产(万)	1023830.97	865715.36	843320.51	749883.24
	股东权益(万)	619445.43	452273.77	438807.92	409606.12
	主营业务收入(万)	163793.22	297786.56	144407.61	223749.61
	主营成本(万)	109989.24	208901.55	94633.11	150914.86
	营业收入(万)	172831.48	315627.94	152486.06	240709.28
	营业成本(万)	118561.37	225422.99	105141.04	167212.17
	投资收益(万)	–	–	–	–
	利润总额(万)	36141.75	57096.02	33290.42	53467.34
	净利润(万)	26174.41	42667.65	23137.83	37601.16

上海国际港务(集团)股份有限公司

公司概况						
	公司名称	上海国际港务(集团)股份有限公司			证券简称	上港集团
	法人代表	陈戌源	董秘	姜海涛	证券代码	600018
	公司网址	www.portshanghai.com.cn		电子信箱	600018@portshanghai.com.cn	
	电话	021-55333388		传真	021-35308688	
	办公地址	上海市虹口区东大名路358号国际港务大厦				
	经营范围	集装箱装卸业务、散杂货装卸业务、港口服务和港口物流业务等				

主要财务指标	指标\报告期	2011.06.30	2010.12.31	2010.06.30	2009.12.31
	每股收益(元)	0.1154	0.2581	0.1242	0.1791
	每股收益(扣除)(元)	0.1123	0.2060	0.1057	0.1503
	每股净资产(元)	1.8992	1.6854	1.5429	1.5289
	调整后每股净资产(元)	–	–	–	–
	每股资本公积金(元)	0.3359	0.0759	0.0674	0.0834
	每股盈余公积金(元)	0.0790	0.0857	0.0638	0.0638
	每股未分配利润(元)	0.4826	0.5220	0.4107	0.3808
	每股现金净流量(元)	–0.0291	0.0072	–0.0058	0.0148
	每股经营现金净流量(元)	0.1417	0.3916	0.1353	0.0588
	净资产收益率(扣除)(%)	–	15.3120	8.0530	11.7161
	净资产收益率(%)	5.7630	16.0982	0.1353	12.3250
	总资产(万)	7892082.31	6589466.87	6449755.52	6334699.11
	股东权益(万)	4321759.47	4146114.76	3887403.07	3816613.17
	主营业务收入(万)	1031736.65	1865515.43	881949.82	1617034.81
	主营成本(万)	545540.43	996825.09	443295.92	916464.46
	营业收入(万)	1055133.92	1910545.26	905522.12	1654534.47
	营业成本(万)	552719.24	1007431.27	448198.01	928434.69
	投资收益(万)	–	24824.13	12433.19	22156.69
	利润总额(万)	383517.13	790230.62	386792.78	538342.74
	净利润(万)	249048.18	541712.22	260806.38	376004.61

宝山钢铁股份有限公司

公司概况						
	公司名称	宝山钢铁股份有限公司			证券简称	宝钢股份
	法人代表	何文波	董秘	陈缨	证券代码	600019
	公司网址	www.baosteel.com		电子信箱	ir@baosteel.com	
	电话	021-26647000		传真	021-26646999	
	办公地址	上海市宝山区富锦路885号				
	经营范围	钢铁产品的制造和销售以及钢铁产销过程中产生的副产品的销售与服务等				

主要财务指标	指标\报告期	2011.06.30	2010.12.31	2010.06.30	2009.12.31
	每股收益(元)	0.2900	0.7400	0.4600	0.3300
	每股收益(扣除)(元)	0.2900	0.7200	0.4500	0.3100
	每股净资产(元)	5.9800	5.9800	5.6800	5.4300
	调整后每股净资产(元)	–	–	–	–
	每股资本公积金(元)	2.1490	2.1451	2.1225	2.1308
	每股盈余公积金(元)	–	1.1492	1.0180	1.0180
	每股未分配利润(元)	1.6846	1.6945	1.5494	1.2896
	每股现金净流量(元)	–	0.1778	0.2039	–0.0827
	每股经营现金净流量(元)	–	1.0767	0.5702	1.3701
	净资产收益率(扣除)(%)	–	12.6400	–	5.8900
	净资产收益率(%)	4.8100	12.3050	8.0940	6.1140
	总资产(万)	22484600.00	21606510.37	21124009.37	20114278.25
	股东权益(万)	10465200.00	10474647.83	9947104.82	9513689.75
	主营业务收入(万)	11024511.39	20097979.48	9723135.62	14728202.03
	主营成本(万)	9974108.90	17684877.40	8290850.04	13338939.98
	营业收入(万)	11098909.64	20214915.24	9781191.33	14832636.39
	营业成本(万)	–	17781674.32	8337286.56	13433245.83
	投资收益(万)	–	–	–	–
	利润总额(万)	678700.00	1707623.30	1083548.59	729455.54
	净利润(万)	507900.00	1288908.33	805087.75	581622.74

河南中原高速公路股份有限公司

公司概况						
	公司名称	河南中原高速公路股份有限公司			证券简称	中原高速
	法人代表	关健	董秘	王维	证券代码	600020
	公司网址	www.zygs.com		电子信箱	zygs600020@163.com	
	电话	0371-67717696 67717695		传真	0371-87166814	
	办公地址	郑州市郑东新区农业东路100号				
	经营范围	高速公路和特大桥梁的投资、经营管理和维护等				

主要财务指标	指标\报告期	2011.06.30	2010.12.31	2010.06.30	2009.12.31
	每股收益(元)	0.0857	0.2460	0.1668	0.2078
	每股收益(扣除)(元)	0.0801	0.2424	0.1514	0.2236
	每股净资产(元)	2.9032	2.9179	2.8121	2.6996
	调整后每股净资产(元)	–	–	–	–
	每股资本公积金(元)	0.8467	0.8471	0.8205	0.8233
	每股盈余公积金(元)	0.4306	0.4306	0.4056	0.4056
	每股未分配利润(元)	0.6259	0.6402	0.5860	0.4792
	每股现金净流量(元)	–0.3664	0.3307	0.1229	0.1560
	每股经营现金净流量(元)	0.4589	1.0889	0.4038	0.3557
	净资产收益率(扣除)(%)	–	8.6500	–	8.5200
	净资产收益率(%)	2.9530	8.4310	5.9320	7.6731
	总资产(万)	2842024.84	2835289.75	2366070.46	2195286.61
	股东权益(万)	621388.11	624526.50	601895.23	579635.95
	主营业务收入(万)	120492.99	228862.97	108357.42	200815.01
	主营成本(万)	46804.15	76850.90	30814.45	68368.95
	营业收入(万)	124284.85	236928.94	112355.07	207593.32
	营业成本(万)	49007.33	82555.91	33155.08	76855.39
	投资收益(万)	–	–	–	–
	利润总额(万)	24955.51	72258.32	48518.11	60265.74
	净利润(万)	18347.28	52651.84	35703.52	44476.24

上海电力股份有限公司

公司概况	公司名称	上海电力股份有限公司			证券简称	上海电力
	法人代表	王运丹	董秘	夏梅兴	证券代码	600021
	公司网址	www.shanghaipower.com		电子信箱	sepco@shanghaipower.com	
	电　话	021-23108718 23108800		传　真	021-23108717	
	办公地址	上海市中山南路268号				
	经营范围	从事火力发电厂的运营,向用户提供电力和热力产品等				

	指标\报告期	2011.06.30	2010.12.31	2010.06.30	2009.12.31
主要财务指标	每股收益(元)	0.0855	0.0901	0.0086	0.1663
	每股收益(扣除)(元)	0.0824	0.0353	0.0118	0.1437
	每股净资产(元)	2.6968	2.6917	2.6757	3.0600
	调整后每股净资产(元)	–	–	–	–
	每股资本公积金(元)	1.5279	1.5580	1.5253	2.0186
	每股盈余公积金(元)	0.1713	0.1713	0.1709	0.1696
	每股未分配利润(元)	–0.0018	–0.0373	–0.0204	–0.1257
	每股现金净流量(元)	0.2462	0.1364	–0.0081	0.4588
	每股经营现金净流量(元)	–0.6868	1.2091	0.5113	1.4245
	净资产收益率(扣除)(%)	–	1.2300	–	5.4800
	净资产收益率(%)	3.1700	3.3480	0.3200	5.4290
	总资产(万)	3229428.72	3205906.88	3236528.31	3320749.52
	股东权益(万)	577044.69	575952.74	572526.23	655280.26
	主营业务收入(万)	882488.57	1559094.59	738767.03	1094936.73
	主营成本(万)	807253.36	1425696.55	678683.05	994917.42
	营业收入(万)	891582.72	1579135.86	750788.55	1110405.41
	营业成本(万)	809319.42	1430910.05	683824.19	998340.46
	投资收益(万)	–	–	–	–
	利润总额(万)	37413.13	51528.61	18719.32	49244.28
	净利润(万)	18290.86	19280.57	1829.64	35575.05

济南钢铁股份有限公司

公司概况	公司名称	济南钢铁股份有限公司			证券简称	济南钢铁
	法人代表	蔡漳平	董秘	蔡漳平(代)	证券代码	600022
	公司网址	www.jigang.com.cn		电子信箱	jggf@jigang.com.cn	
	电　话	0531-88865480 88866684		传　真	0531-88865480 88868284	
	办公地址	山东省济南市工业北路21号				
	经营范围	钢铁冶炼、加工,钢材、水渣生产、销售等				

	指标\报告期	2011.06.30	2010.12.31	2010.06.30	2009.12.31
主要财务指标	每股收益(元)	0.0056	0.0270	0.0658	0.0215
	每股收益(扣除)(元)	0.0053	0.0262	0.0661	0.0157
	每股净资产(元)	2.3051	2.2987	2.3379	2.2716
	调整后每股净资产(元)	–	–	–	–
	每股资本公积金(元)	0.5416	0.5416	0.5416	0.5416
	每股盈余公积金(元)	–	0.2277	0.2247	0.2247
	每股未分配利润(元)	0.5350	0.5294	0.5712	0.5053
	每股现金净流量(元)	–	–0.2031	–0.0961	–0.6390
	每股经营现金净流量(元)	–	0.1757	–0.6701	–0.7471
	净资产收益率(扣除)(%)	–	1.1760	2.8150	0.9450
	净资产收益率(%)	0.2400	1.1800	2.8600	0.9500
	总资产(万)	3313773.03	3279320.70	3101307.04	2899149.07
	股东权益(万)	719286.79	721761.68	733661.78	713382.34
	主营业务收入(万)	1636103.19	2974354.65	1497738.21	2454739.02
	主营成本(万)	1523832.10	2848595.38	1411974.54	2345295.92
	营业收入(万)	1662547.26	3074066.19	1595533.60	2540699.88
	营业成本(万)	1544873.20	2939496.74	1507177.78	2432587.36
	投资收益(万)	–	–	–	–
	利润总额(万)	2894.88	12738.50	28722.60	14732.52
	净利润(万)	1744.79	8435.35	20535.14	6699.42

中海发展股份有限公司

公司概况	公司名称	中海发展股份有限公司			证券简称	中海发展
	法人代表	李绍德	董秘	姚巧红	证券代码	600026
	公司网址	www.cnshippingdev.com		电子信箱	yqh@cnshipping.com	
	电　话	021-65967742 65967165		传　真	021-65966160	
	办公地址	上海市东大名路700号16楼				
	经营范围	主营沿海、远洋、长江货物运输,船舶租赁,货物代理、代运业务等				

	指标\报告期	2011.06.30	2010.12.31	2010.06.30	2009.12.31
主要财务指标	每股收益(元)	0.2010	0.5042	0.2875	0.3128
	每股收益(扣除)(元)	0.1698	0.4652	0.2573	0.2622
	每股净资产(元)	6.6219	6.6319	6.4555	6.2841
	调整后每股净资产(元)	–	–	–	–
	每股资本公积金(元)	1.2079	1.2086	1.2081	1.2126
	每股盈余公积金(元)	0.8095	0.8095	0.7580	0.7580
	每股未分配利润(元)	3.8341	3.8030	3.6378	3.4503
	每股现金净流量(元)	0.2150	–0.3408	0.1833	0.0820
	每股经营现金净流量(元)	0.3373	0.7992	0.4279	0.5585
	净资产收益率(扣除)(%)	–	7.2000	–	4.1600
	净资产收益率(%)	3.0360	7.6020	4.4530	4.9770
	总资产(万)	4590414.41	4071017.62	3755537.44	3392954.82
	股东权益(万)	2254464.49	2257854.57	2197825.13	2139457.32
	主营业务收入(万)	620142.24	1139893.39	559202.36	891445.18
	主营成本(万)	526027.25	893084.21	425218.08	726041.17
	营业收入(万)	620549.84	1140941.97	559356.19	891920.48
	营业成本(万)	526243.13	893626.25	425229.53	726156.04
	投资收益(万)	–	–	–	–
	利润总额(万)	83068.45	217140.80	130301.41	134233.79
	净利润(万)	68440.60	171652.25	97876.66	106479.39

华电国际电力股份有限公司

公司概况	公司名称	华电国际电力股份有限公司			证券简称	华电国际
	法人代表	云公民	董秘	周连青	证券代码	600027
	公司网址	www.hdpi.com.cn		电子信箱	zhoulq@hdpi.com.cn	
	电　话	010-83567779 83567900		传　真	010-83567963 83567967	
	办公地址	北京市西城区宣武门内大街2号				
	经营范围	电厂经营建设和电力产品生产销售等				

	指标\报告期	2011.06.30	2010.12.31	2010.06.30	2009.12.31
主要财务指标	每股收益(元)	0.0180	0.0310	0.0050	0.1890
	每股收益(扣除)(元)	–0.0800	–0.1560	–0.0030	0.1850
	每股净资产(元)	2.3700	2.3500	2.2900	2.3200
	调整后每股净资产(元)	–	–	–	–
	每股资本公积金(元)	0.6664	0.6664	0.6278	0.6289
	每股盈余公积金(元)	0.2265	0.2265	0.2195	0.2195
	每股未分配利润(元)	0.4768	0.4593	0.4408	0.4706
	每股现金净流量(元)	0.5330	–0.0009	0.0794	–0.0927
	每股经营现金净流量(元)	0.3458	0.8948	0.6176	0.9848
	净资产收益率(扣除)(%)	–	–6.7200	–	9.4500
	净资产收益率(%)	0.7410	1.3050	0.2280	7.3300
	总资产(万)	14004830.00	12786035.20	11600927.50	10047780.10
	股东权益(万)	1604554.10	1592686.10	1549301.20	1570170.60
	主营业务收入(万)	2639747.00	4519750.00	2179841.70	3644964.30
	主营成本(万)	2431043.00	4195309.20	1988344.60	3073781.50
	营业收入(万)	2649650.60	4544877.80	2186862.90	3666182.00
	营业成本(万)	2437069.50	4212100.60	1991936.50	3089533.10
	投资收益(万)	–	–	–	–
	利润总额(万)	12523.20	23272.90	6695.30	170090.90
	净利润(万)	11890.80	20784.40	3535.90	115058.00

中国石油化工股份有限公司

公司概况

公司名称	中国石油化工股份有限公司			证券简称	中国石化
法人代表	傅成玉	董秘	陈革	证券代码	600028
公司网址	www.sinopec.com		电子信箱	ir@sinopec.com	
电　话	010-59960028		传　真	010-59960386	
办公地址	北京市朝阳区朝阳门北大街 22 号				
经营范围	石油、天然气勘探、开采;石油炼制;石油化工;成品油销售等				

主要财务指标

指标 \ 报告期	2011.06.30	2010.12.31	2010.06.30	2009.12.31
每股收益(元)	0.4640	0.8160	0.4240	0.7230
每股收益(扣除)(元)	0.4590	0.7880	0.4030	0.7070
每股净资产(元)	5.2470	4.8570	4.6470	4.3880
调整后每股净资产(元)	–	–	–	–
每股资本公积金(元)	0.3830	0.3393	0.4346	0.4406
每股盈余公积金(元)	1.6738	1.6345	1.3267	1.3267
每股未分配利润(元)	2.1763	1.8815	1.8816	1.6216
每股现金净流量(元)	–0.0956	0.0949	0.0745	0.0201
每股经营现金净流量(元)	0.3560	1.9753	0.6441	1.9147
净资产收益率(扣除)(%)	–	16.9400	–	17.2400
净资产收益率(%)	8.8460	16.7910	8.7930	16.4740
总资产(万)	107191200.00	98538900.00	92079500.00	88689600.00
股东权益(万)	45488300.00	42112700.00	40293000.00	38046100.00
主营业务收入(万)	121694100.00	187675800.00	92433600.00	131591500.00
主营成本(万)	–	–	–	–
营业收入(万)	123327200.00	191318200.00	93773600.00	134505200.00
营业成本(万)	102987500.00	153713100.00	76266100.00	102944300.00
投资收益(万)	–	–	–	–
利润总额(万)	5675500.00	10217800.00	5381200.00	8611200.00
净利润(万)	4023900.00	7071300.00	3677600.00	6267700.00

中国南方航空股份有限公司

公司概况

公司名称	中国南方航空股份有限公司			证券简称	南方航空
法人代表	司献民	董秘	谢兵	证券代码	600029
公司网址	www.csair.com		电子信箱	webmaster@csair.com	
电　话	020-86124462		传　真	020-86659040	
办公地址	广东省广州市机场路 278 号				
经营范围	国内、地区和国际定期及不定期航空客、货、邮、行李运输业务等				

主要财务指标

指标 \ 报告期	2011.06.30	2010.12.31	2010.06.30	2009.12.31
每股收益(元)	0.2800	0.7000	0.2600	0.0500
每股收益(扣除)(元)	0.2600	0.6000	0.1500	–0.0400
每股净资产(元)	3.0300	2.7300	1.5600	1.2900
调整后每股净资产(元)	–	–	–	–
每股资本公积金(元)	1.4679	1.4422	0.6738	0.6754
每股盈余公积金(元)	0.0614	0.0614	0.0753	0.0753
每股未分配利润(元)	0.5022	0.2215	–0.1942	–0.4535
每股现金净流量(元)	0.0766	0.6174	0.2699	–0.0382
每股经营现金净流量(元)	0.4859	1.3097	0.3533	–
净资产收益率(扣除)(%)	–	33.3000	–	–3.2300
净资产收益率(%)	9.2570	21.6970	16.6810	3.6700
总资产(万)	11756800.00	11122900.00	10400200.00	9473600.00
股东权益(万)	2976200.00	2675500.00	1244500.00	1038200.00
主营业务收入(万)	4144500.00	7674300.00	3419200.00	5503900.00
主营成本(万)	3477000.00	6203700.00	2871300.00	4868500.00
营业收入(万)	4241400.00	7778800.00	3468100.00	–
营业成本(万)	3530200.00	6256700.00	2894300.00	–
投资收益(万)	–	–	–	–
利润总额(万)	351000.00	809800.00	264500.00	45700.00
净利润(万)	275500.00	580500.00	207600.00	38100.00

中信证券股份有限公司

公司概况

公司名称	中信证券股份有限公司			证券简称	中信证券
法人代表	王东明	董秘	郑京	证券代码	600030
公司网址	www.cs.ecitic.com		电子信箱	zxzq@citics.com	
电　话	0755-23835383 010-60836030		传　真	0755-23835525 010-60836031	
办公地址	广东省深圳市福田区中心三路 8 号中信证券大厦 北京市朝阳区亮马桥路 48 号中信证券大厦				
经营范围	证券(含境内上市外资股)的代理买卖;代理证券还本付息、分红派息等				

主要财务指标

指标 \ 报告期	2011.06.30	2010.12.31	2010.06.30	2009.12.31
每股收益(元)	0.3000	1.1400	0.2600	0.9000
每股收益(扣除)(元)	0.3000	1.1300	0.2600	1.3500
每股净资产(元)	6.8000	7.0800	6.0400	9.2900
调整后每股净资产(元)	–	–	–	–
每股资本公积金(元)	2.5777	2.6460	2.4725	4.3228
每股盈余公积金(元)	0.4705	0.4705	0.3744	0.5616
每股未分配利润(元)	1.8622	2.0775	1.5015	2.3788
每股现金净流量(元)	–	–	–	–
每股经营现金净流量(元)	–	–	–	–
净资产收益率(扣除)(%)	4.2500	17.2800	4.2800	15.3800
净资产收益率(%)	4.3940	16.0590	4.3720	14.5850
总资产(万)	13182481.64	15317767.03	18177585.31	20680744.40
股东权益(万)	–	–		
主营业务收入(万)	750819.65	2779490.21	790536.03	2200652.22
主营成本(万)	–	–	–	–
营业收入(万)	–	–	–	–
营业成本(万)	–	–	–	–
投资收益(万)	–	–	–	–
利润总额(万)	399661.14	1631994.07	398268.48	1330199.18
净利润(万)	297341.31	1131134.32	262848.71	898402.92

三一重工股份有限公司

公司概况

公司名称	三一重工股份有限公司			证券简称	三一重工
法人代表	梁稳根	董秘	肖友良	证券代码	600031
公司网址	www.sany.com.cn		电子信箱	sany@sany.com.cn	
电　话	0731-84031555		传　真	0731-84031777	
办公地址	湖南省长沙市经济技术开发区				
经营范围	建筑工程机械、起重机械、停车库、通用设备及机电设备的生产、销售与维修等				

主要财务指标

指标 \ 报告期	2011.06.30	2010.12.31	2010.06.30	2009.12.31
每股收益(元)	0.7800	1.1100	0.3800	0.5200
每股收益(扣除)(元)	0.7800	1.0200	0.3300	0.4200
每股净资产(元)	2.2300	1.4900	3.7300	1.7600
调整后每股净资产(元)	–	–	–	–
每股资本公积金(元)	0.0013	0.0019	0.0040	0.8321
每股盈余公积金(元)	0.1807	0.2710	0.3196	0.5766
每股未分配利润(元)	1.0683	0.9892	2.4476	3.6567
每股现金净流量(元)	0.5456	0.1548	0.2227	0.5837
每股经营现金净流量(元)	0.0330	1.3332	1.0389	3.1451
净资产收益率(扣除)(%)	41.5600	51.6800	26.2300	29.7300
净资产收益率(%)	35.0280	49.4740	31.9760	29.5700
总资产(万)	4975155.52	3134076.61	2874346.64	2207595.17
股东权益(万)	1695593.66	1135031.74	899195.94	964736.20
主营业务收入(万)	2965723.36	3296347.79	1658494.35	1824593.62
主营成本(万)	1817008.17	2064900.75	1027066.26	1157384.58
营业收入(万)	3036325.16	3395493.91	1694600.05	1897581.48
营业成本(万)	1878684.08	2144183.75	1057464.85	1223208.35
投资收益(万)	–	–	–	–
利润总额(万)	735301.88	693824.56	361849.25	335651.27
净利润(万)	593929.08	561546.16	287524.20	263990.47

福建发展高速公路股份有限公司

公司概况	公司名称	福建发展高速公路股份有限公司		证券简称	福建高速
	法人代表	吴庭锵	董秘 何高文	证券代码	600033
	公司网址	www.fjgs.com.cn		电子信箱	stock@fjgs.com.cn
	电　话	0591-87077366		传　真	0591-87077366
	办公地址	福建省福州市东水路18号福建交通综合大楼26层			
	经营范围	高速公路的建设、运营、收费、养护与管理等			

主要财务指标 指标\报告期	2011.06.30	2010.12.31	2010.06.30	2009.12.31
每股收益(元)	0.0954	0.1927	0.1353	0.2758
每股收益(扣除)(元)	0.0987	0.2069	0.1349	0.2751
每股净资产(元)	2.5134	2.5180	2.4606	3.5880
调整后每股净资产(元)	–	–	–	–
每股资本公积金(元)	0.6266	0.6266	0.6266	1.4399
每股盈余公积金(元)	–	0.2193	0.2134	0.3201
每股未分配利润(元)	0.6675	0.6721	0.6206	0.8279
每股现金净流量(元)	–	–0.1171	–0.1039	0.1559
每股经营现金净流量(元)	–	0.4698	0.1995	0.7063
净资产收益率(扣除)(%)	–	7.6530	5.4990	10.0588
净资产收益率(%)	3.7200	7.8700	5.5300	16.0100
总资产(万)	2017614.56	1750246.94	1335960.37	1201280.02
股东权益(万)	689785.99	846763.72	823490.62	793490.55
主营业务收入(万)	111252.58	192932.11	96410.79	200007.44
主营成本(万)	30841.47	51903.31	17937.08	49715.87
营业收入(万)	111572.76	193547.20	96722.10	200608.99
营业成本(万)	31332.67	52786.96	18305.24	50462.06
投资收益(万)	–	–6966.34	–2726.80	–5370.69
利润总额(万)	47201.45	98643.17	65270.74	119991.94
净利润(万)	26188.37	52885.91	37130.98	66030.96

湖北楚天高速公路股份有限公司

公司概况	公司名称	湖北楚天高速公路股份有限公司		证券简称	楚天高速
	法人代表	祝向军	董秘 张晴	证券代码	600035
	公司网址	www.hbctgs.com		电子信箱	600035@hbctgs.com
	电　话	027-84863942		传　真	027-84863942
	办公地址	湖北省武汉市汉阳区龙阳大道9号			
	经营范围	对汉荆段及江宜段高速公路的经营管理等			

主要财务指标 指标\报告期	2011.06.30	2010.12.31	2010.06.30	2009.12.31
每股收益(元)	0.2200	0.4300	0.2400	0.3200
每股收益(扣除)(元)	0.2200	0.4300	0.2400	0.3200
每股净资产(元)	3.4270	3.2100	3.0250	2.8600
调整后每股净资产(元)	–	–	–	–
每股资本公积金(元)	0.9449	0.9449	0.9449	0.9449
每股盈余公积金(元)	0.4649	0.4649	0.3791	0.3791
每股未分配利润(元)	1.0174	0.8000	0.7010	0.5366
每股现金净流量(元)	0.4526	0.2416	0.1938	0.1884
每股经营现金净流量(元)	0.3565	0.7990	0.3761	0.4631
净资产收益率(扣除)(%)	–	14.1000	–	11.6300
净资产收益率(%)	6.3450	13.3710	8.0810	11.2230
总资产(万)	777820.50	601189.10	432269.97	374118.56
股东权益(万)	319301.07	299040.97	281829.82	266509.09
主营业务收入(万)	47027.50	94740.52	46835.03	75647.17
主营成本(万)	15166.38	34337.48	13154.46	28653.88
营业收入(万)	47843.42	96678.94	47837.84	77152.05
营业成本(万)	15461.24	35099.83	13514.53	29290.84
投资收益(万)	–	–	–	–
利润总额(万)	27024.89	53215.45	30382.50	40370.81
净利润(万)	20260.10	39985.10	22773.95	29910.44

招商银行股份有限公司

公司概况	公司名称	招商银行股份有限公司		证券简称	招商银行
	法人代表	傅育宁	董秘 兰奇	证券代码	600036
	公司网址	www.cmbchina.com		电子信箱	cmb@cmbchina.com
	电　话	0755-83198888		传　真	0755-83195109
	办公地址	广东省深圳市福田区深南大道7088号			
	经营范围	从事银行业及相关金融服务等			

主要财务指标 指标\报告期	2011.06.30	2010.12.31	2010.06.30	2009.12.31
每股收益(元)	0.8600	1.2300	0.6500	0.9500
每股收益(扣除)(元)	0.8600	1.2200	0.6500	0.9300
每股净资产(元)	6.7400	6.2100	5.7900	4.8500
调整后每股净资产(元)	–	–	–	–
每股资本公积金(元)	1.6478	1.6776	1.8184	0.9503
每股盈余公积金(元)	0.5042	0.5042	0.3901	0.4403
每股未分配利润(元)	2.8422	2.2739	1.8865	1.6801
每股现金净流量(元)	–	–	–	–
每股经营现金净流量(元)	–	–	–	–
净资产收益率(扣除)(%)	26.6200	21.7500	23.9100	21.1800
净资产收益率(%)	12.7900	19.2300	10.5760	19.6500
总资产(万)	264320500.00	240250700.00	228248200.00	206794100.00
股东权益(万)	–	–	–	–
主营业务收入(万)	4605600.00	7137700.00	3293400.00	5144600.00
主营成本(万)	–	–	–	–
营业收入(万)	–	–	–	–
营业成本(万)	–	–	–	–
投资收益(万)	–	–	–	–
利润总额(万)	2417600.00	3334300.00	1703000.00	2238400.00
净利润(万)	1860000.00	2576900.00	1320300.00	1823500.00

北京歌华有线电视网络股份有限公司

公司概况	公司名称	北京歌华有线电视网络股份有限公司		证券简称	歌华有线
	法人代表	郭章鹏	董秘 梁彦军	证券代码	600037
	公司网址	www.bgctv.com.cn		电子信箱	600037@bgctv.com.cn
	电　话	010-62364114 62035573		传　真	010-62364114 62035573
	办公地址	北京市海淀区花园北路35号(东门)			
	经营范围	广播电视网络的建设开发、经营管理和维护;广播电视节目收转等			

主要财务指标 指标\报告期	2011.06.30	2010.12.31	2010.06.30	2009.12.31
每股收益(元)	0.1142	0.3262	0.1336	0.3113
每股收益(扣除)(元)	–0.0318	0.1042	0.0977	0.2736
每股净资产(元)	4.8900	4.9600	4.4200	4.2200
调整后每股净资产(元)	–	–	–	–
每股资本公积金(元)	1.9604	2.0436	1.6964	1.6296
每股盈余公积金(元)	0.4028	0.4028	0.3706	0.3706
每股未分配利润(元)	1.5263	1.5120	1.3516	1.2181
每股现金净流量(元)	–0.0245	1.4991	0.2261	–0.1600
每股经营现金净流量(元)	0.3122	0.8629	0.3562	0.6946
净资产收益率(扣除)(%)	–	2.3500	–	6.6300
净资产收益率(%)	2.3370	6.5790	3.0230	7.3800
总资产(万)	950300.81	912616.75	676415.03	586573.74
股东权益(万)	518468.77	525776.48	468532.43	447289.01
主营业务收入(万)	78525.65	187762.29	96674.57	147138.01
主营成本(万)	74781.04	159904.79	79469.41	105282.25
营业收入(万)	79912.65	189434.61	97450.80	151599.79
营业成本(万)	74828.47	159969.95	79469.41	108122.35
投资收益(万)	–	–	–	–
利润总额(万)	12249.13	34745.91	14217.57	33219.73
净利润(万)	12114.58	34592.70	14162.61	33008.50

哈飞航空工业股份有限公司

公司概况	公司名称	哈飞航空工业股份有限公司			证券简称	哈飞股份
	法人代表	曲景文	董秘	顾韶辉	证券代码	600038
	公司网址	www.hafei.com		电子信箱	gsh0808@sina.com	
	电　　话	0451-86528350		传　　真	0451-86524324	
	办公地址	黑龙江省哈尔滨市平房区友协大街 15 号				
	经营范围	航空产品及零部件的开发、设计研制、生产和销售等				

主要财务指标	指标＼报告期	2011.06.30	2010.12.31	2010.06.30	2009.12.31
	每股收益(元)	0.1007	0.3547	0.0731	0.2834
	每股收益(扣除)(元)	0.1008	0.3554	0.0728	0.2390
	每股净资产(元)	4.3375	4.2400	4.0600	3.9800
	调整后每股净资产(元)	–	–	–	–
	每股资本公积金(元)	1.8538	1.8538	1.8538	1.8538
	每股盈余公积金(元)	0.3964	0.3964	0.3610	0.3610
	每股未分配利润(元)	1.0873	0.9867	0.8405	0.7675
	每股现金净流量(元)	0.0103	–0.0079	0.1188	0.0205
	每股经营现金净流量(元)	0.0251	0.2945	0.2496	0.3250
	净资产收益率(扣除)(%)	–	8.3710	1.8020	5.9870
	净资产收益率(%)	2.3210	8.6130	1.8200	6.0804
	总资产(万)	327214.54	278526.97	280493.20	271937.80
	股东权益(万)	146326.25	142930.49	136804.07	134339.20
	主营业务收入(万)	67928.77	223157.26	62689.91	205403.69
	主营成本(万)	59979.44	193755.48	55470.53	181282.05
	营业收入(万)	70004.42	227003.57	64549.60	209676.28
	营业成本(万)	61788.80	197198.39	57151.28	185080.20
	投资收益(万)	–	1645.33	–	1826.96
	利润总额(万)	3995.01	13193.96	2899.92	8552.34
	净利润(万)	3395.76	11964.79	2464.87	8043.43

四川路桥建设股份有限公司

公司概况	公司名称	四川路桥建设股份有限公司			证券简称	四川路桥
	法人代表	孙云	董秘	曹川	证券代码	600039
	公司网址	www.scrbc.com.cn		电子信箱	srbcdsh@163.com	
	电　　话	028-85126085 85127039		传　　真	028-85126084	
	办公地址	四川省成都市高新区九兴大道 12 号				
	经营范围	各级公路工程和桥梁、隧道工程的施工等				

主要财务指标	指标＼报告期	2011.06.30	2010.12.31	2010.06.30	2009.12.31
	每股收益(元)	0.1762	0.3272	0.0238	0.0865
	每股收益(扣除)(元)	–	0.3307	0.0169	0.0767
	每股净资产(元)	3.3550	3.0570	3.0079	3.1300
	调整后每股净资产(元)	–	–	–	–
	每股资本公积金(元)	–	1.2333	1.5344	1.6857
	每股盈余公积金(元)	–	0.1804	0.1803	0.1803
	每股未分配利润(元)	–	0.5360	0.2327	0.2089
	每股现金净流量(元)	–	–0.0997	–0.6287	1.1206
	每股经营现金净流量(元)	–	1.2221	–0.1062	0.8148
	净资产收益率(扣除)(%)	–	10.6800	–	2.6100
	净资产收益率(%)	–	10.7030	0.7920	2.7600
	总资产(万)	790279.83	721103.42	744316.89	647831.92
	股东权益(万)	101992.51	92941.01	91438.81	95287.74
	主营业务收入(万)	–	457190.65	192218.84	315221.16
	主营成本(万)	–	410981.99	174110.56	282686.25
	营业收入(万)	254245.68	458092.32	192388.33	315956.00
	营业成本(万)	–	411159.08	174284.04	282883.61
	投资收益(万)	–	–	–	–
	利润总额(万)	7561.08	12906.63	2092.54	6438.91
	净利润(万)	0.1762	9947.11	724.01	2630.12

保利房地产(集团)股份有限公司

公司概况	公司名称	保利房地产(集团)股份有限公司			证券简称	保利地产
	法人代表	宋广菊	董秘	岳勇坚	证券代码	600048
	公司网址	www.polycn.com		电子信箱	stock@polycn.com	
	电　　话	020-89898833		传　　真	020-89898666 8831	
	办公地址	广东省广州市海珠区阅江中路 688 号保利国际广场北塔 29-33 层				
	经营范围	房地产开发、销售、租赁及其物业管理等				

主要财务指标	指标＼报告期	2011.06.30	2010.12.31	2010.06.30	2009.12.31
	每股收益(元)	0.4700	1.0800	0.2700	0.8100
	每股收益(扣除)(元)	0.4700	1.0800	0.3600	0.7900
	每股净资产(元)	5.3023	6.4929	5.7633	7.1300
	调整后每股净资产(元)	–	–	–	–
	每股资本公积金(元)	2.0017	2.9022	2.8922	4.0578
	每股盈余公积金(元)	0.0800	0.1039	0.0917	0.1192
	每股未分配利润(元)	2.2189	2.4868	1.7794	1.9509
	每股现金净流量(元)	–0.2642	0.8531	–0.5851	2.7724
	每股经营现金净流量(元)	–1.3893	–4.8889	–5.1027	–0.3252
	净资产收益率(扣除)(%)	–	18.0500	–	18.0800
	净资产收益率(%)	8.8610	16.5600	6.1710	14.0270
	总资产(万)	18028512.08	15232797.26	12059558.62	8983072.39
	股东权益(万)	3154008.70	2970929.01	2637079.40	2508823.71
	主营业务收入(万)	1518482.93	3589047.34	1122299.84	2298292.15
	主营成本(万)	873272.71	2364531.80	735024.43	1452396.56
	营业收入(万)	1519103.74	3589411.76	1124474.73	2298660.76
	营业成本(万)	873302.42	2364548.36	736535.44	1452405.52
	投资收益(万)	–	–	–	–
	利润总额(万)	395661.16	740457.46	243281.74	537904.75
	净利润(万)	279461.20	491998.40	162726.13	351922.65

中国联合网络通信股份有限公司

公司概况	公司名称	中国联合网络通信股份有限公司			证券简称	中国联通
	法人代表	常小兵	董秘	张保英	证券代码	600050
	公司网址	www.chinaunicom-a.com		电子信箱	zhangby@chinaunicom-a.com	
	电　　话	021-52732228		传　　真	021-52732220	
	办公地址	上海市长宁区长宁路 1033 号 29 楼				
	经营范围	从事国(境)内外电信行业的投资等				

主要财务指标	指标＼报告期	2011.06.30	2010.12.31	2010.06.30	2009.12.31
	每股收益(元)	0.0411	0.0580	0.0454	0.1480
	每股收益(扣除)(元)	0.0393	0.0490	0.0377	0.1220
	每股净资产(元)	3.3600	3.3400	3.3000	3.3500
	调整后每股净资产(元)	–	–	–	–
	每股资本公积金(元)	1.3178	1.3124	1.2921	0.8073
	每股盈余公积金(元)	0.0323	0.0323	0.0263	0.0323
	每股未分配利润(元)	1.0131	0.9980	0.9851	0.0002
	每股现金净流量(元)	–0.1835	0.6928	–0.0467	–0.1139
	每股经营现金净流量(元)	1.6818	3.2180	1.5187	2.7980
	净资产收益率(扣除)(%)	–	1.5000	–	3.7000
	净资产收益率(%)	1.2240	1.7330	1.1840	4.4190
	总资产(万)	44241145.39	44346625.37	41878679.79	41923229.69
	股东权益(万)	7126847.01	7083603.56	6999761.35	7098388.58
	主营业务收入(万)	9320637.44	16870714.49	8238238.70	15613535.62
	主营成本(万)	5987724.69	11304728.88	5491903.00	10296518.48
	营业收入(万)	10446398.12	17616836.16	8496398.48	15836881.95
	营业成本(万)	7417055.02	12373487.47	5802066.75	10565376.49
	投资收益(万)	–	–	–	–
	利润总额(万)	347911.36	464650.34	375126.19	1218097.63
	净利润(万)	87214.46	122761.00	96252.09	313702.45

宁波联合集团股份有限公司

公司概况	公司名称	宁波联合集团股份有限公司		证券简称	宁波联合
	法人代表	李水荣	董秘 董庆慈	证券代码	600051
	公司网址	www.nug.com.cn		电子信箱	dqc@nug.com.cn
	电 话	0574-86221609		传 真	0574-86221320
	办公地址	浙江省宁波市开发区东海路1号联合大厦			
	经营范围	基础设施、房地产、对外贸易、医药生物和其他高新技术产业的开发等			

主要财务指标	指标\报告期	2011.06.30	2010.12.31	2010.06.30	2009.12.31
	每股收益(元)	0.4300	0.5600	0.2900	0.4200
	每股收益(扣除)(元)	-	0.4200	0.1800	0.3700
	每股净资产(元)	5.6500	5.5900	4.5000	4.8200
	调整后每股净资产(元)	-	-	-	-
	每股资本公积金(元)	-	2.5530	1.7361	2.1957
	每股盈余公积金(元)	-	0.5777	0.5322	0.5322
	每股未分配利润(元)	-	1.4712	1.2439	1.1033
	每股现金净流量(元)	-	-0.8802	-0.5370	1.5611
	每股经营现金净流量(元)	-	0.6882	0.4168	0.0749
	净资产收益率(扣除)(%)	-	8.0400	-	8.4200
	净资产收益率(%)	-	10.0820	6.4580	8.7000
	总资产(万)	486507.19	533706.00	465982.46	504060.04
	股东权益(万)	170761.00	169008.46	136052.01	145696.69
	主营业务收入(万)	-	349147.31	134440.14	307268.41
	主营成本(万)	-	308287.41	119693.95	266464.59
	营业收入(万)	172388.70	350620.75	135190.57	314171.37
	营业成本(万)	-	308943.92	119938.88	270555.25
	投资收益(万)	-	-	-	-
	利润总额(万)	17911.84	19392.76	9679.07	25350.41
	净利润(万)	12986.22	17039.03	8786.36	12680.65

浙江广厦股份有限公司

公司概况	公司名称	浙江广厦股份有限公司		证券简称	浙江广厦
	法人代表	彭涛	董秘 包宇芬	证券代码	600052
	公司网址	www.gsgf.com		电子信箱	baoyufen@guangsha.com
	电 话	0571-87974176		传 真	0571-85125355
	办公地址	浙江省杭州市玉古路166号			
	经营范围	房地产投资,实业投资,房地产中介代理,园林、绿化、市政、幕墙等			

主要财务指标	指标\报告期	2011.06.30	2010.12.31	2010.06.30	2009.12.31
	每股收益(元)	0.2300	0.1500	0.1900	0.5000
	每股收益(扣除)(元)	-0.1000	0.1700	0.2000	0.2300
	每股净资产(元)	2.5500	2.3600	2.3900	2.2000
	调整后每股净资产(元)	-	-	-	-
	每股资本公积金(元)	0.3357	0.3357	0.3188	0.3161
	每股盈余公积金(元)	-	0.1725	0.1494	0.1494
	每股未分配利润(元)	1.0385	0.8559	0.9230	0.7325
	每股现金净流量(元)	-	0.0275	-0.3946	0.2796
	每股经营现金净流量(元)	-	-0.8289	-0.3789	0.7383
	净资产收益率(扣除)(%)	-	7.4300	-	11.9800
	净资产收益率(%)	9.3800	6.1980	7.9680	22.8010
	总资产(万)	808136.76	795510.29	757845.38	849973.65
	股东权益(万)	222011.68	206098.08	208463.01	191615.92
	主营业务收入(万)	27389.61	221026.84	114371.18	436835.01
	主营成本(万)	17872.80	154716.41	71183.01	335514.59
	营业收入(万)	27973.46	223704.23	116603.06	438710.57
	营业成本(万)	17911.50	154764.74	71196.02	335568.48
	投资收益(万)	-	-	-	-
	利润总额(万)	20036.38	23983.53	23925.76	62588.38
	净利润(万)	20272.55	12773.02	16610.18	43689.66

江西中江地产股份有限公司

公司概况	公司名称	江西中江地产股份有限公司		证券简称	中江地产
	法人代表	钟虹光	董秘 钟虹光(代)	证券代码	600053
	公司网址	www.jzjt.com		电子信箱	zjre600053@126.com
	电 话	0791-88164127		传 真	0791-88164141
	办公地址	江西省南昌市东湖区沿江北大道1379号紫金城A栋写字楼			
	经营范围	房地产开发及经营、土地开发及经营、对旅游项目的投资、装饰工程等			

主要财务指标	指标\报告期	2011.06.30	2010.12.31	2010.06.30	2009.12.31
	每股收益(元)	0.0037	0.0200	-0.5635	0.0400
	每股收益(扣除)(元)	0.0016	0.0014	0.0049	0.0352
	每股净资产(元)	1.7679	2.1171	1.5356	2.1000
	调整后每股净资产(元)	-	-	-	-
	每股资本公积金(元)	0.4352	0.7223	0.7223	0.7223
	每股盈余公积金(元)	0.0662	0.0795	0.0773	0.0773
	每股未分配利润(元)	0.2664	0.3153	-0.2639	0.2995
	每股现金净流量(元)	0.3869	-0.6231	-0.6772	0.7577
	每股经营现金净流量(元)	0.8225	0.2334	-0.3492	0.8758
	净资产收益率(扣除)(%)	-	0.0600	-	1.6800
	净资产收益率(%)	0.2070	0.8480	-36.6950	1.7020
	总资产(万)	299596.42	260236.88	249486.31	262540.45
	股东权益(万)	76645.26	76486.35	55479.53	75837.69
	主营业务收入(万)	3380.20	24007.40	10684.56	43238.43
	主营成本(万)	2196.79	19547.12	9269.69	36424.77
	营业收入(万)	3401.46	26598.73	10706.66	43279.22
	营业成本(万)	2206.61	21592.57	9290.25	36458.36
	投资收益(万)	-	-	-	-
	利润总额(万)	172.07	711.09	-20319.98	1475.04
	净利润(万)	158.91	648.66	-20358.16	1290.47

黄山旅游发展股份有限公司

公司概况	公司名称	黄山旅游发展股份有限公司		证券简称	黄山旅游
	法人代表	许继伟	董秘 黄慧敏	证券代码	600054
	公司网址	www.huangshan.com.cn		电子信箱	hshhm666@126.com
	电 话	0559-5580567 5580526		传 真	0559-5580505
	办公地址	安徽省黄山市黄山风景区温泉			
	经营范围	园林门票、客运索道、酒店食宿及旅游服务等			

主要财务指标	指标\报告期	2011.06.30	2010.12.31	2010.06.30	2009.12.31
	每股收益(元)	0.2944	0.4900	0.2053	0.3400
	每股收益(扣除)(元)	0.2944	0.5100	0.2076	0.3400
	每股净资产(元)	3.4282	3.1338	2.8500	2.6400
	调整后每股净资产(元)	-	-	-	-
	每股资本公积金(元)	0.2928	0.2928	0.3500	0.3500
	每股盈余公积金(元)	0.3904	0.3904	0.3469	0.3469
	每股未分配利润(元)	1.7449	1.4505	1.1521	0.9468
	每股现金净流量(元)	0.0635	0.3762	0.4216	-0.2351
	每股经营现金净流量(元)	0.0061	0.5413	0.2948	0.0772
	净资产收益率(扣除)(%)	-	17.5700	-	13.2800
	净资产收益率(%)	8.5890	15.6380	7.2060	12.8270
	总资产(万)	276507.57	237553.62	220423.47	188043.10
	股东权益(万)	161588.20	147710.10	134287.42	124610.78
	主营业务收入(万)	-	156996.04	57116.83	124932.38
	主营成本(万)	-	-	35821.86	-
	营业收入(万)	67757.29	144498.66	57186.13	112791.63
	营业成本(万)	39285.53	85715.05	35833.41	64622.58
	投资收益(万)	-	-	-	-
	利润总额(万)	19063.46	31670.45	13566.17	24248.28
	净利润(万)	13878.10	23099.32	9676.64	15983.78

北京万东医疗装备股份有限公司

公司概况	公司名称	北京万东医疗装备股份有限公司			证券简称	万东医疗
	法人代表	贺旋	董秘	张丹石	证券代码	600055
	公司网址	www.wandong.com.cn		电子信箱	wdyL055@263.net.cn	
	电　话	010-84569688		传　真	010-84575717	
	办公地址	北京市朝阳区酒仙桥东路 9 号 A3				
	经营范围	各类医疗器械的生产和销售等				

	指标\报告期	2011.06.30	2010.12.31	2010.06.30	2009.12.31
主要财务指标	每股收益(元)	0.1020	0.1940	0.0740	0.3170
	每股收益(扣除)(元)	0.0990	0.1640	0.0680	0.1360
	每股净资产(元)	2.7100	2.6800	2.5600	2.5400
	调整后每股净资产(元)	–	–	–	–
	每股资本公积金(元)	0.5512	0.5512	0.5519	0.5519
	每股盈余公积金(元)	0.2984	0.2984	0.2909	0.2909
	每股未分配利润(元)	0.8597	0.8281	0.7159	0.7017
	每股现金净流量(元)	–0.3889	–0.1671	–0.4645	0.0401
	每股经营现金净流量(元)	–0.4370	–0.0212	–0.4381	0.6661
	净资产收益率(扣除)(%)	–	6.2600	–	5.6300
	净资产收益率(%)	3.7520	7.2370	2.8970	12.4550
	总资产(万)	97228.26	100866.29	91272.63	97039.38
	股东权益(万)	58642.42	57957.39	55383.36	55077.54
	主营业务收入(万)	29097.92	58967.65	24501.72	67501.09
	主营成本(万)	–	37242.66	–	46328.28
	营业收入(万)	30298.93	60275.44	26946.04	–
	营业成本(万)	19458.48	38096.11	17164.44	46838.11
	投资收益(万)	–	–	–	–
	利润总额(万)	2479.79	4543.29	1894.12	7362.47
	净利润(万)	2200.18	4194.52	1604.51	6859.95

中国医药保健品股份有限公司

公司概况	公司名称	中国医药保健品股份有限公司			证券简称	中国医药
	法人代表	张本智	董秘	齐建西	证券代码	600056
	公司网址	www.meheco.cn		电子信箱	qijx999@yahoo.com.cn	
	电　话	010-67164267		传　真	010-67152359	
	办公地址	北京市东城区光明中街 18 号				
	经营范围	高新技术及成套设备的进出口贸易、易货贸易、国际招标采购等				

	指标\报告期	2011.06.30	2010.12.31	2010.06.30	2009.12.31
主要财务指标	每股收益(元)	0.4121	0.6269	0.3375	0.6087
	每股收益(扣除)(元)	0.3648	0.4599	0.3113	0.3943
	每股净资产(元)	5.0150	4.5222	4.5222	6.1300
	调整后每股净资产(元)	–	–	–	–
	每股资本公积金(元)	1.2595	1.2867	1.4185	2.3323
	每股盈余公积金(元)	0.4460	0.4460	0.3758	0.4886
	每股未分配利润(元)	2.3092	1.9471	1.7279	2.3075
	每股现金净流量(元)	–0.6787	–1.8777	–3.1230	5.0622
	每股经营现金净流量(元)	–0.7105	–1.1936	–1.9946	–
	净资产收益率(扣除)(%)	–	9.7900	–	9.7100
	净资产收益率(%)	8.2170	13.3960	7.4640	12.9110
	总资产(万)	555608.85	533185.74	533185.74	546539.82
	股东权益(万)	155934.55	140621.74	140621.74	146590.33
	主营业务收入(万)	327502.07	625661.21	289738.71	478623.64
	主营成本(万)	291774.48	564859.83	260465.94	425649.62
	营业收入(万)	327557.96	625953.06	289754.55	479000.62
	营业成本(万)	291821.97	564946.97	260511.09	425737.13
	投资收益(万)	–	–	–	–
	利润总额(万)	19597.18	32280.95	17625.19	30372.59
	净利润(万)	12813.25	19493.81	10496.03	18926.90

福建省厦门象屿股份有限公司

公司概况	公司名称	福建省厦门象屿股份有限公司			证券简称	*ST 夏新
	法人代表	王龙雏	董秘	吕东	证券代码	600057
	公司网址	www.amoi.com.cn		电子信箱	xxdz_stock@hotmail.com	
	电　话	0592-6516003		传　真	0592-5051631	
	办公地址	福建省厦门市现代物流园区象兴四路 21 号银盛大厦 9 楼				
	经营范围	研发、生产、销售移动通信终端产品				

	指标\报告期	2011.06.30	2010.12.31	2010.06.30	2009.12.31
主要财务指标	每股收益(元)	0.0014	0.0700	0.2731	1.6200
	每股收益(扣除)(元)	0.0014	–0.0200	–0.0197	–1.6200
	每股净资产(元)	0.0019	0.0005	0.2000	–0.6800
	调整后每股净资产(元)	–	–	–	–
	每股资本公积金(元)	1.5452	1.5452	1.5452	0.9327
	每股盈余公积金(元)	–	–	–	–
	每股未分配利润(元)	–2.5433	–2.5447	–2.3418	–2.6149
	每股现金净流量(元)	–0.0449	–0.4831	–0.4488	0.7150
	每股经营现金净流量(元)	–0.0448	–1.0962	–1.0512	–0.1323
	净资产收益率(扣除)(%)	–	–	–	–
	净资产收益率(%)	72.9200	13533.3830	134.2660	–237.9053
	总资产(万)	13400.49	15319.60	17025.23	68921.70
	股东权益(万)	82.35	22.30	8742.67	–29323.37
	主营业务收入(万)	–	–	–	22063.09
	主营成本(万)	–	–	–	24084.94
	营业收入(万)	–	–	180.41	30684.77
	营业成本(万)	–	1347.09	135.64	28326.77
	投资收益(万)	–	–	–	–
	利润总额(万)	61.61	3018.08	11738.45	67678.94
	净利润(万)	60.05	3018.08	11738.45	69761.85

五矿发展股份有限公司

公司概况	公司名称	五矿发展股份有限公司			证券简称	五矿发展
	法人代表	周中枢	董秘	崔青莲	证券代码	600058
	公司网址	www.minlist.com.cn		电子信箱	cuiql@minmetals.com	
	电　话	010-68494205 68494267		传　真	010-68494207	
	办公地址	北京市海淀区三里河路 5 号 B 座				
	经营范围	国内外贸易、国际货运、货代、仓储、国际招标投标、酒店经营、工业生产等				

	指标\报告期	2011.06.30	2010.12.31	2010.06.30	2009.12.31
主要财务指标	每股收益(元)	0.6146	0.3590	0.3487	0.2488
	每股收益(扣除)(元)	0.5042	0.3469	0.3256	–0.2106
	每股净资产(元)	8.7000	8.2000	8.0800	7.6344
	调整后每股净资产(元)	–	–	–	–
	每股资本公积金(元)	3.9319	3.8828	3.7655	3.5670
	每股盈余公积金(元)	0.7156	0.7156	0.6865	0.6865
	每股未分配利润(元)	3.0747	2.6101	2.6300	2.3812
	每股现金净流量(元)	1.1602	0.1561	1.3651	–0.1786
	每股经营现金净流量(元)	–3.0072	1.0519	–1.5046	–0.9263
	净资产收益率(扣除)(%)	–	4.3824	–	–2.7515
	净资产收益率(%)	7.0640	4.3800	4.3150	3.2590
	总资产(万)	5779527.13	4323635.10	4971602.11	4193266.92
	股东权益(万)	932695.41	878611.55	866268.82	818344.03
	主营业务收入(万)	6945446.10	13134208.82	6322386.09	9417716.62
	主营成本(万)	6722155.10	12798197.89	6097661.15	9206154.60
	营业收入(万)	6951415.87	13146591.06	6345155.01	9430568.26
	营业成本(万)	6725907.09	12808459.03	6119585.37	9217142.47
	投资收益(万)	–	–	–	–
	利润总额(万)	93070.13	33874.83	40861.00	23599.61
	净利润(万)	65881.26	38479.56	37380.95	26668.74

浙江古越龙山绍兴酒股份有限公司

公司概况	公司名称	浙江古越龙山绍兴酒股份有限公司			证券简称	古越龙山
	法人代表	傅建伟	董秘	周娟英	证券代码	600059
	公司网址	www.shaoxingwine.com.cn		电子信箱	zjy@shaoxingwine.com.cn	
	电　话	0575-85158435 85176000		传　真	0575-85166884	
	办公地址	浙江省绍兴市北海桥				
	经营范围	黄酒、白酒、饮料、副食品及食品原辅料开发、制造、销售等				

	指标\报告期	2011.06.30	2010.12.31	2010.06.30	2009.12.31
主要财务指标	每股收益(元)	0.1330	0.2020	0.0820	0.1240
	每股收益(扣除)(元)	0.1330	0.1550	0.0680	0.1070
	每股净资产(元)	3.4100	3.2800	3.1600	2.3900
	调整后每股净资产(元)	–	–	–	–
	每股资本公积金(元)	1.5133	1.5133	1.5133	0.6836
	每股盈余公积金(元)	0.2153	0.2153	0.2045	0.2323
	每股未分配利润(元)	0.6829	0.5503	0.4472	0.4719
	每股现金净流量(元)	–0.2125	0.3578	0.4662	0.0132
	每股经营现金净流量(元)	0.0314	0.2313	0.0076	0.1931
	净资产收益率(扣除)(%)	–	5.1100	–	5.1000
	净资产收益率(%)	3.8920	5.9760	2.5860	5.7400
	总资产(万)	277499.68	282932.48	269318.75	237171.55
	股东权益(万)	216414.53	208004.72	200928.90	133274.89
	主营业务收入(万)	66550.22	105874.64	50703.17	73262.12
	主营成本(万)	40283.86	67053.16	33083.11	45983.31
	营业收入(万)	67534.70	107923.33	51709.69	74057.10
	营业成本(万)	40910.60	68485.09	33685.10	46312.38
	投资收益(万)	–	–	–	–
	利润总额(万)	11367.72	15871.45	6825.34	10093.89
	净利润(万)	8423.20	12431.23	5195.77	7649.72

青岛海信电器股份有限公司

公司概况	公司名称	青岛海信电器股份有限公司			证券简称	海信电器
	法人代表	于淑珉	董秘	江海旺	证券代码	600060
	公司网址	www.hisense.com		电子信箱	zqb@hisense.com	
	电　话	0532-83889556		传　真	0532-83889556	
	办公地址	山东省青岛市经济技术开发区前湾港路218号				
	经营范围	电视机、广播电视设备、通讯产品制造、信息技术产品、家用、商用电器、电子产品的制造、销售等				

	指标\报告期	2011.06.30	2010.12.31	2010.06.30	2009.12.31
主要财务指标	每股收益(元)	0.5980	0.9630	0.3950	0.6730
	每股收益(扣除)(元)	0.5760	0.8950	0.3580	0.5200
	每股净资产(元)	6.9520	6.5460	5.8500	8.4900
	调整后每股净资产(元)	–	–	–	–
	每股资本公积金(元)	3.0631	3.0608	3.0526	5.0667
	每股盈余公积金(元)	0.6315	0.6315	0.4424	0.6636
	每股未分配利润(元)	2.2786	1.8725	1.3821	1.7954
	每股现金净流量(元)	1.1698	0.2753	–0.0897	2.6352
	每股经营现金净流量(元)	1.4658	0.6453	0.1386	0.6316
	净资产收益率(扣除)(%)	–	14.7000	–	12.1100
	净资产收益率(%)	8.5960	14.7170	4.8710	10.1530
	总资产(万)	1361670.27	1249404.32	915313.41	1034309.83
	股东权益(万)	602530.41	567317.18	507306.83	490708.21
	主营业务收入(万)	918862.03	1977377.93	892494.22	1708835.97
	主营成本(万)	721688.09	1615221.26	749751.02	1368605.87
	营业收入(万)	979872.68	2126370.06	948873.17	1840655.48
	营业成本(万)	779966.92	1757615.56	803123.49	1490456.70
	投资收益(万)	–	–	–	–
	利润总额(万)	61675.90	97940.17	30048.48	61422.86
	净利润(万)	51794.98	83490.54	24709.71	49822.93

中纺投资发展股份有限公司

公司概况	公司名称	中纺投资发展股份有限公司			证券简称	中纺投资
	法人代表	常俊传	董秘	鲍勤飞	证券代码	600061
	公司网址	www.sinotex-ctrc.com.cn		电子信箱	600061@sinotex-ctrc.com.cn	
	电　话	010-52021965 021-62818687		传　真	010-52021966 021-62818686	
	办公地址	上海市长宁区延安西路1228号嘉利大厦33层				
	经营范围	纺织品,纺织原材料,化轻材料,新产品的开发、生产、销售等				

	指标\报告期	2011.06.30	2010.12.31	2010.06.30	2009.12.31
主要财务指标	每股收益(元)	0.0400	0.0490	0.0170	–0.0080
	每股收益(扣除)(元)	0.0390	0.0440	0.0140	–0.0090
	每股净资产(元)	1.3640	1.3200	1.2920	1.2400
	调整后每股净资产(元)	–	–	–	–
	每股资本公积金(元)	0.0330	0.0330	0.0330	0.0163
	每股盈余公积金(元)	0.0531	0.0531	0.0531	0.0531
	每股未分配利润(元)	0.2782	0.2382	0.2059	0.1717
	每股现金净流量(元)	0.0565	0.0287	–0.0497	–0.1314
	每股经营现金净流量(元)	–0.1800	0.0374	–0.0479	–0.1183
	净资产收益率(扣除)(%)	–	3.3500	–	–
	净资产收益率(%)	2.9370	3.7160	1.3130	–0.6700
	总资产(万)	143171.04	95450.15	93955.02	83816.30
	股东权益(万)	58539.89	56820.87	55437.34	53254.40
	主营业务收入(万)	136374.92	174101.53	74723.12	–
	主营成本(万)	126482.28	160950.21	68787.24	–
	营业收入(万)	143673.28	184530.84	79396.99	87787.58
	营业成本(万)	133273.06	170903.45	73206.67	81193.34
	投资收益(万)	–	–	–	–
	利润总额(万)	2121.97	2658.50	1024.64	285.02
	净利润(万)	1719.02	2111.42	727.88	–354.45

北京双鹤药业股份有限公司

公司概况	公司名称	北京双鹤药业股份有限公司			证券简称	双鹤药业
	法人代表	卫华诚	董秘	范彦喜	证券代码	600062
	公司网址	www.dcpc.com.cn		电子信箱	mss@dcpc.com	
	电　话	010-64742227 681 64742227 655		传　真	010-64398086 64399089	
	办公地址	北京市朝阳区望京利泽东二路1号				
	经营范围	加工、制造、销售制剂药品、化学原料药、制药装备等				

	指标\报告期	2011.06.30	2010.12.31	2010.06.30	2009.12.31
主要财务指标	每股收益(元)	0.5180	0.9097	0.5069	0.7942
	每股收益(扣除)(元)	0.4632	0.8105	0.5012	0.7654
	每股净资产(元)	7.0452	6.7574	6.3545	6.0799
	调整后每股净资产(元)	–	–	–	–
	每股资本公积金(元)	2.0428	2.0430	2.0429	2.0423
	每股盈余公积金(元)	0.4479	0.4479	0.3839	0.3839
	每股未分配利润(元)	3.5544	3.2664	2.9277	2.6537
	每股现金净流量(元)	–0.1235	0.0838	0.2981	–0.0942
	每股经营现金净流量(元)	0.0200	0.8915	0.6003	0.5982
	净资产收益率(扣除)(%)	–	12.5900	–	13.3300
	净资产收益率(%)	7.3530	13.4630	7.9780	13.0600
	总资产(万)	575533.32	520550.90	504539.76	471697.46
	股东权益(万)	402769.31	386315.15	363282.22	347586.79
	主营业务收入(万)	291245.63	530304.32	262299.57	498708.56
	主营成本(万)	191184.96	340285.98	169983.96	327342.95
	营业收入(万)	294468.23	536679.58	265363.79	503794.64
	营业成本(万)	192574.01	342493.58	171509.39	332759.63
	投资收益(万)	–	–	–	–
	利润总额(万)	36082.64	61690.20	33763.56	56144.26
	净利润(万)	29614.66	52009.47	28981.28	45401.80

安徽皖维高新材料股份有限公司

公司概况	公司名称	安徽皖维高新材料股份有限公司			证券简称	皖维高新
	法人代表	吴福胜	董秘	吴尚义	证券代码	600063
	公司网址	www.wwgf.com.cn		电子信箱	wusy@wwgf.com.cn	
	电　　话	0565-2317280 2317294		传　　真	0565-2317447	
	办公地址	安徽省巢湖市皖维路 56 号				
	经营范围	系列聚乙烯醇、高强高模 PVA 纤维、超高强高模 PVA 纤维、环保水泥等				

主要财务指标	指标\报告期	2011.06.30	2010.12.31	2010.06.30	2009.12.31
	每股收益(元)	0.2210	0.2200	0.1090	0.1400
	每股收益(扣除)(元)	0.2040	0.2100	0.1130	0.1400
	每股净资产(元)	5.6070	4.6000	4.4877	5.7700
	调整后每股净资产(元)	–	–	–	–
	每股资本公积金(元)	3.7890	2.8344	2.8094	4.2181
	每股盈余公积金(元)	0.1949	0.2216	0.1967	0.1967
	每股未分配利润(元)	0.5954	0.5326	0.4498	0.3407
	每股现金净流量(元)	0.3410	0.1943	–0.0742	–0.3772
	每股经营现金净流量(元)	0.0483	0.4961	0.1022	0.3332
	净资产收益率(扣除)(%)	3.5160	4.7130	2.4310	2.4180
	净资产收益率(%)	4.2700	4.1800	2.4300	2.8500
	总资产(万)	563189.22	504235.76	437813.08	433983.04
	股东权益(万)	276730.14	183547.24	179589.87	214301.51
	主营业务收入(万)	157657.39	236645.65	95810.64	166728.52
	主营成本(万)	131925.03	200410.02	82120.04	143343.89
	营业收入(万)	159339.31	239434.72	98019.44	167195.52
	营业成本(万)	133200.50	202456.15	83228.67	143625.16
	投资收益(万)	2076.54	3331.59	3334.27	1248.52
	利润总额(万)	10909.87	9988.29	5071.25	5532.08
	净利润(万)	9227.38	7980.24	4016.13	5138.02

南京新港高科技股份有限公司

公司概况	公司名称	南京新港高科技股份有限公司			证券简称	南京高科
	法人代表	徐益民	董秘	谢建晖	证券代码	600064
	公司网址	www.600064.com		电子信箱	600064@600064.com	
	电　　话	025-85800728		传　　真	025-85800720	
	办公地址	江苏省南京市经济技术开发区新港大道 129 号				
	经营范围	高新技术产业投资、开发;市政基础设施建设、投资及管理等				

主要财务指标	指标\报告期	2011.06.30	2010.12.31	2010.06.30	2009.12.31
	每股收益(元)	0.3650	0.6090	0.3350	0.7682
	每股收益(扣除)(元)	0.3660	0.6170	0.3420	0.6122
	每股净资产(元)	9.4800	9.5700	8.9700	18.4771
	调整后每股净资产(元)	–	–	–	–
	每股资本公积金(元)	6.2176	6.5775	6.2696	15.0989
	每股盈余公积金(元)	0.5939	0.5939	0.5582	0.8374
	每股未分配利润(元)	1.6651	1.4001	1.1455	1.5409
	每股现金净流量(元)	0.5874	–0.1110	0.1444	0.6408
	每股经营现金净流量(元)	–0.3759	–2.5626	–1.0593	1.7750
	净资产收益率(扣除)(%)	–	5.6400	–	4.1000
	净资产收益率(%)	3.8520	6.3580	3.7370	4.1580
	总资产(万)	1567269.82	1457786.24	1314383.63	1526813.29
	股东权益(万)	489200.92	494098.64	463218.98	635881.05
	主营业务收入(万)	83207.89	268134.20	154417.34	211280.89
	主营成本(万)	47368.13	190570.64	117978.14	159114.67
	营业收入(万)	83207.89	268148.52	154444.55	211284.30
	营业成本(万)	47368.13	190582.73	117988.72	159116.28
	投资收益(万)	–	–	–	–
	利润总额(万)	22790.31	39810.44	20562.75	33503.53
	净利润(万)	18843.76	31412.92	17307.98	26437.34

郑州宇通客车股份有限公司

公司概况	公司名称	郑州宇通客车股份有限公司			证券简称	宇通客车
	法人代表	汤玉祥	董秘	朱中霞	证券代码	600066
	公司网址	www.yutong.com		电子信箱	sbd@yutong.com	
	电　　话	0371-66718281 66899008		传　　真	0371-66899123	
	办公地址	郑州市管城区宇通路宇通工业园				
	经营范围	客车及其附件的生产和销售等				

主要财务指标	指标\报告期	2011.06.30	2010.12.31	2010.06.30	2009.12.31
	每股收益(元)	0.8113	1.6500	0.6956	1.0800
	每股收益(扣除)(元)	0.7961	1.7100	0.6738	1.0000
	每股净资产(元)	5.1646	4.7700	3.7100	4.1700
	调整后每股净资产(元)	–	–	–	–
	每股资本公积金(元)	0.7122	0.8334	0.7286	0.8819
	每股盈余公积金(元)	0.7786	0.7786	0.6116	0.6116
	每股未分配利润(元)	2.6738	2.1625	1.3716	1.6760
	每股现金净流量(元)	–0.2752	0.1407	0.0012	–1.5372
	每股经营现金净流量(元)	1.0271	2.5346	1.9533	0.1403
	净资产收益率(扣除)(%)	15.7090	34.6330	18.7400	25.9950
	净资产收益率(%)	16.0000	37.6800	16.2800	29.2700
	总资产(万)	684596.21	679703.80	590598.48	550737.12
	股东权益(万)	269022.85	248587.30	193597.72	217386.69
	主营业务收入(万)	612852.77	1293839.53	526507.43	841156.25
	主营成本(万)	506229.33	1066244.82	434510.97	692265.60
	营业收入(万)	640576.65	1347850.01	552536.03	878173.12
	营业成本(万)	530585.62	1114243.36	458454.48	725935.29
	投资收益(万)	564.90	1718.23	593.98	3151.87
	利润总额(万)	48114.33	97378.85	41634.11	65377.55
	净利润(万)	42178.04	85966.44	36164.24	56348.51

冠城大通股份有限公司

公司概况	公司名称	冠城大通股份有限公司			证券简称	冠城大通
	法人代表	韩国龙	董秘	肖林寿	证券代码	600067
	公司网址	www.gcdt.net		电子信箱	gcdt@gcdt.net	
	电　　话	0591-83350026 83353338		传　　真	0591-83350013	
	办公地址	福建省福州市鼓楼区五一中路 32 号元洪大厦 26 层				
	经营范围	特种漆包线生产与销售、房地产开发等				

主要财务指标	指标\报告期	2011.06.30	2010.12.31	2010.06.30	2009.12.31
	每股收益(元)	0.5400	0.7000	0.2800	0.3900
	每股收益(扣除)(元)	0.5400	0.7000	0.2900	0.3600
	每股净资产(元)	3.7800	2.9600	2.5400	2.7600
	调整后每股净资产(元)	–	–	–	–
	每股资本公积金(元)	0.5462	0.3097	0.3096	0.4718
	每股盈余公积金(元)	0.1833	0.1833	0.1428	0.1714
	每股未分配利润(元)	2.0490	1.4660	1.0862	1.1118
	每股现金净流量(元)	–0.7982	–1.6819	–1.4382	2.4037
	每股经营现金净流量(元)	–0.2276	–0.1413	–0.8792	4.9485
	净资产收益率(扣除)(%)	–	26.8300	–	16.8100
	净资产收益率(%)	14.4080	23.8250	11.2130	16.7981
	总资产(万)	989233.40	966481.69	1159221.89	1073566.34
	股东权益(万)	277907.83	217636.22	186711.89	168859.98
	主营业务收入(万)	422990.39	828410.94	270979.45	430888.16
	主营成本(万)	330825.07	683397.18	219714.39	347563.31
	营业收入(万)	432954.61	842287.53	277501.23	439332.10
	营业成本(万)	340843.14	697823.86	226554.35	357150.14
	投资收益(万)	–	–	–	–
	利润总额(万)	56155.90	78178.16	30410.95	46906.71
	净利润(万)	40041.82	51852.27	20935.00	28365.24

中国葛洲坝集团股份有限公司

公司概况	公司名称	中国葛洲坝集团股份有限公司			证券简称	葛洲坝
	法人代表	杨继学	董秘	彭立权	证券代码	600068
	公司网址	www.cggc.cn		电子信箱	gzb@cngzb.com	
	电　话	027-83790455		传　真	027-83790755	
	办公地址	湖北省武汉市解放大道558号葛洲坝大酒店B座7层				
	经营范围	水泥生产销售、建筑工程承包施工、民用爆破、水力发电、高速公路等				

主要财务指标	指标\报告期	2011.06.30	2010.12.31	2010.06.30	2009.12.31
	每股收益(元)	0.2510	0.3960	0.3010	0.4450
	每股收益(扣除)(元)	0.2420	0.3750	0.2870	0.3250
	每股净资产(元)	3.0700	2.9300	4.1700	3.8100
	调整后每股净资产(元)	–	–	–	–
	每股资本公积金(元)	1.0311	1.0489	1.5680	1.3727
	每股盈余公积金(元)	–	0.1054	0.1211	0.1311
	每股未分配利润(元)	0.9217	0.7709	1.4988	1.3005
	每股现金净流量(元)	–	0.4016	–0.0485	0.5038
	每股经营现金净流量(元)	–	0.1775	0.1567	0.2329
	净资产收益率(扣除)(%)	–	13.4650	7.1320	16.1632
	净资产收益率(%)	8.2270	14.0700	7.3650	23.9500
	总资产(万)	6197709.23	5456184.99	4553772.62	4261451.34
	股东权益(万)	1069140.93	1308634.89	1076549.64	919919.21
	主营业务收入(万)	2196854.84	3591058.18	1605565.57	2575749.68
	主营成本(万)	1906769.74	3095423.53	1380080.49	2189222.03
	营业收入(万)	2233936.61	3658389.76	1632712.22	2660128.35
	营业成本(万)	1933810.02	3140272.80	1403426.30	2259533.88
	投资收益(万)	–	14320.74	4767.48	41600.89
	利润总额(万)	124835.26	202831.64	96801.10	166593.74
	净利润(万)	87468.19	137673.61	69175.20	132309.62

河南银鸽实业投资股份有限公司

公司概况	公司名称	河南银鸽实业投资股份有限公司			证券简称	银鸽投资
	法人代表	杨松贺	董秘	楚刚	证券代码	600069
	公司网址	www.yinge.com.cn		电子信箱	chg@yinge.cn	
	电　话	0395-5615559 5615539		传　真	0395-5615583	
	办公地址	河南省漯河市人民东路与东环路交叉口银鸽投资科技研发大厦603室				
	经营范围	纸张、纸浆及其深加工产品、百货销售;技术服务、投资咨询等				

主要财务指标	指标\报告期	2011.06.30	2010.12.31	2010.06.30	2009.12.31
	每股收益(元)	–0.0800	0.0400	0.0300	0.0700
	每股收益(扣除)(元)	–0.0900	0.0500	0.0300	0.0400
	每股净资产(元)	2.3900	2.4700	2.4600	3.6500
	调整后每股净资产(元)	–	–	–	–
	每股资本公积金(元)	0.9174	0.9173	0.9175	1.8760
	每股盈余公积金(元)	0.0892	0.0892	0.0797	0.1196
	每股未分配利润(元)	0.3840	0.4670	0.4609	0.6531
	每股现金净流量(元)	–1.2729	0.9492	0.0075	0.0499
	每股经营现金净流量(元)	–0.0987	–0.2785	0.0399	0.1955
	净资产收益率(扣除)(%)	–	2.2100	–	1.9600
	净资产收益率(%)	–3.4740	1.6630	1.0400	2.4310
	总资产(万)	539560.18	579540.11	504376.56	440157.22
	股东权益(万)	197314.39	204161.70	202892.27	200767.52
	主营业务收入(万)	174472.77	328225.63	154887.84	231311.42
	主营成本(万)	164477.66	289561.69	136336.30	203471.78
	营业收入(万)	177552.23	329330.89	156491.28	234195.24
	营业成本(万)	167537.13	290748.30	137415.97	205543.29
	投资收益(万)	–	–	–	–
	利润总额(万)	–9501.69	5942.90	2672.12	6758.92
	净利润(万)	–6854.42	3394.67	2111.26	4880.67

浙江富润股份有限公司

公司概况	公司名称	浙江富润股份有限公司			证券简称	浙江富润
	法人代表	赵林中	董秘	卢伯军	证券代码	600070
	公司网址	www.furun.net		电子信箱	nicklbj@163.com	
	电　话	0575-87015296 87015763		传　真	0575-87026018	
	办公地址	浙江省诸暨市陶朱南路12号				
	经营范围	绢丝及绢丝绸,精纺呢绒,纺织服装,纺织品印染加工,药品另售等				

主要财务指标	指标\报告期	2011.06.30	2010.12.31	2010.06.30	2009.12.31
	每股收益(元)	0.1300	0.4500	0.0700	0.2900
	每股收益(扣除)(元)	0.1200	0.0900	0.0700	0.1800
	每股净资产(元)	3.4990	3.3720	3.0220	3.1500
	调整后每股净资产(元)	–	–	–	–
	每股资本公积金(元)	1.3738	1.3738	1.3707	1.3707
	每股盈余公积金(元)	0.2835	0.2835	0.2452	0.2452
	每股未分配利润(元)	0.8414	0.7144	0.4064	0.5366
	每股现金净流量(元)	–0.0835	0.1356	–0.5121	0.2752
	每股经营现金净流量(元)	–0.3936	0.0275	0.1193	0.4242
	净资产收益率(扣除)(%)	–	2.7000	–	5.8000
	净资产收益率(%)	3.6290	13.4190	2.3110	9.1800
	总资产(万)	157427.54	147320.49	136347.49	130947.74
	股东权益(万)	49218.93	47432.61	42515.99	44346.93
	主营业务收入(万)	53784.35	103427.35	45875.96	79000.36
	主营成本(万)	46884.56	90093.80	39448.29	70072.24
	营业收入(万)	55184.57	106496.34	47529.61	82128.96
	营业成本(万)	47842.84	92477.25	40686.69	72180.30
	投资收益(万)	–	–	–	–
	利润总额(万)	4415.69	10840.68	3040.62	6803.87
	净利润(万)	1786.32	6365.06	982.58	4068.94

凤凰光学股份有限公司

公司概况	公司名称	凤凰光学股份有限公司			证券简称	凤凰光学
	法人代表	罗小勇	董秘	邹建伟	证券代码	600071
	公司网址	www.phenixoptics.com.cn		电子信箱	jianweiz@phenixoptics.com.cn	
	电　话	0793-8259547 8259523		传　真	0793-8259547	
	办公地址	江西省上饶市光学路1号				
	经营范围	光学镜头、照相器材、钢片快门、光学原材料、仪器零配件等产品的生产和销售				

主要财务指标	指标\报告期	2011.06.30	2010.12.31	2010.06.30	2009.12.31
	每股收益(元)	0.0118	0.2310	0.1273	0.1970
	每股收益(扣除)(元)	0.0192	0.2213	0.1249	0.1668
	每股净资产(元)	2.5829	2.5700	2.4866	2.4400
	调整后每股净资产(元)	–	–	–	–
	每股资本公积金(元)	0.4640	0.4640	0.4675	0.4626
	每股盈余公积金(元)	0.2791	0.2791	0.2441	0.2441
	每股未分配利润(元)	0.8399	0.8280	0.7750	0.7317
	每股现金净流量(元)	–0.3458	–0.1909	–0.6806	0.5931
	每股经营现金净流量(元)	–0.1958	0.6135	0.1064	0.8053
	净资产收益率(扣除)(%)	–	8.8600	–	7.0000
	净资产收益率(%)	0.4580	8.9860	5.1180	8.0800
	总资产(万)	110760.03	111792.94	105766.70	114639.88
	股东权益(万)	61336.42	61055.71	59050.01	57905.74
	主营业务收入(万)	64590.15	136258.03	57872.83	87789.09
	主营成本(万)	59491.94	117768.28	50339.94	73402.02
	营业收入(万)	68291.49	146401.44	62203.69	93445.49
	营业成本(万)	62697.35	126514.33	53855.58	77796.62
	投资收益(万)	–	–	–	–
	利润总额(万)	887.14	9823.75	4946.79	8540.92
	净利润(万)	280.71	5486.16	3021.99	4678.54

中船江南重工股份有限公司

公司概况	公司名称	中船江南重工股份有限公司		证券简称	中船股份
	法人代表	孙伟	董秘	陈慧	证券代码	600072
	公司网址	www.jnhi.com		电子信箱	mail@jnhi.com
	电　话	021-53023456 672		传　真	021-63141103
	办公地址	上海市鲁班路 600 号江南造船大厦 11-13 楼			
	经营范围	大型钢结构、压力容器、港口机械等			

主要财务指标 指标\报告期	2011.06.30	2010.12.31	2010.06.30	2009.12.31
每股收益(元)	0.0330	0.1110	0.0460	0.2390
每股收益(扣除)(元)	0.0330	0.0960	0.0530	0.1420
每股净资产(元)	2.9310	3.5060	3.4370	3.7580
调整后每股净资产(元)	–	–	–	–
每股资本公积金(元)	0.9322	1.3476	1.3347	1.5067
每股盈余公积金(元)	0.2504	0.3004	0.2843	0.3127
每股未分配利润(元)	0.7481	0.8577	0.8177	0.9391
每股现金净流量(元)	–0.1319	–0.2881	–0.2768	–0.2669
每股经营现金净流量(元)	–0.2014	–0.1368	–0.2318	–0.2004
净资产收益率(扣除)(%)	–	2.7700	–	3.9300
净资产收益率(%)	1.1400	3.1680	1.5990	6.9910
总资产(万)	250968.21	237337.91	241489.94	237439.73
股东权益(万)	140213.45	139768.89	137018.64	136223.08
主营业务收入(万)	70573.69	135206.02	79718.29	142400.91
主营成本(万)	65006.32	122017.02	72916.19	129602.33
营业收入(万)	71777.08	137476.04	80689.95	145635.75
营业成本(万)	65047.85	122327.95	73158.60	131434.79
投资收益(万)	–	–	–	–
利润总额(万)	2025.88	6140.61	2931.10	11484.56
净利润(万)	1598.48	4427.31	2190.37	9523.92

上海梅林正广和股份有限公司

公司概况	公司名称	上海梅林正广和股份有限公司			证券简称	上海梅林
	法人代表	周海鸣	董秘	虞晓芳	证券代码	600073
	公司网址	www.shanghaimaling.com		电子信箱	yuxf@shanghaimaling.com	
	电　话	021-65419725		传　真	021-65123609	
	办公地址	上海市通北路 400 号				
	经营范围	资产经营、电子商务、信息采集、信息加工、信息发布、经济信息服务、销售等				

主要财务指标 指标\报告期	2011.06.30	2010.12.31	2010.06.30	2009.12.31
每股收益(元)	0.0143	0.0100	0.0075	–0.1900
每股收益(扣除)(元)	–0.0113	–0.0900	–0.0234	–0.3100
每股净资产(元)	2.1820	2.1810	2.1370	2.1300
调整后每股净资产(元)	–	–	–	–
每股资本公积金(元)	1.1835	1.2138	1.1880	1.1880
每股盈余公积金(元)	0.0560	0.0560	0.0560	0.0560
每股未分配利润(元)	–0.0547	–0.0690	–0.1050	–0.1123
每股现金净流量(元)	0.1668	–0.0929	–0.0046	0.1105
每股经营现金净流量(元)	0.0719	–0.0076	0.2428	–0.0964
净资产收益率(扣除)(%)	–	–4.2100	–	–13.1200
净资产收益率(%)	0.6540	0.3540	0.3400	–8.9980
总资产(万)	220849.72	216153.14	221987.43	233938.84
股东权益(万)	77753.21	77735.44	76160.15	75996.73
主营业务收入(万)	110516.26	218807.52	89357.54	196763.20
主营成本(万)	101519.74	203514.50	81461.44	181648.30
营业收入(万)	111121.04	220387.44	90088.84	198308.16
营业成本(万)	102010.02	204944.40	81887.57	183523.48
投资收益(万)	–	–	–	–
利润总额(万)	–467.84	–318.50	–70.19	–13509.05
净利润(万)	508.16	268.69	265.91	–6838.25

江苏中达新材料集团股份有限公司

公司概况	公司名称	江苏中达新材料集团股份有限公司			证券简称	*ST 中达
	法人代表	童爱平	董秘	林硕奇	证券代码	600074
	公司网址	www.jszdzm.com		电子信箱	njzdzqb@163.com	
	电　话	0510-86686352		传　真	0510-86621021	
	办公地址	江苏省江阴市滨江西路 589 号				
	经营范围	生产、销售双向拉伸聚酯薄膜、双向拉伸聚丙烯薄膜、聚乙烯薄膜等				

主要财务指标 指标\报告期	2011.06.30	2010.12.31	2010.06.30	2009.12.31
每股收益(元)	0.0070	–0.3880	–0.1020	–0.3640
每股收益(扣除)(元)	0.0070	–0.3990	–0.1080	–0.3520
每股净资产(元)	0.5790	0.5720	0.8580	0.9600
调整后每股净资产(元)	–	–	–	–
每股资本公积金(元)	0.3460	0.3460	0.3460	0.3460
每股盈余公积金(元)	0.0742	0.0742	0.0742	0.0742
每股未分配利润(元)	–0.8411	–0.8484	–0.5620	–0.4602
每股现金净流量(元)	–0.0809	0.2336	–0.0237	–0.0219
每股经营现金净流量(元)	0.0717	0.4808	0.0888	0.2712
净资产收益率(扣除)(%)	–	–52.4100	–	–30.8100
净资产收益率(%)	1.2460	–67.8780	–11.8660	–37.8920
总资产(万)	289423.66	296462.02	318588.21	327978.46
股东权益(万)	38290.00	37812.87	56745.93	63479.61
主营业务收入(万)	94877.98	203319.12	96482.53	184404.74
主营成本(万)	81285.15	177148.12	91594.89	172579.46
营业收入(万)	97837.21	206084.79	96865.60	185123.43
营业成本(万)	82862.28	179438.27	91763.90	172880.99
投资收益(万)	–	–	–	–
利润总额(万)	1834.46	–27828.91	–8110.81	–26300.78
净利润(万)	477.13	–25666.73	–6733.68	–24053.75

新疆天业股份有限公司

公司概况	公司名称	新疆天业股份有限公司			证券简称	新疆天业
	法人代表	侯国俊	董秘	李刚	证券代码	600075
	公司网址	www.xj-tianye.com		电子信箱	ygdq@sohu.com	
	电　话	0993-2623118		传　真	0993-2623163	
	办公地址	新疆维吾尔自治区石河子市经济技术开发区北三东路 36 号				
	经营范围	化工产品、塑料制品的生产和销售,商贸、番茄制品加工、柠檬酸的生产和销售等				

主要财务指标 指标\报告期	2011.06.30	2010.12.31	2010.06.30	2009.12.31
每股收益(元)	0.2200	0.2540	0.1500	0.0160
每股收益(扣除)(元)	0.2100	0.2360	0.1400	–0.0180
每股净资产(元)	4.1200	3.9000	3.7900	3.6500
调整后每股净资产(元)	–	–	–	–
每股资本公积金(元)	0.5545	0.5545	0.5545	0.5564
每股盈余公积金(元)	0.4338	0.4338	0.4329	0.4338
每股未分配利润(元)	2.1320	1.9137	1.8023	1.6597
每股现金净流量(元)	0.2095	–0.1713	0.2654	–0.4725
每股经营现金净流量(元)	1.2701	0.7481	0.9801	1.8277
净资产收益率(扣除)(%)	–	6.2500	–	–0.5000
净资产收益率(%)	5.2980	6.5110	3.9690	0.4300
总资产(万)	460328.24	458906.80	490816.76	464776.30
股东权益(万)	180714.53	171140.01	166215.50	160079.68
主营业务收入(万)	187318.92	326173.85	161343.90	297570.93
主营成本(万)	152099.65	269736.37	136120.47	252874.88
营业收入(万)	199028.82	343739.66	165480.34	324181.49
营业成本(万)	162739.06	282433.31	138659.08	272346.49
投资收益(万)	–	–	–	–
利润总额(万)	13328.70	15258.75	7887.40	1981.48
净利润(万)	9574.52	11143.65	6596.41	688.14

潍坊北大青鸟华光科技股份有限公司

公司概况	公司名称	潍坊北大青鸟华光科技股份有限公司			证券简称	ST 华光	
	法人代表	周燕军	董秘	刘世祯	证券代码	600076	
	公司网址	www.hg.com.cn		电子信箱	liusz@hg.com.cn		
	电话	0536-2991601		传真	0536-8865200		
	办公地址	山东省潍坊市高新技术产业开发区北宫东街6号					
	经营范围	通信类产品、计算机类产品、广电类产品、锂离子二次电池类产品的研发、生产和销售					

主要财务指标	指标\报告期	2011.06.30	2010.12.31	2010.06.30	2009.12.31
	每股收益(元)	-0.0300	-0.0600	-0.0400	0.0200
	每股收益(扣除)(元)	-0.0200	-0.0600	-0.0400	-0.1100
	每股净资产(元)	0.1689	0.1900	0.1873	0.2200
	调整后每股净资产(元)	-	-	-	-
	每股资本公积金(元)	1.2203	1.2203	1.1911	1.1911
	每股盈余公积金(元)	0.2290	0.2290	0.2290	0.2290
	每股未分配利润(元)	-2.2804	-2.2553	-2.2328	-2.1968
	每股现金净流量(元)	-0.0123	0.0185	-0.0035	0.0019
	每股经营现金净流量(元)	-0.1752	-0.5079	0.0145	-0.1220
	净资产收益率(扣除)(%)	-14.8220	-30.1580	-17.5300	7.0520
	净资产收益率(%)	-13.8000	-28.0400	-17.5300	7.3100
	总资产(万)	31724.88	31720.64	30680.13	24737.95
	股东权益(万)	19022.84	13949.34	13875.36	9246.74
	主营业务收入(万)	260.28	819.41	419.78	1214.71
	主营成本(万)	92.30	393.88	183.70	648.26
	营业收入(万)	359.45	973.88	490.65	1258.40
	营业成本(万)	92.30	393.88	183.70	648.26
	投资收益(万)	-17.27	21.14	-15.04	3967.89
	利润总额(万)	-926.50	-2352.42	-1365.97	449.30
	净利润(万)	-915.37	-2138.52	-1315.88	575.63

辽宁百科集团(控股)股份有限公司

公司概况	公司名称	辽宁百科集团(控股)股份有限公司			证券简称	ST 百科	
	法人代表	俞建午	董秘	汪萍	证券代码	600077	
	公司网址	www.gng.com.cn		电子信箱	600077@songdu.com		
	电话	024-23530598		传真	024-23530500		
	办公地址	辽宁省沈阳市和平区青年大街390号万鑫国际大厦A座33层					
	经营范围	钢材销售、建筑装饰材料销售等					

主要财务指标	指标\报告期	2011.06.30	2010.12.31	2010.06.30	2009.12.31
	每股收益(元)	0.0046	0.0700	-0.0931	-0.1600
	每股收益(扣除)(元)	0.0047	0.0600	-0.0931	-0.1600
	每股净资产(元)	1.8400	1.8300	1.7289	1.7700
	调整后每股净资产(元)	-	-	-	-
	每股资本公积金(元)	1.1685	1.1685	1.1381	1.1754
	每股盈余公积金(元)	0.0849	0.0849	0.0845	0.0849
	每股未分配利润(元)	-0.4138	-0.4184	-0.4937	-0.4880
	每股现金净流量(元)	-0.1304	-0.1002	-0.7546	0.3768
	每股经营现金净流量(元)	-0.1308	0.3518	-0.3591	0.0810
	净资产收益率(扣除)(%)	-	3.4800	-	-9.2700
	净资产收益率(%)	0.2500	3.7920	-5.3880	-9.2800
	总资产(万)	33640.44	37745.60	34413.11	55730.59
	股东权益(万)	29270.25	29197.16	27510.73	28199.06
	主营业务收入(万)	27691.75	37374.05	15773.60	51968.23
	主营成本(万)	26457.74	33300.80	15771.04	52209.78
	营业收入(万)	27691.75	37374.05	15773.60	51973.09
	营业成本(万)	26457.74	33300.80	15771.04	52209.80
	投资收益(万)	-	-	-	-
	利润总额(万)	347.37	2102.85	-1503.35	-3277.35
	净利润(万)	73.10	1107.18	-1482.18	-2616.94

江苏澄星磷化工股份有限公司

公司概况	公司名称	江苏澄星磷化工股份有限公司			证券简称	澄星股份	
	法人代表	李兴	董秘	夏奕峰	证券代码	600078	
	公司网址	www.phosphatechina.com		电子信箱	cx@phosphatechina.com		
	电话	0510-80622327 80622329		传真	0510-86281884		
	办公地址	江苏省江阴市梅园大街618号					
	经营范围	精细磷化工系列产品的生产和销售，自产化工原料和化工产品的进出口等					

主要财务指标	指标\报告期	2011.06.30	2010.12.31	2010.06.30	2009.12.31
	每股收益(元)	0.0496	0.0740	0.0524	0.0920
	每股收益(扣除)(元)	0.0492	0.0760	0.0647	0.0420
	每股净资产(元)	2.4540	2.4100	2.3800	2.3500
	调整后每股净资产(元)	-	-	-	-
	每股资本公积金(元)	0.4362	0.4266	0.4266	0.4266
	每股盈余公积金(元)	0.1837	0.1839	0.1831	0.1831
	每股未分配利润(元)	0.8338	0.7951	0.7740	0.7366
	每股现金净流量(元)	0.0413	0.3209	0.1000	0.3396
	每股经营现金净流量(元)	0.0747	0.7367	0.1002	0.9463
	净资产收益率(扣除)(%)	-	3.2100	-	1.8400
	净资产收益率(%)	2.0200	3.0900	2.1970	3.9200
	总资产(万)	599295.58	607776.25	546017.77	561093.72
	股东权益(万)	160038.64	156722.34	155292.02	152857.11
	主营业务收入(万)	90281.57	243856.98	98512.00	250510.65
	主营成本(万)	68697.21	206167.40	77337.34	213491.70
	营业收入(万)	94271.72	249999.38	99554.75	254592.47
	营业成本(万)	70441.76	208932.60	77865.73	214517.85
	投资收益(万)	-	-	-	-
	利润总额(万)	4252.21	7256.66	2954.98	8114.88
	净利润(万)	3232.52	4842.26	3412.03	5991.24

武汉人福医药集团股份有限公司

公司概况	公司名称	武汉人福医药集团股份有限公司			证券简称	人福医药	
	法人代表	王学海	董秘	刘毅	证券代码	600079	
	公司网址	www.humanwell.com.cn		电子信箱	renfu.pr@renfu.com.cn		
	电话	027-87597232		传真	027-87596393		
	办公地址	湖北省武汉市洪山区关山街鲁磨路369号					
	经营范围	医药、医疗器械、生殖健康等产品及技术的研发、生产、销售及技术服务等					

主要财务指标	指标\报告期	2011.06.30	2010.12.31	2010.06.30	2009.12.31
	每股收益(元)	0.3000	0.4600	0.2200	0.4800
	每股收益(扣除)(元)	0.3000	0.4400	0.2100	0.2700
	每股净资产(元)	4.9860	4.1400	3.9100	3.7200
	调整后每股净资产(元)	-	-	-	-
	每股资本公积金(元)	2.2319	1.5622	1.5645	1.5645
	每股盈余公积金(元)	0.2138	0.2237	0.1849	0.1849
	每股未分配利润(元)	1.5411	1.3546	1.1569	0.9743
	每股现金净流量(元)	0.7770	-0.2700	0.3377	0.9891
	每股经营现金净流量(元)	-0.2442	0.2362	0.0979	0.3276
	净资产收益率(扣除)(%)	-	11.1100	-	8.6300
	净资产收益率(%)	5.7110	11.0880	5.6980	11.4700
	总资产(万)	572549.18	422828.06	392358.54	330801.35
	股东权益(万)	246052.00	195234.18	184215.33	175604.73
	主营业务收入(万)	158260.75	218877.08	94054.09	132477.00
	主营成本(万)	89484.66	117025.04	48274.19	61926.55
	营业收入(万)	158758.86	220479.88	94628.24	133020.92
	营业成本(万)	89594.92	117951.93	48672.04	62402.80
	投资收益(万)	-	-	-	-
	利润总额(万)	23045.72	36795.72	17906.08	28039.29
	净利润(万)	14052.51	21646.62	10496.94	20147.29

金花企业(集团)股份有限公司

公司名称	金花企业(集团)股份有限公司			证券简称	*ST 金花
法人代表	吴一坚	董秘	孙明	证券代码	600080
公司网址	www.ginwa.com.cn		电子信箱	ginwa@pub.xaonline.com	
电　话	029-88336635		传　真	029-81778626	
办公地址	陕西省西安市科技四路 202 号				
经营范围	医药保健品、金属材料、化工材料、化妆品、化学仪器、电子产品等				

指标\报告期	2011.06.30	2010.12.31	2010.06.30	2009.12.31
每股收益(元)	0.1076	0.1099	-0.0722	-0.0478
每股收益(扣除)(元)	-0.0087	-0.0940	-0.0735	-0.1700
每股净资产(元)	2.4743	2.3667	2.1845	2.2568
调整后每股净资产(元)	-	-	-	-
每股资本公积金(元)	0.7356	0.7356	0.7356	0.7356
每股盈余公积金(元)	0.2249	0.2249	0.2140	0.2140
每股未分配利润(元)	0.5137	0.4061	0.2349	0.3071
每股现金净流量(元)	-0.3487	0.3050	-0.0696	0.0028
每股经营现金净流量(元)	0.0792	0.1335	-0.0084	0.1226
净资产收益率(扣除)(%)	-	-4.0657	-	-7.5600
净资产收益率(%)	4.3470	4.6450	-3.3070	-2.1170
总资产(万)	130991.17	142777.87	134657.18	137570.66
股东权益(万)	75538.52	72254.77	66693.08	68898.43
主营业务收入(万)	15277.90	32509.90	15187.04	32887.54
主营成本(万)	7851.64	22425.90	10075.09	24915.58
营业收入(万)	15362.28	32742.90	15287.55	33180.98
营业成本(万)	7861.92	22473.99	10108.79	25058.47
投资收益(万)	-	-	-	-
利润总额(万)	3265.36	3320.31	-2229.04	-1370.55
净利润(万)	3283.75	3356.34	-2205.36	-1458.85

东风电子科技股份有限公司

公司名称	东风电子科技股份有限公司			证券简称	东风科技
法人代表	高大林	董秘	天涯	证券代码	600081
公司网址	www.detc.com.cn		电子信箱	tianya@detc.com.cn	
电　话	021-62033003*52 53		传　真	021-62032133	
办公地址	上海市中山北路 2000 号 22 楼				
经营范围	研究、开发、采购、制造、销售汽车仪表系统、饰件系统、制动系统等				

指标\报告期	2011.06.30	2010.12.31	2010.06.30	2009.12.31
每股收益(元)	0.2756	0.5226	0.3988	0.0968
每股收益(扣除)(元)	0.2707	0.5351	0.4004	0.0984
每股净资产(元)	1.8277	1.6724	1.5483	1.1495
调整后每股净资产(元)	-	-	-	-
每股资本公积金(元)	0.0698	0.0701	0.0698	0.0698
每股盈余公积金(元)	0.2127	0.2127	0.2127	0.2127
每股未分配利润(元)	0.5452	0.3896	0.2658	-0.1329
每股现金净流量(元)	0.2654	0.0340	-0.0731	0.0103
每股经营现金净流量(元)	0.1321	0.2179	-0.0668	0.0675
净资产收益率(扣除)(%)	-	37.9296	-	8.9387
净资产收益率(%)	15.0790	31.2450	25.7550	8.4230
总资产(万)	176314.80	167297.35	162235.47	129902.03
股东权益(万)	57309.21	52440.01	48548.68	36045.04
主营业务收入(万)	115700.77	223250.13	109980.88	124161.13
主营成本(万)	95849.01	180804.25	87212.91	106770.24
营业收入(万)	120147.45	230666.77	114415.66	128998.30
营业成本(万)	99601.54	186391.81	90958.76	110427.97
投资收益(万)	-	-	-	-
利润总额(万)	12010.47	24390.41	16642.23	4900.19
净利润(万)	8641.78	16385.10	12503.64	3036.04

天津海泰科技发展股份有限公司

公司名称	天津海泰科技发展股份有限公司			证券简称	海泰发展
法人代表	徐蔚莉	董秘	曲阳	证券代码	600082
公司网址	www.hitech-develop.com		电子信箱	quyang@hitech-develop.com	
电　话	022-85689891		传　真	022-85689889	
办公地址	天津市新技术产业园区华苑产业区海泰西路 18 号				
经营范围	高新技术企业孵化器建设和经营,创业孵化服务,高新技术产业开发、投资及管理等				

指标\报告期	2011.06.30	2010.12.31	2010.06.30	2009.12.31
每股收益(元)	0.0600	0.1000	0.0500	0.1400
每股收益(扣除)(元)	0.0500	0.0400	0.0200	0.0500
每股净资产(元)	2.6520	2.6000	2.5400	2.6800
调整后每股净资产(元)	-	-	-	-
每股资本公积金(元)	0.7734	0.7733	0.7733	0.9628
每股盈余公积金(元)	-	0.1361	0.1301	0.1301
每股未分配利润(元)	0.7425	0.6873	0.6374	0.5900
每股现金净流量(元)	-	-0.1679	-0.3967	-0.2322
每股经营现金净流量(元)	-	0.1311	-0.0994	-0.2427
净资产收益率(扣除)(%)	-	3.9760	1.8640	5.4330
净资产收益率(%)	2.1000	4.0500	1.7500	5.3100
总资产(万)	276924.55	295378.01	295006.90	327867.42
股东权益(万)	171346.02	167899.35	164287.42	167617.79
主营业务收入(万)	39082.03	84268.56	47892.31	81207.96
主营成本(万)	30034.68	72110.69	40662.35	71182.34
营业收入(万)	39082.03	84268.56	47892.31	81207.96
营业成本(万)	30034.68	72110.69	40662.35	71182.34
投资收益(万)	-	2213.31	-1.66	4846.27
利润总额(万)	4771.41	9137.29	4088.56	12351.95
净利润(万)	3565.45	6671.05	3060.62	9005.50

广东博信投资控股股份有限公司

公司名称	广东博信投资控股股份有限公司			证券简称	*ST 博信
法人代表	朱凤廉	董秘	榈振生	证券代码	600083
公司网址	www.600083.com		电子信箱	gdbx600083@163.com	
电　话	0763-3663333		传　真	0763-3663311	
办公地址	广东省清远市新城方正二街一号自来水大厦				
经营范围	偏转线圈、金属漆包线、会聚磁组件等电子元器件的研究、开发、生产、销售等				

指标\报告期	2011.06.30	2010.12.31	2010.06.30	2009.12.31
每股收益(元)	0.0500	-0.0200	-0.0110	-0.0470
每股收益(扣除)(元)	-0.0130	-0.0240	-0.0110	-0.0420
每股净资产(元)	0.1060	0.0560	0.0640	0.0750
调整后每股净资产(元)	-	-	-	-
每股资本公积金(元)	0.4193	0.4193	0.4193	0.4193
每股盈余公积金(元)	-	-	-	-
每股未分配利润(元)	-1.3131	-1.3634	-1.3552	-1.3438
每股现金净流量(元)	0.0190	0.0911	0.0359	-0.0977
每股经营现金净流量(元)	-0.0792	0.0969	0.0365	-0.0331
净资产收益率(扣除)(%)	-	-37.0000	-	-41.5300
净资产收益率(%)	47.3760	-35.0400	-17.8830	-62.7150
总资产(万)	5572.98	5988.19	4687.84	3962.64
股东权益(万)	2443.20	1285.72	1472.85	1736.24
主营业务收入(万)	-	480.83	-	-
主营成本(万)	-	468.40	-	-
营业收入(万)	-	480.83	-	-
营业成本(万)	309.14	468.40	-	-
投资收益(万)	-	-	-	-
利润总额(万)	1157.48	-450.51	-263.38	-1088.88
净利润(万)	1157.48	-450.51	-263.38	-1088.88

中信国安葡萄酒业股份有限公司

公司概况	公司名称	中信国安葡萄酒业股份有限公司			证券简称	*ST 中葡
	法人代表	李建一	董秘	周永才	证券代码	600084
	公司网址	www.guoanwine.com		电子信箱	zhouyc1964@sina.cn	
	电　话	0991-8881238		传　真	0991-8882439	
	办公地址	新疆维吾尔自治区乌鲁木齐市西虹东路 751 号				
	经营范围	农业综合开发、葡萄酒生产销售等				

主要财务指标	指标\报告期	2011.06.30	2010.12.31	2010.06.30	2009.12.31
	每股收益(元)	-0.0210	0.0900	-0.1340	-0.3600
	每股收益(扣除)(元)	-0.0900	-0.2800	-0.1340	-0.5000
	每股净资产(元)	1.3500	1.3700	1.1777	1.9300
	调整后每股净资产(元)	-	-	-	-
	每股资本公积金(元)	1.9151	1.9151	2.0298	2.0298
	每股盈余公积金(元)	0.1032	0.1032	0.1032	0.1032
	每股未分配利润(元)	-1.6682	-1.6471	-1.9553	-1.7414
	每股现金净流量(元)	-0.5173	-0.1614	-0.3277	1.0637
	每股经营现金净流量(元)	-0.2091	-0.1762	-0.1124	-0.5579
	净资产收益率(扣除)(%)	-	-22.3000	-	-
	净资产收益率(%)	-1.5670	6.8770	-11.4000	-18.4651
	总资产(万)	263922.73	312033.08	301569.95	333072.50
	股东权益(万)	109345.64	111059.44	95385.62	112713.99
	主营业务收入(万)	21917.70	46935.04	10430.87	31544.88
	主营成本(万)	12436.54	30539.47	6057.41	21578.22
	营业收入(万)	22228.34	48787.10	11076.81	34592.96
	营业成本(万)	12580.07	31324.89	6374.48	23150.22
	投资收益(万)	-	-	-	-
	利润总额(万)	-1255.16	9511.25	-12321.41	-23208.08
	净利润(万)	-1713.80	7637.54	-10874.28	-20812.79

北京同仁堂股份有限公司

公司概况	公司名称	北京同仁堂股份有限公司			证券简称	同仁堂
	法人代表	顾海鸥	董秘	贾泽涛	证券代码	600085
	公司网址	www.tongrentang.com		电子信箱	tongrentang@tongrentang.com	
	电　话	010-67020018		传　真	010-67020018	
	办公地址	北京市崇文区东兴隆街 52 号 北京市崇文门外大街 42 号				
	经营范围	中药生产、科研、销售等				

主要财务指标	指标\报告期	2011.06.30	2010.12.31	2010.06.30	2009.12.31
	每股收益(元)	0.4970	0.6590	0.3900	0.5530
	每股收益(扣除)(元)	0.4950	0.6430	0.3900	0.5390
	每股净资产(元)	6.3950	6.2540	5.9830	5.8560
	调整后每股净资产(元)	-	-	-	-
	每股资本公积金(元)	1.5180	1.5180	1.5298	1.5431
	每股盈余公积金(元)	0.6016	0.6016	0.5533	0.5533
	每股未分配利润(元)	3.3276	3.1806	2.9423	2.7999
	每股现金净流量(元)	0.8990	0.3214	0.7386	0.8211
	每股经营现金净流量(元)	0.8991	0.9447	0.7825	1.2165
	净资产收益率(扣除)(%)	-	10.6400	-	9.5300
	净资产收益率(%)	7.7720	10.5380	6.4350	9.4422
	总资产(万)	613931.44	548931.82	540097.01	495440.47
	股东权益(万)	333081.03	325706.89	311588.92	304988.69
	主营业务收入(万)	250256.93	378542.06	201518.42	326899.95
	主营成本(万)	130181.88	208598.21	107005.83	183009.39
	营业收入(万)	251978.26	382444.61	202349.92	328842.84
	营业成本(万)	130583.45	208766.44	107128.65	183195.11
	投资收益(万)	-	-	-	-
	利润总额(万)	42937.86	56174.16	33126.02	46584.72
	净利润(万)	25886.39	34323.36	20287.23	28797.77

东方金钰股份有限公司

公司概况	公司名称	东方金钰股份有限公司			证券简称	东方金钰
	法人代表	赵兴龙	董秘	朱一波	证券代码	600086
	公司网址	www.goldjade.cn		电子信箱	600086@goldjade.cn	
	电　话	0755-25266298		传　真	0755-25266279	
	办公地址	广东省深圳市罗湖区贝丽北路东方金钰珠宝大厦 3 楼				
	经营范围	宝石及珠宝饰品的加工、批发、销售;翡翠原材料的批发销售等				

主要财务指标	指标\报告期	2011.06.30	2010.12.31	2010.06.30	2009.12.31
	每股收益(元)	0.1190	0.1631	0.0543	0.0345
	每股收益(扣除)(元)	0.1315	0.1329	0.0501	0.0281
	每股净资产(元)	1.4654	1.2263	1.1174	1.0632
	调整后每股净资产(元)	-	-	-	-
	每股资本公积金(元)	0.4106	0.2906	0.2906	0.2906
	每股盈余公积金(元)	0.1032	0.1032	0.1032	0.1032
	每股未分配利润(元)	-0.0485	-0.1675	-0.2764	-0.3306
	每股现金净流量(元)	-0.1021	-0.0321	-0.0784	0.1357
	每股经营现金净流量(元)	0.0370	-0.9721	-0.1366	-0.8972
	净资产收益率(扣除)(%)	-	11.6100	-	2.6500
	净资产收益率(%)	8.1210	13.3040	4.8560	3.2460
	总资产(万)	321731.01	258381.65	179707.76	150943.75
	股东权益(万)	51622.78	43200.92	39364.95	37453.47
	主营业务收入(万)	133917.88	156950.44	74666.58	111111.36
	主营成本(万)	120774.75	138296.59	66474.74	102474.22
	营业收入(万)	134133.49	157004.91	74689.08	111542.00
	营业成本(万)	120780.73	138296.59	66485.97	102474.22
	投资收益(万)	-	-	-	-
	利润总额(万)	5721.86	9351.11	3646.50	2876.12
	净利润(万)	4192.01	5747.46	1911.48	1215.62

中国长江航运集团南京油运股份有限公司

公司概况	公司名称	中国长江航运集团南京油运股份有限公司			证券简称	长航油运
	法人代表	刘锡汉	董秘	曾善柱	证券代码	600087
	公司网址	www.njtc.com.cn		电子信箱	zsz021@vip.sina.com	
	电　话	025-58586158 58586145		传　真	025-58586145	
	办公地址	江苏省南京市下关区中山北路 324 号油运大厦				
	经营范围	石油及制品、化学制品及其他货物仓储、运输,船舶代理,船舶技术服务、修理等				

主要财务指标	指标\报告期	2011.06.30	2010.12.31	2010.06.30	2009.12.31
	每股收益(元)	-0.1017	0.0055	0.0399	0.0030
	每股收益(扣除)(元)	-0.1063	-0.0029	0.0399	-0.0170
	每股净资产(元)	1.6100	1.4900	2.7700	2.7000
	调整后每股净资产(元)	-	-	-	-
	每股资本公积金(元)	0.4136	0.9274	0.9274	0.9274
	每股盈余公积金(元)	0.1000	0.2108	0.2069	0.2069
	每股未分配利润(元)	0.1295	0.5887	0.6590	0.5872
	每股现金净流量(元)	0.0736	0.0885	0.0748	-0.1670
	每股经营现金净流量(元)	-0.0555	0.1091	0.0193	-0.1109
	净资产收益率(扣除)(%)	-	-0.1100	-	-0.6200
	净资产收益率(%)	-5.8400	0.2040	2.5970	0.0980
	总资产(万)	1919984.29	1738334.86	1537669.28	1401903.37
	股东权益(万)	548053.83	432163.28	445737.09	434706.12
	主营业务收入(万)	238928.27	428814.58	215125.05	335481.93
	主营成本(万)	236216.15	380852.56	179145.35	306812.08
	营业收入(万)	239141.43	429327.74	215329.73	335868.90
	营业成本(万)	236431.16	381301.37	179268.21	307159.74
	投资收益(万)	-	-	-	-
	利润总额(万)	-31145.55	4389.95	14784.48	5536.58
	净利润(万)	-32004.34	883.46	11575.61	423.72

中视传媒股份有限公司

公司概况	公司名称	中视传媒股份有限公司			证券简称	中视传媒
	法人代表	李建	董秘	贺芳	证券代码	600088
	公司网址	www.ctv-media.com.cn		电子信箱	irmanager@ctv-media.com.cn	
	电　话	021-68765168		传　真	021-68763868	
	办公地址	上海市浦东新区福山路 450 号新天国际大厦 17 层 A 座				
	经营范围	影视拍摄基地开发、经营,影视拍摄[摄制电影(单片)]、电视剧节目制作等				

主要财务指标	指标＼报告期	2011.06.30	2010.12.31	2010.06.30	2009.12.31
	每股收益(元)	0.1000	0.2410	0.0840	0.3450
	每股收益(扣除)(元)	0.0980	0.2390	0.0800	0.3430
	每股净资产(元)	3.0100	2.9900	3.9700	3.9500
	调整后每股净资产(元)	–	–	–	–
	每股资本公积金(元)	0.9653	0.9653	1.7515	1.7515
	每股盈余公积金(元)	0.2667	0.2667	0.3381	0.3381
	每股未分配利润(元)	0.7732	0.7583	0.8777	0.8601
	每股现金净流量(元)	0.4732	0.8841	0.0254	–0.5534
	每股经营现金净流量(元)	0.5537	0.9991	0.0535	–0.4035
	净资产收益率(扣除)(%)	–	8.2400	–	12.7800
	净资产收益率(%)	3.3270	8.0440	2.9650	12.2457
	总资产(万)	196433.19	171995.16	145935.49	144164.59
	股东权益(万)	99602.48	99105.75	93918.38	93500.60
	主营业务收入(万)	50958.32	117098.06	50372.29	135202.50
	主营成本(万)	44235.17	98835.69	44316.01	112441.51
	营业收入(万)	50992.00	117179.82	50419.77	135273.65
	营业成本(万)	44261.43	98908.92	44348.60	112502.77
	投资收益(万)	–	–	–	–
	利润总额(万)	4326.07	10764.00	3470.39	15800.98
	净利润(万)	3313.82	7972.45	2785.08	11449.78

特变电工股份有限公司

公司概况	公司名称	特变电工股份有限公司			证券简称	特变电工
	法人代表	张新	董秘	郭俊香	证券代码	600089
	公司网址	www.tbea.com.cn		电子信箱	gjxtbea@tbea.com.cn	
	电　话	0994-2724766		传　真	0994-2723615	
	办公地址	新疆维吾尔自治区昌吉市延安南路 52 号				
	经营范围	变压器、电线电缆以及输变电成套工程业务等				

主要财务指标	指标＼报告期	2011.06.30	2010.12.31	2010.06.30	2009.12.31
	每股收益(元)	0.2615	0.8598	0.5341	0.8505
	每股收益(扣除)(元)	0.2458	0.8034	0.4946	0.8152
	每股净资产(元)	4.6958	5.8200	4.1700	3.8800
	调整后每股净资产(元)	–	–	–	–
	每股资本公积金(元)	1.7870	2.5773	1.0077	1.1467
	每股盈余公积金(元)	0.1674	0.2176	0.1728	0.1728
	每股未分配利润(元)	1.7416	2.0241	1.9934	1.5592
	每股现金净流量(元)	–0.3404	1.4414	0.6693	0.4976
	每股经营现金净流量(元)	–0.5506	0.9582	0.4290	1.1127
	净资产收益率(扣除)(%)	–	17.1700	–	24.7600
	净资产收益率(%)	5.5700	13.6580	12.7970	21.9270
	总资产(万)	2739584.33	2361576.16	2077343.87	1886794.75
	股东权益(万)	1237617.46	1179721.58	750201.52	697153.90
	主营业务收入(万)	803150.37	1720433.77	846415.83	1433431.60
	主营成本(万)	626892.98	1354013.45	653447.25	1099554.19
	营业收入(万)	820097.60	1777028.84	875729.44	1475429.30
	营业成本(万)	637878.62	1402203.70	677615.73	1133513.13
	投资收益(万)	–	–	–	–
	利润总额(万)	80387.62	184822.45	112781.13	182675.28
	净利润(万)	68930.60	161130.47	96002.62	152866.58

新疆啤酒花股份有限公司

公司概况	公司名称	新疆啤酒花股份有限公司			证券简称	啤 酒 花
	法人代表	王克勤	董秘	唐伟梅	证券代码	600090
	公司网址	www.xjhops.com		电子信箱	lichong@xjhops.com	
	电　话	0991-3687305 0991-3687319		传　真	0991-3687311	
	办公地址	新疆维吾尔自治区乌鲁木齐市长春南路西二巷 83 号津城茗苑五号楼三楼				
	经营范围	啤酒花、啤酒大麦、食品饮料、房地产开发、农副产品口等				

主要财务指标	指标＼报告期	2011.06.30	2010.12.31	2010.06.30	2009.12.31
	每股收益(元)	0.0830	0.1070	0.0470	0.0680
	每股收益(扣除)(元)	0.0640	0.0530	0.0440	0.0930
	每股净资产(元)	1.0660	0.9830	0.9230	0.9230
	调整后每股净资产(元)	–	–	–	–
	每股资本公积金(元)	1.0468	1.0468	1.0468	1.0484
	每股盈余公积金(元)	0.1041	0.1041	0.1041	0.1869
	每股未分配利润(元)	–1.0846	–1.1679	–1.2278	–1.3118
	每股现金净流量(元)	0.4210	0.0496	0.1979	0.0561
	每股经营现金净流量(元)	0.5576	0.4007	0.4464	0.3608
	净资产收益率(扣除)(%)	–	5.7310	–	–
	净资产收益率(%)	7.8080	10.8830	5.0980	7.3600
	总资产(万)	117912.36	104598.23	109498.18	112167.40
	股东权益(万)	39227.74	36164.72	33960.05	33976.54
	主营业务收入(万)	59274.40	94256.56	50594.57	–
	主营成本(万)	34527.56	58769.19	28104.43	–
	营业收入(万)	62037.47	99052.01	51337.78	81411.83
	营业成本(万)	37054.24	62849.07	28863.55	47040.46
	投资收益(万)	–	–	–	–
	利润总额(万)	8800.93	14742.59	6170.88	8615.74
	净利润(万)	3063.02	3935.82	1731.16	2499.35

包头明天科技股份有限公司

公司概况	公司名称	包头明天科技股份有限公司			证券简称	ST 明 科
	法人代表	董琦	董秘	关明	证券代码	600091
	公司网址	www.tomotech.com		电子信箱	600091@sina.com	
	电　话	0472-2207068		传　真	0472-2207059	
	办公地址	内蒙古自治区包头市稀土高新技术产业开发区曙光路 22 号				
	经营范围	生产、销售烧碱、聚氯乙烯树脂、苯酚、盐酸、硫酸、氢氟酸、电石等化工产品				

主要财务指标	指标＼报告期	2011.06.30	2010.12.31	2010.06.30	2009.12.31
	每股收益(元)	–0.1200	0.0400	–0.0700	–2.8200
	每股收益(扣除)(元)	–0.1200	–0.1900	–0.0600	–1.7300
	每股净资产(元)	2.0500	2.1400	1.9980	2.0700
	调整后每股净资产(元)	–	–	–	–
	每股资本公积金(元)	3.6190	3.6190	3.6190	3.6190
	每股盈余公积金(元)	0.1915	0.1915	0.1915	0.1915
	每股未分配利润(元)	–2.8720	–2.7531	–2.9005	–2.7950
	每股现金净流量(元)	–0.1633	0.2035	0.0660	–1.8234
	每股经营现金净流量(元)	–0.1587	–0.5317	–0.3835	–0.6802
	净资产收益率(扣除)(%)	–	–9.2400	–	–50.3800
	净资产收益率(%)	–5.8070	1.9610	–3.3790	–135.7440
	总资产(万)	147391.47	153759.19	152041.85	143695.17
	股东权益(万)	68930.64	72025.76	67237.38	69812.64
	主营业务收入(万)	245.00	4.46	426.04	993.54
	主营成本(万)	6027.72	14.10	3759.42	6946.54
	营业收入(万)	245.00	836.34	426.04	3659.23
	营业成本(万)	100.79	609.91	214.47	9168.22
	投资收益(万)	–	–	–	–
	利润总额(万)	–4003.09	1412.49	–2271.79	–94766.72
	净利润(万)	–4003.09	1412.49	–2271.79	–94766.72

四川禾嘉股份有限公司

公司概况					
公司名称	四川禾嘉股份有限公司			证券简称	禾嘉股份
法人代表	宋浩	董秘	徐德智	证券代码	600093
公司网址	www.hejia.com		电子信箱	hejia@hejia.com	
电　话	028-85155498 85178855		传　真	028-85178855	
办公地址	四川省成都市高新技术产业开发区九兴大道3号				
经营范围	投资及管理(不含前置许可项目,后置许可项目凭许可证或审批文件经营)				

主要财务指标				
指标\报告期	2011.06.30	2010.12.31	2010.06.30	2009.12.31
每股收益(元)	0.0540	0.0080	0.0480	0.0080
每股收益(扣除)(元)	0.0399	0.0220	0.0470	–0.0807
每股净资产(元)	1.0620	1.0300	0.9750	0.9950
调整后每股净资产(元)	–	–	–	–
每股资本公积金(元)	0.1371	0.1371	0.1113	0.1113
每股盈余公积金(元)	0.0396	0.0604	0.0604	0.0604
每股未分配利润(元)	–0.1146	–0.1683	–0.1963	–0.1763
每股现金净流量(元)	–0.0045	–0.0278	0.0060	–0.0934
每股经营现金净流量(元)	0.0940	–0.2499	–0.2012	0.4621
净资产收益率(扣除)(%)	–	2.2000	–	–8.2300
净资产收益率(%)	5.0630	0.7760	4.8700	0.8400
总资产(万)	64726.18	64465.92	67892.14	68064.34
股东权益(万)	34247.96	33184.08	31451.76	32096.44
主营业务收入(万)	16448.56	32664.18	17434.68	28483.02
主营成本(万)	11661.24	22257.16	11851.47	20416.35
营业收入(万)	18527.78	35306.83	18638.11	30653.72
营业成本(万)	12640.36	23921.24	12421.84	21155.50
投资收益(万)	–	–	–	–
利润总额(万)	2599.09	918.40	2430.54	1223.65
净利润(万)	1733.95	257.64	1531.71	269.65

哈尔滨高科技(集团)股份有限公司

公司概况					
公司名称	哈尔滨高科技(集团)股份有限公司			证券简称	哈高科
法人代表	杨登瑞	董秘	马昆	证券代码	600095
公司网址	www.hgk-group.com		电子信箱	mkn@hgk-group.com	
电　话	0451-84348141 84346722		传　真	0451-84348057 84346722	
办公地址	黑龙江省哈尔滨市高新技术产业开发区迎宾路集中区天平路2号				
经营范围	大豆深加工、药业、房地产开发等				

主要财务指标				
指标\报告期	2011.06.30	2010.12.31	2010.06.30	2009.12.31
每股收益(元)	0.0620	0.0379	–0.0520	–0.2319
每股收益(扣除)(元)	–0.0520	–0.0762	–0.0500	–0.2437
每股净资产(元)	1.7760	1.7140	1.6310	1.6830
调整后每股净资产(元)	–	–	–	–
每股资本公积金(元)	0.7374	0.7374	0.7447	0.7447
每股盈余公积金(元)	0.0931	0.0931	0.0931	0.0931
每股未分配利润(元)	–0.0546	–0.1169	–0.2073	–0.1549
每股现金净流量(元)	–0.2064	0.0747	0.1879	0.0476
每股经营现金净流量(元)	–0.3496	–0.3688	–0.2676	0.2609
净资产收益率(扣除)(%)	–	–4.4800	–	–13.5200
净资产收益率(%)	3.5100	2.2130	–3.2100	–13.7787
总资产(万)	119872.60	121320.77	136935.18	130305.62
股东权益(万)	64156.01	61904.26	58904.74	60797.43
主营业务收入(万)	13708.03	45462.63	21031.14	33584.93
主营成本(万)	11727.27	39123.43	18640.60	32052.84
营业收入(万)	13806.90	45699.97	21121.15	34046.02
营业成本(万)	11743.49	39423.22	18715.57	32381.26
投资收益(万)	–	–	–	–
利润总额(万)	2182.43	1612.44	–1795.01	–9194.31
净利润(万)	2251.75	1370.11	–1892.70	–8377.07

云南云天化股份有限公司

公司概况					
公司名称	云南云天化股份有限公司			证券简称	云天化
法人代表	张嘉庆	董秘	冯驰	证券代码	600096
公司网址	www.yyth.com.cn		电子信箱	ythfc@yyth.com.cn	
电　话	0870-88662006 8662011		传　真	0870-8662010	
办公地址	云南省昭通市水富县云富镇				
经营范围	化肥、化工原料及产品的生产、销售				

主要财务指标				
指标\报告期	2011.06.30	2010.12.31	2010.06.30	2009.12.31
每股收益(元)	0.1556	0.3082	0.3214	0.1331
每股收益(扣除)(元)	0.1521	0.2669	0.3140	0.0998
每股净资产(元)	9.1948	7.8363	7.7872	7.5589
调整后每股净资产(元)	–	–	–	–
每股资本公积金(元)	5.0678	3.0934	3.0944	3.0904
每股盈余公积金(元)	1.4238	1.6736	1.6656	1.6656
每股未分配利润(元)	1.6418	2.0031	2.0243	1.8029
每股现金净流量(元)	2.4049	–0.1503	–0.8451	1.0869
每股经营现金净流量(元)	0.1820	2.0551	0.7557	2.0810
净资产收益率(扣除)(%)	–	3.9330	4.1270	1.7340
净资产收益率(%)	1.4970	4.0100	4.1600	1.8000
总资产(万)	2768378.37	2443292.77	2100693.56	1950396.81
股东权益(万)	637781.64	708191.20	650446.76	610448.25
主营业务收入(万)	483223.10	689308.96	324153.01	593941.30
主营成本(万)	388258.24	529539.53	248892.51	491321.95
营业收入(万)	499501.62	714075.02	332824.53	602783.40
营业成本(万)	403500.19	551630.57	256834.41	497402.21
投资收益(万)	–	447.67	247.45	92.33
利润总额(万)	14407.39	37015.00	31260.30	2996.80
净利润(万)	9545.11	18187.44	18965.17	7733.29

上海开创国际海洋资源股份有限公司

公司概况					
公司名称	上海开创国际海洋资源股份有限公司			证券简称	开创国际
法人代表	汤期庆	董秘	汪涛	证券代码	600097
公司网址	www.skmic.sh.cn		电子信箱	ir@skmic.sh.cn	
电　话	021-65686875 65690310		传　真	021-65696280 65673892	
办公地址	上海市杨浦区共青路448号				
经营范围	远洋捕捞,食品销售管理,渔用设备、产品销售等				

主要财务指标				
指标\报告期	2011.06.30	2010.12.31	2010.06.30	2009.12.31
每股收益(元)	0.2900	0.1300	0.1300	0.7500
每股收益(扣除)(元)	0.2400	0.0700	0.0800	0.6500
每股净资产(元)	3.4000	3.1200	3.2300	2.9700
调整后每股净资产(元)	–	–	–	–
每股资本公积金(元)	0.1258	0.1258	0.1377	–
每股盈余公积金(元)	0.2376	0.2376	0.2194	0.2194
每股未分配利润(元)	1.0491	0.7559	0.8700	0.7402
每股现金净流量(元)	0.8091	–0.1577	0.0064	0.3191
每股经营现金净流量(元)	0.9013	0.5699	0.0985	0.9289
净资产收益率(扣除)(%)	8.6140	4.2950	4.0170	25.3150
净资产收益率(%)	8.9900	4.3700	4.2800	28.9800
总资产(万)	135083.92	123388.37	128534.98	113268.51
股东权益(万)	68957.24	63155.72	65471.43	60083.55
主营业务收入(万)	41154.88	57436.97	25367.34	80616.07
主营成本(万)	–	52209.75	16661.19	50432.88
营业收入(万)	41578.85	58120.41	25628.11	81134.42
营业成本(万)	34179.99	52702.34	16815.44	50973.19
投资收益(万)	–	–	–	–
利润总额(万)	5939.60	2712.69	2629.81	15210.36
净利润(万)	5939.60	2712.62	2629.81	15210.36

广州发展实业控股集团股份有限公司

公司概况						
公司概况	公司名称	广州发展实业控股集团股份有限公司			证券简称	广州控股
	法人代表	杨丹地	董秘	张雪球	证券代码	600098
	公司网址	www.gdih.cn		电子信箱	gzkg600098@gdih.cn	
	电　话	020-37850968 37850978		传　真	020-37850938	
	办公地址	广东省广州市广州市天河区临江大道 3 号 28-30 楼				
	经营范围	电力、能源物流、基建等产业的投资、建设、生产管理和经营业务等				

主要财务指标	指标＼报告期	2011.06.30	2010.12.31	2010.06.30	2009.12.31
	每股收益(元)	0.1194	0.3625	0.1814	0.3450
	每股收益(扣除)(元)	0.1054	0.3343	0.1648	0.3400
	每股净资产(元)	4.3830	4.4710	4.2860	4.3040
	调整后每股净资产(元)	–	–	–	–
	每股资本公积金(元)	0.9833	0.9906	0.9866	1.0057
	每股盈余公积金(元)	–	1.1044	1.0682	1.0682
	每股未分配利润(元)	1.2952	1.3758	1.2310	1.2296
	每股现金净流量(元)	–	–0.1399	0.0026	0.1060
	每股经营现金净流量(元)	–	0.3721	0.1560	0.8314
	净资产收益率(扣除)(%)	–	8.1070	4.2330	8.0170
	净资产收益率(%)	2.6400	8.2600	4.1413	8.3100
	总资产(万)	1889008.10	1730957.22	1604803.12	1542593.78
	股东权益(万)	902526.82	1177757.79	1050968.56	1066760.59
	主营业务收入(万)	484199.89	884534.19	407004.62	755448.19
	主营成本(万)	427865.32	738295.57	342242.78	616103.15
	营业收入(万)	484861.99	885931.96	407319.81	756713.30
	营业成本(万)	427999.93	738583.66	342590.90	616365.74
	投资收益(万)	–	17613.61	11895.31	26695.81
	利润总额(万)	47895.93	136430.38	64682.84	124913.57
	净利润(万)	24579.21	74639.56	37357.82	71048.91

林海股份有限公司

公司概况						
公司概况	公司名称	林海股份有限公司			证券简称	林海股份
	法人代表	孙峰	董秘	卢中华	证券代码	600099
	公司网址	www.linhai.cn		电子信箱	luzhonghua6551888@hotmail.com	
	电　话	0523-86992165 86568091		传　真	0523-86551403	
	办公地址	江苏省泰州市迎春西路 199 号				
	经营范围	林业及园林动力机械、喷灌机械、木材采运设备、内燃机、摩托车、助力车等				

主要财务指标	指标＼报告期	2011.06.30	2010.12.31	2010.06.30	2009.12.31
	每股收益(元)	0.0055	0.0150	0.0028	0.0064
	每股收益(扣除)(元)	0.0052	0.0135	0.0027	–0.0133
	每股净资产(元)	2.1660	2.2000	2.1890	2.1820
	调整后每股净资产(元)	–	–	–	–
	每股资本公积金(元)	0.9100	0.9100	0.9100	0.9100
	每股盈余公积金(元)	0.1117	0.1117	0.1102	0.1092
	每股未分配利润(元)	0.1447	0.1792	0.1684	0.1629
	每股现金净流量(元)	–0.0663	0.0479	–0.0328	0.0280
	每股经营现金净流量(元)	–0.0533	0.0613	–0.0285	0.0126
	净资产收益率(扣除)(%)	–	0.6200	–	–
	净资产收益率(%)	0.2540	0.6820	0.1270	0.3000
	总资产(万)	54131.62	52490.39	53668.91	53187.46
	股东权益(万)	47470.96	48226.86	47958.68	47815.72
	主营业务收入(万)	13168.36	22777.20	12934.00	–
	主营成本(万)	12097.66	20550.93	11926.33	–
	营业收入(万)	13547.34	23912.49	13393.72	15354.28
	营业成本(万)	12442.54	21357.40	12338.44	14371.03
	投资收益(万)	–	–	–	–
	利润总额(万)	120.07	384.26	117.55	156.50
	净利润(万)	120.58	328.83	60.66	141.12

同方股份有限公司

公司概况						
公司概况	公司名称	同方股份有限公司			证券简称	同方股份
	法人代表	荣泳霖	董秘	孙岷	证券代码	600100
	公司网址	www.thtf.com.cn		电子信箱	600100@thtf.com.cn	
	电　话	010-82399888		传　真	010-82399765	
	办公地址	北京市海淀区清华同方科技大厦 A 座 29 层				
	经营范围	计算机产品、商品销售,网络、软件、系统集成与信息服务等				

主要财务指标	指标＼报告期	2011.06.30	2010.12.31	2010.06.30	2009.12.31
	每股收益(元)	0.0651	0.4867	0.0679	0.3597
	每股收益(扣除)(元)	0.0708	0.1947	0.0195	0.2558
	每股净资产(元)	4.0300	8.0400	7.6400	7.4800
	调整后每股净资产(元)	–	–	–	–
	每股资本公积金(元)	1.9023	4.8077	4.6365	4.6044
	每股盈余公积金(元)	0.2439	0.4878	0.4471	0.4471
	每股未分配利润(元)	0.8934	1.7568	1.5812	1.4454
	每股现金净流量(元)	–0.7291	0.2575	–0.8004	1.2074
	每股经营现金净流量(元)	–0.7458	0.2714	–0.6450	0.7734
	净资产收益率(扣除)(%)	–	2.5000	–	3.4800
	净资产收益率(%)	1.6150	6.0040	1.7780	4.8080
	总资产(万)	2651827.47	2486463.82	2237190.76	2138992.17
	股东权益(万)	800686.30	798669.87	746685.10	730785.65
	主营业务收入(万)	849820.85	1813523.34	640023.89	1522478.60
	主营成本(万)	706034.18	1532317.43	531239.09	1280520.53
	营业收入(万)	854758.19	1825750.94	647649.83	1538773.57
	营业成本(万)	707603.86	1541211.42	536033.25	1292107.16
	投资收益(万)	–	–	–	–
	利润总额(万)	26153.34	71801.51	19681.25	56319.26
	净利润(万)	12930.35	47955.55	13272.23	35137.02

四川明星电力股份有限公司

公司概况						
公司概况	公司名称	四川明星电力股份有限公司			证券简称	明星电力
	法人代表	尹友中	董秘	唐敏	证券代码	600101
	公司网址	www.mxdl.com.cn		电子信箱	tangmin_law@vip.126.com	
	电　话	0825-2210076		传　真	0825-2210017	
	办公地址	四川省遂宁市开发区明月路 88 号				
	经营范围	电力、热力生产供应,送变电工程,线路、设备安装、施工、批发等				

主要财务指标	指标＼报告期	2011.06.30	2010.12.31	2010.06.30	2009.12.31
	每股收益(元)	0.4520	0.4700	0.1560	0.5300
	每股收益(扣除)(元)	0.1380	0.4000	0.1560	0.2500
	每股净资产(元)	4.3680	3.9900	3.6730	3.5700
	调整后每股净资产(元)	–	–	–	–
	每股资本公积金(元)	1.4143	1.4143	1.4174	1.4174
	每股盈余公积金(元)	0.1442	0.1442	0.1125	0.1125
	每股未分配利润(元)	1.8098	1.4282	1.1434	1.0371
	每股现金净流量(元)	0.1143	0.0911	0.0736	0.1502
	每股经营现金净流量(元)	0.1530	0.4729	0.0325	0.6331
	净资产收益率(扣除)(%)	–	10.5400	–	7.5400
	净资产收益率(%)	10.3380	11.8600	4.2560	14.7930
	总资产(万)	254250.30	242611.22	242694.81	216608.15
	股东权益(万)	141609.52	129239.23	119082.04	115634.55
	主营业务收入(万)	36334.54	82462.64	42306.95	75881.87
	主营成本(万)	25352.32	60008.30	32751.72	53008.74
	营业收入(万)	36894.36	84144.12	44662.94	77197.55
	营业成本(万)	25441.02	60883.72	34007.29	53475.21
	投资收益(万)	–	–	–	–
	利润总额(万)	17079.51	16557.17	5816.86	19422.52
	净利润(万)	14639.54	15327.37	5068.38	17106.05

莱芜钢铁股份有限公司

公司概况

公司名称	莱芜钢铁股份有限公司			证券简称	莱钢股份
法人代表	陈启祥	董秘	闵宪金	证券代码	600102
公司网址	www.laigang.com		电子信箱	lggfzqb@126.com	
电　话	0634-6820601 6820011		传　真	0634-6821094	
办公地址	山东省莱芜市钢城区新兴路21号				
经营范围	生铁、钢锭、钢坯、钢材、大锻件、焦炭、水渣、炼焦化产品及炼钢副产品的生产、销售等				

主要财务指标

指标\报告期	2011.06.30	2010.12.31	2010.06.30	2009.12.31
每股收益(元)	0.2150	0.1340	0.2950	0.0890
每股收益(扣除)(元)	0.2140	0.1000	0.2700	0.1340
每股净资产(元)	6.6400	6.4800	6.6363	6.4000
调整后每股净资产(元)	–	–	–	–
每股资本公积金(元)	1.5140	1.5140	1.4908	1.5065
每股盈余公积金(元)	1.1040	1.1040	1.0738	1.0738
每股未分配利润(元)	3.0093	2.8545	3.0611	2.8108
每股现金净流量(元)	–0.7977	0.6948	–0.0665	0.0758
每股经营现金净流量(元)	0.2487	2.3988	0.0004	2.4740
净资产收益率(扣除)(%)	–	1.5500	–	2.0900
净资产收益率(%)	3.2360	2.0680	4.4400	1.3979
总资产(万)	1678231.29	1679784.47	1718031.22	1616528.11
股东权益(万)	612211.63	597605.81	612046.41	590170.22
主营业务收入(万)	2081979.18	3619604.60	1679146.54	2626803.88
主营成本(万)	1984903.63	3438354.07	1568241.72	2416904.65
营业收入(万)	2281928.21	4029083.74	1883745.37	2827610.29
营业成本(万)	2184665.29	3847491.43	1772715.07	2617693.53
投资收益(万)	–	–	–	–
利润总额(万)	20924.64	12535.01	26632.72	21365.32
净利润(万)	19809.82	12357.53	27169.83	8250.06

福建省青山纸业股份有限公司

公司概况

公司名称	福建省青山纸业股份有限公司			证券简称	青山纸业
法人代表	刘天金	董秘	叶信英	证券代码	600103
公司网址	www.qingshanpaper.com		电子信箱	dmyxy2011@163.com	
电　话	0591-83367773		传　真	0591-87110973	
办公地址	福建省沙县青州镇				
经营范围	纸袋纸系列产品及副产品、高强牛皮卡纸、精制牛皮纸、高强瓦楞纸等				

主要财务指标

指标\报告期	2011.06.30	2010.12.31	2010.06.30	2009.12.31
每股收益(元)	0.0212	0.0522	0.0231	–0.1837
每股收益(扣除)(元)	–0.0024	–0.0148	0.0082	–0.1892
每股净资产(元)	1.6370	1.6430	1.6170	1.7850
调整后每股净资产(元)	–	–	–	–
每股资本公积金(元)	0.2034	0.2308	0.2189	0.3824
每股盈余公积金(元)	0.1907	0.1907	0.1983	0.2003
每股未分配利润(元)	0.2426	0.2213	0.2001	0.2028
每股现金净流量(元)	–0.0734	0.0241	–0.0467	0.0291
每股经营现金净流量(元)	–0.0110	0.2131	0.0114	0.0811
净资产收益率(扣除)(%)	–	–0.8400	–	–11.2900
净资产收益率(%)	1.2980	3.1750	1.1740	–10.2900
总资产(万)	341054.35	325342.56	281766.06	302513.96
股东权益(万)	173791.62	174446.19	171724.97	189591.59
主营业务收入(万)	100257.01	196808.25	90545.16	127943.82
主营成本(万)	86519.57	178187.22	79109.51	112207.41
营业收入(万)	102530.92	203841.79	94465.17	148052.67
营业成本(万)	88272.99	183672.21	82333.13	129653.56
投资收益(万)	–	–	–	–
利润总额(万)	3152.88	8542.72	3933.87	–17603.33
净利润(万)	2255.03	5537.77	2452.48	–19503.91

上海汽车集团股份有限公司

公司概况

公司名称	上海汽车集团股份有限公司			证券简称	上海汽车
法人代表	胡茂元	董秘	王剑璋	证券代码	600104
公司网址	www.saicmotor.com		电子信箱	saicmotor@saicmotor.com	
电　话	021-22011138		传　真	021-22011199	
办公地址	上海市静安区威海路489号				
经营范围	汽车,摩托车,拖拉机等各种机动车整车,机械设备,总成及零部件的生产、销售等				

主要财务指标

指标\报告期	2011.06.30	2010.12.31	2010.06.30	2009.12.31
每股收益(元)	0.9280	1.6110	0.6890	0.7740
每股收益(扣除)(元)	0.8740	1.5390	0.6550	0.7430
每股净资产(元)	7.8270	7.1600	5.6350	6.4800
调整后每股净资产(元)	–	–	–	–
每股资本公积金(元)	3.1927	3.2551	2.4012	3.4112
每股盈余公积金(元)	0.8364	0.8364	0.5588	0.7269
每股未分配利润(元)	2.7956	2.0680	1.6798	1.3472
每股现金净流量(元)	–0.0560	2.7565	1.1452	0.7846
每股经营现金净流量(元)	0.3172	2.7021	0.5002	3.2930
净资产收益率(扣除)(%)	–	26.5400	–	16.4100
净资产收益率(%)	11.8550	20.7480	12.2260	15.5240
总资产(万)	22259239.20	22884235.90	17068513.15	13815835.72
股东权益(万)	7234403.19	6616967.27	4801588.47	4246245.48
主营业务收入(万)	18115110.15	30745378.60	14417354.55	13594681.29
主营成本(万)	–	24757404.13	–	11881521.63
营业收入(万)	18323807.84	31248548.63	14707231.14	13887542.08
营业成本(万)	14708282.74	25190259.59	11902034.91	12122757.45
投资收益(万)	–	–	–	–
利润总额(万)	1803660.27	2668439.08	1256853.62	859718.44
净利润(万)	857635.84	1372852.35	587058.42	659193.30

江苏永鼎股份有限公司

公司概况

公司名称	江苏永鼎股份有限公司			证券简称	永鼎股份
法人代表	莫林弟	董秘	彭美娥	证券代码	600105
公司网址	www.yongding.com.cn		电子信箱	pme@yongding.com.cn	
电　话	0512-63272395 63272489		传　真	0512-63271866	
办公地址	江苏省吴江市芦墟镇汾湖经济技术开发区				
经营范围	通信电缆、通信光缆及其它通信设备、铜丝的制造、销售等				

主要财务指标

指标\报告期	2011.06.30	2010.12.31	2010.06.30	2009.12.31
每股收益(元)	0.1800	0.5200	0.3500	0.3700
每股收益(扣除)(元)	0.1600	0.4800	0.3600	0.2400
每股净资产(元)	3.7600	3.6300	3.4600	3.1000
调整后每股净资产(元)	–	–	–	–
每股资本公积金(元)	1.2126	1.2126	1.2126	1.8976
每股盈余公积金(元)	0.4564	0.4564	0.4219	0.5906
每股未分配利润(元)	1.0887	0.9584	0.8213	0.8572
每股现金净流量(元)	0.2366	–0.0635	0.3356	0.6147
每股经营现金净流量(元)	–0.0848	–0.1668	0.2374	0.3832
净资产收益率(扣除)(%)	–	14.3400	–	8.1200
净资产收益率(%)	4.7970	14.4330	10.1800	12.0290
总资产(万)	386069.55	343755.38	393241.44	430925.35
股东权益(万)	143149.37	138187.31	131647.13	118242.14
主营业务收入(万)	91299.04	252216.68	145599.81	154655.36
主营成本(万)	–	198807.29	–	120302.41
营业收入(万)	93169.77	253651.02	151388.17	156541.23
营业成本(万)	83889.34	199845.79	117111.68	121640.96
投资收益(万)	–	–	–	–
利润总额(万)	8604.40	30024.23	21179.44	14744.86
净利润(万)	6866.84	19945.17	13404.99	14223.21

重庆路桥股份有限公司

公司概况	公司名称	重庆路桥股份有限公司			证券简称	重庆路桥
	法人代表	江津	董秘	张漫	证券代码	600106
	公司网址	www.cqrb.com.cn		电子信箱	cqrb@cqrb.com.cn	
	电　话	023-62803632		传　真	023-62909387	
	办公地址	重庆市南坪经济技术开发区丹龙路 11 号				
	经营范围	重庆长江石板坡大桥、嘉陵江石门大桥、嘉华嘉陵江大桥经营、维护、管理等				

主要财务指标	指标\报告期	2011.06.30	2010.12.31	2010.06.30	2009.12.31
	每股收益(元)	0.1217	0.2951	0.1276	0.2012
	每股收益(扣除)(元)	0.1027	0.2016	0.1413	0.1855
	每股净资产(元)	3.5111	3.3840	3.2131	3.1600
	调整后每股净资产(元)	–	–	–	–
	每股资本公积金(元)	0.7336	0.7282	0.7248	0.9244
	每股盈余公积金(元)	0.4008	0.4008	0.3713	0.4084
	每股未分配利润(元)	1.3766	1.2550	1.1170	1.1483
	每股现金净流量(元)	–0.8861	1.3565	0.3955	0.4575
	每股经营现金净流量(元)	–0.1257	0.5963	0.3590	0.6779
	净资产收益率(扣除)(%)	–	6.1700	–	6.0800
	净资产收益率(%)	3.4650	8.7200	3.9710	6.3570
	总资产(万)	546729.55	565336.14	548015.94	484051.32
	股东权益(万)	159357.81	153588.18	145832.32	143637.32
	主营业务收入(万)	15328.34	34214.19	17158.51	32091.98
	主营成本(万)	1609.78	4043.04	1616.42	4310.08
	营业收入(万)	15359.07	34476.35	17219.45	32295.97
	营业成本(万)	1609.78	4046.84	1618.78	4313.88
	投资收益(万)	–	–	–	–
	利润总额(万)	5566.31	14316.02	5999.35	10921.89
	净利润(万)	5522.20	13392.56	5790.59	9130.87

湖北美尔雅股份有限公司

公司概况	公司名称	湖北美尔雅股份有限公司			证券简称	美尔雅
	法人代表	杨闻孙	董秘	许雷华	证券代码	600107
	公司网址	www.mailyard.com.cn		电子信箱	gufen@mailyard.com.cn	
	电　话	0714-6360298 6360299		传　真	0714-6360298	
	办公地址	湖北省黄石市团城山开发区美尔雅工业园				
	经营范围	精毛纺织制品、服装及辅料制造、加工和销售,兼营酒店业等				

主要财务指标	指标\报告期	2011.06.30	2010.12.31	2010.06.30	2009.12.31
	每股收益(元)	0.0310	0.0430	0.0280	0.0380
	每股收益(扣除)(元)	0.0320	0.0400	0.0260	0.0300
	每股净资产(元)	1.3600	1.3300	1.3120	1.2900
	调整后每股净资产(元)	–	–	–	–
	每股资本公积金(元)	0.4496	0.4514	0.4478	0.4511
	每股盈余公积金(元)	0.0674	0.0674	0.0674	0.0674
	每股未分配利润(元)	–0.1558	–0.1873	–0.2029	–0.2305
	每股现金净流量(元)	0.5075	0.3880	0.2348	0.2483
	每股经营现金净流量(元)	0.5919	0.3547	0.3035	0.2346
	净资产收益率(扣除)(%)	–	2.3800	–	2.6300
	净资产收益率(%)	2.3080	3.2460	2.0970	2.9160
	总资产(万)	229659.72	216610.73	164804.46	149859.62
	股东权益(万)	49002.18	47935.97	47240.96	46369.88
	主营业务收入(万)	25124.66	40834.43	19066.84	36495.41
	主营成本(万)	13584.81	19599.59	10637.58	19911.81
	营业收入(万)	21941.69	34599.80	16908.14	37783.30
	营业成本(万)	14030.45	20596.22	11369.22	20618.80
	投资收益(万)	–	–	–	–
	利润总额(万)	1806.12	4137.96	1488.05	3305.21
	净利润(万)	1130.71	1555.84	990.83	1352.01

甘肃亚盛实业(集团)股份有限公司

公司概况	公司名称	甘肃亚盛实业(集团)股份有限公司			证券简称	亚盛集团
	法人代表	杨树军	董秘	周文萍	证券代码	600108
	公司网址	www.yasheng.com		电子信箱	invest@yasheng.com	
	电　话	0931-8857057		传　真	0931-8857182	
	办公地址	甘肃省兰州市城关区秦安路 105 号亚盛大厦东 11-14 楼				
	经营范围	农业种植业及加工业、印染、饮料、化工(聚乙烯醇、维纶高模)、进出口贸易等				

主要财务指标	指标\报告期	2011.06.30	2010.12.31	2010.06.30	2009.12.31
	每股收益(元)	0.0465	0.0749	0.0199	0.0724
	每股收益(扣除)(元)	0.0384	0.0386	0.0199	0.0473
	每股净资产(元)	1.5600	1.5100	1.4600	1.5100
	调整后每股净资产(元)	–	–	–	–
	每股资本公积金(元)	0.0847	0.0825	0.0900	0.1526
	每股盈余公积金(元)	0.1073	0.1073	0.0998	0.0998
	每股未分配利润(元)	0.3676	0.3211	0.2736	0.2537
	每股现金净流量(元)	0.0488	–0.0251	–0.0145	0.0498
	每股经营现金净流量(元)	0.0245	0.0319	–0.0258	0.0783
	净资产收益率(扣除)(%)	–	2.5000	–	3.3300
	净资产收益率(%)	2.9800	4.9590	1.3630	4.8060
	总资产(万)	422990.72	428655.99	477152.48	487193.47
	股东权益(万)	270894.19	262437.39	254199.57	261597.41
	主营业务收入(万)	54261.56	139608.17	58197.16	139526.39
	主营成本(万)	40620.68	114408.70	48455.83	113186.14
	营业收入(万)	55699.91	141053.40	58352.85	140248.02
	营业成本(万)	41176.91	115487.42	48620.78	113743.03
	投资收益(万)	–	–	–	–
	利润总额(万)	8247.57	12771.60	3118.12	12389.93
	净利润(万)	8073.39	13013.76	3465.16	12572.63

国金证券股份有限公司

公司概况	公司名称	国金证券股份有限公司			证券简称	国金证券
	法人代表	冉云	董秘	刘邦兴	证券代码	600109
	公司网址	www.gjzq.com.cn		电子信箱	liubx@gjzq.com.cn	
	电　话	028-86690021 86690206		传　真	028-86695681	
	办公地址	四川省成都市东城根上街 95 号成证大厦 16 楼				
	经营范围	证券代理买卖、证券的自营买卖、证券的承销、证券投资咨询等				

主要财务指标	指标\报告期	2011.06.30	2010.12.31	2010.06.30	2009.12.31
	每股收益(元)	0.2050	0.4380	0.2960	0.5160
	每股收益(扣除)(元)	0.1930	0.4190	0.2930	0.5020
	每股净资产(元)	3.2200	3.0200	2.8700	2.5900
	调整后每股净资产(元)	–	–	–	–
	每股资本公积金(元)	0.0049	0.0121	0.0012	0.0227
	每股盈余公积金(元)	0.2655	0.2655	0.2217	0.2217
	每股未分配利润(元)	1.4344	1.2291	1.2183	0.9223
	每股现金净流量(元)	–	–	–	–
	每股经营现金净流量(元)	–	–	–	–
	净资产收益率(扣除)(%)	6.5900	15.6300	1050278.99	1101807.32
	净资产收益率(%)	6.3830	14.5190	10.8500	21.7100
	总资产(万)	968597.34	1103017.53	10.3320	19.9260
	股东权益(万)	–	–	–	–
	主营业务收入(万)	70399.33	164455.57	81528.98	141463.47
	主营成本(万)	–	–	–	–
	营业收入(万)	–	–	–	–
	营业成本(万)	–	–	–	–
	投资收益(万)	–	–	–	–
	利润总额(万)	27458.26	59785.00	39590.52	68970.56
	净利润(万)	20535.50	43834.45	29611.12	51636.75

中科英华高技术股份有限公司

公司概况	公司名称	中科英华高技术股份有限公司		证券简称	中科英华
	法人代表	王为钢	董秘	崔翔	证券代码 600110
	公司网址	www.kinwa.com.cn		电子信箱	hby7007@vip.sina.com
	电　　话	0431-85161088		传　　真	0431-85161071
	办公地址	吉林省长春市高新技术开发区火炬路 286 号			
	经营范围	热缩材料等高技术、新材料、新产品的开发、生产与经营等			

主要财务指标	指标\报告期	2011.06.30	2010.12.31	2010.06.30	2009.12.31
	每股收益(元)	0.0043	0.0274	0.0088	0.0040
	每股收益(扣除)(元)	-0.0077	0.0225	0.0080	0.0030
	每股净资产(元)	1.7826	1.7812	1.7764	1.2942
	调整后每股净资产(元)	-	-	-	-
	每股资本公积金(元)	0.6202	0.6202	0.6315	0.1011
	每股盈余公积金(元)	0.0589	0.0589	0.0580	0.0656
	每股未分配利润(元)	0.1100	0.1057	0.0885	0.1292
	每股现金净流量(元)	-0.3578	0.5807	0.8242	-0.0891
	每股经营现金净流量(元)	-0.2097	0.1018	-0.0406	0.0527
	净资产收益率(扣除)(%)	-	1.3900	-	-
	净资产收益率(%)	0.2420	1.4610	0.4460	0.3100
	总资产(万)	480887.22	511335.83	419892.51	302117.64
	股东权益(万)	205060.02	204888.51	204340.35	131530.56
	主营业务收入(万)	74467.63	111822.09	45608.15	-
	主营成本(万)	61065.04	89956.00	35033.49	-
	营业收入(万)	74663.94	112480.17	45803.28	51156.17
	营业成本(万)	61115.73	90531.23	35219.51	40929.28
	投资收益(万)	-	-	-	-
	利润总额(万)	2295.05	3213.78	2388.01	1790.94
	净利润(万)	495.97	2993.60	910.31	407.05

内蒙古包钢稀土(集团)高科技股份有限公司

公司概况	公司名称	内蒙古包钢稀土(集团)高科技股份有限公司		证券简称	包钢稀土
	法人代表	周秉利	董秘	张日辉	证券代码 600111
	公司网址	www.reht.com www.reht.cn		电子信箱	security@reht.com
	电　　话	0472-2207525 2207799		传　　真	0472-2207788
	办公地址	内蒙古自治区包头市稀土高新技术产业开发区黄河路 83 号			
	经营范围	稀土精矿、稀土深加工产品、稀土新材料生产与销售等			

主要财务指标	指标\报告期	2011.06.30	2010.12.31	2010.06.30	2009.12.31
	每股收益(元)	1.6320	0.9300	0.2920	0.0690
	每股收益(扣除)(元)	1.6140	0.9240	0.2880	0.0160
	每股净资产(元)	3.4190	1.9950	2.4910	2.1000
	调整后每股净资产(元)	-	-	-	-
	每股资本公积金(元)	0.1212	0.3961	0.3820	0.3820
	每股盈余公积金(元)	0.1785	0.2678	0.1987	0.1987
	每股未分配利润(元)	2.1123	1.3201	0.9027	0.5143
	每股现金净流量(元)	0.4602	0.4099	-0.4637	-
	每股经营现金净流量(元)	1.0211	1.1686	0.3974	-
	净资产收益率(扣除)(%)	-	36.4110	-	0.7550
	净资产收益率(%)	47.7400	31.0710	17.5990	3.2880
	总资产(万)	1253719.29	878958.12	663674.37	646352.00
	股东权益(万)	414058.94	241624.38	201105.80	169607.36
	主营业务收入(万)	571651.90	498772.18	231631.08	256095.92
	主营成本(万)	148664.13	242070.69	133383.64	196329.20
	营业收入(万)	597912.67	525793.73	232822.33	259295.60
	营业成本(万)	171818.54	266892.10	134408.16	199016.00
	投资收益(万)	-	-	-	-
	利润总额(万)	391518.42	184211.74	73483.99	17349.12
	净利润(万)	197669.73	75073.88	35392.39	5576.81

贵州长征电气股份有限公司

公司概况	公司名称	贵州长征电气股份有限公司		证券简称	长征电气
	法人代表	李勇	董秘	王肃	证券代码 600112
	公司网址	www.czdq.cn		电子信箱	ws@czdq.cn
	电　　话	0852-8620788		传　　真	0852-8654903
	办公地址	贵州省遵义市上海路 100 号			
	经营范围	高、中、低压电气设备和汽车零配件产品等			

主要财务指标	指标\报告期	2011.06.30	2010.12.31	2010.06.30	2009.12.31
	每股收益(元)	0.0840	0.1970	0.0849	0.2503
	每股收益(扣除)(元)	0.0125	0.0689	0.0689	0.1563
	每股净资产(元)	2.5615	2.4774	2.3526	1.3880
	调整后每股净资产(元)	-	-	-	-
	每股资本公积金(元)	0.9792	0.9792	0.9656	0.0392
	每股盈余公积金(元)	0.0538	0.0538	0.0442	0.0581
	每股未分配利润(元)	0.5284	0.4444	0.3427	0.5683
	每股现金净流量(元)	-0.5379	0.7551	0.9064	0.0827
	每股经营现金净流量(元)	-0.2038	-0.0871	-0.0963	0.0748
	净资产收益率(扣除)(%)	-	3.2794	-	12.3852
	净资产收益率(%)	3.2810	7.7200	3.3990	18.0300
	总资产(万)	161282.58	136667.30	134287.93	87560.59
	股东权益(万)	108692.69	105126.87	99827.85	53779.33
	主营业务收入(万)	20223.87	38841.36	17949.06	39043.92
	主营成本(万)	12790.64	23252.89	10057.92	23177.70
	营业收入(万)	20546.14	39558.91	18232.41	40477.31
	营业成本(万)	13172.30	24178.81	10409.96	23543.34
	投资收益(万)	-	-	-	-
	利润总额(万)	4620.09	8897.76	3727.43	10520.10
	净利润(万)	3565.81	8115.45	3393.25	9696.37

浙江东日股份有限公司

公司概况	公司名称	浙江东日股份有限公司		证券简称	浙江东日
	法人代表	郑念鸿	董秘	郑羲亮	证券代码 600113
	公司网址	www.dongri.com		电子信箱	zjdongri@wz.zj.cn
	电　　话	0577-88812155		传　　真	0577-88822336 88842287
	办公地址	浙江省温州市矮凳桥 92 号			
	经营范围	房地产销售、租赁以及物业管理等			

主要财务指标	指标\报告期	2011.06.30	2010.12.31	2010.06.30	2009.12.31
	每股收益(元)	0.2200	0.2500	0.0780	0.1900
	每股收益(扣除)(元)	0.2100	0.1600	0.0760	0.1400
	每股净资产(元)	1.6530	1.9900	1.8300	2.8500
	调整后每股净资产(元)	-	-	-	-
	每股资本公积金(元)	0.3370	0.5549	0.5719	1.2150
	每股盈余公积金(元)	0.1126	0.1520	0.1231	0.1969
	每股未分配利润(元)	0.2034	0.2758	0.1353	0.4419
	每股现金净流量(元)	-0.2827	0.4371	0.2058	0.4434
	每股经营现金净流量(元)	-0.3163	0.3588	0.2710	1.2249
	净资产收益率(扣除)(%)	13.3880	12.4680	4.2520	6.7170
	净资产收益率(%)	14.1800	13.1200	4.2800	6.9100
	总资产(万)	74638.41	105246.24	96234.23	84801.25
	股东权益(万)	56235.67	49952.43	44639.11	43560.93
	主营业务收入(万)	55937.09	31118.33	12303.56	22583.99
	主营成本(万)	44124.78	24616.45	9751.17	18444.15
	营业收入(万)	56094.98	31470.63	12561.24	22748.26
	营业成本(万)	44130.97	24648.85	9759.66	18455.65
	投资收益(万)	970.38	740.26	696.97	601.89
	利润总额(万)	9488.07	7824.04	2363.33	3952.36
	净利润(万)	7050.13	5833.90	1836.52	2827.64

东睦新材料集团股份有限公司

公司概况

公司名称	东睦新材料集团股份有限公司			证券简称	东睦股份
法人代表	芦德宝	董秘	曹阳	证券代码	600114
公司网址	www.pm-china.com		电子信箱	caoyang@pm-china.com	
电　话	0574-87841061		传　真	0574-87831133	
办公地址	浙江省宁波市鄞州工业园区(姜山)景江路 8 号				
经营范围	设计、生产、销售各种粉末冶金制品等				

主要财务指标

指标\报告期	2011.06.30	2010.12.31	2010.06.30	2009.12.31
每股收益(元)	0.2080	0.2400	0.1513	-0.0400
每股收益(扣除)(元)	0.1933	0.2200	0.1427	-0.0800
每股净资产(元)	3.1900	3.0800	3.0000	2.8900
调整后每股净资产(元)	-	-	-	-
每股资本公积金(元)	1.5664	1.5664	1.5783	1.5824
每股盈余公积金(元)	0.2168	0.2168	0.1893	0.1893
每股未分配利润(元)	0.4064	0.2983	0.2359	0.1146
每股现金净流量(元)	0.1678	-0.0506	-0.0063	0.2010
每股经营现金净流量(元)	0.3910	0.6494	0.1554	0.2615
净资产收益率(扣除)(%)	6.5220	7.8310	5.0380	-1.4900
净资产收益率(%)	6.6300	8.1000	5.1300	-1.4700
总资产(万)	152675.97	140867.28	149086.48	140432.99
股东权益(万)	70439.77	67739.73	65971.95	64281.95
主营业务收入(万)	50904.51	89733.38	46946.50	65017.29
主营成本(万)	36474.60	69787.07	36957.02	56118.45
营业收入(万)	52071.91	91613.84	47910.39	66475.93
营业成本(万)	37247.93	71020.81	37521.37	57110.10
投资收益(万)	-	313.49	-	-
利润总额(万)	5771.55	6993.32	4425.25	-701.89
净利润(万)	4066.87	4717.99	2958.26	-840.64

中国东方航空股份有限公司

公司概况

公司名称	中国东方航空股份有限公司			证券简称	东方航空
法人代表	刘绍勇	董秘	罗祝平	证券代码	600115
公司网址	www.ceair.com		电子信箱	ir@ceair.com	
电　话	021-62686268		传　真	021-62686116	
办公地址	上海市虹桥路 2550 号				
经营范围	国内和经批准的国际、地区航空客、货、邮、行李运输业务及延伸服务等				

主要财务指标

指标\报告期	2011.06.30	2010.12.31	2010.06.30	2009.12.31
每股收益(元)	0.2174	0.4826	0.1764	0.1106
每股收益(扣除)(元)	0.2102	0.4799	0.1736	0.0314
每股净资产(元)	1.5965	1.3814	1.0700	0.3513
调整后每股净资产(元)	-	-	-	-
每股资本公积金(元)	1.3858	1.3881	1.3839	1.0976
每股盈余公积金(元)	-	-	-	-
每股未分配利润(元)	-0.7893	-1.0067	-1.3115	-1.7463
每股现金净流量(元)	0.1071	0.1191	0.2417	-0.1791
每股经营现金净流量(元)	0.4921	0.9262	0.4335	0.4998
净资产收益率(扣除)(%)	-	34.5400	16.0760	21.1457
净资产收益率(%)	13.6190	43.4300	19.1500	21.1500
总资产(万)	10642834.30	10081011.70	10175279.20	7201868.10
股东权益(万)	1800274.70	1657617.70	1282311.30	361312.80
主营业务收入(万)	3635314.90	6896085.70	3079190.90	3794084.30
主营成本(万)	3063080.50	5650707.60	2558013.20	-3615791.10
营业收入(万)	3878215.40	7495810.80	3363617.30	3983133.10
营业成本(万)	3239380.80	6072660.10	2757944.30	3724831.50
投资收益(万)	-	11936.30	2562.60	-2274.90
利润总额(万)	264283.40	584109.30	216763.70	64012.10
净利润(万)	245173.00	538037.50	194419.10	71167.70

重庆三峡水利电力(集团)股份有限公司

公司概况

公司名称	重庆三峡水利电力(集团)股份有限公司			证券简称	三峡水利
法人代表	叶建桥	董秘	陈丽娟	证券代码	600116
公司网址	www.cqsxsl.com		电子信箱	sxsl600116@163.com	
电　话	023-63801161		传　真	023-63801165	
办公地址	重庆市渝中区邹容路 68 号大都会商厦 3611 室				
经营范围	主营发电、供电;兼营发、输变电设备设计、安装和调试等				

主要财务指标

指标\报告期	2011.06.30	2010.12.31	2010.06.30	2009.12.31
每股收益(元)	0.0200	0.2700	0.1700	0.2400
每股收益(扣除)(元)	-0.0200	0.2500	0.1700	0.2100
每股净资产(元)	3.5600	3.6400	3.5300	2.5900
调整后每股净资产(元)	-	-	-	-
每股资本公积金(元)	1.9183	1.9177	1.9160	0.8760
每股盈余公积金(元)	0.1217	0.1217	0.1015	0.1296
每股未分配利润(元)	0.5169	0.6011	0.5151	0.5858
每股现金净流量(元)	0.1561	0.8597	1.5177	-0.0262
每股经营现金净流量(元)	0.0737	0.5442	0.1415	0.7442
净资产收益率(扣除)(%)	0.4450	6.6120	3.8080	9.3220
净资产收益率(%)	0.4300	8.5100	6.4600	9.7400
总资产(万)	265233.39	235301.69	229714.89	177474.91
股东权益(万)	101676.55	104133.74	98847.03	58890.20
主营业务收入(万)	37054.50	73057.98	33395.76	62357.36
主营成本(万)	31485.90	56199.32	24156.19	45199.23
营业收入(万)	37356.79	73452.03	33837.18	62372.61
营业成本(万)	31592.30	56363.91	24481.10	45205.66
投资收益(万)	166.96	517.24	59.67	969.54
利润总额(万)	390.93	7465.51	4159.60	6283.06
净利润(万)	423.83	6439.71	3599.23	5062.31

西宁特殊钢股份有限公司

公司概况

公司名称	西宁特殊钢股份有限公司			证券简称	西宁特钢
法人代表	陈显刚	董秘	彭加霖	证券代码	600117
公司网址	www.xntg.com		电子信箱	xntg@public.xn.qh.cn	
电　话	0971-5299673 5299865		传　真	0971-5218389	
办公地址	青海省西宁市柴达木西路 52 号				
经营范围	特殊钢冶炼及压延、机械设备制造、来料加工、副产品出售等				

主要财务指标

指标\报告期	2011.06.30	2010.12.31	2010.06.30	2009.12.31
每股收益(元)	0.3132	0.3100	0.1042	0.0500
每股收益(扣除)(元)	0.3069	0.3100	0.1147	0.0100
每股净资产(元)	3.7600	3.4400	3.3380	3.2900
调整后每股净资产(元)	-	-	-	-
每股资本公积金(元)	0.9533	0.9533	1.0151	1.0151
每股盈余公积金(元)	0.2384	0.2384	0.2231	0.2231
每股未分配利润(元)	1.5311	1.2179	1.0228	0.9687
每股现金净流量(元)	1.1659	0.4511	0.5875	0.4228
每股经营现金净流量(元)	0.6835	0.2014	0.0243	0.2419
净资产收益率(扣除)(%)	-	9.1000	-	0.3900
净资产收益率(%)	8.3270	9.1320	3.1200	1.4260
总资产(万)	1301895.68	1199611.64	1117376.15	1049632.70
股东权益(万)	278750.42	255281.82	247437.31	243793.91
主营业务收入(万)	422365.31	687858.20	334636.07	506259.07
主营成本(万)	334145.11	552640.07	275537.25	426058.74
营业收入(万)	432610.53	705193.69	343789.04	518625.51
营业成本(万)	342276.89	567621.20	284485.52	439129.40
投资收益(万)	-	-	-	-
利润总额(万)	40586.59	41635.82	14277.18	8503.61
净利润(万)	23211.55	23312.34	7720.22	3476.82

中国东方红卫星股份有限公司

公司概况	公司名称	中国东方红卫星股份有限公司			证券简称	中国卫星
	法人代表	李开民	董秘	万银娟	证券代码	600118
	公司网址	www.spacesat.com.cn		电子信箱	600118@spacesat.com.cn	
	电　话	010-68197793		传　真	010-68197777	
	办公地址	北京市海淀区中关村南大街31号神舟科技大厦12楼				
	经营范围	卫星及相关产品研制、设计、制造、销售,卫星应用技术综合信息服务等				

主要财务指标　指标\报告期	2011.06.30	2010.12.31	2010.06.30	2009.12.31
每股收益(元)	0.1400	0.3000	0.1200	0.2800
每股收益(扣除)(元)	0.1400	0.2900	0.1200	0.2700
每股净资产(元)	2.6600	2.5700	2.3900	2.3200
调整后每股净资产(元)	–	–	–	–
每股资本公积金(元)	0.6291	0.6291	0.6329	2.2925
每股盈余公积金(元)	0.0340	0.0340	0.0337	0.0674
每股未分配利润(元)	1.0008	0.9106	0.7284	1.2773
每股现金净流量(元)	–0.8385	0.0664	–0.2475	1.0129
每股经营现金净流量(元)	–0.6172	0.0055	–0.3135	1.4177
净资产收益率(扣除)(%)	–	11.7600	–	12.5200
净资产收益率(%)	5.2630	11.5500	4.9350	11.9800
总资产(万)	435968.98	402274.83	386383.12	357889.59
股东权益(万)	187827.60	181466.89	168865.19	163482.11
主营业务收入(万)	148878.51	303118.54	114325.48	243385.73
主营成本(万)	126641.62	259322.37	96512.90	206462.02
营业收入(万)	148878.51	303118.54	114325.48	243385.73
营业成本(万)	126641.62	259322.37	96512.90	206462.02
投资收益(万)	–	–	–	–
利润总额(万)	13003.87	24814.76	10569.32	22053.43
净利润(万)	9886.09	20956.18	8350.09	19581.95

长发集团长江投资实业股份有限公司

公司概况	公司名称	长发集团长江投资实业股份有限公司			证券简称	长江投资
	法人代表	居亮	董秘	朱联	证券代码	600119
	公司网址	www.cjtz.cn		电子信箱	zhulian@cjtz.cn	
	电　话	021-68407009 68407032		传　真	021-68407010	
	办公地址	上海市闵行区光华路888号				
	经营范围	实业投资、国内贸易、信息咨询服务等				

主要财务指标　指标\报告期	2011.06.30	2010.12.31	2010.06.30	2009.12.31
每股收益(元)	0.0441	0.0423	0.0222	0.0429
每股收益(扣除)(元)	0.0023	–0.0715	–0.0375	–0.2317
每股净资产(元)	1.9823	1.9881	1.9683	1.9960
调整后每股净资产(元)	–	–	–	–
每股资本公积金(元)	0.7024	0.7024	0.7024	0.7024
每股盈余公积金(元)	0.0588	0.0588	0.0450	0.0450
每股未分配利润(元)	0.2202	0.2261	0.2202	0.2480
每股现金净流量(元)	0.2236	0.0226	–0.0670	0.0469
每股经营现金净流量(元)	0.6498	–0.6366	–0.2636	–0.4905
净资产收益率(扣除)(%)	–	–3.6100	–	–11.8600
净资产收益率(%)	2.2250	2.1280	1.1280	2.1210
总资产(万)	138595.73	150131.62	131498.54	121406.47
股东权益(万)	60937.35	61114.53	60505.80	61357.81
主营业务收入(万)	49048.56	152507.03	46758.32	55737.48
主营成本(万)	41664.79	138102.41	40829.88	46153.25
营业收入(万)	49399.27	153366.96	47110.69	56776.93
营业成本(万)	41979.39	138826.16	41176.99	46890.13
投资收益(万)	–	–	–	–
利润总额(万)	2437.31	2697.53	1291.86	1210.88
净利润(万)	1355.88	1300.73	682.22	1301.30

浙江东方集团股份有限公司

公司概况	公司名称	浙江东方集团股份有限公司			证券简称	浙江东方
	法人代表	高康	董秘	王俊	证券代码	600120
	公司网址	www.zjorient.com		电子信箱	invest@zjorient.com	
	电　话	0571-87600383		传　真	0571-87600324	
	办公地址	浙江省杭州市西湖大道12号				
	经营范围	以毛、棉、麻、晴纶为主要原料的针织、梭织服装、服饰和家用纺织品出口业务等				

主要财务指标　指标\报告期	2011.06.30	2010.12.31	2010.06.30	2009.12.31
每股收益(元)	0.2000	0.4100	0.1100	0.2100
每股收益(扣除)(元)	0.1900	0.2700	0.0900	0.1400
每股净资产(元)	5.3900	5.7300	4.5800	2.3300
调整后每股净资产(元)	–	–	–	–
每股资本公积金(元)	2.6885	3.2218	2.3768	0.1116
每股盈余公积金(元)	–	0.4510	0.4185	0.4185
每股未分配利润(元)	1.2499	1.0535	0.7887	0.7980
每股现金净流量(元)	–	0.0306	–0.0491	1.1341
每股经营现金净流量(元)	–	1.0000	0.6322	2.3996
净资产收益率(扣除)(%)	–	7.1640	2.4140	9.0210
净资产收益率(%)	3.7100	12.1400	4.0100	9.2400
总资产(万)	732531.27	710904.06	588019.94	388396.05
股东权益(万)	272390.51	315910.91	252881.57	144782.31
主营业务收入(万)	303074.76	472336.06	201842.65	423990.84
主营成本(万)	257870.16	403119.76	169761.09	358768.09
营业收入(万)	303427.93	474270.49	202109.56	425132.44
营业成本(万)	257962.15	405023.87	169850.34	359262.63
投资收益(万)	–	11309.53	3170.45	3823.45
利润总额(万)	21094.26	40867.28	12581.85	27950.40
净利润(万)	9926.69	20734.14	5593.58	10615.91

郑州煤电股份有限公司

公司概况	公司名称	郑州煤电股份有限公司			证券简称	郑州煤电
	法人代表	杜工会	董秘	付胜龙	证券代码	600121
	公司网址	www.zzce.com.cn		电子信箱	zzce@zmjt.cn	
	电　话	0371-87785121		传　真	0371-87785126 0371-87785111	
	办公地址	河南省郑州市中原西路188号				
	经营范围	煤炭生产及销售;发电及输变电,同时经营机械制造、设备安装、物资供销等				

主要财务指标　指标\报告期	2011.06.30	2010.12.31	2010.06.30	2009.12.31
每股收益(元)	0.0682	0.2100	0.1014	0.1800
每股收益(扣除)(元)	0.0692	0.2100	0.1023	0.2000
每股净资产(元)	3.0349	2.8358	2.7999	2.6400
调整后每股净资产(元)	–	–	–	–
每股资本公积金(元)	–	–	–	–
每股盈余公积金(元)	0.4285	0.4272	0.4082	1.1227
每股未分配利润(元)	1.3777	1.3095	1.2241	1.1227
每股现金净流量(元)	0.0682	0.1797	–0.0690	–0.0579
每股经营现金净流量(元)	–0.0367	0.7375	0.2948	–
净资产收益率(扣除)(%)	–	7.7100	–	8.0600
净资产收益率(%)	2.2480	7.2560	3.6200	6.9005
总资产(万)	603970.16	575057.78	594340.73	531811.41
股东权益(万)	190936.64	178413.72	176154.98	166018.69
主营业务收入(万)	700970.26	964969.36	394080.18	614232.25
主营成本(万)	654999.22	891526.37	361040.77	554812.27
营业收入(万)	707605.14	977571.77	398568.89	618447.66
营业成本(万)	661380.06	900129.36	364744.60	557560.45
投资收益(万)	–	–	–	–
利润总额(万)	15065.14	17790.77	8304.82	14119.76
净利润(万)	4292.03	12944.85	6376.63	11456.17

江苏宏图高科技股份有限公司

公司概况						
	公司名称	江苏宏图高科技股份有限公司			证券简称	宏图高科
	法人代表	袁亚非	董秘	饶进	证券代码	600122
	公司网址	www.hiteker.cn		电子信箱	raojin@hiteker.cn	
	电　话	025-83274692		传　真	025-83274701	
	办公地址	江苏省南京市中山北路 219 号				
	经营范围	计算机(软硬件)、打印机、网络设备、系统工程集成、通信设备等				

主要财务指标	指标＼报告期	2011.06.30	2010.12.31	2010.06.30	2009.12.31
	每股收益(元)	0.0850	0.4890	0.0750	0.4500
	每股收益(扣除)(元)	0.0800	0.2960	0.1090	0.4090
	每股净资产(元)	3.6470	7.1550	6.8370	5.5100
	调整后每股净资产(元)	–	–	–	–
	每股资本公积金(元)	1.8073	4.4146	4.4146	2.7957
	每股盈余公积金(元)	0.0713	0.1426	0.1197	0.1526
	每股未分配利润(元)	0.7686	1.5981	1.3032	1.5113
	每股现金净流量(元)	–0.0020	3.7187	3.7489	1.2495
	每股经营现金净流量(元)	0.1205	0.9978	0.0131	–0.3676
	净资产收益率(扣除)(%)	–	4.6200	–	8.2800
	净资产收益率(%)	2.3180	6.0910	1.7240	8.1780
	总资产(万)	1014764.78	943866.38	907987.08	645102.68
	股东权益(万)	413153.02	405275.40	387268.96	242517.20
	主营业务收入(万)	619473.47	1102408.39	508260.46	1052058.32
	主营成本(万)	572991.54	1024759.00	473485.59	976581.41
	营业收入(万)	637281.31	1131054.22	516821.18	1075248.20
	营业成本(万)	574288.91	1028554.81	474553.98	976750.33
	投资收益(万)	–	–	–	–
	利润总额(万)	12971.52	35523.86	9932.47	27029.35
	净利润(万)	9576.80	24684.01	6677.57	19832.61

山西兰花科技创业股份有限公司

公司概况						
	公司名称	山西兰花科技创业股份有限公司			证券简称	兰花科创
	法人代表	郝跃洲	董秘	王立印	证券代码	600123
	公司网址	www.chinalanhua.com		电子信箱	wly@chinalanhua.com	
	电　话	0356-2189656		传　真	0356-2189608 2189600	
	办公地址	山西省晋城市凤台东街 2288 号兰花科技大厦				
	经营范围	煤炭、化肥的生产和销售等				

主要财务指标	指标＼报告期	2011.06.30	2010.12.31	2010.06.30	2009.12.31
	每股收益(元)	1.3101	2.3008	1.2497	2.2243
	每股收益(扣除)(元)	1.3301	2.4949	1.2632	2.2925
	每股净资产(元)	12.4248	11.4574	10.4166	9.2964
	调整后每股净资产(元)	–	–	–	–
	每股资本公积金(元)	1.2915	1.2952	1.3058	1.2504
	每股盈余公积金(元)	1.3567	1.3567	1.0664	1.0664
	每股未分配利润(元)	7.8451	7.0350	6.2742	5.3245
	每股现金净流量(元)	–0.4640	1.5810	0.5015	1.0671
	每股经营现金净流量(元)	1.0241	2.2668	0.7241	1.8502
	净资产收益率(扣除)(%)	10.5440	20.0820	11.9970	23.9267
	净资产收益率(%)	10.8900	22.1700	12.6000	27.5000
	总资产(万)	1411229.55	1356164.81	1259004.36	1162266.44
	股东权益(万)	763620.52	711754.59	654602.76	588786.61
	主营业务收入(万)	376606.69	571087.72	289929.55	555289.41
	主营成本(万)	210226.11	320128.08	182524.96	324743.52
	营业收入(万)	381768.53	581157.21	295876.04	561562.63
	营业成本(万)	211939.13	322213.92	183868.33	326698.30
	投资收益(万)	–7380.32	36410.49	27598.40	42481.66
	利润总额(万)	105652.18	171421.26	89463.13	161518.75
	净利润(万)	74830.70	131423.40	71383.53	127053.40

中铁铁龙集装箱物流股份有限公司

公司概况						
	公司名称	中铁铁龙集装箱物流股份有限公司			证券简称	铁龙物流
	法人代表	朱友文	董秘	畅晓东	证券代码	600125
	公司网址	www.chinacrt.com		电子信箱	changxiaodong@chinacrt.com	
	电　话	0411-82810881		传　真	0411-82816639	
	办公地址	辽宁省大连市中山区新安街 1 号				
	经营范围	铁路特种集装箱业务、铁路货运及临港物流业务、房地产业务等				

主要财务指标	指标＼报告期	2011.06.30	2010.12.31	2010.06.30	2009.12.31
	每股收益(元)	0.2150	0.4740	0.2420	0.3700
	每股收益(扣除)(元)	0.2120	0.4760	0.2400	0.3720
	每股净资产(元)	2.6550	3.1750	2.9320	2.7500
	调整后每股净资产(元)	–	–	–	–
	每股资本公积金(元)	0.1263	0.4670	0.4571	0.4571
	每股盈余公积金(元)	0.2305	0.2997	0.2537	0.2537
	每股未分配利润(元)	1.2980	1.4081	1.2214	1.0396
	每股现金净流量(元)	0.1152	–0.4007	0.1778	0.3859
	每股经营现金净流量(元)	0.1958	0.0953	0.2923	0.7087
	净资产收益率(扣除)(%)	–	16.1220	–	14.3710
	净资产收益率(%)	8.0960	14.9430	8.2480	13.4490
	总资产(万)	380866.82	350116.05	318415.06	306988.04
	股东权益(万)	346601.60	318819.39	294473.43	276211.28
	主营业务收入(万)	131926.22	218553.57	114540.26	156685.24
	主营成本(万)	86344.21	144123.98	75603.34	97791.12
	营业收入(万)	131926.22	218553.57	114540.26	156685.24
	营业成本(万)	86344.21	144123.98	75603.34	97791.12
	投资收益(万)	–	–	–	–
	利润总额(万)	37315.06	59934.23	32519.58	47124.90
	净利润(万)	28059.00	47641.12	24287.64	37148.18

杭州钢铁股份有限公司

公司概况						
	公司名称	杭州钢铁股份有限公司			证券简称	杭钢股份
	法人代表	李世中	董秘	周尧福	证券代码	600126
	公司网址	www.hzsteel.com		电子信箱	hggf@hzsteel.com	
	电　话	0571-88132917		传　真	0571-88132919	
	办公地址	浙江省杭州市拱墅区半山路 178 号				
	经营范围	钢铁及其压延产品、焦碳及其副产品的生产和销售冶金、焦化的技术开发等				

主要财务指标	指标＼报告期	2011.06.30	2010.12.31	2010.06.30	2009.12.31
	每股收益(元)	0.2500	0.4200	0.2000	0.1700
	每股收益(扣除)(元)	0.2500	0.4000	0.2000	0.1300
	每股净资产(元)	4.3800	4.1900	4.2100	4.0900
	调整后每股净资产(元)	–	–	–	–
	每股资本公积金(元)	0.8770	0.8770	0.8770	0.8770
	每股盈余公积金(元)	0.6028	0.6028	0.5667	0.5667
	每股未分配利润(元)	1.9002	1.7063	1.7648	1.6475
	每股现金净流量(元)	0.0748	–0.1398	0.0428	–0.2505
	每股经营现金净流量(元)	0.4761	–0.0265	0.0820	0.7387
	净资产收益率(扣除)(%)	–	9.3000	–	3.2600
	净资产收益率(%)	5.7970	9.9150	4.6880	4.2700
	总资产(万)	1010735.62	893620.26	900040.85	785363.41
	股东权益(万)	367451.43	351184.30	353063.04	343221.76
	主营业务收入(万)	1181177.64	1926528.21	962219.78	1563065.80
	主营成本(万)	1123099.51	1820422.47	915320.17	1493540.66
	营业收入(万)	1192985.60	1941039.70	970937.61	1571124.18
	营业成本(万)	1134537.55	1834378.20	923784.33	1501252.74
	投资收益(万)	–	–	–	–
	利润总额(万)	29439.64	47652.03	23042.03	21656.05
	净利润(万)	21300.76	34819.69	16552.79	14655.94

湖南金健米业股份有限公司

公司概况	公司名称	湖南金健米业股份有限公司		证券简称	金健米业
	法人代表	肖立成	董秘 谢文	证券代码	600127
	公司网址	www.600127.cn		电子信箱	dm_600127@163.com
	电　　话	0736-2588288 2588216		传　　真	0736-2588220
	办公地址	湖南省常德市德山开发区崇德路金健米业总部			
	经营范围	开发、生产、销售定型包装粮油及制品、食品包装材料等			

主要财务指标	指标\报告期	2011.06.30	2010.12.31	2010.06.30	2009.12.31
	每股收益(元)	0.0068	0.0104	0.0051	0.0021
	每股收益(扣除)(元)	-0.0514	-0.0500	0.0002	-0.0164
	每股净资产(元)	1.0253	1.0185	1.0130	1.0266
	调整后每股净资产(元)	-	-	-	-
	每股资本公积金(元)	0.3176	0.3176	0.3176	0.3176
	每股盈余公积金(元)	0.0300	0.0300	0.0300	0.0300
	每股未分配利润(元)	-0.3223	-0.3291	-0.3344	-0.3210
	每股现金净流量(元)	-0.0596	0.0000	0.0642	-0.0573
	每股经营现金净流量(元)	0.0881	0.3805	0.3499	0.0657
	净资产收益率(扣除)(%)	-	-5.3600	-	-
	净资产收益率(%)	0.6650	1.0170	0.5020	0.2000
	总资产(万)	138829.22	148034.44	157755.66	146860.73
	股东权益(万)	55825.84	55454.72	55167.25	55895.88
	主营业务收入(万)	66964.14	122818.41	54828.66	-
	主营成本(万)	58601.25	103439.27	45163.87	-
	营业收入(万)	68150.86	125235.75	55967.32	76130.31
	营业成本(万)	59556.48	105331.76	46048.55	62433.35
	投资收益(万)	-	-	-	-
	利润总额(万)	770.32	1881.89	735.38	467.81
	净利润(万)	371.12	564.04	276.68	113.94

江苏弘业股份有限公司

公司概况	公司名称	江苏弘业股份有限公司		证券简称	弘业股份
	法人代表	李结祥	董秘 姜琳	证券代码	600128
	公司网址	www.artall.com.cn		电子信箱	jianglin@artall.com
	电　　话	025-52262530		传　　真	025-52307117
	办公地址	江苏省南京市中华路50号弘业大厦			
	经营范围	各类商品和技术的进出口,从事"三来一补"业务,开展实业投资、国内贸易			

主要财务指标	指标\报告期	2011.06.30	2010.12.31	2010.06.30	2009.12.31
	每股收益(元)	0.1739	0.3105	0.1167	0.1390
	每股收益(扣除)(元)	0.0177	0.2058	0.1003	0.0869
	每股净资产(元)	5.2700	5.2100	5.1100	5.0900
	调整后每股净资产(元)	-	-	-	-
	每股资本公积金(元)	2.9351	2.9719	3.0064	3.0975
	每股盈余公积金(元)	-	0.4123	0.3806	0.3806
	每股未分配利润(元)	0.9202	0.8264	0.7242	0.6075
	每股现金净流量(元)	-	-0.2143	0.3587	-0.2910
	每股经营现金净流量(元)	-	-0.8993	-0.8196	-0.1873
	净资产收益率(扣除)(%)	-	5.9600	2.2840	2.7330
	净资产收益率(%)	3.3200	6.0300	2.2900	2.8100
	总资产(万)	294731.28	337892.48	341615.56	290952.66
	股东权益(万)	129986.97	137462.69	134638.50	134497.50
	主营业务收入(万)	138626.67	312254.48	140036.50	252746.65
	主营成本(万)	129204.45	290964.23	129250.16	235316.06
	营业收入(万)	139510.68	315710.02	141214.19	255031.68
	营业成本(万)	129698.55	292709.28	129745.56	236278.59
	投资收益(万)	-	8386.56	2089.69	5075.76
	利润总额(万)	6356.70	9611.56	3822.53	5916.05
	净利润(万)	4290.19	7662.70	2880.51	3429.65

重庆太极实业(集团)股份有限公司

公司概况	公司名称	重庆太极实业(集团)股份有限公司		证券简称	太极集团
	法人代表	白礼西	董秘 蔡建军	证券代码	600129
	公司网址	www.taiji.com		电子信箱	caijianjun003@hotmail.com
	电　　话	023-72800072 89886129		传　　真	023-89887399
	办公地址	重庆市涪陵区太极大道1号			
	经营范围	中成药、西药、保健用品加工、销售,医疗包装制品加工,医疗器械销售等			

主要财务指标	指标\报告期	2011.06.30	2010.12.31	2010.06.30	2009.12.31
	每股收益(元)	0.0668	-0.3785	0.0659	0.0707
	每股收益(扣除)(元)	-0.0275	-0.1346	0.0408	0.0213
	每股净资产(元)	2.8920	2.8060	3.1550	2.9700
	调整后每股净资产(元)	-	-	-	-
	每股资本公积金(元)	1.0689	1.0509	0.9134	1.3818
	每股盈余公积金(元)	0.1724	0.1724	0.1724	0.2242
	每股未分配利润(元)	0.6497	0.5829	1.0685	1.2498
	每股现金净流量(元)	-0.1101	-0.0815	-0.5727	0.4792
	每股经营现金净流量(元)	-0.0243	0.2927	-0.0461	1.0301
	净资产收益率(扣除)(%)	-	-4.6600	-	0.7500
	净资产收益率(%)	2.3100	-13.4860	2.0880	2.3847
	总资产(万)	704298.14	702910.82	644623.49	652286.48
	股东权益(万)	123464.80	119819.27	134678.83	126618.35
	主营业务收入(万)	343973.73	595986.12	305171.78	524686.18
	主营成本(万)	273762.98	453297.74	230576.19	393142.75
	营业收入(万)	351235.74	598561.98	309568.97	527514.57
	营业成本(万)	276999.12	455160.89	233015.77	395100.10
	投资收益(万)	-	-	-	-
	利润总额(万)	7331.49	-12408.62	7315.26	10881.40
	净利润(万)	2851.78	-16158.57	2811.67	3019.52

宁波波导股份有限公司

公司概况	公司名称	宁波波导股份有限公司		证券简称	ST 波 导
	法人代表	徐立华	董秘 马思甜	证券代码	600130
	公司网址	www.chinabird.com		电子信箱	birdzq@chinabird.com
	电　　话	0574-88918855		传　　真	0574-88929054
	办公地址	浙江省奉化市大成东路999号			
	经营范围	电子通讯产品、通讯系统、计算机及配件、现代办公室设备研究开发等			

主要财务指标	指标\报告期	2011.06.30	2010.12.31	2010.06.30	2009.12.31
	每股收益(元)	0.0500	0.0600	0.0100	0.0200
	每股收益(扣除)(元)	0.0140	0.0200	0.0050	-0.0600
	每股净资产(元)	0.8600	0.8200	0.7740	0.7600
	调整后每股净资产(元)	-	-	-	-
	每股资本公积金(元)	0.5936	0.5936	0.5936	0.5936
	每股盈余公积金(元)	0.0865	0.0865	0.0865	0.0865
	每股未分配利润(元)	-0.8171	-0.8629	-0.9053	-0.9179
	每股现金净流量(元)	0.1447	-0.3623	-0.1657	0.0760
	每股经营现金净流量(元)	0.0485	-0.0689	-0.0409	-0.0751
	净资产收益率(扣除)(%)	-	2.4100	-	-8.4600
	净资产收益率(%)	5.3060	6.7400	1.6320	2.6890
	总资产(万)	89544.85	90104.67	95317.28	99196.88
	股东权益(万)	66241.42	62702.93	59426.61	58449.53
	主营业务收入(万)	19438.50	99206.19	49854.82	111276.53
	主营成本(万)	15163.45	91729.13	43671.10	104598.36
	营业收入(万)	21529.87	103435.94	51503.41	115368.17
	营业成本(万)	16439.68	94417.36	44819.52	108391.23
	投资收益(万)	-	-	-	-
	利润总额(万)	3544.69	4227.64	969.74	1571.65
	净利润(万)	3514.58	4225.92	969.74	1571.65

四川岷江水利电力股份有限公司

公司概况					
公司名称	四川岷江水利电力股份有限公司			证券简称	岷江水电
法人代表	张有才	董秘	肖劲松	证券代码	600131
公司网址	www.mjsdgs.com		电子信箱	weijianke@263.net	
电　话	028-80808131 80808555		传　真	028-80808132	
办公地址	四川省都江堰市奎光路 301 号				
经营范围	电力生产、电力购售等				

主要财务指标 指标\报告期	2011.06.30	2010.12.31	2010.06.30	2009.12.31
每股收益(元)	0.0675	0.2800	0.0751	-0.1100
每股收益(扣除)(元)	0.0562	0.1700	0.0239	-0.1700
每股净资产(元)	1.3800	1.2700	1.0611	1.0000
调整后每股净资产(元)	-	-	-	-
每股资本公积金(元)	0.1437	0.0935	0.0987	0.1130
每股盈余公积金(元)	0.1848	0.1848	0.1848	0.1848
每股未分配利润(元)	0.0547	-0.0128	-0.2224	-0.2975
每股现金净流量(元)	0.1623	0.2386	-0.0307	-0.0595
每股经营现金净流量(元)	0.0701	0.1981	0.0365	0.1236
净资产收益率(扣除)(%)	-	15.2100	-	-16.5700
净资产收益率(%)	4.8810	22.4950	7.0740	-11.4653
总资产(万)	253443.07	221613.66	192557.37	179188.17
股东权益(万)	69730.79	63799.16	53492.67	50428.68
主营业务收入(万)	32499.51	53531.72	27104.35	37870.60
主营成本(万)	27432.85	44557.73	24172.00	34293.69
营业收入(万)	32988.82	53897.62	27282.96	38135.95
营业成本(万)	27447.68	44557.73	24172.00	34490.47
投资收益(万)	-	-	-	-
利润总额(万)	3414.17	14796.49	3619.09	-4521.30
净利润(万)	3403.52	14351.48	3784.21	-5781.78

重庆啤酒股份有限公司

公司概况					
公司名称	重庆啤酒股份有限公司			证券简称	重庆啤酒
法人代表	黄明贵	董秘	邓炜	证券代码	600132
公司网址	www.chongqingbeer.com		电子信箱	600132@chongqingbeer.com	
电　话	023-89139388 89139399		传　真	023-89139393	
办公地址	重庆市九龙坡区马王乡龙泉村一号				
经营范围	生产及销售啤酒等				

主要财务指标 指标\报告期	2011.06.30	2010.12.31	2010.06.30	2009.12.31
每股收益(元)	0.2000	0.7500	0.1900	0.3700
每股收益(扣除)(元)	0.1700	0.2500	0.1600	0.3300
每股净资产(元)	2.8349	2.9400	2.3790	2.4900
调整后每股净资产(元)	-	-	-	-
每股资本公积金(元)	0.0218	0.0218	0.0190	0.0190
每股盈余公积金(元)	0.4467	0.4467	0.3596	0.3596
每股未分配利润(元)	1.3665	1.4699	1.0002	1.1091
每股现金净流量(元)	0.2624	-0.2944	0.1851	0.2352
每股经营现金净流量(元)	0.4923	0.6911	0.5477	1.0176
净资产收益率(扣除)(%)	6.9350	25.4500	8.0330	15.0730
净资产收益率(%)	6.9300	28.1000	7.6900	16.0800
总资产(万)	378976.30	355299.51	374978.54	329380.04
股东权益(万)	144769.88	149643.89	123120.69	129256.73
主营业务收入(万)	121797.25	232929.00	104196.98	226037.63
主营成本(万)	67601.02	130444.32	56918.36	119145.95
营业收入(万)	123900.79	237529.07	106413.91	226037.63
营业成本(万)	68690.07	132857.45	58258.73	121610.22
投资收益(万)	97.39	213.48	-	158.03
利润总额(万)	12664.08	40406.74	11210.82	23514.84
净利润(万)	9515.43	36191.07	9247.96	18147.89

武汉东湖高新集团股份有限公司

公司概况					
公司名称	武汉东湖高新集团股份有限公司			证券简称	东湖高新
法人代表	丁振国	董秘	李雪梅	证券代码	600133
公司网址	www.elht.com		电子信箱	dhgx@hotmail.com	
电　话	027-87172021 87172038		传　真	027-87172021 87172038	
办公地址	湖北省武汉市东湖开发区佳园路 1 号东湖高新大楼				
经营范围	科技工业园、烟气脱硫和环保电力的建设、开发及运营等				

主要财务指标 指标\报告期	2011.06.30	2010.12.31	2010.06.30	2009.12.31
每股收益(元)	-0.1200	0.0355	0.0900	0.2600
每股收益(扣除)(元)	-0.0900	0.0302	0.1000	0.1600
每股净资产(元)	1.6271	1.8150	1.8688	3.3000
调整后每股净资产(元)	-	-	-	-
每股资本公积金(元)	0.1106	0.1106	0.1106	0.9991
每股盈余公积金(元)	0.2082	0.2082	0.1978	0.3446
每股未分配利润(元)	0.3083	0.4296	0.5603	0.8395
每股现金净流量(元)	0.6018	0.1683	0.1795	0.1050
每股经营现金净流量(元)	0.2528	0.4407	-0.2193	1.2869
净资产收益率(扣除)(%)	-	1.6700	-	5.0900
净资产收益率(%)	-7.4540	1.9530	4.7800	6.7910
总资产(万)	352013.92	315414.91	313242.22	295140.63
股东权益(万)	80715.75	86731.86	92704.17	87729.15
主营业务收入(万)	30751.07	90268.49	43777.80	32794.71
主营成本(万)	22059.93	69738.81	30408.47	18871.64
营业收入(万)	30910.63	90912.30	43818.21	32855.80
营业成本(万)	22059.93	69790.02	30434.07	18923.00
投资收益(万)	-	-	-	-
利润总额(万)	-2093.64	8342.16	8881.39	8171.09
净利润(万)	-6016.11	1758.64	4429.12	6181.54

乐凯胶片股份有限公司

公司概况					
公司名称	乐凯胶片股份有限公司			证券简称	乐凯胶片
法人代表	张建恒	董秘	张永光	证券代码	600135
公司网址	www.luckyfilm.com.cn		电子信箱	stock@luckyfilm.com.cn	
电　话	0312-3302372		传　真	0312-3302386	
办公地址	河北省保定市乐凯南大街 6 号				
经营范围	彩色胶卷、彩色相纸、彩色电影胶片等彩色感光材料的科研、生产、销售等				

主要财务指标 指标\报告期	2011.06.30	2010.12.31	2010.06.30	2009.12.31
每股收益(元)	0.0092	0.0095	-0.0060	0.0064
每股收益(扣除)(元)	-0.0023	-0.0466	-0.0101	-0.0166
每股净资产(元)	2.8900	2.8800	2.8630	2.8700
调整后每股净资产(元)	-	-	-	-
每股资本公积金(元)	0.9973	0.9973	0.9973	0.9973
每股盈余公积金(元)	0.4024	0.4024	0.4024	0.4024
每股未分配利润(元)	0.4904	0.4812	0.4636	0.4717
每股现金净流量(元)	0.0245	-0.1811	-0.3569	-0.0131
每股经营现金净流量(元)	0.0450	0.1392	-0.0415	0.2443
净资产收益率(扣除)(%)	-	-1.6200	-	-0.5800
净资产收益率(%)	0.3200	0.3290	-0.1930	0.2140
总资产(万)	108287.76	105115.02	103093.37	105671.64
股东权益(万)	98840.18	98524.35	97924.50	98200.02
主营业务收入(万)	38494.11	69943.42	34120.30	65272.27
主营成本(万)	33175.66	58477.79	28840.10	53190.90
营业收入(万)	39311.54	73250.87	35619.23	67434.21
营业成本(万)	33776.98	61865.52	30288.15	55411.93
投资收益(万)	-	-	-	-
利润总额(万)	536.60	1016.66	98.42	1027.49
净利润(万)	315.83	324.32	-188.65	219.76

武汉道博股份有限公司

公司概况					
公司名称	武汉道博股份有限公司			证券简称	道博股份
法人代表	陈海淳	董秘	周家敏	证券代码	600136
公司网址	www.whggfz.com			电子信箱	zhoujiamin0716@126.com
电　话	027-81732221			传　真	027-81732230
办公地址	湖北省武汉市东湖新技术开发区关凤大道特二号当代国际花园C座3-2F				
经营范围	羊绒制品、能源、原材料、冶金电子、纺织、机械、化工及环境工程的研究、开发等				

主要财务指标：指标\报告期	2011.06.30	2010.12.31	2010.06.30	2009.12.31
每股收益(元)	0.0116	0.1000	0.0700	0.3700
每股收益(扣除)(元)	0.0116	0.1000	0.0700	0.1700
每股净资产(元)	1.1166	1.1100	1.0700	1.0000
调整后每股净资产(元)	–	–	–	–
每股资本公积金(元)	0.0010	0.0010	0.0010	0.0010
每股盈余公积金(元)	0.0665	0.0665	0.0665	0.0665
每股未分配利润(元)	0.0491	0.0375	0.0021	–0.0664
每股现金净流量(元)	–0.3098	0.0586	0.0732	0.1353
每股经营现金净流量(元)	0.3173	0.1636	0.0758	0.2012
净资产收益率(扣除)(%)	–	9.8700	–	20.8700
净资产收益率(%)	1.0380	9.4030	6.4000	36.4900
总资产(万)	14555.29	15105.03	15864.79	15031.54
股东权益(万)	11662.54	11541.51	11171.29	10456.28
主营业务收入(万)	904.45	3240.51	1477.47	9222.71
主营成本(万)	400.49	1008.99	377.26	5845.53
营业收入(万)	904.45	3240.51	1477.47	9222.71
营业成本(万)	400.49	1008.99	377.26	5845.53
投资收益(万)	–	–	–	–
利润总额(万)	202.70	1249.56	788.93	4334.60
净利润(万)	121.03	1085.23	715.01	3815.51

四川浪莎控股股份有限公司

公司概况					
公司名称	四川浪莎控股股份有限公司			证券简称	浪莎股份
法人代表	翁荣金	董秘	马中明	证券代码	600137
公司网址	www.langshastock.com			电子信箱	cjbz@vip.163.com
电　话	0831-8216216			传　真	0831-8216016
办公地址	四川省宜宾市外南街63号				
经营范围	针织内衣、针织面料的制造,商品批发与零售;进出口业;投资管理咨询				

主要财务指标：指标\报告期	2011.06.30	2010.12.31	2010.06.30	2009.12.31
每股收益(元)	0.1150	0.4500	0.1020	0.3500
每股收益(扣除)(元)	0.1120	0.4500	0.1000	0.3200
每股净资产(元)	4.2900	4.1700	3.8300	3.7300
调整后每股净资产(元)	–	–	–	–
每股资本公积金(元)	3.5158	3.5158	3.5158	3.5158
每股盈余公积金(元)	0.1078	0.1078	0.1798	0.1078
每股未分配利润(元)	–0.3343	–0.4491	–0.8650	–0.8947
每股现金净流量(元)	–0.4781	–1.5935	–0.7354	2.0831
每股经营现金净流量(元)	–0.8720	–0.5642	–0.6793	0.4740
净资产收益率(扣除)(%)	–	11.2800	–	10.7200
净资产收益率(%)	2.6750	10.6750	2.6560	8.2650
总资产(万)	54943.28	58214.87	56190.19	51654.01
股东权益(万)	41699.15	58214.87	37240.38	36251.21
主营业务收入(万)	10203.66	34076.58	10198.79	21667.30
主营成本(万)	8004.97	25886.15	7997.29	16243.93
营业收入(万)	10203.66	34076.58	10198.79	21692.42
营业成本(万)	8004.97	25886.15	7997.29	16269.00
投资收益(万)	–	–	–	–
利润总额(万)	1304.09	5055.43	1169.35	3424.91
净利润(万)	1115.61	4332.33	989.16	2996.12

中青旅控股股份有限公司

公司概况					
公司名称	中青旅控股股份有限公司			证券简称	中青旅
法人代表	张骏	董秘	刘广明	证券代码	600138
公司网址	www.aoyou.com			电子信箱	zhqb@aoyou.com
电　话	010-58158702 58158717			传　真	010-58158708
办公地址	北京市东城区东直门南大街5号中青旅大厦				
经营范围	旅游、高科技、风险投资领域的投资、旅游服务、高新技术产品开发和技术服务				

主要财务指标：指标\报告期	2011.06.30	2010.12.31	2010.06.30	2009.12.31
每股收益(元)	0.2170	0.6400	0.2820	0.6100
每股收益(扣除)(元)	0.1950	0.5800	0.2520	0.4700
每股净资产(元)	5.6450	5.6050	5.2490	5.1700
调整后每股净资产(元)	–	–	–	–
每股资本公积金(元)	2.1863	2.1622	2.1624	2.1622
每股盈余公积金(元)	0.2538	0.2538	0.2254	0.2254
每股未分配利润(元)	2.2543	2.2369	1.9021	1.8262
每股现金净流量(元)	0.3159	0.7572	0.1084	0.5981
每股经营现金净流量(元)	0.5511	3.5674	0.9429	1.4129
净资产收益率(扣除)(%)	–	10.7700	–	9.4200
净资产收益率(%)	3.8510	11.4040	5.3750	11.8185
总资产(万)	810471.61	759817.14	594380.95	564708.97
股东权益(万)	234468.38	232789.69	218030.10	214888.64
主营业务收入(万)	300278.21	608383.85	243536.88	619087.17
主营成本(万)	238773.65	478664.92	186581.83	471204.36
营业收入(万)	300278.21	608383.85	243536.88	619087.17
营业成本(万)	238773.65	478664.92	186581.83	471204.36
投资收益(万)	–	–	–	–
利润总额(万)	21109.31	54529.90	26221.95	63716.10
净利润(万)	9029.30	26546.46	11719.39	25396.69

四川西部资源控股股份有限公司

公司概况					
公司名称	四川西部资源控股股份有限公司			证券简称	西部资源
法人代表	王成	董秘	王娜	证券代码	600139
公司网址	www.scxbzy.com			电子信箱	qinhua@scxbzy.com
电　话	028-85917855			传　真	028-85917855
办公地址	四川省成都市锦江区锦江工业开发区毕升路168号				
经营范围	铜矿石，铜精矿采选,销售;金属材料,金属制品,机械电子等				

主要财务指标：指标\报告期	2011.06.30	2010.12.31	2010.06.30	2009.12.31
每股收益(元)	0.1540	0.5695	0.1080	0.4624
每股收益(扣除)(元)	0.1540	0.4468	0.1450	0.3282
每股净资产(元)	1.5370	1.9720	1.5550	1.4100
调整后每股净资产(元)	–	–	–	–
每股资本公积金(元)	0.1012	0.1278	0.1128	0.1278
每股盈余公积金(元)	0.0747	0.0543	0.0543	0.0543
每股未分配利润(元)	0.3434	0.7686	0.3512	0.1991
每股现金净流量(元)	0.0915	–0.1194	0.2035	0.5273
每股经营现金净流量(元)	0.1655	0.1085	0.5125	0.3736
净资产收益率(扣除)(%)	–	26.3900	–	42.6900
净资产收益率(%)	10.0050	28.8710	9.7510	32.8405
总资产(万)	63267.85	59346.54	53089.93	43517.75
股东权益(万)	51031.17	46770.87	36880.25	33386.49
主营业务收入(万)	10078.19	20672.98	9386.27	15587.16
主营成本(万)	1385.71	2714.90	1352.04	2848.46
营业收入(万)	10420.78	21168.41	9588.71	15632.04
营业成本(万)	1489.15	3073.55	1352.04	2850.93
投资收益(万)	–	–	–	–
利润总额(万)	7057.64	13733.39	4399.43	12107.64
净利润(万)	5105.88	13503.22	3596.21	10964.29

湖北兴发化工集团股份有限公司

公司概况						
	公司名称	湖北兴发化工集团股份有限公司			证券简称	兴发集团
	法人代表	李国璋	董秘	孙卫东	证券代码	600141
	公司网址	www.xingfagroup.com		电子信箱	sunwd@xingfagroup.com	
	电　　话	0717-6760850 6760939		传　　真	0717-6760850	
	办公地址	湖北省兴山县古夫镇高阳大道 58 号				
	经营范围	磷化工系列产品及精细化工产品生产销售;水力发电、供电、磷矿石的开采、销售等				

主要财务指标	指标\报告期	2011.06.30	2010.12.31	2010.06.30	2009.12.31
	每股收益(元)	0.3098	0.5086	0.2601	0.4120
	每股收益(扣除)(元)	0.2927	0.5943	0.2727	0.4240
	每股净资产(元)	4.8876	4.6300	5.0860	4.1200
	调整后每股净资产(元)	–	–	–	–
	每股资本公积金(元)	1.7111	1.6660	2.0167	1.4522
	每股盈余公积金(元)	0.3175	0.3175	0.3283	0.3450
	每股未分配利润(元)	1.8137	1.6039	1.6954	1.5017
	每股现金净流量(元)	0.7240	0.1242	0.4287	0.1510
	每股经营现金净流量(元)	0.6561	1.0558	0.1070	1.2790
	净资产收益率(扣除)(%)	6.3380	10.8320	5.7170	31.0305
	净资产收益率(%)	6.5100	13.0300	6.7900	11.3600
	总资产(万)	752978.61	619157.94	470219.33	386065.98
	股东权益(万)	209900.27	196953.37	165221.64	128188.40
	主营业务收入(万)	325387.16	463801.58	210141.24	301629.71
	主营成本(万)	285885.65	394511.60	180137.12	254421.91
	营业收入(万)	327325.37	467804.31	212139.25	312251.27
	营业成本(万)	287201.57	396524.20	181574.27	264098.01
	投资收益(万)	213.16	1725.55	1126.05	2326.14
	利润总额(万)	15101.46	23858.33	11359.76	16656.04
	净利润(万)	11322.03	18328.69	9240.10	14422.45

金发科技股份有限公司

公司概况						
	公司名称	金发科技股份有限公司			证券简称	金发科技
	法人代表	袁志敏	董秘	宁红涛	证券代码	600143
	公司网址	www.kingfa.com.cn		电子信箱	ninght@kingfa.com.cn	
	电　　话	020-87037616 87037333		传　　真	020-87072220 87071479	
	办公地址	广东省广州市天河区柯木塱高唐工业区				
	经营范围	塑料、化工产品、塑料回收及再生利用、日用机械、金属制品、新材料、新产品的开发、研究等				

主要财务指标	指标\报告期	2011.06.30	2010.12.31	2010.06.30	2009.12.31
	每股收益(元)	0.4100	0.4100	0.1400	0.2000
	每股收益(扣除)(元)	0.2400	0.3500	0.1100	0.1900
	每股净资产(元)	2.8500	2.4500	2.1800	2.1400
	调整后每股净资产(元)	–	–	–	–
	每股资本公积金(元)	0.4489	0.3417	0.3478	0.3478
	每股盈余公积金(元)	0.1472	0.1472	0.1216	0.1216
	每股未分配利润(元)	0.7305	0.9591	0.7094	0.6706
	每股现金净流量(元)	0.0271	0.1420	0.1775	0.2222
	每股经营现金净流量(元)	0.2791	0.4114	–0.0835	0.2632
	净资产收益率(扣除)(%)	–	15.1300	–	8.9400
	净资产收益率(%)	17.5840	16.9180	6.3725	9.5750
	总资产(万)	910858.90	935849.18	916560.94	799342.55
	股东权益(万)	397752.65	341822.74	304260.03	298842.90
	主营业务收入(万)	588196.38	1022460.20	467881.54	711081.56
	主营成本(万)	483673.77	870932.94	406718.79	599534.15
	营业收入(万)	588838.49	1024232.53	468408.04	711242.29
	营业成本(万)	548474.22	872152.72	406990.86	599803.72
	投资收益(万)	–	–	–	–
	利润总额(万)	65516.01	63284.83	20192.30	32826.52
	净利润(万)	56731.09	57829.07	19388.98	28614.11

贵州国创能源控股(集团)股份有限公司

公司概况						
	公司名称	贵州国创能源控股(集团)股份有限公司			证券简称	*ST 国创
	法人代表	甘霖	董秘	李陆军	证券代码	600145
	公司网址	www.swell.com.cn		电子信箱	swelldm@126.com	
	电　　话	0851-5833622		传　　真	0851-5830722	
	办公地址	贵州省贵阳市正新街 9 号富水花园 D 座 30-3 号				
	经营范围	建筑卫生陶瓷、复合材料浴缸、塑料制品、五金配件、厨房设备等				

主要财务指标	指标\报告期	2011.06.30	2010.12.31	2010.06.30	2009.12.31
	每股收益(元)	0.0004	0.1500	0.0600	–0.3500
	每股收益(扣除)(元)	0.0004	0.0050	0.0100	–0.3600
	每股净资产(元)	0.5738	0.5700	0.3810	0.3200
	调整后每股净资产(元)	–	–	–	–
	每股资本公积金(元)	0.1786	0.1786	0.0740	0.0740
	每股盈余公积金(元)	0.1038	0.1038	0.1038	0.1038
	每股未分配利润(元)	–0.7085	–0.7089	–0.7965	–0.8577
	每股现金净流量(元)	–0.1428	0.5664	–0.0157	–0.0087
	每股经营现金净流量(元)	–0.1429	0.6071	0.0146	0.1545
	净资产收益率(扣除)(%)	0.0740	26.7690	16.0460	–109.0560
	净资产收益率(%)	0.3750	26.7700	18.5000	–70.5700
	总资产(万)	41244.77	44651.86	44953.96	53756.57
	股东权益(万)	22770.02	22723.10	15588.81	13248.41
	主营业务收入(万)	5663.23	22893.41	7561.31	13075.08
	主营成本(万)	4762.86	20077.26	6180.97	11753.38
	营业收入(万)	5767.11	23995.86	7611.59	14662.77
	营业成本(万)	4829.31	21119.66	6205.89	13101.93
	投资收益(万)	–	554.97	–	1228.56
	利润总额(万)	81.41	5934.63	2453.71	–13538.80
	净利润(万)	16.11	5797.30	2310.66	–13184.67

宁夏大元化工股份有限公司

公司概况						
	公司名称	宁夏大元化工股份有限公司			证券简称	大元股份
	法人代表	邓永祥	董秘	朱立新	证券代码	600146
	公司网址	www.600146.net		电子信箱	dy600146@vip.sina.com	
	电　　话	010-84989022		传　　真	010-84989025	
	办公地址	北京市朝阳区北辰东路 8 号北辰时代大厦 1406				
	经营范围	生产销售工程用塑料板材、管材、异型材、电线、电缆等				

主要财务指标	指标\报告期	2011.06.30	2010.12.31	2010.06.30	2009.12.31
	每股收益(元)	–0.1520	0.0200	0.0580	–0.2400
	每股收益(扣除)(元)	–0.1470	–0.1040	–0.0440	–0.2620
	每股净资产(元)	1.2847	1.4000	1.4080	1.4400
	调整后每股净资产(元)	–	–	–	–
	每股资本公积金(元)	0.6573	0.6227	0.5906	0.6771
	每股盈余公积金(元)	0.0215	0.0215	0.0215	0.0215
	每股未分配利润(元)	–0.3941	–0.2421	–0.2041	–0.2621
	每股现金净流量(元)	–0.0977	0.3282	0.2182	0.0919
	每股经营现金净流量(元)	–0.2538	0.0365	–0.0257	0.0058
	净资产收益率(扣除)(%)	–11.8310	1.4290	4.1220	–16.7230
	净资产收益率(%)	–11.3100	1.3800	3.9600	–16.0100
	总资产(万)	34725.08	43767.35	34250.44	37087.01
	股东权益(万)	25693.71	28042.64	28160.75	28729.80
	主营业务收入(万)	3749.86	6350.90	2482.94	7654.05
	主营成本(万)	3546.30	5656.16	2420.41	7373.16
	营业收入(万)	3793.45	7210.53	2781.13	8620.70
	营业成本(万)	3568.68	6205.64	2474.74	8377.31
	投资收益(万)	–	2005.11	1657.82	131.02
	利润总额(万)	–3039.89	400.64	1160.90	–4780.11
	净利润(万)	–3039.89	400.64	1160.90	–4804.56

长春一东离合器股份有限公司

公司概况	公司名称	长春一东离合器股份有限公司			证券简称	长春一东
	法人代表	李长江	董秘	王有年	证券代码	600148
	公司网址	www.ccyd.com.cn		电子信箱	600148@ccyd.com.cn	
	电　　话	0431-85158520 85158570		传　　真	0431-85174234	
	办公地址	吉林省长春市高新技术产业开发区超然街 2555 号				
	经营范围	制造汽车离合器、机械配件和汽车零件等				

主要财务指标	指标＼报告期	2011.06.30	2010.12.31	2010.06.30	2009.12.31
	每股收益(元)	0.1950	0.1500	0.1130	–0.2700
	每股收益(扣除)(元)	0.1950	0.1400	0.1140	–0.2600
	每股净资产(元)	2.1100	1.9200	1.8800	1.7700
	调整后每股净资产(元)	–	–	–	–
	每股资本公积金(元)	0.6297	0.6297	0.6297	0.6297
	每股盈余公积金(元)	0.1450	0.1450	0.1450	0.1450
	每股未分配利润(元)	0.3393	0.1444	0.1072	–0.0048
	每股现金净流量(元)	0.1308	0.1824	–0.0582	–0.0361
	每股经营现金净流量(元)	–0.2562	0.2252	–0.0057	0.2757
	净资产收益率(扣除)(%)	–	7.8000	–	–13.8700
	净资产收益率(%)	9.2190	7.7780	5.9920	–15.3752
	总资产(万)	94903.03	81660.94	75217.37	63257.58
	股东权益(万)	29916.82	27158.76	26631.74	25046.40
	主营业务收入(万)	45174.77	70378.18	38539.64	39133.89
	主营成本(万)	32842.34	50787.14	28165.38	32029.25
	营业收入(万)	46060.16	71771.46	39243.43	40027.96
	营业成本(万)	32885.47	50967.55	28221.65	32324.58
	投资收益(万)	–	–	–	–
	利润总额(万)	4237.23	4137.79	2614.49	–4024.91
	净利润(万)	2758.06	2112.36	1595.71	–3850.94

华夏建通科技开发股份有限公司

公司概况	公司名称	华夏建通科技开发股份有限公司			证券简称	*ST 建通
	法人代表	赵勃	董秘	刘虹	证券代码	600149
	公司网址	www.600149.com		电子信箱	tdkglh@126.com	
	电　　话	010-64795515		传　　真	010-84784955	
	办公地址	北京市朝阳区望京西路甲 50 号卷石天地大厦 B 座 12 层				
	经营范围	机械专业领域内的技术开发、技术咨询、技术服务、技术转让等				

主要财务指标	指标＼报告期	2011.06.30	2010.12.31	2010.06.30	2009.12.31
	每股收益(元)	–0.0050	–0.8890	–0.0090	–0.0793
	每股收益(扣除)(元)	–0.0050	–0.8890	–0.0090	–0.0342
	每股净资产(元)	0.6760	0.6807	1.5600	1.4658
	调整后每股净资产(元)	–	–	–	–
	每股资本公积金(元)	0.2788	0.2788	0.1919	0.1749
	每股盈余公积金(元)	0.1298	0.1298	0.1298	0.1298
	每股未分配利润(元)	–0.7325	–0.7278	0.2390	0.1612
	每股现金净流量(元)	0.0063	0.0069	0.1848	–0.0066
	每股经营现金净流量(元)	0.0063	0.0083	0.1691	–0.0065
	净资产收益率(扣除)(%)	–	–81.6100	–	–2.2400
	净资产收益率(%)	–0.6970	–130.6050	–0.5830	–5.4800
	总资产(万)	30837.25	31015.72	64626.29	62911.53
	股东权益(万)	25698.02	25877.17	59330.69	55723.82
	主营业务收入(万)	317.19	600.00	300.00	1912.71
	主营成本(万)	114.48	228.97	114.48	247.90
	营业收入(万)	317.19	600.00	300.00	1912.71
	营业成本(万)	114.48	228.97	114.48	247.90
	投资收益(万)	–	–	–	–
	利润总额(万)	–179.18	–33929.00	–349.98	–2841.64
	净利润(万)	–179.15	–33796.87	–345.61	–3053.80

中国船舶工业股份有限公司

公司概况	公司名称	中国船舶工业股份有限公司			证券简称	中国船舶
	法人代表	谭作钧	董秘	施卫东	证券代码	600150
	公司网址	www.cssholdings.com		电子信箱	stock@cssholdings.com	
	电　　话	021-68860618		传　　真	021-68860568	
	办公地址	上海市浦东新区浦东大道 1 号 15A 层				
	经营范围	船舶行业和柴油机生产行业内的投资，民用船舶销售等				

主要财务指标	指标＼报告期	2011.06.30	2010.12.31	2010.06.30	2009.12.31
	每股收益(元)	1.9350	3.9400	1.8840	3.7700
	每股收益(扣除)(元)	1.8300	3.7600	1.8560	3.4700
	每股净资产(元)	25.4080	24.0700	22.0500	20.9700
	调整后每股净资产(元)	–	–	–	–
	每股资本公积金(元)	7.6054	7.6054	7.6356	7.6356
	每股盈余公积金(元)	0.6997	0.6997	0.6342	0.6342
	每股未分配利润(元)	16.1028	14.7678	12.7798	11.6963
	每股现金净流量(元)	–7.0546	10.4830	8.0043	5.9399
	每股经营现金净流量(元)	–3.0280	11.8135	6.8008	5.4161
	净资产收益率(扣除)(%)	–	16.6800	–	17.7600
	净资产收益率(%)	7.6160	16.3550	8.5420	18.0010
	总资产(万)	5012522.99	5143430.96	4909220.75	4303016.63
	股东权益(万)	1683418.65	1594968.62	1460908.74	1389120.57
	主营业务收入(万)	1414054.00	2940685.87	1279946.24	2484625.27
	主营成本(万)	1110209.02	2382627.70	1061930.41	2149301.08
	营业收入(万)	1444482.48	2985536.88	1303778.02	2523753.62
	营业成本(万)	1138906.83	2392812.68	1069026.68	2156755.42
	投资收益(万)	–	–	–	–
	利润总额(万)	160215.65	323611.77	158168.70	314219.63
	净利润(万)	128203.42	260852.57	124792.69	250060.52

上海航天汽车机电股份有限公司

公司概况	公司名称	上海航天汽车机电股份有限公司			证券简称	航天机电
	法人代表	姜文正	董秘	王慧莉	证券代码	600151
	公司网址	www.ht-saae.com		电子信箱	saae@ht-saae.com	
	电　　话	021-64827176		传　　真	021-64827177	
	办公地址	上海市漕溪路 222 号航天大厦南楼				
	经营范围	研制、开发卫星及卫星应用、运载火箭应用及其他民用航天相关产品等				

主要财务指标	指标＼报告期	2011.06.30	2010.12.31	2010.06.30	2009.12.31
	每股收益(元)	0.0780	0.1600	0.0870	0.0970
	每股收益(扣除)(元)	–0.1350	–0.0680	0.0150	0.0090
	每股净资产(元)	2.7820	2.8060	1.8130	1.7400
	调整后每股净资产(元)	–	–	–	–
	每股资本公积金(元)	1.2946	1.3764	0.3547	0.3547
	每股盈余公积金(元)	0.1746	0.1746	0.1885	0.1885
	每股未分配利润(元)	0.3131	0.2553	0.2696	0.1968
	每股现金净流量(元)	0.0009	0.1520	0.2688	–0.0489
	每股经营现金净流量(元)	–0.4561	–0.5059	–0.1567	0.1520
	净资产收益率(扣除)(%)	–	–3.1320	–	0.5640
	净资产收益率(%)	2.7960	5.1570	5.1170	5.9490
	总资产(万)	886893.93	789740.97	690681.52	564523.80
	股东权益(万)	266370.75	268690.91	135683.44	130247.92
	主营业务收入(万)	125123.61	237990.80	106127.70	126157.07
	主营成本(万)	128739.93	208971.80	90742.71	104478.48
	营业收入(万)	130015.85	248850.42	110662.51	131028.71
	营业成本(万)	131150.64	216868.12	93894.72	106496.55
	投资收益(万)	–	–	–	–
	利润总额(万)	5117.75	16765.02	10223.49	11262.58
	净利润(万)	7447.87	13855.46	6942.95	7748.24

宁波维科精华集团股份有限公司

公司概况

公司名称	宁波维科精华集团股份有限公司			证券简称	维科精华
法人代表	何承命	董秘	黄颖	证券代码	600152
公司网址	www.vekenelite.com		电子信箱	hy@mail.veken.com	
电　话	0574-87341480		传　真	0574-87279527	
办公地址	宁波市和义路 99 号维科大厦 10 楼				
经营范围	家纺产品和纱线产品等				

主要财务指标

指标\报告期	2011.06.30	2010.12.31	2010.06.30	2009.12.31
每股收益(元)	0.5114	0.2122	-0.0654	0.1132
每股收益(扣除)(元)	0.3876	0.1477	-0.0341	-0.0746
每股净资产(元)	3.3961	2.9979	2.7053	3.1406
调整后每股净资产(元)	-	-	-	-
每股资本公积金(元)	0.5514	0.6040	0.5820	0.9502
每股盈余公积金(元)	0.3232	0.3232	0.3127	0.3127
每股未分配利润(元)	1.5214	1.0700	0.8105	0.8778
每股现金净流量(元)	-0.0868	-0.0290	-0.0592	1.1535
每股经营现金净流量(元)	0.2744	0.7263	0.8653	3.0273
净资产收益率(扣除)(%)	-	4.6700	-	-2.5700
净资产收益率(%)	15.0580	7.0780	-2.4190	3.6030
总资产(万)	346372.55	378604.07	409757.62	382589.05
股东权益(万)	99674.26	87987.46	79398.49	92175.61
主营业务收入(万)	258931.94	377065.34	124742.80	250386.31
主营成本(万)	192204.80	331791.24	112554.62	230823.33
营业收入(万)	261260.99	384840.20	127194.20	253803.14
营业成本(万)	194291.84	338355.53	114632.89	233130.14
投资收益(万)	-	-	-	-
利润总额(万)	39126.36	13064.34	-3052.38	3515.86
净利润(万)	15009.27	6227.60	-1920.46	3321.24

厦门建发股份有限公司

公司概况

公司名称	厦门建发股份有限公司			证券简称	建发股份
法人代表	黄文洲	董秘	林茂	证券代码	600153
公司网址	www.chinacnd.com		电子信箱	lm@chinacnd.com	
电　话	0592-2132319		传　真	0592-2112185 3616 3682	
办公地址	福建省厦门市鹭江道 52 号海滨大厦 7 楼				
经营范围	进出口及国内贸易、房地产开发与经营、物流服务及实业投资等				

主要财务指标

指标\报告期	2011.06.30	2010.12.31	2010.06.30	2009.12.31
每股收益(元)	0.5400	0.7800	0.3500	0.4800
每股收益(扣除)(元)	0.4200	0.8100	0.3400	0.4400
每股净资产(元)	3.2500	2.7100	4.3600	3.7400
调整后每股净资产(元)	-	-	-	-
每股资本公积金(元)	0.0403	0.0407	0.8854	0.8983
每股盈余公积金(元)	0.2027	0.2027	0.3182	0.3182
每股未分配利润(元)	2.0033	1.4634	2.1527	1.5196
每股现金净流量(元)	0.6432	0.3088	0.4716	-0.1489
每股经营现金净流量(元)	-0.2965	-2.0574	-0.1971	-0.2272
净资产收益率(扣除)(%)	-	33.8400	-	22.0000
净资产收益率(%)	16.6350	28.9580	14.5300	22.8902
总资产(万)	4785490.94	4128204.47	3411142.16	2688644.66
股东权益(万)	726238.82	605875.52	541682.62	464698.50
主营业务收入(万)	3806495.84	6600296.70	2898007.19	4049936.33
主营成本(万)	3490651.07	6011844.61	2659666.96	3692152.40
营业收入(万)	3810469.55	6609552.71	2937468.75	4055096.70
营业成本(万)	3491883.02	6014737.70	2691725.89	3694151.64
投资收益(万)	-	-	-	-
利润总额(万)	189511.46	283647.89	125631.32	165668.54
净利润(万)	120807.18	175451.61	78705.43	106370.49

河北宝硕股份有限公司

公司概况

公司名称	河北宝硕股份有限公司			证券简称	*ST 宝硕
法人代表	赵力宾	董秘	王薇薇	证券代码	600155
公司网址	www.baoshuo.com.cn		电子信箱	baoshuo600155@sina.com	
电　话	0312-3109607		传　真	0312-3109607	
办公地址	河北省保定市国家高新技术产业开发区朝阳北大街 1098 号				
经营范围	塑料制品和化工产品的生产和销售等				

主要财务指标

指标\报告期	2011.06.30	2010.12.31	2010.06.30	2009.12.31
每股收益(元)	-0.0090	0.0100	-0.0200	-0.7100
每股收益(扣除)(元)	-0.0090	-0.0900	-0.0230	-0.7000
每股净资产(元)	-6.4000	-6.3900	-6.4200	-6.4100
调整后每股净资产(元)	-	-	-	-
每股资本公积金(元)	0.5775	0.5775	0.5775	0.5775
每股盈余公积金(元)	-	0.0393	0.0393	0.0393
每股未分配利润(元)	-8.0264	-8.0169	-8.0514	-8.0311
每股现金净流量(元)	-	0.1249	-0.0232	0.0063
每股经营现金净流量(元)	-	0.0094	0.0456	0.0063
净资产收益率(扣除)(%)	-	-0.2226	-0.3162	-11.1134
净资产收益率(%)	-	-	-	-
总资产(万)	83837.80	84700.83	77895.36	76254.53
股东权益(万)	-263964.05	-263735.05	-264810.83	-264207.41
主营业务收入(万)	54265.03	99316.93	50027.74	73249.04
主营成本(万)	50268.25	94473.22	46925.51	76840.84
营业收入(万)	55450.04	101244.90	51113.61	75382.43
营业成本(万)	51298.94	96189.82	47974.12	78828.17
投资收益(万)	-	17.50	6.40	3024.41
利润总额(万)	-395.88	583.64	-836.35	-29434.73
净利润(万)	-391.03	587.19	-837.31	-29364.31

湖南华升股份有限公司

公司概况

公司名称	湖南华升股份有限公司			证券简称	华升股份
法人代表	刘政	董秘	朱小明	证券代码	600156
公司网址			电子信箱	hnhsgf@163.com	
电　话	0731-85237818		传　真	0731-85237861	
办公地址	湖南省长沙市芙蓉中路三段 420 号华升大厦				
经营范围	苎麻纺织品的开发、生产和进出口贸易				

主要财务指标

指标\报告期	2011.06.30	2010.12.31	2010.06.30	2009.12.31
每股收益(元)	0.0055	0.0090	0.0032	0.0138
每股收益(扣除)(元)	-0.0203	-0.0413	-0.0052	-0.0391
每股净资产(元)	1.5041	1.4987	1.4936	1.5000
调整后每股净资产(元)	-	-	-	-
每股资本公积金(元)	0.2623	0.2623	0.2623	0.2623
每股盈余公积金(元)	0.0473	0.0473	0.0473	0.0473
每股未分配利润(元)	0.1946	0.1891	0.1840	0.1808
每股现金净流量(元)	0.0924	-0.0142	0.0306	0.1357
每股经营现金净流量(元)	-0.0653	-0.1075	0.0319	0.1253
净资产收益率(扣除)(%)	-	-2.7600	-	-2.6400
净资产收益率(%)	0.3680	0.6010	0.2110	0.9080
总资产(万)	104515.30	98466.11	87618.26	87587.78
股东权益(万)	60485.79	60263.00	60058.43	60332.78
主营业务收入(万)	39423.36	76278.08	34300.32	74371.07
主营成本(万)	36516.80	72250.52	32207.76	70192.64
营业收入(万)	40260.73	77645.71	34808.47	75518.13
营业成本(万)	37161.34	72685.75	32482.16	70796.44
投资收益(万)	-	-	-	-
利润总额(万)	373.16	1085.35	320.46	987.79
净利润(万)	222.80	361.97	126.91	547.93

永泰能源股份有限公司

公司概况	公司名称	永泰能源股份有限公司		证券简称	永泰能源
	法人代表	王金余	董秘 王军	证券代码	600157
	公司网址	www.wtecl.com		电子信箱	wteclzqb@126.com
	电　话	010-84351359 84351369		传　真	010-84351559
	办公地址	北京市朝阳区芍药居北里101号世奥国际中心A座1208室			
	经营范围	煤矿及其他矿山投资，煤炭洗选加工，电厂投资等			

主要财务指标	指标\报告期	2011.06.30	2010.12.31	2010.06.30	2009.12.31
	每股收益(元)	0.2130	0.4850	0.1193	0.0797
	每股收益(扣除)(元)	0.0702	0.4678	0.0770	0.0259
	每股净资产(元)	4.5763	2.4647	1.6166	1.3871
	调整后每股净资产(元)	–	–	–	–
	每股资本公积金(元)	3.0000	0.6858	0.0737	0.1131
	每股盈余公积金(元)	0.1115	0.2142	0.1127	0.2012
	每股未分配利润(元)	0.4500	0.5442	0.4051	0.1589
	每股现金净流量(元)	–0.4010	2.1544	1.8544	0.3804
	每股经营现金净流量(元)	0.0136	1.2636	0.5111	0.5715
	净资产收益率(扣除)(%)	4.3260	18.1300	15.2300	5.7426
	净资产收益率(%)	10.4100	24.8700	16.4800	5.0400
	总资产(万)	1014759.36	406167.07	275314.15	194860.62
	股东权益(万)	335530.28	78830.93	56524.86	59887.99
	主营业务收入(万)	52506.62	277820.53	193544.65	218427.11
	主营成本(万)	21712.17	233994.60	174576.26	209773.15
	营业收入(万)	52872.42	279479.48	193733.41	218775.59
	营业成本(万)	22122.10	235182.92	174869.18	210078.86
	投资收益(万)	–21.16	2989.51	1604.04	1080.05
	利润总额(万)	15531.98	24382.82	11245.28	3123.84
	净利润(万)	11236.92	13206.47	6294.47	2168.90

中体产业集团股份有限公司

公司概况	公司名称	中体产业集团股份有限公司		证券简称	中体产业
	法人代表	刘军(代)	董秘 王戊一	证券代码	600158
	公司网址	www.csig158.com		电子信箱	csig@csig158.com
	电　话	010-65536158		传　真	010-65515338
	办公地址	北京市朝阳区朝外大街225号			
	经营范围	体育用品的生产、加工、销售；体育场馆、设施的建设、开发、经营等			

主要财务指标	指标\报告期	2011.06.30	2010.12.31	2010.06.30	2009.12.31
	每股收益(元)	0.0344	0.0937	0.0813	0.0634
	每股收益(扣除)(元)	0.0340	–0.0197	–0.0274	0.0339
	每股净资产(元)	1.4395	1.4843	1.4720	1.4108
	调整后每股净资产(元)	–	–	–	–
	每股资本公积金(元)	0.0075	0.0068	0.0069	0.0070
	每股盈余公积金(元)	0.0849	0.0891	0.0733	0.0733
	每股未分配利润(元)	0.3471	0.3883	0.3918	0.3305
	每股现金净流量(元)	–0.2283	0.3415	0.5156	0.3396
	每股经营现金净流量(元)	–0.2794	0.3770	0.3620	0.3821
	净资产收益率(扣除)(%)	–	–1.3700	–	2.3600
	净资产收益率(%)	2.3930	6.3100	5.5230	4.4970
	总资产(万)	358514.52	365893.99	326696.90	333462.81
	股东权益(万)	121454.93	119269.00	118285.06	113369.35
	主营业务收入(万)	55748.58	136091.68	36813.33	95940.84
	主营成本(万)	30951.68	89992.88	23363.01	55373.18
	营业收入(万)	55952.37	136660.03	37001.59	96634.13
	营业成本(万)	31019.95	90109.48	23421.85	55490.26
	投资收益(万)	–	–	–	–
	利润总额(万)	7710.76	29420.01	19700.22	14544.89
	净利润(万)	2906.63	7526.12	6532.84	5097.69

北京市大龙伟业房地产开发股份有限公司

公司概况	公司名称	北京市大龙伟业房地产开发股份有限公司		证券简称	大龙地产
	法人代表	李绍林	董秘 马志方	证券代码	600159
	公司网址	www.dldc.com.cn		电子信箱	mazhifang2005@tom.com
	电　话	010-69446339		传　真	010-69446339
	办公地址	北京市顺义区府前东街甲2号			
	经营范围	房地产开发；物业管理；房地产信息咨询；销售建筑材料等			

主要财务指标	指标\报告期	2011.06.30	2010.12.31	2010.06.30	2009.12.31
	每股收益(元)	0.0300	0.0300	0.0300	0.4100
	每股收益(扣除)(元)	0.0300	0.2100	0.2100	0.4000
	每股净资产(元)	1.9400	1.9200	3.8200	3.7600
	调整后每股净资产(元)	–	–	–	–
	每股资本公积金(元)	0.4131	0.4131	1.8262	1.8262
	每股盈余公积金(元)	–	–	–	–
	每股未分配利润(元)	0.5314	0.5037	0.9976	0.9383
	每股现金净流量(元)	0.1294	–0.1399	0.0285	0.4195
	每股经营现金净流量(元)	–0.0497	0.2944	0.6542	1.9632
	净资产收益率(扣除)(%)	–	11.3100	–	24.0500
	净资产收益率(%)	1.4220	1.8050	1.5520	21.6915
	总资产(万)	278181.47	259661.23	263940.12	300694.04
	股东权益(万)	161391.40	159097.17	158688.52	156225.94
	主营业务收入(万)	20376.45	81526.04	67085.77	174291.48
	主营成本(万)	11302.54	39971.83	31136.52	113561.70
	营业收入(万)	20846.78	82447.07	67527.29	174819.75
	营业成本(万)	11459.82	40208.07	31218.91	113642.83
	投资收益(万)	–	–	–	–
	利润总额(万)	3989.86	4224.04	3417.50	45291.46
	净利润(万)	2294.24	2871.23	2462.58	33887.76

浙江巨化股份有限公司

公司概况	公司名称	浙江巨化股份有限公司		证券简称	巨化股份
	法人代表	杜世源	董秘 刘云华	证券代码	600160
	公司网址	www.jhgf.com.cn		电子信箱	gfzqb@juhua.com.cn
	电　话	0570-3091758 3091704		传　真	0570-3091777
	办公地址	浙江省衢州市柯城区			
	经营范围	氟化工原料及后续产品、基本化工原料及后续产品和化肥、农药的生产与销售等			

主要财务指标	指标\报告期	2011.06.30	2010.12.31	2010.06.30	2009.12.31
	每股收益(元)	1.6130	0.9580	0.2900	0.1890
	每股收益(扣除)(元)	1.6040	0.9430	0.2590	0.1140
	每股净资产(元)	4.5350	3.0780	3.5100	3.3300
	调整后每股净资产(元)	–	–	–	–
	每股资本公积金(元)	0.3953	0.7662	0.8290	1.1542
	每股盈余公积金(元)	0.2695	0.3504	0.3105	0.3384
	每股未分配利润(元)	2.8703	1.8841	1.3713	1.1668
	每股现金净流量(元)	1.1547	0.1407	0.2847	0.3826
	每股经营现金净流量(元)	2.7792	2.1139	1.0288	0.8102
	净资产收益率(扣除)(%)	–	25.5800	–	3.5100
	净资产收益率(%)	35.5720	23.9340	9.6330	5.6671
	总资产(万)	556415.97	473648.91	471501.33	449921.94
	股东权益(万)	361099.27	245038.61	215035.56	203756.08
	主营业务收入(万)	243314.79	501055.76	161087.10	345052.97
	主营成本(万)	221567.00	356686.49	174453.17	304192.54
	营业收入(万)	447711.74	548632.02	256353.03	377981.54
	营业成本(万)	295972.51	394833.16	231091.17	318672.12
	投资收益(万)	–	–	–	–
	利润总额(万)	153314.28	67094.43	25462.02	6647.55
	净利润(万)	128449.33	58647.74	23083.15	11547.03

北京天坛生物制品股份有限公司

公司概况	公司名称	北京天坛生物制品股份有限公司			证券简称	天坛生物
	法人代表	杨晓明	董秘	慈翔	证券代码	600161
	公司网址	www.tiantanbio.com		电子信箱	flyci@126.com	
	电　话	010-65724045 65772357		传　真	010-65792747	
	办公地址	北京市朝阳区三间房南里四号				
	经营范围	制造生物制品、体外诊断试剂等				

主要财务指标	指标\报告期	2011.06.30	2010.12.31	2010.06.30	2009.12.31
	每股收益(元)	0.2300	0.3400	0.2500	0.4100
	每股收益(扣除)(元)	0.2300	0.3200	0.2600	0.3100
	每股净资产(元)	2.1815	2.0466	1.9031	1.6400
	调整后每股净资产(元)	–	–	–	–
	每股资本公积金(元)	0.1944	0.1944	0.0957	0.0943
	每股盈余公积金(元)	0.1571	0.1571	0.1020	0.1020
	每股未分配利润(元)	0.8301	0.6952	0.7053	0.4395
	每股现金净流量(元)	0.3638	–0.0458	–0.2640	0.3377
	每股经营现金净流量(元)	0.3084	0.3586	–0.0047	0.9180
	净资产收益率(扣除)(%)	–	17.9700	–	19.3400
	净资产收益率(%)	10.7670	16.5810	13.9700	26.5020
	总资产(万)	297649.93	244809.37	220070.95	216102.04
	股东权益(万)	112450.12	105497.16	92917.07	79866.15
	主营业务收入(万)	57121.14	118404.16	56749.16	107643.62
	主营成本(万)	21729.08	49336.70	23206.73	39224.47
	营业收入(万)	57423.73	120226.14	57444.87	110025.30
	营业成本(万)	21900.55	50260.70	23458.99	40320.86
	投资收益(万)	–	–	–	–
	利润总额(万)	18598.92	27033.55	18215.05	35102.93
	净利润(万)	12107.63	17492.43	12980.03	21165.98

深圳香江控股股份有限公司

公司概况	公司名称	深圳香江控股股份有限公司			证券简称	香江控股
	法人代表	翟美卿	董秘	谢郁武	证券代码	600162
	公司网址	www.hkhc.com.cn		电子信箱	xieyuwu@hkhc.com.cn	
	电　话	020-34821006		传　真	020-34821008	
	办公地址	广东省广州市番禺区迎宾路锦绣香江花园香江控股办公楼				
	经营范围	从事工程机械和商贸物流业务的经营等				

主要财务指标	指标\报告期	2011.06.30	2010.12.31	2010.06.30	2009.12.31
	每股收益(元)	–0.0251	0.1900	0.0414	0.3300
	每股收益(扣除)(元)	–0.0260	0.1600	0.0386	0.3200
	每股净资产(元)	1.7445	1.7887	1.7592	1.7500
	调整后每股净资产(元)	–	–	–	–
	每股资本公积金(元)	0.0286	0.0286	0.0434	0.0286
	每股盈余公积金(元)	0.1332	0.1332	0.1209	0.1209
	每股未分配利润(元)	0.5827	0.6269	0.5948	0.6045
	每股现金净流量(元)	–0.9919	0.2156	–0.7051	1.3233
	每股经营现金净流量(元)	–0.9263	–0.1432	–0.8373	0.6133
	净资产收益率(扣除)(%)	–	9.1600	–	19.9900
	净资产收益率(%)	–1.4400	10.4860	2.3600	18.9780
	总资产(万)	748749.99	732517.62	620127.04	612054.20
	股东权益(万)	133942.96	137338.69	135070.87	134671.99
	主营业务收入(万)	42879.14	191892.02	57743.72	216791.66
	主营成本(万)	19962.67	102148.86	28088.90	115577.38
	营业收入(万)	42879.14	191892.02	57743.72	216791.66
	营业成本(万)	19962.67	102148.86	28088.90	115577.38
	投资收益(万)	–	–	–	–
	利润总额(万)	1834.77	37231.53	11412.21	52368.77
	净利润(万)	–1928.59	14401.34	3181.83	25557.74

福建省南纸股份有限公司

公司概况	公司名称	福建省南纸股份有限公司			证券简称	福建南纸
	法人代表	黄金镖	董秘	李永和	证券代码	600163
	公司网址	www.nanping-paper.com		电子信箱	nzzqb@fjnz163.com	
	电　话	0599-8808806		传　真	0599-8808807	
	办公地址	福建省南平市滨江北路 177 号				
	经营范围	新闻纸、纸浆、纸制品及副产品等的生产和销售等				

主要财务指标	指标\报告期	2011.06.30	2010.12.31	2010.06.30	2009.12.31
	每股收益(元)	–0.1060	0.0150	0.0040	–0.6210
	每股收益(扣除)(元)	–0.1580	–0.1540	–0.0660	–0.6000
	每股净资产(元)	2.3870	2.4640	2.4850	2.5930
	调整后每股净资产(元)	–	–	–	–
	每股资本公积金(元)	1.7498	1.7204	1.7544	1.8653
	每股盈余公积金(元)	0.0980	0.0980	0.0980	0.0980
	每股未分配利润(元)	–0.4610	–0.3548	–0.3674	–0.3699
	每股现金净流量(元)	0.0183	–0.0313	–0.0146	–0.2650
	每股经营现金净流量(元)	–0.0741	0.0690	–0.0757	–0.0710
	净资产收益率(扣除)(%)	–	–5.9830	–	–21.3610
	净资产收益率(%)	–4.4490	0.6140	0.1460	–23.9300
	总资产(万)	477565.77	468438.90	474823.33	449276.91
	股东权益(万)	172194.47	177729.69	179272.36	187094.42
	主营业务收入(万)	109095.23	217252.92	92487.74	120132.41
	主营成本(万)	103780.46	201869.28	86990.55	124302.52
	营业收入(万)	112496.52	226416.31	94584.14	123888.31
	营业成本(万)	106800.08	211344.09	88798.14	128021.54
	投资收益(万)	–	–	–	–
	利润总额(万)	–7690.15	1181.84	378.05	–45180.93
	净利润(万)	–7660.83	1090.71	261.60	–44771.90

宁夏新日恒力钢丝绳股份有限公司

公司概况	公司名称	宁夏新日恒力钢丝绳股份有限公司			证券简称	宁夏恒力
	法人代表	肖家守	董秘	赵丽莉	证券代码	600165
	公司网址	www.nxhengli.com.cn		电子信箱	hlqg@nxhengli.com.cn	
	电　话	0952-3671799 3671222		传　真	0952-3671799	
	办公地址	宁夏石嘴山市惠农区河滨街				
	经营范围	钢丝、钢丝绳、钢绞线等钢丝及其制品的生产与销售等				

主要财务指标	指标\报告期	2011.06.30	2010.12.31	2010.06.30	2009.12.31
	每股收益(元)	–0.0430	–0.2780	–0.1890	0.0250
	每股收益(扣除)(元)	–0.0850	–0.2980	–0.1910	0.0080
	每股净资产(元)	2.1917	2.2300	2.3346	2.5200
	调整后每股净资产(元)	–	–	–	–
	每股资本公积金(元)	1.1700	1.1700	1.1700	1.1700
	每股盈余公积金(元)	0.2386	0.2386	0.2386	0.2386
	每股未分配利润(元)	–0.2170	–0.1743	–0.0741	0.1149
	每股现金净流量(元)	–0.1758	–0.4363	–0.4216	0.5310
	每股经营现金净流量(元)	0.0936	–0.5617	–0.2088	0.6156
	净资产收益率(扣除)(%)	–	–12.4780	–	0.3240
	净资产收益率(%)	–1.9460	–12.4280	–8.0960	1.0090
	总资产(万)	166497.01	180739.24	165689.00	158845.01
	股东权益(万)	42507.88	43334.86	45279.45	48945.09
	主营业务收入(万)	81363.54	159500.14	65289.03	149913.84
	主营成本(万)	72864.21	145760.97	59064.27	135294.21
	营业收入(万)	82303.66	161811.35	66630.78	152567.16
	营业成本(万)	73750.89	147849.46	60371.21	137526.65
	投资收益(万)	–	–	–	–
	利润总额(万)	–766.51	–5271.74	–3907.19	796.80
	净利润(万)	–826.98	–5385.66	–3665.64	493.92

北汽福田汽车股份有限公司

公司概况	公司名称	北汽福田汽车股份有限公司			证券简称	福田汽车
	法人代表	徐和谊	董秘	龚敏	证券代码	600166
	公司网址	www.foton.com.cn		电子信箱	gongmin@foton.com.cn	
	电　　话	010-80716459		传　　真	010-80716459	
	办公地址	北京市昌平区沙河镇沙阳路老牛湾村北				
	经营范围	制造轻型载货汽车、中重型载货汽车、轻型客车、大中客车等				

主要财务指标	指标＼报告期	2011.06.30	2010.12.31	2010.06.30	2009.12.31
	每股收益(元)	0.3350	1.7310	1.2520	1.1320
	每股收益(扣除)(元)	0.3140	1.5810	1.2190	1.0760
	每股净资产(元)	4.0200	7.6400	5.5000	4.4500
	调整后每股净资产(元)	–	–	–	–
	每股资本公积金(元)	1.7636	3.5298	1.4583	1.4793
	每股盈余公积金(元)	0.4257	0.8406	0.5544	0.5544
	每股未分配利润(元)	0.8254	2.2722	2.4841	1.4125
	每股现金净流量(元)	–0.9134	1.6362	0.8385	3.3817
	每股经营现金净流量(元)	–0.2638	1.0198	1.7892	4.4613
	净资产收益率(扣除)(%)	–	20.4190	22.7710	25.4600
	净资产收益率(%)	8.3340	30.1800	22.7700	29.2900
	总资产(万)	2590857.92	2464147.19	2107329.24	1765732.67
	股东权益(万)	847079.71	806138.16	503718.08	407439.00
	主营业务收入(万)	2991377.75	5209711.19	2932404.91	4401351.37
	主营成本(万)	2720755.77	4588719.60	2572575.31	3909653.81
	营业收入(万)	3077598.55	5349205.24	3020092.69	4483962.30
	营业成本(万)	2789745.77	4716640.18	2651118.77	3982770.83
	投资收益(万)	–	–7016.19	–2145.96	–3798.53
	利润总额(万)	83967.50	191465.15	134964.56	127955.13
	净利润(万)	70595.83	164601.17	114701.72	103732.85

联美控股股份有限公司

公司概况	公司名称	联美控股股份有限公司			证券简称	联美控股
	法人代表	朱昌一	董秘	刘思生	证券代码	600167
	公司网址	www.dawn-garments.com		电子信箱	zqb@shnd.sina.net	
	电　　话	024-23784835		传　　真	024-83781352	
	办公地址	辽宁省沈阳市浑南新区新明街 8 号				
	经营范围	供热、供水、房屋租赁、市政建设、工程施工、物业管理等				

主要财务指标	指标＼报告期	2011.06.30	2010.12.31	2010.06.30	2009.12.31
	每股收益(元)	0.2182	0.2677	0.1765	0.2184
	每股收益(扣除)(元)	0.2637	0.2576	0.1749	0.2129
	每股净资产(元)	2.9250	2.7070	2.6170	2.4400
	调整后每股净资产(元)	–	–	–	–
	每股资本公积金(元)	1.1707	1.1707	1.1724	1.1724
	每股盈余公积金(元)	–	–	–	–
	每股未分配利润(元)	0.7541	0.5359	0.4447	0.2682
	每股现金净流量(元)	–1.0006	0.8914	–0.4351	1.1255
	每股经营现金净流量(元)	–0.7350	1.3517	–0.3085	1.4786
	净资产收益率(扣除)(%)	–	10.0000	–	9.1300
	净资产收益率(%)	7.4610	9.8910	6.7430	8.9470
	总资产(万)	142686.94	152240.65	120081.90	126982.25
	股东权益(万)	61714.28	57109.58	55220.55	51497.32
	主营业务收入(万)	19508.09	30832.93	15226.67	25246.06
	主营成本(万)	10979.18	20684.12	8833.13	16232.46
	营业收入(万)	19508.09	30832.93	15226.67	25246.06
	营业成本(万)	10979.18	20684.12	8833.13	16232.46
	投资收益(万)	–	–	–	–
	利润总额(万)	6189.48	7535.93	5117.13	6126.76
	净利润(万)	4604.70	5648.57	3723.23	4607.43

武汉三镇实业控股股份有限公司

公司概况	公司名称	武汉三镇实业控股股份有限公司			证券简称	武汉控股
	法人代表	陈莉茜	董秘	李丹	证券代码	600168
	公司网址	www.600168.com.cn		电子信箱	dmxx@600168.com.cn	
	电　　话	027-85725739		传　　真	027-85725739	
	办公地址	湖北省武汉市武昌区友谊大道特 8 号长江隧道公司管理大楼				
	经营范围	城市给排水、污水综合处理、道路、桥梁、供气、供电、通讯等				

主要财务指标	指标＼报告期	2011.06.30	2010.12.31	2010.06.30	2009.12.31
	每股收益(元)	0.0840	0.2500	0.1640	0.1600
	每股收益(扣除)(元)	0.0520	0.1900	0.1310	0.1000
	每股净资产(元)	3.6900	3.6400	3.5500	3.4400
	调整后每股净资产(元)	–	–	–	–
	每股资本公积金(元)	1.6968	1.6968	1.6968	1.6968
	每股盈余公积金(元)	0.3080	0.3080	0.2973	0.2973
	每股未分配利润(元)	0.6876	0.6323	0.5553	0.4444
	每股现金净流量(元)	0.1139	–0.1941	–0.0386	–0.0043
	每股经营现金净流量(元)	0.2180	0.1120	0.1546	0.4285
	净资产收益率(扣除)(%)	–	5.4600	–	2.9800
	净资产收益率(%)	2.2830	6.9150	4.6150	4.7750
	总资产(万)	326491.72	328529.08	334281.38	349466.12
	股东权益(万)	162886.06	160446.85	156577.98	151689.61
	主营业务收入(万)	13746.29	49148.71	30679.22	31841.13
	主营成本(万)	–	41984.10	–	30922.68
	营业收入(万)	13770.61	49194.72	30692.60	31898.09
	营业成本(万)	13740.12	41984.10	24413.74	30922.68
	投资收益(万)	–	–	–	–
	利润总额(万)	4494.85	14057.21	9308.98	8715.03
	净利润(万)	3718.54	11095.34	7226.46	7243.24

太原重工股份有限公司

公司概况	公司名称	太原重工股份有限公司			证券简称	太原重工
	法人代表	岳普煜	董秘	李迎魁	证券代码	600169
	公司网址	www.tyhi.com.cn		电子信箱	tyhi@public.ty.sx.cn	
	电　　话	0351-6361155		传　　真	0351-6362554	
	办公地址	山西省太原市万柏林区玉河街 53 号				
	经营范围	制造销售火车轴、冶金、轧钢、锻压、起重、非标设备、加压气化炉等				

主要财务指标	指标＼报告期	2011.06.30	2010.12.31	2010.06.30	2009.12.31
	每股收益(元)	0.1662	0.9118	0.4963	0.7746
	每股收益(扣除)(元)	0.1661	0.9240	0.4955	0.7488
	每股净资产(元)	3.4607	6.6400	4.7701	4.2700
	调整后每股净资产(元)	–	–	–	–
	每股资本公积金(元)	1.2618	3.1235	1.3423	1.3423
	每股盈余公积金(元)	0.1393	0.2786	0.2289	0.2289
	每股未分配利润(元)	1.0596	2.2368	2.1989	1.7026
	每股现金净流量(元)	–0.2298	1.7430	–0.1144	0.2908
	每股经营现金净流量(元)	0.0345	0.5996	0.2882	0.0764
	净资产收益率(扣除)(%)	–	12.1500	10.4050	18.1260
	净资产收益率(%)	4.8010	19.2800	10.9800	19.8700
	总资产(万)	1617303.33	1487710.64	1178936.91	1076641.58
	股东权益(万)	559234.25	536423.46	340985.75	305504.96
	主营业务收入(万)	441832.39	963136.30	481290.40	804599.42
	主营成本(万)	363882.86	814890.00	399723.75	691848.49
	营业收入(万)	443569.29	965373.60	483524.41	806888.50
	营业成本(万)	365148.56	816701.90	401933.18	693088.03
	投资收益(万)	–	0.02	–	0.03
	利润总额(万)	26539.69	67160.25	37042.59	55374.64
	净利润(万)	26850.71	65177.59	35480.79	55374.64

上海建工集团股份有限公司

公司概况					
公司名称	上海建工集团股份有限公司			证券简称	上海建工
法人代表	徐征	董秘	尤卫平	证券代码	600170
公司网址	www.shconstruction.cn		电子信箱	sc@china-scg.com	
电　　话	021-35100838 35318170		传　　真	021-55886222	
办公地址	上海市虹口区东大名路 666 号				
经营范围	各类建设工程总承包、设计、施工、咨询、设备、材料、构配件生产等				

主要财务指标

指标\报告期	2011.06.30	2010.12.31	2010.06.30	2009.12.31
每股收益(元)	0.4100	0.8800	0.5400	0.7100
每股收益(扣除)(元)	0.3800	0.4400	0.5000	0.2000
每股净资产(元)	7.6687	7.4100	6.8900	6.5600
调整后每股净资产(元)	-	-	-	-
每股资本公积金(元)	3.3242	3.3245	3.3220	5.1825
每股盈余公积金(元)	0.3525	0.3525	0.3183	0.4611
每股未分配利润(元)	2.9944	2.7342	2.2515	2.8620
每股现金净流量(元)	-2.4279	-0.2446	-2.6702	6.8689
每股经营现金净流量(元)	-2.9616	0.4990	-2.2889	8.7753
净资产收益率(扣除)(%)	-	8.0000	-	6.0000
净资产收益率(%)	5.3490	11.8670	5.8220	10.7700
总资产(万)	5125563.44	4918257.81	4135148.21	4051167.98
股东权益(万)	799122.05	771993.10	717915.19	683479.58
主营业务收入(万)	3700484.36	7085457.29	3448153.49	5588859.11
主营成本(万)	3462905.05	6632593.57	3219716.04	5193093.11
营业收入(万)	3721954.94	7106177.36	3461920.41	5609304.93
营业成本(万)	3475316.61	6646952.21	3229695.01	5207257.69
投资收益(万)	-	-	-	-
利润总额(万)	60319.82	130212.58	58807.07	108011.74
净利润(万)	42741.80	91614.01	41793.82	73629.74

上海贝岭股份有限公司

公司概况					
公司名称	上海贝岭股份有限公司			证券简称	上海贝岭
法人代表	赵贵武	董秘	严海容	证券代码	600171
公司网址	www.belling.com.cn		电子信箱	bloffice@belling.com.cn	
电　　话	021-64850700 157		传　　真	021-64854424	
办公地址	上海市漕河泾开发区宜山路 810 号				
经营范围	集成电路的设计、制造、销售和技术服务等				

主要财务指标

指标\报告期	2011.06.30	2010.12.31	2010.06.30	2009.12.31
每股收益(元)	0.0090	0.0200	0.0110	-0.2700
每股收益(扣除)(元)	-0.0060	0.0150	0.0090	-0.2770
每股净资产(元)	2.5090	2.5100	2.4950	2.4800
调整后每股净资产(元)	-	-	-	-
每股资本公积金(元)	1.1977	1.1977	1.1979	1.1969
每股盈余公积金(元)	0.1896	0.1896	0.1881	0.1881
每股未分配利润(元)	0.1217	0.1225	0.1086	0.0992
每股现金净流量(元)	-0.0288	0.0408	0.0341	0.0528
每股经营现金净流量(元)	0.0144	0.0980	0.0754	0.0809
净资产收益率(扣除)(%)	-	0.5900	-	-10.5700
净资产收益率(%)	0.3670	0.9870	0.4460	-10.9960
总资产(万)	195458.64	193258.57	190065.14	184051.72
股东权益(万)	169056.01	169109.16	168082.32	167385.76
主营业务收入(万)	28485.25	58607.97	27224.86	51031.29
主营成本(万)	22721.58	45657.05	21759.39	47893.69
营业收入(万)	28558.29	58807.18	27491.23	51254.22
营业成本(万)	22721.58	45777.84	21856.24	47992.90
投资收益(万)	-	-	-	-
利润总额(万)	1058.26	2343.42	1215.37	-18713.32
净利润(万)	620.65	1669.22	748.90	-18406.42

河南黄河旋风股份有限公司

公司概况					
公司名称	河南黄河旋风股份有限公司			证券简称	黄河旋风
法人代表	乔秋生	董秘	杜长洪	证券代码	600172
公司网址	www.hhxf.com		电子信箱	hhxfjlb@163.com	
电　　话	0374-6108899 6165530		传　　真	0374-6108986	
办公地址	河南省许昌市长葛市人民路 200 号				
经营范围	人造金刚石,人造金刚石磨料磨具磨削及其它金刚石制品,建筑装修磨削机具				

主要财务指标

指标\报告期	2011.06.30	2010.12.31	2010.06.30	2009.12.31
每股收益(元)	0.2223	0.2360	0.0812	0.0819
每股收益(扣除)(元)	0.2088	0.2284	0.0791	0.0820
每股净资产(元)	5.7400	4.1500	3.9928	3.9600
调整后每股净资产(元)	-	-	-	-
每股资本公积金(元)	3.0924	1.4542	1.4542	1.4542
每股盈余公积金(元)	0.3106	0.3636	0.3454	0.3454
每股未分配利润(元)	1.3366	1.3298	1.1933	1.1620
每股现金净流量(元)	1.8089	0.2493	0.1035	0.2540
每股经营现金净流量(元)	0.2808	1.3884	0.3870	0.5789
净资产收益率(扣除)(%)	-	5.6300	0.3900	2.0900
净资产收益率(%)	3.4967	5.6900	2.0340	2.0690
总资产(万)	314976.04	236616.79	243583.96	211599.95
股东权益(万)	180077.02	111155.20	107007.32	106170.73
主营业务收入(万)	48628.96	81125.28	36183.47	58080.66
主营成本(万)	34866.92	57071.01	23799.27	41120.90
营业收入(万)	49454.02	82174.67	36606.37	59856.95
营业成本(万)	35294.43	57681.20	24048.32	42438.11
投资收益(万)	-	-	-	-
利润总额(万)	7315.61	7994.68	3351.62	3084.19
净利润(万)	6296.82	6324.47	2176.58	2196.16

卧龙地产集团股份有限公司

公司概况					
公司名称	卧龙地产集团股份有限公司			证券简称	卧龙地产
法人代表	陈建成	董秘	马亚军	证券代码	600173
公司网址	www.wolong-re.com		电子信箱	wolong600173@wolong.com	
电　　话	0575-82177017 82176751		传　　真	0575-82177000	
办公地址	浙江省上虞市经济开发区人民西路 1801 号				
经营范围	地产开发与经营、建筑工程、装饰装潢工程设计、施工、物业管理				

主要财务指标

指标\报告期	2011.06.30	2010.12.31	2010.06.30	2009.12.31
每股收益(元)	0.1290	0.3700	0.1240	0.2300
每股收益(扣除)(元)	0.1320	0.3700	0.1210	0.2400
每股净资产(元)	2.0100	1.9400	1.8000	3.1200
调整后每股净资产(元)	-	-	-	-
每股资本公积金(元)	0.3052	0.2981	0.4061	1.5310
每股盈余公积金(元)	0.0915	0.0915	0.0803	0.1445
每股未分配利润(元)	0.6120	0.5528	0.3151	0.4444
每股现金净流量(元)	0.4206	-0.1113	0.3201	2.0415
每股经营现金净流量(元)	0.2682	0.5321	0.4941	1.2475
净资产收益率(扣除)(%)	6.4300	19.1870	6.8720	10.8610
净资产收益率(%)	6.2500	19.7100	7.0000	24.6700
总资产(万)	346785.04	366004.06	407254.11	316305.90
股东权益(万)	174903.88	170602.36	164517.80	137326.06
主营业务收入(万)	54862.98	219852.89	51225.70	104339.96
主营成本(万)	31103.83	121530.36	23613.88	62640.51
营业收入(万)	54956.27	219879.65	51291.83	104396.04
营业成本(万)	31103.83	121530.36	23613.88	62646.34
投资收益(万)	-	-	-	-
利润总额(万)	11713.08	56951.17	16768.88	23201.85
净利润(万)	9365.84	27025.93	8977.34	13651.13

美都控股股份有限公司

公司概况						
	公司名称	美都控股股份有限公司			证券简称	美都控股
	法人代表	闻掌华	董秘	王勤	证券代码	600175
	公司网址	www.chinameidu.com		电子信箱	wangqin5182@sohu.com	
	电　　话	0571-88301613 88301615		传　　真	0571-88301607	
	办公地址	浙江省杭州市密渡桥路70号美都恒升名楼4楼				
	经营范围	房地产开发,酒店业,贸易及实业投资				

主要财务指标	指标\报告期	2011.06.30	2010.12.31	2010.06.30	2009.12.31
	每股收益(元)	0.0500	0.1300	0.0700	0.1100
	每股收益(扣除)(元)	0.0500	0.1300	0.0600	0.0700
	每股净资产(元)	1.5350	1.4900	1.5681	1.5100
	调整后每股净资产(元)	–	–	–	–
	每股资本公积金(元)	0.2168	0.2885	0.2715	1.7979
	每股盈余公积金(元)	0.0752	0.0828	0.0731	0.1609
	每股未分配利润(元)	0.2434	0.2722	0.2235	0.3566
	每股现金净流量(元)	–0.0198	–0.3030	–0.2284	1.9740
	每股经营现金净流量(元)	0.0271	–0.5436	–0.2200	0.1467
	净资产收益率(扣除)(%)	–	8.0800	–	6.9300
	净资产收益率(%)	3.2880	8.1170	4.8720	7.2260
	总资产(万)	398485.39	363222.41	348242.77	338717.60
	股东权益(万)	191413.72	186253.39	177707.68	170789.07
	主营业务收入(万)	137117.39	281711.78	146927.98	203391.78
	主营成本(万)	127247.33	258162.30	138565.23	185980.05
	营业收入(万)	137508.32	282753.30	147095.46	204471.47
	营业成本(万)	127721.79	258739.76	138652.19	186469.09
	投资收益(万)	–	–	–	–
	利润总额(万)	6993.21	18377.18	9886.39	14568.52
	净利润(万)	6293.62	15117.47	8658.21	12341.28

中国玻纤股份有限公司

公司概况						
	公司名称	中国玻纤股份有限公司			证券简称	中国玻纤
	法人代表	曹江林	董秘	陶铮	证券代码	600176
	公司网址	www.cfgcl.com.cn		电子信箱	cfgcl@cfgcl.com.cn	
	电　　话	010-88028660		传　　真	010-88028955	
	办公地址	北京市海淀区西三环中路10号				
	经营范围	新材料的研发、生产和销售;商业房地产开发与经营;住宅产品连锁经营、物流配送				

主要财务指标	指标\报告期	2011.06.30	2010.12.31	2010.06.30	2009.12.31
	每股收益(元)	0.3028	0.4819	0.1853	–0.3583
	每股收益(扣除)(元)	0.2917	0.3077	0.1691	–0.5295
	每股净资产(元)	3.6327	3.3279	3.0329	2.8584
	调整后每股净资产(元)	–	–	–	–
	每股资本公积金(元)	0.1579	0.1539	0.1660	0.1660
	每股盈余公积金(元)	0.2991	0.2991	0.2991	0.2991
	每股未分配利润(元)	2.1940	1.8911	1.5859	1.4092
	每股现金净流量(元)	–0.3852	–1.1712	–0.4437	1.4456
	每股经营现金净流量(元)	0.8728	1.8336	0.9940	–0.2963
	净资产收益率(扣除)(%)	–	9.9300	–	–16.1400
	净资产收益率(%)	8.3370	14.4810	6.1110	–12.5364
	总资产(万)	1600598.41	1563887.94	1560391.25	1370768.34
	股东权益(万)	155256.65	142232.40	129625.57	122166.87
	主营业务收入(万)	271465.39	466396.22	221522.75	307736.00
	主营成本(万)	181104.25	324009.16	149216.98	262374.32
	营业收入(万)	278617.25	476502.15	225248.44	317093.56
	营业成本(万)	182734.60	328541.65	153969.73	270571.60
	投资收益(万)	–	–	–	–
	利润总额(万)	35823.03	50795.87	19339.74	–30000.55
	净利润(万)	12943.28	20596.19	7921.38	–15315.35

雅戈尔集团股份有限公司

公司概况						
	公司名称	雅戈尔集团股份有限公司			证券简称	雅 戈 尔
	法人代表	李如成	董秘	刘新宇	证券代码	600177
	公司网址	www.youngor.com.cn		电子信箱	ir@youngor.com.cn	
	电　　话	0574-87425136		传　　真	0574-87425390	
	办公地址	浙江省宁波市鄞州区鄞县大道西段2号				
	经营范围	服装服饰产品及服装辅料的设计制造、销售,房地产开发、销售等				

主要财务指标	指标\报告期	2011.06.30	2010.12.31	2010.06.30	2009.12.31
	每股收益(元)	0.3761	1.2000	0.2600	1.4700
	每股收益(扣除)(元)	0.1696	0.5300	0.1900	0.7400
	每股净资产(元)	6.0617	6.2900	5.1950	6.4800
	调整后每股净资产(元)	–	–	–	–
	每股资本公积金(元)	1.3435	1.4963	1.3277	2.3250
	每股盈余公积金(元)	–	0.5010	0.4115	0.4115
	每股未分配利润(元)	3.2212	3.3450	2.4955	2.7846
	每股现金净流量(元)	–	1.0090	–0.0159	–0.8376
	每股经营现金净流量(元)	–	1.5531	0.0950	0.5321
	净资产收益率(扣除)(%)	–	19.0770	5.0230	22.6120
	净资产收益率(%)	6.0900	19.0600	4.4700	27.3200
	总资产(万)	5018325.89	4826270.01	4200185.84	4193400.11
	股东权益(万)	1349699.66	1520685.15	1265935.33	1557321.59
	主营业务收入(万)	533622.04	1435870.07	521716.94	1211534.07
	主营成本(万)	328524.84	952762.16	352201.70	743799.26
	营业收入(万)	539003.64	1451359.05	535185.65	1227862.22
	营业成本(万)	332691.75	963457.98	364043.16	756285.61
	投资收益(万)	–	205785.42	30757.33	197901.87
	利润总额(万)	125964.07	366072.33	88133.16	409760.13
	净利润(万)	83744.33	267217.19	58098.14	326392.11

哈尔滨东安汽车动力股份有限公司

公司概况						
	公司名称	哈尔滨东安汽车动力股份有限公司			证券简称	东安动力
	法人代表	连刚	董秘	于健	证券代码	600178
	公司网址	www.daengine.com.cn		电子信箱	dadl600178@263.net.cn	
	电　　话	0451-86528172 86528173		传　　真	0451-86505502	
	办公地址	黑龙江省哈尔滨市平房区保国街51号				
	经营范围	汽车发动机、变速器及其零部件的开发、生产、销售等				

主要财务指标	指标\报告期	2011.06.30	2010.12.31	2010.06.30	2009.12.31
	每股收益(元)	0.0254	0.2905	0.2216	0.5066
	每股收益(扣除)(元)	0.0248	0.2746	0.2204	0.5063
	每股净资产(元)	4.9560	4.9302	4.8610	4.6397
	调整后每股净资产(元)	–	–	–	–
	每股资本公积金(元)	1.8535	1.8535	1.8535	1.8535
	每股盈余公积金(元)	0.5169	0.5169	0.4878	0.4878
	每股未分配利润(元)	1.5852	1.5598	1.5200	1.2984
	每股现金净流量(元)	0.1583	–0.4748	–0.3955	0.0616
	每股经营现金净流量(元)	0.3107	0.4181	0.3425	–0.3309
	净资产收益率(扣除)(%)	–	5.7400	–	11.5400
	净资产收益率(%)	0.5120	5.8920	4.5580	10.9190
	总资产(万)	356843.76	366729.79	362385.89	396809.86
	股东权益(万)	228986.27	227813.34	224629.69	214391.25
	主营业务收入(万)	85051.14	226684.58	131393.87	205368.82
	主营成本(万)	75465.37	198461.20	115700.51	182155.80
	营业收入(万)	87127.49	233399.21	134294.90	215519.51
	营业成本(万)	77083.13	203993.21	118786.11	189921.14
	投资收益(万)	–	–	–	–
	利润总额(万)	1172.93	13422.09	10506.47	23409.37
	净利润(万)	1172.93	13422.09	10238.44	23409.37

黑龙江黑化股份有限公司

公司概况	公司名称	黑龙江黑化股份有限公司		证券简称	ST 黑 化
	法人代表	王宏伟	董秘 张连增	证券代码	600179
	公司网址			电子信箱	hhgf@tom.com
	电　话	0452-8927129		传　真	0452-6884895
	办公地址	黑龙江省齐齐哈尔市富拉尔基区向阳大街 2 号			
	经营范围	焦炭、化学肥料和粗苯、焦油等化工产品			

主要财务指标	指标＼报告期	2011.06.30	2010.12.31	2010.06.30	2009.12.31
	每股收益(元)	-0.4200	0.0400	-0.2200	-0.6000
	每股收益(扣除)(元)	-0.3600	-0.3900	-0.2200	-0.6100
	每股净资产(元)	1.2380	1.6500	1.3800	1.5800
	调整后每股净资产(元)	-	-	-	-
	每股资本公积金(元)	0.8350	0.8350	0.8350	0.8350
	每股盈余公积金(元)	0.0720	0.0720	0.0720	0.0720
	每股未分配利润(元)	-0.7129	-0.2918	-0.5426	-0.3347
	每股现金净流量(元)	-0.3421	0.0723	-0.3547	0.3037
	每股经营现金净流量(元)	-0.0199	0.5060	-0.3308	-0.0869
	净资产收益率(扣除)(%)	-	-24.3900	-	-32.5900
	净资产收益率(%)	-34.0120	2.6060	-15.0640	-37.7170
	总资产(万)	170142.21	176698.63	181211.60	184065.42
	股东权益(万)	48286.44	64629.85	53845.26	61956.40
	主营业务收入(万)	77839.66	147705.98	73425.56	132002.02
	主营成本(万)	83535.51	145481.90	71838.08	143087.67
	营业收入(万)	83921.17	157476.42	78056.33	146177.55
	营业成本(万)	90604.59	157305.14	77674.04	157702.96
	投资收益(万)	-	-	-	-
	利润总额(万)	-16453.60	1589.43	-8655.23	-23457.56
	净利润(万)	-16423.20	1673.69	-8619.84	-23367.85

山东九发食用菌股份有限公司

公司概况	公司名称	山东九发食用菌股份有限公司		证券简称	ST 九发
	法人代表	纪晓文	董秘 缪玲红(代)	证券代码	600180
	公司网址	www.china-jiufa.com		电子信箱	sdjiufa@163.com
	电　话	0571-82855510		传　真	0571-56059911
	办公地址	杭州市萧山区市心北路 94 号			
	经营范围	食用菌菌种的培育、产品养殖、加工、销售;包装物料的生产、销售等			

主要财务指标	指标＼报告期	2011.06.30	2010.12.31	2010.06.30	2009.12.31
	每股收益(元)	-0.0053	0.0040	-0.0037	-0.0004
	每股收益(扣除)(元)	-0.0053	-0.0240	-	-0.0004
	每股净资产(元)	0.6621	0.6700	0.6600	1.3144
	调整后每股净资产(元)	-	-	-	-
	每股资本公积金(元)	1.4545	1.4545	1.4545	1.4545
	每股盈余公积金(元)	0.2353	0.2353	0.2353	0.2353
	每股未分配利润(元)	-2.0276	-2.0223	-2.0297	-1.3753
	每股现金净流量(元)	-0.0167	0.0279	-	-0.4213
	每股经营现金净流量(元)	-0.0170	0.0279	-	-0.8410
	净资产收益率(扣除)(%)	-	-3.7100	-	-
	净资产收益率(%)	-0.8050	0.5520	-0.5570	-0.0277
	总资产(万)	16969.60	17389.32	16688.67	42651.90
	股东权益(万)	16618.61	16752.38	16567.68	32990.86
	主营业务收入(万)	-	-	-	-
	主营成本(万)	-	-	-	-
	营业收入(万)	-	-	-	-
	营业成本(万)	-	607.49	-	-
	投资收益(万)	-	-	-	-
	利润总额(万)	-133.75	92.51	-92.20	-9.14
	净利润(万)	-133.77	92.51	-92.20	-9.14

佳通轮胎股份有限公司

公司概况	公司名称	佳通轮胎股份有限公司		证券简称	S 佳 通
	法人代表	李怀靖	董秘 吴志文	证券代码	600182
	公司网址	www.gititirecorp.com		电子信箱	giticorp@giti.com
	电　话	021-22073131 22073132		传　真	021-22073002
	办公地址	上海市长宁区临虹路 280-2 号			
	经营范围	生产销售轮胎、轮胎原辅材料,生产橡胶工业专用设备等			

主要财务指标	指标＼报告期	2011.06.30	2010.12.31	2010.06.30	2009.12.31
	每股收益(元)	0.0480	0.1581	0.0340	0.4400
	每股收益(扣除)(元)	0.0460	0.1482	0.0300	0.4300
	每股净资产(元)	1.5800	1.6400	1.5100	1.4800
	调整后每股净资产(元)	-	-	-	-
	每股资本公积金(元)	0.0035	0.0035	0.0035	0.0035
	每股盈余公积金(元)	0.0478	0.0478	0.0360	0.0360
	每股未分配利润(元)	0.5331	0.5852	0.4733	0.4389
	每股现金净流量(元)	0.0779	-0.1190	-0.1119	-0.0141
	每股经营现金净流量(元)	0.4739	-0.0845	-0.1513	0.1906
	净资产收益率(扣除)(%)	-	9.5200	-	33.8600
	净资产收益率(%)	3.0210	9.6610	2.2710	29.5540
	总资产(万)	342481.91	328243.23	312887.20	298987.99
	股东权益(万)	53870.13	55642.64	51434.71	50266.84
	主营业务收入(万)	220984.10	358974.10	158434.31	262901.20
	主营成本(万)	203945.50	319039.95	142863.83	206657.02
	营业收入(万)	221969.61	361100.52	159612.57	264653.28
	营业成本(万)	203997.65	319220.03	143001.09	207173.32
	投资收益(万)	-	-	-	-
	利润总额(万)	3970.62	14264.62	2312.14	37255.98
	净利润(万)	1627.49	5375.80	1167.87	14855.90

广东生益科技股份有限公司

公司概况	公司名称	广东生益科技股份有限公司		证券简称	生益科技
	法人代表	李锦	董秘 温世龙	证券代码	600183
	公司网址	www.syst.com.cn		电子信箱	tzzgx@syst.com.cn
	电　话	0769-22271828*8225		传　真	0769-22174183
	办公地址	广东省东莞市万江区莞穗大道 411 号			
	经营范围	生产和销售覆铜板和粘结片、印刷线路板、陶瓷电子元件、液晶产品等			

主要财务指标	指标＼报告期	2011.06.30	2010.12.31	2010.06.30	2009.12.31
	每股收益(元)	0.3200	0.5600	0.3100	0.3300
	每股收益(扣除)(元)	0.3100	0.5200	0.2900	0.2800
	每股净资产(元)	4.0300	2.7600	2.5200	2.3300
	调整后每股净资产(元)	-	-	-	-
	每股资本公积金(元)	1.2423	0.2334	0.2334	0.2334
	每股盈余公积金(元)	0.3309	0.3784	0.3350	0.3350
	每股未分配利润(元)	1.0345	1.1525	0.9528	0.7594
	每股现金净流量(元)	0.9223	0.0534	0.0536	0.0772
	每股经营现金净流量(元)	0.1653	0.3615	0.1424	0.4920
	净资产收益率(扣除)(%)	10.5700	20.4400	11.8600	12.8000
	净资产收益率(%)	8.0170	20.1390	12.4330	14.1974
	总资产(万)	713222.72	556406.82	535782.96	461537.99
	股东权益(万)	394807.01	264471.04	241210.66	222709.02
	主营业务收入(万)	291392.96	541162.70	263181.77	357162.59
	主营成本(万)	242001.80	455644.76	216485.68	305831.90
	营业收入(万)	296167.82	548620.23	266671.43	361886.14
	营业成本(万)	242260.79	456047.00	216655.02	306112.10
	投资收益(万)	-	-	-	-
	利润总额(万)	37324.68	65970.01	37577.77	38641.99
	净利润(万)	31650.90	53262.14	29989.41	31618.85

北方光电股份有限公司

公司概况	公司名称	北方光电股份有限公司		证券简称	光电股份
	法人代表	王小鹏	董秘	证券代码	600184
	公司网址	www.sicong.com		电子信箱	newhgzqb@163.com
	电　话	029-82537951		传　真	029-82526666
	办公地址	陕西省西安市长乐中路35号			
	经营范围	光学玻璃、光学玻璃一次、二次型件、微晶玻璃基板以及光电子材料的生产与销售			

主要财务指标	指标\报告期	2011.06.30	2010.12.31	2010.06.30	2009.12.31
	每股收益(元)	0.1930	0.4200	0.2199	0.4000
	每股收益(扣除)(元)	0.1800	0.3700	0.0700	0.0400
	每股净资产(元)	4.6700	4.4600	3.4670	4.2900
	调整后每股净资产(元)	–	–	–	–
	每股资本公积金(元)	2.7847	1.4560	1.6814	1.6814
	每股盈余公积金(元)	0.0736	0.2111	0.1314	0.1314
	每股未分配利润(元)	0.8144	1.7930	0.6546	0.5653
	每股现金净流量(元)	–0.1301	–0.3589	–1.0781	–0.4326
	每股经营现金净流量(元)	–0.3888	–0.1918	–0.5685	0.8661
	净资产收益率(扣除)(%)	–	9.2500	–	1.2100
	净资产收益率(%)	4.1310	9.4090	2.5760	11.7590
	总资产(万)	295728.72	255032.47	134504.75	235811.46
	股东权益(万)	97838.25	93386.92	36407.87	71408.05
	主营业务收入(万)	76441.06	179059.83	81776.23	167818.66
	主营成本(万)	59295.40	146718.60	68376.94	140567.95
	营业收入(万)	76972.27	180918.67	82515.80	169115.25
	营业成本(万)	59688.50	147518.63	68973.96	141681.90
	投资收益(万)	–	–	–	–
	利润总额(万)	5530.26	10877.55	5148.06	9854.84
	净利润(万)	4041.33	8786.33	4603.81	8396.62

西安格力地产股份有限公司

公司概况	公司名称	西安格力地产股份有限公司		证券简称	格力地产
	法人代表	鲁君四	董秘 黄华敏	证券代码	600185
	公司网址	www.greedc.com		电子信箱	gldc@greedc.com
	电　话	029-87997926		传　真	029-87997925
	办公地址	西安市高新区科技路48号创业广场B座1303室			
	经营范围	实业投资、资产经营、房地产开发经营、物业管理、国内贸易等			

主要财务指标	指标\报告期	2011.06.30	2010.12.31	2010.06.30	2009.12.31
	每股收益(元)	0.2600	0.2500	0.1800	0.6700
	每股收益(扣除)(元)	0.2500	0.2200	0.1500	0.0100
	每股净资产(元)	3.5800	3.0900	2.7400	2.8700
	调整后每股净资产(元)	–	–	–	–
	每股资本公积金(元)	0.3873	0.1578	–0.1240	0.1905
	每股盈余公积金(元)	0.1599	0.1599	0.1599	0.1599
	每股未分配利润(元)	2.0339	1.7716	1.7025	1.5221
	每股现金净流量(元)	–1.8363	1.9777	0.2474	1.2293
	每股经营现金净流量(元)	–0.9885	0.3471	–1.4067	–1.5838
	净资产收益率(扣除)(%)	–	7.4700	–	0.3100
	净资产收益率(%)	7.3240	8.0760	6.5880	14.1740
	总资产(万)	1065011.35	962964.31	831057.45	539287.23
	股东权益(万)	206840.23	178437.22	158168.00	165914.24
	主营业务收入(万)	64709.43	115392.07	54645.29	50825.60
	主营成本(万)	31391.85	59862.73	31593.75	31701.02
	营业收入(万)	64793.76	115747.67	54891.09	51295.65
	营业成本(万)	31467.15	60036.21	31692.86	31915.11
	投资收益(万)	–	–	–	–
	利润总额(万)	19616.67	20526.66	13775.97	30317.05
	净利润(万)	15149.16	14409.87	10419.84	23516.55

河南莲花味精股份有限公司

公司概况	公司名称	河南莲花味精股份有限公司		证券简称	莲花味精
	法人代表	刘向东	董秘 牧峻涛	证券代码	600186
	公司网址	www.chinalotus.com.cn		电子信箱	lh600186@sina.com
	电　话	0394-4298666		传　真	0394-4298899
	办公地址	河南省项城市莲花大道18号			
	经营范围	味精、鸡精、酱油、醋、谷氨酸钠、谷氨酸等氨基酸、葡萄糖、方糖等			

主要财务指标	指标\报告期	2011.06.30	2010.12.31	2010.06.30	2009.12.31
	每股收益(元)	–0.1400	0.0166	0.1697	0.1800
	每股收益(扣除)(元)	–0.1470	–0.2244	0.0084	–0.0100
	每股净资产(元)	1.1020	1.2420	1.3880	1.2250
	调整后每股净资产(元)	–	–	–	–
	每股资本公积金(元)	0.2884	0.2884	0.2884	0.2884
	每股盈余公积金(元)	–	0.0781	0.0781	0.0781
	每股未分配利润(元)	–0.2644	–0.1245	0.0220	–0.1410
	每股现金净流量(元)	–	–0.0369	–0.0186	0.0324
	每股经营现金净流量(元)	–	0.0626	–0.0103	0.0626
	净资产收益率(扣除)(%)	–	1.3330	12.2250	1.0630
	净资产收益率(%)	–11.9200	1.3400	13.0200	15.5400
	总资产(万)	317078.17	327672.09	357726.82	357699.99
	股东权益(万)	117036.54	131642.78	147788.65	162793.08
	主营业务收入(万)	147907.82	267174.86	127424.71	244878.73
	主营成本(万)	145597.96	251882.62	112189.58	215338.59
	营业收入(万)	148047.04	269788.13	129287.64	247862.69
	营业成本(万)	145893.27	254654.27	114143.40	218424.32
	投资收益(万)	–	268.31	15.00	678.50
	利润总额(万)	–15085.32	2217.53	17963.40	18296.84
	净利润(万)	–14864.63	1758.45	18025.71	19068.95

黑龙江国中水务股份有限公司

公司概况	公司名称	黑龙江国中水务股份有限公司		证券简称	国中水务
	法人代表	朱勇军	董秘 刘玉萍	证券代码	600187
	公司网址	www.interchinawater.com		电子信箱	liuyuping@interchina-bj.com
	电　话	010-51695607		传　真	010-65595378
	办公地址	北京市东城区灯市口大街33号国中商业大厦10层			
	经营范围	建设、经营城市市政供排水项目及工程、生态环境治理工程等			

主要财务指标	指标\报告期	2011.06.30	2010.12.31	2010.06.30	2009.12.31
	每股收益(元)	0.0736	0.1300	0.0547	0.0729
	每股收益(扣除)(元)	0.0355	0.1073	0.0309	0.0391
	每股净资产(元)	2.4399	1.5455	0.7757	0.7424
	调整后每股净资产(元)	–	–	–	–
	每股资本公积金(元)	2.6995	2.2824	1.7709	1.7709
	每股盈余公积金(元)	0.0706	0.0922	0.0785	0.0785
	每股未分配利润(元)	–1.3302	–1.8291	–2.0737	–2.0803
	每股现金净流量(元)	0.5536	–0.0338	–0.0073	0.0549
	每股经营现金净流量(元)	0.0598	0.3730	0.1066	0.3715
	净资产收益率(扣除)(%)	–	12.8700	–	5.4800
	净资产收益率(%)	2.9010	14.4550	4.2860	8.0610
	总资产(万)	169762.57	130716.04	60195.69	52941.91
	股东权益(万)	104239.49	50571.01	25381.63	25166.70
	主营业务收入(万)	11773.81	13788.59	7021.72	7185.56
	主营成本(万)	6480.75	7665.45	4062.10	4747.39
	营业收入(万)	12065.97	15250.28	7968.71	8462.19
	营业成本(万)	6698.73	8222.53	4245.16	5334.94
	投资收益(万)	–	–	–	–
	利润总额(万)	3688.21	5309.38	2379.21	2789.30
	净利润(万)	3023.48	4252.50	1789.53	2384.63

兖州煤业股份有限公司

公司概况					
公司名称	兖州煤业股份有限公司			证券简称	兖州煤业
法人代表	李位民	董秘	张宝才	证券代码	600188
公司网址	www.yanzhoucoal.com.cn		电子信箱	yzc@yanzhoucoal.com.cn	
电　话	0537-5382319 5385343		传　真	0537-5383311	
办公地址	山东省邹城市凫山南路 298 号				
经营范围	地下煤炭开采、洗选加工、销售和煤炭铁路运输等				

主要财务指标 指标\报告期	2011.06.30	2010.12.31	2010.06.30	2009.12.31
每股收益(元)	1.0200	1.8300	0.5400	0.7900
每股收益(扣除)(元)	1.0200	1.8300	0.5365	0.7900
每股净资产(元)	8.0100	7.4700	6.0800	5.7700
调整后每股净资产(元)	–	–	–	–
每股资本公积金(元)	0.9362	0.9154	0.9020	0.9246
每股盈余公积金(元)	0.7921	0.7921	0.6590	0.6590
每股未分配利润(元)	4.7625	4.3291	3.1659	2.8806
每股现金净流量(元)	1.1026	–0.3560	–0.0148	0.0159
每股经营现金净流量(元)	2.7420	1.2784	0.4645	1.2548
净资产收益率(扣除)(%)	–	27.5700	–	14.1800
净资产收益率(%)	12.7810	24.5320	8.8110	13.6840
总资产(万)	8938524.13	7282854.05	6398437.47	6225234.87
股东权益(万)	3938574.38	3672171.92	2988205.17	2835778.54
主营业务收入(万)	2022401.19	3394425.23	1521868.92	2067713.92
主营成本(万)	1063186.40	1786829.17	791025.58	1126141.65
营业收入(万)	2075712.62	3484438.76	1560134.40	2150035.22
营业成本(万)	1116383.12	1890596.33	832373.88	1222021.71
投资收益(万)	–	–	–	–
利润总额(万)	704292.14	1211383.39	343351.69	541117.56
净利润(万)	503373.11	900862.12	263296.78	388032.93

吉林森林工业股份有限公司

公司概况					
公司名称	吉林森林工业股份有限公司			证券简称	吉林森工
法人代表	柏广新	董秘	王海	证券代码	600189
公司网址	www.jlsg.com.cn		电子信箱	wh@jlsg.com.cn	
电　话	0431-88912969		传　真	0431-88930595	
办公地址	长春市朝阳区延安大街 1399 号				
经营范围	森林采伐、人造板及饰面材料、进出口贸易、林化产品等的生产与销售等				

主要财务指标 指标\报告期	2011.06.30	2010.12.31	2010.06.30	2009.12.31
每股收益(元)	0.0900	0.1700	0.0900	0.0400
每股收益(扣除)(元)	0.0200	0.1700	0.0900	0.0300
每股净资产(元)	4.1700	4.1800	4.1000	4.1100
调整后每股净资产(元)	–	–	–	–
每股资本公积金(元)	2.0677	2.0677	2.0677	2.0677
每股盈余公积金(元)	0.5221	0.5221	0.4963	0.4963
每股未分配利润(元)	0.5827	0.5905	0.5390	0.5478
每股现金净流量(元)	0.0796	0.1473	–0.1901	–0.1254
每股经营现金净流量(元)	–0.2142	–0.9306	–0.0452	0.6920
净资产收益率(扣除)(%)	2.2090	4.0310	2.2240	0.9076
净资产收益率(%)	2.1800	4.0600	2.2000	0.8900
总资产(万)	277003.25	267420.30	218453.14	204536.46
股东权益(万)	136128.39	142384.99	140256.17	135436.28
主营业务收入(万)	72251.45	135423.79	63034.70	123149.38
主营成本(万)	55203.53	103999.80	47872.34	96510.00
营业收入(万)	75863.49	141067.23	66235.11	127384.70
营业成本(万)	58981.93	109653.95	51134.05	100690.26
投资收益(万)	2018.88	1291.25	–55.50	1180.17
利润总额(万)	2735.38	5108.61	2740.39	977.66
净利润(万)	2862.09	5232.17	2833.90	1158.70

锦州港股份有限公司

公司概况					
公司名称	锦州港股份有限公司			证券简称	锦 州 港
法人代表	张宏伟	董秘	王健	证券代码	600190
公司网址	www.jinzhouport.com		电子信箱	jzcjhga@mail.jzptt.ln.cn	
电　话	0416-3586462 3586234		传　真	0416-3582431	
办公地址	辽宁省锦州市经济技术开发区锦港大街一段 1 号				
经营范围	港务管理、港口装卸,水运辅助业(除客货运输);公路运输;物资仓储等				

主要财务指标 指标\报告期	2011.06.30	2010.12.31	2010.06.30	2009.12.31
每股收益(元)	0.1060	0.1390	0.0990	0.1100
每股收益(扣除)(元)	0.1050	0.1390	0.0990	0.1090
每股净资产(元)	2.4790	2.4230	2.3820	2.2840
调整后每股净资产(元)	–	–	–	–
每股资本公积金(元)	1.0707	1.0707	1.0707	1.0707
每股盈余公积金(元)	0.1273	0.1273	0.0995	0.0995
每股未分配利润(元)	0.2807	0.2249	0.2120	0.1134
每股现金净流量(元)	0.0744	–0.1388	0.3260	0.2915
每股经营现金净流量(元)	0.1485	0.2376	0.1345	0.2727
净资产收益率(扣除)(%)	4.2680	5.7520	4.1380	4.5710
净资产收益率(%)	4.2700	5.9200	4.2300	5.3700
总资产(万)	711598.63	659158.46	591122.06	520809.77
股东权益(万)	388899.81	379920.70	373564.71	357987.52
主营业务收入(万)	53061.78	84025.07	47724.46	72071.07
主营成本(万)	21984.92	40256.98	19184.28	31462.61
营业收入(万)	56857.00	86391.81	48419.37	73885.73
营业成本(万)	25160.31	41198.61	19593.82	32333.49
投资收益(万)	25.04	528.19	151.28	207.16
利润总额(万)	22416.36	29441.23	20823.09	22351.72
净利润(万)	16521.44	21764.83	15394.51	16302.66

包头华资实业股份有限公司

公司概况					
公司名称	包头华资实业股份有限公司			证券简称	华资实业
法人代表	宋卫东	董秘	魏相永	证券代码	600191
公司网址	www.huazi.com		电子信箱	wxy@basestone.net	
电　话	0472-6957558 6957548		传　真	0472-4190473	
办公地址	内蒙古自治区包头市东河区				
经营范围	生产、销售糖、食用酒精、颗粒粕、电子元器件,计算机的研制、生产等				

主要财务指标 指标\报告期	2011.06.30	2010.12.31	2010.06.30	2009.12.31
每股收益(元)	0.1400	–0.1495	0.0100	0.1087
每股收益(扣除)(元)	–0.0700	–0.1218	0.0100	–0.1224
每股净资产(元)	3.8500	3.8500	4.0400	4.2100
调整后每股净资产(元)	–	–	–	–
每股资本公积金(元)	2.1498	2.2921	2.3215	2.4969
每股盈余公积金(元)	0.1854	0.1854	0.1854	0.1854
每股未分配利润(元)	0.5135	0.3744	0.5326	0.5239
每股现金净流量(元)	0.0538	–0.0683	–0.0480	–0.1896
每股经营现金净流量(元)	–0.1282	–0.0683	–0.0722	–0.3111
净资产收益率(扣除)(%)	–	–3.0200	–	–3.1700
净资产收益率(%)	3.6140	–3.8810	0.2160	2.5830
总资产(万)	238350.55	246743.05	249220.77	261931.74
股东权益(万)	186633.58	186791.69	195888.87	203974.35
主营业务收入(万)	6587.60	13497.40	4698.74	10191.99
主营成本(万)	9124.57	14971.16	4691.69	15546.43
营业收入(万)	7355.97	14313.79	5020.59	10746.05
营业成本(万)	9595.71	16017.96	4947.32	16144.18
投资收益(万)	–	–	–	–
利润总额(万)	6728.30	–8124.25	397.32	5578.99
净利润(万)	6744.16	–7249.65	423.20	5269.39

兰州长城电工股份有限公司

公司概况	公司名称	兰州长城电工股份有限公司		证券简称	长城电工
	法人代表	杨林	董秘　郭满元	证券代码	600192
	公司网址	www.chinagwe.com		电子信箱	gwe@chinagwe.com
	电　话	0931-8415501		传　真	0931-8414606
	办公地址	甘肃省兰州市城关区农民巷215号			
	经营范围	电器机械及器材、电器元件的研究开发、生产、批发零售;设计、制作等			

主要财务指标	指标＼报告期	2011.06.30	2010.12.31	2010.06.30	2009.12.31
	每股收益(元)	0.0374	0.0785	0.0323	0.0731
	每股收益(扣除)(元)	0.0176	0.0400	0.0284	0.0419
	每股净资产(元)	3.2540	3.2200	3.1600	3.1300
	调整后每股净资产(元)	–	–	–	–
	每股资本公积金(元)	1.3650	1.3639	1.3545	1.8254
	每股盈余公积金(元)	0.1390	0.1390	0.1390	0.1668
	每股未分配利润(元)	0.7502	0.7128	0.6666	0.7612
	每股现金净流量(元)	–0.0378	–0.3354	–0.2301	–0.2939
	每股经营现金净流量(元)	0.0584	0.0746	0.1142	0.2606
	净资产收益率(扣除)(%)	–	1.2600	–	1.3600
	净资产收益率(%)	1.1490	2.4410	1.0210	2.3370
	总资产(万)	296229.84	285909.67	271784.32	275107.49
	股东权益(万)	111214.93	109899.37	107996.68	106893.81
	主营业务收入(万)	85162.86	148790.81	66038.73	127514.55
	主营成本(万)	68358.20	113235.00	50254.80	96833.17
	营业收入(万)	87606.80	152014.52	67797.07	132606.53
	营业成本(万)	69530.68	115421.07	51331.24	101550.13
	投资收益(万)	–	–	–	–
	利润总额(万)	1836.00	4293.75	1729.72	3821.32
	净利润(万)	1277.53	2682.79	1102.87	2497.84

上海创兴资源开发股份有限公司

公司概况	公司名称	上海创兴资源开发股份有限公司		证券简称	创兴资源
	法人代表	陈冠全	董秘　李晓玲	证券代码	600193
	公司网址	www.600193.com		电子信箱	cxzy_ir@126.com
	电　话	021-58125999		传　真	021-58125066
	办公地址	上海市浦东新区康桥路1388号3楼A			
	经营范围	高新技术产品的开发;房地产开发经营和速冻蔬菜加工出口业务等			

主要财务指标	指标＼报告期	2011.06.30	2010.12.31	2010.06.30	2009.12.31
	每股收益(元)	0.0200	0.5500	–0.1000	0.0500
	每股收益(扣除)(元)	0.0200	0.5200	–0.0800	0.0500
	每股净资产(元)	2.1400	2.0900	1.4100	1.5100
	调整后每股净资产(元)	–	–	–	–
	每股资本公积金(元)	0.0323	0.0323	0.0051	0.0051
	每股盈余公积金(元)	0.0754	0.0754	0.0197	0.0197
	每股未分配利润(元)	0.9964	0.9718	0.3844	0.4819
	每股现金净流量(元)	0.1247	0.0922	0.0182	–0.0083
	每股经营现金净流量(元)	0.0317	–0.1367	–0.1213	0.5423
	净资产收益率(扣除)(%)	–	29.4700	–	2.6000
	净资产收益率(%)	1.1490	26.0780	–6.9120	3.2130
	总资产(万)	91292.36	90796.91	76847.53	72183.57
	股东权益(万)	46609.95	45647.65	30740.54	32865.35
	主营业务收入(万)	9433.95	9968.42	–	8964.85
	主营成本(万)	6901.68	5492.88	–	3982.52
	营业收入(万)	9433.95	9968.42	–	8964.85
	营业成本(万)	6901.68	5492.88	–	3982.52
	投资收益(万)	–	–	–	–
	利润总额(万)	782.56	10485.70	–2791.36	747.15
	净利润(万)	535.49	11904.07	–2124.81	1055.96

中牧实业股份有限公司

公司概况	公司名称	中牧实业股份有限公司		证券简称	中牧股份
	法人代表	张春新	董秘　张菁桦	证券代码	600195
	公司网址	www.cahic.com		电子信箱	600195@cahic.com
	电　话	010-63701111 63702195		传　真	010-63702196
	办公地址	北京市丰台区南四环西路188号八区16-19号楼			
	经营范围	饲料行业、动物保健品行业及畜牧业生产资料贸易等			

主要财务指标	指标＼报告期	2011.06.30	2010.12.31	2010.06.30	2009.12.31
	每股收益(元)	0.4949	0.8000	0.4796	0.5800
	每股收益(扣除)(元)	0.4880	0.7600	0.4782	0.5600
	每股净资产(元)	4.0900	3.8900	3.5800	3.2500
	调整后每股净资产(元)	–	–	–	–
	每股资本公积金(元)	0.6911	0.6911	0.6933	0.6941
	每股盈余公积金(元)	0.4925	0.4925	0.4163	0.4163
	每股未分配利润(元)	1.9057	1.7109	1.4713	1.1418
	每股现金净流量(元)	–1.3492	1.1228	–0.8137	0.6494
	每股经营现金净流量(元)	–1.1298	1.3342	–0.6600	0.2904
	净资产收益率(扣除)(%)	–	21.2100	–	18.0500
	净资产收益率(%)	12.1020	20.4200	13.3920	17.9740
	总资产(万)	293077.85	290466.14	268133.21	253983.34
	股东权益(万)	159481.24	151883.50	139656.10	126834.53
	主营业务收入(万)	121768.06	264871.95	132388.09	209115.91
	主营成本(万)	78377.49	166425.14	83080.88	126354.83
	营业收入(万)	122127.48	266115.88	133109.30	210297.70
	营业成本(万)	78780.86	167203.65	83615.44	126646.33
	投资收益(万)	–	–	–	–
	利润总额(万)	24100.79	40176.00	26512.32	31185.12
	净利润(万)	19299.76	31015.11	18703.08	22796.60

上海复星医药(集团)股份有限公司

公司概况	公司名称	上海复星医药(集团)股份有限公司		证券简称	复星医药
	法人代表	陈启宇	董秘　乔志城	证券代码	600196
	公司网址	www.fosunpharma.com		电子信箱	600196@fosunpharma.com
	电　话	021-63325070		传　真	021-63325079
	办公地址	上海市复兴东路2号			
	经营范围	药品制造,药品销售,医疗器械和医疗诊断产品等			

主要财务指标	指标＼报告期	2011.06.30	2010.12.31	2010.06.30	2009.12.31
	每股收益(元)	0.4600	0.4600	0.3000	1.3500
	每股收益(扣除)(元)	0.1500	0.2000	0.1400	0.2000
	每股净资产(元)	4.8800	4.4200	5.9837	5.2300
	调整后每股净资产(元)	–	–	–	–
	每股资本公积金(元)	1.0653	0.9605	1.4339	0.9336
	每股盈余公积金(元)	0.5120	0.5120	0.6498	0.6665
	每股未分配利润(元)	2.3073	1.9522	2.9007	2.6323
	每股现金净流量(元)	0.2435	0.9230	0.7729	0.2136
	每股经营现金净流量(元)	0.0169	0.1068	0.0467	0.2116
	净资产收益率(扣除)(%)	–	4.9900	–	7.1800
	净资产收益率(%)	9.3260	10.2540	7.2590	38.5730
	总资产(万)	1943269.95	1682246.66	1339746.46	1152714.59
	股东权益(万)	929325.98	842302.30	759691.85	647652.22
	主营业务收入(万)	306370.16	448453.26	216900.27	379585.46
	主营成本(万)	200108.53	293880.16	145189.83	257093.61
	营业收入(万)	310250.71	455542.17	219492.17	387225.63
	营业成本(万)	203053.41	298456.05	145812.19	261066.49
	投资收益(万)	–	–	–	–
	利润总额(万)	124298.86	120195.13	79513.20	326466.84
	净利润(万)	86669.97	86365.39	55143.92	249820.18

新疆伊力特实业股份有限公司

公司概况						
公司名称	新疆伊力特实业股份有限公司			证券简称	伊力特
法人代表	徐勇辉	董秘	君洁	证券代码	600197
公司网址	www.xjyilite.com		电子信箱	yilitedm@163.com	
电话	0991-3667490		传真	0991-3672172	
办公地址	新疆维吾尔自治区伊犁哈萨克自治州新源县肖尔布拉克				
经营范围	白酒生产和销售等				

主要财务指标

指标\报告期	2011.06.30	2010.12.31	2010.06.30	2009.12.31
每股收益(元)	0.2430	0.3042	0.1991	0.2477
每股收益(扣除)(元)	0.2419	0.2961	0.1989	0.2404
每股净资产(元)	2.3849	2.3419	2.2400	2.2242
调整后每股净资产(元)	–	–	–	–
每股资本公积金(元)	0.4666	0.4666	0.4730	0.4730
每股盈余公积金(元)	0.3653	0.3653	0.3313	0.3313
每股未分配利润(元)	0.5530	0.5101	0.4389	0.4198
每股现金净流量(元)	–0.1062	–0.0319	0.1451	–0.2165
每股经营现金净流量(元)	0.1892	0.6598	0.1374	0.1847
净资产收益率(扣除)(%)	–	13.2300	–	11.2100
净资产收益率(%)	10.1880	12.9870	8.8730	11.1370
总资产(万)	162959.40	181468.62	146800.69	157419.39
股东权益(万)	105174.62	103279.47	98928.08	98087.86
主营业务收入(万)	73490.47	108218.72	59295.43	86722.29
主营成本(万)	38412.78	53070.74	30806.26	44394.34
营业收入(万)	73508.91	108512.90	59675.70	87088.04
营业成本(万)	38464.76	53236.30	30868.41	44568.80
投资收益(万)	–	–	–	–
利润总额(万)	16886.90	22330.84	13725.99	17243.66
净利润(万)	10715.15	13413.11	8778.22	10923.87

大唐电信科技股份有限公司

公司概况						
公司名称	大唐电信科技股份有限公司			证券简称	大唐电信
法人代表	曹斌	董秘	齐秀彬	证券代码	600198
公司网址	www.datang.com		电子信箱	dt600198@datang.com	
电话	010-58919172		传真	010-58919173	
办公地址	北京市海淀区永嘉北路6号				
经营范围	各类通讯网络系统、各类通信终端、计算机软硬件等产品开发、生产、销售等				

主要财务指标

指标\报告期	2011.06.30	2010.12.31	2010.06.30	2009.12.31
每股收益(元)	–0.0150	0.1504	0.0418	0.1309
每股收益(扣除)(元)	–0.1081	–0.0525	–0.0248	–0.0111
每股净资产(元)	1.1955	1.2104	1.1802	1.1550
调整后每股净资产(元)	–	–	–	–
每股资本公积金(元)	3.1203	3.1203	3.1981	3.2147
每股盈余公积金(元)	0.1363	0.1363	0.1363	0.1363
每股未分配利润(元)	–3.0575	–3.0425	–3.1511	–3.1930
每股现金净流量(元)	–0.6960	0.0502	–0.5347	0.0381
每股经营现金净流量(元)	–1.1017	–0.0387	–0.6786	0.6077
净资产收益率(扣除)(%)	–	–4.7365	–	–1.1400
净资产收益率(%)	–1.2530	12.4290	3.5440	11.3350
总资产(万)	423390.90	402757.50	364964.76	335100.90
股东权益(万)	52478.69	53136.35	51807.31	50703.72
主营业务收入(万)	211568.88	402157.74	176314.02	317528.21
主营成本(万)	180113.61	327300.62	142857.95	246058.11
营业收入(万)	212030.33	402787.93	176578.84	321106.62
营业成本(万)	180118.48	327530.09	142937.09	248178.76
投资收益(万)	–	–	–	–
利润总额(万)	2865.88	18375.28	7135.06	13689.70
净利润(万)	–657.66	6604.46	1836.23	5747.40

安徽金种子酒业股份有限公司

公司概况						
公司名称	安徽金种子酒业股份有限公司			证券简称	金种子酒
法人代表	锁炳勋	董秘	金彪	证券代码	600199
公司网址	www.jzz.cn		电子信箱	jinbiao@600199.com.cn	
电话	0558-2210568 2210699		传真	0558-2212666 2212836	
办公地址	安徽省阜阳市莲花路259号				
经营范围	白酒的生产与销售等				

主要财务指标

指标\报告期	2011.06.30	2010.12.31	2010.06.30	2009.12.31
每股收益(元)	0.3620	0.3200	0.1646	0.2700
每股收益(扣除)(元)	0.3614	0.2800	0.1566	0.2600
每股净资产(元)	2.8263	2.4575	1.4217	2.5000
调整后每股净资产(元)	–	–	–	–
每股资本公积金(元)	1.2608	1.2608	0.3762	1.7523
每股盈余公积金(元)	0.0550	0.0550	0.0586	0.1172
每股未分配利润(元)	0.4796	0.1176	–0.0341	–0.3973
每股现金净流量(元)	0.0741	1.0415	–0.1604	1.2506
每股经营现金净流量(元)	0.1229	0.3122	–0.0309	1.1790
净资产收益率(扣除)(%)	–	18.4600	–	10.8800
净资产收益率(%)	12.8080	12.3700	11.5770	10.9370
总资产(万)	198813.22	191998.88	110288.82	114265.55
股东权益(万)	157080.72	136581.89	74131.83	65258.47
主营业务收入(万)	97042.62	133061.01	64266.66	103955.62
主营成本(万)	38726.04	75211.16	36670.48	64970.30
营业收入(万)	99195.71	137992.92	64463.51	104563.19
营业成本(万)	40718.91	79825.21	36703.10	65201.44
投资收益(万)	–	–	–	–
利润总额(万)	26789.39	19744.60	10556.69	9454.16
净利润(万)	20118.29	16895.14	8581.94	7137.24

江苏吴中实业股份有限公司

公司概况						
公司名称	江苏吴中实业股份有限公司			证券简称	江苏吴中
法人代表	赵唯一	董秘	朱菊芳	证券代码	600200
公司网址	www.600200.com		电子信箱	zjf@wuzhong.com	
电话	0512-65272131 65626898		传真	0512-65270086	
办公地址	江苏省苏州市吴中区宝带东路388号				
经营范围	服装与医药等				

主要财务指标

指标\报告期	2011.06.30	2010.12.31	2010.06.30	2009.12.31
每股收益(元)	0.0120	0.0470	–0.0060	0.0230
每股收益(扣除)(元)	–0.0070	–0.0350	–0.0060	–0.0520
每股净资产(元)	1.3780	1.3850	1.3150	1.3220
调整后每股净资产(元)	–	–	–	–
每股资本公积金(元)	0.0327	0.0310	0.0150	0.0150
每股盈余公积金(元)	0.1897	0.1897	0.1897	0.1897
每股未分配利润(元)	0.1560	0.1643	0.1111	0.1173
每股现金净流量(元)	0.0233	0.1464	–0.0050	0.0872
每股经营现金净流量(元)	–0.4383	–0.0515	–0.0392	0.2794
净资产收益率(扣除)(%)	–	–2.5700	–	–3.9400
净资产收益率(%)	0.8490	3.3930	–0.4790	1.7670
总资产(万)	349367.31	294532.57	210649.36	200287.26
股东权益(万)	85957.49	86352.54	81986.74	82441.13
主营业务收入(万)	182670.97	337524.73	148118.45	230565.74
主营成本(万)	167854.40	308126.20	135867.96	207622.85
营业收入(万)	182769.06	338417.23	148298.92	230857.68
营业成本(万)	167877.89	308185.26	135886.36	207729.61
投资收益(万)	–	–	–	–
利润总额(万)	1881.99	4462.82	23.14	2931.13
净利润(万)	729.58	2930.16	–392.36	1456.68

内蒙古金宇集团股份有限公司

公司概况	公司名称	内蒙古金宇集团股份有限公司		证券简称	金宇集团
	法人代表	张翀宇	董秘 李树剑	证券代码	600201
	公司网址	www.jinyu.com.cn		电子信箱	lisj@jinyu.com.cn
	电　话	0471-3336266		传　真	0471-3336240
	办公地址	内蒙古自治区呼和浩特市鄂尔多斯大街26号			
	经营范围	生物药品制造、房地产开发、羊绒纺织、生物技术开发应用等			

主要财务指标	指标\报告期	2011.06.30	2010.12.31	2010.06.30	2009.12.31
	每股收益(元)	0.2300	0.4100	0.2000	0.2400
	每股收益(扣除)(元)	0.2100	0.3700	0.2000	0.2000
	每股净资产(元)	3.2117	2.9800	2.8770	2.6700
	调整后每股净资产(元)	–	–	–	–
	每股资本公积金(元)	0.7557	0.7557	0.7557	0.7557
	每股盈余公积金(元)	0.2171	0.2171	0.1945	0.1945
	每股未分配利润(元)	1.2390	1.0117	0.9269	0.7241
	每股现金净流量(元)	–0.4555	–0.1496	–0.2312	–0.0303
	每股经营现金净流量(元)	–0.2943	–0.3410	–0.5480	–0.0872
	净资产收益率(扣除)(%)	–	13.2200	–	7.8600
	净资产收益率(%)	7.0770	13.7440	7.0470	8.8520
	总资产(万)	158272.22	158878.37	157942.60	139913.26
	股东权益(万)	90191.99	83808.82	80791.81	75098.08
	主营业务收入(万)	24262.49	66426.40	29354.55	67788.54
	主营成本(万)	7895.38	34981.90	14840.06	39589.32
	营业收入(万)	24408.65	67033.07	29753.74	68549.47
	营业成本(万)	8031.41	35161.10	15110.85	39887.46
	投资收益(万)	–	–	–	–
	利润总额(万)	7732.70	13189.45	6956.39	9650.67
	净利润(万)	6383.16	11518.90	5693.74	6647.37

哈尔滨空调股份有限公司

公司概况	公司名称	哈尔滨空调股份有限公司		证券简称	哈空调
	法人代表	于明升	董秘 孙淑玲	证券代码	600202
	公司网址	www.hac.com.cn		电子信箱	ssl@hac.com.cn
	电　话	0451-84644521		传　真	0451-84676205
	办公地址	黑龙江省哈尔滨市道里区买卖街25号			
	经营范围	空气冷却设备、空气调节设备、节能换热设备的开发、生产与销售等			

主要财务指标	指标\报告期	2011.06.30	2010.12.31	2010.06.30	2009.12.31
	每股收益(元)	0.0132	0.2820	0.2064	0.3700
	每股收益(扣除)(元)	0.0052	0.2590	0.2017	0.3470
	每股净资产(元)	2.8870	2.8740	2.7980	2.7000
	调整后每股净资产(元)	–	–	–	–
	每股资本公积金(元)	0.1996	0.1996	0.1996	0.1996
	每股盈余公积金(元)	0.3145	0.3145	0.2882	0.2882
	每股未分配利润(元)	1.3731	1.3599	1.3103	1.2119
	每股现金净流量(元)	0.1289	–0.1965	–0.3871	–0.2624
	每股经营现金净流量(元)	0.1276	–0.5651	–1.1922	–0.1833
	净资产收益率(扣除)(%)	–	9.3100	–	13.7000
	净资产收益率(%)	0.4570	9.8240	7.3770	13.6898
	总资产(万)	275554.23	312958.65	307507.92	286645.88
	股东权益(万)	110679.64	110173.98	107261.98	103489.01
	主营业务收入(万)	49525.27	100086.07	55229.87	86604.16
	主营成本(万)	41816.86	76174.87	38266.68	58518.18
	营业收入(万)	53668.07	136919.31	72485.73	105677.91
	营业成本(万)	45635.94	109037.42	53534.99	75621.02
	投资收益(万)	–	–	–	–
	利润总额(万)	530.93	12339.66	9190.57	16364.37
	净利润(万)	505.67	10823.55	7913.04	14167.49

福建福日电子股份有限公司

公司概况	公司名称	福建福日电子股份有限公司		证券简称	*ST福日
	法人代表	卞志航	董秘 王佐	证券代码	600203
	公司网址	www.furielec.com		电子信箱	wangz@furielec.com
	电　话	0591-83315984		传　真	0591-83319978
	办公地址	福州市鼓楼区六一中路106号榕航花园1号楼1-3层			
	经营范围	电子计算机及配件、电子产品及通讯设备、家用电器、电子元、器件的制造、销售等			

主要财务指标	指标\报告期	2011.06.30	2010.12.31	2010.06.30	2009.12.31
	每股收益(元)	0.4900	–0.2900	–0.0600	–0.6000
	每股收益(扣除)(元)	–0.1319	–0.3200	–0.1041	–0.7400
	每股净资产(元)	2.0836	1.6302	1.3968	0.3375
	调整后每股净资产(元)	–	–	–	–
	每股资本公积金(元)	2.1135	2.1500	1.6956	0.5659
	每股盈余公积金(元)	0.0572	0.0572	0.0572	0.0572
	每股未分配利润(元)	–1.0871	–1.5771	–1.3560	–1.2856
	每股现金净流量(元)	0.1391	–0.0708	–0.0737	0.0021
	每股经营现金净流量(元)	–0.4583	0.1730	0.4701	–0.0754
	净资产收益率(扣除)(%)	23.5150	–17.8800	–4.1890	–178.0430
	净资产收益率(%)	26.1300	–21.1200	–6.7900	–94.1500
	总资产(万)	145700.45	154275.31	143785.15	113741.43
	股东权益(万)	51234.09	40509.94	35729.68	10047.36
	主营业务收入(万)	98637.23	133282.09	64996.70	97346.89
	主营成本(万)	98129.95	131623.93	64275.37	96282.81
	营业收入(万)	99273.59	134122.14	65305.50	98410.14
	营业成本(万)	98702.31	132175.74	64539.89	97072.29
	投资收益(万)	15239.57	1180.84	452.44	1202.25
	利润总额(万)	11604.11	–7432.27	–1492.10	–14969.42
	净利润(万)	11785.98	–7011.40	–1407.26	–14455.20

有研半导体材料股份有限公司

公司概况	公司名称	有研半导体材料股份有限公司		证券简称	有研硅股
	法人代表	周旗钢	董秘 陶森	证券代码	600206
	公司网址	www.gritek.com		电子信箱	taosen@gritek.com
	电　话	010-62355380		传　真	010-62355381
	办公地址	北京市新街口外大街2号			
	经营范围	单晶硅、锗、化合物半导体材料及相关电子材料的研究、生产和销售等			

主要财务指标	指标\报告期	2011.06.30	2010.12.31	2010.06.30	2009.12.31
	每股收益(元)	0.0200	0.0300	0.0100	–0.1600
	每股收益(扣除)(元)	0.0200	0.0200	0.0100	–0.1900
	每股净资产(元)	3.5170	3.4940	3.4800	3.4690
	调整后每股净资产(元)	–	–	–	–
	每股资本公积金(元)	2.0273	2.0273	2.0272	2.0272
	每股盈余公积金(元)	0.1261	0.1261	0.1239	0.1239
	每股未分配利润(元)	0.3652	0.3422	0.3287	0.3185
	每股现金净流量(元)	0.1274	0.3291	0.0299	–0.0326
	每股经营现金净流量(元)	0.1120	0.4522	0.0101	0.0883
	净资产收益率(扣除)(%)	–	0.6400	–	–5.2200
	净资产收益率(%)	0.6550	0.7410	0.2920	–4.4720
	总资产(万)	131874.87	123121.68	124318.96	112472.89
	股东权益(万)	76502.02	76004.27	75662.80	75443.09
	主营业务收入(万)	33483.00	61844.46	31121.53	42524.82
	主营成本(万)	30767.82	55285.32	28163.68	38770.51
	营业收入(万)	36615.26	66850.04	32835.09	47509.92
	营业成本(万)	33120.51	59614.34	29733.72	44115.46
	投资收益(万)	–	–	–	–
	利润总额(万)	527.36	827.14	311.62	–4046.34
	净利润(万)	501.09	563.41	220.54	–3373.45

河南安彩高科股份有限公司

公司概况						
公司名称	河南安彩高科股份有限公司			证券简称	ST 安彩
法人代表	蔡志端	董秘	李明	证券代码	600207
公司网址	www.acht.com.cn		电子信箱	achtzqb@acbc.com.cn	
电　话	0372-3732533		传　真	0372-3938035	
办公地址	河南省安阳市中州路南段				
经营范围	彩色显像管玻壳、彩色显示器玻壳、节能灯、电子特种玻璃新产品等				

主要财务指标：指标\报告期	2011.06.30	2010.12.31	2010.06.30	2009.12.31
每股收益(元)	0.0585	0.0741	0.0309	-2.4239
每股收益(扣除)(元)	0.0321	0.0709	0.0187	-2.4571
每股净资产(元)	0.9753	0.9168	0.8736	0.8427
调整后每股净资产(元)	-	-	-	-
每股资本公积金(元)	2.8348	2.8348	2.8348	2.8348
每股盈余公积金(元)	0.8820	0.8820	0.8820	0.8820
每股未分配利润(元)	-3.7415	-3.8001	-3.8432	-3.8742
每股现金净流量(元)	0.3945	0.1668	-0.0414	-0.0227
每股经营现金净流量(元)	0.0233	0.2722	0.0602	-0.8305
净资产收益率(扣除)(%)	-	8.0600	-	-119.0944
净资产收益率(%)	6.0030	8.0840	3.5410	-287.6470
总资产(万)	234853.78	188879.66	189776.55	182093.19
股东权益(万)	42914.34	40338.41	38438.67	37077.46
主营业务收入(万)	56185.02	117681.30	58870.75	64383.84
主营成本(万)	45505.47	89374.68	47934.67	74570.73
营业收入(万)	63239.20	126064.51	62689.67	67697.46
营业成本(万)	50754.93	95491.98	50192.09	76747.50
投资收益(万)	-	-	-	-
利润总额(万)	3284.77	4186.41	1504.76	-107465.86
净利润(万)	2575.93	3260.95	1361.22	-106652.15

新湖中宝股份有限公司

公司概况					
公司名称	新湖中宝股份有限公司			证券简称	新湖中宝
法人代表	林俊波	董秘	虞迪锋	证券代码	600208
公司网址	www.600208.net		电子信箱	yudf@600208.net	
电　话	0571-87395003 85171837		传　真	0571-87395052	
办公地址	浙江省杭州市西溪路128号新湖商务大厦11层				
经营范围	房地产开发、实业投资等				

主要财务指标：指标\报告期	2011.06.30	2010.12.31	2010.06.30	2009.12.31
每股收益(元)	0.0650	0.3100	0.0510	0.2300
每股收益(扣除)(元)	0.0630	0.2900	0.0520	0.2300
每股净资产(元)	1.4170	1.3770	1.2630	1.8900
调整后每股净资产(元)	-	-	-	-
每股资本公积金(元)	0.1249	0.1539	0.0242	0.0391
每股盈余公积金(元)	0.0741	0.0741	0.0426	0.0666
每股未分配利润(元)	0.5019	0.4240	0.1961	0.7879
每股现金净流量(元)	0.0099	-0.0002	0.2864	1.0069
每股经营现金净流量(元)	0.0141	-0.4686	0.0074	0.7443
净资产收益率(扣除)(%)	-	20.1600	-	19.7800
净资产收益率(%)	4.5820	18.3950	4.8090	18.0737
总资产(万)	3334590.01	2845310.60	2512571.38	2204769.94
股东权益(万)	873037.61	848031.29	641160.83	640873.69
主营业务收入(万)	256024.17	811257.78	229837.13	636228.77
主营成本(万)	199348.32	555066.86	162415.25	440757.91
营业收入(万)	257176.12	814003.66	232576.05	637936.24
营业成本(万)	199605.16	555751.64	163212.04	441209.89
投资收益(万)	-	-	-	-
利润总额(万)	47246.56	221317.85	42297.80	161303.83
净利润(万)	40000.79	155996.41	30832.14	115829.53

罗顿发展股份有限公司

公司概况					
公司名称	罗顿发展股份有限公司			证券简称	*ST 罗顿
法人代表	高松	董秘	韦胜杭	证券代码	600209
公司网址	www.lawtonfz.com.cn		电子信箱	golden@public.hk.hi.cn	
电　话	0898-66258868		传　真	0898-66254868	
办公地址	海南省海口市人民大道68号北12楼				
经营范围	酒店经营与管理和装饰工程等				

主要财务指标：指标\报告期	2011.06.30	2010.12.31	2010.06.30	2009.12.31
每股收益(元)	0.0100	0.0500	-0.0500	-0.0900
每股收益(扣除)(元)	0.0100	0.0500	-0.0500	-0.0900
每股净资产(元)	1.5330	1.5260	1.4300	1.4804
调整后每股净资产(元)	-	-	-	-
每股资本公积金(元)	0.2697	0.2697	0.2697	0.2697
每股盈余公积金(元)	0.0709	0.0709	0.0709	0.0709
每股未分配利润(元)	0.1928	0.1855	0.0892	0.1398
每股现金净流量(元)	-0.0452	0.0079	0.0041	0.0723
每股经营现金净流量(元)	0.0434	0.1091	0.0931	0.0725
净资产收益率(扣除)(%)	-	3.0500	-	-5.7800
净资产收益率(%)	0.4760	2.9910	-3.5440	-5.9410
总资产(万)	136438.68	137782.75	141811.17	139289.83
股东权益(万)	67313.76	66993.57	62765.19	64989.81
主营业务收入(万)	175.13	19547.29	8.29	17648.82
主营成本(万)	6274.96	15618.89	5255.90	14781.79
营业收入(万)	8795.16	19601.01	5457.84	17732.85
营业成本(万)	124.78	15618.89	1.81	14781.79
投资收益(万)	-	-	-	-
利润总额(万)	553.56	1452.98	-2493.83	-3818.71
净利润(万)	320.18	2003.77	-2224.61	-3860.86

上海紫江企业集团股份有限公司

公司概况					
公司名称	上海紫江企业集团股份有限公司			证券简称	紫江企业
法人代表	沈雯	董秘	高军	证券代码	600210
公司网址	www.zijiangqy.com		电子信箱	zijiangqy@zijiangqy.com	
电　话	021-62377118		传　真	021-62377327	
办公地址	上海市虹桥路2272号虹桥商务大厦7楼C座				
经营范围	包装业务和房地产业务等				

主要财务指标：指标\报告期	2011.06.30	2010.12.31	2010.06.30	2009.12.31
每股收益(元)	0.2220	0.4720	0.2050	0.4550
每股收益(扣除)(元)	0.2130	0.4570	0.2000	0.3850
每股净资产(元)	2.6400	2.5110	2.2130	2.2570
调整后每股净资产(元)	-	-	-	-
每股资本公积金(元)	0.3170	0.4107	0.3843	0.3310
每股盈余公积金(元)	0.2217	0.2217	0.1927	0.1927
每股未分配利润(元)	1.1011	0.8789	0.6360	0.7356
每股现金净流量(元)	-0.1040	0.2995	0.4520	-0.1049
每股经营现金净流量(元)	0.2853	0.7332	0.2277	0.8514
净资产收益率(扣除)(%)	-	19.7200	-	15.6800
净资产收益率(%)	8.4200	19.0010	9.0420	20.1482
总资产(万)	1039775.33	985770.40	938961.73	821299.62
股东权益(万)	379279.79	360804.58	317964.07	324610.34
主营业务收入(万)	406465.41	627878.30	328376.76	503026.83
主营成本(万)	321931.22	457321.64	250944.47	359689.01
营业收入(万)	409789.98	644585.41	330820.78	516525.78
营业成本(万)	323472.02	472022.22	252458.21	371816.00
投资收益(万)	-	-	-	-
利润总额(万)	46046.77	90648.02	39867.98	85271.19
净利润(万)	31936.61	67844.70	29444.10	65403.21

西藏诺迪康药业股份有限公司

公司概况						
	公司名称	西藏诺迪康药业股份有限公司			证券简称	西藏药业
	法人代表	陈达彬	董秘	刘岚	证券代码	600211
	公司网址	www.xzyy.cn		电子信箱	master@xzyy.cn	
	电　话	0891-6835752 028-86653915		传　真	0891-6837749	
	办公地址	西藏自治区拉萨市北京中路93号				
	经营范围	生产、销售诺迪康胶囊、诺迪康颗粒,诺迪康口服液、藏药产品及医疗器械等				

主要财务指标	指标\报告期	2011.06.30	2010.12.31	2010.06.30	2009.12.31
	每股收益(元)	0.0430	0.1600	0.0310	0.1500
	每股收益(扣除)(元)	0.0430	0.1500	0.0270	0.0700
	每股净资产(元)	2.2370	2.1900	2.1560	2.1330
	调整后每股净资产(元)	–	–	–	–
	每股资本公积金(元)	1.4804	1.4804	1.6034	1.6034
	每股盈余公积金(元)	0.1325	0.1325	0.1313	0.1313
	每股未分配利润(元)	–0.3760	–0.4186	–0.5788	–0.6014
	每股现金净流量(元)	0.1701	–0.1668	–0.4302	0.3661
	每股经营现金净流量(元)	–0.3292	0.0131	–0.3173	0.1289
	净资产收益率(扣除)(%)	1.9040	7.3740	1.4220	6.8278
	净资产收益率(%)	1.9200	7.6600	1.4300	7.0700
	总资产(万)	71585.80	73546.94	69186.82	74370.29
	股东权益(万)	33503.65	32418.82	30466.67	29999.79
	主营业务收入(万)	54128.55	109985.45	54807.10	110376.72
	主营成本(万)	46081.03	91638.82	46157.85	91976.77
	营业收入(万)	54530.90	111072.93	55298.23	110962.11
	营业成本(万)	46156.21	91883.45	46225.60	92111.76
	投资收益(万)	10.73	169.13	92.54	398.22
	利润总额(万)	744.60	2997.40	633.10	2245.15
	净利润(万)	620.10	2355.66	425.13	2020.32

山东江泉实业股份有限公司

公司概况						
	公司名称	山东江泉实业股份有限公司			证券简称	江泉实业
	法人代表	于孝燕	董秘	王广勇	证券代码	600212
	公司网址	www.jiangquan.com.cn		电子信箱	wang600212@126.com	
	电　话	0539-7100051		传　真	0539-7100153	
	办公地址	山东省临沂市罗庄区江泉工业园三江路6号				
	经营范围	搪瓷制品、陶瓷制品、金属制品、铸件、建筑材料的生产、销售等				

主要财务指标	指标\报告期	2011.06.30	2010.12.31	2010.06.30	2009.12.31
	每股收益(元)	0.0270	0.0355	0.0410	0.0583
	每股收益(扣除)(元)	0.0270	0.0594	0.0410	0.0912
	每股净资产(元)	2.0680	2.0400	2.0470	2.0100
	调整后每股净资产(元)	–	–	–	–
	每股资本公积金(元)	0.8632	0.8632	0.8632	0.8632
	每股盈余公积金(元)	0.1878	0.1878	0.1878	0.1878
	每股未分配利润(元)	0.0172	–0.0101	–0.0041	–0.0456
	每股现金净流量(元)	0.0358	0.0513	–0.0283	0.0285
	每股经营现金净流量(元)	0.0890	0.2370	0.0963	0.0989
	净资产收益率(扣除)(%)	1.3180	1.7390	2.0250	2.9050
	净资产收益率(%)	1.3300	1.7500	2.0500	2.9500
	总资产(万)	129663.07	128061.81	130272.46	128926.64
	股东权益(万)	105824.57	104429.48	104735.02	102613.99
	主营业务收入(万)	23185.76	43528.98	20383.58	65084.17
	主营成本(万)	19165.35	37531.46	16730.20	55197.73
	营业收入(万)	23185.76	45352.93	20383.58	65898.17
	营业成本(万)	19165.35	38038.46	16730.20	55903.82
	投资收益(万)	–185.12	1284.36	366.37	1346.38
	利润总额(万)	1395.08	2017.10	2121.03	3238.55
	净利润(万)	1395.08	1815.50	2121.03	2981.01

扬州亚星客车股份有限公司

公司概况						
	公司名称	扬州亚星客车股份有限公司			证券简称	亚星客车
	法人代表	金长山	董秘	刘竹金	证券代码	600213
	公司网址	www.yaxingkeche.com.cn		电子信箱	zhujinliu@hotmail.com	
	电　话	0514-82989118		传　真	0514-87852329	
	办公地址	江苏省扬州市渡江南路41号				
	经营范围	客车、特种车、农用车、汽车零部件的开发、制造、销售、进出口及维修服务等				

主要财务指标	指标\报告期	2011.06.30	2010.12.31	2010.06.30	2009.12.31
	每股收益(元)	0.0500	0.0300	0.0123	–0.4400
	每股收益(扣除)(元)	–0.0630	–0.0900	–0.0244	–0.5000
	每股净资产(元)	1.0489	0.9989	0.9631	0.9700
	调整后每股净资产(元)	–	–	–	–
	每股资本公积金(元)	1.5550	1.5550	1.5368	1.5576
	每股盈余公积金(元)	0.1935	0.1935	0.1935	0.1935
	每股未分配利润(元)	–1.6996	–1.7496	–1.7672	–1.7795
	每股现金净流量(元)	–0.1378	0.5336	0.1308	–0.1174
	每股经营现金净流量(元)	–0.6279	0.0407	–0.3380	–0.1342
	净资产收益率(扣除)(%)	–	–9.5700	–	–42.4100
	净资产收益率(%)	4.7670	2.9980	1.2810	–45.0740
	总资产(万)	78774.78	79462.58	78945.06	74530.10
	股东权益(万)	23074.83	21974.94	21187.50	21374.17
	主营业务收入(万)	28201.80	66606.21	30431.79	52232.41
	主营成本(万)	25917.38	59906.08	27670.85	49436.77
	营业收入(万)	28322.31	66733.57	30492.49	52380.57
	营业成本(万)	25958.87	59992.32	27715.59	49527.52
	投资收益(万)	–	–	–	–
	利润总额(万)	1099.89	658.90	271.46	–9634.14
	净利润(万)	1099.89	658.90	271.46	–9634.14

长春经开(集团)股份有限公司

公司概况						
	公司名称	长春经开(集团)股份有限公司			证券简称	长春经开
	法人代表	陈平	董秘	曹家玮	证券代码	600215
	公司网址	www.ccjk600215.com		电子信箱	ccjk8508@mail.cetdz.com.cn	
	电　话	0431-84644225		传　真	0431-84630809	
	办公地址	吉林省长春市经济技术开发区自由大路5188号				
	经营范围	公用设施投资、开发、建设、租赁、经营、管理;实业与科技投资等				

主要财务指标	指标\报告期	2011.06.30	2010.12.31	2010.06.30	2009.12.31
	每股收益(元)	–0.0382	0.2820	–0.1926	0.0080
	每股收益(扣除)(元)	–0.0496	–0.2375	–0.1904	–0.1556
	每股净资产(元)	5.1087	6.6900	6.2200	6.4100
	调整后每股净资产(元)	–	–	–	–
	每股资本公积金(元)	2.1042	3.0355	3.0388	3.0388
	每股盈余公积金(元)	0.4087	0.5313	0.5313	0.5313
	每股未分配利润(元)	1.5959	2.1242	1.6497	1.8422
	每股现金净流量(元)	0.2588	0.0654	–0.2904	0.1179
	每股经营现金净流量(元)	0.1753	0.1253	–0.3916	0.7002
	净资产收益率(扣除)(%)	–	–3.6248	–	–2.4284
	净资产收益率(%)	–0.7470	4.2150	–3.0960	0.1255
	总资产(万)	373839.84	361167.75	295308.84	308137.04
	股东权益(万)	237572.87	239348.45	222492.05	229380.54
	主营业务收入(万)	660.05	31676.81	9798.32	46725.16
	主营成本(万)	334.88	30092.17	13602.44	37892.82
	营业收入(万)	1329.91	34783.76	11204.82	49964.75
	营业成本(万)	500.08	30715.25	13746.69	38487.94
	投资收益(万)	–	–	–	–
	利润总额(万)	–1565.56	11278.03	–6875.11	3642.38
	净利润(万)	–1775.57	10088.17	–6888.50	287.76

浙江医药股份有限公司

公司概况	公司名称	浙江医药股份有限公司			证券简称	浙江医药
	法人代表	李春波	董秘	俞祝军	证券代码	600216
	公司网址	www.china-zmc.com		电子信箱	zmc3@163.com	
	电　话	0571-87213883		传　真	0571-87213883	
	办公地址	浙江省杭州市拱墅区登云路268号				
	经营范围	化学原料药及其制剂产品的研制、开发、生产与销售等				

	指标\报告期	2011.06.30	2010.12.31	2010.06.30	2009.12.31
主要财务指标	每股收益(元)	1.3200	2.5400	1.2900	2.7000
	每股收益(扣除)(元)	1.3400	2.5800	1.3100	2.7500
	每股净资产(元)	8.8980	8.5700	7.0170	6.3300
	调整后每股净资产(元)	–	–	–	–
	每股资本公积金(元)	0.8691	1.1659	0.8638	0.6695
	每股盈余公积金(元)	1.2396	1.2396	0.8599	0.8599
	每股未分配利润(元)	5.7890	5.1650	4.2932	3.8011
	每股现金净流量(元)	–0.1758	1.3402	–0.6554	–
	每股经营现金净流量(元)	0.7805	2.9247	1.1529	–
	净资产收益率(扣除)(%)	–	35.2900	–	55.4700
	净资产收益率(%)	14.8810	29.6770	18.4140	42.6000
	总资产(万)	479793.30	463717.79	395301.91	387963.96
	股东权益(万)	400442.71	385721.20	315804.30	284912.66
	主营业务收入(万)	251294.21	454352.48	234906.46	416989.66
	主营成本(万)	158659.28	266007.59	137804.08	228013.79
	营业收入(万)	252351.73	455826.52	235669.41	418374.08
	营业成本(万)	159432.92	267265.20	138521.72	229202.41
	投资收益(万)	–	–	–	–
	利润总额(万)	69804.92	133322.61	68611.66	142200.87
	净利润(万)	59587.76	114470.87	58152.43	121375.48

陕西秦岭水泥(集团)股份有限公司

公司概况	公司名称	陕西秦岭水泥(集团)股份有限公司			证券简称	ST 秦岭
	法人代表	于九洲	董秘	刘福生	证券代码	600217
	公司网址	www.qinling.com		电子信箱	qlc@vip.163.com	
	电　话	0919-6231630		传　真	0919-6233344	
	办公地址	陕西省铜川市耀州区东郊				
	经营范围	水泥生产与销售等				

	指标\报告期	2011.06.30	2010.12.31	2010.06.30	2009.12.31
主要财务指标	每股收益(元)	–0.0390	0.4580	0.0400	–0.4560
	每股收益(扣除)(元)	–0.1090	0.0200	0.0001	–0.5130
	每股净资产(元)	0.3700	0.3920	–0.3800	–0.3800
	调整后每股净资产(元)	–	–	–	–
	每股资本公积金(元)	0.3662	0.3621	0.0274	0.0566
	每股盈余公积金(元)	0.1036	0.1036	0.1036	0.1036
	每股未分配利润(元)	–1.1015	–1.0629	–1.5000	–1.5205
	每股现金净流量(元)	–0.1336	–0.1046	–0.0995	0.2287
	每股经营现金净流量(元)	–0.0714	–0.0948	0.0109	–0.0511
	净资产收益率(扣除)(%)	–	–0.1917	–	–374.7400
	净资产收益率(%)	–10.4510	116.6520	–10.5135	–
	总资产(万)	162457.12	158108.06	158514.13	171018.57
	股东权益(万)	24446.79	25924.66	–25103.47	–23813.70
	主营业务收入(万)	28499.19	82324.28	42086.16	58074.49
	主营成本(万)	25657.41	63785.71	32885.35	49717.00
	营业收入(万)	30878.32	84714.94	42399.45	58785.46
	营业成本(万)	28021.33	66003.85	33093.30	50442.25
	投资收益(万)	–	–	–	–
	利润总额(万)	–2610.43	29944.88	2591.78	–31308.94
	净利润(万)	–2554.84	30241.58	2639.25	–30116.53

安徽全柴动力股份有限公司

公司概况	公司名称	安徽全柴动力股份有限公司			证券简称	全柴动力
	法人代表	谢力	董秘	徐明余	证券代码	600218
	公司网址	www.quanchai.com.cn		电子信箱	qcxumy@163.com	
	电　话	0550-5038369 5038289		传　真	0550-5011156	
	办公地址	安徽省滁州市全椒县襄河镇吴敬梓路788号				
	经营范围	内燃机、拖拉机、农用车、工程机械、环保机械、收获机械、生物工程机械等				

	指标\报告期	2011.06.30	2010.12.31	2010.06.30	2009.12.31
主要财务指标	每股收益(元)	0.1470	0.3300	0.2203	0.1800
	每股收益(扣除)(元)	0.1260	0.2400	0.2120	0.1380
	每股净资产(元)	3.6340	3.4900	3.3800	3.3100
	调整后每股净资产(元)	–	–	–	–
	每股资本公积金(元)	1.6147	1.6147	1.6131	1.6131
	每股盈余公积金(元)	0.2204	0.2204	0.1909	0.1909
	每股未分配利润(元)	0.7990	0.6520	0.5751	0.5049
	每股现金净流量(元)	–0.6076	–0.1211	–0.0315	0.6856
	每股经营现金净流量(元)	–0.2967	0.1538	0.0451	1.0176
	净资产收益率(扣除)(%)	–	6.6200	–	4.2800
	净资产收益率(%)	4.0450	9.3670	6.5190	5.4780
	总资产(万)	210724.16	203377.84	206159.00	185067.21
	股东权益(万)	102990.24	98824.56	95763.92	93772.09
	主营业务收入(万)	132682.83	251405.83	137159.38	202677.33
	主营成本(万)	120266.35	226658.68	123602.30	180252.46
	营业收入(万)	137599.42	265512.75	143473.31	211565.03
	营业成本(万)	124332.01	239863.32	129272.80	189378.09
	投资收益(万)	–	–	–	–
	利润总额(万)	5350.80	10452.22	7819.41	7933.42
	净利润(万)	4165.68	9256.79	6242.83	5137.25

山东南山铝业股份有限公司

公司概况	公司名称	山东南山铝业股份有限公司			证券简称	南山铝业
	法人代表	宋建波	董秘	邢美敏	证券代码	600219
	公司网址	www.600219.com.cn		电子信箱	xingmeimin@nanshan.com.cn	
	电　话	0535-8666352 8616188		传　真	0535-8616230	
	办公地址	山东省龙口市东江镇南山村				
	经营范围	铝制品、毛纺织品的开发、生产及销售、电力的生产及供应等				

	指标\报告期	2011.06.30	2010.12.31	2010.06.30	2009.12.31
主要财务指标	每股收益(元)	0.2500	0.4200	0.1600	0.5200
	每股收益(扣除)(元)	0.2500	0.4200	0.1600	0.5100
	每股净资产(元)	7.7300	7.5900	7.3131	7.0300
	调整后每股净资产(元)	–	–	–	–
	每股资本公积金(元)	4.6398	4.6398	4.6350	4.1073
	每股盈余公积金(元)	0.2031	0.2031	0.1870	0.2201
	每股未分配利润(元)	1.9006	1.7540	1.5002	1.7169
	每股现金净流量(元)	0.1240	0.8784	0.9646	0.0845
	每股经营现金净流量(元)	0.1988	0.5336	0.1327	0.6254
	净资产收益率(扣除)(%)	–	5.6200	–	7.5900
	净资产收益率(%)	3.1920	5.3180	2.0140	6.2970
	总资产(万)	2013689.30	1895174.52	1832904.54	1528664.15
	股东权益(万)	1494942.50	1468863.40	1414471.76	1161243.23
	主营业务收入(万)	601764.23	893518.32	436113.29	702380.53
	主营成本(万)	507729.94	753347.55	371544.02	572713.56
	营业收入(万)	601764.23	917413.68	436113.29	727911.24
	营业成本(万)	507729.94	770440.27	371544.02	595385.62
	投资收益(万)	–	–	–	–
	利润总额(万)	65233.89	105516.73	38953.20	95238.07
	净利润(万)	47714.49	78117.12	29486.86	73119.13

江苏阳光股份有限公司

公司概况	公司名称	江苏阳光股份有限公司			证券简称	江苏阳光
	法人代表	陈丽芬	董秘	徐伟民	证券代码	600220
	公司网址	www.sunshine.com.cn		电子信箱	jsyg88@pub.wx.jsinfo.net	
	电　话	0510-86121688		传　真	0510-86121688	
	办公地址	江苏省江阴市新桥镇马嘶桥				
	经营范围	中高档精毛纺呢绒、高档男士西服和女式时装生产和销售等				

主要财务指标	指标\报告期	2011.06.30	2010.12.31	2010.06.30	2009.12.31
	每股收益(元)	0.0239	0.0351	0.0258	0.0589
	每股收益(扣除)(元)	0.0225	0.0287	0.0200	0.0474
	每股净资产(元)	1.6400	1.6200	1.6030	1.5800
	调整后每股净资产(元)	–	–	–	–
	每股资本公积金(元)	0.0075	0.0091	0.0107	0.0123
	每股盈余公积金(元)	0.0949	0.0891	0.0869	0.0804
	每股未分配利润(元)	0.5382	0.5201	0.5051	0.4888
	每股现金净流量(元)	0.0245	0.0426	–0.0174	–0.2681
	每股经营现金净流量(元)	–0.0643	0.2389	0.0945	0.5634
	净资产收益率(扣除)(%)	1.4593	2.1660	1.6071	3.7240
	净资产收益率(%)	1.4600	2.1000	1.6200	3.5000
	总资产(万)	589173.56	551091.02	581779.85	572058.34
	股东权益(万)	337707.50	335750.97	327460.96	330044.72
	主营业务收入(万)	191571.03	307483.74	136052.19	251862.47
	主营成本(万)	168004.80	263619.79	115146.98	211662.31
	营业收入(万)	192964.94	310631.56	137492.11	258893.41
	营业成本(万)	168287.73	264513.09	115690.34	215836.02
	投资收益(万)	671.27	152.84	4.35	884.88
	利润总额(万)	6581.71	9982.88	6480.27	15743.85
	净利润(万)	4269.51	6250.89	4593.38	10502.04

海南航空股份有限公司

公司概况	公司名称	海南航空股份有限公司			证券简称	海南航空
	法人代表	陈明	董秘		证券代码	600221
	公司网址	www.hnair.com		电子信箱	gw_lv@hnair.com	
	电　话	0898-66739961		传　真	0898-66739960	
	办公地址	海南省海口市国兴大道7号新海航大厦				
	经营范围	航空客货运输业务等				

主要财务指标	指标\报告期	2011.06.30	2010.12.31	2010.06.30	2009.12.31
	每股收益(元)	0.1600	0.7400	0.1410	0.0900
	每股收益(扣除)(元)	0.1000	0.5300	0.1140	–0.2100
	每股净资产(元)	3.1700	3.0200	2.5500	1.8600
	调整后每股净资产(元)	–	–	–	–
	每股资本公积金(元)	1.5464	1.5104	1.5194	1.1114
	每股盈余公积金(元)	0.0931	0.0931	0.0410	0.0479
	每股未分配利润(元)	0.5304	0.4181	–0.1254	–0.3042
	每股现金净流量(元)	0.5005	0.0006	0.6673	1.2309
	每股经营现金净流量(元)	0.4651	0.0016	0.2912	0.5519
	净资产收益率(扣除)(%)	–	22.0000	–	–12.0000
	净资产收益率(%)	5.1200	24.1780	5.5430	5.1100
	总资产(万)	7635864.30	7155279.50	6380674.00	5934342.50
	股东权益(万)	1307731.00	1246548.30	1004563.20	654882.70
	主营业务收入(万)	1075304.00	1961526.60	874202.50	1381081.20
	主营成本(万)	844629.30	1487637.00	697436.30	1235395.10
	营业收入(万)	1156312.40	2170614.70	966460.20	1554836.30
	营业成本(万)	873755.00	1549292.20	739677.00	1325619.40
	投资收益(万)	–	–	–	–
	利润总额(万)	92433.10	365129.40	59229.60	48554.90
	净利润(万)	66952.10	301391.20	55683.50	33467.00

河南太龙药业股份有限公司

公司概况	公司名称	河南太龙药业股份有限公司			证券简称	太龙药业
	法人代表	赵庆新	董秘	李辉	证券代码	600222
	公司网址	www.taloph.com		电子信箱	lh@taloph.com	
	电　话	0371-67982194		传　真	0371-67993600	
	办公地址	河南省郑州市高新技术产业开发区金梭路8号				
	经营范围	研制、开发、生产和销售中成药和西药等				

主要财务指标	指标\报告期	2011.06.30	2010.12.31	2010.06.30	2009.12.31
	每股收益(元)	0.0224	0.0589	0.0363	0.0731
	每股收益(扣除)(元)	0.0182	0.0434	0.0323	0.0606
	每股净资产(元)	1.4589	1.4365	1.4140	1.8030
	调整后每股净资产(元)	–	–	–	–
	每股资本公积金(元)	0.0342	0.0342	0.0342	0.2444
	每股盈余公积金(元)	0.1097	0.1097	0.1041	0.1354
	每股未分配利润(元)	0.3150	0.2926	0.2757	0.4232
	每股现金净流量(元)	0.2250	0.0323	0.1641	0.1149
	每股经营现金净流量(元)	0.0068	–0.0485	0.2167	0.0676
	净资产收益率(扣除)(%)	–	3.0700	–	4.4900
	净资产收益率(%)	1.5340	4.0970	2.5680	5.1440
	总资产(万)	140640.05	125123.95	124366.78	109216.38
	股东权益(万)	60164.52	59241.49	58311.91	58604.06
	主营业务收入(万)	44888.78	91150.62	38937.75	81201.82
	主营成本(万)	39973.95	79698.69	33439.73	70045.19
	营业收入(万)	44950.60	91330.30	38977.86	81314.35
	营业成本(万)	39998.58	79820.42	33450.07	70119.44
	投资收益(万)	–	–	–	–
	利润总额(万)	1318.13	3475.43	2011.53	3745.24
	净利润(万)	923.03	2427.16	1497.58	3014.72

鲁商置业股份有限公司

公司概况	公司名称	鲁商置业股份有限公司			证券简称	鲁商置业
	法人代表	尹鹏	董秘	李璐	证券代码	600223
	公司网址	www.lshzy.com.cn		电子信箱	600223lszy@163.com	
	电　话	0531-66699999		传　真	0531-66697128	
	办公地址	山东省济南市历下区经十路9777号中国国电大厦8层				
	经营范围	房地产开发与经营等				

主要财务指标	指标\报告期	2011.06.30	2010.12.31	2010.06.30	2009.12.31
	每股收益(元)	0.0263	0.4410	0.0420	0.4390
	每股收益(扣除)(元)	0.0246	0.4580	0.0423	0.3500
	每股净资产(元)	1.1062	1.0800	0.6814	0.6390
	调整后每股净资产(元)	–	–	–	–
	每股资本公积金(元)	0.3186	0.3186	0.3186	0.3186
	每股盈余公积金(元)	0.1003	0.1003	0.1003	0.1003
	每股未分配利润(元)	–0.3127	–0.3389	–0.7376	–0.7795
	每股现金净流量(元)	–0.6384	0.5617	–0.2037	–0.0995
	每股经营现金净流量(元)	–1.9931	–1.4634	–0.6845	0.0483
	净资产收益率(扣除)(%)	–	53.2700	–	64.0700
	净资产收益率(%)	2.3740	40.7930	6.1570	68.6464
	总资产(万)	1352340.89	1113781.15	871745.96	723584.51
	股东权益(万)	110731.22	108102.57	68203.70	64004.40
	主营业务收入(万)	32967.94	299828.70	46422.49	249355.61
	主营成本(万)	23405.38	198496.11	31037.14	159588.73
	营业收入(万)	33970.78	301840.24	47312.16	250014.71
	营业成本(万)	24017.88	199637.01	31332.63	159648.51
	投资收益(万)	–	–	–	–
	利润总额(万)	3366.79	58886.37	6222.09	58578.58
	净利润(万)	2628.65	44098.16	4199.30	43936.69

天津松江股份有限公司

公司概况	公司名称	天津松江股份有限公司			证券简称	天津松江
	法人代表	张锦珠	董秘	詹鹏飞	证券代码	600225
	公司网址	www.ciity.com.cn		电子信箱	songjiangzqb@sina.com	
	电　话	022-88388166		传　真	022-88388021	
	办公地址	天津市河西区梅江蓝水园 24 号				
	经营范围	以自有资金对房地产、高新技术产业、公用事业、环保业、物流业等				

主要财务指标	指标＼报告期	2011.06.30	2010.12.31	2010.06.30	2009.12.31
	每股收益(元)	–0.1150	0.3000	0.0040	0.3200
	每股收益(扣除)(元)	–0.1160	0.0700	–0.0100	0.3100
	每股净资产(元)	1.3140	1.4300	1.1953	1.2000
	调整后每股净资产(元)	–	–	–	–
	每股资本公积金(元)	–0.2602	–0.2602	–0.2185	–0.2185
	每股盈余公积金(元)	0.1210	0.1210	0.0762	0.0762
	每股未分配利润(元)	0.4531	0.5685	0.3376	0.3352
	每股现金净流量(元)	–0.3996	0.8076	–0.1904	0.8448
	每股经营现金净流量(元)	–0.1954	–0.7558	–1.2704	0.6232
	净资产收益率(扣除)(%)	–	5.6100	–	20.3300
	净资产收益率(%)	–8.7810	20.7240	0.2060	18.6400
	总资产(万)	1080462.41	953820.45	856751.28	724059.75
	股东权益(万)	82300.18	89527.26	70876.80	70973.88
	主营业务收入(万)	13193.97	175104.67	28635.43	152784.68
	主营成本(万)	8092.76	125302.47	16905.10	105481.14
	营业收入(万)	13733.27	177469.45	30312.74	156077.25
	营业成本(万)	8459.04	126649.44	17750.63	107157.39
	投资收益(万)	–	–	–	–
	利润总额(万)	–9614.88	31019.37	1350.66	22104.98
	净利润(万)	–7227.09	18553.38	232.77	13229.52

浙江升华拜克生物股份有限公司

公司概况	公司名称	浙江升华拜克生物股份有限公司			证券简称	升华拜克
	法人代表	张文骏	董秘	徐芬	证券代码	600226
	公司网址	www.biok.com		电子信箱	xufeng@biok.com	
	电　话	0572-8402738		传　真	0572-8402738	
	办公地址	浙江省湖州市德清县钟管镇工业区				
	经营范围	从事兽药、农药原料药及制成品、相关饲料添加剂的生产经营等				

主要财务指标	指标＼报告期	2011.06.30	2010.12.31	2010.06.30	2009.12.31
	每股收益(元)	0.1785	0.3400	0.1600	0.3500
	每股收益(扣除)(元)	0.1689	0.3100	0.1487	0.2800
	每股净资产(元)	3.1816	3.1499	2.9672	4.3600
	调整后每股净资产(元)	–	–	–	–
	每股资本公积金(元)	0.8510	0.8454	0.8408	1.7613
	每股盈余公积金(元)	0.2901	0.2901	0.2579	0.3868
	每股未分配利润(元)	1.0472	1.0187	0.8709	1.2179
	每股现金净流量(元)	0.2277	0.1951	–0.0530	–0.2366
	每股经营现金净流量(元)	0.2460	0.3283	0.1679	0.3440
	净资产收益率(扣除)(%)	–	10.2200	–	10.0500
	净资产收益率(%)	5.6100	10.7600	5.3570	12.0760
	总资产(万)	233024.14	223816.34	225254.81	209736.18
	股东权益(万)	129030.74	127741.96	120332.98	117958.51
	主营业务收入(万)	96218.24	175201.04	89317.45	150041.12
	主营成本(万)	78782.79	149624.95	74979.20	127548.10
	营业收入(万)	96800.14	176243.46	89914.37	151701.73
	营业成本(万)	78985.08	150024.51	75149.24	128678.46
	投资收益(万)	–	–	–	–
	利润总额(万)	9170.08	14379.74	7562.50	16380.05
	净利润(万)	7238.84	13744.99	6446.76	14244.75

贵州赤天化股份有限公司

公司概况	公司名称	贵州赤天化股份有限公司			证券简称	赤天化
	法人代表	郑才友	董秘	杨呈祥	证券代码	600227
	公司网址	www.chth.com.cn		电子信箱	ycx@chth.cn	
	电　话	0852-2878788		传　真	0852-2878874	
	办公地址	贵州省赤水市化工路				
	经营范围	尿素的生产和销售等				

主要财务指标	指标＼报告期	2011.06.30	2010.12.31	2010.06.30	2009.12.31
	每股收益(元)	0.0470	0.1400	0.0770	0.2000
	每股收益(扣除)(元)	0.0460	0.0900	0.0700	0.1900
	每股净资产(元)	3.5590	3.5100	3.4460	2.8000
	调整后每股净资产(元)	–	–	–	–
	每股资本公积金(元)	1.4281	1.4297	1.4297	2.1068
	每股盈余公积金(元)	0.2140	0.2083	0.2022	0.5003
	每股未分配利润(元)	0.8893	0.8476	0.7920	1.9365
	每股现金净流量(元)	–0.3048	–1.0448	–0.3685	5.4091
	每股经营现金净流量(元)	0.2490	0.1005	0.0616	0.8222
	净资产收益率(扣除)(%)	–	3.2900	–	7.4000
	净资产收益率(%)	1.3170	3.7550	2.1140	6.6560
	总资产(万)	976943.79	957017.87	910587.90	866808.91
	股东权益(万)	338255.69	333662.46	327519.13	206457.28
	主营业务收入(万)	91105.71	131107.22	56852.10	110038.47
	主营成本(万)	72444.88	95391.17	36752.32	63650.78
	营业收入(万)	91783.69	132932.47	57647.58	111217.19
	营业成本(万)	72997.93	96731.63	37341.17	64721.10
	投资收益(万)	–	–	–	–
	利润总额(万)	6098.26	16581.19	8656.29	17191.73
	净利润(万)	4453.20	12529.85	6923.17	13741.76

江西昌九生物化工股份有限公司

公司概况	公司名称	江西昌九生物化工股份有限公司			证券简称	*ST 昌九
	法人代表	周应华	董秘	张浩	证券代码	600228
	公司网址	www.600228.net		电子信箱	zhanghao1234cn@yahoo.com.cn	
	电　话	0791-8504560 8399123		传　真	0791-8397931	
	办公地址	江西省南昌市青山湖区尤氨路				
	经营范围	化工、化肥、环保及生化产品的生产与销售等				

主要财务指标	指标＼报告期	2011.06.30	2010.12.31	2010.06.30	2009.12.31
	每股收益(元)	–0.2900	–0.5800	–0.1750	–0.3500
	每股收益(扣除)(元)	–0.3000	–0.3800	–0.1130	–0.2600
	每股净资产(元)	0.2199	0.5110	0.9330	1.1070
	调整后每股净资产(元)	–	–	–	–
	每股资本公积金(元)	0.4150	0.4153	0.4291	0.4291
	每股盈余公积金(元)	0.0544	0.0544	0.0544	0.0544
	每股未分配利润(元)	–1.2495	–0.9586	–0.5508	–0.3762
	每股现金净流量(元)	–0.3266	0.2947	0.0338	–0.1289
	每股经营现金净流量(元)	0.4094	0.8940	0.1050	0.2128
	净资产收益率(扣除)(%)	–	–47.0500	–	–20.1200
	净资产收益率(%)	–132.2810	–113.9380	–18.7240	–31.4610
	总资产(万)	92463.50	94289.37	101800.30	96096.78
	股东权益(万)	5307.19	12335.04	22508.06	26722.48
	主营业务收入(万)	54294.65	90084.62	39221.78	66671.40
	主营成本(万)	54219.97	85098.63	35884.70	64809.14
	营业收入(万)	55460.45	92345.67	40297.10	68695.33
	营业成本(万)	55604.30	87399.10	37013.53	66412.65
	投资收益(万)	–	–	–	–
	利润总额(万)	–5427.37	–10595.58	–4516.40	–6673.08
	净利润(万)	–7020.40	–14054.23	–4214.42	–8407.19

青岛碱业股份有限公司

公司概况	公司名称	青岛碱业股份有限公司			证券简称	青岛碱业
	法人代表	罗方辉	董秘	邹怀基	证券代码	600229
	公司网址	www.qdjy.com		电子信箱	xxzx@qdjy.com	
	电　话	0532-84822574		传　真	0532-84815402	
	办公地址	山东省青岛市四流北路78号				
	经营范围	纯碱、肥料、农药氯化钙及其他化工产品的生产和销售等				

	指标＼报告期	2011.06.30	2010.12.31	2010.06.30	2009.12.31
主要财务指标	每股收益(元)	0.0100	0.0300	-0.1400	-0.6800
	每股收益(扣除)(元)	0.0200	-0.1200	-0.1400	-0.7000
	每股净资产(元)	3.2800	3.2700	3.1000	3.2400
	调整后每股净资产(元)	-	-	-	-
	每股资本公积金(元)	1.8709	1.8709	1.8689	1.8792
	每股盈余公积金(元)	0.3221	0.3221	0.3054	0.3107
	每股未分配利润(元)	0.0889	0.0778	-0.0744	0.0626
	每股现金净流量(元)	-0.4271	0.3025	-0.1666	0.5126
	每股经营现金净流量(元)	-0.0868	-0.2593	-0.4133	0.6320
	净资产收益率(扣除)(%)	-	-3.5900	-	-20.9900
	净资产收益率(%)	0.3380	0.8820	-4.4420	-18.1490
	总资产(万)	278195.16	298023.59	271978.77	270029.50
	股东权益(万)	129895.75	129454.58	122690.39	128724.82
	主营业务收入(万)	118821.56	211785.51	96458.81	164072.42
	主营成本(万)	104148.28	191277.95	89296.99	164359.39
	营业收入(万)	122183.86	216857.56	98281.36	166858.27
	营业成本(万)	106983.09	195149.31	90440.85	166327.64
	投资收益(万)	-	-	-	-
	利润总额(万)	1236.10	4490.20	-3746.07	-28750.26
	净利润(万)	438.80	1141.93	-5450.32	-23362.21

沧州大化股份有限公司

公司概况	公司名称	沧州大化股份有限公司			证券简称	沧州大化
	法人代表	赵桂春	董秘	金津	证券代码	600230
	公司网址	www.czdh.com.cn		电子信箱	zhengquanban@czdh.com.cn	
	电　话	0317-3556897 3556143		传　真	0317-3025065	
	办公地址	河北省沧州市永济东路19号				
	经营范围	尿素、TDI等化工产品的生产及销售等				

	指标＼报告期	2011.06.30	2010.12.31	2010.06.30	2009.12.31
主要财务指标	每股收益(元)	0.1411	0.3682	0.2363	0.2582
	每股收益(扣除)(元)	0.1424	0.3666	0.2379	0.2544
	每股净资产(元)	4.6751	4.6429	4.5172	4.3403
	调整后每股净资产(元)	-	-	-	-
	每股资本公积金(元)	1.3733	1.3733	1.3733	1.3733
	每股盈余公积金(元)	0.4623	0.4623	0.4153	0.4153
	每股未分配利润(元)	1.8007	1.7896	1.7047	1.5484
	每股现金净流量(元)	-0.5852	0.6382	1.3817	1.0221
	每股经营现金净流量(元)	0.1083	0.7628	0.5659	0.4912
	净资产收益率(扣除)(%)	-	8.1900	-	5.9700
	净资产收益率(%)	3.0190	7.9300	5.2320	5.9490
	总资产(万)	430378.80	410855.46	397317.85	358076.69
	股东权益(万)	121240.02	120405.85	117145.84	112556.57
	主营业务收入(万)	123004.76	255915.40	118680.55	175046.63
	主营成本(万)	102062.58	211654.26	93436.85	144090.65
	营业收入(万)	124535.76	258489.84	119129.29	175933.05
	营业成本(万)	102419.67	211817.23	94000.21	144572.58
	投资收益(万)	-	-	-	-
	利润总额(万)	4059.03	12172.15	8665.06	8158.77
	净利润(万)	3659.93	9547.80	6128.43	6696.49

凌源钢铁股份有限公司

公司概况	公司名称	凌源钢铁股份有限公司			证券简称	凌钢股份
	法人代表	张振勇	董秘	文广	证券代码	600231
	公司网址	www.lggf.com.cn		电子信箱	wen600231403@sohu.com	
	电　话	0421-6838192 6838259		传　真	0421-6831910	
	办公地址	辽宁省凌源市钢铁路3号				
	经营范围	生产、经营、开发冶金产品(含副产品);进出口业务				

	指标＼报告期	2011.06.30	2010.12.31	2010.06.30	2009.12.31
主要财务指标	每股收益(元)	0.3300	0.7400	0.3400	0.3700
	每股收益(扣除)(元)	0.3300	0.7400	0.3300	0.3500
	每股净资产(元)	4.9300	4.6200	4.2200	3.8600
	调整后每股净资产(元)	-	-	-	-
	每股资本公积金(元)	0.0789	0.0830	0.0684	0.0040
	每股盈余公积金(元)	0.6594	0.6594	0.5834	0.5834
	每股未分配利润(元)	3.0506	2.7643	2.4394	2.1687
	每股现金净流量(元)	0.6475	0.2693	-0.0903	-0.6093
	每股经营现金净流量(元)	0.2810	0.6981	0.0793	0.0288
	净资产收益率(扣除)(%)	6.6230	16.0380	8.0720	9.6020
	净资产收益率(%)	6.8300	17.7100	8.5000	10.0100
	总资产(万)	887383.28	805927.03	765998.27	684809.54
	股东权益(万)	396152.51	371791.65	339342.86	310625.45
	主营业务收入(万)	730795.00	1216807.84	514958.26	905586.41
	主营成本(万)	662337.69	1084857.64	447603.29	812769.85
	营业收入(万)	761857.85	1285774.39	550884.50	950818.95
	营业成本(万)	692040.73	1150719.91	482085.06	857559.65
	投资收益(万)	11.56	32.83	5.71	60.87
	利润总额(万)	34941.76	69978.02	36814.48	39948.31
	净利润(万)	26237.24	59626.26	27392.42	29826.48

浙江金鹰股份有限公司

公司概况	公司名称	浙江金鹰股份有限公司			证券简称	金鹰股份
	法人代表	傅国定	董秘	陈曙君	证券代码	600232
	公司网址	www.cn-goldeagle.com		电子信箱	conespent@gmail.com	
	电　话	0580-8021228		传　真	0580-8020228	
	办公地址	浙江省舟山市定海区小沙镇				
	经营范围	机械制造,纺织品、丝绸、服装生产、加工,黑色及有色金属等				

	指标＼报告期	2011.06.30	2010.12.31	2010.06.30	2009.12.31
主要财务指标	每股收益(元)	0.0370	0.0300	0.0090	0.0300
	每股收益(扣除)(元)	0.0320	-0.0600	-0.0100	-0.2500
	每股净资产(元)	3.3230	3.3850	3.3680	3.3600
	调整后每股净资产(元)	-	-	-	-
	每股资本公积金(元)	1.0892	1.0892	1.0913	1.0913
	每股盈余公积金(元)	0.2952	0.2952	0.2897	0.2897
	每股未分配利润(元)	0.9381	1.0008	0.9874	0.9786
	每股现金净流量(元)	0.1572	0.0046	-0.1644	0.0616
	每股经营现金净流量(元)	0.0808	0.5927	0.0986	0.2324
	净资产收益率(扣除)(%)	-	-1.7500	-	-7.5400
	净资产收益率(%)	1.1210	0.8220	0.2620	0.7800
	总资产(万)	209967.08	203123.90	205412.04	211610.03
	股东权益(万)	121179.53	123467.77	122849.90	122528.24
	主营业务收入(万)	52946.30	98467.64	38727.16	77383.74
	主营成本(万)	44289.69	87293.10	35110.61	72103.03
	营业收入(万)	53994.22	99273.59	39637.13	78370.30
	营业成本(万)	45002.52	87868.73	35886.07	72803.06
	投资收益(万)	-	-	-	-
	利润总额(万)	1834.87	1211.83	571.25	817.15
	净利润(万)	1358.95	1015.45	321.66	955.30

大连大杨创世股份有限公司

公司概况	公司名称	大连大杨创世股份有限公司			证券简称	大杨创世
	法人代表	李桂莲	董秘	胡冬梅	证券代码	600233
	公司网址	www.trands.com		电子信箱	panlixiang@dayang.net	
	电　　话	0411-87555199		传　　真	0411-87612800	
	办公地址	辽宁省大连市经济技术开发区哈尔滨路 23 号				
	经营范围	服装制造、包装制品、服饰辅料制造等				

主要财务指标	指标\报告期	2011.06.30	2010.12.31	2010.06.30	2009.12.31
	每股收益(元)	0.2384	0.8375	0.3017	0.6732
	每股收益(扣除)(元)	0.1913	0.7873	0.2885	0.4880
	每股净资产(元)	5.1921	5.1000	4.5679	4.3700
	调整后每股净资产(元)	–	–	–	–
	每股资本公积金(元)	1.1140	1.1140	1.1140	1.1140
	每股盈余公积金(元)	0.3853	0.3853	0.3381	0.3381
	每股未分配利润(元)	2.6927	2.6043	2.1158	1.9140
	每股现金净流量(元)	–0.3523	0.6450	–0.3112	–0.1527
	每股经营现金净流量(元)	–0.0274	0.8628	0.0414	1.2143
	净资产收益率(扣除)(%)	–	16.6900	–	11.9500
	净资产收益率(%)	4.5920	16.4100	6.6060	15.4180
	总资产(万)	120348.08	119045.04	108487.46	109596.42
	股东权益(万)	85669.27	84210.27	75370.54	72041.68
	主营业务收入(万)	37383.89	107949.65	42960.79	86814.54
	主营成本(万)	25226.16	74437.86	28656.64	64014.12
	营业收入(万)	37617.77	108562.22	43179.48	87169.91
	营业成本(万)	25393.85	74901.38	28814.57	64311.58
	投资收益(万)	–	–	–	–
	利润总额(万)	7554.43	23027.70	9121.15	18218.74
	净利润(万)	3934.00	13818.59	4978.86	11107.14

太原天龙集团股份有限公司

公司概况	公司名称	太原天龙集团股份有限公司			证券简称	ST 天龙
	法人代表	王英杰	董秘	戴蓉	证券代码	600234
	公司网址	www.yankon.com		电子信箱	rong4506@163.com	
	电　　话	0351-2025168 4040922		传　　真	0351-4039403	
	办公地址	山西省太原市迎泽大街 289 号				
	经营范围	批发零售针纺织品、百货、劳保用品、日用杂品等				

主要财务指标	指标\报告期	2011.06.30	2010.12.31	2010.06.30	2009.12.31
	每股收益(元)	–0.0500	–0.0400	–0.0800	0.3100
	每股收益(扣除)(元)	–0.0600	–0.1700	–0.0800	–0.1200
	每股净资产(元)	–0.9200	–1.2200	–1.2700	–1.1700
	调整后每股净资产(元)	–	–	–	–
	每股资本公积金(元)	0.6227	1.2717	1.2717	1.2717
	每股盈余公积金(元)	0.0623	0.0873	0.0873	0.0873
	每股未分配利润(元)	–2.6057	–3.5768	–3.6291	–3.5326
	每股现金净流量(元)	0.0593	0.0912	0.1250	–0.0657
	每股经营现金净流量(元)	0.0112	0.0366	0.0236	0.0060
	净资产收益率(扣除)(%)	–	–	–	–
	净资产收益率(%)	–5.5198	–3.6300	–6.2115	–26.2181
	总资产(万)	42493.59	34901.44	35582.38	33412.29
	股东权益(万)	–18639.08	–17610.24	–18366.23	–16970.89
	主营业务收入(万)	3724.30	3761.53	2123.65	7684.78
	主营成本(万)	3169.26	2736.84	1555.23	6020.87
	营业收入(万)	4030.41	3890.64	2157.04	7684.78
	营业成本(万)	3398.39	2888.85	1619.05	6020.87
	投资收益(万)	–	–	–	–
	利润总额(万)	–1031.44	–398.85	–1138.50	4468.40
	净利润(万)	–1028.84	–639.35	–1140.82	4449.44

民丰特种纸股份有限公司

公司概况	公司名称	民丰特种纸股份有限公司			证券简称	民丰特纸
	法人代表	颜广生	董秘	郑健	证券代码	600235
	公司网址	www.minfenggroup.com		电子信箱	dsh@mfspchina.com	
	电　　话	0573-82812992		传　　真	0573-82812992	
	办公地址	浙江省嘉兴市甪里街 70 号				
	经营范围	纸浆、纸和纸制品制造、销售,造纸设备的设计、制造、安装、维修等				

主要财务指标	指标\报告期	2011.06.30	2010.12.31	2010.06.30	2009.12.31
	每股收益(元)	0.0320	0.2600	0.1600	0.4000
	每股收益(扣除)(元)	0.0300	0.2500	0.1580	0.4200
	每股净资产(元)	3.7580	3.8410	3.7480	3.5800
	调整后每股净资产(元)	–	–	–	–
	每股资本公积金(元)	1.8406	1.8555	1.8555	1.8555
	每股盈余公积金(元)	0.2582	0.2582	0.2340	0.2340
	每股未分配利润(元)	0.6596	0.7277	0.6581	0.4946
	每股现金净流量(元)	0.0935	–0.1308	–0.2859	0.1715
	每股经营现金净流量(元)	0.0395	0.7449	0.2907	0.8368
	净资产收益率(扣除)(%)	–	6.6600	–	12.2700
	净资产收益率(%)	0.8490	6.6970	4.3630	11.2940
	总资产(万)	219533.22	194137.68	194065.99	203156.28
	股东权益(万)	98994.79	101179.68	98710.17	94403.51
	主营业务收入(万)	64073.81	121697.27	61679.04	113968.03
	主营成本(万)	53568.31	97305.96	47829.22	81392.04
	营业收入(万)	72756.40	133428.17	72076.07	117034.36
	营业成本(万)	61508.88	107859.55	57378.91	83778.93
	投资收益(万)	–	–	–	–
	利润总额(万)	1448.54	8049.64	5690.23	13995.00
	净利润(万)	840.51	6776.17	4306.66	10661.94

广西桂冠电力股份有限公司

公司概况	公司名称	广西桂冠电力股份有限公司			证券简称	桂冠电力
	法人代表	杨庆	董秘	张云	证券代码	600236
	公司网址	www.ggep.com.cn		电子信箱	zhangyun@ggep.com.cn	
	电　　话	0771-6118880		传　　真	0771-6118899	
	办公地址	广西壮族自治区南宁市青秀区民族大道 126 号				
	经营范围	开发建设和管理水电站、火电厂和输变电工程等				

主要财务指标	指标\报告期	2011.06.30	2010.12.31	2010.06.30	2009.12.31
	每股收益(元)	0.1130	0.2910	0.0820	0.2510
	每股收益(扣除)(元)	0.1130	0.2140	0.0440	0.2180
	每股净资产(元)	1.3900	1.3300	1.2400	3.5000
	调整后每股净资产(元)	–	–	–	–
	每股资本公积金(元)	0.0391	0.0391	0.1196	1.6966
	每股盈余公积金(元)	0.1855	0.1601	0.1524	0.6298
	每股未分配利润(元)	0.1654	0.1273	–0.0306	0.1713
	每股现金净流量(元)	0.6984	0.2529	0.1227	–1.1796
	每股经营现金净流量(元)	0.5340	1.0431	0.4083	1.1506
	净资产收益率(扣除)(%)	–	15.4300	–	7.9300
	净资产收益率(%)	8.1600	21.9140	6.5870	11.0400
	总资产(万)	2043559.97	1820829.23	1746932.02	1676301.55
	股东权益(万)	316972.09	302508.40	283096.09	517613.23
	主营业务收入(万)	235155.94	420716.24	198196.51	392793.65
	主营成本(万)	143137.64	265697.93	147973.29	241296.53
	营业收入(万)	235479.01	421864.11	198424.12	393361.47
	营业成本(万)	143340.51	266162.01	148132.12	241464.12
	投资收益(万)	–	–	–	–
	利润总额(万)	49797.78	102825.77	26872.82	84908.86
	净利润(万)	25865.94	66291.22	18648.23	57142.50

安徽铜峰电子股份有限公司

公司概况	公司名称	安徽铜峰电子股份有限公司			证券简称	铜峰电子
	法人代表	王晓云	董秘	徐文焕	证券代码	600237
	公司网址	www.tong-feng.com			电子信箱	600237@tong-feng.com
	电　话	0562-2819178			传　真	0562-2831965
	办公地址	安徽省铜陵市经济技术开发区铜峰工业园				
	经营范围	薄膜电容器及其相关材料的研究、开发、生产、销售等				

主要财务指标	指标＼报告期	2011.06.30	2010.12.31	2010.06.30	2009.12.31
	每股收益(元)	0.0700	0.0800	0.0400	-0.2500
	每股收益(扣除)(元)	0.0700	0.0600	0.0400	-0.2500
	每股净资产(元)	1.8647	1.7902	1.7178	1.6800
	调整后每股净资产(元)	-	-	-	-
	每股资本公积金(元)	0.7130	0.7127	0.6774	0.6774
	每股盈余公积金(元)	0.1659	0.1659	0.1659	0.1659
	每股未分配利润(元)	-0.0142	-0.0884	-0.1254	-0.1651
	每股现金净流量(元)	-0.0884	0.2257	0.0457	-0.0426
	每股经营现金净流量(元)	0.0167	0.4428	0.0490	0.1215
	净资产收益率(扣除)(%)	-	3.7300	-	-13.8700
	净资产收益率(%)	3.9790	4.2810	2.3090	-14.9000
	总资产(万)	151086.59	148082.07	155030.67	146632.90
	股东权益(万)	74588.01	71608.40	68713.90	67127.67
	主营业务收入(万)	42330.60	73790.49	37340.08	52269.01
	主营成本(万)	31947.80	59846.63	31137.16	49860.68
	营业收入(万)	43353.57	75910.53	38277.66	53177.51
	营业成本(万)	32230.69	60414.63	31392.62	50141.06
	投资收益(万)	-	-	-	-
	利润总额(万)	3084.46	3093.04	1326.50	-11014.67
	净利润(万)	2967.81	3065.57	1586.23	-10001.82

海南椰岛(集团)股份有限公司

公司概况	公司名称	海南椰岛(集团)股份有限公司			证券简称	海南椰岛
	法人代表	张春昌	董秘	李勇	证券代码	600238
	公司网址	www.yeddao.com			电子信箱	info@yedao.com
	电　话	0898-66532987			传　真	0898-66780881
	办公地址	海南省海口市龙昆北路13-1号				
	经营范围	药酒、饮料、医疗保健品、营养食品的生产与销售及贸易等				

主要财务指标	指标＼报告期	2011.06.30	2010.12.31	2010.06.30	2009.12.31
	每股收益(元)	0.0100	0.6600	0.1700	0.3800
	每股收益(扣除)(元)	-0.0700	0.0200	-0.0400	0.0100
	每股净资产(元)	1.5722	2.4600	2.3425	3.8200
	调整后每股净资产(元)	-	-	-	-
	每股资本公积金(元)	0.2833	0.4837	0.7858	1.9834
	每股盈余公积金(元)	0.1434	0.2151	0.1476	0.2657
	每股未分配利润(元)	0.1486	0.7688	0.4116	0.5791
	每股现金净流量(元)	-0.5620	0.2317	-0.6002	1.1813
	每股经营现金净流量(元)	-0.5742	0.1355	-0.6292	1.0552
	净资产收益率(扣除)(%)	0.4290	26.6700	10.6070	18.0800
	净资产收益率(%)	0.4100	28.6000	11.1500	24.0300
	总资产(万)	121185.11	129835.24	131611.72	133273.07
	股东权益(万)	70229.80	73400.13	70323.86	63009.12
	主营业务收入(万)	60809.44	160493.48	49879.06	146604.17
	主营成本(万)	-	131036.14	41347.34	113694.55
	营业收入(万)	60809.44	160493.48	49879.06	146604.17
	营业成本(万)	53939.23	131036.14	41347.34	113694.55
	投资收益(万)	4609.51	26917.85	12341.83	8594.49
	利润总额(万)	709.12	21677.08	8270.43	12527.33
	净利润(万)	302.36	19639.89	7494.13	11477.08

云南城投置业股份有限公司

公司概况	公司名称	云南城投置业股份有限公司			证券简称	云南城投
	法人代表	许雷	董秘	石渝平	证券代码	600239
	公司网址	www.ynctzy.com			电子信箱	ynctzy@163.com
	电　话	0871-7199767			传　真	0871-7199767
	办公地址	云南省昆明市民航路400号云南城投大厦3楼				
	经营范围	商品房销售、房屋租赁、基础设施建设投资、土地开发				

主要财务指标	指标＼报告期	2011.06.30	2010.12.31	2010.06.30	2009.12.31
	每股收益(元)	0.1110	0.5196	0.0459	0.3578
	每股收益(扣除)(元)	0.0087	0.0209	0.0467	0.3502
	每股净资产(元)	3.9956	3.9122	4.6259	4.6700
	调整后每股净资产(元)	-	-	-	-
	每股资本公积金(元)	2.4325	3.1640	3.1633	3.1633
	每股盈余公积金(元)	0.0868	0.1128	0.0587	0.0587
	每股未分配利润(元)	0.4763	0.8090	0.4038	0.4441
	每股现金净流量(元)	-0.1516	-1.4820	-1.9896	3.8801
	每股经营现金净流量(元)	-1.1331	-4.5509	-2.2584	-4.8787
	净资产收益率(扣除)(%)	-	0.4300	-	9.4300
	净资产收益率(%)	2.7770	10.2170	1.2900	7.1360
	总资产(万)	1349054.59	1203114.79	1029850.44	930596.75
	股东权益(万)	329006.74	322138.14	293005.81	295559.24
	主营业务收入(万)	9712.85	31648.42	17731.16	209164.95
	主营成本(万)	3532.88	15893.19	7933.17	143990.86
	营业收入(万)	9712.85	32745.31	17773.87	209251.09
	营业成本(万)	3532.88	15893.19	7933.17	143990.86
	投资收益(万)	-	-	-	-
	利润总额(万)	11753.40	43226.41	5311.88	41774.89
	净利润(万)	9136.48	32914.01	3780.63	21091.21

北京华业地产股份有限公司

公司概况	公司名称	北京华业地产股份有限公司			证券简称	华业地产
	法人代表	徐红	董秘	赵双燕	证券代码	600240
	公司网址	www.huadc.com			电子信箱	zhaosy@huayedc.com
	电　话	010-85710735			传　真	010-85710505
	办公地址	北京市朝阳区东四环中路39号A座16层				
	经营范围	房地产开发等				

主要财务指标	指标＼报告期	2011.06.30	2010.12.31	2010.06.30	2009.12.31
	每股收益(元)	0.2505	0.4529	0.1570	0.1814
	每股收益(扣除)(元)	0.2489	0.4469	0.1582	0.1551
	每股净资产(元)	3.9144	3.6614	3.3650	3.2100
	调整后每股净资产(元)	-	-	-	-
	每股资本公积金(元)	1.6355	1.6331	1.6328	1.6328
	每股盈余公积金(元)	0.0189	0.0189	0.0189	0.0189
	每股未分配利润(元)	1.2599	1.0094	0.7135	0.5566
	每股现金净流量(元)	-0.8246	0.1960	-0.2812	0.7761
	每股经营现金净流量(元)	-0.6096	-0.7577	0.3670	-0.0926
	净资产收益率(扣除)(%)	-	13.0100	-	4.9100
	净资产收益率(%)	6.3990	12.3690	4.6630	5.6550
	总资产(万)	859600.97	841378.71	651331.62	667597.75
	股东权益(万)	252478.07	236161.77	217056.81	206935.00
	主营业务收入(万)	92795.55	224608.45	93458.48	121004.15
	主营成本(万)	59840.86	160449.10	71582.13	90979.47
	营业收入(万)	92795.55	224941.24	93458.48	121004.15
	营业成本(万)	59840.86	160449.11	71582.13	90979.47
	投资收益(万)	-	-	-	-
	利润总额(万)	22129.44	38011.38	12310.35	17779.76
	净利润(万)	16156.78	29210.63	10121.81	11702.29

辽宁时代万恒股份有限公司

公司概况						
公司概况	公司名称	辽宁时代万恒股份有限公司			证券简称	时代万恒
	法人代表	王忠岩	董秘	蒋明	证券代码	600241
	公司网址	www.shidaiwanheng.com		电子信箱	600241@shidaiwanheng.com	
	电　话	0411-82798001 1212 1226		传　真	0411-82798317	
	办公地址	辽宁省大连市中山区港湾街 7 号				
	经营范围	服装、服饰的出口业务及化工原料、矿产品等进口业务等				

主要财务指标	指标\报告期	2011.06.30	2010.12.31	2010.06.30	2009.12.31
	每股收益(元)	0.0570	0.1000	0.0601	0.0600
	每股收益(扣除)(元)	0.0583	0.1000	0.0601	-0.0400
	每股净资产(元)	4.6830	4.6292	4.5870	4.5800
	调整后每股净资产(元)	-	-	-	-
	每股资本公积金(元)	2.2096	2.2096	2.2075	2.2075
	每股盈余公积金(元)	0.3263	0.3263	0.3235	0.3235
	每股未分配利润(元)	1.1545	1.0975	1.0560	1.0459
	每股现金净流量(元)	0.2828	-0.3122	1.0545	0.8454
	每股经营现金净流量(元)	0.7968	1.4075	0.5228	0.8588
	净资产收益率(扣除)(%)	-	2.2000	-	-0.7300
	净资产收益率(%)	1.2170	2.2550	1.3110	1.3620
	总资产(万)	133778.46	133007.27	149418.69	157421.71
	股东权益(万)	49640.42	49069.98	48621.91	48514.71
	主营业务收入(万)	64648.43	208131.27	77572.61	146034.34
	主营成本(万)	55726.06	183770.94	68574.81	134900.68
	营业收入(万)	65564.32	209781.45	77612.50	146976.34
	营业成本(万)	55747.14	183931.48	68592.02	135250.28
	投资收益(万)	-	-	-	-
	利润总额(万)	2607.43	3333.09	2033.77	496.44
	净利润(万)	604.31	1106.48	637.20	660.63

中昌海运股份有限公司

公司概况						
公司概况	公司名称	中昌海运股份有限公司			证券简称	中昌海运
	法人代表	周健民	董秘	谢晶	证券代码	600242
	公司网址			电子信箱	gdhualong@sina.com	
	电　话	0662-3229088		传　真	0662-2881697	
	办公地址	广东省阳江市江城区安宁路富华小区 A7 号(7-8 层)				
	经营范围	生产经营海洋捕捞、海洋开发与养殖、农业开发与种植、渔船修理等				

主要财务指标	指标\报告期	2011.06.30	2010.12.31	2010.06.30	2009.12.31
	每股收益(元)	0.0360	0.1200	0.0770	0.1700
	每股收益(扣除)(元)	-0.0030	0.0100	0.0760	-0.0300
	每股净资产(元)	1.2340	1.1980	-0.1680	1.1200
	调整后每股净资产(元)	-	-	-	-
	每股资本公积金(元)	1.4491	1.4491	1.9390	2.9047
	每股盈余公积金(元)	0.1151	0.1151	0.1138	0.1807
	每股未分配利润(元)	-1.3301	-1.3658	-3.2205	-2.3300
	每股现金净流量(元)	-0.1470	0.0485	-0.0360	0.1180
	每股经营现金净流量(元)	0.0844	0.5573	0.4673	0.3794
	净资产收益率(扣除)(%)	-	0.5800	-	-
	净资产收益率(%)	2.8920	9.8240	-	15.1323
	总资产(万)	135750.69	125240.44	13845.24	104142.84
	股东权益(万)	33733.17	32757.76	-2917.21	30549.59
	主营业务收入(万)	14315.52	31244.71	16035.03	21702.78
	主营成本(万)	10720.80	20332.03	9943.49	15458.93
	营业收入(万)	14315.52	31244.71	16035.03	21702.78
	营业成本(万)	10720.80	20332.03	9943.49	15458.93
	投资收益(万)	-	-	-	-
	利润总额(万)	1101.67	4246.89	2630.67	5921.53
	净利润(万)	975.41	3218.09	2091.07	4622.84

青海华鼎实业股份有限公司

公司概况						
公司概况	公司名称	青海华鼎实业股份有限公司			证券简称	青海华鼎
	法人代表	于世光	董秘	刘文忠	证券代码	600243
	公司网址	www.qhhdsy.com		电子信箱	liuwzhd@21cn.com	
	电　话	0971-7111668 7111159		传　真	0971-7111669	
	办公地址	青海省西宁市七一路 318 号				
	经营范围	数控机床、小型食品机械、齿轮箱、电梯件等机械产品的生产等				

主要财务指标	指标\报告期	2011.06.30	2010.12.31	2010.06.30	2009.12.31
	每股收益(元)	0.0315	0.0900	0.0649	0.0600
	每股收益(扣除)(元)	0.0270	0.0400	-0.0511	0.0300
	每股净资产(元)	3.2850	3.2500	3.2268	3.1600
	调整后每股净资产(元)	-	-	-	-
	每股资本公积金(元)	1.6093	1.6083	1.6083	1.6083
	每股盈余公积金(元)	0.0728	0.0728	0.0728	0.0728
	每股未分配利润(元)	0.6033	0.5718	0.5457	0.4808
	每股现金净流量(元)	-0.3020	-0.7213	-0.5309	1.1217
	每股经营现金净流量(元)	-0.4930	0.2994	0.1601	-0.3069
	净资产收益率(扣除)(%)	-	1.2200	-	1.2900
	净资产收益率(%)	0.9600	2.7970	2.0110	2.0190
	总资产(万)	176335.08	155907.82	154429.90	159948.78
	股东权益(万)	77814.88	77044.69	76426.55	74889.73
	主营业务收入(万)	52451.09	102633.50	45594.78	94888.42
	主营成本(万)	40739.43	82641.93	36235.05	74934.95
	营业收入(万)	54046.17	104141.70	46093.64	95523.40
	营业成本(万)	42144.35	83117.58	36599.10	75028.49
	投资收益(万)	-	-	-	-
	利润总额(万)	1069.17	2467.60	1736.43	1952.81
	净利润(万)	747.25	2154.97	1536.83	1511.76

北京万通地产股份有限公司

公司概况						
公司概况	公司名称	北京万通地产股份有限公司			证券简称	万通地产
	法人代表	许立	董秘	程晓晞	证券代码	600246
	公司网址	www.vantone.com		电子信箱	chengxiaoxi@vantone.com	
	电　话	010-59070788 59070788		传　真	010-59071159	
	办公地址	北京市朝阳区朝外大街甲 6 号万通中心写字楼 D 座 4 层				
	经营范围	房地产开发、销售商品房、停车场建设及经营管理、信息咨询等				

主要财务指标	指标\报告期	2011.06.30	2010.12.31	2010.06.30	2009.12.31
	每股收益(元)	0.0059	0.3399	0.0023	0.2257
	每股收益(扣除)(元)	0.0022	0.1531	-0.0154	0.1086
	每股净资产(元)	2.4600	2.6200	2.3700	2.9417
	调整后每股净资产(元)	-	-	-	-
	每股资本公积金(元)	0.8109	0.8109	0.8109	1.1731
	每股盈余公积金(元)	0.0943	0.0943	0.0558	0.0670
	每股未分配利润(元)	0.5537	0.7178	0.5037	0.7017
	每股现金净流量(元)	-1.4825	0.8029	0.2650	1.1355
	每股经营现金净流量(元)	-1.0759	0.7094	0.1447	0.9197
	净资产收益率(扣除)(%)	-	6.0300	-	4.5700
	净资产收益率(%)	0.2400	12.9590	0.0950	9.2060
	总资产(万)	1189491.23	1187615.16	1032720.25	949956.64
	股东权益(万)	299114.18	319168.42	288424.99	298290.38
	主营业务收入(万)	72311.03	350878.08	52877.26	245930.13
	主营成本(万)	38815.31	210825.92	29224.20	139497.63
	营业收入(万)	73470.14	356839.68	53661.86	246399.19
	营业成本(万)	38815.34	211836.93	29224.20	141167.06
	投资收益(万)	-	-	-	-
	利润总额(万)	6708.37	76432.07	6175.27	53553.97
	净利润(万)	716.70	41360.83	274.60	27459.10

吉林成城集团股份有限公司

公司概况	公司名称	吉林成城集团股份有限公司			证券简称	成城股份
	法人代表	成卫文	董秘		证券代码	600247
	公司网址	www.chinawh.com.cn		电子信箱	gthanhx@126.com	
	电　　话	010-57593160		传　　真	010-57593160	
	办公地址	北京市朝阳区慧忠里 103 楼洛克时代中心 C 座 5A 层				
	经营范围	商业地产的开发管理与房地产开发等				

	指标＼报告期	2011.06.30	2010.12.31	2010.06.30	2009.12.31
主要财务指标	每股收益(元)	0.0150	0.0060	0.0160	0.0300
	每股收益(扣除)(元)	0.0130	0.0080	0.0160	0.0290
	每股净资产(元)	1.4860	1.4710	1.4810	1.4660
	调整后每股净资产(元)	–	–	–	–
	每股资本公积金(元)	0.0158	0.0158	0.0158	0.0158
	每股盈余公积金(元)	0.1623	0.1623	0.1623	0.1623
	每股未分配利润(元)	0.3080	0.2932	0.3031	0.2874
	每股现金净流量(元)	0.4540	0.0387	0.0244	0.0011
	每股经营现金净流量(元)	0.1017	–0.0120	0.0360	0.0953
	净资产收益率(扣除)(%)	–	0.5200	–	2.0200
	净资产收益率(%)	0.9970	0.3950	1.0580	2.0720
	总资产(万)	149057.41	98601.56	78622.24	67656.54
	股东权益(万)	49999.83	49501.27	49833.12	49305.71
	主营业务收入(万)	29976.46	36402.33	18191.98	27019.08
	主营成本(万)	27029.87	31332.07	15354.62	21075.29
	营业收入(万)	30011.75	36443.82	18191.98	27019.08
	营业成本(万)	27029.87	31332.07	15354.62	21075.29
	投资收益(万)	–	–	–	–
	利润总额(万)	836.37	576.28	842.52	1821.15
	净利润(万)	498.56	195.56	527.41	1021.56

陕西延长石油化建股份有限公司

公司概况	公司名称	陕西延长石油化建股份有限公司			证券简称	延长化建
	法人代表	张恺颙	董秘	赵永宏	证券代码	600248
	公司网址	www.ycpcec.com		电子信箱	zhaoyonghong@vip.sina.com	
	电　　话	029-87016795		传　　真	029-87016795	
	办公地址	陕西省杨凌农业高新技术产业示范区康乐路西段化建大厦				
	经营范围	化工、石油、工程、施工等				

	指标＼报告期	2011.06.30	2010.12.31	2010.06.30	2009.12.31
主要财务指标	每股收益(元)	0.1548	0.2913	0.1138	0.2062
	每股收益(扣除)(元)	0.1513	0.2831	0.1139	0.2089
	每股净资产(元)	1.8767	1.7100	1.5200	1.4100
	调整后每股净资产(元)	–	–	–	–
	每股资本公积金(元)	0.8607	0.8607	0.8607	1.6050
	每股盈余公积金(元)	0.0287	0.0287	0.0287	0.0402
	每股未分配利润(元)	–0.0835	–0.2383	–0.4158	–0.7414
	每股现金净流量(元)	–0.7225	0.3546	–0.3821	0.1073
	每股经营现金净流量(元)	–0.3775	0.6443	–0.1736	0.1926
	净资产收益率(扣除)(%)	–	18.2000	–	17.0300
	净资产收益率(%)	8.2490	17.0620	7.4640	14.6050
	总资产(万)	293419.73	267625.52	231258.12	215485.32
	股东权益(万)	79944.19	72728.26	64952.22	60150.68
	主营业务收入(万)	201049.90	356456.43	146496.81	306555.41
	主营成本(万)	182030.33	320464.05	130131.49	278645.79
	营业收入(万)	201305.09	356789.72	146681.50	306795.30
	营业成本(万)	182122.07	320644.31	130193.67	278682.27
	投资收益(万)	–	–	–	–
	利润总额(万)	7790.77	15590.59	5459.33	10545.82
	净利润(万)	6594.42	12408.81	4847.91	8784.79

柳州两面针股份有限公司

公司概况	公司名称	柳州两面针股份有限公司			证券简称	两 面 针
	法人代表	马朝梅	董秘	潘俊宏	证券代码	600249
	公司网址	www.lmz.com.cn		电子信箱	lmzstock@lmz.com.cn	
	电　　话	0772-2506159		传　　真	0772-2506158	
	办公地址	广西壮族自治区柳州市东环路 282 号				
	经营范围	牙膏、日用化妆品、香皂、膏霜、香水类、牙刷、旅游用品、家用卫生品等				

	指标＼报告期	2011.06.30	2010.12.31	2010.06.30	2009.12.31
主要财务指标	每股收益(元)	–0.0320	0.0241	–0.0221	0.0371
	每股收益(扣除)(元)	–0.0352	–0.1814	–0.0407	–0.1751
	每股净资产(元)	4.9490	4.9000	4.8360	6.5700
	调整后每股净资产(元)	–	–	–	–
	每股资本公积金(元)	2.8056	2.7245	2.7074	4.4181
	每股盈余公积金(元)	0.4709	0.4709	0.4635	0.4635
	每股未分配利润(元)	0.6722	0.7042	0.6654	0.6875
	每股现金净流量(元)	0.1044	–0.0496	0.0590	–0.1754
	每股经营现金净流量(元)	–0.1153	–0.2891	–0.1820	–0.2558
	净资产收益率(扣除)(%)	–	–3.1600	–	–3.0400
	净资产收益率(%)	–0.6470	0.4910	–0.4570	0.5640
	总资产(万)	350515.49	330759.82	328284.23	407985.83
	股东权益(万)	222691.89	220480.68	217631.99	295611.03
	主营业务收入(万)	53663.40	91757.60	42713.63	69393.87
	主营成本(万)	45684.87	76987.52	34851.07	55576.79
	营业收入(万)	54648.62	93639.36	43608.49	71299.45
	营业成本(万)	46414.91	78528.65	35559.82	57208.37
	投资收益(万)	–	–	–	–
	利润总额(万)	–1695.77	1108.86	–557.50	2080.83
	净利润(万)	–1441.51	1082.94	–994.01	1667.39

南京纺织品进出口股份有限公司

公司概况	公司名称	南京纺织品进出口股份有限公司			证券简称	南纺股份
	法人代表	郭素强	董秘	冉芳	证券代码	600250
	公司网址	www.nantex.com.cn		电子信箱	ranfang@nantex.com.cn	
	电　　话	025-83331634		传　　真	025-83331639	
	办公地址	江苏省南京市鼓楼区云南北路 77 号				
	经营范围	纺织、丝绸、针织、服装机电设备、化工原料、轻工产品等产品的进出口业务等				

	指标＼报告期	2011.06.30	2010.12.31	2010.06.30	2009.12.31
主要财务指标	每股收益(元)	0.0190	0.0722	0.0250	0.1242
	每股收益(扣除)(元)	–0.0280	0.0429	0.0220	–0.0461
	每股净资产(元)	2.7200	2.7100	2.5600	2.6700
	调整后每股净资产(元)	–	–	–	–
	每股资本公积金(元)	0.4433	0.4432	0.3856	0.3687
	每股盈余公积金(元)	0.4490	0.4490	0.4434	0.4533
	每股未分配利润(元)	0.8301	0.8211	0.7294	0.8518
	每股现金净流量(元)	–0.7414	–0.1328	0.5291	0.2271
	每股经营现金净流量(元)	–0.8898	–0.3685	–1.7442	1.5599
	净资产收益率(扣除)(%)	–	1.5900	–	–1.8200
	净资产收益率(%)	0.6980	2.6620	0.8740	4.6460
	总资产(万)	434535.55	447825.85	472319.92	427349.77
	股东权益(万)	70425.72	70190.56	66183.24	69167.32
	主营业务收入(万)	301234.84	689873.63	322216.27	598228.02
	主营成本(万)	288841.77	657441.32	303245.52	567676.08
	营业收入(万)	301506.83	690887.84	322496.41	599143.87
	营业成本(万)	288862.28	657591.99	303261.33	567884.58
	投资收益(万)	–	–	–	–
	利润总额(万)	862.15	–104.89	1442.98	2595.51
	净利润(万)	491.56	1868.27	639.93	3213.39

新疆冠农果茸集团股份有限公司

公司概况	公司名称	新疆冠农果茸集团股份有限公司		证券简称	冠农股份
	法人代表	李愈	董秘	孟琳	证券代码 600251
	公司网址	www.gngf.cn		电子信箱	gn600251@126.com
	电话	0996-2113816 2113788		传真	0996-2113676
	办公地址	新疆维吾尔自治区库尔勒市团结南路48号小区			
	经营范围	特色农产品的优质、高产、高效模式化栽培及综合利用等			
主要财务指标	指标\报告期	2011.06.30	2010.12.31	2010.06.30	2009.12.31
	每股收益(元)	0.3436	0.0200	0.0568	0.1000
	每股收益(扣除)(元)	0.3399	0.0400	0.0544	0.0700
	每股净资产(元)	2.6000	2.2500	2.2670	2.2800
	调整后每股净资产(元)	–	–	–	–
	每股资本公积金(元)	1.0569	1.0513	1.0480	1.0480
	每股盈余公积金(元)	0.0819	0.0819	0.0797	0.0819
	每股未分配利润(元)	0.4615	0.1179	0.1392	0.1515
	每股现金净流量(元)	0.3818	0.0869	0.4307	0.3045
	每股经营现金净流量(元)	0.3326	–0.3743	0.0776	–0.3013
	净资产收益率(扣除)(%)	–	1.9300	–	3.0400
	净资产收益率(%)	13.2150	0.7270	2.5040	4.2560
	总资产(万)	244025.94	229615.03	190015.71	178003.22
	股东权益(万)	94155.13	81512.49	82083.37	82608.22
	主营业务收入(万)	28710.49	77470.92	31304.79	47313.33
	主营成本(万)	27223.77	65160.02	26363.84	40377.07
	营业收入(万)	31009.02	82093.54	33534.25	53368.67
	营业成本(万)	28737.42	68777.46	28022.25	45396.37
	投资收益(万)	–	–	–	–
	利润总额(万)	12304.19	538.48	1794.25	4128.48
	净利润(万)	12443.01	592.96	2054.95	3515.63

广西梧州中恒集团股份有限公司

公司概况	公司名称	广西梧州中恒集团股份有限公司		证券简称	中恒集团
	法人代表	许淑清	董秘	彭伟民	证券代码 600252
	公司网址	www.wz-zhongheng.com		电子信箱	pwm680@tom.com
	电话	0774-3939128		传真	0774-3939053
	办公地址	广西壮族自治区梧州市工业园区工业大道1号			
	经营范围	对医药、能源、基础设施、城市公用事业、酒店旅游业、物流业的投资与管理等			
主要财务指标	指标\报告期	2011.06.30	2010.12.31	2010.06.30	2009.12.31
	每股收益(元)	0.3200	0.7440	0.1290	0.4800
	每股收益(扣除)(元)	0.2520	0.8420	0.1190	0.3730
	每股净资产(元)	1.5110	0.9850	3.9400	2.1800
	调整后每股净资产(元)	–	–	–	–
	每股资本公积金(元)	0.0128	0.4703	1.7411	0.4806
	每股盈余公积金(元)	0.1508	0.2406	0.2977	0.2183
	每股未分配利润(元)	0.3474	0.7303	0.9036	0.4767
	每股现金净流量(元)	0.2006	1.0527	0.9329	0.1312
	每股经营现金净流量(元)	–0.0459	0.3512	–1.2634	–0.1076
	净资产收益率(扣除)(%)	18.2800	44.9800	18.1100	19.7300
	净资产收益率(%)	21.1950	29.9100	12.5500	22.1440
	总资产(万)	361917.19	296745.16	233760.31	150455.46
	股东权益(万)	164964.04	133257.44	107600.86	56768.47
	主营业务收入(万)	74408.84	141778.47	37639.76	70344.22
	主营成本(万)	21285.64	54623.49	6732.75	35319.08
	营业收入(万)	75202.61	142569.73	37904.57	71239.59
	营业成本(万)	21703.36	55364.60	7147.58	35501.68
	投资收益(万)	–	–	–	–
	利润总额(万)	41410.16	47431.50	17018.56	15744.26
	净利润(万)	34963.60	39857.50	13503.17	12570.91

河南天方药业股份有限公司

公司概况	公司名称	河南天方药业股份有限公司		证券简称	天方药业
	法人代表	年大明	董秘	刘宁宇	证券代码 600253
	公司网址	www.topfond.com		电子信箱	info@topfond.com
	电话	0396-3823517		传真	0396-3815761
	办公地址	河南省驻马店市光明路2号			
	经营范围	医药及原料药的生产、加工、销售(凭有关许可证),新技术、新产品的研制、开发等			
主要财务指标	指标\报告期	2011.06.30	2010.12.31	2010.06.30	2009.12.31
	每股收益(元)	0.0670	0.0756	0.0687	0.0250
	每股收益(扣除)(元)	0.0641	0.0360	0.0657	0.0062
	每股净资产(元)	1.9580	1.8630	1.8570	1.7900
	调整后每股净资产(元)	–	–	–	–
	每股资本公积金(元)	0.6329	0.6054	0.6064	0.6064
	每股盈余公积金(元)	0.1223	0.1223	0.1123	0.1123
	每股未分配利润(元)	0.2027	0.1357	0.1388	0.0702
	每股现金净流量(元)	–0.0976	0.2080	0.0215	–0.0456
	每股经营现金净流量(元)	0.0380	0.1583	0.1416	–
	净资产收益率(扣除)(%)	–	1.9700	–	0.3500
	净资产收益率(%)	3.4210	4.0550	3.6970	1.3960
	总资产(万)	347910.42	306171.90	327204.67	311939.97
	股东权益(万)	82229.07	78263.15	78013.72	75129.99
	主营业务收入(万)	150744.07	276076.24	134908.34	222174.35
	主营成本(万)	130898.05	243036.38	118887.34	197269.54
	营业收入(万)	151155.93	277239.32	135462.43	224235.97
	营业成本(万)	131141.87	244262.35	119258.16	198090.31
	投资收益(万)	–	–	–	–
	利润总额(万)	3512.26	5007.53	3487.24	1877.75
	净利润(万)	2812.83	3173.34	2883.74	1048.53

安徽鑫科新材料股份有限公司

公司概况	公司名称	安徽鑫科新材料股份有限公司		证券简称	鑫科材料
	法人代表	周瑞庭	董秘	谭小文	证券代码 600255
	公司网址	www.ahxinke.com		电子信箱	txw@ahxinke.com
	电话	0553-5847323 5847423		传真	0553-5847423
	办公地址	安徽省芜湖市经济技术开发区珠江路3号			
	经营范围	铜基合金材料、金属基复合材料及制品、超细金属及特种粉末材料等			
主要财务指标	指标\报告期	2011.06.30	2010.12.31	2010.06.30	2009.12.31
	每股收益(元)	0.0900	0.1200	0.0500	0.0500
	每股收益(扣除)(元)	0.0500	0.1100	0.0400	0.1000
	每股净资产(元)	2.6300	2.6400	2.5311	2.5800
	调整后每股净资产(元)	–	–	–	–
	每股资本公积金(元)	1.1072	1.1563	1.1164	1.1597
	每股盈余公积金(元)	0.1002	0.1002	0.0856	0.0856
	每股未分配利润(元)	0.4267	0.3868	0.3291	0.3303
	每股现金净流量(元)	0.2480	–0.4930	–0.1387	0.2586
	每股经营现金净流量(元)	0.3656	–0.1082	–0.0852	–0.0970
	净资产收益率(扣除)(%)	–	4.4000	–	3.9100
	净资产收益率(%)	3.4140	4.5810	1.9270	1.9050
	总资产(万)	247716.72	205599.83	216053.42	212935.32
	股东权益(万)	118403.29	118814.33	113772.91	115774.05
	主营业务收入(万)	253470.90	366519.46	191966.09	264017.73
	主营成本(万)	241871.15	349196.97	183128.14	250393.81
	营业收入(万)	253549.94	366859.32	191980.45	275695.85
	营业成本(万)	241912.30	349487.41	183134.82	261658.99
	投资收益(万)	–	–	–	–
	利润总额(万)	5367.65	6168.57	2445.22	1733.40
	净利润(万)	4042.51	5442.81	2192.64	2205.14

新疆广汇实业股份有限公司

公司概况					
公司名称	新疆广汇实业股份有限公司			证券简称	广汇股份
法人代表	尚继强	董秘	王玉琴	证券代码	600256
公司网址	www.xjguanghui.com		电子信箱	wangyuqin@guanghui.com	
电　　话	0991-3762327		传　　真	0991-8637008	
办公地址	新疆维吾尔自治区乌鲁木齐市新华北路165号广汇中天广场27层				
经营范围	液化天然气、现代物流、住宅消费服务、石材和化学建材等				

主要财务指标 指标\报告期	2011.06.30	2010.12.31	2010.06.30	2009.12.31
每股收益(元)	0.3411	0.5558	0.1701	0.5641
每股收益(扣除)(元)	0.3391	0.5294	0.1669	0.5103
每股净资产(元)	3.2948	3.1220	2.8293	3.3850
调整后每股净资产(元)	–	–	–	–
每股资本公积金(元)	1.0272	0.0864	0.0864	0.1124
每股盈余公积金(元)	0.2577	0.4052	0.3653	0.4749
每股未分配利润(元)	1.0046	1.6234	1.3627	1.7797
每股现金净流量(元)	1.2094	–0.0586	0.1304	0.5171
每股经营现金净流量(元)	0.1449	0.4194	0.2837	0.8612
净资产收益率(扣除)(%)	9.9570	17.8010	9.0200	16.6640
净资产收益率(%)	14.2200	19.4500	9.3800	16.4000
总资产(万)	1712581.31	1268261.72	1087435.66	920968.31
股东权益(万)	773372.62	505511.47	465390.87	437856.21
主营业务收入(万)	259393.02	372864.79	180628.77	306244.53
主营成本(万)	162484.07	245906.46	114375.23	204608.99
营业收入(万)	262041.85	378944.65	180628.77	310081.15
营业成本(万)	163391.25	247519.38	114375.23	205856.56
投资收益(万)	10478.72	1688.47	646.27	1582.98
利润总额(万)	80574.55	91583.72	42576.62	69590.58
净利润(万)	63871.68	68837.85	31606.47	53740.32

大湖水殖股份有限公司

公司概况					
公司名称	大湖水殖股份有限公司			证券简称	大湖股份
法人代表	罗订坤	董秘	杨明	证券代码	600257
公司网址	www.dhszgf.com		电子信箱	ymdtsz@163.com	
电　　话	0736-7252796		传　　真	0736-7266736	
办公地址	湖南省常德市洞庭大道西段388号				
经营范围	水产品、水禽养殖、加工、销售及深度综合开发;生物工程等				

主要财务指标 指标\报告期	2011.06.30	2010.12.31	2010.06.30	2009.12.31
每股收益(元)	0.0413	0.1714	0.0341	0.0460
每股收益(扣除)(元)	0.0372	0.0076	0.0335	0.0086
每股净资产(元)	1.4100	1.3700	1.2310	1.2000
调整后每股净资产(元)	–	–	–	–
每股资本公积金(元)	0.2602	0.2602	0.2602	0.2602
每股盈余公积金(元)	0.0867	0.0867	0.0858	0.0858
每股未分配利润(元)	0.0629	0.0216	–0.1148	–0.1489
每股现金净流量(元)	–0.0723	0.2429	0.0119	0.0780
每股经营现金净流量(元)	–0.0386	0.0371	0.0667	0.0229
净资产收益率(扣除)(%)	–	0.6000	–	0.7300
净资产收益率(%)	2.9280	12.5250	2.7690	3.8459
总资产(万)	120126.02	119967.64	108802.61	103653.89
股东权益(万)	60201.53	58439.09	52575.24	51119.39
主营业务收入(万)	25519.91	44606.70	21803.69	41119.94
主营成本(万)	17081.71	32202.04	14677.56	30211.85
营业收入(万)	25663.56	44780.97	21940.15	41340.93
营业成本(万)	17142.55	32323.72	14738.40	30333.52
投资收益(万)	–	–	–	–
利润总额(万)	2091.41	7548.55	1678.85	2032.19
净利润(万)	1762.44	7319.70	1455.85	1965.99

北京首都旅游股份有限公司

公司概况					
公司名称	北京首都旅游股份有限公司			证券简称	首旅股份
法人代表	杨建民	董秘	段中鹏	证券代码	600258
公司网址	www.bct2000.com		电子信箱	dzpxx@sohu.com	
电　　话	010-66014466 2446		传　　真	010-66019471	
办公地址	北京市西城区复兴门内大街51号民族饭店三层				
经营范围	项目投资及管理;旅游服务;饭店经营及管理;旅游产品开发、销售等				

主要财务指标 指标\报告期	2011.06.30	2010.12.31	2010.06.30	2009.12.31
每股收益(元)	0.2554	0.8087	0.4848	0.6900
每股收益(扣除)(元)	0.2549	0.7936	0.4866	0.6822
每股净资产(元)	4.2319	4.4374	4.0500	4.2100
调整后每股净资产(元)	–	–	–	–
每股资本公积金(元)	1.0996	1.1105	1.0507	1.0906
每股盈余公积金(元)	0.5588	0.5588	0.4882	0.4882
每股未分配利润(元)	1.5654	1.7600	1.5067	1.6219
每股现金净流量(元)	–0.2602	0.0868	–0.1707	–0.3790
每股经营现金净流量(元)	–0.8723	1.3797	0.6470	1.1822
净资产收益率(扣除)(%)	–	18.5800	–	14.1200
净资产收益率(%)	6.0360	18.2240	11.9660	16.4020
总资产(万)	215946.49	191186.76	184216.85	188701.39
股东权益(万)	97927.12	102681.38	93754.40	97343.58
主营业务收入(万)	115104.58	230463.93	107573.77	164937.30
主营成本(万)	76828.91	143839.77	62611.36	87963.48
营业收入(万)	115104.58	230463.93	107573.77	164937.30
营业成本(万)	76828.91	143839.77	62611.36	87963.48
投资收益(万)	–	–	–	–
利润总额(万)	9384.84	30164.42	18473.07	25522.74
净利润(万)	5910.69	18712.38	11218.65	15965.86

广晟有色金属股份有限公司

公司概况					
公司名称	广晟有色金属股份有限公司			证券简称	广晟有色
法人代表	叶列理	董秘	李明	证券代码	600259
公司网址	www.gdnmi.com.cn		电子信箱	gsys87226381@163.com	
电　　话	020-87226381		传　　真	020-87649987	
办公地址	广州市广州大道北613号振兴商业大厦四楼				
经营范围	冶炼、制造、加工有色金属矿产品、冶炼产品、深加工产品等				

主要财务指标 指标\报告期	2011.06.30	2010.12.31	2010.06.30	2009.12.31
每股收益(元)	0.5400	0.1500	0.0600	0.1100
每股收益(扣除)(元)	0.5200	0.0600	0.0300	0.0300
每股净资产(元)	1.7330	1.1965	1.1067	1.0415
调整后每股净资产(元)	–	–	–	–
每股资本公积金(元)	1.7892	1.7892	1.7892	1.7873
每股盈余公积金(元)	0.0861	0.0861	0.0861	0.0861
每股未分配利润(元)	–1.1475	–1.6859	–1.7764	–1.8387
每股现金净流量(元)	0.5411	0.4580	0.4956	–0.1005
每股经营现金净流量(元)	–0.1093	0.0949	–0.1717	0.0918
净资产收益率(扣除)(%)	–	5.0100	–	3.0400
净资产收益率(%)	31.0660	12.7750	5.6310	10.8800
总资产(万)	208935.48	174212.74	138631.71	117603.22
股东权益(万)	43220.51	29840.85	27600.33	25974.57
主营业务收入(万)	110878.20	111239.32	41788.52	67550.97
主营成本(万)	78788.32	92950.15	33845.22	56415.09
营业收入(万)	111070.09	111968.47	41990.59	68026.51
营业成本(万)	78837.44	93136.92	33905.97	56664.94
投资收益(万)	–	–	–	–
利润总额(万)	22852.57	7213.35	3261.73	4043.82
净利润(万)	13426.65	3812.17	1554.22	2824.93

湖北凯乐科技股份有限公司

公司概况					
公司名称	湖北凯乐科技股份有限公司			证券简称	凯乐科技
法人代表	朱弟雄	董秘	陈杰	证券代码	600260
公司网址	www.cnkaile.com		电子信箱	chenjie@cnkaile.com	
电　话	027-87250890		传　真	027-87250586	
办公地址	湖北省荆州市公安县斗湖堤镇城关				
经营范围	塑料硬管及管件、软管、管材、塑料零件及塑料土工合成材料等				

主要财务指标 指标＼报告期	2011.06.30	2010.12.31	2010.06.30	2009.12.31
每股收益(元)	0.1000	0.0900	0.1000	0.2700
每股收益(扣除)(元)	0.0700	0.0800	0.1000	0.0600
每股净资产(元)	2.8600	2.7600	2.8350	2.8200
调整后每股净资产(元)	–	–	–	–
每股资本公积金(元)	0.7681	0.7720	0.8300	0.9189
每股盈余公积金(元)	0.3021	0.2913	0.2891	0.2845
每股未分配利润(元)	0.7888	0.6954	0.7165	0.6169
每股现金净流量(元)	0.1059	–0.0098	–0.0853	1.0342
每股经营现金净流量(元)	–0.2975	0.0027	–0.1076	0.0594
净资产收益率(扣除)(%)	–	2.9500	–	2.2300
净资产收益率(%)	3.6360	3.0940	3.6760	9.6010
总资产(万)	384502.89	335018.37	331925.37	319036.81
股东权益(万)	150852.89	145557.47	149618.22	148809.61
主营业务收入(万)	68502.65	161793.41	88805.80	98151.68
主营成本(万)	50412.55	129150.61	68327.14	75710.15
营业收入(万)	68502.65	162709.79	88805.80	98194.87
营业成本(万)	50412.55	129406.17	68327.14	75714.09
投资收益(万)	–	–	–	–
利润总额(万)	8626.99	7212.69	7860.66	16868.06
净利润(万)	5484.47	4503.00	5499.33	14286.53

浙江阳光照明电器集团股份有限公司

公司概况					
公司名称	浙江阳光照明电器集团股份有限公司			证券简称	阳光照明
法人代表	陈森洁	董秘	吴青谊	证券代码	600261
公司网址	www.yankon.com		电子信箱	wqy@yankon.com	
电　话	0575-82027720 82027721		传　真	0575-82027720	
办公地址	浙江省上虞市凤山路 485 号				
经营范围	照明电器、电工、电器及其原辅材料、元器件、仪器设备的设计、开发、制造等				

主要财务指标 指标＼报告期	2011.06.30	2010.12.31	2010.06.30	2009.12.31
每股收益(元)	0.1900	0.7300	0.2600	0.4800
每股收益(扣除)(元)	0.1800	0.6700	0.2500	0.3900
每股净资产(元)	3.0710	4.4700	4.1440	4.0500
调整后每股净资产(元)	–	–	–	–
每股资本公积金(元)	0.6098	1.4147	1.4147	1.4147
每股盈余公积金(元)	0.3038	0.4557	0.4094	0.4094
每股未分配利润(元)	1.1767	1.6240	1.3342	1.2457
每股现金净流量(元)	–0.3299	–0.5188	–0.6801	0.3334
每股经营现金净流量(元)	–0.3923	0.4526	0.0894	1.2067
净资产收益率(扣除)(%)	–	16.1100	–	10.0100
净资产收益率(%)	6.3170	16.2680	9.3700	11.9090
总资产(万)	287119.10	266550.40	245440.31	220021.53
股东权益(万)	115070.04	111651.04	103508.55	101160.71
主营业务收入(万)	105331.40	213894.22	95376.32	172264.49
主营成本(万)	88006.51	174595.70	74368.94	139840.23
营业收入(万)	106105.08	217044.44	96992.27	174311.23
营业成本(万)	88349.21	176763.85	74997.58	140934.31
投资收益(万)	–	–	–	–
利润总额(万)	8635.31	21050.70	11313.32	15600.51
净利润(万)	7269.06	18163.46	9703.45	12047.09

内蒙古北方重型汽车股份有限公司

公司概况					
公司名称	内蒙古北方重型汽车股份有限公司			证券简称	北方股份
法人代表	李建平	董秘	常德明	证券代码	600262
公司网址	www.chinanhl.com		电子信箱	cdm@chinanhl.com	
电　话	0472-2207888		传　真	0472-2207538	
办公地址	内蒙古自治区包头市稀土高新技术产业开发区北方股份大厦				
经营范围	开发、制造各种型号的“特雷克斯”牌的非公路自卸汽车等				

主要财务指标 指标＼报告期	2011.06.30	2010.12.31	2010.06.30	2009.12.31
每股收益(元)	0.3835	0.4300	0.1994	0.2900
每股收益(扣除)(元)	0.2109	0.3700	0.1476	0.2200
每股净资产(元)	4.8674	4.5838	4.3533	4.2400
调整后每股净资产(元)	–	–	–	–
每股资本公积金(元)	2.3489	2.3489	2.3489	2.3489
每股盈余公积金(元)	0.8640	0.8640	0.6821	0.6821
每股未分配利润(元)	0.6544	0.3709	0.3223	0.2129
每股现金净流量(元)	–0.9894	1.2833	–0.6892	0.7295
每股经营现金净流量(元)	–0.9576	2.1618	0.4586	0.9889
净资产收益率(扣除)(%)	–	8.3600	–	5.5800
净资产收益率(%)	7.8800	9.3800	4.5810	6.7860
总资产(万)	300938.55	317397.56	287608.38	281867.58
股东权益(万)	82744.96	77924.99	74006.12	72145.91
主营业务收入(万)	100399.04	189624.56	88657.29	185079.94
主营成本(万)	77669.76	150035.64	71286.20	152526.77
营业收入(万)	100700.80	190149.81	88761.76	186909.72
营业成本(万)	77754.46	150345.07	71312.70	153821.00
投资收益(万)	–	–	–	–
利润总额(万)	7472.60	8266.27	3965.54	5460.60
净利润(万)	6519.97	7309.08	3390.21	4896.00

路桥集团国际建设股份有限公司

公司概况					
公司名称	路桥集团国际建设股份有限公司			证券简称	路桥建设
法人代表	毛志远	董秘	郑凯	证券代码	600263
公司网址	www.crbcint.com		电子信箱	zqb@crbcint.com	
电　话	010-64181166		传　真	010-64182080	
办公地址	北京市东城区东中街 9 号东环广场 A 座写字楼八层				
经营范围	公路、桥梁、隧道工程建设项目的总承包;公路收费经营等				

主要财务指标 指标＼报告期	2011.06.30	2010.12.31	2010.06.30	2009.12.31
每股收益(元)	0.2300	0.4300	0.1900	0.3000
每股收益(扣除)(元)	0.2200	0.4100	0.1800	0.2800
每股净资产(元)	5.1550	4.9400	4.7440	4.5400
调整后每股净资产(元)	–	–	–	–
每股资本公积金(元)	2.1115	2.1115	2.1115	2.1114
每股盈余公积金(元)	0.1264	0.1264	0.0953	0.0953
每股未分配利润(元)	1.8608	1.6625	1.4528	1.2962
每股现金净流量(元)	0.8018	0.3258	–1.8016	1.5459
每股经营现金净流量(元)	–0.1859	2.2230	–0.0906	1.5973
净资产收益率(扣除)(%)	–	8.5200	–	6.2600
净资产收益率(%)	4.4280	8.6440	3.9330	6.5480
总资产(万)	2157459.38	1845254.26	1438192.64	1217883.71
股东权益(万)	210409.37	201768.50	193630.51	185377.97
主营业务收入(万)	635913.42	1034344.89	404537.48	956478.17
主营成本(万)	577870.77	951724.64	368945.92	871513.99
营业收入(万)	635913.42	1034344.89	404539.80	957599.02
营业成本(万)	577870.77	951724.64	368945.92	872555.23
投资收益(万)	–	–	–	–
利润总额(万)	12888.24	21254.94	9428.11	17642.09
净利润(万)	9316.40	17440.85	7616.34	12139.01

云南景谷林业股份有限公司

公司概况	公司名称	云南景谷林业股份有限公司			证券简称	景谷林业
	法人代表	杨松宇	董秘	邱海涛	证券代码	600265
	公司网址	www.jgly.cn		电子信箱	qiuhaitao@jgly.cn	
	电　话	0871-6334588 0879-5226502		传　真	0871-3101849 0879-5226502	
	办公地址	中国云南省普洱市景谷傣族彝族自治县林纸路 201 号				
	经营范围	经营本企业自产的脂松香、脂松节油、α 蒎烯、β 蒎烯等林产化工系列产品等				

主要财务指标	指标\报告期	2011.06.30	2010.12.31	2010.06.30	2009.12.31
	每股收益(元)	-0.0400	0.0600	-0.1600	-0.7100
	每股收益(扣除)(元)	-0.1400	-0.0200	-0.2100	-0.7400
	每股净资产(元)	2.1500	2.1900	1.9600	2.1200
	调整后每股净资产(元)	-	-	-	-
	每股资本公积金(元)	1.3604	1.3604	1.3604	1.3604
	每股盈余公积金(元)	0.1062	0.1062	0.1062	0.1062
	每股未分配利润(元)	-0.3178	-0.2810	-0.5062	-0.3430
	每股现金净流量(元)	-0.0678	0.0398	-0.0327	-0.0527
	每股经营现金净流量(元)	0.0993	0.2338	-0.0474	-0.0318
	净资产收益率(扣除)(%)	-	-0.9200	-	-28.6100
	净资产收益率(%)	-1.7110	2.8370	-8.3270	-33.2820
	总资产(万)	69894.27	68487.96	64890.31	64848.65
	股东权益(万)	27892.41	28369.59	25446.06	27564.82
	主营业务收入(万)	19929.04	18455.59	9545.61	20008.88
	主营成本(万)	19291.91	18355.51	10091.76	20083.68
	营业收入(万)	19929.04	25191.70	9551.75	20129.82
	营业成本(万)	19291.91	19546.81	10092.86	20118.36
	投资收益(万)	-	-	-	-
	利润总额(万)	-532.46	968.31	-2556.76	-10577.21
	净利润(万)	-477.18	804.77	-2118.76	-9174.11

北京城建投资发展股份有限公司

公司概况	公司名称	北京城建投资发展股份有限公司			证券简称	北京城建
	法人代表	刘龙华	董秘	张财广	证券代码	600266
	公司网址	www.bucid.com		电子信箱	zhangcg@bucid.com	
	电　话	010-82275538 82275598		传　真	010-82275533	
	办公地址	北京市朝阳区北土城西路 11 号城建开发大厦				
	经营范围	房地产开发、销售商品房;投资及投资管理;销售金属材料、木材、建筑材料等				

主要财务指标	指标\报告期	2011.06.30	2010.12.31	2010.06.30	2009.12.31
	每股收益(元)	0.4922	1.3508	0.4087	0.9559
	每股收益(扣除)(元)	0.4922	0.9646	0.1930	0.9848
	每股净资产(元)	6.2010	5.8550	6.0870	5.3970
	调整后每股净资产(元)	-	-	-	-
	每股资本公积金(元)	1.4030	1.4014	2.0740	2.8540
	每股盈余公积金(元)	0.3878	0.3878	0.3514	0.3514
	每股未分配利润(元)	3.4097	3.0654	2.6619	2.2714
	每股现金净流量(元)	0.3531	0.7009	-0.6699	0.9558
	每股经营现金净流量(元)	0.4362	0.2370	-1.0103	2.3006
	净资产收益率(扣除)(%)	-	15.9600	-	22.3700
	净资产收益率(%)	7.9380	23.0730	8.0600	17.7100
	总资产(万)	1937186.20	1795102.53	1663303.07	1505827.36
	股东权益(万)	551351.85	520587.46	451074.72	479936.27
	主营业务收入(万)	217738.58	457417.72	41749.44	336822.49
	主营成本(万)	94290.86	269656.95	13548.28	197158.52
	营业收入(万)	224259.57	464620.25	44610.58	343810.29
	营业成本(万)	97748.92	271976.78	14721.63	200071.32
	投资收益(万)	-	-	-	-
	利润总额(万)	94393.14	185490.12	45831.68	112644.32
	净利润(万)	43767.51	120114.81	36343.91	84997.15

浙江海正药业股份有限公司

公司概况	公司名称	浙江海正药业股份有限公司			证券简称	海正药业
	法人代表	白骅	董秘	张薇	证券代码	600267
	公司网址	www.hisunpharm.com		电子信箱	hy@hisunpharm.com	
	电　话	0576-88827809 0571-85278141		传　真	0576-88827887	
	办公地址	浙江省台州市椒江区外沙路 46 号				
	经营范围	许可经营项目:药品的生产,兽药的生产、销售等				

主要财务指标	指标\报告期	2011.06.30	2010.12.31	2010.06.30	2009.12.31
	每股收益(元)	0.4510	0.7560	0.3080	0.6020
	每股收益(扣除)(元)	0.4460	0.6870	0.3020	0.5880
	每股净资产(元)	7.9660	5.5770	5.1300	4.9420
	调整后每股净资产(元)	-	-	-	-
	每股资本公积金(元)	4.1446	1.8233	1.8233	1.8233
	每股盈余公积金(元)	0.4627	0.5019	0.4365	0.4365
	每股未分配利润(元)	2.3598	2.2526	1.8701	1.6820
	每股现金净流量(元)	1.8868	-0.0050	0.4107	0.1902
	每股经营现金净流量(元)	0.2618	1.0525	0.6955	0.9774
	净资产收益率(扣除)(%)	-	13.1100	-	15.9200
	净资产收益率(%)	5.4390	13.5560	6.0070	11.3880
	总资产(万)	766289.84	592167.26	568504.79	519869.09
	股东权益(万)	418078.14	269813.24	248169.42	239071.73
	主营业务收入(万)	243717.27	447882.30	211288.82	391601.84
	主营成本(万)	176028.15	317156.69	151940.86	285288.01
	营业收入(万)	248706.64	454450.90	213636.31	400347.04
	营业成本(万)	179245.53	321519.15	153755.66	289214.35
	投资收益(万)	-	-	-	-
	利润总额(万)	27523.59	44996.00	18184.07	35066.38
	净利润(万)	22739.60	36576.16	14906.81	27225.01

国电南京自动化股份有限公司

公司概况	公司名称	国电南京自动化股份有限公司			证券简称	国电南自
	法人代表	王日文	董秘	彭刚平	证券代码	600268
	公司网址	www.sac-china.com		电子信箱	s-dept@sac-china.com	
	电　话	025-83410173 83537368		传　真	025-83410871	
	办公地址	江苏省南京市浦口开发区星火路 8 号 H 楼三层				
	经营范围	继电保护系统、控制系统、电力自动化系统、监测系统、管理信息系统等				

主要财务指标	指标\报告期	2011.06.30	2010.12.31	2010.06.30	2009.12.31
	每股收益(元)	0.1400	0.4700	0.0300	0.3150
	每股收益(扣除)(元)	-0.0400	0.4100	0.0300	0.2510
	每股净资产(元)	2.9190	3.1490	3.2230	3.2600
	调整后每股净资产(元)	-	-	-	-
	每股资本公积金(元)	1.0961	3.1054	0.9210	1.8888
	每股盈余公积金(元)	0.0687	0.1374	0.1457	0.2230
	每股未分配利润(元)	0.7544	1.3865	1.1561	1.7803
	每股现金净流量(元)	-0.7444	3.6056	0.2190	-0.3138
	每股经营现金净流量(元)	-1.0570	0.1677	-1.3460	0.1057
	净资产收益率(扣除)(%)	-	12.0500	-	8.0100
	净资产收益率(%)	4.6620	7.4610	2.1380	9.6480
	总资产(万)	625721.18	522586.80	345691.94	293455.03
	股东权益(万)	185438.38	178800.49	91482.03	92578.63
	主营业务收入(万)	102395.02	234015.38	88041.74	185013.41
	主营成本(万)	72368.34	168513.32	63417.05	136373.14
	营业收入(万)	103663.37	237584.77	89223.71	189614.38
	营业成本(万)	73343.06	171801.34	64274.23	139835.50
	投资收益(万)	-	-	-	-
	利润总额(万)	9370.26	16614.06	4281.74	14193.51
	净利润(万)	8645.34	13340.57	1947.60	8931.77

江西赣粤高速公路股份有限公司

公司概况	公司名称	江西赣粤高速公路股份有限公司		证券简称	赣粤高速
	法人代表	黄铮	董秘 熊长水	证券代码	600269
	公司网址	www.jxexpressway.com		电子信箱	xiongcsh@sina.com
	电　话	0791-86527021 86539322		传　真	0791-86527021 86507178
	办公地址	江西省南昌市西湖区朝阳洲中路367号赣粤大厦			
	经营范围	高速公路等交通基础设施项目的投资、建设、经营管理和维护等			

主要财务指标	指标\报告期	2011.06.30	2010.12.31	2010.06.30	2009.12.31
	每股收益(元)	0.2800	0.5400	0.2900	0.5300
	每股收益(扣除)(元)	0.2200	0.4600	0.2400	0.4700
	每股净资产(元)	4.1900	4.0000	3.7610	3.7500
	调整后每股净资产(元)	–	–	–	–
	每股资本公积金(元)	0.8279	0.8188	0.8221	1.0027
	每股盈余公积金(元)	0.3195	0.3195	0.2674	0.2674
	每股未分配利润(元)	2.0417	1.8632	1.6718	1.4775
	每股现金净流量(元)	0.2708	0.4029	0.4272	0.0673
	每股经营现金净流量(元)	0.3368	0.8914	0.3975	0.8225
	净资产收益率(扣除)(%)	–	11.8400	–	14.2500
	净资产收益率(%)	6.6480	13.4400	7.8260	14.0395
	总资产(万)	2089001.44	1858878.74	1659661.74	1471119.71
	股东权益(万)	978318.90	934513.92	878426.64	875205.29
	主营业务收入(万)	195180.73	394851.91	180545.74	318660.04
	主营成本(万)	98367.98	202727.68	80409.97	133710.58
	营业收入(万)	196786.56	397761.57	182057.37	325210.03
	营业成本(万)	99349.87	203626.49	80851.15	134814.15
	投资收益(万)	–	–	–	–
	利润总额(万)	84114.90	165966.49	89229.97	163246.44
	净利润(万)	65040.56	125599.79	68744.08	122874.22

中外运空运发展股份有限公司

公司概况	公司名称	中外运空运发展股份有限公司		证券简称	外运发展
	法人代表	张建卫	董秘 王晓征	证券代码	600270
	公司网址	www.sinoair.com		电子信箱	stock@sinoair.com
	电　话	010-80418928		传　真	010-80418933
	办公地址	北京市顺义区天竺空港工业区A区天柱路20号			
	经营范围	经营国际航空货运代理、航空快递和国内物流综合服务业务等			

主要财务指标	指标\报告期	2011.06.30	2010.12.31	2010.06.30	2009.12.31
	每股收益(元)	0.2413	0.4927	0.3198	0.2530
	每股收益(扣除)(元)	0.2258	0.4500	0.3013	0.2405
	每股净资产(元)	5.5100	5.7100	5.3500	5.0500
	调整后每股净资产(元)	–	–	–	–
	每股资本公积金(元)	1.1451	1.4873	1.3012	1.2227
	每股盈余公积金(元)	0.5412	0.5412	0.5412	0.5412
	每股未分配利润(元)	2.8210	2.6797	2.5069	2.2870
	每股现金净流量(元)	0.0570	–0.0887	0.1604	–0.5368
	每股经营现金净流量(元)	–0.0486	0.0243	–0.0504	–0.0640
	净资产收益率(扣除)(%)	–	8.2500	–	5.1400
	净资产收益率(%)	4.3810	8.6300	5.9790	5.0089
	总资产(万)	578334.31	614206.19	577560.68	537575.99
	股东权益(万)	498785.37	516938.62	484351.44	457344.72
	主营业务收入(万)	151791.02	339188.69	160594.80	218285.16
	主营成本(万)	136118.14	309362.78	145377.50	199110.89
	营业收入(万)	152191.06	339721.82	160789.82	219886.24
	营业成本(万)	136189.92	309738.92	145529.43	199425.78
	投资收益(万)	–	–	–	–
	利润总额(万)	23004.16	42540.07	26310.72	23673.11
	净利润(万)	21851.44	44611.80	28959.61	22907.80

航天信息股份有限公司

公司概况	公司名称	航天信息股份有限公司		证券简称	航天信息
	法人代表	刘振南	董秘 王毓敏	证券代码	600271
	公司网址	www.aisino.com		电子信箱	stock@aisino.co
	电　话	010-88896053		传　真	010-88896055
	办公地址	北京市海淀区杏石口路甲18号航天信息园			
	经营范围	电子及通信设备、计算机及外部设备、智能机电产品、财税专用设备的研制、生产、销售			

主要财务指标	指标\报告期	2011.06.30	2010.12.31	2010.06.30	2009.12.31
	每股收益(元)	0.5800	0.9800	0.4400	0.6600
	每股收益(扣除)(元)	0.5700	0.9400	0.4400	0.6200
	每股净资产(元)	4.7200	4.5400	4.0000	3.7700
	调整后每股净资产(元)	–	–	–	–
	每股资本公积金(元)	0.2467	0.2483	0.2508	0.2506
	每股盈余公积金(元)	0.3508	0.3508	0.2972	0.2972
	每股未分配利润(元)	3.1189	2.9378	2.4532	2.2183
	每股现金净流量(元)	–0.3794	0.5466	–0.3598	0.6878
	每股经营现金净流量(元)	0.2536	1.1889	0.1170	0.9915
	净资产收益率(扣除)(%)	–	22.6700	–	17.2800
	净资产收益率(%)	12.3200	21.6710	11.1200	17.5550
	总资产(万)	675808.21	649914.99	583263.13	554856.11
	股东权益(万)	435521.85	418941.53	369473.49	347758.07
	主营业务收入(万)	535658.20	938782.02	411059.46	745708.80
	主营成本(万)	414658.75	719844.28	316541.85	580023.58
	营业收入(万)	539682.11	945144.95	414613.84	749130.98
	营业成本(万)	415751.63	720768.23	317114.45	580779.51
	投资收益(万)	–	–	–	–
	利润总额(万)	82797.45	139095.54	66149.75	95979.80
	净利润(万)	53657.70	90788.11	41084.82	61049.40

上海开开实业股份有限公司

公司概况	公司名称	上海开开实业股份有限公司		证券简称	开开实业
	法人代表	何才彪	董秘 黄伟康	证券代码	600272
	公司网址	www.chinesekk.com		电子信箱	dm@chinesekk.com
	电　话	021-62876092 62876093		传　真	021-62876092
	办公地址	上海市江宁路565号4楼			
	经营范围	生产衬衫、羊毛衫、针绵织品、服装、鞋帽,纺织面料等			

主要财务指标	指标\报告期	2011.06.30	2010.12.31	2010.06.30	2009.12.31
	每股收益(元)	0.1000	0.1100	0.1100	0.1600
	每股收益(扣除)(元)	–0.0100	0.0600	0.0700	–0.0400
	每股净资产(元)	1.5470	1.2850	1.0590	1.0040
	调整后每股净资产(元)	–	–	–	–
	每股资本公积金(元)	0.5755	0.4174	0.1904	0.2458
	每股盈余公积金(元)	0.1297	0.1297	0.1297	0.1297
	每股未分配利润(元)	–0.1578	–0.2616	–0.2614	–0.3715
	每股现金净流量(元)	0.0718	0.0125	–0.0193	–0.0481
	每股经营现金净流量(元)	0.0262	0.1925	0.1604	–0.0308
	净资产收益率(扣除)(%)	–	6.0200	–	–4.5500
	净资产收益率(%)	6.7080	8.5490	10.5510	16.3462
	总资产(万)	100486.67	109057.16	95272.02	99104.45
	股东权益(万)	37602.66	31237.42	25728.13	24398.17
	主营业务收入(万)	42002.43	84243.05	42004.98	77735.38
	主营成本(万)	32308.07	64046.12	31728.43	59655.59
	营业收入(万)	43434.96	86689.78	43315.87	86566.20
	营业成本(万)	32862.17	65106.09	32176.74	63604.81
	投资收益(万)	–	–	–	–
	利润总额(万)	2768.26	3258.61	3061.99	4426.66
	净利润(万)	2522.36	2670.38	2714.47	3988.18

华芳纺织股份有限公司

公司概况

公司名称	华芳纺织股份有限公司			证券简称	华芳纺织
法人代表	戴云达	董秘	赵江波	证券代码	600273
公司网址	www.hfangfz.com		电子信箱	zqb@hfang.com.cn	
电　　话	0512-58438202 58438222		传　　真	0512-58438282	
办公地址	江苏省张家港市塘桥镇人民南路1号				
经营范围	针纺织品、服装制造、纺织原料销售,实业投资等				

主要财务指标

指标\报告期	2011.06.30	2010.12.31	2010.06.30	2009.12.31
每股收益(元)	–0.0900	0.4400	0.1100	–0.1300
每股收益(扣除)(元)	–0.1300	0.3900	0.0900	–0.1500
每股净资产(元)	2.7100	2.8900	2.5500	2.4400
调整后每股净资产(元)	–	–	–	–
每股资本公积金(元)	1.1905	1.1905	1.1905	1.1905
每股盈余公积金(元)	0.1015	0.1015	0.0920	0.0920
每股未分配利润(元)	0.4214	0.5974	0.2679	0.1623
每股现金净流量(元)	–0.6104	0.7474	0.1775	–0.1493
每股经营现金净流量(元)	–0.1094	0.3903	0.1500	–1.0439
净资产收益率(扣除)(%)	–	14.7800	–	–6.0100
净资产收益率(%)	–3.3710	15.3870	4.1410	–5.1355
总资产(万)	214317.40	242165.39	193999.98	176547.71
股东权益(万)	85472.14	91016.69	80339.21	77012.09
主营业务收入(万)	67783.19	195353.84	87365.45	140830.82
主营成本(万)	61039.22	168779.53	79109.46	138143.89
营业收入(万)	71676.62	201846.22	90772.07	144382.70
营业成本(万)	64408.82	174828.60	82760.69	141404.65
投资收益(万)	–	–	–	–
利润总额(万)	–3947.99	17859.96	3775.47	–5501.78
净利润(万)	–2881.44	14004.61	3327.13	–3954.95

湖北武昌鱼股份有限公司

公司概况

公司名称	湖北武昌鱼股份有限公司			证券简称	ST 昌 鱼
法人代表	翦英海	董秘	汪小林	证券代码	600275
公司网址	www.wuchangyu.com.cn		电子信箱	wuchangyu@263.net	
电　　话	0711-3200330 010-65801695		传　　真	0711-3200330	
办公地址	湖北省鄂州市洋澜路中段东侧第三幢第四层				
经营范围	淡水鱼类及其它水产品养殖,畜禽养殖(屠宰)蔬菜种植等				

主要财务指标

指标\报告期	2011.06.30	2010.12.31	2010.06.30	2009.12.31
每股收益(元)	–0.0192	0.0452	–0.0236	–0.1561
每股收益(扣除)(元)	–0.0181	0.0508	–0.0250	–0.1576
每股净资产(元)	0.4779	0.4971	0.4283	0.4519
调整后每股净资产(元)	–	–	–	–
每股资本公积金(元)	0.2504	0.2504	0.2504	0.2504
每股盈余公积金(元)	0.0495	0.0495	0.0495	0.0495
每股未分配利润(元)	–0.8220	–0.8028	–0.8716	–0.8480
每股现金净流量(元)	–0.0050	0.0060	0.0028	–0.0017
每股经营现金净流量(元)	–0.0050	0.0668	0.0031	0.1413
净资产收益率(扣除)(%)	–	10.7089	–	–29.7400
净资产收益率(%)	–4.0240	9.0990	–5.5010	–34.5320
总资产(万)	280762.76	289619.51	297310.83	298451.40
股东权益(万)	24317.99	25296.42	21795.83	22994.79
主营业务收入(万)	553.65	19117.69	1402.43	9613.00
主营成本(万)	1485.35	8044.91	750.00	11157.46
营业收入(万)	553.65	20253.70	1976.54	11098.82
营业成本(万)	355.02	8728.04	1136.50	11961.80
投资收益(万)	–	–	–	–
利润总额(万)	–989.70	2503.96	–1115.24	–7881.39
净利润(万)	–978.43	2301.63	–1198.96	–7940.51

江苏恒瑞医药股份有限公司

公司概况

公司名称	江苏恒瑞医药股份有限公司			证券简称	恒瑞医药
法人代表	孙飘扬	董秘	戴洪斌	证券代码	600276
公司网址	www.hrs.com.cn		电子信箱	600276@hrs.com.cn	
电　　话	0518-85469805 81220006		传　　真	0518-85453845	
办公地址	江苏连云港市经济技术开发区昆仑山路7号				
经营范围	原料药、片剂、硬胶囊剂、注射剂的剂制造、销售等				

主要财务指标

指标\报告期	2011.06.30	2010.12.31	2010.06.30	2009.12.31
每股收益(元)	0.4160	0.9697	0.3501	0.8915
每股收益(扣除)(元)	0.4117	0.9529	0.3463	0.7788
每股净资产(元)	3.3851	4.5199	3.9433	4.2010
调整后每股净资产(元)	–	–	–	–
每股资本公积金(元)	0.2703	0.5721	0.4240	0.5085
每股盈余公积金(元)	0.3452	0.5178	0.4293	0.5151
每股未分配利润(元)	1.7704	2.4316	2.0916	2.1792
每股现金净流量(元)	–0.0188	0.3840	0.0751	0.5188
每股经营现金净流量(元)	0.2484	0.5150	0.3776	0.7074
净资产收益率(扣除)(%)	–	24.0300	–	24.9900
净资产收益率(%)	12.2880	21.3790	13.3160	25.5290
总资产(万)	441225.43	389563.53	345186.56	299887.02
股东权益(万)	380540.52	338737.61	293736.28	260773.53
主营业务收入(万)	215793.46	372772.90	186631.77	302120.68
主营成本(万)	35443.17	59064.12	28127.41	–
营业收入(万)	216672.11	374410.63	186940.55	302896.09
营业成本(万)	36163.87	60550.32	28367.92	52385.17
投资收益(万)	–	–	–	–
利润总额(万)	59200.25	86020.75	47384.43	78068.58
净利润(万)	46762.03	72417.33	39114.18	66573.09

内蒙古亿利能源股份有限公司

公司概况

公司名称	内蒙古亿利能源股份有限公司			证券简称	亿利能源
法人代表	尹成国	董秘	王俊明	证券代码	600277
公司网址			电子信箱	yljdwjm@126.com	
电　　话	0477-8372394 8372708		传　　真	0477-8371744	
办公地址	内蒙古鄂尔多斯市东胜区鄂尔多斯西街30号亿利大厦二、三层				
经营范围	医药产品、食品的技术开发和加工销售;甘草、麻黄草等中药材的种植、收购、加工销售等				

主要财务指标

指标\报告期	2011.06.30	2010.12.31	2010.06.30	2009.12.31
每股收益(元)	0.1176	0.3600	0.0564	0.0334
每股收益(扣除)(元)	0.1176	0.3400	0.0376	0.0345
每股净资产(元)	5.9140	6.0900	5.7704	8.3110
调整后每股净资产(元)	–	–	–	–
每股资本公积金(元)	4.4948	4.4948	4.4864	7.0740
每股盈余公积金(元)	0.0681	0.0681	0.0392	0.0468
每股未分配利润(元)	0.3412	0.5235	0.2448	0.1899
每股现金净流量(元)	0.1476	0.2923	–0.1156	0.0139
每股经营现金净流量(元)	–0.2225	0.1671	0.0238	0.8376
净资产收益率(扣除)(%)	–	5.8100	–	–
净资产收益率(%)	1.9890	5.9740	0.9770	0.6025
总资产(万)	1351698.69	1298910.11	1249637.27	1170310.64
股东权益(万)	533411.81	549631.23	520454.36	499714.27
主营业务收入(万)	527505.59	790148.07	372511.10	–
主营成本(万)	481657.58	693749.71	340686.69	–
营业收入(万)	530071.33	794325.39	374105.80	329683.76
营业成本(万)	481707.35	694488.90	341015.30	292807.34
投资收益(万)	–	–	–	–
利润总额(万)	15305.45	46984.81	9905.91	2957.87
净利润(万)	10609.83	32833.37	5086.23	3010.70

东方国际创业股份有限公司

公司概况	公司名称	东方国际创业股份有限公司		证券简称	东方创业
	法人代表	蔡鸿生	董秘	黄大瑜	证券代码	600278
	公司网址	www.oie.com.cn		电子信箱	oiehq@oie.com.cn
	电　话	021-62785521 62789999		传　真	021-62784020 62785384
	办公地址	上海市娄山关路85号A座			
	经营范围	自营和代理除国家统一组织或核定经营的进出口商品以外的商品等			

主要财务指标	指标\报告期	2011.06.30	2010.12.31	2010.06.30	2009.12.31
	每股收益(元)	0.2100	0.3100	0.2500	0.2900
	每股收益(扣除)(元)	0.1600	0.2000	0.1500	0.0400
	每股净资产(元)	6.0100	5.8400	4.9400	5.8600
	调整后每股净资产(元)	–	–	–	–
	每股资本公积金(元)	3.1541	4.2682	2.6181	3.6084
	每股盈余公积金(元)	0.2972	0.3732	0.2959	0.2959
	每股未分配利润(元)	1.5667	1.7047	1.0333	0.9566
	每股现金净流量(元)	–0.0814	–0.0053	–0.3532	–0.2641
	每股经营现金净流量(元)	–0.0996	0.2516	–0.3960	0.0998
	净资产收益率(扣除)(%)	3.4750	6.1110	3.5700	4.9440
	净资产收益率(%)	3.5100	5.9000	3.7800	5.4700
	总资产(万)	561540.25	547580.65	321836.93	336134.17
	股东权益(万)	267120.32	185732.79	179847.02	210312.63
	主营业务收入(万)	677631.25	592870.22	287942.14	422957.45
	主营成本(万)	–	554873.98	–	389079.44
	营业收入(万)	703253.16	595468.93	668954.15	425639.61
	营业成本(万)	660931.95	555892.88	629366.67	389794.77
	投资收益(万)	4981.61	9697.98	6702.96	10703.68
	利润总额(万)	13614.31	13675.10	15216.70	12865.90
	净利润(万)	8390.62	9965.41	9982.72	9263.97

重庆港九股份有限公司

公司概况	公司名称	重庆港九股份有限公司		证券简称	重庆港九
	法人代表	孙万发	董秘	周小雄	证券代码	600279
	公司网址	www.cqgj.com.cn		电子信箱	zhouxx@cqgj.com.cn
	电　话	023-63100830 63100879		传　真	023-63100991
	办公地址	重庆市渝中区信义街18号重庆朝天门大酒店15楼			
	经营范围	内河货物运输(按许可证核定内容从事经营),码头,港口旅客运输服务经营等			

主要财务指标	指标\报告期	2011.06.30	2010.12.31	2010.06.30	2009.12.31
	每股收益(元)	0.1877	0.1827	0.1328	0.1102
	每股收益(扣除)(元)	0.1641	0.1584	0.1014	0.0930
	每股净资产(元)	4.8862	4.7384	3.6600	3.2945
	调整后每股净资产(元)	–	–	–	–
	每股资本公积金(元)	3.0855	3.0855	1.9297	3.1707
	每股盈余公积金(元)	0.2001	0.2001	0.2665	0.2824
	每股未分配利润(元)	0.6003	0.4527	0.4632	0.4810
	每股现金净流量(元)	–0.1399	0.2214	–0.0346	–0.3499
	每股经营现金净流量(元)	0.2234	0.6295	0.4965	0.9195
	净资产收益率(扣除)(%)	–	3.9000	–	2.6200
	净资产收益率(%)	3.8410	3.8560	3.0610	3.3450
	总资产(万)	478276.49	463156.88	312879.35	364303.31
	股东权益(万)	167151.61	162097.22	83589.45	112700.83
	主营业务收入(万)	66197.03	111205.31	49525.55	80611.52
	主营成本(万)	45823.88	85427.76	33305.97	58409.10
	营业收入(万)	66498.58	112026.68	49788.17	81358.99
	营业成本(万)	45826.15	85655.32	33433.98	58595.32
	投资收益(万)	–	–	–	–
	利润总额(万)	7986.85	8347.39	5483.57	4821.75
	净利润(万)	6420.07	6251.16	4543.71	3769.79

南京中央商场(集团)股份有限公司

公司概况	公司名称	南京中央商场(集团)股份有限公司		证券简称	南京中商
	法人代表	胡晓军	董秘	陈新生	证券代码	600280
	公司网址	www.njzysc.com		电子信箱	chenxs_nj@sina.com
	电　话	025-66008061 66008022		传　真	025-66008260 66008060
	办公地址	江苏省南京市建邺区雨润路10号			
	经营范围	百货、食品、针织服装、五金交电化工等商品的零售、批发等			

主要财务指标	指标\报告期	2011.06.30	2010.12.31	2010.06.30	2009.12.31
	每股收益(元)	0.0620	0.3250	0.0390	0.2990
	每股收益(扣除)(元)	0.3550	0.5780	0.0960	0.3100
	每股净资产(元)	4.4834	4.4849	4.4300	4.6600
	调整后每股净资产(元)	–	–	–	–
	每股资本公积金(元)	1.8617	1.8756	2.0765	2.1887
	每股盈余公积金(元)	0.9146	0.9146	0.8909	0.8578
	每股未分配利润(元)	0.7070	0.6947	0.4672	0.6112
	每股现金净流量(元)	–3.4327	5.0355	0.2652	0.6305
	每股经营现金净流量(元)	0.2869	–6.5084	–0.7100	1.9892
	净资产收益率(扣除)(%)	–	12.8900	–	6.7800
	净资产收益率(%)	1.3850	7.2450	0.8730	6.4135
	总资产(万)	665312.26	670406.75	469462.93	–
	股东权益(万)	64354.86	64377.38	63654.67	–
	主营业务收入(万)	295235.08	483115.03	238049.50	412429.68
	主营成本(万)	239237.01	388373.58	192808.53	335830.66
	营业收入(万)	300932.01	493782.44	242274.15	420915.61
	营业成本(万)	240065.45	389855.46	192961.84	336393.51
	投资收益(万)	–	–	–	–
	利润总额(万)	2672.15	6464.17	2140.84	9128.07
	净利润(万)	891.30	4663.96	555.83	4287.97

太原化工股份有限公司

公司概况	公司名称	太原化工股份有限公司		证券简称	*ST 太化
	法人代表	邢亚东	董秘	郭枭	证券代码	600281
	公司网址	www.thgf.cn		电子信箱	guoxiao1960@163.com
	电　话	0351-5638003 5638016		传　真	0351-5638000 5638066
	办公地址	山西省太原市晋源区义井街20号			
	经营范围	研制、开发、生产、销售化工产品及原料,化肥,焦炭,煤气等			

主要财务指标	指标\报告期	2011.06.30	2010.12.31	2010.06.30	2009.12.31
	每股收益(元)	–0.2240	–0.4300	0.0130	–0.5000
	每股收益(扣除)(元)	–0.2380	–0.4900	0.0080	–0.5200
	每股净资产(元)	1.4040	1.6300	2.0740	2.0600
	调整后每股净资产(元)	–	–	–	–
	每股资本公积金(元)	1.0034	1.0034	1.0034	1.0034
	每股盈余公积金(元)	0.1062	0.1062	0.1062	0.1062
	每股未分配利润(元)	–0.7076	–0.4832	–0.0363	–0.0494
	每股现金净流量(元)	–0.0005	–0.0278	–0.0600	–0.0232
	每股经营现金净流量(元)	0.0993	0.2660	0.2128	0.0095
	净资产收益率(扣除)(%)	–	–26.4300	–	–22.6100
	净资产收益率(%)	–15.9810	–26.6280	0.6340	–24.4314
	总资产(万)	406533.55	394248.59	385921.58	388857.63
	股东权益(万)	72242.82	83787.80	106698.44	106021.91
	主营业务收入(万)	137834.59	302636.12	157167.16	259892.33
	主营成本(万)	135954.48	300295.41	144958.59	262136.40
	营业收入(万)	142632.80	311015.68	171815.48	278377.85
	营业成本(万)	140105.71	307460.97	158607.93	279741.72
	投资收益(万)	–	–	–	–
	利润总额(万)	–12494.31	–26673.36	797.92	–28260.78
	净利润(万)	–11544.98	–22310.73	676.54	–25902.67

南京钢铁股份有限公司

公司概况	公司名称	南京钢铁股份有限公司		证券简称	南钢股份
	法人代表	杨思明	董秘 徐林	证券代码	600282
	公司网址	www.600282.net		电子信箱	webmaster@600282.net
	电　话	025-57072073 57072083		传　真	025-57072064
	办公地址	江苏省南京市六合区卸甲甸			
	经营范围	黑色金属冶炼及压延加工,钢材、钢坯及其他金属材料销售等			

主要财务指标	指标\报告期	2011.06.30	2010.12.31	2010.06.30	2009.12.31
	每股收益(元)	0.1510	0.2370	0.1320	0.1500
	每股收益(扣除)(元)	0.1380	0.1760	0.1240	0.0770
	每股净资产(元)	2.7670	2.6180	2.6500	2.4020
	调整后每股净资产(元)	–	–	–	–
	每股资本公积金(元)	0.1045	0.1045	0.4440	1.5437
	每股盈余公积金(元)	0.1699	0.1699	0.3901	0.3901
	每股未分配利润(元)	1.4850	1.3338	0.8162	2.5633
	每股现金净流量(元)	0.3337	0.1912	0.4920	–0.1890
	每股经营现金净流量(元)	–0.2329	0.1143	–0.3200	0.8266
	净资产收益率(扣除)(%)	–	6.5900	–	2.9700
	净资产收益率(%)	5.4650	9.0560	2.2360	6.2436
	总资产(万)	3943536.53	3521453.59	1448550.52	2968144.51
	股东权益(万)	1072471.32	1014496.68	446930.74	930934.59
	主营业务收入(万)	1899877.83	2967440.69	1414647.06	2393181.56
	主营成本(万)	1738394.00	2689253.82	1259821.08	2163604.21
	营业收入(万)	1917279.39	3005499.29	1418576.27	2445206.70
	营业成本(万)	1755552.11	2724663.26	1263118.06	2209218.07
	投资收益(万)	–	–	–	–
	利润总额(万)	66356.97	108129.90	62643.72	64636.75
	净利润(万)	58612.67	91870.36	51058.14	58123.65

钱江水利开发股份有限公司

公司概况	公司名称	钱江水利开发股份有限公司		证券简称	钱江水利
	法人代表	何中辉	董秘 吴天石	证券代码	600283
	公司网址	www.qjwater.com.cn		电子信箱	wts@qjwater.com.cn
	电　话	0571-87974399 87974387		传　真	0571-87974400
	办公地址	浙江省杭州市三台山路3号			
	经营范围	水力发电、供水(凭卫生许可证)、水利资源开发、水利工程承包等			

主要财务指标	指标\报告期	2011.06.30	2010.12.31	2010.06.30	2009.12.31
	每股收益(元)	0.1500	0.4100	0.2000	0.1900
	每股收益(扣除)(元)	0.1100	0.2400	0.1800	0.1700
	每股净资产(元)	3.5800	3.9200	3.4400	3.4500
	调整后每股净资产(元)	–	–	–	–
	每股资本公积金(元)	2.1108	2.1725	1.9137	1.9137
	每股盈余公积金(元)	0.1857	0.2076	0.1798	0.1798
	每股未分配利润(元)	0.2866	0.5382	0.3490	0.3536
	每股现金净流量(元)	–0.1523	–0.6028	0.3931	0.7682
	每股经营现金净流量(元)	0.0611	0.1673	0.1709	0.6665
	净资产收益率(扣除)(%)	–	6.7400	–	4.8500
	净资产收益率(%)	4.0720	10.5260	5.6770	5.4652
	总资产(万)	282583.42	294555.76	308315.72	278915.34
	股东权益(万)	102235.33	111801.93	98224.63	98354.98
	主营业务收入(万)	25196.74	56171.19	24630.31	59104.88
	主营成本(万)	13439.73	33341.62	13479.98	35345.80
	营业收入(万)	27673.22	59822.86	27044.96	62288.59
	营业成本(万)	15616.00	36522.40	15345.26	38223.14
	投资收益(万)	–	–	–	–
	利润总额(万)	5386.34	19715.34	7086.50	8416.01
	净利润(万)	4163.45	11768.59	5576.25	5375.26

上海浦东路桥建设股份有限公司

公司概况	公司名称	上海浦东路桥建设股份有限公司		证券简称	浦东建设
	法人代表	葛培健	董秘 颜立群	证券代码	600284
	公司网址	www.pdjs.com.cn		电子信箱	yanlq@pdjs.com.cn
	电　话	021-58206677 219		传　真	021-68765759
	办公地址	上海市浦东新区东方路971号钱江大厦24楼			
	经营范围	道路、公路、桥梁路面摊铺施工、其他基础工程总包施工、沥青销售等			

主要财务指标	指标\报告期	2011.06.30	2010.12.31	2010.06.30	2009.12.31
	每股收益(元)	0.5590	0.6599	0.7126	0.4608
	每股收益(扣除)(元)	0.5198	0.6210	0.6794	0.3981
	每股净资产(元)	7.5231	6.9907	7.0401	6.4584
	调整后每股净资产(元)	–	–	–	–
	每股资本公积金(元)	4.0222	4.0488	4.0455	4.0465
	每股盈余公积金(元)	0.2593	0.2593	0.2385	0.2385
	每股未分配利润(元)	2.2416	1.6825	1.7561	1.1735
	每股现金净流量(元)	3.3050	0.1627	4.1631	–0.2670
	每股经营现金净流量(元)	–0.8298	0.0928	–0.9343	0.1821
	净资产收益率(扣除)(%)	–	9.0600	–	6.3300
	净资产收益率(%)	7.4310	9.4390	10.1220	7.1340
	总资产(万)	1333328.46	1289868.86	1440693.18	1144382.72
	股东权益(万)	260298.08	241877.18	243587.31	223462.01
	主营业务收入(万)	40641.83	93011.49	36447.13	175872.15
	主营成本(万)	35731.33	80517.69	32848.68	151724.44
	营业收入(万)	40835.99	93164.39	36480.39	175975.02
	营业成本(万)	35789.07	80595.70	32860.64	151749.48
	投资收益(万)	–	–	–	–
	利润总额(万)	44954.35	45488.17	53744.91	20316.51
	净利润(万)	19343.05	22831.21	24655.42	15942.03

河南羚锐制药股份有限公司

公司概况	公司名称	河南羚锐制药股份有限公司		证券简称	羚锐制药
	法人代表	熊维政	董秘 吴希振	证券代码	600285
	公司网址	www.lingrui.com		电子信箱	wxz@lingrui.com
	电　话	0376-2973569		传　真	0376-2973606
	办公地址	河南省信阳市新县城关解放路59号			
	经营范围	中药硬膏剂、冲剂、搽剂、片剂、胶囊剂的生产和销售等			

主要财务指标	指标\报告期	2011.06.30	2010.12.31	2010.06.30	2009.12.31
	每股收益(元)	0.0690	0.2400	0.0820	0.1500
	每股收益(扣除)(元)	0.0260	0.0400	0.0420	0.0900
	每股净资产(元)	3.3500	3.4400	3.0740	3.1200
	调整后每股净资产(元)	–	–	–	–
	每股资本公积金(元)	1.2728	1.3867	1.1758	1.2587
	每股盈余公积金(元)	0.1715	0.1715	0.1513	0.1513
	每股未分配利润(元)	0.9051	0.8862	0.7468	0.7144
	每股现金净流量(元)	–0.1159	0.3534	0.3444	0.0441
	每股经营现金净流量(元)	–0.1955	–0.0197	–0.1009	0.6607
	净资产收益率(扣除)(%)	–	1.3600	–	3.0400
	净资产收益率(%)	2.0570	7.0240	2.6800	4.6740
	总资产(万)	123481.80	119893.86	111524.49	102420.43
	股东权益(万)	67228.90	69135.43	61701.32	62713.35
	主营业务收入(万)	23270.91	38097.35	17645.89	46290.56
	主营成本(万)	10468.51	16655.27	7481.21	17933.67
	营业收入(万)	23349.87	38123.88	17744.12	46328.11
	营业成本(万)	10468.98	16655.98	7524.89	17941.39
	投资收益(万)	–	–	–	–
	利润总额(万)	2061.57	6150.18	2028.60	3463.89
	净利润(万)	1382.93	4855.77	1653.85	2931.49

江苏舜天股份有限公司

公司概况					
公司名称	江苏舜天股份有限公司			证券简称	江苏舜天
法人代表	徐志远	董秘	陈浩杰	证券代码	600287
公司网址	www.saintycorp.com		电子信箱	heroch@saintycorp.com	
电　　话	025-52875628		传　　真	025-84201927	
办公地址	江苏省南京市宁南大道21号B座				
经营范围	主营服装、纺织品及其他产品的进出口业务等				

主要财务指标：指标＼报告期	2011.06.30	2010.12.31	2010.06.30	2009.12.31
每股收益(元)	0.0088	0.0558	0.0112	0.0964
每股收益(扣除)(元)	-0.0399	-0.0745	-0.0041	-0.1795
每股净资产(元)	1.9141	2.0209	1.8976	1.9852
调整后每股净资产(元)	-	-	-	-
每股资本公积金(元)	0.4479	0.5486	0.5349	0.5358
每股盈余公积金(元)	0.2083	0.2083	0.1951	0.1951
每股未分配利润(元)	0.2621	0.2682	0.1713	0.2582
每股现金净流量(元)	0.1109	-0.3301	-0.4153	0.3784
每股经营现金净流量(元)	0.0927	0.0162	0.0076	0.3159
净资产收益率(扣除)(%)	-	-3.7200	-	-9.3900
净资产收益率(%)	0.4610	2.7630	0.2060	4.8560
总资产(万)	535549.62	494066.55	488154.23	469138.89
股东权益(万)	83607.09	88272.20	82884.26	86711.94
主营业务收入(万)	260411.67	553403.78	260093.61	411666.04
主营成本(万)	238009.74	511395.17	239340.32	378933.98
营业收入(万)	261523.44	556845.26	261148.79	414914.32
营业成本(万)	238488.87	512892.90	239735.34	380244.39
投资收益(万)	-	-	-	-
利润总额(万)	1128.13	3344.06	1411.74	5642.23
净利润(万)	385.05	2439.26	490.57	4210.94

大恒新纪元科技股份有限公司

公司概况					
公司名称	大恒新纪元科技股份有限公司			证券简称	大恒科技
法人代表	张家林	董秘	严宏深	证券代码	600288
公司网址	www.dhxjy.com.cn		电子信箱	600288@dhkj.sina.net	
电　　话	010-82827855 82827852		传　　真	010-82827853	
办公地址	北京市海淀区苏州街3号大恒科技大厦13层				
经营范围	光学、激光元器件、红外元器件及设备、计算机软硬件、多媒体产品等				

主要财务指标：指标＼报告期	2011.06.30	2010.12.31	2010.06.30	2009.12.31
每股收益(元)	0.0405	0.2812	0.0354	0.1917
每股收益(扣除)(元)	0.0419	0.1815	0.0361	0.0728
每股净资产(元)	2.8948	2.8543	2.6070	2.5716
调整后每股净资产(元)	-	-	-	-
每股资本公积金(元)	0.3762	0.3762	0.3748	0.3748
每股盈余公积金(元)	0.1404	0.1404	0.1296	0.1296
每股未分配利润(元)	1.3781	1.3376	1.1026	1.0673
每股现金净流量(元)	-0.0786	-0.0594	-0.3207	0.3151
每股经营现金净流量(元)	-0.3800	0.1102	-0.2931	0.5182
净资产收益率(扣除)(%)	-	6.6900	-	2.9400
净资产收益率(%)	1.4000	9.8510	1.3570	7.4560
总资产(万)	296053.09	303321.38	275160.09	274126.24
股东权益(万)	126444.53	124673.89	113873.45	112328.80
主营业务收入(万)	177824.18	392332.43	152982.94	323808.20
主营成本(万)	153530.87	337641.70	135344.63	284248.82
营业收入(万)	180225.88	396096.54	155919.44	327818.58
营业成本(万)	154241.46	338888.77	135691.51	286659.01
投资收益(万)	-	-	-	-
利润总额(万)	2963.31	19830.07	2423.40	12004.47
净利润(万)	1770.64	12281.24	1544.65	8375.22

亿阳信通股份有限公司

公司概况					
公司名称	亿阳信通股份有限公司			证券简称	亿阳信通
法人代表	常学群	董秘	孙文恒	证券代码	600289
公司网址	www.boco.com.cn:8080/bocoit/index.asp		电子信箱	bit@boco.com.cn	
电　　话	010-88157899 88157181		传　　真	010-88140589	
办公地址	北京市海淀区杏石口路99号B座 哈尔滨市南岗区高新技术产业开发区1号楼				
经营范围	电信、交通、能源、金融、政府等行业的IT应用为主等				

主要财务指标：指标＼报告期	2011.06.30	2010.12.31	2010.06.30	2009.12.31
每股收益(元)	0.1200	0.1487	0.1100	0.1480
每股收益(扣除)(元)	0.1100	0.1452	0.1100	0.1088
每股净资产(元)	2.8300	2.6560	2.6100	4.0189
调整后每股净资产(元)	-	-	-	-
每股资本公积金(元)	0.7160	0.5794	0.5806	1.5289
每股盈余公积金(元)	0.2649	0.2717	0.2557	0.4091
每股未分配利润(元)	0.8499	0.8047	0.7783	1.0801
每股现金净流量(元)	0.0752	0.7394	0.0927	0.2119
每股经营现金净流量(元)	-0.3241	0.1866	-0.1218	1.1229
净资产收益率(扣除)(%)	-	5.6500	-	4.2900
净资产收益率(%)	4.0270	5.6000	4.1580	5.8900
总资产(万)	302760.05	278580.61	241110.95	233755.07
股东权益(万)	163520.28	149582.21	147262.30	141452.22
主营业务收入(万)	47367.11	107119.98	46257.82	92702.12
主营成本(万)	17009.03	56045.47	18850.58	45338.00
营业收入(万)	47367.11	107318.13	46257.82	92843.12
营业成本(万)	17009.03	56089.88	18850.58	45339.71
投资收益(万)	-	-	-	-
利润总额(万)	7441.38	8440.67	7421.68	9050.01
净利润(万)	6585.27	8377.24	6122.89	8331.93

华仪电气股份有限公司

公司概况					
公司名称	华仪电气股份有限公司			证券简称	华仪电气
法人代表	陈道荣	董秘	张传晕	证券代码	600290
公司网址	www.huayi.com		电子信箱	hyzqb@heag.com	
电　　话	0577-62661122		传　　真	0577-62237777	
办公地址	浙江省乐清市经济开发区(盐盆新区)纬四路				
经营范围	高压电器和风电设备制造等				

主要财务指标：指标＼报告期	2011.06.30	2010.12.31	2010.06.30	2009.12.31
每股收益(元)	0.0749	0.4300	0.1800	0.3100
每股收益(扣除)(元)	0.0752	0.3600	0.1600	0.3100
每股净资产(元)	3.4500	3.2400	3.0000	2.8200
调整后每股净资产(元)	-	-	-	-
每股资本公积金(元)	1.7770	1.0262	1.0262	1.0262
每股盈余公积金(元)	0.0454	0.0874	0.0765	0.0765
每股未分配利润(元)	0.6274	1.1300	0.8949	0.7152
每股现金净流量(元)	1.1077	-0.4957	-0.4164	0.8403
每股经营现金净流量(元)	-0.1117	-0.4779	-0.4340	0.1205
净资产收益率(扣除)(%)	2.1170	13.1260	5.9980	11.0750
净资产收益率(%)	2.3200	14.0500	6.1800	12.0100
总资产(万)	322995.00	244645.24	207924.11	178191.75
股东权益(万)	187349.80	94425.24	85647.28	80627.77
主营业务收入(万)	68584.45	170083.93	75300.72	118006.74
主营成本(万)	54164.02	133737.32	60893.37	92652.05
营业收入(万)	69793.55	171372.37	76022.65	119881.48
营业成本(万)	55600.23	134719.12	61465.80	93949.64
投资收益(万)	290.19	-280.25	-	-
利润总额(万)	4947.97	15382.90	6445.94	11566.63
净利润(万)	3847.95	11666.60	4926.47	8551.48

内蒙古西水创业股份有限公司

公司概况						
	公司名称	内蒙古西水创业股份有限公司			证券简称	西水股份
	法人代表	初育国	董秘	苏宏伟	证券代码	600291
	公司网址			电子信箱	xsgf_291@126.com	
	电　话	0473-4663855		传　真	0473-4663855	
	办公地址	内蒙古自治区乌海市海南区				
	经营范围	水泥、熟料的制造、销售,计算机硬件销售及软件开发等				

主要财务指标	指标＼报告期	2011.06.30	2010.12.31	2010.06.30	2009.12.31
	每股收益(元)	0.0145	0.0439	0.1426	0.9295
	每股收益(扣除)(元)	-0.0551	-0.0475	0.1444	0.2487
	每股净资产(元)	5.6689	5.6511	5.3278	7.6071
	调整后每股净资产(元)	-	-	-	-
	每股资本公积金(元)	3.3110	3.3076	2.8970	6.5827
	每股盈余公积金(元)	0.2092	0.2092	0.2076	0.2491
	每股未分配利润(元)	1.1488	1.1343	1.2232	1.2967
	每股现金净流量(元)	-0.5561	-0.7642	-1.1895	1.3126
	每股经营现金净流量(元)	0.0532	0.2309	0.0623	0.3628
	净资产收益率(扣除)(%)	-	-0.7200	-	4.3700
	净资产收益率(%)	0.2560	0.7790	2.6760	12.2190
	总资产(万)	459405.44	466002.97	376395.75	436662.83
	股东权益(万)	217686.86	217000.33	204586.76	292114.29
	主营业务收入(万)	33356.54	78243.83	31084.87	68368.03
	主营成本(万)	27581.81	59194.83	22680.74	51616.99
	营业收入(万)	33426.20	78418.05	31171.68	68525.71
	营业成本(万)	27595.10	59242.72	22710.36	51677.68
	投资收益(万)	-	-	-	-
	利润总额(万)	1439.05	4578.73	6371.75	43840.06
	净利润(万)	556.98	1687.55	5474.58	35692.36

重庆九龙电力股份有限公司

公司概况						
	公司名称	重庆九龙电力股份有限公司			证券简称	九龙电力
	法人代表	刘渭清	董秘	黄青华	证券代码	600292
	公司网址	www.jiulongep.com		电子信箱	hqh@jiulongep.com	
	电　话	023-68787928		传　真	023-68787944	
	办公地址	重庆市九龙坡区杨家坪前进支路15号				
	经营范围	电力生产、电力技术服务,销售电机及输变电设备等				

主要财务指标	指标＼报告期	2011.06.30	2010.12.31	2010.06.30	2009.12.31
	每股收益(元)	0.0103	0.0800	0.0768	0.1500
	每股收益(扣除)(元)	0.0001	0.0700	0.0763	0.1200
	每股净资产(元)	2.8700	2.7700	2.7000	2.6400
	调整后每股净资产(元)	-	-	-	-
	每股资本公积金(元)	1.2887	1.2052	1.1343	1.1535
	每股盈余公积金(元)	0.2725	0.2725	0.2725	0.2725
	每股未分配利润(元)	0.3063	0.2960	0.2944	0.2176
	每股现金净流量(元)	-0.2840	-1.3982	-1.1591	2.0503
	每股经营现金净流量(元)	-0.3594	-1.4433	-1.1545	3.8121
	净资产收益率(扣除)(%)	-	2.5500	-	5.0400
	净资产收益率(%)	0.3580	2.8270	2.8420	5.5450
	总资产(万)	512187.20	515293.00	526719.22	532327.08
	股东权益(万)	95914.50	92779.56	90352.57	88429.13
	主营业务收入(万)	183321.47	323540.51	160272.90	277605.82
	主营成本(万)	169913.00	297925.65	145260.32	251530.03
	营业收入(万)	185156.55	325545.08	160618.07	278193.23
	营业成本(万)	170662.22	298857.62	145268.56	251747.83
	投资收益(万)	-	-	-	-
	利润总额(万)	1510.01	6003.49	4727.97	8766.97
	净利润(万)	342.92	2622.48	2567.45	4903.39

湖北三峡新型建材股份有限公司

公司概况						
	公司名称	湖北三峡新型建材股份有限公司			证券简称	三峡新材
	法人代表	徐麟	董秘	张光春	证券代码	600293
	公司网址	www.sxxc.com.cn		电子信箱	zhanggc@sxxc.com.cn	
	电　话	0717-3280108		传　真	0717-3285258	
	办公地址	湖北省当阳市经济技术开发区				
	经营范围	平板玻璃及玻璃深加工制品、石膏及制品的生产和销售等				

主要财务指标	指标＼报告期	2011.06.30	2010.12.31	2010.06.30	2009.12.31
	每股收益(元)	0.0204	0.1404	0.0631	0.0632
	每股收益(扣除)(元)	0.0201	0.1387	0.0596	0.0588
	每股净资产(元)	2.2040	2.1768	2.0910	2.0200
	调整后每股净资产(元)	-	-	-	-
	每股资本公积金(元)	0.9398	0.9331	0.9248	0.9149
	每股盈余公积金(元)	0.1506	0.1506	0.1394	0.1394
	每股未分配利润(元)	0.1136	0.0932	0.0271	-0.0361
	每股现金净流量(元)	0.0362	-0.9793	-0.0011	0.4638
	每股经营现金净流量(元)	0.1444	0.5148	0.1737	0.4194
	净资产收益率(扣除)(%)	-	6.6000	-	2.9600
	净资产收益率(%)	0.9260	6.4510	3.0200	3.1294
	总资产(万)	218081.16	224952.26	216071.87	219465.55
	股东权益(万)	75926.76	74992.77	72045.27	69527.74
	主营业务收入(万)	44438.20	91289.08	45171.70	71342.46
	主营成本(万)	38722.51	77887.88	39166.81	60130.34
	营业收入(万)	45198.14	92956.42	46011.28	72464.18
	营业成本(万)	39348.50	79174.87	39595.25	60670.19
	投资收益(万)	-	-	-	-
	利润总额(万)	690.02	4887.09	2166.09	2272.70
	净利润(万)	703.39	4837.96	2175.53	2175.79

内蒙古鄂尔多斯资源股份有限公司

公司概况						
	公司名称	内蒙古鄂尔多斯资源股份有限公司			证券简称	鄂尔多斯
	法人代表	王林祥	董秘	曾广春	证券代码	600295
	公司网址	www.chinaerdos.com		电子信箱	zeng_gc@chinaerdos.com	
	电　话	0477-8543509 8543776		传　真	0477-8536699	
	办公地址	内蒙古自治区鄂尔多斯市东胜区达拉特南路102号				
	经营范围	生产无毛绒、羊绒纱、羊绒衫并销售公司自产产品等				

主要财务指标	指标＼报告期	2011.06.30	2010.12.31	2010.06.30	2009.12.31
	每股收益(元)	0.4900	0.8100	0.3100	0.3800
	每股收益(扣除)(元)	0.4700	0.6100	0.3000	0.2500
	每股净资产(元)	4.9500	4.5400	4.0800	3.8500
	调整后每股净资产(元)	-	-	-	-
	每股资本公积金(元)	1.2747	1.2749	1.3180	1.3180
	每股盈余公积金(元)	0.3754	0.3754	0.3563	0.3563
	每股未分配利润(元)	2.2260	1.8401	1.3593	1.1446
	每股现金净流量(元)	-0.2932	0.3848	-0.7365	1.2544
	每股经营现金净流量(元)	0.0435	-	0.0363	0.8372
	净资产收益率(扣除)(%)	-	14.5600	-	7.3500
	净资产收益率(%)	9.8140	17.9450	7.7140	9.9152
	总资产(万)	2826350.76	2587418.67	2366718.51	2061891.93
	股东权益(万)	510933.57	468473.25	421026.98	396825.13
	主营业务收入(万)	600866.12	1155918.26	474321.35	791824.08
	主营成本(万)	397407.13	777466.86	324998.76	582093.64
	营业收入(万)	608391.69	1173295.77	479903.61	811748.89
	营业成本(万)	401877.33	787626.73	336048.00	599814.97
	投资收益(万)	-	-	-	-
	利润总额(万)	96414.61	161876.98	63233.43	74144.74
	净利润(万)	50141.03	84065.21	32477.90	39345.88

美罗药业股份有限公司

公司概况	公司名称	美罗药业股份有限公司			证券简称	美罗药业
	法人代表	张成海	董秘	张宁	证券代码	600297
	公司网址	www.merro.com.cn		电子信箱	zn@merro.com.cn	
	电　话	0411-84820297		传　真	0411-84820297	
	办公地址	大连市甘井子区营升路 9 号				
	经营范围	生产、批发和零售各类化学原料药、化学制剂、医疗器械、植物药等				

指标\报告期	2011.06.30	2010.12.31	2010.06.30	2009.12.31
每股收益(元)	0.0121	0.0394	0.0006	0.0409
每股收益(扣除)(元)	-0.0136	-0.1041	0.0037	0.0364
每股净资产(元)	2.3235	2.2800	2.2253	2.2400
调整后每股净资产(元)	-	-	-	-
每股资本公积金(元)	0.7342	0.7025	0.7025	0.7025
每股盈余公积金(元)	0.0797	0.0797	0.0797	0.0797
每股未分配利润(元)	0.5096	0.4975	0.4431	0.4425
每股现金净流量(元)	0.1100	-0.5073	-0.4170	0.1789
每股经营现金净流量(元)	0.1257	0.1685	0.0747	0.3162
净资产收益率(扣除)(%)	-	1.7300	0.0280	1.8244
净资产收益率(%)	0.5220	1.7500	0.0300	1.8400
总资产(万)	190402.48	172048.32	191959.72	194908.76
股东权益(万)	81322.98	80482.65	79428.47	79137.06
主营业务收入(万)	41538.76	103087.39	62970.22	133272.82
主营成本(万)	35831.66	88926.57	55790.14	115741.98
营业收入(万)	41603.99	103382.79	63238.01	133693.16
营业成本(万)	35882.90	88999.87	55823.35	115866.00
投资收益(万)	-	5085.19	-15.25	-30.21
利润总额(万)	668.23	1739.63	223.86	1954.25
净利润(万)	424.48	1380.30	21.81	1430.52

安琪酵母股份有限公司

公司概况	公司名称	安琪酵母股份有限公司			证券简称	安琪酵母
	法人代表	俞学锋	董秘	周帮俊	证券代码	600298
	公司网址	www.angelyeast.com		电子信箱	zbj@angelyeast.com	
	电　话	0717-6369865 6371088		传　真	0717-6369865	
	办公地址	湖北省宜昌市城东大道 168 号				
	经营范围	酵母及深加工产品、保健食品、特殊营养食品、烘焙原料、食品添加剂等				

指标\报告期	2011.06.30	2010.12.31	2010.06.30	2009.12.31
每股收益(元)	0.5676	0.9773	0.4953	0.7745
每股收益(扣除)(元)	0.4794	0.8691	0.4699	0.7257
每股净资产(元)	5.1370	4.7280	4.2471	3.8340
调整后每股净资产(元)	-	-	-	-
每股资本公积金(元)	1.2377	1.2373	1.2319	0.9351
每股盈余公积金(元)	0.2723	0.2723	0.2674	0.3015
每股未分配利润(元)	2.6451	2.2275	1.7498	1.5973
每股现金净流量(元)	-0.1422	0.2171	0.1549	0.1656
每股经营现金净流量(元)	-0.1665	1.1398	0.2391	0.9164
净资产收益率(扣除)(%)	-	20.3000	-	20.7900
净资产收益率(%)	11.0500	19.6970	10.5610	20.2000
总资产(万)	328907.93	293369.32	273545.19	234072.83
股东权益(万)	157222.16	144689.08	129982.06	104053.91
主营业务收入(万)	122480.81	209526.38	98466.89	168131.02
主营成本(万)	83477.82	138887.24	62965.94	106227.07
营业收入(万)	122658.44	210098.23	98741.75	168633.61
营业成本(万)	83615.46	139182.73	63119.45	106626.75
投资收益(万)	-	-	-	-
利润总额(万)	21232.17	39278.86	20491.33	31040.24
净利润(万)	17372.31	28499.60	13727.32	21019.20

蓝星化工新材料股份有限公司

公司概况	公司名称	蓝星化工新材料股份有限公司			证券简称	ST 新 材
	法人代表	陆晓宝	董秘	冯新华	证券代码	600299
	公司网址	www.star-nm.com		电子信箱	xcl-008@star-nm.com	
	电　话	010-64411094		传　真	010-64429425	
	办公地址	北京市朝阳区北三环东路 19 号				
	经营范围	有机硅单体及相关产品的研制、生产、销售等				

指标\报告期	2011.06.30	2010.12.31	2010.06.30	2009.12.31
每股收益(元)	0.2500	0.1400	0.0520	-0.3600
每股收益(扣除)(元)	0.2400	0.0200	0.0300	-0.3800
每股净资产(元)	5.7440	5.3800	5.3820	5.2900
调整后每股净资产(元)	-	-	-	-
每股资本公积金(元)	3.4802	3.4802	3.4554	3.4521
每股盈余公积金(元)	0.2514	0.2514	0.2514	0.3519
每股未分配利润(元)	0.9297	0.6774	0.5851	0.4896
每股现金净流量(元)	0.5186	0.8343	1.0144	0.0081
每股经营现金净流量(元)	0.0198	0.0682	-0.6476	0.0137
净资产收益率(扣除)(%)	-	0.3500	-	-
净资产收益率(%)	4.3930	2.6300	0.9690	-6.7200
总资产(万)	1798863.63	1529580.57	1455090.60	1268966.11
股东权益(万)	300267.37	287043.90	281330.72	276696.78
主营业务收入(万)	538598.12	886066.09	421222.44	-
主营成本(万)	482249.84	803174.77	382752.70	-
营业收入(万)	589039.99	967648.56	459473.22	532168.60
营业成本(万)	521427.19	864334.64	413389.44	488954.92
投资收益(万)	-	-	-	-
利润总额(万)	18067.22	13069.65	4998.48	-16621.73
净利润(万)	13190.50	7549.20	2724.98	-18593.79

维维食品饮料股份有限公司

公司概况	公司名称	维维食品饮料股份有限公司			证券简称	维维股份
	法人代表	杨启典	董秘	孟召永	证券代码	600300
	公司网址	www.vvgroup.com		电子信箱	dingjl@vvgroup.com	
	电　话	0516-83290169 83398890		传　真	0516-83394888	
	办公地址	江苏省徐州市维维大道 300 号				
	经营范围	研究、开发、生产食品、饮料系列产品及相关产品，销售自产产品等				

指标\报告期	2011.06.30	2010.12.31	2010.06.30	2009.12.31
每股收益(元)	0.0600	0.0900	0.0500	0.1300
每股收益(扣除)(元)	0.0560	0.0300	0.0100	-0.0300
每股净资产(元)	1.4380	1.4400	1.3973	1.4400
调整后每股净资产(元)	-	-	-	-
每股资本公积金(元)	0.1054	0.1054	0.1075	0.1454
每股盈余公积金(元)	0.0901	0.0901	0.0724	0.0724
每股未分配利润(元)	0.2398	0.2393	0.2161	0.2169
每股现金净流量(元)	0.1186	-0.0894	-0.0043	-0.0526
每股经营现金净流量(元)	0.1608	0.0465	-0.0131	0.0003
净资产收益率(扣除)(%)	-	1.9200	-	-2.4000
净资产收益率(%)	4.2090	6.2620	3.5210	9.1730
总资产(万)	545865.09	530477.74	503007.43	484018.40
股东权益(万)	240477.83	240268.23	233633.41	240037.09
主营业务收入(万)	243022.69	459733.13	203981.05	265443.27
主营成本(万)	169472.29	315251.67	151101.74	188340.81
营业收入(万)	247528.50	476319.70	224861.68	283939.02
营业成本(万)	172554.77	329227.95	170029.87	204850.52
投资收益(万)	-	-	-	-
利润总额(万)	16720.65	25173.67	14464.33	36920.24
净利润(万)	10122.43	15044.80	8225.27	22018.37

南宁化工股份有限公司

公司概况	公司名称	南宁化工股份有限公司			证券简称	*ST 南化
	法人代表	陈载华	董秘	何捷	证券代码	600301
	公司网址	www.nnchem.com			电子信箱	nhzq@nnchem.com
	电　话	0771-4835135 4821093			传　真	0771-4835643 4821093
	办公地址	广西壮族自治区南宁市南建路26号				
	经营范围	氯碱化学工业及其系列产品、农药、消毒剂等无机和有机化工产品生产等				

主要财务指标	指标\报告期	2011.06.30	2010.12.31	2010.06.30	2009.12.31
	每股收益(元)	-0.2641	0.0498	-0.6428	-1.2643
	每股收益(扣除)(元)	-0.2689	-1.3791	-0.6497	-1.3334
	每股净资产(元)	1.7136	1.9745	1.2670	1.9000
	调整后每股净资产(元)	-	-	-	-
	每股资本公积金(元)	2.3608	2.3608	2.3608	2.3608
	每股盈余公积金(元)	0.2424	0.2424	0.2424	0.2424
	每股未分配利润(元)	-1.9678	-1.7037	-2.3963	-1.7535
	每股现金净流量(元)	-1.0335	-0.0778	-1.0714	-0.5551
	每股经营现金净流量(元)	0.1043	0.9392	-0.1340	-0.0639
	净资产收益率(扣除)(%)	-	-71.1600	-	-53.0400
	净资产收益率(%)	-15.4130	2.5210	-50.7160	-66.4980
	总资产(万)	220516.11	247407.53	225595.24	252567.82
	股东权益(万)	40294.59	46430.91	29801.91	44706.77
	主营业务收入(万)	65260.28	104880.80	65141.44	137960.41
	主营成本(万)	63651.74	112045.08	71663.58	147434.11
	营业收入(万)	68071.81	109180.35	67095.52	141893.75
	营业成本(万)	65800.05	116173.92	73443.54	150763.58
	投资收益(万)	-	-	-	-
	利润总额(万)	-7031.35	-2227.67	-15975.43	-32167.32
	净利润(万)	-6210.55	1170.67	-15114.40	-29729.03

西安标准工业股份有限公司

公司概况	公司名称	西安标准工业股份有限公司			证券简称	标准股份
	法人代表	李广晖	董秘	李萍	证券代码	600302
	公司网址	www.chinatypical.com			电子信箱	lp@chinatypical.com
	电　话	029-88279352			传　真	029-88263001
	办公地址	陕西省西安市太白南路335号				
	经营范围	主营"标准牌"工业缝纫机的研制、开发、生产和销售等				

主要财务指标	指标\报告期	2011.06.30	2010.12.31	2010.06.30	2009.12.31
	每股收益(元)	0.0358	0.0700	0.0397	0.0300
	每股收益(扣除)(元)	0.0350	0.0400	0.0154	-0.1500
	每股净资产(元)	3.6550	3.6170	3.5777	3.5422
	调整后每股净资产(元)	-	-	-	-
	每股资本公积金(元)	0.9953	0.9953	0.9867	0.9867
	每股盈余公积金(元)	0.6556	0.6556	0.6341	0.6341
	每股未分配利润(元)	1.0022	0.9664	0.9597	0.9201
	每股现金净流量(元)	-0.3152	-0.0800	-0.1399	0.3315
	每股经营现金净流量(元)	-0.2661	0.0225	-0.1291	-0.0156
	净资产收益率(扣除)(%)	-	1.2200	-	-4.2200
	净资产收益率(%)	0.9790	1.8780	1.1090	0.8560
	总资产(万)	160089.65	151946.38	147454.74	146945.01
	股东权益(万)	126465.56	125140.33	123790.52	122564.64
	主营业务收入(万)	56305.84	98289.29	49083.34	48228.64
	主营成本(万)	45955.96	81943.75	41464.49	41577.67
	营业收入(万)	57226.50	99708.73	49611.13	49533.77
	营业成本(万)	46495.06	82784.85	41800.78	42380.34
	投资收益(万)	-	-	-	-
	利润总额(万)	1643.75	3379.44	1730.60	1744.57
	净利润(万)	1237.84	2349.70	1372.42	1048.90

辽宁曙光汽车集团股份有限公司

公司概况	公司名称	辽宁曙光汽车集团股份有限公司			证券简称	曙光股份
	法人代表	李进巅	董秘	那涛	证券代码	600303
	公司网址	www.sgautomotive.com			电子信箱	dongban@sgautomotive.com
	电　话	0415-4146825			传　真	0415-4142821
	办公地址	辽宁省丹东市振安区曙光路50号				
	经营范围	制造、加工;汽车前后桥、汽车底盘、汽车零部件;汽车修理等				

主要财务指标	指标\报告期	2011.06.30	2010.12.31	2010.06.30	2009.12.31
	每股收益(元)	0.1900	1.0900	0.3900	0.7200
	每股收益(扣除)(元)	0.1900	1.0400	0.3800	0.5800
	每股净资产(元)	3.7700	7.2400	6.6300	6.3300
	调整后每股净资产(元)	-	-	-	-
	每股资本公积金(元)	1.1216	3.2431	2.4482	2.4605
	每股盈余公积金(元)	0.3429	0.6857	0.8349	0.8349
	每股未分配利润(元)	1.3143	2.3161	2.3494	2.0357
	每股现金净流量(元)	-0.2457	1.5291	-0.0476	1.5880
	每股经营现金净流量(元)	-0.3754	1.0307	0.5279	1.5215
	净资产收益率(扣除)(%)	-	15.1100	-	9.6400
	净资产收益率(%)	5.0680	11.6790	5.9410	11.4330
	总资产(万)	717230.55	665418.70	575153.99	513612.03
	股东权益(万)	216758.57	207886.31	147134.46	140474.01
	主营业务收入(万)	322247.33	602380.04	272800.08	395238.56
	主营成本(万)	274345.59	504862.37	231653.52	331177.84
	营业收入(万)	331893.41	610868.50	279656.97	405053.43
	营业成本(万)	280556.24	509956.63	236083.07	337233.88
	投资收益(万)	-	-	-	-
	利润总额(万)	15836.36	33099.21	12375.50	20694.89
	净利润(万)	10984.93	24278.73	8740.88	16060.35

江苏恒顺醋业股份有限公司

公司概况	公司名称	江苏恒顺醋业股份有限公司			证券简称	恒顺醋业
	法人代表	叶有伟	董秘	杨永忠	证券代码	600305
	公司网址	www.zjhengshun.com			电子信箱	yyz3399@163.com
	电　话	0511-85307602 85226003			传　真	0511-85307711
	办公地址	镇江市丹徒新城广园路66号				
	经营范围	食醋、酱油、酱菜、复合调味料、调味剂、副食品、粮油制品、饮料、色酒的生产、销售				

主要财务指标	指标\报告期	2011.06.30	2010.12.31	2010.06.30	2009.12.31
	每股收益(元)	0.1060	0.2504	0.1020	0.2457
	每股收益(扣除)(元)	0.0980	0.2554	0.1000	0.2176
	每股净资产(元)	3.3700	3.3400	3.2771	3.4900
	调整后每股净资产(元)	-	-	-	-
	每股资本公积金(元)	1.5531	1.5531	1.8817	1.8817
	每股盈余公积金(元)	0.2319	0.2319	0.2261	0.2261
	每股未分配利润(元)	0.5825	0.5512	0.1693	0.3796
	每股现金净流量(元)	0.5285	-0.9478	-0.6106	1.9197
	每股经营现金净流量(元)	-0.5489	1.2035	-1.0031	2.9080
	净资产收益率(扣除)(%)	-	7.1400	-	6.4300
	净资产收益率(%)	3.1560	7.5060	3.1240	7.0463
	总资产(万)	328296.01	301421.43	313169.42	299284.66
	股东权益(万)	42817.07	42419.49	41668.10	44341.65
	主营业务收入(万)	47181.61	113656.89	42744.62	116880.72
	主营成本(万)	32084.61	78430.30	30640.13	85374.70
	营业收入(万)	48008.54	114888.67	43053.12	117397.34
	营业成本(万)	32695.44	79201.40	30846.34	85739.92
	投资收益(万)	-	-	-	-
	利润总额(万)	1911.43	5526.29	1921.40	4668.72
	净利润(万)	1351.21	3184.15	1301.62	3124.45

沈阳商业城股份有限公司

公司概况	公司名称	沈阳商业城股份有限公司			证券简称	商业城
	法人代表	张殿华	董秘	张黎明	证券代码	600306
	公司网址	www.sysyc.cn		电子信箱	sycgf@e-syc.com.cn	
	电　话	024-24865832		传　真	024-24848007 24865832	
	办公地址	辽宁省沈阳市沈河区中街路 212 号				
	经营范围	日用百货、箱包皮具、食品、服装、鞋帽、针纺织品、文化钟表、金银珠宝等				

	指标＼报告期	2011.06.30	2010.12.31	2010.06.30	2009.12.31
主要财务指标	每股收益(元)	0.0040	0.0155	0.0060	0.0125
	每股收益(扣除)(元)	0.0006	-0.0212	0.0050	-0.5940
	每股净资产(元)	2.6530	2.6490	2.6500	2.6400
	调整后每股净资产(元)	-	-	-	-
	每股资本公积金(元)	1.0465	1.0465	1.0570	1.0570
	每股盈余公积金(元)	0.1053	0.1053	0.1053	0.1053
	每股未分配利润(元)	0.5015	0.4974	0.4882	0.4819
	每股现金净流量(元)	1.1702	0.6826	1.3067	0.6655
	每股经营现金净流量(元)	0.2276	1.1334	0.8232	-0.2716
	净资产收益率(扣除)(%)	-	-0.7980	-	-22.5170
	净资产收益率(%)	0.1550	0.5840	0.2380	0.4726
	总资产(万)	248779.32	209107.96	195404.00	182369.81
	股东权益(万)	47265.55	47192.37	47216.02	47103.59
	主营业务收入(万)	68699.06	130076.73	81249.96	154519.30
	主营成本(万)	57995.28	110178.41	68937.31	132524.42
	营业收入(万)	68873.52	130678.56	81648.70	155610.77
	营业成本(万)	57995.28	110178.41	68937.31	132524.42
	投资收益(万)	-	-	-	-
	利润总额(万)	696.31	1149.97	761.06	931.91
	净利润(万)	73.19	275.76	112.43	222.60

甘肃酒钢集团宏兴钢铁股份有限公司

公司概况	公司名称	甘肃酒钢集团宏兴钢铁股份有限公司			证券简称	酒钢宏兴
	法人代表	程子建	董秘	王军	证券代码	600307
	公司网址	www.jisco.cn/structure/hongxinggufen.htm		电子信箱	jgzqb@jiugang.com	
	电　话	0937-6715370		传　真	0937-6715507	
	办公地址	甘肃省嘉峪关市雄关东路 12 号				
	经营范围	钢、铁及其压延产品的生产和销售等				

	指标＼报告期	2011.06.30	2010.12.31	2010.06.30	2009.12.31
主要财务指标	每股收益(元)	0.2206	0.4592	0.1063	0.1569
	每股收益(扣除)(元)	0.2181	0.4562	0.1063	0.0986
	每股净资产(元)	2.7960	5.2400	5.0500	4.8300
	调整后每股净资产(元)	-	-	-	-
	每股资本公积金(元)	0.6833	2.3659	2.3616	2.3616
	每股盈余公积金(元)	0.2169	0.4338	0.3731	0.3731
	每股未分配利润(元)	0.8557	1.3702	1.2834	1.0842
	每股现金净流量(元)	0.4287	1.0594	0.3134	-0.3398
	每股经营现金净流量(元)	0.3125	0.4265	0.2463	0.7127
	净资产收益率(扣除)(%)	7.8880	8.7690	4.3000	3.2470
	净资产收益率(%)	8.1100	9.0700	4.3000	3.0500
	总资产(万)	3759911.49	3046573.37	2577953.25	2608558.37
	股东权益(万)	1199375.09	1123733.76	1061304.73	1000761.55
	主营业务收入(万)	2594179.58	3745240.66	1871415.63	3446280.85
	主营成本(万)	-	-	1667204.47	-
	营业收入(万)	2795989.93	3952450.74	1974651.01	3594844.05
	营业成本(万)	2487966.26	3518903.40	1766981.87	3249571.33
	投资收益(万)	-	-206.91	-	-
	利润总额(万)	123155.98	120002.14	56194.80	41958.55
	净利润(万)	90246.57	93943.48	43505.77	32090.95

山东华泰纸业股份有限公司

公司概况	公司名称	山东华泰纸业股份有限公司			证券简称	华泰股份
	法人代表	李建华	董秘	许华村	证券代码	600308
	公司网址	www.huataipaper.com		电子信箱	xuhuacun@sina.com	
	电　话	0546-7798799		传　真	0546-6888018	
	办公地址	山东省东营市广饶县大王镇				
	经营范围	造纸、纸制品、纸料加工的生产和销售等				

	指标＼报告期	2011.06.30	2010.12.31	2010.06.30	2009.12.31
主要财务指标	每股收益(元)	0.1130	0.1430	0.0320	1.9100
	每股收益(扣除)(元)	0.0870	0.0280	-0.0080	0.3400
	每股净资产(元)	9.4700	9.3500	9.2400	9.3000
	调整后每股净资产(元)	-	-	-	-
	每股资本公积金(元)	4.0289	4.0289	4.0288	4.0288
	每股盈余公积金(元)	0.6684	0.6684	0.6619	0.6619
	每股未分配利润(元)	3.7358	3.6232	3.5187	3.5871
	每股现金净流量(元)	1.2160	-0.0150	-0.3725	0.7344
	每股经营现金净流量(元)	0.9259	0.4864	0.1327	1.5367
	净资产收益率(扣除)(%)	-	0.3000	-	4.2500
	净资产收益率(%)	1.1890	1.5240	0.3420	18.1482
	总资产(万)	1793950.01	1533576.94	1371404.51	1287037.87
	股东权益(万)	614379.54	606536.33	599100.65	603282.53
	主营业务收入(万)	443828.55	687185.96	324975.19	553032.20
	主营成本(万)	393046.65	617750.89	287020.10	477955.33
	营业收入(万)	460823.29	711786.65	338159.41	582755.53
	营业成本(万)	402979.92	629379.15	298634.69	496640.27
	投资收益(万)	-	-	-	-
	利润总额(万)	9011.42	12423.30	3936.83	108689.18
	净利润(万)	7303.72	9245.68	2047.70	109485.18

烟台万华聚氨酯股份有限公司

公司概况	公司名称	烟台万华聚氨酯股份有限公司			证券简称	烟台万华
	法人代表	丁建生	董秘	寇光武	证券代码	600309
	公司网址	www.ytpu.com		电子信箱	gwkou@ytpu.com	
	电　话	0535-6698537		传　真	0535-6837894	
	办公地址	山东省烟台市幸福南路 7 号				
	经营范围	聚氨酯及助剂、异氰酸酯(MDI)及衍生产品开发、生产和销售等				

	指标＼报告期	2011.06.30	2010.12.31	2010.06.30	2009.12.31
主要财务指标	每股收益(元)	0.4600	0.9200	0.2800	0.6400
	每股收益(扣除)(元)	0.4500	0.6800	0.2500	0.4900
	每股净资产(元)	2.9900	3.7000	3.1100	3.0400
	调整后每股净资产(元)	-	-	-	-
	每股资本公积金(元)	0.0379	0.0654	0.0366	0.0288
	每股盈余公积金(元)	0.5319	0.6915	0.5794	0.5794
	每股未分配利润(元)	1.4125	1.9361	1.4925	1.4283
	每股现金净流量(元)	0.1115	0.3300	0.1456	-0.5562
	每股经营现金净流量(元)	0.4382	0.2485	0.1350	0.8744
	净资产收益率(扣除)(%)	-	20.5300	-	17.3100
	净资产收益率(%)	15.4610	24.8960	11.7040	21.1110
	总资产(万)	1523752.11	1294292.21	1034493.34	966117.86
	股东权益(万)	645660.27	614648.16	517537.36	505123.67
	主营业务收入(万)	686545.73	940112.80	437230.16	647109.38
	主营成本(万)	462621.46	702725.08	323587.28	458750.39
	营业收入(万)	687844.56	942977.69	438033.39	649291.97
	营业成本(万)	463794.03	704150.99	324305.12	460676.59
	投资收益(万)	-	-	-	-
	利润总额(万)	152533.65	193766.59	79973.88	145000.41
	净利润(万)	99826.09	153020.83	60571.04	106637.86

广西桂东电力股份有限公司

公司概况					
公司名称	广西桂东电力股份有限公司			证券简称	桂东电力
法人代表	秦春楠	董秘	陆培军	证券代码	600310
公司网址	www.gdep.com.cn		电子信箱	lupeijun@gdep.com.cn	
电　话	0774-5297796 5283977		传　真	0774-5285255	
办公地址	广西壮族自治区贺州市平安西路12号				
经营范围	发电、供电、电力投资开发、交通建设及基础设施开发等业务				

主要财务指标 指标\报告期	2011.06.30	2010.12.31	2010.06.30	2009.12.31
每股收益(元)	0.3533	0.9594	0.4780	0.3543
每股收益(扣除)(元)	0.3536	0.9036	0.4810	0.2866
每股净资产(元)	4.2433	6.3364	5.8260	4.1407
调整后每股净资产(元)	–	–	–	–
每股资本公积金(元)	1.9904	3.4870	3.5658	2.0269
每股盈余公积金(元)	0.2257	0.3386	0.2660	0.3251
每股未分配利润(元)	1.0272	1.5108	0.9942	0.7887
每股现金净流量(元)	0.8117	0.9576	3.0670	0.1804
每股经营现金净流量(元)	1.0110	2.0514	1.4982	0.9050
净资产收益率(扣除)(%)	–	16.6600	–	6.5200
净资产收益率(%)	8.3270	14.2080	6.5250	8.5600
总资产(万)	411257.80	361418.08	344417.08	320936.85
股东权益(万)	117084.48	116557.54	107169.16	64905.80
主营业务收入(万)	100176.33	199003.21	82536.07	155503.30
主营成本(万)	74305.72	152249.25	60451.69	125621.75
营业收入(万)	100385.83	199642.09	82766.65	156028.70
营业成本(万)	74383.42	152395.05	60540.56	125780.40
投资收益(万)	–	–	–	–
利润总额(万)	12752.28	22345.68	10470.41	8023.37
净利润(万)	9749.63	16560.48	7709.32	5553.07

甘肃荣华实业(集团)股份有限公司

公司概况					
公司名称	甘肃荣华实业(集团)股份有限公司			证券简称	荣华实业
法人代表	刘永	董秘	辛永清	证券代码	600311
公司网址	www.ronghua.cc		电子信箱	rhxyongqin@163.com	
电　话	0935-6151222		传　真	0935-6151333	
办公地址	甘肃省武威市东关街荣华路1号				
经营范围	谷氨酸、淀粉及其副产品、饲料、包装材料、塑料制品的生产、批发零售等				

主要财务指标 指标\报告期	2011.06.30	2010.12.31	2010.06.30	2009.12.31
每股收益(元)	0.0260	0.0088	0.0018	–0.1743
每股收益(扣除)(元)	0.0260	0.0079	0.0015	–0.1832
每股净资产(元)	1.3600	1.3300	1.3200	1.3200
调整后每股净资产(元)	–	–	–	–
每股资本公积金(元)	0.3297	0.3297	0.3297	0.3297
每股盈余公积金(元)	0.0787	0.0787	0.0787	0.0787
每股未分配利润(元)	–0.0602	–0.0866	–0.0936	–0.0954
每股现金净流量(元)	–0.0052	–0.0015	–0.0017	0.0017
每股经营现金净流量(元)	0.0061	0.1688	0.1101	–0.0040
净资产收益率(扣除)(%)	–	0.6000	–	–13.0700
净资产收益率(%)	1.9460	0.6590	0.1360	–13.2480
总资产(万)	98644.38	139890.35	141155.17	145160.56
股东权益(万)	90313.11	88641.22	87959.53	87595.71
主营业务收入(万)	14280.64	33876.72	17598.50	17603.64
主营成本(万)	8623.81	20680.75	9549.80	17984.09
营业收入(万)	14280.64	33876.72	17598.50	17651.81
营业成本(万)	8623.81	20680.75	9549.80	18039.26
投资收益(万)	–	–	–	–
利润总额(万)	2417.66	2851.37	1465.07	–12024.70
净利润(万)	1757.08	583.86	119.38	–11604.50

河南平高电气股份有限公司

公司概况					
公司名称	河南平高电气股份有限公司			证券简称	平高电气
法人代表	魏光林	董秘	程占彪	证券代码	600312
公司网址	www.pinggao.com		电子信箱	chengzb@pinggao.com	
电　话	0375-3804022 3804064		传　真	0375-3804464	
办公地址	河南省平顶山市南环东路22号				
经营范围	制造、销售高压开关设备、控制设备及其配件;技术服务、咨询服务等				

主要财务指标 指标\报告期	2011.06.30	2010.12.31	2010.06.30	2009.12.31
每股收益(元)	–0.0938	0.0066	0.0011	0.1190
每股收益(扣除)(元)	–0.0984	–0.0163	–0.0240	0.1471
每股净资产(元)	3.2250	3.3187	3.3200	2.4894
调整后每股净资产(元)	–	–	–	–
每股资本公积金(元)	1.6337	1.6337	1.6395	0.5985
每股盈余公积金(元)	0.1647	0.1647	0.1643	0.1939
每股未分配利润(元)	0.4265	0.5203	0.5167	0.6970
每股现金净流量(元)	0.1525	–0.6536	–0.5496	0.0310
每股经营现金净流量(元)	0.0629	–0.4426	–0.2171	–0.2793
净资产收益率(扣除)(%)	–	–0.4900	–	–
净资产收益率(%)	–2.9070	0.1980	0.0340	6.3945
总资产(万)	535094.95	467874.61	481188.84	420161.37
股东权益(万)	264113.47	271791.41	271935.83	152720.26
主营业务收入(万)	100021.61	198573.47	63627.85	–
主营成本(万)	88481.98	157326.49	51685.91	–
营业收入(万)	102051.76	207553.41	68282.66	150093.65
营业成本(万)	89419.97	161965.24	53045.72	120282.61
投资收益(万)	–	–	–	–
利润总额(万)	–7786.36	451.16	–71.47	9967.68
净利润(万)	–7677.94	360.40	91.93	9765.70

上海家化联合股份有限公司

公司概况					
公司名称	上海家化联合股份有限公司			证券简称	上海家化
法人代表	葛文耀	董秘	冯珺	证券代码	600315
公司网址	www.jahwa.com.cn		电子信箱	fengjun@jahwa.com.cn	
电　话	021-25016000 25016051		传　真	021-65129748	
办公地址	上海市保定路527号				
经营范围	开发和生产化妆品,化妆用品及饰品,日用化学制品原辅材料等				

主要财务指标 指标\报告期	2011.06.30	2010.12.31	2010.06.30	2009.12.31
每股收益(元)	0.4900	0.6500	0.3800	0.5500
每股收益(扣除)(元)	0.4900	0.6300	0.3700	0.5300
每股净资产(元)	3.7863	3.5400	3.2500	3.1200
调整后每股净资产(元)	–	–	–	–
每股资本公积金(元)	0.8855	0.8769	0.8582	1.0908
每股盈余公积金(元)	0.2814	0.2814	0.2061	0.2678
每股未分配利润(元)	1.6238	1.3839	1.1846	1.6995
每股现金净流量(元)	0.0661	0.1602	–0.0515	0.6807
每股经营现金净流量(元)	0.5583	0.7769	0.4591	1.3880
净资产收益率(扣除)(%)	–	19.2800	–	18.8000
净资产收益率(%)	12.9380	18.4160	11.6140	17.6770
总资产(万)	253926.05	212234.43	214824.00	186365.19
股东权益(万)	160165.02	149670.42	137296.56	131973.77
主营业务收入(万)	168133.01	279007.45	139567.66	251845.66
主营成本(万)	66297.03	110109.09	57213.92	105894.73
营业收入(万)	192216.17	309395.66	157716.37	269711.53
营业成本(万)	88727.59	139871.71	74768.30	121478.94
投资收益(万)	–	–	–	–
利润总额(万)	26823.24	30232.48	17561.82	29453.11
净利润(万)	20721.49	27563.07	15945.22	23328.57

江西洪都航空工业股份有限公司

公司概况	公司名称	江西洪都航空工业股份有限公司			证券简称	洪都航空
	法人代表	宋承志	董秘	邓峰	证券代码	600316
	公司网址	www.hongdu-aviation.com		电子信箱	hdaajx@public.nc.jx.cn	
	电　话	0791-8467456 8467843		传　真	0791-8467843	
	办公地址	江西省南昌市新溪桥				
	经营范围	基础教练机、通用飞机、其他航空产品及零件部件的设计、研制、生产、销售等				

	指标\报告期	2011.06.30	2010.12.31	2010.06.30	2009.12.31
主要财务指标	每股收益(元)	0.0187	0.2281	0.1495	0.3482
	每股收益(扣除)(元)	0.0188	0.0985	0.0439	0.2342
	每股净资产(元)	6.3480	6.5800	9.9650	5.6400
	调整后每股净资产(元)	–	–	–	–
	每股资本公积金(元)	4.7014	4.7481	7.8180	3.3368
	每股盈余公积金(元)	0.1813	0.1813	0.3469	0.3298
	每股未分配利润(元)	0.4657	0.6470	0.8740	0.9776
	每股现金净流量(元)	–0.6330	2.1200	5.7284	0.9811
	每股经营现金净流量(元)	–0.6030	0.1240	–0.7870	1.1963
	净资产收益率(扣除)(%)	–	3.1000	1.1810	9.8710
	净资产收益率(%)	0.2950	4.3500	2.6381	10.5900
	总资产(万)	584742.22	632047.06	562148.42	347481.21
	股东权益(万)	455259.34	471920.49	446889.59	199467.57
	主营业务收入(万)	52182.82	119491.81	31734.88	125289.51
	主营成本(万)	42785.85	96845.85	24366.42	99755.08
	营业收入(万)	56605.79	171562.97	41543.82	158157.34
	营业成本(万)	46906.96	146352.07	33806.67	130149.90
	投资收益(万)	–	9348.02	4879.78	7653.77
	利润总额(万)	1511.74	16753.87	6311.43	22658.66
	净利润(万)	1344.03	14618.57	5273.68	19656.21

营口港务股份有限公司

公司概况	公司名称	营口港务股份有限公司			证券简称	营口港
	法人代表	高宝玉	董秘	周志旭	证券代码	600317
	公司网址	www.ykplc.com		电子信箱	lili_ykp@ykport.com.cn	
	电　话	0417-6268506		传　真	0417-6268506	
	办公地址	辽宁省营口市鲅鱼圈区营港路 1 号				
	经营范围	港口装卸、堆存、运输服务;兼营钢结构工程等				

	指标\报告期	2011.06.30	2010.12.31	2010.06.30	2009.12.31
主要财务指标	每股收益(元)	0.1200	0.1965	0.1200	0.1750
	每股收益(扣除)(元)	0.1200	0.1973	0.1200	0.1750
	每股净资产(元)	3.9600	3.1900	3.0211	3.0000
	调整后每股净资产(元)	–	–	–	–
	每股资本公积金(元)	2.1445	1.4992	1.4014	1.4005
	每股盈余公积金(元)	0.1579	0.1579	0.1398	0.1398
	每股未分配利润(元)	0.6574	0.5369	0.4799	0.4585
	每股现金净流量(元)	–0.1195	0.4296	–0.0409	–
	每股经营现金净流量(元)	0.1946	0.6982	0.2873	–
	净资产收益率(扣除)(%)	–	6.5104	–	6.0100
	净资产收益率(%)	3.0440	6.1520	4.0190	5.8370
	总资产(万)	1165722.50	1019949.85	924765.16	905611.89
	股东权益(万)	434616.30	350563.89	331587.83	329138.49
	主营业务收入(万)	130457.34	221388.94	103185.22	170616.01
	主营成本(万)	83759.81	136817.10	59949.00	109242.88
	营业收入(万)	137296.21	234317.74	108768.91	187581.81
	营业成本(万)	89907.67	155417.08	65937.65	123106.74
	投资收益(万)	–	–	–	–
	利润总额(万)	19345.30	27478.26	18036.04	23672.11
	净利润(万)	13228.78	21568.21	13334.58	19212.08

安徽巢东水泥股份有限公司

公司概况	公司名称	安徽巢东水泥股份有限公司			证券简称	巢东股份
	法人代表	黄炳均	董秘	谢旻	证券代码	600318
	公司网址	www.cdgfgs.com		电子信箱	cddms@vip.sina.com	
	电　话	0565-2389232 8610077		传　真	0565-2391918	
	办公地址	安徽省巢湖市居巢区银屏镇海昌大道				
	经营范围	水泥及相关产品、轻钢结构、新型建材产品的生产与销售等				

	指标\报告期	2011.06.30	2010.12.31	2010.06.30	2009.12.31
主要财务指标	每股收益(元)	0.7000	0.2700	–0.0600	0.0200
	每股收益(扣除)(元)	0.6800	0.1000	–0.0700	–0.1300
	每股净资产(元)	2.8790	2.1800	1.8400	1.7800
	调整后每股净资产(元)	–	–	–	–
	每股资本公积金(元)	1.4621	1.4621	1.4497	1.4497
	每股盈余公积金(元)	0.0866	0.0866	0.0866	0.0866
	每股未分配利润(元)	0.3201	–0.3764	–0.7036	–0.7708
	每股现金净流量(元)	0.0493	–0.4944	–0.2316	0.3926
	每股经营现金净流量(元)	0.9344	0.0567	–0.3692	0.0920
	净资产收益率(扣除)(%)	–	4.9300	–	–7.2400
	净资产收益率(%)	24.1980	12.3180	–3.1700	1.2250
	总资产(万)	181610.73	170138.48	163837.96	146988.59
	股东权益(万)	69660.47	52804.36	44586.51	42961.12
	主营业务收入(万)	68100.60	78408.35	28770.99	55874.46
	主营成本(万)	37876.09	53364.22	23630.97	47492.78
	营业收入(万)	68133.47	81188.89	30201.70	60298.54
	营业成本(万)	37888.77	56086.55	25043.50	51865.27
	投资收益(万)	–	–	–	–
	利润总额(万)	22828.87	6858.15	–1392.78	468.56
	净利润(万)	16856.11	6504.45	–1413.39	526.11

潍坊亚星化学股份有限公司

公司概况	公司名称	潍坊亚星化学股份有限公司			证券简称	亚星化学
	法人代表	曹希波	董秘	范铭华	证券代码	600319
	公司网址	www.chinayaxing.com		电子信箱	fmh683@163.com	
	电　话	0536-8591189 8591009		传　真	0536-8663853 8666877	
	办公地址	山东省潍坊市奎文区鸢飞路 899 号				
	经营范围	生产经营烧碱、聚氯乙烯、氯化聚乙烯、液氯、水合肼、adc 发泡剂等				

	指标\报告期	2011.06.30	2010.12.31	2010.06.30	2009.12.31
主要财务指标	每股收益(元)	0.0144	0.0200	–0.1420	–0.4500
	每股收益(扣除)(元)	–0.0036	–0.2700	–0.1670	–0.4800
	每股净资产(元)	2.9490	2.9390	2.9100	3.2100
	调整后每股净资产(元)	–	–	–	–
	每股资本公积金(元)	2.2791	2.2791	2.1611	2.5794
	每股盈余公积金(元)	0.1578	0.1578	0.1578	0.1578
	每股未分配利润(元)	–0.4981	–0.5125	–0.4093	–0.5354
	每股现金净流量(元)	0.1225	–0.1879	0.2729	0.5790
	每股经营现金净流量(元)	0.4965	0.8638	0.1078	0.8453
	净资产收益率(扣除)(%)	–	–8.0300	–	–13.0000
	净资产收益率(%)	0.4890	0.7770	–3.9500	–14.0385
	总资产(万)	349528.72	351096.18	349769.22	413427.97
	股东权益(万)	93065.43	92753.00	91828.78	101441.78
	主营业务收入(万)	115631.28	181164.63	87125.20	159912.24
	主营成本(万)	102633.82	176654.31	82057.61	156373.48
	营业收入(万)	118735.77	209784.41	107038.62	172162.63
	营业成本(万)	105058.09	204137.80	101793.93	168129.44
	投资收益(万)	–	–	–	–
	利润总额(万)	1849.12	2838.94	–5189.65	–11558.62
	净利润(万)	455.09	721.01	–4486.05	–14240.86

上海振华重工(集团)股份有限公司

公司概况					
公司名称	上海振华重工(集团)股份有限公司			证券简称	振华重工
法人代表	周纪昌	董秘	王珏	证券代码	600320
公司网址	www.zpmc.com		电子信箱	zpmc@public.sta.net.cn	
电　话	021-50390727		传　真	021-58397000	
办公地址	上海市浦东南路3470号				
经营范围	设计、建造、安装和承包大型港口装卸系统和设备、海上重型装备等				

主要财务指标				
指标\报告期	2011.06.30	2010.12.31	2010.06.30	2009.12.31
每股收益(元)	–0.0500	–0.1600	–0.0400	0.1900
每股收益(扣除)(元)	–0.0600	–0.1700	–0.0500	0.1600
每股净资产(元)	3.4200	3.4800	3.5600	3.6000
调整后每股净资产(元)	–	–	–	–
每股资本公积金(元)	1.2850	1.2929	1.2585	1.2585
每股盈余公积金(元)	0.3435	0.3435	0.3435	0.3435
每股未分配利润(元)	0.7943	0.8413	0.9570	0.9996
每股现金净流量(元)	–0.1110	–0.1492	–0.1236	–0.4083
每股经营现金净流量(元)	0.1283	1.1794	0.5810	0.1253
净资产收益率(扣除)(%)	–	–4.7600	–	4.6300
净资产收益率(%)	–1.3730	–4.5510	–1.1960	5.3110
总资产(万)	4523170.77	4528712.63	4799644.49	5106642.59
股东权益(万)	1502710.32	1526804.61	1562535.56	1581224.53
主营业务收入(万)	856898.54	1670914.60	896255.19	2662037.17
主营成本(万)	835042.18	1622816.99	863479.61	2367838.91
营业收入(万)	880091.55	1711617.74	898467.81	2756411.56
营业成本(万)	850516.65	1659896.13	864417.09	2458292.00
投资收益(万)	–	–	–	–
利润总额(万)	–23897.87	–84760.89	–23538.36	76435.18
净利润(万)	–20626.36	–69483.80	–18688.97	83985.33

四川国栋建设股份有限公司

公司概况					
公司名称	四川国栋建设股份有限公司			证券简称	国栋建设
法人代表	王春鸣	董秘	曾莉	证券代码	600321
公司网址	www.guodong.cn		电子信箱	executive@guodong.cn	
电　话	028-86119148 85804228		传　真	028-86154162	
办公地址	四川省成都市金盾路52号国栋中央商务大厦28楼				
经营范围	生产销售溅射镀膜玻璃,中空玻璃,钢化及夹胶玻璃等				

主要财务指标				
指标\报告期	2011.06.30	2010.12.31	2010.06.30	2009.12.31
每股收益(元)	0.0215	0.0870	0.0381	0.0890
每股收益(扣除)(元)	–0.0140	0.0610	0.0370	0.0790
每股净资产(元)	3.4900	2.7800	2.6000	2.6000
调整后每股净资产(元)	–	–	–	–
每股资本公积金(元)	2.1795	1.3327	3.3936	3.3936
每股盈余公积金(元)	0.1492	0.1934	0.3678	0.3678
每股未分配利润(元)	0.1606	0.2503	0.4439	0.4451
每股现金净流量(元)	0.6685	–0.0269	0.5547	0.0574
每股经营现金净流量(元)	0.0036	0.3218	0.3370	1.0632
净资产收益率(扣除)(%)	–	2.3000	–	3.0500
净资产收益率(%)	0.6160	3.1100	1.8800	3.4100
总资产(万)	316078.95	259919.74	259571.82	244755.53
股东权益(万)	206019.03	126469.48	118556.57	118582.64
主营业务收入(万)	16164.65	49772.66	25999.13	58846.94
主营成本(万)	14394.04	42274.02	21768.61	50894.41
营业收入(万)	16640.93	50603.11	26468.81	59405.20
营业成本(万)	14576.61	42519.89	22116.66	51091.90
投资收益(万)	–	–	–	–
利润总额(万)	1265.83	3813.21	2246.13	4222.55
净利润(万)	1268.58	3975.36	2251.53	4039.25

天津市房地产发展(集团)股份有限公司

公司概况					
公司名称	天津市房地产发展(集团)股份有限公司			证券简称	天房发展
法人代表	张建台	董秘	杨新喆	证券代码	600322
公司网址	www.tffzgroup.cn		电子信箱	tffz@sina.com	
电　话	022-23317185		传　真	022-23317185	
办公地址	天津市和平区常德道80号				
经营范围	房地产的开发经营、销售与出租等				

主要财务指标				
指标\报告期	2011.06.30	2010.12.31	2010.06.30	2009.12.31
每股收益(元)	0.1200	0.2000	0.0900	0.1400
每股收益(扣除)(元)	0.1200	0.1500	0.0400	0.0600
每股净资产(元)	3.6950	3.6260	3.5120	3.4600
调整后每股净资产(元)	–	–	–	–
每股资本公积金(元)	1.9945	1.9945	1.9945	1.9944
每股盈余公积金(元)	0.2227	0.2227	0.2139	0.2139
每股未分配利润(元)	0.4773	0.4085	0.3034	0.2528
每股现金净流量(元)	–0.3600	0.1845	0.4371	0.0569
每股经营现金净流量(元)	–0.1263	0.9029	0.4824	0.5209
净资产收益率(扣除)(%)	–	4.2000	–	1.7100
净资产收益率(%)	3.2150	5.6420	2.5800	4.0870
总资产(万)	1241422.69	1268278.44	1187780.53	1020861.02
股东权益(万)	408500.96	400896.15	388297.53	382696.71
主营业务收入(万)	147391.63	184949.80	58397.14	108801.60
主营成本(万)	96458.58	117737.15	37552.46	72407.66
营业收入(万)	151109.69	198622.62	63393.16	116903.05
营业成本(万)	99016.64	128671.31	41271.99	78030.23
投资收益(万)	–	–	–	–
利润总额(万)	27176.46	38852.54	13310.70	22450.05
净利润(万)	13133.31	22618.49	10015.99	15641.62

南海发展股份有限公司

公司概况					
公司名称	南海发展股份有限公司			证券简称	南海发展
法人代表	何向明	董秘	黄春然	证券代码	600323
公司网址	www.nhd.net.cn		电子信箱	600323@nhd.net.cn	
电　话	0757-86280996		传　真	0757-86328565	
办公地址	广东省佛山市南海区桂城南海大道建行大厦				
经营范围	来水的生产及供应;供水工程的设计、安装及技术咨询等				

主要财务指标				
指标\报告期	2011.06.30	2010.12.31	2010.06.30	2009.12.31
每股收益(元)	0.2900	2.0600	0.1800	0.3800
每股收益(扣除)(元)	0.2800	0.4400	0.1800	0.3500
每股净资产(元)	5.7100	5.6300	3.7500	3.7200
调整后每股净资产(元)	–	–	–	–
每股资本公积金(元)	1.1777	1.1777	1.1777	1.1777
每股盈余公积金(元)	0.9782	0.9782	0.6794	0.6794
每股未分配利润(元)	2.5560	2.4716	0.8927	0.8615
每股现金净流量(元)	–0.7650	1.0382	1.7871	–0.1036
每股经营现金净流量(元)	–0.0782	0.8297	0.3024	0.8001
净资产收益率(扣除)(%)	–	9.4300	–	9.7100
净资产收益率(%)	5.0600	36.5900	4.8330	10.2753
总资产(万)	340745.01	319164.33	295976.19	213031.08
股东权益(万)	154831.09	152542.98	101645.18	100798.36
主营业务收入(万)	28936.47	56252.92	24617.42	44832.92
主营成本(万)	16968.06	33319.20	14856.94	26874.97
营业收入(万)	31007.11	59530.86	25734.46	46522.47
营业成本(万)	18208.22	35409.53	15511.09	27797.71
投资收益(万)	–	–	–	–
利润总额(万)	9309.78	74470.66	6727.50	12929.68
净利润(万)	7833.68	55815.29	4912.85	10357.34

珠海华发实业股份有限公司

公司概况	公司名称	珠海华发实业股份有限公司			证券简称	华发股份
	法人代表	袁小波	董秘	侯贵明	证券代码	600325
	公司网址	www.cnhuafas.com		电子信箱	zqb@cnhuafas.com	
	电　　话	0756-8282111		传　　真	0756-8281000	
	办公地址	广东省珠海市昌盛路 155 号				
	经营范围	房地产经营、物业管理;批发零售、代购代销等				

	指标\报告期	2011.06.30	2010.12.31	2010.06.30	2009.12.31
主要财务指标	每股收益(元)	0.3550	0.9200	0.3340	0.8300
	每股收益(扣除)(元)	0.3510	0.9200	0.3400	0.8200
	每股净资产(元)	7.0500	7.0500	6.4670	6.2300
	调整后每股净资产(元)	–	–	–	–
	每股资本公积金(元)	2.9267	3.1871	3.1877	3.1904
	每股盈余公积金(元)	0.2501	0.2501	0.2488	0.2488
	每股未分配利润(元)	2.8699	2.6145	2.0300	1.7957
	每股现金净流量(元)	–0.5642	1.7054	1.2257	1.2918
	每股经营现金净流量(元)	0.7455	3.8265	3.2753	2.2219
	净资产收益率(扣除)(%)	–	13.8800	–	14.1000
	净资产收益率(%)	5.0430	13.0490	5.1710	13.3430
	总资产(万)	2137228.76	2032627.70	2028110.86	1746443.06
	股东权益(万)	575751.57	576158.07	528347.66	509419.08
	主营业务收入(万)	246494.01	557715.41	204683.33	391582.16
	主营成本(万)	158911.02	384494.29	146270.97	241084.86
	营业收入(万)	316146.57	587511.30	227163.57	400652.96
	营业成本(万)	215900.01	392507.89	150129.19	247014.22
	投资收益(万)	–	–	–	–
	利润总额(万)	42326.95	101178.26	38497.56	86524.90
	净利润(万)	29036.81	75180.59	27319.25	67973.99

西藏天路股份有限公司

公司概况	公司名称	西藏天路股份有限公司			证券简称	西藏天路
	法人代表	多吉罗布	董秘	王启云	证券代码	600326
	公司网址	www.xztianlu.com		电子信箱	xztlgf@263.net	
	电　　话	0891-6902700		传　　真	0891-6903003	
	办公地址	西藏自治区拉萨市夺底路 14 号				
	经营范围	公路工程施工的基础设施建设等				

	指标\报告期	2011.06.30	2010.12.31	2010.06.30	2009.12.31
主要财务指标	每股收益(元)	0.0586	0.1400	0.0376	0.1700
	每股收益(扣除)(元)	0.0570	0.1100	0.0354	0.1600
	每股净资产(元)	1.9954	1.9368	1.8585	2.1851
	调整后每股净资产(元)	–	–	–	–
	每股资本公积金(元)	0.3612	0.3612	0.3817	0.6581
	每股盈余公积金(元)	0.1071	0.1071	0.0939	0.1127
	每股未分配利润(元)	0.5271	0.4685	0.3828	0.4143
	每股现金净流量(元)	–0.2358	0.1133	–0.0916	0.0525
	每股经营现金净流量(元)	–0.0438	0.2579	–0.0166	0.3169
	净资产收益率(扣除)(%)	–	6.0900	–	7.7100
	净资产收益率(%)	2.9370	7.0410	2.0210	7.7920
	总资产(万)	206804.58	215055.83	203997.58	205030.37
	股东权益(万)	109187.21	105980.51	101695.61	99640.62
	主营业务收入(万)	49852.14	112331.07	37883.29	103708.61
	主营成本(万)	39788.72	90388.97	30272.78	80732.44
	营业收入(万)	50055.18	113087.35	38066.30	104076.52
	营业成本(万)	39828.69	90805.41	30293.98	80774.84
	投资收益(万)	–	–	–	–
	利润总额(万)	5228.86	12137.89	3451.11	12048.12
	净利润(万)	3206.69	7462.18	2054.99	7764.28

无锡商业大厦大东方股份有限公司

公司概况	公司名称	无锡商业大厦大东方股份有限公司			证券简称	大东方
	法人代表	潘霄燕	董秘	陈辉	证券代码	600327
	公司网址	www.eastall.com		电子信箱	cmc@eastall.com	
	电　　话	0510-82702093		传　　真	0510-82700159	
	办公地址	江苏省无锡市中山路 343 号				
	经营范围	国内一般商业百货零售				

	指标\报告期	2011.06.30	2010.12.31	2010.06.30	2009.12.31
主要财务指标	每股收益(元)	0.2540	0.4300	0.2320	0.5740
	每股收益(扣除)(元)	0.2440	0.4250	0.2330	0.5760
	每股净资产(元)	2.0800	2.1100	1.9200	2.7600
	调整后每股净资产(元)	–	–	–	–
	每股资本公积金(元)	0.1006	0.2806	0.2890	0.4621
	每股盈余公积金(元)	0.2243	0.2243	0.1954	0.3127
	每股未分配利润(元)	0.7546	0.6007	0.4319	0.9893
	每股现金净流量(元)	–0.5038	0.1899	–0.2956	0.5750
	每股经营现金净流量(元)	–0.0460	0.8513	0.1637	–
	净资产收益率(扣除)(%)	–	22.1200	–	22.6900
	净资产收益率(%)	12.2120	20.4210	12.1250	20.7775
	总资产(万)	329660.28	315586.07	281956.98	258687.99
	股东权益(万)	108491.24	109847.24	99976.37	90127.54
	主营业务收入(万)	339075.77	625102.37	298265.00	548540.98
	主营成本(万)	291548.29	546493.80	257540.11	482088.57
	营业收入(万)	343669.92	634493.88	302879.36	555919.77
	营业成本(万)	292879.93	549040.92	258874.43	484669.19
	投资收益(万)	–	–	–	–
	利润总额(万)	22336.36	38391.58	20269.74	30519.82
	净利润(万)	13248.63	22431.86	12122.52	18726.28

内蒙古兰太实业股份有限公司

公司概况	公司名称	内蒙古兰太实业股份有限公司			证券简称	兰太实业
	法人代表	李德禄	董秘	李晶	证券代码	600328
	公司网址	www.lantaicn.com		电子信箱	ltsylj@lantaicn.com	
	电　　话	0473-3443785 3443896		传　　真	0473-3443699 3443900	
	办公地址	内蒙古自治区阿拉善盟阿拉善左旗乌斯太镇阿拉善经济开发区				
	经营范围	生产销售加碘食用盐、化工原料盐、农牧渔业盐生产、金属钠、液氯等				

	指标\报告期	2011.06.30	2010.12.31	2010.06.30	2009.12.31
主要财务指标	每股收益(元)	0.0900	0.1500	0.0600	0.0900
	每股收益(扣除)(元)	0.0800	0.1300	0.0400	0.0200
	每股净资产(元)	3.1586	3.0700	2.7800	2.7200
	调整后每股净资产(元)	–	–	–	–
	每股资本公积金(元)	0.9364	0.9364	0.7479	0.7479
	每股盈余公积金(元)	0.1996	0.1996	0.1880	0.1880
	每股未分配利润(元)	0.9943	0.9177	0.8366	0.7853
	每股现金净流量(元)	0.1749	–0.7149	–0.5340	1.4411
	每股经营现金净流量(元)	–0.0220	0.0875	0.0445	0.1280
	净资产收益率(扣除)(%)	–	4.7800	–	0.6700
	净资产收益率(%)	2.7290	5.0160	2.2080	3.3289
	总资产(万)	538225.86	472350.82	400704.71	376637.17
	股东权益(万)	113429.51	110261.27	99673.45	97780.56
	主营业务收入(万)	74743.20	128793.62	60490.20	99916.22
	主营成本(万)	48757.72	83139.43	39687.95	66259.33
	营业收入(万)	80738.10	142015.45	64470.25	108827.27
	营业成本(万)	55058.45	94452.92	43545.29	72426.95
	投资收益(万)	–	–	–	–
	利润总额(万)	5289.75	7607.97	2774.76	4063.37
	净利润(万)	3095.28	5531.05	2200.81	3255.04

天津中新药业集团股份有限公司

公司概况	公司名称	天津中新药业集团股份有限公司			证券简称	中新药业
	法人代表	郝非非	董秘	焦艳	证券代码	600329
	公司网址	www.zhongxinyaoye.com		电子信箱	zxyy600329@163.com	
	电话	022-27020892		传真	022-27020926	
	办公地址	天津市南开区白堤路17号				
	经营范围	生产及出售中药、西药、保健品及医疗器械等				

主要财务指标	指标\报告期	2011.06.30	2010.12.31	2010.06.30	2009.12.31
	每股收益(元)	0.2600	0.4000	0.2500	0.3500
	每股收益(扣除)(元)	0.2600	0.3300	0.2500	0.2800
	每股净资产(元)	2.4940	2.4300	4.5820	2.0600
	调整后每股净资产(元)	–	–	–	–
	每股资本公积金(元)	0.8229	0.8270	2.6530	2.6898
	每股盈余公积金(元)	0.2231	0.2231	0.3855	0.3855
	每股未分配利润(元)	0.4479	0.3842	0.5437	0.0357
	每股现金净流量(元)	0.2242	0.0405	0.0548	0.0519
	每股经营现金净流量(元)	0.0998	0.1881	0.2354	0.2256
	净资产收益率(扣除)(%)	–	14.7300	–	12.2900
	净资产收益率(%)	10.5740	16.2960	11.0860	16.9660
	总资产(万)	438819.74	383648.55	379112.42	366703.54
	股东权益(万)	184379.91	179972.76	169382.70	151963.69
	主营业务收入(万)	208128.33	345906.02	161042.46	286188.25
	主营成本(万)	126783.83	213345.30	91561.71	176014.34
	营业收入(万)	208775.39	347347.13	161960.49	288086.33
	营业成本(万)	126898.83	213656.21	91857.30	177813.06
	投资收益(万)	–	–	–	–
	利润总额(万)	21477.70	35277.26	21853.05	25565.76
	净利润(万)	19496.79	29328.71	18777.00	25781.76

天通控股股份有限公司

公司概况	公司名称	天通控股股份有限公司			证券简称	天通股份
	法人代表	潘建清	董秘	许丽秀	证券代码	600330
	公司网址	www.tdgcore.com		电子信箱	xlx@tdgcore.com	
	电话	0573-80701330		传真	0573-80701300	
	办公地址	浙江省海宁市经济开发区双联路129号				
	经营范围	软磁铁氧体 MnZn 和 NiZn 磁芯的生产和销售等				

主要财务指标	指标\报告期	2011.06.30	2010.12.31	2010.06.30	2009.12.31
	每股收益(元)	0.0400	0.1430	0.0510	–0.4940
	每股收益(扣除)(元)	0.0250	0.1330	0.0300	–0.4980
	每股净资产(元)	2.3290	2.2890	2.1960	2.1450
	调整后每股净资产(元)	–	–	–	–
	每股资本公积金(元)	1.0407	1.0407	1.0402	1.0402
	每股盈余公积金(元)	0.1388	0.1388	0.1257	0.1257
	每股未分配利润(元)	0.1494	0.1094	0.0304	–0.0209
	每股现金净流量(元)	–0.0984	–0.0310	–0.0519	0.0005
	每股经营现金净流量(元)	–0.0759	0.2277	0.0704	0.0317
	净资产收益率(扣除)(%)	–	5.9800	–	–20.7400
	净资产收益率(%)	1.7150	6.2650	2.3360	–23.0210
	总资产(万)	245590.55	216131.86	197508.45	196435.56
	股东权益(万)	137127.69	134775.68	129322.06	126300.59
	主营业务收入(万)	78424.60	124918.50	50046.74	78006.94
	主营成本(万)	65880.93	92886.16	38522.80	76972.89
	营业收入(万)	80723.02	127880.46	51209.30	80539.39
	营业成本(万)	67151.85	95301.99	39241.59	79268.23
	投资收益(万)	–	–	–	–
	利润总额(万)	2553.81	7424.58	3077.10	–28914.08
	净利润(万)	2352.01	8442.99	3021.47	–29075.03

四川宏达股份有限公司

公司概况	公司名称	四川宏达股份有限公司			证券简称	宏达股份
	法人代表	杨骞	董秘	王延俊	证券代码	600331
	公司网址	www.sichuanhongda.com		电子信箱	hongdazqb@163.com	
	电话	028-86141081		传真	028-86140372	
	办公地址	四川省成都市锦里东路2号宏达国际广场28楼				
	经营范围	工业硫酸、普通过磷酸钙、复合肥,锌锭、氧化锌、硝酸钾、氯化氨等				

主要财务指标	指标\报告期	2011.06.30	2010.12.31	2010.06.30	2009.12.31
	每股收益(元)	0.3489	–0.3471	–0.3230	0.1697
	每股收益(扣除)(元)	–0.2559	–0.3316	–0.3219	0.1799
	每股净资产(元)	1.5420	1.1900	1.2175	1.5400
	调整后每股净资产(元)	–	–	–	–
	每股资本公积金(元)	0.2627	0.2479	0.2479	0.2479
	每股盈余公积金(元)	0.1673	0.0221	0.1673	0.1673
	每股未分配利润(元)	0.0916	–0.2429	–0.2188	0.1042
	每股现金净流量(元)	–0.4647	0.2851	–0.4287	0.0905
	每股经营现金净流量(元)	–0.4628	–0.7552	–1.3849	0.0727
	净资产收益率(扣除)(%)	–	–29.1050	–26.5270	11.0427
	净资产收益率(%)	22.6250	–25.4600	–23.4800	7.3700
	总资产(万)	987218.13	1031781.86	961924.25	867103.39
	股东权益(万)	159131.63	204730.77	198178.18	227857.97
	主营业务收入(万)	189508.94	407242.12	180629.11	392512.13
	主营成本(万)	153013.73	327838.48	137207.36	306410.58
	营业收入(万)	194214.43	414814.27	184511.28	398677.26
	营业成本(万)	226142.77	331765.35	140240.00	310553.10
	投资收益(万)	–	–1040.17	–2536.41	1735.38
	利润总额(万)	41863.94	–21646.26	–33104.22	31089.93
	净利润(万)	36003.35	–35818.62	–33331.69	17513.78

广州药业股份有限公司

公司概况	公司名称	广州药业股份有限公司			证券简称	广州药业
	法人代表	杨荣明	董秘	庞健辉	证券代码	600332
	公司网址	www.gpc.com.cn		电子信箱	sec@gpc.com.cn	
	电话	020-81218084 81218119		传真	020-81216408	
	办公地址	中国广东省广州市荔湾区沙面北街45号				
	经营范围	中成药的制造与销售及天然药物和生物医药的研究开发等				

主要财务指标	指标\报告期	2011.06.30	2010.12.31	2010.06.30	2009.12.31
	每股收益(元)	0.2220	0.3290	0.2080	0.2600
	每股收益(扣除)(元)	0.2110	0.2880	0.1930	0.1930
	每股净资产(元)	4.5300	4.3600	4.2300	4.0700
	调整后每股净资产(元)	–	–	–	–
	每股资本公积金(元)	1.4181	1.4215	1.4084	1.4109
	每股盈余公积金(元)	0.7128	0.7128	0.6864	0.6864
	每股未分配利润(元)	1.4019	1.2304	1.1356	0.9774
	每股现金净流量(元)	–0.2085	0.0357	0.0913	0.3718
	每股经营现金净流量(元)	0.0213	0.0902	0.1048	0.5419
	净资产收益率(扣除)(%)	–	6.8200	–	4.8700
	净资产收益率(%)	4.8900	7.5470	4.9200	6.3900
	总资产(万)	487377.90	447659.23	452172.43	422249.61
	股东权益(万)	367562.29	353936.94	343044.78	330418.65
	主营业务收入(万)	277053.18	440309.79	228276.58	380242.28
	主营成本(万)	210900.92	318857.29	166749.02	279143.74
	营业收入(万)	281734.13	448606.73	232198.92	388193.85
	营业成本(万)	211808.45	320580.86	167256.11	280567.91
	投资收益(万)	–	–	–	–
	利润总额(万)	20583.22	32134.12	19757.10	23133.08
	净利润(万)	17962.10	26711.19	16877.70	21098.89

长春燃气股份有限公司

公司概况	公司名称	长春燃气股份有限公司			证券简称	长春燃气
	法人代表	张志超	董秘	孙树怀	证券代码	600333
	公司网址	www.ccrq.com.cn		电子信箱	shuhuai0333@vip.sina.com	
	电　话	0431-85954615 85954383		传　真	0431-85954383	
	办公地址	吉林省长春市朝阳区延安大街 421 号				
	经营范围	煤气、冶金焦炭、煤焦油生产销售、天然气生产销售等				

	指标\报告期	2011.06.30	2010.12.31	2010.06.30	2009.12.31
主要财务指标	每股收益(元)	0.0300	0.1800	0.0900	0.1600
	每股收益(扣除)(元)	0.0200	0.0900	0.0700	0.1500
	每股净资产(元)	2.8800	2.9500	2.8580	2.7700
	调整后每股净资产(元)	–	–	–	–
	每股资本公积金(元)	0.3781	0.3781	0.3755	0.3755
	每股盈余公积金(元)	0.2895	0.2895	0.2554	0.2554
	每股未分配利润(元)	1.2171	1.2833	1.2273	1.1367
	每股现金净流量(元)	-0.1481	0.0939	0.2949	-0.1761
	每股经营现金净流量(元)	0.2346	0.2121	0.1065	0.2327
	净资产收益率(扣除)(%)	–	3.2600	–	5.5900
	净资产收益率(%)	1.1720	6.1220	3.1710	5.8640
	总资产(万)	241734.67	235575.82	226084.93	194206.28
	股东权益(万)	133133.12	136187.50	131914.35	127730.79
	主营业务收入(万)	98147.99	177274.41	87094.85	160384.83
	主营成本(万)	86062.33	151529.01	74076.12	131538.02
	营业收入(万)	98843.39	178444.24	87590.56	162807.27
	营业成本(万)	86451.06	152610.01	74377.14	132651.17
	投资收益(万)	–	–	–	–
	利润总额(万)	2224.64	9560.77	5627.31	10442.04
	净利润(万)	1560.82	8336.71	4183.56	7490.55

鼎盛天工工程机械股份有限公司

公司概况	公司名称	鼎盛天工工程机械股份有限公司			证券简称	*ST 盛工
	法人代表	李鹤鹏	董秘	叶志玲	证券代码	600335
	公司网址	www.dstg.com.cn		电子信箱	600335@163.com	
	电　话	022-58396201		传　真	022-58396201	
	办公地址	天津市新技术产业园华苑产业区(环外)海泰南北大街 5 号				
	经营范围	生产和销售工程机械产品等				

	指标\报告期	2011.06.30	2010.12.31	2010.06.30	2009.12.31
主要财务指标	每股收益(元)	-0.0294	-0.1188	-0.0526	-0.2598
	每股收益(扣除)(元)	-0.0308	-0.1212	-0.0534	-0.2976
	每股净资产(元)	1.0084	1.0378	1.1041	1.1566
	调整后每股净资产(元)	–	–	–	–
	每股资本公积金(元)	0.2329	0.2329	0.2329	0.2329
	每股盈余公积金(元)	0.0307	0.0307	0.0307	0.0307
	每股未分配利润(元)	-0.2552	-0.2257	-0.1595	-0.1069
	每股现金净流量(元)	0.0637	0.3396	0.0441	-0.1255
	每股经营现金净流量(元)	-0.5263	0.4652	0.0109	-0.0615
	净资产收益率(扣除)(%)	–	-11.0500	–	-20.1900
	净资产收益率(%)	-2.9190	-11.4470	-4.7600	-22.4630
	总资产(万)	123150.57	120562.43	108266.07	98889.98
	股东权益(万)	27827.17	28639.39	30467.44	31917.65
	主营业务收入(万)	37397.76	47939.85	25241.85	37851.21
	主营成本(万)	28096.84	41563.28	21547.92	34629.62
	营业收入(万)	37419.78	48488.47	25457.43	40162.96
	营业成本(万)	28093.43	42069.15	21747.67	35680.18
	投资收益(万)	–	–	–	–
	利润总额(万)	-767.25	-3257.69	-1469.53	-7059.74
	净利润(万)	-812.22	-3278.26	-1450.21	-7169.57

澳柯玛股份有限公司

公司概况	公司名称	澳柯玛股份有限公司			证券简称	澳柯玛
	法人代表	李蔚	董秘	孙武	证券代码	600336
	公司网址	www.aucma.com.cn		电子信箱	sunwu@aucma.com.cn	
	电　话	0532-86765129		传　真	0532-86765129	
	办公地址	山东省青岛市经济技术开发区前湾港路 315 号				
	经营范围	冷柜系列、水净化设备、车用冷热转换箱、自动售货机、锂电池等				

	指标\报告期	2011.06.30	2010.12.31	2010.06.30	2009.12.31
主要财务指标	每股收益(元)	0.0617	0.2000	0.0807	0.1500
	每股收益(扣除)(元)	0.0533	0.1500	0.0605	0.1400
	每股净资产(元)	1.7171	1.6554	1.5332	1.4525
	调整后每股净资产(元)	–	–	–	–
	每股资本公积金(元)	2.4641	2.4641	2.4641	2.4641
	每股盈余公积金(元)	0.0908	0.0908	0.0914	0.0914
	每股未分配利润(元)	-1.8378	-1.8995	-2.0223	-2.1030
	每股现金净流量(元)	-0.0664	-0.2298	-0.0680	0.9407
	每股经营现金净流量(元)	0.2281	0.1724	0.1811	1.5778
	净资产收益率(扣除)(%)	–	9.5900	–	10.2900
	净资产收益率(%)	3.5940	12.2940	5.2670	10.4747
	总资产(万)	279962.07	249704.92	249276.17	216963.56
	股东权益(万)	58559.47	56455.02	52287.91	49533.96
	主营业务收入(万)	204238.94	359130.74	175332.53	256938.24
	主营成本(万)	165899.42	287436.28	140796.81	193728.50
	营业收入(万)	210090.65	369510.69	180118.82	263848.95
	营业成本(万)	171247.82	296684.44	145140.03	199732.76
	投资收益(万)	–	–	–	–
	利润总额(万)	2969.09	7641.69	3555.79	6174.68
	净利润(万)	2104.45	6940.47	2753.73	5188.54

美克国际家具股份有限公司

公司概况	公司名称	美克国际家具股份有限公司			证券简称	美克股份
	法人代表	寇卫平	董秘	黄新	证券代码	600337
	公司网址	www.markorfurniture.com		电子信箱	mkzq1@markor.com.cn	
	电　话	0991-3836028		传　真	0991-3838191 3628809	
	办公地址	新疆维吾尔自治区乌鲁木齐市经济开发区迎宾路 160 号				
	经营范围	装饰装修材料,实木家具,聚脂家具及配套产品生产及销售等				

	指标\报告期	2011.06.30	2010.12.31	2010.06.30	2009.12.31
主要财务指标	每股收益(元)	0.1400	0.1800	0.0800	0.0900
	每股收益(扣除)(元)	0.1300	0.1600	0.0700	0.0700
	每股净资产(元)	3.7600	3.6700	2.7700	2.7200
	调整后每股净资产(元)	–	–	–	–
	每股资本公积金(元)	1.3578	1.3578	0.2317	0.2317
	每股盈余公积金(元)	0.2147	0.2147	0.2621	0.2621
	每股未分配利润(元)	1.2026	1.1091	1.2768	1.2288
	每股现金净流量(元)	-0.7425	1.2278	-0.0110	-0.4779
	每股经营现金净流量(元)	0.0816	0.2407	0.1249	0.5205
	净资产收益率(扣除)(%)	–	5.7000	–	2.5900
	净资产收益率(%)	3.8190	3.9400	2.8180	3.2540
	总资产(万)	371002.41	370773.50	276105.86	259333.82
	股东权益(万)	237821.20	232459.18	141410.28	139014.67
	主营业务收入(万)	117117.32	239099.23	104453.19	184957.71
	主营成本(万)	67902.55	142405.76	64120.86	112202.12
	营业收入(万)	118168.05	241518.81	105185.46	186947.77
	营业成本(万)	68075.69	142931.00	64282.01	112498.94
	投资收益(万)	–	–	–	–
	利润总额(万)	10938.37	13858.17	7857.60	10413.46
	净利润(万)	9081.11	9158.31	3984.36	4523.63

西藏珠峰工业股份有限公司

公司概况

公司名称	西藏珠峰工业股份有限公司			证券简称	ST 珠 峰
法人代表	黄建荣	董秘	孙华	证券代码	600338
公司网址	www.zfmotor.com			电子信箱	sunhua@zhufenggufen.com
电 话	021-66284908			传 真	021-66284923
办公地址	上海市闸北区柳营路 305 号 7 楼				
经营范围	锌、铟等有色金属冶炼及相关产品生产、销售等				

主要财务指标

指标\报告期	2011.06.30	2010.12.31	2010.06.30	2009.12.31
每股收益(元)	-0.1524	-0.0586	-0.0800	0.3190
每股收益(扣除)(元)	-0.1300	-0.2203	-0.1700	-0.0909
每股净资产(元)	-0.3100	-0.1600	-0.1900	-0.1000
调整后每股净资产(元)	-	-	-	-
每股资本公积金(元)	0.3155	0.3155	0.3155	0.3155
每股盈余公积金(元)	0.0901	0.0901	0.0901	0.0901
每股未分配利润(元)	-1.7203	-1.5679	-1.5914	-1.5094
每股现金净流量(元)	-0.1264	-0.0068	0.1590	0.0242
每股经营现金净流量(元)	-0.2322	0.2038	0.1598	0.1993
净资产收益率(扣除)(%)	-	-	-	-
净资产收益率(%)	-48.4177	-36.0761	-44.1579	-307.3699
总资产(万)	51351.05	52479.11	56354.35	59030.15
股东权益(万)	-4983.46	-2570.58	-2942.61	-1643.22
主营业务收入(万)	34856.91	102417.58	48511.56	47881.43
主营成本(万)	33815.57	98688.92	47777.87	43557.51
营业收入(万)	36281.02	103808.32	49043.64	49477.36
营业成本(万)	34156.34	99404.11	47777.87	44047.32
投资收益(万)	-	-	-	-
利润总额(万)	-1925.87	-215.48	-915.80	5656.31
净利润(万)	-2412.88	-927.37	-1299.39	5050.75

新疆独山子天利高新技术股份有限公司

公司概况

公司名称	新疆独山子天利高新技术股份有限公司			证券简称	天利高新
法人代表	付德新	董秘	杨宁	证券代码	600339
公司网址	www.600339.cc			电子信箱	tlgx_yangn59@sina.com
电 话	0992-3655959 3658055			传 真	0992-3659999
办公地址	新疆维吾尔自治区克拉玛依市独山子区大庆东路 2 号				
经营范围	石化深加工产品的生产和销售等				

主要财务指标

指标\报告期	2011.06.30	2010.12.31	2010.06.30	2009.12.31
每股收益(元)	0.2845	0.4813	0.1464	0.0027
每股收益(扣除)(元)	0.2793	0.4692	0.1487	-0.1500
每股净资产(元)	2.6380	2.4820	2.4100	2.2500
调整后每股净资产(元)	-	-	-	-
每股资本公积金(元)	0.7809	0.9590	0.9590	0.9590
每股盈余公积金(元)	0.1634	0.1797	0.1251	0.1251
每股未分配利润(元)	0.6859	0.5915	0.3259	0.1649
每股现金净流量(元)	-0.0941	0.0755	-0.0499	0.0334
每股经营现金净流量(元)	0.6349	0.9934	0.2660	0.4481
净资产收益率(扣除)(%)	-	18.8900	-	-6.8000
净资产收益率(%)	10.7870	17.6290	6.6840	0.1212
总资产(万)	423679.07	359003.11	375660.23	371777.13
股东权益(万)	152508.95	143499.54	126668.13	118202.16
主营业务收入(万)	137190.36	206030.84	85261.98	85565.71
主营成本(万)	104675.45	149627.09	60814.71	70372.60
营业收入(万)	140328.02	212792.17	87644.05	89105.10
营业成本(万)	108521.75	155390.34	63244.95	72999.44
投资收益(万)	-	-	-	-
利润总额(万)	18467.67	24879.52	8548.89	50.87
净利润(万)	16450.75	25297.39	8465.97	143.23

浙江国祥制冷工业股份有限公司

公司概况

公司名称	浙江国祥制冷工业股份有限公司			证券简称	ST 国 祥
法人代表	王文学	董秘	啊咪娜	证券代码	600340
公司网址	www.ekingair.com			电子信箱	amina@ekingair.com
电 话	010-84518366			传 真	010-84519366
办公地址	浙江省上虞市百官镇中塘 北京市朝阳区东三环北路远洋新干线 B 座 806 室				
经营范围	恒温恒湿机、冷冻机组、冷水机组及其他制冷设备等				

主要财务指标

指标\报告期	2011.06.30	2010.12.31	2010.06.30	2009.12.31
每股收益(元)	-0.0020	0.0200	0.0100	0.0500
每股收益(扣除)(元)	0.0070	-0.0010	-0.0100	-0.0200
每股净资产(元)	1.1800	1.8900	1.8820	1.8800
调整后每股净资产(元)	-	-	-	-
每股资本公积金(元)	0.3464	1.1542	1.1542	1.1542
每股盈余公积金(元)	0.0542	0.0867	0.0867	0.0867
每股未分配利润(元)	-0.2213	-0.3507	-0.3591	-0.3659
每股现金净流量(元)	-0.0092	-0.1685	-0.1024	0.2868
每股经营现金净流量(元)	0.0753	0.3260	0.0826	0.1603
净资产收益率(扣除)(%)	-	-0.0500	-	-1.1300
净资产收益率(%)	-0.1780	0.8060	0.3650	2.7397
总资产(万)	38975.57	36366.41	37102.97	34016.77
股东权益(万)	27421.57	27470.24	27348.63	27248.76
主营业务收入(万)	16410.18	24769.90	7198.60	17641.69
主营成本(万)	12697.14	19264.79	5748.11	14628.27
营业收入(万)	17008.49	25261.11	7324.38	18338.42
营业成本(万)	13267.23	19558.24	5812.16	15016.55
投资收益(万)	-	-	-	-
利润总额(万)	51.20	221.48	99.87	746.53
净利润(万)	-48.67	221.48	99.87	746.53

陕西航天动力高科技股份有限公司

公司概况

公司名称	陕西航天动力高科技股份有限公司			证券简称	航天动力
法人代表	王新敏	董秘	崔积堂	证券代码	600343
公司网址	www.china-htdl.com			电子信箱	power@china-htdl.com
电 话	029-81881823			传 真	029-81881812
办公地址	陕西省西安市高新技术产业开发区锦业路 78 号				
经营范围	航天技术流体机械系列液力变矩器、特种泵的研究、设计、试验、生产、销售等				

主要财务指标

指标\报告期	2011.06.30	2010.12.31	2010.06.30	2009.12.31
每股收益(元)	0.0700	0.1200	0.0400	0.1000
每股收益(扣除)(元)	0.0700	0.0900	0.0300	0.0700
每股净资产(元)	4.3922	4.4224	2.6907	2.6300
调整后每股净资产(元)	-	-	-	-
每股资本公积金(元)	2.7505	2.7505	0.8935	0.8935
每股盈余公积金(元)	0.1126	0.1126	0.1384	0.1391
每股未分配利润(元)	0.5292	0.5593	0.6588	0.6016
每股现金净流量(元)	-0.2461	0.4838	-0.4381	-0.0156
每股经营现金净流量(元)	-0.4373	0.0339	-0.3618	0.1694
净资产收益率(扣除)(%)	1.5900	2.2770	1.9690	3.8900
净资产收益率(%)	1.5800	3.3100	1.5500	3.9600
总资产(万)	244587.93	219750.59	110664.07	116437.02
股东权益(万)	143149.67	126600.14	55732.33	53516.70
主营业务收入(万)	52280.93	57721.52	30140.08	46029.69
主营成本(万)	42338.13	44042.22	23534.33	34616.75
营业收入(万)	52928.21	59624.09	30820.46	46574.95
营业成本(万)	42462.44	45142.36	23767.31	34916.87
投资收益(万)	-	-	-	9.72
利润总额(万)	2340.28	3284.28	1486.45	2640.53
净利润(万)	1674.04	2413.69	759.23	1892.70

武汉长江通信产业集团股份有限公司

公司概况	公司名称	武汉长江通信产业集团股份有限公司			证券简称	长江通信
	法人代表	熊瑞忠	董秘	梅勇	证券代码	600345
	公司网址	www.ycig.com			电子信箱	sh600345@ycig.com
	电　话	027-67840308			传　真	027-67840278
	办公地址	湖北省武汉市东湖开发区关东工业园文华路2号				
	经营范围	通信、电子、计算机技术及产品的开发、研制、技术服务等				

主要财务指标	指标\报告期	2011.06.30	2010.12.31	2010.06.30	2009.12.31
	每股收益(元)	0.2660	0.4600	0.1800	0.3100
	每股收益(扣除)(元)	0.0940	0.1400	0.0720	0.1100
	每股净资产(元)	5.5180	5.4060	5.1440	5.1200
	调整后每股净资产(元)	–	–	–	–
	每股资本公积金(元)	1.7912	1.7446	1.7430	1.7430
	每股盈余公积金(元)	1.0005	1.0005	0.9130	0.9095
	每股未分配利润(元)	1.7264	1.6605	1.4883	1.4584
	每股现金净流量(元)	–0.9685	0.2814	–0.4884	0.4404
	每股经营现金净流量(元)	–0.4977	–0.1909	–0.2847	0.1300
	净资产收益率(扣除)(%)	–	2.6200	–	2.2800
	净资产收益率(%)	4.8180	8.4570	3.4960	5.9920
	总资产(万)	190635.46	203754.81	165088.93	159064.38
	股东权益(万)	109258.39	107031.72	101858.40	101267.37
	主营业务收入(万)	43955.82	76495.85	23284.21	55012.59
	主营成本(万)	35520.62	62024.15	19148.27	43569.54
	营业收入(万)	45172.24	79069.71	23977.59	56126.77
	营业成本(万)	36396.28	64536.06	19539.85	44640.67
	投资收益(万)	–	–	–	–
	利润总额(万)	6256.74	11399.99	4330.83	8920.04
	净利润(万)	5263.75	9144.03	3561.03	6040.47

大连橡胶塑料机械股份有限公司

公司概况	公司名称	大连橡胶塑料机械股份有限公司			证券简称	大橡塑
	法人代表	洛少宁	董秘	孙培德	证券代码	600346
	公司网址	www.dlrpm.com			电子信箱	spd@dlrpm.com
	电　话	0411-86641378			传　真	0411-86641645
	办公地址	大连市甘井子区营辉路18号				
	经营范围	从事橡胶机械专用设备、塑料机械专用设备及其零配件的研制、生产和销售等				

主要财务指标	指标\报告期	2011.06.30	2010.12.31	2010.06.30	2009.12.31
	每股收益(元)	–0.0830	0.0200	–0.0660	–0.0160
	每股收益(扣除)(元)	–0.0890	–0.0950	–0.0710	–0.0230
	每股净资产(元)	1.4940	1.5910	1.5300	1.5700
	调整后每股净资产(元)	–	–	–	–
	每股资本公积金(元)	0.4356	0.4356	0.4356	0.4356
	每股盈余公积金(元)	0.0648	0.0648	0.0646	0.0623
	每股未分配利润(元)	–0.0093	0.0895	0.0444	0.0720
	每股现金净流量(元)	0.3095	0.2907	0.0569	0.2266
	每股经营现金净流量(元)	0.1357	–0.0097	–0.1876	–0.4995
	净资产收益率(扣除)(%)	–	–5.9800	–	–1.4750
	净资产收益率(%)	–5.5450	1.2610	–4.3420	–1.0140
	总资产(万)	229741.15	198011.78	153176.88	130300.81
	股东权益(万)	31370.60	33405.86	32132.98	32966.67
	主营业务收入(万)	43767.84	57574.21	19059.10	42224.13
	主营成本(万)	35257.17	44718.11	15010.65	32073.42
	营业收入(万)	43734.69	57959.84	19198.57	42742.32
	营业成本(万)	35477.02	45023.41	15113.86	32561.64
	投资收益(万)	–	–	–	–
	利润总额(万)	–1502.79	509.43	–1393.02	–336.43
	净利润(万)	–1739.57	421.18	–1395.26	–334.40

阳泉煤业(集团)股份有限公司

公司概况	公司名称	阳泉煤业(集团)股份有限公司			证券简称	阳泉煤业
	法人代表	白英	董秘	张思维	证券代码	600348
	公司网址	www.yqmy.cc			电子信箱	0353hch@sina.com
	电　话	0353-7078568 7080590			传　真	0353-7080589
	办公地址	山西省阳泉市北大街5号				
	经营范围	煤炭生产、洗选加工、销售,电力生产、销售;热力生产、销售等				

主要财务指标	指标\报告期	2011.06.30	2010.12.31	2010.06.30	2009.12.31
	每股收益(元)	0.6600	1.0000	0.5200	0.7700
	每股收益(扣除)(元)	0.6600	1.0100	0.5200	0.7300
	每股净资产(元)	4.3500	3.5500	3.0900	2.4900
	调整后每股净资产(元)	–	–	–	–
	每股资本公积金(元)	–	–	–	–
	每股盈余公积金(元)	0.3278	0.3278	0.2535	0.6339
	每股未分配利润(元)	1.7796	1.2149	0.8026	2.5952
	每股现金净流量(元)	0.2623	0.8110	0.8140	1.7800
	每股经营现金净流量(元)	0.5639	1.7814	1.1327	4.9287
	净资产收益率(扣除)(%)	–	26.4600	–	27.6100
	净资产收益率(%)	15.2950	28.2870	16.7230	31.0130
	总资产(万)	2550177.70	2225846.99	2173637.52	1738446.72
	股东权益(万)	1045233.97	852856.65	742828.13	598563.41
	主营业务收入(万)	1356066.26	2236484.20	1043662.02	1750666.18
	主营成本(万)	1025149.10	1686960.47	787263.00	1356066.33
	营业收入(万)	2518809.32	2794063.16	1342144.98	2000481.98
	营业成本(万)	2166336.20	2228996.51	1067998.84	1590392.61
	投资收益(万)	–	–	–	–
	利润总额(万)	229400.94	332102.20	177429.68	248698.56
	净利润(万)	159864.26	241246.16	124226.34	185633.31

山东高速公路股份有限公司

公司概况	公司名称	山东高速公路股份有限公司			证券简称	山东高速
	法人代表	孙亮	董秘	王云泉	证券代码	600350
	公司网址	www.sdecl.com.cn			电子信箱	wangyq@sdecl.com.cn
	电　话	0531-89260052			传　真	0531-89260050
	办公地址	山东省济南市文化东路29号七星吉祥大厦A座				
	经营范围	对高等级公路,桥梁,隧道基础设施的投资,管理,养护等				

主要财务指标	指标\报告期	2011.06.30	2010.12.31	2010.06.30	2009.12.31
	每股收益(元)	0.1900	0.3720	0.1590	0.3130
	每股收益(扣除)(元)	0.1880	0.3670	0.1560	0.3080
	每股净资产(元)	3.1500	3.0700	2.8550	2.7840
	调整后每股净资产(元)	–	–	–	–
	每股资本公积金(元)	0.6447	0.6447	0.6447	0.6447
	每股盈余公积金(元)	0.3033	0.3033	0.2649	0.2649
	每股未分配利润(元)	1.2058	1.1203	0.9455	0.8748
	每股现金净流量(元)	0.1246	0.2464	0.1041	–0.0479
	每股经营现金净流量(元)	0.1685	0.6562	0.3073	0.5558
	净资产收益率(扣除)(%)	–	12.6100	–	11.3500
	净资产收益率(%)	6.0100	12.1210	5.5610	11.2340
	总资产(万)	1527711.26	1444027.74	1386972.52	1387779.62
	股东权益(万)	1060890.49	1032113.66	960414.06	936611.10
	主营业务收入(万)	206944.46	392315.78	180339.99	365699.20
	主营成本(万)	97188.19	168360.11	80574.49	169687.18
	营业收入(万)	207148.42	394049.57	181046.84	366923.88
	营业成本(万)	97319.44	168807.72	80792.56	170111.94
	投资收益(万)	–	–	–	–
	利润总额(万)	84530.57	170097.91	72673.78	142129.45
	净利润(万)	63760.35	125104.00	53404.40	105221.12

亚宝药业集团股份有限公司

公司概况	公司名称	亚宝药业集团股份有限公司			证券简称	亚宝药业
	法人代表	任武贤	董秘	任蓬勃	证券代码	600351
	公司网址	www.yabao.com.cn			电子信箱	yabaorpb@vip.sina.com
	电　话	0359-3388071 3388078			传　真	0359-3388076
	办公地址	山西省运城市风陵渡经济开发区工业大道 1 号				
	经营范围	中西药制剂、化学合成原料药的生产与销售等				

主要财务指标	指标\报告期	2011.06.30	2010.12.31	2010.06.30	2009.12.31
	每股收益(元)	0.0600	0.2300	0.1500	0.2000
	每股收益(扣除)(元)	0.0500	0.2100	0.1300	0.2000
	每股净资产(元)	1.5650	1.5580	1.4680	2.7600
	调整后每股净资产(元)	–	–	–	–
	每股资本公积金(元)	0.1809	0.1809	0.1732	0.8618
	每股盈余公积金(元)	0.0963	0.0963	0.0704	0.1408
	每股未分配利润(元)	0.2882	0.2806	0.2243	0.7572
	每股现金净流量(元)	0.1967	–0.2948	–0.0932	0.5240
	每股经营现金净流量(元)	0.2055	0.0293	0.0091	1.1646
	净资产收益率(扣除)(%)	–	14.4100	–	15.1000
	净资产收益率(%)	3.6740	14.6350	9.9400	14.8151
	总资产(万)	266211.46	243120.40	234247.80	221040.37
	股东权益(万)	99079.44	98603.71	92910.21	87338.28
	主营业务收入(万)	48175.25	117379.28	64719.14	147843.16
	主营成本(万)	22566.46	62930.92	36814.69	96395.50
	营业收入(万)	48416.20	118182.19	65195.41	148826.64
	营业成本(万)	22751.64	63496.18	37098.43	96927.86
	投资收益(万)	–	–	–	–
	利润总额(万)	4109.83	16274.41	10778.34	15568.31
	净利润(万)	3640.48	14430.19	9234.85	12939.28

浙江龙盛集团股份有限公司

公司概况	公司名称	浙江龙盛集团股份有限公司			证券简称	浙江龙盛
	法人代表	阮伟祥	董秘	常盛	证券代码	600352
	公司网址	www.longsheng.com			电子信箱	changsheng@longsheng.com
	电　话	0575-82048616			传　真	0575-82041589
	办公地址	浙江省上虞市道墟镇				
	经营范围	染料、助剂、中间体的生产和销售等				

主要财务指标	指标\报告期	2011.06.30	2010.12.31	2010.06.30	2009.12.31
	每股收益(元)	0.3193	0.5672	0.2986	0.5093
	每股收益(扣除)(元)	0.2029	0.4586	0.2410	0.4232
	每股净资产(元)	4.5363	4.1756	3.8450	3.0571
	调整后每股净资产(元)	–	–	–	–
	每股资本公积金(元)	1.5598	1.4181	1.3640	0.5789
	每股盈余公积金(元)	0.0917	0.0917	0.0777	0.0865
	每股未分配利润(元)	1.8400	1.6207	1.3651	1.3310
	每股现金净流量(元)	0.1378	–0.1465	–0.0798	0.2149
	每股经营现金净流量(元)	–0.3200	–0.5959	–0.7804	–0.4195
	净资产收益率(扣除)(%)	–	12.4200	–	15.8800
	净资产收益率(%)	7.0400	13.1300	7.2480	16.6581
	总资产(万)	1675604.03	1338889.72	1204859.31	951456.93
	股东权益(万)	666120.71	613150.48	564602.90	402927.04
	主营业务收入(万)	410951.33	646677.41	297691.02	447817.92
	主营成本(万)	321542.83	497762.79	221994.64	332553.37
	营业收入(万)	420706.76	667715.15	317094.15	462013.79
	营业成本(万)	328754.86	513293.65	238749.68	342811.26
	投资收益(万)	–	–	–	–
	利润总额(万)	56778.36	99576.91	50172.36	76843.15
	净利润(万)	46892.34	80508.54	40922.08	67120.12

成都旭光电子股份有限公司

公司概况	公司名称	成都旭光电子股份有限公司			证券简称	旭光股份
	法人代表	葛行	董秘	刘卫东	证券代码	600353
	公司网址	www.xuguang.com.cn			电子信箱	lwd898@163.com
	电　话	028-83967182			传　真	028-83967187
	办公地址	四川省成都市新都区电子路 172 号				
	经营范围	研制,开发,生产和销售电子真空器件,电子整机,高低压成套配电装置等				

主要财务指标	指标\报告期	2011.06.30	2010.12.31	2010.06.30	2009.12.31
	每股收益(元)	0.0123	0.5800	0.0714	0.1600
	每股收益(扣除)(元)	0.0122	0.0894	0.0631	0.1596
	每股净资产(元)	2.8338	4.1901	3.6884	3.6188
	调整后每股净资产(元)	–	–	–	–
	每股资本公积金(元)	1.2983	1.6339	1.6368	1.6368
	每股盈余公积金(元)	0.2390	0.5738	0.5156	0.5156
	每股未分配利润(元)	0.2965	0.9823	0.5360	0.4646
	每股现金净流量(元)	0.4835	0.7096	0.2596	–0.1381
	每股经营现金净流量(元)	–0.2556	0.5273	0.3495	0.2632
	净资产收益率(扣除)(%)	–	2.2891	–	4.5103
	净资产收益率(%)	0.4330	13.7460	1.9350	4.3695
	总资产(万)	95233.96	73042.07	64169.96	62267.30
	股东权益(万)	77039.02	47448.64	41767.62	40959.23
	主营业务收入(万)	13663.32	27356.05	11706.29	27759.61
	主营成本(万)	12252.27	21849.60	9276.29	20021.85
	营业收入(万)	17186.00	32752.69	14384.80	31410.14
	营业成本(万)	14091.80	25022.86	10718.98	21799.36
	投资收益(万)	–	–	–	–
	利润总额(万)	462.53	7657.69	947.11	2301.46
	净利润(万)	333.58	6522.08	808.39	1789.73

甘肃省敦煌种业股份有限公司

公司概况	公司名称	甘肃省敦煌种业股份有限公司			证券简称	敦煌种业
	法人代表	王大和	董秘	张绍平	证券代码	600354
	公司网址	www.dhseed.com			电子信箱	dhzyzqp@sina.com
	电　话	0937-2663908			传　真	0937-2663908
	办公地址	甘肃省酒泉市肃州区肃州路 28 号				
	经营范围	粮食、瓜类、蔬菜、花卉、甜菜、油料、牧草、棉花等农作物种子引进、选育等				

主要财务指标	指标\报告期	2011.06.30	2010.12.31	2010.06.30	2009.12.31
	每股收益(元)	–0.1400	0.4340	0.0063	0.1610
	每股收益(扣除)(元)	–0.1510	0.4160	0.0036	0.1900
	每股净资产(元)	5.2500	3.6900	3.2600	3.2500
	调整后每股净资产(元)	–	–	–	–
	每股资本公积金(元)	3.7454	1.9894	1.9875	1.9875
	每股盈余公积金(元)	0.1515	0.1659	0.1659	0.1659
	每股未分配利润(元)	0.3484	0.5341	0.1065	0.1002
	每股现金净流量(元)	0.6960	2.1969	–0.4729	0.5806
	每股经营现金净流量(元)	1.2141	1.2227	1.0104	2.3387
	净资产收益率(扣除)(%)	–	11.9860	–	5.9770
	净资产收益率(%)	–2.6610	11.7610	0.1950	4.9620
	总资产(万)	323526.22	334329.70	212626.29	252464.92
	股东权益(万)	106766.29	68608.93	60622.56	60504.47
	主营业务收入(万)	57185.70	157978.20	61254.03	150973.34
	主营成本(万)	39258.12	–	38705.22	106373.40
	营业收入(万)	57211.38	158935.65	61462.75	151269.66
	营业成本(万)	39250.34	94759.75	38943.09	106493.03
	投资收益(万)	–	–	–	–
	利润总额(万)	892.84	28315.74	6331.37	13851.92
	净利润(万)	–2840.59	8068.76	118.08	3002.45

精伦电子股份有限公司

公司概况	公司名称	精伦电子股份有限公司			证券简称	ST 精伦
	法人代表	张学阳	董秘	张万宏	证券代码	600355
	公司网址	www.routon.com		电子信箱	ir@routon.com	
	电　话	027-87921111 3231		传　真	027-87467166	
	办公地址	湖北省武汉市东湖开发区光谷大道 70 号				
	经营范围	电子、通信、仪器仪表、电机和电子电工机械专用设备的研发、制造等				

	指标\报告期	2011.06.30	2010.12.31	2010.06.30	2009.12.31
主要财务指标	每股收益(元)	0.0300	0.0500	0.0010	-0.6900
	每股收益(扣除)(元)	-0.0200	0.0300	-0.0003	-0.7000
	每股净资产(元)	1.7100	1.6800	1.6300	1.6200
	调整后每股净资产(元)	-	-	-	-
	每股资本公积金(元)	1.3180	1.3180	1.3180	1.3180
	每股盈余公积金(元)	0.1683	0.1683	0.1683	0.1683
	每股未分配利润(元)	-0.7776	-0.8101	-0.8517	-0.8526
	每股现金净流量(元)	0.3591	-0.2614	-0.2177	0.2341
	每股经营现金净流量(元)	-0.2082	-0.0519	-0.1330	0.1715
	净资产收益率(扣除)(%)	-	1.8100	-	-35.9900
	净资产收益率(%)	1.9030	3.0800	0.0570	-42.6100
	总资产(万)	66664.56	58240.68	53756.47	54542.54
	股东权益(万)	42039.69	41239.78	40216.82	39969.65
	主营业务收入(万)	15140.26	27096.54	11960.87	15299.33
	主营成本(万)	11384.88	18762.66	8786.30	12505.35
	营业收入(万)	15646.95	27841.40	12360.97	17486.17
	营业成本(万)	11565.82	19095.38	8934.84	13250.91
	投资收益(万)	-	-	-	-
	利润总额(万)	799.92	1270.18	22.77	-16491.93
	净利润(万)	799.92	1270.12	22.72	-17031.06

牡丹江恒丰纸业股份有限公司

公司概况	公司名称	牡丹江恒丰纸业股份有限公司			证券简称	恒丰纸业
	法人代表	徐祥	董秘	张宝利	证券代码	600356
	公司网址	www.hengfengpaper.com		电子信箱	sh356@hengfengpaper.com	
	电　话	0453-6886668		传　真	0453-6886667	
	办公地址	黑龙江省牡丹江市阳明区恒丰路 11 号				
	经营范围	纸,纸浆和纸制品的制造,销售;造纸原辅料生产,销售及技术开发等				

	指标\报告期	2011.06.30	2010.12.31	2010.06.30	2009.12.31
主要财务指标	每股收益(元)	0.2000	0.4200	0.2300	0.5400
	每股收益(扣除)(元)	0.2000	0.4300	0.2300	0.5400
	每股净资产(元)	5.0800	5.9500	5.7640	5.8900
	调整后每股净资产(元)	-	-	-	-
	每股资本公积金(元)	2.1978	2.6374	2.6403	2.6151
	每股盈余公积金(元)	0.4712	0.5655	0.5238	0.5238
	每股未分配利润(元)	1.4087	1.7457	1.6003	1.7466
	每股现金净流量(元)	0.6301	0.2918	-0.0439	0.4652
	每股经营现金净流量(元)	-0.1305	0.8884	0.1069	1.0959
	净资产收益率(扣除)(%)	-	6.9700	-	9.3800
	净资产收益率(%)	3.9500	7.0900	4.0710	9.2390
	总资产(万)	236700.62	189638.86	175620.59	161726.91
	股东权益(万)	117600.23	114807.81	111252.40	113590.81
	主营业务收入(万)	61611.86	117896.20	54788.77	112140.81
	主营成本(万)	46845.79	87946.12	38378.48	79633.78
	营业收入(万)	62735.13	118721.63	55591.55	113099.92
	营业成本(万)	48036.13	88719.65	39176.34	80371.15
	投资收益(万)	-	-	-	-
	利润总额(万)	6236.18	11210.12	6034.83	14309.06
	净利润(万)	4645.21	8139.66	4528.88	10494.36

国旅联合股份有限公司

公司概况	公司名称	国旅联合股份有限公司			证券简称	国旅联合
	法人代表	张建华	董秘	程晓	证券代码	600358
	公司网址	www.cutc.com.cn		电子信箱	chengxiao@cutc.com.cn	
	电　话	025-84700028		传　真	025-84711172	
	办公地址	江苏省南京市汉中路 89 号金鹰国际商城 18 楼 A 座				
	经营范围	旅行服务、旅游综合服务业务、旅游客运业务等				

	指标\报告期	2011.06.30	2010.12.31	2010.06.30	2009.12.31
主要财务指标	每股收益(元)	0.0150	0.0510	0.0090	0.0510
	每股收益(扣除)(元)	-0.0460	-0.0770	-0.0180	-0.0360
	每股净资产(元)	1.3680	1.3500	1.3100	1.3000
	调整后每股净资产(元)	-	-	-	-
	每股资本公积金(元)	0.1337	0.1337	0.1337	0.1337
	每股盈余公积金(元)	0.0190	0.0190	0.0154	0.0154
	每股未分配利润(元)	0.2152	0.1998	0.1613	0.1521
	每股现金净流量(元)	-0.0759	0.0356	0.0706	0.0546
	每股经营现金净流量(元)	-0.0701	-0.1396	0.0303	0.0410
	净资产收益率(扣除)(%)	-	-5.8300	-	-2.8200
	净资产收益率(%)	1.1260	3.7900	0.6980	3.9239
	总资产(万)	101078.37	101668.09	103972.51	98574.03
	股东权益(万)	59094.47	58429.12	56609.79	56214.80
	主营业务收入(万)	8968.78	18406.67	10052.32	18335.71
	主营成本(万)	2812.39	6791.15	3499.52	6368.94
	营业收入(万)	8968.78	18751.86	10072.32	18445.22
	营业成本(万)	2812.39	6791.15	3499.52	6393.38
	投资收益(万)	-	-	-	-
	利润总额(万)	1163.98	3543.32	711.50	3479.79
	净利润(万)	665.36	2214.32	394.99	2205.82

新疆塔里木农业综合开发股份有限公司

公司概况	公司名称	新疆塔里木农业综合开发股份有限公司			证券简称	新农开发
	法人代表	李新海	董秘	张春疆	证券代码	600359
	公司网址	www.xnkf.com		电子信箱	zhang-chunjiang@126.com	
	电　话	0997-2134018 2125499		传　真	0997-2125238	
	办公地址	新疆维吾尔自治区阿克苏市南大街 2 号新农大厦 19 层				
	经营范围	农业种植、牧渔养殖、农产品、畜产品的生产加工及销售等				

	指标\报告期	2011.06.30	2010.12.31	2010.06.30	2009.12.31
主要财务指标	每股收益(元)	-0.3360	0.0140	0.0360	0.1900
	每股收益(扣除)(元)	-0.3510	0.0060	0.0100	0.1100
	每股净资产(元)	2.7560	3.0900	3.2100	3.1700
	调整后每股净资产(元)	-	-	-	-
	每股资本公积金(元)	1.8579	1.8579	1.8541	1.8541
	每股盈余公积金(元)	0.1992	0.1992	0.1992	0.1992
	每股未分配利润(元)	-0.3006	0.0351	0.1571	0.1213
	每股现金净流量(元)	-1.5020	1.2136	-0.2134	0.3874
	每股经营现金净流量(元)	-1.5490	0.5664	0.0866	0.5546
	净资产收益率(扣除)(%)	-	0.1900	-	3.5500
	净资产收益率(%)	-12.1790	0.4460	1.1170	5.9410
	总资产(万)	413326.01	405910.95	313435.21	316048.83
	股东权益(万)	88481.88	99257.85	103055.75	101904.94
	主营业务收入(万)	77555.91	183940.27	60133.83	192410.61
	主营成本(万)	65865.18	160280.90	50523.37	167316.10
	营业收入(万)	83112.46	193209.50	63480.36	203923.66
	营业成本(万)	70387.66	166004.35	52923.37	175936.27
	投资收益(万)	-	-	-	-
	利润总额(万)	-14727.76	4327.84	2638.05	9011.27
	净利润(万)	-10775.97	442.92	1150.81	6054.57

吉林华微电子股份有限公司

公司概况						
	公司名称	吉林华微电子股份有限公司			证券简称	华微电子
	法人代表	夏增文	董秘	夏增文(代)	证券代码	600360
	公司网址	www.hwdz.com.cn		电子信箱	hwdz99@hwdz.com.cn	
	电　话	0432-64678411 64684562		传　真	0432-64665812	
	办公地址	吉林省吉林市高新区深圳街99号				
	经营范围	经营半导体器件、集成电路、电力电子产品、汽车电子产品、自动化仪表等				

主要财务指标	指标\报告期	2011.06.30	2010.12.31	2010.06.30	2009.12.31
	每股收益(元)	0.0600	0.1600	0.0600	0.0500
	每股收益(扣除)(元)	0.0600	0.1700	0.0600	-0.0200
	每股净资产(元)	2.3539	2.9900	2.9240	2.8900
	调整后每股净资产(元)	-	-	-	-
	每股资本公积金(元)	0.4427	0.7755	0.7839	0.7839
	每股盈余公积金(元)	0.1074	0.1396	0.1284	0.1284
	每股未分配利润(元)	0.8038	1.0753	1.0112	0.9783
	每股现金净流量(元)	0.3659	0.3541	0.0298	0.2837
	每股经营现金净流量(元)	0.2126	0.5142	0.3479	0.4080
	净资产收益率(扣除)(%)	-	5.6100	-	-0.6900
	净资产收益率(%)	2.6370	5.2890	2.8360	1.7270
	总资产(万)	345979.36	311846.73	277618.22	276551.48
	股东权益(万)	159611.12	155976.26	152490.80	150774.57
	主营业务收入(万)	53531.49	113573.02	56872.71	104954.31
	主营成本(万)	38009.05	79302.30	40044.13	84155.46
	营业收入(万)	54086.68	114796.39	57313.11	108046.64
	营业成本(万)	38120.30	79717.26	40300.23	86069.49
	投资收益(万)	-	-	-	-
	利润总额(万)	5230.38	9894.27	5576.96	3577.63
	净利润(万)	4208.62	8249.09	4324.23	2603.70

北京华联综合超市股份有限公司

公司概况						
	公司名称	北京华联综合超市股份有限公司			证券简称	华联综超
	法人代表	彭小海	董秘	李翠芳	证券代码	600361
	公司网址	www.beijing-hualian.com		电子信箱	zczqb@beijing-hualian.com	
	电　话	010-57391823		传　真	010-57391823	
	办公地址	北京市大兴区青云店镇祥云路北四条208号				
	经营范围	百货、针纺织品、日用杂品、生鲜蔬果、粮油食品、副食品等				

主要财务指标	指标\报告期	2011.06.30	2010.12.31	2010.06.30	2009.12.31
	每股收益(元)	0.0800	0.1100	0.1100	0.1300
	每股收益(扣除)(元)	0.0800	0.0800	0.1100	0.1200
	每股净资产(元)	4.5461	3.7145	3.7100	3.7000
	调整后每股净资产(元)	-	-	-	-
	每股资本公积金(元)	2.5190	1.1917	1.1849	1.1936
	每股盈余公积金(元)	0.1727	0.2372	0.2194	0.2194
	每股未分配利润(元)	0.8545	1.2856	1.3013	1.2898
	每股现金净流量(元)	2.0573	0.7839	0.6915	0.2353
	每股经营现金净流量(元)	0.2408	1.2982	0.5906	0.4518
	净资产收益率(扣除)(%)	-	2.0600	-	3.2700
	净资产收益率(%)	1.5030	3.0570	3.0090	3.3856
	总资产(万)	763566.95	627041.83	591808.45	556142.10
	股东权益(万)	302685.71	180083.06	179653.59	179515.44
	主营业务收入(万)	509850.45	938877.76	459996.37	835181.74
	主营成本(万)	449576.03	837115.38	409417.95	746240.08
	营业收入(万)	566098.90	1033881.64	509189.32	925740.37
	营业成本(万)	449775.99	837581.68	409677.76	746673.09
	投资收益(万)	-	-	-	-
	利润总额(万)	5973.08	7038.83	6761.14	8373.60
	净利润(万)	4549.87	5505.21	5406.23	6077.75

江西铜业股份有限公司

公司概况						
	公司名称	江西铜业股份有限公司			证券简称	江西铜业
	法人代表	李贻煌	董秘	潘其方	证券代码	600362
	公司网址	www.jxcc.com		电子信箱	jccl@jxcc.com	
	电　话	0701-3777736 3777733		传　真	0701-3777013	
	办公地址	江西省贵溪市冶金大道15号				
	经营范围	有色金属矿、稀贵金属、非金属矿;有色金属及相关副产品的冶炼等				

主要财务指标	指标\报告期	2011.06.30	2010.12.31	2010.06.30	2009.12.31
	每股收益(元)	1.2200	1.5600	0.7000	0.7800
	每股收益(扣除)(元)	1.0900	1.5700	0.6500	0.7400
	每股净资产(元)	10.9100	9.8500	8.1900	7.5500
	调整后每股净资产(元)	-	-	-	-
	每股资本公积金(元)	3.3634	3.3359	1.7726	1.7595
	每股盈余公积金(元)	2.5325	2.5325	2.3003	2.3003
	每股未分配利润(元)	3.9773	2.9561	3.0669	2.4641
	每股现金净流量(元)	2.1342	0.6243	0.1085	-0.7417
	每股经营现金净流量(元)	1.1414	-0.5699	0.1438	0.5698
	净资产收益率(扣除)(%)	-	18.4000	-	10.2100
	净资产收益率(%)	11.1940	14.3810	8.5790	10.2980
	总资产(万)	6651685.56	5484477.36	4244970.66	3803421.55
	股东权益(万)	3777494.87	3412322.60	2476116.96	2281388.56
	主营业务收入(万)	5920179.87	7600851.30	3750688.94	5132038.02
	主营成本(万)	5336532.49	6783290.23	3382630.12	4582969.39
	营业收入(万)	5931843.10	7644085.93	3757049.17	5171464.78
	营业成本(万)	5341731.56	6816140.75	3385524.81	4614836.12
	投资收益(万)	-	-	-	-
	利润总额(万)	507643.39	597986.83	288429.90	317614.85
	净利润(万)	422857.73	490714.14	212421.03	234925.40

江西联创光电科技股份有限公司

公司概况						
	公司名称	江西联创光电科技股份有限公司			证券简称	联创光电
	法人代表	蒋国忠	董秘	黄倬桢	证券代码	600363
	公司网址	www.lianchuang.com.cn		电子信箱	600363@lianchuang.com.cn	
	电　话	0791-88161979		传　真	0791-88162001	
	办公地址	江西省南昌市高新技术产业开发区京东大道168号				
	经营范围	光电器件、继电器、通信线缆等				

主要财务指标	指标\报告期	2011.06.30	2010.12.31	2010.06.30	2009.12.31
	每股收益(元)	0.1400	0.1400	0.1300	0.1000
	每股收益(扣除)(元)	0.1300	0.0600	0.0800	0.0600
	每股净资产(元)	2.5700	2.4500	2.4500	2.3400
	调整后每股净资产(元)	-	-	-	-
	每股资本公积金(元)	0.5784	0.5776	0.5884	0.5891
	每股盈余公积金(元)	0.1570	0.1570	0.1309	0.1309
	每股未分配利润(元)	0.8337	0.7136	0.7273	0.6202
	每股现金净流量(元)	-0.0421	-0.3130	-0.1867	0.1769
	每股经营现金净流量(元)	0.0508	-0.0667	-0.0319	0.2391
	净资产收益率(扣除)(%)	-	2.6100	-	2.7200
	净资产收益率(%)	5.4540	5.7110	5.1970	4.2514
	总资产(万)	182753.10	182121.36	176425.38	186160.78
	股东权益(万)	95269.04	90780.04	90721.34	86777.05
	主营业务收入(万)	58896.28	116615.63	56309.62	108356.39
	主营成本(万)	48395.38	96338.48	45456.59	86244.22
	营业收入(万)	59997.17	120028.49	57276.83	111288.50
	营业成本(万)	49312.20	99373.09	46157.90	88514.70
	投资收益(万)	-	-	-	-
	利润总额(万)	6370.25	5971.08	6120.01	4932.67
	净利润(万)	5196.21	5184.12	4714.91	3689.22

通化葡萄酒股份有限公司

公司概况	公司名称	通化葡萄酒股份有限公司			证券简称	*ST 通葡
	法人代表	王鹏	董秘	高振才	证券代码	600365
	公司网址	www.tonhwa.com			电子信箱	gaozhencai@163.com
	电　话	0435-3530506 3949249			传　真	0435-3949616
	办公地址	吉林省通化市前兴路 28 号				
	经营范围	果露酒、葡萄酒制造、销售;土特产品收购、加工;物资运输等				

主要财务指标	指标\报告期	2011.06.30	2010.12.31	2010.06.30	2009.12.31
	每股收益(元)	-0.0100	-0.1633	0.0077	-0.2700
	每股收益(扣除)(元)	-0.0100	-0.1656	0.0076	-0.2600
	每股净资产(元)	0.9370	0.9500	1.1200	1.1100
	调整后每股净资产(元)	-	-	-	-
	每股资本公积金(元)	2.0397	2.0397	2.0397	2.0397
	每股盈余公积金(元)	0.0511	0.0511	0.0511	0.0511
	每股未分配利润(元)	-2.1540	-2.1409	-1.9698	-1.9775
	每股现金净流量(元)	-0.0649	0.0491	-0.0071	-0.0315
	每股经营现金净流量(元)	-0.0514	-0.0890	0.0946	0.0639
	净资产收益率(扣除)(%)	-1.3990	-17.1930	0.6900	-24.3120
	净资产收益率(%)	-1.4000	-15.8300	0.6900	-21.6800
	总资产(万)	25629.00	25984.35	26263.48	27026.03
	股东权益(万)	13115.34	13298.82	15693.57	15585.31
	主营业务收入(万)	4436.21	8113.87	4224.28	6880.45
	主营成本(万)	2249.15	4460.18	2321.47	4016.23
	营业收入(万)	4436.21	8288.08	4224.28	6888.57
	营业成本(万)	2249.15	4569.82	2321.47	4023.33
	投资收益(万)	-	-	-	-
	利润总额(万)	-183.48	-2284.22	108.26	-3764.20
	净利润(万)	-183.48	-2286.50	108.26	-3789.07

宁波韵升股份有限公司

公司概况	公司名称	宁波韵升股份有限公司			证券简称	宁波韵升
	法人代表	杨齐	董秘	傅健杰	证券代码	600366
	公司网址	www.yunsheng.com			电子信箱	fujj@ysweb.com
	电　话	0574-87776939			传　真	0574-87776466
	办公地址	浙江省宁波市国家高新区扬帆路 1 号				
	经营范围	钕铁硼永磁材料、八音琴和电机产品的生产和销售及进出口贸易等				

主要财务指标	指标\报告期	2011.06.30	2010.12.31	2010.06.30	2009.12.31
	每股收益(元)	0.2261	0.5146	0.2442	1.6364
	每股收益(扣除)(元)	0.1611	0.3206	0.1499	0.1827
	每股净资产(元)	3.6338	3.5176	4.2264	4.1106
	调整后每股净资产(元)	-	-	-	-
	每股资本公积金(元)	0.5868	0.8017	0.6644	0.6644
	每股盈余公积金(元)	0.3005	0.3907	0.3631	0.3631
	每股未分配利润(元)	1.7430	2.3720	2.2026	2.0851
	每股现金净流量(元)	0.1591	-0.1604	-0.4128	0.8280
	每股经营现金净流量(元)	-1.0498	0.4616	0.1978	0.2893
	净资产收益率(扣除)(%)	-	7.5400	-	4.6200
	净资产收益率(%)	6.2220	11.2530	7.5120	39.8090
	总资产(万)	364184.45	308503.56	263230.40	218060.72
	股东权益(万)	186957.79	180981.03	167266.36	162683.46
	主营业务收入(万)	131391.46	177169.16	80305.60	96430.83
	主营成本(万)	103016.85	131867.26	57192.22	68028.34
	营业收入(万)	142346.26	192937.66	86246.14	99716.33
	营业成本(万)	108613.43	140377.11	60884.42	70715.23
	投资收益(万)	-	-	-	-
	利润总额(万)	16072.80	26607.93	16296.87	78649.03
	净利润(万)	11632.66	20364.81	12565.56	64763.12

贵州红星发展股份有限公司

公司概况	公司名称	贵州红星发展股份有限公司			证券简称	红星发展
	法人代表	姜志光	董秘	温霞	证券代码	600367
	公司网址	www.hxfz.com.cn			电子信箱	wenxia@hxfz.com.cn
	电　话	0853-6780066 6780388			传　真	0853-6780388
	办公地址	贵州省安顺市镇宁县丁旗镇				
	经营范围	无机化工产品、精细化工产品生产、销售等				

主要财务指标	指标\报告期	2011.06.30	2010.12.31	2010.06.30	2009.12.31
	每股收益(元)	0.1600	0.1000	0.0200	0.0300
	每股收益(扣除)(元)	0.1650	0.0600	0.0050	-0.0300
	每股净资产(元)	3.9400	3.7800	3.6950	3.6800
	调整后每股净资产(元)	-	-	-	-
	每股资本公积金(元)	0.9756	0.9756	0.9756	0.9756
	每股盈余公积金(元)	0.5874	0.5874	0.5816	0.5816
	每股未分配利润(元)	1.3777	1.2144	1.1367	1.1211
	每股现金净流量(元)	-0.1904	0.0333	-0.0054	0.2128
	每股经营现金净流量(元)	0.0049	0.1509	0.0399	0.5108
	净资产收益率(扣除)(%)	-	1.6700	-	-0.9300
	净资产收益率(%)	4.1420	2.6240	0.4230	0.7744
	总资产(万)	156771.42	149839.13	145577.48	145292.46
	股东权益(万)	114784.43	110021.52	107607.58	107143.38
	主营业务收入(万)	56358.37	94700.26	43583.93	68319.30
	主营成本(万)	37660.27	68516.32	32608.43	52687.92
	营业收入(万)	56672.62	95215.58	43738.61	68572.66
	营业成本(万)	37916.56	68587.48	32656.18	52793.67
	投资收益(万)	-	-	-	-
	利润总额(万)	7241.10	5131.36	970.21	1412.91
	净利润(万)	4754.70	2887.06	454.83	829.70

广西五洲交通股份有限公司

公司概况	公司名称	广西五洲交通股份有限公司			证券简称	五洲交通
	法人代表	何国纯	董秘	王权	证券代码	600368
	公司网址				电子信箱	wzjt600368@sohu.com
	电　话	0771-5518383			传　真	0771-5518111
	办公地址	广西壮族自治区南宁市民族大道 115-1 号现代国际大厦 27 层				
	经营范围	经营收费公路、桥梁;对公路、桥梁、站场、港口、码头等				

主要财务指标	指标\报告期	2011.06.30	2010.12.31	2010.06.30	2009.12.31
	每股收益(元)	0.3200	0.3800	0.1200	0.2800
	每股收益(扣除)(元)	0.3200	0.2300	0.1200	0.2800
	每股净资产(元)	4.4000	4.1900	3.9300	3.8900
	调整后每股净资产(元)	-	-	-	-
	每股资本公积金(元)	1.4563	1.4563	1.4563	1.4563
	每股盈余公积金(元)	0.4850	0.4850	0.4321	0.4321
	每股未分配利润(元)	1.4630	1.2518	1.0403	1.0000
	每股现金净流量(元)	-0.6717	0.3617	0.2617	0.0778
	每股经营现金净流量(元)	0.5242	0.4007	0.8693	0.2371
	净资产收益率(扣除)(%)	-	5.7100	-	6.9600
	净资产收益率(%)	7.2940	9.1740	3.0630	6.6010
	总资产(万)	936459.20	983735.76	466061.94	399793.04
	股东权益(万)	244824.73	233081.29	218388.41	216145.69
	主营业务收入(万)	77598.26	35580.61	12658.93	21503.33
	主营成本(万)	32033.90	15383.01	2631.19	4897.30
	营业收入(万)	78665.35	35839.65	18970.01	24050.59
	营业成本(万)	32568.34	15619.88	8353.13	6537.43
	投资收益(万)	-	-	-	-
	利润总额(万)	25601.30	21017.50	6952.45	14533.36
	净利润(万)	17857.99	21382.53	6689.66	14268.10

西南证券股份有限公司

公司概况					
公司名称	西南证券股份有限公司			证券简称	西南证券
法人代表	翁振杰	董秘	徐鸣镝	证券代码	600369
公司网址	www.swsc.com.cn		电子信箱	xmd@swsc.com.cn	
电　　话	023-63786433		传　　真	023-63786477	
办公地址	重庆市江北区桥北苑8号南证券大厦				
经营范围	证券经纪、证券投资、投资银行等				

主要财务指标	2011.06.30	2010.12.31	2010.06.30	2009.12.31
指标＼报告期	2011.06.30	2010.12.31	2010.06.30	2009.12.31
每股收益(元)	0.1400	0.3900	0.0800	0.5400
每股收益(扣除)(元)	0.1000	0.3900	0.0800	0.5300
每股净资产(元)	4.9300	4.7900	2.4200	2.5100
调整后每股净资产(元)	–	–	–	–
每股资本公积金(元)	2.9884	2.9878	3.6449	0.9022
每股盈余公积金(元)	0.1128	0.1128	0.0953	0.0953
每股未分配利润(元)	0.6403	0.4961	0.6052	0.3091
每股现金净流量(元)	–0.9127	0.3060	–0.9836	2.4190
每股经营现金净流量(元)	–0.9814	–2.0390	–0.8202	2.3803
净资产收益率(扣除)(%)	–	11.6200	–	24.7500
净资产收益率(%)	2.9700	7.2400	3.4930	21.5300
总资产(万)	2044119.91	2277807.73	2277807.73	1497033.59
股东权益(万)	1145981.47	1112330.82	1112330.82	467769.01
主营业务收入(万)	–	–	–	–
主营成本(万)	–	–	–	–
营业收入(万)	82128.52	193647.08	56887.43	205285.56
营业成本(万)	40627.63	89273.83	37086.88	80465.65
投资收益(万)	–	–	–	–
利润总额(万)	43555.75	104532.20	19763.55	127232.51
净利润(万)	33503.54	80528.33	16118.84	100716.26

江苏三房巷实业股份有限公司

公司概况					
公司名称	江苏三房巷实业股份有限公司			证券简称	三房巷
法人代表	卞平刚	董秘	张民	证券代码	600370
公司网址	www.jssfx.com		电子信箱	sfx@jssfx.com	
电　　话	0510-86229867		传　　真	0510-86229823	
办公地址	江苏省江阴市周庄镇三房巷村				
经营范围	棉布、化纤布的染色整理、加工和销售的纺织企业等				

主要财务指标	2011.06.30	2010.12.31	2010.06.30	2009.12.31
指标＼报告期	2011.06.30	2010.12.31	2010.06.30	2009.12.31
每股收益(元)	0.1067	0.1907	0.0419	0.1084
每股收益(扣除)(元)	0.1059	0.1918	0.0414	0.1085
每股净资产(元)	3.6620	3.6560	3.5070	3.5700
调整后每股净资产(元)	–	–	–	–
每股资本公积金(元)	1.6850	1.6850	1.6850	1.6850
每股盈余公积金(元)	0.3150	0.3150	0.3016	0.3016
每股未分配利润(元)	0.6624	0.6557	0.5204	0.5784
每股现金净流量(元)	–0.0113	0.3697	0.4210	–0.0965
每股经营现金净流量(元)	0.1161	0.6099	0.5268	0.1129
净资产收益率(扣除)(%)	–	5.3400	–	3.0900
净资产收益率(%)	2.9130	5.2160	1.1960	3.0400
总资产(万)	156705.15	156077.82	150268.26	152432.48
股东权益(万)	116794.65	116581.29	111837.86	113689.77
主营业务收入(万)	–	–	–	–
主营成本(万)	–	–	–	–
营业收入(万)	72876.69	130313.21	58414.73	109068.81
营业成本(万)	65046.73	116125.27	54282.95	99421.28
投资收益(万)	–	–	–	–
利润总额(万)	4477.34	7875.00	2012.66	4482.94
净利润(万)	3402.33	6080.50	1337.07	3456.29

万向德农股份有限公司

公司概况					
公司名称	万向德农股份有限公司			证券简称	万向德农
法人代表	管大源	董秘	霍光	证券代码	600371
公司网址	www.wxdoneed.com		电子信箱	wxdoneed@163.com	
电　　话	0451-82368448		传　　真	0451-82368448	
办公地址	黑龙江省哈尔滨市南岗区玉山路18号				
经营范围	专门经营不再分装的包装种子;化肥零售等				

主要财务指标	2011.06.30	2010.12.31	2010.06.30	2009.12.31
指标＼报告期	2011.06.30	2010.12.31	2010.06.30	2009.12.31
每股收益(元)	0.2300	0.2400	0.1600	0.2400
每股收益(扣除)(元)	0.2300	0.2300	0.1600	0.2200
每股净资产(元)	2.2600	2.0300	1.9500	2.1700
调整后每股净资产(元)	–	–	–	–
每股资本公积金(元)	0.0521	0.0521	0.0521	0.0573
每股盈余公积金(元)	0.1524	0.1524	0.1342	0.1477
每股未分配利润(元)	1.0528	0.8270	0.7592	0.9605
每股现金净流量(元)	0.4253	–0.2351	0.0539	–0.1167
每股经营现金净流量(元)	1.3670	0.0900	1.4750	1.0085
净资产收益率(扣除)(%)	–	11.6200	–	11.1600
净资产收益率(%)	10.0040	12.0420	8.1740	11.9840
总资产(万)	85871.77	76345.01	74654.26	77550.22
股东权益(万)	38485.66	34635.38	33170.65	33564.74
主营业务收入(万)	26322.48	57754.66	31050.38	65691.64
主营成本(万)	16647.50	39232.93	20518.88	42563.60
营业收入(万)	26339.78	58721.60	31074.11	66533.38
营业成本(万)	16647.50	39934.08	20518.88	44152.20
投资收益(万)	–	–	–	–
利润总额(万)	4759.29	6293.36	4142.26	6759.44
净利润(万)	3850.28	4170.64	2711.44	4022.24

中航航空电子设备股份有限公司

公司概况					
公司名称	中航航空电子设备股份有限公司			证券简称	中航电子
法人代表	卢广山	董秘	朱立志	证券代码	600372
公司网址	www.changheauto.com		电子信箱	zlz_changhe@tom.com	
电　　话	0798-8462778 010-84409808		传　　真	0798-8448974	
办公地址	江西省景德镇市新厂东路208号 北京市朝阳区京顺路5号曙光大厦A座705室				
经营范围	航空机载照明与控制系统产品的制造等				

主要财务指标	2011.06.30	2010.12.31	2010.06.30	2009.12.31
指标＼报告期	2011.06.30	2010.12.31	2010.06.30	2009.12.31
每股收益(元)	0.2300	0.2800	0.2000	0.0600
每股收益(扣除)(元)	0.1500	0.2800	0.1200	–
每股净资产(元)	3.9800	3.6700	1.5580	1.4300
调整后每股净资产(元)	–	–	–	–
每股资本公积金(元)	3.0362	5.7339	2.3054	2.3054
每股盈余公积金(元)	0.2058	0.3310	0.1676	0.1676
每股未分配利润(元)	–0.2605	–0.8486	–1.9141	–2.0395
每股现金净流量(元)	–0.4239	0.1956	–0.4271	–0.1502
每股经营现金净流量(元)	–0.3497	0.2458	–0.2588	0.2400
净资产收益率(扣除)(%)	–	17.5900	–	0.0900
净资产收益率(%)	5.8570	16.2370	8.0450	3.6690
总资产(万)	692973.29	649428.25	106211.76	95405.89
股东权益(万)	327158.70	301255.81	75551.64	69473.28
主营业务收入(万)	182750.57	84093.95	146155.28	105684.23
主营成本(万)	125598.19	55987.32	94948.39	83260.08
营业收入(万)	184464.93	87303.42	147494.14	119871.64
营业成本(万)	126394.57	57251.98	95983.06	95684.80
投资收益(万)	–	–	–	–
利润总额(万)	24602.17	18951.89	20927.21	4427.47
净利润(万)	19162.80	13466.49	16461.58	2549.14

中文天地出版传媒股份有限公司

公司概况					
公司名称	中文天地出版传媒股份有限公司			证券简称	中文传媒
法人代表	钟健华	董秘	吴涤	证券代码	600373
公司网址	www.xxgf.com.cn		电子信箱	600373@xxgf.com.cn	
电　话	0791-86895306 86895076		传　真	0791-86895306	
办公地址	江西出版大厦(江西省南昌市阳明路 310 号)				
经营范围	国内版图书、电子、期刊批发;文化艺术品经营等				

主要财务指标

指标＼报告期	2011.06.30	2010.12.31	2010.06.30	2009.12.31
每股收益(元)	0.3600	0.9284	0.4200	0.6998
每股收益(扣除)(元)	0.3400	0.8633	0.4100	0.3519
每股净资产(元)	6.5363	6.0079	0.3320	7.7000
调整后每股净资产(元)	–	–	–	–
每股资本公积金(元)	4.5894	4.4165	0.2182	12.8322
每股盈余公积金(元)	–	–	0.0601	–
每股未分配利润(元)	0.9469	0.5915	–0.9462	0.7337
每股现金净流量(元)	–0.3652	–0.4536	–2.0902	1.5071
每股经营现金净流量(元)	0.1840	1.3656	2.5329	0.8415
净资产收益率(扣除)(%)	–	10.5800	–	7.9400
净资产收益率(%)	5.5240	10.3460	–17.4000	–118.2270
总资产(万)	563417.61	509065.14	111858.91	505802.65
股东权益(万)	370767.74	340797.46	6226.59	292335.07
主营业务收入(万)	160834.76	303459.48	126659.44	233323.26
主营成本(万)	109511.07	198093.86	80212.70	146887.88
营业收入(万)	168347.29	313137.51	130420.96	240459.10
营业成本(万)	110494.77	200338.43	80909.15	148501.34
投资收益(万)	–	–	–	–
利润总额(万)	20690.49	36313.06	16437.12	30846.80
净利润(万)	20481.16	35257.38	15968.42	26575.09

安徽星马汽车股份有限公司

公司概况					
公司名称	安徽星马汽车股份有限公司			证券简称	星马汽车
法人代表	沈伟良	董秘	金方放	证券代码	600375
公司网址	www.camc.biz		电子信箱	xm600375@163.com	
电　话	0555-8323038		传　真	0555-8323038 8323031	
办公地址	安徽省马鞍山市经济技术开发区				
经营范围	专用汽车(不含小轿车)、汽车配件、建材、建筑机械和金属材料的生产和销售等				

主要财务指标

指标＼报告期	2011.06.30	2010.12.31	2010.06.30	2009.12.31
每股收益(元)	0.9200	1.4300	0.8000	0.4400
每股收益(扣除)(元)	0.9200	1.4300	0.8000	0.4400
每股净资产(元)	5.2800	4.3600	3.7300	2.9300
调整后每股净资产(元)	–	–	–	–
每股资本公积金(元)	0.8105	0.8105	0.8105	0.8105
每股盈余公积金(元)	0.4089	0.4089	0.2752	0.2752
每股未分配利润(元)	3.0609	2.1424	1.6428	0.8478
每股现金净流量(元)	–0.7932	0.1081	0.3173	–
每股经营现金净流量(元)	0.1204	1.6688	0.8166	–
净资产收益率(扣除)(%)	–	39.2500	–	16.0000
净资产收益率(%)	17.3940	32.7470	21.3240	15.0600
总资产(万)	273992.48	205284.68	224010.81	173797.50
股东权益(万)	98994.52	81775.74	69902.04	54996.34
主营业务收入(万)	243976.57	394464.13	206520.46	261854.10
主营成本(万)	213903.06	347652.68	178751.57	236068.95
营业收入(万)	246882.65	397446.44	207489.17	265020.46
营业成本(万)	214693.50	348818.48	179141.04	237774.05
投资收益(万)	–	–	–	–
利润总额(万)	19792.49	31077.31	17273.90	10381.03
净利润(万)	17218.79	26779.40	14905.70	8282.59

北京首都开发股份有限公司

公司概况					
公司名称	北京首都开发股份有限公司			证券简称	首开股份
法人代表	刘希模	董秘	王怡	证券代码	600376
公司网址	www.shoukaigufen.com		电子信箱	bcdc@bcdh.com.cn	
电　话	010-66428156 66428113		传　真	010-66428061	
办公地址	北京市西城区复兴门内大街 156 号招商国际金融中心 D 座				
经营范围	房地产开发、商品房销售、房屋租赁等				

主要财务指标

指标＼报告期	2011.06.30	2010.12.31	2010.06.30	2009.12.31
每股收益(元)	0.2400	1.1694	0.7600	0.9542
每股收益(扣除)(元)	0.2400	1.0436	0.6800	0.4800
每股净资产(元)	7.0500	9.1100	8.7200	8.1400
调整后每股净资产(元)	–	–	–	–
每股资本公积金(元)	3.4785	4.8274	4.8167	4.8735
每股盈余公积金(元)	0.4573	0.5945	0.5699	0.5699
每股未分配利润(元)	2.1188	2.6870	2.3374	1.6922
每股现金净流量(元)	–1.8068	–1.3178	0.2782	8.0379
每股经营现金净流量(元)	–2.7653	–5.0543	–2.5274	1.3040
净资产收益率(扣除)(%)	–	12.0900	–	7.2700
净资产收益率(%)	2.9160	12.8380	8.7350	9.9943
总资产(万)	4827781.12	4274128.42	3747279.46	3310259.37
股东权益(万)	1054432.88	1047304.03	1003047.31	935388.94
主营业务收入(万)	154662.20	775789.76	342551.94	519002.65
主营成本(万)	69851.57	411039.47	151983.57	336294.41
营业收入(万)	154662.20	776549.24	342551.94	519408.82
营业成本(万)	69851.57	411454.15	151983.57	336327.63
投资收益(万)	–	–	–	–
利润总额(万)	30520.17	192691.79	115379.07	117267.06
净利润(万)	30742.24	134453.97	87616.26	93485.90

江苏宁沪高速公路股份有限公司

公司概况					
公司名称	江苏宁沪高速公路股份有限公司			证券简称	宁沪高速
法人代表	杨根林	董秘	姚永嘉	证券代码	600377
公司网址	www.jsexpressway.com		电子信箱	nhgs@public1.ptt.js.cn	
电　话	025-84469332 84362700		传　真	025-84466643	
办公地址	江苏省南京市马群大道 6 号				
经营范围	沪宁高速公路江苏段,312 国道沪宁段、南京至连云港一级公路南京段等				

主要财务指标

指标＼报告期	2011.06.30	2010.12.31	2010.06.30	2009.12.31
每股收益(元)	0.2600	0.4930	0.2500	0.3990
每股收益(扣除)(元)	0.2600	0.4910	0.2500	0.3990
每股净资产(元)	3.3800	3.4900	3.2400	3.3300
调整后每股净资产(元)	–	–	–	–
每股资本公积金(元)	1.5018	1.5040	1.4967	1.5269
每股盈余公积金(元)	0.4014	0.4014	0.3469	0.3469
每股未分配利润(元)	0.4790	0.5810	0.3951	0.4523
每股现金净流量(元)	0.0025	–0.0085	–0.0275	0.0114
每股经营现金净流量(元)	0.3926	0.6732	0.2596	0.3568
净资产收益率(扣除)(%)	–	–	–	–
净资产收益率(%)	7.6270	14.1450	7.8040	12.0000
总资产(万)	2472841.78	2489749.31	2522296.70	2549620.44
股东权益(万)	1703848.89	1756372.32	1631600.00	1675657.09
主营业务收入(万)	360553.18	665598.08	319810.76	551833.30
主营成本(万)	166493.48	291592.97	132778.14	234955.63
营业收入(万)	364202.29	675624.41	326847.24	574134.63
营业成本(万)	168100.36	295885.03	136109.16	249362.05
投资收益(万)	–	–	–	–
利润总额(万)	174531.82	333219.10	170414.47	271190.07
净利润(万)	129949.07	248440.40	127325.27	201097.25

四川天一科技股份有限公司

公司概况					
公司名称	四川天一科技股份有限公司			证券简称	天科股份
法人代表	古共伟	董秘	魏丹	证券代码	600378
公司网址	www.tianke.com		电子信箱	ctyc@tianke.com	
电　　话	028-85963417 85963659		传　　真	028-85963417 85963659	
办公地址	四川省成都市机场路445信箱				
经营范围	碳一化学技术及催化剂,变压吸附气体分离技术及装置等				

主要财务指标 指标\报告期	2011.06.30	2010.12.31	2010.06.30	2009.12.31
每股收益(元)	0.0690	0.1600	0.0420	0.1500
每股收益(扣除)(元)	0.0690	0.1400	0.0290	0.1400
每股净资产(元)	1.9600	1.8900	1.7730	1.9200
调整后每股净资产(元)	-	-	-	-
每股资本公积金(元)	0.5666	0.5666	0.5666	0.6233
每股盈余公积金(元)	0.0963	0.0963	0.0794	0.0873
每股未分配利润(元)	0.2984	0.2292	0.1268	0.2132
每股现金净流量(元)	0.0727	0.1365	-0.2000	0.1467
每股经营现金净流量(元)	0.0845	0.2263	-0.1562	0.1891
净资产收益率(扣除)(%)	3.5280	8.5310	2.3750	8.7570
净资产收益率(%)	3.5900	8.8700	2.3800	9.1600
总资产(万)	81923.50	76318.96	70434.16	69533.42
股东权益(万)	54718.11	52899.40	49610.39	49157.90
主营业务收入(万)	23844.11	48568.48	19925.97	49959.71
主营成本(万)	17264.92	35105.18	14414.09	35391.67
营业收入(万)	23966.05	49071.82	20167.80	50701.86
营业成本(万)	17304.94	35409.38	14629.21	35807.27
投资收益(万)	-18.00	-761.39	-467.80	-1042.18
利润总额(万)	2367.94	5413.03	1469.64	4913.58
净利润(万)	1869.24	4361.06	1137.31	4137.60

陕西宝光真空电器股份有限公司

公司概况					
公司名称	陕西宝光真空电器股份有限公司			证券简称	宝光股份
法人代表	祁勇	董秘	蒋华明	证券代码	600379
公司网址	www.baoguang.com.cn		电子信箱	office@baoguang.com.cn	
电　　话	0917-3561512		传　　真	0917-3561512	
办公地址	陕西省宝鸡市宝光路53号				
经营范围	高、中、低压真空电力电器、无线电元器件、器材、材料、高新元件等				

主要财务指标 指标\报告期	2011.06.30	2010.12.31	2010.06.30	2009.12.31
每股收益(元)	0.0170	0.0801	0.0410	0.1002
每股收益(扣除)(元)	0.2100	0.0482	0.0290	0.0719
每股净资产(元)	1.6853	1.6665	1.6230	1.5860
调整后每股净资产(元)	-	-	-	-
每股资本公积金(元)	0.1435	0.1352	0.1352	0.1352
每股盈余公积金(元)	0.0872	0.0872	0.0794	0.0794
每股未分配利润(元)	0.4546	0.4441	0.4080	0.3718
每股现金净流量(元)	-0.0984	0.2202	0.1456	0.1300
每股经营现金净流量(元)	-0.1540	0.1508	0.0938	0.2195
净资产收益率(扣除)(%)	1.0370	4.8080	2.5310	6.3140
净资产收益率(%)	1.0400	4.9300	2.5600	6.5200
总资产(万)	58722.93	54848.47	54900.86	56970.43
股东权益(万)	36449.14	36083.27	35091.91	34364.67
主营业务收入(万)	-	53903.63	22213.34	47379.40
主营成本(万)	-	43862.87	17065.63	36123.14
营业收入(万)	31536.55	59245.11	24918.62	50551.93
营业成本(万)	26378.27	47109.04	18792.71	37776.44
投资收益(万)	-	0.19	-	2.27
利润总额(万)	482.28	2036.92	897.89	2461.69
净利润(万)	374.62	1718.14	880.52	2147.81

健康元药业集团股份有限公司

公司概况					
公司名称	健康元药业集团股份有限公司			证券简称	健康元
法人代表	朱保国	董秘	邱庆丰	证券代码	600380
公司网址	www.joincare.com		电子信箱	qiuqingfeng@joincare.com	
电　　话	0755-86252388		传　　真	0755-86252398	
办公地址	广东省深圳市南山区高新区北区郎山路17号健康元药业集团大厦				
经营范围	中药、保健品及西药的研究、开发及生产经营等				

主要财务指标 指标\报告期	2011.06.30	2010.12.31	2010.06.30	2009.12.31
每股收益(元)	0.1873	0.5617	0.2783	0.3689
每股收益(扣除)(元)	0.1749	0.5484	0.2747	0.2885
每股净资产(元)	2.9412	2.9115	2.6457	2.8431
调整后每股净资产(元)	-	-	-	-
每股资本公积金(元)	0.7986	0.7988	0.8142	1.1782
每股盈余公积金(元)	0.2056	0.2056	0.1659	0.1990
每股未分配利润(元)	1.1244	0.9378	0.6941	0.4990
每股现金净流量(元)	0.2038	0.1623	0.1364	-0.0008
每股经营现金净流量(元)	0.2272	0.8389	0.4645	0.5517
净资产收益率(扣除)(%)	-	20.6900	-	12.8600
净资产收益率(%)	6.4670	19.2930	10.5170	15.5700
总资产(万)	758178.40	710773.33	656574.66	614597.51
股东权益(万)	379585.04	383577.76	348562.76	312134.99
主营业务收入(万)	236403.89	441508.38	205305.09	365242.62
主营成本(万)	113343.76	187037.37	86441.59	161607.18
营业收入(万)	239511.48	447285.76	208288.51	368324.71
营业成本(万)	115890.21	190649.56	87994.37	163479.28
投资收益(万)	-	-	-	-
利润总额(万)	44966.20	111660.96	57279.29	88946.75
净利润(万)	24545.81	74004.67	36659.38	48600.75

青海贤成矿业股份有限公司

公司概况					
公司名称	青海贤成矿业股份有限公司			证券简称	ST贤成
法人代表	臧静涛	董秘	马海杰	证券代码	600381
公司网址	www.xcky.cn		电子信箱	xcsy600381@yahoo.com.cn	
电　　话	020-85506086		传　　真	020-85506092	
办公地址	广东省广州市天河区珠江新城华夏路8号国际金融广场32楼				
经营范围	矿产资源、天然气、水泥、水电、火电资源的投资、开发等				

主要财务指标 指标\报告期	2011.06.30	2010.12.31	2010.06.30	2009.12.31
每股收益(元)	0.0375	0.1700	0.0271	0.1666
每股收益(扣除)(元)	0.0367	-0.0300	-0.0071	0.0046
每股净资产(元)	0.7600	0.6500	-0.6900	-0.7100
调整后每股净资产(元)	-	-	-	-
每股资本公积金(元)	0.5326	1.1798	0.0197	-
每股盈余公积金(元)	0.0529	0.0783	0.0522	0.0522
每股未分配利润(元)	-0.8719	-1.3456	-1.7652	-1.7655
每股现金净流量(元)	-0.0651	0.1127	1.0946	0.0169
每股经营现金净流量(元)	0.0839	0.2333	0.2639	0.0435
净资产收益率(扣除)(%)	-	-	-	-
净资产收益率(%)	5.3000	-35.8305	6.0300	-
总资产(万)	153683.52	145562.36	73843.03	38241.58
股东权益(万)	34467.09	29642.58	-21074.58	-21856.07
主营业务收入(万)	11391.26	6046.99	10309.81	-
主营成本(万)	4786.79	2946.53	5505.77	-
营业收入(万)	11436.33	6137.14	10354.89	3775.56
营业成本(万)	4802.66	2978.29	5521.65	1315.85
投资收益(万)	-	-	-	-
利润总额(万)	3169.73	5770.84	2772.10	5764.07
净利润(万)	1697.84	5358.26	1228.81	5103.91

广东明珠集团股份有限公司

公司概况	公司名称	广东明珠集团股份有限公司			证券简称	广东明珠
	法人代表	张文东	董秘	钟健如	证券代码	600382
	公司网址	www.gdmzh.com			电子信箱	600382@gdmzh.com
	电　　话	0753-3327282 3338549			传　　真	0753-3338549 3326050
	办公地址	广东省兴宁市官汕路99号				
	经营范围	制造、销售普通机械、金属制品、汽车零部件、橡胶制品、服装等				

主要财务指标	指标\报告期	2011.06.30	2010.12.31	2010.06.30	2009.12.31
	每股收益(元)	0.2400	0.5000	0.0600	0.2700
	每股收益(扣除)(元)	0.2300	0.1300	0.0300	0.1800
	每股净资产(元)	3.3140	3.1060	2.6620	2.6300
	调整后每股净资产(元)	–	–	–	–
	每股资本公积金(元)	0.2726	0.2734	0.2701	0.2701
	每股盈余公积金(元)	0.3111	0.3111	0.2526	0.2526
	每股未分配利润(元)	1.7306	1.5219	1.1392	1.1065
	每股现金净流量(元)	0.7278	0.8571	0.0454	–0.2149
	每股经营现金净流量(元)	0.2696	0.1890	0.2188	–0.7480
	净资产收益率(扣除)(%)	7.2020	16.2240	2.3580	10.1990
	净资产收益率(%)	7.4100	17.6200	2.3600	10.7100
	总资产(万)	131829.26	124159.02	161602.19	166664.54
	股东权益(万)	120218.66	109465.23	91989.76	91262.87
	主营业务收入(万)	–	59442.66	32363.71	68450.29
	主营成本(万)	–	51229.53	25796.27	59409.49
	营业收入(万)	8071.87	60449.84	33219.97	69437.37
	营业成本(万)	7455.62	51833.19	26167.68	60067.64
	投资收益(万)	8248.48	23512.25	389.01	10116.04
	利润总额(万)	8175.75	20947.50	2942.67	10336.69
	净利润(万)	8156.92	17223.49	2145.07	9163.29

金地(集团)股份有限公司

公司概况	公司名称	金地(集团)股份有限公司			证券简称	金地集团
	法人代表	凌克	董秘	徐家俊	证券代码	600383
	公司网址	www.gemdale.com			电子信箱	ir@gemdale.com
	电　　话	0755-82039999 83844828			传　　真	0755-82039900
	办公地址	广东省深圳市福田区福强路金地商业大楼				
	经营范围	房地产开发经营、自有物业管理、兴办各类实体、经营进出口业务				

主要财务指标	指标\报告期	2011.06.30	2010.12.31	2010.06.30	2009.12.31
	每股收益(元)	0.1100	0.6000	0.2700	0.4300
	每股收益(扣除)(元)	0.1000	0.6000	0.2700	0.4300
	每股净资产(元)	4.0200	3.9500	3.5900	6.0400
	调整后每股净资产(元)	–	–	–	–
	每股资本公积金(元)	1.3862	1.3743	1.3570	3.2185
	每股盈余公积金(元)	0.1590	0.1590	0.1119	0.2013
	每股未分配利润(元)	1.4240	1.3770	1.0963	1.5791
	每股现金净流量(元)	0.0784	0.8125	–0.0360	2.0031
	每股经营现金净流量(元)	–1.1491	–0.6796	–1.0145	–1.1525
	净资产收益率(扣除)(%)	–	16.4700	–	15.3300
	净资产收益率(%)	2.6580	15.2380	7.6540	11.8345
	总资产(万)	8438235.43	7281653.75	5944724.09	5551781.41
	股东权益(万)	1799191.45	1768018.53	1604273.74	1500894.53
	主营业务收入(万)	515686.00	1958568.00	874281.46	1208605.91
	主营成本(万)	320559.24	1213327.04	575037.32	765677.41
	营业收入(万)	515972.66	1959252.98	874486.33	1209817.22
	营业成本(万)	320760.12	1213369.20	575045.32	765695.52
	投资收益(万)	–	–	–	–
	利润总额(万)	78503.65	422624.13	186895.04	249809.29
	净利润(万)	47830.43	269404.36	122785.68	177623.32

山东金泰集团股份有限公司

公司概况	公司名称	山东金泰集团股份有限公司			证券简称	ST 金 泰
	法人代表	林云	董秘	杨继座	证券代码	600385
	公司网址	www.sdjintai.com.cn			电子信箱	yjzuo@163.com
	电　　话	0531-88902341			传　　真	0531-88902341
	办公地址	山东省济南市洪楼西路29号				
	经营范围	化学原料药、化学药品制剂、中药制剂、生物药品的研制、生产等				

主要财务指标	指标\报告期	2011.06.30	2010.12.31	2010.06.30	2009.12.31
	每股收益(元)	–0.0500	–0.1000	–0.0400	0.0200
	每股收益(扣除)(元)	–0.0500	–0.1000	–0.0400	–0.0800
	每股净资产(元)	–1.6200	–1.5700	–1.5100	–1.4700
	调整后每股净资产(元)	–	–	–	–
	每股资本公积金(元)	0.0716	0.0716	0.0716	0.0716
	每股盈余公积金(元)	0.1106	0.1106	0.1106	0.1106
	每股未分配利润(元)	–2.8019	–2.7542	–2.6926	–2.6507
	每股现金净流量(元)	0.0000	–0.0016	0.0000	0.0000
	每股经营现金净流量(元)	–0.0021	0.0006	–0.0015	0.0228
	净资产收益率(扣除)(%)	–	–	–	–
	净资产收益率(%)	–2.9400	–6.5878	–2.7747	–1.4466
	总资产(万)	5075.57	5187.42	5310.40	5418.03
	股东权益(万)	–23990.91	–23284.86	–22371.65	–21750.90
	主营业务收入(万)	185.62	417.11	227.89	334.25
	主营成本(万)	102.14	239.62	174.64	180.45
	营业收入(万)	306.32	578.47	330.91	530.37
	营业成本(万)	123.38	267.94	192.72	214.90
	投资收益(万)	–	–	–	–
	利润总额(万)	–706.05	–1533.97	–620.75	314.65
	净利润(万)	–706.05	–1533.97	–620.75	314.65

北京巴士传媒股份有限公司

公司概况	公司名称	北京巴士传媒股份有限公司			证券简称	北巴传媒
	法人代表	晏明	董秘	王婕	证券代码	600386
	公司网址	www.bbcm.com.cn			电子信箱	bbcm@bbcm.com.cn
	电　　话	010-68477383			传　　真	010-68731430
	办公地址	北京市海淀区紫竹院路32号				
	经营范围	设计、制作、代理、发布国内及外商来华广告等				

主要财务指标	指标\报告期	2011.06.30	2010.12.31	2010.06.30	2009.12.31
	每股收益(元)	0.1790	0.3400	0.1600	0.2900
	每股收益(扣除)(元)	0.1700	0.3300	0.1580	0.2500
	每股净资产(元)	3.1420	2.9100	2.6259	2.4700
	调整后每股净资产(元)	–	–	–	–
	每股资本公积金(元)	1.7729	1.7242	1.6112	1.6112
	每股盈余公积金(元)	0.2354	0.2354	0.2354	0.2354
	每股未分配利润(元)	0.1334	–0.0459	–0.2208	–0.3811
	每股现金净流量(元)	0.2351	–	0.2268	0.0808
	每股经营现金净流量(元)	0.4352	–	0.2994	0.6607
	净资产收益率(扣除)(%)	–	12.2600	–	10.8400
	净资产收益率(%)	5.7060	11.5060	6.1070	11.8480
	总资产(万)	205972.60	201119.72	180172.44	165062.67
	股东权益(万)	126672.22	117482.16	105874.49	99408.36
	主营业务收入(万)	97420.75	192216.04	76263.04	141247.11
	主营成本(万)	69057.54	145149.23	57284.11	104942.53
	营业收入(万)	99277.77	196012.02	77854.40	143935.97
	营业成本(万)	70024.77	146853.56	58080.43	106436.17
	投资收益(万)	–	–	–	–
	利润总额(万)	8964.87	17076.47	7981.39	14364.90
	净利润(万)	7228.45	13517.04	6466.13	11778.10

浙江海越股份有限公司

公司概况	公司名称	浙江海越股份有限公司			证券简称	海越股份
	法人代表	吕小奎	董秘	陈海平	证券代码	600387
	公司网址	www.chinahaiyue.com		电子信箱	haiping600387@163.com	
	电　　话	0575-87016161 87011796		传　　真	0575-87032163	
	办公地址	浙江省诸暨市西施大街59号				
	经营范围	交通、能源等基础设施的投资和经营等				

	指标\报告期	2011.06.30	2010.12.31	2010.06.30	2009.12.31
主要财务指标	每股收益(元)	0.0500	0.1500	0.0600	0.5800
	每股收益(扣除)(元)	0.0600	0.1300	0.0800	0.1000
	每股净资产(元)	2.4356	2.3818	2.3149	2.5500
	调整后每股净资产(元)	–	–	–	–
	每股资本公积金(元)	0.5171	0.5157	0.5430	0.8852
	每股盈余公积金(元)	0.2804	0.2804	0.2635	0.3426
	每股未分配利润(元)	0.6380	0.5858	0.5084	1.0822
	每股现金净流量(元)	0.8470	–0.0827	–0.0926	0.3239
	每股经营现金净流量(元)	–0.1041	–0.0275	–0.0166	–0.4610
	净资产收益率(扣除)(%)	–	5.6400	–	4.5900
	净资产收益率(%)	2.1440	6.4990	2.6140	22.6000
	总资产(万)	209013.20	188348.37	178649.55	181145.85
	股东权益(万)	94036.59	91962.88	89377.97	98308.45
	主营业务收入(万)	107468.72	146757.77	54800.02	90521.70
	主营成本(万)	103987.33	140910.80	51433.59	83873.38
	营业收入(万)	108063.02	147596.17	55061.92	91186.77
	营业成本(万)	104306.59	141084.18	51443.51	83888.53
	投资收益(万)	–	–	–	–
	利润总额(万)	2226.11	6133.27	2871.44	27242.63
	净利润(万)	2016.16	5976.38	2335.92	22217.41

福建龙净环保股份有限公司

公司概况	公司名称	福建龙净环保股份有限公司			证券简称	龙净环保
	法人代表	周苏华	董秘	陈培敏	证券代码	600388
	公司网址	www.longking.com.cn		电子信箱	stock@longking.com.cn	
	电　　话	0597-2210288		传　　真	0597-2290903	
	办公地址	福建省龙岩市新罗区陵园路81号				
	经营范围	环境污染防治设备、工业自动控制系统装置,环保专用仪器、仪表等				

	指标\报告期	2011.06.30	2010.12.31	2010.06.30	2009.12.31
主要财务指标	每股收益(元)	0.5400	1.1000	0.5300	1.3500
	每股收益(扣除)(元)	0.5000	0.9900	0.4900	1.2900
	每股净资产(元)	10.1300	9.8600	9.2700	9.4700
	调整后每股净资产(元)	–	–	–	–
	每股资本公积金(元)	5.4272	5.1076	5.0905	5.3177
	每股盈余公积金(元)	0.4333	0.4456	0.2906	0.2906
	每股未分配利润(元)	3.2681	3.3093	2.8908	2.8650
	每股现金净流量(元)	–0.7312	–0.3316	–0.1849	2.7592
	每股经营现金净流量(元)	–0.8813	0.8047	0.0843	1.0308
	净资产收益率(扣除)(%)	–	10.2500	–	15.6800
	净资产收益率(%)	5.2350	11.1460	5.6720	13.0810
	总资产(万)	598444.25	571144.00	509806.81	488602.62
	股东权益(万)	216557.12	205040.82	192762.64	196949.43
	主营业务收入(万)	152209.71	334472.97	140695.05	341684.23
	主营成本(万)	115061.24	264630.52	109532.46	274299.86
	营业收入(万)	152209.71	334472.97	140695.05	341684.23
	营业成本(万)	115061.24	264630.52	109532.46	274299.86
	投资收益(万)	–	–	–	–
	利润总额(万)	14370.98	27597.74	13824.08	32706.98
	净利润(万)	11337.42	22854.08	10932.46	25762.06

南通江山农药化工股份有限公司

公司概况	公司名称	南通江山农药化工股份有限公司			证券简称	江山股份
	法人代表	李大军	董秘		证券代码	600389
	公司网址	www.jsac.com.cn		电子信箱	songjh@jsac.com.cn	
	电　　话	0513-83558270 83530931		传　　真	0513-83521807	
	办公地址	江苏省南通市姚港路35号				
	经营范围	化学农药、有机化学品、无机化学品、高分子聚合物制造、加工、销售等				

	指标\报告期	2011.06.30	2010.12.31	2010.06.30	2009.12.31
主要财务指标	每股收益(元)	–0.1183	0.1554	–0.0277	–0.3949
	每股收益(扣除)(元)	–0.1656	–0.5417	–0.2213	–0.4512
	每股净资产(元)	4.4223	4.5502	4.3824	4.4100
	调整后每股净资产(元)	–	–	–	–
	每股资本公积金(元)	1.0688	1.0688	1.0688	1.0688
	每股盈余公积金(元)	0.4781	0.4781	0.4773	0.4781
	每股未分配利润(元)	1.8635	1.9818	1.7994	1.8264
	每股现金净流量(元)	1.9284	–0.2764	0.0807	–0.1803
	每股经营现金净流量(元)	–0.4485	1.3379	0.0092	0.4833
	净资产收益率(扣除)(%)	–	–12.0700	–	–9.7100
	净资产收益率(%)	–2.6750	3.4160	–0.6320	–8.9580
	总资产(万)	373814.01	315957.29	343099.84	328091.52
	股东权益(万)	87561.00	90093.07	86771.96	87287.14
	主营业务收入(万)	129541.91	196634.86	108820.36	230573.16
	主营成本(万)	121014.25	182899.88	100664.96	211329.79
	营业收入(万)	130381.78	198429.01	110041.02	232991.98
	营业成本(万)	121141.14	182945.20	100757.62	212283.00
	投资收益(万)	–	–	–	–
	利润总额(万)	–2215.58	4381.47	–5.38	–9455.33
	净利润(万)	–2341.83	3077.79	–548.24	–7819.17

金瑞新材料科技股份有限公司

公司概况	公司名称	金瑞新材料科技股份有限公司			证券简称	金瑞科技
	法人代表	王晓梅	董秘	刘丹	证券代码	600390
	公司网址	www.king-ray.com.cn		电子信箱	liudan@crimm.cn	
	电　　话	0731-88657400 88657382		传　　真	0731-88711158	
	办公地址	湖南省长沙市岳麓区麓山南路966号				
	经营范围	金属材料及制品、超硬材料及制品、电子材料及制品、电源材料及制品等				

	指标\报告期	2011.06.30	2010.12.31	2010.06.30	2009.12.31
主要财务指标	每股收益(元)	0.1178	0.1700	0.0691	–0.6400
	每股收益(扣除)(元)	0.1115	0.1100	0.0340	–0.6200
	每股净资产(元)	4.0300	3.9100	3.4900	3.7600
	调整后每股净资产(元)	–	–	–	–
	每股资本公积金(元)	2.6142	2.6142	2.6345	2.6345
	每股盈余公积金(元)	0.1466	0.1466	0.1466	0.1466
	每股未分配利润(元)	0.2606	0.1429	–0.3014	–0.0317
	每股现金净流量(元)	–0.2487	0.0694	0.1113	0.0137
	每股经营现金净流量(元)	–0.2107	0.5320	–0.0142	0.4270
	净资产收益率(扣除)(%)	–	2.8800	–	–15.1200
	净资产收益率(%)	2.9220	4.4630	1.9810	–27.9590
	总资产(万)	149048.90	145262.24	146388.99	126612.79
	股东权益(万)	64510.98	62602.87	55801.32	60114.59
	主营业务收入(万)	66873.53	124606.03	58861.18	96621.35
	主营成本(万)	57023.25	106309.01	50942.75	86280.11
	营业收入(万)	68514.47	129669.91	60985.80	101169.56
	营业成本(万)	57856.18	110427.19	52670.08	90026.79
	投资收益(万)	–	–	–	–
	利润总额(万)	2810.04	4755.00	2374.45	–15506.14
	净利润(万)	1885.15	2794.22	1105.53	–10180.04

四川成发航空科技股份有限公司

公司概况	公司名称	四川成发航空科技股份有限公司			证券简称	成发科技
	法人代表	杨锐	董秘	李志伟	证券代码	600391
	公司网址	www.scfast.com		电子信箱	lizhiwei@scfast.com	
	电　　话	028-89358616		传　　真	028-89358615	
	办公地址	四川省成都市新都区三河街成发工业园				
	经营范围	研究、制造、加工、维修销售航空发动机及零部件等				

主要财务指标	指标＼报告期	2011.06.30	2010.12.31	2010.06.30	2009.12.31
	每股收益(元)	0.3000	0.3600	0.3600	0.3700
	每股收益(扣除)(元)	0.2300	0.3500	0.2100	0.3700
	每股净资产(元)	8.7716	7.2602	4.4786	4.2800
	调整后每股净资产(元)	–	–	–	–
	每股资本公积金(元)	6.3227	4.4567	1.8493	1.8493
	每股盈余公积金(元)	0.3031	0.4234	0.3713	0.3713
	每股未分配利润(元)	1.1458	1.3801	1.2580	1.0554
	每股现金净流量(元)	5.3339	0.6079	0.3671	–0.2343
	每股经营现金净流量(元)	0.0287	1.3139	0.1222	1.1381
	净资产收益率(扣除)(%)	–	7.9100	–	8.5400
	净资产收益率(%)	3.3850	7.7210	4.5240	8.5500
	总资产(万)	371007.52	257529.17	159669.00	162457.08
	股东权益(万)	160875.46	95323.67	58801.78	56141.69
	主营业务收入(万)	87673.36	114577.08	65982.72	103004.95
	主营成本(万)	69627.63	91063.81	49948.74	80083.85
	营业收入(万)	88655.31	115452.40	66392.96	103666.81
	营业成本(万)	70642.58	91733.39	50268.93	80517.19
	投资收益(万)	–	–	–	–
	利润总额(万)	6218.78	5040.11	5411.06	4761.55
	净利润(万)	5445.38	4697.34	4773.50	4801.99

太原理工天成科技股份有限公司

公司概况	公司名称	太原理工天成科技股份有限公司			证券简称	太工天成
	法人代表	郑涛	董秘	钱小红	证券代码	600392
	公司网址	www.tichn.com		电子信箱	info@tichn.com	
	电　　话	0351-7035787 3182809		传　　真	0351-3186299	
	办公地址	山西省太原市高新技术产业开发区亚日街 2 号				
	经营范围	研制、开发、生产、销售智能电子设备及其网络系统等				

主要财务指标	指标＼报告期	2011.06.30	2010.12.31	2010.06.30	2009.12.31
	每股收益(元)	–0.1800	–0.5600	–0.1300	0.0400
	每股收益(扣除)(元)	–0.1900	–0.5900	–0.1600	–0.0500
	每股净资产(元)	2.4100	2.5900	3.0300	3.1600
	调整后每股净资产(元)	–	–	–	–
	每股资本公积金(元)	0.9779	0.9779	0.9780	0.9780
	每股盈余公积金(元)	0.1699	0.1699	0.1701	0.1701
	每股未分配利润(元)	0.2631	0.4469	0.8779	1.0101
	每股现金净流量(元)	–0.4205	1.1406	0.8015	–0.5040
	每股经营现金净流量(元)	–0.1296	0.2865	–0.4499	–0.3841
	净资产收益率(扣除)(%)	–	–20.5600	–	–1.5700
	净资产收益率(%)	–7.6240	–21.7030	–4.3710	1.2200
	总资产(万)	105897.42	110555.12	132321.86	126897.78
	股东权益(万)	37756.17	40634.78	47385.85	49456.87
	主营业务收入(万)	12645.30	36615.87	16960.40	45070.97
	主营成本(万)	11492.93	33777.99	15389.48	38138.65
	营业收入(万)	12645.30	36615.87	16960.40	46643.99
	营业成本(万)	11492.93	33777.99	15389.48	38138.65
	投资收益(万)	–	–	–	–
	利润总额(万)	–2896.51	–8978.01	–2068.63	923.67
	净利润(万)	–2878.61	–8819.14	–2071.02	603.37

广州东华实业股份有限公司

公司概况	公司名称	广州东华实业股份有限公司			证券简称	东华实业
	法人代表	杨树坪	董秘	蔡锦鹭	证券代码	600393
	公司网址	www.gzdh.com.cn		电子信箱	caijinlu@tom.com	
	电　　话	020-87397172 87379702		传　　真	020-87386297	
	办公地址	广东省广州市寺右新马路 170 号四楼				
	经营范围	房地产开发、出租、出售房屋,土建工程电气配套承装、房屋拆迁等				

主要财务指标	指标＼报告期	2011.06.30	2010.12.31	2010.06.30	2009.12.31
	每股收益(元)	0.0490	0.2460	0.0920	0.2240
	每股收益(扣除)(元)	0.0210	0.1900	0.0910	0.2000
	每股净资产(元)	3.0570	3.0080	2.8500	2.8600
	调整后每股净资产(元)	–	–	–	–
	每股资本公积金(元)	0.6173	0.6174	0.6174	0.6174
	每股盈余公积金(元)	0.2936	0.2936	0.2609	0.2609
	每股未分配利润(元)	1.1463	1.0969	0.9750	0.9835
	每股现金净流量(元)	0.2187	0.3051	0.5365	0.1122
	每股经营现金净流量(元)	–0.2548	–0.3684	0.0357	1.1440
	净资产收益率(扣除)(%)	–	6.4800	–	7.2100
	净资产收益率(%)	1.6180	8.1800	3.2070	7.8390
	总资产(万)	327172.19	306296.94	293061.24	258999.90
	股东权益(万)	91717.83	90236.51	85599.26	85854.22
	主营业务收入(万)	38145.71	109969.64	33944.10	123168.00
	主营成本(万)	27087.31	80410.20	23999.72	94003.06
	营业收入(万)	38484.62	110815.57	34244.67	123710.64
	营业成本(万)	27089.23	80420.85	24009.01	–
	投资收益(万)	–	–	–	–
	利润总额(万)	1965.50	8709.52	2770.99	9302.66
	净利润(万)	1484.18	7381.75	2745.04	6730.17

贵州盘江精煤股份有限公司

公司概况	公司名称	贵州盘江精煤股份有限公司			证券简称	盘江股份
	法人代表	张仕和	董秘	张发安	证券代码	600395
	公司网址			电子信箱	pjzfa@163.com	
	电　　话	0858-3703046 3703068		传　　真	0858-3703046	
	办公地址	贵州省六盘水市红果经济开发区干沟桥				
	经营范围	原煤开采、洗选加工及销售等				

主要财务指标	指标＼报告期	2011.06.30	2010.12.31	2010.06.30	2009.12.31
	每股收益(元)	0.7940	1.2190	0.5800	1.0120
	每股收益(扣除)(元)	0.8000	1.2220	0.5810	1.0130
	每股净资产(元)	5.9330	5.7330	5.0800	4.8400
	调整后每股净资产(元)	–	–	–	–
	每股资本公积金(元)	2.6070	2.6070	2.5906	2.5944
	每股盈余公积金(元)	0.3326	0.3326	0.2117	0.2107
	每股未分配利润(元)	1.3354	1.3910	0.8794	0.7438
	每股现金净流量(元)	0.8878	0.0391	0.2214	0.5162
	每股经营现金净流量(元)	1.2681	1.0408	0.4978	1.6405
	净资产收益率(扣除)(%)	–	23.3300	–	22.3800
	净资产收益率(%)	13.3880	21.2650	11.3970	18.4920
	总资产(万)	1200651.04	829375.08	791680.25	717424.64
	股东权益(万)	654646.09	632589.96	560542.36	533126.08
	主营业务收入(万)	352141.72	539132.62	253893.93	449253.93
	主营成本(万)	199368.95	296015.11	141947.77	265356.06
	营业收入(万)	356401.90	546924.15	257306.51	454606.07
	营业成本(万)	203077.81	303367.58	145167.75	270297.18
	投资收益(万)	–	–	–	–
	利润总额(万)	102323.72	159215.53	75263.17	116623.97
	净利润(万)	87644.09	134521.64	63973.69	99000.50

沈阳金山能源股份有限公司

公司概况	公司名称	沈阳金山能源股份有限公司		证券简称	金山股份
	法人代表	彭兴宇	董秘 薛滨	证券代码	600396
	公司网址	www.600396.com		电子信箱	zqb600396@126.com
	电 话	024-83996041 83996006		传 真	024-83996040
	办公地址	辽宁省沈阳市和平区南五马路183号泰宸商务大厦B座23-26			
	经营范围	火力发电、风力发电、供暖及供热等			

指标\报告期	2011.06.30	2010.12.31	2010.06.30	2009.12.31
每股收益(元)	0.0831	0.0180	0.0624	0.1194
每股收益(扣除)(元)	0.0831	0.0459	0.0624	0.1460
每股净资产(元)	3.1700	3.0700	3.1100	3.0500
调整后每股净资产(元)	-	-	-	-
每股资本公积金(元)	0.9247	0.9247	0.8964	0.8964
每股盈余公积金(元)	0.1588	0.1588	0.1588	0.1588
每股未分配利润(元)	1.0113	0.9282	0.9727	0.9303
每股现金净流量(元)	0.5396	-0.6246	-1.0064	0.2778
每股经营现金净流量(元)	0.3514	0.7543	0.2144	1.1142
净资产收益率(扣除)(%)	-	1.5000	-	4.9400
净资产收益率(%)	2.6235	0.5850	2.0050	3.9100
总资产(万)	897515.63	826544.54	681804.32	624211.15
股东权益(万)	107857.43	104637.44	106048.21	104020.16
主营业务收入(万)	91041.63	141028.49	67887.87	187781.63
主营成本(万)	77874.71	114734.23	53909.17	149076.66
营业收入(万)	91148.04	141827.30	68145.10	190586.38
营业成本(万)	77874.86	114961.90	53987.37	151035.78
投资收益(万)	-	-	-	-
利润总额(万)	2926.48	3251.00	4663.47	6187.80
净利润(万)	2829.59	611.60	2125.79	4066.85

安源实业股份有限公司

公司概况	公司名称	安源实业股份有限公司		证券简称	安源股份
	法人代表	李良仕	董秘 彭煤	证券代码	600397
	公司网址	www.anyuan2002.com		电子信箱	pm678@sina.com.cn
	电 话	0799-6776682		传 真	0799-6776682
	办公地址	江西省萍乡市高新技术工业园北区郑和路8号			
	经营范围	煤炭采掘销售、浮法玻璃生产、玻璃深加工及客车制造等			

指标\报告期	2011.06.30	2010.12.31	2010.06.30	2009.12.31
每股收益(元)	0.0546	0.1600	0.2008	0.1300
每股收益(扣除)(元)	0.0498	0.1200	0.2033	0.0100
每股净资产(元)	2.6754	2.5669	2.4755	2.4100
调整后每股净资产(元)	-	-	-	-
每股资本公积金(元)	1.5624	1.5624	1.5595	1.5543
每股盈余公积金(元)	0.2333	0.2333	0.2333	0.2333
每股未分配利润(元)	-0.1744	-0.2289	-0.3354	-0.3866
每股现金净流量(元)	-0.4196	0.1056	-0.1245	0.4055
每股经营现金净流量(元)	0.0832	1.0229	-0.0201	0.6053
净资产收益率(扣除)(%)	-	4.9300	-	0.2900
净资产收益率(%)	2.0400	6.1420	7.0670	5.2540
总资产(万)	206182.29	222756.72	209501.72	193030.46
股东权益(万)	72029.01	69110.14	66648.71	64780.61
主营业务收入(万)	60308.79	114175.76	56100.36	84126.33
主营成本(万)	44454.66	79782.07	37219.13	62079.63
营业收入(万)	63646.12	119907.40	58197.56	88571.24
营业成本(万)	45711.38	81901.22	38125.89	63464.13
投资收益(万)	-	-	-	-
利润总额(万)	3946.20	9940.11	8518.24	5767.17
净利润(万)	1469.68	4244.48	5406.29	3403.71

凯诺科技股份有限公司

公司概况	公司名称	凯诺科技股份有限公司		证券简称	凯诺科技
	法人代表	陶晓华	董秘 许庆华	证券代码	600398
	公司网址	www.sancanal.com		电子信箱	security@sancanal.com
	电 话	0510-86121388 3180		传 真	0510-86126877
	办公地址	江苏省江阴市新桥镇			
	经营范围	毛纺新技术、新产品、新材料、通讯产品的研发、销售等			

指标\报告期	2011.06.30	2010.12.31	2010.06.30	2009.12.31
每股收益(元)	0.0800	0.1300	0.0600	0.1200
每股收益(扣除)(元)	0.0800	0.1300	0.0600	0.1000
每股净资产(元)	2.9780	3.0000	2.9240	2.9000
调整后每股净资产(元)	-	-	-	-
每股资本公积金(元)	0.6686	0.6686	0.6686	0.6686
每股盈余公积金(元)	0.1879	0.1879	0.1738	0.1738
每股未分配利润(元)	1.1211	1.1418	1.0811	1.0526
每股现金净流量(元)	-0.3442	0.1585	-0.2625	0.2142
每股经营现金净流量(元)	-0.0787	0.3244	0.0122	0.3618
净资产收益率(扣除)(%)	-	4.4100	-	3.4600
净资产收益率(%)	2.6640	4.4440	2.0020	4.2310
总资产(万)	232742.17	241024.64	216060.26	224525.23
股东权益(万)	192532.75	193870.31	189040.01	187195.21
主营业务收入(万)	61023.80	112728.83	48152.71	86189.23
主营成本(万)	42720.87	82608.74	35287.64	64026.29
营业收入(万)	61739.60	114642.69	48832.76	101649.49
营业成本(万)	43707.52	84461.36	36235.29	78123.22
投资收益(万)	-	-	-	-
利润总额(万)	5868.94	9820.14	4160.35	8594.20
净利润(万)	5128.48	8614.91	3784.61	7919.96

抚顺特殊钢股份有限公司

公司概况	公司名称	抚顺特殊钢股份有限公司		证券简称	抚顺特钢
	法人代表	赵明远	董秘 孔德生	证券代码	600399
	公司网址	www.fs-ss.com		电子信箱	kongdesheng@dtsteel.com
	电 话	0413-6676495 6678441		传 真	0413-6688966 6676495
	办公地址	辽宁省抚顺市望花区鞍山路东段8号			
	经营范围	钢冶炼、压延钢加工及冶金技术服务,工业(含液体)制造、销售等			

指标\报告期	2011.06.30	2010.12.31	2010.06.30	2009.12.31
每股收益(元)	0.0250	0.0599	0.0220	0.0512
每股收益(扣除)(元)	0.0210	0.0483	0.0200	0.0484
每股净资产(元)	3.2230	3.1990	3.1620	3.1400
调整后每股净资产(元)	-	-	-	-
每股资本公积金(元)	1.4126	1.4126	1.4126	1.4126
每股盈余公积金(元)	0.1260	0.1260	0.1203	0.1203
每股未分配利润(元)	0.6852	0.6604	0.6287	0.6062
每股现金净流量(元)	0.0063	-0.0331	-0.3678	0.1103
每股经营现金净流量(元)	0.9521	0.2787	0.5112	-0.5931
净资产收益率(扣除)(%)	-	1.5200	-	1.5600
净资产收益率(%)	0.7700	1.8730	0.7110	1.6301
总资产(万)	696483.66	640691.78	546806.47	542643.28
股东权益(万)	167638.29	166348.39	164402.74	163233.36
主营业务收入(万)	290706.85	517014.34	253192.72	409821.41
主营成本(万)	264881.95	477060.90	235436.31	376112.34
营业收入(万)	297204.90	528159.34	258761.57	417714.55
营业成本(万)	270871.86	487508.61	240734.65	383384.79
投资收益(万)	-	-	-	-
利润总额(万)	1690.89	4037.11	1493.15	3801.76
净利润(万)	1289.91	3115.03	1169.38	2660.91

江苏红豆实业股份有限公司

公司概况	公司名称	江苏红豆实业股份有限公司			证券简称	红豆股份
	法人代表	周鸣江	董秘	孟晓平	证券代码	600400
	公司网址	www.hongdou.com.cn		电子信箱	hongdou@hongdou.com	
	电　话	0510-66868422 66868278		传　真	0510-88350139	
	办公地址	江苏省无锡市锡山区港下镇				
	经营范围	服装、针织品、服装面料 的生产与销售,锦纶丝的生产与销售等				

	指标\报告期	2011.06.30	2010.12.31	2010.06.30	2009.12.31
主要财务指标	每股收益(元)	0.0300	0.1400	0.0500	0.0600
	每股收益(扣除)(元)	0.0300	0.1400	0.0500	0.0500
	每股净资产(元)	2.3500	2.3600	2.9900	2.9700
	调整后每股净资产(元)	–	–	–	–
	每股资本公积金(元)	0.4336	0.8637	0.8664	0.8780
	每股盈余公积金(元)	0.1728	0.2246	0.2134	0.2192
	每股未分配利润(元)	0.7481	0.9826	0.9122	0.8747
	每股现金净流量(元)	0.1069	–0.6666	–0.6302	0.5333
	每股经营现金净流量(元)	–0.9470	–2.4437	–1.0315	1.3237
	净资产收益率(扣除)(%)	1.3060	4.4920	1.9720	2.0643
	净资产收益率(%)	1.2900	4.5500	1.8400	2.0600
	总资产(万)	590325.73	522356.59	437866.96	426879.95
	股东权益(万)	160705.09	159372.69	139658.18	136577.36
	主营业务收入(万)	–	–	–	–
	主营成本(万)	–	–	–	–
	营业收入(万)	74265.93	213938.04	136258.42	105858.97
	营业成本(万)	53755.53	165245.35	111650.90	81920.30
	投资收益(万)	569.87	1116.41	433.28	410.73
	利润总额(万)	2670.47	10211.12	5328.81	4202.36
	净利润(万)	1722.90	5946.45	2543.62	2644.71

河南大有能源股份有限公司

公司概况	公司名称	河南大有能源股份有限公司			证券简称	大有能源
	法人代表	田富军	董秘	于莉	证券代码	600403
	公司网址			电子信箱	dsh@hndyny.com	
	电　话	0398-5887735		传　真	0398-5887735	
	办公地址	河南省三门峡市义马市千秋路6号				
	经营范围	煤炭生产与经营等				

	指标\报告期	2011.06.30	2010.12.31	2010.06.30	2009.12.31
主要财务指标	每股收益(元)	–0.0447	0.0399	0.0288	0.1448
	每股收益(扣除)(元)	–0.0447	–0.1009	0.0219	–
	每股净资产(元)	2.4636	2.5082	2.4053	2.3700
	调整后每股净资产(元)	–	–	–	–
	每股资本公积金(元)	0.9312	0.9312	0.8397	0.8397
	每股盈余公积金(元)	0.1314	0.1314	0.0961	0.0782
	每股未分配利润(元)	0.4010	0.4457	0.4698	0.4519
	每股现金净流量(元)	–0.1195	–0.1191	0.0304	0.1791
	每股经营现金净流量(元)	–0.1195	0.3345	0.0036	0.1111
	净资产收益率(扣除)(%)	–	–4.1989	–	–
	净资产收益率(%)	–1.8130	1.5920	1.1980	6.1100
	总资产(万)	32009.49	36022.23	52923.50	47433.77
	股东权益(万)	31402.54	31971.89	30659.86	30203.23
	主营业务收入(万)	–	24282.89	15386.54	–
	主营成本(万)	–	13671.45	6876.95	–
	营业收入(万)	–	24290.10	15393.75	24742.74
	营业成本(万)	–	13679.09	6881.96	12146.47
	投资收益(万)	–	–	–	–
	利润总额(万)	–569.35	2109.32	2346.00	6380.68
	净利润(万)	–569.35	508.89	367.33	1845.46

北京动力源科技股份有限公司

公司概况	公司名称	北京动力源科技股份有限公司			证券简称	动力源
	法人代表	何振亚	董秘	郭玉洁	证券代码	600405
	公司网址	www.dpc.com.cn		电子信箱	gyj@dpc.com.cn	
	电　话	010-83681321		传　真	010-63783054	
	办公地址	北京市丰台区科技园区星火路8号				
	经营范围	自营和代理各类商品和技术的进出口业务等				

	指标\报告期	2011.06.30	2010.12.31	2010.06.30	2009.12.31
主要财务指标	每股收益(元)	–0.0843	0.2430	0.0536	0.1910
	每股收益(扣除)(元)	–0.1222	0.2350	0.0517	0.1840
	每股净资产(元)	2.2214	2.2701	1.9560	1.9000
	调整后每股净资产(元)	–	–	–	–
	每股资本公积金(元)	0.6332	0.5976	0.3959	0.3959
	每股盈余公积金(元)	0.1166	0.1166	0.0982	0.0982
	每股未分配利润(元)	0.4716	0.5559	0.4624	0.4088
	每股现金净流量(元)	–0.3502	–0.1889	–0.4459	0.4900
	每股经营现金净流量(元)	–0.4040	–0.3168	–0.3444	0.6750
	净资产收益率(扣除)(%)	–	11.4000	–	10.1600
	净资产收益率(%)	–3.7940	10.3740	2.7400	10.0150
	总资产(万)	107527.24	102390.65	85827.12	87908.74
	股东权益(万)	48482.90	49545.27	40829.98	39710.69
	主营业务收入(万)	25402.43	75623.46	26350.68	59811.88
	主营成本(万)	18311.18	49936.63	16805.47	37128.88
	营业收入(万)	25923.02	77130.61	26737.98	60572.74
	营业成本(万)	18393.86	50653.27	16924.41	37794.77
	投资收益(万)	–	–	–	–
	利润总额(万)	–1688.15	6019.85	1480.52	4861.21
	净利润(万)	–1839.42	5139.98	1119.06	3977.11

国电南瑞科技股份有限公司

公司概况	公司名称	国电南瑞科技股份有限公司			证券简称	国电南瑞
	法人代表	肖世杰	董秘	方飞龙	证券代码	600406
	公司网址	www.naritech.cn		电子信箱	fangfeilong@sgepri.sgcc.com.cn	
	电　话	025-83092026		传　真	025-83422355	
	办公地址	江苏省南京市高新技术产业开发区高新路20号				
	经营范围	发电,输电,变电,配电,供电控制系统和设备等				

	指标\报告期	2011.06.30	2010.12.31	2010.06.30	2009.12.31
主要财务指标	每股收益(元)	0.2400	0.9300	0.1600	0.4900
	每股收益(扣除)(元)	0.2300	0.8900	0.1600	0.3800
	每股净资产(元)	2.3300	4.2800	2.3000	4.1200
	调整后每股净资产(元)	–	–	–	–
	每股资本公积金(元)	0.2092	1.4184	–	0.0035
	每股盈余公积金(元)	0.1564	0.3129	0.2347	0.4696
	每股未分配利润(元)	0.9658	1.5466	1.0699	2.6489
	每股现金净流量(元)	–0.1343	1.8645	–0.2234	–1.1715
	每股经营现金净流量(元)	–0.1612	0.5664	–0.2556	0.5770
	净资产收益率(扣除)(%)	–	32.9500	–	18.6800
	净资产收益率(%)	10.3990	21.1220	13.9580	23.7485
	总资产(万)	469491.78	402691.17	265643.77	245663.18
	股东权益(万)	244882.98	224670.09	117560.00	105137.26
	主营业务收入(万)	142724.94	247784.08	99340.26	177869.20
	主营成本(万)	95123.95	165369.57	66996.11	123232.61
	营业收入(万)	142956.73	248209.04	99533.42	177869.20
	营业成本(万)	95237.33	165558.16	67033.47	123232.61
	投资收益(万)	–	–	–	–
	利润总额(万)	28178.66	53679.96	18364.89	27901.82
	净利润(万)	25464.68	47454.74	16408.63	24968.55

山西安泰集团股份有限公司

公司概况	公司名称	山西安泰集团股份有限公司		证券简称	安泰集团
	法人代表	李安民	董秘	郭全虎	证券代码	600408
	公司网址	www.antaigroup.com		电子信箱	zqbat@263.net
	电 话	0354-7531034		传 真	0354-7536786
	办公地址	山西省介休市义安镇			
	经营范围	煤炭洗选、焦炭、生铁、水泥及其制品、电力的生产与销售等			

主要财务指标	指标\报告期	2011.06.30	2010.12.31	2010.06.30	2009.12.31
	每股收益(元)	-0.1700	0.0400	-0.0600	-0.4600
	每股收益(扣除)(元)	-0.1600	0.0100	-0.0500	-0.5000
	每股净资产(元)	2.5800	2.7600	2.6900	2.7500
	调整后每股净资产(元)	-	-	-	-
	每股资本公积金(元)	1.4433	1.4433	1.4708	1.4794
	每股盈余公积金(元)	0.1316	0.1316	0.1316	0.1316
	每股未分配利润(元)	0.0066	0.1797	0.0845	0.1404
	每股现金净流量(元)	-0.2606	-0.5888	-0.4124	0.9959
	每股经营现金净流量(元)	0.1734	-0.2963	-0.5550	0.2949
	净资产收益率(扣除)(%)	-	0.3700	-	-21.5800
	净资产收益率(%)	-6.7050	1.4290	-2.0800	-14.9560
	总资产(万)	661009.69	681027.23	679230.44	667452.53
	股东权益(万)	260060.36	277410.74	270515.78	277006.60
	主营业务收入(万)	250202.89	493401.62	206650.85	373458.74
	主营成本(万)	237904.53	445611.95	190419.26	377211.49
	营业收入(万)	250806.15	494319.49	207029.77	374036.62
	营业成本(万)	238173.74	445735.18	190697.27	377344.94
	投资收益(万)	-	-	-	-
	利润总额(万)	-18313.86	2374.94	-6613.17	-40540.02
	净利润(万)	-17436.11	3964.89	-5619.12	-41429.08

唐山三友化工股份有限公司

公司概况	公司名称	唐山三友化工股份有限公司			证券简称	三友化工
	法人代表	么志义	董秘	张建华	证券代码	600409
	公司网址	www.sanyou-chem.com.cn		电子信箱	zhengquanbu@sanyou-chem.com.cn	
	电 话	0315-8519078 8511642		传 真	0315-8511088 8511006	
	办公地址	河北省唐山市南堡开发区				
	经营范围	纯碱、氯化钙、烧碱、聚氯乙烯、混合甲基环硅氧烷、粘胶短纤维等				

主要财务指标	指标\报告期	2011.06.30	2010.12.31	2010.06.30	2009.12.31
	每股收益(元)	0.3714	0.3075	0.1167	0.0410
	每股收益(扣除)(元)	0.3636	0.3153	0.0801	0.0350
	每股净资产(元)	3.6210	3.8100	2.9148	2.8279
	调整后每股净资产(元)	-	-	-	-
	每股资本公积金(元)	1.4305	1.7483	1.1968	1.1961
	每股盈余公积金(元)	0.1528	0.1724	0.1345	0.1345
	每股未分配利润(元)	1.0158	0.8704	0.5620	0.4809
	每股现金净流量(元)	0.6665	-0.6524	-0.2241	0.1847
	每股经营现金净流量(元)	0.2699	0.0753	-0.1599	0.0419
	净资产收益率(扣除)(%)	10.0620	9.7870	3.3600	1.4480
	净资产收益率(%)	10.4200	10.3000	3.3600	1.5000
	总资产(万)	1166881.33	967481.62	691187.72	694340.68
	股东权益(万)	409222.92	302201.22	280599.43	272106.87
	主营业务收入(万)	494478.93	507348.12	221572.69	342665.64
	主营成本(万)	394884.60	413758.07	186858.82	288384.55
	营业收入(万)	506807.14	530491.64	373348.30	358757.40
	营业成本(万)	406230.78	433174.87	317834.58	305979.65
	投资收益(万)	9.14	5191.68	17.62	1182.66
	利润总额(万)	49490.08	36243.98	13549.05	7951.99
	净利润(万)	38606.10	28876.66	10962.15	3846.63

北京华胜天成科技股份有限公司

公司概况	公司名称	北京华胜天成科技股份有限公司			证券简称	华胜天成
	法人代表	胡联奎	董秘	邱鲁闽	证券代码	600410
	公司网址	www.teamsun.com.cn		电子信箱	securities@teamsun.com.cn	
	电 话	010-82733988		传 真	010-82733666	
	办公地址	北京市海淀区学清路 8 号科技财富中心 A 座 10-11 层				
	经营范围	技术开发、技术咨询、技术服务、技术培训等				

主要财务指标	指标\报告期	2011.06.30	2010.12.31	2010.06.30	2009.12.31
	每股收益(元)	0.1746	0.4096	0.1651	0.3720
	每股收益(扣除)(元)	0.1710	0.3969	0.1621	0.3918
	每股净资产(元)	3.3090	3.2540	3.0330	3.3110
	调整后每股净资产(元)	-	-	-	-
	每股资本公积金(元)	0.7008	0.6804	0.6929	0.8621
	每股盈余公积金(元)	0.2853	0.2853	0.2611	0.2872
	每股未分配利润(元)	1.3761	1.3214	1.0942	1.1720
	每股现金净流量(元)	-0.5124	0.1441	0.0494	-0.3002
	每股经营现金净流量(元)	-0.6080	0.0304	-0.1660	0.4718
	净资产收益率(扣除)(%)	-	12.6800	-	12.4400
	净资产收益率(%)	5.2770	12.6370	5.4450	12.3590
	总资产(万)	356986.22	340692.84	304133.12	294524.28
	股东权益(万)	167050.74	164268.53	153784.90	152631.87
	主营业务收入(万)	231976.68	406892.36	193003.18	335178.94
	主营成本(万)	189680.36	327971.27	155393.26	270622.47
	营业收入(万)	232395.42	407542.72	193372.80	335437.17
	营业成本(万)	189779.06	328250.74	155430.92	270711.32
	投资收益(万)	-	-	-	-
	利润总额(万)	10943.57	24379.11	10955.93	21774.05
	净利润(万)	8815.84	20758.33	8372.77	18864.22

浙江中国小商品城集团股份有限公司

公司概况	公司名称	浙江中国小商品城集团股份有限公司			证券简称	小商品城
	法人代表	金方平	董秘	鲍江钱	证券代码	600415
	公司网址	www.cccgroup.com.cn		电子信箱	600415@cccgroup.com.cn	
	电 话	0579-85182700 85182812		传 真	0579-85197755	
	办公地址	浙江省义乌市福田路 105 号海洋商务写字楼				
	经营范围	市场网点经营、房地产开发销售、酒店服务、商品销售等				

主要财务指标	指标\报告期	2011.06.30	2010.12.31	2010.06.30	2009.12.31
	每股收益(元)	0.1400	0.5900	0.1600	0.6800
	每股收益(扣除)(元)	0.1300	0.5900	0.1600	0.6700
	每股净资产(元)	2.7700	5.2600	4.9934	9.3600
	调整后每股净资产(元)	-	-	-	-
	每股资本公积金(元)	0.5396	2.0791	2.0793	5.1870
	每股盈余公积金(元)	0.1550	0.3101	0.2542	0.5085
	每股未分配利润(元)	1.0757	1.8758	1.6603	2.6743
	每股现金净流量(元)	0.4576	0.1721	0.0053	-0.3950
	每股经营现金净流量(元)	0.3294	-0.3436	-0.8675	-0.1995
	净资产收益率(扣除)(%)	-	11.9500	-	15.2400
	净资产收益率(%)	4.9750	11.2900	6.4710	14.3610
	总资产(万)	1791146.74	1563992.42	1493871.18	1322313.89
	股东权益(万)	753963.92	716455.41	679559.43	637520.03
	主营业务收入(万)	137962.39	295960.90	141776.98	357548.95
	主营成本(万)	73525.58	158607.71	72992.36	198126.96
	营业收入(万)	152754.80	316950.78	152856.09	376256.50
	营业成本(万)	74284.04	159600.18	73539.48	199270.36
	投资收益(万)	-	-	-	-
	利润总额(万)	50507.33	107452.97	58721.56	125764.45
	净利润(万)	37509.47	80890.27	43972.35	91554.41

湘潭电机股份有限公司

公司概况	公司名称	湘潭电机股份有限公司			证券简称	湘电股份
	法人代表	周建雄	董秘	刘海强	证券代码	600416
	公司网址	www.xemc.com.cn		电子信箱	mail.xemc.com.cn	
	电　话	0731-58595252		传　真	0731-58610767	
	办公地址	湖南省湘潭市下摄司街 302 号				
	经营范围	生产、销售发电机、交直流电动机、特种电机、矿用电机车、电动轮自卸车等				

主要财务指标	指标\报告期	2011.06.30	2010.12.31	2010.06.30	2009.12.31
	每股收益(元)	0.1900	0.7800	0.1800	0.5000
	每股收益(扣除)(元)	0.1800	0.6200	0.1800	0.4800
	每股净资产(元)	4.1800	7.9600	5.7800	5.5700
	调整后每股净资产(元)	–	–	–	–
	每股资本公积金(元)	2.0673	5.1345	2.9486	2.9486
	每股盈余公积金(元)	0.1887	0.3459	0.3664	0.3462
	每股未分配利润(元)	0.9219	1.5010	1.5067	1.2712
	每股现金净流量(元)	–0.1037	1.3298	–2.2474	2.8149
	每股经营现金净流量(元)	–1.7124	–0.9479	–1.6003	0.7720
	净资产收益率(扣除)(%)	–	10.1200	–	10.1200
	净资产收益率(%)	4.4810	8.9610	7.0250	10.1060
	总资产(万)	1333186.73	1039835.70	826850.73	682264.35
	股东权益(万)	254121.64	242244.04	135730.20	130806.65
	主营业务收入(万)	350525.10	672256.02	321489.43	506022.34
	主营成本(万)	294140.43	–552458.05	261382.35	–410770.45
	营业收入(万)	352733.60	676032.86	323509.15	511705.58
	营业成本(万)	295764.73	555196.88	262733.39	416194.38
	投资收益(万)	–	–	–	–
	利润总额(万)	13942.35	26612.76	16324.72	20481.63
	净利润(万)	11388.24	21708.15	9535.55	13219.61

安徽江淮汽车股份有限公司

公司概况	公司名称	安徽江淮汽车股份有限公司			证券简称	江淮汽车
	法人代表	左延安	董秘	王敏	证券代码	600418
	公司网址	www.jac.com.cn		电子信箱	jqgf@jac.com.cn	
	电　话	0551-2296835		传　真	0551-2296837	
	办公地址	安徽省合肥市东流路 176 号				
	经营范围	汽车、汽车底盘及其汽车变速箱等零部件的开发、生产和销售等				

主要财务指标	指标\报告期	2011.06.30	2010.12.31	2010.06.30	2009.12.31
	每股收益(元)	0.3900	0.9000	0.3800	0.2600
	每股收益(扣除)(元)	0.3700	0.8100	0.3700	0.2300
	每股净资产(元)	4.3500	4.1700	3.6300	3.3500
	调整后每股净资产(元)	–	–	–	–
	每股资本公积金(元)	1.0252	1.0311	1.0204	1.0204
	每股盈余公积金(元)	0.5537	0.5537	0.3792	0.3792
	每股未分配利润(元)	1.7702	1.5826	1.2342	0.9549
	每股现金净流量(元)	0.7518	0.3788	0.0913	1.9988
	每股经营现金净流量(元)	0.8282	1.2106	0.2968	2.6047
	净资产收益率(扣除)(%)	–	21.7400	–	7.1900
	净资产收益率(%)	8.9130	21.6480	10.4370	7.7649
	总资产(万)	1629351.13	1553422.11	1481819.97	1237315.80
	股东权益(万)	560485.29	537069.05	468291.17	432311.06
	主营业务收入(万)	1655514.31	2836371.26	1550984.46	1923156.51
	主营成本(万)	1432630.72	2394700.64	1288857.76	1645923.99
	营业收入(万)	1743797.22	2970436.24	1616029.77	2009170.92
	营业成本(万)	1511679.09	2512445.34	1346560.04	1717882.66
	投资收益(万)	–	–	–	–
	利润总额(万)	59560.73	136265.37	58080.24	42360.31
	净利润(万)	49953.56	116264.54	48877.54	33568.66

新疆天宏纸业股份有限公司

公司概况	公司名称	新疆天宏纸业股份有限公司			证券简称	ST 天宏
	法人代表	李侠	董秘	王巧玲	证券代码	600419
	公司网址	www.xjth.cn		电子信箱	thwql@126.com	
	电　话	0993-7526018 7526008		传　真	0993-2526585	
	办公地址	新疆维吾尔自治区石河子市西三路 17 号				
	经营范围	造纸、纸制品及纸料加工、销售.化工产品(有毒除外)、印刷物资的销售				

主要财务指标	指标\报告期	2011.06.30	2010.12.31	2010.06.30	2009.12.31
	每股收益(元)	–0.0580	0.1200	–0.0290	–0.3300
	每股收益(扣除)(元)	–0.1700	–0.4200	–0.2200	–0.5600
	每股净资产(元)	1.6637	1.7222	1.5570	1.5900
	调整后每股净资产(元)	–	–	–	–
	每股资本公积金(元)	2.1546	2.1546	2.1439	2.1439
	每股盈余公积金(元)	0.2032	0.2032	0.2032	0.2032
	每股未分配利润(元)	–1.6942	–1.6364	–1.7898	–1.7604
	每股现金净流量(元)	–0.0417	0.0100	0.0158	0.0078
	每股经营现金净流量(元)	0.0252	0.1954	0.0456	–0.6829
	净资产收益率(扣除)(%)	–	–25.4000	–	–32.0700
	净资产收益率(%)	–3.4740	7.2050	–1.8850	–20.7002
	总资产(万)	31914.93	29920.56	43868.25	45817.39
	股东权益(万)	13335.98	13799.24	12483.40	12718.68
	主营业务收入(万)	16927.92	32793.81	10055.69	34448.25
	主营成本(万)	16740.31	31996.95	9570.94	32565.50
	营业收入(万)	17628.57	34461.38	11336.15	37353.57
	营业成本(万)	17418.55	33415.99	10617.58	34854.57
	投资收益(万)	–	–	–	–
	利润总额(万)	–426.12	997.85	–231.67	–2571.86
	净利润(万)	–463.26	994.24	–235.28	–2632.79

上海现代制药股份有限公司

公司概况	公司名称	上海现代制药股份有限公司			证券简称	现代制药
	法人代表	周斌	董秘	周斌(代)	证券代码	600420
	公司网址	www.shyndec.com		电子信箱	zhoubin@shyndec.cn	
	电　话	021-62510990		传　真	021-62510787	
	办公地址	上海市长宁区愚园路 858 号				
	经营范围	医药产品的开发、生产、经营;医药产品的代理销售等				

主要财务指标	指标\报告期	2011.06.30	2010.12.31	2010.06.30	2009.12.31
	每股收益(元)	0.1761	0.3757	0.1693	0.3095
	每股收益(扣除)(元)	0.1711	0.3425	0.1637	0.2717
	每股净资产(元)	2.5908	2.5147	2.3100	2.1400
	调整后每股净资产(元)	–	–	–	–
	每股资本公积金(元)	0.1131	0.1131	0.1131	0.1131
	每股盈余公积金(元)	0.1998	0.1998	0.1681	0.1681
	每股未分配利润(元)	1.2779	1.2018	1.0270	0.8577
	每股现金净流量(元)	0.1265	–0.1392	–0.1235	0.0404
	每股经营现金净流量(元)	0.2396	0.4000	0.2279	0.3386
	净资产收益率(扣除)(%)	–	14.7200	–	13.3300
	净资产收益率(%)	6.7960	14.9420	7.3340	14.4700
	总资产(万)	129991.33	113563.26	110752.56	92770.86
	股东权益(万)	74545.02	72356.14	66415.59	61545.00
	主营业务收入(万)	86459.90	141757.63	76312.01	115881.13
	主营成本(万)	59114.06	98526.67	52613.94	81541.67
	营业收入(万)	86949.28	142296.36	77403.74	116423.37
	营业成本(万)	59388.63	98746.29	53397.83	81791.95
	投资收益(万)	–	–	–	–
	利润总额(万)	7953.11	15405.83	7355.67	12590.11
	净利润(万)	5066.21	10811.14	4870.60	8905.23

武汉国药科技股份有限公司

公司概况	公司名称	武汉国药科技股份有限公司		证券简称	ST国药
	法人代表	龚晓超	董秘 张义洪	证券代码	600421
	公司网址	www.spring.com.cn		电子信箱	stocks@spring.com.cn
	电话	027-87654767		传真	027-87654767
	办公地址	湖北省武汉市武昌区武珞路628号亚洲贸易广场B座22层			
	经营范围	企业投资开发、房地产开发、经营			

主要财务指标	指标\报告期	2011.06.30	2010.12.31	2010.06.30	2009.12.31
	每股收益(元)	–0.0200	–0.0800	–0.0200	0.2800
	每股收益(扣除)(元)	–0.0200	–0.0800	–0.0200	–0.2000
	每股净资产(元)	–0.9170	–0.8980	–0.8380	–0.8200
	调整后每股净资产(元)	–	–	–	–
	每股资本公积金(元)	0.8062	0.8062	0.8062	0.8062
	每股盈余公积金(元)	0.1433	0.1433	0.1433	0.1433
	每股未分配利润(元)	–2.8661	–2.8477	–2.7879	–2.7668
	每股现金净流量(元)	0.0052	–0.0010	–0.0050	0.0068
	每股经营现金净流量(元)	0.0052	0.0003	–0.0036	0.3591
	净资产收益率(扣除)(%)	–	–	–	–
	净资产收益率(%)	–	–9.0029	–2.5068	–34.2857
	总资产(万)	7208.84	7247.49	7472.69	7681.68
	股东权益(万)	–17928.79	–17568.54	–16397.91	–15986.85
	主营业务收入(万)	623.35	1428.12	784.34	1893.66
	主营成本(万)	513.18	1182.01	654.42	–
	营业收入(万)	623.35	1428.12	784.34	1893.66
	营业成本(万)	513.18	1182.01	654.42	1590.91
	投资收益(万)	–	–	–	–
	利润总额(万)	–360.26	–1582.04	–411.06	5509.63
	净利润(万)	–360.26	–1581.69	–411.06	5481.21

昆明制药集团股份有限公司

公司概况	公司名称	昆明制药集团股份有限公司		证券简称	昆明制药
	法人代表	何勤	董秘 徐朝能	证券代码	600422
	公司网址	www.kpc.com.cn		电子信箱	irm.kpc@holley.cn
	电话	0871-8324311		传真	0871-8324267
	办公地址	云南省昆明市国家高新技术开发区科医路166号			
	经营范围	天然植物药的生产经营和外购药品的批发零售等			

主要财务指标	指标\报告期	2011.06.30	2010.12.31	2010.06.30	2009.12.31
	每股收益(元)	0.1783	0.2724	0.1026	0.1856
	每股收益(扣除)(元)	0.1717	0.2594	0.1013	0.1748
	每股净资产(元)	2.3618	2.3402	2.1662	2.1200
	调整后每股净资产(元)	–	–	–	–
	每股资本公积金(元)	0.6348	0.6348	0.6362	0.6362
	每股盈余公积金(元)	0.1706	0.1706	0.1545	0.1545
	每股未分配利润(元)	0.5563	0.5348	0.3755	0.3285
	每股现金净流量(元)	–0.1424	0.0065	–0.0606	0.1204
	每股经营现金净流量(元)	0.0701	0.2891	0.1327	0.4092
	净资产收益率(扣除)(%)	7.5490	11.6390	4.7380	8.7600
	净资产收益率(%)	6.7800	12.2400	5.1800	9.1700
	总资产(万)	147445.40	141598.96	130097.95	124413.80
	股东权益(万)	83225.77	82015.19	75731.42	73834.93
	主营业务收入(万)	106966.94	177926.50	81821.23	141613.34
	主营成本(万)	75654.91	119858.89	54705.77	91501.71
	营业收入(万)	107623.28	181723.76	84133.47	143490.87
	营业成本(万)	76127.50	122824.47	56322.86	92914.71
	投资收益(万)	–	8.26	–	–
	利润总额(万)	7010.00	11736.30	4507.76	7963.70
	净利润(万)	5601.23	8557.80	3224.82	5832.31

柳州化工股份有限公司

公司概况	公司名称	柳州化工股份有限公司		证券简称	柳化股份
	法人代表	廖能成	董秘 袁志刚	证券代码	600423
	公司网址	www.lzhg.cn		电子信箱	yuanzg2001@163.net
	电话	0772-2516580 2519434		传真	0772-2510401
	办公地址	广西壮族自治区柳州市北雀路67号			
	经营范围	生产、销售硝酸铵、硝酸、氮肥、纯碱、硝酸钠、亚硝酸钠等			

主要财务指标	指标\报告期	2011.06.30	2010.12.31	2010.06.30	2009.12.31
	每股收益(元)	0.0800	0.1400	0.1200	0.0500
	每股收益(扣除)(元)	0.0800	0.1400	0.1100	0.0300
	每股净资产(元)	3.6800	3.5900	3.5700	3.5300
	调整后每股净资产(元)	–	–	–	–
	每股资本公积金(元)	1.4569	1.4569	1.4570	2.5041
	每股盈余公积金(元)	0.1955	0.1955	0.1866	0.2799
	每股未分配利润(元)	1.0111	0.9292	0.9122	1.4942
	每股现金净流量(元)	–0.0363	0.1289	–0.0164	0.1159
	每股经营现金净流量(元)	0.4688	–0.0524	–0.1726	0.6969
	净资产收益率(扣除)(%)	2.2290	3.9530	3.2620	1.5235
	净资产收益率(%)	2.2600	4.0000	3.2700	1.5500
	总资产(万)	450239.49	440942.21	417154.29	399146.10
	股东权益(万)	151062.73	147289.16	146422.79	143908.12
	主营业务收入(万)	122023.04	202094.89	91633.21	148438.62
	主营成本(万)	98936.28	161278.23	73938.23	123326.68
	营业收入(万)	131842.55	208773.54	97352.12	155370.40
	营业成本(万)	108457.94	167516.97	79459.74	130085.25
	投资收益(万)	–	–5.57	–	18.00
	利润总额(万)	3969.83	6483.35	5119.99	3313.92
	净利润(万)	3272.49	5669.57	4650.34	2146.72

新疆青松建材化工(集团)股份有限公司

公司概况	公司名称	新疆青松建材化工(集团)股份有限公司		证券简称	青松建化
	法人代表	甘军	董秘 尹华军	证券代码	600425
	公司网址	www.xjqscc.com		电子信箱	yhj0186@sina.com
	电话	0997-2813793 2811282		传真	0997-2811675
	办公地址	新疆维吾尔自治区阿克苏市林园			
	经营范围	水泥及水泥制品的生产和销售等			

主要财务指标	指标\报告期	2011.06.30	2010.12.31	2010.06.30	2009.12.31
	每股收益(元)	0.3970	0.7520	0.2570	0.5100
	每股收益(扣除)(元)	0.3930	0.7610	0.2560	0.5250
	每股净资产(元)	5.0500	5.0500	3.2500	3.1430
	调整后每股净资产(元)	–	–	–	–
	每股资本公积金(元)	2.7236	2.7236	1.9924	1.9924
	每股盈余公积金(元)	0.1362	0.1362	0.1176	0.1176
	每股未分配利润(元)	1.1650	1.1678	1.0819	0.9482
	每股现金净流量(元)	–0.2504	1.2027	0.0844	–0.1706
	每股经营现金净流量(元)	0.9333	1.0744	0.4817	0.8996
	净资产收益率(扣除)(%)	7.8670	12.6080	7.9141	13.7490
	净资产收益率(%)	7.8700	16.6300	8.0500	14.5400
	总资产(万)	535876.21	444380.35	343704.56	306667.57
	股东权益(万)	270302.95	263519.10	168070.95	160523.93
	主营业务收入(万)	89358.38	170472.10	66089.30	119391.00
	主营成本(万)	60337.45	121149.47	45148.22	84754.68
	营业收入(万)	91518.45	175395.69	70225.22	125042.52
	营业成本(万)	61944.10	124882.02	48360.57	89335.29
	投资收益(万)	764.95	1825.23	854.23	938.58
	利润总额(万)	22699.70	36527.85	14310.36	26761.89
	净利润(万)	19018.38	30481.00	12309.93	20688.26

山东华鲁恒升化工股份有限公司

公司概况	公司名称	山东华鲁恒升化工股份有限公司			证券简称	华鲁恒升
	法人代表	程广辉	董秘	董岩	证券代码	600426
	公司网址	www.hl-hengsheng.com		电子信箱	hl600426@sina.com	
	电　话	0534-2465426		传　真	0534-2465017	
	办公地址	山东省德州市天衢西路 24 号				
	经营范围	尿素、DMF 和三甲胺的生产和销售等				

	指标\报告期	2011.06.30	2010.12.31	2010.06.30	2009.12.31
主要财务指标	每股收益(元)	0.4100	0.5130	0.2800	0.8570
	每股收益(扣除)(元)	0.4100	0.4960	0.2800	0.8540
	每股净资产(元)	7.9280	7.5200	5.7500	5.5700
	调整后每股净资产(元)	–	–	–	–
	每股资本公积金(元)	3.6367	3.6367	1.2890	1.2831
	每股盈余公积金(元)	0.3679	0.3679	0.4205	0.4205
	每股未分配利润(元)	2.9238	2.5132	3.0430	2.8616
	每股现金净流量(元)	-0.6039	2.7538	0.3182	0.0375
	每股经营现金净流量(元)	0.3947	0.4048	0.3323	1.0268
	净资产收益率(扣除)(%)	–	8.6200	–	16.5000
	净资产收益率(%)	5.1780	5.3170	4.8910	15.4081
	总资产(万)	966898.22	903513.77	681185.83	617893.13
	股东权益(万)	504051.17	477949.30	285177.77	275896.45
	主营业务收入(万)	276391.54	470632.85	227082.32	398416.59
	主营成本(万)	230781.15	408103.34	194662.99	318545.83
	营业收入(万)	277820.50	473775.09	228323.49	399789.49
	营业成本(万)	231863.18	410986.04	195783.18	319761.48
	投资收益(万)	–	–	–	–
	利润总额(万)	30694.66	29968.90	16444.12	50172.56
	净利润(万)	26101.87	25413.95	13948.82	42510.28

中远航运股份有限公司

公司概况	公司名称	中远航运股份有限公司			证券简称	中远航运
	法人代表	许立荣	董秘	薛俊东	证券代码	600428
	公司网址	www.coscol.com.cn		电子信箱	xuejd@coscol.com.cn	
	电　话	020-62621288 62621399		传　真	020-62621388	
	办公地址	广东省广州市五羊新城江月路颐景轩 2-3 楼				
	经营范围	远洋及沿海运输等				

	指标\报告期	2011.06.30	2010.12.31	2010.06.30	2009.12.31
主要财务指标	每股收益(元)	0.0900	0.2600	0.1000	0.1000
	每股收益(扣除)(元)	0.0700	0.2300	0.0900	0.0700
	每股净资产(元)	3.9300	3.4500	3.3400	3.2300
	调整后每股净资产(元)	–	–	–	–
	每股资本公积金(元)	1.5089	0.6354	0.6354	0.6354
	每股盈余公积金(元)	0.4548	0.5769	0.5671	0.5671
	每股未分配利润(元)	1.0866	1.3515	1.2132	1.1019
	每股现金净流量(元)	0.9430	0.4445	0.4748	-0.3074
	每股经营现金净流量(元)	0.0618	0.4560	0.1816	0.1234
	净资产收益率(扣除)(%)	–	6.7800	–	2.0300
	净资产收益率(%)	2.2010	7.5150	3.3370	3.2010
	总资产(万)	1307501.47	1011969.63	876963.17	732822.76
	股东权益(万)	664868.19	452342.81	437106.27	423337.65
	主营业务收入(万)	229806.91	415979.95	190880.13	369015.80
	主营成本(万)	204274.58	343590.35	156908.00	326170.05
	营业收入(万)	245502.29	440677.92	202899.23	390158.91
	营业成本(万)	219638.78	375718.47	170607.09	351520.36
	投资收益(万)	–	–	–	–
	利润总额(万)	18568.87	41759.87	17829.82	12773.31
	净利润(万)	14630.53	33995.40	14587.49	13550.01

北京三元食品股份有限公司

公司概况	公司名称	北京三元食品股份有限公司			证券简称	三元股份
	法人代表	张福平	董秘	王钤	证券代码	600429
	公司网址	www.sanyuan.com.cn		电子信箱	zhengquanbu@sanyuan.com.cn	
	电　话	010-62848020 82411798		传　真	010-82413213	
	办公地址	北京市海淀区西二旗中路 29 号				
	经营范围	加工乳品、饮料、食品、原材料、保健食品、冷食冷饮等				

	指标\报告期	2011.06.30	2010.12.31	2010.06.30	2009.12.31
主要财务指标	每股收益(元)	0.0321	0.0582	-0.0582	-0.1963
	每股收益(扣除)(元)	0.0247	-0.1493	-0.0543	-0.1538
	每股净资产(元)	2.0006	1.9682	1.8500	1.9100
	调整后每股净资产(元)	–	–	–	–
	每股资本公积金(元)	1.1016	1.1016	1.1016	1.1021
	每股盈余公积金(元)	0.0661	0.0661	0.0428	0.0428
	每股未分配利润(元)	-0.1715	-0.2036	-0.2972	-0.2388
	每股现金净流量(元)	-0.2907	0.0096	-0.2066	0.3811
	每股经营现金净流量(元)	-0.0736	-0.2115	-0.1415	0.0620
	净资产收益率(扣除)(%)	–	-7.7000	–	-11.8800
	净资产收益率(%)	1.6030	2.9550	-3.1520	-7.6169
	总资产(万)	283728.92	277989.98	249535.28	254226.74
	股东权益(万)	177049.56	174189.42	163745.72	169022.69
	主营业务收入(万)	145053.58	253269.54	127604.36	236414.97
	主营成本(万)	112395.71	213341.79	106592.51	185860.84
	营业收入(万)	148117.50	257227.35	128806.43	237959.28
	营业成本(万)	115017.80	216162.06	107299.44	186688.84
	投资收益(万)	–	–	–	–
	利润总额(万)	2624.14	7068.00	-5073.32	-13820.48
	净利润(万)	2838.64	5146.46	-5151.10	-12874.36

吉林吉恩镍业股份有限公司

公司概况	公司名称	吉林吉恩镍业股份有限公司			证券简称	吉恩镍业
	法人代表	吴术	董秘	王行龙	证券代码	600432
	公司网址	www.jlnickel.com.cn		电子信箱	zhq@jlnickel.com.cn	
	电　话	0432-65610887		传　真	0432-65614429	
	办公地址	吉林省磐石市红旗岭镇红旗大街 54 号				
	经营范围	镍、铜、钴、硫冶炼及副产品加工等				

	指标\报告期	2011.06.30	2010.12.31	2010.06.30	2009.12.31
主要财务指标	每股收益(元)	0.0500	0.1400	0.1000	0.1500
	每股收益(扣除)(元)	0.0500	0.1100	0.0700	0.1100
	每股净资产(元)	4.5200	4.5200	4.3800	3.6900
	调整后每股净资产(元)	–	–	–	–
	每股资本公积金(元)	1.9060	1.8755	1.7775	1.0068
	每股盈余公积金(元)	0.2355	0.2355	0.2074	0.2201
	每股未分配利润(元)	1.3184	1.3677	1.3656	1.4430
	每股现金净流量(元)	-0.7862	0.6879	0.7673	-0.6445
	每股经营现金净流量(元)	0.3319	-0.6387	-0.1465	0.1234
	净资产收益率(扣除)(%)	–	2.6400	–	2.9900
	净资产收益率(%)	1.1230	2.9230	2.1920	4.0550
	总资产(万)	1051030.91	968100.32	836878.08	682734.79
	股东权益(万)	366592.49	366792.25	355287.27	281585.71
	主营业务收入(万)	100536.72	218259.27	80214.90	109384.11
	主营成本(万)	75041.97	152726.58	57783.52	70393.83
	营业收入(万)	113250.57	224957.00	80827.30	112622.19
	营业成本(万)	86703.95	157930.60	58153.22	71328.88
	投资收益(万)	–	–	–	–
	利润总额(万)	2892.96	12208.01	10211.63	13716.70
	净利润(万)	4117.76	10719.56	7786.79	11417.83

广东冠豪高新技术股份有限公司

公司概况	公司名称	广东冠豪高新技术股份有限公司		证券简称	冠豪高新
	法人代表	童来明	董秘 吴立东(代)	证券代码	600433
	公司网址	www.guanhao.com		电子信箱	ghdmc600433@163.com
	电　　话	0759-2820938		传　　真	0759-2820680
	办公地址	广东省湛江经济技术开发区乐怡路6号			
	经营范围	生产和销售热敏记录纸、无碳复写纸及其微胶囊等			

主要财务指标	指标\报告期	2011.06.30	2010.12.31	2010.06.30	2009.12.31
	每股收益(元)	0.0697	0.1300	0.0477	0.0400
	每股收益(扣除)(元)	0.0694	0.0800	0.0439	0.0300
	每股净资产(元)	1.9928	2.3350	2.3538	3.0247
	调整后每股净资产(元)	–	–	–	–
	每股资本公积金(元)	0.7901	1.1454	1.1944	2.4878
	每股盈余公积金(元)	0.0749	0.0898	0.0790	0.1027
	每股未分配利润(元)	0.1278	0.0997	0.0804	0.0693
	每股现金净流量(元)	–0.2283	–0.4259	–0.8861	0.7265
	每股经营现金净流量(元)	–0.0890	–0.1174	–0.4880	0.1071
	净资产收益率(扣除)(%)	–	2.9700	–	1.9800
	净资产收益率(%)	3.4980	5.7240	2.1310	1.2488
	总资产(万)	148102.60	131884.78	82771.04	133058.63
	股东权益(万)	68394.54	66780.88	67317.34	–
	主营业务收入(万)	44025.68	90033.51	39495.87	60088.49
	主营成本(万)	34426.33	71707.94	30900.95	48382.18
	营业收入(万)	44143.17	90276.29	39626.18	60820.14
	营业成本(万)	34572.76	72079.36	31008.47	49044.67
	投资收益(万)	–	–	–	–
	利润总额(万)	3087.50	4801.74	1944.66	1227.66
	净利润(万)	2392.66	3822.46	1363.07	1005.49

中兵光电科技股份有限公司

公司概况	公司名称	中兵光电科技股份有限公司		证券简称	中兵光电
	法人代表	苏立航	董秘 赵晗	证券代码	600435
	公司网址	www.zbgd.net.cn		电子信箱	zbgd600435@sina.com
	电　　话	010-58089788		传　　真	010-58089803
	办公地址	北京市北京经济技术开发区科创十五街2号			
	经营范围	精密光机电一体化产品、遥感信息系统技术产品、智能控制技术产品等			

主要财务指标	指标\报告期	2011.06.30	2010.12.31	2010.06.30	2009.12.31
	每股收益(元)	0.0040	0.2700	0.1400	0.2500
	每股收益(扣除)(元)	0.0030	0.2600	0.1500	0.2000
	每股净资产(元)	2.8490	2.8450	2.7200	2.8200
	调整后每股净资产(元)	–	–	–	–
	每股资本公积金(元)	1.0207	1.0207	1.0207	2.0310
	每股盈余公积金(元)	0.0854	0.0854	0.0829	0.1244
	每股未分配利润(元)	0.7429	0.7394	0.6174	0.9122
	每股现金净流量(元)	0.0763	–0.2213	–0.0036	0.9273
	每股经营现金净流量(元)	0.0595	0.0982	–0.0271	–0.0402
	净资产收益率(扣除)(%)	–	9.5500	–	9.7100
	净资产收益率(%)	0.1260	9.3860	5.2400	8.8290
	总资产(万)	367010.22	371369.97	364395.04	307250.48
	股东权益(万)	212156.09	211889.17	202619.99	201931.09
	主营业务收入(万)	71572.23	176565.05	104960.10	170586.96
	主营成本(万)	58267.53	126399.94	78169.12	139223.32
	营业收入(万)	72984.02	178582.95	105416.77	172790.00
	营业成本(万)	58350.43	126760.67	78178.05	139389.81
	投资收益(万)	–	–	–	–
	利润总额(万)	1916.10	26126.73	15764.18	21726.85
	净利润(万)	266.92	19886.88	10617.70	17827.82

漳州片仔癀药业股份有限公司

公司概况	公司名称	漳州片仔癀药业股份有限公司		证券简称	片仔癀
	法人代表	冯忠铭	董秘 林绍碧	证券代码	600436
	公司网址	www.zzpzh.com		电子信箱	lsb@zzpzh.com
	电　　话	0596-2302666 2301955		传　　真	0596-2300313
	办公地址	福建省漳州市上街1号			
	经营范围	片仔癀、茵胆平肝胶囊、清热止咳颗粒心舒宝片等中成药的生产经营等			

主要财务指标	指标\报告期	2011.06.30	2010.12.31	2010.06.30	2009.12.31
	每股收益(元)	0.8500	1.3900	0.6800	0.9300
	每股收益(扣除)(元)	0.8500	1.2100	0.5800	0.9200
	每股净资产(元)	7.8000	7.5000	5.9659	5.8900
	调整后每股净资产(元)	–	–	–	–
	每股资本公积金(元)	3.4843	3.3333	2.5094	2.6201
	每股盈余公积金(元)	0.8474	0.8474	0.7140	0.7140
	每股未分配利润(元)	2.4834	2.3284	1.7552	1.5689
	每股现金净流量(元)	–0.0407	–0.0837	–0.6710	0.5485
	每股经营现金净流量(元)	0.4301	1.4672	0.2066	0.9251
	净资产收益率(扣除)(%)	–	19.3900	–	17.0600
	净资产收益率(%)	10.8440	18.4970	11.3970	15.7240
	总资产(万)	153963.94	144682.93	126177.09	128453.98
	股东权益(万)	109234.23	104950.88	83522.07	82463.32
	主营业务收入(万)	48600.33	86578.68	41310.89	69169.22
	主营成本(万)	25963.19	53087.22	24954.47	42927.18
	营业收入(万)	48730.10	86731.46	41378.12	69474.98
	营业成本(万)	26132.16	53307.58	24989.70	43040.13
	投资收益(万)	–	–	–	–
	利润总额(万)	14252.28	23231.79	11187.20	15319.38
	净利润(万)	11845.16	19413.18	9519.35	12966.32

通威股份有限公司

公司概况	公司名称	通威股份有限公司		证券简称	通威股份
	法人代表	刘汉元	董秘 李高飞	证券代码	600438
	公司网址	www.tongwei.com.cn		电子信箱	ligaofei@tongwei.com
	电　　话	028-86168551 86168555		传　　真	028-85199999
	办公地址	四川省成都市二环路南四段11号			
	经营范围	生产、销售饲料及饲料添加剂等			

主要财务指标	指标\报告期	2011.06.30	2010.12.31	2010.06.30	2009.12.31
	每股收益(元)	0.0179	0.2339	0.0336	0.2132
	每股收益(扣除)(元)	0.0067	0.1372	0.0048	0.2040
	每股净资产(元)	1.9745	1.9792	1.7819	1.7800
	调整后每股净资产(元)	–	–	–	–
	每股资本公积金(元)	0.0656	0.0656	0.0619	0.0258
	每股盈余公积金(元)	0.1787	0.1787	0.1409	0.1474
	每股未分配利润(元)	0.7758	0.7579	0.5954	0.6195
	每股现金净流量(元)	0.4024	–0.1095	0.2594	–0.0827
	每股经营现金净流量(元)	0.5082	0.2947	0.1716	0.3848
	净资产收益率(扣除)(%)	–	7.0300	–	12.2900
	净资产收益率(%)	0.9080	11.8160	1.8840	11.9600
	总资产(万)	435483.02	368282.64	444883.29	561122.26
	股东权益(万)	135747.71	136074.28	122506.04	122582.89
	主营业务收入(万)	416596.69	950863.37	372983.66	1029754.75
	主营成本(万)	385922.96	867271.54	342107.15	936588.28
	营业收入(万)	418169.39	962158.11	377779.66	1037817.69
	营业成本(万)	386075.00	876705.71	344941.78	941833.81
	投资收益(万)	–	–	–	–
	利润总额(万)	651.38	20477.52	1779.42	20633.94
	净利润(万)	1232.65	16078.87	2307.85	14660.59

河南瑞贝卡发制品股份有限公司

公司概况	公司名称	河南瑞贝卡发制品股份有限公司			证券简称	瑞贝卡
	法人代表	郑有全	董秘	胡丽平	证券代码	600439
	公司网址	www.rebecca.com.cn		电子信箱	stock439@rebecca.com.cn	
	电　话	0374-5136699		传　真	0374-5136567	
	办公地址	河南省许昌市瑞贝卡大道 666 号				
	经营范围	生产、销售发制品系列产品及技术服务等				

主要财务指标	指标\报告期	2011.06.30	2010.12.31	2010.06.30	2009.12.31
	每股收益(元)	0.1547	0.2393	0.1121	0.1638
	每股收益(扣除)(元)	0.1487	0.2319	0.1111	0.1939
	每股净资产(元)	2.5880	2.5364	1.8340	2.1246
	调整后每股净资产(元)	–	–	–	–
	每股资本公积金(元)	0.7561	0.7561	0.1191	0.1429
	每股盈余公积金(元)	0.1358	0.1358	0.1252	0.1502
	每股未分配利润(元)	0.7665	0.7118	0.6470	0.9006
	每股现金净流量(元)	–0.2752	0.3593	–0.6804	0.6675
	每股经营现金净流量(元)	–0.0715	–0.0354	–0.0617	–0.1230
	净资产收益率(扣除)(%)	–	12.2500	–	9.1900
	净资产收益率(%)	5.9770	8.9250	6.1115	9.2490
	总资产(万)	342784.31	342963.58	238964.87	265045.33
	股东权益(万)	203443.51	199382.94	135680.89	130978.41
	主营业务收入(万)	96137.39	198605.99	88083.61	160259.98
	主营成本(万)	66359.60	145740.56	65729.15	122458.53
	营业收入(万)	98029.10	200489.22	88526.57	160656.17
	营业成本(万)	67787.70	146875.66	66027.68	122730.85
	投资收益(万)	–	–	–	–
	利润总额(万)	13839.25	20599.41	9383.96	13926.58
	净利润(万)	12159.49	17794.39	8292.07	12114.20

安徽国通高新管业股份有限公司

公司概况	公司名称	安徽国通高新管业股份有限公司			证券简称	ST 国通
	法人代表	钱俊	董秘	许杨	证券代码	600444
	公司网址	www.guotone.com		电子信箱	gt600444@126.com	
	电　话	0551-3817860		传　真	0551-3817000	
	办公地址	安徽省合肥市经济技术开发区繁华大道国通工业园				
	经营范围	PVC 波纹管、PE 波纹管、燃气管、给水管的研发、生产、销售等				

主要财务指标	指标\报告期	2011.06.30	2010.12.31	2010.06.30	2009.12.31
	每股收益(元)	–0.1200	0.0500	–0.0600	–0.8200
	每股收益(扣除)(元)	–0.1600	0.0500	–0.0600	–0.7400
	每股净资产(元)	0.6434	0.7700	0.6578	0.7200
	调整后每股净资产(元)	–	–	–	–
	每股资本公积金(元)	0.7183	0.7183	0.7183	0.7183
	每股盈余公积金(元)	0.1520	0.1520	0.1520	0.1520
	每股未分配利润(元)	–1.2268	–1.1022	–1.2125	–1.1523
	每股现金净流量(元)	–0.0655	–0.0011	–0.0494	0.0681
	每股经营现金净流量(元)	–0.0283	–0.4092	–0.2792	–0.2566
	净资产收益率(扣除)(%)	–	6.4000	–	–66.0200
	净资产收益率(%)	–19.3530	6.5148	–9.1590	–114.2990
	总资产(万)	50919.51	57454.69	56967.73	56928.49
	股东权益(万)	6756.71	8064.35	6906.42	7538.97
	主营业务收入(万)	10421.18	34192.65	14241.30	16337.97
	主营成本(万)	10020.27	28415.49	12573.62	16375.89
	营业收入(万)	10578.49	35246.12	14479.15	17143.02
	营业成本(万)	10212.51	29243.35	12825.02	17207.69
	投资收益(万)	–	–	–	–
	利润总额(万)	–1116.53	390.04	–727.47	–7759.21
	净利润(万)	–1307.64	525.38	–632.55	–8616.97

深圳市金证科技股份有限公司

公司概况	公司名称	深圳市金证科技股份有限公司			证券简称	金证股份
	法人代表	赵剑	董秘	王凯	证券代码	600446
	公司网址	www.szkingdom.com		电子信箱	jzkj@mail.szkingdom.com	
	电　话	0755-86393989		传　真	0755-86393986	
	办公地址	广东省深圳市南山区高新南五道金证科技大楼(8-9 层)				
	经营范围	计算机应用系统及配套设备的技术开发、生产、销售等				

主要财务指标	指标\报告期	2011.06.30	2010.12.31	2010.06.30	2009.12.31
	每股收益(元)	0.1700	0.2800	0.0300	0.3000
	每股收益(扣除)(元)	0.1600	0.2500	0.0010	0.2800
	每股净资产(元)	3.5300	3.3600	3.1100	3.0800
	调整后每股净资产(元)	–	–	–	–
	每股资本公积金(元)	0.9823	0.9823	0.9823	0.9823
	每股盈余公积金(元)	0.2680	0.2680	0.2324	0.2324
	每股未分配利润(元)	1.2843	1.1147	0.8960	0.8675
	每股现金净流量(元)	–0.1634	–0.2130	–0.7784	0.7179
	每股经营现金净流量(元)	–0.6111	0.0492	–0.8042	0.9994
	净资产收益率(扣除)(%)	–	7.2900	–	9.1300
	净资产收益率(%)	4.7990	8.4040	0.9190	9.6090
	总资产(万)	133804.40	87568.55	106909.71	83485.14
	股东权益(万)	48579.23	46247.89	42754.26	42361.43
	主营业务收入(万)	75321.15	157837.76	59215.99	122402.15
	主营成本(万)	61720.25	131728.00	49108.57	99696.71
	营业收入(万)	75974.66	158636.37	59215.99	122402.15
	营业成本(万)	61975.98	132048.02	49108.57	99696.71
	投资收益(万)	–	–	–	–
	利润总额(万)	3178.24	5244.19	958.15	5669.63
	净利润(万)	2331.34	3886.47	392.84	4070.47

华纺股份有限公司

公司概况	公司名称	华纺股份有限公司			证券简称	华纺股份
	法人代表	杜淑明	董秘	陈宝军	证券代码	600448
	公司网址	www.hfgf.cn		电子信箱	hfzqb@hfgf.cn	
	电　话	0543-3288507 3288398		传　真	0543-3288555	
	办公地址	山东省滨州市黄河二路 819 号				
	经营范围	棉、毛纺织、针织、服装的生产、加工、销售等				

主要财务指标	指标\报告期	2011.06.30	2010.12.31	2010.06.30	2009.12.31
	每股收益(元)	0.0300	0.0600	0.0400	–0.3900
	每股收益(扣除)(元)	0.0200	0.0200	0.0400	–0.4100
	每股净资产(元)	1.2975	1.2845	1.2594	1.2200
	调整后每股净资产(元)	–	–	–	–
	每股资本公积金(元)	1.2739	1.2739	1.2739	1.2739
	每股盈余公积金(元)	0.0118	0.0248	0.0248	0.0248
	每股未分配利润(元)	–0.9882	–1.0141	–1.0393	–1.0773
	每股现金净流量(元)	0.3237	0.0525	0.0019	–0.2246
	每股经营现金净流量(元)	0.2254	0.1744	0.1612	0.1322
	净资产收益率(扣除)(%)	–	1.6400	–	–29.1200
	净资产收益率(%)	1.9990	4.9190	3.0190	–31.1212
	总资产(万)	138692.99	126931.43	126781.30	123041.70
	股东权益(万)	41494.52	41081.12	40276.14	39060.22
	主营业务收入(万)	105683.96	196609.51	94071.42	135876.66
	主营成本(万)	99950.01	183757.95	87745.43	135227.85
	营业收入(万)	106884.92	200520.30	96270.94	139473.10
	营业成本(万)	100791.81	187343.09	89815.93	138648.74
	投资收益(万)	–	–	–	–
	利润总额(万)	825.07	2019.07	1219.14	–12504.20
	净利润(万)	829.39	2020.91	1215.92	–12485.92

宁夏赛马实业股份有限公司

公司概况

公司名称	宁夏赛马实业股份有限公司			证券简称	赛马实业
法人代表	李永进	董秘	武雄	证券代码	600449
公司网址	www.saimasy.com.cn		电子信箱	wuxiong@sinoma.cn	
电　话	0951-2085256 2052215		传　真	0951-2085256	
办公地址	宁夏回族自治区银川市西夏区新小线二公里处				
经营范围	水泥制造和销售,水泥制品、水泥熟料、塑料管材、精细石膏的制造和销售				

主要财务指标

指标\报告期	2011.06.30	2010.12.31	2010.06.30	2009.12.31
每股收益(元)	0.9500	2.8790	1.0670	2.2790
每股收益(扣除)(元)	0.9380	2.8700	1.0650	2.2300
每股净资产(元)	14.2700	13.3000	11.4800	10.6000
调整后每股净资产(元)	–	–	–	–
每股资本公积金(元)	4.9265	4.9265	4.9265	4.9270
每股盈余公积金(元)	0.5672	0.5672	0.3959	0.3959
每股未分配利润(元)	7.6794	6.7293	5.0888	4.2216
每股现金净流量(元)	–0.7517	–0.7034	0.1339	2.9127
每股经营现金净流量(元)	–1.5948	2.8130	1.0434	3.2884
净资产收益率(扣除)(%)	–	24.0400	–	23.0100
净资产收益率(%)	6.6600	21.6500	9.2980	21.5000
总资产(万)	678884.98	616438.31	529260.47	431210.43
股东权益(万)	278365.48	259483.40	223959.32	206823.42
主营业务收入(万)	118198.90	242287.63	91508.34	180302.07
主营成本(万)	80435.99	142512.69	52584.17	103061.75
营业收入(万)	118464.40	242786.36	91636.77	181037.00
营业成本(万)	80570.99	142743.31	52673.47	103684.59
投资收益(万)	–	–	–	–
利润总额(万)	23224.49	69933.11	25370.20	54221.83
净利润(万)	18539.09	56178.53	20824.09	44468.20

重庆涪陵电力实业股份有限公司

公司概况

公司名称	重庆涪陵电力实业股份有限公司			证券简称	涪陵电力
法人代表	李福昌	董秘	蔡彬	证券代码	600452
公司网址	www.flepc.com		电子信箱	fldlcaibin@163.com	
电　话	023-72286777 72286349		传　真	023-72286662 72286701	
办公地址	重庆市涪陵区望州路20号				
经营范围	电力供应、销售,电力资源开发及信息咨询服务等				

主要财务指标

指标\报告期	2011.06.30	2010.12.31	2010.06.30	2009.12.31
每股收益(元)	0.0500	–0.8900	0.0300	0.0040
每股收益(扣除)(元)	0.0400	–0.9100	0.0300	–0.0300
每股净资产(元)	2.0900	2.0400	2.9400	2.9300
调整后每股净资产(元)	–	–	–	–
每股资本公积金(元)	1.4483	1.4483	1.4666	1.4483
每股盈余公积金(元)	0.2137	0.2137	0.2113	0.2137
每股未分配利润(元)	–0.5739	–0.6226	0.2653	0.2719
每股现金净流量(元)	0.2182	0.0903	0.2429	–0.2288
每股经营现金净流量(元)	0.5879	1.0679	0.8650	1.4916
净资产收益率(扣除)(%)	2.3330	–43.8630	1.0810	0.1460
净资产收益率(%)	2.3600	–35.9700	1.0800	0.1500
总资产(万)	91885.89	87031.15	110061.68	101950.85
股东权益(万)	33671.01	32891.36	47364.86	47216.92
主营业务收入(万)	41610.54	87438.22	38844.70	68772.24
主营成本(万)	–	78138.40	35770.05	61198.35
营业收入(万)	42266.48	91164.97	39677.83	69179.49
营业成本(万)	37679.84	79580.96	35778.62	61253.33
投资收益(万)	–34.68	–82.51	–7.29	741.29
利润总额(万)	1541.74	–12909.16	970.28	383.47
净利润(万)	779.26	–14312.76	509.09	68.41

宝鸡钛业股份有限公司

公司概况

公司名称	宝鸡钛业股份有限公司			证券简称	宝钛股份
法人代表	邹武装	董秘	郑海山	证券代码	600456
公司网址	www.baoti.com		电子信箱	zhenghaishan@baoti.com	
电　话	0917-3382026 3382116		传　真	0917-3382132	
办公地址	陕西省宝鸡市钛城路1号				
经营范围	从事钛及钛合金材料的生产、加工和销售等				

主要财务指标

指标\报告期	2011.06.30	2010.12.31	2010.06.30	2009.12.31
每股收益(元)	0.0180	0.0080	0.0130	0.0400
每股收益(扣除)(元)	0.0160	–0.0020	0.0050	0.0260
每股净资产(元)	8.3500	8.4300	8.4300	8.6700
调整后每股净资产(元)	–	–	–	–
每股资本公积金(元)	5.5099	5.5099	5.5099	5.5099
每股盈余公积金(元)	0.4108	0.4108	0.4108	0.4108
每股未分配利润(元)	1.4257	1.5077	1.5126	1.7497
每股现金净流量(元)	–0.1838	–1.2669	–1.4466	–0.2782
每股经营现金净流量(元)	–0.0780	–0.6833	–0.5907	0.2499
净资产收益率(扣除)(%)	0.2200	0.0950	0.1500	0.4400
净资产收益率(%)	0.2100	0.1000	0.1500	0.4350
总资产(万)	569932.12	551391.12	531425.79	532859.93
股东权益(万)	377425.81	379941.20	374876.15	384454.83
主营业务收入(万)	145259.01	246478.02	116858.88	216100.56
主营成本(万)	124238.05	222953.91	105721.56	196654.73
营业收入(万)	148246.51	256409.82	119477.53	231542.53
营业成本(万)	126791.18	231676.43	107635.88	212201.31
投资收益(万)	–128.75	–254.55	–193.53	632.77
利润总额(万)	3041.09	937.24	1366.78	2207.15
净利润(万)	776.62	345.69	558.25	1642.62

株洲时代新材料科技股份有限公司

公司概况

公司名称	株洲时代新材料科技股份有限公司			证券简称	时代新材
法人代表	曾鸿平	董秘	季晓康	证券代码	600458
公司网址	www.trp.com.cn		电子信箱	jixiaokang@teg.cn	
电　话	0731-22837718 22837786		传　真	0731-22837888	
办公地址	湖南省株洲市天元区海天路18号				
经营范围	轨道交通装备零部件的开发、设计、制造、销售等				

主要财务指标

指标\报告期	2011.06.30	2010.12.31	2010.06.30	2009.12.31
每股收益(元)	0.4600	0.9000	0.4700	0.4700
每股收益(扣除)(元)	0.4500	0.8700	0.4700	0.4600
每股净资产(元)	3.0900	6.2600	6.0300	2.5400
调整后每股净资产(元)	–	–	–	–
每股资本公积金(元)	1.2892	3.6363	3.6365	0.4192
每股盈余公积金(元)	0.1125	0.2474	0.1812	0.2085
每股未分配利润(元)	0.6914	1.3765	1.2124	0.9145
每股现金净流量(元)	0.1819	1.4501	1.5158	0.1411
每股经营现金净流量(元)	–0.9565	0.7404	0.4087	0.8527
净资产收益率(扣除)(%)	9.4700	13.5460	6.9260	18.3786
净资产收益率(%)	9.2300	18.6300	13.9900	19.8900
总资产(万)	380949.81	286911.37	259669.55	167603.41
股东权益(万)	160371.41	147370.57	142553.21	52631.79
主营业务收入(万)	189250.30	227347.28	126166.82	147162.15
主营成本(万)	151120.87	170172.66	93362.57	107631.38
营业收入(万)	191205.61	232085.24	127503.14	152234.69
营业成本(万)	152587.13	174954.13	94621.74	112338.83
投资收益(万)	45.65	122.02	57.23	85.34
利润总额(万)	18073.03	23145.56	11499.59	10267.91
净利润(万)	15155.38	19941.65	9820.58	9547.70

贵研铂业股份有限公司

公司概况	公司名称	贵研铂业股份有限公司			证券简称	贵研铂业
	法人代表	汪云曙	董秘	郭俊梅	证券代码	600459
	公司网址	www.sino-platinum.com.cn		电子信箱	webmaster@sino-platinum.com.cn	
	电　　话	0871-8328190		传　　真	0871-8326661	
	办公地址	云南省昆明市高新技术开发区科技路 988 号				
	经营范围	贵金属和相关产品的生产、综合回收利用和销售等				

	指标\报告期	2011.06.30	2010.12.31	2010.06.30	2009.12.31
主要财务指标	每股收益(元)	0.2100	0.4500	0.2400	0.0800
	每股收益(扣除)(元)	0.2000	0.3300	0.2500	0.0900
	每股净资产(元)	4.3400	4.1900	5.3200	5.1500
	调整后每股净资产(元)	–	–	–	–
	每股资本公积金(元)	2.2546	3.2287	3.2287	3.2287
	每股盈余公积金(元)	0.3781	0.4915	0.4657	0.4649
	每股未分配利润(元)	0.7120	0.7310	0.6266	0.4517
	每股现金净流量(元)	0.0659	0.1334	0.4478	–0.6599
	每股经营现金净流量(元)	–1.2302	–2.0449	–1.4105	–0.4603
	净资产收益率(扣除)(%)	–	6.1500	–	1.7800
	净资产收益率(%)	4.7190	8.2740	5.7970	1.5000
	总资产(万)	163131.15	129107.35	123172.36	98252.03
	股东权益(万)	63108.72	60909.71	59454.17	57490.32
	主营业务收入(万)	158357.93	186386.67	88263.15	107980.65
	主营成本(万)	148211.77	172300.32	80328.46	96505.16
	营业收入(万)	158870.81	188431.56	88438.31	109347.54
	营业成本(万)	148448.80	173329.95	80448.00	97244.93
	投资收益(万)	–	–	–	–
	利润总额(万)	4362.62	6623.99	4449.85	1742.42
	净利润(万)	2977.80	5039.55	3446.51	862.44

杭州士兰微电子股份有限公司

公司概况	公司名称	杭州士兰微电子股份有限公司			证券简称	士 兰 微
	法人代表	陈向东	董秘	陈越	证券代码	600460
	公司网址	www.silan.com.cn		电子信箱	600460@silan.com.cn	
	电　　话	0571-88210880 88212980		传　　真	0571-88210763	
	办公地址	浙江省杭州市黄姑山路 4 号				
	经营范围	电子元器件、电子零部件及其他电子产品设计、制造、销售等				

	指标\报告期	2011.06.30	2010.12.31	2010.06.30	2009.12.31
主要财务指标	每股收益(元)	0.2000	0.6200	0.3000	0.1900
	每股收益(扣除)(元)	0.1800	0.5400	0.2600	0.0200
	每股净资产(元)	3.8950	3.8200	2.2420	2.0100
	调整后每股净资产(元)	–	–	–	–
	每股资本公积金(元)	1.4234	1.4866	0.1485	0.1794
	每股盈余公积金(元)	0.1614	0.1614	0.1487	0.1487
	每股未分配利润(元)	1.3223	1.1859	0.9571	0.6956
	每股现金净流量(元)	0.2902	1.0456	0.0487	0.0757
	每股经营现金净流量(元)	0.1695	0.7001	0.3438	0.3165
	净资产收益率(扣除)(%)	–	20.4900	–	0.9100
	净资产收益率(%)	5.0430	15.4250	13.1880	9.4450
	总资产(万)	313115.52	256494.87	189451.70	179945.01
	股东权益(万)	169053.49	165872.66	90603.24	81297.68
	主营业务收入(万)	76184.68	151799.98	70030.21	95784.58
	主营成本(万)	52841.91	97995.34	45694.48	68849.99
	营业收入(万)	76284.21	151882.70	70059.86	95986.54
	营业成本(万)	52895.63	97995.50	45698.88	68988.72
	投资收益(万)	–	–	–	–
	利润总额(万)	9542.86	29341.06	13771.30	7872.09
	净利润(万)	8524.64	25585.86	11948.50	7646.75

江西洪城水业股份有限公司

公司概况	公司名称	江西洪城水业股份有限公司			证券简称	洪城水业
	法人代表	熊一江	董秘	康乐平	证券代码	600461
	公司网址	www.jxhcsy.com		电子信箱	leping6688@sina.com	
	电　　话	0791-85235057 85210336		传　　真	0791-85226672	
	办公地址	江西省南昌市灌婴路 98 号				
	经营范围	自来水、水表、给排水设备、节水设备、仪器仪表、环保设备的生产、销售等				

	指标\报告期	2011.06.30	2010.12.31	2010.06.30	2009.12.31
主要财务指标	每股收益(元)	0.1600	0.4240	0.1400	–0.0100
	每股收益(扣除)(元)	0.1550	0.1960	0.0660	0.0990
	每股净资产(元)	4.7530	7.0000	3.5290	5.3600
	调整后每股净资产(元)	–	–	–	–
	每股资本公积金(元)	3.4779	8.9837	1.8513	1.8513
	每股盈余公积金(元)	0.0972	0.2290	0.2081	0.2081
	每股未分配利润(元)	0.1779	0.2096	0.4695	0.4765
	每股现金净流量(元)	–0.1135	0.9829	0.9829	0.0209
	每股经营现金净流量(元)	0.7172	1.5455	1.3534	0.7148
	净资产收益率(扣除)(%)	–	5.5000	–	4.4700
	净资产收益率(%)	3.2750	6.0610	2.6340	–0.1783
	总资产(万)	393838.13	394707.15	71199.64	183685.85
	股东权益(万)	156848.62	153911.23	49403.76	118099.26
	主营业务收入(万)	44774.17	82346.61	33010.43	39373.84
	主营成本(万)	27173.62	52721.01	22555.00	29965.41
	营业收入(万)	45094.27	84327.85	33810.53	41071.78
	营业成本(万)	27272.43	53103.63	22690.97	30650.27
	投资收益(万)	–	–	–	–
	利润总额(万)	5998.12	11046.06	3604.92	831.55
	净利润(万)	5137.39	9328.97	3085.90	–210.58

延边石岘白麓纸业股份有限公司

公司概况	公司名称	延边石岘白麓纸业股份有限公司			证券简称	*ST 石岘
	法人代表	郑艳民	董秘	崔文根	证券代码	600462
	公司网址	www.shixianpaper.com		电子信箱	cwg0048@vip.sina.com	
	电　　话	0433-3810015		传　　真	0433-3810019	
	办公地址	吉林省图们市石岘镇				
	经营范围	新闻纸、胶版纸、商品木浆等产品的生产和销售等				

	指标\报告期	2011.06.30	2010.12.31	2010.06.30	2009.12.31
主要财务指标	每股收益(元)	–0.0570	0.0180	–0.0576	–0.8242
	每股收益(扣除)(元)	–0.0550	–0.1195	–0.0673	–0.6804
	每股净资产(元)	–0.2220	–0.1600	–0.2400	–0.1800
	调整后每股净资产(元)	–	–	–	–
	每股资本公积金(元)	0.5732	0.5732	0.5732	0.5732
	每股盈余公积金(元)	0.0531	0.0531	0.0531	0.0531
	每股未分配利润(元)	–1.8478	–1.7906	–1.8662	–1.8087
	每股现金净流量(元)	–0.0058	–0.0054	–0.0038	–0.0241
	每股经营现金净流量(元)	0.0246	0.0033	–0.0038	0.0148
	净资产收益率(扣除)(%)	–	68.9100	–	–296.2800
	净资产收益率(%)	–25.7911	–10.9600	–23.9805	–451.7300
	总资产(万)	130534.53	137917.46	141539.93	139542.23
	股东权益(万)	–9097.39	–6751.07	–9854.21	–7491.12
	主营业务收入(万)	24643.10	45332.81	20341.05	44022.33
	主营成本(万)	20118.91	43054.77	19831.10	62573.22
	营业收入(万)	24648.68	45496.80	20425.74	44556.13
	营业成本(万)	20120.49	43122.01	19831.10	63032.58
	投资收益(万)	–	–	–	–
	利润总额(万)	–2346.32	740.05	–2363.09	–33853.89
	净利润(万)	–2346.32	740.05	–2363.09	–33839.78

北京空港科技园区股份有限公司

公司概况					
公司名称	北京空港科技园区股份有限公司			证券简称	空港股份
法人代表	田建国	董秘	宜顺华	证券代码	600463
公司网址	www.600463.com.cn		电子信箱	xsh68@126.com	
电　话	010-80489305		传　真	010-80491684	
办公地址	北京市顺义区空港工业区B区裕民大街甲6号				
经营范围	高新技术的开发、转让和咨询;销售开发后的产品等				

主要财务指标

指标\报告期	2011.06.30	2010.12.31	2010.06.30	2009.12.31
每股收益(元)	0.1600	0.2400	0.1500	0.2200
每股收益(扣除)(元)	0.1600	0.2100	0.1400	0.2200
每股净资产(元)	2.5800	2.5000	2.4100	2.3600
调整后每股净资产(元)	–	–	–	–
每股资本公积金(元)	0.3925	0.3925	0.3921	0.3914
每股盈余公积金(元)	0.2168	0.2168	0.2119	0.2119
每股未分配利润(元)	0.9719	0.8913	0.8085	0.7549
每股现金净流量(元)	–0.4780	0.2024	–0.5252	0.7465
每股经营现金净流量(元)	0.1860	0.0686	0.2240	–0.4641
净资产收益率(扣除)(%)	–	8.8800	–	9.4100
净资产收益率(%)	6.2230	9.6520	6.3670	9.2750
总资产(万)	200664.66	224282.00	186960.73	212527.63
股东权益(万)	65046.82	63015.01	60796.02	59426.58
主营业务收入(万)	29912.91	85004.38	48225.45	74759.27
主营成本(万)	22900.23	67625.79	37673.06	58953.96
营业收入(万)	35595.01	85974.81	48603.58	75615.32
营业成本(万)	25219.70	68591.96	38117.48	59722.36
投资收益(万)	–	–	–	–
利润总额(万)	5697.66	8116.06	5155.27	7406.26
净利润(万)	4047.81	6082.00	3870.94	5511.82

四川迪康科技药业股份有限公司

公司概况					
公司名称	四川迪康科技药业股份有限公司			证券简称	迪康药业
法人代表	陈敏	董秘	蒋黎	证券代码	600466
公司网址	www.dikangyaoye.com		电子信箱	jiangl@dkyaoye.com	
电　话	028-87838250		传　真	028-87838281	
办公地址	四川省成都市高新区西区迪康大道1号				
经营范围	日化用品、化工用品、原料药、中成药、中药材、中药饮片等				

主要财务指标

指标\报告期	2011.06.30	2010.12.31	2010.06.30	2009.12.31
每股收益(元)	0.0186	0.1763	0.0180	0.0837
每股收益(扣除)(元)	–0.0017	0.0878	0.0248	0.0615
每股净资产(元)	1.2000	1.1800	2.8200	2.7700
调整后每股净资产(元)	–	–	–	–
每股资本公积金(元)	0.3266	2.3166	2.3162	2.3162
每股盈余公积金(元)	0.0381	0.0953	0.0953	0.0953
每股未分配利润(元)	–0.1661	–0.4619	–0.5932	–0.6382
每股现金净流量(元)	0.0008	–0.6267	–0.7183	0.1212
每股经营现金净流量(元)	–0.0327	0.1891	0.0095	0.1659
净资产收益率(扣除)(%)	–	3.0700	0.0099	2.2500
净资产收益率(%)	1.5530	5.9780	1.5970	3.0160
总资产(万)	60771.19	58046.67	56418.09	54885.14
股东权益(万)	52619.75	51802.51	49490.09	48699.68
主营业务收入(万)	14333.23	32111.05	15194.36	31366.10
主营成本(万)	7148.01	16870.96	8302.76	18206.99
营业收入(万)	14429.14	32215.36	15243.90	31435.04
营业成本(万)	7159.59	16899.45	8316.91	18223.69
投资收益(万)	–	–	–	–
利润总额(万)	988.46	3594.85	928.29	1839.34
净利润(万)	817.24	3096.66	790.42	1468.97

山东好当家海洋发展股份有限公司

公司概况					
公司名称	山东好当家海洋发展股份有限公司			证券简称	好当家
法人代表	唐传勤	董秘	戚燕	证券代码	600467
公司网址	www.sdhaodangjia.com		电子信箱	hdj_600467@sina.com	
电　话	0631-7438073		传　真	0631-7438073	
办公地址	山东省威海市荣成市虎山镇沙咀子				
经营范围	牙鲆鱼、鲍鱼、海参、大菱鲆、海蜇等海产品的生产、销售等				

主要财务指标

指标\报告期	2011.06.30	2010.12.31	2010.06.30	2009.12.31
每股收益(元)	0.1300	0.2300	0.1000	0.1200
每股收益(扣除)(元)	0.1300	0.2200	0.1000	0.1100
每股净资产(元)	2.3270	2.1900	2.0688	2.0300
调整后每股净资产(元)	–	–	–	–
每股资本公积金(元)	0.2144	0.2144	0.2144	0.2144
每股盈余公积金(元)	0.2010	0.2010	0.1809	0.1809
每股未分配利润(元)	0.9119	0.7779	0.6734	0.6326
每股现金净流量(元)	0.0400	–0.0013	–0.0088	0.0266
每股经营现金净流量(元)	–0.0886	0.1697	–0.0991	0.0986
净资产收益率(扣除)(%)	5.7600	10.2750	4.8740	5.8590
净资产收益率(%)	5.9300	10.7000	4.7900	6.0400
总资产(万)	240921.29	212101.51	191639.68	176718.58
股东权益(万)	152565.92	143431.33	135294.83	132789.48
主营业务收入(万)	40028.78	75726.53	35137.14	52126.48
主营成本(万)	27465.69	55307.85	25825.34	38928.53
营业收入(万)	40116.17	77411.07	35218.11	52829.03
营业成本(万)	27465.69	56451.74	25825.34	39426.11
投资收益(万)	–	–	–	–
利润总额(万)	8615.20	14933.38	6521.26	7736.57
净利润(万)	8492.98	14278.77	6388.06	7527.87

天津百利特精电气股份有限公司

公司概况					
公司名称	天津百利特精电气股份有限公司			证券简称	百利电气
法人代表	张文利	董秘	刘敏	证券代码	600468
公司网址	www.benefo.tj.cn		电子信箱	benefo600468@126.com	
电　话	022-23979181		传　真	022-83963876	
办公地址	天津市西青经济开发区民和道12号				
经营范围	输配电设备制造与稀有金属加工等				

主要财务指标

指标\报告期	2011.06.30	2010.12.31	2010.06.30	2009.12.31
每股收益(元)	0.1117	0.0957	0.0365	0.0805
每股收益(扣除)(元)	0.0404	0.0132	0.0393	0.0275
每股净资产(元)	1.3908	1.5516	1.3185	1.5555
调整后每股净资产(元)	–	–	–	–
每股资本公积金(元)	0.0597	0.2267	0.0704	0.0878
每股盈余公积金(元)	0.0305	0.0947	0.0943	0.1132
每股未分配利润(元)	0.3006	0.2302	0.1538	0.3546
每股现金净流量(元)	0.0024	–0.2208	–0.2648	0.2843
每股经营现金净流量(元)	–0.0580	0.2181	–0.1510	0.0491
净资产收益率(扣除)(%)	–	0.9800	–	2.3100
净资产收益率(%)	8.0350	6.8540	1.8930	6.2090
总资产(万)	124939.79	118273.85	91055.49	95400.34
股东权益(万)	52872.68	58987.33	50123.11	49279.37
主营业务收入(万)	39145.61	56622.97	38555.43	40608.69
主营成本(万)	29575.96	47855.27	30219.80	32009.86
营业收入(万)	39739.13	58235.82	39428.91	42444.77
营业成本(万)	29940.30	48799.73	30506.87	32908.95
投资收益(万)	–	–	–	–
利润总额(万)	5259.28	4485.15	1898.11	3730.70
净利润(万)	4248.05	3638.65	1387.40	3059.67

风神轮胎股份有限公司

公司概况	公司名称	风神轮胎股份有限公司			证券简称	风神股份
	法人代表	曹朝阳	董秘	韩法强	证券代码	600469
	公司网址	www.aeolustyre.com		电子信箱	hfq@aeolustyre.com	
	电　话	0391-3999080 3999007		传　真	0391-3999080	
	办公地址	河南省焦作市焦东南路 48 号				
	经营范围	轮胎的研制、设计、开发、生产、经营及轮胎进出口业务等				

	指标\报告期	2011.06.30	2010.12.31	2010.06.30	2009.12.31
主要财务指标	每股收益(元)	0.3940	0.4070	0.2610	0.8270
	每股收益(扣除)(元)	0.3840	0.3670	0.2460	0.8170
	每股净资产(元)	5.1100	4.8300	4.6280	4.4700
	调整后每股净资产(元)	–	–	–	–
	每股资本公积金(元)	2.1588	2.1710	2.1158	2.1182
	每股盈余公积金(元)	0.2744	0.2744	0.2336	0.2336
	每股未分配利润(元)	1.6775	1.3836	1.2787	1.1174
	每股现金净流量(元)	2.3182	–0.3254	0.6473	–0.3881
	每股经营现金净流量(元)	0.3750	0.4876	0.3724	0.8904
	净资产收益率(扣除)(%)	7.7060	8.4300	5.6450	18.5030
	净资产收益率(%)	7.8300	8.7600	5.7400	20.1600
	总资产(万)	805917.89	646227.78	647829.51	546175.39
	股东权益(万)	191621.44	181062.94	173523.82	167569.67
	主营业务收入(万)	548770.47	805864.96	417938.27	556705.32
	主营成本(万)	461015.26	696377.68	366990.31	423984.04
	营业收入(万)	552554.35	812184.58	420095.94	562251.96
	营业成本(万)	463957.89	701340.51	368375.83	428700.19
	投资收益(万)	–	44.91	–	84.28
	利润总额(万)	16588.27	18112.61	11689.22	35142.40
	净利润(万)	14767.01	15262.83	9795.11	31005.36

安徽六国化工股份有限公司

公司概况	公司名称	安徽六国化工股份有限公司			证券简称	六国化工
	法人代表	黄化锋	董秘	邢金俄	证券代码	600470
	公司网址	www.liuguo.com		电子信箱	liuguo@liuguo.com	
	电　话	0562-3801021 3801675		传　真	0562-3802688	
	办公地址	安徽省铜陵市铜港路				
	经营范围	化学肥料(含复混肥料)、磷石膏生产、加工、销售等				

	指标\报告期	2011.06.30	2010.12.31	2010.06.30	2009.12.31
主要财务指标	每股收益(元)	0.1200	0.3200	0.1300	0.2400
	每股收益(扣除)(元)	0.1200	0.2900	0.1200	0.2300
	每股净资产(元)	4.2600	6.7500	5.0800	4.8600
	调整后每股净资产(元)	–	–	–	–
	每股资本公积金(元)	2.4208	4.4732	2.3701	2.3816
	每股盈余公积金(元)	0.1328	0.2125	0.2660	0.2660
	每股未分配利润(元)	0.6678	1.0203	1.3564	1.1507
	每股现金净流量(元)	–0.6408	2.2889	–1.0748	0.6785
	每股经营现金净流量(元)	–0.4729	–0.0076	–1.2561	2.6165
	净资产收益率(扣除)(%)	2.9080	3.7140	4.0520	4.9560
	净资产收益率(%)	2.8900	5.5200	4.1400	5.0300
	总资产(万)	353689.85	340516.87	215530.24	216664.12
	股东权益(万)	237038.32	229441.66	120217.69	115124.79
	主营业务收入(万)	149773.20	267562.54	119231.33	288016.79
	主营成本(万)	134931.52	244639.80	108388.76	273865.03
	营业收入(万)	157543.57	273357.54	121780.48	291636.86
	营业成本(万)	141991.85	249815.17	110311.88	276562.94
	投资收益(万)	257.20	–142.45	–	76.90
	利润总额(万)	7945.42	10415.12	5438.40	5277.65
	净利润(万)	6461.87	8170.03	4649.72	5442.68

无锡华光锅炉股份有限公司

公司概况	公司名称	无锡华光锅炉股份有限公司			证券简称	华光股份
	法人代表	王福军	董秘	魏利岩	证券代码	600475
	公司网址	www.wxboiler.com		电子信箱	600475@wxboiler.com	
	电　话	0510-85215556		传　真	0510-85215605	
	办公地址	江苏省无锡市城南路 3 号				
	经营范围	电站锅炉、工业锅炉、锅炉辅机、水处理设备、压力容器的制造、销售等				

	指标\报告期	2011.06.30	2010.12.31	2010.06.30	2009.12.31
主要财务指标	每股收益(元)	0.2530	0.5540	0.2530	0.4620
	每股收益(扣除)(元)	0.2480	0.4660	0.2480	0.3410
	每股净资产(元)	4.5300	4.3800	4.0800	3.9300
	调整后每股净资产(元)	–	–	–	–
	每股资本公积金(元)	0.5570	0.5570	0.5570	0.5570
	每股盈余公积金(元)	0.5089	0.5089	0.4660	0.4660
	每股未分配利润(元)	2.4651	2.3120	2.0603	1.9073
	每股现金净流量(元)	–1.5052	–0.1486	0.1993	0.6228
	每股经营现金净流量(元)	–1.0890	1.0679	0.6326	1.1450
	净资产收益率(扣除)(%)	–	11.2100	–	9.0000
	净资产收益率(%)	5.5850	12.6640	6.1960	11.7540
	总资产(万)	519527.69	497070.07	476573.71	441276.02
	股东权益(万)	115993.98	112075.27	104532.93	100615.91
	主营业务收入(万)	174747.79	311455.14	150397.72	256161.63
	主营成本(万)	149568.48	259626.75	127177.73	211995.84
	营业收入(万)	176698.96	315575.31	151651.96	258242.23
	营业成本(万)	150221.84	261774.02	127461.61	212708.50
	投资收益(万)	–	–	–	–
	利润总额(万)	8598.36	19196.96	8676.39	15355.86
	净利润(万)	6478.71	14193.47	6477.03	11826.25

湖南湘邮科技股份有限公司

公司概况	公司名称	湖南湘邮科技股份有限公司			证券简称	湘邮科技
	法人代表	湘邮科技	董秘	李雄	证券代码	600476
	公司网址	www.copote.com		电子信箱	copote@copote.com	
	电　话	0731-88998688 88998817		传　真	0731-88998686	
	办公地址	湖南省长沙市国家高新区麓谷基地玉兰路 2 号				
	经营范围	研制,开发,生产,销售计算机软等				

	指标\报告期	2011.06.30	2010.12.31	2010.06.30	2009.12.31
主要财务指标	每股收益(元)	–0.0040	0.0360	–0.0220	0.0300
	每股收益(扣除)(元)	–0.0100	–0.1540	–0.0290	0.0050
	每股净资产(元)	1.6870	1.6910	1.6340	1.6500
	调整后每股净资产(元)	–	–	–	–
	每股资本公积金(元)	0.8139	0.8139	0.8139	0.8139
	每股盈余公积金(元)	0.0834	0.0834	0.0834	0.0834
	每股未分配利润(元)	–0.2100	–0.2055	–0.2634	–0.2414
	每股现金净流量(元)	–0.2979	0.2591	–0.2577	–0.0211
	每股经营现金净流量(元)	–0.0895	0.3914	–0.1264	0.5616
	净资产收益率(扣除)(%)	–	–9.1900	–	0.3200
	净资产收益率(%)	–0.2660	2.1190	–1.3510	1.7865
	总资产(万)	44858.67	46686.55	47503.35	46742.71
	股东权益(万)	27178.59	27250.82	26317.69	26673.30
	主营业务收入(万)	10654.12	29466.90	12388.41	34246.68
	主营成本(万)	8730.03	27150.18	10293.55	27985.01
	营业收入(万)	10654.12	29512.51	12388.41	34616.84
	营业成本(万)	8730.03	27160.11	10293.55	28279.53
	投资收益(万)	–	–	–	–
	利润总额(万)	–68.89	626.98	–349.18	705.31
	净利润(万)	–72.23	577.52	–355.61	476.53

浙江杭萧钢构股份有限公司

公司名称	浙江杭萧钢构股份有限公司			证券简称	杭萧钢构
法人代表	单银木	董秘	陈瑞	证券代码	600477
公司网址	www.hxss.com.cn		电子信箱	chen.rui@hxss.com.cn	
电　　话	0571-87246788		传　　真	0571-87247920	
办公地址	浙江省杭州市萧山经济技术开发区红垦农场				
经营范围	钢结构工程的设计、制作与安装				

指标＼报告期	2011.06.30	2010.12.31	2010.06.30	2009.12.31
每股收益(元)	0.0820	0.2440	0.0980	0.2600
每股收益(扣除)(元)	0.0530	0.2030	0.0890	0.2590
每股净资产(元)	2.1600	2.0800	2.3600	1.8730
调整后每股净资产(元)	-	-	-	-
每股资本公积金(元)	0.0826	0.0858	0.0983	0.0985
每股盈余公积金(元)	0.1461	0.1461	0.1487	0.1487
每股未分配利润(元)	0.9339	0.8521	1.1041	0.9864
每股现金净流量(元)	-0.5801	0.4508	1.1689	0.2181
每股经营现金净流量(元)	-0.8731	0.1552	0.2461	0.5733
净资产收益率(扣除)(%)	-	10.1200	-	14.6800
净资产收益率(%)	3.7820	11.6970	4.9800	13.8793
总资产(万)	502609.31	385024.33	371282.16	315754.17
股东权益(万)	83603.61	80517.84	76059.43	72324.90
主营业务收入(万)	164137.47	337475.91	141276.95	280359.26
主营成本(万)	147691.10	296557.51	121671.66	239825.17
营业收入(万)	168266.71	346421.82	144174.59	284578.05
营业成本(万)	150638.49	303829.55	123976.35	242933.89
投资收益(万)	-	-	-	-
利润总额(万)	4251.89	15836.99	5998.75	15283.92
净利润(万)	3161.58	9417.90	3788.49	10038.21

湖南科力远新能源股份有限公司

公司名称	湖南科力远新能源股份有限公司			证券简称	科力远
法人代表	钟发平	董秘	伍定军	证券代码	600478
公司网址	www.corun.com		电子信箱	hnwudj@163.com	
电　　话	0731-88983638		传　　真	0731-88983623	
办公地址	湖南省长沙市岳麓区长沙国家高新技术产业开发区桐梓坡西路348号				
经营范围	法律、法规、政策允许的新材料、新能源的研究、开发、生产、销售等				

指标＼报告期	2011.06.30	2010.12.31	2010.06.30	2009.12.31
每股收益(元)	0.0600	0.0700	0.0400	0.0700
每股收益(扣除)(元)	0.0090	0.0200	0.0300	0.0200
每股净资产(元)	3.3880	3.3300	2.2650	2.2300
调整后每股净资产(元)	-	-	-	-
每股资本公积金(元)	1.9047	1.9064	0.7990	0.7990
每股盈余公积金(元)	0.0930	0.0930	0.0879	0.0879
每股未分配利润(元)	0.3890	0.3302	0.3783	0.3395
每股现金净流量(元)	-0.3988	1.2996	-0.3740	0.0357
每股经营现金净流量(元)	-0.2709	0.2006	0.1087	0.3576
净资产收益率(扣除)(%)	-	0.9700	-	0.9200
净资产收益率(%)	1.7350	1.8590	1.7130	3.0340
总资产(万)	276727.69	214444.62	166860.93	152557.16
股东权益(万)	106652.21	104810.37	64843.41	63735.90
主营业务收入(万)	100397.31	152887.86	68386.77	135116.33
主营成本(万)	93930.49	139214.88	61295.39	122486.29
营业收入(万)	101058.98	155520.98	68931.32	137906.95
营业成本(万)	94418.99	141450.30	61702.14	125229.56
投资收益(万)	-	-	-	-
利润总额(万)	2264.27	2312.82	1265.10	2422.10
净利润(万)	1850.70	1948.49	1110.55	1933.61

株洲千金药业股份有限公司

公司名称	株洲千金药业股份有限公司			证券简称	千金药业
法人代表	江端预	董秘	吕芳元	证券代码	600479
公司网址	www.cnqjyy.com		电子信箱	llfy@cnqjyy.com	
电　　话	0731-22490083 22496088		传　　真	0731-22496088	
办公地址	湖南省株洲市荷塘区金钩山路15号				
经营范围	研制、生产、销售药品、食品、保健食品、消毒产品、化妆品				

指标＼报告期	2011.06.30	2010.12.31	2010.06.30	2009.12.31
每股收益(元)	0.1558	0.2834	0.1947	0.4296
每股收益(扣除)(元)	0.1571	0.2011	0.1573	0.3951
每股净资产(元)	2.8631	2.9577	2.8690	3.0315
调整后每股净资产(元)	-	-	-	-
每股资本公积金(元)	0.5022	0.5027	0.5027	1.1037
每股盈余公积金(元)	0.3784	0.3784	0.3577	0.5008
每股未分配利润(元)	0.9824	1.0766	1.0086	1.6395
每股现金净流量(元)	-0.4686	0.3158	-0.0141	-1.5105
每股经营现金净流量(元)	0.0968	0.1284	-0.0191	0.3378
净资产收益率(扣除)(%)	-	6.7800	-	13.7100
净资产收益率(%)	5.4400	9.5810	6.7880	14.1703
总资产(万)	121525.61	112846.44	111764.36	126577.37
股东权益(万)	87272.08	90157.38	87452.49	92405.50
主营业务收入(万)	56863.23	96926.85	47895.71	89549.76
主营成本(万)	26693.70	42740.20	19127.34	35927.78
营业收入(万)	57427.94	97944.38	48330.36	90427.01
营业成本(万)	26710.51	42785.49	19127.36	36083.31
投资收益(万)	-	-	-	-
利润总额(万)	5987.08	10953.77	7172.56	15605.54
净利润(万)	4747.94	8638.28	5936.16	13094.12

凌云工业股份有限公司

公司名称	凌云工业股份有限公司			证券简称	凌云股份
法人代表	李喜增	董秘	张建华	证券代码	600480
公司网址	www.lingyun.com.cn		电子信箱	zhangjianhua@lygf.com	
电　　话	0312-3951002		传　　真	0312-3951234	
办公地址	河北省涿州市松林店镇				
经营范围	生产和销售塑料燃气管道系统、给水管道系统、供热管道系统等				

指标＼报告期	2011.06.30	2010.12.31	2010.06.30	2009.12.31
每股收益(元)	0.3000	0.8100	0.4400	0.6100
每股收益(扣除)(元)	0.3000	0.7900	0.4300	0.6000
每股净资产(元)	5.3300	5.0300	3.1030	2.7500
调整后每股净资产(元)	-	-	-	-
每股资本公积金(元)	2.1407	2.1407	0.2692	0.2692
每股盈余公积金(元)	0.0874	0.0874	0.0636	0.0636
每股未分配利润(元)	2.1065	1.8020	1.7707	1.4156
每股现金净流量(元)	-0.4708	2.3316	0.5033	0.2709
每股经营现金净流量(元)	-0.6254	0.6262	0.3915	1.1896
净资产收益率(扣除)(%)	-	25.2900	-	24.2600
净资产收益率(%)	5.7070	13.8470	14.0200	22.1370
总资产(万)	469955.05	417325.62	316208.30	262199.23
股东权益(万)	192958.07	181945.54	96831.86	85751.33
主营业务收入(万)	194031.85	331082.08	166688.70	243841.50
主营成本(万)	152119.29	251066.49	125665.87	181814.69
营业收入(万)	200934.10	343112.51	172158.76	251001.32
营业成本(万)	157149.74	259551.21	129706.58	186286.89
投资收益(万)	-	-	-	-
利润总额(万)	22037.84	47714.46	26324.13	38236.95
净利润(万)	11012.53	25194.37	13575.51	18982.56

双良节能系统股份有限公司

公司概况	公司名称	双良节能系统股份有限公司		证券简称	双良节能
	法人代表	缪志强	董秘 王晓松	证券代码	600481
	公司网址	www.shuangliang.com	电子信箱	600481@shuangliang.com	
	电　话	0510-86632358	传　真	0510-86632307	
	办公地址	江苏省江阴市利港镇			
	经营范围	研究,开发,生产空调,热泵,空气冷却设备,海水淡化节能设备等			

主要财务指标	指标\报告期	2011.06.30	2010.12.31	2010.06.30	2009.12.31
	每股收益(元)	0.0853	0.2855	0.1185	0.4384
	每股收益(扣除)(元)	0.0902	0.2825	0.1185	0.4438
	每股净资产(元)	2.6300	2.8400	2.6500	2.6000
	调整后每股净资产(元)	–	–	–	–
	每股资本公积金(元)	1.2011	1.2011	1.1761	1.4386
	每股盈余公积金(元)	0.1766	0.1766	0.1383	0.1659
	每股未分配利润(元)	0.2505	0.4653	0.3366	0.5117
	每股现金净流量(元)	0.2073	0.5442	0.4612	–0.1562
	每股经营现金净流量(元)	–0.3606	–0.0544	–0.2222	0.5675
	净资产收益率(扣除)(%)	3.2450	10.0410	4.4700	16.8830
	净资产收益率(%)	3.0600	10.5800	4.5400	17.7200
	总资产(万)	604063.08	519354.59	454485.34	383275.73
	股东权益(万)	228115.81	244309.26	230510.98	225383.40
	主营业务收入(万)	246038.77	413652.76	190810.83	366184.20
	主营成本(万)	215349.31	349201.87	160904.96	290342.94
	营业收入(万)	249474.36	419203.01	194066.29	371257.13
	营业成本(万)	217473.04	352685.70	162648.60	293099.53
	投资收益(万)	–13.21	–229.82	–174.02	–259.78
	利润总额(万)	8065.71	29003.62	12185.91	45950.44
	净利润(万)	6908.43	23125.30	9598.01	35515.04

风帆股份有限公司

公司概况	公司名称	风帆股份有限公司		证券简称	风帆股份
	法人代表	刘宝生	董秘 张亚光	证券代码	600482
	公司网址	www.sail.com.cn	电子信箱	sh600482@126.com	
	电　话	0312-3208529 3208588	传　真	0312-3215920	
	办公地址	河北省保定市富昌路 8 号			
	经营范围	蓄电池开发、研制、生产、销售			

主要财务指标	指标\报告期	2011.06.30	2010.12.31	2010.06.30	2009.12.31
	每股收益(元)	0.0700	0.1100	0.0600	0.1000
	每股收益(扣除)(元)	0.0604	0.1000	0.0584	0.0900
	每股净资产(元)	2.4840	2.4200	2.3700	2.3100
	调整后每股净资产(元)	–	–	–	–
	每股资本公积金(元)	1.6265	1.6265	1.6265	1.6265
	每股盈余公积金(元)	0.1186	0.1186	0.1186	0.1186
	每股未分配利润(元)	–0.2612	–0.3289	–0.3759	–0.4346
	每股现金净流量(元)	0.4482	–0.2088	0.1265	–0.2758
	每股经营现金净流量(元)	–0.1065	0.1423	0.0065	0.3512
	净资产收益率(扣除)(%)	–	4.3900	–	4.1000
	净资产收益率(%)	2.7280	4.3750	2.4780	4.1680
	总资产(万)	300981.80	300337.58	283900.83	284289.87
	股东权益(万)	114510.59	111387.02	109220.43	106513.97
	主营业务收入(万)	218042.10	319227.07	165258.79	263848.66
	主营成本(万)	196609.73	274311.65	146836.64	224407.79
	营业收入(万)	222291.73	325500.31	166766.96	268334.01
	营业成本(万)	200035.50	279507.27	147801.85	228577.07
	投资收益(万)	–	–	–	–
	利润总额(万)	4135.84	7058.99	3348.25	5074.88
	净利润(万)	3123.57	4873.05	2706.46	4439.45

福建南纺股份有限公司

公司概况	公司名称	福建南纺股份有限公司		证券简称	福建南纺
	法人代表	陈军华	董秘 李峰	证券代码	600483
	公司网址	www.fjnf.com	电子信箱	nf600483@sina.com	
	电　话	0599-8813009 8813015	传　真	0599-8805190 8809965	
	办公地址	福建省南平市安丰路 63 号			
	经营范围	纺织品、PU 革的制造;经营本公司自产产品及相关的出口业务等			

主要财务指标	指标\报告期	2011.06.30	2010.12.31	2010.06.30	2009.12.31
	每股收益(元)	0.0664	0.0900	0.0244	0.0600
	每股收益(扣除)(元)	0.0574	0.0900	0.0223	0.0400
	每股净资产(元)	2.5480	2.4260	2.4260	2.5700
	调整后每股净资产(元)	–	–	–	–
	每股资本公积金(元)	1.1338	1.1456	1.1119	1.2575
	每股盈余公积金(元)	0.1930	0.1930	0.1854	0.1854
	每股未分配利润(元)	0.2216	0.1851	0.1288	0.1244
	每股现金净流量(元)	–0.3245	0.3998	0.1345	–0.0733
	每股经营现金净流量(元)	–0.3473	0.4770	0.1323	0.1050
	净资产收益率(扣除)(%)	–	3.6400	–	1.7100
	净资产收益率(%)	2.6070	3.4980	1.0060	2.5010
	总资产(万)	118734.82	116677.18	116677.18	115035.76
	股东权益(万)	73516.73	69991.31	69991.31	74065.15
	主营业务收入(万)	74774.21	114973.07	54506.26	96607.04
	主营成本(万)	68349.83	104557.40	50464.39	87739.02
	营业收入(万)	75996.68	115864.06	54914.74	97987.86
	营业成本(万)	69252.39	105200.81	50752.05	88917.28
	投资收益(万)	–	–	–	–
	利润总额(万)	2638.02	3739.20	1030.59	2248.86
	净利润(万)	1916.90	2546.81	704.14	1852.43

北京中创信测科技股份有限公司

公司概况	公司名称	北京中创信测科技股份有限公司		证券简称	中创信测
	法人代表	贾林	董秘 王志刚	证券代码	600485
	公司网址	www.zctt.com	电子信箱	investors@zctt.com	
	电　话	010-62100118 62100102	传　真	010-62121092	
	办公地址	北京市海淀区中关村南大街甲 18 号北京·国际 C 座 12-14 层			
	经营范围	通信网测试维护产品的研制开发、生产、销售和服务等			

主要财务指标	指标\报告期	2011.06.30	2010.12.31	2010.06.30	2009.12.31
	每股收益(元)	–0.0620	0.2840	0.0940	0.1930
	每股收益(扣除)(元)	–0.0600	0.2770	0.0920	0.1930
	每股净资产(元)	3.3100	3.3500	3.1600	2.8900
	调整后每股净资产(元)	–	–	–	–
	每股资本公积金(元)	0.9757	0.9526	0.9453	0.7623
	每股盈余公积金(元)	0.1955	0.1955	0.1561	0.1584
	每股未分配利润(元)	1.1423	1.2040	1.0543	0.9735
	每股现金净流量(元)	–0.1436	0.5653	0.3485	–0.1542
	每股经营现金净流量(元)	–0.1161	0.3854	0.1677	–0.0348
	净资产收益率(扣除)(%)	–	8.7500	–	7.0100
	净资产收益率(%)	–1.8610	8.4590	2.9940	6.6610
	总资产(万)	72071.16	70373.41	70530.81	62129.09
	股东权益(万)	45920.14	46454.37	43733.11	39543.99
	主营业务收入(万)	8506.01	25403.02	9276.42	22182.54
	主营成本(万)	4377.48	13713.48	4631.33	11184.66
	营业收入(万)	9291.83	28066.08	10061.37	23466.76
	营业成本(万)	4377.48	13793.50	4640.05	11350.15
	投资收益(万)	–	–	–	–
	利润总额(万)	–1063.71	4443.27	1377.99	2869.62
	净利润(万)	–854.59	3929.45	1309.20	2634.06

江苏扬农化工股份有限公司

公司概况	公司名称	江苏扬农化工股份有限公司			证券简称	扬农化工
	法人代表	戚明珠	董秘	吴孝举	证券代码	600486
	公司网址	www.yngf.com		电子信箱	stockcom@yngf.com	
	电　　话	0514-85870486		传　　真	0514-85889486	
	办公地址	江苏省扬州市文峰路39号				
	经营范围	卫生用、农用拟除虫菊酯系列产品的生产和销售等				

	指标\报告期	2011.06.30	2010.12.31	2010.06.30	2009.12.31
主要财务指标	每股收益(元)	0.4950	0.7790	0.6570	1.0030
	每股收益(扣除)(元)	0.4950	0.6320	0.5660	0.9520
	每股净资产(元)	9.9910	9.6510	9.5210	11.6640
	调整后每股净资产(元)	–	–	–	–
	每股资本公积金(元)	4.9359	4.9359	5.0055	6.7739
	每股盈余公积金(元)	0.3642	0.3642	0.3240	0.4212
	每股未分配利润(元)	3.4469	3.1524	3.0706	3.3381
	每股现金净流量(元)	0.9886	0.2502	0.2210	3.2311
	每股经营现金净流量(元)	1.2636	2.1893	0.9513	1.9263
	净资产收益率(扣除)(%)	–	6.7900	–	13.1500
	净资产收益率(%)	4.9500	8.0680	6.8970	10.2020
	总资产(万)	276557.04	256238.99	269903.50	255575.87
	股东权益(万)	172002.81	166162.44	163918.47	154476.13
	主营业务收入(万)	96094.85	149592.93	95960.17	144587.91
	主营成本(万)	78411.66	122709.39	76226.27	111901.48
	营业收入(万)	101921.88	156692.14	98777.60	154404.60
	营业成本(万)	84134.37	129522.52	78915.10	121121.70
	投资收益(万)	–	–	–	–
	利润总额(万)	10236.53	16059.80	13698.33	18828.62
	净利润(万)	8513.81	13405.87	11305.36	15759.80

江苏亨通光电股份有限公司

公司概况	公司名称	江苏亨通光电股份有限公司			证券简称	亨通光电
	法人代表	高安敏	董秘	姚央毛	证券代码	600487
	公司网址	www.htgd.com.cn		电子信箱	htgd@htgd.com.cn	
	电　　话	0512-63430985		传　　真	0512-63092355	
	办公地址	江苏省吴江市经济开发区亨通路100号				
	经营范围	光纤光缆的生产与销售等				

	指标\报告期	2011.06.30	2010.12.31	2010.06.30	2009.12.31
主要财务指标	每股收益(元)	0.5300	0.9800	0.6100	1.1070
	每股收益(扣除)(元)	0.4000	0.9000	0.5800	1.0290
	每股净资产(元)	10.1300	8.5000	8.0800	7.7700
	调整后每股净资产(元)	–	–	–	–
	每股资本公积金(元)	4.8174	6.0391	3.5883	3.5883
	每股盈余公积金(元)	0.4751	0.5923	0.5439	0.5439
	每股未分配利润(元)	3.8391	4.3765	2.9447	2.6409
	每股现金净流量(元)	0.2839	–1.2493	–2.3900	1.2174
	每股经营现金净流量(元)	–1.7251	0.6013	–0.9979	1.4060
	净资产收益率(扣除)(%)	–	11.0600	–	14.0600
	净资产收益率(%)	5.2140	11.5220	6.8570	14.2400
	总资产(万)	721580.09	351034.29	311391.41	292245.23
	股东权益(万)	209807.81	141247.96	134173.81	129126.48
	主营业务收入(万)	288895.85	205192.15	231239.60	185846.55
	主营成本(万)	240062.42	145508.81	187302.83	135437.54
	营业收入(万)	291534.91	208506.13	234430.84	188708.92
	营业成本(万)	241900.38	147912.46	189775.71	136493.80
	投资收益(万)	–	–	–	–
	利润总额(万)	15400.79	23321.87	17453.44	25851.05
	净利润(万)	10939.96	16274.49	12631.05	18388.09

天津天药药业股份有限公司

公司概况	公司名称	天津天药药业股份有限公司			证券简称	天药股份
	法人代表	杨凤翔	董秘	王迈	证券代码	600488
	公司网址	www.kingyork.biz/tianyaoyaoye		电子信箱	tjpc600488@vip.sina.com	
	电　　话	022-24160910		传　　真	022-24160910	
	办公地址	天津市河东区八纬路109号				
	经营范围	原料药和制剂的生产和销售、出口等				

	指标\报告期	2011.06.30	2010.12.31	2010.06.30	2009.12.31
主要财务指标	每股收益(元)	0.0650	0.1670	0.0580	0.1200
	每股收益(扣除)(元)	0.0650	0.1620	0.0570	0.1170
	每股净资产(元)	2.9650	2.9310	2.8240	2.7950
	调整后每股净资产(元)	–	–	–	–
	每股资本公积金(元)	0.9373	0.9373	0.9373	0.9373
	每股盈余公积金(元)	0.2139	0.2065	0.1958	0.1902
	每股未分配利润(元)	0.8181	0.7909	0.6926	0.6699
	每股现金净流量(元)	0.0612	–0.0784	0.6992	0.0272
	每股经营现金净流量(元)	0.0961	0.2152	0.1603	0.8015
	净资产收益率(扣除)(%)	–	5.6600	–	4.2700
	净资产收益率(%)	2.1795	5.7080	2.0660	4.3090
	总资产(万)	294749.87	291974.67	318911.44	262350.09
	股东权益(万)	160954.70	159123.66	153288.74	151764.25
	主营业务收入(万)	72265.63	107887.78	56406.51	85356.74
	主营成本(万)	57337.72	81835.36	43835.30	62805.58
	营业收入(万)	79831.75	112813.18	58123.67	88706.23
	营业成本(万)	64814.80	86716.66	45711.14	65878.19
	投资收益(万)	–	–	–	–
	利润总额(万)	4290.44	10512.41	3871.28	7551.27
	净利润(万)	3508.07	9082.86	3167.49	6538.91

中金黄金股份有限公司

公司概况	公司名称	中金黄金股份有限公司			证券简称	中金黄金
	法人代表	孙兆学	董秘	李跃清	证券代码	600489
	公司网址	www.zjgold.com		电子信箱	lyq@zjgold.com	
	电　　话	010-84117017 84133975		传　　真	010-84110489 84133975	
	办公地址	北京市东城区柳荫公园南街1号5–7层				
	经营范围	黄金等有色金属地质勘查、采选、冶炼等				

	指标\报告期	2011.06.30	2010.12.31	2010.06.30	2009.12.31
主要财务指标	每股收益(元)	0.4300	0.7900	0.2600	0.3700
	每股收益(扣除)(元)	0.4200	0.7300	0.2700	0.3000
	每股净资产(元)	2.9900	2.6700	5.5900	2.7500
	调整后每股净资产(元)	–	–	–	–
	每股资本公积金(元)	0.4021	0.8228	2.2600	2.2600
	每股盈余公积金(元)	0.1092	0.1419	0.2149	0.2149
	每股未分配利润(元)	1.4671	1.4932	2.0953	1.4556
	每股现金净流量(元)	0.4276	–	–0.5654	1.1547
	每股经营现金净流量(元)	0.4895	–	1.0469	1.0257
	净资产收益率(扣除)(%)	–	23.6200	–	10.4900
	净资产收益率(%)	14.3900	22.7830	11.0280	13.3270
	总资产(万)	1484551.28	1350147.89	1296849.95	1255259.57
	股东权益(万)	553338.93	493715.23	442025.75	391256.36
	主营业务收入(万)	1259971.15	2153623.01	1139712.34	1861189.50
	主营成本(万)	1061146.60	1833990.33	993206.93	1662323.89
	营业收入(万)	1270608.77	2164738.64	1142855.39	1871209.54
	营业成本(万)	1070796.68	1842188.04	995694.35	1668995.07
	投资收益(万)	–	–	–	–
	利润总额(万)	146148.38	215268.60	95584.51	102895.46
	净利润(万)	79623.50	112483.47	48744.86	52142.62

上海中科合臣股份有限公司

公司概况					
公司名称	上海中科合臣股份有限公司			证券简称	ST 合臣
法人代表	张富强	董秘	戴伟中	证券代码	600490
公司网址	www.synica.com.cn		电子信箱	daiwz@synica.com.cn	
电　　话	021-61677666 61677397		传　　真	021-61677397	
办公地址	上海市虹桥路 2188 弄 41 号、47 号楼				
经营范围	医药中间体、农药中间体及有机新材料等精细化工品的生产和销售等				

主要财务指标 指标\报告期	2011.06.30	2010.12.31	2010.06.30	2009.12.31
每股收益(元)	-0.0573	0.0900	-0.1500	-1.1000
每股收益(扣除)(元)	-0.0974	-0.1000	-0.1500	-1.0200
每股净资产(元)	0.7371	0.7900	0.5629	0.7100
调整后每股净资产(元)	-	-	-	-
每股资本公积金(元)	1.0117	1.0117	1.0117	1.0117
每股盈余公积金(元)	0.1166	0.1166	0.1166	0.1166
每股未分配利润(元)	-1.3912	-1.3339	-1.5654	-1.4194
每股现金净流量(元)	-0.2437	-0.0448	-0.1967	0.1631
每股经营现金净流量(元)	-0.2211	-0.0314	-0.1956	-0.2232
净资产收益率(扣除)(%)	-7.7672	10.7620	-25.9420	-155.0000
净资产收益率(%)	-7.4800	11.3700	-22.9600	-87.3200
总资产(万)	23757.03	33662.95	35921.94	37639.28
股东权益(万)	9755.76	10513.57	9574.25	10255.30
主营业务收入(万)	13707.97	80663.18	40806.87	10292.70
主营成本(万)	13482.00	77735.29	39678.21	10541.47
营业收入(万)	14926.95	81088.79	40823.81	11670.42
营业成本(万)	14714.84	78075.00	39684.60	11836.11
投资收益(万)	279.79	3062.52	51.07	60.43
利润总额(万)	-757.81	1790.94	-1661.05	-14309.55
净利润(万)	-755.77	1128.53	-1927.51	-14504.31

龙元建设集团股份有限公司

公司概况					
公司名称	龙元建设集团股份有限公司			证券简称	龙元建设
法人代表	赖振元	董秘	朱占军	证券代码	600491
公司网址	www.lycg.com.cn		电子信箱	webmaster@lycg.com.cn	
电　　话	021-65615689		传　　真	021-65615689	
办公地址	上海市逸仙路 768 号				
经营范围	民用、工业、市政及公共设施等各类工程的建筑施工、工程安装				

主要财务指标 指标\报告期	2011.06.30	2010.12.31	2010.06.30	2009.12.31
每股收益(元)	0.1300	0.3900	0.1200	0.4100
每股收益(扣除)(元)	0.1300	0.3200	0.1100	0.1300
每股净资产(元)	2.5700	5.0700	5.0010	4.8000
调整后每股净资产(元)	-	-	-	-
每股资本公积金(元)	0.4039	1.3078	1.3719	1.3719
每股盈余公积金(元)	0.1833	0.3666	0.3222	0.3222
每股未分配利润(元)	0.9745	2.2892	2.1943	1.9945
每股现金净流量(元)	0.6742	-0.3591	-1.0988	0.4422
每股经营现金净流量(元)	0.3468	-0.0711	-0.4764	0.4005
净资产收益率(扣除)(%)	-	6.5500	-	3.1100
净资产收益率(%)	5.0540	7.6760	4.9960	7.9860
总资产(万)	1170165.85	980251.93	854918.78	782172.79
股东权益(万)	243497.22	240223.83	236929.72	227475.21
主营业务收入(万)	550262.94	978972.00	472067.51	656284.35
主营成本(万)	490663.05	893258.61	428701.41	594043.61
营业收入(万)	550262.94	984429.02	472067.51	657397.11
营业成本(万)	490663.05	895038.04	428701.41	594154.38
投资收益(万)	-	-	-	-
利润总额(万)	21530.59	28884.47	16291.73	24601.13
净利润(万)	12305.89	18439.68	11837.44	18164.95

福建凤竹纺织科技股份有限公司

公司概况					
公司名称	福建凤竹纺织科技股份有限公司			证券简称	凤竹纺织
法人代表	陈澄清	董秘	张荣兴	证券代码	600493
公司网址	www.fynex.com.cn		电子信箱	zhangrongxing@fynex.com.cn	
电　　话	0595-85656506		传　　真	0595-85656941	
办公地址	福建省晋江市青阳凤竹工业区				
经营范围	生产、加工针织、机织色布、漂染、染纱、服装等				

主要财务指标 指标\报告期	2011.06.30	2010.12.31	2010.06.30	2009.12.31
每股收益(元)	0.0036	0.5504	0.1466	0.1098
每股收益(扣除)(元)	-0.0134	0.3090	0.1352	0.0388
每股净资产(元)	2.2974	3.7199	3.3161	3.2695
调整后每股净资产(元)	-	-	-	-
每股资本公积金(元)	0.7019	1.4231	1.4231	1.4231
每股盈余公积金(元)	0.2799	0.4479	0.4053	0.4053
每股未分配利润(元)	0.3155	0.8490	0.4877	0.4411
每股现金净流量(元)	-0.0612	0.4131	0.2598	-0.1581
每股经营现金净流量(元)	-0.0472	-0.8379	0.0286	-
净资产收益率(扣除)(%)	-	8.8841	-	1.2025
净资产收益率(%)	0.1590	14.7970	4.4210	3.3590
总资产(万)	143126.76	136724.65	118442.08	108439.16
股东权益(万)	62488.22	63238.94	56374.05	55581.65
主营业务收入(万)	44072.62	90270.64	40435.42	68165.12
主营成本(万)	39627.99	75470.16	33915.33	59545.76
营业收入(万)	44243.92	92421.65	40772.11	68774.60
营业成本(万)	39683.53	77229.47	34253.49	60027.16
投资收益(万)	-	-	-	-
利润总额(万)	377.18	11221.80	3037.49	2357.65
净利润(万)	99.27	9357.29	2492.40	1866.71

晋西车轴股份有限公司

公司概况					
公司名称	晋西车轴股份有限公司			证券简称	晋西车轴
法人代表	李照智	董秘	周海红	证券代码	600495
公司网址	www.jinxiaxle.com.cn		电子信箱	600495@secure.sse.com.cn	
电　　话	0351-6628286 6629027		传　　真	0351-6628286	
办公地址	山西省太原市和平北路北巷 5 号				
经营范围	铁路车辆配件、车轴、精密锻造产品生产、销售及相关技术咨询服务等				

主要财务指标 指标\报告期	2011.06.30	2010.12.31	2010.06.30	2009.12.31
每股收益(元)	0.1500	0.1400	0.0600	0.1200
每股收益(扣除)(元)	0.1100	0.1100	0.0500	0.0700
每股净资产(元)	4.7400	4.6000	4.5000	7.9900
调整后每股净资产(元)	-	-	-	-
每股资本公积金(元)	2.6646	2.6646	3.0980	5.5770
每股盈余公积金(元)	0.2205	0.2205	0.3874	0.3874
每股未分配利润(元)	0.8579	0.7107	0.6340	1.0284
每股现金净流量(元)	-0.3367	-0.3482	-0.3718	3.3656
每股经营现金净流量(元)	0.0613	0.3045	0.3234	0.7494
净资产收益率(扣除)(%)	-	2.3700	-	1.5100
净资产收益率(%)	3.1050	3.1470	1.3830	2.7094
总资产(万)	215822.33	207163.82	210461.48	201165.64
股东权益(万)	143352.82	138902.10	136089.91	134207.19
主营业务收入(万)	90527.57	164530.62	82588.52	137968.52
主营成本(万)	78347.79	145856.52	75366.52	121615.20
营业收入(万)	107637.82	173709.09	86370.33	150972.94
营业成本(万)	94419.63	153667.08	78317.81	132000.17
投资收益(万)	-	-	-	-
利润总额(万)	5765.79	5636.70	2595.41	5129.30
净利润(万)	4450.71	4370.68	1882.72	3636.24

长江精工钢结构(集团)股份有限公司

公司概况						
公司概况	公司名称	长江精工钢结构(集团)股份有限公司			证券简称	精工钢构
	法人代表	方朝阳	董秘	沈月华	证券代码	600496
	公司网址	www.600496.com			电子信箱	600496@jgsteel.cn
	电话	021-51876399 2222			传真	021-54452496 0564-3630000
	办公地址	安徽省六安市经济技术开发区长江精工工业园				
	经营范围	轻型、高层用钢结构产品及新型墙体材料生产销售等				

主要财务指标	指标\报告期	2011.06.30	2010.12.31	2010.06.30	2009.12.31
	每股收益(元)	0.2500	0.5800	0.1600	0.5500
	每股收益(扣除)(元)	0.2500	0.5300	0.1600	0.5000
	每股净资产(元)	3.0100	4.1500	3.7400	3.5300
	调整后每股净资产(元)	–	–	–	–
	每股资本公积金(元)	0.6532	1.4420	1.3716	1.3716
	每股盈余公积金(元)	0.1147	0.1720	0.1497	0.1497
	每股未分配利润(元)	1.2470	1.5434	1.2288	1.0190
	每股现金净流量(元)	0.3467	–0.0601	0.1422	–0.0475
	每股经营现金净流量(元)	0.2848	0.2951	0.6889	0.4952
	净资产收益率(扣除)(%)	–	14.0300	–	18.0700
	净资产收益率(%)	8.3580	13.9000	6.4100	14.0590
	总资产(万)	495318.56	424860.53	399734.56	422005.72
	股东权益(万)	174652.05	160532.61	144828.28	136712.91
	主营业务收入(万)	256737.48	528677.17	204617.50	448496.00
	主营成本(万)	220318.65	467886.14	176660.65	387303.76
	营业收入(万)	259364.14	531304.87	205396.97	450983.75
	营业成本(万)	221586.43	468136.25	176866.96	387952.47
	投资收益(万)	–	–	–	–
	利润总额(万)	17395.07	24844.79	10424.13	25501.83
	净利润(万)	14596.50	22313.90	9280.30	19220.06

云南驰宏锌锗股份有限公司

公司概况						
公司概况	公司名称	云南驰宏锌锗股份有限公司			证券简称	驰宏锌锗
	法人代表	董英	董秘	唐云沧	证券代码	600497
	公司网址	www.chxz.com			电子信箱	tyc@chxz.com
	电话	0874-8966698			传真	0874-8966789
	办公地址	云南省曲靖市经济技术开发区				
	经营范围	铅、锌、锗系列产品的生产与销售等				

主要财务指标	指标\报告期	2011.06.30	2010.12.31	2010.06.30	2009.12.31
	每股收益(元)	0.1417	0.4575	0.1200	0.2786
	每股收益(扣除)(元)	0.1587	0.5022	0.1411	0.3237
	每股净资产(元)	2.6600	3.7300	4.0700	4.1995
	调整后每股净资产(元)	–	–	–	–
	每股资本公积金(元)	0.9559	2.8267	2.2358	2.2459
	每股盈余公积金(元)	0.3010	0.3913	0.3477	0.3477
	每股未分配利润(元)	0.4022	0.6386	0.5015	0.6230
	每股现金净流量(元)	0.2044	–0.9281	–0.4655	1.4280
	每股经营现金净流量(元)	0.3441	0.5990	0.2014	0.5235
	净资产收益率(扣除)(%)	–	11.8700	–	12.6500
	净资产收益率(%)	5.3280	10.4870	4.3840	6.2130
	总资产(万)	1401297.28	1127994.14	800690.24	783937.39
	股东权益(万)	348521.80	488050.38	410187.34	423215.27
	主营业务收入(万)	276752.68	478392.55	273293.53	373892.54
	主营成本(万)	202030.70	349850.38	215633.70	276838.03
	营业收入(万)	284723.71	485154.22	278084.32	382364.68
	营业成本(万)	208473.20	355437.11	219261.50	284220.65
	投资收益(万)	–	–	–	–
	利润总额(万)	22159.68	55416.03	18481.08	30143.39
	净利润(万)	18567.93	46109.25	15719.17	26293.07

烽火通信科技股份有限公司

公司概况						
公司概况	公司名称	烽火通信科技股份有限公司			证券简称	烽火通信
	法人代表	童国华	董秘	戈俊	证券代码	600498
	公司网址	www.fiberhome.com.cn			电子信箱	info@fiberhome.com.cn
	电话	027-87693885			传真	027-87691704
	办公地址	湖北省武汉市洪山区关东科技园东信路6号				
	经营范围	光纤通信和相关通信技术、信息技术领域科技开发等				

主要财务指标	指标\报告期	2011.06.30	2010.12.31	2010.06.30	2009.12.31
	每股收益(元)	0.5000	0.8500	0.4200	0.6300
	每股收益(扣除)(元)	0.4900	0.8000	0.4100	0.5700
	每股净资产(元)	8.2600	7.9500	7.5100	7.2400
	调整后每股净资产(元)	–	–	–	–
	每股资本公积金(元)	5.0550	5.0415	5.0341	5.0341
	每股盈余公积金(元)	0.3329	0.3333	0.2624	0.2624
	每股未分配利润(元)	1.8693	1.5766	1.2120	0.9432
	每股现金净流量(元)	–0.7994	–0.5937	–2.1410	1.4388
	每股经营现金净流量(元)	–1.2787	0.4537	–1.7679	0.6081
	净资产收益率(扣除)(%)	–	10.5200	–	9.3100
	净资产收益率(%)	5.9910	10.7420	5.5780	8.1950
	总资产(万)	891460.16	808507.98	746044.94	724101.51
	股东权益(万)	365239.54	351284.67	331720.59	319841.85
	主营业务收入(万)	280235.76	559860.24	242707.94	464979.98
	主营成本(万)	206936.53	419782.98	179296.36	336686.88
	营业收入(万)	285422.93	568445.44	245657.74	468839.10
	营业成本(万)	208901.18	425569.15	181154.83	338814.79
	投资收益(万)	–	–	–	–
	利润总额(万)	23609.54	49588.38	24487.66	39046.53
	净利润(万)	21880.70	37736.11	18501.72	26211.61

广东科达机电股份有限公司

公司概况						
公司概况	公司名称	广东科达机电股份有限公司			证券简称	科达机电
	法人代表	边程	董秘	曾飞	证券代码	600499
	公司网址	www.kedachina.com.cn			电子信箱	600499@kedachina.com.cn
	电话	0757-23833869			传真	0757-23833869
	办公地址	广东省佛山市顺德区陈村镇广隆工业园环镇西路1号				
	经营范围	陶瓷、石材、墙体材料、节能环保等建材机械设备制造等				

主要财务指标	指标\报告期	2011.06.30	2010.12.31	2010.06.30	2009.12.31
	每股收益(元)	0.2140	0.4040	0.2050	0.3070
	每股收益(扣除)(元)	0.2130	0.3370	0.2050	0.2270
	每股净资产(元)	2.5600	2.4800	2.1900	2.6900
	调整后每股净资产(元)	–	–	–	–
	每股资本公积金(元)	0.3529	0.3618	0.2718	0.6529
	每股盈余公积金(元)	0.1676	0.1700	0.1341	0.1769
	每股未分配利润(元)	1.0470	0.9468	0.7836	0.8651
	每股现金净流量(元)	–0.0779	0.3958	0.4011	0.7271
	每股经营现金净流量(元)	0.0048	0.4546	–0.0690	0.8729
	净资产收益率(扣除)(%)	8.2950	16.2600	9.3090	14.7310
	净资产收益率(%)	8.4900	18.0600	9.6300	15.8400
	总资产(万)	410459.40	293166.13	281721.05	207256.74
	股东权益(万)	201046.97	172213.88	149516.13	126625.22
	主营业务收入(万)	119099.56	206451.18	102936.08	142531.45
	主营成本(万)	96574.03	165582.96	81648.92	116246.21
	营业收入(万)	119337.24	206469.51	103011.61	142565.69
	营业成本(万)	96574.03	165583.05	81688.78	116274.48
	投资收益(万)	3207.49	5337.57	2147.01	6279.00
	利润总额(万)	14437.92	27572.27	13870.21	20857.13
	净利润(万)	12890.87	24101.11	12186.68	17994.51

中化国际(控股)股份有限公司

公司概况	公司名称	中化国际(控股)股份有限公司			证券简称	中化国际
	法人代表	潘正义	董秘	刘翔	证券代码	600500
	公司网址	www.sinochemintl.com		电子信箱	ir@sinochem.com	
	电　话	021-61048666 50475048		传　真	021-50470206	
	办公地址	上海市浦东新区世纪大道 88 号金茂大厦 3 区 18 层				
	经营范围	化工原料、精细化工、农用化工、塑料、橡胶制品等的进出口、内销等				

	指标\报告期	2011.06.30	2010.12.31	2010.06.30	2009.12.31
主要财务指标	每股收益(元)	0.3500	0.4700	0.3700	0.4300
	每股收益(扣除)(元)	0.2700	0.3700	0.3000	0.2900
	每股净资产(元)	4.3300	4.0600	3.9800	4.0700
	调整后每股净资产(元)	–	–	–	–
	每股资本公积金(元)	1.1293	1.0955	1.1657	1.3094
	每股盈余公积金(元)	0.3639	0.3639	0.3275	0.3275
	每股未分配利润(元)	1.8826	1.6800	1.6180	1.5004
	每股现金净流量(元)	–1.7879	1.9272	0.8712	0.9432
	每股经营现金净流量(元)	–0.7004	0.4443	0.1709	0.6606
	净资产收益率(扣除)(%)	–	9.0100	–	7.4600
	净资产收益率(%)	8.1530	11.4850	9.2280	10.6000
	总资产(万)	2331829.93	2480845.16	2334016.80	2001335.69
	股东权益(万)	621856.55	583466.82	572606.86	584835.04
	主营业务收入(万)	2677319.91	3962978.46	1793905.38	2266117.97
	主营成本(万)	2523912.56	3697447.80	1662734.59	2087713.69
	营业收入(万)	2678721.78	3969194.69	1794459.38	2275048.26
	营业成本(万)	2525109.71	3701881.00	1662734.59	2093763.42
	投资收益(万)	–	–	–	–
	利润总额(万)	84552.72	121312.21	79682.83	93674.42
	净利润(万)	50698.57	67008.65	52841.58	61990.10

航天晨光股份有限公司

公司概况	公司名称	航天晨光股份有限公司			证券简称	航天晨光
	法人代表	潘旭东	董秘	陆卫杰	证券代码	600501
	公司网址	www.aerosun.cn		电子信箱	stock@aerosun.cn	
	电　话	025-52826007 52826030		传　真	025-52826039	
	办公地址	江苏省南京市江宁经济技术开发区天元中路 188 号				
	经营范围	专用汽车类产品和波纹柔性管类产品等				

	指标\报告期	2011.06.30	2010.12.31	2010.06.30	2009.12.31
主要财务指标	每股收益(元)	0.0900	0.2200	0.0800	0.1500
	每股收益(扣除)(元)	0.0900	0.2200	0.0800	0.1200
	每股净资产(元)	3.4000	3.3100	3.2600	3.1900
	调整后每股净资产(元)	–	–	–	–
	每股资本公积金(元)	1.7670	1.7670	1.7614	1.7614
	每股盈余公积金(元)	0.2051	0.2051	0.1857	0.1857
	每股未分配利润(元)	0.4289	0.3387	0.3161	0.2410
	每股现金净流量(元)	–0.0844	0.0943	0.0443	–0.5243
	每股经营现金净流量(元)	–0.5108	0.2884	0.1861	0.0913
	净资产收益率(扣除)(%)	–	6.5300	–	3.7700
	净资产收益率(%)	2.6500	6.5560	2.3010	4.5570
	总资产(万)	380393.71	348558.89	335710.09	315341.19
	股东权益(万)	110327.24	107403.35	105859.77	103423.83
	主营业务收入(万)	104962.69	261660.87	92795.93	215599.53
	主营成本(万)	82602.15	211361.79	73952.99	171543.24
	营业收入(万)	106148.92	265203.76	93781.38	218202.43
	营业成本(万)	83215.60	213172.47	74600.40	172715.39
	投资收益(万)	–	–	–	–
	利润总额(万)	3165.47	8888.12	2998.06	6843.11
	净利润(万)	2923.89	7041.74	2435.94	4712.76

安徽水利开发股份有限公司

公司概况	公司名称	安徽水利开发股份有限公司			证券简称	安徽水利
	法人代表	赵时运	董秘	牛晓峰	证券代码	600502
	公司网址	www.cahsl.com		电子信箱	ahslniu@163.com	
	电　话	0552-3950553		传　真	0552-3950276	
	办公地址	安徽省蚌埠市东海大道张公山南侧				
	经营范围	水利水电工程及其他工程施工、小水电和城乡供水等				

	指标\报告期	2011.06.30	2010.12.31	2010.06.30	2009.12.31
主要财务指标	每股收益(元)	0.3400	0.9100	0.0700	0.2000
	每股收益(扣除)(元)	0.3400	0.7600	0.0400	0.1300
	每股净资产(元)	2.8900	3.8200	3.1781	2.7700
	调整后每股净资产(元)	–	–	–	–
	每股资本公积金(元)	0.3888	0.8609	1.0463	0.7131
	每股盈余公积金(元)	0.0914	0.1371	0.1042	0.1042
	每股未分配利润(元)	1.2638	1.6595	0.8834	0.8119
	每股现金净流量(元)	0.9657	1.3119	1.0228	0.2461
	每股经营现金净流量(元)	–0.6498	0.9528	0.7403	1.4969
	净资产收益率(扣除)(%)	–	23.1200	–	4.8100
	净资产收益率(%)	11.6720	23.8290	3.1950	7.0480
	总资产(万)	564143.72	409865.24	341150.49	262552.87
	股东权益(万)	96744.20	85234.18	70897.30	61836.59
	主营业务收入(万)	262305.73	382763.78	95857.79	204103.12
	主营成本(万)	220944.93	313971.37	78575.66	173891.83
	营业收入(万)	262722.38	383348.28	96012.00	204340.16
	营业成本(万)	221027.85	314309.14	78764.33	173962.95
	投资收益(万)	–	–	–	–
	利润总额(万)	14651.17	28305.94	3290.12	5613.28
	净利润(万)	11291.46	20310.50	2265.33	4358.34

华丽家族股份有限公司

公司概况	公司名称	华丽家族股份有限公司			证券简称	华丽家族
	法人代表	王伟林	董秘	李元	证券代码	600503
	公司网址	www.deluxe-family.com		电子信箱	dmb@deluxe-family.com	
	电　话	021-62376199		传　真	021-62376089	
	办公地址	上海市虹桥路 2272 号虹桥商务中心 3 层 L 座				
	经营范围	房地产开发经营，房屋土地建设和房屋出售等				

	指标\报告期	2011.06.30	2010.12.31	2010.06.30	2009.12.31
主要财务指标	每股收益(元)	0.7800	0.9800	0.0100	0.1800
	每股收益(扣除)(元)	–0.0357	0.1800	–0.0300	0.1500
	每股净资产(元)	2.7077	3.0900	2.1200	2.1100
	调整后每股净资产(元)	–	–	–	–
	每股资本公积金(元)	0.0355	0.0464	0.0464	0.0479
	每股盈余公积金(元)	0.1563	0.2111	0.1176	0.1176
	每股未分配利润(元)	1.5159	1.8356	0.9569	0.9450
	每股现金净流量(元)	–1.0863	0.7089	–0.6292	0.9354
	每股经营现金净流量(元)	0.0824	–0.8010	–0.7324	–0.9993
	净资产收益率(扣除)(%)	29.0210	31.8170	0.5620	8.5110
	净资产收益率(%)	31.4400	37.8300	0.5600	8.8100
	总资产(万)	639621.00	737378.13	416930.31	391442.02
	股东权益(万)	237814.59	246713.95	152397.91	154227.39
	主营业务收入(万)	1094.55	45656.71	1426.45	7349.57
	主营成本(万)	555.86	21426.26	522.40	4260.25
	营业收入(万)	1135.50	45751.79	1442.35	8009.90
	营业成本(万)	783.50	21435.83	522.40	4265.04
	投资收益(万)	78456.43	3435.82	2366.28	8345.04
	利润总额(万)	71299.46	66141.56	690.95	12312.46
	净利润(万)	55943.76	51897.21	627.99	9471.75

四川西昌电力股份有限公司

公司概况						
	公司名称	四川西昌电力股份有限公司			证券简称	西昌电力
	法人代表	何永祥	董秘	邱永志	证券代码	600505
	公司网址	www.xcep.com.cn		电子信箱	xcdlgs@163.net	
	电话	0834-3830167		传真	0834-3830169	
	办公地址	四川省西昌市胜利路66号				
	经营范围	生产、开发电力产品及发、供、用电设备,发电、供电、电力等				

主要财务指标	指标\报告期	2011.06.30	2010.12.31	2010.06.30	2009.12.31
	每股收益(元)	0.3532	0.4789	0.0307	0.4291
	每股收益(扣除)(元)	0.0604	0.2691	0.0310	0.1583
	每股净资产(元)	1.9428	1.5900	1.1414	1.1100
	调整后每股净资产(元)	-	-	-	-
	每股资本公积金(元)	0.2090	0.2090	0.2090	0.2090
	每股盈余公积金(元)	0.1606	0.1606	0.1373	0.1373
	每股未分配利润(元)	0.5732	0.2200	-0.2049	-0.2356
	每股现金净流量(元)	-0.1502	0.4254	0.0170	0.0027
	每股经营现金净流量(元)	0.0346	0.4491	0.0678	-
	净资产收益率(扣除)(%)	-	19.9300	-	17.6600
	净资产收益率(%)	18.1800	30.1280	2.6910	38.6350
	总资产(万)	158793.12	168417.98	169106.24	166650.95
	股东权益(万)	70827.27	57950.82	41610.93	40491.22
	主营业务收入(万)	25590.22	50786.26	21150.59	39674.81
	主营成本(万)	17084.88	28004.27	13832.67	18882.75
	营业收入(万)	25793.89	51074.92	21347.13	39995.15
	营业成本(万)	17149.10	28067.85	13859.86	19054.57
	投资收益(万)	-	-	-	-
	利润总额(万)	17154.48	19842.02	1294.21	19085.00
	净利润(万)	12876.45	17459.59	1119.71	15643.86

新疆库尔勒香梨股份有限公司

公司概况						
	公司名称	新疆库尔勒香梨股份有限公司			证券简称	ST 香梨
	法人代表	刘建文	董秘	季伟	证券代码	600506
	公司网址			电子信箱	xlgf_dmb@163.com	
	电话	0996-2115936		传真	0996-2115935	
	办公地址	新疆维吾尔自治区库尔勒市圣果路圣果名苑				
	经营范围	农业、林业、果业的种植为主,农副产品的收购加工和销售等				

主要财务指标	指标\报告期	2011.06.30	2010.12.31	2010.06.30	2009.12.31
	每股收益(元)	-0.0320	0.0210	-0.0260	0.2100
	每股收益(扣除)(元)	-0.0330	0.0170	-0.0290	-0.0900
	每股净资产(元)	1.8813	1.9134	1.8600	1.8900
	调整后每股净资产(元)	-	-	-	-
	每股资本公积金(元)	1.5164	1.5164	1.5164	1.5164
	每股盈余公积金(元)	0.2315	0.2315	0.2315	0.2315
	每股未分配利润(元)	-0.8666	-0.8344	-0.8871	-0.8555
	每股现金净流量(元)	-0.0414	0.0271	-0.1033	-0.0758
	每股经营现金净流量(元)	-0.0347	0.2222	0.1473	-0.0343
	净资产收益率(扣除)(%)	-1.7080	1.1030	-1.4149	11.3510
	净资产收益率(%)	-1.6900	1.1100	-1.4000	12.0300
	总资产(万)	32353.46	33199.24	31985.47	35159.20
	股东权益(万)	27788.26	28262.90	27484.47	27951.11
	主营业务收入(万)	4.02	4963.71	13.33	1103.44
	主营成本(万)	2.49	3542.86	6.77	919.94
	营业收入(万)	479.93	6138.65	533.48	2308.03
	营业成本(万)	365.96	4376.12	390.34	1823.34
	投资收益(万)	-	-	-	3903.84
	利润总额(万)	-483.22	350.25	-404.35	3171.33
	净利润(万)	-474.64	311.79	-388.89	3172.68

方大特钢科技股份有限公司

公司概况						
	公司名称	方大特钢科技股份有限公司			证券简称	方大特钢
	法人代表	钟崇武	董秘	田小龙	证券代码	600507
	公司网址	www.changli-steels.com		电子信箱	clgf600507@yahoo.com.cn	
	电话	0791-8394025 8394075		传真	0791-8386926	
	办公地址	江西省南昌市青山湖区冶金大道475号				
	经营范围	钢铁冶炼,生产销售汽车板簧、弹簧扁钢、优质圆钢等				

主要财务指标	指标\报告期	2011.06.30	2010.12.31	2010.06.30	2009.12.31
	每股收益(元)	0.2700	0.2300	0.1700	0.0500
	每股收益(扣除)(元)	0.2200	0.2300	0.1800	0.0900
	每股净资产(元)	1.8600	1.5900	2.7520	2.5800
	调整后每股净资产(元)	-	-	-	-
	每股资本公积金(元)	0.0260	0.0260	0.9492	0.9490
	每股盈余公积金(元)	0.1000	0.1000	0.1493	0.1493
	每股未分配利润(元)	0.7331	0.4640	0.6533	0.4829
	每股现金净流量(元)	0.4300	0.1324	0.7897	-0.7582
	每股经营现金净流量(元)	0.3208	0.2189	0.2489	-0.7984
	净资产收益率(扣除)(%)	-	15.6700	-	3.4600
	净资产收益率(%)	14.4690	14.5410	6.1950	1.8540
	总资产(万)	979276.38	749729.17	785087.43	647032.51
	股东权益(万)	241853.44	206838.32	188359.20	176676.76
	主营业务收入(万)	675444.56	1209268.37	622824.10	1091012.11
	主营成本(万)	598333.99	1100879.34	571960.19	1024954.79
	营业收入(万)	678423.75	1216024.25	626302.22	1095854.71
	营业成本(万)	600994.68	1107269.69	575523.98	1030004.04
	投资收益(万)	-	-	-	-
	利润总额(万)	48826.91	40030.62	16382.14	5802.46
	净利润(万)	34992.81	30075.98	11667.90	3275.61

上海大屯能源股份有限公司

公司概况						
	公司名称	上海大屯能源股份有限公司			证券简称	上海能源
	法人代表	高建军	董秘	戚后勤	证券代码	600508
	公司网址	www.sdtny.com		电子信箱	shdtny@sh163.net	
	电话	021-68864621		传真	021-68865615	
	办公地址	上海市浦东新区浦东南路256号(华夏银行大厦12层)				
	经营范围	煤炭开采、洗选加工、煤炭销售、铁路运输等				

主要财务指标	指标\报告期	2011.06.30	2010.12.31	2010.06.30	2009.12.31
	每股收益(元)	1.0700	1.8400	1.2800	1.3100
	每股收益(扣除)(元)	1.0600	1.8100	1.2600	1.3300
	每股净资产(元)	9.3100	8.3100	7.7700	6.5700
	调整后每股净资产(元)	-	-	-	-
	每股资本公积金(元)	1.1493	1.1493	1.1482	1.1482
	每股盈余公积金(元)	0.5000	0.5000	0.5000	0.5000
	每股未分配利润(元)	6.2964	5.4720	4.9043	3.7783
	每股现金净流量(元)	0.5710	-0.5809	0.1445	0.5525
	每股经营现金净流量(元)	1.2556	1.5861	1.1645	2.5624
	净资产收益率(扣除)(%)	-	24.3100	-	22.2300
	净资产收益率(%)	11.5400	22.1930	16.4230	20.0030
	总资产(万)	1017709.49	898736.04	927940.90	833857.07
	股东权益(万)	672854.08	600413.63	561515.29	474819.79
	主营业务收入(万)	513144.20	859600.05	453846.01	713776.93
	主营成本(万)	362116.88	610554.08	288476.45	506364.54
	营业收入(万)	522622.01	885874.74	469063.56	733030.29
	营业成本(万)	367976.04	622618.32	295719.85	518884.12
	投资收益(万)	-	-	-	-
	利润总额(万)	104812.39	174152.37	124329.25	126459.18
	净利润(万)	77647.19	133248.45	92216.66	94977.74

新疆天富热电股份有限公司

公司概况	公司名称	新疆天富热电股份有限公司			证券简称	天富热电
	法人代表	刘伟	董秘	陈志勇	证券代码	600509
	公司网址	www.tfrd.com.cn		电子信箱	tfrd.600509@163.com	
	电　话	0993-2901128 2902860		传　真	0993-2901728 2904371	
	办公地址	新疆维吾尔自治区石河子市红星路54号				
	经营范围	火电、水电、供电、供热、送变电设备安装、电力设计、房地产开发等				

主要财务指标	指标\报告期	2011.06.30	2010.12.31	2010.06.30	2009.12.31
	每股收益(元)	0.1420	0.2200	0.0560	0.1300
	每股收益(扣除)(元)	0.1360	0.2200	0.0480	0.0900
	每股净资产(元)	3.1200	2.9800	2.8951	2.8400
	调整后每股净资产(元)	–	–	–	–
	每股资本公积金(元)	1.5025	1.5025	1.5026	1.5026
	每股盈余公积金(元)	0.1457	0.1457	0.1238	0.1238
	每股未分配利润(元)	0.4745	0.3326	0.2687	0.2127
	每股现金净流量(元)	0.9033	0.2057	0.9455	0.0608
	每股经营现金净流量(元)	–0.1920	1.2854	0.8035	1.3509
	净资产收益率(扣除)(%)	–	6.7300	–	3.2700
	净资产收益率(%)	4.5440	7.4410	1.9350	4.4190
	总资产(万)	856775.07	772111.06	757248.43	653288.22
	股东权益(万)	204751.18	195448.39	189831.22	186158.64
	主营业务收入(万)	92716.84	183886.31	73912.33	160688.64
	主营成本(万)	60611.55	124932.45	50869.81	111190.48
	营业收入(万)	95818.36	187995.98	74541.78	164925.94
	营业成本(万)	61226.52	127085.04	51064.72	113721.31
	投资收益(万)	–	–	–	–
	利润总额(万)	13644.34	19881.78	6467.65	11768.92
	净利润(万)	9302.79	14544.08	3672.58	8225.42

黑牡丹(集团)股份有限公司

公司概况	公司名称	黑牡丹(集团)股份有限公司			证券简称	黑 牡 丹
	法人代表	胥大有	董秘	周明	证券代码	600510
	公司网址	www.blackpeony.com		电子信箱	zm@chinadenim.com	
	电　话	0519-68866958		传　真	0519-68866908	
	办公地址	江苏省常州市青洋北路47号				
	经营范围	针纺织品、服装的制造、加工棉花收购、加工、销售等				

主要财务指标	指标\报告期	2011.06.30	2010.12.31	2010.06.30	2009.12.31
	每股收益(元)	0.2000	0.5000	0.1900	0.4600
	每股收益(扣除)(元)	0.1400	0.2300	0.1400	0.4700
	每股净资产(元)	4.8700	4.8200	4.5000	4.6500
	调整后每股净资产(元)	–	–	–	–
	每股资本公积金(元)	2.1000	2.1000	2.0908	2.0908
	每股盈余公积金(元)	0.3424	0.3424	0.3185	0.3185
	每股未分配利润(元)	1.4282	1.3772	1.0940	1.0560
	每股现金净流量(元)	–1.4322	1.5045	0.2381	1.2764
	每股经营现金净流量(元)	–1.9144	0.3104	0.4591	1.5919
	净资产收益率(扣除)(%)	–	4.9900	–	9.5600
	净资产收益率(%)	4.1280	10.2760	4.1780	9.8500
	总资产(万)	941065.40	906759.14	605415.47	599178.44
	股东权益(万)	387490.07	383351.37	358174.00	370124.38
	主营业务收入(万)	162188.50	265928.34	152134.47	235608.19
	主营成本(万)	127046.94	217316.11	129051.77	178040.83
	营业收入(万)	163268.90	270090.81	154078.42	239553.72
	营业成本(万)	128048.56	220420.67	130854.58	179193.39
	投资收益(万)	–	–	–	–
	利润总额(万)	23380.57	51991.44	19514.75	48388.54
	净利润(万)	15993.72	39393.86	14963.07	36455.93

国药集团药业股份有限公司

公司概况	公司名称	国药集团药业股份有限公司			证券简称	国药股份
	法人代表	李智明	董秘	吕致远	证券代码	600511
	公司网址	www.cncm.com.cn		电子信箱	lvzhiyuan@cncm.com.cn	
	电　话	010-67262920 67271828		传　真	010-67260194 67271828	
	办公地址	北京市崇文区永外三元西巷甲12号				
	经营范围	批发中成药、化学药制剂、化学原料药、抗生素、生化药品等				

主要财务指标	指标\报告期	2011.06.30	2010.12.31	2010.06.30	2009.12.31
	每股收益(元)	0.3244	0.6475	0.3008	0.4733
	每股收益(扣除)(元)	0.3218	0.5831	0.2970	0.4600
	每股净资产(元)	2.8867	2.7200	2.3600	2.1800
	调整后每股净资产(元)	–	–	–	–
	每股资本公积金(元)	0.1086	0.1206	0.1041	0.1226
	每股盈余公积金(元)	0.2737	0.2737	0.2149	0.2149
	每股未分配利润(元)	1.5045	1.3301	1.0423	0.8415
	每股现金净流量(元)	–0.0676	0.8734	0.2260	1.0189
	每股经营现金净流量(元)	0.0933	0.6646	0.3245	0.5330
	净资产收益率(扣除)(%)	–	23.7700	–	23.8500
	净资产收益率(%)	11.2360	23.7660	12.7400	21.7200
	总资产(万)	352649.84	339277.04	294360.88	277679.69
	股东权益(万)	138217.21	130447.01	113055.83	104327.27
	主营业务收入(万)	328689.52	591489.36	281264.74	519216.73
	主营成本(万)	302719.95	539386.67	255262.17	472995.93
	营业收入(万)	328825.56	591803.76	281372.50	519459.95
	营业成本(万)	302737.06	539498.06	255294.41	473036.87
	投资收益(万)	–	–	–	–
	利润总额(万)	19656.15	39882.18	18436.74	29523.92
	净利润(万)	15530.13	31001.92	14404.09	22659.92

腾达建设集团股份有限公司

公司概况	公司名称	腾达建设集团股份有限公司			证券简称	腾达建设
	法人代表	叶洋友	董秘	王士金	证券代码	600512
	公司网址	www.tengdajs.com		电子信箱	zqb@tengdajs.com	
	电　话	021-68406906		传　真	021-68406906	
	办公地址	浙江省台州市路桥区路桥大道东1号				
	经营范围	市政公用工程(施工总承包特级)、房屋建筑工程等				

主要财务指标	指标\报告期	2011.06.30	2010.12.31	2010.06.30	2009.12.31
	每股收益(元)	0.0240	0.0300	0.0250	0.0600
	每股收益(扣除)(元)	0.0200	0.0200	0.0190	0.0500
	每股净资产(元)	1.4820	1.4760	1.4700	1.4400
	调整后每股净资产(元)	–	–	–	–
	每股资本公积金(元)	0.1439	0.1439	0.1439	1.2878
	每股盈余公积金(元)	0.0907	0.0907	0.0865	0.1730
	每股未分配利润(元)	0.2415	0.2371	0.2343	0.4185
	每股现金净流量(元)	0.0210	–0.2555	–0.1331	–
	每股经营现金净流量(元)	–0.1112	–0.5471	–0.1284	–
	净资产收益率(扣除)(%)	–	1.6500	–	3.5100
	净资产收益率(%)	1.6470	2.1700	1.7070	3.8830
	总资产(万)	339088.34	331369.64	316806.77	298844.96
	股东权益(万)	109201.88	108763.12	108167.28	106095.77
	主营业务收入(万)	54645.01	152074.36	58585.17	193283.13
	主营成本(万)	46517.39	132249.64	49880.55	172656.83
	营业收入(万)	54645.01	152233.34	58585.17	193492.15
	营业成本(万)	46517.39	132255.19	49880.55	172659.55
	投资收益(万)	–	–	–	–
	利润总额(万)	2510.25	3413.53	2500.76	5461.47
	净利润(万)	1798.79	2360.07	1846.53	4119.67

江苏联环药业股份有限公司

公司概况						
公司概况	公司名称	江苏联环药业股份有限公司			证券简称	联环药业
	法人代表	姚兴田	董秘	姚兴田(暂代)	证券代码	600513
	公司网址	www.lhpharma.com		电子信箱	php@lhpharma.com	
	电　话	0514-87813082		传　真	0514-87815079	
	办公地址	江苏省扬州市文峰路 21 号				
	经营范围	制造和销售化学原料药、化学药制剂、有机中间体等				

主要财务指标	指标\报告期	2011.06.30	2010.12.31	2010.06.30	2009.12.31
	每股收益(元)	0.1000	0.1700	0.0900	0.1900
	每股收益(扣除)(元)	0.1000	0.1700	0.0900	0.1900
	每股净资产(元)	2.6800	2.6400	2.5500	3.2600
	调整后每股净资产(元)	–	–	–	–
	每股资本公积金(元)	0.7035	0.7035	0.7074	1.2196
	每股盈余公积金(元)	0.1437	0.1437	0.1265	0.1644
	每股未分配利润(元)	0.8365	0.7896	0.7195	0.8730
	每股现金净流量(元)	–0.0712	–0.0631	–0.0324	0.0970
	每股经营现金净流量(元)	0.0197	0.0720	0.0140	0.1564
	净资产收益率(扣除)(%)	–	6.5900	–	5.9000
	净资产收益率(%)	3.6090	6.5910	3.3830	5.8672
	总资产(万)	40151.74	40108.02	37523.98	38307.08
	股东权益(万)	31400.16	30851.87	29874.57	29313.80
	主营业务收入(万)	14011.27	28180.86	13738.59	25093.31
	主营成本(万)	6712.99	14249.68	7288.89	12863.09
	营业收入(万)	14373.31	28944.20	14150.01	25952.38
	营业成本(万)	6972.46	14854.57	7528.24	13313.01
	投资收益(万)	–	–	–	–
	利润总额(万)	1347.72	2440.88	1231.43	1939.69
	净利润(万)	1133.29	2033.42	1010.78	1719.90

海南筑信投资股份有限公司

公司概况						
公司概况	公司名称	海南筑信投资股份有限公司			证券简称	ST 筑信
	法人代表	李同双	董秘	周志远	证券代码	600515
	公司网址	www.zhuxin.biz		电子信箱	zy_zhou@hnair.com	
	电　话	0898-68876405 68876404		传　真	0898-68876427	
	办公地址	海南省海口市国兴大道 7 号海航大厦 12 层				
	经营范围	高科技及信息产业、工业、农牧渔业、商业、旅游业的投资经营等				

主要财务指标	指标\报告期	2011.06.30	2010.12.31	2010.06.30	2009.12.31
	每股收益(元)	–0.0500	0.2460	0.3100	–0.2990
	每股收益(扣除)(元)	–0.0500	–0.0280	–0.0400	–0.3110
	每股净资产(元)	0.1219	0.1750	0.2429	–0.0660
	调整后每股净资产(元)	–	–	–	–
	每股资本公积金(元)	0.3494	0.3494	0.3506	0.3542
	每股盈余公积金(元)	0.1510	0.1510	0.1510	0.1510
	每股未分配利润(元)	–1.3784	–1.3252	–1.2587	–1.5708
	每股现金净流量(元)	0.5739	0.2646	–0.0099	0.0737
	每股经营现金净流量(元)	0.0421	0.3417	0.1089	0.2941
	净资产收益率(扣除)(%)	–	–53.2000	–	–495.1700
	净资产收益率(%)	–43.6160	140.2230	128.4890	–455.9600
	总资产(万)	110841.21	88606.74	85342.20	86788.25
	股东权益(万)	3603.91	5175.81	7179.58	–1939.52
	主营业务收入(万)	28459.66	46523.41	22680.52	35955.11
	主营成本(万)	22186.83	34019.10	15881.32	25746.50
	营业收入(万)	28459.66	46989.98	22917.67	36127.91
	营业成本(万)	22186.83	34056.53	15893.65	25928.94
	投资收益(万)	–	–	–	–
	利润总额(万)	–1565.16	8247.46	9409.16	–4980.07
	净利润(万)	–1571.90	7257.68	9224.94	–8843.43

方大炭素新材料科技股份有限公司

公司概况						
公司概况	公司名称	方大炭素新材料科技股份有限公司			证券简称	方大炭素
	法人代表	何忠华	董秘	安民	证券代码	600516
	公司网址	www.fdtsgs.com		电子信箱	anmin516@163.com	
	电　话	0931-6239320 6239122		传　真	0931-6239221	
	办公地址	甘肃省兰州市红古区海石湾 2 号街坊 354 号				
	经营范围	石墨及炭素制品的生产加工、批发零售等				

主要财务指标	指标\报告期	2011.06.30	2010.12.31	2010.06.30	2009.12.31
	每股收益(元)	0.3024	0.3173	0.1209	0.0285
	每股收益(扣除)(元)	0.2947	0.2680	0.1069	0.0196
	每股净资产(元)	2.5460	2.2400	2.0750	2.0600
	调整后每股净资产(元)	–	–	–	–
	每股资本公积金(元)	0.2909	0.2908	0.4242	0.4327
	每股盈余公积金(元)	0.0835	0.0835	0.0740	0.0779
	每股未分配利润(元)	1.1615	0.8592	0.5697	0.5474
	每股现金净流量(元)	–0.1492	0.0125	–0.0126	–0.0015
	每股经营现金净流量(元)	–0.0050	–0.0300	0.0126	–0.0729
	净资产收益率(扣除)(%)	–	12.3900	–	0.9500
	净资产收益率(%)	11.8780	14.1460	5.1010	1.3821
	总资产(万)	685546.06	626495.27	588969.05	541558.04
	股东权益(万)	325605.41	286944.45	265402.66	264124.99
	主营业务收入(万)	195102.76	302778.52	131045.69	205830.41
	主营成本(万)	122208.37	205715.61	93214.41	163239.09
	营业收入(万)	208614.69	321648.57	139767.09	215753.89
	营业成本(万)	124290.15	215784.34	97839.38	167238.52
	投资收益(万)	–	–	–	–
	利润总额(万)	52002.10	56700.11	21287.16	3490.99
	净利润(万)	38674.28	40590.69	15466.13	3650.48

上海置信电气股份有限公司

公司概况						
公司概况	公司名称	上海置信电气股份有限公司			证券简称	置信电气
	法人代表	费维武	董秘	邢峻(代)	证券代码	600517
	公司网址	www.zhixindianqi.com.cn		电子信箱	pengyf@sh-zx.com.cn	
	电　话	021-62623388		传　真	021-62610088	
	办公地址	上海市虹桥路 2239 号				
	经营范围	电气领域内的科技咨询、技术开发、转让、服务、生产销售自身开发的产品				

主要财务指标	指标\报告期	2011.06.30	2010.12.31	2010.06.30	2009.12.31
	每股收益(元)	0.1400	0.5200	0.2700	0.4100
	每股收益(扣除)(元)	0.1100	0.5000	0.2600	0.3900
	每股净资产(元)	1.8600	2.1200	1.8700	1.9000
	调整后每股净资产(元)	–	–	–	–
	每股资本公积金(元)	0.1294	0.1294	0.1294	0.1294
	每股盈余公积金(元)	0.1563	0.1563	0.1133	0.1133
	每股未分配利润(元)	0.5707	0.8333	0.6281	0.6594
	每股现金净流量(元)	–0.2974	–0.1372	–0.3249	–0.3842
	每股经营现金净流量(元)	–0.0068	0.2507	–0.0500	0.2322
	净资产收益率(扣除)(%)	–	23.2700	–	22.7000
	净资产收益率(%)	7.3980	24.3940	14.3620	21.7070
	总资产(万)	188878.94	197533.71	193994.69	172245.30
	股东权益(万)	114855.23	131106.31	115748.76	117685.70
	主营业务收入(万)	62974.45	150881.80	73614.09	129543.54
	主营成本(万)	45910.71	93322.27	43203.56	81797.60
	营业收入(万)	63004.67	151640.94	74317.57	129616.22
	营业成本(万)	45910.75	93866.86	43970.99	81833.38
	投资收益(万)	–	–	–	–
	利润总额(万)	13045.93	43965.15	24980.39	36840.26
	净利润(万)	8497.12	31981.77	16624.21	25546.45

康美药业股份有限公司

公司概况						
	公司名称	康美药业股份有限公司			证券简称	康美药业
	法人代表	马兴田	董秘	邱锡伟	证券代码	600518
	公司网址	www.kangmei.com.cn		电子信箱	kangmei@126.com	
	电　话	0663-2917777 8009 8006		传　真	0663-2916111	
	办公地址	广东省普宁市流沙镇长春路中段				
	经营范围	从事中药饮片、化学药品等的生产与销售等				

主要财务指标	指标\报告期	2011.06.30	2010.12.31	2010.06.30	2009.12.31
	每股收益(元)	0.2060	0.4220	0.1820	0.3090
	每股收益(扣除)(元)	0.2070	0.4040	0.1850	0.3050
	每股净资产(元)	3.9500	2.9070	2.6630	2.5210
	调整后每股净资产(元)	–	–	–	–
	每股资本公积金(元)	2.1589	1.0733	1.0685	1.0747
	每股盈余公积金(元)	0.1026	0.1331	0.0928	0.0928
	每股未分配利润(元)	0.6881	0.7007	0.5011	0.3537
	每股现金净流量(元)	2.6457	0.4541	0.2720	0.2997
	每股经营现金净流量(元)	0.3328	0.3949	0.0594	0.0705
	净资产收益率(扣除)(%)	–	14.8900	–	13.5300
	净资产收益率(%)	5.0170	14.5260	6.8540	11.7398
	总资产(万)	1439286.11	820819.79	717458.16	621699.70
	股东权益(万)	868400.95	492571.94	451126.58	427185.54
	主营业务收入(万)	279115.60	329701.26	147268.95	237716.09
	主营成本(万)	194758.87	209195.79	93457.13	158330.84
	营业收入(万)	279242.27	330880.16	147293.55	237716.09
	营业成本(万)	194769.23	210101.15	93470.66	158330.84
	投资收益(万)	–	–	–	–
	利润总额(万)	56949.04	83323.14	36083.44	58200.00
	净利润(万)	43570.91	71552.27	30919.65	50150.85

贵州茅台酒股份有限公司

公司概况						
	公司名称	贵州茅台酒股份有限公司			证券简称	贵州茅台
	法人代表	袁仁国	董秘	樊宁屏	证券代码	600519
	公司网址	www.moutaichina.com		电子信箱	fnp@moutaichina.com	
	电　话	0852-2386002		传　真	0852-2386005	
	办公地址	贵州省仁怀市茅台镇				
	经营范围	贵州茅台酒系列产品的生产与销售等				

主要财务指标	指标\报告期	2011.06.30	2010.12.31	2010.06.30	2009.12.31
	每股收益(元)	5.2000	5.3500	3.2800	4.5700
	每股收益(扣除)(元)	5.2000	5.3500	3.2900	4.5600
	每股净资产(元)	22.3900	19.4900	17.4300	15.3300
	调整后每股净资产(元)	–	–	–	–
	每股资本公积金(元)	1.4568	1.4568	1.4568	1.4568
	每股盈余公积金(元)	2.3383	2.3064	1.8044	1.6801
	每股未分配利润(元)	17.5986	14.7311	13.1655	11.1905
	每股现金净流量(元)	4.6655	3.3325	0.5570	1.7476
	每股经营现金净流量(元)	5.6452	6.5708	1.8716	4.4755
	净资产收益率(扣除)(%)	–	30.9100	–	33.5100
	净资产收益率(%)	23.2180	27.4540	18.8470	29.8110
	总资产(万)	3092014.91	2558757.99	2133382.87	1976962.31
	股东权益(万)	2113521.12	1839877.41	1644733.71	1446598.28
	主营业务收入(万)	982556.96	1163241.73	658643.74	966967.00
	主营成本(万)	84499.60	105277.92	56907.41	95056.52
	营业收入(万)	982582.34	1163328.37	658726.64	966999.91
	营业成本(万)	84507.24	105293.16	56919.02	95067.29
	投资收益(万)	–	–	–	–
	利润总额(万)	688734.69	716241.67	437751.63	608053.99
	净利润(万)	490717.71	505119.42	309975.73	431244.61

铜陵中发三佳科技股份有限公司

公司概况						
	公司名称	铜陵中发三佳科技股份有限公司			证券简称	中发科技
	法人代表	黄言勇	董秘	申立丰	证券代码	600520
	公司网址	www.chinatrinity.com		电子信箱	office@chinatrinity.com	
	电　话	0562-2627520		传　真	0562-2627555	
	办公地址	安徽省铜陵市石城路电子工业区				
	经营范围	导体集成电路塑封模具与化学建材挤出模具等精密模具的生产等				

主要财务指标	指标\报告期	2011.06.30	2010.12.31	2010.06.30	2009.12.31
	每股收益(元)	0.0160	0.0503	0.0290	-0.5326
	每股收益(扣除)(元)	0.0072	0.0170	0.0210	-0.4683
	每股净资产(元)	1.8934	1.8778	1.8569	1.8275
	调整后每股净资产(元)	–	–	–	–
	每股资本公积金(元)	0.8982	0.8982	0.8982	0.8982
	每股盈余公积金(元)	0.1075	0.1075	0.1075	0.1075
	每股未分配利润(元)	-0.1122	-0.1279	-0.1488	-0.1782
	每股现金净流量(元)	-0.2251	0.3381	0.5019	-0.0079
	每股经营现金净流量(元)	-0.1990	0.0560	-0.0549	0.1769
	净资产收益率(扣除)(%)	–	0.9200	–	-22.3700
	净资产收益率(%)	0.8280	2.6790	1.5800	-29.1430
	总资产(万)	50240.70	48066.47	44990.82	36318.14
	股东权益(万)	21404.02	21226.75	20989.88	20658.17
	主营业务收入(万)	11859.49	19092.63	9693.88	14441.11
	主营成本(万)	9140.20	14822.14	7589.23	12695.01
	营业收入(万)	12778.71	20904.92	10738.50	15601.73
	营业成本(万)	9594.79	15842.38	8369.96	13329.50
	投资收益(万)	–	–	–	–
	利润总额(万)	546.33	1142.54	567.84	-7269.79
	净利润(万)	177.27	568.58	331.70	-6020.33

浙江华海药业股份有限公司

公司概况						
	公司名称	浙江华海药业股份有限公司			证券简称	华海药业
	法人代表	陈保华	董秘	祝永华	证券代码	600521
	公司网址	www.huahaipharm.com		电子信箱	600521@huahaipharm.com	
	电　话	0576-85991096		传　真	0576-85016010	
	办公地址	浙江省临海市汛桥				
	经营范围	片剂、硬胶囊剂、原料药、医药中间体的制造与销售等				

主要财务指标	指标\报告期	2011.06.30	2010.12.31	2010.06.30	2009.12.31
	每股收益(元)	0.2400	0.2100	0.1100	0.3700
	每股收益(扣除)(元)	0.2500	0.1500	0.0800	0.4700
	每股净资产(元)	2.5600	2.4100	2.7200	2.6600
	调整后每股净资产(元)	–	–	–	–
	每股资本公积金(元)	0.1427	0.3242	0.2274	0.8459
	每股盈余公积金(元)	0.1952	0.2869	0.2664	0.3996
	每股未分配利润(元)	1.2301	1.2827	1.2271	1.7421
	每股现金净流量(元)	-0.0058	-0.1373	-0.0174	0.4394
	每股经营现金净流量(元)	0.0851	0.6672	0.2722	1.0609
	净资产收益率(扣除)(%)	–	5.4000	–	12.3900
	净资产收益率(%)	9.5390	7.2160	4.8690	13.8423
	总资产(万)	222747.73	205426.70	184514.39	173524.90
	股东权益(万)	138068.96	129698.61	121975.01	119184.02
	主营业务收入(万)	91134.20	100970.37	43436.83	91686.06
	主营成本(万)	55332.88	59111.92	25208.29	53680.60
	营业收入(万)	92004.27	102284.47	44028.22	92796.70
	营业成本(万)	55539.67	59352.89	25361.68	54100.18
	投资收益(万)	–	–	–	–
	利润总额(万)	16721.04	12780.16	7244.35	19546.03
	净利润(万)	13169.95	9358.65	5938.49	16497.84

江苏中天科技股份有限公司

公司概况	公司名称	江苏中天科技股份有限公司		证券简称	中天科技
	法人代表	薛济萍	董秘 杨栋云	证券代码	600522
	公司网址	www.chinaztt.com		电子信箱	zqb@chinaztt.com
	电　话	0513-83599505		传　真	0513-83599504
	办公地址	江苏省南通市经济技术开发区中天科技证券部			
	经营范围	光纤、光缆、电线、电缆、导线及相关材料和附件、有源器件等			

主要财务指标 指标\报告期	2011.06.30	2010.12.31	2010.06.30	2009.12.31
每股收益(元)	0.6270	1.3620	0.6070	1.0930
每股收益(扣除)(元)	0.5600	1.1890	0.6050	1.0570
每股净资产(元)	6.6540	6.1210	5.3560	5.2500
调整后每股净资产(元)	–	–	–	–
每股资本公积金(元)	1.8122	1.8064	1.7961	2.3263
每股盈余公积金(元)	0.3159	0.3159	0.1957	0.1957
每股未分配利润(元)	3.5260	2.9990	2.3641	1.7306
每股现金净流量(元)	–0.0360	–0.9519	–0.7445	1.2058
每股经营现金净流量(元)	–0.5288	0.0703	–1.2367	1.0230
净资产收益率(扣除)(%)	–	20.8200	–	23.6700
净资产收益率(%)	9.4230	22.2490	11.3300	20.0048
总资产(万)	544123.35	473475.85	469799.34	412964.74
股东权益(万)	213463.25	196372.92	171818.99	168505.14
主营业务收入(万)	210241.43	426961.64	199986.99	365989.13
主营成本(万)	167075.89	332827.40	152358.61	276463.33
营业收入(万)	214562.67	434695.55	201063.82	372523.65
营业成本(万)	170453.75	338594.92	152987.11	281292.03
投资收益(万)	–	–	–	–
利润总额(万)	24688.61	54213.82	24898.46	47369.57
净利润(万)	20114.29	43691.63	19467.31	33709.14

贵州贵航汽车零部件股份有限公司

公司概况	公司名称	贵州贵航汽车零部件股份有限公司		证券简称	贵航股份
	法人代表	迟耀勇	董秘 陈秀	证券代码	600523
	公司网址	www.ghgf.com.cn		电子信箱	ghgf-zqb@china.com
	电　话	0851-3802670		传　真	0851-3803931
	办公地址	贵州省贵阳市小河区锦江路110号贵航大厦9层			
	经营范围	从事汽车、摩托车零部件的制造、销售等			

主要财务指标 指标\报告期	2011.06.30	2010.12.31	2010.06.30	2009.12.31
每股收益(元)	0.3000	0.3500	0.1700	0.3600
每股收益(扣除)(元)	0.2900	0.3400	0.1700	0.3200
每股净资产(元)	5.3281	5.1446	4.9300	4.8300
调整后每股净资产(元)	–	–	–	–
每股资本公积金(元)	3.1218	3.1121	3.0765	3.0765
每股盈余公积金(元)	0.3185	0.3185	0.2773	0.2773
每股未分配利润(元)	0.8878	0.7140	0.5797	0.4763
每股现金净流量(元)	–0.2690	0.0869	–0.0754	0.0155
每股经营现金净流量(元)	–0.0526	0.3463	0.1060	0.3983
净资产收益率(扣除)(%)	–	6.7900	–	6.9000
净资产收益率(%)	5.6260	6.8030	3.5360	7.4518
总资产(万)	282288.93	257730.39	246098.35	227383.97
股东权益(万)	153871.70	148574.21	142476.00	–
主营业务收入(万)	129389.35	219015.62	111174.83	171831.77
主营成本(万)	100576.13	167881.57	86059.39	130624.88
营业收入(万)	134621.40	229187.48	116653.23	181052.98
营业成本(万)	104872.59	175916.59	90671.99	137503.39
投资收益(万)	–	–	–	–
利润总额(万)	13957.62	18737.05	9880.91	17833.46
净利润(万)	8656.28	10107.44	5037.23	10394.50

长园集团股份有限公司

公司概况	公司名称	长园集团股份有限公司		证券简称	长园集团
	法人代表	许晓文	董秘 刘栋	证券代码	600525
	公司网址	www.cyg.com		电子信箱	may@cyg.com
	电　话	0755-26719476		传　真	0755-26739900
	办公地址	广东省深圳市南山区高新区科苑中路长园新材料港F栋5层			
	经营范围	生产、销售高分子热缩材料、功能材料、辐照加工、机电产品等			

主要财务指标 指标\报告期	2011.06.30	2010.12.31	2010.06.30	2009.12.31
每股收益(元)	0.1705	0.4400	0.0945	0.3900
每股收益(扣除)(元)	0.0797	0.4100	0.0874	0.3500
每股净资产(元)	2.2800	4.7700	4.0300	7.2000
调整后每股净资产(元)	–	–	–	–
每股资本公积金(元)	0.5795	2.1217	1.6282	3.6788
每股盈余公积金(元)	0.0623	0.1245	0.0806	0.1613
每股未分配利润(元)	0.6346	1.5282	1.3168	2.3554
每股现金净流量(元)	–0.0149	0.2924	0.0672	0.5428
每股经营现金净流量(元)	–0.0631	0.0928	–0.0380	0.8258
净资产收益率(扣除)(%)	–	10.8700	–	12.1100
净资产收益率(%)	7.4910	9.3070	4.6970	9.0750
总资产(万)	389895.80	404632.60	299715.76	236268.99
股东权益(万)	196568.44	206135.63	173805.82	155334.30
主营业务收入(万)	78304.04	155751.17	56129.00	95733.20
主营成本(万)	44834.86	90406.99	33011.42	56013.75
营业收入(万)	78304.04	157443.59	56129.00	96960.84
营业成本(万)	44834.86	90903.10	33011.42	56468.98
投资收益(万)	–	–	–	–
利润总额(万)	19976.84	28522.47	11503.74	18886.54
净利润(万)	14724.63	19185.26	8163.60	14097.16

浙江菲达环保科技股份有限公司

公司概况	公司名称	浙江菲达环保科技股份有限公司		证券简称	菲达环保
	法人代表	舒英钢	董秘 周明良	证券代码	600526
	公司网址	www.feida.biz		电子信箱	feida@ep.zjbnet.com
	电　话	0575-87211326		传　真	0575-87214695
	办公地址	浙江省诸暨市望云路88号			
	经营范围	除尘器、气力输送设备、烟气脱硫设备、电控设备等			

主要财务指标 指标\报告期	2011.06.30	2010.12.31	2010.06.30	2009.12.31
每股收益(元)	0.0270	0.0800	0.0430	0.0900
每股收益(扣除)(元)	0.0170	0.0470	0.0020	0.0340
每股净资产(元)	3.6840	3.6580	3.7210	3.6770
调整后每股净资产(元)	–	–	–	–
每股资本公积金(元)	1.3907	1.3907	1.3916	1.3904
每股盈余公积金(元)	0.1702	0.1702	0.1668	0.1668
每股未分配利润(元)	1.1240	1.0972	1.1629	1.1198
每股现金净流量(元)	0.3252	–0.0268	0.6620	–0.8159
每股经营现金净流量(元)	–0.4664	0.8099	–0.2188	–0.5133
净资产收益率(扣除)(%)	–	1.2800	–	0.9400
净资产收益率(%)	0.7250	2.2090	1.1580	2.4255
总资产(万)	237280.98	202772.55	210521.09	210531.02
股东权益(万)	51581.95	51213.83	52097.15	51477.64
主营业务收入(万)	70414.92	155472.30	70856.66	143628.46
主营成本(万)	60201.69	134190.39	61982.48	122521.20
营业收入(万)	70631.99	156214.38	71300.32	144331.71
营业成本(万)	60354.66	134570.02	62182.93	122908.67
投资收益(万)	–	–	–	–
利润总额(万)	525.92	1784.64	837.38	2213.71
净利润(万)	374.18	1131.18	603.07	1248.58

江苏江南高纤股份有限公司

公司概况	公司名称	江苏江南高纤股份有限公司			证券简称	江南高纤
	法人代表	陶国平	董秘	浦金龙	证券代码	600527
	公司网址	www.jngx.cn		电子信箱	jiangnanyanfa@163.com	
	电　话	0512-65481181 65712564		传　真	0512-65712238	
	办公地址	江苏省苏州市相城区黄埭镇苏阳路				
	经营范围	涤纶毛条、短纤维、粒子、聚酯切片、塑料编织袋套等				

主要财务指标	指标\报告期	2011.06.30	2010.12.31	2010.06.30	2009.12.31
	每股收益(元)	0.1700	0.3400	0.1200	0.2600
	每股收益(扣除)(元)	0.1700	0.3400	0.1200	0.2600
	每股净资产(元)	3.3300	2.5000	2.3300	2.2100
	调整后每股净资产(元)	–	–	–	–
	每股资本公积金(元)	1.3202	0.4649	0.4649	0.4649
	每股盈余公积金(元)	0.1235	0.1409	0.1116	0.1116
	每股未分配利润(元)	0.8860	0.8934	0.7540	0.6319
	每股现金净流量(元)	0.7879	0.1335	0.0472	–0.2482
	每股经营现金净流量(元)	0.0521	0.1108	–0.1793	0.2363
	净资产收益率(扣除)(%)	–	14.5700	–	12.2000
	净资产收益率(%)	4.4220	13.7920	5.2400	11.7720
	总资产(万)	168732.22	133378.15	133366.09	117905.65
	股东权益(万)	133534.43	87792.75	81863.54	77573.97
	主营业务收入(万)	77556.63	138722.20	58300.64	102296.23
	主营成本(万)	67721.45	119890.32	51932.58	88116.89
	营业收入(万)	77568.67	141052.82	59768.53	102972.02
	营业成本(万)	67733.50	122204.69	53387.61	88789.07
	投资收益(万)	–	–	–	–
	利润总额(万)	6639.55	14812.72	5292.65	11187.41
	净利润(万)	5904.17	12108.01	4289.58	9131.88

中铁二局股份有限公司

公司概况	公司名称	中铁二局股份有限公司			证券简称	中铁二局
	法人代表	唐志成	董秘	邓爱民	证券代码	600528
	公司网址	www.crec.com.cn		电子信箱	ztejdb@cregc.com.cn	
	电　话	028-66752888 66752811		传　真	028-66752889	
	办公地址	四川省成都市马家花园10号中铁二局大厦				
	经营范围	承担各类型工业、能源、交通、民用等工程项目施工的承包等				

主要财务指标	指标\报告期	2011.06.30	2010.12.31	2010.06.30	2009.12.31
	每股收益(元)	0.2711	0.6696	0.3089	0.4604
	每股收益(扣除)(元)	0.2662	0.6111	0.2902	0.4327
	每股净资产(元)	3.5196	3.3585	3.0177	2.8600
	调整后每股净资产(元)	–	–	–	–
	每股资本公积金(元)	1.0950	1.0950	1.0949	1.1661
	每股盈余公积金(元)	0.2839	0.2504	0.2309	0.1987
	每股未分配利润(元)	1.1407	1.0131	0.6919	0.4952
	每股现金净流量(元)	0.4731	–0.3558	1.2155	–0.7288
	每股经营现金净流量(元)	–0.0453	0.4956	1.2801	0.0068
	净资产收益率(扣除)(%)	–	19.7300	–	15.7400
	净资产收益率(%)	7.7020	19.9380	10.5500	16.0972
	总资产(万)	3723013.78	3192308.82	2895515.85	2653747.63
	股东权益(万)	513583.50	490072.25	440341.00	417334.89
	主营业务收入(万)	2706641.69	5446130.83	2099157.14	4045773.54
	主营成本(万)	2520906.35	5089181.21	1933624.40	3763433.33
	营业收入(万)	2716412.19	5468774.64	2103940.06	4057917.40
	营业成本(万)	2530195.00	5103049.99	1936969.24	3773047.26
	投资收益(万)	–	–	–	–
	利润总额(万)	51693.16	133196.26	60091.78	79761.10
	净利润(万)	39557.35	97712.07	45072.43	67179.44

山东省药用玻璃股份有限公司

公司概况	公司名称	山东省药用玻璃股份有限公司			证券简称	山东药玻
	法人代表	柴文	董秘	赵海宝	证券代码	600529
	公司网址	www.pharmglass.com		电子信箱	sdyb@pharmglass.com	
	电　话	0533-3259016 3259028		传　真	0533-3249700	
	办公地址	山东省淄博市沂源县药玻路				
	经营范围	各种药用玻璃包装产品的制造、销售等				

主要财务指标	指标\报告期	2011.06.30	2010.12.31	2010.06.30	2009.12.31
	每股收益(元)	0.3200	0.6700	0.3600	0.5600
	每股收益(扣除)(元)	0.3000	0.6500	0.3700	0.5700
	每股净资产(元)	6.9900	6.7700	6.4600	6.1800
	调整后每股净资产(元)	–	–	–	–
	每股资本公积金(元)	2.2794	2.2794	2.2794	2.2794
	每股盈余公积金(元)	0.5400	0.5400	0.4762	0.4762
	每股未分配利润(元)	3.0682	2.8434	2.6062	2.3415
	每股现金净流量(元)	–0.3980	0.0206	0.4720	0.4818
	每股经营现金净流量(元)	0.4854	0.8432	0.8001	0.9685
	净资产收益率(扣除)(%)	–	10.0700	–	9.7300
	净资产收益率(%)	4.6450	9.8370	5.6460	9.0780
	总资产(万)	237682.13	252368.98	246500.71	221673.11
	股东权益(万)	179974.53	174168.34	166249.76	159021.88
	主营业务收入(万)	72495.98	148615.66	69232.01	122019.43
	主营成本(万)	52872.70	103586.10	47030.06	83441.30
	营业收入(万)	74072.62	151341.83	70441.17	124215.85
	营业成本(万)	53836.19	105530.82	47852.56	85398.69
	投资收益(万)	–	–	–	–
	利润总额(万)	10407.69	20729.92	11113.15	17285.08
	净利润(万)	8360.35	17133.01	9386.07	14436.19

上海交大昂立股份有限公司

公司概况	公司名称	上海交大昂立股份有限公司			证券简称	交大昂立
	法人代表	杨国平	董秘	娄健颖	证券代码	600530
	公司网址	www.onlly.com.cn		电子信箱	stock@mail.onlly.com.cn	
	电　话	021-54277900 54277820		传　真	021-54277827	
	办公地址	上海市宜山路700号				
	经营范围	生物制品、保健食品、参制品等保健食品的研制、生产和销售等				

主要财务指标	指标\报告期	2011.06.30	2010.12.31	2010.06.30	2009.12.31
	每股收益(元)	0.1100	0.1900	0.1000	0.0900
	每股收益(扣除)(元)	0.1000	0.0600	–0.0100	–
	每股净资产(元)	4.8890	3.3940	2.6860	2.7100
	调整后每股净资产(元)	–	–	–	–
	每股资本公积金(元)	3.7439	2.2916	1.7273	2.2916
	每股盈余公积金(元)	0.1753	0.1753	0.1676	0.1753
	每股未分配利润(元)	–0.0303	–0.0732	–0.2091	–0.0732
	每股现金净流量(元)	–0.0971	–0.3077	0.0648	0.2986
	每股经营现金净流量(元)	0.0720	0.0411	0.1455	0.4097
	净资产收益率(扣除)(%)	–	2.2400	–	–0.1800
	净资产收益率(%)	2.3100	5.4780	3.6390	3.1853
	总资产(万)	190513.63	131543.81	107591.26	112552.13
	股东权益(万)	152535.18	105886.83	83795.82	84688.84
	主营业务收入(万)	18412.79	33519.19	18430.07	31181.35
	主营成本(万)	6088.12	10880.31	5625.16	11758.25
	营业收入(万)	18567.32	33898.44	18860.22	31531.81
	营业成本(万)	6127.61	11144.21	5691.37	11935.17
	投资收益(万)	–	–	–	–
	利润总额(万)	3920.41	5425.11	928.19	2084.66
	净利润(万)	3522.84	5800.47	3049.69	2697.60

河南豫光金铅股份有限公司

公司概况	公司名称	河南豫光金铅股份有限公司			证券简称	豫光金铅
	法人代表	杨安国	董秘	蔡亮	证券代码	600531
	公司网址	www.yggf.com.cn		电子信箱	yuguang@yggf.com.cn	
	电　话	0391-6665836		传　真	0391-6688986	
	办公地址	河南省济源市荆梁南街 1 号				
	经营范围	电解铅、白银、黄金、冰铜、硫酸、次氧化锌的生产和销售等				

	指标\报告期	2011.06.30	2010.12.31	2010.06.30	2009.12.31
主要财务指标	每股收益(元)	0.4100	0.5500	0.1300	0.3700
	每股收益(扣除)(元)	0.3900	0.5900	0.1500	0.3400
	每股净资产(元)	6.3770	6.0460	4.5580	4.5500
	调整后每股净资产(元)	-	-	-	-
	每股资本公积金(元)	2.6134	2.6017	0.9315	0.9315
	每股盈余公积金(元)	0.4409	0.4409	0.4979	0.4979
	每股未分配利润(元)	2.2981	1.9868	2.1283	2.1231
	每股现金净流量(元)	0.6572	1.2616	0.4954	0.2035
	每股经营现金净流量(元)	2.2925	-2.6530	0.7201	0.3429
	净资产收益率(扣除)(%)	-	14.8600	-	9.4600
	净资产收益率(%)	6.4510	8.5560	3.4070	9.9305
	总资产(万)	589784.30	574257.38	367855.40	345770.91
	股东权益(万)	188271.60	178516.56	104038.78	103918.33
	主营业务收入(万)	597980.70	818040.27	332816.08	628428.93
	主营成本(万)	572956.65	779710.40	316216.20	613081.89
	营业收入(万)	609365.56	829649.02	339383.03	637889.33
	营业成本(万)	581019.36	784554.21	318514.63	615238.54
	投资收益(万)	-	-	-	-
	利润总额(万)	16868.46	21596.76	5663.35	14112.76
	净利润(万)	12144.60	15272.93	3544.49	10319.61

山东华阳科技股份有限公司

公司概况	公司名称	山东华阳科技股份有限公司			证券简称	华阳科技
	法人代表	闫新华	董秘	王福伟	证券代码	600532
	公司网址	www.huayang.com		电子信箱	wfw1975@163.com	
	电　话	0538-5826209 5826208		传　真	0538-5826269	
	办公地址	山东省泰安市宁阳县磁窑镇				
	经营范围	农药及化工原料的生产、销售,火力发电及电力销售等				

	指标\报告期	2011.06.30	2010.12.31	2010.06.30	2009.12.31
主要财务指标	每股收益(元)	0.0100	-0.4000	0.0020	0.0300
	每股收益(扣除)(元)	0.0040	-0.3900	0.0010	-0.3000
	每股净资产(元)	1.6880	1.6700	2.0790	2.0700
	调整后每股净资产(元)	-	-	-	-
	每股资本公积金(元)	0.8961	0.8961	0.8961	0.8961
	每股盈余公积金(元)	0.0978	0.0978	0.0978	0.0978
	每股未分配利润(元)	-0.3266	-0.3396	0.0583	0.0564
	每股现金净流量(元)	-0.0038	-0.2700	0.0840	-0.0884
	每股经营现金净流量(元)	0.8482	0.2361	1.0156	0.6378
	净资产收益率(扣除)(%)	-	-20.8200	-	-14.4000
	净资产收益率(%)	0.7710	-23.7170	0.0940	1.3860
	总资产(万)	89567.41	90613.85	89216.82	89533.88
	股东权益(万)	25674.12	25397.51	31614.55	31498.94
	主营业务收入(万)	35181.65	49947.22	24856.14	38632.64
	主营成本(万)	31000.44	46737.05	21421.02	35933.38
	营业收入(万)	35596.46	50662.01	25783.08	40433.17
	营业成本(万)	31370.45	47201.48	22300.98	37445.08
	投资收益(万)	-	-	-	-
	利润总额(万)	57.25	-6389.09	48.50	384.82
	净利润(万)	198.04	-6023.45	29.79	436.45

南京栖霞建设股份有限公司

公司概况	公司名称	南京栖霞建设股份有限公司			证券简称	栖霞建设
	法人代表	陈兴汉	董秘	王建优	证券代码	600533
	公司网址	www.chixia.com		电子信箱	invest@chixia.com	
	电　话	025-85600533		传　真	025-85502482	
	办公地址	江苏省南京市玄武区龙蟠路 9 号				
	经营范围	住宅小区综合开发建设;商品房销售、租赁、售后服务、物业管理等				

	指标\报告期	2011.06.30	2010.12.31	2010.06.30	2009.12.31
主要财务指标	每股收益(元)	0.1291	0.2708	0.2009	0.2125
	每股收益(扣除)(元)	0.1285	0.2693	0.1998	0.2114
	每股净资产(元)	3.1480	3.5450	2.6310	2.5810
	调整后每股净资产(元)	-	-	-	-
	每股资本公积金(元)	1.4748	1.8204	0.9776	0.9776
	每股盈余公积金(元)	0.1515	0.1515	0.1329	0.1330
	每股未分配利润(元)	0.5218	0.5727	0.5205	0.4704
	每股现金净流量(元)	0.1986	0.0178	0.1984	0.3944
	每股经营现金净流量(元)	-0.0659	0.2520	0.0873	1.3410
	净资产收益率(扣除)(%)	-	7.6000	-	8.3800
	净资产收益率(%)	4.1020	7.6390	7.6370	8.2350
	总资产(万)	979885.44	975951.87	845736.68	902502.57
	股东权益(万)	330547.98	372175.29	276252.14	270999.48
	主营业务收入(万)	109344.75	312830.95	225336.65	219473.79
	主营成本(万)	66563.49	208632.87	152842.91	139028.44
	营业收入(万)	109856.54	314131.14	225823.53	220206.65
	营业成本(万)	66925.64	209554.89	153099.16	139285.34
	投资收益(万)	-	-	-	-
	利润总额(万)	24803.92	60519.42	43415.40	39704.63
	净利润(万)	13558.92	28432.12	21098.24	22317.36

天津天士力制药股份有限公司

公司概况	公司名称	天津天士力制药股份有限公司			证券简称	天士力
	法人代表	闫希军	董秘	刘俊峰	证券代码	600535
	公司网址	www.tasly.com		电子信箱	stock@tasly.com	
	电　话	022-26736999		传　真	022-26736721	
	办公地址	天津市北辰区普济河东道 2 号(天士力现代中药城)				
	经营范围	滴丸剂、颗粒剂、硬胶囊剂、软胶囊剂、片剂、丸剂的生产等				

	指标\报告期	2011.06.30	2010.12.31	2010.06.30	2009.12.31
主要财务指标	每股收益(元)	0.7000	0.9200	0.4000	0.6500
	每股收益(扣除)(元)	0.5500	0.9000	0.3800	0.6300
	每股净资产(元)	6.4900	6.4000	4.1400	4.1700
	调整后每股净资产(元)	-	-	-	-
	每股资本公积金(元)	3.0032	3.0100	1.1323	1.1566
	每股盈余公积金(元)	0.5141	0.5141	0.4536	0.4536
	每股未分配利润(元)	1.9787	1.8810	1.5589	1.5582
	每股现金净流量(元)	-0.8001	1.9588	-0.2305	0.2668
	每股经营现金净流量(元)	0.1799	0.7650	0.3804	0.8205
	净资产收益率(扣除)(%)	10.7450	13.6180	9.6710	15.5754
	净资产收益率(%)	10.4900	21.0600	9.3300	16.4600
	总资产(万)	555167.27	545269.89	410995.06	402533.05
	股东权益(万)	347989.74	342493.96	213403.16	217109.75
	主营业务收入(万)	297802.16	461986.19	212530.63	396498.96
	主营成本(万)	205430.95	306196.70	143560.16	267176.68
	营业收入(万)	299347.71	465159.11	214804.95	399264.53
	营业成本(万)	206746.00	308427.02	144497.68	268739.01
	投资收益(万)	7898.18	565.12	2.46	660.09
	利润总额(万)	45033.23	55562.77	24473.23	39909.86
	净利润(万)	36032.86	45030.17	19553.37	31670.63

中国软件与技术服务股份有限公司

公司概况	公司名称	中国软件与技术服务股份有限公司			证券简称	中国软件
	法人代表	程春平	董秘	陈复兴	证券代码	600536
	公司网址	www.css.com.cn			电子信箱	cfx@css.com.cn
	电　　话	010-51508699			传　　真	010-51508661
	办公地址	北京市昌平区昌盛路18号				
	经营范围	制造医用光学仪器设备、医用红外热像仪等				

主要财务指标	指标\报告期	2011.06.30	2010.12.31	2010.06.30	2009.12.31
	每股收益(元)	0.3600	0.4100	0.0100	0.0500
	每股收益(扣除)(元)	-0.1400	0.1700	0.0400	0.0900
	每股净资产(元)	5.6800	5.7800	4.3800	5.0600
	调整后每股净资产(元)	-	-	-	-
	每股资本公积金(元)	3.2754	3.6142	2.7695	3.4696
	每股盈余公积金(元)	0.1851	0.1851	0.1825	0.1825
	每股未分配利润(元)	1.3637	1.1182	0.5480	0.5346
	每股现金净流量(元)	0.5953	-0.1952	-0.7648	0.7702
	每股经营现金净流量(元)	-0.5530	-0.1560	-0.5150	0.1781
	净资产收益率(扣除)(%)	-	3.3000	-	1.7400
	净资产收益率(%)	6.2640	7.1130	0.2210	0.7899
	总资产(万)	307761.07	265784.38	335297.38	322981.59
	股东权益(万)	128101.68	130517.32	98780.68	114271.42
	主营业务收入(万)	87822.92	301207.49	139879.45	321789.74
	主营成本(万)	57637.54	205182.74	95161.08	235277.96
	营业收入(万)	88728.28	302909.59	140503.70	323359.65
	营业成本(万)	57960.72	206132.78	95597.74	236158.95
	投资收益(万)	-	-	-	-
	利润总额(万)	7841.28	15692.79	1259.95	-6133.55
	净利润(万)	8024.17	9283.81	217.77	902.59

海通食品集团股份有限公司

公司概况	公司名称	海通食品集团股份有限公司			证券简称	海通集团
	法人代表	陈龙海	董秘	吴立忠	证券代码	600537
	公司网址	www.kaiz.com			电子信箱	public@haitonggroup.com
	电　　话	0574-63039922			传　　真	0574-63039898
	办公地址	浙江省慈溪市海通路528号				
	经营范围	果蔬速冻、脱水、保鲜、冷藏、加工;食品、饮料制造、加工等				

主要财务指标	指标\报告期	2011.06.30	2010.12.31	2010.06.30	2009.12.31
	每股收益(元)	-0.0400	-0.1700	-0.0800	0.0100
	每股收益(扣除)(元)	-0.0600	-0.2300	-0.1000	-0.1200
	每股净资产(元)	1.9280	1.9640	2.0570	2.1400
	调整后每股净资产(元)	-	-	-	-
	每股资本公积金(元)	0.8208	0.8208	0.8208	0.8208
	每股盈余公积金(元)	0.1315	0.1315	0.1315	0.1315
	每股未分配利润(元)	-0.0240	0.0116	0.1046	0.1836
	每股现金净流量(元)	0.1992	-0.1725	-0.0203	0.1901
	每股经营现金净流量(元)	-0.1125	0.0106	-0.0534	0.2957
	净资产收益率(扣除)(%)	-	-11.1900	-	-5.5600
	净资产收益率(%)	-1.8450	-8.7550	-3.8390	0.4842
	总资产(万)	102671.76	95645.32	92391.70	88035.14
	股东权益(万)	44360.22	45178.69	47317.41	49133.97
	主营业务收入(万)	31157.45	46147.92	21225.21	37595.10
	主营成本(万)	25642.55	35802.27	16221.11	27357.41
	营业收入(万)	31507.56	47234.79	21871.34	38775.99
	营业成本(万)	25726.97	36641.20	16618.58	28178.55
	投资收益(万)	-	-	-	-
	利润总额(万)	-467.25	-3318.54	-1234.17	792.63
	净利润(万)	-818.47	-3955.28	-1816.56	237.91

北海国发海洋生物产业股份有限公司

公司概况	公司名称	北海国发海洋生物产业股份有限公司			证券简称	ST 国 发
	法人代表	潘利斌	董秘	李勇	证券代码	600538
	公司网址	www.gofar.com.cn			电子信箱	securities@gofar.com.cn
	电　　话	0779-3200619			传　　真	0779-3200618
	办公地址	广西壮族自治区北海市北京路9号				
	经营范围	藻类、贝类、甲壳类等海洋生物系列产品的研究、开发、生产和销售等				

主要财务指标	指标\报告期	2011.06.30	2010.12.31	2010.06.30	2009.12.31
	每股收益(元)	-0.0600	0.0600	-0.0700	-0.5000
	每股收益(扣除)(元)	-0.0700	-0.3100	-0.1800	-0.5900
	每股净资产(元)	0.5700	0.6300	0.5000	0.5700
	调整后每股净资产(元)	-	-	-	-
	每股资本公积金(元)	0.2993	0.2993	0.2973	0.2993
	每股盈余公积金(元)	0.1263	0.1263	0.1262	0.1263
	每股未分配利润(元)	-0.8554	-0.7926	-0.9274	-0.8514
	每股现金净流量(元)	-0.0792	-0.0723	-0.1118	0.1952
	每股经营现金净流量(元)	-0.0864	-0.0527	-0.0168	-0.0079
	净资产收益率(扣除)(%)	-	-51.0800	-	-69.3500
	净资产收益率(%)	-11.0030	9.2800	-14.2800	-86.3280
	总资产(万)	67392.78	70675.67	89350.71	94395.95
	股东权益(万)	15923.43	17675.51	13852.28	-
	主营业务收入(万)	26411.73	36326.85	18371.98	24123.12
	主营成本(万)	22967.07	31723.05	16535.54	21055.06
	营业收入(万)	26412.53	36329.86	18374.99	24131.85
	营业成本(万)	22967.68	31723.05	16535.54	21055.06
	投资收益(万)	-	-	-	-
	利润总额(万)	-1573.13	1722.88	-1955.07	-14152.02
	净利润(万)	-1752.08	1640.31	-1978.13	-13842.89

太原狮头水泥股份有限公司

公司概况	公司名称	太原狮头水泥股份有限公司			证券简称	ST 狮 头
	法人代表	邓守信	董秘	郝瑛	证券代码	600539
	公司网址	www.600539.com.cn			电子信箱	haoying@600539.com.cn
	电　　话	0351-2857002 2857006			传　　真	0351-2857006
	办公地址	山西省太原市万柏林区开城街1号				
	经营范围	水泥、熟料、商品混凝土、新型墙体材料的生产和销售等				

主要财务指标	指标\报告期	2011.06.30	2010.12.31	2010.06.30	2009.12.31
	每股收益(元)	-1.1760	0.0051	0.0070	0.0400
	每股收益(扣除)(元)	-1.1540	0.0015	0.0070	0.0400
	每股净资产(元)	2.6456	3.8220	3.8243	3.8472
	调整后每股净资产(元)	-	-	-	-
	每股资本公积金(元)	2.2233	2.2233	2.2233	2.2196
	每股盈余公积金(元)	0.1626	0.1626	0.1616	0.1609
	每股未分配利润(元)	-0.7403	0.4361	0.4394	0.4667
	每股现金净流量(元)	0.1029	-0.0036	-0.1991	0.0388
	每股经营现金净流量(元)	0.1511	-0.0496	-0.1972	0.0334
	净资产收益率(扣除)(%)	-	0.0400	-	0.9600
	净资产收益率(%)	-44.4650	0.1350	0.1950	0.9800
	总资产(万)	75256.57	106846.55	110114.98	109589.44
	股东权益(万)	60849.29	87906.13	87959.21	88485.21
	主营业务收入(万)	19055.42	43989.59	23909.46	26956.93
	主营成本(万)	16710.35	37712.41	20767.57	22481.92
	营业收入(万)	19405.66	44611.58	24077.76	27078.74
	营业成本(万)	16745.35	37938.90	20819.22	22604.59
	投资收益(万)	-	-	-	-
	利润总额(万)	-27056.84	612.52	227.70	1149.05
	净利润(万)	-27056.84	118.28	171.37	866.11

新疆赛里木现代农业股份有限公司

公司概况	公司名称	新疆赛里木现代农业股份有限公司			证券简称	新赛股份
	法人代表	武宪章	董秘	王国军	证券代码	600540
	公司网址	www.xinsai.com.cn		电子信箱	wgjbl1@sina.com.cn	
	电　话	0909-2268210 2268156		传　真	0909-2268162	
	办公地址	新疆维吾尔自治区博乐市红星路 158 号				
	经营范围	棉花种植、加工、销售及食用油的生产、销售等				

主要财务指标	指标\报告期	2011.06.30	2010.12.31	2010.06.30	2009.12.31
	每股收益(元)	-0.1308	0.2673	-0.0089	0.0491
	每股收益(扣除)(元)	-0.1701	0.1770	-0.0350	0.0039
	每股净资产(元)	2.9276	3.7006	3.7000	3.7500
	调整后每股净资产(元)	-	-	-	-
	每股资本公积金(元)	1.5268	2.2849	2.2849	2.2849
	每股盈余公积金(元)	0.1357	0.1765	0.1627	0.1627
	每股未分配利润(元)	0.2651	0.5154	0.2529	0.3019
	每股现金净流量(元)	0.2236	-0.5664	-0.8146	0.3977
	每股经营现金净流量(元)	-0.0581	-0.9044	1.0609	-0.4080
	净资产收益率(扣除)(%)	-	4.5829	-	0.1000
	净资产收益率(%)	-3.4380	6.7210	-0.2410	1.3098
	总资产(万)	248165.26	253629.78	162548.14	221152.17
	股东权益(万)	88622.40	92600.18	86168.34	87307.56
	主营业务收入(万)	33456.81	180420.46	64024.94	114934.64
	主营成本(万)	31028.68	160180.33	58926.30	105481.54
	营业收入(万)	37276.38	188626.88	67089.47	122690.19
	营业成本(万)	33037.46	167976.38	61301.95	112950.09
	投资收益(万)	-	-	-	-
	利润总额(万)	-5006.26	4459.05	-1585.47	2123.02
	净利润(万)	-3046.37	6224.03	-207.81	1143.57

甘肃莫高实业发展股份有限公司

公司概况	公司名称	甘肃莫高实业发展股份有限公司			证券简称	莫高股份
	法人代表	赵国柱	董秘	贾洪文	证券代码	600543
	公司网址	www.mogao.com		电子信箱	mgjiahw@126.com	
	电　话	0931-8776219 8776209		传　真	0931-4890543	
	办公地址	甘肃省兰州市城关区东岗西路 638 号兰州财富中心 23 层				
	经营范围	农产品及加工品、药品的生产和销售等				

主要财务指标	指标\报告期	2011.06.30	2010.12.31	2010.06.30	2009.12.31
	每股收益(元)	0.0814	0.1300	0.0630	0.1100
	每股收益(扣除)(元)	0.0812	0.1300	0.0627	0.1100
	每股净资产(元)	3.3400	3.2600	3.1900	3.1200
	调整后每股净资产(元)	-	-	-	-
	每股资本公积金(元)	1.4510	1.4510	1.4510	1.4510
	每股盈余公积金(元)	0.2306	0.2306	0.1996	0.1996
	每股未分配利润(元)	0.6552	0.5738	0.5366	0.4736
	每股现金净流量(元)	0.1776	0.2039	0.1126	0.6992
	每股经营现金净流量(元)	0.2192	0.3910	0.1939	0.4374
	净资产收益率(扣除)(%)	-	4.1400	-	3.6500
	净资产收益率(%)	2.4410	4.0310	1.9770	3.6110
	总资产(万)	117896.83	114967.65	111274.16	111211.33
	股东权益(万)	107152.02	104536.71	102345.93	100322.90
	主营业务收入(万)	17837.72	36809.89	15650.16	32131.80
	主营成本(万)	8873.53	19556.32	8138.99	17743.01
	营业收入(万)	17893.87	36844.79	15653.30	33053.25
	营业成本(万)	8895.11	19611.21	8160.34	18788.31
	投资收益(万)	-	-	-	-
	利润总额(万)	3300.92	5312.27	2613.85	4020.00
	净利润(万)	2615.32	4213.80	2023.02	3623.06

新疆城建(集团)股份有限公司

公司概况	公司名称	新疆城建(集团)股份有限公司			证券简称	新疆城建
	法人代表	刘军	董秘	李若帆	证券代码	600545
	公司网址	www.xjcj.com		电子信箱	www.xjcj.com	
	电　话	0991-4889803 4889813		传　真	0991-4889813	
	办公地址	新疆维吾尔自治区乌鲁木齐市南湖南路 133 号城建大厦				
	经营范围	城市基础设施建设与运营、城市源水供应、房地产开发与销售等				

主要财务指标	主要指标	2011.06.30	2010.12.31	2010.06.30	2009.12.31
	每股收益(元)	0.0700	0.0800	0.2500	0.6800
	每股收益(扣除)(元)	0.0300	0.0800	0.2400	-
	每股净资产(元)	2.5122	2.3100	2.2300	2.1510
	调整后每股净资产(元)	-	-	-	-
	每股资本公积金(元)	0.8317	0.8317	0.8317	0.7565
	每股盈余公积金(元)	0.1193	0.0904	0.0904	0.1190
	每股未分配利润(元)	0.5582	0.3858	0.3047	0.2796
	每股现金净流量(元)	0.0965	-0.0188	0.4690	0.8993
	每股经营现金净流量(元)	-0.9419	-0.2652	-0.1165	0.1241
	净资产收益率(扣除)(%)	-	-	11.7500	-
	净资产收益率(%)	2.6080	3.5120	10.3130	1.7000
	总资产(万)	510472.29	335347.21	303518.65	174179.53
	股东权益(万)	169769.64	156084.60	150627.80	64530.42
	主营业务收入(万)	63202.16	58328.05	160223.72	-
	主营成本(万)	50677.84	45724.34	123483.28	-
	营业收入(万)	63777.82	58788.63	161090.11	173220.91
	营业成本(万)	50850.90	45952.31	123959.18	160311.87
	投资收益(万)	-	-	-	-
	利润总额(万)	4881.73	6389.95	17959.41	1156.68
	净利润(万)	4428.22	5481.00	15534.67	1096.12

山煤国际能源集团股份有限公司

公司概况	公司名称	山煤国际能源集团股份有限公司			证券简称	山煤国际
	法人代表	杜建华	董秘	李荣强	证券代码	600546
	公司网址	www.smgjcoal.com		电子信箱	smzqb@shanxicoal.cn	
	电　话	0351-4645546 4645789		传　真	0351-4645846	
	办公地址	山西省太原市长风街 115 号				
	经营范围	新能源开发;煤炭、焦炭产业投资;煤炭及其副产品的储运出口				

主要财务指标	指标\报告期	2011.06.30	2010.12.31	2010.06.30	2009.12.31
	每股收益(元)	0.7700	1.0100	0.5300	1.0000
	每股收益(扣除)(元)	0.7800	1.0200	0.5100	1.0200
	每股净资产(元)	4.8000	4.3300	3.7721	4.1200
	调整后每股净资产(元)	-	-	-	-
	每股资本公积金(元)	0.1038	0.1056	0.1053	0.1060
	每股盈余公积金(元)	0.0725	0.0725	0.0255	0.0255
	每股未分配利润(元)	3.2915	2.8233	2.3893	2.0620
	每股现金净流量(元)	-1.0458	3.0615	1.0152	1.2178
	每股经营现金净流量(元)	-0.3955	1.4928	1.0618	-0.4968
	净资产收益率(扣除)(%)	-	26.5800	-	28.2500
	净资产收益率(%)	15.9940	23.2910	13.9412	24.3200
	总资产(万)	2502165.68	2165550.11	2001611.93	1473241.54
	股东权益(万)	359993.92	324488.77	282907.98	252852.28
	主营业务收入(万)	2499938.59	3844101.59	1618305.69	2089694.53
	主营成本(万)	2281373.00	3511506.58	1473574.77	1867687.22
	营业收入(万)	2515131.04	3864417.54	1626045.65	2100627.87
	营业成本(万)	2283373.88	3513011.55	1473574.77	1868579.86
	投资收益(万)	-	-	-	-
	利润总额(万)	123408.41	196320.31	93155.62	135032.62
	净利润(万)	57575.66	75576.54	39440.73	61487.45

山东黄金矿业股份有限公司

公司概况					
公司名称	山东黄金矿业股份有限公司			证券简称	山东黄金
法人代表	山东黄金	董秘	陈玉民	证券代码	600547
公司网址	www.sdhjgf.com		电子信箱	gold547@sina.com	
电　话	0531-67710376		传　真	0531-67710380	
办公地址	山东省济南市舜华路 2000 号舜泰广场 3 号楼				
经营范围	黄金开采和选冶加工,同时伴有白银、硫精矿的生产等				

主要财务指标：指标\报告期	2011.06.30	2010.12.31	2010.06.30	2009.12.31
每股收益(元)	0.7371	0.8600	0.4018	0.5300
每股收益(扣除)(元)	0.7365	0.8600	0.4045	0.5300
每股净资产(元)	3.3800	2.7300	2.3800	4.0500
调整后每股净资产(元)	–	–	–	–
每股资本公积金(元)	–	–	0.0812	0.6518
每股盈余公积金(元)	0.1204	0.1095	0.1009	0.2019
每股未分配利润(元)	2.2618	1.6245	1.1996	2.1995
每股现金净流量(元)	0.2301	0.2920	0.1216	0.1601
每股经营现金净流量(元)	0.9573	1.3830	0.6046	1.6335
净资产收益率(扣除)(%)	21.8020	31.4580	16.8830	25.9734
净资产收益率(%)	24.1200	36.0700	18.1300	29.2100
总资产(万)	1080647.42	958280.56	697606.52	626265.76
股东权益(万)	554532.88	458635.83	372288.12	318840.07
主营业务收入(万)	1981034.76	3143282.96	1745905.32	2333167.93
主营成本(万)	–	2840945.50	1610519.34	2127625.29
营业收入(万)	1983165.23	3151470.18	1747131.90	2336009.52
营业成本(万)	1772933.99	2848566.03	1611579.45	2129918.68
投资收益(万)	1339.31	–21.98	–404.63	2000.91
利润总额(万)	146029.79	178810.64	81726.65	109400.47
净利润(万)	104895.83	122304.50	57182.38	74870.44

深圳高速公路股份有限公司

公司概况					
公司名称	深圳高速公路股份有限公司			证券简称	深 高 速
法人代表	杨海	董秘	吴倩	证券代码	600548
公司网址	www.sz-expressway.com		电子信箱	szew@sz-expressway.com	
电　话	0755-82853338 82853331		传　真	0755-82853400	
办公地址	广东省深圳市福田区益田路江苏大厦裙楼 2-4 层				
经营范围	公路和道路的投资和建造、建设管理、经营管理;进出口业务				

主要财务指标：指标\报告期	2011.06.30	2010.12.31	2010.06.30	2009.12.31
每股收益(元)	0.1620	0.3420	0.1650	0.2480
每股收益(扣除)(元)	0.1550	0.3320	0.1580	0.2390
每股净资产(元)	3.9704	3.9700	3.7900	3.7500
调整后每股净资产(元)	–	–	–	–
每股资本公积金(元)	1.4497	1.4468	1.4510	1.4527
每股盈余公积金(元)	0.6633	0.6633	0.6293	0.6293
每股未分配利润(元)	0.8575	0.8559	0.7127	0.6679
每股现金净流量(元)	–0.0611	0.0258	–0.0181	–0.0262
每股经营现金净流量(元)	0.3011	0.7416	0.3418	0.3576
净资产收益率(扣除)(%)	–	8.6200	–	7.1000
净资产收益率(%)	4.0710	8.6230	4.3460	6.6100
总资产(万)	2259928.62	2261664.71	2231037.70	2220870.89
股东权益(万)	865860.70	864882.69	827164.85	817748.99
主营业务收入(万)	111662.54	215255.10	100933.30	133548.20
主营成本(万)	53170.94	104111.00	44601.67	64201.98
营业收入(万)	117867.75	230238.64	105460.41	144167.35
营业成本(万)	56154.34	110118.62	46770.04	70657.55
投资收益(万)	–	–	–	–
利润总额(万)	42094.51	85698.43	41423.36	57015.83
净利润(万)	35252.13	74580.65	35949.87	54021.86

厦门钨业股份有限公司

公司概况					
公司名称	厦门钨业股份有限公司			证券简称	厦门钨业
法人代表	刘同高	董秘	许火耀	证券代码	600549
公司网址	www.cxtc.com		电子信箱	xhy@mail.cxtc.com	
电　话	0592-5363856		传　真	0592-5363857	
办公地址	福建省厦门市开元区湖滨南路滕王阁 619 号 1602 室				
经营范围	钨的冶炼及深加工业务等				

主要财务指标：指标\报告期	2011.06.30	2010.12.31	2010.06.30	2009.12.31
每股收益(元)	0.6716	0.5130	0.2810	0.3121
每股收益(扣除)(元)	0.6585	0.4890	0.2726	0.2777
每股净资产(元)	4.2200	3.7500	3.5200	3.3900
调整后每股净资产(元)	–	–	–	–
每股资本公积金(元)	1.1087	1.1148	1.1148	1.1182
每股盈余公积金(元)	0.1718	0.1718	0.1412	0.1412
每股未分配利润(元)	1.9190	1.4473	1.2459	1.1149
每股现金净流量(元)	–0.4213	–0.6119	–0.0974	1.2936
每股经营现金净流量(元)	–1.1746	0.9842	1.3155	2.9611
净资产收益率(扣除)(%)	–	13.8000	–	8.5500
净资产收益率(%)	15.9230	13.6800	7.9800	9.2100
总资产(万)	1337033.32	1197245.39	1132514.71	1070563.75
股东权益(万)	287660.79	255706.19	240053.72	231081.28
主营业务收入(万)	413233.37	541733.79	242382.39	629524.25
主营成本(万)	292609.18	423516.36	189132.02	450679.19
营业收入(万)	415475.85	553831.50	244929.14	633812.20
营业成本(万)	293986.59	434056.86	190449.07	453209.55
投资收益(万)	–	–	–	–
利润总额(万)	76710.68	65235.81	35474.07	72434.59
净利润(万)	45804.16	34985.77	19161.68	21281.75

保定天威保变电气股份有限公司

公司概况					
公司名称	保定天威保变电气股份有限公司			证券简称	天威保变
法人代表	丁强	董秘	丁强(代)	证券代码	600550
公司网址	www.twbb.com		电子信箱	zjc@twbb.com	
电　话	0312-3252455		传　真	0312-3230382	
办公地址	河北省保定市天威西路 2222 号				
经营范围	变压器、互感器、电抗器等输变电设备及辅助设备、零部件的制造与销售等				

主要财务指标：指标\报告期	2011.06.30	2010.12.31	2010.06.30	2009.12.31
每股收益(元)	0.1700	0.5300	0.3000	0.5000
每股收益(扣除)(元)	0.0100	0.2600	0.1600	0.4500
每股净资产(元)	5.1400	4.0200	3.8600	3.5100
调整后每股净资产(元)	–	–	–	–
每股资本公积金(元)	2.3772	0.9167	0.9232	0.9361
每股盈余公积金(元)	0.2372	0.2788	0.2182	0.2182
每股未分配利润(元)	1.5233	1.8290	1.7138	1.3598
每股现金净流量(元)	0.1736	–0.6763	–0.2781	–0.3109
每股经营现金净流量(元)	–0.0946	0.5140	–0.5847	0.2637
净资产收益率(扣除)(%)	–	6.7800	–	14.0100
净资产收益率(%)	3.2590	13.1660	9.1830	14.2810
总资产(万)	1728152.98	1626013.32	1665333.17	1560179.76
股东权益(万)	705348.17	470005.15	450288.21	410436.94
主营业务收入(万)	262358.67	664704.01	281452.16	497894.51
主营成本(万)	215683.53	549208.02	227126.94	389851.03
营业收入(万)	291075.46	762979.98	330996.49	600969.27
营业成本(万)	241567.23	638188.45	271646.68	485633.87
投资收益(万)	–	–	–	–
利润总额(万)	34548.24	72150.81	49115.38	67722.44
净利润(万)	22985.61	61880.81	41351.27	58615.54

时代出版传媒股份有限公司

公司概况	公司名称	时代出版传媒股份有限公司			证券简称	时代出版
	法人代表	王亚非	董秘	刘红	证券代码	600551
	公司网址	www.press-mart.com		电子信箱	zhengquan@press-mart.com	
	电　话	0551-3533671 3533053		传　真	0551-3533050	
	办公地址	安徽省合肥市蜀山区翡翠路1118号出版传媒广场				
	经营范围	出版传媒、印刷复制以及与其密切相关的高新科技研发与成果转化等				

主要财务指标	指标\报告期	2011.06.30	2010.12.31	2010.06.30	2009.12.31
	每股收益(元)	0.2979	0.6100	0.2665	0.5800
	每股收益(扣除)(元)	0.2834	0.5900	0.3100	0.5200
	每股净资产(元)	5.4783	6.3200	6.0300	5.0100
	调整后每股净资产(元)	-	-	-	-
	每股资本公积金(元)	2.6810	3.4170	3.4219	2.4989
	每股盈余公积金(元)	0.1552	0.1862	0.1528	0.1649
	每股未分配利润(元)	1.6421	1.7131	1.4554	1.3508
	每股现金净流量(元)	-0.1493	1.1883	1.1302	0.4199
	每股经营现金净流量(元)	0.1964	0.5842	0.0945	0.7909
	净资产收益率(扣除)(%)	5.4370	9.2990	4.9140	11.4970
	净资产收益率(%)	5.5200	10.7200	6.1900	12.0600
	总资产(万)	374072.12	360056.47	326378.72	270073.92
	股东权益(万)	292245.15	277106.87	264456.12	204915.57
	主营业务收入(万)	110528.70	178018.70	89337.94	167601.24
	主营成本(万)	84538.57	129648.17	65757.66	120966.09
	营业收入(万)	113619.41	183340.30	91918.72	175235.09
	营业成本(万)	86824.17	132940.12	67306.80	126311.44
	投资收益(万)	554.92	816.71	209.76	571.34
	利润总额(万)	15506.61	25597.03	12863.36	23451.30
	净利润(万)	15066.24	24759.26	12491.15	22518.99

安徽方兴科技股份有限公司

公司概况	公司名称	安徽方兴科技股份有限公司			证券简称	方兴科技
	法人代表	关长文	董秘	黄晓婷	证券代码	600552
	公司网址	www.fangxingkj.com		电子信箱	chch0254@sina.com	
	电　话	0552-4077780		传　真	0552-4077780	
	办公地址	安徽省蚌埠市涂山路7[illegible]7号				
	经营范围	浮法玻璃、在线镀膜玻璃、ITO导电膜玻璃、玻璃深加工制品及新型材料的开发等				

主要财务指标	指标\报告期	2011.06.30	2010.12.31	2010.06.30	2009.12.31
	每股收益(元)	0.3030	0.3100	0.1727	0.1700
	每股收益(扣除)(元)	0.2716	0.1500	0.1615	0.1600
	每股净资产(元)	2.5648	2.7991	2.0800	1.9900
	调整后每股净资产(元)	-	-	-	-
	每股资本公积金(元)	1.3516	1.8848	1.6985	1.6809
	每股盈余公积金(元)	0.2131	0.2131	0.1769	0.1769
	每股未分配利润(元)	0.0001	-0.2988	-0.7951	-0.8690
	每股现金净流量(元)	-0.0968	-0.5314	-0.8710	0.8565
	每股经营现金净流量(元)	0.1732	0.3892	-0.0815	0.7526
	净资产收益率(扣除)(%)	-	7.0800	-	8.4800
	净资产收益率(%)	11.8140	13.3820	3.5560	8.6350
	总资产(万)	93275.10	112162.92	76340.27	83554.78
	股东权益(万)	30008.44	32749.95	24339.81	23269.22
	主营业务收入(万)	53261.94	60336.76	44667.71	58124.33
	主营成本(万)	39866.91	49097.02	37344.46	47976.31
	营业收入(万)	59799.93	61132.29	46746.42	58911.97
	营业成本(万)	43976.96	49886.11	39202.39	48814.15
	投资收益(万)	-	-	-	-
	利润总额(万)	9626.82	4160.94	1032.38	2306.99
	净利润(万)	3545.29	3626.71	2020.27	2009.34

上海九龙山股份有限公司

公司概况	公司名称	上海九龙山股份有限公司			证券简称	九龙山
	法人代表	李勤夫	董秘	陈海燕	证券代码	600555
	公司网址	kelly@ninedragon.com.cn		电子信箱	kelly@ninedragon.com.cn	
	电　话	021-68407880*8963		传　真	021-68407909	
	办公地址	上海市浦东新区世纪大道1500号东方大厦4层				
	经营范围	房地产、商业房产综合开发等				

主要财务指标	指标\报告期	2011.06.30	2010.12.31	2010.06.30	2009.12.31
	每股收益(元)	0.0800	0.0100	0.0500	0.1500
	每股收益(扣除)(元)	0.0500	-0.0600	-0.0300	-0.0800
	每股净资产(元)	1.4010	1.3500	2.0920	2.2100
	调整后每股净资产(元)	-	-	-	-
	每股资本公积金(元)	0.3098	0.3320	1.0388	1.2116
	每股盈余公积金(元)	0.0983	0.0983	0.1468	0.1468
	每股未分配利润(元)	-0.0157	-0.0909	-0.1070	-0.1487
	每股现金净流量(元)	-0.1274	-0.2609	-0.1751	0.4126
	每股经营现金净流量(元)	0.0425	-0.1505	-0.1679	0.2834
	净资产收益率(扣除)(%)	-	-3.9600	-	-3.4400
	净资产收益率(%)	5.3670	0.6450	2.5130	6.8985
	总资产(万)	296894.60	284128.60	277708.73	292425.34
	股东权益(万)	182720.41	175514.74	181823.79	193212.08
	主营业务收入(万)	25848.08	767.27	386.44	1239.35
	主营成本(万)	13404.41	674.38	322.06	1003.89
	营业收入(万)	25926.51	929.56	436.63	1448.18
	营业成本(万)	13408.81	682.02	335.43	1016.01
	投资收益(万)	-	-	-	-
	利润总额(万)	10405.86	3231.59	6268.04	20631.03
	净利润(万)	9806.56	1132.00	4568.33	13263.87

江苏康缘药业股份有限公司

公司概况	公司名称	江苏康缘药业股份有限公司			证券简称	康缘药业
	法人代表	肖伟	董秘	程凡	证券代码	600557
	公司网址	www.kanion.com		电子信箱	chf@kanion.com	
	电　话	0518-85521990		传　真	0518-85521990	
	办公地址	江苏省连云港市新浦区海昌南路58号				
	经营范围	中成药制剂、保健品制造、销售等				

主要财务指标	指标\报告期	2011.06.30	2010.12.31	2010.06.30	2009.12.31
	每股收益(元)	0.2300	0.4300	0.2200	0.3900
	每股收益(扣除)(元)	0.2200	0.3900	0.2000	0.3500
	每股净资产(元)	3.1760	2.8570	3.5030	2.5800
	调整后每股净资产(元)	-	-	-	-
	每股资本公积金(元)	0.6947	0.5734	1.0454	1.0454
	每股盈余公积金(元)	0.2366	0.2409	0.2578	0.2578
	每股未分配利润(元)	1.2462	1.0963	1.2010	1.0503
	每股现金净流量(元)	0.0888	-0.2038	-0.1613	-0.3271
	每股经营现金净流量(元)	0.0238	0.4003	0.0890	-0.0684
	净资产收益率(扣除)(%)	-	14.4300	-	14.0500
	净资产收益率(%)	7.1950	14.9470	8.1600	14.9540
	总资产(万)	227650.49	198748.12	170032.88	144540.82
	股东权益(万)	134429.03	120917.38	111992.58	107177.12
	主营业务收入(万)	73582.24	135553.92	62321.06	96395.60
	主营成本(万)	22394.82	36705.45	16769.87	24135.43
	营业收入(万)	73654.88	135830.76	62510.86	96853.27
	营业成本(万)	22416.20	37082.71	16953.13	24427.62
	投资收益(万)	-	-	-	-
	利润总额(万)	11700.22	20352.21	10577.34	17744.41
	净利润(万)	9671.54	18072.89	9136.11	16026.82

四川大西洋焊接材料股份有限公司

公司概况	公司名称	四川大西洋焊接材料股份有限公司			证券简称	大 西 洋
	法人代表	李欣雨	董秘	唐敏	证券代码	600558
	公司网址	www.weldatlantic.com		电子信箱	dxy_600558@tom.com	
	电　　话	0813-5103847 5101327		传　　真	0813-5101216 5109042	
	办公地址	四川省自贡市大安区马冲口街 2 号				
	经营范围	开发、生产、销售电焊条、焊丝、焊剂三大类别、八大系列等				

	指标\报告期	2011.06.30	2010.12.31	2010.06.30	2009.12.31
主要财务指标	每股收益(元)	0.1720	0.4582	0.3390	0.6327
	每股收益(扣除)(元)	0.1690	0.4619	0.3440	0.6314
	每股净资产(元)	7.4780	7.4070	7.2750	6.2300
	调整后每股净资产(元)	–	–	–	–
	每股资本公积金(元)	4.0765	4.0765	4.0758	2.8642
	每股盈余公积金(元)	0.4797	0.4571	0.4414	0.4847
	每股未分配利润(元)	1.9223	1.8729	1.7579	1.8838
	每股现金净流量(元)	–0.6012	–0.8757	–0.6298	1.5967
	每股经营现金净流量(元)	–0.7171	–0.0065	0.0540	0.3913
	净资产收益率(扣除)(%)	–	6.6800	–	10.9400
	净资产收益率(%)	2.2990	5.8470	4.1560	10.1510
	总资产(万)	194655.96	184670.76	184410.28	177965.16
	股东权益(万)	103331.33	102337.55	100521.73	74791.63
	主营业务收入(万)	127587.18	219353.85	115803.31	194603.98
	主营成本(万)	113248.76	191790.86	98002.29	165476.15
	营业收入(万)	128262.58	220737.07	116330.65	195880.84
	营业成本(万)	113794.49	192898.04	98332.68	166476.91
	投资收益(万)	–	–	–	–
	利润总额(万)	3225.72	8704.70	6002.20	10344.00
	净利润(万)	2375.50	5983.66	4177.41	7592.38

河北衡水老白干酒业股份有限公司

公司概况	公司名称	河北衡水老白干酒业股份有限公司			证券简称	老白干酒
	法人代表	张新广	董秘	刘勇	证券代码	600559
	公司网址	www.hengshuilaobaigan.net		电子信箱	hslbg@hengshuilaobaigan.net	
	电　　话	0318-2122755		传　　真	0318-2669976	
	办公地址	河北省衡水市人民东路 809 号				
	经营范围	衡水老白干酒的生产与销售，商品猪及种猪的饲养与销售				

	指标\报告期	2011.06.30	2010.12.31	2010.06.30	2009.12.31
主要财务指标	每股收益(元)	0.1800	0.3000	0.1300	0.1200
	每股收益(扣除)(元)	0.1600	0.3000	0.1300	0.0800
	每股净资产(元)	3.2384	3.0600	2.8900	2.7300
	调整后每股净资产(元)	–	–	–	–
	每股资本公积金(元)	1.1857	1.1857	1.1857	1.1857
	每股盈余公积金(元)	0.1927	0.1927	0.1624	0.1445
	每股未分配利润(元)	0.8600	0.6814	0.5418	0.4008
	每股现金净流量(元)	0.2565	0.2693	0.1704	–0.0868
	每股经营现金净流量(元)	0.3551	0.9813	0.4161	0.5304
	净资产收益率(扣除)(%)	–	9.9500	–	–
	净资产收益率(%)	5.5140	9.7220	4.4130	4.7500
	总资产(万)	133572.59	129008.86	124966.08	103001.96
	股东权益(万)	45338.08	42838.37	40459.25	38234.71
	主营业务收入(万)	60819.83	116557.39	49294.46	–
	主营成本(万)	36759.42	68571.97	28335.95	–
	营业收入(万)	60819.83	116605.62	49294.46	63313.61
	营业成本(万)	36759.42	68580.76	28335.95	36646.58
	投资收益(万)	–	–	–	–
	利润总额(万)	3815.45	6041.30	2608.27	2683.03
	净利润(万)	2499.71	4164.63	1785.50	1732.91

北京金自天正智能控制股份有限公司

公司概况	公司名称	北京金自天正智能控制股份有限公司			证券简称	金自天正
	法人代表	张剑武	董秘	胡邦周	证券代码	600560
	公司网址	www.aritime.com		电子信箱	hubangzhou@163.com	
	电　　话	010-83671666 6104		传　　真	010-63713257	
	办公地址	北京市丰台区科学城富丰路 6 号				
	经营范围	自动化系统的技术开发、转让、咨询、培训和服务				

	指标\报告期	2011.06.30	2010.12.31	2010.06.30	2009.12.31
主要财务指标	每股收益(元)	0.2200	0.5000	0.1500	0.4200
	每股收益(扣除)(元)	0.2200	0.5000	0.1500	0.4700
	每股净资产(元)	3.7400	5.3700	5.1000	4.9500
	调整后每股净资产(元)	–	–	–	–
	每股资本公积金(元)	1.6893	2.5339	2.5360	2.5339
	每股盈余公积金(元)	0.2448	0.3672	0.3395	0.3395
	每股未分配利润(元)	0.8016	1.4701	1.2220	1.0761
	每股现金净流量(元)	–0.2151	–0.0802	–0.0759	0.4201
	每股经营现金净流量(元)	–0.1151	0.1384	0.0309	0.5448
	净资产收益率(扣除)(%)	–	9.6100	–	9.7800
	净资产收益率(%)	5.9300	9.3410	4.4320	8.4665
	总资产(万)	211710.76	213020.08	186626.13	166018.20
	股东权益(万)	55698.04	53389.23	50668.27	49197.19
	主营业务收入(万)	54688.90	69703.55	35464.81	67022.19
	主营成本(万)	45187.67	55824.86	28599.19	55577.20
	营业收入(万)	54787.01	69902.15	35489.41	67061.16
	营业成本(万)	45228.20	55875.37	28621.30	55583.26
	投资收益(万)	–	–	–	–
	利润总额(万)	4220.78	6001.40	2855.85	5058.07
	净利润(万)	3302.79	4987.23	2245.51	4165.26

江西长运股份有限公司

公司概况	公司名称	江西长运股份有限公司			证券简称	江西长运
	法人代表	葛黎明	董秘	黄笑	证券代码	600561
	公司网址	www.jxcy.com.cn		电子信箱	dongsihui@jxcy.com.cn	
	电　　话	0791-6298107		传　　真	0791-6217722	
	办公地址	南昌市广场南路 118 号				
	经营范围	公路旅客运输、旅游服务、汽车租赁等				

	指标\报告期	2011.06.30	2010.12.31	2010.06.30	2009.12.31
主要财务指标	每股收益(元)	0.3900	0.6100	0.3100	0.4900
	每股收益(扣除)(元)	0.3600	0.4900	0.2700	0.4200
	每股净资产(元)	3.8200	3.6000	3.2900	3.1600
	调整后每股净资产(元)	–	–	–	–
	每股资本公积金(元)	0.5527	0.5527	0.5466	0.5466
	每股盈余公积金(元)	0.4769	0.4769	0.4096	0.4096
	每股未分配利润(元)	1.7598	1.5475	1.3124	1.1817
	每股现金净流量(元)	0.7199	–0.0104	0.0579	0.1896
	每股经营现金净流量(元)	1.1578	1.9090	0.7048	1.5313
	净资产收益率(扣除)(%)	–	14.2700	–	14.4100
	净资产收益率(%)	10.2700	17.0240	9.4430	15.6610
	总资产(万)	265815.20	187498.97	176293.82	157921.84
	股东权益(万)	70942.96	66875.93	61096.77	58650.75
	主营业务收入(万)	89111.64	113220.57	57183.38	90864.90
	主营成本(万)	66942.96	86130.64	41757.31	67390.34
	营业收入(万)	96196.78	124323.96	62521.99	99160.02
	营业成本(万)	70097.96	91447.15	44029.42	69848.60
	投资收益(万)	–	–	–	–
	利润总额(万)	11957.77	17187.92	8915.73	13839.24
	净利润(万)	7285.48	11384.71	5769.39	9185.48

江苏高淳陶瓷股份有限公司

公司概况	公司名称	江苏高淳陶瓷股份有限公司			证券简称	ST 高 陶
	法人代表	孔德双	董秘	王贵夫	证券代码	600562
	公司网址	www.gctc.cn		电子信箱	wanggf@gctc.cn	
	电　话	025-57889698		传　真	025-57377688	
	办公地址	江苏省南京市高淳县高淳经济开发区荆山路 008 号				
	经营范围	日用陶瓷生产、销售及自营出口				

	指标\报告期	2011.06.30	2010.12.31	2010.06.30	2009.12.31
主要财务指标	每股收益(元)	0.0600	0.1800	-0.0900	-0.4700
	每股收益(扣除)(元)	0.0300	0.1200	-0.1000	-0.5600
	每股净资产(元)	3.6400	3.5900	3.2800	3.3600
	调整后每股净资产(元)	-	-	-	-
	每股资本公积金(元)	2.2698	2.2724	2.2259	2.2259
	每股盈余公积金(元)	0.4286	0.4286	0.4286	0.4286
	每股未分配利润(元)	-0.0536	-0.1134	-0.3703	-0.2932
	每股现金净流量(元)	-0.0578	-0.9005	-0.5998	0.5757
	每股经营现金净流量(元)	-0.1039	0.2071	-0.1933	0.2526
	净资产收益率(扣除)(%)	-	3.4600	-	-15.9400
	净资产收益率(%)	1.6400	5.0110	-2.7350	-13.9470
	总资产(万)	64423.28	56867.31	55376.77	61073.72
	股东权益(万)	30649.11	30168.14	27616.68	28265.37
	主营业务收入(万)	14682.94	28609.44	12435.32	22505.32
	主营成本(万)	8246.23	18618.34	8325.67	15015.33
	营业收入(万)	14878.21	28877.70	12949.91	22763.53
	营业成本(万)	8277.05	18811.57	8856.21	15231.99
	投资收益(万)	-	-	-	-
	利润总额(万)	711.10	1622.46	-654.45	-2981.84
	净利润(万)	502.72	1511.77	-755.22	-3942.18

厦门法拉电子股份有限公司

公司概况	公司名称	厦门法拉电子股份有限公司			证券简称	法拉电子
	法人代表	曾福生	董秘	许琼玖	证券代码	600563
	公司网址	www.faratronic.com		电子信箱	xuqj@faratronic.com.cn	
	电　话	0592-6208778 6208600		传　真	0592-6208555	
	办公地址	福建省厦门市新园路 99 号				
	经营范围	薄膜电容器、金属化膜及电子变压器的生产及销售				

	指标\报告期	2011.06.30	2010.12.31	2010.06.30	2009.12.31
主要财务指标	每股收益(元)	0.6800	1.0900	0.4900	0.5300
	每股收益(扣除)(元)	0.6800	1.0400	0.4900	0.5200
	每股净资产(元)	5.4579	5.2300	4.6354	4.5400
	调整后每股净资产(元)	-	-	-	-
	每股资本公积金(元)	1.1643	1.1643	1.1643	1.1643
	每股盈余公积金(元)	0.5734	0.5734	0.4655	0.4655
	每股未分配利润(元)	2.7202	2.4911	2.0057	1.9133
	每股现金净流量(元)	-0.0288	0.2092	-0.2794	0.2893
	每股经营现金净流量(元)	0.6464	1.0891	0.3577	0.7547
	净资产收益率(扣除)(%)	-	21.4900	-	11.8800
	净资产收益率(%)	12.4440	20.7630	10.6210	11.7700
	总资产(万)	148243.04	145420.47	125663.98	120831.69
	股东权益(万)	122803.48	117647.25	104298.14	102220.20
	主营业务收入(万)	69441.50	119090.81	57278.25	75294.50
	主营成本(万)	43199.00	75824.07	36881.89	50612.97
	营业收入(万)	71098.43	120860.44	57957.47	76183.91
	营业成本(万)	43448.44	76065.10	36966.36	50749.86
	投资收益(万)	-	-	-	-
	利润总额(万)	18799.12	30641.06	14413.07	15725.73
	净利润(万)	15281.23	24427.05	11077.93	12031.08

重庆市迪马实业股份有限公司

公司概况	公司名称	重庆市迪马实业股份有限公司			证券简称	迪马股份
	法人代表	贾浚	董秘	杨东升	证券代码	600565
	公司网址	www.chinadima.com		电子信箱	yangdongsheng@chinadima.com	
	电　话	023-89021876 89021877		传　真	023-89021878	
	办公地址	重庆市南岸区南城大道 199 号正联大厦 22 层				
	经营范围	生产经营专用汽车、有线电视网络产品				

	指标\报告期	2011.06.30	2010.12.31	2010.06.30	2009.12.31
主要财务指标	每股收益(元)	0.0105	0.0800	0.0060	0.0400
	每股收益(扣除)(元)	-0.0011	0.0200	0.0070	0.0400
	每股净资产(元)	1.5040	1.5000	1.4300	1.4400
	调整后每股净资产(元)	-	-	-	-
	每股资本公积金(元)	0.0613	0.0613	0.0613	0.0618
	每股盈余公积金(元)	0.0789	0.0789	0.0762	0.0762
	每股未分配利润(元)	0.3635	0.3630	0.2936	0.2976
	每股现金净流量(元)	-0.1499	0.5755	0.4424	-0.5473
	每股经营现金净流量(元)	0.2559	0.7095	0.4957	0.0760
	净资产收益率(扣除)(%)	-	1.1200	-	2.2800
	净资产收益率(%)	0.6980	5.1920	0.4210	2.7720
	总资产(万)	562868.27	544828.63	469366.46	398489.86
	股东权益(万)	108260.58	108224.83	103040.69	103366.85
	主营业务收入(万)	80028.93	178782.83	49607.51	81672.59
	主营成本(万)	66833.27	152510.44	40138.11	66778.42
	营业收入(万)	80091.44	181983.91	52038.93	82496.23
	营业成本(万)	66837.64	154856.97	42439.68	67280.63
	投资收益(万)	-	-	-	-
	利润总额(万)	547.67	7706.88	125.26	3257.10
	净利润(万)	755.74	5618.50	434.24	2865.58

湖北洪城通用机械股份有限公司

公司概况	公司名称	湖北洪城通用机械股份有限公司			证券简称	洪城股份
	法人代表	王洪运	董秘	王速建	证券代码	600566
	公司网址	www.hbhc.com.cn		电子信箱	hcweb@vip.163.com	
	电　话	0716-8221198		传　真	0716-8221198	
	办公地址	湖北省荆州市红门路 3 号				
	经营范围	类阀门、水工机械及环保设备的生产、销售等				

	指标\报告期	2011.06.30	2010.12.31	2010.06.30	2009.12.31
主要财务指标	每股收益(元)	0.0240	0.0612	0.0280	0.0725
	每股收益(扣除)(元)	0.0240	0.0529	0.0280	0.0622
	每股净资产(元)	3.7710	3.7570	3.7200	4.8100
	调整后每股净资产(元)	-	-	-	-
	每股资本公积金(元)	1.9153	1.9153	1.9153	2.7899
	每股盈余公积金(元)	0.1381	0.1381	0.1327	0.1726
	每股未分配利润(元)	0.7177	0.7033	0.6750	0.8517
	每股现金净流量(元)	-0.0062	-0.1404	-0.2166	0.0009
	每股经营现金净流量(元)	0.0170	0.3700	0.2144	0.0463
	净资产收益率(扣除)(%)	-	1.4200	-	1.3000
	净资产收益率(%)	0.6460	1.6300	0.7410	1.5060
	总资产(万)	91826.40	86315.96	85996.30	83621.88
	股东权益(万)	52116.84	51918.35	51453.25	51178.38
	主营业务收入(万)	11072.04	21776.98	9892.64	20414.11
	主营成本(万)	7464.72	15460.00	6642.04	14623.22
	营业收入(万)	12110.71	23714.11	10689.27	22201.81
	营业成本(万)	8248.31	16976.78	7264.50	15788.96
	投资收益(万)	-	-	-	-
	利润总额(万)	399.51	873.28	450.03	780.07
	净利润(万)	336.70	846.27	381.17	770.85

安徽山鹰纸业股份有限公司

公司概况	公司名称	安徽山鹰纸业股份有限公司			证券简称	山鹰纸业
	法人代表	王德贤	董秘	孙红莉	证券代码	600567
	公司网址	www.shanyingpaper.com		电子信箱	stock@shanyingpaper.com	
	电　话	0555-2826275		传　真	0555-2826369	
	办公地址	安徽省马鞍山市勤俭路 3 号				
	经营范围	"山鹰牌"各类包装纸板、纸箱及其它纸制品的生产和销售				

主要财务指标	指标\报告期	2011.06.30	2010.12.31	2010.06.30	2009.12.31
	每股收益(元)	0.0500	0.3500	0.1000	0.1400
	每股收益(扣除)(元)	0.0200	0.1300	0.0700	0.0700
	每股净资产(元)	3.9300	3.6300	3.3800	3.2800
	调整后每股净资产(元)	-	-	-	-
	每股资本公积金(元)	2.2613	1.6868	1.6868	1.5488
	每股盈余公积金(元)	0.1062	0.1498	0.1158	0.1282
	每股未分配利润(元)	0.5640	0.7938	0.5769	0.6003
	每股现金净流量(元)	1.1772	0.3874	-0.0282	0.2870
	每股经营现金净流量(元)	-0.2246	0.6027	-0.3991	0.6197
	净资产收益率(扣除)(%)	-	3.6000	-	2.2900
	净资产收益率(%)	1.1180	9.5150	2.7990	3.7200
	总资产(万)	674556.84	539936.02	554090.62	487800.17
	股东权益(万)	296919.24	194313.52	180887.38	158469.99
	主营业务收入(万)	202797.35	372550.31	173661.84	268475.17
	主营成本(万)	177785.22	320890.83	146264.47	225815.16
	营业收入(万)	203884.15	374623.66	174766.99	269392.09
	营业成本(万)	178792.72	322761.96	147345.20	226503.94
	投资收益(万)	-	-	-	-
	利润总额(万)	3718.70	22157.77	6756.12	8968.58
	净利润(万)	3319.19	18489.32	5063.18	5894.85

中珠控股股份有限公司

公司概况	公司名称	中珠控股股份有限公司			证券简称	中珠控股
	法人代表	叶继革	董秘	陈小峥	证券代码	600568
	公司网址	www.zzkg600568.com		电子信箱	zzkg_stock@126.com	
	电　话	027-59409632		传　真	027-59409631	
	办公地址	湖北省潜江市章华南路特 1 号				
	经营范围	房地产开发、物业管理;实业投资、基础建设投资、投资管理				

主要财务指标	指标\报告期	2011.06.30	2010.12.31	2010.06.30	2009.12.31
	每股收益(元)	0.0700	0.4431	0.1300	0.8803
	每股收益(扣除)(元)	0.0730	0.3484	0.1200	0.5856
	每股净资产(元)	4.4510	4.3780	3.9950	3.8600
	调整后每股净资产(元)	-	-	-	-
	每股资本公积金(元)	2.0017	2.0017	1.9304	1.9304
	每股盈余公积金(元)	0.0853	0.0853	0.0853	0.0853
	每股未分配利润(元)	1.3648	1.2914	0.9798	0.8483
	每股现金净流量(元)	0.0591	0.4465	0.0901	-0.4461
	每股经营现金净流量(元)	-0.2145	-3.1912	0.5094	-1.5210
	净资产收益率(扣除)(%)	-	8.5300	-	11.8600
	净资产收益率(%)	1.6490	10.1200	3.2910	22.7830
	总资产(万)	227422.35	212452.47	201664.14	143229.04
	股东权益(万)	74109.11	72887.35	66512.00	64323.29
	主营业务收入(万)	21785.43	44895.85	17439.89	201568.95
	主营成本(万)	17201.53	30204.17	11343.82	175435.63
	营业收入(万)	21785.43	44992.26	17439.89	202180.99
	营业成本(万)	17201.53	30283.06	11343.82	175507.66
	投资收益(万)	-	-	-	-
	利润总额(万)	1265.10	8294.41	2439.99	20735.36
	净利润(万)	1221.76	7376.52	2188.71	14654.78

安阳钢铁股份有限公司

公司概况	公司名称	安阳钢铁股份有限公司			证券简称	安阳钢铁
	法人代表	王子亮	董秘	张宪胜	证券代码	600569
	公司网址	www.aysteel.com.cn		电子信箱	zqb@aysteel.com.cn	
	电　话	0372-3120175		传　真	0372-3120181	
	办公地址	河南省安阳市殷都区梅元庄				
	经营范围	钢铁及钢铁延伸产品的生产和销售等				

主要财务指标	指标\报告期	2011.06.30	2010.12.31	2010.06.30	2009.12.31
	每股收益(元)	0.0300	0.0300	0.0200	0.0500
	每股收益(扣除)(元)	0.0300	0.0400	0.0200	0.0600
	每股净资产(元)	4.4447	4.4148	4.3935	4.3700
	调整后每股净资产(元)	-	-	-	-
	每股资本公积金(元)	1.4191	1.4191	1.4058	1.4058
	每股盈余公积金(元)	0.7165	0.7165	0.7144	0.7144
	每股未分配利润(元)	1.3079	1.2780	1.2722	1.2511
	每股现金净流量(元)	0.0665	0.0144	0.3638	-0.1073
	每股经营现金净流量(元)	0.6409	-0.3840	-0.2598	0.1872
	净资产收益率(扣除)(%)	-	0.8300	-	1.3200
	净资产收益率(%)	0.6720	0.6570	0.4790	1.2170
	总资产(万)	3310117.52	3143132.61	3036835.73	2684875.29
	股东权益(万)	1063922.38	1056773.24	1051675.21	1046638.13
	主营业务收入(万)	1691457.91	2786875.14	1333185.92	2266142.93
	主营成本(万)	1589490.34	2619895.15	1242527.34	2101985.76
	营业收入(万)	1723645.14	2829673.42	1349182.91	2291297.31
	营业成本(万)	1618673.37	2649871.37	1255064.67	2128189.17
	投资收益(万)	-	-	-	-
	利润总额(万)	8962.38	10486.08	7067.70	14573.25
	净利润(万)	7149.14	6944.12	5037.09	12740.59

恒生电子股份有限公司

公司概况	公司名称	恒生电子股份有限公司			证券简称	恒生电子
	法人代表	彭政纲	董秘	童晨晖	证券代码	600570
	公司网址	www.hundsun.com		电子信箱	investor@hundsun.com	
	电　话	0571-28829702		传　真	0571-28829703	
	办公地址	浙江省杭州市滨江区江南大道 3588 号恒生大厦				
	经营范围	计算机软件的技术开发、咨询、服务、成果转让等				

主要财务指标	指标\报告期	2011.06.30	2010.12.31	2010.06.30	2009.12.31
	每股收益(元)	0.1105	0.3500	0.0863	0.3300
	每股收益(扣除)(元)	0.0969	0.2900	0.0907	0.2700
	每股净资产(元)	1.6200	1.5900	1.3100	1.8100
	调整后每股净资产(元)	-	-	-	-
	每股资本公积金(元)	0.0442	0.0693	0.0524	0.1288
	每股盈余公积金(元)	0.1505	0.1505	0.1144	0.1601
	每股未分配利润(元)	0.4293	0.3688	0.1406	0.5261
	每股现金净流量(元)	-0.2406	-0.1579	-0.2741	0.6402
	每股经营现金净流量(元)	-0.2076	0.2780	-0.1689	0.2534
	净资产收益率(扣除)(%)	-	20.2600	-	23.7900
	净资产收益率(%)	6.8050	22.0710	6.6010	25.4330
	总资产(万)	141387.68	159868.27	140636.51	133744.19
	股东权益(万)	101286.27	99076.19	81532.56	80844.69
	主营业务收入(万)	36818.41	86288.53	29233.92	72403.49
	主营成本(万)	9228.99	21349.11	8028.94	21330.74
	营业收入(万)	36969.54	86722.70	29476.84	72971.18
	营业成本(万)	9257.17	21417.31	8063.04	21398.94
	投资收益(万)	-	-	-	-
	利润总额(万)	7876.35	24364.81	6020.11	23268.09
	净利润(万)	6892.34	21866.69	5381.76	20561.13

信雅达系统工程股份有限公司

公司概况	公司名称	信雅达系统工程股份有限公司			证券简称	信 雅 达
	法人代表	郭华强	董秘	叶晖	证券代码	600571
	公司网址	www.sunyard.com		电子信箱	mail@sunyard.com	
	电　话	0571-56686627		传　真	0571-56686777	
	办公地址	浙江省杭州市滨江区江南大道3888号				
	经营范围	电子文档影像、电子商务和信息安全等软件产品的生产、销售等				

主要财务指标	指标\报告期	2011.06.30	2010.12.31	2010.06.30	2009.12.31
	每股收益(元)	0.0780	0.1850	0.0610	0.1300
	每股收益(扣除)(元)	0.0760	0.1160	0.0400	0.0600
	每股净资产(元)	1.9900	1.9620	1.8380	1.7800
	调整后每股净资产(元)	–	–	–	–
	每股资本公积金(元)	0.3963	0.3963	0.3963	0.3963
	每股盈余公积金(元)	0.1219	0.1219	0.1061	0.1061
	每股未分配利润(元)	0.4723	0.4441	0.3355	0.2749
	每股现金净流量(元)	–0.3697	0.1282	–0.0406	0.0297
	每股经营现金净流量(元)	–0.3957	0.2814	–0.2628	0.4260
	净资产收益率(扣除)(%)	–	6.2000	–	3.4500
	净资产收益率(%)	3.9280	9.4280	3.2970	7.2600
	总资产(万)	76027.57	77037.63	80390.59	77725.64
	股东权益(万)	38716.05	38177.76	35752.63	34576.67
	主营业务收入(万)	25186.34	61472.11	22677.93	58792.13
	主营成本(万)	12675.55	34372.47	12042.11	33009.43
	营业收入(万)	26072.70	63472.31	24134.50	59427.67
	营业成本(万)	13082.48	35861.15	13157.86	33283.00
	投资收益(万)	–	–	–	–
	利润总额(万)	1746.31	5331.04	1534.09	3653.92
	净利润(万)	1520.56	3599.30	1178.71	2510.33

浙江康恩贝制药股份有限公司

公司概况	公司名称	浙江康恩贝制药股份有限公司			证券简称	康 恩 贝
	法人代表	胡季强	董秘	杨俊德	证券代码	600572
	公司网址	www.conba.com.cn		电子信箱	yangjd@conbagroup.com	
	电　话	0571-87774710 87774828		传　真	0571-87774709	
	办公地址	浙江省杭州市高新技术开发区滨江科技经济园滨康路568号				
	经营范围	化学原料药、化学药剂、中成药,非酒精饮料,营养食品等				

主要财务指标	指标\报告期	2011.06.30	2010.12.31	2010.06.30	2009.12.31
	每股收益(元)	0.2300	0.5600	0.1500	0.3100
	每股收益(扣除)(元)	0.1276	0.4600	0.1081	0.2900
	每股净资产(元)	2.3673	2.1873	3.2282	3.0800
	调整后每股净资产(元)	–	–	–	–
	每股资本公积金(元)	0.5990	1.9980	1.0062	1.0061
	每股盈余公积金(元)	0.1588	0.2772	0.3010	0.2636
	每股未分配利润(元)	0.6095	1.0993	0.9210	0.8085
	每股现金净流量(元)	0.7382	1.0133	0.1066	–0.1385
	每股经营现金净流量(元)	0.1330	0.3580	0.2004	0.4734
	净资产收益率(扣除)(%)	–	13.4600	–	9.7500
	净资产收益率(%)	9.7150	12.0550	9.2920	10.1490
	总资产(万)	313105.12	246345.82	202451.38	192818.47
	股东权益(万)	166560.77	153896.72	104594.60	99730.21
	主营业务收入(万)	94672.11	179270.81	87862.45	139382.76
	主营成本(万)	34184.80	68691.11	34583.56	59728.41
	营业收入(万)	95269.92	179942.61	87862.45	140654.16
	营业成本(万)	34602.04	68999.23	34583.56	60660.30
	投资收益(万)	–	–	–	–
	利润总额(万)	19262.32	22894.67	11863.38	12211.94
	净利润(万)	16182.04	18552.72	9719.38	10121.66

福建省燕京惠泉啤酒股份有限公司

公司概况	公司名称	福建省燕京惠泉啤酒股份有限公司			证券简称	惠泉啤酒
	法人代表	胡建飞	董秘	何泽平	证券代码	600573
	公司网址	www.huiquan-beer.com		电子信箱	hqbeer@hqbeer.com	
	电　话	0595-87396105		传　真	0595-87384369	
	办公地址	福建省泉州市惠安县螺城镇建设大街157号				
	经营范围	生产啤酒(熟啤酒、鲜啤酒、生啤酒、特种啤酒);对外贸易				

主要财务指标	指标\报告期	2011.06.30	2010.12.31	2010.06.30	2009.12.31
	每股收益(元)	0.1130	0.2100	0.1050	0.3100
	每股收益(扣除)(元)	0.1100	0.1900	0.1000	0.2900
	每股净资产(元)	4.5000	4.4700	4.3600	4.4000
	调整后每股净资产(元)	–	–	–	–
	每股资本公积金(元)	2.0249	2.0249	2.0249	2.0249
	每股盈余公积金(元)	0.4728	0.4728	0.4490	0.4490
	每股未分配利润(元)	1.0019	0.9686	0.8856	0.9308
	每股现金净流量(元)	–0.7103	0.2755	0.0850	0.6472
	每股经营现金净流量(元)	0.3098	0.5057	0.2649	0.8731
	净资产收益率(扣除)(%)	–	4.3100	–	6.8100
	净资产收益率(%)	2.5170	4.7370	2.4040	6.9787
	总资产(万)	132335.26	126990.73	125806.05	125277.31
	股东权益(万)	112488.54	111656.95	108987.84	110118.16
	主营业务收入(万)	44946.52	90195.67	43937.53	108823.14
	主营成本(万)	28179.56	59292.88	29162.79	73453.03
	营业收入(万)	45679.51	90871.77	44256.90	109542.11
	营业成本(万)	28795.30	59966.48	29369.45	73925.17
	投资收益(万)	–	–	–	–
	利润总额(万)	3970.26	7069.81	3264.26	9931.31
	净利润(万)	2831.59	5288.79	2619.68	7684.81

芜湖港储运股份有限公司

公司概况	公司名称	芜湖港储运股份有限公司			证券简称	芜 湖 港
	法人代表	孔祥喜	董秘	牛占奎	证券代码	600575
	公司网址	www.wuhuport.com		电子信箱	niu_zhan_kui@163.com	
	电　话	0553-5840528 5840085		传　真	0553-5840568 5840085	
	办公地址	安徽省芜湖市长江中路港一路16号				
	经营范围	煤炭、外贸集装箱、散货、件杂货等货类的装卸中转				

主要财务指标	指标\报告期	2011.06.30	2010.12.31	2010.06.30	2009.12.31
	每股收益(元)	0.1600	0.0500	–0.0020	0.0100
	每股收益(扣除)(元)	0.1600	0.0300	–0.0050	0.0100
	每股净资产(元)	2.5680	4.8000	1.4900	1.5000
	调整后每股净资产(元)	–	–	–	–
	每股资本公积金(元)	1.2617	3.5235	0.1389	0.1389
	每股盈余公积金(元)	0.0313	0.0625	0.0919	0.0914
	每股未分配利润(元)	0.2680	0.2069	0.2489	0.2560
	每股现金净流量(元)	1.3407	2.5258	–0.1654	–0.0405
	每股经营现金净流量(元)	1.2820	0.0486	–0.0334	0.0083
	净资产收益率(扣除)(%)	–	1.3900	–	–
	净资产收益率(%)	6.4070	0.7610	–0.1160	1.0000
	总资产(万)	1425124.45	973552.93	84241.81	80202.73
	股东权益(万)	268858.21	251149.35	52996.86	53197.23
	主营业务收入(万)	1326858.55	404737.82	7101.94	–
	主营成本(万)	1266593.27	386760.96	4789.45	–
	营业收入(万)	1327441.76	404955.85	7153.30	9406.48
	营业成本(万)	1267063.85	387113.18	4808.78	5973.76
	投资收益(万)	–	–	–	–
	利润总额(万)	24104.66	3376.18	38.84	653.51
	净利润(万)	17225.45	1911.60	–61.52	530.34

浙江万好万家实业股份有限公司

公司概况					
公司名称	浙江万好万家实业股份有限公司			证券简称	万好万家
法人代表	孔德永	董秘	詹纯伟	证券代码	600576
公司网址	www.cnwhwh.com		电子信箱	whwj600576@126.com	
电　话	0571-85866518		传　真	0571-85866566	
办公地址	浙江省杭州市密渡桥路1号白马大厦12层				
经营范围	房地产投资、酒店投资管理				

主要财务指标 指标\报告期	2011.06.30	2010.12.31	2010.06.30	2009.12.31
每股收益(元)	–0.0690	–0.1200	–0.0720	0.1400
每股收益(扣除)(元)	–0.0580	–0.1500	–0.0820	–0.0500
每股净资产(元)	2.4000	2.4700	2.5200	2.5300
调整后每股净资产(元)	–	–	–	–
每股资本公积金(元)	1.3991	1.3991	1.3991	1.3414
每股盈余公积金(元)	0.1202	0.1202	0.1096	0.1096
每股未分配利润(元)	–0.1180	–0.0491	0.0110	0.0827
每股现金净流量(元)	0.5364	–0.1185	0.2258	–0.0353
每股经营现金净流量(元)	0.7702	0.3369	0.0155	0.1127
净资产收益率(扣除)(%)	–	–6.0700	–	–1.9100
净资产收益率(%)	–2.8680	–4.9090	–2.8470	5.6100
总资产(万)	84336.64	61760.20	65308.80	80517.28
股东权益(万)	52371.66	53873.82	54953.66	55261.06
主营业务收入(万)	4438.68	33088.16	26586.94	31909.50
主营成本(万)	236.86	21957.45	19163.68	15637.16
营业收入(万)	4438.68	33088.16	26586.94	31909.50
营业成本(万)	236.86	21957.45	19163.68	15637.16
投资收益(万)	–	–	–	–
利润总额(万)	–1482.93	–2268.45	–422.66	4558.92
净利润(万)	–1502.15	–2644.48	–1564.64	3100.37

铜陵精达特种电磁线股份有限公司

公司概况					
公司名称	铜陵精达特种电磁线股份有限公司			证券简称	精达股份
法人代表	王世根	董秘	张天赢	证券代码	600577
公司网址	www.jingda.cn		电子信箱	zqb@jingda.cn	
电　话	0562-2809086		传　真	0562-2809086	
办公地址	安徽省铜陵市经济技术开发区黄山大道北段988号				
经营范围	漆包电磁线制造和销售等				

主要财务指标 指标\报告期	2011.06.30	2010.12.31	2010.06.30	2009.12.31
每股收益(元)	0.2207	0.3690	0.2098	0.2250
每股收益(扣除)(元)	0.2140	0.3460	0.2010	0.1980
每股净资产(元)	4.1700	2.8800	2.7500	2.6400
调整后每股净资产(元)	–	–	–	–
每股资本公积金(元)	2.1510	0.3747	0.3747	0.3747
每股盈余公积金(元)	0.1108	0.1108	0.0956	0.0956
每股未分配利润(元)	1.6200	1.3993	1.2799	1.1701
每股现金净流量(元)	2.1321	–0.1517	–0.2497	0.6046
每股经营现金净流量(元)	–0.8991	–1.6812	–1.3450	1.0349
净资产收益率(扣除)(%)	–	12.5400	–	7.5600
净资产收益率(%)	4.3230	12.7790	7.6280	8.5380
总资产(万)	451754.76	341728.02	326748.95	271914.32
股东权益(万)	150366.68	84950.29	80987.79	77755.21
主营业务收入(万)	527677.26	750139.28	368760.28	395619.92
主营成本(万)	488757.07	688565.56	342402.02	364300.67
营业收入(万)	535811.05	765469.90	375895.63	402962.41
营业成本(万)	496504.84	704069.61	349435.31	371426.76
投资收益(万)	–	–	–	–
利润总额(万)	11344.83	19659.68	10922.45	14211.84
净利润(万)	6500.12	10855.65	6177.38	6638.75

北京京能热电股份有限公司

公司概况					
公司名称	北京京能热电股份有限公司			证券简称	京能热电
法人代表	刘海峡	董秘	黄慧	证券代码	600578
公司网址	www.jnrd.com.cn		电子信箱	jnrd@263.net	
电　话	010-88990762		传　真	010-88992553	
办公地址	北京市石景山区广宁路10号				
经营范围	生产,销售电力,热力产品;电力设备运行,发电设备检测,修理等				

主要财务指标 指标\报告期	2011.06.30	2010.12.31	2010.06.30	2009.12.31
每股收益(元)	0.1600	0.4700	0.3000	0.3000
每股收益(扣除)(元)	0.1500	0.4400	0.2700	0.1900
每股净资产(元)	4.4400	4.2800	3.5100	3.3400
调整后每股净资产(元)	–	–	–	–
每股资本公积金(元)	2.2844	2.2844	1.3755	1.5089
每股盈余公积金(元)	0.6879	0.6879	0.5809	0.5809
每股未分配利润(元)	0.4707	0.3066	0.5496	0.2483
每股现金净流量(元)	–0.6259	0.8208	0.2942	–0.1417
每股经营现金净流量(元)	0.4549	0.5413	0.6181	1.2489
净资产收益率(扣除)(%)	–	12.3800	–	5.9500
净资产收益率(%)	3.6940	9.5720	8.5930	9.0855
总资产(万)	939424.44	924436.88	801871.49	775187.76
股东权益(万)	291468.50	280701.19	201016.37	191393.43
主营业务收入(万)	150654.71	259571.53	123139.06	184263.78
主营成本(万)	122349.48	214011.63	94169.80	159741.16
营业收入(万)	151077.82	260385.89	123563.50	185070.36
营业成本(万)	122349.48	214211.63	94169.80	159941.16
投资收益(万)	–	–	–	–
利润总额(万)	14678.90	32511.59	22213.91	22008.28
净利润(万)	10767.31	26869.44	17272.94	17388.97

青岛黄海橡胶股份有限公司

公司概况					
公司名称	青岛黄海橡胶股份有限公司			证券简称	ST 黄 海
法人代表	孙振华	董秘	孙荣青	证券代码	600579
公司网址	www.yellowsearubber.com		电子信箱	info@yellowsearubber.com	
电　话	0532-84678085		传　真	0532-84678007	
办公地址	山东省青岛市李沧区沧安路1号				
经营范围	全钢丝载重子午线轮胎的制造与销售等				

主要财务指标 指标\报告期	2011.06.30	2010.12.31	2010.06.30	2009.12.31
每股收益(元)	–0.0935	–0.3873	–0.1110	0.0673
每股收益(扣除)(元)	–0.1729	–0.7232	–0.2525	–0.0972
每股净资产(元)	–0.2300	–0.1367	0.1035	0.2148
调整后每股净资产(元)	–	–	–	–
每股资本公积金(元)	1.2621	1.2621	1.2263	1.2263
每股盈余公积金(元)	0.0994	0.0994	0.0994	0.0994
每股未分配利润(元)	–2.5917	–2.4981	–2.2218	–2.1108
每股现金净流量(元)	–0.2284	0.1014	0.4114	0.0009
每股经营现金净流量(元)	0.1073	–0.9406	–0.4413	–0.0643
净资产收益率(扣除)(%)	–	–1850.6600	–	–53.6500
净资产收益率(%)	–40.6300	–283.4082	–106.9020	31.3100
总资产(万)	143989.43	140204.34	150551.16	127826.24
股东权益(万)	–5883.18	–3493.09	2653.73	5490.62
主营业务收入(万)	82957.83	145235.68	69761.94	119423.80
主营成本(万)	80720.74	147262.47	67932.35	107976.24
营业收入(万)	84035.71	147030.73	70667.72	122040.67
营业成本(万)	81435.37	149195.61	68826.29	109722.61
投资收益(万)	–	–	–	–
利润总额(万)	–2390.09	–9899.71	–2836.89	1719.10
净利润(万)	–2390.09	–9899.71	–2836.89	1719.10

卧龙电气集团股份有限公司

公司概况	公司名称	卧龙电气集团股份有限公司			证券简称	卧龙电气
	法人代表	王建乔	董秘	倪宇泰	证券代码	600580
	公司网址	www.wolong.com.cn		电子信箱	niyutai@wolong.com	
	电　话	0575-82176628 82176629		传　真	0575-82176636	
	办公地址	浙江省上虞市人民西路1801号				
	经营范围	设计、生产、销售各种微分电机及其电子控制装置和电动车等产品				

主要财务指标	指标\报告期	2011.06.30	2010.12.31	2010.06.30	2009.12.31
	每股收益(元)	0.1563	0.5214	0.1920	0.5357
	每股收益(扣除)(元)	0.1404	0.4632	0.1713	0.4706
	每股净资产(元)	3.5200	5.5700	5.3500	4.3900
	调整后每股净资产(元)	–	–	–	–
	每股资本公积金(元)	1.3194	2.8123	2.8001	4.2308
	每股盈余公积金(元)	0.1293	0.2073	0.1826	0.3119
	每股未分配利润(元)	1.0730	1.5500	1.3632	2.3318
	每股现金净流量(元)	–0.2155	1.6481	1.8941	0.4694
	每股经营现金净流量(元)	–0.2399	0.1747	–0.0717	0.7168
	净资产收益率(扣除)(%)	4.4350	8.8180	5.1090	15.7570
	净资产收益率(%)	4.4500	11.1400	8.0300	18.1300
	总资产(万)	496051.05	406366.55	376684.18	266789.07
	股东权益(万)	267562.61	259432.69	247283.45	143254.38
	主营业务收入(万)	147762.90	280859.55	142403.00	218606.92
	主营成本(万)	128409.82	234142.27	115288.55	171410.11
	营业收入(万)	153187.12	290391.88	146533.29	223224.65
	营业成本(万)	132035.90	239514.09	117333.23	174466.02
	投资收益(万)	8780.91	3224.57	1479.19	2436.36
	利润总额(万)	12644.39	26543.35	14839.57	25563.63
	净利润(万)	10740.28	21063.42	11653.35	19740.20

新疆八一钢铁股份有限公司

公司概况	公司名称	新疆八一钢铁股份有限公司			证券简称	八一钢铁
	法人代表	沈东新	董秘	陈海涛	证券代码	600581
	公司网址	www.bygt.com.cn		电子信箱	chenht1@bygt.com.cn	
	电　话	0991-3890166 3881187		传　真	0991-3890266	
	办公地址	新疆维吾尔自治区乌鲁木齐市头屯河区新钢路				
	经营范围	钢铁冶炼、轧制、加工及其延压产品的生产和销售				

主要财务指标	指标\报告期	2011.06.30	2010.12.31	2010.06.30	2009.12.31
	每股收益(元)	0.5100	0.6900	0.4300	0.1400
	每股收益(扣除)(元)	0.5200	0.7300	0.4500	0.1000
	每股净资产(元)	4.7000	4.4100	4.1500	3.7800
	调整后每股净资产(元)	–	–	–	–
	每股资本公积金(元)	1.1150	1.1150	1.1150	1.1150
	每股盈余公积金(元)	0.8036	0.8036	0.6665	0.6665
	每股未分配利润(元)	1.7799	1.4920	1.3716	0.9938
	每股现金净流量(元)	0.3778	–0.3193	–0.2891	0.0150
	每股经营现金净流量(元)	0.7427	1.1491	0.0400	0.0732
	净资产收益率(扣除)(%)	–	17.9400	–	2.8200
	净资产收益率(%)	10.8100	15.5370	10.3000	3.8070
	总资产(万)	1361919.11	1218067.04	1279177.73	1259939.86
	股东权益(万)	360107.73	338043.92	318308.89	289356.03
	主营业务收入(万)	1393588.46	2343781.82	1126800.45	1632118.36
	主营成本(万)	1276608.36	2112890.62	1010530.60	1506037.07
	营业收入(万)	1402453.37	2366600.26	1138805.60	1645257.28
	营业成本(万)	1285455.59	2135463.17	1022545.61	1518862.78
	投资收益(万)	–	–	–	–
	利润总额(万)	45353.22	60523.25	39597.69	7834.26
	净利润(万)	38925.69	52520.13	32785.11	11016.83

天地科技股份有限公司

公司概况	公司名称	天地科技股份有限公司			证券简称	天地科技
	法人代表	王金华	董秘	范建	证券代码	600582
	公司网址	www.tdtec.com		电子信箱	fanjian@tdtec.com	
	电　话	010-84262803 84262852		传　真	010-84262838	
	办公地址	北京市朝阳区和平街青年沟东路5号天地大厦				
	经营范围	电子产品、环保设备、矿山机电产品的生产和销售等				

主要财务指标	指标\报告期	2011.06.30	2010.12.31	2010.06.30	2009.12.31
	每股收益(元)	0.3590	0.8400	0.2930	0.7000
	每股收益(扣除)(元)	0.3440	0.6700	0.2860	0.5560
	每股净资产(元)	3.5420	3.2700	4.0980	2.4500
	调整后每股净资产(元)	–	–	–	–
	每股资本公积金(元)	0.0286	0.0286	0.0426	0.0058
	每股盈余公积金(元)	0.1305	0.1305	0.1398	0.1398
	每股未分配利润(元)	2.3326	2.0741	2.8503	2.4711
	每股现金净流量(元)	–0.3947	0.6479	–0.0214	0.9231
	每股经营现金净流量(元)	–0.0560	1.0797	0.4123	1.0759
	净资产收益率(扣除)(%)	–	23.5000	–	26.1000
	净资产收益率(%)	10.1230	25.7940	10.7180	28.5919
	总资产(万)	1168441.37	1055973.76	923388.64	850659.31
	股东权益(万)	358345.11	330812.38	276398.07	247632.11
	主营业务收入(万)	461793.35	772325.89	333530.88	640431.92
	主营成本(万)	310981.82	497988.56	219548.40	413628.72
	营业收入(万)	472210.54	796944.68	344001.13	660041.94
	营业成本(万)	320769.04	516349.64	227852.60	427906.18
	投资收益(万)	–	–	–	–
	利润总额(万)	77579.94	166113.36	60590.64	140648.80
	净利润(万)	36274.52	85329.53	29623.15	70802.64

海洋石油工程股份有限公司

公司概况	公司名称	海洋石油工程股份有限公司			证券简称	海油工程
	法人代表	周学仲	董秘	刘连举	证券代码	600583
	公司网址	www.cnooceengineering.com		电子信箱	zqblx@mail.cooec.com.cn	
	电　话	022-66908808		传　真	022-66908800	
	办公地址	天津市塘沽区丹江路1078号				
	经营范围	海洋、陆地油气开发工程及配套工程的设计、建造、安装等				

主要财务指标	指标\报告期	2011.06.30	2010.12.31	2010.06.30	2009.12.31
	每股收益(元)	–0.0700	0.0200	0.0600	0.2500
	每股收益(扣除)(元)	–0.0700	0.0200	0.0600	0.2600
	每股净资产(元)	2.3100	2.3200	2.3600	2.7600
	调整后每股净资产(元)	–	–	–	–
	每股资本公积金(元)	0.3848	0.3311	0.3301	0.6018
	每股盈余公积金(元)	0.1538	0.1538	0.1524	0.1829
	每股未分配利润(元)	0.7660	0.8329	0.8684	0.9752
	每股现金净流量(元)	–0.0312	0.0134	0.0660	–0.8760
	每股经营现金净流量(元)	0.1665	0.1577	–0.1634	0.4272
	净资产收益率(扣除)(%)	–	0.7700	–	11.6100
	净资产收益率(%)	–2.9020	0.9340	2.3670	10.9960
	总资产(万)	1725064.58	1792069.53	1672990.47	1639251.54
	股东权益(万)	897451.66	902848.21	915994.15	893925.44
	主营业务收入(万)	241806.37	713264.32	319585.26	1395723.88
	主营成本(万)	237589.35	636205.66	268961.91	1221579.14
	营业收入(万)	242256.88	713770.71	319757.09	1396058.51
	营业成本(万)	237590.27	636311.95	269068.21	1221861.36
	投资收益(万)	–	–	–	–
	利润总额(万)	–22496.23	16265.50	27998.04	121118.02
	净利润(万)	–26042.70	8433.02	21684.85	98299.64

江苏长电科技股份有限公司

公司概况	公司名称	江苏长电科技股份有限公司			证券简称	长电科技
	法人代表	王新潮	董秘	朱正义	证券代码	600584
	公司网址	www.cj-elec.com		电子信箱	cdkj@cj-elec.com	
	电　　话	0510-86856061		传　　真	0510-86199179	
	办公地址	江苏省江阴市滨江中路 275 号				
	经营范围	集成电路封装、测试和分立器件的生产、销售业务				

	指标\报告期	2011.06.30	2010.12.31	2010.06.30	2009.12.31
主要财务指标	每股收益(元)	0.0993	0.2700	0.1403	0.0300
	每股收益(扣除)(元)	0.0977	0.2500	0.1399	0.0300
	每股净资产(元)	2.8500	2.8100	2.2600	2.2300
	调整后每股净资产(元)	–	–	–	–
	每股资本公积金(元)	1.1172	1.1154	0.6211	0.6211
	每股盈余公积金(元)	0.0978	0.0978	0.0878	0.0878
	每股未分配利润(元)	0.6339	0.5946	0.5492	0.5263
	每股现金净流量(元)	0.0376	–0.1229	0.1334	–0.6115
	每股经营现金净流量(元)	0.4185	0.4862	0.5984	0.2899
	净资产收益率(扣除)(%)	–	10.5700	–	1.3300
	净资产收益率(%)	3.4860	8.6740	6.2190	1.3934
	总资产(万)	531660.80	471668.12	492859.77	475166.36
	股东权益(万)	242945.87	239455.77	168167.33	166465.52
	主营业务收入(万)	195992.08	359456.98	162985.68	235331.08
	主营成本(万)	155980.41	271388.48	121467.80	188880.18
	营业收入(万)	197663.29	361624.42	163947.09	236969.76
	营业成本(万)	157349.85	273164.11	122208.83	190238.01
	投资收益(万)	–	–	–	–
	利润总额(万)	11884.85	27113.62	13669.39	4185.47
	净利润(万)	8469.63	20771.21	10457.57	2319.49

安徽海螺水泥股份有限公司

公司概况	公司名称	安徽海螺水泥股份有限公司			证券简称	海螺水泥
	法人代表	郭文叁	董秘	杨开发 赵不渝	证券代码	600585
	公司网址	www.conch.cn		电子信箱	dms@conch.cn	
	电　　话	0553-8398911 8398927		传　　真	0553-8398931	
	办公地址	安徽省芜湖市九华山南路 1011 号 香港中环康乐广场 1 号怡和大厦 40 层				
	经营范围	水泥及辅料、水泥制品生产、销售、出口等				

	指标\报告期	2011.06.30	2010.12.31	2010.06.30	2009.12.31
主要财务指标	每股收益(元)	1.1300	1.7500	0.3390	1.0000
	每股收益(扣除)(元)	1.0800	1.6700	0.3000	1.9300
	每股净资产(元)	7.6100	9.9100	8.3700	8.1400
	调整后每股净资产(元)	–	–	–	–
	每股资本公积金(元)	2.3820	3.9597	3.6562	8.5285
	每股盈余公积金(元)	0.2155	0.3232	0.2148	0.4297
	每股未分配利润(元)	4.0144	4.6250	3.4951	6.3230
	每股现金净流量(元)	0.9724	–0.2501	–0.2517	–1.7993
	每股经营现金净流量(元)	0.9765	1.7013	0.0942	3.9794
	净资产收益率(扣除)(%)	15.1000	18.5400	5.4700	12.6900
	净资产收益率(%)	14.8600	17.6310	6.0800	12.3240
	总资产(万)	7749072.35	6041185.28	5238870.48	4714849.78
	股东权益(万)	4033797.52	3500328.06	2955616.34	2875.96
	主营业务收入(万)	2211849.65	3403628.21	1368231.35	2468363.75
	主营成本(万)	1265496.91	2300112.56	1020625.22	1759940.45
	营业收入(万)	2232726.46	3450828.17	1386827.41	2499800.67
	营业成本(万)	1284476.62	2343666.99	1036931.27	1786540.28
	投资收益(万)	–	–	–	–
	利润总额(万)	804983.15	807833.20	234272.00	447654.26
	净利润(万)	599404.99	617140.28	179668.16	354436.52

山东金晶科技股份有限公司

公司概况	公司名称	山东金晶科技股份有限公司			证券简称	金晶科技
	法人代表	王刚	董秘	董保森	证券代码	600586
	公司网址	www.cnggg.cn		电子信箱	dongbaosen@cnggg.cn	
	电　　话	0533-3586666		传　　真	0533-3585586	
	办公地址	山东省淄博市高新技术开发区宝石镇王庄				
	经营范围	浮法玻璃、在线镀膜玻璃和超白玻璃的生产销售				

	指标\报告期	2011.06.30	2010.12.31	2010.06.30	2009.12.31
主要财务指标	每股收益(元)	0.1000	0.6100	0.1100	0.2000
	每股收益(扣除)(元)	0.1000	0.5500	0.1100	0.1900
	每股净资产(元)	3.0800	2.2800	4.1800	4.0200
	调整后每股净资产(元)	–	–	–	–
	每股资本公积金(元)	1.3169	1.9701	1.9677	2.1581
	每股盈余公积金(元)	0.0695	0.1676	0.1349	0.1349
	每股未分配利润(元)	0.6886	1.4293	1.0733	0.9156
	每股现金净流量(元)	1.0040	–0.5580	0.6477	0.8850
	每股经营现金净流量(元)	0.1216	0.8169	0.2911	0.5106
	净资产收益率(扣除)(%)	–	12.3400	–	4.7700
	净资产收益率(%)	3.1140	13.3620	5.2120	4.7382
	总资产(万)	784266.88	603934.60	640919.40	615159.94
	股东权益(万)	437483.18	269492.25	246410.31	248343.50
	主营业务收入(万)	162258.92	311842.74	138702.82	228995.37
	主营成本(万)	129219.04	240716.50	109243.55	184491.84
	营业收入(万)	165092.11	314641.30	142284.35	234085.59
	营业成本(万)	130833.52	242546.62	111561.94	188330.19
	投资收益(万)	–	–	–	–
	利润总额(万)	17293.08	44430.00	15622.13	18717.87
	净利润(万)	13622.95	36009.17	12843.29	11767.01

山东新华医疗器械股份有限公司

公司概况	公司名称	山东新华医疗器械股份有限公司			证券简称	新华医疗
	法人代表	赵毅新	董秘	季跃相	证券代码	600587
	公司网址	www.shinva.com		电子信箱	shinva@163.com	
	电　　话	0533-3587766		传　　真	0533-3587768	
	办公地址	山东省淄博市高新技术产业开发区新华医疗科技园				
	经营范围	消毒灭菌设备、放射诊断治疗设备的生产与销售等				

	指标\报告期	2011.06.30	2010.12.31	2010.06.30	2009.12.31
主要财务指标	每股收益(元)	0.3600	0.4500	0.1900	0.3100
	每股收益(扣除)(元)	0.3500	0.4200	0.1800	0.2900
	每股净资产(元)	5.5480	5.1900	4.9500	4.8300
	调整后每股净资产(元)	–	–	–	–
	每股资本公积金(元)	2.4623	2.4623	2.4594	2.4594
	每股盈余公积金(元)	0.2528	0.2528	0.2131	0.2123
	每股未分配利润(元)	1.8333	1.4711	1.2758	1.1626
	每股现金净流量(元)	0.3706	0.9566	0.3699	0.2139
	每股经营现金净流量(元)	0.1652	0.9239	0.2371	0.7909
	净资产收益率(扣除)(%)	–	8.4600	–	6.2400
	净资产收益率(%)	6.5290	8.6590	3.7580	6.3550
	总资产(万)	182812.05	149101.02	116755.66	103597.97
	股东权益(万)	74568.23	69700.01	66502.63	64970.15
	主营业务收入(万)	92655.18	128405.15	45832.46	78565.14
	主营成本(万)	71721.49	96576.64	32961.40	56594.12
	营业收入(万)	95369.55	134223.34	51156.66	88583.66
	营业成本(万)	74000.66	101752.48	37864.91	65303.01
	投资收益(万)	–	–	–	–
	利润总额(万)	6028.07	7789.56	3353.07	5264.81
	净利润(万)	4868.22	6035.23	2499.25	4128.68

用友软件股份有限公司

公司概况	公司名称	用友软件股份有限公司			证券简称	用友软件
	法人代表	王文京	董秘	欧阳青	证券代码	600588
	公司网址	www.ufida.com.cn		电子信箱	ir@ufida.com.cn	
	电　话	010-62436838 62436637		传　真	010-62436639	
	办公地址	北京市海淀区北清路68号				
	经营范围	电子计算机软件、硬件及外部设备的技术开发、技术服务等				

主要财务指标	指标\报告期	2011.06.30	2010.12.31	2010.06.30	2009.12.31
	每股收益(元)	0.1490	0.4100	0.0320	0.7500
	每股收益(扣除)(元)	0.1280	0.3500	0.0120	0.3600
	每股净资产(元)	3.0200	3.0900	2.7200	3.2400
	调整后每股净资产(元)	–	–	–	–
	每股资本公积金(元)	0.8225	0.8159	0.8137	1.3743
	每股盈余公积金(元)	0.3902	0.3901	0.3324	0.4321
	每股未分配利润(元)	0.8099	0.8906	0.5740	1.3039
	每股现金净流量(元)	–0.5979	–0.2741	–1.0557	0.8588
	每股经营现金净流量(元)	–0.4053	0.5996	–0.3141	0.6370
	净资产收益率(扣除)(%)	4.1300	12.8400	0.3800	13.1300
	净资产收益率(%)	4.9490	13.1450	1.1940	23.0100
	总资产(万)	457916.08	476592.42	307738.64	381951.22
	股东权益(万)	246489.27	252599.49	221988.74	258057.78
	主营业务收入(万)	145633.61	296684.77	90386.80	233911.11
	主营成本(万)	17770.97	51479.98	11240.19	38712.86
	营业收入(万)	146254.03	297882.60	90877.13	234700.57
	营业成本(万)	17836.33	51721.71	11321.42	39116.75
	投资收益(万)	–	–	–	–
	利润总额(万)	14743.00	34768.45	4822.90	67424.44
	净利润(万)	12198.68	33203.11	2650.35	59370.00

广东榕泰实业股份有限公司

公司概况	公司名称	广东榕泰实业股份有限公司			证券简称	广东榕泰
	法人代表	杨启昭	董秘	徐罗旭	证券代码	600589
	公司网址	www.rongtai.com.cn		电子信箱	guangdongrongtai@yahoo.cn	
	电　话	0663-8676616		传　真	0663-8676899	
	办公地址	广东省揭阳市区新兴东二路1号				
	经营范围	生产、销售氨基塑料及制品和氨基复合材料及制品、甲醛及其辅产品等				

主要财务指标	指标\报告期	2011.06.30	2010.12.31	2010.06.30	2009.12.31
	每股收益(元)	0.1000	0.2200	0.1200	0.1900
	每股收益(扣除)(元)	0.1000	0.2100	0.1200	0.2000
	每股净资产(元)	3.1110	3.0300	2.9340	2.8400
	调整后每股净资产(元)	–	–	–	–
	每股资本公积金(元)	0.9361	0.9361	0.9361	0.9361
	每股盈余公积金(元)	0.1842	0.1842	0.1624	0.1624
	每股未分配利润(元)	0.9908	0.9125	0.8356	0.7367
	每股现金净流量(元)	–0.0721	0.0754	–0.2089	0.2347
	每股经营现金净流量(元)	–0.0512	0.2187	–0.0312	–0.1089
	净资产收益率(扣除)(%)	–	7.2700	–	7.7400
	净资产收益率(%)	3.3200	7.1780	4.0530	6.3820
	总资产(万)	288029.61	290005.91	266815.34	267069.92
	股东权益(万)	187208.79	182497.22	176552.69	170600.87
	主营业务收入(万)	66568.65	119353.73	71045.62	115448.96
	主营成本(万)	54595.16	100341.56	58562.80	94702.29
	营业收入(万)	66568.65	160252.90	71045.62	131286.28
	营业成本(万)	54595.16	137585.75	58562.80	109182.33
	投资收益(万)	–	–	–	–
	利润总额(万)	6965.58	14598.80	8193.06	12048.31
	净利润(万)	6215.89	13099.81	7155.28	10887.08

泰豪科技股份有限公司

公司概况	公司名称	泰豪科技股份有限公司			证券简称	泰豪科技
	法人代表	毛勇	董秘	杨骏	证券代码	600590
	公司网址	www.tellhow.com		电子信箱	tsinghua@tellhow.com	
	电　话	0791-88110590		传　真	0791-88106688	
	办公地址	江西省南昌市高新开发区泰豪大厦				
	经营范围	楼宇电气产品、发电机组产品、电力电气产品等				

主要财务指标	指标\报告期	2011.06.30	2010.12.31	2010.06.30	2009.12.31
	每股收益(元)	0.0810	0.1200	0.1020	0.3000
	每股收益(扣除)(元)	0.0770	0.1700	0.0830	0.2700
	每股净资产(元)	3.7990	3.7220	3.7020	4.4200
	调整后每股净资产(元)	–	–	–	–
	每股资本公积金(元)	1.7006	1.7046	1.7009	2.2411
	每股盈余公积金(元)	0.1206	0.1206	0.1068	0.1281
	每股未分配利润(元)	0.9777	0.8971	0.8942	1.0507
	每股现金净流量(元)	–0.8813	0.1054	–0.5307	1.1406
	每股经营现金净流量(元)	–1.0752	0.3937	–0.2118	0.1228
	净资产收益率(扣除)(%)	–	4.4900	–	7.0200
	净资产收益率(%)	2.1230	3.1990	2.7530	5.8610
	总资产(万)	516382.26	485296.16	431055.53	422256.33
	股东权益(万)	172976.75	169485.17	168556.27	167710.51
	主营业务收入(万)	107907.20	292513.55	100929.15	233477.89
	主营成本(万)	85930.63	241319.37	80597.36	186475.21
	营业收入(万)	109381.26	297243.70	102501.75	238928.46
	营业成本(万)	86487.03	244731.05	81359.08	190153.82
	投资收益(万)	–	–	–	–
	利润总额(万)	4795.91	9134.51	5723.73	12652.83
	净利润(万)	3672.11	5422.23	4640.15	9828.66

福建龙溪轴承(集团)股份有限公司

公司概况	公司名称	福建龙溪轴承(集团)股份有限公司			证券简称	龙溪股份
	法人代表	曾凡沛	董秘	黄继新	证券代码	600592
	公司网址	www.ls.com.cn		电子信箱	huang@ls.com.cn	
	电　话	0596-2072091		传　真	0596-2072136	
	办公地址	福建省漳州市延安北路				
	经营范围	生产、经营关节轴承、深沟球轴承、AG及圆锥滚子轴承、齿轮等				

主要财务指标	指标\报告期	2011.06.30	2010.12.31	2010.06.30	2009.12.31
	每股收益(元)	0.2200	0.3101	0.1550	0.2400
	每股收益(扣除)(元)	0.2160	0.2679	0.1460	0.1800
	每股净资产(元)	4.2024	3.8650	2.7240	2.6800
	调整后每股净资产(元)	–	–	–	–
	每股资本公积金(元)	1.7114	1.4941	0.5085	0.5233
	每股盈余公积金(元)	0.3553	0.3553	0.3257	0.3257
	每股未分配利润(元)	1.1357	1.0156	0.8900	0.8351
	每股现金净流量(元)	–0.1665	0.1077	–0.2333	0.1127
	每股经营现金净流量(元)	–0.1703	0.1850	0.0867	0.3428
	净资产收益率(扣除)(%)	5.2370	8.0240	5.6800	8.9800
	净资产收益率(%)	5.4100	9.4700	5.6600	9.2500
	总资产(万)	194077.41	173069.44	117654.52	114684.82
	股东权益(万)	128631.61	118438.67	84154.63	82898.68
	主营业务收入(万)	48980.04	65292.95	33313.16	44800.50
	主营成本(万)	36035.51	47221.11	23968.67	32159.81
	营业收入(万)	50437.96	67096.00	34207.19	46081.33
	营业成本(万)	36699.83	48056.93	24424.10	32654.60
	投资收益(万)	474.74	66.83	38.30	1330.52
	利润总额(万)	7899.29	11262.61	5547.58	8316.99
	净利润(万)	6602.26	9304.04	4645.81	7232.43

大连圣亚旅游控股股份有限公司

公司概况	公司名称	大连圣亚旅游控股股份有限公司		证券简称	大连圣亚
	法人代表	刘达	董秘 丁霞	证券代码	600593
	公司网址	www.sunasia.com		电子信箱	dingxia@sunasia.com
	电话	0411-84685225		传真	0411-84685217
	办公地址	辽宁省大连市沙河口区中山路608-6-8号			
	经营范围	建设、经营水族馆、海洋探险人造景观、游乐园、海洋生物标本等			

主要财务指标	2011.06.30	2010.12.31	2010.06.30	2009.12.31
每股收益(元)	-0.0800	0.0568	-0.0200	0.0413
每股收益(扣除)(元)	-0.0800	-0.0293	-0.1000	0.0033
每股净资产(元)	2.9060	2.9860	2.9072	2.9500
调整后每股净资产(元)	–	–	–	–
每股资本公积金(元)	2.1935	2.1935	2.2103	2.2103
每股盈余公积金(元)	0.1449	0.1449	0.1449	0.1449
每股未分配利润(元)	-0.4324	-0.3521	-0.4480	-0.4089
每股现金净流量(元)	-0.1104	-0.1920	-0.2014	0.7187
每股经营现金净流量(元)	0.1080	0.7117	0.1335	0.3339
净资产收益率(扣除)(%)	–	-0.9800	–	0.1100
净资产收益率(%)	-2.7610	1.9030	-0.6940	1.4020
总资产(万)	59892.95	59688.74	61874.16	65225.96
股东权益(万)	26735.42	27473.53	26746.23	27105.86
主营业务收入(万)	4842.48	12457.67	4111.68	11392.50
主营成本(万)	3084.36	6382.00	2686.19	6094.26
营业收入(万)	4898.38	12622.40	4182.71	11642.53
营业成本(万)	3084.36	6382.00	2686.19	6094.26
投资收益(万)	–	–	–	–
利润总额(万)	-752.02	406.90	-184.18	662.03
净利润(万)	-738.11	522.75	-185.52	380.00

贵州益佰制药股份有限公司

公司概况	公司名称	贵州益佰制药股份有限公司		证券简称	益佰制药
	法人代表	窦啟玲	董秘 汪志伟	证券代码	600594
	公司网址	www.gzcci.com		电子信箱	600594@gz100.cn
	电话	0851-4705177		传真	0851-4719910
	办公地址	贵州省贵阳市白云大道220-1号			
	经营范围	胶囊剂、小容量注射剂、洗剂、栓剂、合剂、片剂、颗粒剂、糖浆剂等			

主要财务指标	2011.06.30	2010.12.31	2010.06.30	2009.12.31
每股收益(元)	0.2610	0.5540	0.2240	0.3450
每股收益(扣除)(元)	0.2320	0.5380	0.2210	0.3510
每股净资产(元)	2.7000	2.4400	3.2189	1.9870
调整后每股净资产(元)	–	–	–	–
每股资本公积金(元)	0.0388	0.0388	0.3583	0.3583
每股盈余公积金(元)	0.2771	0.2771	0.3146	0.3146
每股未分配利润(元)	1.3848	1.1234	1.5461	1.3088
每股现金净流量(元)	0.2200	-0.0957	-0.0795	0.5837
每股经营现金净流量(元)	0.4065	0.3279	0.3108	0.4417
净资产收益率(扣除)(%)	9.6770	22.5770	10.4780	17.3720
净资产收益率(%)	10.1060	24.9540	10.7060	12.6830
总资产(万)	154809.10	156486.70	139416.52	128221.24
股东权益(万)	96389.40	87605.09	76671.58	71094.97
主营业务收入(万)	–	146743.37	63069.55	130739.45
主营成本(万)	–	33536.23	16316.58	36215.63
营业收入(万)	81628.19	146746.50	63070.26	130739.96
营业成本(万)	13744.40	33540.99	16316.76	36215.63
投资收益(万)	-146.41	1027.47	-146.41	-1410.04
利润总额(万)	11058.42	21110.44	9584.16	14484.24
净利润(万)	9219.33	19555.86	7931.68	12180.72

河南中孚实业股份有限公司

公司概况	公司名称	河南中孚实业股份有限公司		证券简称	中孚实业
	法人代表	贺怀钦	董秘 姚国良	证券代码	600595
	公司网址	www.zfsy.com.cn		电子信箱	zfsy@zfsy.com.cn
	电话	0371-64569088		传真	0371-64569089
	办公地址	河南省巩义市新华路31号			
	经营范围	电解铝、铝材、炭素的生产、销售;城市集中供热等			

主要财务指标	2011.06.30	2010.12.31	2010.06.30	2009.12.31
每股收益(元)	0.0700	0.1900	0.1500	0.2600
每股收益(扣除)(元)	0.0600	0.1100	0.1600	0.2200
每股净资产(元)	3.4300	2.4700	2.3900	4.0400
调整后每股净资产(元)	–	–	–	–
每股资本公积金(元)	1.5342	0.3443	0.2364	0.9255
每股盈余公积金(元)	0.1432	0.1834	0.1408	0.2534
每股未分配利润(元)	0.7554	0.9405	1.0087	1.8582
每股现金净流量(元)	0.7531	0.8834	0.8323	0.6611
每股经营现金净流量(元)	0.1943	0.0953	0.1301	0.3830
净资产收益率(扣除)(%)	–	4.7600	–	10.2800
净资产收益率(%)	2.0650	7.7990	7.3930	11.6980
总资产(万)	2176544.84	1656206.95	1191927.83	1069184.33
股东权益(万)	520021.75	292002.05	282263.28	265340.34
主营业务收入(万)	598639.91	1068931.41	536263.38	626446.34
主营成本(万)	550554.24	972396.08	476137.35	543669.15
营业收入(万)	660805.92	1082624.88	574220.92	640467.76
营业成本(万)	607217.69	981817.02	512460.19	555722.43
投资收益(万)	–	–	–	–
利润总额(万)	10291.19	34339.25	26779.77	43941.69
净利润(万)	10740.51	22146.27	20171.51	31039.96

浙江新安化工集团股份有限公司

公司概况	公司名称	浙江新安化工集团股份有限公司		证券简称	新安股份
	法人代表	王伟	董秘 姜永平	证券代码	600596
	公司网址	www.wynca.com		电子信箱	jiang_yp888@sohu.com
	电话	0571-64715693 64726275		传真	0571-64715693
	办公地址	浙江省建德市新安江新安东路555号			
	经营范围	农药、化工、新材料及化工机械的制造加工和销售等			

主要财务指标	2011.06.30	2010.12.31	2010.06.30	2009.12.31
每股收益(元)	0.0826	0.2469	0.1520	0.4339
每股收益(扣除)(元)	-0.0496	0.0790	0.1390	0.3713
每股净资产(元)	5.8945	5.9011	5.8027	5.8140
调整后每股净资产(元)	–	–	–	–
每股资本公积金(元)	1.0800	1.0800	1.0785	3.5727
每股盈余公积金(元)	0.4900	0.4900	0.4699	1.0337
每股未分配利润(元)	3.2148	3.2322	3.1575	7.0121
每股现金净流量(元)	-0.1974	-1.0790	-0.4232	1.3845
每股经营现金净流量(元)	0.0149	0.1169	0.2373	0.8721
净资产收益率(扣除)(%)	–	1.3500	–	7.6700
净资产收益率(%)	1.4010	4.1830	2.6200	7.4628
总资产(万)	651064.57	615671.86	605448.80	569406.36
股东权益(万)	400360.18	400796.30	394113.17	394876.58
主营业务收入(万)	234191.48	416298.40	214700.34	370294.71
主营成本(万)	211621.42	352358.67	180231.88	296239.32
营业收入(万)	243125.80	434627.62	223862.40	384982.76
营业成本(万)	220091.47	369440.37	189061.65	309953.91
投资收益(万)	–	–	–	–
利润总额(万)	7322.50	20119.33	12654.55	34582.11
净利润(万)	5608.02	16765.82	10322.81	29468.68

光明乳业股份有限公司

公司概况					
公司名称	光明乳业股份有限公司			证券简称	光明乳业
法人代表	庄国蔚	董秘	朱建毅	证券代码	600597
公司网址	www.brightdairy.com		电子信箱	600597@brightdairy.com	
电　　话	021-54584520		传　　真	021-64013337	
办公地址	上海市吴中路578号				
经营范围	生产、开发与销售乳、乳制品和饲料以及便利店零售业务				

主要财务指标：指标\报告期	2011.06.30	2010.12.31	2010.06.30	2009.12.31
每股收益(元)	0.0699	0.1900	0.0586	0.1200
每股收益(扣除)(元)	0.0645	0.1600	0.0473	0.0900
每股净资产(元)	2.1960	2.2200	2.0800	2.0200
调整后每股净资产(元)	–	–	–	–
每股资本公积金(元)	0.4377	0.4269	0.4091	0.4091
每股盈余公积金(元)	0.2435	0.2435	0.2250	0.2250
每股未分配利润(元)	0.5002	0.5503	0.4465	0.3879
每股现金净流量(元)	–0.3616	0.2129	–0.0469	0.2030
每股经营现金净流量(元)	–0.1632	0.5092	0.0351	0.4464
净资产收益率(扣除)(%)	–	7.6000	–	4.7000
净资产收益率(%)	3.1820	8.3450	2.8170	5.8130
总资产(万)	675643.00	597454.95	437298.83	412298.78
股东权益(万)	230358.70	232931.63	216773.79	210666.92
主营业务收入(万)	545796.55	929923.85	420012.12	771830.25
主营成本(万)	360130.69	600239.11	266987.17	473802.68
营业收入(万)	554675.89	957211.10	432717.58	794316.97
营业成本(万)	368643.38	626998.78	279165.01	496055.41
投资收益(万)	–	–	–	–
利润总额(万)	5101.73	24096.26	7735.08	18982.11
净利润(万)	7329.88	19437.56	6106.87	12247.01

黑龙江北大荒农业股份有限公司

公司概况					
公司名称	黑龙江北大荒农业股份有限公司			证券简称	北 大 荒
法人代表	王道明	董秘	史晓丹	证券代码	600598
公司网址	www.hacl.cn		电子信箱	600598@hacl.cn	
电　　话	0451-55195980		传　　真	0451-55195986	
办公地址	黑龙江省哈尔滨市南岗区汉水路263号				
经营范围	水稻、小麦、大豆、玉米等粮食作物的生产、精深加工、销售;尿素的生产等				

主要财务指标：指标\报告期	2011.06.30	2010.12.31	2010.06.30	2009.12.31
每股收益(元)	0.1350	0.2000	0.1320	0.2100
每股收益(扣除)(元)	0.1230	0.1800	0.1270	0.1800
每股净资产(元)	3.1300	3.1500	3.0790	2.8900
调整后每股净资产(元)	–	–	–	–
每股资本公积金(元)	1.3656	1.3768	1.3656	1.1321
每股盈余公积金(元)	0.4539	0.4539	0.4138	0.4291
每股未分配利润(元)	0.3105	0.3309	0.2993	0.3298
每股现金净流量(元)	0.3973	0.2076	0.2798	–0.0637
每股经营现金净流量(元)	1.5094	–1.1017	0.7620	–0.5451
净资产收益率(扣除)(%)	–	5.7100	–	6.3100
净资产收益率(%)	4.3050	6.3700	4.1980	7.2334
总资产(万)	1669979.49	1802705.04	1252852.99	1198181.50
股东权益(万)	556458.41	562041.72	547396.73	495649.37
主营业务收入(万)	742795.73	882486.73	437946.03	618912.59
主营成本(万)	630582.51	684869.48	344893.45	450316.64
营业收入(万)	778589.43	922768.74	470823.77	652195.32
营业成本(万)	663915.13	720500.96	374699.43	478932.41
投资收益(万)	–	–	–	–
利润总额(万)	23865.32	35454.11	21705.21	33494.87
净利润(万)	23955.44	35667.85	23094.33	35852.47

熊猫烟花集团股份有限公司

公司概况					
公司名称	熊猫烟花集团股份有限公司			证券简称	熊猫烟花
法人代表	李民	董秘	黄叶璞	证券代码	600599
公司网址	www.pandafireworks.com		电子信箱	600599@pandafireworks.com	
电　　话	0731-83620963		传　　真	0731-83620966	
办公地址	湖南省浏阳市浏阳大道271号				
经营范围	花炮产品销售收入、花炮材料销售、纸品销售、印刷包装材料销售、租赁等				

主要财务指标：指标\报告期	2011.06.30	2010.12.31	2010.06.30	2009.12.31
每股收益(元)	0.1620	0.1290	0.1410	0.0820
每股收益(扣除)(元)	0.1500	0.0590	0.1160	0.0780
每股净资产(元)	2.0860	1.9400	1.9480	1.8000
调整后每股净资产(元)	–	–	–	–
每股资本公积金(元)	1.0846	1.0974	1.0974	1.0974
每股盈余公积金(元)	0.0458	0.0458	0.0458	0.0458
每股未分配利润(元)	–0.0449	–0.2068	–0.1952	–0.3357
每股现金净流量(元)	–0.0682	–0.1249	–0.0436	–0.4190
每股经营现金净流量(元)	–0.0778	0.6027	0.6342	–0.4376
净资产收益率(扣除)(%)	–	3.1400	–	4.4000
净资产收益率(%)	7.7610	6.6560	7.2150	4.5147
总资产(万)	48006.84	52647.42	54907.24	45381.99
股东权益(万)	26291.81	24398.02	24544.90	22774.08
主营业务收入(万)	13858.14	20411.98	12201.84	17196.26
主营成本(万)	8616.27	13313.87	7566.11	11281.77
营业收入(万)	14724.15	20642.74	12506.23	17352.88
营业成本(万)	9303.47	13475.38	7720.44	11357.28
投资收益(万)	–	–	–	–
利润总额(万)	2645.63	1523.09	2189.03	1129.50
净利润(万)	2040.62	1623.94	1770.82	1028.17

青岛啤酒股份有限公司

公司概况					
公司名称	青岛啤酒股份有限公司			证券简称	青岛啤酒
法人代表	金志国	董秘	张瑞祥 张学举	证券代码	600600
公司网址	www.tsingtao.com.cn		电子信箱	secretary@tsingtao.com.cn	
电　　话	0532-85713831		传　　真	0532-85713240	
办公地址	青岛市香港中路五四广场青啤大厦				
经营范围	啤酒制造、技术研究、开发、转让、咨询服务、国内商业、自营进出口				

主要财务指标：指标\报告期	2011.06.30	2010.12.31	2010.06.30	2009.12.31
每股收益(元)	0.7330	1.1255	0.6140	0.9503
每股收益(扣除)(元)	0.6650	1.0162	0.5530	0.8481
每股净资产(元)	7.6600	7.1100	6.4700	6.2100
调整后每股净资产(元)	–	–	–	–
每股资本公积金(元)	2.9733	2.9733	3.0371	3.0392
每股盈余公积金(元)	0.5121	0.5121	0.4541	0.4541
每股未分配利润(元)	3.1714	2.6187	1.9757	1.7112
每股现金净流量(元)	–0.0432	1.6693	1.7147	2.1662
每股经营现金净流量(元)	1.5744	2.4308	1.9674	2.4878
净资产收益率(扣除)(%)	–	15.2600	–	16.1200
净资产收益率(%)	9.5640	15.8330	9.4920	14.9018
总资产(万)	2162565.57	1777711.59	1729157.76	1486745.26
股东权益(万)	1035045.83	960311.20	874469.27	838829.94
主营业务收入(万)	1187312.79	1961414.52	980545.71	1776053.63
主营成本(万)	671963.80	1104433.26	544045.94	1007682.14
营业收入(万)	1204998.36	1989782.78	992782.20	1802610.79
营业成本(万)	684029.87	1123449.02	553557.93	1028513.21
投资收益(万)	–	–	–	–
利润总额(万)	139139.27	212319.57	111184.19	173933.36
净利润(万)	98990.21	152048.44	83003.63	125000.89

方正科技集团股份有限公司

公司概况	公司名称	方正科技集团股份有限公司		证券简称	方正科技
	法人代表	方中华	董秘 侯郁波	证券代码	600601
	公司网址	www.foundertech.com		电子信箱	ir@founder.com
	电　话	021-58400030		传　真	021-58408970
	办公地址	上海市浦东南路 360 号新上海国际大厦 36 层			
	经营范围	"方正"品牌系列的电脑(PC)和外部设备等产品的研发、生产、销售等			

指标\报告期	2011.06.30	2010.12.31	2010.06.30	2009.12.31
每股收益(元)	0.0314	0.1176	0.0325	0.0505
每股收益(扣除)(元)	0.0145	0.0192	0.0207	0.0379
每股净资产(元)	1.9018	1.8706	1.6843	1.6621
调整后每股净资产(元)	–	–	–	–
每股资本公积金(元)	0.4093	0.4093	0.2041	0.2041
每股盈余公积金(元)	0.0075	0.0075	0.0044	0.0044
每股未分配利润(元)	0.4868	0.4553	0.4770	0.4545
每股现金净流量(元)	–0.5957	0.5371	0.0395	0.0120
每股经营现金净流量(元)	–0.2126	0.0944	–0.1408	0.0714
净资产收益率(扣除)(%)	–	1.1500	–	2.6100
净资产收益率(%)	1.6520	5.8660	1.9300	3.4150
总资产(万)	675503.48	699583.14	584836.76	562290.49
股东权益(万)	417423.27	410580.90	290798.19	286957.22
主营业务收入(万)	280692.32	809046.10	432510.73	772924.45
主营成本(万)	261705.96	751374.46	402969.85	713762.14
营业收入(万)	286646.59	816779.28	435474.11	778956.27
营业成本(万)	265243.84	754821.79	404292.79	716530.93
投资收益(万)	–	–	–	–
利润总额(万)	8247.32	29578.35	7021.98	10944.88
净利润(万)	6896.96	24085.47	5612.95	9800.35

上海广电电子股份有限公司

公司概况	公司名称	上海广电电子股份有限公司		证券简称	广电电子
	法人代表	黄峰	董秘 胡之奎	证券代码	600602
	公司网址	www.sva-e.com		电子信箱	webmaster@sva-e.com
	电　话	021-62980202		传　真	021-62982121
	办公地址	上海市长寿路 97 号世纪商务大厦 26 层			
	经营范围	真空光电子器件及其应用产品、配件的生产和销售等			

指标\报告期	2011.06.30	2010.12.31	2010.06.30	2009.12.31
每股收益(元)	0.0863	0.1300	0.0824	0.0500
每股收益(扣除)(元)	0.0822	–0.0900	–0.1410	–0.1840
每股净资产(元)	1.9300	1.8400	1.7240	1.6500
调整后每股净资产(元)	–	–	–	–
每股资本公积金(元)	0.9785	0.9807	0.9115	0.9184
每股盈余公积金(元)	0.2644	0.2644	0.2644	0.2644
每股未分配利润(元)	–0.3159	–0.4022	–0.4523	–0.5313
每股现金净流量(元)	–0.0012	0.6820	0.6644	0.1148
每股经营现金净流量(元)	–0.0330	–0.0645	–0.0276	–0.0778
净资产收益率(扣除)(%)	–	–5.2800	–	–11.3800
净资产收益率(%)	4.4770	7.0190	4.7800	3.1900
总资产(万)	258129.79	248471.21	295122.67	242296.90
股东权益(万)	226018.23	216165.26	202170.31	193713.61
主营业务收入(万)	24653.71	47751.15	20739.46	52718.34
主营成本(万)	22189.19	44089.03	18845.97	48011.09
营业收入(万)	26922.82	52482.77	22957.76	56741.72
营业成本(万)	22588.25	45330.68	18893.14	48190.32
投资收益(万)	–	–	–	–
利润总额(万)	10216.78	15647.86	9484.41	3507.75
净利润(万)	10117.65	15172.69	9663.44	6170.23

上海兴业能源控股股份有限公司

公司概况	公司名称	上海兴业能源控股股份有限公司		证券简称	ST 兴业
	法人代表	陈铁铭	董秘 洪再春	证券代码	600603
	公司网址	xingyefangchan.co.bokee.net		电子信箱	xy600603@163.com
	电　话	021-63567603 63563309		传　真	021-63563877
	办公地址	上海市吴淞路 218 号宝矿国际大厦 33 层			
	经营范围	新能源产业;新材料产业;房地产综合开发经营等			

指标\报告期	2011.06.30	2010.12.31	2010.06.30	2009.12.31
每股收益(元)	–0.0541	–0.0300	0.0260	0.0200
每股收益(扣除)(元)	–0.0225	0.0010	0.0484	–0.0500
每股净资产(元)	–1.4686	–1.4100	–1.3600	–1.3900
调整后每股净资产(元)	–	–	–	–
每股资本公积金(元)	1.7183	1.7183	1.7183	1.7183
每股盈余公积金(元)	0.3191	0.3191	0.3191	0.3191
每股未分配利润(元)	–4.5060	–4.4519	–4.3990	–4.4250
每股现金净流量(元)	–0.0094	0.0087	0.0027	–0.0635
每股经营现金净流量(元)	–0.0248	–0.0446	–0.0435	–0.0302
净资产收益率(扣除)(%)	–3.6800	–1.9030	–1.9105	–1.1693
净资产收益率(%)	–3.6800	–	–	–
总资产(万)	3403.32	3602.88	3558.53	496.40
股东权益(万)	–28585.16	–27532.33	–26502.07	–27008.39
主营业务收入(万)	–	–	–	41.67
主营成本(万)	–	–	–	–
营业收入(万)	–	–	–	41.67
营业成本(万)	–	–	–	–
投资收益(万)	–	2290.00	1710.00	–
利润总额(万)	–1052.83	–523.94	506.32	315.81
净利润(万)	–1052.83	–523.94	506.32	315.81

上海二纺机股份有限公司

公司概况	公司名称	上海二纺机股份有限公司		证券简称	*ST 二纺
	法人代表	夏斯成	董秘 李勃	证券代码	600604
	公司网址	www.shefj.com		电子信箱	libolibo918@sina.com
	电　话	021-51265073 65318494		传　真	021-65421963
	办公地址	上海市场中路 687 号			
	经营范围	生产销售纺纱机械、化纤机械等产品			

指标\报告期	2011.06.30	2010.12.31	2010.06.30	2009.12.31
每股收益(元)	0.0156	–0.1607	–0.0285	–0.2117
每股收益(扣除)(元)	–0.0150	–0.1678	–0.0319	–0.2196
每股净资产(元)	0.3093	0.3009	0.4219	0.4730
调整后每股净资产(元)	–	–	–	–
每股资本公积金(元)	0.2034	0.2106	0.1994	0.2220
每股盈余公积金(元)	0.0063	0.0063	0.0063	0.0063
每股未分配利润(元)	–0.9004	–0.9160	–0.7838	–0.7553
每股现金净流量(元)	–0.0741	–0.1468	–0.1129	0.4571
每股经营现金净流量(元)	–0.0891	–0.1279	–0.1145	–0.2303
净资产收益率(扣除)(%)	–	–42.7400	–	–37.9300
净资产收益率(%)	5.0420	–53.4090	–6.7630	–44.7440
总资产(万)	81395.70	83397.29	88305.14	92433.19
股东权益(万)	17518.54	17044.93	23898.32	26795.00
主营业务收入(万)	33822.70	42196.39	16056.72	25544.95
主营成本(万)	32067.03	41955.44	15672.36	27450.40
营业收入(万)	36788.18	46718.57	17968.36	28678.88
营业成本(万)	34960.61	45980.00	17196.42	29790.15
投资收益(万)	–	–	–	–
利润总额(万)	1011.57	–9365.84	–1657.22	–12312.66
净利润(万)	883.31	–9103.58	–1616.31	–11989.12

（各表左侧纵列标签：公司概况；主要财务指标）

上海汇通能源股份有限公司

公司概况	公司名称	上海汇通能源股份有限公司		证券简称	汇通能源
	法人代表	郑树昌	董秘 邵宗超	证券代码	600605
	公司网址	www.china-slime.com		电子信箱	shaozongchao@sohu.com
	电　话	021-62560000 108		传　真	021-62566022
	办公地址	上海市南京西路 1576 号			
	经营范围	轻工机械及成套设备的制造、销售等			

	指标＼报告期	2011.06.30	2010.12.31	2010.06.30	2009.12.31
主要财务指标	每股收益(元)	0.0600	0.0300	0.0450	0.1500
	每股收益(扣除)(元)	0.0300	-0.0600	0.0190	-0.1400
	每股净资产(元)	3.1800	3.1200	2.4899	2.4440
	调整后每股净资产(元)	-	-	-	-
	每股资本公积金(元)	0.7714	0.7714	0.1242	0.1242
	每股盈余公积金(元)	0.5265	0.5265	0.5154	0.5154
	每股未分配利润(元)	0.8822	0.8220	0.8503	0.8048
	每股现金净流量(元)	-0.3692	-0.5233	-0.1143	0.6429
	每股经营现金净流量(元)	-0.2027	-0.0252	-0.1886	0.4175
	净资产收益率(扣除)(%)	-	-2.3500	-	-5.8000
	净资产收益率(%)	1.8960	0.9051	1.8260	6.2810
	总资产(万)	79822.53	81861.92	67244.93	55890.91
	股东权益(万)	46858.19	45969.99	36687.18	36017.35
	主营业务收入(万)	111605.85	150004.35	81351.56	128746.46
	主营成本(万)	109542.19	147263.91	79360.32	126260.65
	营业收入(万)	112322.30	151726.29	82099.89	130417.12
	营业成本(万)	109665.07	147628.59	79529.24	126584.83
	投资收益(万)	-	-	-	-
	利润总额(万)	1165.35	966.43	1050.11	2584.46
	净利润(万)	888.20	416.06	669.83	2262.24

上海金丰投资股份有限公司

公司概况	公司名称	上海金丰投资股份有限公司		证券简称	金丰投资
	法人代表	王文杰	董秘 包永镭	证券代码	600606
	公司网址	www.shjftz.com.cn		电子信箱	shjftz@shjftz.com.cn
	电　话	021-63592020		传　真	021-63586115
	办公地址	上海市南京西路 338 号天安中心 29 层			
	经营范围	新型建材、楼宇设备的研制、开发、生产、销售等			

	指标＼报告期	2011.06.30	2010.12.31	2010.06.30	2009.12.31
主要财务指标	每股收益(元)	0.1900	0.5200	0.1700	0.4700
	每股收益(扣除)(元)	0.1800	0.4900	0.1600	0.4400
	每股净资产(元)	4.0600	3.9100	4.2100	4.2300
	调整后每股净资产(元)	-	-	-	-
	每股资本公积金(元)	1.2375	1.4195	1.4541	1.7937
	每股盈余公积金(元)	0.2645	0.3042	0.2920	0.3212
	每股未分配利润(元)	1.5608	1.7778	1.4610	1.5415
	每股现金净流量(元)	-0.1637	-1.2536	-1.3307	1.8084
	每股经营现金净流量(元)	-0.8617	-3.0120	-2.6952	1.9191
	净资产收益率(扣除)(%)	-	11.1300	-	11.1500
	净资产收益率(%)	4.6480	11.6630	4.6580	11.1860
	总资产(万)	520833.37	446552.13	418876.22	385751.38
	股东权益(万)	200557.56	193226.94	180586.67	181706.22
	主营业务收入(万)	25429.29	133613.26	63617.08	63458.10
	主营成本(万)	6140.64	74567.44	36948.10	22201.92
	营业收入(万)	25629.45	135978.16	63755.79	64537.66
	营业成本(万)	6210.06	75256.33	36978.81	23002.11
	投资收益(万)	-	-	-	-
	利润总额(万)	9930.90	30774.06	12669.54	25400.97
	净利润(万)	9322.69	22535.17	8411.13	20324.91

上海宽频科技股份有限公司

公司概况	公司名称	上海宽频科技股份有限公司		证券简称	ST 沪 科
	法人代表	史佩欣	董秘 胡兴堂	证券代码	600608
	公司网址	www.600608.net		电子信箱	invest@600608.net
	电　话	021-62317066 62319566		传　真	021-62317066
	办公地址	上海市长寿路 1111 号悦达 889 广场 29 层			
	经营范围	通信网络设备、计算机信息工程、集成电路设计与销售等			

	指标＼报告期	2011.06.30	2010.12.31	2010.06.30	2009.12.31
主要财务指标	每股收益(元)	0.1000	0.0600	-0.0500	-0.6300
	每股收益(扣除)(元)	-0.0700	-0.1700	-0.0600	-0.4300
	每股净资产(元)	-0.1300	-0.4800	-0.5900	-0.5300
	调整后每股净资产(元)	-	-	-	-
	每股资本公积金(元)	1.3964	1.1384	1.1503	1.1503
	每股盈余公积金(元)	0.1423	0.1423	0.1423	0.1423
	每股未分配利润(元)	-2.6461	-2.7428	-2.8580	-2.8065
	每股现金净流量(元)	0.0596	0.0038	-0.0411	0.0491
	每股经营现金净流量(元)	-0.0371	-0.0453	0.0724	-0.0139
	净资产收益率(扣除)(%)	-	33.8000	-	-
	净资产收益率(%)	-	-13.2904	-8.7838	-118.1615
	总资产(万)	36438.08	39525.88	47277.85	49556.02
	股东权益(万)	-4300.39	-15929.88	-19276.98	-17580.56
	主营业务收入(万)	13786.64	28470.88	15196.56	28292.91
	主营成本(万)	10847.13	19975.67	11174.73	19621.17
	营业收入(万)	15373.94	32337.60	16145.55	30257.50
	营业成本(万)	12349.72	23766.56	12085.03	21476.03
	投资收益(万)	-	-	-	-
	利润总额(万)	3125.68	2557.03	-1195.15	-19534.62
	净利润(万)	3179.69	2117.14	-1693.25	-20773.46

金杯汽车股份有限公司

公司概况	公司名称	金杯汽车股份有限公司		证券简称	ST 金 杯
	法人代表	祁玉民	董秘 赵晓军	证券代码	600609
	公司网址	www.jinbei.com.cn		电子信箱	stock@syjbauto.com.cn
	电　话	024-24803399 24815610		传　真	024-24163399
	办公地址	辽宁省沈阳市沈河区万柳塘路 38 号			
	经营范围	汽车及配件制造等			

	指标＼报告期	2011.06.30	2010.12.31	2010.06.30	2009.12.31
主要财务指标	每股收益(元)	0.0200	0.2570	0.1580	-0.3650
	每股收益(扣除)(元)	0.0170	0.0850	-0.0130	-0.3680
	每股净资产(元)	0.3090	0.2890	0.1900	0.0330
	调整后每股净资产(元)	-	-	-	-
	每股资本公积金(元)	1.0069	1.0069	1.0069	1.0078
	每股盈余公积金(元)	0.3786	0.3786	0.3786	0.3786
	每股未分配利润(元)	-2.0763	-2.0963	-2.1959	-2.3538
	每股现金净流量(元)	0.1006	0.0244	0.0056	0.0403
	每股经营现金净流量(元)	0.0804	0.1290	0.0253	-0.2529
	净资产收益率(扣除)(%)	-	52.6800	-	-171.1600
	净资产收益率(%)	6.4710	89.0200	83.2500	-1116.6783
	总资产(万)	516794.67	492457.53	495682.10	481702.84
	股东权益(万)	33786.76	31600.50	20714.50	3570.70
	主营业务收入(万)	206520.58	413450.17	202191.22	374383.25
	主营成本(万)	182086.51	363757.88	179453.69	-
	营业收入(万)	220024.92	467489.38	213109.64	410553.71
	营业成本(万)	192925.79	408189.08	188659.86	360490.52
	投资收益(万)	-	-	-	-
	利润总额(万)	5793.73	36849.25	20576.73	-33182.40
	净利润(万)	2186.25	28130.76	17244.76	-39873.25

中国纺织机械股份有限公司

公司概况	公司名称	中国纺织机械股份有限公司			证券简称	SST 中纺
	法人代表	李培忠	董秘	程雪莲	证券代码	600610
	公司网址	www.ctmco.com.cn		电子信箱	ctmzjbk@online.sh.cn	
	电话	021-65432970 512		传真	021-65455130	
	办公地址	上海市长阳路 1687 号				
	经营范围	纺织机械及有关器材的生产与销售业务				

主要财务指标	指标\报告期	2011.06.30	2010.12.31	2010.06.30	2009.12.31
	每股收益(元)	0.0100	0.0200	0.0200	0.0200
	每股收益(扣除)(元)	-0.0400	-0.1100	-0.0200	-0.0700
	每股净资产(元)	0.5400	0.5800	0.5700	0.6300
	调整后每股净资产(元)	-	-	-	-
	每股资本公积金(元)	0.4215	0.4733	0.4667	0.5463
	每股盈余公积金(元)	-	-	-	-
	每股未分配利润(元)	-0.8862	-0.8928	-0.8988	-0.9176
	每股现金净流量(元)	-0.0130	0.0050	-0.0067	-0.0346
	每股经营现金净流量(元)	-0.0605	-0.0391	-0.0525	-0.0237
	净资产收益率(扣除)(%)	-	-17.5700	-	-15.8700
	净资产收益率(%)	1.2340	4.2790	3.3110	3.4590
	总资产(万)	33599.84	36438.95	36756.61	40767.63
	股东权益(万)	19116.24	20729.53	20278.23	22450.72
	主营业务收入(万)	3712.51	8403.78	3102.40	3846.37
	主营成本(万)	4138.63	8243.30	3138.46	4439.64
	营业收入(万)	5438.16	11639.25	4575.62	7186.64
	营业成本(万)	5284.36	10566.22	3912.88	6231.87
	投资收益(万)	-	-	-	-
	利润总额(万)	230.74	867.53	663.30	786.96
	净利润(万)	235.85	886.94	671.42	776.60

大众交通(集团)股份有限公司

公司概况	公司名称	大众交通(集团)股份有限公司			证券简称	大众交通
	法人代表	杨国平	董秘	赵思渊	证券代码	600611
	公司网址	www.96822.com		电子信箱	dzjt@96822.com	
	电话	021-64466666(总机)		传真	021-64285642	
	办公地址	上海市中山西路 1515 号大众大厦 11 层				
	经营范围	出租车运输、公共汽车运输、货运、车辆租赁、进出口代理等				

主要财务指标	指标\报告期	2011.06.30	2010.12.31	2010.06.30	2009.12.31
	每股收益(元)	0.1500	0.3400	0.1500	0.3900
	每股收益(扣除)(元)	0.0900	0.2400	0.1200	0.1900
	每股净资产(元)	3.4000	3.4500	3.1600	3.2000
	调整后每股净资产(元)	-	-	-	-
	每股资本公积金(元)	0.9931	1.1057	1.0068	1.0906
	每股盈余公积金(元)	0.4461	0.4461	0.3859	0.3859
	每股未分配利润(元)	0.9643	0.8950	0.7665	0.7189
	每股现金净流量(元)	0.0312	0.3957	0.3215	0.1180
	每股经营现金净流量(元)	0.1588	0.5619	0.1718	0.7217
	净资产收益率(扣除)(%)	-	7.1000	-	6.8400
	净资产收益率(%)	4.3870	9.7570	4.6700	12.1458
	总资产(万)	1038849.97	1000542.89	948004.05	911674.95
	股东权益(万)	536431.19	543253.16	497920.23	503629.66
	主营业务收入(万)	129757.87	341089.87	183372.58	337990.31
	主营成本(万)	98078.15	249186.68	136911.47	270690.21
	营业收入(万)	131946.45	344746.14	185121.83	343399.73
	营业成本(万)	99317.12	251009.01	137988.95	272742.45
	投资收益(万)	-	-	-	-
	利润总额(万)	32069.27	72997.83	32835.60	75659.21
	净利润(万)	23533.44	53003.98	23253.23	61169.84

老凤祥股份有限公司

公司概况	公司名称	老凤祥股份有限公司			证券简称	老凤祥
	法人代表	胡书刚	董秘	周富良	证券代码	600612
	公司网址	www.chinafirstpencil.com		电子信箱	cfp612@126.com	
	电话	021-64833338		传真	021-54481529	
	办公地址	上海市漕溪路 270 号 5 号楼二层				
	经营范围	黄金首饰、铅笔制造、铅笔机械、化工原料、制笔零件等				

主要财务指标	指标\报告期	2011.06.30	2010.12.31	2010.06.30	2009.12.31
	每股收益(元)	0.8407	0.9316	0.4054	0.5714
	每股收益(扣除)(元)	0.8474	0.8456	0.4166	0.4205
	每股净资产(元)	5.8256	4.9388	3.5538	4.8857
	调整后每股净资产(元)	-	-	-	-
	每股资本公积金(元)	2.1089	2.0628	0.7993	2.4694
	每股盈余公积金(元)	0.4145	0.4145	0.4775	0.4816
	每股未分配利润(元)	2.3021	1.4614	1.2770	0.9347
	每股现金净流量(元)	2.3154	0.1859	1.4322	0.4446
	每股经营现金净流量(元)	0.9791	-0.6167	-0.4603	0.1339
	净资产收益率(扣除)(%)	-	21.3300	-	13.4200
	净资产收益率(%)	14.4320	17.6430	10.8690	12.7876
	总资产(万)	642280.54	548334.41	428469.02	423575.76
	股东权益(万)	195350.00	165612.56	98425.89	135313.75
	主营业务收入(万)	1087837.29	1284344.16	707481.72	1004883.56
	主营成本(万)	995576.30	1159956.79	647733.47	926196.44
	营业收入(万)	1167805.18	1431086.73	776865.51	1103810.19
	营业成本(万)	1071016.55	1302110.34	713308.78	1015753.36
	投资收益(万)	-	-	-	-
	利润总额(万)	48884.56	56318.22	26928.95	36404.99
	净利润(万)	28192.67	29219.41	12276.55	17303.40

上海永生投资管理股份有限公司

公司概况	公司名称	上海永生投资管理股份有限公司			证券简称	永生投资
	法人代表	张芝庭	董秘	梅君	证券代码	600613
	公司网址	www.613904.com		电子信箱	mj041@sina.com	
	电话	021-53750009		传真	021-53750012	
	办公地址	上海市威海路 128 号长发大厦 613 室				
	经营范围	在国家法律允许和政策鼓励的范围内进行投资管理(以医药领域为主)				

主要财务指标	指标\报告期	2011.06.30	2010.12.31	2010.06.30	2009.12.31
	每股收益(元)	0.0880	0.0400	0.0830	-0.1600
	每股收益(扣除)(元)	0.0890	0.0200	0.0830	-0.1800
	每股净资产(元)	1.2630	1.1750	1.2000	1.1400
	调整后每股净资产(元)	-	-	-	-
	每股资本公积金(元)	0.1623	0.1623	0.1624	0.1631
	每股盈余公积金(元)	0.0973	0.0973	0.0973	0.0973
	每股未分配利润(元)	0.0036	-0.0843	-0.0572	-0.1227
	每股现金净流量(元)	-0.0798	0.0940	0.1264	0.0583
	每股经营现金净流量(元)	-0.0786	0.2234	0.1344	0.0520
	净资产收益率(扣除)(%)	-	1.9400	-	-14.4100
	净资产收益率(%)	6.9630	3.2640	6.9130	-14.0960
	总资产(万)	24358.51	22084.74	26118.85	24404.51
	股东权益(万)	18684.02	17382.84	17785.63	16827.85
	主营业务收入(万)	7448.60	10549.75	5519.32	7644.26
	主营成本(万)	1996.35	2758.85	1462.19	2544.82
	营业收入(万)	7448.60	10584.14	5519.32	7697.54
	营业成本(万)	1996.35	2797.15	1462.19	2581.87
	投资收益(万)	-	-	-	-
	利润总额(万)	1620.89	863.52	1493.04	-2747.56
	净利润(万)	1300.98	567.40	1229.51	-2371.98

上海鼎立科技发展(集团)股份有限公司

公司概况	公司名称	上海鼎立科技发展(集团)股份有限公司			证券简称	鼎立股份
	法人代表	许宝星	董秘	姜卫星	证券代码	600614
	公司网址	www.600614.com		电子信箱	jiang_wx@600614.com	
	电　话	021-335071889 698		传　真	021-35080120	
	办公地址	上海市杨浦区国权路39号财富广场(金座)18层				
	经营范围	房地产开发、销售,物业管理,建筑材料的销售等				

主要财务指标	指标\报告期	2011.06.30	2010.12.31	2010.06.30	2009.12.31
	每股收益(元)	0.0460	0.1100	0.0410	0.1300
	每股收益(扣除)(元)	0.0030	−0.0700	0.0350	0.0700
	每股净资产(元)	1.4055	1.3596	1.2864	1.2491
	调整后每股净资产(元)	–	–	–	–
	每股资本公积金(元)	0.3444	0.3444	0.3444	0.3495
	每股盈余公积金(元)	0.0128	0.0128	0.0128	0.0128
	每股未分配利润(元)	0.0483	0.0023	−0.0709	−0.1117
	每股现金净流量(元)	−0.0174	0.2081	−0.0121	−0.1109
	每股经营现金净流量(元)	−0.2394	−0.0811	0.0251	0.2294
	净资产收益率(扣除)(%)	–	−5.0800	–	5.8500
	净资产收益率(%)	3.2770	8.3840	3.1740	10.1040
	总资产(万)	246085.41	190046.50	188019.68	187501.55
	股东权益(万)	79750.19	77140.95	72989.00	70874.49
	主营业务收入(万)	49746.89	74962.01	45159.52	69649.96
	主营成本(万)	40510.07	62914.25	32795.25	54369.01
	营业收入(万)	50293.20	77614.44	45849.81	72293.77
	营业成本(万)	40694.61	64262.87	32927.25	55575.39
	投资收益(万)	–	–	–	–
	利润总额(万)	3891.34	7781.14	3742.81	8292.88
	净利润(万)	2613.27	6467.53	2316.94	7161.43

上海丰华(集团)股份有限公司

公司概况	公司名称	上海丰华(集团)股份有限公司			证券简称	丰华股份
	法人代表	陶林	董秘	苏宏金	证券代码	600615
	公司网址	www.fenghwa.sh.cn		电子信箱	fenghaw615@163.com	
	电　话	021-50890600 58702762		传　真	021-58702762	
	办公地址	上海市浦东新区浦建路76号由由国际广场901室				
	经营范围	房地产开发、房屋租赁、物业管理、酒店管理、对外投资等				

主要财务指标	指标\报告期	2011.06.30	2010.12.31	2010.06.30	2009.12.31
	每股收益(元)	−0.0440	0.1600	−0.0480	0.0270
	每股收益(扣除)(元)	−0.0440	0.0600	−0.0480	0.0400
	每股净资产(元)	2.6490	2.6930	1.8370	1.8900
	调整后每股净资产(元)	–	–	–	–
	每股资本公积金(元)	2.4576	2.4576	1.8105	1.8105
	每股盈余公积金(元)	0.3140	0.3140	0.3140	0.3140
	每股未分配利润(元)	−1.1229	−1.0785	−1.2870	−1.2391
	每股现金净流量(元)	0.1616	0.5377	−0.2293	0.2198
	每股经营现金净流量(元)	0.0392	0.6366	−0.0649	0.6560
	净资产收益率(扣除)(%)	−1.6780	5.9630	−2.6080	1.4130
	净资产收益率(%)	−1.6640	6.1500	−2.5740	1.4200
	总资产(万)	81890.56	72387.85	76041.41	71157.70
	股东权益(万)	49801.05	50636.57	34547.98	35448.82
	主营业务收入(万)	6410.60	28070.72	777.04	20058.65
	主营成本(万)	–	22625.81	683.93	14977.41
	营业收入(万)	6410.60	28128.91	777.04	20333.94
	营业成本(万)	5885.76	22703.27	683.93	15203.38
	投资收益(万)	16.19	1118.87	−2.95	12.84
	利润总额(万)	−926.60	3561.38	−900.84	1005.40
	净利润(万)	−835.51	3019.49	−900.84	500.84

上海金枫酒业股份有限公司

公司概况	公司名称	上海金枫酒业股份有限公司			证券简称	金枫酒业
	法人代表	葛俊杰	董秘	张黎云	证券代码	600616
	公司网址	www.jinfengwine.com		电子信箱	lily@jinfengwine.com	
	电　话	021-58352625 50812727*8607		传　真	021-58352620	
	办公地址	上海市浦东新区张扬路579号(三鑫大厦内)				
	经营范围	食品销售管理(非实物方式),酒,仓储货运,租赁等				

主要财务指标	指标\报告期	2011.06.30	2010.12.31	2010.06.30	2009.12.31
	每股收益(元)	0.1700	0.3000	0.1700	0.3300
	每股收益(扣除)(元)	0.1600	0.3000	0.1700	0.3200
	每股净资产(元)	2.5300	2.5100	2.3900	2.2200
	调整后每股净资产(元)	–	–	–	–
	每股资本公积金(元)	0.0652	0.0652	0.0652	0.0782
	每股盈余公积金(元)	0.0779	0.0779	0.0537	0.0644
	每股未分配利润(元)	1.3825	1.3646	1.2703	1.5217
	每股现金净流量(元)	−0.1672	0.1033	−0.0784	0.0512
	每股经营现金净流量(元)	0.0024	0.3854	0.0589	0.4816
	净资产收益率(扣除)(%)	–	12.8000	–	14.8700
	净资产收益率(%)	6.6470	11.8860	7.0660	14.9660
	总资产(万)	132134.17	139837.62	115061.78	113809.45
	股东权益(万)	110791.74	110007.64	104804.96	97399.60
	主营业务收入(万)	49129.01	97462.43	48699.12	94412.83
	主营成本(万)	21753.79	42686.28	21421.71	43201.42
	营业收入(万)	49161.23	97804.93	48713.36	94452.96
	营业成本(万)	21769.24	42741.38	21435.70	43240.67
	投资收益(万)	–	–	–	–
	利润总额(万)	9688.37	18771.44	10179.38	18319.96
	净利润(万)	7364.17	13138.88	7581.93	14576.79

上海联华合纤股份有限公司

公司概况	公司名称	上海联华合纤股份有限公司			证券简称	*ST 联华
	法人代表	程鹏	董秘	白若熙	证券代码	600617
	公司网址	www.600617.com.cn		电子信箱	bairuoxi@600617.com.cn	
	电　话	021-61103869		传　真	021-50819303	
	办公地址	上海市浦东新区浦电路480号陆家嘴商务广场1205室				
	经营范围	生产销售聚酯切片、合成纤维及深加工产品				

主要财务指标	指标\报告期	2011.06.30	2010.12.31	2010.06.30	2009.12.31
	每股收益(元)	0.1240	0.1000	−0.0310	−0.4000
	每股收益(扣除)(元)	−0.0540	−0.1400	−0.0280	−0.4000
	每股净资产(元)	−0.3320	−0.4560	−0.4260	−0.4200
	调整后每股净资产(元)	–	–	–	–
	每股资本公积金(元)	0.4456	0.4456	0.4443	0.4443
	每股盈余公积金(元)	0.1739	0.1739	0.1739	0.1739
	每股未分配利润(元)	−1.9520	−2.0757	−2.0438	−2.0377
	每股现金净流量(元)	−0.2084	0.2408	−0.0128	0.0024
	每股经营现金净流量(元)	−0.1163	−0.0402	0.0984	0.0032
	净资产收益率(扣除)(%)	–	−21.9498	−1.4409	94.8672
	净资产收益率(%)	–	−22.8700	–	−118.7300
	总资产(万)	5517.10	6063.20	3342.58	5109.56
	股东权益(万)	−5558.83	−7628.02	−6229.43	−7012.30
	主营业务收入(万)	155.50	586.84	266.96	1792.45
	主营成本(万)	136.34	628.75	299.21	2197.08
	营业收入(万)	170.58	786.84	378.91	2054.88
	营业成本(万)	140.45	648.61	301.87	2197.08
	投资收益(万)	0.40	0.52	0.52	0.53
	利润总额(万)	2647.92	1674.33	−522.61	−7412.16
	净利润(万)	2069.20	1674.33	−522.61	−6652.38

上海氯碱化工股份有限公司

公司概况	公司名称	上海氯碱化工股份有限公司			证券简称	氯碱化工
	法人代表	李军	董秘	许沛文	证券代码	600618
	公司网址	www.scacc.com		电子信箱	shxpw@126.com	
	电　话	021-64340601 64342640		传　真	021-64341341 64341438	
	办公地址	上海市龙吴路 4747 号				
	经营范围	聚氯乙烯、烧碱、氯系列等基本化工原料及加工产品				

主要财务指标	指标＼报告期	2011.06.30	2010.12.31	2010.06.30	2009.12.31
	每股收益(元)	0.1429	0.1223	0.0507	-0.3342
	每股收益(扣除)(元)	0.1455	0.1247	0.0399	-0.3271
	每股净资产(元)	2.3160	2.1660	2.0420	1.9933
	调整后每股净资产(元)	-	-	-	-
	每股资本公积金(元)	1.3894	1.3829	1.3305	1.3321
	每股盈余公积金(元)	0.0081	0.0081	0.0083	0.0083
	每股未分配利润(元)	-0.0818	-0.2246	-0.2964	-0.3471
	每股现金净流量(元)	0.1428	0.1000	0.2095	-0.3328
	每股经营现金净流量(元)	0.1075	0.5381	0.2294	0.3060
	净资产收益率(扣除)(%)	-	6.0700	-	-15.1300
	净资产收益率(%)	6.1690	5.6430	2.4800	-16.7670
	总资产(万)	593817.29	561372.22	604836.18	572144.38
	股东权益(万)	267790.75	250520.97	236185.97	230502.12
	主营业务收入(万)	285668.46	555333.86	272417.38	479679.43
	主营成本(万)	241717.15	477177.24	244267.12	454270.18
	营业收入(万)	293946.96	573650.14	280780.13	491015.05
	营业成本(万)	249059.44	492298.22	251992.04	463316.51
	投资收益(万)	-	-	-	-
	利润总额(万)	16474.46	10465.27	5671.57	-38483.39
	净利润(万)	16519.84	14137.18	5857.66	-38648.04

上海海立(集团)股份有限公司

公司概况	公司名称	上海海立(集团)股份有限公司			证券简称	海立股份
	法人代表	沈建芳	董秘	罗敏	证券代码	600619
	公司网址	www.highly.cc		电子信箱	dongmi@highly.cc	
	电　话	021-58547777		传　真	021-50326960	
	办公地址	上海市浦东新区金桥出口加工区宁桥路 888 号				
	经营范围	生产销售空调压缩机、冰箱压缩机等				

主要财务指标	指标＼报告期	2011.06.30	2010.12.31	2010.06.30	2009.12.31
	每股收益(元)	0.2400	0.2400	0.1400	0.1000
	每股收益(扣除)(元)	0.2400	0.2000	0.1400	0.0200
	每股净资产(元)	2.9400	2.6900	2.8500	2.5700
	调整后每股净资产(元)	-	-	-	-
	每股资本公积金(元)	0.6149	0.6162	0.7708	0.7986
	每股盈余公积金(元)	0.3177	0.3177	0.3480	0.3480
	每股未分配利润(元)	1.0031	0.7606	0.7284	0.6755
	每股现金净流量(元)	0.2328	0.0831	0.1125	0.0430
	每股经营现金净流量(元)	0.2157	0.7697	0.2445	0.8844
	净资产收益率(扣除)(%)	-	7.6200	-	0.9000
	净资产收益率(%)	8.2620	8.8590	5.3700	4.0730
	总资产(万)	834003.30	658903.40	601444.44	524744.35
	股东权益(万)	176950.33	162408.49	156011.83	154636.85
	主营业务收入(万)	497313.55	620783.78	350489.33	446456.05
	主营成本(万)	440655.26	535450.98	302172.97	388376.10
	营业收入(万)	510418.48	640197.39	359268.36	451284.04
	营业成本(万)	448285.68	550521.57	308650.99	390171.87
	投资收益(万)	-	-	-	-
	利润总额(万)	24301.90	25524.02	15498.77	12820.98
	净利润(万)	14619.81	14388.20	8378.48	6298.43

上海市天宸股份有限公司

公司概况	公司名称	上海市天宸股份有限公司			证券简称	天宸股份
	法人代表	叶茂菁	董秘	许旭羽	证券代码	600620
	公司网址	www.shstc.com		电子信箱	xuxuyu@shstc.com	
	电　话	021-62782233		传　真	021-62789070	
	办公地址	上海市长宁区仙霞路 8 号 29 层				
	经营范围	实业投资、信息网络安全产品开发、国内贸易				

主要财务指标	指标＼报告期	2011.06.30	2010.12.31	2010.06.30	2009.12.31
	每股收益(元)	-0.0454	0.4700	-0.0782	0.0700
	每股收益(扣除)(元)	-0.0481	0.7200	-0.0910	-0.1400
	每股净资产(元)	1.5220	2.0370	1.5860	1.6940
	调整后每股净资产(元)	-	-	-	-
	每股资本公积金(元)	0.0834	0.1084	0.2037	0.2038
	每股盈余公积金(元)	0.1249	0.1624	0.1624	0.1624
	每股未分配利润(元)	0.3135	0.7665	0.2196	0.3278
	每股现金净流量(元)	0.4296	0.4155	0.6993	0.0362
	每股经营现金净流量(元)	0.4075	1.8240	1.5506	-0.1736
	净资产收益率(扣除)(%)	-	37.9800	-	-8.1300
	净资产收益率(%)	-2.9820	23.0060	-4.9330	3.9450
	总资产(万)	97207.24	116236.04	168196.40	140803.84
	股东权益(万)	69668.57	71744.77	55839.15	59655.76
	主营业务收入(万)	2205.42	153994.72	3239.66	18915.35
	主营成本(万)	2172.02	88352.25	2778.62	12940.50
	营业收入(万)	2205.42	154397.14	3239.66	19451.12
	营业成本(万)	2172.02	88735.61	2778.62	13156.05
	投资收益(万)	-	-	-	-
	利润总额(万)	-2064.26	24865.17	-2903.02	4258.49
	净利润(万)	-2077.57	16505.50	-2754.54	2353.49

上海金陵股份有限公司

公司概况	公司名称	上海金陵股份有限公司			证券简称	上海金陵
	法人代表	毛辰	董秘	陈炳良	证券代码	600621
	公司网址	www.jin-ling.com		电子信箱	cbl@jin-ling.com	
	电　话	021-63222658 63602361		传　真	021-63502688	
	办公地址	上海市福州路 666 号 26 层				
	经营范围	表面贴装、印刷电路板、网络产品与工程、电子设备、物业经营等				

主要财务指标	指标＼报告期	2011.06.30	2010.12.31	2010.06.30	2009.12.31
	每股收益(元)	0.1446	0.2150	0.0645	0.1935
	每股收益(扣除)(元)	0.1216	0.2000	0.0334	0.1082
	每股净资产(元)	2.3670	2.3350	2.1520	2.1200
	调整后每股净资产(元)	-	-	-	-
	每股资本公积金(元)	0.4093	0.4225	0.4124	0.4185
	每股盈余公积金(元)	0.2703	0.2703	0.2488	0.2488
	每股未分配利润(元)	0.6878	0.6432	0.4913	0.4268
	每股现金净流量(元)	-0.0022	0.2116	0.1390	0.0339
	每股经营现金净流量(元)	0.3422	-0.1324	-0.0456	0.2997
	净资产收益率(扣除)(%)	-	8.9900	-	5.3400
	净资产收益率(%)	6.1080	9.2090	2.9990	9.1400
	总资产(万)	181028.34	228290.81	206747.49	177041.25
	股东权益(万)	124069.03	122353.28	112755.12	110901.54
	主营业务收入(万)	35393.93	137274.44	51384.51	98012.82
	主营成本(万)	22059.18	107148.65	43376.18	79637.19
	营业收入(万)	37372.15	140673.81	52348.35	100692.71
	营业成本(万)	23319.15	110291.77	44981.21	83755.96
	投资收益(万)	-	-	-	-
	利润总额(万)	9175.40	14285.21	3747.23	10278.31
	净利润(万)	7577.88	11266.93	3381.32	10139.64

上海嘉宝实业(集团)股份有限公司

公司概况						
	公司名称	上海嘉宝实业(集团)股份有限公司			证券简称	嘉宝集团
	法人代表	钱明	董秘	孙红良	证券代码	600622
	公司网址	www.jbjt.com		电子信箱	jbdm@jbjt.com	
	电　话	021-59529711		传　真	021-59536931	
	办公地址	上海市嘉定区清河路 55 号 6-7F				
	经营范围	实业投资、国内贸易(除专项规定)、劳务服务、进出口业务等				

主要财务指标	指标\报告期	2011.06.30	2010.12.31	2010.06.30	2009.12.31
	每股收益(元)	0.0470	0.6570	0.3060	0.5430
	每股收益(扣除)(元)	0.0350	0.6230	0.2770	0.4860
	每股净资产(元)	3.8340	3.9400	3.5580	3.4200
	调整后每股净资产(元)	–	–	–	–
	每股资本公积金(元)	1.3765	1.3822	1.3495	1.3669
	每股盈余公积金(元)	0.2410	0.2410	0.1501	0.1501
	每股未分配利润(元)	1.2162	1.3190	1.0585	0.9028
	每股现金净流量(元)	0.3205	–0.6320	–1.0181	0.7364
	每股经营现金净流量(元)	0.4479	–0.6970	–0.9254	0.5288
	净资产收益率(扣除)(%)	–	16.9200	–	15.1400
	净资产收益率(%)	1.2320	16.6690	8.5920	15.8720
	总资产(万)	558092.42	514897.85	432568.54	364194.66
	股东权益(万)	197167.08	202744.04	182995.47	175879.65
	主营业务收入(万)	27652.57	79484.59	34372.46	104161.32
	主营成本(万)	25143.83	65141.26	30668.74	58074.12
	营业收入(万)	27983.00	80491.61	34799.14	104845.46
	营业成本(万)	25275.20	65488.56	30795.43	58365.26
	投资收益(万)	–	–	–	–
	利润总额(万)	3353.52	35531.33	16913.55	36906.73
	净利润(万)	2428.44	33794.42	15722.16	27916.00

双钱集团股份有限公司

公司概况						
	公司名称	双钱集团股份有限公司			证券简称	双钱股份
	法人代表	刘训峰	董秘	王玲	证券代码	600623
	公司网址	www.doublecoinholdings.com		电子信箱	wangling@doublecoinholdings.com	
	电　话	021-33024666 6379 6238		传　真	021-63390141 63390367	
	办公地址	上海市四川中路 63 号				
	经营范围	轮胎、制皂、电池、油墨等业务				

主要财务指标	指标\报告期	2011.06.30	2010.12.31	2010.06.30	2009.12.31
	每股收益(元)	0.0940	0.3270	0.2410	0.1920
	每股收益(扣除)(元)	0.0830	0.1300	0.0650	0.1900
	每股净资产(元)	2.4520	2.5080	2.1490	1.9840
	调整后每股净资产(元)	–	–	–	–
	每股资本公积金(元)	0.8005	0.8416	0.8084	0.8584
	每股盈余公积金(元)	0.1260	0.1260	0.1027	0.1027
	每股未分配利润(元)	0.5258	0.5402	0.2376	0.0225
	每股现金净流量(元)	0.2172	–0.4008	0.2551	–0.6266
	每股经营现金净流量(元)	–0.5148	0.2901	–0.5942	1.3663
	净资产收益率(扣除)(%)	–	6.1000	–	10.3600
	净资产收益率(%)	3.8190	13.0280	11.2230	9.6790
	总资产(万)	1001925.26	845338.59	947315.88	872848.54
	股东权益(万)	218127.21	223056.04	191123.14	176436.34
	主营业务收入(万)	521596.93	897576.88	451683.94	719743.22
	主营成本(万)	464360.80	801647.51	404851.08	581267.32
	营业收入(万)	527172.67	909462.54	455975.75	729405.46
	营业成本(万)	467578.65	809441.13	407092.85	583402.76
	投资收益(万)	–	–	–	–
	利润总额(万)	2350.18	22397.42	18717.34	26102.52
	净利润(万)	8329.54	29059.20	21449.78	17076.56

上海复旦复华科技股份有限公司

公司概况						
	公司名称	上海复旦复华科技股份有限公司			证券简称	复旦复华
	法人代表	王生洪	董秘	任琳芳	证券代码	600624
	公司网址	www.forwardgroup.com		电子信箱	shareholder@forwardgroup.com	
	电　话	021-63872288		传　真	021-63869700	
	办公地址	上海市国权路 525 号				
	经营范围	软件产业的开发与服务,生物医药产业的研发、生产与销售等				

主要财务指标	指标\报告期	2011.06.30	2010.12.31	2010.06.30	2009.12.31
	每股收益(元)	0.0315	0.0590	0.0222	0.0410
	每股收益(扣除)(元)	0.0288	0.0400	0.0112	0.0110
	每股净资产(元)	1.6060	1.5730	1.5380	1.5150
	调整后每股净资产(元)	–	–	–	–
	每股资本公积金(元)	0.2624	0.2624	0.2624	0.2624
	每股盈余公积金(元)	0.0272	0.0272	0.0272	0.0272
	每股未分配利润(元)	0.3126	0.2811	0.2440	0.2218
	每股现金净流量(元)	0.3234	0.3953	0.2369	0.3144
	每股经营现金净流量(元)	0.0950	0.2322	–0.0023	0.0496
	净资产收益率(扣除)(%)	–	2.5860	–	0.7510
	净资产收益率(%)	1.9630	3.7650	1.4420	2.7080
	总资产(万)	156065.75	143355.66	130592.16	121272.01
	股东权益(万)	55430.57	54282.15	53093.65	52298.25
	主营业务收入(万)	30209.99	58789.64	28446.61	55681.33
	主营成本(万)	19638.83	42168.65	20322.55	36710.04
	营业收入(万)	30602.16	59859.86	28856.68	56528.31
	营业成本(万)	19731.23	42550.47	20322.55	37009.34
	投资收益(万)	–	–	–	–
	利润总额(万)	1776.71	3069.76	1283.35	3158.62
	净利润(万)	1088.27	2043.96	765.61	1416.26

上海申达股份有限公司

公司概况						
	公司名称	上海申达股份有限公司			证券简称	申达股份
	法人代表	席时平	董秘	玛天羽	证券代码	600626
	公司网址	www.cnshenda.com.cn		电子信箱	600626@sh-shenda.com	
	电　话	021-62328282		传　真	021-62317250	
	办公地址	上海市武宁南路 488 号(智慧广场)18 层				
	经营范围	纺纱织布,两纱两布、各类纺织品服装、复制品及技术出口等				

主要财务指标	指标\报告期	2011.06.30	2010.12.31	2010.06.30	2009.12.31
	每股收益(元)	0.1497	0.4253	0.2012	0.2243
	每股收益(扣除)(元)	0.1329	0.3617	0.1812	0.0713
	每股净资产(元)	2.5660	3.7250	3.4777	3.7100
	调整后每股净资产(元)	–	–	–	–
	每股资本公积金(元)	0.2033	0.4972	0.4740	0.7413
	每股盈余公积金(元)	1.0435	1.6653	1.6354	1.4865
	每股未分配利润(元)	0.3196	0.5625	0.3682	0.4173
	每股现金净流量(元)	–0.0004	–0.1674	–0.4746	0.5664
	每股经营现金净流量(元)	0.0350	0.0602	–0.1687	0.3110
	净资产收益率(扣除)(%)	–	9.4900	–	1.7200
	净资产收益率(%)	5.8350	11.4180	5.7850	6.0374
	总资产(万)	300175.36	288774.33	275857.29	285222.00
	股东权益(万)	182277.36	176377.30	164665.23	175896.44
	主营业务收入(万)	310771.49	593679.33	267855.52	502975.44
	主营成本(万)	287130.75	550378.27	245674.37	471512.09
	营业收入(万)	311579.81	595618.58	268672.37	517990.70
	营业成本(万)	287505.11	551298.54	246076.33	478361.17
	投资收益(万)	–	–	–	–
	利润总额(万)	13866.17	25615.36	11948.80	9559.43
	净利润(万)	10635.01	20139.44	9526.59	10619.69

上海新世界股份有限公司

公司概况	公司名称	上海新世界股份有限公司			证券简称	新 世 界
	法人代表	徐若海	董秘	马炳芳	证券代码	600628
	公司网址	www.newworld-china.com		电子信箱	nwuser@sh163.net	
	电 话	021-63588888 3322		传 真	021-63583331	
	办公地址	上海市南京西路 2-88 号				
	经营范围	日用百货零售与批发,兼营房地产,酒店,旅游,投资咨询,成衣加工等				

主要财务指标	指标\报告期	2011.06.30	2010.12.31	2010.06.30	2009.12.31
	每股收益(元)	0.2200	0.3700	0.2100	0.3400
	每股收益(扣除)(元)	0.2200	0.3700	0.2000	0.3400
	每股净资产(元)	3.8165	3.6000	3.5373	3.3400
	调整后每股净资产(元)	–	–	–	–
	每股资本公积金(元)	0.8929	0.8933	0.8899	0.8993
	每股盈余公积金(元)	0.3697	0.3700	0.3342	0.3345
	每股未分配利润(元)	1.5539	1.3341	1.3131	1.1065
	每股现金净流量(元)	0.2360	0.3169	0.2254	–0.1299
	每股经营现金净流量(元)	0.0759	0.8980	0.2076	0.5797
	净资产收益率(扣除)(%)	–	10.5000	–	10.3600
	净资产收益率(%)	5.7570	10.3840	5.8410	10.1540
	总资产(万)	518463.16	504350.66	517403.21	394348.60
	股东权益(万)	202960.22	191308.89	188113.47	177639.86
	主营业务收入(万)	162138.22	283833.65	141108.62	253841.82
	主营成本(万)	118588.97	253841.82	98960.10	194861.40
	营业收入(万)	162990.79	303008.98	142524.65	273047.17
	营业成本(万)	120486.56	214344.91	100778.28	194966.28
	投资收益(万)	–	–	–	–
	利润总额(万)	16037.12	27587.26	15020.75	25069.89
	净利润(万)	11685.20	19864.85	10987.16	18038.23

上海棱光实业股份有限公司

公司概况	公司名称	上海棱光实业股份有限公司			证券简称	棱光实业
	法人代表	施德容	董秘	李恒广	证券代码	600629
	公司网址	www.lengguang.sh.cn		电子信箱	lgzqb@online.sh.cn	
	电 话	021-62192863		传 真	021-62192863	
	办公地址	上海市延安西路 2558 号 2 号楼				
	经营范围	石英玻璃,电子仪表,半导体材料,工业气体销售、气体充装等				

主要财务指标	指标\报告期	2011.06.30	2010.12.31	2010.06.30	2009.12.31
	每股收益(元)	0.1300	0.2490	0.1930	0.4670
	每股收益(扣除)(元)	0.0290	0.0050	–0.0190	–0.0920
	每股净资产(元)	2.7270	2.5970	1.6390	1.5460
	调整后每股净资产(元)	–	–	–	–
	每股资本公积金(元)	2.5169	2.5169	2.2488	2.7908
	每股盈余公积金(元)	0.1924	0.1924	0.0812	0.2074
	每股未分配利润(元)	–0.9822	–1.1124	–1.6907	–1.4676
	每股现金净流量(元)	0.0418	–0.1256	–0.1059	0.9598
	每股经营现金净流量(元)	0.4025	–0.4746	–0.4128	–0.2111
	净资产收益率(扣除)(%)	–	0.2000	–	8.3890
	净资产收益率(%)	4.7760	9.5820	12.6900	19.8969
	总资产(万)	132219.43	135051.88	64797.65	140621.13
	股东权益(万)	79087.74	75310.18	44098.25	68076.42
	主营业务收入(万)	24388.50	74933.11	33253.45	58770.28
	主营成本(万)	19826.29	56862.77	25696.42	43065.78
	营业收入(万)	24816.58	75726.52	48918.01	86679.35
	营业成本(万)	19881.03	57156.35	33032.20	53656.14
	投资收益(万)	–	–	–	–
	利润总额(万)	4690.74	7156.97	6552.97	17500.06
	净利润(万)	3777.56	7216.47	5598.11	13545.09

上海龙头(集团)股份有限公司

公司概况	公司名称	上海龙头(集团)股份有限公司			证券简称	龙头股份
	法人代表	朱勇	董秘	朱险峰	证券代码	600630
	公司网址	www.shanghaidragon.com.cn		电子信箱	ltdsh@shanghaidragon.com.cn	
	电 话	021-34061116 63159108		传 真	021-54666630 63158280	
	办公地址	上海市制造局路 584 号 A 幢 4 层				
	经营范围	纺织品制造业,针织、家用纺织品、服装服饰及纺织品印染				

主要财务指标	指标\报告期	2011.06.30	2010.12.31	2010.06.30	2009.12.31
	每股收益(元)	0.0510	0.1350	0.0450	0.1010
	每股收益(扣除)(元)	0.0480	–0.1750	0.0020	–0.3190
	每股净资产(元)	3.3850	3.3350	3.2450	3.2000
	调整后每股净资产(元)	–	–	–	–
	每股资本公积金(元)	2.1977	2.1983	2.1984	2.1991
	每股盈余公积金(元)	0.0232	0.0232	0.0232	0.0232
	每股未分配利润(元)	0.1645	0.1135	0.0230	–0.0219
	每股现金净流量(元)	–0.1144	–0.0435	–0.0536	0.1494
	每股经营现金净流量(元)	0.1428	0.0584	0.1010	0.3456
	净资产收益率(扣除)(%)	–	–5.3650	–	–10.0540
	净资产收益率(%)	1.5060	4.0610	1.3840	3.1500
	总资产(万)	257826.72	257948.18	251848.19	250121.79
	股东权益(万)	143835.09	141693.54	137849.58	135973.67
	主营业务收入(万)	197391.64	340071.15	134765.89	286267.58
	主营成本(万)	165349.38	282742.14	107085.31	235746.42
	营业收入(万)	203924.96	353141.39	140518.26	297222.51
	营业成本(万)	169046.25	292968.24	111154.96	242965.19
	投资收益(万)	–	–	–	–
	利润总额(万)	2804.88	6648.09	3014.75	6263.64
	净利润(万)	2166.67	5754.17	1907.51	4283.38

上海大众公用事业(集团)股份有限公司

公司概况	公司名称	上海大众公用事业(集团)股份有限公司			证券简称	大众公用
	法人代表	杨国平	董秘	梁嘉玮	证券代码	600635
	公司网址	www.dzug.cn		电子信箱	master@dzug.cn	
	电 话	021-64280679		传 真	021-64288727	
	办公地址	上海市中山西路 1515 号 8 层				
	经营范围	交通运输业和城市燃气业				

主要财务指标	指标\报告期	2011.06.30	2010.12.31	2010.06.30	2009.12.31
	每股收益(元)	0.1951	0.1900	0.0609	0.1300
	每股收益(扣除)(元)	0.0655	0.1800	0.0586	0.1000
	每股净资产(元)	2.5400	2.2800	2.0800	1.6800
	调整后每股净资产(元)	–	–	–	–
	每股资本公积金(元)	0.8084	0.7471	0.5492	0.3913
	每股盈余公积金(元)	0.1691	0.1691	0.1623	0.1623
	每股未分配利润(元)	0.5588	0.3638	0.3699	0.2956
	每股现金净流量(元)	0.6660	0.0626	0.0932	–0.0924
	每股经营现金净流量(元)	0.1113	0.1710	0.1054	0.2944
	净资产收益率(扣除)(%)	–	9.4900	–	6.2400
	净资产收益率(%)	7.6910	9.0960	3.5700	7.9790
	总资产(万)	1103418.58	973746.92	905079.46	814141.33
	股东权益(万)	417198.56	375026.36	311214.78	276511.98
	主营业务收入(万)	194560.82	350392.36	185386.14	336443.36
	主营成本(万)	179707.97	318625.23	166241.42	300939.53
	营业收入(万)	196287.19	354008.12	187206.54	341550.17
	营业成本(万)	180968.23	320033.33	166370.24	303323.60
	投资收益(万)	–	–	–	–
	利润总额(万)	69740.69	39652.26	15043.06	37346.89
	净利润(万)	32085.74	31488.22	10015.00	22063.55

上海三爱富新材料股份有限公司

公司概况

公司名称	上海三爱富新材料股份有限公司			证券简称	三 爱 富
法人代表	魏建华	董秘	李莉	证券代码	600636
公司网址	www.sh3f.com		电子信箱	bod@sh3f.com	
电 话	021-64823549 64823552		传 真	021-64823550 34823550	
办公地址	上海市漕溪路 250 号银海大楼 A805 室				
经营范围	有机氟原料及其产品的生产和销售				

主要财务指标

指标\报告期	2011.06.30	2010.12.31	2010.06.30	2009.12.31
每股收益(元)	1.4302	0.1320	0.0844	0.0131
每股收益(扣除)(元)	1.4347	0.1670	0.0619	–0.0255
每股净资产(元)	3.6947	2.2645	2.2150	2.0900
调整后每股净资产(元)	–	–	–	–
每股资本公积金(元)	0.3660	0.3660	0.3646	0.3632
每股盈余公积金(元)	0.2053	0.2053	0.2053	0.2053
每股未分配利润(元)	2.1234	0.6931	0.6451	0.5194
每股现金净流量(元)	0.5782	0.0502	0.3485	–0.5349
每股经营现金净流量(元)	2.2637	1.1243	–0.1192	0.1263
净资产收益率(扣除)(%)	–	7.6100	–	–
净资产收益率(%)	38.7100	5.8490	3.8130	0.6300
总资产(万)	345680.68	304415.39	258954.55	226770.26
股东权益(万)	128289.61	78628.24	76911.60	72496.44
主营业务收入(万)	251613.58	298542.98	129280.24	179124.86
主营成本(万)	162636.78	246742.78	112449.38	166440.01
营业收入(万)	270266.98	309560.62	132012.05	154174.82
营业成本(万)	166577.07	253238.37	113363.36	130314.75
投资收益(万)	–	–	–	–
利润总额(万)	80703.36	15612.72	6108.89	4384.01
净利润(万)	49661.37	4598.89	2932.26	453.28

上海广电信息产业股份有限公司

公司概况

公司名称	上海广电信息产业股份有限公司			证券简称	广电信息
法人代表	王强	董秘	赵开兰	证券代码	600637
公司网址	www.svainfo.com		电子信箱	dongban@svainfo.com	
电 话	021-64189198 5522		传 真	021-64189828	
办公地址	上海市徐汇区宜山路 757 号				
经营范围	彩色电视接收机、影碟机系列、计算机终端设备、通信设备等				

主要财务指标

指标\报告期	2011.06.30	2010.12.31	2010.06.30	2009.12.31
每股收益(元)	0.0319	0.1498	0.0493	0.0500
每股收益(扣除)(元)	0.0195	0.0623	0.0373	–0.5262
每股净资产(元)	1.8523	1.8205	1.7315	1.6851
调整后每股净资产(元)	–	–	–	–
每股资本公积金(元)	2.3103	2.3103	2.3217	2.3247
每股盈余公积金(元)	–	–	–	–
每股未分配利润(元)	–1.4579	–1.4898	–1.5902	–1.6396
每股现金净流量(元)	–0.1456	–0.1966	–0.2464	0.4694
每股经营现金净流量(元)	–0.1461	0.1126	–0.1989	1.0448
净资产收益率(扣除)(%)	–	3.5521	–	–30.4412
净资产收益率(%)	1.7200	8.2280	2.8500	2.9653
总资产(万)	351436.61	293716.25	298326.58	324453.99
股东权益(万)	131305.63	129047.04	122739.21	119452.58
主营业务收入(万)	108008.68	205693.54	111109.16	224142.34
主营成本(万)	100557.78	189470.35	102905.36	213673.18
营业收入(万)	110839.52	213420.61	114954.56	234812.30
营业成本(万)	102572.61	196001.70	106427.58	220047.12
投资收益(万)	–	–	–	–
利润总额(万)	2547.72	11017.98	3890.12	3273.47
净利润(万)	2258.60	10618.17	3497.88	3542.18

上海新黄浦置业股份有限公司

公司概况

公司名称	上海新黄浦置业股份有限公司			证券简称	新 黄 浦
法人代表	王伟旭	董秘	李薇洁	证券代码	600638
公司网址	www.600638.com		电子信箱	600638@600638.com	
电 话	021-63238888		传 真	021-63237777	
办公地址	上海市北京东路 668 号西楼 32 层				
经营范围	房地产开发经营及危旧房改造,物业管理等				

主要财务指标

指标\报告期	2011.06.30	2010.12.31	2010.06.30	2009.12.31
每股收益(元)	0.2261	0.3800	0.1628	0.2850
每股收益(扣除)(元)	0.0865	0.2470	0.1356	0.2040
每股净资产(元)	5.2870	5.2675	5.0220	4.7565
调整后每股净资产(元)	–	–	–	–
每股资本公积金(元)	2.0312	2.0675	2.0393	1.9362
每股盈余公积金(元)	0.4335	0.4335	0.4014	0.4014
每股未分配利润(元)	1.8194	1.7633	1.5801	1.4173
每股现金净流量(元)	0.2618	–0.9906	–0.3668	2.0154
每股经营现金净流量(元)	0.4155	–1.5206	–0.5237	–0.0422
净资产收益率(扣除)(%)	–	4.9940	–	4.4300
净资产收益率(%)	4.2770	7.2090	3.2420	5.9820
总资产(万)	700030.17	679264.57	649334.45	643037.05
股东权益(万)	296705.25	295591.49	281838.72	266918.45
主营业务收入(万)	9361.22	48402.38	20712.20	49958.60
主营成本(万)	5664.92	25056.24	11333.85	31502.36
营业收入(万)	9696.79	50109.60	21493.49	51317.08
营业成本(万)	5779.08	25158.82	11497.71	31886.14
投资收益(万)	–	–	–	–
利润总额(万)	14322.73	25683.52	9961.82	19286.91
净利润(万)	12688.47	21308.56	9137.37	15968.01

上海金桥出口加工区开发股份有限公司

公司概况

公司名称	上海金桥出口加工区开发股份有限公司			证券简称	浦东金桥
法人代表	张素心	董秘	代燕妮	证券代码	600639
公司网址	www.58991818.com		电子信箱	daiyn@58991818.com	
电 话	021-50307702 50307770		传 真	021-50301533	
办公地址	上海市浦东新区新金桥路 27 号 1 号楼				
经营范围	房地产开发和销售业务;房地产租赁业务;酒店公寓业务				

主要财务指标

指标\报告期	2011.06.30	2010.12.31	2010.06.30	2009.12.31
每股收益(元)	0.3487	0.5702	0.1955	0.3877
每股收益(扣除)(元)	0.3460	0.4826	0.1561	0.2473
每股净资产(元)	4.2099	3.9609	3.9840	3.6093
调整后每股净资产(元)	–	–	–	–
每股资本公积金(元)	0.8930	0.8927	1.0216	1.1124
每股盈余公积金(元)	0.4363	0.4363	0.4324	0.4324
每股未分配利润(元)	1.8807	1.6319	1.5304	1.4254
每股现金净流量(元)	–0.1166	–0.6622	–0.7132	1.0202
每股经营现金净流量(元)	–0.0985	–0.9051	–1.1481	1.0499
净资产收益率(扣除)(%)	–	12.6900	–	7.1100
净资产收益率(%)	8.2840	14.3950	5.3970	10.7420
总资产(万)	812619.30	842282.29	802365.24	739974.31
股东权益(万)	391030.58	367895.68	336445.02	335238.58
主营业务收入(万)	128338.19	148311.19	41458.68	83904.52
主营成本(万)	43654.20	53594.42	15716.57	31293.95
营业收入(万)	128353.28	148342.26	41469.45	83970.50
营业成本(万)	43772.19	53785.22	15734.72	31659.31
投资收益(万)	–	–	–	–
利润总额(万)	39671.90	70580.26	23924.19	50797.20
净利润(万)	32392.29	52958.46	18159.08	36012.54

中卫国脉通信股份有限公司

公司概况	公司名称	中卫国脉通信股份有限公司		证券简称	中卫国脉
	法人代表	元建兴	董秘 李培忠	证券代码	600640
	公司网址	www.chinasatcomgm.com		电子信箱	pzli@chinasatcomgm.com
	电　话	021-62762171		传　真	021-62763321
	办公地址	上海市江宁路 1207 号国脉大厦			
	经营范围	无线通信、图像、数据及各类通信产品,通信系统的设计、开发等			

主要财务指标	指标\报告期	2011.06.30	2010.12.31	2010.06.30	2009.12.31
	每股收益(元)	-0.0067	-0.0361	-0.0387	0.0089
	每股收益(扣除)(元)	-0.0320	-0.0566	-0.0369	-0.0352
	每股净资产(元)	2.5397	2.5464	2.5438	2.5825
	调整后每股净资产(元)	-	-	-	-
	每股资本公积金(元)	1.1059	1.1059	1.1059	1.1059
	每股盈余公积金(元)	0.6507	0.6507	0.6507	0.6507
	每股未分配利润(元)	-0.2169	-0.2102	-0.2128	-0.1741
	每股现金净流量(元)	-0.0298	0.1535	0.0596	0.0029
	每股经营现金净流量(元)	-0.0541	0.1455	0.0672	-0.0148
	净资产收益率(扣除)(%)	-	-2.2057	-	-1.3567
	净资产收益率(%)	-0.2630	-1.4180	-1.5200	0.3460
	总资产(万)	108162.21	107676.43	109109.91	122221.62
	股东权益(万)	101935.08	102203.44	102100.59	103652.85
	主营业务收入(万)	9294.51	29154.01	17796.41	46507.05
	主营成本(万)	9152.10	27426.94	17895.03	44534.56
	营业收入(万)	11061.11	33321.28	19701.18	50559.91
	营业成本(万)	10041.49	29434.00	18741.22	46182.91
	投资收益(万)	-	-	-	-
	利润总额(万)	-276.80	-1532.76	-1539.48	846.55
	净利润(万)	-268.36	-1449.41	-1552.26	358.36

上海万业企业股份有限公司

公司概况	公司名称	上海万业企业股份有限公司		证券简称	万业企业
	法人代表	程光	董秘 吴云韶	证券代码	600641
	公司网址	www.600641.com.cn		电子信箱	wyqy@vip.sina.com
	电　话	021-50367718		传　真	021-50366858
	办公地址	上海市浦东大道 720 号 9 层			
	经营范围	实业投资、资产经营、房地产开发经营、钢材、木材、建筑材料等			

主要财务指标	指标\报告期	2011.06.30	2010.12.31	2010.06.30	2009.12.31
	每股收益(元)	0.1037	0.3015	0.1682	0.3675
	每股收益(扣除)(元)	0.0993	0.2958	0.1636	0.2057
	每股净资产(元)	3.6440	3.5377	3.4023	3.2416
	调整后每股净资产(元)	-	-	-	-
	每股资本公积金(元)	0.2271	0.2265	0.2265	0.2374
	每股盈余公积金(元)	0.9483	0.9483	0.9258	0.9258
	每股未分配利润(元)	1.4597	1.3560	1.2451	1.0769
	每股现金净流量(元)	-0.4548	-1.7022	-1.3207	2.1994
	每股经营现金净流量(元)	-0.3954	-2.3034	-1.1531	0.9926
	净资产收益率(扣除)(%)	-	8.7200	-	6.4600
	净资产收益率(%)	2.8450	8.5240	4.9450	11.3370
	总资产(万)	669632.67	661822.46	558752.41	526003.60
	股东权益(万)	293764.51	285195.31	274280.49	261324.30
	主营业务收入(万)	52682.30	144970.93	55499.92	136876.05
	主营成本(万)	30027.83	78312.34	26498.26	91217.53
	营业收入(万)	52693.13	144994.49	55592.71	136994.89
	营业成本(万)	30027.83	78312.34	26498.26	91217.53
	投资收益(万)	-	-	-	-
	利润总额(万)	10615.65	33562.66	17319.38	39087.63
	净利润(万)	8356.98	24308.73	13562.04	29626.36

申能股份有限公司

公司概况	公司名称	申能股份有限公司		证券简称	申能股份
	法人代表	吴建雄	董秘 周燕飞	证券代码	600642
	公司网址	www.shenergy.net.cn		电子信箱	zhengquan@shenergy.com.cn
	电　话	021-63900642 33570888		传　真	021-33588616
	办公地址	上海市虹井路 159 号 5 层			
	经营范围	电力、石油天然气的投资、建设和经营管理			

主要财务指标	指标\报告期	2011.06.30	2010.12.31	2010.06.30	2009.12.31
	每股收益(元)	0.1600	0.4680	0.2070	0.5540
	每股收益(扣除)(元)	0.1570	0.3800	0.1750	0.5500
	每股净资产(元)	3.8270	5.6160	5.1930	5.2930
	调整后每股净资产(元)	-	-	-	-
	每股资本公积金(元)	0.9731	1.7745	1.2577	1.4671
	每股盈余公积金(元)	1.3440	2.0160	2.0602	2.0602
	每股未分配利润(元)	0.5099	0.8256	0.8753	0.7653
	每股现金净流量(元)	-0.4460	1.2505	0.3085	-0.6269
	每股经营现金净流量(元)	0.2369	0.9472	0.7114	0.9468
	净资产收益率(扣除)(%)	-	7.1600	-	11.2200
	净资产收益率(%)	4.1680	7.7470	5.9690	10.4660
	总资产(万)	3452715.91	3588893.58	3190258.38	3166602.82
	股东权益(万)	1809746.96	1770501.12	1500632.28	1529372.45
	主营业务收入(万)	1120823.34	1870854.48	929181.20	1539268.59
	主营成本(万)	996348.24	1639746.85	807293.29	1279507.06
	营业收入(万)	1121210.50	1906657.89	929427.08	1539527.39
	营业成本(万)	996360.36	1675218.78	807456.04	1279526.60
	投资收益(万)	-	-	-	-
	利润总额(万)	125745.44	217867.65	141804.51	263822.82
	净利润(万)	75428.68	137160.39	89570.47	160070.57

上海爱建股份有限公司

公司概况	公司名称	上海爱建股份有限公司		证券简称	爱建股份
	法人代表	徐风	董秘 徐风(代)	证券代码	600643
	公司网址	www.aj.com.cn		电子信箱	dongmi@aj.com.cn
	电　话	021-64396600		传　真	021-64392118
	办公地址	上海市零陵路 599 号			
	经营范围	实业投资,投资管理,房地产开发、经营及咨询等			

主要财务指标	指标\报告期	2011.06.30	2010.12.31	2010.06.30	2009.12.31
	每股收益(元)	0.0840	0.1280	0.0410	0.0780
	每股收益(扣除)(元)	0.0630	-0.0001	-0.0030	0.0011
	每股净资产(元)	1.6030	1.5100	1.4210	1.4100
	调整后每股净资产(元)	-	-	-	-
	每股资本公积金(元)	0.8649	0.8602	0.8571	0.8845
	每股盈余公积金(元)	0.4868	0.4868	0.4868	0.4868
	每股未分配利润(元)	-0.7510	-0.8346	-0.9232	-0.9639
	每股现金净流量(元)	0.0341	-0.2325	-0.2177	0.1098
	每股经营现金净流量(元)	-0.1414	-0.1562	-0.0305	0.0452
	净资产收益率(扣除)(%)	-	-0.0044	-	0.0800
	净资产收益率(%)	5.2120	8.4470	2.8670	5.5205
	总资产(万)	207381.68	183352.96	177947.26	208388.59
	股东权益(万)	131509.05	124211.60	116617.52	115631.47
	主营业务收入(万)	15078.27	37797.06	17900.96	44442.96
	主营成本(万)	13391.58	33289.84	15844.84	38798.95
	营业收入(万)	15524.81	38859.45	18396.78	45283.82
	营业成本(万)	13515.88	33615.42	16004.96	39113.41
	投资收益(万)	-	-	-	-
	利润总额(万)	6943.23	11640.09	3704.13	6182.28
	净利润(万)	6854.10	10491.68	3343.71	6383.44

乐山电力股份有限公司

公司概况					
公司名称	乐山电力股份有限公司			证券简称	乐山电力
法人代表	廖政权	董秘	王迅	证券代码	600644
公司网址	www.lsep.com.cn		电子信箱	600644@vip.163.com	
电　话	0833-2445800		传　真	0833-2445800	
办公地址	四川省乐山市市中区嘉定北路46号				
经营范围	地方电力开发、经营,本公司电力调度等				

主要财务指标 指标\报告期	2011.06.30	2010.12.31	2010.06.30	2009.12.31
每股收益(元)	0.1839	0.1919	0.1248	0.1739
每股收益(扣除)(元)	0.1187	0.1810	0.1165	0.1620
每股净资产(元)	2.3400	2.2100	2.1400	2.0600
调整后每股净资产(元)	-	-	-	-
每股资本公积金(元)	0.0512	0.0512	0.0515	0.0515
每股盈余公积金(元)	0.3525	0.3525	0.3409	0.3409
每股未分配利润(元)	0.9221	0.7982	0.7426	0.6678
每股现金净流量(元)	0.1066	-0.1556	-0.3965	-1.0469
每股经营现金净流量(元)	0.6495	0.9693	0.1281	0.4179
净资产收益率(扣除)(%)	-	8.4000	-	7.8800
净资产收益率(%)	7.8630	8.6740	5.8241	8.4300
总资产(万)	385113.70	362237.65	359279.45	333561.08
股东权益(万)	76339.14	72247.06	69940.09	67361.79
主营业务收入(万)	115511.85	177193.33	72719.44	93040.23
主营成本(万)	88884.93	134006.60	54311.82	67088.57
营业收入(万)	115758.47	177909.84	72874.56	93742.93
营业成本(万)	89194.89	134108.99	54557.71	67176.95
投资收益(万)	-	-	-	-
利润总额(万)	9430.15	9991.12	5653.98	9054.13
净利润(万)	6002.57	6266.54	4073.38	5678.31

中源协和干细胞生物工程股份公司

公司概况					
公司名称	中源协和干细胞生物工程股份公司			证券简称	ST中源
法人代表	王勇	董秘	夏亮	证券代码	600645
公司网址	www.vcanbio.com		电子信箱	zhongyuanxiehe@sohu.com	
电　话	022-23318350 8007		传　真	022-23319619	
办公地址	天津市和平区大理道106号				
经营范围	生命科学技术开发、干细胞基因工程产业化、风险投资等				

主要财务指标 指标\报告期	2011.06.30	2010.12.31	2010.06.30	2009.12.31
每股收益(元)	0.0320	0.0260	-0.0180	0.0070
每股收益(扣除)(元)	0.0310	0.0460	0.0110	0.0090
每股净资产(元)	0.4400	0.4080	0.3760	0.3940
调整后每股净资产(元)	-	-	-	-
每股资本公积金(元)	0.0648	0.0648	0.0768	0.0768
每股盈余公积金(元)	0.0712	0.0712	0.0712	0.0712
每股未分配利润(元)	-0.6964	-0.7283	-0.7722	-0.7541
每股现金净流量(元)	0.2165	0.3957	0.1292	0.4144
每股经营现金净流量(元)	0.2090	0.5412	0.2344	0.3843
净资产收益率(扣除)(%)	-	11.5300	-	2.4300
净资产收益率(%)	7.2430	6.3230	-4.8100	1.6590
总资产(万)	81198.88	77168.68	72034.82	69994.32
股东权益(万)	14288.34	13253.49	12217.36	12805.03
主营业务收入(万)	13206.34	26611.39	14073.10	30528.68
主营成本(万)	2523.40	6722.19	4305.10	11386.20
营业收入(万)	13323.85	26847.33	14161.76	30774.92
营业成本(万)	2740.09	6955.81	4521.78	11612.53
投资收益(万)	-	-	-	-
利润总额(万)	3221.91	3869.97	157.99	715.67
净利润(万)	1034.85	838.05	-587.67	212.49

上海同达创业投资股份有限公司

公司概况					
公司名称	上海同达创业投资股份有限公司			证券简称	同达创业
法人代表	周立武	董秘	薛玉宝	证券代码	600647
公司网址			电子信箱	swc07@sohu.com	
电　话	021-58545898 2559		传　真	021-58541001	
办公地址	上海市浦东新区金新路58号银桥大厦2层				
经营范围	主要经营中式快餐连锁业及产品贸易代理				

主要财务指标 指标\报告期	2011.06.30	2010.12.31	2010.06.30	2009.12.31
每股收益(元)	0.1673	0.1769	0.1166	0.6875
每股收益(扣除)(元)	0.0979	0.1755	0.1157	0.6268
每股净资产(元)	1.5587	1.4218	2.7194	1.2431
调整后每股净资产(元)	-	-	-	-
每股资本公积金(元)	0.0069	0.0074	0.4112	0.4112
每股盈余公积金(元)	0.0410	0.0410	0.0820	0.0820
每股未分配利润(元)	0.5107	0.3734	1.2262	0.9930
每股现金净流量(元)	0.4522	-0.9518	-1.7490	2.5033
每股经营现金净流量(元)	0.6458	0.6750	0.2506	9.4822
净资产收益率(扣除)(%)	10.7350	12.4450	8.5760	55.3080
净资产收益率(%)	11.1500	13.2800	8.9600	76.4600
总资产(万)	52282.16	48937.06	50524.56	65835.71
股东权益(万)	25468.66	22369.92	20978.28	17275.28
主营业务收入(万)	12660.64	31701.86	18725.21	57777.19
主营成本(万)	5151.23	14449.33	8451.04	25520.06
营业收入(万)	12999.25	32676.29	19090.45	59288.98
营业成本(万)	5252.29	14861.04	8583.40	26155.16
投资收益(万)	-30.96	-363.17	-48.68	-64.29
利润总额(万)	4535.28	7448.27	4549.49	19706.60
净利润(万)	1790.83	1893.82	1248.15	7358.92

上海外高桥保税区开发股份有限公司

公司概况					
公司名称	上海外高桥保税区开发股份有限公司			证券简称	外高桥
法人代表	舒榕斌	董秘	王勋	证券代码	600648
公司网址	www.shwgq.com		电子信箱	gudong@shwgq.com	
电　话	021-51980847		传　真	021-51980850	
办公地址	上海市浦东新区杨高北路2001号				
经营范围	房地产开发与租赁、贸易及物流、酒店经营管理等业务				

主要财务指标 指标\报告期	2011.06.30	2010.12.31	2010.06.30	2009.12.31
每股收益(元)	0.1360	0.6600	0.2140	0.3500
每股收益(扣除)(元)	0.1330	0.6600	0.2090	0.3600
每股净资产(元)	4.4700	4.5100	4.0800	4.2800
调整后每股净资产(元)	-	-	-	-
每股资本公积金(元)	1.7742	1.8078	1.8153	2.2303
每股盈余公积金(元)	0.3655	0.3655	0.3132	0.3132
每股未分配利润(元)	1.3395	1.3431	0.9536	0.7402
每股现金净流量(元)	0.0979	0.1880	0.0076	-0.2293
每股经营现金净流量(元)	-0.8431	-0.3563	-0.5501	1.1839
净资产收益率(扣除)(%)	-	15.0700	-	9.3900
净资产收益率(%)	3.0500	14.5340	5.2480	8.1447
总资产(万)	2617620.18	2395501.59	2395428.04	2158519.69
股东权益(万)	451992.70	455731.37	412140.33	432522.86
主营业务收入(万)	390880.61	885895.64	357483.77	717701.05
主营成本(万)	-	664213.16	-	559097.27
营业收入(万)	392703.26	888117.94	358275.33	719351.89
营业成本(万)	318740.10	664326.73	277714.75	559465.30
投资收益(万)	-	-	-	-
利润总额(万)	25638.67	97654.58	33926.91	59224.56
净利润(万)	13785.31	66237.51	21589.95	35227.57

上海城投控股股份有限公司

公司概况	公司名称	上海城投控股股份有限公司			证券简称	城投控股
	法人代表	孔庆伟	董秘	俞有勤	证券代码	600649
	公司网址	www.sh600649.com		电子信箱	ctkg@sh600649.com	
	电　话	021-58772830*187 58770135		传　真	021-58772087	
	办公地址	上海市浦东南路 500 号国家开发银行大厦 39 层				
	经营范围	实业投资、原水供应、自来水开发、污水治理等				

	指标\报告期	2011.06.30	2010.12.31	2010.06.30	2009.12.31
主要财务指标	每股收益(元)	0.2400	0.3700	0.2000	0.3300
	每股收益(扣除)(元)	0.0700	0.3400	0.1800	0.2700
	每股净资产(元)	5.2600	5.2200	4.9459	5.4200
	调整后每股净资产(元)	–	–	–	–
	每股资本公积金(元)	1.8971	1.9933	1.8893	2.4626
	每股盈余公积金(元)	0.5611	0.5611	0.5332	0.5332
	每股未分配利润(元)	1.8013	1.6614	1.5233	1.4196
	每股现金净流量(元)	–0.7022	0.4102	0.2310	0.1518
	每股经营现金净流量(元)	0.1553	–0.0787	–0.4694	0.1923
	净资产收益率(扣除)(%)	–	6.4100	–	5.7300
	净资产收益率(%)	4.5620	7.0850	4.1140	6.1180
	总资产(万)	2639811.07	2608411.54	2340570.14	2168115.97
	股东权益(万)	1208672.36	1198613.27	1136611.83	1244542.03
	主营业务收入(万)	69705.45	382327.79	189443.46	329992.86
	主营成本(万)	54650.61	254432.58	122763.69	229945.74
	营业收入(万)	76501.66	389794.26	190993.60	335868.82
	营业成本(万)	57597.18	260702.59	124069.73	231899.36
	投资收益(万)	–	–	–	–
	利润总额(万)	74516.75	113948.76	60749.12	97088.99
	净利润(万)	55142.27	84920.66	46775.18	76135.88

上海锦江国际实业投资股份有限公司

公司概况	公司名称	上海锦江国际实业投资股份有限公司			证券简称	锦江投资
	法人代表	沈懋兴	董秘	沈懋兴(代)	证券代码	600650
	公司网址	www.jjtz.com		电子信箱	dshms@jjtz.com	
	电　话	021-63218800		传　真	021-63213119	
	办公地址	上海市延安东路 100 号 28 层				
	经营范围	宾馆、物业管理、俱乐部、商场、房地产开发经营、车辆服务等				

	指标\报告期	2011.06.30	2010.12.31	2010.06.30	2009.12.31
主要财务指标	每股收益(元)	0.2610	0.5150	0.2530	0.4880
	每股收益(扣除)(元)	0.2400	0.4780	0.2290	0.3900
	每股净资产(元)	3.6050	3.6540	3.4000	3.5200
	调整后每股净资产(元)	–	–	–	–
	每股资本公积金(元)	0.7807	0.7911	0.8023	0.8747
	每股盈余公积金(元)	0.4445	0.4139	0.3814	0.3769
	每股未分配利润(元)	1.3795	1.4491	1.2198	1.2709
	每股现金净流量(元)	0.0082	–	0.1988	–0.1097
	每股经营现金净流量(元)	0.4206	0.7591	0.3993	0.5880
	净资产收益率(扣除)(%)	–	13.3300	–	11.5600
	净资产收益率(%)	7.2400	14.1000	7.4450	13.8667
	总资产(万)	323270.55	308014.89	295498.56	270759.90
	股东权益(万)	198840.14	201566.79	187737.16	194300.80
	主营业务收入(万)	89024.57	180759.66	86515.27	156221.45
	主营成本(万)	64427.67	135470.52	63286.48	114741.94
	营业收入(万)	90383.25	184158.27	88054.21	159839.62
	营业成本(万)	64792.83	136664.58	63672.09	115637.53
	投资收益(万)	–	–	–	–
	利润总额(万)	20047.77	38500.67	18565.07	34719.62
	净利润(万)	14395.15	28420.76	13977.52	26943.09

上海飞乐音响股份有限公司

公司概况	公司名称	上海飞乐音响股份有限公司			证券简称	飞乐音响
	法人代表	邵礼群	董秘	叶盼	证券代码	600651
	公司网址	www.facs.com.cn		电子信箱	office@facs.com.cn	
	电　话	021-59900651		传　真	021-59978260	
	办公地址	上海市嘉定区嘉新公路 1001 号				
	经营范围	IC 卡、绿色照明、其他电子产品的生产和销售等				

	指标\报告期	2011.06.30	2010.12.31	2010.06.30	2009.12.31
主要财务指标	每股收益(元)	0.1550	0.1510	0.0700	0.1110
	每股收益(扣除)(元)	0.0660	0.1220	0.0670	0.1000
	每股净资产(元)	1.8120	1.7280	1.5610	1.5650
	调整后每股净资产(元)	–	–	–	–
	每股资本公积金(元)	0.0140	0.0418	0.0142	0.0270
	每股盈余公积金(元)	0.1798	0.1798	0.1692	0.1751
	每股未分配利润(元)	0.6183	0.5066	0.3773	0.3627
	每股现金净流量(元)	–0.0688	0.3253	0.0494	–0.1366
	每股经营现金净流量(元)	–0.1372	0.1722	–0.0631	0.1666
	净资产收益率(扣除)(%)	–	7.4100	–	6.6720
	净资产收益率(%)	8.5520	8.7350	4.4560	7.0890
	总资产(万)	200535.02	212831.04	175502.85	159545.73
	股东权益(万)	111609.25	106433.83	96122.70	96373.89
	主营业务收入(万)	89609.33	146749.40	64477.43	128003.22
	主营成本(万)	68776.17	112283.47	47825.40	97934.20
	营业收入(万)	92937.70	148812.22	65891.89	131264.90
	营业成本(万)	71947.04	114453.96	49047.30	100482.41
	投资收益(万)	–	–	–	–
	利润总额(万)	11991.92	11906.16	5502.09	8820.27
	净利润(万)	9544.57	9296.51	4282.88	6832.00

上海爱使股份有限公司

公司概况	公司名称	上海爱使股份有限公司			证券简称	爱使股份
	法人代表	肖勇	董秘	张亮	证券代码	600652
	公司网址	www.sh-ace.com		电子信箱	zhangliang@sh-ace.com	
	电　话	021-64710022 8818		传　真	021-64711120	
	办公地址	上海市肇嘉浜路 666 号				
	经营范围	对石油液化气行业、煤炭及清洁能源的投资、机电设备及四技服务等				

	指标\报告期	2011.06.30	2010.12.31	2010.06.30	2009.12.31
主要财务指标	每股收益(元)	0.0300	0.0400	0.0210	0.0400
	每股收益(扣除)(元)	0.0300	0.0300	0.0170	0.0200
	每股净资产(元)	1.7700	1.7200	1.7040	1.6500
	调整后每股净资产(元)	–	–	–	–
	每股资本公积金(元)	0.0123	0.0123	0.0123	0.0123
	每股盈余公积金(元)	0.1360	0.1360	0.1360	0.1360
	每股未分配利润(元)	0.5170	0.4874	0.4684	0.4473
	每股现金净流量(元)	–0.0665	0.0230	–0.0728	–0.0246
	每股经营现金净流量(元)	0.3356	0.9606	0.3704	–0.0539
	净资产收益率(扣除)(%)	–	1.7000	–	1.4700
	净资产收益率(%)	1.6690	2.3350	1.2410	2.6870
	总资产(万)	367837.49	394643.58	400352.58	407418.63
	股东权益(万)	98849.37	95703.87	94931.26	92150.28
	主营业务收入(万)	102294.16	183334.41	88779.38	179546.29
	主营成本(万)	63269.11	100133.94	53542.28	110221.85
	营业收入(万)	102607.32	191553.31	89051.15	187115.13
	营业成本(万)	63319.55	105979.28	53592.73	113882.45
	投资收益(万)	–	–	–	–
	利润总额(万)	6298.20	10545.04	4274.38	9330.83
	净利润(万)	1650.00	2234.92	1177.83	2476.32

上海申华控股股份有限公司

公司概况	公司名称	上海申华控股股份有限公司			证券简称	申华控股
	法人代表	祁玉民	董秘	翟锋	证券代码	600653
	公司网址	www.600653.com.cn		电子信箱	stock@600653.com.cn	
	电　话	021-63372010 63372011		传　真	021-63372000	
	办公地址	上海市宁波路1号				
	经营范围	实业投资,兴办各类经济实体,国内商业等				

	指标\报告期	2011.06.30	2010.12.31	2010.06.30	2009.12.31
主要财务指标	每股收益(元)	0.0740	0.0350	0.0240	0.0620
	每股收益(扣除)(元)	-0.0120	-0.0290	0.0070	0.0090
	每股净资产(元)	1.0350	0.9540	1.0108	1.1260
	调整后每股净资产(元)	-	-	-	-
	每股资本公积金(元)	0.1056	0.0982	0.1210	0.2811
	每股盈余公积金(元)	-	-	-	-
	每股未分配利润(元)	-0.0708	-0.1443	-0.1102	-0.1554
	每股现金净流量(元)	-0.1535	0.1176	-0.0499	0.2314
	每股经营现金净流量(元)	-0.0225	0.0135	0.1120	0.1465
	净资产收益率(扣除)(%)	-	-2.8350	-	0.8090
	净资产收益率(%)	7.1080	3.6730	2.3830	5.7900
	总资产(万)	675700.00	694823.87	589797.42	537724.90
	股东权益(万)	180728.31	166576.94	176520.17	196583.80
	主营业务收入(万)	511225.01	700923.03	259547.80	274332.59
	主营成本(万)	485725.58	658966.81	238678.61	244694.17
	营业收入(万)	514672.77	707006.97	264378.48	278550.12
	营业成本(万)	487823.55	662900.85	242825.29	246788.70
	投资收益(万)	-	-	-	-
	利润总额(万)	18371.09	13161.95	7547.82	14613.63
	净利润(万)	12846.18	6117.60	4207.00	10824.71

上海飞乐股份有限公司

公司概况	公司名称	上海飞乐股份有限公司			证券简称	飞乐股份
	法人代表	黄峰	董秘	刘仁仁	证券代码	600654
	公司网址	www.feilo.com.cn		电子信箱	liurenren@feilo.com.cn	
	电　话	021-62512629		传　真	021-62517323	
	办公地址	上海市闸北区永和路398号				
	经营范围	电子元器件、有无线通信设备和信息网络、成套音响系统、工程服务				

	指标\报告期	2011.06.30	2010.12.31	2010.06.30	2009.12.31
主要财务指标	每股收益(元)	0.0600	0.1400	0.0200	0.0100
	每股收益(扣除)(元)	0.0300	-0.0400	0.0200	-0.0200
	每股净资产(元)	1.6400	1.5200	1.4000	1.3900
	调整后每股净资产(元)	-	-	-	-
	每股资本公积金(元)	0.5141	0.5080	0.5100	0.5203
	每股盈余公积金(元)	0.0665	0.0665	0.0665	0.0665
	每股未分配利润(元)	0.0566	-0.0572	-0.1765	-0.1993
	每股现金净流量(元)	0.1962	-0.1258	-0.2223	-0.0119
	每股经营现金净流量(元)	-0.0300	-0.0686	-0.0951	-0.0110
	净资产收益率(扣除)(%)	-	-2.5200	-	-1.5600
	净资产收益率(%)	3.7530	9.4320	1.7130	1.0170
	总资产(万)	189851.57	172318.87	176380.83	188608.83
	股东权益(万)	123612.28	114562.32	105710.82	104763.40
	主营业务收入(万)	64069.68	110480.58	56321.88	119104.98
	主营成本(万)	54229.05	93597.01	47420.15	96691.17
	营业收入(万)	64519.84	115572.22	59170.86	121818.82
	营业成本(万)	54504.80	98029.15	50050.15	98797.98
	投资收益(万)	-	-	-	-
	利润总额(万)	5419.94	11134.13	2286.17	2111.30
	净利润(万)	4639.61	10805.83	1810.36	1064.93

上海豫园旅游商城股份有限公司

公司概况	公司名称	上海豫园旅游商城股份有限公司			证券简称	豫园商城
	法人代表	叶凯	董秘	蒋伟	证券代码	600655
	公司网址	www.yuyuantm.com.cn		电子信箱	obd@yuyuantm.com.cn	
	电　话	021-63559999		传　真	021-63550558	
	办公地址	上海市方浜中路269号				
	经营范围	批发、零售金银饰品、铂金饰品、钻石饰品,珠宝玉器的销售等				

	指标\报告期	2011.06.30	2010.12.31	2010.06.30	2009.12.31
主要财务指标	每股收益(元)	0.3270	0.4680	0.2680	0.3350
	每股收益(扣除)(元)	0.2900	0.4470	0.2700	0.3180
	每股净资产(元)	3.4200	3.1790	5.2520	4.9930
	调整后每股净资产(元)	-	-	-	-
	每股资本公积金(元)	0.6231	0.6585	1.3723	1.5188
	每股盈余公积金(元)	0.2918	0.2918	0.4787	0.4787
	每股未分配利润(元)	1.5063	1.2293	2.4001	1.9968
	每股现金净流量(元)	0.3634	0.7407	1.7248	0.0002
	每股经营现金净流量(元)	0.3625	0.3861	0.9209	0.7299
	净资产收益率(扣除)(%)	-	15.0090	-	12.8800
	净资产收益率(%)	9.5600	14.7210	9.2020	12.0770
	总资产(万)	1017171.96	1027287.93	972967.80	865053.23
	股东权益(万)	491601.88	456982.11	419366.33	398670.02
	主营业务收入(万)	903156.26	1179285.18	552877.30	802434.14
	主营成本(万)	824229.55	1030420.33	476863.16	695651.95
	营业收入(万)	919697.10	1207023.38	567015.88	825619.97
	营业成本(万)	826697.71	1035887.75	479509.18	701101.28
	投资收益(万)	-	-	-	-
	利润总额(万)	59328.01	88537.66	48900.72	57211.45
	净利润(万)	46997.36	67273.29	38590.47	48147.17

珠海市博元投资股份有限公司

公司概况	公司名称	珠海市博元投资股份有限公司			证券简称	ST 方 源
	法人代表	余蒂妮	董秘	夏斓	证券代码	600656
	公司网址	www.600656.net		电子信箱	stock656@126.com	
	电　话	0756-2660313-832 817		传　真	0756-2660878	
	办公地址	广东省珠海市香洲区人民西路291号日荣大厦8层806室				
	经营范围	工业废弃物和农林废弃物的无害化综合开发等				

	指标\报告期	2011.06.30	2010.12.31	2010.06.30	2009.12.31
主要财务指标	每股收益(元)	-0.0840	0.0492	-0.0720	-2.4497
	每股收益(扣除)(元)	-0.0870	-0.2116	-0.0720	-1.7800
	每股净资产(元)	0.5600	-1.9000	-2.2400	-2.1700
	调整后每股净资产(元)	-	-	-	-
	每股资本公积金(元)	2.9930	0.4458	0.2315	0.2160
	每股盈余公积金(元)	0.0333	0.0333	0.0333	0.0333
	每股未分配利润(元)	-3.4662	-3.3821	-3.5029	-3.4600
	每股现金净流量(元)	2.2956	-0.0002	0.0000	-0.1646
	每股经营现金净流量(元)	-0.1308	-0.2033	0.0053	-0.1638
	净资产收益率(扣除)(%)	-	-	-	-
	净资产收益率(%)	-15.0160	-2.5870	-	-113.0700
	总资产(万)	61629.73	16685.87	15168.57	15217.36
	股东权益(万)	10661.29	-36223.12	-42601.31	-41239.02
	主营业务收入(万)	46.52	-	-	-
	主营成本(万)	46.18	-	-	-
	营业收入(万)	46.52	-	-	179.98
	营业成本(万)	1527.54	3922.85	1305.24	200.18
	投资收益(万)	-	-	-	-
	利润总额(万)	-1600.89	280.63	-1418.75	-58097.24
	净利润(万)	-1600.89	937.09	-1362.29	-46628.41

信达地产股份有限公司

公司概况					
公司名称	信达地产股份有限公司			证券简称	信达地产
法人代表	贾洪浩	董秘	张小琦	证券代码	600657
公司网址	www.cindare.com		电子信箱	dongmiban@cnda.com.cn	
电　话	010-82190959		传　真	010-82190958	
办公地址	北京市海淀区中关村南大街甲 18 号北京国际 C 座 16 层				
经营范围	房地产开发、经营、投资及物业管理(以公司登记机关核准的为准)				

主要财务指标 指标\报告期	2011.06.30	2010.12.31	2010.06.30	2009.12.31
每股收益(元)	0.1200	0.2700	0.0640	0.4200
每股收益(扣除)(元)	0.1000	0.2500	0.0570	0.3400
每股净资产(元)	3.8200	3.7700	3.4820	3.4300
调整后每股净资产(元)	–	–	–	–
每股资本公积金(元)	1.2679	1.3339	1.2561	1.2712
每股盈余公积金(元)	–	–	–	–
每股未分配利润(元)	1.5550	1.4367	1.2263	1.1621
每股现金净流量(元)	0.3785	–0.1465	–0.5173	0.4631
每股经营现金净流量(元)	0.1291	–0.5486	–0.8702	0.9886
净资产收益率(扣除)(%)	–	6.8400	–	10.8400
净资产收益率(%)	3.0960	7.2810	1.8440	12.3530
总资产(万)	1425901.41	1393788.38	1281373.80	1176612.29
股东权益(万)	582708.91	574725.84	530818.12	523326.76
主营业务收入(万)	103478.83	407541.84	122385.90	407807.14
主营成本(万)	49143.09	271823.66	75484.80	261446.21
营业收入(万)	104196.86	413349.67	123205.98	410387.96
营业成本(万)	49384.19	273595.24	75578.22	261915.21
投资收益(万)	–	–	–	–
利润总额(万)	27945.26	58088.71	18018.21	105755.39
净利润(万)	18043.15	41844.57	9788.19	64646.64

北京电子城投资开发股份有限公司

公司概况					
公司名称	北京电子城投资开发股份有限公司			证券简称	电 子 城
法人代表	王岩	董秘	吕延强	证券代码	600658
公司网址	www.cwtech.com.cn		电子信箱	bez@bez.com.cn	
电　话	010-64313278		传　真	010-64311566	
办公地址	北京市朝阳区酒仙桥路 4 号友谊大厦三层				
经营范围	投资及投资管理;房地产开发及商品房销售等				

主要财务指标 指标\报告期	2011.06.30	2010.12.31	2010.06.30	2009.12.31
每股收益(元)	0.3500	0.6300	0.2200	0.7400
每股收益(扣除)(元)	0.3100	0.6100	0.2200	0.7200
每股净资产(元)	3.1800	2.9600	2.5400	2.3200
调整后每股净资产(元)	–	–	–	–
每股资本公积金(元)	1.2411	1.2439	1.2365	1.2365
每股盈余公积金(元)	0.0166	0.0166	–	–
每股未分配利润(元)	0.9217	0.6967	0.3063	0.0839
每股现金净流量(元)	0.1800	1.0745	0.0565	0.6953
每股经营现金净流量(元)	0.4778	1.4442	0.4106	0.2699
净资产收益率(扣除)(%)	–	23.2200	–	25.2600
净资产收益率(%)	11.0080	21.2850	9.1400	23.5640
总资产(万)	323298.92	320531.90	266082.37	268052.62
股东权益(万)	184435.53	171549.99	147504.93	134600.58
主营业务收入(万)	52830.65	130501.06	43462.65	128981.27
主营成本(万)	17062.08	50738.88	16526.13	51205.22
营业收入(万)	53067.81	130847.50	43652.66	129147.49
营业成本(万)	17153.75	50878.92	16565.47	51327.13
投资收益(万)	–	–	–	–
利润总额(万)	27067.31	48645.77	17366.33	45881.29
净利润(万)	20303.36	36514.76	12901.47	31717.41

福耀玻璃工业集团股份有限公司

公司概况					
公司名称	福耀玻璃工业集团股份有限公司			证券简称	福耀玻璃
法人代表	曹德旺	董秘	陈跃丹	证券代码	600660
公司网址	www.fuyaogroup.com		电子信箱	chenyuedan@fuyaogroup.com	
电　话	0591-85383777		传　真	0591-85383666	
办公地址	福建省福清市福耀工业村 II 区				
经营范围	生产汽车玻璃、装饰玻璃和其它工业技术玻璃及玻璃安装等				

主要财务指标 指标\报告期	2011.06.30	2010.12.31	2010.06.30	2009.12.31
每股收益(元)	0.4000	0.8900	0.4400	0.5600
每股收益(扣除)(元)	0.3800	0.8800	0.4300	0.6500
每股净资产(元)	2.7500	2.9200	2.4600	2.1900
调整后每股净资产(元)	–	–	–	–
每股资本公积金(元)	0.0995	0.0995	0.0995	0.0995
每股盈余公积金(元)	0.2849	0.2849	0.2199	0.2195
每股未分配利润(元)	1.3470	1.5177	1.1279	0.8605
每股现金净流量(元)	0.0072	0.0073	–0.0268	–0.0019
每股经营现金净流量(元)	0.2506	1.0560	0.5070	0.9739
净资产收益率(扣除)(%)	–	35.1700	–	33.8900
净资产收益率(%)	14.5150	30.6010	17.8080	25.4661
总资产(万)	1144265.61	1056697.23	971607.92	905039.11
股东权益(万)	551063.39	584214.51	492222.07	438609.61
主营业务收入(万)	459261.13	836550.36	381062.60	590794.59
主营成本(万)	291197.28	502663.73	225233.16	337035.80
营业收入(万)	465731.79	850803.78	388800.37	608072.31
营业成本(万)	293064.39	506887.00	227767.75	348176.94
投资收益(万)	–	–	–	–
利润总额(万)	92730.57	201183.10	99812.55	128086.55
净利润(万)	79987.96	178775.79	87652.36	111696.85

上海新南洋股份有限公司

公司概况					
公司名称	上海新南洋股份有限公司			证券简称	新 南 洋
法人代表	钱天东	董秘	朱凯泳	证券代码	600661
公司网址	www.xin-ny.com		电子信箱	zky@xin-ny.com	
电　话	021-62826347 62818544		传　真	021-62801900	
办公地址	上海市番禺路 667 号六层				
经营范围	高新技术产品的生产销售,教育产业投资,技工贸一体化服务等				

主要财务指标 指标\报告期	2011.06.30	2010.12.31	2010.06.30	2009.12.31
每股收益(元)	0.0133	0.0400	0.0092	0.0200
每股收益(扣除)(元)	0.0116	–0.0700	0.0030	–0.0200
每股净资产(元)	2.5600	2.1000	1.8854	1.8800
调整后每股净资产(元)	–	–	–	–
每股资本公积金(元)	1.2061	0.7284	0.5428	0.5496
每股盈余公积金(元)	0.2564	0.2564	0.2543	0.2543
每股未分配利润(元)	0.0990	0.1157	0.0896	0.0818
每股现金净流量(元)	–0.0189	0.0496	–0.2966	–0.2095
每股经营现金净流量(元)	–0.0594	0.2879	0.0223	0.1291
净资产收益率(扣除)(%)	–	–3.8000	–	–0.9400
净资产收益率(%)	0.5210	1.7830	0.4890	0.9400
总资产(万)	105819.99	100123.27	96915.61	96465.21
股东权益(万)	44478.67	36465.30	32744.24	32727.15
主营业务收入(万)	26126.61	54738.59	25147.10	37031.05
主营成本(万)	20395.64	44398.20	20409.23	29404.49
营业收入(万)	26528.49	55886.38	25446.21	37618.36
营业成本(万)	20599.83	45091.13	20539.02	29624.97
投资收益(万)	–	–	–	–
利润总额(万)	808.75	1602.28	786.36	432.71
净利润(万)	231.72	650.20	160.13	306.70

上海强生控股股份有限公司

公司概况						
	公司名称	上海强生控股股份有限公司			证券简称	强生控股
	法人代表	洪任初	董秘	虞慧彬	证券代码	600662
	公司网址	www.62580000.com.cn		电子信箱	huibinyu@163.com	
	电　　话	021-61353185 61353186		传　　真	021-61353135	
	办公地址	上海市南京西路920号19层				
	经营范围	汽车出租、专线车营运、道路客运(跨省市)、本单位货运等				

主要财务指标	指标\报告期	2011.06.30	2010.12.31	2010.06.30	2009.12.31
	每股收益(元)	0.0868	0.1400	0.1019	0.1600
	每股收益(扣除)(元)	0.0934	0.1500	0.0667	0.1000
	每股净资产(元)	2.6100	2.5900	1.8700	1.9000
	调整后每股净资产(元)	-	-	-	-
	每股资本公积金(元)	0.7162	1.2280	0.0747	0.1097
	每股盈余公积金(元)	0.3075	0.3998	0.3092	0.3092
	每股未分配利润(元)	0.5885	0.7296	0.4839	0.4881
	每股现金净流量(元)	-0.0456	0.0208	-0.0377	0.0517
	每股经营现金净流量(元)	0.1835	0.4437	0.5636	0.3825
	净资产收益率(扣除)(%)	-	7.6900	-	4.9300
	净资产收益率(%)	3.3230	7.0290	2.8740	8.5729
	总资产(万)	575178.45	568538.10	294214.37	291805.77
	股东权益(万)	275157.93	273144.43	151951.50	155141.81
	主营业务收入(万)	172858.92	157186.21	172169.04	129361.62
	主营成本(万)	134311.43	114152.00	130705.37	94522.28
	营业收入(万)	174274.93	157594.40	176079.41	130053.30
	营业成本(万)	134543.29	114304.68	133755.47	94997.59
	投资收益(万)	-	-	-	-
	利润总额(万)	14393.94	16614.80	16576.44	18203.76
	净利润(万)	9142.97	11014.22	10735.46	13300.09

上海陆家嘴金融贸易区开发股份有限公司

公司概况						
	公司名称	上海陆家嘴金融贸易区开发股份有限公司			证券简称	陆家嘴
	法人代表	李晋昭	董秘	陶剑雯	证券代码	600663
	公司网址	www.ljz.com.cn		电子信箱	invest@ljz.com.cn	
	电　　话	021-33848801		传　　真	021-33848594	
	办公地址	上海市浦东新区峨山路101号1号楼				
	经营范围	房地产开发、经营、销售、出租和中介等				

主要财务指标	指标\报告期	2011.06.30	2010.12.31	2010.06.30	2009.12.31
	每股收益(元)	0.4776	0.6381	0.5438	0.6299
	每股收益(扣除)(元)	0.4763	0.5464	0.5431	0.6044
	每股净资产(元)	5.8100	5.5100	5.3800	5.4500
	调整后每股净资产(元)	-	-	-	-
	每股资本公积金(元)	0.7953	0.8042	0.8361	0.9233
	每股盈余公积金(元)	1.2598	1.2598	1.1152	1.1152
	每股未分配利润(元)	2.7554	2.4413	2.4283	2.0467
	每股现金净流量(元)	0.2945	0.1714	0.6524	-0.9349
	每股经营现金净流量(元)	0.2523	-1.0212	-0.2701	-0.5831
	净资产收益率(扣除)(%)	8.2190	11.5900	9.8050	11.5630
	净资产收益率(%)	8.2900	11.2100	9.2800	12.3400
	总资产(万)	2514382.18	2353198.80	2128227.78	2024670.01
	股东权益(万)	1255622.57	1194692.60	1169026.58	1120743.40
	主营业务收入(万)	258417.00	274560.05	187072.12	372071.66
	主营成本(万)	108706.97	99143.16	39486.52	86607.43
	营业收入(万)	265963.01	275355.00	202781.65	373495.39
	营业成本(万)	110002.10	99445.31	51568.40	87326.70
	投资收益(万)	9875.02	28957.75	5237.36	6992.64
	利润总额(万)	121344.66	149086.69	126860.62	238220.47
	净利润(万)	89191.53	119171.03	101573.58	117640.03

哈药集团股份有限公司

公司概况						
	公司名称	哈药集团股份有限公司			证券简称	哈药股份
	法人代表	张利君	董秘	孟晓东	证券代码	600664
	公司网址	www.hayao.com		电子信箱	mengxd@hayao.com	
	电　　话	0451-84604688		传　　真	0451-84856690	
	办公地址	黑龙江省哈尔滨市道里区友谊路431号				
	经营范围	医药原料药及制剂、中成药及中药粉针剂、滋补保健品制造等				

主要财务指标	指标\报告期	2011.06.30	2010.12.31	2010.06.30	2009.12.31
	每股收益(元)	0.4000	0.9100	0.3500	0.7500
	每股收益(扣除)(元)	0.4000	0.8900	0.3500	0.7500
	每股净资产(元)	3.9900	4.0300	4.7900	4.8200
	调整后每股净资产(元)	-	-	-	-
	每股资本公积金(元)	0.7488	0.7488	0.7496	0.7488
	每股盈余公积金(元)	0.9629	1.2629	1.1792	1.2629
	每股未分配利润(元)	2.1732	2.2299	1.8582	2.2299
	每股现金净流量(元)	0.0791	0.4091	0.3880	0.3346
	每股经营现金净流量(元)	0.0860	0.9281	0.8081	1.4908
	净资产收益率(扣除)(%)	-	17.7700	-	15.6400
	净资产收益率(%)	10.0930	17.3610	9.4960	15.5990
	总资产(万)	1253792.88	1176262.58	1085357.16	1000716.39
	股东权益(万)	643976.13	651014.10	594549.25	598052.91
	主营业务收入(万)	757576.77	675595.77	650621.59	644822.61
	主营成本(万)	552737.73	377143.51	442846.83	365146.21
	营业收入(万)	767017.27	1253543.98	655661.14	1067730.06
	营业成本(万)	558414.25	879628.04	446544.32	726159.41
	投资收益(万)	-	-	-	-
	利润总额(万)	77423.63	131418.48	67701.75	108684.79
	净利润(万)	64998.34	113024.49	56457.35	93292.86

天地源股份有限公司

公司概况						
	公司名称	天地源股份有限公司			证券简称	天地源
	法人代表	俞向前	董秘	刘宇	证券代码	600665
	公司网址	www.tande.cn		电子信箱	liuyu@tande.cn	
	电　　话	029-88326035		传　　真	029-88325961	
	办公地址	陕西省西安市高新技术开发区科技路33号高新国际商务中心27层				
	经营范围	房地产开发和经营、自有房屋租赁、物业管理,实业投资等				

主要财务指标	指标\报告期	2011.06.30	2010.12.31	2010.06.30	2009.12.31
	每股收益(元)	0.1749	0.2632	0.0771	0.1970
	每股收益(扣除)(元)	0.1710	0.1946	0.0589	0.1841
	每股净资产(元)	2.5500	2.3800	2.1900	2.1800
	调整后每股净资产(元)	-	-	-	-
	每股资本公积金(元)	0.4793	0.4813	0.4813	0.4813
	每股盈余公积金(元)	0.2723	0.2723	0.2583	0.2583
	每股未分配利润(元)	0.8009	0.6260	0.4499	0.4368
	每股现金净流量(元)	0.3988	-0.6705	-0.9591	1.7952
	每股经营现金净流量(元)	0.1502	-1.3630	-1.5178	1.8206
	净资产收益率(扣除)(%)	-	8.5800	-	8.7500
	净资产收益率(%)	6.8510	11.0620	3.5230	9.0530
	总资产(万)	868701.17	769929.23	697361.56	624759.81
	股东权益(万)	183802.97	171360.26	157667.37	156725.86
	主营业务收入(万)	75711.80	204944.24	74557.84	185769.63
	主营成本(万)	33725.53	156496.95	57311.62	114792.11
	营业收入(万)	75723.85	204993.27	74742.88	185812.38
	营业成本(万)	33737.00	156526.40	57384.05	114819.85
	投资收益(万)	-	-	-	-
	利润总额(万)	20234.46	25592.08	7872.35	25960.84
	净利润(万)	12592.56	18955.01	5555.12	14188.39

西南药业股份有限公司

公司概况	公司名称	西南药业股份有限公司			证券简称	西南药业
	法人代表	李标	董秘	蒋茜	证券代码	600666
	公司网址				电子信箱	swp600666@163.com
	电　　话	023-89855125			传　　真	023-89855126
	办公地址	重庆市沙坪坝区天星桥 21 号				
	经营范围	生产、销售片剂、胶囊剂、颗粒剂、粉针剂、大容量注射剂等				

	指标＼报告期	2011.06.30	2010.12.31	2010.06.30	2009.12.31
主要财务指标	每股收益(元)	0.1100	0.2200	0.1000	0.2100
	每股收益(扣除)(元)	0.1100	0.2100	0.1500	0.2100
	每股净资产(元)	1.5782	2.2500	2.1855	2.0400
	调整后每股净资产(元)	–	–	–	–
	每股资本公积金(元)	0.0080	0.0121	0.0121	0.0139
	每股盈余公积金(元)	0.2043	0.3065	0.2816	0.2816
	每股未分配利润(元)	0.3658	0.9364	0.8919	0.7454
	每股现金净流量(元)	–0.1255	–0.7437	–0.7515	0.1464
	每股经营现金净流量(元)	0.1738	1.4218	0.2796	0.3126
	净资产收益率(扣除)(%)	7.0740	9.5730	6.7730	10.3457
	净资产收益率(%)	7.2500	10.0500	7.0100	10.7500
	总资产(万)	135289.82	131582.65	129797.76	121791.19
	股东权益(万)	45789.54	44977.19	43694.30	40960.59
	主营业务收入(万)	46241.05	84829.07	39521.24	70633.23
	主营成本(万)	32000.39	56412.95	26158.01	46562.99
	营业收入(万)	46551.72	85322.22	39842.04	71379.62
	营业成本(万)	32300.91	57293.74	26613.44	47206.77
	投资收益(万)	–455.31	130.58	57.48	–9.37
	利润总额(万)	3617.80	5201.69	3358.45	5129.81
	净利润(万)	3239.14	4175.73	2899.53	4084.19

无锡市太极实业股份有限公司

公司概况	公司名称	无锡市太极实业股份有限公司			证券简称	太极实业
	法人代表	顾斌	董秘	陆君	证券代码	600667
	公司网址	www.wxtj.com			电子信箱	wxtj600667@wxtj.com
	电　　话	0510-85419120			传　　真	0510-85430760
	办公地址	江苏省无锡市下甸桥南堍				
	经营范围	化学纤维及制品、化纤产品、化纤机械及配件、纺织机械及配件等				

	指标＼报告期	2011.06.30	2010.12.31	2010.06.30	2009.12.31
主要财务指标	每股收益(元)	0.1150	0.1830	0.0110	0.0640
	每股收益(扣除)(元)	0.1140	0.1520	0.0100	0.0210
	每股净资产(元)	2.1480	2.0690	1.9400	1.9300
	调整后每股净资产(元)	–	–	–	–
	每股资本公积金(元)	0.7540	0.7572	0.7582	0.7632
	每股盈余公积金(元)	0.0211	0.0211	0.0203	0.0203
	每股未分配利润(元)	0.4441	0.3295	0.1580	0.1473
	每股现金净流量(元)	0.3589	0.2129	–0.1197	0.2396
	每股经营现金净流量(元)	0.7947	1.4433	0.0701	–0.1224
	净资产收益率(扣除)(%)	–	7.6100	–	1.2200
	净资产收益率(%)	5.3330	8.8430	0.5540	2.8900
	总资产(万)	500944.62	463089.28	183400.68	172155.48
	股东权益(万)	100722.73	96991.54	90789.32	90519.92
	主营业务收入(万)	149878.95	252136.22	39599.62	59364.57
	主营成本(万)	127836.11	213549.14	34934.60	51082.60
	营业收入(万)	152904.08	255173.87	41031.52	61733.38
	营业成本(万)	130534.15	215934.00	36072.95	53061.97
	投资收益(万)	–	–	–	–
	利润总额(万)	12143.56	20281.49	714.37	2784.03
	净利润(万)	5371.54	8577.33	502.91	2615.61

浙江尖峰集团股份有限公司

公司概况	公司名称	浙江尖峰集团股份有限公司			证券简称	尖峰集团
	法人代表	蒋晓萌	董秘	朱坚卫	证券代码	600668
	公司网址	www.jianfeng.com.cn			电子信箱	jf@jianfeng.com.cn
	电　　话	0579-82320582 82324699			传　　真	0579-82324611
	办公地址	浙江省金华市婺江东路 88 号				
	经营范围	水泥,水泥混凝土,预制构件,普通机械,辅助材料,通讯设备等				

	指标＼报告期	2011.06.30	2010.12.31	2010.06.30	2009.12.31
主要财务指标	每股收益(元)	0.4500	0.3900	0.0700	0.2100
	每股收益(扣除)(元)	0.4400	0.3700	0.0600	0.0400
	每股净资产(元)	3.8100	3.3700	2.8000	2.7800
	调整后每股净资产(元)	–	–	–	–
	每股资本公积金(元)	1.4080	1.4095	1.1600	1.1600
	每股盈余公积金(元)	0.2009	0.2009	0.1723	0.1723
	每股未分配利润(元)	1.2021	0.7549	0.4651	0.4476
	每股现金净流量(元)	0.0912	–0.0465	–0.2778	0.2380
	每股经营现金净流量(元)	0.2489	0.0926	0.0685	0.1554
	净资产收益率(扣除)(%)	11.7330	11.4680	2.4110	7.7270
	净资产收益率(%)	12.4600	13.1100	2.4000	7.9500
	总资产(万)	246322.70	215587.81	186515.66	202506.92
	股东权益(万)	147041.00	125767.49	104905.54	103883.50
	主营业务收入(万)	77342.35	131428.00	57817.94	131958.38
	主营成本(万)	–	105890.61	49042.62	112082.75
	营业收入(万)	77906.45	132453.09	58360.98	132391.56
	营业成本(万)	58821.38	106488.58	49352.81	112182.08
	投资收益(万)	9846.94	9944.75	1655.76	5480.50
	利润总额(万)	20162.11	17054.28	2908.56	8839.41
	净利润(万)	15385.34	13279.58	2320.94	7390.85

杭州天目山药业股份有限公司

公司概况	公司名称	杭州天目山药业股份有限公司			证券简称	*ST 天目
	法人代表	范建国	董秘	郑涛	证券代码	600671
	公司网址	www.hztmyy.com			电子信箱	zt8788@sina.com
	电　　话	0571-63722229			传　　真	0571-63715400
	办公地址	浙江省临安市苕溪南路 78 号				
	经营范围	生产、销售:颗粒剂、丸剂(水丸、水蜜丸、浓缩丸)、合剂等				

	指标＼报告期	2011.06.30	2010.12.31	2010.06.30	2009.12.31
主要财务指标	每股收益(元)	0.0030	–0.0700	0.0052	–0.6200
	每股收益(扣除)(元)	0.0049	–0.1100	–0.0088	–0.6250
	每股净资产(元)	1.1583	1.1553	1.4225	1.2278
	调整后每股净资产(元)	–	–	–	–
	每股资本公积金(元)	0.4375	0.4375	0.4375	0.4375
	每股盈余公积金(元)	0.1986	0.1986	0.1986	0.1986
	每股未分配利润(元)	–0.4778	–0.4808	–0.2136	–0.4083
	每股现金净流量(元)	–0.1200	0.0058	–0.0962	0.0816
	每股经营现金净流量(元)	–0.0762	–0.1035	–0.0408	0.0623
	净资产收益率(扣除)(%)	–	–9.0800	–	–40.6700
	净资产收益率(%)	0.2560	–6.2760	0.3670	–50.3720
	总资产(万)	31109.43	31979.44	31320.16	32229.27
	股东权益(万)	14105.26	14069.13	17323.10	14952.09
	主营业务收入(万)	13727.62	22961.55	11218.01	24061.74
	主营成本(万)	7918.38	12662.94	6127.73	14639.49
	营业收入(万)	13748.25	23422.69	11237.89	24533.69
	营业成本(万)	7925.01	12931.55	6131.19	14765.23
	投资收益(万)	–	–	–	–
	利润总额(万)	323.30	–795.65	186.67	–7518.41
	净利润(万)	36.13	–882.96	63.63	–7531.72

广东东阳光铝业股份有限公司

公司概况	公司名称	广东东阳光铝业股份有限公司			证券简称	东阳光铝
	法人代表	郭京平	董秘	陈铁生	证券代码	600673
	公司网址	www.hec-al.com		电子信箱	yzg600673@126.com	
	电　　话	0769-85370225		传　　真	0769-85370230	
	办公地址	广东省东莞市长安镇上沙村第五工业区				
	经营范围	项目投资;高纯铝、电极箔、亲水箔及亲水箔用涂料等				

	指标\报告期	2011.06.30	2010.12.31	2010.06.30	2009.12.31
主要财务指标	每股收益(元)	0.2100	0.3000	0.1200	0.0900
	每股收益(扣除)(元)	0.2000	0.2700	0.0900	0.0600
	每股净资产(元)	2.8500	2.6400	2.4600	2.2800
	调整后每股净资产(元)	–	–	–	–
	每股资本公积金(元)	1.0770	1.0770	1.0827	1.0157
	每股盈余公积金(元)	0.0243	0.0243	0.0206	0.0206
	每股未分配利润(元)	0.7484	0.5394	0.3604	0.2432
	每股现金净流量(元)	0.7291	–0.1361	–0.0172	–0.2158
	每股经营现金净流量(元)	–0.0579	0.2742	–0.1578	0.2468
	净资产收益率(扣除)(%)	7.3350	11.3570	4.7580	3.7987
	净资产收益率(%)	7.6100	12.0700	4.9000	3.8000
	总资产(万)	698398.39	583171.89	570513.38	510359.85
	股东权益(万)	316346.96	295479.01	276153.58	230794.67
	主营业务收入(万)	241393.52	362833.14	171142.85	235336.59
	主营成本(万)	192596.16	288890.25	137884.88	190936.93
	营业收入(万)	250264.63	376293.35	178639.06	239746.46
	营业成本(万)	200462.42	301216.63	144786.59	194987.66
	投资收益(万)	–38.42	537.27	–33.00	–164.89
	利润总额(万)	28816.46	40552.40	17916.83	15221.27
	净利润(万)	17296.36	24816.40	9701.05	7165.16

四川川投能源股份有限公司

公司概况	公司名称	四川川投能源股份有限公司			证券简称	川投能源
	法人代表	黄顺福	董秘	谢洪先	证券代码	600674
	公司网址	www.scte.com.cn		电子信箱	xiehongxian@scte.com.cn	
	电　　话	028-86098649		传　　真	028-86098649	
	办公地址	四川省成都市小南街23号				
	经营范围	投资开发、经营管理以电力生产为主的能源项目等				

	指标\报告期	2011.06.30	2010.12.31	2010.06.30	2009.12.31
主要财务指标	每股收益(元)	0.1268	0.3650	0.0876	0.2689
	每股收益(扣除)(元)	0.1265	0.3616	0.0876	0.2696
	每股净资产(元)	6.4369	5.9200	5.6400	5.5600
	调整后每股净资产(元)	–	–	–	–
	每股资本公积金(元)	3.9767	3.5866	3.5841	3.5844
	每股盈余公积金(元)	0.3884	0.3884	0.3163	0.3163
	每股未分配利润(元)	1.0718	0.9449	0.7397	0.6621
	每股现金净流量(元)	0.7496	–0.1731	–0.0761	0.0297
	每股经营现金净流量(元)	0.3219	0.7038	0.3107	0.5418
	净资产收益率(扣除)(%)	–	6.3000	–	9.1400
	净资产收益率(%)	1.9710	6.1650	1.5530	3.3090
	总资产(万)	1279623.95	998693.74	987357.67	990147.05
	股东权益(万)	600509.24	552285.74	526173.78	518964.52
	主营业务收入(万)	50909.23	109265.09	45205.98	90161.26
	主营成本(万)	27563.92	58714.82	24454.87	50419.44
	营业收入(万)	50909.23	109477.58	45205.98	90178.64
	营业成本(万)	27563.92	58714.82	24454.87	50425.67
	投资收益(万)	–	–	–	–
	利润总额(万)	15071.91	40770.60	10583.47	22554.74
	净利润(万)	11833.13	34049.04	8172.78	17172.73

中华企业股份有限公司

公司概况	公司名称	中华企业股份有限公司			证券简称	中华企业
	法人代表	朱胜杰	董秘	印学青	证券代码	600675
	公司网址	www.cecl.com.cn		电子信箱	zhqydm@cecl.com.cn	
	电　　话	021-62170088		传　　真	021-62179197	
	办公地址	上海市华山路2号中华企业大厦				
	经营范围	商品房设计、建造、买卖、租赁及调剂业务等				

	指标\报告期	2011.06.30	2010.12.31	2010.06.30	2009.12.31
主要财务指标	每股收益(元)	0.0180	0.4980	0.0620	0.4500
	每股收益(扣除)(元)	–0.1060	0.4260	0.0490	0.4150
	每股净资产(元)	3.0100	3.1100	2.6810	3.4050
	调整后每股净资产(元)	–	–	–	–
	每股资本公积金(元)	0.0107	0.0245	0.0358	0.0465
	每股盈余公积金(元)	0.2680	0.2680	0.2542	0.3305
	每股未分配利润(元)	1.7317	1.8132	1.3909	2.0276
	每股现金净流量(元)	0.1072	–0.4098	–0.0022	1.6974
	每股经营现金净流量(元)	–0.8602	–3.6336	–2.4687	0.0343
	净资产收益率(扣除)(%)	–	14.8800	–	17.0400
	净资产收益率(%)	0.6120	16.0380	2.3100	17.1800
	总资产(万)	2464697.73	2183247.64	1943105.43	1378546.47
	股东权益(万)	425802.52	439293.82	379191.24	370431.23
	主营业务收入(万)	81434.57	302289.65	102299.57	411992.26
	主营成本(万)	42417.73	–	55595.91	–
	营业收入(万)	81434.57	303026.88	102299.57	412317.61
	营业成本(万)	42417.73	139914.94	55595.91	244490.81
	投资收益(万)	–	–	–	–
	利润总额(万)	6726.50	102944.55	15051.56	101938.34
	净利润(万)	2607.75	70454.81	8760.01	63641.25

上海交运股份有限公司

公司概况	公司名称	上海交运股份有限公司			证券简称	交运股份
	法人代表	陈辰康	董秘	徐以刚(代)	证券代码	600676
	公司网址	www.jygf.cn		电子信箱	jygf@sh163.net	
	电　　话	021-62116009 60850609		传　　真	021-62116123	
	办公地址	上海市平武路38号仁达商务楼三层				
	经营范围	汽车货物运输装卸,公路省(市)际旅客运输,二类货运代理				

	指标\报告期	2011.06.30	2010.12.31	2010.06.30	2009.12.31
主要财务指标	每股收益(元)	0.1386	0.2400	0.1287	0.2100
	每股收益(扣除)(元)	0.1233	0.2100	0.1237	0.1700
	每股净资产(元)	2.7200	2.7200	2.5600	2.5300
	调整后每股净资产(元)	–	–	–	–
	每股资本公积金(元)	0.7467	0.7641	0.7142	0.7146
	每股盈余公积金(元)	0.2590	0.2590	0.2394	0.2394
	每股未分配利润(元)	0.7106	0.6920	0.6035	0.5748
	每股现金净流量(元)	–0.1963	0.1070	–0.0201	0.1234
	每股经营现金净流量(元)	0.2574	0.5223	0.3523	0.5513
	净资产收益率(扣除)(%)	–	8.1600	–	7.2700
	净资产收益率(%)	5.1010	8.7247	5.0310	8.2984
	总资产(万)	499892.13	494966.25	471369.19	447168.89
	股东权益(万)	198725.76	198661.17	187081.68	185018.45
	主营业务收入(万)	320769.53	533632.43	244620.11	347089.05
	主营成本(万)	284493.22	460738.49	204021.21	285005.04
	营业收入(万)	328197.02	547831.43	251287.04	358572.28
	营业成本(万)	286331.13	464682.62	206078.24	288448.45
	投资收益(万)	–	–	–	–
	利润总额(万)	18021.75	33323.50	16897.96	23121.20
	净利润(万)	10136.68	17332.54	9412.25	15353.54

航天通信控股集团股份有限公司

公司概况						
公司名称	航天通信控股集团股份有限公司			证券简称	航天通信	
法人代表	杜尧	董秘	徐宏伟	证券代码	600677	
公司网址	www.aerocom.cn		电子信箱	stock@aerocom.cn		
电　话	0571-87034676 87079526		传　真	0571-87077662		
办公地址	浙江省杭州市解放路138号航天通信大厦一号楼					
经营范围	通信产业投资;企业资产管理;通信产品开发,通信工程等					

主要财务指标 指标\报告期	2011.06.30	2010.12.31	2010.06.30	2009.12.31
每股收益(元)	0.1071	0.3555	0.0176	0.0308
每股收益(扣除)(元)	0.0339	0.0137	-0.0783	-0.0796
每股净资产(元)	2.9121	2.8051	2.4689	2.4513
调整后每股净资产(元)	-	-	-	-
每股资本公积金(元)	0.2571	0.2571	0.2588	0.2588
每股盈余公积金(元)	0.1795	0.1795	0.1795	0.1795
每股未分配利润(元)	1.4755	1.3684	1.0305	1.0129
每股现金净流量(元)	-0.5116	1.0322	0.0604	-0.0675
每股经营现金净流量(元)	-0.9372	-0.5169	-0.7245	-0.3136
净资产收益率(扣除)(%)	-	0.5200	-	-3.2800
净资产收益率(%)	3.6770	12.6740	0.7120	1.2580
总资产(万)	456139.29	367677.27	325396.75	275373.06
股东权益(万)	94985.86	91493.16	80527.95	79954.24
主营业务收入(万)	361838.62	494459.19	199518.79	333589.44
主营成本(万)	337635.25	453226.23	185602.45	303392.31
营业收入(万)	364647.54	502305.33	206709.42	352295.91
营业成本(万)	339714.02	459567.28	192339.54	320822.82
投资收益(万)	-	-	-	-
利润总额(万)	6238.22	15315.93	1305.44	3186.78
净利润(万)	3492.70	11595.36	573.71	1006.07

四川金顶(集团)股份有限公司

公司概况						
公司名称	四川金顶(集团)股份有限公司			证券简称	*ST 金顶	
法人代表	杨学品	董秘	周正	证券代码	600678	
公司网址	www.scjd.cn		电子信箱	zhzh@scjd.cn		
电　话	0833-5578055		传　真	0833-5578053		
办公地址	四川省峨眉山市乐都镇					
经营范围	水泥制造、销售,机械加工,汽车修理,普通货运,电力开发					

主要财务指标 指标\报告期	2011.06.30	2010.12.31	2010.06.30	2009.12.31
每股收益(元)	-0.2482	-1.6830	-1.0745	-1.6823
每股收益(扣除)(元)	-0.2481	-1.3940	-0.5996	-1.6238
每股净资产(元)	-2.3648	-2.1166	-1.4754	-0.4300
调整后每股净资产(元)	-	-	-	-
每股资本公积金(元)	-0.0245	-0.0245	-0.0245	-0.0245
每股盈余公积金(元)	0.0795	0.0795	0.0795	0.0795
每股未分配利润(元)	-3.4199	-3.1717	-2.5304	-1.4887
每股现金净流量(元)	-0.0126	-0.2879	-0.2851	-0.0394
每股经营现金净流量(元)	0.0215	-0.0196	-0.0417	0.1357
净资产收益率(扣除)(%)	-	-	-	-375.3200
净资产收益率(%)	-10.4955	-79.5126	-72.8295	-387.9549
总资产(万)	133909.69	138229.21	158441.40	174468.61
股东权益(万)	-82529.92	-73868.00	-51489.65	-15133.60
主营业务收入(万)	18995.58	46268.03	22922.36	65912.08
主营成本(万)	17819.51	42194.33	20561.86	57209.43
营业收入(万)	19800.82	46737.42	22981.18	66100.47
营业成本(万)	18379.33	44037.76	20690.20	57477.67
投资收益(万)	-	-	-	-
利润总额(万)	-10243.82	-61635.24	-37926.65	-53248.88
净利润(万)	-8661.92	-58734.40	-37499.66	-58711.56

金山开发建设股份有限公司

公司概况						
公司名称	金山开发建设股份有限公司			证券简称	金山开发	
法人代表	夏杰	董秘	李玉龙	证券代码	600679	
公司网址	www.jskfjs.com		电子信箱	lyl@phoenix.com.cn		
电　话	021-31351500 31351508		传　真	021-31351501		
办公地址	上海市吴中路369号美恒大厦15层					
经营范围	房地产开发经营,城市和绿化建设,旧区改造,商业开发					

主要财务指标 指标\报告期	2011.06.30	2010.12.31	2010.06.30	2009.12.31
每股收益(元)	0.0013	0.0211	0.0063	0.0094
每股收益(扣除)(元)	-0.0006	-0.0497	-0.0082	-0.0212
每股净资产(元)	1.6871	1.6817	1.6761	1.7229
调整后每股净资产(元)	-	-	-	-
每股资本公积金(元)	0.9956	0.9915	1.0008	1.0539
每股盈余公积金(元)	0.1632	0.1632	0.1632	0.1632
每股未分配利润(元)	-0.4716	-0.4728	-0.4876	-0.4939
每股现金净流量(元)	-0.3532	0.1297	0.1065	-0.1499
每股经营现金净流量(元)	-0.0505	0.0139	0.1860	0.0786
净资产收益率(扣除)(%)	-	-2.9200	-	-1.2700
净资产收益率(%)	0.0740	1.2550	0.3760	0.5460
总资产(万)	132775.46	129827.78	126295.46	122653.07
股东权益(万)	59658.93	59469.18	59271.43	60924.05
主营业务收入(万)	51249.48	89943.54	48590.34	89209.06
主营成本(万)	45549.88	80005.50	43248.21	79840.06
营业收入(万)	51990.08	90672.07	48976.97	90215.39
营业成本(万)	45903.60	80261.22	43383.10	80588.83
投资收益(万)	-	-	-	-
利润总额(万)	256.85	2422.08	736.70	902.25
净利润(万)	44.25	746.44	222.57	332.83

上海普天邮通科技股份有限公司

公司概况						
公司名称	上海普天邮通科技股份有限公司			证券简称	上海普天	
法人代表	曹宏斌	董秘	陆贤薇	证券代码	600680	
公司网址	www.shpte.com.cn		电子信箱	zhengquanb@shpte.com		
电　话	021-64832699 64360900		传　真	021-64832699		
办公地址	上海市宜山路700号					
经营范围	设计、生产、销售各类通信设备、元器件、计算机网络等					

主要财务指标 指标\报告期	2011.06.30	2010.12.31	2010.06.30	2009.12.31
每股收益(元)	0.0100	-0.2300	-0.0500	0.0320
每股收益(扣除)(元)	-	-0.2710	-0.0600	-0.1260
每股净资产(元)	3.7400	3.7300	3.8760	3.9600
调整后每股净资产(元)	-	-	-	-
每股资本公积金(元)	2.2708	2.2702	2.2663	2.2663
每股盈余公积金(元)	0.3116	0.3116	0.3116	0.3116
每股未分配利润(元)	0.1617	0.1510	0.2989	0.3806
每股现金净流量(元)	-0.0454	-0.1799	-0.1905	-0.2189
每股经营现金净流量(元)	-0.1300	-0.2217	-0.0606	-0.2237
净资产收益率(扣除)(%)	-	-7.0400	-	-3.4100
净资产收益率(%)	0.2860	-6.1510	-1.3080	0.8050
总资产(万)	234040.24	219847.80	219381.56	222923.49
股东权益(万)	143110.14	142676.61	148181.35	-
主营业务收入(万)	65244.61	66348.02	49091.26	68417.47
主营成本(万)	60099.19	63287.68	45521.43	58613.15
营业收入(万)	66509.06	84993.90	50420.76	84574.09
营业成本(万)	60725.43	78062.90	46197.32	71222.49
投资收益(万)	-	-	-	-
利润总额(万)	376.76	-8794.25	-1701.09	1125.51
净利润(万)	409.32	-8776.02	-1938.38	1218.21

万鸿集团股份有限公司

公司概况

公司名称	万鸿集团股份有限公司			证券简称	ST 万鸿
法人代表	戚围岳	董秘	许伟文	证券代码	600681
公司网址	www.winowner.com			电子信箱	wdf94639@sina.com
电　　话	027-88066666			传　　真	027-88066666
办公地址	武汉市汉阳区阳新路特 1 号				
经营范围	对书刊出版物、电子出版物、影视光盘、文化用品、印刷业的投资等				

主要财务指标

指标\报告期	2011.06.30	2010.12.31	2010.06.30	2009.12.31
每股收益(元)	0.1187	0.1400	-0.0355	0.0400
每股收益(扣除)(元)	-0.0056	-0.0700	-0.0365	-0.1200
每股净资产(元)	-1.7087	-2.1700	-2.3488	-2.2800
调整后每股净资产(元)	-	-	-	-
每股资本公积金(元)	0.9087	0.5635	0.5578	0.6011
每股盈余公积金(元)	0.1258	0.1258	0.1258	0.1258
每股未分配利润(元)	-3.7432	-3.8620	-4.0325	-4.0023
每股现金净流量(元)	-0.0227	0.0215	0.0027	0.0211
每股经营现金净流量(元)	-0.0226	0.4856	0.0255	0.0179
净资产收益率(扣除)(%)	-	-	-	-
净资产收益率(%)	-6.9491	-6.4600	-	-1.7240
总资产(万)	14064.92	4111.44	7544.81	13377.16
股东权益(万)	-35552.78	-45205.31	-48871.99	-47345.15
主营业务收入(万)	260.15	281.98	124.97	475.99
主营成本(万)	165.92	144.59	56.26	337.32
营业收入(万)	500.15	681.98	374.97	875.99
营业成本(万)	165.92	144.59	56.26	337.32
投资收益(万)	-	-	-	-
利润总额(万)	2489.06	2907.90	-739.06	813.57
净利润(万)	2470.59	2920.18	-739.22	816.49

南京新街口百货商店股份有限公司

公司概况

公司名称	南京新街口百货商店股份有限公司			证券简称	南京新百
法人代表	杨怀珍	董秘	潘利建	证券代码	600682
公司网址	www.njxb.com			电子信箱	njplj@sina.com
电　　话	025-84717494			传　　真	025-84717494
办公地址	江苏省南京市中山南路 1 号				
经营范围	预包装食品、散装食品(炒货、蜜饯、糕点、茶叶)、保健食品、冷热饮品销售等				

主要财务指标

指标\报告期	2011.06.30	2010.12.31	2010.06.30	2009.12.31
每股收益(元)	0.1300	0.2000	0.1600	0.2500
每股收益(扣除)(元)	0.1200	0.1900	0.1600	0.2300
每股净资产(元)	3.0200	3.0000	3.0500	2.9100
调整后每股净资产(元)	-	-	-	-
每股资本公积金(元)	1.1535	1.1543	1.1511	1.1585
每股盈余公积金(元)	0.4008	0.4008	0.3652	0.3652
每股未分配利润(元)	0.4638	0.4417	0.5352	0.3848
每股现金净流量(元)	-0.0643	-0.0142	-0.1667	-0.0917
每股经营现金净流量(元)	-0.0001	0.3685	0.0220	0.3280
净资产收益率(扣除)(%)	-	6.5700	-	8.1600
净资产收益率(%)	4.2130	6.7530	5.2540	8.5090
总资产(万)	291927.39	289473.46	268338.80	263235.31
股东权益(万)	108145.15	107382.16	109343.03	104218.49
主营业务收入(万)	86143.80	151823.70	76049.48	137632.25
主营成本(万)	67015.11	117597.30	58621.44	103165.31
营业收入(万)	88139.14	153968.73	77650.38	140905.63
营业成本(万)	67939.30	118044.31	58914.25	103270.98
投资收益(万)	-	-	-	-
利润总额(万)	6137.66	9519.97	7552.56	11043.20
净利润(万)	4555.72	7251.17	5744.30	8868.18

京投银泰股份有限公司

公司概况

公司名称	京投银泰股份有限公司			证券简称	京投银泰
法人代表	王琪	董秘	邓志高	证券代码	600683
公司网址	www.600683.com			电子信箱	ir@600683.com
电　　话	010-65636620			传　　真	010-85172628
办公地址	北京市朝阳区建国门外大街 2 号 C 座 17 层				
经营范围	房地产开发、经营及租赁;家用电器及日用品的批发、零售等				

主要财务指标

指标\报告期	2011.06.30	2010.12.31	2010.06.30	2009.12.31
每股收益(元)	0.1930	0.3600	0.1670	0.1600
每股收益(扣除)(元)	0.1700	0.2300	0.0580	0.0800
每股净资产(元)	2.4910	2.3100	2.1220	3.1200
调整后每股净资产(元)	-	-	-	-
每股资本公积金(元)	0.5350	0.5431	0.5546	1.4698
每股盈余公积金(元)	0.0838	0.0838	0.0627	0.0941
每股未分配利润(元)	0.8725	0.6799	0.5047	0.5570
每股现金净流量(元)	-1.1746	0.6612	-0.1505	1.6880
每股经营现金净流量(元)	-1.2351	-2.2367	0.1514	1.1333
净资产收益率(扣除)(%)	-	10.1000	-	4.4600
净资产收益率(%)	7.7320	15.7340	7.8540	7.0330
总资产(万)	902798.26	853798.40	682393.05	513269.26
股东权益(万)	184553.27	170882.13	157194.89	154126.52
主营业务收入(万)	103604.98	146097.18	14510.02	65295.17
主营成本(万)	54742.75	99574.46	9845.49	50493.37
营业收入(万)	103604.98	146132.61	14561.39	65476.08
营业成本(万)	54742.75	99574.46	9873.47	50508.94
投资收益(万)	-	-	-	-
利润总额(万)	20410.43	35184.78	14716.02	13979.53
净利润(万)	14269.29	26886.61	12345.98	10839.39

广州珠江实业开发股份有限公司

公司概况

公司名称	广州珠江实业开发股份有限公司			证券简称	珠江实业
法人代表	郑暑平	董秘	陈燕平	证券代码	600684
公司网址	www.gzzjsy.com			电子信箱	chenyanping@gzzjsy.com
电　　话	020-83752828 808			传　　真	020-83752663
办公地址	广东省广州市环市东路 362-366 号好世界广场 30 层				
经营范围	经营土地开发、承建、销售、租赁商品房.实业投资、物业管理等				

主要财务指标

指标\报告期	2011.06.30	2010.12.31	2010.06.30	2009.12.31
每股收益(元)	0.5800	0.7000	0.1600	0.3300
每股收益(扣除)(元)	0.5800	0.6500	0.1100	0.3100
每股净资产(元)	5.2900	4.7100	4.1740	4.2100
调整后每股净资产(元)	-	-	-	-
每股资本公积金(元)	1.9099	1.9099	1.9099	1.9099
每股盈余公积金(元)	0.4116	0.4116	0.3595	0.3595
每股未分配利润(元)	1.9715	1.3915	0.9044	0.9396
每股现金净流量(元)	0.8181	1.5142	-1.1610	1.7831
每股经营现金净流量(元)	-0.3325	0.3226	-1.2355	0.8428
净资产收益率(扣除)(%)	-	14.6800	-	7.6000
净资产收益率(%)	10.9590	14.9380	3.9490	7.9170
总资产(万)	251513.85	230081.09	182586.51	180150.41
股东权益(万)	98999.62	88150.61	78065.31	78723.49
主营业务收入(万)	62641.07	64088.14	14979.70	53009.14
主营成本(万)	39657.41	36349.56	9183.80	33663.04
营业收入(万)	62656.54	65270.57	16151.95	53066.78
营业成本(万)	39657.41	36415.93	9249.67	33668.25
投资收益(万)	-	-	-	-
利润总额(万)	14465.91	17601.97	4191.82	8348.42
净利润(万)	10849.02	13167.90	3082.60	6232.85

广州广船国际股份有限公司

公司概况

公司名称	广州广船国际股份有限公司			证券简称	广船国际
法人代表	陈景奇	董秘	李志东	证券代码	600685
公司网址	www.chinagsi.com		电子信箱	gsi@chinagsi.com	
电　　话	020-81891712 2962		传　　真	020-81891575	
办公地址	广东省广州市荔湾区芳村大道南 40 号				
经营范围	造船、钢结构工程、以及机电产品等				

主要财务指标

指标＼报告期	2011.06.30	2010.12.31	2010.06.30	2009.12.31
每股收益(元)	0.5300	1.4300	0.6900	1.0400
每股收益(扣除)(元)	0.4700	1.2400	0.6700	1.0100
每股净资产(元)	7.8400	7.4000	6.6700	6.4100
调整后每股净资产(元)	–	–	–	–
每股资本公积金(元)	1.6624	1.6610	1.6661	1.8127
每股盈余公积金(元)	0.7626	0.7626	0.6151	0.6151
每股未分配利润(元)	4.4138	3.9813	3.3881	2.9781
每股现金净流量(元)	0.1387	1.2606	–1.1556	–1.6522
每股经营现金净流量(元)	–0.1859	2.1001	0.0960	–0.9398
净资产收益率(扣除)(%)	–	17.9100	–	16.8900
净资产收益率(%)	6.7920	19.3210	10.3500	16.2510
总资产(万)	1254003.87	1215745.20	1064319.02	980522.31
股东权益(万)	387766.49	366301.95	329914.12	316884.04
主营业务收入(万)	392375.01	690762.30	284219.26	645882.29
主营成本(万)	342996.70	597517.17	241583.23	567365.56
营业收入(万)	398343.08	701422.47	289360.42	655342.48
营业成本(万)	347577.84	607691.70	247186.30	575781.40
投资收益(万)	–	–	–	–
利润总额(万)	31634.36	83524.74	40270.40	61368.78
净利润(万)	26338.59	70773.68	34132.42	51496.19

厦门金龙汽车集团股份有限公司

公司概况

公司名称	厦门金龙汽车集团股份有限公司			证券简称	金龙汽车
法人代表	谷涛	董秘	吴斌	证券代码	600686
公司网址	www.xmklm.com.cn		电子信箱	kinglong@xmklm.com.cn	
电　　话	0592-2969815		传　　真	0592-2960686	
办公地址	福建省厦门市厦禾路 668 号 22-23 层				
经营范围	客车、汽车零部件、摩托车及零部件制造、组装、开发、维修等				

主要财务指标

指标＼报告期	2011.06.30	2010.12.31	2010.06.30	2009.12.31
每股收益(元)	0.2500	0.5300	0.2100	0.3400
每股收益(扣除)(元)	0.2100	0.4800	0.2100	0.3100
每股净资产(元)	4.0400	3.8900	3.5700	3.4100
调整后每股净资产(元)	–	–	–	–
每股资本公积金(元)	0.6760	0.6760	0.6760	0.6759
每股盈余公积金(元)	0.4701	0.4701	0.4509	0.4509
每股未分配利润(元)	1.8944	1.7395	1.4426	1.2786
每股现金净流量(元)	–1.9430	2.3185	0.7876	2.0052
每股经营现金净流量(元)	–1.7017	3.1592	1.0091	2.7832
净资产收益率(扣除)(%)	–	13.2400	–	9.5200
净资产收益率(%)	6.3070	13.6440	5.9960	9.9931
总资产(万)	1257825.31	1242903.42	1057174.64	944407.15
股东权益(万)	178832.67	171978.97	157985.20	150721.27
主营业务收入(万)	825340.98	1580234.42	698874.33	1146879.85
主营成本(万)	736787.01	1379333.02	616996.58	1003862.63
营业收入(万)	844844.26	1615614.18	719215.82	1177107.42
营业成本(万)	752826.24	1407802.98	634606.91	1027757.71
投资收益(万)	–	–	–	–
利润总额(万)	25674.82	56983.98	22272.56	36532.48
净利润(万)	11279.67	23465.55	9471.98	15061.75

浙江刚泰控股(集团)股份有限公司

公司概况

公司名称	浙江刚泰控股(集团)股份有限公司			证券简称	刚泰控股
法人代表	徐建刚	董秘	王军	证券代码	600687
公司网址	www.gangtaikonggu.com		电子信箱	600687@gangtaikonggu.com	
电　　话	021-68865161 0572-8080867		传　　真	021-68866511 0572-8080867	
办公地址	上海市浦东新区陆家嘴环路 958 号华能联合大厦 18 层				
经营范围	实业投资,矿业投资,货运代理,设备、自有房屋租赁,装卸、仓储等				

主要财务指标

指标＼报告期	2011.06.30	2010.12.31	2010.06.30	2009.12.31
每股收益(元)	0.3060	0.0160	–0.0347	0.0350
每股收益(扣除)(元)	0.1660	–0.0190	–0.0344	–0.0786
每股净资产(元)	1.9880	1.6820	1.6310	1.6660
调整后每股净资产(元)	–	–	–	–
每股资本公积金(元)	0.0518	0.0518	0.0518	0.0518
每股盈余公积金(元)	0.3179	0.3179	0.3179	0.3179
每股未分配利润(元)	0.6187	0.3128	0.2617	0.2964
每股现金净流量(元)	0.1952	–0.2151	–0.5376	0.5719
每股经营现金净流量(元)	0.6375	1.7654	–0.3127	0.2055
净资产收益率(扣除)(%)	–	–1.1000	–	–4.7400
净资产收益率(%)	15.3840	0.9710	–2.1270	2.0980
总资产(万)	84235.35	86423.26	68100.13	62532.75
股东权益(万)	25230.07	21348.78	20701.11	21141.47
主营业务收入(万)	25700.09	12598.15	3054.63	19386.59
主营成本(万)	19030.54	8395.96	1790.65	16227.70
营业收入(万)	25731.67	12653.34	3054.63	19387.73
营业成本(万)	19030.54	8395.96	1790.65	16227.70
投资收益(万)	–	–	–	–
利润总额(万)	5798.62	597.39	–487.80	784.62
净利润(万)	3881.28	207.31	–440.36	443.53

中国石化上海石油化工股份有限公司

公司概况

公司名称	中国石化上海石油化工股份有限公司			证券简称	S 上石化
法人代表	戎光道	董秘	张经明	证券代码	600688
公司网址	www.spc.com.cn		电子信箱	tom@spc.com.cn	
电　　话	021-57943143 52377880		传　　真	021-57940050	
办公地址	上海市金山区金一路 48 号				
经营范围	原油加工、油品、化工产品、合成纤维及单体、塑料及制品、针纺织原料及制品等				

主要财务指标

指标＼报告期	2011.06.30	2010.12.31	2010.06.30	2009.12.31
每股收益(元)	0.1920	0.3760	0.2070	0.2170
每股收益(扣除)(元)	0.1930	0.3850	0.2080	0.1800
每股净资产(元)	2.5850	2.4880	2.3100	2.1310
调整后每股净资产(元)	–	–	–	–
每股资本公积金(元)	0.4048	0.4048	0.4003	0.4003
每股盈余公积金(元)	0.7057	0.7057	0.6669	0.6669
每股未分配利润(元)	0.4627	0.3709	0.2417	0.0642
每股现金净流量(元)	0.0329	–0.0036	0.0380	–0.0697
每股经营现金净流量(元)	0.1550	0.5894	0.0509	0.5144
净资产收益率(扣除)(%)	–	16.6670	–	8.9000
净资产收益率(%)	7.4230	15.0940	8.9840	10.1760
总资产(万)	3294326.00	2915810.40	3017423.80	3045832.20
股东权益(万)	1861263.10	1791304.00	1662947.60	1534607.30
主营业务收入(万)	4929552.80	7716245.40	3597345.40	5133316.10
主营成本(万)	–	–	–	–
营业收入(万)	4952499.20	7759118.70	3615143.00	5172272.70
营业成本(万)	4300710.40	6578745.50	3082182.00	4266533.00
投资收益(万)	–	–	–	–
利润总额(万)	180580.50	345374.40	188252.60	213625.10
净利润(万)	138153.30	270373.40	149393.00	156160.50

上海三毛企业(集团)股份有限公司

公司概况					
	公司名称	上海三毛企业(集团)股份有限公司		证券简称	上海三毛
	法人代表	张文卿	董秘 沈磊	证券代码	600689
	公司网址	www.600689.com		电子信箱	shendby@hotmail.com
	电　话	021-63059496		传　真	021-63018850 601
	办公地址	上海市斜土路791号			
	经营范围	生产、销售毛条、毛纱、纺织品及服装、销售自产产品			

主要财务指标	指标\报告期	2011.06.30	2010.12.31	2010.06.30	2009.12.31
	每股收益(元)	0.0500	0.0800	0.0137	0.0700
	每股收益(扣除)(元)	0.0463	-0.1859	-0.0239	-0.1700
	每股净资产(元)	2.0244	1.9884	1.8948	1.9306
	调整后每股净资产(元)	-	-	-	-
	每股资本公积金(元)	1.1545	1.1684	1.1388	1.1883
	每股盈余公积金(元)	0.1921	0.1921	0.1921	0.1921
	每股未分配利润(元)	-0.3222	-0.3721	-0.4361	-0.4498
	每股现金净流量(元)	-0.0927	0.0131	0.1502	-0.5183
	每股经营现金净流量(元)	-0.1551	-0.0440	-0.1534	-0.4388
	净资产收益率(扣除)(%)	-	-10.1700	-	-9.7900
	净资产收益率(%)	2.4680	3.9070	0.7220	3.5128
	总资产(万)	120701.97	122841.58	93214.54	90832.94
	股东权益(万)	40688.92	39964.75	38083.33	38803.30
	主营业务收入(万)	114902.35	163086.10	79770.13	130636.41
	主营成本(万)	106741.24	151346.43	73709.40	119119.53
	营业收入(万)	115941.42	165321.90	80987.66	132723.03
	营业成本(万)	106985.66	151861.33	73966.94	119631.46
	投资收益(万)	-	-	-	-
	利润总额(万)	1326.73	1826.47	283.49	1587.28
	净利润(万)	1004.21	1561.45	275.02	1363.07

青岛海尔股份有限公司

公司概况					
	公司名称	青岛海尔股份有限公司		证券简称	青岛海尔
	法人代表	杨绵绵	董秘 明国珍	证券代码	600690
	公司网址	www.haier.com		电子信箱	hrbxbb@haier.com
	电　话	0532-88935976		传　真	0532-88935979
	办公地址	山东省青岛市崂山区海尔信息产业园内			
	经营范围	电器,电子产品,机械产品,通讯设备及 相关配件制造等			

主要财务指标	指标\报告期	2011.06.30	2010.12.31	2010.06.30	2009.12.31
	每股收益(元)	0.5700	1.5200	0.4780	1.0340
	每股收益(扣除)(元)	0.5030	1.3670	0.3980	0.8230
	每股净资产(元)	2.7600	2.9400	5.3800	5.8100
	调整后每股净资产(元)	-	-	-	-
	每股资本公积金(元)	1.1655	1.8384	0.2539	1.7546
	每股盈余公积金(元)	1.0908	1.0908	1.0222	1.0222
	每股未分配利润(元)	2.2445	1.9395	3.0996	2.0313
	每股现金净流量(元)	1.7217	1.3567	1.4632	2.8545
	每股经营现金净流量(元)	3.4188	4.1670	3.2252	3.4563
	净资产收益率(扣除)(%)	-	25.4200	-	14.7000
	净资产收益率(%)	20.6810	28.9830	14.9990	17.7811
	总资产(万)	3764090.90	3179944.85	2651378.54	2270230.45
	股东权益(万)	738367.07	787227.72	720325.79	778048.75
	主营业务收入(万)	3768778.70	5983533.27	3187899.33	4408439.81
	主营成本(万)	2864954.61	4584243.54	2405159.24	317939.99
	营业收入(万)	3799469.27	6058824.81	3220156.69	4469200.35
	营业成本(万)	2883536.89	4642000.91	2424974.18	3229811.51
	投资收益(万)	-	-	-	-
	利润总额(万)	238944.52	371230.65	187379.39	239165.18
	净利润(万)	152703.78	203459.47	128168.72	138345.63

东新电碳股份有限公司

公司概况					
	公司名称	东新电碳股份有限公司		证券简称	*ST东碳
	法人代表	刘平(代)	董秘 刘平(代)	证券代码	600691
	公司网址	www.dt691.com		电子信箱	gezhiping4321@163.com
	电　话	0813-2606903		传　真	0813-2606903
	办公地址	四川省自贡市自流井区东光路桌子山22号			
	经营范围	电碳制品、机械密封、粉末冶金产品的生产、销售等			

主要财务指标	指标\报告期	2011.06.30	2010.12.31	2010.06.30	2009.12.31
	每股收益(元)	-0.2026	0.0239	-0.1324	-0.9270
	每股收益(扣除)(元)	-0.1577	-0.2299	-0.1320	-0.6665
	每股净资产(元)	-1.2870	-1.0845	-1.2400	-1.1084
	调整后每股净资产(元)	-	-	-	-
	每股资本公积金(元)	0.3642	0.3642	0.3642	0.3642
	每股盈余公积金(元)	0.1148	0.1148	0.1148	0.1148
	每股未分配利润(元)	-2.7662	-2.5635	-2.7198	-2.5874
	每股现金净流量(元)	-0.0815	0.1341	-0.0139	0.0386
	每股经营现金净流量(元)	-0.0560	0.1374	-0.0132	0.0572
	净资产收益率(扣除)(%)	-	-	-	-
	净资产收益率(%)	-15.7400	-2.2011	-10.6729	-83.6552
	总资产(万)	9250.22	10465.30	9023.07	9123.05
	股东权益(万)	-14735.24	-12415.45	-14204.79	-12688.73
	主营业务收入(万)	1608.70	2957.48	1366.64	2801.96
	主营成本(万)	1328.54	2568.52	1231.47	2453.05
	营业收入(万)	1672.78	3082.90	1423.77	2916.02
	营业成本(万)	1368.94	2661.96	1282.09	2551.90
	投资收益(万)	-	-	-	-
	利润总额(万)	-2319.79	273.28	-1516.06	-10614.78
	净利润(万)	-2319.79	273.28	-1516.06	-10614.78

上海亚通股份有限公司

公司概况					
	公司名称	上海亚通股份有限公司		证券简称	亚通股份
	法人代表	黄胜	董秘 蔡福生	证券代码	600692
	公司网址	www.shanghi yateng.com		电子信箱	chinayatong@online.sh.cn
	电　话	021-69695918		传　真	021-69691970
	办公地址	上海市崇明县城桥镇寒山寺路297号			
	经营范围	上海市崇明县城桥镇寒山寺路297号			

主要财务指标	指标\报告期	2011.06.30	2010.12.31	2010.06.30	2009.12.31
	每股收益(元)	-0.0579	-0.2010	-0.1320	0.0112
	每股收益(扣除)(元)	-0.0617	-0.1966	-0.1688	0.0108
	每股净资产(元)	1.2436	1.3015	1.3700	1.5000
	调整后每股净资产(元)	-	-	-	-
	每股资本公积金(元)	0.1741	0.1741	0.1741	0.1741
	每股盈余公积金(元)	0.1497	0.1497	0.1497	0.1497
	每股未分配利润(元)	-0.0801	-0.0222	0.0464	0.1789
	每股现金净流量(元)	-0.4410	0.7220	-0.0179	-0.0043
	每股经营现金净流量(元)	0.1986	0.4422	-0.0700	0.1519
	净资产收益率(扣除)(%)	-	-14.0200	-	0.7200
	净资产收益率(%)	-4.6590	-15.4450	-9.6680	0.7450
	总资产(万)	145640.81	143676.55	112144.73	103371.64
	股东权益(万)	43747.27	45785.26	48197.20	52856.92
	主营业务收入(万)	10361.87	23484.18	11022.15	43461.69
	主营成本(万)	8725.88	24976.33	17449.21	37074.18
	营业收入(万)	10969.11	24065.88	11293.91	43875.00
	营业成本(万)	9342.00	25546.88	17710.43	37469.60
	投资收益(万)	-	-	-	-
	利润总额(万)	-1568.65	-6747.64	-4609.80	683.02
	净利润(万)	-2038.00	-7071.66	-4659.72	393.83

福建东百集团股份有限公司

公司概况				
公司名称	福建东百集团股份有限公司		证券简称	东百集团
法人代表	毕德才	董秘 徐海涛	证券代码	600693
公司网址	www.dongbai.com		电子信箱	db600693@126.com
电　话	0591-87531724		传　真	0591-87531804
办公地址	福建省福州市八一七北路 84 号东百大厦 18 层			
经营范围	百货零售为主业，兼营商业物业管理、广告信息、酒店餐饮、房地产开发业务			

主要财务指标 指标\报告期	2011.06.30	2010.12.31	2010.06.30	2009.12.31
每股收益(元)	0.8350	0.2940	0.1490	0.2415
每股收益(扣除)(元)	0.1640	0.3191	0.1800	0.2298
每股净资产(元)	2.8950	2.0220	1.8774	1.7280
调整后每股净资产(元)	–	–	–	–
每股资本公积金(元)	0.1387	0.1020	0.1016	0.1016
每股盈余公积金(元)	0.3372	0.3372	0.3128	0.3128
每股未分配利润(元)	1.4188	0.5832	0.4631	0.3137
每股现金净流量(元)	0.1859	0.2041	–0.2364	0.5712
每股经营现金净流量(元)	–0.0487	0.7678	0.1078	0.6846
净资产收益率(扣除)(%)	–	16.9900	–	13.8000
净资产收益率(%)	28.8570	14.5350	7.9570	13.9750
总资产(万)	155512.59	151450.04	133392.60	137981.47
股东权益(万)	99352.41	69413.56	64437.36	59309.87
主营业务收入(万)	103662.16	176789.40	84884.13	146112.40
主营成本(万)	86773.43	147300.50	70998.25	122309.08
营业收入(万)	109786.92	189240.36	91805.98	155931.76
营业成本(万)	86787.31	147388.74	71003.21	122321.75
投资收益(万)	–	–	–	–
利润总额(万)	37738.00	13951.64	6973.80	11652.33
净利润(万)	28669.98	10089.37	5127.49	8288.62

大商股份有限公司

公司概况				
公司名称	大商股份有限公司		证券简称	大商股份
法人代表	牛钢	董秘 孟浩	证券代码	600694
公司网址	www.dsjt.com		电子信箱	dashanggufen@126.com
电　话	0411-83643215		传　真	0411-83880798
办公地址	辽宁省大连市中山区青三街 1 号			
经营范围	食品,副食品,劳保用品,商业物资经销等			

主要财务指标 指标\报告期	2011.06.30	2010.12.31	2010.06.30	2009.12.31
每股收益(元)	0.7500	0.4100	0.3300	–0.0400
每股收益(扣除)(元)	0.7700	0.4400	0.3300	–0.2600
每股净资产(元)	11.8700	11.1200	10.4600	10.7000
调整后每股净资产(元)	–	–	–	–
每股资本公积金(元)	4.9518	4.9518	4.9518	4.9518
每股盈余公积金(元)	0.8237	0.8237	0.7666	0.7666
每股未分配利润(元)	5.0941	4.3418	3.7455	3.5080
每股现金净流量(元)	1.9460	1.6100	0.1759	3.6579
每股经营现金净流量(元)	3.5980	5.8894	0.9050	4.1744
净资产收益率(扣除)(%)	–	3.9900	–	–2.4300
净资产收益率(%)	6.3380	3.7300	2.2700	–0.3679
总资产(万)	1245026.94	1191739.46	1095252.50	1103219.37
股东权益(万)	348631.35	326534.89	307343.06	314356.59
主营业务收入(万)	1451045.42	2263188.19	1114420.29	1985989.93
主营成本(万)	1263316.05	1966741.29	958240.20	1722631.22
营业收入(万)	1554339.86	2434345.69	1197114.18	2116315.96
营业成本(万)	1266080.29	1973176.02	960870.30	1724460.12
投资收益(万)	–	–	–	–
利润总额(万)	35288.06	31317.90	19776.97	2992.98
净利润(万)	22096.46	12178.22	9546.36	–1156.48

上海大江(集团)股份有限公司

公司概况				
公司名称	上海大江(集团)股份有限公司		证券简称	大江股份
法人代表	俞乃奋	董秘 顾伟文	证券代码	600695
公司网址	www.dajiang.com		电子信箱	gww_sd@dajiang.com
电　话	021-34225027 34225030		传　真	021-34225056
办公地址	上海市莲花路 1555 号华一大厦 7 层			
经营范围	食用农产品、乳制品(不含婴幼儿配方乳粉)、酒类、预包装食品等			

主要财务指标 指标\报告期	2011.06.30	2010.12.31	2010.06.30	2009.12.31
每股收益(元)	0.0800	0.0190	–0.0500	–0.0706
每股收益(扣除)(元)	–0.0400	–0.0880	–0.0500	–0.0810
每股净资产(元)	0.3700	0.2900	0.2250	0.2710
调整后每股净资产(元)	–	–	–	–
每股资本公积金(元)	0.3467	0.3467	0.3467	0.3467
每股盈余公积金(元)	0.1150	0.1150	0.1150	0.1150
每股未分配利润(元)	–1.0926	–1.1728	–1.2370	–1.1907
每股现金净流量(元)	–0.0288	0.1042	0.0438	–0.0013
每股经营现金净流量(元)	–0.0100	–0.0679	–0.0376	–0.1371
净资产收益率(扣除)(%)	–	–31.3300	–	–26.4500
净资产收益率(%)	21.7290	6.5370	–20.6090	–26.0470
总资产(万)	63194.12	66274.95	73291.34	70638.48
股东权益(万)	24957.27	19534.38	15192.77	18323.84
主营业务收入(万)	33238.18	65121.57	31739.92	63906.98
主营成本(万)	30125.91	58547.86	28729.69	57260.88
营业收入(万)	34616.68	70961.52	35036.10	67255.00
营业成本(万)	31406.11	64027.20	31929.51	60219.11
投资收益(万)	–	–	–	–
利润总额(万)	5703.73	2184.39	–2933.93	–4406.95
净利润(万)	5422.89	1276.92	–3131.07	–4772.89

上海多伦实业股份有限公司

公司概况				
公司名称	上海多伦实业股份有限公司		证券简称	多伦股份
法人代表	林建星	董秘 何佳	证券代码	600696
公司网址	www.linca.com.cn		电子信箱	duolun696@163.com
电　话	021-56715833 31732229		传　真	021-56716233
办公地址	上海市虹口区甜爱路 36 号			
经营范围	生产与销售高级挂釉石质墙地砖、马赛克及其原材料、窑业机械设备等			

主要财务指标 指标\报告期	2011.06.30	2010.12.31	2010.06.30	2009.12.31
每股收益(元)	0.0330	0.0170	0.0170	0.0180
每股收益(扣除)(元)	0.0330	0.0090	0.0180	–0.0330
每股净资产(元)	1.4200	1.3800	1.3800	1.3700
调整后每股净资产(元)	–	–	–	–
每股资本公积金(元)	0.0878	0.0878	0.0878	0.0878
每股盈余公积金(元)	0.0575	0.0575	0.0548	0.0548
每股未分配利润(元)	0.2711	0.2377	0.2409	0.2236
每股现金净流量(元)	0.0051	–0.0010	0.0511	0.0108
每股经营现金净流量(元)	–0.2042	–0.5684	–0.2327	0.3349
净资产收益率(扣除)(%)	–	0.6500	–	–2.4500
净资产收益率(%)	2.3530	1.2110	1.2480	1.3403
总资产(万)	88507.91	77681.71	80422.29	63767.98
股东权益(万)	48235.24	47100.33	47118.14	46530.03
主营业务收入(万)	3328.90	5637.14	542.35	5374.29
主营成本(万)	1211.14	2911.32	173.59	3949.81
营业收入(万)	3338.18	5805.43	542.35	5664.45
营业成本(万)	1211.14	2911.32	173.59	3949.81
投资收益(万)	–	–	–	–
利润总额(万)	967.05	455.80	464.15	1180.87
净利润(万)	1134.91	570.30	588.12	623.63

长春欧亚集团股份有限公司

公司概况	公司名称	长春欧亚集团股份有限公司			证券简称	欧亚集团
	法人代表	曹和平	董秘	席汝珍	证券代码	600697
	公司网址	www.cn-eurasiagroup.com		电子信箱	ccoyjt@sina.com	
	电　　话	0431-87666905		传　　真	0431-87666813	
	办公地址	吉林省长春市绿园区南阳路418号				
	经营范围	经销百货、五金、交电、日用杂品(不含超薄塑料袋)、食品业等				

主要财务指标	指标\报告期	2011.06.30	2010.12.31	2010.06.30	2009.12.31
	每股收益(元)	0.4430	0.8300	0.3670	0.7000
	每股收益(扣除)(元)	0.4400	0.8000	0.3640	0.6900
	每股净资产(元)	5.9820	5.5400	5.3650	5.0100
	调整后每股净资产(元)	-	-	-	-
	每股资本公积金(元)	1.9391	1.9424	1.9268	1.9348
	每股盈余公积金(元)	0.5000	0.5000	0.5000	0.5000
	每股未分配利润(元)	2.5431	2.0999	1.9378	1.5707
	每股现金净流量(元)	0.0737	-0.8830	-0.8821	0.4650
	每股经营现金净流量(元)	1.5506	2.4141	0.5759	4.1385
	净资产收益率(扣除)(%)	-	15.1500	-	14.3600
	净资产收益率(%)	7.4090	14.9610	6.8430	13.9739
	总资产(万)	418733.49	394515.90	347378.90	336031.45
	股东权益(万)	95170.57	88171.71	85344.57	79631.59
	主营业务收入(万)	310616.01	502046.26	236197.76	365879.89
	主营成本(万)	279512.45	445153.66	217222.59	327949.98
	营业收入(万)	324108.23	522794.92	250463.85	391380.00
	营业成本(万)	279512.45	445153.66	217222.59	327949.98
	投资收益(万)	-	-	-	-
	利润总额(万)	11990.21	22461.30	9776.20	19003.55
	净利润(万)	7051.47	13191.27	5840.04	11127.67

济南轻骑摩托车股份有限公司

公司概况	公司名称	济南轻骑摩托车股份有限公司			证券简称	*ST 轻骑
	法人代表	余国华	董秘	吕来升	证券代码	600698
	公司网址	www.qingqi.com.cn		电子信箱	jnqqztb@126.com	
	电　　话	0531-86599891		传　　真	0531-86599889	
	办公地址	山东省济南市历下区和平路34号				
	经营范围	摩托车及零配件的设计、开发、生产、销售;摩托车技术咨询、服务等				

主要财务指标	指标\报告期	2011.06.30	2010.12.31	2010.06.30	2009.12.31
	每股收益(元)	-0.0394	-0.0683	-0.0187	-0.0894
	每股收益(扣除)(元)	-0.0424	-0.2158	-0.0194	-0.1072
	每股净资产(元)	0.2160	0.2550	0.2880	0.3320
	调整后每股净资产(元)	-	-	-	-
	每股资本公积金(元)	0.1971	0.1971	0.1971	0.1971
	每股盈余公积金(元)	0.0606	0.0606	0.0606	0.0606
	每股未分配利润(元)	-1.0420	-1.0026	-0.9701	-0.9514
	每股现金净流量(元)	0.0175	-0.0125	0.0041	0.0213
	每股经营现金净流量(元)	-0.0365	-0.0311	0.0008	0.0011
	净资产收益率(扣除)(%)	-	-74.6100	-	-30.3100
	净资产收益率(%)	-16.7150	-26.7630	-6.4910	-27.6363
	总资产(万)	102210.80	108304.31	126464.82	109359.26
	股东权益(万)	20966.52	24790.71	27952.10	31425.40
	主营业务收入(万)	66068.36	130472.48	72127.67	141575.75
	主营成本(万)	59926.87	113722.44	61648.19	124256.69
	营业收入(万)	67226.76	134192.40	73838.44	143867.57
	营业成本(万)	60465.63	115401.20	62314.09	125269.61
	投资收益(万)	-	-	-	-
	利润总额(万)	-3994.79	-7292.69	-1798.63	-9586.97
	净利润(万)	-3824.19	-6634.69	-1814.37	-8684.82

辽源得亨股份有限公司

公司概况	公司名称	辽源得亨股份有限公司			证券简称	ST 得 亨
	法人代表	王剑峰	董秘	周菠	证券代码	600699
	公司网址			电子信箱	lydh699@163.com	
	电　　话	0437-5095910 0574-87907001		传　　真	0437-3520181 0574-87907908	
	办公地址	吉林省辽源市福兴路3号				
	经营范围	纺织,化纤产品,包装品生产,加工制造,购销;机电产品等				

主要财务指标	指标\报告期	2011.06.30	2010.12.31	2010.06.30	2009.12.31
	每股收益(元)	-0.0270	0.6000	-0.2200	-1.9000
	每股收益(扣除)(元)	-0.0270	-0.3600	-0.2200	-1.2700
	每股净资产(元)	-0.0352	-0.0081	-1.1500	-0.9300
	调整后每股净资产(元)	-	-	-	-
	每股资本公积金(元)	1.1714	1.1714	0.8553	0.8553
	每股盈余公积金(元)	0.1292	0.1292	0.1292	0.1292
	每股未分配利润(元)	-2.3358	-2.3086	-3.1320	-2.9126
	每股现金净流量(元)	0.0011	-0.0511	-0.0058	-0.0977
	每股经营现金净流量(元)	-0.0231	-0.5229	0.0131	0.2352
	净资产收益率(扣除)(%)	-77.0693	-7476.1104	-19.1155	205.1355
	净资产收益率(%)	-77.0693	-129.0300	-	-7988.8500
	总资产(万)	55.83	-	81682.45	81575.98
	股东权益(万)	-654.36	-150.05	-21311.63	-17237.81
	主营业务收入(万)	-	15317.51	11883.15	24722.42
	主营成本(万)	-	16419.73	12565.10	24711.20
	营业收入(万)	-	15430.55	12362.70	25763.29
	营业成本(万)	-	16525.19	13043.36	25894.32
	投资收益(万)	-	-	-	-11733.37
	利润总额(万)	-504.31	11217.88	-4073.81	-35551.39
	净利润(万)	-504.31	11217.88	-4073.81	-35360.89

哈尔滨工大高新技术产业开发股份有限公司

公司概况	公司名称	哈尔滨工大高新技术产业开发股份有限公司			证券简称	工大高新
	法人代表	张大成	董秘	张大成(代)	证券代码	600701
	公司网址	www.hit-hi-tech.cn		电子信箱	lvying-hit@vip.sina.com	
	电　　话	0451-86269034 86269018		传　　真	0451-86209032	
	办公地址	黑龙江省哈尔滨市南岗区西大直街118号				
	经营范围	高新技术及产品的开发,生产,销售和技术服务,技术咨询,技术培训等				

主要财务指标	指标\报告期	2011.06.30	2010.12.31	2010.06.30	2009.12.31
	每股收益(元)	0.0138	0.0388	0.0164	0.0912
	每股收益(扣除)(元)	0.0106	0.0371	0.0160	0.0033
	每股净资产(元)	1.7164	1.7000	1.6800	1.6600
	调整后每股净资产(元)	-	-	-	-
	每股资本公积金(元)	0.1921	0.1921	0.1921	0.1921
	每股盈余公积金(元)	0.1588	0.1588	0.1588	0.1588
	每股未分配利润(元)	0.3655	0.3518	0.3294	0.3130
	每股现金净流量(元)	0.2543	0.0410	0.0151	0.0119
	每股经营现金净流量(元)	0.4949	0.2800	0.0993	0.3760
	净资产收益率(扣除)(%)	-	2.2059	-	0.1677
	净资产收益率(%)	0.8020	2.2780	0.9770	5.4840
	总资产(万)	179309.65	161556.37	157606.34	161735.44
	股东权益(万)	85607.98	84921.13	83805.45	82986.91
	主营业务收入(万)	43494.45	72669.58	35445.34	70991.25
	主营成本(万)	31197.16	53710.18	23998.52	52172.56
	营业收入(万)	44526.62	75496.95	36425.85	72934.20
	营业成本(万)	31268.33	53833.63	24058.98	52353.45
	投资收益(万)	-	-	-	-
	利润总额(万)	760.92	3356.35	1482.69	6602.64
	净利润(万)	686.84	1934.22	818.53	4551.23

四川沱牌舍得酒业股份有限公司

公司概况						
	公司名称	四川沱牌舍得酒业股份有限公司			证券简称	沱牌舍得
	法人代表	李家顺	董秘	马力军	证券代码	600702
	公司网址	www.chinatuopai.com		电子信箱	tzfz@tuopai.cn	
	电　话	0825-6618268 6618269		传　真	0825-6618269	
	办公地址	四川省射洪县沱牌镇沱牌大道 999 号				
	经营范围	粮食收购,沱牌系列酒及纯净水生产、销售等				

主要财务指标

指标\报告期	2011.06.30	2010.12.31	2010.06.30	2009.12.31
每股收益(元)	0.1767	0.2267	0.1185	0.1595
每股收益(扣除)(元)	0.1720	0.1903	0.0936	0.1627
每股净资产(元)	5.6740	5.5000	5.3900	5.3300
调整后每股净资产(元)	–	–	–	–
每股资本公积金(元)	2.3697	2.3697	2.3697	2.3697
每股盈余公积金(元)	0.5911	0.5911	0.5716	0.5716
每股未分配利润(元)	1.7131	1.5364	1.4476	1.3892
每股现金净流量(元)	–0.7673	0.7657	0.0392	0.2900
每股经营现金净流量(元)	–0.9466	0.4091	–0.1782	0.3028
净资产收益率(扣除)(%)	–	3.5200	–	3.0600
净资产收益率(%)	3.1150	4.1250	2.1990	2.9920
总资产(万)	302391.19	318987.91	295810.88	285411.16
股东权益(万)	191383.76	185422.78	181771.11	179798.70
主营业务收入(万)	50294.43	70483.69	29459.60	68308.31
主营成本(万)	23502.79	35523.42	14881.89	36420.80
营业收入(万)	54169.80	89460.15	49161.79	72342.62
营业成本(万)	26427.21	50008.74	30688.07	39037.90
投资收益(万)	–	–	–	–
利润总额(万)	7991.17	9724.97	4600.24	6196.70
净利润(万)	5960.97	7647.88	3996.21	5378.83

三安光电股份有限公司

公司概况						
	公司名称	三安光电股份有限公司			证券简称	三安光电
	法人代表	林秀成	董秘	易声泽	证券代码	600703
	公司网址	www.sanan-e.com		电子信箱	zhengquan@sanan-e.com	
	电　话	0716-4138696		传　真	0716-4138696	
	办公地址	厦门市思明区吕岭路 1721-1725 号				
	经营范围	电子工业技术研究、咨询服务;电子产品生产、销售等				

主要财务指标

指标\报告期	2011.06.30	2010.12.31	2010.06.30	2009.12.31
每股收益(元)	0.3200	0.7200	0.3600	0.7100
每股收益(扣除)(元)	0.1100	0.4100	0.1800	0.4900
每股净资产(元)	3.5900	7.4000	2.9900	5.2600
调整后每股净资产(元)	–	–	–	–
每股资本公积金(元)	2.0588	5.7294	1.5882	4.1764
每股盈余公积金(元)	0.0190	0.0418	0.0198	0.0396
每股未分配利润(元)	0.5147	0.6330	0.3866	0.0456
每股现金净流量(元)	–0.1124	1.3504	–0.4895	3.2756
每股经营现金净流量(元)	0.6935	0.4606	0.8799	0.9141
净资产收益率(扣除)(%)	–	9.9100	–	16.2500
净资产收益率(%)	8.8480	8.6270	12.1480	12.3300
总资产(万)	823792.24	601864.80	285801.84	206198.94
股东权益(万)	518766.93	485992.96	166309.87	146106.46
主营业务收入(万)	68022.96	78372.61	35366.72	45486.21
主营成本(万)	–	–	–	–
营业收入(万)	71948.91	86261.08	36451.61	47029.38
营业成本(万)	45204.73	45383.77	20582.06	27270.85
投资收益(万)	–	–	–	–
利润总额(万)	78115.07	54492.04	25637.95	20468.11
净利润(万)	45901.37	41926.50	20203.40	18015.11

浙江中大集团股份有限公司

公司概况						
	公司名称	浙江中大集团股份有限公司			证券简称	物产中大
	法人代表	陈继达	董秘	祝卸和	证券代码	600704
	公司网址	www.zhongda.com		电子信箱	zhuxh@zhongdao.com	
	电　话	0571-85777029		传　真	0571-85778008	
	办公地址	杭州市中大广场 A 座				
	经营范围	主要从事各类服装、纺织品、食品、茶叶等进出口贸易等				

主要财务指标

指标\报告期	2011.06.30	2010.12.31	2010.06.30	2009.12.31
每股收益(元)	0.7522	1.1400	0.5316	0.6300
每股收益(扣除)(元)	0.6584	0.8200	0.4059	0.4100
每股净资产(元)	7.5200	6.8000	5.9324	5.5500
调整后每股净资产(元)	–	–	–	–
每股资本公积金(元)	3.1951	3.2270	2.9673	2.9129
每股盈余公积金(元)	0.3934	0.3934	0.3818	0.3818
每股未分配利润(元)	2.9324	2.1802	1.5833	1.2517
每股现金净流量(元)	3.7850	0.6323	0.6066	1.7466
每股经营现金净流量(元)	–1.6197	–1.2961	–2.4214	5.1713
净资产收益率(扣除)(%)	–	13.3200	–	8.6300
净资产收益率(%)	10.0010	16.7650	8.9610	11.3445
总资产(万)	2249231.82	1859174.34	1738989.58	1587243.06
股东权益(万)	330297.68	298665.20	260537.24	243585.39
主营业务收入(万)	1729343.30	3113652.50	1393483.21	2419984.08
主营成本(万)	1598793.69	2925030.53	1310560.51	2283537.60
营业收入(万)	1736685.34	3157764.83	1398653.63	2469183.73
营业成本(万)	1600103.50	2928089.00	1311626.32	2285208.21
投资收益(万)	–	–	–	–
利润总额(万)	70409.81	90170.84	43543.92	60043.79
净利润(万)	33032.82	50070.65	23347.79	27633.54

长安信息产业(集团)股份有限公司

公司概况						
	公司名称	长安信息产业(集团)股份有限公司			证券简称	ST 长信
	法人代表	骆志松	董秘	高艳	证券代码	600706
	公司网址	www.changxin.com		电子信箱	cadsh@pub.xaonline.com	
	电　话	029-88858950		传　真	029-88360915	
	办公地址	陕西省西安市高新区唐延路 1 号旺座国际城 B 座 30 层				
	经营范围	计算机硬件、软件系统、外部设备、通信电子产品的开发、生产、销售等				

主要财务指标

指标\报告期	2011.06.30	2010.12.31	2010.06.30	2009.12.31
每股收益(元)	–0.1100	0.0310	–0.1000	–1.0300
每股收益(扣除)(元)	–0.0900	–0.4450	–0.1600	–0.9700
每股净资产(元)	–0.8270	–0.7200	–0.7700	–0.7000
调整后每股净资产(元)	–	–	–	–
每股资本公积金(元)	0.6203	0.6203	0.6677	0.6677
每股盈余公积金(元)	0.1033	0.1033	0.1169	0.1169
每股未分配利润(元)	–2.5507	–2.4396	–2.5520	–2.4845
每股现金净流量(元)	–0.2034	0.1864	0.0038	–0.0162
每股经营现金净流量(元)	–0.1135	0.0434	0.0323	0.8703
净资产收益率(扣除)(%)	–	–4.3786	–	–147.2926
净资产收益率(%)	–	–	–	–
总资产(万)	1815.50	3698.42	13813.46	13179.78
股东权益(万)	–6639.70	–5655.60	–5400.33	–4926.88
主营业务收入(万)	0.85	2866.38	–	14985.08
主营成本(万)	0.64	2280.96	–	11369.44
营业收入(万)	0.85	2892.79	2165.36	15021.40
营业成本(万)	0.64	2280.96	1777.43	11369.58
投资收益(万)	–149.62	4267.76	–	335.97
利润总额(万)	–984.09	–942.57	–1731.18	–13173.31
净利润(万)	–970.55	273.80	–830.05	–9003.18

彩虹显示器件股份有限公司

公司概况					
公司名称	彩虹显示器件股份有限公司			证券简称	彩虹股份
法人代表	邢道钦	董秘	龙涛	证券代码	600707
公司网址	www.iricoltd.com.cn		电子信箱	gfoffice@ch.com.cn	
电　话	029-33332866 33333853		传　真	029-33332866 33333852	
办公地址	陕西省咸阳市彩虹路一号				
经营范围	主要从事彩色显示器件、电子产品及零部件、原材料的生产、开发与经营等				

主要财务指标 指标\报告期	2011.06.30	2010.12.31	2010.06.30	2009.12.31
每股收益(元)	-0.0980	0.0220	0.0260	-1.7000
每股收益(扣除)(元)	-0.0990	0.0160	0.0140	-1.6900
每股净资产(元)	5.6000	5.7000	1.7300	1.7000
调整后每股净资产(元)	-	-	-	-
每股资本公积金(元)	5.2137	5.2137	1.6291	1.6291
每股盈余公积金(元)	0.3124	0.3124	0.5465	0.5465
每股未分配利润(元)	-0.9223	-0.8245	-1.4451	-1.4712
每股现金净流量(元)	-0.9395	1.3210	0.5958	1.4608
每股经营现金净流量(元)	-0.0406	0.5529	0.3341	-0.0598
净资产收益率(扣除)(%)	-	0.3100	-	-0.5900
净资产收益率(%)	-1.7450	0.2890	1.5080	-99.6450
总资产(万)	818142.05	781811.51	451186.41	325022.16
股东权益(万)	412862.28	420068.34	72876.58	71777.71
主营业务收入(万)	17946.83	114902.32	70319.27	130367.15
主营成本(万)	19363.99	97720.41	60674.25	129714.77
营业收入(万)	18063.48	115161.63	70287.25	131004.32
营业成本(万)	19445.49	97875.66	60584.23	129837.68
投资收益(万)	-	-	-	-
利润总额(万)	-7291.70	559.80	709.76	-72416.49
净利润(万)	-7206.05	1213.73	1098.87	-71523.21

上海海博股份有限公司

公司概况					
公司名称	上海海博股份有限公司			证券简称	海博股份
法人代表	洪明德	董秘	熊波	证券代码	600708
公司网址	www.hb600708.com		电子信箱	xiongbo-sh@sohu.com	
电　话	021-61132700 61132819		传　真	021-61132819	
办公地址	上海市徐汇区宜山路829号				
经营范围	工业品加工、批发、零售,有色金属加工、经销,农副产品加工、批发、零售等				

主要财务指标 指标\报告期	2011.06.30	2010.12.31	2010.06.30	2009.12.31
每股收益(元)	0.0986	0.3175	0.1374	0.3465
每股收益(扣除)(元)	0.0770	0.2369	0.1259	0.2338
每股净资产(元)	2.2870	2.3041	2.1240	2.1740
调整后每股净资产(元)	-	-	-	-
每股资本公积金(元)	0.0790	0.0790	0.0784	0.0750
每股盈余公积金(元)	0.0516	0.0593	0.0333	0.0366
每股未分配利润(元)	1.1569	1.1658	1.0123	1.0624
每股现金净流量(元)	-0.1899	0.1277	0.0094	0.0322
每股经营现金净流量(元)	0.2281	0.8668	0.2502	0.9719
净资产收益率(扣除)(%)	-	11.1000	-	10.9900
净资产收益率(%)	4.3120	13.7780	6.4700	15.9370
总资产(万)	344355.00	342550.52	333561.74	311729.25
股东权益(万)	116745.36	117592.38	108401.42	100866.39
主营业务收入(万)	97935.92	225121.75	100748.91	165323.00
主营成本(万)	73456.23	180544.05	74944.91	127452.97
营业收入(万)	100660.04	228331.21	102784.81	170199.10
营业成本(万)	75212.21	182105.21	76245.55	130926.90
投资收益(万)	-	-	-	-
利润总额(万)	7704.93	22541.56	10144.09	21038.44
净利润(万)	5033.61	16201.84	7013.25	16074.73

常林股份有限公司

公司概况					
公司名称	常林股份有限公司			证券简称	常林股份
法人代表	吴培国	董秘	梁逢源	证券代码	600710
公司网址	www.changlin.com.cn		电子信箱	lfy@changlin.com.cn	
电　话	0519-86781168 86781158		传　真	0519-86750025 86755314	
办公地址	江苏省常州市常林路10号				
经营范围	工程、林业、矿山、环保、采运、环卫、汽车改装车、起重、农业机械设备等				

主要财务指标 指标\报告期	2011.06.30	2010.12.31	2010.06.30	2009.12.31
每股收益(元)	0.3500	0.5800	0.4100	0.1400
每股收益(扣除)(元)	0.3400	0.5700	0.4000	0.1500
每股净资产(元)	3.9200	2.9800	2.8200	2.4100
调整后每股净资产(元)	-	-	-	-
每股资本公积金(元)	1.2424	0.4387	0.4387	0.4387
每股盈余公积金(元)	0.2181	0.2393	0.1828	0.1828
每股未分配利润(元)	1.4628	1.3047	1.1996	0.7858
每股现金净流量(元)	0.6993	-0.0061	0.2713	0.1349
每股经营现金净流量(元)	-0.2317	0.0522	0.0817	-0.0173
净资产收益率(扣除)(%)	8.1460	19.2940	14.6680	5.9720
净资产收益率(%)	10.5900	21.3600	15.8300	6.1600
总资产(万)	392573.47	288376.52	287726.67	227557.62
股东权益(万)	209930.40	145949.73	137979.01	117862.72
主营业务收入(万)	126365.21	197116.44	109147.47	142016.78
主营成本(万)	110561.96	170273.15	94607.60	129369.02
营业收入(万)	134007.06	208994.28	115365.89	147047.54
营业成本(万)	118249.30	182286.01	100715.70	134464.74
投资收益(万)	14064.67	25278.56	18276.81	15395.18
利润总额(万)	17117.98	28224.02	20162.96	7117.50
净利润(万)	17052.94	27978.59	20116.21	6987.25

盛屯矿业集团股份有限公司

公司概况					
公司名称	盛屯矿业集团股份有限公司			证券简称	盛屯矿业
法人代表	陈东	董秘	江艳	证券代码	600711
公司网址	www.600711.com		电子信箱	jyan@600711.com	
电　话	0592-5891697 5891693		传　真	0592-5891699	
办公地址	福建省厦门市湖滨北路72号中闽大厦9层2单元				
经营范围	网络智能设备、金融、通讯行业软件、硬件的研发、生产、销售、服务等				

主要财务指标 指标\报告期	2011.06.30	2010.12.31	2010.06.30	2009.12.31
每股收益(元)	-0.0600	0.2190	-0.0300	-0.4710
每股收益(扣除)(元)	-0.0500	0.1770	-0.0300	-0.2860
每股净资产(元)	5.0856	5.1400	1.7400	-0.0920
调整后每股净资产(元)	-	-	-	-
每股资本公积金(元)	4.5644	4.5647	2.0840	0.0383
每股盈余公积金(元)	-	-	-	-
每股未分配利润(元)	-0.4788	-0.4225	-1.1646	-1.1301
每股现金净流量(元)	-1.8270	2.4783	0.5886	-0.0725
每股经营现金净流量(元)	0.5138	-0.5253	-0.5124	-0.2012
净资产收益率(扣除)(%)	-	10.9400	-	-199.1180
净资产收益率(%)	-1.1090	2.4850	-1.6000	-512.4989
总资产(万)	151016.79	171080.52	29713.67	23311.93
股东权益(万)	83005.78	83930.62	17121.49	-729.68
主营业务收入(万)	3771.70	23138.45	3058.76	12513.02
主营成本(万)	3495.58	17949.94	2492.92	11557.93
营业收入(万)	3808.52	23138.45	3075.79	12513.02
营业成本(万)	3495.58	17949.94	2492.92	11557.93
投资收益(万)	-	-	-	-
利润总额(万)	-1510.21	3492.60	-348.43	-4572.59
净利润(万)	-920.08	2085.42	-273.83	-3739.59

南宁百货大楼股份有限公司

公司概况	公司名称	南宁百货大楼股份有限公司			证券简称	南宁百货
	法人代表	黄永干	董秘	周宁星	证券代码	600712
	公司网址	www.nnbh.com.cn		电子信箱		dshoffice@nnbh.cn
	电　话	0771-2610906 2098826		传　真		0771-2610906
	办公地址	广西壮族自治区南宁市朝阳路 39 号				
	经营范围	商品零售、批发、进出口贸易、广告、物业管理等				

主要财务指标	指标\报告期	2011.06.30	2010.12.31	2010.06.30	2009.12.31
	每股收益(元)	0.1015	0.3748	0.3479	0.1104
	每股收益(扣除)(元)	0.0995	0.0993	0.0510	0.1183
	每股净资产(元)	1.3688	1.2672	1.9200	1.4000
	调整后每股净资产(元)	–	–	–	–
	每股资本公积金(元)	0.0351	0.0351	0.0510	0.0510
	每股盈余公积金(元)	0.0810	0.0810	0.1174	0.0699
	每股未分配利润(元)	0.2527	0.1512	0.7505	0.2761
	每股现金净流量(元)	-0.4184	0.4598	0.8545	0.0375
	每股经营现金净流量(元)	-0.1447	0.4682	0.2501	0.7317
	净资产收益率(扣除)(%)	–	8.8800	–	12.2100
	净资产收益率(%)	7.4180	29.5760	27.1970	11.8540
	总资产(万)	101582.31	108827.20	100326.64	89052.61
	股东权益(万)	35643.96	33000.00	33315.04	24981.28
	主营业务收入(万)	108745.53	180084.72	85088.10	142412.45
	主营成本(万)	94308.62	154868.65	73348.32	122459.00
	营业收入(万)	112252.68	185768.80	87894.15	147272.08
	营业成本(万)	94362.29	154868.65	73422.66	122491.44
	投资收益(万)	–	–	–	–
	利润总额(万)	3191.17	11134.87	10095.65	3586.85
	净利润(万)	2643.96	9759.95	9060.65	2875.15

南京医药股份有限公司

公司概况	公司名称	南京医药股份有限公司			证券简称	南京医药
	法人代表	周耀平	董秘	何金耿	证券代码	600713
	公司网址	www.njyy.com		电子信箱		he_jingeng@njyy.com
	电　话	025-84552668 84552687		传　真		025-84552668 84552687
	办公地址	江苏省南京市中山东路 486 号				
	经营范围	化学原料药,化学药制剂,抗生素,生化药,生物制品,中成药等				

主要财务指标	指标\报告期	2011.06.30	2010.12.31	2010.06.30	2009.12.31
	每股收益(元)	0.0060	0.0280	0.0790	0.1630
	每股收益(扣除)(元)	-0.0320	-0.1520	0.0500	0.0780
	每股净资产(元)	2.8970	2.8920	2.9490	1.8600
	调整后每股净资产(元)	–	–	–	–
	每股资本公积金(元)	1.4196	1.4203	1.4346	0.3479
	每股盈余公积金(元)	0.1588	0.1588	0.1550	0.1786
	每股未分配利润(元)	0.3187	0.3131	0.3594	0.3340
	每股现金净流量(元)	0.6267	1.8355	1.0356	0.7609
	每股经营现金净流量(元)	-0.4132	0.3434	-0.1611	0.0842
	净资产收益率(扣除)(%)	–	-5.8700	–	4.5100
	净资产收益率(%)	0.1930	0.9350	2.6850	8.7220
	总资产(万)	943637.85	837391.95	755808.39	654651.81
	股东权益(万)	100467.10	100298.17	102267.69	55987.72
	主营业务收入(万)	825398.82	1525979.08	784859.19	1396838.00
	主营成本(万)	768485.86	1422723.71	733616.88	1310033.76
	营业收入(万)	829484.88	1533762.72	786669.26	1412743.14
	营业成本(万)	769311.12	1424833.88	734100.37	1320704.82
	投资收益(万)	–	–	–	–
	利润总额(万)	3609.61	3617.28	5036.07	9435.09
	净利润(万)	193.72	937.36	2746.09	4883.01

青海金瑞矿业发展股份有限公司

公司概况	公司名称	青海金瑞矿业发展股份有限公司			证券简称	金瑞矿业
	法人代表	程国勋	董秘	李军颜	证券代码	600714
	公司网址	scgfxx@public.xn.qh.cn		电子信箱		ljyjrky@163.com
	电　话	0971-6321867 6321653		传　真		0971-6330915
	办公地址	青海省西宁市新宁路 36 号				
	经营范围	矿业开发、加工、销售;锶业系列产品的研究、生产、销售等				

主要财务指标	指标\报告期	2011.06.30	2010.12.31	2010.06.30	2009.12.31
	每股收益(元)	0.0567	0.1273	0.0675	0.1328
	每股收益(扣除)(元)	0.0394	0.0909	0.0714	-0.0868
	每股净资产(元)	1.4190	1.3295	1.2634	1.2000
	调整后每股净资产(元)	–	–	–	–
	每股资本公积金(元)	0.3587	0.3587	0.3587	0.3587
	每股盈余公积金(元)	0.1141	0.1141	0.1141	0.1141
	每股未分配利润(元)	-0.0930	-0.1496	-0.2094	-0.2770
	每股现金净流量(元)	-0.0133	-0.1564	-0.0955	0.0111
	每股经营现金净流量(元)	0.1455	0.5643	0.1912	0.2610
	净资产收益率(扣除)(%)	–	7.1500	–	-13.0800
	净资产收益率(%)	3.9930	9.5760	5.3460	11.0561
	总资产(万)	100959.16	99858.10	100497.72	107501.20
	股东权益(万)	38795.63	36349.97	34541.12	32828.86
	主营业务收入(万)	19577.55	37719.44	19745.42	29939.39
	主营成本(万)	13356.88	24632.28	12876.33	17926.11
	营业收入(万)	19582.92	37793.01	19764.18	30001.89
	营业成本(万)	13356.88	24635.93	12877.18	17929.13
	投资收益(万)	–	–	–	–
	利润总额(万)	2226.31	4018.21	2361.68	4688.13
	净利润(万)	1548.92	3480.96	1846.56	3629.58

松辽汽车股份有限公司

公司概况	公司名称	松辽汽车股份有限公司			证券简称	*ST 松辽
	法人代表	李小平	董秘	孙华东	证券代码	600715
	公司网址			电子信箱		slqccom@163.com
	电　话	024-31489863		传　真		024-31489909
	办公地址	辽宁省沈阳市苏家屯白松路 22 号				
	经营范围	系列轻型越野客车和轻型客车制造、销售等				

主要财务指标	指标\报告期	2011.06.30	2010.12.31	2010.06.30	2009.12.31
	每股收益(元)	-0.0447	-0.2200	-0.0322	-0.1900
	每股收益(扣除)(元)	-0.0511	-0.2200	-0.0327	-0.1630
	每股净资产(元)	0.0326	0.0770	0.6200	0.3000
	调整后每股净资产(元)	–	–	–	–
	每股资本公积金(元)	1.9921	1.9921	1.9921	1.9921
	每股盈余公积金(元)	0.0416	0.0416	0.0416	0.0416
	每股未分配利润(元)	-3.0011	-2.9564	-2.4140	-2.7338
	每股现金净流量(元)	-0.0297	0.0859	0.0002	-0.0002
	每股经营现金净流量(元)	-0.0260	-0.0424	0.0002	-0.0114
	净资产收益率(扣除)(%)	–	-117.1200	–	-41.4600
	净资产收益率(%)	-137.1370	-287.6650	-5.1880	-62.7490
	总资产(万)	18777.31	20131.36	24734.25	29444.50
	股东权益(万)	731.78	1735.32	13898.12	6727.23
	主营业务收入(万)	–	–	–	2155.01
	主营成本(万)	–	–	–	2091.34
	营业收入(万)	13.00	22.58	435.82	5812.20
	营业成本(万)	–	–	179.35	5049.28
	投资收益(万)	–	–	–	–
	利润总额(万)	-1003.54	-4991.91	-721.05	-4221.25
	净利润(万)	-1003.54	-4991.91	-721.05	-4221.25

江苏凤凰置业投资股份有限公司

公司概况	公司名称	江苏凤凰置业投资股份有限公司			证券简称	凤凰股份
	法人代表	陈海燕	董秘	毕胜	证券代码	600716
	公司网址	www.yaohuaglass.com.cn		电子信箱	fhzy@ppm.cn	
	电话	025-83566255 83566267		传真	025-83566299	
	办公地址	江苏省南京市中央路389号凤凰国际大厦六层				
	经营范围	房地产投资及其他投资，房屋租赁，物业管理				

	指标\报告期	2011.06.30	2010.12.31	2010.06.30	2009.12.31
主要财务指标	每股收益(元)	-0.0260	0.2500	-0.0040	0.6900
	每股收益(扣除)(元)	-0.0260	0.2500	-0.0060	0.6500
	每股净资产(元)	1.8700	1.9000	1.6400	1.6500
	调整后每股净资产(元)	-	-	-	-
	每股资本公积金(元)	0.2116	0.2116	0.2116	0.2120
	每股盈余公积金(元)	0.0693	0.0693	0.0439	0.0584
	每股未分配利润(元)	0.5895	0.6158	0.3856	0.3900
	每股现金净流量(元)	0.4680	0.8855	-0.0670	0.1252
	每股经营现金净流量(元)	-0.0001	-0.4317	-0.3306	1.6205
	净资产收益率(扣除)(%)	-	13.8600	-	25.7700
	净资产收益率(%)	-1.4020	13.2380	-0.2710	24.1064
	总资产(万)	621110.51	538636.12	340220.53	303717.98
	股东权益(万)	138528.79	140470.97	121546.68	121875.51
	主营业务收入(万)	1303.00	110965.37	121.99	113409.88
	主营成本(万)	593.75	74279.49	20.25	58835.02
	营业收入(万)	1440.77	110999.47	130.45	113409.88
	营业成本(万)	602.05	74335.47	20.72	58835.02
	投资收益(万)	-	-	-	-
	利润总额(万)	-2588.06	24363.35	-457.54	39045.72
	净利润(万)	-1942.18	18595.46	-328.82	29379.81

天津港股份有限公司

公司概况	公司名称	天津港股份有限公司			证券简称	天津港
	法人代表	田长松	董秘	王靓	证券代码	600717
	公司网址	www.tianjin-port.com		电子信箱	wang-jian@tianjin-port.com	
	电话	022-25706615 25702708		传真	022-25706615	
	办公地址	天津市塘沽区津港路99号				
	经营范围	商品储存；中转联运、汽车运输；装卸搬运；集装箱搬运、拆装箱及相关业务				

	指标\报告期	2011.06.30	2010.12.31	2010.06.30	2009.12.31
主要财务指标	每股收益(元)	0.3000	0.4800	0.2600	0.3800
	每股收益(扣除)(元)	0.3000	0.4900	0.2700	0.3900
	每股净资产(元)	6.3800	6.1900	5.9600	5.8000
	调整后每股净资产(元)	-	-	-	-
	每股资本公积金(元)	2.1520	2.1630	2.1479	2.1506
	每股盈余公积金(元)	0.4533	0.4533	0.3985	0.3985
	每股未分配利润(元)	2.7782	2.5760	2.4138	2.2527
	每股现金净流量(元)	0.0562	0.3764	0.2592	0.3828
	每股经营现金净流量(元)	0.5701	1.0553	0.4954	0.6740
	净资产收益率(扣除)(%)	-	8.0900	-	6.9600
	净资产收益率(%)	4.7660	7.7460	4.4040	6.6203
	总资产(万)	2248393.65	2231146.03	2203756.93	2144085.17
	股东权益(万)	1069088.25	1037052.31	998193.18	971660.68
	主营业务收入(万)	544363.14	1076686.48	515498.56	923252.59
	主营成本(万)	410251.38	823525.53	390466.80	693260.02
	营业收入(万)	585329.43	1148343.80	550930.53	980416.72
	营业成本(万)	442206.84	888384.71	422148.41	749207.69
	投资收益(万)	-	-	-	-
	利润总额(万)	81490.77	129387.24	68250.48	99948.60
	净利润(万)	50955.50	80327.75	43895.20	64326.98

东软集团股份有限公司

公司概况	公司名称	东软集团股份有限公司			证券简称	东软集团
	法人代表	刘积仁	董秘	王楠(代)	证券代码	600718
	公司网址	www.neusoft.com		电子信箱	investor@neusoft.com	
	电话	024-83662115		传真	024-23783375	
	办公地址	辽宁省沈阳市浑南新区新秀街2号东软软件园				
	经营范围	以软件开发和软件服务、系统集成及提供全面解决方案、医疗系统产品生产和销售等				

	指标\报告期	2011.06.30	2010.12.31	2010.06.30	2009.12.31
主要财务指标	每股收益(元)	0.1200	0.3900	0.1400	0.5200
	每股收益(扣除)(元)	0.0800	0.2900	0.1000	0.4300
	每股净资产(元)	3.6200	3.4900	4.3800	4.2300
	调整后每股净资产(元)	-	-	-	-
	每股资本公积金(元)	0.2957	0.2957	0.6844	0.6845
	每股盈余公积金(元)	0.4436	0.4436	0.5301	0.5301
	每股未分配利润(元)	1.8932	1.7692	2.2118	2.0387
	每股现金净流量(元)	-0.4861	0.0586	-0.5945	0.4880
	每股经营现金净流量(元)	-0.5404	0.3111	-0.4268	0.8181
	净资产收益率(扣除)(%)	-	8.6000	-	14.0200
	净资产收益率(%)	3.4300	11.3240	4.0780	16.0240
	总资产(万)	681073.59	685887.98	614873.64	620904.80
	股东权益(万)	443790.16	428020.83	413715.29	399758.91
	主营业务收入(万)	227834.72	472077.31	192267.90	-
	主营成本(万)	156636.29	323211.78	131878.91	-
	营业收入(万)	231543.03	493769.64	194606.26	416605.54
	营业成本(万)	158557.78	338362.88	132888.01	271197.31
	投资收益(万)	-	-	-	-
	利润总额(万)	19645.81	56010.53	21662.07	72775.67
	净利润(万)	15222.23	48467.52	16870.35	64059.05

大连热电股份有限公司

公司概况	公司名称	大连热电股份有限公司			证券简称	大连热电
	法人代表	于长敏	董秘	沈军	证券代码	600719
	公司网址	www.dlrd.com		电子信箱	shenjun_dl@163.com	
	电话	0411-84498988 84498968		传真	0411-84438755	
	办公地址	辽宁省大连市西岗区沿海街90号				
	经营范围	集中供热、热电联产、供热工程设计及安装检修等				

	指标\报告期	2011.06.30	2010.12.31	2010.06.30	2009.12.31
主要财务指标	每股收益(元)	0.0150	0.0620	0.1100	0.0700
	每股收益(扣除)(元)	0.0140	-0.0470	0.1090	-0.0530
	每股净资产(元)	3.7000	3.7000	3.7750	3.6600
	调整后每股净资产(元)	-	-	-	-
	每股资本公积金(元)	1.5051	1.5051	1.5051	1.5051
	每股盈余公积金(元)	0.7727	0.7727	0.7541	0.7541
	每股未分配利润(元)	0.4254	0.4236	0.5154	0.4053
	每股现金净流量(元)	0.1254	-0.2930	0.1328	-0.0102
	每股经营现金净流量(元)	-0.1544	1.0276	0.1613	0.4827
	净资产收益率(扣除)(%)	0.4010	1.6710	2.9170	1.9050
	净资产收益率(%)	0.4000	1.6780	2.9600	1.9180
	总资产(万)	159806.65	148175.23	180401.10	183277.47
	股东权益(万)	74914.96	74877.47	76359.53	74132.03
	主营业务收入(万)	36075.62	66230.63	39150.36	62394.15
	主营成本(万)	29947.43	56057.64	29722.29	52766.29
	营业收入(万)	36287.80	66723.39	39339.33	62686.10
	营业成本(万)	30092.43	56302.88	29870.15	52917.20
	投资收益(万)	-	-5.00	-	-205.38
	利润总额(万)	386.75	1844.21	2817.40	1734.70
	净利润(万)	300.48	1251.19	2227.51	1412.18

甘肃祁连山水泥集团股份有限公司

公司概况	公司名称	甘肃祁连山水泥集团股份有限公司			证券简称	祁连山
	法人代表	脱利成	董秘	脱利成(代)	证券代码	600720
	公司网址	www.qlssn.com		电子信箱	qlssn@163.com	
	电话	0931-4900698		传真	0931-4900697	
	办公地址	甘肃省兰州市城关区酒泉路力行新村3号祁连山大厦				
	经营范围	水泥研究开发制造、批发零售,水泥装备的研制、安装、修理				

主要财务指标	指标\报告期	2011.06.30	2010.12.31	2010.06.30	2009.12.31
	每股收益(元)	0.5196	1.0300	0.5170	0.9400
	每股收益(扣除)(元)	0.5045	1.0300	0.5170	0.9300
	每股净资产(元)	5.9300	5.4030	4.8211	4.4500
	调整后每股净资产(元)	–	–	–	–
	每股资本公积金(元)	1.8328	1.8328	1.7657	1.7657
	每股盈余公积金(元)	0.3095	0.3095	0.2183	0.2183
	每股未分配利润(元)	2.6754	2.1559	1.7295	1.3625
	每股现金净流量(元)	0.0536	–0.3868	0.9092	0.8399
	每股经营现金净流量(元)	0.5037	1.3214	0.6463	2.1628
	净资产收益率(扣除)(%)	8.7610	19.1470	10.7240	19.3130
	净资产收益率(%)	9.1700	21.0900	11.0400	25.9500
	总资产(万)	776205.78	650614.85	577955.22	461838.11
	股东权益(万)	309295.75	282647.08	250829.82	231186.97
	主营业务收入(万)	167550.03	295414.81	138309.90	243787.84
	主营成本(万)	108022.82	190063.13	87033.89	140474.47
	营业收入(万)	168453.29	298675.17	141091.86	245836.11
	营业成本(万)	108870.28	193084.17	89727.60	142457.12
	投资收益(万)	3139.93	3369.30	506.43	–
	利润总额(万)	34106.82	61137.81	30288.91	54534.20
	净利润(万)	24674.82	49132.81	24552.25	40800.14

新疆百花村股份有限公司

公司概况	公司名称	新疆百花村股份有限公司			证券简称	百花村
	法人代表	刘威东	董秘	吕政田	证券代码	600721
	公司网址	www.xjbhc.net		电子信箱	xjbhc@hotmail.com	
	电话	0991-2356620		传真	0991-2356600	
	办公地址	新疆维吾尔自治区乌鲁木齐市中山路141号				
	经营范围	能源及煤化工投资.房地产投资.自营和代理各类商品和技术的进出口等				

主要财务指标	指标\报告期	2011.06.30	2010.12.31	2010.06.30	2009.12.31
	每股收益(元)	0.0795	0.2500	0.0203	0.1200
	每股收益(扣除)(元)	0.0773	0.2100	0.0208	0.0300
	每股净资产(元)	3.2671	3.1907	1.9500	1.9200
	调整后每股净资产(元)	–	–	–	–
	每股资本公积金(元)	2.1923	2.1923	1.2575	4.5217
	每股盈余公积金(元)	0.0816	0.0816	0.1548	0.1548
	每股未分配利润(元)	–0.0512	–0.1307	–0.4649	–0.5376
	每股现金净流量(元)	0.0422	0.0581	0.1315	–0.5429
	每股经营现金净流量(元)	0.2947	1.2613	–0.0614	–0.0346
	净资产收益率(扣除)(%)	2.4330	4.7840	1.0410	2.3200
	净资产收益率(%)	2.4600	4.8400	1.0500	2.7700
	总资产(万)	421660.90	407655.83	100274.47	340650.46
	股东权益(万)	108060.26	104904.94	36914.42	36161.40
	主营业务收入(万)	44617.76	68397.21	31004.48	5954.97
	主营成本(万)	25252.22	38705.75	19643.47	3659.83
	营业收入(万)	45198.82	69656.43	31556.45	65747.48
	营业成本(万)	25421.20	39120.50	19833.58	48505.27
	投资收益(万)	–29.47	–26.58	–30.06	172.00
	利润总额(万)	6079.21	12242.14	4728.72	5110.03
	净利润(万)	2137.21	4103.88	287.23	1706.09

河北金牛化工股份有限公司

公司概况	公司名称	河北金牛化工股份有限公司			证券简称	ST金化
	法人代表	祁泽民	董秘	邱玲	证券代码	600722
	公司网址	www.hbjnhg.com		电子信箱	jnhg600722@163.com	
	电话	0317-3509970		传真	0317-3030719	
	办公地址	河北省沧州市黄河东路20号				
	经营范围	化工原料、塑料制品、建筑材料的批发、零售等				

主要财务指标	指标\报告期	2011.06.30	2010.12.31	2010.06.30	2009.12.31
	每股收益(元)	–0.1500	2.6200	–0.1600	–0.0500
	每股收益(扣除)(元)	–0.2300	–0.3100	–0.1400	–0.2200
	每股净资产(元)	–0.8800	–0.7400	–3.8700	–3.7200
	调整后每股净资产(元)	–	–	–	–
	每股资本公积金(元)	1.0658	1.0658	0.6972	0.6972
	每股盈余公积金(元)	0.1867	0.1867	0.1867	0.1867
	每股未分配利润(元)	–3.1371	–2.9903	–5.7663	–5.6055
	每股现金净流量(元)	–0.1110	0.0075	–0.0340	–0.0772
	每股经营现金净流量(元)	–0.0791	–0.9719	0.0209	0.4119
	净资产收益率(扣除)(%)	–16.6670	–355.4641	–4.0184	–1.4122
	净资产收益率(%)	–16.6667	–	–	–
	总资产(万)	161217.67	166077.77	156694.51	155318.72
	股东权益(万)	–34649.91	–28647.97	–160673.37	–154334.36
	主营业务收入(万)	82615.14	132146.07	49775.73	102800.50
	主营成本(万)	82085.11	129759.93	49512.03	99250.02
	营业收入(万)	82730.41	132555.43	49966.87	103181.18
	营业成本(万)	82237.85	129776.29	49522.11	99333.52
	投资收益(万)	–	–	–	–
	利润总额(万)	–5907.87	110484.42	–6489.46	–2064.39
	净利润(万)	–6186.22	110211.44	–6562.53	–2212.50

北京首商集团股份有限公司

公司概况	公司名称	北京首商集团股份有限公司			证券简称	首商股份
	法人代表	于学忠	董秘	王健	证券代码	600723
	公司网址	www.xdsc.com.cn		电子信箱	ssgf600723@126.com	
	电话	010-82270256		传真	010-82270251	
	办公地址	北京市西城区北三环中路23号燕莎盛世大厦二层				
	经营范围	购销针纺织品,百货,五金交电化工,机 械电器设备,电动自行车等				

主要财务指标	指标\报告期	2011.06.30	2010.12.31	2010.06.30	2009.12.31
	每股收益(元)	0.2900	0.0970	0.1800	0.0737
	每股收益(扣除)(元)	0.2000	0.1050	0.0600	0.0834
	每股净资产(元)	3.1987	2.9887	2.7199	2.6437
	调整后每股净资产(元)	–	–	–	–
	每股资本公积金(元)	1.2531	2.6455	1.8316	1.8316
	每股盈余公积金(元)	0.2060	0.3418	0.2537	0.2537
	每股未分配利润(元)	0.7396	0.8155	–0.3654	–0.4416
	每股现金净流量(元)	0.0805	0.3471	0.3628	0.2124
	每股经营现金净流量(元)	0.3439	0.5235	0.5084	0.3240
	净资产收益率(扣除)(%)	–	3.8742	–	3.2403
	净资产收益率(%)	9.1410	3.5147	2.1200	2.7890
	总资产(万)	493114.75	486907.35	188493.96	187535.90
	股东权益(万)	210605.19	196779.72	111437.84	109074.99
	主营业务收入(万)	571969.71	286538.64	454938.97	237307.29
	主营成本(万)	462054.64	234154.52	363523.98	192907.98
	营业收入(万)	585486.03	299285.82	466928.01	248556.47
	营业成本(万)	462502.11	234297.66	363951.55	193084.92
	投资收益(万)	–	–	–	–
	利润总额(万)	39820.34	6776.15	29966.30	4974.47
	净利润(万)	19250.62	3973.27	11595.43	3020.61

宁波富达股份有限公司

公司概况	公司名称	宁波富达股份有限公司			证券简称	宁波富达
	法人代表	王宏祥	董秘	赵立明	证券代码	600724
	公司网址	www.fuda.com		电子信箱	zlm@fuda.com	
	电　话	0574-87647859		传　真	0574-87647851	
	办公地址	宁波市外马路157号				
	经营范围	家用电力器具、电机、文具、鞋帽、工艺品、水暖管件、塑料制品、模具等				

主要财务指标	指标\报告期	2011.06.30	2010.12.31	2010.06.30	2009.12.31
	每股收益(元)	0.1700	0.2300	0.0500	0.1600
	每股收益(扣除)(元)	0.1300	0.2200	0.0400	0.0800
	每股净资产(元)	2.0500	1.8900	1.7021	1.6500
	调整后每股净资产(元)	–	–	–	–
	每股资本公积金(元)	0.1843	0.1913	0.1843	0.1843
	每股盈余公积金(元)	0.0667	0.0692	0.0622	0.0622
	每股未分配利润(元)	0.7994	0.6325	0.4556	0.4049
	每股现金净流量(元)	-0.0964	0.2222	0.7218	0.6884
	每股经营现金净流量(元)	0.0918	-2.6533	-2.4809	-1.2337
	净资产收益率(扣除)(%)	–	12.4900	–	4.9300
	净资产收益率(%)	8.2530	12.4380	2.9780	9.6070
	总资产(万)	1953056.26	1875665.11	1614341.69	1002272.31
	股东权益(万)	296335.27	273571.69	245996.18	238669.57
	主营业务收入(万)	145993.09	310481.09	92666.66	144002.34
	主营成本(万)	87180.89	192362.86	67569.91	100404.88
	营业收入(万)	147488.62	313043.08	93880.70	150262.78
	营业成本(万)	87939.01	193837.24	68398.32	101910.87
	投资收益(万)	–	–	–	–
	利润总额(万)	40854.60	58780.44	14153.57	39614.51
	净利润(万)	24457.51	33902.12	7326.62	22927.91

云南云维股份有限公司

公司概况	公司名称	云南云维股份有限公司			证券简称	云维股份
	法人代表	张跃龙	董秘	李斌	证券代码	600725
	公司网址	www.ywgf.cn		电子信箱	libin@ywgf.cn	
	电　话	0874-3068588 3064195		传　真	0874-3068590 3064195	
	办公地址	云南省曲靖市沾益县盘江镇花山工业区				
	经营范围	化工及化纤材料、水泥、纯碱、氯化铵、氧气产品生产和销售等				

主要财务指标	指标\报告期	2011.06.30	2010.12.31	2010.06.30	2009.12.31
	每股收益(元)	0.0090	0.3000	0.0470	0.3190
	每股收益(扣除)(元)	0.0100	0.2930	0.0440	0.3000
	每股净资产(元)	4.1350	4.2390	3.9810	7.1130
	调整后每股净资产(元)	–	–	–	–
	每股资本公积金(元)	2.3349	2.3349	2.3349	4.8029
	每股盈余公积金(元)	0.1980	0.1980	0.1977	0.3558
	每股未分配利润(元)	0.5672	0.6697	0.4166	0.9015
	每股现金净流量(元)	0.4209	0.0341	0.4148	0.5580
	每股经营现金净流量(元)	1.0554	0.3737	0.4119	0.1823
	净资产收益率(扣除)(%)	–	7.1600	–	5.2960
	净资产收益率(%)	0.2260	7.0830	1.1770	3.8520
	总资产(万)	1382441.79	1261985.52	1140074.92	987035.96
	股东权益(万)	254836.30	261227.88	245335.15	243524.46
	主营业务收入(万)	419263.73	653153.66	276776.63	430950.50
	主营成本(万)	364591.95	565849.05	246485.26	377047.47
	营业收入(万)	429155.32	659042.13	280448.33	436727.94
	营业成本(万)	375833.39	569590.33	248952.55	381188.76
	投资收益(万)	–	–	–	–
	利润总额(万)	6036.94	28101.49	7367.30	12535.74
	净利润(万)	575.16	18502.26	2887.37	9381.39

华电能源股份有限公司

公司概况	公司名称	华电能源股份有限公司			证券简称	华电能源
	法人代表	任书辉	董秘	梅君超	证券代码	600726
	公司网址	www.hdenergy.com		电子信箱	hdenergy@hdenergy.com	
	电　话	0451-82525998 82525778		传　真	0451-82525878	
	办公地址	黑龙江省哈尔滨市南岗区大成街209号				
	经营范围	建设、经营、维修电厂，生产销售电力，电力行业的技术服务、技术咨询等				

主要财务指标	指标\报告期	2011.06.30	2010.12.31	2010.06.30	2009.12.31
	每股收益(元)	-0.1600	0.0200	-0.0800	-0.5500
	每股收益(扣除)(元)	-0.1700	-0.1400	-0.0900	-0.5500
	每股净资产(元)	1.5600	1.7200	1.9600	2.0400
	调整后每股净资产(元)	–	–	–	–
	每股资本公积金(元)	0.7425	0.7425	1.1149	1.1149
	每股盈余公积金(元)	0.1419	0.1419	0.1386	0.1386
	每股未分配利润(元)	-0.3248	-0.1615	-0.2912	-0.2154
	每股现金净流量(元)	0.2322	0.1106	0.1804	-0.0933
	每股经营现金净流量(元)	0.2320	0.8309	0.3618	0.7470
	净资产收益率(扣除)(%)	–	-7.3700	–	-25.8800
	净资产收益率(%)	-10.4730	1.2920	-3.8600	-18.8419
	总资产(万)	2275038.76	2219019.75	1956344.23	1863004.39
	股东权益(万)	306727.67	338852.26	385912.45	400808.21
	主营业务收入(万)	457012.07	813370.97	387575.00	615094.22
	主营成本(万)	438278.04	772145.96	370135.38	573893.61
	营业收入(万)	457951.93	821930.55	388191.58	616917.38
	营业成本(万)	438645.14	775739.49	371229.51	575273.35
	投资收益(万)	–	–	–	–
	利润总额(万)	-31410.68	3954.15	-15922.19	-78230.38
	净利润(万)	-32124.59	4378.74	-15657.00	-75519.93

山东鲁北化工股份有限公司

公司概况	公司名称	山东鲁北化工股份有限公司			证券简称	ST鲁北
	法人代表	陈树常	董秘	张金增	证券代码	600727
	公司网址	www.lubeichem.com		电子信箱	lubeichem@lubei.com.cn	
	电　话	0543-6451265		传　真	0543-6451265	
	办公地址	山东省无棣县埕口镇				
	经营范围	磷铵、三元素、水泥、溴素、液碱等产品的生产和销售				

主要财务指标	指标\报告期	2011.06.30	2010.12.31	2010.06.30	2009.12.31
	每股收益(元)	0.0590	0.0400	-0.0910	-1.7400
	每股收益(扣除)(元)	0.0600	-0.3000	-0.0900	2.0300
	每股净资产(元)	2.9600	2.8200	4.2700	2.8200
	调整后每股净资产(元)	–	–	–	–
	每股资本公积金(元)	2.5780	2.5780	2.5575	2.5575
	每股盈余公积金(元)	0.5002	0.5002	0.5002	0.5002
	每股未分配利润(元)	-1.1451	-1.2045	0.1969	-1.2492
	每股现金净流量(元)	-0.6942	-0.0859	-0.4662	1.1669
	每股经营现金净流量(元)	-0.1543	0.0249	-0.3668	1.9393
	净资产收益率(扣除)(%)	2.0070	1.5430	-2.1260	-3.1350
	净资产收益率(%)	2.0800	1.5600	-2.1000	-46.5100
	总资产(万)	130609.50	148231.72	183548.30	148231.72
	股东权益(万)	103958.04	101696.93	150037.16	153094.22
	主营业务收入(万)	41552.33	44843.79	14426.37	34323.44
	主营成本(万)	38351.64	47057.05	16031.44	37076.51
	营业收入(万)	41552.33	45262.27	14426.37	34728.55
	营业成本(万)	38351.64	47078.80	16031.44	37096.78
	投资收益(万)	317.91	-30.38	–	-58.87
	利润总额(万)	2086.47	1569.26	-3189.30	-57853.68
	净利润(万)	2086.47	1569.26	-3189.30	-61164.28

新太科技股份有限公司

公司概况	公司名称	新太科技股份有限公司			证券简称	新太科技
	法人代表	刘伟	董秘	刘颖	证券代码	600728
	公司网址	www.suntektech.com		电子信箱	ly@suntektech.com	
	电　话	020-85550260		传　真	020-85577907	
	办公地址	广州天河软件园建工路 4 号				
	经营范围	计算机新产品开发、研制及相关技术引进、技术服务等				

	指标\报告期	2011.06.30	2010.12.31	2010.06.30	2009.12.31
主要财务指标	每股收益(元)	0.0624	0.7467	0.0184	0.0489
	每股收益(扣除)(元)	0.0528	0.0675	0.0147	0.0102
	每股净资产(元)	0.9507	0.8889	0.0610	-0.4019
	调整后每股净资产(元)	-	-	-	-
	每股资本公积金(元)	1.6974	1.6974	1.6564	2.3687
	每股盈余公积金(元)	0.1974	0.1974	0.1974	0.3080
	每股未分配利润(元)	-1.9431	-2.0055	-2.7928	-4.2727
	每股现金净流量(元)	0.1498	-0.3343	0.3045	-0.0487
	每股经营现金净流量(元)	0.1336	-0.1587	-0.1760	-0.2681
	净资产收益率(扣除)(%)	6.5600	84.0020	30.1090	-12.1740
	净资产收益率(%)	6.7800	-	-	-
	总资产(万)	61979.98	70909.29	96049.01	78288.28
	股东权益(万)	30879.65	28872.56	2026.39	-15803.27
	主营业务收入(万)	28779.99	52896.00	12134.34	33266.27
	主营成本(万)	22306.81	41198.37	8263.11	23944.79
	营业收入(万)	29154.22	53816.39	12532.31	33870.52
	营业成本(万)	22532.05	41641.56	8398.32	24147.23
	投资收益(万)	-44.46	254.77	-194.85	-242.09
	利润总额(万)	2275.26	25070.40	684.73	1917.57
	净利润(万)	2025.73	24253.53	596.11	1589.00

重庆百货大楼股份有限公司

公司概况	公司名称	重庆百货大楼股份有限公司			证券简称	重庆百货
	法人代表	肖诗新	董秘	胡庆华	证券代码	600729
	公司网址	www.e-cbest.com		电子信箱	cbhqh@126.com	
	电　话	023-63843197 63822594		传　真	023-63822594	
	办公地址	重庆市渝中区中山三路 86 号				
	经营范围	零售预包装食品、散装食品、粮油制品、副食品、其它食品、乳制品等				

	指标\报告期	2011.06.30	2010.12.31	2010.06.30	2009.12.31
主要财务指标	每股收益(元)	0.9900	1.4100	0.7800	1.0800
	每股收益(扣除)(元)	0.9800	0.8800	0.5200	0.7300
	每股净资产(元)	6.6800	5.8900	4.9439	4.6300
	调整后每股净资产(元)	-	-	-	-
	每股资本公积金(元)	1.0973	1.0968	0.4491	2.9181
	每股盈余公积金(元)	0.5094	0.5094	0.6960	0.7713
	每股未分配利润(元)	4.0733	3.2799	2.7989	3.7745
	每股现金净流量(元)	0.4464	3.2841	1.0786	2.7550
	每股经营现金净流量(元)	0.8768	4.1747	1.8667	7.5668
	净资产收益率(扣除)(%)	-	17.8500	-	16.7800
	净资产收益率(%)	14.8700	24.0090	10.7820	23.3997
	总资产(万)	827314.23	860690.06	267590.59	678806.61
	股东权益(万)	249222.54	219607.75	100856.23	172663.03
	主营业务收入(万)	1328344.73	2060054.10	1096487.78	1735754.86
	主营成本(万)	1169691.23	1797412.92	967177.11	1514895.55
	营业收入(万)	1356981.83	2121274.49	1121431.27	1781882.20
	营业成本(万)	1174137.00	1805111.81	970815.42	1521553.73
	投资收益(万)	-	-	-	-
	利润总额(万)	43480.62	62149.93	34301.66	52405.46
	净利润(万)	37059.83	52724.79	28995.97	40402.66

中国高科集团股份有限公司

公司概况	公司名称	中国高科集团股份有限公司			证券简称	中国高科
	法人代表	余丽	董秘	刘玮	证券代码	600730
	公司网址	www.chinahitech.com.cn		电子信箱	liuwei@china-hi-tech.com	
	电　话	021-50326418 50326450		传　真	021-50326400	
	办公地址	上海市浦东新区新金桥路 1122 号方正大厦 9/10 层				
	经营范围	实业投资，创业投资，人才交流及培训，技术及商品展示等				

	指标\报告期	2011.06.30	2010.12.31	2010.06.30	2009.12.31
主要财务指标	每股收益(元)	-0.0606	0.0750	0.0242	0.0800
	每股收益(扣除)(元)	-0.0606	0.0030	0.0234	0.0700
	每股净资产(元)	2.5100	2.5700	2.5100	2.4900
	调整后每股净资产(元)	-	-	-	-
	每股资本公积金(元)	0.1907	0.1907	0.1907	0.1907
	每股盈余公积金(元)	0.1485	0.1485	0.1488	0.1488
	每股未分配利润(元)	1.1660	1.2266	1.1753	1.1512
	每股现金净流量(元)	0.0715	0.5323	0.2150	0.4193
	每股经营现金净流量(元)	-0.2488	-0.5441	-0.7619	0.2358
	净资产收益率(扣除)(%)	-	0.1000	-	2.9900
	净资产收益率(%)	-2.4200	2.9400	0.9610	3.0820
	总资产(万)	186873.03	170109.90	181712.03	132851.94
	股东权益(万)	73484.81	75263.65	73766.94	73058.27
	主营业务收入(万)	65050.17	116178.84	60905.89	98989.30
	主营成本(万)	63007.16	106676.67	56309.54	89291.22
	营业收入(万)	65243.23	116568.17	61078.72	99410.09
	营业成本(万)	63099.98	106824.13	56382.55	89432.35
	投资收益(万)	-	-	-	-
	利润总额(万)	-1628.57	2817.83	1447.69	4146.22
	净利润(万)	-1778.58	2212.69	708.68	2251.47

湖南海利化工股份有限公司

公司概况	公司名称	湖南海利化工股份有限公司			证券简称	湖南海利
	法人代表	王晓光	董秘	丁民	证券代码	600731
	公司网址	www.hnhlc.com		电子信箱	dinmin@tom.com	
	电　话	0731-85357830		传　真	0731-85357977	
	办公地址	湖南省长沙市芙蓉中路二段 251 号				
	经营范围	化工产品，农药开发，生产及自产产品销售等				

	指标\报告期	2011.06.30	2010.12.31	2010.06.30	2009.12.31
主要财务指标	每股收益(元)	0.0085	0.0160	0.0111	0.0100
	每股收益(扣除)(元)	-0.0188	0.0050	0.0109	-0.0380
	每股净资产(元)	1.4420	1.4400	1.4550	1.4200
	调整后每股净资产(元)	-	-	-	-
	每股资本公积金(元)	0.8615	0.8615	0.8615	0.8615
	每股盈余公积金(元)	0.1138	0.1138	0.1138	0.1138
	每股未分配利润(元)	-0.5504	-0.5589	-0.5199	-0.5753
	每股现金净流量(元)	-0.0576	-0.2560	-0.5219	0.3655
	每股经营现金净流量(元)	0.0273	0.4089	0.0605	0.3146
	净资产收益率(扣除)(%)	-	0.3200	-	-2.6700
	净资产收益率(%)	0.5920	1.1380	0.7600	0.6703
	总资产(万)	137609.26	128291.79	123862.48	129185.19
	股东权益(万)	36952.71	36907.80	37303.55	36481.42
	主营业务收入(万)	42774.87	84347.56	40556.52	67739.82
	主营成本(万)	34968.39	68311.86	32330.10	54197.06
	营业收入(万)	43098.43	85192.24	40956.00	69446.99
	营业成本(万)	35098.71	68476.50	32380.11	54285.20
	投资收益(万)	-	-	-	-
	利润总额(万)	913.53	1173.43	532.83	1307.60
	净利润(万)	218.88	420.18	283.51	244.54

上海新梅置业股份有限公司

公司概况					
公司名称	上海新梅置业股份有限公司			证券简称	上海新梅
法人代表	张静静	董秘	何婧	证券代码	600732
公司网址	www.shxinmei.com		电子信箱	hejing@shinmay.com.cn	
电　话	021-51005380		传　真	021-51005370	
办公地址	上海市天目中路585号新梅大厦20层				
经营范围	房地产开发与经营,物业管理,建筑装潢,实业投资、资产经营等				

主要财务指标　指标\报告期	2011.06.30	2010.12.31	2010.06.30	2009.12.31
每股收益(元)	0.2404	0.0380	0.0240	0.1388
每股收益(扣除)(元)	0.0589	-0.1530	0.0250	0.1388
每股净资产(元)	2.3796	2.1400	2.1500	2.1920
调整后每股净资产(元)	-	-	-	-
每股资本公积金(元)	0.0279	0.0279	0.0279	0.0279
每股盈余公积金(元)	-	-	0.0204	0.0204
每股未分配利润(元)	1.3517	1.1113	1.0973	1.1436
每股现金净流量(元)	-0.8463	0.5972	0.7227	-0.1076
每股经营现金净流量(元)	-1.6877	1.3280	0.7748	0.0491
净资产收益率(扣除)(%)	-	-5.9200	1.1500	-
净资产收益率(%)	10.1010	1.8000	1.1400	6.3332
总资产(万)	142783.07	111934.11	214392.70	185825.00
股东权益(万)	59012.87	53052.17	53210.12	54358.97
主营业务收入(万)	9322.64	6138.98	-	-
主营成本(万)	4675.45	5612.48	-	-
营业收入(万)	9322.64	6138.98	1461.31	14258.66
营业成本(万)	4675.45	5612.48	184.04	7384.55
投资收益(万)	-	-	-	-
利润总额(万)	9668.76	2663.96	891.83	4886.19
净利润(万)	5960.69	954.66	606.35	3442.66

成都前锋电子股份有限公司

公司概况					
公司名称	成都前锋电子股份有限公司			证券简称	S 前锋
法人代表	杨晓斌	董秘	邓红光	证券代码	600733
公司网址	www.600733.com.cn		电子信箱	denghongguang@sina.com	
电　话	028-86316723 86316733-8828		传　真	028-86316753	
办公地址	四川省成都市武侯区人民南路四段1号				
经营范围	电子、通信、计算机、光机电一体化技术的开发、研制、技术服务及咨询等				

主要财务指标　指标\报告期	2011.06.30	2010.12.31	2010.06.30	2009.12.31
每股收益(元)	-0.0707	-0.0392	0.0013	0.0094
每股收益(扣除)(元)	-0.0703	-0.0411	0.0011	-0.0786
每股净资产(元)	1.2103	1.2810	1.2812	1.3021
调整后每股净资产(元)	-	-	-	-
每股资本公积金(元)	0.3673	0.3673	0.3673	0.3900
每股盈余公积金(元)	0.0176	0.0176	0.0176	0.0176
每股未分配利润(元)	-0.1746	-0.1039	-0.1037	-0.0647
每股现金净流量(元)	0.7070	0.4462	0.0635	0.6809
每股经营现金净流量(元)	0.7071	0.5553	0.1728	0.9509
净资产收益率(扣除)(%)	-	-3.1290	-	-6.0785
净资产收益率(%)	-5.8410	-3.0590	0.1410	1.3700
总资产(万)	101131.36	78633.16	75498.27	66581.48
股东权益(万)	23914.17	25311.03	25314.72	26534.40
主营业务收入(万)	-	21344.65	1723.91	23247.97
主营成本(万)	-	14833.83	1203.31	16250.96
营业收入(万)	115.00	21517.51	1800.40	23721.50
营业成本(万)	25.63	14869.41	1238.71	16582.09
投资收益(万)	-	-	-	-
利润总额(万)	-1122.38	281.31	92.79	2392.83
净利润(万)	-1396.86	-774.15	26.45	186.27

福建实达集团股份有限公司

公司概况					
公司名称	福建实达集团股份有限公司			证券简称	实达集团
法人代表	臧家顺	董秘	吴波	证券代码	600734
公司网址	www.start.com.cn		电子信箱	wb600734@163.com	
电　话	0591-83725878 83709680		传　真	0591-83708128	
办公地址	福建省福州市洪山园路68号招标大厦A座六层				
经营范围	电子计算机及其外部设备、仪器仪表及电传、办公设备等				

主要财务指标　指标\报告期	2011.06.30	2010.12.31	2010.06.30	2009.12.31
每股收益(元)	-0.0566	0.0759	-0.1005	0.3313
每股收益(扣除)(元)	-0.0580	0.0019	-0.1163	0.0151
每股净资产(元)	0.3283	0.5413	0.2623	0.3889
调整后每股净资产(元)	-	-	-	-
每股资本公积金(元)	0.7358	0.8914	0.8079	0.8138
每股盈余公积金(元)	0.1670	0.1670	0.1670	0.1670
每股未分配利润(元)	-1.6382	-1.5816	-1.7778	-1.6575
每股现金净流量(元)	-0.9403	0.7194	0.6769	0.4204
每股经营现金净流量(元)	-0.1035	0.4540	0.0796	0.3616
净资产收益率(扣除)(%)	-	0.4079	-	6.7550
净资产收益率(%)	-17.2280	14.0190	-39.2710	85.2040
总资产(万)	161531.13	193035.27	201093.08	150310.61
股东权益(万)	11541.33	19031.27	9222.86	13670.84
主营业务收入(万)	34166.63	135591.23	28078.34	125522.11
主营成本(万)	24958.38	93401.97	24365.94	95991.96
营业收入(万)	34762.57	136476.03	28229.79	126904.54
营业成本(万)	25193.86	93941.52	24365.94	96469.14
投资收益(万)	-	-	-	-
利润总额(万)	-765.20	11564.96	-5081.56	19496.13
净利润(万)	-1988.31	2667.91	-3532.70	11648.10

山东新华锦国际股份有限公司

公司概况					
公司名称	山东新华锦国际股份有限公司			证券简称	新华锦
法人代表	张建华	董秘	盛强	证券代码	600735
公司网址			电子信箱	sh600735@163.com	
电　话	0532-85877680 85967622		传　真	0532-85877680	
办公地址	山东省青岛市市南区彰化路4号8号层				
经营范围	备案范围内的进出口业务;纺织品、针织品、工艺美术品的加工、销售等				

主要财务指标　指标\报告期	2011.06.30	2010.12.31	2010.06.30	2009.12.31
每股收益(元)	0.0028	-0.0654	-0.0146	0.1201
每股收益(扣除)(元)	-0.0312	-0.1426	-0.0390	0.0990
每股净资产(元)	1.1023	1.1066	1.5532	1.4135
调整后每股净资产(元)	-	-	-	-
每股资本公积金(元)	0.4473	0.4473	0.9538	0.7944
每股盈余公积金(元)	0.0901	0.0901	0.1217	0.1217
每股未分配利润(元)	-0.4349	-0.4377	-0.5223	-0.5026
每股现金净流量(元)	0.0966	-0.0755	-0.1058	-0.0271
每股经营现金净流量(元)	0.0210	-0.1409	0.2463	-0.0857
净资产收益率(扣除)(%)	-	-12.5500	-	5.6900
净资产收益率(%)	0.2550	-5.9500	-1.2670	11.4710
总资产(万)	70846.42	76425.71	100144.81	116721.34
股东权益(万)	23038.31	22982.15	24046.23	21883.25
主营业务收入(万)	47523.91	144128.94	80175.57	219802.91
主营成本(万)	42621.04	136086.91	74369.03	203328.27
营业收入(万)	47586.81	144366.47	80231.60	220175.06
营业成本(万)	42621.41	136138.48	74392.06	203504.88
投资收益(万)	-	-	-	-
利润总额(万)	167.12	-3167.56	-474.80	3007.23
净利润(万)	58.73	-1367.47	-304.57	2510.22

苏州新区高新技术产业股份有限公司

公司概况						
	公司名称	苏州新区高新技术产业股份有限公司			证券简称	苏州高新
	法人代表	纪向群	董秘	缪凯	证券代码	600736
	公司网址	www.sndht.com		电子信箱	miao.k@c-snd.com	
	电　话	0512-68096283 68072571		传　真	0512-68099281	
	办公地址	江苏省苏州市高新区狮山路35号金河国际大厦25层				
	经营范围	高新技术产品的投资、开发和生产;能源、交通、通讯等				

主要财务指标	指标\报告期	2011.06.30	2010.12.31	2010.06.30	2009.12.31
	每股收益(元)	0.1006	0.3551	0.0994	0.2382
	每股收益(扣除)(元)	0.1001	0.3422	0.0940	0.2325
	每股净资产(元)	2.7970	3.2477	2.9931	3.0313
	调整后每股净资产(元)	–	–	–	–
	每股资本公积金(元)	0.5890	0.8067	0.8067	0.8443
	每股盈余公积金(元)	0.1891	0.2270	0.2122	0.2122
	每股未分配利润(元)	1.0189	1.2140	0.9742	0.9748
	每股现金净流量(元)	0.5085	–1.0841	–1.1979	1.8890
	每股经营现金净流量(元)	–0.8655	–1.3239	–0.4471	1.2482
	净资产收益率(扣除)(%)	–	11.0400	–	7.9200
	净资产收益率(%)	3.5970	10.9330	3.3210	7.8565
	总资产(万)	1544781.70	1388861.56	1240876.82	1307461.18
	股东权益(万)	295890.33	286305.76	263864.31	267225.66
	主营业务收入(万)	147213.73	484279.70	160051.96	311623.70
	主营成本(万)	92978.97	347140.68	121055.84	234857.53
	营业收入(万)	148751.22	484465.97	160203.82	311732.14
	营业成本(万)	93022.23	347140.68	121104.60	234857.53
	投资收益(万)	–	–	–	–
	利润总额(万)	19527.06	46716.17	13849.93	32986.13
	净利润(万)	10642.45	31302.05	8763.35	20994.65

中粮屯河股份有限公司

公司概况						
	公司名称	中粮屯河股份有限公司			证券简称	中粮屯河
	法人代表	郑弘波	董秘	蒋学工	证券代码	600737
	公司网址	www.cofcotunhe.com		电子信箱	jiangxg@cofco.com	
	电　话	0991-5571888		传　真	0991-5571600	
	办公地址	新疆维吾尔自治区乌鲁木齐市黄河路2号招商银行大厦20层				
	经营范围	番茄加工及番茄制品的制造销售以及其他农副产品的加工等				

主要财务指标	指标\报告期	2011.06.30	2010.12.31	2010.06.30	2009.12.31
	每股收益(元)	–0.0540	–0.0548	0.0810	0.2700
	每股收益(扣除)(元)	–0.0510	–0.0772	0.0740	0.2300
	每股净资产(元)	2.8800	2.6200	3.2200	2.9700
	调整后每股净资产(元)	–	–	–	–
	每股资本公积金(元)	1.3600	1.0429	1.5113	1.3178
	每股盈余公积金(元)	0.0987	0.0987	0.0965	0.0965
	每股未分配利润(元)	0.4215	0.4752	0.6132	0.5603
	每股现金净流量(元)	0.3197	0.0648	0.1506	–0.1108
	每股经营现金净流量(元)	0.9828	–0.5824	0.4363	–0.0474
	净资产收益率(扣除)(%)	–	–2.6000	–	7.9700
	净资产收益率(%)	–1.8660	–2.0960	2.5120	8.9500
	总资产(万)	747069.49	797585.14	702123.78	701323.47
	股东权益(万)	289624.78	263139.02	323894.74	299113.83
	主营业务收入(万)	205185.40	284676.25	126710.82	280843.78
	主营成本(万)	168439.58	212292.31	88478.71	197212.34
	营业收入(万)	207137.12	293658.37	128222.25	287948.67
	营业成本(万)	171699.59	221877.32	90033.42	201892.97
	投资收益(万)	–	–	–	–
	利润总额(万)	–4846.31	–4214.01	8521.37	28351.13
	净利润(万)	–5403.24	–5514.94	8135.32	26769.27

兰州民百(集团)股份有限公司

公司概况						
	公司名称	兰州民百(集团)股份有限公司			证券简称	兰州民百
	法人代表	杜永忠	董秘	成志坚	证券代码	600738
	公司网址	www.lzminbai.com		电子信箱	czjgoal@163.com	
	电　话	0931-8473891		传　真	0931-8473866	
	办公地址	甘肃省兰州市城关区中山路120号8-10层				
	经营范围	日用百货,五金交电、化工日杂百货,五金交电,化工产品等				

主要财务指标	指标\报告期	2011.06.30	2010.12.31	2010.06.30	2009.12.31
	每股收益(元)	0.1100	0.1440	0.0860	0.0900
	每股收益(扣除)(元)	0.1230	0.1800	0.1290	0.0990
	每股净资产(元)	1.5131	1.4030	1.6266	1.8000
	调整后每股净资产(元)	–	–	–	–
	每股资本公积金(元)	0.1775	0.1775	0.4525	0.7232
	每股盈余公积金(元)	0.0855	0.0855	0.0702	0.0706
	每股未分配利润(元)	0.2500	0.1399	0.1039	0.0104
	每股现金净流量(元)	–0.0718	0.1796	–0.1295	0.1614
	每股经营现金净流量(元)	0.1503	0.7465	0.2488	0.6915
	净资产收益率(扣除)(%)	–	11.2300	–	6.1700
	净资产收益率(%)	7.2770	10.2960	5.2810	4.9730
	总资产(万)	91331.19	94270.54	87026.15	100713.97
	股东权益(万)	39759.88	36866.57	42742.24	47412.18
	主营业务收入(万)	61040.59	89681.60	42687.48	70096.03
	主营成本(万)	49689.02	72871.19	34247.42	56653.77
	营业收入(万)	61993.68	92089.94	43744.31	72979.14
	营业成本(万)	49711.82	73042.79	34385.63	57050.94
	投资收益(万)	–	–	–	–
	利润总额(万)	3870.90	4884.08	2841.92	3270.42
	净利润(万)	2893.31	3795.59	2257.25	2357.68

辽宁成大股份有限公司

公司概况						
	公司名称	辽宁成大股份有限公司			证券简称	辽宁成大
	法人代表	尚书志	董秘	于占洋	证券代码	600739
	公司网址	www.chengda.com.cn		电子信箱	stocks@chengda.com.cn	
	电　话	0411-82512731 82512618		传　真	0411-82691187	
	办公地址	辽宁省大连市人民路71号				
	经营范围	自营和代理货物及技术进出口等				

主要财务指标	指标\报告期	2011.06.30	2010.12.31	2010.06.30	2009.12.31
	每股收益(元)	0.3770	1.3936	0.3863	1.4884
	每股收益(扣除)(元)	0.3717	1.3618	0.3813	1.4160
	每股净资产(元)	5.8700	5.5500	7.6375	7.2000
	调整后每股净资产(元)	–	–	–	–
	每股资本公积金(元)	0.2616	0.2596	0.3331	0.4573
	每股盈余公积金(元)	0.5586	0.5586	0.5621	0.5633
	每股未分配利润(元)	6.4813	6.5159	5.7428	5.1750
	每股现金净流量(元)	0.4223	0.0015	0.0211	0.0558
	每股经营现金净流量(元)	–0.0394	0.5841	–0.0563	0.3740
	净资产收益率(扣除)(%)	–	17.5200	–	22.2700
	净资产收益率(%)	6.4250	16.6080	7.5730	20.6700
	总资产(万)	1184307.19	1023470.59	907541.18	838290.26
	股东权益(万)	800450.44	757935.98	690208.68	648891.30
	主营业务收入(万)	348812.99	519715.57	211947.04	395800.85
	主营成本(万)	277949.96	399192.61	157940.27	318878.30
	营业收入(万)	347028.27	524542.13	214293.75	401942.72
	营业成本(万)	278811.12	402743.36	159589.43	323887.40
	投资收益(万)	–	–	–	–
	利润总额(万)	66718.34	150804.26	64528.91	146634.39
	净利润(万)	51427.45	125875.32	52271.88	134127.68

山西焦化股份有限公司

公司概况

公司名称	山西焦化股份有限公司			证券简称	山西焦化
法人代表	郭文仓	董秘	史瑞平	证券代码	600740
公司网址	www.sxjh.com.cn		电子信箱	sjgf@public.lf.sx.cn	
电　话	0357-6626012 6625471		传　真	0357-6625045	
办公地址	山西省临汾市洪洞县广胜寺镇				
经营范围	焦炭及其相关化工产品的生产、销售等				

主要财务指标

指标\报告期	2011.06.30	2010.12.31	2010.06.30	2009.12.31
每股收益(元)	0.1700	0.1100	-0.4400	-1.3180
每股收益(扣除)(元)	0.1800	0.0078	-0.4300	-1.2100
每股净资产(元)	2.3200	2.1400	1.5430	1.9800
调整后每股净资产(元)	-	-	-	-
每股资本公积金(元)	1.6719	1.6719	1.6506	1.6506
每股盈余公积金(元)	0.3973	0.3973	0.3973	0.3973
每股未分配利润(元)	-0.7859	-0.9562	-1.5150	-1.0697
每股现金净流量(元)	0.0287	-0.0778	-0.3728	0.4036
每股经营现金净流量(元)	0.4948	1.5508	0.0501	-0.5149
净资产收益率(扣除)(%)	-	0.3800	-	-45.7400
净资产收益率(%)	7.3380	5.3100	-28.8640	-66.6070
总资产(万)	835633.05	703182.61	637381.64	607552.85
股东权益(万)	131268.90	120924.62	87267.77	111906.79
主营业务收入(万)	356216.43	631782.82	304904.04	288877.50
主营成本(万)	322660.83	594625.17	309570.91	306461.01
营业收入(万)	364950.88	640612.33	310268.32	289695.52
营业成本(万)	329678.40	597193.06	313851.77	306978.70
投资收益(万)	-	-	-	-
利润总额(万)	9871.31	4010.61	-25084.47	-64805.58
净利润(万)	9631.97	6421.16	-25188.76	-74538.22

华域汽车系统股份有限公司

公司概况

公司名称	华域汽车系统股份有限公司			证券简称	华域汽车
法人代表	胡茂元	董秘	茅其炜	证券代码	600741
公司网址			电子信箱	huayuqiche@gmail.com	
电　话	021-22011701		传　真	021-22011790	
办公地址	上海市威海路489号				
经营范围	市区,郊县及埠际公共交通客运,出租汽车客运,汽车及配件销售等				

主要财务指标

指标\报告期	2011.06.30	2010.12.31	2010.06.30	2009.12.31
每股收益(元)	0.6010	0.9730	0.4900	0.6910
每股收益(扣除)(元)	0.5860	0.9580	0.4860	0.6850
每股净资产(元)	6.0370	5.6440	4.8090	4.8020
调整后每股净资产(元)	-	-	-	-
每股资本公积金(元)	3.5293	3.5004	3.1874	3.3145
每股盈余公积金(元)	0.1009	0.1009	0.0539	0.0539
每股未分配利润(元)	1.4070	1.0425	0.5674	0.4339
每股现金净流量(元)	0.2566	1.1021	0.3531	2.2023
每股经营现金净流量(元)	0.7696	1.7399	0.8650	1.3225
净资产收益率(扣除)(%)	-	18.3800	-	14.3300
净资产收益率(%)	9.9590	17.3220	9.9230	12.3404
总资产(万)	3971999.77	3672623.71	2979545.63	2752764.79
股东权益(万)	1559561.17	1457938.43	1242169.57	1240523.78
主营业务收入(万)	2496450.28	4211498.19	1950505.06	2359133.39
主营成本(万)	2100454.21	3572826.83	1640706.37	1989708.98
营业收入(万)	2603368.44	4406267.75	2083603.48	2466786.48
营业成本(万)	2184476.20	3713173.99	1755136.53	2072348.77
投资收益(万)	-	-	-	-
利润总额(万)	316064.55	498182.65	246288.83	271673.06
净利润(万)	155322.84	251343.37	126455.85	153085.31

长春一汽富维汽车零部件股份有限公司

公司概况

公司名称	长春一汽富维汽车零部件股份有限公司			证券简称	一汽富维
法人代表	滕铁骑	董秘	范希军	证券代码	600742
公司网址	www.fawfw.com.cn		电子信箱	fw_fw@faw.com.cn	
电　话	0431-85765685 85765755		传　真	0431-85765338	
办公地址	吉林省长春市汽车产业开发区东风南街1399号				
经营范围	汽车改装(除小轿车、轻型车),制造汽车零部件;经销汽车配件、汽车等				

主要财务指标

指标\报告期	2011.06.30	2010.12.31	2010.06.30	2009.12.31
每股收益(元)	1.0100	2.7000	1.1600	1.6800
每股收益(扣除)(元)	1.0100	2.6800	1.1500	1.6100
每股净资产(元)	11.0430	10.3300	8.7889	7.8100
调整后每股净资产(元)	-	-	-	-
每股资本公积金(元)	2.5973	2.5973	2.5961	2.5896
每股盈余公积金(元)	1.7126	1.7126	1.4752	1.4686
每股未分配利润(元)	5.7330	5.0219	3.7177	2.7484
每股现金净流量(元)	0.9076	0.0724	0.5782	0.3338
每股经营现金净流量(元)	0.3396	0.7955	0.4021	-0.7108
净资产收益率(扣除)(%)	-	29.5600	-	22.9800
净资产收益率(%)	9.1570	26.1080	13.1510	21.4820
总资产(万)	385526.81	358086.98	286961.08	228325.55
股东权益(万)	233582.90	218540.14	185906.79	165128.96
主营业务收入(万)	345351.94	606002.70	283822.32	348870.68
主营成本(万)	322145.08	571182.63	268602.88	342026.24
营业收入(万)	345351.94	618250.24	283822.32	356545.31
营业成本(万)	322145.08	581613.05	268602.88	347957.08
投资收益(万)	-	-	-	-
利润总额(万)	26656.45	63691.77	26600.78	35685.56
净利润(万)	21388.46	57056.40	24447.84	35473.59

华远地产股份有限公司

公司概况

公司名称	华远地产股份有限公司			证券简称	华远地产
法人代表	任志强	董秘	窦志康	证券代码	600743
公司网址	www.hy-online.com		电子信箱	douzk@hy-online.com	
电　话	010-68036966 68036688 526		传　真	010-68012167	
办公地址	北京市西城区北展北街11号华远企业中心11号楼				
经营范围	房地产开发;商品房销售;老旧城区危房成片改造、土地开发等				

主要财务指标

指标\报告期	2011.06.30	2010.12.31	2010.06.30	2009.12.31
每股收益(元)	0.1400	0.4100	0.1800	0.4400
每股收益(扣除)(元)	0.1400	0.4100	0.1800	0.4400
每股净资产(元)	1.6957	1.6300	1.8821	2.2200
调整后每股净资产(元)	-	-	-	-
每股资本公积金(元)	0.0316	0.0411	0.0411	0.0386
每股盈余公积金(元)	0.0717	0.0932	0.0508	0.0635
每股未分配利润(元)	0.5923	0.9837	0.7901	1.1173
每股现金净流量(元)	-0.9363	-0.0335	-0.1537	2.3092
每股经营现金净流量(元)	-0.3773	-0.7951	-0.6397	0.6378
净资产收益率(扣除)(%)	-	21.4000	-	21.2900
净资产收益率(%)	8.4510	19.4670	9.3679	19.9394
总资产(万)	941781.26	965876.40	771387.54	688145.37
股东权益(万)	214413.43	206019.52	183062.70	172694.90
主营业务收入(万)	111412.10	175594.11	67146.88	115530.68
主营成本(万)	56083.28	84654.99	31168.61	55924.80
营业收入(万)	112467.63	177891.35	68302.69	115978.95
营业成本(万)	56500.76	84654.99	31168.61	55924.80
投资收益(万)	-	-	-	-
利润总额(万)	33535.57	60138.75	24207.86	46611.59
净利润(万)	18120.53	40105.91	17149.09	34434.35

大唐华银电力股份有限公司

公司概况	公司名称	大唐华银电力股份有限公司			证券简称	华银电力
	法人代表	王琳	董秘	罗赤橙	证券代码	600744
	公司网址	www.hypower.com.cn		电子信箱	hy600744@188.com	
	电　话	0731-85388088 85388028		传　真	0731-85510188	
	办公地址	湖南省长沙市芙蓉中路3段255号				
	经营范围	电力生产和销售;电力规划、勘测设计、科研;电力工程施工、设备安装等				

主要财务指标	指标\报告期	2011.06.30	2010.12.31	2010.06.30	2009.12.31
	每股收益(元)	-0.5003	0.0288	-0.4759	0.0758
	每股收益(扣除)(元)	-0.5073	-0.9110	-0.4934	-0.2677
	每股净资产(元)	1.6428	2.1481	2.0975	2.8398
	调整后每股净资产(元)	-	-	-	-
	每股资本公积金(元)	2.5098	2.5147	2.8014	3.2353
	每股盈余公积金(元)	0.1941	0.1941	0.1941	0.1941
	每股未分配利润(元)	-2.0611	-1.5608	-1.8980	-1.5896
	每股现金净流量(元)	-0.6171	0.1335	-0.4187	0.4798
	每股经营现金净流量(元)	0.2330	1.1070	0.3445	0.7894
	净资产收益率(扣除)(%)	-	-36.5300	-	-11.7000
	净资产收益率(%)	-30.4560	1.3420	-22.6900	2.6700
	总资产(万)	1378921.87	1449426.80	1408431.32	1436422.22
	股东权益(万)	116911.17	152869.74	149269.24	202097.08
	主营业务收入(万)	393596.73	723869.33	331332.99	544879.91
	主营成本(万)	392539.83	710704.82	327962.18	507931.11
	营业收入(万)	394558.38	753082.19	332702.95	554944.54
	营业成本(万)	393322.82	715440.41	329022.72	512739.85
	投资收益(万)	-	-	-	-
	利润总额(万)	-36227.14	6049.55	-32349.85	6049.46
	净利润(万)	-35606.53	2050.73	-33868.96	5395.91

中茵股份有限公司

公司概况	公司名称	中茵股份有限公司			证券简称	中茵股份
	法人代表	高建荣	董秘	吴年有	证券代码	600745
	公司网址	www.joinin-holding.com		电子信箱	nianyouwu@163.com	
	电　话	0714-6350569		传　真	0714-6353158	
	办公地址	湖北省黄石市团城山开发区杭州西路91号金山大楼三层				
	经营范围	房地产开发、经营以及物业管理;酒店投资及经营管理等				

主要财务指标	指标\报告期	2011.06.30	2010.12.31	2010.06.30	2009.12.31
	每股收益(元)	-0.0100	0.3400	0.2700	0.2500
	每股收益(扣除)(元)	-0.0200	0.1400	0.0600	0.2300
	每股净资产(元)	1.5700	1.5800	1.5100	1.2400
	调整后每股净资产(元)	-	-	-	-
	每股资本公积金(元)	0.7670	0.7670	0.7690	0.7690
	每股盈余公积金(元)	0.1318	0.1318	0.1318	0.1318
	每股未分配利润(元)	-0.3289	-0.3173	-0.3877	-0.6578
	每股现金净流量(元)	0.0588	-0.0704	-0.0297	0.2679
	每股经营现金净流量(元)	-1.4331	-0.2262	-0.2439	0.0866
	净资产收益率(扣除)(%)	-	8.0400	-	23.7800
	净资产收益率(%)	-0.7400	21.5310	17.8490	19.7900
	总资产(万)	431603.33	335830.41	269335.49	235078.42
	股东权益(万)	51392.55	51772.79	49534.95	40693.33
	主营业务收入(万)	8169.12	64117.36	25305.37	67320.04
	主营成本(万)	4868.06	43821.67	15307.69	48126.64
	营业收入(万)	8215.90	64310.38	25383.36	68055.44
	营业成本(万)	4871.86	43826.06	15307.69	48153.75
	投资收益(万)	-	-	-	-
	利润总额(万)	-128.91	14620.86	10608.06	12436.87
	净利润(万)	-380.25	11146.93	8841.62	8053.32

江苏索普化工股份有限公司

公司概况	公司名称	江苏索普化工股份有限公司			证券简称	江苏索普
	法人代表	宋勤华	董秘	许逸中	证券代码	600746
	公司网址	www.sopo.com.cn		电子信箱	sopoxyz@163.com	
	电　话	0511-83366244 83363146		传　真	0511-83362036	
	办公地址	江苏省镇江市谏壁镇越河街50号				
	经营范围	化工原料及产品制造、销售,电力生产、蒸汽生产等				

主要财务指标	指标\报告期	2011.06.30	2010.12.31	2010.06.30	2009.12.31
	每股收益(元)	0.0244	0.0489	0.0168	0.0788
	每股收益(扣除)(元)	0.0254	0.0527	0.0174	0.0812
	每股净资产(元)	1.4238	1.3899	1.3569	1.3411
	调整后每股净资产(元)	-	-	-	-
	每股资本公积金(元)	0.2056	0.1961	0.1960	0.1962
	每股盈余公积金(元)	0.0991	0.0991	0.0940	0.0940
	每股未分配利润(元)	0.1191	0.0947	0.0669	0.0501
	每股现金净流量(元)	-0.0195	0.3676	-0.0081	-0.0118
	每股经营现金净流量(元)	0.1079	0.2540	0.0942	0.0839
	净资产收益率(扣除)(%)	-	3.8600	-	6.2600
	净资产收益率(%)	1.7120	3.5190	1.2400	5.8779
	总资产(万)	78475.60	75050.93	53430.63	52759.08
	股东权益(万)	43628.29	42589.72	41578.63	41093.33
	主营业务收入(万)	42081.66	75541.25	37295.88	69794.10
	主营成本(万)	37965.64	67103.31	33710.38	61762.97
	营业收入(万)	43771.17	78575.92	38827.15	72353.51
	营业成本(万)	39655.15	70138.45	35242.12	64323.18
	投资收益(万)	-	-	-	-
	利润总额(万)	968.18	1999.28	694.50	2922.14
	净利润(万)	747.03	1498.52	513.89	2414.02

大连大显控股股份有限公司

公司概况	公司名称	大连大显控股股份有限公司			证券简称	大连控股
	法人代表	代威	董秘	王薇	证券代码	600747
	公司网址	www.dl-hold.com		电子信箱	wangwei@daxian.cn	
	电　话	0411-84346699 6604		传　真	0411-84346699 6620	
	办公地址	辽宁省大连市甘井子区革镇堡				
	经营范围	项目投资及管理、投资咨询;受托资产管理等				

主要财务指标	指标\报告期	2011.06.30	2010.12.31	2010.06.30	2009.12.31
	每股收益(元)	-0.0280	-0.1690	-0.0640	0.0130
	每股收益(扣除)(元)	-0.0280	-0.1720	-0.0770	0.0090
	每股净资产(元)	0.7150	0.7430	0.8500	0.9210
	调整后每股净资产(元)	-	-	-	-
	每股资本公积金(元)	0.0070	0.0070	0.0070	0.0128
	每股盈余公积金(元)	0.1085	0.1085	0.1085	0.1085
	每股未分配利润(元)	-0.4046	-0.3769	-0.2714	-0.2079
	每股现金净流量(元)	0.1375	-0.0827	-0.0797	-0.0234
	每股经营现金净流量(元)	0.1025	-0.1174	-0.0976	0.2660
	净资产收益率(扣除)(%)	-	-20.7000	-	0.9400
	净资产收益率(%)	-3.8650	-22.7460	-7.4770	1.4440
	总资产(万)	251743.75	251506.19	233363.59	252359.37
	股东权益(万)	76137.25	79079.76	90417.02	98075.96
	主营业务收入(万)	18553.61	63815.19	26538.03	96335.65
	主营成本(万)	16734.39	49959.80	21524.64	64438.62
	营业收入(万)	18906.74	64559.56	26917.56	97033.79
	营业成本(万)	16795.35	50148.69	21603.85	64728.31
	投资收益(万)	-	-	-	-
	利润总额(万)	-3239.50	-16130.82	-7215.78	8766.66
	净利润(万)	-2942.51	-17987.32	-6760.38	1415.91

上海实业发展股份有限公司

公司名称	上海实业发展股份有限公司			证券简称	上实发展
法人代表	陆申	董秘	阚兆森	证券代码	600748
公司网址	www.sidlgroup.com			电子信箱	sid748@sidlgroup.com
电　话	021-53858859			传　真	021-53858879
办公地址	上海市淮海中路98号金钟广场20				
经营范围	房地产开发和经营,实业投资,资产经营,国内贸易,信息服务				

指标\报告期	2011.06.30	2010.12.31	2010.06.30	2009.12.31
每股收益(元)	0.2100	0.3000	0.1400	0.2300
每股收益(扣除)(元)	0.1600	0.2200	0.0900	0.2100
每股净资产(元)	3.1200	2.3400	2.2300	2.5400
调整后每股净资产(元)	–	–	–	–
每股资本公积金(元)	0.8795	0.2802	0.3825	0.7074
每股盈余公积金(元)	0.1658	0.1658	0.1296	0.1519
每股未分配利润(元)	1.0729	0.8958	0.7182	0.6856
每股现金净流量(元)	3.1626	0.0268	0.7715	0.3279
每股经营现金净流量(元)	1.1185	0.6842	–0.1753	0.8712
净资产收益率(扣除)(%)	–	9.6900	–	8.2300
净资产收益率(%)	6.7410	12.7270	6.8140	8.9520
总资产(万)	1982817.16	1764701.52	1503041.87	1406131.75
股东权益(万)	337817.75	253708.75	241620.20	275701.25
主营业务收入(万)	172519.65	333369.51	169185.78	224386.68
主营成本(万)	95135.44	183970.80	90065.89	152066.01
营业收入(万)	173601.64	336281.58	170323.10	227265.55
营业成本(万)	95486.39	184937.21	90439.30	153015.02
投资收益(万)	–	–	–	–
利润总额(万)	32363.98	78760.47	38816.84	37190.21
净利润(万)	22771.92	32905.08	14682.06	24679.74

西藏旅游股份有限公司

公司名称	西藏旅游股份有限公司			证券简称	西藏旅游
法人代表	欧阳旭	董秘	王京梅	证券代码	600749
公司网址	www.tibetyalu.com			电子信箱	xzly@tibetyalu.com
电　话	0891-6339150			传　真	0891-6339041
办公地址	西藏自治区拉萨市林廓东路6号				
经营范围	旅游、酒店和有线电视网络等				

指标\报告期	2011.06.30	2010.12.31	2010.06.30	2009.12.31
每股收益(元)	–0.0878	0.1287	–0.0272	0.0063
每股收益(扣除)(元)	–0.0896	0.0399	–0.1185	0.0087
每股净资产(元)	3.2700	1.8400	1.6900	1.7200
调整后每股净资产(元)	–	–	–	–
每股资本公积金(元)	2.3029	0.7858	0.7913	0.7913
每股盈余公积金(元)	–	–	–	–
每股未分配利润(元)	–0.0333	0.0538	–0.1021	–0.0748
每股现金净流量(元)	1.6478	–0.1323	–0.1985	0.1095
每股经营现金净流量(元)	–0.0839	0.6914	–0.0381	0.3549
净资产收益率(扣除)(%)	–	2.2400	–	0.5100
净资产收益率(%)	–2.4570	6.9960	–1.6130	0.3685
总资产(万)	93164.56	61052.78	60454.58	62604.14
股东权益(万)	61838.83	30355.03	27871.80	28321.35
主营业务收入(万)	7889.14	12064.19	2026.23	9465.22
主营成本(万)	5513.16	4767.02	992.93	3659.59
营业收入(万)	8017.45	12460.78	2026.23	9777.09
营业成本(万)	5613.58	4781.08	992.93	3690.58
投资收益(万)	–	–	–	–
利润总额(万)	–1600.32	2072.60	–513.41	295.66
净利润(万)	–1519.20	2123.47	–449.55	104.37

江中药业股份有限公司

公司名称	江中药业股份有限公司			证券简称	江中药业
法人代表	易敏之	董秘	吴霞	证券代码	600750
公司网址	www.jzjt.com			电子信箱	jzyy@jzjt.com
电　话	0791-88169323			传　真	0791-88164029
办公地址	江西省南昌市高新区火炬大道788号				
经营范围	硬胶囊剂、原料药(蚓激酶)、糖浆剂、片剂、颗粒剂、口服液等				

指标\报告期	2011.06.30	2010.12.31	2010.06.30	2009.12.31
每股收益(元)	0.3106	0.8800	0.4275	0.6800
每股收益(扣除)(元)	0.3100	0.9100	0.4350	0.6800
每股净资产(元)	5.5774	5.5700	3.5971	3.4700
调整后每股净资产(元)	–	–	–	–
每股资本公积金(元)	2.2917	2.2917	0.6275	0.6599
每股盈余公积金(元)	0.4761	0.4761	0.3974	0.4180
每股未分配利润(元)	1.8096	1.7990	1.4447	1.3918
每股现金净流量(元)	–0.1437	1.5560	0.0553	0.4535
每股经营现金净流量(元)	0.4795	0.7144	0.6130	1.2786
净资产收益率(扣除)(%)	5.5680	15.0800	11.8840	19.5890
净资产收益率(%)	5.4300	23.6300	11.7700	19.8600
总资产(万)	221714.49	250601.84	170575.45	159765.81
股东权益(万)	178485.08	177909.24	110926.73	107293.21
主营业务收入(万)	88198.14	255941.49	103924.43	188643.45
主营成本(万)	54053.73	143722.41	44175.77	70616.41
营业收入(万)	88366.76	256360.62	104153.47	189002.43
营业成本(万)	54094.34	143794.81	44208.39	70731.40
投资收益(万)	–122.16	–181.33	–36.71	–44.09
利润总额(万)	11646.45	30342.90	15052.53	24490.53
净利润(万)	9663.38	26120.30	12647.87	20109.51

天津市海运股份有限公司

公司名称	天津市海运股份有限公司			证券简称	SST 天海
法人代表	李维艰	董秘	姜涛	证券代码	600751
公司网址	www.newtmsc.com			电子信箱	tmsc900938@163.com
电　话	022-58679088			传　真	022-58679130
办公地址	天津市天津空港经济区中心大道华盈大厦八层				
经营范围	国际船舶集装箱运输;仓储服务;陆海联运;集装箱租赁买卖等				

指标\报告期	2011.06.30	2010.12.31	2010.06.30	2009.12.31
每股收益(元)	–0.1100	0.0600	–0.1500	–0.4800
每股收益(扣除)(元)	–0.1100	–0.1775	–0.1600	–0.5175
每股净资产(元)	–0.9100	–0.8000	–1.0400	–0.8600
调整后每股净资产(元)	-	–	–	–
每股资本公积金(元)	0.7437	0.7437	0.7370	0.7437
每股盈余公积金(元)	0.2259	0.2259	0.2259	0.2259
每股未分配利润(元)	–2.8795	–2.7709	–3.0036	–2.8306
每股现金净流量(元)	–0.0470	0.0458	–0.0757	–0.0309
每股经营现金净流量(元)	0.2674	–0.4334	–0.0951	–0.1812
净资产收益率(扣除)(%)	–	–0.2100	–	–0.8100
净资产收益率(%)	–11.9297	–	–	–55.6824
总资产(万)	70812.20	75373.48	47780.36	53315.48
股东权益(万)	–44824.37	–39476.95	–51269.31	–42417.11
主营业务收入(万)	9839.14	19820.13	7940.80	18423.45
主营成本(万)	10790.02	24014.85	10123.58	33363.31
营业收入(万)	9939.97	20092.15	7940.80	18654.50
营业成本(万)	10790.02	24014.85	10123.58	33365.09
投资收益(万)	–	–	–	–
利润总额(万)	–5347.42	2963.47	–7505.74	–23491.12
净利润(万)	–5347.42	2940.16	–7508.26	–23618.89

河南东方银星投资股份有限公司

公司概况						
公司概况	公司名称	河南东方银星投资股份有限公司			证券简称	东方银星
	法人代表	李大明	董秘	温泉	证券代码	600753
	公司网址	www.bingxiong.com.cn		电子信箱	wqq728@163.com	
	电　话	0370-2790635 2790609		传　真	0370-2790630	
	办公地址	河南省商丘市神火大道 99 号悦华大酒店 25 层东方银星				
	经营范围	房地产项目投资;利用自有资金从事投资业务;化工产品,建筑材料等				

主要财务指标	指标＼报告期	2011.06.30	2010.12.31	2010.06.30	2009.12.31
	每股收益(元)	-0.0100	0.0100	0.0080	0.0300
	每股收益(扣除)(元)	-0.0100	0.0100	0.0100	-0.0400
	每股净资产(元)	0.8570	0.8700	0.8700	0.8600
	调整后每股净资产(元)	-	-	-	-
	每股资本公积金(元)	1.1050	1.1050	1.1050	1.1050
	每股盈余公积金(元)	-	-	-	-
	每股未分配利润(元)	-1.2481	-1.2343	-1.2347	-1.2428
	每股现金净流量(元)	-0.0015	0.0001	-0.0000	-0.0065
	每股经营现金净流量(元)	-0.0015	0.0001	-0.0000	-0.0070
	净资产收益率(扣除)(%)	-	0.7400	-	-4.7800
	净资产收益率(%)	-1.2400	0.9690	0.9240	3.0960
	总资产(万)	23486.88	23422.49	24236.45	22889.02
	股东权益(万)	10968.76	11145.27	11140.26	11037.30
	主营业务收入(万)	-	985.29	814.97	36.25
	主营成本(万)	-	356.10	370.80	35.06
	营业收入(万)	-	985.29	814.97	36.25
	营业成本(万)	-	356.10	370.80	35.06
	投资收益(万)	-	-	-	-
	利润总额(万)	-160.83	391.04	244.61	287.50
	净利润(万)	-136.01	107.98	102.96	341.73

上海锦江国际酒店发展股份有限公司

公司概况						
公司概况	公司名称	上海锦江国际酒店发展股份有限公司			证券简称	锦江股份
	法人代表	俞敏亮	董秘	胡暋	证券代码	600754
	公司网址	www.jinjianghotels.sh.cn		电子信箱	jjir@jinjianghotels.com	
	电　话	021-63217132		传　真	021-63217720	
	办公地址	上海市延安东路 100 号 25 层				
	经营范围	宾馆、餐饮、食品生产线及连锁经营、旅游、摄影、出租汽车等				

主要财务指标	指标＼报告期	2011.06.30	2010.12.31	2010.06.30	2009.12.31
	每股收益(元)	0.3194	0.6309	0.3824	0.5427
	每股收益(扣除)(元)	0.2994	0.5227	0.2887	0.1984
	每股净资产(元)	6.9323	7.0844	6.8781	9.0649
	调整后每股净资产(元)	-	-	-	-
	每股资本公积金(元)	4.1405	4.2320	4.2742	6.4834
	每股盈余公积金(元)	0.7995	0.7995	0.7880	0.7880
	每股未分配利润(元)	0.9923	1.0529	0.8158	0.7934
	每股现金净流量(元)	0.0349	-1.0169	-0.7334	-0.0796
	每股经营现金净流量(元)	0.3725	1.0618	0.4658	0.7371
	净资产收益率(扣除)(%)	-	6.7100	-	2.4400
	净资产收益率(%)	4.6070	8.9060	5.5590	5.9867
	总资产(万)	560474.28	553629.40	548774.63	751902.11
	股东权益(万)	418184.34	427361.16	414914.18	546829.22
	主营业务收入(万)	95317.04	210307.67	109311.70	186924.35
	主营成本(万)	11631.98	32314.58	19282.21	32766.43
	营业收入(万)	96385.37	212454.06	110525.80	189830.82
	营业成本(万)	11848.88	32920.16	19683.27	33499.80
	投资收益(万)	-	-	-	-
	利润总额(万)	22159.18	47055.90	27830.42	40951.87
	净利润(万)	19266.64	38061.46	23065.90	32736.98

厦门国贸集团股份有限公司

公司概况						
公司概况	公司名称	厦门国贸集团股份有限公司			证券简称	厦门国贸
	法人代表	何福龙	董秘	陈晓华	证券代码	600755
	公司网址	www.itg.com.cn		电子信箱	cathy@itg.com.cn	
	电　话	0592-5161888		传　真	0592-5160280	
	办公地址	福建省厦门市湖滨南路国贸大厦 16-18 层				
	经营范围	进出口及国内贸易、房地产开发与经营、码头物流业、服务业及实业投资等				

主要财务指标	指标＼报告期	2011.06.30	2010.12.31	2010.06.30	2009.12.31
	每股收益(元)	0.2400	0.5100	0.2300	0.4700
	每股收益(扣除)(元)	0.1600	0.2400	0.1600	0.3700
	每股净资产(元)	3.5500	4.1900	6.5700	6.7600
	调整后每股净资产(元)	-	-	-	-
	每股资本公积金(元)	1.4851	1.5679	3.1741	3.8176
	每股盈余公积金(元)	0.1972	0.1972	0.2718	0.2718
	每股未分配利润(元)	1.6646	1.4504	2.1508	1.6931
	每股现金净流量(元)	0.1594	0.0484	-0.3739	0.4354
	每股经营现金净流量(元)	-2.2942	-2.6826	-0.7091	-0.6052
	净资产收益率(扣除)(%)	-	5.6400	-	9.9500
	净资产收益率(%)	6.8100	12.2550	7.1830	8.5686
	总资产(万)	2343428.83	2033997.12	1693611.49	1607885.85
	股东权益(万)	472302.76	428846.76	420454.70	432558.61
	主营业务收入(万)	2031965.48	3399140.32	1433375.23	2016110.42
	主营成本(万)	1914196.60	3212528.84	1359499.50	1810964.89
	营业收入(万)	2031965.48	3399140.32	1433375.23	2016110.42
	营业成本(万)	1914196.60	3212528.84	1359499.50	1810964.89
	投资收益(万)	-	-	-	-
	利润总额(万)	58765.05	83896.50	47051.57	81535.33
	净利润(万)	32161.72	52555.37	30200.43	37064.12

山东浪潮齐鲁软件产业股份有限公司

公司概况						
公司概况	公司名称	山东浪潮齐鲁软件产业股份有限公司			证券简称	浪潮软件
	法人代表	王茂昌	董秘	王静莲	证券代码	600756
	公司网址	www.inspur.com		电子信箱	600756@inspur.com	
	电　话	0531-85105606		传　真	0531-85105600	
	办公地址	山东省济南市高新区舜雅路 1036 号				
	经营范围	通信及计算机软硬件技术开发、生产、销售等				

主要财务指标	指标＼报告期	2011.06.30	2010.12.31	2010.06.30	2009.12.31
	每股收益(元)	0.0140	0.1600	0.0670	0.1600
	每股收益(扣除)(元)	0.0060	0.1550	0.0680	0.1200
	每股净资产(元)	4.0040	3.9900	3.8900	3.8200
	调整后每股净资产(元)	-	-	-	-
	每股资本公积金(元)	0.7718	0.7718	0.7670	0.7670
	每股盈余公积金(元)	0.3250	0.3250	0.3195	0.3195
	每股未分配利润(元)	1.9080	1.8940	1.8042	1.7370
	每股现金净流量(元)	-0.2555	0.3150	0.1355	0.2798
	每股经营现金净流量(元)	-0.2248	0.1293	-0.0815	0.2053
	净资产收益率(扣除)(%)	-	3.9800	-	3.3900
	净资产收益率(%)	0.3520	4.0700	1.7260	4.2391
	总资产(万)	101898.96	105136.25	100739.32	100098.99
	股东权益(万)	74422.63	74161.02	72300.42	71052.86
	主营业务收入(万)	19395.20	44841.85	16807.76	37906.37
	主营成本(万)	13499.22	33870.88	11936.36	30230.74
	营业收入(万)	19395.20	44841.85	16807.76	37906.37
	营业成本(万)	13499.22	33870.88	11936.36	30230.74
	投资收益(万)	-	-	-	-
	利润总额(万)	358.56	2998.16	1239.02	2924.45
	净利润(万)	261.61	3018.45	1247.56	3012.03

上海华源企业发展股份有限公司

公司概况	公司名称	上海华源企业发展股份有限公司			证券简称	ST 源 发
	法人代表	王建辉	董秘	万智	证券代码	600757
	公司网址	www.cjcb.com.cn		电子信箱	cjcbcm@163.com	
	电　话	027-87673608		传　真	027-87673688	
	办公地址	湖北省武汉市武昌雄楚大街 268 号 B 座 11 层				
	经营范围	生产、加工、销售各类纺织品、服装和家用纺织品及其原辅材料等				

	指标＼报告期	2011.06.30	2010.12.31	2010.06.30	2009.12.31
主要财务指标	每股收益(元)	–	1.5400	–0.9200	–0.7000
	每股收益(扣除)(元)	–	–0.4700	–0.2300	–0.3500
	每股净资产(元)	–	–	–3.1700	–2.0200
	调整后每股净资产(元)	–	–	–	–
	每股资本公积金(元)	–	1.0746	0.9118	0.9118
	每股盈余公积金(元)	–	0.1420	0.1420	0.1420
	每股未分配利润(元)	–	–2.2166	–5.2243	–4.2998
	每股现金净流量(元)	–	0.0125	–0.0187	0.0404
	每股经营现金净流量(元)	–	0.0404	–0.0119	–0.1510
	净资产收益率(扣除)(%)	–	–	–	–
	净资产收益率(%)	–	–	–	–34.7580
	总资产(万)	–	9342.19	104995.57	102642.12
	股东权益(万)	–	–	–175067.41	–111552.84
	主营业务收入(万)	–	58865.33	–	51162.28
	主营成本(万)	–	57877.26	–	50681.43
	营业收入(万)	–	63036.22	29355.10	54717.81
	营业成本(万)	–	60049.25	30180.81	52847.38
	投资收益(万)	–	–	–	–
	利润总额(万)	–	69662.21	–51076.34	–51627.62
	净利润(万)	–	85192.60	–51076.34	–38773.94

辽宁红阳能源投资股份有限公司

公司概况	公司名称	辽宁红阳能源投资股份有限公司			证券简称	红阳能源
	法人代表	林守信	董秘	朱丹石	证券代码	600758
	公司网址	www.jdjs.net		电子信箱	hynydm@163.com	
	电　话	024-86131586 86131806		传　真	024-86801050	
	办公地址	辽宁省沈阳市皇姑区黄河南大街 96-6 号启运大厦 4 层				
	经营范围	能源投资开发;电力,热力生产,销售;城市集中供热,供汽,供热				

	指标＼报告期	2011.06.30	2010.12.31	2010.06.30	2009.12.31
主要财务指标	每股收益(元)	0.0621	0.0900	0.0736	0.1200
	每股收益(扣除)(元)	0.0573	0.1000	0.0727	0.1200
	每股净资产(元)	1.4540	1.3900	1.3760	1.6900
	调整后每股净资产(元)	–	–	–	–
	每股资本公积金(元)	0.0480	0.0480	0.0480	0.3625
	每股盈余公积金(元)	0.0431	0.0431	0.0431	0.0560
	每股未分配利润(元)	0.3631	0.3010	0.2856	0.2756
	每股现金净流量(元)	–0.1619	0.0457	–0.0522	0.0695
	每股经营现金净流量(元)	–0.0904	0.2614	0.0049	0.3000
	净资产收益率(扣除)(%)	–	7.1100	–	9.5300
	净资产收益率(%)	4.2730	6.3900	5.3470	9.0770
	总资产(万)	54607.05	59787.90	54089.32	58915.65
	股东权益(万)	30201.77	28911.41	28592.93	27063.95
	主营业务收入(万)	11701.63	20532.20	10907.22	18320.43
	主营成本(万)	8763.67	15164.01	7712.56	13006.81
	营业收入(万)	11714.45	20607.78	10931.45	18607.78
	营业成本(万)	8763.67	15173.38	7712.56	13186.19
	投资收益(万)	–	–	–	–
	利润总额(万)	1767.14	2616.61	2079.64	3406.42
	净利润(万)	1290.36	1847.46	1528.98	2456.59

海南正和实业集团股份有限公司

公司概况	公司名称	海南正和实业集团股份有限公司			证券简称	正和股份
	法人代表	林端	董秘	黄勇	证券代码	600759
	公司网址	www.600759.com		电子信箱	zhgf@600759.com	
	电　话	0898-66590595 66787367		传　真	0898-66757661	
	办公地址	海南省海口市国贸大道 2 号海南时代广场 17 层				
	经营范围	高新技术项目及产品的投资、开发、生产与经营等				

	指标＼报告期	2011.06.30	2010.12.31	2010.06.30	2009.12.31
主要财务指标	每股收益(元)	0.0513	0.1504	0.0080	0.1691
	每股收益(扣除)(元)	0.0429	0.0581	–0.0136	–0.0199
	每股净资产(元)	1.6109	2.0274	1.8400	1.8300
	调整后每股净资产(元)	–	–	–	–
	每股资本公积金(元)	0.3593	0.3593	0.7671	0.7671
	每股盈余公积金(元)	0.0016	0.0016	–	–
	每股未分配利润(元)	0.2500	0.1987	0.0728	0.0648
	每股现金净流量(元)	0.0290	0.1354	0.0257	0.0315
	每股经营现金净流量(元)	–0.0184	–0.1049	–0.2259	–0.1945
	净资产收益率(扣除)(%)	–	3.9200	–	–1.1400
	净资产收益率(%)	3.1873	9.6470	0.4370	9.2330
	总资产(万)	401210.20	350851.64	281575.50	243397.26
	股东权益(万)	196546.35	190281.76	172680.48	171925.43
	主营业务收入(万)	65167.36	90200.16	24033.40	24348.49
	主营成本(万)	50383.67	68164.45	19533.54	15137.19
	营业收入(万)	65167.36	90200.16	24033.40	24348.49
	营业成本(万)	50383.67	68164.45	19533.54	15137.19
	投资收益(万)	–	–	–	–
	利润总额(万)	11210.95	26598.88	786.16	19104.75
	净利润(万)	6264.58	18356.33	755.05	15873.45

中航黑豹股份有限公司

公司概况	公司名称	中航黑豹股份有限公司			证券简称	中航黑豹
	法人代表	田学应	董秘	夏保琪	证券代码	600760
	公司网址	www.heibao.com.cn		电子信箱	xbq511@163.com	
	电　话	0631-8087751		传　真	0631-8352228	
	办公地址	山东省文登市龙山路 107 号				
	经营范围	微型汽、柴油载重汽车及其配件制造;厢式柴油专用汽车制造等				

	指标＼报告期	2011.06.30	2010.12.31	2010.06.30	2009.12.31
主要财务指标	每股收益(元)	0.0400	0.1300	0.0600	0.1200
	每股收益(扣除)(元)	0.0300	0.1200	0.0600	0.1000
	每股净资产(元)	2.8415	2.8000	1.8048	1.0000
	调整后每股净资产(元)	–	–	–	–
	每股资本公积金(元)	1.6019	1.6019	0.9870	–0.1074
	每股盈余公积金(元)	0.0396	0.0396	0.2095	0.0361
	每股未分配利润(元)	0.2000	0.1552	–0.3918	0.0714
	每股现金净流量(元)	0.4380	0.0104	0.1097	0.1723
	每股经营现金净流量(元)	–0.4477	–0.0011	0.1606	0.8606
	净资产收益率(扣除)(%)	–	7.4700	–	10.6000
	净资产收益率(%)	1.5770	3.9220	3.5230	8.4360
	总资产(万)	348419.72	322054.27	115218.35	114019.81
	股东权益(万)	98015.30	96469.73	49270.68	27304.57
	主营业务收入(万)	216047.16	302603.68	129823.71	155871.79
	主营成本(万)	201573.02	280309.19	121069.26	144355.18
	营业收入(万)	221328.82	308653.06	132296.24	157379.58
	营业成本(万)	204106.97	282628.00	121348.98	144774.17
	投资收益(万)	–	–	–	–
	利润总额(万)	3040.99	9478.22	4158.68	7163.34
	净利润(万)	1545.57	3783.39	1686.27	3212.12

安徽合力股份有限公司

公司概况	公司名称	安徽合力股份有限公司		证券简称	安徽合力
	法人代表	张德进	董秘 张孟青	证券代码	600761
	公司网址	www.helichina.com		电子信箱	zmq@helichina.com
	电　话	015255166611 15255166988		传　真	0551-3689666
	办公地址	安徽省合肥市经济技术开发区方兴大道668号合力行政楼409-410室			
	经营范围	叉车、装载机、工程机械、矿山起重运输机械及配件、铸锻件、热处理件制造及销售			

主要财务指标	指标\报告期	2011.06.30	2010.12.31	2010.06.30	2009.12.31
	每股收益(元)	0.4900	1.0100	0.4300	0.3100
	每股收益(扣除)(元)	0.4800	0.9500	0.4300	0.2500
	每股净资产(元)	6.0200	5.7800	6.4400	6.0200
	调整后每股净资产(元)	-	-	-	-
	每股资本公积金(元)	1.4982	1.9978	1.9978	1.9978
	每股盈余公积金(元)	0.6660	0.7992	0.7041	0.7041
	每股未分配利润(元)	2.8580	3.1398	2.7372	2.3204
	每股现金净流量(元)	-0.3244	0.0233	-0.2635	0.5171
	每股经营现金净流量(元)	0.4917	1.3644	0.7241	1.1713
	净资产收益率(扣除)(%)	-	14.6200	-	4.2000
	净资产收益率(%)	8.1620	14.6250	8.0270	5.1920
	总资产(万)	446535.49	394733.58	365686.32	319177.96
	股东权益(万)	257958.97	247613.75	229849.65	214970.16
	主营业务收入(万)	328771.81	505108.19	232267.36	306560.98
	主营成本(万)	271691.57	409446.31	185324.46	254907.55
	营业收入(万)	333035.86	508443.64	234470.91	311110.28
	营业成本(万)	274984.98	411447.46	187092.92	258504.31
	投资收益(万)	-	-	-	-
	利润总额(万)	28005.26	47615.57	23864.13	14248.39
	净利润(万)	21053.86	36213.14	18449.04	11160.52

通策医疗投资股份有限公司

公司概况	公司名称	通策医疗投资股份有限公司		证券简称	通策医疗
	法人代表	赵玲玲	董秘 黄浴华	证券代码	600763
	公司网址	www.tcmedical.com.cn		电子信箱	huangyuhua@tcmedical.com.cn
	电　话	0571-88868808 0571-88970616		传　真	0571-87283502
	办公地址	浙江省杭州市天目山路327号"合生国贸中心"5号楼			
	经营范围	投资管理,医疗器材的经营、进出口业务技术开发、技术咨询、技术培训和技术服务等			

主要财务指标	指标\报告期	2011.06.30	2010.12.31	2010.06.30	2009.12.31
	每股收益(元)	0.1930	0.3100	0.1272	0.1400
	每股收益(扣除)(元)	0.1847	0.3000	0.1124	0.1500
	每股净资产(元)	1.8047	1.6048	1.4245	1.2971
	调整后每股净资产(元)	-	-	-	-
	每股资本公积金(元)	1.2372	1.2303	1.2303	1.2302
	每股盈余公积金(元)	0.0115	0.0115	0.0115	0.0115
	每股未分配利润(元)	-0.4440	-0.6370	-0.8173	-0.9446
	每股现金净流量(元)	0.3344	0.2107	0.0917	0.2032
	每股经营现金净流量(元)	0.1533	0.4589	0.1117	0.2770
	净资产收益率(扣除)(%)	-	20.8400	-	12.2400
	净资产收益率(%)	10.6930	19.1650	8.9320	10.6900
	总资产(万)	35816.59	30224.61	25635.61	24129.84
	股东权益(万)	28932.32	25728.63	22837.45	20795.77
	主营业务收入(万)	13254.20	24072.16	10234.53	18791.02
	主营成本(万)	7296.79	12967.74	5687.13	10830.66
	营业收入(万)	13321.31	24258.51	10293.97	18924.42
	营业成本(万)	7296.79	12980.43	5687.13	10831.18
	投资收益(万)	-	-	-	-
	利润总额(万)	4311.58	6897.61	2754.81	3362.43
	净利润(万)	3093.84	4930.92	2039.74	2223.02

中电广通股份有限公司

公司概况	公司名称	中电广通股份有限公司		证券简称	中电广通
	法人代表	倪剑云	董秘 杨琼	证券代码	600764
	公司网址	www.cecgt.com		电子信箱	qyang@cecgt.com
	电　话	010-88578860		传　真	010-88578825
	办公地址	北京市海淀区中关村南大街17号3号楼(韦伯时代中心C座)21层			
	经营范围	技术开发、技术咨询、技术服务、技术转让;投资及投资管理等			

主要财务指标	指标\报告期	2011.06.30	2010.12.31	2010.06.30	2009.12.31
	每股收益(元)	-0.0040	0.0120	-0.0260	0.0370
	每股收益(扣除)(元)	-0.0010	-0.0080	-0.0340	-0.0060
	每股净资产(元)	1.7000	1.7200	1.7000	1.7600
	调整后每股净资产(元)	-	-	-	-
	每股资本公积金(元)	0.1597	0.1597	0.1696	0.1696
	每股盈余公积金(元)	0.1842	0.1842	0.1731	0.1731
	每股未分配利润(元)	0.4042	0.4283	0.3988	0.4578
	每股现金净流量(元)	-0.3461	-0.0795	-0.2397	0.2160
	每股经营现金净流量(元)	-0.4981	0.5872	-0.4306	-0.0454
	净资产收益率(扣除)(%)	-	-0.4500	-	-0.3200
	净资产收益率(%)	-0.2400	0.6690	-1.5390	2.0952
	总资产(万)	139235.72	156677.79	152966.28	163176.89
	股东权益(万)	56114.43	56736.33	55967.09	58056.76
	主营业务收入(万)	57461.52	119421.43	47443.25	132902.72
	主营成本(万)	53118.84	112401.52	45194.15	123046.41
	营业收入(万)	58245.33	122142.99	48195.94	134971.44
	营业成本(万)	53602.59	113646.19	45701.82	123954.12
	投资收益(万)	-	-	-	-
	利润总额(万)	342.06	813.86	-1034.52	3494.66
	净利润(万)	-134.85	379.38	-861.40	1216.39

中航重机股份有限公司

公司概况	公司名称	中航重机股份有限公司		证券简称	中航重机
	法人代表	赵桂斌	董秘 葛增柱	证券代码	600765
	公司网址	www.avichm.com		电子信箱	gezengzhu@126.com
	电　话	010-65687726 65687796		传　真	010-65687959
	办公地址	北京市朝阳区东三环中路乙10号艾维克大厦16层			
	经营范围	股权投资及经营管理;军民共用液压件、液压系统、锻件、换热器、燃气轮机及其成套设备			

主要财务指标	指标\报告期	2011.06.30	2010.12.31	2010.06.30	2009.12.31
	每股收益(元)	0.1500	0.3000	0.1700	0.3400
	每股收益(扣除)(元)	0.1400	0.2800	0.1700	0.1900
	每股净资产(元)	3.6600	3.5500	3.3250	4.7820
	调整后每股净资产(元)	-	-	-	-
	每股资本公积金(元)	1.4194	1.4186	1.3156	2.4729
	每股盈余公积金(元)	0.0921	0.0921	0.0848	0.1272
	每股未分配利润(元)	1.1462	1.0370	0.9245	1.1819
	每股现金净流量(元)	-0.1158	0.6075	0.3418	1.9402
	每股经营现金净流量(元)	-0.0766	0.0417	-0.3450	-0.2817
	净资产收益率(扣除)(%)	-	8.4200	-	5.8300
	净资产收益率(%)	4.0770	8.3450	5.1090	10.5230
	总资产(万)	898121.85	789233.57	734239.67	580548.55
	股东权益(万)	284567.33	276016.16	258676.73	247383.42
	主营业务收入(万)	257199.31	412163.41	180049.57	282307.39
	主营成本(万)	202779.76	313902.50	132564.34	217649.44
	营业收入(万)	267205.04	419081.33	182509.98	286052.18
	营业成本(万)	210655.75	317817.81	134125.56	220447.88
	投资收益(万)	-	-	-	-
	利润总额(万)	15796.93	31729.95	18219.19	30611.83
	净利润(万)	11601.54	23019.04	13358.47	26100.07

烟台园城企业集团股份有限公司

公司概况	公司名称	烟台园城企业集团股份有限公司			证券简称	ST 园 城
	法人代表	徐诚惠	董秘	张建华	证券代码	600766
	公司网址				电子信箱	ytzjh264@sina.com
	电　　话	0535-6636299			传　　真	0535-6636299
	办公地址	山东省烟台市芝罘区南大街 261 号				
	经营范围	商品房的开发和销售.公司经营范围包括:日用百货、文体用品、纺织品等				

	指标\报告期	2011.06.30	2010.12.31	2010.06.30	2009.12.31
主要财务指标	每股收益(元)	-0.0440	-0.5700	0.0100	0.0200
	每股收益(扣除)(元)	-0.0430	-0.5900	0.0090	-0.0500
	每股净资产(元)	-0.2400	-0.1900	0.2260	0.2200
	调整后每股净资产(元)	-	-	-	-
	每股资本公积金(元)	1.4788	1.4788	1.4788	1.4788
	每股盈余公积金(元)	-	-	-	-
	每股未分配利润(元)	-2.7179	-2.6735	-2.2531	-2.2631
	每股现金净流量(元)	0.0366	-0.1641	-0.0581	0.0717
	每股经营现金净流量(元)	0.2207	-0.0046	-0.0484	-0.5986
	净资产收益率(扣除)(%)	-	-	-	-23.6100
	净资产收益率(%)	-18.5516	-291.8760	4.4330	9.0730
	总资产(万)	42417.80	44301.32	66692.60	65122.52
	股东权益(万)	-4095.07	-3335.36	3861.81	3690.60
	主营业务收入(万)	2789.95	8117.61	7434.58	5361.93
	主营成本(万)	2476.89	-	5475.09	-
	营业收入(万)	2789.95	8388.53	7434.58	5711.87
	营业成本(万)	2476.89	7840.36	5475.09	4957.19
	投资收益(万)	-	-	-	-
	利润总额(万)	-759.64	-9482.59	676.64	-1029.33
	净利润(万)	-759.70	-9735.14	171.21	334.86

运盛(上海)实业股份有限公司

公司概况	公司名称	运盛(上海)实业股份有限公司			证券简称	运盛实业
	法人代表	钱仁高	董秘	姜慧芳	证券代码	600767
	公司网址	www.winsan.cn			电子信箱	600767@winsan.cn
	电　　话	021-50720222			传　　真	021-50720222
	办公地址	上海市浦东仁庆路 509 号 12 号楼				
	经营范围	城市基础设施开发及其配套服务,城市供水、能源、交通、工业、房地产项目开发等				

	指标\报告期	2011.06.30	2010.12.31	2010.06.30	2009.12.31
主要财务指标	每股收益(元)	-0.0110	-0.0920	-0.0610	0.0070
	每股收益(扣除)(元)	-0.0130	-0.1020	-0.0620	-0.0710
	每股净资产(元)	1.0200	1.0300	1.0620	1.1200
	调整后每股净资产(元)	-	-	-	-
	每股资本公积金(元)	0.1678	0.1679	0.1679	0.1679
	每股盈余公积金(元)	0.0181	0.0181	0.0181	0.0181
	每股未分配利润(元)	-0.1637	-0.1524	-0.1215	-0.0607
	每股现金净流量(元)	-0.1320	-0.0061	-0.1429	0.1893
	每股经营现金净流量(元)	0.1212	0.0364	-0.1194	-0.0057
	净资产收益率(扣除)(%)	-	-9.4200	-	-6.3000
	净资产收益率(%)	-1.1080	-8.8900	-5.7200	0.6600
	总资产(万)	71150.41	74849.83	64397.56	62560.32
	股东权益(万)	34779.11	35171.69	36229.69	38303.38
	主营业务收入(万)	8367.40	5497.35	1083.64	7229.18
	主营成本(万)	5133.63	2753.70	411.18	4681.49
	营业收入(万)	8367.40	6081.02	1083.64	7560.26
	营业成本(万)	5133.63	3274.08	411.18	4974.18
	投资收益(万)	-	-	-	-
	利润总额(万)	-385.46	-3032.78	-2068.87	118.91
	净利润(万)	-385.35	-3126.73	-2072.16	251.39

宁波富邦精业集团股份有限公司

公司概况	公司名称	宁波富邦精业集团股份有限公司			证券简称	宁波富邦
	法人代表	郑锦浩	董秘	徐跃进	证券代码	600768
	公司网址	www.600768.com.cn			电子信箱	fbjy@600768.com.cn
	电　　话	0574-87410501 87410500			传　　真	0574-87410501
	办公地址	浙江省宁波市鄞州区天童北路 702 号工业城办公大楼三层				
	经营范围	有色金属复合材料,新型合金材料,铝及铝合金板,带,箔及制品,铝型材产品的制造等				

	指标\报告期	2011.06.30	2010.12.31	2010.06.30	2009.12.31
主要财务指标	每股收益(元)	0.0100	0.1560	0.0590	0.0160
	每股收益(扣除)(元)	0.0090	-0.0310	-0.0100	-0.0060
	每股净资产(元)	1.0900	1.0800	0.9900	1.0000
	调整后每股净资产(元)	-	-	-	-
	每股资本公积金(元)	0.1080	0.1066	0.1141	0.1797
	每股盈余公积金(元)	0.1018	0.1018	0.1018	0.1018
	每股未分配利润(元)	-0.1195	-0.1295	-0.2264	-0.2855
	每股现金净流量(元)	-0.0892	0.1848	0.2240	-0.0168
	每股经营现金净流量(元)	0.0853	0.0685	0.3486	0.1879
	净资产收益率(扣除)(%)	-	-3.0000	-1.0100	-0.6600
	净资产收益率(%)	0.9100	14.4610	5.9730	1.6380
	总资产(万)	62138.12	60724.71	62244.33	58306.41
	股东权益(万)	14582.10	14431.25	13235.44	13321.59
	主营业务收入(万)	54751.87	84862.67	34372.34	51340.00
	主营成本(万)	52279.43	80799.00	32176.82	46968.28
	营业收入(万)	55249.56	85817.84	35865.55	51995.78
	营业成本(万)	52345.47	80952.17	32326.79	47091.54
	投资收益(万)	-	-	-	-
	利润总额(万)	168.43	2068.72	791.72	190.70
	净利润(万)	132.74	2086.95	790.60	218.16

武汉祥龙电业股份有限公司

公司概况	公司名称	武汉祥龙电业股份有限公司			证券简称	ST 祥 龙
	法人代表	杨守峰	董秘	杨思兵	证券代码	600769
	公司网址	www.whghjt.com			电子信箱	pxldy@public.wh.hb.cn
	电　　话	027-87602482			传　　真	027-87600367
	办公地址	湖北省武汉市洪山区葛化街化工路 31 号				
	经营范围	发电、供电、供热;发电设备及配件、仪器仪表销售、安装、维修等				

	指标\报告期	2011.06.30	2010.12.31	2010.06.30	2009.12.31
主要财务指标	每股收益(元)	0.0024	0.0105	-0.0423	-0.5300
	每股收益(扣除)(元)	0.0007	-0.1600	-0.0435	-0.5300
	每股净资产(元)	1.2251	1.2226	1.1700	1.2100
	调整后每股净资产(元)	-	-	-	-
	每股资本公积金(元)	0.9791	0.9791	0.9791	0.9791
	每股盈余公积金(元)	0.1154	0.1154	0.1154	0.1154
	每股未分配利润(元)	-0.8694	-0.8718	-0.9246	-0.8823
	每股现金净流量(元)	-0.1509	0.0675	-0.0697	-0.0446
	每股经营现金净流量(元)	0.0720	0.1344	-0.0570	-0.0490
	净资产收益率(扣除)(%)	-	-13.2800	-	-36.1800
	净资产收益率(%)	0.1990	0.8590	-3.6170	-43.5330
	总资产(万)	129542.46	121664.43	106320.09	107575.29
	股东权益(万)	45937.06	45845.64	43865.49	45451.87
	主营业务收入(万)	54216.13	92725.49	44776.88	67909.33
	主营成本(万)	-	-	-	-
	营业收入(万)	54303.10	92986.35	44776.88	67984.72
	营业成本(万)	48440.44	88814.42	41385.64	76322.71
	投资收益(万)	-	-	-	-
	利润总额(万)	93.96	399.03	-1559.07	-19524.84
	净利润(万)	91.43	393.76	-1586.38	-19786.43

江苏综艺股份有限公司

公司概况					
公司名称	江苏综艺股份有限公司			证券简称	综艺股份
法人代表	昝圣达	董秘	顾政巍	证券代码	600770
公司网址	www.600770.com		电子信箱	600770dm@jsmail.com.cn	
电　话	0513-86639999 86639987		传　真	0513-86563501 86639987	
办公地址	江苏省南通市通州区兴东镇综艺数码城				
经营范围	新能源、太阳能电池、组件及应用产品的开发、销售、服务等				

主要财务指标 指标\报告期	2011.06.30	2010.12.31	2010.06.30	2009.12.31
每股收益(元)	0.1600	0.4100	0.0900	0.0800
每股收益(扣除)(元)	0.1300	0.2400	0.0600	0.0300
每股净资产(元)	4.7500	3.0800	3.4300	2.7200
调整后每股净资产(元)	–	–	–	–
每股资本公积金(元)	2.8888	1.3015	1.7887	1.1645
每股盈余公积金(元)	0.0850	0.0939	0.1102	0.1102
每股未分配利润(元)	0.7721	0.6839	0.5359	0.4440
每股现金净流量(元)	0.7096	0.6594	0.0586	0.9565
每股经营现金净流量(元)	–0.9567	–0.1167	–0.3450	–0.0315
净资产收益率(扣除)(%)	–	7.1700	–	1.7300
净资产收益率(%)	3.2230	13.2600	2.6780	2.7320
总资产(万)	629674.80	487900.58	327345.83	217686.63
股东权益(万)	349688.11	205251.65	152528.50	120820.91
主营业务收入(万)	49705.37	88975.86	40532.09	49492.99
主营成本(万)	42572.27	78606.50	33519.29	44266.74
营业收入(万)	51170.08	91079.93	40977.97	51646.85
营业成本(万)	42837.83	79111.69	33647.15	44834.67
投资收益(万)	–	–	–	–
利润总额(万)	24091.96	58065.15	6894.22	7243.81
净利润(万)	11271.20	27217.26	4084.19	3300.40

东盛科技股份有限公司

公司概况					
公司名称	东盛科技股份有限公司			证券简称	ST东盛
法人代表	张斌	董秘	郑延莉	证券代码	600771
公司网址	www.topsun.com		电子信箱	yanli.zheng@topsun.com	
电　话	029-88332288		传　真	029-88330835	
办公地址	陕西省西安市高新技术开发区唐延路23号东盛大厦				
经营范围	中药原料药、西药原料药、片剂、硬胶囊剂、软胶囊剂、颗粒剂的生产、销售及研究				

主要财务指标 指标\报告期	2011.06.30	2010.12.31	2010.06.30	2009.12.31
每股收益(元)	0.8000	0.7900	–0.1800	–0.6100
每股收益(扣除)(元)	–0.2600	–0.5300	–0.2000	–0.6600
每股净资产(元)	–3.0520	–3.8600	–4.8300	–4.6400
调整后每股净资产(元)	–	–	–	–
每股资本公积金(元)	0.0150	0.0150	0.0228	0.0228
每股盈余公积金(元)	0.1215	0.1215	0.1215	0.1215
每股未分配利润(元)	–4.1884	–4.9926	–5.9698	–5.7868
每股现金净流量(元)	–1.0828	0.4812	–0.0060	–0.0868
每股经营现金净流量(元)	–0.1898	–0.1936	–0.0244	0.1443
净资产收益率(扣除)(%)	–	–	–	–
净资产收益率(%)	–26.3521	–20.5950	–3.7919	–13.0437
总资产(万)	94521.70	120326.34	105739.98	115011.02
股东权益(万)	–74409.19	–94017.54	–117651.26	–113190.02
主营业务收入(万)	12549.95	22876.00	11921.29	25695.88
主营成本(万)	7429.04	14279.08	7851.70	18076.30
营业收入(万)	12549.95	22982.09	11960.54	25764.11
营业成本(万)	7429.04	14388.97	7885.87	18148.43
投资收益(万)	–	–	–	–
利润总额(万)	20522.92	20268.49	–4015.40	–13540.61
净利润(万)	19608.35	19362.90	–4461.25	–14764.17

西藏城市发展投资股份有限公司

公司概况					
公司名称	西藏城市发展投资股份有限公司			证券简称	西藏城投
法人代表	朱贤麟	董秘	符蓉	证券代码	600773
公司网址	www.600773sh.com		电子信箱	xzct@600773sh.com	
电　话	021-63536929 63530303 314		传　真	021-63535429	
办公地址	拉萨总部:西藏拉萨市曲米路宏盛小区B区5幢3号 上海办事处:上海市天目中路380号北方大厦22层				
经营范围	对房地产投资、开发销售、咨询服务;矿业投资、金融投资等				

主要财务指标 指标\报告期	2011.06.30	2010.12.31	2010.06.30	2009.12.31
每股收益(元)	0.1780	0.2000	0.1670	0.2200
每股收益(扣除)(元)	0.1380	0.1900	0.1680	0.1500
每股净资产(元)	1.5820	1.4040	1.3570	1.1900
调整后每股净资产(元)	–	–	–	–
每股资本公积金(元)	0.0133	0.0133	–	–
每股盈余公积金(元)	0.0694	0.0694	0.0251	0.0251
每股未分配利润(元)	0.4994	0.3209	0.3321	0.1650
每股现金净流量(元)	0.6283	–0.9411	5.0673	2.4194
每股经营现金净流量(元)	–0.1427	–4.6406	–0.4397	–0.9009
净资产收益率(扣除)(%)	–	14.8100	–	8.3300
净资产收益率(%)	11.2840	14.2590	12.3080	11.2780
总资产(万)	989255.68	887496.44	815347.81	497976.87
股东权益(万)	91087.53	80808.98	78136.53	68519.64
主营业务收入(万)	40990.88	85369.91	72605.58	41130.82
主营成本(万)	22401.54	52323.77	50634.48	22412.55
营业收入(万)	44991.57	86465.17	73220.31	43939.58
营业成本(万)	23169.48	53120.89	50992.76	23159.08
投资收益(万)	–	–	–	–
利润总额(万)	13698.48	15399.11	12929.51	10568.14
净利润(万)	10278.54	11522.72	9616.89	7727.71

武汉市汉商集团股份有限公司

公司概况					
公司名称	武汉市汉商集团股份有限公司			证券简称	汉商集团
法人代表	张宪华	董秘	张晴	证券代码	600774
公司网址	www.whhsg.com		电子信箱	hsjt@public.wh.hb.cn	
电　话	027-84843197		传　真	027-84842384	
办公地址	湖北省武汉市汉阳大道134号				
经营范围	百货、针纺织品、五金交电、劳保用品、化工原料等				

主要财务指标 指标\报告期	2011.06.30	2010.12.31	2010.06.30	2009.12.31
每股收益(元)	0.0180	0.0800	0.0070	0.0300
每股收益(扣除)(元)	0.0170	0.0300	0.0080	–0.0900
每股净资产(元)	2.8160	2.8000	2.7300	2.7200
调整后每股净资产(元)	–	–	–	–
每股资本公积金(元)	0.7415	0.7415	0.7415	0.7415
每股盈余公积金(元)	0.3690	0.3690	0.3608	0.3608
每股未分配利润(元)	0.7053	0.6878	0.6268	0.6201
每股现金净流量(元)	–0.3574	0.3850	–0.0607	0.0741
每股经营现金净流量(元)	0.0223	0.9320	0.2267	0.3119
净资产收益率(扣除)(%)	–	1.1300	–	–3.3900
净资产收益率(%)	0.6220	2.7140	0.2460	0.9360
总资产(万)	160711.31	158832.60	150549.00	150207.48
股东权益(万)	49157.34	48851.76	47642.91	47525.86
主营业务收入(万)	39726.88	69509.77	34648.72	58153.87
主营成本(万)	31007.52	52241.75	25885.54	42300.96
营业收入(万)	43424.50	73845.92	36783.40	62372.82
营业成本(万)	31280.09	52799.03	26176.25	43260.62
投资收益(万)	–	–	–	–
利润总额(万)	473.38	1339.76	158.92	938.29
净利润(万)	305.58	1325.90	117.05	444.65

南京熊猫电子股份有限公司

公司概况					
公司名称	南京熊猫电子股份有限公司			证券简称	南京熊猫
法人代表	赖伟德	董秘	沈见龙	证券代码	600775
公司网址	www.panda.cn		电子信箱	dms@panda.cn	
电　话	025-84801144		传　真	025-84820729	
办公地址	江苏省南京市中山东路301号				
经营范围	开发、生产和销售卫星通信产品、移动通信产品、机电仪产品和电子制造业务等				

主要财务指标　指标＼报告期	2011.06.30	2010.12.31	2010.06.30	2009.12.31
每股收益(元)	0.0540	0.0100	−0.0144	0.0200
每股收益(扣除)(元)	0.0462	−0.0200	−0.0211	−0.0300
每股净资产(元)	2.3100	2.2500	2.2200	2.2400
调整后每股净资产(元)	–	–	–	–
每股资本公积金(元)	0.7134	0.7134	0.7105	0.7105
每股盈余公积金(元)	0.3100	0.3100	0.3096	0.3096
每股未分配利润(元)	0.2842	0.2302	0.2021	0.2165
每股现金净流量(元)	−0.0285	−0.2594	−0.2230	0.2197
每股经营现金净流量(元)	−0.0758	−0.2494	−0.3223	0.3779
净资产收益率(扣除)(%)	2.0300	−0.7700	−0.9500	−1.4400
净资产收益率(%)	2.3390	0.6230	−0.6480	1.0600
总资产(万)	252572.24	256184.26	258261.14	245694.02
股东权益(万)	151149.37	147613.72	145557.53	146500.45
主营业务收入(万)	82113.47	163363.33	72619.46	125992.49
主营成本(万)	67995.84	139873.85	64777.74	114629.82
营业收入(万)	83814.69	167497.21	74178.56	128486.44
营业成本(万)	69131.54	142146.12	65783.77	116312.48
投资收益(万)	–	–	–	–
利润总额(万)	4881.04	2412.29	−397.66	3139.83
净利润(万)	3535.65	919.24	−942.92	1552.57

东方通信股份有限公司

公司概况					
公司名称	东方通信股份有限公司			证券简称	东方通信
法人代表	张泽熙	董秘	蔡祝平	证券代码	600776
公司网址	www.eastcom.com		电子信箱	webmaster@eastcom.com	
电　话	0571-86676198		传　真	0571-86676197	
办公地址	浙江省杭州市滨江高新技术开发区东信大道66号				
经营范围	移动通信、IC卡、传输设备、ATM系列等业务				

主要财务指标　指标＼报告期	2011.06.30	2010.12.31	2010.06.30	2009.12.31
每股收益(元)	0.0726	0.1150	0.0506	0.0780
每股收益(扣除)(元)	0.0365	0.0410	0.0346	0.0470
每股净资产(元)	1.9556	2.0031	1.9382	1.8900
调整后每股净资产(元)	–	–	–	–
每股资本公积金(元)	0.6936	0.6936	0.6936	0.6936
每股盈余公积金(元)	0.0318	0.0318	0.0194	0.0194
每股未分配利润(元)	0.2303	0.2777	0.2252	0.1746
每股现金净流量(元)	−0.1862	−0.1882	−0.2470	−0.0778
每股经营现金净流量(元)	−0.1987	0.1951	−0.1555	−0.1133
净资产收益率(扣除)(%)	–	2.1630	–	2.5100
净资产收益率(%)	3.7110	5.7610	2.6090	4.1566
总资产(万)	314380.32	330158.79	329302.58	330917.89
股东权益(万)	245626.91	251583.67	243440.42	237089.86
主营业务收入(万)	119466.96	266637.42	105206.63	361320.66
主营成本(万)	102077.64	232199.44	91746.75	332425.00
营业收入(万)	122047.42	272725.35	107935.68	368871.00
营业成本(万)	102776.99	235918.96	93494.03	337524.76
投资收益(万)	–	–	–	–
利润总额(万)	10030.32	19242.80	6021.61	10880.93
净利润(万)	9115.24	14493.81	6350.56	9854.89

烟台新潮实业股份有限公司

公司概况					
公司名称	烟台新潮实业股份有限公司			证券简称	新潮实业
法人代表	宋向阳	董秘	何再权	证券代码	600777
公司网址	www.xinchaoshiye.com		电子信箱	hezaiquan@126.com	
电　话	0535-2109779		传　真	0535-2103111	
办公地址	山东省烟台市莱山区港城东大街301号南山世纪大厦B座14层				
经营范围	毛、棉麻产品生产；同轴及数据电缆、宽带网络产品的生产、销售等				

主要财务指标　指标＼报告期	2011.06.30	2010.12.31	2010.06.30	2009.12.31
每股收益(元)	0.0100	−0.1700	−0.0900	0.0200
每股收益(扣除)(元)	−0.0600	−0.1700	−0.0900	−0.0400
每股净资产(元)	2.0060	2.0000	2.0760	2.1900
调整后每股净资产(元)	–	–	–	–
每股资本公积金(元)	0.7817	0.7817	0.7821	0.7819
每股盈余公积金(元)	0.1239	0.1239	0.1239	0.1239
每股未分配利润(元)	0.1001	0.0929	0.1701	0.2813
每股现金净流量(元)	0.1893	−0.3180	−0.1739	0.5201
每股经营现金净流量(元)	−0.2347	0.1924	−0.0915	0.3816
净资产收益率(扣除)(%)	–	−7.9500	–	−1.9300
净资产收益率(%)	0.3610	−8.4280	−4.3930	0.9230
总资产(万)	500924.28	462060.10	451834.56	439159.42
股东权益(万)	125438.86	124986.63	129843.28	136782.74
主营业务收入(万)	28778.37	56012.67	17483.04	50419.52
主营成本(万)	23956.05	52034.34	16932.61	40367.41
营业收入(万)	29169.03	56397.05	17790.83	50936.01
营业成本(万)	24174.13	52319.57	17191.17	40546.15
投资收益(万)	–	–	–	–
利润总额(万)	58.15	−12860.11	−6573.55	2999.88
净利润(万)	452.23	−10534.12	−5703.61	1263.01

新疆友好(集团)股份有限公司

公司概况					
公司名称	新疆友好(集团)股份有限公司			证券简称	友好集团
法人代表	聂如旋	董秘	王建平	证券代码	600778
公司网址	www.xjyh.com.cn		电子信箱	yhzqb@mail.xj.cninfo.net	
电　话	0991-4541008 4553700		传　真	0991-4815090	
办公地址	新疆维吾尔自治区乌鲁木齐市友好南路668号				
经营范围	保健食品及其他食品的销售；普通货物运输；仓储服务等				

主要财务指标　指标＼报告期	2011.06.30	2010.12.31	2010.06.30	2009.12.31
每股收益(元)	0.2130	0.3370	0.1450	0.1940
每股收益(扣除)(元)	0.2100	0.3500	0.1510	0.1480
每股净资产(元)	3.4880	3.3400	3.2310	3.0100
调整后每股净资产(元)	–	–	–	–
每股资本公积金(元)	1.5870	1.5991	1.6350	1.5591
每股盈余公积金(元)	0.0915	0.0915	0.0672	0.0672
每股未分配利润(元)	0.8098	0.6473	0.5289	0.3842
每股现金净流量(元)	−0.2818	0.5169	−0.5108	0.6644
每股经营现金净流量(元)	0.7253	1.3441	−0.0617	1.1286
净资产收益率(扣除)(%)	–	11.0500	–	5.1800
净资产收益率(%)	6.0920	10.1090	4.4780	6.4450
总资产(万)	435117.14	287776.86	236689.01	239410.61
股东权益(万)	108659.41	103973.14	100644.80	93772.94
主营业务收入(万)	167446.89	283359.25	130001.92	193391.51
主营成本(万)	136065.11	228177.82	103571.44	157247.81
营业收入(万)	172368.36	291653.31	133310.87	200004.74
营业成本(万)	136588.35	229370.15	104232.80	158706.98
投资收益(万)	–	–	–	–
利润总额(万)	7500.91	12640.96	5035.34	7000.29
净利润(万)	6619.80	10510.69	4506.58	6043.43

四川水井坊股份有限公司

公司概况	公司名称	四川水井坊股份有限公司			证券简称	水井坊
	法人代表	黄建勇	董秘	张宗俊	证券代码	600779
	公司网址	www.swellfun.com		电子信箱	dongshiban@swellfun.com	
	电　话	028-86252847		传　真	028-86695460	
	办公地址	四川省成都市金牛区全兴路9号				
	经营范围	进口本企业生产、科研所需原材料、机械设备、仪器、仪表及零配件等				

主要财务指标	指标\报告期	2011.06.30	2010.12.31	2010.06.30	2009.12.31
	每股收益(元)	0.3300	0.4800	0.2400	0.6600
	每股收益(扣除)(元)	0.2700	0.4000	0.2200	0.6400
	每股净资产(元)	3.0800	2.9900	2.7600	3.0600
	调整后每股净资产(元)	–	–	–	–
	每股资本公积金(元)	0.8207	0.8207	0.8345	0.8345
	每股盈余公积金(元)	0.5910	0.5910	0.5438	0.5438
	每股未分配利润(元)	0.6688	0.5733	0.3815	0.6787
	每股现金净流量(元)	–0.0291	–0.5924	–0.6065	0.4769
	每股经营现金净流量(元)	0.3026	–0.0765	–0.1951	1.2565
	净资产收益率(扣除)(%)	–	13.7100	–	21.9200
	净资产收益率(%)	10.5680	16.1410	8.7970	21.4640
	总资产(万)	205330.15	214193.77	247309.26	279417.30
	股东权益(万)	150501.30	145832.90	134825.24	149346.16
	主营业务收入(万)	65921.89	181280.33	68978.99	166686.49
	主营成本(万)	16934.25	80327.58	20833.85	59432.86
	营业收入(万)	66013.12	181816.45	69032.38	167349.77
	营业成本(万)	16991.36	80834.27	20882.82	59530.45
	投资收益(万)	–	–	–	–
	利润总额(万)	24287.68	39970.30	19092.74	49949.59
	净利润(万)	15904.94	23539.48	11860.54	32055.57

山西通宝能源股份有限公司

公司概况	公司名称	山西通宝能源股份有限公司			证券简称	通宝能源
	法人代表	常小刚	董秘	梁丽星	证券代码	600780
	公司网址	www.600780.net		电子信箱	tecllx@vip.163.com	
	电　话	0351-7021857 7031995		传　真	0351-7031995	
	办公地址	山西省太原市长治路272号				
	经营范围	火力发电、配电业务等				

主要财务指标	指标\报告期	2011.06.30	2010.12.31	2010.06.30	2009.12.31
	每股收益(元)	0.1472	0.0355	0.0990	0.0080
	每股收益(扣除)(元)	0.0337	0.0357	0.0194	0.0220
	每股净资产(元)	2.6000	2.6700	1.9122	1.8900
	调整后每股净资产(元)	–	–	–	–
	每股资本公积金(元)	0.7665	1.3366	0.0754	0.0769
	每股盈余公积金(元)	0.2052	0.2695	0.2294	0.2294
	每股未分配利润(元)	0.6274	0.9056	0.6074	0.5880
	每股现金净流量(元)	0.0758	–0.1966	–0.3750	0.1462
	每股经营现金净流量(元)	0.4405	0.6069	0.6845	0.5613
	净资产收益率(扣除)(%)	–	1.8700	–	1.1700
	净资产收益率(%)	5.6640	1.8410	1.0150	0.4230
	总资产(万)	605000.42	586386.83	252995.74	274768.59
	股东权益(万)	297996.85	306551.24	166928.01	165362.77
	主营业务收入(万)	260287.59	206033.96	219475.77	185641.92
	主营成本(万)	217863.84	186040.10	185176.27	165911.61
	营业收入(万)	263319.69	211889.54	222217.08	190815.40
	营业成本(万)	220650.27	192021.66	187905.78	171276.57
	投资收益(万)	–	–	–	–
	利润总额(万)	23053.59	4335.43	15134.81	1023.95
	净利润(万)	16877.98	3099.27	11346.26	699.01

上海辅仁实业(集团)股份有限公司

公司概况	公司名称	上海辅仁实业(集团)股份有限公司			证券简称	上海辅仁
	法人代表	朱文臣	董秘	张海杰	证券代码	600781
	公司网址	www.shfuren.cn		电子信箱	zhanghj@shfuren.cn	
	电　话	021-51573876 51573829		传　真	021-51573830	
	办公地址	上海市建国西路285号13层				
	经营范围	服装、服饰、鞋帽、家用纺织装饰品及床上用品的生产、加工及销售等				

主要财务指标	指标\报告期	2011.06.30	2010.12.31	2010.06.30	2009.12.31
	每股收益(元)	0.0377	0.1300	0.0445	0.1500
	每股收益(扣除)(元)	0.0377	0.1200	0.0426	0.1300
	每股净资产(元)	1.3165	1.2788	1.1969	1.1500
	调整后每股净资产(元)	–	–	–	–
	每股资本公积金(元)	0.5887	0.5887	0.5887	0.5887
	每股盈余公积金(元)	0.0615	0.0615	0.0615	0.0615
	每股未分配利润(元)	–0.3337	–0.3714	–0.4533	–0.4977
	每股现金净流量(元)	0.0249	0.0532	0.0230	0.0106
	每股经营现金净流量(元)	–0.0057	0.0975	–0.0837	–
	净资产收益率(扣除)(%)	–	9.6100	–	12.4800
	净资产收益率(%)	2.8670	9.8770	3.7150	13.0640
	总资产(万)	65645.38	63050.23	59510.20	56192.37
	股东权益(万)	23380.24	22710.02	21256.71	20466.97
	主营业务收入(万)	13952.79	27444.11	11185.76	24337.26
	主营成本(万)	9144.92	16191.50	6630.38	14125.69
	营业收入(万)	13961.70	27671.60	11393.17	24364.29
	营业成本(万)	9149.46	16416.21	6830.14	14143.62
	投资收益(万)	–	–	–	–
	利润总额(万)	1021.62	3327.13	1164.78	3814.30
	净利润(万)	670.22	2243.05	789.74	2673.78

新余钢铁股份有限公司

公司概况	公司名称	新余钢铁股份有限公司			证券简称	新钢股份
	法人代表	熊小星	董秘	姚红江	证券代码	600782
	公司网址	www.xinsteel.com.cn		电子信箱	yhj3@vip.sina.com	
	电　话	0790-6290782 6292577		传　真	0790-6294999	
	办公地址	江西省新余市冶金路1号				
	经营范围	生产销售钢丝、钢绞线、铝包钢线三大系列产品等				

主要财务指标	指标\报告期	2011.06.30	2010.12.31	2010.06.30	2009.12.31
	每股收益(元)	0.1600	0.2600	0.2000	0.1300
	每股收益(扣除)(元)	0.1600	0.2300	0.1900	0.1200
	每股净资产(元)	6.2200	6.1200	6.0500	5.9100
	调整后每股净资产(元)	–	–	–	–
	每股资本公积金(元)	4.0767	4.0767	4.0767	4.0767
	每股盈余公积金(元)	0.1456	0.1456	0.1000	0.1000
	每股未分配利润(元)	0.9928	0.8942	0.8733	0.7371
	每股现金净流量(元)	–0.0868	–0.5881	–0.4588	0.1445
	每股经营现金净流量(元)	0.9716	–0.4688	–0.2061	0.5449
	净资产收益率(扣除)(%)	–	3.9000	–	2.0600
	净资产收益率(%)	2.5520	4.2950	3.2430	2.1880
	总资产(万)	2822117.58	2675674.67	2630420.40	2419697.75
	股东权益(万)	866041.35	852300.49	843019.94	824053.10
	主营业务收入(万)	1932066.47	3449250.71	1634841.11	2162537.54
	主营成本(万)	1829882.84	3243044.41	1543151.23	2030211.17
	营业收入(万)	1994910.76	3521255.77	1659410.16	2184398.06
	营业成本(万)	1888996.91	3313209.47	1565429.82	2047948.99
	投资收益(万)	–	–	–	–
	利润总额(万)	25860.99	42854.79	33354.97	19001.07
	净利润(万)	22101.45	36607.67	27337.68	18028.44

鲁信创业投资集团股份有限公司

公司概况	公司名称	鲁信创业投资集团股份有限公司			证券简称	鲁信创投
	法人代表	陈道江	董秘	颜卫国	证券代码	600783
	公司网址	www.600783.cn			电子信箱	lxgx600783@sina.com
	电　话	0531-86566770 86566764			传　真	0531-86969598
	办公地址	山东省济南市解放路166号鲁信大厦				
	经营范围	创业投资、投资管理及咨询;磨料磨具、涂附磨具、卫生洁具等				

主要财务指标	指标\报告期	2011.06.30	2010.12.31	2010.06.30	2009.12.31
	每股收益(元)	0.5900	1.1700	0.3000	0.2600
	每股收益(扣除)(元)	0.5900	0.9600	0.2900	-0.0500
	每股净资产(元)	3.4126	5.7424	5.2900	4.6400
	调整后每股净资产(元)	-	-	-	-
	每股资本公积金(元)	1.0343	3.0725	3.5469	0.3650
	每股盈余公积金(元)	0.1050	0.2100	0.2329	0.4285
	每股未分配利润(元)	1.2702	1.4489	0.4973	-0.0660
	每股现金净流量(元)	-0.0739	-0.1755	0.1236	0.3557
	每股经营现金净流量(元)	0.0045	-0.0647	-0.0386	-0.0052
	净资产收益率(扣除)(%)	-	18.5900	-	-1.1000
	净资产收益率(%)	17.3120	20.4280	4.7380	-4.9030
	总资产(万)	350041.13	311876.46	293585.43	264522.90
	股东权益(万)	254022.39	213718.94	196883.87	172874.42
	主营业务收入(万)	11305.45	21035.64	10298.38	16775.65
	主营成本(万)	8292.94	15403.07	7514.30	12260.44
	营业收入(万)	11491.22	21325.92	10437.21	17041.25
	营业成本(万)	8476.91	15592.25	7740.98	12328.01
	投资收益(万)	-	-	-	-
	利润总额(万)	51652.05	49792.90	26129.44	9970.92
	净利润(万)	43975.92	43657.39	21991.70	9575.82

鲁银投资集团股份有限公司

公司概况	公司名称	鲁银投资集团股份有限公司			证券简称	鲁银投资
	法人代表	刘相学	董秘	孙凯	证券代码	600784
	公司网址	www.luyin.cn			电子信箱	luyin784@163.com
	电　话	0531-82024156			传　真	0531-82024179
	办公地址	山东省济南市经十路20518号				
	经营范围	股权投资、经营与管理;投资高新材料、生物医药、网络技术等高科技产业				

主要财务指标	指标\报告期	2011.06.30	2010.12.31	2010.06.30	2009.12.31
	每股收益(元)	0.6410	0.4300	0.1480	0.1700
	每股收益(扣除)(元)	0.6420	0.3700	0.1470	0.1100
	每股净资产(元)	2.7618	2.1200	1.8370	1.6900
	调整后每股净资产(元)	-	-	-	-
	每股资本公积金(元)	0.1206	0.1219	0.1137	0.1157
	每股盈余公积金(元)	0.0952	0.0952	0.0952	0.0952
	每股未分配利润(元)	1.5460	0.9048	0.6281	0.4797
	每股现金净流量(元)	1.7099	-0.4481	-0.4558	0.8201
	每股经营现金净流量(元)	1.2530	-0.2316	-0.5854	0.4296
	净资产收益率(扣除)(%)	-	19.4100	-	6.7900
	净资产收益率(%)	23.2190	20.0320	8.0780	9.8389
	总资产(万)	264986.45	210737.99	201800.09	178030.75
	股东权益(万)	68577.27	52686.91	45613.73	41978.42
	主营业务收入(万)	330460.78	426944.49	200955.96	355800.24
	主营成本(万)	296601.14	409412.26	192157.12	338297.30
	营业收入(万)	332520.07	429446.31	202132.79	357239.96
	营业成本(万)	297966.96	410584.95	192694.88	338658.81
	投资收益(万)	-	-	-	-
	利润总额(万)	20947.58	11361.46	4237.23	5569.42
	净利润(万)	15923.13	10554.03	3684.87	4130.23

银川新华百货商店股份有限公司

公司概况	公司名称	银川新华百货商店股份有限公司			证券简称	新华百货
	法人代表	蒙进暹	董秘	李宝生	证券代码	600785
	公司网址	www.xhbh.com.cn			电子信箱	LBS99@vip.163.com
	电　话	0951-6071161			传　真	0951-6071161
	办公地址	宁夏回族自治区银川市兴庆区新华东街97号				
	经营范围	商业零售业务、乳制品生产销售业务等				

主要财务指标	指标\报告期	2011.06.30	2010.12.31	2010.06.30	2009.12.31
	每股收益(元)	0.6600	1.0400	0.5700	0.9200
	每股收益(扣除)(元)	0.6500	1.0400	0.5600	0.9100
	每股净资产(元)	5.2822	4.9300	4.4454	4.1300
	调整后每股净资产(元)	-	-	-	-
	每股资本公积金(元)	1.0160	1.0160	1.0028	1.4033
	每股盈余公积金(元)	0.4874	0.4874	0.3697	0.4437
	每股未分配利润(元)	2.7788	2.4234	2.0729	2.1042
	每股现金净流量(元)	-0.5547	0.6836	-0.2441	1.1046
	每股经营现金净流量(元)	0.4648	1.5129	0.3146	1.8592
	净资产收益率(扣除)(%)	-	22.3000	-	24.5100
	净资产收益率(%)	12.4080	21.0590	12.8080	22.4010
	总资产(万)	224378.08	224903.75	180280.43	178991.31
	股东权益(万)	109569.20	102197.20	92211.27	85586.87
	主营业务收入(万)	243684.74	385701.49	190270.20	314072.76
	主营成本(万)	-	-	-	262825.72
	营业收入(万)	254859.74	398504.34	196050.89	323556.18
	营业成本(万)	205869.77	321519.27	157123.44	262996.28
	投资收益(万)	-	-	-	-
	利润总额(万)	19248.50	29861.72	17564.33	26734.60
	净利润(万)	13594.94	21521.80	11810.19	19172.49

中储发展股份有限公司

公司概况	公司名称	中储发展股份有限公司			证券简称	中储股份
	法人代表	韩铁林	董秘	薛斌	证券代码	600787
	公司网址	www.zcgf.com.cn			电子信箱	xuebin@zcgf.com.cn
	电　话	010-83673502			传　真	010-83673191
	办公地址	北京市丰台区南四环西路188号6区18号楼				
	经营范围	商品储存、加工、维修、包装、代展、检验;库场设备租赁等				

主要财务指标	指标\报告期	2011.06.30	2010.12.31	2010.06.30	2009.12.31
	每股收益(元)	0.2117	0.3306	0.1452	0.2477
	每股收益(扣除)(元)	0.2065	0.2934	0.1734	0.1794
	每股净资产(元)	4.9565	4.8742	4.6788	4.9058
	调整后每股净资产(元)	-	-	-	-
	每股资本公积金(元)	2.6018	2.6912	2.6974	3.0250
	每股盈余公积金(元)	0.4826	0.4826	0.3720	0.3720
	每股未分配利润(元)	0.8721	0.7004	0.6093	0.5087
	每股现金净流量(元)	0.1619	-0.0108	0.2020	0.2945
	每股经营现金净流量(元)	-0.2607	0.1882	-0.1517	0.2574
	净资产收益率(扣除)(%)	-	6.0214	-	4.2309
	净资产收益率(%)	4.2720	6.8200	3.0110	4.4302
	总资产(万)	1055419.17	947668.19	933074.49	842751.50
	股东权益(万)	416397.49	409485.41	393065.99	412136.19
	主营业务收入(万)	1114773.85	1834310.20	879254.92	1399591.21
	主营成本(万)	1055756.46	1740186.70	826219.09	1314145.64
	营业收入(万)	1114997.70	1834723.01	879415.58	1400370.04
	营业成本(万)	1055781.14	1740262.86	826256.18	1314228.06
	投资收益(万)	-	-	-	-
	利润总额(万)	24695.86	38874.06	16936.80	26671.26
	净利润(万)	17786.97	27772.68	12194.10	18258.50

山东鲁抗医药股份有限公司

公司概况					
公司名称	山东鲁抗医药股份有限公司			证券简称	鲁抗医药
法人代表	高祥友	董秘	田立新	证券代码	600789
公司网址	www.lkpc.com		电子信箱	tlx600789@163.com	
电　　话	0537-2983174 2983060		传　　真	0537-2983097	
办公地址	山东省济宁市太白楼西路 152 号				
经营范围	化学原料药及制剂、医药生产用化工原料、辅料及中间体、兽用药等				

主要财务指标 指标\报告期	2011.06.30	2010.12.31	2010.06.30	2009.12.31
每股收益(元)	0.0970	0.2200	0.1410	0.0600
每股收益(扣除)(元)	0.0790	0.2100	0.1390	0.0500
每股净资产(元)	2.9300	2.8300	2.7500	2.6200
调整后每股净资产(元)	–	–	–	–
每股资本公积金(元)	1.1727	1.1726	1.1740	1.1815
每股盈余公积金(元)	0.2590	0.2590	0.2590	0.2590
每股未分配利润(元)	0.5003	0.4033	0.3211	0.1804
每股现金净流量(元)	0.0401	0.2691	0.2901	0.1513
每股经营现金净流量(元)	0.1763	0.5311	0.2103	0.3430
净资产收益率(扣除)(%)	–	7.5200	–	1.9500
净资产收益率(%)	3.3100	7.8620	5.1090	2.4655
总资产(万)	337742.35	302512.31	283880.38	247840.38
股东权益(万)	170517.93	164864.81	160172.56	152424.90
主营业务收入(万)	121907.99	216792.77	109807.35	194516.50
主营成本(万)	101112.19	169834.40	86507.77	162392.15
营业收入(万)	123213.03	219614.46	110786.64	198511.70
营业成本(万)	102128.89	172272.47	86929.56	166052.68
投资收益(万)	–	–	–	–
利润总额(万)	6776.89	15059.86	9112.99	4586.23
净利润(万)	5643.45	12961.13	8183.55	3757.96

浙江中国轻纺城集团股份有限公司

公司概况					
公司名称	浙江中国轻纺城集团股份有限公司			证券简称	轻 纺 城
法人代表	沈小军	董秘	张伟夫	证券代码	600790
公司网址	www.qfcgroup.com		电子信箱	zwf@qfcgroup.com	
电　　话	0575-84116158 84135815		传　　真	0575-84116045	
办公地址	浙江省绍兴市绍兴县柯桥镇鉴湖路 1 号中轻大厦				
经营范围	市场开发建设、市场租赁、市场物业管理、仓储运输服务、建筑材料等				

主要财务指标 指标\报告期	2011.06.30	2010.12.31	2010.06.30	2009.12.31
每股收益(元)	0.0900	0.0700	0.0400	0.1200
每股收益(扣除)(元)	0.0800	0.1100	0.0400	0.1000
每股净资产(元)	2.1900	2.0900	1.9960	2.0800
调整后每股净资产(元)	–	–	–	–
每股资本公积金(元)	0.7030	0.7010	0.6360	0.6532
每股盈余公积金(元)	0.1473	0.1473	0.1420	0.1420
每股未分配利润(元)	0.3360	0.2411	0.2181	0.2743
每股现金净流量(元)	0.0063	0.3340	0.2639	–0.1251
每股经营现金净流量(元)	–0.0504	0.4934	0.3086	0.0862
净资产收益率(扣除)(%)	–	5.3400	–	5.2200
净资产收益率(%)	4.3420	3.1270	2.1940	5.5840
总资产(万)	389669.24	411465.09	435272.99	417578.66
股东权益(万)	135286.50	129287.80	123514.83	128472.50
主营业务收入(万)	13543.08	26216.41	11645.76	25885.12
主营成本(万)	6119.22	10847.87	5330.39	10883.05
营业收入(万)	16717.18	33362.30	15015.68	28130.52
营业成本(万)	8070.09	15036.74	7080.50	11185.14
投资收益(万)	–	–	–	–
利润总额(万)	6973.46	2085.73	3190.73	6843.92
净利润(万)	5874.23	4042.72	2392.30	7173.91

京能置业股份有限公司

公司概况					
公司名称	京能置业股份有限公司			证券简称	京能置业
法人代表	徐京付	董秘	朱兆梅	证券代码	600791
公司网址	www.beih-zy.com		电子信箱	jnzy@beih-zy.com	
电　　话	010-62698709 62698639		传　　真	010-62698709	
办公地址	北京市海淀区彩和坊路 8 号天创科技大厦 12 层西侧				
经营范围	房地产开发、房地产代理销售、租赁、室内装饰等				

主要财务指标 指标\报告期	2011.06.30	2010.12.31	2010.06.30	2009.12.31
每股收益(元)	0.1232	0.2800	0.0015	0.0400
每股收益(扣除)(元)	0.1201	0.2800	–0.0097	0.0100
每股净资产(元)	2.1600	2.0900	1.8000	1.8600
调整后每股净资产(元)	–	–	–	–
每股资本公积金(元)	0.4092	0.4092	0.3929	0.3929
每股盈余公积金(元)	0.0607	0.0607	0.0607	0.0607
每股未分配利润(元)	0.6909	0.6177	0.3432	0.4017
每股现金净流量(元)	–0.1042	1.2367	1.5051	–0.0277
每股经营现金净流量(元)	0.2656	2.4154	1.7194	–0.7394
净资产收益率(扣除)(%)	–	14.1200	–	0.2900
净资产收益率(%)	5.7020	13.2230	0.0800	1.8904
总资产(万)	487369.52	491613.66	381980.43	291417.82
股东权益(万)	97856.09	94541.15	81374.16	84021.45
主营业务收入(万)	67365.24	106005.77	3770.43	18715.31
主营成本(万)	45601.34	–	768.33	–
营业收入(万)	67426.08	106419.20	3854.35	19026.54
营业成本(万)	45604.05	50246.73	807.34	7325.48
投资收益(万)	–	–	–	–
利润总额(万)	12497.29	30478.20	991.44	3794.27
净利润(万)	5579.33	12500.75	69.99	1588.31

云南马龙产业集团股份有限公司

公司概况					
公司名称	云南马龙产业集团股份有限公司			证券简称	*ST 马龙
法人代表	杨授诚	董秘	张小可	证券代码	600792
公司网址	www.chinaphos.cn		电子信箱	g600792@163.com	
电　　话	0871-3018279		传　　真	0871-3620661	
办公地址	云南省昆明市人民中路 35 号阳光 A 版大厦三层				
经营范围	黄磷、磷酸、三聚磷酸钠等磷化工产品,水泥等建材产品等				

主要财务指标 指标\报告期	2011.06.30	2010.12.31	2010.06.30	2009.12.31
每股收益(元)	–0.6000	–1.1400	–0.9600	–1.9600
每股收益(扣除)(元)	–0.6100	–1.1700	–0.9600	–1.6700
每股净资产(元)	–3.3100	–2.7300	–3.0300	–1.6100
调整后每股净资产(元)	–	–	–	–
每股资本公积金(元)	0.1475	0.1475	0.1475	0.1475
每股盈余公积金(元)	0.1161	0.1161	0.1161	0.1161
每股未分配利润(元)	–4.7697	–4.1724	–4.4608	–3.0151
每股现金净流量(元)	0.0684	–0.8861	–0.7737	0.5108
每股经营现金净流量(元)	–0.1824	–1.0657	–0.1194	0.3327
净资产收益率(扣除)(%)	–	–	–	–
净资产收益率(%)	–18.0484	–42.0690	–31.7371	–121.6320
总资产(万)	93999.24	90494.39	82818.13	99249.04
股东权益(万)	–41772.99	–34496.03	–38237.47	–20306.22
主营业务收入(万)	57018.24	115144.68	39616.10	118977.04
主营成本(万)	52746.26	103704.99	38133.02	118153.18
营业收入(万)	58033.65	116956.80	40437.10	124904.16
营业成本(万)	53260.07	105213.78	38963.43	122961.09
投资收益(万)	–	–	–	–
利润总额(万)	–7927.99	–14944.23	–13750.39	–27473.82
净利润(万)	–7539.35	–14442.65	–12135.48	–24698.82

宜宾纸业股份有限公司

公司概况	公司名称	宜宾纸业股份有限公司			证券简称	ST 宜 纸
	法人代表	易从	董秘	鹿彪	证券代码	600793
	公司网址	www.yb-zy.com			电子信箱	ybzydsh@163.com
	电 话	0831-3560668 3560376			传 真	0831-3561965
	办公地址	四川省宜宾市岷江西路 54 号				
	经营范围	生产经营纸及纸制品等				

	指标\报告期	2011.06.30	2010.12.31	2010.06.30	2009.12.31
主要财务指标	每股收益(元)	-0.1085	0.0975	-0.0502	-0.6063
	每股收益(扣除)(元)	-0.1135	-0.1058	-0.0367	-0.6174
	每股净资产(元)	0.0312	0.1397	-0.0084	0.0418
	调整后每股净资产(元)	-	-	-	-
	每股资本公积金(元)	1.0007	1.0007	1.0007	1.0007
	每股盈余公积金(元)	0.0348	0.0348	0.0348	0.0348
	每股未分配利润(元)	-2.0043	-1.8958	-2.0439	-1.9933
	每股现金净流量(元)	-0.1314	0.1003	-0.0390	-0.0245
	每股经营现金净流量(元)	-0.1327	0.2395	0.0295	-0.2783
	净资产收益率(扣除)(%)	-347.7860	69.8180	-596.7200	-1451.1300
	净资产收益率(%)	-126.9800	98.5100	-300.8300	-184.4500
	总资产(万)	71695.87	71297.36	75700.00	77524.10
	股东权益(万)	328.51	1471.04	-88.57	439.95
	主营业务收入(万)	36483.69	69508.08	31595.89	52753.27
	主营成本(万)	34330.86	63396.78	29317.79	52058.43
	营业收入(万)	39489.58	75746.67	34509.43	57161.29
	营业成本(万)	37322.45	69591.58	32189.58	56153.34
	投资收益(万)	-	157.75	-	77.62
	利润总额(万)	-1142.53	1027.05	-528.53	-6384.30
	净利润(万)	-1142.53	1027.05	-528.53	-6384.29

张家港保税科技股份有限公司

公司概况	公司名称	张家港保税科技股份有限公司			证券简称	保税科技
	法人代表	徐品云	董秘	邓永清	证券代码	600794
	公司网址				电子信箱	dengyq@zftc.net
	电 话	0512-58320358			传 真	0512-58320652
	办公地址	江苏省张家港市保税区北京路保税科技大厦六层				
	经营范围	生物高新技术应用、开发;高新技术及电子商务、网络应用开发等				

	指标\报告期	2011.06.30	2010.12.31	2010.06.30	2009.12.31
主要财务指标	每股收益(元)	0.3600	0.4300	0.1600	0.3000
	每股收益(扣除)(元)	0.2500	0.4400	0.1600	0.2900
	每股净资产(元)	2.1000	2.1000	1.8600	1.6700
	调整后每股净资产(元)	-	-	-	-
	每股资本公积金(元)	0.4303	0.7164	0.7164	0.7164
	每股盈余公积金(元)	0.0644	0.0772	0.0772	0.0772
	每股未分配利润(元)	0.6095	0.3047	0.0665	-0.1236
	每股现金净流量(元)	0.4600	0.9243	0.4196	0.2356
	每股经营现金净流量(元)	0.6006	1.1512	0.3994	0.4871
	净资产收益率(扣除)(%)	13.0300	23.1500	10.9300	19.3900
	净资产收益率(%)	16.8990	20.4110	10.2180	18.2580
	总资产(万)	133314.71	103000.43	89699.28	48306.93
	股东权益(万)	45011.68	37405.08	33158.66	29770.44
	主营业务收入(万)	13378.68	80029.37	29898.27	24629.69
	主营成本(万)	3881.81	64453.48	23362.85	13570.20
	营业收入(万)	15836.06	80415.36	30207.68	24920.90
	营业成本(万)	4785.69	64594.88	23416.78	13684.96
	投资收益(万)	-	-	-	-
	利润总额(万)	7831.42	10502.40	4551.41	7503.63
	净利润(万)	7606.60	7634.65	3388.22	5435.54

国电电力发展股份有限公司

公司概况	公司名称	国电电力发展股份有限公司			证券简称	国电电力
	法人代表	朱永芃	董秘	陈景东	证券代码	600795
	公司网址	www.600795.com.cn			电子信箱	cjd@600795.com.cn
	电 话	010-58682200 58682100			传 真	010-64829900 64829902
	办公地址	北京市朝阳区安慧北里安园 19 号				
	经营范围	电力、热力生产、销售;电网经营;新能源项目、高新技术、环保产业的开发与应用				

	指标\报告期	2011.06.30	2010.12.31	2010.06.30	2009.12.31
主要财务指标	每股收益(元)	0.0740	0.2060	0.0840	0.2020
	每股收益(扣除)(元)	0.0700	0.1270	0.0570	0.1360
	每股净资产(元)	1.5600	1.6100	1.4800	1.6100
	调整后每股净资产(元)	-	-	-	-
	每股资本公积金(元)	0.1823	0.2013	0.1521	1.1645
	每股盈余公积金(元)	0.0997	0.0997	0.1127	0.2499
	每股未分配利润(元)	0.2822	0.3082	0.2155	1.2399
	每股现金净流量(元)	0.1690	0.0173	0.0658	-0.0957
	每股经营现金净流量(元)	0.2776	0.4222	0.3060	2.1377
	净资产收益率(扣除)(%)	-	8.4930	-	9.9540
	净资产收益率(%)	4.7330	9.6930	4.6840	12.5400
	总资产(万)	16312675.49	15015127.03	11646510.37	11973979.28
	股东权益(万)	2408933.83	2477345.33	1835569.14	1991247.80
	主营业务收入(万)	2353950.96	4041080.46	1886743.56	3350852.96
	主营成本(万)	1973684.33	3445560.14	1610272.75	2703103.68
	营业收入(万)	2370188.02	4077172.14	1898075.95	3398151.86
	营业成本(万)	1979232.23	3463065.37	1615543.13	2733952.05
	投资收益(万)	-	-	-	-
	利润总额(万)	199263.75	368189.83	168697.74	457613.41
	净利润(万)	114006.73	240127.95	104204.36	249690.42

浙江钱江生物化学股份有限公司

公司概况	公司名称	浙江钱江生物化学股份有限公司			证券简称	钱江生化
	法人代表	高云跃	董秘	胡明	证券代码	600796
	公司网址	www.600796.com			电子信箱	qjbioch@600796.com
	电 话	0573-87042800 87038237			传 真	0573-87035640 87042800
	办公地址	浙江省海宁市硖石镇西山路 598 号 7 层				
	经营范围	生物农药,生物兽药的制造、销售、出口和技术服务				

	指标\报告期	2011.06.30	2010.12.31	2010.06.30	2009.12.31
主要财务指标	每股收益(元)	0.1020	0.1800	0.0980	0.1000
	每股收益(扣除)(元)	0.0860	0.0900	0.0810	-0.0100
	每股净资产(元)	1.6760	1.7510	1.6680	1.5800
	调整后每股净资产(元)	-	-	-	-
	每股资本公积金(元)	0.1247	0.1372	0.1378	0.1515
	每股盈余公积金(元)	0.2256	0.2482	0.2290	0.2290
	每股未分配利润(元)	0.3276	0.3683	0.3038	0.2062
	每股现金净流量(元)	-0.0255	0.0022	-0.0466	0.0776
	每股经营现金净流量(元)	0.4013	-0.1116	0.0537	0.0981
	净资产收益率(扣除)(%)	-	5.2500	-	-0.8200
	净资产收益率(%)	6.0780	10.3520	5.8540	6.0600
	总资产(万)	143213.69	108865.03	80906.00	79465.75
	股东权益(万)	50524.63	47990.02	45693.49	43416.70
	主营业务收入(万)	30174.63	43011.75	22132.28	35567.76
	主营成本(万)	25331.37	36854.00	18653.55	29461.65
	营业收入(万)	30349.52	43199.43	22206.21	35715.54
	营业成本(万)	25455.99	36908.63	18689.12	29554.87
	投资收益(万)	-	-	-	-
	利润总额(万)	2930.93	5017.33	2668.42	2758.94
	净利润(万)	3071.00	4967.89	2674.80	2631.81

浙大网新科技股份有限公司

公司概况	公司名称	浙大网新科技股份有限公司			证券简称	浙大网新
	法人代表	史烈	董秘	董丹青	证券代码	600797
	公司网址	www.insigma.com.cn		电子信箱	dongdanqing@insigma.com.cn	
	电　话	0571-87950500 87750012		传　真	0571-87950117	
	办公地址	浙江省杭州市西园八路1号浙大网新软件园A楼15层				
	经营范围	计算机及网络系统、计算机系统集成、电子工程的研究开发、咨询服务等				

主要财务指标	指标\报告期	2011.06.30	2010.12.31	2010.06.30	2009.12.31
	每股收益(元)	0.1200	0.0800	0.0400	0.0400
	每股收益(扣除)(元)	0.0100	0.0100	0.0100	-0.0400
	每股净资产(元)	2.2000	2.0200	1.9830	1.9500
	调整后每股净资产(元)	-	-	-	-
	每股资本公积金(元)	0.3417	0.2480	0.2520	0.2520
	每股盈余公积金(元)	0.1071	0.1109	0.1087	0.1087
	每股未分配利润(元)	0.7681	0.6799	0.6386	0.6082
	每股现金净流量(元)	-0.2361	0.3113	-0.1128	-0.4684
	每股经营现金净流量(元)	-0.2816	0.0260	-0.2349	0.1657
	净资产收益率(扣除)(%)	-	0.7500	-	-2.4600
	净资产收益率(%)	5.5220	4.1520	2.0380	2.1680
	总资产(万)	475429.21	443080.46	425525.98	390734.23
	股东权益(万)	184959.15	164311.52	161206.48	158779.53
	主营业务收入(万)	287293.85	550317.78	247478.82	480764.62
	主营成本(万)	255739.56	489225.69	223602.69	432621.16
	营业收入(万)	289479.60	554805.87	248578.29	485431.60
	营业成本(万)	256566.46	491232.37	224314.85	434810.52
	投资收益(万)	-	-	-	-
	利润总额(万)	10927.18	8823.08	3519.46	3366.34
	净利润(万)	10214.21	6822.35	3285.76	3442.81

宁波海运股份有限公司

公司概况	公司名称	宁波海运股份有限公司			证券简称	宁波海运
	法人代表	管雄文	董秘	黄敏辉	证券代码	600798
	公司网址	www.nbmc.com.cn		电子信箱	hminhui@nbmc.com.cn	
	电　话	0574-87659140		传　真	0574-87355051	
	办公地址	浙江省宁波市北岸财富中心1幢				
	经营范围	沿海、内河(长江)货物运输、国际远洋运输和交通基础设施等				

主要财务指标	指标\报告期	2011.06.30	2010.12.31	2010.06.30	2009.12.31
	每股收益(元)	0.0755	0.0634	0.0361	0.0341
	每股收益(扣除)(元)	0.0192	0.0514	0.0338	0.0249
	每股净资产(元)	2.3960	2.2047	2.1790	2.1600
	调整后每股净资产(元)	-	-	-	-
	每股资本公积金(元)	0.7199	0.5625	0.5625	0.5625
	每股盈余公积金(元)	0.2374	0.2374	0.2279	0.2279
	每股未分配利润(元)	0.4418	0.4063	0.3885	0.3724
	每股现金净流量(元)	0.3204	-0.3900	-0.2346	-0.1975
	每股经营现金净流量(元)	0.2811	0.4955	0.2069	0.2259
	净资产收益率(扣除)(%)	-	2.4000	-	1.1400
	净资产收益率(%)	3.1510	2.8750	1.6560	1.5770
	总资产(万)	721056.19	692654.88	690652.60	681973.29
	股东权益(万)	208727.22	192060.65	189801.67	188416.74
	主营业务收入(万)	63729.73	121923.93	59091.71	89306.49
	主营成本(万)	45517.83	87919.65	40989.61	62789.24
	营业收入(万)	63729.73	122858.17	59091.71	89550.83
	营业成本(万)	45517.83	88113.73	40989.61	62852.36
	投资收益(万)	-	-	-	-
	利润总额(万)	7922.73	5769.99	3285.42	310.87
	净利润(万)	6577.82	5522.16	3143.24	2970.40

天津环球磁卡股份有限公司

公司概况	公司名称	天津环球磁卡股份有限公司			证券简称	ST 磁 卡
	法人代表	阮强	董秘	李金宏	证券代码	600800
	公司网址	www.gmcc.com.cn		电子信箱	jrzqb@gmcc.com.cn	
	电　话	022-58585662 58585858		传　真	022-58585633	
	办公地址	天津市河西区解放南路325号				
	经营范围	软件系统设计、网络集成技术及高科技产品的开发等				

主要财务指标	指标\报告期	2011.06.30	2010.12.31	2010.06.30	2009.12.31
	每股收益(元)	-0.0056	0.0216	0.0009	-0.2360
	每股收益(扣除)(元)	-0.0060	-0.1211	0.0020	-0.1478
	每股净资产(元)	0.1760	0.1870	0.1723	0.2263
	调整后每股净资产(元)	-	-	-	-
	每股资本公积金(元)	0.2692	0.2743	0.2928	0.3349
	每股盈余公积金(元)	0.0736	0.0736	0.0736	0.0736
	每股未分配利润(元)	-1.1662	-1.1605	-1.1941	-1.1821
	每股现金净流量(元)	-0.0540	0.0330	-0.0309	0.0158
	每股经营现金净流量(元)	-0.0471	0.0363	-0.0311	0.0380
	净资产收益率(扣除)(%)	-	-32.5600	-	-38.2800
	净资产收益率(%)	-3.1980	11.5300	0.4940	-122.3417
	总资产(万)	102198.50	101688.24	115967.27	117001.80
	股东权益(万)	10792.85	11449.11	10531.26	13835.78
	主营业务收入(万)	10703.20	21427.28	11101.74	17433.90
	主营成本(万)	8308.86	15047.08	8085.91	13123.30
	营业收入(万)	10980.43	22092.53	11336.79	18368.79
	营业成本(万)	8381.30	15367.41	8209.82	13824.39
	投资收益(万)	-	-	-	-
	利润总额(万)	-397.30	945.71	50.43	-16984.21
	净利润(万)	-345.12	1320.07	52.06	-16926.92

华新水泥股份有限公司

公司概况	公司名称	华新水泥股份有限公司			证券简称	华新水泥
	法人代表	陈木森	董秘	王锡明	证券代码	600801
	公司网址	www.huaxincem.com		电子信箱	investor@huaxincem.com	
	电　话	027-87773896 87773898		传　真	027-87773962	
	办公地址	湖北省武汉市关山二路特1号国际企业中心5号楼				
	经营范围	水泥、商品混凝土及其他建材制品、包装制品制造、销售等				

主要财务指标	指标\报告期	2011.06.30	2010.12.31	2010.06.30	2009.12.31
	每股收益(元)	0.6700	1.4200	0.1900	1.2400
	每股收益(扣除)(元)	0.6600	1.1700	0.0400	1.1100
	每股净资产(元)	6.8000	12.4500	11.1700	11.2900
	调整后每股净资产(元)	-	-	-	-
	每股资本公积金(元)	2.3690	5.7253	5.6727	6.2575
	每股盈余公积金(元)	0.3273	0.6547	0.5656	0.5656
	每股未分配利润(元)	3.1059	5.0696	3.9308	3.4627
	每股现金净流量(元)	-0.2241	1.2666	1.2687	0.7919
	每股经营现金净流量(元)	0.6518	3.8157	1.4620	3.7027
	净资产收益率(扣除)(%)	-	9.8900	-	10.4400
	净资产收益率(%)	9.8720	11.3950	1.7100	10.9880
	总资产(万)	1945101.33	1781222.21	1626139.59	1458416.27
	股东权益(万)	549078.69	502465.10	450785.27	455494.07
	主营业务收入(万)	555064.50	842991.36	324233.29	682568.36
	主营成本(万)	396046.90	656066.08	274681.81	524733.49
	营业收入(万)	557147.18	846942.61	325929.27	690632.94
	营业成本(万)	397109.61	658292.95	276031.42	528058.68
	投资收益(万)	-	-	-	-
	利润总额(万)	81632.66	83121.93	12352.36	71659.52
	净利润(万)	54205.60	57257.91	7706.62	50050.76

福建水泥股份有限公司

公司概况	公司名称	福建水泥股份有限公司		证券简称	福建水泥
	法人代表	郑盛端	董秘	蔡宣能	证券代码	600802
	公司网址	www.fjcement.com		电子信箱	dmcement@pub5.fz.fj.cn
	电　话	0591-87617751		传　真	0591-87527300
	办公地址	福建省福州市杨桥路118号宏杨新城建福大厦			
	经营范围	建筑材料制造及技术服务;工业生产等			

指标\报告期	2011.06.30	2010.12.31	2010.06.30	2009.12.31
每股收益(元)	0.2400	0.0210	-0.1870	-0.2520
每股收益(扣除)(元)	0.2300	-0.1340	-0.1900	-0.5150
每股净资产(元)	3.1700	2.9100	2.6100	3.8200
调整后每股净资产(元)	-	-	-	-
每股资本公积金(元)	1.9011	1.8798	1.7921	2.8174
每股盈余公积金(元)	0.0679	0.0679	0.0679	0.0679
每股未分配利润(元)	0.1988	-0.0414	-0.2493	-0.0628
每股现金净流量(元)	-0.2827	-0.2032	-0.0754	0.1068
每股经营现金净流量(元)	0.0281	0.6207	0.2304	-0.0575
净资产收益率(扣除)(%)	7.5850	0.7330	-7.1440	-6.5866
净资产收益率(%)	7.4900	0.6700	-5.6300	-7.6000
总资产(万)	336512.56	336356.87	327014.90	357896.33
股东权益(万)	121604.82	111678.26	100368.67	146721.42
主营业务收入(万)	86588.30	134920.51	55707.89	114669.15
主营成本(万)	62881.38	108953.93	49584.23	100442.47
营业收入(万)	87266.04	135625.00	56001.01	114920.16
营业成本(万)	63140.77	109155.23	49774.79	100535.95
投资收益(万)	1707.26	6450.75	1603.96	12464.32
利润总额(万)	10756.68	2058.33	-7184.47	-8546.66
净利润(万)	9175.19	813.62	-7122.10	-9614.73

河北威远生物化工股份有限公司

公司概况	公司名称	河北威远生物化工股份有限公司		证券简称	威远生化
	法人代表	王玉锁	董秘	王东英	证券代码	600803
	公司网址	www.veyong.com		电子信箱	veyong@veyong.com
	电　话	0311-85915898		传　真	0311-85915998
	办公地址	河北省石家庄市和平东路393号			
	经营范围	生物化工农药产品、精细化工产品的生产、销售等			

指标\报告期	2011.06.30	2010.12.31	2010.06.30	2009.12.31
每股收益(元)	0.0700	0.0200	0.0800	-0.1600
每股收益(扣除)(元)	0.0500	-0.1100	0.0700	-0.1800
每股净资产(元)	2.4800	2.4100	1.3900	1.4300
调整后每股净资产(元)	-	-	-	-
每股资本公积金(元)	0.4894	0.6455	0.1275	0.1275
每股盈余公积金(元)	0.1592	0.1286	0.1206	0.1206
每股未分配利润(元)	0.8227	1.0729	0.1451	0.1840
每股现金净流量(元)	-0.0304	-0.7048	-0.3837	0.2515
每股经营现金净流量(元)	0.0020	0.5818	-0.2355	0.2500
净资产收益率(扣除)(%)	-	-7.6800	-	-12.3700
净资产收益率(%)	2.8590	1.2630	7.2168	-11.5130
总资产(万)	167391.62	147494.61	117129.20	110366.31
股东权益(万)	77198.27	75021.33	32943.58	33863.42
主营业务收入(万)	96186.49	68796.33	74497.59	64931.23
主营成本(万)	74497.59	56817.51	62096.96	54256.36
营业收入(万)	96765.12	70350.57	75224.63	66117.39
营业成本(万)	83650.38	58239.19	62833.46	55224.79
投资收益(万)	-	-	-	-
利润总额(万)	4024.47	568.64	4259.90	-3948.32
净利润(万)	2207.14	433.29	2377.47	-3898.61

成都鹏博士电信传媒集团股份有限公司

公司概况	公司名称	成都鹏博士电信传媒集团股份有限公司		证券简称	鹏博士
	法人代表	杨学平	董秘	任春晓	证券代码	600804
	公司网址	www.drpeng.com.cn		电子信箱	chunxiaoren@126.com
	电　话	028-86755190 86742976		传　真	028-86622006
	办公地址	四川省成都市顺城大街229号顺城大厦5楼			
	经营范围	计算机软件、通信产品的开发、生产和销售;计算机系统集成工程等			

指标\报告期	2011.06.30	2010.12.31	2010.06.30	2009.12.31
每股收益(元)	0.0800	0.1100	0.0800	0.1800
每股收益(扣除)(元)	0.0800	0.1000	0.0700	0.1600
每股净资产(元)	2.6050	2.5230	2.4870	1.6300
调整后每股净资产(元)	-	-	-	-
每股资本公积金(元)	1.0788	1.0788	1.0788	0.2013
每股盈余公积金(元)	0.0409	0.0409	0.0409	0.0417
每股未分配利润(元)	0.4859	0.4033	0.3675	0.3882
每股现金净流量(元)	-0.1271	0.5619	0.7771	0.0886
每股经营现金净流量(元)	0.0893	0.1040	-0.0055	0.3702
净资产收益率(扣除)(%)	-	4.1900	-	10.3300
净资产收益率(%)	3.1720	4.4850	3.1090	11.1150
总资产(万)	485477.08	431200.86	417749.81	266096.27
股东权益(万)	348774.66	337712.84	332916.81	188474.44
主营业务收入(万)	106218.50	175054.84	83137.62	161349.72
主营成本(万)	74709.35	119503.73	54693.76	109457.29
营业收入(万)	106244.00	176149.50	83471.09	162493.14
营业成本(万)	74760.41	119506.40	54695.09	109460.02
投资收益(万)	-	-	-	-
利润总额(万)	14907.68	21111.78	13577.35	24054.40
净利润(万)	11061.83	15146.62	10350.59	20949.10

江苏悦达投资股份有限公司

公司概况	公司名称	江苏悦达投资股份有限公司		证券简称	悦达投资
	法人代表	陈云华	董秘	王佩萍	证券代码	600805
	公司网址	www.yueda.com		电子信箱	jsyd@public.yc.js.cn
	电　话	0515-88202863 88202867		传　真	0515-88334601
	办公地址	江苏省盐城市世纪大道东路2号			
	经营范围	实业投资、资产管理、财务顾问、社会经济咨询服务,机械设备等			

指标\报告期	2011.06.30	2010.12.31	2010.06.30	2009.12.31
每股收益(元)	0.8100	1.3200	0.4800	0.5900
每股收益(扣除)(元)	0.7900	1.2200	0.4700	0.4700
每股净资产(元)	3.7500	3.0900	3.3300	2.7100
调整后每股净资产(元)	-	-	-	-
每股资本公积金(元)	0.3884	0.5049	0.5049	0.5049
每股盈余公积金(元)	0.3904	0.5075	0.3952	0.3952
每股未分配利润(元)	1.9715	2.0101	1.4299	0.8074
每股现金净流量(元)	0.6674	0.4591	1.4741	-0.2309
每股经营现金净流量(元)	0.3032	0.3389	0.3446	0.5845
净资产收益率(扣除)(%)	-	36.2400	-	19.5200
净资产收益率(%)	21.5960	32.6920	18.6950	21.9420
总资产(万)	909710.38	867045.56	887487.30	775219.32
股东权益(万)	265924.75	219405.09	181634.22	147678.21
主营业务收入(万)	119701.24	205303.74	88664.36	137632.92
主营成本(万)	-	-	-	-
营业收入(万)	124482.15	212687.32	92083.50	152941.59
营业成本(万)	86891.91	143645.06	67140.52	111230.23
投资收益(万)	-	-	-	-
利润总额(万)	68300.40	93020.59	41763.10	46264.05
净利润(万)	57428.56	71726.72	33956.01	32402.95

沈机集团昆明机床股份有限公司

公司概况	公司名称	沈机集团昆明机床股份有限公司			证券简称	昆明机床
	法人代表	王兴	董秘	罗涛	证券代码	600806
	公司网址	www.kmtcl.com.cn			电子信箱	luotao@kmtcl.com.cn
	电　　话	0871-6166612 6166623			传　　真	0871-6166288
	办公地址	云南省昆明市茨坝路23号				
	经营范围	开发、设计、生产和销售机床系列产品及配件、电脑资讯产品等				

	指标\报告期	2011.06.30	2010.12.31	2010.06.30	2009.12.31
主要财务指标	每股收益(元)	0.0805	0.3400	0.1548	0.4100
	每股收益(扣除)(元)	0.0789	0.3200	0.1563	0.3600
	每股净资产(元)	2.6200	2.5900	2.4100	2.2900
	调整后每股净资产(元)	–	–	–	–
	每股资本公积金(元)	0.0514	0.0514	0.3143	0.3143
	每股盈余公积金(元)	0.2053	0.2053	0.2124	0.2124
	每股未分配利润(元)	1.3612	1.3307	1.4813	1.3378
	每股现金净流量(元)	–0.1119	0.0305	0.1949	–0.1126
	每股经营现金净流量(元)	–0.0178	0.2434	0.2306	0.2489
	净资产收益率(扣除)(%)	–	12.9800	–	19.2500
	净资产收益率(%)	3.0760	12.9770	6.4340	17.7360
	总资产(万)	249406.42	224773.04	219149.65	202443.36
	股东权益(万)	139034.31	137412.53	127798.97	121701.40
	主营业务收入(万)	88226.72	157904.19	75331.17	131405.07
	主营成本(万)	–	114906.96	–	90227.18
	营业收入(万)	88519.26	159770.53	75598.99	137219.66
	营业成本(万)	66827.18	116255.70	52967.78	90361.55
	投资收益(万)	–	–	–	–
	利润总额(万)	3815.51	20086.04	9309.07	24797.35
	净利润(万)	4277.19	17832.48	8221.89	21584.80

山东天业恒基股份有限公司

公司概况	公司名称	山东天业恒基股份有限公司			证券简称	天业股份
	法人代表	曾昭秦	董秘	蒋涛	证券代码	600807
	公司网址	www.tyanhome.com.cn			电子信箱	600807@vip.163.com
	电　　话	0531-82685365			传　　真	0531-82685365
	办公地址	山东省济南市高新开发区新宇南路1号济南国际会展中心A区三楼				
	经营范围	纺织、服装、鞋帽及日用品、五金交电化工等				

	指标\报告期	2011.06.30	2010.12.31	2010.06.30	2009.12.31
主要财务指标	每股收益(元)	0.1100	0.6200	0.4200	–0.3500
	每股收益(扣除)(元)	0.1000	0.6300	0.4200	–0.3100
	每股净资产(元)	1.4500	2.6800	2.4700	2.0500
	调整后每股净资产(元)	–	–	–	–
	每股资本公积金(元)	0.1679	1.3358	1.3358	1.3358
	每股盈余公积金(元)	0.0616	0.1233	0.1106	0.1106
	每股未分配利润(元)	0.2222	0.2176	0.0226	–0.3932
	每股现金净流量(元)	–0.2663	0.7307	0.4022	0.0942
	每股经营现金净流量(元)	0.1491	–2.3904	–0.8553	–0.5182
	净资产收益率(扣除)(%)	–	26.6000	–	–13.9400
	净资产收益率(%)	7.8080	23.2930	16.9930	–16.9430
	总资产(万)	194463.77	181477.76	143106.51	111271.03
	股东权益(万)	46620.54	42980.23	39645.77	32968.71
	主营业务收入(万)	26076.43	70301.16	30228.50	8182.05
	主营成本(万)	15505.80	43048.51	15705.31	5683.85
	营业收入(万)	26076.43	70318.11	30228.50	8182.05
	营业成本(万)	15505.80	43048.51	15705.31	5683.85
	投资收益(万)	–	–	–	–
	利润总额(万)	4797.88	13580.77	9046.35	–7016.48
	净利润(万)	3640.30	10011.52	6737.11	–5585.88

马鞍山钢铁股份有限公司

公司概况	公司名称	马鞍山钢铁股份有限公司			证券简称	马钢股份
	法人代表	苏鉴钢	董秘	高海建	证券代码	600808
	公司网址	www.magang.com.cn			电子信箱	mggfdms@magang.com.cn
	电　　话	0555-2888158 2875251			传　　真	0555-2887284
	办公地址	中国安徽省马鞍山市九华西路8号				
	经营范围	黑色金属冶炼及其压延加工、焦炭及煤焦化产品、耐火材料等				

	指标\报告期	2011.06.30	2010.12.31	2010.06.30	2009.12.31
主要财务指标	每股收益(元)	0.0403	0.1430	0.1353	0.0510
	每股收益(扣除)(元)	0.0360	0.1300	0.1260	0.0310
	每股净资产(元)	3.5360	3.5440	3.5300	3.4400
	调整后每股净资产(元)	–	–	–	–
	每股资本公积金(元)	1.0828	1.0828	1.0828	1.0828
	每股盈余公积金(元)	0.4164	0.4164	0.3987	0.3971
	每股未分配利润(元)	1.0302	1.0399	1.0498	0.9545
	每股现金净流量(元)	0.4429	–0.0153	–0.0701	0.0085
	每股经营现金净流量(元)	0.2041	0.0519	–0.0668	0.8660
	净资产收益率(扣除)(%)	–	3.7000	–	0.9200
	净资产收益率(%)	1.1390	4.0370	3.8310	1.4830
	总资产(万)	7971271.19	7010492.52	6975477.12	6798410.65
	股东权益(万)	2723223.65	2729408.75	2719132.63	2646465.36
	主营业务收入(万)	3811528.39	6304096.98	3019276.81	5041155.45
	主营成本(万)	3673442.96	5966206.28	2787986.14	4761676.77
	营业收入(万)	4315123.37	6498111.25	3167647.10	5185996.95
	营业成本(万)	4152653.03	6117308.73	2910853.44	4910665.84
	投资收益(万)	–	–	–	–
	利润总额(万)	48837.82	171111.17	146966.04	56287.57
	净利润(万)	31005.24	110183.85	104163.95	39247.53

山西杏花村汾酒厂股份有限公司

公司概况	公司名称	山西杏花村汾酒厂股份有限公司			证券简称	山西汾酒
	法人代表	李秋喜	董秘	刘卫华	证券代码	600809
	公司网址	www.fenjiu.com.cn			电子信箱	liuwh@fenjiu.com.cn
	电　　话	0358-7320601 7329321			传　　真	0358-7220394
	办公地址	山西省汾阳市杏花村				
	经营范围	生产及销售汾酒、竹叶青酒及其系列酒并提供广告服务等				

	指标\报告期	2011.06.30	2010.12.31	2010.06.30	2009.12.31
主要财务指标	每股收益(元)	1.5213	1.1420	0.7714	0.8200
	每股收益(扣除)(元)	1.5504	1.1680	0.7958	0.8250
	每股净资产(元)	5.4716	4.4500	4.0795	3.8080
	调整后每股净资产(元)	–	–	–	–
	每股资本公积金(元)	0.6879	0.6879	0.6879	0.6879
	每股盈余公积金(元)	0.5947	0.5947	0.4604	0.4604
	每股未分配利润(元)	3.1890	2.1677	1.9312	1.6598
	每股现金净流量(元)	0.8229	0.8628	–0.2751	0.3823
	每股经营现金净流量(元)	1.8149	1.8820	0.2873	1.0357
	净资产收益率(扣除)(%)	–	28.1600	–	23.1400
	净资产收益率(%)	27.8040	17.3300	18.9100	21.5327
	总资产(万)	399547.45	345581.09	261096.70	250860.31
	股东权益(万)	236878.01	192661.69	176610.10	164858.87
	主营业务收入(万)	289481.88	299876.45	159807.43	213214.81
	主营成本(万)	70388.31	69774.27	38573.17	53007.89
	营业收入(万)	289481.88	301662.50	160920.76	214345.19
	营业成本(万)	70388.31	70615.36	38978.02	53875.28
	投资收益(万)	–	–	–	–
	利润总额(万)	102105.15	86676.82	52662.89	66200.28
	净利润(万)	65862.52	49449.03	33397.44	35498.58

神马实业股份有限公司

公司概况	公司名称	神马实业股份有限公司			证券简称	神马股份
	法人代表	王良	董秘	刘臻	证券代码	600810
	公司网址			电子信箱	liuzhen600810@126.com	
	电　话	0375-3921231		传　真	0375-3921500	
	办公地址	河南省平顶山市建设路63号				
	经营范围	帘子布、工业用布、化学纤维及制品的制造、加工、销售等				

主要财务指标	指标\报告期	2011.06.30	2010.12.31	2010.06.30	2009.12.31
	每股收益(元)	0.3500	0.1000	0.0700	0.0600
	每股收益(扣除)(元)	0.3400	0.1000	0.0700	0.0700
	每股净资产(元)	6.2300	5.9100	5.8500	5.8300
	调整后每股净资产(元)	–	–	–	–
	每股资本公积金(元)	4.1479	4.1479	4.1484	4.1484
	每股盈余公积金(元)	0.4770	0.4770	0.4290	0.4290
	每股未分配利润(元)	0.5844	0.2848	0.2737	0.2506
	每股现金净流量(元)	–0.0284	0.2220	0.5701	–0.4694
	每股经营现金净流量(元)	0.4034	1.6692	1.4076	–0.4251
	净资产收益率(扣除)(%)	–	1.7200	–	1.2800
	净资产收益率(%)	5.6090	1.7300	1.1570	1.0600
	总资产(万)	796111.62	763895.79	720614.42	665469.72
	股东权益(万)	275707.11	261374.57	258782.52	257759.93
	主营业务收入(万)	353380.57	535088.07	260754.01	370132.02
	主营成本(万)	338388.73	521055.94	249959.57	343650.52
	营业收入(万)	705857.39	1247538.79	610143.13	617448.77
	营业成本(万)	659475.91	1198633.57	590999.95	582021.30
	投资收益(万)	–	–	–	–
	利润总额(万)	19494.80	7956.57	4136.76	4261.52
	净利润(万)	15463.13	4522.03	2994.47	2723.12

东方集团股份有限公司

公司概况	公司名称	东方集团股份有限公司			证券简称	东方集团
	法人代表	张宏伟	董秘	孙明涛	证券代码	600811
	公司网址	www.china-orient.com		电子信箱	orientgroup811@yahoo.com.cn	
	电　话	0451-53666028		传　真	0451-53666028	
	办公地址	黑龙江省哈尔滨市南岗区花园街235号				
	经营范围	粮食收购、粮食销售,水稻种植,优良种子培育、研发等				

主要财务指标	指标\报告期	2011.06.30	2010.12.31	2010.06.30	2009.12.31
	每股收益(元)	0.1595	0.1700	0.0820	0.1200
	每股收益(扣除)(元)	0.1579	0.1600	0.0820	0.1100
	每股净资产(元)	3.5475	3.3899	3.3037	3.2300
	调整后每股净资产(元)	–	–	–	–
	每股资本公积金(元)	1.1958	1.1976	1.2109	1.2071
	每股盈余公积金(元)	0.6316	0.6316	0.5770	0.5770
	每股未分配利润(元)	0.7194	0.5599	0.5150	0.4444
	每股现金净流量(元)	0.2839	0.3678	–0.0535	–0.0210
	每股经营现金净流量(元)	–0.3081	–0.6485	–0.2384	–0.3262
	净资产收益率(扣除)(%)	–	4.8200	–	3.8400
	净资产收益率(%)	4.4960	5.0200	2.4810	3.5640
	总资产(万)	1307608.22	1166461.98	998425.77	945864.91
	股东权益(万)	591307.37	565010.07	550669.85	538260.90
	主营业务收入(万)	155690.62	274217.93	69274.42	118578.59
	主营成本(万)	134162.28	245976.54	61063.14	100336.43
	营业收入(万)	160653.99	296057.19	78808.91	135488.43
	营业成本(万)	134388.04	246645.25	61246.04	101091.51
	投资收益(万)	–	–	–	–
	利润总额(万)	19533.53	12271.40	9931.16	16193.82
	净利润(万)	26586.82	28360.60	13661.87	19699.42

华北制药股份有限公司

公司概况	公司名称	华北制药股份有限公司			证券简称	华北制药
	法人代表	王社平	董秘	杨海静	证券代码	600812
	公司网址	www.ncpc.com		电子信箱	caozhengping@ncpc.com	
	电　话	0311-86696493 85592039		传　真	0311-86060942	
	办公地址	河北省石家庄市和平东路388号				
	经营范围	粉针剂,片剂,颗粒剂,硬胶囊剂,软胶囊剂,栓剂,酊剂,空心胶囊等				

主要财务指标	指标\报告期	2011.06.30	2010.12.31	2010.06.30	2009.12.31
	每股收益(元)	0.0120	0.2350	0.1930	–0.3580
	每股收益(扣除)(元)	0.0090	0.1200	0.1760	–0.3940
	每股净资产(元)	1.0020	0.9900	0.9500	0.8600
	调整后每股净资产(元)	–	–	–	–
	每股资本公积金(元)	0.0527	0.0527	0.0876	0.1574
	每股盈余公积金(元)	0.1221	0.1221	0.1039	0.1075
	每股未分配利润(元)	–0.1725	–0.1846	–0.2421	–0.4039
	每股现金净流量(元)	0.3230	–0.6605	–0.3693	0.3932
	每股经营现金净流量(元)	0.0688	–0.5817	–0.2810	0.9878
	净资产收益率(扣除)(%)	–	13.0100	–	–35.2800
	净资产收益率(%)	1.2010	23.7470	20.2920	–41.5550
	总资产(万)	1035904.60	912036.13	876419.47	739046.94
	股东权益(万)	103080.28	101838.14	97636.94	88566.60
	主营业务收入(万)	676304.09	1023560.73	346830.35	486672.38
	主营成本(万)	622640.67	873789.91	256282.31	335361.60
	营业收入(万)	678325.52	1028664.34	349562.85	494592.72
	营业成本(万)	623262.88	876407.85	258199.38	341600.32
	投资收益(万)	–	–	–	–
	利润总额(万)	2832.49	36214.06	26043.98	–26956.16
	净利润(万)	1238.39	24183.15	19812.03	–36803.87

杭州解百集团股份有限公司

公司概况	公司名称	杭州解百集团股份有限公司			证券简称	杭州解百
	法人代表	周自力	董秘	诸雪强	证券代码	600814
	公司网址	www.jiebai.cn		电子信箱	zxq600814@vip.sina.com	
	电　话	0571-87016888 5015		传　真	0571-87080499	
	办公地址	浙江省杭州市上城区解放路251号				
	经营范围	百货零售、批发,以及酒店、进出口业务等				

主要财务指标	指标\报告期	2011.06.30	2010.12.31	2010.06.30	2009.12.31
	每股收益(元)	0.1890	0.2300	0.1620	0.2100
	每股收益(扣除)(元)	0.1850	0.2300	0.1590	0.2000
	每股净资产(元)	2.2740	2.0900	2.0100	1.8700
	调整后每股净资产(元)	–	–	–	–
	每股资本公积金(元)	0.1263	0.1272	0.1216	0.1375
	每股盈余公积金(元)	0.2565	0.2565	0.2322	0.2322
	每股未分配利润(元)	0.8911	0.7018	0.6563	0.4998
	每股现金净流量(元)	–0.3819	0.4043	–0.1248	–0.9870
	每股经营现金净流量(元)	–0.2149	0.5067	–0.1172	0.5339
	净资产收益率(扣除)(%)	8.3240	10.8540	7.9670	11.2878
	净资产收益率(%)	8.6800	11.4500	8.3500	11.7200
	总资产(万)	118102.07	129856.69	112852.48	120216.27
	股东权益(万)	70776.03	64989.44	63113.19	58710.06
	主营业务收入(万)	101951.54	190650.96	88378.79	164452.32
	主营成本(万)	–	159620.45	72399.08	137166.02
	营业收入(万)	106397.93	198342.20	91896.52	170807.86
	营业成本(万)	85187.75	160351.93	72515.50	137733.90
	投资收益(万)	202.61	134.87	3.13	165.05
	利润总额(万)	7891.07	9132.63	6702.20	8764.15
	净利润(万)	5874.74	7025.66	5034.02	6549.74

厦门厦工机械股份有限公司

公司概况	公司名称	厦门厦工机械股份有限公司			证券简称	厦工股份
	法人代表	陈玲	董秘	王智勇	证券代码	600815
	公司网址	www.xgma.com.cn		电子信箱	stock@xiagong.com	
	电　话	0592-6389300		传　真	0592-6389301	
	办公地址	福建省厦门市灌口南路668号之八				
	经营范围	装载、挖掘机等工程机械产品及其配件制造、加工和销售等				

主要财务指标	指标\报告期	2011.06.30	2010.12.31	2010.06.30	2009.12.31
	每股收益(元)	0.6000	0.8500	0.5900	0.1500
	每股收益(扣除)(元)	0.5700	0.7600	0.5600	0.1300
	每股净资产(元)	4.8700	4.0800	3.2700	2.7400
	调整后每股净资产(元)	–	–	–	–
	每股资本公积金(元)	1.8557	2.0216	0.9142	0.9131
	每股盈余公积金(元)	0.2892	0.2892	0.2182	0.2183
	每股未分配利润(元)	1.7242	1.2315	1.1381	0.6123
	每股现金净流量(元)	0.0738	0.1140	0.0919	–0.0063
	每股经营现金净流量(元)	–0.9226	0.6026	0.4109	–
	净资产收益率(扣除)(%)	–	21.2200	–	5.0300
	净资产收益率(%)	12.2410	19.3120	17.6110	5.5320
	总资产(万)	1100590.84	869201.34	719524.97	561963.19
	股东权益(万)	379600.64	354114.90	228745.43	191851.88
	主营业务收入(万)	699725.44	1008762.89	492249.25	521636.10
	主营成本(万)	575283.81	844510.62	387864.90	446343.58
	营业收入(万)	713703.18	1033197.90	500557.49	531666.99
	营业成本(万)	587973.12	860426.04	394628.28	454735.92
	投资收益(万)	–	–	–	–
	利润总额(万)	55194.63	74262.04	50598.39	14044.64
	净利润(万)	46467.80	61397.30	41569.15	10614.11

安信信托投资股份有限公司

公司概况	公司名称	安信信托投资股份有限公司			证券简称	安信信托
	法人代表	张春景	董秘	武国建	证券代码	600816
	公司网址	www.anxintrust.com		电子信箱	ax600816@126.com	
	电　话	021-63410710		传　真	021-63410712	
	办公地址	上海市广东路689号29层				
	经营范围	主要从事信托、证券、实业等业务等				

主要财务指标	指标\报告期	2011.06.30	2010.12.31	2010.06.30	2009.12.31
	每股收益(元)	0.1414	0.2041	0.0998	0.1041
	每股收益(扣除)(元)	0.1339	0.1945	0.0937	0.0910
	每股净资产(元)	0.8595	0.7182	0.6130	0.5141
	调整后每股净资产(元)	–	–	–	–
	每股资本公积金(元)	0.1166	0.1166	0.1155	0.1166
	每股盈余公积金(元)	–	–	–	–
	每股未分配利润(元)	–0.2755	–0.4169	–0.5100	–0.6098
	每股现金净流量(元)	0.1150	0.1352	0.0615	0.2800
	每股经营现金净流量(元)	0.1159	0.1534	0.0757	0.3504
	净资产收益率(扣除)(%)	–	31.5800	–	20.0200
	净资产收益率(%)	16.4480	28.4140	16.2830	20.2430
	总资产(万)	69676.12	68860.06	60570.35	59170.21
	股东权益(万)	39032.41	32612.36	27827.12	23345.98
	主营业务收入(万)	–	–	–	–
	主营成本(万)	–	–	–	–
	营业收入(万)	14059.47	30992.93	7945.20	17299.07
	营业成本(万)	3845.71	19212.62	2904.21	13639.10
	投资收益(万)	–	–	–	–
	利润总额(万)	9085.73	12431.93	5066.87	4679.14
	净利润(万)	6420.05	9266.38	4531.13	4725.99

中路股份有限公司

公司概况	公司名称	中路股份有限公司			证券简称	中路股份
	法人代表	陈荣	董秘	袁志坚	证券代码	600818
	公司网址	www.cnforever.com		电子信箱	600818@cnforever.com	
	电　话	021-50596906		传　真	021-68458517	
	办公地址	上海市浦东新区南六公路818号				
	经营范围	生产自行车及零部件、助力车(含燃气助力车)、手动轮椅车、电动轮椅车等				

主要财务指标	指标\报告期	2011.06.30	2010.12.31	2010.06.30	2009.12.31
	每股收益(元)	0.0400	0.0800	0.0500	0.1400
	每股收益(扣除)(元)	–0.0300	–0.0600	0.0300	–0.1300
	每股净资产(元)	1.2220	1.2100	1.1670	1.3000
	调整后每股净资产(元)	–	–	–	–
	每股资本公积金(元)	0.0281	0.0586	0.0558	0.0892
	每股盈余公积金(元)	0.0362	0.0362	0.0246	0.0271
	每股未分配利润(元)	0.1580	0.1171	0.0868	0.1846
	每股现金净流量(元)	–0.0081	0.0766	–0.0240	0.0150
	每股经营现金净流量(元)	–0.0832	0.1179	–0.0452	0.0848
	净资产收益率(扣除)(%)	–	–5.4200	–	–10.0900
	净资产收益率(%)	3.3400	6.5260	4.1140	12.0417
	总资产(万)	73560.49	74311.20	72013.84	75448.04
	股东权益(万)	35717.97	35416.12	34107.87	34557.99
	主营业务收入(万)	33345.23	61024.50	29883.40	59851.53
	主营成本(万)	29591.08	53433.19	25797.03	54097.29
	营业收入(万)	34207.74	63224.36	30798.50	61040.24
	营业成本(万)	30007.89	55181.55	26039.79	54972.02
	投资收益(万)	–	–	–	–
	利润总额(万)	2742.71	1840.02	1080.99	4995.33
	净利润(万)	1193.14	2311.08	1403.18	4161.37

上海耀华皮尔金顿玻璃股份有限公司

公司概况	公司名称	上海耀华皮尔金顿玻璃股份有限公司			证券简称	耀皮玻璃
	法人代表	林益彬	董秘	金闽丽	证券代码	600819
	公司网址	www.sypglass.com		电子信箱	stock@sypglass.com	
	电　话	021-61633599 58801177		传　真	021-58801554	
	办公地址	上海市浦东新区莲溪路1210号1号楼				
	经营范围	生产销售透明浮法玻璃、本体着色浮法玻璃及深加工系列产品等				

主要财务指标	指标\报告期	2011.06.30	2010.12.31	2010.06.30	2009.12.31
	每股收益(元)	0.1170	0.2660	0.0980	–0.2880
	每股收益(扣除)(元)	0.1250	0.1890	0.0380	–0.1990
	每股净资产(元)	2.8290	2.7490	2.5810	2.4840
	调整后每股净资产(元)	–	–	–	–
	每股资本公积金(元)	0.4388	0.4388	0.4388	0.4388
	每股盈余公积金(元)	0.6305	0.6305	0.6222	0.6222
	每股未分配利润(元)	0.7595	0.6798	0.5202	0.4226
	每股现金净流量(元)	0.4050	0.1872	0.4388	–0.4308
	每股经营现金净流量(元)	0.2337	0.3806	0.2930	0.5090
	净资产收益率(扣除)(%)	–	7.2300	1.5000	–7.5500
	净资产收益率(%)	4.1420	9.6580	3.7790	–11.6108
	总资产(万)	646523.14	647346.74	630964.75	577298.90
	股东权益(万)	206857.31	201031.11	188748.60	181615.24
	主营业务收入(万)	119064.86	254978.06	108573.12	205727.52
	主营成本(万)	90502.95	195923.97	83041.47	174053.75
	营业收入(万)	126243.20	268563.86	115997.66	216360.34
	营业成本(万)	95960.44	209931.10	90139.17	185452.68
	投资收益(万)	–	–	–	–
	利润总额(万)	11332.29	24443.22	10330.91	–19270.64
	净利润(万)	8568.39	19415.88	7133.36	–21086.99

上海隧道工程股份有限公司

公司概况	公司名称	上海隧道工程股份有限公司			证券简称	隧道股份
	法人代表	杨磊	董秘	田军	证券代码	600820
	公司网址	www.stec.net		电子信箱	stecodd@stec.net	
	电　话	021-65419590		传　真	021-65419227	
	办公地址	上海市大连路118号				
	经营范围	土木工程建设项目总承包、设计、施工、咨询,隧道,市政,建筑等				

主要财务指标	指标\报告期	2011.06.30	2010.12.31	2010.06.30	2009.12.31
	每股收益(元)	0.3100	0.7500	0.3700	0.4900
	每股收益(扣除)(元)	0.3100	0.4300	0.2500	0.3200
	每股净资产(元)	6.1153	6.0300	5.5700	5.3900
	调整后每股净资产(元)	–	–	–	–
	每股资本公积金(元)	2.4776	2.4774	2.4819	2.4851
	每股盈余公积金(元)	0.3313	0.3313	0.2431	0.2431
	每股未分配利润(元)	2.0761	1.9711	1.6737	1.5052
	每股现金净流量(元)	–0.0826	–	–0.8308	2.7851
	每股经营现金净流量(元)	–0.0455	–	0.0121	3.1873
	净资产收益率(扣除)(%)	–	7.5600	–	6.2200
	净资产收益率(%)	4.9880	12.4980	6.6160	9.1310
	总资产(万)	2019281.38	2011470.47	1840373.22	1784105.10
	股东权益(万)	448570.44	442654.27	408534.35	395051.58
	主营业务收入(万)	542392.44	1514381.84	714355.29	1506834.49
	主营成本(万)	474374.44	1338261.73	643358.90	1364561.82
	营业收入(万)	546421.31	1517358.13	715321.31	1508337.26
	营业成本(万)	476935.67	1340303.79	643718.57	1365740.09
	投资收益(万)	–	–	–	–
	利润总额(万)	26413.46	68598.96	32358.80	46956.24
	净利润(万)	22372.55	55321.44	27029.27	36071.37

天津劝业场(集团)股份有限公司

公司概况	公司名称	天津劝业场(集团)股份有限公司			证券简称	津劝业
	法人代表	张立津	董秘	赵虹	证券代码	600821
	公司网址	www.qyc.com.cn		电子信箱	tjqy600821@yahoo.com.cn	
	电　话	022-27304989		传　真	022-27304989	
	办公地址	天津市和平区和平路290号				
	经营范围	商业,各类物资的批发及零售;洗染,摄影;其它居民服务等				

主要财务指标	指标\报告期	2011.06.30	2010.12.31	2010.06.30	2009.12.31
	每股收益(元)	0.0100	0.0200	0.0100	0.0100
	每股收益(扣除)(元)	0.0100	–0.0900	0.0100	–0.2300
	每股净资产(元)	1.3400	1.3400	1.3300	1.3300
	调整后每股净资产(元)	–	–	–	–
	每股资本公积金(元)	0.4296	0.4296	0.4321	0.4349
	每股盈余公积金(元)	0.2301	0.2301	0.2301	0.2301
	每股未分配利润(元)	–0.3167	–0.3234	–0.3330	–0.3395
	每股现金净流量(元)	0.0080	–0.1388	0.3813	0.0683
	每股经营现金净流量(元)	0.0759	0.0556	0.1603	0.0129
	净资产收益率(扣除)(%)	–	–6.4200	–	–15.8800
	净资产收益率(%)	0.4920	1.2080	0.4900	0.6207
	总资产(万)	145542.94	149095.27	148854.08	133189.87
	股东权益(万)	55901.96	55627.93	55334.34	55178.46
	主营业务收入(万)	44516.65	58570.68	40295.44	51770.69
	主营成本(万)	39394.75	49512.12	35914.07	44233.82
	营业收入(万)	45087.23	59472.13	40621.14	52640.06
	营业成本(万)	39477.41	49648.23	35985.45	44317.46
	投资收益(万)	–	–	–	–
	利润总额(万)	268.42	679.79	272.44	342.48
	净利润(万)	275.08	671.84	272.44	342.48

上海物资贸易股份有限公司

公司概况	公司名称	上海物资贸易股份有限公司			证券简称	上海物贸
	法人代表	贺涛	董秘	李伟	证券代码	600822
	公司网址	www.600822sh.com		电子信箱	600822@shwuzi.com	
	电　话	021-63231818		传　真	021-63292367	
	办公地址	上海市南苏州路325号				
	经营范围	金属材料、化轻原料、建材、木材、汽车(含小轿车)及配件、机电设备等				

主要财务指标	指标\报告期	2011.06.30	2010.12.31	2010.06.30	2009.12.31
	每股收益(元)	0.1160	0.2100	0.1020	0.1700
	每股收益(扣除)(元)	0.1130	0.1800	0.1010	0.0700
	每股净资产(元)	3.2778	3.1590	3.0760	4.6200
	调整后每股净资产(元)	–	–	–	–
	每股资本公积金(元)	1.5218	1.5183	1.5383	2.6640
	每股盈余公积金(元)	0.0918	0.0918	0.0900	0.1350
	每股未分配利润(元)	0.6674	0.5515	0.4485	0.8198
	每股现金净流量(元)	–0.1351	0.2160	–0.0193	1.1546
	每股经营现金净流量(元)	–0.9108	–1.8139	–2.0174	–0.2065
	净资产收益率(扣除)(%)	–	5.6300	–	3.6400
	净资产收益率(%)	3.5350	6.5590	3.3150	4.6880
	总资产(万)	920192.53	815123.58	797788.61	590537.45
	股东权益(万)	162569.93	156675.70	152561.40	152661.97
	主营业务收入(万)	3535951.51	5790928.42	2883710.80	4576585.08
	主营成本(万)	3799514.47	5732624.85	2852181.47	4534684.02
	营业收入(万)	3837179.60	5795323.68	2884437.06	4579963.02
	营业成本(万)	3799832.32	5733156.50	2852185.48	4534775.73
	投资收益(万)	–	–	–	–
	利润总额(万)	7601.60	13237.85	6464.80	10130.54
	净利润(万)	5746.66	10276.64	5056.64	7157.03

上海世茂股份有限公司

公司概况	公司名称	上海世茂股份有限公司			证券简称	世茂股份
	法人代表	许薇薇	董秘	罗瑞华	证券代码	600823
	公司网址	www.shimaoco.com		电子信箱	600823@shimao.com.cn	
	电　话	021-20203388		传　真	021-20203399	
	办公地址	上海市银城中路68号时代金融中心43楼				
	经营范围	实业投资,房地产综合开发经营,本公司商标特许经营等				

主要财务指标	指标\报告期	2011.06.30	2010.12.31	2010.06.30	2009.12.31
	每股收益(元)	0.4100	0.7500	0.2400	0.1800
	每股收益(扣除)(元)	0.3900	0.5500	0.1400	0.1000
	每股净资产(元)	8.3400	7.0400	5.8475	5.3000
	调整后每股净资产(元)	–	–	–	–
	每股资本公积金(元)	5.1576	4.2740	3.5931	3.2855
	每股盈余公积金(元)	0.1705	0.1705	0.1620	0.1620
	每股未分配利润(元)	2.0061	1.5953	1.0924	0.8572
	每股现金净流量(元)	0.5255	1.8394	0.4423	1.2534
	每股经营现金净流量(元)	–0.7694	–1.4926	–1.4215	–0.8883
	净资产收益率(扣除)(%)	–	9.4400	–	2.0500
	净资产收益率(%)	4.9280	10.6040	4.0230	3.3180
	总资产(万)	2894745.91	2594560.11	2037878.49	1597941.81
	股东权益(万)	975922.54	824134.40	684502.86	620966.59
	主营业务收入(万)	331250.52	456789.62	183256.06	104783.32
	主营成本(万)	192190.82	213916.58	105931.91	58497.52
	营业收入(万)	331878.42	456939.72	183714.77	106139.94
	营业成本(万)	192191.96	213922.88	105944.36	58696.86
	投资收益(万)	–	–	–	–
	利润总额(万)	72310.23	150117.03	55044.11	31571.55
	净利润(万)	48090.65	87392.52	27535.40	20601.19

上海益民商业集团股份有限公司

公司概况					
公司名称	上海益民商业集团股份有限公司			证券简称	益民集团
法人代表	杨传华	董秘	邵振耀	证券代码	600824
公司网址	www.yimingroup.com		电子信箱	yimin@yimingroup.com	
电　话	021-64339888		传　真	021-64721377	
办公地址	上海市淮海中路809号甲				
经营范围	国内贸易(除专项规定),摄影,电脑租赁,自有房屋租赁,房产销售等				

主要财务指标 指标\报告期	2011.06.30	2010.12.31	2010.06.30	2009.12.31
每股收益(元)	0.1241	0.1680	0.1115	0.1520
每股收益(扣除)(元)	0.1251	0.1670	0.1093	0.1380
每股净资产(元)	1.9110	1.8470	1.7900	1.7380
调整后每股净资产(元)	–	–	–	–
每股资本公积金(元)	0.1854	0.1851	0.1849	0.1850
每股盈余公积金(元)	0.1831	0.1833	0.1691	0.1691
每股未分配利润(元)	0.5422	0.4781	0.4357	0.3842
每股现金净流量(元)	0.0860	–0.0011	0.0524	0.1067
每股经营现金净流量(元)	0.1364	0.1864	0.1305	0.2659
净资产收益率(扣除)(%)	6.4950	9.1030	6.2280	8.7220
净资产收益率(%)	6.5400	9.4300	6.3200	9.0300
总资产(万)	218551.16	209632.78	210586.93	204000.31
股东权益(万)	140362.91	135766.43	131192.74	127445.49
主营业务收入(万)	107545.12	177027.90	90100.67	137834.53
主营成本(万)	75236.44	121905.85	60601.04	90853.40
营业收入(万)	113056.91	186570.49	94571.80	145022.03
营业成本(万)	76532.34	124309.78	61834.10	92891.17
投资收益(万)	256.03	814.19	245.98	67.93
利润总额(万)	12521.88	17356.50	11109.73	15146.42
净利润(万)	9083.66	12303.67	8158.64	11097.63

上海新华传媒股份有限公司

公司概况					
公司名称	上海新华传媒股份有限公司			证券简称	新华传媒
法人代表	陈剑峰	董秘	王左国	证券代码	600825
公司网址	www.xhmedia.com		电子信箱	xhcm600825@gmail.com	
电　话	021-61371336		传　真	021-61371336	
办公地址	上海市黄浦区汉口路266号15-16楼				
经营范围	图书报刊、电子出版物零售(连锁经营),图书报刊、电子出版物批发等				

主要财务指标 指标\报告期	2011.06.30	2010.12.31	2010.06.30	2009.12.31
每股收益(元)	0.0800	0.1900	0.0850	0.2200
每股收益(扣除)(元)	0.0250	0.1500	0.0650	0.1600
每股净资产(元)	2.2650	2.1520	2.5060	2.0000
调整后每股净资产(元)	–	–	–	–
每股资本公积金(元)	0.5477	0.5150	0.8180	0.8164
每股盈余公积金(元)	0.0879	0.0879	0.0941	0.0941
每股未分配利润(元)	0.6297	0.5494	0.5942	0.4917
每股现金净流量(元)	0.0666	0.1639	0.1611	0.1948
每股经营现金净流量(元)	0.0052	0.2896	–0.0358	0.5236
净资产收益率(扣除)(%)	–	7.3000	–	7.9800
净资产收益率(%)	3.5430	8.9080	4.0900	11.1390
总资产(万)	533102.18	486974.20	349222.20	339263.21
股东权益(万)	236701.81	224900.37	218233.09	209167.30
主营业务收入(万)	95950.52	224198.73	95812.98	221078.40
主营成本(万)	65886.85	144791.91	62439.79	144040.08
营业收入(万)	100528.34	230748.84	98839.53	227750.44
营业成本(万)	66152.96	145094.03	62526.47	144312.89
投资收益(万)	–	–	–	–
利润总额(万)	11390.87	27456.96	12132.54	29675.92
净利润(万)	8386.15	20033.77	8925.71	23299.06

上海兰生股份有限公司

公司概况					
公司名称	上海兰生股份有限公司			证券简称	兰生股份
法人代表	张黎明	董秘	杨敏	证券代码	600826
公司网址	www.lansheng.com		电子信箱	yangmin@lansheng.com	
电　话	021-51991608		传　真	021-33772705	
办公地址	上海市中山北二路1800号海鸥大厦				
经营范围	主营自营和代理各类商品及技术的进出口业务,国内贸易等				

主要财务指标 指标\报告期	2011.06.30	2010.12.31	2010.06.30	2009.12.31
每股收益(元)	0.0850	0.3300	0.0940	0.0400
每股收益(扣除)(元)	0.0610	0.0400	0.0940	–0.0200
每股净资产(元)	4.3660	6.8560	6.0260	9.3900
调整后每股净资产(元)	–	–	–	–
每股资本公积金(元)	2.8842	5.2306	4.6364	8.0894
每股盈余公积金(元)	0.3852	0.5778	0.5778	0.5778
每股未分配利润(元)	0.0966	0.0476	–0.1878	–0.2816
每股现金净流量(元)	–0.0186	0.5263	–0.0274	–0.0294
每股经营现金净流量(元)	–0.0944	0.0254	0.0120	–0.0420
净资产收益率(扣除)(%)	–	0.4700	–	–0.5600
净资产收益率(%)	1.9440	4.8010	1.5570	0.4050
总资产(万)	243498.52	256017.82	229794.89	358131.21
股东权益(万)	183651.12	192259.90	168996.60	263198.24
主营业务收入(万)	61292.83	137909.20	68195.47	144465.33
主营成本(万)	58004.40	131830.15	65534.08	137975.57
营业收入(万)	62062.27	139197.86	68605.55	145806.41
营业成本(万)	58672.60	132963.50	65902.62	139046.10
投资收益(万)	–	–	–	–
利润总额(万)	3664.11	10621.65	2234.16	832.55
净利润(万)	3570.95	9230.45	2630.39	1065.56

上海友谊集团股份有限公司

公司概况					
公司名称	上海友谊集团股份有限公司			证券简称	友谊股份
法人代表	黄真诚	董秘	陈冠军	证券代码	600827
公司网址	www.shfriendship.com.cn		电子信箱	yy600827@163.com	
电　话	021-58799358 58883100		传　真	021-58793834	
办公地址	上海市浦东新区商城路518号10楼				
经营范围	综合百货、连锁超市、装潢装饰材料、仓储运输、进出口业务等				

主要财务指标 指标\报告期	2011.06.30	2010.12.31	2010.06.30	2009.12.31
每股收益(元)	0.4990	0.6310	0.3810	0.3990
每股收益(扣除)(元)	0.4780	0.5990	0.3540	0.3890
每股净资产(元)	6.2480	5.7090	5.6110	5.7550
调整后每股净资产(元)	–	–	–	–
每股资本公积金(元)	2.5356	2.4962	2.6477	2.9728
每股盈余公积金(元)	0.3312	0.3312	0.2993	0.2993
每股未分配利润(元)	2.3810	1.8820	1.6637	1.4827
每股现金净流量(元)	0.2404	5.1446	1.2951	0.3714
每股经营现金净流量(元)	0.2829	7.1256	2.1949	5.6598
净资产收益率(扣除)(%)	–	10.0090	–	7.8180
净资产收益率(%)	7.9860	11.0550	6.7900	6.9250
总资产(万)	2053608.25	2128505.22	1885704.51	1857903.05
股东权益(万)	294966.61	269552.01	264890.17	271697.38
主营业务收入(万)	1649136.33	3080772.67	1544567.47	2895655.89
主营成本(万)	1302243.44	2419248.91	1226222.22	2298123.65
营业收入(万)	1659861.68	3105242.20	1555687.93	2918690.24
营业成本(万)	1304953.32	2425602.42	1228784.72	2303456.81
投资收益(万)	–	–	–	–
利润总额(万)	73573.45	112704.21	59462.67	88013.79
净利润(万)	23556.85	29798.39	17986.25	18814.07

成商集团股份有限公司

公司概况	公司名称	成商集团股份有限公司			证券简称	成商集团
	法人代表	王福琴	董秘	郑怡	证券代码	600828
	公司网址	www.cpds.cn		电子信箱	cpds_600828@cpds.cn	
	电　话	028-86665088		传　真	028-86652529	
	办公地址	四川省成都市东御街19号				
	经营范围	批发、零售商品等				

	指标\报告期	2011.06.30	2010.12.31	2010.06.30	2009.12.31
主要财务指标	每股收益(元)	0.2447	0.3782	0.1516	0.3496
	每股收益(扣除)(元)	0.2444	0.3509	0.1302	0.2706
	每股净资产(元)	1.6100	1.6700	1.4700	2.4800
	调整后每股净资产(元)	–	–	–	–
	每股资本公积金(元)	0.0688	0.0826	0.0826	0.8516
	每股盈余公积金(元)	0.1860	0.2232	0.1886	0.3395
	每股未分配利润(元)	0.3557	0.3632	0.2014	0.2851
	每股现金净流量(元)	0.0596	0.1521	0.1809	0.0090
	每股经营现金净流量(元)	0.2151	0.6730	0.3966	0.7006
	净资产收益率(扣除)(%)	–	23.3600	–	22.4600
	净资产收益率(%)	15.1960	22.6630	12.3540	25.4130
	总资产(万)	193680.64	161154.49	153972.57	148352.19
	股东权益(万)	70668.31	61026.78	53848.56	50303.58
	主营业务收入(万)	95390.42	158929.15	77925.09	161768.23
	主营成本(万)	79011.89	131119.58	64421.05	135818.77
	营业收入(万)	103246.04	171066.52	83546.86	172223.57
	营业成本(万)	79283.40	131671.69	64588.09	136153.33
	投资收益(万)	–	–	–	–
	利润总额(万)	13889.42	18191.95	9652.70	15649.28
	净利润(万)	10738.53	13830.41	6652.19	12783.58

哈药集团三精制药股份有限公司

公司概况	公司名称	哈药集团三精制药股份有限公司			证券简称	三精制药
	法人代表	刘占滨	董秘	林本松	证券代码	600829
	公司网址	www.sanjing.com.cn		电子信箱	linbs@hayao.com	
	电　话	0451-84675166		传　真	0451-84675166	
	办公地址	黑龙江省哈尔滨市香坊区哈平路233号				
	经营范围	医药制造,医药经销和投资管理等				

	指标\报告期	2011.06.30	2010.12.31	2010.06.30	2009.12.31
主要财务指标	每股收益(元)	0.3706	0.8635	0.3018	0.7211
	每股收益(扣除)(元)	0.3612	0.7682	0.2863	0.6742
	每股净资产(元)	2.7900	2.7500	3.7077	3.8577
	调整后每股净资产(元)	–	–	–	–
	每股资本公积金(元)	0.2264	0.3396	0.3398	0.2625
	每股盈余公积金(元)	0.3908	1.0862	1.0208	1.0208
	每股未分配利润(元)	1.1723	1.6926	1.3471	1.5745
	每股现金净流量(元)	–0.1061	0.0597	0.3913	0.1151
	每股经营现金净流量(元)	0.2659	0.4216	0.8047	1.1584
	净资产收益率(扣除)(%)	–	19.0800	–	17.7400
	净资产收益率(%)	13.2840	20.9670	12.2080	18.6935
	总资产(万)	335965.97	332102.50	272229.61	285351.40
	股东权益(万)	161757.25	159212.35	143336.79	149135.60
	主营业务收入(万)	179918.84	299775.01	152423.99	262682.63
	主营成本(万)	85691.02	151294.93	72909.39	133266.63
	营业收入(万)	180296.92	300508.86	152842.61	263825.32
	营业成本(万)	85693.76	151422.34	72980.29	133550.00
	投资收益(万)	–	–	–	–
	利润总额(万)	25087.90	42008.52	21404.43	36076.38
	净利润(万)	21487.93	33381.80	17498.59	27878.64

香溢融通控股集团股份有限公司

公司概况	公司名称	香溢融通控股集团股份有限公司			证券简称	香溢融通
	法人代表	楼炯友	董秘	林蔚晴	证券代码	600830
	公司网址	www.sunnyloantop.cn		电子信箱	slt@sunnyloantop.cn	
	电　话	0574-87315310		传　真	0574-87294676	
	办公地址	浙江省宁波市开明街130弄48号				
	经营范围	商业、广告、进出口、餐饮服务、娱乐及旅游等.地产开发等				

	指标\报告期	2011.06.30	2010.12.31	2010.06.30	2009.12.31
主要财务指标	每股收益(元)	0.1430	0.2080	0.0960	0.1370
	每股收益(扣除)(元)	0.0400	0.0340	0.0160	0.0380
	每股净资产(元)	3.1900	3.0970	2.9840	2.8850
	调整后每股净资产(元)	–	–	–	–
	每股资本公积金(元)	1.1545	1.1545	1.1545	1.1502
	每股盈余公积金(元)	0.1577	0.1510	0.1975	0.1424
	每股未分配利润(元)	0.8778	0.7913	0.6325	0.5919
	每股现金净流量(元)	0.4328	–0.5238	–0.2123	–0.7241
	每股经营现金净流量(元)	0.4112	–0.5928	–0.2329	0.1351
	净资产收益率(扣除)(%)	–	1.1310	–	1.3330
	净资产收益率(%)	4.4890	6.7140	3.2050	4.7410
	总资产(万)	218909.20	205147.86	191004.04	182411.26
	股东权益(万)	144927.00	140693.30	135592.24	131051.45
	主营业务收入(万)	62067.98	103090.96	43177.53	79543.41
	主营成本(万)	56851.14	94355.80	38919.29	71485.48
	营业收入(万)	69120.63	113789.77	48270.16	92752.92
	营业成本(万)	56960.29	95165.23	39325.98	71950.31
	投资收益(万)	–	–	–	–
	利润总额(万)	9829.40	14511.67	6709.00	8739.23
	净利润(万)	6505.31	9446.47	4345.41	6213.32

陕西广电网络传媒(集团)股份有限公司

公司概况	公司名称	陕西广电网络传媒(集团)股份有限公司			证券简称	广电网络
	法人代表	吕晓明	董秘	杨莎	证券代码	600831
	公司网址	www.600831.com		电子信箱	600831@china.com	
	电　话	029-87991255		传　真	029-87991266	
	办公地址	陕西省西安市高新区高新一路15号				
	经营范围	有线电视网络运营、广告代理、影视制作等				

	指标\报告期	2011.06.30	2010.12.31	2010.06.30	2009.12.31
主要财务指标	每股收益(元)	0.1240	0.2000	0.0960	0.1800
	每股收益(扣除)(元)	0.1200	0.2500	0.0960	0.1900
	每股净资产(元)	2.4350	2.3120	2.2100	2.7900
	调整后每股净资产(元)	–	–	–	–
	每股资本公积金(元)	0.7698	0.7698	0.7698	1.3008
	每股盈余公积金(元)	0.0603	0.0603	0.0440	0.0572
	每股未分配利润(元)	0.6053	0.4815	0.3934	0.4362
	每股现金净流量(元)	0.0465	0.3654	0.1024	–0.1333
	每股经营现金净流量(元)	0.6419	1.1713	0.5324	1.0001
	净资产收益率(扣除)(%)	5.0360	11.0600	4.3880	6.9700
	净资产收益率(%)	5.0830	8.6840	4.3650	6.4500
	总资产(万)	331290.57	317580.81	293406.29	279275.53
	股东权益(万)	137221.90	130247.37	124364.26	121103.41
	主营业务收入(万)	69274.11	121722.90	57351.71	94685.05
	主营成本(万)	41165.40	71414.91	35556.34	59664.94
	营业收入(万)	69451.65	122214.45	57351.71	94991.89
	营业成本(万)	41204.32	71617.26	35556.34	59874.02
	投资收益(万)	–	–	–	–
	利润总额(万)	6979.98	11392.45	5427.22	8052.24
	净利润(万)	6974.53	11311.04	5427.93	7810.59

上海东方明珠(集团)股份有限公司

公司概况					
公司名称	上海东方明珠(集团)股份有限公司			证券简称	东方明珠
法人代表	钮卫平	董秘	胡湧	证券代码	600832
公司网址	www.opg.cn		电子信箱	huyong@opg.cn	
电　话	021-58791888		传　真	021-58828222	
办公地址	上海市浦东世纪大道1号				
经营范围	旅游观光、媒体广告、信息传输、实业投资等				

主要财务指标 指标\报告期	2011.06.30	2010.12.31	2010.06.30	2009.12.31
每股收益(元)	0.0770	0.1990	0.0880	0.1430
每股收益(扣除)(元)	0.0680	0.1170	0.0820	0.1140
每股净资产(元)	2.4558	2.4160	2.1916	2.4740
调整后每股净资产(元)	–	–	–	–
每股资本公积金(元)	0.7749	0.8125	0.6987	0.9714
每股盈余公积金(元)	0.1958	0.1958	0.1791	0.1791
每股未分配利润(元)	0.4851	0.4078	0.3139	0.3234
每股现金净流量(元)	0.0711	0.4210	0.1782	–0.2038
每股经营现金净流量(元)	0.0428	0.3165	0.0689	0.2245
净资产收益率(扣除)(%)	–	4.8500	–	5.2100
净资产收益率(%)	3.1500	8.2540	4.0360	5.7719
总资产(万)	1305079.51	1248719.18	1090336.88	1157174.23
股东权益(万)	782514.88	769824.80	698322.76	788271.09
主营业务收入(万)	116474.21	237052.11	125868.74	190995.83
主营成本(万)	74875.63	150310.50	81778.67	120908.05
营业收入(万)	116522.69	240768.62	126686.48	192621.30
营业成本(万)	74875.63	150503.02	81778.67	120908.05
投资收益(万)	–	–	–	–
利润总额(万)	35192.36	90302.19	37421.60	61815.63
净利润(万)	24650.48	63543.12	28183.57	45498.36

上海第一医药股份有限公司

公司概况					
公司名称	上海第一医药股份有限公司			证券简称	第一医药
法人代表	盛小洪	董秘	盛小洪(代)	证券代码	600833
公司网址	www.dyyy.com.cn		电子信箱	shcred@online.sh.cn	
电　话	021-64337282		传　真	021-64337191	
办公地址	上海市徐汇区乌鲁木齐南路158号				
经营范围	经销化学原料药、化学药制剂、生物制品、中西药、百货等				

主要财务指标 指标\报告期	2011.06.30	2010.12.31	2010.06.30	2009.12.31
每股收益(元)	0.1109	0.1900	0.0986	0.2500
每股收益(扣除)(元)	0.1034	0.1900	0.0972	0.1500
每股净资产(元)	2.6608	2.6914	2.4445	2.5244
调整后每股净资产(元)	–	–	–	–
每股资本公积金(元)	1.0309	1.1724	0.9372	1.1157
每股盈余公积金(元)	0.0995	0.0995	0.0791	0.0791
每股未分配利润(元)	0.5305	0.4195	0.4282	0.3296
每股现金净流量(元)	0.1110	0.0815	0.1590	0.2611
每股经营现金净流量(元)	0.1286	0.2505	0.2022	0.1698
净资产收益率(扣除)(%)	–	7.1500	–	6.8600
净资产收益率(%)	4.1680	7.0710	4.0340	9.9450
总资产(万)	76562.14	78817.90	69034.99	72157.06
股东权益(万)	42399.66	42887.29	38952.07	40225.40
主营业务收入(万)	60908.12	110208.11	55289.65	100638.40
主营成本(万)	51983.73	94253.62	47463.25	85084.20
营业收入(万)	63168.32	114747.57	57513.59	103697.03
营业成本(万)	52129.34	94669.24	47682.24	85235.80
投资收益(万)	–	–	–	–
利润总额(万)	2399.65	4132.85	2129.76	5361.75
净利润(万)	1767.23	3032.44	1571.27	4000.36

上海申通地铁股份有限公司

公司概况					
公司名称	上海申通地铁股份有限公司			证券简称	申通地铁
法人代表	俞光耀	董秘	孙安	证券代码	600834
公司网址	www.shtmetro.com		电子信箱	600834@shtmetro.com	
电　话	021-54259985 54259971		传　真	021-54257330	
办公地址	上海市桂林路909号3号楼2楼				
经营范围	地铁经营及相关综合开发,轨道交通投资,附设分支机构				

主要财务指标 指标\报告期	2011.06.30	2010.12.31	2010.06.30	2009.12.31
每股收益(元)	0.0500	0.2000	0.0950	0.2100
每股收益(扣除)(元)	0.0500	0.1900	0.0950	0.2100
每股净资产(元)	2.2870	2.2970	2.2560	2.1600
调整后每股净资产(元)	–	–	–	–
每股资本公积金(元)	0.1707	0.1706	0.1711	0.1737
每股盈余公积金(元)	0.3325	0.3325	0.3129	0.3129
每股未分配利润(元)	0.7833	0.7937	0.7721	0.6771
每股现金净流量(元)	–0.0019	0.0103	0.0607	–0.0126
每股经营现金净流量(元)	0.1630	0.3119	0.2077	0.3993
净资产收益率(扣除)(%)	–	8.6600	–	10.1900
净资产收益率(%)	2.1720	8.5430	4.2120	9.9080
总资产(万)	176129.62	177855.26	141729.44	129567.61
股东权益(万)	109157.01	109647.24	107699.87	103290.09
主营业务收入(万)	36772.65	83421.58	40898.26	84053.64
主营成本(万)	–	–	–	73938.61
营业收入(万)	36772.65	83421.58	40898.26	84053.64
营业成本(万)	32312.95	70579.58	32577.55	73938.61
投资收益(万)	–	–	–	–
利润总额(万)	3120.20	11892.64	5815.16	12708.49
净利润(万)	2371.36	9367.45	4535.83	10233.83

上海机电股份有限公司

公司概况					
公司名称	上海机电股份有限公司			证券简称	上海机电
法人代表	徐建国	董秘	司文培	证券代码	600835
公司网址	www.chinasec.cn		电子信箱	shjddm@chinasec.cn	
电　话	021-68547168		传　真	021-68547170	
办公地址	上海市浦东新区民生路1286号汇商大厦9楼				
经营范围	生产制冰、冷藏设备、空调设备、微波炉、燃油取暖器等家用电器等				

主要财务指标 指标\报告期	2011.06.30	2010.12.31	2010.06.30	2009.12.31
每股收益(元)	0.4400	0.6500	0.3400	0.4600
每股收益(扣除)(元)	0.4500	0.6400	0.3500	0.4900
每股净资产(元)	5.5900	5.3700	5.0900	4.8400
调整后每股净资产(元)	–	–	–	–
每股资本公积金(元)	1.4384	1.4387	1.4384	1.4431
每股盈余公积金(元)	1.1301	1.1320	0.9812	0.9812
每股未分配利润(元)	2.0172	1.7944	1.6741	1.4293
每股现金净流量(元)	0.4760	1.0895	0.7956	1.6597
每股经营现金净流量(元)	0.8645	1.7477	1.0973	1.9835
净资产收益率(扣除)(%)	–	12.6100	–	10.4900
净资产收益率(%)	7.8760	12.1330	6.7690	9.4090
总资产(万)	1672982.41	1518764.83	1444965.40	1311162.85
股东权益(万)	571272.61	548707.77	520948.91	495005.77
主营业务收入(万)	725756.40	1301875.05	620136.39	1079825.63
主营成本(万)	586748.52	1049938.90	499594.41	873151.29
营业收入(万)	736602.62	1325997.88	631089.65	1098623.53
营业成本(万)	595217.28	1070027.57	508851.53	888815.90
投资收益(万)	–	–	–	–
利润总额(万)	78847.80	124814.79	63940.15	94249.88
净利润(万)	44991.07	66571.88	35260.96	46574.14

上海界龙实业集团股份有限公司

公司概况						
	公司名称	上海界龙实业集团股份有限公司			证券简称	界龙实业
	法人代表	费屹立	董秘	楼福良	证券代码	600836
	公司网址	www.jielong-printing.com		电子信箱	loufl@jielongcorp.com	
	电　话	021-63746888 58921888		传　真	021-63732586 58926698	
	办公地址	上海市浦东新区川周路7111号				
	经营范围	包装装潢,彩色印刷,特种印刷,电脑制品,照相制版,包装印刷物资及器材等				

主要财务指标	指标\报告期	2011.06.30	2010.12.31	2010.06.30	2009.12.31
	每股收益(元)	0.0050	0.0540	0.0170	0.0030
	每股收益(扣除)(元)	-0.0030	-0.0040	-0.0030	-0.0020
	每股净资产(元)	1.3330	1.3280	1.3710	1.3326
	调整后每股净资产(元)	-	-	-	-
	每股资本公积金(元)	0.0136	0.0136	0.0388	0.0324
	每股盈余公积金(元)	0.0176	0.0176	0.0072	0.0028
	每股未分配利润(元)	0.3019	0.2970	0.3252	0.2974
	每股现金净流量(元)	0.1990	-0.0640	0.2349	0.0107
	每股经营现金净流量(元)	-0.1107	-0.2674	0.0390	0.4677
	净资产收益率(扣除)(%)	-	-0.2600	-	-
	净资产收益率(%)	0.3710	4.1000	1.2370	0.2100
	总资产(万)	304110.49	259826.92	261622.98	227313.51
	股东权益(万)	41802.30	41648.97	42998.19	41784.31
	主营业务收入(万)	48904.52	146622.55	53762.98	-
	主营成本(万)	40496.17	123978.56	45048.81	-
	营业收入(万)	50202.97	149398.19	56215.59	85328.70
	营业成本(万)	40699.56	124225.56	45744.20	68728.86
	投资收益(万)	-	-	-	-
	利润总额(万)	465.16	4092.18	1512.64	977.32
	净利润(万)	154.98	1707.53	531.92	88.33

海通证券股份有限公司

公司概况						
	公司名称	海通证券股份有限公司			证券简称	海通证券
	法人代表	王开国	董秘	金晓斌	证券代码	600837
	公司网址	www.htsec.com		电子信箱	jinxb@htsec.com	
	电　话	021-23219000		传　真	021-63410627 63410707	
	办公地址	上海市广东路689号海通证券大厦				
	经营范围	证券经纪;证券自营;证券承销与保荐;证券投资咨询等				

主要财务指标	指标\报告期	2011.06.30	2010.12.31	2010.06.30	2009.12.31
	每股收益(元)	0.2700	0.4500	0.2200	0.5500
	每股收益(扣除)(元)	0.2700	0.4300	0.2200	0.5300
	每股净资产(元)	5.4900	5.4000	5.2000	5.2800
	调整后每股净资产(元)	-	-	-	-
	每股资本公积金(元)	2.7765	2.8051	2.8137	2.9157
	每股盈余公积金(元)	0.2031	0.2031	0.1616	0.1616
	每股未分配利润(元)	1.1224	1.0008	0.9012	0.8773
	每股现金净流量(元)	-	-	-	-
	每股经营现金净流量(元)	-	-	-	-
	净资产收益率(扣除)(%)	4.9200	8.3900	4.2200	11.1200
	净资产收益率(%)	4.9490	8.2900	4.3090	10.4760
	总资产(万)	10596779.00	11541309.75	10900273.39	12072651.29
	股东权益(万)	-	-	-	-
	主营业务收入(万)	-	-	-	-
	主营成本(万)	-	-	-	-
	营业收入(万)	-	-	-	-
	营业成本(万)	-	-	-	-
	投资收益(万)	-	-	-	-
	利润总额(万)	306312.03	498968.94	247544.64	598182.69
	净利润(万)	223478.06	368626.42	184197.65	454822.55

上海九百股份有限公司

公司概况						
	公司名称	上海九百股份有限公司			证券简称	上海九百
	法人代表	龚祥荣	董秘	张敏	证券代码	600838
	公司网址	www.sh9buy.com		电子信箱	shjb838@sina.com	
	电　话	021-62729898 918 838		传　真	021-62569821	
	办公地址	上海市常德路940号				
	经营范围	百货、针纺织品、五金交电、文教用品、日用杂货、劳防用品等				

主要财务指标	指标\报告期	2011.06.30	2010.12.31	2010.06.30	2009.12.31
	每股收益(元)	0.2458	0.0718	0.0103	0.0317
	每股收益(扣除)(元)	0.0345	0.0407	0.0137	-0.0302
	每股净资产(元)	1.7212	1.4759	1.4118	1.4118
	调整后每股净资产(元)	-	-	-	-
	每股资本公积金(元)	0.4739	0.4743	0.4717	0.4821
	每股盈余公积金(元)	0.0279	0.0279	0.0222	0.0222
	每股未分配利润(元)	0.2195	-0.0263	-0.0821	-0.0925
	每股现金净流量(元)	-0.0029	-0.0370	-0.0790	-0.0169
	每股经营现金净流量(元)	-0.0606	-0.0786	-0.0693	-0.1216
	净资产收益率(扣除)(%)	-	2.8200	-	-2.2200
	净资产收益率(%)	14.2800	4.8660	0.7320	2.2490
	总资产(万)	100649.20	98929.16	100959.99	101957.77
	股东权益(万)	68999.95	59165.43	56595.49	56598.18
	主营业务收入(万)	7483.32	14669.39	8415.91	17654.99
	主营成本(万)	4750.17	9887.21	5742.84	11867.83
	营业收入(万)	7587.80	15050.77	8439.45	17745.73
	营业成本(万)	4750.17	9887.21	5742.84	11870.56
	投资收益(万)	-	-	-	-
	利润总额(万)	9864.15	2913.27	431.92	1306.05
	净利润(万)	9853.03	2879.24	414.30	1272.70

四川长虹电器股份有限公司

公司概况						
	公司名称	四川长虹电器股份有限公司			证券简称	四川长虹
	法人代表	赵勇	董秘	谭明献	证券代码	600839
	公司网址	www.changhong.com		电子信箱	mx.tan@changhong.com	
	电　话	0816-2418486		传　真	0816-2418518 2410299	
	办公地址	四川省绵阳市高新区绵兴东路35号				
	经营范围	家用电器,电子产品及零配件,通信设备,计算机及其他电子设备等				

主要财务指标	指标\报告期	2011.06.30	2010.12.31	2010.06.30	2009.12.31
	每股收益(元)	0.0650	0.1030	0.0114	0.0420
	每股收益(扣除)(元)	0.0475	0.0200	-0.0012	0.0140
	每股净资产(元)	2.8500	2.7700	3.3740	5.0400
	调整后每股净资产(元)	-	-	-	-
	每股资本公积金(元)	0.5450	0.9248	0.9196	1.8841
	每股盈余公积金(元)	0.9431	1.1789	1.1789	1.8556
	每股未分配利润(元)	0.3594	0.3681	0.2786	0.3109
	每股现金净流量(元)	-0.4888	0.8351	-0.2325	0.8495
	每股经营现金净流量(元)	-0.2569	-0.2594	-0.5172	-1.2703
	净资产收益率(扣除)(%)	-	0.5700	-	0.4100
	净资产收益率(%)	2.2840	2.9600	0.4230	1.2397
	总资产(万)	4813516.21	4455594.38	3962430.01	3653609.31
	股东权益(万)	1012586.91	987412.74	960727.41	957508.83
	主营业务收入(万)	2229824.72	4043932.56	1804194.56	3122267.32
	主营成本(万)	1875212.66	3381437.78	1521843.56	2552859.27
	营业收入(万)	2298799.73	4171180.89	1861195.39	3145799.92
	营业成本(万)	1934676.53	3490610.65	1572313.33	2564342.84
	投资收益(万)	-	-	-	-
	利润总额(万)	38351.88	67129.53	23445.79	68765.12
	净利润(万)	23125.98	29225.40	4063.00	11870.26

上海柴油机股份有限公司

公司概况	公司名称	上海柴油机股份有限公司			证券简称	上柴股份
	法人代表	肖国普	董秘	汪宏彬	证券代码	600841
	公司网址	www.sdec.com.cn		电子信箱	sdecdsh@sdec.com.cn	
	电　　话	021-60652207		传　　真	021-65749845	
	办公地址	上海市杨浦区军工路 2636 号				
	经营范围	柴油机、工程机械、油泵及配件;柴油电站、船用成套机组、机电设备及配件等				

主要财务指标	指标\报告期	2011.06.30	2010.12.31	2010.06.30	2009.12.31
	每股收益(元)	0.2100	0.2800	0.1000	0.1400
	每股收益(扣除)(元)	0.1800	0.2600	0.0900	0.1200
	每股净资产(元)	4.3800	4.2200	3.9900	3.9500
	调整后每股净资产(元)	–	–	–	–
	每股资本公积金(元)	1.5290	1.5331	1.4809	1.4898
	每股盈余公积金(元)	0.8585	0.8585	0.8427	0.8427
	每股未分配利润(元)	0.9883	0.8329	0.6616	0.6149
	每股现金净流量(元)	–0.8102	0.8848	–0.0791	0.5824
	每股经营现金净流量(元)	–0.3878	0.7276	–0.0216	0.8742
	净资产收益率(扣除)(%)	–	6.3400	–	3.1000
	净资产收益率(%)	4.6940	6.7190	2.4260	3.6680
	总资产(万)	436609.43	404686.55	379891.82	323395.05
	股东权益(万)	210174.81	202911.57	191416.07	189599.73
	主营业务收入(万)	284098.78	470068.09	245838.25	329082.39
	主营成本(万)	231526.25	366694.05	201062.36	265319.56
	营业收入(万)	289383.82	483139.85	252257.61	337754.92
	营业成本(万)	235161.27	377904.13	206360.56	273335.72
	投资收益(万)	–	–	–	–
	利润总额(万)	12038.88	11884.64	4872.55	4213.28
	净利润(万)	9865.44	13632.53	4644.00	6955.00

上工申贝(集团)股份有限公司

公司概况	公司名称	上工申贝(集团)股份有限公司			证券简称	上工申贝
	法人代表	张敏	董秘	张建国	证券代码	600843
	公司网址	www.sgsbgroup.com		电子信箱	zyf@sgsbgroup.com	
	电　　话	021-68407515 68407700		传　　真	021-63302939	
	办公地址	上海市浦东新区世纪大道 1500 号东方大厦 12 楼				
	经营范围	研发,生产,销售,维修缝制设备及零部件,缝纫机专用设备,制衣等				

主要财务指标	指标\报告期	2011.06.30	2010.12.31	2010.06.30	2009.12.31
	每股收益(元)	0.0549	0.1006	0.0082	–0.4120
	每股收益(扣除)(元)	0.0051	–0.0673	–0.0224	–0.4132
	每股净资产(元)	1.4461	1.3387	1.1591	0.7599
	调整后每股净资产(元)	–	–	–	–
	每股资本公积金(元)	0.9414	0.9320	0.8759	0.8925
	每股盈余公积金(元)	0.0101	0.0101	0.0101	0.0101
	每股未分配利润(元)	–0.4729	–0.5277	–0.6202	–1.1148
	每股现金净流量(元)	–0.1415	–0.1307	–0.4567	–0.2606
	每股经营现金净流量(元)	–0.0231	–0.1516	–0.1781	–0.2223
	净资产收益率(扣除)(%)	–	–5.2545	–	–
	净资产收益率(%)	3.7940	7.5150	0.7040	–54.2200
	总资产(万)	171715.06	163062.34	164779.79	180482.86
	股东权益(万)	64913.98	60092.89	52029.68	34112.22
	主营业务收入(万)	84811.04	163622.97	83570.99	–
	主营成本(万)	62619.95	129127.37	67722.98	–
	营业收入(万)	86713.47	167790.56	85500.19	119720.37
	营业成本(万)	63535.89	130766.92	68545.61	104798.46
	投资收益(万)	–	–	–	–
	利润总额(万)	4672.49	5583.68	840.77	–19525.52
	净利润(万)	2462.52	4516.19	366.26	–18496.37

丹化化工科技股份有限公司

公司概况	公司名称	丹化化工科技股份有限公司			证券简称	丹化科技
	法人代表	曾晓宁	董秘	沈雅芸	证券代码	600844
	公司网址			电子信箱	syy@600844.com	
	电　　话	021-64015596 64016400		传　　真	021-64016411	
	办公地址	上海市闵行区虹许路 788 号 61 室				
	经营范围	煤化工产品、石油化工产品及其衍生物的技术开发、技术转让等				

主要财务指标	指标\报告期	2011.06.30	2010.12.31	2010.06.30	2009.12.31
	每股收益(元)	–0.0392	0.0175	0.0226	–0.1268
	每股收益(扣除)(元)	–0.0398	–0.0368	–0.0216	–0.1297
	每股净资产(元)	1.5962	1.6350	1.6406	3.2360
	调整后每股净资产(元)	–	–	–	–
	每股资本公积金(元)	1.0250	1.0250	1.0251	3.0501
	每股盈余公积金(元)	0.0721	0.0721	0.0721	0.1442
	每股未分配利润(元)	–0.5010	–0.4617	–0.4566	–0.9584
	每股现金净流量(元)	–0.0861	–0.1361	–0.0584	0.7565
	每股经营现金净流量(元)	0.0476	0.2371	0.0299	0.0575
	净资产收益率(扣除)(%)	–	–3.2200	–	–5.3900
	净资产收益率(%)	–2.4570	1.0670	1.3790	–3.5620
	总资产(万)	412838.57	399132.54	369044.12	345312.54
	股东权益(万)	124280.91	127333.93	127741.32	125979.57
	主营业务收入(万)	15820.56	30256.10	15741.04	25318.93
	主营成本(万)	17996.21	30882.39	16425.70	27532.47
	营业收入(万)	16203.77	30866.05	15993.00	26275.12
	营业成本(万)	18281.40	31302.47	16591.07	27931.99
	投资收益(万)	–	–	–	–
	利润总额(万)	–4088.95	50.87	1715.08	–6966.18
	净利润(万)	–3053.02	1358.84	1761.75	–4487.62

上海宝信软件股份有限公司

公司概况	公司名称	上海宝信软件股份有限公司			证券简称	宝信软件
	法人代表	蒋为民	董秘	陈健	证券代码	600845
	公司网址	www.baosight.com		电子信箱	investor@baosight.com	
	电　　话	021-50801155 1462		传　　真	021-50803294	
	办公地址	上海市浦东新区张江高科技园区郭守敬路 515 号				
	经营范围	计算机、自动化、网络通讯系统及软硬件产品的研究、设计、开发等				

主要财务指标	指标\报告期	2011.06.30	2010.12.31	2010.06.30	2009.12.31
	每股收益(元)	0.3620	0.8610	0.3450	0.7690
	每股收益(扣除)(元)	0.3300	0.7420	0.3300	0.6600
	每股净资产(元)	3.3510	4.1850	3.7730	3.6230
	调整后每股净资产(元)	–	–	–	–
	每股资本公积金(元)	0.0731	0.0950	0.0950	0.0950
	每股盈余公积金(元)	0.3537	0.4598	0.3787	0.3787
	每股未分配利润(元)	1.9226	2.6282	2.2974	2.1485
	每股现金净流量(元)	–0.5040	–0.0263	–0.1689	0.7785
	每股经营现金净流量(元)	–0.2394	0.3218	0.1631	1.0089
	净资产收益率(扣除)(%)	10.8160	20.5630	11.8980	21.2330
	净资产收益率(%)	10.9000	22.3300	11.9800	23.2700
	总资产(万)	263675.06	249214.40	207385.41	200538.76
	股东权益(万)	118913.69	114323.51	102520.92	98140.19
	主营业务收入(万)	144362.40	257890.24	122573.13	226882.46
	主营成本(万)	109267.17	190622.84	89986.16	168359.45
	营业收入(万)	144372.40	258143.88	122795.90	227315.94
	营业成本(万)	109281.21	190650.92	90000.20	168386.87
	投资收益(万)	25.23	1796.46	–138.73	759.76
	利润总额(万)	14617.44	25157.95	14039.17	22176.01
	净利润(万)	12356.60	22570.02	11772.23	20174.80

上海同济科技实业股份有限公司

公司概况				
公司名称	上海同济科技实业股份有限公司		证券简称	同济科技
法人代表	丁洁民	董秘 杨夏	证券代码	600846
公司网址	www.tjkjsy.com.cn		电子信箱	tjkjsy@tjkjsy.com.cn
电　话	021-65985860		传　真	021-33626510
办公地址	上海市四平路 1398 号同济联合广场 B 座 20 层			
经营范围	实业投资、教育产业投资及人才培训,房地产投资与开发经营及咨询服务等			

主要财务指标

指标\报告期	2011.06.30	2010.12.31	2010.06.30	2009.12.31
每股收益(元)	0.0600	0.1500	0.0500	0.1400
每股收益(扣除)(元)	0.0500	0.1100	0.0200	0.1100
每股净资产(元)	1.9600	1.9100	2.1900	1.8100
调整后每股净资产(元)	–	–	–	–
每股资本公积金(元)	0.3679	0.3730	0.6665	1.5051
每股盈余公积金(元)	0.1242	0.1242	0.1372	0.2099
每股未分配利润(元)	0.4663	0.4100	0.3839	0.5358
每股现金净流量(元)	–0.2843	0.3960	0.0576	1.9295
每股经营现金净流量(元)	–1.0156	–0.7587	–1.1524	2.0353
净资产收益率(扣除)(%)	–	5.6300	–	4.6900
净资产收益率(%)	2.8740	8.0360	2.7930	7.2800
总资产(万)	476784.97	414005.79	352647.51	305745.71
股东权益(万)	122356.99	119157.62	113896.43	112832.83
主营业务收入(万)	97606.99	192409.70	76102.62	171666.33
主营成本(万)	80367.24	155643.87	65992.18	137383.04
营业收入(万)	97724.03	193598.42	76321.75	172755.50
营业成本(万)	80423.70	155832.29	66029.71	137555.58
投资收益(万)	–	–	–	–
利润总额(万)	7645.52	18075.81	4758.56	13502.38
净利润(万)	3516.21	9575.88	3181.60	8213.05

重庆万里控股(集团)股份有限公司

公司概况				
公司名称	重庆万里控股(集团)股份有限公司		证券简称	ST 渝万里
法人代表	刘悉承	董秘 张晶	证券代码	600847
公司网址	www.cqwanli.net.cn		电子信箱	wanli0799@163.com
电　话	023-47268815		传　真	023-47268798
办公地址	重庆市江津区双福街道创业大道 2 号			
经营范围	制造、销售各类铅酸蓄电池及零部件、普通机电产品及零部件等			

主要财务指标

指标\报告期	2011.06.30	2010.12.31	2010.06.30	2009.12.31
每股收益(元)	–0.0100	–0.1600	–0.0100	0.0300
每股收益(扣除)(元)	–0.0100	–0.0600	–0.0300	–0.0400
每股净资产(元)	0.4566	0.4704	0.5878	0.6000
调整后每股净资产(元)	–	–	–	–
每股资本公积金(元)	0.2316	0.2316	0.2162	0.2162
每股盈余公积金(元)	–	–	–	–
每股未分配利润(元)	–0.7750	–0.7612	–0.6284	–0.6034
每股现金净流量(元)	–0.1010	–0.0146	–0.1159	0.1375
每股经营现金净流量(元)	0.1388	–0.4376	0.0546	0.5835
净资产收益率(扣除)(%)	–	–11.6500	–	–7.0300
净资产收益率(%)	–3.0230	–33.5480	–2.4430	4.9650
总资产(万)	28846.46	29512.65	21025.44	21624.41
股东权益(万)	4048.44	4170.81	5211.04	5433.02
主营业务收入(万)	4662.77	8415.05	4511.78	9878.53
主营成本(万)	4272.51	7538.20	4248.15	9200.73
营业收入(万)	4882.93	9336.58	4517.20	10399.81
营业成本(万)	4297.20	8569.71	4251.73	9628.16
投资收益(万)	–	–	–	–
利润总额(万)	–136.54	–1445.39	–106.99	297.96
净利润(万)	–122.37	–1399.21	–127.28	265.07

上海自动化仪表股份有限公司

公司概况				
公司名称	上海自动化仪表股份有限公司		证券简称	自仪股份
法人代表	徐子瑛	董秘 赵婕	证券代码	600848
公司网址	www.saic.sh.cn		电子信箱	bod@saic.sh.cn
电　话	021-54260980		传　真	021-54262329
办公地址	上海市徐汇区虹漕路 41 号			
经营范围	自动化控制系统和自动化仪表及其相关的机电产品、元器件等			

主要财务指标

指标\报告期	2011.06.30	2010.12.31	2010.06.30	2009.12.31
每股收益(元)	0.0068	0.0150	0.0030	0.0140
每股收益(扣除)(元)	–0.0084	–0.1240	0.0034	0.0050
每股净资产(元)	0.4226	0.4158	0.4040	0.4000
调整后每股净资产(元)	–	–	–	–
每股资本公积金(元)	0.5638	0.5638	0.5638	0.5650
每股盈余公积金(元)	0.0570	0.0570	0.0570	0.0570
每股未分配利润(元)	–1.1982	–1.2051	–1.2168	–1.2198
每股现金净流量(元)	–0.0869	0.0172	–0.0043	0.0203
每股经营现金净流量(元)	–0.1200	–0.0170	–0.0569	–0.0185
净资产收益率(扣除)(%)	–	–30.4200	–	1.1500
净资产收益率(%)	1.6170	3.5440	0.7380	3.5640
总资产(万)	139817.90	130474.54	131306.37	125187.54
股东权益(万)	16874.67	16600.83	16130.75	16061.89
主营业务收入(万)	50686.66	95286.15	48290.24	110009.14
主营成本(万)	42868.45	79160.27	40188.35	88671.64
营业收入(万)	51980.28	97491.94	49316.00	111809.22
营业成本(万)	43628.87	80153.35	40701.40	89511.68
投资收益(万)	–	–	–	–
利润总额(万)	277.30	878.90	118.54	320.75
净利润(万)	272.93	588.36	119.03	572.45

上海华东电脑股份有限公司

公司概况				
公司名称	上海华东电脑股份有限公司		证券简称	华东电脑
法人代表	游小明	董秘 吴志明	证券代码	600850
公司网址	www.shecc.com		电子信箱	dm@shecc.com
电　话	021-23060288		传　真	021-23060202
办公地址	上海市北京东路 668 号科技京城东楼 23 楼			
经营范围	计算机、电子及通信设备、系统集成、软件开发及软件工程等			

主要财务指标

指标\报告期	2011.06.30	2010.12.31	2010.06.30	2009.12.31
每股收益(元)	–0.0159	0.0832	–0.0574	0.0359
每股收益(扣除)(元)	–0.0451	–0.0075	–0.0911	0.0226
每股净资产(元)	1.5134	1.5801	1.4405	1.4623
调整后每股净资产(元)	–	–	–	–
每股资本公积金(元)	0.1335	0.1335	0.1335	0.0779
每股盈余公积金(元)	0.0723	0.0723	0.0578	0.0578
每股未分配利润(元)	0.3113	0.3772	0.2512	0.3285
每股现金净流量(元)	–0.3996	–0.2332	–0.7403	0.1436
每股经营现金净流量(元)	–0.5636	–0.7166	–0.6900	0.1328
净资产收益率(扣除)(%)	–	–0.5000	–	1.5600
净资产收益率(%)	–1.0500	5.2630	–3.9840	2.4570
总资产(万)	85442.18	81652.64	73223.54	80492.74
股东权益(万)	25884.75	27024.61	24636.44	25009.98
主营业务收入(万)	82657.16	151028.95	69278.65	102824.84
主营成本(万)	73464.13	134086.16	62203.30	85431.57
营业收入(万)	82667.65	151095.68	69289.63	102925.06
营业成本(万)	73469.93	134103.42	62209.59	85442.61
投资收益(万)	–	–	–	–
利润总额(万)	1032.12	3559.89	–129.52	1127.47
净利润(万)	–271.87	1422.37	–981.39	614.48

上海海欣集团股份有限公司

公司概况					
公司名称	上海海欣集团股份有限公司			证券简称	海欣股份
法人代表	徐文彬	董秘	陈谋亮	证券代码	600851
公司网址	www.haixin.com.cn		电子信箱	hxsecretary@haixin.com	
电　　话	021-63917000		传　　真	021-63917678	
办公地址	上海市福州路 666 号金陵海欣大厦 18 楼				
经营范围	研究开发、生产涤纶、腈纶等化纤类及动植物混纺纱及其面料、毛毯等				

主要财务指标

指标＼报告期	2011.06.30	2010.12.31	2010.06.30	2009.12.31
每股收益(元)	0.0366	0.0126	0.0168	0.0061
每股收益(扣除)(元)	0.0159	0.0094	0.0228	-0.0114
每股净资产(元)	2.4808	2.5178	2.4453	3.3489
调整后每股净资产(元)	-	-	-	-
每股资本公积金(元)	1.2784	1.3509	1.2726	2.1928
每股盈余公积金(元)	0.2936	0.2936	0.2855	0.2855
每股未分配利润(元)	-0.0760	-0.1126	-0.1004	-0.1172
每股现金净流量(元)	-0.0766	0.0624	0.0840	0.0058
每股经营现金净流量(元)	-0.0412	0.0519	-0.0258	0.1685
净资产收益率(扣除)(%)	-	0.3200	-	-0.4200
净资产收益率(%)	1.4750	0.5010	0.6880	0.1823
总资产(万)	460212.66	466945.45	481996.57	618122.06
股东权益(万)	299446.61	303914.83	295155.84	404229.32
主营业务收入(万)	46787.31	118445.07	41670.16	116051.03
主营成本(万)	38427.69	99618.63	35748.70	97943.68
营业收入(万)	48412.66	123190.92	44132.38	118379.97
营业成本(万)	38919.19	104060.42	37890.14	99894.20
投资收益(万)	-	-	-	-
利润总额(万)	4947.29	1625.41	1554.31	929.75
净利润(万)	4417.14	1523.84	2030.19	736.73

龙建路桥股份有限公司

公司概况					
公司名称	龙建路桥股份有限公司			证券简称	龙建股份
法人代表	张厚	董秘	王征宇	证券代码	600853
公司网址	www.longjianlq.com		电子信箱	Zhengyu-wang@sohu.com	
电　　话	0451-82281860 82281430		传　　真	0451-82281253	
办公地址	黑龙江省哈尔滨市南岗区嵩山路 109 号				
经营范围	公路工程施工总承包特级;公路路面工程专业承包等				

主要财务指标

指标＼报告期	2011.06.30	2010.12.31	2010.06.30	2009.12.31
每股收益(元)	0.0171	0.0659	0.0128	0.0492
每股收益(扣除)(元)	0.0174	0.0445	0.0103	0.0344
每股净资产(元)	1.3606	1.3513	1.4089	1.4061
调整后每股净资产(元)	-	-	-	-
每股资本公积金(元)	0.1870	0.1870	0.2976	0.2976
每股盈余公积金(元)	0.0049	0.0049	0.0049	0.0049
每股未分配利润(元)	0.1666	0.1595	0.1063	0.1036
每股现金净流量(元)	0.1928	0.0514	0.0052	0.2186
每股经营现金净流量(元)	0.3719	-0.0293	-0.0871	0.4071
净资产收益率(扣除)(%)	-	3.1025	-	2.4933
净资产收益率(%)	1.2540	4.8780	0.9060	3.5005
总资产(万)	669387.98	541939.36	582666.61	555937.78
股东权益(万)	73037.02	72540.68	75628.57	75480.53
主营业务收入(万)	325022.14	645280.95	201892.82	503160.51
主营成本(万)	303751.42	602508.09	186524.47	468370.61
营业收入(万)	325025.83	650011.68	202266.15	503437.85
营业成本(万)	303814.81	605145.64	186980.73	468547.88
投资收益(万)	-	-	-	-
利润总额(万)	2071.46	5444.73	1067.90	3809.46
净利润(万)	916.11	3538.67	684.84	2642.22

江苏春兰制冷设备股份有限公司

公司概况					
公司名称	江苏春兰制冷设备股份有限公司			证券简称	ST 春 兰
法人代表	徐群	董秘	徐来林	证券代码	600854
公司网址	www.chunlan.com		电子信箱	clgfzqb@chunlan.com	
电　　话	0523-86663663 86217958		传　　真	0523-82129858 86219729	
办公地址	江苏省泰州市春兰工业园区春兰路 1 号				
经营范围	生产销售空调等制冷产品、空调用红外线遥控、专用集集成电路等				

主要财务指标

指标＼报告期	2011.06.30	2010.12.31	2010.06.30	2009.12.31
每股收益(元)	0.0050	-0.6328	-0.3830	0.0566
每股收益(扣除)(元)	0.0040	-0.6335	-0.3870	-0.3481
每股净资产(元)	3.5630	3.5600	3.7780	4.1900
调整后每股净资产(元)	-	-	-	-
每股资本公积金(元)	2.9522	2.9522	2.9522	2.9522
每股盈余公积金(元)	1.0025	1.0025	1.0025	1.0025
每股未分配利润(元)	-1.3919	-1.3973	-1.1771	-0.7645
每股现金净流量(元)	0.0172	-0.1795	-0.0179	0.1558
每股经营现金净流量(元)	-0.0955	-0.2517	-0.1457	0.2651
净资产收益率(扣除)(%)	-	-16.3525	-	-8.3420
净资产收益率(%)	0.1530	-17.7890	-10.1260	1.3500
总资产(万)	277528.92	240983.72	270073.04	266402.04
股东权益(万)	185072.64	184790.48	196229.30	217662.61
主营业务收入(万)	33780.54	97686.98	37307.10	78498.44
主营成本(万)	27694.60	85611.70	34581.25	64545.87
营业收入(万)	39007.87	104264.20	39769.32	83275.96
营业成本(万)	32046.33	93620.56	36872.25	68567.48
投资收益(万)	-	-	-	-
利润总额(万)	-647.76	-43226.59	-19972.37	-116.80
净利润(万)	282.16	-32872.14	-19870.76	2938.43

北京航天长峰股份有限公司

公司概况					
公司名称	北京航天长峰股份有限公司			证券简称	航天长峰
法人代表	敖刚	董秘	刘金成	证券代码	600855
公司网址	www.ascf.com.cn		电子信箱	liujincheng@china-ccf.cn	
电　　话	010-68386000 88525777		传　　真	010-88219811	
办公地址	北京市海淀区永定路 51 号				
经营范围	电子信息产品、数控机床、医疗器械及制药机械、环保产业相关项目				

主要财务指标

指标＼报告期	2011.06.30	2010.12.31	2010.06.30	2009.12.31
每股收益(元)	-0.0460	-0.0215	-0.0379	0.0104
每股收益(扣除)(元)	-0.0453	-0.0558	-0.0375	-0.0792
每股净资产(元)	1.9130	1.9580	1.9500	2.0280
调整后每股净资产(元)	-	-	-	-
每股资本公积金(元)	0.6406	0.6397	0.6477	0.6884
每股盈余公积金(元)	0.0710	0.0710	0.0710	0.0710
每股未分配利润(元)	0.2014	0.2475	0.2311	0.2690
每股现金净流量(元)	0.0261	0.0058	0.0320	0.1468
每股经营现金净流量(元)	0.0084	-0.0013	-0.0207	0.0534
净资产收益率(扣除)(%)	-	-2.7980	-	-3.9560
净资产收益率(%)	-2.4070	-1.0980	-1.9440	0.5150
总资产(万)	77833.03	76740.55	73837.20	73604.01
股东权益(万)	55976.45	57297.31	57050.63	59350.61
主营业务收入(万)	17356.88	52096.98	11423.93	34506.27
主营成本(万)	13892.65	43697.78	8419.87	26821.85
营业收入(万)	17774.55	53009.58	11918.74	35392.88
营业成本(万)	14019.52	43996.11	8574.59	27203.65
投资收益(万)	-	-	-	-
利润总额(万)	-996.40	107.70	-783.87	381.87
净利润(万)	-1347.25	-629.26	-1109.07	305.62

长春百货大楼集团股份有限公司

公司概况					
公司名称	长春百货大楼集团股份有限公司			证券简称	长百集团
法人代表	林大湑	董秘	孙永成	证券代码	600856
公司网址	www.changbai.com.cn		电子信箱	syc99999@sina.com	
电　话	0431-88965414		传　真	0431-88920704	
办公地址	吉林省长春市人民大街1881号				
经营范围	零售百货、针纺织品、五金、交电、食品、副食品、通讯器材等				

主要财务指标 指标\报告期	2011.06.30	2010.12.31	2010.06.30	2009.12.31
每股收益(元)	0.0100	-0.2200	-0.1700	0.0200
每股收益(扣除)(元)	0.0100	-0.1600	-0.1100	0.0200
每股净资产(元)	0.4260	0.4100	0.4600	0.6300
调整后每股净资产(元)	-	-	-	-
每股资本公积金(元)	0.3751	0.3751	0.3751	0.3751
每股盈余公积金(元)	0.1277	0.1277	0.1277	0.1277
每股未分配利润(元)	-1.0772	-1.0905	-1.0413	-0.8713
每股现金净流量(元)	0.0058	-0.0170	-0.0018	0.1325
每股经营现金净流量(元)	0.0596	0.1590	0.0303	0.0768
净资产收益率(扣除)(%)	-	-30.8600	-	3.3200
净资产收益率(%)	3.1230	-53.1400	-36.8130	3.4840
总资产(万)	43556.71	44747.10	42469.18	47231.89
股东权益(万)	9996.68	9684.52	10840.27	14830.85
主营业务收入(万)	14073.88	28156.08	12612.78	25620.21
主营成本(万)	12324.65	27512.01	13876.36	21950.61
营业收入(万)	16813.78	33645.05	15260.21	30652.62
营业成本(万)	12324.65	27512.01	13876.36	21950.61
投资收益(万)	-	-	-	-
利润总额(万)	311.61	-5146.36	-3990.58	517.07
净利润(万)	312.16	-5146.33	-3990.58	516.70

哈工大首创科技股份有限公司

公司概况					
公司名称	哈工大首创科技股份有限公司			证券简称	工大首创
法人代表	龚东升	董秘	哈宁	证券代码	600857
公司网址	www.hitsc.com		电子信箱	dongmi@hitsc.com	
电　话	0574-87367060		传　真	0574-87367996	
办公地址	浙江省宁波市海曙区和义路77号汇金大厦21层				
经营范围	计算机软、硬件、办公自动化设备、仪器仪表、通信设备、电子产品的开发、批发等				

主要财务指标 指标\报告期	2011.06.30	2010.12.31	2010.06.30	2009.12.31
每股收益(元)	0.2630	0.0900	0.0440	0.0400
每股收益(扣除)(元)	0.0760	0.0800	0.0430	0.0500
每股净资产(元)	2.1900	1.9500	1.9100	1.8900
调整后每股净资产(元)	-	-	-	-
每股资本公积金(元)	0.2954	0.2962	0.2954	0.2989
每股盈余公积金(元)	0.1676	0.1676	0.1585	0.1585
每股未分配利润(元)	0.7242	0.4907	0.4574	0.4333
每股现金净流量(元)	0.0900	0.1302	0.0021	-0.0304
每股经营现金净流量(元)	-0.1720	0.2040	0.0249	0.1858
净资产收益率(扣除)(%)	-	4.2500	-	2.8500
净资产收益率(%)	12.0450	4.4280	2.3050	2.2750
总资产(万)	64263.46	62111.93	58109.48	58108.57
股东权益(万)	49062.26	43843.76	42874.30	42411.17
主营业务收入(万)	58700.18	95791.14	41619.49	73233.55
主营成本(万)	52573.60	84441.42	35952.63	62238.82
营业收入(万)	58801.10	95987.44	41666.18	76539.02
营业成本(万)	52592.07	84475.88	35969.86	62618.33
投资收益(万)	-	-	-	-
利润总额(万)	7972.39	2622.27	1361.78	1414.39
净利润(万)	5909.44	1941.44	988.30	964.75

银座集团股份有限公司

公司概况					
公司名称	银座集团股份有限公司			证券简称	银座股份
法人代表	刘希举	董秘	张美清	证券代码	600858
公司网址	www.yinzuostock.com		电子信箱	600858@sina.com	
电　话	0531-83175518 86988888		传　真	0531-86966666	
办公地址	山东省济南市泺源大街22号中银大厦20层				
经营范围	商品零售与批发业务				

主要财务指标 指标\报告期	2011.06.30	2010.12.31	2010.06.30	2009.12.31
每股收益(元)	0.2664	0.3906	0.3130	0.7047
每股收益(扣除)(元)	0.2692	0.2842	0.2116	0.4960
每股净资产(元)	7.6432	7.4269	7.3452	5.1845
调整后每股净资产(元)	-	-	-	-
每股资本公积金(元)	4.1416	4.1416	4.1416	2.5543
每股盈余公积金(元)	0.2011	0.2011	0.1977	0.2429
每股未分配利润(元)	2.3005	2.0842	2.0059	2.1799
每股现金净流量(元)	0.2954	-0.3465	-0.4940	0.6688
每股经营现金净流量(元)	1.2082	-0.0378	-1.3164	0.4562
净资产收益率(扣除)(%)	15.1000	4.0400	-	9.6800
净资产收益率(%)	3.4850	5.1690	4.1150	12.9990
总资产(万)	904289.11	830712.34	703583.15	586173.23
股东权益(万)	220832.50	214581.13	212221.33	140511.52
主营业务收入(万)	517794.21	846696.99	414957.20	609347.29
主营成本(万)	442254.62	719252.49	354553.87	517803.32
营业收入(万)	535954.01	879467.71	431563.37	635973.85
营业成本(万)	442403.48	719516.14	354561.57	517861.46
投资收益(万)	-	-	-	-
利润总额(万)	11332.08	18592.29	12348.67	24130.16
净利润(万)	7696.00	11092.10	8732.29	18265.08

北京王府井百货(集团)股份有限公司

公司概况					
公司名称	北京王府井百货(集团)股份有限公司			证券简称	王府井
法人代表	郑万河	董秘	岳继鹏	证券代码	600859
公司网址	www.wfj.com.cn		电子信箱	wfjdshh@126.com	
电　话	010-65125960		传　真	010-65133133	
办公地址	北京市东城区王府井大街253号				
经营范围	综合百货业的经营和管理				

主要财务指标 指标\报告期	2011.06.30	2010.12.31	2010.06.30	2009.12.31
每股收益(元)	0.7560	0.9470	0.6200	0.9780
每股收益(扣除)(元)	0.7560	1.0270	0.6180	0.9020
每股净资产(元)	9.2180	8.4230	7.2320	7.2030
调整后每股净资产(元)	-	-	-	-
每股资本公积金(元)	4.5823	4.5433	3.2090	3.8000
每股盈余公积金(元)	1.0451	1.0451	1.0645	0.5945
每股未分配利润(元)	2.5905	1.8341	1.9584	1.8086
每股现金净流量(元)	-0.3531	2.6065	-0.4080	1.9017
每股经营现金净流量(元)	0.0537	3.8118	-0.0047	2.9718
净资产收益率(扣除)(%)	-	13.8520	-	14.8310
净资产收益率(%)	8.2060	10.6900	8.5700	13.5780
总资产(万)	813634.04	831352.34	696049.49	741330.57
股东权益(万)	384981.94	351761.79	284193.24	283062.27
主营业务收入(万)	811395.90	1353702.13	654726.74	1080169.08
主营成本(万)	675843.36	1133245.43	546111.81	894686.18
营业收入(万)	835640.27	1394622.99	674029.36	1109882.27
营业成本(万)	679175.41	1140785.29	548977.44	902618.68
投资收益(万)	-	-	-	-
利润总额(万)	49208.31	61356.69	37408.46	52349.41
净利润(万)	31590.81	37603.07	24355.33	38433.24

北人印刷机械股份有限公司

公司概况	公司名称	北人印刷机械股份有限公司			证券简称	ST 北 人
	法人代表	赵国荣	董秘	焦瑞芳	证券代码	600860
	公司网址	www.beirengf.com		电子信箱	beirengf@beirengf.com	
	电　话	010-67802565		传　真	010-67802570	
	办公地址	北京市北京经济技术开发区荣昌东街 6 号				
	经营范围	开发、设计、生产、销售印刷机械、锻压设备、包装机械等				

	指标\报告期	2011.06.30	2010.12.31	2010.06.30	2009.12.31
主要财务指标	每股收益(元)	0.0300	0.0500	-0.0400	-0.4100
	每股收益(扣除)(元)	0.0300	-0.3900	-0.0500	-0.4400
	每股净资产(元)	1.8000	1.7700	1.6800	1.7100
	调整后每股净资产(元)	-	-	-	-
	每股资本公积金(元)	1.2390	1.2390	1.2426	1.2394
	每股盈余公积金(元)	0.1023	0.1023	0.1023	0.1023
	每股未分配利润(元)	-0.5426	-0.5759	-0.6642	-0.6287
	每股现金净流量(元)	-0.0680	-0.0032	-0.0871	0.1075
	每股经营现金净流量(元)	-0.0630	0.0154	-0.0583	0.2859
	净资产收益率(扣除)(%)	1.8540	2.9910	-2.1110	-24.0716
	净资产收益率(%)	1.8700	3.0400	-2.0900	-21.4900
	总资产(万)	145380.77	145736.07	162301.07	173778.25
	股东权益(万)	77707.09	76111.28	72850.55	74330.90
	主营业务收入(万)	41563.56	80558.76	37997.15	75334.91
	主营成本(万)	32749.84	66850.43	30718.09	69121.30
	营业收入(万)	42507.13	82135.77	38664.38	76766.86
	营业成本(万)	33025.12	67576.33	31184.39	69657.60
	投资收益(万)	1.31	17250.58	52.20	125.29
	利润总额(万)	1607.59	2496.96	-1453.89	-17998.99
	净利润(万)	1407.10	2227.94	-1496.86	-17400.46

北京城乡贸易中心股份有限公司

公司概况	公司名称	北京城乡贸易中心股份有限公司			证券简称	北京城乡
	法人代表	周和平	董秘	陈红	证券代码	600861
	公司网址	www.bjcx.com.cn		电子信箱	bg8225@sina.com	
	电　话	010-68296595		传　真	010-68216933	
	办公地址	北京市海淀区复兴路甲 23 号				
	经营范围	商品零售及批发、公共饮食业、物资供销业、仓储业、日用品修理等				

	指标\报告期	2011.06.30	2010.12.31	2010.06.30	2009.12.31
主要财务指标	每股收益(元)	0.1355	0.2345	0.1334	0.2736
	每股收益(扣除)(元)	0.1372	0.1691	0.1059	0.0893
	每股净资产(元)	6.4819	6.4690	6.3637	6.3450
	调整后每股净资产(元)	-	-	-	-
	每股资本公积金(元)	2.7185	2.7211	2.7167	2.7215
	每股盈余公积金(元)	1.7975	1.7975	1.7764	1.7764
	每股未分配利润(元)	0.9660	0.9505	0.8705	0.8471
	每股现金净流量(元)	0.2346	-1.2139	0.0423	1.3923
	每股经营现金净流量(元)	-0.1332	0.3348	0.1994	0.5094
	净资产收益率(扣除)(%)	-	2.6500	-	1.4400
	净资产收益率(%)	2.0900	3.6240	2.0960	4.3120
	总资产(万)	284868.16	289232.95	268989.08	272374.76
	股东权益(万)	205351.08	204942.18	201603.87	201013.72
	主营业务收入(万)	106335.18	176250.85	95150.67	161023.73
	主营成本(万)	86407.07	140931.34	76563.87	129172.84
	营业收入(万)	107363.52	178980.65	95863.56	163688.07
	营业成本(万)	86407.07	140931.34	76563.87	129172.84
	投资收益(万)	-	-	-	-
	利润总额(万)	6028.41	10221.93	5883.85	11835.41
	净利润(万)	4292.08	7427.88	4226.17	8667.62

南通科技投资集团股份有限公司

公司概况	公司名称	南通科技投资集团股份有限公司			证券简称	南通科技
	法人代表	陈照东	董秘	朱军	证券代码	600862
	公司网址	www.tonmac.com.cn		电子信箱	zhuj@tonmac.com.cn	
	电　话	0513-83580393 83580382		传　真	0513-85512271 83580382	
	办公地址	江苏省南通市港闸区永和路 1 号				
	经营范围	实业投资;机床及零配件、植物保护和管理机械及零配件等				

	指标\报告期	2011.06.30	2010.12.31	2010.06.30	2009.12.31
主要财务指标	每股收益(元)	0.2100	0.3900	0.4100	0.8500
	每股收益(扣除)(元)	0.0010	0.0500	0.0749	0.1100
	每股净资产(元)	3.8677	3.6300	3.6000	1.8700
	调整后每股净资产(元)	-	-	-	-
	每股资本公积金(元)	1.8223	1.7931	1.7916	0.2230
	每股盈余公积金(元)	0.0871	0.0871	0.0797	0.1066
	每股未分配利润(元)	0.9582	0.7460	0.7284	0.5419
	每股现金净流量(元)	-0.8421	2.7948	2.7220	-0.1840
	每股经营现金净流量(元)	-0.2591	0.7212	0.1285	-1.3231
	净资产收益率(扣除)(%)	5.4870	9.5410	17.2300	45.2570
	净资产收益率(%)	5.6900	12.9500	17.2300	58.6800
	总资产(万)	355415.19	366706.68	340712.89	255079.10
	股东权益(万)	123848.47	116427.23	116166.64	45967.75
	主营业务收入(万)	48749.90	127614.09	49806.98	67153.84
	主营成本(万)	38659.33	97282.13	39642.26	54091.18
	营业收入(万)	49058.46	128689.54	50845.41	67664.83
	营业成本(万)	38938.58	98394.90	40659.00	55578.81
	投资收益(万)	836.54	329.15	331.79	481.51
	利润总额(万)	8677.11	15480.87	13032.99	23967.00
	净利润(万)	6769.09	11035.81	10311.93	20196.21

内蒙古蒙电华能热电股份有限公司

公司概况	公司名称	内蒙古蒙电华能热电股份有限公司			证券简称	内蒙华电
	法人代表	吴景龙	董秘	张彤	证券代码	600863
	公司网址	www.nmhdwz.com		电子信箱	nmhd@nmhdwz.com	
	电　话	0471-6222388		传　真	0471-6228410	
	办公地址	内蒙古自治区呼和浩特市锡林南路工艺厂巷电力科技楼				
	经营范围	火力发电、供应,蒸汽、热水的生产、供应、销售、维护和管理等				

	指标\报告期	2011.06.30	2010.12.31	2010.06.30	2009.12.31
主要财务指标	每股收益(元)	0.2590	0.3300	0.2900	0.2040
	每股收益(扣除)(元)	0.2590	0.3420	0.2910	0.1630
	每股净资产(元)	2.3160	2.0580	2.0120	1.7230
	调整后每股净资产(元)	-	-	-	-
	每股资本公积金(元)	0.5231	0.5241	0.5176	0.5185
	每股盈余公积金(元)	0.3057	0.3057	0.3057	0.3057
	每股未分配利润(元)	0.4875	0.2283	0.1884	-0.1016
	每股现金净流量(元)	0.0766	0.0394	0.2393	-0.2624
	每股经营现金净流量(元)	0.5749	1.2952	0.6956	1.1181
	净资产收益率(扣除)(%)	11.1880	16.0300	14.4160	11.8280
	净资产收益率(%)	11.8400	17.4800	15.5300	11.9000
	总资产(万)	2511427.75	2357891.75	2345446.47	2234763.48
	股东权益(万)	698789.32	645193.27	655586.40	568430.52
	主营业务收入(万)	330902.74	642812.78	334069.44	672322.06
	主营成本(万)	249909.18	490875.89	241509.12	517577.35
	营业收入(万)	345768.18	673899.17	348530.81	719656.18
	营业成本(万)	264217.73	521289.33	255913.20	563590.27
	投资收益(万)	46430.69	46387.90	36653.49	29571.48
	利润总额(万)	90735.51	125849.88	93306.56	91105.93
	净利润(万)	51340.66	65367.43	57459.23	40368.05

哈尔滨哈投投资股份有限公司

公司概况	公司名称	哈尔滨哈投投资股份有限公司			证券简称	哈投股份
	法人代表	冯晓江	董秘	徐建伟	证券代码	600864
	公司网址	sbrd27@sohu.com		电子信箱	sbrd27@sohu.com	
	电　话	0451-82333238 82332888		传　真	0451-82332228	
	办公地址	黑龙江省哈尔滨市南岗区汉水路172号				
	经营范围	热力、电力供应等				

	指标\报告期	2011.06.30	2010.12.31	2010.06.30	2009.12.31
主要财务指标	每股收益(元)	0.1600	0.5000	0.1310	0.3900
	每股收益(扣除)(元)	0.0970	0.0500	0.0430	0.0100
	每股净资产(元)	4.1540	3.8370	3.7910	4.1200
	调整后每股净资产(元)	–	–	–	–
	每股资本公积金(元)	1.4131	1.2408	1.5160	1.9781
	每股盈余公积金(元)	0.3155	0.3155	0.2630	0.2630
	每股未分配利润(元)	1.4610	1.3007	1.0315	0.9005
	每股现金净流量(元)	–0.0768	–0.0080	–0.4761	0.3274
	每股经营现金净流量(元)	–0.1709	0.5343	–0.0788	0.2284
	净资产收益率(扣除)(%)	–	1.3400	–	0.3900
	净资产收益率(%)	3.8600	13.0990	3.4540	9.4620
	总资产(万)	371295.59	381125.31	352694.71	408640.07
	股东权益(万)	226981.21	209664.93	207133.20	225311.88
	主营业务收入(万)	46755.07	75351.66	38443.23	71880.38
	主营成本(万)	34413.56	57813.88	29897.90	56570.29
	营业收入(万)	49375.84	79013.94	40307.34	73835.61
	营业成本(万)	36915.41	61093.73	31534.77	58301.52
	投资收益(万)	–	–	–	–
	利润总额(万)	11864.72	38167.41	9478.81	30294.27
	净利润(万)	8761.52	27463.31	7154.04	21318.85

百大集团股份有限公司

公司概况	公司名称	百大集团股份有限公司			证券简称	百大集团
	法人代表	陈顺华	董秘	何美云	证券代码	600865
	公司网址	www.baidagroup.com		电子信箱	invest@baidagroup.com	
	电　话	0571-85823016		传　真	0571-85150586	
	办公地址	杭州市延安路546号				
	经营范围	批发、零售:百货,五金,交电,针、纺织品,化工产品等				

	指标\报告期	2011.06.30	2010.12.31	2010.06.30	2009.12.31
主要财务指标	每股收益(元)	0.1250	0.2100	0.1300	0.2800
	每股收益(扣除)(元)	0.1200	0.1900	0.1050	0.1800
	每股净资产(元)	3.0300	2.4900	2.4145	2.2800
	调整后每股净资产(元)	–	–	–	–
	每股资本公积金(元)	0.9677	0.5543	0.5543	0.5543
	每股盈余公积金(元)	0.3270	0.3270	0.3050	0.3050
	每股未分配利润(元)	0.7360	0.6108	0.5554	0.4247
	每股现金净流量(元)	0.8744	0.3130	1.2933	–0.5490
	每股经营现金净流量(元)	–0.4457	–5.4689	–2.1331	–1.1434
	净资产收益率(扣除)(%)	–	7.7800	–	8.3300
	净资产收益率(%)	4.1310	8.3540	5.4130	12.0670
	总资产(万)	421597.82	363881.13	251861.59	149546.15
	股东权益(万)	114025.26	93761.66	90846.83	85929.04
	主营业务收入(万)	61434.98	113935.25	53382.73	107292.83
	主营成本(万)	48895.51	90422.01	42074.18	84385.24
	营业收入(万)	63620.32	117895.86	55423.29	111055.56
	营业成本(万)	49057.49	90746.02	42236.27	84688.41
	投资收益(万)	–	–	–	–
	利润总额(万)	6213.48	10343.13	6577.55	13903.08
	净利润(万)	4710.61	7832.62	4917.80	10368.65

广东肇庆星湖生物科技股份有限公司

公司概况	公司名称	广东肇庆星湖生物科技股份有限公司			证券简称	星湖科技
	法人代表	李成	董秘	钟济祥	证券代码	600866
	公司网址	www.starlake.com.cn		电子信箱	zhongjx@starlake.com.cn	
	电　话	0758-2291130		传　真	0758-2239449	
	办公地址	广东省肇庆市工农北路67号				
	经营范围	化学药品原药制造业(包括肌苷、利巴韦林、脯氨酸等)				

	指标\报告期	2011.06.30	2010.12.31	2010.06.30	2009.12.31
主要财务指标	每股收益(元)	0.2077	0.5469	0.3268	0.4309
	每股收益(扣除)(元)	0.0083	0.5269	0.3307	0.4229
	每股净资产(元)	3.2930	2.9500	2.5223	1.9200
	调整后每股净资产(元)	–	–	–	–
	每股资本公积金(元)	1.1476	0.9508	0.7451	0.3175
	每股盈余公积金(元)	0.2930	0.3095	0.2544	0.2544
	每股未分配利润(元)	0.8522	0.6877	0.5228	0.3460
	每股现金净流量(元)	0.7324	–0.1801	0.1570	0.3539
	每股经营现金净流量(元)	0.2278	0.2008	0.2456	0.6078
	净资产收益率(扣除)(%)	–	21.1800	–	24.8400
	净资产收益率(%)	6.1050	18.5500	12.9580	22.4650
	总资产(万)	279236.49	230720.92	192987.99	149763.26
	股东权益(万)	181235.81	153622.00	131439.03	99940.80
	主营业务收入(万)	54293.15	137258.89	74749.82	136043.15
	主营成本(万)	40565.56	81784.46	42004.45	88425.92
	营业收入(万)	54528.58	137687.99	74979.93	136605.22
	营业成本(万)	40814.17	82139.24	42188.46	89020.13
	投资收益(万)	–	–	–	–
	利润总额(万)	12778.62	33628.57	20016.63	24980.72
	净利润(万)	11065.19	28499.34	17031.22	22452.06

通化东宝药业股份有限公司

公司概况	公司名称	通化东宝药业股份有限公司			证券简称	通化东宝
	法人代表	李一奎	董秘	王君业	证券代码	600867
	公司网址	www.thdb.com		电子信箱	thdbwjy@qq.com	
	电　话	0435-5088025 5088126		传　真	0435-5088005	
	办公地址	吉林省通化市通化县东宝新村				
	经营范围	硬胶囊剂、片剂(含激素类)、颗粒剂、小容量注射剂、原料药等				

	指标\报告期	2011.06.30	2010.12.31	2010.06.30	2009.12.31
主要财务指标	每股收益(元)	0.0721	0.3100	0.1444	0.1600
	每股收益(扣除)(元)	0.0721	0.0900	0.0512	0.1200
	每股净资产(元)	2.2600	2.9600	2.8400	3.3300
	调整后每股净资产(元)	–	–	–	–
	每股资本公积金(元)	0.3393	0.8086	0.8608	1.3206
	每股盈余公积金(元)	0.2280	0.3079	0.2732	0.3287
	每股未分配利润(元)	0.6940	0.8396	0.7011	0.6760
	每股现金净流量(元)	0.0620	0.0280	–0.0653	0.0586
	每股经营现金净流量(元)	–0.0153	0.2790	0.0856	0.3469
	净资产收益率(扣除)(%)	–	3.2000	–	3.9000
	净资产收益率(%)	3.1890	10.4940	5.0930	4.8900
	总资产(万)	234288.77	218633.55	220782.67	225119.20
	股东权益(万)	175528.05	169964.52	163009.60	159329.95
	主营业务收入(万)	32938.56	63095.84	29095.48	57054.56
	主营成本(万)	11339.56	23804.60	11931.29	24452.12
	营业收入(万)	33352.80	63779.73	29217.49	57385.33
	营业成本(万)	11703.82	24344.92	12042.37	24518.08
	投资收益(万)	–	–	–	–
	利润总额(万)	6234.50	19886.01	9658.57	8460.90
	净利润(万)	5597.91	17836.53	8301.87	7790.44

广东梅雁水电股份有限公司

公司概况						
公司概况	公司名称	广东梅雁水电股份有限公司			证券简称	ST 梅 雁
公司概况	法人代表	杨钦欢	董秘	胡苏平	证券代码	600868
公司概况	公司网址	www.chinameiyan.com		电子信箱	mysd@chinameiyan.com	
公司概况	电　话	0753-2218286		传　真	0753-2218286	
公司概况	办公地址	广东省梅县新县城梅雁科技园				
公司概况	经营范围	电力生产业;房产开发与经营;养殖业;电子计算机生产销售;制造业				

主要财务指标	指标\报告期	2011.06.30	2010.12.31	2010.06.30	2009.12.31
	每股收益(元)	0.0100	0.1300	0.1000	-0.0300
	每股收益(扣除)(元)	-0.0200	-0.0200	-0.0200	-0.1100
	每股净资产(元)	1.1310	1.1090	1.0880	0.9930
	调整后每股净资产(元)	-	-	-	-
	每股资本公积金(元)	0.2191	0.2077	0.2151	0.2195
	每股盈余公积金(元)	0.0176	0.0176	0.0018	0.0016
	每股未分配利润(元)	-0.1057	-0.1165	-0.1289	-0.2282
	每股现金净流量(元)	-0.0273	0.0212	-0.0039	-0.0009
	每股经营现金净流量(元)	0.0144	0.0879	0.0138	0.1010
	净资产收益率(扣除)(%)	-	-2.0200	-	-10.8400
	净资产收益率(%)	0.9530	11.5090	9.1500	-3.1440
	总资产(万)	378960.79	392896.39	405419.87	490591.51
	股东权益(万)	214841.47	210614.72	206515.02	188455.99
	主营业务收入(万)	30278.09	65294.55	27235.77	48906.99
	主营成本(万)	24920.84	51196.24	23279.93	41672.63
	营业收入(万)	30431.92	65583.16	27303.17	49021.65
	营业成本(万)	24976.22	51227.33	23286.95	41678.73
	投资收益(万)	-	-	-	-
	利润总额(万)	2272.30	26798.81	19565.65	-5967.31
	净利润(万)	2046.59	24240.09	18889.68	-5925.64

三普药业股份有限公司

公司概况						
公司概况	公司名称	三普药业股份有限公司			证券简称	三普药业
公司概况	法人代表	蒋锡培	董秘	万里扬	证券代码	600869
公司概况	公司网址	www.600869.com		电子信箱	vanbb@126.com	
公司概况	电　话	0510-87249788		传　真	0510-87249922	
公司概况	办公地址	江苏省宜兴市高塍远东大道 6 号				
公司概况	经营范围	研制,生产,销售胶囊剂,丸剂				

主要财务指标	指标\报告期	2011.06.30	2010.12.31	2010.06.30	2009.12.31
	每股收益(元)	0.5100	0.7100	0.3700	0.4800
	每股收益(扣除)(元)	0.4800	0.1700	0.3000	-0.0600
	每股净资产(元)	3.9800	3.4700	0.8161	2.7700
	调整后每股净资产(元)	-	-	-	-
	每股资本公积金(元)	0.6845	0.6845	-	4.3348
	每股盈余公积金(元)	0.1436	0.1436	0.0011	0.5114
	每股未分配利润(元)	2.1562	1.6453	-0.1850	4.0067
	每股现金净流量(元)	0.1792	-0.0775	-1.4779	5.1348
	每股经营现金净流量(元)	-1.0441	0.0434	3.1030	2.6919
	净资产收益率(扣除)(%)	-	5.4600	-	-2.3900
	净资产收益率(%)	12.8220	20.3720	23.2680	3.0400
	总资产(万)	987168.02	829495.71	29632.01	680277.27
	股东权益(万)	170298.40	148462.33	9793.08	118369.78
	主营业务收入(万)	498179.16	945561.90	378099.67	681762.82
	主营成本(万)	422384.12	785453.51	325514.20	547995.26
	营业收入(万)	498309.07	945997.09	391936.68	682521.35
	营业成本(万)	422456.73	785829.47	325626.85	548615.63
	投资收益(万)	-	-	-	-
	利润总额(万)	27256.25	36852.20	19596.69	24942.09
	净利润(万)	21836.07	30244.97	15772.21	20483.54

厦门华侨电子股份有限公司

公司概况						
公司概况	公司名称	厦门华侨电子股份有限公司			证券简称	ST 厦 华
公司概况	法人代表	王炎元	董秘	高松丽	证券代码	600870
公司概况	公司网址	www.iprima.com.cn		电子信箱	zqb@iprima.com.cn	
公司概况	电　话	0592-3157203		传　真	0592-3157999	
公司概况	办公地址	福建省厦门市湖里大道 22 号				
公司概况	经营范围	主营彩色电视机、彩色监视器等产品				

主要财务指标	指标\报告期	2011.06.30	2010.12.31	2010.06.30	2009.12.31
	每股收益(元)	0.0200	0.1700	0.1100	0.2800
	每股收益(扣除)(元)	-0.0100	0.1000	0.1000	0.2700
	每股净资产(元)	-2.4600	-2.4800	-2.5786	-2.7000
	调整后每股净资产(元)	-	-	-	-
	每股资本公积金(元)	2.5985	2.5985	2.5650	2.5541
	每股盈余公积金(元)	0.1483	0.1483	0.1483	0.1483
	每股未分配利润(元)	-6.2263	-6.2429	-6.3001	-6.4085
	每股现金净流量(元)	-0.1527	-0.1868	-0.2312	0.4358
	每股经营现金净流量(元)	0.1704	-0.0376	-0.9296	-1.1961
	净资产收益率(扣除)(%)	-0.6700	-6.6751	-4.2739	-10.1963
	净资产收益率(%)	-0.6700	-6.3300	-4.2100	-9.6100
	总资产(万)	157623.21	180019.49	229231.14	195527.99
	股东权益(万)	-89583.53	-90718.64	-94316.51	-99038.51
	主营业务收入(万)	139542.66	425672.42	217140.45	413286.76
	主营成本(万)	125377.12	382067.71	195325.24	357766.23
	营业收入(万)	140382.21	429197.78	218139.33	415758.24
	营业成本(万)	125698.29	383279.37	195540.09	358662.61
	投资收益(万)	-1.04	0.26	-0.98	3.21
	利润总额(万)	872.15	6615.22	4285.27	10529.57
	净利润(万)	614.48	6141.68	4086.74	10209.90

中国石化仪征化纤股份有限公司

公司概况						
公司概况	公司名称	中国石化仪征化纤股份有限公司			证券简称	S 仪 化
公司概况	法人代表	卢立勇	董秘	吴朝阳	证券代码	600871
公司概况	公司网址	www.ycfc.com		电子信箱	cso@ycfc.com	
公司概况	电　话	0514-83232235 83231888		传　真	0514-83233880 83235880	
公司概况	办公地址	中国江苏省仪征市				
公司概况	经营范围	化纤及化工产品的生产及销售,原辅材料与纺织机械的生产等				

主要财务指标	指标\报告期	2011.06.30	2010.12.31	2010.06.30	2009.12.31
	每股收益(元)	0.1460	0.3070	0.1070	0.0960
	每股收益(扣除)(元)	0.1330	0.3050	0.1050	0.0910
	每股净资产(元)	2.1940	2.0780	1.8690	1.7610
	调整后每股净资产(元)	-	-	-	-
	每股资本公积金(元)	0.7867	0.7867	0.7768	0.7768
	每股盈余公积金(元)	0.0292	0.0292	-	-
	每股未分配利润(元)	0.3782	0.2620	0.0919	-0.0154
	每股现金净流量(元)	-0.1559	0.3582	0.0612	0.1070
	每股经营现金净流量(元)	-0.0974	0.4002	-0.1118	0.3272
	净资产收益率(扣除)(%)	-	15.8600	-	5.3100
	净资产收益率(%)	6.6620	14.7560	5.7460	5.4220
	总资产(万)	1130303.60	1053120.20	968896.50	914581.30
	股东权益(万)	877763.40	831233.70	747527.50	704541.00
	主营业务收入(万)	1024366.90	1621658.30	753225.10	1310081.90
	主营成本(万)	-	-	-	-
	营业收入(万)	1033258.70	1634836.60	759651.70	1322502.90
	营业成本(万)	909539.40	1394985.20	691395.00	1180129.10
	投资收益(万)	-	-	-	-
	利润总额(万)	77471.90	113958.80	23911.30	38201.80
	净利润(万)	58475.80	122654.20	42954.10	38201.80

中炬高新技术实业(集团)股份有限公司

公司概况	公司名称	中炬高新技术实业(集团)股份有限公司			证券简称	中炬高新
	法人代表	熊炜	董秘	彭海泓	证券代码	600872
	公司网址	www.jonjee.com		电子信箱	penghaihong@jonjee.com	
	电　话	0760-85596818 2033		传　真	0760-85596877	
	办公地址	广东省中山市中山火炬高技术产业开发区火炬大厦				
	经营范围	城市基础设施的投资,房地产经营,物业管理,二次供水服务等				

主要财务指标	指标\报告期	2011.06.30	2010.12.31	2010.06.30	2009.12.31
	每股收益(元)	0.0760	0.1233	0.0590	0.0900
	每股收益(扣除)(元)	0.0630	0.0934	0.0390	0.0505
	每股净资产(元)	2.2000	2.1300	2.2600	2.2400
	调整后每股净资产(元)	–	–	–	–
	每股资本公积金(元)	0.3603	0.3673	0.4111	0.4400
	每股盈余公积金(元)	0.2133	0.2133	0.2158	0.2158
	每股未分配利润(元)	0.6301	0.5540	0.6377	0.5876
	每股现金净流量(元)	0.0730	0.0481	0.0917	–0.0769
	每股经营现金净流量(元)	0.1288	0.1933	0.2238	0.0622
	净资产收益率(扣除)(%)	–	4.4800	–	2.3300
	净资产收益率(%)	3.4550	5.7830	2.8780	4.2290
	总资产(万)	292507.74	291501.67	277817.25	273629.52
	股东权益(万)	175419.91	169912.83	163873.66	162333.36
	主营业务收入(万)	71644.93	126250.00	56885.03	95004.23
	主营成本(万)	52634.68	89217.57	40562.99	69267.05
	营业收入(万)	84717.95	127792.13	57028.19	95952.69
	营业成本(万)	62291.21	90582.56	40765.31	69747.53
	投资收益(万)	–	–	–	–
	利润总额(万)	7292.25	12107.80	6021.38	8566.02
	净利润(万)	6060.47	9826.47	4715.54	6865.55

梅花生物科技集团股份有限公司

公司概况	公司名称	梅花生物科技集团股份有限公司			证券简称	梅花集团
	法人代表	孟庆山	董秘	杨慧兴	证券代码	600873
	公司网址	www.meihuagrp.com		电子信箱	yanghuixing@meihuagrp.com	
	电　话	0316-2359652		传　真	0316-2359670	
	办公地址	河北省廊坊市经济开发区华祥路66号				
	经营范围	味精、氨基酸、有机肥等生物发酵领域等				

主要财务指标	指标\报告期	2011.06.30	2010.12.31	2010.06.30	2009.12.31
	每股收益(元)	0.1450	0.7800	0.3915	0.6900
	每股收益(扣除)(元)	0.1108	0.6700	0.3140	0.5600
	每股净资产(元)	1.7788	4.8900	2.2383	4.3300
	调整后每股净资产(元)	–	–	–	–
	每股资本公积金(元)	0.6970	1.8721	0.7141	16.1987
	每股盈余公积金(元)	0.0384	0.1032	0.0080	0.3375
	每股未分配利润(元)	0.6711	1.9133	0.5161	11.1477
	每股现金净流量(元)	0.1532	0.1034	–4.3739	5.9209
	每股经营现金净流量(元)	–0.0713	0.4900	0.7858	11.8301
	净资产收益率(扣除)(%)	–	14.8200	–	14.0000
	净资产收益率(%)	7.6600	16.0280	2.6500	15.9650
	总资产(万)	1178403.09	940226.00	105466.20	657126.48
	股东权益(万)	481735.38	492889.43	24226.12	389641.43
	主营业务收入(万)	291940.89	497666.72	234571.91	402894.16
	主营成本(万)	213638.98	350190.01	166060.13	284767.43
	营业收入(万)	293931.50	501505.40	236020.99	408186.52
	营业成本(万)	214478.78	353174.16	167469.74	289210.84
	投资收益(万)	–	–	–	–
	利润总额(万)	49061.68	96942.78	48084.93	76608.10
	净利润(万)	39257.78	79000.20	39475.66	62206.36

天津创业环保集团股份有限公司

公司概况	公司名称	天津创业环保集团股份有限公司			证券简称	创业环保
	法人代表	张文辉	董秘	付亚娜	证券代码	600874
	公司网址	www.tjcep.com		电子信箱	fu_yn@tjcep.com	
	电　话	022-23930128 22180920		传　真	022-23930126 25010028	
	办公地址	天津市南开区卫津南路76号创业环保大厦				
	经营范围	污水处理和环保相关业务及城市道路与收费站相关业务				

主要财务指标	指标\报告期	2011.06.30	2010.12.31	2010.06.30	2009.12.31
	每股收益(元)	0.1000	0.1900	0.0900	0.1700
	每股收益(扣除)(元)	0.1000	0.2100	0.1000	0.1700
	每股净资产(元)	2.4000	2.4200	2.3200	2.3100
	调整后每股净资产(元)	–	–	–	–
	每股资本公积金(元)	0.2686	0.2686	0.2686	0.2686
	每股盈余公积金(元)	0.2116	0.2116	0.1935	0.1935
	每股未分配利润(元)	0.9239	0.9375	0.8565	0.8456
	每股现金净流量(元)	–0.0205	–0.0370	–0.0417	–0.2065
	每股经营现金净流量(元)	0.2492	0.3176	0.0397	0.9741
	净资产收益率(扣除)(%)	–	8.7200	–	7.4900
	净资产收益率(%)	4.0120	7.8580	4.0000	7.3770
	总资产(万)	851621.00	842556.30	759398.40	719564.80
	股东权益(万)	343125.20	345057.30	330911.40	329359.10
	主营业务收入(万)	72523.50	139482.10	65802.90	122646.60
	主营成本(万)	41317.60	76299.10	35007.90	56198.30
	营业收入(万)	75047.90	146776.80	67552.40	125679.30
	营业成本(万)	42528.10	79367.20	35722.90	57892.70
	投资收益(万)	–	–	–	–
	利润总额(万)	18569.80	36682.60	17743.40	33772.10
	净利润(万)	13767.40	27116.00	12970.10	24297.80

东方电气股份有限公司

公司概况	公司名称	东方电气股份有限公司			证券简称	东方电气
	法人代表	斯泽夫	董秘	龚丹	证券代码	600875
	公司网址	www.dec-ltd.cn		电子信箱	dsb@dongfang.com	
	电　话	028-87583666		传　真	028-87583551	
	办公地址	四川省成都市金牛区蜀汉路333号				
	经营范围	水力发电设备、汽轮发电机、交直流电机、控制设备制造销售等				

主要财务指标	指标\报告期	2011.06.30	2010.12.31	2010.06.30	2009.12.31
	每股收益(元)	0.7700	1.2900	0.5000	0.8600
	每股收益(扣除)(元)	0.7400	1.2200	0.4900	0.9100
	每股净资产(元)	6.1400	5.5100	4.7200	4.8600
	调整后每股净资产(元)	–	–	–	–
	每股资本公积金(元)	2.5322	2.5422	6.0929	6.1206
	每股盈余公积金(元)	0.0758	0.0758	0.0380	0.0380
	每股未分配利润(元)	2.5306	1.8931	2.3167	1.5037
	每股现金净流量(元)	–1.4745	–0.5929	–2.1286	3.0316
	每股经营现金净流量(元)	–0.9122	0.9742	–0.2078	6.5319
	净资产收益率(扣除)(%)	–	16.8300	–	20.1900
	净资产收益率(%)	12.5090	23.3450	10.5960	17.7393
	总资产(万)	8630832.03	8225288.85	7763847.09	7336104.58
	股东权益(万)	1229497.11	1103875.43	946019.14	867376.96
	主营业务收入(万)	1952199.60	3760383.23	1661343.55	3277475.07
	主营成本(万)	1553415.73	3010943.64	1370923.47	2720341.33
	营业收入(万)	1975921.45	3808011.22	1691136.78	3322461.35
	营业成本(万)	1563277.03	3037987.79	1388856.79	2748369.08
	投资收益(万)	–	–	–	–
	利润总额(万)	177463.75	284517.87	115261.58	154721.90
	净利润(万)	153791.29	257697.48	100243.20	153866.82

洛阳玻璃股份有限公司

公司概况	公司名称	洛阳玻璃股份有限公司			证券简称	洛阳玻璃
	法人代表	宋建明	董秘	宋飞	证券代码	600876
	公司网址	www.zhglb.com		电子信箱	lbjtsf@163.com	
	电　话	0379-63908507 63908629		传　真	0379-63251984	
	办公地址	河南省洛阳市西工区唐宫中路 9 号				
	经营范围	生产玻璃,深加工制品,机械成套设备,电器与配件,销售自产产品等				

主要财务指标	指标\报告期	2011.06.30	2010.12.31	2010.06.30	2009.12.31
	每股收益(元)	0.1468	0.1216	0.0071	-0.2836
	每股收益(扣除)(元)	0.0021	0.1053	0.0067	-0.2612
	每股净资产(元)	0.3779	0.2311	0.0750	0.1880
	调整后每股净资产(元)	-	-	-	-
	每股资本公积金(元)	1.7169	1.7169	1.7949	1.7949
	每股盈余公积金(元)	0.1027	0.1027	0.1027	0.1027
	每股未分配利润(元)	-2.4418	-2.5886	-2.8222	-2.8283
	每股现金净流量(元)	0.0226	-0.0260	-0.0245	-0.0628
	每股经营现金净流量(元)	-0.1262	0.0459	-0.0408	-0.1651
	净资产收益率(扣除)(%)	-	46.0400	-	-77.3000
	净资产收益率(%)	38.8500	52.6000	8.1050	-151.2600
	总资产(万)	143894.77	143951.47	139114.35	148521.46
	股东权益(万)	18897.20	11555.57	3773.74	9376.22
	主营业务收入(万)	48299.66	97641.35	40373.18	79001.03
	主营成本(万)	43410.15	76050.69	31268.60	67967.20
	营业收入(万)	51677.67	116848.17	50061.45	97294.99
	营业成本(万)	46606.77	93751.81	40901.11	85119.56
	投资收益(万)	-	-	-	-
	利润总额(万)	6778.70	7298.45	1304.58	-17166.66
	净利润(万)	7341.63	6078.78	354.33	-14182.23

中国嘉陵工业股份有限公司(集团)

公司概况	公司名称	中国嘉陵工业股份有限公司(集团)			证券简称	中国嘉陵
	法人代表	陈永强	董秘	周勇强	证券代码	600877
	公司网址	www.jialing.com.cn		电子信箱	zqc@jialing.com.cn	
	电　话	023-65194095		传　真	023-65196666	
	办公地址	重庆市沙坪坝区双碑				
	经营范围	制造、销售摩托车、助力车、电动自行车及零部件等				

主要财务指标	指标\报告期	2011.06.30	2010.12.31	2010.06.30	2009.12.31
	每股收益(元)	0.0036	-0.4002	0.0085	0.0190
	每股收益(扣除)(元)	-0.1221	-0.4167	0.0034	-0.0996
	每股净资产(元)	0.9800	0.9700	1.3500	1.3600
	调整后每股净资产(元)	-	-	-	-
	每股资本公积金(元)	0.1363	0.1478	0.1493	0.1571
	每股盈余公积金(元)	0.8521	0.8521	0.8521	0.8521
	每股未分配利润(元)	-1.0527	-1.0564	-0.6576	-0.6561
	每股现金净流量(元)	-0.2194	-0.1664	-0.0450	0.1781
	每股经营现金净流量(元)	-0.0722	0.0831	-0.0089	-0.0630
	净资产收益率(扣除)(%)	0.3710	-41.3880	0.5860	1.3906
	净资产收益率(%)	0.3700	-34.3800	0.6200	1.4500
	总资产(万)	281154.78	313759.84	335344.39	318980.64
	股东权益(万)	66665.89	65907.76	93054.85	93463.89
	主营业务收入(万)	131605.21	314887.01	182864.43	346907.98
	主营成本(万)	117373.83	271519.11	157460.88	307818.56
	营业收入(万)	135050.17	323718.32	186283.03	353473.32
	营业成本(万)	120739.61	279779.05	161421.43	315648.93
	投资收益(万)	3896.85	1981.95	1347.43	3421.09
	利润总额(万)	611.13	-26983.40	1391.13	1402.25
	净利润(万)	249.27	-27508.09	584.77	1304.01

航天时代电子技术股份有限公司

公司概况	公司名称	航天时代电子技术股份有限公司			证券简称	航天电子
	法人代表	刘眉玄	董秘	吕凡	证券代码	600879
	公司网址	www.catec-ltd.cn		电子信箱	lufan@catec-ltd.cn	
	电　话	027-84792199 010-88106362		传　真	027-84792102	
	办公地址	湖北省武汉市经济技术开发区高科技园				
	经营范围	民用航天与运载火箭及配套装备、计算机技术及软硬件、电子测量等				

主要财务指标	指标\报告期	2011.06.30	2010.12.31	2010.06.30	2009.12.31
	每股收益(元)	0.0720	0.2000	0.0870	0.2500
	每股收益(扣除)(元)	0.0630	0.2000	0.0860	0.2300
	每股净资产(元)	3.8820	3.8050	3.7920	3.7000
	调整后每股净资产(元)	-	-	-	-
	每股资本公积金(元)	0.9688	0.9653	0.9653	0.9653
	每股盈余公积金(元)	0.1143	0.1143	0.1132	0.1132
	每股未分配利润(元)	1.7972	1.7250	1.7132	1.6261
	每股现金净流量(元)	-0.0727	-0.2436	0.0392	0.0947
	每股经营现金净流量(元)	-0.4219	0.0749	-0.4117	0.3275
	净资产收益率(扣除)(%)	-	5.2100	-	6.5000
	净资产收益率(%)	1.8610	5.2590	2.2980	6.7390
	总资产(万)	687761.95	638408.19	638216.92	575718.62
	股东权益(万)	314834.18	308571.12	307521.91	300454.25
	主营业务收入(万)	137091.07	291192.71	111269.88	248611.77
	主营成本(万)	102149.44	215105.97	80070.90	177249.09
	营业收入(万)	138264.75	296152.44	113285.04	252570.22
	营业成本(万)	102513.31	218540.19	81807.74	180138.81
	投资收益(万)	-	-	-	-
	利润总额(万)	7748.20	19947.82	8617.67	24930.97
	净利润(万)	5857.70	16227.27	7067.66	20247.54

成都博瑞传播股份有限公司

公司概况	公司名称	成都博瑞传播股份有限公司			证券简称	博瑞传播
	法人代表	孙旭军	董秘	张跃铭	证券代码	600880
	公司网址	www.b-raymedia.com		电子信箱	dongmi@b-ray.com.cn	
	电　话	028-87651183 87685501		传　真	028-87688427 87651183	
	办公地址	成都市花牌坊街 185 号				
	经营范围	信息传播服务(不含国家限制项目),报刊投递服务,高科技产品开发等				

主要财务指标	指标\报告期	2011.06.30	2010.12.31	2010.06.30	2009.12.31
	每股收益(元)	0.3200	0.5200	0.2600	0.4400
	每股收益(扣除)(元)	0.3100	0.5000	0.2600	0.4100
	每股净资产(元)	2.9700	2.6300	2.3820	3.4700
	调整后每股净资产(元)	-	-	-	-
	每股资本公积金(元)	0.3679	0.3302	0.3388	0.8248
	每股盈余公积金(元)	0.3302	0.3352	0.3046	0.4998
	每股未分配利润(元)	1.2706	0.9678	0.7385	1.1424
	每股现金净流量(元)	0.0045	0.0744	-0.2090	0.4085
	每股经营现金净流量(元)	0.2049	0.6369	0.1131	1.0340
	净资产收益率(扣除)(%)	10.6870	19.5780	10.7320	20.2070
	净资产收益率(%)	11.4600	21.7000	11.4200	22.6300
	总资产(万)	248373.31	231685.53	216123.56	208091.87
	股东权益(万)	194654.09	171417.26	154289.72	137072.72
	主营业务收入(万)	64426.05	115414.85	54173.04	91605.69
	主营成本(万)	30895.14	56923.65	25735.11	45225.88
	营业收入(万)	64806.80	116222.76	54543.41	92251.29
	营业成本(万)	31014.98	57142.59	25817.59	45375.37
	投资收益(万)	1758.67	1347.72	45.67	1106.62
	利润总额(万)	25663.49	42853.44	20345.27	35118.32
	净利润(万)	19834.09	31748.60	15741.70	26290.85

吉林亚泰(集团)股份有限公司

公司概况					
公司名称	吉林亚泰(集团)股份有限公司			证券简称	亚泰集团
法人代表	宋尚龙	董秘	田奎武	证券代码	600881
公司网址	www.yatai.com		电子信箱	tkw@yatai.com	
电　话	0431-84956688		传　真	0431-84951400	
办公地址	吉林省长春市吉林大路 1801 号				
经营范围	房地产开发,建材,药品生产及经营等				

主要财务指标：指标＼报告期	2011.06.30	2010.12.31	2010.06.30	2009.12.31
每股收益(元)	0.1700	0.2600	0.1300	0.3900
每股收益(扣除)(元)	0.1700	0.2200	0.1200	0.3700
每股净资产(元)	4.0100	3.8400	3.7100	3.6900
调整后每股净资产(元)	–	–	–	–
每股资本公积金(元)	1.8234	1.8233	1.8232	1.8237
每股盈余公积金(元)	0.1395	0.1395	0.1297	0.1297
每股未分配利润(元)	1.0398	0.8701	0.7548	0.7275
每股现金净流量(元)	0.3763	0.4374	0.0214	0.5220
每股经营现金净流量(元)	0.5261	–0.7992	–1.1242	0.3239
净资产收益率(扣除)(%)	–	5.9500	–	10.5900
净资产收益率(%)	4.2330	6.7650	3.4260	10.6700
总资产(万)	2888500.42	2652447.35	2173052.75	1906111.01
股东权益(万)	759489.44	727347.74	703872.38	698835.17
主营业务收入(万)	508815.19	795471.47	367564.65	599995.87
主营成本(万)	369441.55	591687.99	270642.64	430032.78
营业收入(万)	517817.10	813637.34	373617.12	612109.32
营业成本(万)	375053.39	600060.68	274362.20	434815.98
投资收益(万)	–	–	–	–
利润总额(万)	51885.50	76969.57	35949.33	105114.33
净利润(万)	32148.15	49203.00	24114.70	74587.81

山东大成农药股份有限公司

公司概况					
公司名称	山东大成农药股份有限公司			证券简称	大成股份
法人代表	王继文	董秘	于宁	证券代码	600882
公司网址	www.sddcny.com		电子信箱	yn_882@vip.163.com	
电　话	0533-2118118 2111919		传　真	0533-2113511	
办公地址	山东省淄博市张店区洪沟路 25 号				
经营范围	化学农药、基本化学原料的生产、销售;公路货物运输等				

主要财务指标：指标＼报告期	2011.06.30	2010.12.31	2010.06.30	2009.12.31
每股收益(元)	–1.2100	–0.3300	–0.0200	0.0100
每股收益(扣除)(元)	–1.2600	–0.3800	–0.0200	–0.1400
每股净资产(元)	0.4580	1.6400	1.9900	1.9500
调整后每股净资产(元)	–	–	–	–
每股资本公积金(元)	1.0588	1.0588	1.0585	1.0590
每股盈余公积金(元)	0.1764	0.1764	0.1764	0.1764
每股未分配利润(元)	–1.8597	–0.6509	–0.2976	–0.3181
每股现金净流量(元)	0.4736	–0.3627	–0.1656	–0.0326
每股经营现金净流量(元)	0.1879	–0.4630	0.0996	0.2351
净资产收益率(扣除)(%)	–	–21.4600	–	–7.1600
净资产收益率(%)	–263.8850	–20.3400	–0.7640	0.7500
总资产(万)	150433.00	159739.62	160670.72	152504.63
股东权益(万)	9790.27	34967.93	42540.40	41634.81
主营业务收入(万)	43623.03	74851.98	41849.29	71275.49
主营成本(万)	43489.45	70941.92	36652.16	62077.86
营业收入(万)	45085.37	78813.09	43631.69	75325.71
营业成本(万)	44613.32	73559.50	37711.89	64875.57
投资收益(万)	–	–	–	–
利润总额(万)	–25710.28	–6916.61	–355.89	34.27
净利润(万)	–25835.03	–7113.68	–324.78	312.15

云南博闻科技实业股份有限公司

公司概况					
公司名称	云南博闻科技实业股份有限公司			证券简称	博闻科技
法人代表	刘志波	董秘	杨庆宏	证券代码	600883
公司网址	www.ynbowin.com		电子信箱	600883dsh@ynbowin.com	
电　话	0871-7197370		传　真	0871-7197694	
办公地址	云南省昆明市国际会展中心 2-302 室				
经营范围	计算机硬件生产、软件开发和网络开发、信息服务等				

主要财务指标：指标＼报告期	2011.06.30	2010.12.31	2010.06.30	2009.12.31
每股收益(元)	0.1018	0.3376	0.2271	0.1110
每股收益(扣除)(元)	0.0959	0.1963	0.0709	0.0821
每股净资产(元)	3.1184	2.3900	2.2657	2.1200
调整后每股净资产(元)	–	–	–	–
每股资本公积金(元)	1.3866	0.6967	0.6864	0.7136
每股盈余公积金(元)	0.1527	0.1527	0.1189	0.1189
每股未分配利润(元)	0.5791	0.5373	0.4603	0.2835
每股现金净流量(元)	–0.0546	0.1313	0.1435	–0.2205
每股经营现金净流量(元)	–0.0557	–0.0246	–0.0194	0.0528
净资产收益率(扣除)(%)	–	8.7000	–0.0194	4.5012
净资产收益率(%)	3.2630	14.1450	10.0220	5.2462
总资产(万)	75418.35	58293.91	55019.18	51600.41
股东权益(万)	73621.57	56353.49	53491.36	49959.95
主营业务收入(万)	5066.73	4724.68	2345.60	8945.26
主营成本(万)	4619.80	4149.29	2135.79	8055.05
营业收入(万)	5096.68	4754.96	2360.85	9003.90
营业成本(万)	4634.27	4161.85	2141.82	8167.11
投资收益(万)	–	–	–	–
利润总额(万)	2264.17	8557.55	5361.52	2477.22
净利润(万)	2402.52	7971.41	5361.02	2620.99

宁波杉杉股份有限公司

公司概况					
公司名称	宁波杉杉股份有限公司			证券简称	杉杉股份
法人代表	庄巍	董秘	钱程	证券代码	600884
公司网址	www.ssgf.net		电子信箱	ssgf@firs.com.cn	
电　话	0574-88208337		传　真	0574-88208375	
办公地址	浙江省宁波市鄞州区日丽中路 777 号杉杉商务大厦 8 层				
经营范围	服装、针织品、皮革制品的制造、加工、批发、零售等				

主要财务指标：指标＼报告期	2011.06.30	2010.12.31	2010.06.30	2009.12.31
每股收益(元)	0.1990	0.2940	0.1540	0.2320
每股收益(扣除)(元)	0.2070	0.2300	0.1450	0.0950
每股净资产(元)	7.6200	7.9800	7.3230	8.4910
调整后每股净资产(元)	–	–	–	–
每股资本公积金(元)	4.5106	4.9881	4.4698	5.6906
每股盈余公积金(元)	0.2661	0.2661	0.2590	0.2590
每股未分配利润(元)	1.8526	1.7340	1.6019	1.5482
每股现金净流量(元)	0.3910	–0.1989	0.0213	0.3603
每股经营现金净流量(元)	0.0695	0.1868	0.1756	0.2652
净资产收益率(扣除)(%)	–	2.8000	–	1.4200
净资产收益率(%)	2.6070	3.6820	2.0990	2.7280
总资产(万)	705422.39	685752.18	591389.26	646817.49
股东权益(万)	313090.50	327870.38	300860.14	348844.81
主营业务收入(万)	127995.47	279016.51	120952.27	210539.55
主营成本(万)	94235.59	213981.44	94044.44	166983.09
营业收入(万)	130351.69	284051.29	123157.47	213192.15
营业成本(万)	95141.49	215671.54	94517.97	168887.98
投资收益(万)	–	–	–	–
利润总额(万)	9853.97	15805.37	8100.91	12727.57
净利润(万)	8161.76	12073.00	6315.20	9516.01

武汉力诺太阳能集团股份有限公司

公司概况

公司名称	武汉力诺太阳能集团股份有限公司			证券简称	*ST 力阳
法人代表	李明春	董秘	李明春	证券代码	600885
公司网址	www.linuo-solar.com		电子信箱	stock@linuo-solar.com	
电　话	027-83310135		传　真	027-83860435	
办公地址	武汉市桥口区古田路十七号西大楼 406 室				
经营范围	太阳能光热转化材料、光伏发电材料及其系统产品等				

主要财务指标

指标\报告期	2011.06.30	2010.12.31	2010.06.30	2009.12.31
每股收益(元)	-0.1800	0.0300	0.0200	-0.7900
每股收益(扣除)(元)	-0.1900	-0.2100	-0.0500	-0.6100
每股净资产(元)	-0.2858	1.0300	0.0005	-0.1900
调整后每股净资产(元)	-	-	-	-
每股资本公积金(元)	0.3229	1.4543	0.4779	0.2755
每股盈余公积金(元)	0.0398	0.0398	0.0398	0.0398
每股未分配利润(元)	-1.6485	-1.4667	-1.5173	-1.5046
每股现金净流量(元)	0.3620	-0.0565	-0.0752	-0.3061
每股经营现金净流量(元)	0.6413	0.4833	0.0313	0.1976
净资产收益率(扣除)(%)	-	-108.2000	-	-224.2600
净资产收益率(%)	-63.6123	67.9498	-2757.4440	419.3800
总资产(万)	71495.67	82096.64	60778.74	57814.25
股东权益(万)	-4394.29	15796.08	7.09	-2909.29
主营业务收入(万)	31838.43	50573.30	32067.23	58318.54
主营成本(万)	28630.99	43840.73	26930.80	52088.28
营业收入(万)	32366.79	51634.80	33048.28	59461.15
营业成本(万)	29016.52	44765.22	27654.27	53021.40
投资收益(万)	-	-	-	-
利润总额(万)	-2808.82	1053.68	1295.88	-10874.97
净利润(万)	-2795.31	429.23	327.20	-12200.85

国投华靖电力控股股份有限公司

公司概况

公司名称	国投华靖电力控股股份有限公司			证券简称	国投电力
法人代表	胡刚	董秘	魏琼	证券代码	600886
公司网址	www.sdicpower.com		电子信箱	gtdl@sdicpower.com	
电　话	010-88006378		传　真	010-88006368	
办公地址	北京市西城区西直门南小街 147 号 5 号楼 12 层				
经营范围	投资建设、经营管理以电力生产为主的能源项目等				

主要财务指标

指标\报告期	2011.06.30	2010.12.31	2010.06.30	2009.12.31
每股收益(元)	0.0610	0.2479	0.0593	0.2663
每股收益(扣除)(元)	0.0584	0.2392	0.0506	0.2423
每股净资产(元)	4.6800	4.4100	4.3000	4.6300
调整后每股净资产(元)	-	-	-	-
每股资本公积金(元)	3.0262	2.8539	2.8271	3.2113
每股盈余公积金(元)	0.1462	0.1462	0.1379	0.1379
每股未分配利润(元)	0.5061	0.4451	0.3372	0.2825
每股现金净流量(元)	0.7640	-0.6074	-0.5011	-0.1430
每股经营现金净流量(元)	1.3791	2.5288	0.9793	2.5285
净资产收益率(扣除)(%)	-	5.0300	-	6.1200
净资产收益率(%)	1.3040	5.6170	1.2720	5.7500
总资产(万)	11050985.33	10113183.47	9244852.11	8839139.89
股东权益(万)	933399.30	886860.36	858334.59	924069.47
主营业务收入(万)	958487.49	1588728.33	758866.09	1188113.67
主营成本(万)	796268.40	1229293.90	623947.59	855978.40
营业收入(万)	960818.32	1594761.20	758036.66	1191712.05
营业成本(万)	796673.93	1230070.90	624146.81	856872.08
投资收益(万)	-	-	-	-
利润总额(万)	35578.69	138452.61	31677.46	124199.32
净利润(万)	12167.63	49448.66	11831.73	53137.08

内蒙古伊利实业集团股份有限公司

公司概况

公司名称	内蒙古伊利实业集团股份有限公司			证券简称	伊利股份
法人代表	潘刚	董秘	胡利平	证券代码	600887
公司网址	www.yili.com		电子信箱	info@yili.com	
电　话	0471-3350092		传　真	0471-3601621	
办公地址	呼和浩特市金山开发区金山大道 1 号				
经营范围	乳制品制造,食品、饮料加工,农畜产品及饲料加工等				

主要财务指标

指标\报告期	2011.06.30	2010.12.31	2010.06.30	2009.12.31
每股收益(元)	0.5100	0.9700	0.2200	0.8100
每股收益(扣除)(元)	0.4200	0.7200	0.1800	0.6700
每股净资产(元)	3.1500	5.2800	4.7300	4.3100
调整后每股净资产(元)	-	-	-	-
每股资本公积金(元)	1.1614	3.3198	3.3148	3.3219
每股盈余公积金(元)	0.2545	0.5091	0.5091	0.5091
每股未分配利润(元)	0.7348	0.4487	-0.0923	-0.5236
每股现金净流量(元)	0.5901	-0.9926	0.3229	1.5204
每股经营现金净流量(元)	1.1635	1.8448	1.2726	2.5382
净资产收益率(扣除)(%)	-	15.1100	-	17.1300
净资产收益率(%)	16.2010	18.4230	9.1150	18.8110
总资产(万)	1864824.19	1536232.41	1459882.51	1315214.36
股东权益(万)	503662.15	421851.92	378200.50	344296.12
主营业务收入(万)	1886914.52	2954520.00	1469285.28	2420822.48
主营成本(万)	1294074.90	2061702.65	1003506.44	1571883.34
营业收入(万)	1894576.49	2966498.73	1475073.42	2432354.75
营业成本(万)	1296736.50	2068630.88	1006658.24	1577807.37
投资收益(万)	-	-	-	-
利润总额(万)	97338.31	85362.36	43749.37	81187.68
净利润(万)	81595.63	77719.66	34472.41	64765.97

新疆众和股份有限公司

公司概况

公司名称	新疆众和股份有限公司			证券简称	新疆众和
法人代表	刘杰	董秘	衡晓英	证券代码	600888
公司网址	www.joinworld.com		电子信箱	hxy600888@joinworld.com	
电　话	0991-6689800		传　真	0991-6689882	
办公地址	新疆维吾尔自治区乌鲁木齐市喀什东路 18 号				
经营范围	高纯铝、电子铝箔、腐蚀箔、化成箔等电子元器件原料的生产等				

主要财务指标

指标\报告期	2011.06.30	2010.12.31	2010.06.30	2009.12.31
每股收益(元)	0.4404	0.8286	0.3547	0.5179
每股收益(扣除)(元)	0.4179	0.7693	0.3344	0.4738
每股净资产(元)	8.3584	6.1479	5.6627	5.3816
调整后每股净资产(元)	-	-	-	-
每股资本公积金(元)	6.0348	2.9320	2.9323	2.9458
每股盈余公积金(元)	0.3741	0.3741	0.2915	0.2915
每股未分配利润(元)	2.1823	1.8419	1.4390	1.1443
每股现金净流量(元)	3.0205	-0.3347	0.2706	-0.4513
每股经营现金净流量(元)	-0.1958	0.6706	0.2868	0.0501
净资产收益率(扣除)(%)	4.5130	13.4780	6.2640	9.6240
净资产收益率(%)	6.9342	14.4000	6.4230	10.0400
总资产(万)	584587.41	379751.47	308510.80	268232.31
股东权益(万)	343563.91	216442.89	199325.30	189415.08
主营业务收入(万)	97819.10	151520.26	72226.62	96681.00
主营成本(万)	73131.09	106953.53	52656.09	69083.74
营业收入(万)	99838.52	160586.23	74960.44	105937.96
营业成本(万)	74352.92	114847.21	54688.03	77392.88
投资收益(万)	0.48	-1380.16	2.40	1302.85
利润总额(万)	17087.71	31896.49	14303.63	21124.77
净利润(万)	15505.54	29172.36	12487.20	18234.17

南京化纤股份有限公司

公司概况	公司名称	南京化纤股份有限公司			证券简称	南京化纤
	法人代表	沈光宇	董秘	陈波	证券代码	600889
	公司网址	www.ncfc.cn		电子信箱	cb_008@126.com	
	电　话	025-84208005		传　真	025-84208919	
	办公地址	江苏省南京市六合红山精细化工园内				
	经营范围	化学纤维制造、化纤用浆粕、化工产品等				

主要财务指标	指标\报告期	2011.06.30	2010.12.31	2010.06.30	2009.12.31
	每股收益(元)	0.0940	0.3380	0.0660	0.2700
	每股收益(扣除)(元)	0.0370	0.1510	0.0250	0.0050
	每股净资产(元)	2.8620	2.8180	2.5450	3.0150
	调整后每股净资产(元)	–	–	–	–
	每股资本公积金(元)	0.5895	0.5895	0.5895	0.7075
	每股盈余公积金(元)	0.4296	0.4296	0.4252	0.5032
	每股未分配利润(元)	0.8425	0.7988	0.5307	0.8048
	每股现金净流量(元)	–0.0418	0.1543	0.0073	–0.2783
	每股经营现金净流量(元)	1.3757	0.8379	–0.1039	–5.8327
	净资产收益率(扣除)(%)	–	5.6700	–	0.1820
	净资产收益率(%)	3.2730	12.0120	2.5900	8.9570
	总资产(万)	367030.39	357774.67	336522.63	317549.02
	股东权益(万)	87872.66	86531.73	78162.31	77161.47
	主营业务收入(万)	66464.44	91419.13	46287.34	68637.97
	主营成本(万)	61948.15	83191.33	41768.67	59665.30
	营业收入(万)	72045.72	100414.00	50639.80	74737.91
	营业成本(万)	65622.02	89577.73	45005.72	64011.37
	投资收益(万)	–	–	–	–
	利润总额(万)	3301.84	10405.58	2015.48	6941.17
	净利润(万)	2876.28	10393.83	2024.41	6911.48

中房置业股份有限公司

公司概况	公司名称	中房置业股份有限公司			证券简称	ST 中房
	法人代表	岳慧欣	董秘	桂红植	证券代码	600890
	公司网址	www.credholding.com		电子信箱	600890@126.com	
	电　话	010-82608847		传　真	010-82611808	
	办公地址	北京市海淀区苏州街18号院长远天地大厦C座二层				
	经营范围	房地产开发;物业管理;制造销售动力机械、激光打印机、数字照相机等				

主要财务指标	指标\报告期	2011.06.30	2010.12.31	2010.06.30	2009.12.31
	每股收益(元)	–0.0258	–0.0407	–0.0186	0.0700
	每股收益(扣除)(元)	–0.0258	–0.0414	–0.0184	0.0250
	每股净资产(元)	0.4630	0.4900	0.5110	0.5300
	调整后每股净资产(元)	–	–	–	–
	每股资本公积金(元)	0.0351	0.0351	0.0351	0.0351
	每股盈余公积金(元)	0.1466	0.1466	0.1466	0.1466
	每股未分配利润(元)	–0.7185	–0.6927	–0.6706	–0.6520
	每股现金净流量(元)	–0.0111	0.0447	–0.0880	0.1069
	每股经营现金净流量(元)	–0.0111	–0.1063	–0.0880	0.1808
	净资产收益率(扣除)(%)	–	–8.1300	–	5.0600
	净资产收益率(%)	–5.5660	–8.3150	–3.6450	13.2176
	总资产(万)	48243.59	49776.22	42970.36	48811.53
	股东权益(万)	26832.31	28325.88	29602.21	30681.07
	主营业务收入(万)	331.96	1101.45	786.10	11149.36
	主营成本(万)	486.44	1214.50	685.06	5373.79
	营业收入(万)	331.96	1101.45	786.10	11149.36
	营业成本(万)	486.44	1214.50	685.06	5373.79
	投资收益(万)	–	–	–	–
	利润总额(万)	–1399.58	–2327.52	–1066.90	5150.20
	净利润(万)	–1493.57	–2355.20	–1078.87	4055.30

哈尔滨秋林集团股份有限公司

公司概况	公司名称	哈尔滨秋林集团股份有限公司			证券简称	秋林集团
	法人代表	蒋贤云	董秘	衣国强	证券代码	600891
	公司网址	www.qlgroup.com.cn		电子信箱	ygqyx88@163.com	
	电　话	0451-53644632		传　真	0451-53649282	
	办公地址	黑龙江省哈尔滨市南岗区东大直街319号				
	经营范围	零售兼批发百货、食品、副食品、纺织品、节目录像带等				

主要财务指标	指标\报告期	2011.06.30	2010.12.31	2010.06.30	2009.12.31
	每股收益(元)	0.1100	0.5800	0.0200	0.0200
	每股收益(扣除)(元)	0.1000	0.0700	0.0200	0.0200
	每股净资产(元)	2.2300	1.4100	0.8500	0.8400
	调整后每股净资产(元)	–	–	–	–
	每股资本公积金(元)	0.9255	0.1473	0.1516	0.1558
	每股盈余公积金(元)	0.0619	0.0827	0.0251	0.0251
	每股未分配利润(元)	0.2420	0.1754	–0.3268	–0.3438
	每股现金净流量(元)	1.2778	–0.0856	–0.0845	–0.2147
	每股经营现金净流量(元)	1.0099	0.4315	–0.0845	–0.1812
	净资产收益率(扣除)(%)	–	5.9100	–	2.2100
	净资产收益率(%)	4.9700	41.0460	2.2900	2.3960
	总资产(万)	106206.08	68683.30	69134.01	72452.49
	股东权益(万)	72575.95	34230.99	20699.66	20388.63
	主营业务收入(万)	37229.63	19204.56	8798.83	15447.11
	主营成本(万)	33296.60	15553.42	7016.60	12244.23
	营业收入(万)	39597.91	26543.58	11589.28	20723.53
	营业成本(万)	34080.01	16331.14	7016.60	12354.44
	投资收益(万)	–	–	–	–
	利润总额(万)	4788.11	16758.82	360.38	106.88
	净利润(万)	3607.06	14050.53	475.29	488.50

宝诚投资股份有限公司

公司概况	公司名称	宝诚投资股份有限公司			证券简称	*ST 宝诚
	法人代表	姚建辉	董秘	李敬	证券代码	600892
	公司网址			电子信箱	bcinvst@163.com	
	电　话	010-68096094		传　真	010-68096092	
	办公地址	北京市西城区阜外大街7号国投大厦1107室				
	经营范围	投资与资产管理;销售金属矿石、金属材料、建筑材料、五金交电等				

主要财务指标	指标\报告期	2011.06.30	2010.12.31	2010.06.30	2009.12.31
	每股收益(元)	–0.0245	–0.2000	–0.1128	–0.1600
	每股收益(扣除)(元)	–0.0233	–0.1900	–0.1128	–0.1700
	每股净资产(元)	–0.7239	–0.7000	–0.6050	–0.5000
	调整后每股净资产(元)	–	–	–	–
	每股资本公积金(元)	1.7977	1.7977	1.7977	1.7977
	每股盈余公积金(元)	0.1455	0.1455	0.1455	0.1455
	每股未分配利润(元)	–3.6671	–3.6426	–3.5482	–3.4407
	每股现金净流量(元)	0.2917	–0.0684	–0.1755	0.0087
	每股经营现金净流量(元)	–0.8969	0.0343	–0.1370	–0.0545
	净资产收益率(扣除)(%)	–	–31.9200	–	–34.6700
	净资产收益率(%)	–	–28.8671	–18.6492	–32.3232
	总资产(万)	23486.42	18679.52	15235.39	14714.27
	股东权益(万)	–4569.67	–4415.11	–3818.88	–3140.60
	主营业务收入(万)	17049.53	20889.71	8561.58	12979.57
	主营成本(万)	16320.87	19743.91	8168.93	12008.45
	营业收入(万)	17247.53	20889.86	8561.58	12997.21
	营业成本(万)	16320.87	19744.07	8168.93	12026.08
	投资收益(万)	–	–	–	–
	利润总额(万)	–130.48	–1330.89	–789.54	–1126.64
	净利润(万)	–154.56	–1274.51	–712.19	–1015.14

西安航空动力股份有限公司

公司概况	公司名称	西安航空动力股份有限公司			证券简称	航空动力
	法人代表	蔡毅	董秘	赵岳	证券代码	600893
	公司网址	www.xaec.com			电子信箱	hkdl2008@xaec.com
	电　话	029-86152008#029-86150271			传　真	029-86629636
	办公地址	陕西省西安市未央区徐家湾				
	经营范围	航空发动机、燃气轮机、烟气透平动力装置、航天发动机及其零部件等				

主要财务指标	指标\报告期	2011.06.30	2010.12.31	2010.06.30	2009.12.31
	每股收益(元)	0.1100	0.3800	0.0800	0.3500
	每股收益(扣除)(元)	0.1100	0.3700	0.1500	0.3300
	每股净资产(元)	3.5374	3.4828	6.7407	6.6618
	调整后每股净资产(元)	–	–	–	–
	每股资本公积金(元)	2.1923	5.3834	5.3842	5.3830
	每股盈余公积金(元)	0.0240	0.0480	0.0240	0.0295
	每股未分配利润(元)	0.3213	0.5346	0.3326	0.2550
	每股现金净流量(元)	–0.4437	–2.4579	–3.1078	4.0437
	每股经营现金净流量(元)	–0.4994	0.8488	–0.6101	0.7488
	净资产收益率(扣除)(%)	3.0820	5.5130	2.3450	4.2660
	净资产收益率(%)	3.0800	5.6400	2.3400	9.8700
	总资产(万)	799115.28	815225.22	796713.41	950042.72
	股东权益(万)	396032.64	389040.05	376094.27	371453.48
	主营业务收入(万)	311761.29	600936.53	235913.56	505971.17
	主营成本(万)	–	519352.35	202365.60	433535.57
	营业收入(万)	320538.51	608503.21	239323.13	512584.42
	营业成本(万)	280852.25	526216.81	204832.56	438721.93
	投资收益(万)	–84.27	–663.53	–478.57	–154.20
	利润总额(万)	13901.73	25427.63	10527.98	19340.16
	净利润(万)	11879.07	20920.91	8611.26	15484.00

广州钢铁股份有限公司

公司概况	公司名称	广州钢铁股份有限公司			证券简称	广钢股份
	法人代表	张若生	董秘	杨耀兴	证券代码	600894
	公司网址	www.gglts.cn			电子信箱	yangyx@gise.cn
	电　话	020-81809182			传　真	020-81809183
	办公地址	广东省广州市荔湾区白鹤洞				
	经营范围	生产、加工、销售冶金产品、焦碳化工产品、各种气体、炉料等				

主要财务指标	指标\报告期	2011.06.30	2010.12.31	2010.06.30	2009.12.31
	每股收益(元)	–0.1690	–0.1280	0.0640	0.0490
	每股收益(扣除)(元)	–0.1780	–0.2230	–0.0030	0.0390
	每股净资产(元)	0.4700	0.6400	0.8400	0.7800
	调整后每股净资产(元)	–	–	–	–
	每股资本公积金(元)	0.8578	0.8578	0.8740	0.8740
	每股盈余公积金(元)	0.2903	0.2903	0.2903	0.2903
	每股未分配利润(元)	–1.6819	–1.5129	–1.3236	–1.3845
	每股现金净流量(元)	–0.0181	0.0012	0.1036	–0.1965
	每股经营现金净流量(元)	0.3469	0.2524	0.1083	–0.6236
	净资产收益率(扣除)(%)	–30.7000	–20.2160	7.2430	6.2346
	净资产收益率(%)	–30.7000	–18.2200	7.9800	6.4400
	总资产(万)	410381.00	437201.65	439416.84	421754.60
	股东权益(万)	35622.80	48539.72	64214.76	59422.36
	主营业务收入(万)	336073.84	643786.58	315550.21	599875.89
	主营成本(万)	338937.34	642160.53	305310.13	576037.84
	营业收入(万)	341977.70	651043.19	318233.67	607303.24
	营业成本(万)	342952.40	646322.41	306766.64	580753.16
	投资收益(万)	1327.44	8255.69	5838.09	2900.88
	利润总额(万)	–12914.08	–9808.66	4865.76	3647.52
	净利润(万)	–12885.89	–9789.12	4905.80	3706.58

上海张江高科技园区开发股份有限公司

公司概况	公司名称	上海张江高科技园区开发股份有限公司			证券简称	张江高科
	法人代表	丁磊	董秘	周丽辉	证券代码	600895
	公司网址	www.600895.com			电子信箱	investors@600895.com
	电　话	021-38959000			传　真	021-50800492
	办公地址	上海市浦东新区张东路1388号5栋				
	经营范围	房地产开发与经营,公司受让地块内的土地开发与土地使用权经营等				

主要财务指标	指标\报告期	2011.06.30	2010.12.31	2010.06.30	2009.12.31
	每股收益(元)	0.0130	0.3100	0.1960	0.4600
	每股收益(扣除)(元)	0.0130	0.3000	0.1940	0.4500
	每股净资产(元)	3.9600	4.1100	3.6600	3.7400
	调整后每股净资产(元)	–	–	–	–
	每股资本公积金(元)	1.9789	2.0332	1.6854	1.6554
	每股盈余公积金(元)	0.2391	0.2391	0.2176	0.2176
	每股未分配利润(元)	0.7945	0.8812	0.7901	0.8937
	每股现金净流量(元)	–0.7819	–0.1405	–0.0796	1.0512
	每股经营现金净流量(元)	–0.2444	–0.5500	–0.1829	–0.4386
	净资产收益率(扣除)(%)	–	7.8300	–	12.7500
	净资产收益率(%)	0.3350	7.7070	5.3580	12.2010
	总资产(万)	1713820.20	1734922.23	1505315.50	1427918.57
	股东权益(万)	613824.39	637199.06	567520.49	579383.68
	主营业务收入(万)	49547.55	131806.59	84901.91	212895.12
	主营成本(万)	21946.72	57946.04	32194.57	81209.75
	营业收入(万)	51462.00	136190.24	86492.61	215937.09
	营业成本(万)	23764.96	61735.96	33745.97	84103.48
	投资收益(万)	–	–	–	–
	利润总额(万)	3676.10	55174.67	40146.99	98027.62
	净利润(万)	2057.29	47849.74	30407.41	70690.92

中海(海南)海盛船务股份有限公司

公司概况	公司名称	中海(海南)海盛船务股份有限公司			证券简称	中海海盛
	法人代表	王大雄	董秘	胡小波	证券代码	600896
	公司网址	www.haishengshipping.com			电子信箱	x.b.hu@haishengshipping.com
	电　话	0898-68583985 68583777			传　真	0898-68581486
	办公地址	海南省海口市龙昆北路2号珠江广场帝豪大厦25-26层				
	经营范围	国际船舶危险品运输、国际船舶普通货物运输等				

主要财务指标	指标\报告期	2011.06.30	2010.12.31	2010.06.30	2009.12.31
	每股收益(元)	0.0500	0.0400	0.0300	0.0300
	每股收益(扣除)(元)	–0.0100	–0.0200	0.0300	–0.1000
	每股净资产(元)	4.0800	4.1100	4.2800	5.1100
	调整后每股净资产(元)	–	–	–	–
	每股资本公积金(元)	1.9230	1.9747	2.1645	3.0017
	每股盈余公积金(元)	0.2291	0.2291	0.2279	0.2279
	每股未分配利润(元)	0.9340	0.9084	0.8935	0.8861
	每股现金净流量(元)	–0.0570	0.0868	0.0939	0.1162
	每股经营现金净流量(元)	0.1270	0.0642	0.0944	0.2143
	净资产收益率(扣除)(%)	–	–0.3400	–	–3.5900
	净资产收益率(%)	1.1180	1.0610	0.6410	0.5180
	总资产(万)	493436.13	486856.20	470280.06	496898.90
	股东权益(万)	237245.96	238736.75	248853.98	297098.39
	主营业务收入(万)	61114.36	124797.59	59852.46	84123.52
	主营成本(万)	55294.30	112942.88	51700.17	77673.20
	营业收入(万)	61309.04	124902.11	59909.01	84216.78
	营业成本(万)	55336.22	113022.34	51736.69	77763.66
	投资收益(万)	–	–	–	–
	利润总额(万)	2741.42	10073.57	4625.89	8836.83
	净利润(万)	2652.62	2531.90	1595.24	1539.58

厦门国际航空港股份有限公司

公司概况						
	公司名称	厦门国际航空港股份有限公司			证券简称	厦门空港
	法人代表	蔡明理	董秘	朱昭	证券代码	600897
	公司网址	www.xiac.com.cn		电子信箱	600897@xiagc.com.cn	
	电　话	0592-5706078		传　真	0592-5730699	
	办公地址	福建省厦门市高崎国际机场内厦门机场发展股份有限公司办公楼				
	经营范围	航空运输、提供候机楼设施的使用保障和服务等				

主要财务指标	指标＼报告期	2011.06.30	2010.12.31	2010.06.30	2009.12.31
	每股收益(元)	0.5060	0.9406	0.4477	0.9071
	每股收益(扣除)(元)	0.5058	0.9414	0.4474	0.8406
	每股净资产(元)	5.7460	5.3300	4.8400	4.4800
	调整后每股净资产(元)	–	–	–	–
	每股资本公积金(元)	0.8994	0.8994	0.8994	0.8994
	每股盈余公积金(元)	0.8173	0.8173	0.7306	0.7306
	每股未分配利润(元)	3.0293	2.6132	2.2143	1.8466
	每股现金净流量(元)	0.1448	1.3606	0.6378	–0.2201
	每股经营现金净流量(元)	0.6559	1.3858	0.6661	1.2247
	净资产收益率(扣除)(%)	–	19.2400	–	20.4500
	净资产收益率(%)	8.8070	17.6480	9.2420	20.2636
	总资产(万)	206523.01	193015.88	176955.45	166500.89
	股东权益(万)	171121.68	158731.30	144266.35	133316.37
	主营业务收入(万)	46852.59	83877.93	39742.23	76606.08
	主营成本(万)	21041.63	35171.23	17075.82	33533.98
	营业收入(万)	46852.59	83877.93	39742.23	76606.08
	营业成本(万)	21041.63	35171.23	17075.82	33533.98
	投资收益(万)	–	–	–	–
	利润总额(万)	21292.80	38686.22	18565.24	36723.94
	净利润(万)	15070.67	28012.06	13332.46	27014.76

三联商社股份有限公司

公司概况						
	公司名称	三联商社股份有限公司			证券简称	ST 三 联
	法人代表	王俊洲	董秘	沈睿	证券代码	600898
	公司网址	www.sanlianshop.com		电子信箱	slss600898db@163.com	
	电　话	0531-81675201 81675202		传　真	0531-81675313	
	办公地址	山东省济南市历下区趵突泉北路12号				
	经营范围	五金交电及电子产品、机械设备、日用百货、文具用品、健身器材等				

主要财务指标	指标＼报告期	2011.06.30	2010.12.31	2010.06.30	2009.12.31
	每股收益(元)	0.0510	0.0923	0.0230	–0.1446
	每股收益(扣除)(元)	0.0514	0.1036	0.0231	0.0301
	每股净资产(元)	0.8230	0.7720	0.7144	0.6797
	调整后每股净资产(元)	–	–	–	–
	每股资本公积金(元)	0.1785	0.1785	0.1785	0.1785
	每股盈余公积金(元)	0.0884	0.0884	0.0884	0.0884
	每股未分配利润(元)	–0.4439	–0.4949	–0.5525	–0.5872
	每股现金净流量(元)	–0.1075	0.2727	0.0380	–0.0102
	每股经营现金净流量(元)	0.0012	0.2839	0.0433	0.0034
	净资产收益率(扣除)(%)	–	14.2700	–	4.0000
	净资产收益率(%)	6.1950	11.9530	3.2250	–21.2780
	总资产(万)	55787.21	50158.95	49286.34	49133.63
	股东权益(万)	20783.07	19495.56	18041.05	17165.24
	主营业务收入(万)	42841.98	81500.38	40551.71	78984.67
	主营成本(万)	38296.24	73977.57	37410.12	69960.00
	营业收入(万)	45428.62	87837.60	42838.46	83238.74
	营业成本(万)	38944.05	75495.24	38160.15	70707.17
	投资收益(万)	–	–	–	–
	利润总额(万)	1861.98	2372.35	588.80	–3305.13
	净利润(万)	1287.51	2330.32	581.82	–3652.34

中国长江电力股份有限公司

公司概况						
	公司名称	中国长江电力股份有限公司			证券简称	长江电力
	法人代表	曹广晶	董秘	楼坚	证券代码	600900
	公司网址	www.cypc.com.cn		电子信箱	cypc@cypc.com.cn	
	电　话	010-58688900		传　真	010-58688898	
	办公地址	北京市西城区金融大街19号富凯大厦B座				
	经营范围	电力生产、经营和投资;电力生产技术咨询;水电工程检修维护				

主要财务指标	指标＼报告期	2011.06.30	2010.12.31	2010.06.30	2009.12.31
	每股收益(元)	0.1628	0.4985	0.1201	0.3128
	每股收益(扣除)(元)	0.1491	0.5082	0.1203	0.2714
	每股净资产(元)	3.8733	4.0097	3.6149	3.7491
	调整后每股净资产(元)	–	–	–	–
	每股资本公积金(元)	1.8967	1.9401	3.3855	3.4449
	每股盈余公积金(元)	0.3702	0.3702	0.4078	0.4078
	每股未分配利润(元)	0.6064	0.6994	0.6290	0.7709
	每股现金净流量(元)	–0.0003	–0.0129	–0.0113	–0.0553
	每股经营现金净流量(元)	0.3119	1.0501	0.3859	0.7445
	净资产收益率(扣除)(%)	–	13.0400	–	8.9200
	净资产收益率(%)	4.2030	12.4320	3.3220	7.4640
	总资产(万)	15452138.99	15746114.77	15997634.70	16186078.55
	股东权益(万)	6390977.74	6616031.15	5964571.44	6185976.24
	主营业务收入(万)	833418.56	2186921.95	789389.18	1083290.44
	主营成本(万)	395721.71	833371.36	384928.00	447227.52
	营业收入(万)	833644.08	2188024.63	789654.07	1101503.39
	营业成本(万)	395796.75	833544.10	385014.97	461591.40
	投资收益(万)	–	–	–	–
	利润总额(万)	345288.61	1088611.76	248725.80	599782.67
	净利润(万)	268600.32	822507.39	198164.58	461725.49

山东滨州渤海活塞股份有限公司

公司概况						
	公司名称	山东滨州渤海活塞股份有限公司			证券简称	渤海活塞
	法人代表	林风华	董秘	季军	证券代码	600960
	公司网址	www.bhpiston.com		电子信箱	dsh@bhpiston.com	
	电　话	0543-3288868 3288656		传　真	0543-3288899	
	办公地址	山东省滨州市渤海二十一路569号				
	经营范围	活塞、机械、汽车等部件的生产销售等				

主要财务指标	指标＼报告期	2011.06.30	2010.12.31	2010.06.30	2009.12.31
	每股收益(元)	0.3188	0.7500	0.3144	0.3200
	每股收益(扣除)(元)	0.3107	0.8400	0.3241	0.2900
	每股净资产(元)	5.1690	4.9200	4.4900	4.2300
	调整后每股净资产(元)	–	–	–	–
	每股资本公积金(元)	2.0586	2.0586	2.0586	2.0586
	每股盈余公积金(元)	0.2928	0.2928	0.2259	0.2928
	每股未分配利润(元)	1.8176	1.5687	1.2006	1.5687
	每股现金净流量(元)	0.5155	–0.2413	–0.2340	–2.4573
	每股经营现金净流量(元)	1.1920	1.7561	0.4980	0.3503
	净资产收益率(扣除)(%)	–	18.4000	–	7.1200
	净资产收益率(%)	6.1680	15.2300	7.0090	7.4550
	总资产(万)	212389.65	207487.53	204199.45	198033.21
	股东权益(万)	84162.43	80110.16	73028.48	68886.56
	主营业务收入(万)	91873.15	170475.34	85418.76	118092.43
	主营成本(万)	72836.52	130751.94	65152.70	90153.92
	营业收入(万)	96991.34	176751.06	88210.18	122328.80
	营业成本(万)	77652.18	136283.84	67780.18	94912.82
	投资收益(万)	–	–	–	–
	利润总额(万)	6451.47	14894.25	6351.72	6413.51
	净利润(万)	5190.76	12200.54	5118.86	5135.25

株洲冶炼集团股份有限公司

公司概况	公司名称	株洲冶炼集团股份有限公司			证券简称	株冶集团
	法人代表	傅少武	董秘	刘伟清	证券代码	600961
	公司网址	www.torchcn.com		电子信箱	600961@secure.sse.com.cn	
	电　话	0731-28392172		传　真	0731-28390145	
	办公地址	湖南省株洲市石峰区清水塘				
	经营范围	锌及锌合金、工业硫酸的生产和销售				

主要财务指标	指标\报告期	2011.06.30	2010.12.31	2010.06.30	2009.12.31
	每股收益(元)	–0.1500	0.0300	–0.4219	0.1330
	每股收益(扣除)(元)	–0.2800	–0.0500	–0.3436	0.1650
	每股净资产(元)	3.8300	4.0900	3.3880	4.1000
	调整后每股净资产(元)	–	–	–	–
	每股资本公积金(元)	2.0451	2.1544	1.9065	2.0410
	每股盈余公积金(元)	0.1803	0.1803	0.1791	0.1791
	每股未分配利润(元)	0.6131	0.7613	0.3074	0.8793
	每股现金净流量(元)	0.1479	–0.0039	–0.1813	–0.5189
	每股经营现金净流量(元)	0.3534	0.5889	–0.6409	–1.7257
	净资产收益率(扣除)(%)	–	–1.2200	–	4.2200
	净资产收益率(%)	–3.8660	0.8110	–12.4510	3.2450
	总资产(万)	671755.88	651428.45	651182.12	637477.04
	股东权益(万)	202191.28	215820.34	178718.23	215977.71
	主营业务收入(万)	598860.14	1253521.09	561798.88	1175728.56
	主营成本(万)	576514.30	1182757.04	539149.74	1104802.12
	营业收入(万)	602007.26	1261794.39	565001.07	1180900.20
	营业成本(万)	579190.61	1189194.77	542208.45	1109430.53
	投资收益(万)	–	–	–	–
	利润总额(万)	–6610.38	2613.66	–22773.54	8552.39
	净利润(万)	–7816.09	1750.92	–22252.07	7007.62

国投中鲁果汁股份有限公司

公司概况	公司名称	国投中鲁果汁股份有限公司			证券简称	国投中鲁
	法人代表	郝建	董秘	庞甲青	证券代码	600962
	公司网址	www.sdiczl.com		电子信箱	600962@sdiczl.com	
	电　话	010-88009021		传　真	010-88009099	
	办公地址	北京市西城区阜成门外大街2号万通新世界广场B座21层				
	经营范围	浓缩果蔬汁的生产和销售等				

主要财务指标	指标\报告期	2011.06.30	2010.12.31	2010.06.30	2009.12.31
	每股收益(元)	0.1030	–0.2880	–0.1180	0.0350
	每股收益(扣除)(元)	0.1030	–0.3279	–0.1230	0.0410
	每股净资产(元)	4.7930	4.6905	4.8630	4.9800
	调整后每股净资产(元)	–	–	–	–
	每股资本公积金(元)	2.9491	2.9491	2.9491	2.9491
	每股盈余公积金(元)	0.1811	0.1811	0.1811	0.1811
	每股未分配利润(元)	0.6586	0.5552	0.7259	0.8436
	每股现金净流量(元)	0.2058	–0.1622	–0.4201	–0.0498
	每股经营现金净流量(元)	3.2270	–3.1054	–0.0926	0.7161
	净资产收益率(扣除)(%)	–	–6.5300	–	0.8200
	净资产收益率(%)	2.1560	–6.1470	–2.4210	0.7060
	总资产(万)	150259.64	202730.61	139818.19	163014.80
	股东权益(万)	96676.57	94607.32	98077.77	100457.57
	主营业务收入(万)	67431.79	94932.53	34798.08	90160.05
	主营成本(万)	50979.05	81334.72	30048.34	72651.41
	营业收入(万)	67566.27	93383.64	35031.80	90544.68
	营业成本(万)	51262.59	80045.18	30428.34	72764.98
	投资收益(万)	–	–	–	–
	利润总额(万)	4479.34	–5063.61	–2788.77	724.47
	净利润(万)	2084.26	–5815.77	–2374.47	708.88

岳阳林纸股份有限公司

公司概况	公司名称	岳阳林纸股份有限公司			证券简称	岳阳林纸
	法人代表	童来明	董秘	施湘燕	证券代码	600963
	公司网址	www.yypaper.com		电子信箱	zq@tigerfp.com	
	电　话	0730-8590330 8590683		传　真	0730-8562203	
	办公地址	湖南省岳阳市城陵矶洪家洲				
	经营范围	纸浆、机制纸的制造、销售等				

主要财务指标	指标\报告期	2011.06.30	2010.12.31	2010.06.30	2009.12.31
	每股收益(元)	0.1635	0.2200	0.1986	0.1300
	每股收益(扣除)(元)	0.1600	0.1800	0.1800	0.1300
	每股净资产(元)	5.3379	5.1994	4.7000	4.6200
	调整后每股净资产(元)	–	–	–	–
	每股资本公积金(元)	3.4402	3.4402	2.8272	2.8272
	每股盈余公积金(元)	0.1695	0.1695	0.1993	0.1993
	每股未分配利润(元)	0.7282	0.5898	0.6699	0.5911
	每股现金净流量(元)	–0.9468	1.1782	0.3467	–
	每股经营现金净流量(元)	–0.0332	0.2632	1.8383	–
	净资产收益率(扣除)(%)	–	4.1400	–	2.9500
	净资产收益率(%)	3.0620	3.4280	2.7420	3.1182
	总资产(万)	1657836.61	1692772.10	1015221.69	999405.41
	股东权益(万)	450070.81	438395.77	306300.67	301162.34
	主营业务收入(万)	328980.32	458824.44	260055.84	297460.13
	主营成本(万)	269808.89	381421.17	198327.98	241751.59
	营业收入(万)	343570.62	476822.88	274552.05	303853.87
	营业成本(万)	276225.60	394217.50	210984.39	246593.79
	投资收益(万)	–	–	–	–
	利润总额(万)	14650.49	17156.43	17435.06	10620.58
	净利润(万)	13782.94	15727.08	16743.19	9390.96

河北福成五丰食品股份有限公司

公司概况	公司名称	河北福成五丰食品股份有限公司			证券简称	福成五丰
	法人代表	李福成	董秘	宋宝贤	证券代码	600965
	公司网址	www.fucheng.net		电子信箱	songbaoxian@vip.sina.com	
	电　话	010-61595607		传　真	010-61595618	
	办公地址	河北省三河市燕郊经济技术开发区				
	经营范围	禽畜养殖、繁育;禽畜屠宰、加工及冷藏等				

主要财务指标	指标\报告期	2011.06.30	2010.12.31	2010.06.30	2009.12.31
	每股收益(元)	0.0255	–0.1200	–0.0183	0.0200
	每股收益(扣除)(元)	0.0237	–0.0100	–0.0184	0.0100
	每股净资产(元)	1.7198	1.8256	1.8256	1.8400
	调整后每股净资产(元)	–	–	–	–
	每股资本公积金(元)	0.5543	0.5543	0.5543	0.5543
	每股盈余公积金(元)	0.1009	0.1009	0.1009	0.1009
	每股未分配利润(元)	0.0646	0.0391	0.1703	0.1887
	每股现金净流量(元)	0.2274	–0.0031	–0.0310	–0.0151
	每股经营现金净流量(元)	0.1239	0.0728	0.1324	0.2007
	净资产收益率(扣除)(%)	–	–0.3700	–	0.7900
	净资产收益率(%)	1.4800	–7.0560	–1.0040	0.9440
	总资产(万)	65194.85	59913.53	59913.53	66517.61
	股东权益(万)	48051.90	51007.36	51007.36	51519.26
	主营业务收入(万)	24522.91	49725.02	24107.82	51720.62
	主营成本(万)	21478.08	45134.53	22320.27	46925.90
	营业收入(万)	25353.08	50541.83	24395.95	52687.28
	营业成本(万)	22112.67	45866.74	22534.19	47567.94
	投资收益(万)	–	–	–	–
	利润总额(万)	711.32	–4558.48	–477.49	822.28
	净利润(万)	711.32	–3340.48	–511.90	486.35

山东博汇纸业股份有限公司

公司概况	公司名称	山东博汇纸业股份有限公司			证券简称	博汇纸业
	法人代表	杨振兴	董秘	杨国栋	证券代码	600966
	公司网址	www.bohui.net		电子信箱	zqb@bohui.com	
	电　话	0533-8539966		传　真	0533-8539966	
	办公地址	山东省淄博市桓台县马桥镇工业路北首				
	经营范围	从事胶印纸、书写纸、包装纸、纸板、造纸木浆的生产、销售等				

主要财务指标	指标\报告期	2011.06.30	2010.12.31	2010.06.30	2009.12.31
	每股收益(元)	0.2476	0.3231	0.1869	0.3952
	每股收益(扣除)(元)	0.2475	0.3173	0.1867	0.3992
	每股净资产(元)	6.0829	5.8900	5.8603	5.6700
	调整后每股净资产(元)	–	–	–	–
	每股资本公积金(元)	2.3866	2.3866	2.4978	2.4978
	每股盈余公积金(元)	0.3816	0.3816	0.3572	0.3572
	每股未分配利润(元)	2.3146	2.1171	2.0053	1.8184
	每股现金净流量(元)	0.5107	–0.3766	0.1308	0.0689
	每股经营现金净流量(元)	0.4819	–0.5464	0.0931	1.0740
	净资产收益率(扣除)(%)	–	5.5400	–	7.7100
	净资产收益率(%)	4.0700	5.4900	3.1890	6.9650
	总资产(万)	716773.43	664770.04	625772.87	585368.32
	股东权益(万)	306928.42	296959.85	295696.47	286265.57
	主营业务收入(万)	272039.95	454577.16	198078.05	312242.52
	主营成本(万)	223189.77	379875.03	162360.36	257641.33
	营业收入(万)	272040.01	460585.75	200871.52	312246.32
	营业成本(万)	223189.77	385531.59	164881.41	257641.51
	投资收益(万)	–	–	–	–
	利润总额(万)	17395.77	23663.87	13012.94	28286.68
	净利润(万)	12491.46	16302.74	9430.30	19939.10

包头北方创业股份有限公司

公司概况	公司名称	包头北方创业股份有限公司			证券简称	北方创业
	法人代表	李金泉	董秘		证券代码	600967
	公司网址	www.bfcy.cc		电子信箱	bcssh@163.com	
	电　话	0472-3116791		传　真	0472-3117182	
	办公地址	包头市青山区民主路				
	经营范围	研制、开发、生产、销售铁路车辆,压力容器,车辆配件及进出口等				

主要财务指标	指标\报告期	2011.06.30	2010.12.31	2010.06.30	2009.12.31
	每股收益(元)	0.3580	0.3320	0.1750	0.2580
	每股收益(扣除)(元)	0.3440	0.3490	0.1660	0.2310
	每股净资产(元)	5.5590	5.4110	5.2540	5.1300
	调整后每股净资产(元)	–	–	–	–
	每股资本公积金(元)	3.3464	3.3464	3.3464	3.3464
	每股盈余公积金(元)	0.1935	0.1935	0.1659	0.1659
	每股未分配利润(元)	1.0193	0.8706	0.7418	0.6163
	每股现金净流量(元)	0.4610	1.6582	0.9068	–
	每股经营现金净流量(元)	0.7966	1.9503	0.6577	–
	净资产收益率(扣除)(%)	–	6.6200	–	4.6000
	净资产收益率(%)	6.4420	6.1340	3.3400	5.0250
	总资产(万)	272427.09	237813.42	252738.41	215114.23
	股东权益(万)	96302.95	93726.36	91017.12	88843.13
	主营业务收入(万)	146628.61	277725.30	138231.84	239686.85
	主营成本(万)	127992.33	249375.09	126556.05	217916.77
	营业收入(万)	155432.30	289139.93	139684.23	240332.28
	营业成本(万)	136698.28	259705.94	127934.10	218265.49
	投资收益(万)	–	–	–	–
	利润总额(万)	7624.44	7837.29	3806.67	5753.50
	净利润(万)	6204.06	5749.37	3040.14	4464.10

湖南郴电国际发展股份有限公司

公司概况	公司名称	湖南郴电国际发展股份有限公司			证券简称	郴电国际
	法人代表	付国	董秘	袁志勇	证券代码	600969
	公司网址	www.chinacdi.com		电子信箱	cdizqb@chinacdi.com	
	电　话	0735-2339226 2339232		传　真	0735-2339206 2339226	
	办公地址	湖南省郴州市青年大道民生路口万国大厦				
	经营范围	电力供应和中、小水电综合开发等				

主要财务指标	指标\报告期	2011.06.30	2010.12.31	2010.06.30	2009.12.31
	每股收益(元)	0.1980	0.3967	0.2120	0.2967
	每股收益(扣除)(元)	0.1900	0.4161	0.2140	0.2698
	每股净资产(元)	4.2300	3.8000	3.5400	3.1970
	调整后每股净资产(元)	–	–	–	–
	每股资本公积金(元)	3.0994	2.8646	2.7985	2.6641
	每股盈余公积金(元)	0.1155	0.1155	0.1155	0.1155
	每股未分配利润(元)	–0.0173	–0.2156	–0.4008	–0.6123
	每股现金净流量(元)	–0.8294	1.6786	1.9988	1.2902
	每股经营现金净流量(元)	0.7455	1.3081	0.4912	0.8456
	净资产收益率(扣除)(%)	–	12.2500	–	11.6300
	净资产收益率(%)	4.6880	10.4450	5.9720	9.2810
	总资产(万)	391915.87	390148.67	356529.06	308366.16
	股东权益(万)	88950.92	79860.25	74491.52	67227.12
	主营业务收入(万)	87731.75	166074.30	79665.12	141992.65
	主营成本(万)	69812.30	129860.31	63742.92	114531.99
	营业收入(万)	89125.08	168656.38	82349.63	144058.16
	营业成本(万)	69913.95	130649.80	64107.57	115682.95
	投资收益(万)	–	–	–	–
	利润总额(万)	9262.80	18923.35	9621.21	13030.39
	净利润(万)	4170.09	8341.64	4448.78	6239.56

中国中材国际工程股份有限公司

公司概况	公司名称	中国中材国际工程股份有限公司			证券简称	中材国际
	法人代表	王伟	董秘	蒋中文	证券代码	600970
	公司网址	www.sinoma.com.cn		电子信箱	600970@sinoma.com.cn	
	电　话	010-64399502 64399501		传　真	010-64399500	
	办公地址	北京市朝阳区望京北路16号中材国际大厦				
	经营范围	大中型新型干法水泥生产线的建设,包括水泥生产线的研发与设计、装备采购等				

主要财务指标	指标\报告期	2011.06.30	2010.12.31	2010.06.30	2009.12.31
	每股收益(元)	0.8100	1.8800	0.6900	1.0300
	每股收益(扣除)(元)	0.8300	1.7500	0.6500	1.0600
	每股净资产(元)	4.4500	3.6500	3.5643	2.7800
	调整后每股净资产(元)	–	–	–	–
	每股资本公积金(元)	0.4151	0.4980	0.4888	1.4930
	每股盈余公积金(元)	0.2162	0.1906	0.1752	0.2169
	每股未分配利润(元)	2.7649	2.6399	1.8766	2.2157
	每股现金净流量(元)	–2.1195	1.3972	–0.4873	–0.6217
	每股经营现金净流量(元)	–2.1742	1.9760	–0.2965	1.9405
	净资产收益率(扣除)(%)	–	48.5400	–	44.7400
	净资产收益率(%)	18.2380	42.8940	23.2750	35.2808
	总资产(万)	1808791.33	1779561.84	1775090.96	1692644.54
	股东权益(万)	405067.70	332356.71	270611.91	210919.65
	主营业务收入(万)	1045856.71	2385777.53	1032979.17	1795096.21
	主营成本(万)	885567.49	2056793.62	890373.01	1570972.65
	营业收入(万)	1048959.03	2393304.59	1035190.28	1801316.12
	营业成本(万)	886409.76	2058905.94	891431.95	1573796.25
	投资收益(万)	–	–	–	–
	利润总额(万)	88911.90	180346.75	79198.45	107611.90
	净利润(万)	73877.59	142560.68	62986.04	74414.18

安徽恒源煤电股份有限公司

公司概况	公司名称	安徽恒源煤电股份有限公司		证券简称	恒源煤电
	法人代表	龚乃勤	董秘 郝宗典	证券代码	600971
	公司网址	www.ahhymd.com.cn		电子信箱	hymd600971@163.com
	电　话	0557-3982147		传　真	0557-3982260
	办公地址	安徽省宿州市西昌路 157 号			
	经营范围	煤炭开采、洗选、销售等			

主要财务指标	指标＼报告期	2011.06.30	2010.12.31	2010.06.30	2009.12.31
	每股收益(元)	1.2900	2.3700	1.3100	1.4100
	每股收益(扣除)(元)	1.2800	2.3700	1.3100	1.2800
	每股净资产(元)	13.5500	12.4900	9.3200	7.7400
	调整后每股净资产(元)	–	–	–	–
	每股资本公积金(元)	6.1161	6.1161	3.0204	3.0204
	每股盈余公积金(元)	0.6690	0.6690	0.5239	0.5239
	每股未分配利润(元)	4.5720	4.0822	3.6582	2.3469
	每股现金净流量(元)	–0.1953	0.6038	–0.2995	0.6823
	每股经营现金净流量(元)	1.9371	2.4437	1.3406	4.5062
	净资产收益率(扣除)(%)	–	25.1800	–	17.3100
	净资产收益率(%)	9.5170	17.3620	14.0660	17.0550
	总资产(万)	1222646.89	1181217.46	1140320.84	1078310.26
	股东权益(万)	594214.71	547794.20	367642.13	305087.64
	主营业务收入(万)	408501.23	656999.11	348087.28	508956.96
	主营成本(万)	298364.53	479070.92	249509.04	390027.89
	营业收入(万)	448214.37	699024.90	365679.67	534217.98
	营业成本(万)	329981.96	509254.72	263034.55	404194.48
	投资收益(万)	–	–	–	–
	利润总额(万)	78788.07	127233.39	68873.09	73100.55
	净利润(万)	56552.65	95106.95	51713.95	52031.43

宝胜科技创新股份有限公司

公司概况	公司名称	宝胜科技创新股份有限公司		证券简称	宝胜股份
	法人代表	孙振华	董秘 夏成军	证券代码	600973
	公司网址	www.baoshengcable.com		电子信箱	600973@baosheng.cn
	电　话	0514-88248896 88248877		传　真	0514-88248897
	办公地址	江苏省扬州市宝应县安宜镇苏中路 1 号			
	经营范围	电线电缆产品的设计、研发、制造与销售等			

主要财务指标	指标＼报告期	2011.06.30	2010.12.31	2010.06.30	2009.12.31
	每股收益(元)	–0.1300	0.6000	0.3100	0.6700
	每股收益(扣除)(元)	–0.1900	0.5400	0.2700	0.4600
	每股净资产(元)	8.8850	6.7220	5.7990	6.4100
	调整后每股净资产(元)	–	–	–	–
	每股资本公积金(元)	5.2618	2.1386	1.5071	2.3310
	每股盈余公积金(元)	0.4073	0.5304	0.4788	0.4788
	每股未分配利润(元)	2.2161	3.0530	2.8135	2.6013
	每股现金净流量(元)	4.0823	0.3332	0.3012	0.3081
	每股经营现金净流量(元)	–0.3904	0.8309	–0.2610	1.2509
	净资产收益率(扣除)(%)	–	8.1400	–	9.1300
	净资产收益率(%)	–1.4440	8.9760	5.3840	10.5134
	总资产(万)	432535.33	326009.97	295273.91	254484.36
	股东权益(万)	180506.00	104864.04	90470.55	100013.04
	主营业务收入(万)	285639.06	555011.75	239553.18	372353.24
	主营成本(万)	267409.96	505178.43	217759.79	326665.72
	营业收入(万)	296609.73	576587.29	247472.44	387898.29
	营业成本(万)	278883.40	526115.97	225953.31	341871.49
	投资收益(万)	–	–	–	–
	利润总额(万)	–2499.73	11470.85	5857.60	12514.31
	净利润(万)	–2606.16	9412.58	4870.56	10514.77

湖南新五丰股份有限公司

公司概况	公司名称	湖南新五丰股份有限公司		证券简称	新五丰
	法人代表	邱卫	董秘 罗雁飞	证券代码	600975
	公司网址	www.newwf.com		电子信箱	nwf_123456@126.com
	电　话	0731-84449588 811		传　真	0731-84449593
	办公地址	湖南省长沙市五一西路 2 号"第一大道"19、20 楼			
	经营范围	生猪养殖和供港澳出口与内销等			

主要财务指标	指标＼报告期	2011.06.30	2010.12.31	2010.06.30	2009.12.31
	每股收益(元)	0.0800	0.0800	0.0200	0.1200
	每股收益(扣除)(元)	0.0900	0.0400	0.0010	0.0500
	每股净资产(元)	2.6260	2.5410	2.4770	2.5800
	调整后每股净资产(元)	–	–	–	–
	每股资本公积金(元)	1.2334	1.2334	1.2334	1.2334
	每股盈余公积金(元)	0.1577	0.1577	0.1544	0.1544
	每股未分配利润(元)	0.2348	0.1501	0.0892	0.1914
	每股现金净流量(元)	–0.2267	0.2944	0.3562	–0.1137
	每股经营现金净流量(元)	0.5019	0.1436	–0.1065	–0.3204
	净资产收益率(扣除)(%)	0.0900	1.7000	–	1.8500
	净资产收益率(%)	3.2240	3.2250	0.7190	4.6640
	总资产(万)	64087.76	67861.87	90490.81	75665.25
	股东权益(万)	47337.85	45811.48	44655.04	46497.40
	主营业务收入(万)	40512.83	87667.52	31714.79	57392.93
	主营成本(万)	34830.35	84358.69	30475.63	51732.02
	营业收入(万)	40535.00	87725.13	31750.24	57473.69
	营业成本(万)	34834.14	84377.44	30510.00	51766.21
	投资收益(万)	–	–	–	–
	利润总额(万)	1656.22	2470.66	1014.65	2100.38
	净利润(万)	1526.37	1477.41	320.96	2168.81

武汉健民药业集团股份有限公司

公司概况	公司名称	武汉健民药业集团股份有限公司		证券简称	武汉健民
	法人代表	何勤	董秘 杜明德	证券代码	600976
	公司网址	www.whjm.com		电子信箱	mingde.du@holley.cn
	电　话	027-84523350		传　真	027-84523350
	办公地址	武汉市汉阳区鹦鹉大道 484 号			
	经营范围	中成药的研究、制造、开发及经营等			

主要财务指标	指标＼报告期	2011.06.30	2010.12.31	2010.06.30	2009.12.31
	每股收益(元)	0.2400	0.4700	0.2000	0.3200
	每股收益(扣除)(元)	0.1644	0.3300	0.1627	0.2200
	每股净资产(元)	5.2692	5.3564	5.0915	5.0600
	调整后每股净资产(元)	–	–	–	–
	每股资本公积金(元)	2.1038	2.0804	2.0822	2.0978
	每股盈余公积金(元)	0.6451	0.6451	0.5910	0.5910
	每股未分配利润(元)	1.5668	1.6308	1.4183	1.3724
	每股现金净流量(元)	–0.8653	–0.3609	–0.9463	0.3255
	每股经营现金净流量(元)	–0.6983	0.9784	0.4302	0.4348
	净资产收益率(扣除)(%)	4.4780	8.7250	3.8480	6.2930
	净资产收益率(%)	4.6000	8.9700	3.9200	6.4900
	总资产(万)	118398.79	107759.43	118615.84	129610.25
	股东权益(万)	83516.00	84880.93	82990.76	82031.51
	主营业务收入(万)	72795.15	155580.32	80379.28	151965.55
	主营成本(万)	56441.56	125201.51	64133.67	124832.72
	营业收入(万)	74227.51	157198.55	80941.57	153386.57
	营业成本(万)	56441.56	125201.51	64133.67	124856.15
	投资收益(万)	168.40	1102.03	648.76	1164.96
	利润总额(万)	4382.63	8803.72	3555.13	5895.33
	净利润(万)	3619.63	7168.62	3005.49	4885.78

广东省宜华木业股份有限公司

公司概况

公司名称	广东省宜华木业股份有限公司			证券简称	宜华木业
法人代表	刘绍喜	董秘	刘伟宏	证券代码	600978
公司网址	www.yihuatimber.com		电子信箱	600978@yihuatimber.com	
电　　话	0754-85100989		传　　真	0754-85100797	
办公地址	广东省汕头市澄海区莲下槐东工业区				
经营范围	木家具、木地板、等木制品的生产和销售等				

主要财务指标

指标\报告期	2011.06.30	2010.12.31	2010.06.30	2009.12.31
每股收益(元)	0.1400	0.2400	0.1900	0.2900
每股收益(扣除)(元)	0.1400	0.2400	0.1900	0.3000
每股净资产(元)	3.4770	3.3900	3.0320	2.8800
调整后每股净资产(元)	–	–	–	–
每股资本公积金(元)	1.2724	1.2724	0.7885	0.7919
每股盈余公积金(元)	0.1457	0.1457	0.1426	0.1426
每股未分配利润(元)	1.0683	0.9801	1.1013	0.9442
每股现金净流量(元)	0.1963	0.5628	–0.1615	0.1805
每股经营现金净流量(元)	0.4844	0.1139	0.0716	0.0642
净资产收益率(扣除)(%)	–	7.9700	–	11.0800
净资产收益率(%)	3.9750	6.2900	6.4990	10.2138
总资产(万)	637991.63	603760.53	492952.16	461597.01
股东权益(万)	400744.89	391117.73	304651.27	289206.96
主营业务收入(万)	130722.42	244435.57	120828.46	214650.65
主营成本(万)	92873.17	174332.38	85490.33	154491.35
营业收入(万)	131914.32	244825.07	121008.21	214871.25
营业成本(万)	93897.28	174518.47	85572.19	154493.32
投资收益(万)	–	–	–	–
利润总额(万)	19619.01	30032.10	23011.54	35249.94
净利润(万)	15928.50	24601.13	19798.72	29538.93

四川广安爱众股份有限公司

公司概况

公司名称	四川广安爱众股份有限公司			证券简称	广安爱众
法人代表	罗庆红	董秘	余正军	证券代码	600979
公司网址	www.sc-aaa.com		电子信箱	yzj3059@sc-aaa.com	
电　　话	0826-2983059 2983049		传　　真	0826-2983358	
办公地址	四川省广安市广安区渠江北路 86 号				
经营范围	水力发电和电力供应;天然气供应;自来水生产和供应等				

主要财务指标

指标\报告期	2011.06.30	2010.12.31	2010.06.30	2009.12.31
每股收益(元)	0.0234	0.2200	0.0960	0.2000
每股收益(扣除)(元)	0.0204	0.2100	0.0945	0.2000
每股净资产(元)	1.4783	2.9300	1.9198	1.8200
调整后每股净资产(元)	–	–	–	–
每股资本公积金(元)	0.2696	1.4392	0.4450	0.4450
每股盈余公积金(元)	0.0380	0.0761	0.0859	0.0859
每股未分配利润(元)	0.1697	0.4127	0.3858	0.2899
每股现金净流量(元)	–0.0306	1.3466	0.1883	0.2503
每股经营现金净流量(元)	0.1736	0.3888	0.2691	0.5242
净资产收益率(扣除)(%)	–	9.4800	–	11.7700
净资产收益率(%)	1.5810	6.3930	4.9990	11.1040
总资产(万)	319270.72	310496.32	150760.64	144390.03
股东权益(万)	87649.63	86856.58	45661.85	43399.74
主营业务收入(万)	40811.60	69112.23	31635.22	56887.50
主营成本(万)	28631.22	44366.02	20222.90	34789.93
营业收入(万)	43686.68	75703.05	34359.13	61516.18
营业成本(万)	30169.22	47391.58	21686.79	37167.41
投资收益(万)	–	–	–	–
利润总额(万)	1847.83	7837.00	3334.80	6864.09
净利润(万)	1385.78	5552.64	2282.71	4819.09

北矿磁材科技股份有限公司

公司概况

公司名称	北矿磁材科技股份有限公司			证券简称	北矿磁材
法人代表	蒋开喜	董秘	李阳	证券代码	600980
公司网址	www.magmat.com		电子信箱	magmat@magmat.com	
电　　话	010-67537184		传　　真	010-67583947	
办公地址	北京市丰台区南四环西路 188 号六区 5 号楼				
经营范围	磁性材料和磁器件的研发、生产和销售等				

主要财务指标

指标\报告期	2011.06.30	2010.12.31	2010.06.30	2009.12.31
每股收益(元)	–0.0343	0.0224	–0.0247	–0.3812
每股收益(扣除)(元)	–0.0356	0.0214	–0.0260	–0.3297
每股净资产(元)	2.1711	2.2000	2.1500	2.1657
调整后每股净资产(元)	–	–	–	–
每股资本公积金(元)	1.3008	1.2955	1.2887	1.2835
每股盈余公积金(元)	0.1448	0.1448	0.1448	0.1448
每股未分配利润(元)	–0.2745	–0.2402	–0.2873	–0.2626
每股现金净流量(元)	–0.0040	0.0476	–0.0060	–0.1162
每股经营现金净流量(元)	0.1183	0.1990	–0.0281	0.1734
净资产收益率(扣除)(%)	–	0.9800	–	–14.1000
净资产收益率(%)	–1.5790	1.0170	–1.1500	–17.6025
总资产(万)	41256.07	42737.44	42438.21	41295.40
股东权益(万)	28223.98	28600.50	27900.07	28153.95
主营业务收入(万)	14848.81	33060.12	15071.14	21413.71
主营成本(万)	12970.06	27833.92	12788.17	20799.06
营业收入(万)	14856.71	33196.74	15157.38	21528.37
营业成本(万)	12974.66	27955.95	12901.59	20991.23
投资收益(万)	–	–	–	–
利润总额(万)	–571.90	588.72	–238.16	–4966.38
净利润(万)	–445.57	290.87	–320.96	–4955.80

江苏开元股份有限公司

公司概况

公司名称	江苏开元股份有限公司			证券简称	江苏开元
法人代表	蒋金华	董秘	晋永甫	证券代码	600981
公司网址	www.jstex.com		电子信箱	board@jstex.com	
电　　话	025-86648112		传　　真	025-84400800	
办公地址	江苏省南京市户部街 15 号				
经营范围	纺织品及服装的进出口业务等				

主要财务指标

指标\报告期	2011.06.30	2010.12.31	2010.06.30	2009.12.31
每股收益(元)	0.0628	0.1481	0.0682	0.1567
每股收益(扣除)(元)	0.0275	0.0620	0.0167	0.0531
每股净资产(元)	1.7900	1.8000	1.7384	1.7300
调整后每股净资产(元)	–	–	–	–
每股资本公积金(元)	0.1334	0.1575	0.1115	0.1746
每股盈余公积金(元)	0.2672	0.2672	0.2527	0.2527
每股未分配利润(元)	0.3901	0.3773	0.3745	0.3037
每股现金净流量(元)	0.3578	–0.3011	–0.3911	0.2797
每股经营现金净流量(元)	0.0336	–0.1094	–0.2293	1.0431
净资产收益率(扣除)(%)	–	3.4800	–	3.2800
净资产收益率(%)	3.5070	8.2180	3.9240	9.0550
总资产(万)	295453.54	254028.16	253155.45	257027.38
股东权益(万)	92403.19	92988.24	89720.89	89326.21
主营业务收入(万)	–	–	–	–
主营成本(万)	–	–	–	–
营业收入(万)	325323.56	552216.87	276607.94	487751.58
营业成本(万)	310848.97	523784.81	263424.57	459329.29
投资收益(万)	–	–	–	–
利润总额(万)	5165.82	12307.34	5240.55	12499.44
净利润(万)	3240.89	7642.12	3520.34	8088.45

宁波热电股份有限公司

公司概况	公司名称	宁波热电股份有限公司		证券简称	宁波热电
	法人代表	王凌云	董秘	乐碧宏	证券代码	600982
	公司网址	www.nbtp.com.cn		电子信箱	nbtp@nbtp.com.cn
	电　　话	0574-86897102		传　　真	0574-87008281
	办公地址	宁波市海曙区解放北路 128 号新金穗大厦 12F			
	经营范围	电力电量、热量、灰渣的生产及其咨询服务;热力供应			

主要财务指标	指标\报告期	2011.06.30	2010.12.31	2010.06.30	2009.12.31
	每股收益(元)	0.3105	0.4662	0.2126	0.2752
	每股收益(扣除)(元)	0.1566	0.3497	0.1357	0.2407
	每股净资产(元)	3.9000	3.6100	2.6200	2.5100
	调整后每股净资产(元)	–	–	–	–
	每股资本公积金(元)	1.6626	1.5868	0.8442	0.8442
	每股盈余公积金(元)	0.1907	0.1907	0.1677	0.1677
	每股未分配利润(元)	1.0501	0.8395	0.6089	0.4963
	每股现金净流量(元)	-2.3837	1.8074	-0.5281	1.6552
	每股经营现金净流量(元)	-0.8920	0.2497	0.1177	0.9274
	净资产收益率(扣除)(%)	–	13.0300	–	9.9400
	净资产收益率(%)	7.9550	12.8900	8.1120	10.9705
	总资产(万)	99728.76	110187.41	69892.97	81523.28
	股东权益(万)	65576.53	60765.62	44028.70	42137.12
	主营业务收入(万)	36633.36	81265.95	15384.51	93818.08
	主营成本(万)	31030.92	74041.37	11532.61	83348.12
	营业收入(万)	37804.66	85908.71	16375.79	93910.97
	营业成本(万)	31061.96	74041.83	11532.61	83348.12
	投资收益(万)	–	–	–	–
	利润总额(万)	7302.67	10796.33	4729.55	6373.45
	净利润(万)	5216.79	7832.69	3571.58	4622.66

合肥荣事达三洋电器股份有限公司

公司概况	公司名称	合肥荣事达三洋电器股份有限公司		证券简称	合肥三洋
	法人代表	金友华	董秘	方斌	证券代码	600983
	公司网址	www.hf-sanyo.cn		电子信箱	hs1029@hf-sanyo.com
	电　　话	0551-5338028		传　　真	0551-5320313
	办公地址	安徽省合肥市高新技术产业开发区北区 L-2 号			
	经营范围	洗衣机,冰箱,冷冻箱,冷藏箱,微波炉,洁身器,空气净化器等相关产品等			

主要财务指标	指标\报告期	2011.06.30	2010.12.31	2010.06.30	2009.12.31
	每股收益(元)	0.3300	0.5700	0.3000	0.3900
	每股收益(扣除)(元)	0.3300	0.5400	0.2800	0.3700
	每股净资产(元)	2.1960	1.9700	2.7675	1.4900
	调整后每股净资产(元)	–	–	–	–
	每股资本公积金(元)	0.0314	0.0314	0.3503	0.3503
	每股盈余公积金(元)	0.2127	0.2127	0.2974	0.2496
	每股未分配利润(元)	0.9519	0.7223	1.1198	0.7892
	每股现金净流量(元)	-0.0257	0.4360	0.7645	0.0496
	每股经营现金净流量(元)	0.2004	0.9217	1.3975	0.4992
	净资产收益率(扣除)(%)	–	31.0900	–	27.6100
	净资产收益率(%)	15.0110	28.8320	17.2890	25.9733
	总资产(万)	295484.60	316782.16	243710.01	197881.42
	股东权益(万)	117002.13	104766.76	92159.11	79555.64
	主营业务收入(万)	175544.74	298538.91	138222.71	198224.82
	主营成本(万)	119871.38	198211.83	90389.51	114893.07
	营业收入(万)	179829.51	305064.80	141069.06	202172.91
	营业成本(万)	124475.83	204025.51	92690.16	118274.98
	投资收益(万)	–	–	–	–
	利润总额(万)	20480.88	34926.34	18498.15	23704.82
	净利润(万)	17563.37	30206.11	15933.47	20663.26

陕西建设机械股份有限公司

公司概况	公司名称	陕西建设机械股份有限公司		证券简称	*ST 建机
	法人代表	杨宏军	董秘	白海红	证券代码	600984
	公司网址	www.scmc-xa.com		电子信箱	zqc_scmc_s@163.com
	电　　话	029-82592288		传　　真	029-82522830
	办公地址	陕西省西安市金花北路 418 号			
	经营范围	工程、建筑机械;起重机械成套装备;矿山机械成套装备等			

主要财务指标	指标\报告期	2011.06.30	2010.12.31	2010.06.30	2009.12.31
	每股收益(元)	-0.0200	0.1050	-0.0400	-0.1440
	每股收益(扣除)(元)	-0.0210	-0.0150	-0.0420	-0.1770
	每股净资产(元)	1.9060	1.9220	1.8600	2.3100
	调整后每股净资产(元)	–	–	–	–
	每股资本公积金(元)	1.7577	1.7577	1.8217	1.8217
	每股盈余公积金(元)	0.1166	0.1166	0.1166	0.1166
	每股未分配利润(元)	-0.9683	-0.9522	-1.0788	-1.0335
	每股现金净流量(元)	-0.1713	-0.1421	-0.2337	0.4579
	每股经营现金净流量(元)	-0.1241	0.1401	-0.1708	–
	净资产收益率(扣除)(%)	-0.8460	5.4390	-2.4300	-6.2320
	净资产收益率(%)	-0.8400	4.4300	-1.6100	-7.3300
	总资产(万)	83048.42	84010.70	76641.32	84010.28
	股东权益(万)	26979.01	27207.23	26321.77	26962.36
	主营业务收入(万)	27946.85	54813.82	22076.16	55101.02
	主营成本(万)	22106.12	44588.71	17601.66	47875.91
	营业收入(万)	28246.48	55279.88	22246.37	55609.71
	营业成本(万)	22302.27	44894.46	17716.38	48312.59
	投资收益(万)	–	1539.85	–	–
	利润总额(万)	-266.89	1715.48	-764.96	-2279.96
	净利润(万)	-228.22	1479.67	-520.88	-2037.34

安徽雷鸣科化股份有限公司

公司概况	公司名称	安徽雷鸣科化股份有限公司		证券简称	雷鸣科化
	法人代表	张海龙	董秘	周锋	证券代码	600985
	公司网址	www.lmkh.com		电子信箱	zhoufengdm@lmkh.com
	电　　话	0561-4948188 4948135		传　　真	0561-3091910
	办公地址	安徽省淮北市东山路 148 号			
	经营范围	民用爆破器材、高岭土产品的制造、加工、销售等			

主要财务指标	指标\报告期	2011.06.30	2010.12.31	2010.06.30	2009.12.31
	每股收益(元)	0.2300	0.5000	0.3000	0.5000
	每股收益(扣除)(元)	0.2300	0.5200	0.3000	0.4900
	每股净资产(元)	4.0261	3.7703	3.5443	3.3100
	调整后每股净资产(元)	–	–	–	–
	每股资本公积金(元)	1.2951	1.3044	1.3044	1.7653
	每股盈余公积金(元)	0.2766	0.2766	0.2329	0.2794
	每股未分配利润(元)	1.2924	1.0596	0.8948	0.8392
	每股现金净流量(元)	-0.2834	0.2299	0.0135	0.7656
	每股经营现金净流量(元)	0.0385	0.8454	0.3526	0.7649
	净资产收益率(扣除)(%)	–	14.6000	–	15.6100
	净资产收益率(%)	5.7810	13.3680	8.3370	15.0180
	总资产(万)	68962.56	59030.33	56393.62	51978.74
	股东权益(万)	43481.74	40718.67	38278.68	35796.40
	主营业务收入(万)	23791.08	45919.06	22420.30	41295.59
	主营成本(万)	14759.03	28001.49	13070.00	24766.32
	营业收入(万)	24548.42	47096.68	22846.82	42020.26
	营业成本(万)	16086.34	29137.90	13838.15	25467.23
	投资收益(万)	–	–	–	–
	利润总额(万)	3831.45	7832.78	4641.67	7429.83
	净利润(万)	2513.62	5443.09	3191.08	5375.88

科达集团股份有限公司

公司概况	公司名称	科达集团股份有限公司			证券简称	科达股份
	法人代表	刘锋杰	董秘	刘锋祥	证券代码	600986
	公司网址	www.keda-group.com		电子信箱	kedadm@keda-group.com	
	电　话	0546-8301806 8304191		传　真	0546-8304191	
	办公地址	山东省东营市广饶县大王经济技术开发区				
	经营范围	市政,公路,污水处理及给排水工程施工;交通防护器材加工等				

主要财务指标	指标\报告期	2011.06.30	2010.12.31	2010.06.30	2009.12.31
	每股收益(元)	0.3000	0.5000	0.0035	0.0300
	每股收益(扣除)(元)	0.3000	0.4900	-0.0001	-
	每股净资产(元)	3.5443	3.3100	1.9500	1.7500
	调整后每股净资产(元)	-	-	-	-
	每股资本公积金(元)	1.3044	1.7653	0.3151	0.3151
	每股盈余公积金(元)	0.2329	0.2794	0.2553	0.2334
	每股未分配利润(元)	0.8948	0.8392	0.3837	0.2057
	每股现金净流量(元)	0.0135	0.7656	0.2082	0.1827
	每股经营现金净流量(元)	0.3526	0.7649	0.1632	1.0174
	净资产收益率(扣除)(%)	-	15.6100	-	-
	净资产收益率(%)	8.3370	15.0180	0.1766	1.8300
	总资产(万)	56393.62	51978.74	155721.54	132223.25
	股东权益(万)	38278.68	35796.40	65513.57	58811.60
	主营业务收入(万)	22420.30	41295.59	29957.62	-
	主营成本(万)	13070.00	24766.32	27672.83	-
	营业收入(万)	22846.82	42020.26	30278.72	47799.01
	营业成本(万)	13838.15	25467.23	27696.07	39133.72
	投资收益(万)	-	-	-	-
	利润总额(万)	4641.67	7429.83	-469.20	853.85
	净利润(万)	3191.08	5375.88	115.67	1073.87

浙江航民股份有限公司

公司概况	公司名称	浙江航民股份有限公司			证券简称	航民股份
	法人代表	朱重庆	董秘	李军晓	证券代码	600987
	公司网址	www.hmgf.com		电子信箱	hmgf@hmgf.com	
	电　话	0571-82551588		传　真	0571-82553288	
	办公地址	浙江省杭州市萧山区瓜沥镇航民村				
	经营范围	纺织、印染及相关原辅材料的生产和销售,热电生产,煤炭的采购、销售等				

主要财务指标	指标\报告期	2011.06.30	2010.12.31	2010.06.30	2009.12.31
	每股收益(元)	0.2600	0.5600	0.2410	0.4000
	每股收益(扣除)(元)	0.2460	0.5400	0.2260	0.3600
	每股净资产(元)	3.4100	3.3300	3.0300	3.1400
	调整后每股净资产(元)	-	-	-	-
	每股资本公积金(元)	0.7429	0.7429	0.8413	0.9405
	每股盈余公积金(元)	0.2120	0.2120	0.1538	0.1699
	每股未分配利润(元)	1.4525	1.3722	1.0319	1.0336
	每股现金净流量(元)	-0.1483	0.1686	-0.1512	0.0675
	每股经营现金净流量(元)	0.2598	0.8734	0.3732	0.7080
	净资产收益率(扣除)(%)	-	17.3100	-	12.1500
	净资产收益率(%)	7.6410	16.6880	7.9640	12.6990
	总资产(万)	215705.13	213894.34	195356.82	203328.80
	股东权益(万)	144318.08	140914.95	128205.16	133165.47
	主营业务收入(万)	113585.38	224079.90	106312.10	196376.66
	主营成本(万)	91816.22	179451.73	85845.32	161824.99
	营业收入(万)	113872.18	224699.77	106652.57	197179.66
	营业成本(万)	91869.03	179631.72	85973.52	162237.32
	投资收益(万)	-	-	-	-
	利润总额(万)	16021.05	33515.61	15169.08	24260.75
	净利润(万)	11026.84	23516.15	10209.69	16911.30

广东东方兄弟投资股份有限公司

公司概况	公司名称	广东东方兄弟投资股份有限公司			证券简称	ST 宝 龙
	法人代表	郑勇康	董秘	彭烽	证券代码	600988
	公司网址	www.baolong.com.cn		电子信箱	pengfeng9980@hotmail.com	
	电　话	020-82708598 82601663		传　真	020-82601663	
	办公地址	广东省广州增城市新塘镇宝龙路 1 号				
	经营范围	防弹运钞车等专用车辆的开发、生产、销售等				

主要财务指标	指标\报告期	2011.06.30	2010.12.31	2010.06.30	2009.12.31
	每股收益(元)	0.0119	0.1300	0.0073	-0.0190
	每股收益(扣除)(元)	-0.0132	-0.0400	-0.0119	-
	每股净资产(元)	-0.3752	-0.3871	-0.5130	-0.2340
	调整后每股净资产(元)	-	-	-	-
	每股资本公积金(元)	1.8244	1.8244	1.8244	1.8244
	每股盈余公积金(元)	0.1809	0.1809	0.1809	0.1809
	每股未分配利润(元)	-3.3805	-3.3924	-3.5184	-3.2398
	每股现金净流量(元)	0.1154	0.0163	0.0123	-0.0094
	每股经营现金净流量(元)	0.0469	0.0895	0.0254	-0.0897
	净资产收益率(扣除)(%)	-	-	-	-
	净资产收益率(%)	-3.1692	-34.4460	-1.4242	-49.0593
	总资产(万)	9849.86	7688.71	7997.44	11179.94
	股东权益(万)	-3738.16	-3856.63	-5112.26	-2336.24
	主营业务收入(万)	2195.71	6379.18	2964.42	-
	主营成本(万)	1693.30	5591.09	2667.96	-
	营业收入(万)	2222.36	6460.23	2985.96	621.38
	营业成本(万)	1700.56	5605.95	2671.74	456.47
	投资收益(万)	-	-	-	-
	利润总额(万)	211.48	1447.14	81.01	-1134.64
	净利润(万)	118.47	1328.45	72.81	-1146.14

安徽四创电子股份有限公司

公司概况	公司名称	安徽四创电子股份有限公司			证券简称	四创电子
	法人代表	吴曼青	董秘	刘永跃	证券代码	600990
	公司网址	www.sun-create.com		电子信箱	liuyongyue@sun-create.com	
	电　话	0551-5391324 5391323		传　真	0551-5391322	
	办公地址	合肥市高新技术产业开发区香樟大道 199 号				
	经营范围	民用雷达整机及雷达配套产品、集成电路、广播电视及微波通信产品等				

主要财务指标	指标\报告期	2011.06.30	2010.12.31	2010.06.30	2009.12.31
	每股收益(元)	0.0657	0.3763	0.0984	0.2672
	每股收益(扣除)(元)	0.0493	0.3380	0.0895	0.1748
	每股净资产(元)	3.3535	3.2878	2.9992	2.9600
	调整后每股净资产(元)	-	-	-	-
	每股资本公积金(元)	1.0080	1.0080	1.0054	2.5107
	每股盈余公积金(元)	0.3025	0.3025	0.2692	0.5384
	每股未分配利润(元)	1.0430	0.9773	0.7247	1.8688
	每股现金净流量(元)	-0.9871	0.8327	-0.2802	-0.7226
	每股经营现金净流量(元)	-0.9277	0.7859	-0.1915	-0.7418
	净资产收益率(扣除)(%)	-	10.8700	-	4.9900
	净资产收益率(%)	1.9590	11.4440	3.2820	9.0299
	总资产(万)	102465.30	100580.27	76060.82	75284.50
	股东权益(万)	39437.20	38664.67	35270.96	34796.90
	主营业务收入(万)	25458.91	68408.03	23756.45	64307.02
	主营成本(万)	20565.83	53877.05	17884.69	49852.60
	营业收入(万)	25488.64	68693.19	23788.45	64609.88
	营业成本(万)	20570.47	54111.07	17907.69	50025.48
	投资收益(万)	-	-	-	-
	利润总额(万)	799.14	4854.46	1262.48	4241.14
	净利润(万)	772.53	4424.81	1157.54	3142.14

广汽长丰汽车股份有限公司

公司概况	公司名称	广汽长丰汽车股份有限公司			证券简称	广汽长丰
	法人代表	张房有	董秘	吴敬培	证券代码	600991
	公司网址	www.gaccf.com		电子信箱	gcmc@gaccf.com	
	电　话	0731-82881959 82881901		传　真	0731-82881957	
	办公地址	湖南省长沙经济技术开发区漓湘中路15号				
	经营范围	汽车及其零部件制造、销售;提供与上述产品有关的技术咨询服务等				

主要财务指标	指标\报告期	2011.06.30	2010.12.31	2010.06.30	2009.12.31
	每股收益(元)	-0.0412	0.3000	0.2700	0.0500
	每股收益(扣除)(元)	-0.0400	0.2900	0.2700	0.0400
	每股净资产(元)	4.6200	4.6600	4.6200	4.3700
	调整后每股净资产(元)	-	-	-	-
	每股资本公积金(元)	1.7489	1.7489	1.7489	1.7489
	每股盈余公积金(元)	1.0512	1.0512	1.0228	1.0228
	每股未分配利润(元)	0.8235	0.8647	0.8530	0.5946
	每股现金净流量(元)	-0.0242	-0.2242	-0.3801	-0.3460
	每股经营现金净流量(元)	0.1784	0.6240	0.2163	-
	净资产收益率(扣除)(%)	-	6.3500	-	0.9200
	净资产收益率(%)	-0.8920	6.4000	5.7450	1.2390
	总资产(万)	622411.57	631127.05	635963.25	625230.67
	股东权益(万)	240802.47	242952.49	240866.76	227408.02
	主营业务收入(万)	247864.44	597460.12	311235.03	467486.07
	主营成本(万)	193831.33	451630.24	234157.42	352929.18
	营业收入(万)	259284.81	619887.50	324882.90	487949.24
	营业成本(万)	198201.26	463903.06	243552.97	363089.58
	投资收益(万)	-	-	-	-
	利润总额(万)	-1747.11	17341.22	16454.47	4103.09
	净利润(万)	-2146.63	15549.15	13836.71	2816.97

贵州钢绳股份有限公司

公司概况	公司名称	贵州钢绳股份有限公司			证券简称	贵绳股份
	法人代表	赵跃	董秘	杨期屏	证券代码	600992
	公司网址	www.gzgs.com.cn		电子信箱	yqp@gzgs.com.cn	
	电　话	0852-8419247 8419570		传　真	0852-8419075 8419570	
	办公地址	贵州省遵义市桃溪路47号				
	经营范围	钢丝、钢绳产品及相关设备、材料、技术的研究、生产、加工、销售等				

主要财务指标	指标\报告期	2011.06.30	2010.12.31	2010.06.30	2009.12.31
	每股收益(元)	0.0801	0.1900	0.0796	0.1790
	每股收益(扣除)(元)	0.0770	0.1590	0.0798	0.1750
	每股净资产(元)	5.1580	5.1400	5.0270	5.0100
	调整后每股净资产(元)	-	-	-	-
	每股资本公积金(元)	2.8929	2.8929	2.8929	2.8929
	每股盈余公积金(元)	0.3079	0.3079	0.2888	0.2888
	每股未分配利润(元)	0.9574	0.9372	0.8456	0.8259
	每股现金净流量(元)	-0.4365	-0.1993	-0.2976	0.3578
	每股经营现金净流量(元)	-0.4724	0.4799	0.0596	0.7692
	净资产收益率(扣除)(%)	-	3.1500	-	3.5400
	净资产收益率(%)	1.5530	3.7040	1.5840	3.5690
	总资产(万)	135940.19	135119.05	131851.67	129884.89
	股东权益(万)	84784.90	84454.13	82634.64	82311.86
	主营业务收入(万)	69012.94	131591.09	62957.28	118092.33
	主营成本(万)	58283.91	111786.00	53517.85	100831.49
	营业收入(万)	70308.34	133890.89	64091.88	119810.64
	营业成本(万)	59568.23	114013.15	54662.55	102555.88
	投资收益(万)	-	-	-	-
	利润总额(万)	1561.91	3691.78	1606.59	3513.59
	净利润(万)	1316.99	3128.49	1309.00	2937.58

马应龙药业集团股份有限公司

公司概况	公司名称	马应龙药业集团股份有限公司			证券简称	马应龙
	法人代表	陈平	董秘	夏有章	证券代码	600993
	公司网址	www.mayinglong.cn		电子信箱	xiayouzhang@sohu.com	
	电　话	027-87389583 87291519		传　真	027-87291724	
	办公地址	湖北省武汉市武昌南湖周家湾100号				
	经营范围	中西药制造;企业经营本企业自产产品及相关技术的出口业务等				

主要财务指标	指标\报告期	2011.06.30	2010.12.31	2010.06.30	2009.12.31
	每股收益(元)	0.3100	0.7400	0.2600	1.0900
	每股收益(扣除)(元)	0.3200	0.6200	0.5100	0.6900
	每股净资产(元)	3.3700	3.0900	5.9500	5.7400
	调整后每股净资产(元)	-	-	-	-
	每股资本公积金(元)	0.3546	1.3092	1.3140	1.3157
	每股盈余公积金(元)	0.5831	1.1661	1.0921	1.0921
	每股未分配利润(元)	1.4347	2.7032	2.5549	2.3382
	每股现金净流量(元)	-0.3740	-0.9499	-0.3265	2.2468
	每股经营现金净流量(元)	-0.0705	-0.0689	-0.2047	1.3035
	净资产收益率(扣除)(%)	-	10.3900	-	13.2100
	净资产收益率(%)	9.1390	11.9780	8.6800	18.9273
	总资产(万)	151112.13	144890.89	146713.23	143582.44
	股东权益(万)	111779.99	102304.58	98703.83	95143.79
	主营业务收入(万)	67383.93	116537.94	56710.31	101228.06
	主营成本(万)	40458.84	73367.04	32461.57	63406.31
	营业收入(万)	68017.25	117849.46	56974.17	102198.34
	营业成本(万)	40476.99	73398.68	32468.31	63497.87
	投资收益(万)	-	-	-	-
	利润总额(万)	12251.66	14423.96	10504.06	22054.08
	净利润(万)	10215.96	12253.81	8566.96	18008.11

云南文山电力股份有限公司

公司概况	公司名称	云南文山电力股份有限公司			证券简称	文山电力
	法人代表	杨斌	董秘	段登奇	证券代码	600995
	公司网址	www.wsdl.com.cn		电子信箱	wsdl@wsdl.sina.net	
	电　话	0871-3199266 3191628		传　真	0871-3190838	
	办公地址	云南省文山市开化镇建禾东路71号				
	经营范围	水力发电、供电、电站、电网设计、建设、维修、改造、咨询服务等				

主要财务指标	指标\报告期	2011.06.30	2010.12.31	2010.06.30	2009.12.31
	每股收益(元)	0.1800	0.2600	0.1200	0.2000
	每股收益(扣除)(元)	0.1800	0.1900	0.1100	0.1900
	每股净资产(元)	2.2100	2.0900	1.9500	1.8900
	调整后每股净资产(元)	-	-	-	-
	每股资本公积金(元)	0.3244	0.3244	0.3244	0.3244
	每股盈余公积金(元)	0.1822	0.1822	0.1557	0.1557
	每股未分配利润(元)	0.7060	0.5875	0.4713	0.4092
	每股现金净流量(元)	0.0273	0.0475	0.0980	-0.0165
	每股经营现金净流量(元)	0.2138	0.6789	0.4578	0.4578
	净资产收益率(扣除)(%)	-	9.3200	-	10.4300
	净资产收益率(%)	8.0680	12.6440	6.2590	10.4140
	总资产(万)	202357.15	196155.51	191140.23	182808.59
	股东权益(万)	105876.18	100205.08	93379.23	90406.21
	主营业务收入(万)	72761.64	133133.82	58281.67	111635.37
	主营成本(万)	52586.15	98813.30	42938.64	82730.56
	营业收入(万)	73399.74	135021.94	59670.77	114533.53
	营业成本(万)	53067.11	100968.05	44152.98	85546.46
	投资收益(万)	-	-	-	-
	利润总额(万)	9746.48	15239.56	6834.80	10845.28
	净利润(万)	8542.25	12670.03	5844.18	9414.96

开滦能源化工股份有限公司

公司概况	公司名称	开滦能源化工股份有限公司		证券简称	开滦股份
	法人代表	裴华	董秘	侯树忠	证券代码	600997
	公司网址	www.kkcc.com.cn		电子信箱	kcc@kailuan.com.cn
	电话	0315-2812013 3026971		传真	0315-3026507
	办公地址	河北省唐山市新华东道70号东楼			
	经营范围	对能源化工的投资;煤炭批发;钢材、木材、建材、化工产品等			

主要财务指标	指标\报告期	2011.06.30	2010.12.31	2010.06.30	2009.12.31
	每股收益(元)	0.3700	0.7000	0.3400	0.6700
	每股收益(扣除)(元)	0.3700	0.7000	0.3400	0.6700
	每股净资产(元)	5.0000	4.6700	4.3200	4.0400
	调整后每股净资产(元)	–	–	–	–
	每股资本公积金(元)	0.8059	0.7985	0.7905	0.7905
	每股盈余公积金(元)	0.5565	0.5565	0.4477	0.4477
	每股未分配利润(元)	2.5110	2.2392	1.9852	1.7441
	每股现金净流量(元)	–0.0251	0.3411	0.8249	–0.5473
	每股经营现金净流量(元)	0.5868	0.9879	0.4594	0.1785
	净资产收益率(扣除)(%)	–	16.1200	–	17.9500
	净资产收益率(%)	7.4370	15.0650	7.8990	16.4850
	总资产(万)	1793215.87	1605333.11	1572554.47	1343592.53
	股东权益(万)	617344.03	576717.05	533075.46	499258.39
	主营业务收入(万)	935629.85	1743487.88	713493.65	1176733.06
	主营成本(万)	804512.00	1497757.08	596911.96	970581.19
	营业收入(万)	937522.80	1515406.54	715441.13	1097671.02
	营业成本(万)	805431.79	1273940.78	598343.14	883278.44
	投资收益(万)	–	–	–	–
	利润总额(万)	61691.19	114391.68	56905.78	117486.44
	净利润(万)	45909.54	86884.66	42109.64	82302.92

九州通医药集团股份有限公司

公司概况	公司名称	九州通医药集团股份有限公司		证券简称	九州通
	法人代表	刘宝林	董秘	刘兆年	证券代码	600998
	公司网址	www.jztey.com		电子信箱	liuzhaonian@vip.sina.com
	电话	010-60210838 60210333		传真	010-60210836 60210333
	办公地址	湖北省武汉市汉阳区龙阳大道特8号			
	经营范围	批发中药饮片,中成药,中药材,化学药制剂,抗生素制剂等			

主要财务指标	指标\报告期	2011.06.30	2010.12.31	2010.06.30	2009.12.31
	每股收益(元)	0.0890	0.2700	0.0925	0.2500
	每股收益(扣除)(元)	0.0831	0.2500	0.0869	0.2400
	每股净资产(元)	2.7200	2.7300	1.3700	1.2800
	调整后每股净资产(元)	–	–	–	–
	每股资本公积金(元)	1.2402	1.2571	0.0149	0.0149
	每股盈余公积金(元)	0.0416	0.0416	0.0242	0.0242
	每股未分配利润(元)	0.4365	0.4478	0.3356	0.2449
	每股现金净流量(元)	0.1675	0.0550	0.3146	0.0540
	每股经营现金净流量(元)	–0.6306	–0.7264	–0.1474	–0.4106
	净资产收益率(扣除)(%)	–	15.5600	6.4000	18.2000
	净资产收益率(%)	3.2730	9.1140	6.6000	18.2617
	总资产(万)	994905.58	816048.33	725510.49	716774.69
	股东权益(万)	386145.67	390143.86	174650.61	163123.93
	主营业务收入(万)	1202224.96	2122121.27	1025715.23	1892176.55
	主营成本(万)	1129762.62	1985595.21	962079.29	1777716.33
	营业收入(万)	1202962.40	2125177.28	1028069.60	1895770.89
	营业成本(万)	1129902.55	1987488.07	963760.80	1780151.46
	投资收益(万)	–	–	–	–
	利润总额(万)	17768.94	47198.27	16308.55	37754.62
	净利润(万)	12636.84	35342.73	11756.81	29789.18

招商证券股份有限公司

公司概况	公司名称	招商证券股份有限公司		证券简称	招商证券
	法人代表	宫少林	董秘	郭健	证券代码	600999
	公司网址	www.newone.com.cn		电子信箱	IR@cmschina.com.cn
	电话	0755-82943666		传真	0755-82944669
	办公地址	广东省深圳市福田区益田路江苏大厦A座38至45层			
	经营范围	证券经纪;证券投资咨询;与证券交易等			

主要财务指标	指标\报告期	2011.06.30	2010.12.31	2010.06.30	2009.12.31
	每股收益(元)	0.3166	0.9005	0.2938	1.1400
	每股收益(扣除)(元)	0.3159	0.8957	0.2927	0.9800
	每股净资产(元)	6.7927	6.6870	6.6384	6.3000
	调整后每股净资产(元)	–	–	–	–
	每股资本公积金(元)	2.9476	2.9430	2.9052	2.9498
	每股盈余公积金(元)	0.4100	0.4100	0.3260	0.3260
	每股未分配利润(元)	1.6866	1.5750	1.8084	1.4277
	每股现金净流量(元)	–5.3484	–1.8202	–2.3001	9.7130
	每股经营现金净流量(元)	–5.2959	–0.2178	–1.2234	6.1687
	净资产收益率(扣除)(%)	6.0000	13.7000	5.8800	29.8400
	净资产收益率(%)	6.0600	13.4670	5.7530	16.4900
	总资产(万)	7596679.97	9535873.24	8870550.27	9651231.26
	股东权益(万)	2435489.92	2397584.05	2380174.55	2260615.74
	主营业务收入(万)	–	–	–	–
	主营成本(万)	–	–	–	–
	营业收入(万)	324518.56	648646.83	276702.96	867995.19
	营业成本(万)	–	258396.04	–	366525.00
	投资收益(万)	–	–	–	–
	利润总额(万)	190951.37	392350.58	161787.16	503653.71
	净利润(万)	147589.32	322886.07	136920.56	372772.28

唐山港集团股份有限公司

公司概况	公司名称	唐山港集团股份有限公司		证券简称	唐山港
	法人代表	孙文仲	董秘	单利霞	证券代码	601000
	公司网址	www.jtport.com		电子信箱	tspgc@china.com
	电话	0315-2916413 2916409		传真	0315-2916409
	办公地址	河北省唐山市海港经济开发区唐山港大厦			
	经营范围	码头和其他港口设施经营;在港口内从事货物装卸、驳运、仓储经营等			

主要财务指标	指标\报告期	2011.06.30	2010.12.31	2010.06.30	2009.12.31
	每股收益(元)	0.2622	0.3821	0.2300	0.3162
	每股收益(扣除)(元)	0.2477	0.3864	0.2300	0.3100
	每股净资产(元)	3.6320	3.4900	3.3255	2.1800
	调整后每股净资产(元)	–	–	–	–
	每股资本公积金(元)	1.7184	1.7184	1.7114	0.4003
	每股盈余公积金(元)	0.1481	0.1481	0.1148	0.1435
	每股未分配利润(元)	0.7655	0.6233	0.4993	0.6408
	每股现金净流量(元)	–0.0404	0.6452	1.5692	–0.1565
	每股经营现金净流量(元)	0.2805	0.6954	0.3435	0.5598
	净资产收益率(扣除)(%)	–	13.5400	–	15.4000
	净资产收益率(%)	7.2200	9.8550	5.6120	14.4730
	总资产(万)	562230.58	518468.62	609875.18	444341.88
	股东权益(万)	363203.05	348979.66	332550.72	174775.01
	主营业务收入(万)	140220.73	253649.83	130377.01	191312.19
	主营成本(万)	89083.19	170059.59	87738.45	119045.40
	营业收入(万)	140713.57	255687.92	130918.72	192993.47
	营业成本(万)	89248.09	170304.07	87922.47	119232.86
	投资收益(万)	–	–	–	–
	利润总额(万)	37362.09	49918.42	26902.60	38146.55
	净利润(万)	26223.40	34393.29	18662.61	25295.17

大同煤业股份有限公司

公司概况	公司名称	大同煤业股份有限公司			证券简称	大同煤业
	法人代表	吴永平	董秘	钱建军	证券代码	601001
	公司网址	www.dtmy.com.cn		电子信箱	dtqianjianjun@126.com	
	电　　话	0352-7010476 7010167		传　　真	0352-7011070	
	办公地址	山西省大同市矿区新平旺				
	经营范围	煤炭采掘、加工、销售等				

主要财务指标	指标\报告期	2011.06.30	2010.12.31	2010.06.30	2009.12.31
	每股收益(元)	0.3900	0.7700	0.3750	0.8900
	每股收益(扣除)(元)	0.3900	0.7500	0.3750	0.8900
	每股净资产(元)	5.9239	5.5824	10.3767	4.9200
	调整后每股净资产(元)	–	–	–	–
	每股资本公积金(元)	1.0993	1.0993	2.1987	2.1987
	每股盈余公积金(元)	0.4518	0.4518	0.7499	0.7499
	每股未分配利润(元)	1.8923	1.7097	3.7901	3.5653
	每股现金净流量(元)	0.6597	0.4911	0.1707	2.0018
	每股经营现金净流量(元)	1.4036	2.1463	2.0122	4.6310
	净资产收益率(扣除)(%)	–	14.3000	–	20.1400
	净资产收益率(%)	6.5930	13.7750	7.2740	18.1217
	总资产(万)	1764538.00	1696706.05	1525407.45	1518406.71
	股东权益(万)	991484.23	934318.20	868373.16	822628.96
	主营业务收入(万)	572659.02	1032219.80	506532.95	942186.04
	主营成本(万)	307197.50	556890.62	257392.54	456803.55
	营业收入(万)	584272.66	1045381.00	516435.45	949474.69
	营业成本(万)	315439.69	566480.73	264597.16	462344.21
	投资收益(万)	–	–	–	–
	利润总额(万)	156440.21	281800.03	133582.86	268122.08
	净利润(万)	65364.88	128700.12	63166.61	149074.01

晋亿实业股份有限公司

公司概况	公司名称	晋亿实业股份有限公司			证券简称	晋亿实业
	法人代表	蔡永龙	董秘	涂志清	证券代码	601002
	公司网址	www.gem-year.com		电子信箱	tzq@gem-year.net	
	电　　话	0573-84185042 84185001*630		传　　真	0573-84184488	
	办公地址	浙江省嘉兴市嘉善经济开发区晋亿大道8号				
	经营范围	生产销售紧固件、钨钢模具、五金制品、钢丝拉丝、铁道扣件等				

主要财务指标	指标\报告期	2011.06.30	2010.12.31	2010.06.30	2009.12.31
	每股收益(元)	0.1420	0.3130	0.1610	-0.0020
	每股收益(扣除)(元)	0.1410	0.3090	0.1600	-0.0090
	每股净资产(元)	2.3480	2.4100	2.2540	2.1900
	调整后每股净资产(元)	–	–	–	–
	每股资本公积金(元)	0.8968	0.8968	0.8968	0.8946
	每股盈余公积金(元)	0.1460	0.1460	0.1174	0.1174
	每股未分配利润(元)	0.3051	0.3634	0.2401	0.1789
	每股现金净流量(元)	-0.1078	0.1151	0.0956	-0.0199
	每股经营现金净流量(元)	-0.3647	0.4541	0.0658	0.2563
	净资产收益率(扣除)(%)	–	13.5000	–	-0.4100
	净资产收益率(%)	6.0350	13.0120	7.1470	-0.1000
	总资产(万)	414092.97	399234.67	379432.24	334761.54
	股东权益(万)	173385.38	177691.18	166467.03	161792.33
	主营业务收入(万)	145233.32	289798.41	123130.33	167736.67
	主营成本(万)	113213.33	218229.77	92302.72	139820.33
	营业收入(万)	153744.55	302449.61	126889.75	170842.84
	营业成本(万)	121416.68	228970.09	95716.98	141854.24
	投资收益(万)	–	–	–	–
	利润总额(万)	14324.36	29634.29	15441.45	-1083.52
	净利润(万)	10463.60	23121.54	11897.39	-155.11

柳州钢铁股份有限公司

公司概况	公司名称	柳州钢铁股份有限公司			证券简称	柳钢股份
	法人代表	施沛润	董秘	班俊超	证券代码	601003
	公司网址	www.liusteel.com		电子信箱	liscl@163.com	
	电　　话	0772-2595971		传　　真	0772-2595998	
	办公地址	广西壮族自治区柳州市北雀路117号				
	经营范围	烧结、炼铁、炼钢及其副产品的销售,钢材轧制、加工及其副产品的销售等				

主要财务指标	指标\报告期	2011.06.30	2010.12.31	2010.06.30	2009.12.31
	每股收益(元)	0.0887	0.2463	0.1470	0.1054
	每股收益(扣除)(元)	0.0883	0.2433	0.1466	0.1083
	每股净资产(元)	2.1532	2.0640	1.9569	1.9599
	调整后每股净资产(元)	–	–	–	–
	每股资本公积金(元)	0.0813	0.0813	0.0735	0.0735
	每股盈余公积金(元)	0.3378	0.3378	0.3132	0.3132
	每股未分配利润(元)	0.7336	0.6449	0.5702	0.5732
	每股现金净流量(元)	0.1471	0.0375	-0.0900	0.0799
	每股经营现金净流量(元)	-0.1729	0.2186	-0.0627	0.3527
	净资产收益率(扣除)(%)	–	12.1200	–	5.6800
	净资产收益率(%)	4.1210	11.9320	7.5120	5.3798
	总资产(万)	1829772.03	1852179.38	1666485.68	1495264.30
	股东权益(万)	551820.76	528970.82	501517.07	502286.35
	主营业务收入(万)	2145399.35	3572007.33	1558549.39	2559589.54
	主营成本(万)	2042424.55	3375562.64	1457487.21	2389247.52
	营业收入(万)	2213997.88	3711500.71	1625563.24	2656551.44
	营业成本(万)	2095252.73	3489316.54	1512062.21	2468050.07
	投资收益(万)	–	–	–	–
	利润总额(万)	30275.31	70203.48	44320.73	31477.60
	净利润(万)	22740.18	63116.12	37672.62	27021.80

重庆钢铁股份有限公司

公司概况	公司名称	重庆钢铁股份有限公司			证券简称	重庆钢铁
	法人代表	邓强	董秘	游晓安	证券代码	601005
	公司网址	www.cqgt.cn		电子信箱	yxa@email.cqgt.cn	
	电　　话	023-68842582 68845030		传　　真	023-68849520	
	办公地址	重庆市大渡口区钢铁路30号				
	经营范围	中厚钢板、钢坯、型材、线材、焦化副产品的生产、销售等				

主要财务指标	指标\报告期	2011.06.30	2010.12.31	2010.06.30	2009.12.31
	每股收益(元)	0.0080	0.0060	0.0040	0.0500
	每股收益(扣除)(元)	0.0070	-0.0150	-0.0030	0.0400
	每股净资产(元)	3.2000	3.2300	3.2100	3.2200
	调整后每股净资产(元)	–	–	–	–
	每股资本公积金(元)	0.6351	0.6714	0.6718	0.6807
	每股盈余公积金(元)	0.3494	0.3494	0.3318	0.3363
	每股未分配利润(元)	1.2179	1.2098	1.2025	1.2036
	每股现金净流量(元)	-0.5904	0.0739	-0.0973	0.1477
	每股经营现金净流量(元)	-0.5332	-1.2122	-0.9792	-0.4560
	净资产收益率(扣除)(%)	–	-0.4700	–	1.1400
	净资产收益率(%)	0.2540	0.1800	0.0170	1.6350
	总资产(万)	2552650.80	2266845.80	1937391.60	1606382.30
	股东权益(万)	555144.40	559989.70	555663.00	558329.00
	主营业务收入(万)	1299712.80	1654749.00	704129.80	1083682.80
	主营成本(万)	1230579.70	1527266.10	641703.30	963951.60
	营业收入(万)	1303929.00	1661784.00	705868.60	1085694.70
	营业成本(万)	1233295.70	1532894.00	642708.40	965421.40
	投资收益(万)	–	–	–	–
	利润总额(万)	1510.30	1413.20	782.50	10355.60
	净利润(万)	1412.00	1000.90	724.10	9127.30

大秦铁路股份有限公司

公司概况	公司名称	大秦铁路股份有限公司			证券简称	大秦铁路
	法人代表	杨绍清	董秘	黄松青	证券代码	601006
	公司网址	www.daqintielu.com			电子信箱	dqtl@daqintielu.com
	电　话	0351-2620620			传　真	0351-2620604
	办公地址	山西省大同市站北街14号 山西省太原市建设北路202号				
	经营范围	以煤炭运输为主的铁路货物运输业务以及旅客运输业务				

	指标\报告期	2011.06.30	2010.12.31	2010.06.30	2009.12.31
主要财务指标	每股收益(元)	0.4200	0.7000	0.3500	0.4800
	每股收益(扣除)(元)	0.4200	0.7200	0.3600	0.5000
	每股净资产(元)	3.8600	3.7900	3.3680	4.1500
	调整后每股净资产(元)	–	–	–	–
	每股资本公积金(元)	1.5639	1.5639	1.3201	2.1864
	每股盈余公积金(元)	0.2745	0.2745	0.2432	0.2404
	每股未分配利润(元)	1.0168	0.9508	0.8050	0.7224
	每股现金净流量(元)	–0.0234	0.0714	–0.3692	0.3341
	每股经营现金净流量(元)	0.4297	1.1378	0.6516	0.6661
	净资产收益率(扣除)(%)	–	21.1800	–	15.8000
	净资产收益率(%)	10.7910	18.4810	10.6250	13.2730
	总资产(万)	9923327.54	10014621.52	6854236.72	8299759.27
	股东权益(万)	5731514.80	5633378.24	4370877.97	5384441.98
	主营业务收入(万)	2143492.37	4082629.72	1963458.99	2273921.98
	主营成本(万)	1190980.40	2292155.15	1073768.40	1158219.40
	营业收入(万)	2185218.50	4201376.15	1997630.31	3324616.77
	营业成本(万)	1225123.06	2421876.71	1102407.01	2006013.83
	投资收益(万)	–	–	–	–
	利润总额(万)	811977.36	1368610.84	697221.90	954966.32
	净利润(万)	618474.26	1041083.08	522058.17	714668.67

金陵饭店股份有限公司

公司概况	公司名称	金陵饭店股份有限公司			证券简称	金陵饭店
	法人代表	李建伟	董秘	张胜新	证券代码	601007
	公司网址	www.jinlinghotel.com			电子信箱	securities@jinlinghotel.com
	电　话	025-84711888 84711888			传　真	025-84711666
	办公地址	江苏省南京市汉中路2号				
	经营范围	住宿;制售中餐、西餐、自助餐、冷热饮、焙烤食品;食品零售等				

	指标\报告期	2011.06.30	2010.12.31	2010.06.30	2009.12.31
主要财务指标	每股收益(元)	0.0970	0.3750	0.0800	0.2850
	每股收益(扣除)(元)	0.0870	0.3440	0.0700	0.2550
	每股净资产(元)	3.8020	3.7050	3.4100	3.3300
	调整后每股净资产(元)	–	–	–	–
	每股资本公积金(元)	1.4575	1.4575	1.4575	1.4575
	每股盈余公积金(元)	0.1623	0.1623	0.1293	0.1293
	每股未分配利润(元)	1.1821	1.0852	0.8237	0.7433
	每股现金净流量(元)	–0.4430	0.3576	0.1342	–0.1869
	每股经营现金净流量(元)	0.0585	0.2078	0.0494	0.2168
	净资产收益率(扣除)(%)	2.5510	10.1190	2.3580	8.5460
	净资产收益率(%)	2.5840	10.6600	2.3860	8.9300
	总资产(万)	196536.97	182985.04	160475.77	151013.69
	股东权益(万)	159431.26	149660.33	131013.35	128472.64
	主营业务收入(万)	30959.80	51005.95	23750.55	43778.35
	主营成本(万)	14575.37	25352.34	12189.52	21791.75
	营业收入(万)	31154.35	51450.39	23970.99	44218.13
	营业成本(万)	14575.37	25388.68	12215.88	21845.73
	投资收益(万)	–369.93	4576.59	–197.88	1559.80
	利润总额(万)	4644.54	14763.73	3660.01	11861.20
	净利润(万)	2909.58	11246.81	2412.55	8537.74

江苏连云港港口股份有限公司

公司概况	公司名称	江苏连云港港口股份有限公司			证券简称	连 云 港
	法人代表	李春宏	董秘	沙晓春	证券代码	601008
	公司网址	www.jlpcl.com			电子信箱	shaxiaochun@jlpcl.com
	电　话	0518-82389269 82387588			传　真	0518-82380588
	办公地址	江苏省连云港市连云区中华路18号鑫港花园5号楼鑫港大厦22-23层				
	经营范围	装卸业务、堆存业务、港务管理业务等				

	指标\报告期	2011.06.30	2010.12.31	2010.06.30	2009.12.31
主要财务指标	每股收益(元)	0.1300	0.2100	0.1100	0.1400
	每股收益(扣除)(元)	0.1200	0.2100	0.1100	0.1300
	每股净资产(元)	3.7740	3.3280	3.2288	3.1500
	调整后每股净资产(元)	–	–	–	–
	每股资本公积金(元)	2.1423	1.7300	1.7300	1.7300
	每股盈余公积金(元)	0.1268	0.1473	0.1266	0.1266
	每股未分配利润(元)	0.5054	0.4507	0.3722	0.2958
	每股现金净流量(元)	0.5890	–0.3239	–0.2076	–0.0878
	每股经营现金净流量(元)	–0.0728	0.2305	0.0146	0.2356
	净资产收益率(扣除)(%)	–	6.3800	–	4.1700
	净资产收益率(%)	3.1080	6.1770	3.2960	4.3310
	总资产(万)	361858.67	305533.23	296567.68	245590.97
	股东权益(万)	235652.19	178912.74	173580.91	169473.43
	主营业务收入(万)	69758.04	121389.68	58770.59	98583.33
	主营成本(万)	48856.82	86868.95	41499.40	68962.55
	营业收入(万)	69883.87	121856.44	58853.32	98917.70
	营业成本(万)	48924.13	87153.70	41539.85	69167.26
	投资收益(万)	–	–	–	–
	利润总额(万)	8754.76	12439.02	6862.84	9443.82
	净利润(万)	7323.25	11052.11	5720.28	7339.17

南京银行股份有限公司

公司概况	公司名称	南京银行股份有限公司			证券简称	南京银行
	法人代表	林复	董秘	汤哲新	证券代码	601009
	公司网址	www.njcb.com.cn			电子信箱	boardoffice@njcb.com.cn
	电　话	025-84551009			传　真	025-84553505
	办公地址	江苏省南京市白下区淮海路50号				
	经营范围	吸收公众存款;发放短期、中期和长期贷款;办理国内外结算等				

	指标\报告期	2011.06.30	2010.12.31	2010.06.30	2009.12.31
主要财务指标	每股收益(元)	0.5400	0.9000	0.4700	0.6100
	每股收益(扣除)(元)	0.5300	0.9000	0.4700	0.8400
	每股净资产(元)	6.6500	6.3400	5.4800	6.5500
	调整后每股净资产(元)	–	–	–	–
	每股资本公积金(元)	3.4433	3.4676	2.6173	3.3802
	每股盈余公积金(元)	0.2901	0.2901	0.2643	0.3436
	每股未分配利润(元)	1.4127	1.0774	1.1512	1.2448
	每股现金净流量(元)	–	–	–	–
	每股经营现金净流量(元)	–	–	–	–
	净资产收益率(扣除)(%)	–	–	–	–
	净资产收益率(%)	–	–	–	–
	总资产(万)	26373923.00	22149260.30	19615723.43	14956582.00
	股东权益(万)	–	–	–	–
	主营业务收入(万)	349078.20	530552.60	256314.00	362761.10
	主营成本(万)	–	–	–	–
	营业收入(万)	–	–	–	–
	营业成本(万)	–	–	–	–
	投资收益(万)	–	–	–	–
	利润总额(万)	194737.80	283934.30	145192.80	187125.80
	净利润(万)	158929.70	231091.20	119710.90	154373.10

文峰大世界连锁发展股份有限公司

公司概况	公司名称	文峰大世界连锁发展股份有限公司			证券简称	文峰股份
	法人代表	徐长江	董秘	陈松林	证券代码	601010
	公司网址	www.wfdsj.com.cn		电子信箱	csl@wfdsj.cn	
	电话	0513-85505666 8968		传真	0513-85121565	
	办公地址	江苏省南通市青年东路 1 号				
	经营范围	百货、超市、电器销售专业店的连锁经营等				

主要财务指标	指标\报告期	2011.06.30	2010.12.31	2010.06.30	2009.12.31
	每股收益(元)	0.5600	0.9200	0.4700	0.7700
	每股收益(扣除)(元)	0.5200	0.8200	0.4500	0.7100
	每股净资产(元)	6.2951	2.6688	–	2.2700
	调整后每股净资产(元)	–	–	–	–
	每股资本公积金(元)	4.1779	0.0853	–	0.0853
	每股盈余公积金(元)	0.2035	0.2619	–	0.1689
	每股未分配利润(元)	0.9137	1.3215	–	1.0130
	每股现金净流量(元)	3.8526	1.0117	–0.2690	–0.2031
	每股经营现金净流量(元)	0.1336	1.7217	0.2894	1.4319
	净资产收益率(扣除)(%)	–	32.9500	–	35.8600
	净资产收益率(%)	7.2150	34.5320	–	33.7490
	总资产(万)	458710.29	271991.96	–	225167.63
	股东权益(万)	310220.49	102161.67	–	86789.07
	主营业务收入(万)	324229.69	546617.37	281217.01	477243.52
	主营成本(万)	275417.69	466052.84	239275.93	406876.33
	营业收入(万)	331663.55	559018.03	286204.49	488080.90
	营业成本(万)	275745.73	466446.35	239434.01	407065.42
	投资收益(万)	–	–	–	–
	利润总额(万)	30499.35	47890.66	24276.88	39354.12
	净利润(万)	22382.17	35278.19	17834.95	29290.00

七台河宝泰隆煤化工股份有限公司

公司概况	公司名称	七台河宝泰隆煤化工股份有限公司			证券简称	宝泰隆
	法人代表	焦云	董秘	王维舟	证券代码	601011
	公司网址	www.btlgf.com		电子信箱	wwz0451@163.com	
	电话	0464-2924686 8097 8510		传真	0464-8338010 8336555	
	办公地址	黑龙江省七台河市新兴区宝泰隆路 1 号				
	经营范围	生产,储存煤焦油,生产,销售粗苯等				

主要财务指标	指标\报告期	2011.06.30	2010.12.31	2010.06.30	2009.12.31
	每股收益(元)	0.2776	0.1400	0.6700	0.3598
	每股收益(扣除)(元)	0.2583	0.1300	0.6100	0.3242
	每股净资产(元)	7.0370	6.9000	3.3970	–
	调整后每股净资产(元)	–	–	–	–
	每股资本公积金(元)	4.5941	4.5962	0.8050	–
	每股盈余公积金(元)	0.1149	0.1149	0.1534	–
	每股未分配利润(元)	1.2887	1.1477	1.3957	–
	每股现金净流量(元)	1.9407	4.2393	0.0504	0.2569
	每股经营现金净流量(元)	–1.0122	0.2207	1.0919	0.1350
	净资产收益率(扣除)(%)	–	3.6300	20.1200	–
	净资产收益率(%)	3.4510	1.4770	19.6870	–
	总资产(万)	395738.90	437072.70	281418.43	–
	股东权益(万)	272332.66	266888.12	98506.87	–
	主营业务收入(万)	123862.84	–	228834.33	102188.92
	主营成本(万)	103157.42	–	–	85141.35
	营业收入(万)	125145.86	61659.89	228956.42	102225.57
	营业成本(万)	104385.02	51204.51	189106.06	85144.31
	投资收益(万)	–	–	–	–
	利润总额(万)	11502.26	4994.73	25905.23	12928.84
	净利润(万)	9397.08	3942.16	19392.84	10435.56

宁波港股份有限公司

公司概况	公司名称	宁波港股份有限公司			证券简称	宁波港
	法人代表	李令红	董秘	蒋伟	证券代码	601018
	公司网址	www.nbport.com.cn		电子信箱	jiangw@nbport.com.cn	
	电话	0574-27695662		传真	0574-27695629	
	办公地址	浙江省宁波市北仑区明州路 301 号宁波港大厦				
	经营范围	码头开发经营,管理;港口货物的装卸,堆存,仓储,包装,灌装等				

主要财务指标	指标\报告期	2011.06.30	2010.12.31	2010.06.30	2009.12.31
	每股收益(元)	0.1000	0.1900	0.1000	0.1700
	每股收益(扣除)(元)	0.0900	0.1700	0.0900	0.1500
	每股净资产(元)	1.8500	1.7800	1.3800	1.3400
	调整后每股净资产(元)	–	–	–	–
	每股资本公积金(元)	0.5942	0.5933	0.1930	0.1915
	每股盈余公积金(元)	0.0348	0.0348	0.0233	0.0233
	每股未分配利润(元)	0.2237	0.1568	0.1627	0.1235
	每股现金净流量(元)	–0.0900	0.3360	–0.0666	–0.0154
	每股经营现金净流量(元)	0.0097	0.1667	0.0933	0.1282
	净资产收益率(扣除)(%)	–	11.5500	6.7800	11.4400
	净资产收益率(%)	5.2270	9.6250	7.4220	12.5818
	总资产(万)	3397472.30	3448328.00	2716272.60	2531795.50
	股东权益(万)	2371450.10	2284798.80	1489420.00	1445437.70
	主营业务收入(万)	326278.60	582449.90	295606.70	474452.40
	主营成本(万)	162463.20	303048.10	159989.00	221928.50
	营业收入(万)	333149.90	600391.70	307700.30	488874.70
	营业成本(万)	166030.90	311681.40	164381.50	229175.40
	投资收益(万)	–	–	–	–
	利润总额(万)	155691.70	275765.30	138457.50	232430.60
	净利润(万)	123953.70	219912.80	110538.70	181862.20

赛轮股份有限公司

公司概况	公司名称	赛轮股份有限公司			证券简称	赛轮股份
	法人代表	杜玉岱	董秘	宋军	证券代码	601058
	公司网址	www.sailuntyre.com.cn		电子信箱	zibenguihua@sailuntyre.com	
	电话	0532-86916215		传真	0532-86916515	
	办公地址	山东省青岛经济技术开发区江山中路西侧(高新技术工业园)				
	经营范围	轮胎、橡胶制品、机械设备、模具、化工产品等				

主要财务指标	指标\报告期	2011.06.30	2010.12.31	2010.06.30	2009.12.31
	每股收益(元)	0.1896	0.4000	0.1789	0.5200
	每股收益(扣除)(元)	0.1746	0.3900	0.1721	0.5000
	每股净资产(元)	4.7280	3.9680	–	3.5600
	调整后每股净资产(元)	–	–	–	–
	每股资本公积金(元)	2.8458	1.9666	–	1.9666
	每股盈余公积金(元)	0.0626	0.0846	–	0.0497
	每股未分配利润(元)	0.8195	0.9168	–	0.5472
	每股现金净流量(元)	1.0635	0.1724	0.1138	1.1847
	每股经营现金净流量(元)	–0.4789	–1.3944	–0.2903	1.3611
	净资产收益率(扣除)(%)	–	10.2700	–	15.8700
	净资产收益率(%)	2.9700	10.1940	–	12.4660
	总资产(万)	496809.47	394649.59	–	298031.70
	股东权益(万)	178717.28	111102.94	–	99776.99
	主营业务收入(万)	223608.21	–	141093.86	–
	主营成本(万)	205218.89	–	126982.35	–
	营业收入(万)	275659.82	405022.32	171915.89	254681.12
	营业成本(万)	256092.75	371190.90	155923.91	222147.83
	投资收益(万)	–	–	–	–
	利润总额(万)	6702.89	13026.39	6025.26	14653.04
	净利润(万)	5308.45	11325.95	5009.08	12437.82

中国神华能源股份有限公司

公司概况	公司名称	中国神华能源股份有限公司			证券简称	中国神华
	法人代表	张喜武	董秘	黄清	证券代码	601088
	公司网址	www.shenhuachina.com		电子信箱	1088@csec.com	
	电话	010-58131088 58133355		传真	010-58131804 58131814	
	办公地址	北京市东城区安定门西滨河路22号				
	经营范围	煤炭生产、销售,电力生产、热力生产和供应,相关铁路、港口等				

	指标\报告期	2011.06.30	2010.12.31	2010.06.30	2009.12.31
主要财务指标	每股收益(元)	1.0990	1.8700	0.9470	1.5220
	每股收益(扣除)(元)	1.1040	1.8870	0.9370	1.5300
	每股净资产(元)	10.0800	10.1700	8.9500	8.5100
	调整后每股净资产(元)	–	–	–	–
	每股资本公积金(元)	4.1473	4.1473	4.4361	4.6467
	每股盈余公积金(元)	–	0.5748	0.5748	0.5748
	每股未分配利润(元)	4.0655	4.0655	2.7692	3.7351
	每股现金净流量(元)	–0.1643	0.3721	0.6825	0.3464
	每股经营现金净流量(元)	2.6836	2.9853	1.6686	2.8119
	净资产收益率(扣除)(%)	10.9100	20.5000	10.4900	19.2700
	净资产收益率(%)	10.9100	18.8800	10.6100	17.8800
	总资产(万)	37705700.00	37705700.00	33377600.00	36768900.00
	股东权益(万)	20051300.00	20051300.00	17800300.00	20220200.00
	主营业务收入(万)	–	15066000.00	6922800.00	11978500.00
	主营成本(万)	–	–	–	–
	营业收入(万)	10069200.00	15206300.00	7166800.00	12131200.00
	营业成本(万)	5712700.00	8171200.00	3643200.00	6148600.00
	投资收益(万)	–	–	–	–
	利润总额(万)	3403500.00	5330400.00	2753500.00	4390100.00
	净利润(万)	2186800.00	3718700.00	1883600.00	3027600.00

中南出版传媒集团股份有限公司

公司概况	公司名称	中南出版传媒集团股份有限公司			证券简称	中南传媒
	法人代表	龚曙光	董秘	高军	证券代码	601098
	公司网址	www.zncmjt.com		电子信箱	gaojun4477@yahoo.cn	
	电话	0731-84302628		传真	0731-84405056	
	办公地址	湖南省长沙市营盘东路38号				
	经营范围	从事出版、发行、报纸与新媒体经营、印刷、印刷物资销售				

	指标\报告期	2011.06.30	2010.12.31	2010.06.30	2009.12.31
主要财务指标	每股收益(元)	0.2100	0.4100	0.2000	0.3700
	每股收益(扣除)(元)	0.2000	0.3900	0.2000	0.3600
	每股净资产(元)	4.0600	3.9100	1.8800	1.9100
	调整后每股净资产(元)	–	–	–	–
	每股资本公积金(元)	2.5264	2.5264	0.5811	0.5811
	每股盈余公积金(元)	0.0297	0.0297	0.0362	0.0052
	每股未分配利润(元)	0.5044	0.3586	0.2358	0.3267
	每股现金净流量(元)	–0.0120	2.3021	–0.2554	0.5546
	每股经营现金净流量(元)	0.1240	0.4481	0.0962	0.6694
	净资产收益率(扣除)(%)	–	16.9300	10.3100	21.4100
	净资产收益率(%)	5.0670	8.4450	10.6800	17.9329
	总资产(万)	1013731.88	972973.18	552178.70	560679.33
	股东权益(万)	729247.04	703072.22	259068.15	267437.57
	主营业务收入(万)	244260.66	468614.10	200202.30	398271.70
	主营成本(万)	143852.30	281830.34	17100.01	238252.33
	营业收入(万)	247997.18	476258.30	203471.21	405231.82
	营业成本(万)	144558.56	283462.96	117958.96	239005.74
	投资收益(万)	–	–	–	–
	利润总额(万)	36868.25	60124.85	28190.63	48774.19
	净利润(万)	36950.82	59372.42	27668.55	47959.33

太平洋证券股份有限公司

公司概况	公司名称	太平洋证券股份有限公司			证券简称	太平洋
	法人代表	王超	董秘	蒋云芸	证券代码	601099
	公司网址	www.tpyzq.com		电子信箱	jiangyy@tpyzq.com.cn	
	电话	0871-8885858转8191		传真	0871-8898100	
	办公地址	云南省昆明市青年路389号志远大厦18层				
	经营范围	证券承销和上市推荐、证券自营买卖、证券代理买卖等业务				

	指标\报告期	2011.06.30	2010.12.31	2010.06.30	2009.12.31
主要财务指标	每股收益(元)	0.0900	0.1360	0.0380	0.2700
	每股收益(扣除)(元)	0.0890	0.1350	0.0380	0.2690
	每股净资产(元)	1.3900	1.3000	1.3000	1.1900
	调整后每股净资产(元)	–	–	–	–
	每股资本公积金(元)	0.0000	0.0000	–0.0001	0.0000
	每股盈余公积金(元)	0.0566	0.0566	0.0347	0.0347
	每股未分配利润(元)	0.2232	0.1332	0.1009	0.0834
	每股现金净流量(元)	–	–	–	–
	每股经营现金净流量(元)	–	–	–	–
	净资产收益率(扣除)(%)	–	–	–	–
	净资产收益率(%)	–	–	–	–
	总资产(万)	474388.22	585558.21	474882.47	595946.65
	股东权益(万)	–	–	–	–
	主营业务收入(万)	45545.88	67495.27	24681.23	83541.02
	主营成本(万)	–	–	–	–
	营业收入(万)	–	–	–	–
	营业成本(万)	–	–	–	–
	投资收益(万)	–	–	–	–
	利润总额(万)	18440.88	24431.95	6467.27	40551.72
	净利润(万)	13524.22	20377.16	5647.96	40534.94

北京昊华能源股份有限公司

公司概况	公司名称	北京昊华能源股份有限公司			证券简称	昊华能源
	法人代表	耿养谋	董秘	关杰	证券代码	601101
	公司网址	www.bjhhny.com		电子信箱	xzhh@bjhhny.com	
	电话	010-69839412		传真	010-69839412	
	办公地址	北京市门头沟区新桥南大街2号				
	经营范围	开采、洗选原煤;电力开发;制造、加工、销售煤制品等				

	指标\报告期	2011.06.30	2010.12.31	2010.06.30	2009.12.31
主要财务指标	每股收益(元)	0.7200	2.0500	0.5000	1.3700
	每股收益(扣除)(元)	0.7200	2.0200	1.1200	1.3600
	每股净资产(元)	5.8600	11.8700	10.9600	4.8600
	调整后每股净资产(元)	–	–	–	–
	每股资本公积金(元)	7.1248	7.1255	7.1046	0.5237
	每股盈余公积金(元)	1.2349	1.2349	1.0769	1.3710
	每股未分配利润(元)	3.1298	2.2330	1.4501	1.5932
	每股现金净流量(元)	2.3472	4.8513	4.8464	–0.1414
	每股经营现金净流量(元)	1.4469	1.8443	0.5419	1.5725
	净资产收益率(扣除)(%)	12.5400	16.1890	8.9500	28.2515
	净资产收益率(%)	12.5400	20.0900	12.7700	28.2000
	总资产(万)	1045171.13	883793.88	705278.74	350243.27
	股东权益(万)	719565.26	660634.97	509793.25	179650.21
	主营业务收入(万)	318214.88	399952.96	180150.53	305262.41
	主营成本(万)	164094.07	195862.50	83880.32	185446.80
	营业收入(万)	320739.53	404716.55	182337.77	–
	营业成本(万)	165562.39	198923.77	85166.18	–
	投资收益(万)	–29.22	–418.10	–	–
	利润总额(万)	98972.98	117459.98	58106.66	63379.22
	净利润(万)	72493.63	87256.04	43575.85	47185.44

中国第一重型机械股份公司

公司概况	公司名称	中国第一重型机械股份公司			证券简称	中国一重
	法人代表	吴生富	董秘	刘长韧	证券代码	601106
	公司网址	www.cfhi.com		电子信箱	liu.changren@cfhi.com	
	电　　话	0452-6810123 6805591		传　　真	0452-6810111 6810077	
	办公地址	黑龙江省齐齐哈尔市富拉尔基区红宝石办事处厂前路9号				
	经营范围	重型机械及成套设备、金属制品的设计、制造、安装、修理等				

主要财务指标	指标\报告期	2011.06.30	2010.12.31	2010.06.30	2009.12.31
	每股收益(元)	0.0085	0.1300	0.0512	0.2600
	每股收益(扣除)(元)	0.0054	0.0600	0.0433	0.1800
	每股净资产(元)	2.5135	2.5127	2.4400	0.9800
	调整后每股净资产(元)	–	–	–	–
	每股资本公积金(元)	1.2871	1.2871	1.2901	–
	每股盈余公积金(元)	0.0176	0.0176	0.0013	–
	每股未分配利润(元)	0.2089	0.2081	0.1495	–
	每股现金净流量(元)	-0.0202	0.1927	0.3738	–
	每股经营现金净流量(元)	-0.1920	-0.2612	-0.1894	–
	净资产收益率(扣除)(%)	–	2.4900	–	24.2300
	净资产收益率(%)	0.3400	4.8080	1.8830	26.8270
	总资产(万)	3055281.17	2812925.51	2684105.30	2288668.92
	股东权益(万)	1643331.34	1642819.61	1595847.69	443294.58
	主营业务收入(万)	–	–	–	–
	主营成本(万)	–	–	–	–
	营业收入(万)	311904.20	859123.09	296894.08	915252.66
	营业成本(万)	241803.35	635372.55	201464.12	633482.02
	投资收益(万)	–	–	–	–
	利润总额(万)	7951.04	114711.83	37537.70	132929.14
	净利润(万)	5584.81	78980.54	30047.30	118921.83

四川成渝高速公路股份有限公司

公司概况	公司名称	四川成渝高速公路股份有限公司			证券简称	四川成渝
	法人代表	唐勇	董秘	张永年	证券代码	601107
	公司网址	www.cygs.com		电子信箱	cygszh@163.com	
	电　　话	028-85527510 85527526		传　　真	028-85530753	
	办公地址	四川省成都市武侯祠大街252号				
	经营范围	公司属公路桥梁管理及养护行业等				

主要财务指标	指标\报告期	2011.06.30	2010.12.31	2010.06.30	2009.12.31
	每股收益(元)	0.1856	0.3745	0.2021	0.2991
	每股收益(扣除)(元)	0.1852	0.3699	0.2017	0.2773
	每股净资产(元)	2.8166	2.7206	2.5390	2.4000
	调整后每股净资产(元)	–	–	–	–
	每股资本公积金(元)	0.6148	0.6174	0.6082	0.6082
	每股盈余公积金(元)	0.5223	0.5223	0.4218	0.4218
	每股未分配利润(元)	0.6795	0.5809	0.5089	0.3708
	每股现金净流量(元)	0.2321	-0.1707	-0.0162	–
	每股经营现金净流量(元)	0.1090	–	0.2309	–
	净资产收益率(扣除)(%)	–	14.4700	–	11.3500
	净资产收益率(%)	6.5890	13.7660	7.9600	11.2700
	总资产(万)	1456006.37	1189769.24	1129399.07	1060577.75
	股东权益(万)	861332.39	831963.45	776436.57	734211.67
	主营业务收入(万)	151894.57	271599.68	124440.55	211775.88
	主营成本(万)	61048.86	110592.07	39623.52	86453.70
	营业收入(万)	153592.50	272914.51	125219.97	213610.53
	营业成本(万)	61686.15	112228.52	40183.56	88031.72
	投资收益(万)	–	–	–	–
	利润总额(万)	77030.57	136623.61	74244.34	98604.85
	净利润(万)	56753.82	114527.39	61796.49	82747.97

中国国际航空股份有限公司

公司概况	公司名称	中国国际航空股份有限公司			证券简称	中国国航
	法人代表	孔栋	董秘	黄斌	证券代码	601111
	公司网址	www.airchina.com.cn		电子信箱	ben_huang@airchina.com	
	电　　话	010-61461959 61462558		传　　真	010-61462805	
	办公地址	北京市天竺空港经济开发区天柱路30号				
	经营范围	国际、国内定期和不定期航空客、货、邮和行李运输业务等				

主要财务指标	指标\报告期	2011.06.30	2010.12.31	2010.06.30	2009.12.31
	每股收益(元)	0.3300	1.0500	0.4100	0.4200
	每股收益(扣除)(元)	0.3200	0.8600	0.3400	0.1000
	每股净资产(元)	3.6100	3.5800	2.4400	2.0200
	调整后每股净资产(元)	–	–	–	–
	每股资本公积金(元)	1.2758	1.2601	0.8612	0.8835
	每股盈余公积金(元)	0.2166	0.1690	0.1277	0.1277
	每股未分配利润(元)	1.1171	0.9708	0.4584	0.0752
	每股现金净流量(元)	0.0997	0.8973	0.2321	-0.0226
	每股经营现金净流量(元)	0.7655	1.5255	0.5698	0.5628
	净资产收益率(扣除)(%)	–	33.3600	–	5.4200
	净资产收益率(%)	9.2480	29.3090	16.6450	21.0240
	总资产(万)	16422454.10	15521961.30	13957834.00	10616320.70
	股东权益(万)	4393706.70	4165262.50	2820086.60	2392287.20
	主营业务收入(万)	4410329.10	7900931.20	3355741.90	4995717.50
	主营成本(万)	3490246.00	5932363.20	2628082.70	4097537.40
	营业收入(万)	4513035.80	8096267.70	3430767.30	5109536.90
	营业成本(万)	3580396.00	6100480.00	2695141.30	4194711.60
	投资收益(万)	–	–	–	–
	利润总额(万)	552688.20	1502506.20	555925.70	531468.10
	净利润(万)	406321.40	1220804.90	469402.10	502945.10

义乌华鼎锦纶股份有限公司

公司概况	公司名称	义乌华鼎锦纶股份有限公司			证券简称	华鼎锦纶
	法人代表	丁尔民	董秘	王磊	证券代码	601113
	公司网址	www.hdnylon.com		电子信箱	zq@hdnylon.com	
	电　　话	0579-85261479		传　　真	0579-85261475	
	办公地址	浙江省金华市义乌市北苑工业区雪峰西路751号				
	经营范围	锦纶纤维，差别化化学纤维的生产、销售等				

主要财务指标	指标\报告期	2011.06.30	2010.12.31	2010.06.30	2009.12.31
	每股收益(元)	0.3800	0.5200	0.2000	0.3300
	每股收益(扣除)(元)	0.3700	0.4600	0.2000	0.3100
	每股净资产(元)	5.1990	2.0530	–	1.5400
	调整后每股净资产(元)	–	–	–	–
	每股资本公积金(元)	3.1756	0.1135	–	0.1135
	每股盈余公积金(元)	0.0646	0.0862	–	0.0424
	每股未分配利润(元)	0.9587	0.8535	–	0.3815
	每股现金净流量(元)	3.3704	0.0770	-0.2015	0.2878
	每股经营现金净流量(元)	-0.4717	0.6868	0.0662	0.1816
	净资产收益率(扣除)(%)	–	25.6300	–	22.4700
	净资产收益率(%)	6.1280	25.1240	–	21.6040
	总资产(万)	280281.28	152026.98	–	116660.18
	股东权益(万)	166367.80	49277.36	–	36897.11
	主营业务收入(万)	71990.59	105317.80	47930.16	80440.74
	主营成本(万)	55110.32	84000.17	38810.01	66486.23
	营业收入(万)	72428.54	105867.48	48085.98	80764.35
	营业成本(万)	55678.01	84719.93	39006.19	66933.86
	投资收益(万)	–	–	–	–
	利润总额(万)	12068.57	14814.42	5788.89	8987.23
	净利润(万)	10195.43	12380.25	4790.97	7971.16

三江购物俱乐部股份有限公司

公司概况					
公司名称	三江购物俱乐部股份有限公司			证券简称	三江购物
法人代表	陈念慈	董秘	王艳	证券代码	601116
公司网址	www.sanjiang.com		电子信箱	sj@sanjiang.com	
电　　话	0574-83886810		传　　真	0574-83886806	
办公地址	浙江省宁波市孝闻街29弄中西大厦				
经营范围	预包装食品、散装食品、乳制品的批发、零售及网上销售等				

主要财务指标				
指标\报告期	2011.06.30	2010.12.31	2010.06.30	2009.12.31
每股收益(元)	0.2571	0.3700	0.2672	0.3600
每股收益(扣除)(元)	0.2052	0.3000	0.2196	0.2600
每股净资产(元)	3.2443	1.7385	–	1.4900
调整后每股净资产(元)	–	–	–	–
每股资本公积金(元)	1.6300	0.1884	–	0.2009
每股盈余公积金(元)	0.0541	0.0633	–	0.0378
每股未分配利润(元)	0.5602	0.4868	–	0.2464
每股现金净流量(元)	2.0578	0.2105	0.0842	0.1489
每股经营现金净流量(元)	0.5856	0.7670	0.6290	0.6040
净资产收益率(扣除)(%)	–	19.1400	–	21.7100
净资产收益率(%)	7.5380	21.5500	–	24.4860
总资产(万)	254699.85	186768.22	–	164449.93
股东权益(万)	133260.76	60979.60	–	49610.22
主营业务收入(万)	254537.52	462970.63	233152.07	428262.76
主营成本(万)	217711.02	–	199931.28	372272.54
营业收入(万)	264845.39	482368.04	243118.36	445543.74
营业成本(万)	217712.37	399688.12	199935.42	372277.96
投资收益(万)	–	–	–	–
利润总额(万)	12941.14	17414.17	12463.04	16682.37
净利润(万)	10044.95	13141.13	9370.99	12147.63

中国化学工程股份有限公司

公司概况					
公司名称	中国化学工程股份有限公司			证券简称	中国化学
法人代表	金克宁	董秘	张云普	证券代码	601117
公司网址	www.cncec.com.cn		电子信箱	zhangyp@cncec.com.cn	
电　　话	010-59765555		传　　真	010-59765659	
办公地址	北京市东城区东直门内大街2号				
经营范围	工程承包;勘察、设计及服务;其他业务等				

主要财务指标				
指标\报告期	2011.06.30	2010.12.31	2010.06.30	2009.12.31
每股收益(元)	0.1800	0.3400	0.1300	0.2600
每股收益(扣除)(元)	0.1800	0.3300	0.1300	0.2600
每股净资产(元)	2.7900	2.6400	2.4000	2.2600
调整后每股净资产(元)	–	–	–	–
每股资本公积金(元)	1.0684	1.0687	1.0298	1.0309
每股盈余公积金(元)	0.0042	0.0042	0.0000	0.0000
每股未分配利润(元)	0.7219	0.5722	0.3725	0.2401
每股现金净流量(元)	0.0914	0.2676	–0.0187	1.4550
每股经营现金净流量(元)	0.2560	0.5876	0.2051	0.4442
净资产收益率(扣除)(%)	–	13.7000	–	23.1900
净资产收益率(%)	6.4400	12.7400	5.5220	8.7636
总资产(万)	3656661.00	3426179.88	3284564.69	3160128.17
股东权益(万)	1376497.54	1302123.71	1182825.82	1117300.79
主营业务收入(万)	1739524.53	3241119.53	1450246.99	2780282.88
主营成本(万)	1500674.86	2774271.46	1257241.93	2433027.11
营业收入(万)	1744876.98	3258323.35	1457113.99	2805451.02
营业成本(万)	1504662.50	2787494.83	1260523.12	2454621.04
投资收益(万)	–	–	–	–
利润总额(万)	121988.68	217369.62	81848.63	131035.38
净利润(万)	88644.12	165895.03	65314.49	97916.12

海南天然橡胶产业集团股份有限公司

公司概况					
公司名称	海南天然橡胶产业集团股份有限公司			证券简称	海南橡胶
法人代表	林进挺	董秘	董敬军	证券代码	601118
公司网址	www.hirub.cn		电子信箱	dongjj@hirub.cn	
电　　话	0898-31669317 31669309		传　　真	0898-31661486	
办公地址	海南省海口市海垦路13号绿海大厦				
经营范围	天然橡胶生产、种植、加工、销售、仓储、运输,电子商务服务等				

主要财务指标				
指标\报告期	2011.06.30	2010.12.31	2010.06.30	2009.12.31
每股收益(元)	0.1100	0.1800	0.0900	0.0900
每股收益(扣除)(元)	0.1400	0.1900	0.0800	0.0900
每股净资产(元)	2.2089	2.1026	–	1.1300
调整后每股净资产(元)	–	–	–	–
每股资本公积金(元)	0.9435	0.8643	–	–0.0388
每股盈余公积金(元)	0.0553	0.0553	–	0.0519
每股未分配利润(元)	0.2105	0.1832	–	0.1142
每股现金净流量(元)	–0.1819	1.1859	0.1479	–0.0969
每股经营现金净流量(元)	0.2526	–0.0385	0.0144	0.1317
净资产收益率(扣除)(%)	–	16.2800	–	7.2400
净资产收益率(%)	4.8560	6.9300	–	8.0597
总资产(万)	1174104.14	1253197.53	–	651280.28
股东权益(万)	868341.60	826580.83	–	354534.68
主营业务收入(万)	426496.12	625882.27	225237.04	371288.72
主营成本(万)	339159.06	503793.82	172609.89	297113.41
营业收入(万)	430485.83	632554.82	226690.10	374267.70
营业成本(万)	341315.81	505392.11	173218.14	299019.95
投资收益(万)	–	–	–	–
利润总额(万)	43664.87	59883.50	28722.41	28139.33
净利润(万)	42162.03	57284.14	27357.73	28574.52

北京四方继保自动化股份有限公司

公司概况					
公司名称	北京四方继保自动化股份有限公司			证券简称	四方股份
法人代表	王绪昭	董秘	郗沭阳	证券代码	601126
公司网址	www.sf-auto.com		电子信箱	ir@sf-auto.com	
电　　话	010-62961515		传　　真	010-62981004	
办公地址	北京市海淀区上地信息产业基地四街9号				
经营范围	制造电力系统的继电保护装置、自动控制设备等				

主要财务指标				
指标\报告期	2011.06.30	2010.12.31	2010.06.30	2009.12.31
每股收益(元)	0.1350	0.4800	0.0399	0.3900
每股收益(扣除)(元)	0.1176	0.4600	–	0.3500
每股净资产(元)	6.1421	6.2072	–	1.7200
调整后每股净资产(元)	–	–	–	–
每股资本公积金(元)	4.2328	4.2328	–	0.0904
每股盈余公积金(元)	0.1008	0.1008	–	0.1481
每股未分配利润(元)	0.8086	0.8736	–	0.4780
每股现金净流量(元)	–1.0118	2.6000	–0.1731	–0.0596
每股经营现金净流量(元)	–0.7173	0.5442	–0.2286	0.0901
净资产收益率(扣除)(%)	–	21.1200	–	23.2400
净资产收益率(%)	2.1970	6.1700	–	22.8590
总资产(万)	308404.02	358628.88	–	156226.27
股东权益(万)	246136.11	248742.20	–	54713.21
主营业务收入(万)	59285.48	132128.93	–	115993.73
主营成本(万)	32244.00	73580.12	–	64677.46
营业收入(万)	59524.73	134771.92	23023.58	117400.99
营业成本(万)	32262.46	73687.40	12589.87	64925.25
投资收益(万)	–	–	–	–
利润总额(万)	6242.05	17129.57	1355.63	15426.83
净利润(万)	5408.59	15346.38	1270.39	12506.75

宁波博威合金材料股份有限公司

公司概况						
公司名称	宁波博威合金材料股份有限公司			证券简称	博威合金	
法人代表	谢识才	董秘	袁博云	证券代码	601137	
公司网址	www.pwalloy.com		电子信箱	yuanby@pwalloy.com		
电　话	0574-83004712 83004512		传　真	0574-83004688		
办公地址	浙江省宁波市鄞州区云龙镇太平桥					
经营范围	有色合金材料,高温超导材料,铜合金制品,不锈钢制品等					

主要财务指标：指标\报告期	2011.06.30	2010.12.31	2010.06.30	2009.12.31
每股收益(元)	0.3600	0.7500	0.3700	0.6000
每股收益(扣除)(元)	0.3600	0.6400	0.3200	0.5300
每股净资产(元)	8.3343	2.1400	1.7700	1.4000
调整后每股净资产(元)	–	–	–	–
每股资本公积金(元)	6.4135	0.1071	0.1059	0.1059
每股盈余公积金(元)	0.0959	0.1289	0.0553	0.0553
每股未分配利润(元)	0.8250	0.9085	0.6064	0.2339
每股现金净流量(元)	3.6489	–0.2568	–0.2124	0.3979
每股经营现金净流量(元)	–0.7117	0.8130	0.4361	0.0594
净资产收益率(扣除)(%)	4.1860	34.8860	21.0730	41.6800
净资产收益率(%)	4.8500	42.2800	23.5500	53.3000
总资产(万)	195671.53	95477.33	89636.34	76427.40
股东权益(万)	179188.30	34311.07	28282.63	22322.70
主营业务收入(万)	116863.77	201422.23	95440.79	116852.52
主营成本(万)	102481.94	179778.47	84593.08	102591.47
营业收入(万)	117594.58	201608.25	95451.76	117098.28
营业成本(万)	103158.34	179919.52	84609.52	102850.10
投资收益(万)	23.19	183.04	6.16	608.22
利润总额(万)	8551.14	13683.26	6781.83	10289.13
净利润(万)	7501.26	11969.60	5959.93	9304.01

深圳市燃气集团股份有限公司

公司概况						
公司名称	深圳市燃气集团股份有限公司			证券简称	深圳燃气	
法人代表	包德元	董秘	杨光	证券代码	601139	
公司网址	www.szgas.com.cn		电子信箱	yangguang@szgas.com.cn		
电　话	0755-83601139		传　真	0755-83601139		
办公地址	广东省深圳市福田区深南大道6021号喜年中心B座					
经营范围	管道燃气供应、液化石油气批发、瓶装液化石油气零售、燃气投资业务					

主要财务指标：指标\报告期	2011.06.30	2010.12.31	2010.06.30	2009.12.31
每股收益(元)	0.2300	0.2600	0.1600	0.2400
每股收益(扣除)(元)	0.2300	0.2400	0.1600	0.2400
每股净资产(元)	2.2300	2.1400	2.1400	1.9800
调整后每股净资产(元)	–	–	–	–
每股资本公积金(元)	0.6244	0.6243	0.6182	0.6295
每股盈余公积金(元)	0.0841	0.0841	0.0568	0.0568
每股未分配利润(元)	0.5261	0.4312	0.3631	0.2983
每股现金净流量(元)	0.5237	–0.5545	0.0912	0.6341
每股经营现金净流量(元)	0.3266	0.3154	0.1640	0.4080
净资产收益率(扣除)(%)	–	11.8200	–	18.1300
净资产收益率(%)	10.2250	12.1620	8.0870	11.0328
总资产(万)	821964.87	726439.04	707998.84	599202.15
股东权益(万)	274851.32	263162.61	250692.79	244097.32
主营业务收入(万)	370162.46	651655.02	308577.04	381549.04
主营成本(万)	303977.41	546684.86	257866.59	280156.30
营业收入(万)	374771.48	655889.16	310811.48	386419.76
营业成本(万)	308177.10	549703.03	260121.43	282826.37
投资收益(万)	–	–	–	–
利润总额(万)	34896.24	39849.92	24079.58	33309.24
净利润(万)	28102.56	32004.74	20273.90	26930.71

重庆水务集团股份有限公司

公司概况						
公司名称	重庆水务集团股份有限公司			证券简称	重庆水务	
法人代表	武秀峰	董秘	邱贤成	证券代码	601158	
公司网址	www.cncqsw.com		电子信箱	swjtdsb@cqswjt.com		
电　话	023-63860827		传　真	023-63860827		
办公地址	中国重庆市渝中区龙家湾1号					
经营范围	自来水销售、污水处理服务等					

主要财务指标：指标\报告期	2011.06.30	2010.12.31	2010.06.30	2009.12.31
每股收益(元)	0.1700	0.2800	0.1400	0.2400
每股收益(扣除)(元)	0.1600	0.2700	0.1300	0.2300
每股净资产(元)	2.2600	2.2900	2.1500	1.6600
调整后每股净资产(元)	–	–	–	–
每股资本公积金(元)	0.9506	0.9590	0.9506	0.3862
每股盈余公积金(元)	0.0681	0.0681	0.0436	0.0487
每股未分配利润(元)	0.2422	0.2650	0.1514	0.2266
每股现金净流量(元)	–0.0954	0.3302	0.6676	0.1687
每股经营现金净流量(元)	0.1790	0.3751	0.1462	0.3763
净资产收益率(扣除)(%)	–	12.9500	–	14.5100
净资产收益率(%)	7.3050	11.7590	6.0960	14.1950
总资产(万)	1651680.08	1643644.75	1593453.42	1236152.87
股东权益(万)	1085225.68	1100207.93	1029838.26	714434.37
主营业务收入(万)	163332.95	305356.39	137407.88	254754.62
主营成本(万)	78439.81	138817.50	58457.34	115333.88
营业收入(万)	169176.43	326640.56	145210.68	272937.98
营业成本(万)	81993.67	157860.40	64396.98	132524.52
投资收益(万)	–	–	–	–
利润总额(万)	80641.24	133504.79	65342.15	117503.58
净利润(万)	79271.08	129096.17	62780.44	101413.59

兴业银行股份有限公司

公司概况						
公司名称	兴业银行股份有限公司			证券简称	兴业银行	
法人代表	高建平	董秘	唐斌	证券代码	601166	
公司网址	www.cib.com.cn		电子信箱	irm@cib.com.cn		
电　话	0591-87824863 87857530		传　真	0591-87842633		
办公地址	福建省福州市湖东路154号					
经营范围	吸收公众存款;发放短期、中期和长期贷款;办理国内外结算					

主要财务指标：指标\报告期	2011.06.30	2010.12.31	2010.06.30	2009.12.31
每股收益(元)	1.1300	3.2800	0.9200	2.6600
每股收益(扣除)(元)	1.1200	3.2400	0.9100	2.5200
每股净资产(元)	9.3800	15.3500	14.0000	11.9200
调整后每股净资产(元)	–	–	–	–
每股资本公积金(元)	2.5526	5.4442	5.7251	3.4479
每股盈余公积金(元)	0.3155	0.5679	0.5679	0.6806
每股未分配利润(元)	4.5904	6.6816	5.3597	5.1708
每股现金净流量(元)	–	–	–	–
每股经营现金净流量(元)	–	–	–	–
净资产收益率(扣除)(%)	–	–	–	–
净资产收益率(%)	–	–	–	–
总资产(万)	208990600.00	184967300.00	171480374.49	133216155.22
股东权益(万)	–	–	–	–
主营业务收入(万)	2624600.00	4345591.28	2035800.00	3167904.54
主营成本(万)	–	–	–	–
营业收入(万)	–	–	–	–
营业成本(万)	–	–	–	–
投资收益(万)	–	–	–	–
利润总额(万)	1604700.00	2400536.21	1124700.00	1722948.50
净利润(万)	1223200.00	1852058.22	876400.00	1328194.27

西部矿业股份有限公司

公司概况					
公司名称	西部矿业股份有限公司			证券简称	西部矿业
法人代表	汪海涛	董秘	胡晗东	证券代码	601168
公司网址	www.westmining.com		电子信箱	wm@westmining.com	
电　话	0971-6108188		传　真	0971-6122926	
办公地址	青海省西宁市五四大街52号				
经营范围	铜、铅、锌等有色金属矿和锰等黑色金属矿的探矿、采矿、选矿等				

主要财务指标

指标\报告期	2011.06.30	2010.12.31	2010.06.30	2009.12.31
每股收益(元)	0.2700	0.4200	0.2400	0.2500
每股收益(扣除)(元)	0.2600	0.3800	0.2000	0.3100
每股净资产(元)	4.7700	4.6700	4.5000	4.3500
调整后每股净资产(元)	–	–	–	–
每股资本公积金(元)	2.3330	2.3268	2.3212	2.3184
每股盈余公积金(元)	0.1793	0.1793	0.1553	0.1553
每股未分配利润(元)	1.2306	1.1384	0.9911	0.8471
每股现金净流量(元)	0.0214	0.6784	0.5998	–0.5460
每股经营现金净流量(元)	–0.1277	0.7434	0.4604	0.1751
净资产收益率(扣除)(%)	–	8.3600	–	7.2200
净资产收益率(%)	5.7080	8.8870	5.4180	5.8060
总资产(万)	2493372.19	2245727.43	2099146.22	1907228.89
股东权益(万)	1136693.25	1113379.34	1073153.39	1036206.58
主营业务收入(万)	982178.79	1833762.96	773131.65	1675981.48
主营成本(万)	854449.57	1614074.32	671083.17	1495944.04
营业收入(万)	993667.28	1851144.73	782198.39	1688650.54
营业成本(万)	864579.51	1628119.07	677598.42	1510678.30
投资收益(万)	–	–	–	–
利润总额(万)	81805.80	119320.91	69705.61	81285.64
净利润(万)	64876.38	98942.71	58147.26	60159.48

北京银行股份有限公司

公司概况					
公司名称	北京银行股份有限公司			证券简称	北京银行
法人代表	闫冰竹	董秘	杨书剑	证券代码	601169
公司网址	www.bankofbeijing.com.cn		电子信箱	snow@bankofbeijing.com.cn	
电　话	010-66426500 66223826		传　真	010-66426519 66223833	
办公地址	北京市西城区金融大街丙17号北京银行大厦				
经营范围	吸收公众存款;发放短期、中期和长期贷款;办理国内结算等				

主要财务指标

指标\报告期	2011.06.30	2010.12.31	2010.06.30	2009.12.31
每股收益(元)	0.8200	1.0900	0.6300	0.9000
每股收益(扣除)(元)	0.8200	1.0900	0.6300	0.9000
每股净资产(元)	7.3900	6.8300	6.5200	6.0300
调整后每股净资产(元)	–	–	–	–
每股资本公积金(元)	2.4677	2.5161	2.6676	2.6278
每股盈余公积金(元)	0.5439	0.5439	0.4345	0.4345
每股未分配利润(元)	2.5780	1.9751	1.8300	1.3834
每股现金净流量(元)	–	–	–	–
每股经营现金净流量(元)	–	–	–	–
净资产收益率(扣除)(%)	–	–	–	–
净资产收益率(%)	–	–	–	–
总资产(万)	81580151.40	73321050.40	64611286.40	53346931.80
股东权益(万)	–	–	–	–
主营业务收入(万)	974680.80	1563522.60	737636.50	1189410.50
主营成本(万)	–	–	–	–
营业收入(万)	–	–	–	–
营业成本(万)	–	–	–	–
投资收益(万)	–	–	–	–
利润总额(万)	659568.20	860115.00	498030.20	716224.00
净利润(万)	509982.10	680303.00	390223.30	563385.90

杭州前进齿轮箱集团股份有限公司

公司概况					
公司名称	杭州前进齿轮箱集团股份有限公司			证券简称	杭齿前进
法人代表	茅建荣	董秘	李逸仙	证券代码	601177
公司网址	www.chinaadvance.com		电子信箱	lyx@chinaadvance.com	
电　话	0571-83802671 83802048		传　真	0571-83802049	
办公地址	浙江省杭州市萧山区萧金路45号				
经营范围	各类齿轮传动装置、粉末冶金制品和大型精密齿轮的设计、制造和销售				

主要财务指标

指标\报告期	2011.06.30	2010.12.31	2010.06.30	2009.12.31
每股收益(元)	0.2203	0.3984	0.2346	0.2916
每股收益(扣除)(元)	0.2074	0.3707	0.2122	0.2591
每股净资产(元)	4.0461	3.8300	2.8000	2.0000
调整后每股净资产(元)	–	–	–	–
每股资本公积金(元)	2.1745	2.1793	0.5576	0.5603
每股盈余公积金(元)	0.0806	0.0614	0.0673	0.0475
每股未分配利润(元)	0.7975	0.5964	0.6152	0.4004
每股现金净流量(元)	–0.2204	0.4654	–0.0502	0.0123
每股经营现金净流量(元)	0.1404	0.6976	0.3981	0.5247
净资产收益率(扣除)(%)	–	13.8900	10.0300	13.9800
净资产收益率(%)	5.4450	8.4300	10.5120	14.2511
总资产(万)	349518.59	326463.61	253512.24	238078.41
股东权益(万)	161868.41	153252.02	66736.97	59795.24
主营业务收入(万)	141957.60	218744.17	120382.13	175859.49
主营成本(万)	108526.63	165351.53	90085.96	136367.75
营业收入(万)	143454.90	220962.29	121409.17	179510.07
营业成本(万)	109314.83	166784.32	90714.46	138784.76
投资收益(万)	–	–	–	–
利润总额(万)	11755.55	17984.86	9876.23	11107.62
净利润(万)	8814.29	12919.27	7015.23	8523.28

中国西电电气股份有限公司

公司概况					
公司名称	中国西电电气股份有限公司			证券简称	中国西电
法人代表	张雅林	董秘	田喜民	证券代码	601179
公司网址	www.xdect.com.cn		电子信箱	dsh@xd.com.cn	
电　话	029-88832083		传　真	029-88832084	
办公地址	陕西省西安市高新区唐兴路7号A座				
经营范围	输配电和控制设备及相关电器机械和器材、机械电子一体化产品等				

主要财务指标

指标\报告期	2011.06.30	2010.12.31	2010.06.30	2009.12.31
每股收益(元)	0.0100	0.1500	0.1500	0.3800
每股收益(扣除)(元)	0.0040	0.1400	0.1300	0.3600
每股净资产(元)	3.3300	3.3800	3.3600	1.3400
调整后每股净资产(元)	–	–	–	–
每股资本公积金(元)	2.0144	2.0159	2.0154	0.0266
每股盈余公积金(元)	0.0421	0.0421	0.0412	0.0589
每股未分配利润(元)	0.2733	0.3251	0.3041	0.2560
每股现金净流量(元)	–0.4634	0.9814	1.0422	–0.0241
每股经营现金净流量(元)	–0.2924	–0.0871	–0.1713	0.3396
净资产收益率(扣除)(%)	–	4.3500	–	26.9200
净资产收益率(%)	0.2480	4.3380	3.7160	28.2330
总资产(万)	2757274.39	2659786.60	2753434.70	2151985.04
股东权益(万)	1450777.97	1473997.53	1464216.19	409126.26
主营业务收入(万)	491228.62	1271969.82	658099.65	1371157.86
主营成本(万)	387293.39	968470.17	490822.04	1024645.18
营业收入(万)	508406.81	1288252.94	666524.81	1403136.76
营业成本(万)	396559.29	982070.12	496071.31	1050291.21
投资收益(万)	–	–	–	–
利润总额(万)	6996.07	79424.02	64736.49	142505.52
净利润(万)	3594.75	63944.75	54406.75	115507.65

中国铁建股份有限公司

公司概况	公司名称	中国铁建股份有限公司			证券简称	中国铁建
	法人代表	孟凤朝	董秘	余兴喜	证券代码	601186
	公司网址	www.crcc.cn		电子信箱	ir@crcc.cn	
	电　话	010-52688600		传　真	010-52688302	
	办公地址	北京市海淀区复兴路40号东院				
	经营范围	铁路、公路、城市轨道交通、机场、港口、码头、隧道、桥梁、水利电力等				

主要财务指标	指标\报告期	2011.06.30	2010.12.31	2010.06.30	2009.12.31
	每股收益(元)	0.2900	0.3400	0.2700	0.5300
	每股收益(扣除)(元)	0.2900	0.3200	0.2700	0.5000
	每股净资产(元)	4.9000	4.6500	4.4000	4.3200
	调整后每股净资产(元)	–	–	–	–
	每股资本公积金(元)	2.7544	2.7547	2.5307	2.5548
	每股盈余公积金(元)	0.0693	0.0693	0.0500	0.0500
	每股未分配利润(元)	1.0637	0.8187	0.8177	0.7039
	每股现金净流量(元)	0.5792	0.0691	0.0329	0.4551
	每股经营现金净流量(元)	–1.0188	0.5068	0.1151	1.4164
	净资产收益率(扣除)(%)	6.0600	7.2600	6.0600	12.3100
	净资产收益率(%)	6.0160	7.3970	6.2160	12.3890
	总资产(万)	39561310.70	35019401.50	31235498.10	28299026.70
	股东权益(万)	6048801.50	5740331.40	5434352.90	5326548.50
	主营业务收入(万)	21045794.90	46793162.10	17838827.40	35362581.90
	主营成本(万)	–	–	–	32242781.10
	营业收入(万)	21140609.50	47015879.30	17932034.70	35552076.90
	营业成本(万)	19075289.10	42864711.80	16224688.40	32242781.10
	投资收益(万)	–	–	–	–
	利润总额(万)	451186.70	608875.90	425152.80	830739.90
	净利润(万)	363915.20	424622.10	337809.60	659907.20

黑龙江交通发展股份有限公司

公司概况	公司名称	黑龙江交通发展股份有限公司			证券简称	龙江交通
	法人代表	孙熠嵩	董秘	戴琦	证券代码	601188
	公司网址	www.hljjt.com		电子信箱	htdc@hljjt.com	
	电　话	0451-51688007		传　真	0451-51688007	
	办公地址	黑龙江省哈尔滨市南岗区轩辕东路1号怡东大厦3楼				
	经营范围	投资,开发,建设和经营管理收费公路,公路养护服务,园林绿化等				

主要财务指标	指标\报告期	2011.06.30	2010.12.31	2010.06.30	2009.12.31
	每股收益(元)	0.0550	0.0800	0.0410	0.0900
	每股收益(扣除)(元)	0.0520	0.0750	0.0510	–
	每股净资产(元)	2.0200	1.9800	1.9420	1.9000
	调整后每股净资产(元)	–	–	–	–
	每股资本公积金(元)	0.9062	0.9062	0.9062	–
	每股盈余公积金(元)	0.0072	0.0072	–	–
	每股未分配利润(元)	0.1070	0.0705	0.0358	–
	每股现金净流量(元)	0.3084	0.0002	0.0050	–
	每股经营现金净流量(元)	0.0892	0.0765	0.0161	–
	净资产收益率(扣除)(%)	–	3.8700	2.6600	–
	净资产收益率(%)	2.6980	4.0520	2.1220	4.7540
	总资产(万)	283124.61	275843.79	312701.18	311701.19
	股东权益(万)	245113.92	240685.11	235606.93	230790.05
	主营业务收入(万)	15685.34	28332.09	12653.48	–
	主营成本(万)	4821.62	8834.96	2588.01	–
	营业收入(万)	16952.61	28767.42	12653.48	–
	营业成本(万)	5327.87	8153.73	2588.01	–
	投资收益(万)	–	–	–	–
	利润总额(万)	8790.62	14916.75	6800.97	14220.00
	净利润(万)	6612.57	9752.07	4998.89	10972.00

江苏江南水务股份有限公司

公司概况	公司名称	江苏江南水务股份有限公司			证券简称	江南水务
	法人代表	张亚军	董秘	朱杰	证券代码	601199
	公司网址	www.jsjnsw.com		电子信箱	master@jsjnsw.com	
	电　话	0510-86276771 0510-86276730		传　真	0510-86276730	
	办公地址	江苏省江阴市延陵路224号 江苏省江阴市长江路141-143号				
	经营范围	自来水的制售、自来水排水及相关水处理业务				

主要财务指标	指标\报告期	2011.06.30	2010.12.31	2010.06.30	2009.12.31
	每股收益(元)	0.2700	0.1100	0.4300	0.1600
	每股收益(扣除)(元)	0.2700	0.1100	0.4300	0.1600
	每股净资产(元)	6.6600	6.5100	2.7100	–
	调整后每股净资产(元)	–	–	–	–
	每股资本公积金(元)	4.6680	4.6680	0.6930	–
	每股盈余公积金(元)	0.1274	0.1274	0.1702	–
	每股未分配利润(元)	0.8635	0.7140	0.8429	–
	每股现金净流量(元)	1.2695	3.7391	0.3083	–0.0508
	每股经营现金净流量(元)	0.6600	0.2616	1.5892	0.6165
	净资产收益率(扣除)(%)	–	3.9900	17.2400	–
	净资产收益率(%)	3.4900	1.2760	15.9950	–
	总资产(万)	197304.75	226176.43	138205.18	–
	股东权益(万)	155795.89	152284.83	47437.63	–
	主营业务收入(万)	23716.12	–	44279.67	18393.82
	主营成本(万)	9033.47	–	20128.81	8568.39
	营业收入(万)	23991.08	10813.53	44906.13	18637.85
	营业成本(万)	9166.42	4695.36	20541.98	8690.56
	投资收益(万)	–	–	–	–
	利润总额(万)	7260.71	2511.81	10212.37	3583.82
	净利润(万)	5437.41	1942.70	7587.80	2778.78

四川东材科技集团股份有限公司

公司概况	公司名称	四川东材科技集团股份有限公司			证券简称	东材科技
	法人代表	于少波	董秘	周乔	证券代码	601208
	公司网址	0816-2289750		电子信箱	zhouqiao@emtco.cn	
	电　话	www.emtco.cn		传　真	0816-2289750	
	办公地址	绵阳市东兴路6号				
	经营范围	绝缘材料、高分子材料、精细化工材料的生产、销售等				

主要财务指标	指标\报告期	2011.06.30	2010.12.31	2010.06.30	2009.12.31
	每股收益(元)	0.5500	0.8000	0.3800	0.5200
	每股收益(扣除)(元)	0.5200	0.6600	0.2900	0.4200
	每股净资产(元)	6.7515	2.2298	–	2.0400
	调整后每股净资产(元)	–	–	–	–
	每股资本公积金(元)	4.7234	0.0185	–	0.0250
	每股盈余公积金(元)	0.0412	0.0556	–	0.0616
	每股未分配利润(元)	0.9870	1.1557	–	0.9444
	每股现金净流量(元)	4.9393	0.0314	0.2557	–0.0588
	每股经营现金净流量(元)	0.1677	0.5156	0.1872	0.5495
	净资产收益率(扣除)(%)	–	35.2600	–	22.7400
	净资产收益率(%)	6.3930	35.8550	18.7000	25.4330
	总资产(万)	268715.92	95902.43	–	79873.34
	股东权益(万)	207866.18	50812.73	–	34281.74
	主营业务收入(万)	65118.26	98323.31	44369.49	65930.76
	主营成本(万)	43410.88	68293.27	32616.74	48192.27
	营业收入(万)	66897.82	101868.64	45732.32	68265.37
	营业成本(万)	44920.99	71570.72	33800.40	49975.87
	投资收益(万)	–	–	–	–
	利润总额(万)	15768.21	18572.96	7183.54	8881.71
	净利润(万)	13288.76	18218.99	6955.79	8718.85

内蒙古君正能源化工股份有限公司

公司概况						
公司名称	内蒙古君正能源化工股份有限公司				证券简称	内蒙君正
法人代表	杜江涛	董秘	崔力军		证券代码	601216
公司网址	www.junzhenggroup.com		电子信箱		junzheng@junzhenggroup.com	
电　话	0473-6989106		传　真		0473-6989105	
办公地址	内蒙古自治区乌海市乌达工业园区					
经营范围	电力生产;电力供应;热力生产和供应;商业贸易等					

主要财务指标				
指标\报告期	2011.06.30	2010.12.31	2010.06.30	2009.12.31
每股收益(元)	0.5620	0.2395	0.9348	0.3139
每股收益(扣除)(元)	0.5172	0.2355	0.8773	0.3020
每股净资产(元)	7.4440	7.1300	2.9153	–
调整后每股净资产(元)	–	–	–	–
每股资本公积金(元)	4.8307	4.8307	0.5684	–
每股盈余公积金(元)	0.0975	0.0975	0.1201	–
每股未分配利润(元)	1.5133	1.1961	1.2141	–
每股现金净流量(元)	2.4437	3.5957	0.2334	0.6511
每股经营现金净流量(元)	0.0987	0.0645	0.5078	0.2009
净资产收益率(扣除)(%)	–	5.1600	35.8500	–
净资产收益率(%)	7.0770	2.9390	32.0640	–
总资产(万)	678101.12	712781.50	458187.46	–
股东权益(万)	476413.78	456423.91	151596.70	–
主营业务收入(万)	183076.29	–	278693.08	126175.97
主营成本(万)	121595.65	–	188749.76	88140.77
营业收入(万)	183635.91	84693.69	280012.13	126862.62
营业成本(万)	121738.07	55311.89	188771.88	88142.01
投资收益(万)	–	–	–	–
利润总额(万)	39222.94	17917.45	51651.55	19868.50
净利润(万)	33717.76	13412.35	48608.32	16324.19

江苏吉鑫风能科技股份有限公司

公司概况						
公司名称	江苏吉鑫风能科技股份有限公司				证券简称	吉鑫科技
法人代表	包士金	董秘	包士金(代)		证券代码	601218
公司网址	www.jyjxm.com		电子信箱		jixin@jyjxm.com	
电　话	0510-86157378		传　真		0510-86017708	
办公地址	江苏省江阴市云亭街道工业园区那巷路8号					
经营范围	风能发电机及零配件的技术开发、技术转让、技术服务及销售等					

主要财务指标				
指标\报告期	2011.06.30	2010.12.31	2010.06.30	2009.12.31
每股收益(元)	0.2300	0.7800	0.4000	0.8300
每股收益(扣除)(元)	0.2200	0.7900	0.4200	0.7800
每股净资产(元)	5.3000	2.4500	–	1.6700
调整后每股净资产(元)	–	–	–	–
每股资本公积金(元)	2.5374	0.2607	–	0.2607
每股盈余公积金(元)	0.1902	0.1909	–	0.1125
每股未分配利润(元)	1.0746	0.9999	–	0.2997
每股现金净流量(元)	1.2127	0.2273	-0.0654	0.1397
每股经营现金净流量(元)	-1.0076	0.5503	0.1294	0.7309
净资产收益率(扣除)(%)	–	38.2400	–	55.5600
净资产收益率(%)	4.3360	31.7590	–	49.4890
总资产(万)	371217.55	263037.19	–	189127.04
股东权益(万)	216486.59	98058.53	–	66915.87
主营业务收入(万)	86911.75	196473.56	91746.96	156933.75
主营成本(万)	68127.73	140643.24	62733.06	102340.45
营业收入(万)	88583.05	201148.56	93745.79	158325.41
营业成本(万)	68772.37	142383.35	63333.08	102896.89
投资收益(万)	–	–	–	–
利润总额(万)	11552.54	37261.10	19401.81	37889.23
净利润(万)	9387.82	31142.66	15945.34	33116.25

江苏林洋电子股份有限公司

公司概况						
公司名称	江苏林洋电子股份有限公司				证券简称	林洋电子
法人代表	陆永华	董秘	虞海娟		证券代码	601222
公司网址	www.linyang.com		电子信箱		dsh@linyang.com.cn	
电　话	0513-83356525		传　真		0513-83356525	
办公地址	江苏省启东经济开发区林洋路666号					
经营范围	开发,制造精密在线测量仪器,精密计量仪器仪表,制造电子专用设备等					

主要财务指标				
指标\报告期	2011.06.30	2010.12.31	2010.06.30	2009.12.31
每股收益(元)	0.2300	0.8400	0.2700	0.7900
每股收益(扣除)(元)	–	0.7800	–	0.6300
每股净资产(元)	2.9900	2.7900	–	8.6200
调整后每股净资产(元)	–	–	–	–
每股资本公积金(元)	0.8709	0.8709	–	0.2845
每股盈余公积金(元)	0.0844	0.0844	–	1.6001
每股未分配利润(元)	1.0311	0.7746	–	5.7379
每股现金净流量(元)	-0.7076	0.5277	-2.6293	0.2110
每股经营现金净流量(元)	-1.1424	0.9641	-1.7445	2.1538
净资产收益率(扣除)(%)	8.0000	34.4200	13.2100	39.9400
净资产收益率(%)	8.5900	30.2240	–	43.5560
总资产(万)	151908.65	119412.67	–	101424.24
股东权益(万)	64208.25	187862.82	–	36473.30
主营业务收入(万)	–	113351.96	–	97020.90
主营成本(万)	–	61798.66	–	57974.07
营业收入(万)	61096.42	114023.99	46196.02	98679.23
营业成本(万)	45000.22	74413.84	30355.15	61618.96
投资收益(万)	–	–	–	–
利润总额(万)	6329.27	20468.67	6490.70	19314.23
净利润(万)	5515.35	17739.40	5491.46	15886.14

桐昆集团股份有限公司

公司概况						
公司名称	桐昆集团股份有限公司				证券简称	桐昆股份
法人代表	陈士良	董秘	周军		证券代码	601233
公司网址	www.zjtkjt.com		电子信箱		zj@zjtkjt.com	
电　话	0573-88187878 88182269		传　真		0573-88187838 88187776	
办公地址	浙江省桐乡市经济开发区光明路199号					
经营范围	化纤丝,合纤丝,服装的生产,销售;塑料再生及加工等					

主要财务指标				
指标\报告期	2011.06.30	2010.12.31	2010.06.30	2009.12.31
每股收益(元)	1.3000	0.6130	3.1100	0.9200
每股收益(扣除)(元)	1.2800	–	3.0300	0.8600
每股净资产(元)	13.0137	–	7.3000	–
调整后每股净资产(元)	–	–	–	–
每股资本公积金(元)	6.7997	–	0.7316	–
每股盈余公积金(元)	0.2632	–	0.3506	–
每股未分配利润(元)	4.9518	–	5.2233	–
每股现金净流量(元)	4.3101	–	1.0187	-0.0274
每股经营现金净流量(元)	1.7015	–	2.7987	0.6936
净资产收益率(扣除)(%)	–	–	–	–
净资产收益率(%)	7.9100	–	41.3130	–
总资产(万)	893715.51	–	573463.15	–
股东权益(万)	626998.19	–	264278.66	–
主营业务收入(万)	964236.36	–	1455788.94	681856.65
主营成本(万)	873829.79	–	1282158.49	629551.66
营业收入(万)	978377.43	435393.12	1470239.24	687691.21
营业成本(万)	887737.06	–	1296479.76	635160.57
投资收益(万)	–	–	–	–
利润总额(万)	70729.50	30744.15	142440.89	39490.39
净利润(万)	49596.15	22178.63	109181.54	31429.88

庞大汽贸集团股份有限公司

公司概况	公司名称	庞大汽贸集团股份有限公司			证券简称	庞大集团
	法人代表	庞庆华	董秘	王寅	证券代码	601258
	公司网址	www.pdqmjt.com		电子信箱	pdgroup@pdqmjt.com	
	电　话	010-59767095 59767090		传　真	010-59767091	
	办公地址	北京市经济技术开发区荣华南路 16 号中冀斯巴鲁大厦 C 座				
	经营范围	商用汽车,九座以上乘用车,农用机动运输车,电器机械,建材等				

主要财务指标	指标\报告期	2011.06.30	2010.12.31	2010.06.30	2009.12.31
	每股收益(元)	0.4200	1.3600	0.7000	1.1100
	每股收益(扣除)(元)	0.3700	1.3100	0.6800	1.0800
	每股净资产(元)	9.0900	3.6000	–	2.3600
	调整后每股净资产(元)	–	–	–	–
	每股资本公积金(元)	5.6326	0.0069	–	0.0069
	每股盈余公积金(元)	0.2069	0.2388	–	0.1619
	每股未分配利润(元)	2.2535	2.3564	–	1.1726
	每股现金净流量(元)	-0.3508	–	4.4111	3.5293
	每股经营现金净流量(元)	-2.9541	–	2.8524	3.2611
	净资产收益率(扣除)(%)	–	45.0000	–	58.0000
	净资产收益率(%)	4.2340	37.7790	–	47.5690
	总资产(万)	4226986.46	3522599.08	–	1903580.41
	股东权益(万)	953465.51	327239.95	–	212623.57
	主营业务收入(万)	2837355.90	5320267.86	2578274.36	3486927.91
	主营成本(万)	2398948.02	4792402.54	2328428.12	3148704.27
	营业收入(万)	2677507.52	5377438.93	2601993.09	3519132.91
	营业成本(万)	2399194.75	4796593.87	2329377.32	3149986.17
	投资收益(万)	–	–	–	–
	利润总额(万)	58485.25	173189.89	87446.61	140779.45
	净利润(万)	40372.59	123626.95	63279.47	101143.53

二重集团(德阳)重型装备股份有限公司

公司概况	公司名称	二重集团(德阳)重型装备股份有限公司			证券简称	二重重装
	法人代表	孙德润	董秘	王煜	证券代码	601268
	公司网址	www.china-erzhong.com		电子信箱	dsb@china-erzhong.com	
	电　话	0838-2343088		传　真	0838-2343066	
	办公地址	四川省德阳市珠江西路 460 号				
	经营范围	重型、普通机械及成套设备,金属制品设计、制造、安装、修理等				

主要财务指标	指标\报告期	2011.06.30	2010.12.31	2010.06.30	2009.12.31
	每股收益(元)	0.0484	0.1680	0.0625	0.2736
	每股收益(扣除)(元)	0.0313	0.1149	0.0567	0.1872
	每股净资产(元)	3.3178	3.3693	3.3100	2.0394
	调整后每股净资产(元)	–	–	–	–
	每股资本公积金(元)	1.7122	1.7122	1.7093	0.5024
	每股盈余公积金(元)	0.0760	0.0711	0.0606	0.0663
	每股未分配利润(元)	0.5297	0.5361	0.4417	0.4707
	每股现金净流量(元)	-0.4011	0.3208	0.2492	-0.1233
	每股经营现金净流量(元)	-0.6094	-0.2402	-0.4212	0.0751
	净资产收益率(扣除)(%)	–	3.6400	–	9.8500
	净资产收益率(%)	1.4590	4.9870	1.8890	13.4140
	总资产(万)	2122366.77	2083566.53	1976596.45	1776772.13
	股东权益(万)	560706.27	560989.26	542768.70	283479.11
	主营业务收入(万)	320206.01	666043.16	299793.78	750183.89
	主营成本(万)	265915.42	538350.84	240661.74	610271.23
	营业收入(万)	323192.36	672497.62	302180.76	755482.64
	营业成本(万)	268866.40	544491.47	243040.26	615888.72
	投资收益(万)	–	–	–	–
	利润总额(万)	9634.64	27616.68	11691.45	35697.45
	净利润(万)	8178.27	27978.75	10254.33	38024.99

中国农业银行股份有限公司

公司概况	公司名称	中国农业银行股份有限公司			证券简称	农业银行
	法人代表	项俊波	董秘	李振江	证券代码	601288
	公司网址	www.abchina.com		电子信箱	ir@abchina.com	
	电　话	010-85109619		传　真	010-85108557	
	办公地址	北京市东城区建国门内大街 69 号				
	经营范围	吸收公众存款;发放短期、中期、长期贷款;办理国内外结算等				

主要财务指标	指标\报告期	2011.06.30	2010.12.31	2010.06.30	2009.12.31
	每股收益(元)	0.2100	0.3300	0.1700	0.2500
	每股收益(扣除)(元)	0.2000	0.3300	0.1700	0.2300
	每股净资产(元)	1.8100	1.6700	1.3100	1.3185
	调整后每股净资产(元)	–	–	–	–
	每股资本公积金(元)	0.2921	0.2974	0.0457	0.0178
	每股盈余公积金(元)	0.0531	0.0531	0.0454	0.0295
	每股未分配利润(元)	0.2716	0.1400	0.0053	0.2301
	每股现金净流量(元)	1.3784	0.2658	0.7316	-0.6126
	每股经营现金净流量(元)	1.1746	-0.2767	0.6401	-0.0809
	净资产收益率(扣除)(%)	23.4000	22.2300	24.8800	19.0500
	净资产收益率(%)	11.3120	17.5020	12.9400	18.9580
	总资产(万)	1146178400.00	1033740600.00	969596700.00	888258800.00
	股东权益(万)	58933200.00	54207100.00	35426300.00	34281900.00
	主营业务收入(万)	–	–	–	–
	主营成本(万)	–	–	–	–
	营业收入(万)	18415800.00	29041800.00	13568000.00	22227400.00
	营业成本(万)	9911600.00	17098800.00	7819400.00	14853200.00
	投资收益(万)	–	–	–	–
	利润总额(万)	8566300.00	12073400.00	5802700.00	7392800.00
	净利润(万)	6666700.00	9487300.00	4584000.00	6499200.00

中国北车股份有限公司

公司概况	公司名称	中国北车股份有限公司			证券简称	中国北车
	法人代表	崔殿国	董秘	谢纪龙	证券代码	601299
	公司网址	www.chinacnr.com		电子信箱	ir@chinacnr.com	
	电　话	010-51897290		传　真	010-52608380	
	办公地址	北京市丰台区芳城园一区 15 号楼				
	经营范围	铁路机车车辆(含动车组)、城市轨道车辆、工程机械机电设备等				

主要财务指标	指标\报告期	2011.06.30	2010.12.31	2010.06.30	2009.12.31
	每股收益(元)	0.1900	0.2300	0.0800	0.2300
	每股收益(扣除)(元)	0.1800	0.2100	0.0900	0.1400
	每股净资产(元)	2.8600	2.8400	2.5700	2.5400
	调整后每股净资产(元)	–	–	–	–
	每股资本公积金(元)	1.3164	1.4429	1.2896	1.3178
	每股盈余公积金(元)	0.0194	0.0194	0.0116	0.0116
	每股未分配利润(元)	0.5251	0.3819	0.2673	0.2109
	每股现金净流量(元)	-0.0444	-0.7266	-0.4767	1.0718
	每股经营现金净流量(元)	-1.0340	0.1090	-0.3406	0.1114
	净资产收益率(扣除)(%)	–	7.9700	2.9700	11.4200
	净资产收益率(%)	6.7530	8.3330	2.9720	6.2393
	总资产(万)	9950579.50	8039918.00	7109377.80	6334110.10
	股东权益(万)	2374577.00	2360714.60	2131820.90	2108501.30
	主营业务收入(万)	4069634.90	6163095.10	2506104.80	3997242.90
	主营成本(万)	3563989.50	5367264.30	2216290.30	3511067.60
	营业收入(万)	4113244.70	6218432.10	2541975.70	4051592.20
	营业成本(万)	3594553.00	5394300.60	2241090.40	3544512.30
	投资收益(万)	–	–	–	–
	利润总额(万)	196911.40	233275.60	88565.90	160870.60
	净利润(万)	160350.10	190908.90	65441.10	131556.00

骆驼集团股份有限公司

公司概况	公司名称	骆驼集团股份有限公司		证券简称	骆驼股份
	法人代表	刘国本	董秘 王从强	证券代码	601311
	公司网址	www.chinacamel.com		电子信箱	ir@chinacamel.com
	电　话	0710-7617518		传　真	0710-7616869
	办公地址	湖北省谷城县石花镇武当路83号			
	经营范围	蓄电池研究、开发、制造、销售和回收处理			

主要财务指标 指标\报告期	2011.06.30	2010.12.31	2010.06.30	2009.12.31
每股收益(元)	0.4400	0.7800	0.3200	0.5500
每股收益(扣除)(元)	0.4500	0.7700	0.3200	0.5400
每股净资产(元)	6.0722	2.7300	2.7300	6.2182
调整后每股净资产(元)	–	–	–	–
每股资本公积金(元)	3.3243	0.0068	0.0214	1.7309
每股盈余公积金(元)	0.1185	0.1476	–	0.2628
每股未分配利润(元)	1.6294	1.5713	4.9704	3.2246
每股现金净流量(元)	2.8370	0.5397	0.8235	1.0213
每股经营现金净流量(元)	–0.7141	0.0750	–0.8087	–0.1884
净资产收益率(扣除)(%)	–	32.8200	–	43.1200
净资产收益率(%)	6.0660	28.4470	–	26.1750
总资产(万)	393961.45	217225.67	–	127489.97
股东权益(万)	255274.19	91964.70	–	66325.36
主营业务收入(万)	153228.39	260364.50	112337.67	185119.35
主营成本(万)	122949.52	211431.14	90939.37	149922.86
营业收入(万)	157487.64	262966.76	112458.23	185249.30
营业成本(万)	126034.22	212299.52	90977.98	150025.73
投资收益(万)	–	–	–	–
利润总额(万)	18295.56	30361.60	12505.49	20327.33
净利润(万)	15485.26	26160.88	10961.11	17360.77

中国平安保险(集团)股份有限公司

公司概况	公司名称	中国平安保险(集团)股份有限公司		证券简称	中国平安
	法人代表	马明哲	董秘 姚军	证券代码	601318
	公司网址	www.pingan.com		电子信箱	pr@pingan.com.cn
	电　话	04008866338		传　真	0755-82431029
	办公地址	广东省深圳市福田中心区福华三路星河发展中心办公15-18层			
	经营范围	投资保险企业;监督管理控股投资企业的各种国内、国际业务等			

主要财务指标 指标\报告期	2011.06.30	2010.12.31	2010.06.30	2009.12.31
每股收益(元)	1.6700	2.3000	1.3000	1.8900
每股收益(扣除)(元)	1.6700	2.3000	1.3000	1.8600
每股净资产(元)	16.9700	14.6600	13.7500	11.5700
调整后每股净资产(元)	–	–	–	–
每股资本公积金(元)	10.2640	9.0225	8.9724	7.6360
每股盈余公积金(元)	0.8820	0.8750	0.8181	0.8452
每股未分配利润(元)	4.7609	3.6998	2.8995	2.0275
每股现金净流量(元)	–	–	–	–
每股经营现金净流量(元)	–	–	–	–
净资产收益率(扣除)(%)	–	–	–	–
净资产收益率(%)	–	–	–	–
总资产(万)	131006400.00	117162700.00	103290800.00	93571200.00
股东权益(万)	–	–	–	–
主营业务收入(万)	12974900.00	18943900.00	9381800.00	14783500.00
主营成本(万)	–	–	–	–
营业收入(万)	–	–	–	–
营业成本(万)	–	–	–	–
投资收益(万)	–	–	–	–
利润总额(万)	1626600.00	2234700.00	1220800.00	1991900.00
净利润(万)	1275700.00	1731100.00	961100.00	1388300.00

交通银行股份有限公司

公司概况	公司名称	交通银行股份有限公司		证券简称	交通银行
	法人代表	胡怀邦	董秘 杜江龙	证券代码	601328
	公司网址	www.bankcomm.com		电子信箱	investor@bankcomm.com
	电　话	021-58766688		传　真	021-58798398
	办公地址	上海市浦东新区银城中路188号			
	经营范围	个人金融业务,公司金融业务,基金业务,国际业务,信用卡业务等			

主要财务指标 指标\报告期	2011.06.30	2010.12.31	2010.06.30	2009.12.31
每股收益(元)	0.4300	0.7300	0.3600	0.6100
每股收益(扣除)(元)	0.4200	0.7200	0.4000	–
每股净资产(元)	4.4000	3.9600	3.7200	3.3400
调整后每股净资产(元)	–	–	–	–
每股资本公积金(元)	1.2181	1.2243	1.1141	0.9267
每股盈余公积金(元)	1.1024	0.8008	0.7807	0.5294
每股未分配利润(元)	0.5886	0.5322	0.3923	0.5316
每股现金净流量(元)	–	–	–	–
每股经营现金净流量(元)	–	–	–	–
净资产收益率(扣除)(%)	–	–	–	–
净资产收益率(%)	–	–	–	–
总资产(万)	434771700.00	395159300.00	370927900.00	330913700.00
股东权益(万)	–	–	–	–
主营业务收入(万)	6193700.00	10423400.00	4939800.00	8093700.00
主营成本(万)	–	–	–	–
营业收入(万)	–	–	–	–
营业成本(万)	–	–	–	–
投资收益(万)	–	–	–	–
利润总额(万)	3399200.00	4995400.00	2615100.00	3824000.00
净利润(万)	2639600.00	3904200.00	2035700.00	3007500.00

广深铁路股份有限公司

公司概况	公司名称	广深铁路股份有限公司		证券简称	广深铁路
	法人代表	徐啸明	董秘 郭向东	证券代码	601333
	公司网址	www.gsrc.com		电子信箱	ir@gsrc.com
	电　话	0755-25587920 25588146		传　真	0755-25591480
	办公地址	广东省深圳市和平路1052号			
	经营范围	铁路客货运输服务,铁路设施技术服务,国内货运代理,铁路货运代理等			

主要财务指标 指标\报告期	2011.06.30	2010.12.31	2010.06.30	2009.12.31
每股收益(元)	0.1300	0.2200	0.1000	0.1900
每股收益(扣除)(元)	0.1300	0.2300	0.1000	0.2000
每股净资产(元)	3.4500	3.4100	3.2900	3.2700
调整后每股净资产(元)	–	–	–	–
每股资本公积金(元)	1.6326	1.6326	1.6326	1.6326
每股盈余公积金(元)	0.2948	0.2948	0.2728	0.2728
每股未分配利润(元)	0.5237	0.4845	0.3845	0.3668
每股现金净流量(元)	0.0386	0.2179	0.1179	–0.0629
每股经营现金净流量(元)	0.2631	0.4981	0.2371	0.4051
净资产收益率(扣除)(%)	–	6.9000	–	6.1300
净资产收益率(%)	3.7440	6.4380	2.9680	5.8560
总资产(万)	3108395.23	3060449.99	3006539.69	2935741.95
股东权益(万)	2444575.03	2416801.72	2330373.83	2317880.93
主营业务收入(万)	648282.41	1258085.88	590398.77	1151148.85
主营成本(万)	466714.88	917876.77	445965.02	859942.56
营业收入(万)	693412.14	1348444.82	630954.42	1238575.66
营业成本(万)	503047.26	990516.50	477139.93	929024.83
投资收益(万)	–	–	–	–
利润总额(万)	120363.02	199513.53	88911.38	169966.86
净利润(万)	91525.15	155589.08	69161.19	135732.85

西安陕鼓动力股份有限公司

公司概况	公司名称	西安陕鼓动力股份有限公司			证券简称	陕鼓动力
	法人代表	印建安	董秘	蔡元明	证券代码	601369
	公司网址	www.shaangu.com			电子信箱	securities@shaangu.com
	电　话	029-81871035			传　真	029-81871038
	办公地址	陕西省西安市高新区沣惠南路 8 号				
	经营范围	大型压缩机、鼓风机、通风机及各种透平机械的开发、制造、销售等				

主要财务指标	指标\报告期	2011.06.30	2010.12.31	2010.06.30	2009.12.31
	每股收益(元)	0.2700	0.6300	0.1900	0.4700
	每股收益(扣除)(元)	0.2500	0.5400	0.1900	0.4300
	每股净资产(元)	2.9234	4.4800	4.1300	2.6400
	调整后每股净资产(元)	–	–	–	–
	每股资本公积金(元)	0.9967	1.9951	1.9852	0.6717
	每股盈余公积金(元)	0.3320	0.4980	0.4442	0.4935
	每股未分配利润(元)	0.5947	0.9830	0.7048	0.4761
	每股现金净流量(元)	–1.3278	2.3463	1.9337	0.7462
	每股经营现金净流量(元)	0.0758	1.4533	0.5852	0.7058
	净资产收益率(扣除)(%)	–	14.2500	–	15.9400
	净资产收益率(%)	9.3270	13.5920	6.6840	17.8200
	总资产(万)	1229796.25	1201584.66	1078535.83	847269.25
	股东权益(万)	479078.76	489022.78	451664.42	259708.27
	主营业务收入(万)	254233.49	430137.93	219332.23	354047.62
	主营成本(万)	162851.58	294412.61	150846.16	254606.62
	营业收入(万)	255224.30	435006.24	221924.60	360914.95
	营业成本(万)	163596.44	298155.17	152210.21	261074.43
	投资收益(万)	–	–	–	–
	利润总额(万)	50993.90	76649.25	33593.10	53804.49
	净利润(万)	44681.65	66467.05	29270.84	46280.20

兴业证券股份有限公司

公司概况	公司名称	兴业证券股份有限公司			证券简称	兴业证券
	法人代表	兰荣	董秘	杜建新	证券代码	601377
	公司网址	www.xyzq.com.cn			电子信箱	xyzqdmc@xyzq.com.cn
	电　话	0591-38507869 38507666			传　真	0591-38281999 38281508
	办公地址	福建省福州市湖东路 268 号				
	经营范围	证券经纪、投资银行、资产管理、基金管理、证券自营等				

主要财务指标	指标\报告期	2011.06.30	2010.12.31	2010.06.30	2009.12.31
	每股收益(元)	0.1700	0.3900	0.1700	0.6000
	每股收益(扣除)(元)	0.1700	0.3800	0.1600	0.5800
	每股净资产(元)	3.8306	3.8163	2.9000	2.7600
	调整后每股净资产(元)	–	–	–	–
	每股资本公积金(元)	1.3286	1.3378	0.3150	0.3400
	每股盈余公积金(元)	0.2129	0.2129	0.2044	0.2044
	每股未分配利润(元)	0.9627	0.9392	0.9461	0.7725
	每股现金净流量(元)	–4.1145	0.9035	0.2287	4.8729
	每股经营现金净流量(元)	–3.8556	–0.1230	0.2326	5.0562
	净资产收益率(扣除)(%)	–	12.5800	6.1500	24.8200
	净资产收益率(%)	4.5290	9.3760	6.2840	22.8280
	总资产(万)	2356424.07	3053744.94	2483471.92	2538999.19
	股东权益(万)	842738.15	839592.52	534892.83	506106.69
	主营业务收入(万)	–	–	–	–
	主营成本(万)	–	–	–	–
	营业收入(万)	138735.49	273750.59	110984.53	308495.66
	营业成本(万)	–	154441.03	–	143893.08
	投资收益(万)	–	–	–	–
	利润总额(万)	59449.99	122182.41	52963.22	168527.37
	净利润(万)	38165.64	78721.60	33614.76	115534.82

中国中铁股份有限公司

公司概况	公司名称	中国中铁股份有限公司			证券简称	中国中铁
	法人代表	李长进	董秘	于腾群	证券代码	601390
	公司网址	www.crec.cn			电子信箱	ir@crec.cn
	电　话	010-51878413			传　真	010-51878417
	办公地址	北京市海淀区复兴路 69 号中国中铁广场 A 座				
	经营范围	土木工程建筑和线路、管道、设备安装的总承包等				

主要财务指标	指标\报告期	2011.06.30	2010.12.31	2010.06.30	2009.12.31
	每股收益(元)	0.1200	0.3500	0.1500	0.3200
	每股收益(扣除)(元)	0.1000	0.3100	0.1500	0.2500
	每股净资产(元)	3.1900	3.1300	2.9400	2.8800
	调整后每股净资产(元)	–	–	–	–
	每股资本公积金(元)	1.4352	1.4392	1.4441	1.4705
	每股盈余公积金(元)	0.0755	0.0755	0.0581	0.0582
	每股未分配利润(元)	0.6788	0.6173	0.4382	0.3472
	每股现金净流量(元)	0.1128	0.2549	–0.1681	0.1078
	每股经营现金净流量(元)	–0.7980	0.0452	–0.0291	0.8902
	净资产收益率(扣除)(%)	–	10.3300	–	8.7400
	净资产收益率(%)	3.6600	11.2180	5.2430	11.2099
	总资产(万)	43320450.50	38930635.00	33497445.90	31257299.60
	股东权益(万)	6794581.00	6675206.80	6266092.50	6133573.60
	主营业务收入(万)	22116690.00	47025183.40	19440355.80	34462729.90
	主营成本(万)	20149617.20	42894231.70	17657897.80	31352214.80
	营业收入(万)	22252850.50	47312222.10	19540740.90	34655505.80
	营业成本(万)	20254297.50	43117182.40	17744790.40	31506663.60
	投资收益(万)	–	–	–	–
	利润总额(万)	354947.90	1051483.50	441151.30	862828.10
	净利润(万)	248693.20	748848.60	320817.20	687568.40

中国工商银行股份有限公司

公司概况	公司名称	中国工商银行股份有限公司			证券简称	工商银行
	法人代表	姜建清	董秘	胡浩	证券代码	601398
	公司网址	www.icbc.com.cn			电子信箱	ir@icbc.com.cn
	电　话	010-66108608			传　真	010-66106139
	办公地址	北京市西城区复兴门内大街 55 号				
	经营范围	办理人民币存款、贷款；同业拆借业务；国内外结算等				

主要财务指标	指标\报告期	2011.06.30	2010.12.31	2010.06.30	2009.12.31
	每股收益(元)	0.3100	0.4800	0.2500	0.3900
	每股收益(扣除)(元)	0.3100	0.4800	0.2500	0.3800
	每股净资产(元)	2.4600	2.3500	2.1100	2.0200
	调整后每股净资产(元)	–	–	–	–
	每股资本公积金(元)	0.3390	0.3519	0.3188	0.3058
	每股盈余公积金(元)	0.1544	0.1541	0.1123	0.1122
	每股未分配利润(元)	0.7053	0.5764	0.4361	0.3531
	每股现金净流量(元)	–	–	–	–
	每股经营现金净流量(元)	–	–	–	–
	净资产收益率(扣除)(%)	–	–	–	–
	净资产收益率(%)	–	–	–	–
	总资产(万)	1489604800.00	1345862200.00	1296038100.00	1178505300.00
	股东权益(万)	–	–	–	–
	主营业务收入(万)	23268800.00	38082100.00	8460300.00	12859900.00
	主营成本(万)	–	–	–	–
	营业收入(万)	–	–	–	–
	营业成本(万)	–	–	–	–
	投资收益(万)	–	–	–	–
	利润总额(万)	14234500.00	21542600.00	11061600.00	16724800.00
	净利润(万)	10948100.00	16515600.00	8460300.00	12859900.00

吉林高速公路股份有限公司

公司概况	公司名称	吉林高速公路股份有限公司		证券简称	吉林高速
	法人代表	张跃	董秘	张向东	证券代码	601518
	公司网址	www.jlgsgl.com		电子信箱	jlgs@jlgsgl.com
	电　　话	0431-84622188		传　　真	0431-84622168
	办公地址	吉林省长春市经济开发区浦东路 4488 号			
	经营范围	公路投资、开发、建设、养护和经营管理;建筑材料生产、经销等			

主要财务指标	指标\报告期	2011.06.30	2010.12.31	2010.06.30	2009.12.31
	每股收益(元)	0.0800	0.1100	0.0900	0.1040
	每股收益(扣除)(元)	0.0500	0.0800	0.0900	–
	每股净资产(元)	1.4080	1.3500	1.3200	1.2200
	调整后每股净资产(元)	–	–	–	–
	每股资本公积金(元)	0.2614	0.2614	0.2426	–
	每股盈余公积金(元)	0.0195	0.0195	–	–
	每股未分配利润(元)	0.1269	0.0698	0.0756	–
	每股现金净流量(元)	0.0843	0.0809	0.1394	–
	每股经营现金净流量(元)	0.0979	0.1244	0.1421	–
	净资产收益率(扣除)(%)	–	6.4600	–	–
	净资产收益率(%)	5.5500	8.3520	7.4840	8.5590
	总资产(万)	260547.35	249086.69	246206.30	231865.81
	股东权益(万)	170804.42	163871.82	159918.94	148425.70
	主营业务收入(万)	36757.42	50633.90	25457.83	–
	主营成本(万)	20759.82	12313.48	5771.30	–
	营业收入(万)	36771.42	58019.37	25471.83	–
	营业成本(万)	20783.55	36657.76	5771.30	–
	投资收益(万)	–	–	–	–
	利润总额(万)	13078.11	11563.47	15267.38	19243.00
	净利润(万)	9480.32	13687.19	11451.32	12659.00

上海大智慧股份有限公司

公司概况	公司名称	上海大智慧股份有限公司		证券简称	大智慧
	法人代表	张长虹	董秘	吕沈强	证券代码	601519
	公司网址	www.gw.com.cn		电子信箱	ir@gw.com.cn
	电　　话	021-20219261		传　　真	021-33848922
	办公地址	上海市浦东新区峨山路 91 弄 20 号陆家嘴软件园 9 号楼南塔 9 楼			
	经营范围	计算机软件服务,第二类增值电信业务中的信息服务业务等			

主要财务指标	指标\报告期	2011.06.30	2010.12.31	2010.06.30	2009.12.31
	每股收益(元)	0.0860	0.2750	0.1300	0.3220
	每股收益(扣除)(元)	0.0860	0.2360	0.1210	0.3120
	每股净资产(元)	4.6000	1.4100	1.2600	1.4700
	调整后每股净资产(元)	–	–	–	–
	每股资本公积金(元)	3.3292	0.0002	–	0.1494
	每股盈余公积金(元)	0.0346	0.0412	0.0028	0.0037
	每股未分配利润(元)	0.2396	0.3659	0.2596	0.3190
	每股现金净流量(元)	3.2729	–0.3025	–0.0108	1.4090
	每股经营现金净流量(元)	0.0221	0.3091	0.2401	0.6475
	净资产收益率(扣除)(%)	–	18.5600	10.0700	59.0000
	净资产收益率(%)	1.7750	19.5520	10.3070	28.3292
	总资产(万)	335070.98	100009.58	93546.93	80453.25
	股东权益(万)	319697.48	82194.69	316229.66	66241.70
	主营业务收入(万)	29547.67	56708.31	27944.65	44498.90
	主营成本(万)	8058.03	11650.68	4930.88	7247.87
	营业收入(万)	29547.67	56708.31	27944.65	44498.90
	营业成本(万)	8058.03	11650.68	4930.88	7247.87
	投资收益(万)	–	–	–	–
	利润总额(万)	6599.65	17880.22	8949.15	21618.84
	净利润(万)	5675.18	16070.49	7612.40	18765.72

华锐风电科技(集团)股份有限公司

公司概况	公司名称	华锐风电科技(集团)股份有限公司		证券简称	华锐风电
	法人代表	韩俊良	董秘	方红松	证券代码	601558
	公司网址	www.sinovel.com		电子信箱	investor@sinovelwind.com
	电　　话	010-62515566		传　　真	010-62511713
	办公地址	北京市海淀区中关村大街 59 号文化大厦			
	经营范围	开发、设计、生产、销售风力发电设备等			

主要财务指标	指标\报告期	2011.06.30	2010.12.31	2010.06.30	2009.12.31
	每股收益(元)	0.3300	3.1700	0.7100	2.1000
	每股收益(扣除)(元)	0.2500	3.1300	0.6900	2.0600
	每股净资产(元)	6.8500	5.3300	3.5700	2.8600
	调整后每股净资产(元)	–	–	–	–
	每股资本公积金(元)	4.6144	0.0680	0.0606	0.0676
	每股盈余公积金(元)	0.2386	0.4773	0.2622	0.2928
	每股未分配利润(元)	0.9972	3.7291	1.9805	1.4963
	每股现金净流量(元)	1.7492	–	–0.0880	1.1433
	每股经营现金净流量(元)	–2.0329	–	–0.7295	1.5346
	净资产收益率(扣除)(%)	–	81.5300	44.4900	111.1700
	净资产收益率(%)	4.7830	59.5330	39.6230	73.6200
	总资产(万)	3360585.21	2862524.77	2149586.46	1702235.79
	股东权益(万)	1377036.17	479681.51	321499.19	257112.89
	主营业务收入(万)	532483.33	2031245.33	754695.89	1372483.88
	主营成本(万)	427803.89	1612554.17	584700.44	1087724.54
	营业收入(万)	532483.33	2032486.63	754716.02	1373030.30
	营业成本(万)	427803.89	1613206.09	584703.72	–
	投资收益(万)	–	–	–	–
	利润总额(万)	72037.77	317304.56	140352.31	214234.62
	净利润(万)	65862.67	285568.62	127386.30	189285.91

九牧王股份有限公司

公司概况	公司名称	九牧王股份有限公司		证券简称	九牧王
	法人代表	林聪颖	董秘	吴徽荣	证券代码	601566
	公司网址	www.jiumuwang.com		电子信箱	ir@joeone.net
	电　　话	0592-2955789		传　　真	0592-2955997
	办公地址	厦门市思明区龙昌路 12 号			
	经营范围	生产纺织品、服装、皮革服饰、家具、运动鞋及相关技术的交流和推广			

主要财务指标	指标\报告期	2011.06.30	2010.12.31	2010.06.30	2009.12.31
	每股收益(元)	0.5000	0.8000	0.3600	0.5700
	每股收益(扣除)(元)	0.4900	0.8000	0.3700	0.5700
	每股净资产(元)	6.4500	2.0100	–	6.7140
	调整后每股净资产(元)	–	–	–	–
	每股资本公积金(元)	4.4071	0.2016	–	0.0031
	每股盈余公积金(元)	0.0646	0.0818	–	0.6154
	每股未分配利润(元)	0.9823	0.7229	–	5.0955
	每股现金净流量(元)	4.2385	–0.1922	–2.1151	1.9968
	每股经营现金净流量(元)	0.1671	0.4009	–0.5495	4.7116
	净资产收益率(扣除)(%)	–	49.8000	–	55.0300
	净资产收益率(%)	6.3670	39.6530	–	49.2510
	总资产(万)	425245.16	159174.97	–	128920.09
	股东权益(万)	369642.39	90870.37	–	52336.86
	主营业务收入(万)	96187.97	167016.55	73235.63	139903.15
	主营成本(万)	41666.44	73951.25	31105.30	72709.08
	营业收入(万)	96373.88	167481.03	73556.81	140391.26
	营业成本(万)	41964.31	74424.14	31378.72	73145.78
	投资收益(万)	–	–	–	–
	利润总额(万)	27339.89	42044.97	18860.43	25598.53
	净利润(万)	23533.87	36032.53	16528.09	25776.57

宁波三星电气股份有限公司

公司概况	公司名称	宁波三星电气股份有限公司			证券简称	三星电气
	法人代表	郑坚江	董秘	缪锡雷	证券代码	601567
	公司网址	www.sanxing.com		电子信箱	stock@mail.sanxing.com	
	电　话	0574-88072272		传　真	0574-88072271	
	办公地址	浙江省宁波市鄞州工业园区(宁波市鄞州区姜山镇)				
	经营范围	仪器仪表,电能表,变压器,开关柜,配电自动化设备及相关配件的研发等				

主要财务指标	指标\报告期	2011.06.30	2010.12.31	2010.06.30	2009.12.31
	每股收益(元)	0.3800	0.9900	0.3200	0.8400
	每股收益(扣除)(元)	0.3700	0.9800	0.3100	0.8300
	每股净资产(元)	7.0827	2.6663	–	1.8000
	调整后每股净资产(元)	–	–	–	–
	每股资本公积金(元)	4.5755	0.0292	–	0.0584
	每股盈余公积金(元)	0.1606	0.2144	–	0.2038
	每股未分配利润(元)	1.3466	1.4227	–	2.3315
	每股现金净流量(元)	3.6342	–0.5072	–3.9741	2.0960
	每股经营现金净流量(元)	–1.5106	0.4732	–3.0743	3.2061
	净资产收益率(扣除)(%)	–	44.2000	–	60.4200
	净资产收益率(%)	3.9660	37.2960	–	46.9050
	总资产(万)	329945.85	167291.69	–	125618.09
	股东权益(万)	189107.42	53325.16	–	35936.89
	主营业务收入(万)	91307.32	178994.20	67670.21	147643.05
	主营成本(万)	67732.53	124928.76	45175.80	92447.93
	营业收入(万)	91938.66	180171.35	67912.83	148705.72
	营业成本(万)	67988.49	125697.34	45341.16	92929.71
	投资收益(万)	–	–	–	–
	利润总额(万)	8829.13	22908.60	7553.88	20651.34
	净利润(万)	7500.55	19888.27	6374.93	16856.17

北京北辰实业股份有限公司

公司概况	公司名称	北京北辰实业股份有限公司			证券简称	北辰实业
	法人代表	贺江川	董秘	郭川	证券代码	601588
	公司网址	www.beijingns.com.cn		电子信箱	northstar@beijingns.com.cn	
	电　话	010-64991277		传　真	010-64991352	
	办公地址	北京市朝阳区北辰东路 8 号汇欣大厦 A 座 707				
	经营范围	房地产开发、物业管理、物业出租、娱乐及餐饮、酒店及百货业等				

主要财务指标	指标\报告期	2011.06.30	2010.12.31	2010.06.30	2009.12.31
	每股收益(元)	0.1000	0.0600	0.0400	0.1700
	每股收益(扣除)(元)	0.1000	0.0600	0.0400	0.1700
	每股净资产(元)	2.8000	2.7300	2.7000	2.6900
	调整后每股净资产(元)	–	–	–	–
	每股资本公积金(元)	1.0982	1.0982	1.0941	1.0941
	每股盈余公积金(元)	0.1782	0.1782	0.1743	0.1743
	每股未分配利润(元)	0.5255	0.4488	0.4331	0.4223
	每股现金净流量(元)	0.0951	–0.6080	–0.0462	–0.1076
	每股经营现金净流量(元)	0.1727	–0.1966	0.1282	0.1210
	净资产收益率(扣除)(%)	–	2.2200	–	6.6800
	净资产收益率(%)	3.4510	2.2130	1.5090	6.3700
	总资产(万)	2587810.09	2574000.93	2704372.67	2635597.08
	股东权益(万)	943387.73	917565.59	909621.43	905978.87
	主营业务收入(万)	245040.99	554952.93	202482.85	488964.00
	主营成本(万)	129760.98	365493.08	113504.18	271629.86
	营业收入(万)	247008.45	556412.91	203925.39	490096.30
	营业成本(万)	130252.98	365497.62	114012.11	271653.00
	投资收益(万)	–	–	–	–
	利润总额(万)	46086.37	43634.63	27675.12	96332.80
	净利润(万)	32556.52	20305.82	13721.64	57710.24

江苏鹿港科技股份有限公司

公司概况	公司名称	江苏鹿港科技股份有限公司			证券简称	鹿港科技
	法人代表	钱文龙	董秘	邹国栋	证券代码	601599
	公司网址	www.lugangwool.com		电子信箱	info@lugangwool.com	
	电　话	0512-58353258		传　真	0512-58470080	
	办公地址	江苏省张家港市塘桥镇鹿苑工业区				
	经营范围	全毛、化纤、各类混纺纱线、毛条、高仿真化纤等				

主要财务指标	指标\报告期	2011.06.30	2010.12.31	2010.06.30	2009.12.31
	每股收益(元)	0.4100	0.5600	0.3300	0.3600
	每股收益(扣除)(元)	0.4100	0.5300	0.3100	0.2800
	每股净资产(元)	4.5300	2.7000	–	2.2300
	调整后每股净资产(元)	–	–	–	–
	每股资本公积金(元)	2.3721	0.4647	0.4794	0.4647
	每股盈余公积金(元)	0.0472	0.0630	–	0.0284
	每股未分配利润(元)	1.1127	1.0492	0.4018	0.6473
	每股现金净流量(元)	2.0028	0.3068	0.2665	–0.0148
	每股经营现金净流量(元)	–0.3507	0.4466	0.4662	0.1281
	净资产收益率(扣除)(%)	–	22.8400	–	14.3300
	净资产收益率(%)	7.1890	21.7900	–	16.9050
	总资产(万)	183851.12	111798.81	–	94866.92
	股东权益(万)	96079.30	40973.17	–	34032.47
	主营业务收入(万)	103327.26	151476.16	82144.12	117548.35
	主营成本(万)	84737.63	–	68856.83	–
	营业收入(万)	105523.65	155846.63	85854.11	121387.44
	营业成本(万)	86733.35	131584.50	72056.46	104442.48
	投资收益(万)	–	–	–	–
	利润总额(万)	9345.61	11889.92	6977.97	8072.23
	净利润(万)	6906.83	8928.20	5184.56	5753.01

中国铝业股份有限公司

公司概况	公司名称	中国铝业股份有限公司			证券简称	中国铝业
	法人代表	熊维平	董秘	罗建川	证券代码	601600
	公司网址	www.chalco.com.cn		电子信箱	ir-faq@chalco.com.cn	
	电　话	010-82298103 82298560		传　真	010-82298158	
	办公地址	北京市海淀区西直门北大街 62 号				
	经营范围	氧化铝提炼、原铝电解以及铝加工生产等				

主要财务指标	指标\报告期	2011.06.30	2010.12.31	2010.06.30	2009.12.31
	每股收益(元)	0.0310	0.0600	0.0390	–0.3400
	每股收益(扣除)(元)	0.0230	0.0100	0.0180	–0.3700
	每股净资产(元)	3.8400	3.8200	3.7700	3.7300
	调整后每股净资产(元)	–	–	–	–
	每股资本公积金(元)	1.0076	1.0076	0.9825	0.9821
	每股盈余公积金(元)	0.4338	0.4338	0.4288	0.4288
	每股未分配利润(元)	1.3892	1.3701	1.3569	1.3176
	每股现金净流量(元)	0.0456	0.1169	0.2474	–0.6346
	每股经营现金净流量(元)	0.3567	0.5253	0.2638	–0.0522
	净资产收益率(扣除)(%)	–	0.2200	–	–9.5100
	净资产收益率(%)	0.7950	1.5080	1.0420	–9.1590
	总资产(万)	14782702.30	14132203.90	14204408.10	13397518.90
	股东权益(万)	5187581.80	5160814.70	5093663.40	5042809.30
	主营业务收入(万)	6462517.90	11837434.10	5869041.70	6855645.10
	主营成本(万)	6043688.70	11072760.90	5468158.10	6736981.20
	营业收入(万)	6596974.90	12099484.70	5977846.90	7026800.50
	营业成本(万)	6171252.70	11318835.70	5571416.30	6904569.00
	投资收益(万)	–	–	–	–
	利润总额(万)	83101.10	138035.40	94786.90	–539059.70
	净利润(万)	41258.00	77800.80	53059.50	–461871.30

中国太平洋保险(集团)股份有限公司

公司概况	公司名称	中国太平洋保险(集团)股份有限公司			证券简称	中国太保
	法人代表	高国富	董秘	陈巍	证券代码	601601
	公司网址	www.cpic.com.cn		电子信箱	ir@cpic.com.cn	
	电　话	021-58767282		传　真	021-68870791	
	办公地址	上海市浦东新区银城中路190号交银金融大厦南楼				
	经营范围	控股投资保险企业;监督管理投资控股保险企业的各种国内等				

主要财务指标	指标\报告期	2011.06.30	2010.12.31	2010.06.30	2009.12.31
	每股收益(元)	0.6800	1.0000	0.4700	0.9500
	每股收益(扣除)(元)	0.6400	1.0000	0.4700	0.9600
	每股净资产(元)	9.2800	9.3400	8.6300	8.8000
	调整后每股净资产(元)	–	–	–	–
	每股资本公积金(元)	6.2237	6.6058	6.4248	6.7484
	每股盈余公积金(元)	0.1980	0.1980	0.1622	0.1644
	每股未分配利润(元)	1.8636	1.5373	1.0455	0.8903
	每股现金净流量(元)	–0.0851	–1.4742	–0.8990	1.4930
	每股经营现金净流量(元)	4.0857	7.1649	4.3726	4.5354
	净资产收益率(扣除)(%)	–	10.9000	–	14.1000
	净资产收益率(%)	7.2870	10.6570	5.4160	9.8540
	总资产(万)	53722300.00	47571100.00	43547000.00	39718700.00
	股东权益(万)	7980900.00	8029700.00	7421000.00	7465100.00
	主营业务收入(万)	–	–	–	–
	主营成本(万)	–	–	–	–
	营业收入(万)	8723800.00	14166200.00	7263100.00	10431300.00
	营业成本(万)	7971700.00	13097200.00	6755100.00	9477200.00
	投资收益(万)	–	–	–	–
	利润总额(万)	751900.00	1067000.00	503700.00	950600.00
	净利润(万)	581600.00	855700.00	401900.00	735600.00

上海医药集团股份有限公司

公司概况	公司名称	上海医药集团股份有限公司			证券简称	上海医药
	法人代表	吕明方	董秘	韩敏	证券代码	601607
	公司网址	www.pharm-sh.com.cn		电子信箱	pharm@pharm-sh.com.cn	
	电　话	021-63730908		传　真	021-63289333	
	办公地址	上海市太仓路200号上海医药大厦				
	经营范围	原料药和各种剂型(包括但不限于片剂、胶囊剂、气雾剂、免疫制剂等)				

主要财务指标	指标\报告期	2011.06.30	2010.12.31	2010.06.30	2009.12.31
	每股收益(元)	0.6072	0.6867	0.3947	0.6508
	每股收益(扣除)(元)	0.3787	0.6068	0.3491	0.3893
	每股净资产(元)	8.4522	4.5800	4.5151	4.1600
	调整后每股净资产(元)	–	–	–	–
	每股资本公积金(元)	5.6929	1.7227	1.8499	8.2691
	每股盈余公积金(元)	–	0.2995	0.2817	0.9861
	每股未分配利润(元)	1.5401	1.5643	1.3815	3.7409
	每股现金净流量(元)	3.6345	0.6339	0.4227	2.8907
	每股经营现金净流量(元)	–	0.8462	0.5042	3.3490
	净资产收益率(扣除)(%)	–	13.7200	–	12.6000
	净资产收益率(%)	10.4200	14.9789	8.5150	15.6579
	总资产(万)	4532726.40	2816902.02	2472455.38	2187456.34
	股东权益(万)	2272715.60	913455.93	899689.54	828200.66
	主营业务收入(万)	2510115.44	3726017.64	1842103.85	3110535.23
	主营成本(万)	2143555.92	3055092.26	1500461.51	2523762.82
	营业收入(万)	2521018.99	3741106.61	1852311.26	3126088.07
	营业成本(万)	2149280.83	3061994.77	1506765.39	2514452.94
	投资收益(万)	–	–	–	–
	利润总额(万)	183197.50	217253.66	119457.90	213004.47
	净利润(万)	130319.70	136825.29	78651.70	129678.95

上海广电电气(集团)股份有限公司

公司概况	公司名称	上海广电电气(集团)股份有限公司			证券简称	广电电气
	法人代表	严怀忠	董秘	马小丰	证券代码	601616
	公司网址	www.sgeg.cn		电子信箱	office@csge.com	
	电　话	021-67101516 021-67101661		传　真	021-67101890	
	办公地址	上海市奉贤区南桥镇环城东路123弄1号				
	经营范围	高低压输配电成套设备、各类元器件及零配件、流体设备的生产销售等				

主要财务指标	指标\报告期	2011.06.30	2010.12.31	2010.06.30	2009.12.31
	每股收益(元)	0.1504	0.4912	0.1135	0.5148
	每股收益(扣除)(元)	0.1279	0.3985	0.0813	0.4630
	每股净资产(元)	4.7417	1.6500	–	2.3400
	调整后每股净资产(元)	–	–	–	–
	每股资本公积金(元)	3.3806	0.0084	–	0.0262
	每股盈余公积金(元)	0.1036	0.1299	–	0.1588
	每股未分配利润(元)	0.2580	0.5112	–	1.1567
	每股现金净流量(元)	2.5124	0.0591	–0.0008	0.2456
	每股经营现金净流量(元)	–0.1668	–0.0940	–0.3835	0.0921
	净资产收益率(扣除)(%)	–	26.4600	–	41.0500
	净资产收益率(%)	3.1720	29.7880	–	37.3717
	总资产(万)	335695.48	182314.17	–	150268.01
	股东权益(万)	245667.83	68125.63	–	56904.21
	主营业务收入(万)	55474.36	112302.09	49687.41	118400.55
	主营成本(万)	41503.14	80121.56	38213.11	88302.19
	营业收入(万)	56024.02	113786.71	50776.82	121728.36
	营业成本(万)	41692.84	81058.98	39925.62	89720.56
	投资收益(万)	–	–	–	–
	利润总额(万)	8601.17	23643.28	4934.41	23902.07
	净利润(万)	7793.67	20293.33	4689.48	21266.09

中国冶金科工股份有限公司

公司概况	公司名称	中国冶金科工股份有限公司			证券简称	中国中冶
	法人代表	经天亮	董秘	康承业	证券代码	601618
	公司网址	www.mccchina.com		电子信箱	ir@mccchina.com	
	电　话	010-59868666		传　真	010-59868999	
	办公地址	北京市朝阳区曙光西里28号中冶大厦				
	经营范围	工程承包、资源开发、装备制造与房地产开发等				

主要财务指标	指标\报告期	2011.06.30	2010.12.31	2010.06.30	2009.12.31
	每股收益(元)	0.1000	0.2800	0.1200	0.3000
	每股收益(扣除)(元)	0.0900	0.2500	0.1000	0.2600
	每股净资产(元)	2.4100	2.3500	2.1700	2.0000
	调整后每股净资产(元)	–	–	–	–
	每股资本公积金(元)	0.9472	0.9455	0.8901	0.8961
	每股盈余公积金(元)	0.0151	0.0151	0.0098	0.0098
	每股未分配利润(元)	0.4540	0.3980	0.2771	0.1248
	每股现金净流量(元)	–0.1255	–0.2846	0.0906	0.9706
	每股经营现金净流量(元)	–0.7065	–1.3145	–0.5606	–0.3564
	净资产收益率(扣除)(%)	–	11.6300	–	28.7500
	净资产收益率(%)	4.2790	11.8320	5.3850	11.4143
	总资产(万)	31920574.50	28822072.40	26240039.60	23184081.30
	股东权益(万)	4601326.00	4497098.00	4139137.20	3876838.40
	主营业务收入(万)	10508672.40	20559590.50	8863653.60	16523552.40
	主营成本(万)	9267103.50	17874072.80	7746608.30	14512101.40
	营业收入(万)	10614976.20	20679181.60	8903018.80	16577404.20
	营业成本(万)	9349403.60	17985153.40	7777133.90	14551530.40
	投资收益(万)	–	–	–	–
	利润总额(万)	342589.90	768860.30	340054.80	655003.50
	净利润(万)	196903.40	532077.90	222410.50	442515.00

中国人寿保险股份有限公司

公司概况	公司名称	中国人寿保险股份有限公司			证券简称	中国人寿
	法人代表	袁力	董秘	刘英齐	证券代码	601628
	公司网址	www.e-chinalife.com		电子信箱	ir@e-chinalife.com	
	电　话	010-63631191 63631068		传　真	010-66575112 66575722	
	办公地址	北京市西城区金融大街16号				
	经营范围	人寿保险、健康保险、意外伤害保险等各类人身保险业务等				

主要财务指标	指标＼报告期	2011.06.30	2010.12.31	2010.06.30	2009.12.31
	每股收益(元)	0.4600	1.1900	0.6400	1.1600
	每股收益(扣除)(元)	0.4600	1.1900	0.6400	1.1700
	每股净资产(元)	6.9700	7.3800	6.7800	7.4700
	调整后每股净资产(元)	–	–	–	–
	每股资本公积金(元)	1.5972	2.0683	2.0195	2.6415
	每股盈余公积金(元)	1.1469	1.0278	0.9086	0.6542
	每股未分配利润(元)	2.7675	2.8280	2.5147	2.8311
	每股现金净流量(元)	–	–	–	–
	每股经营现金净流量(元)	–	–	–	–
	净资产收益率(扣除)(%)	–	–	–	–
	净资产收益率(%)	–	–	–	–
	总资产(万)	154689100.00	141057900.00	132035400.00	122625700.00
	股东权益(万)	–	–	–	–
	主营业务收入(万)	23189400.00	38879100.00	21666000.00	34202600.00
	主营成本(万)	–	–	–	–
	营业收入(万)	–	–	–	–
	营业成本(万)	–	–	–	–
	投资收益(万)	–	–	–	–
	利润总额(万)	1492700.00	4100800.00	1803400.00	3288100.00
	净利润(万)	1296400.00	3362600.00	2160300.00	4174500.00

株洲旗滨集团股份有限公司

公司概况	公司名称	株洲旗滨集团股份有限公司			证券简称	旗滨集团
	法人代表	俞其兵	董秘	钟础辉	证券代码	601636
	公司网址	www.kibinggroup.com		电子信箱	phyy99@163.com	
	电　话	0596-5699668		传　真	0596-5699660	
	办公地址	福建省东山县西埔镇环岛路8号				
	经营范围	玻璃及制品生产,销售;建筑材料,原辅材料批零兼营;普通货运等				

主要财务指标	指标＼报告期	2011.06.30	2010.12.31	2010.06.30	2009.12.31
	每股收益(元)	0.1600	0.6570	0.2800	1.1950
	每股收益(扣除)(元)	0.1600	0.6470	0.2800	1.1790
	每股净资产(元)	1.9050	1.7440	–	2.1700
	调整后每股净资产(元)	–	–	–	–
	每股资本公积金(元)	0.0383	0.0383	–	0.3690
	每股盈余公积金(元)	0.0740	0.0740	–	0.0815
	每股未分配利润(元)	0.7929	0.6314	–	0.7237
	每股现金净流量(元)	-0.0612	0.0722	0.6081	0.3800
	每股经营现金净流量(元)	0.1183	0.6948	0.8861	0.7771
	净资产收益率(扣除)(%)	–	45.7100	–	67.6000
	净资产收益率(%)	8.4800	37.6540	–	32.9660
	总资产(万)	347052.00	284287.06	–	228443.96
	股东权益(万)	95260.36	87182.76	–	54355.18
	主营业务收入(万)	93116.23	188050.07	88457.84	116625.75
	主营成本(万)	73457.09	126008.05	59626.73	80817.78
	营业收入(万)	93988.50	190503.08	89624.91	117506.28
	营业成本(万)	73754.99	126585.69	59878.56	81349.95
	投资收益(万)	–	–	–	–
	利润总额(万)	9478.48	40479.72	18687.48	22063.68
	净利润(万)	8077.59	32827.58	13990.18	17918.78

平顶山天安煤业股份有限公司

公司概况	公司名称	平顶山天安煤业股份有限公司			证券简称	平煤股份
	法人代表	刘银志	董秘	黄爱军	证券代码	601666
	公司网址	www.pmta.com.cn		电子信箱	hajpmta@pmjt.com.cn	
	电　话	0375-2749515 2723076		传　真	0375-2726426	
	办公地址	河南省平顶山市矿工中路21号				
	经营范围	煤炭开采;煤炭洗选及深加工;煤炭销售;公路运输;机械设备制造等				

主要财务指标	指标＼报告期	2011.06.30	2010.12.31	2010.06.30	2009.12.31
	每股收益(元)	0.4815	1.0185	0.5374	0.7760
	每股收益(扣除)(元)	0.4738	1.0233	0.5382	0.7246
	每股净资产(元)	4.3323	5.1542	5.1434	5.4760
	调整后每股净资产(元)	–	–	–	–
	每股资本公积金(元)	1.0994	1.4288	1.4131	1.8370
	每股盈余公积金(元)	0.5067	0.6587	0.5561	0.7229
	每股未分配利润(元)	1.4607	1.7730	1.5558	1.6142
	每股现金净流量(元)	-0.2336	-0.3905	-0.2489	-1.1786
	每股经营现金净流量(元)	0.5045	1.0088	0.2107	2.2467
	净资产收益率(扣除)(%)	–	21.9900	–	17.2200
	净资产收益率(%)	11.1140	19.7610	13.5840	18.4220
	总资产(万)	1794742.86	1842066.15	1680084.77	1584855.73
	股东权益(万)	1022918.97	936146.01	934194.86	765079.12
	主营业务收入(万)	1025313.89	1935207.51	981155.10	1657840.25
	主营成本(万)	762046.35	1466801.85	707500.65	1304067.38
	营业收入(万)	1196610.25	2290455.99	1186758.81	1885039.54
	营业成本(万)	934296.89	1821541.08	913298.59	1527303.32
	投资收益(万)	–	–	–	–
	利润总额(万)	149438.00	236509.14	168614.18	181578.28
	净利润(万)	113689.49	184991.09	126899.81	140940.23

中国建筑股份有限公司

公司概况	公司名称	中国建筑股份有限公司			证券简称	中国建筑
	法人代表	易军	董秘	孟庆禹	证券代码	601668
	公司网址	www.cscec.com		电子信箱	ir@cscec.com.cn	
	电　话	010-88083288		传　真	010-88082678	
	办公地址	北京市海淀区三里河路15号				
	经营范围	勘察、设计、施工、安装、咨询、开发、装饰、生产、批发、零售等				

主要财务指标	指标＼报告期	2011.06.30	2010.12.31	2010.06.30	2009.12.31
	每股收益(元)	0.2200	0.3100	0.1500	0.2600
	每股收益(扣除)(元)	0.2100	0.2900	0.1400	0.2400
	每股净资产(元)	2.7300	2.5700	2.4000	2.4100
	调整后每股净资产(元)	–	–	–	–
	每股资本公积金(元)	1.0005	1.0004	0.9696	1.1085
	每股盈余公积金(元)	0.0136	0.0136	0.0083	0.0083
	每股未分配利润(元)	0.6912	0.5356	0.4160	0.2849
	每股现金净流量(元)	-0.4048	0.0791	-0.5702	1.4954
	每股经营现金净流量(元)	-0.8004	-0.0548	-0.9587	0.4495
	净资产收益率(扣除)(%)	7.6500	11.3000	5.6600	13.7500
	净资产收益率(%)	7.9710	11.9640	6.4330	8.4248
	总资产(万)	45111167.70	39753911.90	35643593.10	29613855.50
	股东权益(万)	8190672.10	7720989.30	7204248.80	7230843.70
	主营业务收入(万)	21770812.30	36951146.10	15772963.10	25980934.90
	主营成本(万)	19164387.40	32495066.90	13886269.30	22827559.30
	营业收入(万)	21814053.20	37041753.30	15824163.60	26039617.20
	营业成本(万)	19207525.60	32564984.80	13930924.30	22874749.40
	投资收益(万)	–	–	–	–
	利润总额(万)	1223287.60	1964038.90	906854.10	1331668.10
	净利润(万)	652869.10	923729.30	463411.90	609182.70

河南明泰铝业股份有限公司

公司概况	公司名称	河南明泰铝业股份有限公司			证券简称	明泰铝业
	法人代表	马廷义	董秘	李群虎	证券代码	601677
	公司网址	www.hngymt.com		电子信箱	mtly@hngymt.com	
	电　　话	0371-67898155		传　　真	0371-67898155	
	办公地址	河南省巩义市回郭镇开发区				
	经营范围	制造空调箔,电缆箔,铜箔,防盗瓶盖带,铝板,铜板等				

主要财务指标	指标\报告期	2011.06.30	2010.12.31	2010.06.30	2009.12.31
	每股收益(元)	0.5014	0.7063	–	0.4509
	每股收益(扣除)(元)	0.5045	0.7025	–	0.4082
	每股净资产(元)	3.7076	3.4062	–	2.7842
	调整后每股净资产(元)	–	–	–	–
	每股资本公积金(元)	0.8895	0.8895	–	0.8895
	每股盈余公积金(元)	0.1231	0.1231	–	0.0706
	每股未分配利润(元)	1.6950	1.3936	–	0.8240
	每股现金净流量(元)	0.1718	–0.3102	–	0.3678
	每股经营现金净流量(元)	0.3430	0.1545	–	0.0884
	净资产收益率(扣除)(%)	14.1800	22.4000	–	17.2800
	净资产收益率(%)	13.5230	20.7350	–	14.9610
	总资产(万)	279862.93	248775.64	–	221226.39
	股东权益(万)	126429.39	229100.89	–	94940.54
	主营业务收入(万)	348859.76	497094.03	–	327673.99
	主营成本(万)	315291.26	448325.96	–	296909.09
	营业收入(万)	350925.92	498964.35	–	328959.45
	营业成本(万)	315390.97	448490.71	–	297047.42
	投资收益(万)	–	–	–	–
	利润总额(万)	24745.26	32724.49	–	18020.64
	净利润(万)	17097.14	24084.51	–	14203.79

滨化集团股份有限公司

公司概况	公司名称	滨化集团股份有限公司			证券简称	滨化股份
	法人代表	张忠正	董秘	于江	证券代码	601678
	公司网址	www.befar.com		电子信箱	befar@befar.com	
	电　　话	0543-2118571		传　　真	0543-2118592	
	办公地址	山东省滨州市黄河五路560号				
	经营范围	有机、无机化工产品的生产、加工与销售等				

主要财务指标	指标\报告期	2011.06.30	2010.12.31	2010.06.30	2009.12.31
	每股收益(元)	0.5352	0.8000	0.2573	0.6300
	每股收益(扣除)(元)	0.5335	0.7900	0.2567	0.5200
	每股净资产(元)	5.1650	4.6900	6.6200	1.8900
	调整后每股净资产(元)	–	–	–	–
	每股资本公积金(元)	2.7140	4.5710	4.5705	0.4386
	每股盈余公积金(元)	0.0921	0.1382	0.1063	0.1418
	每股未分配利润(元)	1.3488	1.3205	0.9396	0.9311
	每股现金净流量(元)	0.7718	–0.3521	–0.2825	–0.0419
	每股经营现金净流量(元)	1.0910	0.5172	0.1661	0.5562
	净资产收益率(扣除)(%)	10.3611	10.8920	5.3432	32.1400
	净资产收益率(%)	10.9000	12.9700	7.1300	10.2600
	总资产(万)	430366.17	414031.72	394425.13	371018.64
	股东权益(万)	351257.07	319180.79	299102.12	89894.94
	主营业务收入(万)	232151.25	354285.99	168452.77	271202.07
	主营成本(万)	168869.92	276300.50	133970.04	211457.90
	营业收入(万)	232800.69	357450.23	169512.44	273317.12
	营业成本(万)	169488.66	279280.72	134373.89	212198.43
	投资收益(万)	293.96	2969.47	2583.68	3743.64
	利润总额(万)	48266.73	46304.35	20852.20	35900.58
	净利润(万)	35320.23	33727.89	15564.61	26674.72

华泰证券股份有限公司

公司概况	公司名称	华泰证券股份有限公司			证券简称	华泰证券
	法人代表	吴万善	董秘	姜健	证券代码	601688
	公司网址	www.htsc.com.cn		电子信箱	bgs@mail.htsc.com.cn	
	电　　话	025-83290788 83290511		传　　真	025-84579938	
	办公地址	江苏省南京市中山东路90号华泰证券大厦				
	经营范围	证券经纪、投资银行、资产管理、基金管理、证券自营、证券投资管理、直接投资等				

主要财务指标	指标\报告期	2011.06.30	2010.12.31	2010.06.30	2009.12.31
	每股收益(元)	0.2000	0.6300	0.2700	0.8195
	每股收益(扣除)(元)	0.2000	0.6200	0.2700	0.8177
	每股净资产(元)	5.9200	5.8700	5.4700	2.8900
	调整后每股净资产(元)	–	–	–	–
	每股资本公积金(元)	3.1027	3.1099	3.0694	0.5527
	每股盈余公积金(元)	0.1468	0.1468	0.1045	0.1215
	每股未分配利润(元)	1.3395	1.2853	1.0542	0.9310
	每股现金净流量(元)	–4.5404	–0.1009	–0.0840	8.5593
	每股经营现金净流量(元)	–4.3634	–2.3794	–2.3348	8.6077
	净资产收益率(扣除)(%)	–	11.8700	–	32.9400
	净资产收益率(%)	3.4510	10.4160	4.6340	27.2630
	总资产(万)	9240775.83	11346282.35	10490321.60	9880177.66
	股东权益(万)	3313958.68	3288180.28	3065318.60	1392131.48
	主营业务收入(万)	–	–	–	–
	主营成本(万)	–	–	–	–
	营业收入(万)	339483.93	889997.86	358868.06	956321.92
	营业成本(万)	186191.38	440048.02	180895.56	422785.26
	投资收益(万)	–	–	–	–
	利润总额(万)	153051.91	450179.81	177828.51	532111.98
	净利润(万)	114357.51	342504.63	142034.76	379529.15

山西潞安环保能源开发股份有限公司

公司概况	公司名称	山西潞安环保能源开发股份有限公司			证券简称	潞安环能
	法人代表	李晋平	董秘	洪强(代)	证券代码	601699
	公司网址	www.luanhn.com		电子信箱	hp601699@163.com	
	电　　话	0355-5923838 5920887		传　　真	0355-5925912 5924899	
	办公地址	山西省长治市襄垣县侯堡镇				
	经营范围	原煤开采(只限分支机构). 煤炭洗选;煤焦冶炼等				

主要财务指标	指标\报告期	2011.06.30	2010.12.31	2010.06.30	2009.12.31
	每股收益(元)	0.8600	2.9900	0.6500	1.8300
	每股收益(扣除)(元)	0.8600	3.0000	0.6600	1.8500
	每股净资产(元)	5.7300	5.1700	8.9420	7.8400
	调整后每股净资产(元)	–	–	–	–
	每股资本公积金(元)	0.2617	0.9234	0.9234	0.9234
	每股盈余公积金(元)	0.5246	1.0492	0.7783	0.7783
	每股未分配利润(元)	2.3001	4.4818	3.0645	2.7657
	每股现金净流量(元)	0.2268	1.0352	0.7715	1.6789
	每股经营现金净流量(元)	1.1233	5.2607	2.6560	3.8786
	净资产收益率(扣除)(%)	–	26.1600	–	21.3400
	净资产收益率(%)	14.9930	28.8940	14.5250	23.3700
	总资产(万)	3316502.02	2936369.13	2503399.50	2173003.85
	股东权益(万)	1318716.50	1189420.09	1028809.44	902461.76
	主营业务收入(万)	1069748.34	1904096.11	847239.11	1520121.31
	主营成本(万)	604366.39	1050038.22	499706.65	930666.68
	营业收入(万)	1097170.89	2142767.67	858854.99	1826108.67
	营业成本(万)	626683.74	1278817.19	507318.80	1229141.10
	投资收益(万)	–	–	–	–
	利润总额(万)	252367.50	412881.04	205431.86	293414.08
	净利润(万)	197713.06	343672.58	149436.14	210898.31

常熟风范电力设备股份有限公司

公司概况	公司名称	常熟风范电力设备股份有限公司			证券简称	风范股份
	法人代表	范建刚	董秘	陈良东	证券代码	601700
	公司网址	www.cstower.cn		电子信箱	liangdongchen@263.net	
	电　话	0512-52122997		传　真	0512-52401600	
	办公地址	江苏省苏州市常熟市尚湖镇工业集中区西区人民南路8号				
	经营范围	输变电铁塔、风力发电设备、通讯铁塔、钢杆管、钢结构件等				

主要财务指标	指标\报告期	2011.06.30	2010.12.31	2010.06.30	2009.12.31
	每股收益(元)	0.3500	1.0100	0.6000	0.8600
	每股收益(扣除)(元)	0.3400	0.9500	0.5400	0.8500
	每股净资产(元)	11.1100	3.5900	3.1800	2.5800
	调整后每股净资产(元)	–	–	–	–
	每股资本公积金(元)	9.1306	0.9501	0.9501	1.2668
	每股盈余公积金(元)	0.0991	0.0991	0.0237	0.0316
	每股未分配利润(元)	0.8814	0.8917	0.6604	0.2844
	每股现金净流量(元)	0.2258	0.2205	–0.0120	0.0512
	每股经营现金净流量(元)	–0.6046	0.2756	0.0209	–0.2984
	净资产收益率(扣除)(%)	3.0570	28.0140	18.7420	31.0135
	净资产收益率(%)	3.4600	32.5800	20.6800	40.6200
	总资产(万)	265333.14	174181.33	149711.05	155769.43
	股东权益(万)	243999.87	59091.48	52349.05	42537.72
	主营业务收入(万)	64603.76	127130.68	71569.58	112485.49
	主营成本(万)	51291.65	91826.21	51587.12	80475.47
	营业收入(万)	66151.50	129066.74	72352.21	113821.61
	营业成本(万)	51861.93	92531.26	51890.01	80946.62
	投资收益(万)	186.33	217.73	217.73	178.59
	利润总额(万)	9904.45	22192.67	13125.57	17664.22
	净利润(万)	7459.85	16553.76	9811.33	13192.44

郑州煤矿机械集团股份有限公司

公司概况	公司名称	郑州煤矿机械集团股份有限公司			证券简称	郑煤机
	法人代表	焦承尧	董秘	鲍雪良	证券代码	601717
	公司网址	www.zzmj.com		电子信箱	deyuelou@tom.com	
	电　话	0371-67891507 67891023		传　真	0371-67891333	
	办公地址	河南省郑州市华山路105号				
	经营范围	设计,加工,制造矿山机械设备,环保设备,通用机械,电站设备等				

主要财务指标	指标\报告期	2011.06.30	2010.12.31	2010.06.30	2009.12.31
	每股收益(元)	0.7800	1.4300	0.8000	1.1300
	每股收益(扣除)(元)	0.7800	1.3900	0.7900	1.1100
	每股净资产(元)	7.9200	7.1400	3.3300	2.6700
	调整后每股净资产(元)	–	–	–	–
	每股资本公积金(元)	3.6970	3.6970	0.0491	0.0491
	每股盈余公积金(元)	0.2410	0.2410	0.1514	0.1514
	每股未分配利润(元)	2.9783	2.1977	2.1256	1.4710
	每股现金净流量(元)	–0.2800	3.7558	–0.0905	0.5135
	每股经营现金净流量(元)	0.5704	1.2293	0.4188	0.9661
	净资产收益率(扣除)(%)	–	28.6000	–	51.9800
	净资产收益率(%)	9.8610	17.6690	24.1910	42.1390
	总资产(万)	993262.71	902660.70	532087.45	475294.99
	股东权益(万)	554142.83	499501.82	186264.14	149604.62
	主营业务收入(万)	344408.53	607220.35	286551.22	479194.76
	主营成本(万)	241850.50	453519.53	215997.80	358609.22
	营业收入(万)	375067.36	675210.05	315576.20	516028.26
	营业成本(万)	267171.99	508486.91	240010.77	388563.35
	投资收益(万)	–	–	–	–
	利润总额(万)	72992.96	106435.88	53789.31	77322.01
	净利润(万)	54641.01	88257.00	45059.52	63041.41

际华集团股份有限公司

公司概况	公司名称	际华集团股份有限公司			证券简称	际华集团
	法人代表	李学成	董秘	王兴智	证券代码	601718
	公司网址	www.jihuachina.com		电子信箱	ir@jihuachina.com	
	电　话	010-63706018 63706026		传　真	010-63706008	
	办公地址	北京市丰台区南四环西路188号十五区6号楼				
	经营范围	职业装、职业鞋靴、防护装具、纺织印染、皮革皮鞋等				

主要财务指标	指标\报告期	2011.06.30	2010.12.31	2010.06.30	2009.12.31
	每股收益(元)	0.0872	0.1700	0.1069	0.1700
	每股收益(扣除)(元)	0.0842	0.1400	0.1036	0.1600
	每股净资产(元)	2.3522	2.2683	1.6540	1.5500
	调整后每股净资产(元)	–	–	–	–
	每股资本公积金(元)	1.0882	1.0883	0.4848	0.4874
	每股盈余公积金(元)	–	–	–	–
	每股未分配利润(元)	0.2640	0.1799	0.1689	0.0632
	每股现金净流量(元)	–0.1501	1.0176	–0.0929	0.1125
	每股经营现金净流量(元)	0.0058	0.0727	0.0172	0.1999
	净资产收益率(扣除)(%)	–	7.6200	–	14.4900
	净资产收益率(%)	3.7090	5.8400	6.3880	10.8244
	总资产(万)	1458906.09	1458168.05	1086513.74	1032810.10
	股东权益(万)	907245.65	874869.50	446502.69	418688.15
	主营业务收入(万)	1046952.09	1444308.57	784058.88	1060576.17
	主营成本(万)	961388.52	1291058.19	704240.83	917613.30
	营业收入(万)	1063264.62	1568996.23	849843.65	1102762.08
	营业成本(万)	972110.15	1408569.42	766314.21	955365.08
	投资收益(万)	–	–	–	–
	利润总额(万)	41431.10	70631.95	35874.63	60247.50
	净利润(万)	33648.70	50954.98	28863.39	45320.69

上海电气集团股份有限公司

公司概况	公司名称	上海电气集团股份有限公司			证券简称	上海电气
	法人代表	徐建国	董秘	梁家乐	证券代码	601727
	公司网址	www.shanghai-electric.com		电子信箱	ir@shanghai-electric.com	
	电　话	021-52082266		传　真	021-52082103	
	办公地址	上海市兴义路8号万都中心30楼				
	经营范围	电站及输配电、机电一体化、交通运输、环保设备的相关装备制造业产品的设计等				

主要财务指标	指标\报告期	2011.06.30	2010.12.31	2010.06.30	2009.12.31
	每股收益(元)	0.1277	0.2219	0.1130	0.2000
	每股收益(扣除)(元)	0.1203	0.1400	0.1061	0.1400
	每股净资产(元)	2.1700	2.1100	2.0300	1.8000
	调整后每股净资产(元)	–	–	–	–
	每股资本公积金(元)	0.3315	0.3346	0.3050	0.1714
	每股盈余公积金(元)	0.1878	0.1876	0.1607	0.1622
	每股未分配利润(元)	0.6450	0.5826	0.5602	0.4654
	每股现金净流量(元)	–0.2544	0.2158	0.3173	0.1689
	每股经营现金净流量(元)	–0.2622	0.3764	0.0451	0.5543
	净资产收益率(扣除)(%)	–	7.1600	–	7.7100
	净资产收益率(%)	5.8960	10.4420	5.4670	11.1290
	总资产(万)	10160330.10	9821184.10	9516245.10	8962608.20
	股东权益(万)	2776498.20	2700244.90	2596922.40	2247484.40
	主营业务收入(万)	3295680.20	6196913.10	2986240.50	5679948.80
	主营成本(万)	2711521.50	5142119.60	2479634.70	4776977.20
	营业收入(万)	3371985.00	6317586.20	3046308.70	5779039.40
	营业成本(万)	2748258.50	5202273.80	2510632.70	4827468.50
	投资收益(万)	–	–	–	–
	利润总额(万)	272951.90	412256.80	231669.40	333816.60
	净利润(万)	163704.40	281949.90	141971.30	250127.00

中国南车股份有限公司

公司概况

公司名称	中国南车股份有限公司			证券简称	中国南车
法人代表	赵小刚	董秘	邵仁强	证券代码	601766
公司网址	www.csrgc.com.cn		电子信箱	csr@csrgc.com.cn	
电　话	010-51862188		传　真	010-63984785	
办公地址	北京市海淀区西四环中路16号				
经营范围	轨道交通装备制造等				

主要财务指标

指标\报告期	2011.06.30	2010.12.31	2010.06.30	2009.12.31
每股收益(元)	0.1700	0.2100	0.0900	0.1400
每股收益(扣除)(元)	0.1700	0.1900	0.0900	0.1200
每股净资产(元)	1.7600	1.6300	1.5100	1.4700
调整后每股净资产(元)	-	-	-	-
每股资本公积金(元)	0.2273	0.2309	0.2294	0.2403
每股盈余公积金(元)	0.0244	0.0244	0.0126	0.0126
每股未分配利润(元)	0.5066	0.3739	0.2672	0.2140
每股现金净流量(元)	-0.1354	0.2289	-0.0636	-0.0029
每股经营现金净流量(元)	-0.6501	0.3139	-0.0439	0.3721
净资产收益率(扣除)(%)	-	12.2700	-	8.8100
净资产收益率(%)	9.8310	13.1540	6.1830	9.6600
总资产(万)	9291806.70	7376054.20	6561294.20	5498935.70
股东权益(万)	2079752.90	1926767.10	1785596.84	1736510.90
主营业务收入(万)	3975266.95	6413097.63	2788052.34	4578722.73
主营成本(万)	3242745.35	5279720.51	2317798.37	3830389.06
营业收入(万)	4012732.50	6490891.80	2818058.50	4639266.80
营业成本(万)	3275161.30	5347796.85	2344621.90	3876861.00
投资收益(万)	-	-	-	-
利润总额(万)	308335.60	366545.20	177336.80	240133.70
净利润(万)	204454.70	253143.70	110467.30	167815.30

力帆实业(集团)股份有限公司

公司概况

公司名称	力帆实业(集团)股份有限公司			证券简称	力帆股份
法人代表	尹明善	董秘	汤晓东	证券代码	601777
公司网址	www.lifan.com		电子信箱	tzzqb@lifan.com	
电　话	023-61663050		传　真	023-65213175	
办公地址	重庆市沙坪坝区上桥张家湾60号				
经营范围	研制、开发、生产、销售:力帆牌汽车、汽车发动机、摩托车等				

主要财务指标

指标\报告期	2011.06.30	2010.12.31	2010.06.30	2009.12.31
每股收益(元)	0.2164	0.4972	0.2691	0.4058
每股收益(扣除)(元)	0.2087	0.4764	0.2659	0.4172
每股净资产(元)	4.8200	6.1400	2.3300	2.3200
调整后每股净资产(元)	-	-	-	-
每股资本公积金(元)	3.3230	3.3230	0.7546	0.7546
每股盈余公积金(元)	0.0810	0.0810	0.0401	0.0401
每股未分配利润(元)	0.4373	0.5709	0.5463	0.5371
每股现金净流量(元)	-1.9066	3.0301	0.2690	0.2936
每股经营现金净流量(元)	-0.2803	0.1819	0.1780	0.6667
净资产收益率(扣除)(%)	-	18.2700	11.6500	19.1200
净资产收益率(%)	4.4900	8.0960	11.5670	17.4086
总资产(万)	900145.98	1014946.26	649097.13	585539.62
股东权益(万)	458652.60	471750.57	174852.05	174646.26
主营业务收入(万)	412737.71	675110.19	329428.64	530769.65
主营成本(万)	343354.02	552160.46	269714.75	431538.17
营业收入(万)	413632.30	677077.42	330607.47	532929.65
营业成本(万)	343507.32	552160.46	269897.86	431538.17
投资收益(万)	-	-	-	-
利润总额(万)	23563.12	44294.61	22957.55	34714.37
净利润(万)	20592.12	38190.64	20224.27	30490.70

光大证券股份有限公司

公司概况

公司名称	光大证券股份有限公司			证券简称	光大证券
法人代表	袁长清	董秘	梅键	证券代码	601788
公司网址	www.ebscn.com		电子信箱	ebs@ebscn.com	
电　话	021-22169999		传　真	021-62151789	
办公地址	上海市静安区新闸路1508号				
经营范围	证券经纪;证券投资咨询;与证券交易、证券投资活动有关的财务顾问等				

主要财务指标

指标\报告期	2011.06.30	2010.12.31	2010.06.30	2009.12.31
每股收益(元)	0.3307	0.6400	0.2426	0.9200
每股收益(扣除)(元)	0.3222	0.6200	0.2144	0.9200
每股净资产(元)	6.4878	6.6460	6.2827	6.5700
调整后每股净资产(元)	-	-	-	-
每股资本公积金(元)	3.1444	3.1817	3.1934	3.2234
每股盈余公积金(元)	0.3454	0.3454	0.2866	0.2840
每股未分配利润(元)	1.3440	1.4633	1.2650	1.5224
每股现金净流量(元)	-3.9835	-1.9853	-0.5771	5.5573
每股经营现金净流量(元)	-3.3885	-1.2354	-0.0159	2.8539
净资产收益率(扣除)(%)	-	9.3400	-	18.7500
净资产收益率(%)	5.0970	9.6850	3.8620	12.5870
总资产(万)	5228285.75	5957885.27	5755711.38	6202147.98
股东权益(万)	2217540.27	2271600.65	2147440.24	2236748.21
主营业务收入(万)	268310.92	-	171879.51	-
主营成本(万)	98358.79	-	77918.44	-
营业收入(万)	264992.57	505407.52	194820.99	559412.91
营业成本(万)	120125.17	220055.79	96913.75	167711.17
投资收益(万)	-	-	-	-
利润总额(万)	148728.40	298645.50	111084.35	392216.08
净利润(万)	113026.06	220006.31	82924.59	282666.14

宁波建工股份有限公司

公司概况

公司名称	宁波建工股份有限公司			证券简称	宁波建工
法人代表	徐文卫	董秘	李长春	证券代码	601789
公司网址	www.jiangong.com.cn		电子信箱	nbjiangong@gmail.com	
电　话	0574-87066873		传　真	0574-87888090	
办公地址	浙江省宁波市江东区兴宁路46号				
经营范围	承包境外房屋建筑,机电安装和境内国际招标工程等				

主要财务指标

指标\报告期	2011.06.30	2010.12.31	2010.06.30	2009.12.31
每股收益(元)	0.1592	0.1377	0.1377	0.2788
每股收益(扣除)(元)	-	-	-	0.2490
每股净资产(元)	1.8580	1.7987	-	1.7263
调整后每股净资产(元)	-	-	-	-
每股资本公积金(元)	0.1163	0.1163	-	0.1163
每股盈余公积金(元)	-	0.0605	-	0.0315
每股未分配利润(元)	0.6812	0.6220	-	0.4242
每股现金净流量(元)	-	-0.4078	-	0.4867
每股经营现金净流量(元)	-	0.5249	-	1.1483
净资产收益率(扣除)(%)	7.5900	16.5600	8.3700	16.9100
净资产收益率(%)	8.5700	7.6530	-	17.7390
总资产(万)	347169.24	320678.02	-	286003.25
股东权益(万)	55861.37	112815.81	-	47262.42
主营业务收入(万)	-	789566.63	-	689161.33
主营成本(万)	-	726260.01	-	632404.24
营业收入(万)	366545.42	792667.23	357564.84	692902.97
营业成本(万)	337030.38	729251.40	328228.59	636014.09
投资收益(万)	-	-	-	-
利润总额(万)	6785.20	13722.10	5731.79	12003.85
净利润(万)	4787.50	9824.64	4138.66	8383.82

甘肃蓝科石化高新装备股份有限公司

公司概况	公司名称	甘肃蓝科石化高新装备股份有限公司			证券简称	蓝科高新
	法人代表	张延丰	董秘	解庆	证券代码	601798
	公司网址	www.lanpec.com		电子信箱	lanpec@lanpec.com	
	电　话	0931-7639858 0931-7639878		传　真	0931-7663346	
	办公地址	甘肃省兰州市安宁区蓝科路8号				
	经营范围	本企业科技成果产业化产品,机械成套设备的制造,加工,销售等				

主要财务指标	指标\报告期	2011.06.30	2010.12.31	2010.06.30	2009.12.31
	每股收益(元)	0.2671	0.4670	0.1305	0.5410
	每股收益(扣除)(元)	0.2521	0.4280	0.1190	0.5030
	每股净资产(元)	2.8516	2.5845	–	2.2200
	调整后每股净资产(元)	–	–	–	–
	每股资本公积金(元)	2.6494	0.4170	–	0.4164
	每股盈余公积金(元)	0.0483	0.0567	–	0.0438
	每股未分配利润(元)	1.0277	1.1108	–	0.7564
	每股现金净流量(元)	2.4799	0.0741	–0.2526	0.3225
	每股经营现金净流量(元)	–0.0885	0.0195	–0.1444	0.1524
	净资产收益率(扣除)(%)	–	18.0300	–	25.2800
	净资产收益率(%)	4.2390	18.0820	–	22.7070
	总资产(万)	237159.50	143311.25	–	118859.14
	股东权益(万)	151212.57	62029.01	–	53199.22
	主营业务收入(万)	31131.17	64239.40	21805.76	65769.21
	主营成本(万)	19018.34	39152.13	14094.26	41043.25
	营业收入(万)	31181.76	64528.30	21814.34	65797.70
	营业成本(万)	19025.29	39375.71	14095.81	41070.91
	投资收益(万)	–	–	–	–
	利润总额(万)	7352.03	13238.14	3535.53	14274.23
	净利润(万)	6410.57	11216.32	3131.99	12079.98

常州星宇车灯股份有限公司

公司概况	公司名称	常州星宇车灯股份有限公司			证券简称	星宇股份
	法人代表	周晓萍	董秘	黄和发	证券代码	601799
	公司网址	www.xingyu-lighting.com		电子信箱	huanghefa@xingyu-lighting.com	
	电　话	0519-85156063		传　真	0519-85113616	
	办公地址	江苏省常州市新北区汉江路398号				
	经营范围	汽车车灯,摩托车车灯,塑料工业配件的制造及销售等				

主要财务指标	指标\报告期	2011.06.30	2010.12.31	2010.06.30	2009.12.31
	每股收益(元)	0.3071	0.7747	0.3687	0.4707
	每股收益(扣除)(元)	0.3066	0.7640	0.3649	0.4563
	每股净资产(元)	6.9524	2.3379	1.9818	1.6200
	调整后每股净资产(元)	–	–	–	–
	每股资本公积金(元)	4.9993	0.1472	0.1472	0.0000
	每股盈余公积金(元)	0.1260	0.1688	0.0920	0.0969
	每股未分配利润(元)	0.8271	1.0219	0.6929	0.5235
	每股现金净流量(元)	4.9072	–0.2304	–0.1246	0.4514
	每股经营现金净流量(元)	0.1473	0.4563	0.1193	0.7435
	净资产收益率(扣除)(%)	–	38.4600	20.0900	26.5500
	净资产收益率(%)	4.2310	32.9960	18.9220	29.0500
	总资产(万)	212114.03	87482.36	71534.61	58195.34
	股东权益(万)	164605.81	41325.53	155914.47	27207.30
	主营业务收入(万)	50765.98	81658.80	39623.20	51939.67
	主营成本(万)	35910.86	57571.62	27943.30	38399.69
	营业收入(万)	53742.40	87076.95	41780.55	53786.27
	营业成本(万)	38598.48	62385.43	29840.93	39844.98
	投资收益(万)	–	–	–	–
	利润总额(万)	8423.53	16123.96	7676.21	8783.18
	净利润(万)	6963.89	13635.90	6462.21	7903.68

安徽新华传媒股份有限公司

公司概况	公司名称	安徽新华传媒股份有限公司			证券简称	皖新传媒
	法人代表	曹杰	董秘	穆耀	证券代码	601801
	公司网址	www.ahsxhsd.com		电子信箱	wxcmdb@tom.com	
	电　话	0551-2661323 2634712		传　真	0551-2661323	
	办公地址	安徽省合肥市长江中路279号				
	经营范围	图书、报纸、期刊、电子出版物总发行;音像制品批发零售等				

主要财务指标	指标\报告期	2011.06.30	2010.12.31	2010.06.30	2009.12.31
	每股收益(元)	0.1700	0.3600	0.1400	0.3500
	每股收益(扣除)(元)	0.1900	0.3800	0.1500	0.3700
	每股净资产(元)	3.8600	3.7800	3.5700	2.4300
	调整后每股净资产(元)	–	–	–	–
	每股资本公积金(元)	1.6996	1.6996	1.6929	0.5176
	每股盈余公积金(元)	0.0497	0.0497	0.0440	0.0501
	每股未分配利润(元)	1.1072	1.0351	0.8307	0.8622
	每股现金净流量(元)	–0.1147	1.7205	1.6477	0.2720
	每股经营现金净流量(元)	0.0009	0.3921	0.3301	0.0643
	净资产收益率(扣除)(%)	–	10.7100	–	16.0900
	净资产收益率(%)	4.4620	9.3230	3.9990	14.2220
	总资产(万)	463960.60	458877.60	442804.23	300683.02
	股东权益(万)	350945.60	344382.62	324650.86	194392.48
	主营业务收入(万)	127708.09	272473.07	112917.76	250374.47
	主营成本(万)	85507.55	183242.91	75559.34	169217.63
	营业收入(万)	131682.13	276038.06	115442.37	254468.32
	营业成本(万)	86810.41	184239.15	76589.09	170590.24
	投资收益(万)	–	–	–	–
	利润总额(万)	15820.48	32222.93	13003.25	27606.00
	净利润(万)	15658.10	32105.76	12983.71	27647.03

中海油田服务股份有限公司

公司概况	公司名称	中海油田服务股份有限公司			证券简称	中海油服
	法人代表	刘健	董秘	杨海江	证券代码	601808
	公司网址	www.cosl.com.cn		电子信箱	yanghj@cosl.com.cn	
	电　话	010-84521685		传　真	010-84521325	
	办公地址	北京市东城区朝阳门内大街2号,凯恒大厦B座11层10号(1110室)				
	经营范围	石油及天然气勘探、开发及生产的各个阶段等				

主要财务指标	指标\报告期	2011.06.30	2010.12.31	2010.06.30	2009.12.31
	每股收益(元)	0.4600	0.9200	0.4800	0.7000
	每股收益(扣除)(元)	0.4700	0.8800	0.4900	0.7500
	每股净资产(元)	5.9400	5.6900	5.3000	4.9600
	调整后每股净资产(元)	–	–	–	–
	每股资本公积金(元)	1.7962	1.7962	1.7962	1.7962
	每股盈余公积金(元)	0.3754	0.3754	0.2971	0.2971
	每股未分配利润(元)	2.8447	2.5639	2.2075	1.8638
	每股现金净流量(元)	–0.4162	0.5856	0.1121	–0.2404
	每股经营现金净流量(元)	0.6398	1.7474	0.6895	1.2468
	净资产收益率(扣除)(%)	–	16.3700	–	16.1000
	净资产收益率(%)	7.7610	16.1335	9.1300	14.0560
	总资产(万)	6210349.92	6359333.23	6293377.97	6093333.65
	股东权益(万)	2668817.35	2558957.66	2381409.46	2230560.00
	主营业务收入(万)	835768.02	1805985.68	899357.99	1834540.14
	主营成本(万)	532698.45	1171669.19	553211.43	1168894.24
	营业收入(万)	835768.02	1805985.68	899357.99	1834540.14
	营业成本(万)	532698.45	1171669.19	553211.43	1168894.24
	投资收益(万)	–	–	–	–
	利润总额(万)	251095.61	483423.72	259764.56	375959.90
	净利润(万)	207123.03	412849.43	217423.77	313531.66

中国光大银行股份有限公司

公司概况					
公司名称	中国光大银行股份有限公司			证券简称	光大银行
法人代表	唐双宁	董秘	卢鸿	证券代码	601818
公司网址	www.cebbank.com			电子信箱	ir@cebbank.com
电　　话	010-63636388			传　　真	010-63636713
办公地址	北京市西城区太平桥大街25号中国光大中心				
经营范围	吸收公众存款;发放短期、中期和长期贷款;办理国内外结算等				

主要财务指标：指标\报告期	2011.06.30	2010.12.31	2010.06.30	2009.12.31
每股收益(元)	0.2300	0.3600	0.2000	0.2600
每股收益(扣除)(元)	0.2300	0.3600	0.2000	0.2600
每股净资产(元)	2.1400	2.0100	1.6500	1.4400
调整后每股净资产(元)	–	–	–	–
每股资本公积金(元)	0.4893	0.4922	0.2023	0.1924
每股盈余公积金(元)	0.0602	0.0602	0.0346	0.0346
每股未分配利润(元)	0.2690	0.1722	0.0678	0.0477
每股现金净流量(元)	0.2933	−0.6139	−1.1113	0.7065
每股经营现金净流量(元)	0.1792	0.3378	−0.3107	0.7329
净资产收益率(扣除)(%)	–	–	–	–
净资产收益率(%)	10.6310	15.7200	12.3650	15.8840
总资产(万)	166212723.60	148395034.20	142623563.00	119769610.70
股东权益(万)	8663391.80	8136446.70	5527212.80	4810669.30
主营业务收入(万)	–	–	–	–
主营成本(万)	–	–	–	–
营业收入(万)	2293000.00	3552998.50	1731400.00	2425865.30
营业成本(万)	−1063829.50	1854877.50	–	1373598.30
投资收益(万)	–	–	–	–
利润总额(万)	1230651.60	1711056.60	924743.00	1049267.60
净利润(万)	921038.90	1279022.80	683441.20	764347.30

中国石油天然气股份有限公司

公司概况					
公司名称	中国石油天然气股份有限公司			证券简称	中国石油
法人代表	蒋洁敏	董秘	李华林	证券代码	601857
公司网址	www.petrochina.com.cn			电子信箱	suxinliang@petrochina.com.cn
电　　话	010-59986959 59986223			传　　真	010-62099557 62099559
办公地址	北京市东城区东直门北大街9号				
经营范围	原油和天然气的勘探、开发、生产和销售等				

主要财务指标：指标\报告期	2011.06.30	2010.12.31	2010.06.30	2009.12.31
每股收益(元)	0.3610	0.7600	0.3560	0.5600
每股收益(扣除)(元)	0.3670	0.7800	–	0.5900
每股净资产(元)	5.3200	5.1300	4.8700	4.6300
调整后每股净资产(元)	–	–	–	–
每股资本公积金(元)	0.6327	0.6330	0.6349	0.6359
每股盈余公积金(元)	0.7575	0.7575	0.6854	0.6854
每股未分配利润(元)	2.8776	2.6999	2.5167	2.2896
每股现金净流量(元)	0.3847	−0.2252	0.2204	0.2938
每股经营现金净流量(元)	0.7049	1.7419	0.8221	1.4644
净资产收益率(扣除)(%)	6.9000	15.9000	–	9.5000
净资产收益率(%)	6.7750	14.8950	7.3150	12.2000
总资产(万)	180925600.00	165636800.00	156434300.00	145074200.00
股东权益(万)	97425800.00	93904300.00	89143700.00	84778200.00
主营业务收入(万)	93709200.00	142972700.00	67234200.00	99194500.00
主营成本(万)	64313900.00	93693700.00	43666600.00	60589800.00
营业收入(万)	95224700.00	146541500.00	68479700.00	101927500.00
营业成本(万)	65675200.00	97020900.00	44821700.00	63310000.00
投资收益(万)	–	–	–	–
利润总额(万)	9825100.00	18919400.00	8853800.00	13976700.00
净利润(万)	6600600.00	13987100.00	6521100.00	10317300.00

中海集装箱运输股份有限公司

公司概况					
公司名称	中海集装箱运输股份有限公司			证券简称	中海集运
法人代表	李绍德	董秘	叶宇芒	证券代码	601866
公司网址	www.cscl.com.cn			电子信箱	yym@cnshipping.com
电　　话	021-65966105 65966512			传　　真	021-65966498 65966813
办公地址	上海市浦东新区福山路450号				
经营范围	国内沿海及长江中下游普通货船、国内沿海外贸集装箱内支线班轮运输等				

主要财务指标：指标\报告期	2011.06.30	2010.12.31	2010.06.30	2009.12.31
每股收益(元)	−0.0540	0.3598	0.1003	−0.5554
每股收益(扣除)(元)	−0.0586	0.3372	0.0934	−0.5484
每股净资产(元)	2.4300	2.5000	2.2563	2.1600
调整后每股净资产(元)	–	–	–	–
每股资本公积金(元)	1.4704	1.4703	1.4703	1.4703
每股盈余公积金(元)	0.1166	0.1166	0.1115	0.1115
每股未分配利润(元)	−0.0679	−0.0139	−0.2683	−0.3686
每股现金净流量(元)	−0.3016	0.3177	0.1581	−0.4066
每股经营现金净流量(元)	−0.0352	0.4700	0.1255	−0.2961
净资产收益率(扣除)(%)	–	14.4800	–	−22.4900
净资产收益率(%)	−2.2240	14.4020	4.4440	−25.7230
总资产(万)	4817231.33	4901612.53	4715952.17	4433530.43
股东权益(万)	2834483.85	2918493.85	2636072.76	2522669.92
主营业务收入(万)	1396690.42	3480870.61	1602692.06	1993297.12
主营成本(万)	1424020.34	2970420.94	1436666.43	2541726.28
营业收入(万)	1397200.76	3483546.90	1604060.44	1993758.53
营业成本(万)	1425010.14	2973266.31	1438352.96	2541896.02
投资收益(万)	–	–	–	–
利润总额(万)	−58472.25	431970.70	123306.27	−644927.76
净利润(万)	−63033.93	420313.35	117140.39	−648904.82

招商局能源运输股份有限公司

公司概况					
公司名称	招商局能源运输股份有限公司			证券简称	招商轮船
法人代表	李建红	董秘	孔康	证券代码	601872
公司网址	www.cmenergyshipping.com			电子信箱	ir@cmeshipping.com
电　　话	021-63234803			传　　真	021-63238238
办公地址	上海市中山东一路9号三楼(外滩9号楼)				
经营范围	远洋油轮及散货船运输等				

主要财务指标：指标\报告期	2011.06.30	2010.12.31	2010.06.30	2009.12.31
每股收益(元)	0.0600	0.1800	0.1300	0.1000
每股收益(扣除)(元)	0.0600	0.1600	0.1200	0.1100
每股净资产(元)	2.8000	2.8400	2.8600	2.7500
调整后每股净资产(元)	–	–	–	–
每股资本公积金(元)	1.2710	1.2747	1.2786	1.2787
每股盈余公积金(元)	0.0232	0.0232	0.0217	0.0217
每股未分配利润(元)	0.9006	0.8866	0.8504	0.7288
每股现金净流量(元)	−0.0660	−0.0496	0.1074	−0.4942
每股经营现金净流量(元)	0.1097	0.2836	0.1191	0.1984
净资产收益率(扣除)(%)	2.0700	6.3100	4.4940	3.6280
净资产收益率(%)	2.0500	6.4100	4.5800	3.6300
总资产(万)	1683413.49	1623347.13	1629674.81	1466109.07
股东权益(万)	970330.26	984428.26	1000098.19	961811.46
主营业务收入(万)	134983.55	257294.08	136837.17	183472.84
主营成本(万)	112767.01	190537.63	92097.69	136328.99
营业收入(万)	134983.55	259667.77	136837.17	186421.03
营业成本(万)	112767.01	192757.60	92097.69	139166.34
投资收益(万)	3844.45	6295.58	3429.69	2611.16
利润总额(万)	20593.71	68594.50	45578.05	46170.34
净利润(万)	19908.27	61580.05	44183.04	34312.02

浙江正泰电器股份有限公司

公司概况	公司名称	浙江正泰电器股份有限公司			证券简称	正泰电器
	法人代表	南存辉	董秘	王国荣	证券代码	601877
	公司网址	www.chint.net		电子信箱	chintzqb@chint.com	
	电　话	0577-62877777 021-56777777		传　真	0577-62763701 021-56777777	
	办公地址	浙江省乐清市北白象镇正泰工业园区正泰路 1 号				
	经营范围	低压电器及元器件、电子元器件、电源类产品、电力工具、电力整流器等				

主要财务指标	指标\报告期	2011.06.30	2010.12.31	2010.06.30	2009.12.31
	每股收益(元)	0.4000	0.6400	0.3700	0.5800
	每股收益(扣除)(元)	0.3900	0.6100	0.3700	0.5900
	每股净资产(元)	4.1700	4.2000	3.9600	1.4200
	调整后每股净资产(元)	–	–	–	–
	每股资本公积金(元)	2.3507	2.3507	2.3435	0.0052
	每股盈余公积金(元)	0.1578	0.1578	0.0931	0.1039
	每股未分配利润(元)	0.6571	0.6541	0.4506	0.3159
	每股现金净流量(元)	−0.5260	2.8333	2.5648	0.7793
	每股经营现金净流量(元)	0.1529	0.6891	0.3779	1.2264
	净资产收益率(扣除)(%)	–	16.3300	–	45.1000
	净资产收益率(%)	9.6740	15.2790	9.4600	40.7290
	总资产(万)	655353.40	608958.42	551477.14	270726.91
	股东权益(万)	418632.71	418329.46	390651.69	128247.44
	主营业务收入(万)	393682.94	620004.01	278456.45	467538.49
	主营成本(万)	305058.20	459755.51	201710.72	333989.34
	营业收入(万)	400189.89	633910.97	284125.29	480151.74
	营业成本(万)	310494.35	469676.19	206187.19	344929.41
	投资收益(万)	–	–	–	–
	利润总额(万)	53062.16	84144.95	48384.78	68980.96
	净利润(万)	40499.74	63915.26	36954.84	52234.37

大连港股份有限公司

公司概况	公司名称	大连港股份有限公司			证券简称	大 连 港
	法人代表	孙宏	董秘	朱宏波	证券代码	601880
	公司网址	www.dlport.cn		电子信箱	zhuhb@dlport.cn	
	电　话	0411-82625378 82623910		传　真	0411-82623159	
	办公地址	中国辽宁省大连市中山区港湾街 1 号				
	经营范围	国际,国内货物装卸,运输,中转,仓储等港口业务和物流服务等				

主要财务指标	指标\报告期	2011.06.30	2010.12.31	2010.06.30	2009.12.31
	每股收益(元)	0.0763	0.2200	0.1058	0.2000
	每股收益(扣除)(元)	0.0731	0.2000	0.1002	0.1800
	每股净资产(元)	2.7800	2.7500	2.2600	2.1500
	调整后每股净资产(元)	–	–	–	–
	每股资本公积金(元)	1.3845	1.3859	0.8126	1.6119
	每股盈余公积金(元)	0.0785	0.0785	0.0993	0.0993
	每股未分配利润(元)	0.3165	0.2899	0.3463	0.5425
	每股现金净流量(元)	0.3681	0.4513	0.0427	0.1190
	每股经营现金净流量(元)	0.0971	0.3258	0.1991	0.3630
	净资产收益率(扣除)(%)	–	8.0700	–	7.6100
	净资产收益率(%)	2.7440	6.5812	4.7370	7.6500
	总资产(万)	2754463.45	2269081.91	1245674.67	1719372.59
	股东权益(万)	1230716.59	1219022.59	937097.19	950989.65
	主营业务收入(万)	159319.61	309573.23	148022.22	284381.08
	主营成本(万)	94835.58	165295.03	78415.85	158674.31
	营业收入(万)	171454.46	333695.07	159596.73	302247.99
	营业成本(万)	106150.13	188827.46	90480.03	179112.87
	投资收益(万)	–	–	–	–
	利润总额(万)	47361.95	107829.98	52987.09	86560.21
	净利润(万)	33772.61	81315.43	38777.06	72726.99

北京江河幕墙股份有限公司

公司概况	公司名称	北京江河幕墙股份有限公司			证券简称	江河幕墙
	法人代表	刘载望	董秘	刘中岳	证券代码	601886
	公司网址	www.janghogroup.com		电子信箱	liuzhongyue@janghogroup.com	
	电　话	010-60411166		传　真	010-60411666	
	办公地址	北京市顺义区牛汇北五街 5 号				
	经营范围	制造各类幕墙、门窗、钢结构产品;加工各类玻璃、铝材、石材、钢材等				

主要财务指标	指标\报告期	2011.06.30	2010.12.31	2010.06.30	2009.12.31
	每股收益(元)	0.3100	0.6900	0.2600	0.6700
	每股收益(扣除)(元)	0.3000	0.6700	0.2600	0.5900
	每股净资产(元)	4.0500	3.7400	–	3.0514
	调整后每股净资产(元)	–	–	–	–
	每股资本公积金(元)	0.8024	0.8024	–	0.8020
	每股盈余公积金(元)	0.2024	0.2024	–	0.1299
	每股未分配利润(元)	2.0466	1.7380	–	1.1234
	每股现金净流量(元)	−1.2123	−0.9331	−0.9331	0.5089
	每股经营现金净流量(元)	−1.4149	−0.7406	−0.7406	0.4202
	净资产收益率(扣除)(%)	–	19.7400	–	23.4200
	净资产收益率(%)	7.6280	18.3760	–	21.2270
	总资产(万)	524053.83	513203.77	–	395728.09
	股东权益(万)	182089.02	168243.85	–	137313.45
	主营业务收入(万)	240658.85	518103.85	203344.30	418724.55
	主营成本(万)	185955.35	398998.92	154654.43	327568.61
	营业收入(万)	240742.11	–	203378.32	418918.41
	营业成本(万)	186037.96	154741.76	154741.76	327764.78
	投资收益(万)	–	–	–	–
	利润总额(万)	16163.29	36365.51	13540.40	33656.88
	净利润(万)	13890.08	30916.70	11725.87	29147.39

中国国旅股份有限公司

公司概况	公司名称	中国国旅股份有限公司			证券简称	中国国旅
	法人代表	盖志新	董秘	薛军	证券代码	601888
	公司网址	www.citsgroup.net		电子信箱	citszq@citsgroup.com.cn	
	电　话	010-84478866 84479696		传　真	010-84479312	
	办公地址	北京市东城区东直门外小街甲 2 号 A 座 8 层				
	经营范围	旅游服务及旅游商品相关项目的投资与管理,旅游服务配套设施的开发、改造与经营				

主要财务指标	指标\报告期	2011.06.30	2010.12.31	2010.06.30	2009.12.31
	每股收益(元)	0.3760	0.4700	0.2590	0.4400
	每股收益(扣除)(元)	0.3750	0.4600	0.2600	0.4400
	每股净资产(元)	4.9420	4.6600	4.4660	4.2100
	调整后每股净资产(元)	–	–	–	–
	每股资本公积金(元)	2.7278	2.7296	2.7188	2.7266
	每股盈余公积金(元)	0.0305	0.0305	0.0017	0.0017
	每股未分配利润(元)	1.2218	0.9453	0.7736	0.5139
	每股现金净流量(元)	0.1699	0.3265	0.1875	2.6485
	每股经营现金净流量(元)	0.1092	0.5157	0.1048	0.1789
	净资产收益率(扣除)(%)	–	10.4[illegible]00	–	18.6400
	净资产收益率(%)	7.6020	9.9800	5.8090	8.4410
	总资产(万)	714925.62	648396.44	629766.52	549936.03
	股东权益(万)	434891.65	410433.53	392994.47	370526.19
	主营业务收入(万)	501196.11	954917.51	394279.82	603165.78
	主营成本(万)	393244.47	777256.92	314551.50	468479.96
	营业收入(万)	505179.20	960762.48	396293.55	606450.56
	营业成本(万)	394380.13	779629.48	315305.68	469363.17
	投资收益(万)	–	–	–	–
	利润总额(万)	50508.88	71497.71	37217.78	54977.93
	净利润(万)	33062.29	40951.15	22825.20	31275.27

江苏亚星锚链股份有限公司

公司概况	公司名称	江苏亚星锚链股份有限公司		证券简称	亚星锚链
	法人代表	陶安祥	董秘	吴汉岐	证券代码	601890
	公司网址	www.anchor-chain.com		电子信箱	WHQ@ASAC.CN XLL@ASAC.CN
	电　话	0523-84686986		传　真	0523-84686659
	办公地址	靖江市东兴镇何德村江苏亚星锚链股份有限公司办公楼			
	经营范围	船用锚链、船舶配件及锚链附件产品制造等			

主要财务指标 指标\报告期	2011.06.30	2010.12.31	2010.06.30	2009.12.31
每股收益(元)	0.1600	0.5600	0.4200	0.7000
每股收益(扣除)(元)	0.1500	0.5000	0.4000	0.6900
每股净资产(元)	5.8610	7.5700	2.7200	2.9100
调整后每股净资产(元)	–	–	–	–
每股资本公积金(元)	3.9456	5.4292	0.3386	0.3386
每股盈余公积金(元)	0.0585	0.0761	0.0610	0.0610
每股未分配利润(元)	0.8570	1.0600	1.3204	1.0987
每股现金净流量(元)	-1.7629	4.5412	-1.1407	1.3376
每股经营现金净流量(元)	-1.3358	-0.3209	-0.4723	1.4410
净资产收益率(扣除)(%)	–	19.0100	–	32.1700
净资产收益率(%)	2.6790	5.5030	15.5040	23.8733
总资产(万)	375520.53	384319.49	198483.76	210839.24
股东权益(万)	274301.34	272352.66	268750.78	67454.30
主营业务收入(万)	85079.42	169521.01	87900.03	167795.41
主营成本(万)	67053.84	127434.00	62352.93	120801.95
营业收入(万)	90883.66	177795.74	92533.21	175796.15
营业成本(万)	71872.12	133735.98	65804.37	127866.38
投资收益(万)	–	–	–	–
利润总额(万)	9469.56	20736.82	14754.73	25590.17
净利润(万)	7348.68	14988.06	11386.36	18768.04

中国中煤能源股份有限公司

公司概况	公司名称	中国中煤能源股份有限公司			证券简称	中煤能源
	法人代表	王安	董秘	周东洲	证券代码	601898
	公司网址	www.chinacoalenergy.com		电子信箱	ird@chinacoal.com	
	电　话	010-82236028		传　真	010-82256479	
	办公地址	北京市朝阳区黄寺大街1号				
	经营范围	煤炭的生产和销售、煤焦化产品的生产、煤矿装备制造、煤矿工程的勘探等				

主要财务指标 指标\报告期	2011.06.30	2010.12.31	2010.06.30	2009.12.31
每股收益(元)	0.3800	0.5200	0.3400	0.5000
每股收益(扣除)(元)	0.3700	0.5100	0.3200	0.4700
每股净资产(元)	5.8200	5.5400	5.4000	5.1600
调整后每股净资产(元)	–	–	–	–
每股资本公积金(元)	2.8698	2.8697	2.8695	2.8660
每股盈余公积金(元)	0.1398	0.1398	0.0957	0.0957
每股未分配利润(元)	1.5132	1.2933	1.1533	0.9671
每股现金净流量(元)	-0.8032	0.7764	0.0026	0.3575
每股经营现金净流量(元)	0.4651	–	0.3568	0.7975
净资产收益率(扣除)(%)	–	9.5100	–	9.5300
净资产收益率(%)	6.4610	9.4100	6.2220	9.6800
总资产(万)	12948512.50	12081507.90	12047541.60	10968086.30
股东权益(万)	7720988.10	7343697.70	7161815.50	6842930.20
主营业务收入(万)	4176688.80	7030263.70	3508989.60	5318702.70
主营成本(万)	2682419.10	4659579.00	2186549.90	3410829.40
营业收入(万)	4244215.60	7126841.70	3556071.40	5372950.30
营业成本(万)	2746212.70	4744936.10	2231320.80	3446010.90
投资收益(万)	–	–	–	–
利润总额(万)	719722.20	1022160.50	661829.00	920081.40
净利润(万)	498842.40	690897.80	445577.80	662216.90

紫金矿业集团股份有限公司

公司概况	公司名称	紫金矿业集团股份有限公司			证券简称	紫金矿业
	法人代表	陈景河	董秘	郑于强	证券代码	601899
	公司网址	www.zjky.cn		电子信箱	zyq@zjky.cn	
	电　话	0592-2933662		传　真	0592-2933580	
	办公地址	福建省上杭县紫金大道1号 厦门市湖里区泗水道599号海富中心19-22层				
	经营范围	矿产资源勘查;金矿、铜矿的露天/地下开采等				

主要财务指标 指标\报告期	2011.06.30	2010.12.31	2010.06.30	2009.12.31
每股收益(元)	0.1440	0.3300	0.1160	0.2400
每股收益(扣除)(元)	0.1310	0.3500	0.1180	0.2400
每股净资产(元)	1.0620	1.5000	1.3360	1.2500
调整后每股净资产(元)	–	–	–	–
每股资本公积金(元)	0.5717	0.6449	0.6202	0.6223
每股盈余公积金(元)	0.0688	0.0688	0.0688	0.0688
每股未分配利润(元)	0.8088	0.6922	0.5463	0.4602
每股现金净流量(元)	0.2531	0.0545	0.0916	0.0192
每股经营现金净流量(元)	0.2506	0.4071	0.2187	0.3163
净资产收益率(扣除)(%)	–	26.1700	–	20.1500
净资产收益率(%)	13.5910	22.1140	13.9350	19.4904
总资产(万)	4552303.09	3840123.28	3494169.03	2964613.83
股东权益(万)	2317183.30	2183157.05	1942391.11	1817018.01
主营业务收入(万)	1556165.50	2812216.22	1325627.24	2046668.94
主营成本(万)	994156.68	1795862.16	844286.39	1350104.70
营业收入(万)	1585226.78	2853957.89	1346048.99	2095582.47
营业成本(万)	1011044.80	1833738.31	858825.35	1390470.23
投资收益(万)	–	–	–	–
利润总额(万)	490175.29	733157.18	377315.84	501890.78
净利润(万)	314934.72	482791.67	252217.52	354144.69

方正证券股份有限公司

公司概况	公司名称	方正证券股份有限公司			证券简称	方正证券
	法人代表	雷杰	董秘	陈锐	证券代码	601901
	公司网址	www.foundersc.com		电子信箱	pub@foundersc.com	
	电　话	0731-85832367		传　真	0731-85832366	
	办公地址	湖南省长沙市芙蓉中路二段华侨国际大厦22-24层				
	经营范围	证券经纪;证券投资咨询;与证券交易,证券投资活动有关的财务顾问等				

主要财务指标 指标\报告期	2011.06.30	2010.12.31	2010.06.30	2009.12.31
每股收益(元)	0.0600	0.2713	0.0700	0.3012
每股收益(扣除)(元)	0.0613	0.2637	–	0.2924
每股净资产(元)	1.9300	1.8800	–	4.6300
调整后每股净资产(元)	–	–	–	–
每股资本公积金(元)	0.4083	0.4193	–	1.7197
每股盈余公积金(元)	0.0332	0.0332	–	0.1856
每股未分配利润(元)	0.3163	0.2537	–	1.2076
每股现金净流量(元)	–	-0.8345	–	6.3546
每股经营现金净流量(元)	–	-0.8028	–	6.4265
净资产收益率(扣除)(%)	–	15.1800	–	20.0600
净资产收益率(%)	3.2500	14.4520	4.3300	18.8360
总资产(万)	2313666.33	2802403.58	–	2903438.98
股东权益(万)	887397.62	1428455.27	–	735506.16
主营业务收入(万)	–	–	–	–
主营成本(万)	–	–	–	–
营业收入(万)	96634.52	308770.34	98594.84	331192.63
营业成本(万)	60114.80	141329.22	54421.75	143400.84
投资收益(万)	–	–	–	–
利润总额(万)	37157.07	170957.50	44112.95	188037.97
净利润(万)	28796.75	124812.30	33004.61	138542.46

北京京运通科技股份有限公司

公司概况	公司名称	北京京运通科技股份有限公司			证券简称	京 运 通
	法人代表	冯焕培	董秘	张文慧	证券代码	601908
	公司网址	www.jingyuntong.com		电子信箱	ir@jytcorp.com	
	电 话	010-80803016-8080/3016		传 真	010-80803016-8298	
	办公地址	北京市北京经济技术开发区经海四路 158 号				
	经营范围	光伏设备制造业务与晶体硅生长和晶片业务等				

主要财务指标	指标\报告期	2011.06.30	2010.12.31	2010.06.30	2009.12.31
	每股收益(元)	0.9400	0.9100	–	0.3400
	每股收益(扣除)(元)	0.9400	0.9200	–	0.2900
	每股净资产(元)	3.1659	2.2241	–	2.0057
	调整后每股净资产(元)	–	–	–	–
	每股资本公积金(元)	0.0398	0.0398	–	0.0719
	每股盈余公积金(元)	0.1469	0.1469	–	0.0930
	每股未分配利润(元)	1.9792	1.0374	–	0.8408
	每股现金净流量(元)	–0.3874	0.1138	–	0.1352
	每股经营现金净流量(元)	–0.0188	0.9505	–	0.1167
	净资产收益率(扣除)(%)	34.7600	45.4700	–	16.0700
	净资产收益率(%)	29.7480	41.0450	–	16.4580
	总资产(万)	214401.59	170736.90	–	100930.76
	股东权益(万)	117102.71	323638.12	–	61823.95
	主营业务收入(万)	91047.10	102544.52	–	45053.48
	主营成本(万)	–	–	–	–
	营业收入(万)	102130.49	113873.09	–	47511.32
	营业成本(万)	50793.45	64634.36	–	31011.82
	投资收益(万)	–	–	–	–
	利润总额(万)	40469.08	40568.18	–	12454.16
	净利润(万)	34835.90	33766.27	–	10174.67

国投新集能源股份有限公司

公司概况	公司名称	国投新集能源股份有限公司			证券简称	国投新集
	法人代表	刘谊	董秘	马文杰	证券代码	601918
	公司网址	www.sdicxinji.com.cn		电子信箱	xinji@sdicxinji.com.cn	
	电 话	0551-2231918 2639800		传 真	0551-2231819	
	办公地址	安徽省淮南市洞山中路 12 号				
	经营范围	煤炭开采、洗选加工,火力发电;公司和公司成员企业自产产品等				

主要财务指标	指标\报告期	2011.06.30	2010.12.31	2010.06.30	2009.12.31
	每股收益(元)	0.3300	0.6800	0.3500	0.4500
	每股收益(扣除)(元)	0.3300	0.6900	0.3600	0.4200
	每股净资产(元)	3.8920	3.8300	3.5100	3.3200
	调整后每股净资产(元)	–	–	–	–
	每股资本公积金(元)	1.0903	1.0903	1.0885	1.0999
	每股盈余公积金(元)	0.2530	0.2530	0.1721	0.1721
	每股未分配利润(元)	1.3801	1.2606	1.0073	0.8653
	每股现金净流量(元)	–0.0688	–0.0274	–0.0209	–0.3049
	每股经营现金净流量(元)	0.3337	1.4293	0.6179	0.6545
	净资产收益率(扣除)(%)	–	19.5700	–	13.2600
	净资产收益率(%)	8.4170	17.6740	9.8924	13.5790
	总资产(万)	2041777.52	1945922.20	1802276.62	1660746.98
	股东权益(万)	720100.38	707860.48	648760.26	613538.62
	主营业务收入(万)	375200.21	669105.19	333362.09	475924.68
	主营成本(万)	256498.40	432673.23	213569.46	315383.95
	营业收入(万)	398217.75	700852.58	348600.29	494988.65
	营业成本(万)	267466.09	441497.55	219012.08	318995.45
	投资收益(万)	–	–	–	–
	利润总额(万)	81673.77	171565.61	87162.57	115258.88
	净利润(万)	60610.00	125109.16	64177.88	83314.46

中国远洋控股股份有限公司

公司概况	公司名称	中国远洋控股股份有限公司			证券简称	中国远洋
	法人代表	魏家福	董秘	张永坚	证券代码	601919
	公司网址	www.chinacosco.com		电子信箱	investor@chinacosco.com	
	电 话	022-66270898		传 真	022-66270899	
	办公地址	天津市天津港保税区通达广场 1 号 3 层				
	经营范围	国际船舶普通货物运输;国内沿海及长江中下游普通货船、外贸集装箱等				

主要财务指标	指标\报告期	2011.06.30	2010.12.31	2010.06.30	2009.12.31
	每股收益(元)	–0.2700	0.6600	0.3500	–0.7400
	每股收益(扣除)(元)	–0.2700	0.6000	0.2700	–1.1600
	每股净资产(元)	4.2400	4.6800	4.4100	4.1900
	调整后每股净资产(元)	–	–	–	–
	每股资本公积金(元)	2.7877	2.8025	2.7964	2.9064
	每股盈余公积金(元)	0.0635	0.0635	0.0556	0.0556
	每股未分配利润(元)	0.7019	1.0578	0.7461	0.3878
	每股现金净流量(元)	–0.2824	0.2401	–0.0613	1.2011
	每股经营现金净流量(元)	–0.0829	1.0916	0.4578	–0.5755
	净资产收益率(扣除)(%)	–	13.5100	–	–24.9800
	净资产收益率(%)	–6.2500	14.1580	7.8300	–17.6042
	总资产(万)	15633939.77	15098321.85	14619865.21	13861951.72
	股东权益(万)	4336663.47	4777960.31	4505624.37	4282924.86
	主营业务收入(万)	3422760.52	8057843.38	3821625.28	5573463.13
	主营成本(万)	3328295.54	6630956.83	3096525.03	5775993.94
	营业收入(万)	3422760.52	8057843.38	3821625.28	5573463.13
	营业成本(万)	3328295.54	6630956.83	3096525.03	5775993.94
	投资收益(万)	–	–	–	–
	利润总额(万)	–138256.64	918582.80	496255.47	–631318.27
	净利润(万)	–271056.70	676095.73	353002.21	–753976.36

永辉超市股份有限公司

公司概况	公司名称	永辉超市股份有限公司			证券简称	永辉超市
	法人代表	张轩松	董秘	张经仪	证券代码	601933
	公司网址	www.yonghui.com.cn		电子信箱	bod.yh@yonghui.cn	
	电 话	0591-83787308		传 真	0591-83762990	
	办公地址	福建省福州市西二环中路 436 号				
	经营范围	农副产品,粮油及制品,食品饮料,酒及其他副食品,日用百货,家用电器等				

主要财务指标	指标\报告期	2011.06.30	2010.12.31	2010.06.30	2009.12.31
	每股收益(元)	0.3500	0.4600	0.2100	0.3900
	每股收益(扣除)(元)	0.3500	0.4600	0.2100	0.3800
	每股净资产(元)	5.2400	4.9700	1.7094	1.6000
	调整后每股净资产(元)	–	–	–	–
	每股资本公积金(元)	3.1886	3.1714	0.0354	0.0398
	每股盈余公积金(元)	0.0585	0.0585	0.0314	0.0314
	每股未分配利润(元)	0.9882	0.7368	0.6426	0.5324
	每股现金净流量(元)	–1.2007	2.9574	0.2167	0.1162
	每股经营现金净流量(元)	0.6151	0.8889	0.5057	0.3122
	净资产收益率(扣除)(%)	–	26.2500	–	27.0000
	净资产收益率(%)	6.7120	8.0110	12.2970	24.1027
	总资产(万)	628552.32	661081.90	342414.40	316827.85
	股东权益(万)	402014.89	381388.29	364664.43	105504.11
	主营业务收入(万)	776744.62	1190282.89	542394.57	822447.88
	主营成本(万)	648922.74	995948.28	456588.40	695599.88
	营业收入(万)	802794.35	1231650.37	561113.61	847481.58
	营业成本(万)	649379.82	996185.53	456666.52	695799.44
	投资收益(万)	–	–	–	–
	利润总额(万)	35033.21	39909.72	17985.01	33158.54
	净利润(万)	26983.60	30553.57	13829.70	25429.29

中国建设银行股份有限公司

公司概况	公司名称	中国建设银行股份有限公司			证券简称	建设银行
	法人代表	郭树清	董秘	陈彩虹	证券代码	601939
	公司网址	www.ccb.com		电子信箱	ir@ccb.com	
	电　　话	010-66215533		传　　真	010-66218888	
	办公地址	北京市西城区金融大街 25 号				
	经营范围	吸收公众存款;发放短期、中期、长期贷款等				

主要财务指标	指标\报告期	2011.06.30	2010.12.31	2010.06.30	2009.12.31
	每股收益(元)	0.3700	0.5600	0.3000	0.4600
	每股收益(扣除)(元)	0.3700	0.5600	0.3000	0.4500
	每股净资产(元)	2.9500	2.7900	2.4800	2.3770
	调整后每股净资产(元)	–	–	–	–
	每股资本公积金(元)	0.5406	0.5405	0.3863	0.3863
	每股盈余公积金(元)	0.2027	0.2027	0.1601	0.1601
	每股未分配利润(元)	0.9186	0.7838	0.6213	0.5824
	每股现金净流量(元)	–	–	–	–
	每股经营现金净流量(元)	–	–	–	–
	净资产收益率(扣除)(%)	–	–	–	–
	净资产收益率(%)	–	–	–	–
	总资产(万)	1175476600.00	1081031700.00	1023598100.00	962335500.00
	股东权益(万)	–	–	–	–
	主营业务收入(万)	19603300.00	32348900.00	15330700.00	26718400.00
	主营成本(万)	–	–	–	–
	营业收入(万)	–	–	–	–
	营业成本(万)	–	–	–	–
	投资收益(万)	–	–	–	–
	利润总额(万)	12078900.00	17515600.00	9219400.00	13872500.00
	净利润(万)	9282500.00	13484400.00	7074100.00	10675600.00

金堆城钼业股份有限公司

公司概况	公司名称	金堆城钼业股份有限公司			证券简称	金钼股份
	法人代表	马宝平	董秘	秦国政	证券代码	601958
	公司网址	www.jdcmoly.com		电子信箱	jdc@jdcmoly.com	
	电　　话	029-88320076 88320019		传　　真	029-88320330	
	办公地址	陕西省西安市高新技术产业开发区锦业一路 88 号金钼股份综合楼 A 座				
	经营范围	钼炉料、钼化工、钼金属产品和硫酸产品的生产与销售等				

主要财务指标	指标\报告期	2011.06.30	2010.12.31	2010.06.30	2009.12.31
	每股收益(元)	0.1100	0.2600	0.1400	0.1700
	每股收益(扣除)(元)	0.1100	0.2600	0.1400	0.1700
	每股净资产(元)	4.0400	4.1600	4.0200	4.1100
	调整后每股净资产(元)	–	–	–	–
	每股资本公积金(元)	2.0902	2.0902	2.0902	2.0902
	每股盈余公积金(元)	0.1839	0.1839	0.1575	0.1575
	每股未分配利润(元)	0.6460	0.7848	0.6903	0.8023
	每股现金净流量(元)	–0.2717	–0.1854	–0.2022	–0.7274
	每股经营现金净流量(元)	–0.0202	0.2749	0.0894	0.0365
	净资产收益率(扣除)(%)	–	6.2400	–	4.0900
	净资产收益率(%)	2.7530	6.2310	3.4300	4.1389
	总资产(万)	1418143.82	1437473.27	1445175.24	1407236.38
	股东权益(万)	1303095.81	1341171.20	1298142.43	1327599.67
	主营业务收入(万)	368588.01	697657.52	329321.65	450898.01
	主营成本(万)	303837.52	565953.01	260691.74	363648.77
	营业收入(万)	373264.49	706285.95	332896.80	458636.98
	营业成本(万)	308472.60	573749.56	264143.34	370570.23
	投资收益(万)	–	–	–	–
	利润总额(万)	47864.18	100215.09	55236.87	68130.95
	净利润(万)	35870.87	83562.47	44528.50	54948.12

中国银行股份有限公司

公司概况	公司名称	中国银行股份有限公司			证券简称	中国银行
	法人代表	肖钢	董秘	张秉训	证券代码	601988
	公司网址	www.boc.cn		电子信箱	bocir@bank-of-china.com	
	电　　话	010-66596688 66592638		传　　真	010-66594568 66016871	
	办公地址	北京市复兴门内大街 1 号				
	经营范围	吸收人民币存款;发放短期、中期和长期贷款;办理结算;办理票据贴现等				

主要财务指标	指标\报告期	2011.06.30	2010.12.31	2010.06.30	2009.12.31
	每股收益(元)	0.2400	0.3900	0.2000	0.3200
	每股收益(扣除)(元)	0.2400	0.3900	0.2000	0.3100
	每股净资产(元)	2.4000	2.3100	2.1100	2.0300
	调整后每股净资产(元)	–	–	–	–
	每股资本公积金(元)	0.4298	0.4263	0.3478	0.3209
	每股盈余公积金(元)	0.1446	0.1441	0.1202	0.1197
	每股未分配利润(元)	0.6199	0.5315	0.4576	0.3969
	每股现金净流量(元)	–	–	–	–
	每股经营现金净流量(元)	–	–	–	–
	净资产收益率(扣除)(%)	–	–	–	–
	净资产收益率(%)	–	–	–	–
	总资产(万)	1148349800.00	1045986500.00	968581200.00	875194300.00
	股东权益(万)	–	–	–	–
	主营业务收入(万)	16611000.00	27681700.00	13301000.00	23219800.00
	主营成本(万)	–	–	–	–
	营业收入(万)	–	–	–	–
	营业成本(万)	–	–	–	–
	投资收益(万)	–	–	–	–
	利润总额(万)	9077700.00	14214500.00	7028700.00	11109700.00
	净利润(万)	6651300.00	10441800.00	5202200.00	8081900.00

中国船舶重工股份有限公司

公司概况	公司名称	中国船舶重工股份有限公司			证券简称	中国重工
	法人代表	李长印	董秘	郭同军	证券代码	601989
	公司网址	www.csicl.com.cn		电子信箱	investors@csicl.com.cn	
	电　　话	010-88508596		传　　真	010-88475234	
	办公地址	北京市海淀区昆明湖南路 72 号				
	经营范围	资产投资、经营管理;舰船、舰船配套产品、海洋工程及装备、能源装备等				

主要财务指标	指标\报告期	2011.06.30	2010.12.31	2010.06.30	2009.12.31
	每股收益(元)	0.3600	0.2400	0.2900	0.3100
	每股收益(扣除)(元)	0.3500	0.2300	0.1200	0.3000
	每股净资产(元)	4.1472	5.5218	3.2500	3.0900
	调整后每股净资产(元)	–	–	–	–
	每股资本公积金(元)	2.0946	3.3538	1.8358	1.7560
	每股盈余公积金(元)	0.0775	0.1068	0.0090	0.0090
	每股未分配利润(元)	0.9752	1.0612	0.4047	0.3292
	每股现金净流量(元)	–0.5734	–0.3806	–0.0921	2.1401
	每股经营现金净流量(元)	–0.4327	–0.1691	–0.2083	–0.1083
	净资产收益率(扣除)(%)	–	7.2000	–	22.3400
	净资产收益率(%)	8.6920	7.0038	3.6890	7.2430
	总资产(万)	15459552.41	14948241.15	4227930.29	4178981.98
	股东权益(万)	3801887.36	3672550.15	2161240.43	2057936.53
	主营业务收入(万)	2780129.03	2009372.08	2396099.22	1809760.57
	主营成本(万)	2290110.21	1613804.94	2018985.27	1483657.02
	营业收入(万)	2848492.39	2047268.77	2453307.88	1856229.76
	营业成本(万)	2353435.08	1644461.14	2062473.75	1520220.54
	投资收益(万)	–	–	–	–
	利润总额(万)	395594.64	196380.91	329347.59	179774.56
	净利润(万)	330447.47	159900.38	261870.11	149048.22

大唐国际发电股份有限公司

公司概况	公司名称	大唐国际发电股份有限公司			证券简称	大唐发电
	法人代表	刘顺达	董秘	周刚	证券代码	601991
	公司网址	www.dtpower.com		电子信箱	zhougang@dtpower.com	
	电　话	010-88008678 88008669		传　真	010-88008684	
	办公地址	北京市西城区广宁伯街 9 号				
	经营范围	建设、经营电厂,销售电力、热力;电力设备的检修调试等				

主要财务指标	指标\报告期	2011.06.30	2010.12.31	2010.06.30	2009.12.31
	每股收益(元)	0.0685	0.2031	0.0689	0.1192
	每股收益(扣除)(元)	0.0641	0.1731	0.0674	0.0961
	每股净资产(元)	2.8700	2.5000	2.3600	2.2100
	调整后每股净资产(元)	–	–	–	–
	每股资本公积金(元)	0.7263	0.3295	0.3283	0.1345
	每股盈余公积金(元)	0.8374	0.9054	0.8892	0.9285
	每股未分配利润(元)	0.2669	0.2192	0.1084	0.1099
	每股现金净流量(元)	0.9271	0.1573	0.4830	–0.3182
	每股经营现金净流量(元)	0.3897	1.4224	0.6496	0.9970
	净资产收益率(扣除)(%)	–	7.1300	–	4.3200
	净资产收益率(%)	2.2340	8.0480	2.8520	5.3990
	总资产(万)	23477600.10	21075587.00	20135509.20	18198854.40
	股东权益(万)	3823934.50	3073725.60	2909721.10	2599768.20
	主营业务收入(万)	3328801.50	6052359.30	2889726.80	4781803.10
	主营成本(万)	2778081.70	4922963.40	2405388.10	3934953.80
	营业收入(万)	3332156.40	6067237.50	2894600.60	4794292.30
	营业成本(万)	2780609.80	4942796.00	2410883.10	3942947.50
	投资收益(万)	–	–	–	–
	利润总额(万)	153068.80	462388.10	165580.20	299845.40
	净利润(万)	85413.20	247368.40	82974.60	140370.60

北京金隅股份有限公司

公司概况	公司名称	北京金隅股份有限公司			证券简称	金隅股份
	法人代表	蒋卫平	董秘	吴向勇	证券代码	601992
	公司网址	www.bbmg.com.cn		电子信箱	wuxiangyong@bbmg.com.cn	
	电　话	010-66410128		传　真	010-66410889	
	办公地址	北京市东城区北三环东路 36 号环球贸易中心 D 座				
	经营范围	包含水泥、建材制造业、建筑装饰业、商贸物流、旅游服务、房地产开发业、物业管理等				

主要财务指标	指标\报告期	2011.06.30	2010.12.31	2010.06.30	2009.12.31
	每股收益(元)	0.3900	0.7000	0.2700	0.5800
	每股收益(扣除)(元)	0.3100	0.5100	0.1800	0.4000
	每股净资产(元)	4.2900	4.4100	3.9700	5.2300
	调整后每股净资产(元)	–	–	–	–
	每股资本公积金(元)	1.2704	1.5184	1.5656	2.1760
	每股盈余公积金(元)	0.0449	0.0497	0.0003	0.0003
	每股未分配利润(元)	1.9736	1.8378	1.4062	1.1962
	每股现金净流量(元)	–0.0144	–0.3205	–0.5883	1.0857
	每股经营现金净流量(元)	–0.4634	–0.8664	–1.1308	0.1800
	净资产收益率(扣除)(%)	–	11.7500	4.8500	12.1400
	净资产收益率(%)	8.9040	16.4280	6.5890	11.1588
	总资产(万)	6821040.47	6201217.76	4897773.37	4391353.05
	股东权益(万)	1837282.86	1706571.53	1538532.20	1693604.13
	主营业务收入(万)	1291124.77	2273809.02	901736.66	1363193.93
	主营成本(万)	911265.38	1694091.45	686664.87	1001049.01
	营业收入(万)	1307765.36	2313413.26	934987.14	1438430.31
	营业成本(万)	920902.34	1709618.08	698406.60	1040346.98
	投资收益(万)	–	–	–	–
	利润总额(万)	232762.11	385653.46	156384.49	266974.51
	净利润(万)	163582.39	270199.29	106173.39	188986.16

中信银行股份有限公司

公司概况	公司名称	中信银行股份有限公司			证券简称	中信银行
	法人代表	田国立	董秘	陈小宪	证券代码	601998
	公司网址	bank.ecitic.com		电子信箱	ir_cncb@citicbank.com	
	电　话	010-65558000		传　真	010-65550809	
	办公地址	北京市东城区朝阳门北大街 8 号富华大厦 C 座				
	经营范围	吸收公众存款;发放短期、中期和长期贷款;办理国内外结算等				

主要财务指标	指标\报告期	2011.06.30	2010.12.31	2010.06.30	2009.12.31
	每股收益(元)	0.3800	0.5500	0.2700	0.3700
	每股收益(扣除)(元)	0.3800	0.5400	0.2700	0.3600
	每股净资产(元)	3.4600	3.0800	2.8200	2.6300
	调整后每股净资产(元)	–	–	–	–
	每股资本公积金(元)	0.7961	0.7927	0.8022	0.8024
	每股盈余公积金(元)	0.1808	0.1439	0.0906	0.0906
	每股未分配利润(元)	1.1108	0.7833	0.6397	0.4540
	每股现金净流量(元)	–0.2523	0.1707	–0.3212	–0.4279
	每股经营现金净流量(元)	0.1919	0.9562	0.2954	–0.1972
	净资产收益率(扣除)(%)	23.1400	18.8300	19.6400	13.6800
	净资产收益率(%)	11.1190	17.8980	9.7180	13.9300
	总资产(万)	224521800.00	208131400.00	194016800.00	177503100.00
	股东权益(万)	13511600.00	12017500.00	10995100.00	10279800.00
	主营业务收入(万)	–	–	–	–
	主营成本(万)	–	–	–	–
	营业收入(万)	3530000.00	5576500.00	2550500.00	4080100.00
	营业成本(万)	1506500.00	2779600.00	1129400.00	2167900.00
	投资收益(万)	–	–	–	–
	利润总额(万)	2032600.00	2869500.00	1428100.00	1926500.00
	净利润(万)	1502400.00	2150900.00	1068500.00	1432000.00

北方联合出版传媒(集团)股份有限公司

公司概况	公司名称	北方联合出版传媒(集团)股份有限公司			证券简称	出版传媒
	法人代表	李家巍	董秘	费宏伟	证券代码	601999
	公司网址	www.lnpmc.com.cn		电子信箱	fhw0509@sohu.com	
	电　话	024-23284236 23284128		传　真	024-23284232	
	办公地址	辽宁省沈阳市和平区十一纬路 29 号				
	经营范围	图书、报刊、音像、电子出版物编辑出版,出版物总批发、批发与分销、零售等				

主要财务指标	指标\报告期	2011.06.30	2010.12.31	2010.06.30	2009.12.31
	每股收益(元)	0.0800	0.2400	0.1000	0.2300
	每股收益(扣除)(元)	0.0800	0.1500	0.1000	0.2000
	每股净资产(元)	2.9300	2.8800	2.7400	2.6600
	调整后每股净资产(元)	–	–	–	–
	每股资本公积金(元)	1.0110	1.0111	1.0106	1.0129
	每股盈余公积金(元)	0.1074	0.1074	0.0778	0.0778
	每股未分配利润(元)	0.8130	0.7585	0.6560	0.5725
	每股现金净流量(元)	–0.1409	0.1600	–0.0234	–0.0728
	每股经营现金净流量(元)	–0.1334	0.1313	–0.0836	0.3542
	净资产收益率(扣除)(%)	–	5.5100	–	7.6800
	净资产收益率(%)	2.8810	8.1930	3.7700	8.8150
	总资产(万)	240662.16	231612.47	225766.75	224304.86
	股东权益(万)	161496.66	158500.22	151192.94	146716.71
	主营业务收入(万)	63183.17	130055.04	63497.53	126902.30
	主营成本(万)	47371.01	98677.87	47212.73	97025.19
	营业收入(万)	65535.13	132839.31	64568.14	129192.98
	营业成本(万)	47500.74	98743.88	47283.78	97306.44
	投资收益(万)	–	–	–	–
	利润总额(万)	4703.56	13100.86	5759.78	13229.46
	净利润(万)	4652.56	12985.24	5703.15	12932.71

上海广电电子股份有限公司

公司概况						
公司名称	上海广电电子股份有限公司			证券简称	上电B股
法人代表	黄峰	董秘	胡之奎	证券代码	900901
公司网址	www.sva-e.com		电子信箱	webmaster@sva-e.com	
电话	021-62980202 51962046		传真	021-62982121	
办公地址	上海市长寿路97号世纪商务大厦26楼				
经营范围	生产销售真空电子器件及其应用产品、配件、基础材料和生产线设备等				

主要财务指标 指标\报告期	2011.06.30	2010.12.31	2010.06.30	2009.12.31
每股收益(元)	0.0863	0.1300	0.0824	0.0500
每股收益(扣除)(元)	0.0822	-0.0900	-0.1410	-0.1840
每股净资产(元)	1.9300	1.8400	1.7240	1.6500
调整后每股净资产(元)	-	-	-	-
每股资本公积金(元)	0.9785	0.9807	0.9115	0.9184
每股盈余公积金(元)	0.2644	0.2644	0.2644	0.2644
每股未分配利润(元)	-0.3159	-0.4022	-0.4523	-0.5313
每股现金净流量(元)	-0.0012	0.6820	0.6644	0.1148
每股经营现金净流量(元)	-0.0330	-0.0645	-0.0276	-0.0778
净资产收益率(扣除)(%)	-	-5.2800	-	-11.3800
净资产收益率(%)	4.4770	7.0190	4.7800	3.1900
总资产(万)	258129.79	248471.21	295122.67	242296.90
股东权益(万)	226018.23	216165.26	202170.31	193713.61
主营业务收入(万)	24653.71	47751.15	20739.46	52718.34
主营成本(万)	22189.19	44089.03	18845.97	48011.09
营业收入(万)	26922.82	52482.77	22957.76	56741.72
营业成本(万)	22588.25	45330.68	18893.14	48190.32
投资收益(万)	-	-	-	-
利润总额(万)	10216.78	15647.86	9484.41	3507.75
净利润(万)	10117.65	15172.69	9663.44	6170.23

上海二纺机股份有限公司

公司概况						
公司名称	上海二纺机股份有限公司			证券简称	*ST二纺B
法人代表	夏斯成	董秘	李勃	证券代码	900902
公司网址	www.shefj.com		电子信箱	efj@shefj.com	
电话	021-51265073 65318494		传真	021-65421963	
办公地址	上海市场中路687号				
经营范围	生产销售纺纱机械、化纤机械等				

主要财务指标 指标\报告期	2011.06.30	2010.12.31	2010.06.30	2009.12.31
每股收益(元)	0.0156	-0.1607	-0.0285	-0.2117
每股收益(扣除)(元)	-0.0150	-0.1678	-0.0319	-0.2196
每股净资产(元)	0.3093	0.3009	0.4219	0.4730
调整后每股净资产(元)	-	-	-	-
每股资本公积金(元)	0.2034	0.2106	0.1994	0.2220
每股盈余公积金(元)	0.0063	0.0063	0.0063	0.0063
每股未分配利润(元)	-0.9004	-0.9160	-0.7838	-0.7553
每股现金净流量(元)	-0.0741	-0.1468	-0.1129	0.4571
每股经营现金净流量(元)	-0.0891	-0.1279	-0.1145	-0.2303
净资产收益率(扣除)(%)	-	-42.7400	-	-37.9300
净资产收益率(%)	5.0420	-53.4090	-6.7630	-44.7440
总资产(万)	81395.70	83397.29	88305.14	92433.19
股东权益(万)	17518.54	17044.93	23898.32	26795.00
主营业务收入(万)	33822.70	42196.39	16056.72	25544.95
主营成本(万)	32067.03	41955.44	15672.36	27450.40
营业收入(万)	36788.18	46718.57	17968.36	28678.88
营业成本(万)	34960.61	45980.00	17196.42	29790.15
投资收益(万)	-	-	-	-
利润总额(万)	1011.57	-9365.84	-1657.22	-12312.66
净利润(万)	883.31	-9103.58	-1616.31	-11989.12

大众交通(集团)股份有限公司

公司概况						
公司名称	大众交通(集团)股份有限公司			证券简称	大众交通
法人代表	杨国平	董秘	赵思渊	证券代码	900903
公司网址	www.96822.com		电子信箱	dzjt@96822.com	
电话	021-64466666(总机) 64289122		传真	021-64285642	
办公地址	上海市中山西路1515号11楼				
经营范围	出租车运输、公共汽车运输、货运、车辆租赁、进出口代理				

主要财务指标 指标\报告期	2011.06.30	2010.12.31	2010.06.30	2009.12.31
每股收益(元)	0.1500	0.3400	0.1500	0.3900
每股收益(扣除)(元)	0.0900	0.2400	0.1200	0.1900
每股净资产(元)	3.4000	3.4500	3.1600	3.2000
调整后每股净资产(元)	-	-	-	-
每股资本公积金(元)	0.9931	1.1057	1.0068	1.0906
每股盈余公积金(元)	0.4461	0.4461	0.3859	0.3859
每股未分配利润(元)	0.9643	0.8950	0.7665	0.7189
每股现金净流量(元)	0.0312	0.3957	0.3215	0.1180
每股经营现金净流量(元)	0.1588	0.5619	0.1718	0.7217
净资产收益率(扣除)(%)	-	7.1000	-	6.8400
净资产收益率(%)	4.3870	9.7570	4.6700	12.1458
总资产(万)	1038849.97	1000542.89	948004.05	911674.95
股东权益(万)	536431.19	543253.16	497920.23	503629.66
主营业务收入(万)	129757.87	341089.87	183372.58	337990.31
主营成本(万)	98078.15	249186.68	136911.47	270690.21
营业收入(万)	131946.45	344746.14	185121.83	343399.73
营业成本(万)	99317.12	251009.01	137988.95	272742.45
投资收益(万)	-	-	-	-
利润总额(万)	32069.27	72997.83	32835.60	75659.21
净利润(万)	23533.44	53003.98	23253.23	61169.84

上海永生投资管理股份有限公司

公司概况						
公司名称	上海永生投资管理股份有限公司			证券简称	永生B股
法人代表	张芝庭	董秘	梅君	证券代码	900904
公司网址	www.613904.com		电子信箱	yanghq02@163.com	
电话	021-53750009		传真	021-53750012	
办公地址	上海市浦东新区上川路995号				
经营范围	在国家法律允许和政策鼓励的范围内进行投资管理等				

主要财务指标 指标\报告期	2011.06.30	2010.12.31	2010.06.30	2009.12.31
每股收益(元)	0.0880	0.0400	0.0830	-0.1600
每股收益(扣除)(元)	0.0890	0.0200	0.0830	-0.1800
每股净资产(元)	1.2630	1.1750	1.2000	1.1400
调整后每股净资产(元)	-	-	-	-
每股资本公积金(元)	0.1623	0.1623	0.1624	0.1631
每股盈余公积金(元)	0.0973	0.0973	0.0973	0.0973
每股未分配利润(元)	0.0036	-0.0843	-0.0572	-0.1227
每股现金净流量(元)	-0.0798	0.0940	0.1264	0.0583
每股经营现金净流量(元)	-0.0786	0.2234	0.1344	0.0520
净资产收益率(扣除)(%)	-	1.9400	-	-14.4100
净资产收益率(%)	6.9630	3.2640	6.9130	-14.0960
总资产(万)	24358.51	22084.74	26118.85	24404.51
股东权益(万)	18684.02	17382.84	17785.63	16827.85
主营业务收入(万)	7448.60	10549.75	5519.32	7644.26
主营成本(万)	1996.35	2758.85	1462.19	2544.82
营业收入(万)	7448.60	10584.14	5519.32	7697.54
营业成本(万)	1996.35	2797.15	1462.19	2581.87
投资收益(万)	-	-	-	-
利润总额(万)	1620.89	863.52	1493.04	-2747.56
净利润(万)	1300.98	567.40	1229.51	-2371.98

老凤祥股份有限公司

公司概况					
公司名称	老凤祥股份有限公司			证券简称	老凤祥 B
法人代表	胡书刚	董秘	周富良	证券代码	900905
公司网址	www.chinafirstpencil.com		电子信箱	cfp612@126.com	
电　话	021-64833338		传　真	021-54481529	
办公地址	上海市漕溪路 270 号 5 号楼二楼				
经营范围	生产经营金银制品、珠宝、钻石与相关产品及设备,工艺美术品等				

主要财务指标 指标\报告期	2011.06.30	2010.12.31	2010.06.30	2009.12.31
每股收益(元)	0.8407	0.9316	0.4054	0.5714
每股收益(扣除)(元)	0.8474	0.8456	0.4166	0.4205
每股净资产(元)	5.8256	4.9388	3.5538	4.8857
调整后每股净资产(元)	–	–	–	–
每股资本公积金(元)	2.1089	2.0628	0.7993	2.4694
每股盈余公积金(元)	0.4145	0.4145	0.4775	0.4816
每股未分配利润(元)	2.3021	1.4614	1.2770	0.9347
每股现金净流量(元)	2.3154	0.1859	1.4322	0.4446
每股经营现金净流量(元)	0.9791	–0.6167	–0.4603	0.1339
净资产收益率(扣除)(%)	–	21.3300	–	13.4200
净资产收益率(%)	14.4320	17.6430	10.8690	12.7876
总资产(万)	642280.54	548334.41	428469.02	423575.76
股东权益(万)	195350.00	165612.56	98425.89	135313.75
主营业务收入(万)	1087837.29	1284344.16	707481.72	1004883.56
主营成本(万)	995576.30	1159956.79	647733.47	926196.44
营业收入(万)	1167805.18	1431086.73	776865.51	1103810.19
营业成本(万)	1071016.55	1302110.34	713308.78	1015753.36
投资收益(万)	–	–	–	–
利润总额(万)	48884.56	56318.22	26928.95	36404.99
净利润(万)	28192.67	29219.41	12276.55	17303.40

中国纺织机械股份有限公司

公司概况					
公司名称	中国纺织机械股份有限公司			证券简称	ST 中纺 B
法人代表	李培忠	董秘	程雪莲	证券代码	900906
公司网址	www.ctmco.com.cn		电子信箱	ctmzjbk@online.sh.cn	
电　话	021-65432970 512		传　真	021-65455130	
办公地址	上海市长阳路 1687 号				
经营范围	生产纺织机械及与纺织机械有关的器材,通用机械,电器电子产品等				

主要财务指标 指标\报告期	2011.06.30	2010.12.31	2010.06.30	2009.12.31
每股收益(元)	0.0100	0.0200	0.0200	0.0200
每股收益(扣除)(元)	–0.0400	–0.1100	–0.0200	–0.0700
每股净资产(元)	0.5400	0.5800	0.5700	0.6300
调整后每股净资产(元)	–	–	–	–
每股资本公积金(元)	0.4215	0.4733	0.4667	0.5463
每股盈余公积金(元)	–	–	–	–
每股未分配利润(元)	–0.8862	–0.8928	–0.8988	–0.9176
每股现金净流量(元)	–0.0130	0.0050	–0.0067	–0.0346
每股经营现金净流量(元)	–0.0605	–0.0391	–0.0525	–0.0237
净资产收益率(扣除)(%)	–	–17.5700	–	–15.8700
净资产收益率(%)	1.2340	4.2790	3.3110	3.4590
总资产(万)	33599.84	36438.95	36756.61	40767.63
股东权益(万)	19116.24	20729.53	20278.23	22450.72
主营业务收入(万)	3712.51	8403.78	3102.40	3846.37
主营成本(万)	4138.63	8243.30	3138.46	4439.64
营业收入(万)	5438.16	11639.25	4575.62	7186.64
营业成本(万)	5284.36	10566.22	3912.88	6231.87
投资收益(万)	–	–	–	–
利润总额(万)	230.74	867.53	663.30	786.96
净利润(万)	235.85	886.94	671.42	776.60

上海鼎立科技发展(集团)股份有限公司

公司概况					
公司名称	上海鼎立科技发展(集团)股份有限公司			证券简称	鼎立 B 股
法人代表	许宝星	董秘	姜卫星	证券代码	900907
公司网址	www.600614.com		电子信箱	qian_hx@600614.com	
电　话	021-35071889		传　真	021-35080120	
办公地址	上海市杨浦区国权路 39 号财富广场(金座)18 楼				
经营范围	研制、开发、在国家鼓励和允许的范围内进行投资等				

主要财务指标 指标\报告期	2011.06.30	2010.12.31	2010.06.30	2009.12.31
每股收益(元)	0.0460	0.1100	0.0410	0.1300
每股收益(扣除)(元)	0.0030	–0.0700	0.0350	0.0700
每股净资产(元)	1.4055	1.3596	1.2864	1.2491
调整后每股净资产(元)	–	–	–	–
每股资本公积金(元)	0.3444	0.3444	0.3444	0.3495
每股盈余公积金(元)	0.0128	0.0128	0.0128	0.0128
每股未分配利润(元)	0.0483	0.0023	–0.0709	–0.1117
每股现金净流量(元)	–0.0174	0.2081	–0.0121	–0.1109
每股经营现金净流量(元)	–0.2394	–0.0811	0.0251	0.2294
净资产收益率(扣除)(%)	–	–5.0800	–	5.8500
净资产收益率(%)	3.2770	8.3840	3.1740	10.1040
总资产(万)	246085.41	190046.50	188019.68	187501.55
股东权益(万)	79750.19	77140.95	72989.00	70874.49
主营业务收入(万)	49746.89	74962.01	45159.52	69649.96
主营成本(万)	40510.07	62914.25	32795.25	54369.01
营业收入(万)	50293.20	77614.44	45849.81	72293.77
营业成本(万)	40694.61	64262.87	32927.25	55575.39
投资收益(万)	–	–	–	–
利润总额(万)	3891.34	7781.14	3742.81	8292.88
净利润(万)	2613.27	6467.53	2316.94	7161.43

上海氯碱化工股份有限公司

公司概况					
公司名称	上海氯碱化工股份有限公司			证券简称	氯碱 B 股
法人代表	李军	董秘	许沛文	证券代码	900908
公司网址	www.scacc.com		电子信箱	dshmss@scacc.com	
电　话	021-64340601		传　真	021-64341438	
办公地址	上海龙吴路 4747 号				
经营范围	烧碱,氯,氢,氟和聚氯乙烯系列化工原料及加工产品等				

主要财务指标 指标\报告期	2011.06.30	2010.12.31	2010.06.30	2009.12.31
每股收益(元)	0.1429	0.1223	0.0507	–0.3342
每股收益(扣除)(元)	0.1455	0.1247	0.0399	–0.3271
每股净资产(元)	2.3160	2.1664	2.0420	1.9933
调整后每股净资产(元)	–	–	–	–
每股资本公积金(元)	1.3894	1.3829	1.3305	1.3321
每股盈余公积金(元)	–	0.0081	0.0083	0.0083
每股未分配利润(元)	–0.0818	–0.2246	–0.2964	–0.3471
每股现金净流量(元)	–	0.1000	0.2095	–0.3328
每股经营现金净流量(元)	–	0.5381	0.2294	0.3060
净资产收益率(扣除)(%)	–	6.0700	–	–15.1300
净资产收益率(%)	6.3740	5.6430	2.4800	–16.7670
总资产(万)	593817.29	561372.22	604836.18	572144.38
股东权益(万)	267790.75	250520.97	236185.97	230502.12
主营业务收入(万)	–	555333.86	272417.38	479679.43
主营成本(万)	–	477177.24	244267.12	454270.18
营业收入(万)	–	573650.14	280780.13	491015.05
营业成本(万)	–	492298.22	251992.04	463316.51
投资收益(万)	–	–	–	–
利润总额(万)	16474.46	10465.27	5671.57	–38483.39
净利润(万)	16519.84	14137.18	5857.66	–38648.04

双钱集团股份有限公司

公司概况	公司名称	双钱集团股份有限公司			证券简称	双钱B股
	法人代表	刘训峰	董秘	王玲	证券代码	900909
	公司网址	www.doublecoinholdings.com		电子信箱	wangling@doublecoinholdings.com	
	电　话	021-33024666-6238		传　真	021-63390141	
	办公地址	上海市四川中路63号				
	经营范围	轮胎、力车胎、胶鞋及其橡胶制品和前述产品的配件等				

	指标\报告期	2011.06.30	2010.12.31	2010.06.30	2009.12.31
主要财务指标	每股收益(元)	0.0940	0.3270	0.2410	0.1920
	每股收益(扣除)(元)	0.0830	0.1300	0.0650	0.1900
	每股净资产(元)	2.4520	2.5080	2.1490	1.9840
	调整后每股净资产(元)	–	–	–	–
	每股资本公积金(元)	0.8005	0.8416	0.8084	0.8584
	每股盈余公积金(元)	0.1260	0.1260	0.1027	0.1027
	每股未分配利润(元)	0.5258	0.5402	0.2376	0.0225
	每股现金净流量(元)	0.2172	–0.4008	0.2551	–0.6266
	每股经营现金净流量(元)	–0.5148	0.2901	–0.5942	1.3663
	净资产收益率(扣除)(%)	–	6.1000	–	10.3600
	净资产收益率(%)	3.8190	13.0280	11.2230	9.6790
	总资产(万)	1001925.26	845338.59	947315.88	872848.54
	股东权益(万)	218127.21	223056.04	191123.14	176436.34
	主营业务收入(万)	521596.93	897576.88	451683.94	719743.22
	主营成本(万)	464360.80	801647.51	404851.08	581267.32
	营业收入(万)	527172.67	909462.54	455975.75	729405.46
	营业成本(万)	467578.65	809441.13	407092.85	583402.76
	投资收益(万)	–	–	–	–
	利润总额(万)	2350.18	22397.42	18717.34	26102.52
	净利润(万)	8329.54	29059.20	21449.78	17076.56

上海海立(集团)股份有限公司

公司概况	公司名称	上海海立(集团)股份有限公司			证券简称	海立B股
	法人代表	沈建芳	董秘	罗敏	证券代码	900910
	公司网址	www.highly.cc		电子信箱	heartfelt@highly.cc	
	电　话	021-58547777(总机)		传　真	021-50326960	
	办公地址	上海市浦东新区金桥出口加工区宁桥路888号				
	经营范围	研发、生产制冷设备及零部件、汽车零部件、家用电器及相关的材料等				

	指标\报告期	2011.06.30	2010.12.31	2010.06.30	2009.12.31
主要财务指标	每股收益(元)	0.2400	0.2400	0.1400	0.1000
	每股收益(扣除)(元)	0.2400	0.2000	0.1400	0.0200
	每股净资产(元)	2.9400	2.6900	2.8500	2.5700
	调整后每股净资产(元)	–	–	–	–
	每股资本公积金(元)	0.6149	0.6162	0.7708	0.7986
	每股盈余公积金(元)	0.3177	0.3177	0.3480	0.3480
	每股未分配利润(元)	1.0031	0.7606	0.7284	0.6755
	每股现金净流量(元)	0.2328	0.0831	0.1125	0.0430
	每股经营现金净流量(元)	0.2157	0.7697	0.2445	0.8844
	净资产收益率(扣除)(%)	–	7.6200	–	0.9000
	净资产收益率(%)	8.2620	8.8590	5.3700	4.0730
	总资产(万)	834003.30	658903.40	601444.44	524744.35
	股东权益(万)	176950.33	162408.49	156011.83	154636.85
	主营业务收入(万)	497313.55	620783.78	350489.33	446456.05
	主营成本(万)	440655.26	535450.98	302172.97	388376.10
	营业收入(万)	510418.48	640197.39	359268.36	451284.04
	营业成本(万)	448285.68	550521.57	308650.99	390171.87
	投资收益(万)	–	–	–	–
	利润总额(万)	24301.90	25524.02	15498.77	12820.98
	净利润(万)	14619.81	14388.20	8378.48	6298.43

上海金桥出口加工区开发股份有限公司

公司概况	公司名称	上海金桥出口加工区开发股份有限公司			证券简称	浦东金桥
	法人代表	张素心	董秘	代燕妮	证券代码	900911
	公司网址	www.58991818.com		电子信箱	daiyn@58991818.com	
	电　话	021-50307702 50307770		传　真	021-50301533	
	办公地址	上海市浦东新区新金桥路27号1号楼				
	经营范围	在依法取得的地块上从事房地产开发、经营、销售、出租和中介等				

	指标\报告期	2011.06.30	2010.12.31	2010.06.30	2009.12.31
主要财务指标	每股收益(元)	0.3487	0.5702	0.2151	0.3877
	每股收益(扣除)(元)	0.3460	0.4826	0.1718	0.2473
	每股净资产(元)	4.2099	3.9609	3.9840	3.6093
	调整后每股净资产(元)	–	–	–	–
	每股资本公积金(元)	0.8930	0.8927	1.0216	1.1124
	每股盈余公积金(元)	–	0.4363	0.4324	0.4324
	每股未分配利润(元)	1.8807	1.6319	1.5304	1.4254
	每股现金净流量(元)	–	–0.6622	–0.7132	1.0202
	每股经营现金净流量(元)	–	–0.9051	–1.1481	1.0499
	净资产收益率(扣除)(%)	–	12.6900	–	7.1100
	净资产收益率(%)	8.4900	14.3950	5.3970	10.7420
	总资产(万)	812619.30	842282.29	802365.24	739974.31
	股东权益(万)	391030.58	367895.68	336445.02	335238.58
	主营业务收入(万)	–	148311.19	41458.68	83904.52
	主营成本(万)	–	53594.42	15716.57	31293.95
	营业收入(万)	–	148342.26	41469.45	83970.50
	营业成本(万)	–	53785.22	15734.72	31659.31
	投资收益(万)	–	–	–	–
	利润总额(万)	39671.90	70580.26	23924.19	50797.20
	净利润(万)	32392.29	52958.46	18159.08	36012.54

上海外高桥保税区开发股份有限公司

公司概况	公司名称	上海外高桥保税区开发股份有限公司			证券简称	外高B股
	法人代表	舒榕斌	董秘	王勋	证券代码	900912
	公司网址	www.shwgq.com		电子信箱	gudong@shwgq.com	
	电　话	021-51980847		传　真	021-51980850	
	办公地址	上海市外高桥保税区杨高北路2001号				
	经营范围	受让地块内的房地产经营、工程承包、商业、保税区内的转口贸易等				

	指标\报告期	2011.06.30	2010.12.31	2010.06.30	2009.12.31
主要财务指标	每股收益(元)	0.1360	0.6600	0.2140	0.3500
	每股收益(扣除)(元)	0.1330	0.6600	0.2090	0.3600
	每股净资产(元)	4.4700	4.5100	4.0800	4.2800
	调整后每股净资产(元)	–	–	–	–
	每股资本公积金(元)	1.7742	1.8078	1.8153	2.2303
	每股盈余公积金(元)	0.3655	0.3655	0.3132	0.3132
	每股未分配利润(元)	1.3395	1.3431	0.9536	0.7402
	每股现金净流量(元)	0.0979	0.1880	0.0076	–0.2293
	每股经营现金净流量(元)	–0.8431	–0.3563	–0.5501	1.1839
	净资产收益率(扣除)(%)	–	15.0700	–	9.3900
	净资产收益率(%)	3.0500	14.5340	5.2480	8.1447
	总资产(万)	2617620.18	2395501.59	2395428.04	2158519.69
	股东权益(万)	451992.70	455731.37	412140.33	432522.86
	主营业务收入(万)	390880.61	885895.64	357483.77	717701.05
	主营成本(万)	–	664213.16	–	559097.27
	营业收入(万)	392703.26	888117.94	358275.33	719351.89
	营业成本(万)	318740.10	664326.73	277714.75	559465.30
	投资收益(万)	–	–	–	–
	利润总额(万)	25638.67	97654.58	33926.91	59224.56
	净利润(万)	13785.31	66237.51	21589.95	35227.57

上海联华合纤股份有限公司

公司概况	公司名称	上海联华合纤股份有限公司			证券简称	*ST 联华 B
	法人代表	程鹏	董秘	白若熙	证券代码	900913
	公司网址	www.600617.cn		电子信箱	bairuoxi@600617.com.cn	
	电　话	021-61103869		传　真	021-50819303	
	办公地址	上海浦东新区浦电路 480 号陆家嘴商务广场 1205 室				
	经营范围	投资、管理;房地产开发、经营;商务咨询;国际贸易,转口贸易等				

主要财务指标	指标\报告期	2011.06.30	2010.12.31	2010.06.30	2009.12.31
	每股收益(元)	0.1240	0.1000	-0.0310	-0.4000
	每股收益(扣除)(元)	-0.0540	-0.1400	-0.0280	-0.4000
	每股净资产(元)	-0.3320	-0.4560	-0.4260	-0.4200
	调整后每股净资产(元)	-	-	-	-
	每股资本公积金(元)	0.4456	0.4456	0.4443	0.4443
	每股盈余公积金(元)	0.1739	0.1739	0.1739	0.1739
	每股未分配利润(元)	-1.9520	-2.0757	-2.0438	-2.0377
	每股现金净流量(元)	-0.2084	0.2408	-0.0128	0.0024
	每股经营现金净流量(元)	-0.1163	-0.0402	0.0984	0.0032
	净资产收益率(扣除)(%)	-	-21.9498	-1.4409	94.8672
	净资产收益率(%)	-	-22.8700	-	-118.7300
	总资产(万)	5517.10	6063.20	3342.58	5109.56
	股东权益(万)	-5558.83	-7628.02	-6229.43	-7012.30
	主营业务收入(万)	155.50	586.84	266.96	1792.45
	主营成本(万)	136.34	628.75	299.21	2197.08
	营业收入(万)	170.58	786.84	378.91	2054.88
	营业成本(万)	140.45	648.61	301.87	2197.08
	投资收益(万)	0.40	0.52	0.52	0.53
	利润总额(万)	2647.92	1674.33	-522.61	-7412.16
	净利润(万)	2069.20	1674.33	-522.61	-6652.38

上海锦江国际实业投资股份有限公司

公司概况	公司名称	上海锦江国际实业投资股份有限公司			证券简称	锦投 B 股
	法人代表	沈懋兴	董秘	于建敏(代)	证券代码	900914
	公司网址	www.jjtz.com		电子信箱	dshms@jjtz.com	
	电　话	021-63218800		传　真	021-63213119	
	办公地址	上海市延安东路 100 号联谊大厦 28 楼				
	经营范围	车辆服务、物流服务[普通货物的仓储、装卸、加工、包装、配送等				

主要财务指标	指标\报告期	2011.06.30	2010.12.31	2010.06.30	2009.12.31
	每股收益(元)	0.2610	0.5150	0.2530	0.4880
	每股收益(扣除)(元)	0.2400	0.4780	0.2290	0.3900
	每股净资产(元)	3.6050	3.6500	3.4000	3.5200
	调整后每股净资产(元)	-	-	-	-
	每股资本公积金(元)	0.7807	0.7911	0.8023	0.8747
	每股盈余公积金(元)	-	0.4139	0.3814	0.3769
	每股未分配利润(元)	1.3795	1.4491	1.2198	1.2709
	每股现金净流量(元)	-	-	0.1988	-0.1097
	每股经营现金净流量(元)	-	0.7591	0.3993	0.5880
	净资产收益率(扣除)(%)	-	13.3300	-	11.5600
	净资产收益率(%)	7.0000	14.1000	7.4450	13.8667
	总资产(万)	323270.55	308014.89	295498.56	270759.90
	股东权益(万)	198840.14	201566.79	187737.16	194300.80
	主营业务收入(万)	89024.57	180759.66	86515.27	156221.45
	主营成本(万)	64427.67	135470.52	63286.48	114741.94
	营业收入(万)	90383.25	184158.27	88054.21	159839.62
	营业成本(万)	64792.83	136664.58	63672.09	115637.53
	投资收益(万)	-	-	-	-
	利润总额(万)	20047.77	38500.67	18565.07	34719.62
	净利润(万)	14395.15	28420.76	13977.52	26943.09

中路股份有限公司

公司概况	公司名称	中路股份有限公司			证券简称	中路股份
	法人代表	陈荣	董秘	袁志坚	证券代码	900915
	公司网址	www.cnforever.com		电子信箱	600818@cnforever.com	
	电　话	021-50596906		传　真	021-68458517	
	办公地址	上海市浦东新区南六公路 818 号				
	经营范围	生产自行车及零部件、助力车(含燃气助力车)、手动轮椅车等				

主要财务指标	指标\报告期	2011.06.30	2010.12.31	2010.06.30	2009.12.31
	每股收益(元)	0.0400	0.0800	0.0500	0.1400
	每股收益(扣除)(元)	-0.0300	-0.0600	0.0300	-0.1300
	每股净资产(元)	1.2220	1.2100	1.1670	1.3000
	调整后每股净资产(元)	-	-	-	-
	每股资本公积金(元)	0.0281	0.0586	0.0558	0.0892
	每股盈余公积金(元)	0.0362	0.0362	0.0246	0.0271
	每股未分配利润(元)	0.1580	0.1171	0.0868	0.1846
	每股现金净流量(元)	-0.0081	0.0766	-0.0240	0.0150
	每股经营现金净流量(元)	-0.0832	0.1179	-0.0452	0.0848
	净资产收益率(扣除)(%)	-	-5.4200	-	-10.0900
	净资产收益率(%)	3.3400	6.5260	4.1140	12.0417
	总资产(万)	73560.49	74311.20	72013.84	75448.04
	股东权益(万)	35717.97	35416.12	34107.87	34557.99
	主营业务收入(万)	33345.23	61024.50	29883.40	59851.53
	主营成本(万)	29591.08	53433.19	25797.03	54097.29
	营业收入(万)	34207.74	63224.36	30798.50	61040.24
	营业成本(万)	30007.89	55181.55	26039.79	54972.02
	投资收益(万)	-	-	-	-
	利润总额(万)	2742.71	1840.02	1080.99	4995.33
	净利润(万)	1193.14	2311.08	1403.18	4161.37

金山开发建设股份有限公司

公司概况	公司名称	金山开发建设股份有限公司			证券简称	金山 B 股
	法人代表	夏杰	董秘	李玉龙	证券代码	900916
	公司网址	www.jskfjs.com		电子信箱	lyl@phoenix.com.cn	
	电　话	021-31351500 31351518 31351508		传　真	021-31351501	
	办公地址	上海市吴中路 369 号美恒大厦 15 楼				
	经营范围	房地产开发经营,城市和绿化建设,旧区改造,商业开发等				

主要财务指标	指标\报告期	2011.06.30	2010.12.31	2010.06.30	2009.12.31
	每股收益(元)	0.0013	0.0211	0.0063	0.0094
	每股收益(扣除)(元)	-0.0006	-0.0497	-0.0082	-0.0212
	每股净资产(元)	1.6871	1.6817	1.6761	1.7229
	调整后每股净资产(元)	-	-	-	-
	每股资本公积金(元)	0.9956	0.9915	1.0008	1.0539
	每股盈余公积金(元)	0.1632	0.1632	0.1632	0.1632
	每股未分配利润(元)	-0.4716	-0.4728	-0.4876	-0.4939
	每股现金净流量(元)	-0.3532	0.1297	0.1065	-0.1499
	每股经营现金净流量(元)	-0.0505	0.0139	0.1860	0.0786
	净资产收益率(扣除)(%)	-	-2.9200	-	-1.2700
	净资产收益率(%)	0.0740	1.2550	0.3760	0.5460
	总资产(万)	132775.46	129827.78	126295.46	122653.07
	股东权益(万)	59658.93	59469.18	59271.43	60924.05
	主营业务收入(万)	51249.48	89943.54	48590.34	89209.06
	主营成本(万)	45549.88	80005.50	43248.21	79840.06
	营业收入(万)	51990.08	90672.07	48976.97	90215.39
	营业成本(万)	45903.60	80261.22	43383.10	80588.83
	投资收益(万)	-	-	-	-
	利润总额(万)	256.85	2422.08	736.70	902.25
	净利润(万)	44.25	746.44	222.57	332.83

上海海欣集团股份有限公司

公司概况	公司名称	上海海欣集团股份有限公司			证券简称	海欣B股
	法人代表	徐文彬	董秘	陈谋亮	证券代码	900917
	公司网址	www.haixin.com.cn		电子信箱	hxsecretary@haixin.com	
	电　话	021-63917000		传　真	021-63917678	
	办公地址	上海市福州路666号金陵海欣大厦18楼				
	经营范围	研究开发、生产涤纶、晴纶等化纤类及动植物混纺纱及其面料等				

主要财务指标	指标\报告期	2011.06.30	2010.12.31	2010.06.30	2009.12.31
	每股收益(元)	0.0366	0.0126	0.0168	0.0061
	每股收益(扣除)(元)	0.0159	0.0094	0.0228	-0.0114
	每股净资产(元)	2.4808	2.5178	2.4453	3.3489
	调整后每股净资产(元)	-	-	-	-
	每股资本公积金(元)	1.2784	1.3509	1.2726	2.1928
	每股盈余公积金(元)	-	0.2936	0.2855	0.2855
	每股未分配利润(元)	-0.0760	-0.1126	-0.1004	-0.1172
	每股现金净流量(元)	-	0.0624	0.0840	0.0058
	每股经营现金净流量(元)	-	0.0519	-0.0258	0.1685
	净资产收益率(扣除)(%)	-	0.3200	-	-0.4200
	净资产收益率(%)	1.4642	0.5010	0.6880	0.1823
	总资产(万)	460212.66	466945.45	481996.57	618122.06
	股东权益(万)	299446.61	303914.83	295155.84	404229.32
	主营业务收入(万)	-	118445.07	41670.16	116051.03
	主营成本(万)	-	99618.63	35748.70	97943.68
	营业收入(万)	-	123190.92	44132.38	118379.97
	营业成本(万)	-	104060.42	37890.14	99894.20
	投资收益(万)	-	-	-	-
	利润总额(万)	4947.29	1625.41	1554.31	929.75
	净利润(万)	4417.14	1523.84	2030.19	736.73

上海耀皮玻璃集团股份有限公司

公司概况	公司名称	上海耀皮玻璃集团股份有限公司			证券简称	耀皮玻璃
	法人代表	林益彬	董秘	金闽丽	证券代码	900918
	公司网址	www.sypglass.com		电子信箱	stock@sypglass.com	
	电　话	021-61633599　21-61633522		传　真	021-58801554	
	办公地址	上海市浦东新区莲溪路1210号1号楼				
	经营范围	生产和销售透明浮法破璃、本体着色浮法玻璃及其深加工系列产品等				

主要财务指标	指标\报告期	2011.06.30	2010.12.31	2010.06.30	2009.12.31
	每股收益(元)	0.1170	0.2660	0.0980	-0.2880
	每股收益(扣除)(元)	0.1250	0.1890	0.0380	-0.1990
	每股净资产(元)	2.8290	2.7490	2.5810	2.4840
	调整后每股净资产(元)	-	-	-	-
	每股资本公积金(元)	0.4388	0.4388	0.4388	0.4388
	每股盈余公积金(元)	0.6305	0.6305	0.6222	0.6222
	每股未分配利润(元)	0.7595	0.6798	0.5202	0.4226
	每股现金净流量(元)	0.4050	0.1872	0.4388	-0.4308
	每股经营现金净流量(元)	0.2337	0.3806	0.2930	0.5090
	净资产收益率(扣除)(%)	-	7.2300	1.5000	-7.5500
	净资产收益率(%)	4.1420	9.6580	3.7790	-11.6108
	总资产(万)	646523.14	647346.74	630964.75	577298.90
	股东权益(万)	206857.31	201031.11	188748.60	181615.24
	主营业务收入(万)	119064.86	254978.06	108573.12	205727.52
	主营成本(万)	90502.95	195923.97	83041.47	174053.75
	营业收入(万)	126243.20	268563.86	115997.66	216360.34
	营业成本(万)	95960.44	209931.10	90139.17	185452.68
	投资收益(万)	-	-	-	-
	利润总额(万)	11332.29	24443.22	10330.91	-19270.64
	净利润(万)	8568.39	19415.88	7133.36	-21086.99

上海大江(集团)股份有限公司

公司概况	公司名称	上海大江(集团)股份有限公司			证券简称	大江B股
	法人代表	俞乃奋	董秘	顾伟文	证券代码	900919
	公司网址	www.dajiang.com		电子信箱	gww_sd@dajiang.com	
	电　话	021-34225027 34225030		传　真	021-34225056	
	办公地址	上海市莲花路1555号华一大厦7楼				
	经营范围	家禽、家畜、水产的良种、饲料、饲料添加剂、花卉肥料等				

主要财务指标	指标\报告期	2011.06.30	2010.12.31	2010.06.30	2009.12.31
	每股收益(元)	0.0800	0.0190	-0.0460	-0.0706
	每股收益(扣除)(元)	-0.0400	-0.0880	-0.0460	-0.0810
	每股净资产(元)	0.3700	0.2890	0.2250	0.2710
	调整后每股净资产(元)	-	-	-	-
	每股资本公积金(元)	0.3467	0.3467	0.3467	0.3467
	每股盈余公积金(元)	-	0.1150	0.1150	0.1150
	每股未分配利润(元)	-1.0926	-1.1728	-1.2370	-1.1907
	每股现金净流量(元)	-	0.1042	0.0438	-0.0013
	每股经营现金净流量(元)	-	-0.0679	-0.0376	-0.1371
	净资产收益率(扣除)(%)	-	-31.3300	-	-26.4500
	净资产收益率(%)	24.3800	6.5370	-20.6090	-26.0470
	总资产(万)	63194.12	66274.95	73291.34	70638.48
	股东权益(万)	24957.27	19534.38	15192.77	18323.84
	主营业务收入(万)	-	65121.57	31739.92	63906.98
	主营成本(万)	-	58547.86	28729.69	57260.88
	营业收入(万)	-	70961.52	35036.10	67255.00
	营业成本(万)	-	64027.20	31929.51	60219.11
	投资收益(万)	-	-	-	-
	利润总额(万)	5703.73	2184.39	-2933.93	-4406.95
	净利润(万)	5422.89	1276.92	-3131.07	-4772.89

上海柴油机股份有限公司

公司概况	公司名称	上海柴油机股份有限公司			证券简称	上柴B股
	法人代表	肖国普	董秘	汪宏彬	证券代码	900920
	公司网址	www.sdec.com.cn		电子信箱	sdecdsh@sdec.com.cn	
	电　话	021-60652207 60652288		传　真	021-65749845	
	办公地址	上海市杨浦区军工路2636号				
	经营范围	柴油机、工程机械、油泵及配件;柴油电站、船用成套机组等				

主要财务指标	指标\报告期	2011.06.30	2010.12.31	2010.06.30	2009.12.31
	每股收益(元)	0.2100	0.2800	0.1000	0.1400
	每股收益(扣除)(元)	0.1800	0.2600	0.0900	0.1200
	每股净资产(元)	4.3800	4.2200	3.9900	3.9500
	调整后每股净资产(元)	-	-	-	-
	每股资本公积金(元)	1.5290	1.5331	1.4809	1.4898
	每股盈余公积金(元)	0.8585	0.8585	0.8427	0.8427
	每股未分配利润(元)	0.9883	0.8329	0.6616	0.6149
	每股现金净流量(元)	-0.8102	0.8848	-0.0791	0.5824
	每股经营现金净流量(元)	-0.3878	0.7276	-0.0216	0.8742
	净资产收益率(扣除)(%)	-	6.3400	-	3.1000
	净资产收益率(%)	4.6940	6.7190	2.4260	3.6680
	总资产(万)	436609.43	404686.55	379891.82	323395.05
	股东权益(万)	210174.81	202911.57	191416.07	189599.73
	主营业务收入(万)	284098.78	470068.09	245838.25	329082.39
	主营成本(万)	231526.25	366694.05	201062.36	265319.56
	营业收入(万)	289383.82	483139.85	252257.61	337754.92
	营业成本(万)	235161.27	377904.13	206360.56	273335.72
	投资收益(万)	-	-	-	-
	利润总额(万)	12038.88	11884.64	4872.55	4213.28
	净利润(万)	9865.44	13632.53	4644.00	6955.00

丹化化工科技股份有限公司

公司概况	公司名称	丹化化工科技股份有限公司			证券简称	丹科B股
	法人代表	曾晓宁	董秘	沈雅芸	证券代码	900921
	公司网址			电子信箱	syy@600844.com	
	电　话	021-64015596 64016400		传　真	021-64016411	
	办公地址	上海市闵行区虹许路788号61室				
	经营范围	煤化工产品、石油化工产品及其衍生物的技术开发、技术转让等				

主要财务指标	指标\报告期	2011.06.30	2010.12.31	2010.06.30	2009.12.31
	每股收益(元)	-0.0392	0.0175	0.0226	-0.1268
	每股收益(扣除)(元)	-0.0398	-0.0368	-0.0216	-0.1297
	每股净资产(元)	1.5962	1.6350	1.6406	3.2360
	调整后每股净资产(元)	-	-	-	-
	每股资本公积金(元)	1.0250	1.0250	1.0251	3.0501
	每股盈余公积金(元)	0.0721	0.0721	0.0721	0.1442
	每股未分配利润(元)	-0.5010	-0.4617	-0.4566	-0.9584
	每股现金净流量(元)	-0.0861	-0.1361	-0.0584	0.7565
	每股经营现金净流量(元)	0.0476	0.2371	0.0299	0.0575
	净资产收益率(扣除)(%)	-	-3.2200	-	-5.3900
	净资产收益率(%)	-2.4570	1.0670	1.3790	-3.5620
	总资产(万)	412838.57	399132.54	369044.12	345312.54
	股东权益(万)	124280.91	127333.93	127741.32	125979.57
	主营业务收入(万)	15820.56	30256.10	15741.04	25318.93
	主营成本(万)	17996.21	30882.39	16425.70	27532.47
	营业收入(万)	16203.77	30866.05	15993.00	26275.12
	营业成本(万)	18281.40	31302.47	16591.07	27931.99
	投资收益(万)	-	-	-	-
	利润总额(万)	-4088.95	50.87	1715.08	-6966.18
	净利润(万)	-3053.02	1358.84	1761.75	-4487.62

上海三毛企业(集团)股份有限公司

公司概况	公司名称	上海三毛企业(集团)股份有限公司			证券简称	三毛B股
	法人代表	张文卿	董秘	沈磊	证券代码	900922
	公司网址	www.600689.com		电子信箱	shendby@hotmail.com	
	电　话	021-63059496		传　真	021-63018850#601	
	办公地址	上海斜土路791号				
	经营范围	在国家允许投资的领域依法进行投资;公司自有房产的对外租赁、物业管理等				

主要财务指标	指标\报告期	2011.06.30	2010.12.31	2010.06.30	2009.12.31
	每股收益(元)	0.0500	0.0800	0.0137	0.0700
	每股收益(扣除)(元)	0.0463	-0.1859	-0.0239	-0.1700
	每股净资产(元)	2.0244	1.9884	1.8948	1.9306
	调整后每股净资产(元)	-	-	-	-
	每股资本公积金(元)	1.1545	1.1684	1.1388	1.1883
	每股盈余公积金(元)	0.1921	0.1921	0.1921	0.1921
	每股未分配利润(元)	-0.3222	-0.3721	-0.4361	-0.4498
	每股现金净流量(元)	-0.0927	0.0131	0.1502	-0.5183
	每股经营现金净流量(元)	-0.1551	-0.0440	-0.1534	-0.4388
	净资产收益率(扣除)(%)	-	-10.1700	-	-9.7900
	净资产收益率(%)	2.4680	3.9070	0.7220	3.5128
	总资产(万)	120701.97	122841.58	93214.54	90832.94
	股东权益(万)	40688.92	39964.75	38083.33	38803.30
	主营业务收入(万)	114902.35	163086.10	79770.13	130636.41
	主营成本(万)	106741.24	151346.43	73709.40	119119.53
	营业收入(万)	115941.42	165321.90	80987.66	132723.03
	营业成本(万)	106985.66	151861.33	73966.94	119631.46
	投资收益(万)	-	-	-	-
	利润总额(万)	1326.73	1826.47	283.49	1587.28
	净利润(万)	1004.21	1561.45	275.02	1363.07

上海友谊集团股份有限公司

公司概况	公司名称	上海友谊集团股份有限公司			证券简称	友谊B股
	法人代表	黄真诚	董秘	陈冠军	证券代码	900923
	公司网址	www.shfriendship.com.cn		电子信箱	yy600827@163.com	
	电　话	021-58799358		传　真	021-58793834	
	办公地址	上海市浦东新区商城路518号10楼				
	经营范围	综合百货、连锁超市、装潢装饰材料、仓储运输、进出口业务、餐饮服务等				

主要财务指标	指标\报告期	2011.06.30	2010.12.31	2010.06.30	2009.12.31
	每股收益(元)	0.4990	0.6310	0.3810	0.3990
	每股收益(扣除)(元)	0.4780	0.5990	0.3540	0.3890
	每股净资产(元)	6.2480	5.7090	5.6110	5.7550
	调整后每股净资产(元)	-	-	-	-
	每股资本公积金(元)	2.5356	2.4962	2.6477	2.9728
	每股盈余公积金(元)	0.3312	0.3312	0.2993	0.2993
	每股未分配利润(元)	2.3810	1.8820	1.6637	1.4827
	每股现金净流量(元)	0.2404	5.1446	1.2951	0.3714
	每股经营现金净流量(元)	0.2829	7.1256	2.1949	5.6598
	净资产收益率(扣除)(%)	-	10.0090	-	7.8180
	净资产收益率(%)	7.9860	11.0550	6.7900	6.9250
	总资产(万)	2053608.25	2128505.22	1885704.51	1857903.05
	股东权益(万)	294966.61	269552.01	264890.17	271697.38
	主营业务收入(万)	1649136.33	3080772.67	1544567.47	2895655.89
	主营成本(万)	1302243.44	2419248.91	1226222.22	2298123.65
	营业收入(万)	1659861.68	3105242.20	1555687.93	2918690.24
	营业成本(万)	1304953.32	2425602.42	1228784.72	2303456.81
	投资收益(万)	-	-	-	-
	利润总额(万)	73573.45	112704.21	59462.67	88013.79
	净利润(万)	23556.85	29798.39	17986.25	18814.07

上工申贝(集团)股份有限公司

公司概况	公司名称	上工申贝(集团)股份有限公司			证券简称	上工B股
	法人代表	张敏	董秘	张建国	证券代码	900924
	公司网址	www.sgsbgroup.com		电子信箱	zyf@sgsbgroup.com	
	电　话	021-68407515 68407700 1223		传　真	021-63302939	
	办公地址	上海市浦东新区世纪大道1500号东方大厦12楼				
	经营范围	研发、生产、维修缝制设备及零部件、缝纫机专用设备、制衣、塑料制品等				

主要财务指标	指标\报告期	2011.06.30	2010.12.31	2010.06.30	2009.12.31
	每股收益(元)	0.0549	0.1006	0.0082	0.0744
	每股收益(扣除)(元)	0.0051	-0.0673	-0.0224	-0.6432
	每股净资产(元)	1.4461	1.3387	1.1591	1.2308
	调整后每股净资产(元)	-	-	-	-
	每股资本公积金(元)	0.9414	0.9320	0.8759	0.8848
	每股盈余公积金(元)	0.0101	0.0101	0.0101	0.0101
	每股未分配利润(元)	-0.4729	-0.5277	-0.6202	-0.6284
	每股现金净流量(元)	-0.1415	-0.1307	-0.4567	0.2536
	每股经营现金净流量(元)	-0.0231	-0.1516	-0.1781	-0.2555
	净资产收益率(扣除)(%)	-	-5.2545	-	-54.9501
	净资产收益率(%)	3.7940	7.5150	0.7040	6.0470
	总资产(万)	171715.06	163062.34	164779.79	197838.08
	股东权益(万)	64913.98	60092.89	52029.68	55247.40
	主营业务收入(万)	84811.04	163622.97	83570.99	158771.21
	主营成本(万)	62619.95	129127.37	67722.98	136156.46
	营业收入(万)	86713.47	167790.56	85500.19	163196.64
	营业成本(万)	63535.89	130766.92	68545.61	137977.40
	投资收益(万)	-	-	-	-
	利润总额(万)	4672.49	5583.68	840.77	1095.16
	净利润(万)	2462.52	4516.19	366.26	3340.55

上海机电股份有限公司

公司概况	公司名称	上海机电股份有限公司			证券简称	机电B股
	法人代表	徐建国	董秘	司文培	证券代码	900925
	公司网址	www.chinasec.cn		电子信箱	shjddm@chinasec.cn	
	电　　话	021-68547168		传　　真	021-68547170 68547550	
	办公地址	上海市浦东新区民生路1286号汇商大厦9楼				
	经营范围	生产制冰、冷藏设备、空调设备、微波炉、燃油取暖器等家用电器等				

	指标\报告期	2011.06.30	2010.12.31	2010.06.30	2009.12.31
主要财务指标	每股收益(元)	0.4400	0.6500	0.3400	0.4600
	每股收益(扣除)(元)	0.4500	0.6400	0.3500	0.4900
	每股净资产(元)	5.5900	5.3700	5.0900	4.8400
	调整后每股净资产(元)	–	–	–	–
	每股资本公积金(元)	1.4384	1.4387	1.4384	1.4431
	每股盈余公积金(元)	1.1301	1.1320	0.9812	0.9812
	每股未分配利润(元)	2.0172	1.7944	1.6741	1.4293
	每股现金净流量(元)	0.4760	1.0895	0.7956	1.6597
	每股经营现金净流量(元)	0.8645	1.7477	1.0973	1.9835
	净资产收益率(扣除)(%)	–	12.6100	–	10.4900
	净资产收益率(%)	7.8760	12.1330	6.7690	9.4090
	总资产(万)	1672982.41	1518764.83	1444965.40	1311162.85
	股东权益(万)	571272.61	548707.77	520948.91	495005.77
	主营业务收入(万)	725756.40	1301875.05	620136.39	1079825.63
	主营成本(万)	586748.52	1049938.90	499594.41	873151.29
	营业收入(万)	736602.62	1325997.88	631089.65	1098623.53
	营业成本(万)	595217.28	1070027.57	508851.53	888815.90
	投资收益(万)	–	–	–	–
	利润总额(万)	78847.80	124814.79	63940.15	94249.88
	净利润(万)	44991.07	66571.88	35260.96	46574.14

上海宝信软件股份有限公司

公司概况	公司名称	上海宝信软件股份有限公司			证券简称	宝信软件
	法人代表	张朔共	董秘	陈健	证券代码	900926
	公司网址	www.baosight.com		电子信箱	investor@baosight.com	
	电　　话	021-50801155 1462		传　　真	021-50803294	
	办公地址	上海市浦东新区张江高科技园区郭守敬路515号				
	经营范围	计算机、自动化、网络通讯系统及软硬件产品的研究、设计、开发等				

	指标\报告期	2011.06.30	2010.12.31	2010.06.30	2009.12.31
主要财务指标	每股收益(元)	0.3620	0.8610	0.3450	0.7690
	每股收益(扣除)(元)	0.3300	0.7420	0.3300	0.6600
	每股净资产(元)	3.3510	4.1850	3.7730	3.6230
	调整后每股净资产(元)	–	–	–	–
	每股资本公积金(元)	0.0731	0.0950	0.0950	0.0950
	每股盈余公积金(元)	0.3537	0.4598	0.3787	0.3787
	每股未分配利润(元)	1.9226	2.6282	2.2974	2.1485
	每股现金净流量(元)	–0.5040	–0.0263	–0.1689	0.7785
	每股经营现金净流量(元)	–0.2394	0.3218	0.1631	1.0089
	净资产收益率(扣除)(%)	10.8160	20.5630	11.8980	21.2330
	净资产收益率(%)	10.9000	22.3300	11.9800	23.2700
	总资产(万)	263675.06	249214.40	207385.41	200538.76
	股东权益(万)	118913.69	114323.51	102520.92	98140.19
	主营业务收入(万)	144362.40	257890.24	122573.13	226882.46
	主营成本(万)	109267.17	190622.84	89986.16	168359.45
	营业收入(万)	144372.40	258143.88	122795.90	227315.94
	营业成本(万)	109281.21	190650.92	90000.20	168386.87
	投资收益(万)	25.23	1796.46	–138.73	759.76
	利润总额(万)	14617.44	25157.95	14039.17	22176.01
	净利润(万)	12356.60	22570.02	11772.23	20174.80

上海物资贸易股份有限公司

公司概况	公司名称	上海物资贸易股份有限公司			证券简称	物贸B股
	法人代表	贺涛	董秘	李伟	证券代码	900927
	公司网址	www.600822sh.com		电子信箱	600822@shwuzi.com	
	电　　话	021-63231818		传　　真	021-63292367	
	办公地址	上海市南苏州路325号				
	经营范围	金属材料、化轻原料、建材、木材、汽车(含小轿车)及配件、机电设备等				

	指标\报告期	2011.06.30	2010.12.31	2010.06.30	2009.12.31
主要财务指标	每股收益(元)	0.1160	0.2100	0.1020	0.1700
	每股收益(扣除)(元)	0.1130	0.1800	0.1010	0.0700
	每股净资产(元)	3.2778	3.1590	3.0760	4.6200
	调整后每股净资产(元)	–	–	–	–
	每股资本公积金(元)	1.5218	1.5183	1.5383	2.6640
	每股盈余公积金(元)	0.0918	0.0918	0.0900	0.1350
	每股未分配利润(元)	0.6674	0.5515	0.4485	0.8198
	每股现金净流量(元)	–0.1351	0.2160	–0.0193	1.1546
	每股经营现金净流量(元)	–0.9108	–1.8139	–2.0174	–0.2065
	净资产收益率(扣除)(%)	–	5.6300	–	3.6400
	净资产收益率(%)	3.5350	6.5590	3.3150	4.6880
	总资产(万)	920192.53	815123.58	797788.61	590537.45
	股东权益(万)	162569.93	156675.70	152561.40	152661.97
	主营业务收入(万)	3535951.51	5790928.42	2883710.80	4576585.08
	主营成本(万)	3799514.47	5732624.85	2852181.47	4534684.02
	营业收入(万)	3837179.60	5795323.68	2884437.06	4579963.02
	营业成本(万)	3799832.32	5733156.50	2852185.48	4534775.73
	投资收益(万)	–	–	–	–
	利润总额(万)	7601.60	13237.85	6464.80	10130.54
	净利润(万)	5746.66	10276.64	5056.64	7157.03

上海自动化仪表股份有限公司

公司概况	公司名称	上海自动化仪表股份有限公司			证券简称	自仪B股
	法人代表	徐子瑛	董秘	赵掟	证券代码	900928
	公司网址	www.saic.sh.cn		电子信箱	bod@saic.sh.cn	
	电　　话	021-54260980		传　　真	021-54262329	
	办公地址	上海市徐汇区虹漕路41号				
	经营范围	自动化控制系统和自动化仪表及其相关的机电产品、元器件等				

	指标\报告期	2011.06.30	2010.12.31	2010.06.30	2009.12.31
主要财务指标	每股收益(元)	0.0068	0.0150	0.0030	0.0140
	每股收益(扣除)(元)	–0.0084	–0.1240	0.0034	0.0050
	每股净资产(元)	0.4226	0.4158	0.4040	0.4000
	调整后每股净资产(元)	–	–	–	–
	每股资本公积金(元)	0.5638	0.5638	0.5638	0.5650
	每股盈余公积金(元)	0.0570	0.0570	0.0570	0.0570
	每股未分配利润(元)	–1.1982	–1.2051	–1.2168	–1.2198
	每股现金净流量(元)	–0.0869	0.0172	–0.0043	0.0203
	每股经营现金净流量(元)	–0.1200	–0.0170	–0.0569	–0.0185
	净资产收益率(扣除)(%)	–	–30.4200	–	1.1500
	净资产收益率(%)	1.6170	3.5440	0.7380	3.5640
	总资产(万)	139817.90	130474.54	131306.37	125187.54
	股东权益(万)	16874.67	16600.83	16130.75	16061.89
	主营业务收入(万)	50686.66	95286.15	48290.24	110009.14
	主营成本(万)	42868.45	79160.27	40188.35	88671.64
	营业收入(万)	51980.28	97491.94	49316.00	111809.22
	营业成本(万)	43628.87	80153.35	40701.40	89511.68
	投资收益(万)	–	–	–	–
	利润总额(万)	277.30	878.90	118.54	320.75
	净利润(万)	272.93	588.36	119.03	572.45

上海锦江国际旅游股份有限公司

公司概况	公司名称	上海锦江国际旅游股份有限公司			证券简称	锦旅 B 股
	法人代表	宋超麒	董秘	王均行	证券代码	900929
	公司网址	www.jjtravel.com		电子信箱	jjtwjx@sina.com	
	电　　话	(021)63299090		传　　真	(021)63296636	
	办公地址	上海市延安东路 100 号联谊大厦 27 楼				
	经营范围	入境、国内、出国旅游及客票代理;非贸易物提、运、报关等				

主要财务指标	指标\报告期	2011.06.30	2010.12.31	2010.06.30	2009.12.31
	每股收益(元)	0.0900	0.3900	0.2400	0.2900
	每股收益(扣除)(元)	0.0700	0.2600	0.1300	0.1700
	每股净资产(元)	7.0800	7.4200	7.3800	8.5600
	调整后每股净资产(元)	–	–	–	–
	每股资本公积金(元)	4.5141	4.7327	4.8464	6.0639
	每股盈余公积金(元)	0.9639	0.9639	0.9207	0.9207
	每股未分配利润(元)	0.5990	0.7211	0.6155	0.5775
	每股现金净流量(元)	0.0834	0.2402	0.2498	0.0387
	每股经营现金净流量(元)	–0.0227	0.3566	0.2787	0.0685
	净资产收益率(扣除)(%)	–	3.2500	–	2.4600
	净资产收益率(%)	1.2420	5.2150	3.2240	3.4348
	总资产(万)	149622.57	150659.76	158596.71	–
	股东权益(万)	93809.67	98326.40	97860.78	–
	主营业务收入(万)	78550.97	205190.70	82928.20	157856.29
	主营成本(万)	70518.99	185376.27	74213.21	141911.03
	营业收入(万)	79788.70	207475.00	84050.61	159991.72
	营业成本(万)	70991.80	186277.20	74674.62	142761.76
	投资收益(万)	–	–	–	–
	利润总额(万)	1384.61	6264.56	3892.70	4657.52
	净利润(万)	1164.99	5127.22	3154.93	3898.33

上海普天邮通科技股份有限公司

公司概况	公司名称	上海普天邮通科技股份有限公司			证券简称	沪普天 B
	法人代表	曹宏斌	董秘	陆贤薇	证券代码	900930
	公司网址	www.shpte.com		电子信箱	zhengquanb@shpte.com	
	电　　话	021–64360900–2371		传　　真	021–64832699	
	办公地址	上海市宜山路 700 号				
	经营范围	开发、生产、销售各类通信设备和元器件、计算机网络和外围配套设备等				

主要财务指标	指标\报告期	2011.06.30	2010.12.31	2010.06.30	2009.12.31
	每股收益(元)	0.0100	–0.2300	–0.0500	0.0320
	每股收益(扣除)(元)	–	–0.2710	–0.0600	–0.1260
	每股净资产(元)	3.7400	3.7300	3.8760	3.9600
	调整后每股净资产(元)	–	–	–	–
	每股资本公积金(元)	2.2708	2.2702	2.2663	2.2663
	每股盈余公积金(元)	0.3116	0.3116	0.3116	0.3116
	每股未分配利润(元)	0.1617	0.1510	0.2989	0.3806
	每股现金净流量(元)	–0.0454	–0.1799	–0.1905	–0.2189
	每股经营现金净流量(元)	–0.1300	–0.2217	–0.0606	–0.2237
	净资产收益率(扣除)(%)	–	–7.0400	–	–3.4100
	净资产收益率(%)	0.2860	–6.1510	–1.3080	0.8050
	总资产(万)	234040.24	219847.80	219381.56	222923.49
	股东权益(万)	143110.14	142676.61	148181.35	–
	主营业务收入(万)	65244.61	66348.02	49091.26	68417.47
	主营成本(万)	60099.19	63287.68	45521.43	58613.15
	营业收入(万)	66509.06	84993.90	50420.76	84574.09
	营业成本(万)	60725.43	78062.90	46197.32	71222.49
	投资收益(万)	–	–	–	–
	利润总额(万)	376.76	–8794.25	–1701.09	1125.51
	净利润(万)	409.32	–8776.02	–1938.38	1218.21

上海陆家嘴金融贸易区开发股份有限公司

公司概况	公司名称	上海陆家嘴金融贸易区开发股份有限公司			证券简称	陆家 B 股
	法人代表	李晋昭	董秘	陶剑雯	证券代码	900932
	公司网址	www.ljz.com.cn		电子信箱	invest@ljz.com.cn	
	电　　话	021–33848801		传　　真	021–33848799	
	办公地址	上海市浦东新区峨山路 101 号 1 号楼				
	经营范围	房地产开发、经营、销售、出租和中介等				

主要财务指标	指标\报告期	2011.06.30	2010.12.31	2010.06.30	2009.12.31
	每股收益(元)	0.4776	0.6381	0.5438	0.6299
	每股收益(扣除)(元)	0.4763	0.5464	0.5431	0.6044
	每股净资产(元)	5.8100	5.5100	5.3800	5.4500
	调整后每股净资产(元)	–	–	–	–
	每股资本公积金(元)	0.7953	0.8042	0.8361	0.9233
	每股盈余公积金(元)	1.2598	1.2598	1.1152	1.1152
	每股未分配利润(元)	2.7554	2.4413	2.4283	2.0467
	每股现金净流量(元)	0.2945	0.1714	0.6524	–0.9349
	每股经营现金净流量(元)	0.2523	–1.0212	–0.2701	–0.5831
	净资产收益率(扣除)(%)	8.2190	11.5900	9.8050	11.5630
	净资产收益率(%)	8.2900	11.2100	9.2800	12.3400
	总资产(万)	2514382.18	2353198.80	2128227.78	2024670.01
	股东权益(万)	1255622.57	1194692.60	1169026.58	1120743.40
	主营业务收入(万)	258417.00	274560.05	187072.12	372071.66
	主营成本(万)	108706.97	99143.16	39486.52	86607.43
	营业收入(万)	265963.01	275355.00	202781.65	373495.39
	营业成本(万)	110002.10	99445.31	51568.40	87326.70
	投资收益(万)	9875.02	28957.75	5237.36	6992.64
	利润总额(万)	121344.66	149086.69	126860.62	238220.47
	净利润(万)	89191.53	119171.03	101573.58	117640.03

华新水泥股份有限公司

公司概况	公司名称	华新水泥股份有限公司			证券简称	华新 B 股
	法人代表	陈木森	董秘	王锡明	证券代码	900933
	公司网址	www.huaxincem.com		电子信箱	investor@huaxincem.com	
	电　　话	027–87773898 87773896		传　　真	027–87773962	
	办公地址	湖北省武汉市关山二路特 1 号国际企业中心 5 号楼				
	经营范围	水泥、商品混凝土及其他建材制品、包装制品制造、销售等				

主要财务指标	指标\报告期	2011.06.30	2010.12.31	2010.06.30	2009.12.31
	每股收益(元)	0.6700	1.4200	0.1900	1.2400
	每股收益(扣除)(元)	0.6600	1.1700	0.0400	1.1100
	每股净资产(元)	6.8000	12.4500	11.1700	11.2900
	调整后每股净资产(元)	–	–	–	–
	每股资本公积金(元)	2.3690	5.7253	5.6727	6.2575
	每股盈余公积金(元)	0.3273	0.6547	0.5656	0.5656
	每股未分配利润(元)	3.1059	5.0696	3.9308	3.4627
	每股现金净流量(元)	–0.2241	1.2666	1.2687	0.7919
	每股经营现金净流量(元)	0.6518	3.8157	1.4620	3.7027
	净资产收益率(扣除)(%)	–	9.8900	–	10.4400
	净资产收益率(%)	9.8720	11.3950	1.7100	10.9880
	总资产(万)	1945101.33	1781222.21	1626139.59	1458416.27
	股东权益(万)	549078.69	502465.10	450785.27	455494.07
	主营业务收入(万)	555064.50	842991.36	324233.29	682568.36
	主营成本(万)	396046.90	656066.08	274681.81	524733.49
	营业收入(万)	557147.18	846942.61	325929.27	690632.94
	营业成本(万)	397109.61	658292.95	276031.42	528058.68
	投资收益(万)	–	–	–	–
	利润总额(万)	81632.66	83121.93	12352.36	71659.52
	净利润(万)	54205.60	57257.91	7706.62	50050.76

上海锦江国际酒店发展股份有限公司

公司概况	公司名称	上海锦江国际酒店发展股份有限公司			证券简称	锦江B股
	法人代表	俞敏亮	董秘	胡暋	证券代码	900934
	公司网址	www.jinjianghotels.sh.cn		电子信箱	jjir@jinjianghotels.com	
	电　　话	021-63217132		传　　真	021-63217720	
	办公地址	上海市延安东路100号25楼				
	经营范围	宾馆、餐饮、食品生产线及连锁经营、旅游、摄影、出租汽车等				

主要财务指标	指标\报告期	2011.06.30	2010.12.31	2010.06.30	2009.12.31
	每股收益(元)	0.3194	0.6309	0.3824	0.5427
	每股收益(扣除)(元)	0.2994	0.5227	0.2887	0.1984
	每股净资产(元)	6.9323	7.0844	6.8781	9.0649
	调整后每股净资产(元)	–	–	–	–
	每股资本公积金(元)	4.1405	4.2320	4.2742	6.4834
	每股盈余公积金(元)	0.7995	0.7995	0.7880	0.7880
	每股未分配利润(元)	0.9923	1.0529	0.8158	0.7934
	每股现金净流量(元)	0.0349	–1.0169	–0.7334	–0.0796
	每股经营现金净流量(元)	0.3725	1.0618	0.4658	0.7371
	净资产收益率(扣除)(%)	–	6.7100	–	2.4400
	净资产收益率(%)	4.6070	8.9060	5.5590	5.9867
	总资产(万)	560474.28	553629.40	548774.63	751902.11
	股东权益(万)	418184.34	427361.16	414914.18	546829.22
	主营业务收入(万)	95317.04	210307.67	109311.70	186924.35
	主营成本(万)	11631.98	32314.58	19282.21	32766.43
	营业收入(万)	96385.37	212454.06	110525.80	189830.82
	营业成本(万)	11848.88	32920.16	19683.27	33499.80
	投资收益(万)	–	–	–	–
	利润总额(万)	22159.18	47055.90	27830.42	40951.87
	净利润(万)	19266.64	38061.46	23065.90	32736.98

上海阳晨投资股份有限公司

公司概况	公司名称	上海阳晨投资股份有限公司			证券简称	阳晨B股
	法人代表	徐菲	董秘	仲辉	证券代码	900935
	公司网址			电子信箱	zh900935@hotmail.com	
	电　　话	021-63901001 63901800		传　　真	021-63901001 63901007	
	办公地址	上海市徐家汇路555号10楼C、D座				
	经营范围	城市污水处理等环保项目和其他市政基础设施的投资、经营、管理等				

主要财务指标	指标\报告期	2011.06.30	2010.12.31	2010.06.30	2009.12.31
	每股收益(元)	0.0290	0.0300	0.0150	0.0300
	每股收益(扣除)(元)	0.0250	0.0280	0.0150	0.0270
	每股净资产(元)	1.9832	1.9540	1.9415	1.9300
	调整后每股净资产(元)	–	–	–	–
	每股资本公积金(元)	0.5889	0.5889	0.5889	0.5889
	每股盈余公积金(元)	0.0782	0.0782	0.0754	0.0754
	每股未分配利润(元)	0.3161	0.2869	0.2772	0.2617
	每股现金净流量(元)	0.0690	–0.1172	–0.1287	0.0991
	每股经营现金净流量(元)	0.3528	0.3505	0.1487	0.3180
	净资产收益率(扣除)(%)	–	1.4200	–	1.4100
	净资产收益率(%)	1.4740	1.4280	0.7950	1.5430
	总资产(万)	228174.22	217504.62	213144.61	208659.62
	股东权益(万)	48509.41	47794.25	47489.33	47111.85
	主营业务收入(万)	16341.84	19442.30	9085.70	18858.48
	主营成本(万)	10934.38	13862.46	6761.67	–
	营业收入(万)	16345.47	19761.22	9215.08	19155.36
	营业成本(万)	10934.38	13920.52	6761.71	13174.42
	投资收益(万)	–	–	–	–
	利润总额(万)	1710.27	955.88	485.06	1268.67
	净利润(万)	715.16	682.40	377.48	726.69

内蒙古鄂尔多斯羊绒制品股份有限公司

公司概况	公司名称	内蒙古鄂尔多斯羊绒制品股份有限公司			证券简称	鄂资B股
	法人代表	王林祥	董秘	曾广春	证券代码	900936
	公司网址	www.chinaerdos.com		电子信箱	zeng_gc@chinaerdos.com	
	电　　话	0477-8543509 8543776		传　　真	0477-8536699	
	办公地址	内蒙古自治区鄂尔多斯市东胜区达拉特南路102号				
	经营范围	生产销售无毛绒,羊绒纱,羊绒衫等羊绒制品,及其他服装制品等				

主要财务指标	指标\报告期	2011.06.30	2010.12.31	2010.06.30	2009.12.31
	每股收益(元)	0.4900	0.8100	0.3100	0.3800
	每股收益(扣除)(元)	0.4700	0.6100	0.3000	0.2500
	每股净资产(元)	4.9500	4.5400	4.0800	3.8500
	调整后每股净资产(元)	–	–	–	–
	每股资本公积金(元)	1.2747	1.2749	1.3180	1.3180
	每股盈余公积金(元)	0.3754	0.3754	0.3563	0.3563
	每股未分配利润(元)	2.2260	1.8401	1.3593	1.1446
	每股现金净流量(元)	–0.2932	0.3848	–0.7365	1.2544
	每股经营现金净流量(元)	0.0435	–	0.0363	0.8372
	净资产收益率(扣除)(%)	–	14.5600	–	7.3500
	净资产收益率(%)	9.8140	17.9450	7.7140	9.9152
	总资产(万)	2826350.76	2587418.67	2366718.51	2061891.93
	股东权益(万)	510933.57	468473.25	421026.98	396825.13
	主营业务收入(万)	600866.12	1155918.26	474321.35	791824.08
	主营成本(万)	397407.13	777466.86	324998.76	582093.64
	营业收入(万)	608391.69	1173295.77	479903.61	811748.89
	营业成本(万)	401877.33	787626.73	336048.00	599814.97
	投资收益(万)	–	–	–	–
	利润总额(万)	96414.61	161876.98	63233.43	74144.74
	净利润(万)	50141.03	84065.21	32477.90	39345.88

华电能源股份有限公司

公司概况	公司名称	华电能源股份有限公司			证券简称	华电能源
	法人代表	任书辉	董秘	梅君超	证券代码	900937
	公司网址	www.hdenergy.com		电子信箱	hdenergy@hdenergy.com	
	电　　话	0451-82525998 82525778		传　　真	0451-82525878	
	办公地址	黑龙江省哈尔滨市南岗区大成街209号				
	经营范围	建设、经营、维修电厂,生产销售电力,电力行业的技术服务、技术咨询等				

主要财务指标	指标\报告期	2011.06.30	2010.12.31	2010.06.30	2009.12.31
	每股收益(元)	–0.1600	0.0200	–0.0800	–0.5500
	每股收益(扣除)(元)	–0.1700	–0.1400	–0.0900	–0.5500
	每股净资产(元)	1.5600	1.7200	1.9600	2.0400
	调整后每股净资产(元)	–	–	–	–
	每股资本公积金(元)	0.7425	0.7425	1.1149	1.1149
	每股盈余公积金(元)	0.1419	0.1419	0.1386	0.1386
	每股未分配利润(元)	–0.3248	–0.1615	–0.2912	–0.2154
	每股现金净流量(元)	0.2322	0.1106	0.1804	–0.0933
	每股经营现金净流量(元)	0.2320	0.8309	0.3618	0.7470
	净资产收益率(扣除)(%)	–	–7.3700	–	–25.8800
	净资产收益率(%)	–10.4730	1.2920	–3.8600	–18.8419
	总资产(万)	2275038.76	2219019.75	1956344.23	1863004.39
	股东权益(万)	306727.67	338852.26	385912.45	400808.21
	主营业务收入(万)	457012.07	813370.97	387575.00	615094.22
	主营成本(万)	438278.04	772145.96	370135.38	573893.61
	营业收入(万)	457951.93	821930.55	388191.58	616917.38
	营业成本(万)	438645.14	775739.49	371229.51	575273.35
	投资收益(万)	–	–	–	–
	利润总额(万)	–31410.68	3954.15	–15922.19	–78230.38
	净利润(万)	–32124.59	4378.74	–15657.00	–75519.93

天津市海运股份有限公司

公司概况						
公司名称	天津市海运股份有限公司				证券简称	ST 天海 B
法人代表	李维艰	董秘	姜涛		证券代码	900938
公司网址	www.newtmsc.com		电子信箱		tmsc900938@163.com	
电　　话	022-58679088		传　　真		022-58679130	
办公地址	天津市天津空港经济区中心大道华盈大厦八层					
经营范围	国际船舶集装箱运输;仓储服务;陆海联运;集装箱租赁买卖;自有船舶等					

主要财务指标	2011.06.30	2010.12.31	2010.06.30	2009.12.31
指标\报告期	2011.06.30	2010.12.31	2010.06.30	2009.12.31
每股收益(元)	-0.1100	0.0600	-0.1500	-0.4800
每股收益(扣除)(元)	-0.1100	-0.1775	-0.1600	-0.5175
每股净资产(元)	-0.9100	-0.8000	-1.0400	-0.8600
调整后每股净资产(元)	-	-	-	-
每股资本公积金(元)	0.7437	0.7437	0.7370	0.7437
每股盈余公积金(元)	0.2259	0.2259	0.2259	0.2259
每股未分配利润(元)	-2.8795	-2.7709	-3.0036	-2.8306
每股现金净流量(元)	-0.0470	0.0458	-0.0757	-0.0309
每股经营现金净流量(元)	0.2674	-0.4334	-0.0951	-0.1812
净资产收益率(扣除)(%)	-	-0.2100	-	-0.8100
净资产收益率(%)	-	-	-	-55.6824
总资产(万)	70812.20	75373.48	47780.36	53315.48
股东权益(万)	-44824.37	-39476.95	-51269.31	-42417.11
主营业务收入(万)	9839.14	19820.13	7940.80	18423.45
主营成本(万)	10790.02	24014.85	10123.58	33363.31
营业收入(万)	9939.97	20092.15	7940.80	18654.50
营业成本(万)	10790.02	24014.85	10123.58	33365.09
投资收益(万)	-	-	-	-
利润总额(万)	-5347.42	2963.47	-7505.74	-23491.12
净利润(万)	-5347.42	2940.16	-7508.26	-23618.89

上海汇丽建材股份有限公司

公司概况						
公司名称	上海汇丽建材股份有限公司				证券简称	ST 汇丽 B
法人代表	金永良	董秘	詹琳		证券代码	900939
公司网址	www.huili.com		电子信箱		stock@huili.com	
电　　话	021-58138717 58138712		传　　真		021-58134499	
办公地址	上海市浦东新区康桥东路 299 号					
经营范围	生产化学建筑材料、装饰材料及配套建筑五金等					

主要财务指标	2011.06.30	2010.12.31	2010.06.30	2009.12.31
指标\报告期	2011.06.30	2010.12.31	2010.06.30	2009.12.31
每股收益(元)	0.0240	0.0500	-0.0110	-0.0900
每股收益(扣除)(元)	-0.0260	-0.0510	-0.0130	-0.0500
每股净资产(元)	0.2800	0.2500	0.1900	0.2000
调整后每股净资产(元)	-	-	-	-
每股资本公积金(元)	0.3577	0.3577	0.3577	0.3577
每股盈余公积金(元)	0.0998	0.0998	0.0998	0.0998
每股未分配利润(元)	-1.1822	-1.2062	-1.2659	-1.2551
每股现金净流量(元)	-0.0391	0.0401	0.0045	-0.0049
每股经营现金净流量(元)	0.0526	0.0625	-0.0345	-0.0137
净资产收益率(扣除)(%)	-	-22.3500	-	-19.0300
净资产收益率(%)	8.6910	19.4590	-5.6480	-42.7870
总资产(万)	10277.71	11442.42	12778.78	12720.05
股东权益(万)	4995.68	4561.49	3477.48	3673.90
主营业务收入(万)	324.24	1728.33	1148.20	3618.29
主营成本(万)	173.81	1106.44	784.01	3561.97
营业收入(万)	324.24	1745.94	1156.52	3744.45
营业成本(万)	173.81	1331.25	792.11	3729.00
投资收益(万)	-	-	-	-
利润总额(万)	519.30	1042.27	-198.73	-1523.12
净利润(万)	434.18	887.60	-196.42	-1571.94

东方通信股份有限公司

公司概况						
公司名称	东方通信股份有限公司				证券简称	东信 B 股
法人代表	张泽熙	董秘	蔡祝平		证券代码	900941
公司网址	www.eastcom.com		电子信箱		webmaster@eastcom.com	
电　　话	(0571)86676198		传　　真		(0571)86676197	
办公地址	浙江省杭州市滨江高新技术开发区东信大道 66 号					
经营范围	移动通信,程控交换,光电传输,激光照排设备,电子自助服务设备等					

主要财务指标	2011.06.30	2010.12.31	2010.06.30	2009.12.31
指标\报告期	2011.06.30	2010.12.31	2010.06.30	2009.12.31
每股收益(元)	0.0726	0.1150	0.0506	0.0780
每股收益(扣除)(元)	0.0365	0.0410	0.0346	0.0470
每股净资产(元)	1.9556	2.0000	1.9382	1.8900
调整后每股净资产(元)	-	-	-	-
每股资本公积金(元)	0.6936	0.6936	0.6936	0.6936
每股盈余公积金(元)	0.0318	0.0318	0.0194	0.0194
每股未分配利润(元)	0.2303	0.2777	0.2252	0.1746
每股现金净流量(元)	-0.1862	-0.1882	-0.2470	-0.0778
每股经营现金净流量(元)	-0.1987	0.1951	-0.1555	-0.1133
净资产收益率(扣除)(%)	-	2.1630	-	2.5100
净资产收益率(%)	3.7110	5.7610	2.6090	4.1566
总资产(万)	314380.32	330158.79	329302.58	330917.89
股东权益(万)	245626.91	251583.67	243440.42	237089.86
主营业务收入(万)	119466.96	266637.42	105206.63	361320.66
主营成本(万)	102077.64	232199.44	91746.75	332425.00
营业收入(万)	122047.42	272725.35	107935.68	368871.00
营业成本(万)	102776.99	235918.96	93494.03	337524.76
投资收益(万)	-	-	-	-
利润总额(万)	10030.32	19242.80	6021.61	10880.93
净利润(万)	9115.24	14493.81	6350.56	9854.89

黄山旅游发展股份有限公司

公司概况						
公司名称	黄山旅游发展股份有限公司				证券简称	黄山 B 股
法人代表	许继伟	董秘	黄慧敏		证券代码	900942
公司网址	www.huangshan.com.cn		电子信箱		hs600054@yahoo.com.cn	
电　　话	0559-5580526		传　　真		0559-5580505	
办公地址	安徽省黄山市黄山风景区温泉					
经营范围	旅游接待、服务,旅游商品开发、销售等					

主要财务指标	2011.06.30	2010.12.31	2010.06.30	2009.12.31
指标\报告期	2011.06.30	2010.12.31	2010.06.30	2009.12.31
每股收益(元)	0.2944	0.4900	0.2053	0.3400
每股收益(扣除)(元)	0.2944	0.5100	0.2076	0.3400
每股净资产(元)	3.4282	3.1300	2.8500	2.6400
调整后每股净资产(元)	-	-	-	-
每股资本公积金(元)	0.2928	0.2928	0.3500	0.3500
每股盈余公积金(元)	0.3904	0.3904	0.3469	0.3469
每股未分配利润(元)	1.7449	1.4505	1.1521	0.9468
每股现金净流量(元)	0.0635	0.3762	0.4216	-0.2351
每股经营现金净流量(元)	0.0061	0.5413	0.2948	0.0772
净资产收益率(扣除)(%)	-	17.5700	-	13.2800
净资产收益率(%)	8.5890	15.6380	7.2060	12.8270
总资产(万)	276507.57	237553.62	220423.47	188043.10
股东权益(万)	161588.20	147710.10	134287.42	124610.78
主营业务收入(万)	-	156996.04	57116.83	124932.38
主营成本(万)	-	-	35821.86	-
营业收入(万)	67757.29	144498.66	57186.13	112791.63
营业成本(万)	39285.53	85715.05	35833.41	64622.58
投资收益(万)	-	-	-	-
利润总额(万)	19063.46	31670.45	13566.17	24248.28
净利润(万)	13878.10	23099.32	9676.64	15983.78

上海开开实业股份有限公司

公司概况	公司名称	上海开开实业股份有限公司			证券简称	开开B股
	法人代表	何才彪	董秘	黄伟康	证券代码	900943
	公司网址	www.chinesekk.com		电子信箱	dm@chinesekk.com	
	电　　话	021-62876092 62876093		传　　真	021-62876092	
	办公地址	上海市江宁路565号4楼				
	经营范围	生产衬衫、羊毛衫、针绵织品、服装、鞋帽,纺织面料等				

主要财务指标	指标\报告期	2011.06.30	2010.12.31	2010.06.30	2009.12.31
	每股收益(元)	0.1000	0.1100	0.1100	0.1600
	每股收益(扣除)(元)	-0.0100	0.0600	0.0700	-0.0400
	每股净资产(元)	1.5470	1.2850	1.0590	1.0040
	调整后每股净资产(元)	-	-	-	-
	每股资本公积金(元)	0.5755	0.4174	0.1904	0.2458
	每股盈余公积金(元)	0.1297	0.1297	0.1297	0.1297
	每股未分配利润(元)	-0.1578	-0.2616	-0.2614	-0.3715
	每股现金净流量(元)	0.0718	0.0125	-0.0193	-0.0481
	每股经营现金净流量(元)	0.0262	0.1925	0.1604	-0.0308
	净资产收益率(扣除)(%)	-	6.0200	-	-4.5500
	净资产收益率(%)	6.7080	8.5490	10.5510	16.3462
	总资产(万)	100486.67	109057.16	95272.02	99104.45
	股东权益(万)	37602.66	31237.42	25728.13	24398.17
	主营业务收入(万)	42002.43	84243.05	42004.98	77735.38
	主营成本(万)	32308.07	64046.12	31728.43	59655.59
	营业收入(万)	43434.96	86689.78	43315.87	86566.20
	营业成本(万)	32862.17	65106.09	32176.74	63604.81
	投资收益(万)	-	-	-	-
	利润总额(万)	2768.26	3258.61	3061.99	4426.66
	净利润(万)	2522.36	2670.38	2714.47	3988.18

海南航空股份有限公司

公司概况	公司名称	海南航空股份有限公司			证券简称	海航B股
	法人代表	陈明	董秘	吕广伟	证券代码	900945
	公司网址	www.hnair.com		电子信箱	gw_lv@hnair.com	
	电　　话	0898-66739961		传　　真	0898-66739960	
	办公地址	海南省海口市国兴大道7号新海航大厦				
	经营范围	国际,国内(含港澳)航空客货邮运输业务;与航空运输相关的服务业务等				

主要财务指标	指标\报告期	2011.06.30	2010.12.31	2010.06.30	2009.12.31
	每股收益(元)	0.1600	0.7400	0.1410	0.0900
	每股收益(扣除)(元)	0.1000	0.5300	0.1140	-0.2100
	每股净资产(元)	3.1300	3.0200	2.5500	1.8600
	调整后每股净资产(元)	-	-	-	-
	每股资本公积金(元)	1.5026	1.5104	1.5194	1.1114
	每股盈余公积金(元)	0.0931	0.0931	0.0410	0.0479
	每股未分配利润(元)	0.5304	0.4181	-0.1254	-0.3042
	每股现金净流量(元)	0.5005	0.0006	0.6673	1.2309
	每股经营现金净流量(元)	0.4651	0.0016	0.2912	0.5519
	净资产收益率(扣除)(%)	-	22.0000	-	-12.0000
	净资产收益率(%)	5.1200	24.1780	5.5430	5.1100
	总资产(万)	7617817.80	7155279.50	6380674.00	5934342.50
	股东权益(万)	1289684.50	1246548.30	1004563.20	654882.70
	主营业务收入(万)	1075304.00	1961526.60	874202.50	1381081.20
	主营成本(万)	844629.30	1487637.00	697436.30	1235395.10
	营业收入(万)	1156312.40	2170614.70	966460.20	1554836.30
	营业成本(万)	873755.00	1549292.20	739677.00	1325619.40
	投资收益(万)	-	-	-	-
	利润总额(万)	92433.10	365129.40	59229.60	48554.90
	净利润(万)	66952.10	301391.20	55683.50	33467.00

济南轻骑摩托车股份有限公司

公司概况	公司名称	济南轻骑摩托车股份有限公司			证券简称	*ST轻骑
	法人代表	余国华	董秘	吕来升	证券代码	900946
	公司网址	www.qingqi.com.cn		电子信箱	jnqqztb@126.com	
	电　　话	0531-86599891		传　　真	0531-86599889	
	办公地址	山东省济南市历下区和平路34号				
	经营范围	摩托车及零配件的设计、开发、生产、销售;摩托车技术咨询、服务等				

主要财务指标	指标\报告期	2011.06.30	2010.12.31	2010.06.30	2009.12.31
	每股收益(元)	-0.0394	-0.0683	-0.0187	-0.0894
	每股收益(扣除)(元)	-0.0424	-0.2158	-0.0194	-0.1072
	每股净资产(元)	0.2160	0.2550	0.2880	0.3320
	调整后每股净资产(元)	-	-	-	-
	每股资本公积金(元)	0.1971	0.1971	0.1971	0.1971
	每股盈余公积金(元)	0.0606	0.0606	0.0606	0.0606
	每股未分配利润(元)	-1.0420	-1.0026	-0.9701	-0.9514
	每股现金净流量(元)	0.0175	-0.0125	0.0041	0.0213
	每股经营现金净流量(元)	-0.0365	-0.0311	0.0008	0.0011
	净资产收益率(扣除)(%)	-16.7150	-26.7630	-6.4910	-27.6363
	净资产收益率(%)	-16.7150	-23.6000	-6.2870	-25.2800
	总资产(万)	102210.80	108304.31	126464.82	109359.26
	股东权益(万)	19492.03	23515.74	29027.44	30826.84
	主营业务收入(万)	66068.36	130472.48	72127.67	141575.75
	主营成本(万)	59926.87	113722.44	61648.19	124256.69
	营业收入(万)	67226.76	134192.40	73838.44	143867.57
	营业成本(万)	60465.63	115401.20	62314.09	125269.61
	投资收益(万)	249.95	-404.47	-376.88	334.06
	利润总额(万)	-3994.79	-7292.69	-1798.63	-9586.97
	净利润(万)	-3824.19	-6634.69	-1814.37	-8684.82

上海振华重工(集团)股份有限公司

公司概况	公司名称	上海振华重工(集团)股份有限公司			证券简称	振华B股
	法人代表	周纪昌	董秘	王珏	证券代码	900947
	公司网址	www.zpmc.com		电子信箱	zpmc@public.sta.net.cn	
	电　　话	021-50390727		传　　真	021-58397000	
	办公地址	上海市浦东南路3470号				
	经营范围	设计、建造、安装和承包大型港口装卸系统和设备、海上重型装备等				

主要财务指标	指标\报告期	2011.06.30	2010.12.31	2010.06.30	2009.12.31
	每股收益(元)	-0.0500	-0.1600	-0.0400	0.2300
	每股收益(扣除)(元)	-0.0600	-0.1700	-0.0500	0.2200
	每股净资产(元)	3.4200	3.4800	3.5600	3.6400
	调整后每股净资产(元)	-	-	-	-
	每股资本公积金(元)	1.2850	1.2929	1.2585	1.2585
	每股盈余公积金(元)	0.3435	0.3435	0.3435	0.3246
	每股未分配利润(元)	0.7943	0.8413	0.9570	1.0586
	每股现金净流量(元)	-0.1110	-0.1492	-0.1236	-0.5096
	每股经营现金净流量(元)	0.1283	1.1794	0.5810	-0.0905
	净资产收益率(扣除)(%)	-	-4.7600	-	-
	净资产收益率(%)	-1.3730	-4.5510	-1.1960	6.3500
	总资产(万)	4523170.77	4528712.63	4799644.49	5047721.82
	股东权益(万)	1502710.32	1526804.61	1562535.56	1598829.82
	主营业务收入(万)	856898.54	1670914.60	896255.19	-
	主营成本(万)	835042.18	1622816.99	863479.61	-
	营业收入(万)	880091.55	1711617.74	898467.81	2179062.44
	营业成本(万)	850516.65	1659896.13	864417.09	1930534.89
	投资收益(万)	-	-	-	-
	利润总额(万)	-23897.87	-84760.89	-23538.36	100628.70
	净利润(万)	-20626.36	-69483.80	-18688.97	101590.63

内蒙古伊泰煤炭股份有限公司

公司概况	公司名称	内蒙古伊泰煤炭股份有限公司			证券简称	伊泰 B 股
	法人代表	张东海	董秘	菅青娥	证券代码	900948
	公司网址	www.yitaigroup.com		电子信箱	jianqe@vip.sina.com	
	电　话	0477-8565735		传　真	0477-8565415	
	办公地址	内蒙古鄂尔多斯市东胜区天骄北路伊泰大厦				
	经营范围	以生产经营煤炭为主,包括煤炭、铁路运输、甘草种植加工、生物制药等				

主要财务指标	指标\报告期	2011.06.30	2010.12.31	2010.06.30	2009.12.31
	每股收益(元)	2.0100	3.4500	1.7200	2.1500
	每股收益(扣除)(元)	2.0300	3.5000	1.7800	2.1600
	每股净资产(元)	9.7667	9.2539	7.5643	12.6600
	调整后每股净资产(元)	–	–	–	–
	每股资本公积金(元)	0.5186	0.5189	0.5189	1.0862
	每股盈余公积金(元)	1.0309	1.0309	0.7162	1.4323
	每股未分配利润(元)	7.2173	6.7040	5.2923	9.1368
	每股现金净流量(元)	–0.4112	0.2980	–0.0426	–0.8677
	每股经营现金净流量(元)	1.7695	3.7234	1.9517	5.9418
	净资产收益率(扣除)(%)	–	45.1300	–	37.2800
	净资产收益率(%)	20.6130	37.2860	22.7910	33.9060
	总资产(万)	2685294.26	2566982.53	2316238.17	2238094.90
	股东权益(万)	1429851.94	1354766.29	1107407.73	926370.72
	主营业务收入(万)	722627.27	1393835.20	655883.04	1057181.15
	主营成本(万)	273452.22	560531.00	261061.78	507141.32
	营业收入(万)	752139.59	1429270.27	673599.51	1099668.80
	营业成本(万)	296515.47	584227.45	270650.72	539285.67
	投资收益(万)	–	–	–	–
	利润总额(万)	361465.36	631181.90	308043.57	381573.70
	净利润(万)	294735.64	505137.65	252386.63	314097.72

浙江东南发电股份有限公司

公司概况	公司名称	浙江东南发电股份有限公司			证券简称	东电 B 股
	法人代表	毛剑宏	董秘	朱玮明	证券代码	900949
	公司网址	www.zsepc.com		电子信箱	webmaster@zsepc.com	
	电　话	0571-85774566		传　真	0571-85774321	
	办公地址	中国杭州市天目山路 152 号浙能大厦 8–10 层				
	经营范围	电力的投资、开发及经营				

主要财务指标	指标\报告期	2011.06.30	2010.12.31	2010.06.30	2009.12.31
	每股收益(元)	0.1144	0.2642	0.0696	0.2414
	每股收益(扣除)(元)	0.1142	0.2608	0.0692	0.2474
	每股净资产(元)	4.4920	4.5357	4.2185	4.7305
	调整后每股净资产(元)	–	–	–	–
	每股资本公积金(元)	1.8334	1.8615	1.7389	2.2205
	每股盈余公积金(元)	0.6883	0.6883	0.6648	0.6648
	每股未分配利润(元)	0.9703	0.9860	0.8148	0.8452
	每股现金净流量(元)	0.1786	–0.0646	0.0014	–0.1324
	每股经营现金净流量(元)	0.3728	0.5396	0.2948	1.0753
	净资产收益率(扣除)(%)	–	5.5685	–	5.8588
	净资产收益率(%)	2.5460	5.8260	1.6490	5.1030
	总资产(万)	1512587.15	1516570.33	1515268.58	1643062.93
	股东权益(万)	902891.76	911674.78	847916.71	950831.19
	主营业务收入(万)	428030.79	769175.55	330831.81	743614.04
	主营成本(万)	385592.08	683980.06	306100.26	614332.57
	营业收入(万)	430803.98	778081.43	334243.86	748454.18
	营业成本(万)	387107.91	687302.77	307366.03	618062.13
	投资收益(万)	–	–	–	–
	利润总额(万)	31078.97	61477.57	13178.91	63767.22
	净利润(万)	22984.52	53113.15	13983.91	48520.46

江苏新城地产股份有限公司

公司概况	公司名称	江苏新城地产股份有限公司			证券简称	新城 B 股
	法人代表	王振华	董秘	唐云龙	证券代码	900950
	公司网址	www.900950.com		电子信箱	xcgf@900950.com	
	电　话	021-32522907		传　真	021-32522909	
	办公地址	上海中山北路 3000 号长城大厦 22 楼				
	经营范围	房地产开发与经营,物业管理,房产租赁,室内、外装饰工程等				

主要财务指标	指标\报告期	2011.06.30	2010.12.31	2010.06.30	2009.12.31
	每股收益(元)	0.1971	0.6086	0.1023	0.4607
	每股收益(扣除)(元)	0.1910	0.5859	0.1011	0.4422
	每股净资产(元)	1.9351	1.7780	2.2118	2.1384
	调整后每股净资产(元)	–	–	–	–
	每股资本公积金(元)	0.0127	0.0191	0.0191	0.0191
	每股盈余公积金(元)	–	0.1568	0.0789	0.0789
	每股未分配利润(元)	0.8178	1.4911	1.1139	1.0400
	每股现金净流量(元)	–	1.0184	–0.5195	1.0543
	每股经营现金净流量(元)	–	–1.6500	–2.3245	1.1825
	净资产收益率(扣除)(%)	–	24.5200	–	22.8800
	净资产收益率(%)	10.5000	22.8190	6.9370	21.5460
	总资产(万)	2636839.63	2303887.26	1711842.10	1306760.13
	股东权益(万)	308295.80	283264.46	234924.51	227124.67
	主营业务收入(万)	259410.02	662046.27	223632.82	541110.77
	主营成本(万)	159920.54	467933.79	171207.22	382377.79
	营业收入(万)	264104.98	668425.02	227294.15	545268.06
	营业成本(万)	165014.14	475703.49	174781.75	387218.61
	投资收益(万)	–	–	–	–
	利润总额(万)	44099.73	90511.71	22414.46	72648.75
	净利润(万)	31404.09	64636.78	16296.84	48937.14

大化集团大连化工股份有限公司

公司概况	公司名称	大化集团大连化工股份有限公司			证券简称	*ST 大化 B
	法人代表	刘平芹	董秘	周巍	证券代码	900951
	公司网址	www.dahuagf.com		电子信箱	dhjtdlhuagong@sina.com	
	电　话	0411-86893436		传　真	0411-85187331	
	办公地址	辽宁省大连市普湾新区松木岛化工园区				
	经营范围	纯碱、氯化铵及副产品的生产及销售、技术开发、售后服务、境内外企业的合作与投资				

主要财务指标	指标\报告期	2011.06.30	2010.12.31	2010.06.30	2009.12.31
	每股收益(元)	–0.0300	–0.4200	–0.1400	–0.2700
	每股收益(扣除)(元)	–0.0400	–0.4200	–0.1400	–0.1700
	每股净资产(元)	0.6900	0.7200	1.0000	1.1500
	调整后每股净资产(元)	–	–	–	–
	每股资本公积金(元)	0.8342	0.8342	0.8342	0.8342
	每股盈余公积金(元)	0.0560	0.0560	0.0560	0.0560
	每股未分配利润(元)	–1.1957	–1.1669	–0.8875	–0.7436
	每股现金净流量(元)	–0.1223	–0.0380	0.1273	0.0350
	每股经营现金净流量(元)	0.3003	–0.2058	0.0030	–0.1430
	净资产收益率(扣除)(%)	–4.1390	–58.5230	–14.3550	–23.8670
	净资产收益率(%)	–4.0500	–45.2700	–13.3900	–21.3200
	总资产(万)	99428.72	107589.58	106928.30	96893.02
	股东权益(万)	19100.47	19891.00	27573.52	31531.81
	主营业务收入(万)	45115.64	24710.23	5042.42	–
	主营成本(万)	43200.26	31457.64	7691.15	–
	营业收入(万)	45367.85	24890.12	5144.89	191.02
	营业成本(万)	43392.50	31523.80	7730.88	105.29
	投资收益(万)	–	–	–	–
	利润总额(万)	–790.53	–11640.81	–3958.29	–7525.80
	净利润(万)	–790.53	–11640.81	–3958.29	–7525.80

锦州港股份有限公司

公司概况	公司名称	锦州港股份有限公司			证券简称	锦港B股
	法人代表	张宏伟	董秘	王健	证券代码	900952
	公司网址	www.jinzhouport.com		电子信箱	jzcjhga@mail.jzptt.ln.cn	
	电话	0416-3586462 3586234		传真	0416-3582431	
	办公地址	辽宁省锦州市经济技术开发区锦港大街一段1号				
	经营范围	港务管理、港口装卸,水运辅助业(除客货运输);公路运输等				

主要财务指标	指标\报告期	2011.06.30	2010.12.31	2010.06.30	2009.12.31
	每股收益(元)	0.1060	0.1390	0.0990	0.1100
	每股收益(扣除)(元)	0.1050	0.1390	0.0990	0.1090
	每股净资产(元)	2.4790	2.4230	2.3820	2.2840
	调整后每股净资产(元)	–	–	–	–
	每股资本公积金(元)	1.0707	1.0707	1.0707	1.0707
	每股盈余公积金(元)	0.1273	0.1273	0.0995	0.0995
	每股未分配利润(元)	0.2807	0.2249	0.2120	0.1134
	每股现金净流量(元)	0.0744	–0.1388	0.3260	0.2915
	每股经营现金净流量(元)	0.1485	0.2376	0.1345	0.2727
	净资产收益率(扣除)(%)	4.2680	5.7520	4.1380	4.5710
	净资产收益率(%)	4.2700	5.9200	4.2300	5.3700
	总资产(万)	711598.63	659158.46	591122.06	520809.77
	股东权益(万)	388899.81	379920.70	373564.71	357987.52
	主营业务收入(万)	53061.78	84025.07	47724.46	72071.07
	主营成本(万)	21984.92	40256.98	19184.28	31462.61
	营业收入(万)	56857.00	86391.81	48419.37	73885.73
	营业成本(万)	25160.31	41198.61	19593.82	32333.49
	投资收益(万)	25.04	528.19	151.28	207.16
	利润总额(万)	22416.36	29441.23	20823.09	22351.72
	净利润(万)	16521.44	21764.83	15394.51	16302.66

恒天凯马股份有限公司

公司概况	公司名称	恒天凯马股份有限公司			证券简称	凯马B
	法人代表	傅伟民	董秘	范弘斐	证券代码	900953
	公司网址	www.kama.com.cn		电子信箱	fhf@kama.com.cn	
	电话	021-52046619 62036446		传真	021-62030851	
	办公地址	上海中山北路1958号华源世界广场15楼				
	经营范围	内燃机、农用运输车、拖拉机整机及其零部件的研究开发、生产、技术咨询、销售等				

主要财务指标	指标\报告期	2011.06.30	2010.12.31	2010.06.30	2009.12.31
	每股收益(元)	0.0687	0.2704	0.1445	0.2043
	每股收益(扣除)(元)	0.0651	0.2291	0.1429	0.2012
	每股净资产(元)	1.5533	1.4815	1.2901	1.1500
	调整后每股净资产(元)	–	–	–	–
	每股资本公积金(元)	0.8644	0.8633	0.7983	0.7983
	每股盈余公积金(元)	–	–	–	–
	每股未分配利润(元)	–0.3111	–0.3798	–0.5062	–0.6502
	每股现金净流量(元)	–0.3853	0.0610	–0.0561	0.2668
	每股经营现金净流量(元)	0.1182	0.4026	0.0978	0.5482
	净资产收益率(扣除)(%)	–	18.0100	–	19.9000
	净资产收益率(%)	4.4210	18.2540	11.2010	17.8259
	总资产(万)	360397.05	387005.77	342902.94	305047.41
	股东权益(万)	99412.50	94818.61	82568.43	73352.68
	主营业务收入(万)	319323.83	599322.63	326239.12	539808.28
	主营成本(万)	292971.75	527947.78	286608.26	472722.83
	营业收入(万)	329376.19	617023.45	334310.07	552706.42
	营业成本(万)	300390.07	540699.13	292828.73	483589.83
	投资收益(万)	–	–	–	–
	利润总额(万)	10004.10	30870.36	17447.26	19740.95
	净利润(万)	4394.70	17307.85	9248.06	13075.75

上海茉织华股份有限公司

公司概况	公司名称	上海茉织华股份有限公司			证券简称	九龙山B
	法人代表	李勤夫	董秘	陈海燕	证券代码	900955
	公司网址	www.ninedragon.com.cn		电子信箱	kelly@ninedragon.com.cn	
	电话	021-68407880*8963 8086		传真	021-68407909	
	办公地址	上海市浦东新区世纪大道1500号东方大厦4楼				
	经营范围	房地产、商业房产综合开发、印刷、造纸、进出口业务				

主要财务指标	指标\报告期	2011.06.30	2010.12.31	2010.06.30	2009.12.31
	每股收益(元)	0.0800	0.0100	0.0500	0.1500
	每股收益(扣除)(元)	0.0500	–0.0600	–0.0300	–0.0800
	每股净资产(元)	1.4010	1.3500	2.0920	2.2100
	调整后每股净资产(元)	–	–	–	–
	每股资本公积金(元)	0.3098	0.3320	1.0388	1.2116
	每股盈余公积金(元)	0.0983	0.0983	0.1468	0.1468
	每股未分配利润(元)	–0.0157	–0.0909	–0.1070	–0.1487
	每股现金净流量(元)	–0.1274	–0.2609	–0.1751	0.4126
	每股经营现金净流量(元)	0.0425	–0.1505	–0.1679	0.2834
	净资产收益率(扣除)(%)	–	–3.9600	–	–3.4400
	净资产收益率(%)	5.3670	0.6450	2.5130	6.8985
	总资产(万)	296894.60	284128.60	277708.73	292425.34
	股东权益(万)	182720.41	175514.74	181823.79	193212.08
	主营业务收入(万)	25848.08	767.27	386.44	1239.35
	主营成本(万)	13404.41	674.38	322.06	1003.89
	营业收入(万)	25926.51	929.56	436.63	1448.18
	营业成本(万)	13408.81	682.02	335.43	1016.01
	投资收益(万)	–	–	–	–
	利润总额(万)	10405.86	3231.59	6268.04	20631.03
	净利润(万)	9806.56	1132.00	4568.33	13263.87

黄石东贝电器股份有限公司

公司概况	公司名称	黄石东贝电器股份有限公司			证券简称	东贝B股
	法人代表	杨百昌	董秘	陆丽华	证券代码	900956
	公司网址	www.donper.com		电子信箱	stock@donper.com	
	电话	0714-5415858		传真	0714-5415858	
	办公地址	湖北省黄石市经济技术开发区金山大道东6号				
	经营范围	制冷压缩机、压缩机电机的生产和销售,高新技术产品开发,生产,咨询				

主要财务指标	指标\报告期	2011.06.30	2010.12.31	2010.06.30	2009.12.31
	每股收益(元)	0.0680	0.3400	0.0800	0.2800
	每股收益(扣除)(元)	0.0570	0.3000	0.1100	0.2900
	每股净资产(元)	2.7200	2.6500	2.3900	2.3100
	调整后每股净资产(元)	–	–	–	–
	每股资本公积金(元)	0.3856	0.3856	0.3877	0.3878
	每股盈余公积金(元)	0.1279	0.1279	0.1245	0.1245
	每股未分配利润(元)	1.2029	1.1348	0.8767	0.8011
	每股现金净流量(元)	–0.1801	–0.5499	–1.1452	0.6489
	每股经营现金净流量(元)	–0.7055	0.4726	–1.0234	1.6016
	净资产收益率(扣除)(%)	–	12.0100	–	13.3500
	净资产收益率(%)	2.5080	12.7330	3.1600	12.1750
	总资产(万)	308001.40	298587.39	271044.58	256434.88
	股东权益(万)	63835.99	62235.30	56137.49	54362.67
	主营业务收入(万)	238049.24	370545.74	194475.81	276299.83
	主营成本(万)	219758.16	326330.66	173774.68	234870.53
	营业收入(万)	244288.56	376686.62	199983.04	284651.98
	营业成本(万)	223810.13	330558.02	178877.34	241129.03
	投资收益(万)	–	–	–	–
	利润总额(万)	3652.67	18079.82	4194.60	16267.69
	净利润(万)	1600.69	7924.39	1776.63	6618.58

上海凌云实业发展股份有限公司

公司概况	公司名称	上海凌云实业发展股份有限公司			证券简称	凌云 B 股
	法人代表	于爱新	董秘	梁健新	证券代码	900957
	公司网址	www.elingyun.com		电子信箱	lingyun@elingyun.com	
	电　话	021-68400880		传　真	021-68401110	
	办公地址	上海市浦东新区源深路 1088 号葛洲坝大厦 12 楼 1201 室				
	经营范围	房地产开发销售;旅游景点设施的开发与经营等				

主要财务指标	指标\报告期	2011.06.30	2010.12.31	2010.06.30	2009.12.31
	每股收益(元)	-0.0415	0.0248	0.0165	-0.0651
	每股收益(扣除)(元)	-0.0415	0.0248	0.0058	-0.0667
	每股净资产(元)	1.2015	1.2430	1.2263	1.2100
	调整后每股净资产(元)	-	-	-	-
	每股资本公积金(元)	0.5782	0.5782	0.5697	0.5697
	每股盈余公积金(元)	-	-	-	-
	每股未分配利润(元)	-0.3767	-0.3352	-0.3434	-0.3600
	每股现金净流量(元)	-0.0180	-0.2221	-0.1940	0.1206
	每股经营现金净流量(元)	0.0143	0.1494	0.1043	0.0584
	净资产收益率(扣除)(%)	-	1.9900	-	-5.4600
	净资产收益率(%)	-3.4580	1.9960	1.3490	-5.3820
	总资产(万)	47614.78	49267.11	72547.46	70419.06
	股东权益(万)	41930.97	43380.77	42794.86	42217.60
	主营业务收入(万)	-	13991.53	9078.19	13158.65
	主营成本(万)	-	10752.32	6959.96	11601.96
	营业收入(万)	-	14034.38	9078.19	13212.70
	营业成本(万)	465.95	10752.66	6959.96	11602.34
	投资收益(万)	-	-	-	-
	利润总额(万)	-1456.20	1995.40	1417.90	-1999.46
	净利润(万)	-1449.81	865.93	577.26	-2272.34

公司概况	公司名称				证券简称	
	法人代表		董秘		证券代码	
	公司网址			电子信箱		
	电　话			传　真		
	办公地址					
	经营范围					

主要财务指标	指标\报告期	2011.06.30	2010.12.31	2010.06.30	2009.12.31
	每股收益(元)				
	每股收益(扣除)(元)				
	每股净资产(元)				
	调整后每股净资产(元)				
	每股资本公积金(元)				
	每股盈余公积金(元)				
	每股未分配利润(元)				
	每股现金净流量(元)				
	每股经营现金净流量(元)				
	净资产收益率(扣除)(%)				
	净资产收益率(%)				
	总资产(万)				
	股东权益(万)				
	主营业务收入(万)				
	主营成本(万)				
	营业收入(万)				
	营业成本(万)				
	投资收益(万)				
	利润总额(万)				
	净利润(万)				

公司概况	公司名称				证券简称	
	法人代表		董秘		证券代码	
	公司网址			电子信箱		
	电　话			传　真		
	办公地址					
	经营范围					

主要财务指标	指标\报告期	2011.06.30	2010.12.31	2010.06.30	2009.12.31
	每股收益(元)				
	每股收益(扣除)(元)				
	每股净资产(元)				
	调整后每股净资产(元)				
	每股资本公积金(元)				
	每股盈余公积金(元)				
	每股未分配利润(元)				
	每股现金净流量(元)				
	每股经营现金净流量(元)				
	净资产收益率(扣除)(%)				
	净资产收益率(%)				
	总资产(万)				
	股东权益(万)				
	主营业务收入(万)				
	主营成本(万)				
	营业收入(万)				
	营业成本(万)				
	投资收益(万)				
	利润总额(万)				
	净利润(万)				

公司概况	公司名称				证券简称	
	法人代表		董秘		证券代码	
	公司网址			电子信箱		
	电　话			传　真		
	办公地址					
	经营范围					

主要财务指标	指标\报告期	2011.06.30	2010.12.31	2010.06.30	2009.12.31
	每股收益(元)				
	每股收益(扣除)(元)				
	每股净资产(元)				
	调整后每股净资产(元)				
	每股资本公积金(元)				
	每股盈余公积金(元)				
	每股未分配利润(元)				
	每股现金净流量(元)				
	每股经营现金净流量(元)				
	净资产收益率(扣除)(%)				
	净资产收益率(%)				
	总资产(万)				
	股东权益(万)				
	主营业务收入(万)				
	主营成本(万)				
	营业收入(万)				
	营业成本(万)				
	投资收益(万)				
	利润总额(万)				
	净利润(万)				

深圳发展银行股份有限公司

公司概况	公司名称	深圳发展银行股份有限公司			证券简称	深发展 A
	法人代表	肖遂宁	董秘	徐进	证券代码	000001
	公司网址	www.sdb.com.cn		电子信箱	dsh@sdb.com.cn	
	电　　话	0755-82080387		传　　真	0755-82080386	
	办公地址	广东省深圳市深南东路 5047 号深圳发展银行大厦				
	经营范围	办理人民币存、贷、结算、汇兑业务;人民币票据承兑和贴现等				
主要财务指标	指标\报告期	2011.06.30	2010.12.31	2010.06.30	2009.12.31	
	每股收益(元)	1.3600	1.9100	0.9800	1.6200	
	每股收益(扣除)(元)	1.3500	1.8600	0.9600	1.5900	
	每股净资产(元)	10.9500	9.6200	8.7300	6.5900	
	调整后每股净资产(元)	–	–	–	–	
	每股资本公积金(元)	3.8177	3.8442	4.3652	2.2596	
	每股盈余公积金(元)	0.5487	0.5487	0.4135	0.4135	
	每股未分配利润(元)	3.8659	2.5081	2.3894	1.4126	
	每股现金净流量(元)	–	–	–	–	
	每股经营现金净流量(元)	–	–	–	–	
	净资产收益率(扣除)(%)	–	–	–	26.1100	
	净资产收益率(%)	12.4020	18.7510	9.9700	24.5800	
	总资产(万)	85205702.50	72761006.80	62439817.90	58781103.40	
	股东权益(万)	3815239.50	3351287.60	3042110.80	2046960.90	
	主营业务收入(万)	1214059.00	1802227.80	849611.10	1511444.00	
	主营成本(万)	–	–	–	–	
	营业收入(万)	–	–	–	–	
	营业成本(万)	–	–	–	–	
	投资收益(万)	–	–	–	–	
	利润总额(万)	606584.60	799802.10	387174.70	619053.70	
	净利润(万)	473174.60	628381.60	303311.90	503072.90	

万科企业股份有限公司

公司概况	公司名称	万科企业股份有限公司			证券简称	万科 A
	法人代表	王石	董秘	谭华杰	证券代码	000002
	公司网址	www.vanke.com		电子信箱	ir@vanke.com	
	电　　话	0755-25606666		传　　真	0755-25531696	
	办公地址	中国深圳市盐田区大梅沙环梅路 33 号万科中心				
	经营范围	兴办实业;国内商业;物资供销业;进出口业务;房地产开发				
主要财务指标	指标\报告期	2011.06.30	2010.12.31	2010.06.30	2009.12.31	
	每股收益(元)	0.2700	0.6600	0.2600	0.4800	
	每股收益(扣除)(元)	0.2700	0.6400	0.2400	0.4800	
	每股净资产(元)	4.2000	4.0200	3.6200	3.4000	
	调整后每股净资产(元)	–	–	–	–	
	每股资本公积金(元)	0.7998	0.7994	0.8063	0.7783	
	每股盈余公积金(元)	0.9629	0.9629	0.7947	0.7947	
	每股未分配利润(元)	1.3959	1.2251	0.9867	0.8011	
	每股现金净流量(元)	0.4502	1.1909	-0.3641	0.1841	
	每股经营现金净流量(元)	0.3480	0.2035	-0.8653	0.8416	
	净资产收益率(扣除)(%)	6.4700	17.0600	–	15.0900	
	净资产收益率(%)	6.4450	16.4660	7.0710	14.2600	
	总资产(万)	26096027.87	21563755.17	16051266.46	13760855.48	
	股东权益(万)	4620453.29	4423267.68	3977295.37	3737588.81	
	主营业务收入(万)	1968110.44	5046153.91	1662895.98	4864502.75	
	主营成本(万)	1092028.25	2997891.19	1016013.96	3439727.67	
	营业收入(万)	1998883.81	5071385.14	1676633.04	4888101.31	
	营业成本(万)	1099273.04	3007349.52	1023974.89	3451471.77	
	投资收益(万)	–	–	49473.51	92407.68	
	利润总额(万)	445180.87	1194075.26	414814.04	861742.78	
	净利润(万)	297785.47	728312.70	281249.86	532973.77	

深圳中国农大科技股份有限公司

公司概况	公司名称	深圳中国农大科技股份有限公司			证券简称	*ST 国农
	法人代表	王鲁锋	董秘	蒋伟诚	证券代码	000004
	公司网址	www.cau-tech.com		电子信箱	gnkj@cau-tech.com	
	电　　话	0755-83521596		传　　真	0755-83521727	
	办公地址	深圳市福田区商报路奥林匹克大厦 6 楼 D-E				
	经营范围	通讯、计算机、软件、新材料、生物技术和生物特征识别技术、新药等				
主要财务指标	指标\报告期	2011.06.30	2010.12.31	2010.06.30	2009.12.31	
	每股收益(元)	0.0032	0.1384	0.0423	0.0294	
	每股收益(扣除)(元)	0.0035	0.0948	–	-0.0126	
	每股净资产(元)	0.8671	0.8639	0.7707	0.7580	
	调整后每股净资产(元)	–	–	–	–	
	每股资本公积金(元)	0.0073	0.0073	0.0102	0.0397	
	每股盈余公积金(元)	0.1318	0.1318	0.1318	0.1318	
	每股未分配利润(元)	-0.2720	-0.2751	-0.3712	-0.4135	
	每股现金净流量(元)	0.0934	-0.4125	-0.1196	0.5603	
	每股经营现金净流量(元)	0.1324	-0.1398	-0.0609	0.5549	
	净资产收益率(扣除)(%)	–	11.6900	-0.3600	-1.7000	
	净资产收益率(%)	0.3650	16.0220	5.4930	3.8790	
	总资产(万)	19107.49	18421.94	22567.70	23051.21	
	股东权益(万)	7281.57	7254.97	6472.42	6365.15	
	主营业务收入(万)	4280.34	13065.57	3679.56	5932.34	
	主营成本(万)	2453.95	7775.41	1984.96	2966.96	
	营业收入(万)	4315.73	13133.15	3703.95	6008.06	
	营业成本(万)	2466.80	7800.78	1997.12	2991.42	
	投资收益(万)	–	–	–	–	
	利润总额(万)	469.69	2463.58	764.50	718.45	
	净利润(万)	26.60	1162.41	355.52	246.88	

深圳世纪星源股份有限公司

公司概况	公司名称	深圳世纪星源股份有限公司			证券简称	世纪星源
	法人代表	丁芃	董秘	罗晓春	证券代码	000005
	公司网址	www.fountain.com.cn		电子信箱	xiaochun@sfc.com.cn	
	电　　话	0755-82208888		传　　真	0755-82207055	
	办公地址	广东省深圳市人民南路发展中心大厦 13 楼				
	经营范围	交通运输、房地产开发、酒店管理、网络软件、数据服务、商务咨询				
主要财务指标	指标\报告期	2011.06.30	2010.12.31	2010.06.30	2009.12.31	
	每股收益(元)	0.0300	0.0050	-0.0180	-0.0540	
	每股收益(扣除)(元)	-0.0220	0.0008	-0.0170	-0.0530	
	每股净资产(元)	0.7820	0.7530	0.7510	0.7700	
	调整后每股净资产(元)	–	–	–	–	
	每股资本公积金(元)	0.2943	0.2943	0.2943	0.2943	
	每股盈余公积金(元)	0.1635	0.1635	0.1635	0.1635	
	每股未分配利润(元)	-0.5588	-0.5884	-0.6113	-0.5938	
	每股现金净流量(元)	-0.0092	-0.0175	-0.0019	0.0061	
	每股经营现金净流量(元)	0.0167	0.0067	-0.0104	0.0089	
	净资产收益率(扣除)(%)	–	0.1000	–	-6.7100	
	净资产收益率(%)	3.7920	0.7100	-2.3323	-6.9600	
	总资产(万)	129603.91	129565.48	131612.92	131920.39	
	股东权益(万)	71526.73	68814.40	68636.90	70237.72	
	主营业务收入(万)	2910.98	5705.04	2264.19	4265.18	
	主营成本(万)	2146.34	5421.27	1354.13	3378.20	
	营业收入(万)	2910.98	13723.42	2264.19	4319.25	
	营业成本(万)	2146.34	7782.11	1354.13	3475.93	
	投资收益(万)	–	–	–	–	
	利润总额(万)	2712.34	289.28	-1600.82	-4203.59	
	净利润(万)	2712.34	488.86	-1600.82	-4891.95	

深圳市振业(集团)股份有限公司

公司概况	公司名称	深圳市振业(集团)股份有限公司			证券简称	深振业 A
	法人代表	李永明	董秘	彭庆伟	证券代码	000006
	公司网址	www.zhenye.com			电子信箱	szzygp@126.com
	电　话	0755-25863061			传　真	0755-25863012
	办公地址	深圳市罗湖区宝安南路 2014 号振业大厦 B 座 11-17 层				
	经营范围	土地开发、房产销售及租赁、物业管理				

主要财务指标	指标\报告期	2011.06.30	2010.12.31	2010.06.30	2009.12.31
	每股收益(元)	0.1320	0.6330	0.1000	0.4289
	每股收益(扣除)(元)	0.1320	0.6018	0.1010	0.2854
	每股净资产(元)	2.5800	3.2300	2.6500	4.1600
	调整后每股净资产(元)	–	–	–	–
	每股资本公积金(元)	0.6600	0.8468	0.7650	1.4068
	每股盈余公积金(元)	0.5308	0.6900	0.5831	0.8746
	每股未分配利润(元)	0.3901	0.6951	0.2991	0.8737
	每股现金净流量(元)	–0.8648	1.1872	0.3426	1.1940
	每股经营现金净流量(元)	0.7893	1.4286	0.1566	0.7276
	净资产收益率(扣除)(%)	5.1800	20.1000	3.6800	11.7100
	净资产收益率(%)	5.1270	19.5850	4.9120	15.4840
	总资产(万)	789613.75	856830.23	753302.56	727202.75
	股东权益(万)	255249.47	245882.02	201396.83	210737.20
	主营业务收入(万)	106870.64	233873.45	77931.98	184923.58
	主营成本(万)	58787.08	141234.96	48423.05	112912.21
	营业收入(万)	106870.64	233873.45	77931.98	184923.58
	营业成本(万)	58787.08	141234.96	48423.05	112912.21
	投资收益(万)	–	–	–	–
	利润总额(万)	18885.83	63472.13	12197.65	40429.56
	净利润(万)	13086.40	48155.25	9892.83	32630.67

深圳市零七股份有限公司

公司概况	公司名称	深圳市零七股份有限公司			证券简称	ST 零 七
	法人代表	练卫飞	董秘	夏斓	证券代码	000007
	公司网址	--			电子信箱	stock0007@126.com
	电　话	0755-83280053			传　真	0755-83280089
	办公地址	广东省深圳市福田区华强北路现代之窗大厦 A 座 26 楼				
	经营范围	经营范围投资兴办实业;房地产开发与销售;酒店,游服务业;典当业务等				

主要财务指标	指标\报告期	2011.06.30	2010.12.31	2010.06.30	2009.12.31
	每股收益(元)	–0.0040	0.0641	0.0046	0.1604
	每股收益(扣除)(元)	–0.0034	–0.1922	–0.0850	–0.3039
	每股净资产(元)	1.1818	–0.2327	–0.3113	–0.2968
	调整后每股净资产(元)	–	–	–	–
	每股资本公积金(元)	1.5080	0.4192	0.4192	0.4192
	每股盈余公积金(元)	0.0390	0.0487	0.0487	0.0487
	每股未分配利润(元)	–1.3652	–1.7006	–1.7792	–1.7647
	每股现金净流量(元)	0.2526	–0.1170	0.1710	–0.9051
	每股经营现金净流量(元)	–0.3114	0.1507	0.1814	–0.1000
	净资产收益率(扣除)(%)	–7.1000	–	–	–
	净资产收益率(%)	–0.2800	–27.5441	–1.4849	–54.0400
	总资产(万)	33521.10	33242.16	34881.54	36327.16
	股东权益(万)	27294.99	–4304.54	–5758.64	–5490.19
	主营业务收入(万)	7206.09	14031.01	6286.50	13085.04
	主营成本(万)	1460.88	3086.97	1438.96	2874.53
	营业收入(万)	7367.05	14329.21	6457.17	13331.12
	营业成本(万)	1460.92	3169.49	1438.98	2957.36
	投资收益(万)	–	–	–	–
	利润总额(万)	–6.83	2408.63	812.64	2217.33
	净利润(万)	–76.47	1185.65	85.51	2966.90

广东宝利来投资股份有限公司

公司概况	公司名称	广东宝利来投资股份有限公司			证券简称	ST 宝利来
	法人代表	周瑞堂	董秘	邱大庆	证券代码	000008
	公司网址				电子信箱	sqdq@163.com
	电　话	0755-26433212			传　真	0755-26433485
	办公地址	广东省深圳市南山区内环路 5 号锦兴工业小区管理楼二楼				
	经营范围	开发生产加工基地、首期生产经营禽畜、仓储、国内商业、进出口业务等				

主要财务指标	指标\报告期	2011.06.30	2010.12.31	2010.06.30	2009.12.31
	每股收益(元)	–0.0047	0.0121	0.0002	0.0043
	每股收益(扣除)(元)	–0.0039	0.0117	–	–0.0004
	每股净资产(元)	1.0030	1.0076	0.9958	0.9956
	调整后每股净资产(元)	–	–	–	–
	每股资本公积金(元)	0.9788	0.9788	0.9788	0.9788
	每股盈余公积金(元)	0.0608	0.0608	0.0608	0.0608
	每股未分配利润(元)	–1.0366	–1.0320	–1.0438	–1.0440
	每股现金净流量(元)	–0.0729	0.1593	0.1432	–0.0458
	每股经营现金净流量(元)	–0.0687	–0.0057	–0.0267	0.0503
	净资产收益率(扣除)(%)	–0.4640	1.1980	0.0230	0.4300
	净资产收益率(%)	–0.4600	1.2100	0.0200	0.4300
	总资产(万)	7739.29	7793.22	7735.68	7940.80
	股东权益(万)	7387.26	7421.52	7334.18	7332.62
	主营业务收入(万)	942.79	1043.68	505.35	1009.25
	主营成本(万)	787.25	785.59	373.69	756.65
	营业收入(万)	942.79	1043.68	505.35	1009.25
	营业成本(万)	787.25	785.59	373.69	756.65
	投资收益(万)	5.11	3.61	2.41	40.45
	利润总额(万)	–34.26	111.61	2.16	39.34
	净利润(万)	–34.26	88.89	1.69	31.35

中国宝安集团股份有限公司

公司概况	公司名称	中国宝安集团股份有限公司			证券简称	中国宝安
	法人代表	陈政立	董秘	娄兵	证券代码	000009
	公司网址	www.chinabaoan.com			电子信箱	zgbajt@163.net
	电　话	0755-25170336			传　真	0755-25170300
	办公地址	广东省深圳市笋岗东路宝安广场 A 座 28-29 层				
	经营范围	房地产开发经营,投资生物医药等				

主要财务指标	指标\报告期	2011.06.30	2010.12.31	2010.06.30	2009.12.31
	每股收益(元)	0.2000	0.3000	0.1700	0.2300
	每股收益(扣除)(元)	0.1000	0.1300	0.1300	0.0800
	每股净资产(元)	2.4200	2.2900	2.0400	1.8400
	调整后每股净资产(元)	–	–	–	–
	每股资本公积金(元)	0.3735	0.4226	0.2982	0.2416
	每股盈余公积金(元)	0.0939	0.0939	0.0924	0.0924
	每股未分配利润(元)	0.9631	0.7845	0.6613	0.5226
	每股现金净流量(元)	0.0423	0.0561	0.5807	0.8639
	每股经营现金净流量(元)	–0.2346	–0.5376	–0.1466	0.5824
	净资产收益率(扣除)(%)	4.4500	6.7200	–	4.6800
	净资产收益率(%)	8.2220	13.0480	8.5170	12.6000
	总资产(万)	1034088.34	1002464.78	902918.70	750200.97
	股东权益(万)	263479.21	249454.15	222432.73	201100.16
	主营业务收入(万)	177629.60	312146.57	162022.45	324351.97
	主营成本(万)	110109.47	192824.44	92168.69	214351.20
	营业收入(万)	181769.80	321677.72	162591.92	326938.94
	营业成本(万)	111303.91	198229.98	92245.65	215209.98
	投资收益(万)	–	–	10619.95	24579.75
	利润总额(万)	37261.47	55753.50	33580.87	51046.98
	净利润(万)	21662.15	32547.61	18944.00	25345.97

北京深华新股份有限公司

公司概况	公司名称	北京深华新股份有限公司			证券简称	ST 华新
	法人代表	杜小莉	董秘	杨磊	证券代码	000010
	公司网址			电子信箱	szhuaxin@21cn.net	
	电　　话	0755-83276308		传　　真	0755-83256104	
	办公地址	北京市延庆县百泉街10号2栋349室				
	经营范围	高新技术项目的开发及相关产品的技术服务,计算机网络系统工程等				

主要财务指标	指标\报告期	2011.06.30	2010.12.31	2010.06.30	2009.12.31
	每股收益(元)	-0.0300	-0.0100	-0.0200	0.0500
	每股收益(扣除)(元)	-0.0230	-0.0030	-0.0100	-0.0400
	每股净资产(元)	0.2900	0.3200	0.2974	0.3200
	调整后每股净资产(元)	-	-	-	-
	每股资本公积金(元)	0.1441	0.1441	0.1441	0.1441
	每股盈余公积金(元)	0.0172	0.0172	0.0172	0.0172
	每股未分配利润(元)	-0.8825	-0.8543	-0.8712	-0.8472
	每股现金净流量(元)	-0.0753	-0.0376	-0.0430	0.1277
	每股经营现金净流量(元)	-0.0122	-0.0474	-0.0828	0.0779
	净资产收益率(扣除)(%)	-7.6300	-0.9800	-	-13.9800
	净资产收益率(%)	-9.8340	-2.2480	-8.0800	15.6400
	总资产(万)	22405.05	21220.14	21587.06	23185.52
	股东权益(万)	4219.37	4639.70	4372.47	4725.69
	主营业务收入(万)	2535.55	13742.37	4730.67	13503.86
	主营成本(万)	-	9788.04	-	-
	营业收入(万)	3138.37	15186.78	5148.68	14685.25
	营业成本(万)	1928.59	9788.04	3286.96	9836.95
	投资收益(万)	-	-	-59.43	742.95
	利润总额(万)	-665.82	471.80	-261.32	1331.74
	净利润(万)	-414.93	-104.31	-353.22	739.19

深圳市物业发展(集团)股份有限公司

公司概况	公司名称	深圳市物业发展(集团)股份有限公司			证券简称	深物业 A
	法人代表	陈玉刚	董秘	范维平	证券代码	000011
	公司网址	www.szwuye.com.cn		电子信箱	000011touzizhe@163.com	
	电　　话	0755-82211020		传　　真	0755-82210610	
	办公地址	广东省深圳市人民南路国贸大厦39、42层				
	经营范围	房地产开发及商品房销售,商品楼宇的建筑、管理,房屋租赁,建设监理等				

主要财务指标	指标\报告期	2011.06.30	2010.12.31	2010.06.30	2009.12.31
	每股收益(元)	0.5029	0.2936	0.2127	0.1626
	每股收益(扣除)(元)	0.5014	0.2689	0.1973	0.1843
	每股净资产(元)	1.9685	1.4668	1.3221	1.1098
	调整后每股净资产(元)	-	-	-	-
	每股资本公积金(元)	0.1074	0.1074	0.0425	0.0425
	每股盈余公积金(元)	0.1170	0.1170	0.1170	0.1170
	每股未分配利润(元)	0.7528	0.2499	0.1690	-0.0437
	每股现金净流量(元)	-0.1474	-0.4961	-0.2086	0.9369
	每股经营现金净流量(元)	-0.7433	-0.1708	0.0828	1.2746
	净资产收益率(扣除)(%)	25.5450	20.0190	-	17.7600
	净资产收益率(%)	29.2800	23.2700	16.0900	14.6500
	总资产(万)	304245.49	291328.14	276929.41	283441.80
	股东权益(万)	117405.96	87504.77	78795.02	66144.26
	主营业务收入(万)	113506.98	96614.60	68279.60	82086.33
	主营成本(万)	36193.29	66884.28	47948.48	42664.05
	营业收入(万)	114659.17	99317.54	69742.86	84536.69
	营业成本(万)	36402.00	67349.70	48409.49	43185.70
	投资收益(万)	72.89	323.27	216.24	238.17
	利润总额(万)	39611.44	20715.97	15291.06	12729.78
	净利润(万)	29968.89	17499.85	12675.24	9693.40

中国南玻集团股份有限公司

公司概况	公司名称	中国南玻集团股份有限公司			证券简称	南 玻 A
	法人代表	曾南	董秘	吴国斌	证券代码	000012
	公司网址	www.csgholding.com		电子信箱	csg@csgholding.com	
	电　　话	0755-26860666		传　　真	0755-26692755	
	办公地址	广东省深圳市蛇口工业区工业六路一号南玻大厦				
	经营范围	平板玻璃、工程玻璃等节能建筑材料,硅材料、光伏组件等可再生能源产品及精细玻璃等				

主要财务指标	指标\报告期	2011.06.30	2010.12.31	2010.06.30	2009.12.31
	每股收益(元)	0.4000	0.7000	0.3100	0.4000
	每股收益(扣除)(元)	0.3850	0.6700	0.2900	0.4200
	每股净资产(元)	3.1400	3.0700	2.6700	4.3400
	调整后每股净资产(元)	-	-	-	-
	每股资本公积金(元)	0.6386	0.6307	0.6235	1.7386
	每股盈余公积金(元)	0.2440	0.2439	0.2103	0.3571
	每股未分配利润(元)	1.2502	1.1965	0.8347	1.2477
	每股现金净流量(元)	0.0528	0.0118	-0.1135	0.1967
	每股经营现金净流量(元)	0.4541	1.1394	0.4502	1.3649
	净资产收益率(扣除)(%)	11.9500	23.8500	10.8400	17.8700
	净资产收益率(%)	12.8590	22.7920	11.4620	15.6510
	总资产(万)	1408325.20	1246961.92	1105045.73	1091335.00
	股东权益(万)	651416.13	638487.12	554828.28	531552.32
	主营业务收入(万)	441328.11	769797.36	338774.88	524680.87
	主营成本(万)	286393.39	491211.92	219618.83	341219.37
	营业收入(万)	443853.41	774394.17	340506.80	527910.01
	营业成本(万)	287632.44	494364.00	220596.36	343557.47
	投资收益(万)	-	-	-	-
	利润总额(万)	110821.47	186534.67	82927.87	98906.48
	净利润(万)	83764.33	145520.92	63595.16	83194.44

沙河实业股份有限公司

公司概况	公司名称	沙河实业股份有限公司			证券简称	沙河股份
	法人代表	杨建达	董秘	王凡	证券代码	000014
	公司网址	www.shahe.cn		电子信箱	liruimr@21cn.com	
	电　　话	0755-86091298		传　　真	0755-86090688	
	办公地址	广东省深圳市沙河白石洲沙河商城七楼				
	经营范围	房地产开发经营业务;国内商业、物资供销业				

主要财务指标	指标\报告期	2011.06.30	2010.12.31	2010.06.30	2009.12.31
	每股收益(元)	0.0192	0.3500	0.3241	0.3800
	每股收益(扣除)(元)	0.0200	0.3600	0.3262	0.3800
	每股净资产(元)	2.5300	2.5400	2.6000	2.3043
	调整后每股净资产(元)	-	-	-	-
	每股资本公积金(元)	0.0491	0.0491	0.0491	0.0491
	每股盈余公积金(元)	0.6981	0.6278	0.6440	0.4476
	每股未分配利润(元)	0.7815	0.8676	0.9052	0.7279
	每股现金净流量(元)	-0.2412	-0.3517	-0.3816	0.4424
	每股经营现金净流量(元)	-0.3459	0.3341	-0.1147	2.1213
	净资产收益率(扣除)(%)	0.7900	15.1700	13.3100	18.8300
	净资产收益率(%)	0.7600	13.7560	12.4730	17.0410
	总资产(万)	155923.45	158975.54	160285.41	174193.17
	股东权益(万)	51006.07	51324.57	52409.90	44869.72
	主营业务收入(万)	17269.89	72292.68	40044.11	68482.95
	主营成本(万)	9529.52	41625.76	18719.54	33744.93
	营业收入(万)	17728.40	73519.58	40506.06	69389.75
	营业成本(万)	9972.22	42750.32	19159.31	34569.46
	投资收益(万)	-	-	-	-
	利润总额(万)	1848.55	9578.16	9025.38	10055.13
	净利润(万)	387.48	7059.96	6536.96	7646.02

康佳集团股份有限公司

公司概况	公司名称	康佳集团股份有限公司			证券简称	深康佳 A
	法人代表	侯松容	董秘	肖庆	证券代码	000016
	公司网址	www.konka.com		电子信箱	szkonka@konka.com	
	电　话	0755-26608866		传　真	0755-26600082	
	办公地址	广东省深圳市南山区华侨城				
	经营范围	研究开发、生产经营电视机、冰箱、冰柜、洗衣机、日用小家电等				

主要财务指标	指标\报告期	2011.06.30	2010.12.31	2010.06.30	2009.12.31
	每股收益(元)	-0.1620	0.0697	0.0423	0.1260
	每股收益(扣除)(元)	-0.1826	0.0273	0.0296	0.0999
	每股净资产(元)	3.1400	3.3200	3.2500	3.2280
	调整后每股净资产(元)	-	-	-	-
	每股资本公积金(元)	1.0567	1.0567	1.0441	1.0444
	每股盈余公积金(元)	0.6722	0.6722	0.6722	0.6722
	每股未分配利润(元)	0.4067	0.5787	0.5421	0.5190
	每股现金净流量(元)	0.5568	-0.1499	0.1733	-0.0790
	每股经营现金净流量(元)	0.0046	-0.3595	-0.0016	0.2443
	净资产收益率(扣除)(%)	-5.6400	0.8300	0.9100	3.1300
	净资产收益率(%)	-5.1570	2.0990	1.2990	3.9026
	总资产(万)	1727223.05	1646689.56	1337485.79	1356808.31
	股东权益(万)	378122.64	399864.72	391863.83	388642.71
	主营业务收入(万)	681510.91	1696300.67	788914.04	1313114.42
	主营成本(万)	578935.27	1433152.16	667079.26	1067588.46
	营业收入(万)	686510.39	1711145.41	794018.38	1325903.36
	营业成本(万)	583693.20	1444266.61	670025.33	1076973.00
	投资收益(万)	-	-	-	-
	利润总额(万)	-17590.27	8770.70	8029.72	14589.81
	净利润(万)	-19500.09	8394.79	5088.75	15167.07

深圳中华自行车(集团)股份有限公司

公司概况	公司名称	深圳中华自行车(集团)股份有限公司			证券简称	*ST 中华 A
	法人代表	罗桂友	董秘	姚正旺	证券代码	000017
	公司网址	www.cbc.com.cn		电子信箱	cbc@szcbc.com	
	电　话	0755-28181666		传　真	0755-28181009	
	办公地址	广东省深圳市龙华油松工业区中华工业园				
	经营范围	生产装配各种类型的自行车及自行车零件、部件、配件、机械产品等				

主要财务指标	指标\报告期	2011.06.30	2010.12.31	2010.06.30	2009.12.31
	每股收益(元)	0.0475	0.1169	-0.0938	-0.2206
	每股收益(扣除)(元)	-0.0392	-0.0809	-0.0952	-0.2399
	每股净资产(元)	-3.1068	-3.1853	-3.4300	-3.8817
	调整后每股净资产(元)	-	-	-	-
	每股资本公积金(元)	0.8056	0.7747	0.7430	0.9567
	每股盈余公积金(元)	0.0593	0.0593	0.0593	0.0681
	每股未分配利润(元)	-4.9717	-5.0192	-5.2300	-5.9066
	每股现金净流量(元)	0.0046	-0.0081	0.0060	0.0253
	每股经营现金净流量(元)	0.0024	0.0118	0.0104	0.0082
	净资产收益率(扣除)(%)	-	-	-	-
	净资产收益率(%)	-1.5303	-	-2.7366	-5.6828
	总资产(万)	15042.50	13815.81	17013.74	16969.64
	股东权益(万)	-171294.34	-175618.54	-188987.97	-186101.45
	主营业务收入(万)	12623.55	27400.01	11276.45	25051.48
	主营成本(万)	12168.18	26387.31	10870.11	23952.88
	营业收入(万)	13653.76	29902.73	12062.28	26090.81
	营业成本(万)	12670.85	28012.80	11404.56	24869.96
	投资收益(万)	-	-	-	-
	利润总额(万)	2621.31	6447.74	-5166.35	-10616.08
	净利润(万)	2621.31	6447.74	-5171.94	-10575.75

深圳中冠纺织印染股份有限公司

公司概况	公司名称	深圳中冠纺织印染股份有限公司			证券简称	ST 中冠 A
	法人代表	胡永峰	董秘	张金良	证券代码	000018
	公司网址	www.chinaszvo.com		电子信箱	szvo@chinaszvo.com	
	电　话	0755-83668254		传　真	0755-83668427	
	办公地址	深圳市龙岗区葵涌镇白石岗葵鹏路 26 号				
	经营范围	各类纯棉、纯麻、涤棉、麻棉、混纺高档面料以及成衣产品的印染生产、加工和销售业务				

主要财务指标	指标\报告期	2011.06.30	2010.12.31	2010.06.30	2009.12.31
	每股收益(元)	-0.0500	0.0200	0.0300	0.0700
	每股收益(扣除)(元)	-0.0500	0.0200	0.0300	0.0700
	每股净资产(元)	0.7800	0.8500	0.8700	0.8500
	调整后每股净资产(元)	-	-	-	-
	每股资本公积金(元)	0.2345	0.2357	0.2323	0.2323
	每股盈余公积金(元)	0.1579	0.1579	0.1579	0.1579
	每股未分配利润(元)	-0.6320	-0.5833	-0.5756	-0.6076
	每股现金净流量(元)	0.0009	-0.0255	-0.0046	-0.0311
	每股经营现金净流量(元)	0.0048	0.0014	-0.0022	-0.0051
	净资产收益率(扣除)(%)	-	2.6400	-	8.6900
	净资产收益率(%)	-6.2700	2.8706	3.6970	8.4520
	总资产(万)	18429.22	19573.24	20095.15	20131.82
	股东权益(万)	13130.87	14292.95	14642.36	14305.89
	主营业务收入(万)	-	96.10	103.75	1895.05
	主营成本(万)	-	31.70	30.46	1757.09
	营业收入(万)	552.88	935.11	528.06	2751.78
	营业成本(万)	233.14	432.31	236.04	2262.50
	投资收益(万)	-	-	677.97	2163.16
	利润总额(万)	-826.14	232.62	536.50	1166.78
	净利润(万)	-823.25	410.29	541.27	1209.07

深圳市深宝实业股份有限公司

公司概况	公司名称	深圳市深宝实业股份有限公司			证券简称	深深宝 A
	法人代表	郑煜曦	董秘	李亦研	证券代码	000019
	公司网址	www.sbsy.com.cn		电子信箱	lyy@ sbsy.com.cn	
	电　话	0755-82027522		传　真	0755-82027522	
	办公地址	深圳市福田区竹子林四路紫竹七道 26 号教育科技大厦塔楼 20 层南半层(大厦电梯标识 23 层)				
	经营范围	生产食品罐头、饮料、土产品;国内商业、物资供销业等				

主要财务指标	指标\报告期	2011.06.30	2010.12.31	2010.06.30	2009.12.31
	每股收益(元)	0.0242	0.0310	-0.1004	-0.0700
	每股收益(扣除)(元)	-0.0707	-0.2300	-0.1100	-0.0800
	每股净资产(元)	3.5400	1.7900	1.6600	1.7600
	调整后每股净资产(元)	-	-	-	-
	每股资本公积金(元)	3.1260	0.4390	0.4402	0.4429
	每股盈余公积金(元)	0.1784	0.1784	0.1784	0.1784
	每股未分配利润(元)	0.1936	0.1695	0.0378	0.1382
	每股现金净流量(元)	3.0082	-0.2752	-0.1829	0.3744
	每股经营现金净流量(元)	-0.0455	0.0287	-0.0337	0.0094
	净资产收益率(扣除)(%)	-3.9300	-12.9800	-	-4.2700
	净资产收益率(%)	0.4960	1.7500	-6.0600	-4.0320
	总资产(万)	116553.55	65846.88	64998.55	62335.68
	股东权益(万)	88729.26	32509.21	30135.11	32009.63
	主营业务收入(万)	13991.95	22913.82	9803.11	18328.72
	主营成本(万)	11199.71	17738.23	7502.14	13663.06
	营业收入(万)	13992.30	22979.74	9803.11	18414.22
	营业成本(万)	11220.91	17746.44	7510.64	13663.06
	投资收益(万)	-	-	-1205.21	490.76
	利润总额(万)	873.34	1116.50	-1716.83	-872.66
	净利润(万)	439.64	568.76	-1826.35	-1290.51

深圳中恒华发股份有限公司

公司概况	公司名称	深圳中恒华发股份有限公司			证券简称	深华发A
	法人代表	李中秋	董秘	江艳军	证券代码	000020
	公司网址	www.hwafa.com		电子信箱	hwafainvestor@126.com	
	电　话	0755-83352206		传　真	0755-83323160	
	办公地址	广东省深圳市福田区华发北路411栋东座六层				
	经营范围	生产经营各种彩色电视机、液晶显示器、液晶显示屏、收录机、音响设备等				

主要财务指标	指标\报告期	2011.06.30	2010.12.31	2010.06.30	2009.12.31
	每股收益(元)	0.0330	0.0324	0.0370	0.0147
	每股收益(扣除)(元)	0.0330	0.0397	0.0360	0.0167
	每股净资产(元)	0.9700	0.9400	0.9510	0.8900
	调整后每股净资产(元)	–	–	–	–
	每股资本公积金(元)	0.3867	0.3867	0.3675	0.3675
	每股盈余公积金(元)	0.2733	0.2733	0.2733	0.2733
	每股未分配利润(元)	–0.6858	–0.7186	–0.6897	–0.7510
	每股现金净流量(元)	–0.0146	0.1677	0.3581	0.0487
	每股经营现金净流量(元)	–0.0532	0.2006	0.1048	–0.3519
	净资产收益率(扣除)(%)	3.4400	4.3900	3.9600	1.8900
	净资产收益率(%)	3.3650	3.5800	6.4500	1.6500
	总资产(万)	84807.12	72589.43	81792.30	75677.98
	股东权益(万)	27584.54	26656.46	26933.94	25196.39
	主营业务收入(万)	–	70339.25	36640.54	46472.42
	主营成本(万)	–	66232.77	32624.79	44211.95
	营业收入(万)	46149.89	74558.01	36640.54	50826.28
	营业成本(万)	41689.19	66673.34	32624.79	45088.58
	投资收益(万)	–	–	–	–
	利润总额(万)	1106.67	1250.48	1029.24	714.33
	净利润(万)	928.07	917.73	1047.32	415.46

深圳长城开发科技股份有限公司

公司概况	公司名称	深圳长城开发科技股份有限公司			证券简称	长城开发
	法人代表	谭文鋕	董秘	葛伟强	证券代码	000021
	公司网址	www.kaifa.com.cn		电子信箱	stock@kaifa.cn	
	电　话	0755-83200095		传　真	0755-83275075	
	办公地址	深圳市福田区彩田路7006号				
	经营范围	开发,生产,经营计算机软,硬件系统及其外部设备,通讯设备,电子仪器仪表等				

主要财务指标	指标\报告期	2011.06.30	2010.12.31	2010.06.30	2009.12.31
	每股收益(元)	0.0810	0.2913	0.1365	0.1960
	每股收益(扣除)(元)	0.0810	0.2204	0.1339	0.1863
	每股净资产(元)	3.0287	3.1707	2.8500	4.1283
	调整后每股净资产(元)	–	–	–	–
	每股资本公积金(元)	0.3713	0.4347	0.2481	0.5298
	每股盈余公积金(元)	0.7467	0.7467	0.7467	1.1201
	每股未分配利润(元)	0.9327	1.0017	0.8469	1.4657
	每股现金净流量(元)	0.1525	–0.1549	0.1192	0.1949
	每股经营现金净流量(元)	0.0556	0.0867	0.1479	0.5613
	净资产收益率(扣除)(%)	2.5000	7.7800	4.7500	6.8800
	净资产收益率(%)	2.6750	9.1860	4.7950	7.1230
	总资产(万)	759621.56	666653.81	592630.96	542829.46
	股东权益(万)	399566.92	418303.63	375582.69	363089.79
	主营业务收入(万)	942909.35	2071727.81	1024149.45	1335396.82
	主营成本(万)	920039.84	2022820.85	999155.02	1288015.21
	营业收入(万)	946254.92	2077154.10	1026454.81	1340531.29
	营业成本(万)	922616.70	2077154.10	1000711.30	1291502.32
	投资收益(万)	–	–	–	–
	利润总额(万)	11925.72	39972.14	21220.10	31039.05
	净利润(万)	10688.69	38425.79	18007.63	25861.99

深圳赤湾港航股份有限公司

公司概况	公司名称	深圳赤湾港航股份有限公司			证券简称	深赤湾A
	法人代表	郑少平	董秘	裴姜媛	证券代码	000022
	公司网址	www.szcwh.com		电子信箱	cwh@cndi.com	
	电　话	0755-26694222		传　真	0755-26684117	
	办公地址	广东省深圳市南山区赤湾石油大厦13楼				
	经营范围	港口装卸、堆存、运输、代理及其他业务				

主要财务指标	指标\报告期	2011.06.30	2010.12.31	2010.06.30	2009.12.31
	每股收益(元)	0.4010	0.9250	0.4790	
	每股收益(扣除)(元)	0.4000	0.9230	0.4760	0.6500
	每股净资产(元)	4.9990	5.0240	4.5780	0.6400
	调整后每股净资产(元)	–	–	–	4.4250
	每股资本公积金(元)	0.2631	0.2247	0.2243	–
	每股盈余公积金(元)	0.6540	0.5949	0.5949	0.2255
	每股未分配利润(元)	3.1023	3.2256	2.7793	0.5508
	每股现金净流量(元)	0.2194	0.0630	0.5691	2.6692
	每股经营现金净流量(元)	0.4674	1.4375	0.5856	0.1545
	净资产收益率(扣除)(%)	–	19.6500	10.2100	1.1268
	净资产收益率(%)	8.0160	18.4200	10.4700	14.8500
	总资产(万)	677316.09	620218.47	593278.69	14.6816
	股东权益(万)	322288.61	323954.91	295157.93	552787.36
	主营业务收入(万)	81366.87	168923.93	80992.21	285298.28
	主营成本(万)	35420.41	73303.65	33301.31	141858.54
	营业收入(万)	84498.36	174041.77	83376.19	67106.83
	营业成本(万)	35980.91	74231.23	33689.01	146543.45
	投资收益(万)	–	–	–	68161.53
	利润总额(万)	40329.71	96441.50	49345.17	–
	净利润(万)	25835.74	59668.02	30896.35	67990.01

深圳市天地(集团)股份有限公司

公司概况	公司名称	深圳市天地(集团)股份有限公司			证券简称	深天地A
	法人代表	杨国富	董秘	侯剑	证券代码	000023
	公司网址	www.000023.cn		电子信箱	std000023@vip.163.com	
	电　话	0755-86154212		传　真	0755-86154040	
	办公地址	广东省深圳市南山区高新技术产业园(北区)朗山路东物商业大楼10楼				
	经营范围	商品混凝土及其原材料的生产、销售;水泥制品的生产、销售等				

主要财务指标	指标\报告期	2011.06.30	2010.12.31	2010.06.30	2009.12.31
	每股收益(元)	0.0064	0.0948	–0.0215	0.1727
	每股收益(扣除)(元)	0.0005	0.0447	–0.0289	0.1336
	每股净资产(元)	2.2900	2.2500	2.1500	2.2000
	调整后每股净资产(元)	–	–	–	–
	每股资本公积金(元)	0.6526	0.6120	0.6120	0.6120
	每股盈余公积金(元)	0.2685	0.2685	0.2685	0.2685
	每股未分配利润(元)	0.3735	0.3671	0.2701	0.3173
	每股现金净流量(元)	0.4587	–0.0088	0.0379	0.0864
	每股经营现金净流量(元)	0.0439	0.9134	0.3387	0.6274
	净资产收益率(扣除)(%)	0.0200	2.0100	–1.3100	6.1700
	净资产收益率(%)	0.2790	4.2160	–1.0000	7.8600
	总资产(万)	100563.73	93852.13	98394.49	107185.99
	股东权益(万)	31839.59	31187.53	29840.59	30495.71
	主营业务收入(万)	31718.60	91092.25	41322.99	77304.83
	主营成本(万)	27793.24	77840.35	36890.88	65559.73
	营业收入(万)	32764.17	91961.44	41740.30	78013.12
	营业成本(万)	28272.82	78149.50	37127.29	66033.13
	投资收益(万)	–	–	–	–
	利润总额(万)	332.18	2729.58	133.23	2259.01
	净利润(万)	88.86	1314.83	–298.25	2395.87

招商局地产控股股份有限公司

公司概况						
	公司名称	招商局地产控股股份有限公司			证券简称	招商地产
	法人代表	林少斌	董秘	刘宁	证券代码	000024
	公司网址	www.cmpd.cn		电子信箱	investor@cmpd.cn	
	电　话	0755-26819600		传　真	0755-26818666	
	办公地址	深圳南山区蛇口工业区兴华路6号南海意库3号楼				
	经营范围	房地产开发经营、科研技术服务、兴办实业				

主要财务指标	指标\报告期	2011.06.30	2010.12.31	2010.06.30	2009.12.31
	每股收益(元)	0.8600	1.1700	0.6100	0.9600
	每股收益(扣除)(元)	0.8600	1.1700	0.6100	0.9600
	每股净资产(元)	11.3400	10.6000	10.0000	9.4800
	调整后每股净资产(元)	–	–	–	–
	每股资本公积金(元)	4.9373	4.9406	4.9422	4.9426
	每股盈余公积金(元)	0.5238	0.5238	0.4576	0.4576
	每股未分配利润(元)	4.7769	4.0418	3.5482	3.0367
	每股现金净流量(元)	–0.5865	0.0809	0.8966	0.8255
	每股经营现金净流量(元)	–1.7615	–2.5891	–1.1638	4.1080
	净资产收益率(扣除)(%)	7.7700	11.6200	–	10.6100
	净资产收益率(%)	7.5430	11.0470	6.1100	10.1000
	总资产(万)	6570324.69	5981824.08	5178564.49	4789716.05
	股东权益(万)	1946879.01	1820743.18	1717948.18	1627873.68
	主营业务收入(万)	809148.51	1378242.52	698039.49	1013328.32
	主营成本(万)	424142.17	830037.99	412722.14	595960.89
	营业收入(万)	809148.51	1378242.52	698115.39	1013770.10
	营业成本(万)	424142.17	830037.99	412736.37	596173.82
	投资收益(万)	–	–	2545.40	30456.96
	利润总额(万)	240646.50	327212.38	183366.85	227373.00
	净利润(万)	146858.74	201139.72	105017.93	164414.39

深圳市特力(集团)股份有限公司

公司概况						
	公司名称	深圳市特力(集团)股份有限公司			证券简称	特力A
	法人代表	张瑞理	董秘	郭东日	证券代码	000025
	公司网址	www.tellus.cn		电子信箱	guodongri@yahoo.com.cn	
	电　话	0755-83989328		传　真	0755-83989399	
	办公地址	广东省深圳市福田区深南中路中核大厦十五楼				
	经营范围	投资兴办实业;经营在已合法取得的土地使用权范围内的房地产开发				

主要财务指标	指标\报告期	2011.06.30	2010.12.31	2010.06.30	2009.12.31
	每股收益(元)	0.0020	0.0163	0.0050	0.0286
	每股收益(扣除)(元)	0.0027	0.0149	0.0040	–0.0254
	每股净资产(元)	0.7980	0.7960	0.7780	0.7760
	调整后每股净资产(元)	–	–	–	–
	每股资本公积金(元)	0.0393	0.0392	0.0335	0.0356
	每股盈余公积金(元)	0.0134	0.0134	0.0134	0.0134
	每股未分配利润(元)	–0.2546	–0.2569	–0.2691	–0.2732
	每股现金净流量(元)	–0.0433	–0.0375	–0.1111	0.1485
	每股经营现金净流量(元)	0.0308	0.0324	–0.0896	0.1202
	净资产收益率(扣除)(%)	0.3400	1.9000	0.5300	–3.3500
	净资产收益率(%)	0.2860	2.0450	0.6410	3.6900
	总资产(万)	58337.60	59955.60	59428.42	61148.71
	股东权益(万)	17580.13	17527.46	17132.43	17089.40
	主营业务收入(万)	17655.28	38149.46	19698.14	42798.25
	主营成本(万)	14334.68	31893.29	16346.59	36063.16
	营业收入(万)	17804.72	38634.84	19832.32	43267.64
	营业成本(万)	14420.33	32083.76	16425.97	36288.39
	投资收益(万)	–	–	–	–
	利润总额(万)	57.82	327.63	216.29	864.31
	净利润(万)	50.23	358.44	109.87	630.60

飞亚达(集团)股份有限公司

公司概况						
	公司名称	飞亚达(集团)股份有限公司			证券简称	飞亚达A
	法人代表	吴光权	董秘	陈立彬	证券代码	000026
	公司网址	www.fiytagroup.com		电子信箱	investor@fiyta.com.cn	
	电　话	0755-86013669		传　真	0755-83348369	
	办公地址	广东省深圳市南山区高新南一道飞亚达科技大厦20楼				
	经营范围	生产经营各种指针式石英表及其机芯、零部件、各种计时仪器等				

主要财务指标	指标\报告期	2011.06.30	2010.12.31	2010.06.30	2009.12.31
	每股收益(元)	0.2190	0.3770	0.1710	0.2810
	每股收益(扣除)(元)	0.2220	0.3230	0.1480	0.2290
	每股净资产(元)	3.3750	4.5100	3.0370	2.8670
	调整后每股净资产(元)	–	–	–	–
	每股资本公积金(元)	1.3509	2.2933	0.7695	0.7695
	每股盈余公积金(元)	0.3082	0.4315	0.4651	0.4651
	每股未分配利润(元)	0.7140	0.7931	0.8061	0.6360
	每股现金净流量(元)	–0.8022	1.8455	0.0508	–0.0503
	每股经营现金净流量(元)	–0.2633	–0.3510	0.0035	0.3330
	净资产收益率(扣除)(%)	6.8400	10.7700	–	8.3700
	净资产收益率(%)	6.4870	7.4240	5.6000	9.8020
	总资产(万)	243020.10	243653.91	163998.50	152393.70
	股东权益(万)	132548.64	126599.66	75719.30	71480.85
	主营业务收入(万)	122345.71	176841.39	80487.56	122918.60
	主营成本(万)	81771.62	120415.74	56308.41	82284.63
	营业收入(万)	123201.07	178075.44	81081.19	123739.79
	营业成本(万)	82048.67	120877.47	56530.71	82881.28
	投资收益(万)	–	–	–	1052.66
	利润总额(万)	10396.90	11349.32	5195.74	8533.61
	净利润(万)	8599.01	9399.02	4239.95	7006.72

深圳能源集团股份有限公司

公司概况						
	公司名称	深圳能源集团股份有限公司			证券简称	深圳能源
	法人代表	高自民	董秘	秦飞	证券代码	000027
	公司网址	www.sec.com.cn		电子信箱	ir@sec.com.cn	
	电　话	0755-83684138		传　真	0755-83684128	
	办公地址	广东省深圳市福田区深南中路2068号华能大厦5,33,35-36,38-41层				
	经营范围	公司主营电力生产				

主要财务指标	指标\报告期	2011.06.30	2010.12.31	2010.06.30	2009.12.31
	每股收益(元)	0.2600	0.6400	0.3300	0.9100
	每股收益(扣除)(元)	0.2435	0.5700	0.3400	0.6800
	每股净资产(元)	5.3800	5.2100	5.9900	5.9400
	调整后每股净资产(元)	–	–	–	–
	每股资本公积金(元)	1.7081	2.2540	2.2373	2.2635
	每股盈余公积金(元)	0.8854	1.0625	1.0050	1.0050
	每股未分配利润(元)	1.8161	1.9658	1.7632	1.6868
	每股现金净流量(元)	1.0589	–0.4237	0.0897	–0.2490
	每股经营现金净流量(元)	0.5649	1.1583	0.7020	1.3843
	净资产收益率(扣除)(%)	4.5700	9.3300	5.7400	12.2900
	净资产收益率(%)	4.8700	10.1890	6.6500	15.3210
	总资产(万)	3276138.85	2906995.93	3015660.47	3024983.87
	股东权益(万)	1421711.92	1377752.54	1318437.03	1307364.50
	主营业务收入(万)	657242.13	1202586.88	591823.08	1098951.62
	主营成本(万)	–	1022076.95	491442.89	821334.82
	营业收入(万)	664138.34	1246471.11	613653.84	1138867.31
	营业成本(万)	552642.72	1051101.70	491442.89	840877.13
	投资收益(万)	–	–	–	–
	利润总额(万)	104647.60	197752.24	127359.41	283129.28
	净利润(万)	69241.43	140374.04	88467.88	200299.25

深圳一致药业股份有限公司

公司概况	公司名称	深圳一致药业股份有限公司			证券简称	一致药业
	法人代表	施金明	董秘	陈常兵	证券代码	000028
	公司网址	www.szaccord.com.cn		电子信箱	0028@szaccord.com.cn	
	电　话	0755-25875195		传　真	0755-25875147	
	办公地址	广东省深圳市福田区八卦四路15号一致药业大厦				
	经营范围	中成药,化学原料药,化学药制剂,抗生素原料药,抗生素制剂等				

主要财务指标	指标\报告期	2011.06.30	2010.12.31	2010.06.30	2009.12.31
	每股收益(元)	0.5700	0.9100	0.4100	0.6700
	每股收益(扣除)(元)	0.5264	0.8500	0.3930	0.6600
	每股净资产(元)	4.1100	3.6500	3.1770	2.9400
	调整后每股净资产(元)	–	–	–	–
	每股资本公积金(元)	0.0175	0.0175	0.0175	0.1096
	每股盈余公积金(元)	0.1388	0.1388	0.0610	0.0610
	每股未分配利润(元)	2.9554	2.4960	2.0986	1.7696
	每股现金净流量(元)	0.7244	0.3475	0.0393	0.6731
	每股经营现金净流量(元)	0.3737	1.4859	0.7293	0.9504
	净资产收益率(扣除)(%)	13.3600	25.5600	12.4900	25.5800
	净资产收益率(%)	13.9380	24.8120	13.2850	22.7651
	总资产(万)	696806.95	630679.30	574101.93	526834.02
	股东权益(万)	118475.88	105237.03	91547.22	84720.99
	主营业务收入(万)	716347.34	1297318.54	618685.81	1092853.65
	主营成本(万)	650987.28	1188773.01	565530.38	1001066.25
	营业收入(万)	719537.24	1306442.81	623682.75	1099707.49
	营业成本(万)	651974.03	1192565.55	567583.54	1004120.78
	投资收益(万)	–	–	–	–
	利润总额(万)	21771.78	33981.24	16428.53	26094.13
	净利润(万)	16513.64	26111.67	11938.71	19286.82

深圳经济特区房地产(集团)股份有限公司

公司概况	公司名称	深圳经济特区房地产(集团)股份有限公司			证券简称	深深房A
	法人代表	周建国	董秘	陈继	证券代码	000029
	公司网址	www.sfjt.com.cn		电子信箱	spg@163.net	
	电　话	0755-82293000 4718		传　真	0755-82294024	
	办公地址	广东省深圳市人民南路深房广场46-48楼				
	经营范围	房地产开发及商品房销售、物业租赁及管理、建筑装饰安装、商品零售及贸易等				

主要财务指标	指标\报告期	2011.06.30	2010.12.31	2010.06.30	2009.12.31
	每股收益(元)	0.0636	0.0838	0.0634	0.0200
	每股收益(扣除)(元)	0.0626	0.0726	0.0538	0.0130
	每股净资产(元)	1.4763	1.4114	1.2779	1.3300
	调整后每股净资产(元)	–	–	–	–
	每股资本公积金(元)	0.9670	0.9670	0.9670	0.9670
	每股盈余公积金(元)	0.0049	0.0049	0.0049	0.0049
	每股未分配利润(元)	–0.5070	–0.5705	–0.7089	–0.6543
	每股现金净流量(元)	0.0288	–0.0035	–0.0604	0.0750
	每股经营现金净流量(元)	0.0834	–0.1770	–0.0659	–0.4074
	净资产收益率(扣除)(%)	4.3400	5.3000	3.9700	0.9900
	净资产收益率(%)	4.3050	5.9360	4.9610	1.5030
	总资产(万)	333418.99	337909.02	325198.70	336111.03
	股东权益(万)	149353.30	142787.19	129281.53	134354.12
	主营业务收入(万)	55131.68	99682.74	51432.51	65920.23
	主营成本(万)	–	–	–	–
	营业收入(万)	55391.98	102105.57	51882.67	75018.22
	营业成本(万)	38169.95	67273.56	33848.60	53432.62
	投资收益(万)	–	–	–	–
	利润总额(万)	8283.10	11191.67	7812.98	3618.03
	净利润(万)	6430.09	8476.02	6410.99	2019.92

广东盛润集团股份有限公司

公司概况	公司名称	广东盛润集团股份有限公司			证券简称	*ST盛润A
	法人代表	王建宇	董秘	魏传义	证券代码	000030
	公司网址			电子信箱	lionda@mailcenter.com.cn	
	电　话	0755-83877511 83875531		传　真	0755-83875212	
	办公地址	广东省深圳市福田区泰然大道劲松大厦5D				
	经营范围	印刷包装及物业经营与管理				

主要财务指标	指标\报告期	2011.06.30	2010.12.31	2010.06.30	2009.12.31
	每股收益(元)	5.0526	–1.3579	–0.0400	0.0281
	每股收益(扣除)(元)	–0.0277	–0.0830	–0.0430	–0.0927
	每股净资产(元)	0.0013	–7.3000	–5.9900	–5.9500
	调整后每股净资产(元)	–	–	–	–
	每股资本公积金(元)	3.5724	1.3212	1.3212	1.3212
	每股盈余公积金(元)	0.4795	0.4795	0.4795	0.4795
	每股未分配利润(元)	–5.0507	–10.1033	–8.7900	–8.7469
	每股现金净流量(元)	–0.0004	0.0007	0.0011	–0.0000
	每股经营现金净流量(元)	–0.0004	0.0007	0.0007	–0.0006
	净资产收益率(扣除)(%)	0.3800	1.3900	–	1.5500
	净资产收益率(%)	395008.4400	–	–0.7180	–0.4725
	总资产(万)	7027.08	7392.01	4204.11	4189.14
	股东权益(万)	36.89	–210620.46	–172741.65	–171500.96
	主营业务收入(万)	–	–	–	–
	主营成本(万)	–	–	–	–
	营业收入(万)	10.90	148.04	109.67	185.40
	营业成本(万)	–	2546.37	–	3592.10
	投资收益(万)	–	–	–	–
	利润总额(万)	145727.42	–39165.85	–1240.69	810.27
	净利润(万)	145727.42	–39165.85	–1240.69	810.27

中粮地产(集团)股份有限公司

公司概况	公司名称	中粮地产(集团)股份有限公司			证券简称	中粮地产
	法人代表	周政	董秘	厉辉	证券代码	000031
	公司网址	www.cofco-property.cn		电子信箱	cofco-property@cofco.com	
	电　话	0755-23999000 23999288		传　真	0755-23999299	
	办公地址	广东省深圳市福田区福华一路1号大中华国际交易广场35层				
	经营范围	房地产开发经营、国内商业、物资供销业、建筑技术咨询、进出口贸易等				

主要财务指标	指标\报告期	2011.06.30	2010.12.31	2010.06.30	2009.12.31
	每股收益(元)	0.0600	0.2600	0.0420	0.2500
	每股收益(扣除)(元)	–0.0150	0.0900	0.0350	0.1900
	每股净资产(元)	2.5200	2.8500	2.8300	3.3600
	调整后每股净资产(元)	–	–	–	–
	每股资本公积金(元)	0.6214	0.8211	1.2186	1.7342
	每股盈余公积金(元)	0.1789	0.1789	0.1262	0.1302
	每股未分配利润(元)	0.7170	0.8508	0.4859	0.4988
	每股现金净流量(元)	–0.8287	0.5861	–0.2620	0.0627
	每股经营现金净流量(元)	–1.3104	–1.9810	–0.5634	0.0820
	净资产收益率(扣除)(%)	–0.5600	2.8500	1.0700	9.3900
	净资产收益率(%)	2.3930	9.9170	1.4350	7.2981
	总资产(万)	2159516.11	2080849.28	1379449.93	1430020.94
	股东权益(万)	456742.76	517218.10	513492.70	610049.39
	主营业务收入(万)	160230.41	210206.79	66208.29	266530.75
	主营成本(万)	92801.55	112078.94	43028.28	165462.15
	营业收入(万)	160741.53	211357.25	67156.41	267466.86
	营业成本(万)	92823.50	112228.46	43342.85	165992.85
	投资收益(万)	–	–	–	–
	利润总额(万)	34236.50	74497.96	10384.40	63668.93
	净利润(万)	10927.70	46397.53	7602.36	44521.74

深圳市桑达实业股份有限公司

公司概况	公司名称	深圳市桑达实业股份有限公司			证券简称	深桑达 A
	法人代表	张永平	董秘	林卫	证券代码	000032
	公司网址	www.sedind.com		电子信箱	sed@sedind.com	
	电　话	0755-86316073		传　真	0755-86316006	
	办公地址	广东省深圳市南山区科技园科技路 1 号桑达科技大厦 15-17 层				
	经营范围	电子设备、电子器件、电子消费通信产品及房地产开发等				

主要财务指标	指标\报告期	2011.06.30	2010.12.31	2010.06.30	2009.12.31
	每股收益(元)	0.0700	0.1230	0.0500	0.1750
	每股收益(扣除)(元)	0.0700	0.0690	-	0.0340
	每股净资产(元)	3.0900	3.1400	3.0800	3.1900
	调整后每股净资产(元)	-	-	-	-
	每股资本公积金(元)	0.8905	1.0708	0.9527	1.0128
	每股盈余公积金(元)	0.7832	0.6871	0.6679	0.5332
	每股未分配利润(元)	0.4016	0.5093	0.4552	0.6407
	每股现金净流量(元)	-0.4424	-0.2808	-0.0592	0.8017
	每股经营现金净流量(元)	-0.1591	0.0379	0.1032	0.8799
	净资产收益率(扣除)(%)	2.0100	2.1600	-0.0300	1.0500
	净资产收益率(%)	2.2190	3.9140	1.5950	5.4800
	总资产(万)	163617.08	178750.67	151319.02	143826.73
	股东权益(万)	71848.00	76280.67	71781.00	74350.63
	主营业务收入(万)	91283.01	147822.93	59055.20	123547.00
	主营成本(万)	76503.75	121775.32	50887.80	97251.89
	营业收入(万)	91830.84	149485.09	60143.26	124668.52
	营业成本(万)	76919.10	122809.12	51841.63	98257.63
	投资收益(万)	-	-	-	-
	利润总额(万)	3415.35	6677.15	1957.01	6966.59
	净利润(万)	1594.59	2865.22	1076.13	4074.89

深圳新都酒店股份有限公司

公司概况	公司名称	深圳新都酒店股份有限公司			证券简称	新都酒店
	法人代表	李聚全	董秘	张静	证券代码	000033
	公司网址	www.szcenturyplaza.com		电子信箱	szcph@szcphhotel.com	
	电　话	0755-82320888 382		传　真	0755-82344699	
	办公地址	广东省深圳市春风路一号新都酒店 3 楼				
	经营范围	酒店及其附属设施等				

主要财务指标	指标\报告期	2011.06.30	2010.12.31	2010.06.30	2009.12.31
	每股收益(元)	-0.0123	0.0127	-0.0219	-0.0673
	每股收益(扣除)(元)	-0.0123	-0.0111	-0.0219	-0.0728
	每股净资产(元)	0.8713	0.8836	0.8390	0.8709
	调整后每股净资产(元)	-	-	-	-
	每股资本公积金(元)	0.3045	0.3045	0.3045	0.3045
	每股盈余公积金(元)	0.0298	0.0298	0.0298	0.0298
	每股未分配利润(元)	-0.4631	-0.4508	-0.4949	-0.4634
	每股现金净流量(元)	-0.1865	0.1510	0.1205	0.1089
	每股经营现金净流量(元)	0.0533	0.0929	0.0219	0.0035
	净资产收益率(扣除)(%)	-1.4100	-1.2600	-2.4800	-8.1100
	净资产收益率(%)	-1.4110	1.4330	-2.6100	-7.7250
	总资产(万)	51735.44	52708.27	51834.69	49926.46
	股东权益(万)	28699.74	29104.73	27651.99	28687.73
	主营业务收入(万)	3257.75	6896.18	3156.68	6179.69
	主营成本(万)	1821.96	3509.66	1698.30	3499.87
	营业收入(万)	3887.99	7149.99	3203.42	6195.72
	营业成本(万)	1821.96	3509.66	1698.30	3499.87
	投资收益(万)	-	-	-	-
	利润总额(万)	-404.99	397.69	-722.05	-2404.16
	净利润(万)	-404.99	416.99	-722.05	-2216.19

深圳市深信泰丰(集团)股份有限公司

公司概况	公司名称	深圳市深信泰丰(集团)股份有限公司			证券简称	*ST 深泰
	法人代表	晏群	董秘	张小立	证券代码	000034
	公司网址			电子信箱	xlzh1123@126.com	
	电　话	0755-27596453 27596457		传　真	0755-27596456	
	办公地址	深圳市宝安区宝城 23 区大宝路风采轩				
	经营范围	通讯开发生产与销售业务,饲料生产,禽类饲养业务,房地产业,物业管理等业务				

主要财务指标	指标\报告期	2011.06.30	2010.12.31	2010.06.30	2009.12.31
	每股收益(元)	0.0280	1.3900	0.0010	0.3700
	每股收益(扣除)(元)	0.0134	0.0100	0.0004	-0.0600
	每股净资产(元)	0.2100	0.1800	-2.2600	-2.2600
	调整后每股净资产(元)	-	-	-	-
	每股资本公积金(元)	1.7878	1.7878	0.7340	0.7340
	每股盈余公积金(元)	0.1836	0.1836	0.1836	0.1836
	每股未分配利润(元)	-2.7591	-2.7870	-4.1772	-4.1785
	每股现金净流量(元)	-0.0457	0.1098	-0.0271	-0.0082
	每股经营现金净流量(元)	-0.0263	0.1127	-0.0252	0.0007
	净资产收益率(扣除)(%)	14.0500	754.1080	-	-2.7300
	净资产收益率(%)	14.0500	134.0400	0.0600	-
	总资产(万)	17417.70	18888.76	14864.20	15079.24
	股东权益(万)	7604.23	6605.71	-80886.82	-80933.95
	主营业务收入(万)	-	39536.80	17979.22	33414.27
	主营成本(万)	-	32752.27	14620.07	27631.71
	营业收入(万)	21885.47	40216.28	17979.22	33936.56
	营业成本(万)	18133.02	33116.92	14620.07	27982.92
	投资收益(万)	-	7.00	7.00	13942.13
	利润总额(万)	1067.95	49932.09	79.42	12385.16
	净利润(万)	998.52	49814.22	47.13	13340.36

中国科健股份有限公司

公司概况	公司名称	中国科健股份有限公司			证券简称	ST 科健
	法人代表	洪和良	董秘	李卫民	证券代码	000035
	公司网址	www.chinakejian.net		电子信箱	cnfnp@chinakejian.net	
	电　话	0755-26692595		传　真	0755-26695940	
	办公地址	深圳市南山区蛇口南海大道 1065 号南山大厦南座 700A				
	经营范围	自营本公司自产产品出口和生产所需原辅材料、机械设备及零配件的进口业务等				

主要财务指标	指标\报告期	2011.06.30	2010.12.31	2010.06.30	2009.12.31
	每股收益(元)	-0.0800	0.3100	-0.0900	-0.1200
	每股收益(扣除)(元)	-0.1188	-0.2200	-0.1400	-0.2000
	每股净资产(元)	-8.0800	-8.0000	-8.4100	-8.3100
	调整后每股净资产(元)	-	-	-	-
	每股资本公积金(元)	0.5749	0.5749	0.5749	0.5749
	每股盈余公积金(元)	0.1136	0.1136	0.1136	0.1136
	每股未分配利润(元)	-9.7728	-9.6889	-10.0989	-10.0007
	每股现金净流量(元)	0.0001	-0.0002	0.0001	-0.0004
	每股经营现金净流量(元)	0.0001	-0.0002	0.0001	-0.0003
	净资产收益率(扣除)(%)	-	-	-	-
	净资产收益率(%)	-1.0377	-3.8981	-1.0167	-1.4398
	总资产(万)	61828.53	59520.99	57818.56	54947.57
	股东权益(万)	-121270.42	-120011.97	-126163.25	-124690.18
	主营业务收入(万)	-	-	-	1.54
	主营成本(万)	-	-	-	-
	营业收入(万)	266.60	528.47	258.58	564.77
	营业成本(万)	131.55	301.14	127.35	233.20
	投资收益(万)	-	-	-	-
	利润总额(万)	-1258.45	4678.13	-1282.66	-1795.56
	净利润(万)	-1258.45	4678.21	-1282.66	-1795.24

华联控股股份有限公司

公司概况	公司名称	华联控股股份有限公司	证券简称	华联控股
	法人代表	董炳根　董秘　孔庆富	证券代码	000036
	公司网址	www.udcgroup.com	电子信箱	hlkg000036@udcgroup.com
	电　话	0755-83667450	传　真	0755-83667583
	办公地址	深圳市深南中路2008号华联大厦11层		
	经营范围	投资兴办实业;生产经营各种布料、服装、化纤和纺织机械;国内商业等		

主要财务指标 指标\报告期	2011.06.30	2010.12.31	2010.06.30	2009.12.31
每股收益(元)	0.0462	0.2053	0.0351	0.2505
每股收益(扣除)(元)	0.0457	0.2038	0.0351	0.2512
每股净资产(元)	1.5400	1.4900	1.3200	1.3000
调整后每股净资产(元)	–	–	–	–
每股资本公积金(元)	0.1501	0.1507	0.1518	0.1680
每股盈余公积金(元)	0.0857	0.0857	0.0857	0.0857
每股未分配利润(元)	0.3010	0.2548	0.0846	0.0495
每股现金净流量(元)	–0.2580	0.3127	0.2715	0.3959
每股经营现金净流量(元)	–0.2788	0.9344	0.6818	0.8520
净资产收益率(扣除)(%)	3.0200	14.5900	2.6600	21.5500
净资产收益率(%)	3.0040	13.7700	2.6500	19.2202
总资产(万)	384952.42	417515.63	354942.39	311801.20
股东权益(万)	172718.25	167595.31	148575.96	146460.53
主营业务收入(万)	31044.28	109973.80	20014.47	190756.90
主营成本(万)	11488.30	39430.85	6732.57	72069.17
营业收入(万)	31692.66	111538.73	20819.50	191966.01
营业成本(万)	12047.42	41322.39	7605.59	73167.20
投资收益(万)	–	–	–	–
利润总额(万)	9644.86	42164.33	6839.27	61949.68
净利润(万)	5188.37	23077.50	3940.23	28149.97

深圳南山热电股份有限公司

公司概况	公司名称	深圳南山热电股份有限公司	证券简称	深南电A
	法人代表	杨海贤　董秘　胡琴	证券代码	000037
	公司网址	www.nsrd.com.cn	电子信箱	public@nspower.com.cn
	电　话	0755-26948888	传　真	0755-26003684
	办公地址	广东省深圳市南山区华侨城汉唐大厦16、17楼		
	经营范围	供电、供热、提供相关技术咨询和技术服务		

主要财务指标 指标\报告期	2011.06.30	2010.12.31	2010.06.30	2009.12.31
每股收益(元)	–0.1400	–0.1900	–0.4200	0.1200
每股收益(扣除)(元)	–0.2400	–0.4000	–0.4200	0.0900
每股净资产(元)	2.7400	2.8800	2.6400	3.0700
调整后每股净资产(元)	–	–	–	–
每股资本公积金(元)	0.6033	0.6033	0.6033	0.6033
每股盈余公积金(元)	0.5523	0.5523	0.5523	0.5523
每股未分配利润(元)	0.5835	0.7242	0.4860	0.9144
每股现金净流量(元)	0.0634	0.3899	0.0430	–0.0265
每股经营现金净流量(元)	0.0639	0.0430	–0.1117	0.5779
净资产收益率(扣除)(%)	–	–13.4000	–14.8400	3.0700
净资产收益率(%)	–5.1400	–6.6040	–16.0200	4.0037
总资产(万)	557782.82	527895.43	493874.53	492659.63
股东权益(万)	165098.66	173584.25	159221.41	185048.12
主营业务收入(万)	102913.17	159840.92	70162.42	186648.91
主营成本(万)	152729.79	223757.64	100243.33	193833.32
营业收入(万)	114341.36	160173.05	70285.97	186782.98
营业成本(万)	163558.30	223934.59	100324.94	193954.26
投资收益(万)	–	–	–	–
利润总额(万)	–8776.75	–9864.57	–27093.35	13197.64
净利润(万)	–8485.59	–11463.87	–25507.35	7408.82

中国国际海运集装箱(集团)股份有限公司

公司概况	公司名称	中国国际海运集装箱(集团)股份有限公司	证券简称	中集集团
	法人代表	李建红　董秘　于玉群	证券代码	000039
	公司网址	www.cimc.com	电子信箱	shareholder@cimc.com
	电　话	0755-26691130 26802706	传　真	0755-26826579
	办公地址	广东省深圳市蛇口工业区港湾大道2号中集集团研发中心		
	经营范围	现代化交通运输装备、能源、食品、化工等装备的制造及服务业务		

主要财务指标 指标\报告期	2011.06.30	2010.12.31	2010.06.30	2009.12.31
每股收益(元)	1.0545	1.1300	0.3428	0.3600
每股收益(扣除)(元)	1.0510	1.0500	0.2766	–0.1100
每股净资产(元)	6.8100	6.0900	5.3969	5.3300
调整后每股净资产(元)	–	–	–	–
每股资本公积金(元)	0.3531	0.5068	0.4953	0.5851
每股盈余公积金(元)	1.0746	1.3437	1.3437	1.3437
每股未分配利润(元)	4.5132	4.0149	3.3138	3.0910
每股现金净流量(元)	0.4909	–0.2250	–0.1403	0.5913
每股经营现金净流量(元)	–1.5630	0.5570	–1.0433	0.3642
净资产收益率(扣除)(%)	–	18.0000	5.1400	–2.0000
净资产收益率(%)	15.4740	18.5040	6.3500	6.7540
总资产(万)	6616392.10	5413064.90	5457993.20	3735838.30
股东权益(万)	1814387.50	1622305.70	1436879.80	1419820.80
主营业务收入(万)	3587840.70	5066342.60	2057502.00	1981949.80
主营成本(万)	2933566.90	4306576.50	1778528.60	1697462.10
营业收入(万)	3647809.80	5176831.60	2123788.90	2047550.70
营业成本(万)	2949990.00	4359781.50	1824672.90	1740176.00
投资收益(万)	–	–	–	–
利润总额(万)	381751.90	367460.70	131866.50	146538.50
净利润(万)	280762.90	300185.10	91255.60	95896.70

宝安鸿基地产集团股份有限公司

公司概况	公司名称	宝安鸿基地产集团股份有限公司	证券简称	宝安地产
	法人代表	陈泰泉　董秘　沈蜀江	证券代码	000040
	公司网址	www.hongkai.com.cn	电子信箱	szhkdb@yahoo.com.cn
	电　话	0755-82367726	传　真	0755-82367753
	办公地址	广东省深圳市罗湖区东门中路1011号鸿基大厦25-27楼		
	经营范围	房地产开发及物业管理、出租车运输、物流及运输、酒店管理等		

主要财务指标 指标\报告期	2011.06.30	2010.12.31	2010.06.30	2009.12.31
每股收益(元)	0.2500	0.2100	0.0670	0.1400
每股收益(扣除)(元)	0.0750	0.0700	–0.0100	–0.2000
每股净资产(元)	2.0610	1.8280	1.6500	1.9210
调整后每股净资产(元)	–	–	–	–
每股资本公积金(元)	0.6859	0.7027	0.7266	1.0618
每股盈余公积金(元)	0.0646	0.4524	0.4524	0.4524
每股未分配利润(元)	0.3106	–0.3272	–0.5262	–0.5329
每股现金净流量(元)	–0.4564	0.8905	0.7096	0.3798
每股经营现金净流量(元)	–0.4580	1.1441	1.1741	0.4662
净资产收益率(扣除)(%)	3.8200	3.6600	–0.6000	–9.3100
净资产收益率(%)	12.1340	11.2520	4.0720	7.1350
总资产(万)	208564.37	228341.64	227797.03	288237.24
股东权益(万)	96791.31	85836.17	77612.40	93038.07
主营业务收入(万)	27992.69	70432.93	32332.74	63003.36
主营成本(万)	–	–	–	–
营业收入(万)	29195.73	77721.17	35964.87	69671.83
营业成本(万)	15770.07	45789.80	22136.22	46574.57
投资收益(万)	–	–	–	–
利润总额(万)	16148.08	12833.45	5195.24	6784.88
净利润(万)	11744.34	9658.61	3160.06	6490.78

深圳市长城投资控股股份有限公司

公司概况

公司名称	深圳市长城投资控股股份有限公司			证券简称	深长城
法人代表	朱新宏	董秘	尹善峰	证券代码	000042
公司网址	www.cctzkg.com	电子信箱	ccdc@cctzkg.com		
电　话	0755-88393669 88393698	传　真	0755-88393600		
办公地址	广东省深圳市福田区百花五路长源楼				
经营范围	房地产开发及商品房销售,管理;承接建筑安装工程;自有物业租赁				

主要财务指标

指标\报告期	2011.06.30	2010.12.31	2010.06.30	2009.12.31
每股收益(元)	0.7063	1.5114	0.3387	1.1135
每股收益(扣除)(元)	0.7031	1.1118	0.3364	1.1334
每股净资产(元)	10.1100	9.9600	8.6316	8.6400
调整后每股净资产(元)	–	–	–	–
每股资本公积金(元)	2.8669	2.8202	2.6694	2.8659
每股盈余公积金(元)	1.7710	1.7710	1.7710	1.7710
每股未分配利润(元)	4.4703	4.3640	3.1913	3.0026
每股现金净流量(元)	0.2998	–0.2236	0.2743	4.1758
每股经营现金净流量(元)	1.0988	–0.7699	0.2635	3.9554
净资产收益率(扣除)(%)	7.0400	11.9900	3.9000	14.3200
净资产收益率(%)	6.9870	15.1820	3.9240	12.8880
总资产(万)	686674.78	678991.25	637783.30	648071.98
股东权益(万)	242052.75	238390.87	206695.79	206883.27
主营业务收入(万)	88033.03	144431.30	63718.65	203889.72
主营成本(万)	44053.17	67056.98	36510.11	124887.01
营业收入(万)	88083.57	144734.26	63747.10	204072.67
营业成本(万)	44064.99	67079.01	36521.03	124936.30
投资收益(万)	–	–	–	–
利润总额(万)	22039.87	46213.52	11800.35	35158.65
净利润(万)	16912.65	36193.32	8110.69	26663.58

中航地产股份有限公司

公司概况

公司名称	中航地产股份有限公司			证券简称	中航地产
法人代表	仇慎谦	董秘	杨祥	证券代码	000043
公司网址	www.carec.com.cn	电子信箱	dongm@carec.com.cn		
电　话	0755-83244503 83244582	传　真	0755-83688903		
办公地址	广东省深圳市福田区振华路163号飞亚达大厦六楼				
经营范围	以房地产业务为主体,兼营物业经营与管理业务、酒店经营与管理业务等				

主要财务指标

指标\报告期	2011.06.30	2010.12.31	2010.06.30	2009.12.31
每股收益(元)	0.1277	1.2112	0.0074	0.2828
每股收益(扣除)(元)	0.1114	1.0768	0.0051	0.0253
每股净资产(元)	5.9500	8.9000	7.7104	7.7200
调整后每股净资产(元)	–	–	–	–
每股资本公积金(元)	2.5003	4.2677	4.2817	4.3038
每股盈余公积金(元)	0.3597	0.5395	0.5326	0.5326
每股未分配利润(元)	2.0872	3.0892	1.8961	1.8850
每股现金净流量(元)	–1.4328	0.9035	1.4402	1.5036
每股经营现金净流量(元)	–0.3594	–0.9781	–2.3971	2.4091
净资产收益率(扣除)(%)	1.8700	12.9600	0.0700	–
净资产收益率(%)	2.1470	13.6150	0.1400	3.6600
总资产(万)	847824.29	794235.51	825972.96	644644.47
股东权益(万)	198328.58	197786.42	171418.85	171661.65
主营业务收入(万)	110030.20	391934.62	70828.83	175174.04
主营成本(万)	64023.88	269761.15	44244.51	118845.98
营业收入(万)	110030.20	391934.62	70828.83	175174.04
营业成本(万)	64023.88	269761.15	44244.51	118845.98
投资收益(万)	–	–	–	–
利润总额(万)	7576.83	43596.41	2010.17	14876.02
净利润(万)	4258.98	26928.18	248.20	6286.75

深圳市纺织(集团)股份有限公司

公司概况

公司名称	深圳市纺织(集团)股份有限公司			证券简称	深纺织A
法人代表	王滨	董秘	晁晋	证券代码	000045
公司网址	www.chinasthc.com	电子信箱	sztext@szonline.net		
电　话	0755-83776043	传　真	0755-83776139		
办公地址	广东省深圳市福田区华强北路3号深纺大厦6楼				
经营范围	生产加工纺织品、针织品、服装、装饰布带、商标带、自行车、工艺品等				

主要财务指标

指标\报告期	2011.06.30	2010.12.31	2010.06.30	2009.12.31
每股收益(元)	0.1000	0.1400	0.1000	0.1600
每股收益(扣除)(元)	0.0563	0.0800	0.0600	0.0800
每股净资产(元)	4.0800	4.0000	2.0200	2.0100
调整后每股净资产(元)	–	–	–	–
每股资本公积金(元)	2.4817	2.4955	0.3918	0.4862
每股盈余公积金(元)	0.1013	0.1013	0.1299	0.1299
每股未分配利润(元)	0.4990	0.4028	0.4976	0.3962
每股现金净流量(元)	–0.3764	0.9400	0.0281	0.0706
每股经营现金净流量(元)	0.0373	0.1691	0.0099	0.1931
净资产收益率(扣除)(%)	1.3900	2.5900	2.8200	4.4800
净资产收益率(%)	2.3560	3.0250	5.0220	7.7072
总资产(万)	164982.28	165542.23	84199.08	80256.29
股东权益(万)	137368.08	134596.92	49496.82	49324.63
主营业务收入(万)	31735.02	63315.58	32058.47	48338.56
主营成本(万)	25935.43	52345.63	27138.97	39628.06
营业收入(万)	31918.27	63780.16	32236.91	48807.33
营业成本(万)	26117.26	52775.92	27313.28	40090.47
投资收益(万)	–	–	–	–
利润总额(万)	4079.67	4791.79	3102.56	4303.10
净利润(万)	3236.40	4070.93	2485.85	3801.55

泛海建设集团股份有限公司

公司概况

公司名称	泛海建设集团股份有限公司			证券简称	泛海建设
法人代表	卢志强	董秘	陈家华	证券代码	000046
公司网址	www.fhjs.cn	电子信箱	cjh@fhjs.cn		
电　话	010-85110892 82985859	传　真	010-65239086 82985859		
办公地址	北京市朝阳区建国门外大街22号赛特大厦十五层				
经营范围	承办国内外投资开发项目;经营房地产业务及物业管理;投资兴办实业等				

主要财务指标

指标\报告期	2011.06.30	2010.12.31	2010.06.30	2009.12.31
每股收益(元)	–0.0150	0.0540	0.0360	0.1780
每股收益(扣除)(元)	–0.0150	0.0340	0.0360	0.1800
每股净资产(元)	3.3800	3.4500	3.3800	3.8000
调整后每股净资产(元)	–	–	–	–
每股资本公积金(元)	1.9747	1.9755	1.9749	2.2726
每股盈余公积金(元)	0.1452	0.1452	0.1188	0.1196
每股未分配利润(元)	0.2639	0.3287	0.2884	0.4037
每股现金净流量(元)	–0.0141	–1.0419	–0.5589	1.3144
每股经营现金净流量(元)	–0.3574	–1.0647	–0.8966	–0.6784
净资产收益率(扣除)(%)	–	0.9800	–	4.8300
净资产收益率(%)	–0.4380	1.5630	1.0800	4.6900
总资产(万)	2378818.63	2234589.28	2241698.96	2274090.93
股东权益(万)	771039.32	785976.07	770661.28	859290.83
主营业务收入(万)	38317.62	161972.59	79794.53	237733.24
主营成本(万)	19609.44	86417.05	42898.23	127369.44
营业收入(万)	38495.72	162513.70	80013.42	237899.78
营业成本(万)	19685.77	86636.48	42983.62	127454.04
投资收益(万)	–	–	–	–
利润总额(万)	–2692.50	21160.12	12656.76	58775.01
净利润(万)	–3373.15	12284.43	8321.14	40284.33

深圳市康达尔(集团)股份有限公司

公司概况						
	公司名称	深圳市康达尔(集团)股份有限公司			证券简称	ST 康达尔
	法人代表	罗爱华	董秘	朱文学	证券代码	000048
	公司网址	www.kondarl.com		电子信箱	wxzhu66@msn.com	
	电　　话	0755-25415280 25425020		传　　真	0755-25420155	
	办公地址	广东省深圳市罗湖区深南东路 1086 号集浩大厦二、三楼				
	经营范围	养殖肉鸡、鸡苗、禽蛋、生产制造肉制品、饮料、鸡场设备、自酿鲜啤、兴办实业等				

主要财务指标	指标\报告期	2011.06.30	2010.12.31	2010.06.30	2009.12.31
	每股收益(元)	-0.0017	-0.1207	-0.0032	0.1171
	每股收益(扣除)(元)	-0.0148	-0.0565	-0.0060	0.1068
	每股净资产(元)	-0.3210	-0.3210	-0.2070	-0.2030
	调整后每股净资产(元)	-	-	-	-
	每股资本公积金(元)	0.1135	0.1135	0.1124	0.1135
	每股盈余公积金(元)	0.0024	0.0024	0.0024	0.0024
	每股未分配利润(元)	-1.4600	-1.4582	-1.3407	-1.3375
	每股现金净流量(元)	0.0216	-0.1672	-0.0903	-0.0993
	每股经营现金净流量(元)	0.0406	0.1074	0.0010	0.5250
	净资产收益率(扣除)(%)	-	15.1700	-	18.8300
	净资产收益率(%)	-0.5389	-37.6215	-1.5541	-57.7375
	总资产(万)	77342.78	76925.04	78698.49	84621.74
	股东权益(万)	-12542.98	-12541.92	-8069.55	-7923.99
	主营业务收入(万)	54945.61	115548.19	51536.43	143062.19
	主营成本(万)	-	41625.76	-	-
	营业收入(万)	55070.13	116220.81	51962.90	143563.21
	营业成本(万)	48920.45	101329.99	45764.49	121778.52
	投资收益(万)	-	-	-	-
	利润总额(万)	11.51	-3287.89	645.76	7435.12
	净利润(万)	-67.60	-4718.45	-125.41	4575.11

深圳市德赛电池科技股份有限公司

公司概况						
	公司名称	深圳市德赛电池科技股份有限公司			证券简称	德赛电池
	法人代表	刘其	董秘	游虹	证券代码	000049
	公司网址	www.desaybattery.com		电子信箱	ir@desaybattery.com	
	电　　话	0755-86299888		传　　真	0755-86299889	
	办公地址	深圳市南山区高新科技园高新南一道富诚科技大厦 8 楼				
	经营范围	无汞碱锰电池、一次锂电池、锌空气电池、镍氢电池、锂聚合物电池等				

主要财务指标	指标\报告期	2011.06.30	2010.12.31	2010.06.30	2009.12.31
	每股收益(元)	0.2923	0.5216	0.1660	-0.1264
	每股收益(扣除)(元)	0.2956	0.3116	0.1684	-0.1188
	每股净资产(元)	1.8181	1.5258	1.0041	1.0042
	调整后每股净资产(元)	-	-	-	-
	每股资本公积金(元)	0.0548	0.0548	0.0548	0.0548
	每股盈余公积金(元)	0.0904	0.0904	0.0549	0.0549
	每股未分配利润(元)	0.6729	0.3805	-0.1057	-0.1056
	每股现金净流量(元)	0.3910	0.2717	-0.0732	0.1064
	每股经营现金净流量(元)	0.6567	0.5684	0.0221	0.1009
	净资产收益率(扣除)(%)	17.6800	24.6300	15.4900	-15.9400
	净资产收益率(%)	16.0800	34.1870	16.5284	-12.5900
	总资产(万)	95146.80	85032.20	61103.78	65466.39
	股东权益(万)	24877.16	20877.77	13739.30	13740.14
	主营业务收入(万)	82337.91	131113.13	48134.45	91153.71
	主营成本(万)	64342.90	104412.94	40086.24	80154.56
	营业收入(万)	82446.01	131601.85	48352.33	91629.18
	营业成本(万)	64347.79	104614.12	40206.72	80608.48
	投资收益(万)	-	-	-	-
	利润总额(万)	7267.97	10652.23	3876.61	-2555.75
	净利润(万)	4000.08	7137.57	2270.89	-1729.25

天马微电子股份有限公司

公司概况						
	公司名称	天马微电子股份有限公司			证券简称	深天马 A
	法人代表	吴光权	董秘	刘长清	证券代码	000050
	公司网址	www.tianma.com.cn		电子信箱	sztmzq@sz.gd.cninfo.net	
	电　　话	0755-86225886		传　　真	0755-86225774	
	办公地址	广东省深圳市南山区马家龙工业城 64 栋				
	经营范围	制造销售各类液晶显示器及与之相关的材料、设备和产品等				

主要财务指标	指标\报告期	2011.06.30	2010.12.31	2010.06.30	2009.12.31
	每股收益(元)	0.0640	0.1226	0.0780	-0.3581
	每股收益(扣除)(元)	0.0380	0.0711	0.0610	-0.3621
	每股净资产(元)	2.1800	2.1200	2.0700	1.9900
	调整后每股净资产(元)	-	-	-	-
	每股资本公积金(元)	0.9330	0.9330	0.9330	0.9330
	每股盈余公积金(元)	0.1591	0.1591	0.1518	0.1518
	每股未分配利润(元)	0.0945	0.0304	-0.0069	-0.0849
	每股现金净流量(元)	0.2244	-0.7088	0.4464	1.5633
	每股经营现金净流量(元)	0.1904	0.6190	0.2414	0.7594
	净资产收益率(扣除)(%)	1.7900	3.4400	-	-16.6600
	净资产收益率(%)	2.9420	5.7930	3.7650	-17.9560
	总资产(万)	822785.22	797151.43	768431.89	647607.17
	股东权益(万)	125190.31	121502.52	118912.60	114525.34
	主营业务收入(万)	208047.88	332182.14	141269.33	216415.96
	主营成本(万)	179997.35	285173.06	119973.24	209488.40
	营业收入(万)	210921.49	345421.15	148250.11	219044.76
	营业成本(万)	181460.76	290375.82	123488.90	210346.35
	投资收益(万)	-	-	-	-
	利润总额(万)	6894.28	17735.00	7745.82	-36276.42
	净利润(万)	3682.45	7038.18	4476.98	-20563.76

方大集团股份有限公司

公司概况						
	公司名称	方大集团股份有限公司			证券简称	方大集团
	法人代表	熊建明	董秘	周志刚	证券代码	000055
	公司网址	www.fangda.com		电子信箱	zqb@fangda.com	
	电　　话	0755-26788571 6622		传　　真	0755-26788353	
	办公地址	广东省深圳市南山区西丽龙井方大城科技大楼				
	经营范围	生产经营新型建筑材料、复合材料、金属制品、金属结构、环保设备及器材等				

主要财务指标	指标\报告期	2011.06.30	2010.12.31	2010.06.30	2009.12.31
	每股收益(元)	0.0610	0.1100	0.0490	0.1000
	每股收益(扣除)(元)	0.0507	0.0500	0.0290	0.0500
	每股净资产(元)	1.4000	2.0000	1.9500	1.4600
	调整后每股净资产(元)	-	-	-	-
	每股资本公积金(元)	0.1085	0.6628	0.6560	0.1889
	每股盈余公积金(元)	0.0236	0.0353	0.0293	0.0313
	每股未分配利润(元)	0.2632	0.3034	0.2700	0.2402
	每股现金净流量(元)	-0.0702	0.5114	0.6307	0.2308
	每股经营现金净流量(元)	-0.0161	-0.0618	-0.0866	0.1094
	净资产收益率(扣除)(%)	4.3650	5.4520	3.4120	7.0680
	净资产收益率(%)	4.4600	6.7600	5.2800	7.4300
	总资产(万)	204014.85	199116.12	188120.20	148281.40
	股东权益(万)	113842.17	109432.82	107279.84	71441.03
	主营业务收入(万)	55623.32	111563.56	40176.02	87733.26
	主营成本(万)	44953.63	93802.04	33031.81	73514.97
	营业收入(万)	57915.44	116193.34	42337.98	91297.91
	营业成本(万)	46027.53	95567.85	33916.77	74910.27
	投资收益(万)	1.53	313.44	317.41	1691.30
	利润总额(万)	5468.45	6765.53	3678.55	4510.83
	净利润(万)	4609.47	5506.34	3360.86	4405.25

深圳市国际企业股份有限公司

公司概况	公司名称	深圳市国际企业股份有限公司			证券简称	深 国 商
	法人代表	郑康豪	董秘	曹剑	证券代码	000056
	公司网址	www.china-ia.com		电子信箱	sgs000056@163.com	
	电　话	0755-82281888 82285565		传　真	0755-82285573	
	办公地址	广东省福田区金田路 2028 号皇岗商务中心主楼 6 楼 A				
	经营范围	商品零售、经营房地产、代购、代销、种植、销售林木、进出口业务				

主要财务指标	指标\报告期	2011.06.30	2010.12.31	2010.06.30	2009.12.31
	每股收益(元)	-0.0700	-0.7600	-0.0984	0.0300
	每股收益(扣除)(元)	-0.0720	-0.4000	-0.0974	-0.1000
	每股净资产(元)	0.1800	0.2500	0.9200	1.0030
	调整后每股净资产(元)	-	-	-	-
	每股资本公积金(元)	0.3274	0.3274	0.3274	0.3274
	每股盈余公积金(元)	0.5701	0.5701	0.5701	0.5701
	每股未分配利润(元)	-1.7218	-1.6516	-0.9738	-0.8924
	每股现金净流量(元)	0.0798	0.6097	-0.0254	-0.2252
	每股经营现金净流量(元)	-0.3151	-2.7287	0.0637	-0.1298
	净资产收益率(扣除)(%)	-33.9700	-64.1300	-10.0100	-10.7100
	净资产收益率(%)	-40.0060	-308.8090	-10.6550	2.7441
	总资产(万)	167796.59	154073.30	143499.01	144748.97
	股东权益(万)	3879.02	5430.86	20403.73	22201.83
	主营业务收入(万)	643.29	1690.74	581.68	2111.28
	主营成本(万)	612.08	1583.08	544.83	1834.57
	营业收入(万)	648.22	1831.20	600.36	2269.40
	营业成本(万)	681.69	1664.01	565.57	1864.53
	投资收益(万)	-	-	-	-
	利润总额(万)	-2065.63	-28096.49	-3977.45	-1437.02
	净利润(万)	-1551.84	-16770.97	-2174.08	616.46

深圳赛格股份有限公司

公司概况	公司名称	深圳赛格股份有限公司			证券简称	深 赛 格
	法人代表	王楚	董秘	郑丹	证券代码	000058
	公司网址	www.segcl.com.cn		电子信箱	seggf@segcl.com.cn	
	电　话	0755-83747939		传　真	0755-83975237	
	办公地址	广东省深圳市福田区华强北路群星广场 A 座 31 层				
	经营范围	投资电子电器产品、电子化工、计算机、兴办实业、电子信息系统、网络软件等				

主要财务指标	指标\报告期	2011.06.30	2010.12.31	2010.06.30	2009.12.31
	每股收益(元)	0.0335	0.0755	0.0343	-0.3991
	每股收益(扣除)(元)	0.0333	0.0720	0.0313	-0.4902
	每股净资产(元)	1.4148	1.3812	1.3421	1.2928
	调整后每股净资产(元)	-	-	-	-
	每股资本公积金(元)	0.5194	0.5195	0.5194	0.5058
	每股盈余公积金(元)	0.1311	0.1311	0.1311	0.1311
	每股未分配利润(元)	-0.2353	-0.2689	-0.3078	-0.3434
	每股现金净流量(元)	0.0284	0.1117	0.0276	0.1083
	每股经营现金净流量(元)	0.0293	0.1395	0.0360	0.0957
	净资产收益率(扣除)(%)	2.3800	5.3900	2.3700	-33.1600
	净资产收益率(%)	2.3720	5.4630	2.5540	-30.8699
	总资产(万)	149502.64	146627.26	139370.05	135949.04
	股东权益(万)	111037.24	108398.31	105327.51	101455.87
	主营业务收入(万)	18995.20	37596.95	16813.43	27976.93
	主营成本(万)	13967.75	27047.68	11545.84	17827.34
	营业收入(万)	20340.52	39238.59	17829.74	28969.09
	营业成本(万)	13975.04	27656.88	11553.34	18431.24
	投资收益(万)	-	-	-	-
	利润总额(万)	4048.97	7886.69	3920.63	-28343.99
	净利润(万)	2633.24	5921.77	2689.68	-31319.29

辽宁华锦通达化工股份有限公司

公司概况	公司名称	辽宁华锦通达化工股份有限公司			证券简称	辽通化工
	法人代表	刘云文	董秘	王维良	证券代码	000059
	公司网址	www.lnhjchems.com		电子信箱	LTDM@MAIL.PJPTT.LN.CN	
	电　话	0427-5850333		传　真	0427-5856408	
	办公地址	辽宁省盘锦市双台子区红旗大街				
	经营范围	无无机化工产品、石油及石油化工产品生产、储存销售;塑料制品、建安工程等				

主要财务指标	指标\报告期	2011.06.30	2010.12.31	2010.06.30	2009.12.31
	每股收益(元)	0.3900	0.3437	0.1797	0.1727
	每股收益(扣除)(元)	0.3890	0.3399	0.1806	0.1641
	每股净资产(元)	5.8700	5.4779	5.3200	5.4600
	调整后每股净资产(元)	-	-	-	-
	每股资本公积金(元)	3.2007	3.2007	3.2602	3.4864
	每股盈余公积金(元)	0.0898	0.0898	0.0559	0.0559
	每股未分配利润(元)	1.5776	1.1874	1.0025	0.9177
	每股现金净流量(元)	0.6499	1.3381	2.2304	-3.2383
	每股经营现金净流量(元)	2.8353	1.2339	2.0910	0.3274
	净资产收益率(扣除)(%)	-	6.0700	3.2300	3.0600
	净资产收益率(%)	6.6470	6.2750	3.3800	3.1640
	总资产(万)	2798568.00	2653641.78	2743911.55	2205384.36
	股东权益(万)	704659.70	657629.43	638502.35	655473.47
	主营业务收入(万)	1773578.29	2369118.77	945677.98	282668.78
	主营成本(万)	1501238.36	1978986.68	763044.53	186772.01
	营业收入(万)	1797538.86	2392733.03	1037221.83	288549.93
	营业成本(万)	1520832.36	1998431.07	852758.05	191712.23
	投资收益(万)	-	-	-	-
	利润总额(万)	55045.68	46609.18	25395.91	26017.43
	净利润(万)	46839.62	41265.72	22198.16	20735.96

深圳市中金岭南有色金属股份有限公司

公司概况	公司名称	深圳市中金岭南有色金属股份有限公司			证券简称	中金岭南
	法人代表	李进明	董秘	彭玲	证券代码	000060
	公司网址	www.nonfemet.com		电子信箱	zjln@nonfemet.com.cn	
	电　话	0755-82839363		传　真	0755-83474889	
	办公地址	广东省深圳市福田区车公庙深南大厦 6013 号中国有色大厦 24 楼				
	经营范围	采选、冶炼、制造、加工有色金属矿产品、冶炼产品、深加工产品等				

主要财务指标	指标\报告期	2011.06.30	2010.12.31	2010.06.30	2009.12.31
	每股收益(元)	0.1700	0.4500	0.1900	0.4000
	每股收益(扣除)(元)	0.2300	0.4200	0.1800	0.4000
	每股净资产(元)	2.3900	2.8900	2.6100	3.8200
	调整后每股净资产(元)	-	-	-	-
	每股资本公积金(元)	0.0845	0.4127	0.4793	1.0337
	每股盈余公积金(元)	0.2733	0.3553	0.3268	0.5065
	每股未分配利润(元)	0.9365	1.0165	0.7887	1.2072
	每股现金净流量(元)	0.0652	-0.1066	-0.1168	0.6059
	每股经营现金净流量(元)	0.2545	1.2242	0.6241	0.4899
	净资产收益率(扣除)(%)	10.1800	15.7400	7.1900	11.0800
	净资产收益率(%)	7.1220	15.4410	7.2571	10.5820
	总资产(万)	1494695.04	1457087.94	1170169.54	1164700.94
	股东权益(万)	492152.06	457887.30	413859.56	391443.60
	主营业务收入(万)	485569.69	943126.57	440164.95	739935.55
	主营成本(万)	361676.75	749937.63	355555.71	585047.14
	营业收入(万)	490663.91	965221.92	449490.15	758321.32
	营业成本(万)	418770.77	762646.56	416724.01	594547.51
	投资收益(万)	-	-	-	-
	利润总额(万)	56811.99	73467.63	36462.70	63000.12
	净利润(万)	35051.39	70700.77	30034.31	41422.69

深圳市农产品股份有限公司

公司概况	公司名称	深圳市农产品股份有限公司		证券简称	农产品
	法人代表	陈少群	董秘 刘雄佳	证券代码	000061
	公司网址	www.szap.com		电子信箱	ir@szap.com
	电　话	0755-25850050		传　真	0755-25250050
	办公地址	广东省深圳市罗湖区布吉路1021号天乐大厦22楼			
	经营范围	开发、建设、经营、管理农产品批发市场,经营管理市场租售业务			

主要财务指标	指标\报告期	2011.06.30	2010.12.31	2010.06.30	2009.12.31
	每股收益(元)	0.2000	0.3600	0.4000	0.1300
	每股收益(扣除)(元)	0.0009	-0.0300	0.0143	-0.0200
	每股净资产(元)	4.1000	4.0100	4.0200	3.7800
	调整后每股净资产(元)	-	-	-	-
	每股资本公积金(元)	2.1196	2.1210	2.1206	2.1589
	每股盈余公积金(元)	0.1793	0.1505	0.1505	0.1357
	每股未分配利润(元)	0.7978	0.7350	0.7493	0.4895
	每股现金净流量(元)	-1.0842	1.3254	-0.2675	0.7691
	每股经营现金净流量(元)	-0.8882	0.8631	0.4175	0.6721
	净资产收益率(扣除)(%)	-	-0.8700	0.3700	-0.4100
	净资产收益率(%)	4.9210	8.9960	9.8300	3.4070
	总资产(万)	962859.48	911275.90	697967.63	701100.36
	股东权益(万)	314801.91	307873.53	308967.09	290805.04
	主营业务收入(万)	74265.60	136518.27	62420.92	123071.90
	主营成本(万)	50376.42	94584.36	40475.22	72663.04
	营业收入(万)	74600.14	137082.04	62598.57	124595.49
	营业成本(万)	50596.02	94823.01	40579.75	72879.12
	投资收益(万)	-	-	-	-
	利润总额(万)	20920.74	33638.88	38657.63	20765.13
	净利润(万)	15492.32	27694.80	30356.42	9715.01

深圳华强实业股份有限公司

公司概况	公司名称	深圳华强实业股份有限公司		证券简称	深圳华强
	法人代表	胡新安	董秘 王瑛	证券代码	000062
	公司网址	www.szhq0062.com		电子信箱	wying@szhq.com
	电　话	0755-83216296 83030136		传　真	0755-83365392
	办公地址	深圳市福田区深南中路华强1号楼7层			
	经营范围	投资兴办各类实业,国内商业、物资供销业、经济信息咨询等			

主要财务指标	指标\报告期	2011.06.30	2010.12.31	2010.06.30	2009.12.31
	每股收益(元)	0.0450	0.2900	0.0800	0.3000
	每股收益(扣除)(元)	0.0344	0.2000	0.0800	0.1600
	每股净资产(元)	2.6300	2.6600	2.4200	2.4900
	调整后每股净资产(元)	-	-	-	-
	每股资本公积金(元)	0.0777	0.1057	0.0790	0.1721
	每股盈余公积金(元)	0.2660	0.2660	0.2252	0.2252
	每股未分配利润(元)	1.2847	1.2896	1.1201	1.0919
	每股现金净流量(元)	0.8403	0.1160	0.2454	-0.2423
	每股经营现金净流量(元)	0.4913	-1.1436	-1.0046	0.5016
	净资产收益率(扣除)(%)	1.7170	10.8420	3.2300	12.0790
	净资产收益率(%)	1.7100	11.1900	3.1800	13.0300
	总资产(万)	448553.74	381554.17	356649.63	274910.27
	股东权益(万)	178082.82	180489.95	164600.50	169385.49
	主营业务收入(万)	28935.42	44497.05	20478.32	219171.57
	主营成本(万)	9650.17	12461.12	5493.23	173738.73
	营业收入(万)	29261.96	44679.02	20526.54	219690.90
	营业成本(万)	9848.50	12565.46	5544.94	173738.73
	投资收益(万)	-1183.03	6039.44	-762.94	4901.32
	利润总额(万)	4691.17	21203.69	5558.70	23750.86
	净利润(万)	3009.22	19244.81	5215.40	20053.01

中兴通讯股份有限公司

公司概况	公司名称	中兴通讯股份有限公司		证券简称	中兴通讯
	法人代表	侯为贵	董秘 冯健雄	证券代码	000063
	公司网址	www.zte.com.cn		电子信箱	fengjianxiong@zte.com.cn
	电　话	0755-26770282		传　真	0755-26770286
	办公地址	广东省深圳市南山区高新技术产业园科技南路中兴通讯大厦			
	经营范围	设计、开发、生产、分销及安装各类电信设备,运营商网络建设、手机和电信软件系统等			

主要财务指标	指标\报告期	2011.06.30	2010.12.31	2010.06.30	2009.12.31
	每股收益(元)	0.2700	1.1700	0.3200	0.9300
	每股收益(扣除)(元)	-0.0300	0.9900	0.2700	0.8900
	每股净资产(元)	8.2200	8.2400	7.4500	6.3700
	调整后每股净资产(元)	-	-	-	-
	每股资本公积金(元)	3.1763	3.1642	3.2909	3.6858
	每股盈余公积金(元)	0.5363	0.5363	0.5251	0.8219
	每股未分配利润(元)	3.4854	3.2170	2.6941	3.7424
	每股现金净流量(元)	-0.0131	0.2893	-0.6245	1.4916
	每股经营现金净流量(元)	-2.1527	0.3286	-1.2852	2.0364
	净资产收益率(扣除)(%)	-0.3300	12.8800	3.7400	15.0600
	净资产收益率(%)	3.3370	14.0700	4.2020	14.6100
	总资产(万)	9648482.70	8415235.70	7405699.00	6834232.20
	股东权益(万)	2305185.20	2309387.20	2088372.30	1682526.70
	主营业务收入(万)	3719643.00	6985230.00	3054784.00	6007008.90
	主营成本(万)	2612857.00	4707150.70	2034216.00	4057202.60
	营业收入(万)	3733659.50	7026387.40	3072542.00	6027256.30
	营业成本(万)	2624373.10	4733502.60	2044691.40	4062333.90
	投资收益(万)	-	-	-	-
	利润总额(万)	127274.90	436020.10	139285.90	332474.20
	净利润(万)	76927.10	325024.70	87748.90	245812.10

北方国际合作股份有限公司

公司概况	公司名称	北方国际合作股份有限公司		证券简称	北方国际
	法人代表	胡发荣	董秘 杜晓东	证券代码	000065
	公司网址	www.norinco-intl.com		电子信箱	bfgj@norinco-intl.com
	电　话	010-83916913		传　真	010-83528922
	办公地址	北京市广安门内大街338号港中旅大厦11层			
	经营范围	各类型工业、能源、交通、民用工程建设项目的施工总承包等			

主要财务指标	指标\报告期	2011.06.30	2010.12.31	2010.06.30	2009.12.31
	每股收益(元)	0.3600	0.2700	-0.0300	0.3500
	每股收益(扣除)(元)	0.3400	0.2500	-0.0400	0.1700
	每股净资产(元)	3.2500	2.9600	2.6600	2.7700
	调整后每股净资产(元)	-	-	-	-
	每股资本公积金(元)	0.8870	0.8870	0.8870	0.8870
	每股盈余公积金(元)	0.2428	0.2428	0.2228	0.2228
	每股未分配利润(元)	1.1225	0.8269	0.5463	0.6570
	每股现金净流量(元)	-1.5175	0.0230	-1.2819	3.7397
	每股经营现金净流量(元)	-2.0245	1.3975	-0.1194	-
	净资产收益率(扣除)(%)	-	-	-1.4800	-
	净资产收益率(%)	10.9330	9.1320	-1.1538	12.5953
	总资产(万)	222392.82	195316.53	184904.34	233850.00
	股东权益(万)	52830.80	48029.32	43145.50	44942.81
	主营业务收入(万)	96504.26	182815.37	74019.17	187038.91
	主营成本(万)	86269.02	163165.80	66047.29	171026.21
	营业收入(万)	96522.89	182915.63	74054.37	187409.19
	营业成本(万)	86278.56	163194.74	66071.64	171249.59
	投资收益(万)	-	-	-	-
	利润总额(万)	6547.32	5722.53	-146.15	5842.40
	净利润(万)	5776.10	4386.01	-497.81	5660.68

中国长城计算机深圳股份有限公司

公司概况						
	公司名称	中国长城计算机深圳股份有限公司			证券简称	长城电脑
	法人代表	杜和平	董秘	郭镇	证券代码	000066
	公司网址	www.greatwall.cn		电子信箱	stock@greatwall.com.cn	
	电　话	0755-26634759		传　真	0755-26631106	
	办公地址	广东省深圳市南山区科技工业园长城计算机大厦				
	经营范围	电子计算机硬件、软件系统及网络系统、电子产品、液晶电视等				

主要财务指标	指标\报告期	2011.06.30	2010.12.31	2010.06.30	2009.12.31
	每股收益(元)	0.0622	0.1770	0.0909	0.4030
	每股收益(扣除)(元)	0.0400	0.0530	0.0039	0.0100
	每股净资产(元)	2.4900	2.5100	2.0700	3.9800
	调整后每股净资产(元)	–	–	–	–
	每股资本公积金(元)	0.6379	0.6354	0.0718	0.5873
	每股盈余公积金(元)	0.2541	0.2541	0.3050	0.6099
	每股未分配利润(元)	0.6523	0.6401	0.6996	1.7655
	每股现金净流量(元)	0.1070	–0.4231	–0.3456	3.0661
	每股经营现金净流量(元)	1.6137	–1.0677	–0.7140	1.4249
	净资产收益率(扣除)(%)	1.7200	2.5300	0.1900	0.7700
	净资产收益率(%)	2.5020	5.9750	5.2700	20.2453
	总资产(万)	3102770.73	3292476.44	3481995.36	2744543.54
	股东权益(万)	329088.15	332083.88	228254.15	218847.74
	主营业务收入(万)	3453204.65	7631282.21	3590354.94	2169826.74
	主营成本(万)	3240686.25	7192206.49	3381224.10	2029591.41
	营业收入(万)	3675685.25	8344442.91	3944114.81	2267313.95
	营业成本(万)	3443487.49	7874601.92	3725303.26	2119929.71
	投资收益(万)	–	–	–	–
	利润总额(万)	38670.64	113455.06	59357.47	73416.73
	净利润(万)	8233.28	19841.68	12029.18	44306.49

深圳赛格三星股份有限公司

公司概况						
	公司名称	深圳赛格三星股份有限公司			证券简称	ST 三 星
	法人代表	胡建平	董秘	邢春琪	证券代码	000068
	公司网址	www.ssg.com.cn		电子信箱	szsgsx@163.net	
	电　话	0755-28339059 28339057		传　真	0755-89938787	
	办公地址	广东省深圳市大工业区兰竹东路23号				
	经营范围	生产经营彩管玻壳及其材料、玻璃器材、平面显示器件玻璃及其材料				

主要财务指标	指标\报告期	2011.06.30	2010.12.31	2010.06.30	2009.12.31
	每股收益(元)	–0.0282	0.0395	–0.0357	–2.1484
	每股收益(扣除)(元)	–0.0286	–0.0596	–0.0296	–2.1556
	每股净资产(元)	0.2704	0.2986	0.2200	0.1966
	调整后每股净资产(元)	–	–	–	–
	每股资本公积金(元)	0.8715	0.8715	0.8715	0.8091
	每股盈余公积金(元)	0.1759	0.1759	0.1759	0.1759
	每股未分配利润(元)	–1.7770	–1.7489	–1.8241	–1.7883
	每股现金净流量(元)	–0.0037	–0.0099	–0.0025	–0.1514
	每股经营现金净流量(元)	–0.0220	–0.0426	–0.0354	0.3686
	净资产收益率(扣除)(%)	–10.0700	–22.6300	–14.0500	–1096.2400
	净资产收益率(%)	–10.4130	13.2200	–15.9900	–1092.5460
	总资产(万)	43063.54	43740.16	66222.50	70144.96
	股东权益(万)	24246.17	26770.96	20028.61	17631.93
	主营业务收入(万)	–	–	3429.22	50328.70
	主营成本(万)	–	–	3098.19	44680.95
	营业收入(万)	238.76	6848.59	5307.43	53499.95
	营业成本(万)	132.05	6853.80	6313.02	49065.81
	投资收益(万)	–	–	–	–
	利润总额(万)	–2524.80	3539.03	–3203.33	–192432.04
	净利润(万)	–2524.80	3539.03	–3203.33	–192637.01

深圳华侨城股份有限公司

公司概况						
	公司名称	深圳华侨城股份有限公司			证券简称	华侨城 A
	法人代表	任克雷	董秘	倪征	证券代码	000069
	公司网址	www.octholding.com		电子信箱	000069IR@vip.163.com	
	电　话	0755-26909069		传　真	0755-26600936	
	办公地址	广东省深圳市南山区华侨城办公大楼				
	经营范围	旅游及其关联产业的投资和管理;房地产、酒店开发经营等				

主要财务指标	指标\报告期	2011.06.30	2010.12.31	2010.06.30	2009.12.31
	每股收益(元)	0.1950	0.9780	0.2410	0.5510
	每股收益(扣除)(元)	0.1950	0.9680	0.4280	0.4310
	每股净资产(元)	2.5240	4.2530	3.7060	3.3720
	调整后每股净资产(元)	–	–	–	–
	每股资本公积金(元)	0.0796	0.4394	0.4375	0.4325
	每股盈余公积金(元)	0.2416	0.4349	0.3875	0.3875
	每股未分配利润(元)	1.2154	2.3966	1.9005	1.5658
	每股现金净流量(元)	–0.0931	0.7975	0.4913	0.3578
	每股经营现金净流量(元)	–0.8414	–1.7254	–1.8852	2.3351
	净资产收益率(扣除)(%)	–	25.4400	11.9900	–
	净资产收益率(%)	7.7270	22.9990	11.7294	17.0800
	总资产(万)	5696377.91	4853823.34	3994733.86	3074480.18
	股东权益(万)	1411881.62	1321586.98	1151517.77	1047929.60
	主营业务收入(万)	582835.62	1723709.67	633376.54	1089448.66
	主营成本(万)	263022.63	845716.36	310524.09	590312.00
	营业收入(万)	586927.98	1731767.16	637269.03	1095695.74
	营业成本(万)	264623.55	847177.32	310568.19	590736.86
	投资收益(万)	–	–	–	–
	利润总额(万)	148697.42	434553.28	184040.10	238085.35
	净利润(万)	109094.54	303945.64	135065.88	170557.34

深圳市特发信息股份有限公司

公司概况						
	公司名称	深圳市特发信息股份有限公司			证券简称	特发信息
	法人代表	王宝	董秘	张大军	证券代码	000070
	公司网址	www.sdgi.com.cn		电子信箱	zhangdj@sdgi.com.cn	
	电　话	0755-26506648 26506649		传　真	0755-26506800	
	办公地址	广东省深圳市南山区科技工业园科丰路2号通讯大厦				
	经营范围	光纤、光缆、光纤预制棒、电子元器件、通讯设备的生产等				

主要财务指标	指标\报告期	2011.06.30	2010.12.31	2010.06.30	2009.12.31
	每股收益(元)	0.0509	0.2510	0.0898	0.1653
	每股收益(扣除)(元)	0.0535	0.0653	0.0658	0.1262
	每股净资产(元)	3.1100	3.0500	2.8956	2.8100
	调整后每股净资产(元)	–	–	–	–
	每股资本公积金(元)	2.0025	2.0025	2.0045	2.0049
	每股盈余公积金(元)	0.0828	0.0828	0.0828	0.0828
	每股未分配利润(元)	0.0205	–0.0305	–0.1917	–0.2815
	每股现金净流量(元)	–0.5714	0.3468	0.2727	–0.2481
	每股经营现金净流量(元)	–0.4862	0.2683	0.0333	0.0976
	净资产收益率(扣除)(%)	1.7400	2.3000	2.3200	4.6700
	净资产收益率(%)	1.6400	8.2180	0.0310	5.8900
	总资产(万)	171808.45	159635.00	148876.51	122779.21
	股东权益(万)	77644.02	76370.42	72389.66	70154.60
	主营业务收入(万)	48546.73	100956.86	48929.26	80472.54
	主营成本(万)	40735.24	85311.18	42173.83	69424.72
	营业收入(万)	50551.80	106371.84	51806.69	87111.33
	营业成本(万)	41860.67	89448.04	44370.51	74436.07
	投资收益(万)	–	–	–	–
	利润总额(万)	1550.87	6713.94	2390.44	4263.00
	净利润(万)	1273.60	6275.76	2244.24	4132.12

深圳市海王生物工程股份有限公司

公司概况					
公司名称	深圳市海王生物工程股份有限公司			证券简称	海王生物
法人代表	张思民	董秘	张全礼	证券代码	000078
公司网址	www.neptunus.com		电子信箱	sz000078@vip.sina.com	
电　话	0755-26968666 26980336		传　真	0755-26980892	
办公地址	广东省深圳市南山区郎山二路北海王技术中心科研大楼1栋				
经营范围	生产经营生物化学原料、制品、试剂及其他相关的制品等				

主要财务指标

指标\报告期	2011.06.30	2010.12.31	2010.06.30	2009.12.31
每股收益(元)	0.0644	0.0715	0.0509	0.0217
每股收益(扣除)(元)	0.0426	0.0252	0.0335	-0.0241
每股净资产(元)	1.2003	1.1367	1.0139	0.9648
调整后每股净资产(元)	-	-	-	-
每股资本公积金(元)	1.6395	1.6403	1.5381	1.5399
每股盈余公积金(元)	0.0351	0.0351	0.0351	0.0351
每股未分配利润(元)	-1.4743	-1.5387	-1.5593	-1.6102
每股现金净流量(元)	0.1148	0.3723	0.0745	0.1036
每股经营现金净流量(元)	-0.1899	0.0628	-0.2947	0.3162
净资产收益率(扣除)(%)	3.6400	2.5400	3.3800	-2.0300
净资产收益率(%)	5.3620	6.2920	5.0230	2.2490
总资产(万)	452713.49	414778.88	369167.77	316475.30
股东权益(万)	78318.83	74170.65	66158.31	62953.20
主营业务收入(万)	259876.99	397220.65	201110.22	267255.64
主营成本(万)	218515.97	332653.80	172108.81	222306.40
营业收入(万)	261643.27	399905.24	201604.87	271004.29
营业成本(万)	219504.62	334205.96	172478.45	224373.13
投资收益(万)	-	-	-	-
利润总额(万)	8249.47	10771.69	5604.27	-361.45
净利润(万)	4199.39	4666.86	3323.15	1415.90

深圳市盐田港股份有限公司

公司概况					
公司名称	深圳市盐田港股份有限公司			证券简称	盐田港
法人代表	李冰	董秘	冯强	证券代码	000088
公司网址	www.yantian-port.com		电子信箱	szytp@yantian-port.com	
电　话	0755-25290180		传　真	0755-25290932	
办公地址	深圳市盐田区盐田港海港大厦十八层--十九层				
经营范围	码头的开发和经营,货物装卸与运输,港口配套交通设施建设与经营等				

主要财务指标

指标\报告期	2011.06.30	2010.12.31	2010.06.30	2009.12.31
每股收益(元)	0.1576	0.3295	0.1384	0.3696
每股收益(扣除)(元)	0.1227	0.3291	0.1660	0.3713
每股净资产(元)	3.0320	2.8465	3.2710	3.3246
调整后每股净资产(元)	-	-	-	-
每股资本公积金(元)	0.6816	0.8179	0.8362	0.8362
每股盈余公积金(元)	0.4496	0.5395	0.5395	0.5395
每股未分配利润(元)	0.9008	1.0584	0.8950	0.9489
每股现金净流量(元)	0.1421	0.0780	0.0005	-0.0653
每股经营现金净流量(元)	0.0709	0.1780	0.1001	0.1661
净资产收益率(扣除)(%)	4.1600	9.7600	4.8700	11.7700
净资产收益率(%)	5.1970	9.6460	5.0790	11.1185
总资产(万)	529406.76	497527.64	477830.01	486314.28
股东权益(万)	452982.72	425269.88	407204.19	413911.74
主营业务收入(万)	-	41693.71	-	40142.23
主营成本(万)	-	14603.11	-	13643.97
营业收入(万)	18041.80	41693.71	20117.61	40142.23
营业成本(万)	6581.84	14603.11	7086.82	13643.97
投资收益(万)	-	-	-	-
利润总额(万)	31112.48	51392.90	25997.25	56016.02
净利润(万)	23539.73	41022.70	20682.45	46020.80

深圳市机场股份有限公司

公司概况					
公司名称	深圳市机场股份有限公司			证券简称	深圳机场
法人代表	汪洋	董秘	孙郑岭	证券代码	000089
公司网址	www.szairport.com		电子信箱	szjc@szairport.com	
电　话	0755-23456331		传　真	0755-23456327	
办公地址	广东省深圳市宝安国深圳市宝安国际机场机场路机场信息大楼				
经营范围	航空客货地面运输及过港保障与服务,机场航空及辅助设备投资业务				

主要财务指标

指标\报告期	2011.06.30	2010.12.31	2010.06.30	2009.12.31
每股收益(元)	0.2082	0.4225	0.2168	0.3402
每股收益(扣除)(元)	0.2071	0.3846	0.2108	0.3377
每股净资产(元)	3.6200	3.4500	3.2740	3.0570
调整后每股净资产(元)	-	-	-	-
每股资本公积金(元)	0.5311	0.5311	0.5317	0.5317
每股盈余公积金(元)	0.3008	0.3008	0.2564	0.2564
每股未分配利润(元)	1.7874	1.6175	1.4861	1.2693
每股现金净流量(元)	-0.0453	0.1809	0.0982	-0.0796
每股经营现金净流量(元)	0.2323	0.5398	0.2530	0.3431
净资产收益率(扣除)(%)	-	11.8200	6.6600	11.6500
净资产收益率(%)	5.9100	12.2490	6.8500	11.1300
总资产(万)	681825.54	653607.09	613866.30	579076.67
股东权益(万)	611761.40	583049.46	553418.08	516770.26
主营业务收入(万)	98496.66	185541.62	90995.09	162995.61
主营成本(万)	47982.20	98416.94	42512.06	83806.42
营业收入(万)	100290.69	189946.62	92502.62	166271.66
营业成本(万)	48479.22	99614.39	43043.81	84690.93
投资收益(万)	-	-	-	-
利润总额(万)	45684.56	89570.21	47271.30	72374.31
净利润(万)	35190.52	71415.02	36647.82	57507.76

深圳市天健(集团)股份有限公司

公司概况					
公司名称	深圳市天健(集团)股份有限公司			证券简称	深天健
法人代表	辛杰	董秘	高建柏	证券代码	000090
公司网址	www.tonge.com.cn		电子信箱	ahgjb@tom.com	
电　话	0755-83928130 82992565		传　真	0755-83915736	
办公地址	深圳市福田区滨河大道5020号证券大厦21楼				
经营范围	房地产开发与经营、以及市政工程建设和管理				

主要财务指标

指标\报告期	2011.06.30	2010.12.31	2010.06.30	2009.12.31
每股收益(元)	0.3225	0.2426	0.0348	0.1264
每股收益(扣除)(元)	0.3073	0.2195	0.0448	-0.0947
每股净资产(元)	8.2814	10.2421	6.2270	5.7740
调整后每股净资产(元)	-	-	-	-
每股资本公积金(元)	5.3804	7.5886	3.7826	3.3442
每股盈余公积金(元)	0.9188	0.9188	0.9160	0.9160
每股未分配利润(元)	0.9707	0.7232	0.5182	0.5034
每股现金净流量(元)	-0.8862	1.0959	0.2830	-0.5464
每股经营现金净流量(元)	0.0187	-0.2783	0.9737	-0.0191
净资产收益率(扣除)(%)	3.3900	3.1700	0.7400	-1.8300
净资产收益率(%)	3.8940	2.3690	0.5590	2.1890
总资产(万)	822298.15	1016024.48	630399.84	588976.75
股东权益(万)	378158.85	467693.19	284357.64	263659.69
主营业务收入(万)	199848.80	354338.66	129404.37	266454.80
主营成本(万)	152629.33	298727.36	116809.79	241339.85
营业收入(万)	199848.80	354644.78	129404.37	266647.15
营业成本(万)	152629.33	298728.33	116809.79	241396.44
投资收益(万)	-	-	-	-
利润总额(万)	20376.73	16189.16	1793.85	8258.03
净利润(万)	14726.80	11077.14	1588.44	5771.47

深圳市广聚能源股份有限公司

公司概况	公司名称	深圳市广聚能源股份有限公司			证券简称	广聚能源
	法人代表	王建彬	董秘	嵇元弘	证券代码	000096
	公司网址	www.gj000096.com		电子信箱	gjnygf@126.com	
	电　话	0755-86000096		传　真	0755-86331111	
	办公地址	广东省深圳市南山区海德三道天利中央商务广场 22 楼				
	经营范围	兴办实业、国内商业、物资供销业、投资电力企业、销售成品油等				

	指标＼报告期	2011.06.30	2010.12.31	2010.06.30	2009.12.31
主要财务指标	每股收益(元)	0.0890	0.1600	0.0624	0.2100
	每股收益(扣除)(元)	0.0640	0.1100	0.0520	0.1100
	每股净资产(元)	3.3400	3.2600	3.1600	3.1100
	调整后每股净资产(元)	–	–	–	–
	每股资本公积金(元)	0.7183	0.7211	0.7258	0.7381
	每股盈余公积金(元)	0.5629	0.5629	0.5049	0.5049
	每股未分配利润(元)	1.0742	0.9852	0.9389	0.8800
	每股现金净流量(元)	–0.1568	0.1203	–0.1052	–0.1511
	每股经营现金净流量(元)	0.0593	–0.0549	–0.1019	0.0445
	净资产收益率(扣除)(%)	1.9300	3.4600	1.6700	3.5900
	净资产收益率(%)	2.6620	5.0080	1.9760	6.7657
	总资产(万)	195286.79	187383.35	182610.79	183854.83
	股东权益(万)	176597.48	172076.56	166842.54	164405.22
	主营业务收入(万)	79763.72	137536.49	66899.79	92273.95
	主营成本(万)	74293.48	126053.40	60840.16	82050.39
	营业收入(万)	79982.46	138032.23	67164.03	92682.94
	营业成本(万)	74378.07	126253.54	60938.33	82241.55
	投资收益(万)	–	–	–	–
	利润总额(万)	5504.78	10120.93	3925.89	13503.82
	净利润(万)	4700.79	8618.21	3296.90	11123.13

中信海洋直升机股份有限公司

公司概况	公司名称	中信海洋直升机股份有限公司			证券简称	中信海直
	法人代表	毕为	董秘	黄建辉	证券代码	000099
	公司网址	www.china-cohc.com		电子信箱	susx@china-cohc.com	
	电　话	0755-26723697 26971630		传　真	0755-26723697	
	办公地址	广东省深圳市南山区南海大道 21 号深圳直升机场				
	经营范围	通用航空运输业和航空维修业				

	指标＼报告期	2011.06.30	2010.12.31	2010.06.30	2009.12.31
主要财务指标	每股收益(元)	0.1271	0.2396	0.1176	0.2177
	每股收益(扣除)(元)	0.1252	0.2345	0.1191	0.1436
	每股净资产(元)	3.1724	3.0953	2.9743	2.9067
	调整后每股净资产(元)	–	–	–	–
	每股资本公积金(元)	0.8987	0.8987	0.8987	0.8987
	每股盈余公积金(元)	0.2809	0.2809	0.2567	0.2567
	每股未分配利润(元)	0.9928	0.9157	0.8189	0.7513
	每股现金净流量(元)	–0.1409	–0.0368	–0.0308	–0.0029
	每股经营现金净流量(元)	–0.0121	0.5846	0.1163	0.2738
	净资产收益率(扣除)(%)	3.9700	7.8200	4.0300	5.1000
	净资产收益率(%)	4.0060	7.7420	3.9550	7.4913
	总资产(万)	253159.62	251641.17	244212.71	250410.58
	股东权益(万)	162934.20	158974.56	152758.75	149285.93
	主营业务收入(万)	43489.96	87912.73	40078.34	80750.40
	主营成本(万)	31115.30	63974.78	26759.96	59297.26
	营业收入(万)	43489.96	87912.73	40078.34	80750.40
	营业成本(万)	31115.30	63974.78	26759.96	59297.26
	投资收益(万)	–	–	–	–
	利润总额(万)	8730.82	16255.36	7906.70	13735.66
	净利润(万)	6527.64	12307.29	6040.82	11183.45

TCL 集团股份有限公司

公司概况	公司名称	TCL 集团股份有限公司			证券简称	TCL 集团
	法人代表	李东生	董秘	屠树毅	证券代码	000100
	公司网址	www.tcl.com		电子信箱	ir@tcl.com	
	电　话	0755-33313811 33313801		传　真	0755-33313819	
	办公地址	广东省惠州市鹅岭南路 6 号 TCL 工业大厦九楼				
	经营范围	研究开发、生产、销售电子产品及通讯设备、新型光电、液晶显示器件、五金等				

	指标＼报告期	2011.06.30	2010.12.31	2010.06.30	2009.12.31
主要财务指标	每股收益(元)	0.0635	0.1243	0.0268	0.1667
	每股收益(扣除)(元)	0.0329	–0.0670	–0.0352	0.0756
	每股净资产(元)	1.2785	2.4243	1.8992	1.8021
	调整后每股净资产(元)	–	–	–	–
	每股资本公积金(元)	0.1732	1.3436	0.8797	0.8346
	每股盈余公积金(元)	0.0669	0.1338	0.1931	0.1931
	每股未分配利润(元)	0.0350	–0.0570	–0.1759	–0.2296
	每股现金净流量(元)	–0.4845	2.4189	0.7310	0.7889
	每股经营现金净流量(元)	0.0683	0.1877	0.0539	0.2512
	净资产收益率(扣除)(%)	2.6400	–3.1400	–1.9000	4.5800
	净资产收益率(%)	4.9690	4.2100	2.8260	8.8820
	总资产(万)	6179320.48	5347805.94	3545765.94	3023444.45
	股东权益(万)	1083659.36	1027434.75	557791.99	529262.07
	主营业务收入(万)	2663855.10	5025324.70	2268007.00	4291905.40
	主营成本(万)	2276988.40	4322224.20	1964859.90	3627906.60
	营业收入(万)	2735489.80	5183356.58	2316648.30	4428721.63
	营业成本(万)	2682159.20	4453450.90	2338688.30	3755141.00
	投资收益(万)	–	–	–	–
	利润总额(万)	101169.61	77284.01	28866.19	97467.43
	净利润(万)	53850.75	43253.85	15760.92	47006.97

宜华地产股份有限公司

公司概况	公司名称	宜华地产股份有限公司			证券简称	宜华地产
	法人代表	刘绍生	董秘	谢文贤	证券代码	000150
	公司网址	www.yihuarealestate.com		电子信箱	zqb@yihuarealestate.com	
	电　话	0754-85899788		传　真	0754-85890788	
	办公地址	广东省汕头市澄海区文冠路口右侧宜都花园				
	经营范围	房地产开发与销售、经营、租赁；房屋工程设计、楼宇维修和拆迁等				

	指标＼报告期	2011.06.30	2010.12.31	2010.06.30	2009.12.31
主要财务指标	每股收益(元)	0.0065	0.0300	0.0152	0.2182
	每股收益(扣除)(元)	0.0063	0.0300	0.0155	–
	每股净资产(元)	2.2805	2.2741	2.2585	2.1500
	调整后每股净资产(元)	–	–	–	–
	每股资本公积金(元)	1.0576	1.0576	1.0576	1.0576
	每股盈余公积金(元)	0.0541	0.0541	0.0541	0.0541
	每股未分配利润(元)	0.1688	0.1623	0.1468	0.0402
	每股现金净流量(元)	0.0001	–0.3507	–0.3149	0.1811
	每股经营现金净流量(元)	–0.0062	–0.3904	–0.3118	0.1813
	净资产收益率(扣除)(%)	0.2800	1.4600	0.6900	–
	净资产收益率(%)	0.2830	1.3540	0.6700	10.1400
	总资产(万)	103822.04	103141.74	103176.63	116106.13
	股东权益(万)	73889.71	73680.65	73176.12	69722.08
	主营业务收入(万)	2332.15	6894.18	3451.23	–
	主营成本(万)	928.53	3203.69	1821.61	–
	营业收入(万)	2346.02	7891.76	3464.55	26013.50
	营业成本(万)	1964.53	3943.50	2709.33	14091.15
	投资收益(万)	–	–	–	–
	利润总额(万)	389.31	1517.57	743.06	9534.86
	净利润(万)	209.07	997.74	493.22	7068.21

中成进出口股份有限公司

公司概况	公司名称	中成进出口股份有限公司			证券简称	中成股份
	法人代表	邹宝中	董秘	何剑波	证券代码	000151
	公司网址	www.complant-ltd.com.cn		电子信箱	complant@complant-ltd.com	
	电　　话	010-83676100		传　　真	010-83676151	
	办公地址	北京市丰台区南四环西路188号二区8号楼				
	经营范围	成套设备及技术进出口业务和境外投资经营业务				

主要财务指标	指标\报告期	2011.06.30	2010.12.31	2010.06.30	2009.12.31
	每股收益(元)	0.0364	0.0270	0.0355	0.0970
	每股收益(扣除)(元)	0.0364	0.0280	0.0369	0.0650
	每股净资产(元)	2.9720	2.9520	2.9580	3.0060
	调整后每股净资产(元)	–	–	–	–
	每股资本公积金(元)	1.4909	1.4934	1.4937	1.4913
	每股盈余公积金(元)	0.2957	0.2957	0.2941	0.2941
	每股未分配利润(元)	0.1705	0.1542	0.1645	0.1989
	每股现金净流量(元)	0.0160	–0.5401	–0.6251	0.0922
	每股经营现金净流量(元)	0.0146	–0.4415	–0.5241	0.0292
	净资产收益率(扣除)(%)	1.2300	0.9600	1.2400	2.1500
	净资产收益率(%)	1.2230	0.9100	1.2010	3.2300
	总资产(万)	112280.65	108823.88	104525.44	111912.26
	股东权益(万)	87964.57	87381.09	87545.28	88985.69
	主营业务收入(万)	39327.55	93564.28	32933.94	70560.18
	主营成本(万)	34454.18	84423.72	28081.20	61308.55
	营业收入(万)	39344.60	93586.81	32947.57	70601.19
	营业成本(万)	34454.18	84423.72	28081.20	61308.55
	投资收益(万)	–	–	–	–
	利润总额(万)	1340.18	1018.61	1749.79	4055.79
	净利润(万)	1076.13	792.19	1051.57	2878.34

安徽丰原药业股份有限公司

公司概况	公司名称	安徽丰原药业股份有限公司			证券简称	丰原药业
	法人代表	徐桦木	董秘	张军	证券代码	000153
	公司网址	www.bbcayy.com		电子信箱	xlyyzj@163.com	
	电　　话	0551-4846018 4846153		传　　真	0551-4846000	
	办公地址	安徽省合肥市包河工业区纬四路16号				
	经营范围	生物药、中药、化学合成药及其制剂等方面的研究、开发、生产和销售等				

主要财务指标	指标\报告期	2011.06.30	2010.12.31	2010.06.30	2009.12.31
	每股收益(元)	0.0500	0.1600	0.0800	0.0900
	每股收益(扣除)(元)	0.0412	0.1063	0.0784	0.0717
	每股净资产(元)	2.7900	2.7443	2.6700	2.5826
	调整后每股净资产(元)	–	–	–	–
	每股资本公积金(元)	0.9531	0.9531	0.9514	0.9514
	每股盈余公积金(元)	0.1009	0.1009	0.0900	0.0900
	每股未分配利润(元)	0.7409	0.6903	0.6245	0.5411
	每股现金净流量(元)	–0.0824	–0.0417	–0.1674	–0.0093
	每股经营现金净流量(元)	0.0822	0.2117	0.1451	0.1246
	净资产收益率(扣除)(%)	1.4900	3.9900	2.9900	2.8300
	净资产收益率(%)	1.8110	5.8340	3.1270	3.4230
	总资产(万)	132630.04	127583.10	114718.19	120547.39
	股东权益(万)	72670.03	71354.15	69316.60	67149.05
	主营业务收入(万)	64228.72	106544.63	52105.07	94981.67
	主营成本(万)	49767.27	77991.70	38132.06	68760.66
	营业收入(万)	68304.73	107418.18	52456.76	95569.55
	营业成本(万)	54266.50	78884.32	38637.83	69349.18
	投资收益(万)	–	–	–	–
	利润总额(万)	1485.56	5257.15	2552.31	3211.62
	净利润(万)	1315.88	4162.55	2167.55	2298.62

川化股份有限公司

公司概况	公司名称	川化股份有限公司			证券简称	川化股份
	法人代表	陈晓军	董秘	刘勇	证券代码	000155
	公司网址	www.scwltd.com		电子信箱	scc@scwltd.com	
	电　　话	028-89301891 89300888		传　　真	028-89301890	
	办公地址	四川省成都市青白江区大弯镇团结路311号				
	经营范围	肥料、基础化学原料、化学试剂和助剂、食品及饲料添加剂的制造和销售等				

主要财务指标	指标\报告期	2011.06.30	2010.12.31	2010.06.30	2009.12.31
	每股收益(元)	–0.1200	–0.4500	–0.0200	0.1800
	每股收益(扣除)(元)	–0.0700	–0.4200	–0.0600	0.1600
	每股净资产(元)	3.2300	3.3300	3.7300	3.8100
	调整后每股净资产(元)	–	–	–	–
	每股资本公积金(元)	1.7240	1.7240	1.7240	1.7240
	每股盈余公积金(元)	0.4200	0.4200	0.4200	0.4200
	每股未分配利润(元)	–0.0041	0.1156	0.5392	0.6123
	每股现金净流量(元)	–0.1916	–0.0120	–0.0598	0.0855
	每股经营现金净流量(元)	0.0577	–0.0297	0.0911	0.7620
	净资产收益率(扣除)(%)	–	–11.8000	–1.5400	4.3300
	净资产收益率(%)	–3.7100	–13.4050	–0.6200	4.6319
	总资产(万)	319669.79	337795.16	323892.53	321663.07
	股东权益(万)	151691.63	156406.13	175465.87	178838.91
	主营业务收入(万)	116043.95	194318.12	90890.91	220212.72
	主营成本(万)	102458.38	172341.86	78569.96	177603.64
	营业收入(万)	118583.36	200577.38	93504.66	225132.53
	营业成本(万)	104749.29	178690.17	81224.31	181823.74
	投资收益(万)	–	–	–	–
	利润总额(万)	–6234.01	–26703.64	–1176.79	8009.00
	净利润(万)	–5627.89	–20966.31	–1086.34	8283.68

长沙中联重工科技发展股份有限公司

公司概况	公司名称	长沙中联重工科技发展股份有限公司			证券简称	中联重科
	法人代表	詹纯新	董秘	申柯	证券代码	000157
	公司网址	www.zoomlion.com		电子信箱	157@zoomlion.com	
	电　　话	0731-88923908		传　　真	0731-88923904	
	办公地址	湖南省长沙市银盆南路361号				
	经营范围	开发、生产、销售工程机械、环卫机械、汽车起重机及其专用底盘等				

主要财务指标	指标\报告期	2011.06.30	2010.12.31	2010.06.30	2009.12.31
	每股收益(元)	0.6028	0.9700	0.3562	0.5800
	每股收益(扣除)(元)	0.5945	0.9600	1.1615	1.3727
	每股净资产(元)	5.4168	4.7290	7.3321	4.4633
	调整后每股净资产(元)	–	–	–	–
	每股资本公积金(元)	2.7756	2.5980	2.6451	0.0144
	每股盈余公积金(元)	0.2045	0.2091	0.4994	0.4596
	每股未分配利润(元)	1.4336	0.9334	3.2811	2.9723
	每股现金净流量(元)	0.2041	2.6425	1.8276	0.3142
	每股经营现金净流量(元)	0.0788	–	–0.6553	–0.7754
	净资产收益率(扣除)(%)	14.7200	33.2200	14.7900	36.9000
	净资产收益率(%)	14.4140	17.0180	15.2400	32.7602
	总资产(万)	7508781.95	6299527.55	4904551.80	3391455.79
	股东权益(万)	3210865.75	2741521.47	1445191.63	746760.13
	主营业务收入(万)	2403694.60	3199477.15	1602653.19	2059024.37
	主营成本(万)	1620564.86	2227294.15	1138784.89	1530629.48
	营业收入(万)	2414844.40	3219267.32	1608883.76	2076216.31
	营业成本(万)	1629093.44	2242398.62	1143757.90	1542226.65
	投资收益(万)	–	–	–	–
	利润总额(万)	544456.29	541610.53	255860.27	282739.41
	净利润(万)	462798.39	466558.97	220245.51	244640.43

石家庄常山纺织股份有限公司

公司概况

公司名称	石家庄常山纺织股份有限公司			证券简称	常山股份
法人代表	汤彰明	董秘	池俊平	证券代码	000158
公司网址	www.changshantex.com		电子信箱	chshgf@heinfo.net	
电　　话	0311-86673856		传　　真	0311-86673929	
办公地址	河北省石家庄市和平东路 183 号				
经营范围	天然纤维和人造纤维的纺织产品、针织品、服装加工;家用服饰、纺织品等				

主要财务指标

指标\报告期	2011.06.30	2010.12.31	2010.06.30	2009.12.31
每股收益(元)	0.0260	0.0800	0.0110	0.1190
每股收益(扣除)(元)	0.0230	0.0600	0.0100	–
每股净资产(元)	3.3300	3.3000	3.2400	3.2500
调整后每股净资产(元)	–	–	–	–
每股资本公积金(元)	1.5569	1.5568	1.5586	1.5642
每股盈余公积金(元)	0.2429	0.2429	0.2313	0.2146
每股未分配利润(元)	0.5260	0.5005	0.4472	0.4679
每股现金净流量(元)	–0.4598	0.1342	–0.2103	0.0864
每股经营现金净流量(元)	–0.1413	0.0598	0.0743	0.0053
净资产收益率(扣除)(%)	0.7000	1.9400	0.3100	–
净资产收益率(%)	0.7670	2.3020	0.3450	3.6800
总资产(万)	483951.14	474224.13	416213.54	434086.01
股东权益(万)	239073.63	237231.41	232707.06	233389.19
主营业务收入(万)	220804.18	364708.77	155173.46	–
主营成本(万)	206906.07	335232.32	143983.33	–
营业收入(万)	222921.78	370080.64	157746.89	174510.11
营业成本(万)	208209.04	338772.86	145971.30	163153.31
投资收益(万)	–	–	–	–
利润总额(万)	2101.58	7789.13	1206.50	8408.69
净利润(万)	1833.38	5461.43	801.58	8588.88

新疆国际实业股份有限公司

公司概况

公司名称	新疆国际实业股份有限公司			证券简称	国际实业
法人代表	丁治平	董秘	李润起	证券代码	000159
公司网址	www.xjgjsy.com		电子信箱	zqb@xjgjsy.com	
电　　话	0991-5854232 5814221		传　　真	0991-2861579	
办公地址	乌鲁木齐市黄河路 2 号招商银行大厦 11 楼				
经营范围	煤炭、焦炭的生产与销售;房地产开发营销等				

主要财务指标

指标\报告期	2011.06.30	2010.12.31	2010.06.30	2009.12.31
每股收益(元)	0.1400	1.3500	0.1200	0.3100
每股收益(扣除)(元)	0.1247	0.0800	0.2200	0.5000
每股净资产(元)	3.6700	3.5800	5.0700	4.8500
调整后每股净资产(元)	–	–	–	–
每股资本公积金(元)	0.7686	0.7686	2.4247	2.4340
每股盈余公积金(元)	0.2098	0.2098	0.2184	0.2184
每股未分配利润(元)	1.6968	1.5983	1.4291	1.1960
每股现金净流量(元)	0.5499	0.5563	0.6064	–0.3148
每股经营现金净流量(元)	–0.1767	0.0749	–0.2060	–0.5344
净资产收益率(扣除)(%)	–	2.4900	4.4100	11.0300
净资产收益率(%)	3.7690	37.7700	4.5900	12.9188
总资产(万)	296827.30	324459.13	259182.24	230205.23
股东权益(万)	176805.25	172078.31	122020.85	116636.77
主营业务收入(万)	–	71420.62	–	49576.54
主营成本(万)	–	44821.27	–	27990.83
营业收入(万)	37193.96	74693.45	38502.28	51751.03
营业成本(万)	26291.20	46483.90	23502.11	28848.93
投资收益(万)	–	–	–	–
利润总额(万)	7347.86	80015.69	6150.87	17779.87
净利润(万)	6663.67	64998.93	5606.84	15068.08

江苏吴江中国东方丝绸市场股份有限公司

公司概况

公司名称	江苏吴江中国东方丝绸市场股份有限公司			证券简称	东方市场
法人代表	计高雄	董秘	汪钟颖	证券代码	000301
公司网址	www.cesm.com.cn		电子信箱	wangzy.2006@yahoo.com.cn	
电　　话	0512-63573480 63527635		传　　真	0512-63552272	
办公地址	江苏省吴江市盛泽镇市场路丝绸股份大厦				
经营范围	房地产开发、经营,公路货运,资产经营,纺织原料、针纺织品等				

主要财务指标

指标\报告期	2011.06.30	2010.12.31	2010.06.30	2009.12.31
每股收益(元)	0.0505	0.0600	0.0629	0.0800
每股收益(扣除)(元)	0.0400	0.0380	0.0453	0.0370
每股净资产(元)	2.1250	2.0750	2.0750	2.0120
调整后每股净资产(元)	–	–	–	–
每股资本公积金(元)	0.5225	0.5225	0.5228	0.5228
每股盈余公积金(元)	0.1160	0.1160	0.1091	0.1091
每股未分配利润(元)	0.4867	0.4362	0.4432	0.3803
每股现金净流量(元)	0.0928	0.0238	–0.0024	0.1600
每股经营现金净流量(元)	0.3832	–0.0148	–0.0046	0.1637
净资产收益率(扣除)(%)	1.9400	1.8500	2.2200	1.8300
净资产收益率(%)	2.3760	3.0290	3.0300	3.7318
总资产(万)	350318.67	374252.51	393643.56	387444.06
股东权益(万)	258907.34	252755.48	252792.15	245132.82
主营业务收入(万)	33524.31	77011.76	42537.94	69421.51
主营成本(万)	25189.56	55015.09	31833.78	47924.96
营业收入(万)	40611.20	91660.59	68443.87	74322.20
营业成本(万)	29815.33	60593.88	50650.51	51651.19
投资收益(万)	–	–	–	–
利润总额(万)	7971.33	10777.74	10572.14	12813.12
净利润(万)	6151.86	7655.14	7659.33	9147.98

潍柴动力股份有限公司

公司概况

公司名称	潍柴动力股份有限公司			证券简称	潍柴动力
法人代表	谭旭光	董秘	戴立新	证券代码	000338
公司网址	www.weichai.com		电子信箱	weichai@weichai.com	
电　　话	0536-2297068 2297056		传　　真	0536-8197073	
办公地址	山东省潍坊市民生东街 26 号				
经营范围	柴油机及配套产品的设计、开发、生产、销售、维修;资格证书内企业自营进出口业务				

主要财务指标

指标\报告期	2011.06.30	2010.12.31	2010.06.30	2009.12.31
每股收益(元)	2.1000	4.0700	1.9400	2.0500
每股收益(扣除)(元)	2.0400	3.9900	3.8500	1.9800
每股净资产(元)	12.6500	11.1100	17.6800	7.0600
调整后每股净资产(元)	–	–	–	–
每股资本公积金(元)	1.0551	1.1964	3.1130	2.9294
每股盈余公积金(元)	0.8547	0.8547	1.0172	1.0172
每股未分配利润(元)	9.7421	8.0704	12.5759	9.1731
每股现金净流量(元)	–0.7680	3.1412	1.2125	0.6155
每股经营现金净流量(元)	–0.2086	5.2234	2.9879	2.9282
净资产收益率(扣除)(%)	–	44.0200	23.9600	33.6900
净资产收益率(%)	16.6140	36.6310	21.9660	28.9879
总资产(万)	5901495.22	5251720.29	4806336.50	3621815.12
股东权益(万)	2107725.40	1851491.90	1472560.36	1175461.78
主营业务收入(万)	3464421.85	6058694.92	3195873.00	3417458.82
主营成本(万)	2693810.56	4534303.71	2431813.76	2571162.52
营业收入(万)	3662741.38	6327956.44	3322440.64	3552518.25
营业成本(万)	2873285.89	4770405.39	2544609.82	2686747.56
投资收益(万)	–	–	–	–
利润总额(万)	484178.73	939665.76	453956.15	467989.03
净利润(万)	350170.66	678214.54	323458.88	340741.90

许继电气股份有限公司

公司概况	公司名称	许继电气股份有限公司			证券简称	许继电气
	法人代表	李富生	董秘	姚武	证券代码	000400
	公司网址	www.xjec.com		电子信箱	webmaster@xjec.com	
	电　话	0374-3212348 3212069		传　真	0374-3363549	
	办公地址	河南省许昌市许继大道1298号				
	经营范围	生产经营电网调度自动化、配电网自动化、变电站自动化、电站自动化等				

主要财务指标	指标\报告期	2011.06.30	2010.12.31	2010.06.30	2009.12.31
	每股收益(元)	0.1949	0.3877	0.1820	0.3442
	每股收益(扣除)(元)	0.1849	0.3501	0.1761	0.3535
	每股净资产(元)	6.5609	6.3660	6.1603	5.9783
	调整后每股净资产(元)	–	–	–	–
	每股资本公积金(元)	1.5733	1.5733	1.5733	1.5733
	每股盈余公积金(元)	0.6716	0.6716	0.6662	0.6662
	每股未分配利润(元)	3.3160	3.1211	2.9207	2.7387
	每股现金净流量(元)	–1.3961	1.0794	0.3138	–0.9236
	每股经营现金净流量(元)	–0.4525	0.4529	–0.7468	0.5216
	净资产收益率(扣除)(%)	2.8600	5.6700	2.9000	6.0900
	净资产收益率(%)	2.9700	6.0910	2.9540	5.7570
	总资产(万)	590026.97	575483.00	512544.67	460503.95
	股东权益(万)	248180.01	240809.34	233026.81	226142.16
	主营业务收入(万)	134932.99	363001.59	113635.73	283545.33
	主营成本(万)	85723.36	256280.90	71811.33	188744.91
	营业收入(万)	140936.56	385552.61	118799.74	303960.55
	营业成本(万)	89410.18	274692.74	75099.12	205480.30
	投资收益(万)	–	–	–	–
	利润总额(万)	12513.56	29057.81	12055.78	27363.58
	净利润(万)	7370.67	14667.18	6884.65	13019.77

唐山冀东水泥股份有限公司

公司概况	公司名称	唐山冀东水泥股份有限公司			证券简称	冀东水泥
	法人代表	张增光	董秘	韩保平	证券代码	000401
	公司网址	www.jdsn.com.cn		电子信箱	zqb@jdsn.com.cn	
	电　话	0315-3244005		传　真	0315-3244005	
	办公地址	河北省唐山市丰润区林荫路				
	经营范围	生产和销售水泥、熟料以及石灰石开采和销售				

主要财务指标	指标\报告期	2011.06.30	2010.12.31	2010.06.30	2009.12.31
	每股收益(元)	0.6170	1.1530	0.4470	0.8180
	每股收益(扣除)(元)	0.6100	1.1310	0.4433	0.8210
	每股净资产(元)	7.2800	6.6600	5.9700	5.5200
	调整后每股净资产(元)	–	–	–	–
	每股资本公积金(元)	2.7498	2.7475	2.7497	2.7534
	每股盈余公积金(元)	0.4577	0.4577	0.3733	0.3733
	每股未分配利润(元)	3.0523	2.4353	1.8139	1.3668
	每股现金净流量(元)	0.2726	0.5133	0.5834	0.2830
	每股经营现金净流量(元)	0.5528	1.4009	0.2251	1.6338
	净资产收益率(扣除)(%)	8.7500	18.5700	7.7200	15.9100
	净资产收益率(%)	8.4730	17.3050	7.4920	14.8315
	总资产(万)	3435957.68	3025231.27	2612752.74	2167211.67
	股东权益(万)	883115.25	807949.23	723618.20	669136.58
	主营业务收入(万)	711202.70	1103223.00	455907.10	694091.60
	主营成本(万)	482150.50	755304.10	317021.70	473856.20
	营业收入(万)	714299.45	1106409.77	458036.29	698991.02
	营业成本(万)	484117.78	755843.45	318515.02	476731.92
	投资收益(万)	–	–	–	–
	利润总额(万)	108322.49	198957.40	74304.68	129185.37
	净利润(万)	74828.67	139817.50	54215.89	99243.07

金融街控股股份有限公司

公司概况	公司名称	金融街控股股份有限公司			证券简称	金 融 街
	法人代表	刘世春	董秘	张晓鹏	证券代码	000402
	公司网址	www.jrjkg.com		电子信箱	investors@jrjkg.com	
	电　话	010-66573088 66573955		传　真	010-66573956	
	办公地址	北京市西城区金融大街丙17号北京银行大厦11-12层				
	经营范围	房地产开发,销售商品房;物业管理;新技术及产品项目投资;技术开发等				

主要财务指标	指标\报告期	2011.06.30	2010.12.31	2010.06.30	2009.12.31
	每股收益(元)	0.4200	0.5900	0.1700	0.4500
	每股收益(扣除)(元)	0.2700	0.4200	0.1400	0.1900
	每股净资产(元)	5.7500	5.5800	6.4500	6.2500
	调整后每股净资产(元)	–	–	–	–
	每股资本公积金(元)	2.5257	2.5255	3.3019	3.3112
	每股盈余公积金(元)	0.1890	0.1890	0.1947	0.1947
	每股未分配利润(元)	2.0383	1.8686	1.9519	1.7472
	每股现金净流量(元)	–0.2557	0.2373	–1.3943	2.3740
	每股经营现金净流量(元)	0.1738	–0.8196	–2.7301	–0.6330
	净资产收益率(扣除)(%)	4.6900	7.8200	2.1400	3.9300
	净资产收益率(%)	7.2950	10.5470	3.1700	8.8020
	总资产(万)	5897654.00	5416811.45	4707843.70	4235405.34
	股东权益(万)	1741485.14	1690065.18	1600003.65	1551536.57
	主营业务收入(万)	461646.57	798098.05	190990.33	613225.32
	主营成本(万)	255298.95	446370.42	93204.19	374977.11
	营业收入(万)	461670.12	811029.39	197974.36	623148.52
	营业成本(万)	255299.24	450149.52	94427.80	379711.53
	投资收益(万)	–	–	–	–
	利润总额(万)	170019.71	253058.71	70363.40	191746.13
	净利润(万)	127038.17	178244.28	50766.68	136564.13

华意压缩机股份有限公司

公司概况	公司名称	华意压缩机股份有限公司			证券简称	华意压缩
	法人代表	刘体斌	董秘	王华清	证券代码	000404
	公司网址	www.hua-yi.cn		电子信箱	hyzq@hua-yi.cn	
	电　话	0798-8470237		传　真	0798-8470221	
	办公地址	江西省景德镇市高新区长虹大道1号				
	经营范围	无氟压缩机、电冰箱及其配件的生产和销售,制冷设备的来料加工等				

主要财务指标	指标\报告期	2011.06.30	2010.12.31	2010.06.30	2009.12.31
	每股收益(元)	0.0475	0.0588	0.0662	0.2576
	每股收益(扣除)(元)	–0.0127	0.0339	0.0618	0.3490
	每股净资产(元)	1.7370	1.6900	1.7100	1.6918
	调整后每股净资产(元)	–	–	–	–
	每股资本公积金(元)	0.7954	0.7956	0.7948	0.8567
	每股盈余公积金(元)	0.1346	0.1346	0.1346	0.1346
	每股未分配利润(元)	–0.1932	–0.2407	–0.2206	–0.2994
	每股现金净流量(元)	0.5321	–0.2338	0.0342	–0.0172
	每股经营现金净流量(元)	0.5953	0.4062	0.2830	0.3113
	净资产收益率(扣除)(%)	2.7340	3.4790	3.8700	15.2274
	净资产收益率(%)	2.7700	3.4200	3.9500	15.2300
	总资产(万)	431242.37	359217.03	329997.42	295522.62
	股东权益(万)	91057.88	88933.41	87688.25	84062.97
	主营业务收入(万)	268235.71	412891.45	242113.82	293264.21
	主营成本(万)	242971.48	361301.11	214291.14	236721.68
	营业收入(万)	301358.76	461701.88	266042.76	325573.31
	营业成本(万)	274706.10	408768.60	237309.61	267298.35
	投资收益(万)	–3.82	76.24	105.57	137.21
	利润总额(万)	5727.56	9642.57	6982.76	19623.22
	净利润(万)	1541.13	1907.69	2147.92	8361.90

山东胜利股份有限公司

公司概况					
公司名称	山东胜利股份有限公司			证券简称	胜利股份
法人代表	王鹏	董秘	刘志强	证券代码	000407
公司网址	www.vicome.com		电子信箱	sd000407@yahoo.com.cn	
电　话	0531-86920495 88725686		传　真	0531-86018518	
办公地址	山东省济南市高新区天辰大街 2238 号胜利生物工程园				
经营范围	生物兽用药许可证范围内预混剂、原料药的研发、生产、销售等				

主要财务指标 指标\报告期	2011.06.30	2010.12.31	2010.06.30	2009.12.31
每股收益(元)	0.0200	0.5000	0.0200	0.4100
每股收益(扣除)(元)	0.0100	0.4700	0.0200	0.1200
每股净资产(元)	1.9100	1.9300	2.0500	2.0100
调整后每股净资产(元)	–	–	–	–
每股资本公积金(元)	0.0171	0.0222	0.0232	0.0232
每股盈余公积金(元)	0.1502	0.1952	0.1677	0.1676
每股未分配利润(元)	0.7338	1.2912	0.8499	0.8169
每股现金净流量(元)	0.1804	–0.2959	–0.2820	0.2667
每股经营现金净流量(元)	0.0307	0.0055	–0.1034	–0.1706
净资产收益率(扣除)(%)	–	20.6300	1.0900	6.7100
净资产收益率(%)	0.9160	20.0020	1.5000	20.5570
总资产(万)	351951.29	311474.85	256147.44	240909.02
股东权益(万)	123697.47	125317.78	102359.93	100347.60
主营业务收入(万)	128863.07	213539.03	85560.78	145113.36
主营成本(万)	117866.66	198484.03	75642.95	129787.28
营业收入(万)	130065.23	215251.71	86834.80	145994.51
营业成本(万)	119143.61	199904.24	76815.74	130587.26
投资收益(万)	–	–	–	–
利润总额(万)	818.15	31584.51	2277.46	27364.49
净利润(万)	1132.41	25065.68	1524.94	20628.32

金谷源控股股份有限公司

公司概况					
公司名称	金谷源控股股份有限公司			证券简称	ST 金谷源
法人代表	路联	董秘	张春生	证券代码	000408
公司网址			电子信箱	dsh000408@126.com	
电　话	010-82275906 5210408		传　真	010-82275665 5028366	
办公地址	河北省邯郸市峰峰矿区彭东街 9 号				
经营范围	房地产开发,物业管理,项目投资及咨询服务,大型市场投资及管理等				

主要财务指标 指标\报告期	2011.06.30	2010.12.31	2010.06.30	2009.12.31
每股收益(元)	0.0310	0.1380	–0.0580	–0.5980
每股收益(扣除)(元)	0.0042	0.0020	–0.0451	–0.5130
每股净资产(元)	0.6640	0.6330	0.4490	0.5330
调整后每股净资产(元)	–	–	–	–
每股资本公积金(元)	0.5695	0.5695	0.6068	0.6068
每股盈余公积金(元)	0.0775	0.0775	0.0775	0.0775
每股未分配利润(元)	–0.9830	–1.0136	–1.2351	–1.1514
每股现金净流量(元)	0.1399	0.0042	–0.0034	0.0028
每股经营现金净流量(元)	0.2240	0.0247	0.0037	0.0394
净资产收益率(扣除)(%)	4.7200	21.7500	–12.0900	–112.2130
净资产收益率(%)	4.7200	22.8900	–12.0900	–79.4500
总资产(万)	44545.17	44097.59	48130.49	51388.45
股东权益(万)	17158.87	16461.17	11790.54	13398.85
主营业务收入(万)	16139.85	21154.07	2806.68	14030.67
主营成本(万)	15984.27	21034.46	2892.25	13953.32
营业收入(万)	16642.03	22311.64	2854.56	14221.92
营业成本(万)	16093.55	21314.84	2938.11	14035.70
投资收益(万)	623.66	1625.85	–	–2628.50
利润总额(万)	687.84	3250.33	–1608.31	–15051.09
净利润(万)	773.22	3475.74	–1474.34	–15088.36

泰复实业股份有限公司

公司概况					
公司名称	泰复实业股份有限公司			证券简称	*ST 泰复
法人代表	何宏满	董秘	李永刚	证券代码	000409
公司网址			电子信箱	stock000409@163.com	
电　话	0552-3833409		传　真	0552-3833330	
办公地址	安徽省蚌埠市治淮路 587 号				
经营范围	新产品、新工艺、新技术、新设备、新材料开发等				

主要财务指标 指标\报告期	2011.06.30	2010.12.31	2010.06.30	2009.12.31
每股收益(元)	–0.0040	–0.0330	–0.0140	–0.0807
每股收益(扣除)(元)	–0.0090	–0.0385	–0.0170	–0.0812
每股净资产(元)	0.2100	0.2100	0.2300	0.2400
调整后每股净资产(元)	–	–	–	–
每股资本公积金(元)	0.0258	0.0258	0.0233	0.0233
每股盈余公积金(元)	0.0169	0.0169	0.0169	0.0169
每股未分配利润(元)	–0.8360	–0.8320	–0.8134	–0.7990
每股现金净流量(元)	–0.0419	0.0046	–0.1170	0.0791
每股经营现金净流量(元)	–0.0416	–0.0069	–0.1170	0.0428
净资产收益率(扣除)(%)	–	–17.0900	–7.1800	–30.1700
净资产收益率(%)	–1.9220	–15.6610	–6.3170	–33.4800
总资产(万)	5011.84	4820.07	5004.20	5212.66
股东权益(万)	3542.58	3610.67	3886.85	4132.36
主营业务收入(万)	1993.26	1896.00	–	1523.60
主营成本(万)	1938.34	1885.00	–	1486.75
营业收入(万)	1993.26	1896.00	–	1523.60
营业成本(万)	1938.34	1885.00	–	1486.75
投资收益(万)	–	–	–	–
利润总额(万)	–62.92	–565.48	–245.51	–1383.42
净利润(万)	–68.09	–565.48	–245.51	–1383.42

沈阳机床股份有限公司

公司概况					
公司名称	沈阳机床股份有限公司			证券简称	沈阳机床
法人代表	关锡友	董秘	张景龙	证券代码	000410
公司网址	www.smtcl.com		电子信箱	smtcl@smtcl.com	
电　话	024-25190865		传　真	024-25190877	
办公地址	辽宁省沈阳市经济技术开发区开发大路 17 甲 1 号				
经营范围	机械设备制造,机床制造,机械加工,进出口贸易等				

主要财务指标 指标\报告期	2011.06.30	2010.12.31	2010.06.30	2009.12.31
每股收益(元)	0.1700	0.2597	0.3100	0.0492
每股收益(扣除)(元)	0.1442	–0.0035	0.0700	–0.0471
每股净资产(元)	2.8300	2.6800	2.7200	2.4769
调整后每股净资产(元)	–	–	–	–
每股资本公积金(元)	0.6692	0.6845	0.6976	0.7400
每股盈余公积金(元)	0.1649	0.1649	0.1461	0.1461
每股未分配利润(元)	0.9867	0.8220	0.8759	0.5919
每股现金净流量(元)	0.0111	0.2741	0.1875	0.2947
每股经营现金净流量(元)	0.4430	–0.4752	–0.8376	–2.0266
净资产收益率(扣除)(%)	5.2300	–0.1300	2.8200	–1.9200
净资产收益率(%)	5.9290	9.6810	10.9310	1.9874
总资产(万)	1170135.11	1048271.29	1007131.00	905901.91
股东权益(万)	154617.68	146312.56	148353.14	135105.14
主营业务收入(万)	482015.87	792622.29	435120.07	604463.82
主营成本(万)	377491.00	627005.42	350777.59	474975.31
营业收入(万)	517206.76	804697.71	436066.06	606762.33
营业成本(万)	411205.31	631389.91	351403.71	475614.50
投资收益(万)	–	–	–	–
利润总额(万)	11930.92	20290.82	20095.18	10247.26
净利润(万)	9166.92	14164.94	16216.49	2685.10

浙江英特集团股份有限公司

公司概况

公司名称	浙江英特集团股份有限公司			证券简称	英特集团
法人代表	王引平	董秘	包志虎	证券代码	000411
公司网址			电子信箱	bao_zhihu@sina.com	
电　　话	0571-85068752 85067873		传　　真	0571-85068752	
办公地址	杭州市滨江区江南大道96号·中化大厦(原华龙国际大厦)				
经营范围	丝绸印染加工、服装、针织制品、纺织机械专用配件及器材的制造、加工、销售等				

主要财务指标

指标\报告期	2011.06.30	2010.12.31	2010.06.30	2009.12.31
每股收益(元)	0.8305	0.2000	0.0957	0.1500
每股收益(扣除)(元)	0.1122	0.1900	0.0905	0.1400
每股净资产(元)	1.8887	1.0609	0.9210	0.8200
调整后每股净资产(元)	–	–	–	–
每股资本公积金(元)	0.2682	0.2709	0.2394	0.2371
每股盈余公积金(元)	0.0707	0.0707	0.0707	0.0707
每股未分配利润(元)	0.5498	–0.2807	–0.3894	–0.4851
每股现金净流量(元)	1.5699	0.3330	–0.0022	–
每股经营现金净流量(元)	–0.7878	0.4393	–0.4593	–
净资产收益率(扣除)(%)	7.6000	20.0300	10.3900	19.6100
净资产收益率(%)	43.9710	19.2660	10.3920	18.4000
总资产(万)	350271.00	246599.81	216042.42	184844.34
股东权益(万)	39181.34	22008.35	19098.14	17066.50
主营业务收入(万)	403152.43	663397.18	312972.71	507213.63
主营成本(万)	381809.10	627556.71	295812.35	480703.56
营业收入(万)	403388.99	663825.13	313103.81	507711.62
营业成本(万)	381853.26	627634.43	295859.64	480778.59
投资收益(万)	–	–	–	–
利润总额(万)	47033.38	12037.88	5563.58	8816.64
净利润(万)	17228.57	4240.21	1984.68	3140.83

石家庄宝石电子玻璃股份有限公司

公司概况

公司名称	石家庄宝石电子玻璃股份有限公司			证券简称	宝 石 A
法人代表	尚建斌	董秘	付股芳	证券代码	000413
公司网址	www.baoshi.com.cn		电子信箱	bs@bseg.cn	
电　　话	0311-86917776 86917771		传　　真	0311-86917775	
办公地址	河北省石家庄市高新技术产业开发区黄河大道9号				
经营范围	电真空玻璃器件及配套的电子元器件等				

主要财务指标

指标\报告期	2011.06.30	2010.12.31	2010.06.30	2009.12.31
每股收益(元)	–0.0300	0.0040	–0.0300	–0.0800
每股收益(扣除)(元)	–0.0255	–0.0500	–0.0300	–0.0900
每股净资产(元)	0.5500	0.5800	0.5400	0.5700
调整后每股净资产(元)	–	–	–	–
每股资本公积金(元)	1.0114	1.0114	1.0057	1.0057
每股盈余公积金(元)	0.0717	0.0717	0.0717	0.0717
每股未分配利润(元)	–1.5328	–1.5071	–1.5413	–1.5110
每股现金净流量(元)	–0.0244	0.0139	–0.0059	–0.0330
每股经营现金净流量(元)	–0.0243	0.0271	–0.0059	–0.0329
净资产收益率(扣除)(%)	–4.1900	–0.0900	–5.4600	–14.2200
净资产收益率(%)	–4.6740	0.6890	–5.6420	–14.9570
总资产(万)	36727.18	37487.48	35327.55	36415.96
股东权益(万)	21077.76	22062.84	20533.39	21691.94
主营业务收入(万)	1543.78	5814.74	2381.54	4847.84
主营成本(万)	1884.67	5827.54	2718.32	4897.84
营业收入(万)	2682.02	7835.32	2928.49	6203.70
营业成本(万)	2964.53	7487.55	3324.31	6254.84
投资收益(万)	–	–	–	–
利润总额(万)	–1004.63	594.50	–1190.15	–3240.03
净利润(万)	–985.08	151.93	–1158.55	–3244.36

新疆汇通(集团)股份有限公司

公司概况

公司名称	新疆汇通(集团)股份有限公司			证券简称	ST 汇通
法人代表	高传义	董秘	马伟华	证券代码	000415
公司网址	www.huitonggroup.com.cn		电子信箱	mawh@huitonggroup.com.cn	
电　　话	0991-5835644		传　　真	0991-5835644	
办公地址	新疆维吾尔自治区乌鲁木齐市南湖南路66号水清木华A栋7楼				
经营范围	工程承包、建筑工程施工、房地产开发、工业设备的制作和安装等				

主要财务指标

指标\报告期	2011.06.30	2010.12.31	2010.06.30	2009.12.31
每股收益(元)	0.2387	0.0100	0.2210	–0.2857
每股收益(扣除)(元)	0.1970	–0.1123	–0.0400	–0.1811
每股净资产(元)	7.0454	9.9321	0.8030	0.8445
调整后每股净资产(元)	–	–	–	–
每股资本公积金(元)	17.7662	18.7951	0.1763	0.1763
每股盈余公积金(元)	0.1890	0.1310	0.1405	0.1405
每股未分配利润(元)	1.6985	1.1794	–0.5254	–0.4828
每股现金净流量(元)	1.2420	0.3615	3.1709	0.2427
每股经营现金净流量(元)	1.5813	0.1210	0.7131	0.7275
净资产收益率(扣除)(%)	2.1000	–13.1700	1.3500	–18.4000
净资产收益率(%)	2.5200	1.1700	–5.3100	–33.8400
总资产(万)	1488022.68	1158788.52	118550.84	115390.13
股东权益(万)	687871.90	671421.77	24117.59	25362.69
主营业务收入(万)	41918.80	31818.14	27360.21	25294.03
主营成本(万)	20634.05	27736.34	13860.21	22581.29
营业收入(万)	41918.80	31965.62	27714.24	25442.64
营业成本(万)	20634.05	27787.37	13860.21	22581.29
投资收益(万)	–	–	–	–
利润总额(万)	23195.13	1154.40	20045.12	–8448.24
净利润(万)	17333.65	302.17	14942.76	–8582.03

民生资本投资管理股份有限公司

公司概况

公司名称	民生资本投资管理股份有限公司			证券简称	民生投资
法人代表	马志军	董秘	冯栋	证券代码	000416
公司网址			电子信箱	mstz000416@126.com	
电　　话	0532-80770826		传　　真	0532-80770821	
办公地址	青岛市市南区闽江二路2号综合办公楼二楼				
经营范围	股权投资、资产管理、资本经营及相关咨询与服务				

主要财务指标

指标\报告期	2011.06.30	2010.12.31	2010.06.30	2009.12.31
每股收益(元)	0.0365	0.0269	–0.0012	0.1228
每股收益(扣除)(元)	0.0087	0.0208	0.0024	0.0020
每股净资产(元)	1.3884	1.3519	1.3237	1.3200
调整后每股净资产(元)	–	–	–	–
每股资本公积金(元)	0.0198	0.0198	0.0198	0.0198
每股盈余公积金(元)	0.0352	0.0352	0.0331	0.0331
每股未分配利润(元)	0.3334	0.2969	0.2707	0.2720
每股现金净流量(元)	–0.0838	–0.0839	–0.2810	0.9068
每股经营现金净流量(元)	0.0426	0.1062	–0.1224	0.1715
净资产收益率(扣除)(%)	–	1.5500	0.1800	0.1600
净资产收益率(%)	2.6290	1.9940	–0.0900	9.2700
总资产(万)	97001.33	99243.64	94994.21	97950.88
股东权益(万)	73843.79	71902.39	70402.72	70469.02
主营业务收入(万)	39030.02	68167.91	33438.04	60332.65
主营成本(万)	33262.93	60462.50	28878.29	53424.78
营业收入(万)	40744.16	70799.10	34823.66	62915.36
营业成本(万)	33354.52	60607.88	28952.31	53572.19
投资收益(万)	–	–	–	–
利润总额(万)	3384.71	4064.08	275.29	10334.96
净利润(万)	1941.40	1433.37	–66.31	6531.04

合肥百货大楼集团股份有限公司

公司概况	公司名称	合肥百货大楼集团股份有限公司			证券简称	合肥百货
	法人代表	郑晓燕	董秘	戴登安	证券代码	000417
	公司网址	www.hfbh.com.cn		电子信箱	daidengan@163.com	
	电　话	0551-5771008 5771035		传　真	0551-5771005	
	办公地址	安徽省合肥市长江西路 689 号				
	经营范围	百货、五金、交电、化工产品、针纺、食品、黄金、首饰、文体用品、钟表等				

主要财务指标	指标\报告期	2011.06.30	2010.12.31	2010.06.30	2009.12.31
	每股收益(元)	0.6111	0.5956	0.2325	0.4186
	每股收益(扣除)(元)	0.3243	0.5817	0.2415	0.3656
	每股净资产(元)	4.2100	2.6300	2.2700	2.1400
	调整后每股净资产(元)	–	2.4900	–	2.0700
	每股资本公积金(元)	1.2622	0.0313	0.0313	0.0313
	每股盈余公积金(元)	0.5012	0.5432	0.4469	0.4469
	每股未分配利润(元)	1.4498	1.0603	0.7925	0.6609
	每股现金净流量(元)	1.8839	1.3230	0.2875	0.3459
	每股经营现金净流量(元)	0.6001	1.7649	0.6234	1.4161
	净资产收益率(扣除)(%)	7.1000	24.4600	10.6300	–
	净资产收益率(%)	13.3820	22.6070	10.2400	19.5760
	总资产(万)	549928.10	447352.75	370479.15	369384.02
	股东权益(万)	219056.10	126394.16	108933.47	102617.15
	主营业务收入(万)	446408.43	685852.14	352411.22	572093.11
	主营成本(万)	378224.07	588363.35	300434.35	491324.39
	营业收入(万)	460920.42	706169.94	363083.12	588541.14
	营业成本(万)	378424.21	588548.02	300467.35	491373.31
	投资收益(万)	–	–	–	–
	利润总额(万)	46524.35	47903.76	20252.93	39758.57
	净利润(万)	29314.64	28574.24	11152.14	20079.57

无锡小天鹅股份有限公司

公司概况	公司名称	无锡小天鹅股份有限公司			证券简称	小天鹅 A
	法人代表	方洪波	董秘	周斯秀	证券代码	000418
	公司网址	www.littleswan.com		电子信箱	ir_littleswan@littleswan.com.cn	
	电　话	0510-81082280 81082320		传　真	0510-83720879	
	办公地址	无锡国家高新技术开发区长江南路 18 号				
	经营范围	家用电器及零配件、附件,工业陶瓷产品的制造、销售等				

主要财务指标	指标\报告期	2011.06.30	2010.12.31	2010.06.30	2009.12.31
	每股收益(元)	0.4400	0.8000	0.3900	0.4500
	每股收益(扣除)(元)	0.4100	0.6600	0.3100	0.2700
	每股净资产(元)	5.1700	4.8300	3.7000	4.6500
	调整后每股净资产(元)	–	–	–	–
	每股资本公积金(元)	1.7391	1.7391	0.9320	2.1570
	每股盈余公积金(元)	0.3366	0.3366	0.3246	0.3436
	每股未分配利润(元)	2.1015	1.7583	1.4431	1.1501
	每股现金净流量(元)	–1.0733	0.9060	0.8508	1.6016
	每股经营现金净流量(元)	–0.8048	1.1449	0.9830	0.4516
	净资产收益率(扣除)(%)	8.0200	16.5000	8.6100	8.3900
	净资产收益率(%)	8.5660	16.5850	8.3100	11.1399
	总资产(万)	1018504.43	800157.63	562031.94	600432.77
	股东权益(万)	327282.43	305648.10	202616.30	254700.51
	主营业务收入(万)	589925.49	–	496615.09	437524.45
	主营成本(万)	482121.21	–	409928.61	335250.30
	营业收入(万)	674751.41	1120236.68	551057.19	675886.93
	营业成本(万)	561179.98	944534.90	461868.38	524602.37
	投资收益(万)	–	–	–	–
	利润总额(万)	41774.02	72168.16	35629.96	38365.73
	净利润(万)	28033.85	50691.71	24875.45	28373.39

长沙通程控股股份有限公司

公司概况	公司名称	长沙通程控股股份有限公司			证券简称	通程控股
	法人代表	周兆达	董秘	杨格艺	证券代码	000419
	公司网址	www.e-tongcheng.com		电子信箱	wqm0708@263.net	
	电　话	0731-85534994		传　真	0731-85535588	
	办公地址	湖南省长沙市劳动西路 589 号				
	经营范围	综合零售,食品,饮料及烟草制品专门零售;文化等				

主要财务指标	指标\报告期	2011.06.30	2010.12.31	2010.06.30	2009.12.31
	每股收益(元)	0.1739	0.3002	0.1447	0.1619
	每股收益(扣除)(元)	0.1709	0.2634	0.1443	0.1046
	每股净资产(元)	3.2270	2.3850	2.2300	2.1900
	调整后每股净资产(元)	–	–	–	–
	每股资本公积金(元)	1.2677	0.3378	0.3418	0.3418
	每股盈余公积金(元)	0.1173	0.1514	0.1183	0.1183
	每股未分配利润(元)	0.8422	0.8961	0.7738	0.7290
	每股现金净流量(元)	0.2633	0.2551	–0.0293	0.5048
	每股经营现金净流量(元)	0.1938	0.9328	0.1721	1.3005
	净资产收益率(扣除)(%)	6.2300	11.5200	6.3800	4.8000
	净资产收益率(%)	4.5810	12.5830	6.4800	7.3950
	总资产(万)	328727.29	318736.45	300874.74	286205.51
	股东权益(万)	146191.02	83728.95	78411.72	76841.32
	主营业务收入(万)	184339.82	313530.07	151995.14	227062.99
	主营成本(万)	148596.64	253264.14	123331.36	186156.27
	营业收入(万)	192519.33	325574.40	159552.30	240283.18
	营业成本(万)	148801.55	253792.05	123590.53	186464.95
	投资收益(万)	–	–	–	–
	利润总额(万)	9293.75	14927.13	6491.31	8416.44
	净利润(万)	6697.05	10535.90	5080.56	5682.53

吉林化纤股份有限公司

公司概况	公司名称	吉林化纤股份有限公司			证券简称	吉林化纤
	法人代表	王进军	董秘	徐建国	证券代码	000420
	公司网址	www.jlhxjt.com		电子信箱	jihx@jlcfc.com	
	电　话	0432-63502452 63502331		传　真	0432-63502329	
	办公地址	吉林省吉林市九站街 516-1 号				
	经营范围	粘胶纤维、合成纤维及其深加工品等				

主要财务指标	指标\报告期	2011.06.30	2010.12.31	2010.06.30	2009.12.31
	每股收益(元)	0.0230	–0.2088	–0.1204	0.0500
	每股收益(扣除)(元)	–0.0039	–0.2367	–0.1248	–0.1434
	每股净资产(元)	2.1600	2.1360	2.2300	2.3641
	调整后每股净资产(元)	–	–	–	–
	每股资本公积金(元)	1.2529	1.2525	1.2547	1.2716
	每股盈余公积金(元)	0.5036	0.5036	0.5036	0.5036
	每股未分配利润(元)	–0.5969	–0.6199	–0.5315	–0.4111
	每股现金净流量(元)	0.0759	0.3899	0.1037	0.1821
	每股经营现金净流量(元)	0.1640	0.4431	–0.0899	0.1860
	净资产收益率(扣除)(%)	–0.1800	–10.4700	–5.4200	–5.9712
	净资产收益率(%)	1.0630	–9.7750	–5.4070	1.9768
	总资产(万)	338583.41	291626.26	280997.93	273078.84
	股东权益(万)	81687.34	80805.52	84233.95	89425.71
	主营业务收入(万)	132662.34	226073.96	101924.75	178589.32
	主营成本(万)	116694.72	209362.48	94560.07	157061.32
	营业收入(万)	137089.40	233396.53	105074.89	184509.73
	营业成本(万)	119752.46	213551.67	96554.79	161851.73
	投资收益(万)	–	–	–	–
	利润总额(万)	1330.01	–7581.29	–4795.64	4618.75
	净利润(万)	868.44	–7898.42	–4554.11	1767.81

南京中北(集团)股份有限公司

公司概况						
公司名称	南京中北(集团)股份有限公司			证券简称	南京中北
法人代表	朱明	董秘	潘明	证券代码	000421
公司网址	www.zhong-bei.com			电子信箱	securities@zhong-bei.com
电　话	025-86383698 86383611			传　真	025-86383600
办公地址	江苏省南京市建邺区应天大街927号				
经营范围	汽车出租;跨省市公路客运;客车租赁;(汽车维修);汽车票代办等				

主要财务指标 指标\报告期	2011.06.30	2010.12.31	2010.06.30	2009.12.31
每股收益(元)	0.1312	0.1662	0.0681	0.1448
每股收益(扣除)(元)	0.1251	0.1455	0.0673	0.0185
每股净资产(元)	2.2900	2.2700	1.8800	1.8100
调整后每股净资产(元)	–	–	–	–
每股资本公积金(元)	0.3620	0.4696	0.1755	0.1766
每股盈余公积金(元)	0.1296	0.1296	0.1296	0.1296
每股未分配利润(元)	0.8030	0.6718	0.5737	0.5056
每股现金净流量(元)	–0.1319	0.4147	–0.1218	0.1651
每股经营现金净流量(元)	0.3391	1.2730	0.5971	0.9544
净资产收益率(扣除)(%)	5.4800	7.1300	3.6500	1.0700
净资产收益率(%)	5.7190	7.3190	3.6260	7.9920
总资产(万)	299483.75	297808.57	259273.65	268982.97
股东权益(万)	80683.05	79854.20	66060.88	63705.03
主营业务收入(万)	69603.05	168533.73	90841.02	150136.57
主营成本(万)	70868.04	154592.88	80454.77	133944.84
营业收入(万)	70854.55	174290.68	92022.89	156534.54
营业成本(万)	71350.59	157987.70	80821.23	137171.16
投资收益(万)	–	–	–	–
利润总额(万)	7288.89	8568.21	4522.24	10224.09
净利润(万)	4613.83	5844.77	2395.59	5091.01

湖北宜化化工股份有限公司

公司概况					
公司名称	湖北宜化化工股份有限公司			证券简称	湖北宜化
法人代表	蒋远华	董秘	强炜	证券代码	000422
公司网址	www.hbyh.cn			电子信箱	zyj@hbyh.cn
电　话	0717-6442268			传　真	0717-8868101
办公地址	湖北省宜昌市沿江大道52号				
经营范围	化肥、化工产品的生产与销售等				

主要财务指标 指标\报告期	2011.06.30	2010.12.31	2010.06.30	2009.12.31
每股收益(元)	0.8580	1.0560	0.6050	0.4380
每股收益(扣除)(元)	0.8199	0.9830	0.5500	0.3880
每股净资产(元)	6.0790	5.0250	4.5200	4.0000
调整后每股净资产(元)	–	–	–	–
每股资本公积金(元)	0.9130	0.6264	0.5814	0.5814
每股盈余公积金(元)	0.3523	0.3523	0.2984	0.2984
每股未分配利润(元)	3.6554	2.8975	2.5012	1.9958
每股现金净流量(元)	–0.3576	0.7210	–0.5268	1.2381
每股经营现金净流量(元)	0.7771	0.8438	0.2439	1.4163
净资产收益率(扣除)(%)	14.1140	21.0060	13.3810	10.9500
净资产收益率(%)	15.1400	23.6100	14.0600	11.5300
总资产(万)	2093620.58	1874581.35	1558336.63	1351600.02
股东权益(万)	525189.50	515568.70	415610.47	367897.33
主营业务收入(万)	711704.23	1133731.35	488743.80	863342.21
主营成本(万)	572900.60	876909.08	370745.92	716449.56
营业收入(万)	733211.11	1154495.03	501908.33	876061.86
营业成本(万)	588253.80	891803.93	381521.42	728343.31
投资收益(万)	–	475.68	16.43	110.58
利润总额(万)	71205.88	115969.60	62414.81	54398.60
净利润(万)	46533.88	57253.13	32832.08	23768.91

山东东阿阿胶股份有限公司

公司概况					
公司名称	山东东阿阿胶股份有限公司			证券简称	东阿阿胶
法人代表	李福祚	董秘	吴怀锋	证券代码	000423
公司网址	www.dongeejiao.com			电子信箱	webmaster@dongeejiao.com
电　话	0635-3264069			传　真	0635-3260786
办公地址	山东省聊城市东阿县阿胶街78号				
经营范围	许可证范围内的胶剂、口服液、合剂、煎膏剂、颗粒剂、硬胶囊剂等				

主要财务指标 指标\报告期	2011.06.30	2010.12.31	2010.06.30	2009.12.31
每股收益(元)	0.6900	0.8902	0.4700	0.6773
每股收益(扣除)(元)	0.6538	0.8297	0.4650	0.6744
每股净资产(元)	4.8800	4.1900	4.1210	3.6700
调整后每股净资产(元)	–	–	–	–
每股资本公积金(元)	1.0537	1.0537	1.0552	1.0661
每股盈余公积金(元)	0.4224	0.4224	0.3354	0.3354
每股未分配利润(元)	2.4047	1.7187	1.7304	1.2654
每股现金净流量(元)	0.8681	–1.2838	–0.7536	1.9483
每股经营现金净流量(元)	0.2304	0.9721	0.3458	1.2415
净资产收益率(扣除)(%)	–	20.8400	11.9400	21.0000
净资产收益率(%)	14.0830	21.2230	12.0000	15.8639
总资产(万)	388800.07	359771.93	336157.60	313507.50
股东权益(万)	319205.54	274335.87	269524.35	239826.42
主营业务收入(万)	125916.79	245522.19	123243.92	208300.62
主营成本(万)	45566.44	110401.06	58285.42	106640.09
营业收入(万)	127999.37	246378.43	124362.64	209011.65
营业成本(万)	47215.36	110887.42	59134.44	106917.30
投资收益(万)	–	–	–	–
利润总额(万)	53525.13	70104.57	36663.20	47286.67
净利润(万)	44953.09	58222.43	30509.32	39150.00

徐工集团工程机械股份有限公司

公司概况					
公司名称	徐工集团工程机械股份有限公司			证券简称	徐工机械
法人代表	王民	董秘	费广胜	证券代码	000425
公司网址	www.xcmg.com			电子信箱	zqb@xcmg.com
电　话	0516-87739667 87938766			传　真	0516-87938767
办公地址	徐州经济开发区工业一区				
经营范围	工程机械及成套设备、专用汽车、建筑工程机械、矿山机械、环卫机械等				

主要财务指标 指标\报告期	2011.06.30	2010.12.31	2010.06.30	2009.12.31
每股收益(元)	1.0800	3.2200	0.7300	2.0100
每股收益(扣除)(元)	1.0665	3.1100	1.5100	1.1000
每股净资产(元)	6.7800	11.8500	6.4300	5.0400
调整后每股净资产(元)	–	–	–	–
每股资本公积金(元)	3.1200	6.5425	2.1015	2.1015
每股盈余公积金(元)	0.1519	0.3038	0.0937	0.0937
每股未分配利润(元)	2.5114	4.0048	3.2327	1.8489
每股现金净流量(元)	–0.5698	3.9400	1.4363	2.3179
每股经营现金净流量(元)	–0.4439	0.4613	2.6863	3.6661
净资产收益率(扣除)(%)	–	49.8300	26.0700	30.0600
净资产收益率(%)	15.9300	24.2900	26.1300	39.1900
总资产(万)	3038548.05	2534659.16	1883495.86	1507218.62
股东权益(万)	1399233.69	1222300.72	557586.31	437551.40
主营业务收入(万)	1851917.18	2284437.79	1233920.84	1829618.94
主营成本(万)	1441165.96	1770570.69	966439.83	1461081.13
营业收入(万)	1951458.72	2521390.11	1359506.33	2069908.52
营业成本(万)	1528383.72	1974376.93	1083244.69	1669233.23
投资收益(万)	–	–	–	–
利润总额(万)	261056.04	339629.33	159152.20	207494.30
净利润(万)	222891.90	292609.20	137839.11	174126.53

赤峰富龙热电股份有限公司

公司概况	公司名称	赤峰富龙热电股份有限公司			证券简称	富龙热电
	法人代表	景树森	董秘	张旭东	证券代码	000426
	公司网址			电子信箱	ddjczxd@163.com	
	电　话	0476-2216690 2216622		传　真	0476-2216691	
	办公地址	内蒙古自治区赤峰市松山区西站大街8号				
	经营范围	城市集中供热、发电等产业				

主要财务指标	指标\报告期	2011.06.30	2010.12.31	2010.06.30	2009.12.31
	每股收益(元)	-0.0600	-0.1300	-0.0700	0.2100
	每股收益(扣除)(元)	-0.0600	-0.1300	-0.0700	-0.2100
	每股净资产(元)	2.8800	2.9400	3.0000	3.0700
	调整后每股净资产(元)	-	-	-	-
	每股资本公积金(元)	1.1375	1.1375	1.1375	1.1375
	每股盈余公积金(元)	0.2306	0.2306	0.2306	0.2306
	每股未分配利润(元)	0.5133	0.5685	0.6285	0.7018
	每股现金净流量(元)	0.0058	0.0549	0.0204	0.1200
	每股经营现金净流量(元)	-0.1307	0.1796	-0.0053	0.1034
	净资产收益率(扣除)(%)	-2.0000	-4.4100	-2.4000	-6.6500
	净资产收益率(%)	-1.9170	-4.5390	-2.4500	6.7380
	总资产(万)	163060.59	162582.77	159547.48	166587.17
	股东权益(万)	109687.97	111790.98	114073.81	116865.17
	主营业务收入(万)	23044.36	38927.32	22368.69	32186.08
	主营成本(万)	22798.19	38228.86	22220.31	32395.48
	营业收入(万)	23220.28	39780.52	22602.66	32419.44
	营业成本(万)	22832.28	38585.32	22220.31	32431.95
	投资收益(万)	-	-	-	-
	利润总额(万)	-2141.38	-4996.49	-2685.96	7902.11
	净利润(万)	-2103.01	-5074.19	-2791.36	7874.78

华天酒店集团股份有限公司

公司概况	公司名称	华天酒店集团股份有限公司			证券简称	华天酒店
	法人代表	陈纪明	董秘	刘胜	证券代码	000428
	公司网址	www.huatian-hotel.com		电子信箱	huatianzqb@163.com	
	电　话	0731-84442888 80928		传　真	0731-84449370 84442270	
	办公地址	长沙市解放东路300号本公司贵宾楼五楼				
	经营范围	旅游、房地产、新材料加工、信息网络、生物制药、环保等				

主要财务指标	指标\报告期	2011.06.30	2010.12.31	2010.06.30	2009.12.31
	每股收益(元)	0.1350	0.2500	0.1470	0.2600
	每股收益(扣除)(元)	0.0667	0.1500	0.0790	0.1100
	每股净资产(元)	2.0700	2.5200	2.4300	2.3300
	调整后每股净资产(元)	-	-	-	-
	每股资本公积金(元)	0.2734	0.6555	0.6611	0.7044
	每股盈余公积金(元)	0.0433	0.0563	0.0531	0.0531
	每股未分配利润(元)	0.7560	0.8076	0.7196	0.5754
	每股现金净流量(元)	0.1989	-0.0015	0.1456	-0.0096
	每股经营现金净流量(元)	0.2267	0.7794	0.3205	1.0406
	净资产收益率(扣除)(%)	3.3300	6.3000	3.2900	4.7900
	净资产收益率(%)	6.5030	9.7620	6.0310	10.9792
	总资产(万)	488128.58	455985.07	428768.94	391228.08
	股东权益(万)	149017.91	139327.67	134590.86	129013.27
	主营业务收入(万)	84297.37	136973.69	64901.33	126813.71
	主营成本(万)	41938.68	63322.64	28891.20	61298.58
	营业收入(万)	84297.37	137366.36	64901.33	127055.85
	营业成本(万)	41938.68	63370.92	28891.20	61298.58
	投资收益(万)	-	-	-	-
	利润总额(万)	12361.85	17177.51	9747.75	17778.47
	净利润(万)	9690.24	13601.79	8116.73	14164.58

广东省高速公路发展股份有限公司

公司概况	公司名称	广东省高速公路发展股份有限公司			证券简称	粤高速A
	法人代表	周余明	董秘	左江	证券代码	000429
	公司网址	www.gpedcl.com		电子信箱	zuoj@gdcg.cn	
	电　话	020-83731388-230		传　真	020-83731363	
	办公地址	广东省广州市白云路85号				
	经营范围	主营高速公路、等级公路,桥梁的建设施工,公路、桥梁的收费和养护管理				

主要财务指标	指标\报告期	2011.06.30	2010.12.31	2010.06.30	2009.12.31
	每股收益(元)	0.1200	0.3100	0.1900	0.2600
	每股收益(扣除)(元)	0.1400	0.2800	0.1800	0.2600
	每股净资产(元)	3.3060	3.4100	2.9500	2.8600
	调整后每股净资产(元)	-	-	-	-
	每股资本公积金(元)	1.4404	1.5569	1.2209	1.2210
	每股盈余公积金(元)	0.1308	0.1308	0.1037	0.1037
	每股未分配利润(元)	0.7350	0.7195	0.6268	0.5376
	每股现金净流量(元)	0.0034	0.0319	0.3012	-0.1022
	每股经营现金净流量(元)	0.2479	0.4696	0.2617	0.1798
	净资产收益率(扣除)(%)	3.9800	9.4000	6.2600	9.2300
	净资产收益率(%)	3.4930	9.0700	6.4100	9.2280
	总资产(万)	1087612.67	1052646.41	996002.83	891517.65
	股东权益(万)	415630.56	428325.17	371017.74	359823.36
	主营业务收入(万)	51024.86	99379.73	49735.19	92711.85
	主营成本(万)	25084.64	51514.57	23924.33	47534.15
	营业收入(万)	51304.31	100221.95	50105.99	93688.22
	营业成本(万)	25172.88	51832.10	24161.22	47859.28
	投资收益(万)	-	-	-	-
	利润总额(万)	19693.06	49440.44	31315.18	43622.39
	净利润(万)	14516.57	38847.80	23780.38	33204.04

张家界旅游集团股份有限公司

公司概况	公司名称	张家界旅游集团股份有限公司			证券简称	ST张家界
	法人代表	李智勇	董秘	朱洪武	证券代码	000430
	公司网址	www.zjjgf.com.cn		电子信箱	sz000430@hotmail.com	
	电　话	0744-8288630		传　真	0744-8290218	
	办公地址	湖南省张家界市紫舞东路证券大厦5楼				
	经营范围	旅游资源开发,旅游基础设施建设,旅游配套服务,与旅游有关的高科技开发等				

主要财务指标	指标\报告期	2011.06.30	2010.12.31	2010.06.30	2009.12.31
	每股收益(元)	0.0635	0.0915	0.0820	-0.1610
	每股收益(扣除)(元)	0.0635	0.0300	-	-0.2000
	每股净资产(元)	0.6600	0.8700	-0.1100	-0.1200
	调整后每股净资产(元)	-	-	-	-
	每股资本公积金(元)	0.3014	0.8975	0.4911	0.4300
	每股盈余公积金(元)	0.0779	0.1136	-	-
	每股未分配利润(元)	-0.7194	-1.1415	-1.6054	-1.5475
	每股现金净流量(元)	-0.0979	0.1355	-0.0883	0.0995
	每股经营现金净流量(元)	0.0887	0.1399	0.1524	0.1290
	净资产收益率(扣除)(%)	30.0500	-	-	-
	净资产收益率(%)	9.5550	-200.6424	-1.6543	-136.9610
	总资产(万)	42606.56	44749.06	28892.21	31373.69
	股东权益(万)	21317.63	19252.33	-2514.98	-2586.21
	主营业务收入(万)	17815.01	9514.93	13869.69	9036.53
	主营成本(万)	9735.65	4176.99	8157.92	5022.70
	营业收入(万)	17831.63	9515.96	13875.70	9055.54
	营业成本(万)	9735.88	4176.99	8157.92	5023.23
	投资收益(万)	-	-	-	-
	利润总额(万)	3257.10	2097.18	3308.67	-4629.10
	净利润(万)	2036.83	2012.75	2630.67	-3542.09

山东晨鸣纸业集团股份有限公司

公司概况					
公司名称	山东晨鸣纸业集团股份有限公司			证券简称	晨鸣纸业
法人代表	陈洪国	董秘	郝筠	证券代码	000488
公司网址	www.chenmingpaper.com		电子信箱	chenmmingpaper@163.com	
电 话	0536-2158011 2156488		传 真	0536-2158640	
办公地址	山东省寿光市圣城街595号				
经营范围	机制纸及纸板等纸制品和造纸原料、造纸机械的加工、销售等				

主要财务指标

指标\报告期	2011.06.30	2010.12.31	2010.06.30	2009.12.31
每股收益(元)	0.2300	0.5600	0.2900	0.4100
每股收益(扣除)(元)	0.1900	0.5000	0.2800	0.3500
每股净资产(元)	6.5000	6.5600	6.2950	6.3000
调整后每股净资产(元)	–	–	–	–
每股资本公积金(元)	2.9551	2.9551	2.9551	2.9551
每股盈余公积金(元)	0.5075	0.5075	0.4398	0.4398
每股未分配利润(元)	2.0362	2.1017	1.9000	1.9052
每股现金净流量(元)	–0.0438	–0.2483	–0.2399	–0.1553
每股经营现金净流量(元)	0.3577	0.4124	0.5770	0.7949
净资产收益率(扣除)(%)	–	7.8700	4.3000	5.6700
净资产收益率(%)	3.6090	8.5900	4.6830	6.4300
总资产(万)	3953715.95	3507713.21	2903165.59	2821308.49
股东权益(万)	1340044.38	1353578.58	1298104.46	1299190.43
主营业务收入(万)	395732.20	1712982.09	700040.81	1475411.90
主营成本(万)	319745.48	1365158.62	592282.28	1198951.07
营业收入(万)	891745.54	1720312.30	817664.17	1488462.93
营业成本(万)	845679.58	1368300.15	741197.12	1205741.59
投资收益(万)	–	–	–	–
利润总额(万)	59353.89	156235.46	83855.84	117292.26
净利润(万)	48354.97	116334.11	60786.90	83594.80

武汉武商集团股份有限公司

公司概况					
公司名称	武汉武商集团股份有限公司			证券简称	鄂武商A
法人代表	刘江超	董秘	李轩	证券代码	000501
公司网址	www.wushang.com.cn		电子信箱	xuanl528@163.com	
电 话	027-85714295		传 真	027-85714011	
办公地址	武汉市汉口解放大道690号				
经营范围	百货、五金、交电、家具、其他食品、针纺织品、日用杂品、酒、西药、中成药等				

主要财务指标

指标\报告期	2011.06.30	2010.12.31	2010.06.30	2009.12.31
每股收益(元)	0.4300	0.5800	0.3400	0.4700
每股收益(扣除)(元)	0.4358	0.5600	0.3300	0.3800
每股净资产(元)	3.8100	3.3700	3.1200	2.7900
调整后每股净资产(元)	–	–	–	–
每股资本公积金(元)	1.0798	1.0800	1.0794	1.0809
每股盈余公积金(元)	0.4033	0.4033	0.3204	0.3204
每股未分配利润(元)	1.3226	0.8885	0.7232	0.3927
每股现金净流量(元)	–0.5595	1.2832	–0.2273	–0.1674
每股经营现金净流量(元)	0.9699	3.2003	0.8858	1.8457
净资产收益率(扣除)(%)	–	18.0100	11.0100	14.3300
净资产收益率(%)	11.4080	17.1620	10.8950	16.8440
总资产(万)	756981.99	745743.88	600725.19	584897.32
股东权益(万)	193042.55	171029.91	158410.07	141725.71
主营业务收入(万)	608455.32	1008832.20	496255.28	753728.72
主营成本(万)	–	–	–	–
营业收入(万)	633714.06	1053703.55	517251.82	793759.52
营业成本(万)	506700.43	844344.79	415901.52	633740.39
投资收益(万)	–	–	–	–
利润总额(万)	37690.96	52552.80	29933.44	42759.45
净利润(万)	22022.47	29351.50	17258.44	23872.63

绿景控股股份有限公司

公司概况					
公司名称	绿景控股股份有限公司			证券简称	绿景控股
法人代表	余斌	董秘	王斌	证券代码	000502
公司网址	www.000502.cn		电子信箱	yaoyao920628@yahoo.com.cn	
电 话	020-22082999		传 真	020-22082922	
办公地址	广州市天河区林和中路8号海航大厦35楼				
经营范围	房地产开发经营,室内外装饰装修工程,花木园林工程设计,旅游项目开发等				

主要财务指标

指标\报告期	2011.06.30	2010.12.31	2010.06.30	2009.12.31
每股收益(元)	–0.0566	–0.2675	–0.1495	0.1759
每股收益(扣除)(元)	–0.0702	–0.2662	–0.1503	0.0822
每股净资产(元)	1.1551	1.2117	1.3296	1.4800
调整后每股净资产(元)	–	–	–	–
每股资本公积金(元)	0.1233	0.1233	0.1233	0.1233
每股盈余公积金(元)	0.0373	0.0373	0.0373	0.0373
每股未分配利润(元)	–0.0055	0.0511	0.1690	0.3185
每股现金净流量(元)	0.2504	0.6518	–0.0825	–0.0716
每股经营现金净流量(元)	0.2532	0.9110	–0.4408	0.4699
净资产收益率(扣除)(%)	–4.7800	–22.0740	–11.2450	11.8936
净资产收益率(%)	–4.7800	–19.8800	–10.6500	12.6500
总资产(万)	91593.02	82649.66	64544.02	56513.76
股东权益(万)	26989.29	28101.92	30380.33	34918.30
主营业务收入(万)	4109.49	7103.81	2408.22	45744.92
主营成本(万)	2223.00	4356.02	1768.15	34680.43
营业收入(万)	4837.15	7119.81	3007.07	45914.74
营业成本(万)	2282.08	4356.03	1781.37	35130.59
投资收益(万)	–	–	–	–
利润总额(万)	–1197.61	–4162.18	–2888.26	4700.19
净利润(万)	–1046.13	–4943.24	–2763.25	3251.41

海虹企业(控股)股份有限公司

公司概况					
公司名称	海虹企业(控股)股份有限公司			证券简称	海虹控股
法人代表	康健	董秘	上官永强	证券代码	000503
公司网址	www.searainbow.com		电子信箱	ir@searainbow.com	
电 话	0898-68510496 010-64424355		传 真	0898-68510469	
办公地址	海南省海口市滨海大道文华酒店7层				
经营范围	从事资产管理;投资策划咨询服务;化纤品、纺织品服装的生产、销售等				

主要财务指标

指标\报告期	2011.06.30	2010.12.31	2010.06.30	2009.12.31
每股收益(元)	0.0215	0.0162	0.0039	0.0069
每股收益(扣除)(元)	–0.0589	–0.0488	–0.0083	–
每股净资产(元)	1.4300	1.7092	1.7200	1.7300
调整后每股净资产(元)	–	–	–	–
每股资本公积金(元)	0.0334	0.2401	0.2489	0.2645
每股盈余公积金(元)	0.0038	0.0046	0.0046	0.0098
每股未分配利润(元)	0.5413	0.6237	0.6100	0.6024
每股现金净流量(元)	0.0394	0.0464	–0.0254	0.0196
每股经营现金净流量(元)	–0.0793	–0.0140	0.0203	0.0605
净资产收益率(扣除)(%)	–	–2.8251	–0.4800	–
净资产收益率(%)	1.5050	0.9500	0.2300	0.4000
总资产(万)	148977.13	155477.32	157646.56	163000.54
股东权益(万)	128702.99	128020.15	128504.77	129480.98
主营业务收入(万)	5445.29	19770.68	8399.25	–
主营成本(万)	2651.99	9044.35	2353.27	–
营业收入(万)	5445.29	19776.68	8399.25	20316.28
营业成本(万)	2651.99	9050.89	2353.27	5857.77
投资收益(万)	–	–	–	–
利润总额(万)	1886.63	1339.85	411.79	1011.35
净利润(万)	1936.79	1216.42	295.28	519.79

北京赛迪传媒投资股份有限公司

公司概况	公司名称	北京赛迪传媒投资股份有限公司			证券简称	ST 传媒
	法人代表	周江军	董秘	瞿佳	证券代码	000504
	公司网址	www.ccidmedia.com			电子信箱	000504@ccidmedia.com
	电　话	010-88558399 88558355			传　真	010-88558366
	办公地址	北京市海淀区紫竹院路 66 号赛迪大厦 17 层				
	经营范围	对高新技术企业资讯、媒体、文化传播项目投资管理等				

主要财务指标	指标\报告期	2011.06.30	2010.12.31	2010.06.30	2009.12.31
	每股收益(元)	-0.0082	0.0200	-0.0242	-0.4300
	每股收益(扣除)(元)	-0.0146	-0.0900	-0.0242	-0.4400
	每股净资产(元)	0.4900	0.5000	0.4600	0.4600
	调整后每股净资产(元)	-	-	-	-
	每股资本公积金(元)	0.1448	0.1448	0.1448	0.1220
	每股盈余公积金(元)	0.1109	0.1109	0.1109	0.1109
	每股未分配利润(元)	-0.7626	-0.7544	-0.7994	-0.7751
	每股现金净流量(元)	-0.0173	-0.0886	0.0447	-
	每股经营现金净流量(元)	-0.0173	-0.2052	0.1603	-
	净资产收益率(扣除)(%)	-	-18.6100	-5.2900	-65.5100
	净资产收益率(%)	-1.6690	4.1370	-5.3000	-94.4270
	总资产(万)	28488.74	28682.44	41248.93	41242.47
	股东权益(万)	15360.59	15616.91	14216.58	14260.40
	主营业务收入(万)	5332.38	14509.87	10707.07	17379.54
	主营成本(万)	4159.60	11463.36	9733.86	15512.01
	营业收入(万)	5421.84	15199.04	10923.92	17831.00
	营业成本(万)	4202.17	11759.61	9885.51	15822.21
	投资收益(万)	-	-	-	-
	利润总额(万)	-256.63	598.66	-756.99	-13166.00
	净利润(万)	-256.32	646.13	-754.82	-13465.67

海南珠江控股股份有限公司

公司概况	公司名称	海南珠江控股股份有限公司			证券简称	ST 珠 江
	法人代表	郑清	董秘	俞翠红	证券代码	000505
	公司网址				电子信箱	hnpearlriver@21cn.net
	电　话	0898-68583723			传　真	0898-68581026
	办公地址	海南省海口市滨海大道珠江广场帝豪大厦 29 楼				
	经营范围	工业投资、热带种植业、海产养殖、房地产开发经营、酒店投资与管理等				

主要财务指标	指标\报告期	2011.06.30	2010.12.31	2010.06.30	2009.12.31
	每股收益(元)	-0.0352	0.0600	0.1200	0.1700
	每股收益(扣除)(元)	-0.0800	-0.0300	0.1000	-
	每股净资产(元)	1.1441	1.1700	1.2562	1.2300
	调整后每股净资产(元)	-	-	-	-
	每股资本公积金(元)	1.4324	1.4183	1.4511	1.5638
	每股盈余公积金(元)	0.2676	0.2676	0.2676	0.2676
	每股未分配利润(元)	-1.5558	-1.5206	-1.4624	-1.6062
	每股现金净流量(元)	-0.1516	-0.3642	-0.1239	0.7395
	每股经营现金净流量(元)	-0.0642	0.3317	0.3343	0.1914
	净资产收益率(扣除)(%)	-7.1100	0.8300	6.8200	-
	净资产收益率(%)	-3.0810	5.5760	9.4970	13.5100
	总资产(万)	142271.41	144888.56	149163.98	181064.70
	股东权益(万)	48823.85	49729.54	53608.59	52282.27
	主营业务收入(万)	14317.13	68468.33	54321.10	-
	主营成本(万)	8595.25	45436.58	36617.10	-
	营业收入(万)	14429.28	68606.59	54403.66	7268.84
	营业成本(万)	8651.73	45535.56	36666.68	5816.95
	投资收益(万)	-	-	-	-
	利润总额(万)	-863.02	5914.96	7080.55	6907.71
	净利润(万)	-1504.19	2773.10	5091.17	7063.78

山东中润投资控股集团股份有限公司

公司概况	公司名称	山东中润投资控股集团股份有限公司			证券简称	中润投资
	法人代表	郑峰文	董秘	贺明	证券代码	000506
	公司网址	www.sdzr.com			电子信箱	zhongruntouzi@126.com
	电　话	0531-81665777			传　真	0531-81665888
	办公地址	山东省济南市经十路 13777 号中润世纪广场 17 栋				
	经营范围	不动产及相关公司股权投资;房地产租赁、策划咨询;房地产经纪等				

主要财务指标	指标\报告期	2011.06.30	2010.12.31	2010.06.30	2009.12.31
	每股收益(元)	0.1112	0.3656	0.1113	0.3069
	每股收益(扣除)(元)	0.1108	0.3351	0.1115	0.3025
	每股净资产(元)	1.3732	1.2620	1.0100	0.8964
	调整后每股净资产(元)	-	-	-	-
	每股资本公积金(元)	0.0402	0.0402	0.0402	0.0402
	每股盈余公积金(元)	0.0204	0.0204	0.0204	0.0204
	每股未分配利润(元)	0.3127	0.2014	-0.0528	-0.1642
	每股现金净流量(元)	-0.6767	1.1426	-0.2872	0.3041
	每股经营现金净流量(元)	-0.6524	0.3570	-0.1748	0.1380
	净资产收益率(扣除)(%)	8.4100	31.0500	11.7100	40.7200
	净资产收益率(%)	8.1010	28.9700	11.0460	34.2337
	总资产(万)	577685.60	549923.82	394557.09	350686.71
	股东权益(万)	106309.39	97697.93	78012.32	69395.20
	主营业务收入(万)	56086.77	109963.79	31833.47	98489.63
	主营成本(万)	-	-	-	-
	营业收入(万)	56975.42	119661.37	33029.73	100727.11
	营业成本(万)	31525.22	61135.81	14711.18	55237.74
	投资收益(万)	-	-	-	-
	利润总额(万)	11775.20	37641.80	11486.03	32163.02
	净利润(万)	8611.98	28302.73	8617.12	23756.55

珠海港股份有限公司

公司概况	公司名称	珠海港股份有限公司			证券简称	珠 海 港
	法人代表	杨润贵	董秘	薛楠	证券代码	000507
	公司网址	0756-3292216			电子信箱	zhg916@yahoo.com.cn
	电　话	0756-3838066 3838088			传　真	0756-3321889
	办公地址	珠海市情侣南路 278 号				
	经营范围	港口及其配套设施的项目投资;港口集装箱、大宗散货和件杂货的装卸生产				

主要财务指标	指标\报告期	2011.06.30	2010.12.31	2010.06.30	2009.12.31
	每股收益(元)	0.6030	0.6036	0.2455	0.3126
	每股收益(扣除)(元)	0.6082	0.5820	0.2523	0.2187
	每股净资产(元)	4.6250	4.0570	3.8800	4.0228
	调整后每股净资产(元)	-	-	-	-
	每股资本公积金(元)	1.6844	1.6844	1.9171	2.1861
	每股盈余公积金(元)	0.1255	0.1255	0.0796	0.1255
	每股未分配利润(元)	1.8151	1.2471	0.8861	0.7112
	每股现金净流量(元)	0.9071	0.1580	0.4741	0.0865
	每股经营现金净流量(元)	0.4057	0.1022	-0.2108	0.1257
	净资产收益率(扣除)(%)	13.0370	14.8780	5.7600	7.7700
	净资产收益率(%)	13.0400	14.0500	5.7600	6.2800
	总资产(万)	260280.65	181723.87	162349.73	193559.18
	股东权益(万)	161828.47	142095.69	134643.81	125951.04
	主营业务收入(万)	18536.78	34822.71	17671.62	49563.90
	主营成本(万)	15445.21	25494.46	12657.46	43569.96
	营业收入(万)	18948.75	37124.83	18775.94	50904.12
	营业成本(万)	15545.08	27162.06	13440.08	44198.96
	投资收益(万)	22201.63	22513.23	9805.26	14460.70
	利润总额(万)	21218.48	21771.75	8831.30	11826.58
	净利润(万)	20801.71	20823.69	8470.40	10785.09

华塑控股股份有限公司

公司概况					
公司名称	华塑控股股份有限公司			证券简称	S*ST 华塑
法人代表	邢乐成	董秘	郭宏杰	证券代码	000509
公司网址	www.000509.com			电子信箱	db000509@163.com
电　话	028-85365657			传　真	028-85365657
办公地址	四川省成都市武科东三路 9 号				
经营范围	计算机软件开发、生产; 开发、生产、销售电子产品及元器件等				

主要财务指标：指标\报告期	2011.06.30	2010.12.31	2010.06.30	2009.12.31
每股收益(元)	-0.2121	0.0406	-0.0741	-0.1741
每股收益(扣除)(元)	-0.2097	-0.2179	-0.0737	-0.3798
每股净资产(元)	-0.2510	-0.0370	-0.1800	-0.0786
调整后每股净资产(元)	-	-	-	-
每股资本公积金(元)	1.8727	1.8743	1.8740	1.8735
每股盈余公积金(元)	0.1156	0.1156	0.1156	0.1156
每股未分配利润(元)	-3.2392	-3.0271	-3.1745	-3.0677
每股现金净流量(元)	-0.1651	0.1546	-0.0331	0.0152
每股经营现金净流量(元)	0.0002	0.0484	0.0261	-0.0005
净资产收益率(扣除)(%)	-	-	-	-
净资产收益率(%)	-84.5200	-109.0405	-40.0564	-204.6651
总资产(万)	56831.11	64965.27	55472.40	59356.91
股东权益(万)	-6274.09	-931.78	-4623.91	-1965.59
主营业务收入(万)	16326.67	39984.02	15904.57	38425.80
主营成本(万)	15913.22	35726.01	14086.20	31338.83
营业收入(万)	16718.05	40734.19	16231.13	57653.27
营业成本(万)	16114.32	36025.31	14191.26	42252.00
投资收益(万)	-	-	-	-
利润总额(万)	-5426.16	783.29	-1815.26	-4186.56
净利润(万)	-5302.62	1016.02	-1852.17	-4022.87

四川金路集团股份有限公司

公司概况					
公司名称	四川金路集团股份有限公司			证券简称	金路集团
法人代表	刘汉	董秘	刘邦洪	证券代码	000510
公司网址	www.jinlugroup.cn			电子信箱	lbh808@163.com
电　话	0838-2207936 0838-2301092			传　真	0838-2207936
办公地址	四川省德阳市岷江西路二段 57 号金路大厦				
经营范围	聚氯乙烯树脂、烧碱、针纺织品自产自销、电石生产销售、房地产开发等				

主要财务指标：指标\报告期	2011.06.30	2010.12.31	2010.06.30	2009.12.31
每股收益(元)	-0.0204	0.1336	0.0353	0.0093
每股收益(扣除)(元)	-0.0279	0.0250	0.0344	-0.0237
每股净资产(元)	1.8689	1.8891	1.8596	1.8259
调整后每股净资产(元)	-	-	-	-
每股资本公积金(元)	0.0731	0.0731	0.1419	0.1419
每股盈余公积金(元)	-	0.1633	0.1551	0.1551
每股未分配利润(元)	0.6322	0.6526	0.5625	0.5273
每股现金净流量(元)	-0.5169	0.5242	-0.2637	0.3608
每股经营现金净流量(元)	-0.2816	0.6903	-0.0280	0.5540
净资产收益率(扣除)(%)	-1.4800	1.3200	1.8700	-1.3100
净资产收益率(%)	-1.0890	7.0710	1.8970	0.5096
总资产(万)	234006.00	241933.23	266019.37	280703.77
股东权益(万)	113848.69	115079.35	113281.86	111231.78
主营业务收入(万)	124840.63	268745.56	132664.35	226869.47
主营成本(万)	117161.25	242706.05	119047.57	206581.55
营业收入(万)	125366.07	270255.98	133386.71	228395.14
营业成本(万)	117486.33	243831.15	119596.59	207820.12
投资收益(万)	-	-	-	-
利润总额(万)	-1075.94	8398.52	2238.92	837.10
净利润(万)	-1240.04	8137.20	2149.23	566.80

沈阳银基发展股份有限公司

公司概况					
公司名称	沈阳银基发展股份有限公司			证券简称	银基发展
法人代表	沈志奇	董秘	孙家庆	证券代码	000511
公司网址	www.ingin.com			电子信箱	yjzq@ingin.com.cn
电　话	024-22903598			传　真	024-22921377
办公地址	辽宁省沈阳市沈河区青年大街 109 号				
经营范围	土地整理,房地产开发,物业管理,酒店投资经营等				

主要财务指标：指标\报告期	2011.06.30	2010.12.31	2010.06.30	2009.12.31
每股收益(元)	0.0100	0.0300	0.0200	0.1000
每股收益(扣除)(元)	0.0115	0.0300	0.0200	0.1000
每股净资产(元)	1.3500	1.3400	1.3300	1.3100
调整后每股净资产(元)	-	-	-	-
每股资本公积金(元)	0.0281	0.0281	0.0281	0.0281
每股盈余公积金(元)	0.1079	0.1079	0.1072	0.1072
每股未分配利润(元)	0.2133	0.2023	0.1940	0.1762
每股现金净流量(元)	-0.0755	-0.0464	-0.1284	0.2679
每股经营现金净流量(元)	0.0443	-0.0610	0.0020	-0.6023
净资产收益率(扣除)(%)	0.8180	1.9960	1.3370	7.6700
净资产收益率(%)	0.8200	2.0200	1.3500	7.9800
总资产(万)	372718.52	368876.38	330266.88	344524.27
股东权益(万)	155819.23	154544.94	153512.65	151460.22
主营业务收入(万)	17162.16	42789.51	21811.59	60792.46
主营成本(万)	11936.51	29779.09	15754.07	37138.68
营业收入(万)	17162.16	42789.51	21811.59	60792.46
营业成本(万)	11936.51	29779.09	15754.07	37138.68
投资收益(万)	610.52	-401.38	-155.82	730.89
利润总额(万)	2083.32	4661.69	2915.08	15606.29
净利润(万)	1274.29	3084.72	2052.44	11617.47

丽珠医药集团股份有限公司

公司概况					
公司名称	丽珠医药集团股份有限公司			证券简称	丽珠集团
法人代表	朱保国	董秘	李如才	证券代码	000513
公司网址	www.livzon.com.cn			电子信箱	lirucai2008@livzon.com.cn
电　话	0756-8135888			传　真	0756-8886002
办公地址	广东省珠海市拱北桂花北路 132 号丽珠大厦				
经营范围	医药产品的研发、生产及销售等				

主要财务指标：指标\报告期	2011.06.30	2010.12.31	2010.06.30	2009.12.31
每股收益(元)	0.7500	1.4100	0.8200	1.6100
每股收益(扣除)(元)	0.6825	1.3300	0.8000	1.3600
每股净资产(元)	9.1500	8.5100	7.9200	7.2700
调整后每股净资产(元)	-	-	-	-
每股资本公积金(元)	1.1762	1.1783	1.1774	1.1867
每股盈余公积金(元)	1.4990	1.4990	1.3575	1.3575
每股未分配利润(元)	5.5392	4.8921	4.4360	3.7695
每股现金净流量(元)	1.4025	0.9679	0.4422	0.0611
每股经营现金净流量(元)	0.9896	2.1415	1.0210	1.6735
净资产收益率(扣除)(%)	7.7000	16.8300	10.4200	21.0500
净资产收益率(%)	8.1610	16.6110	10.3080	22.4090
总资产(万)	417563.03	366199.16	337412.99	312437.68
股东权益(万)	270618.01	251743.81	234270.50	214908.48
主营业务收入(万)	145578.97	269019.59	130263.16	256920.39
主营成本(万)	66650.65	126792.73	62756.62	121658.34
营业收入(万)	147143.75	272671.89	132276.96	259584.71
营业成本(万)	67709.34	128648.49	63576.41	123198.61
投资收益(万)	-	-	-	-
利润总额(万)	28324.12	53366.73	29840.38	58941.81
净利润(万)	22086.17	41818.08	24148.02	48157.82

重庆渝开发股份有限公司

公司概况	公司名称	重庆渝开发股份有限公司			证券简称	渝 开 发
	法人代表	粟志光	董秘	夏光明	证券代码	000514
	公司网址	www.cqukf.com	电子信箱	ukf514@188.com		
	电　　话	023-63858883	传　　真	023-63858883		
	办公地址	重庆市南岸区铜元局刘家花园 96 号				
	经营范围	房地产开发(壹级),房屋销售及租赁,房地产信息咨询等				

主要财务指标	指标\报告期	2011.06.30	2010.12.31	2010.06.30	2009.12.31
	每股收益(元)	0.0425	0.1936	0.0783	0.2449
	每股收益(扣除)(元)	0.0193	0.1079	0.0631	0.1157
	每股净资产(元)	3.3300	3.2600	3.1000	3.3400
	调整后每股净资产(元)	–	–	–	–
	每股资本公积金(元)	1.7330	1.6805	1.6344	1.7979
	每股盈余公积金(元)	0.0814	0.0814	0.0665	0.0732
	每股未分配利润(元)	0.5132	0.5007	0.4006	0.4662
	每股现金净流量(元)	0.1413	1.0495	0.0400	–0.1051
	每股经营现金净流量(元)	0.0126	–0.2018	–0.3662	–0.2848
	净资产收益率(扣除)(%)	1.2780	5.9330	2.5200	7.3400
	净资产收益率(%)	1.2800	6.1700	2.5500	7.5900
	总资产(万)	556376.68	460519.66	391403.19	349079.88
	股东权益(万)	259143.16	245451.68	226384.51	221975.76
	主营业务收入(万)	17633.33	77940.80	35721.82	45378.44
	主营成本(万)	8314.28	53583.70	24136.17	26665.02
	营业收入(万)	17640.74	78214.21	35722.01	45407.38
	营业成本(万)	8314.28	53707.75	24136.17	26665.02
	投资收益(万)	1900.49	6554.91	1423.22	1524.41
	利润总额(万)	4493.60	20639.65	7998.99	18219.69
	净利润(万)	2964.93	13497.21	5457.93	15523.88

西安开元投资集团股份有限公司

公司概况	公司名称	西安开元控股集团股份有限公司			证券简称	开元控股
	法人代表	王爱萍	董秘	刘建锁	证券代码	000516
	公司网址	www.ky000516.com	电子信箱	kyig@ky000516.com		
	电　　话	029-87217854	传　　真	029-87217705		
	办公地址	陕西省西安市解放市场 6 号				
	经营范围	国内商业、能源交通、房地产开发以及其他服务项目				

主要财务指标	指标\报告期	2011.06.30	2010.12.31	2010.06.30	2009.12.31
	每股收益(元)	0.1230	0.2100	0.1390	0.2500
	每股收益(扣除)(元)	0.1187	0.1540	0.0800	0.1110
	每股净资产(元)	1.6200	1.5000	1.4200	1.3200
	调整后每股净资产(元)	–	–	–	–
	每股资本公积金(元)	0.1815	0.1815	0.1815	0.7448
	每股盈余公积金(元)	0.1001	0.1001	0.0826	0.1569
	每股未分配利润(元)	0.3395	0.2163	0.1597	0.5991
	每股现金净流量(元)	–0.1763	0.4261	0.2492	0.7148
	每股经营现金净流量(元)	0.2471	0.4008	0.1674	0.7486
	净资产收益率(扣除)(%)	7.5940	14.2430	9.7790	8.1750
	净资产收益率(%)	7.8900	15.1900	9.5400	11.4700
	总资产(万)	278000.35	270684.04	260311.63	242994.39
	股东权益(万)	115649.37	106866.57	102107.49	94435.71
	主营业务收入(万)	150020.06	246646.23	124417.17	228468.42
	主营成本(万)	125093.89	204949.57	103327.32	195563.56
	营业收入(万)	153581.34	252471.84	127667.89	231455.48
	营业成本(万)	125103.91	204971.98	103327.32	195579.48
	投资收益(万)	496.73	6409.26	6279.41	0.14
	利润总额(万)	11747.87	20619.03	13342.83	11203.14
	净利润(万)	8782.80	15220.97	9932.38	7675.91

荣安地产股份有限公司

公司概况	公司名称	荣安地产股份有限公司			证券简称	荣安地产
	法人代表	王久芳	董秘	胡约翰	证券代码	000517
	公司网址	www.rongan.com.cn	电子信箱	stock000517@163.com		
	电　　话	0574-87312566	传　　真	0574-87310668		
	办公地址	浙江省宁波市海曙区灵桥路 513 号天封大厦 15 楼				
	经营范围	房地产开发、经营;物业服务;房屋租赁等				

主要财务指标	指标\报告期	2011.06.30	2010.12.31	2010.06.30	2009.12.31
	每股收益(元)	0.1038	0.2323	0.0689	0.8252
	每股收益(扣除)(元)	0.1006	0.2345	0.0689	0.7668
	每股净资产(元)	1.8994	1.7955	1.6300	1.5632
	调整后每股净资产(元)	–	–	–	–
	每股资本公积金(元)	–	–	–	–
	每股盈余公积金(元)	–	–	–	–
	每股未分配利润(元)	0.8994	0.7955	0.6321	0.5632
	每股现金净流量(元)	0.0635	0.0062	–0.0560	–0.0269
	每股经营现金净流量(元)	–1.0442	–1.8797	–0.5074	–1.0202
	净资产收益率(扣除)(%)	5.4400	13.9600	4.3700	59.8000
	净资产收益率(%)	5.4670	12.9390	4.2200	48.9220
	总资产(万)	879745.95	718062.01	605382.94	501481.99
	股东权益(万)	201582.00	190562.33	173216.75	165905.69
	主营业务收入(万)	66112.09	124810.30	43124.40	190132.48
	主营成本(万)	35723.22	68065.13	27434.85	73589.60
	营业收入(万)	66258.92	124993.87	43297.42	199155.34
	营业成本(万)	35771.83	68162.34	27483.46	76082.56
	投资收益(万)	–	–	–	–
	利润总额(万)	15586.89	33824.59	10133.96	107659.07
	净利润(万)	11019.67	24656.64	7311.06	81163.93

江苏四环生物股份有限公司

公司概况	公司名称	江苏四环生物股份有限公司			证券简称	四环生物
	法人代表	孙国建	董秘	陈香	证券代码	000518
	公司网址	www.shsw.com.cn	电子信箱	0518shsw@163.com		
	电　　话	0510-86408558	传　　真	0510-86408558		
	办公地址	江苏省江阴市滨江开发区定山路 10 号				
	经营范围	原料药、片剂、酒剂、注射剂及生物制品的制造、销售;毛纺等				

主要财务指标	指标\报告期	2011.06.30	2010.12.31	2010.06.30	2009.12.31
	每股收益(元)	0.0021	0.0074	0.0039	0.0227
	每股收益(扣除)(元)	0.0024	0.0063	0.0039	0.0018
	每股净资产(元)	0.6979	0.6958	0.7000	0.6900
	调整后每股净资产(元)	–	–	–	–
	每股资本公积金(元)	0.0009	0.0009	0.0009	0.0009
	每股盈余公积金(元)	0.0368	0.0368	0.0368	0.0368
	每股未分配利润(元)	–0.3397	–0.3418	–0.3418	–0.3457
	每股现金净流量(元)	–0.0397	0.0614	–0.0020	0.0065
	每股经营现金净流量(元)	–0.0375	0.2122	–0.0007	0.0554
	净资产收益率(扣除)(%)	0.3400	0.9100	0.5600	0.2600
	净资产收益率(%)	0.2980	1.0680	0.5540	3.2770
	总资产(万)	98121.49	96204.20	75855.98	75269.39
	股东权益(万)	71854.01	71640.07	71634.75	71237.65
	主营业务收入(万)	11553.05	20410.79	8807.37	18876.66
	主营成本(万)	5967.68	10865.30	4438.63	10926.91
	营业收入(万)	11727.30	20836.84	8896.44	19407.98
	营业成本(万)	5969.88	11055.95	4510.93	11152.85
	投资收益(万)	–	–	–	–
	利润总额(万)	756.32	879.88	379.82	2408.73
	净利润(万)	213.94	765.37	397.10	2334.13

湖南江南红箭股份有限公司

公司概况	公司名称	湖南江南红箭股份有限公司			证券简称	江南红箭
	法人代表	齐振伟	董秘	熊尚荣	证券代码	000519
	公司网址	www.yhdle.com		电子信箱	xiongshangrong@126.com	
	电　话	028-83068899 83068819		传　真	028-83068999	
	办公地址	四川省成都市新都区龙桥镇				
	经营范围	制造、销售拖内配件、汽车配件、摩托车配件、工矿机械配件等				

主要财务指标	指标\报告期	2011.06.30	2010.12.31	2010.06.30	2009.12.31
	每股收益(元)	−0.0150	0.0600	0.0060	0.0200
	每股收益(扣除)(元)	0.0014	−0.0389	0.0120	−0.0500
	每股净资产(元)	1.8188	1.8300	1.7802	1.7700
	调整后每股净资产(元)	–	–	–	–
	每股资本公积金(元)	0.3369	0.3369	0.3369	0.3369
	每股盈余公积金(元)	0.2601	0.2601	0.2498	0.2498
	每股未分配利润(元)	0.2218	0.2369	0.1935	0.1871
	每股现金净流量(元)	0.0558	−0.1002	−0.1294	0.0333
	每股经营现金净流量(元)	−0.1346	−0.0768	−0.1878	−0.1095
	净资产收益率(扣除)(%)	0.0800	−2.1600	0.6900	−3.0100
	净资产收益率(%)	−0.8280	3.2730	0.3560	1.0870
	总资产(万)	51324.88	48040.62	48230.73	51402.08
	股东权益(万)	34766.98	35054.95	34028.74	33907.57
	主营业务收入(万)	18986.13	34142.94	17482.40	28361.51
	主营成本(万)	15699.60	27192.80	13740.62	21848.31
	营业收入(万)	19608.49	34784.64	17847.82	29077.76
	营业成本(万)	16248.13	27748.71	14074.18	22471.21
	投资收益(万)	–	–	–	–
	利润总额(万)	−251.66	1170.08	95.72	390.01
	净利润(万)	−287.97	1147.38	121.17	368.58

长航凤凰股份有限公司

公司概况	公司名称	长航凤凰股份有限公司			证券简称	长航凤凰
	法人代表	刘锡汉	董秘	李嘉华	证券代码	000520
	公司网址	www.csc-hy.com.cn		电子信箱	csc-hy@tom.com	
	电　话	027-82763901 82763977		传　真	027-82763929	
	办公地址	湖北省武汉市汉口民权路39号汇江大厦				
	经营范围	国际船舶普通货物运输;国内沿海、内河普通货船及集装箱班轮内支线运输等				

主要财务指标	指标\报告期	2011.06.30	2010.12.31	2010.06.30	2009.12.31
	每股收益(元)	−0.4437	0.0164	−0.0138	−0.6073
	每股收益(扣除)(元)	−0.4623	−0.2436	−0.0454	−0.6780
	每股净资产(元)	1.0776	1.5356	1.5135	1.5292
	调整后每股净资产(元)	–	–	–	–
	每股资本公积金(元)	0.4469	0.4469	0.4450	0.4450
	每股盈余公积金(元)	0.2933	0.2933	0.2933	0.2933
	每股未分配利润(元)	−0.6254	−0.1816	−0.2119	−0.1980
	每股现金净流量(元)	0.2617	−0.0778	−0.1801	−0.0542
	每股经营现金净流量(元)	0.0348	−0.2543	−0.0229	−0.2063
	净资产收益率(扣除)(%)	−35.5800	−15.9000	−2.9900	−36.7100
	净资产收益率(%)	−41.1760	1.0680	−0.9140	−39.7150
	总资产(万)	890615.79	777699.02	689557.10	633232.98
	股东权益(万)	72710.36	103607.65	102122.42	103178.19
	主营业务收入(万)	83748.72	222708.78	84474.80	170585.74
	主营成本(万)	95830.37	200413.71	78589.43	181991.30
	营业收入(万)	122307.07	227307.50	118531.01	172023.65
	营业成本(万)	153452.78	203845.82	120365.90	184189.88
	投资收益(万)	–	–	–	–
	利润总额(万)	−29808.79	1620.88	173.02	−39099.46
	净利润(万)	−29939.24	1106.52	−932.95	−40977.00

合肥美菱股份有限公司

公司概况	公司名称	合肥美菱股份有限公司			证券简称	美菱电器
	法人代表	赵勇	董秘	李霞	证券代码	000521
	公司网址	www.meiling.com		电子信箱	lixia@meiling.com	
	电　话	0551-2219021		传　真	0551-2219021	
	办公地址	安徽省合肥市经济技术开发区莲花路2163号				
	经营范围	电冰箱的研发、制造和销售等				

主要财务指标	指标\报告期	2011.06.30	2010.12.31	2010.06.30	2009.12.31
	每股收益(元)	0.2379	0.7878	0.5285	0.7282
	每股收益(扣除)(元)	0.2184	0.3485	0.2004	0.1666
	每股净资产(元)	5.3600	5.1200	3.4700	3.2000
	调整后每股净资产(元)	–	–	–	–
	每股资本公积金(元)	3.0367	3.0367	1.3342	1.5963
	每股盈余公积金(元)	0.5272	0.5272	0.5969	0.6893
	每股未分配利润(元)	0.7974	0.5595	0.5372	−0.0837
	每股现金净流量(元)	−0.9559	2.3358	−0.5901	0.8164
	每股经营现金净流量(元)	−1.0263	0.7053	−0.3965	−0.0179
	净资产收益率(扣除)(%)	4.1700	13.0900	6.0100	5.5100
	净资产收益率(%)	4.4370	11.9900	15.2390	22.7420
	总资产(万)	835800.26	711616.42	609171.49	478693.41
	股东权益(万)	284345.24	271729.44	143462.23	132442.79
	主营业务收入(万)	516854.92	771016.18	428907.20	604706.23
	主营成本(万)	401906.12	581025.40	320183.46	432111.54
	营业收入(万)	547501.87	822707.68	457575.98	632418.11
	营业成本(万)	430145.60	626973.77	344809.87	457618.88
	投资收益(万)	–	–	–	–
	利润总额(万)	13946.38	37674.31	25924.12	35788.78
	净利润(万)	12615.80	32585.05	21861.67	30119.83

广州白云山制药股份有限公司

公司概况	公司名称	广州白云山制药股份有限公司			证券简称	白云山A
	法人代表	李楚源	董秘	谯勇	证券代码	000522
	公司网址	www.gzbys.com		电子信箱	qiaoyong@gzbys.com	
	电　话	020-87062599		传　真	020-87063699	
	办公地址	广东省广州市白云区同和街云祥路88号				
	经营范围	研制、生产、销售中西成药、化学原料药、外用药、儿童用药等				

主要财务指标	指标\报告期	2011.06.30	2010.12.31	2010.06.30	2009.12.31
	每股收益(元)	0.3401	0.4365	0.2646	0.2298
	每股收益(扣除)(元)	0.3356	0.3496	0.2226	0.1051
	每股净资产(元)	2.6500	2.3600	2.1800	1.9500
	调整后每股净资产(元)	–	–	–	–
	每股资本公积金(元)	0.2337	0.2337	0.2262	0.2266
	每股盈余公积金(元)	0.2519	0.2519	0.2106	0.2106
	每股未分配利润(元)	1.1636	0.8735	0.7429	0.5083
	每股现金净流量(元)	−0.1711	0.0200	0.2224	0.3542
	每股经营现金净流量(元)	0.3236	0.6976	0.4478	0.6399
	净资产收益率(扣除)(%)	13.4000	16.2400	10.7900	5.7400
	净资产收益率(%)	12.8380	18.5030	12.1400	11.8100
	总资产(万)	312314.13	305531.05	317679.56	294505.43
	股东权益(万)	124260.81	110653.26	102243.04	91253.49
	主营业务收入(万)	201346.04	325202.80	175606.37	275087.70
	主营成本(万)	133085.46	213579.51	112403.86	180914.69
	营业收入(万)	203437.48	331686.10	180043.64	279510.55
	营业成本(万)	133901.05	215581.44	114151.45	182823.33
	投资收益(万)	–	–	–	–
	利润总额(万)	20018.32	25708.91	15072.07	11761.73
	净利润(万)	15952.48	20473.66	12411.95	10776.57

广州市浪奇实业股份有限公司

公司概况

公司名称	广州市浪奇实业股份有限公司			证券简称	广州浪奇
法人代表	胡守斌	董秘	陈建斌	证券代码	000523
公司网址	www.lonkey.com.cn		电子信箱	dm@lonkey.com.cn	
电　话	020-82162933 82161128		传　真	020-82162986	
办公地址	广东省广州市天河区黄埔大道东128号				
经营范围	制造、合成洗涤剂、香(药)皂、甘油、化妆品、各类表面活性剂等				

主要财务指标

指标\报告期	2011.06.30	2010.12.31	2010.06.30	2009.12.31
每股收益(元)	0.0410	0.0870	0.0350	0.0530
每股收益(扣除)(元)	0.0320	0.0660	0.0340	0.0380
每股净资产(元)	4.4110	2.7500	2.7200	2.6852
调整后每股净资产(元)	–	–	–	–
每股资本公积金(元)	2.9855	1.2501	1.2489	1.2522
每股盈余公积金(元)	0.1655	0.2135	0.2042	0.2041
每股未分配利润(元)	0.2604	0.2866	0.2670	0.2289
每股现金净流量(元)	1.1996	0.2173	–0.0513	0.1535
每股经营现金净流量(元)	–0.9436	0.3277	0.0673	0.5554
净资产收益率(扣除)(%)	0.8100	2.4300	1.2600	1.4300
净资产收益率(%)	0.8650	3.1680	1.2900	1.9800
总资产(万)	140381.56	93209.39	78084.85	75935.47
股东权益(万)	98189.88	47464.60	46944.06	46342.09
主营业务收入(万)	95196.93	128418.63	48785.41	95679.03
主营成本(万)	85840.61	110522.64	41496.42	80231.64
营业收入(万)	95423.06	128844.00	49024.10	96759.08
营业成本(万)	85985.91	110881.32	41686.49	81153.40
投资收益(万)	–	–	–	–
利润总额(万)	958.25	1650.34	745.42	1464.35
净利润(万)	849.37	1503.66	604.57	919.56

广州市东方宾馆股份有限公司

公司概况

公司名称	广州市东方宾馆股份有限公司			证券简称	东方宾馆
法人代表	冯劲	董秘	郑定全	证券代码	000524
公司网址	www.hoteldongfang.com		电子信箱	gzdongfanghotel@126.com	
电　话	020-86662791 86669900		传　真	020-86662791	
办公地址	广东省广州市流花路120号				
经营范围	旅馆业、餐饮业、旅游业和场地出租等				

主要财务指标

指标\报告期	2011.06.30	2010.12.31	2010.06.30	2009.12.31
每股收益(元)	0.0400	0.0250	0.0070	–0.1000
每股收益(扣除)(元)	0.0300	0.0200	–0.0020	–
每股净资产(元)	2.2300	2.2400	2.2000	2.2900
调整后每股净资产(元)	–	–	–	–
每股资本公积金(元)	1.2127	1.2581	1.2351	1.2440
每股盈余公积金(元)	0.0951	0.0951	0.0951	0.0951
每股未分配利润(元)	–0.0768	–0.1140	–0.1317	–0.0533
每股现金净流量(元)	0.1070	0.0538	–0.1138	–0.1371
每股经营现金净流量(元)	0.1177	0.1821	0.0678	–0.0846
净资产收益率(扣除)(%)	1.5500	1.0300	–0.1200	–
净资产收益率(%)	1.6660	1.1220	0.3300	–4.4600
总资产(万)	71909.69	73709.29	72531.01	79658.53
股东权益(万)	60164.09	60386.47	59285.68	61642.82
主营业务收入(万)	14548.69	–	12141.93	–
主营成本(万)	6058.03	–	4944.45	–
营业收入(万)	14548.69	26791.90	12141.93	15151.42
营业成本(万)	6058.03	11553.35	4944.45	8042.36
投资收益(万)	–	–	–	–
利润总额(万)	1310.46	998.63	286.92	–3628.53
净利润(万)	1002.42	677.35	198.30	–2752.13

南京红太阳股份有限公司

公司概况

公司名称	南京红太阳股份有限公司			证券简称	红太阳
法人代表	杨寿海	董秘	夏曙	证券代码	000525
公司网址	www.china-redsun.com		电子信箱	redsunir@163.com	
电　话	025-84785866 84785833		传　真	025-84785828	
办公地址	江苏省南京市汉中路89号金鹰国际商城19层C座				
经营范围	农药、三药中间体及精细化工产品的生产、销售、技术咨询和服务等				

主要财务指标

指标\报告期	2011.06.30	2010.12.31	2010.06.30	2009.12.31
每股收益(元)	0.0068	–0.0420	0.0104	0.0138
每股收益(扣除)(元)	0.0032	–0.0480	0.0040	–0.0170
每股净资产(元)	2.1090	2.0930	2.1440	2.1780
调整后每股净资产(元)	–	–	–	–
每股资本公积金(元)	0.5142	0.5142	0.5142	0.5142
每股盈余公积金(元)	0.2812	0.2812	0.2812	0.2812
每股未分配利润(元)	0.2799	0.2731	0.3221	0.3647
每股现金净流量(元)	–0.0968	–0.5184	–0.2494	1.0345
每股经营现金净流量(元)	0.7817	–0.2799	0.2675	0.7835
净资产收益率(扣除)(%)	0.3200	–1.9850	0.4800	0.6321
净资产收益率(%)	0.3200	–1.9500	0.4800	0.6300
总资产(万)	383325.60	369490.85	383702.89	373779.61
股东权益(万)	74763.42	72953.97	74629.88	74552.70
主营业务收入(万)	241307.37	379016.03	158979.43	353702.38
主营成本(万)	229273.09	357362.36	150321.64	333954.75
营业收入(万)	241691.75	380884.88	159707.85	354870.65
营业成本(万)	229639.81	358443.77	150889.68	334822.26
投资收益(万)	136.68	–21.89	–120.02	1725.03
利润总额(万)	1736.56	4.36	1163.42	1374.31
净利润(万)	189.60	–1164.72	291.92	385.79

厦门旭飞投资股份有限公司

公司概况

公司名称	厦门旭飞投资股份有限公司			证券简称	旭飞投资
法人代表	张浩	董秘	曹玉鸥	证券代码	000526
公司网址	www.good-time.com.cn		电子信箱	xfdudong@126.com	
电　话	0592-5744065 021-62351655		传　真	0592-5652638	
办公地址	福建省厦门市湖里区寨上长乐路3号海发大厦二期15楼				
经营范围	对工业、商业、房地产业、文化行业的投资;房地产开发、经营等				

主要财务指标

指标\报告期	2011.06.30	2010.12.31	2010.06.30	2009.12.31
每股收益(元)	0.0183	0.0731	–0.0265	0.0108
每股收益(扣除)(元)	0.0183	–0.0257	–0.0287	–0.0372
每股净资产(元)	1.6500	1.6310	1.5300	1.5500
调整后每股净资产(元)	–	–	–	–
每股资本公积金(元)	0.6438	0.6438	0.6435	0.6435
每股盈余公积金(元)	0.0477	0.0477	0.0477	0.0477
每股未分配利润(元)	–0.0418	–0.0601	–0.1617	–0.1413
每股现金净流量(元)	–0.0769	–0.0149	–0.1690	–0.0005
每股经营现金净流量(元)	0.0350	0.0176	0.0166	0.0363
净资产收益率(扣除)(%)	1.1100	–1.6200	–1.8800	–2.4400
净资产收益率(%)	1.1080	4.4810	–1.7300	0.7000
总资产(万)	20223.73	19249.51	18224.81	19206.57
股东权益(万)	15868.61	15692.80	14713.74	14910.09
主营业务收入(万)	593.99	841.45	356.54	1189.80
主营成本(万)	113.70	406.93	210.81	333.00
营业收入(万)	593.99	4441.45	356.54	1190.20
营业成本(万)	113.70	2749.25	210.81	333.02
投资收益(万)	–	–	–	–
利润总额(万)	175.81	894.36	–269.17	78.39
净利润(万)	175.81	703.20	–254.98	104.23

广东美的电器股份有限公司

公司概况					
公司名称	广东美的电器股份有限公司			证券简称	美的电器
法人代表	方洪波	董秘	李飞德	证券代码	000527
公司网址	www.midea.com.cn		电子信箱	ir@midea.com.cn	
电　　话	0757-26338779		传　　真	0757-26651991	
办公地址	广东省佛山市顺德区美的大道6号美的总部大楼				
经营范围	家用电器、电机、通信设备及其零配件的生产、制造和销售等				

主要财务指标：指标＼报告期	2011.06.30	2010.12.31	2010.06.30	2009.12.31
每股收益(元)	0.6000	1.0000	0.5600	0.8200
每股收益(扣除)(元)	0.5600	0.9500	0.5500	0.8100
每股净资产(元)	5.4000	3.9500	3.5400	4.2800
调整后每股净资产(元)	-	-	-	-
每股资本公积金(元)	1.8063	0.6705	0.6684	1.2748
每股盈余公积金(元)	0.2487	0.2376	0.2376	0.3252
每股未分配利润(元)	2.3356	2.0407	1.6345	1.6891
每股现金净流量(元)	1.5065	0.4546	1.3518	0.8112
每股经营现金净流量(元)	0.5233	1.7453	1.6674	0.9886
净资产收益率(扣除)(%)	11.4000	27.9300	17.1400	28.4000
净资产收益率(%)	10.8090	25.3490	16.2120	20.7460
总资产(万)	6383645.77	4205403.75	4253966.44	3165762.75
股东权益(万)	1827522.12	1233633.74	1103185.07	890642.76
主营业务收入(万)	5666.89	6792.78	3629.18	4431.72
主营成本(万)	4625.25	5595.87	2973.63	3422.98
营业收入(万)	6203696.37	7455888.61	3902524.11	4727824.83
营业成本(万)	5150160.69	6211420.21	3229398.10	3697521.58
投资收益(万)	-	-	-	-
利润总额(万)	313681.85	496317.08	255661.83	275282.88
净利润(万)	197532.42	312709.74	173822.81	184774.79

广西柳工机械股份有限公司

公司概况					
公司名称	广西柳工机械股份有限公司			证券简称	柳　工
法人代表	王晓华	董秘	王祖光	证券代码	000528
公司网址	www.liugong.com		电子信箱	stock@liugong.com	
电　　话	0772-3886509 3886510		传　　真	0772-3886510 3691147	
办公地址	广西壮族自治区柳州市柳太路1号				
经营范围	工程机械及配件制造,工程机械维修,机械设备租赁等				

主要财务指标：指标＼报告期	2011.06.30	2010.12.31	2010.06.30	2009.12.31
每股收益(元)	0.9700	2.3700	1.4100	1.4100
每股收益(扣除)(元)	1.3100	2.3100	1.4000	1.3200
每股净资产(元)	8.1100	11.2500	7.4100	6.3000
调整后每股净资产(元)	-	-	-	-
每股资本公积金(元)	3.1345	6.0529	1.5927	1.5952
每股盈余公积金(元)	0.5411	0.9365	0.7326	0.7326
每股未分配利润(元)	3.4400	4.8477	4.0885	2.9770
每股现金净流量(元)	-1.6926	4.5106	0.8628	1.6906
每股经营现金净流量(元)	-1.1693	1.0560	0.9999	2.3661
净资产收益率(扣除)(%)	-	31.5600	19.9500	24.4700
净资产收益率(%)	11.9840	18.2860	19.0590	21.1290
总资产(万)	2165145.31	1859492.62	1229597.49	956512.94
股东权益(万)	913026.98	844288.17	481517.91	409713.30
主营业务收入(万)	1076430.52	1531185.03	814112.78	1017524.81
主营成本(万)	843342.47	1187463.27	622151.88	802280.46
营业收入(万)	1079053.85	1536612.99	815811.55	1018296.27
营业成本(万)	864233.29	1191964.34	625604.46	803239.96
投资收益(万)	-	-	-	-
利润总额(万)	128117.52	185726.51	110669.01	103229.09
净利润(万)	109413.60	154382.13	91771.26	86569.43

广东广弘控股股份有限公司

公司概况					
公司名称	广东广弘控股股份有限公司			证券简称	广弘控股
法人代表	聂周荣	董秘	苏东明	证券代码	000529
公司网址	www.ghkg000529.com		电子信箱	sdm@ghkg000529.com	
电　　话	020-83603985 83603995		传　　真	020-83603989	
办公地址	广东省广州市东风中路437号越秀城市广场南塔37楼				
经营范围	食品冷藏设备的经营和管理;实业投资;资本运营管理等				

主要财务指标：指标＼报告期	2011.06.30	2010.12.31	2010.06.30	2009.12.31
每股收益(元)	0.0590	0.1000	0.0480	0.1000
每股收益(扣除)(元)	0.0590	0.0700	0.0350	0.0800
每股净资产(元)	1.2600	1.2000	1.1490	1.1000
调整后每股净资产(元)	-	-	-	-
每股资本公积金(元)	0.9845	0.9860	0.9852	0.9852
每股盈余公积金(元)	0.0648	0.0648	0.0648	0.0648
每股未分配利润(元)	-0.7905	-0.8492	-0.9008	-0.9484
每股现金净流量(元)	-0.0591	0.2542	-0.0486	-0.3310
每股经营现金净流量(元)	-0.0197	0.0978	-0.0240	0.1229
净资产收益率(扣除)(%)	4.7600	6.2300	3.1200	8.0500
净资产收益率(%)	4.6670	8.2530	4.2000	8.6712
总资产(万)	99656.54	99300.58	94667.96	93133.41
股东权益(万)	73492.92	70148.39	67091.31	64311.22
主营业务收入(万)	63775.38	121431.71	53429.09	107279.11
主营成本(万)	53513.47	104733.31	47346.34	91755.27
营业收入(万)	64784.13	123656.30	54465.34	108779.44
营业成本(万)	54252.25	105930.62	47913.33	92607.80
投资收益(万)	-	-	-	-
利润总额(万)	4820.63	8931.41	3952.95	7695.10
净利润(万)	3429.53	5789.63	2815.09	5576.56

大连冷冻机股份有限公司

公司概况					
公司名称	大连冷冻机股份有限公司			证券简称	大冷股份
法人代表	张和	董秘	徐郡饶	证券代码	000530
公司网址	www.daleng.cn		电子信箱	000530@bingshan.com	
电　　话	0411-86538130 86654530		传　　真	0411-86641470	
办公地址	辽宁省大连市沙河口区西南路888号				
经营范围	制冷设备及配套辅机、阀门、配件以及制冷工程所需配套产品的加工、制造等				

主要财务指标：指标＼报告期	2011.06.30	2010.12.31	2010.06.30	2009.12.31
每股收益(元)	0.2700	0.2900	0.2100	0.2200
每股收益(扣除)(元)	0.1600	0.2100	0.2000	0.1900
每股净资产(元)	5.1300	4.9300	4.8500	4.8300
调整后每股净资产(元)	-	-	-	-
每股资本公积金(元)	1.7682	1.6879	1.6847	1.7122
每股盈余公积金(元)	1.2535	1.2030	1.1778	1.1405
每股未分配利润(元)	1.1059	1.0406	0.9858	0.9745
每股现金净流量(元)	0.3822	0.2532	-0.1398	0.2594
每股经营现金净流量(元)	0.2590	0.4912	0.0005	0.5660
净资产收益率(扣除)(%)	3.1500	4.2300	3.3900	3.9500
净资产收益率(%)	5.3210	5.7820	4.2310	4.6538
总资产(万)	318420.09	291238.05	276911.75	270628.87
股东权益(万)	179473.93	172609.52	169697.38	168960.49
主营业务收入(万)	93115.12	146788.78	69859.36	137610.82
主营成本(万)	75439.40	117184.83	56031.18	110867.33
营业收入(万)	94789.46	149552.74	71053.98	139454.15
营业成本(万)	76979.99	119450.68	57045.76	112419.82
投资收益(万)	-	-	-	-
利润总额(万)	11851.07	12356.27	8444.83	9600.83
净利润(万)	9548.84	9980.64	7180.54	7863.13

广州恒运企业集团股份有限公司

公司概况	公司名称	广州恒运企业集团股份有限公司			证券简称	穗恒运 A
	法人代表	黄中发	董秘	张晖	证券代码	000531
	公司网址	www.hengyun.com.cn		电子信箱	hengyun@public.guangzhou.gd.cn	
	电　话	020-82068252		传　　真	020-82068252	
	办公地址	广东省广州开发区开发大道 235 号恒运大厦 6~6M 层				
	经营范围	生产、销售电力及热力及国家政策允许的其他投资业务等				

主要财务指标	指标\报告期	2011.06.30	2010.12.31	2010.06.30	2009.12.31
	每股收益(元)	0.1350	0.5076	0.2688	0.9475
	每股收益(扣除)(元)	0.1301	0.5089	0.2657	0.7602
	每股净资产(元)	6.4700	4.0700	3.8300	3.5500
	调整后每股净资产(元)	–	–	–	–
	每股资本公积金(元)	3.6075	0.8306	0.8305	0.8194
	每股盈余公积金(元)	0.4430	0.5694	0.5694	0.5694
	每股未分配利润(元)	1.4159	1.6720	1.4331	1.1644
	每股现金净流量(元)	0.2136	–0.8393	–0.8310	0.9553
	每股经营现金净流量(元)	0.8939	0.9330	–0.0424	2.0074
	净资产收益率(扣除)(%)	–	13.3300	7.2100	24.6900
	净资产收益率(%)	1.7780	12.4670	7.0100	26.6660
	总资产(万)	667138.51	634161.77	632666.35	626931.91
	股东权益(万)	221505.04	108528.02	102157.70	94698.95
	主营业务收入(万)	155184.04	296238.80	141978.37	283941.38
	主营成本(万)	132324.71	237489.24	108567.83	202988.35
	营业收入(万)	157337.99	301508.71	144751.83	288953.31
	营业成本(万)	133140.59	239385.08	109640.32	204734.96
	投资收益(万)	–	–	–	–
	利润总额(万)	10244.25	37161.04	21766.81	59504.77
	净利润(万)	3938.93	13529.69	7162.91	25252.48

力合股份有限公司

公司概况	公司名称	力合股份有限公司			证券简称	力合股份
	法人代表	李东义	董秘	曹海霞	证券代码	000532
	公司网址	www.chinalihe.com		电子信箱	cs@chinalihe.com	
	电　话	0756–3612833 3612810		传　　真	0756—3612812	
	办公地址	广东省珠海市唐家大学路 101 号清华科技园创业大楼东六楼				
	经营范围	微电子、电力电子、环境保护产品的开发、生产及销售等				

主要财务指标	指标\报告期	2011.06.30	2010.12.31	2010.06.30	2009.12.31
	每股收益(元)	0.0140	0.0700	0.0020	0.1250
	每股收益(扣除)(元)	0.0137	0.0200	0.0016	–
	每股净资产(元)	1.8900	2.0600	1.8200	1.6700
	调整后每股净资产(元)	–	–	–	–
	每股资本公积金(元)	0.4124	0.5528	0.3824	0.1935
	每股盈余公积金(元)	0.0903	0.0903	0.0843	0.0843
	每股未分配利润(元)	0.3830	0.4191	0.3575	0.3928
	每股现金净流量(元)	–0.2177	0.1066	–0.0932	0.0711
	每股经营现金净流量(元)	–0.0304	0.0666	–0.0213	0.0322
	净资产收益率(扣除)(%)	0.4600	1.0100	0.0900	–
	净资产收益率(%)	0.7370	3.3550	0.1160	7.4900
	总资产(万)	110524.34	121912.64	107761.00	94405.92
	股东权益(万)	65002.99	71085.67	62884.19	57588.55
	主营业务收入(万)	11146.88	25182.93	11315.19	–
	主营成本(万)	7971.09	19416.17	8246.07	–
	营业收入(万)	11350.01	25590.26	11556.88	12538.08
	营业成本(万)	7996.05	19466.16	8269.19	9526.48
	投资收益(万)	–	–	–	–
	利润总额(万)	660.47	3638.07	389.37	7423.94
	净利润(万)	478.87	2385.04	72.65	4314.73

广东万家乐股份有限公司

公司概况	公司名称	广东万家乐股份有限公司			证券简称	万家乐
	法人代表	李智	董秘	刘永霖	证券代码	000533
	公司网址	www.macro.com.cn		电子信箱	liuyl@macro.com.cn	
	电　话	0757–22321222 22321218		传　　真	0757–22321200	
	办公地址	广东省佛山市顺德大良顺峰山工业区				
	经营范围	输配电设备、卫厨燃气具家电的生产及销售等				

主要财务指标	指标\报告期	2011.06.30	2010.12.31	2010.06.30	2009.12.31
	每股收益(元)	0.1100	0.1882	0.2700	0.3284
	每股收益(扣除)(元)	0.0153	–0.0414	0.0225	0.2687
	每股净资产(元)	1.4700	1.3800	1.4600	1.4900
	调整后每股净资产(元)	–	–	–	–
	每股资本公积金(元)	0.0860	0.1046	0.1046	0.1255
	每股盈余公积金(元)	0.0726	0.0711	0.0726	0.0541
	每股未分配利润(元)	0.3108	0.2059	0.2867	0.3124
	每股现金净流量(元)	–0.1331	–0.1468	–0.2503	0.0806
	每股经营现金净流量(元)	0.0680	–0.0119	–0.1177	0.5695
	净资产收益率(扣除)(%)	–	–3.1900	1.8100	20.5900
	净资产收益率(%)	7.2390	13.6240	18.4780	22.0100
	总资产(万)	214644.50	241003.68	288171.09	257213.26
	股东权益(万)	101501.57	95440.75	101123.20	85892.16
	主营业务收入(万)	95447.99	276651.76	114516.52	268957.59
	主营成本(万)	74872.71	203539.64	82932.89	186695.42
	营业收入(万)	110058.89	283191.39	115663.55	275275.53
	营业成本(万)	83050.55	208191.29	83723.57	191411.46
	投资收益(万)	–	–	–	–
	利润总额(万)	7806.81	18825.50	22506.46	22724.56
	净利润(万)	7347.78	13002.67	18685.13	18903.31

广东万泽实业股份有限公司

公司概况	公司名称	广东万泽实业股份有限公司			证券简称	万泽股份
	法人代表	林伟光	董秘	黄曼华	证券代码	000534
	公司网址			电子信箱	sdla@pub.shantou.gd.cn	
	电　话	0754–88857191 88857179		传　　真	0754–88857199	
	办公地址	广东省汕头市珠池路 23 号光明大厦 B 幢 8 楼				
	经营范围	投资建设电厂、电站,电力生产,蒸气热供应等				

主要财务指标	指标\报告期	2011.06.30	2010.12.31	2010.06.30	2009.12.31
	每股收益(元)	–0.0569	0.0500	–0.0225	0.0600
	每股收益(扣除)(元)	–0.0548	0.0100	–0.0292	0.0500
	每股净资产(元)	2.1100	2.2600	2.2069	2.3500
	调整后每股净资产(元)	–	–	–	–
	每股资本公积金(元)	0.5398	0.5398	0.5558	0.5226
	每股盈余公积金(元)	0.2953	0.2953	0.2934	0.2934
	每股未分配利润(元)	0.2705	0.4274	0.3577	0.5302
	每股现金净流量(元)	–0.4055	–0.7310	–0.0655	–0.0845
	每股经营现金净流量(元)	–0.0892	0.0989	–0.0538	1.0485
	净资产收益率(扣除)(%)	–2.4500	0.5300	–1.2600	2.1700
	净资产收益率(%)	–2.7030	2.1730	–1.0200	2.4090
	总资产(万)	130070.71	122211.40	135302.47	134124.88
	股东权益(万)	53716.73	57719.81	56300.59	59853.59
	主营业务收入(万)	5624.26	30787.33	12436.10	55276.12
	主营成本(万)	6557.82	17381.45	7344.20	28658.97
	营业收入(万)	8800.75	31094.25	12570.75	55385.69
	营业成本(万)	8047.82	17520.62	7354.15	28659.27
	投资收益(万)	–	–	–	–
	利润总额(万)	–1531.91	5822.77	1513.88	8574.31
	净利润(万)	–1451.96	1254.41	–572.87	1442.14

华映科技(集团)股份有限公司

公司概况					
公司名称	华映科技(集团)股份有限公司			证券简称	华映科技
法人代表	唐远生	董秘	陈伟	证券代码	000536
公司网址	www.cpttg.com		电子信箱	gw@cptf.com.cn	
电　话	0591-88022590		传　真	0591-88022061	
办公地址	福州市马尾区儒江西路6号1楼第三、四层				
经营范围	电机制造、机电产品的贸易、金属材料的经营等				

主要财务指标

指标\报告期	2011.06.30	2010.12.31	2010.06.30	2009.12.31
每股收益(元)	0.1929	0.5091	0.2501	0.4818
每股收益(扣除)(元)	0.1743	0.4842	0.2376	0.4541
每股净资产(元)	3.4624	3.3697	3.2970	3.7612
调整后每股净资产(元)	–	–	–	–
每股资本公积金(元)	0.9730	0.9730	0.9594	7.4742
每股盈余公积金(元)	0.2483	0.2483	0.1977	0.9573
每股未分配利润(元)	1.2411	1.3481	1.1399	4.3579
每股现金净流量(元)	–0.2659	0.5886	0.4847	–2.4347
每股经营现金净流量(元)	0.4042	1.0835	0.3638	2.0608
净资产收益率(扣除)(%)	4.7600	14.3700	7.2500	12.9000
净资产收益率(%)	5.5720	13.9730	7.2780	12.8099
总资产(万)	459857.57	471422.75	471402.59	438568.43
股东权益(万)	242535.45	250037.44	230955.17	199477.87
主营业务收入(万)	140489.26	301435.79	143637.49	188119.25
主营成本(万)	107558.03	223667.85	106620.27	130861.68
营业收入(万)	141043.09	302409.68	144027.13	188517.98
营业成本(万)	107728.02	223983.83	106742.79	130953.00
投资收益(万)	–	–	–	–
利润总额(万)	22719.83	56912.02	27806.72	39699.50
净利润(万)	13513.92	34938.27	16809.07	25552.82

天津广宇发展股份有限公司

公司概况					
公司名称	天津广宇发展股份有限公司			证券简称	广宇发展
法人代表	赵健	董秘	韩玉卫	证券代码	000537
公司网址	www.gyfz000537.com		电子信箱	gyfz@gyfz000537.com	
电　话	022-27500420		传　真	022-27500427	
办公地址	天津市南开区南京路358号今晚报大厦24层				
经营范围	房地产开发及商品房销售等				

主要财务指标

指标\报告期	2011.06.30	2010.12.31	2010.06.30	2009.12.31
每股收益(元)	0.1300	0.2100	0.1920	0.1600
每股收益(扣除)(元)	0.1200	0.1800	0.1600	0.1500
每股净资产(元)	1.3200	1.1900	1.1700	0.9800
调整后每股净资产(元)	–	–	–	–
每股资本公积金(元)	0.1690	0.1750	0.1734	0.1748
每股盈余公积金(元)	0.1782	0.1782	0.1782	0.1782
每股未分配利润(元)	–0.0311	–0.1616	–0.1782	–0.3697
每股现金净流量(元)	0.3601	0.8445	0.6319	–0.2823
每股经营现金净流量(元)	0.4241	–0.0476	–0.2166	0.8751
净资产收益率(扣除)(%)	9.2300	16.3700	14.7600	16.5800
净资产收益率(%)	9.9190	17.4610	16.3200	16.2300
总资产(万)	312194.49	271531.07	240411.77	288248.82
股东权益(万)	67483.15	61098.87	60166.74	50416.57
主营业务收入(万)	28341.13	132175.18	95280.85	100639.67
主营成本(万)	13414.38	79047.09	65295.75	57864.04
营业收入(万)	28364.48	153001.01	116047.90	101737.46
营业成本(万)	13484.55	98229.96	84375.29	58537.25
投资收益(万)	–	–	–	–
利润总额(万)	12510.55	23427.22	19699.26	19177.28
净利润(万)	6693.40	10668.26	9819.14	8182.53

云南白药集团股份有限公司

公司概况					
公司名称	云南白药集团股份有限公司			证券简称	云南白药
法人代表	王明辉	董秘	吴伟	证券代码	000538
公司网址	www.yunnanbaiyao.com.cn		电子信箱	wuwei@yunnanbaiyao.com.cn	
电　话	0871-8356106 8324159		传　真	0871-8324169	
办公地址	昆明市二环西路222号				
经营范围	化学原料药、化学药制剂、中成药、中药材、生物制品、保健食品等				

主要财务指标

指标\报告期	2011.06.30	2010.12.31	2010.06.30	2009.12.31
每股收益(元)	0.8100	1.3300	0.6200	0.8700
每股收益(扣除)(元)	0.8100	1.3300	0.8200	1.1000
每股净资产(元)	7.0700	6.3600	7.3500	5.1600
调整后每股净资产(元)	–	–	–	–
每股资本公积金(元)	1.8014	1.8014	2.6505	2.6167
每股盈余公积金(元)	0.3946	0.3946	0.4593	0.4593
每股未分配利润(元)	3.8742	3.1617	3.2372	2.6296
每股现金净流量(元)	–0.5291	–0.4157	–0.7067	–0.0969
每股经营现金净流量(元)	–0.2326	0.6224	–0.2276	0.8624
净资产收益率(扣除)(%)	–	–	–	17.4900
净资产收益率(%)	11.4930	20.9840	10.9910	16.8586
总资产(万)	873239.62	763305.63	681925.16	600534.87
股东权益(万)	490814.89	441367.18	392362.45	358107.39
主营业务收入(万)	506654.23	1004604.67	449144.92	716392.77
主营成本(万)	345286.45	698102.86	314822.78	498971.56
营业收入(万)	507382.00	1007543.78	450215.48	717178.40
营业成本(万)	345657.02	700476.47	315510.38	499485.66
投资收益(万)	–	–	–	–
利润总额(万)	65880.48	103973.75	50297.72	70564.92
净利润(万)	56408.57	92616.86	43126.09	60371.96

广东电力发展股份有限公司

公司概况					
公司名称	广东电力发展股份有限公司			证券简称	粤电力A
法人代表	潘力	董秘	刘维	证券代码	000539
公司网址	www.ged.com.cn		电子信箱	ged@ged.com.cn	
电　话	020-87570276 87570251		传　真	020-85138084	
办公地址	广东省广州市天河东路2号粤电广场南塔23-26楼				
经营范围	电力项目的投资、建设和经营管理,电力的生产和销售,电力行业技术咨询和服务				

主要财务指标

指标\报告期	2011.06.30	2010.12.31	2010.06.30	2009.12.31
每股收益(元)	0.1100	0.2800	0.1600	0.4400
每股收益(扣除)(元)	0.1100	0.2900	0.1500	0.4700
每股净资产(元)	3.6500	3.6300	3.5100	3.4900
调整后每股净资产(元)	–	–	–	–
每股资本公积金(元)	0.6715	0.6736	0.6732	0.5019
每股盈余公积金(元)	1.3496	1.2244	1.2244	1.1881
每股未分配利润(元)	0.6242	0.7359	0.6160	0.7964
每股现金净流量(元)	0.3888	0.0555	0.2225	0.0325
每股经营现金净流量(元)	0.3780	0.2272	0.3586	2.1403
净资产收益率(扣除)(%)	–	5.7500	–	13.2200
净资产收益率(%)	3.1150	7.5330	4.3800	12.5690
总资产(万)	3782124.16	3459631.83	3194735.02	3016355.22
股东权益(万)	1019770.82	1016575.42	982941.22	927183.90
主营业务收入(万)	641995.60	1262176.74	623685.57	1221837.43
主营成本(万)	576929.94	–1087595.80	535166.37	–966470.85
营业收入(万)	647076.17	1264220.81	625101.14	1223471.75
营业成本(万)	579724.81	1087741.40	536085.31	966557.63
投资收益(万)	–	–	–	–
利润总额(万)	38881.80	116909.62	61260.60	166133.48
净利润(万)	31764.87	76580.65	43051.33	116535.24

中天城投集团股份有限公司

公司概况	公司名称	中天城投集团股份有限公司			证券简称	中天城投
	法人代表	罗玉平	董秘	李俊	证券代码	000540
	公司网址	www.ztcn.cn		电子信箱	ztqyd@public.gz.cn	
	电　话	0851-5860976 5865112		传　真	0851-5865112	
	办公地址	贵州省贵阳市中华中路 1 号峰会国际大厦				
	经营范围	壹级房地产开发,城市基础设施及配套项目开发等				

	指标\报告期	2011.06.30	2010.12.31	2010.06.30	2009.12.31
主要财务指标	每股收益(元)	0.2017	0.6073	0.1451	0.5041
	每股收益(扣除)(元)	0.1240	0.5588	0.2060	0.5060
	每股净资产(元)	2.0700	1.8800	1.4800	2.1100
	调整后每股净资产(元)	–	–	–	–
	每股资本公积金(元)	0.0420	0.0420	0.0420	0.0671
	每股盈余公积金(元)	0.1963	0.1963	0.1407	0.2251
	每股未分配利润(元)	0.8281	0.6457	0.2972	0.8205
	每股现金净流量(元)	–1.0690	0.8230	0.8873	2.0349
	每股经营现金净流量(元)	–1.6195	–0.3761	0.1433	–0.8560
	净资产收益率(扣除)(%)	8.6400	35.0400	14.7200	29.1900
	净资产收益率(%)	13.6650	32.2370	13.7300	38.1793
	总资产(万)	1448538.73	1239583.10	877478.83	628670.49
	股东权益(万)	188749.04	172090.80	135174.11	120610.56
	主营业务收入(万)	95098.38	322494.41	90461.82	155620.89
	主营成本(万)	56273.62	196764.26	48447.97	90679.85
	营业收入(万)	101684.45	332783.38	94378.45	163536.39
	营业成本(万)	61732.64	205079.91	51854.58	96793.72
	投资收益(万)	–	–	–	–
	利润总额(万)	35435.59	74979.83	25221.95	58981.22
	净利润(万)	25792.61	55476.52	18559.84	46048.30

佛山电器照明股份有限公司

公司概况	公司名称	佛山电器照明股份有限公司			证券简称	佛山照明
	法人代表	钟信才	董秘	周向峰	证券代码	000541
	公司网址	www.chinafsl.com		电子信箱	fsldsh@126.com	
	电　话	0757-82966062 82810239		传　真	0757-82816276	
	办公地址	广东省佛山市禅城区汾江北路 64 号				
	经营范围	生产和经营各种电光源产品及其配套灯具				

	指标\报告期	2011.06.30	2010.12.31	2010.06.30	2009.12.31
主要财务指标	每股收益(元)	0.1200	0.2700	0.0800	0.2200
	每股收益(扣除)(元)	0.1200	0.2600	0.0800	0.2100
	每股净资产(元)	2.6900	2.8300	2.5800	2.7200
	调整后每股净资产(元)	–	–	–	–
	每股资本公积金(元)	0.6466	0.6594	0.5998	0.5998
	每股盈余公积金(元)	0.5676	0.5676	0.5401	0.5401
	每股未分配利润(元)	0.4710	0.6005	0.4411	0.5785
	每股现金净流量(元)	–0.1674	–0.3318	–0.1604	0.1111
	每股经营现金净流量(元)	0.0761	0.2152	0.0773	0.4993
	净资产收益率(扣除)(%)	4.5200	9.5500	2.9900	7.8900
	净资产收益率(%)	4.4860	9.5330	3.2000	7.9760
	总资产(万)	310226.52	312854.75	290508.85	299510.02
	股东权益(万)	262760.39	276691.30	252563.37	266010.00
	主营业务收入(万)	108419.01	193765.19	81768.91	169468.13
	主营成本(万)	81432.50	140165.60	62028.48	124204.33
	营业收入(万)	109531.93	195606.86	82436.03	170729.32
	营业成本(万)	82111.62	141525.77	62547.03	125196.46
	投资收益(万)	–	–	–	–
	利润总额(万)	14736.78	32425.82	9939.37	27006.63
	净利润(万)	11786.75	26377.62	8081.78	21217.92

安徽省皖能股份有限公司

公司概况	公司名称	安徽省皖能股份有限公司			证券简称	皖能电力
	法人代表	白泰平	董秘	李波	证券代码	000543
	公司网址	www.wenergy.cn		电子信箱	wn000543@wenergy.cn	
	电　话	0551-2225811		传　真	0551-2225800	
	办公地址	安徽省合肥市马鞍山路 76 号能源大厦 7-10 层				
	经营范围	公司主营电力、节能及相关项目投资等				

	指标\报告期	2011.06.30	2010.12.31	2010.06.30	2009.12.31
主要财务指标	每股收益(元)	0.0600	0.2800	0.2000	0.1500
	每股收益(扣除)(元)	0.0560	0.1500	0.1300	0.0500
	每股净资产(元)	4.9300	4.9900	4.8900	5.5900
	调整后每股净资产(元)	–	–	–	–
	每股资本公积金(元)	2.6327	2.7243	2.7138	3.5874
	每股盈余公积金(元)	0.9024	0.9024	0.8596	0.8596
	每股未分配利润(元)	0.3957	0.3598	0.3206	0.1396
	每股现金净流量(元)	0.1978	–0.4502	–0.2770	–0.0059
	每股经营现金净流量(元)	0.1951	0.4879	0.1936	1.1130
	净资产收益率(扣除)(%)	–	2.9700	–	1.2000
	净资产收益率(%)	1.1350	5.6750	4.1090	2.6020
	总资产(万)	1366183.35	1270144.24	1132487.70	1129494.98
	股东权益(万)	381161.59	385457.21	378312.74	431850.22
	主营业务收入(万)	198325.24	366516.93	166671.87	321055.34
	主营成本(万)	201506.36	369669.62	166442.09	312361.09
	营业收入(万)	202098.51	378428.51	169544.53	332577.98
	营业成本(万)	202730.88	376287.13	167979.37	321228.41
	投资收益(万)	–	–	–	–
	利润总额(万)	–530.65	19283.62	14696.42	13932.80
	净利润(万)	4327.03	21876.38	15542.91	11237.94

中原环保股份有限公司

公司概况	公司名称	中原环保股份有限公司			证券简称	中原环保
	法人代表	李建平	董秘	丁青海	证券代码	000544
	公司网址	www.zyhuanbao.com		电子信箱	dingqinghai@zyhuanbao.com	
	电　话	0371-65376788 65376779		传　真	0371-65629981	
	办公地址	河南省郑州市郑东新区 CBD 商务外环路西七街 3 号中华大厦 15A				
	经营范围	污水、污水处理;复合肥料生产、销售;养殖、种植等				

	指标\报告期	2011.06.30	2010.12.31	2010.06.30	2009.12.31
主要财务指标	每股收益(元)	0.1475	0.2737	0.1410	0.2179
	每股收益(扣除)(元)	0.1475	0.2729	0.1410	0.2179
	每股净资产(元)	2.3300	2.1820	2.0500	1.9090
	调整后每股净资产(元)	–	–	–	–
	每股资本公积金(元)	1.7525	1.7525	1.7525	1.7525
	每股盈余公积金(元)	0.0826	0.0826	0.0826	0.0826
	每股未分配利润(元)	–0.5052	–0.6527	–0.7851	–0.9264
	每股现金净流量(元)	–0.4362	0.6331	0.1403	–0.1827
	每股经营现金净流量(元)	–0.2140	0.5132	–0.0525	0.1027
	净资产收益率(扣除)(%)	6.3320	12.5390	6.8900	11.4170
	净资产收益率(%)	6.5400	13.3800	7.1400	12.1100
	总资产(万)	95917.60	99702.33	78287.07	74509.42
	股东权益(万)	62782.17	58806.69	55239.55	51432.83
	主营业务收入(万)	18228.83	32022.78	16048.83	28965.99
	主营成本(万)	11273.26	19574.00	10167.00	18328.79
	营业收入(万)	19145.05	32038.51	16943.12	28966.99
	营业成本(万)	11273.26	19574.00	10167.00	18452.91
	投资收益(万)	–	–	–	1.98
	利润总额(万)	5259.26	9459.97	5072.98	8168.58
	净利润(万)	3975.48	7373.86	3806.72	5872.19

吉林制药股份有限公司

公司概况	公司名称	吉林制药股份有限公司			证券简称	*ST 吉药
	法人代表	赵友永	董秘	罗国建	证券代码	000545
	公司网址	www.jlzcyy.com		电子信箱	jlzygf@tom.com	
	电　话	0432-63398722		传　真	0432-63398756	
	办公地址	吉林省吉林市经济技术开发区人达街 9 号				
	经营范围	生产经营原料药、医药中间体、中西药制剂、化工产品、保健品等				

主要财务指标	指标\报告期	2011.06.30	2010.12.31	2010.06.30	2009.12.31
	每股收益(元)	-0.1000	-0.3000	-0.0100	-0.1000
	每股收益(扣除)(元)	-0.1000	-0.3400	-0.0100	-0.1800
	每股净资产(元)	-0.3400	-0.2400	0.0400	0.0500
	调整后每股净资产(元)	-	-	-	-
	每股资本公积金(元)	0.2098	0.2098	0.2098	0.2098
	每股盈余公积金(元)	0.0051	0.0051	0.0051	0.0051
	每股未分配利润(元)	-1.5598	-1.4597	-1.1734	-1.1605
	每股现金净流量(元)	-0.0049	-0.0005	-0.0018	0.0053
	每股经营现金净流量(元)	-0.0044	0.0333	-0.1661	-0.2183
	净资产收益率(扣除)(%)	33.9000	356.3500	-27.9600	-171.6700
	净资产收益率(%)	-29.0235	-122.1994	-30.8460	-181.9600
	总资产(万)	20909.14	22356.11	26352.96	23865.33
	股东权益(万)	-5458.04	-3873.92	657.25	859.99
	主营业务收入(万)	3740.51	9354.30	4088.56	9406.68
	主营成本(万)	2065.45	4698.26	1894.56	4973.76
	营业收入(万)	3740.51	9354.30	4088.56	9407.42
	营业成本(万)	2065.45	4698.26	1894.56	4974.50
	投资收益(万)	-	-	-	-
	利润总额(万)	-1584.12	-4733.91	-202.74	-1564.86
	净利润(万)	-1584.12	-4733.91	-202.74	-1564.84

吉林光华控股集团股份有限公司

公司概况	公司名称	吉林光华控股集团股份有限公司			证券简称	光华控股
	法人代表	许华	董秘	李丽	证券代码	000546
	公司网址			电子信箱	ghkg_000546@126.com	
	电　话	0431-88920227 0512-67325680		传　真	0431-88927337	
	办公地址	吉林省长春市西安大路 727 号中银大厦 A 座 1701 室				
	经营范围	以自有资金投资房地产开发、教育及相关产业、电子通讯、医药等				

主要财务指标	指标\报告期	2011.06.30	2010.12.31	2010.06.30	2009.12.31
	每股收益(元)	0.0611	0.0132	-0.0136	0.1093
	每股收益(扣除)(元)	0.0631	0.0187	-0.0097	-0.0221
	每股净资产(元)	0.8200	0.7500	0.7000	0.7200
	调整后每股净资产(元)	-	-	-	-
	每股资本公积金(元)	0.6861	0.6752	0.6519	0.6577
	每股盈余公积金(元)	0.0190	0.0190	0.0190	0.0190
	每股未分配利润(元)	-0.8815	-0.9426	-0.9694	-0.9558
	每股现金净流量(元)	0.0681	0.1373	0.1335	-0.0415
	每股经营现金净流量(元)	0.2320	0.0223	-0.0419	0.1954
	净资产收益率(扣除)(%)	7.3400	2.5400	-1.3700	-3.3400
	净资产收益率(%)	7.4210	1.7570	-1.9360	15.1699
	总资产(万)	46132.52	48569.80	43130.60	40680.56
	股东权益(万)	13959.53	12738.66	11890.00	12218.33
	主营业务收入(万)	15968.33	7429.80	4050.94	31563.37
	主营成本(万)	11308.73	4983.27	3345.23	26447.30
	营业收入(万)	15968.33	7946.27	4295.29	32092.53
	营业成本(万)	11308.73	5361.12	3534.16	26827.35
	投资收益(万)	-	-	-	-
	利润总额(万)	1460.01	471.63	-241.77	3016.35
	净利润(万)	1035.89	223.78	-230.24	1853.51

神州学人集团股份有限公司

公司概况	公司名称	神州学人集团股份有限公司			证券简称	闽福发 A
	法人代表	章高路	董秘	吴小兰	证券代码	000547
	公司网址	www.szxrjt.com		电子信箱	fufa@szxrjt.com	
	电　话	0591-83283128		传　真	0591-83296358	
	办公地址	福建省福州市台江区五一南路 17 号工行五一支行 13 层				
	经营范围	电子、电子计算机、通讯、网络信息;环境保护等				

主要财务指标	指标\报告期	2011.06.30	2010.12.31	2010.06.30	2009.12.31
	每股收益(元)	0.1000	0.1000	0.0300	0.2800
	每股收益(扣除)(元)	0.0600	0.0700	0.0200	0.0600
	每股净资产(元)	5.5200	5.0600	4.4400	4.4600
	调整后每股净资产(元)	-	-	-	-
	每股资本公积金(元)	3.5648	2.9722	2.4102	2.4666
	每股盈余公积金(元)	0.0858	0.0986	0.1031	0.0986
	每股未分配利润(元)	0.8671	0.9936	0.9222	0.8932
	每股现金净流量(元)	1.8544	-0.3889	-0.2776	0.5289
	每股经营现金净流量(元)	0.0998	0.4036	0.2612	0.3497
	净资产收益率(扣除)(%)	1.2200	1.4300	0.4100	1.6000
	净资产收益率(%)	1.5970	1.9810	0.7540	6.3240
	总资产(万)	232412.60	187437.01	169892.94	169756.82
	股东权益(万)	170616.68	124000.50	108601.34	109163.69
	主营业务收入(万)	18418.62	43894.93	14520.30	37400.56
	主营成本(万)	10522.86	28234.52	8557.43	23521.96
	营业收入(万)	18602.97	44704.92	14941.66	38393.47
	营业成本(万)	10634.19	28973.12	8907.48	24398.99
	投资收益(万)	-	-	-	-
	利润总额(万)	5067.88	6389.36	2283.07	11849.59
	净利润(万)	2724.42	2456.70	802.24	6903.81

湖南投资集团股份有限公司

公司概况	公司名称	湖南投资集团股份有限公司			证券简称	湖南投资
	法人代表	谭应求	董秘	马宁	证券代码	000548
	公司网址	www.hntz.com.cn		电子信箱	hntz0548@126.com	
	电　话	0731-82327666		传　真	0731-82327566	
	办公地址	湖南省长沙市芙蓉中路 508 号之三君逸康年大酒店十二楼				
	经营范围	投资建设并收费经营公路、桥梁及各类城市基础设施等				

主要财务指标	指标\报告期	2011.06.30	2010.12.31	2010.06.30	2009.12.31
	每股收益(元)	0.0640	0.1700	0.0970	0.2100
	每股收益(扣除)(元)	0.0638	0.1300	0.0530	0.1000
	每股净资产(元)	2.8800	2.8600	2.7800	2.6900
	调整后每股净资产(元)	-	-	-	-
	每股资本公积金(元)	0.9605	0.9604	0.9609	0.9626
	每股盈余公积金(元)	0.1813	0.1813	0.1698	0.1698
	每股未分配利润(元)	0.7334	0.7192	0.6536	0.5565
	每股现金净流量(元)	-0.0166	-0.0126	-0.1595	-0.0125
	每股经营现金净流量(元)	0.1872	0.0065	0.0044	-0.0601
	净资产收益率(扣除)(%)	2.2300	4.8000	1.9700	3.7000
	净资产收益率(%)	2.2340	6.2900	3.4900	7.6700
	总资产(万)	211017.00	220454.11	204546.67	211221.47
	股东权益(万)	143533.53	142821.75	138995.04	134233.77
	主营业务收入(万)	13036.89	33359.26	11300.84	22178.10
	主营成本(万)	3564.34	12952.80	3024.45	6654.61
	营业收入(万)	13036.89	33359.26	11300.84	22178.10
	营业成本(万)	3564.34	12952.80	3024.45	6654.61
	投资收益(万)	-	-	-	-
	利润总额(万)	5014.99	13519.45	6537.98	14151.70
	净利润(万)	3205.84	8708.71	4849.55	10302.09

江铃汽车股份有限公司

公司概况	公司名称	江铃汽车股份有限公司		证券简称	江铃汽车
	法人代表	王锡高	董秘 宛虹	证券代码	000550
	公司网址	www.jmc.com.cn		电子信箱	relations@jmc.com.cn
	电　话	0791-5235675 5266503		传　真	0791-5232839
	办公地址	江西省南昌市迎宾北大道 509 号			
	经营范围	生产和销售轻型汽车以及相关的零部件等			

主要财务指标	指标\报告期	2011.06.30	2010.12.31	2010.06.30	2009.12.31
	每股收益(元)	1.2500	1.9800	1.2100	1.2200
	每股收益(扣除)(元)	1.2310	1.9800	1.2100	1.2100
	每股净资产(元)	7.5600	7.1000	6.3300	5.6100
	调整后每股净资产(元)	–	–	–	–
	每股资本公积金(元)	0.9725	0.9725	0.9725	0.9725
	每股盈余公积金(元)	0.5000	0.5000	0.5000	0.5000
	每股未分配利润(元)	5.0854	4.6258	3.8561	3.1391
	每股现金净流量(元)	–0.2491	2.2003	1.6246	2.7829
	每股经营现金净流量(元)	0.1735	3.1483	1.7379	3.6080
	净资产收益率(扣除)(%)	15.9400	31.0100	19.4300	23.5500
	净资产收益率(%)	16.5340	27.9340	19.0700	21.8030
	总资产(万)	1161623.13	1123771.51	985698.24	829434.62
	股东权益(万)	652404.77	612727.60	546290.11	484394.67
	主营业务收入(万)	912125.01	1560169.71	759096.33	1032518.73
	主营成本(万)	694054.23	1160266.46	562359.43	763921.25
	营业收入(万)	922154.01	1576789.67	767581.73	1043320.50
	营业成本(万)	699249.65	1169638.78	567534.76	770660.82
	投资收益(万)	–	–	–	–
	利润总额(万)	129143.19	203337.65	124092.50	124364.44
	净利润(万)	107871.07	171161.44	104192.93	105613.22

创元科技股份有限公司

公司概况	公司名称	创元科技股份有限公司		证券简称	创元科技
	法人代表	曹新彤	董秘 周成明	证券代码	000551
	公司网址	www.000551.cn		电子信箱	dmc@000551.cn
	电　话	0512-68241551		传　真	0512-68245551
	办公地址	江苏省苏州市南门东二路 4 号			
	经营范围	国内贸易;自营和代理各类商品和技术的进出口业务等			

主要财务指标	指标\报告期	2011.06.30	2010.12.31	2010.06.30	2009.12.31
	每股收益(元)	0.1300	0.2600	0.1100	0.3600
	每股收益(扣除)(元)	0.1213	0.2200	0.1000	0.1900
	每股净资产(元)	4.6842	4.5388	3.4500	3.3400
	调整后每股净资产(元)	–	–	–	–
	每股资本公积金(元)	1.5506	1.5378	0.3865	0.3893
	每股盈余公积金(元)	0.5104	0.5104	0.5582	0.5582
	每股未分配利润(元)	1.6232	1.4906	1.5016	1.3900
	每股现金净流量(元)	0.2401	0.1561	–0.3882	0.2611
	每股经营现金净流量(元)	–0.0098	0.5311	–0.0293	0.6279
	净资产收益率(扣除)(%)	–	6.2600	–	5.8600
	净资产收益率(%)	2.8310	5.2330	3.2370	10.6390
	总资产(万)	321625.12	298235.86	207999.83	204765.80
	股东权益(万)	124936.02	121059.55	83306.23	80676.72
	主营业务收入(万)	132342.47	220075.14	100758.04	169795.75
	主营成本(万)	106834.39	176411.84	82540.44	132276.65
	营业收入(万)	134694.96	225313.71	103390.01	172600.39
	营业成本(万)	108183.63	179941.90	84023.36	133494.17
	投资收益(万)	–	–	–	–
	利润总额(万)	7772.19	13082.52	5512.64	14904.55
	净利润(万)	3536.78	6334.81	2696.39	8583.18

甘肃靖远煤电股份有限公司

公司概况	公司名称	甘肃靖远煤电股份有限公司		证券简称	靖远煤电
	法人代表	梁习明	董秘 丁焕仁	证券代码	000552
	公司网址			电子信箱	dhr_dy@126.com
	电　话	0931-8512882		传　真	0931-8508220
	办公地址	甘肃省白银市平川区王家山镇			
	经营范围	煤炭开采、洗选、销售、发电、铁路专用线营运、建筑材料等制造与销售			

主要财务指标	指标\报告期	2011.06.30	2010.12.31	2010.06.30	2009.12.31
	每股收益(元)	0.2600	0.3200	0.2200	0.3000
	每股收益(扣除)(元)	0.2557	0.3200	0.2200	0.2200
	每股净资产(元)	2.8700	2.4400	2.6700	2.3000
	调整后每股净资产(元)	–	–	–	–
	每股资本公积金(元)	0.4905	0.4905	0.4905	0.4905
	每股盈余公积金(元)	0.1182	0.1182	0.0864	0.0864
	每股未分配利润(元)	1.0349	0.8097	0.7439	0.5736
	每股现金净流量(元)	0.2887	0.4487	0.7729	–
	每股经营现金净流量(元)	0.4615	0.9859	1.0156	–
	净资产收益率(扣除)(%)	10.0100	13.1600	9.2500	9.1000
	净资产收益率(%)	8.8810	13.0110	8.2570	13.0400
	总资产(万)	79588.27	62415.96	73715.56	58560.99
	股东权益(万)	51108.24	43461.52	47455.02	40868.12
	主营业务收入(万)	43336.18	76823.59	36881.63	52733.72
	主营成本(万)	31017.34	61199.96	28241.83	41413.10
	营业收入(万)	43652.02	77588.36	37225.33	53360.82
	营业成本(万)	31546.32	61867.44	28560.39	41968.31
	投资收益(万)	–	–	–	–
	利润总额(万)	5659.89	6806.56	4585.60	5278.43
	净利润(万)	4538.90	5654.62	3918.23	5329.31

湖北沙隆达股份有限公司

公司概况	公司名称	湖北沙隆达股份有限公司		证券简称	沙隆达 A
	法人代表	李作荣	董秘 李忠禧	证券代码	000553
	公司网址	www.sanonda.cn		电子信箱	li_zhongxi@263.net
	电　话	0716-8208632 8208232		传　真	0716-8321099
	办公地址	湖北省荆州市北京东路 93 号			
	经营范围	农药与化工产品的生产和销售等			

主要财务指标	指标\报告期	2011.06.30	2010.12.31	2010.06.30	2009.12.31
	每股收益(元)	0.0331	0.0401	0.0208	0.0325
	每股收益(扣除)(元)	0.0416	0.0435	0.0266	0.0014
	每股净资产(元)	1.8900	1.8600	1.8600	1.8300
	调整后每股净资产(元)	–	–	–	–
	每股资本公积金(元)	0.4463	0.5068	0.4573	0.4573
	每股盈余公积金(元)	0.1259	0.1259	0.1225	0.1225
	每股未分配利润(元)	0.2882	0.2523	0.2382	0.2173
	每股现金净流量(元)	0.2145	–0.4558	0.1228	–0.1488
	每股经营现金净流量(元)	0.0037	0.1182	–0.1262	0.3170
	净资产收益率(扣除)(%)	2.1900	2.3500	1.4000	0.0800
	净资产收益率(%)	1.7490	2.1530	1.1300	1.7750
	总资产(万)	241534.18	211321.73	236203.60	203907.06
	股东权益(万)	112293.46	113404.72	110212.66	108798.77
	主营业务收入(万)	97794.92	148383.60	74304.02	159218.30
	主营成本(万)	81732.59	125514.65	63801.89	136010.42
	营业收入(万)	101732.27	157011.42	79626.82	165044.43
	营业成本(万)	85178.86	132395.11	68037.00	140901.79
	投资收益(万)	–	–	–	–
	利润总额(万)	3165.49	3188.07	2089.32	3079.11
	净利润(万)	1963.91	2380.76	1238.20	1931.09

中国石化山东泰山石油股份有限公司

公司概况	公司名称	中国石化山东泰山石油股份有限公司			证券简称	泰山石油
	法人代表	冯东青	董秘	冯光明	证券代码	000554
	公司网址				电子信箱	tssyfgm@163.com
	电　　话	0538-6269600 6269630			传　　真	0538-8265450
	办公地址	山东省泰安市东岳大街 104 号				
	经营范围	石化产品的销售等				

主要财务指标	指标＼报告期	2011.06.30	2010.12.31	2010.06.30	2009.12.31
	每股收益(元)	0.0162	0.0150	0.0111	0.0177
	每股收益(扣除)(元)	0.0219	0.0206	0.0040	0.0153
	每股净资产(元)	1.8300	1.8138	1.8340	1.7890
	调整后每股净资产(元)	–	–	–	–
	每股资本公积金(元)	0.3945	0.3945	0.3850	0.3850
	每股盈余公积金(元)	0.2051	0.2051	0.2046	0.2046
	每股未分配利润(元)	0.2304	0.2142	0.2444	0.1997
	每股现金净流量(元)	0.0145	0.1506	0.0916	–0.1637
	每股经营现金净流量(元)	0.0554	0.2394	0.1268	–0.0188
	净资产收益率(扣除)(%)	1.1300	1.1300	0.2200	0.8400
	净资产收益率(%)	0.8840	0.8260	0.6060	0.9900
	总资产(万)	89551.11	94938.85	90914.55	89419.32
	股东权益(万)	87984.49	87206.47	88179.02	86027.95
	主营业务收入(万)	193240.28	310336.20	150455.28	287875.06
	主营成本(万)	182576.65	291836.35	141068.41	272062.82
	营业收入(万)	194263.19	312367.00	151376.30	288999.26
	营业成本(万)	183419.93	293535.64	141840.89	272998.52
	投资收益(万)	–	–	–	–
	利润总额(万)	735.80	1214.49	746.09	2563.62
	净利润(万)	778.02	720.20	533.89	851.88

深圳市太光电信股份有限公司

公司概况	公司名称	深圳市太光电信股份有限公司			证券简称	ST 太光
	法人代表	宋波	董秘	舒晓玲	证券代码	000555
	公司网址				电子信箱	sznivs@163.com
	电　　话	0755-82910290			传　　真	0755-82910304
	办公地址	广东省深圳市福田区滨河路北与彩田路东联合广场 A 座 3608 室				
	经营范围	销售 TEC5200 综合业务接入网等通信设备等				

主要财务指标	指标＼报告期	2011.06.30	2010.12.31	2010.06.30	2009.12.31
	每股收益(元)	–0.0432	0.0400	–0.0655	–0.0880
	每股收益(扣除)(元)	–0.0432	–0.1370	–0.0655	–0.1250
	每股净资产(元)	–1.4760	–1.4330	–1.5400	–1.4700
	调整后每股净资产(元)	–	–	–	–
	每股资本公积金(元)	0.5983	0.5983	0.5983	0.5983
	每股盈余公积金(元)	0.0247	0.0247	0.0247	0.0247
	每股未分配利润(元)	–3.0991	–3.0558	–3.1618	–3.0963
	每股现金净流量(元)	–0.4904	0.5458	0.0220	0.0558
	每股经营现金净流量(元)	–0.0488	0.0941	–0.1987	–0.4297
	净资产收益率(扣除)(%)	–	–	–	–
	净资产收益率(%)	–2.9292	–2.8237	–4.2575	–5.9562
	总资产(万)	1514.41	5948.18	3000.35	2325.94
	股东权益(万)	–13377.39	–12985.53	–13945.96	–13352.20
	主营业务收入(万)	4447.19	8555.58	2218.84	490.90
	主营成本(万)	4395.24	8454.51	2191.71	416.69
	营业收入(万)	4447.19	8555.58	2218.84	490.90
	营业成本(万)	4395.24	8454.51	2191.71	416.69
	投资收益(万)	–	–	–	–
	利润总额(万)	–391.86	366.67	–593.75	–795.28
	净利润(万)	–391.86	366.67	–593.75	–795.28

广夏(银川)实业股份有限公司

公司概况	公司名称	广夏(银川)实业股份有限公司			证券简称	*ST 广夏
	法人代表	朱关湖	董秘	紫小平	证券代码	000557
	公司网址	www.guangxia.com.cn			电子信箱	guangxiayinchuan@sina.com
	电　　话	0951-3876099 3876088			传　　真	0951-3876098
	办公地址	宁夏回族自治区银川市高新技术开发区宁安大街 108 号				
	经营范围	高新技术产品的开发、生产、销售等				

主要财务指标	指标＼报告期	2011.06.30	2010.12.31	2010.06.30	2009.12.31
	每股收益(元)	–0.0090	–0.1330	–0.0240	0.2690
	每股收益(扣除)(元)	–0.0010	–0.1330	–0.0240	–0.2250
	每股净资产(元)	–0.4158	–0.4073	–0.3160	–0.2900
	调整后每股净资产(元)	–	–	–	–
	每股资本公积金(元)	1.0827	1.0827	1.0828	1.0828
	每股盈余公积金(元)	0.0025	0.0025	0.0025	0.0025
	每股未分配利润(元)	–2.5011	–2.4926	–2.4014	–2.3750
	每股现金净流量(元)	0.0000	–0.0002	–0.0002	–0.0434
	每股经营现金净流量(元)	–	–0.0039	–0.0024	–0.0143
	净资产收益率(扣除)(%)	–	–	–	–
	净资产收益率(%)	–2.0448	–32.7554	–7.5295	–92.9249
	总资产(万)	12442.19	12451.50	20346.26	21161.61
	股东权益(万)	–28530.38	–27947.00	–21680.00	–19874.39
	主营业务收入(万)	–	–	–	410.38
	主营成本(万)	–	–	–	306.09
	营业收入(万)	–	–	–	410.38
	营业成本(万)	583.92	9187.44	1633.18	306.09
	投资收益(万)	–	–	–	–
	利润总额(万)	–583.92	–9195.30	–1633.23	18502.23
	净利润(万)	–583.38	–9154.14	–1632.39	18468.26

莱茵达置业股份有限公司

公司概况	公司名称	莱茵达置业股份有限公司			证券简称	莱茵置业
	法人代表	高继胜	董秘	徐逸波	证券代码	000558
	公司网址	www.lander.com.cn			电子信箱	gufen@zjlander.com
	电　　话	0571-87851738			传　　真	0571-87851739
	办公地址	浙江省杭州市文三路 535 号莱茵达大厦 20 楼				
	经营范围	房产租赁经营;家具、日用杂品、建筑装饰材料批发、零售等				

主要财务指标	指标＼报告期	2011.06.30	2010.12.31	2010.06.30	2009.12.31
	每股收益(元)	0.0717	0.4561	0.0642	0.3513
	每股收益(扣除)(元)	0.0607	0.4258	0.0916	0.3312
	每股净资产(元)	1.2400	2.0600	1.7100	1.7018
	调整后每股净资产(元)	–	–	–	–
	每股资本公积金(元)	0.0477	0.0811	0.0811	0.0811
	每股盈余公积金(元)	0.0628	0.1068	0.0391	0.0391
	每股未分配利润(元)	0.1259	0.8700	0.5907	0.5816
	每股现金净流量(元)	–0.0789	0.8854	0.0248	0.0208
	每股经营现金净流量(元)	–0.9505	–0.7879	–0.1995	–0.1209
	净资产收益率(扣除)(%)	5.8030	22.1640	6.3790	20.6440
	净资产收益率(%)	5.7600	24.5900	6.4000	23.0200
	总资产(万)	434175.77	376009.97	286714.56	254465.21
	股东权益(万)	90087.11	88678.20	67813.69	67239.92
	主营业务收入(万)	56535.41	182239.23	80348.88	112034.00
	主营成本(万)	41571.66	130021.83	58814.11	77341.78
	营业收入(万)	56640.41	182378.73	80408.88	112181.12
	营业成本(万)	41616.66	130021.83	58814.11	77341.78
	投资收益(万)	–110.54	213.38	10.11	255.08
	利润总额(万)	6272.97	23514.76	5764.13	20278.88
	净利润(万)	4521.82	16910.26	4046.09	13025.04

万向钱潮股份有限公司

公司概况	公司名称	万向钱潮股份有限公司		证券简称	万向钱潮
	法人代表	鲁冠球	董秘 许小建	证券代码	000559
	公司网址	www.wxqc.com.cn		电子信箱	wxqc@wanxiang.com.cn
	电　话	0571-82832999		传　真	0571-82602132
	办公地址	浙江省杭州市萧山经济技术开发区万向路			
	经营范围	汽车零部件及相关机电产品的开发、制造和销售等			

主要财务指标	指标\报告期	2011.06.30	2010.12.31	2010.06.30	2009.12.31
	每股收益(元)	0.1600	0.3670	0.1990	0.2590
	每股收益(扣除)(元)	0.1480	0.3150	0.1840	0.2240
	每股净资产(元)	2.2920	3.0720	3.0000	1.5970
	调整后每股净资产(元)	–	–	–	–
	每股资本公积金(元)	0.7892	1.3260	1.3240	0.0007
	每股盈余公积金(元)	0.0319	0.0415	0.0127	0.0151
	每股未分配利润(元)	0.4712	0.7047	0.6630	0.5809
	每股现金净流量(元)	0.1927	1.0061	0.2982	–0.0572
	每股经营现金净流量(元)	0.0909	0.3683	0.2125	0.7089
	净资产收益率(扣除)(%)	6.1500	12.1900	8.5500	14.9400
	净资产收益率(%)	6.9750	11.3090	5.8980	16.2480
	总资产(万)	853541.20	807860.32	749084.95	580941.63
	股东权益(万)	365234.52	376528.70	367645.25	163764.44
	主营业务收入(万)	399184.84	734383.81	390310.19	525361.83
	主营成本(万)	332758.02	603262.92	320841.97	430459.24
	营业收入(万)	428390.52	781967.52	413882.61	556989.03
	营业成本(万)	356091.24	643824.77	343252.03	456076.33
	投资收益(万)	–	–	–	–
	利润总额(万)	32599.41	55250.72	29358.92	35367.33
	净利润(万)	25473.45	42580.86	21682.81	26608.22

昆明百货大楼(集团)股份有限公司

公司概况	公司名称	昆明百货大楼(集团)股份有限公司		证券简称	昆百大 A
	法人代表	何道峰	董秘 文彬	证券代码	000560
	公司网址	www.51766.com/img/kmbhdl/		电子信箱	wbin0823@vip.sina.com
	电　话	0871-3623414		传　真	0871-3623414
	办公地址	云南省昆明市东风西路 1 号			
	经营范围	房地产综合建设与经营;国内贸易、物资供销、进出口贸易等			

主要财务指标	指标\报告期	2011.06.30	2010.12.31	2010.06.30	2009.12.31
	每股收益(元)	0.0893	0.2118	0.1062	0.2929
	每股收益(扣除)(元)	0.0880	0.0840	0.1051	0.1054
	每股净资产(元)	4.4696	4.3745	4.3737	4.2674
	调整后每股净资产(元)	–	–	–	–
	每股资本公积金(元)	0.4180	0.4122	0.5170	0.5170
	每股盈余公积金(元)	0.3873	0.3873	0.3731	0.3731
	每股未分配利润(元)	2.6643	2.5750	2.4837	2.3774
	每股现金净流量(元)	–0.7420	0.3985	–0.1140	1.8503
	每股经营现金净流量(元)	–0.4457	3.7964	0.8538	0.7662
	净资产收益率(扣除)(%)	1.9900	1.9100	2.4300	2.6000
	净资产收益率(%)	1.9980	4.8410	2.4290	6.8630
	总资产(万)	330151.62	335961.84	300195.49	286474.43
	股东权益(万)	60070.98	58793.23	58782.48	57354.53
	主营业务收入(万)	72479.96	135650.32	64636.98	122116.90
	主营成本(万)	53281.31	100571.98	48660.91	95041.81
	营业收入(万)	73750.88	137679.87	65608.93	124181.17
	营业成本(万)	53386.02	100770.08	48762.76	95341.34
	投资收益(万)	–	–	–	–
	利润总额(万)	1834.55	4412.52	2564.47	4060.93
	净利润(万)	1199.96	2846.38	1427.95	3936.16

陕西烽火电子股份有限公司

公司概况	公司名称	陕西烽火电子股份有限公司		证券简称	烽火电子
	法人代表	李荣家	董秘 吴亚兵	证券代码	000561
	公司网址	www.fenghuo.cn		电子信箱	sxfh769@163.com
	电　话	0917-3626561		传　真	0917—3625666
	办公地址	陕西省宝鸡市清姜路 72 号			
	经营范围	电子产品、无线电通讯设备、电声器材、电子元器件、声像等			

主要财务指标	指标\报告期	2011.06.30	2010.12.31	2010.06.30	2009.12.31
	每股收益(元)	0.0400	0.1500	0.0460	0.2800
	每股收益(扣除)(元)	0.0387	0.1600	0.0433	0.2400
	每股净资产(元)	1.2100	1.1700	1.0500	2.3600
	调整后每股净资产(元)	–	–	–	–
	每股资本公积金(元)	0.0281	0.0281	0.0193	–
	每股盈余公积金(元)	–	–	–	–
	每股未分配利润(元)	0.1796	0.1396	0.0706	–
	每股现金净流量(元)	–0.1132	0.1135	–0.1490	0.3774
	每股经营现金净流量(元)	–0.1058	0.1702	–0.1301	0.1043
	净资产收益率(扣除)(%)	3.2600	13.6600	3.9200	10.2500
	净资产收益率(%)	3.3130	11.9880	3.9120	11.6991
	总资产(万)	126738.01	128274.96	114269.76	113513.33
	股东权益(万)	71962.97	69578.59	62677.37	59592.40
	主营业务收入(万)	28490.31	81492.56	28340.11	71511.74
	主营成本(万)	15439.40	47859.95	16950.48	39243.62
	营业收入(万)	28790.19	82896.68	28714.97	72304.79
	营业成本(万)	15464.57	49484.70	17229.83	39786.94
	投资收益(万)	–	–	–	–
	利润总额(万)	3223.76	11211.61	3805.09	11208.26
	净利润(万)	2384.38	8341.03	2452.02	6971.75

宏源证券股份有限公司

公司概况	公司名称	宏源证券股份有限公司		证券简称	宏源证券
	法人代表	冯戎	董秘 阳昌云	证券代码	000562
	公司网址	www.hysec.com		电子信箱	hyzq@hysec.com
	电　话	0991-2301870		传　真	0991-2301779
	办公地址	新疆维吾尔自治区乌鲁木齐市文艺路 233 号宏源大厦			
	经营范围	证券经纪;证券投资咨询;与证券交易、证券投资活动有关的财务顾问等			

主要财务指标	指标\报告期	2011.06.30	2010.12.31	2010.06.30	2009.12.31
	每股收益(元)	0.4204	0.8900	0.5000	0.7900
	每股收益(扣除)(元)	0.4189	0.8900	0.4997	0.7900
	每股净资产(元)	5.0979	4.9950	4.4924	4.4750
	调整后每股净资产(元)	–	–	–	–
	每股资本公积金(元)	1.2776	1.3322	1.2234	1.4313
	每股盈余公积金(元)	0.3776	0.3776	0.2901	0.2901
	每股未分配利润(元)	1.7298	1.5724	1.4411	1.2160
	每股现金净流量(元)	–	–	–	–
	每股经营现金净流量(元)	–	–	–	–
	净资产收益率(扣除)(%)	–	–	–	–
	净资产收益率(%)	–	–	–	–
	总资产(万)	2380771.72	2683409.52	2376015.99	2897076.03
	股东权益(万)	–	–	–	–
	主营业务收入(万)	155532.69	330471.51	170853.78	291990.40
	主营成本(万)	–	–	–	–
	营业收入(万)	–	–	–	–
	营业成本(万)	–	–	–	–
	投资收益(万)	–	–	–	–
	利润总额(万)	81494.85	175015.01	96614.15	155720.96
	净利润(万)	61429.19	130637.96	73081.40	115165.09

陕西省国际信托股份有限公司

公司概况	公司名称	陕西省国际信托股份有限公司			证券简称	陕国投A
	法人代表	薛季民	董秘	姚卫东	证券代码	000563
	公司网址	www.siti.com.cn		电子信箱	office@siti.com.cn	
	电　　话	029-81870262 029-81870266		传　　真	029-88851989	
	办公地址	陕西省西安市高新区科技路50号				
	经营范围	资金信托;动产信托;不动产信托;有价证券信托等				

主要财务指标	指标\报告期	2011.06.30	2010.12.31	2010.06.30	2009.12.31
	每股收益(元)	0.2324	0.2274	0.0806	0.1218
	每股收益(扣除)(元)	0.1158	0.1210	0.0583	0.0733
	每股净资产(元)	2.2100	2.0700	1.6000	1.6630
	调整后每股净资产(元)	–	–	–	–
	每股资本公积金(元)	0.5000	0.5532	0.2315	0.3212
	每股盈余公积金(元)	0.1178	0.1429	0.1220	0.1220
	每股未分配利润(元)	0.5482	0.3343	0.2175	0.1869
	每股现金净流量(元)	–0.3296	–0.0853	–0.2326	0.0839
	每股经营现金净流量(元)	–0.1988	0.4458	–0.0386	0.0127
	净资产收益率(扣除)(%)	5.4100	6.4800	3.5100	4.8300
	净资产收益率(%)	10.5230	10.9740	5.0231	7.3230
	总资产(万)	96782.59	120403.34	104902.86	109708.57
	股东权益(万)	79144.67	74285.18	57488.71	59607.86
	主营业务收入(万)	–	–	–	–
	主营成本(万)	–	–	–	–
	营业收入(万)	15797.87	22016.91	8987.50	–
	营业成本(万)	4938.58	11394.56	5252.56	–
	投资收益(万)	–	–	–	–
	利润总额(万)	10858.74	10536.00	3727.17	5643.51
	净利润(万)	8328.10	8151.70	2887.69	4364.99

西安民生集团股份有限公司

公司概况	公司名称	西安民生集团股份有限公司			证券简称	西安民生
	法人代表	马永庆	董秘	杜璟	证券代码	000564
	公司网址	www.cnminsheng.com		电子信箱	mq_ma@minsheng.cn	
	电　　话	029-87481871		传　　真	029-87481871	
	办公地址	陕西省西安市解放路103号				
	经营范围	国内商业、物资供销业;仓储服务等				

主要财务指标	指标\报告期	2011.06.30	2010.12.31	2010.06.30	2009.12.31
	每股收益(元)	0.1114	0.1952	0.0986	0.1654
	每股收益(扣除)(元)	0.0996	0.1819	0.0978	0.1685
	每股净资产(元)	2.7000	2.6398	2.5433	2.9475
	调整后每股净资产(元)	–	–	–	–
	每股资本公积金(元)	0.8685	0.8685	0.8685	1.1953
	每股盈余公积金(元)	0.2500	0.2500	0.2315	0.2643
	每股未分配利润(元)	0.5827	0.5213	0.4433	0.4879
	每股现金净流量(元)	0.9914	0.4753	0.3471	0.4988
	每股经营现金净流量(元)	0.1455	0.3542	–0.0554	0.3711
	净资产收益率(扣除)(%)	4.3400	6.9100	3.7900	6.7900
	净资产收益率(%)	4.1230	7.3930	3.8790	6.3155
	总资产(万)	321488.30	277910.73	204922.72	192144.42
	股东权益(万)	82199.86	80332.72	77395.20	79685.60
	主营业务收入(万)	133649.87	215833.35	112662.63	202249.32
	主营成本(万)	112702.71	181104.59	94390.49	170894.28
	营业收入(万)	143704.87	234298.56	121274.62	217686.04
	营业成本(万)	113353.14	181915.87	94722.99	171657.70
	投资收益(万)	–	–	–	–
	利润总额(万)	3936.47	6812.73	3468.70	6197.36
	净利润(万)	3388.70	5938.87	3001.77	5032.57

重庆三峡油漆股份有限公司

公司概况	公司名称	重庆三峡油漆股份有限公司			证券简称	渝三峡A
	法人代表	苏中俊	董秘	楼晓波	证券代码	000565
	公司网址	www.sanxia.com		电子信箱	zqb0565@sanxia.com	
	电　　话	023-68824806 68826395		传　　真	023-68824806	
	办公地址	重庆市江津区德感工业园区				
	经营范围	制造,销售油漆,合成树脂;销售金属材料等				

主要财务指标	指标\报告期	2011.06.30	2010.12.31	2010.06.30	2009.12.31
	每股收益(元)	0.0700	0.2000	0.0900	1.1700
	每股收益(扣除)(元)	0.0700	–0.8500	0.0900	0.0900
	每股净资产(元)	3.9300	3.9900	3.8500	3.7600
	调整后每股净资产(元)	–	–	–	–
	每股资本公积金(元)	1.0972	1.1262	1.0988	1.0988
	每股盈余公积金(元)	0.4156	0.4156	0.3480	0.3480
	每股未分配利润(元)	1.4204	1.4493	1.4019	1.3135
	每股现金净流量(元)	–1.5595	0.6778	–0.4953	0.9464
	每股经营现金净流量(元)	–0.4222	–0.1626	–0.1703	–0.5813
	净资产收益率(扣除)(%)	1.8075	5.0970	2.3449	31.2400
	净资产收益率(%)	1.7900	5.2600	2.3700	39.0000
	总资产(万)	121939.66	142269.64	138969.56	146671.00
	股东权益(万)	65097.82	66578.92	68384.76	67268.21
	主营业务收入(万)	23894.45	42495.59	20734.89	38545.24
	主营成本(万)	18707.23	32997.63	15595.01	27995.62
	营业收入(万)	24455.49	43639.66	21459.89	39193.55
	营业成本(万)	18783.00	33158.60	15883.57	28055.36
	投资收益(万)	1400.77	23223.63	1375.50	1993.16
	利润总额(万)	1103.55	2137.54	1470.44	21512.85
	净利润(万)	1233.03	3528.12	1565.25	20374.28

海南海药股份有限公司

公司概况	公司名称	海南海药股份有限公司			证券简称	海南海药
	法人代表	刘悉承	董秘	张晖	证券代码	000566
	公司网址	www.haiyao.com.cn		电子信箱	hnhy000566@21cn.com	
	电　　话	0898-68653568		传　　真	0898-68656780	
	办公地址	海南省海口市南海大道西66号				
	经营范围	精细化工产品、化学原料药、中药材、土特产品、中药成药、西药成药、保健品等				

主要财务指标	指标\报告期	2011.06.30	2010.12.31	2010.06.30	2009.12.31
	每股收益(元)	0.5208	0.1584	0.1286	0.3113
	每股收益(扣除)(元)	0.1571	0.1900	0.1469	0.1900
	每股净资产(元)	2.5600	2.0400	1.9800	1.8500
	调整后每股净资产(元)	–	–	–	–
	每股资本公积金(元)	0.8385	0.8385	0.8104	0.8113
	每股盈余公积金(元)	0.0828	0.0828	0.0794	0.0794
	每股未分配利润(元)	0.6375	0.1167	0.0875	–0.0371
	每股现金净流量(元)	0.4126	0.2408	0.1450	0.0359
	每股经营现金净流量(元)	0.1525	0.2425	0.1940	0.3730
	净资产收益率(扣除)(%)	6.8300	9.8000	7.6800	10.5500
	净资产收益率(%)	20.3550	7.7280	6.5050	16.7439
	总资产(万)	118291.27	107824.25	93858.95	84506.15
	股东权益(万)	54465.64	43379.40	41789.86	39176.12
	主营业务收入(万)	32264.87	61217.44	29460.27	51639.66
	主营成本(万)	20187.36	38792.02	18793.91	35062.39
	营业收入(万)	32279.39	61318.96	29489.03	51720.52
	营业成本(万)	20196.02	38889.11	18806.01	35091.81
	投资收益(万)	–	–	–	–
	利润总额(万)	12278.39	4561.65	3598.07	8428.41
	净利润(万)	11086.24	3352.38	2718.57	6559.62

海南海德实业股份有限公司

公司概况	公司名称	海南海德实业股份有限公司		证券简称	海德股份
	法人代表	纪道林	董秘 张秦	证券代码	000567
	公司网址	www.000567.com		电子信箱	haidegufen@163.com
	电　话	0898-66978322 021-63094036		传　真	0898-66978319
	办公地址	海南省海口市龙昆南路72号耀江商厦三层			
	经营范围	信息产业,高新技术产业,房地产开发经营,房地产销售代理服务等			

主要财务指标	指标\报告期	2011.06.30	2010.12.31	2010.06.30	2009.12.31
	每股收益(元)	0.0139	0.1714	0.1118	0.0939
	每股收益(扣除)(元)	0.0145	0.1690	0.1110	0.0920
	每股净资产(元)	1.3300	1.3100	1.2500	1.1400
	调整后每股净资产(元)	–	–	–	–
	每股资本公积金(元)	0.7720	0.7720	0.7720	0.7720
	每股盈余公积金(元)	0.0040	0.0040	0.0040	0.0040
	每股未分配利润(元)	–0.4486	–0.4625	–0.5220	–0.6339
	每股现金净流量(元)	–0.3696	0.5660	0.1210	0.2407
	每股经营现金净流量(元)	–0.4144	0.5587	0.1179	0.2259
	净资产收益率(扣除)(%)	1.1000	13.7600	9.2500	8.4000
	净资产收益率(%)	1.0440	13.0460	8.9170	8.2200
	总资产(万)	23046.42	29548.90	24665.95	24165.41
	股东权益(万)	20069.13	19859.64	18959.22	17268.69
	主营业务收入(万)	951.36	8370.39	5421.56	6305.75
	主营成本(万)	386.41	3568.88	1894.56	3249.32
	营业收入(万)	992.02	8428.40	5444.77	6305.75
	营业成本(万)	391.70	3578.46	1898.08	3249.32
	投资收益(万)	–	–	–	–
	利润总额(万)	218.59	3441.20	2209.18	1718.66
	净利润(万)	209.50	2590.94	1690.53	1419.19

泸州老窖股份有限公司

公司概况	公司名称	泸州老窖股份有限公司		证券简称	泸州老窖
	法人代表	谢明	董秘 曾颖	证券代码	000568
	公司网址	www.lzlj.com.cn		电子信箱	dsb@lzlj.com.cn
	电　话	0830-2398826		传　真	0830-2398864
	办公地址	四川省泸州市南光路泸州老窖营销网络指挥中心			
	经营范围	泸州老窖系列酒的生产、销售;进出口经营业务等			

主要财务指标	指标\报告期	2011.06.30	2010.12.31	2010.06.30	2009.12.31
	每股收益(元)	1.0110	1.5800	0.7480	1.2000
	每股收益(扣除)(元)	1.0114	1.5800	0.7500	1.2000
	每股净资产(元)	4.0100	3.9600	3.0600	3.0500
	调整后每股净资产(元)	–	–	–	–
	每股资本公积金(元)	0.3748	0.3323	0.2890	0.2535
	每股盈余公积金(元)	0.6575	0.6575	0.5008	0.5008
	每股未分配利润(元)	1.9790	1.9675	1.2691	1.2925
	每股现金净流量(元)	0.6130	0.1017	0.2846	0.1676
	每股经营现金净流量(元)	0.6220	0.9692	0.3309	0.7655
	净资产收益率(扣除)(%)	–	41.1900	–	38.8300
	净资产收益率(%)	25.2200	39.9690	24.4460	39.3907
	总资产(万)	970941.05	802626.52	689542.12	598269.01
	股东权益(万)	559270.03	551736.22	426493.33	424805.57
	主营业务收入(万)	348765.10	518872.36	238046.70	421670.35
	主营成本(万)	111811.08	162495.94	72503.87	141642.04
	营业收入(万)	356450.87	537087.18	245113.96	437042.25
	营业成本(万)	115835.02	164318.58	73184.15	145758.03
	投资收益(万)	–	–	–	–
	利润总额(万)	192327.60	291894.37	137910.05	215180.75
	净利润(万)	141020.37	220524.40	104303.98	167333.91

常柴股份有限公司

公司概况	公司名称	常柴股份有限公司		证券简称	苏常柴A
	法人代表	薛国俊	董秘 石建春	证券代码	000570
	公司网址	www.changchai.com.cn		电子信箱	ccsjc@changchai.com
	电　话	0519-86610041 68683155		传　真	0519-86630954
	办公地址	江苏省常州市怀德中路123号			
	经营范围	农用柴油机、农用运输车、联合收割机等产品的制造与销售			

主要财务指标	指标\报告期	2011.06.30	2010.12.31	2010.06.30	2009.12.31
	每股收益(元)	0.0700	0.2100	0.1100	0.4100
	每股收益(扣除)(元)	0.0563	0.1700	0.1100	0.1600
	每股净资产(元)	3.3900	3.7000	3.2100	3.2000
	调整后每股净资产(元)	–	–	–	–
	每股资本公积金(元)	1.1954	1.5740	1.1861	1.2880
	每股盈余公积金(元)	0.4864	0.4864	0.4668	0.4668
	每股未分配利润(元)	0.7085	0.6423	0.5587	0.4472
	每股现金净流量(元)	–0.1361	–0.0136	0.0539	0.6599
	每股经营现金净流量(元)	–0.0867	0.1129	0.1311	0.6146
	净资产收益率(扣除)(%)	1.5900	5.0400	3.3800	6.0300
	净资产收益率(%)	1.9520	5.7990	3.4700	12.7420
	总资产(万)	312751.64	342252.58	300791.23	294008.74
	股东权益(万)	190326.12	207864.41	180293.18	179752.97
	主营业务收入(万)	168733.41	281404.72	147318.52	238324.20
	主营成本(万)	155537.97	247310.86	128056.36	203787.46
	营业收入(万)	170254.81	284598.37	148667.55	241266.44
	营业成本(万)	156375.40	248914.80	128772.77	206354.97
	投资收益(万)	–	–	–	–
	利润总额(万)	4755.81	13482.21	7605.23	26822.09
	净利润(万)	3715.66	12054.20	6256.03	22903.85

新大洲控股股份有限公司

公司概况	公司名称	新大洲控股股份有限公司		证券简称	新大洲A
	法人代表	赵序宏	董秘 任春雨	证券代码	000571
	公司网址	www.sundiro.com		电子信箱	sundiro@sundiro.com
	电　话	021-61050111		传　真	021-61050136
	办公地址	上海市长宁区红宝石路500号东银中心B栋2801			
	经营范围	摩托车工业村开发;旅游业综合开发;农业综合开发经营;房地产开发经营等			

主要财务指标	指标\报告期	2011.06.30	2010.12.31	2010.06.30	2009.12.31
	每股收益(元)	0.0993	0.1845	0.0975	0.1728
	每股收益(扣除)(元)	0.0984	0.1734	0.0908	0.1566
	每股净资产(元)	1.6400	1.8900	1.7969	1.7566
	调整后每股净资产(元)	–	–	–	–
	每股资本公积金(元)	–	0.2207	0.2207	0.2231
	每股盈余公积金(元)	–	0.1280	0.1118	0.1118
	每股未分配利润(元)	0.6376	0.5408	0.4569	0.4095
	每股现金净流量(元)	0.0581	–0.1034	–0.1691	0.2036
	每股经营现金净流量(元)	0.1269	0.1996	0.0124	0.0981
	净资产收益率(扣除)(%)	5.5700	9.5000	5.1100	9.8200
	净资产收益率(%)	6.0560	9.7490	5.4200	9.8350
	总资产(万)	230514.04	218841.80	206045.31	204089.57
	股东权益(万)	120659.32	139280.23	132265.79	129293.53
	主营业务收入(万)	41476.01	80278.14	35623.46	71182.27
	主营成本(万)	22696.60	45447.71	20045.29	42454.01
	营业收入(万)	42375.47	82009.41	36490.95	72766.64
	营业成本(万)	22887.98	45638.39	20129.30	42630.64
	投资收益(万)	–	–	–	–
	利润总额(万)	12515.97	24481.55	11967.80	19187.35
	净利润(万)	7306.50	13578.09	7174.97	12716.00

海马汽车集团股份有限公司

公司概况

公司名称	海马汽车集团股份有限公司			证券简称	海马汽车
法人代表	景柱	董秘	肖丹	证券代码	000572
公司网址	www.000572.com		电子信箱	000572@haima.com	
电　　话	0898-66822672		传　　真	0898-66820329	
办公地址	海南省海口市金盘工业区金牛路2号				
经营范围	汽车产业投资、实业投资、房地产投资,汽车租赁,仓储运输等				

主要财务指标

指标\报告期	2011.06.30	2010.12.31	2010.06.30	2009.12.31
每股收益(元)	0.1167	0.3126	0.1826	-0.2500
每股收益(扣除)(元)	0.0928	0.1079	0.0797	-0.3100
每股净资产(元)	3.8600	3.7600	2.9000	2.7200
调整后每股净资产(元)	-	-	-	-
每股资本公积金(元)	2.2737	2.2995	1.3512	1.3512
每股盈余公积金(元)	0.0266	0.0266	0.0325	0.0325
每股未分配利润(元)	0.5553	0.4386	0.5170	0.3344
每股现金净流量(元)	-0.2770	2.3245	0.9661	1.0137
每股经营现金净流量(元)	-0.0826	0.9580	1.2376	1.1601
净资产收益率(扣除)(%)	-	3.4200	-	-11.2300
净资产收益率(%)	3.0270	6.0350	6.2910	-8.7180
总资产(万)	1282491.78	1273675.54	893726.30	796660.08
股东权益(万)	634109.47	619152.27	303606.70	284505.78
主营业务收入(万)	515845.83	934500.69	487206.29	577748.35
主营成本(万)	440884.27	821937.48	430294.30	551327.94
营业收入(万)	562838.88	1018464.00	491857.90	626707.67
营业成本(万)	485094.03	898140.84	432494.68	595455.59
投资收益(万)	-	-	-	-
利润总额(万)	28054.38	56067.05	28201.18	-48570.24
净利润(万)	19197.25	37366.84	19100.92	-24802.76

东莞宏远工业区股份有限公司

公司概况

公司名称	东莞宏远工业区股份有限公司			证券简称	粤宏远A
法人代表	周明轩	董秘	鄢国根	证券代码	000573
公司网址	www.winnerway.com.cn		电子信箱	0573@21cn.com	
电　　话	0769-22412655		传　　真	0769-22412655	
办公地址	广东省东莞市宏远工业区宏远大厦16层				
经营范围	开发经营工业区,房地产开发,开办外引内联企业及其咨询、洽谈业务等				

主要财务指标

指标\报告期	2011.06.30	2010.12.31	2010.06.30	2009.12.31
每股收益(元)	0.0346	0.0639	0.0245	0.0316
每股收益(扣除)(元)	0.0347	0.0640	0.0245	0.0300
每股净资产(元)	2.2320	2.1970	2.2390	2.1320
调整后每股净资产(元)	-	-	-	-
每股资本公积金(元)	0.8906	0.8906	0.8912	0.8906
每股盈余公积金(元)	0.3188	0.3188	0.3188	0.3188
每股未分配利润(元)	0.0205	-0.0141	0.0289	-0.0780
每股现金净流量(元)	0.1098	-0.1320	-0.1182	0.2471
每股经营现金净流量(元)	0.3754	0.0758	-0.0706	0.3527
净资产收益率(扣除)(%)	-	2.9600	-	1.4200
净资产收益率(%)	1.5490	2.9090	1.0950	1.4827
总资产(万)	257980.81	253704.44	240008.76	256247.58
股东权益(万)	138979.80	136800.65	139426.53	132771.21
主营业务收入(万)	34786.98	51600.16	27307.26	49581.09
主营成本(万)	21099.31	30027.53	16824.78	33131.82
营业收入(万)	34786.98	52865.78	27307.26	49621.09
营业成本(万)	21099.31	30027.53	16824.78	33131.82
投资收益(万)	-	-	-	-
利润总额(万)	3327.82	5743.44	2538.70	2507.62
净利润(万)	2153.11	3979.58	1526.08	1968.59

江门甘蔗化工厂(集团)股份有限公司

公司概况

公司名称	江门甘蔗化工厂(集团)股份有限公司			证券简称	ST甘化
法人代表	吴成文	董秘	沙伟	证券代码	000576
公司网址	www.gaganhua.com		电子信箱	ganhuashawei@126.com	
电　　话	0750-3277650 3277651		传　　真	0750-3277666	
办公地址	广东省江门市甘化路62号				
经营范围	生产和销售食糖、机制纸、商品浆板、药用酵母、食用酒精、生化原药及其制品等				

主要财务指标

指标\报告期	2011.06.30	2010.12.31	2010.06.30	2009.12.31
每股收益(元)	-0.0600	-0.2400	-0.0200	0.0400
每股收益(扣除)(元)	-0.0731	-0.2700	-0.0300	-0.3500
每股净资产(元)	0.9400	1.0000	1.2200	1.2400
调整后每股净资产(元)	-	-	-	-
每股资本公积金(元)	0.5184	0.5184	0.5184	0.5184
每股盈余公积金(元)	0.0597	0.0597	0.0597	0.0597
每股未分配利润(元)	-0.6441	-0.5860	-0.3668	-0.3468
每股现金净流量(元)	-0.0138	-0.1440	-0.0555	0.1140
每股经营现金净流量(元)	0.0602	-0.1048	-0.0753	0.3926
净资产收益率(扣除)(%)	-6.2000	-23.9880	-1.5900	3.2449
净资产收益率(%)	-6.2000	-21.4300	-1.5900	3.3000
总资产(万)	73967.90	70171.35	81046.76	77320.32
股东权益(万)	30290.87	32194.07	39294.45	39913.00
主营业务收入(万)	17363.32	36714.48	13699.32	46003.52
主营成本(万)	16051.32	35811.02	11884.90	43510.40
营业收入(万)	20424.16	39342.88	17640.90	48577.27
营业成本(万)	18784.39	38409.91	15281.59	45682.70
投资收益(万)	-53.26	-119.04	-6.56	4963.53
利润总额(万)	-1879.12	-7733.73	-638.77	1380.73
净利润(万)	-1878.37	-7721.20	-625.55	1294.37

无锡威孚高科技集团股份有限公司

公司概况

公司名称	无锡威孚高科技集团股份有限公司			证券简称	威孚高科
法人代表	王伟良	董秘	周卫星	证券代码	000581
公司网址	www.weifu.com.cn		电子信箱	Web@ weifu.com.cn	
电　　话	0510-82719579		传　　真	0510-82751025	
办公地址	江苏省无锡市人民西路107号				
经营范围	柴油燃油喷射系统产品和汽车后处理系统产品的生产和销售等				

主要财务指标

指标\报告期	2011.06.30	2010.12.31	2010.06.30	2009.12.31
每股收益(元)	1.1400	2.3600	0.5600	0.7900
每股收益(扣除)(元)	1.1300	2.3400	0.5600	0.7400
每股净资产(元)	7.9399	7.2385	5.5982	5.0500
调整后每股净资产(元)	-	-	-	-
每股资本公积金(元)	1.5793	1.5793	1.5892	1.5999
每股盈余公积金(元)	0.5000	0.5000	0.5000	0.5000
每股未分配利润(元)	4.8606	4.1591	2.5090	1.9465
每股现金净流量(元)	0.1224	0.2427	0.0548	-0.2957
每股经营现金净流量(元)	0.0948	0.9452	-0.0246	0.3806
净资产收益率(扣除)(%)	14.4400	37.8700	10.4700	15.7000
净资产收益率(%)	14.3130	32.6410	10.0480	15.6580
总资产(万)	762617.97	676162.28	605719.48	503587.16
股东权益(万)	450410.70	410620.84	317570.10	286267.06
主营业务收入(万)	299120.70	484199.80	243621.30	277058.50
主营成本(万)	215173.40	340837.70	188499.50	214985.30
营业收入(万)	327755.97	537121.32	265068.71	308061.63
营业成本(万)	280456.14	387919.79	248412.49	247566.88
投资收益(万)	-	-	-	-
利润总额(万)	76969.69	149985.45	36154.93	48276.32
净利润(万)	64466.36	134029.11	31910.75	44822.48

北海港股份有限公司

公司概况						
公司名称	北海港股份有限公司			证券简称	北 海 港	
法人代表	黄葆源	董秘	何典治	证券代码	000582	
公司网址	www.bhport.cn		电子信箱	000582abc@163.com		
电 话	0779-3922254 3922206		传 真	0779-3906387		
办公地址	广西壮族自治区北海市海角路 145 号					
经营范围	投资兴建港口、码头;装卸管理及服务;交通运输及船舶修理,机械加工及修理等					

主要财务指标

指标\报告期	2011.06.30	2010.12.31	2010.06.30	2009.12.31
每股收益(元)	0.1660	0.2810	0.1510	0.3140
每股收益(扣除)(元)	0.1478	0.2630	0.1400	0.1380
每股净资产(元)	2.5150	2.3490	2.1670	2.0680
调整后每股净资产(元)	–	–	–	–
每股资本公积金(元)	1.1861	1.1861	1.1861	1.1861
每股盈余公积金(元)	0.1692	0.1692	0.1692	0.1692
每股未分配利润(元)	0.1598	–0.0063	–0.1885	–0.2870
每股现金净流量(元)	0.1095	0.2411	0.1642	0.2733
每股经营现金净流量(元)	0.3357	0.7719	0.2044	0.4605
净资产收益率(扣除)(%)	–	11.9900	–	7.2000
净资产收益率(%)	6.6040	11.9490	6.9400	15.1700
总资产(万)	85190.12	81704.68	74514.16	69300.01
股东权益(万)	35745.96	33385.28	30795.27	29396.00
主营业务收入(万)	18066.44	39963.32	17221.71	21092.97
主营成本(万)	12266.93	29769.48	12048.29	13860.76
营业收入(万)	18609.66	40501.21	17518.24	21596.10
营业成本(万)	12467.99	30242.76	12314.44	14966.14
投资收益(万)	–	–	–	–
利润总额(万)	2792.54	4429.68	2515.27	4478.05
净利润(万)	2360.67	3989.29	2138.66	4460.68

四川友利投资控股股份有限公司

公司概况						
公司名称	四川友利投资控股股份有限公司			证券简称	友利控股	
法人代表	李峰林	董秘	杨林	证券代码	000584	
公司网址	www.sofcra.com.cn		电子信箱	Yl000584@sina.com		
电 话	028-86518901 86757539		传 真	028-86741677		
办公地址	四川省成都市蜀都大道暑袜北三街 20 号					
经营范围	生产加工、销售;物业管理;房地产开发;自有房屋租赁等					

主要财务指标

指标\报告期	2011.06.30	2010.12.31	2010.06.30	2009.12.31
每股收益(元)	0.0748	0.3092	0.1479	0.0679
每股收益(扣除)(元)	0.0734	0.2989	0.1483	0.0112
每股净资产(元)	4.1000	4.0200	3.8600	3.7210
调整后每股净资产(元)	–	–	–	–
每股资本公积金(元)	2.1645	2.1646	2.1633	2.1737
每股盈余公积金(元)	0.0313	0.0313	0.0313	0.0313
每股未分配利润(元)	0.9002	0.8254	0.6641	0.5162
每股现金净流量(元)	0.3786	0.8760	0.5958	–0.9528
每股经营现金净流量(元)	0.7112	1.4333	0.0123	–0.3601
净资产收益率(扣除)(%)	–	7.7200	–	0.3000
净资产收益率(%)	1.8250	7.6890	3.8340	1.8200
总资产(万)	373141.25	350020.59	312063.78	260774.08
股东权益(万)	167476.75	164422.43	157774.77	152152.50
主营业务收入(万)	57711.43	139214.91	63097.53	81684.45
主营成本(万)	48138.92	110326.15	49111.32	72633.55
营业收入(万)	61801.16	139600.64	63756.81	81931.90
营业成本(万)	52128.39	110326.15	49111.32	72646.90
投资收益(万)	–	–	–	–
利润总额(万)	4469.92	18861.76	9454.43	3369.74
净利润(万)	3057.06	12643.03	6048.23	2774.63

东北电气发展股份有限公司

公司概况						
公司名称	东北电气发展股份有限公司			证券简称	东北电气	
法人代表	苏伟国	董秘	苏伟国(代)	证券代码	000585	
公司网址	www.nee.com.cn		电子信箱	nee@nee.com.cn		
电 话	024-23527080 23501976		传 真	024-23527081		
办公地址	辽宁省沈阳市铁西区兴顺街 2 号					
经营范围	生产制造输变电设备及附件、销售自产产品并提供相关售后服务等					

主要财务指标

指标\报告期	2011.06.30	2010.12.31	2010.06.30	2009.12.31
每股收益(元)	0.0223	0.0020	0.0006	0.0100
每股收益(扣除)(元)	–0.0076	–0.0070	0.0007	0.0100
每股净资产(元)	0.3800	0.3600	0.3641	0.3600
调整后每股净资产(元)	–	–	–	–
每股资本公积金(元)	1.0115	1.0115	1.0115	1.0115
每股盈余公积金(元)	0.1243	0.1243	0.1243	0.1243
每股未分配利润(元)	–1.7264	–1.7487	–1.7500	–1.7506
每股现金净流量(元)	–0.0458	0.0134	0.0170	0.0131
每股经营现金净流量(元)	–0.0305	0.0000	0.0111	0.0255
净资产收益率(扣除)(%)	–2.0500	–1.8500	0.1700	2.4400
净资产收益率(%)	5.8440	0.5350	0.1660	2.4080
总资产(万)	74192.19	84433.72	81073.95	83655.75
股东权益(万)	33359.77	31497.96	31802.09	31854.23
主营业务收入(万)	14566.84	34828.67	14631.90	42262.33
主营成本(万)	–	27433.33	–	29996.62
营业收入(万)	14573.01	34844.95	14638.40	42374.29
营业成本(万)	10303.34	27450.34	10734.66	30095.80
投资收益(万)	–	–	–	–
利润总额(万)	1999.71	514.87	253.43	684.61
净利润(万)	1949.51	168.40	52.80	767.02

四川汇源光通信股份有限公司

公司概况						
公司名称	四川汇源光通信股份有限公司			证券简称	汇源通信	
法人代表	徐明君	董秘	周怡	证券代码	000586	
公司网址	www.schy.com.cn		电子信箱	hyzhouyi@126.com		
电 话	028-85516608		传 真	028-85516606		
办公地址	四川省成都市人民南路三段 2 号汇日央扩国际广场 28 楼					
经营范围	制造电线、电缆、光缆、电工器材、通信设备;信息传输、计算机服务和软件业等					

主要财务指标

指标\报告期	2011.06.30	2010.12.31	2010.06.30	2009.12.31
每股收益(元)	0.0180	0.2900	–0.0050	0.0100
每股收益(扣除)(元)	0.0150	0.0100	–0.0270	–0.0300
每股净资产(元)	0.8700	0.8500	0.5300	0.5200
调整后每股净资产(元)	–	–	–	–
每股资本公积金(元)	0.2923	0.2923	0.2616	0.2487
每股盈余公积金(元)	0.0922	0.0922	0.0922	0.0920
每股未分配利润(元)	–0.5137	–0.5320	–0.8241	–0.8187
每股现金净流量(元)	–0.3118	0.1627	–0.0098	0.1131
每股经营现金净流量(元)	–0.1604	0.1465	0.0447	0.2065
净资产收益率(扣除)(%)	1.7500	1.8400	–5.3800	–5.7800
净资产收益率(%)	2.1005	33.6350	–1.0210	1.4097
总资产(万)	47121.14	52903.64	48410.64	51592.76
股东权益(万)	16844.09	16490.28	10245.73	10064.56
主营业务收入(万)	19827.80	37930.63	13438.16	35890.17
主营成本(万)	14717.26	28852.57	10236.94	27944.69
营业收入(万)	20067.40	39160.63	13771.10	37199.71
营业成本(万)	14852.88	29333.12	10470.02	29044.96
投资收益(万)	–	–	–	–
利润总额(万)	566.98	6325.26	–164.72	966.94
净利润(万)	353.81	5546.53	–104.58	141.88

光明集团家具股份有限公司

公司概况

公司名称	光明集团家具股份有限公司			证券简称	*ST 光明
法人代表	马中文	董秘	王红霞	证券代码	000587
公司网址	www.guangming.com		电子信箱	gmzq000587@163.com	
电　话	0458-6135587		传　真	0458-6135999	
办公地址	黑龙江省伊春市伊春区青山西路 118 号				
经营范围	家具制造及技术开发,木制品、半成品、装饰材料加工等				

主要财务指标

指标\报告期	2011.06.30	2010.12.31	2010.06.30	2009.12.31
每股收益(元)	2.1400	–0.8500	–0.0700	0.0200
每股收益(扣除)(元)	–0.0110	–0.1300	–0.0900	–0.4400
每股净资产(元)	0.2100	–1.9800	–1.4500	–1.1300
调整后每股净资产(元)	–	–	–	–
每股资本公积金(元)	0.3857	0.3357	0.3365	0.3365
每股盈余公积金(元)	0.0972	0.0972	0.0972	0.0972
每股未分配利润(元)	–1.2763	–3.4129	–2.8790	–2.5674
每股现金净流量(元)	–0.2805	0.6588	–0.0056	0.0178
每股经营现金净流量(元)	0.1228	0.1339	0.0235	–0.0010
净资产收益率(扣除)(%)	–	–	–	–
净资产收益率(%)	1034.0650	–42.7018	–6.3491	–1.5800
总资产(万)	7422.08	12616.16	31765.03	32733.01
股东权益(万)	3837.16	–36770.30	–26841.16	–21054.90
主营业务收入(万)	–	10023.29	5268.44	6527.94
主营成本(万)	–	7960.11	4153.21	5312.30
营业收入(万)	–	12653.66	5315.36	9915.36
营业成本(万)	204.11	15881.49	7073.25	7463.29
投资收益(万)	–	–	–	–
利润总额(万)	39678.75	–16277.34	–1704.21	1013.08
净利润(万)	39678.75	–15701.58	–1339.61	332.01

贵州轮胎股份有限公司

公司概况

公司名称	贵州轮胎股份有限公司			证券简称	黔轮胎 A
法人代表	马世春	董秘	李尚武	证券代码	000589
公司网址	www.gztire.com		电子信箱	dmc@gztire.com	
电　话	0851-4763651 4767826		传　真	0851-4763651	
办公地址	贵州省贵阳市百花大道 41 号				
经营范围	轮胎制造和销售、轮胎翻修、橡胶制品、化工产品、机械设备等				

主要财务指标

指标\报告期	2011.06.30	2010.12.31	2010.06.30	2009.12.31
每股收益(元)	0.0900	0.4900	0.3000	1.4200
每股收益(扣除)(元)	0.0900	0.4800	0.2900	1.3600
每股净资产(元)	4.2700	6.2900	6.1000	6.0500
调整后每股净资产(元)	–	–	–	–
每股资本公积金(元)	1.7851	2.5445	2.5445	2.5445
每股盈余公积金(元)	0.2356	0.4528	0.4366	0.4366
每股未分配利润(元)	1.2444	2.2924	2.1167	2.0682
每股现金净流量(元)	0.1902	0.4692	0.2327	–0.1806
每股经营现金净流量(元)	–0.2564	–1.3013	0.0800	1.5110
净资产收益率(扣除)(%)	2.0400	7.7500	4.7000	25.1700
净资产收益率(%)	1.9990	7.8000	4.8960	23.4250
总资产(万)	618293.49	547879.58	495560.32	433546.74
股东权益(万)	208528.84	159954.03	155083.13	153848.55
主营业务收入(万)	356943.43	618738.93	278493.05	469503.15
主营成本(万)	305728.42	529189.20	232762.09	355770.94
营业收入(万)	358937.02	622675.06	280473.22	473741.14
营业成本(万)	306603.86	530753.65	233994.79	359776.75
投资收益(万)	–	–	–	–
利润总额(万)	5250.76	16181.53	10073.18	48442.81
净利润(万)	4168.22	12475.63	7592.76	36038.45

紫光古汉集团股份有限公司

公司概况

公司名称	紫光古汉集团股份有限公司			证券简称	紫光古汉
法人代表	李义	董秘	曹定兴	证券代码	000590
公司网址	www.guhan.com		电子信箱	Webmaster@guhan.com	
电　话	0734-8239335		传　真	0734-8239335	
办公地址	湖南省衡阳市蒸湘区白云路 42 号				
经营范围	研制、开发、生产、销售(限自产产品)口服液、片剂、丸剂、颗粒剂等				

主要财务指标

指标\报告期	2011.06.30	2010.12.31	2010.06.30	2009.12.31
每股收益(元)	0.1339	0.2323	–0.0038	–0.4326
每股收益(扣除)(元)	0.1295	0.2507	–0.0048	–0.4115
每股净资产(元)	1.5100	1.3700	1.1400	1.1400
调整后每股净资产(元)	–	–	–	–
每股资本公积金(元)	0.5658	0.5659	0.5654	0.5664
每股盈余公积金(元)	0.1106	0.1106	0.1106	0.1106
每股未分配利润(元)	–0.1690	–0.3029	–0.5315	–0.5358
每股现金净流量(元)	0.0715	–0.0177	0.1094	0.0364
每股经营现金净流量(元)	0.1465	0.4186	0.2892	0.1682
净资产收益率(扣除)(%)	–	19.7900	–	–30.4900
净资产收益率(%)	8.8830	16.9080	–0.3340	–37.9099
总资产(万)	59959.20	56872.63	50066.90	51633.48
股东权益(万)	30605.61	27888.07	23237.51	23169.33
主营业务收入(万)	16277.97	31161.40	12835.33	27407.51
主营成本(万)	7212.94	13371.19	6286.79	13099.71
营业收入(万)	16277.97	31162.49	12835.37	27409.00
营业成本(万)	7212.94	13371.23	6286.83	13101.20
投资收益(万)	–	–	–	–
利润总额(万)	3331.97	5585.68	98.39	–7606.68
净利润(万)	2718.77	4715.37	–77.59	–8783.46

重庆桐君阁股份有限公司

公司概况

公司名称	重庆桐君阁股份有限公司			证券简称	桐君阁
法人代表	王小军	董秘	程耕	证券代码	000591
公司网址	www.tjgcq.com		电子信箱	tjg000591@163.com	
电　话	023-89885208 023-89885243		传　真	023-89885201	
办公地址	重庆市渝中区解放西路 1 号				
经营范围	中成药制造、中药饮片加工以及中药材、滋补药品、康复保健品等				

主要财务指标

指标\报告期	2011.06.30	2010.12.31	2010.06.30	2009.12.31
每股收益(元)	0.0660	0.0888	0.0685	0.1016
每股收益(扣除)(元)	0.0622	0.0190	0.0330	0.0097
每股净资产(元)	1.4200	2.0000	1.9000	1.8400
调整后每股净资产(元)	–	–	–	–
每股资本公积金(元)	0.0727	0.1016	0.0166	0.0245
每股盈余公积金(元)	0.2091	0.2927	0.2641	0.2641
每股未分配利润(元)	0.1425	0.6071	0.6155	0.5470
每股现金净流量(元)	–0.5864	0.1714	–0.3460	0.3223
每股经营现金净流量(元)	–0.1673	0.5715	–0.2204	0.2291
净资产收益率(扣除)(%)	4.6310	4.4360	3.6120	5.5350
净资产收益率(%)	4.5600	5.7100	3.6600	5.3000
总资产(万)	228111.84	229521.03	206326.48	212104.50
股东权益(万)	52672.90	53121.46	45444.40	44212.66
主营业务收入(万)	252010.62	433322.91	221145.10	381661.06
主营成本(万)	228415.37	390880.32	202103.15	343760.56
营业收入(万)	256035.60	434362.80	223727.89	382797.92
营业成本(万)	228910.29	391159.13	202523.36	344416.86
投资收益(万)	–	49.92	–	–
利润总额(万)	2169.92	2481.54	1812.58	2806.04
净利润(万)	1811.42	1741.44	1343.38	1992.96

福建中福实业股份有限公司

公司概况	公司名称	福建中福实业股份有限公司			证券简称	中福实业
	法人代表	刘平山	董秘	杨佳熠	证券代码	000592
	公司网址	www.000592.com		电子信箱	zfsy000592@126.com	
	电　　话	0591-87871990-102		传　　真	0591-87383288	
	办公地址	福建省福州市五四路159号世界金龙大厦23层				
	经营范围	造林营林、林地开发与森林资源综合利用、林木产品加工与销售等				

主要财务指标	指标\报告期	2011.06.30	2010.12.31	2010.06.30	2009.12.31
	每股收益(元)	0.0220	0.1187	0.0180	0.0901
	每股收益(扣除)(元)	-0.0090	0.0603	0.0155	-
	每股净资产(元)	1.5545	1.5330	0.7083	0.6780
	调整后每股净资产(元)	-	-	-	-
	每股资本公积金(元)	1.1335	1.1340	0.4869	0.4907
	每股盈余公积金(元)	0.0507	0.0507	0.0570	0.0570
	每股未分配利润(元)	-0.6297	-0.6517	-0.8356	-0.8698
	每股现金净流量(元)	-0.2392	0.7698	0.0062	-0.0271
	每股经营现金净流量(元)	-0.1536	-0.1474	-0.0414	0.0144
	净资产收益率(扣除)(%)	-0.5800	7.7600	2.2200	-
	净资产收益率(%)	1.4150	6.9530	2.5340	13.2900
	总资产(万)	194455.72	192689.99	128138.75	101475.46
	股东权益(万)	101328.84	99931.12	41017.08	39259.55
	主营业务收入(万)	24691.41	6711.88	20493.39	-
	主营成本(万)	20712.30	6129.93	15899.83	-
	营业收入(万)	30624.85	49897.05	21045.75	22037.90
	营业成本(万)	22862.54	38421.43	16086.66	15943.20
	投资收益(万)	-	-	-	-
	利润总额(万)	1323.38	9252.76	1807.08	6272.77
	净利润(万)	1433.40	6947.79	1039.40	5219.04

四川大通燃气开发股份有限公司

公司概况	公司名称	四川大通燃气开发股份有限公司			证券简称	大通燃气
	法人代表	李占通	董秘	郑蜀闽	证券代码	000593
	公司网址	www.scdtrq.com		电子信箱	dtrq_db@163.com	
	电　　话	028-68539558		传　　真	028-68539800	
	办公地址	四川省成都市建设路55号华联东环广场10层				
	经营范围	城市管道燃气的开发及投资,燃气器材的销售等				

主要财务指标	指标\报告期	2011.06.30	2010.12.31	2010.06.30	2009.12.31
	每股收益(元)	0.0310	0.0270	0.0520	0.3190
	每股收益(扣除)(元)	0.0268	0.0290	0.0510	0.0480
	每股净资产(元)	1.2930	1.2620	1.2870	1.2360
	调整后每股净资产(元)	-	-	-	-
	每股资本公积金(元)	0.1548	0.1548	0.1548	0.1548
	每股盈余公积金(元)	0.0025	0.0025	-	-
	每股未分配利润(元)	0.1361	0.1051	0.1323	0.0808
	每股现金净流量(元)	0.0895	-0.0607	-0.2369	0.3875
	每股经营现金净流量(元)	0.3033	0.2424	0.0716	0.2392
	净资产收益率(扣除)(%)	2.1000	2.2820	4.0600	4.5140
	净资产收益率(%)	2.4040	2.1190	4.0070	25.8170
	总资产(万)	72887.07	67865.33	56843.82	57647.62
	股东权益(万)	28885.52	28191.25	28745.73	27593.96
	主营业务收入(万)	17315.76	26605.25	14156.31	31125.73
	主营成本(万)	12989.32	19067.38	9925.16	22705.17
	营业收入(万)	18389.39	28389.11	15062.17	32982.93
	营业成本(万)	13096.43	19299.81	10031.25	22917.56
	投资收益(万)	-	-	-	-
	利润总额(万)	954.44	869.99	1534.52	7609.34
	净利润(万)	694.27	597.29	1151.77	7123.94

天津国恒铁路控股股份有限公司

公司概况	公司名称	天津国恒铁路控股股份有限公司			证券简称	国恒铁路
	法人代表	周静波	董秘	阎小佳	证券代码	000594
	公司网址	www.guotiekonggu.com		电子信箱	gtkg000594@126.com	
	电　　话	022-58396826		传　　真	022-58396811	
	办公地址	天津市华苑新技术产业园区榕苑路1号天津天财酒店8层				
	经营范围	对铁路、房地产开发项目进行投资及投资咨询服务等				

主要财务指标	指标\报告期	2011.06.30	2010.12.31	2010.06.30	2009.12.31
	每股收益(元)	0.0009	0.0020	0.0016	0.0024
	每股收益(扣除)(元)	0.0028	0.0003	0.0025	-
	每股净资产(元)	2.0725	2.0717	2.4889	1.7400
	调整后每股净资产(元)	-	-	-	-
	每股资本公积金(元)	0.8543	0.8543	1.2286	0.1741
	每股盈余公积金(元)	0.0550	0.0550	0.0659	0.1462
	每股未分配利润(元)	0.1632	0.1623	0.1943	0.4212
	每股现金净流量(元)	-0.1414	-0.3781	0.0304	-0.0823
	每股经营现金净流量(元)	0.0185	-0.2561	0.1041	0.0177
	净资产收益率(扣除)(%)	0.1300	0.0100	0.1000	-
	净资产收益率(%)	0.0420	0.0850	0.0630	0.1400
	总资产(万)	453150.12	437356.68	432736.44	140277.70
	股东权益(万)	309589.80	309461.09	309815.50	97719.66
	主营业务收入(万)	75470.00	208150.62	80825.23	-
	主营成本(万)	73423.24	203423.06	78126.39	-
	营业收入(万)	75589.27	208822.42	80927.03	21363.30
	营业成本(万)	73495.07	203566.64	78126.39	20490.35
	投资收益(万)	-	-	-	-
	利润总额(万)	280.75	534.74	340.88	123.79
	净利润(万)	128.71	264.07	193.91	134.96

西北轴承股份有限公司

公司概况	公司名称	西北轴承股份有限公司			证券简称	西北轴承
	法人代表	张立忠	董秘	孙志强	证券代码	000595
	公司网址	www.nxz.com.cn		电子信箱	nxzdmn@public.yc.nx.cn	
	电　　话	0951-2029011		传　　真	0951-2024242	
	办公地址	宁夏回族自治区银川市西夏区北京西路630号				
	经营范围	轴承及相关产品加工,机械制造;钢材及设备采购;资本资产运营				

主要财务指标	指标\报告期	2011.06.30	2010.12.31	2010.06.30	2009.12.31
	每股收益(元)	0.0040	-0.7200	-0.3100	-0.5500
	每股收益(扣除)(元)	0.0010	-0.6900	-0.3200	-0.6600
	每股净资产(元)	0.9600	0.9500	1.3700	1.6800
	调整后每股净资产(元)	-	-	-	-
	每股资本公积金(元)	0.9240	0.9240	0.9348	0.9348
	每股盈余公积金(元)	0.0433	0.0433	0.0433	0.0433
	每股未分配利润(元)	-1.0121	-1.0157	-0.6040	-0.2973
	每股现金净流量(元)	-0.0080	-0.2784	-0.1382	0.1817
	每股经营现金净流量(元)	-0.0488	-0.0698	-0.0459	0.1709
	净资产收益率(扣除)(%)	-4.1400	-52.4100	-20.1900	-33.9200
	净资产收益率(%)	0.3750	-75.4900	-22.3200	-32.7960
	总资产(万)	79793.11	74227.16	81522.15	86835.43
	股东权益(万)	20711.23	20633.56	29794.29	36444.35
	主营业务收入(万)	22576.73	35135.84	17497.64	22419.87
	主营成本(万)	17695.49	34088.77	18112.14	20864.68
	营业收入(万)	24139.21	38160.60	18963.91	24465.54
	营业成本(万)	18902.22	36376.90	19161.93	22171.58
	投资收益(万)	-	-	-	-
	利润总额(万)	77.67	-15632.47	-6701.84	-8532.79
	净利润(万)	77.67	-15576.32	-6650.05	-11952.43

安徽古井贡酒股份有限公司

公司概况						
公司概况	公司名称	安徽古井贡酒股份有限公司			证券简称	古井贡酒
	法人代表	余林	董秘	叶长青	证券代码	000596
	公司网址	www.gujing.com		电子信箱	ycq@gujing.com.cn	
	电　　话	0558-5712231 5710057		传　　真	0558-5317706	
	办公地址	安徽省亳州市古井镇				
	经营范围	古井、古井贡、老八大和野太阳品牌及其系列酒的生产和销售等				

主要财务指标	指标＼报告期	2011.06.30	2010.12.31	2010.06.30	2009.12.31
	每股收益(元)	1.2300	1.3400	0.4600	0.6000
	每股收益(扣除)(元)	1.2073	1.2200	0.4300	0.5900
	每股净资产(元)	5.3400	4.4700	3.5500	3.4400
	调整后每股净资产(元)	–	–	–	–
	每股资本公积金(元)	1.4300	1.4300	1.3875	1.3902
	每股盈余公积金(元)	0.4140	0.4140	0.2978	0.2980
	每股未分配利润(元)	2.4972	1.6219	0.8600	0.7527
	每股现金净流量(元)	0.0845	1.1989	0.3506	0.3522
	每股经营现金净流量(元)	0.8302	2.2030	0.6895	1.4907
	净资产收益率(扣除)(%)	24.6200	31.7100	12.3900	17.1000
	净资产收益率(%)	22.9410	29.8970	12.8900	17.3380
	总资产(万)	229321.31	185793.18	147018.68	134337.34
	股东权益(万)	125517.30	104947.55	83313.49	80862.17
	主营业务收入(万)	156418.12	184596.11	83285.28	129991.19
	主营成本(万)	39022.69	51061.34	21828.18	48966.16
	营业收入(万)	158329.77	187915.55	85634.74	134326.35
	营业成本(万)	40515.56	54208.49	24178.84	52618.33
	投资收益(万)	–	–	–	–
	利润总额(万)	39433.94	40881.15	14541.64	16621.06
	净利润(万)	28794.75	31375.76	10738.70	14024.98

东北制药集团股份有限公司

公司概况						
公司概况	公司名称	东北制药集团股份有限公司			证券简称	东北制药
	法人代表	刘震	董秘	吕林全	证券代码	000597
	公司网址	www.negpf.com.cn		电子信箱	lvlinquan@163.com	
	电　　话	024-25806963 25806100		传　　真	024-25806300	
	办公地址	沈阳经济技术开发区昆明湖街8号				
	经营范围	化学生物制剂、原药药品、卫生材料、制药设备及配件制造等				

主要财务指标	指标＼报告期	2011.06.30	2010.12.31	2010.06.30	2009.12.31
	每股收益(元)	0.0120	0.1600	0.5130	1.4300
	每股收益(扣除)(元)	0.0020	0.0800	0.4960	1.2700
	每股净资产(元)	6.0980	6.0860	6.4400	6.0500
	调整后每股净资产(元)	–	–	–	–
	每股资本公积金(元)	2.4152	2.4152	2.4187	2.4196
	每股盈余公积金(元)	0.3016	0.3016	0.2841	0.2841
	每股未分配利润(元)	2.3842	2.3720	2.7412	2.3493
	每股现金净流量(元)	0.1654	–1.8711	–1.1215	2.9589
	每股经营现金净流量(元)	–0.4357	0.7668	0.1299	1.8450
	净资产收益率(扣除)(%)	0.0200	1.2900	7.9200	23.6900
	净资产收益率(%)	0.2000	2.6310	7.9600	23.5772
	总资产(万)	628957.36	560536.31	591197.22	607987.92
	股东权益(万)	203561.55	203163.06	215032.44	201984.37
	主营业务收入(万)	250559.00	462979.42	303973.73	486425.55
	主营成本(万)	197323.41	352256.80	230187.36	330994.55
	营业收入(万)	261346.98	482833.30	314332.69	509496.11
	营业成本(万)	206526.11	369744.32	239359.69	353695.54
	投资收益(万)	–	–	–	–
	利润总额(万)	2151.92	8048.90	22321.10	58438.78
	净利润(万)	407.63	5344.40	17130.51	47622.26

成都市兴蓉投资股份有限公司

公司概况						
公司概况	公司名称	成都市兴蓉投资股份有限公司			证券简称	兴蓉投资
	法人代表	谭建明	董秘	张颖	证券代码	000598
	公司网址	www.xrtz.cn		电子信箱	lxqx000598@yahoo.com.cn	
	电　　话	028-85913967		传　　真	028-85007805	
	办公地址	成都市航空路1号国航世纪中心B栋2层				
	经营范围	污水处理及其再生利用项目的投资,建设和运营管理等				

主要财务指标	指标＼报告期	2011.06.30	2010.12.31	2010.06.30	2009.12.31
	每股收益(元)	0.4900	0.5300	0.2800	0.7400
	每股收益(扣除)(元)	0.3300	0.5300	0.2600	0.7400
	每股净资产(元)	6.0300	3.5600	3.2900	4.8600
	调整后每股净资产(元)	–	–	–	–
	每股资本公积金(元)	4.2317	5.5312	2.0156	3.6027
	每股盈余公积金(元)	0.0627	0.0347	0.0030	0.0046
	每股未分配利润(元)	0.7318	0.6375	0.2685	0.2518
	每股现金净流量(元)	0.6236	–0.5810	–0.0951	0.1452
	每股经营现金净流量(元)	0.7046	0.7232	0.4588	1.2883
	净资产收益率(扣除)(%)	6.8600	14.3650	4.9300	15.1900
	净资产收益率(%)	6.8600	15.4200	4.9300	15.4200
	总资产(万)	660143.86	619235.28	228538.44	230723.37
	股东权益(万)	347700.83	164255.21	151876.45	146974.33
	主营业务收入(万)	89855.64	60887.47	28815.22	56052.54
	主营成本(万)	44703.29	27338.72	13174.40	24538.45
	营业收入(万)	91528.19	61157.20	70204.96	56213.48
	营业成本(万)	46215.30	27421.39	40482.42	24596.66
	投资收益(万)	–	–	500.54	–
	利润总额(万)	33192.85	27810.73	18289.35	26271.48
	净利润(万)	27997.68	23594.86	15494.38	22324.04

青岛双星股份有限公司

公司概况						
公司概况	公司名称	青岛双星股份有限公司			证券简称	青岛双星
	法人代表	汪海	董秘	王幸友	证券代码	000599
	公司网址	www.doublestar.com.cn		电子信箱	zhlq@doublestar.com.cn	
	电　　话	0532-82657986		传　　真	0532-82657986	
	办公地址	山东省青岛市瞿塘峡路45号海富楼三楼				
	经营范围	橡胶轮胎、机械、绣品的制造、销售;国内外贸易等				

主要财务指标	指标＼报告期	2011.06.30	2010.12.31	2010.06.30	2009.12.31
	每股收益(元)	0.0700	0.0700	0.0200	0.4300
	每股收益(扣除)(元)	0.0552	0.0300	–0.0120	–
	每股净资产(元)	2.8800	2.8100	2.7600	2.6600
	调整后每股净资产(元)	–	–	–	–
	每股资本公积金(元)	0.8841	0.8841	0.8841	0.8841
	每股盈余公积金(元)	0.0762	0.0762	0.0760	0.0760
	每股未分配利润(元)	0.9160	0.8497	0.8014	0.6994
	每股现金净流量(元)	0.3612	–0.3325	–0.1501	0.1670
	每股经营现金净流量(元)	0.2174	0.1741	–0.4768	0.9788
	净资产收益率(扣除)(%)	1.9400	1.0600	–0.4400	–
	净资产收益率(%)	2.3050	2.4700	0.7580	16.1100
	总资产(万)	510140.43	470910.07	499376.14	403726.00
	股东权益(万)	150956.91	147477.43	144932.36	139575.61
	主营业务收入(万)	300556.70	573185.50	280434.95	–
	主营成本(万)	277361.18	532522.62	262161.45	–
	营业收入(万)	303106.10	577780.52	282070.96	301466.68
	营业成本(万)	278217.12	533044.10	262356.24	253222.08
	投资收益(万)	–	–	–	–
	利润总额(万)	4006.92	4149.00	1670.61	23584.54
	净利润(万)	3479.48	3643.22	1098.16	22480.54

河北建投能源投资股份有限公司

公司概况	公司名称	河北建投能源投资股份有限公司			证券简称	建投能源
	法人代表	李连平	董秘	姚勖	证券代码	000600
	公司网址	www.jei.com.cn		电子信箱	jei@jei.com.cn	
	电　话	0311-85518633		传　真	0311-85518601	
	办公地址	河北省石家庄市裕华西路 9 号裕园广场 A 座 17 层				
	经营范围	投资、建设、经营管理以电力生产为主的能源项目;住宿;餐饮;商品批发、零售等				

主要财务指标	指标\报告期	2011.06.30	2010.12.31	2010.06.30	2009.12.31
	每股收益(元)	-0.0100	0.0110	0.0300	0.0780
	每股收益(扣除)(元)	-0.0140	0.0060	0.0300	0.0720
	每股净资产(元)	3.1200	3.1600	3.1700	3.1700
	调整后每股净资产(元)	-	-	-	-
	每股资本公积金(元)	1.8130	1.8125	1.8088	1.8103
	每股盈余公积金(元)	0.0996	0.0996	0.0910	0.0910
	每股未分配利润(元)	0.2024	0.2434	0.2694	0.2707
	每股现金净流量(元)	0.0118	0.5153	0.6129	-0.1060
	每股经营现金净流量(元)	-0.0056	1.1416	0.5663	0.9367
	净资产收益率(扣除)(%)	-	0.1900	-	2.2800
	净资产收益率(%)	-0.3530	0.3600	0.9100	2.4600
	总资产(万)	1307640.88	1212679.81	1126712.44	1007427.18
	股东权益(万)	284605.30	288304.66	289553.68	289807.63
	主营业务收入(万)	290206.42	540529.97	264679.49	472314.62
	主营成本(万)	260320.74	476961.38	233220.83	398037.11
	营业收入(万)	290223.11	541045.91	264898.21	473445.21
	营业成本(万)	260327.16	477144.38	233610.63	399260.59
	投资收益(万)	-	-	-	-
	利润总额(万)	-565.97	7742.45	6873.28	16192.34
	净利润(万)	-1003.60	1037.66	2397.87	7115.13

广东韶能集团股份有限公司

公司概况	公司名称	广东韶能集团股份有限公司			证券简称	韶能股份
	法人代表	陈来泉	董秘	胡启金	证券代码	000601
	公司网址	www.shaoneng.com.cn		电子信箱	sngf@shaoneng.com.cn	
	电　话	0751-8153162		传　真	0751-8535226	
	办公地址	广东省韶关市武江区沿江路 16 号				
	经营范围	能源开发;货物和技术进出口;销售:煤炭、机电产品、仪表仪器、建筑材料等				

主要财务指标	指标\报告期	2011.06.30	2010.12.31	2010.06.30	2009.12.31
	每股收益(元)	0.0612	0.0800	0.0891	0.0400
	每股收益(扣除)(元)	0.0604	0.0800	0.0889	0.0400
	每股净资产(元)	3.2200	3.1800	3.1900	3.1200
	调整后每股净资产(元)	-	-	-	-
	每股资本公积金(元)	1.5637	1.5637	1.5637	1.5637
	每股盈余公积金(元)	0.3649	0.3649	0.3542	0.3542
	每股未分配利润(元)	0.2905	0.2493	0.2689	0.1998
	每股现金净流量(元)	-0.1801	0.0286	-0.0681	0.0741
	每股经营现金净流量(元)	0.3123	0.6768	0.3297	0.5146
	净资产收益率(扣除)(%)	1.8800	2.4800	2.8100	1.1600
	净资产收益率(%)	1.9000	2.5250	2.7950	1.3860
	总资产(万)	821207.81	840480.95	845311.05	844427.76
	股东权益(万)	297946.80	294136.70	294953.81	288561.06
	主营业务收入(万)	107763.86	209510.40	108322.00	166311.60
	主营成本(万)	80700.14	154940.34	75473.19	120165.15
	营业收入(万)	115096.97	212137.37	109852.68	168322.40
	营业成本(万)	84244.97	156860.15	76414.18	122014.14
	投资收益(万)	-	-	-	-
	利润总额(万)	9064.81	11978.77	11378.44	5297.81
	净利润(万)	5661.20	7426.75	8243.86	4000.70

广东金马旅游集团股份有限公司

公司概况	公司名称	广东金马旅游集团股份有限公司			证券简称	*ST 金马
	法人代表	王志华	董秘	潘广洲	证券代码	000602
	公司网址			电子信箱	lnkk@luneng.com	
	电　话	0768-2268969 2262628		传　真	0768-2297613	
	办公地址	广东省潮州市潮枫路旅游大厦四层				
	经营范围	信息网络及通信服务业;电解铝产品的生产销售业务等				

主要财务指标	指标\报告期	2011.06.30	2010.12.31	2010.06.30	2009.12.31
	每股收益(元)	-0.0400	-0.1800	-0.2400	-0.0400
	每股收益(扣除)(元)	-0.1300	-0.1900	-0.8800	-0.0500
	每股净资产(元)	3.3900	2.4800	1.7700	2.6600
	调整后每股净资产(元)	-	-	-	-
	每股资本公积金(元)	0.9434	0.0002	0.0002	0.0002
	每股盈余公积金(元)	0.0599	0.0599	0.0599	0.0599
	每股未分配利润(元)	1.3878	1.4236	0.7078	1.6016
	每股现金净流量(元)	-0.4177	0.6511	-0.1358	0.2082
	每股经营现金净流量(元)	-0.2183	0.7072	-0.2524	-0.1572
	净资产收益率(扣除)(%)	-5.1800	-7.5300	-10.1500	-1.8600
	净资产收益率(%)	-1.0560	-7.1690	-48.9110	-1.3842
	总资产(万)	85649.53	201989.41	203801.84	210310.14
	股东权益(万)	51120.07	37441.14	26651.57	40125.40
	主营业务收入(万)	45170.09	157844.58	53961.30	47700.30
	主营成本(万)	44414.13	153893.70	56668.24	32394.57
	营业收入(万)	45501.79	159692.25	54306.65	47863.86
	营业成本(万)	44505.75	155053.66	56858.15	32527.82
	投资收益(万)	-	-	-	-
	利润总额(万)	-3441.89	-7619.21	-9789.99	-3320.02
	净利润(万)	-539.89	-2684.26	-3599.06	-555.43

威达医用科技股份有限公司

公司概况	公司名称	威达医用科技股份有限公司			证券简称	*ST 威达
	法人代表	朱胜利	董秘	代继陈	证券代码	000603
	公司网址	www.weida.com		电子信箱	shengdadjc020909@163.com	
	电　话	023-63639600 63637556		传　真	023-63637919	
	办公地址	重庆市渝中区中山三路 168 号 14-5 号				
	经营范围	从事投资业务,保健品、医疗器械研究、开发,销售仪器仪表等				

主要财务指标	指标\报告期	2011.06.30	2010.12.31	2010.06.30	2009.12.31
	每股收益(元)	-0.0320	0.0200	-0.0140	-0.0300
	每股收益(扣除)(元)	-0.0320	-0.0400	0.5000	-
	每股净资产(元)	0.5100	0.5400	-	0.5200
	调整后每股净资产(元)	-	-	0.6095	-
	每股资本公积金(元)	0.6079	0.6079	0.1593	0.6070
	每股盈余公积金(元)	0.1593	0.1593	-1.2646	0.1593
	每股未分配利润(元)	-1.2572	-1.2248	-0.0046	-1.2479
	每股现金净流量(元)	-0.0338	0.0364	-0.0070	0.0820
	每股经营现金净流量(元)	-0.0312	0.0157	-2.7200	0.0827
	净资产收益率(扣除)(%)	-6.2600	-6.7100	-3.3100	-4.8200
	净资产收益率(%)	-6.3340	4.2460	15805.14	-5.0170
	总资产(万)	14786.46	15384.22	7077.36	17145.90
	股东权益(万)	7160.13	7613.66	1334.34	7277.02
	主营业务收入(万)	342.99	1716.84	1116.50	627.25
	主营成本(万)	288.23	1405.36	1458.77	469.78
	营业收入(万)	342.99	1835.97	1116.50	998.71
	营业成本(万)	288.23	1405.36	-	469.78
	投资收益(万)	-	-	-215.88	-
	利润总额(万)	-456.50	491.82	-234.24	-334.79
	净利润(万)	-453.53	323.26	-0.0140	-365.09

四环药业股份有限公司

公司概况	公司名称	四环药业股份有限公司		证券简称	ST 四 环
	法人代表	张秉军	董秘	吕林祥	证券代码	000605
	公司网址	www.sihuanyaoye.com		电子信箱	info_shyy@sohu.net
	电　　话	010-68003377 68001660		传　　真	010-68001816
	办公地址	北京市西城区阜外大街3号东润时代大厦8层			
	经营范围	生物医药、中西药的研究开发;小容量注射剂、冻干粉针剂的生产销售等			

主要财务指标	指标\报告期	2011.06.30	2010.12.31	2010.06.30	2009.12.31
	每股收益(元)	-0.0056	-0.0702	0.0059	0.0059
	每股收益(扣除)(元)	-0.0056	-0.0677	0.0070	-
	每股净资产(元)	0.5697	0.5752	0.6500	0.6400
	调整后每股净资产(元)	-	-	-	-
	每股资本公积金(元)	1.9882	1.9882	1.9882	1.9882
	每股盈余公积金(元)	0.1022	0.1022	0.1022	0.1022
	每股未分配利润(元)	-2.5207	-2.5152	-2.4391	-2.4476
	每股现金净流量(元)	-0.0064	0.0263	0.0243	-0.0033
	每股经营现金净流量(元)	-0.0045	0.0504	0.0276	0.0212
	净资产收益率(扣除)(%)	-0.9700	-11.0900	1.0800	-
	净资产收益率(%)	-0.9800	-12.1950	0.9030	2.0700
	总资产(万)	12602.29	13028.33	13782.50	13423.21
	股东权益(万)	5310.69	5362.73	6071.52	5992.93
	主营业务收入(万)	1978.31	3374.58	1652.07	-
	主营成本(万)	1549.56	2743.09	1183.62	-
	营业收入(万)	1978.31	3374.58	1652.07	2561.15
	营业成本(万)	1549.56	2743.09	1183.62	1874.49
	投资收益(万)	-	-	-	-
	利润总额(万)	-52.41	-676.35	54.28	124.37
	净利润(万)	-52.04	-653.98	54.80	124.02

青海明胶股份有限公司

公司概况	公司名称	青海明胶股份有限公司			证券简称	青海明胶
	法人代表	赵华	董秘	华彧民	证券代码	000606
	公司网址	www.my0606.com.cn		电子信箱	huayun@my0606.com.cn	
	电　　话	0971-8013495 022-59852166		传　　真	0971-5226338	
	办公地址	青海省西宁市城北区纬一路18号				
	经营范围	明胶系列产品、硬胶囊系列产品、高磷骨粉、油脂、肉粉的生产和销售等				

主要财务指标	指标\报告期	2011.06.30	2010.12.31	2010.06.30	2009.12.31
	每股收益(元)	0.0817	0.0014	0.0006	-0.0224
	每股收益(扣除)(元)	-0.0587	-0.0689	-0.0344	-
	每股净资产(元)	1.5100	1.5300	1.4700	1.4900
	调整后每股净资产(元)	-	-	-	-
	每股资本公积金(元)	0.3954	0.4220	0.3585	0.3585
	每股盈余公积金(元)	0.0635	0.0635	0.0635	0.0627
	每股未分配利润(元)	0.0508	0.0433	0.0516	0.0734
	每股现金净流量(元)	-0.0748	-0.0524	-0.1197	0.2522
	每股经营现金净流量(元)	-0.0185	0.0339	-0.0097	0.0003
	净资产收益率(扣除)(%)	-3.7400	-4.6900	-2.3400	-
	净资产收益率(%)	5.4090	0.0890	0.0420	-1.4600
	总资产(万)	124911.15	124907.24	103565.67	105836.16
	股东权益(万)	61287.69	62062.39	59824.36	60675.53
	主营业务收入(万)	39303.00	87224.47	42076.66	-
	主营成本(万)	20346.37	50638.88	23270.47	-
	营业收入(万)	39458.76	87582.05	42235.99	45837.06
	营业成本(万)	43273.62	50927.77	43509.97	28687.81
	投资收益(万)	-	-	-	-
	利润总额(万)	3800.19	948.53	201.03	-884.29
	净利润(万)	3314.82	55.42	25.38	-884.28

重庆华智控股股份有限公司

公司概况	公司名称	重庆华智控股股份有限公司			证券简称	*ST 华控
	法人代表	刘浩军	董秘	熊波	证券代码	000607
	公司网址	www.000607.cn		电子信箱	cq.huazhiholding@holley.cn	
	电　　话	023-68269911		传　　真	023-68269900	
	办公地址	重庆市渝北区红绵大道22号总商会大厦21楼8号				
	经营范围	制药、制造、销售仪器仪表及原材料等				

主要财务指标	指标\报告期	2011.06.30	2010.12.31	2010.06.30	2009.12.31
	每股收益(元)	-0.0320	-0.3400	-0.0560	-0.1600
	每股收益(扣除)(元)	-0.0390	-0.3400	-0.0630	-0.1600
	每股净资产(元)	0.6474	0.7243	0.9502	1.0200
	调整后每股净资产(元)	-	-	-	-
	每股资本公积金(元)	0.0432	0.0891	0.0629	0.0628
	每股盈余公积金(元)	0.0834	0.0834	0.0834	0.0834
	每股未分配利润(元)	-0.4830	-0.4506	-0.1956	-0.1292
	每股现金净流量(元)	-0.2418	-0.1673	-0.2888	0.0377
	每股经营现金净流量(元)	0.0309	0.2157	0.0546	0.1630
	净资产收益率(扣除)(%)	-5.6400	-40.3400	-6.4900	-14.9100
	净资产收益率(%)	-5.0090	-53.6510	-5.8810	-16.1760
	总资产(万)	158242.12	166446.89	196557.67	210575.55
	股东权益(万)	31574.71	35327.81	46344.87	49575.24
	主营业务收入(万)	59305.29	111129.94	52090.35	187019.85
	主营成本(万)	46834.64	82437.65	35383.37	140785.68
	营业收入(万)	64069.72	119486.04	55603.13	195561.13
	营业成本(万)	51135.77	89953.53	38519.12	147610.32
	投资收益(万)	-	-	-	-
	利润总额(万)	-1747.81	-18063.72	-2784.65	-5074.15
	净利润(万)	-1581.69	-16630.83	-2725.54	-8019.17

阳光新业地产股份有限公司

公司概况	公司名称	阳光新业地产股份有限公司			证券简称	阳光股份
	法人代表	唐军	董秘	李峻	证券代码	000608
	公司网址	www.yangguangxinye.com		电子信箱	yangguangxinye@yangguangxinye.com	
	电　　话	010-68361088		传　　真	010-88365280	
	办公地址	北京市西城区西直门外大街112号阳光大厦11层				
	经营范围	房地产开发经营,装饰装修工程,自有商品房的租赁等				

主要财务指标	指标\报告期	2011.06.30	2010.12.31	2010.06.30	2009.12.31
	每股收益(元)	0.0100	0.5800	0.5800	0.3600
	每股收益(扣除)(元)	0.0100	0.6000	0.5900	0.3600
	每股净资产(元)	3.1600	3.1500	3.1500	3.6600
	调整后每股净资产(元)	-	-	-	-
	每股资本公积金(元)	0.7173	0.7173	0.7173	1.0043
	每股盈余公积金(元)	0.0919	0.0919	0.0919	0.1286
	每股未分配利润(元)	1.3474	1.3401	1.3429	1.5233
	每股现金净流量(元)	-0.3630	-1.3069	-0.9629	2.3066
	每股经营现金净流量(元)	-0.2481	-0.9502	-0.5199	2.4480
	净资产收益率(扣除)(%)	-	20.9500	-	14.0700
	净资产收益率(%)	0.2310	18.4360	18.5100	13.6380
	总资产(万)	696869.40	646214.30	604091.30	776084.50
	股东权益(万)	236715.10	236168.40	236378.30	195843.10
	主营业务收入(万)	27487.30	299247.00	253894.40	93908.70
	主营成本(万)	8842.30	162841.00	146345.30	36343.40
	营业收入(万)	29791.20	304234.70	255765.60	98812.10
	营业成本(万)	10875.50	166903.30	147135.10	40646.50
	投资收益(万)	-	-	-	-
	利润总额(万)	2497.30	65067.10	61439.20	44095.90
	净利润(万)	546.70	43539.20	43749.10	26709.00

北京绵世投资集团股份有限公司

公司概况	公司名称	北京绵世投资集团股份有限公司			证券简称	绵世股份
	法人代表	李方	董秘	张成	证券代码	000609
	公司网址	www.mainstreets.cn		电子信箱	zc@mainstreets.cn	
	电　话	010-65275609		传　真	010-65279466	
	办公地址	北京市东城区建国门内大街19号中纺大厦3层				
	经营范围	投资及投资管理;房地产开发;物业管理;施工总承包等				

	指标\报告期	2011.06.30	2010.12.31	2010.06.30	2009.12.31
主要财务指标	每股收益(元)	0.5532	0.1175	0.1169	0.0498
	每股收益(扣除)(元)	-0.0478	0.0699	-0.0202	0.0019
	每股净资产(元)	3.3200	2.7600	2.8700	2.7495
	调整后每股净资产(元)	-	-	-	-
	每股资本公积金(元)	0.0264	0.0264	0.1193	0.1193
	每股盈余公积金(元)	0.1718	0.1718	0.3113	0.3113
	每股未分配利润(元)	2.1191	1.5659	1.4358	1.3189
	每股现金净流量(元)	0.9196	-0.7815	0.0505	-0.1019
	每股经营现金净流量(元)	0.8360	-0.8244	0.0019	-0.0151
	净资产收益率(扣除)(%)	-1.5700	2.5600	3.8900	0.0700
	净资产收益率(%)	16.6760	4.4604	4.0800	1.8122
	总资产(万)	127724.39	110783.81	108997.24	105936.67
	股东权益(万)	98886.18	82396.38	85446.21	81962.28
	主营业务收入(万)	632.04	9431.19	646.37	1228.94
	主营成本(万)	363.70	2343.06	261.45	982.90
	营业收入(万)	632.04	9492.44	683.12	1462.36
	营业成本(万)	377.55	2370.76	275.30	1010.60
	投资收益(万)	-	-	-	-
	利润总额(万)	17820.38	6225.46	3593.42	1673.57
	净利润(万)	16489.80	3503.05	3483.93	1485.31

西安旅游股份有限公司

公司概况	公司名称	西安旅游股份有限公司			证券简称	西安旅游
	法人代表	夏富喜	董秘	刘勇	证券代码	000610
	公司网址	www.xatourism.com		电子信箱	xatour@000610.com	
	电　话	029-82065555		传　真	029-82065500	
	办公地址	陕西省西安市南二环西段27号西安旅游大厦七层				
	经营范围	饭店经营与管理;餐饮服务;旅游产品开发、销售;旅游景区、景点的开发等				

	指标\报告期	2011.06.30	2010.12.31	2010.06.30	2009.12.31
主要财务指标	每股收益(元)	0.0956	0.1370	0.0001	-0.0155
	每股收益(扣除)(元)	0.0966	0.0677	0.0047	-0.0006
	每股净资产(元)	2.1700	2.0999	1.9689	1.9759
	调整后每股净资产(元)	-	-	-	-
	每股资本公积金(元)	0.4792	0.4792	0.4835	0.4910
	每股盈余公积金(元)	0.1541	0.1552	0.1374	0.1412
	每股未分配利润(元)	0.5362	0.4656	0.3479	0.3437
	每股现金净流量(元)	0.1134	-0.4025	-0.3079	0.3960
	每股经营现金净流量(元)	0.1101	-0.3338	0.0431	0.7680
	净资产收益率(扣除)(%)	4.4500	3.3200	0.0900	-0.0300
	净资产收益率(%)	4.4070	6.5240	0.0044	-0.7830
	总资产(万)	84816.07	97165.77	94690.34	93170.21
	股东权益(万)	42683.62	41316.05	38737.03	38875.53
	主营业务收入(万)	36990.75	59292.14	17894.54	39910.38
	主营成本(万)	24839.70	44150.97	13078.22	30018.44
	营业收入(万)	36990.75	59292.14	17894.54	39910.38
	营业成本(万)	24839.70	44150.97	13078.22	30018.44
	投资收益(万)	-	-	-	-
	利润总额(万)	2533.50	3816.65	34.03	-235.11
	净利润(万)	1880.99	2695.55	1.70	-304.32

内蒙古时代科技股份有限公司

公司概况	公司名称	内蒙古时代科技股份有限公司			证券简称	时代科技
	法人代表	濮黎明	董秘	董宋萍	证券代码	000611
	公司网址	www.time-tech.com.cn		电子信箱	sd000611@163.com	
	电　话	0575-81182951		传　真	0575-81182950	
	办公地址	浙江省绍兴县安昌镇汽车东站东侧安华路口1号				
	经营范围	生产、开发、销售工业、民用产品,国内贸易,金银制品、餐饮等				

	指标\报告期	2011.06.30	2010.12.31	2010.06.30	2009.12.31
主要财务指标	每股收益(元)	0.0200	0.0700	0.0410	0.0400
	每股收益(扣除)(元)	0.0170	0.0700	0.0460	0.0400
	每股净资产(元)	1.9800	1.9600	1.9300	1.8900
	调整后每股净资产(元)	-	-	-	-
	每股资本公积金(元)	0.4305	0.4305	0.4305	0.4305
	每股盈余公积金(元)	-	-	-	-
	每股未分配利润(元)	0.5511	0.5309	0.5016	0.4607
	每股现金净流量(元)	-0.2989	0.1509	0.0112	0.0204
	每股经营现金净流量(元)	-0.1031	0.3794	0.1188	0.5301
	净资产收益率(扣除)(%)	0.7700	3.7100	2.3900	1.9800
	净资产收益率(%)	1.0170	3.5770	2.1150	2.1270
	总资产(万)	69227.77	93166.27	91376.47	79255.14
	股东权益(万)	63771.21	63122.96	62180.75	60865.55
	主营业务收入(万)	7434.20	34757.03	1464.38	28212.93
	主营成本(万)	-	-	10084.99	20287.58
	营业收入(万)	7438.67	34762.33	14666.76	28213.53
	营业成本(万)	5643.41	25543.73	10084.99	20287.58
	投资收益(万)	-	-	-	-
	利润总额(万)	710.79	3826.85	1962.65	2857.04
	净利润(万)	648.26	2258.08	1315.21	1294.51

焦作万方铝业股份有限公司

公司概况	公司名称	焦作万方铝业股份有限公司			证券简称	焦作万方
	法人代表	蒋英刚	董秘	贾东焰	证券代码	000612
	公司网址	www.jzwfly.com.cn		电子信箱	mdy668@126.com	
	电　话	0391-3261118 3261289		传　真	0391-3261297	
	办公地址	河南省焦作市马村区待王镇东				
	经营范围	铝冶炼及加工,铝制品、金属材料销售等				

	指标\报告期	2011.06.30	2010.12.31	2010.06.30	2009.12.31
主要财务指标	每股收益(元)	0.4950	0.2410	0.5770	0.4020
	每股收益(扣除)(元)	0.4944	0.2480	0.5760	0.4000
	每股净资产(元)	4.7680	4.2510	4.5540	4.1190
	调整后每股净资产(元)	-	-	-	-
	每股资本公积金(元)	0.4220	0.4220	0.4182	0.4145
	每股盈余公积金(元)	0.5377	0.5377	0.5377	0.5377
	每股未分配利润(元)	2.7625	2.2675	2.6039	2.1664
	每股现金净流量(元)	0.1051	-0.8475	-0.8610	0.2658
	每股经营现金净流量(元)	0.3969	0.7445	0.4901	1.5166
	净资产收益率(扣除)(%)	10.9900	5.9600	13.1300	10.1300
	净资产收益率(%)	10.3820	5.6710	12.6800	9.7700
	总资产(万)	424612.68	395629.18	419031.99	391448.22
	股东权益(万)	228928.47	204146.36	218691.19	197761.74
	主营业务收入(万)	275823.81	550752.67	290734.08	504926.85
	主营成本(万)	268747.93	507339.33	255439.25	450026.94
	营业收入(万)	279242.87	559397.01	294080.07	510307.29
	营业成本(万)	270841.63	514871.90	258037.49	456241.74
	投资收益(万)	-	-	-	-
	利润总额(万)	23082.10	8896.32	33415.60	25171.72
	净利润(万)	23768.01	11577.31	27730.08	19316.43

海南大东海旅游中心股份有限公司

公司概况

公司名称	海南大东海旅游中心股份有限公司			证券简称	ST 东海 A
法人代表	黎愿斌	董秘	汪宏娟	证券代码	000613
公司网址			电子信箱	hnddht@21cn.com	
电　　话	0898-88219888 8264		传　　真	0898-88212298	
办公地址	海南省三亚市大东海				
经营范围	房地产开发经营、住宿及饮食业、旅游服务业等				

主要财务指标

指标\报告期	2011.06.30	2010.12.31	2010.06.30	2009.12.31
每股收益(元)	–0.0045	0.0019	0.0014	–0.0082
每股收益(扣除)(元)	–0.0052	–0.0083	0.0010	–0.0084
每股净资产(元)	0.2400	0.2400	0.2400	0.2400
调整后每股净资产(元)	–	–	–	–
每股资本公积金(元)	0.1487	0.1487	0.1487	0.1487
每股盈余公积金(元)	–	–	–	–
每股未分配利润(元)	–0.9135	–0.9090	–0.9095	–0.9109
每股现金净流量(元)	–0.0024	–0.0009	0.0001	–0.0071
每股经营现金净流量(元)	0.0012	0.0083	0.0005	–0.0021
净资产收益率(扣除)(%)	–2.1800	–3.4800	0.3800	–3.4500
净资产收益率(%)	–1.9100	0.7800	0.5800	–3.4609
总资产(万)	11763.57	11938.27	12650.62	12728.21
股东权益(万)	8563.12	8726.64	8708.70	8658.54
主营业务收入(万)	1846.80	3520.52	2001.85	3140.82
主营成本(万)	339.35	623.18	337.14	495.10
营业收入(万)	1846.80	3520.52	2001.85	3140.82
营业成本(万)	339.35	623.18	337.14	495.10
投资收益(万)	–	–	–	–
利润总额(万)	–163.51	68.10	64.31	–299.66
净利润(万)	–163.51	68.10	50.16	–299.66

湖北金环股份有限公司

公司概况

公司名称	湖北金环股份有限公司			证券简称	湖北金环
法人代表	蒋岚	董秘	李红	证券代码	000615
公司网址	www.0615.cn		电子信箱	hbjhzqb@sohu.com	
电　　话	0710-2105321 2108234		传　　真	0710-2108233	
办公地址	湖北省襄樊市樊城区陈家湖				
经营范围	粘胶纤维,玻璃纸制造,销售粘胶纤维、玻璃纸制造销售等				

主要财务指标

指标\报告期	2011.06.30	2010.12.31	2010.06.30	2009.12.31
每股收益(元)	–0.2400	0.0200	–0.0900	0.9100
每股收益(扣除)(元)	–0.2386	–0.0300	–0.1000	0.0900
每股净资产(元)	3.1700	3.4400	3.3200	3.7000
调整后每股净资产(元)	–	–	–	–
每股资本公积金(元)	0.6760	0.7075	0.6963	0.9896
每股盈余公积金(元)	0.6007	0.6007	0.6001	0.6001
每股未分配利润(元)	0.8893	1.1295	1.0231	1.1142
每股现金净流量(元)	–0.0651	–0.4078	–0.1320	0.5906
每股经营现金净流量(元)	–0.1183	–0.5332	–0.2404	0.2326
净资产收益率(扣除)(%)	–7.2400	–0.8500	–2.7800	2.6600
净资产收益率(%)	–7.5890	0.4630	–2.7460	24.6223
总资产(万)	117769.95	121965.40	112601.02	128287.06
股东权益(万)	67015.29	72768.75	70265.36	78402.96
主营业务收入(万)	39035.90	68048.17	32062.88	62068.87
主营成本(万)	37800.63	61823.47	29817.63	52943.18
营业收入(万)	39259.66	68640.92	32090.25	62143.92
营业成本(万)	44760.90	62418.08	34783.19	53041.40
投资收益(万)	–	–	–	–
利润总额(万)	–5547.63	–601.14	–2551.77	20335.95
净利润(万)	–5085.49	336.58	–1929.29	19304.64

亿城集团股份有限公司

公司概况

公司名称	亿城集团股份有限公司			证券简称	亿城股份
法人代表	张丽萍	董秘	吴建国	证券代码	000616
公司网址	www.yeland.com.cn		电子信箱	yeland@yeland.com.cn	
电　　话	010-58816885		传　　真	010-58816666	
办公地址	北京市海淀区长春桥路 11 号万柳亿城中心 A 座 16–17 层				
经营范围	房地产项目开发、销售商品房、自有房屋物业管理、智能教育开发、基础教育等				

主要财务指标

指标\报告期	2011.06.30	2010.12.31	2010.06.30	2009.12.31
每股收益(元)	0.0900	0.5500	0.0500	0.4200
每股收益(扣除)(元)	0.0848	0.5400	0.0600	–
每股净资产(元)	2.8100	3.3600	2.8800	3.2000
调整后每股净资产(元)	–	–	–	–
每股资本公积金(元)	0.3887	0.6665	0.6665	0.8331
每股盈余公积金(元)	0.0776	0.0932	0.0615	0.0676
每股未分配利润(元)	1.3403	1.6047	1.1510	1.2947
每股现金净流量(元)	–0.6817	–0.1199	0.5190	1.4672
每股经营现金净流量(元)	–1.0934	–1.1510	–0.4099	1.8417
净资产收益率(扣除)(%)	2.9900	–	1.9600	14.1900
净资产收益率(%)	3.0780	16.3570	2.2530	14.5600
总资产(万)	951070.06	913872.06	909001.59	754891.51
股东权益(万)	334521.20	334156.80	285940.31	288527.16
主营业务收入(万)	71356.45	307443.58	102830.43	342169.73
主营成本(万)	31621.43	158153.02	74940.64	216634.75
营业收入(万)	71356.45	307443.58	102830.43	342169.73
营业成本(万)	31621.43	158153.02	74940.64	216634.75
投资收益(万)	–	–	–	–
利润总额(万)	17432.96	79257.36	9907.63	59201.70
净利润(万)	10296.58	54658.89	6442.40	42015.21

济南柴油机股份有限公司

公司概况

公司名称	济南柴油机股份有限公司			证券简称	石油济柴
法人代表	姜小兴	董秘	刘明怀	证券代码	000617
公司网址	www.jichai.com		电子信箱	liuminghuai@cnpc.com.cn	
电　　话	0531-87422326 87423353		传　　真	0531-87422578 87423177	
办公地址	山东省济南市经十西路 11966 号				
经营范围	柴油机、气体发动机、柴油及气体发电机组的制造、销售、修理等				

主要财务指标

指标\报告期	2011.06.30	2010.12.31	2010.06.30	2009.12.31
每股收益(元)	–0.0400	0.0600	–0.0200	0.1800
每股收益(扣除)(元)	–0.0693	–0.1000	–0.0500	0.1000
每股净资产(元)	2.9000	2.9500	2.8900	2.9100
调整后每股净资产(元)	–	–	–	–
每股资本公积金(元)	0.1669	0.1669	0.1669	0.1669
每股盈余公积金(元)	0.3045	0.3045	0.2986	0.2986
每股未分配利润(元)	1.4312	1.4740	1.4236	1.4414
每股现金净流量(元)	–0.3116	0.0200	–0.1079	0.0262
每股经营现金净流量(元)	–0.4064	–0.0910	–0.2570	–0.0704
净资产收益率(扣除)(%)	–1.4750	1.9870	–0.6130	6.3100
净资产收益率(%)	–1.4200	2.0000	–0.6100	6.4800
总资产(万)	270684.43	252869.69	236102.95	221154.65
股东权益(万)	83459.64	84690.63	83073.67	83582.88
主营业务收入(万)	–	139511.54	85108.93	155530.55
主营成本(万)	–	123522.46	80546.77	137370.92
营业收入(万)	85489.40	141851.80	86370.52	158824.09
营业成本(万)	77877.05	124272.90	80837.63	138748.70
投资收益(万)	129.36	898.90	1490.75	4724.55
利润总额(万)	–1150.05	1386.65	–782.88	5315.01
净利润(万)	–1230.99	1682.83	–509.21	5274.93

芜湖海螺型材科技股份有限公司

公司概况	公司名称	芜湖海螺型材科技股份有限公司			证券简称	海螺型材
	法人代表	任勇	董秘	周小川	证券代码	000619
	公司网址	www.profile.conch.cn		电子信箱	hlxc@conch.cn	
	电　话	0553-5840156 5840135		传　真	0553-5840118	
	办公地址	安徽省芜湖市经济技术开发区港湾路				
	经营范围	中高档塑料型材、板材、门窗的生产、销售以及科研开发等				

主要财务指标	指标\报告期	2011.06.30	2010.12.31	2010.06.30	2009.12.31
	每股收益(元)	0.0850	0.4516	0.2692	0.6153
	每股收益(扣除)(元)	0.0727	0.3731	0.2105	0.5907
	每股净资产(元)	5.4100	5.4200	5.2900	5.1200
	调整后每股净资产(元)	-	-	-	-
	每股资本公积金(元)	1.2113	1.2113	1.2639	1.2639
	每股盈余公积金(元)	0.5715	0.5715	0.5197	0.5197
	每股未分配利润(元)	2.6252	2.6402	2.5095	2.3404
	每股现金净流量(元)	0.1803	0.2307	-0.0482	-0.1572
	每股经营现金净流量(元)	-0.2315	0.6918	0.2066	0.5296
	净资产收益率(扣除)(%)	1.3400	7.0400	4.0000	12.2000
	净资产收益率(%)	1.5720	8.3280	5.0860	12.0100
	总资产(万)	368988.94	333764.45	316354.47	279162.37
	股东权益(万)	194684.43	195224.63	190553.01	184462.46
	主营业务收入(万)	178814.77	395106.25	178928.38	403602.43
	主营成本(万)	162889.15	352512.62	157708.70	345063.12
	营业收入(万)	179594.52	396265.07	179485.62	404563.21
	营业成本(万)	163347.42	352999.38	158011.74	345457.63
	投资收益(万)	-	-	-	-
	利润总额(万)	5527.86	22881.68	13623.06	31045.51
	净利润(万)	3059.79	16258.62	9690.55	22151.24

新华联不动产股份有限公司

公司概况	公司名称	新华联不动产股份有限公司			证券简称	新 华 联
	法人代表	傅军	董秘	杭冠宇	证券代码	000620
	公司网址			电子信箱	xin000620@126.com	
	电　话	010-65857900		传　真	010-65088900	
	办公地址	北京市朝阳区东四环中路道家园 18 号新华联大厦 16 层				
	经营范围	房地产开发,销售自行开发后的商品房;销售建筑材料,日用品等				

主要财务指标	指标\报告期	2011.06.30	2010.12.31	2010.06.30	2009.12.31
	每股收益(元)	0.2100	0.0019	0.2000	-0.0021
	每股收益(扣除)(元)	0.2100	-0.0068	-	-
	每股净资产(元)	1.3300	0.0127	0.0064	0.0072
	调整后每股净资产(元)	-	-	-	-
	每股资本公积金(元)	0.1565	1.0740	2.3201	2.3201
	每股盈余公积金(元)	0.0443	0.2270	0.2435	0.2435
	每股未分配利润(元)	0.8504	3.4938	-3.5572	-3.5565
	每股现金净流量(元)	-0.2300	0.0075	2.8059	0.0072
	每股经营现金净流量(元)	-0.2950	0.0075	1.6868	0.0040
	净资产收益率(扣除)(%)	13.7400	-57.9900	16.7800	-
	净资产收益率(%)	12.6740	15.0180	-68.0810	-29.4900
	总资产(万)	576517.82	574965.84	385.85	433.83
	股东权益(万)	213126.09	185767.62	200.33	222.95
	主营业务收入(万)	111047.66	-	74651.82	-
	主营成本(万)	52912.46	-	22775.72	-
	营业收入(万)	114426.32	-	77728.37	-
	营业成本(万)	54542.32	-	24435.56	-
	投资收益(万)	-	-	-	-
	利润总额(万)	36074.22	59.50	34844.35	-65.76
	净利润(万)	27011.67	59.50	25932.50	-65.76

吉林敖东药业集团股份有限公司

公司概况	公司名称	吉林敖东药业集团股份有限公司			证券简称	吉林敖东
	法人代表	李秀林	董秘	陈永丰	证券代码	000623
	公司网址	www.jlaod.com		电子信箱	000623@jlaod.com	
	电　话	0433-6238973		传　真	0433-6238973	
	办公地址	吉林省敦化市敖东大街 2158 号				
	经营范围	种植养殖,商业(国家专项控制,专营除外);机械修理,仓储;本企业生产等				

主要财务指标	指标\报告期	2011.06.30	2010.12.31	2010.06.30	2009.12.31
	每股收益(元)	0.6400	2.1600	0.8100	2.3800
	每股收益(扣除)(元)	0.5876	1.8600	0.7748	2.2500
	每股净资产(元)	11.0500	12.5200	11.1172	10.9149
	调整后每股净资产(元)	-	-	-	-
	每股资本公积金(元)	0.5086	0.6058	0.3822	0.9576
	每股盈余公积金(元)	1.0300	1.2361	1.0496	1.0496
	每股未分配利润(元)	8.5157	9.6762	8.6854	7.9078
	每股现金净流量(元)	0.2391	-0.0462	0.1484	0.6528
	每股经营现金净流量(元)	-0.0430	0.3039	0.0253	0.3715
	净资产收益率(扣除)(%)	5.4700	16.0400	6.9900	23.3000
	净资产收益率(%)	5.8250	17.2440	8.7941	21.8350
	总资产(万)	831468.87	789819.26	725674.35	716220.56
	股东权益(万)	760572.53	717730.27	637414.96	625817.07
	主营业务收入(万)	54988.66	111047.13	52248.14	102408.80
	主营成本(万)	19091.21	35556.49	15929.14	35610.46
	营业收入(万)	55160.01	111332.78	52362.84	102551.55
	营业成本(万)	19107.49	35686.23	16023.97	35737.01
	投资收益(万)	-	-	-	-
	利润总额(万)	45603.90	128930.82	58086.26	141130.91
	净利润(万)	44303.07	123765.65	56054.74	136648.90

重庆长安汽车股份有限公司

公司概况	公司名称	重庆长安汽车股份有限公司			证券简称	长安汽车
	法人代表	徐留平	董秘	黎军 崔云江	证券代码	000625
	公司网址	www.changan.com.cn		电子信箱	cazqc@changan.com.cn	
	电　话	023-67594009		传　真	023-67866055	
	办公地址	重庆市江北区建新东路 260 号				
	经营范围	乘用车和商用车的开发、制造和销售等				

主要财务指标	指标\报告期	2011.06.30	2010.12.31	2010.06.30	2009.12.31
	每股收益(元)	0.2200	0.8700	0.2800	0.4800
	每股收益(扣除)(元)	0.2000	0.8800	0.5900	0.5000
	每股净资产(元)	5.6300	4.5700	4.2600	3.8500
	调整后每股净资产(元)	-	-	-	-
	每股资本公积金(元)	1.7261	0.6614	0.6776	0.7702
	每股盈余公积金(元)	0.4345	0.5018	0.5018	0.5000
	每股未分配利润(元)	2.4703	2.4056	2.0809	1.5933
	每股现金净流量(元)	1.4252	0.2701	1.0549	0.8512
	每股经营现金净流量(元)	0.8855	1.1588	1.1555	1.3655
	净资产收益率(扣除)(%)	6.8000	20.9000	14.2500	14.3200
	净资产收益率(%)	6.8770	19.0770	13.7930	12.4655
	总资产(万)	3589106.92	3045642.61	2726302.86	2524937.01
	股东权益(万)	1512356.12	1062554.24	990792.26	899048.33
	主营业务收入(万)	1393987.40	3188066.51	1602940.77	2461725.55
	主营成本(万)	1200636.27	2632706.51	1287431.39	1966335.54
	营业收入(万)	1453711.58	3307212.42	1662745.49	2559296.42
	营业成本(万)	1250113.44	2730325.71	1338785.20	2042769.23
	投资收益(万)	-	-	-	-
	利润总额(万)	111950.07	199077.00	137162.85	110976.98
	净利润(万)	104006.02	202698.65	136656.54	112070.64

连云港如意集团股份有限公司

公司概况					
公司名称	连云港如意集团股份有限公司			证券简称	如意集团
法人代表	秦兆平	董秘	谭卫	证券代码	000626
公司网址	www.ideal-group.com.cn		电子信箱	ruyidongmi@ideal-group.com.cn	
电　　话	0518-85153595		传　　真	0518-85150105	
办公地址	江苏省连云港市新浦北郊路6号				
经营范围	自营和代理各类商品和技术的进出口业务,国内贸易等				

主要财务指标：指标＼报告期	2011.06.30	2010.12.31	2010.06.30	2009.12.31
每股收益(元)	0.3047	0.2902	0.1331	0.2044
每股收益(扣除)(元)	0.1900	0.0597	-0.0700	0.1459
每股净资产(元)	2.0456	1.7422	1.5700	1.4325
调整后每股净资产(元)	-	-	-	-
每股资本公积金(元)	0.1740	0.1740	0.1520	0.1520
每股盈余公积金(元)	-	-	-	-
每股未分配利润(元)	0.8791	0.5745	0.4187	0.2842
每股现金净流量(元)	6.6388	0.5533	0.2992	0.8533
每股经营现金净流量(元)	3.3293	-3.6122	-0.3787	-0.2427
净资产收益率(扣除)(%)	-	3.7900	-	10.9700
净资产收益率(%)	14.8940	16.6590	8.5000	14.2700
总资产(万)	651614.62	385657.66	317526.90	252132.05
股东权益(万)	41422.41	35279.68	31717.09	29007.57
主营业务收入(万)	1531254.15	2118425.92	977208.37	1298579.78
主营成本(万)	1486047.04	2052553.96	947749.97	1245488.81
营业收入(万)	1531508.54	2118718.62	977219.65	1298757.70
营业成本(万)	1486118.49	2052619.50	947749.97	1245488.81
投资收益(万)	-	-	-	-
利润总额(万)	16559.47	17310.67	7585.11	12077.11
净利润(万)	6169.50	5877.28	2695.86	4138.49

天茂实业集团股份有限公司

公司概况					
公司名称	天茂实业集团股份有限公司			证券简称	天茂集团
法人代表	肖云华	董秘	陈大力	证券代码	000627
公司网址	www.biocause.com		电子信箱	tmjt@biocause.net	
电　　话	0724-2223218		传　　真	0724-2217652	
办公地址	湖北省荆门市杨湾路132号				
经营范围	化工产品的生产、销售等				

主要财务指标：指标＼报告期	2011.06.30	2010.12.31	2010.06.30	2009.12.31
每股收益(元)	-0.0230	0.0210	0.0260	0.0370
每股收益(扣除)(元)	-0.0260	0.0150	0.0240	0.0330
每股净资产(元)	1.1500	1.1400	1.1400	2.2400
调整后每股净资产(元)	-	-	-	-
每股资本公积金(元)	0.0866	0.0533	0.0284	0.9069
每股盈余公积金(元)	0.0589	0.0589	0.0580	0.1159
每股未分配利润(元)	-0.0087	0.0140	0.0409	0.1960
每股现金净流量(元)	0.0592	-0.0164	0.0032	-0.2889
每股经营现金净流量(元)	0.0674	0.1659	0.0558	-0.0303
净资产收益率(扣除)(%)	-2.2700	1.3100	2.2100	2.9900
净资产收益率(%)	-1.9770	1.8330	2.3200	3.3100
总资产(万)	205283.07	197631.13	226167.59	215573.02
股东权益(万)	155962.05	154502.24	154602.10	151817.20
主营业务收入(万)	53595.64	126115.90	68343.65	96460.26
主营成本(万)	51919.79	18583.23	62736.77	86615.49
营业收入(万)	53595.64	126115.90	68343.65	96460.26
营业成本(万)	51919.79	118583.23	62736.77	86615.49
投资收益(万)	-	-	-	-
利润总额(万)	-3455.37	3106.11	4089.09	5920.89
净利润(万)	-3083.96	2832.22	3570.71	5026.76

成都高新发展股份有限公司

公司概况					
公司名称	成都高新发展股份有限公司			证券简称	高新发展
法人代表	平兴	董秘	杨海东	证券代码	000628
公司网址	www.cdgxfz.com		电子信箱	yhd0128@sohu.com	
电　　话	028-85130316 85137070		传　　真	028-85184099	
办公地址	四川省成都市高新技术产业开发区九兴大道8号				
经营范围	高新技术产品的开发、生产、经营;高新技术的交流转让等				

主要财务指标：指标＼报告期	2011.06.30	2010.12.31	2010.06.30	2009.12.31
每股收益(元)	-0.0280	0.0700	-0.0150	0.0930
每股收益(扣除)(元)	-0.0240	0.0360	-0.0480	0.0850
每股净资产(元)	0.7400	0.7700	0.4200	0.7000
调整后每股净资产(元)	-	-	-	-
每股资本公积金(元)	1.4659	1.4659	1.4659	1.4659
每股盈余公积金(元)	0.0443	0.0443	0.0443	0.0443
每股未分配利润(元)	-1.7711	-1.7432	-2.0919	-1.8128
每股现金净流量(元)	-0.4890	0.0247	-0.0143	0.9834
每股经营现金净流量(元)	0.0170	0.6910	0.3230	0.7868
净资产收益率(扣除)(%)	-3.2000	4.9800	-4.1100	13.0500
净资产收益率(%)	-3.7790	9.0700	-8.2500	13.3198
总资产(万)	247601.74	275214.33	235675.52	243383.42
股东权益(万)	16219.49	16832.36	9180.16	15305.60
主营业务收入(万)	61705.99	120749.89	45402.18	106362.27
主营成本(万)	49353.09	89807.52	32791.31	77773.64
营业收入(万)	62033.71	121452.97	45847.06	106952.30
营业成本(万)	49615.10	90382.20	33183.68	78208.06
投资收益(万)	-	-	-	-
利润总额(万)	-545.29	2204.41	-274.17	2866.32
净利润(万)	-612.88	1526.76	-336.07	2038.68

攀钢集团钢铁钒钛股份有限公司

公司概况					
公司名称	攀钢集团钢铁钒钛股份有限公司			证券简称	攀钢钒钛
法人代表	余自甦	董秘	曾显斌	证券代码	000629
公司网址	www.pzhsteel.com.cn		电子信箱	psv@pzhsteel.com.cn	
电　　话	0812-3393695 3399958		传　　真	0812-3393992	
办公地址	四川省攀枝花市东区向阳村攀枝花新钢钒股份有限公司办公大楼				
经营范围	铁、钢、钒冶炼及加工;钢压延加工;氧气、氢气、氩气、蒸汽制造等				

主要财务指标：指标＼报告期	2011.06.30	2010.12.31	2010.06.30	2009.12.31
每股收益(元)	0.0300	0.1900	0.1000	-0.2700
每股收益(扣除)(元)	0.0200	0.1300	0.0600	-0.3100
每股净资产(元)	2.7000	2.7700	2.6900	2.5800
调整后每股净资产(元)	-	-	-	-
每股资本公积金(元)	1.5538	1.5538	1.5556	1.5547
每股盈余公积金(元)	0.1979	0.1979	0.1508	0.1508
每股未分配利润(元)	-0.0811	0.0083	-0.0289	-0.1299
每股现金净流量(元)	0.1397	-0.1114	0.1036	-0.1288
每股经营现金净流量(元)	-0.0154	0.8252	0.6737	0.1260
净资产收益率(扣除)(%)	-	4.8700	-	-10.7500
净资产收益率(%)	1.1320	6.6800	3.7520	-10.5040
总资产(万)	6338604.19	5972824.64	5808761.87	5603334.48
股东权益(万)	1543446.52	1587693.84	1541088.13	1476542.47
主营业务收入(万)	2283796.79	4142784.31	1983632.95	3678110.16
主营成本(万)	1942834.37	3482575.81	1635103.29	3187310.79
营业收入(万)	2377393.97	4324653.19	2078861.16	3848598.76
营业成本(万)	2045842.67	3645152.72	1721231.49	3326555.45
投资收益(万)	-	-	-	-
利润总额(万)	24521.73	109026.81	68648.30	-134462.44
净利润(万)	17477.87	106062.36	57821.99	-155100.74

铜陵有色金属集团股份有限公司

公司概况						
公司名称	铜陵有色金属集团股份有限公司				证券简称	铜陵有色
法人代表	韦江宏	董秘	吴和平		证券代码	000630
公司网址	www.tlys.cn		电子信箱		whp@tlys.cn	
电　话	0562-5860159 2825029		传　真		0562-2825082	
办公地址	安徽省铜陵市长江西路有色大院西楼					
经营范围	铜、铁、硫金矿采选,有色金属冶炼及压延加工,金、银、稀贵金属冶炼及压延加工等					

主要财务指标：指标\报告期	2011.06.30	2010.12.31	2010.06.30	2009.12.31
每股收益(元)	0.5100	0.6900	0.3200	0.4700
每股收益(扣除)(元)	0.4600	0.5800	0.3000	0.4600
每股净资产(元)	6.5100	5.3300	4.8200	4.4200
调整后每股净资产(元)	–	–	–	–
每股资本公积金(元)	2.4055	1.3713	1.1923	1.0123
每股盈余公积金(元)	0.3836	0.4213	0.3574	0.3574
每股未分配利润(元)	2.6687	2.4988	2.1769	1.9659
每股现金净流量(元)	0.9637	-0.2427	0.0987	0.1802
每股经营现金净流量(元)	1.0728	-4.4574	-0.3799	0.4728
净资产收益率(扣除)(%)	7.5100	11.9700	6.4400	10.3400
净资产收益率(%)	7.5800	13.0420	6.4490	10.6370
总资产(万)	3424164.41	3348683.64	2555803.38	2387890.05
股东权益(万)	925616.01	690465.41	624169.53	571478.20
主营业务收入(万)	3392480.17	5027415.95	2514147.70	3018575.00
主营成本(万)	3230451.45	4784565.47	2394170.72	2831392.87
营业收入(万)	3442202.64	5130377.85	2563520.84	3075517.55
营业成本(万)	3276623.15	4881427.19	2442153.61	2886333.38
投资收益(万)	–	–	–	–
利润总额(万)	92128.48	122202.40	53206.77	83422.48
净利润(万)	70164.02	89921.07	40807.83	60789.02

顺发恒业股份公司

公司概况						
公司名称	顺发恒业股份公司				证券简称	顺发恒业
法人代表	管大源	董秘	程捷		证券代码	000631
公司网址	www.sfhy.cn		电子信箱		chengjie@sfhy.cn	
电　话	0431-85180631		传　真		0431-81150631	
办公地址	吉林省长春市朝阳区延安大路1号盛世国际写字间3026室					
经营范围	房地产经营开发、物业管理、装修装饰、房屋和土木工程建设业、园林绿化等					

主要财务指标：指标\报告期	2011.06.30	2010.12.31	2010.06.30	2009.12.31
每股收益(元)	0.1800	0.4100	0.1800	0.2700
每股收益(扣除)(元)	0.1800	0.4000	0.1700	0.1100
每股净资产(元)	1.8600	1.6700	1.4400	1.2500
调整后每股净资产(元)	–	–	–	–
每股资本公积金(元)	0.2060	0.2061	0.2055	0.2045
每股盈余公积金(元)	0.0496	0.0496	0.0496	0.0496
每股未分配利润(元)	0.6003	0.4181	0.1897	-0.0025
每股现金净流量(元)	0.0127	-1.0555	-1.0577	1.3138
每股经营现金净流量(元)	0.3377	-2.2118	-1.5537	0.9687
净资产收益率(扣除)(%)	–	27.2400	–	9.5200
净资产收益率(%)	9.8160	24.2220	12.2520	21.8640
总资产(万)	1003732.60	953282.62	833483.36	721718.66
股东权益(万)	194035.34	174999.92	151049.98	130852.44
主营业务收入(万)	73990.36	174117.23	33627.81	161042.35
主营成本(万)	41824.75	104487.51	14982.68	95457.68
营业收入(万)	85761.14	188533.97	47399.83	161639.50
营业成本(万)	46968.64	108214.84	18388.39	95795.68
投资收益(万)	–	–	–	–
利润总额(万)	25699.47	60348.29	25938.60	43155.57
净利润(万)	19046.56	42389.11	18507.23	28609.92

福建三木集团股份有限公司

公司概况						
公司名称	福建三木集团股份有限公司				证券简称	三木集团
法人代表	兰隽	董秘	彭东明		证券代码	000632
公司网址	www.san-mu.com		电子信箱		sanmugugai@163.com	
电　话	0591-83355146		传　真		0591-83341504	
办公地址	福建省福州市群众东路93号三木大厦					
经营范围	土地开发,房地产综合开发,房地产中介,建筑材料、家用电器等					

主要财务指标：指标\报告期	2011.06.30	2010.12.31	2010.06.30	2009.12.31
每股收益(元)	0.0321	0.0338	0.0288	0.0440
每股收益(扣除)(元)	0.0316	0.0372	0.0312	-0.0941
每股净资产(元)	1.2178	1.1852	1.1783	1.1496
调整后每股净资产(元)	–	–	–	–
每股资本公积金(元)	0.0023	0.0018	-0.0000	-0.0001
每股盈余公积金(元)	0.0164	0.0164	0.0164	0.0164
每股未分配利润(元)	0.1992	0.1671	0.1620	0.1333
每股现金净流量(元)	0.0169	0.0017	0.5136	0.4274
每股经营现金净流量(元)	-0.1215	0.1434	-0.1882	0.9144
净资产收益率(扣除)(%)	2.6300	3.1900	2.6800	-8.3400
净资产收益率(%)	2.6370	2.8550	2.4410	3.8305
总资产(万)	381903.55	338546.01	352764.63	300359.36
股东权益(万)	56691.84	55174.25	54854.50	53514.27
主营业务收入(万)	203443.43	370969.69	161781.07	247140.95
主营成本(万)	185632.17	334921.31	142873.55	222952.35
营业收入(万)	204311.06	372084.66	162086.92	248301.63
营业成本(万)	185932.38	335511.62	142981.25	223164.76
投资收益(万)	–	–	–	–
利润总额(万)	2544.57	6350.23	3651.93	5164.60
净利润(万)	1495.13	1574.94	1338.96	2049.84

沈阳合金投资股份有限公司

公司概况						
公司名称	沈阳合金投资股份有限公司				证券简称	ST 合金
法人代表	吴岩	董秘	王端		证券代码	000633
公司网址	www.hjinv.com		电子信箱		cl@hjinv.com	
电　话	024-62336767		传　真		024-62336799	
办公地址	辽宁省沈阳市浑南新区世纪路55号					
经营范围	投资入股;国内贸易等					

主要财务指标：指标\报告期	2011.06.30	2010.12.31	2010.06.30	2009.12.31
每股收益(元)	0.0466	0.0083	-0.0431	0.0098
每股收益(扣除)(元)	-0.0157	-0.0810	-0.0455	-0.1130
每股净资产(元)	0.6202	0.5800	0.5261	0.5700
调整后每股净资产(元)	–	–	–	–
每股资本公积金(元)	0.1495	0.1869	0.1553	0.1553
每股盈余公积金(元)	0.1690	0.1690	0.1690	0.1690
每股未分配利润(元)	-0.6982	-0.7448	-0.7982	-0.7552
每股现金净流量(元)	-0.2511	0.3389	-0.0278	0.0464
每股经营现金净流量(元)	-0.1470	0.0172	-0.0104	-0.0747
净资产收益率(扣除)(%)	–	-14.0600	–	-20.0700
净资产收益率(%)	7.5130	1.4300	-8.1850	1.7200
总资产(万)	32661.36	39495.92	38527.99	39916.52
股东权益(万)	23885.26	23533.83	20258.97	21917.09
主营业务收入(万)	6457.76	8299.77	3125.96	10857.57
主营成本(万)	6115.41	7691.34	3068.62	9996.06
营业收入(万)	6586.82	8410.21	3160.36	23169.41
营业成本(万)	6155.93	7788.49	3090.52	16513.61
投资收益(万)	–	–	–	–
利润总额(万)	1797.61	425.49	-1741.21	1807.65
净利润(万)	1794.44	318.09	-1658.12	377.54

宁夏英力特化工股份有限公司

公司概况	公司名称	宁夏英力特化工股份有限公司			证券简称	英力特
	法人代表	秦江玉	董秘	张玉秋	证券代码	000635
	公司网址	www.younglightchem.com		电子信箱	ylt_zqb@yinglitechem.com	
	电　话	0952-3689589 3689323		传　真	0952-3689589	
	办公地址	宁夏石嘴山市惠农区钢电路41				
	经营范围	电石及其系列延伸产品的生产和销售,聚氯乙烯、烧碱及其系列延伸产品的生产和销售等				

主要财务指标	指标\报告期	2011.06.30	2010.12.31	2010.06.30	2009.12.31
	每股收益(元)	0.5850	0.7220	0.1270	0.3170
	每股收益(扣除)(元)	0.5252	0.6720	0.1090	0.2500
	每股净资产(元)	5.6800	5.2800	4.6900	4.6800
	调整后每股净资产(元)	–	–	–	–
	每股资本公积金(元)	2.0344	2.0344	2.0173	2.1285
	每股盈余公积金(元)	0.2911	0.2911	0.1694	0.1694
	每股未分配利润(元)	2.3298	1.9450	1.4723	1.3549
	每股现金净流量(元)	–0.1783	0.2909	0.0334	–0.4980
	每股经营现金净流量(元)	1.2544	1.1775	0.0425	0.4177
	净资产收益率(扣除)(%)	9.5300	13.4900	2.2800	6.9300
	净资产收益率(%)	10.2960	13.6730	2.7200	5.7640
	总资产(万)	359596.11	367863.55	377230.62	375133.09
	股东权益(万)	100562.66	93463.89	83053.48	82868.66
	主营业务收入(万)	139281.31	239370.46	100721.32	182905.83
	主营成本(万)	111608.54	193408.77	83025.68	148100.48
	营业收入(万)	144359.25	246762.55	101736.25	187336.52
	营业成本(万)	115973.93	200099.49	83927.51	150775.02
	投资收益(万)	–	–	–	–
	利润总额(万)	12278.42	14735.80	3797.24	9202.04
	净利润(万)	10353.41	12779.69	2255.92	4776.48

广东风华高新科技股份有限公司

公司概况	公司名称	广东风华高新科技股份有限公司			证券简称	风华高科
	法人代表	钟金松	董秘	陈绪运	证券代码	000636
	公司网址	www.fenghua-advanced.com		电子信箱	000636@china-fenghua.com	
	电　话	0758-2844724		传　真	0758-2849045	
	办公地址	广东省肇庆市风华路18号风华电子工业城				
	经营范围	研究,开发,生产,销售各类型高科技新 型电子元器件,集成电路,电子材料等				

主要财务指标	指标\报告期	2011.06.30	2010.12.31	2010.06.30	2009.12.31
	每股收益(元)	0.1200	0.3300	0.1800	0.0900
	每股收益(扣除)(元)	0.0800	0.3000	0.1700	0.0600
	每股净资产(元)	3.3700	3.6300	2.8990	2.7200
	调整后每股净资产(元)	–	–	–	–
	每股资本公积金(元)	1.6855	1.8622	1.2811	1.2036
	每股盈余公积金(元)	0.3256	0.3256	0.2955	0.2955
	每股未分配利润(元)	0.3629	0.4420	0.3224	0.2221
	每股现金净流量(元)	–0.1742	–0.0149	0.1509	–0.1302
	每股经营现金净流量(元)	0.0695	0.6225	0.2665	0.4005
	净资产收益率(扣除)(%)	2.3800	8.5000	6.1800	2.2300
	净资产收益率(%)	3.5700	9.3370	6.2359	3.1380
	总资产(万)	338970.09	355991.26	294964.70	268944.21
	股东权益(万)	226338.12	243423.01	194501.55	182573.01
	主营业务收入(万)	107343.43	201775.74	104304.27	165854.84
	主营成本(万)	89467.69	152876.22	80822.69	135044.71
	营业收入(万)	108100.15	203394.27	105114.54	166838.85
	营业成本(万)	89959.24	153729.38	81254.90	135666.94
	投资收益(万)	–	–	–	–
	利润总额(万)	9098.11	24463.62	12617.63	6046.15
	净利润(万)	8079.29	22134.81	12128.93	5729.12

茂名石化实华股份有限公司

公司概况	公司名称	茂名石化实华股份有限公司			证券简称	茂化实华
	法人代表	刘华	董秘	梁杰	证券代码	000637
	公司网址	www.mhsh0637.com.cn		电子信箱	mhsh000637@163.net	
	电　话	0668-2276176 2231342		传　真	0668-2281965	
	办公地址	广东省茂名市官渡路162号				
	经营范围	生产销售聚丙烯及其制品、石油化工产品、水泥、电器机械制造等				

主要财务指标	指标\报告期	2011.06.30	2010.12.31	2010.06.30	2009.12.31
	每股收益(元)	0.0300	0.1700	0.0500	0.2900
	每股收益(扣除)(元)	0.0300	0.2000	0.1000	0.2000
	每股净资产(元)	1.4500	1.5900	1.4600	1.6500
	调整后每股净资产(元)	–	–	–	–
	每股资本公积金(元)	0.0466	0.0466	0.0466	0.0536
	每股盈余公积金(元)	0.3204	0.3204	0.3034	0.3489
	每股未分配利润(元)	0.0736	0.2190	0.1149	0.2440
	每股现金净流量(元)	–0.3737	0.1516	–0.0416	0.0055
	每股经营现金净流量(元)	–0.1411	0.2218	–0.1134	0.3911
	净资产收益率(扣除)(%)	1.7400	13.5800	6.8800	14.1600
	净资产收益率(%)	1.9020	10.8190	3.4520	20.4100
	总资产(万)	69518.83	83351.59	71822.13	92550.90
	股东权益(万)	75140.13	82449.13	76158.94	74434.05
	主营业务收入(万)	207497.14	357687.85	170781.47	269970.78
	主营成本(万)	201589.15	335816.53	160228.77	244949.29
	营业收入(万)	207828.51	358946.56	171195.41	271274.72
	营业成本(万)	201658.12	336631.78	160341.62	245685.00
	投资收益(万)	–	–	–	–
	利润总额(万)	2282.84	10246.26	2868.84	19470.33
	净利润(万)	1429.04	8919.80	2629.02	15192.20

万方地产股份有限公司

公司概况	公司名称	万方地产股份有限公司			证券简称	万方地产
	法人代表	张晖	董秘	刘玉	证券代码	000638
	公司网址	www.vanfund.cn		电子信箱	vanfund@vanfund.cn	
	电　话	010-64656161		传　真	010-64656161	
	办公地址	北京市朝阳区曙光西里甲一号第三置业大厦A座30层				
	经营范围	房地产开发与销售等				

主要财务指标	指标\报告期	2011.06.30	2010.12.31	2010.06.30	2009.12.31
	每股收益(元)	0.0566	0.3200	0.0400	0.2400
	每股收益(扣除)(元)	0.0570	0.2000	0.0450	0.2500
	每股净资产(元)	1.3500	1.3000	0.9500	0.8400
	调整后每股净资产(元)	–	–	–	–
	每股资本公积金(元)	1.3201	1.3201	1.1807	1.1807
	每股盈余公积金(元)	0.0314	0.0314	0.0314	0.0314
	每股未分配利润(元)	–0.9966	–1.0532	–1.2602	–1.3694
	每股现金净流量(元)	–0.3893	0.3894	–0.1745	0.1318
	每股经营现金净流量(元)	–0.3975	–0.4723	–0.1617	0.6413
	净资产收益率(扣除)(%)	42.9800	20.0700	48.1100	77.8800
	净资产收益率(%)	4.1760	24.3580	3.9770	29.0100
	总资产(万)	84414.86	80491.38	80564.66	67491.57
	股东权益(万)	20959.07	20083.92	14725.32	13035.35
	主营业务收入(万)	6279.92	29389.84	16448.39	43988.02
	主营成本(万)	2346.40	18563.55	12769.34	31524.32
	营业收入(万)	6279.92	29493.84	16448.39	44225.40
	营业成本(万)	2346.40	18563.55	12769.34	31711.51
	投资收益(万)	–	–	–	–
	利润总额(万)	2181.87	9243.99	1522.52	7444.83
	净利润(万)	875.15	4892.03	585.65	3781.59

西王食品股份有限公司

公司概况

公司名称	西王食品股份有限公司			证券简称	西王食品
法人代表	王勇	董秘	孙新虎	证券代码	000639
公司网址	www.xwsp.cc			电子信箱	newtiger_sun@xiwang.com.cn
电　话	0543-4866888 4868888			传　真	0543-4868888
办公地址	山东省滨州市邹平县西王工业园				
经营范围	生产销售食用油、结晶葡萄糖、果葡糖、果糖、玉米淀粉、糊精等				

主要财务指标

指标\报告期	2011.06.30	2010.12.31	2010.06.30	2009.12.31
每股收益(元)	0.4200	1.5894	0.7600	1.3311
每股收益(扣除)(元)	0.4221	1.5899	-0.0400	1.1237
每股净资产(元)	6.6100	12.2700	1.7000	10.8000
调整后每股净资产(元)	-	-	-	-
每股资本公积金(元)	1.8899	1.8899	0.1549	1.6685
每股盈余公积金(元)	0.1897	0.1897	0.0225	0.2116
每股未分配利润(元)	1.7151	1.2960	0.5253	1.1992
每股现金净流量(元)	-0.3559	-1.1447	-0.0365	3.3890
每股经营现金净流量(元)	-0.6365	0.3582	-0.1265	0.2319
净资产收益率(扣除)(%)	6.3800	12.9600	6.4500	10.4000
净资产收益率(%)	6.1430	10.4170	-0.4620	11.6036
总资产(万)	99505.22	89966.70	20072.58	120062.78
股东权益(万)	85658.30	80386.58	12406.43	60435.88
主营业务收入(万)	86504.74	120289.56	48828.66	100650.46
主营成本(万)	68219.23	97953.77	39152.40	85605.69
营业收入(万)	86504.74	120289.56	48828.66	100650.46
营业成本(万)	68219.23	97953.77	39152.40	85605.69
投资收益(万)	-	-	-	-
利润总额(万)	6220.43	9943.64	4760.18	8259.57
净利润(万)	5261.53	8373.50	4009.30	7012.76

仁和药业股份有限公司

公司概况

公司名称	仁和药业股份有限公司			证券简称	仁和药业
法人代表	梅强	董秘	姜锋	证券代码	000650
公司网址	www.renheyaoye.com			电子信箱	rh000650@126.com
电　话	0791-6496271			传　真	0791-6496271
办公地址	江西省南昌市洪城路国贸广场A区巨豪峰2601室				
经营范围	中药材种植;药材种苗培植;纸箱生产、销售;计算机软件开发;设计等				

主要财务指标

指标\报告期	2011.06.30	2010.12.31	2010.06.30	2009.12.31
每股收益(元)	0.2000	0.5200	0.2168	0.4600
每股收益(扣除)(元)	0.1971	0.4900	0.2163	0.5401
每股净资产(元)	1.5000	2.0800	2.0500	3.2000
调整后每股净资产(元)	-	-	-	-
每股资本公积金(元)	0.0035	0.0442	0.3437	1.1274
每股盈余公积金(元)	0.0648	0.1013	0.0730	0.1124
每股未分配利润(元)	0.4272	0.9348	0.6383	0.9580
每股现金净流量(元)	0.0065	-0.3157	0.0915	0.7460
每股经营现金净流量(元)	0.2005	0.3096	0.2544	0.7406
净资产收益率(扣除)(%)	13.3600	22.4800	10.5300	23.5000
净资产收益率(%)	13.4540	25.1160	10.5480	18.8360
总资产(万)	141585.77	147818.15	97065.16	111258.09
股东权益(万)	94252.36	87405.46	86342.30	89573.04
主营业务收入(万)	106377.56	136447.03	45579.80	98023.69
主营成本(万)	68410.61	65759.65	14407.67	29143.93
营业收入(万)	106380.50	136678.13	45694.43	98276.97
营业成本(万)	68410.61	65980.62	14407.67	29392.23
投资收益(万)	-	-	-	-
利润总额(万)	16552.09	28962.98	11902.22	21804.68
净利润(万)	12680.80	21953.10	9132.50	16872.00

珠海格力电器股份有限公司

公司概况

公司名称	珠海格力电器股份有限公司			证券简称	格力电器
法人代表	朱江洪	董秘	望靖东	证券代码	000651
公司网址	www.gree.com.cn			电子信箱	gree0651@gree.com.cn
电　话	0756-8614883 3232			传　真	0756-8622581 8614998
办公地址	广东省珠海市前山金鸡西路6号				
经营范围	生产销售空调器、自营空调器出口业务及其相关零配件的进出口业务等				

主要财务指标

指标\报告期	2011.06.30	2010.12.31	2010.06.30	2009.12.31
每股收益(元)	0.7834	1.5200	0.5581	1.0300
每股收益(扣除)(元)	0.7781	1.4300	0.7600	0.9800
每股净资产(元)	5.2000	4.7200	5.6400	5.3100
调整后每股净资产(元)	-	-	-	-
每股资本公积金(元)	0.0609	0.0677	0.0979	0.0977
每股盈余公积金(元)	0.7935	0.7935	1.0475	1.0475
每股未分配利润(元)	3.3332	2.8498	3.4790	3.1418
每股现金净流量(元)	1.5038	-0.9805	0.9601	3.3488
每股经营现金净流量(元)	2.0044	0.2186	1.0238	5.0301
净资产收益率(扣除)(%)	16.2100	34.7500	13.2400	31.6700
净资产收益率(%)	15.0640	32.1420	14.8480	29.2224
总资产(万)	6626258.32	6560437.81	4937906.53	5153025.07
股东权益(万)	1465479.17	1330255.48	1059147.80	996990.03
主营业务收入(万)	3809682.02	5635452.60	2353393.02	3906887.16
主营成本(万)	3231106.93	4378098.52	1975186.29	2944959.29
营业收入(万)	4023920.45	6080724.25	2514506.80	4263729.11
营业成本(万)	3869173.92	4740918.71	2445881.79	3195597.94
投资收益(万)	-	-	-	-
利润总额(万)	269717.71	505632.26	190633.98	338027.55
净利润(万)	220752.30	427572.16	157261.22	291345.04

天津泰达股份有限公司

公司概况

公司名称	天津泰达股份有限公司			证券简称	泰达股份
法人代表	张军	董秘	谢剑琳	证券代码	000652
公司网址	www.tedastock.com			电子信箱	dm@tedastock.com
电　话	022-23201272			传　真	022-23201277
办公地址	天津市河西区解放南路256号泰达大厦20层				
经营范围	交通、能源、高科技工业投资;空气液体净化过滤材料、华纤等				

主要财务指标

指标\报告期	2011.06.30	2010.12.31	2010.06.30	2009.12.31
每股收益(元)	0.0293	0.1941	0.0421	0.2012
每股收益(扣除)(元)	0.0268	0.0978	0.0322	0.0767
每股净资产(元)	1.5700	1.5900	1.4333	1.4800
调整后每股净资产(元)	-	-	-	-
每股资本公积金(元)	0.1027	0.0508	0.0497	0.0544
每股盈余公积金(元)	0.1658	0.1658	0.1493	0.1493
每股未分配利润(元)	0.2998	0.3697	0.2342	0.2721
每股现金净流量(元)	0.1004	-0.0084	0.0454	0.3889
每股经营现金净流量(元)	-0.0643	-0.3024	-0.4780	-0.2518
净资产收益率(扣除)(%)	-	6.3600	-	5.3900
净资产收益率(%)	1.8680	12.2370	2.9400	13.6300
总资产(万)	1073803.67	935988.91	878552.20	779069.13
股东权益(万)	231415.57	234069.11	211489.10	217762.19
主营业务收入(万)	218660.97	693999.39	365293.11	456437.10
主营成本(万)	191547.34	586737.35	337023.13	390052.45
营业收入(万)	218870.06	695477.54	365404.23	457163.46
营业成本(万)	191634.70	587145.18	337023.13	390065.87
投资收益(万)	-	-	-	-
利润总额(万)	7035.50	76536.18	12740.97	64946.88
净利润(万)	4323.82	28643.03	6217.45	29684.63

山东金岭矿业股份有限公司

公司概况	公司名称	山东金岭矿业股份有限公司			证券简称	金岭矿业
	法人代表	张相军	董秘	王新	证券代码	000655
	公司网址	www.sdjlky.com		电子信箱	sz000655@163.com	
	电　话	0533-3088888		传　真	0533-3089666	
	办公地址	山东省淄博市张店区中埠镇				
	经营范围	铁矿开采,铁精粉、铜精粉、钴精粉的生产、销售,机械加工;货物出口等				

主要财务指标	指标\报告期	2011.06.30	2010.12.31	2010.06.30	2009.12.31
	每股收益(元)	0.5600	0.8300	0.4300	0.3800
	每股收益(扣除)(元)	0.5640	0.8200	0.4360	0.3800
	每股净资产(元)	4.0600	3.6000	3.2300	2.8100
	调整后每股净资产(元)	–	–	–	–
	每股资本公积金(元)	0.8197	0.8197	0.8197	0.8197
	每股盈余公积金(元)	0.2881	0.2881	0.2047	0.2047
	每股未分配利润(元)	1.9554	1.4933	1.2000	0.7855
	每股现金净流量(元)	0.5176	0.0569	–0.0824	0.1824
	每股经营现金净流量(元)	0.3326	0.5302	0.2801	0.3778
	净资产收益率(扣除)(%)	13.8370	22.8290	13.4630	12.9710
	净资产收益率(%)	14.4800	25.6800	14.3000	14.9400
	总资产(万)	283416.61	245777.48	220380.74	191818.28
	股东权益(万)	242739.90	216175.36	192133.05	167307.11
	主营业务收入(万)	90731.50	149851.61	77942.82	88837.38
	主营成本(万)	37727.93	68835.52	34105.70	50646.19
	营业收入(万)	93996.45	154040.25	79638.95	93297.01
	营业成本(万)	40908.74	72896.57	35787.31	54642.64
	投资收益(万)	242.00	650.22	202.89	–
	利润总额(万)	43037.92	65585.31	35115.12	29093.40
	净利润(万)	33468.82	49149.12	25766.35	21700.76

金科地产集团股份有限公司

公司概况	公司名称	金科地产集团股份有限公司			证券简称	金科股份
	法人代表	黄红云	董秘	刘忠海	证券代码	000656
	公司网址			电子信箱	cqdy_000656@126.com	
	电　话	023-67033765		传　真	023-67033765	
	办公地址	重庆市北部新区高新园星光大道68号天王星商务大厦C座5楼				
	经营范围	房地产开发,物业管理.制造、加工、销售钢材、锰铁.机械加工等				

主要财务指标	指标\报告期	2011.06.30	2010.12.31	2010.06.30	2009.12.31
	每股收益(元)	0.0450	0.1000	0.0620	0.0700
	每股收益(扣除)(元)	–0.0041	–0.0100	–0.0040	0.0200
	每股净资产(元)	1.8960	1.8510	1.8170	1.7550
	调整后每股净资产(元)	–	–	–	–
	每股资本公积金(元)	0.4166	0.4166	0.4166	0.4166
	每股盈余公积金(元)	0.1522	0.1522	0.1426	0.1426
	每股未分配利润(元)	0.3267	0.2820	0.2578	0.1962
	每股现金净流量(元)	0.0596	0.0353	0.1204	0.7301
	每股经营现金净流量(元)	–0.0217	0.0214	–0.0198	–0.0828
	净资产收益率(扣除)(%)	–0.2200	–0.2900	–0.2200	1.4300
	净资产收益率(%)	2.3620	5.1530	3.3920	3.7880
	总资产(万)	47804.04	47054.13	46165.73	44535.90
	股东权益(万)	47396.17	46276.80	45433.02	43891.95
	主营业务收入(万)	44.98	66.28	40.33	72.34
	主营成本(万)	35.90	20.03	3.52	42.28
	营业收入(万)	44.98	66.28	40.33	72.34
	营业成本(万)	35.90	20.03	3.52	42.28
	投资收益(万)	–	–	–	–
	利润总额(万)	1494.00	3171.25	2052.26	1388.46
	净利润(万)	1119.37	2384.85	1541.06	1662.74

珠海中富实业股份有限公司

公司概况	公司名称	珠海中富实业股份有限公司			证券简称	珠海中富
	法人代表	Gary John Guernier	董秘	陈立上	证券代码	000659
	公司网址	www.zhongfu.com.cn		电子信箱	zfzjb@zhongfu.com.cn	
	电　话	0756-8931096 8931098		传　真	0756-8812870	
	办公地址	广东省珠海市保税区联峰路				
	经营范围	塑料PET饮料瓶、瓶胚系列,PVC、OPP标签等产品的生产和销售以及饮料代灌装业务等				

主要财务指标	指标\报告期	2011.06.30	2010.12.31	2010.06.30	2009.12.31
	每股收益(元)	0.0900	0.2100	0.1100	0.1900
	每股收益(扣除)(元)	0.0900	0.2000	0.1100	0.2000
	每股净资产(元)	3.0700	3.3800	2.5700	2.9400
	调整后每股净资产(元)	–	–	–	–
	每股资本公积金(元)	0.9434	0.9434	0.4772	0.8053
	每股盈余公积金(元)	0.4675	0.4675	0.4801	0.4927
	每股未分配利润(元)	0.6655	0.6702	0.6201	0.6518
	每股现金净流量(元)	0.0220	0.3034	–0.4392	0.4895
	每股经营现金净流量(元)	0.3413	0.6353	–0.0168	0.9680
	净资产收益率(扣除)(%)	2.8800	6.8200	4.0200	7.2300
	净资产收益率(%)	2.9610	6.2220	4.4600	6.6300
	总资产(万)	641489.97	595456.08	551102.18	533746.21
	股东权益(万)	232220.99	232814.57	176783.99	202129.04
	主营业务收入(万)	179767.50	321915.12	157831.73	293315.17
	主营成本(万)	140726.17	247323.08	121063.98	216065.97
	营业收入(万)	188130.33	334768.93	160186.86	300159.50
	营业成本(万)	148594.33	258001.34	122575.78	221564.95
	投资收益(万)	–	–	–	–
	利润总额(万)	14264.01	26280.12	14818.60	27241.10
	净利润(万)	6875.22	14485.40	7882.30	13409.42

长春高新技术产业(集团)股份有限公司

公司概况	公司名称	长春高新技术产业(集团)股份有限公司			证券简称	长春高新
	法人代表	杨占民	董秘	周伟群	证券代码	000661
	公司网址	www.cchn.com.cn		电子信箱	cchn@public.cc.jl.cn	
	电　话	0431-85666367		传　真	0431-85675390	
	办公地址	吉林省长春市同志街2400号火炬大厦5层				
	经营范围	以生物制药、中成药生产及销售、房地产开发为主导产业等				

主要财务指标	指标\报告期	2011.06.30	2010.12.31	2010.06.30	2009.12.31
	每股收益(元)	0.3200	0.6600	0.4540	0.5600
	每股收益(扣除)(元)	0.3161	0.8600	0.4530	0.6500
	每股净资产(元)	4.3000	3.9700	3.7710	3.3200
	调整后每股净资产(元)	–	–	–	–
	每股资本公积金(元)	1.9679	1.9679	1.9679	1.9679
	每股盈余公积金(元)	0.3252	0.3252	0.3252	0.3252
	每股未分配利润(元)	1.0036	0.6817	0.4777	0.0233
	每股现金净流量(元)	–0.6738	0.8827	–0.2024	0.5060
	每股经营现金净流量(元)	0.0106	2.6574	0.7730	2.9722
	净资产收益率(扣除)(%)	7.4900	16.5600	12.0500	16.8000
	净资产收益率(%)	7.4900	18.0600	–	18.3300
	总资产(万)	184675.26	176162.22	150832.20	155081.38
	股东权益(万)	84718.88	80392.27	76523.04	69093.71
	主营业务收入(万)	57742.13	116596.24	55135.46	102358.68
	主营成本(万)	9651.62	27871.37	14214.80	25433.45
	营业收入(万)	57742.13	116596.24	55135.46	102358.68
	营业成本(万)	9651.62	27871.37	14214.80	25433.45
	投资收益(万)	–	296.37	–	–480.96
	利润总额(万)	8924.06	17810.90	11349.51	17745.81
	净利润(万)	4227.41	8646.14	5968.03	7315.47

索芙特股份有限公司

公司概况	公司名称	索芙特股份有限公司		证券简称	索芙特
	法人代表	梁国坚	董秘 李博	证券代码	000662
	公司网址	www.softto.com.cn	电子信箱	redsunsec@163.com	
	电话	0774-3863880 3863686	传真	0774-3863582	
	办公地址	广西壮族自治区梧州市新兴二路 137 号			
	经营范围	对精细化工产业、化妆品制造业、化学药品原药制造业、化学药品制剂制造业等			

主要财务指标	指标\报告期	2011.06.30	2010.12.31	2010.06.30	2009.12.31
	每股收益(元)	-0.0347	-0.2991	0.0022	0.0102
	每股收益(扣除)(元)	-0.0368	-0.3533	-0.0500	0.0056
	每股净资产(元)	2.7668	2.8015	3.1052	3.1401
	调整后每股净资产(元)	-	-	-	-
	每股资本公积金(元)	0.9387	0.9386	0.9409	0.9779
	每股盈余公积金(元)	0.1612	0.1612	0.1612	0.1612
	每股未分配利润(元)	0.6674	0.7022	1.0034	1.0012
	每股现金净流量(元)	-0.1757	0.2612	0.0410	-0.2903
	每股经营现金净流量(元)	-0.0316	0.2057	-0.0849	-0.1043
	净资产收益率(扣除)(%)	-1.3200	-11.8900	-1.6000	0.1800
	净资产收益率(%)	-1.2560	-10.6750	0.0700	0.3241
	总资产(万)	127842.95	127740.50	130448.02	124251.75
	股东权益(万)	79680.71	80678.99	89427.77	90432.60
	主营业务收入(万)	23358.62	45477.05	20083.38	42396.14
	主营成本(万)	17103.49	34169.93	15342.68	30670.82
	营业收入(万)	23661.90	46049.73	20342.96	42809.12
	营业成本(万)	17317.63	34665.92	15559.02	31069.69
	投资收益(万)	-	-	-	-
	利润总额(万)	-992.06	-8709.14	88.37	756.23
	净利润(万)	-1000.38	-8612.76	62.77	293.12

福建省永安林业(集团)股份有限公司

公司概况	公司名称	福建省永安林业(集团)股份有限公司		证券简称	永安林业
	法人代表	吴景贤	董秘 谢红	证券代码	000663
	公司网址	www.yonglin.com	电子信箱	stock@yonglin.com	
	电话	0598-3600083 3614875	传真	0598-3633415	
	办公地址	福建省永安市燕江东路 819 号			
	经营范围	木(竹)材采运、加工,林化产品制造等			

主要财务指标	指标\报告期	2011.06.30	2010.12.31	2010.06.30	2009.12.31
	每股收益(元)	-0.0662	0.0400	-0.0615	0.0067
	每股收益(扣除)(元)	-0.0700	-0.0300	-0.1000	-
	每股净资产(元)	1.9300	1.9800	1.8600	2.1627
	调整后每股净资产(元)	-	-	-	-
	每股资本公积金(元)	0.8613	0.8403	0.8291	0.9727
	每股盈余公积金(元)	0.0838	0.0838	0.0801	0.0850
	每股未分配利润(元)	-0.0121	0.0541	-0.0447	0.1050
	每股现金净流量(元)	-0.0461	-0.1746	-0.2364	-0.1136
	每股经营现金净流量(元)	-0.1368	-0.1255	0.1330	0.2514
	净资产收益率(扣除)(%)	-3.4200	-0.9400	-4.7300	-
	净资产收益率(%)	-3.4250	2.0698	-3.2980	0.3100
	总资产(万)	157045.76	152157.54	140257.82	127706.13
	股东权益(万)	39192.97	40110.35	37805.90	43851.00
	主营业务收入(万)	11347.28	28117.25	12061.14	-
	主营成本(万)	9313.73	23220.31	10166.10	-
	营业收入(万)	12321.49	29692.98	12503.51	25203.28
	营业成本(万)	9659.52	23839.92	10514.31	20541.91
	投资收益(万)	-	-	-	-
	利润总额(万)	-1192.23	1149.65	-1156.31	233.94
	净利润(万)	-1342.30	830.20	-1246.75	135.76

武汉塑料工业集团股份有限公司

公司概况	公司名称	武汉塑料工业集团股份有限公司		证券简称	武汉塑料
	法人代表	徐亦平	董秘 丁艳峰	证券代码	000665
	公司网址	www.wuhanplas.com.cn	电子信箱	wushuoxx@public.wh.hb.cn	
	电话	027-59405215	传真	027-59405210	
	办公地址	湖北省武汉市经济技术开发区沌阳大道 156 号武塑工业园 1 号楼			
	经营范围	开发、制造、经营汽车零部件、高新科技工程塑料制品及其他塑料制品等			

主要财务指标	指标\报告期	2011.06.30	2010.12.31	2010.06.30	2009.12.31
	每股收益(元)	0.0900	0.0570	0.0710	0.0260
	每股收益(扣除)(元)	0.0714	0.1260	0.0390	0.0780
	每股净资产(元)	0.9500	0.8598	0.8700	0.8025
	调整后每股净资产(元)	-	-	-	-
	每股资本公积金(元)	0.6750	0.6750	0.6750	0.6750
	每股盈余公积金(元)	0.0489	0.0489	0.0489	0.0489
	每股未分配利润(元)	-0.7696	-0.8640	-0.8506	-0.9214
	每股现金净流量(元)	0.0335	0.4223	0.1293	-0.0190
	每股经营现金净流量(元)	0.3562	0.7255	0.4160	0.0305
	净资产收益率(扣除)(%)	-	15.2060	-	10.0400
	净资产收益率(%)	9.9020	6.6690	8.4540	3.1930
	总资产(万)	102725.31	98716.65	97430.04	94340.09
	股东权益(万)	16938.28	15261.15	15500.67	14243.39
	主营业务收入(万)	48999.39	88552.57	46124.24	63915.86
	主营成本(万)	37929.69	69706.44	35426.51	50011.87
	营业收入(万)	51686.04	93691.65	49714.05	66516.21
	营业成本(万)	40520.92	73799.89	38381.41	52435.54
	投资收益(万)	-	-	-	-
	利润总额(万)	5380.34	6195.61	4679.77	4208.02
	净利润(万)	1677.14	1017.75	1257.28	454.80

经纬纺织机械股份有限公司

公司概况	公司名称	经纬纺织机械股份有限公司		证券简称	经纬纺机
	法人代表	叶茂新	董秘 叶雪华	证券代码	000666
	公司网址	www.jwgf.com	电子信箱	yxh@jwgf.com	
	电话	010-84534078 8188-8501	传真	010-84534135	
	办公地址	北京市朝阳区亮马桥路 39 号第一上海中心七层			
	经营范围	开发、生产、销售纺织机械及其配套件等			

主要财务指标	指标\报告期	2011.06.30	2010.12.31	2010.06.30	2009.12.31
	每股收益(元)	0.5100	0.4100	0.0500	-0.1300
	每股收益(扣除)(元)	0.5017	0.2000	0.0200	-0.4500
	每股净资产(元)	5.4800	5.0750	4.6140	4.5660
	调整后每股净资产(元)	-	-	-	-
	每股资本公积金(元)	2.1370	2.1646	2.0609	2.0609
	每股盈余公积金(元)	0.9980	0.9980	0.9515	0.9515
	每股未分配利润(元)	1.3403	0.9043	0.6066	0.5583
	每股现金净流量(元)	-0.0900	1.8934	0.3806	0.8661
	每股经营现金净流量(元)	1.3247	1.7336	-0.1124	0.5329
	净资产收益率(扣除)(%)	9.4700	4.1800	0.4900	-9.7800
	净资产收益率(%)	9.2290	7.9870	1.0480	-2.8620
	总资产(万)	1280742.32	1134045.90	823429.12	681709.82
	股东权益(万)	331062.18	306412.13	278608.06	275691.79
	主营业务收入(万)	344842.91	572769.12	216770.44	312815.76
	主营成本(万)	294681.00	497713.45	193024.08	288184.51
	营业收入(万)	530705.26	728723.26	245648.44	357147.23
	营业成本(万)	326537.62	550232.87	216349.76	326382.31
	投资收益(万)	-	-	-	-
	利润总额(万)	86458.15	66859.14	3591.91	-8523.69
	净利润(万)	30554.24	24471.69	2918.96	-7889.08

名流置业集团股份有限公司

公司概况	公司名称	名流置业集团股份有限公司		证券简称	名流置业
	法人代表	刘道明	董秘 冯娴	证券代码	000667
	公司网址	www.000667.com		电子信箱	ir@000667.com
	电话	027-87838669 0871-3610134		传真	027-87836606 0871-3625615
	办公地址	湖北省武汉市武昌区东湖路10号水果湖广场5楼			
	经营范围	资产管理、股权、产权的投资转让，投资策划咨询服务、实业投资等			

指标\报告期	2011.06.30	2010.12.31	2010.06.30	2009.12.31
每股收益(元)	0.0200	0.0800	0.0100	0.1100
每股收益(扣除)(元)	0.0200	0.0600	0.0100	0.0800
每股净资产(元)	2.0000	1.9700	1.9100	3.6500
调整后每股净资产(元)	–	–	–	–
每股资本公积金(元)	0.6000	0.6000	0.6001	2.0414
每股盈余公积金(元)	0.0683	0.0683	0.0656	0.1246
每股未分配利润(元)	0.3254	0.3028	0.2368	0.4815
每股现金净流量(元)	0.0135	–0.2308	–0.1846	1.0820
每股经营现金净流量(元)	–0.2185	–0.0927	–0.0920	–0.2947
净资产收益率(扣除)(%)	1.1300	3.2100	0.2600	4.4700
净资产收益率(%)	1.1340	3.9680	0.5100	5.6900
总资产(万)	1032543.31	962302.22	874924.94	851290.60
股东权益(万)	511177.80	505381.08	487841.77	492242.79
主营业务收入(万)	67510.87	192489.28	49055.17	85559.68
主营成本(万)	44685.39	136163.85	34715.82	37716.34
营业收入(万)	68306.69	195511.37	51307.45	88835.08
营业成本(万)	45470.56	137403.34	35108.26	38075.86
投资收益(万)	–	–	–	–
利润总额(万)	8318.60	26774.39	3903.83	36468.51
净利润(万)	5796.73	20052.19	2493.03	28016.49

荣丰控股集团股份有限公司

公司概况	公司名称	荣丰控股集团股份有限公司		证券简称	荣丰控股
	法人代表	王征	董秘 刘登华	证券代码	000668
	公司网址	www.rfholding.cn		电子信箱	lzg@rfholding.cn
	电话	021-51078987		传真	021-20247965
	办公地址	上海市浦东新区福山路388号宏嘉大厦22楼2207室			
	经营范围	房地产开发经营，商品房销售，租赁；物业管理；建筑装修；园林绿化等			

指标\报告期	2011.06.30	2010.12.31	2010.06.30	2009.12.31
每股收益(元)	0.1300	0.3900	0.1700	0.7600
每股收益(扣除)(元)	0.1400	0.4100	0.1900	0.8000
每股净资产(元)	4.6700	4.6000	4.3700	4.2700
调整后每股净资产(元)	–	–	–	–
每股资本公积金(元)	0.5480	0.5480	0.5480	0.5480
每股盈余公积金(元)	0.7597	0.7597	0.7597	0.7597
每股未分配利润(元)	2.3602	2.2896	2.0608	1.9650
每股现金净流量(元)	0.3064	–0.6687	–0.1887	0.5930
每股经营现金净流量(元)	0.4295	–0.0181	–0.0473	0.9626
净资产收益率(扣除)(%)	3.1000	9.3400	4.2500	20.3400
净资产收益率(%)	2.8000	8.5820	3.8000	17.7875
总资产(万)	99945.95	95160.24	103382.69	104957.59
股东权益(万)	68544.94	67507.02	64148.54	62741.42
主营业务收入(万)	4227.72	15215.63	7158.68	34282.57
主营成本(万)	–	–	–	–
营业收入(万)	4957.13	16792.81	7861.14	35589.42
营业成本(万)	2462.46	4341.24	3749.38	14006.78
投资收益(万)	–	–	–	–
利润总额(万)	2754.26	8735.85	3761.41	16642.22
净利润(万)	1918.97	5793.49	2435.01	11160.13

吉林领先科技发展股份有限公司

公司概况	公司名称	吉林领先科技发展股份有限公司		证券简称	领先科技
	法人代表	李建新	董秘 焦玉文	证券代码	000669
	公司网址	www.000669.com		电子信箱	wdl@public.jl.jl.cn
	电话	0432-64569477		传真	0432-64569465
	办公地址	吉林省吉林市高新区恒山西路104号			
	经营范围	以医药、医疗器械、保护膜的生产经营、保健品经营等			

指标\报告期	2011.06.30	2010.12.31	2010.06.30	2009.12.31
每股收益(元)	–0.0223	–0.4029	–0.3757	–
每股收益(扣除)(元)	–0.0287	–0.4126	–0.4807	–
每股净资产(元)	1.5900	1.6100	1.6400	–
调整后每股净资产(元)	–	–	–	–
每股资本公积金(元)	0.5867	0.5867	0.5867	–
每股盈余公积金(元)	0.1397	0.1397	0.1397	–
每股未分配利润(元)	–0.1347	–0.1124	–0.0851	–
每股现金净流量(元)	–0.0170	0.2742	0.3086	–
每股经营现金净流量(元)	–0.0076	–0.0047	–0.0037	–
净资产收益率(扣除)(%)	–2.8700	–25.5600	–26.2800	–
净资产收益率(%)	–1.4010	–24.9650	–22.8890	–
总资产(万)	20184.25	20384.30	20677.23	–
股东权益(万)	14724.61	14930.94	15183.20	–
主营业务收入(万)	782.25	3744.48	2982.22	–
主营成本(万)	784.09	3625.28	2900.19	–
营业收入(万)	782.25	3744.48	2982.22	–
营业成本(万)	784.09	3625.28	2900.19	–
投资收益(万)	–	–	–	–
利润总额(万)	–206.33	–4713.05	–4434.59	–
净利润(万)	–206.33	–3727.48	–3475.22	–

阳光城集团股份有限公司

公司概况	公司名称	阳光城集团股份有限公司		证券简称	阳光城
	法人代表	林腾蛟	董秘 廖剑锋	证券代码	000671
	公司网址	www.sunshine-intl.com		电子信箱	sunshine000671@163.com
	电话	0591-83353145 88089227		传真	0591-88089227
	办公地址	福建省福州市鼓楼区乌山西路68号阳光乌山荣域A区二楼			
	经营范围	房地产、贸易等			

指标\报告期	2011.06.30	2010.12.31	2010.06.30	2009.12.31
每股收益(元)	0.1700	1.0500	0.2600	1.0800
每股收益(扣除)(元)	0.1617	1.0500	0.2700	1.0700
每股净资产(元)	3.4300	3.0200	3.1700	5.1500
调整后每股净资产(元)	–	–	–	–
每股资本公积金(元)	0.9828	0.7405	0.8652	2.0023
每股盈余公积金(元)	0.0887	0.0887	0.0830	0.1660
每股未分配利润(元)	1.3583	1.1912	1.2250	1.9844
每股现金净流量(元)	–1.0069	0.4652	–0.9344	1.4908
每股经营现金净流量(元)	–3.0513	–1.3495	–2.2591	4.6857
净资产收益率(扣除)(%)	5.1900	45.5800	9.6300	23.1200
净资产收益率(%)	4.8720	34.6420	8.3280	21.0140
总资产(万)	856198.20	590374.85	415647.90	332259.66
股东权益(万)	183841.93	161891.99	106303.00	86308.84
主营业务收入(万)	127382.23	319607.60	103909.61	222504.92
主营成本(万)	–	206012.12	–	178274.89
营业收入(万)	127676.27	320167.59	104206.15	223243.96
营业成本(万)	98853.29	206183.38	83362.83	178434.28
投资收益(万)	–	–	–	–
利润总额(万)	12182.04	74897.79	12231.52	23985.78
净利润(万)	8957.55	56082.93	8852.62	18136.96

山西当代投资股份有限公司

公司概况	公司名称	山西当代投资股份有限公司			证券简称	ST 当代
	法人代表	王春芳	董秘	陈雁峰	证券代码	000673
	公司网址	www.dtshuini.com		电子信箱	sxddtz@126.com	
	电 话	0352-5115996 5115991		传 真	0352-5115998	
	办公地址	山西省大同市魏都大道 370 号益丰商务大厦 A 座 18 层 A1A2				
	经营范围	硅酸盐水泥及水泥熟料的生产和销售				

主要财务指标	指标\报告期	2011.06.30	2010.12.31	2010.06.30	2009.12.31
	每股收益(元)	-0.0790	0.0280	-0.0550	-0.2200
	每股收益(扣除)(元)	-0.0786	-0.1600	-	-0.3800
	每股净资产(元)	-0.0590	-0.0073	-0.0897	-0.0300
	调整后每股净资产(元)	-	-	-	-
	每股资本公积金(元)	0.0361	0.0091	0.0091	0.0091
	每股盈余公积金(元)	0.1187	0.1187	0.1187	0.1187
	每股未分配利润(元)	-1.2137	-1.1350	-1.2174	-1.1627
	每股现金净流量(元)	-0.1941	0.1889	0.0003	0.0027
	每股经营现金净流量(元)	-0.1941	0.1889	0.0003	0.1515
	净资产收益率(扣除)(%)	-133.5700	-380.7253	-61.0100	-626.5231
	净资产收益率(%)	-	-131.1200	-	-293.7800
	总资产(万)	13228.79	15802.39	13848.27	14976.82
	股东权益(万)	-1224.86	-151.35	-1866.05	-727.59
	主营业务收入(万)	-	-	-	341.88
	主营成本(万)	-	-	-	462.35
	营业收入(万)	62.57	164.30	78.18	408.99
	营业成本(万)	22.59	103.99	68.34	499.34
	投资收益(万)	-	-	-	-
	利润总额(万)	-1636.06	576.24	-1138.46	-4558.53
	净利润(万)	-1636.06	576.24	-1138.46	-4558.53

河南思达高科技股份有限公司

公司概况	公司名称	河南思达高科技股份有限公司			证券简称	*ST 思达
	法人代表	刘双河	董秘	王西林	证券代码	000676
	公司网址	www.hnstar.com		电子信箱	wxl0676@sohu.com	
	电 话	0371-65793081 65793200		传 真	0371-65793200	
	办公地址	河南省郑州市高新技术产业开发区金梭路 38 号				
	经营范围	仪器、仪表、工业自动化设备、电子计算机软硬件及网络设备的开发等				

主要财务指标	指标\报告期	2011.06.30	2010.12.31	2010.06.30	2009.12.31
	每股收益(元)	-0.0562	0.0377	0.0399	-0.3162
	每股收益(扣除)(元)	-0.0740	-0.0232	-0.0587	-0.3133
	每股净资产(元)	1.1790	1.2356	1.1390	1.1100
	调整后每股净资产(元)	-	-	-	-
	每股资本公积金(元)	0.1561	0.1561	0.1494	0.0668
	每股盈余公积金(元)	0.1010	0.1010	0.1010	0.1010
	每股未分配利润(元)	-0.0777	-0.0215	-0.1115	-0.0591
	每股现金净流量(元)	0.1175	0.0087	-0.3296	0.0232
	每股经营现金净流量(元)	-0.0369	-0.0624	-0.1757	-0.0225
	净资产收益率(扣除)(%)	-5.1200	-1.9800	-3.5700	-24.7300
	净资产收益率(%)	-4.7690	3.0490	3.5040	-28.5212
	总资产(万)	116939.24	115931.49	113850.88	145564.52
	股东权益(万)	37102.43	38871.71	35828.80	34876.95
	主营业务收入(万)	33855.64	77483.06	35214.50	76561.67
	主营成本(万)	26946.70	58334.53	29121.44	65275.69
	营业收入(万)	34305.61	78405.06	35489.30	77806.59
	营业成本(万)	27284.94	58740.14	29301.14	66177.33
	投资收益(万)	-	-	-	-
	利润总额(万)	-1998.27	3232.10	1457.61	-10552.99
	净利润(万)	-1769.28	1185.36	1255.41	-9947.33

山东海龙股份有限公司

公司概况	公司名称	山东海龙股份有限公司			证券简称	ST 海 龙
	法人代表	袁明哲	董秘	袁明哲(代)	证券代码	000677
	公司网址	www.helon.net		电子信箱	HelonCompany@126.com	
	电 话	0536-2275007		传 真	0536-7252140	
	办公地址	山东省潍坊市寒亭区海龙路 555 号				
	经营范围	粘胶纤维、棉浆粕、帘帆布的生产与销售等				

主要财务指标	指标\报告期	2011.06.30	2010.12.31	2010.06.30	2009.12.31
	每股收益(元)	-0.3700	-0.4300	0.0200	0.1100
	每股收益(扣除)(元)	-0.3900	-0.5100	0.0130	0.0500
	每股净资产(元)	0.7100	1.1100	1.5600	1.5400
	调整后每股净资产(元)	-	-	-	-
	每股资本公积金(元)	0.0573	0.0885	0.0885	0.0885
	每股盈余公积金(元)	0.1437	0.1437	0.1437	0.1437
	每股未分配利润(元)	-0.4914	-0.1184	0.3302	0.3117
	每股现金净流量(元)	0.3060	0.4971	-0.4216	-0.1456
	每股经营现金净流量(元)	0.0260	0.0793	0.0407	0.2513
	净资产收益率(扣除)(%)	-	-39.1500	-	3.3500
	净资产收益率(%)	-52.5600	-38.6200	1.1830	7.3700
	总资产(万)	860642.49	796947.52	677424.78	670874.06
	股东权益(万)	61303.81	96225.23	134984.09	133387.82
	主营业务收入(万)	-	469341.85	210021.49	349036.04
	主营成本(万)	-	464345.53	187169.09	303386.23
	营业收入(万)	224256.20	472040.68	212124.88	351449.48
	营业成本(万)	220688.71	466963.90	188249.18	304251.88
	投资收益(万)	-	-	-	-
	利润总额(万)	-39235.90	-46851.26	1229.90	13683.18
	净利润(万)	-32221.42	-37162.58	1596.28	9831.93

襄阳汽车轴承股份有限公司

公司概况	公司名称	襄阳汽车轴承股份有限公司			证券简称	襄阳轴承
	法人代表	高少兵	董秘	廖永高	证券代码	000678
	公司网址	www.zxy.com.cn		电子信箱	xf_lyg@163.com	
	电 话	0710-3577209 3577678		传 真	0710-3564019	
	办公地址	湖北省襄阳市襄城区轴承路一号				
	经营范围	轴承及其零部件的生产、科研、销售及相关业务等				

主要财务指标	指标\报告期	2011.06.30	2010.12.31	2010.06.30	2009.12.31
	每股收益(元)	0.0080	0.0800	0.0280	0.0500
	每股收益(扣除)(元)	0.0103	0.0850	0.0470	-0.0410
	每股净资产(元)	1.6600	1.6500	1.5900	1.5700
	调整后每股净资产(元)	-	-	-	-
	每股资本公积金(元)	0.5419	0.5419	0.5419	0.5419
	每股盈余公积金(元)	-	0.2407	0.2407	0.2407
	每股未分配利润(元)	-	-0.1316	-0.1906	-0.2152
	每股现金净流量(元)	0.0261	0.0960	0.0178	-0.0476
	每股经营现金净流量(元)	0.0823	-0.0257	-0.1449	-0.0467
	净资产收益率(扣除)(%)	0.4640	5.0620	1.7410	3.0300
	净资产收益率(%)	0.4600	5.1900	1.7600	3.0400
	总资产(万)	103983.23	91918.17	86531.49	77850.25
	股东权益(万)	50210.83	50008.49	48183.29	47393.04
	主营业务收入(万)	44368.45	72397.87	39701.90	45709.93
	主营成本(万)	40801.14	62753.42	33940.13	37023.01
	营业收入(万)	47639.90	78760.56	42559.83	49248.02
	营业成本(万)	42134.89	65092.61	34847.74	40442.42
	投资收益(万)	97.06	-282.47	37.08	2541.65
	利润总额(万)	396.77	2606.68	1189.48	2036.76
	净利润(万)	231.78	2516.13	834.37	1427.88

大连友谊(集团)股份有限公司

公司名称	大连友谊(集团)股份有限公司			证券简称	大连友谊
法人代表	田益群	董秘	田益群(代)	证券代码	000679
公司网址	www.dlyy.com.cn		电子信箱	dfsc@mail.dlptt.ln.cn	
电话	0411-82630888 318 82802712		传真	0411-82650892	
办公地址	辽宁省大连市中山区七一街1号				
经营范围	商品零售、酒店、对船供应、旅游、进出口贸易、仓储、免税商品等				

指标\报告期	2011.06.30	2010.12.31	2010.06.30	2009.12.31
每股收益(元)	0.2290	1.0470	0.3390	0.7610
每股收益(扣除)(元)	0.2260	1.0290	0.3270	0.7530
每股净资产(元)	3.3420	4.7080	4.0000	3.8100
调整后每股净资产(元)	–	–	–	–
每股资本公积金(元)	0.2418	0.8617	0.8698	0.9108
每股盈余公积金(元)	0.4095	0.6143	0.5384	0.5384
每股未分配利润(元)	1.6905	2.2317	1.5914	1.3608
每股现金净流量(元)	–2.0381	5.4213	1.2348	0.3509
每股经营现金净流量(元)	–2.5169	3.5357	–0.5857	3.3163
净资产收益率(扣除)(%)	–	24.2500	–	21.9560
净资产收益率(%)	6.8620	22.2460	8.4440	19.9830
总资产(万)	814953.62	757715.69	559220.78	447276.38
股东权益(万)	119099.88	111856.17	95028.61	90525.96
主营业务收入(万)	–	358824.26	–	311357.66
主营成本(万)	–	225728.47	–	229255.78
营业收入(万)	147509.91	362587.70	144358.94	314647.62
营业成本(万)	102483.33	225779.11	100612.67	229327.74
投资收益(万)	–	–	–	–
利润总额(万)	16508.09	56758.41	16656.62	32764.98
净利润(万)	8172.48	24883.17	8044.82	18090.11

山推工程机械股份有限公司

公司名称	山推工程机械股份有限公司			证券简称	山推股份
法人代表	张秀文	董秘	王强	证券代码	000680
公司网址	www.shantui.com		电子信箱	wangq@shantui.com	
电话	0537-2909532		传真	0537-2315986 2340411	
办公地址	山东省济宁市高新区327国道58号				
经营范围	建筑工程机械、起重运输机械、矿山机械、农田基本建设机械等				

指标\报告期	2011.06.30	2010.12.31	2010.06.30	2009.12.31
每股收益(元)	0.6600	1.1100	0.6500	0.5600
每股收益(扣除)(元)	0.6364	1.0700	0.6400	0.5300
每股净资产(元)	5.7200	5.2700	4.8100	4.2600
调整后每股净资产(元)	–	–	–	–
每股资本公积金(元)	1.1938	1.1940	1.1941	1.1923
每股盈余公积金(元)	0.4073	0.4073	0.3034	0.3034
每股未分配利润(元)	3.1222	2.6632	2.3150	1.7647
每股现金净流量(元)	1.4804	0.5737	0.1777	0.2502
每股经营现金净流量(元)	–1.3655	0.2811	0.2711	0.5066
净资产收益率(扣除)(%)	11.4400	22.5700	13.9200	13.3100
净资产收益率(%)	11.5120	21.0050	13.5170	13.0521
总资产(万)	1447116.91	1069807.32	916428.07	633827.06
股东权益(万)	434553.69	399727.32	365349.37	323429.01
主营业务收入(万)	739359.88	1112443.37	587606.61	601499.81
主营成本(万)	608719.49	937605.54	497163.18	503603.38
营业收入(万)	924874.30	1339907.21	688626.03	695622.97
营业成本(万)	784735.54	1156525.46	594538.28	593520.60
投资收益(万)	–	–	–	–
利润总额(万)	74447.76	111065.34	61723.97	54003.79
净利润(万)	50027.28	83964.50	49383.02	42214.30

东方电子股份有限公司

公司名称	东方电子股份有限公司			证券简称	东方电子
法人代表	丁振华	董秘	王清刚	证券代码	000682
公司网址	www.dongfang-china.com		电子信箱	zhengquan@dongfang-china.com	
电话	0535-5520066		传真	0535-5520069	
办公地址	山东省烟台市芝罘区机场路2号				
经营范围	电力及工业自动化产品、电子产品及通信设备、电气机械及器材等				

指标\报告期	2011.06.30	2010.12.31	2010.06.30	2009.12.31
每股收益(元)	0.0073	0.0206	0.0098	0.0165
每股收益(扣除)(元)	0.0053	0.0148	0.0097	–
每股净资产(元)	1.3900	1.3800	1.3700	1.3600
调整后每股净资产(元)	–	–	–	–
每股资本公积金(元)	0.3494	0.3494	0.3496	0.3495
每股盈余公积金(元)	0.0040	0.0040	0.0020	0.0004
每股未分配利润(元)	0.0344	0.0272	0.0233	0.0087
每股现金净流量(元)	–0.2742	0.1543	–0.0908	–0.1194
每股经营现金净流量(元)	–0.1788	0.0914	–0.0889	–0.0875
净资产收益率(扣除)(%)	0.4300	1.0800	–	–
净资产收益率(%)	0.5230	1.4890	0.7860	1.2100
总资产(万)	182124.57	186554.24	171422.06	169044.46
股东权益(万)	135752.56	135043.06	134490.05	132893.81
主营业务收入(万)	48743.86	101569.27	42418.39	–
主营成本(万)	32319.37	69605.53	29218.68	–
营业收入(万)	49369.97	102717.92	42887.76	62129.00
营业成本(万)	32598.49	70140.20	29409.43	42668.63
投资收益(万)	–	–	–	–
利润总额(万)	1823.97	4028.88	1936.59	2637.14
净利润(万)	709.50	2011.29	961.93	1610.62

内蒙古远兴能源股份有限公司

公司名称	内蒙古远兴能源股份有限公司			证券简称	远兴能源
法人代表	贺占海	董秘	纪玉虎	证券代码	000683
公司网址	www.yuanxing.com		电子信箱	yxny@berun.cc	
电话	0477-8139874 8139873		传真	0477-8139833	
办公地址	内蒙古自治区鄂尔多斯市东胜区鄂托克西街博源大厦十二层				
经营范围	化工产品及其原材料的生产、销售等				

指标\报告期	2011.06.30	2010.12.31	2010.06.30	2009.12.31
每股收益(元)	0.0900	0.1400	0.0500	1.7800
每股收益(扣除)(元)	0.0900	0.0800	–0.0029	–0.2600
每股净资产(元)	2.9800	2.8800	2.6800	3.9800
调整后每股净资产(元)	–	–	–	–
每股资本公积金(元)	0.2456	0.2595	0.1535	0.7464
每股盈余公积金(元)	0.2162	0.2162	0.1966	0.3320
每股未分配利润(元)	1.4624	1.3603	1.2984	1.8670
每股现金净流量(元)	–0.1458	–0.5543	–0.5648	0.7120
每股经营现金净流量(元)	0.1679	0.3728	–0.0449	–1.5567
净资产收益率(扣除)(%)	3.0000	3.1000	2.0000	–8.0000
净资产收益率(%)	3.1070	5.0300	2.0040	44.6600
总资产(万)	587219.25	567410.37	554545.63	646231.78
股东权益(万)	229087.34	221035.12	206074.69	203708.17
主营业务收入(万)	138286.47	232118.18	90422.63	172514.37
主营成本(万)	87008.50	169812.47	71694.23	133860.25
营业收入(万)	138544.94	233336.17	91239.33	173973.23
营业成本(万)	87256.22	170995.46	72381.72	135007.20
投资收益(万)	–	–	–	–
利润总额(万)	21605.21	22485.54	6460.72	118541.13
净利润(万)	7117.83	11108.15	4129.21	90970.37

中山公用事业集团股份有限公司

公司概况	公司名称	中山公用事业集团股份有限公司			证券简称	中山公用
	法人代表	陈爱学	董秘	梁穆春	证券代码	000685
	公司网址	www.zpug.net		电子信箱	zpug@zpug.net	
	电　话	0760-88380018		传　真	0760-88380000	
	办公地址	广东省中山市兴中道18号财兴大厦北座				
	经营范围	公用事业的投资及管理,市场的经营及管理等				

主要财务指标	指标\报告期	2011.06.30	2010.12.31	2010.06.30	2009.12.31
	每股收益(元)	0.4300	1.1100	0.4400	1.3600
	每股收益(扣除)(元)	0.3946	1.0800	0.4300	1.3200
	每股净资产(元)	8.1600	7.9800	7.1400	7.0000
	调整后每股净资产(元)	–	–	–	–
	每股资本公积金(元)	0.9787	1.0356	0.8480	1.1435
	每股盈余公积金(元)	0.4132	0.4132	0.3092	0.3092
	每股未分配利润(元)	5.7640	5.5339	4.9869	4.5435
	每股现金净流量(元)	0.1588	0.0484	0.0992	0.0758
	每股经营现金净流量(元)	0.1922	0.1454	0.0158	0.4103
	净资产收益率(扣除)(%)	4.8900	14.3800	6.0100	20.9200
	净资产收益率(%)	5.2730	13.9410	6.1535	19.4980
	总资产(万)	650756.96	634633.94	593265.79	576318.81
	股东权益(万)	488527.46	478159.41	427921.37	419066.81
	主营业务收入(万)	35032.74	79867.39	32936.97	65241.84
	主营成本(万)	24835.59	54636.24	23347.80	43013.68
	营业收入(万)	36757.79	85393.69	36993.83	74672.17
	营业成本(万)	25912.49	57176.75	25629.71	48671.61
	投资收益(万)	–	–	–	–
	利润总额(万)	26810.45	69106.40	26840.04	83595.56
	净利润(万)	25760.19	66678.78	26332.25	81709.79

东北证券股份有限公司

公司概况	公司名称	东北证券股份有限公司			证券简称	东北证券
	法人代表	矫正中	董秘	徐冰	证券代码	000686
	公司网址	www.nesc.cn		电子信箱	dbzq@nesc.cn	
	电　话	0431-85096806		传　真	0431-85096816 85096556	
	办公地址	吉林省长春市自由大路1138号				
	经营范围	证券经纪业务、投资银行业务、证券投资业务等				

主要财务指标	指标\报告期	2011.06.30	2010.12.31	2010.06.30	2009.12.31
	每股收益(元)	0.1400	0.8200	0.1700	1.4300
	每股收益(扣除)(元)	0.1371	0.8200	0.1600	1.4300
	每股净资产(元)	5.2400	5.4200	4.6700	4.7800
	调整后每股净资产(元)	–	–	–	–
	每股资本公积金(元)	0.0833	0.1984	0.1010	0.2351
	每股盈余公积金(元)	0.4610	0.4610	0.3804	0.3804
	每股未分配利润(元)	2.7771	2.8381	2.4281	2.4054
	每股现金净流量(元)	–	–	–	–
	每股经营现金净流量(元)	–	–	–	–
	净资产收益率(扣除)(%)	–	–	–	–
	净资产收益率(%)	–	–	–	–
	总资产(万)	1456068.94	1957636.27	1644445.86	1878109.19
	股东权益(万)	–	–	–	–
	主营业务收入(万)	57789.41	45412.47	51038.65	199307.44
	主营成本(万)	–	–	–	–
	营业收入(万)	–	–	–	–
	营业成本(万)	–	–	–	–
	投资收益(万)	–	–	–	–
	利润总额(万)	10934.54	68587.27	13440.69	119021.46
	净利润(万)	8887.40	52713.32	11040.39	91287.59

保定天鹅股份有限公司

公司概况	公司名称	保定天鹅股份有限公司			证券简称	保定天鹅
	法人代表	王东兴	董秘	李斌	证券代码	000687
	公司网址	www.bd-swan.com		电子信箱	bdswan@bd-swan.cn	
	电　话	0312-3322326 3322262		传　真	0312-3322055	
	办公地址	河北省保定市新市区盛兴西路1369号				
	经营范围	粘胶纤维制造、销售;粘胶纤维的原辅材料的加工、销售等				

主要财务指标	指标\报告期	2011.06.30	2010.12.31	2010.06.30	2009.12.31
	每股收益(元)	0.1320	0.0880	-0.0090	0.1030
	每股收益(扣除)(元)	0.0204	-0.0450	-0.0140	-0.1320
	每股净资产(元)	1.7220	1.6950	1.6470	2.0570
	调整后每股净资产(元)	–	–	–	–
	每股资本公积金(元)	0.6868	0.7922	0.8409	1.2414
	每股盈余公积金(元)	0.0254	0.0254	0.0254	0.0254
	每股未分配利润(元)	0.0094	-0.1224	-0.2191	-0.2101
	每股现金净流量(元)	-0.0236	0.1314	0.1787	0.0169
	每股经营现金净流量(元)	-0.1621	0.0082	0.0486	0.0412
	净资产收益率(扣除)(%)	7.6540	5.1730	-0.5490	4.9900
	净资产收益率(%)	7.7100	4.6700	-0.4900	5.5600
	总资产(万)	165412.00	154198.56	145133.44	173162.09
	股东权益(万)	115482.74	113767.21	105752.98	132017.36
	主营业务收入(万)	45921.47	82279.39	39025.04	76882.09
	主营成本(万)	38167.03	74089.42	36637.90	70635.92
	营业收入(万)	46042.16	84882.41	39679.37	78411.82
	营业成本(万)	38309.50	75943.03	37482.91	71916.21
	投资收益(万)	6892.55	8251.05	1616.12	16165.76
	利润总额(万)	8770.88	5644.80	-619.92	7686.38
	净利润(万)	8454.14	5625.82	-580.38	6584.79

广东宝丽华新能源股份有限公司

公司概况	公司名称	广东宝丽华新能源股份有限公司			证券简称	宝新能源
	法人代表	宁远喜	董秘	刘沣	证券代码	000690
	公司网址	www.baolihua.com.cn		电子信箱	bxnygd@yahoo.com.cn	
	电　话	0753-2511298 38773338		传　真	0753-2511398 38770958	
	办公地址	广东省梅县华侨城香港大道宝丽华综合大楼 广州市天河北路中信广场61楼01-03号				
	经营范围	洁净煤燃烧技术发电和可再生能源发电,新能源电力生产、销售、开发等				

主要财务指标	指标\报告期	2011.06.30	2010.12.31	2010.06.30	2009.12.31
	每股收益(元)	0.0700	0.1900	0.0700	0.3300
	每股收益(扣除)(元)	0.0700	0.1900	0.0900	0.3000
	每股净资产(元)	1.8800	1.8500	1.7300	1.7200
	调整后每股净资产(元)	–	–	–	–
	每股资本公积金(元)	0.1906	0.1906	0.1906	0.4859
	每股盈余公积金(元)	0.2105	0.2105	0.1890	0.2835
	每股未分配利润(元)	0.4806	0.4457	0.3481	0.8137
	每股现金净流量(元)	-0.1007	0.4811	0.1555	-0.0776
	每股经营现金净流量(元)	0.1504	0.4103	0.1587	0.8548
	净资产收益率(扣除)(%)	–	10.5400	–	18.8700
	净资产收益率(%)	3.4510	10.3670	4.1870	18.7600
	总资产(万)	785396.95	737129.12	654531.24	644443.65
	股东权益(万)	324906.26	318872.84	298304.04	297326.31
	主营业务收入(万)	168610.60	307765.98	141508.92	293932.09
	主营成本(万)	134933.82	241154.48	111089.34	202727.67
	营业收入(万)	168662.41	307853.86	141551.42	294074.07
	营业成本(万)	134969.70	241220.78	111122.49	202841.37
	投资收益(万)	–	–	–	–
	利润总额(万)	16105.93	42491.67	15799.74	71073.35
	净利润(万)	11213.25	33057.28	12488.48	55773.62

海南亚太实业发展股份有限公司

公司概况					
	公司名称	海南亚太实业发展股份有限公司		证券简称	*ST 亚太
	法人代表	梁德根	董秘	梁德根(代)	证券代码	000691
	公司网址			电子信箱	hnyt000691@163.com
	电　话	0898-68528293		传　真	0898-68528695
	办公地址	海南省海口市国贸大道 56 号北京大厦 26 楼 G 座			
	经营范围	旅游业开发,高科技开发,商业贸易,建材、旅游工艺品、普通机械的批发等			

主要财务指标	指标\报告期	2011.06.30	2010.12.31	2010.06.30	2009.12.31
	每股收益(元)	-0.0111	0.0305	-0.0042	0.0203
	每股收益(扣除)(元)	-0.0111	-0.0226	-0.0042	0.0038
	每股净资产(元)	0.4261	0.4372	0.4026	0.4068
	调整后每股净资产(元)	-	-	-	-
	每股资本公积金(元)	0.3698	0.3698	0.3698	0.3698
	每股盈余公积金(元)	0.0471	0.0471	0.0471	0.0471
	每股未分配利润(元)	-0.9907	-0.9796	-1.0142	-1.0100
	每股现金净流量(元)	0.0013	-0.1084	-0.1085	0.1084
	每股经营现金净流量(元)	0.0013	-0.1080	-0.1085	-0.0743
	净资产收益率(扣除)(%)	-2.5600	-5.3500	-1.0400	0.8100
	净资产收益率(%)	-2.6090	6.9640	-1.0400	4.9967
	总资产(万)	22934.81	21700.70	45256.65	44628.83
	股东权益(万)	13775.35	14134.74	13014.94	13150.38
	主营业务收入(万)	270.10	971.46	-	-
	主营成本(万)	157.41	546.26	194.97	-
	营业收入(万)	270.10	971.46	-	-
	营业成本(万)	412.29	546.26	194.97	-
	投资收益(万)	-	-	-	-
	利润总额(万)	-365.18	1052.47	-138.87	653.35
	净利润(万)	-359.39	984.36	-135.44	657.09

沈阳惠天热电股份有限公司

公司概况					
	公司名称	沈阳惠天热电股份有限公司		证券简称	惠天热电
	法人代表	孙杰	董秘	李俊山	证券代码	000692
	公司网址	www.htrd.cn		电子信箱	ljs0519@126.com
	电　话	024-22928062 22939691		传　真	024-22939480
	办公地址	辽宁省沈阳市沈河区热闹路 47 号			
	经营范围	供暖;设备安装;工业管道、土建工程施工;非标准结构件制造、安装等			

主要财务指标	指标\报告期	2011.06.30	2010.12.31	2010.06.30	2009.12.31
	每股收益(元)	0.0918	0.1500	0.0361	0.1500
	每股收益(扣除)(元)	0.0054	0.0800	0.0032	0.0800
	每股净资产(元)	4.5500	4.4500	3.9100	3.8700
	调整后每股净资产(元)	-	-	-	-
	每股资本公积金(元)	2.4281	2.4281	2.4284	2.4138
	每股盈余公积金(元)	0.4131	0.4131	0.3943	0.3943
	每股未分配利润(元)	0.6292	0.5374	0.0132	-0.0008
	每股现金净流量(元)	-0.6776	-0.6271	-0.9196	1.3507
	每股经营现金净流量(元)	-2.0092	0.3913	-1.5788	1.6494
	净资产收益率(扣除)(%)	0.1200	2.0000	0.4400	5.0600
	净资产收益率(%)	2.0170	3.4450	0.4500	3.8800
	总资产(万)	272917.73	279871.89	256344.15	276191.90
	股东权益(万)	121263.06	118559.41	104214.42	103210.14
	主营业务收入(万)	66656.56	128913.82	66203.40	133409.29
	主营成本(万)	59085.55	113049.07	59680.62	105579.53
	营业收入(万)	66774.97	129134.55	66236.89	133566.84
	营业成本(万)	59099.15	113093.01	59702.73	105618.49
	投资收益(万)	-	-	-	-
	利润总额(万)	3628.89	5560.24	1322.33	6452.11
	净利润(万)	2446.03	4084.82	0.0361	4005.09

天津滨海能源发展股份有限公司

公司概况					
	公司名称	天津滨海能源发展股份有限公司		证券简称	滨海能源
	法人代表	冯兆一	董秘	郭锐	证券代码	000695
	公司网址	www.binhaienergy.com		电子信箱	bhe_ir@126.com
	电　话	022-66202230		传　真	022-66202232
	办公地址	天津市开发区第十一大街 27 号			
	经营范围	电力、蒸汽、热水生产及相关的生产技术咨询服务等			

主要财务指标	指标\报告期	2011.06.30	2010.12.31	2010.06.30	2009.12.31
	每股收益(元)	-0.0680	0.0200	-0.1930	-0.2100
	每股收益(扣除)(元)	-0.0707	-0.1600	-0.1920	-0.2088
	每股净资产(元)	1.2900	1.3500	1.1300	1.3255
	调整后每股净资产(元)	-	-	-	-
	每股资本公积金(元)	0.3585	0.3572	0.3558	0.3546
	每股盈余公积金(元)	0.0549	0.0549	0.0549	0.0549
	每股未分配利润(元)	-0.1281	-0.0597	-0.2768	-0.0840
	每股现金净流量(元)	-0.0782	-0.0230	-0.1572	-0.0607
	每股经营现金净流量(元)	-0.0461	0.1769	-0.0524	0.0307
	净资产收益率(扣除)(%)	-5.3170	1.7920	-17.0040	-15.8150
	净资产收益率(%)	-5.1800	1.8100	-15.6700	-14.5700
	总资产(万)	100294.25	102505.14	95826.51	96192.53
	股东权益(万)	31697.87	33139.12	28046.07	32318.31
	主营业务收入(万)	32854.12	67084.25	35956.95	57111.20
	主营成本(万)	-	68687.99	36698.46	58643.90
	营业收入(万)	36198.44	67344.38	32899.27	57341.85
	营业成本(万)	35994.56	68712.86	35994.56	58645.88
	投资收益(万)	-17.20	-18.15	-17.46	-9.29
	利润总额(万)	-1441.27	924.35	-4280.29	-4543.95
	净利润(万)	-1518.14	538.20	-4283.09	-4656.87

咸阳偏转股份有限公司

公司概况					
	公司名称	咸阳偏转股份有限公司		证券简称	*ST 偏转
	法人代表	郑毅	董秘	赵卫军	证券代码	000697
	公司网址	www.pianzhuan.com.cn		电子信箱	wjzhao@pianzhuan.com.cn
	电　话	029-33628567		传　真	029-33628885
	办公地址	陕西省咸阳市渭阳西路七十号			
	经营范围	彩色显像管用偏转线圈及其配套产品及设备、电子系列产品等			

主要财务指标	指标\报告期	2011.06.30	2010.12.31	2010.06.30	2009.12.31
	每股收益(元)	-0.0850	-0.3950	-0.1270	0.0680
	每股收益(扣除)(元)	-0.0900	-0.4000	-0.1270	-0.5300
	每股净资产(元)	1.8500	1.9400	1.9500	2.3300
	调整后每股净资产(元)	-	-	-	-
	每股资本公积金(元)	0.8948	0.8948	0.8948	0.8948
	每股盈余公积金(元)	0.6415	0.6415	0.6415	0.6415
	每股未分配利润(元)	-0.6855	-0.6009	-0.5816	-0.2058
	每股现金净流量(元)	-0.6791	0.2612	-0.0865	0.6399
	每股经营现金净流量(元)	-0.4212	0.0470	-0.0949	0.1629
	净资产收益率(扣除)(%)	-4.5600	-18.7700	-6.5200	-24.1200
	净资产收益率(%)	-4.5700	-20.4160	-6.5160	2.9317
	总资产(万)	61438.04	73605.17	82384.25	81112.11
	股东权益(万)	34537.76	36115.98	36476.83	43489.26
	主营业务收入(万)	28554.10	76214.02	41940.67	73508.68
	主营成本(万)	27580.03	75479.05	41927.85	72627.25
	营业收入(万)	28726.65	76722.42	42121.68	74363.00
	营业成本(万)	27731.01	75955.38	42157.03	73368.18
	投资收益(万)	-	-	-	-
	利润总额(万)	-1815.89	-7943.53	-2613.99	339.70
	净利润(万)	-1578.22	-7373.29	-2376.75	1274.98

沈阳化工股份有限公司

公司概况	公司名称	沈阳化工股份有限公司			证券简称	沈阳化工
	法人代表	王大壮	董秘	杨志国	证券代码	000698
	公司网址	www.sychem.com		电子信箱	000698@126.com	
	电 话	024-25553506		传 真	024-25553060	
	办公地址	辽宁省沈阳市铁西区卫工北街46号				
	经营范围	生产和销售化学工业原料等				

主要财务指标	指标\报告期	2011.06.30	2010.12.31	2010.06.30	2009.12.31
	每股收益(元)	0.2220	0.3300	0.1460	0.1000
	每股收益(扣除)(元)	0.2000	0.3000	–	0.0800
	每股净资产(元)	4.7800	4.5600	4.3800	4.2330
	调整后每股净资产(元)	–	–	–	–
	每股资本公积金(元)	2.0460	2.0460	2.0460	2.0460
	每股盈余公积金(元)	0.3720	0.3720	0.3658	0.3658
	每股未分配利润(元)	1.3619	1.1398	0.9657	0.8209
	每股现金净流量(元)	–0.3122	0.2783	–0.1737	–0.3913
	每股经营现金净流量(元)	–0.2364	1.0851	0.2081	0.2771
	净资产收益率(扣除)(%)	4.0900	6.7900	3.0000	1.9800
	净资产收益率(%)	4.6440	7.1320	3.3200	2.4520
	总资产(万)	703195.26	687343.07	700617.67	704500.77
	股东权益(万)	316055.91	301235.53	289803.81	279751.67
	主营业务收入(万)	542431.85	745035.23	374392.48	448031.21
	主营成本(万)	475464.11	648711.76	325185.09	368183.50
	营业收入(万)	544636.18	748408.02	376022.61	450581.22
	营业成本(万)	477295.32	651702.14	326372.78	369906.21
	投资收益(万)	–	–	–	–
	利润总额(万)	19444.25	21628.21	9442.67	5638.11
	净利润(万)	14678.45	21483.85	9622.14	6859.56

江南模塑科技股份有限公司

公司概况	公司名称	江南模塑科技股份有限公司			证券简称	模塑科技
	法人代表	曹克波	董秘	单陈燕	证券代码	000700
	公司网址	www.jnmpt.com		电子信箱	jnms@public1.wx.js.cn	
	电 话	0510-86242802		传 真	0510-86242818	
	办公地址	江苏省江阴市周庄镇长青路8号				
	经营范围	汽车零部件、塑料制品、模具、塑钢门窗、模塑高科技产品的开发、研制、销售等				

主要财务指标	指标\报告期	2011.06.30	2010.12.31	2010.06.30	2009.12.31
	每股收益(元)	0.0957	0.1100	0.0659	0.0800
	每股收益(扣除)(元)	0.0900	0.1000	0.0586	0.0700
	每股净资产(元)	2.5235	2.4378	2.3900	2.3265
	调整后每股净资产(元)	–	–	–	–
	每股资本公积金(元)	0.3413	0.3413	0.3374	0.3374
	每股盈余公积金(元)	0.4471	0.4471	0.4298	0.4298
	每股未分配利润(元)	0.7350	0.6493	0.6251	0.5592
	每股现金净流量(元)	0.2370	–0.1766	0.1479	0.5358
	每股经营现金净流量(元)	0.5336	0.3793	0.5646	1.1217
	净资产收益率(扣除)(%)	3.8100	4.1100	4.1000	2.9200
	净资产收益率(%)	3.7940	4.4040	2.7900	3.6437
	总资产(万)	366568.97	389423.74	359175.86	345487.13
	股东权益(万)	77987.96	75338.35	73932.75	71897.70
	主营业务收入(万)	93634.93	188845.13	82199.84	169923.47
	主营成本(万)	72745.16	140022.53	61660.72	125542.44
	营业收入(万)	97559.22	197085.13	90648.00	172735.30
	营业成本(万)	74765.91	147559.56	69568.41	128271.86
	投资收益(万)	–	–	–	–
	利润总额(万)	5091.53	9426.90	4465.52	13600.62
	净利润(万)	2958.65	3318.07	2035.05	2619.74

厦门信达股份有限公司

公司概况	公司名称	厦门信达股份有限公司			证券简称	厦门信达
	法人代表	周昆山	董秘	范丹	证券代码	000701
	公司网址	www.xindeco.com		电子信箱	board@xindeco.com.cn	
	电 话	0592-5608098		传 真	0592-6021391	
	办公地址	厦门市湖里区兴隆路27号第7层				
	经营范围	信息科技产品的生产及经营、信息咨询服务、仓储、房地产开发与经营等				

主要财务指标	指标\报告期	2011.06.30	2010.12.31	2010.06.30	2009.12.31
	每股收益(元)	0.1965	0.2380	0.1360	0.1994
	每股收益(扣除)(元)	0.1773	0.1444	0.1199	0.3680
	每股净资产(元)	3.0100	2.9700	2.8700	2.7314
	调整后每股净资产(元)	–	–	–	–
	每股资本公积金(元)	0.8460	0.8460	0.8465	0.8465
	每股盈余公积金(元)	0.1834	0.1834	0.1619	0.1619
	每股未分配利润(元)	0.9800	0.9335	0.8530	0.7170
	每股现金净流量(元)	1.6556	0.3519	0.4710	0.4520
	每股经营现金净流量(元)	–0.7194	0.3688	–0.7423	0.6903
	净资产收益率(扣除)(%)	5.7100	5.0700	4.2800	14.0500
	净资产收益率(%)	6.5190	8.0190	4.7430	7.3000
	总资产(万)	450709.26	336541.32	345446.78	256661.37
	股东权益(万)	72422.20	71303.10	68889.01	65621.54
	主营业务收入(万)	654527.36	1093098.79	497003.36	899236.46
	主营成本(万)	629349.00	1053224.72	474116.92	854877.87
	营业收入(万)	656037.15	1095893.93	498181.78	902661.31
	营业成本(万)	629679.94	1053317.67	474472.09	857190.17
	投资收益(万)	–	–	–	–
	利润总额(万)	8228.11	12595.98	7621.83	10983.50
	净利润(万)	4720.96	5718.03	3267.08	4791.74

湖南正虹科技发展股份有限公司

公司概况	公司名称	湖南正虹科技发展股份有限公司			证券简称	正虹科技
	法人代表	徐仲康	董秘	易小辉	证券代码	000702
	公司网址	www.chinazhjt.com.cn		电子信箱	zcb@chinazhjt.com.cn	
	电 话	0731-84599909		传 真	0731-84599999	
	办公地址	湖南省长沙市五一大道235号湘域中央一栋30楼				
	经营范围	各类饲料的研制、生产、销售;饲料原料销售等				

主要财务指标	指标\报告期	2011.06.30	2010.12.31	2010.06.30	2009.12.31
	每股收益(元)	0.0100	0.0300	–0.0200	0.0300
	每股收益(扣除)(元)	–0.0018	0.0100	–0.0400	0.0300
	每股净资产(元)	1.5500	1.5300	1.4800	1.5100
	调整后每股净资产(元)	–	–	–	–
	每股资本公积金(元)	0.6806	0.6806	0.6806	0.6806
	每股盈余公积金(元)	0.0878	0.0878	0.0878	0.0878
	每股未分配利润(元)	–0.2221	–0.2365	–0.2875	–0.2628
	每股现金净流量(元)	–0.1093	0.3151	0.4260	–0.0789
	每股经营现金净流量(元)	0.0580	0.2626	0.2775	0.0418
	净资产收益率(扣除)(%)	–0.1200	0.3600	0.3600	1.9800
	净资产收益率(%)	0.9280	1.7190	–1.6640	2.3130
	总资产(万)	105116.38	93172.56	104607.16	82644.95
	股东权益(万)	41228.32	40845.92	39486.80	40143.98
	主营业务收入(万)	73455.83	169388.73	70322.68	165216.90
	主营成本(万)	67127.65	155508.09	64786.28	149831.92
	营业收入(万)	74162.59	170562.40	70842.97	165883.30
	营业成本(万)	67394.65	155968.08	64945.51	150158.16
	投资收益(万)	–	–	–	–
	利润总额(万)	661.04	1793.89	–328.32	2454.60
	净利润(万)	382.39	701.95	–657.17	928.35

恒逸石化股份有限公司

公司概况	公司名称	恒逸石化股份有限公司			证券简称	恒逸石化
	法人代表	邱建林	董秘	郭丹	证券代码	000703
	公司网址	www.shijiguanghua.com		电子信箱	hysh@hengyi.com	
	电　　话	0571-83871991		传　　真	0571-83871992	
	办公地址	浙江省杭州市萧山区市心北路260号南岸明珠3栋				
	经营范围	实业投资;生产和销售化学纤维,化工原料及产品等				

主要财务指标	指标\报告期	2011.06.30	2010.12.31	2010.06.30	2009.12.31
	每股收益(元)	2.4900	0.0200	-0.0100	-0.1400
	每股收益(扣除)(元)	2.4200	-0.0300	-0.0200	-0.1400
	每股净资产(元)	8.0600	1.3200	1.2800	1.2900
	调整后每股净资产(元)	-	-	-	-
	每股资本公积金(元)	0.7675	4.4386	0.0082	0.0082
	每股盈余公积金(元)	0.1937	0.7765	0.2139	0.2139
	每股未分配利润(元)	6.0588	16.3827	0.0598	0.0695
	每股现金净流量(元)	0.7862	0.0116	-0.0372	-0.0393
	每股经营现金净流量(元)	2.0565	0.1450	-0.0114	0.1653
	净资产收益率(扣除)(%)	28.9300	-2.0300	-1.3800	-10.2700
	净资产收益率(%)	24.4500	1.2720	-0.7560	-10.8660
	总资产(万)	1953575.81	1382249.39	29495.89	30344.64
	股东权益(万)	465041.54	326960.76	18449.17	18588.67
	主营业务收入(万)	1235705.16	22233.52	10110.43	18311.35
	主营成本(万)	1054622.93	20095.78	9226.94	17209.13
	营业收入(万)	1376167.19	22311.45	10173.13	18389.51
	营业成本(万)	1190512.86	20172.38	9292.26	17285.74
	投资收益(万)	-	-	-	-
	利润总额(万)	179686.80	122.88	99.26	-2219.28
	净利润(万)	113701.79	241.63	-139.50	-2019.83

浙江震元股份有限公司

公司概况	公司名称	浙江震元股份有限公司			证券简称	浙江震元
	法人代表	宋逸婷	董秘	周黔莉	证券代码	000705
	公司网址	www.zjzy.com		电子信箱	000705@zjzy.com	
	电　　话	0575-85144161		传　　真	0575-85148805	
	办公地址	浙江省绍兴市解放北路289号				
	经营范围	医药商业的批发、零售和医药工业产品销售等				

主要财务指标	指标\报告期	2011.06.30	2010.12.31	2010.06.30	2009.12.31
	每股收益(元)	0.1262	0.1681	0.0920	0.1420
	每股收益(扣除)(元)	0.1326	0.1441	0.0795	0.1140
	每股净资产(元)	4.2400	4.1500	4.0300	3.9900
	调整后每股净资产(元)	-	-	-	-
	每股资本公积金(元)	2.0388	2.0797	2.0364	2.0215
	每股盈余公积金(元)	0.2391	0.2391	0.2305	0.2305
	每股未分配利润(元)	0.9578	0.8317	0.7638	0.7422
	每股现金净流量(元)	-0.2906	0.1480	-0.0082	-0.3025
	每股经营现金净流量(元)	-0.4409	0.3916	0.1693	0.2092
	净资产收益率(扣除)(%)	3.1610	3.5489	1.9700	2.9100
	净资产收益率(%)	2.9790	4.0510	2.2730	3.5500
	总资产(万)	109788.16	110373.39	100001.13	95251.84
	股东权益(万)	53085.65	52017.89	50516.26	50057.68
	主营业务收入(万)	85947.52	149212.25	75786.04	126648.09
	主营成本(万)	75909.29	132298.70	66559.88	111890.80
	营业收入(万)	86728.56	150327.87	76282.28	127603.77
	营业成本(万)	76055.41	132432.17	66597.04	112045.37
	投资收益(万)	-	-	-	-
	利润总额(万)	2011.81	2785.72	1539.39	2365.53
	净利润(万)	1581.17	2107.24	1148.28	1779.13

湖北双环科技股份有限公司

公司概况	公司名称	湖北双环科技股份有限公司			证券简称	双环科技
	法人代表	张忠华	董秘	张拥军	证券代码	000707
	公司网址	www.shkj.cn		电子信箱	sh0707@163.com	
	电　　话	0712-3591099		传　　真	0712-3591099	
	办公地址	湖北省应城市东马坊团结大道26号				
	经营范围	生产销售纯碱、氯化铵和氯化聚乙烯等				

主要财务指标	指标\报告期	2011.06.30	2010.12.31	2010.06.30	2009.12.31
	每股收益(元)	0.4210	0.1370	0.0620	0.0090
	每股收益(扣除)(元)	0.3941	0.1110	0.0380	-0.0350
	每股净资产(元)	4.1930	4.1000	3.9700	3.9100
	调整后每股净资产(元)	-	-	-	-
	每股资本公积金(元)	1.5298	1.8116	1.7558	1.7625
	每股盈余公积金(元)	0.3812	0.3812	0.3640	0.3640
	每股未分配利润(元)	1.2716	0.9005	0.8428	0.7806
	每股现金净流量(元)	-0.4535	0.4327	0.0425	-0.0501
	每股经营现金净流量(元)	1.0557	0.1650	-0.5207	0.6087
	净资产收益率(扣除)(%)	9.6600	2.8300	-	-0.8900
	净资产收益率(%)	10.0430	3.3440	1.5650	0.2344
	总资产(万)	711798.85	701611.18	582213.35	540951.03
	股东权益(万)	194626.93	190265.34	184199.95	181632.11
	主营业务收入(万)	218897.78	370081.52	159602.52	292134.13
	主营成本(万)	164837.52	300938.23	128699.25	241286.87
	营业收入(万)	222233.28	376788.95	162636.19	296663.63
	营业成本(万)	166426.19	303434.26	129882.56	243486.83
	投资收益(万)	-	-	-	-
	利润总额(万)	22226.26	6378.99	3406.61	1300.76
	净利润(万)	19546.82	6361.50	2883.25	425.80

大冶特殊钢股份有限公司

公司概况	公司名称	大冶特殊钢股份有限公司			证券简称	大冶特钢
	法人代表	俞亚鹏	董秘	郭培锋	证券代码	000708
	公司网址	www.dayesteel.com.cn		电子信箱	dytg0708@163.com	
	电　　话	0714-6297373		传　　真	0714-6297280	
	办公地址	湖北省黄石市黄石大道316号				
	经营范围	钢铁冶炼、钢材轧制、金属改制、压延加工、钢铁材料检测				

主要财务指标	指标\报告期	2011.06.30	2010.12.31	2010.06.30	2009.12.31
	每股收益(元)	0.7100	1.2500	0.6500	0.7410
	每股收益(扣除)(元)	0.6893	1.1920	0.6400	0.7370
	每股净资产(元)	5.8570	5.6500	5.0520	4.5490
	调整后每股净资产(元)	-	-	-	-
	每股资本公积金(元)	1.0807	1.0807	1.0807	1.0807
	每股盈余公积金(元)	0.5031	0.5031	0.3781	0.3781
	每股未分配利润(元)	3.2728	3.0658	2.5930	2.0906
	每股现金净流量(元)	0.3370	0.1411	0.0840	-0.6301
	每股经营现金净流量(元)	1.0779	0.8598	0.3308	0.2089
	净资产收益率(扣除)(%)	11.8100	23.4900	13.2200	17.4900
	净资产收益率(%)	12.0720	22.1300	12.9150	16.2800
	总资产(万)	474028.97	453705.45	406401.03	378350.51
	股东权益(万)	263200.78	253898.01	227031.53	204450.81
	主营业务收入(万)	424434.99	727859.72	355606.43	490350.68
	主营成本(万)	379214.33	650132.49	308423.95	442490.16
	营业收入(万)	453865.55	789302.35	385477.53	556118.47
	营业成本(万)	405824.44	708503.06	337996.79	503827.43
	投资收益(万)	-	-	-	-
	利润总额(万)	36312.22	64215.23	33510.69	38043.59
	净利润(万)	31773.19	56188.33	29321.85	33279.10

河北钢铁股份有限公司

公司概况	公司名称	河北钢铁股份有限公司			证券简称	河北钢铁
	法人代表	王义芳	董秘	李卜海	证券代码	000709
	公司网址	www.hebgtgf.com		电子信箱	hbgtgf@hebgtjt.com	
	电　　话	0311-66770709		传　　真	0311-66778711	
	办公地址	河北省石家庄市桥西区裕华西路 40 号				
	经营范围	钢铁冶炼、钢材轧制及销售等				

主要财务指标	指标\报告期	2011.06.30	2010.12.31	2010.06.30	2009.12.31
	每股收益(元)	0.1200	0.2100	0.1000	0.1400
	每股收益(扣除)(元)	0.1199	0.2000	0.1100	0.1500
	每股净资产(元)	4.4000	4.2800	4.1680	4.1600
	调整后每股净资产(元)	–	–	–	–
	每股资本公积金(元)	2.2171	2.2168	2.2168	4.2042
	每股盈余公积金(元)	0.2458	0.2458	0.2284	0.4332
	每股未分配利润(元)	0.9079	0.7911	0.7080	1.3339
	每股现金净流量(元)	–0.0204	–0.9105	–0.5065	0.4595
	每股经营现金净流量(元)	0.6063	0.2543	–0.1717	1.1504
	净资产收益率(扣除)(%)	–	4.8100	–	4.4800
	净资产收益率(%)	2.6530	4.7940	2.5110	3.2995
	总资产(万)	10644042.48	10493822.75	10242257.86	10273367.08
	股东权益(万)	3028054.47	2943135.95	2866418.13	2861693.21
	主营业务收入(万)	5953107.02	9804414.74	4862697.52	7195667.86
	主营成本(万)	5528400.63	9039922.48	4487165.66	6621158.82
	营业收入(万)	6859428.53	11691901.98	5868535.15	8718594.68
	营业成本(万)	6415538.46	10856953.96	5518054.79	8180693.92
	投资收益(万)	–	–	–	–
	利润总额(万)	101367.47	166397.35	86023.36	110698.40
	净利润(万)	80334.61	141083.10	71960.19	94420.19

成都天兴仪表股份有限公司

公司概况	公司名称	成都天兴仪表股份有限公司			证券简称	天兴仪表
	法人代表	文武	董秘	叶秀松	证券代码	000710
	公司网址	www.txyb.com.cn		电子信箱	china0710@163.com	
	电　　话	028-84613721		传　　真	028-84600581	
	办公地址	四川省成都市外东十陵镇公司办公楼				
	经营范围	摩托车与汽车部品的设计、生产、加工和销售等				

主要财务指标	指标\报告期	2011.06.30	2010.12.31	2010.06.30	2009.12.31
	每股收益(元)	0.0020	0.0534	0.0447	0.0691
	每股收益(扣除)(元)	0.0019	0.0490	0.0438	0.0622
	每股净资产(元)	0.7705	0.7685	0.7588	0.7151
	调整后每股净资产(元)	–	–	–	–
	每股资本公积金(元)	0.2376	0.2376	0.2376	0.2376
	每股盈余公积金(元)	0.0729	0.0729	0.0729	0.0729
	每股未分配利润(元)	–0.5401	–0.5421	–0.5517	–0.5955
	每股现金净流量(元)	–0.1468	–0.1315	0.0224	–0.1279
	每股经营现金净流量(元)	–0.1537	0.5039	0.3547	–0.0154
	净资产收益率(扣除)(%)	0.2500	6.6100	5.9500	9.1500
	净资产收益率(%)	0.2540	6.9510	5.8800	9.6680
	总资产(万)	36624.02	38326.60	38716.91	36626.21
	股东权益(万)	11649.25	11619.63	11473.43	10811.98
	主营业务收入(万)	15381.90	31628.22	17219.64	29167.31
	主营成本(万)	13655.28	26647.18	14696.99	24032.09
	营业收入(万)	24964.67	46416.12	24453.00	40895.62
	营业成本(万)	22958.95	40891.99	21692.63	35377.38
	投资收益(万)	–	–	–	–
	利润总额(万)	43.71	1040.67	686.08	985.87
	净利润(万)	29.62	807.65	675.11	1045.33

黑龙江天伦置业股份有限公司

公司概况	公司名称	黑龙江天伦置业股份有限公司			证券简称	天伦置业
	法人代表	许环曜	董秘	赵润涛	证券代码	000711
	公司网址	www.tlzy.com.cn		电子信箱	hljtlzy@126.com	
	电　　话	020-38303068 38303219		传　　真	020-38303000	
	办公地址	广州市天河路 45 号天伦大厦 25 楼				
	经营范围	物业租赁、房地产咨询业务等				

主要财务指标	指标\报告期	2011.06.30	2010.12.31	2010.06.30	2009.12.31
	每股收益(元)	0.1800	0.0900	0.0100	0.0300
	每股收益(扣除)(元)	0.0200	0.0800	0.0300	0.0500
	每股净资产(元)	3.3900	3.2300	3.1200	3.1500
	调整后每股净资产(元)	–	–	–	–
	每股资本公积金(元)	0.7603	0.7603	0.7603	0.7603
	每股盈余公积金(元)	0.2807	0.2807	0.2807	0.2807
	每股未分配利润(元)	1.3484	1.1925	1.0815	1.1041
	每股现金净流量(元)	1.5223	–0.4809	–0.7888	0.8325
	每股经营现金净流量(元)	0.6104	0.1007	0.1729	0.1682
	净资产收益率(扣除)(%)	0.5400	2.5500	0.9900	1.4600
	净资产收益率(%)	5.1910	2.7300	0.1640	0.8300
	总资产(万)	82825.77	79187.10	73510.27	81285.93
	股东权益(万)	36356.47	34683.67	33493.61	33736.14
	主营业务收入(万)	2938.13	6408.28	2751.31	5599.48
	主营成本(万)	701.94	1953.54	662.29	1462.99
	营业收入(万)	2938.13	6408.28	2751.31	5599.48
	营业成本(万)	701.94	1953.54	662.29	1462.99
	投资收益(万)	–	–	–	–
	利润总额(万)	2445.00	1124.02	117.09	433.24
	净利润(万)	1887.32	947.54	55.03	279.53

广东锦龙发展股份有限公司

公司概况	公司名称	广东锦龙发展股份有限公司			证券简称	锦龙股份
	法人代表	杨志茂	董秘	张丹丹	证券代码	000712
	公司网址	www.jlgf.com		电子信箱	jlgf000712@163.com	
	电　　话	0763-3369393		传　　真	0763-3362693	
	办公地址	广东省清远市方正二街 1 号锦龙大厦				
	经营范围	实业投资、房地产开发等				

主要财务指标	指标\报告期	2011.06.30	2010.12.31	2010.06.30	2009.12.31
	每股收益(元)	0.1840	0.5100	0.1380	0.6600
	每股收益(扣除)(元)	0.1850	0.5100	0.1420	0.5400
	每股净资产(元)	2.9900	2.8100	2.4400	2.3000
	调整后每股净资产(元)	–	–	–	–
	每股资本公积金(元)	0.0196	0.0196	0.0204	0.0204
	每股盈余公积金(元)	0.2916	0.2416	0.2416	0.1768
	每股未分配利润(元)	1.6819	1.5484	1.1790	1.1054
	每股现金净流量(元)	0.1321	–0.0090	–0.1798	0.0878
	每股经营现金净流量(元)	0.0512	0.1956	0.1990	0.2981
	净资产收益率(扣除)(%)	–	19.8500	–	27.8400
	净资产收益率(%)	6.1320	18.0720	5.6700	28.5170
	总资产(万)	137417.45	127652.92	115508.38	119604.63
	股东权益(万)	91174.91	85584.17	74358.07	70144.08
	主营业务收入(万)	3965.09	7788.33	3546.56	6932.80
	主营成本(万)	2393.80	4821.06	2190.54	4306.87
	营业收入(万)	4421.19	8826.57	3987.29	16201.21
	营业成本(万)	2552.89	5224.06	2323.79	8949.62
	投资收益(万)	–	–	–	–
	利润总额(万)	6029.23	16127.05	4545.87	21458.77
	净利润(万)	5590.74	15466.41	4213.99	20002.74

合肥丰乐种业股份有限公司

公司概况	公司名称	合肥丰乐种业股份有限公司			证券简称	丰乐种业
	法人代表	陈茂新	董秘	顾晓新	证券代码	000713
	公司网址	www.fengle.com.cn		电子信箱	gxx@fengle.com.cn	
	电　话	0551-2239888 2239955		传　真	0551-2239957	
	办公地址	安徽省合肥市长江西路501号丰乐大厦				
	经营范围	农作物种子、农药、专用肥、植物生长素、农化产品等				

主要财务指标	指标\报告期	2011.06.30	2010.12.31	2010.06.30	2009.12.31
	每股收益(元)	0.1689	0.3567	0.2786	0.2998
	每股收益(扣除)(元)	0.1576	0.2824	0.3076	0.1614
	每股净资产(元)	3.8200	3.7000	2.3968	2.5060
	调整后每股净资产(元)	–	–	–	–
	每股资本公积金(元)	1.6894	1.6894	0.3393	0.6072
	每股盈余公积金(元)	0.1818	0.1818	0.1611	0.1934
	每股未分配利润(元)	0.9158	0.7969	0.8740	0.6787
	每股现金净流量(元)	–0.8255	1.3615	–0.0880	0.0676
	每股经营现金净流量(元)	–0.1266	–0.0869	–0.2232	0.5292
	净资产收益率(扣除)(%)	4.4230	8.7090	12.8700	11.9620
	净资产收益率(%)	4.4900	15.7400	13.5100	12.2700
	总资产(万)	165263.45	188242.10	135679.53	143602.13
	股东权益(万)	115222.59	111682.50	65814.65	57487.11
	主营业务收入(万)	67477.84	150444.82	74712.99	104619.42
	主营成本(万)	51465.68	110593.73	50812.79	77472.01
	营业收入(万)	67477.84	150444.82	74712.99	104632.52
	营业成本(万)	51465.68	110593.73	50812.79	77472.01
	投资收益(万)	–	1743.35	95.15	390.42
	利润总额(万)	5479.65	11791.25	10163.85	7766.12
	净利润(万)	5048.16	9631.55	8327.54	6745.10

中兴-沈阳商业大厦(集团)股份有限公司

公司概况	公司名称	中兴-沈阳商业大厦(集团)股份有限公司			证券简称	中兴商业
	法人代表	刘芝旭	董秘	姜莉	证券代码	000715
	公司网址	www.zxbusiness.com		电子信箱	zxstock@vip.sina.com	
	电　话	024-23838888-3715		传　真	024-23408889	
	办公地址	辽宁省沈阳市和平区太原北街86号				
	经营范围	以商品零售、批发为主,兼营宾馆、餐饮等业务				

主要财务指标	指标\报告期	2011.06.30	2010.12.31	2010.06.30	2009.12.31
	每股收益(元)	0.1850	0.2400	0.1570	0.3300
	每股收益(扣除)(元)	0.1854	0.2200	0.1560	0.3400
	每股净资产(元)	3.7000	3.6100	3.6000	3.4500
	调整后每股净资产(元)	–	–	–	–
	每股资本公积金(元)	1.1352	1.1352	1.1352	1.1352
	每股盈余公积金(元)	0.3575	0.3399	0.3337	0.3184
	每股未分配利润(元)	1.2061	1.1384	1.1346	0.9920
	每股现金净流量(元)	0.1161	0.1662	0.1027	–0.0705
	每股经营现金净流量(元)	0.4855	0.9897	0.4941	0.9168
	净资产收益率(扣除)(%)	5.0000	6.0900	4.4200	10.2800
	净资产收益率(%)	5.0080	6.5870	4.3710	9.5460
	总资产(万)	182737.11	182576.16	151380.66	143346.84
	股东权益(万)	103197.69	100819.71	100539.77	96132.07
	主营业务收入(万)	175940.45	239473.80	136250.10	259393.31
	主营成本(万)	147268.32	199171.15	113007.96	216419.92
	营业收入(万)	179512.55	244374.13	138641.49	264170.78
	营业成本(万)	147268.32	199171.15	113007.96	216419.92
	投资收益(万)	–	–	–	–
	利润总额(万)	6890.73	8717.58	5858.90	12409.77
	净利润(万)	5168.05	6640.68	4394.17	9176.40

广西南方食品集团股份有限公司

公司概况	公司名称	广西南方食品集团股份有限公司			证券简称	*ST 南方
	法人代表	韦清文	董秘	龙耐坚	证券代码	000716
	公司网址	www.ndapjt.cm		电子信箱	nfkg008@sina.com	
	电　话	0771-5308096 5308080		传　真	0771-5308351 5308639	
	办公地址	广西南宁市双拥路36号				
	经营范围	对食品、管道燃气、物流、房地产、物业管理、航空服务项目的投资等				

主要财务指标	指标\报告期	2011.06.30	2010.12.31	2010.06.30	2009.12.31
	每股收益(元)	0.0530	0.9090	0.8615	–0.0240
	每股收益(扣除)(元)	0.0714	0.0670	–0.0770	0.1220
	每股净资产(元)	1.7020	1.6500	1.8300	0.7400
	调整后每股净资产(元)	–	–	–	–
	每股资本公积金(元)	1.0063	1.0063	1.1970	1.0063
	每股盈余公积金(元)	0.0507	0.0507	0.0507	0.0507
	每股未分配利润(元)	–0.3548	–0.4078	–0.4198	–1.3165
	每股现金净流量(元)	0.0224	–0.1221	–0.0828	0.3603
	每股经营现金净流量(元)	0.2462	0.0582	–0.1145	0.4933
	净资产收益率(扣除)(%)	4.4900	9.2900	–10.4400	16.2400
	净资产收益率(%)	3.1120	55.1000	47.1300	–3.1972
	总资产(万)	80917.57	83469.91	80199.89	82973.06
	股东权益(万)	30343.26	29398.87	32585.48	13200.01
	主营业务收入(万)	24928.93	41891.35	17123.58	33959.56
	主营成本(万)	15961.35	25452.08	10571.97	19253.87
	营业收入(万)	25140.27	42170.23	17265.43	34095.80
	营业成本(万)	16134.41	25698.85	10677.58	19353.94
	投资收益(万)	–	–	–	–
	利润总额(万)	1013.54	17721.77	16028.36	–1097.27
	净利润(万)	944.39	16198.85	15357.57	–422.03

广东韶钢松山股份有限公司

公司概况	公司名称	广东韶钢松山股份有限公司			证券简称	韶钢松山
	法人代表	余子权	董秘	刘二	证券代码	000717
	公司网址	www.sgss.com.cn		电子信箱	sgss@sgis.com.cn	
	电　话	0751-8787265		传　真	0751-8787676	
	办公地址	广东省韶关市曲江区				
	经营范围	制造、加工、销售钢铁冶金产品、金属制品、焦炭、煤化工产品等				

主要财务指标	指标\报告期	2011.06.30	2010.12.31	2010.06.30	2009.12.31
	每股收益(元)	0.0371	0.0125	0.0698	0.0555
	每股收益(扣除)(元)	0.0355	0.0135	0.0800	0.0439
	每股净资产(元)	3.5216	3.4843	3.5415	3.4722
	调整后每股净资产(元)	–	–	–	–
	每股资本公积金(元)	1.4874	1.4874	1.4874	1.4874
	每股盈余公积金(元)	0.3828	0.3828	0.3744	0.3744
	每股未分配利润(元)	0.6597	0.6226	0.6883	0.6185
	每股现金净流量(元)	0.0668	0.0300	–0.1738	–0.0248
	每股经营现金净流量(元)	1.6551	0.2369	0.0803	1.2347
	净资产收益率(扣除)(%)	1.0100	0.3900	2.3600	1.2700
	净资产收益率(%)	1.0550	0.3600	1.9720	1.6000
	总资产(万)	2424181.27	2309907.00	2039867.23	1834082.07
	股东权益(万)	587940.91	581718.95	591268.55	579695.89
	主营业务收入(万)	1104390.20	1852562.53	902699.25	1321768.51
	主营成本(万)	1052266.28	1773881.03	842678.38	1245671.22
	营业收入(万)	1114964.87	1883595.61	920507.53	1334967.95
	营业成本(万)	1062997.41	1804074.91	860092.41	1258496.05
	投资收益(万)	–	–	–	–
	利润总额(万)	7277.72	2481.47	13762.39	10951.77
	净利润(万)	6199.84	2094.50	11659.23	9269.60

苏宁环球股份有限公司

公司概况	公司名称	苏宁环球股份有限公司			证券简称	苏宁环球
	法人代表	张桂平	董秘	张桂平(代)	证券代码	000718
	公司网址	www.suning-universal.com			电子信箱	suning@suning.com.cn
	电　话	025-83247946			传　真	025-83247136
	办公地址	吉林省吉林市丰满区松江南路55号 江苏省南京市鼓楼区广州路188号17楼				
	经营范围	房地产开发经营与混凝土生产销售等				

主要财务指标	指标\报告期	2011.06.30	2010.12.31	2010.06.30	2009.12.31
	每股收益(元)	0.1997	0.4500	0.1693	0.4200
	每股收益(扣除)(元)	0.1997	0.4600	0.1716	0.4200
	每股净资产(元)	2.1700	2.0900	1.8100	1.6900
	调整后每股净资产(元)	–	–	–	–
	每股资本公积金(元)	0.1764	0.1764	0.1764	0.1764
	每股盈余公积金(元)	0.1053	0.1053	0.0811	0.0811
	每股未分配利润(元)	0.8888	0.8091	0.5494	0.4301
	每股现金净流量(元)	–0.1482	0.0501	0.5903	0.1597
	每股经营现金净流量(元)	–0.3429	–2.0052	–0.0075	–0.3150
	净资产收益率(扣除)(%)	8.8600	24.1100	9.8200	31.2100
	净资产收益率(%)	9.2000	21.6750	9.3690	24.8490
	总资产(万)	1621238.94	1521179.89	1054389.82	913898.68
	股东权益(万)	369560.88	355993.37	307657.80	287345.94
	主营业务收入(万)	146253.02	346727.48	170940.69	278837.43
	主营成本(万)	73960.68	181840.71	107199.85	133485.30
	营业收入(万)	146712.66	347349.21	171170.38	279313.05
	营业成本(万)	74121.50	182071.37	107315.17	133715.96
	投资收益(万)	–	–	–	–
	利润总额(万)	49744.39	117175.07	40949.02	108265.17
	净利润(万)	33999.44	77160.73	28825.16	71401.22

山东新能泰山发电股份有限公司

公司概况	公司名称	山东新能泰山发电股份有限公司			证券简称	ST 能山
	法人代表	张奇	董秘	初军	证券代码	000720
	公司网址	www.sz000720.com			电子信箱	xnts@sz000720.com
	电　话	0538-8232022			传　真	0538-8232000
	办公地址	山东省泰安市普照寺路5号				
	经营范围	电力生产、销售;电线电缆、电子产品、电器机械及器材、输变电设备等				

主要财务指标	指标\报告期	2011.06.30	2010.12.31	2010.06.30	2009.12.31
	每股收益(元)	–0.1239	–0.0101	0.0259	0.0199
	每股收益(扣除)(元)	–0.1242	–0.1212	–0.0818	–0.0850
	每股净资产(元)	0.9088	1.0306	1.0674	1.0393
	调整后每股净资产(元)	–	–	–	–
	每股资本公积金(元)	0.3437	0.3437	0.3428	0.3423
	每股盈余公积金(元)	0.1655	0.1655	0.1655	0.1655
	每股未分配利润(元)	–0.6026	–0.4787	–0.4427	–0.4687
	每股现金净流量(元)	–0.0200	–0.0020	0.0518	–0.3208
	每股经营现金净流量(元)	0.1223	0.1867	–0.0345	0.2092
	净资产收益率(扣除)(%)	–12.8100	–11.7100	–7.7800	–8.3800
	净资产收益率(%)	–13.6310	–0.9770	2.4270	1.9195
	总资产(万)	567463.67	562468.32	552098.92	584643.08
	股东权益(万)	78473.96	88987.56	92166.43	89735.16
	主营业务收入(万)	132544.58	262853.50	129647.52	240456.51
	主营成本(万)	130025.49	250261.36	122961.26	221394.79
	营业收入(万)	136895.43	275609.15	132946.50	276185.27
	营业成本(万)	132640.74	255483.59	125921.92	247069.93
	投资收益(万)	–	–	–	–
	利润总额(万)	–12509.85	–1753.22	1222.29	3633.74
	净利润(万)	–10696.70	–868.95	2237.18	1722.45

西安饮食股份有限公司

公司概况	公司名称	西安饮食股份有限公司			证券简称	西安饮食
	法人代表	李大有	董秘	李虎成	证券代码	000721
	公司网址	www.xcsg.com			电子信箱	xays000721@163.com
	电　话	029-82065865			传　真	029-82065899
	办公地址	西安市碑林区南二环西段27号西安旅游大厦6层				
	经营范围	国内商业,物资供销业;房地产开发;物业管理等				

主要财务指标	指标\报告期	2011.06.30	2010.12.31	2010.06.30	2009.12.31
	每股收益(元)	0.1504	0.1724	0.0319	0.2356
	每股收益(扣除)(元)	0.0375	0.0325	0.0314	0.0336
	每股净资产(元)	2.2256	2.0752	2.0847	2.0528
	调整后每股净资产(元)	–	–	–	–
	每股资本公积金(元)	0.1802	0.1802	0.1802	0.1802
	每股盈余公积金(元)	0.1784	0.1784	0.1629	0.1629
	每股未分配利润(元)	0.8670	0.7166	0.7417	0.7098
	每股现金净流量(元)	0.6112	–0.0256	0.0794	–0.0957
	每股经营现金净流量(元)	0.1432	0.2286	0.3233	0.4048
	净资产收益率(扣除)(%)	1.7600	1.5200	1.5200	1.7400
	净资产收益率(%)	6.7570	8.3070	1.5310	11.4750
	总资产(万)	71806.28	72388.03	74710.50	73519.38
	股东权益(万)	44406.78	41406.10	41595.89	40959.27
	主营业务收入(万)	29276.98	50623.50	25682.07	49092.67
	主营成本(万)	12732.18	20945.64	10783.85	19726.74
	营业收入(万)	30815.32	59215.14	26945.83	56364.92
	营业成本(万)	12732.18	24279.57	10783.85	22064.62
	投资收益(万)	–	–	–	–
	利润总额(万)	4188.97	4914.73	1042.96	6542.45
	净利润(万)	3000.68	3439.74	636.62	4700.12

山西美锦能源股份有限公司

公司概况	公司名称	山西美锦能源股份有限公司			证券简称	美锦能源
	法人代表	姚锦龙	董秘	朱庆华	证券代码	000723
	公司网址	www.mjenergy.com			电子信箱	jennyemail@126.com
	电　话	0351-4236095			传　真	0351-4236092
	办公地址	山西省太原市府西街92号同巨大酒店12层				
	经营范围	焦化厂、煤矿、煤层气的开发、投资,批发零售焦炭、金属材料、建材等				

主要财务指标	指标\报告期	2011.06.30	2010.12.31	2010.06.30	2009.12.31
	每股收益(元)	0.0700	0.0600	–0.0100	–0.0300
	每股收益(扣除)(元)	0.0667	0.0500	–0.0100	–0.0300
	每股净资产(元)	3.2900	3.2200	3.1300	3.2500
	调整后每股净资产(元)	–	–	–	–
	每股资本公积金(元)	0.3250	0.3250	0.3250	0.3250
	每股盈余公积金(元)	0.1512	0.1512	0.1512	0.1512
	每股未分配利润(元)	1.7935	1.7268	1.6552	1.7758
	每股现金净流量(元)	0.1254	–0.1740	–0.1949	–0.1626
	每股经营现金净流量(元)	0.1384	0.3366	0.1861	0.9379
	净资产收益率(扣除)(%)	2.0500	1.6800	–0.3200	–0.8900
	净资产收益率(%)	2.0240	1.8960	–0.3370	–0.9871
	总资产(万)	89326.74	92384.47	99949.79	99281.09
	股东权益(万)	45993.77	44925.20	43714.95	45397.92
	主营业务收入(万)	76633.79	136785.21	70278.23	86889.78
	主营成本(万)	70940.86	126422.69	64687.81	78564.37
	营业收入(万)	76633.79	136785.21	70278.23	86889.78
	营业成本(万)	70940.86	126422.69	64687.81	78564.37
	投资收益(万)	–	–	–	–
	利润总额(万)	1379.14	1287.78	–207.90	–528.95
	净利润(万)	931.11	851.74	–147.38	–448.11

京东方科技集团股份有限公司

公司概况						
	公司名称	京东方科技集团股份有限公司			证券简称	京东方 A
	法人代表	王东升	董秘	冯莉琼	证券代码	000725
	公司网址	www.boe.com.cn	电子信箱	fengliqiong@boe.com.cn		
	电　话	010-64318888	传　真	010-64366264		
	办公地址	北京市朝阳区酒仙桥路 10 号				
	经营范围	电子产品、通信设备、电子计算机软硬件的制造及购销等				

主要财务指标	指标\报告期	2011.06.30	2010.12.31	2010.06.30	2009.12.31
	每股收益(元)	−0.0900	−0.2420	−0.0650	0.0100
	每股收益(扣除)(元)	−0.0900	−0.2500	−0.0700	−0.1900
	每股净资产(元)	1.7500	2.2100	2.1100	2.1800
	调整后每股净资产(元)	–	–	–	–
	每股资本公积金(元)	1.1248	1.5517	1.3891	1.3934
	每股盈余公积金(元)	0.0369	0.0443	0.0603	0.0603
	每股未分配利润(元)	−0.4075	−0.3812	−0.3427	−0.2766
	每股现金净流量(元)	−0.5935	0.3432	−0.3788	1.4128
	每股经营现金净流量(元)	−0.0454	−0.0935	0.0004	0.0978
	净资产收益率(扣除)(%)	−5.2300	−12.1900	−3.1600	−9.2800
	净资产收益率(%)	−5.1250	−8.0300	−3.0990	0.2800
	总资产(万)	6375274.71	5422995.28	3860834.71	3061398.05
	股东权益(万)	2371854.17	2495501.30	1744634.52	1802969.57
	主营业务收入(万)	–	789969.53	–	608224.52
	主营成本(万)	–	819059.98	–	616776.10
	营业收入(万)	494003.40	802529.08	418642.99	624919.41
	营业成本(万)	534471.78	828815.30	412523.85	627664.94
	投资收益(万)	–	–	–	–
	利润总额(万)	−132924.80	−224136.02	−60269.45	−8194.73
	净利润(万)	−121548.45	−200381.31	−54070.62	4968.03

鲁泰纺织股份有限公司

公司概况						
	公司名称	鲁泰纺织股份有限公司			证券简称	鲁　泰 A
	法人代表	刘石祯	董秘	秦桂玲	证券代码	000726
	公司网址	www.lttc.com.cn	电子信箱	lttc@lttc.com.cn		
	电　话	0533-5285166 5418361	传　真	0533-5418833 5282188		
	办公地址	山东省淄博市淄川区山东省淄博市淄川区松龄东路 81 号				
	经营范围	生产、销售棉纱、色织布、衬衣、服装饰品、保健内衣等纺织品及其配套系列产品				

主要财务指标	指标\报告期	2011.06.30	2010.12.31	2010.06.30	2009.12.31
	每股收益(元)	0.4900	0.7400	0.3700	0.5700
	每股收益(扣除)(元)	0.4789	0.6700	0.3500	0.5900
	每股净资产(元)	4.6700	4.4300	4.0500	3.9400
	调整后每股净资产(元)	–	–	–	–
	每股资本公积金(元)	1.1379	1.1363	1.1363	1.1412
	每股盈余公积金(元)	0.4307	0.4307	0.3764	0.3764
	每股未分配利润(元)	2.1086	1.8644	1.5446	1.4258
	每股现金净流量(元)	0.0803	−0.0473	0.0469	−0.5740
	每股经营现金净流量(元)	0.4308	1.2123	0.2921	0.9969
	净资产收益率(扣除)(%)	10.5300	16.0200	8.7600	15.7000
	净资产收益率(%)	10.5780	16.7820	9.1000	14.5480
	总资产(万)	735525.52	701588.33	644478.99	630306.70
	股东权益(万)	464791.91	440413.34	403306.40	391966.07
	主营业务收入(万)	284457.08	476622.66	214544.80	382705.42
	主营成本(万)	187257.56	322150.76	142712.20	266620.48
	营业收入(万)	298081.31	502562.41	224685.09	403621.98
	营业成本(万)	196677.05	339061.12	148737.68	280189.09
	投资收益(万)	–	–	–	–
	利润总额(万)	62792.23	93486.11	46339.34	68009.98
	净利润(万)	49164.71	73909.16	36687.80	57021.83

南京华东电子信息科技股份有限公司

公司概况						
	公司名称	南京华东电子信息科技股份有限公司			证券简称	华东科技
	法人代表	司云聪	董秘	胡进文	证券代码	000727
	公司网址	www.hdeg.com	电子信箱	tzzxx@hdeg.com		
	电　话	025-68192836 68192835	传　真	025-68192828		
	办公地址	南京经济技术开发区恒通大道 19-1 号				
	经营范围	真空电子器件、电光源产品、显示器件、新型电子器件及电子材料生产销售等				

主要财务指标	指标\报告期	2011.06.30	2010.12.31	2010.06.30	2009.12.31
	每股收益(元)	−0.0322	−0.0297	−0.0409	0.0662
	每股收益(扣除)(元)	−0.0883	−0.1193	−0.0629	−0.1481
	每股净资产(元)	1.4180	1.4501	1.2736	1.4799
	调整后每股净资产(元)	–	–	–	–
	每股资本公积金(元)	1.3708	1.3708	1.3708	1.3708
	每股盈余公积金(元)	0.2760	0.2760	0.2760	0.2760
	每股未分配利润(元)	−1.2289	−1.1967	−1.3733	−1.1670
	每股现金净流量(元)	0.1316	−0.0242	−0.0293	0.0111
	每股经营现金净流量(元)	0.1752	0.3084	−0.0922	0.1259
	净资产收益率(扣除)(%)	−6.1600	−8.1400	−3.3700	−10.2300
	净资产收益率(%)	−2.2690	−2.0480	−4.1900	4.4723
	总资产(万)	112518.35	102970.16	103978.62	108527.91
	股东权益(万)	50926.77	52082.42	45741.46	53152.27
	主营业务收入(万)	33572.46	7945.71	27836.64	15062.43
	主营成本(万)	29909.41	7903.47	25609.21	15100.68
	营业收入(万)	33987.00	66237.67	28038.62	55225.98
	营业成本(万)	30060.50	60146.66	25874.13	52385.14
	投资收益(万)	–	–	–	–
	利润总额(万)	−1407.16	−3464.22	−1172.61	430.65
	净利润(万)	−1155.64	−1066.54	−1468.21	2377.11

国元证券股份有限公司

公司概况						
	公司名称	国元证券股份有限公司			证券简称	国元证券
	法人代表	凤良志	董秘	万士清	证券代码	000728
	公司网址	www.gyzq.com.cn	电子信箱	wansq@gyzq.com.cn		
	电　话	0551-2207323 2207968	传　真	0551-2207322		
	办公地址	安徽省合肥市寿春路 179 号				
	经营范围	经纪业务、承销业务、自营投资业务、资产管理业务、权证创设业务等				

主要财务指标	指标\报告期	2011.06.30	2010.12.31	2010.06.30	2009.12.31
	每股收益(元)	0.2200	0.4700	0.2100	0.6900
	每股收益(扣除)(元)	0.2220	0.4700	0.2100	0.6900
	每股净资产(元)	7.5700	7.6300	7.3800	7.7000
	调整后每股净资产(元)	–	–	–	–
	每股资本公积金(元)	5.0435	5.0138	5.0161	5.0497
	每股盈余公积金(元)	0.2585	0.2585	0.2141	0.2141
	每股未分配利润(元)	0.8018	0.8779	0.7575	1.0426
	每股现金净流量(元)	–	–	–	–
	每股经营现金净流量(元)	–	–	–	–
	净资产收益率(扣除)(%)	–	–	–	–
	净资产收益率(%)	–	–	–	–
	总资产(万)	2451181.66	2490070.88	2627859.25	2938560.42
	股东权益(万)	–	–	–	–
	主营业务收入(万)	103537.51	224204.16	93709.09	218543.01
	主营成本(万)	–	–	–	–
	营业收入(万)	–	–	–	–
	营业成本(万)	–	–	–	–
	投资收益(万)	–	–	–	–
	利润总额(万)	52957.61	119724.09	50776.45	132298.62
	净利润(万)	43977.68	92498.11	42201.22	103720.01

北京燕京啤酒股份有限公司

公司概况	公司名称	北京燕京啤酒股份有限公司			证券简称	燕京啤酒
	法人代表	李福成	董秘	刘翔宇	证券代码	000729
	公司网址	www.yanjing.com.cn		电子信箱	securities@yanjing.com.cn	
	电　话	010-89490729		传　真	010-89495569	
	办公地址	北京市顺义区双河路 9 号				
	经营范围	啤酒、矿泉水、啤酒原料、饲料、酵母、塑料箱的制造和销售等				

主要财务指标	指标＼报告期	2011.06.30	2010.12.31	2010.06.30	2009.12.31
	每股收益(元)	0.3629	0.6360	0.3294	0.5180
	每股收益(扣除)(元)	0.3471	0.5690	0.3107	0.4680
	每股净资产(元)	6.9200	6.7500	6.2400	6.0800
	调整后每股净资产(元)	–	–	–	–
	每股资本公积金(元)	3.2193	3.2193	3.0135	3.0183
	每股盈余公积金(元)	0.7258	0.7258	0.6286	0.6286
	每股未分配利润(元)	1.9723	1.8095	1.5999	1.4305
	每股现金净流量(元)	0.2167	0.3829	0.7055	0.1353
	每股经营现金净流量(元)	1.0588	1.2792	1.0939	1.7015
	净资产收益率(扣除)(%)	5.0300	8.9600	4.9800	7.9100
	净资产收益率(%)	5.2460	9.4180	5.2800	8.5310
	总资产(万)	1489102.00	1467070.39	1345367.97	1185593.62
	股东权益(万)	837190.21	817479.15	755451.51	735532.91
	主营业务收入(万)	602041.40	998859.87	488522.55	922739.40
	主营成本(万)	345688.64	577476.65	279263.82	550014.39
	营业收入(万)	618925.00	1029839.14	503544.35	949011.84
	营业成本(万)	359607.68	604172.20	291666.39	571295.41
	投资收益(万)	–	–	–	–
	利润总额(万)	63403.19	108790.05	56993.63	92834.56
	净利润(万)	43916.16	76987.33	39867.12	62749.30

四川美丰化工股份有限公司

公司概况	公司名称	四川美丰化工股份有限公司			证券简称	四川美丰
	法人代表	张晓彬	董秘	舒绍敏	证券代码	000731
	公司网址	www.scmeif.com		电子信箱	mf618000@sina.com	
	电　话	0838-2304235		传　真	0838-2304228	
	办公地址	四川省德阳市天山南路三段 55 号				
	经营范围	主营化学肥料、尿素、碳酸氢铵、合成氨、复肥及化工产品等				

主要财务指标	指标＼报告期	2011.06.30	2010.12.31	2010.06.30	2009.12.31
	每股收益(元)	0.2069	0.2013	0.1081	0.2753
	每股收益(扣除)(元)	0.1839	0.1694	0.1077	0.2975
	每股净资产(元)	3.8600	3.7400	3.6300	3.4000
	调整后每股净资产(元)	–	–	–	–
	每股资本公积金(元)	0.3254	0.3007	0.2737	0.0919
	每股盈余公积金(元)	0.7005	0.7040	0.6833	0.6833
	每股未分配利润(元)	1.8330	1.7347	1.6623	1.6241
	每股现金净流量(元)	0.0518	1.1608	1.5015	–0.4457
	每股经营现金净流量(元)	0.2965	0.3465	0.3170	0.4205
	净资产收益率(扣除)(%)	5.3610	5.3820	2.9760	8.0990
	净资产收益率(%)	5.4800	5.6700	3.1700	8.2900
	总资产(万)	375843.73	364758.10	365870.42	289642.70
	股东权益(万)	196506.69	189542.79	185225.62	173097.57
	主营业务收入(万)	206703.81	335956.95	216567.55	365566.42
	主营成本(万)	187530.33	311118.66	203290.96	337187.32
	营业收入(万)	206703.81	336555.72	216567.55	366316.51
	营业成本(万)	187530.33	311711.84	203290.96	337252.59
	投资收益(万)	387.89	–2065.39	–1250.59	478.20
	利润总额(万)	12786.29	11279.93	6000.39	9289.49
	净利润(万)	10390.90	10059.80	5405.61	13759.74

泰禾集团股份有限公司

公司概况	公司名称	泰禾集团股份有限公司			证券简称	泰禾集团
	法人代表	黄其森	董秘	丁艳	证券代码	000732
	公司网址	www.thaihot.com.cn		电子信箱	dongmi@thaihot.com.cn	
	电　话	0591-87800884		传　真	0591-87810369	
	办公地址	福建省福州市湖东路 298 号伊法达大厦四楼				
	经营范围	农药生产,危险化学品批发;粘合剂、制药机械、仪器仪表、金属材料、通信设备的销售等				

主要财务指标	指标＼报告期	2011.06.30	2010.12.31	2010.06.30	2009.12.31
	每股收益(元)	0.0230	0.3300	0.1124	0.3916
	每股收益(扣除)(元)	0.0214	0.3390	0.1051	–0.0090
	每股净资产(元)	1.6565	1.6336	1.4136	5.6900
	调整后每股净资产(元)	–	–	–	–
	每股资本公积金(元)	0.5692	0.5692	0.5702	5.8488
	每股盈余公积金(元)	0.0715	0.0715	0.0715	0.3120
	每股未分配利润(元)	0.0159	–0.0071	–0.2280	–1.4712
	每股现金净流量(元)	–0.4534	0.2619	0.1366	–0.3759
	每股经营现金净流量(元)	–1.2734	0.7060	0.2625	2.2856
	净资产收益率(扣除)(%)	–	23.9200	–	–2.6800
	净资产收益率(%)	1.3870	20.1990	7.9490	30.0416
	总资产(万)	704195.67	518102.76	586669.43	523705.20
	股东权益(万)	168499.13	166161.94	143792.63	132599.60
	主营业务收入(万)	35719.65	270377.19	59187.30	30711.64
	主营成本(万)	21057.80	182729.56	32527.48	28334.70
	营业收入(万)	36289.46	271225.12	59561.84	153212.20
	营业成本(万)	21263.79	183211.21	32726.95	89577.75
	投资收益(万)	–	–	–	–
	利润总额(万)	3400.86	46832.87	15949.06	50047.53
	净利润(万)	2337.76	33562.34	11430.00	39835.08

中国振华(集团)科技股份有限公司

公司概况	公司名称	中国振华(集团)科技股份有限公司			证券简称	振华科技
	法人代表	陈中	董秘	齐靖	证券代码	000733
	公司网址	www.czst.com.cn		电子信箱	qijing@czelec.com.cn	
	电　话	0851-6301078 6301022		传　真	0851-6302674	
	办公地址	贵州省贵阳市乌当区新添大道北段 268 号				
	经营范围	电子信息产品的研制与生产经营				

主要财务指标	指标＼报告期	2011.06.30	2010.12.31	2010.06.30	2009.12.31
	每股收益(元)	0.0700	0.1000	0.0600	0.0900
	每股收益(扣除)(元)	0.0638	0.0400	0.0600	0.0300
	每股净资产(元)	5.7400	5.6700	5.5600	5.5300
	调整后每股净资产(元)	–	–	–	–
	每股资本公积金(元)	3.9620	3.9672	3.8729	3.9250
	每股盈余公积金(元)	0.2076	0.2076	0.2035	0.1984
	每股未分配利润(元)	0.5691	0.4986	0.4808	0.4035
	每股现金净流量(元)	–0.2953	–0.1126	0.0302	0.2263
	每股经营现金净流量(元)	0.0040	0.1690	0.0832	0.2247
	净资产收益率(扣除)(%)	1.1200	0.7000	1.1300	0.6100
	净资产收益率(%)	1.2280	1.8370	1.0290	1.5600
	总资产(万)	377105.99	342703.73	329019.26	318196.73
	股东权益(万)	205511.87	203175.08	199012.11	197932.06
	主营业务收入(万)	183406.30	283944.54	134189.97	215800.38
	主营成本(万)	156451.26	238762.52	112864.22	176345.97
	营业收入(万)	186970.48	290908.23	136863.05	220713.51
	营业成本(万)	159344.97	244624.54	115007.22	179859.51
	投资收益(万)	–	–	–	–
	利润总额(万)	4085.32	6051.23	3505.72	6093.44
	净利润(万)	2523.40	3731.90	2047.45	3078.50

海口农工贸(罗牛山)股份有限公司

公司概况	公司名称	海口农工贸(罗牛山)股份有限公司			证券简称	罗 牛 山
	法人代表	胡电铃	董秘	宋岚	证券代码	000735
	公司网址	www.luoniushan.com		电子信箱	lns@luoniushan.com	
	电 话	0898-68581213 68585243		传 真	0898-68581830 68581213	
	办公地址	海南省海口市珠江广场帝豪大厦9楼				
	经营范围	生产销售生猪、鸡、鲜鸡蛋、无公害蔬菜等农副产品,并投资于教育产业等				

主要财务指标	指标\报告期	2011.06.30	2010.12.31	2010.06.30	2009.12.31
	每股收益(元)	0.0121	0.0330	0.0046	0.0700
	每股收益(扣除)(元)	–	–0.0180	–0.0450	–0.0160
	每股净资产(元)	1.8100	1.8000	1.7800	1.7700
	调整后每股净资产(元)	–	–	–	–
	每股资本公积金(元)	0.2447	0.2447	0.2392	0.2449
	每股盈余公积金(元)	0.1247	0.1247	0.1247	0.1247
	每股未分配利润(元)	0.4445	0.4325	0.4164	0.3993
	每股现金净流量(元)	0.0478	0.0500	0.0400	0.2570
	每股经营现金净流量(元)	0.0683	0.0728	0.0160	0.1634
	净资产收益率(扣除)(%)	0.0200	–1.0100	–2.5100	–0.9200
	净资产收益率(%)	0.6650	1.8400	0.2600	3.9350
	总资产(万)	333868.43	291146.55	259628.56	245790.56
	股东权益(万)	159645.64	158584.50	156692.09	155683.37
	主营业务收入(万)	37813.00	85715.25	35447.11	79441.10
	主营成本(万)	32495.89	79542.06	34234.23	70549.54
	营业收入(万)	39105.85	88240.48	36896.82	81871.42
	营业成本(万)	32721.64	80318.92	34526.30	70940.62
	投资收益(万)	–	–	–	–
	利润总额(万)	1281.06	3396.53	484.38	6651.68
	净利润(万)	1061.14	2917.75	404.58	6125.63

重庆国际实业投资股份有限公司

公司概况	公司名称	重庆国际实业投资股份有限公司			证券简称	重庆实业
	法人代表	沈东进	董秘	田玉利	证券代码	000736
	公司网址	www.china-propertyholding.com		电子信箱	zqb@000736.net	
	电 话	023-67530016		传 真	023-67530016	
	办公地址	重庆市渝北区洪湖东路9号财富大厦B座9楼				
	经营范围	房地产开发经营业务,实业投资等				

主要财务指标	指标\报告期	2011.06.30	2010.12.31	2010.06.30	2009.12.31
	每股收益(元)	0.0200	0.4300	0.0300	0.3500
	每股收益(扣除)(元)	0.0246	0.2200	0.0300	0.1300
	每股净资产(元)	4.6100	4.5800	4.1700	4.0600
	调整后每股净资产(元)	–	–	–	–
	每股资本公积金(元)	1.7200	1.7200	1.7254	1.6370
	每股盈余公积金(元)	0.1040	0.1040	0.0765	0.0765
	每股未分配利润(元)	1.7818	1.7570	1.3720	1.3466
	每股现金净流量(元)	0.0971	–0.3127	–0.0969	0.8975
	每股经营现金净流量(元)	–0.3314	–1.0959	–0.7406	–0.3701
	净资产收益率(扣除)(%)	–	5.1900	–	3.4900
	净资产收益率(%)	0.5380	9.4480	0.6090	8.5740
	总资产(万)	246999.77	212392.56	207773.39	196644.15
	股东权益(万)	136881.28	136144.96	124045.24	120665.07
	主营业务收入(万)	3490.38	42788.40	14940.36	4533.54
	主营成本(万)	1508.55	32813.87	11481.84	1510.09
	营业收入(万)	3566.57	43159.12	14979.27	7845.76
	营业成本(万)	1531.74	32890.11	11514.58	3221.81
	投资收益(万)	–	–	–	–
	利润总额(万)	783.97	13847.13	966.63	10846.93
	净利润(万)	736.31	12863.43	755.32	10345.63

南风化工集团股份有限公司

公司概况	公司名称	南风化工集团股份有限公司			证券简称	*ST 南风
	法人代表	万建军	董秘	朱奇立	证券代码	000737
	公司网址	www.nafine.com		电子信箱	nafine@nafine.com	
	电 话	0359-8967016 8967017 8967022		传 真	0359-8967035	
	办公地址	山西省运城市解放路294号				
	经营范围	生产销售工业无机盐系列产品,日用化工系列产品,医药产品,化肥系列产品				

主要财务指标	指标\报告期	2011.06.30	2010.12.31	2010.06.30	2009.12.31
	每股收益(元)	0.0219	–0.9317	–0.1582	–1.2200
	每股收益(扣除)(元)	–0.0163	–0.9170	–0.1652	–1.0129
	每股净资产(元)	0.5400	0.5200	1.2400	1.4500
	调整后每股净资产(元)	–	–	–	–
	每股资本公积金(元)	1.1537	1.1537	1.1516	1.1516
	每股盈余公积金(元)	0.1620	0.1620	0.1635	0.1635
	每股未分配利润(元)	–1.7757	–1.7977	–1.0731	–0.8675
	每股现金净流量(元)	–0.0348	–0.1723	0.1030	0.3188
	每股经营现金净流量(元)	0.2424	0.1977	–0.0459	–0.1003
	净资产收益率(扣除)(%)	4.0622	–179.8660	–12.7411	–84.2778
	净资产收益率(%)	–	–94.8000	–	–58.8000
	总资产(万)	359550.85	346813.63	390116.47	372894.12
	股东权益(万)	55103.57	50251.07	95439.42	99011.87
	主营业务收入(万)	137251.00	269118.79	128871.15	231666.00
	主营成本(万)	103996.14	213596.83	100415.91	199027.14
	营业收入(万)	144358.21	276917.44	134689.50	238949.46
	营业成本(万)	109654.10	218478.51	105217.02	205219.06
	投资收益(万)	124.45	172.96	118.20	108.82
	利润总额(万)	6988.16	–46434.36	–4308.66	–66988.88
	净利润(万)	1203.61	–51128.49	–8683.87	–66949.52

中航动力控制股份有限公司

公司概况	公司名称	中航动力控制股份有限公司			证券简称	中航动控
	法人代表	高华	董秘	杨刚强	证券代码	000738
	公司网址	www.chinasatc.com		电子信箱	wwm326510@163.com	
	电 话	0510-85706075 0510-85707738 85706090		传 真	0510-85500738	
	办公地址	湖南省株洲市董家塅宇航公司办公大楼 江苏省无锡市梁溪路792号				
	经营范围	航空、航天发动机控制系统产品的研制、生产、销售、修理等				

主要财务指标	指标\报告期	2011.06.30	2010.12.31	2010.06.30	2009.12.31
	每股收益(元)	0.0800	0.1800	0.0600	0.1500
	每股收益(扣除)(元)	0.0736	0.1600	0.0600	0.0800
	每股净资产(元)	2.5400	2.4500	2.3200	2.2600
	调整后每股净资产(元)	–	–	–	–
	每股资本公积金(元)	1.3919	1.3808	1.3755	1.3741
	每股盈余公积金(元)	0.0183	0.0183	0.0183	0.0183
	每股未分配利润(元)	0.1330	0.0490	–0.0723	–0.1303
	每股现金净流量(元)	–0.2333	0.2626	–0.0373	0.1126
	每股经营现金净流量(元)	–0.1369	0.5864	0.1749	0.0914
	净资产收益率(扣除)(%)	2.9500	6.7200	2.4800	2.1500
	净资产收益率(%)	3.3040	7.3240	2.4660	6.5300
	总资产(万)	417257.80	384817.95	379592.75	374481.77
	股东权益(万)	239777.13	230815.05	218867.89	213279.27
	主营业务收入(万)	84757.54	150565.09	72749.90	159690.37
	主营成本(万)	62206.69	104749.79	52116.55	110177.53
	营业收入(万)	85561.66	151435.86	73352.93	160969.32
	营业成本(万)	62951.68	106113.36	52232.58	110649.44
	投资收益(万)	–	–	–	–
	利润总额(万)	9509.47	20908.61	7413.11	17894.72
	净利润(万)	7922.08	16905.77	5397.78	13923.06

普洛股份有限公司

公司概况	公司名称	普洛股份有限公司			证券简称	普洛股份
	法人代表	徐文财	董秘	阎国强	证券代码	000739
	公司网址	www.apeloa.com		电子信箱	yangq@apeloa.com	
	电　话	0532-83870898 83870896		传　真	0532-83890739	
	办公地址	山东省青岛市市南区湛山一路16号				
	经营范围	医药化工产品的研制、生产和销售等				

	指标\报告期	2011.06.30	2010.12.31	2010.06.30	2009.12.31
主要财务指标	每股收益(元)	-0.0422	0.0927	0.0358	0.1328
	每股收益(扣除)(元)	-0.0507	0.0680	0.0331	0.1187
	每股净资产(元)	3.0400	3.0800	3.0400	3.0100
	调整后每股净资产(元)	-	-	-	-
	每股资本公积金(元)	1.3128	1.3128	1.3128	1.3128
	每股盈余公积金(元)	0.1372	0.1372	0.1349	0.1349
	每股未分配利润(元)	0.5859	0.6281	0.5936	0.5578
	每股现金净流量(元)	0.0070	0.1125	0.4247	-0.1238
	每股经营现金净流量(元)	0.0962	0.4715	0.5341	0.8113
	净资产收益率(扣除)(%)	-	2.2400	-	4.0200
	净资产收益率(%)	-1.3900	3.0100	1.1800	4.4173
	总资产(万)	190015.42	184457.37	188637.94	174969.01
	股东权益(万)	77943.86	79027.47	78081.30	77162.01
	主营业务收入(万)	90806.35	150393.46	79782.84	134575.30
	主营成本(万)	77899.61	118734.47	64778.41	105001.20
	营业收入(万)	91326.38	152098.53	81111.84	136785.37
	营业成本(万)	77962.25	120112.48	65807.04	106892.69
	投资收益(万)	-	-	-	-
	利润总额(万)	-1127.56	2734.51	1399.95	3777.01
	净利润(万)	-1083.61	2378.93	919.28	3408.51

长城信息产业股份有限公司

公司概况	公司名称	长城信息产业股份有限公司			证券简称	长城信息
	法人代表	何明	董秘	王习发	证券代码	000748
	公司网址	www.gwi.com.cn		电子信箱	gwizqb@gwi.com.cn	
	电　话	0731-84932861		传　真	0731-84932862	
	办公地址	湖南省长沙市经济技术开发区东三路5号				
	经营范围	计算机终端及外部设备、金融机具、税控机具及商用电子设备等				

	指标\报告期	2011.06.30	2010.12.31	2010.06.30	2009.12.31
主要财务指标	每股收益(元)	0.0500	0.0900	0.0600	0.6400
	每股收益(扣除)(元)	0.0440	0.0800	0.0400	-0.0900
	每股净资产(元)	3.0700	3.0800	2.8800	3.0800
	调整后每股净资产(元)	-	-	-	-
	每股资本公积金(元)	1.1746	1.1746	1.1229	1.1229
	每股盈余公积金(元)	0.2383	0.2383	0.2383	0.2383
	每股未分配利润(元)	0.6581	0.6630	0.5182	0.7212
	每股现金净流量(元)	-0.5216	-0.0366	-0.3060	0.8376
	每股经营现金净流量(元)	-0.4311	0.1089	-0.3023	0.1414
	净资产收益率(扣除)(%)	1.4400	2.5100	1.4700	-3.0700
	净资产收益率(%)	1.4660	3.0160	2.0400	20.7933
	总资产(万)	189608.53	187312.15	186022.91	177204.44
	股东权益(万)	115333.30	115520.88	108140.07	115765.34
	主营业务收入(万)	34820.50	97577.95	38051.88	108056.01
	主营成本(万)	26441.41	77373.51	31768.01	92998.42
	营业收入(万)	36806.01	103287.32	41271.78	111809.53
	营业成本(万)	27991.76	82398.30	34578.74	97004.16
	投资收益(万)	-	-	-	-
	利润总额(万)	2057.16	5091.79	2688.75	28137.92
	净利润(万)	1690.23	3484.01	2207.38	24071.41

国海证券股份有限公司

公司概况	公司名称	国海证券股份有限公司			证券简称	国海证券
	法人代表	张雅锋	董秘	张雅锋(代)	证券代码	000750
	公司网址	www.guilinjiqi.com.cn		电子信箱	www.guilinjiqi.com.cn	
	电　话	0771-5539038 5569592		传　真	0771-5530903	
	办公地址	广西壮族自治区南宁市滨湖路46号国海大厦				
	经营范围	证券经纪,证券投资咨询等				

	指标\报告期	2011.06.30	2010.12.31	2010.06.30	2009.12.31
主要财务指标	每股收益(元)	0.2800	-0.0900	0.2800	-0.0900
	每股收益(扣除)(元)	0.2800	-0.0904	0.2800	-0.0904
	每股净资产(元)	3.9000	3.1800	3.9000	3.1800
	调整后每股净资产(元)	-	-	-	-
	每股资本公积金(元)	1.0089	-0.0097	1.0089	-0.0097
	每股盈余公积金(元)	0.9124	0.9124	0.9124	0.9124
	每股未分配利润(元)	5.9312	5.3949	5.9312	5.3949
	每股现金净流量(元)	-8.3834	0.0308	-8.3834	0.0308
	每股经营现金净流量(元)	-8.7480	-0.1656	-8.7480	-0.1656
	净资产收益率(扣除)(%)	5.8800	-8.7300	5.8800	-8.7300
	净资产收益率(%)	5.5520	-8.6640	5.5520	-8.6640
	总资产(万)	1438248.80	1337923.55	1438248.80	1337923.55
	股东权益(万)	279795.17	254679.07	279795.17	254679.07
	主营业务收入(万)	-	12922.86	-	12922.86
	主营成本(万)	-	10398.02	-	10398.02
	营业收入(万)	75021.14	13237.47	75021.14	13237.47
	营业成本(万)	51541.98	10625.05	51541.98	10625.05
	投资收益(万)	-	-	-	-
	利润总额(万)	23621.41	-1874.40	23621.41	-1874.40
	净利润(万)	15533.17	-1849.43	15533.17	-1849.43

葫芦岛锌业股份有限公司

公司概况	公司名称	葫芦岛锌业股份有限公司			证券简称	锌业股份
	法人代表	许健	董秘	张正东	证券代码	000751
	公司网址	www.hldxygf.com		电子信箱	hld_zhangzd@163.com	
	电　话	0429-2024121		传　真	0429-2101801	
	办公地址	辽宁省葫芦岛市龙港区锌厂路24号				
	经营范围	锌、铜冶炼及深加工产品、硫酸、镉、铟综合利用产品加工等				

	指标\报告期	2011.06.30	2010.12.31	2010.06.30	2009.12.31
主要财务指标	每股收益(元)	-0.1900	-0.5300	0.0150	0.0600
	每股收益(扣除)(元)	-0.1940	-0.5800	-0.0140	0.0300
	每股净资产(元)	0.9000	1.0900	1.6300	1.6200
	调整后每股净资产(元)	-	-	-	-
	每股资本公积金(元)	0.5279	0.5289	0.5277	0.5287
	每股盈余公积金(元)	0.3349	0.3349	0.3349	0.3349
	每股未分配利润(元)	-0.9638	-0.7736	-0.2333	-0.2482
	每股现金净流量(元)	-0.0015	-0.0023	0.1567	0.0780
	每股经营现金净流量(元)	1.2126	0.7487	-0.2531	-1.6543
	净资产收益率(扣除)(%)	-19.5300	-42.0000	-1.8100	1.8600
	净资产收益率(%)	-21.1630	-48.1830	0.9200	3.5250
	总资产(万)	855000.86	946624.55	1004257.72	814625.17
	股东权益(万)	99799.60	121033.18	180875.25	179334.63
	主营业务收入(万)	352896.87	756140.30	308401.23	469878.77
	主营成本(万)	333795.59	725534.20	284697.98	411183.45
	营业收入(万)	370486.46	782810.14	316499.71	485609.98
	营业成本(万)	358464.81	749782.39	291709.44	427868.91
	投资收益(万)	-	-	-	-
	利润总额(万)	-21113.85	-24000.20	2582.27	9089.97
	净利润(万)	-21120.55	-58316.78	1659.23	6321.58

西藏银河科技发展股份有限公司

公司概况	公司名称	西藏银河科技发展股份有限公司			证券简称	西藏发展
	法人代表	闫清江	董秘	马继刚	证券代码	000752
	公司网址	http://irm.p5w.net/000752/index.html		电子信箱	xzfz752@163.com	
	电 话	0891-6389377 028-65317117		传 真	0891-6389377 028-65317117	
	办公地址	西藏自治区拉萨市色拉路36号				
	经营范围	生产,销售啤酒,饮料;饲料,养殖业等				

主要财务指标	指标\报告期	2011.06.30	2010.12.31	2010.06.30	2009.12.31
	每股收益(元)	0.0500	0.0573	0.0590	0.1077
	每股收益(扣除)(元)	0.0494	0.0337	0.0540	0.0873
	每股净资产(元)	2.2660	2.2160	2.1360	2.0780
	调整后每股净资产(元)	-	-	-	-
	每股资本公积金(元)	0.0909	0.0909	-	-
	每股盈余公积金(元)	0.1438	0.1438	0.1366	0.1366
	每股未分配利润(元)	1.0310	0.9809	0.9998	0.9409
	每股现金净流量(元)	-0.3447	-0.5836	-0.2176	0.5357
	每股经营现金净流量(元)	0.8349	-0.0350	0.4232	0.7929
	净资产收益率(扣除)(%)	2.1800	1.5200	2.4300	4.2000
	净资产收益率(%)	2.2110	2.5850	2.7550	5.1850
	总资产(万)	104661.49	118979.19	114388.53	116507.81
	股东权益(万)	59760.88	58439.81	56348.63	54796.34
	主营业务收入(万)	21268.71	41367.20	19656.79	36161.08
	主营成本(万)	14913.93	28348.47	12211.87	23267.29
	营业收入(万)	21268.71	41550.96	19716.79	36374.65
	营业成本(万)	14913.93	28348.47	12211.87	23267.29
	投资收益(万)	-	-	-	-
	利润总额(万)	3937.48	7002.97	4643.56	7086.02
	净利润(万)	1321.07	1510.45	1552.29	2840.96

福建漳州发展股份有限公司

公司概况	公司名称	福建漳州发展股份有限公司			证券简称	漳州发展
	法人代表	庄文海	董秘	李勤	证券代码	000753
	公司网址	www.zzdc.com.cn		电子信箱	zzdc000753@yahoo.com.cn	
	电 话	0596-2671753		传 真	0596-2671876	
	办公地址	福建省漳州市胜利东路漳州发展广场21楼				
	经营范围	对道路公路的投资与开发;城市基础设施开发与建设等				

主要财务指标	指标\报告期	2011.06.30	2010.12.31	2010.06.30	2009.12.31
	每股收益(元)	0.1100	0.2000	0.2300	0.1470
	每股收益(扣除)(元)	0.1004	-0.1360	-0.0900	0.1220
	每股净资产(元)	1.8700	1.8100	1.8400	1.6100
	调整后每股净资产(元)	-	-	-	-
	每股资本公积金(元)	0.6882	0.6882	0.6882	0.6882
	每股盈余公积金(元)	0.0066	0.0066	-	-
	每股未分配利润(元)	0.1717	0.1137	0.1490	-0.0788
	每股现金净流量(元)	0.0975	-0.0709	0.1893	0.0007
	每股经营现金净流量(元)	-0.1583	-0.5475	-0.3516	0.0806
	净资产收益率(扣除)(%)	5.4200	-7.9500	-5.4700	7.9300
	净资产收益率(%)	5.7890	11.0100	12.4000	9.1600
	总资产(万)	173366.84	167501.95	139054.54	125579.31
	股东权益(万)	59037.71	57201.64	58110.40	50903.90
	主营业务收入(万)	88710.32	161758.19	73147.34	121118.99
	主营成本(万)	79578.38	147002.02	65579.65	108678.26
	营业收入(万)	92540.48	165687.35	75053.92	123902.41
	营业成本(万)	80102.57	148054.42	66091.89	109895.85
	投资收益(万)	-	-	-	-
	利润总额(万)	4291.16	7060.51	7856.83	5954.74
	净利润(万)	3417.58	6297.74	7206.50	4661.23

山西三维集团股份有限公司

公司概况	公司名称	山西三维集团股份有限公司			证券简称	山西三维
	法人代表	卢辉生	董秘	侯俊义	证券代码	000755
	公司网址	www.sxsanwei.com		电子信箱	sxswdsh@163.com	
	电 话	0357-6663175 6663123		传 真	0357-6663566	
	办公地址	山西省临汾市洪洞县赵城山西三维公司				
	经营范围	化工、化纤、建材产品及焦炭的生产与销售及出口贸易等				

主要财务指标	指标\报告期	2011.06.30	2010.12.31	2010.06.30	2009.12.31
	每股收益(元)	0.0750	0.0710	-0.0750	0.0230
	每股收益(扣除)(元)	0.0779	0.0820	-0.0610	-0.1130
	每股净资产(元)	4.7400	4.6542	4.5540	4.6162
	调整后每股净资产(元)	-	-	-	-
	每股资本公积金(元)	2.1645	2.1645	2.1645	2.1645
	每股盈余公积金(元)	0.2658	0.2658	0.2572	0.2572
	每股未分配利润(元)	1.2990	1.2238	1.0860	1.1613
	每股现金净流量(元)	-0.0822	0.4263	1.1090	-0.2070
	每股经营现金净流量(元)	0.0872	-0.1413	0.3846	0.1359
	净资产收益率(扣除)(%)	1.5800	1.7600	-	-2.4100
	净资产收益率(%)	1.5860	1.5290	-1.6600	0.4913
	总资产(万)	675097.92	630743.33	533752.53	461443.25
	股东权益(万)	222582.36	218405.72	213202.70	216622.18
	主营业务收入(万)	222140.22	272549.04	107664.31	220997.05
	主营成本(万)	200996.70	237794.04	97534.21	190402.19
	营业收入(万)	226128.46	278452.64	110205.18	226996.79
	营业成本(万)	203439.77	239313.13	98960.79	191704.32
	投资收益(万)	-	-	-	-
	利润总额(万)	3895.15	3660.45	-3469.05	2800.80
	净利润(万)	3529.17	3338.34	-3532.44	1064.18

山东新华制药股份有限公司

公司概况	公司名称	山东新华制药股份有限公司			证券简称	新华制药
	法人代表	张代铭	董秘	曹长求 郭磊	证券代码	000756
	公司网址	www.xhzy.com		电子信箱	cqcao@xhzy.com	
	电 话	0533-2196024		传 真	0533-2287508	
	办公地址	山东省淄博市高新技术产业开发区化工区				
	经营范围	开发、制造及销售化学原料药、制剂、化工及其他产品等				

主要财务指标	指标\报告期	2011.06.30	2010.12.31	2010.06.30	2009.12.31
	每股收益(元)	0.1300	0.2100	0.1300	0.2200
	每股收益(扣除)(元)	0.1330	0.2200	0.1200	0.2400
	每股净资产(元)	3.7500	3.6700	3.5800	3.5700
	调整后每股净资产(元)	-	-	-	-
	每股资本公积金(元)	1.4802	1.4841	1.4857	1.5517
	每股盈余公积金(元)	0.4018	0.4018	0.3875	0.3875
	每股未分配利润(元)	0.8635	0.7807	0.7089	0.6324
	每股现金净流量(元)	-0.0212	0.0080	0.1031	0.3952
	每股经营现金净流量(元)	0.0602	0.3783	0.2995	0.7540
	净资产收益率(扣除)(%)	3.5600	5.8010	3.4800	6.2590
	净资产收益率(%)	3.5600	5.8100	3.4800	6.8300
	总资产(万)	285228.84	273956.45	279609.96	262618.71
	股东权益(万)	175266.69	171453.40	167309.03	166996.35
	主营业务收入(万)	150156.10	257301.70	134439.20	228430.90
	主营成本(万)	123168.30	208490.90	109178.30	183381.40
	营业收入(万)	152281.15	261423.36	136861.89	232192.72
	营业成本(万)	125470.83	213369.11	111704.72	187742.76
	投资收益(万)	495.69	832.52	363.22	791.07
	利润总额(万)	7751.79	12512.84	7498.05	11937.39
	净利润(万)	6070.21	9725.66	5788.19	10224.43

中国有色金属建设股份有限公司

公司概况	公司名称	中国有色金属建设股份有限公司		证券简称	中色股份
	法人代表	罗涛	董秘 杜斌	证券代码	000758
	公司网址	www.nfc.com.cn		电子信箱	dubin@nfc-china.com
	电　话	010-84427227		传　真	010-84427222
	办公地址	北京市朝阳区安定路10号中国有色大厦			
	经营范围	承包本行业国外工程,境内外资工程等			

主要财务指标 指标\报告期	2011.06.30	2010.12.31	2010.06.30	2009.12.31
每股收益(元)	0.2020	0.0770	-0.0660	0.1360
每股收益(扣除)(元)	0.1994	0.0160	-0.1070	0.0080
每股净资产(元)	3.3500	3.1000	2.7400	2.7900
调整后每股净资产(元)	-	-	-	-
每股资本公积金(元)	0.5733	0.5325	0.3426	0.3432
每股盈余公积金(元)	0.3248	0.3248	0.3271	0.3248
每股未分配利润(元)	1.5281	1.3266	1.1791	1.2500
每股现金净流量(元)	1.4561	-0.6478	-0.1194	0.5585
每股经营现金净流量(元)	-0.1456	0.0375	-0.3863	0.8782
净资产收益率(扣除)(%)	-	0.5500	-0.3860	0.3100
净资产收益率(%)	6.0140	2.4860	-2.4147	4.8800
总资产(万)	1207563.58	1001274.56	981882.13	934126.66
股东权益(万)	214094.67	198007.48	175153.50	178431.45
主营业务收入(万)	427173.71	583952.61	267277.23	418140.30
主营成本(万)	356083.58	477760.72	212716.24	335675.59
营业收入(万)	436925.89	595433.21	271559.38	462536.70
营业成本(万)	362357.11	486082.06	214946.47	371749.73
投资收益(万)	-	-	-	-
利润总额(万)	27541.73	41863.18	13629.23	32995.51
净利润(万)	12875.38	4923.11	-4229.38	8704.12

中百控股集团股份有限公司

公司概况	公司名称	中百控股集团股份有限公司		证券简称	中百集团
	法人代表	汪爱群	董秘 彭波	证券代码	000759
	公司网址	www.whzb.com		电子信箱	whzbpb@163.com
	电　话	027-82777083 82832006		传　真	027-82823568
	办公地址	湖北省武汉市硚口区古田二路南泥湾大道65-71号汇丰企业总部8号楼B座			
	经营范围	商业零售等			

主要财务指标 指标\报告期	2011.06.30	2010.12.31	2010.06.30	2009.12.31
每股收益(元)	0.2200	0.3700	0.2000	0.3800
每股收益(扣除)(元)	0.2100	0.3200	0.1700	0.3400
每股净资产(元)	3.8800	3.6600	3.4800	3.0700
调整后每股净资产(元)	-	-	-	-
每股资本公积金(元)	1.5796	1.5796	1.5796	1.0799
每股盈余公积金(元)	0.2658	0.2658	0.2231	0.2711
每股未分配利润(元)	1.0333	0.8157	0.6760	0.7168
每股现金净流量(元)	0.1823	0.8114	0.6541	0.2220
每股经营现金净流量(元)	0.5163	1.1966	0.6097	1.2178
净资产收益率(扣除)(%)	5.6700	9.1800	4.9500	11.6300
净资产收益率(%)	5.6110	10.0640	5.3640	12.4107
总资产(万)	616314.25	586900.02	512180.91	464194.84
股东权益(万)	264149.04	249328.60	236906.55	171947.94
主营业务收入(万)	670030.08	1109104.99	568336.40	947856.76
主营成本(万)	-	-	-	-
营业收入(万)	703392.98	1187244.98	605526.62	1009604.03
营业成本(万)	570309.59	961383.54	493879.86	826378.41
投资收益(万)	-	-	-	-
利润总额(万)	22271.82	35745.81	17948.75	29890.99
净利润(万)	14820.45	25092.86	12707.36	21339.89

湖北博盈投资股份有限公司

公司概况	公司名称	湖北博盈投资股份有限公司		证券简称	博盈投资
	法人代表	杨富年	董秘 李民俊	证券代码	000760
	公司网址	www.hbbothwin.com		电子信箱	liminjun2003@sohu.com
	电　话	010-84535388*808*809		传　真	010-64666028
	办公地址	北京市朝阳区亮马桥路39号第一上海中心C座412室			
	经营范围	汽车配件制造及销售、房地产项目投资等			

主要财务指标 指标\报告期	2011.06.30	2010.12.31	2010.06.30	2009.12.31
每股收益(元)	0.0100	0.0200	0.0300	-0.0300
每股收益(扣除)(元)	0.0095	0.0100	0.0300	-0.0400
每股净资产(元)	0.7700	0.7600	0.7500	0.7400
调整后每股净资产(元)	-	-	-	-
每股资本公积金(元)	0.0091	0.0091	0.0009	0.0078
每股盈余公积金(元)	0.0785	0.0785	0.0604	0.0785
每股未分配利润(元)	-0.3156	-0.3252	-0.3154	-0.3431
每股现金净流量(元)	0.1724	-0.0349	0.1038	0.0683
每股经营现金净流量(元)	0.1780	0.0534	0.1509	0.0670
净资产收益率(扣除)(%)	0.8900	1.0700	2.9000	-5.0700
净资产收益率(%)	1.2470	2.3520	3.7100	-3.5970
总资产(万)	52947.96	56678.31	62904.93	66647.77
股东权益(万)	18284.54	18056.62	17666.37	17601.94
主营业务收入(万)	23190.63	53311.65	32109.57	58677.17
主营成本(万)	20020.02	46731.03	28168.93	52641.91
营业收入(万)	24005.10	55063.15	32109.57	60250.91
营业成本(万)	23453.71	48035.23	31647.47	53938.74
投资收益(万)	-	-	-	-
利润总额(万)	554.46	1280.05	682.34	-323.63
净利润(万)	227.92	424.72	656.09	-633.19

本钢板材股份有限公司

公司概况	公司名称	本钢板材股份有限公司		证券简称	本钢板材
	法人代表	张晓芳	董秘 张吉臣	证券代码	000761
	公司网址			电子信箱	bgbczjc761@126.com
	电　话	0414-7828360 7828734		传　真	0414-7824158 7827004
	办公地址	辽宁省本溪市平山区人民路16号			
	经营范围	钢铁冶炼及压延加工等			

主要财务指标 指标\报告期	2011.06.30	2010.12.31	2010.06.30	2009.12.31
每股收益(元)	0.1900	0.2950	0.2200	-0.4930
每股收益(扣除)(元)	0.1873	0.3270	0.2180	-0.4731
每股净资产(元)	4.8800	4.7900	4.7110	4.5040
调整后每股净资产(元)	-	-	-	-
每股资本公积金(元)	2.8032	2.8032	2.8032	2.7858
每股盈余公积金(元)	0.2938	0.2938	0.2938	0.2938
每股未分配利润(元)	0.7794	0.6895	0.6140	0.4245
每股现金净流量(元)	0.4837	-0.0359	-0.0869	-0.1527
每股经营现金净流量(元)	0.3641	0.8248	0.1920	1.1444
净资产收益率(扣除)(%)	3.8800	7.0300	4.7300	-9.9100
净资产收益率(%)	3.8940	6.1650	4.6610	-10.9400
总资产(万)	3929404.33	3587174.19	3592639.55	3482168.65
股东权益(万)	1529221.54	1501035.93	1477359.93	1412464.26
主营业务收入(万)	2207961.34	4022835.73	1979155.46	3066487.20
主营成本(万)	1965485.95	3562863.90	1732565.30	2897647.51
营业收入(万)	2405025.67	4568775.05	2235438.54	3559777.60
营业成本(万)	2157346.00	4075703.02	1963944.89	3383368.16
投资收益(万)	-	-	-	-
利润总额(万)	62836.55	100462.46	69349.33	-132454.42
净利润(万)	59545.61	92536.68	68860.68	-154519.10

西藏矿业发展股份有限公司

公司概况

公司名称	西藏矿业发展股份有限公司			证券简称	西藏矿业
法人代表	曾泰	董秘	王迎春	证券代码	000762
公司网址	www.xzky.net		电子信箱	xzkydsh@sina.com	
电　　话	0891-6872095 028-85355661		传　　真	0891-6873132 028-85351955	
办公地址	西藏自治区拉萨市中和国际城金珠二路8号				
经营范围	铬铁矿开采和销售,铬铁合金加工与销售,铜、锂、硼等矿的开采等				

主要财务指标

指标\报告期	2011.06.30	2010.12.31	2010.06.30	2009.12.31
每股收益(元)	0.0784	0.1183	0.0329	0.0367
每股收益(扣除)(元)	0.0557	0.0900	0.0240	0.0400
每股净资产(元)	5.9500	2.5000	2.2500	2.2400
调整后每股净资产(元)	–	–	–	–
每股资本公积金(元)	4.3100	0.8527	0.7220	0.7262
每股盈余公积金(元)	0.1523	0.1753	0.1416	0.1416
每股未分配利润(元)	0.4620	0.4494	0.3690	0.3649
每股现金净流量(元)	3.5321	0.0480	0.0486	0.3341
每股经营现金净流量(元)	–0.0041	0.1742	–0.0874	0.5919
净资产收益率(扣除)(%)	1.4500	3.8000	1.0800	1.9800
净资产收益率(%)	1.2020	4.7300	1.4610	1.6334
总资产(万)	233287.20	121981.78	112376.02	105595.93
股东权益(万)	188785.72	68922.88	62016.50	61861.02
主营业务收入(万)	26977.47	46641.16	14631.59	28985.85
主营成本(万)	20641.81	27460.53	8595.97	14147.05
营业收入(万)	27116.52	46884.50	14745.65	29298.41
营业成本(万)	20704.23	27533.03	8632.78	14314.47
投资收益(万)	–	–	–	–
利润总额(万)	2981.84	2998.49	1045.03	254.08
净利润(万)	2269.06	3260.20	906.17	1010.47

通化金马药业集团股份有限公司

公司概况

公司名称	通化金马药业集团股份有限公司			证券简称	通化金马
法人代表	刘立成	董秘	贾伟林	证券代码	000766
公司网址	www.thjm.cn		电子信箱	thjmjt@163.com	
电　　话	0435-3910232		传　　真	0435-3907298	
办公地址	吉林省通化市东昌区江南路100-1号				
经营范围	生产中西成药、生化制剂、营养及保健制品等				

主要财务指标

指标\报告期	2011.06.30	2010.12.31	2010.06.30	2009.12.31
每股收益(元)	0.0326	0.0300	0.0275	0.0700
每股收益(扣除)(元)	0.0359	0.0200	0.0240	0.0040
每股净资产(元)	1.3600	1.3300	1.3300	1.3000
调整后每股净资产(元)	–	–	–	–
每股资本公积金(元)	1.9517	1.9517	1.9517	1.9517
每股盈余公积金(元)	0.2420	0.2420	0.2420	0.2420
每股未分配利润(元)	–1.8340	–1.8665	–1.8658	–1.8933
每股现金净流量(元)	–0.0206	–0.0469	–0.0654	0.0597
每股经营现金净流量(元)	–0.0317	0.0647	–0.0522	0.1780
净资产收益率(扣除)(%)	2.6400	1.3700	1.9000	0.3400
净资产收益率(%)	2.3970	2.0170	2.0720	5.1020
总资产(万)	92832.26	90259.67	85944.49	86922.79
股东权益(万)	61052.22	59589.07	59622.83	58387.22
主营业务收入(万)	8550.62	16938.88	8474.54	16795.86
主营成本(万)	3681.08	6579.73	3130.76	6547.46
营业收入(万)	8550.62	16958.71	8474.54	16816.38
营业成本(万)	3681.08	6584.82	3130.76	6556.09
投资收益(万)	–	–	–	–
利润总额(万)	1459.16	1105.79	1244.07	2905.40
净利润(万)	1463.15	1201.85	1235.60	2979.10

山西漳泽电力股份有限公司

公司概况

公司名称	山西漳泽电力股份有限公司			证券简称	漳泽电力
法人代表	张峰	董秘	王一峰	证券代码	000767
公司网址	www.zhangzepower.com		电子信箱	info@zhangzepower.com	
电　　话	0351-4268601 4268602		传　　真	0351-4265168	
办公地址	山西省太原市五一路197号				
经营范围	电力商品生产和销售;热力商品生产与销售等				

主要财务指标

指标\报告期	2011.06.30	2010.12.31	2010.06.30	2009.12.31
每股收益(元)	–0.2400	–0.5700	–0.1100	0.0100
每股收益(扣除)(元)	–0.2365	–0.7100	–0.1859	–0.1700
每股净资产(元)	0.9000	1.1400	1.6000	1.7100
调整后每股净资产(元)	–	–	–	–
每股资本公积金(元)	0.7358	0.7358	0.7358	0.7358
每股盈余公积金(元)	0.2637	0.2637	0.2637	0.2637
每股未分配利润(元)	–1.0969	–0.8595	–0.4038	–0.2936
每股现金净流量(元)	0.0054	0.1690	0.3894	–0.2352
每股经营现金净流量(元)	–0.2682	–0.1015	0.0086	1.0675
净资产收益率(扣除)(%)	–23.1500	–50.2200	–11.1500	–10.2300
净资产收益率(%)	–26.3010	–49.6510	–6.9100	0.6200
总资产(万)	1207101.91	1216096.04	1215331.02	1131616.76
股东权益(万)	119472.68	150895.67	211221.32	225817.32
主营业务收入(万)	211094.82	421791.86	227446.55	397629.57
主营成本(万)	226808.75	470324.02	235693.96	392946.47
营业收入(万)	213068.82	424827.85	229047.42	403481.05
营业成本(万)	227250.84	472821.24	236082.66	394386.25
投资收益(万)	–	–	–	–
利润总额(万)	–32699.71	–63544.07	–14180.75	7070.36
净利润(万)	–31422.99	–74921.65	–14595.99	1406.10

西安飞机国际航空制造股份有限公司

公司概况

公司名称	西安飞机国际航空制造股份有限公司			证券简称	西飞国际
法人代表	王向阳	董秘	郝战富	证券代码	000768
公司网址	www.xac.com.cn		电子信箱	xaic2005@163.com	
电　　话	029-86846638 86846539		传　　真	029-86846031	
办公地址	陕西省西安市阎良区西飞大道一号西飞国际				
经营范围	飞机、飞行器零部件的设计、试验、生产、维修、改装、销售、服务等				

主要财务指标

指标\报告期	2011.06.30	2010.12.31	2010.06.30	2009.12.31
每股收益(元)	0.0056	0.1400	0.0511	0.0064
每股收益(扣除)(元)	0.0053	0.1200	0.0431	–
每股净资产(元)	3.7600	3.7500	3.6600	3.5600
调整后每股净资产(元)	–	–	–	–
每股资本公积金(元)	2.3330	2.3328	2.3316	2.3316
每股盈余公积金(元)	0.3027	0.3027	0.2222	0.1413
每股未分配利润(元)	0.1236	0.1180	0.1101	0.0889
每股现金净流量(元)	–0.3879	0.0042	–0.5335	–0.7387
每股经营现金净流量(元)	–0.3318	0.0449	–0.4479	–0.6232
净资产收益率(扣除)(%)	0.1400	3.3100	1.1700	–
净资产收益率(%)	0.1490	3.7160	1.3940	0.1800
总资产(万)	1999080.26	2019852.35	1732433.54	1515882.48
股东权益(万)	931402.77	929961.31	907773.90	882476.80
主营业务收入(万)	324714.55	1046524.03	277636.33	–
主营成本(万)	298302.59	935301.56	248785.50	–
营业收入(万)	327743.38	1053445.17	280271.88	407752.08
营业成本(万)	299608.61	938259.95	250176.17	373151.06
投资收益(万)	–	–	–	–
利润总额(万)	1458.48	43290.37	13622.75	521.75
净利润(万)	1382.97	34555.98	12657.58	1582.59

广发证券股份有限公司

公司概况					
公司名称	广发证券股份有限公司			证券简称	广发证券
法人代表	林治海	董秘	罗斌华	证券代码	000776
公司网址	www.gf.com.cn		电子信箱	lbh@gf.com.cn	
电　话	020-87550265 87550565		传　真	020-87553360	
办公地址	广东省广州市天河北路 18 层、19 层、36 层、38 层、41 层、42 层、43 层和 44 层				
经营范围	证券代理买卖、自营买卖、证券承销和上市推荐等业务等				

主要财务指标：指标\报告期	2011.06.30	2010.12.31	2010.06.30	2009.12.31
每股收益(元)	0.5400	1.6200	0.6600	1.9500
每股收益(扣除)(元)	0.5321	1.4000	0.6500	1.8500
每股净资产(元)	7.7800	7.7400	6.5900	6.8000
调整后每股净资产(元)	–	–	–	–
每股资本公积金(元)	0.3867	0.3798	0.1797	5.5063
每股盈余公积金(元)	0.7751	0.7751	0.5802	10.1995
每股未分配利润(元)	3.9907	3.9549	3.5875	45.4537
每股现金净流量(元)	-10.0658	-5.6815	-5.9632	239.9325
每股经营现金净流量(元)	-9.2113	-2.2174	-5.1202	233.7298
净资产收益率(扣除)(%)	6.7900	19.7400	9.8300	31.8700
净资产收益率(%)	6.8880	20.7560	9.9260	28.6400
总资产(万)	7028547.22	9594658.01	9113168.81	10433586.79
股东权益(万)	1949799.89	1940121.73	1651805.66	1637400.69
主营业务收入(万)	–	1021861.45	–	1047005.73
主营成本(万)	–	–	–	–
营业收入(万)	327080.02	1021861.45	363328.32	1047005.73
营业成本(万)	156254.97	457800.00	151194.61	432332.66
投资收益(万)	–	–	–	–
利润总额(万)	172015.66	568764.58	216721.27	640715.68
净利润(万)	134302.50	402699.95	163963.90	468990.77

中核苏阀科技实业股份有限公司

公司概况					
公司名称	中核苏阀科技实业股份有限公司			证券简称	中核科技
法人代表	邱建刚	董秘	袁德钢	证券代码	000777
公司网址	www.chinasufa.com		电子信箱	sales2@chinasufa.com	
电　话	0512-66672245		传　真	0512-67526983	
办公地址	江苏省苏州市新区珠江路 501 号				
经营范围	各类工业用阀门的设计、制造和销售等				

主要财务指标：指标\报告期	2011.06.30	2010.12.31	2010.06.30	2009.12.31
每股收益(元)	0.1227	0.2583	0.0968	0.2162
每股收益(扣除)(元)	0.1157	0.2121	0.0839	0.2121
每股净资产(元)	4.3047	4.3020	2.9373	2.9405
调整后每股净资产(元)	–	–	–	–
每股资本公积金(元)	1.6712	1.6712	0.3770	0.3770
每股盈余公积金(元)	0.3265	0.3265	0.3169	0.3169
每股未分配利润(元)	1.3070	1.3043	1.2434	1.2466
每股现金净流量(元)	-0.5369	1.0008	-0.4656	-0.0324
每股经营现金净流量(元)	-0.4083	0.1621	-0.2319	0.0219
净资产收益率(扣除)(%)	–	6.6800	–	7.4300
净资产收益率(%)	2.8500	5.7100	3.2900	7.3100
总资产(万)	150240.02	143428.19	103244.47	98209.92
股东权益(万)	91693.86	91636.41	59216.50	59281.34
主营业务收入(万)	30315.50	57966.19	26183.06	56135.61
主营成本(万)	22468.03	43314.44	19247.38	40226.35
营业收入(万)	31049.65	59415.39	26343.78	56941.01
营业成本(万)	23092.82	44570.63	19321.19	40938.21
投资收益(万)	–	–	–	–
利润总额(万)	2486.49	5677.89	2088.75	4750.72
净利润(万)	2613.57	5231.06	1951.16	4359.56

新兴铸管股份有限公司

公司概况					
公司名称	新兴铸管股份有限公司			证券简称	新兴铸管
法人代表	张同波	董秘	曾耀赣	证券代码	000778
公司网址	www.xinxing-pipes.com		电子信箱	xxzg0778@163.com	
电　话	0310-5792011 5793247		传　真	0310-5796999	
办公地址	河北省武安市上洛阳村北(2672 厂区)				
经营范围	离心球墨铸铁管及配套管件、钢铁冶炼及压延加工、铸造制品等				

主要财务指标：指标\报告期	2011.06.30	2010.12.31	2010.06.30	2009.12.31
每股收益(元)	0.4218	0.7046	0.3670	0.5372
每股收益(扣除)(元)	0.4107	0.6292	0.3191	0.5155
每股净资产(元)	5.7671	5.4776	5.1724	6.6404
调整后每股净资产(元)	–	–	–	–
每股资本公积金(元)	2.4822	2.4920	2.4417	3.4184
每股盈余公积金(元)	0.3729	0.3551	0.3450	0.4220
每股未分配利润(元)	1.9076	1.6036	1.3087	1.6917
每股现金净流量(元)	0.6503	-0.4299	-0.4707	1.3616
每股经营现金净流量(元)	0.0642	0.1197	-0.1590	0.9010
净资产收益率(扣除)(%)	7.2200	11.6200	6.0400	12.8800
净资产收益率(%)	7.3140	12.8640	7.0900	9.3170
总资产(万)	3058811.48	2670704.43	2084578.88	2054896.69
股东权益(万)	1105474.91	1049990.67	991481.95	979138.27
主营业务收入(万)	2686594.13	3741348.81	1932106.56	2872066.28
主营成本(万)	2464533.73	3414485.09	1780126.71	2558979.82
营业收入(万)	2699120.82	3762074.49	1945496.81	2907014.13
营业成本(万)	2475860.75	3433586.60	1792305.36	2590638.87
投资收益(万)	–	–	–	–
利润总额(万)	119305.50	176303.71	86320.04	144080.69
净利润(万)	80859.26	135068.07	70357.19	89005.67

兰州三毛实业股份有限公司

公司概况					
公司名称	兰州三毛实业股份有限公司			证券简称	三毛派神
法人代表	阮英	董秘	单小东	证券代码	000779
公司网址	www.chinapaishen.com		电子信箱	sxd@chinapaishen.com	
电　话	0931-7515516 7551627		传　真	0931-7555200	
办公地址	甘肃省兰州市西固区玉门街 486 号				
经营范围	精纺呢绒系列产品的生产和销售等				

主要财务指标：指标\报告期	2011.06.30	2010.12.31	2010.06.30	2009.12.31
每股收益(元)	-0.0350	0.0330	-0.0580	0.0280
每股收益(扣除)(元)	-0.0359	-0.1270	-0.0630	-0.1840
每股净资产(元)	1.6500	1.6800	1.5700	1.6300
调整后每股净资产(元)	–	–	–	–
每股资本公积金(元)	1.7260	1.7260	1.7260	1.7260
每股盈余公积金(元)	0.1869	0.1869	0.1869	0.1869
每股未分配利润(元)	-1.2676	-1.2325	-1.3435	-1.2854
每股现金净流量(元)	0.0280	0.1061	-0.0326	-0.2838
每股经营现金净流量(元)	0.0278	0.1288	-0.0273	-0.2113
净资产收益率(扣除)(%)	-2.1600	-7.7200	-3.9000	-11.3800
净资产收益率(%)	-2.1390	1.9600	-3.6900	1.7310
总资产(万)	45357.84	48373.97	49976.47	51788.85
股东权益(万)	30673.64	31329.66	29260.16	30342.19
主营业务收入(万)	11686.28	21210.88	7733.09	19290.23
主营成本(万)	10026.78	18215.51	6550.34	17308.54
营业收入(万)	12014.24	21661.67	8132.19	22792.40
营业成本(万)	10209.98	18518.36	6816.08	19025.26
投资收益(万)	–	–	–	–
利润总额(万)	-656.03	613.98	-1082.03	525.21
净利润(万)	-656.03	613.98	-1082.03	525.21

内蒙古平庄能源股份有限公司

公司概况					
公司名称	内蒙古平庄能源股份有限公司			证券简称	平庄能源
法人代表	孙金国	董秘	张建忠	证券代码	000780
公司网址	www.nmgpzny.com		电子信箱	pznyzjz@163.com	
电　　话	0476-3324281 3328400		传　　真	0476-3328220	
办公地址	内蒙古赤峰市元宝山区平庄镇哈河街平庄能源公司				
经营范围	煤炭生产、洗选加工、销售等				

主要财务指标　指标\报告期	2011.06.30	2010.12.31	2010.06.30	2009.12.31
每股收益(元)	0.3500	0.6400	0.3600	0.4600
每股收益(扣除)(元)	0.3446	0.6400	0.3600	0.4600
每股净资产(元)	3.9500	3.6100	3.3200	2.9300
调整后每股净资产(元)	–	–	–	–
每股资本公积金(元)	1.4555	1.4555	1.4555	1.4555
每股盈余公积金(元)	0.0844	0.0844	0.0205	0.0205
每股未分配利润(元)	0.9111	0.6660	0.4499	0.1613
每股现金净流量(元)	–0.3861	0.8737	0.5888	0.7236
每股经营现金净流量(元)	0.1913	1.0823	0.6912	1.1431
净资产收益率(扣除)(%)	8.9900	19.3500	11.4100	17.5500
净资产收益率(%)	8.7270	17.6870	10.7960	15.7840
总资产(万)	545060.92	519028.32	503604.39	449317.70
股东权益(万)	401066.09	366238.79	336901.24	296887.88
主营业务收入(万)	157721.69	267180.43	141136.07	220088.70
主营成本(万)	94968.87	158761.54	89644.90	137928.04
营业收入(万)	189548.91	322624.38	162296.08	268783.91
营业成本(万)	119136.29	201342.64	104021.59	176512.95
投资收益(万)	–	–	–	–
利润总额(万)	46671.97	76073.68	42616.90	54803.23
净利润(万)	35002.76	64775.41	36371.35	46861.06

广东新会美达锦纶股份有限公司

公司概况					
公司名称	广东新会美达锦纶股份有限公司			证券简称	美达股份
法人代表	梁伟东	董秘	胡振华	证券代码	000782
公司网址	www.meidanylon.com		电子信箱	meida@meidanylon.com	
电　　话	0750-6107981		传　　真	0750-6107975	
办公地址	广东省江门市新会区会城镇江会路上浅口				
经营范围	锦纶6切片、纺丝、织造、染整				

主要财务指标　指标\报告期	2011.06.30	2010.12.31	2010.06.30	2009.12.31
每股收益(元)	0.1700	0.2400	0.0700	0.0200
每股收益(扣除)(元)	0.1600	0.3100	0.0700	0.0500
每股净资产(元)	2.3700	2.2400	2.0800	2.0200
调整后每股净资产(元)	–	–	–	–
每股资本公积金(元)	0.8189	0.8186	0.8214	0.8355
每股盈余公积金(元)	0.1124	0.1124	0.1072	0.1072
每股未分配利润(元)	0.4466	0.3176	0.1551	0.0846
每股现金净流量(元)	–0.1702	0.4074	0.2991	0.3159
每股经营现金净流量(元)	–0.4321	0.6943	0.3107	0.8123
净资产收益率(扣除)(%)	7.1400	14.6800	3.3800	2.6400
净资产收益率(%)	7.1150	10.6170	3.3850	1.0100
总资产(万)	260478.26	242453.85	223910.83	199340.60
股东权益(万)	96069.45	90758.73	84187.21	81888.34
主营业务收入(万)	222234.12	386427.06	185612.81	252166.67
主营成本(万)	201326.15	351829.61	169471.72	227312.13
营业收入(万)	223764.89	389012.15	186722.71	255435.74
营业成本(万)	202512.60	354104.96	170193.04	229983.31
投资收益(万)	–	–	–	–
利润总额(万)	7979.97	10329.57	3155.28	1544.17
净利润(万)	6835.21	9635.95	2849.76	824.82

长江证券股份有限公司

公司概况					
公司名称	长江证券股份有限公司			证券简称	长江证券
法人代表	胡运钊	董秘	徐锦文	证券代码	000783
公司网址	www.cjsc.com.cn		电子信箱	xujw@cjsc.com.cn	
电　　话	027-65799866		传　　真	027-85481726	
办公地址	湖北省武汉市江汉区新华路特8号				
经营范围	证券代理买卖;代理证券的还本付息、分红派息等				

主要财务指标　指标\报告期	2011.06.30	2010.12.31	2010.06.30	2009.12.31
每股收益(元)	0.1800	0.5900	0.2300	0.6800
每股收益(扣除)(元)	0.1576	0.5700	0.2200	0.6600
每股净资产(元)	–	–	–	–
调整后每股净资产(元)	4.9200	4.3900	–	–
每股资本公积金(元)	2.2436	1.4200	1.4200	1.4247
每股盈余公积金(元)	0.2542	0.2776	0.2776	0.2199
每股未分配利润(元)	0.9326	1.1550	1.1550	1.1372
每股现金净流量(元)	–	–	–	–
每股经营现金净流量(元)	–	–	–	–
净资产收益率(扣除)(%)	–	–	–	–
净资产收益率(%)	–	–	–	–
总资产(万)	3257962.02	3577264.35	3577264.35	3537803.26
股东权益(万)	–	–	–	–
主营业务收入(万)	109572.56	319921.63	123774.14	319439.79
主营成本(万)	–	–	–	–
营业收入(万)	–	–	–	–
营业成本(万)	–	–	–	–
投资收益(万)	–	–	–	–
利润总额(万)	51965.17	167554.22	64948.15	182277.10
净利润(万)	41513.39	128299.26	49085.15	137200.15

武汉中商集团股份有限公司

公司概况					
公司名称	武汉中商集团股份有限公司			证券简称	武汉中商
法人代表	郝健	董秘	易国华	证券代码	000785
公司网址	www.zhongshang.com.cn		电子信箱	whliur@163.com	
电　　话	027-87362507 87322635		传　　真	027-87307723	
办公地址	湖北省武汉市武昌区中南路9号				
经营范围	百货、日用杂品销售;超级市场零售等				

主要财务指标　指标\报告期	2011.06.30	2010.12.31	2010.06.30	2009.12.31
每股收益(元)	0.2500	0.2700	0.2000	0.2100
每股收益(扣除)(元)	0.2400	0.2400	0.2000	0.1800
每股净资产(元)	2.8200	2.6800	2.6100	2.4100
调整后每股净资产(元)	–	–	–	–
每股资本公积金(元)	0.3275	0.3275	0.3309	0.3322
每股盈余公积金(元)	0.7668	0.7668	0.7405	0.7405
每股未分配利润(元)	0.7265	0.5813	0.5394	0.3382
每股现金净流量(元)	–0.2329	0.5196	0.3528	0.4413
每股经营现金净流量(元)	0.2675	1.4338	0.3600	0.7864
净资产收益率(扣除)(%)	9.0600	9.6400	7.9800	7.7300
净资产收益率(%)	8.6900	10.0700	7.7400	8.5843
总资产(万)	253290.79	263690.49	267016.48	249556.86
股东权益(万)	70864.20	67218.25	65587.35	60567.16
主营业务收入(万)	195418.30	349072.75	176375.44	318975.05
主营成本(万)	164305.37	296478.77	149066.03	274179.34
营业收入(万)	207655.75	370379.88	184865.27	336338.80
营业成本(万)	165272.34	298365.00	149918.19	276017.83
投资收益(万)	–	–	–	–
利润总额(万)	8975.69	9949.92	7142.96	7313.31
净利润(万)	6158.16	6768.81	5082.81	5199.26

北新集团建材股份有限公司

公司概况					
公司名称	北新集团建材股份有限公司			证券简称	北新建材
法人代表	王兵	董秘	陈雨(代)	证券代码	000786
公司网址	www.bnbm.com.cn			电子信箱	chenyu@bnbm.com.cn
电　话	010-82945588*1786			传　真	010-82915566
办公地址	北京市朝阳区北辰东路 8 号北辰时代大厦 29 层				
经营范围	新型建材材料、新型墙体材料、化工产品、装饰材料、能源技术及产品等				

主要财务指标				
指标\报告期	2011.06.30	2010.12.31	2010.06.30	2009.12.31
每股收益(元)	0.3250	0.7240	0.2630	0.5600
每股收益(扣除)(元)	0.2900	0.6590	0.2260	0.5350
每股净资产(元)	4.6620	4.5030	4.0370	3.8930
调整后每股净资产(元)	–	–	–	–
每股资本公积金(元)	0.8862	0.8876	0.8833	0.8822
每股盈余公积金(元)	0.6306	0.6306	0.6116	0.6116
每股未分配利润(元)	2.1448	1.9852	1.5426	1.3997
每股现金净流量(元)	-0.1418	0.2922	-0.0271	0.3316
每股经营现金净流量(元)	0.2673	1.5861	0.1572	1.3655
净资产收益率(扣除)(%)	–	15.7100	–	14.7600
净资产收益率(%)	6.9640	16.0880	6.5100	14.3700
总资产(万)	841694.45	735708.19	679308.84	599366.10
股东权益(万)	268111.65	259006.31	232214.67	223932.38
主营业务收入(万)	249217.44	431903.11	179016.55	323067.70
主营成本(万)	194686.43	314512.66	130221.68	222861.16
营业收入(万)	252542.96	436907.68	181141.94	327502.80
营业成本(万)	197383.33	318683.87	132046.43	226271.39
投资收益(万)	–	–	–	–
利润总额(万)	30755.17	65272.02	22412.95	54310.87
净利润(万)	18671.73	41669.41	15123.14	32183.20

北大国际医院集团西南合成制药股份有限公司

公司概况					
公司名称	北大国际医院集团西南合成制药股份有限公司			证券简称	西南合成
法人代表	李国军	董秘	熊郁柳	证券代码	000788
公司网址	www.fsspc.com			电子信箱	sspc@fsspc.com
电　话	023-67525366			传　真	023-67525300
办公地址	重庆市渝北区洪湖东路 9 号财富大厦 B 座 19 楼				
经营范围	研制开发、生产销售医药原料药及制剂产品等				

主要财务指标				
指标\报告期	2011.06.30	2010.12.31	2010.06.30	2009.12.31
每股收益(元)	0.0800	0.6500	0.0800	0.1600
每股收益(扣除)(元)	0.0754	0.2000	–	0.1300
每股净资产(元)	1.4000	1.9500	1.3700	2.0700
调整后每股净资产(元)	–	–	–	–
每股资本公积金(元)	0.1866	0.2605	0.2511	1.0059
每股盈余公积金(元)	0.0426	0.0597	–	0.0696
每股未分配利润(元)	0.1753	0.6281	0.1212	-0.0071
每股现金净流量(元)	0.0812	1.0234	0.2854	0.2837
每股经营现金净流量(元)	0.0785	0.2657	0.0395	0.5210
净资产收益率(扣除)(%)	5.1500	12.2400	5.7700	12.5600
净资产收益率(%)	5.9670	33.2960	5.9810	12.1410
总资产(万)	228757.17	197914.52	166134.77	131580.22
股东权益(万)	81858.74	81104.42	57125.75	53814.57
主营业务收入(万)	67179.87	128769.28	54953.59	86643.37
主营成本(万)	52470.23	97866.94	41476.91	62356.21
营业收入(万)	67851.71	129909.99	55450.77	87944.85
营业成本(万)	53120.99	98500.41	41774.31	63617.32
投资收益(万)	–	–	–	–
利润总额(万)	5552.49	28314.09	3892.02	8066.16
净利润(万)	4884.73	27004.17	3416.39	6533.42

江西万年青水泥股份有限公司

公司概况					
公司名称	江西万年青水泥股份有限公司			证券简称	江西水泥
法人代表	刘明寿	董秘	方真	证券代码	000789
公司网址	www.wnq.com.cn			电子信箱	zxzl000789@126.com
电　话	0791-8120789			传　真	0791-8160230
办公地址	江西省南昌市高新技术开发区京东大道 399 号				
经营范围	硅酸盐水泥熟料及硅酸盐水泥的生产和销售等				

主要财务指标				
指标\报告期	2011.06.30	2010.12.31	2010.06.30	2009.12.31
每股收益(元)	0.7490	0.3870	-0.0730	0.1670
每股收益(扣除)(元)	0.7511	0.3980	-0.0730	0.1220
每股净资产(元)	3.7500	3.0800	2.6200	2.6900
调整后每股净资产(元)	–	–	–	–
每股资本公积金(元)	1.4908	1.4850	1.4906	1.4869
每股盈余公积金(元)	0.0522	0.0522	0.0343	0.1017
每股未分配利润(元)	1.2088	0.5396	0.0973	0.1030
每股现金净流量(元)	0.3737	0.5595	0.0444	0.8327
每股经营现金净流量(元)	1.3580	2.0007	-0.0020	1.2819
净资产收益率(扣除)(%)	19.8500	13.8000	-1.4000	4.6700
净资产收益率(%)	19.9700	12.5820	-1.4200	6.2020
总资产(万)	704328.47	658671.00	644531.95	579337.32
股东权益(万)	148536.88	121811.72	103817.68	106560.13
主营业务收入(万)	257265.82	379617.80	136445.10	285664.23
主营成本(万)	176803.77	302121.55	120053.42	234114.93
营业收入(万)	257674.85	384711.75	136861.49	286546.36
营业成本(万)	177161.58	305911.35	120412.99	234570.96
投资收益(万)	–	–	–	–
利润总额(万)	61444.22	38623.22	-1917.40	17326.80
净利润(万)	29663.02	15326.33	-2892.45	6608.65

成都华神集团股份有限公司

公司概况					
公司名称	成都华神集团股份有限公司			证券简称	华神集团
法人代表	周蕴瑾	董秘	曾云莎	证券代码	000790
公司网址	www.huasungrp.com			电子信箱	hsjt@huasungrp.com
电　话	028-66616656 66616686			传　真	028-66616656
办公地址	四川省成都市十二桥路 37 号新 1 号华神大厦 A 座 6 楼				
经营范围	高新技术产品开发、生产、经营,中西制剂、原料药的生产、销售等				

主要财务指标				
指标\报告期	2011.06.30	2010.12.31	2010.06.30	2009.12.31
每股收益(元)	0.0212	0.0466	0.0114	0.0278
每股收益(扣除)(元)	0.0205	0.0464	0.0114	0.0344
每股净资产(元)	1.3662	1.7077	1.6842	2.0086
调整后每股净资产(元)	–	–	–	–
每股资本公积金(元)	0.1499	0.2241	0.2333	0.3876
每股盈余公积金(元)	0.1762	0.2291	0.2286	0.3090
每股未分配利润(元)	0.0401	0.2545	0.2223	0.3120
每股现金净流量(元)	-0.0750	0.3199	0.0667	-0.1597
每股经营现金净流量(元)	-0.0160	0.4308	0.0826	0.1483
净资产收益率(扣除)(%)	1.5400	2.9000	0.9700	2.2500
净资产收益率(%)	1.5520	2.7140	0.8630	1.7970
总资产(万)	78399.69	76946.15	77119.52	71158.06
股东权益(万)	47825.38	45984.96	45451.91	40102.06
主营业务收入(万)	22754.45	48519.20	19929.84	37763.48
主营成本(万)	14692.79	33086.31	13435.63	25256.08
营业收入(万)	23015.11	48903.34	20113.13	38087.75
营业成本(万)	14826.62	33285.85	13517.63	25440.08
投资收益(万)	–	–	–	–
利润总额(万)	949.69	1569.60	565.36	824.69
净利润(万)	742.43	1247.97	392.05	720.47

西北永新化工股份有限公司

公司概况

公司名称	西北永新化工股份有限公司			证券简称	西北化工
法人代表	康海军	董秘	元勤辉	证券代码	000791
公司网址	www.yoxin.net		电子信箱	000791lz@sina.com	
电 话	0931-4862482		传 真	0931-8497112	
办公地址	甘肃省兰州市城关区北龙口永新化工园区				
经营范围	涂料、颜料、物业及房屋租赁等				

主要财务指标

指标\报告期	2011.06.30	2010.12.31	2010.06.30	2009.12.31
每股收益(元)	0.0084	0.0404	0.0119	0.0606
每股收益(扣除)(元)	0.0089	-0.0113	0.0097	0.0021
每股净资产(元)	1.7105	1.7021	1.6736	1.6617
调整后每股净资产(元)	-	-	-	-
每股资本公积金(元)	0.8620	0.8620	0.8620	0.8620
每股盈余公积金(元)	0.0181	0.0181	0.0178	0.0178
每股未分配利润(元)	-0.1695	-0.1779	-0.2061	-0.2180
每股现金净流量(元)	-0.0661	0.0809	0.0374	-0.1171
每股经营现金净流量(元)	-0.0403	0.1245	0.0524	-0.0317
净资产收益率(扣除)(%)	0.4930	2.3750	0.7200	3.3380
净资产收益率(%)	0.4900	2.4000	-	3.7100
总资产(万)	74221.72	71759.04	75121.77	71200.10
股东权益(万)	35081.49	34818.28	34541.33	34297.45
主营业务收入(万)	13464.75	24410.08	10962.61	20801.26
主营成本(万)	10961.29	20265.14	8971.90	15434.97
营业收入(万)	14208.27	28935.90	13003.37	23907.09
营业成本(万)	11494.49	24337.07	10928.61	18455.37
投资收益(万)	112.08	20.48	27.45	-73.78
利润总额(万)	263.21	707.13	243.87	1006.01
净利润(万)	159.34	764.12	225.73	1144.91

青海盐湖工业股份有限公司

公司概况

公司名称	青海盐湖工业股份有限公司			证券简称	盐湖股份
法人代表	安平绥	董秘	吴文好	证券代码	000792
公司网址	www.yhjf.com		电子信箱	yhjf0792@sina.com	
电 话	0979-8448121 8448123		传 真	0979-8434445	
办公地址	青海省格尔木市黄河路28号				
经营范围	氯化钾产品的开发、生产、销售等				

主要财务指标

指标\报告期	2011.06.30	2010.12.31	2010.06.30	2009.12.31
每股收益(元)	1.3910	1.4400	1.9707	1.6000
每股收益(扣除)(元)	1.3869	1.4400	1.0100	1.6000
每股净资产(元)	8.1090	14.6250	4.6000	3.9400
调整后每股净资产(元)	-	-	-	-
每股资本公积金(元)	3.7321	8.8087	0.2715	0.2715
每股盈余公积金(元)	0.3774	0.7820	0.6051	0.6051
每股未分配利润(元)	2.7939	3.6529	2.3489	1.7453
每股现金净流量(元)	-0.1537	0.7615	1.0177	-0.9778
每股经营现金净流量(元)	1.3585	2.7510	2.4542	1.3039
净资产收益率(扣除)(%)	13.5600	32.9500	14.9300	40.7300
净资产收益率(%)	12.7160	28.7240	21.9000	40.6310
总资产(万)	2493439.85	2495332.56	822717.61	948905.27
股东权益(万)	1289743.73	1122550.70	352832.13	302660.75
主营业务收入(万)	367388.97	494003.31	324620.25	452261.63
主营成本(万)	104713.27	206864.41	100102.40	157062.81
营业收入(万)	368792.53	495162.75	325514.71	456011.55
营业成本(万)	106224.16	208004.19	101425.26	162293.07
投资收益(万)	-	-	-	-
利润总额(万)	217495.19	219081.60	179661.56	246259.91
净利润(万)	164002.66	110793.48	151257.99	122974.66

华闻传媒投资集团股份有限公司

公司概况

公司名称	华闻传媒投资集团股份有限公司			证券简称	华闻传媒
法人代表	温子健	董秘	金日	证券代码	000793
公司网址	www.000793.com		电子信箱	board@000793.com	
电 话	0898-66254650 66196060		传 真	0898-66254650 66255636	
办公地址	海南省海口市海甸四东路民生大厦				
经营范围	传播与文化产业的投资、开发、管理及咨询服务;信息集成等				

主要财务指标

指标\报告期	2011.06.30	2010.12.31	2010.06.30	2009.12.31
每股收益(元)	0.0854	0.1705	0.0691	0.1207
每股收益(扣除)(元)	0.0880	0.1142	0.0468	0.0922
每股净资产(元)	1.8600	1.7900	1.7000	1.6800
调整后每股净资产(元)	-	-	-	-
每股资本公积金(元)	0.0362	0.0362	0.0429	0.0498
每股盈余公积金(元)	0.1805	0.1805	0.1701	0.1701
每股未分配利润(元)	0.6417	0.5763	0.4853	0.4562
每股现金净流量(元)	-0.0830	0.1801	0.0679	-0.0316
每股经营现金净流量(元)	0.1941	0.4665	0.2206	0.2045
净资产收益率(扣除)(%)	4.7900	6.5300	2.7300	5.7600
净资产收益率(%)	4.5960	9.5070	4.0680	7.2020
总资产(万)	503259.43	455448.50	426287.03	415218.25
股东权益(万)	252769.68	243873.26	230993.89	227978.71
主营业务收入(万)	175644.64	344591.55	148952.24	250314.12
主营成本(万)	111539.17	229126.29	100747.41	157042.33
营业收入(万)	177437.73	347849.86	150356.94	253072.51
营业成本(万)	112381.18	230211.37	101158.84	158301.80
投资收益(万)	-	-	-	-
利润总额(万)	30026.23	58894.30	23353.27	40467.57
净利润(万)	11616.68	23185.65	9395.97	16418.86

太原双塔刚玉股份有限公司

公司概况

公司名称	太原双塔刚玉股份有限公司			证券简称	太原刚玉
法人代表	杜建奎	董秘	周玉旺	证券代码	000795
公司网址	www.twin-tower.com		电子信箱	tygydmc@twin-tower.com	
电 话	0351-4935313		传 真	0351-4935097	
办公地址	山西省太原市郝庄正街62号				
经营范围	稀土永磁材料与制品、棕刚玉系列产品、物流设备与控制等				

主要财务指标

指标\报告期	2011.06.30	2010.12.31	2010.06.30	2009.12.31
每股收益(元)	0.0600	0.0400	0.0080	0.0300
每股收益(扣除)(元)	0.0808	-0.0800	0.0050	-0.0200
每股净资产(元)	0.9500	0.8900	0.8600	0.8500
调整后每股净资产(元)	-	-	-	-
每股资本公积金(元)	1.4462	1.4462	1.4462	1.4462
每股盈余公积金(元)	0.1114	0.1114	0.1114	0.1114
每股未分配利润(元)	-1.6117	-1.6717	-1.7003	-1.7081
每股现金净流量(元)	1.0601	-0.1030	0.7830	-0.0574
每股经营现金净流量(元)	1.0830	-0.4057	0.4856	-0.0487
净资产收益率(扣除)(%)	6.3460	4.1100	0.9100	3.6300
净资产收益率(%)	6.5500	4.2000	0.9100	3.7300
总资产(万)	198089.85	142797.83	171747.18	141044.66
股东权益(万)	27211.00	25587.79	23730.62	23514.69
主营业务收入(万)	58016.52	70329.50	32432.84	44616.52
主营成本(万)	45863.88	59911.97	27857.74	37082.61
营业收入(万)	58037.62	74095.54	32626.03	52239.13
营业成本(万)	45880.74	62957.13	27952.10	44150.84
投资收益(万)	-	2284.79	-	-
利润总额(万)	1609.51	1048.66	280.00	857.03
净利润(万)	1661.67	1007.86	215.93	853.59

易食集团股份有限公司

公司概况						
	公司名称	易食集团股份有限公司			证券简称	易食股份
	法人代表	田力维	董秘	祝郁文	证券代码	000796
	公司网址	www.efoodgroup.com		电子信箱	yuw_zhu@yijituan.net	
	电　　话	010-59156337		传　　真	010-59156356	
	办公地址	北京市朝阳区东三环北乙二号				
	经营范围	航空配餐、铁路配餐、酒店经营管理、药品生产与销售、房地产开发管理等				

主要财务指标	指标\报告期	2011.06.30	2010.12.31	2010.06.30	2009.12.31
	每股收益(元)	0.0261	0.1200	0.0457	0.1014
	每股收益(扣除)(元)	0.0166	0.1136	0.0285	0.0436
	每股净资产(元)	1.8200	1.7937	1.7400	1.7114
	调整后每股净资产(元)	–	–	–	–
	每股资本公积金(元)	1.3568	1.3585	1.3416	1.3416
	每股盈余公积金(元)	0.2064	0.2064	0.2064	0.2064
	每股未分配利润(元)	–0.7436	–0.7713	–0.8092	–0.8366
	每股现金净流量(元)	0.5654	0.1767	0.1880	0.0571
	每股经营现金净流量(元)	0.0403	0.3616	0.2910	0.1829
	净资产收益率(扣除)(%)	–	5.1400	–	4.2400
	净资产收益率(%)	1.4360	5.6000	2.6300	5.9200
	总资产(万)	100567.56	83400.53	84470.50	80352.61
	股东权益(万)	44859.87	44222.04	42868.19	42193.66
	主营业务收入(万)	20372.48	35285.11	15925.94	23467.65
	主营成本(万)	12400.51	23171.18	10317.43	16396.53
	营业收入(万)	22692.31	41298.21	18579.38	28788.51
	营业成本(万)	12487.70	24036.65	10409.70	16608.90
	投资收益(万)	–	–	–	–
	利润总额(万)	2464.97	5957.63	2620.08	4184.74
	净利润(万)	643.99	2999.47	1127.86	2659.70

中国武夷实业股份有限公司

公司概况						
	公司名称	中国武夷实业股份有限公司			证券简称	中国武夷
	法人代表	黄建民	董秘	林金铸	证券代码	000797
	公司网址	www.chinawuyi.com.cn		电子信箱	gzb@chinawuyi.com.cn	
	电　　话	0591-83170123 83170122		传　　真	0591-83170222	
	办公地址	福建省福州市五四路89号置地广场33层				
	经营范围	工程承包、投资开发、外经外外贸等				

主要财务指标	指标\报告期	2011.06.30	2010.12.31	2010.06.30	2009.12.31
	每股收益(元)	0.0800	0.1900	0.0800	0.1700
	每股收益(扣除)(元)	0.0700	0.1200	0.0530	0.1220
	每股净资产(元)	3.0100	3.0200	2.8700	2.8100
	调整后每股净资产(元)	–	–	–	–
	每股资本公积金(元)	1.4753	1.5639	1.5184	1.5332
	每股盈余公积金(元)	0.0033	0.0033	0.0033	0.0033
	每股未分配利润(元)	0.5068	0.4225	0.3157	0.2332
	每股现金净流量(元)	–0.0445	–1.1790	–0.1324	2.3586
	每股经营现金净流量(元)	0.2563	–0.0597	0.0776	2.9041
	净资产收益率(扣除)(%)	2.3000	4.2900	1.8500	4.6600
	净资产收益率(%)	2.8000	6.2770	2.8700	6.0698
	总资产(万)	499083.81	520074.33	487443.03	513006.59
	股东权益(万)	117128.60	117456.77	111818.71	109268.69
	主营业务收入(万)	52744.76	184461.42	84591.49	270964.34
	主营成本(万)	36875.01	134700.84	57945.13	196362.77
	营业收入(万)	53701.96	188286.67	85765.43	272897.82
	营业成本(万)	37347.94	136403.81	58479.46	197498.31
	投资收益(万)	–	–	–	–
	利润总额(万)	5490.32	23149.01	12441.44	24918.61
	净利润(万)	3279.80	7372.53	3212.02	6632.34

中水集团远洋股份有限公司

公司概况						
	公司名称	中水集团远洋股份有限公司			证券简称	中水渔业
	法人代表	吴湘峰	董秘	陈明	证券代码	000798
	公司网址	www.cofc.com.cn		电子信箱	chenming@cofc.com.cn	
	电　　话	010-88067461		传　　真	010-8806746	
	办公地址	北京市西单民丰胡同31号				
	经营范围	远洋水产品的捕捞、储运、加工、销售和进出口等				

主要财务指标	指标\报告期	2011.06.30	2010.12.31	2010.06.30	2009.12.31
	每股收益(元)	0.0655	0.1600	0.0353	0.0800
	每股收益(扣除)(元)	0.0065	0.0700	–0.0060	0.0084
	每股净资产(元)	2.1300	2.1200	2.0400	2.0100
	调整后每股净资产(元)	–	–	–	–
	每股资本公积金(元)	1.0302	1.0302	1.0227	1.0227
	每股盈余公积金(元)	0.1332	0.1332	0.1079	0.1079
	每股未分配利润(元)	0.0427	0.0271	–0.0389	–0.0742
	每股现金净流量(元)	–0.0752	–0.1456	0.0216	–0.8431
	每股经营现金净流量(元)	–0.0558	0.2088	0.0956	0.2683
	净资产收益率(扣除)(%)	0.3100	3.5400	–0.3000	0.4300
	净资产收益率(%)	3.0780	7.3730	1.7310	4.0450
	总资产(万)	82455.09	78574.41	71530.84	71445.25
	股东权益(万)	68019.18	67857.51	65147.07	64146.03
	主营业务收入(万)	16684.94	36057.28	11995.47	31651.23
	主营成本(万)	13316.38	24970.04	8497.99	23003.32
	营业收入(万)	16897.87	36448.07	12226.16	31990.35
	营业成本(万)	13497.69	25478.47	8654.98	23347.68
	投资收益(万)	–	–	–	–
	利润总额(万)	2102.04	5640.30	1178.23	2219.91
	净利润(万)	2093.77	5003.32	1127.68	2594.86

酒鬼酒股份有限公司

公司概况						
	公司名称	酒鬼酒股份有限公司			证券简称	酒鬼酒
	法人代表	王新国	董秘	张儒平	证券代码	000799
	公司网址	www.china000799.com		电子信箱	jgj000799@jg000799.com	
	电　　话	0743-8312178		传　　真	0743-8312079	
	办公地址	湖南省吉首市振武营酒鬼工业园				
	经营范围	生产、销售酒鬼酒系列白酒和湘泉系列白酒				

主要财务指标	指标\报告期	2011.06.30	2010.12.31	2010.06.30	2009.12.31
	每股收益(元)	0.2008	0.2621	0.1627	0.1930
	每股收益(扣除)(元)	0.1289	0.0825	0.0408	0.0505
	每股净资产(元)	2.6957	2.4949	2.3956	2.2328
	调整后每股净资产(元)	–	–	–	–
	每股资本公积金(元)	2.5078	2.5078	2.5078	2.5078
	每股盈余公积金(元)	0.6454	0.6454	0.6454	0.6454
	每股未分配利润(元)	–1.4575	–1.6583	–1.7576	–1.9204
	每股现金净流量(元)	–0.0467	0.4446	–0.0033	–0.0441
	每股经营现金净流量(元)	0.6120	0.3316	0.0970	–0.0003
	净资产收益率(扣除)(%)	7.4500	10.5040	6.7930	8.6430
	净资产收益率(%)	7.7400	11.0900	7.0300	9.0300
	总资产(万)	128466.70	129034.98	126152.77	122248.22
	股东权益(万)	81693.22	75607.46	72740.14	67849.51
	主营业务收入(万)	39781.13	56017.67	23556.81	36468.55
	主营成本(万)	10904.38	14616.61	6008.93	7944.87
	营业收入(万)	39822.87	56048.73	23568.55	36490.29
	营业成本(万)	10915.91	14621.79	6012.46	7946.48
	投资收益(万)	990.78	1192.29	–	91.51
	利润总额(万)	7069.90	8626.63	4629.35	5526.87
	净利润(万)	6085.76	7941.79	4931.47	5848.44

一汽轿车股份有限公司

公司概况					
公司名称	一汽轿车股份有限公司			证券简称	一汽轿车
法人代表	徐建一	董秘	王文权	证券代码	000800
公司网址	www.fawcar.com.cn		电子信箱	fawcar0800@faw.com.cn	
电　话	0431-85781108 85781107		传　真	0431-85781100	
办公地址	吉林省长春市高新技术产业开发区蔚山路 4888 号				
经营范围	轿车整车及配件、变速箱、发动机的生产与销售等				

主要财务指标：指标\报告期	2011.06.30	2010.12.31	2010.06.30	2009.12.31
每股收益(元)	0.4938	1.1429	0.8212	1.0035
每股收益(扣除)(元)	0.4930	1.1425	0.8200	1.0038
每股净资产(元)	5.5000	5.3100	5.0800	4.6000
调整后每股净资产(元)	-	-	-	-
每股资本公积金(元)	1.5252	1.5266	1.5274	1.5289
每股盈余公积金(元)	0.6127	0.6127	0.5168	0.5084
每股未分配利润(元)	2.3656	2.1719	2.0372	1.5650
每股现金净流量(元)	-1.0942	0.5239	0.7890	0.4836
每股经营现金净流量(元)	-0.8652	1.4396	0.9377	1.3171
净资产收益率(扣除)(%)	9.1200	23.0500	16.6700	23.3300
净资产收益率(%)	8.9720	21.5190	16.1610	21.8045
总资产(万)	1806209.48	1767453.67	1645962.68	1446103.44
股东权益(万)	895713.03	864399.56	827004.93	749027.53
主营业务收入(万)	1786755.66	3511801.65	1691208.71	2636472.72
主营成本(万)	1430125.59	2766148.35	1270854.67	2036121.03
营业收入(万)	1908048.09	3729590.16	1791144.54	2774450.11
营业成本(万)	1541613.95	2957742.47	1359646.09	2161267.92
投资收益(万)	-	-	-	-
利润总额(万)	91955.54	224786.20	160004.63	190754.48
净利润(万)	80362.95	186007.91	133654.76	163321.83

四川九洲电器股份有限公司

公司概况					
公司名称	四川九洲电器股份有限公司			证券简称	四川九洲
法人代表	霞晖	董秘	程晓伟	证券代码	000801
公司网址	www.jiuzhoutech.com		电子信箱	dsb@jiuzhoutech.com	
电　话	0816-2312421 2336252		传　真	0816-2336335	
办公地址	四川省绵阳市九洲大道 259 号				
经营范围	电子音响设备、卫星电视接收系统、整机装饰件的制造、加工、销售等				

主要财务指标：指标\报告期	2011.06.30	2010.12.31	2010.06.30	2009.12.31
每股收益(元)	0.0629	0.2500	0.0523	0.2100
每股收益(扣除)(元)	0.0388	0.1118	0.0915	-0.0556
每股净资产(元)	2.0030	3.8801	3.7500	5.5590
调整后每股净资产(元)	-	-	-	-
每股资本公积金(元)	0.3044	1.6087	2.3324	3.0859
每股盈余公积金(元)	0.0832	0.1664	0.1664	0.2394
每股未分配利润(元)	0.6154	1.1050	0.2471	1.2336
每股现金净流量(元)	-0.6817	0.2986	-0.3593	1.4931
每股经营现金净流量(元)	-0.4451	0.9981	-0.2724	1.7524
净资产收益率(扣除)(%)	3.1410	6.3860	2.7900	1.0090
净资产收益率(%)	3.1900	6.4400	2.7900	5.6200
总资产(万)	191209.12	233704.62	233281.99	226934.56
股东权益(万)	83810.15	81732.41	79752.24	16861.94
主营业务收入(万)	104206.33	330561.70	170097.34	253508.25
主营成本(万)	89419.46	293587.77	152519.38	223045.18
营业收入(万)	104815.43	332827.64	171212.13	257177.43
营业成本(万)	89763.98	295821.23	153591.83	226380.65
投资收益(万)	152.85	127.85	58.28	52.78
利润总额(万)	2870.39	6129.17	3022.97	5710.23
净利润(万)	2390.69	4707.41	1987.16	3998.08

北京京西风光旅游开发股份有限公司

公司概况					
公司名称	北京京西风光旅游开发股份有限公司			证券简称	北京旅游
法人代表	刘伟	董秘	李麟	证券代码	000802
公司网址	www.bj-tour.com.cn		电子信箱	000802@ibjtour.com	
电　话	010-60869807 60869802		传　真	010-80115555 转 482335	
办公地址	北京市门头沟区石龙工业区泰安路 5 号				
经营范围	旅游项目投资、饮食服务、文化娱乐服务、出租汽车客运、旅游信息咨询等				

主要财务指标：指标\报告期	2011.06.30	2010.12.31	2010.06.30	2009.12.31
每股收益(元)	0.0400	0.0332	0.0200	0.0264
每股收益(扣除)(元)	0.0400	-0.0228	0.0300	0.0194
每股净资产(元)	4.2500	1.9300	1.9200	1.9016
调整后每股净资产(元)	-	-	-	-
每股资本公积金(元)	3.3376	1.0916	1.0916	1.0916
每股盈余公积金(元)	0.0287	0.0391	0.0391	0.0391
每股未分配利润(元)	-0.1135	-0.1959	-0.2088	-0.2291
每股现金净流量(元)	1.9688	-0.1106	-0.0343	0.3249
每股经营现金净流量(元)	0.0402	0.3884	0.0598	0.4584
净资产收益率(扣除)(%)	1.1700	-1.2100	1.7800	1.0300
净资产收益率(%)	0.7220	1.7169	1.0500	1.3899
总资产(万)	87486.78	46772.53	58892.46	58965.51
股东权益(万)	79735.73	26602.23	26423.94	26145.51
主营业务收入(万)	8882.83	15790.56	7589.05	15358.16
主营成本(万)	3827.82	7257.34	3356.70	6718.12
营业收入(万)	9336.01	16535.23	8018.20	16222.90
营业成本(万)	3827.82	7257.34	3356.70	6718.12
投资收益(万)	-	-	-	-
利润总额(万)	570.67	631.64	261.73	326.14
净利润(万)	575.27	456.72	278.43	363.41

四川金宇汽车城(集团)股份有限公司

公司概况					
公司名称	四川金宇汽车城(集团)股份有限公司			证券简称	金宇车城
法人代表	戴凌翔	董秘	罗雄飞	证券代码	000803
公司网址	www.scjycc.com		电子信箱	scjymy@vip.sina.com	
电　话	0817-6170888 2198989		传　真	0817-6170777	
办公地址	四川省南充市嘉陵区春江路二段九号				
经营范围	汽车贸易,二手车交易,摩托车交易,汽车(摩托车)配件研发制造、维修等				

主要财务指标：指标\报告期	2011.06.30	2010.12.31	2010.06.30	2009.12.31
每股收益(元)	-0.0100	-0.1399	0.0100	0.0197
每股收益(扣除)(元)	-0.0498	0.0039	0.0100	0.0125
每股净资产(元)	0.8800	0.8900	1.0300	1.0300
调整后每股净资产(元)	-	-	-	-
每股资本公积金(元)	0.0148	0.0148	0.0148	0.0148
每股盈余公积金(元)	0.1887	0.1887	0.1887	0.1887
每股未分配利润(元)	-0.3247	-0.3171	-0.1695	-0.1771
每股现金净流量(元)	0.0529	-0.0237	-0.0274	0.0407
每股经营现金净流量(元)	0.0106	0.0150	-0.0170	0.0046
净资产收益率(扣除)(%)	-5.6500	0.3800	0.9900	1.2300
净资产收益率(%)	-0.8680	-15.7870	0.9700	1.9198
总资产(万)	21894.86	21327.57	22165.19	23003.00
股东权益(万)	11224.47	11321.92	13207.01	13109.29
主营业务收入(万)	3507.41	612.39	3132.72	7139.21
主营成本(万)	3486.68	5095.89	2309.79	4914.02
营业收入(万)	3694.04	7027.99	3226.77	7422.77
营业成本(万)	3574.93	5301.66	2328.25	5051.87
投资收益(万)	-	-	-	-
利润总额(万)	-105.22	-1957.70	221.33	1062.45
净利润(万)	-97.45	-1787.37	127.70	251.67

北海银河高科技产业股份有限公司

公司概况	公司名称	北海银河高科技产业股份有限公司			证券简称	银河科技
	法人代表	唐新林	董秘	卢安军	证券代码	000806
	公司网址	www.yinhetech.com		电子信箱	yhtech@yhgroup.cn	
	电　　话	0779-3202636		传　　真	0779-3926916	
	办公地址	广西壮族自治区北海市银河软件科技园综合办公楼				
	经营范围	输配电、控制设备制造及电子信息业等				

主要财务指标	指标\报告期	2011.06.30	2010.12.31	2010.06.30	2009.12.31
	每股收益(元)	0.0037	-0.0867	0.0044	0.0686
	每股收益(扣除)(元)	-0.0541	-0.1358	-0.0190	-
	每股净资产(元)	1.6005	1.4773	1.5483	1.5540
	调整后每股净资产(元)	-	-	-	-
	每股资本公积金(元)	0.7384	0.6190	0.5988	0.6061
	每股盈余公积金(元)	0.1329	0.1329	0.1329	0.1329
	每股未分配利润(元)	-0.2708	-0.2745	-0.1834	-0.1852
	每股现金净流量(元)	-0.0653	0.0220	-0.0713	0.1368
	每股经营现金净流量(元)	0.1659	0.3598	0.0680	-0.2207
	净资产收益率(扣除)(%)	-3.5200	-8.5900	-1.2300	-
	净资产收益率(%)	0.2330	-5.8660	0.2860	4.4100
	总资产(万)	290929.87	291501.05	287600.73	279115.84
	股东权益(万)	111907.83	103295.41	108256.05	108642.21
	主营业务收入(万)	40882.79	93293.76	46325.89	-
	主营成本(万)	31632.44	70778.66	34988.00	-
	营业收入(万)	41842.96	97670.42	47711.91	78683.23
	营业成本(万)	31754.43	74010.21	36004.36	58075.06
	投资收益(万)	-	-	-	-
	利润总额(万)	357.83	-6831.80	446.80	7612.52
	净利润(万)	260.78	-6059.04	309.67	4794.73

云南铝业股份有限公司

公司概况	公司名称	云南铝业股份有限公司			证券简称	云铝股份
	法人代表	田永	董秘	张文伟	证券代码	000807
	公司网址	www.ylgf.com		电子信箱	stock@ylgf.com	
	电　　话	0871—7455858 7455268		传　　真	0871—7455605	
	办公地址	云南省昆明市呈贡县				
	经营范围	重熔用铝锭及铝加工制品、炭素及炭素制品、氧化铝、硫酸铵等				

主要财务指标	指标\报告期	2011.06.30	2010.12.31	2010.06.30	2009.12.31
	每股收益(元)	0.0300	0.0260	0.0100	0.0400
	每股收益(扣除)(元)	0.0069	-0.0120	-0.0100	0.0400
	每股净资产(元)	3.3300	3.3300	3.3300	3.3600
	调整后每股净资产(元)	-	-	-	-
	每股资本公积金(元)	1.8972	1.8975	1.9170	1.9242
	每股盈余公积金(元)	0.2620	0.2620	0.2606	0.2606
	每股未分配利润(元)	0.1671	0.1707	0.1559	0.1763
	每股现金净流量(元)	-0.3196	0.3626	-0.4338	-0.1149
	每股经营现金净流量(元)	-0.0441	-0.1854	-0.3587	0.4449
	净资产收益率(扣除)(%)	0.2100	-0.3600	-0.4000	1.2800
	净资产收益率(%)	0.7960	0.7700	0.2860	1.1700
	总资产(万)	1270489.70	1188938.50	1045832.10	968946.89
	股东权益(万)	393833.65	394288.45	394671.64	397948.64
	主营业务收入(万)	386235.56	679281.53	301769.77	509661.44
	主营成本(万)	348590.17	625170.42	277966.71	445954.39
	营业收入(万)	399109.27	732578.78	321506.45	520956.30
	营业成本(万)	360990.61	677552.90	296850.62	456721.77
	投资收益(万)	-	-	-	-
	利润总额(万)	5061.17	5945.84	1266.02	6163.17
	净利润(万)	3135.51	3047.79	1129.97	4636.22

四川中汇医药(集团)股份有限公司

公司概况	公司名称	四川中汇医药(集团)股份有限公司			证券简称	中汇医药
	法人代表	封玮	董秘	余武柏	证券代码	000809
	公司网址	www.cdzhonghui.com		电子信箱	sczh@cdzhonghui.com	
	电　　话	028-87503810 87501771		传　　真	028-87509860	
	办公地址	四川省成都市蜀西路30号				
	经营范围	药品、保健品、食品、化妆品、医疗器械的投资及开发等				

主要财务指标	指标\报告期	2011.06.30	2010.12.31	2010.06.30	2009.12.31
	每股收益(元)	-0.0250	0.0250	0.0080	-0.0469
	每股收益(扣除)(元)	-0.0322	0.0120	0.0100	-0.0460
	每股净资产(元)	1.1280	1.1530	1.1400	1.1280
	调整后每股净资产(元)	-	-	-	-
	每股资本公积金(元)	0.2572	0.2575	0.2571	0.2576
	每股盈余公积金(元)	0.0577	0.0577	0.0577	0.0577
	每股未分配利润(元)	-0.1868	-0.1617	-0.1792	-0.1872
	每股现金净流量(元)	-0.1058	-0.0650	-0.2100	-0.0195
	每股经营现金净流量(元)	-0.0804	0.0896	-0.0441	0.0890
	净资产收益率(扣除)(%)	-2.8200	1.0800	0.4800	-4.0300
	净资产收益率(%)	-2.2000	2.2080	0.7100	-3.8180
	总资产(万)	23953.58	24343.93	21919.09	23990.15
	股东权益(万)	12924.19	13215.38	13010.74	12923.60
	主营业务收入(万)	7935.42	14825.17	6978.95	14153.69
	主营成本(万)	2334.67	4018.88	1900.42	3954.52
	营业收入(万)	7999.50	14921.32	6989.56	14173.36
	营业成本(万)	2334.67	4032.08	1900.88	4028.43
	投资收益(万)	-	-	-	-
	利润总额(万)	-287.59	254.94	53.56	-509.65
	净利润(万)	-287.51	291.80	91.87	-493.49

华润锦华股份有限公司

公司概况	公司名称	华润锦华股份有限公司			证券简称	华润锦华
	法人代表	王春城	董秘	蔡惠鹏	证券代码	000810
	公司网址	www.hrjh.com.cn		电子信箱	hrjh@hrjh.com.cn	
	电　　话	0825-2287329 2287301		传　　真	0825-2283399	
	办公地址	四川省遂宁市城区遂州中路309号				
	经营范围	纺纱、织布、纺织品制造、销售等				

主要财务指标	指标\报告期	2011.06.30	2010.12.31	2010.06.30	2009.12.31
	每股收益(元)	0.2987	0.6327	0.2902	0.1615
	每股收益(扣除)(元)	0.2953	0.6307	0.2875	0.1563
	每股净资产(元)	3.7800	3.7100	3.3600	3.1200
	调整后每股净资产(元)	-	-	-	-
	每股资本公积金(元)	0.7605	0.7605	0.7605	0.7605
	每股盈余公积金(元)	0.1989	0.1989	0.1626	0.1626
	每股未分配利润(元)	1.8164	1.7458	1.4395	1.1993
	每股现金净流量(元)	-0.1113	0.1976	0.0293	-0.4471
	每股经营现金净流量(元)	0.1257	0.7818	0.4192	0.6930
	净资产收益率(扣除)(%)	7.8200	18.4800	8.5500	5.1400
	净资产收益率(%)	7.9110	17.0770	8.6300	5.1730
	总资产(万)	129295.09	115526.23	107229.78	105131.28
	股东权益(万)	48959.19	48043.18	43601.55	40487.17
	主营业务收入(万)	64043.16	110154.80	55037.89	88344.57
	主营成本(万)	50277.30	89881.60	46369.59	76929.14
	营业收入(万)	65073.10	111212.47	55579.96	91600.05
	营业成本(万)	51344.40	91231.05	46984.53	80096.32
	投资收益(万)	-	-	-	-
	利润总额(万)	7137.54	12142.89	5001.76	4265.07
	净利润(万)	3873.32	8204.34	3762.71	2094.27

烟台冰轮股份有限公司

公司概况

公司名称	烟台冰轮股份有限公司			证券简称	烟台冰轮
法人代表	于元波	董秘	孙秀欣	证券代码	000811
公司网址	www.yantaimoon.com		电子信箱	zqb@yantaimoon.com	
电　　话	0535-6697075 6243558		传　　真	0535-6243558	
办公地址	山东省烟台市芝罘区西山路80号				
经营范围	制冷空调设备、机械设备零配件、塑料制品、装饰材料等				

主要财务指标

指标\报告期	2011.06.30	2010.12.31	2010.06.30	2009.12.31
每股收益(元)	0.2000	0.5400	0.1500	0.3200
每股收益(扣除)(元)	0.2091	0.5200	0.2300	0.2900
每股净资产(元)	2.9400	2.6800	2.3400	2.2200
调整后每股净资产(元)	–	–	–	–
每股资本公积金(元)	1.2472	0.2237	0.1927	0.7621
每股盈余公积金(元)	0.2868	0.4302	0.3721	0.5582
每股未分配利润(元)	0.4481	1.0666	0.8115	1.0640
每股现金净流量(元)	0.1637	0.0530	-0.1825	0.2684
每股经营现金净流量(元)	0.0492	0.4325	0.0492	0.8864
净资产收益率(扣除)(%)	11.0800	20.7100	10.0100	13.9400
净资产收益率(%)	6.9170	19.9860	9.4920	14.2389
总资产(万)	245727.46	171877.60	163080.53	157047.41
股东权益(万)	116178.03	70462.97	61581.59	58397.02
主营业务收入(万)	74197.06	117934.58	57303.47	98582.08
主营成本(万)	55795.25	87895.05	42407.32	72899.50
营业收入(万)	75560.74	120212.76	58173.97	100902.57
营业成本(万)	56703.37	89178.78	42840.33	74455.55
投资收益(万)	–	–	–	–
利润总额(万)	8831.45	13954.63	5074.17	7324.18
净利润(万)	8036.31	14082.99	5845.15	8315.08

陕西金叶科教集团股份有限公司

公司概况

公司名称	陕西金叶科教集团股份有限公司			证券简称	陕西金叶
法人代表	袁汉源	董秘	赵天骄	证券代码	000812
公司网址			电子信箱	zhaotj_812@126.com	
电　　话	029-81778569		传　　真	029-81778533	
办公地址	陕西省西安市锦业路1号都市之门B座19层				
经营范围	包装装潢印刷品印刷;高新数字印刷技术及高新技术广告制作等				

主要财务指标

指标\报告期	2011.06.30	2010.12.31	2010.06.30	2009.12.31
每股收益(元)	0.0503	0.1270	0.0547	0.1172
每股收益(扣除)(元)	0.0503	0.1234	0.0547	0.1219
每股净资产(元)	1.4130	1.6480	1.5700	1.5120
调整后每股净资产(元)	–	–	–	–
每股资本公积金(元)	0.0341	0.1409	0.1325	0.1325
每股盈余公积金(元)	0.1510	0.1811	0.1709	0.1709
每股未分配利润(元)	0.2283	0.3256	0.2636	0.2089
每股现金净流量(元)	-0.1374	0.1992	-0.0118	0.1420
每股经营现金净流量(元)	0.0243	0.3270	0.0255	0.3004
净资产收益率(扣除)(%)	–	7.8100	–	8.4300
净资产收益率(%)	3.5580	7.7100	3.4900	7.7500
总资产(万)	110596.69	115673.54	100599.26	107247.95
股东权益(万)	63228.88	61426.10	58421.23	56380.42
主营业务收入(万)	24250.69	45755.30	23321.80	50833.68
主营成本(万)	–	30268.43	–	35915.81
营业收入(万)	24656.11	46371.73	23631.84	51158.86
营业成本(万)	16187.66	30542.21	16222.28	36064.26
投资收益(万)	–	–	–	–
利润总额(万)	3244.24	7046.73	2994.03	5423.53
净利润(万)	2249.47	4733.02	2040.81	4370.80

新疆天山毛纺织股份有限公司

公司概况

公司名称	新疆天山毛纺织股份有限公司			证券简称	天山纺织
法人代表	王娟红	董秘	王娟红(代)	证券代码	000813
公司网址	www.chinatianshan.com		电子信箱	tsjszx@xj.cninfo.net	
电　　话	0991-4336068 4336069		传　　真	0991-4310472	
办公地址	新疆维吾尔自治区乌鲁木齐市银川路235号				
经营范围	羊绒纱、羊绒衫、羊毛衫及混纺衫的生产销售等				

主要财务指标

指标\报告期	2011.06.30	2010.12.31	2010.06.30	2009.12.31
每股收益(元)	-0.0120	0.0200	0.0080	0.0081
每股收益(扣除)(元)	-0.0219	0.0001	0.0064	–
每股净资产(元)	1.1200	1.1300	1.1200	1.2700
调整后每股净资产(元)	–	–	–	–
每股资本公积金(元)	1.4394	1.4394	1.4394	1.4402
每股盈余公积金(元)	0.1275	0.1275	0.1275	0.1275
每股未分配利润(元)	-1.4395	-1.4280	-1.4377	-1.2996
每股现金净流量(元)	0.0218	0.1391	0.1313	0.1421
每股经营现金净流量(元)	-0.0226	-0.1109	-0.2749	0.0424
净资产收益率(扣除)(%)	-1.9500	0.0900	0.5700	–
净资产收益率(%)	-1.0250	1.5350	0.6800	0.6400
总资产(万)	69238.49	63931.26	66921.24	54967.15
股东权益(万)	40771.99	41188.74	40888.43	45978.77
主营业务收入(万)	13738.63	28934.38	12048.74	–
主营成本(万)	10973.65	21205.88	9185.13	–
营业收入(万)	13950.88	29663.37	12238.55	18868.00
营业成本(万)	11039.90	21345.73	9134.42	15969.41
投资收益(万)	–	–	–	–
利润总额(万)	-307.56	598.09	219.60	285.86
净利润(万)	-417.82	632.28	278.60	293.54

中冶美利纸业股份有限公司

公司概况

公司名称	中冶美利纸业股份有限公司			证券简称	美利纸业
法人代表	王昆	董秘	邵进华	证券代码	000815
公司网址	www.china-meili.com		电子信箱	mlzy@china-meili.com	
电　　话	0955-7078069 7679334		传　　真	0955-7679216 7679339	
办公地址	宁夏回族自治区中卫市城区柔远镇				
经营范围	机制纸、板纸、加工纸等中、高档文化用纸及生活用纸的生产、经营、销售等				

主要财务指标

指标\报告期	2011.06.30	2010.12.31	2010.06.30	2009.12.31
每股收益(元)	-0.1700	-0.3700	-0.2400	0.0500
每股收益(扣除)(元)	-0.1868	-0.1800	-0.0400	0.0400
每股净资产(元)	2.4500	2.6200	2.7400	6.0700
调整后每股净资产(元)	–	–	–	0.6600
每股资本公积金(元)	0.9583	0.9583	0.9462	1.9924
每股盈余公积金(元)	0.2179	0.2179	0.2179	0.4358
每股未分配利润(元)	0.2750	0.4454	0.5733	2.6440
每股现金净流量(元)	0.0064	-0.0801	0.2877	0.0226
每股经营现金净流量(元)	-0.2024	0.8268	-0.1672	0.0103
净资产收益率(扣除)(%)	-7.3600	-6.8800	-1.4200	0.6600
净资产收益率(%)	-6.9520	-14.1830	-8.9100	0.8450
总资产(万)	394562.55	386456.32	399192.92	345636.31
股东权益(万)	77654.59	83053.45	86720.94	96183.08
主营业务收入(万)	61935.15	114780.88	52503.51	96689.41
主营成本(万)	56306.46	100275.28	44463.02	83747.15
营业收入(万)	62727.83	116549.46	53424.76	100136.15
营业成本(万)	56961.86	101683.31	44995.31	85417.56
投资收益(万)	–	–	–	–
利润总额(万)	-5158.27	-11386.54	-7463.24	1534.68
净利润(万)	-5398.87	-11779.08	-7726.59	812.94

江苏江淮动力股份有限公司

公司概况

公司名称	江苏江淮动力股份有限公司			证券简称	江淮动力
法人代表	胡尔广	董秘	王乃强	证券代码	000816
公司网址	www.jdchina.com		电子信箱	jhdl000816@sina.com	
电　　话	0515-8881908		传　　真	0515-8881816	
办公地址	江苏省盐城市环城西路213号				
经营范围	内燃机、发电机、电动机、水泵、榨油机、农业机械制造				

主要财务指标

指标\报告期	2011.06.30	2010.12.31	2010.06.30	2009.12.31
每股收益(元)	0.0359	0.1600	0.0345	0.1700
每股收益(扣除)(元)	0.0304	0.0300	0.0348	0.0400
每股净资产(元)	1.8800	1.6400	1.5200	1.5000
调整后每股净资产(元)	–	–	–	–
每股资本公积金(元)	0.3847	0.0231	0.0231	0.0231
每股盈余公积金(元)	0.0647	0.0832	0.0676	0.0676
每股未分配利润(元)	0.4441	0.5398	0.4307	0.4124
每股现金净流量(元)	0.7353	0.0701	–0.1432	–
每股经营现金净流量(元)	0.0521	0.1875	0.0809	–
净资产收益率(扣除)(%)	–	2.0300	–	2.8400
净资产收益率(%)	1.8420	9.9630	2.6410	11.4785
总资产(万)	330728.51	274324.06	279344.89	282806.69
股东权益(万)	205175.83	138456.29	128298.90	126775.96
主营业务收入(万)	129270.97	224521.11	127095.54	180966.07
主营成本(万)	113188.98	194700.65	109146.67	151941.54
营业收入(万)	131759.91	231009.61	131094.86	191491.97
营业成本(万)	115503.99	200406.44	112573.61	161052.31
投资收益(万)	–	–	–	–
利润总额(万)	3812.77	15631.00	4132.79	18045.64
净利润(万)	3778.70	13794.48	3388.39	14552.03

方大锦化化工科技股份有限公司

公司概况

公司名称	方大锦化化工科技股份有限公司			证券简称	*ST 化工
法人代表	曹阳	董秘	张晓东	证券代码	000818
公司网址	www.jinhuagroup.com		电子信箱	fdhgzqb@126.com	
电　　话	0429-2709065 2709000		传　　真	0429-2901152	
办公地址	辽宁省葫芦岛市连山区化工街				
经营范围	氢氧化钠;氯(液化的);氢气;氯苯;盐酸;丙二醇等				

主要财务指标

指标\报告期	2011.06.30	2010.12.31	2010.06.30	2009.12.31
每股收益(元)	0.1381	1.7058	–0.2668	–3.2865
每股收益(扣除)(元)	0.0970	–0.0256	–0.4465	–3.1758
每股净资产(元)	2.8500	5.4500	–0.9100	–0.4400
调整后每股净资产(元)	–	–	–	–
每股资本公积金(元)	1.8230	4.6784	2.2584	2.1960
每股盈余公积金(元)	0.0538	0.1077	0.1077	0.1077
每股未分配利润(元)	–0.0276	–0.3315	–4.2768	–3.7432
每股现金净流量(元)	–0.3768	0.8269	–0.0169	–0.6034
每股经营现金净流量(元)	–0.0245	–0.0345	–0.0678	–1.1100
净资产收益率(扣除)(%)	3.4700	–4.0400	–	–263.8300
净资产收益率(%)	4.8470	62.5470	–58.5934	–
总资产(万)	244555.09	271148.19	226902.50	234692.29
股东权益(万)	193744.10	185456.24	–30963.80	–14943.85
主营业务收入(万)	134657.38	166622.17	76475.81	86458.88
主营成本(万)	120759.06	174998.83	81947.05	106489.27
营业收入(万)	140051.39	180483.33	85128.48	105039.37
营业成本(万)	125782.80	189455.11	90879.30	125407.54
投资收益(万)	–	–	–	–
利润总额(万)	8542.86	116570.64	–17688.16	–110109.30
净利润(万)	9389.91	115997.51	–18142.75	–111740.80

岳阳兴长石化股份有限公司

公司概况

公司名称	岳阳兴长石化股份有限公司			证券简称	岳阳兴长
法人代表	侯勇	董秘	谭人杰	证券代码	000819
公司网址	www.yyxc0819.com		电子信箱	yyxczqbu@clpec.com.cn	
电　　话	0730-8844890 8452599		传　　真	0730-8844930	
办公地址	湖南省岳阳市云溪区				
经营范围	开发、生产、销售石油化工产品、塑料及其制品等				

主要财务指标

指标\报告期	2011.06.30	2010.12.31	2010.06.30	2009.12.31
每股收益(元)	0.0850	0.2240	0.1020	0.2800
每股收益(扣除)(元)	0.0853	0.2200	0.1010	0.2720
每股净资产(元)	2.4100	2.5800	2.4530	2.3080
调整后每股净资产(元)	–	–	–	–
每股资本公积金(元)	0.3882	0.4270	0.4399	0.2520
每股盈余公积金(元)	0.5686	0.6255	0.6028	0.6028
每股未分配利润(元)	0.4556	0.5273	0.4106	0.4529
每股现金净流量(元)	0.0925	0.0124	0.8401	0.1818
每股经营现金净流量(元)	0.1345	0.3392	0.2046	0.3916
净资产收益率(扣除)(%)	–	9.2200	–	12.0600
净资产收益率(%)	3.5360	8.6900	4.1388	12.1400
总资产(万)	61123.67	58305.23	68416.69	52594.87
股东权益(万)	51403.02	49972.76	47523.33	44701.21
主营业务收入(万)	65712.78	162418.78	78660.35	114625.78
主营成本(万)	60642.86	149347.74	73195.60	101010.71
营业收入(万)	65725.74	162495.42	78837.30	114745.25
营业成本(万)	60653.95	149375.83	73361.21	101064.29
投资收益(万)	–	–	–	–
利润总额(万)	2727.51	5214.80	2003.71	7231.58
净利润(万)	1817.68	4341.32	1966.90	5428.12

湖北京山轻工机械股份有限公司

公司概况

公司名称	湖北京山轻工机械股份有限公司			证券简称	京山轻机
法人代表	孙友元	董秘	谢杏平	证券代码	000821
公司网址	www.jspackmach.com		电子信箱	jsqj000821@jspackmach.com	
电　　话	0724-7210972		传　　真	0724-7210972	
办公地址	湖北省荆门市京山县经济技术开发区轻机工业园				
经营范围	纸箱、纸盒包装机械及印刷机械的制造、销售等				

主要财务指标

指标\报告期	2011.06.30	2010.12.31	2010.06.30	2009.12.31
每股收益(元)	0.0210	0.0900	0.0150	0.0100
每股收益(扣除)(元)	0.0400	0.0300	0.0020	–0.0300
每股净资产(元)	3.3400	3.3600	3.2800	3.2700
调整后每股净资产(元)	–	–	–	–
每股资本公积金(元)	1.3571	1.3571	1.3571	1.3571
每股盈余公积金(元)	0.4477	0.4477	0.4386	0.4386
每股未分配利润(元)	0.5363	0.5503	0.4850	0.4699
每股现金净流量(元)	0.1046	–0.2329	0.1189	–0.0938
每股经营现金净流量(元)	–0.1982	0.2212	0.0890	0.2951
净资产收益率(扣除)(%)	1.2800	0.8800	0.0500	–1.0100
净资产收益率(%)	0.6270	2.6690	0.4620	0.2847
总资产(万)	161743.62	142163.06	140261.59	131897.24
股东权益(万)	115348.23	115833.52	113264.93	112741.52
主营业务收入(万)	28911.22	49680.82	22924.97	36905.02
主营成本(万)	21754.35	40432.18	19211.84	31937.76
营业收入(万)	30489.88	52343.59	23882.30	39111.92
营业成本(万)	22636.12	41626.16	19638.81	32695.49
投资收益(万)	–	–	–	–
利润总额(万)	1097.21	4146.51	584.66	464.13
净利润(万)	723.04	3092.00	523.41	320.99

山东海化股份有限公司

公司概况	公司名称	山东海化股份有限公司		证券简称	山东海化
	法人代表	李云贵	董秘 吴炳顺	证券代码	000822
	公司网址	www.chinahaihua.com		电子信箱	hhgf@wfhaihua.sina.net
	电　话	0536-5329931 5329379		传　真	0536-5329879
	办公地址	山东省潍坊市滨海经济开发区			
	经营范围	纯碱、工业溴及溴素、醋酸乙酯、苯胺、二氯甲烷、三氯甲烷、盐酸等			

主要财务指标 指标\报告期	2011.06.30	2010.12.31	2010.06.30	2009.12.31
每股收益(元)	0.2300	0.0500	0.0200	-0.7900
每股收益(扣除)(元)	0.2230	0.0600	0.0100	-0.8100
每股净资产(元)	3.9800	3.7300	3.6900	3.6700
调整后每股净资产(元)	-	-	-	-
每股资本公积金(元)	1.6816	1.6630	1.6769	1.6769
每股盈余公积金(元)	0.3237	0.3237	0.3220	0.3220
每股未分配利润(元)	0.9723	0.7459	0.6880	0.6657
每股现金净流量(元)	0.0414	-0.3691	-0.5355	0.0376
每股经营现金净流量(元)	0.4102	0.7989	-0.0290	-0.1209
净资产收益率(扣除)(%)	5.8000	1.6700	0.3500	-19.8500
净资产收益率(%)	5.6880	1.3030	0.6045	-21.4720
总资产(万)	709740.86	711174.20	731441.02	773342.35
股东权益(万)	356355.87	334124.04	330328.68	328241.69
主营业务收入(万)	391747.19	680012.51	322052.45	539554.98
主营成本(万)	323260.29	587663.77	282150.49	528264.98
营业收入(万)	395180.22	692323.32	327591.19	545864.12
营业成本(万)	325503.08	595501.75	286029.08	532687.06
投资收益(万)	-	-	-	-
利润总额(万)	30310.27	10313.14	5804.96	-91758.44
净利润(万)	20268.51	4354.24	1996.92	-70479.80

广东汕头超声电子股份有限公司

公司概况	公司名称	广东汕头超声电子股份有限公司		证券简称	超声电子
	法人代表	李大淳	董秘 陈东屏	证券代码	000823
	公司网址	www.gd-goworld.com		电子信箱	goworld@pub.shantou.gd.cn
	电　话	0754-83932281 3012		传　真	0754-83931233
	办公地址	广东省汕头市龙湖区龙江路12号			
	经营范围	制造、加工、销售超声电子仪器、仪器仪表、电子元器件、电子材料等			

主要财务指标 指标\报告期	2011.06.30	2010.12.31	2010.06.30	2009.12.31
每股收益(元)	0.1810	0.3623	0.1350	0.2533
每股收益(扣除)(元)	0.1791	0.3515	0.1318	0.2507
每股净资产(元)	3.8590	3.7770	3.6020	3.5420
调整后每股净资产(元)	-	-	-	-
每股资本公积金(元)	1.8455	1.8439	1.8585	1.9332
每股盈余公积金(元)	0.2040	0.2040	0.1793	0.1793
每股未分配利润(元)	0.8098	0.7292	0.5643	0.4292
每股现金净流量(元)	-0.2318	0.1882	-0.0335	0.4150
每股经营现金净流量(元)	0.0766	0.7517	0.2348	0.7530
净资产收益率(扣除)(%)	4.6700	9.5600	3.6700	7.2800
净资产收益率(%)	4.6780	9.5910	3.7500	7.1510
总资产(万)	348541.71	336684.37	320168.36	307728.39
股东权益(万)	169977.11	166356.29	158646.14	155988.69
主营业务收入(万)	152217.77	296886.94	138091.09	228082.25
主营成本(万)	123014.77	236881.76	111924.81	182417.14
营业收入(万)	153000.80	298334.53	138608.52	229451.89
营业成本(万)	123389.32	239404.53	112138.95	183259.22
投资收益(万)	-	-	-	-
利润总额(万)	12193.73	23936.25	9426.29	16918.56
净利润(万)	7952.22	15955.70	5949.88	11154.67

山西太钢不锈钢股份有限公司

公司概况	公司名称	山西太钢不锈钢股份有限公司		证券简称	太钢不锈
	法人代表	李晓波	董秘 韩珍堂	证券代码	000825
	公司网址	www.tisco.com.cn		电子信箱	tgbx@tisco.com.cn
	电　话	0351-3017729 3017728		传　真	0351-3017729
	办公地址	山西省太原市尖草坪2号			
	经营范围	不锈钢及其它黑色钢材、钢坯、钢锭、金属制品的生产、销售等			

主要财务指标 指标\报告期	2011.06.30	2010.12.31	2010.06.30	2009.12.31
每股收益(元)	0.1472	0.2410	0.1422	0.1590
每股收益(扣除)(元)	0.1457	0.2380	0.1423	0.1530
每股净资产(元)	3.8820	3.8350	3.7140	3.6710
调整后每股净资产(元)	-	-	-	-
每股资本公积金(元)	1.1113	1.1114	1.0893	1.0889
每股盈余公积金(元)	0.2617	0.2617	0.2168	0.2168
每股未分配利润(元)	1.5087	1.4615	1.4077	1.3655
每股现金净流量(元)	-0.1298	0.2170	-0.0856	-0.8610
每股经营现金净流量(元)	0.6198	0.7394	0.2562	0.6437
净资产收益率(扣除)(%)	3.8300	6.3700	3.8200	4.2000
净资产收益率(%)	3.7920	6.2830	3.8300	4.3310
总资产(万)	6232131.47	6360479.75	6434236.38	6154820.64
股东权益(万)	2211123.28	2184255.59	2115455.84	2091176.08
主营业务收入(万)	4581634.24	8710888.06	4336866.10	7107949.20
主营成本(万)	4215679.52	7938914.14	3932538.82	6462517.93
营业收入(万)	4583652.11	8719780.00	4341921.56	7182836.00
营业成本(万)	4217151.83	7945679.85	3936455.78	6533190.50
投资收益(万)	-	-	-	-
利润总额(万)	90821.97	145729.12	90080.09	95480.75
净利润(万)	83841.75	137231.12	81019.49	90575.38

桑德环境资源股份有限公司

公司概况	公司名称	桑德环境资源股份有限公司		证券简称	桑德环境
	法人代表	文一波	董秘 马勒思	证券代码	000826
	公司网址	www.soundenvironmental.cn		电子信箱	ss000826@126.com
	电　话	0717-6442936		传　真	0717-6442830
	办公地址	湖北省宜昌市西陵区绿萝路77号			
	经营范围	固体废弃物处置系统工程设计,承建及固体废弃物处置设备系统集成等			

主要财务指标 指标\报告期	2011.06.30	2010.12.31	2010.06.30	2009.12.31
每股收益(元)	0.2950	0.5000	0.2050	0.3500
每股收益(扣除)(元)	0.2914	0.4900	0.2050	0.3500
每股净资产(元)	3.3400	3.0800	2.7800	2.6200
调整后每股净资产(元)	-	-	-	-
每股资本公积金(元)	1.0214	0.9626	0.9513	0.9513
每股盈余公积金(元)	0.1681	0.1681	0.1283	0.1283
每股未分配利润(元)	1.1476	0.9526	0.6969	0.5416
每股现金净流量(元)	0.0451	-0.1111	-0.2159	-0.3968
每股经营现金净流量(元)	-0.0621	0.6245	0.1674	0.0501
净资产收益率(扣除)(%)	-	17.3200	-	14.2400
净资产收益率(%)	8.8400	16.2400	7.5400	13.4500
总资产(万)	343062.44	297435.72	292427.91	264355.39
股东权益(万)	137938.98	127447.85	114769.97	108350.26
主营业务收入(万)	62879.57	96443.44	39579.06	67589.64
主营成本(万)	39185.33	62769.51	25414.82	40414.82
营业收入(万)	63346.43	97201.18	39907.37	68445.84
营业成本(万)	39234.54	62861.43	25456.11	40501.36
投资收益(万)	-	-	-	-
利润总额(万)	14787.15	24771.18	10114.96	18479.94
净利润(万)	12194.87	20699.27	8486.50	14572.46

东莞发展控股股份有限公司

公司概况	公司名称	东莞发展控股股份有限公司			证券简称	东莞控股
	法人代表	尹锦容	董秘	黄勇	证券代码	000828
	公司网址	www.dgholdings.cn		电子信箱	dm@dgholdings.cn	
	电　话	0769-22083320 22083321		传　真	0769-22083320	
	办公地址	广东省东莞市东城区莞樟大道55号				
	经营范围	东莞高速公路的投资、建设、经营				

主要财务指标	指标\报告期	2011.06.30	2010.12.31	2010.06.30	2009.12.31
	每股收益(元)	0.2097	0.3387	0.1608	0.2795
	每股收益(扣除)(元)	0.2083	0.3368	0.1598	0.2778
	每股净资产(元)	2.9280	2.8998	2.7213	2.7163
	调整后每股净资产(元)	–	–	–	–
	每股资本公积金(元)	1.0987	1.1002	1.0996	1.1004
	每股盈余公积金(元)	0.2852	0.2852	0.2514	0.2514
	每股未分配利润(元)	0.5441	0.5143	0.3703	0.3645
	每股现金净流量(元)	0.4813	–0.4809	–0.3227	0.3823
	每股经营现金净流量(元)	0.2655	0.4353	0.2020	0.3059
	净资产收益率(扣除)(%)	6.9300	11.9900	5.8200	10.5200
	净资产收益率(%)	7.1630	11.6800	5.9080	10.2888
	总资产(万)	463085.98	420192.07	435161.89	472378.86
	股东权益(万)	304373.94	301441.32	282879.47	282359.46
	主营业务收入(万)	33588.62	62504.48	28292.51	45992.73
	主营成本(万)	10992.03	25347.54	10117.75	18085.77
	营业收入(万)	34127.06	63466.80	28757.36	46444.20
	营业成本(万)	10992.03	25347.54	10117.75	18085.77
	投资收益(万)	–	–	–	–
	利润总额(万)	26562.03	41904.89	20274.61	32986.09
	净利润(万)	21801.72	35207.60	16712.10	29051.41

天音通信控股股份有限公司

公司概况	公司名称	天音通信控股股份有限公司			证券简称	天音控股
	法人代表	吴继光	董秘	何小林	证券代码	000829
	公司网址	www.chinatelling.com		电子信箱	tykgzqb@163.com	
	电　话	0755-82091120		传　真	0755-82096744	
	办公地址	江西省赣州市张家围路36号				
	经营范围	各类信息、技术服务、技术咨询,摄影,翻译等				

主要财务指标	指标\报告期	2011.06.30	2010.12.31	2010.06.30	2009.12.31
	每股收益(元)	–0.0620	0.3280	0.1800	0.3000
	每股收益(扣除)(元)	–0.0432	0.3240	0.1700	0.2000
	每股净资产(元)	2.1900	2.2600	2.1000	1.9300
	调整后每股净资产(元)	–	–	–	–
	每股资本公积金(元)	0.2598	0.2598	0.2603	0.2603
	每股盈余公积金(元)	0.1057	0.1057	0.1057	0.1057
	每股未分配利润(元)	0.8285	0.8902	0.7388	0.5621
	每股现金净流量(元)	0.6129	–0.4856	–1.2045	0.3562
	每股经营现金净流量(元)	–0.9094	–0.9737	–1.2493	1.0299
	净资产收益率(扣除)(%)	–1.9400	15.5000	–	11.2600
	净资产收益率(%)	–2.8100	14.5500	8.3200	15.5800
	总资产(万)	919304.97	856148.80	770287.17	853534.87
	股东权益(万)	207743.65	213589.05	199306.33	182567.58
	主营业务收入(万)	998653.50	2063474.28	1046345.97	1723633.76
	主营成本(万)	898996.89	1830882.71	917490.06	1538138.99
	营业收入(万)	1011047.21	2087701.81	1059390.38	1742142.85
	营业成本(万)	904334.94	1838530.69	922898.55	1546219.29
	投资收益(万)	–	–	–	–
	利润总额(万)	–6730.04	57379.80	31414.43	46000.50
	净利润(万)	–5845.39	31071.47	16580.50	28344.63

鲁西化工集团股份有限公司

公司概况	公司名称	鲁西化工集团股份有限公司			证券简称	鲁西化工
	法人代表	张金成	董秘	蔡英强	证券代码	000830
	公司网址	www.lxchemical.com		电子信箱	lclxhg@public.lcptt.sd.cn	
	电　话	0635-3481198		传　真	0635-3481044	
	办公地址	山东省聊城市东阿县化工工业园				
	经营范围	化学肥料、化工原料和产品的生产、销售;化工装备设计、制造、安装等				

主要财务指标	指标\报告期	2011.06.30	2010.12.31	2010.06.30	2009.12.31
	每股收益(元)	0.1440	0.2030	0.0610	0.1300
	每股收益(扣除)(元)	0.1390	0.1430	0.0683	0.0600
	每股净资产(元)	3.3300	2.4700	2.3280	2.2700
	调整后每股净资产(元)	–	–	–	–
	每股资本公积金(元)	1.4915	0.4823	0.4827	0.4827
	每股盈余公积金(元)	0.1150	0.1610	0.1525	0.1525
	每股未分配利润(元)	0.7131	0.8256	0.6928	0.6315
	每股现金净流量(元)	0.3285	–0.0686	0.0547	–0.1856
	每股经营现金净流量(元)	0.5346	0.5271	0.1458	0.4503
	净资产收益率(扣除)(%)	6.0400	6.0200	2.9800	2.7000
	净资产收益率(%)	3.7030	8.1900	2.6370	5.9100
	总资产(万)	1250934.09	1128246.53	935088.27	856464.02
	股东权益(万)	488447.03	258812.61	243567.43	237145.76
	主营业务收入(万)	494963.64	743001.67	326735.45	623461.03
	主营成本(万)	435089.51	663392.17	293881.83	572099.46
	营业收入(万)	500715.23	768576.45	334853.07	646931.93
	营业成本(万)	436330.41	683962.47	299925.32	591219.68
	投资收益(万)	–	–	–	–
	利润总额(万)	25030.88	29831.08	8591.74	21332.91
	净利润(万)	18085.24	21202.52	6421.66	14022.30

广西贵糖(集团)股份有限公司

公司概况	公司名称	广西贵糖(集团)股份有限公司			证券简称	贵糖股份
	法人代表	黄振标	董秘	杨正	证券代码	000833
	公司网址	www.guitang.com		电子信箱	gtgfgs@ppp.nn.gx.cn	
	电　话	0775－4201833 4201381		传　真	0775－4260088	
	办公地址	广西壮族自治区贵港市广西贵糖(集团)股份有限公司办公大楼				
	经营范围	食糖、纸、酒精及轻质碳酸钙的制造、销售等				

主要财务指标	指标\报告期	2011.06.30	2010.12.31	2010.06.30	2009.12.31
	每股收益(元)	0.2100	0.3100	0.1900	0.1000
	每股收益(扣除)(元)	0.1413	0.2700	0.1700	0.0900
	每股净资产(元)	2.9000	2.7900	2.6700	2.5800
	调整后每股净资产(元)	–	–	–	–
	每股资本公积金(元)	0.7548	0.7548	0.7556	0.7558
	每股盈余公积金(元)	0.2633	0.2379	0.2121	0.1916
	每股未分配利润(元)	0.8830	0.7969	0.6985	0.6336
	每股现金净流量(元)	–0.4570	0.1881	0.2626	–0.2911
	每股经营现金净流量(元)	–0.6559	0.6268	–0.3228	0.3977
	净资产收益率(扣除)(%)	4.8800	9.8500	6.4900	3.5800
	净资产收益率(%)	7.2920	11.0950	7.0700	4.0000
	总资产(万)	133682.02	138882.74	154702.49	133678.47
	股东权益(万)	85891.26	82589.19	78938.09	76416.57
	主营业务收入(万)	62489.45	131400.99	56413.99	106632.75
	主营成本(万)	49772.03	106137.43	44272.65	89221.30
	营业收入(万)	64396.33	134974.94	59102.72	108215.73
	营业成本(万)	51598.03	109521.71	46668.88	90485.28
	投资收益(万)	–	–	–	–
	利润总额(万)	8894.16	11577.43	6746.08	3783.30
	净利润(万)	6262.75	9162.99	5489.52	2998.97

四川圣达实业股份有限公司

公司概况	公司名称	四川圣达实业股份有限公司			证券简称	四川圣达
	法人代表	常锋	董秘	谢树江	证券代码	000835
	公司网址	www.000835.com		电子信箱	wangj@sdsycorp.com	
	电　话	028-85322086		传　真	028-85322166	
	办公地址	四川省成都市高新区天府大道北段 20 号高新国际广场 B2 座 212 室				
	经营范围	炼焦;合成材料制造;矿产品、建材及化工产品批发;技术推广服务等				

主要财务指标	指标\报告期	2011.06.30	2010.12.31	2010.06.30	2009.12.31
	每股收益(元)	0.0115	0.0600	0.0347	0.1100
	每股收益(扣除)(元)	0.0169	0.0600	0.0334	0.1200
	每股净资产(元)	1.4700	1.4400	1.4000	1.3400
	调整后每股净资产(元)	–	–	–	–
	每股资本公积金(元)	0.0376	0.0376	0.0376	0.0376
	每股盈余公积金(元)	0.1340	0.1333	0.1310	0.1279
	每股未分配利润(元)	0.2079	0.1971	0.1724	0.1408
	每股现金净流量(元)	–0.0446	–0.1221	–0.2692	–0.0695
	每股经营现金净流量(元)	0.0439	–0.0635	0.0076	0.4127
	净资产收益率(扣除)(%)	1.1700	4.4900	2.4700	9.4700
	净资产收益率(%)	0.7810	4.2929	2.4820	8.2789
	总资产(万)	68099.93	68622.56	64746.55	66427.49
	股东权益(万)	44872.12	43868.40	42645.96	40856.39
	主营业务收入(万)	62060.94	107559.89	54201.86	86905.41
	主营成本(万)	54488.21	95409.54	48283.49	74174.68
	营业收入(万)	62060.94	109773.75	54201.86	89321.96
	营业成本(万)	54488.21	97440.14	48283.49	76300.83
	投资收益(万)	–	–	–	–
	利润总额(万)	1437.67	3231.20	1560.83	5246.63
	净利润(万)	350.64	1883.22	1058.62	3382.47

天津鑫茂科技股份有限公司

公司概况	公司名称	天津鑫茂科技股份有限公司			证券简称	鑫茂科技
	法人代表	杜克荣	董秘	韩伟	证券代码	000836
	公司网址	www.xinmaokeji.com.cn		电子信箱	whan@xinmao.com.cn	
	电　话	022-83710888 23080182		传　真	022-83710199	
	办公地址	天津华苑产业区华天道 3 号				
	经营范围	计算机软件,硬件,信息系统集成,信息 处理与服务等				

主要财务指标	指标\报告期	2011.06.30	2010.12.31	2010.06.30	2009.12.31
	每股收益(元)	–0.1675	0.0240	–0.0340	0.1912
	每股收益(扣除)(元)	–0.1703	–0.0776	–0.0342	0.1516
	每股净资产(元)	2.5700	2.4600	2.4100	3.1700
	调整后每股净资产(元)	–	–	–	–
	每股资本公积金(元)	0.8133	0.5386	0.5454	1.0022
	每股盈余公积金(元)	0.1349	0.1349	0.1273	0.1655
	每股未分配利润(元)	0.6227	0.7901	0.7398	1.0059
	每股现金净流量(元)	–0.0804	0.2977	0.4606	–0.2051
	每股经营现金净流量(元)	–0.1714	0.1644	–0.0357	–0.3370
	净资产收益率(扣除)(%)	–7.1600	–3.3400	–1.4100	7.3300
	净资产收益率(%)	–6.5150	0.9730	–1.4100	7.8314
	总资产(万)	264988.23	250966.95	220581.13	192796.19
	股东权益(万)	75191.15	72055.12	70557.52	71398.70
	主营业务收入(万)	55903.81	86173.23	36591.00	78406.12
	主营成本(万)	48711.20	71357.67	29120.53	59017.75
	营业收入(万)	56119.48	86294.20	36637.27	78408.83
	营业成本(万)	48856.79	71419.30	29244.63	59018.56
	投资收益(万)	–	–	–	–
	利润总额(万)	–3329.90	1846.46	–91.91	6235.92
	净利润(万)	–4898.34	700.80	–994.18	5591.50

陕西秦川机械发展股份有限公司

公司概况	公司名称	陕西秦川机械发展股份有限公司			证券简称	秦川发展
	法人代表	龙兴元	董秘	谭明	证券代码	000837
	公司网址	www.qinchuan.com		电子信箱	tanming@qinchuan.com	
	电　话	0917-3670748 3670654		传　真	0917-3390960 3390957	
	办公地址	陕西省宝鸡市姜谭路 22 号				
	经营范围	金属切削机床、塑料加工机械、液压系统、液压件、汽车零部件等				

主要财务指标	指标\报告期	2011.06.30	2010.12.31	2010.06.30	2009.12.31
	每股收益(元)	0.2210	0.3055	0.1600	0.2658
	每股收益(扣除)(元)	0.2150	0.2868	0.1549	0.2463
	每股净资产(元)	3.0700	2.8900	2.7300	2.6400
	调整后每股净资产(元)	–	–	–	–
	每股资本公积金(元)	0.2954	0.2561	0.2489	0.2489
	每股盈余公积金(元)	0.2278	0.2278	0.1987	0.1987
	每股未分配利润(元)	1.5544	1.4131	1.2935	1.1967
	每股现金净流量(元)	–0.3388	0.3780	–0.0897	0.0218
	每股经营现金净流量(元)	–0.2093	0.6292	0.0403	0.1419
	净资产收益率(扣除)(%)	7.2700	10.4200	5.7100	8.9000
	净资产收益率(%)	7.2200	10.5870	5.8450	10.0820
	总资产(万)	199196.59	190881.88	172259.16	157434.25
	股东权益(万)	106887.60	100638.21	95260.76	91902.87
	主营业务收入(万)	80553.56	138702.96	64577.95	110414.87
	主营成本(万)	60962.87	108270.11	49643.43	84335.55
	营业收入(万)	83361.05	143233.01	66749.84	113891.09
	营业成本(万)	63679.97	112435.42	51712.16	87470.98
	投资收益(万)	–	–	–	–
	利润总额(万)	9458.49	13218.20	6758.38	10894.27
	净利润(万)	7717.36	10654.69	5567.76	9269.41

国兴融达地产股份有限公司

公司概况	公司名称	国兴融达地产股份有限公司			证券简称	国兴地产
	法人代表	朱凤先	董秘	刘晓林	证券代码	000838
	公司网址	www.gxland.com.cn		电子信箱	companymail@gxland.com.cn	
	电　话	010-59282537		传　真	010-59282507	
	办公地址	北京市朝阳区姚家园路 105 号观湖公寓 1 号楼 5 层				
	经营范围	房地产开发;销售自行开发的商品房				

主要财务指标	指标\报告期	2011.06.30	2010.12.31	2010.06.30	2009.12.31
	每股收益(元)	–0.0297	–0.1335	–0.0374	0.0137
	每股收益(扣除)(元)	–0.0297	–0.1333	–0.0374	0.0132
	每股净资产(元)	1.7900	1.8171	1.9132	1.9506
	调整后每股净资产(元)	–	–	–	–
	每股资本公积金(元)	0.6674	0.6674	0.6674	0.6674
	每股盈余公积金(元)	0.0204	0.0204	0.0204	0.0204
	每股未分配利润(元)	0.0996	0.1293	0.2255	0.2628
	每股现金净流量(元)	0.2984	–0.0563	0.1213	0.0691
	每股经营现金净流量(元)	–0.3010	–0.0559	0.1214	0.0693
	净资产收益率(扣除)(%)	–1.6500	–7.0800	–1.9300	0.6800
	净资产收益率(%)	–1.6610	–7.3480	–1.9300	0.7020
	总资产(万)	74545.91	63694.71	65004.28	62663.73
	股东权益(万)	32351.60	32889.05	34629.58	35305.68
	主营业务收入(万)	42.85	22.75	–	4441.14
	主营成本(万)	45.31	24.24	–	2498.82
	营业收入(万)	76.68	111.26	0.07	4588.50
	营业成本(万)	47.17	29.07	–	2409.63
	投资收益(万)	–	–	–	–
	利润总额(万)	–537.45	–2475.55	–676.10	475.02
	净利润(万)	–537.45	–2416.63	–676.10	247.83

中信国安信息产业股份有限公司

公司概况	公司名称	中信国安信息产业股份有限公司			证券简称	中信国安
	法人代表	李士林	董秘	廖小同	证券代码	000839
	公司网址	www.citicguoaninfo.com		电子信箱	guoan@citicguoaninfo.com	
	电　话	010-65068509 65008037		传　真	010-65061482	
	办公地址	北京市朝阳区关东店北街 1 号国安大厦五层				
	经营范围	信息产业、广告行业项目的投资;卫星通讯工程等				

主要财务指标	指标\报告期	2011.06.30	2010.12.31	2010.06.30	2009.12.31
	每股收益(元)	0.0457	0.1660	0.1105	0.3920
	每股收益(扣除)(元)	0.0444	0.1430	0.1062	0.1482
	每股净资产(元)	3.6700	3.7200	3.6600	3.6800
	调整后每股净资产(元)	–	–	–	–
	每股资本公积金(元)	1.2479	1.2467	1.2367	1.2674
	每股盈余公积金(元)	0.1995	0.1995	0.1714	0.1714
	每股未分配利润(元)	1.2220	1.2763	1.2493	1.2387
	每股现金净流量(元)	0.2896	–0.3737	–0.3953	–0.2763
	每股经营现金净流量(元)	–0.0423	–0.1743	–0.1939	0.2405
	净资产收益率(扣除)(%)	1.1800	3.8600	2.8600	4.2800
	净资产收益率(%)	1.2460	4.4590	3.0240	10.6200
	总资产(万)	1158882.35	1084502.46	1066770.32	1086993.35
	股东权益(万)	575322.08	583650.93	573440.70	576599.31
	主营业务收入(万)	81133.39	197382.08	88893.28	195518.23
	主营成本(万)	–	–	–	–
	营业收入(万)	82796.06	201039.20	91527.27	197199.39
	营业成本(万)	58462.92	142945.81	59327.05	133737.90
	投资收益(万)	–	–	–	–
	利润总额(万)	7579.25	30274.47	18802.75	75419.81
	净利润(万)	7166.70	26021.94	17331.81	61223.31

河北承德露露股份有限公司

公司概况	公司名称	河北承德露露股份有限公司			证券简称	承德露露
	法人代表	管大源	董秘	李文生	证券代码	000848
	公司网址	www. lolo.com.cn		电子信箱	lws@lolo.com.cn	
	电　话	0314-2059888		传　真	0314-2059100	
	办公地址	河北省承德市高新技术产业开发区西区 8 号				
	经营范围	饮料、罐头食品的开发、生产与销售;马口铁包装罐的生产和销售				

主要财务指标	指标\报告期	2011.06.30	2010.12.31	2010.06.30	2009.12.31
	每股收益(元)	0.3000	0.5900	0.3400	0.4600
	每股收益(扣除)(元)	0.3000	0.5900	0.6500	0.4600
	每股净资产(元)	1.8500	2.4500	4.0400	3.3900
	调整后每股净资产(元)	–	–	–	–
	每股资本公积金(元)	0.1474	0.1769	0.2831	0.2831
	每股盈余公积金(元)	0.3587	0.3982	0.5390	0.5390
	每股未分配利润(元)	0.3408	0.8792	2.2142	1.5660
	每股现金净流量(元)	–0.6001	0.6367	0.0688	0.7077
	每股经营现金净流量(元)	–0.1300	1.0407	0.1297	1.5249
	净资产收益率(扣除)(%)	13.9700	23.8600	17.4300	22.8100
	净资产收益率(%)	16.3320	23.9080	16.0600	21.5353
	总资产(万)	96464.87	136994.28	99868.84	111721.43
	股东权益(万)	67405.61	74644.93	76724.34	64402.17
	主营业务收入(万)	96172.63	180140.07	97275.67	132562.02
	主营成本(万)	62164.23	118059.15	60490.18	87131.67
	营业收入(万)	96273.67	181643.85	98042.47	132868.04
	营业成本(万)	62164.23	119481.94	61193.02	87498.20
	投资收益(万)	–	–	–	–
	利润总额(万)	14654.86	24032.36	16682.64	19536.41
	净利润(万)	11008.94	17846.20	12322.18	13869.20

安徽华茂纺织股份有限公司

公司概况	公司名称	安徽华茂纺织股份有限公司			证券简称	华茂股份
	法人代表	詹灵芝	董秘	左志鹏	证券代码	000850
	公司网址	www.chinahuamao.net		电子信箱	aqfz@mail.hf.ah.cn	
	电　话	0556-5919818 5919891		传　真	0556-5919819 5919900	
	办公地址	安徽省安庆市纺织南路 80 号				
	经营范围	棉、毛、麻、丝和人造纤维的纯、混纺纱线及其织物、针织品、服装等				

主要财务指标	指标\报告期	2011.06.30	2010.12.31	2010.06.30	2009.12.31
	每股收益(元)	0.3790	0.5720	0.1000	0.1130
	每股收益(扣除)(元)	0.0819	0.1820	0.0760	0.0620
	每股净资产(元)	3.5600	6.1700	4.4600	2.5500
	调整后每股净资产(元)	–	–	–	–
	每股资本公积金(元)	1.4901	3.8022	2.5678	0.7040
	每股盈余公积金(元)	0.1648	0.2472	0.1938	0.1938
	每股未分配利润(元)	0.9022	1.1194	0.7002	0.6505
	每股现金净流量(元)	1.2479	0.2050	–0.0168	0.1730
	每股经营现金净流量(元)	0.0727	–0.1808	0.1863	0.5041
	净资产收益率(扣除)(%)	–	3.6400	–	2.5300
	净资产收益率(%)	10.6450	9.2800	2.2400	4.4300
	总资产(万)	698861.17	690654.69	523067.81	373257.81
	股东权益(万)	335675.55	388082.68	280697.37	160313.35
	主营业务收入(万)	114723.20	186517.19	87315.16	153111.80
	主营成本(万)	97182.36	157387.44	75992.88	139894.95
	营业收入(万)	124985.91	195578.13	92318.88	158073.18
	营业成本(万)	105815.67	164360.73	80542.29	144282.84
	投资收益(万)	–	–	–	–
	利润总额(万)	46726.40	46858.22	7571.29	7933.83
	净利润(万)	35733.66	36003.17	6276.52	7109.66

大唐高鸿数据网络技术股份有限公司

公司概况	公司名称	大唐高鸿数据网络技术股份有限公司			证券简称	高鸿股份
	法人代表	付景林	董秘	王芊	证券代码	000851
	公司网址	www.gohigh.com.cn		电子信箱	gohigh@gohigh.com.cn	
	电　话	010-62301907		传　真	010-82301900	
	办公地址	北京市海淀区学院路 40 号研 6 楼				
	经营范围	多业务宽带电信网络产品、通信器材、通信终端设备、仪器仪表等				

主要财务指标	指标\报告期	2011.06.30	2010.12.31	2010.06.30	2009.12.31
	每股收益(元)	0.0183	0.0425	0.0095	0.0626
	每股收益(扣除)(元)	0.0100	–0.0200	0.0100	0.0485
	每股净资产(元)	3.0100	3.0100	2.9600	2.9500
	调整后每股净资产(元)	–	–	–	–
	每股资本公积金(元)	1.8031	1.8209	1.7717	1.7717
	每股盈余公积金(元)	0.0350	0.0350	0.0350	0.0350
	每股未分配利润(元)	0.1715	0.1533	0.1562	0.1470
	每股现金净流量(元)	–0.6307	–0.2765	–0.5962	1.4894
	每股经营现金净流量(元)	–0.8498	–0.1489	–0.5720	0.0077
	净资产收益率(扣除)(%)	0.6070	1.4190	0.3110	1.6930
	净资产收益率(%)	0.6100	1.4300	0.3200	3.0200
	总资产(万)	222696.69	237332.29	182300.28	186272.82
	股东权益(万)	110171.16	109079.72	107400.08	106638.07
	主营业务收入(万)	185931.45	252281.00	91847.37	183209.41
	主营成本(万)	173961.64	226990.59	78050.63	163240.75
	营业收入(万)	186878.91	253185.26	93155.49	188626.49
	营业成本(万)	174026.41	227029.45	79332.68	167700.76
	投资收益(万)	–20.59	13.15	–33.20	300.97
	利润总额(万)	1651.97	4290.45	738.18	3028.52
	净利润(万)	607.71	1415.45	315.36	1665.04

江汉石油钻头股份有限公司

公司概况						
	公司名称	江汉石油钻头股份有限公司			证券简称	江钻股份
	法人代表	张召平	董秘	王一兵	证券代码	000852
	公司网址	www.kingdream.com.cn		电子信箱	security@kingdream.com	
	电　　话	027-87925236		传　　真	027-87925067	
	办公地址	湖北省武汉东湖新技术开发区华工园一路5号				
	经营范围	制造、销售石油钻采设备等				

主要财务指标	指标\报告期	2011.06.30	2010.12.31	2010.06.30	2009.12.31
	每股收益(元)	0.1600	0.2700	0.1300	0.2700
	每股收益(扣除)(元)	0.1500	0.2800	0.1300	0.2400
	每股净资产(元)	2.5500	2.5900	2.4500	2.4200
	调整后每股净资产(元)	-	-	-	-
	每股资本公积金(元)	0.2570	0.2570	0.2570	0.2570
	每股盈余公积金(元)	0.3677	0.3677	0.3398	0.3398
	每股未分配利润(元)	0.9214	0.9654	0.8567	0.8227
	每股现金净流量(元)	-0.0293	-0.0413	0.0001	-0.1209
	每股经营现金净流量(元)	-0.0013	0.4579	-0.0762	0.0940
	净资产收益率(扣除)(%)	5.7600	11.1100	5.3800	10.3700
	净资产收益率(%)	6.1260	10.4500	5.4600	11.2280
	总资产(万)	190940.09	165619.47	191004.76	159130.01
	股东权益(万)	101945.76	103708.65	98233.09	96875.36
	主营业务收入(万)	76163.36	130635.02	60105.82	115769.19
	主营成本(万)	55076.42	87476.66	39489.58	76640.03
	营业收入(万)	78804.05	136433.73	62767.50	121415.22
	营业成本(万)	57382.08	92103.66	41662.00	81234.65
	投资收益(万)	-	-	-	-
	利润总额(万)	8242.39	13685.41	6235.07	13422.90
	净利润(万)	6245.11	10837.29	5361.73	10877.29

唐山冀东装备工程股份有限公司

公司概况						
	公司名称	唐山冀东装备工程股份有限公司			证券简称	ST唐陶
	法人代表	张增光	董秘	张增光(代)	证券代码	000856
	公司网址	www.jdzbgc.com		电子信箱	tstc856@sohu.com	
	电　　话	0315-3083370		传　　真	0315-3241351	
	办公地址	河北省唐山市外环路长宁道立交桥北200米				
	经营范围	资本运营,运营管理;水泥机械设备及配件、普通机械设备及配件制造、销售等				

主要财务指标	指标\报告期	2011.06.30	2010.12.31	2010.06.30	2009.12.31
	每股收益(元)	0.1400	-0.3600	0.2000	0.1100
	每股收益(扣除)(元)	0.1300	-0.5100	-0.2200	-0.6600
	每股净资产(元)	1.7700	1.6200	0.3400	0.6500
	调整后每股净资产(元)	-	-	-	-
	每股资本公积金(元)	1.3976	1.3976	1.0030	1.0030
	每股盈余公积金(元)	0.1583	0.1583	0.0642	0.0642
	每股未分配利润(元)	-0.8060	-0.9439	-1.7266	-1.4113
	每股现金净流量(元)	-0.1389	-0.0151	-0.2062	0.0615
	每股经营现金净流量(元)	-0.5851	-0.2031	-0.6300	-0.1054
	净资产收益率(扣除)(%)	7.9500	-173.6400	6.4200	-101.3200
	净资产收益率(%)	7.7810	-122.4530	-58.1910	16.5891
	总资产(万)	165672.18	153695.61	88921.84	86867.11
	股东权益(万)	40223.77	36702.16	7733.66	14822.80
	主营业务收入(万)	104550.88	27618.33	86314.42	26393.96
	主营成本(万)	91246.35	24003.97	73315.49	23576.18
	营业收入(万)	104730.25	27982.46	86490.41	26684.17
	营业成本(万)	91464.22	24079.93	73553.80	23758.43
	投资收益(万)	-	-	-	-
	利润总额(万)	4989.38	-9105.79	6702.23	1558.35
	净利润(万)	3129.68	-8207.80	4544.70	2458.98

宜宾五粮液股份有限公司

公司概况						
	公司名称	宜宾五粮液股份有限公司			证券简称	五粮液
	法人代表	唐桥	董秘	唐桥(代)	证券代码	000858
	公司网址	www.wuliangye.com.cn		电子信箱	000858-wly@sohu.com	
	电　　话	0831-3567000 3566937		传　　真	0831-3555958	
	办公地址	四川省宜宾市翠屏区岷江西路150号				
	经营范围	主要从事五粮液及其系列酒产品的生产和销售				

主要财务指标	指标\报告期	2011.06.30	2010.12.31	2010.06.30	2009.12.31
	每股收益(元)	0.8860	1.1580	0.5960	0.8550
	每股收益(扣除)(元)	0.8850	1.1710	0.5970	0.8510
	每股净资产(元)	5.3540	4.7680	4.2020	3.7610
	调整后每股净资产(元)	-	-	-	-
	每股资本公积金(元)	0.2511	0.2511	0.2511	0.2511
	每股盈余公积金(元)	0.8057	0.7270	0.6604	0.6109
	每股未分配利润(元)	3.2975	2.7904	2.2909	1.8986
	每股现金净流量(元)	1.0741	1.7363	0.6321	0.4263
	每股经营现金净流量(元)	1.4251	2.0293	0.8268	1.5949
	净资产收益率(扣除)(%)	-	26.9800	-	24.8600
	净资产收益率(%)	16.5440	24.2820	14.1730	22.7300
	总资产(万)	3239919.19	2867350.05	2324547.02	2084909.05
	股东权益(万)	2032483.20	1810103.35	1595222.16	1427507.30
	主营业务收入(万)	1058930.89	1543070.87	753747.88	1108695.19
	主营成本(万)	358397.65	475881.89	244080.24	382226.40
	营业收入(万)	1059483.02	1554130.05	757654.59	1112922.05
	营业成本(万)	358935.69	486318.96	247092.76	386066.00
	投资收益(万)	-	-	-	-
	利润总额(万)	462048.73	607024.29	310945.75	460558.86
	净利润(万)	336258.84	439535.55	226096.75	324480.40

安徽国风塑业股份有限公司

公司概况						
	公司名称	安徽国风塑业股份有限公司			证券简称	国风塑业
	法人代表	赵文武	董秘	胡静	证券代码	000859
	公司网址	www.guofeng.com		电子信箱	gf000859@126.com	
	电　　话	0551-5336168 5336066		传　　真	0551-5336777 5319421	
	办公地址	安徽省合肥市高新技术产业开发区天智路36号				
	经营范围	塑胶建材及附件、塑料薄膜、其他塑料制品、非金属新型材料等				

主要财务指标	指标\报告期	2011.06.30	2010.12.31	2010.06.30	2009.12.31
	每股收益(元)	0.0816	0.1006	0.0895	-0.1798
	每股收益(扣除)(元)	0.0853	0.0926	0.0195	-
	每股净资产(元)	2.2300	2.2000	2.2900	2.3350
	调整后每股净资产(元)	-	-	-	-
	每股资本公积金(元)	0.9898	0.9898	0.9969	0.9960
	每股盈余公积金(元)	0.1250	0.1250	0.1078	0.1078
	每股未分配利润(元)	0.1131	0.0815	0.1829	0.2308
	每股现金净流量(元)	0.0469	0.1583	0.2461	0.1405
	每股经营现金净流量(元)	0.2026	0.1449	0.1507	0.1995
	净资产收益率(扣除)(%)	3.8300	4.3200	0.8700	-
	净资产收益率(%)	3.6650	4.5810	3.9130	-7.7000
	总资产(万)	153400.37	147661.17	157005.62	173209.65
	股东权益(万)	93676.94	92346.43	96187.73	98164.48
	主营业务收入(万)	87553.11	129056.71	60704.46	-
	主营成本(万)	74831.30	111531.22	54588.31	-
	营业收入(万)	90301.42	145274.99	69824.98	92458.89
	营业成本(万)	77221.12	127122.08	63278.96	85877.19
	投资收益(万)	-	-	-	-
	利润总额(万)	4388.99	6296.82	4683.72	-9796.07
	净利润(万)	3432.91	4230.60	3763.74	-7559.34

北京顺鑫农业股份有限公司

公司概况					
公司名称	北京顺鑫农业股份有限公司			证券简称	顺鑫农业
法人代表	李维昌	董秘	安元芝	证券代码	000860
公司网址	www.000860.com		电子信箱	ayz001@sina.com	
电　话	010-69420860 69428900		传　真	010-69443137	
办公地址	北京市顺义区站前街 1 号院 1 号楼 12 层				
经营范围	种猪繁育与销售;冷鲜肉与熟肉制品的生产与销售等				

主要财务指标

指标\报告期	2011.06.30	2010.12.31	2010.06.30	2009.12.31
每股收益(元)	0.6300	0.6100	0.3600	0.3700
每股收益(扣除)(元)	0.2945	0.4450	0.3608	0.3590
每股净资产(元)	6.4300	6.0600	5.8100	5.4700
调整后每股净资产(元)	–	–	–	–
每股资本公积金(元)	2.8414	2.8414	2.7551	2.7551
每股盈余公积金(元)	0.4428	0.4428	0.4006	0.4006
每股未分配利润(元)	2.1499	1.7747	1.6579	1.3119
每股现金净流量(元)	0.8712	0.8746	0.1630	–0.6520
每股经营现金净流量(元)	0.1527	1.4849	1.9870	0.3136
净资产收益率(扣除)(%)	9.7160	9.9860	6.2100	6.6980
净资产收益率(%)	9.8800	10.4900	6.4300	6.8000
总资产(万)	944198.70	992937.28	886691.90	802639.93
股东权益(万)	295593.91	279601.12	269468.38	254572.53
主营业务收入(万)	369154.95	625212.97	340819.64	607208.35
主营成本(万)	269074.75	468532.04	240776.52	482236.28
营业收入(万)	369862.03	626840.11	341651.79	608711.10
营业成本(万)	269310.91	469296.72	250313.58	483281.76
投资收益(万)	15318.33	–	62.04	121.25
利润总额(万)	31622.51	34731.75	21528.97	24511.18
净利润(万)	27414.64	26534.74	15839.70	16061.27

广东海印集团股份有限公司

公司概况					
公司名称	广东海印集团股份有限公司			证券简称	海印股份
法人代表	邵建明	董秘	潘尉	证券代码	000861
公司网址	www.000861.com		电子信箱	ir@000861.com	
电　话	020-83799848		传　真	020-83794902	
办公地址	广东省广州市越秀区东湖西路 56-58 号				
经营范围	销售日用百货;市场商品信息咨询服务;出租柜台,物业管理等				

主要财务指标

指标\报告期	2011.06.30	2010.12.31	2010.06.30	2009.12.31
每股收益(元)	0.3200	0.5200	0.2110	0.3100
每股收益(扣除)(元)	0.3244	0.5200	0.2100	0.2870
每股净资产(元)	2.1600	1.8700	1.5400	1.8800
调整后每股净资产(元)	–	–	–	–
每股资本公积金(元)	–	–	–	0.1751
每股盈余公积金(元)	0.1065	0.1065	0.0567	0.0674
每股未分配利润(元)	1.0520	0.7593	0.4818	0.6379
每股现金净流量(元)	1.2363	0.4657	0.2602	0.0285
每股经营现金净流量(元)	1.1225	0.2770	0.2950	0.3239
净资产收益率(扣除)(%)	16.1200	32.2500	10.7400	18.6300
净资产收益率(%)	14.9520	28.0830	13.7130	16.5910
总资产(万)	322882.49	247853.06	203780.77	169193.50
股东权益(万)	106236.62	91828.24	75723.48	92550.07
主营业务收入(万)	82266.70	131635.25	58768.85	87325.24
主营成本(万)	46452.13	75647.94	33460.93	46326.67
营业收入(万)	82774.62	131922.94	58983.01	88111.08
营业成本(万)	47025.85	75924.14	33680.32	46841.07
投资收益(万)	–	–	–	–
利润总额(万)	21512.94	34970.47	14477.11	21484.39
净利润(万)	15884.95	25788.24	10384.27	15354.63

宁夏银星能源股份有限公司

公司概况					
公司名称	宁夏银星能源股份有限公司			证券简称	银星能源
法人代表	何怀兴	董秘	刘伟盛	证券代码	000862
公司网址	www.nxyxny.com.cn		电子信箱	wylws0862@sina.com	
电　话	0951-2051879 2051906		传　真	0953-2051906	
办公地址	宁夏银川市西夏区黄河西路 330 号				
经营范围	工业自动化仪表及其附件的设计、制造、销售及检修服务等				

主要财务指标

指标\报告期	2011.06.30	2010.12.31	2010.06.30	2009.12.31
每股收益(元)	0.1009	0.1345	0.1107	0.1524
每股收益(扣除)(元)	0.1044	0.0056	0.0984	0.1278
每股净资产(元)	1.2696	1.1687	1.1400	1.0342
调整后每股净资产(元)	–	–	–	–
每股资本公积金(元)	1.9082	1.9082	1.9082	1.9082
每股盈余公积金(元)	0.1039	0.1039	0.1039	0.1039
每股未分配利润(元)	–1.7424	–1.8433	–1.8671	–1.9778
每股现金净流量(元)	1.3938	–0.5354	0.0777	1.0122
每股经营现金净流量(元)	0.3489	1.0637	0.0659	0.5667
净资产收益率(扣除)(%)	8.5600	0.5000	9.0300	13.3700
净资产收益率(%)	7.9480	11.5080	9.6700	14.7382
总资产(万)	470851.09	370251.25	296120.59	217833.80
股东权益(万)	29947.87	27567.63	27007.07	24395.28
主营业务收入(万)	60975.02	100919.96	36062.83	78333.27
主营成本(万)	46413.31	76232.86	25792.97	59418.08
营业收入(万)	63580.40	102379.94	36663.66	79411.69
营业成本(万)	48052.00	77445.72	26177.55	59509.03
投资收益(万)	–	–	–	–
利润总额(万)	3013.87	4184.78	3334.02	4958.47
净利润(万)	2380.24	3172.35	2611.79	3595.43

安徽安凯汽车股份有限公司

公司概况					
公司名称	安徽安凯汽车股份有限公司			证券简称	安凯客车
法人代表	王江安	董秘	汪先锋	证券代码	000868
公司网址	www.ankai.com		电子信箱	zqb@ankai.com	
电　话	0551-2297712		传　真	0551-2297710	
办公地址	安徽省合肥市葛淝路 1 号				
经营范围	大中型客车、底盘生产销售;汽车配件销售;汽车设计、维修、咨询、实验等				

主要财务指标

指标\报告期	2011.06.30	2010.12.31	2010.06.30	2009.12.31
每股收益(元)	0.1000	0.2400	0.0900	0.0800
每股收益(扣除)(元)	0.0900	0.2000	0.0690	0.0600
每股净资产(元)	2.4600	2.3900	2.2300	2.1500
调整后每股净资产(元)	–	–	–	–
每股资本公积金(元)	1.1966	1.1966	1.1961	1.1961
每股盈余公积金(元)	0.0630	0.0630	0.0528	0.0528
每股未分配利润(元)	0.2026	0.1275	–0.0140	–0.1012
每股现金净流量(元)	–0.5211	0.3859	–0.5227	0.5951
每股经营现金净流量(元)	–0.3801	0.4316	–0.5408	0.8626
净资产收益率(扣除)(%)	3.7300	8.7400	3.1600	2.7300
净资产收益率(%)	4.0640	10.0070	3.9010	3.6860
总资产(万)	294421.73	253698.22	238343.91	219059.60
股东权益(万)	75590.12	73285.84	68612.72	65936.45
主营业务收入(万)	156515.72	312944.99	147876.16	217254.23
主营成本(万)	140131.87	275064.71	131682.78	190683.28
营业收入(万)	157284.17	315263.88	148439.90	219030.11
营业成本(万)	140499.98	276799.75	132010.54	191818.79
投资收益(万)	–	–	–	–
利润总额(万)	3645.70	8051.05	3029.92	2641.22
净利润(万)	3071.81	7333.57	2676.28	2430.42

烟台张裕葡萄酿酒股份有限公司

公司概况	公司名称	烟台张裕葡萄酿酒股份有限公司			证券简称	张 裕 A
	法人代表	孙利强	董秘	曲为民	证券代码	000869
	公司网址	www.changyu.com.cn		电子信箱	webmaster@changyu.com.cn	
	电　话	0535-6633658 6633656		传　真	0535-6633639	
	办公地址	山东省烟台市大马路 56 号				
	经营范围	葡萄酒、白兰地、香槟酒和保健酒的酿制、生产与销售				

	指标＼报告期	2011.06.30	2010.12.31	2010.06.30	2009.12.31
主要财务指标	每股收益(元)	1.6600	2.7200	1.1100	2.1400
	每股收益(扣除)(元)	1.6590	2.6100	–	2.1000
	每股净资产(元)	7.5500	7.2800	5.6700	5.7600
	调整后每股净资产(元)	–	–	–	–
	每股资本公积金(元)	1.0568	1.0568	1.0568	1.0568
	每股盈余公积金(元)	0.5613	0.5613	0.5613	0.5613
	每股未分配利润(元)	4.9272	4.6641	3.0548	3.1440
	每股现金净流量(元)	0.0264	–1.8960	0.2754	2.2871
	每股经营现金净流量(元)	1.9323	2.4464	1.2132	2.5785
	净资产收益率(扣除)(%)	–	39.8600	–	40.4200
	净资产收益率(%)	22.0420	37.3520	19.5800	37.1000
	总资产(万)	612521.50	598337.73	531099.00	536416.08
	股东权益(万)	397849.11	383970.83	299116.45	303822.60
	主营业务收入(万)	308270.96	494638.17	247444.22	416917.16
	主营成本(万)	74640.65	124629.04	69502.26	118206.16
	营业收入(万)	309002.16	498294.34	248188.51	419940.34
	营业成本(万)	74923.76	125791.02	69790.44	119166.96
	投资收益(万)	–	–	–	–
	利润总额(万)	116251.49	192964.96	77924.28	149925.50
	净利润(万)	87695.51	143421.83	58567.45	112732.88

吉林电力股份有限公司

公司概况	公司名称	吉林电力股份有限公司			证券简称	吉电股份
	法人代表	原钢	董秘	宋新阳	证券代码	000875
	公司网址	www.cpijl.com		电子信箱	jdgf875@cpijl.com	
	电　话	0431-81150933 81150932		传　真	0431-81150997	
	办公地址	吉林省长春市人民大街 9699 号				
	经营范围	火电、水电、供热、工业供气、新能源的开发、投资、建设、生产与销售等				

	指标＼报告期	2011.06.30	2010.12.31	2010.06.30	2009.12.31
主要财务指标	每股收益(元)	–0.0095	0.0160	0.0190	–0.0153
	每股收益(扣除)(元)	–0.0092	–0.1375	–0.0505	–
	每股净资产(元)	2.8280	2.8374	2.9393	2.7400
	调整后每股净资产(元)	–	–	–	–
	每股资本公积金(元)	1.9553	1.9553	2.0808	2.0782
	每股盈余公积金(元)	0.1173	0.1173	0.1173	0.1175
	每股未分配利润(元)	–0.2447	–0.2352	–0.2588	–0.4598
	每股现金净流量(元)	1.2364	–0.2827	–0.0809	0.3877
	每股经营现金净流量(元)	–0.3277	–0.1773	–0.2327	0.5268
	净资产收益率(扣除)(%)	–0.3200	–4.5882	–1.1300	–
	净资产收益率(%)	–0.3350	0.5660	0.1700	–0.6300
	总资产(万)	1578985.47	1422288.60	1126604.54	864189.07
	股东权益(万)	237294.98	238089.56	246639.39	229568.18
	主营业务收入(万)	183183.07	244279.88	113856.29	–
	主营成本(万)	162375.72	230996.63	110092.27	–
	营业收入(万)	200573.76	253658.71	121250.56	138897.92
	营业成本(万)	178186.39	231533.39	112843.42	127673.39
	投资收益(万)	–	–	–	–
	利润总额(万)	280.48	5954.49	2990.10	–1303.95
	净利润(万)	–794.58	1346.64	1593.55	–1444.10

四川新希望农业股份有限公司

公司概况	公司名称	四川新希望农业股份有限公司			证券简称	新 希 望
	法人代表	刘永好	董秘	向川	证券代码	000876
	公司网址	www.newhopeagri.com		电子信箱	gfdsb@newhopegroup.com	
	电　话	028-82000876 85950011		传　真	028-85950022	
	办公地址	四川省成都市锦江工业园区金石路 376 号				
	经营范围	饲料、原料添加剂、饲料加工机械、农副产品、食品的生产、加工、销售等				

	指标＼报告期	2011.06.30	2010.12.31	2010.06.30	2009.12.31
主要财务指标	每股收益(元)	0.6000	0.7000	0.3100	0.4900
	每股收益(扣除)(元)	0.5888	0.6600	0.3600	0.4600
	每股净资产(元)	5.2700	4.7000	4.9100	4.5800
	调整后每股净资产(元)	–	–	–	–
	每股资本公积金(元)	1.5612	1.5650	1.7504	1.7410
	每股盈余公积金(元)	0.3640	0.3640	0.3180	0.3212
	每股未分配利润(元)	2.4405	1.8444	1.9124	1.5695
	每股现金净流量(元)	0.3556	0.0687	0.0716	0.1160
	每股经营现金净流量(元)	–0.1606	0.0147	–0.2535	0.2067
	净资产收益率(扣除)(%)	11.8100	14.9300	7.5600	11.3400
	净资产收益率(%)	11.3150	14.8020	7.2100	11.8010
	总资产(万)	1108791.61	974466.29	924799.00	845650.60
	股东权益(万)	438562.65	391477.06	371509.27	346255.96
	主营业务收入(万)	461840.43	766260.02	343935.51	701658.00
	主营成本(万)	420125.06	672769.46	315578.14	602804.97
	营业收入(万)	467278.19	778516.52	351084.94	679746.92
	营业成本(万)	424648.30	712254.10	321910.49	608753.54
	投资收益(万)	–	–	–	–
	利润总额(万)	66883.46	83368.75	38546.05	53764.11
	净利润(万)	49621.61	57947.68	25942.79	40860.90

新疆天山水泥股份有限公司

公司概况	公司名称	新疆天山水泥股份有限公司			证券简称	天山股份
	法人代表	张丽荣	董秘	周林英	证券代码	000877
	公司网址	www.sinoma-tianshan.cn		电子信箱	zhoulinying@sinoma-tianshan.cn	
	电　话	0991-6686791 6686790		传　真	0991-6686782	
	办公地址	新疆维吾尔自治区乌鲁木齐市河北东路 1256 号天合大厦				
	经营范围	水泥及其相关产品的生产、经营及销售等				

	指标＼报告期	2011.06.30	2010.12.31	2010.06.30	2009.12.31
主要财务指标	每股收益(元)	0.9841	1.3900	0.4500	1.1200
	每股收益(扣除)(元)	0.9686	1.3542	0.4500	1.0092
	每股净资产(元)	9.8801	9.2936	7.9959	4.4450
	调整后每股净资产(元)	–	–	–	–
	每股资本公积金(元)	5.5950	5.5994	4.9758	1.4209
	每股盈余公积金(元)	0.2316	0.2316	0.1813	0.2260
	每股未分配利润(元)	3.0080	2.4239	1.8085	1.7643
	每股现金净流量(元)	2.2573	0.5967	3.1369	0.7058
	每股经营现金净流量(元)	1.5233	2.7892	0.6692	2.0261
	净资产收益率(扣除)(%)	9.8800	18.5500	7.6900	31.1200
	净资产收益率(%)	9.9600	13.9820	4.9160	25.3090
	总资产(万)	1383963.71	1036019.11	1034398.38	787127.27
	股东权益(万)	384282.39	361468.20	310994.73	138698.41
	主营业务收入(万)	331166.01	565570.25	203597.23	408596.50
	主营成本(万)	216687.22	401444.37	150361.49	301031.93
	营业收入(万)	336074.25	570478.14	204763.53	411511.93
	营业成本(万)	220834.40	405635.98	151147.93	302866.45
	投资收益(万)	–	–	–	–
	利润总额(万)	59111.72	77652.56	22042.06	48444.39
	净利润(万)	38275.67	50541.53	15289.85	35103.49

云南铜业股份有限公司

公司概况	公司名称	云南铜业股份有限公司			证券简称	云南铜业
	法人代表	杨超	董秘	彭捍东	证券代码	000878
	公司网址	www.yunnan-copper.com		电子信箱	yncopper@yunnan-copper.com	
	电　话	0871-3106732 3106797		传　真	0871-3106735	
	办公地址	云南省昆明市人民东路 111 号				
	经营范围	有色金属、贵金属的生产、加工、销售及生产工艺的设计、施工、科研等				

	指标\报告期	2011.06.30	2010.12.31	2010.06.30	2009.12.31
主要财务指标	每股收益(元)	0.4050	0.3400	0.1510	0.3000
	每股收益(扣除)(元)	0.3950	0.3100	0.1530	0.3100
	每股净资产(元)	4.8100	4.0300	3.2700	3.1100
	调整后每股净资产(元)	–	–	–	–
	每股资本公积金(元)	3.4288	2.6413	2.2464	2.2464
	每股盈余公积金(元)	0.3556	0.3556	0.2740	0.2740
	每股未分配利润(元)	0.4358	–0.0204	–0.2797	–0.4290
	每股现金净流量(元)	1.2512	0.4368	1.5096	–0.9021
	每股经营现金净流量(元)	1.6509	–0.2743	–0.9865	1.2541
	净资产收益率(扣除)(%)	9.3500	9.7000	4.7900	10.4300
	净资产收益率(%)	8.4360	10.3530	4.5600	9.5608
	总资产(万)	3481180.56	3363800.59	3034664.28	2647970.33
	股东权益(万)	681034.43	506195.53	411563.87	390279.82
	主营业务收入(万)	1642106.50	3139035.58	1346432.83	1602239.82
	主营成本(万)	1461206.17	2898242.68	1226505.81	1388432.11
	营业收入(万)	1661289.13	3171271.76	1368987.48	1618427.55
	营业成本(万)	1473940.77	2922614.48	1245898.29	1400973.90
	投资收益(万)	–	–	–	–
	利润总额(万)	78021.92	67870.69	33536.41	46926.57
	净利润(万)	57449.14	43139.50	21526.11	37314.01

潍柴重机股份有限公司

公司概况	公司名称	潍柴重机股份有限公司			证券简称	潍柴重机
	法人代表	谭旭光	董秘	华观发	证券代码	000880
	公司网址	www.weichaihm.com		电子信箱	webmaster@chinajuli.com	
	电　话	0536-2297972 2297071		传　真	0536-2297969	
	办公地址	山东省潍坊市民生东街 26 号				
	经营范围	内燃机及配件生产、销售,发电机及发电机组的生产、销售等				

	指标\报告期	2011.06.30	2010.12.31	2010.06.30	2009.12.31
主要财务指标	每股收益(元)	0.3000	0.7900	0.2700	0.6500
	每股收益(扣除)(元)	0.2954	0.7900	0.2700	0.6500
	每股净资产(元)	3.6100	3.3100	2.7900	2.5200
	调整后每股净资产(元)	–	–	–	–
	每股资本公积金(元)	2.1336	2.1336	2.1336	2.1336
	每股盈余公积金(元)	0.1481	0.1180	0.1113	0.1113
	每股未分配利润(元)	0.3310	0.0597	–0.4554	–0.7224
	每股现金净流量(元)	0.1026	0.3165	0.4883	2.0050
	每股经营现金净流量(元)	0.7466	2.0161	1.3941	2.7991
	净资产收益率(扣除)(%)	8.5300	26.9500	10.0000	29.4400
	净资产收益率(%)	8.3450	23.8200	9.5700	25.6800
	总资产(万)	301265.95	250487.15	233863.49	190575.34
	股东权益(万)	99747.81	91423.94	77018.29	69647.53
	主营业务收入(万)	120773.08	251752.94	125288.81	204083.59
	主营成本(万)	103391.32	212915.81	106119.55	170719.34
	营业收入(万)	128585.64	266138.99	132174.29	233722.46
	营业成本(万)	110296.24	225191.76	112017.36	196081.35
	投资收益(万)	–	–	–	–
	利润总额(万)	9792.78	26557.15	9677.21	23065.26
	净利润(万)	8323.86	21776.41	7370.76	17886.59

中国大连国际合作(集团)股份有限公司

公司概况	公司名称	中国大连国际合作(集团)股份有限公司			证券简称	大连国际
	法人代表	朱明义	董秘	姜建国	证券代码	000881
	公司网址	www.china-cdig.com		电子信箱	jiangjianguo@china-cdig.com	
	电　话	0411-83780412 83780066		传　真	0411-83780186	
	办公地址	大连市西岗区黄河路 219 号外经贸大厦				
	经营范围	国际工程承包,国际劳务合作,房地产开发,远洋运输,远洋渔业等				

	指标\报告期	2011.06.30	2010.12.31	2010.06.30	2009.12.31
主要财务指标	每股收益(元)	0.3580	0.6600	0.2870	0.3600
	每股收益(扣除)(元)	0.3080	0.6300	0.2850	0.3300
	每股净资产(元)	4.3400	4.1800	3.8400	3.8500
	调整后每股净资产(元)	–	–	–	–
	每股资本公积金(元)	1.0195	0.9716	0.9632	1.0448
	每股盈余公积金(元)	0.3566	0.3566	0.3123	0.3123
	每股未分配利润(元)	2.0656	1.9077	1.5808	1.4939
	每股现金净流量(元)	0.9128	–0.3138	–0.9768	0.8911
	每股经营现金净流量(元)	0.1138	0.6497	–0.3047	0.4557
	净资产收益率(扣除)(%)	8.2440	15.7300	7.4700	9.2800
	净资产收益率(%)	8.3300	16.4500	7.3300	9.8100
	总资产(万)	599225.90	482095.07	396878.71	403933.59
	股东权益(万)	196767.85	185597.04	157614.46	144411.06
	主营业务收入(万)	–	173676.44	77505.14	170108.08
	主营成本(万)	–	118978.82	52590.40	121836.80
	营业收入(万)	67792.94	174156.44	77505.14	170108.08
	营业成本(万)	43699.81	119110.69	52590.40	121836.80
	投资收益(万)	2357.55	1166.29	754.16	–1544.97
	利润总额(万)	16896.78	31784.74	14774.74	19142.62
	净利润(万)	11057.07	20331.97	8864.57	11038.52

北京华联商厦股份有限公司

公司概况	公司名称	北京华联商厦股份有限公司			证券简称	华联股份
	法人代表	赵国清	董秘	池伟	证券代码	000882
	公司网址	www.beijing-hualian.com		电子信箱	hlgf000882@sina.com	
	电　话	010-88339808		传　真	010-88339808	
	办公地址	北京市西城区阜外大街 1 号四川大厦东塔五层				
	经营范围	百货、针纺织品、包装食品、副食品等的销售;连锁店管理等				

	指标\报告期	2011.06.30	2010.12.31	2010.06.30	2009.12.31
主要财务指标	每股收益(元)	0.0754	0.0998	0.0032	0.2017
	每股收益(扣除)(元)	0.0020	–0.0453	0.0353	0.0413
	每股净资产(元)	3.9100	4.7900	3.4400	3.6300
	调整后每股净资产(元)	–	–	–	–
	每股资本公积金(元)	2.6308	3.5300	2.0208	2.1028
	每股盈余公积金(元)	0.0653	0.0653	0.0883	0.0883
	每股未分配利润(元)	0.2139	0.1997	0.3270	0.4383
	每股现金净流量(元)	–1.2640	1.9801	0.7230	0.4431
	每股经营现金净流量(元)	0.0413	–0.0385	–0.2312	0.0264
	净资产收益率(扣除)(%)	–	–1.2800	–	1.3000
	净资产收益率(%)	1.9000	1.4770	0.0920	4.1800
	总资产(万)	529205.79	626360.21	369925.50	264461.86
	股东权益(万)	291063.80	356939.95	169696.07	179238.94
	主营业务收入(万)	21219.39	52357.78	26768.61	39111.00
	主营成本(万)	10742.34	38183.77	19824.67	31569.57
	营业收入(万)	24245.52	58401.82	29602.25	42928.86
	营业成本(万)	10742.34	38187.09	19826.58	31570.70
	投资收益(万)	–	–	–	–
	利润总额(万)	6825.72	6202.95	–1023.98	12531.59
	净利润(万)	5528.69	4930.17	156.13	7493.55

湖北能源集团股份有限公司

公司概况

公司名称	湖北能源集团股份有限公司			证券简称	湖北能源
法人代表	肖宏江	董秘	周江	证券代码	000883
公司网址	www.hbny.com.cn		电子信箱	zq@hbny.com.cn	
电 话	027-86621100		传 真	027-86621109	
办公地址	湖北省武汉市武昌区徐东大街96号				
经营范围	能源投资、开发与管理;国家政策允许范围内的其他经营业务等				

主要财务指标

指标\报告期	2011.06.30	2010.12.31	2010.06.30	2009.12.31
每股收益(元)	0.1300	0.5000	0.2200	0.3400
每股收益(扣除)(元)	0.0377	0.3900	–	0.1400
每股净资产(元)	4.0600	4.1400	3.3400	30.7200
调整后每股净资产(元)	–	–	–	–
每股资本公积金(元)	2.2949	2.2950	0.6442	25.4915
每股盈余公积金(元)	0.1146	0.1146	0.5046	0.6498
每股未分配利润(元)	0.6516	0.7301	1.1954	3.5824
每股现金净流量(元)	–0.0387	–0.5791	1.2569	0.6691
每股经营现金净流量(元)	0.2031	1.1249	3.8111	10.7993
净资产收益率(扣除)(%)	0.9000	9.0400	2.8300	4.3400
净资产收益率(%)	3.0900	12.1180	3.9670	7.9192
总资产(万)	2907499.85	2837915.60	563491.66	3498925.63
股东权益(万)	839749.45	856003.31	95439.81	876817.69
主营业务收入(万)	352383.72	1126642.33	670008.17	883543.91
主营成本(万)	297329.72	888983.91	529602.56	667661.91
营业收入(万)	354853.16	1132659.38	678141.17	889396.01
营业成本(万)	298550.36	896433.98	535789.27	670767.18
投资收益(万)	–	–	–	–
利润总额(万)	27689.53	129967.52	60186.13	87752.45
净利润(万)	25951.87	103731.62	45139.73	69437.31

河南同力水泥股份有限公司

公司概况

公司名称	河南同力水泥股份有限公司			证券简称	同力水泥
法人代表	郭海泉	董秘	侯绍民	证券代码	000885
公司网址	www.tlcement.com		电子信箱	tlsn000885@163.com	
电 话	0371-69158113 69158312		传 真	0371-69158112	
办公地址	河南省郑州市农业路41号投资大厦5层				
经营范围	水泥熟料、水泥及制品的销售;水泥机械、电器设备的销售等				

主要财务指标

指标\报告期	2011.06.30	2010.12.31	2010.06.30	2009.12.31
每股收益(元)	0.3536	0.5088	0.1501	0.4483
每股收益(扣除)(元)	0.3502	0.4512	0.1356	0.2877
每股净资产(元)	5.1900	4.8200	4.4490	4.3000
调整后每股净资产(元)	–	–	–	–
每股资本公积金(元)	4.4590	4.4579	4.4438	4.4438
每股盈余公积金(元)	0.1382	0.1382	0.1382	0.1382
每股未分配利润(元)	–0.4345	–0.7881	–1.1469	–1.2969
每股现金净流量(元)	–	–0.4347	1.1672	0.4382
每股经营现金净流量(元)	–	2.0296	0.6255	1.2789
净资产收益率(扣除)(%)	7.0000	9.9100	–	9.6000
净资产收益率(%)	6.8200	10.5460	3.3730	10.4350
总资产(万)	469498.79	438987.61	442037.28	390591.55
股东权益(万)	130947.75	121847.93	112367.18	108489.41
主营业务收入(万)	202465.85	276017.63	120575.00	250275.58
主营成本(万)	147348.78	214502.82	100843.59	192064.34
营业收入(万)	202882.90	278313.65	121354.38	253548.40
营业成本(万)	147564.86	215356.16	100995.47	193161.73
投资收益(万)	–	–	–	–
利润总额(万)	17792.01	25182.79	8002.13	20917.66
净利润(万)	8930.92	12849.50	3789.60	11320.98

海南高速公路股份有限公司

公司概况

公司名称	海南高速公路股份有限公司			证券简称	海南高速
法人代表	温国明	董秘	陈求仲	证券代码	000886
公司网址	www.hi-expressway.com		电子信箱	hainangaosu@126.com	
电 话	0898-66768394		传 真	0898-66790647	
办公地址	海南省海口市蓝天路16号高速公路大楼				
经营范围	高等级公路勘测、设计、施工、建设、收费、养护、管理服务等				

主要财务指标

指标\报告期	2011.06.30	2010.12.31	2010.06.30	2009.12.31
每股收益(元)	0.1080	0.1190	0.0140	0.0540
每股收益(扣除)(元)	0.1071	0.1090	0.0120	0.0330
每股净资产(元)	2.4790	2.4510	2.3460	2.3310
调整后每股净资产(元)	–	–	–	–
每股资本公积金(元)	0.9556	0.9563	0.9562	0.9560
每股盈余公积金(元)	0.3137	0.3137	0.3071	0.3071
每股未分配利润(元)	0.2094	0.1811	0.0825	0.0682
每股现金净流量(元)	–0.0238	0.5135	0.0712	–0.2806
每股经营现金净流量(元)	0.0389	0.5784	0.0795	–0.0994
净资产收益率(扣除)(%)	–	4.5800	–	1.4400
净资产收益率(%)	4.3690	4.8750	0.6070	2.3111
总资产(万)	289344.43	295682.37	295702.07	269503.01
股东权益(万)	245103.45	242370.94	231962.98	230535.42
主营业务收入(万)	36203.36	59063.57	6939.14	20995.17
主营成本(万)	10733.62	29564.06	2337.88	9579.94
营业收入(万)	36300.87	59456.24	6997.02	21161.72
营业成本(万)	10750.30	29726.08	2352.93	9664.51
投资收益(万)	–	–	–	–
利润总额(万)	13948.12	14917.13	1647.88	6847.03
净利润(万)	10708.90	11814.30	1406.98	5327.94

安徽中鼎密封件股份有限公司

公司概况

公司名称	安徽中鼎密封件股份有限公司			证券简称	中鼎股份
法人代表	夏鼎湖	董秘	毕双喜	证券代码	000887
公司网址	www.zhongdinggroup.com		电子信箱	bsx@zhongdinggroup.com	
电 话	0563-4181887		传 真	0563-4181880 6071	
办公地址	安徽省宁国市经济技术开发区				
经营范围	密封件、特种橡胶制品的研发、生产、销售与服务等				

主要财务指标

指标\报告期	2011.06.30	2010.12.31	2010.06.30	2009.12.31
每股收益(元)	0.3100	0.7300	0.2710	0.4800
每股收益(扣除)(元)	0.3048	0.7200	0.3670	0.4300
每股净资产(元)	2.1500	2.4900	2.1400	1.9690
调整后每股净资产(元)	–	–	–	–
每股资本公积金(元)	0.2275	0.1886	0.1865	0.1907
每股盈余公积金(元)	0.1488	0.2083	0.1565	0.1565
每股未分配利润(元)	0.7731	1.0984	0.8025	0.6231
每股现金净流量(元)	0.3187	–0.0600	0.0914	0.0786
每股经营现金净流量(元)	–0.1541	0.3767	0.1164	0.5230
净资产收益率(扣除)(%)	15.3100	33.2300	17.8500	25.5500
净资产收益率(%)	14.4240	29.3140	17.6960	23.8750
总资产(万)	280890.27	235294.74	215278.28	176009.97
股东权益(万)	128033.33	105993.65	91229.48	83790.82
主营业务收入(万)	139019.89	244486.46	118788.06	140583.68
主营成本(万)	99848.67	166914.99	83192.69	91881.72
营业收入(万)	147848.83	252242.97	125245.66	147412.50
营业成本(万)	104913.22	173328.07	87135.54	96693.77
投资收益(万)	–	–	–	–
利润总额(万)	23406.86	39796.18	21125.00	26501.46
净利润(万)	18467.44	31070.64	16144.13	20004.86

峨眉山旅游股份有限公司

公司概况						
	公司名称	峨眉山旅游股份有限公司			证券简称	峨眉山 A
	法人代表	马元祝	董秘	张华仙	证券代码	000888
	公司网址	www.ems517.com		电子信箱	000888@ems517.com	
	电　　话	0833-5544568		传　　真	0833-5526666	
	办公地址	四川省峨眉山市名山南路 41 号				
	经营范围	提供旅游,索道运输,住宿,客运,餐饮娱乐方面的服务等				

主要财务指标	指标\报告期	2011.06.30	2010.12.31	2010.06.30	2009.12.31
	每股收益(元)	0.1478	0.4689	0.1476	0.3566
	每股收益(扣除)(元)	0.1478	0.4799	0.1510	0.3688
	每股净资产(元)	3.3700	3.3400	3.0200	2.9300
	调整后每股净资产(元)	–	–	–	–
	每股资本公积金(元)	1.0687	1.0697	1.0687	1.0697
	每股盈余公积金(元)	0.2829	0.2829	0.2360	0.2360
	每股未分配利润(元)	1.0153	0.9875	0.7130	0.6254
	每股现金净流量(元)	–0.4039	0.5151	0.0264	–0.0012
	每股经营现金净流量(元)	0.2466	0.9182	0.4067	0.9403
	净资产收益率(扣除)(%)	4.3890	14.0400	4.8900	12.1600
	净资产收益率(%)	4.3300	14.9600	4.9300	12.8500
	总资产(万)	109084.15	117981.35	109939.33	110734.48
	股东权益(万)	79857.09	79241.35	71798.34	69397.19
	主营业务收入(万)	38682.23	72678.93	32522.87	59842.13
	主营成本(万)	22446.71	38872.59	19003.63	33638.82
	营业收入(万)	39286.09	73573.31	33038.70	60389.95
	营业成本(万)	22545.91	39096.16	19102.22	33654.33
	投资收益(万)	–0.22	–15.40	–	83.81
	利润总额(万)	4626.69	12983.21	4068.82	9909.57
	净利润(万)	3475.52	11029.00	3470.86	8385.76

秦皇岛渤海物流控股股份有限公司

公司概况						
	公司名称	秦皇岛渤海物流控股股份有限公司			证券简称	渤海物流
	法人代表	王福琴	董秘	焦海青	证券代码	000889
	公司网址	www.hlsc.com.cn		电子信箱	hqjiao@sohu.com	
	电　　话	0335-3733868 3280602		传　　真	0335-3023349	
	办公地址	河北省秦皇岛市海港区河北大街 146 号金原国际商务大厦				
	经营范围	针纺织品、日用百货、土产日杂、服装鞋帽、五金交电、化工产品等				

主要财务指标	指标\报告期	2011.06.30	2010.12.31	2010.06.30	2009.12.31
	每股收益(元)	0.1129	0.0901	0.0470	–0.1759
	每股收益(扣除)(元)	0.1137	0.0909	0.0471	–0.1453
	每股净资产(元)	2.0620	1.9490	1.9060	1.8580
	调整后每股净资产(元)	–	–	–	–
	每股资本公积金(元)	0.8512	0.8512	0.8512	0.8512
	每股盈余公积金(元)	0.0284	0.0284	0.0207	0.0207
	每股未分配利润(元)	0.1824	0.0695	0.0341	–0.0134
	每股现金净流量(元)	–0.2759	0.3223	–0.0325	–0.1409
	每股经营现金净流量(元)	–0.2541	0.4021	0.0527	0.3617
	净资产收益率(扣除)(%)	5.6700	4.7800	2.4700	–7.4600
	净资产收益率(%)	5.4740	4.6260	2.4900	–9.4630
	总资产(万)	146077.85	152040.41	141433.21	139644.01
	股东权益(万)	69840.33	66017.16	64556.82	62948.53
	主营业务收入(万)	83087.33	135036.02	68853.89	115610.42
	主营成本(万)	–	–	–	–
	营业收入(万)	85439.10	141890.61	70795.63	117771.48
	营业成本(万)	69527.35	117955.66	58231.44	96887.01
	投资收益(万)	–	–	–	–
	利润总额(万)	4974.71	3242.58	1643.03	–5827.83
	净利润(万)	3823.17	3053.41	1592.15	–5956.64

江苏法尔胜股份有限公司

公司概况						
	公司名称	江苏法尔胜股份有限公司			证券简称	法尔胜
	法人代表	蒋纬球	董秘	张文栋	证券代码	000890
	公司网址	www.fasten.com.cn		电子信箱	info@chinafasten.com	
	电　　话	0510-86119890		传　　真	0510-86102007	
	办公地址	江苏省江阴市通江北路 203 号				
	经营范围	钢丝、钢丝绳及其产品、普通机械、电线电缆、仪器仪表、电子产品等				

主要财务指标	指标\报告期	2011.06.30	2010.12.31	2010.06.30	2009.12.31
	每股收益(元)	0.0136	0.0339	0.0198	0.0325
	每股收益(扣除)(元)	0.0030	–0.0074	0.0069	0.0067
	每股净资产(元)	2.7100	2.7000	2.6800	2.6600
	调整后每股净资产(元)	–	–	–	–
	每股资本公积金(元)	1.2359	1.2359	1.2287	1.2287
	每股盈余公积金(元)	0.1772	0.1772	0.1647	0.1647
	每股未分配利润(元)	0.3005	0.2869	0.2859	0.2661
	每股现金净流量(元)	–0.2982	–0.1973	0.2581	0.0350
	每股经营现金净流量(元)	0.0682	0.2270	0.1767	0.0994
	净资产收益率(扣除)(%)	0.1100	–0.2700	0.2600	0.2500
	净资产收益率(%)	0.5020	1.2557	0.7390	1.2229
	总资产(万)	333330.11	337820.23	323575.06	303078.10
	股东权益(万)	103021.70	102504.95	101716.95	100965.77
	主营业务收入(万)	82131.66	159817.35	82390.51	148550.53
	主营成本(万)	73254.31	138189.68	71043.84	128252.58
	营业收入(万)	86784.34	168326.85	85886.04	154533.21
	营业成本(万)	76887.29	143402.63	73133.56	131601.71
	投资收益(万)	–	–	–	–
	利润总额(万)	696.93	3083.93	1887.86	3508.20
	净利润(万)	516.75	1287.13	751.18	1234.69

星美联合股份有限公司

公司概况						
	公司名称	星美联合股份有限公司			证券简称	*ST 星美
	法人代表	何家盛	董秘	徐虹	证券代码	000892
	公司网址	www.chinacfc.com		电子信箱	stellarmegaunion@yahoo.cn	
	电　　话	023-67882859		传　　真	023-67882868	
	办公地址	重庆市北部新区高新园星光大道 1 号星光大厦 B 座 6 楼				
	经营范围	通信产业投资,通信设备制造,通信工程及技术咨询;电信增值业务等				

主要财务指标	指标\报告期	2011.06.30	2010.12.31	2010.06.30	2009.12.31
	每股收益(元)	0.0003	–0.0075	–0.0039	–0.0106
	每股收益(扣除)(元)	0.0002	–0.0075	–0.0040	–0.0097
	每股净资产(元)	–0.0354	–0.0356	–0.0320	–0.0282
	调整后每股净资产(元)	–	–	–	–
	每股资本公积金(元)	0.1691	0.1691	0.1691	0.1691
	每股盈余公积金(元)	–	–	–	–
	每股未分配利润(元)	–1.2045	–1.2048	–1.2012	–1.1973
	每股现金净流量(元)	0.0014	0.0022	–0.0000	0.0000
	每股经营现金净流量(元)	0.0014	0.0022	–0.0000	0.0000
	净资产收益率(扣除)(%)	–0.7700	–21.0217	–12.1386	–37.8132
	净资产收益率(%)	–	–	–	–
	总资产(万)	152.87	94.91	5.14	8.48
	股东权益(万)	–1464.16	–1475.45	–1326.28	–1165.29
	主营业务收入(万)	198.79	55.20	–	–
	主营成本(万)	4.06	5.50	–	–
	营业收入(万)	198.79	55.20	–	–
	营业成本(万)	4.06	5.50	–	–
	投资收益(万)	–	–	–	–
	利润总额(万)	35.62	–300.03	–160.99	–440.63
	净利润(万)	11.29	–310.16	–160.99	–440.63

广州东凌粮油股份有限公司

公司概况

公司名称	广州东凌粮油股份有限公司			证券简称	东凌粮油
法人代表	赖宁昌	董秘	石革燕	证券代码	000893
公司网址	www.dongling.cn		电子信箱	stock@dongling.cn	
电　话	020-85506292		传　真	020-85506216	
办公地址	广州市珠江新城华夏路8号国际金融广场28楼				
经营范围	销售粮食,饲料,货物进出口,技术进出口等				

主要财务指标

指标\报告期	2011.06.30	2010.12.31	2010.06.30	2009.12.31
每股收益(元)	-0.3400	0.8600	0.2500	0.2500
每股收益(扣除)(元)	-0.3475	0.8700	0.2500	0.3100
每股净资产(元)	1.8900	2.2400	1.6200	1.3700
调整后每股净资产(元)	-	-	-	-
每股资本公积金(元)	0.0438	0.0438	0.0442	0.0379
每股盈余公积金(元)	0.0567	0.0567	0.0567	0.0567
每股未分配利润(元)	0.8020	1.1419	0.5249	0.2796
每股现金净流量(元)	-0.1942	0.0062	-0.3077	0.2137
每股经营现金净流量(元)	-1.3456	-1.8610	-0.0813	0.4470
净资产收益率(扣除)(%)	-16.8200	48.2900	16.4000	19.2600
净资产收益率(%)	-17.9460	38.5380	15.1020	18.4900
总资产(万)	577746.17	445558.31	317769.30	226644.71
股东权益(万)	42051.46	49674.61	36062.77	30503.52
主营业务收入(万)	298845.35	556606.24	255047.41	633008.93
主营成本(万)	294505.36	513898.33	243835.15	589427.35
营业收入(万)	298845.35	556606.24	255047.41	652588.87
营业成本(万)	294505.36	513898.33	243835.15	608819.56
投资收益(万)	-	-	-	-
利润总额(万)	-7725.20	19726.61	5474.48	20962.31
净利润(万)	-7546.59	19143.75	5446.16	5640.15

河南双汇投资发展股份有限公司

公司概况

公司名称	河南双汇投资发展股份有限公司			证券简称	双汇发展
法人代表	张俊杰	董秘	祁勇耀	证券代码	000895
公司网址	www.shuanghui.net		电子信箱	0895@shuanghui.net	
电　话	0395-2676158 2676530		传　真	0395-2693259	
办公地址	河南省漯河市双汇路1号双汇大厦				
经营范围	生鲜冻品、高低温肉制品的加工及销售、畜牧养殖、物流运输及商业零售等				

主要财务指标

指标\报告期	2011.06.30	2010.12.31	2010.06.30	2009.12.31
每股收益(元)	0.1254	1.7975	0.8274	1.5027
每股收益(扣除)(元)	0.0566	1.8029	0.7680	1.4759
每股净资产(元)	5.2700	5.6500	4.6200	4.8500
调整后每股净资产(元)	-	-	-	-
每股资本公积金(元)	0.7356	1.0691	0.8396	0.8396
每股盈余公积金(元)	1.0065	1.0144	0.7697	0.7697
每股未分配利润(元)	2.5287	2.9751	2.0068	2.2397
每股现金净流量(元)	0.2221	0.7481	-0.3534	1.0407
每股经营现金净流量(元)	0.7271	2.4180	0.4229	2.3391
净资产收益率(扣除)(%)	0.9200	34.3400	15.7500	34.3400
净资产收益率(%)	2.3790	31.8260	16.6050	30.9720
总资产(万)	719453.27	715240.34	619894.47	575323.56
股东权益(万)	319448.39	367237.65	279955.12	294022.85
主营业务收入(万)	1481760.91	3567133.81	1593409.65	2761453.66
主营成本(万)	1366911.09	3250502.84	1429796.67	2490163.94
营业收入(万)	1525911.61	3674933.52	1634665.60	2835134.71
营业成本(万)	1407761.33	3348159.99	1468067.97	2557801.91
投资收益(万)	-	-	-	-
利润总额(万)	11650.35	164212.12	77052.50	134880.89
净利润(万)	7597.95	108928.15	50138.58	91065.71

天津津滨发展股份有限公司

公司概况

公司名称	天津津滨发展股份有限公司			证券简称	津滨发展
法人代表	许立凡	董秘	于志丹	证券代码	000897
公司网址	www.jbdc.com.cn		电子信箱	zm@teda.tj.cn	
电　话	022-66223226		传　真	022-66223273	
办公地址	天津经济技术开发区黄海路98号津滨杰座2区B座				
经营范围	各类物资、商品的批发、零售;建筑模具、机具及自有设备的租赁与经营等				

主要财务指标

指标\报告期	2011.06.30	2010.12.31	2010.06.30	2009.12.31
每股收益(元)	-0.0451	0.0592	0.0218	0.0071
每股收益(扣除)(元)	-0.0529	0.0616	0.0224	-
每股净资产(元)	1.2800	1.3400	1.3100	1.3300
调整后每股净资产(元)	-	-	-	-
每股资本公积金(元)	0.1596	0.1596	0.1605	0.2004
每股盈余公积金(元)	0.0402	0.0402	0.0342	0.0332
每股未分配利润(元)	0.0768	0.1418	0.1103	0.0964
每股现金净流量(元)	0.0497	0.0423	0.0840	0.1597
每股经营现金净流量(元)	-0.0844	0.4632	0.2241	0.1679
净资产收益率(扣除)(%)	-4.0400	4.6100	1.7000	-
净资产收益率(%)	-3.5300	4.4100	1.6700	0.5300
总资产(万)	819024.08	764112.57	844508.73	786448.31
股东权益(万)	206457.55	216978.55	211054.30	215101.72
主营业务收入(万)	-	-	-	-
主营成本(万)	-	-	-	-
营业收入(万)	69601.47	344768.27	122338.99	88035.39
营业成本(万)	59283.14	271970.14	97731.60	70717.03
投资收益(万)	-	-	-	-
利润总额(万)	-6291.83	16247.84	5804.69	3065.77
净利润(万)	-7286.46	9578.46	3518.76	1143.26

鞍钢股份有限公司

公司概况

公司名称	鞍钢股份有限公司			证券简称	鞍钢股份
法人代表	张晓刚	董秘	付吉会	证券代码	000898
公司网址	www.ansteel.com.cn		电子信箱	ansteel@ansteel.com.cn	
电　话	0412-8417273 8419192		传　真	0412-6727772	
办公地址	辽宁省鞍山市铁西区鞍钢厂区				
经营范围	黑色金属冶炼及钢压延加工等				

主要财务指标

指标\报告期	2011.06.30	2010.12.31	2010.06.30	2009.12.31
每股收益(元)	0.0300	0.2820	0.3800	0.1000
每股收益(扣除)(元)	0.0218	0.2710	0.3790	0.0950
每股净资产(元)	7.3500	7.4700	7.5600	7.2500
调整后每股净资产(元)	-	-	-	-
每股资本公积金(元)	4.3557	4.3569	4.3483	4.3553
每股盈余公积金(元)	0.4934	0.4934	0.4640	0.4640
每股未分配利润(元)	1.4937	1.6133	1.7410	1.4209
每股现金净流量(元)	-0.1689	0.1948	-0.0399	-0.1012
每股经营现金净流量(元)	0.4780	1.2476	0.2312	0.6288
净资产收益率(扣除)(%)	0.2900	3.6800	5.1000	1.3000
净资产收益率(%)	0.4130	3.7700	5.0300	1.3900
总资产(万)	10470500.00	10511400.00	10388900.00	10098700.00
股东权益(万)	5321100.00	5406800.00	5471400.00	5243200.00
主营业务收入(万)	4622400.00	9221200.00	4393700.00	7005700.00
主营成本(万)	4262000.00	8248600.00	3705900.00	6363500.00
营业收入(万)	4633400.00	9243100.00	4404000.00	7012600.00
营业成本(万)	4272300.00	8269400.00	3718200.00	6371200.00
投资收益(万)	-	-	-	-
利润总额(万)	13300.00	235800.00	359100.00	84300.00
净利润(万)	22000.00	203900.00	275000.00	72700.00

江西赣能股份有限公司

公司概况

公司名称	江西赣能股份有限公司			证券简称	赣能股份
法人代表	姚迪明	董秘	李声意	证券代码	000899
公司网址	www.000899.com		电子信箱	ganneng@000899.com	
电　　话	0791-8109899 8109103		传　　真	0791-8106119	
办公地址	江西省南昌市高新技术开发区火炬大街 199 号				
经营范围	火力发电,水力发电,水库综合利用,节能项目开发等				

主要财务指标

指标\报告期	2011.06.30	2010.12.31	2010.06.30	2009.12.31
每股收益(元)	-0.1700	-0.0612	0.0136	0.1245
每股收益(扣除)(元)	-0.1692	-0.0639	0.0156	0.1191
每股净资产(元)	2.0600	2.2300	2.3000	2.7200
调整后每股净资产(元)	-	-	-	-
每股资本公积金(元)	0.9517	0.9517	0.9467	1.1171
每股盈余公积金(元)	0.2388	0.2388	0.2388	0.2818
每股未分配利润(元)	-0.1299	0.0401	0.1149	0.3195
每股现金净流量(元)	0.2516	0.0455	0.1248	-0.3408
每股经营现金净流量(元)	0.2082	0.3711	0.3013	1.0803
净资产收益率(扣除)(%)	-7.8800	-2.8200	0.6800	5.3000
净资产收益率(%)	-8.2510	-2.7430	0.5920	5.4050
总资产(万)	663442.40	646015.79	665733.01	639330.11
股东权益(万)	133254.58	144249.08	148764.47	148979.96
主营业务收入(万)	123977.76	204155.41	88831.50	215490.74
主营成本(万)	121486.10	185807.30	77901.36	182829.02
营业收入(万)	124361.83	205691.36	89848.98	216789.88
营业成本(万)	121572.07	186062.58	77998.53	183015.32
投资收益(万)	-	-	-	-
利润总额(万)	-10994.49	-3806.94	880.57	9494.36
净利润(万)	-10994.49	-3956.11	880.57	8052.01

现代投资股份有限公司

公司概况

公司名称	现代投资股份有限公司			证券简称	现代投资
法人代表	宋伟杰	董秘	陈满林	证券代码	000900
公司网址	www.xdtz.net		电子信箱	dongban@xdtz.net	
电　　话	0731-85558888-6719-6716		传　　真	0731-85163009	
办公地址	湖南省长沙市芙蓉中路二段 279 号金源大酒店天麒楼 19 层				
经营范围	投资经营公路、桥梁、隧道、渡口、投资高新技术产业、广告业等				

主要财务指标

指标\报告期	2011.06.30	2010.12.31	2010.06.30	2009.12.31
每股收益(元)	0.9900	1.9900	0.9100	1.5800
每股收益(扣除)(元)	0.9838	1.9700	0.9139	1.8200
每股净资产(元)	11.6900	10.9000	9.8300	9.3000
调整后每股净资产(元)	-	-	-	-
每股资本公积金(元)	3.9427	3.9427	3.9427	3.9427
每股盈余公积金(元)	1.1807	1.1807	0.9835	0.9835
每股未分配利润(元)	5.5684	4.7782	3.9028	3.3708
每股现金净流量(元)	-0.5125	1.8247	0.9726	1.3056
每股经营现金净流量(元)	1.0953	2.7988	1.5018	2.5617
净资产收益率(扣除)(%)	8.6300	19.4800	9.3700	20.4800
净资产收益率(%)	8.4690	18.2140	9.2780	17.0300
总资产(万)	668943.67	648984.96	600843.93	563176.15
股东权益(万)	466747.53	435203.65	392336.44	371103.87
主营业务收入(万)	92579.20	174516.92	87349.92	161343.36
主营成本(万)	32895.81	56685.99	31964.87	51290.43
营业收入(万)	96605.79	182552.52	90507.62	176478.11
营业成本(万)	33917.02	58572.37	32133.95	59887.15
投资收益(万)	-	-	-	-
利润总额(万)	52899.30	105860.84	48726.25	94479.03
净利润(万)	39527.19	79268.09	36400.88	63187.67

航天科技控股集团股份有限公司

公司概况

公司名称	航天科技控股集团股份有限公司			证券简称	航天科技
法人代表	薛亮	董秘	王玉伟	证券代码	000901
公司网址	www.as-hitecn.com		电子信箱	simoe@sina.com	
电　　话	010-83636110		传　　真	010-83636060	
办公地址	北京市丰台区科学城海鹰路 1 号海鹰科技大厦 15,16 层				
经营范围	汽车电子、环保监测、航天产品的研发、生产和销售的高新技术企业等				

主要财务指标

指标\报告期	2011.06.30	2010.12.31	2010.06.30	2009.12.31
每股收益(元)	0.1081	0.2800	0.1503	0.2500
每股收益(扣除)(元)	0.1049	0.2600	0.1289	0.0200
每股净资产(元)	3.1500	3.0400	2.9100	2.8000
调整后每股净资产(元)	-	-	-	-
每股资本公积金(元)	1.2478	1.2478	1.2480	1.5831
每股盈余公积金(元)	0.1845	0.1845	0.1723	0.1945
每股未分配利润(元)	0.7183	0.6102	0.4922	0.3859
每股现金净流量(元)	-0.2345	0.0535	-0.1800	-0.3486
每股经营现金净流量(元)	-0.3413	0.0407	-0.1957	-0.0966
净资产收益率(扣除)(%)	3.3900	10.2800	6.4500	1.2400
净资产收益率(%)	3.4320	9.2240	5.2200	8.9500
总资产(万)	115544.79	106496.95	102939.91	91646.42
股东权益(万)	78878.83	76171.98	72914.30	70153.06
主营业务收入(万)	46617.64	98751.51	41743.59	70223.23
主营成本(万)	36908.09	74927.92	30836.60	51259.24
营业收入(万)	47296.00	100830.33	42722.59	72837.95
营业成本(万)	37485.36	76245.35	31482.99	53575.38
投资收益(万)	-	-	-	-
利润总额(万)	2882.66	8488.69	4389.46	7605.67
净利润(万)	2706.85	7026.13	3763.45	6275.29

中国服装股份有限公司

公司概况

公司名称	中国服装股份有限公司			证券简称	中国服装
法人代表	乔雨	董秘	胡革伟	证券代码	000902
公司网址	www.chinagarments.net.cn		电子信箱	hugewei@126.com	
电　　话	010-65817498		传　　真	010-64428240	
办公地址	北京市朝阳区安贞西里三区 26 号浙江大厦 17 层				
经营范围	纺织服装类产品的设计、生产和销售等				

主要财务指标

指标\报告期	2011.06.30	2010.12.31	2010.06.30	2009.12.31
每股收益(元)	-0.0230	0.0600	-0.0380	-0.1900
每股收益(扣除)(元)	-0.0289	0.0300	-0.0440	-0.2081
每股净资产(元)	0.9660	0.9890	0.8910	0.9300
调整后每股净资产(元)	-	-	-	-
每股资本公积金(元)	0.1810	0.1811	0.1822	0.1831
每股盈余公积金(元)	0.0540	0.0540	0.0490	0.0490
每股未分配利润(元)	-0.2688	-0.2456	-0.3403	-0.3023
每股现金净流量(元)	0.1832	0.0804	0.0616	0.1229
每股经营现金净流量(元)	0.1128	0.4174	0.4382	0.1766
净资产收益率(扣除)(%)	-2.9600	3.2900	-4.8800	-20.3000
净资产收益率(%)	-2.4040	6.2900	-4.2610	-20.2650
总资产(万)	141223.09	129733.63	131384.41	127852.31
股东权益(万)	24928.38	25528.40	22986.84	23987.71
主营业务收入(万)	77187.54	202810.20	75764.81	160452.90
主营成本(万)	73415.91	191603.47	72851.46	152293.79
营业收入(万)	77565.75	203922.08	76160.35	162166.46
营业成本(万)	73708.21	191890.72	72956.34	152518.88
投资收益(万)	-	-	-	-
利润总额(万)	-602.11	3548.42	-946.83	-3770.46
净利润(万)	-599.33	1605.75	-979.40	-4861.06

昆明云内动力股份有限公司

公司概况	公司名称	昆明云内动力股份有限公司			证券简称	云内动力
	法人代表	李映昆	董秘	蔡建明	证券代码	000903
	公司网址	www.yunneidongli.com		电子信箱	assets@yunneidongli.com	
	电　话	0871-5625802		传　真	0871-5633176	
	办公地址	云南省昆明市穿金路715号				
	经营范围	多缸小缸径多缸柴油机及轻型载货车的开发、生产和销售等				

主要财务指标	指标\报告期	2011.06.30	2010.12.31	2010.06.30	2009.12.31
	每股收益(元)	0.0360	0.3600	0.1220	0.4500
	每股收益(扣除)(元)	0.0350	0.0100	0.1220	0.1400
	每股净资产(元)	3.7600	6.9000	6.6600	6.7900
	调整后每股净资产(元)	–	–	–	–
	每股资本公积金(元)	1.8579	4.1442	4.1442	4.1442
	每股盈余公积金(元)	0.2783	0.5010	0.4862	0.4862
	每股未分配利润(元)	0.6204	1.2511	1.0318	1.1603
	每股现金净流量(元)	-0.0288	-1.2936	-1.1302	0.0529
	每股经营现金净流量(元)	0.0496	-0.3183	-0.1474	0.8976
	净资产收益率(扣除)(%)	0.9400	0.1200	1.8700	2.0600
	净资产收益率(%)	0.9710	5.1570	1.8250	6.6172
	总资产(万)	466697.79	454453.90	404289.83	430071.10
	股东权益(万)	255736.42	260817.48	251965.72	256823.30
	主营业务收入(万)	113319.30	230299.30	116378.61	246597.31
	主营成本(万)	97571.65	200919.47	96825.96	212718.99
	营业收入(万)	115789.98	232830.93	118079.11	249069.92
	营业成本(万)	98111.07	202047.16	97674.39	214061.38
	投资收益(万)	–	–	–	–
	利润总额(万)	2084.96	15191.88	5414.57	20667.43
	净利润(万)	2482.94	13449.18	4597.42	16994.46

厦门港务发展股份有限公司

公司概况	公司名称	厦门港务发展股份有限公司			证券简称	厦门港务
	法人代表	柯东	董秘	柯东(代)	证券代码	000905
	公司网址	www.xmgw.com.cn		电子信箱	ked@xmgw.com.cn	
	电　话	0592-5829955		传　真	0592-5829990	
	办公地址	福建省厦门市湖里区长岸路海天港区联检大楼13楼				
	经营范围	码头及港口设施、货物装卸、仓储、综合物流、转运、多式联运、物流信息管理等				

主要财务指标	指标\报告期	2011.06.30	2010.12.31	2010.06.30	2009.12.31
	每股收益(元)	0.1400	0.1900	0.0800	0.1300
	每股收益(扣除)(元)	0.1200	0.1700	0.0700	0.1000
	每股净资产(元)	3.1700	3.0600	2.9400	2.8800
	调整后每股净资产(元)	–	–	–	–
	每股资本公积金(元)	0.4909	0.4909	0.4909	0.4909
	每股盈余公积金(元)	0.2749	0.2749	0.2580	0.2580
	每股未分配利润(元)	1.3998	1.2870	1.1931	1.1334
	每股现金净流量(元)	-0.1777	0.2098	-0.0284	-0.0748
	每股经营现金净流量(元)	-0.0369	0.5531	0.1562	0.3708
	净资产收益率(扣除)(%)	4.4500	5.7600	2.4600	3.4500
	净资产收益率(%)	4.5050	6.2300	2.7080	4.4200
	总资产(万)	296747.57	297936.27	284945.90	292713.73
	股东权益(万)	168324.06	162256.26	156334.99	153107.31
	主营业务收入(万)	97600.46	154181.35	63251.95	149214.41
	主营成本(万)	81014.37	125929.36	50122.19	125268.21
	营业收入(万)	99875.94	157530.76	64829.37	152043.14
	营业成本(万)	82124.41	127217.18	50902.27	126392.80
	投资收益(万)	–	–	–	–
	利润总额(万)	11690.27	16685.44	7273.45	12876.20
	净利润(万)	7583.70	10115.08	4233.65	6761.07

南方建材股份有限公司

公司概况	公司名称	南方建材股份有限公司			证券简称	南方建材
	法人代表	袁仁军	董秘	潘洁	证券代码	000906
	公司网址	www.nfjc.com.cn		电子信箱	panj@nfjc.com.cn	
	电　话	0731-84588390 84588392		传　真	0731-84588490 84588458	
	办公地址	湖南省长沙市五一大道235号				
	经营范围	生产,销售金属材料,钢铁炉料,建筑材料等				

主要财务指标	指标\报告期	2011.06.30	2010.12.31	2010.06.30	2009.12.31
	每股收益(元)	0.1100	0.2400	0.1000	0.0600
	每股收益(扣除)(元)	0.0026	0.2300	0.1300	0.0500
	每股净资产(元)	2.8500	2.7400	2.6100	1.2900
	调整后每股净资产(元)	–	–	–	–
	每股资本公积金(元)	1.5104	1.5082	1.5018	0.2476
	每股盈余公积金(元)	0.0745	0.0612	0.0574	0.0799
	每股未分配利润(元)	0.2668	0.1714	0.0462	-0.0385
	每股现金净流量(元)	0.1911	0.1976	1.9144	0.1788
	每股经营现金净流量(元)	-0.2708	-1.6634	-0.2045	0.2769
	净资产收益率(扣除)(%)	0.0900	11.0000	9.3600	3.6200
	净资产收益率(%)	3.8110	7.4040	2.8400	4.7955
	总资产(万)	483034.37	333160.04	431011.92	185402.57
	股东权益(万)	94278.08	90614.94	86136.70	30611.11
	主营业务收入(万)	1110554.13	1490418.80	549904.37	870075.87
	主营成本(万)	1093715.03	1449960.07	529231.78	846764.20
	营业收入(万)	1110715.39	1491122.13	550276.20	870751.85
	营业成本(万)	1093782.36	1450095.12	529263.33	846969.95
	投资收益(万)	–	–	–	–
	利润总额(万)	6035.27	12363.49	4262.81	3635.73
	净利润(万)	3592.79	6709.13	2443.47	1467.95

湖南天一科技股份有限公司

公司概况	公司名称	湖南天一科技股份有限公司			证券简称	ST 天一
	法人代表	荣十庆	董秘	唐治	证券代码	000908
	公司网址	www.hntane.com		电子信箱	tzhi8282@163.com	
	电　话	0731-88913276		传　真	0731-88913156	
	办公地址	湖南省长沙市韶山北路338号华盛花园3栋7层				
	经营范围	生产,销售系列工,农业用泵,与泵站工程相配套的自动控制设备等				

主要财务指标	指标\报告期	2011.06.30	2010.12.31	2010.06.30	2009.12.31
	每股收益(元)	-0.0670	0.0100	-0.0460	-0.8516
	每股收益(扣除)(元)	-0.0778	-0.1600	-0.0580	-0.8400
	每股净资产(元)	0.1400	0.2000	0.1500	0.1900
	调整后每股净资产(元)	–	–	–	–
	每股资本公积金(元)	0.4028	0.4028	0.3996	0.3996
	每股盈余公积金(元)	0.0803	0.0803	0.0803	0.0803
	每股未分配利润(元)	-1.3451	-1.2784	-1.3286	-1.2891
	每股现金净流量(元)	-0.0657	0.0142	-0.0011	-0.1089
	每股经营现金净流量(元)	-0.0647	-0.0543	-0.0615	-0.0424
	净资产收益率(扣除)(%)	-48.2800	5.2220	-30.6690	-444.3570
	净资产收益率(%)	-38.4400	5.4200	-27.5500	-236.0500
	总资产(万)	45397.09	47137.34	53054.87	78480.62
	股东权益(万)	3919.57	5784.53	4302.97	10067.01
	主营业务收入(万)	7202.78	18713.81	9982.32	23288.97
	主营成本(万)	6062.16	15152.39	8367.14	23794.22
	营业收入(万)	7275.37	21738.96	10086.54	23637.61
	营业成本(万)	6117.68	18106.11	8449.88	24208.82
	投资收益(万)	–	1695.26	–	313.83
	利润总额(万)	-1864.96	303.44	-1301.52	-23796.70
	净利润(万)	-1865.48	299.17	-1299.58	-23844.82

数源科技股份有限公司

公司概况	公司名称	数源科技股份有限公司			证券简称	数源科技
	法人代表	章国经	董秘	丁毅	证券代码	000909
	公司网址	www.soyea.com.cn		电子信箱	stock@soyea.com.cn	
	电　　话	0571-88271018		传　　真	0571-88271038	
	办公地址	浙江省杭州市西湖区教工路1号				
	经营范围	彩色电视机、DVD等的研制、生产、销售等				

主要财务指标	指标\报告期	2011.06.30	2010.12.31	2010.06.30	2009.12.31
	每股收益(元)	0.0800	0.1200	0.0100	0.1000
	每股收益(扣除)(元)	0.0700	0.0900	0.0430	-0.0100
	每股净资产(元)	2.8700	2.7900	2.7300	2.7200
	调整后每股净资产(元)	-	-	-	-
	每股资本公积金(元)	1.5046	1.5050	1.5493	1.5498
	每股盈余公积金(元)	0.0350	0.0350	0.0337	0.0337
	每股未分配利润(元)	0.3280	0.2486	0.1434	0.1333
	每股现金净流量(元)	-0.1564	0.7368	-0.5764	0.7379
	每股经营现金净流量(元)	-1.4420	-1.1938	-0.2969	2.5192
	净资产收益率(扣除)(%)	2.4300	3.2100	1.5800	-0.3300
	净资产收益率(%)	2.7690	4.1870	0.3720	3.8050
	总资产(万)	263338.57	266851.10	188321.14	203077.48
	股东权益(万)	56206.30	54657.41	53436.05	53246.61
	主营业务收入(万)	69092.05	80903.98	35432.01	95428.03
	主营成本(万)	59508.84	66878.94	29825.72	79187.31
	营业收入(万)	69732.56	82361.78	36296.51	96670.01
	营业成本(万)	59853.06	67849.79	30383.94	80014.96
	投资收益(万)	-	-	-	-
	利润总额(万)	2623.50	3985.87	511.65	4312.07
	净利润(万)	1556.25	2288.26	198.69	2026.14

大亚科技股份有限公司

公司概况	公司名称	大亚科技股份有限公司			证券简称	大亚科技
	法人代表	陈兴康	董秘	宋立柱	证券代码	000910
	公司网址	www.daretechnology.com		电子信箱	daretech@cndare.com	
	电　　话	0511-86981046 86981143		传　　真	0511-86885000	
	办公地址	江苏省丹阳市经济技术开发区金陵西路95号				
	经营范围	包装装潢印刷,滤嘴棒的生产,销售等				

主要财务指标	指标\报告期	2011.06.30	2010.12.31	2010.06.30	2009.12.31
	每股收益(元)	0.1500	0.3600	0.1700	0.3900
	每股收益(扣除)(元)	0.1475	0.3400	0.1700	0.3700
	每股净资产(元)	4.2700	4.1100	3.9300	3.7600
	调整后每股净资产(元)	-	-	-	-
	每股资本公积金(元)	0.6355	0.6355	0.6355	0.6354
	每股盈余公积金(元)	0.2676	0.2676	0.2439	0.2439
	每股未分配利润(元)	2.3626	2.2112	2.0473	1.8765
	每股现金净流量(元)	-0.7374	0.8164	0.5230	0.2572
	每股经营现金净流量(元)	-0.3447	1.2744	-0.1429	2.2223
	净资产收益率(扣除)(%)	3.5200	8.6500	4.3600	9.1000
	净资产收益率(%)	3.5490	8.7110	4.3520	10.3800
	总资产(万)	893094.18	860309.72	854885.18	781258.57
	股东权益(万)	225061.94	217041.17	207141.93	198129.11
	主营业务收入(万)	295196.20	686602.83	290428.85	635255.97
	主营成本(万)	216445.97	514379.58	217885.00	481538.37
	营业收入(万)	298716.37	692072.11	294060.75	642693.01
	营业成本(万)	218303.69	516569.24	220064.61	487190.27
	投资收益(万)	-	-	-	-
	利润总额(万)	14762.61	38062.26	13886.41	33590.72
	净利润(万)	7987.78	18906.99	9014.79	20560.41

南宁糖业股份有限公司

公司概况	公司名称	南宁糖业股份有限公司			证券简称	南宁糖业
	法人代表	李俊贵	董秘	王国庆	证券代码	000911
	公司网址	www.nnsugar.com		电子信箱	nnty@nnsugar.com	
	电　　话	0771-4914317		传　　真	0771-4910755	
	办公地址	广西壮族自治区南宁市亭洪路48号				
	经营范围	机制糖、机制纸、蔗渣浆、酒精的生产、加工、销售和提供售后服务等				

主要财务指标	指标\报告期	2011.06.30	2010.12.31	2010.06.30	2009.12.31
	每股收益(元)	0.5000	0.6400	0.2500	0.4300
	每股收益(扣除)(元)	0.4079	0.4800	0.2200	0.4000
	每股净资产(元)	5.1400	4.9900	4.6100	4.6500
	调整后每股净资产(元)	-	-	-	-
	每股资本公积金(元)	2.7911	2.7915	2.7946	2.7947
	每股盈余公积金(元)	0.5533	0.4925	0.4420	0.4129
	每股未分配利润(元)	0.7944	0.7033	0.3778	0.4415
	每股现金净流量(元)	0.7696	-0.2459	-0.5550	0.2592
	每股经营现金净流量(元)	-1.1204	0.5424	-0.6763	2.1429
	净资产收益率(扣除)(%)	7.7900	9.9900	4.6500	9.0300
	净资产收益率(%)	9.5800	12.8610	5.4300	9.1500
	总资产(万)	488397.00	431276.58	386581.40	391192.81
	股东权益(万)	147299.24	142956.28	132266.54	133263.29
	主营业务收入(万)	212846.88	384637.04	150641.25	350681.84
	主营成本(万)	171022.45	315649.11	123681.06	285131.68
	营业收入(万)	214192.23	387501.90	152223.89	353190.83
	营业成本(万)	171855.23	317465.92	124766.42	286688.61
	投资收益(万)	-	-	-	-
	利润总额(万)	18844.26	18875.50	7835.13	14901.77
	净利润(万)	14386.63	18385.74	7181.65	12187.72

四川泸天化股份有限公司

公司概况	公司名称	四川泸天化股份有限公司			证券简称	泸天化
	法人代表	邹仲平	董秘	索隆敏	证券代码	000912
	公司网址	www.sclth.com		电子信箱	zbb911@163.com	
	电　　话	0830-4125103 4122370		传　　真	0830-4122156	
	办公地址	四川省泸州市纳溪区				
	经营范围	化肥、化工原材料的生产与销售等				

主要财务指标	指标\报告期	2011.06.30	2010.12.31	2010.06.30	2009.12.31
	每股收益(元)	-0.0500	-0.2900	-0.0600	0.1900
	每股收益(扣除)(元)	-0.0408	-0.3000	-0.0500	0.1300
	每股净资产(元)	3.8100	3.8400	4.0800	4.2300
	调整后每股净资产(元)	-	-	-	-
	每股资本公积金(元)	1.1326	1.1326	1.1326	1.1579
	每股盈余公积金(元)	0.7185	0.7185	0.7185	0.7185
	每股未分配利润(元)	0.8871	0.9332	1.1690	1.3037
	每股现金净流量(元)	-0.0322	-0.0586	0.3455	-0.2412
	每股经营现金净流量(元)	0.8615	-0.6850	-0.2117	2.9474
	净资产收益率(扣除)(%)	-1.0700	-7.3500	-1.1600	3.1600
	净资产收益率(%)	-1.2100	-7.4260	-1.4920	4.4826
	总资产(万)	759264.02	727852.62	681478.48	732946.47
	股东权益(万)	222647.43	224907.82	238489.55	247623.59
	主营业务收入(万)	204448.57	339666.26	160238.21	462080.34
	主营成本(万)	173330.61	299263.69	141201.87	394154.97
	营业收入(万)	211492.29	350490.58	163641.19	474622.91
	营业成本(万)	180221.02	310756.15	145565.19	405804.11
	投资收益(万)	-	-	-	-
	利润总额(万)	-492.36	-22383.49	-7402.93	11975.82
	净利润(万)	-2693.63	-16701.40	-3558.22	11100.08

浙江钱江摩托股份有限公司

公司概况	公司名称	浙江钱江摩托股份有限公司			证券简称	钱江摩托
	法人代表	林华中	董秘	林华中(代)	证券代码	000913
	公司网址	www.qjmotor.com		电子信箱	qjmt@qjmotor.com	
	电话	0576-86192111		传真	0576-86139081	
	办公地址	浙江省温岭市经济开发区				
	经营范围	生产、研究、设计和开发摩托车及配件,销售自产产品,并提供产品售后服务				

主要财务指标	指标\报告期	2011.06.30	2010.12.31	2010.06.30	2009.12.31
	每股收益(元)	0.0700	0.1500	0.1300	0.2800
	每股收益(扣除)(元)	0.0994	0.1600	0.1500	0.1900
	每股净资产(元)	3.2200	3.1400	3.0800	2.9900
	调整后每股净资产(元)	-	-	-	-
	每股资本公积金(元)	1.0676	1.0676	1.0676	1.0676
	每股盈余公积金(元)	0.2658	0.2658	0.2002	0.2014
	每股未分配利润(元)	0.8839	0.8116	0.8175	0.7221
	每股现金净流量(元)	-0.4654	0.9857	-0.0441	0.2287
	每股经营现金净流量(元)	-0.1754	-0.5260	-0.3918	0.3468
	净资产收益率(扣除)(%)	3.1300	5.2800	5.7200	6.6000
	净资产收益率(%)	2.2480	4.9010	3.6990	9.4100
	总资产(万)	420481.26	378930.71	317614.51	280009.96
	股东权益(万)	145835.86	142509.73	139769.13	135419.31
	主营业务收入(万)	179610.35	373912.48	230047.09	358935.65
	主营成本(万)	151583.11	314238.35	189516.98	292834.28
	营业收入(万)	183222.69	378778.56	231433.33	363762.33
	营业成本(万)	154517.07	318680.05	190567.62	297126.07
	投资收益(万)	-	-	-	-
	利润总额(万)	4845.62	10188.55	8587.88	17867.68
	净利润(万)	3278.30	6983.69	6019.85	12744.20

山东山大华特科技股份有限公司

公司概况	公司名称	山东山大华特科技股份有限公司			证券简称	山大华特
	法人代表	张兆亮	董秘	范智胜	证券代码	000915
	公司网址	www.sd-wit.com		电子信箱	fzs@sd-wit.com	
	电话	0531-85198600 85198606		传真	0531-82666189	
	办公地址	山东省济南市经十路17703号华特广场				
	经营范围	环保和医药产业等				

主要财务指标	指标\报告期	2011.06.30	2010.12.31	2010.06.30	2009.12.31
	每股收益(元)	0.2500	0.3900	0.1400	0.1500
	每股收益(扣除)(元)	0.1923	0.3500	0.1400	0.1650
	每股净资产(元)	2.5700	2.3200	2.0900	1.9515
	调整后每股净资产(元)	-	-	-	-
	每股资本公积金(元)	0.1920	0.1918	0.2176	0.2176
	每股盈余公积金(元)	0.1037	0.1037	0.0887	0.0887
	每股未分配利润(元)	1.2751	1.0215	0.7825	0.6451
	每股现金净流量(元)	-0.1845	0.1315	-0.0374	0.2020
	每股经营现金净流量(元)	0.3508	1.0514	0.3474	0.7178
	净资产收益率(扣除)(%)	9.8640	16.8900	6.5800	9.7830
	净资产收益率(%)	10.3800	18.3400	6.8000	10.2900
	总资产(万)	114479.07	113837.65	115664.70	110970.01
	股东权益(万)	71199.78	64951.99	57862.42	52670.91
	主营业务收入(万)	32444.80	55431.50	25210.72	49601.74
	主营成本(万)	11381.84	17476.27	8095.86	16778.72
	营业收入(万)	32450.39	56027.85	25498.89	49939.75
	营业成本(万)	11381.87	17866.67	8359.63	16936.41
	投资收益(万)	10.07	562.71	20.12	-108.36
	利润总额(万)	8403.24	15321.07	6240.28	12244.24
	净利润(万)	4571.17	7054.21	2475.85	3441.43

华北高速公路股份有限公司

公司概况	公司名称	华北高速公路股份有限公司			证券简称	华北高速
	法人代表	郑海军	董秘	郝继业	证券代码	000916
	公司网址	www.hbgsgl.com.cn		电子信箱	hbgsgl@hbgsgl.com.cn	
	电话	010-58021999 58021202		传真	010-58021229	
	办公地址	北京市经济技术开发区东环北路9号				
	经营范围	投资开发,建设,经营收费公路;汽车修理;车辆及机械设备租赁等				

主要财务指标	指标\报告期	2011.06.30	2010.12.31	2010.06.30	2009.12.31
	每股收益(元)	0.1280	0.2200	0.1400	0.2700
	每股收益(扣除)(元)	0.1318	0.2200	0.1450	0.2400
	每股净资产(元)	3.5800	3.5300	3.3800	3.5800
	调整后每股净资产(元)	-	-	-	-
	每股资本公积金(元)	1.3974	1.4825	1.4062	1.6713
	每股盈余公积金(元)	0.4040	0.4040	0.3844	0.3844
	每股未分配利润(元)	0.7766	0.6483	0.5877	0.5253
	每股现金净流量(元)	0.0164	0.1094	0.0999	0.1891
	每股经营现金净流量(元)	0.1429	0.3047	0.1556	0.2944
	净资产收益率(扣除)(%)	3.7100	6.2200	4.1500	7.3100
	净资产收益率(%)	3.5870	6.2960	4.2150	7.4260
	总资产(万)	410441.83	412905.14	393254.98	421990.28
	股东权益(万)	390000.32	385292.64	368240.54	390328.54
	主营业务收入(万)	34015.54	94559.86	41483.63	81157.16
	主营成本(万)	14881.19	56153.78	18294.48	43175.37
	营业收入(万)	34165.24	95011.64	41660.09	81691.91
	营业成本(万)	15043.54	56382.59	18470.84	43382.04
	投资收益(万)	-	-	-	-
	利润总额(万)	17529.67	32471.35	20145.18	37230.51
	净利润(万)	13987.88	24256.71	15520.70	28985.92

湖南电广传媒股份有限公司

公司概况	公司名称	湖南电广传媒股份有限公司			证券简称	电广传媒
	法人代表	龙秋云	董秘	廖朝晖	证券代码	000917
	公司网址	www.tik.com.cn		电子信箱	directorate@tik.com.cn	
	电话	0731-84252080 84252333		传真	0731-84252096	
	办公地址	湖南省长沙市浏阳河大桥东金鹰影视文化城				
	经营范围	影视节目的制作,发行和销售,有线电视网络及信息传播服务等				

主要财务指标	指标\报告期	2011.06.30	2010.12.31	2010.06.30	2009.12.31
	每股收益(元)	1.0000	1.0100	0.0500	0.0700
	每股收益(扣除)(元)	1.0168	1.0000	0.9100	0.0600
	每股净资产(元)	6.9400	7.1000	4.8700	4.8100
	调整后每股净资产(元)	-	-	-	-
	每股资本公积金(元)	3.9040	5.0637	3.7925	3.7589
	每股盈余公积金(元)	0.4536	0.4536	0.3852	0.3852
	每股未分配利润(元)	1.5879	0.5851	-0.3071	-0.3364
	每股现金净流量(元)	-2.9245	1.5130	-0.0722	1.3868
	每股经营现金净流量(元)	-3.1075	1.6798	0.6262	2.5565
	净资产收益率(扣除)(%)	13.3800	16.7700	1.6600	1.4800
	净资产收益率(%)	14.4460	14.2220	1.0110	1.5060
	总资产(万)	1104996.78	1158382.47	963400.58	927018.29
	股东权益(万)	282097.92	288553.20	197924.24	195373.31
	主营业务收入(万)	118139.06	617989.59	310148.63	416468.69
	主营成本(万)	-	472186.02	-	316497.43
	营业收入(万)	118176.51	619090.93	311787.75	417498.36
	营业成本(万)	64865.24	472360.86	242690.82	316956.91
	投资收益(万)	-	-	-	-
	利润总额(万)	55957.49	58961.53	9852.68	5602.72
	净利润(万)	40751.63	41038.27	2001.47	2942.48

嘉凯城集团股份有限公司

公司概况	公司名称	嘉凯城集团股份有限公司			证券简称	嘉 凯 城
	法人代表	张德潭	董秘	李怀彬	证券代码	000918
	公司网址	www.calxon-group.com		电子信箱	xuexiaoqiao@calxon-group.com	
	电　话	0731-88336000		传　真	0731-82770077	
	办公地址	湖南省长沙市芙蓉中路二段 279 号金源大酒店天麒楼 16 楼				
	经营范围	房地产开发和经营等				

	指标\报告期	2011.06.30	2010.12.31	2010.06.30	2009.12.31
主要财务指标	每股收益(元)	0.0040	0.6200	0.2500	0.6600
	每股收益(扣除)(元)	0.0026	0.6200	0.2550	0.6400
	每股净资产(元)	2.1700	2.2200	1.8600	2.0600
	调整后每股净资产(元)	-	-	-	-
	每股资本公积金(元)	-0.5097	-0.5097	-0.5094	-0.6367
	每股盈余公积金(元)	0.0842	0.0842	0.0786	0.0982
	每股未分配利润(元)	1.5984	1.6494	1.2883	1.5960
	每股现金净流量(元)	-0.5548	0.0479	-0.0361	0.7590
	每股经营现金净流量(元)	-1.4796	-1.5103	-1.2310	0.9871
	净资产收益率(扣除)(%)	0.1860	27.7950	13.5300	40.3030
	净资产收益率(%)	0.1800	32.1100	14.3400	52.0000
	总资产(万)	2250470.01	2080685.64	1692129.57	1463476.87
	股东权益(万)	614291.58	623356.94	529383.51	354709.72
	主营业务收入(万)	273186.80	910822.54	353221.33	733652.46
	主营成本(万)	211557.63	579570.01	219547.40	440025.46
	营业收入(万)	276710.42	917795.53	353940.39	735331.43
	营业成本(万)	213610.40	584881.15	219682.58	440701.47
	投资收益(万)	1059.04	-1982.50	336.15	2213.74
	利润总额(万)	5401.56	174211.54	77987.38	188226.75
	净利润(万)	728.95	111520.39	45335.34	119688.45

金陵药业股份有限公司

公司概况	公司名称	金陵药业股份有限公司			证券简称	金陵药业
	法人代表	沈志龙	董秘	徐俊扬	证券代码	000919
	公司网址	www.jlyy000919.com		电子信箱	jlyy@jlpharm.com	
	电　话	025-83118511		传　真	025-83112486	
	办公地址	南京市中央路 238 号金陵药业大厦				
	经营范围	中、西药原料和制剂,生化制品,医药包装制品,医疗器械,保健食品等				

	指标\报告期	2011.06.30	2010.12.31	2010.06.30	2009.12.31
主要财务指标	每股收益(元)	0.2045	0.3824	0.1574	0.4384
	每股收益(扣除)(元)	0.2216	0.3700	0.2150	0.3600
	每股净资产(元)	4.1000	3.9000	3.8237	3.6700
	调整后每股净资产(元)	-	-	-	-
	每股资本公积金(元)	0.9370	0.9378	0.9376	0.9407
	每股盈余公积金(元)	0.5178	0.5178	0.4915	0.4915
	每股未分配利润(元)	1.6479	1.4434	1.3946	1.2373
	每股现金净流量(元)	0.1517	0.2300	0.0880	-0.0677
	每股经营现金净流量(元)	0.1602	0.3528	0.2053	0.3738
	净资产收益率(扣除)(%)	5.5400	9.8100	5.7400	10.3000
	净资产收益率(%)	4.9850	9.8080	4.1200	11.9480
	总资产(万)	291014.93	274377.23	258725.84	245552.29
	股东权益(万)	206776.22	196506.87	192715.26	184939.74
	主营业务收入(万)	115152.63	215516.82	105137.03	195972.20
	主营成本(万)	86321.73	158775.13	76760.78	140003.59
	营业收入(万)	115576.57	216113.93	105814.42	196670.58
	营业成本(万)	86433.59	158986.17	76834.75	140393.71
	投资收益(万)	-	-	-	-
	利润总额(万)	15439.49	27283.85	11080.94	30616.94
	净利润(万)	10308.24	19273.15	7930.91	22095.76

南方汇通股份有限公司

公司概况	公司名称	南方汇通股份有限公司			证券简称	南方汇通
	法人代表	黄纪湘	董秘	周海泉	证券代码	000920
	公司网址	www.southhuiton.com		电子信箱	msc@southhuiton.com	
	电　话	0851-4470866		传　真	0851-4470866	
	办公地址	贵州省贵阳市都拉营				
	经营范围	铁路运输设备开发、制造、销售、修理等				

	指标\报告期	2011.06.30	2010.12.31	2010.06.30	2009.12.31
主要财务指标	每股收益(元)	0.0500	0.1400	0.0880	0.0800
	每股收益(扣除)(元)	0.0385	0.0501	0.0310	-0.1100
	每股净资产(元)	2.1000	2.0700	1.9900	2.2700
	调整后每股净资产(元)	-	-	-	-
	每股资本公积金(元)	1.1872	1.2095	1.1815	1.5455
	每股盈余公积金(元)	0.1391	0.1391	0.1391	0.1391
	每股未分配利润(元)	-0.2272	-0.2778	-0.3297	-0.4147
	每股现金净流量(元)	-0.0557	0.0439	-0.0427	-0.0639
	每股经营现金净流量(元)	0.0035	0.4985	0.0715	-0.0078
	净资产收益率(扣除)(%)	1.8400	2.1400	1.3500	-5.2800
	净资产收益率(%)	2.3580	6.6100	4.4060	3.5920
	总资产(万)	168916.92	145760.28	154962.74	156492.30
	股东权益(万)	88584.76	87387.02	84020.44	95792.40
	主营业务收入(万)	85586.59	139711.56	68020.64	93372.63
	主营成本(万)	67749.18	112415.30	54670.40	77085.61
	营业收入(万)	89848.30	144632.11	70408.25	100656.24
	营业成本(万)	71628.15	116577.35	57129.64	83451.08
	投资收益(万)	-	-	-	-
	利润总额(万)	5346.87	9416.13	5327.57	5077.86
	净利润(万)	2089.02	5776.53	3702.29	3440.81

海信科龙电器股份有限公司

公司概况	公司名称	海信科龙电器股份有限公司			证券简称	ST 科 龙
	法人代表	汤业国	董秘	夏峰	证券代码	000921
	公司网址	www.kelon.com		电子信箱	kelonsec@hisense.com	
	电　话	0757-28362570		传　真	0757-28361055	
	办公地址	广东省佛山市顺德区容桂街道容港路 8 号				
	经营范围	开发、制造电冰箱等家用电器,产品内、外销售和提供售后服务等				

	指标\报告期	2011.06.30	2010.12.31	2010.06.30	2009.12.31
主要财务指标	每股收益(元)	0.2111	0.4365	0.2481	0.1202
	每股收益(扣除)(元)	0.1701	0.1464	0.1559	0.1098
	每股净资产(元)	0.6100	0.4000	0.1900	-0.2050
	调整后每股净资产(元)	-	-	-	-
	每股资本公积金(元)	1.5145	1.5167	1.4928	2.2131
	每股盈余公积金(元)	0.1072	0.1072	0.0846	0.1464
	每股未分配利润(元)	-2.0371	-2.2482	-2.4136	-3.6587
	每股现金净流量(元)	-0.0734	0.1615	0.1272	0.0092
	每股经营现金净流量(元)	-0.1000	0.4709	0.2732	0.7594
	净资产收益率(扣除)(%)	33.7200	271.3700	-	-
	净资产收益率(%)	34.6440	108.1360	130.1470	-58.6500
	总资产(万)	910509.82	801896.89	839048.98	612836.59
	股东权益(万)	82506.81	54124.14	25309.17	-26674.83
	主营业务收入(万)	968113.24	1583096.15	850328.04	1195949.79
	主营成本(万)	791530.52	1304517.57	696192.06	916261.29
	营业收入(万)	1073490.87	1769032.36	951701.46	1297159.17
	营业成本(万)	891055.64	1479673.18	793469.55	1009333.12
	投资收益(万)	-	-	-	-
	利润总额(万)	29236.70	62770.86	36405.24	19631.55
	净利润(万)	28583.87	58527.77	32939.15	15644.95

阿城继电器股份有限公司

公司名称	阿城继电器股份有限公司			证券简称	ST 阿继
法人代表	高志军	董秘	徐治中	证券代码	000922
公司网址	www.arc.com.cn		电子信箱	acxu@sina.com.cn	
电　话	0451-53709666 53709792		传　真	0451-53701318	
办公地址	黑龙江省哈尔滨市阿城区河东街				
经营范围	开发、制造、销售继电保护及自动化产品、电源及电力电子产品等				

主要财务指标

指标\报告期	2011.06.30	2010.12.31	2010.06.30	2009.12.31
每股收益(元)	-0.0600	0.0100	-0.0500	-0.1800
每股收益(扣除)(元)	-0.0736	-0.0600	0.0546	-0.1700
每股净资产(元)	0.1900	0.2540	0.1700	0.2430
调整后每股净资产(元)	-	-	-	-
每股资本公积金(元)	0.6249	0.6249	0.6249	0.6249
每股盈余公积金(元)	0.0753	0.0753	0.0753	0.0753
每股未分配利润(元)	-1.5082	-1.4458	-1.5282	-1.4570
每股现金净流量(元)	-0.0106	-0.0085	-0.0322	-0.0787
每股经营现金净流量(元)	-0.0170	-0.0655	-0.0213	-0.0460
净资产收益率(扣除)(%)	-32.9800	-14.0200	-31.7400	-50.1200
净资产收益率(%)	-32.4750	4.3900	-28.5900	-72.9090
总资产(万)	32689.58	33360.27	32196.49	34043.47
股东权益(万)	5729.29	7589.90	5130.63	7256.72
主营业务收入(万)	3612.87	14152.78	4884.51	12023.41
主营成本(万)	2963.18	11000.78	4085.10	10839.30
营业收入(万)	3914.74	15075.02	5024.42	12546.90
营业成本(万)	3311.81	11832.85	4219.44	11299.98
投资收益(万)	-	-	-	-
利润总额(万)	-1958.21	181.45	-1446.48	-5603.30
净利润(万)	-1860.60	333.17	-1466.71	-5290.81

河北宣化工程机械股份有限公司

公司名称	河北宣化工程机械股份有限公司			证券简称	河北宣工
法人代表	冯喜京	董秘	庞廷闽	证券代码	000923
公司网址	www.hbxg.com		电子信箱	webmaster@hbxg.com	
电　话	0313-3186075		传　真	0313-3186026	
办公地址	河北省张家口市宣化区东升路 21 号				
经营范围	推土机、装载机、挖掘机及其配件的生产和销售等				

主要财务指标

指标\报告期	2011.06.30	2010.12.31	2010.06.30	2009.12.31
每股收益(元)	0.0191	0.1002	0.0044	0.0662
每股收益(扣除)(元)	0.0210	-0.0743	-0.0009	-0.0847
每股净资产(元)	3.0700	3.1300	2.7200	2.6800
调整后每股净资产(元)	-	-	-	-
每股资本公积金(元)	1.6555	1.7380	1.4178	1.3852
每股盈余公积金(元)	0.0756	0.0756	0.0655	0.0655
每股未分配利润(元)	0.3396	0.3205	0.2348	0.2304
每股现金净流量(元)	-0.2201	0.0456	0.1399	0.1454
每股经营现金净流量(元)	-0.4254	-0.0535	-0.0679	0.0726
净资产收益率(扣除)(%)	0.7600	-2.5700	0.0300	-3.4000
净资产收益率(%)	0.6210	3.1970	0.1610	2.4682
总资产(万)	123194.29	112060.25	121277.27	106577.38
股东权益(万)	60799.11	62054.81	53817.51	53086.33
主营业务收入(万)	35732.35	66062.55	37298.07	53936.57
主营成本(万)	31656.22	57822.05	32409.42	45514.41
营业收入(万)	37748.42	71633.64	39581.95	57868.76
营业成本(万)	33014.94	62259.14	34585.42	49403.50
投资收益(万)	-	-	-	-
利润总额(万)	451.72	2608.85	51.48	1523.22
净利润(万)	377.44	1983.73	86.86	1310.26

浙江众合机电股份有限公司

公司名称	浙江众合机电股份有限公司			证券简称	众合机电
法人代表	陈均	董秘	李军	证券代码	000925
公司网址	www.000925.com		电子信箱	gejiangxin@000925.net	
电　话	0571-87959003 87959026		传　真	0571-87959022 87959026	
办公地址	浙江省杭州市曙光路 122 号世贸中心 A 座 505 室				
经营范围	单晶硅及其制品、半导体元器件的开发、制造、销售与技术服务等				

主要财务指标

指标\报告期	2011.06.30	2010.12.31	2010.06.30	2009.12.31
每股收益(元)	0.1300	0.1900	0.1100	0.3400
每股收益(扣除)(元)	0.1200	0.1600	0.1000	-
每股净资产(元)	3.4400	2.1600	2.0900	1.9800
调整后每股净资产(元)	-	-	-	-
每股资本公积金(元)	2.3796	1.2269	1.2225	1.2225
每股盈余公积金(元)	0.0527	0.0569	0.0569	0.0569
每股未分配利润(元)	0.0714	-0.0581	-0.1363	-0.2506
每股现金净流量(元)	0.3305	-0.2228	-0.3621	-0.3280
每股经营现金净流量(元)	-0.4777	-0.2047	-0.3266	-0.5302
净资产收益率(扣除)(%)	3.8500	7.5500	4.8000	-
净资产收益率(%)	3.6440	8.9030	5.4750	16.9487
总资产(万)	261283.80	229165.85	217525.47	222593.67
股东权益(万)	103561.68	60317.52	58257.17	55170.55
主营业务收入(万)	51474.13	102168.53	39970.42	120484.62
主营成本(万)	40392.35	82112.88	29885.69	100054.79
营业收入(万)	52301.23	104815.58	41473.97	120642.00
营业成本(万)	40490.60	82830.57	30551.70	100076.87
投资收益(万)	-	-	-	-
利润总额(万)	4442.42	6922.07	3705.83	10348.47
净利润(万)	3774.14	5369.87	3189.70	9350.71

湖北福星科技股份有限公司

公司名称	湖北福星科技股份有限公司			证券简称	福星股份
法人代表	谭功炎	董秘	冯东兴	证券代码	000926
公司网址	www.chinafxkj.com		电子信箱	fxkj0926@chinafxkj.com	
电　话	0712-8740018 8741411		传　真	0712-8740018	
办公地址	湖北省汉川市沉湖镇福星街 1 号				
经营范围	金属丝、绳及其制品的制造、销售和出口业务;商品房销售等				

主要财务指标

指标\报告期	2011.06.30	2010.12.31	2010.06.30	2009.12.31
每股收益(元)	0.3200	0.7100	0.3800	0.4800
每股收益(扣除)(元)	0.3478	0.5800	0.2700	0.4700
每股净资产(元)	7.4900	6.6200	5.7300	5.5700
调整后每股净资产(元)	-	-	-	-
每股资本公积金(元)	3.2066	2.6451	2.0706	2.1978
每股盈余公积金(元)	0.4690	0.4690	0.4406	0.4406
每股未分配利润(元)	2.8180	2.5022	2.2145	1.9352
每股现金净流量(元)	-0.8317	1.6221	1.4633	-0.6408
每股经营现金净流量(元)	-2.8932	-3.0032	-0.5426	-0.7803
净资产收益率(扣除)(%)	-	10.1500	-	8.8000
净资产收益率(%)	4.2140	10.6250	6.6240	8.5005
总资产(万)	1851654.90	1552805.34	1204348.16	944529.76
股东权益(万)	533816.60	471319.92	406512.93	395715.55
主营业务收入(万)	220476.30	560348.00	230350.16	409577.35
主营成本(万)	158144.28	413440.12	168021.08	308245.39
营业收入(万)	221451.75	562551.05	231707.93	409732.96
营业成本(万)	158877.81	415120.81	169262.89	308245.39
投资收益(万)	-	-	-	-
利润总额(万)	29665.54	68178.64	33320.82	44439.20
净利润(万)	22496.67	50079.58	26926.47	33637.77

天津一汽夏利汽车股份有限公司

公司概况

公司名称	天津一汽夏利汽车股份有限公司			证券简称	一汽夏利
法人代表	徐建一	董秘	孟君奎	证券代码	000927
公司网址	www.tjfaw.com.cn		电子信箱	xiali@mail.zlnet.com.cn	
电　　话	022-87915000 3074		传　　真	022-87915111	
办公地址	津市西青区京福公路 578 号				
经营范围	轿车,汽车发动机,汽车零部件,内燃机配件的制造及其售后服务等				

主要财务指标

指标\报告期	2011.06.30	2010.12.31	2010.06.30	2009.12.31
每股收益(元)	0.0289	0.1879	0.1800	0.1069
每股收益(扣除)(元)	0.0102	0.1603	0.1810	0.0947
每股净资产(元)	2.2600	2.2600	2.2700	2.1400
调整后每股净资产(元)	–	–	–	–
每股资本公积金(元)	0.8399	0.8399	0.8399	0.8399
每股盈余公积金(元)	0.2782	0.2782	0.2231	0.2231
每股未分配利润(元)	0.1408	0.1419	0.2101	0.0791
每股现金净流量(元)	0.5310	0.0723	0.1820	–0.1075
每股经营现金净流量(元)	–0.2061	–0.5415	–0.2086	–0.2633
净资产收益率(扣除)(%)	0.4500	7.2600	8.0300	–
净资产收益率(%)	1.2780	8.3130	7.9400	4.9886
总资产(万)	931868.13	907931.31	827958.82	806692.23
股东权益(万)	360330.45	360512.75	362610.84	341710.73
主营业务收入(万)	539052.28	974977.64	481794.12	844083.11
主营成本(万)	506704.93	922501.26	456432.67	784539.52
营业收入(万)	545826.09	989123.95	488151.10	856728.11
营业成本(万)	512256.02	934855.69	461896.22	796878.61
投资收益(万)	–	–	–	–
利润总额(万)	5475.56	33898.92	28912.45	17589.71
净利润(万)	4603.22	29968.24	28777.73	17046.61

中钢集团吉林炭素股份有限公司

公司概况

公司名称	中钢集团吉林炭素股份有限公司			证券简称	中钢吉炭
法人代表	杨光	董秘	王晓影	证券代码	000928
公司网址	www.jlts.cn		电子信箱	zgjt000928@126.com	
电　　话	0432-62749800 62749375		传　　真	0432-62749375	
办公地址	吉林省吉林市和平街九号				
经营范围	炭素及石墨制品的研究、开发、生产、加工、技术服务等				

主要财务指标

指标\报告期	2011.06.30	2010.12.31	2010.06.30	2009.12.31
每股收益(元)	0.0122	0.0174	0.0018	0.0060
每股收益(扣除)(元)	0.0064	–0.0983	–0.0813	–
每股净资产(元)	3.3840	3.3900	3.3820	3.5980
调整后每股净资产(元)	–	–	–	–
每股资本公积金(元)	3.1274	3.1457	3.1532	3.3728
每股盈余公积金(元)	0.3311	0.3311	0.3311	0.3311
每股未分配利润(元)	–1.0745	–1.0867	–1.1023	–1.1062
每股现金净流量(元)	–0.0394	–0.2331	–0.2356	0.4145
每股经营现金净流量(元)	–0.1586	0.0183	–0.3105	0.5334
净资产收益率(扣除)(%)	0.1900	–2.8100	–2.2700	–
净资产收益率(%)	0.3590	0.5120	0.0520	0.1600
总资产(万)	250761.96	241585.03	248185.70	262565.03
股东权益(万)	95732.65	95906.30	95677.40	101778.66
主营业务收入(万)	83126.81	149549.98	73618.07	–
主营成本(万)	67760.24	129300.20	66790.38	–
营业收入(万)	85845.87	156831.51	76781.81	102987.52
营业成本(万)	69904.13	133154.65	68190.33	90278.17
投资收益(万)	–	–	–	–
利润总额(万)	285.07	557.95	88.72	475.64
净利润(万)	343.74	490.89	49.37	157.88

兰州黄河企业股份有限公司

公司概况

公司名称	兰州黄河企业股份有限公司			证券简称	兰州黄河
法人代表	杨世江	董秘	魏福新	证券代码	000929
公司网址	www.yellowriver.net.cn		电子信箱	wfx0523@sina.com	
电　　话	0931-8449054 8449039		传　　真	0931-8449005	
办公地址	甘肃省兰州市城关区庆阳路 219 号金运大厦 22 层				
经营范围	啤酒、麦芽、饲料的生产、批发零售,仓储,建筑材料,普通机械等				

主要财务指标

指标\报告期	2011.06.30	2010.12.31	2010.06.30	2009.12.31
每股收益(元)	0.0740	0.5480	0.4940	0.1640
每股收益(扣除)(元)	0.0450	0.0850	0.0400	0.1540
每股净资产(元)	3.0900	2.9600	2.8900	2.3900
调整后每股净资产(元)	–	–	–	–
每股资本公积金(元)	0.8787	0.8186	0.8045	0.7962
每股盈余公积金(元)	0.1153	0.1153	0.1153	0.1153
每股未分配利润(元)	1.1000	1.0258	0.9738	0.4799
每股现金净流量(元)	–0.0238	0.7409	0.8428	0.0687
每股经营现金净流量(元)	0.6691	0.4740	0.6134	–0.1413
净资产收益率(扣除)(%)	1.7600	3.1700	1.5300	6.6800
净资产收益率(%)	2.3990	18.5020	17.0670	6.8500
总资产(万)	141431.69	139472.41	126402.00	121062.56
股东权益(万)	57476.24	54980.03	53751.96	44423.63
主营业务收入(万)	37838.48	73756.35	40171.56	83120.32
主营成本(万)	21951.88	45149.16	21993.79	53871.84
营业收入(万)	40164.21	77089.92	42083.07	85143.77
营业成本(万)	24459.03	48218.29	25798.69	55839.89
投资收益(万)	–	–	–	–
利润总额(万)	3186.40	15538.02	13292.33	7743.40
净利润(万)	1379.04	10172.18	9173.69	3041.87

中粮生物化学(安徽)股份有限公司

公司概况

公司名称	中粮生物化学(安徽)股份有限公司			证券简称	中粮生化
法人代表	夏令和	董秘	王德文	证券代码	000930
公司网址	www.zlahsh.com		电子信箱	zlahshstock@163.com	
电　　话	0552-4926909		传　　真	0552-4926758	
办公地址	安徽省蚌埠市大庆路 73 号				
经营范围	食品添加剂生产、经营,燃料乙醇、食用酒精生产、储存、销售等				

主要财务指标

指标\报告期	2011.06.30	2010.12.31	2010.06.30	2009.12.31
每股收益(元)	0.1870	0.3046	0.1290	0.2612
每股收益(扣除)(元)	0.1833	0.2086	0.1150	0.2492
每股净资产(元)	2.6900	2.5300	2.3440	2.2310
调整后每股净资产(元)	–	–	–	–
每股资本公积金(元)	0.9526	0.9526	0.9391	0.9249
每股盈余公积金(元)	0.1012	0.1012	0.0717	0.0717
每股未分配利润(元)	0.6107	0.4584	0.3122	0.2183
每股现金净流量(元)	0.0159	–0.1857	–0.1180	0.1361
每股经营现金净流量(元)	0.1663	0.3249	0.2982	0.6112
净资产收益率(扣除)(%)	6.9800	8.7800	5.0000	11.9300
净资产收益率(%)	6.9610	12.0370	5.4980	11.7110
总资产(万)	699168.55	692290.56	669367.02	676665.49
股东权益(万)	259462.30	244009.91	226056.68	215114.72
主营业务收入(万)	355580.65	592872.33	276085.55	498384.22
主营成本(万)	321845.47	574652.89	264716.13	474182.12
营业收入(万)	361089.15	596719.37	277916.81	501101.12
营业成本(万)	326426.23	575851.78	265266.86	475237.10
投资收益(万)	–	–	–	–
利润总额(万)	24076.52	36644.13	15622.94	32395.28
净利润(万)	18061.47	29371.83	12427.80	25192.13

北京中关村科技发展(控股)股份有限公司

公司概况	公司名称	北京中关村科技发展(控股)股份有限公司			证券简称	中关村
	法人代表	周宁	董秘	王晶	证券代码	000931
	公司网址	www.centek.com.cn		电子信箱	investor@centek.com.cn	
	电　话	010-62140168		传　真	010-62140038	
	办公地址	北京市朝阳区霄云里3号中关村建设大厦308室				
	经营范围	高新技术和产品的开发、销售;科技项目、建设项目投资等				

主要财务指标	指标\报告期	2011.06.30	2010.12.31	2010.06.30	2009.12.31
	每股收益(元)	0.0017	0.0155	0.0011	0.0768
	每股收益(扣除)(元)	–	–0.0399	–	0.0524
	每股净资产(元)	1.0429	1.0414	1.0232	1.0270
	调整后每股净资产(元)	–	–	–	–
	每股资本公积金(元)	1.3707	1.3709	1.3699	1.3719
	每股盈余公积金(元)	0.1230	0.1230	0.1230	0.1230
	每股未分配利润(元)	–1.4508	–1.4525	–1.4697	–1.4680
	每股现金净流量(元)	0.0125	0.0439	–0.0943	0.1044
	每股经营现金净流量(元)	0.0920	0.2720	–0.0074	0.2760
	净资产收益率(扣除)(%)	–	–3.8500	–	5.3700
	净资产收益率(%)	0.1680	1.4890	0.1120	7.4756
	总资产(万)	404758.36	401068.53	378291.10	380873.14
	股东权益(万)	70381.28	70276.83	69051.54	69296.23
	主营业务收入(万)	122050.86	251668.47	95310.92	217660.21
	主营成本(万)	98533.30	204283.16	75491.81	172657.30
	营业收入(万)	122087.12	259905.95	99850.33	232944.47
	营业成本(万)	98618.03	207215.74	77289.90	179289.36
	投资收益(万)	–	–	–	–
	利润总额(万)	1454.53	5429.54	1352.57	5921.29
	净利润(万)	118.01	1046.18	77.58	5180.30

湖南华菱钢铁股份有限公司

公司概况	公司名称	湖南华菱钢铁股份有限公司			证券简称	华菱钢铁
	法人代表	李效伟	董秘	阳向宏	证券代码	000932
	公司网址	www.valin.cn		电子信箱	valinsteel@163.com	
	电　话	0731-82565955 82565961		传　真	0731-82245196 84447112	
	办公地址	湖南省长沙市芙蓉中路二段111号华菱大厦20楼				
	经营范围	主营钢坯、无缝钢管、线材、棒材、螺纹钢、热轧超薄带钢卷等				

主要财务指标	指标\报告期	2011.06.30	2010.12.31	2010.06.30	2009.12.31
	每股收益(元)	–0.0736	–0.9657	–0.1466	0.0438
	每股收益(扣除)(元)	–	–0.9737	–0.1469	0.0427
	每股净资产(元)	4.3600	4.5500	5.2500	5.5700
	调整后每股净资产(元)	–	–	–	–
	每股资本公积金(元)	2.3826	2.3831	2.2650	2.4383
	每股盈余公积金(元)	–	0.2863	0.2856	0.2856
	每股未分配利润(元)	0.7236	0.8769	1.6966	1.8432
	每股现金净流量(元)	–	0.2749	0.5811	–0.3965
	每股经营现金净流量(元)	–	–1.0548	–0.9858	1.6938
	净资产收益率(扣除)(%)	–1.7600	–19.2600	–	0.7900
	净资产收益率(%)	–1.7100	–21.2450	–2.7930	0.7876
	总资产(万)	7917599.23	7471585.88	7306812.82	6435465.76
	股东权益(万)	1316224.79	1244376.81	1436494.48	1524069.45
	主营业务收入(万)	3617114.48	5815328.96	2641552.65	4000487.23
	主营成本(万)	3449286.79	5758675.16	2552759.62	3728906.66
	营业收入(万)	3789598.50	6056342.42	2785841.73	4145588.61
	营业成本(万)	3616745.50	5967690.00	2686570.51	3844041.81
	投资收益(万)	–	–	–	–
	利润总额(万)	–20339.36	–253667.20	–53363.94	5844.95
	净利润(万)	–21843.13	–264362.61	–40124.80	12003.81

河南神火煤电股份有限公司

公司概况	公司名称	河南神火煤电股份有限公司			证券简称	神火股份
	法人代表	张光建	董秘	李宏伟	证券代码	000933
	公司网址	www.shenhuo.com		电子信箱	shenhuogufen@163.com	
	电　话	0370-5982722 5982466		传　真	0370-5180086	
	办公地址	河南省永城市新城区光明路17号				
	经营范围	煤炭、发电(自发自用)、氧化铝、铝产品的生产、销售等				

主要财务指标	指标\报告期	2011.06.30	2010.12.31	2010.06.30	2009.12.31
	每股收益(元)	0.3800	1.1040	0.4380	0.5700
	每股收益(扣除)(元)	0.3720	1.1450	0.6960	0.5750
	每股净资产(元)	2.9170	4.2850	3.8490	4.7790
	调整后每股净资产(元)	–	–	–	–
	每股资本公积金(元)	0.1036	0.2342	0.2270	0.3833
	每股盈余公积金(元)	0.3104	0.4966	0.4096	0.5735
	每股未分配利润(元)	1.3698	2.3813	2.0650	2.6755
	每股现金净流量(元)	0.2912	0.6848	0.5653	–0.0063
	每股经营现金净流量(元)	1.0403	1.8573	1.4078	1.7611
	净资产收益率(扣除)(%)	13.0710	25.7540	18.2230	16.7637
	净资产收益率(%)	13.5000	28.3200	18.9900	18.3900
	总资产(万)	2740735.65	2466769.46	2258029.92	1954572.69
	股东权益(万)	617581.48	596243.84	551283.73	458487.76
	主营业务收入(万)	1481212.21	1501812.62	896774.13	974182.66
	主营成本(万)	1317770.47	1214292.44	731138.48	795064.42
	营业收入(万)	1505396.80	1690262.77	939092.98	1060660.95
	营业成本(万)	1338120.95	1394865.12	768328.21	875052.11
	投资收益(万)	7643.72	8639.17	7210.01	–2218.93
	利润总额(万)	91615.69	152147.19	100566.27	89588.69
	净利润(万)	64077.22	115884.05	73646.66	60083.82

四川双马水泥股份有限公司

公司概况	公司名称	四川双马水泥股份有限公司			证券简称	四川双马
	法人代表	姜祥国	董秘	魏斌	证券代码	000935
	公司网址	www.cement.com.cn		电子信箱	public.sm@cn.lafarge.com	
	电　话	028-86730850 010-58275859		传　真	010-84539136 028-8673097	
	办公地址	四川省江油市二郎庙镇				
	经营范围	制造、销售水泥及制品,机械设备的加工维修及安装等				

主要财务指标	指标\报告期	2011.06.30	2010.12.31	2010.06.30	2009.12.31
	每股收益(元)	0.1500	0.1100	0.2300	0.6600
	每股收益(扣除)(元)	0.0800	0.0500	0.1100	0.2700
	每股净资产(元)	2.9800	2.8700	1.4500	1.3300
	调整后每股净资产(元)	–	–	–	–
	每股资本公积金(元)	0.7272	2.4101	0.5634	0.5618
	每股盈余公积金(元)	0.0505	0.0975	0.0974	0.0974
	每股未分配利润(元)	1.2014	2.0349	–0.2130	–0.3304
	每股现金净流量(元)	0.1266	0.3293	0.5375	–0.2167
	每股经营现金净流量(元)	0.1665	0.4334	0.3461	1.2741
	净资产收益率(扣除)(%)	3.2800	3.6900	7.8400	28.2000
	净资产收益率(%)	4.9000	7.3950	8.1040	49.5241
	总资产(万)	506180.03	470051.63	114116.42	97401.54
	股东权益(万)	183472.31	177029.89	46241.05	42442.18
	主营业务收入(万)	93981.70	62877.04	86631.23	71492.64
	主营成本(万)	75618.71	49268.96	63434.04	53994.62
	营业收入(万)	94444.53	63607.70	87122.41	72411.69
	营业成本(万)	75880.96	49912.48	63689.04	54812.99
	投资收益(万)	–	–	–	–
	利润总额(万)	23082.19	5655.57	19699.51	22389.16
	净利润(万)	8990.79	3393.11	14356.54	21019.11

江苏华西村股份有限公司

公司概况	公司名称	江苏华西村股份有限公司			证券简称	华 西 村
	法人代表	孙云丰	董秘	卞武彪	证券代码	000936
	公司网址	www.jshuaxicun.com		电子信箱	chinahuaxi@263.net	
	电　　话	0510-86217188 86217149		传　　真	0510-86217177	
	办公地址	江苏省江阴市华士镇华西村				
	经营范围	化学纤维品、化工原料、纺织品、热电站、仓储等				

主要财务指标	指标\报告期	2011.06.30	2010.12.31	2010.06.30	2009.12.31
	每股收益(元)	0.1900	0.2400	0.1000	0.2100
	每股收益(扣除)(元)	0.1312	0.2300	0.0700	0.1600
	每股净资产(元)	2.5600	2.4900	3.8500	2.8500
	调整后每股净资产(元)	–	–	–	–
	每股资本公积金(元)	0.6001	0.6623	1.7572	0.8110
	每股盈余公积金(元)	0.1288	0.1288	0.1921	0.1921
	每股未分配利润(元)	0.8335	0.6987	0.8969	0.8517
	每股现金净流量(元)	–0.3567	0.2263	–0.0545	–0.3305
	每股经营现金净流量(元)	–0.3363	0.4423	–0.5117	0.1374
	净资产收益率(扣除)(%)	5.2100	13.1700	2.3900	5.9000
	净资产收益率(%)	7.6010	9.7600	2.4770	7.2360
	总资产(万)	378464.39	354026.36	367762.56	279169.98
	股东权益(万)	191667.67	186246.58	169233.85	125610.87
	主营业务收入(万)	150711.20	277790.65	109717.59	222756.77
	主营成本(万)	132564.23	242801.74	101223.34	205554.39
	营业收入(万)	184321.49	324586.13	127134.80	242877.35
	营业成本(万)	167203.37	287473.51	118070.35	225340.10
	投资收益(万)	–	–	–	–
	利润总额(万)	19598.96	25899.89	6442.76	11463.91
	净利润(万)	14568.49	18177.30	4191.41	9089.80

冀中能源股份有限公司

公司概况	公司名称	冀中能源股份有限公司			证券简称	冀中能源
	法人代表	王社平	董秘	陈立军	证券代码	000937
	公司网址	www.jznygf.com		电子信箱	admin@jnny.com.cn	
	电　　话	0319-2068242 2098828		传　　真	0319-2068666	
	办公地址	河北省邢台市中兴西大街 191 号				
	经营范围	煤炭、建材和电力等				

主要财务指标	指标\报告期	2011.06.30	2010.12.31	2010.06.30	2009.12.31
	每股收益(元)	0.7218	2.0720	0.5626	1.4470
	每股收益(扣除)(元)	0.7032	2.0560	1.0924	1.4553
	每股净资产(元)	5.6640	10.1260	9.2769	8.4768
	调整后每股净资产(元)	–	–	–	–
	每股资本公积金(元)	1.3427	3.0879	3.0807	3.0844
	每股盈余公积金(元)	0.4091	0.8182	0.6201	0.6202
	每股未分配利润(元)	2.5816	4.8197	3.7868	3.4457
	每股现金净流量(元)	1.3703	0.0010	–0.3046	1.0231
	每股经营现金净流量(元)	–0.3811	3.0193	0.9331	4.3044
	净资产收益率(扣除)(%)	12.8500	22.2000	12.2100	18.2000
	净资产收益率(%)	12.7440	20.4620	12.1298	17.0700
	总资产(万)	3534418.96	2522856.87	2563989.26	2111122.38
	股东权益(万)	1310020.76	1171017.63	1072819.18	980288.82
	主营业务收入(万)	1926718.15	2999919.32	1591155.09	1996436.22
	主营成本(万)	–	–	–	–
	营业收入(万)	1939320.64	3028916.14	1606669.48	2024553.78
	营业成本(万)	1468459.18	2252970.35	1229835.23	1484821.21
	投资收益(万)	–	–	–	–
	利润总额(万)	230964.16	332107.57	174963.23	224945.73
	净利润(万)	166945.43	239616.38	130130.99	167338.49

紫光股份有限公司

公司概况	公司名称	紫光股份有限公司			证券简称	紫光股份
	法人代表	徐井宏	董秘	张蔚	证券代码	000938
	公司网址	www.unis.cn		电子信箱	zw@unis.cn	
	电　　话	010-62770008		传　　真	010-62770880	
	办公地址	北京市海淀区清华大学紫光大楼				
	经营范围	电子工程施工;综合布线工程;承接通信、监控、收费综合系统工程的施工等				

主要财务指标	指标\报告期	2011.06.30	2010.12.31	2010.06.30	2009.12.31
	每股收益(元)	0.0590	0.1610	0.0480	0.1550
	每股收益(扣除)(元)	0.0360	0.0130	0.0270	–0.2470
	每股净资产(元)	3.8600	3.8500	3.6100	3.8900
	调整后每股净资产(元)	–	–	–	–
	每股资本公积金(元)	2.1720	2.2240	2.0975	2.3257
	每股盈余公积金(元)	0.2538	0.2538	0.2377	0.2377
	每股未分配利润(元)	0.4315	0.3720	0.2752	0.3269
	每股现金净流量(元)	0.1694	–0.0506	–0.3262	–0.0086
	每股经营现金净流量(元)	–0.2056	0.7623	–0.2111	1.9806
	净资产收益率(扣除)(%)	0.9200	0.3300	0.6900	–6.5900
	净资产收益率(%)	1.5420	4.1870	1.3370	3.9900
	总资产(万)	205760.42	203029.82	196308.52	198122.53
	股东权益(万)	79491.54	79336.87	74403.40	80171.59
	主营业务收入(万)	235407.76	444898.69	196601.47	407308.68
	主营成本(万)	–	–	–	–
	营业收入(万)	236860.17	447600.72	197806.59	409764.99
	营业成本(万)	228143.17	430832.17	190442.53	391453.05
	投资收益(万)	–	–	–	–
	利润总额(万)	1706.83	4436.25	1280.79	5806.14
	净利润(万)	1226.11	3322.16	994.39	3198.82

武汉凯迪电力股份有限公司

公司概况	公司名称	武汉凯迪电力股份有限公司			证券简称	凯迪电力
	法人代表	陈义龙	董秘	陈玲	证券代码	000939
	公司网址	www.china-kaidi.com		电子信箱	kaidi@public.wh.hb.cn	
	电　　话	027-67869018 67869270		传　　真	027-67869018	
	办公地址	湖北省武汉市东湖新技术开发区江夏大道特 1 号				
	经营范围	电力、新能源、化工、环保、水处理、仪器仪表、热工、机电一体化等				

主要财务指标	指标\报告期	2011.06.30	2010.12.31	2010.06.30	2009.12.31
	每股收益(元)	0.6400	0.5200	0.1200	0.3200
	每股收益(扣除)(元)	0.1269	0.4400	0.1900	0.3200
	每股净资产(元)	2.6100	3.3100	3.1600	5.1800
	调整后每股净资产(元)	–	–	–	–
	每股资本公积金(元)	0.0090	0.0433	0.1120	1.2435
	每股盈余公积金(元)	0.1888	0.2996	0.2433	0.3892
	每股未分配利润(元)	1.3572	1.9423	1.7461	2.4905
	每股现金净流量(元)	0.3065	–0.7558	–0.2467	2.2584
	每股经营现金净流量(元)	0.1052	0.2232	0.0466	2.3728
	净资产收益率(扣除)(%)	26.8800	15.5840	5.9300	10.0190
	净资产收益率(%)	26.8800	14.8500	5.9300	11.5300
	总资产(万)	874318.70	969794.78	901415.84	936402.83
	股东权益(万)	302629.13	330197.73	318060.12	277885.72
	主营业务收入(万)	137420.71	333206.28	155690.91	194039.00
	主营成本(万)	96340.66	236616.12	107605.83	122982.68
	营业收入(万)	137957.95	335896.38	156107.36	200588.15
	营业成本(万)	96727.93	236667.32	107675.04	124442.97
	投资收益(万)	58094.18	15049.76	6635.90	2128.31
	利润总额(万)	78194.25	57592.46	28378.55	40508.51
	净利润(万)	60649.11	30591.91	11651.95	19109.66

云南南天电子信息产业股份有限公司

公司概况	公司名称	云南南天电子信息产业股份有限公司			证券简称	南天信息
	法人代表	雷坚	董秘	姜东	证券代码	000948
	公司网址	www.nantian.com.cn		电子信箱	000948@nantian.com.cn	
	电　话	0871-3366327		传　真	0871-3317398	
	办公地址	云南省昆明市环城东路455号				
	经营范围	开发、生产、销售计算机软硬件、外围设备、金融专用设备等				

主要财务指标	指标\报告期	2011.06.30	2010.12.31	2010.06.30	2009.12.31
	每股收益(元)	0.1101	0.3274	0.2158	0.3610
	每股收益(扣除)(元)	0.0812	0.3027	0.1121	0.2786
	每股净资产(元)	5.8300	5.7345	5.4900	5.2590
	调整后每股净资产(元)	–	–	–	–
	每股资本公积金(元)	3.4172	3.3856	3.2516	3.1967
	每股盈余公积金(元)	0.2543	0.2543	0.2195	0.2195
	每股未分配利润(元)	1.1577	1.0975	1.0206	0.8548
	每股现金净流量(元)	–0.9626	–0.6799	–1.5697	–0.7661
	每股经营现金净流量(元)	–1.0234	–0.5846	–1.2835	0.0049
	净资产收益率(扣除)(%)	1.4000	5.4600	2.0800	5.3800
	净资产收益率(%)	1.8900	5.7100	3.9320	6.8640
	总资产(万)	244182.13	238899.87	217470.91	209300.97
	股东权益(万)	122673.39	120740.53	115566.20	110728.41
	主营业务收入(万)	117574.92	220349.68	94296.83	178366.33
	主营成本(万)	98385.99	174805.57	76541.79	141652.62
	营业收入(万)	118882.54	222753.53	95287.16	181170.11
	营业成本(万)	98847.87	176081.80	77099.24	143051.17
	投资收益(万)	–	–	–	–
	利润总额(万)	3041.07	9932.21	6413.63	9771.56
	净利润(万)	2319.06	6894.38	4543.66	7600.92

新乡化纤股份有限公司

公司概况	公司名称	新乡化纤股份有限公司			证券简称	新乡化纤
	法人代表	陈玉林	董秘	王文新	证券代码	000949
	公司网址	www.bailu.com		电子信箱	xxbailu@263.net	
	电　话	0373-3978861 3978813		传　真	0373-3911359	
	办公地址	河南省新乡市凤泉区锦园路1号				
	经营范围	经营本企业自产产品及相关技术的出口业务等				

主要财务指标	指标\报告期	2011.06.30	2010.12.31	2010.06.30	2009.12.31
	每股收益(元)	0.0867	0.2356	0.1116	0.1692
	每股收益(扣除)(元)	0.0859	0.2334	0.1069	0.1921
	每股净资产(元)	3.0243	2.9377	2.8050	2.4166
	调整后每股净资产(元)	–	–	–	–
	每股资本公积金(元)	0.9902	0.9902	0.9827	0.6387
	每股盈余公积金(元)	0.2791	0.2791	0.2791	0.3024
	每股未分配利润(元)	0.7551	0.6684	0.5432	0.4754
	每股现金净流量(元)	0.0994	0.1135	0.3818	0.3758
	每股经营现金净流量(元)	0.5422	–0.1761	–0.3314	0.2244
	净资产收益率(扣除)(%)	2.8800	8.5600	4.2400	8.2000
	净资产收益率(%)	2.8660	7.8160	3.7220	7.0023
	总资产(万)	460801.13	446374.38	467019.95	384845.96
	股东权益(万)	192911.38	187382.29	178919.15	142261.23
	主营业务收入(万)	214242.91	349100.38	156052.85	237997.68
	主营成本(万)	186392.96	307379.46	137242.50	204587.03
	营业收入(万)	218858.62	356029.27	159045.53	242563.60
	营业成本(万)	188385.63	310889.75	138815.90	207505.36
	投资收益(万)	–	–	–	–
	利润总额(万)	6680.80	18130.13	7833.84	16522.56
	净利润(万)	5529.09	14644.91	6658.76	9961.50

重庆建峰化工股份有限公司

公司概况	公司名称	重庆建峰化工股份有限公司			证券简称	建峰化工
	法人代表	曾中全	董秘	高峰	证券代码	000950
	公司网址	www.jfhggf.com		电子信箱	816gaofeng@gmail.com	
	电　话	023-72596038 72597882		传　真	023-72591275	
	办公地址	重庆市涪陵区白涛镇				
	经营范围	化肥及相关产品的生产、销售等				

主要财务指标	指标\报告期	2011.06.30	2010.12.31	2010.06.30	2009.12.31
	每股收益(元)	–0.0535	0.2200	0.0955	0.3300
	每股收益(扣除)(元)	–0.0541	0.2500	0.0869	0.3900
	每股净资产(元)	3.8000	3.9500	3.8900	6.0100
	调整后每股净资产(元)	–	–	–	–
	每股资本公积金(元)	1.7892	1.7892	1.8339	3.5648
	每股盈余公积金(元)	0.1356	0.1356	0.1199	0.1799
	每股未分配利润(元)	0.8675	1.0210	0.9328	1.2560
	每股现金净流量(元)	0.2802	–0.6674	–0.3179	0.4453
	每股经营现金净流量(元)	0.0145	0.0183	–0.0378	0.6679
	净资产收益率(扣除)(%)	–1.4000	4.6100	2.2600	14.2300
	净资产收益率(%)	–1.4090	5.5990	2.4600	7.0490
	总资产(万)	432744.17	410695.10	376853.31	418182.04
	股东权益(万)	227317.92	236349.43	232873.94	239789.07
	主营业务收入(万)	142715.37	206785.87	96806.89	215926.23
	主营成本(万)	131499.33	176074.71	89585.06	180398.03
	营业收入(万)	144152.53	207826.01	98306.88	217104.35
	营业成本(万)	132170.46	176728.50	90897.68	181371.00
	投资收益(万)	–	–	–	–
	利润总额(万)	–3763.48	15218.27	6661.03	20333.35
	净利润(万)	–3203.80	13233.90	5718.28	16902.62

中国重汽集团济南卡车股份有限公司

公司概况	公司名称	中国重汽集团济南卡车股份有限公司			证券简称	中国重汽
	法人代表	王浩涛	董秘	刘波	证券代码	000951
	公司网址	www.jntruck.com		电子信箱	cnhtc000951@163.com	
	电　话	0531-85587586 85587588		传　真	0531-85587003	
	办公地址	山东省济南市市中区党家庄镇南首				
	经营范围	载重汽车、专用汽车、重型专用车底盘、客车底盘、汽车配件制造等				

主要财务指标	指标\报告期	2011.06.30	2010.12.31	2010.06.30	2009.12.31
	每股收益(元)	0.7200	1.6000	1.3200	1.0200
	每股收益(扣除)(元)	0.7200	1.5400	1.3100	1.0100
	每股净资产(元)	8.7800	8.3100	8.0300	6.8100
	调整后每股净资产(元)	–	–	–	–
	每股资本公积金(元)	1.6310	1.6310	1.6310	1.6310
	每股盈余公积金(元)	0.9229	0.9229	0.8205	0.8205
	每股未分配利润(元)	5.2306	4.7585	4.5742	3.3571
	每股现金净流量(元)	–3.7722	–3.2165	–2.9159	2.6361
	每股经营现金净流量(元)	–5.7754	0.7356	–5.3535	0.7857
	净资产收益率(扣除)(%)	8.3000	20.7400	17.7000	15.7200
	净资产收益率(%)	8.2190	19.2940	16.4110	14.9839
	总资产(万)	2401766.16	1970456.84	2104522.53	1606281.52
	股东权益(万)	368444.35	348646.03	336620.60	285571.36
	主营业务收入(万)	1584581.28	2830814.15	1617068.65	1983842.75
	主营成本(万)	1443367.01	2549556.75	1438483.02	1822576.25
	营业收入(万)	1609495.85	2890379.64	1656307.94	2036057.39
	营业成本(万)	1466937.21	2606638.55	1475713.04	1872252.19
	投资收益(万)	–	–	–	–
	利润总额(万)	58086.65	106652.48	85735.43	70368.04
	净利润(万)	30283.96	67268.92	55243.49	42789.71

湖北广济药业股份有限公司

公司概况	公司名称	湖北广济药业股份有限公司		证券简称	广济药业
	法人代表	何谧	董秘 汪宏勇	证券代码	000952
	公司网址	www.guangjipharm.com		电子信箱	stock@guangjipharm.com
	电 话	0713-6216068		传 真	0713-6212108
	办公地址	湖北省武穴市江堤路 1 号			
	经营范围	生产经营医药原料药、医药制剂、食品添加剂、饲料添加剂等			

主要财务指标 指标\报告期	2011.06.30	2010.12.31	2010.06.30	2009.12.31
每股收益(元)	0.0550	0.0560	0.0490	0.1700
每股收益(扣除)(元)	0.0484	0.0280	0.0320	0.0910
每股净资产(元)	3.2600	3.2000	3.2000	3.1500
调整后每股净资产(元)	–	–	–	–
每股资本公积金(元)	0.2740	0.2740	0.2740	0.2740
每股盈余公积金(元)	0.3020	0.2918	0.2900	0.2787
每股未分配利润(元)	1.6831	1.6382	1.6331	1.5957
每股现金净流量(元)	–0.2341	0.0911	0.1697	–0.1244
每股经营现金净流量(元)	0.2174	0.3066	–0.0247	–0.0967
净资产收益率(扣除)(%)	1.5000	0.8700	1.0100	2.9600
净资产收益率(%)	1.6920	1.7330	1.5200	5.4260
总资产(万)	146277.19	138441.59	140863.51	130383.90
股东权益(万)	82034.50	80646.69	80471.53	79248.73
主营业务收入(万)	25330.27	48100.46	26628.63	44772.54
主营成本(万)	19563.73	38820.74	20396.28	35384.72
营业收入(万)	25385.42	48331.62	26663.53	44819.74
营业成本(万)	19563.73	38860.40	20396.28	35385.09
投资收益(万)	–	–	–	–
利润总额(万)	1581.38	1560.85	1389.22	4360.27
净利润(万)	1387.81	1397.96	1222.79	4300.38

广西河池化工股份有限公司

公司概况	公司名称	广西河池化工股份有限公司		证券简称	ST 河 化
	法人代表	汤广斌	董秘 覃丽芳	证券代码	000953
	公司网址	www.hechihuagong.com.cn		电子信箱	qlifang75@163.com
	电 话	0778-2266832		传 真	0778-2266867
	办公地址	广西壮族自治区河池市六甲镇			
	经营范围	尿素,复合肥,液体二氧化碳,甲酸,硫酸铵,元明粉,草酸,硫磺等			

主要财务指标 指标\报告期	2011.06.30	2010.12.31	2010.06.30	2009.12.31
每股收益(元)	0.0195	0.0200	–0.0437	–0.1596
每股收益(扣除)(元)	0.0197	–0.2000	–0.0424	–
每股净资产(元)	0.5163	0.4956	0.4400	0.7652
调整后每股净资产(元)	–	–	–	–
每股资本公积金(元)	0.1516	0.1516	0.1516	0.1516
每股盈余公积金(元)	0.1193	0.1193	0.1193	0.1193
每股未分配利润(元)	–0.7569	–0.7764	–0.8387	–0.5072
每股现金净流量(元)	0.1288	–0.3217	–0.2934	0.1796
每股经营现金净流量(元)	0.1482	–0.2725	–0.1900	0.0590
净资产收益率(扣除)(%)	3.8900	–54.0500	–9.3400	–
净资产收益率(%)	3.7680	3.7470	–9.9780	–20.8600
总资产(万)	130107.98	111828.95	107641.61	109725.43
股东权益(万)	15183.19	14572.87	12874.69	22502.66
主营业务收入(万)	42054.40	57128.99	27113.32	–
主营成本(万)	39189.54	57236.55	26610.44	–
营业收入(万)	43658.37	59702.22	28700.83	43206.12
营业成本(万)	40146.07	58770.85	27488.94	43654.76
投资收益(万)	–	–	–	–
利润总额(万)	572.11	546.01	–1284.68	–4693.82
净利润(万)	572.11	546.01	–1284.68	–4693.82

欣龙控股(集团)股份有限公司

公司概况	公司名称	欣龙控股(集团)股份有限公司		证券简称	ST 欣 龙
	法人代表	郭开铸	董秘 魏毅	证券代码	000955
	公司网址	www.xinlong-holding.com		电子信箱	xlkg@xinlong-holding.com
	电 话	0898-68581055 68585274		传 真	0898-68582799
	办公地址	海南省海口市龙昆北路 2 号珠江广场帝豪大厦 17 层			
	经营范围	制造和销售各种无纺布及其深加工产品,进出口业务等			

主要财务指标 指标\报告期	2011.06.30	2010.12.31	2010.06.30	2009.12.31
每股收益(元)	–0.0220	0.0101	–0.0370	0.0087
每股收益(扣除)(元)	–0.0329	–0.0998	–0.0374	–0.0773
每股净资产(元)	0.7700	0.7900	0.7400	0.7800
调整后每股净资产(元)	–	–	–	–
每股资本公积金(元)	0.5829	0.5829	0.5829	0.5829
每股盈余公积金(元)	–	–	–	–
每股未分配利润(元)	–0.8134	–0.7906	–0.8380	–0.8006
每股现金净流量(元)	–0.0447	0.0396	–0.0447	0.0238
每股经营现金净流量(元)	0.0255	0.1073	–0.0296	0.0466
净资产收益率(扣除)(%)	–4.2100	–12.6700	–4.9000	–9.9300
净资产收益率(%)	–2.9650	1.2740	–5.0160	1.1100
总资产(万)	56389.23	58092.61	60111.99	64049.46
股东权益(万)	22558.04	23226.88	21835.72	22931.06
主营业务收入(万)	10512.81	20547.55	9863.02	18470.79
主营成本(万)	9154.40	17390.37	8436.36	14791.38
营业收入(万)	10675.81	20862.70	10000.04	18619.46
营业成本(万)	9295.42	17627.21	8580.26	14852.79
投资收益(万)	–	–	–	–
利润总额(万)	–657.08	172.42	–1237.80	262.84
净利润(万)	–668.84	295.82	–1095.33	255.15

中通客车控股股份有限公司

公司概况	公司名称	中通客车控股股份有限公司		证券简称	中通客车
	法人代表	李海平	董秘 王兴富	证券代码	000957
	公司网址	www.zhongtong.com		电子信箱	lckwxf@sohu.com
	电 话	0635-8322765		传 真	0635-8328905
	办公地址	山东省聊城市建设东路 10 号			
	经营范围	客车、挂车、汽车底盘及专用配件的开发、制造、销售等			

主要财务指标 指标\报告期	2011.06.30	2010.12.31	2010.06.30	2009.12.31
每股收益(元)	0.1000	0.1700	0.0700	0.0900
每股收益(扣除)(元)	0.0900	0.1200	0.0600	0.0600
每股净资产(元)	2.5000	2.4500	2.3500	2.2900
调整后每股净资产(元)	–	–	–	–
每股资本公积金(元)	0.5785	0.5785	0.5776	0.5776
每股盈余公积金(元)	0.1803	0.1803	0.1633	0.1633
每股未分配利润(元)	0.7430	0.6942	0.6107	0.5453
每股现金净流量(元)	–0.0312	0.0894	0.2424	0.0736
每股经营现金净流量(元)	0.1225	0.4544	0.2973	–
净资产收益率(扣除)(%)	3.8000	4.7700	2.6800	2.5000
净资产收益率(%)	3.9480	6.7630	2.7790	3.7660
总资产(万)	180044.72	163688.88	153540.84	137147.94
股东权益(万)	59667.87	58504.71	56086.93	54528.08
主营业务收入(万)	108359.30	196440.29	87901.61	141653.69
主营成本(万)	91771.96	170733.19	76059.63	122633.21
营业收入(万)	110744.38	200756.13	90466.08	145251.17
营业成本(万)	93599.14	173150.56	77483.98	125445.67
投资收益(万)	–	–	–	–
利润总额(万)	2935.65	5018.83	1945.76	2694.61
净利润(万)	2355.68	3956.66	1558.85	2053.30

石家庄东方热电股份有限公司

公司概况					
公司名称	石家庄东方热电股份有限公司			证券简称	ST 东 热
法人代表	安建国	董秘	王世荣	证券代码	000958
公司网址	www.dfrdjt.com		电子信箱	dfrd0958@sina.com	
电 话	0311-85087068 85053913		传 真	0311-85087068	
办公地址	河北省石家庄市建华南大街 161 号				
经营范围	热力、电力的生产与销售,代收代缴热费、自有房屋租赁、劳务派遣等				

主要财务指标：指标\报告期	2011.06.30	2010.12.31	2010.06.30	2009.12.31
每股收益(元)	-0.3500	0.0900	-0.2400	-4.2100
每股收益(扣除)(元)	-0.3475	-0.7400	-0.2400	-4.1200
每股净资产(元)	-1.7220	-1.3700	-1.7000	-1.4600
调整后每股净资产(元)	-	-	-	-
每股资本公积金(元)	1.9395	1.9395	1.9395	1.9395
每股盈余公积金(元)	0.2472	0.2472	0.2472	0.2472
每股未分配利润(元)	-4.9085	-4.5542	-4.8829	-4.6465
每股现金净流量(元)	-0.0519	-0.3429	-0.3236	0.2273
每股经营现金净流量(元)	0.1326	-0.1031	-0.1011	0.3057
净资产收益率(扣除)(%)	20.1900	52.1200	14.9900	-579.2500
净资产收益率(%)	-20.5747	-6.7470	-13.9356	-282.9600
总资产(万)	137418.02	154513.28	146788.99	169150.05
股东权益(万)	-51563.92	-40954.79	-50796.84	-43717.99
主营业务收入(万)	48155.26	120062.39	54214.51	105230.31
主营成本(万)	52022.87	107851.08	54542.22	109889.72
营业收入(万)	49002.12	132733.29	57556.15	109402.59
营业成本(万)	52460.38	117927.66	57525.43	112480.26
投资收益(万)	-	-	-	-
利润总额(万)	-10789.48	2878.45	-7246.08	-126845.88
净利润(万)	-10609.13	2763.20	-7078.85	-123702.56

北京首钢股份有限公司

公司概况					
公司名称	北京首钢股份有限公司			证券简称	首钢股份
法人代表	朱继民	董秘	章雁	证券代码	000959
公司网址	www.sggf.com.cn		电子信箱	office@sggf.com.cn	
电 话	010-88293727		传 真	010-68873028	
办公地址	北京市石景山路 99 号				
经营范围	钢铁冶炼、钢压延加工,冶金技术开发、咨询、转让、服务等				

主要财务指标：指标\报告期	2011.06.30	2010.12.31	2010.06.30	2009.12.31
每股收益(元)	0.1031	0.1179	0.0223	0.1364
每股收益(扣除)(元)	0.0884	0.1177	0.0221	0.0958
每股净资产(元)	2.6600	2.6500	2.5200	2.6300
调整后每股净资产(元)	-	-	-	-
每股资本公积金(元)	1.1206	1.1184	1.1184	1.1184
每股盈余公积金(元)	0.3788	0.3788	0.3584	0.3584
每股未分配利润(元)	0.1560	0.1529	0.0415	0.1555
每股现金净流量(元)	-0.0665	-0.0220	-0.1539	0.2684
每股经营现金净流量(元)	-0.0535	0.1308	0.0632	0.4571
净资产收益率(扣除)(%)	3.2700	4.4700	0.9800	3.6500
净资产收益率(%)	3.8810	4.4480	0.7500	5.1800
总资产(万)	1759189.87	1754930.43	1835996.35	1850764.48
股东权益(万)	787957.83	786170.60	747070.37	780868.78
主营业务收入(万)	616289.93	2651620.95	1361990.19	2180806.52
主营成本(万)	609146.64	2568787.15	1310573.39	2104702.76
营业收入(万)	650905.06	2790598.09	1426322.38	2278817.81
营业成本(万)	638494.71	2697031.59	1371161.71	2187293.89
投资收益(万)	-	-	-	-
利润总额(万)	25501.88	32069.24	8549.10	45080.58
净利润(万)	30576.36	34967.08	6621.16	40462.42

云南锡业股份有限公司

公司概况					
公司名称	云南锡业股份有限公司			证券简称	锡业股份
法人代表	雷毅	董秘	李宜华	证券代码	000960
公司网址	www.ytl.com.cn		电子信箱	gfgs6609@mail.hh.yn.cninfo.net	
电 话	0873-3118606 3118622		传 真	0873-3118308 3118622	
办公地址	云南省昆明市高新技术产业开发区				
经营范围	有色金属锡及其深加工产品的生产和销售业务等				

主要财务指标：指标\报告期	2011.06.30	2010.12.31	2010.06.30	2009.12.31
每股收益(元)	0.3910	0.4583	0.2134	0.1791
每股收益(扣除)(元)	0.3967	0.4116	0.2212	0.1564
每股净资产(元)	5.4000	5.6278	5.0000	3.9479
调整后每股净资产(元)	-	-	-	-
每股资本公积金(元)	2.4108	2.7518	2.3039	1.0303
每股盈余公积金(元)	0.3780	0.4158	0.3572	0.4401
每股未分配利润(元)	1.6191	1.4709	1.3518	1.4861
每股现金净流量(元)	0.1520	0.6022	0.3312	-0.1084
每股经营现金净流量(元)	0.6286	0.1750	-0.2243	0.6969
净资产收益率(扣除)(%)	7.2430	7.9020	4.5810	5.2620
净资产收益率(%)	7.3600	9.2400	5.5700	5.3800
总资产(万)	1314085.15	1133112.14	988721.71	740152.26
股东权益(万)	489326.90	463716.77	401131.51	256915.08
主营业务收入(万)	624087.90	901532.46	441639.56	695098.74
主营成本(万)	517781.31	774143.15	382150.09	608594.19
营业收入(万)	635703.33	926695.53	453203.80	715493.52
营业成本(万)	528911.51	798224.84	393228.06	628101.70
投资收益(万)	-1033.38	-791.29	-371.67	-247.88
利润总额(万)	48455.61	41599.80	22293.26	15828.33
净利润(万)	35443.39	36647.37	18366.37	13518.97

江苏中南建设集团股份有限公司

公司概况					
公司名称	江苏中南建设集团股份有限公司			证券简称	中南建设
法人代表	陈锦石	董秘	智刚	证券代码	000961
公司网址	www.zhongnanconstruction.cn		电子信箱	zhongnanconstruction@zhongnangroup.cn	
电 话	0513-82738286		传 真	0513-82738796	
办公地址	江苏省海门市常乐镇中南大厦				
经营范围	土木工程建筑和房地产开发等				

主要财务指标：指标\报告期	2011.06.30	2010.12.31	2010.06.30	2009.12.31
每股收益(元)	0.3500	0.6300	0.2900	0.4800
每股收益(扣除)(元)	0.3511	0.6400	0.2900	0.4800
每股净资产(元)	4.2100	3.9500	3.6100	4.9800
调整后每股净资产(元)	-	-	-	-
每股资本公积金(元)	0.5297	0.5297	0.5297	1.2945
每股盈余公积金(元)	0.1685	0.1685	0.1685	0.2528
每股未分配利润(元)	2.5076	2.2539	1.9094	2.4289
每股现金净流量(元)	-0.0717	0.2577	0.7014	1.8383
每股经营现金净流量(元)	-1.9543	-1.9653	-0.7482	0.1779
净资产收益率(扣除)(%)	8.5000	17.5200	8.3600	16.2900
净资产收益率(%)	8.4080	16.0580	8.0400	14.4500
总资产(万)	2868343.40	2413591.09	1954005.50	1714073.88
股东权益(万)	491162.82	461543.78	421305.19	387428.60
主营业务收入(万)	486122.75	912066.20	397894.22	568176.97
主营成本(万)	359079.80	692747.56	303584.53	424266.63
营业收入(万)	487106.58	913751.25	398114.58	568423.45
营业成本(万)	359271.10	693984.54	303677.29	424315.63
投资收益(万)	-	-	-	-
利润总额(万)	57010.15	101711.11	48453.80	80621.51
净利润(万)	41297.43	74115.19	33876.60	55975.94

宁夏东方钽业股份有限公司

公司概况	公司名称	宁夏东方钽业股份有限公司			证券简称	东方钽业
	法人代表	张创奇	董秘	叶照贯	证券代码	000962
	公司网址	www.otic.com.cn		电子信箱	zhqb@otic.public.yc.nx.cn	
	电　话	0952-2098563		传　真	0952-2098562	
	办公地址	宁夏回族自治区石嘴山市大武口区冶金路				
	经营范围	钽、铌、铍、钛、镁等有色金属材料的生产、加工、开发、科研与销售等				

主要财务指标	指标\报告期	2011.06.30	2010.12.31	2010.06.30	2009.12.31
	每股收益(元)	0.4096	0.2306	0.0561	0.1055
	每股收益(扣除)(元)	0.2102	0.2008	0.0528	0.0496
	每股净资产(元)	3.9460	3.5392	3.3530	3.3468
	调整后每股净资产(元)	–	–	–	–
	每股资本公积金(元)	1.1538	1.1066	1.0948	1.0948
	每股盈余公积金(元)	0.4550	0.4550	0.3917	0.3917
	每股未分配利润(元)	1.3373	0.9776	0.8665	0.8603
	每股现金净流量(元)	–0.3313	0.4766	0.2119	–0.1412
	每股经营现金净流量(元)	–0.4682	0.2685	–0.1608	–
	净资产收益率(扣除)(%)	5.6500	5.8400	1.5800	1.4300
	净资产收益率(%)	10.3810	6.5160	1.6750	3.1530
	总资产(万)	391934.25	353515.31	296799.69	288105.77
	股东权益(万)	140635.78	126135.78	119499.21	119280.09
	主营业务收入(万)	128480.78	162004.81	69803.62	113582.13
	主营成本(万)	101227.89	129328.51	59645.64	100245.88
	营业收入(万)	129070.20	163737.48	70362.23	119891.83
	营业成本(万)	102031.85	130887.97	60240.64	106467.72
	投资收益(万)	–	–	–	–
	利润总额(万)	16092.37	8389.40	2190.88	4283.35
	净利润(万)	14599.52	8218.54	2001.12	3760.70

华东医药股份有限公司

公司概况	公司名称	华东医药股份有限公司			证券简称	华东医药
	法人代表	李邦良	董秘	陈波	证券代码	000963
	公司网址	www.eastchinapharm.com		电子信箱	hz000963@126.com	
	电　话	0571-89903300		传　真	0571-89903300	
	办公地址	浙江省杭州市莫干山路 866 号				
	经营范围	医药原料药、制剂生产、医药产品经营等				

主要财务指标	指标\报告期	2011.06.30	2010.12.31	2010.06.30	2009.12.31
	每股收益(元)	0.4461	0.7300	0.3654	0.8700
	每股收益(扣除)(元)	0.4402	0.6700	0.3600	0.8300
	每股净资产(元)	3.0894	2.6691	2.7622	2.4800
	调整后每股净资产(元)	–	–	–	–
	每股资本公积金(元)	0.0182	0.0182	0.1383	0.0182
	每股盈余公积金(元)	0.1870	0.1896	0.1419	0.0979
	每股未分配利润(元)	1.8842	1.4613	1.4820	1.3663
	每股现金净流量(元)	1.1863	–0.5805	0.0320	0.2594
	每股经营现金净流量(元)	–0.0489	–0.0645	–0.2078	1.3084
	净资产收益率(扣除)(%)	15.2200	26.6500	12.4100	38.2300
	净资产收益率(%)	14.4380	27.3880	13.2300	35.2155
	总资产(万)	526397.38	425562.39	394691.02	351234.66
	股东权益(万)	134099.83	115854.78	119896.95	107752.47
	主营业务收入(万)	520076.40	892049.64	425363.00	777838.53
	主营成本(万)	417650.91	725933.81	344726.21	623255.87
	营业收入(万)	522067.48	897183.65	427584.10	782487.22
	营业成本(万)	419361.62	728853.71	346272.70	626174.17
	投资收益(万)	–	–	–	–
	利润总额(万)	30746.72	49548.79	24749.60	56515.53
	净利润(万)	19361.65	31730.68	15858.68	37945.52

天津天保基建股份有限公司

公司概况	公司名称	天津天保基建股份有限公司			证券简称	天保基建
	法人代表	沈钢	董秘	秦峰	证券代码	000965
	公司网址	www.tbjijian.com		电子信箱	dongmi@tbjijian.com	
	电　话	022-25762656		传　真	022-25762609	
	办公地址	天津市天津港保税区海滨九路 131 号科技发展中心 4 楼				
	经营范围	水泥产品的制造、销售及房地产开发等				

主要财务指标	指标\报告期	2011.06.30	2010.12.31	2010.06.30	2009.12.31
	每股收益(元)	0.4400	0.4600	0.2000	0.3400
	每股收益(扣除)(元)	0.4051	0.4200	0.2000	0.2800
	每股净资产(元)	4.9400	4.5100	4.2400	4.0400
	调整后每股净资产(元)	–	–	–	–
	每股资本公积金(元)	2.3462	2.3462	2.3470	2.3470
	每股盈余公积金(元)	0.0824	0.0824	0.0711	0.0711
	每股未分配利润(元)	1.5091	1.0781	0.8267	0.6254
	每股现金净流量(元)	–0.5523	1.2350	1.0554	0.9513
	每股经营现金净流量(元)	–0.2577	0.9015	0.7075	1.3770
	净资产收益率(扣除)(%)	–	9.8400	–	7.2600
	净资产收益率(%)	8.9958	10.2960	4.7400	8.8300
	总资产(万)	422606.87	472052.62	450561.09	390660.84
	股东权益(万)	227901.09	208010.18	195920.01	186629.68
	主营业务收入(万)	79471.33	120802.43	43865.17	63498.23
	主营成本(万)	45676.21	83176.72	26500.13	39651.37
	营业收入(万)	79471.33	120802.43	43865.17	63498.23
	营业成本(万)	45676.21	83176.72	26500.13	39651.37
	投资收益(万)	–	–	–	–
	利润总额(万)	27280.50	26665.89	12033.24	19042.18
	净利润(万)	20501.48	21416.32	9290.32	15789.45

国电长源电力股份有限公司

公司概况	公司名称	国电长源电力股份有限公司			证券简称	长源电力
	法人代表	张玉新	董秘	赵虎	证券代码	000966
	公司网址	www.cydl.com.cn		电子信箱	zhaoh@cydl.com.cn	
	电　话	027-88717131 88717136		传　真	027-88717134	
	办公地址	湖北省武汉市洪山区徐东大街 113 号国电大厦 24-29 楼				
	经营范围	电力、热力及设备生产及其有关技术的开发、技术服务和培训等				

主要财务指标	指标\报告期	2011.06.30	2010.12.31	2010.06.30	2009.12.31
	每股收益(元)	–0.5956	–0.5628	–0.2734	0.0961
	每股收益(扣除)(元)	–0.6118	–0.6279	–0.2932	–
	每股净资产(元)	1.6300	2.1500	2.4200	2.6900
	调整后每股净资产(元)	–	–	–	–
	每股资本公积金(元)	2.9804	2.9063	2.8853	2.8826
	每股盈余公积金(元)	0.0753	0.0753	0.0753	0.0753
	每股未分配利润(元)	–2.4262	–1.8306	–1.5412	–1.2678
	每股现金净流量(元)	0.6541	0.2105	0.1485	–0.8241
	每股经营现金净流量(元)	0.3003	–0.9059	–0.5276	2.8222
	净资产收益率(扣除)(%)	–32.5100	–25.9900	–11.4600	–
	净资产收益率(%)	–36.4650	–26.1210	–11.2840	3.5672
	总资产(万)	1575677.72	1513849.66	1559210.37	1483752.22
	股东权益(万)	90507.60	119401.97	134278.57	149278.78
	主营业务收入(万)	380144.03	723873.91	345504.82	579577.59
	主营成本(万)	382443.84	690875.24	331213.94	516167.51
	营业收入(万)	383744.52	727601.43	346642.95	585047.02
	营业成本(万)	382795.02	691196.01	331298.74	517958.77
	投资收益(万)	–	–	–	–
	利润总额(万)	–35542.93	–26300.69	–13454.42	8347.86
	净利润(万)	–33003.93	–31189.11	–15151.67	5325.06

浙江上风实业股份有限公司

公司概况					
公司名称	浙江上风实业股份有限公司			证券简称	上风高科
法人代表	温峻	董秘	陈开元	证券代码	000967
公司网址	www.sfgk.com.cn		电子信箱	sfcky@ ifirst.com.cn	
电　话	0575-82360805		传　真	0575-82366328	
办公地址	浙江省上虞市上浦镇上浦经济开发区				
经营范围	研制、开发、生产通风机,风冷、水冷、空调设备、环保设备等				

主要财务指标：指标\报告期	2011.06.30	2010.12.31	2010.06.30	2009.12.31
每股收益(元)	0.1200	0.0500	0.0089	-0.0778
每股收益(扣除)(元)	0.0349	0.0400	0.0023	-
每股净资产(元)	2.6300	2.2000	2.2100	2.2700
调整后每股净资产(元)	-	-	-	-
每股资本公积金(元)	1.6340	1.3145	1.3687	1.4127
每股盈余公积金(元)	0.1749	0.1749	0.1749	0.1749
每股未分配利润(元)	-0.1756	-0.2940	-0.3319	-0.3203
每股现金净流量(元)	-0.1193	0.2011	0.0918	-0.1806
每股经营现金净流量(元)	-0.3920	-0.2550	0.0724	0.2599
净资产收益率(扣除)(%)	1.4500	1.6600	0.1000	-
净资产收益率(%)	4.4970	2.1310	0.4020	-3.4300
总资产(万)	131202.11	110640.75	109519.30	98608.41
股东权益(万)	54031.24	45044.80	45380.81	46520.50
主营业务收入(万)	100978.42	162363.68	76668.28	-
主营成本(万)	92586.75	149548.02	71153.72	-
营业收入(万)	101332.16	163445.85	77162.31	63949.88
营业成本(万)	92816.02	150284.68	71441.24	58819.36
投资收益(万)	-	-	-	-
利润总额(万)	3099.78	2081.81	741.61	-1669.49
净利润(万)	2429.73	959.79	182.32	-1596.17

太原煤气化股份有限公司

公司概况					
公司名称	太原煤气化股份有限公司			证券简称	煤气化
法人代表	王良彦	董秘	刘恩孝	证券代码	000968
公司网址	www.tymqh.com		电子信箱	mqh000968@126.com	
电　话	0351-6019365		传　真	0351-6199887	
办公地址	山西省太原市和平南路83号				
经营范围	原煤、焦炭、煤气及洗精煤、煤化工产品的生产和销售等				

主要财务指标：指标\报告期	2011.06.30	2010.12.31	2010.06.30	2009.12.31
每股收益(元)	0.1876	0.4572	0.3405	0.7387
每股收益(扣除)(元)	0.1937	0.4685	0.3486	0.4409
每股净资产(元)	5.9569	5.7047	5.6884	5.4402
调整后每股净资产(元)	-	-	-	-
每股资本公积金(元)	1.1533	1.1533	1.1533	1.1533
每股盈余公积金(元)	0.4580	0.4580	0.4343	0.4343
每股未分配利润(元)	2.9456	2.7580	2.6650	2.4745
每股现金净流量(元)	-0.8103	0.2291	-0.6051	0.7433
每股经营现金净流量(元)	-0.3081	0.1966	0.0255	1.5660
净资产收益率(扣除)(%)	3.1490	8.0140	5.9860	13.5790
净资产收益率(%)	3.2300	8.0600	6.1000	14.2700
总资产(万)	666204.15	667168.74	581887.76	521768.42
股东权益(万)	389611.70	373714.98	370940.45	354167.72
主营业务收入(万)	154695.22	341941.26	172988.80	320287.54
主营成本(万)	110367.36	238986.00	118644.81	215919.23
营业收入(万)	156954.12	352343.77	179402.21	324837.87
营业成本(万)	113393.51	250041.07	125320.84	220173.40
投资收益(万)	-	0.36	0.36	0.52
利润总额(万)	17278.09	44918.49	28433.84	54906.83
净利润(万)	9636.61	23487.17	17492.26	37951.36

安泰科技股份有限公司

公司概况					
公司名称	安泰科技股份有限公司			证券简称	安泰科技
法人代表	才让	董秘	张晋华	证券代码	000969
公司网址	www.atmcn.com		电子信箱	securities@atmcn.com	
电　话	010-62188403		传　真	010-62182695	
办公地址	北京市海淀区学院南路76号				
经营范围	经营本企业生产所需原辅材料、机械设备、仪器仪表及技术的进口业务等				

主要财务指标：指标\报告期	2011.06.30	2010.12.31	2010.06.30	2009.12.31
每股收益(元)	0.1482	0.2639	0.1053	0.2155
每股收益(扣除)(元)	0.1467	0.2632	0.1040	0.2157
每股净资产(元)	3.6200	3.5700	3.4100	5.1200
调整后每股净资产(元)	-	-	-	-
每股资本公积金(元)	1.7337	1.6986	1.6958	2.7374
每股盈余公积金(元)	0.2896	0.2910	0.2480	0.4805
每股未分配利润(元)	0.6013	0.5758	0.4612	0.9047
每股现金净流量(元)	-0.4129	-0.1110	-0.3213	0.7347
每股经营现金净流量(元)	-0.2311	0.1676	0.0180	1.0158
净资产收益率(扣除)(%)	-	8.1200	-	8.2700
净资产收益率(%)	4.0710	7.1930	2.9060	7.5700
总资产(万)	609981.44	539802.02	507415.38	485592.01
股东权益(万)	311305.22	304796.34	291091.95	226040.17
主营业务收入(万)	182455.86	349964.50	157190.04	311016.38
主营成本(万)	150796.30	292297.03	131933.08	268507.33
营业收入(万)	184710.99	352467.37	159720.67	313096.23
营业成本(万)	152718.62	294205.99	134361.75	269812.09
投资收益(万)	-	-	-	-
利润总额(万)	17454.47	29916.51	11297.91	21846.09
净利润(万)	12673.09	21924.08	8457.73	17116.80

北京中科三环高技术股份有限公司

公司概况					
公司名称	北京中科三环高技术股份有限公司			证券简称	中科三环
法人代表	王震西	董秘	赵寅鹏	证券代码	000970
公司网址	www.san-huan.com.cn		电子信箱	security@san-huan.com.cn	
电　话	010-62656017		传　真	010-62670793	
办公地址	北京市海淀区中关村东路66号甲1号楼27层				
经营范围	稀土永磁和新型磁性材料及其应用产品的研究开发、生产和销售等				

主要财务指标：指标\报告期	2011.06.30	2010.12.31	2010.06.30	2009.12.31
每股收益(元)	0.3100	0.4100	0.1500	0.1400
每股收益(扣除)(元)	0.3030	0.3900	0.1431	0.1200
每股净资产(元)	3.0600	2.8200	2.5500	2.4500
调整后每股净资产(元)	-	-	-	-
每股资本公积金(元)	0.2704	0.2704	0.2632	0.2632
每股盈余公积金(元)	0.1781	0.1781	0.1534	0.1534
每股未分配利润(元)	1.6083	1.3720	1.1381	1.0344
每股现金净流量(元)	0.5698	-0.2968	-0.0082	0.0457
每股经营现金净流量(元)	-0.5542	0.0122	-0.1151	0.4368
净资产收益率(扣除)(%)	10.3100	14.9100	5.6000	5.0100
净资产收益率(%)	10.0190	14.4430	5.8210	5.9130
总资产(万)	397145.22	279453.31	270532.55	241804.08
股东权益(万)	155161.94	143168.87	129674.31	124409.60
主营业务收入(万)	176803.90	235478.47	102622.28	155319.70
主营成本(万)	135431.58	176112.08	76457.70	118973.58
营业收入(万)	178089.82	236578.15	103499.73	156617.68
营业成本(万)	135994.75	176990.88	77025.95	120004.87
投资收益(万)	-	-	-	-
利润总额(万)	23734.29	29248.25	10687.99	10889.22
净利润(万)	15546.27	20677.88	7548.90	7355.72

湖北迈亚股份有限公司

公司概况	公司名称	湖北迈亚股份有限公司			证券简称	ST 迈 亚
	法人代表	唐常军	董秘	张继红	证券代码	000971
	公司网址	www.mai-ya.com		电子信箱	ir@mai-ya.com	
	电　话	0728-3336188*5828		传　真	0728-3275829	
	办公地址	湖北省仙桃市仙桃大道西端19号万钜国际大厦				
	经营范围	棉,化纤纺织及印染精加工,毛纺织和染整精加工,纺织品的设计等				

	指标\报告期	2011.06.30	2010.12.31	2010.06.30	2009.12.31
主要财务指标	每股收益(元)	-0.1080	0.0700	-0.1220	-0.2800
	每股收益(扣除)(元)	-0.1080	-0.2100	-0.1311	-0.6900
	每股净资产(元)	0.3695	0.5006	0.2800	0.7730
	调整后每股净资产(元)	-	-	-	-
	每股资本公积金(元)	0.7683	0.7913	0.7696	1.1383
	每股盈余公积金(元)	0.1966	0.1966	0.1966	0.1966
	每股未分配利润(元)	-1.5954	-1.4873	-1.6842	-1.5623
	每股现金净流量(元)	0.0218	0.0599	0.2140	-0.0129
	每股经营现金净流量(元)	-0.1338	-0.3821	-0.0802	-0.2161
	净资产收益率(扣除)(%)	-24.2100	-25.3500	-18.4300	-148.5500
	净资产收益率(%)	-29.2420	14.9730	-43.2620	-36.4700
	总资产(万)	73670.66	71898.93	68066.03	75297.61
	股东权益(万)	8982.52	12168.83	6853.76	18783.65
	主营业务收入(万)	11472.56	20497.84	7641.67	10179.09
	主营成本(万)	-	20741.03	-	15991.79
	营业收入(万)	11787.91	21200.27	7921.90	10528.55
	营业成本(万)	11405.40	21251.05	8509.42	16199.33
	投资收益(万)	-	-	-	-
	利润总额(万)	-2626.66	1822.02	-2965.09	-6908.95
	净利润(万)	-2626.66	1822.02	-2965.09	-6850.51

新疆中基实业股份有限公司

公司概况	公司名称	新疆中基实业股份有限公司			证券简称	新 中 基
	法人代表	曾超	董秘	顾永新	证券代码	000972
	公司网址	www.chalkistomato.com		电子信箱	guyongxin@chalkistomato.com	
	电　话	0991-8852972 8852110		传　真	0991-8816688 8818888	
	办公地址	新疆维吾尔自治区乌鲁木齐市青年路北一巷8号				
	经营范围	畜禽养殖销售;种畜生产,销售等				

	指标\报告期	2011.06.30	2010.12.31	2010.06.30	2009.12.31
主要财务指标	每股收益(元)	-0.3595	-0.7600	-0.4938	0.0400
	每股收益(扣除)(元)	-0.3751	-0.7302	-0.4940	-0.0553
	每股净资产(元)	2.5000	2.7800	3.1800	2.7400
	调整后每股净资产(元)	-	-	-	-
	每股资本公积金(元)	2.0352	2.0360	2.1206	1.1956
	每股盈余公积金(元)	0.2893	0.2816	0.2593	0.2983
	每股未分配利润(元)	-0.8283	-0.5372	-0.2088	0.2404
	每股现金净流量(元)	-0.6483	0.5271	0.3388	-1.4344
	每股经营现金净流量(元)	-0.2614	-0.8886	-0.1089	-1.6023
	净资产收益率(扣除)(%)	-14.4000	-25.4900	-17.0400	-1.4600
	净资产收益率(%)	-14.3720	-26.0000	-14.1970	1.4740
	总资产(万)	511439.66	554038.11	603506.02	572524.31
	股东权益(万)	120580.07	134219.28	153065.34	114787.51
	主营业务收入(万)	75073.00	146039.24	66460.17	164303.89
	主营成本(万)	72084.09	165869.70	63548.95	130849.49
	营业收入(万)	76931.52	151196.36	66833.07	166002.10
	营业成本(万)	74542.22	169342.82	63721.13	131434.15
	投资收益(万)	-	-	-	-
	利润总额(万)	-20630.39	-43765.29	-24728.85	569.65
	净利润(万)	-17329.94	-34896.53	-21730.71	1691.77

佛山佛塑科技集团股份有限公司

公司概况	公司名称	佛山佛塑科技集团股份有限公司			证券简称	佛塑科技
	法人代表	黄平	董秘	罗汉均	证券代码	000973
	公司网址	www.fspg.com.cn		电子信箱	luohj@fspg.com.cn	
	电　话	0757-83988189		传　真	0757-83988186	
	办公地址	广东省佛山市禅城区汾江中路85号				
	经营范围	生产、销售各类高分子聚合物、塑料化工新材料、塑料制品、包装等				

	指标\报告期	2011.06.30	2010.12.31	2010.06.30	2009.12.31
主要财务指标	每股收益(元)	0.1920	0.2830	0.0890	0.0100
	每股收益(扣除)(元)	0.1775	0.2700	0.0856	0.0010
	每股净资产(元)	2.3500	2.1500	1.9600	1.8700
	调整后每股净资产(元)	-	-	-	-
	每股资本公积金(元)	1.0049	1.0048	1.0041	1.0049
	每股盈余公积金(元)	0.2237	0.2237	0.2237	0.2237
	每股未分配利润(元)	0.1177	-0.0744	-0.2678	-0.3570
	每股现金净流量(元)	0.2497	0.0606	0.0721	0.0894
	每股经营现金净流量(元)	-0.3201	0.3481	0.5493	0.5141
	净资产收益率(扣除)(%)	-	13.4200	-	0.0600
	净资产收益率(%)	8.1890	13.1190	4.5500	0.5500
	总资产(万)	496544.69	445634.30	439781.40	418886.97
	股东权益(万)	143722.42	131951.91	120064.06	114645.70
	主营业务收入(万)	184482.45	352309.44	164402.47	341045.64
	主营成本(万)	158071.97	295955.19	140646.01	300397.84
	营业收入(万)	190713.83	375185.66	175053.59	369913.47
	营业成本(万)	162113.21	317077.22	149658.26	327847.63
	投资收益(万)	-	-	-	-
	利润总额(万)	17397.71	28542.84	10703.52	5905.78
	净利润(万)	11769.08	17310.42	5467.43	628.40

南方科学城发展股份有限公司

公司概况	公司名称	南方科学城发展股份有限公司			证券简称	科 学 城
	法人代表	杨海飞	董秘	刘黎明	证券代码	000975
	公司网址			电子信箱	975@scd.cn	
	电　话	010-85171856		传　真	010-65668256	
	办公地址	北京市朝阳区建国门外大街2号银泰中心C座2105				
	经营范围	高新技术产业项目、城市基础设施建设项目、环保建设等				

	指标\报告期	2011.06.30	2010.12.31	2010.06.30	2009.12.31
主要财务指标	每股收益(元)	0.0157	-0.0367	-0.0050	0.0241
	每股收益(扣除)(元)	0.0132	-0.0081	-0.0053	-0.0271
	每股净资产(元)	1.4734	1.4590	1.4907	1.4957
	调整后每股净资产(元)	-	-	-	-
	每股资本公积金(元)	0.1684	0.1697	0.1697	0.1697
	每股盈余公积金(元)	0.1118	0.1118	0.1212	0.1212
	每股未分配利润(元)	0.1932	0.1775	0.1998	0.2048
	每股现金净流量(元)	0.0793	0.1416	0.0307	0.1630
	每股经营现金净流量(元)	0.0807	0.1423	0.0317	0.3271
	净资产收益率(扣除)(%)	0.9000	-0.5500	-0.3600	-1.8300
	净资产收益率(%)	1.0660	-2.5150	-0.3370	1.6130
	总资产(万)	116578.36	116562.92	114506.72	114046.95
	股东权益(万)	91783.25	90883.69	92859.32	93172.23
	主营业务收入(万)	12026.40	23122.16	11453.03	21420.40
	主营成本(万)	7106.00	16388.33	8635.40	19854.91
	营业收入(万)	12026.40	23153.40	11458.51	23429.16
	营业成本(万)	7106.00	16530.33	8635.40	19856.23
	投资收益(万)	-	-	-	-
	利润总额(万)	1483.52	-1491.09	-233.64	2384.02
	净利润(万)	978.40	-2285.62	-312.71	1502.58

广东开平春晖股份有限公司

公司概况	公司名称	广东开平春晖股份有限公司		证券简称	春晖股份
	法人代表	罗伟	董秘 陈伟奇	证券代码	000976
	公司网址	www.my0976.com		电子信箱	my0976@my0976.com
	电　话	0750-2276949 2228111		传　真	0750-2276959
	办公地址	广东省开平市长沙港口路10号			
	经营范围	加工,产销涤纶长丝,锦纶长丝,高粘切片,瓶级切片及化纤产品等			

主要财务指标	指标\报告期	2011.06.30	2010.12.31	2010.06.30	2009.12.31
	每股收益(元)	0.0147	0.1100	0.0103	-0.1400
	每股收益(扣除)(元)	0.0039	0.1100	0.0100	-0.1400
	每股净资产(元)	1.2000	1.1900	1.1100	1.0800
	调整后每股净资产(元)	-	-	-	-
	每股资本公积金(元)	0.6114	0.6114	0.6114	0.6114
	每股盈余公积金(元)	0.1347	0.1347	0.1347	0.1347
	每股未分配利润(元)	-0.5412	-0.5559	-0.6411	-0.6698
	每股现金净流量(元)	-0.1156	0.1718	-0.1349	0.0495
	每股经营现金净流量(元)	-0.0720	0.1866	-0.0303	0.0650
	净资产收益率(扣除)(%)	0.3300	10.0400	0.9100	-12.5900
	净资产收益率(%)	1.2220	9.5710	0.9300	-12.5505
	总资产(万)	157021.60	177674.45	169489.72	161637.62
	股东权益(万)	70686.66	69822.60	64824.80	63139.99
	主营业务收入(万)	91536.97	209292.40	96909.46	158119.88
	主营成本(万)	88252.65	195770.14	94050.81	157241.42
	营业收入(万)	102552.51	210878.96	97563.00	160517.27
	营业成本(万)	97777.22	196130.60	94092.59	158585.92
	投资收益(万)	-	-	-	-
	利润总额(万)	864.06	6682.61	602.55	-7924.40
	净利润(万)	864.06	6682.61	602.55	-7924.40

浪潮电子信息产业股份有限公司

公司概况	公司名称	浪潮电子信息产业股份有限公司		证券简称	浪潮信息
	法人代表	孙丕恕	董秘 李丰	证券代码	000977
	公司网址	www.inspur.com		电子信箱	lclifeng@inspur.com
	电　话	0531-85106229		传　真	0531-85106222
	办公地址	山东省济南市高新开发区舜雅路1036号			
	经营范围	计算机及软件、电子产品及其他通信设备等			

主要财务指标	指标\报告期	2011.06.30	2010.12.31	2010.06.30	2009.12.31
	每股收益(元)	0.2112	0.1600	-0.0047	-0.0200
	每股收益(扣除)(元)	0.0397	0.1073	0.0497	0.0063
	每股净资产(元)	5.0400	4.8300	4.5300	6.7600
	调整后每股净资产(元)	-	-	-	-
	每股资本公积金(元)	2.7058	2.7058	2.5253	4.7955
	每股盈余公积金(元)	0.2594	0.2594	0.2445	0.2445
	每股未分配利润(元)	1.0727	0.8614	0.7581	0.7169
	每股现金净流量(元)	-0.1279	-0.5699	0.3314	-0.7871
	每股经营现金净流量(元)	0.1579	0.1338	-0.0925	0.2708
	净资产收益率(扣除)(%)	0.8100	2.3100	-0.9200	0.1400
	净资产收益率(%)	4.1930	3.3060	0.1770	-0.2352
	总资产(万)	159729.75	163841.15	115866.97	162333.74
	股东权益(万)	108316.41	103773.87	97350.99	145271.09
	主营业务收入(万)	64561.90	98360.77	43379.62	88851.08
	主营成本(万)	52850.03	80265.41	37067.78	76387.21
	营业收入(万)	66522.29	108129.41	47779.43	101519.79
	营业成本(万)	66610.26	86313.72	50527.47	85233.37
	投资收益(万)	-	-	-	-
	利润总额(万)	5025.37	3735.54	-52.89	-303.18
	净利润(万)	4541.86	3430.49	-100.34	-341.62

桂林旅游股份有限公司

公司概况	公司名称	桂林旅游股份有限公司		证券简称	桂林旅游
	法人代表	章熙骏	董秘 黄锡军	证券代码	000978
	公司网址	www.guilintravel.com		电子信箱	zjb888@tom.com
	电　话	0773-3558976 3558955		传　真	0773-3558955
	办公地址	广西壮族自治区桂林市翠竹路27-2号			
	经营范围	旅游服务及与旅游服务相关的业务等			

主要财务指标	指标\报告期	2011.06.30	2010.12.31	2010.06.30	2009.12.31
	每股收益(元)	0.0380	0.2080	0.0180	0.1500
	每股收益(扣除)(元)	0.0360	0.1700	0.0320	0.1810
	每股净资产(元)	3.9000	3.9800	3.8000	3.0350
	调整后每股净资产(元)	-	-	-	-
	每股资本公积金(元)	2.6870	2.6880	2.6879	1.5888
	每股盈余公积金(元)	0.1664	0.1600	0.1530	0.3013
	每股未分配利润(元)	0.0435	0.1318	-0.0397	0.1447
	每股现金净流量(元)	-0.0837	0.3321	0.0966	0.0477
	每股经营现金净流量(元)	0.0177	0.3044	0.0125	0.6263
	净资产收益率(扣除)(%)	-	4.2600	-	6.7300
	净资产收益率(%)	0.9790	4.9150	0.4500	6.4063
	总资产(万)	219208.39	223647.93	215088.34	143369.23
	股东权益(万)	140328.79	143311.84	136880.82	53716.48
	主营业务收入(万)	18862.36	49519.48	15454.10	30426.43
	主营成本(万)	10789.36	27003.57	8526.63	15378.08
	营业收入(万)	19544.06	51032.24	16094.54	31837.73
	营业成本(万)	10881.82	27180.58	8607.52	15606.29
	投资收益(万)	-	-	-	-
	利润总额(万)	1571.53	8282.58	635.84	3889.61
	净利润(万)	1373.65	7044.16	615.51	3441.23

中弘地产股份有限公司

公司概况	公司名称	中弘地产股份有限公司		证券简称	中弘股份
	法人代表	王永红	董秘 金洁	证券代码	000979
	公司网址	www.koyogroup.com		电子信箱	jinjie139@126.com
	电　话	010-59621199 8502		传　真	010-59621150
	办公地址	北京市朝阳区朝阳北路五里桥一街非中心1号院19号楼			
	经营范围	房地产开发,实业投资、管理、经营及咨询等			

主要财务指标	指标\报告期	2011.06.30	2010.12.31	2010.06.30	2009.12.31
	每股收益(元)	0.1800	1.6400	-0.0700	0.6500
	每股收益(扣除)(元)	0.0964	1.6000	-0.0900	0.4000
	每股净资产(元)	1.8200	2.9600	1.3200	1.4600
	调整后每股净资产(元)	-	-	-	-
	每股资本公积金(元)	0.0832	0.9498	1.0246	8.4704
	每股盈余公积金(元)	0.0509	0.0917	0.0917	0.4157
	每股未分配利润(元)	0.6865	0.9179	-0.7941	-3.2651
	每股现金净流量(元)	-0.4406	1.0013	2.3252	-2.8335
	每股经营现金净流量(元)	-0.1529	1.1189	2.0632	-8.5692
	净资产收益率(扣除)(%)	5.5700	72.2700	-7.3000	34.1800
	净资产收益率(%)	9.6970	55.3490	-4.7800	44.4200
	总资产(万)	556025.10	550776.64	564813.71	357327.54
	股东权益(万)	184262.98	166394.18	74344.42	82100.18
	主营业务收入(万)	66779.88	365814.43	8831.65	119427.81
	主营成本(万)	32891.94	154649.74	4118.39	62044.03
	营业收入(万)	66779.88	366139.17	8885.52	121028.36
	营业成本(万)	32891.94	154796.27	4165.64	63052.57
	投资收益(万)	-	-	-	-
	利润总额(万)	19998.38	124075.85	-4527.56	45400.30
	净利润(万)	17868.80	92097.82	-4161.29	36472.98

黄山金马股份有限公司

公司概况	公司名称	黄山金马股份有限公司			证券简称	金马股份
	法人代表	燕根水	董秘	杨海峰	证券代码	000980
	公司网址	www.hsjinma.com		电子信箱	zqb@hsjinma.com	
	电　话	0559-6537831		传　真	0559-6537888	
	办公地址	安徽省黄山市歙县经济技术开发区				
	经营范围	车用仪表及车用零部件、防盗门的生产和销售等				

	指标\报告期	2011.06.30	2010.12.31	2010.06.30	2009.12.31
主要财务指标	每股收益(元)	0.1000	0.1400	0.1110	0.1100
	每股收益(扣除)(元)	0.0800	0.1300	0.1100	0.1100
	每股净资产(元)	3.7600	3.6500	3.6300	3.5200
	调整后每股净资产(元)	–	–	–	–
	每股资本公积金(元)	2.3230	2.3236	2.3237	2.3237
	每股盈余公积金(元)	0.0384	0.0384	0.0384	0.0384
	每股未分配利润(元)	0.3972	0.2929	0.2651	0.1545
	每股现金净流量(元)	0.1263	–0.7668	–0.2251	–0.3542
	每股经营现金净流量(元)	0.4829	–0.2233	0.2771	–0.1436
	净资产收益率(扣除)(%)	2.0200	3.7400	3.0500	3.1800
	净资产收益率(%)	2.7740	3.7873	3.0500	3.0051
	总资产(万)	178028.54	179678.81	175393.43	164330.05
	股东权益(万)	119146.64	115862.96	114981.69	111476.28
	主营业务收入(万)	42544.88	77753.08	36091.62	55612.40
	主营成本(万)	35327.00	63611.44	29186.92	44442.29
	营业收入(万)	43406.41	80380.41	36717.25	56734.02
	营业成本(万)	35845.47	65483.15	29496.39	44810.72
	投资收益(万)	–	–	–	–
	利润总额(万)	3764.23	5385.85	4234.24	4027.09
	净利润(万)	3305.33	4388.03	3505.41	3350.02

银亿房地产股份有限公司

公司概况	公司名称	银亿房地产股份有限公司			证券简称	ST 兰光
	法人代表	熊续强	董秘	李笛鸣	证券代码	000981
	公司网址	www.languang.com		电子信箱	000981@chinayinyi.cn	
	电　话	0755-83220636 0574-87653687		传　真	0755-83321624	
	办公地址	广东省深圳市福田区振华路 56 号兰光大厦				
	经营范围	房地产开发,经营;商品房销售;物业管理;装饰装修等				

	指标\报告期	2011.06.30	2010.12.31	2010.06.30	2009.12.31
主要财务指标	每股收益(元)	0.4200	0.0400	0.1900	0.3300
	每股收益(扣除)(元)	0.4200	–0.0100	–	0.0060
	每股净资产(元)	3.1300	2.5100	2.2500	2.2500
	调整后每股净资产(元)	–	–	–	–
	每股资本公积金(元)	0.6829	0.0047	3.9203	3.9203
	每股盈余公积金(元)	0.1166	0.6221	0.1463	0.1463
	每股未分配利润(元)	1.7831	7.6223	–2.8149	–2.8156
	每股现金净流量(元)	0.1423	–0.2087	–0.8472	1.9242
	每股经营现金净流量(元)	–1.3121	–0.2009	–1.2846	2.0227
	净资产收益率(扣除)(%)	11.3100	1.5600	36.3695	14.5620
	净资产收益率(%)	15.1500	1.5700	10.1700	37.2500
	总资产(万)	1460908.75	1256317.54	38503.68	44762.12
	股东权益(万)	286760.44	36557.44	36542.34	36545.15
	主营业务收入(万)	179936.72	1387.15	83522.37	6279.56
	主营成本(万)	111888.63	829.47	50669.37	4528.04
	营业收入(万)	185421.42	1387.33	84699.11	6280.60
	营业成本(万)	114108.31	829.47	51069.38	4554.21
	投资收益(万)	3878.77	64.63	5279.73	6654.50
	利润总额(万)	47812.26	547.13	20089.01	5103.31
	净利润(万)	30453.91	570.20	13184.94	5277.50

宁夏中银绒业股份有限公司

公司概况	公司名称	宁夏中银绒业股份有限公司			证券简称	中银绒业
	法人代表	马生国	董秘	陈晓非	证券代码	000982
	公司网址	www.zhongyincashmere.com		电子信箱	chenxiaofei@zhongyincashmere.com	
	电　话	0951-4038950 8934 8935		传　真	0951-4519290	
	办公地址	宁夏回族自治区灵武市羊绒工业园区中银大道南侧				
	经营范围	无毛绒、绒条、羊绒纱、羊绒衫等的内销与出口等				

	指标\报告期	2011.06.30	2010.12.31	2010.06.30	2009.12.31
主要财务指标	每股收益(元)	0.2600	0.3100	0.2000	0.1600
	每股收益(扣除)(元)	0.1773	0.2600	0.1800	0.1200
	每股净资产(元)	2.6400	1.6400	2.2400	2.0400
	调整后每股净资产(元)	–	–	–	–
	每股资本公积金(元)	1.3463	0.5182	1.2773	1.2773
	每股盈余公积金(元)	0.0072	0.0080	–	–
	每股未分配利润(元)	0.3212	0.1500	–0.0282	–0.2254
	每股现金净流量(元)	0.6155	–0.0757	–0.0082	0.2600
	每股经营现金净流量(元)	–1.5106	0.0620	0.8872	–
	净资产收益率(扣除)(%)	7.8800	17.4300	8.1500	9.4200
	净资产收益率(%)	9.3430	18.7890	8.7940	11.5100
	总资产(万)	313966.62	222442.32	228563.82	170482.09
	股东权益(万)	73425.61	40858.35	37221.30	33861.89
	主营业务收入(万)	74968.48	117637.21	54006.10	76446.74
	主营成本(万)	59085.63	93063.56	41134.09	59667.40
	营业收入(万)	75036.44	117699.81	54027.12	76509.57
	营业成本(万)	59104.51	93088.61	41138.63	59708.96
	投资收益(万)	–	–	–	–
	利润总额(万)	7773.01	7891.77	3638.44	5934.01
	净利润(万)	6859.87	7676.89	3273.08	3898.22

山西西山煤电股份有限公司

公司概况	公司名称	山西西山煤电股份有限公司			证券简称	西山煤电
	法人代表	金智新	董秘	金智新(代)	证券代码	000983
	公司网址	www.xsmd.com.cn		电子信箱	xishanco@public.ty.sx.cn	
	电　话	0351-6137052 6217295		传　真	0351-6127434	
	办公地址	山西省太原市西矿街 318 号				
	经营范围	煤炭生产、洗选加工、电力生产及销售等				

	指标\报告期	2011.06.30	2010.12.31	2010.06.30	2009.12.31
主要财务指标	每股收益(元)	0.5916	0.8392	0.5407	0.7076
	每股收益(扣除)(元)	0.5973	0.8383	0.5405	0.6901
	每股净资产(元)	4.8300	4.0100	3.7551	4.1510
	调整后每股净资产(元)	–	–	–	–
	每股资本公积金(元)	0.2989	0.2987	0.2981	0.3876
	每股盈余公积金(元)	0.4230	0.4230	0.3504	0.4556
	每股未分配利润(元)	2.5190	1.9275	1.7016	2.0092
	每股现金净流量(元)	0.5147	0.3875	0.1580	0.9915
	每股经营现金净流量(元)	0.7230	1.0672	0.4119	1.2605
	净资产收益率(扣除)(%)	13.4400	23.3500	15.3300	23.4000
	净资产收益率(%)	12.2380	20.9130	14.4000	22.1580
	总资产(万)	3777124.37	2895275.31	3061223.68	2327007.94
	股东权益(万)	1523278.01	1264448.08	1183307.53	1006266.68
	主营业务收入(万)	1478220.74	1661654.18	892830.90	1215239.41
	主营成本(万)	980252.29	935474.12	534829.28	689862.66
	营业收入(万)	1507814.96	1694235.32	903475.45	1233702.88
	营业成本(万)	1001776.84	958799.74	542644.16	702576.64
	投资收益(万)	–	–	–	–
	利润总额(万)	271776.54	383696.16	238521.45	307328.90
	净利润(万)	186415.21	264437.01	170397.00	222966.91

大庆华科股份有限公司

公司概况					
公司名称	大庆华科股份有限公司			证券简称	大庆华科
法人代表	万志强	董秘	孟凡礼	证券代码	000985
公司网址	www.huake.com		电子信箱	huake@huake.com	
电　　话	0459-6291061 0459-6280287		传　　真	0459-6282351	
办公地址	黑龙江省大庆市高新技术产业开发区建设路239号				
经营范围	生产销售石油化工产品;生产销售药品、保健食品等				

主要财务指标：指标\报告期	2011.06.30	2010.12.31	2010.06.30	2009.12.31
每股收益(元)	0.1600	0.2000	0.1700	0.2200
每股收益(扣除)(元)	0.1725	0.2000	0.1700	0.2400
每股净资产(元)	3.7300	3.6700	3.8100	3.6100
调整后每股净资产(元)	–	–	–	–
每股资本公积金(元)	1.9180	1.9172	1.9172	1.9137
每股盈余公积金(元)	0.2946	0.2946	0.2743	0.2743
每股未分配利润(元)	0.4325	0.3705	0.5291	0.3486
每股现金净流量(元)	0.1518	0.0449	0.0757	–0.0854
每股经营现金净流量(元)	0.0923	0.5622	–0.2007	0.3645
净资产收益率(扣除)(%)	4.6100	5.4400	4.6800	7.0300
净资产收益率(%)	4.2546	5.5430	4.5900	6.0210
总资产(万)	57347.10	52026.12	59544.64	51035.85
股东权益(万)	48292.01	47523.77	49359.76	46739.69
主营业务收入(万)	48889.49	97896.65	46485.85	85188.20
主营成本(万)	42610.07	85646.09	39122.49	73179.62
营业收入(万)	52370.17	103640.30	46533.61	87157.02
营业成本(万)	45975.06	91147.02	39161.86	74670.45
投资收益(万)	–	–	–	–
利润总额(万)	2411.98	3045.31	2736.00	3318.08
净利润(万)	2054.63	2634.04	2267.11	2814.23

广州友谊集团股份有限公司

公司概况					
公司名称	广州友谊集团股份有限公司			证券简称	广州友谊
法人代表	房向前	董秘	江国源(代)	证券代码	000987
公司网址	www.cgzfs.com		电子信箱	gzfs@cgzfs.com	
电　　话	020-83483013 83577980		传　　真	020-83572228	
办公地址	广东省广州市越秀区环市东路369号				
经营范围	批发和零售贸易等				

主要财务指标：指标\报告期	2011.06.30	2010.12.31	2010.06.30	2009.12.31
每股收益(元)	0.5600	0.9100	0.4800	0.7900
每股收益(扣除)(元)	0.5472	0.9100	0.4800	0.7800
每股净资产(元)	4.4400	4.2800	3.8500	3.6700
调整后每股净资产(元)	–	–	–	–
每股资本公积金(元)	0.1676	0.1676	0.1676	0.1676
每股盈余公积金(元)	0.8043	0.8043	0.7136	0.7136
每股未分配利润(元)	2.4698	2.3057	1.9679	1.7849
每股现金净流量(元)	–0.0931	0.8651	–0.6174	0.8942
每股经营现金净流量(元)	–0.0818	1.2752	–0.4657	–
净资产收益率(扣除)(%)	12.0000	23.2500	12.6800	22.9500
净资产收益率(%)	12.7000	21.3090	12.5490	21.6684
总资产(万)	280034.25	290780.55	229186.63	225560.27
股东权益(万)	159435.84	153545.70	138164.93	131595.76
主营业务收入(万)	201387.20	335298.75	155903.94	280587.18
主营成本(万)	161850.19	273508.11	125906.31	227999.22
营业收入(万)	212866.27	358574.02	169092.09	295919.52
营业成本(万)	164577.54	280270.90	130105.53	228971.08
投资收益(万)	–	–	–	–
利润总额(万)	27017.95	43514.80	23130.78	37969.92
净利润(万)	20248.46	32718.69	17337.91	28514.69

华工科技产业股份有限公司

公司概况					
公司名称	华工科技产业股份有限公司			证券简称	华工科技
法人代表	马新强	董秘	刘卫	证券代码	000988
公司网址	www.hgtech.com.cn		电子信箱	bds@hgtech.com.cn	
电　　话	027-87180126		传　　真	027-87180149	
办公地址	湖北省武汉市东湖高新技术开发区华中科技大学科技园6路1号华工科技产业大厦				
经营范围	激光器、激光加工设备及成套设备、激光全息综合防伪标识等				

主要财务指标：指标\报告期	2011.06.30	2010.12.31	2010.06.30	2009.12.31
每股收益(元)	0.4200	0.6200	0.4300	0.4000
每股收益(扣除)(元)	0.2900	0.3000	0.1500	0.1800
每股净资产(元)	5.6000	4.0000	3.7900	3.6800
调整后每股净资产(元)	–	–	–	–
每股资本公积金(元)	2.9686	1.5431	1.5452	1.7529
每股盈余公积金(元)	0.1297	0.1418	0.1250	0.1250
每股未分配利润(元)	1.4591	1.2656	1.0943	0.7660
每股现金净流量(元)	1.2597	–0.2994	–0.2531	0.7127
每股经营现金净流量(元)	0.0517	0.1722	0.0583	0.0529
净资产收益率(扣除)(%)	6.5500	7.8800	3.9400	6.1800
净资产收益率(%)	7.0110	15.4200	11.3280	10.0757
总资产(万)	421250.76	333535.75	319079.38	298647.06
股东权益(万)	249646.20	162918.76	154651.84	150001.39
主营业务收入(万)	115171.94	198248.83	90977.04	143293.78
主营成本(万)	–	–	–	–
营业收入(万)	116051.72	202405.39	92327.72	146273.51
营业成本(万)	86082.72	149648.09	68378.35	108626.27
投资收益(万)	–	–	–	–
利润总额(万)	19885.07	34249.98	22081.11	19959.71
净利润(万)	17503.03	25122.53	17518.50	15113.70

九芝堂股份有限公司

公司概况					
公司名称	九芝堂股份有限公司			证券简称	九芝堂
法人代表	魏锋	董秘	徐向平	证券代码	000989
公司网址	www.hnjzt.com		电子信箱	xxp@hnjzt.com	
电　　话	0731-84499762 84499912		传　　真	0731-84499759	
办公地址	湖南省长沙市芙蓉中路一段129号				
经营范围	生产、销售(限自产)片剂、颗粒剂、茶剂、丸剂等				

主要财务指标：指标\报告期	2011.06.30	2010.12.31	2010.06.30	2009.12.31
每股收益(元)	0.2130	0.5500	0.2670	0.5000
每股收益(扣除)(元)	0.1899	0.5100	0.2500	0.4700
每股净资产(元)	4.5050	4.6320	4.1100	4.2300
调整后每股净资产(元)	–	–	–	–
每股资本公积金(元)	2.2967	2.2374	1.9942	1.9769
每股盈余公积金(元)	0.3804	0.3804	0.3441	0.3441
每股未分配利润(元)	0.8280	1.0146	0.7716	0.9043
每股现金净流量(元)	–0.2151	0.1282	–0.1387	0.6895
每股经营现金净流量(元)	0.2902	0.6243	0.2828	0.7423
净资产收益率(扣除)(%)	3.9890	11.8200	5.6270	11.1800
净资产收益率(%)	4.7360	11.8010	6.5040	11.7948
总资产(万)	172209.96	173851.10	155140.74	154753.29
股东权益(万)	134076.43	137864.98	122311.74	125746.24
主营业务收入(万)	53942.43	111421.60	53398.20	110463.31
主营成本(万)	25412.33	47628.19	22439.52	44848.12
营业收入(万)	54192.80	112238.98	53878.33	110921.20
营业成本(万)	25431.28	47731.83	22480.02	44864.04
投资收益(万)	–	–	–	–
利润总额(万)	7532.94	19040.63	9423.52	17871.04
净利润(万)	6350.00	16269.11	7954.78	14831.54

诚志股份有限公司

公司概况	公司名称	诚志股份有限公司		证券简称	诚志股份
	法人代表	龙大伟	董秘 许晓阳	证券代码	000990
	公司网址	www.chengzhi.com.cn		电子信箱	chengzhi@chengzhi.com.cn
	电 话	0791-83826898		传 真	0791-83826899
	办公地址	江西省南昌市经济开发区玉屏东大道299号清华科技园(江西)华江大厦			
	经营范围	生命科学、生物工程、医院投资管理、中西药、医药中间体等			

主要财务指标	指标\报告期	2011.06.30	2010.12.31	2010.06.30	2009.12.31
	每股收益(元)	0.0650	0.0730	0.0340	0.1420
	每股收益(扣除)(元)	0.0243	0.0520	0.0210	0.1180
	每股净资产(元)	5.3400	5.2800	5.3400	5.3000
	调整后每股净资产(元)	–	–	–	–
	每股资本公积金(元)	3.2148	3.2149	3.2126	3.2118
	每股盈余公积金(元)	0.1139	0.1139	0.1092	0.1092
	每股未分配利润(元)	1.0136	0.9485	1.0151	0.9807
	每股现金净流量(元)	–0.0175	0.5474	0.2098	1.0208
	每股经营现金净流量(元)	0.0739	–0.2389	–0.1659	0.4072
	净资产收益率(扣除)(%)	0.5000	1.0000	0.4000	2.3600
	净资产收益率(%)	1.2190	1.3740	0.6450	2.5778
	总资产(万)	340793.44	354632.99	340932.54	369513.71
	股东权益(万)	158683.86	156750.80	158522.52	157474.67
	主营业务收入(万)	143162.40	313482.82	166852.49	282992.89
	主营成本(万)	131003.50	290904.88	155359.08	260980.21
	营业收入(万)	143220.48	314017.81	166916.31	283351.33
	营业成本(万)	131037.76	291008.02	155406.18	261176.68
	投资收益(万)	–	–	–	–
	利润总额(万)	2715.19	2216.24	1451.23	5184.26
	净利润(万)	1934.65	2153.96	1022.94	4059.34

福建闽东电力股份有限公司

公司概况	公司名称	福建闽东电力股份有限公司		证券简称	闽东电力
	法人代表	罗红专	董秘 庄辰明	证券代码	000993
	公司网址	www.mdep.com.cn		电子信箱	mddl88@public.ndptt.fj.cn
	电 话	0593-2768983 2768888		传 真	0593-2098993
	办公地址	福建省宁德市蕉城区环城路143号华隆大厦8-10楼			
	经营范围	电力生产、开发;电力电器设备的销售等			

主要财务指标	指标\报告期	2011.06.30	2010.12.31	2010.06.30	2009.12.31
	每股收益(元)	0.0600	0.2800	0.2200	0.2400
	每股收益(扣除)(元)	0.0228	0.2900	0.2200	0.2500
	每股净资产(元)	4.0800	4.1400	4.0800	3.8600
	调整后每股净资产(元)	–	–	–	–
	每股资本公积金(元)	2.7890	2.7890	2.7880	2.7880
	每股盈余公积金(元)	0.0817	0.0817	0.0678	0.0678
	每股未分配利润(元)	0.2100	0.2685	0.2262	0.0041
	每股现金净流量(元)	0.4669	0.1214	0.0710	0.1811
	每股经营现金净流量(元)	–0.0428	0.3213	0.0865	0.4093
	净资产收益率(扣除)(%)	0.5500	7.1800	5.6400	6.7400
	净资产收益率(%)	1.5060	6.7240	5.4400	6.2810
	总资产(万)	294937.63	278650.63	262487.58	249353.42
	股东权益(万)	152208.05	154391.46	152255.51	143971.98
	主营业务收入(万)	18109.31	49577.04	25093.19	49568.83
	主营成本(万)	12227.88	27690.94	11068.28	29173.97
	营业收入(万)	18802.31	50944.04	25444.01	50043.35
	营业成本(万)	12519.64	28233.82	11334.20	29535.92
	投资收益(万)	–	–	–	–
	利润总额(万)	2093.04	12019.96	10252.64	10603.14
	净利润(万)	2292.59	10381.09	8283.54	9042.72

甘肃皇台酒业股份有限公司

公司概况	公司名称	甘肃皇台酒业股份有限公司		证券简称	ST 皇 台
	法人代表	卢鸿毅	董秘 刘峰	证券代码	000995
	公司网址	www.huangtaichina.com		电子信箱	htjy000995@126.com
	电 话	0935-6139865		传 真	0935-6139888
	办公地址	甘肃省武威市凉州区西关街新建路55号			
	经营范围	白酒、葡萄酒、酒精的生产、批发零售,自产副产品的批发零售等			

主要财务指标	指标\报告期	2011.06.30	2010.12.31	2010.06.30	2009.12.31
	每股收益(元)	0.0400	–0.3300	–0.0900	0.0400
	每股收益(扣除)(元)	–0.1283	–0.3000	–0.0900	–0.2600
	每股净资产(元)	1.0080	0.9650	1.2100	1.3000
	调整后每股净资产(元)	–	–	–	–
	每股资本公积金(元)	1.4284	1.4284	1.4284	1.4284
	每股盈余公积金(元)	0.0330	0.0330	0.0330	0.0330
	每股未分配利润(元)	–1.4540	–1.4963	–1.2518	–1.1615
	每股现金净流量(元)	0.0170	–0.0341	0.0075	0.0002
	每股经营现金净流量(元)	–0.0233	0.0888	0.0673	0.1649
	净资产收益率(扣除)(%)	–12.7300	–26.7600	–7.0500	–20.3600
	净资产收益率(%)	4.2000	–34.6890	–7.4690	3.0440
	总资产(万)	40889.81	42357.51	45518.00	47465.53
	股东权益(万)	17874.18	17123.49	21460.59	23063.40
	主营业务收入(万)	4277.70	6259.89	2754.78	7746.91
	主营成本(万)	2552.91	2888.32	1184.77	6318.08
	营业收入(万)	4297.08	6437.85	2918.97	7875.46
	营业成本(万)	2552.91	3238.07	1372.03	6318.08
	投资收益(万)	–	–	–	–
	利润总额(万)	692.30	–5911.03	–1642.16	642.91
	净利润(万)	750.70	–5939.91	–1602.81	702.03

中国中期投资股份有限公司

公司概况	公司名称	中国中期投资股份有限公司		证券简称	中国中期
	法人代表	姜新	董秘 徐朝武	证券代码	000996
	公司网址	www.cifco996.com		电子信箱	cifco000996@126.com
	电 话	010-82335682		传 真	010-82335506
	办公地址	北京市朝阳区光华路14号中国中期大厦A座6层			
	经营范围	对外投资及管理,资产管理,创业投资等			

主要财务指标	指标\报告期	2011.06.30	2010.12.31	2010.06.30	2009.12.31
	每股收益(元)	0.0663	0.0622	0.0164	0.0249
	每股收益(扣除)(元)	0.0217	0.0407	–0.0018	0.0001
	每股净资产(元)	1.8700	1.8100	1.8000	1.7500
	调整后每股净资产(元)	–	–	–	–
	每股资本公积金(元)	0.6508	0.6508	0.6507	0.6508
	每股盈余公积金(元)	0.1044	0.1044	0.1077	0.1139
	每股未分配利润(元)	0.1198	0.0535	0.0426	–0.0182
	每股现金净流量(元)	0.3144	–1.1941	–1.1868	0.2246
	每股经营现金净流量(元)	–0.3037	0.4543	0.5393	0.5978
	净资产收益率(扣除)(%)	1.1800	2.2900	–0.1000	0.0100
	净资产收益率(%)	3.5380	3.4410	0.9120	1.4275
	总资产(万)	48257.60	50065.02	49961.04	92106.56
	股东权益(万)	43124.88	41599.23	41424.32	40168.49
	主营业务收入(万)	3453.11	8424.36	3467.15	12152.79
	主营成本(万)	2825.60	6931.00	2592.90	7871.22
	营业收入(万)	3453.11	8207.57	3467.15	9729.76
	营业成本(万)	4135.24	6931.00	4153.18	7895.39
	投资收益(万)	–	–	–	–
	利润总额(万)	1526.89	1434.54	377.92	1045.14
	净利润(万)	1525.65	1431.51	377.84	573.39

福建新大陆电脑股份有限公司

公司概况	公司名称	福建新大陆电脑股份有限公司		证券简称	新大陆
	法人代表	胡钢	董秘 侯浩峰	证券代码	000997
	公司网址	www.newlandcomputer.com		电子信箱	newlandzq@newlandcomputer.com
	电　话	0591-83979997		传　真	0591-83979997 83977666
	办公地址	福建省福州市马尾区儒江西路1号新大陆科技园			
	经营范围	电子计算机及其外部设备、税控收款机的制造、销售、租赁等			

主要财务指标	指标\报告期	2011.06.30	2010.12.31	2010.06.30	2009.12.31
	每股收益(元)	0.1000	0.1500	0.0900	0.1900
	每股收益(扣除)(元)	0.1000	0.1200	0.0900	0.1600
	每股净资产(元)	2.6400	2.5400	2.4800	1.8800
	调整后每股净资产(元)	–	–	–	–
	每股资本公积金(元)	0.9523	0.9523	0.9528	0.2798
	每股盈余公积金(元)	0.1539	0.1539	0.1378	0.1555
	每股未分配利润(元)	0.5341	0.4296	0.3862	0.4451
	每股现金净流量(元)	0.0491	0.2220	0.6668	–0.1894
	每股经营现金净流量(元)	–0.2618	–0.1577	–0.1783	0.0274
	净资产收益率(扣除)(%)	3.7000	5.5500	4.6700	8.8700
	净资产收益率(%)	3.9550	5.5070	3.2350	10.0850
	总资产(万)	222603.83	192211.51	194742.52	140730.12
	股东权益(万)	134764.51	129463.59	126467.90	85081.68
	主营业务收入(万)	50981.92	81151.66	41417.07	112994.38
	主营成本(万)	29311.75	49377.51	24393.42	81883.73
	营业收入(万)	51290.09	81600.57	41513.35	113324.23
	营业成本(万)	29409.77	49482.99	24428.58	82137.87
	投资收益(万)	–	–	–	–
	利润总额(万)	6893.82	9732.06	5214.91	11465.92
	净利润(万)	5329.89	7129.89	4091.63	8580.83

袁隆平农业高科技股份有限公司

公司概况	公司名称	袁隆平农业高科技股份有限公司		证券简称	隆平高科
	法人代表	伍跃时	董秘 彭光剑	证券代码	000998
	公司网址	www.lpht.com.cn		电子信箱	lpht@lpht.com.cn
	电　话	0731-82181658 82183880		传　真	0731-82183859 82183880
	办公地址	湖南省长沙市车站北路459号证券大厦9楼			
	经营范围	以杂交水稻、蔬菜为主的高科技农作物种子、种苗的培育、繁殖等			

主要财务指标	指标\报告期	2011.06.30	2010.12.31	2010.06.30	2009.12.31
	每股收益(元)	0.1900	0.2690	0.0740	0.1750
	每股收益(扣除)(元)	0.1940	0.2394	0.1070	0.0350
	每股净资产(元)	3.6100	3.5700	3.3480	3.4200
	调整后每股净资产(元)	–	–	–	–
	每股资本公积金(元)	1.7770	1.8742	1.8468	1.9196
	每股盈余公积金(元)	0.1712	0.1712	0.1656	0.1656
	每股未分配利润(元)	0.6687	0.5291	0.3400	0.3356
	每股现金净流量(元)	–0.0900	–0.2555	–0.8802	0.9066
	每股经营现金净流量(元)	0.7184	0.5714	0.3312	0.6164
	净资产收益率(扣除)(%)	5.2900	6.8100	3.1100	1.0500
	净资产收益率(%)	5.2510	7.5400	2.2220	5.1179
	总资产(万)	228039.84	244194.81	201377.50	220444.05
	股东权益(万)	100091.27	98948.02	92798.21	94707.77
	主营业务收入(万)	74913.11	127654.86	59392.93	105217.70
	主营成本(万)	51409.64	90688.08	44401.14	77866.08
	营业收入(万)	75279.03	128039.66	59444.03	105474.95
	营业成本(万)	51611.98	90789.15	44411.46	77974.98
	投资收益(万)	–	–	–	–
	利润总额(万)	10328.15	14059.57	4387.23	8316.54
	净利润(万)	5256.15	7460.32	2061.89	4847.03

华润三九医药股份有限公司

公司概况	公司名称	华润三九医药股份有限公司		证券简称	华润三九
	法人代表	李福祚	董秘 周辉	证券代码	000999
	公司网址	www.999.com.cn		电子信箱	000999@999.com.cn
	电　话	0755-83360999 转 3579 83360999		传　真	0755-82118858
	办公地址	深圳市罗湖区银湖路口(北环大道1026号)			
	经营范围	药品的开发、生产、销售;相关技术开发、转让、服务等			

主要财务指标	指标\报告期	2011.06.30	2010.12.31	2010.06.30	2009.12.31
	每股收益(元)	0.4100	0.8300	0.4000	0.7200
	每股收益(扣除)(元)	0.3993	0.7500	0.3700	0.6900
	每股净资产(元)	4.4100	4.3000	3.8700	3.7700
	调整后每股净资产(元)	–	–	–	–
	每股资本公积金(元)	1.3787	1.3787	1.3839	1.3697
	每股盈余公积金(元)	0.2678	0.2678	0.2238	0.2238
	每股未分配利润(元)	1.7662	1.6610	1.2687	1.1741
	每股现金净流量(元)	–0.0816	0.5327	0.0565	0.5605
	每股经营现金净流量(元)	0.4508	0.8666	0.4307	0.8735
	净资产收益率(扣除)(%)	9.1700	18.9700	9.8000	20.2200
	净资产收益率(%)	9.1910	19.3690	10.2620	19.2470
	总资产(万)	618918.27	609116.04	543142.79	563141.70
	股东权益(万)	431575.53	421291.68	379286.13	368628.61
	主营业务收入(万)	244320.18	434311.76	196855.36	482700.44
	主营成本(万)	99538.63	167637.21	75036.36	239286.55
	营业收入(万)	245260.00	436515.33	197818.89	485271.70
	营业成本(万)	100035.81	168622.86	75498.54	239606.53
	投资收益(万)	–	–	–	–
	利润总额(万)	50410.30	103402.61	48760.86	90445.64
	净利润(万)	39664.78	81598.48	38923.60	70948.90

重庆宗申动力机械股份有限公司

公司概况	公司名称	重庆宗申动力机械股份有限公司		证券简称	宗申动力
	法人代表	左宗申	董秘 黄培国	证券代码	001696
	公司网址	www.zsengine.com		电子信箱	cqzsdl@gmail.com
	电　话	023-66372632		传　真	023-66372648
	办公地址	重庆市巴南区宗申工业园			
	经营范围	开发、销售各类发动机及其零配件、机械产品等			

主要财务指标	指标\报告期	2011.06.30	2010.12.31	2010.06.30	2009.12.31
	每股收益(元)	0.1600	0.3400	0.1700	0.3700
	每股收益(扣除)(元)	0.1578	0.3200	0.1700	0.3700
	每股净资产(元)	1.7400	1.9800	1.8200	1.6700
	调整后每股净资产(元)	–	–	–	–
	每股资本公积金(元)	0.0122	0.0122	0.0122	0.5207
	每股盈余公积金(元)	0.1495	0.1495	0.0902	0.1533
	每股未分配利润(元)	0.5915	0.8291	0.7249	1.1863
	每股现金净流量(元)	–0.0724	0.0370	–0.0895	0.2106
	每股经营现金净流量(元)	0.1765	0.1524	–0.0025	0.5207
	净资产收益率(扣除)(%)	8.1800	17.7200	9.9700	24.0700
	净资产收益率(%)	9.3290	17.0440	9.5730	22.1280
	总资产(万)	352290.75	339770.87	274983.70	251057.53
	股东权益(万)	177773.94	202273.26	185697.12	171005.25
	主营业务收入(万)	228663.71	395124.33	208666.69	349703.51
	主营成本(万)	191931.77	329206.80	175093.18	284366.74
	营业收入(万)	229223.65	396467.00	209362.81	350430.55
	营业成本(万)	192302.43	329966.90	175427.28	284614.78
	投资收益(万)	–	–	–	–
	利润总额(万)	20655.13	42302.97	21939.58	46428.44
	净利润(万)	16583.86	34474.77	17777.17	37839.94

河南豫能控股股份有限公司

公司概况	公司名称	河南豫能控股股份有限公司			证券简称	豫能控股
	法人代表	张文杰	董秘	王璞	证券代码	001896
	公司网址	www.yuneng.com.cn			电子信箱	Wangpu@Yuneng.com.cn
	电　　话	0371-69515111			传　　真	0371-69515114
	办公地址	郑州市农业路东 41 号投资大厦 B 座 8-12 层				
	经营范围	电力开发、生产和销售等				

主要财务指标	指标\报告期	2011.06.30	2010.12.31	2010.06.30	2009.12.31
	每股收益(元)	-0.1700	0.0300	-0.3100	-0.1700
	每股收益(扣除)(元)	-0.1765	0.0500	-0.1900	-0.4200
	每股净资产(元)	0.7900	0.9700	0.6700	1.9300
	调整后每股净资产(元)	-	-	-	-
	每股资本公积金(元)	2.0948	2.0948	2.0964	4.0662
	每股盈余公积金(元)	0.2294	0.2294	0.2294	0.3325
	每股未分配利润(元)	-2.5328	-2.3587	-2.6556	-3.4689
	每股现金净流量(元)	0.2607	-0.1171	-0.0292	-0.3862
	每股经营现金净流量(元)	0.6705	0.4947	0.4752	0.4741
	净资产收益率(扣除)(%)	-20.1000	6.8300	-12.0000	-52.5300
	净资产收益率(%)	-21.9970	3.5496	-39.1060	12.8010
	总资产(万)	645890.47	679548.95	632241.21	714410.47
	股东权益(万)	49330.98	60182.53	41772.20	82981.95
	主营业务收入(万)	207554.60	422531.14	189726.86	340867.87
	主营成本(万)	193009.38	383657.41	187990.25	313654.36
	营业收入(万)	209702.07	423834.08	190039.91	342675.45
	营业成本(万)	195270.34	384165.04	188060.60	313954.50
	投资收益(万)	-	-	-	-
	利润总额(万)	-9145.72	3406.95	-19015.54	-9596.36
	净利润(万)	-10851.56	2136.26	-16335.61	-10622.54

浙江新和成股份有限公司

公司概况	公司名称	浙江新和成股份有限公司			证券简称	新 和 成
	法人代表	胡柏藩	董秘	石观群	证券代码	002001
	公司网址	www.cnhu.com			电子信箱	webmaster@cnhu.com
	电　　话	0575-86125377 87178965			传　　真	0571-87178963
	办公地址	浙江省绍兴市新昌县羽林街道江北路 4 号				
	经营范围	有机化工产品及饲料添加剂的生产、销售等				

主要财务指标	指标\报告期	2011.06.30	2010.12.31	2010.06.30	2009.12.31
	每股收益(元)	0.8700	1.6100	1.1600	2.1900
	每股收益(扣除)(元)	0.8700	1.6200	1.1700	2.1700
	每股净资产(元)	7.0300	6.6600	8.3700	8.1300
	调整后每股净资产(元)	-	-	-	-
	每股资本公积金(元)	1.4855	1.4855	2.2459	0.3929
	每股盈余公积金(元)	0.3304	0.3304	0.3534	0.5000
	每股未分配利润(元)	4.2209	3.8472	4.7715	6.2384
	每股现金净流量(元)	0.1761	2.2475	2.6894	-0.4405
	每股经营现金净流量(元)	0.6914	1.7973	1.3493	2.9476
	净资产收益率(扣除)(%)	12.5300	27.4600	15.0700	43.8200
	净资产收益率(%)	12.4200	22.7480	13.5170	36.6120
	总资产(万)	666505.20	615317.52	571603.12	420972.72
	股东权益(万)	510627.59	483599.30	405097.16	278143.11
	主营业务收入(万)	202771.24	343644.40	160679.07	287949.68
	主营成本(万)	108688.46	165283.38	68630.95	128792.57
	营业收入(万)	203221.92	344526.36	162438.71	289822.52
	营业成本(万)	108874.48	165923.43	70110.26	130464.52
	投资收益(万)	-	-	-	-
	利润总额(万)	74165.50	132589.26	67706.22	121579.48
	净利润(万)	63421.24	110008.69	54758.50	101833.91

江苏琼花高科技股份有限公司

公司概况	公司名称	江苏琼花高科技股份有限公司			证券简称	ST 琼 花
	法人代表	顾宏言	董秘	李高	证券代码	002002
	公司网址	www.chinaqionghua.com			电子信箱	lgdj_1979@126.com
	电　　话	0514-87270833 87271301			传　　真	0514-87270939
	办公地址	江苏省扬州市邗江区杭集镇曙光路				
	经营范围	PVC 片材、板材、PE 薄膜、复合包装材料及其它新型包装材料等的研究、生产等				

主要财务指标	指标\报告期	2011.06.30	2010.12.31	2010.06.30	2009.12.31
	每股收益(元)	-0.1143	-0.4083	-0.1020	0.0576
	每股收益(扣除)(元)	-0.1144	-0.4169	-0.1073	-0.4727
	每股净资产(元)	0.4189	0.5332	0.8395	0.9415
	调整后每股净资产(元)	-	-	-	-
	每股资本公积金(元)	0.5690	0.5690	0.5690	0.5690
	每股盈余公积金(元)	0.1204	0.1204	0.1204	0.1204
	每股未分配利润(元)	-1.2705	-1.1562	-0.8498	-0.7479
	每股现金净流量(元)	-0.0177	-0.0106	0.0235	0.0376
	每股经营现金净流量(元)	-0.0026	0.0064	0.0224	0.0724
	净资产收益率(扣除)(%)	-24.1300	-56.5500	-12.0900	-51.7900
	净资产收益率(%)	-27.2830	-76.5740	-12.1460	6.1130
	总资产(万)	26442.19	28165.74	32588.12	36267.82
	股东权益(万)	6991.46	8898.94	14010.90	15713.24
	主营业务收入(万)	8469.09	19928.02	9777.58	17151.79
	主营成本(万)	8963.43	19966.75	10319.49	16463.07
	营业收入(万)	9415.30	20303.86	10577.21	17661.25
	营业成本(万)	9837.41	20383.26	10847.79	17666.22
	投资收益(万)	-	-	-	-
	利润总额(万)	-1909.16	-6826.33	-1702.62	376.37
	净利润(万)	-1907.48	-6814.30	-1701.78	960.59

浙江伟星实业发展股份有限公司

公司概况	公司名称	浙江伟星实业发展股份有限公司			证券简称	伟星股份
	法人代表	章卡鹏	董秘	谢瑾琨	证券代码	002003
	公司网址	www.weixing.cn			电子信箱	002003@weixing.cn
	电　　话	0576-85125002			传　　真	0576-85126598
	办公地址	浙江省临海市花园工业区				
	经营范围	钮扣、拉链、人造水晶钻及其他服饰辅料等				

主要财务指标	指标\报告期	2011.06.30	2010.12.31	2010.06.30	2009.12.31
	每股收益(元)	0.4300	1.2400	0.4800	0.8600
	每股收益(扣除)(元)	0.4300	1.2100	0.4600	0.8600
	每股净资产(元)	6.0600	5.6800	4.9200	4.6700
	调整后每股净资产(元)	-	-	-	-
	每股资本公积金(元)	2.9462	2.1618	2.1908	2.1630
	每股盈余公积金(元)	0.3517	0.4391	0.3205	0.3260
	每股未分配利润(元)	1.7645	2.0812	1.4605	1.1820
	每股现金净流量(元)	0.5266	0.1321	0.5974	0.2189
	每股经营现金净流量(元)	-0.0979	1.3505	0.1150	1.5957
	净资产收益率(扣除)(%)	7.0900	23.4100	9.4100	18.6600
	净资产收益率(%)	6.5620	21.7280	9.5890	18.0600
	总资产(万)	233099.54	179581.00	183556.42	144891.82
	股东权益(万)	157009.54	117853.15	102029.06	95501.05
	主营业务收入(万)	89974.68	176551.04	75696.03	136089.00
	主营成本(万)	58717.53	112741.58	48789.56	86902.27
	营业收入(万)	92105.93	182932.32	78351.60	139513.15
	营业成本(万)	59832.78	115225.05	50150.53	88664.85
	投资收益(万)	-	-	-	-
	利润总额(万)	13693.74	33706.03	13092.82	22270.83
	净利润(万)	10302.37	25607.24	9783.15	17247.62

重庆华邦制药股份有限公司

公司概况	公司名称	重庆华邦制药股份有限公司			证券简称	华邦制药
	法人代表	张松山	董秘	彭云辉	证券代码	002004
	公司网址	www.huapont.com.cn		电子信箱	huapont@163.com	
	电　话	023-67886900 67886985		传　真	023-67886986	
	办公地址	重庆市渝北区人和星光大道 69 号				
	经营范围	生产、销售(限本企业自产药品)软膏剂,乳膏剂等				

主要财务指标	指标\报告期	2011.06.30	2010.12.31	2010.06.30	2009.12.31
	每股收益(元)	0.4500	1.0000	0.3500	0.9700
	每股收益(扣除)(元)	0.4300	0.9000	0.3300	0.7200
	每股净资产(元)	7.8400	7.3900	6.7000	6.3500
	调整后每股净资产(元)	–	–	–	–
	每股资本公积金(元)	1.0384	1.0384	1.0002	0.9971
	每股盈余公积金(元)	0.6396	0.5950	0.5354	0.5049
	每股未分配利润(元)	5.1578	4.7566	4.1629	3.8464
	每股现金净流量(元)	0.2403	–0.2470	–0.3319	–0.0842
	每股经营现金净流量(元)	0.2209	0.6048	–0.1639	0.9358
	净资产收益率(扣除)(%)	5.5800	13.1200	4.9900	11.9700
	净资产收益率(%)	5.6900	13.5360	5.1800	15.2370
	总资产(万)	145879.65	135835.04	123552.23	114299.46
	股东权益(万)	103434.22	97549.08	88419.87	83798.99
	主营业务收入(万)	28804.68	53065.86	25411.78	53751.20
	主营成本(万)	–	16432.51	9493.83	18345.25
	营业收入(万)	29198.15	54122.45	25873.51	54452.07
	营业成本(万)	10615.97	17688.21	9773.56	18970.87
	投资收益(万)	–	–	–	–
	利润总额(万)	6818.43	15154.95	4859.18	14738.75
	净利润(万)	5885.15	13204.17	4579.84	12768.44

广东德豪润达电气股份有限公司

公司概况	公司名称	广东德豪润达电气股份有限公司			证券简称	德豪润达
	法人代表	王冬雷	董秘	邓飞	证券代码	002005
	公司网址	www.electech.com.cn		电子信箱	002005dongmi@electech.com.cn	
	电　话	0756-3390188		传　真	0756-3390238	
	办公地址	广东省珠海市香洲区唐家湾镇金凤路 1 号				
	经营范围	开发、生产家用电器、电机、电子、轻工产品、电动器具、自动按摩设备等				

主要财务指标	指标\报告期	2011.06.30	2010.12.31	2010.06.30	2009.12.31
	每股收益(元)	0.2100	0.5600	0.0600	0.2000
	每股收益(扣除)(元)	0.0012	–0.0040	0.0600	0.1500
	每股净资产(元)	4.9600	4.9100	2.0800	2.0600
	调整后每股净资产(元)	–	–	–	–
	每股资本公积金(元)	3.0297	3.2005	0.6191	0.6191
	每股盈余公积金(元)	0.0707	0.0707	0.1057	0.1057
	每股未分配利润(元)	0.8427	0.6310	0.3529	0.2895
	每股现金净流量(元)	–1.0296	2.1931	–0.1181	0.1805
	每股经营现金净流量(元)	–0.5783	0.7411	–0.6129	0.2379
	净资产收益率(扣除)(%)	0.0200	–0.1300	2.9600	7.6800
	净资产收益率(%)	4.2680	8.2460	3.0560	9.7280
	总资产(万)	588658.72	505618.05	267990.43	221677.86
	股东权益(万)	239715.88	237368.13	67087.99	66419.86
	主营业务收入(万)	121940.22	247515.85	96409.78	188501.22
	主营成本(万)	98212.07	204245.09	75625.63	147566.72
	营业收入(万)	123697.31	259529.38	107364.48	192183.29
	营业成本(万)	99828.32	205359.27	76521.26	151197.19
	投资收益(万)	–	–	–	–
	利润总额(万)	13254.09	26591.50	3005.68	9273.25
	净利润(万)	10231.07	19572.35	2050.19	6461.48

浙江精功科技股份有限公司

公司概况	公司名称	浙江精功科技股份有限公司			证券简称	精功科技
	法人代表	孙建江	董秘	黄伟明	证券代码	002006
	公司网址	www.jgtec.com.cn		电子信箱	zjjgkj@jgtec.com.cn	
	电　话	0575-84138692		传　真	0575-84886600	
	办公地址	浙江省绍兴市绍兴柯桥经济开发区柯西工业区鉴湖路 1809 号				
	经营范围	机电一体化的建筑、建材专用设备及轻纺专用设备等				

主要财务指标	指标\报告期	2011.06.30	2010.12.31	2010.06.30	2009.12.31
	每股收益(元)	1.5200	0.6300	0.1000	0.1600
	每股收益(扣除)(元)	1.5100	0.5100	0.0700	–0.1400
	每股净资产(元)	7.0400	2.7900	2.2500	2.1800
	调整后每股净资产(元)	–	–	–	–
	每股资本公积金(元)	3.7305	0.8905	0.9169	0.9169
	每股盈余公积金(元)	0.1730	0.1823	0.1383	0.1383
	每股未分配利润(元)	2.1345	0.7145	0.1979	0.1252
	每股现金净流量(元)	1.5950	–0.1334	–0.5852	1.2131
	每股经营现金净流量(元)	–0.0958	1.5563	0.0875	1.0754
	净资产收益率(扣除)(%)	37.4400	20.3200	4.0600	–7.3100
	净资产收益率(%)	20.6930	22.7180	4.2300	7.3960
	总资产(万)	249157.25	171474.06	126410.78	133180.67
	股东权益(万)	106779.71	40136.72	32444.53	31398.01
	主营业务收入(万)	125187.06	96671.12	43734.59	63224.94
	主营成本(万)	84321.77	73956.49	34793.72	51643.38
	营业收入(万)	125567.17	97468.66	44283.50	64033.97
	营业成本(万)	84530.74	74522.83	35251.19	52161.36
	投资收益(万)	–	–	–	–
	利润总额(万)	26765.22	10804.90	1807.24	1032.24
	净利润(万)	22095.79	9118.13	1371.89	2322.31

华兰生物工程股份有限公司

公司概况	公司名称	华兰生物工程股份有限公司			证券简称	华兰生物
	法人代表	安康	董秘	范蓓	证券代码	002007
	公司网址	www.hualanbio.com		电子信箱	hualan@hualanbio.com	
	电　话	0373-3559989		传　真	0373-3559991	
	办公地址	河南省新乡市华兰大道甲 1 号				
	经营范围	生产、销售自产的生物制品、血液制品等				

主要财务指标	指标\报告期	2011.06.30	2010.12.31	2010.06.30	2009.12.31
	每股收益(元)	0.3780	1.0627	0.5374	1.0560
	每股收益(扣除)(元)	0.3790	1.0416	0.5352	1.0371
	每股净资产(元)	3.8400	3.7600	3.2400	4.6200
	调整后每股净资产(元)	–	–	–	–
	每股资本公积金(元)	0.5056	0.5056	0.5056	0.8090
	每股盈余公积金(元)	0.2368	0.2368	0.1492	0.2387
	每股未分配利润(元)	2.1002	2.0222	1.5845	2.5753
	每股现金净流量(元)	–0.2975	0.6501	0.0887	1.1450
	每股经营现金净流量(元)	0.0569	1.0578	0.2768	1.6875
	净资产收益率(扣除)(%)	9.5800	31.4600	16.9500	42.5100
	净资产收益率(%)	9.8360	28.2300	16.5900	36.5480
	总资产(万)	263596.01	257584.55	224331.34	201172.04
	股东权益(万)	221412.45	216920.86	186648.90	166488.65
	主营业务收入(万)	46983.78	126151.89	61510.68	121964.08
	主营成本(万)	13433.59	29379.66	13103.18	29230.65
	营业收入(万)	46984.32	126162.07	61512.10	122049.34
	营业成本(万)	13433.59	29411.06	13103.18	29283.69
	投资收益(万)	–	–	–	–
	利润总额(万)	26562.07	81867.13	41552.90	78300.37
	净利润(万)	21777.74	61236.05	30964.09	60847.55

深圳市大族激光科技股份有限公司

公司概况	公司名称	深圳市大族激光科技股份有限公司			证券简称	大族激光
	法人代表	高云峰	董秘	杜永刚	证券代码	002008
	公司网址	www.hanslaser.com		电子信箱	bsd@hanslaser.com	
	电　话	0755-86161340		传　真	0755-86161327	
	办公地址	广东省深圳市南山区深南大道 9988 号				
	经营范围	激光加工,PCB, 光伏,LED 封装等专用设备的研发,生产及销售等				

主要财务指标	指标\报告期	2011.06.30	2010.12.31	2010.06.30	2009.12.31
	每股收益(元)	0.1785	0.5395	0.1080	–
	每股收益(扣除)(元)	0.1692	0.3824	0.1573	–
	每股净资产(元)	2.4900	3.4500	2.9400	–
	调整后每股净资产(元)	–	–	–	–
	每股资本公积金(元)	0.8532	1.5180	1.3846	–
	每股盈余公积金(元)	0.0818	0.1227	0.0839	–
	每股未分配利润(元)	0.5527	0.8113	0.4724	–
	每股现金净流量(元)	–0.1889	0.3071	1.1663	–
	每股经营现金净流量(元)	–0.0914	0.3180	–0.0770	–
	净资产收益率(扣除)(%)	6.8700	12.1400	5.4000	–
	净资产收益率(%)	7.1820	15.6550	5.5160	–
	总资产(万)	606950.57	544123.96	580321.16	–
	股东权益(万)	259632.06	239972.85	204472.88	–
	主营业务收入(万)	160633.44	293624.42	130186.17	–
	主营成本(万)	96344.70	177873.57	79704.31	–
	营业收入(万)	171958.79	310908.50	135853.36	–
	营业成本(万)	99964.76	183493.56	81906.58	–
	投资收益(万)	–	–	–	–
	利润总额(万)	24676.84	50233.79	14972.08	–
	净利润(万)	18647.30	37566.89	11279.53	–

江苏天奇物流系统工程股份有限公司

公司概况	公司名称	江苏天奇物流系统工程股份有限公司			证券简称	天奇股份
	法人代表	白开军	董秘	费新毅	证券代码	002009
	公司网址	www.chinaconveyor.com		电子信箱	feixy@21cn.com	
	电　话	0510-82720289		传　真	0510-82720289	
	办公地址	江苏省无锡市滨湖区环湖路 287 号—双虹园				
	经营范围	物流机械设备、风电产业及房地产业等				

主要财务指标	指标\报告期	2011.06.30	2010.12.31	2010.06.30	2009.12.31
	每股收益(元)	0.2200	0.3500	0.1400	0.0100
	每股收益(扣除)(元)	0.1500	0.3100	0.1300	–0.0500
	每股净资产(元)	2.4700	2.2500	2.0300	1.9000
	调整后每股净资产(元)	–	–	–	–
	每股资本公积金(元)	0.0365	0.0365	0.0365	0.0365
	每股盈余公积金(元)	0.1468	0.1468	0.1188	0.1188
	每股未分配利润(元)	1.2898	1.0686	0.8786	0.7424
	每股现金净流量(元)	–0.0930	0.7613	0.0649	0.0784
	每股经营现金净流量(元)	0.3791	0.7303	0.1994	0.0738
	净资产收益率(扣除)(%)	–	14.8200	–	–2.4500
	净资产收益率(%)	8.9470	15.7250	6.7260	0.4977
	总资产(万)	280511.34	254684.00	170723.27	156441.46
	股东权益(万)	54657.77	49767.45	44949.93	41941.63
	主营业务收入(万)	65401.72	102681.13	38722.75	59185.94
	主营成本(万)	48344.10	78552.74	28933.13	47096.83
	营业收入(万)	65756.64	107309.13	40768.28	61152.36
	营业成本(万)	48575.87	82697.04	30736.63	48866.33
	投资收益(万)	–	–	–	–
	利润总额(万)	7142.10	9416.92	3864.48	805.56
	净利润(万)	4890.32	7825.82	3023.51	208.73

浙江传化股份有限公司

公司概况	公司名称	浙江传化股份有限公司			证券简称	传化股份
	法人代表	徐冠巨	董秘	朱江英	证券代码	002010
	公司网址	www.transfarchem.com		电子信箱	zqb@etransfar.com	
	电　话	0571-82872991		传　真	0571-82871858 83782070	
	办公地址	浙江省杭州市萧山经济技术开发区				
	经营范围	有机硅及有机氟精细化学品等				

主要财务指标	指标\报告期	2011.06.30	2010.12.31	2010.06.30	2009.12.31
	每股收益(元)	0.1400	0.6400	0.1800	0.6900
	每股收益(扣除)(元)	0.1300	0.5800	0.3000	0.6700
	每股净资产(元)	2.8200	5.4100	5.1300	3.4300
	调整后每股净资产(元)	–	–	–	–
	每股资本公积金(元)	0.4489	1.8978	2.2832	0.0051
	每股盈余公积金(元)	0.1392	0.2783	0.2739	0.2739
	每股未分配利润(元)	1.2296	2.2296	2.4068	2.1514
	每股现金净流量(元)	–0.1216	0.7595	2.2001	0.3711
	每股经营现金净流量(元)	–0.1760	–0.4375	–0.0884	1.0465
	净资产收益率(扣除)(%)	–	12.8300	–	21.4300
	净资产收益率(%)	4.9600	10.8760	5.7620	20.2520
	总资产(万)	214129.27	193536.31	189903.53	135813.17
	股东权益(万)	137494.83	131894.92	125067.45	69568.71
	主营业务收入(万)	135744.68	226730.81	106796.94	184573.20
	主营成本(万)	108055.48	178241.48	82610.50	138831.41
	营业收入(万)	137405.49	228123.16	107298.31	185721.88
	营业成本(万)	109612.03	179505.48	83096.43	139584.70
	投资收益(万)	–	–	–	–
	利润总额(万)	9441.90	21652.56	11057.80	21763.18
	净利润(万)	6819.85	14344.58	7206.31	14089.39

浙江盾安人工环境股份有限公司

公司概况	公司名称	浙江盾安人工环境股份有限公司			证券简称	盾安环境
	法人代表	周才良	董秘	何晓梅	证券代码	002011
	公司网址	www.dunan.net		电子信箱	dazq@dunan.net	
	电　话	0571-87113798 87113776		传　真	0571-87113775	
	办公地址	浙江省杭州市滨江区西兴工业园区聚园路 8 号				
	经营范围	制冷通用设备、家用电力器具部件、金属材料的制造、销售和服务等				

主要财务指标	指标\报告期	2011.06.30	2010.12.31	2010.06.30	2009.12.31
	每股收益(元)	0.2406	0.5859	0.1655	0.4789
	每股收益(扣除)(元)	0.2155	0.5440	0.3215	0.4460
	每股净资产(元)	2.5900	5.0300	4.8000	5.1000
	调整后每股净资产(元)	–	–	–	–
	每股资本公积金(元)	0.6982	2.4046	2.4424	2.7768
	每股盈余公积金(元)	0.0927	0.1853	0.1505	0.1505
	每股未分配利润(元)	0.7998	1.4185	1.1984	1.1673
	每股现金净流量(元)	–0.9749	1.7515	1.1448	0.5219
	每股经营现金净流量(元)	0.2001	0.7834	0.2293	0.4050
	净资产收益率(扣除)(%)	–	10.7000	–	11.0900
	净资产收益率(%)	9.2780	11.6520	6.9030	8.4490
	总资产(万)	585746.21	522171.20	434009.04	311814.21
	股东权益(万)	193144.30	187246.31	178568.26	189813.84
	主营业务收入(万)	253113.91	347334.82	167531.15	221426.27
	主营成本(万)	200900.35	270870.56	131061.76	174900.49
	营业收入(万)	261110.80	369521.92	184139.35	228174.11
	营业成本(万)	207881.54	290726.11	146406.21	180527.90
	投资收益(万)	–	–	–	–
	利润总额(万)	18459.58	33157.20	18213.46	23833.44
	净利润(万)	17919.41	21818.60	12326.95	16038.14

浙江凯恩特种材料股份有限公司

公司概况						
	公司名称	浙江凯恩特种材料股份有限公司			证券简称	凯恩股份
	法人代表	计皓	董秘	田智强	证券代码	002012
	公司网址	www.zjkan.com		电子信箱	kan@public.lsppt.zj.cn	
	电　　话	0578-8128682		传　　真	0578-8123717	
	办公地址	浙江省丽水市遂昌县凯恩路1008号				
	经营范围	电子材料、纸及纸制品的制造、加工、销售,造纸原料、化工产品等				

主要财务指标	指标\报告期	2011.06.30	2010.12.31	2010.06.30	2009.12.31
	每股收益(元)	0.3200	0.5400	0.2700	0.3100
	每股收益(扣除)(元)	0.3146	0.5200	0.2700	0.2700
	每股净资产(元)	2.7400	2.4700	2.2100	1.9200
	调整后每股净资产(元)	–	–	–	–
	每股资本公积金(元)	0.2795	0.2320	0.2320	0.2214
	每股盈余公积金(元)	0.2212	0.2212	0.1753	0.1753
	每股未分配利润(元)	1.2399	1.0214	0.7981	0.5242
	每股现金净流量(元)	0.0874	0.0482	0.0590	–0.0520
	每股经营现金净流量(元)	0.3278	0.6568	0.1257	0.1748
	净资产收益率(扣除)(%)	11.6200	21.9480	12.4190	16.3140
	净资产收益率(%)	12.2100	24.6600	13.3100	15.8500
	总资产(万)	124085.15	119175.79	117838.65	107414.50
	股东权益(万)	58980.62	54288.19	48744.67	42757.94
	主营业务收入(万)	47006.18	79716.03	37453.89	55687.82
	主营成本(万)	30213.24	52657.51	23742.74	36645.00
	营业收入(万)	47467.82	82004.74	38461.61	56919.93
	营业成本(万)	30638.83	54607.97	24671.98	37693.56
	投资收益(万)	217.38	–	–	131.20
	利润总额(万)	8066.67	12568.91	6908.65	8459.49
	净利润(万)	6203.48	10579.55	5334.94	6104.42

湖北中航精机科技股份有限公司

公司概况						
	公司名称	湖北中航精机科技股份有限公司			证券简称	中航精机
	法人代表	王坚	董秘	张晓洁	证券代码	002013
	公司网址	www.hapm.cn		电子信箱	zhangxj@hapm.cn	
	电　　话	0710-3345433 8198		传　　真	0710-3345024	
	办公地址	湖北省襄阳市高新区追日路8号				
	经营范围	座椅精密调节装置、各类精冲制品、精冲模具的研究、设计、开发、制造和销售等				

主要财务指标	指标\报告期	2011.06.30	2010.12.31	2010.06.30	2009.12.31
	每股收益(元)	0.1000	0.2100	0.0800	0.1800
	每股收益(扣除)(元)	0.0939	0.1900	0.1000	0.1700
	每股净资产(元)	2.2200	2.7900	2.6900	3.3800
	调整后每股净资产(元)	–	–	–	–
	每股资本公积金(元)	0.6508	1.1461	1.1461	1.7899
	每股盈余公积金(元)	0.0944	0.1227	0.1017	0.1321
	每股未分配利润(元)	0.4793	0.5214	0.4376	0.4615
	每股现金净流量(元)	–0.0844	–0.2037	–0.1151	0.0932
	每股经营现金净流量(元)	0.0733	0.2308	0.1412	0.2202
	净资产收益率(扣除)(%)	4.5510	7.5480	3.8850	7.0320
	净资产收益率(%)	4.6200	7.8200	3.9400	7.2500
	总资产(万)	77341.23	70606.98	74829.16	70493.53
	股东权益(万)	52271.84	46617.56	44864.53	43484.58
	主营业务收入(万)	31538.45	52923.64	27362.06	42482.16
	主营成本(万)	25745.31	42941.77	22130.38	34602.16
	营业收入(万)	32051.07	53662.22	27760.37	43088.83
	营业成本(万)	25797.34	43040.10	22181.42	34628.88
	投资收益(万)	406.01	–125.53	–88.85	–87.00
	利润总额(万)	2597.55	4011.66	2054.55	3233.33
	净利润(万)	2198.60	3518.54	1742.95	3057.98

黄山永新股份有限公司

公司概况						
	公司名称	黄山永新股份有限公司			证券简称	永新股份
	法人代表	江继忠	董秘	方洲	证券代码	002014
	公司网址	www.novel.com.cn		电子信箱	novel@novel.com.cn	
	电　　话	0559-3517878 3514242		传　　真	0559-3516357	
	办公地址	安徽省黄山市徽州区徽州东路188号				
	经营范围	生产经营真空镀膜、塑胶彩印复合软包装材料、生产和销售等				

主要财务指标	指标\报告期	2011.06.30	2010.12.31	2010.06.30	2009.12.31
	每股收益(元)	0.3400	0.8700	0.2700	0.7200
	每股收益(扣除)(元)	0.3411	0.7800	0.3400	0.6900
	每股净资产(元)	4.1400	5.3300	4.8200	4.9100
	调整后每股净资产(元)	–	–	–	–
	每股资本公积金(元)	1.6479	2.4381	2.4212	2.4169
	每股盈余公积金(元)	0.3465	0.4504	0.3729	0.3729
	每股未分配利润(元)	1.1434	1.4450	1.0277	1.1232
	每股现金净流量(元)	–0.6071	–0.0103	–0.7358	0.0785
	每股经营现金净流量(元)	0.1362	0.8912	–0.0071	0.8352
	净资产收益率(扣除)(%)	8.2060	16.1460	7.3540	14.7200
	净资产收益率(%)	8.2400	17.2900	7.2900	15.6400
	总资产(万)	108976.67	110393.86	95130.81	97500.47
	股东权益(万)	77754.20	77086.10	68640.47	69852.94
	主营业务收入(万)	72188.28	124645.94	59416.60	104036.43
	主营成本(万)	59001.57	101308.42	48657.38	80913.15
	营业收入(万)	74022.53	127639.22	61247.72	105457.53
	营业成本(万)	59578.49	102529.28	49524.16	81704.93
	投资收益(万)	–57.75	65.98	–5.57	33.84
	利润总额(万)	7324.29	14313.16	5844.91	12225.04
	净利润(万)	6214.55	12123.52	4935.62	10069.09

江苏霞客环保色纺股份有限公司

公司概况						
	公司名称	江苏霞客环保色纺股份有限公司			证券简称	霞客环保
	法人代表	陈建忠	董秘	邓鹤庭	证券代码	002015
	公司网址	www.xiakehb.com		电子信箱	mazhendht2020@163.com	
	电　　话	0510-86526712 86520126		传　　真	0510-86520112	
	办公地址	江苏省江阴市霞客镇马镇东街7号				
	经营范围	废弃聚酯的综合处理、有色聚酯纤维及色纺纱线的生产和销售等				

主要财务指标	指标\报告期	2011.06.30	2010.12.31	2010.06.30	2009.12.31
	每股收益(元)	0.0800	0.1000	0.0600	0.0800
	每股收益(扣除)(元)	0.0700	0.0900	0.0500	0.0600
	每股净资产(元)	3.0600	2.5300	2.4900	2.4200
	调整后每股净资产(元)	–	–	–	–
	每股资本公积金(元)	1.2654	0.6497	0.6471	0.6471
	每股盈余公积金(元)	0.0700	0.0836	0.0806	0.0806
	每股未分配利润(元)	0.7272	0.7981	0.7594	0.6970
	每股现金净流量(元)	0.2636	0.3949	0.1105	0.2513
	每股经营现金净流量(元)	0.0286	1.1131	0.0744	–0.3972
	净资产收益率(扣除)(%)	2.4600	3.4600	2.1900	2.9200
	净资产收益率(%)	2.4510	4.1110	2.5110	3.0810
	总资产(万)	216694.32	180838.09	164036.43	146053.53
	股东权益(万)	73485.46	50902.89	50013.14	48757.54
	主营业务收入(万)	83123.25	139336.28	65907.74	110982.46
	主营成本(万)	75443.33	126657.77	60529.24	100078.34
	营业收入(万)	88332.34	154788.34	73202.46	122197.90
	营业成本(万)	80452.89	141683.00	67762.15	110748.75
	投资收益(万)	–	–	–	–
	利润总额(万)	2589.26	3506.42	1969.30	2098.82
	净利润(万)	1801.43	2092.34	1255.59	1502.15

广东世荣兆业股份有限公司

公司概况	公司名称	广东世荣兆业股份有限公司			证券简称	世荣兆业
	法人代表	梁家荣	董秘	郑泽涛	证券代码	002016
	公司网址	www.gdsrzy.com		电子信箱	shirongzhaoye@sohu.com	
	电　话	0756-5888899 5888886		传　真	0756-5888882	
	办公地址	广东省珠海市斗门区珠峰大道288号1区17号楼				
	经营范围	房地产开发经营;房产租赁;销售:建筑材料、日用品、电器、机械产品等				

主要财务指标	指标\报告期	2011.06.30	2010.12.31	2010.06.30	2009.12.31
	每股收益(元)	0.0171	0.1345	0.0275	0.1600
	每股收益(扣除)(元)	0.0157	–	0.0303	0.1500
	每股净资产(元)	1.8700	1.7900	1.6800	1.6500
	调整后每股净资产(元)	–	–	–	–
	每股资本公积金(元)	0.1333	0.1333	0.1333	0.1333
	每股盈余公积金(元)	0.0204	0.0204	0.0204	0.0204
	每股未分配利润(元)	0.7204	0.6338	0.5269	0.4993
	每股现金净流量(元)	0.0990	0.0500	0.4048	0.1886
	每股经营现金净流量(元)	–0.4962	0.8474	0.8733	–0.1080
	净资产收益率(扣除)(%)	0.8400	7.5100	1.8200	9.4800
	净资产收益率(%)	0.9120	7.5250	1.6380	9.5000
	总资产(万)	230480.27	192886.57	222367.22	187621.74
	股东权益(万)	86486.91	82493.28	77556.31	76285.61
	主营业务收入(万)	18814.99	–	7477.57	57009.15
	主营成本(万)	10949.28	–	3347.67	28686.40
	营业收入(万)	18883.08	44226.58	7528.75	57052.26
	营业成本(万)	10997.46	24077.47	3437.68	30777.07
	投资收益(万)	–	–	–	–
	利润总额(万)	1964.43	11317.30	2298.64	15152.03
	净利润(万)	788.72	6207.66	1270.70	7246.96

东信和平智能卡股份有限公司

公司概况	公司名称	东信和平智能卡股份有限公司			证券简称	东信和平
	法人代表	周忠国	董秘	张晓川	证券代码	002017
	公司网址	www.eastcompeace.com		电子信箱	eastcompeace@eastcompeace.com	
	电　话	0756-8682893		传　真	0756-8682166	
	办公地址	广东省珠海市南屏科技工业园屏工中路8号				
	经营范围	通信、银行,公共事业等各领域磁条卡,智能卡产品及相关读写机具等				

主要财务指标	指标\报告期	2011.06.30	2010.12.31	2010.06.30	2009.12.31
	每股收益(元)	0.0940	0.1643	0.1041	0.2045
	每股收益(扣除)(元)	0.0790	0.1100	0.1114	0.1289
	每股净资产(元)	2.9000	3.3797	3.3400	3.5267
	调整后每股净资产(元)	–	–	–	–
	每股资本公积金(元)	1.3763	1.6139	1.6139	1.6139
	每股盈余公积金(元)	0.2136	0.2349	0.2238	0.2238
	每股未分配利润(元)	0.3151	0.5432	0.5045	0.6900
	每股现金净流量(元)	–0.0673	–0.7286	–0.6317	1.2297
	每股经营现金净流量(元)	–0.2810	–0.4319	–0.2406	0.4296
	净资产收益率(扣除)(%)	3.2390	4.8620	3.4300	4.4819
	净资产收益率(%)	3.0600	4.7900	–	6.3500
	总资产(万)	115377.15	103064.93	94956.03	90983.05
	股东权益(万)	64346.76	67981.93	66697.86	70434.85
	主营业务收入(万)	43201.86	84448.57	40827.11	74420.66
	主营成本(万)	31843.24	61548.40	28669.62	57086.85
	营业收入(万)	43407.26	85221.38	40929.84	76437.10
	营业成本(万)	31940.41	62023.40	28745.27	58033.46
	投资收益(万)	–	–	–	–
	利润总额(万)	2714.63	4421.17	3145.45	3336.08
	净利润(万)	2052.79	3262.62	2273.29	3138.51

安徽华星化工股份有限公司

公司概况	公司名称	安徽华星化工股份有限公司			证券简称	华星化工
	法人代表	谢平	董秘	李辉	证券代码	002018
	公司网址	www.huaxingchem.com		电子信箱	002018@huaxingchem.com	
	电　话	0565-5962878 0551-5848155		传　真	0565-5962838 0551-5848151	
	办公地址	安徽省巢湖市和县乌江镇				
	经营范围	药(凭许可证经营)、化工产品(不含危险品)生产、销售等				

主要财务指标	指标\报告期	2011.06.30	2010.12.31	2010.06.30	2009.12.31
	每股收益(元)	–0.0400	–0.4300	0.0100	0.0200
	每股收益(扣除)(元)	–0.0700	–0.4700	0.0100	0.0100
	每股净资产(元)	2.0100	2.0200	2.4600	2.9400
	调整后每股净资产(元)	–	–	–	–
	每股资本公积金(元)	0.3418	0.3418	0.3398	0.6078
	每股盈余公积金(元)	0.1685	0.1685	0.1685	0.2022
	每股未分配利润(元)	0.3824	0.4212	0.8639	1.0469
	每股现金净流量(元)	0.0296	–0.5610	–0.3427	0.7321
	每股经营现金净流量(元)	–0.3322	–0.1460	–0.2464	–0.0307
	净资产收益率(扣除)(%)	–	–21.0100	–	0.5000
	净资产收益率(%)	–1.9330	–21.4700	0.3300	0.6840
	总资产(万)	165473.61	146839.90	159186.91	161918.47
	股东权益(万)	58921.50	59483.39	72252.70	71987.08
	主营业务收入(万)	48451.70	85327.21	48243.63	86608.74
	主营成本(万)	44574.83	83055.52	43164.10	71921.69
	营业收入(万)	48803.98	85975.32	48631.32	87021.25
	营业成本(万)	44700.92	83067.55	43164.10	71921.69
	投资收益(万)	–	–	–	–
	利润总额(万)	–1194.01	–11615.44	309.04	1537.93
	净利润(万)	–1139.09	–12771.05	238.93	492.19

浙江杭州鑫富药业股份有限公司

公司概况	公司名称	浙江杭州鑫富药业股份有限公司			证券简称	鑫富药业
	法人代表	过鑫富	董秘	周群林	证券代码	002019
	公司网址	www.xinfupharm.com		电子信箱	dsh@xinfupharm.com	
	电　话	0571-63807806 63759205		传　真	0571-63759225	
	办公地址	浙江省临安市锦城街道琴山50号				
	经营范围	精细化工(不含危险品)产品、泛酸钙的加工、销售等				

主要财务指标	指标\报告期	2011.06.30	2010.12.31	2010.06.30	2009.12.31
	每股收益(元)	–0.0700	–0.9000	–0.0300	0.1500
	每股收益(扣除)(元)	–0.0762	–0.8600	–0.0200	0.1100
	每股净资产(元)	3.0900	3.1600	4.0200	4.1400
	调整后每股净资产(元)	–	–	–	–
	每股资本公积金(元)	1.5272	1.5272	1.5272	1.5272
	每股盈余公积金(元)	0.2321	0.2321	0.2321	0.2321
	每股未分配利润(元)	0.3153	0.3873	1.2506	1.3835
	每股现金净流量(元)	–0.1038	–0.3286	–0.2395	0.7464
	每股经营现金净流量(元)	–0.0754	–0.1535	0.0423	0.2658
	净资产收益率(扣除)(%)	–	–23.7000	–	3.7200
	净资产收益率(%)	–2.3320	–28.4000	–0.8200	3.3260
	总资产(万)	127033.63	120142.86	131675.06	114046.21
	股东权益(万)	68049.93	69559.82	88500.55	–
	主营业务收入(万)	22946.43	37511.68	19859.79	39723.80
	主营成本(万)	18070.35	27462.65	13583.99	26254.35
	营业收入(万)	23482.16	37988.49	20528.76	40598.73
	营业成本(万)	18202.25	28058.44	14249.96	27040.37
	投资收益(万)	–	–	–	–
	利润总额(万)	–1826.68	–19465.03	–489.02	3524.05
	净利润(万)	–1586.81	–19755.18	–725.31	3036.96

浙江京新药业股份有限公司

公司概况	公司名称	浙江京新药业股份有限公司		证券简称	京新药业
	法人代表	吕钢	董秘 徐小明	证券代码	002020
	公司网址	www.jingxinpharm.com		电子信箱	stock@jingxinpharm.com
	电话	0575-86176531		传真	0575-86096898
	办公地址	浙江省新昌县羽林街道新昌大道东路800号			
	经营范围	片剂(含头孢菌素类)、硬胶囊剂(含头孢菌素类)、颗粒剂等			

主要财务指标	指标\报告期	2011.06.30	2010.12.31	2010.06.30	2009.12.31
	每股收益(元)	0.1606	0.1270	0.0692	0.0370
	每股收益(扣除)(元)	0.1481	0.1000	0.0430	-0.0150
	每股净资产(元)	3.2717	3.1112	3.0530	2.9840
	调整后每股净资产(元)	-	-	-	-
	每股资本公积金(元)	1.2892	1.2892	1.2892	1.2892
	每股盈余公积金(元)	0.1710	0.1710	0.1676	0.1676
	每股未分配利润(元)	0.8115	0.6509	0.5965	0.5274
	每股现金净流量(元)	0.1482	-0.2495	-0.3430	0.2304
	每股经营现金净流量(元)	0.0425	0.5864	0.1918	1.3331
	净资产收益率(扣除)(%)	4.6400	3.2820	1.4200	-0.4890
	净资产收益率(%)	4.9080	4.0820	2.2650	1.2380
	总资产(万)	98427.93	94914.65	91043.48	91722.15
	股东权益(万)	33224.29	31593.76	31006.47	30304.22
	主营业务收入(万)	34889.04	59178.28	28391.38	49633.04
	主营成本(万)	25922.38	41990.20	19121.49	34701.62
	营业收入(万)	37745.57	63101.89	30402.90	53147.43
	营业成本(万)	27884.31	44240.65	20553.67	36727.78
	投资收益(万)	-	-	-	-
	利润总额(万)	1878.52	1443.21	832.43	835.05
	净利润(万)	1630.53	1289.55	702.25	375.26

中捷缝纫机股份有限公司

公司概况	公司名称	中捷缝纫机股份有限公司		证券简称	中捷股份
	法人代表	李瑞元	董秘 姚米娜	证券代码	002021
	公司网址	www.zoje.com		电子信箱	yaomina@zoje.com
	电话	0576-87338207		传真	0576-87335536
	办公地址	浙江省玉环县大麦屿街道兴港东路198号			
	经营范围	业缝纫机及其配件、铸件的生产、销售等			

主要财务指标	指标\报告期	2011.06.30	2010.12.31	2010.06.30	2009.12.31
	每股收益(元)	0.1400	0.1100	0.0400	-0.1900
	每股收益(扣除)(元)	0.1355	0.1000	0.0370	-0.1800
	每股净资产(元)	2.1800	2.0200	1.9600	1.9200
	调整后每股净资产(元)	-	-	-	-
	每股资本公积金(元)	0.6915	0.6901	0.6901	0.6901
	每股盈余公积金(元)	0.0831	0.0831	0.0772	0.0772
	每股未分配利润(元)	0.3882	0.2506	0.1911	0.1486
	每股现金净流量(元)	-0.2696	0.0457	0.0089	0.3207
	每股经营现金净流量(元)	-0.1378	0.6044	0.1720	0.4460
	净资产收益率(扣除)(%)	-	4.8500	-	-9.0700
	净资产收益率(%)	6.3230	5.6600	2.1620	-10.2752
	总资产(万)	248793.78	234132.04	206800.33	198744.14
	股东权益(万)	95008.95	88408.05	85720.22	83881.34
	主营业务收入(万)	64998.81	90346.04	37944.46	36854.06
	主营成本(万)	50181.99	70817.20	29736.32	32009.85
	营业收入(万)	65014.21	90370.04	37957.83	36854.06
	营业成本(万)	50181.99	70826.08	29744.47	32009.85
	投资收益(万)	-	-	-	-
	利润总额(万)	6338.22	6848.26	2248.11	-7385.79
	净利润(万)	6007.60	5003.72	1853.22	-8618.97

上海科华生物工程股份有限公司

公司概况	公司名称	上海科华生物工程股份有限公司		证券简称	科华生物
	法人代表	唐伟国	董秘 单莹	证券代码	002022
	公司网址	www.skhb.com		电子信箱	shkh@sh163.net
	电话	021-64850088		传真	021-64851044
	办公地址	上海市钦州北路1189号			
	经营范围	生化试剂、临床诊断试剂、医疗器械,兽用针剂、生化试剂检验用具等			

主要财务指标	指标\报告期	2011.06.30	2010.12.31	2010.06.30	2009.12.31
	每股收益(元)	0.2275	0.4576	0.2202	0.4200
	每股收益(扣除)(元)	0.2117	0.3900	0.1900	0.3700
	每股净资产(元)	1.7600	1.8300	1.5900	1.8400
	调整后每股净资产(元)	-	-	-	-
	每股资本公积金(元)	0.0388	0.0388	0.0377	0.0445
	每股盈余公积金(元)	0.2048	0.2048	0.1677	0.2013
	每股未分配利润(元)	0.5115	0.5840	0.3836	0.5961
	每股现金净流量(元)	-0.2308	0.2098	-0.1049	0.3340
	每股经营现金净流量(元)	0.1003	0.4912	0.1387	0.5302
	净资产收益率(扣除)(%)	-	23.5400	-	27.0100
	净资产收益率(%)	12.9650	25.0390	13.8570	27.0440
	总资产(万)	104071.90	108691.58	94619.81	92584.41
	股东权益(万)	86396.42	89963.28	78226.90	75559.62
	主营业务收入(万)	38687.51	77773.91	34762.93	61882.56
	主营成本(万)	18499.91	35858.69	16388.97	26520.37
	营业收入(万)	38867.61	78131.58	34948.29	62119.63
	营业成本(万)	18569.83	35999.27	16445.95	26613.42
	投资收益(万)	-	-	-	-
	利润总额(万)	13605.14	27708.60	13125.18	24468.75
	净利润(万)	11201.46	22525.85	10839.96	20434.25

四川海特高新技术股份有限公司

公司概况	公司名称	四川海特高新技术股份有限公司		证券简称	海特高新
	法人代表	李飚	董秘 郑德华	证券代码	002023
	公司网址	www.schtgx.com		电子信箱	htgx@schtgx.com
	电话	028-85921029		传真	028-85921038
	办公地址	四川省成都市高新区科园南路1号			
	经营范围	航空发动机维修,航空培训服务;飞机机载无线电、仪表、电气设备的维修等			

主要财务指标	指标\报告期	2011.06.30	2010.12.31	2010.06.30	2009.12.31
	每股收益(元)	0.1000	0.2000	0.1000	0.2000
	每股收益(扣除)(元)	0.0900	0.1900	0.1000	0.1900
	每股净资产(元)	3.3300	3.2300	3.1300	2.9800
	调整后每股净资产(元)	-	-	-	-
	每股资本公积金(元)	1.2565	1.2565	1.2557	0.7617
	每股盈余公积金(元)	0.1537	0.1537	0.1340	0.2102
	每股未分配利润(元)	0.9229	0.8221	0.7442	1.0114
	每股现金净流量(元)	0.2373	0.6337	0.7562	-0.0507
	每股经营现金净流量(元)	0.0772	0.1790	0.0194	0.4612
	净资产收益率(扣除)(%)	-	6.6700	-	9.6300
	净资产收益率(%)	3.0230	6.1000	3.1800	9.8200
	总资产(万)	132544.43	121771.17	115416.42	85816.79
	股东权益(万)	98383.10	95409.32	92504.17	56127.08
	主营业务收入(万)	10250.98	20033.79	9009.37	22485.66
	主营成本(万)	4749.62	8496.64	3312.30	10021.83
	营业收入(万)	10591.14	20759.74	9354.19	22854.71
	营业成本(万)	8381.62	8652.22	6779.09	10157.37
	投资收益(万)	-	-	-	-
	利润总额(万)	3235.42	6418.84	3288.02	6161.21
	净利润(万)	2973.78	5820.87	2937.96	5511.83

苏宁电器股份有限公司

公司概况					
公司名称	苏宁电器股份有限公司			证券简称	苏宁电器
法人代表	张近东	董秘	任峻	证券代码	002024
公司网址	www.cnsuning.com		电子信箱	stock@cnsuning.com	
电　　话	025-84418888 888155		传　　真	025-84418888 888480	
办公地址	南京市玄武区苏宁大道1号				
经营范围	家用电器及消费类电子产品的销售和服务等				

主要财务指标 指标\报告期	2011.06.30	2010.12.31	2010.06.30	2009.12.31
每股收益(元)	0.3500	0.5700	0.2800	0.4300
每股收益(扣除)(元)	0.3500	0.5800	0.2800	0.4200
每股净资产(元)	2.8900	2.6200	2.3300	3.1200
调整后每股净资产(元)	–	–	–	–
每股资本公积金(元)	0.1061	0.0937	0.0916	0.6380
每股盈余公积金(元)	0.1067	0.1067	0.0740	0.1109
每股未分配利润(元)	1.6734	1.4197	1.1611	1.3686
每股现金净流量(元)	–0.2029	–0.2356	–0.3458	1.3789
每股经营现金净流量(元)	0.0388	0.5548	–0.0910	1.1910
净资产收益率(扣除)(%)	12.8200	24.5800	12.7200	28.0700
净资产收益率(%)	12.2490	21.8800	12.1230	19.8800
总资产(万)	4661845.10	4390738.20	3947513.10	3583983.20
股东权益(万)	2020214.00	1833818.90	1627744.70	1454034.60
主营业务收入(万)	4363926.10	7422745.70	3549461.60	5703705.40
主营成本(万)	3590451.00	6191581.70	2985117.90	4810532.10
营业收入(万)	4423115.90	7550473.90	3605468.50	5830014.90
营业成本(万)	3598497.10	6204071.20	2990532.10	4818578.90
投资收益(万)	–	–	–	–
利润总额(万)	337032.20	540204.40	263277.60	392636.70
净利润(万)	247445.40	401182.00	197333.00	288995.60

贵州航天电器股份有限公司

公司概况					
公司名称	贵州航天电器股份有限公司			证券简称	航天电器
法人代表	李权忠	董秘	张旺	证券代码	002025
公司网址	www.gzhtdq.com.cn		电子信箱	zw@gzhtdq.com.cn	
电　　话	0851-8697168 8697026		传　　真	0851-8697000	
办公地址	贵州省贵阳市小河区红河路7号				
经营范围	电器、电机、电源、仪器仪表的研制、生产和销售等				

主要财务指标 指标\报告期	2011.06.30	2010.12.31	2010.06.30	2009.12.31
每股收益(元)	0.2100	0.3600	0.1700	0.3100
每股收益(扣除)(元)	0.2100	0.3300	0.1600	0.3300
每股净资产(元)	4.0000	3.8900	3.7000	3.6300
调整后每股净资产(元)	–	–	–	–
每股资本公积金(元)	1.2793	1.2793	1.2789	1.2789
每股盈余公积金(元)	0.4353	0.4353	0.3805	0.3805
每股未分配利润(元)	1.2861	1.1725	1.0364	0.9713
每股现金净流量(元)	–0.3853	–0.1138	–0.2640	–0.3833
每股经营现金净流量(元)	–0.1362	0.3868	–0.0246	0.3173
净资产收益率(扣除)(%)	–	8.7000	–	9.4700
净资产收益率(%)	5.3410	9.1600	4.4670	8.6100
总资产(万)	198246.91	188374.24	182618.50	172379.19
股东权益(万)	132024.26	128273.48	121961.67	119813.43
主营业务收入(万)	42543.17	65116.56	33251.06	57842.17
主营成本(万)	23395.32	34124.35	18046.18	31204.90
营业收入(万)	43440.79	67750.60	34136.54	58442.65
营业成本(万)	24251.17	36582.49	18837.45	31631.61
投资收益(万)	–	–	–	–
利润总额(万)	9471.80	15513.58	7293.62	11538.63
净利润(万)	7050.78	11747.12	5448.23	10312.15

山东威达机械股份有限公司

公司概况					
公司名称	山东威达机械股份有限公司			证券简称	山东威达
法人代表	杨桂模	董秘	宋战友	证券代码	002026
公司网址	www.weidapeacock.com		电子信箱	weida@weidapeacock.com	
电　　话	0631-8549156		传　　真	0631-8545388 8545018	
办公地址	山东省文登市苘山镇中韩路2号				
经营范围	钻夹头及配件、粉末冶金配件、锯片、带锯条、卡盘等				

主要财务指标 指标\报告期	2011.06.30	2010.12.31	2010.06.30	2009.12.31
每股收益(元)	0.1629	0.3347	0.1095	0.2371
每股收益(扣除)(元)	0.1628	0.3308	0.1400	0.2337
每股净资产(元)	3.2900	4.1644	3.9720	3.9097
调整后每股净资产(元)	–	–	–	–
每股资本公积金(元)	1.1486	1.4932	1.4932	1.4932
每股盈余公积金(元)	0.2262	0.2941	0.2608	0.2608
每股未分配利润(元)	0.9145	1.3771	1.2180	1.1557
每股现金净流量(元)	–0.2897	–0.0972	–0.1556	0.4055
每股经营现金净流量(元)	–0.2037	0.2599	0.0432	0.5969
净资产收益率(扣除)(%)	5.3300	8.2200	3.5500	6.1200
净资产收益率(%)	4.9520	8.0360	3.5830	6.0600
总资产(万)	75897.49	75336.17	71662.26	68060.38
股东权益(万)	57727.99	56219.53	53622.78	52781.50
主营业务收入(万)	27144.54	43814.15	19043.90	35968.09
主营成本(万)	21665.74	34402.76	14921.86	28210.28
营业收入(万)	30238.70	48171.83	20809.04	38505.68
营业成本(万)	23976.00	37777.67	16264.66	30548.91
投资收益(万)	–	–	–	–
利润总额(万)	3207.64	5145.86	2243.24	3669.36
净利润(万)	2858.46	4518.03	1921.28	3200.46

七喜控股股份有限公司

公司概况					
公司名称	七喜控股股份有限公司			证券简称	七喜控股
法人代表	易贤忠	董秘	颜新元	证券代码	002027
公司网址	www.hedy.com.cn		电子信箱	hedy@hedy.com.cn	
电　　话	020-32211423		传　　真	020-32219262	
办公地址	广东省广州市高新技术产业开发区科学城科学大道162号B3区301单位				
经营范围	生产, 销售:计算机及配件,电子产品,通讯设备等				

主要财务指标 指标\报告期	2011.06.30	2010.12.31	2010.06.30	2009.12.31
每股收益(元)	0.0063	0.0300	0.0048	–0.2300
每股收益(扣除)(元)	0.0069	0.0200	–0.0033	–0.2600
每股净资产(元)	2.1870	2.1800	2.1530	2.1400
调整后每股净资产(元)	–	–	–	–
每股资本公积金(元)	0.2188	0.2188	0.2188	0.2188
每股盈余公积金(元)	0.1609	0.1609	0.1609	0.1609
每股未分配利润(元)	0.8070	0.8007	0.7734	0.7686
每股现金净流量(元)	–0.2562	–0.1628	–0.3031	0.3629
每股经营现金净流量(元)	–0.2348	0.1083	–0.2451	0.4380
净资产收益率(扣除)(%)	0.3000	0.9800	–0.1400	–11.4500
净资产收益率(%)	0.2890	1.4710	0.2220	–10.5600
总资产(万)	97763.55	104294.39	113002.92	108870.54
股东权益(万)	66113.13	65922.03	65096.76	64593.99
主营业务收入(万)	59464.29	163367.82	64479.68	196120.46
主营成本(万)	54212.92	152821.83	60542.72	191713.47
营业收入(万)	60039.24	164393.15	64894.72	197169.46
营业成本(万)	54216.33	152991.55	60608.70	191722.87
投资收益(万)	–	–	–	–
利润总额(万)	260.16	1351.44	237.01	–7620.53
净利润(万)	191.11	969.77	144.51	–6821.10

思源电气股份有限公司

公司概况	公司名称	思源电气股份有限公司			证券简称	思源电气
	法人代表	董增平	董秘	林凌	证券代码	002028
	公司网址	www.sieyuan.com		电子信箱	ir@sieyuan.com	
	电　　话	021-61610958		传　　真	021-61610959	
	办公地址	上海市闵行区华宁路 3399 号				
	经营范围	电力自动化保护设备,电气设备,电力监测设备,电力自动化实验设备等				

	指标\报告期	2011.06.30	2010.12.31	2010.06.30	2009.12.31
主要财务指标	每股收益(元)	0.1500	1.2600	0.5200	2.1600
	每股收益(扣除)(元)	0.1131	0.5300	0.2400	0.7200
	每股净资产(元)	5.8800	6.6300	6.3800	6.5100
	调整后每股净资产(元)	–	–	–	–
	每股资本公积金(元)	0.6828	0.7830	1.0767	1.5221
	每股盈余公积金(元)	0.3644	0.3644	0.2024	0.2024
	每股未分配利润(元)	3.8284	4.4824	4.1042	3.7859
	每股现金净流量(元)	–1.7098	–	–1.0461	2.3187
	每股经营现金净流量(元)	–0.8581	0.3850	–0.4421	0.9567
	净资产收益率(扣除)(%)	1.8500	7.9400	3.8900	12.7100
	净资产收益率(%)	2.4850	18.4540	8.1200	33.1900
	总资产(万)	349608.96	410608.10	356875.47	386075.69
	股东权益(万)	258340.30	291499.32	280659.11	286251.83
	主营业务收入(万)	76704.78	186547.79	72971.04	187933.39
	主营成本(万)	48712.07	109129.65	40663.35	104002.54
	营业收入(万)	77464.98	187723.36	73336.19	188860.62
	营业成本(万)	49421.49	109454.12	41256.86	104713.60
	投资收益(万)	–	–	–	–
	利润总额(万)	7722.89	71909.05	27511.35	112649.23
	净利润(万)	6419.01	55435.38	22787.30	95018.24

福建七匹狼实业股份有限公司

公司概况	公司名称	福建七匹狼实业股份有限公司			证券简称	七匹狼
	法人代表	周少雄	董秘	吴兴群	证券代码	002029
	公司网址	www.septwolves.com		电子信箱	zqbg@septwolves.com	
	电　　话	0595-85337739		传　　真	0595-85337766	
	办公地址	福建省晋江市金井镇南工业区				
	经营范围	服装、服饰产品的设计、制造及销售等				

	指标\报告期	2011.06.30	2010.12.31	2010.06.30	2009.12.31
主要财务指标	每股收益(元)	0.6200	1.0000	0.4400	0.7200
	每股收益(扣除)(元)	0.5900	0.9700	0.4200	0.7000
	每股净资产(元)	6.1000	5.6500	5.0900	4.8500
	调整后每股净资产(元)	–	–	–	–
	每股资本公积金(元)	2.0073	1.9742	1.9742	1.9742
	每股盈余公积金(元)	0.3306	0.3306	0.1649	0.1649
	每股未分配利润(元)	2.7646	2.3464	1.9488	1.7112
	每股现金净流量(元)	0.0822	–1.5154	–1.2505	–
	每股经营现金净流量(元)	0.1450	0.9158	0.0925	–
	净资产收益率(扣除)(%)	9.9800	18.6100	8.2700	15.4700
	净资产收益率(%)	10.1300	17.7120	8.6000	14.8600
	总资产(万)	256826.41	243588.34	206951.23	208407.95
	股东权益(万)	172639.38	159871.74	143934.39	137214.05
	主营业务收入(万)	108621.05	204186.47	92097.21	180860.62
	主营成本(万)	63013.60	116683.52	52924.97	111784.38
	营业收入(万)	119405.08	219775.66	97359.64	198721.86
	营业成本(万)	71586.58	128357.85	57131.33	122513.20
	投资收益(万)	–	–	–	–
	利润总额(万)	21998.45	33925.02	17155.07	25937.69
	净利润(万)	17488.91	28315.69	12378.34	20390.40

中山大学达安基因股份有限公司

公司概况	公司名称	中山大学达安基因股份有限公司			证券简称	达安基因
	法人代表	何蕴韶	董秘	张斌	证券代码	002030
	公司网址	www.daangene.com		电子信箱	zhangbin@daangene.com	
	电　　话	020-32290420		传　　真	020-32290231	
	办公地址	广东省广州市高新区科学城香山路 19 号				
	经营范围	研究体外诊断试剂及生物制品,食品药品,医疗设备.研究,开发,销售等				

	指标\报告期	2011.06.30	2010.12.31	2010.06.30	2009.12.31
主要财务指标	每股收益(元)	0.0900	0.2000	0.0700	0.1600
	每股收益(扣除)(元)	0.0659	0.1200	0.0600	0.1200
	每股净资产(元)	1.3000	1.4600	1.3500	1.5400
	调整后每股净资产(元)	–	–	–	–
	每股资本公积金(元)	0.0611	0.1650	0.1627	0.1953
	每股盈余公积金(元)	0.1128	0.1354	0.1179	0.1415
	每股未分配利润(元)	0.1273	0.1571	0.0680	0.2001
	每股现金净流量(元)	–0.0902	0.0372	0.0728	–0.0447
	每股经营现金净流量(元)	0.0665	0.2734	0.0062	0.2257
	净资产收益率(扣除)(%)	5.2300	8.6100	4.7800	10.2200
	净资产收益率(%)	6.8950	13.4070	6.5200	12.8019
	总资产(万)	70754.96	67375.49	65208.07	58517.06
	股东权益(万)	45078.93	42105.87	38940.21	36991.74
	主营业务收入(万)	20691.73	36996.76	17062.14	31960.11
	主营成本(万)	9055.26	15287.66	6998.42	13329.21
	营业收入(万)	20691.73	36996.76	17062.14	31960.11
	营业成本(万)	9055.26	15287.66	6998.42	13329.21
	投资收益(万)	–	–	–	–
	利润总额(万)	3720.30	6987.49	3154.60	5733.32
	净利润(万)	3108.21	5645.27	2538.13	4735.64

广东巨轮模具股份有限公司

公司概况	公司名称	广东巨轮模具股份有限公司			证券简称	巨轮股份
	法人代表	吴潮忠	董秘	杨传楷	证券代码	002031
	公司网址	www.greatoo.com		电子信箱	greatoo@greatoo.com	
	电　　话	0663-3271838		传　　真	0663-3269266	
	办公地址	广东省揭阳市揭东经济开发区 5 号路中段				
	经营范围	制造和销售汽车子午线轮胎活络模具、轮胎二半模具及轮胎成型设备等				

	指标\报告期	2011.06.30	2010.12.31	2010.06.30	2009.12.31
主要财务指标	每股收益(元)	0.1304	0.3997	0.1067	0.3307
	每股收益(扣除)(元)	0.1233	0.3569	0.1410	0.2646
	每股净资产(元)	2.6400	3.8300	3.5900	3.5100
	调整后每股净资产(元)	–	–	–	–
	每股资本公积金(元)	0.4034	1.1050	1.1050	1.1050
	每股盈余公积金(元)	0.1863	0.2794	0.2395	0.2395
	每股未分配利润(元)	1.0523	1.4430	1.2432	1.1632
	每股现金净流量(元)	0.0113	0.4259	0.6960	–0.0508
	每股经营现金净流量(元)	0.0097	0.2982	0.0823	0.5924
	净资产收益率(扣除)(%)	4.7200	9.8200	3.9600	8.3300
	净资产收益率(%)	4.9350	10.4430	4.4600	8.9270
	总资产(万)	184892.25	170319.35	172291.78	136659.20
	股东权益(万)	105127.32	101531.39	95173.06	93050.79
	主营业务收入(万)	33052.55	56701.38	22997.14	40622.54
	主营成本(万)	21444.59	36087.43	14451.36	25529.13
	营业收入(万)	33577.73	56941.30	23049.32	40759.78
	营业成本(万)	21546.20	36141.04	14470.95	25575.24
	投资收益(万)	–	–	–	–
	利润总额(万)	6017.02	11974.50	4483.96	9598.61
	净利润(万)	5187.57	10602.80	4244.47	8306.95

浙江苏泊尔股份有限公司

公司概况	公司名称	浙江苏泊尔股份有限公司			证券简称	苏 泊 尔
	法人代表	苏显泽	董秘	叶继德	证券代码	002032
	公司网址	www.supor.com.cn		电子信箱	yjd@supor.com	
	电　话	0571-86858778		传　真	0571-86858678	
	办公地址	浙江省杭州市高新技术产业区江晖路 1772 号苏泊尔大厦 19 层				
	经营范围	厨房炊具和厨卫小家电、大家电、健康家电的研发、制造和销售等				

	指标\报告期	2011.06.30	2010.12.31	2010.06.30	2009.12.31
主要财务指标	每股收益(元)	0.4000	0.7000	0.3100	0.5400
	每股收益(扣除)(元)	0.4000	0.6600	0.3100	0.5000
	每股净资产(元)	4.3700	4.2600	3.8770	4.8400
	调整后每股净资产(元)	–	–	–	–
	每股资本公积金(元)	1.2239	1.2239	1.2239	1.8911
	每股盈余公积金(元)	0.1248	0.1248	0.0958	0.1245
	每股未分配利润(元)	2.0568	1.9364	1.5761	1.8453
	每股现金净流量(元)	–0.3423	–0.3246	–0.4660	0.0877
	每股经营现金净流量(元)	0.1214	0.2152	–0.2357	0.6634
	净资产收益率(扣除)(%)	–	16.5300	–	14.1200
	净资产收益率(%)	9.1610	16.4170	8.0080	14.4400
	总资产(万)	397101.30	393030.79	330921.59	326584.83
	股东权益(万)	252324.80	246037.12	223815.42	214961.64
	主营业务收入(万)	341423.99	550985.21	260553.17	405696.04
	主营成本(万)	243352.42	393166.63	183946.06	277550.10
	营业收入(万)	347846.08	562206.45	263738.79	411569.44
	营业成本(万)	249667.68	405029.63	187536.52	283897.73
	投资收益(万)	–	–	–	–
	利润总额(万)	30471.28	52391.93	23786.50	42725.98
	净利润(万)	23116.40	40392.62	17922.82	31041.68

丽江玉龙旅游股份有限公司

公司概况	公司名称	丽江玉龙旅游股份有限公司			证券简称	丽江旅游
	法人代表	和献中	董秘	杨宁	证券代码	002033
	公司网址	www.yulongtour.com		电子信箱	lj.wl@163.com	
	电　话	0888-5306327 0888-5306320		传　真	0888-5306333	
	办公地址	云南省丽江市古城区香格里大道转台东侧丽江玉龙旅游大楼				
	经营范围	旅游索道及其他相关配套设施;对旅游、房地产等行业投资、建设等				

	指标\报告期	2011.06.30	2010.12.31	2010.06.30	2009.12.31
主要财务指标	每股收益(元)	0.2000	0.0900	0.0600	0.3900
	每股收益(扣除)(元)	0.2041	0.1500	0.0600	0.4000
	每股净资产(元)	4.1800	5.1800	5.1600	4.2000
	调整后每股净资产(元)	–	–	–	–
	每股资本公积金(元)	1.7576	2.5849	2.5849	1.2898
	每股盈余公积金(元)	0.3455	0.4491	0.4379	0.5129
	每股未分配利润(元)	1.0792	1.1432	1.1381	1.4004
	每股现金净流量(元)	0.1394	–0.4960	–0.0057	–0.0434
	每股经营现金净流量(元)	0.2686	0.0612	–0.2493	1.1241
	净资产收益率(扣除)(%)	4.7770	1.6750	1.3400	9.1674
	净资产收益率(%)	4.8900	1.8800	1.3400	9.5200
	总资产(万)	95992.16	95062.98	99151.17	101659.51
	股东权益(万)	64948.54	61700.81	61315.42	46646.62
	主营业务收入(万)	12839.01	18018.50	7870.06	16541.72
	主营成本(万)	2857.84	3628.27	1787.69	2088.27
	营业收入(万)	13640.40	19044.68	8374.04	18318.81
	营业成本(万)	3315.41	4307.94	2103.50	2953.12
	投资收益(万)	291.67	775.84	294.92	127.46
	利润总额(万)	4093.81	2167.15	1365.31	5871.10
	净利润(万)	3021.25	1008.69	646.69	3827.03

浙江美欣达印染集团股份有限公司

公司概况	公司名称	浙江美欣达印染集团股份有限公司			证券简称	美 欣 达
	法人代表	芮勇	董秘	刘昭和	证券代码	002034
	公司网址	www.mizuda.com		电子信箱	lzh@mizuda.net	
	电　话	0572-2619935 2619936		传　真	0572-2619937	
	办公地址	浙江省湖州市美欣达路 588 号				
	经营范围	经营进出口业务;各类纺织品、服装的印染、制造、加工、销售等				

	指标\报告期	2011.06.30	2010.12.31	2010.06.30	2009.12.31
主要财务指标	每股收益(元)	0.8300	0.1000	0.0200	0.2600
	每股收益(扣除)(元)	0.1400	0.0400	–0.0100	–0.6100
	每股净资产(元)	5.9700	5.1400	5.0400	5.0400
	调整后每股净资产(元)	–	–	–	–
	每股资本公积金(元)	2.8315	2.8315	2.8315	2.8315
	每股盈余公积金(元)	0.2864	0.2864	0.2864	0.2864
	每股未分配利润(元)	1.8520	1.0188	0.9234	0.9235
	每股现金净流量(元)	0.5209	–0.3646	–0.1332	0.5121
	每股经营现金净流量(元)	0.1602	0.2183	–0.0838	0.6487
	净资产收益率(扣除)(%)	2.4900	0.7700	–0.2300	–12.4900
	净资产收益率(%)	13.9560	1.8550	0.3220	5.0880
	总资产(万)	146320.12	119405.33	119837.95	121894.48
	股东权益(万)	48427.76	41669.23	40895.52	40896.35
	主营业务收入(万)	61401.57	117748.64	49157.16	92574.14
	主营成本(万)	52409.22	101363.28	42908.76	83913.25
	营业收入(万)	63270.84	123734.90	54576.70	96420.75
	营业成本(万)	53656.75	107176.90	48317.70	86732.13
	投资收益(万)	–	–	–	–
	利润总额(万)	16591.19	2401.49	447.84	4531.84
	净利润(万)	6758.53	772.88	153.13	2080.90

中山华帝燃具股份有限公司

公司概况	公司名称	中山华帝燃具股份有限公司			证券简称	华帝股份
	法人代表	黄文枝	董秘	吴刚	证券代码	002035
	公司网址	www.vatti.com.cn		电子信箱	wug@vatti.com.cn	
	电　话	0760-22139888 8611		传　真	0760-2139888 8613	
	办公地址	广东省中山市小榄镇工业大道南华园路 1 号				
	经营范围	生产销售燃气具系列产品,太阳能及类似能源器具等				

	指标\报告期	2011.06.30	2010.12.31	2010.06.30	2009.12.31
主要财务指标	每股收益(元)	0.2490	0.5400	0.1520	0.2400
	每股收益(扣除)(元)	0.2270	0.4400	0.1450	0.3000
	每股净资产(元)	2.0600	2.1100	1.7100	2.1300
	调整后每股净资产(元)	–	–	–	–
	每股资本公积金(元)	0.2940	0.2940	0.2940	0.4822
	每股盈余公积金(元)	0.2169	0.2169	0.1381	0.1796
	每股未分配利润(元)	0.5442	0.5951	0.2740	0.4688
	每股现金净流量(元)	–0.5551	0.8792	0.3317	0.3105
	每股经营现金净流量(元)	–0.0663	0.9810	0.3334	1.1102
	净资产收益率(扣除)(%)	10.2400	23.1000	8.1500	15.0400
	净资产收益率(%)	12.1230	25.8300	8.8800	14.9245
	总资产(万)	101257.08	107958.79	93168.79	87416.04
	股东权益(万)	45890.85	47026.40	38099.67	36597.01
	主营业务收入(万)	84082.33	157462.51	73613.12	135723.91
	主营成本(万)	53791.75	100942.01	48409.75	89305.78
	营业收入(万)	90683.71	163584.37	76620.29	138586.92
	营业成本(万)	60443.29	105743.87	50920.28	91002.66
	投资收益(万)	–	–	–	–
	利润总额(万)	6810.35	14845.82	4397.72	6727.02
	净利润(万)	5563.53	12147.11	3383.04	5461.93

宁波宜科科技实业股份有限公司

公司概况	公司名称	宁波宜科科技实业股份有限公司		证券简称	宜科科技
	法人代表	张国君	董秘 穆泓	证券代码	002036
	公司网址	www.yakgroup.com		电子信箱	hrm@yakgroup.com
	电　话	0574-88251123 8219		传　真	0574-88253567
	办公地址	浙江省宁波市鄞州区雅源南路501号			
	经营范围	服装辅料、服饰的研究、开发、制造、加工等			

主要财务指标	指标\报告期	2011.06.30	2010.12.31	2010.06.30	2009.12.31
	每股收益(元)	0.0400	0.0500	0.0300	0.0400
	每股收益(扣除)(元)	0.0200	0.0200	-0.0020	0.0100
	每股净资产(元)	1.5700	1.5900	1.6700	1.6400
	调整后每股净资产(元)	-	-	-	-
	每股资本公积金(元)	0.0938	0.0938	0.0938	0.0938
	每股盈余公积金(元)	0.1249	0.1249	0.1238	0.1238
	每股未分配利润(元)	0.3530	0.3699	0.4517	0.4255
	每股现金净流量(元)	0.0908	-0.0230	0.0775	-0.0373
	每股经营现金净流量(元)	0.0777	-0.0014	0.1077	0.0683
	净资产收益率(扣除)(%)	-	1.2400	-	0.7900
	净资产收益率(%)	2.3580	3.0690	1.7200	2.3420
	总资产(万)	74131.22	66748.74	64643.06	63678.43
	股东权益(万)	31788.97	32129.74	33760.91	33231.69
	主营业务收入(万)	20917.92	33145.92	14694.49	25942.13
	主营成本(万)	16829.61	27958.84	12835.54	21523.00
	营业收入(万)	21502.56	33963.08	14974.84	26847.63
	营业成本(万)	17274.95	28630.56	13041.05	22238.67
	投资收益(万)	-	-	-	-
	利润总额(万)	1863.17	2090.32	966.53	1075.66
	净利润(万)	749.42	985.90	579.36	778.20

贵州久联民爆器材发展股份有限公司

公司概况	公司名称	贵州久联民爆器材发展股份有限公司		证券简称	久联发展
	法人代表	周天爵	董秘 张曦	证券代码	002037
	公司网址	www.julianfazhan.com		电子信箱	jiulianfz@163.com
	电　话	0851-6790686 6751504		传　真	0851-6748121
	办公地址	贵州省贵阳市宝山北路213号			
	经营范围	民用爆破器材的研发、生产、销售;爆破工程施工及技术服务等			

主要财务指标	指标\报告期	2011.06.30	2010.12.31	2010.06.30	2009.12.31
	每股收益(元)	0.4400	0.6500	0.2200	0.4400
	每股收益(扣除)(元)	0.4800	0.6400	0.2300	0.4600
	每股净资产(元)	4.0200	3.7600	3.3400	4.0900
	调整后每股净资产(元)	-	-	-	-
	每股资本公积金(元)	0.9980	0.9957	0.9955	1.5944
	每股盈余公积金(元)	0.3071	0.3071	0.2520	0.3275
	每股未分配利润(元)	1.5747	1.3323	0.9589	1.0085
	每股现金净流量(元)	-0.3093	0.5292	0.2673	0.4989
	每股经营现金净流量(元)	-0.2962	0.0663	-0.2921	-0.0143
	净资产收益率(扣除)(%)	12.0600	18.5500	7.0000	15.4500
	净资产收益率(%)	11.0100	17.2820	6.6290	13.9100
	总资产(万)	233478.27	185067.57	153173.56	129635.07
	股东权益(万)	69530.90	65101.70	57841.85	54471.25
	主营业务收入(万)	104625.61	155434.08	54564.07	107636.59
	主营成本(万)	76726.64	107636.59	36302.85	76601.90
	营业收入(万)	105140.11	156021.19	54744.48	116553.53
	营业成本(万)	76817.61	108015.64	36470.37	77187.43
	投资收益(万)	-	-	-	-
	利润总额(万)	11981.69	20750.66	6992.94	14973.28
	净利润(万)	7655.11	11250.61	3834.11	7576.92

北京双鹭药业股份有限公司

公司概况	公司名称	北京双鹭药业股份有限公司		证券简称	双鹭药业
	法人代表	徐明波	董秘 梁淑洁	证券代码	002038
	公司网址	www.slpharm.com.cn		电子信箱	lsj268@vip.sina.com
	电　话	010-88627635		传　真	010-88795883
	办公地址	北京市海淀区碧桐园1号楼			
	经营范围	基因工程药物及生化、化学药物的研究开发、生产经营等			

主要财务指标	指标\报告期	2011.06.30	2010.12.31	2010.06.30	2009.12.31
	每股收益(元)	0.9205	1.0829	0.5358	0.9808
	每股收益(扣除)(元)	0.4854	0.9647	0.5310	0.9008
	每股净资产(元)	3.8500	4.7100	4.1800	3.8400
	调整后每股净资产(元)	-	-	-	-
	每股资本公积金(元)	-0.0153	0.1538	0.1506	0.1499
	每股盈余公积金(元)	0.2493	0.3751	0.2954	0.2955
	每股未分配利润(元)	2.6112	3.1780	2.7301	2.3952
	每股现金净流量(元)	0.0625	0.1098	-0.3899	-0.0107
	每股经营现金净流量(元)	0.2797	0.9413	0.4003	0.6937
	净资产收益率(扣除)(%)	23.8760	22.9030	12.8290	25.2820
	净资产收益率(%)	26.0900	25.4200	13.1500	28.3700
	总资产(万)	155825.42	124857.29	112456.75	101980.59
	股东权益(万)	148485.97	121135.09	106735.33	98305.59
	主营业务收入(万)	26731.42	44671.79	21192.76	36154.01
	主营成本(万)	6323.14	10414.65	3837.47	6218.40
	营业收入(万)	27954.12	45784.20	21637.54	39002.46
	营业成本(万)	6488.69	10674.16	3900.80	6698.40
	投资收益(万)	23073.43	2628.06	735.23	1073.18
	利润总额(万)	40204.90	31955.33	15579.24	27304.34
	净利润(万)	34950.38	27271.42	13473.46	24410.48

贵州黔源电力股份有限公司

公司概况	公司名称	贵州黔源电力股份有限公司		证券简称	黔源电力
	法人代表	耿元柱	董秘 刘明达	证券代码	002039
	公司网址	www.gzqydl.cn		电子信箱	qydl@gzqydl.cn
	电　话	0851--5218803 0851—5218942		传　真	0851-5218925
	办公地址	贵州省贵阳市机场路5号黔源大厦			
	经营范围	开发、经营水、火电站及其他电力工程等			

主要财务指标	指标\报告期	2011.06.30	2010.12.31	2010.06.30	2009.12.31
	每股收益(元)	0.0750	0.4647	-1.4609	0.2400
	每股收益(扣除)(元)	0.0755	0.2373	-1.4604	-0.3356
	每股净资产(元)	8.2582	8.3499	2.6515	4.2689
	调整后每股净资产(元)	-	-	-	-
	每股资本公积金(元)	6.0167	8.7340	1.6418	1.6871
	每股盈余公积金(元)	0.3363	0.4882	0.4480	0.4480
	每股未分配利润(元)	0.9052	1.4471	-0.4382	1.1339
	每股现金净流量(元)	-2.4832	5.8676	0.6707	-0.9138
	每股经营现金净流量(元)	2.7688	8.5695	1.4928	3.9993
	净资产收益率(扣除)(%)	0.9100	5.4000	-41.9400	-8.1400
	净资产收益率(%)	0.9090	3.8340	-55.0970	5.6210
	总资产(万)	1557267.81	1594341.99	1502239.63	1480894.17
	股东权益(万)	168136.87	170003.39	37189.33	59874.11
	主营业务收入(万)	64171.95	142773.82	28472.38	80778.41
	主营成本(万)	28523.54	69591.82	31416.15	45099.15
	营业收入(万)	65196.19	144565.86	29545.47	81661.48
	营业成本(万)	28660.99	69862.07	31546.19	45346.16
	投资收益(万)	-	-	-	-
	利润总额(万)	4240.40	14650.61	-33640.66	4051.31
	净利润(万)	1527.48	6517.06	-20490.00	3365.57

南京港股份有限公司

公司概况	公司名称	南京港股份有限公司			证券简称	南京港
	法人代表	章俊	董秘	胡世海	证券代码	002040
	公司网址	www.nj-port.com		电子信箱	gfgs@nj-port.com	
	电话	025-58582085 025-58582089		传真	025-58812758	
	办公地址	江苏省南京市下关区江边路 19 号				
	经营范围	原油、成品油、液体化工产品的装卸、储存服务等				

主要财务指标	指标\报告期	2011.06.30	2010.12.31	2010.06.30	2009.12.31
	每股收益(元)	0.0860	0.0996	0.0530	0.0297
	每股收益(扣除)(元)	0.0860	0.0984	0.0500	0.0133
	每股净资产(元)	2.3100	2.2200	2.2100	2.1400
	调整后每股净资产(元)	–	–	–	–
	每股资本公积金(元)	0.7433	0.7433	0.7552	0.7433
	每股盈余公积金(元)	0.1861	0.1741	0.1711	0.1651
	每股未分配利润(元)	0.3802	0.3067	0.2825	0.2360
	每股现金净流量(元)	0.0466	–0.0373	–0.0426	–0.0238
	每股经营现金净流量(元)	0.1032	0.2006	0.0578	0.0307
	净资产收益率(扣除)(%)	3.7800	4.3800	2.3900	0.6000
	净资产收益率(%)	3.7050	4.4800	2.3800	1.3848
	总资产(万)	92813.74	90843.31	88263.01	78677.93
	股东权益(万)	56785.95	54681.83	54309.05	52724.04
	主营业务收入(万)	8447.91	14886.23	7280.94	13540.30
	主营成本(万)	4253.68	8276.11	4003.65	8320.44
	营业收入(万)	8504.45	14988.10	7321.59	13700.10
	营业成本(万)	4253.68	8276.11	4003.65	8320.44
	投资收益(万)	–	–	–	–
	利润总额(万)	2619.53	3008.27	1545.21	1271.97
	净利润(万)	2104.12	2449.54	1291.01	730.12

山东登海种业股份有限公司

公司概况	公司名称	山东登海种业股份有限公司			证券简称	登海种业
	法人代表	李登海	董秘	原绍刚	证券代码	002041
	公司网址	www.denghai.com		电子信箱	denghai@denghai.com	
	电话	0535-2788889		传真	0535-2788875	
	办公地址	山东省莱州市城山路农科院南邻				
	经营范围	农作物新品种的选育、生产、分装、销售等				

主要财务指标	指标\报告期	2011.06.30	2010.12.31	2010.06.30	2009.12.31
	每股收益(元)	0.2723	1.1861	0.4180	0.5288
	每股收益(扣除)(元)	0.2685	1.2627	0.8300	0.5473
	每股净资产(元)	2.8200	5.3000	4.9500	4.3200
	调整后每股净资产(元)	–	–	–	–
	每股资本公积金(元)	0.1833	1.3666	1.3666	1.3666
	每股盈余公积金(元)	0.1529	0.3058	0.2913	0.2913
	每股未分配利润(元)	1.4876	2.6306	2.2950	1.6590
	每股现金净流量(元)	–0.3133	1.7670	–0.2288	2.3907
	每股经营现金净流量(元)	–0.1122	2.3081	0.2096	2.9101
	净资产收益率(扣除)(%)	9.6900	26.3400	17.3900	13.5100
	净资产收益率(%)	9.6440	22.3660	16.8793	12.2500
	总资产(万)	180179.72	195262.28	145149.70	156550.70
	股东权益(万)	99397.17	93331.40	87170.57	75976.83
	主营业务收入(万)	40345.02	93083.95	48404.20	56782.17
	主营成本(万)	17065.31	31585.19	16964.70	24423.90
	营业收入(万)	40447.98	93780.35	48682.99	57911.73
	营业成本(万)	17174.71	32149.99	17123.81	24826.67
	投资收益(万)	–	–	–	–
	利润总额(万)	15158.21	38814.58	23149.70	18538.32
	净利润(万)	9585.77	20874.58	14713.75	9307.14

华孚色纺股份有限公司

公司概况	公司名称	华孚色纺股份有限公司			证券简称	华孚色纺
	法人代表	孙伟挺	董秘	宋晨凌	证券代码	002042
	公司网址	www.e-huafu.com		电子信箱	hfscl@e-huafu.com	
	电话	0755-83735542 83735593		传真	0755-83735585	
	办公地址	广东省深圳市福田区滨河大道 5022 号联合广场 B 座 14 楼				
	经营范围	纤维，纱线，面料等纺织品，印染品的制造，进出口贸易等				

主要财务指标	指标\报告期	2011.06.30	2010.12.31	2010.06.30	2009.12.31
	每股收益(元)	0.8700	1.5600	0.7000	0.6200
	每股收益(扣除)(元)	0.8239	1.3200	0.6700	0.6200
	每股净资产(元)	10.0800	9.3900	5.9900	5.5100
	调整后每股净资产(元)	–	–	–	–
	每股资本公积金(元)	5.5269	5.5269	2.4688	2.7541
	每股盈余公积金(元)	0.1877	0.1812	0.1841	0.1841
	每股未分配利润(元)	3.2518	2.5895	2.2643	1.5092
	每股现金净流量(元)	–0.6378	4.2552	–0.0172	–0.1355
	每股经营现金净流量(元)	–0.2949	0.9302	0.5370	0.6834
	净资产收益率(扣除)(%)	–	21.0600	–	16.5500
	净资产收益率(%)	8.6200	14.2400	11.6800	11.3020
	总资产(万)	659836.68	597304.58	493548.02	427674.77
	股东权益(万)	279855.06	260667.50	140786.99	129511.09
	主营业务收入(万)	269516.37	468573.45	223926.88	322091.23
	主营成本(万)	222989.89	383792.16	185777.89	268689.60
	营业收入(万)	281528.25	478310.54	228921.59	328968.50
	营业成本(万)	225500.29	383984.96	185878.72	269603.09
	投资收益(万)	–	–	–	–
	利润总额(万)	31512.19	45735.09	19659.59	22725.39
	净利润(万)	24122.71	37120.16	16436.93	14637.85

德华兔宝宝装饰新材股份有限公司

公司概况	公司名称	德华兔宝宝装饰新材股份有限公司			证券简称	兔宝宝
	法人代表	丁鸿敏	董秘	徐俊	证券代码	002043
	公司网址	www.dhwooden.com		电子信箱	dehua_ss@dhwooden.com	
	电话	0572-8405322		传真	0572-8822225	
	办公地址	浙江省湖州市德清县武康镇临溪街 588 号				
	经营范围	人造板、装饰贴面板，其他木制品及化工产品的生产、销售等				

主要财务指标	指标\报告期	2011.06.30	2010.12.31	2010.06.30	2009.12.31
	每股收益(元)	0.1100	0.1800	0.0700	0.1200
	每股收益(扣除)(元)	0.0900	0.1400	–	0.0500
	每股净资产(元)	2.4900	2.3800	2.2700	2.2500
	调整后每股净资产(元)	–	–	–	–
	每股资本公积金(元)	0.4854	0.4854	0.4854	0.4854
	每股盈余公积金(元)	0.1522	0.1522	0.1364	0.1364
	每股未分配利润(元)	0.8500	0.7396	0.6492	0.6267
	每股现金净流量(元)	0.1540	–0.1817	–0.0634	0.1214
	每股经营现金净流量(元)	0.1978	0.0150	–0.1341	0.7692
	净资产收益率(扣除)(%)	–	6.1100	–	2.1100
	净资产收益率(%)	4.4390	7.5170	3.1910	5.3820
	总资产(万)	90632.97	87809.69	90066.21	85597.19
	股东权益(万)	45493.05	43494.86	41560.73	41149.65
	主营业务收入(万)	55174.48	106713.83	49034.24	86427.39
	主营成本(万)	47087.06	91062.02	41932.32	74812.89
	营业收入(万)	56523.57	108095.46	49604.65	88485.30
	营业成本(万)	47755.86	92418.32	42377.09	76672.11
	投资收益(万)	–	–	–	–
	利润总额(万)	2549.73	4471.65	1744.91	2448.17
	净利润(万)	2019.54	3269.48	1326.08	2214.80

江苏三友集团股份有限公司

公司概况						
公司名称	江苏三友集团股份有限公司			证券简称	江苏三友
法人代表	葛秋	董秘	陈坚	证券代码	002044
公司网址	www.sanyougroup.com		电子信箱	chenjian@sanyougroup.com	
电　话	0513-85238163		传　真	0513-85238129	
办公地址	江苏省南通市人民东路 218 号				
经营范围	设计、生产、销售各式服装、服饰及原辅材料等				

主要财务指标	2011.06.30	2010.12.31	2010.06.30	2009.12.31
每股收益(元)	0.0340	0.1400	0.0230	0.1200
每股收益(扣除)(元)	0.0327	0.1400	0.0310	0.1200
每股净资产(元)	1.4600	2.0200	1.9100	1.9600
调整后每股净资产(元)	–	–	–	–
每股资本公积金(元)	0.0032	0.3844	0.3845	0.3845
每股盈余公积金(元)	0.2226	0.3072	0.2732	0.2732
每股未分配利润(元)	0.2344	0.3263	0.2498	0.2974
每股现金净流量(元)	–0.2172	–0.4156	–0.1507	0.2209
每股经营现金净流量(元)	–0.0624	0.0455	0.0194	0.2492
净资产收益率(扣除)(%)	2.2200	7.1300	1.5500	6.0200
净资产收益率(%)	2.3400	7.0800	1.7000	5.9700
总资产(万)	50008.51	43014.27	44269.67	44764.26
股东权益(万)	32744.19	32790.46	30996.92	31771.36
主营业务收入(万)	–	55194.56	–	50797.46
主营成本(万)	–	48673.43	–	43850.70
营业收入(万)	30491.40	55431.70	18497.39	50983.90
营业成本(万)	27029.16	48724.51	16155.91	43958.31
投资收益(万)	–	–	–	–
利润总额(万)	1109.74	3238.72	773.48	2881.44
净利润(万)	766.23	2321.29	525.56	1898.26

国光电器股份有限公司

公司概况					
公司名称	国光电器股份有限公司			证券简称	广州国光
法人代表	周海昌	董秘	凌勤	证券代码	002045
公司网址	www.ggec.com.cn		电子信箱	linda@ggec.com.cn	
电　话	020-28609688		传　真	020-28609396	
办公地址	广东省广州市花都区新华镇镜湖大道 8 号				
经营范围	研发,生产,销售电子元件,电声器件和音响设备,音箱,电脑配件等				

主要财务指标	2011.06.30	2010.12.31	2010.06.30	2009.12.31
每股收益(元)	0.1000	0.4300	0.1800	0.4400
每股收益(扣除)(元)	0.0937	0.3500	0.2300	0.4200
每股净资产(元)	3.2700	4.8700	4.7000	3.6100
调整后每股净资产(元)	–	–	–	–
每股资本公积金(元)	0.9874	1.9803	1.9803	0.8649
每股盈余公积金(元)	0.2154	0.3101	0.2907	0.2963
每股未分配利润(元)	1.0564	1.5620	1.4134	1.4349
每股现金净流量(元)	0.0004	0.7734	0.8112	0.2002
每股经营现金净流量(元)	0.0166	–0.7607	–0.1940	0.7010
净资产收益率(扣除)(%)	2.8700	8.0400	5.9900	12.4000
净资产收益率(%)	3.1740	8.5370	5.2700	11.9027
总资产(万)	288157.48	272572.58	228341.79	177740.17
股东权益(万)	136198.40	135234.12	130513.40	92426.10
主营业务收入(万)	92781.31	172078.86	62154.17	101300.10
主营成本(万)	76636.28	140660.23	47115.05	74267.53
营业收入(万)	94739.20	175739.81	63907.96	104200.80
营业成本(万)	77467.49	142356.05	47866.91	75537.60
投资收益(万)	–	–	–	–
利润总额(万)	5041.31	13530.15	8105.48	12693.10
净利润(万)	4322.26	11545.50	6877.57	11001.21

洛阳轴研科技股份有限公司

公司概况					
公司名称	洛阳轴研科技股份有限公司			证券简称	轴研科技
法人代表	吴宗彦	董秘	俞玮	证券代码	002046
公司网址	www.zys.com.cn		电子信箱	stock@zys.com.cn	
电　话	0379-64881139		传　真	0379-64881518	
办公地址	河南省洛阳市吉林路 1 号				
经营范围	研制、生产和销售轴承与轴承单元、光机电一体化产品、机械装备等				

主要财务指标	2011.06.30	2010.12.31	2010.06.30	2009.12.31
每股收益(元)	0.2500	0.4400	0.2100	0.3700
每股收益(扣除)(元)	0.1959	0.3600	0.1800	0.3000
每股净资产(元)	5.0900	4.9700	4.7400	4.6300
调整后每股净资产(元)	–	–	–	–
每股资本公积金(元)	1.8851	1.8851	1.8851	1.8851
每股盈余公积金(元)	0.3142	0.2981	0.2739	0.2739
每股未分配利润(元)	1.8931	1.7889	1.5785	1.4706
每股现金净流量(元)	0.0217	0.1285	–0.0710	–0.7359
每股经营现金净流量(元)	–0.0300	0.3775	–0.0318	0.1828
净资产收益率(扣除)(%)	4.9700	8.9010	4.3900	7.9740
净资产收益率(%)	4.9700	9.2200	4.4000	8.1300
总资产(万)	99777.55	86365.35	81287.85	71460.76
股东权益(万)	55932.74	54628.10	52025.53	50867.15
主营业务收入(万)	29173.89	51792.30	23087.46	36180.68
主营成本(万)	22744.65	39933.62	17409.89	26257.16
营业收入(万)	29330.08	52171.13	23163.78	36233.15
营业成本(万)	22824.68	40195.98	17479.71	26300.16
投资收益(万)	50.18	133.04	47.63	95.13
利润总额(万)	3171.47	5795.20	2741.29	4892.47
净利润(万)	2737.99	4783.55	2247.50	3990.18

深圳成霖洁具股份有限公司

公司概况					
公司名称	深圳成霖洁具股份有限公司			证券简称	成霖股份
法人代表	颜国基	董秘	林志伟	证券代码	002047
公司网址	www.szcl.com.cn		电子信箱	investors@globeunion.com.cn	
电　话	0755-86022812		传　真	0755-86022813	
办公地址	深圳市南山区科技园科技南十路航天科技创新研究院 A 座七楼				
经营范围	生产经营水龙头、卫浴洁具及其配件及生产经营精冲模、精密型腔模等				

主要财务指标	2011.06.30	2010.12.31	2010.06.30	2009.12.31
每股收益(元)	–0.0900	0.0100	0.0500	0.1600
每股收益(扣除)(元)	–0.0900	0.0100	0.0500	0.1700
每股净资产(元)	1.6800	1.7700	1.7900	2.8100
调整后每股净资产(元)	–	–	–	–
每股资本公积金(元)	0.2309	0.2309	0.2309	0.9695
每股盈余公积金(元)	0.1548	0.1548	0.1445	0.2328
每股未分配利润(元)	0.2899	0.3818	0.4185	0.6086
每股现金净流量(元)	0.0318	–0.0167	0.1105	–0.6468
每股经营现金净流量(元)	–0.0297	0.0393	0.0471	0.1678
净资产收益率(扣除)(%)	–4.8400	0.8400	2.2200	9.2200
净资产收益率(%)	–5.4890	0.7140	2.5950	9.1595
总资产(万)	129590.00	131940.60	134249.52	122146.48
股东权益(万)	76016.15	80188.56	81387.41	79700.56
主营业务收入(万)	70787.30	144656.38	72564.09	135894.70
主营成本(万)	63599.88	121176.51	60211.71	105572.35
营业收入(万)	71168.05	145160.32	72740.79	136764.13
营业成本(万)	63876.76	121634.24	60421.46	106397.45
投资收益(万)	–	–	–	–
利润总额(万)	–5727.44	–1361.97	1705.30	7756.02
净利润(万)	–4172.40	572.57	2111.68	–

宁波华翔电子股份有限公司

公司概况	公司名称	宁波华翔电子股份有限公司			证券简称	宁波华翔
	法人代表	周晓峰	董秘	杜坤勇	证券代码	002048
	公司网址	www.nbhx.com.cn		电子信箱	stock-dp@nbhx.com.cn	
	电　话	021-68948127		传　真	021-68942260	
	办公地址	上海市浦东新区花木白杨路 1160 号				
	经营范围	汽车零部件和特种专用改装车的开发、生产和销售等				

主要财务指标	指标\报告期	2011.06.30	2010.12.31	2010.06.30	2009.12.31
	每股收益(元)	0.3400	0.7700	0.3600	0.7200
	每股收益(扣除)(元)	0.3260	0.7600	0.3500	0.4800
	每股净资产(元)	4.8400	4.6600	4.1868	2.8800
	调整后每股净资产(元)	–	–	–	–
	每股资本公积金(元)	1.7670	1.7670	1.7088	0.3884
	每股盈余公积金(元)	0.1762	0.1762	0.1146	0.1316
	每股未分配利润(元)	1.8936	1.7172	1.3634	1.3644
	每股现金净流量(元)	–0.0991	1.3038	1.0727	0.5048
	每股经营现金净流量(元)	0.1507	0.5899	0.2177	0.4997
	净资产收益率(扣除)(%)	6.7500	18.7100	10.2400	18.6800
	净资产收益率(%)	6.9560	15.9010	7.7770	25.1230
	总资产(万)	412076.16	404492.70	371799.49	278061.76
	股东权益(万)	274310.92	264304.93	237447.78	142410.53
	主营业务收入(万)	168702.10	313286.65	141161.69	266373.43
	主营成本(万)	130198.43	239696.19	108637.81	208487.67
	营业收入(万)	178209.33	333311.04	148532.27	281359.95
	营业成本(万)	139742.84	257082.29	115902.73	220519.51
	投资收益(万)	–	–	–	–
	利润总额(万)	27298.91	57925.67	26556.84	52156.29
	净利润(万)	19080.24	42026.42	18466.96	35777.82

唐山晶源裕丰电子股份有限公司

公司概况	公司名称	唐山晶源裕丰电子股份有限公司			证券简称	晶源电子
	法人代表	陆致成	董秘	杜林虎	证券代码	002049
	公司网址	www.jingyuan.com		电子信箱	dulinhu@thtf.com.cn	
	电　话	0315-6198161 6198181		传　真	0315-6198179	
	办公地址	河北省唐山市玉田县无终西街 3129 号				
	经营范围	压电石英晶体器件的生产、销售等				

主要财务指标	指标\报告期	2011.06.30	2010.12.31	2010.06.30	2009.12.31
	每股收益(元)	0.1582	0.2786	0.1682	0.2525
	每股收益(扣除)(元)	0.1523	0.2798	0.1664	0.2359
	每股净资产(元)	3.2600	3.2100	3.1000	3.0400
	调整后每股净资产(元)	–	–	–	–
	每股资本公积金(元)	1.2013	1.2013	1.2013	1.2013
	每股盈余公积金(元)	0.1862	0.1862	0.1568	0.1568
	每股未分配利润(元)	0.8736	0.8254	0.7445	0.6863
	每股现金净流量(元)	0.0431	–0.1399	0.0040	–0.0096
	每股经营现金净流量(元)	0.2068	0.3525	0.2256	0.6052
	净资产收益率(扣除)(%)	4.6500	9.0000	5.3800	7.9600
	净资产收益率(%)	4.8500	8.6700	5.4220	8.2960
	总资产(万)	50637.47	51900.16	50131.87	48949.39
	股东权益(万)	44024.40	43374.23	41884.97	41098.78
	主营业务收入(万)	14861.77	34825.57	17351.36	28549.76
	主营成本(万)	11189.34	25872.22	13089.40	21926.94
	营业收入(万)	15037.01	34869.38	17388.40	28890.67
	营业成本(万)	11251.64	25900.88	13099.48	22062.74
	投资收益(万)	–	–	–	–
	利润总额(万)	2541.36	4754.04	2895.78	4185.52
	净利润(万)	2135.17	3760.45	2271.19	3409.34

浙江三花股份有限公司

公司概况	公司名称	浙江三花股份有限公司			证券简称	三花股份
	法人代表	张道才	董秘	刘斐	证券代码	002050
	公司网址	www.zjshc.com		电子信箱	shc@zjshc.com	
	电　话	0571-28020008 0575-86255360		传　真	0571-28876605 0575-86255786	
	办公地址	浙江省绍兴市新昌县七星街道下礼泉				
	经营范围	生产销售空调配件、冰箱配件及其他等				

主要财务指标	指标\报告期	2011.06.30	2010.12.31	2010.06.30	2009.12.31
	每股收益(元)	0.6900	1.1900	0.6100	0.9000
	每股收益(扣除)(元)	0.6625	1.1100	0.6000	0.8300
	每股净资产(元)	8.6200	8.4500	5.2100	4.7500
	调整后每股净资产(元)	–	–	–	–
	每股资本公积金(元)	4.5660	4.5660	1.5571	1.4547
	每股盈余公积金(元)	0.3731	0.3731	0.3431	0.3431
	每股未分配利润(元)	2.7000	2.5116	2.3198	1.9615
	每股现金净流量(元)	–0.7922	3.5709	0.1957	–0.3477
	每股经营现金净流量(元)	0.3151	1.0586	0.9471	0.8746
	净资产收益率(扣除)(%)	7.9830	12.5560	11.6660	18.9737
	净资产收益率(%)	7.9100	22.6600	11.9100	19.8300
	总资产(万)	459101.91	446949.74	319925.85	244097.20
	股东权益(万)	280852.40	271496.00	156285.79	141087.41
	主营业务收入(万)	192130.84	297207.68	135842.67	196734.49
	主营成本(万)	143466.09	221027.42	97617.44	142474.17
	营业收入(万)	212429.44	311306.81	142508.05	204038.73
	营业成本(万)	162717.79	232938.03	103449.39	147832.16
	投资收益(万)	609.07	1030.07	812.86	2053.79
	利润总额(万)	30538.99	45978.56	23985.30	33668.80
	净利润(万)	20473.05	31540.55	16060.01	23785.39

中工国际工程股份有限公司

公司概况	公司名称	中工国际工程股份有限公司			证券简称	中工国际
	法人代表	罗艳	董秘	张春燕	证券代码	002051
	公司网址	www.camce.com.cn		电子信箱	sz002051@126.com	
	电　话	010-82688606 82688653		传　真	010-82688507 82688655	
	办公地址	北京市海淀区丹棱街 3 号				
	经营范围	国际工程承包,核心内容为成套设备及技术出口等				

主要财务指标	指标\报告期	2011.06.30	2010.12.31	2010.06.30	2009.12.31
	每股收益(元)	0.3700	1.0700	0.2800	1.1500
	每股收益(扣除)(元)	0.3673	1.0100	0.6000	0.7200
	每股净资产(元)	5.0300	6.2900	6.6200	5.4900
	调整后每股净资产(元)	–	–	–	–
	每股资本公积金(元)	1.2952	1.8636	2.2807	4.1533
	每股盈余公积金(元)	0.5275	0.6858	1.0875	1.0875
	每股未分配利润(元)	2.2208	2.7583	2.2904	3.5601
	每股现金净流量(元)	6.0199	–0.3338	3.9279	0.3291
	每股经营现金净流量(元)	11.1327	0.3209	4.7002	0.7870
	净资产收益率(扣除)(%)	7.3800	21.5400	9.7500	19.1200
	净资产收益率(%)	7.3150	17.0390	9.3400	21.0270
	总资产(万)	967376.16	507035.57	366513.46	430145.08
	股东权益(万)	221854.30	213375.36	125787.19	186194.80
	主营业务收入(万)	178801.52	504419.41	177013.00	421591.83
	主营成本(万)	153860.82	419411.41	153313.67	361012.81
	营业收入(万)	179088.10	505672.41	177589.12	423683.29
	营业成本(万)	153972.03	419782.47	153541.23	361442.28
	投资收益(万)	–	–	–	–
	利润总额(万)	20126.56	46348.50	14753.72	50389.49
	净利润(万)	16228.39	36357.45	12519.53	39150.42

深圳市同洲电子股份有限公司

公司概况

公司名称	深圳市同洲电子股份有限公司			证券简称	同洲电子
法人代表	袁明	董秘	孙莉莉	证券代码	002052
公司网址	www.coship.com		电子信箱	coship@coship.com	
电　　话	0755-26999299 26525099		传　　真	0755-26722666	
办公地址	广东省深圳市南山区高新区北区第五工业区彩虹科技大楼 A6 楼				
经营范围	投资兴办实业;电子产品,计算机软,硬件及应用网络产品等				

主要财务指标

指标\报告期	2011.06.30	2010.12.31	2010.06.30	2009.12.31
每股收益(元)	-0.0600	-0.3500	-0.1100	0.1600
每股收益(扣除)(元)	-0.0773	-0.3510	-0.1600	0.1000
每股净资产(元)	3.2400	3.3100	3.5500	3.6600
调整后每股净资产(元)	-	-	-	-
每股资本公积金(元)	1.4601	1.4622	1.4685	1.4685
每股盈余公积金(元)	0.1079	0.1079	0.1079	0.1079
每股未分配利润(元)	0.6693	0.7373	0.9698	1.0840
每股现金净流量(元)	-0.2846	0.2925	-0.1929	1.1078
每股经营现金净流量(元)	-0.5708	0.1035	-0.5329	-0.2527
净资产收益率(扣除)(%)	-1.8410	-10.4820	-3.2210	3.8401
净资产收益率(%)	-1.8200	-9.9500	-3.1700	5.0600
总资产(万)	306732.00	300236.42	304727.34	276504.95
股东权益(万)	110550.55	113100.35	121097.08	125068.15
主营业务收入(万)	92899.34	225771.99	106387.14	198079.74
主营成本(万)	74141.46	189007.53	-	159052.32
营业收入(万)	94195.89	230095.30	108528.04	198981.02
营业成本(万)	74936.89	192258.46	88804.67	159950.53
投资收益(万)	2093.24	314.23	-	0.56
利润总额(万)	-1674.89	-7648.58	-2225.37	5833.26
净利润(万)	-2035.61	-11838.59	-3900.99	4800.09

云南盐化股份有限公司

公司概况

公司名称	云南盐化股份有限公司			证券简称	云南盐化
法人代表	杨建东	董秘	李政良	证券代码	002053
公司网址	www.ynyh.com		电子信箱	lzl@email.ynyh.com	
电　　话	0871-3127429 3126346		传　　真	0871-3126346	
办公地址	云南省昆明市拓东路石家巷 10 号				
经营范围	盐及其系列产品的开发、加工和销售等				

主要财务指标

指标\报告期	2011.06.30	2010.12.31	2010.06.30	2009.12.31
每股收益(元)	0.1330	0.1050	0.0290	0.1140
每股收益(扣除)(元)	0.1369	0.0900	0.0300	0.0790
每股净资产(元)	5.3370	5.2320	5.1630	5.1290
调整后每股净资产(元)	-	-	-	-
每股资本公积金(元)	2.8700	2.8604	2.8604	2.8604
每股盈余公积金(元)	0.3489	0.3489	0.3383	0.3383
每股未分配利润(元)	1.1035	1.0202	0.9551	0.9261
每股现金净流量(元)	0.3268	0.3169	0.1651	-0.4398
每股经营现金净流量(元)	0.4479	0.8929	0.0074	1.7433
净资产收益率(扣除)(%)	2.5800	1.7400	0.5200	1.5500
净资产收益率(%)	2.4980	2.0030	0.5610	2.2160
总资产(万)	252648.58	231924.22	222160.35	213651.37
股东权益(万)	99188.59	97236.33	95947.04	95322.27
主营业务收入(万)	82062.30	156411.44	74849.42	144588.47
主营成本(万)	62670.82	119727.41	58585.76	110802.98
营业收入(万)	84438.21	159680.43	76689.83	147172.48
营业成本(万)	64493.01	122533.78	60203.76	112713.75
投资收益(万)	-	-	-	-
利润总额(万)	2116.67	1919.18	311.54	2082.47
净利润(万)	2477.99	1947.66	538.51	2111.96

广东德美精细化工股份有限公司

公司概况

公司名称	广东德美精细化工股份有限公司			证券简称	德美化工
法人代表	黄冠雄	董秘	范小平	证券代码	002054
公司网址	www.dymatic.com		电子信箱	info@dymatic.com	
电　　话	0757-28399088 811 316		传　　真	0757-28803001	
办公地址	广东省佛山市顺德区容桂广珠公路海尾路段				
经营范围	开发、生产、销售:纺织、印染、造纸助剂、印刷助剂、涂料等				

主要财务指标

指标\报告期	2011.06.30	2010.12.31	2010.06.30	2009.12.31
每股收益(元)	0.1300	1.1200	0.2200	0.5300
每股收益(扣除)(元)	0.1300	0.4100	0.2900	0.5000
每股净资产(元)	3.9200	3.8100	5.0200	3.9000
调整后每股净资产(元)	-	-	-	-
每股资本公积金(元)	0.3532	0.1788	1.6081	0.6327
每股盈余公积金(元)	0.2636	0.2709	0.2641	0.2496
每股未分配利润(元)	2.3050	2.3563	2.1505	2.0217
每股现金净流量(元)	-0.0057	-0.1262	-0.2962	0.1170
每股经营现金净流量(元)	-0.0485	0.2504	0.0567	0.7927
净资产收益率(扣除)(%)	-	12.3800	-	20.7200
净资产收益率(%)	3.3010	29.4040	6.0380	18.5802
总资产(万)	201320.78	184803.73	178299.70	155973.90
股东权益(万)	124550.92	117592.58	110845.50	86157.30
主营业务收入(万)	50084.74	109459.65	49513.38	94777.50
主营成本(万)	34760.78	73930.07	31773.43	58442.44
营业收入(万)	50384.84	109988.80	49748.47	95484.49
营业成本(万)	34857.29	74106.86	31849.23	58812.39
投资收益(万)	-	-	-	-
利润总额(万)	6573.86	40464.51	9882.73	23007.11
净利润(万)	4111.76	34577.31	6692.60	16008.18

深圳市得润电子股份有限公司

公司概况

公司名称	深圳市得润电子股份有限公司			证券简称	得润电子
法人代表	邱建民	董秘	王少华	证券代码	002055
公司网址	www.deren.com.cn		电子信箱	002055@deren.com.cn	
电　　话	0755-89492166		传　　真	0755-89492167	
办公地址	广东省深圳市光明新区光明街道三十三路 9 号得润电子工业园				
经营范围	生产经营电子连接器、光连接器、汽车连接器及线束、电子元器件等				

主要财务指标

指标\报告期	2011.06.30	2010.12.31	2010.06.30	2009.12.31
每股收益(元)	0.2082	0.3466	0.0602	0.1810
每股收益(扣除)(元)	0.1943	0.3497	0.0651	0.1635
每股净资产(元)	4.8647	2.1653	1.8796	2.4054
调整后每股净资产(元)	-	-	-	-
每股资本公积金(元)	2.8216	0.1258	0.1222	0.1588
每股盈余公积金(元)	0.0768	0.0894	0.0742	0.0964
每股未分配利润(元)	0.9643	0.9494	0.6848	1.1535
每股现金净流量(元)	1.2066	-0.0683	-0.0370	-0.0517
每股经营现金净流量(元)	-0.2018	-0.3287	0.0379	0.3748
净资产收益率(扣除)(%)	4.0790	16.0060	3.5530	9.7830
净资产收益率(%)	10.2800	17.3200	3.5900	10.2200
总资产(万)	188436.74	140160.51	108699.51	99534.03
股东权益(万)	99864.64	41293.37	35716.29	35308.79
主营业务收入(万)	67577.88	96256.71	41261.82	65030.94
主营成本(万)	57443.50	78699.61	35182.44	53024.55
营业收入(万)	69484.51	97321.86	41383.64	65377.43
营业成本(万)	57554.19	79006.29	35290.40	53190.89
投资收益(万)	-	21.83	-	-
利润总额(万)	5278.10	7779.33	1575.62	4257.91
净利润(万)	4031.53	6050.89	1165.80	3160.37

横店集团东磁股份有限公司

公司概况				
公司名称	横店集团东磁股份有限公司		证券简称	横店东磁
法人代表	何时金	董秘 吴雪萍	证券代码	002056
公司网址	www.chinadmegc.com		电子信箱	gfgs@dmegc.com.cn
电　话	0579-86551999		传　真	0579-86555328
办公地址	浙江省东阳市横店工业区			
经营范围	磁性器材、电池、电子产品的生产、销售等			

主要财务指标：指标\报告期	2011.06.30	2010.12.31	2010.06.30	2009.12.31
每股收益(元)	0.2200	0.8800	0.3100	0.4000
每股收益(扣除)(元)	0.2000	0.8800	0.3100	0.3800
每股净资产(元)	7.0200	6.6900	6.1100	5.8700
调整后每股净资产(元)	–	–	–	–
每股资本公积金(元)	3.3868	3.1151	3.1151	3.1151
每股盈余公积金(元)	0.3918	0.4061	0.3250	0.3250
每股未分配利润(元)	2.2382	2.1651	1.6705	1.4337
每股现金净流量(元)	–0.1682	–1.4663	–0.2526	0.1064
每股经营现金净流量(元)	–0.1384	0.7305	0.3882	0.6676
净资产收益率(扣除)(%)	2.9200	14.1100	5.1200	6.7500
净资产收益率(%)	3.1260	13.1980	5.0200	6.7300
总资产(万)	440919.54	376462.04	300645.45	277326.54
股东权益(万)	298841.12	274740.12	251087.53	241356.22
主营业务收入(万)	178874.02	295148.89	96574.93	132233.25
主营成本(万)	149312.18	222984.22	71103.32	95459.49
营业收入(万)	195898.07	300065.87	101788.90	135032.25
营业成本(万)	184088.45	226559.47	86876.48	97294.99
投资收益(万)	–	–	–	–
利润总额(万)	12589.80	42139.55	14820.74	18785.49
净利润(万)	9340.42	36260.21	12607.62	16233.74

中钢集团安徽天源科技股份有限公司

公司概况				
公司名称	中钢集团安徽天源科技股份有限公司		证券简称	中钢天源
法人代表	洪石笙	董秘 章超	证券代码	002057
公司网址	www.ty-magnet.com		电子信箱	ty@ty-magnet.com
电　话	0555-5200209		传　真	0555-5200222
办公地址	安徽省马鞍山市经济技术开发区红旗南路 51 号			
经营范围	磁性材料、磁器件、磁分离设备、过滤脱水设备、环保设备等			

主要财务指标：指标\报告期	2011.06.30	2010.12.31	2010.06.30	2009.12.31
每股收益(元)	0.0900	0.1200	0.0700	0.0400
每股收益(扣除)(元)	0.0700	0.0800	0.0400	0.0200
每股净资产(元)	3.0100	2.9200	2.8700	2.8400
调整后每股净资产(元)	–	–	–	–
每股资本公积金(元)	1.2306	1.2306	1.2455	1.2455
每股盈余公积金(元)	0.1395	0.1395	0.1302	0.1302
每股未分配利润(元)	0.6429	0.5498	0.4994	0.4631
每股现金净流量(元)	–0.2097	0.3632	–0.1543	–0.1191
每股经营现金净流量(元)	–0.6459	0.1387	–0.1891	–0.1986
净资产收益率(扣除)(%)	2.2700	2.7000	1.4300	0.8400
净资产收益率(%)	3.0920	4.1920	2.3000	1.4692
总资产(万)	48176.65	43646.49	38278.46	36131.78
股东权益(万)	25309.83	24527.31	24149.94	23875.98
主营业务收入(万)	32833.37	55994.51	24557.39	36809.70
主营成本(万)	29271.77	49552.00	21716.02	32100.17
营业收入(万)	32901.37	56134.12	24645.17	37306.05
营业成本(万)	29399.34	49830.97	21732.49	32550.12
投资收益(万)	–	–	–	–
利润总额(万)	967.12	1230.52	666.24	560.89
净利润(万)	782.52	1028.05	556.20	350.79

上海威尔泰工业自动化股份有限公司

公司概况				
公司名称	上海威尔泰工业自动化股份有限公司		证券简称	威尔泰
法人代表	李彧	董秘 殷骏	证券代码	002058
公司网址	www.welltech.com.cn		电子信箱	dm@welltech.cn
电　话	021-64656465		传　真	021-64659671
办公地址	上海市虹中路 263 号			
经营范围	仪器仪表,传感器的制造,自动化控制系统集成,设备成套,电气成套等			

主要财务指标：指标\报告期	2011.06.30	2010.12.31	2010.06.30	2009.12.31
每股收益(元)	0.0490	0.2100	0.0290	0.1200
每股收益(扣除)(元)	0.0400	0.1700	0.0300	0.0600
每股净资产(元)	1.5000	2.9500	2.7900	2.8000
调整后每股净资产(元)	–	–	–	–
每股资本公积金(元)	0.1517	1.2034	1.2034	1.2034
每股盈余公积金(元)	0.1005	0.2011	0.1971	0.1971
每股未分配利润(元)	0.2431	0.5426	0.3935	0.3958
每股现金净流量(元)	–0.1762	–0.1119	–0.2139	0.3531
每股经营现金净流量(元)	–0.0712	0.3990	0.1193	0.4783
净资产收益率(扣除)(%)	3.0100	6.0700	1.1900	2.3300
净资产收益率(%)	3.2830	7.1550	2.0670	4.4430
总资产(万)	24441.87	22748.05	22971.33	24297.74
股东权益(万)	18652.13	18380.97	17425.85	17439.96
主营业务收入(万)	5397.86	11531.00	4974.93	11202.09
主营成本(万)	2969.82	6535.39	2952.87	6593.85
营业收入(万)	5605.58	11871.67	5106.26	11358.94
营业成本(万)	3113.70	6816.59	3049.56	6820.05
投资收益(万)	–	–	–	–
利润总额(万)	705.21	1536.98	426.36	847.52
净利润(万)	612.34	1315.23	360.11	774.84

云南旅游股份有限公司

公司概况				
公司名称	云南旅游股份有限公司		证券简称	云南旅游
法人代表	王冲	董秘 毛新礼	证券代码	002059
公司网址	www.expo99km.gov.cn		电子信箱	mxl.expo99@163.com
电　话	0871-5012147 5012363		传　真	0871-5012227
办公地址	云南省昆明市世博路 10 号昆明世博园股份有限公司办公楼			
经营范围	景区景点的投资、经营及管理,园林园艺产品展示,旅游房地产投资等			

主要财务指标：指标\报告期	2011.06.30	2010.12.31	2010.06.30	2009.12.31
每股收益(元)	0.0320	–0.0400	–0.0189	0.0500
每股收益(扣除)(元)	0.0324	–0.0400	–0.0194	0.0300
每股净资产(元)	2.6155	2.5835	2.6100	2.6300
调整后每股净资产(元)	–	–	–	–
每股资本公积金(元)	0.9594	0.9594	0.9594	0.9594
每股盈余公积金(元)	0.3296	0.3296	0.3296	0.3296
每股未分配利润(元)	0.3264	0.2944	0.3178	0.3367
每股现金净流量(元)	–0.2319	–0.1471	0.0371	–0.4429
每股经营现金净流量(元)	0.0337	0.1969	0.2121	0.0211
净资产收益率(扣除)(%)	–	–1.5100	–	0.9600
净资产收益率(%)	1.2220	–1.6360	–0.7250	2.0164
总资产(万)	113581.46	113184.86	129716.83	127208.79
股东权益(万)	56232.65	55545.54	56047.91	56453.96
主营业务收入(万)	10225.55	26121.97	9703.68	39843.30
主营成本(万)	6167.83	17023.01	6405.67	27211.63
营业收入(万)	10576.76	26564.76	9919.58	40047.06
营业成本(万)	6446.79	17200.31	6471.06	27325.00
投资收益(万)	–	–	–	–
利润总额(万)	1380.99	1426.47	862.10	4621.03
净利润(万)	687.11	–908.42	–406.05	1138.35

广东水电二局股份有限公司

公司概况						
	公司名称	广东水电二局股份有限公司			证券简称	粤 水 电
	法人代表	黄迪领	董秘	刘建浩	证券代码	002060
	公司网址	www.gdsdej.com		电子信箱	liu6204@vip.163.com	
	电 话	020-61776666		传 真	020-82607092	
	办公地址	广东省广州市经济技术开发区科学城彩频路 11 号 A 栋 601				
	经营范围	水利水电工程、公路工程、市政工程、房屋建筑工程、机电安装工程等				

主要财务指标	指标\报告期	2011.06.30	2010.12.31	2010.06.30	2009.12.31
	每股收益(元)	0.1500	0.2731	0.1500	0.2571
	每股收益(扣除)(元)	0.1600	0.2731	0.1465	0.2379
	每股净资产(元)	4.5300	4.4000	4.2700	4.1900
	调整后每股净资产(元)	–	–	–	–
	每股资本公积金(元)	2.1447	2.0554	2.0554	2.0554
	每股盈余公积金(元)	0.2183	0.2183	0.2208	0.1943
	每股未分配利润(元)	1.1624	1.0919	0.9916	0.9228
	每股现金净流量(元)	–1.1508	1.2648	–0.0938	0.4636
	每股经营现金净流量(元)	–1.0967	0.5091	–0.6072	0.9392
	净资产收益率(扣除)(%)	3.4800	6.3600	3.4300	5.8000
	净资产收益率(%)	3.3220	6.2110	3.4880	6.1366
	总资产(万)	717496.15	612680.59	531548.28	442277.36
	股东权益(万)	150604.59	146144.35	141864.08	139252.32
	主营业务收入(万)	218776.96	392599.26	198019.22	322815.45
	主营成本(万)	194734.51	350089.77	177499.65	288097.83
	营业收入(万)	218946.87	393015.90	198135.54	323287.27
	营业成本(万)	194772.22	350170.92	177547.35	288430.47
	投资收益(万)	–	–	–	–
	利润总额(万)	5904.81	11181.79	6004.36	10210.63
	净利润(万)	5003.54	9077.04	4947.91	8545.33

浙江江山化工股份有限公司

公司概况						
	公司名称	浙江江山化工股份有限公司			证券简称	江山化工
	法人代表	帅长斌	董秘	帅长斌(代)	证券代码	002061
	公司网址	www.jiangshanchem.com		电子信箱	zjjshgstock@sina.com	
	电 话	0570-4057919		传 真	0570-4057346	
	办公地址	浙江省衢州市江山市景星东路 38 号				
	经营范围	化工产品的开发、生产和销售,压力容器的设计等				

主要财务指标	指标\报告期	2011.06.30	2010.12.31	2010.06.30	2009.12.31
	每股收益(元)	0.1640	0.3600	0.1340	0.5000
	每股收益(扣除)(元)	0.1514	0.2551	0.0885	0.4877
	每股净资产(元)	3.9007	3.7370	3.5088	3.3748
	调整后每股净资产(元)	–	–	–	–
	每股资本公积金(元)	1.6496	1.6496	1.6496	1.6496
	每股盈余公积金(元)	0.7173	0.7173	0.6259	0.6259
	每股未分配利润(元)	0.5338	0.3701	0.2333	0.0993
	每股现金净流量(元)	0.5212	–1.0893	–0.7220	0.7912
	每股经营现金净流量(元)	1.5932	–0.1892	0.2540	0.3257
	净资产收益率(扣除)(%)	–	7.1700	–	15.6000
	净资产收益率(%)	4.1980	9.6930	3.8190	14.7420
	总资产(万)	184275.05	176337.39	157670.03	164794.58
	股东权益(万)	54602.44	52310.16	49115.65	47239.96
	主营业务收入(万)	88148.50	135398.23	62282.30	117689.37
	主营成本(万)	75705.67	118288.64	56284.89	99550.13
	营业收入(万)	88568.10	136219.94	62625.99	118386.61
	营业成本(万)	75882.68	118660.85	56418.10	100051.28
	投资收益(万)	–	–	–	–
	利润总额(万)	618.16	4908.35	2018.51	7013.19
	净利润(万)	2292.27	5070.20	1875.69	6964.31

宏润建设集团股份有限公司

公司概况						
	公司名称	宏润建设集团股份有限公司			证券简称	宏润建设
	法人代表	郑宏舫	董秘	赵余夫	证券代码	002062
	公司网址	www.chinahongrun.com		电子信箱	hrir@chinahongrun.com	
	电 话	021-54976006 54976007		传 真	021-54976008	
	办公地址	上海市徐汇区龙漕路 200 弄 28 号宏润大厦				
	经营范围	市政公用工程、房屋建筑工程、城市轨道交通工程施工和房地产开发等				

主要财务指标	指标\报告期	2011.06.30	2010.12.31	2010.06.30	2009.12.31
	每股收益(元)	0.1900	0.7200	0.2800	0.6800
	每股收益(扣除)(元)	0.1908	0.7000	0.2700	0.6700
	每股净资产(元)	4.0600	4.0400	3.5400	5.1100
	调整后每股净资产(元)	–	–	–	–
	每股资本公积金(元)	0.3683	0.3429	0.3270	0.4914
	每股盈余公积金(元)	0.4237	0.4237	0.4037	0.6073
	每股未分配利润(元)	2.1594	2.1657	1.7359	2.9024
	每股现金净流量(元)	–0.2852	–0.7594	–0.5953	2.4355
	每股经营现金净流量(元)	0.5657	–2.0113	–2.1438	0.8393
	净资产收益率(扣除)(%)	4.6000	19.0500	7.6300	22.0400
	净资产收益率(%)	4.7720	17.7510	7.8600	20.0200
	总资产(万)	834318.90	807924.84	740543.53	611539.12
	股东权益(万)	182643.02	181582.86	159318.44	153188.57
	主营业务收入(万)	263328.23	604496.55	261177.26	599135.82
	主营成本(万)	233920.57	512809.26	225846.90	518698.36
	营业收入(万)	263328.23	604496.55	261177.26	599135.82
	营业成本(万)	233920.57	512809.26	225846.90	518698.36
	投资收益(万)	–	–	–	–
	利润总额(万)	11474.43	43248.92	16700.65	41156.88
	净利润(万)	8715.94	32233.32	12444.59	30662.76

远光软件股份有限公司

公司概况						
	公司名称	远光软件股份有限公司			证券简称	远光软件
	法人代表	陈利浩	董秘	朱安	证券代码	002063
	公司网址	www.ygsoft.com		电子信箱	ygstock@ygsoft.com	
	电 话	0756-3399888		传 真	0756-3399666	
	办公地址	广东省珠海市港湾大道科技一路 3 号				
	经营范围	计算机软件的开发和销售,计算机系统软硬件集成等				

主要财务指标	指标\报告期	2011.06.30	2010.12.31	2010.06.30	2009.12.31
	每股收益(元)	0.2516	0.7400	0.2863	0.4500
	每股收益(扣除)(元)	0.2439	0.7300	0.3600	0.4400
	每股净资产(元)	2.4200	2.8300	2.3600	2.6000
	调整后每股净资产(元)	–	–	–	–
	每股资本公积金(元)	0.2422	0.2148	0.1167	0.1629
	每股盈余公积金(元)	0.1875	0.2447	0.1718	0.2233
	每股未分配利润(元)	0.9911	1.3658	1.0759	1.2154
	每股现金净流量(元)	–0.5803	0.6353	–0.7475	1.0044
	每股经营现金净流量(元)	–0.2506	0.9522	–0.2503	0.6684
	净资产收益率(扣除)(%)	10.3660	26.1880	15.7240	22.4730
	净资产收益率(%)	10.8500	31.0300	16.8400	25.3900
	总资产(万)	90277.52	91593.73	64812.48	60916.43
	股东权益(万)	81688.37	73102.89	60809.18	51533.27
	主营业务收入(万)	–	–	–	–
	主营成本(万)	–	–	–	–
	营业收入(万)	28590.35	47878.57	18803.84	30997.69
	营业成本(万)	7324.06	12497.69	4714.46	5942.20
	投资收益(万)	633.86	5662.36	5451.70	1259.83
	利润总额(万)	9310.48	21000.03	10545.64	12663.68
	净利润(万)	8466.61	19129.98	9553.87	11557.06

浙江华峰氨纶股份有限公司

公司概况						
公司名称	浙江华峰氨纶股份有限公司			证券简称	华峰氨纶	
法人代表	尤小平	董秘	潘基础	证券代码	002064	
公司网址	www.spandex.com.cn		电子信箱	huafeng@spandex.com.cn		
电　话	0577-65178053		传　真	0577-65537858		
办公地址	浙江省瑞安市莘塍工业园区					
经营范围	氨纶纤维的加工制造、销售及技术研发等					

主要财务指标

指标\报告期	2011.06.30	2010.12.31	2010.06.30	2009.12.31
每股收益(元)	0.1300	0.4300	0.2400	0.1500
每股收益(扣除)(元)	0.1200	0.4200	0.2341	0.1200
每股净资产(元)	2.2800	2.2500	2.0600	3.7300
调整后每股净资产(元)	–	–	–	–
每股资本公积金(元)	0.0106	0.0106	0.0106	0.1711
每股盈余公积金(元)	0.2285	0.2285	0.1852	0.3704
每股未分配利润(元)	1.0422	1.0112	0.8630	2.1929
每股现金净流量(元)	0.0770	–0.0161	–0.0110	0.0323
每股经营现金净流量(元)	0.1391	0.2415	0.1364	0.7007
净资产收益率(扣除)(%)	5.3800	20.3000	11.8200	6.7400
净资产收益率(%)	5.7400	19.2470	11.7330	7.7870
总资产(万)	214482.77	194459.94	179657.30	172481.40
股东权益(万)	168447.31	166163.17	152019.57	137874.50
主营业务收入(万)	69589.57	162444.63	82401.58	119418.53
主营成本(万)	51320.47	110159.34	54710.56	96676.99
营业收入(万)	69762.27	162785.06	82528.77	119588.15
营业成本(万)	51364.37	110251.51	54710.56	96694.07
投资收益(万)	–	–	–	–
利润总额(万)	11374.28	37132.28	20984.78	12361.79
净利润(万)	9668.14	31980.67	17837.07	10736.56

东华软件股份公司

公司概况						
公司名称	东华软件股份公司			证券简称	东华软件	
法人代表	薛向东	董秘	杨健	证券代码	002065	
公司网址	www.dhcc.com.cn		电子信箱	strongyang@dhcc.com.cn		
电　话	010-62662188		传　真	010-62662299		
办公地址	北京市海淀区紫金数码园 3 号楼 16 层					
经营范围	行业应用软件开发、计算机信息系统集成及相关服务业务等					

主要财务指标

指标\报告期	2011.06.30	2010.12.31	2010.06.30	2009.12.31
每股收益(元)	0.3928	0.7449	0.3100	0.5658
每股收益(扣除)(元)	0.3692	0.7419	0.3040	0.5556
每股净资产(元)	4.6600	3.6900	3.3500	3.0400
调整后每股净资产(元)	–	–	–	–
每股资本公积金(元)	1.3293	0.6672	0.6672	0.6672
每股盈余公积金(元)	0.2041	0.2119	0.1534	0.1534
每股未分配利润(元)	2.1294	1.8081	1.5273	1.2217
每股现金净流量(元)	–0.4541	0.0475	–0.6659	–0.0112
每股经营现金净流量(元)	–0.2706	0.0639	–0.3991	0.1603
净资产收益率(扣除)(%)	8.6300	21.9900	9.5200	19.9300
净资产收益率(%)	8.3210	20.2030	9.1290	18.5977
总资产(万)	284703.48	237880.35	180991.03	197689.79
股东权益(万)	206229.25	157069.54	142615.34	129596.74
主营业务收入(万)	109012.23	183386.40	83277.71	152117.91
主营成本(万)	76664.97	128108.55	59954.92	111586.59
营业收入(万)	109610.20	187016.13	85907.62	154893.68
营业成本(万)	77368.65	131340.65	62121.94	113912.87
投资收益(万)	–	–	–	–
利润总额(万)	18590.54	34617.38	14157.84	25426.34
净利润(万)	17159.71	31733.44	13018.81	24102.04

瑞泰科技股份有限公司

公司概况						
公司名称	瑞泰科技股份有限公司			证券简称	瑞泰科技	
法人代表	曾大凡	董秘	朱爱华	证券代码	002066	
公司网址	www.bjruitai.com		电子信箱	zhah@bjruitai.com		
电　话	010-51167282 65749478		传　真	010-65749477		
办公地址	北京市朝阳区管庄东里中国建材院主楼 4 层					
经营范围	制造、销售耐火材料;无机非金属材料的研发、销售等					

主要财务指标

指标\报告期	2011.06.30	2010.12.31	2010.06.30	2009.12.31
每股收益(元)	0.2545	0.4185	0.1651	0.3512
每股收益(扣除)(元)	0.2234	0.3634	0.1537	0.1784
每股净资产(元)	5.0500	4.9100	4.6900	4.6100
调整后每股净资产(元)	–	–	–	–
每股资本公积金(元)	2.4874	2.4554	2.4830	2.4554
每股盈余公积金(元)	0.1732	0.1732	0.1501	0.1501
每股未分配利润(元)	1.3875	1.2830	1.0527	1.0076
每股现金净流量(元)	0.1301	–0.2142	–0.2234	1.2892
每股经营现金净流量(元)	–0.7336	–0.1512	–0.9357	0.1129
净资产收益率(扣除)(%)	4.4900	7.6300	3.3000	4.5600
净资产收益率(%)	5.0420	8.5200	3.5230	6.9120
总资产(万)	220342.36	164130.27	146780.32	115822.11
股东权益(万)	58305.13	56728.75	54120.31	53281.64
主营业务收入(万)	63821.37	84257.89	35357.72	49224.78
主营成本(万)	46181.58	61503.09	25515.72	34964.99
营业收入(万)	64064.39	84485.65	35448.56	49301.45
营业成本(万)	46327.19	61571.24	25549.54	35005.55
投资收益(万)	–	–	–	–
利润总额(万)	5239.54	7718.04	3210.79	5663.67
净利润(万)	2940.00	4833.11	1906.48	3682.97

浙江景兴纸业股份有限公司

公司概况						
公司名称	浙江景兴纸业股份有限公司			证券简称	景兴纸业	
法人代表	朱在龙	董秘	姚洁青	证券代码	002067	
公司网址	www.jxpaper.com.cn		电子信箱	jingxing@jxpaper.com.cn		
电　话	0573-85969328		传　真	0573-85963320		
办公地址	浙江省平湖市曹桥镇					
经营范围	绿色环保再生纸、特种纸及其它纸品及纸制品、造纸原料的制造、销售					

主要财务指标

指标\报告期	2011.06.30	2010.12.31	2010.06.30	2009.12.31
每股收益(元)	0.2300	0.3200	0.1500	0.0800
每股收益(扣除)(元)	0.2345	0.2600	0.1100	0.0600
每股净资产(元)	5.1600	4.6900	4.5300	4.3700
调整后每股净资产(元)	–	–	–	–
每股资本公积金(元)	5.2998	3.3203	3.3203	3.3162
每股盈余公积金(元)	0.1061	0.1061	0.0901	0.0901
每股未分配利润(元)	0.3996	0.2619	0.1158	–0.0381
每股现金净流量(元)	2.4816	–0.2690	–0.3430	–0.9313
每股经营现金净流量(元)	–0.4757	0.1154	–0.1693	0.7459
净资产收益率(扣除)(%)	4.7800	5.7100	2.5000	1.4900
净资产收益率(%)	3.3010	6.7400	3.3980	1.8620
总资产(万)	590763.16	439770.69	408304.31	379097.90
股东权益(万)	282275.03	183780.49	177422.90	171234.66
主营业务收入(万)	170080.22	259986.32	110987.42	191946.23
主营成本(万)	144216.35	220862.59	92787.31	166624.17
营业收入(万)	171039.54	262917.67	111714.70	193665.71
营业成本(万)	145018.97	223392.94	93334.91	168013.52
投资收益(万)	–	–	–	–
利润总额(万)	11314.81	14903.64	7662.47	1813.46
净利润(万)	9318.60	12386.80	6029.21	3188.80

江西黑猫炭黑股份有限公司

公司概况	公司名称	江西黑猫炭黑股份有限公司			证券简称	黑猫股份
	法人代表	蔡景章	董秘	曹和平	证券代码	002068
	公司网址	www.jx-blackcat.com		电子信箱	heimaoth@126.com	
	电　话	0798-8399126		传　真	0798-8399126	
	办公地址	江西省景德镇市历尧				
	经营范围	生产销售炭黑及其尾气、硅材料、盐酸、次氯酸钠、工业萘、轻油等				

主要财务指标	指标\报告期	2011.06.30	2010.12.31	2010.06.30	2009.12.31
	每股收益(元)	0.1140	0.2100	0.1260	0.4100
	每股收益(扣除)(元)	0.1004	0.2100	0.1200	0.4400
	每股净资产(元)	3.7200	2.5700	2.4800	3.1000
	调整后每股净资产(元)	–	–	–	–
	每股资本公积金(元)	1.9941	0.8249	0.8249	1.0721
	每股盈余公积金(元)	0.1318	0.1581	0.1406	0.1828
	每股未分配利润(元)	0.5980	0.5834	0.5124	0.8426
	每股现金净流量(元)	1.4146	0.2005	0.8499	–0.3181
	每股经营现金净流量(元)	–0.0285	0.8552	0.3677	–0.4967
	净资产收益率(扣除)(%)	2.9300	8.4100	4.8700	15.1000
	净资产收益率(%)	3.0000	8.3500	5.0770	13.2780
	总资产(万)	430595.07	298234.76	282913.57	226959.12
	股东权益(万)	111648.67	64138.70	61927.24	59545.77
	主营业务收入(万)	170850.35	297508.44	139963.60	184290.24
	主营成本(万)	148843.06	258354.96	120675.80	149606.88
	营业收入(万)	173715.61	302286.38	142040.08	186267.13
	营业成本(万)	149790.08	259697.33	121230.40	150126.76
	投资收益(万)	–	–	–	–
	利润总额(万)	4669.09	6080.65	3315.76	10525.17
	净利润(万)	3348.91	5355.40	3143.94	7906.17

大连獐子岛渔业集团股份有限公司

公司概况	公司名称	大连獐子岛渔业集团股份有限公司			证券简称	獐子岛
	法人代表	吴厚刚	董秘	王欣红	证券代码	002069
	公司网址	www.zhangzidao.com		电子信箱	wangxinhong@zhangzidao.com	
	电　话	0411-82821622 82659666		传　真	0411-82634187	
	办公地址	大连市中山区人民路人寿大厦17、18层				
	经营范围	虾夷扇贝、海参、鲍鱼等海珍品育苗、养殖、加工、销售等				

主要财务指标	指标\报告期	2011.06.30	2010.12.31	2010.06.30	2009.12.31
	每股收益(元)	0.3100	0.9300	0.2500	0.4600
	每股收益(扣除)(元)	0.3200	0.8800	0.3800	0.4100
	每股净资产(元)	3.4200	3.7300	3.1700	6.0900
	调整后每股净资产(元)	–	–	–	–
	每股资本公积金(元)	1.2040	0.7654	0.7654	2.5309
	每股盈余公积金(元)	0.2220	0.3489	0.2590	0.5181
	每股未分配利润(元)	0.9955	1.6155	1.1459	2.0420
	每股现金净流量(元)	0.0142	0.5140	–0.1664	–
	每股经营现金净流量(元)	–0.2133	0.0941	–0.5167	–
	净资产收益率(扣除)(%)	10.6900	26.3800	12.2100	14.2800
	净资产收益率(%)	8.8090	25.0810	11.8360	14.9980
	总资产(万)	400993.42	330441.35	298414.72	228323.98
	股东权益(万)	243036.52	168553.72	143308.31	137746.73
	主营业务收入(万)	117493.93	224585.14	78818.75	150873.60
	主营成本(万)	75049.72	147516.24	46133.92	108761.76
	营业收入(万)	118090.39	225904.67	79186.58	151254.30
	营业成本(万)	75400.94	148431.44	46351.34	108888.61
	投资收益(万)	–	–	–	–
	利润总额(万)	24211.14	48367.52	19279.90	22704.08
	净利润(万)	21409.96	42275.11	16962.29	20658.64

福建众和股份有限公司

公司概况	公司名称	福建众和股份有限公司			证券简称	众和股份
	法人代表	许建成	董秘	詹金明	证券代码	002070
	公司网址	www.zhonghe.com		电子信箱	security@zhonghe.com	
	电　话	0594-5888969 5895039		传　真	0594-5895238	
	办公地址	福建省莆田市秀屿区西许工业区5-8号				
	经营范围	服装面料及其他纺织品的开发、生产、销售等				

主要财务指标	指标\报告期	2011.06.30	2010.12.31	2010.06.30	2009.12.31
	每股收益(元)	0.1089	0.3300	0.1530	0.2811
	每股收益(扣除)(元)	0.1087	0.3158	0.1927	0.2560
	每股净资产(元)	2.9600	3.7100	3.5700	2.5100
	调整后每股净资产(元)	–	–	–	–
	每股资本公积金(元)	0.9182	1.4939	1.4911	0.3354
	每股盈余公积金(元)	0.0982	0.1276	0.1160	0.1475
	每股未分配利润(元)	0.9436	1.0850	0.9634	1.0258
	每股现金净流量(元)	0.0425	0.8457	1.2005	0.5886
	每股经营现金净流量(元)	0.0743	0.0225	0.0081	0.1285
	净资产收益率(扣除)(%)	3.7400	9.9300	7.3900	10.8100
	净资产收益率(%)	3.6810	7.8900	4.3800	11.2100
	总资产(万)	211214.40	202788.56	206324.51	154101.80
	股东权益(万)	111242.63	107166.93	103224.36	57042.93
	主营业务收入(万)	66105.82	107225.74	51768.58	92786.14
	主营成本(万)	53137.36	80812.64	39815.87	71920.84
	营业收入(万)	66189.22	107396.44	51818.22	92967.45
	营业成本(万)	53141.55	80850.48	39833.72	71945.79
	投资收益(万)	–	–	–	–
	利润总额(万)	4887.87	10075.97	5388.45	8539.26
	净利润(万)	4095.02	8455.57	4524.47	6393.81

江苏宏宝五金股份有限公司

公司概况	公司名称	江苏宏宝五金股份有限公司			证券简称	江苏宏宝
	法人代表	朱剑峰	董秘	顾桂新	证券代码	002071
	公司网址	www.hongbao.com		电子信箱	gugx@hongbao.com	
	电　话	0512-58713681 58715059		传　真	0512-58761055	
	办公地址	江苏省张家港市大新镇人民路128号				
	经营范围	公司主要从事锻造类工具五金和配件五金制品的生产和销售等				

主要财务指标	指标\报告期	2011.06.30	2010.12.31	2010.06.30	2009.12.31
	每股收益(元)	0.0580	0.1100	0.0550	0.0100
	每股收益(扣除)(元)	0.0530	0.1100	0.0530	0.0030
	每股净资产(元)	1.9800	2.0000	2.8500	2.9000
	调整后每股净资产(元)	–	–	–	–
	每股资本公积金(元)	0.4655	0.4984	1.1930	1.3257
	每股盈余公积金(元)	0.0889	0.0882	0.1224	0.1224
	每股未分配利润(元)	0.4297	0.4127	0.5436	0.4613
	每股现金净流量(元)	0.1495	0.2340	–0.2902	–0.0315
	每股经营现金净流量(元)	0.0932	0.0293	0.1123	–0.0386
	净资产收益率(扣除)(%)	–	5.5400	–	0.1800
	净资产收益率(%)	2.9100	5.6010	2.8852	0.5226
	总资产(万)	91443.70	71464.25	56193.46	59363.26
	股东权益(万)	36454.81	36734.50	35018.11	35635.22
	主营业务收入(万)	20207.73	37315.81	17749.54	28537.80
	主营成本(万)	16716.35	30932.89	14683.94	24367.62
	营业收入(万)	22260.69	40273.61	18772.56	30521.72
	营业成本(万)	18651.68	33846.90	15699.62	26299.45
	投资收益(万)	–	–	–	–
	利润总额(万)	1343.93	2517.80	1131.45	410.19
	净利润(万)	1060.89	2057.34	1010.35	186.22

山东德棉股份有限公司

公司概况	公司名称	山东德棉股份有限公司		证券简称	ST 德棉
	法人代表	尉华	董秘 杨怀华	证券代码	002072
	公司网址	www.textiledm.com		电子信箱	dmyanghh@126.com
	电　　话	0534-2436663 2436301		传　　真	0534-2436301
	办公地址	山东省德州市顺河西路 18 号			
	经营范围	纺纱、织布;纺织原料、纺织品、服装、纺织设备及器材、配件等			

主要财务指标	指标\报告期	2011.06.30	2010.12.31	2010.06.30	2009.12.31
	每股收益(元)	-0.1188	0.0370	-0.0720	-0.6660
	每股收益(扣除)(元)	-0.1211	-0.4040	-0.0820	-0.6850
	每股净资产(元)	1.6600	1.7800	1.6700	1.7400
	调整后每股净资产(元)	-	-	-	-
	每股资本公积金(元)	0.9400	0.9400	0.9400	0.9400
	每股盈余公积金(元)	0.2174	0.2174	0.2174	0.2174
	每股未分配利润(元)	-0.4980	-0.3792	-0.4886	-0.4164
	每股现金净流量(元)	-0.0091	-0.0180	-0.0161	-1.0671
	每股经营现金净流量(元)	0.4400	0.7166	0.3619	0.2014
	净资产收益率(扣除)(%)	-7.0500	-22.9400	-4.8300	-33.0300
	净资产收益率(%)	-7.1610	2.0900	-4.3270	-38.2748
	总资产(万)	141780.29	149321.06	158136.03	149585.91
	股东权益(万)	29204.63	31295.98	29371.00	30641.94
	主营业务收入(万)	40059.12	80520.39	39456.06	63561.78
	主营成本(万)	36286.44	75562.07	35939.83	63420.84
	营业收入(万)	40607.15	81685.75	39956.03	65675.74
	营业成本(万)	36710.01	76445.74	36312.02	65442.50
	投资收益(万)	-	-	-	-
	利润总额(万)	-2091.35	654.04	-1270.94	-11542.96
	净利润(万)	-2091.35	654.04	-1270.94	-11728.13

软控股份有限公司

公司概况	公司名称	软控股份有限公司		证券简称	软控股份
	法人代表	袁仲雪	董秘 张焱	证券代码	002073
	公司网址	www.mesnac.com		电子信箱	zhangy@mesnac.com
	电　　话	0532-84012387 84012379		传　　真	0532-84011517
	办公地址	山东省青岛市郑州路 43 号软控研发中心			
	经营范围	机械设备、模具、计算机软硬件、大规模集成电路、自动化系统等			

主要财务指标	指标\报告期	2011.06.30	2010.12.31	2010.06.30	2009.12.31
	每股收益(元)	0.2400	0.5000	0.2000	0.4200
	每股收益(扣除)(元)	0.2349	0.4600	0.1700	0.3700
	每股净资产(元)	3.7100	3.2000	2.8900	4.1500
	调整后每股净资产(元)	-	-	-	-
	每股资本公积金(元)	0.7893	0.5158	0.5158	1.2737
	每股盈余公积金(元)	0.2061	0.2061	0.1627	0.2440
	每股未分配利润(元)	1.7170	1.4778	1.2165	1.6283
	每股现金净流量(元)	0.8073	-0.0246	-0.0775	0.8517
	每股经营现金净流量(元)	-0.6080	0.1153	0.1221	0.3167
	净资产收益率(扣除)(%)	7.0800	15.2500	6.0200	15.2400
	净资产收益率(%)	6.4420	15.7030	6.8280	14.3653
	总资产(万)	547627.38	406488.40	321395.17	281679.56
	股东权益(万)	275601.73	237508.75	214881.88	205189.13
	主营业务收入(万)	87659.95	145854.38	56263.44	107766.26
	主营成本(万)	56249.96	84468.87	34148.87	64234.97
	营业收入(万)	90361.47	149996.40	58173.03	112823.07
	营业成本(万)	57787.77	87678.13	35914.11	67639.49
	投资收益(万)	-	-	-	-
	利润总额(万)	21730.07	43794.00	17759.50	33302.29
	净利润(万)	17754.02	37295.98	14672.99	29476.00

江苏东源电器集团股份有限公司

公司概况	公司名称	江苏东源电器集团股份有限公司		证券简称	东源电器
	法人代表	孙益源	董秘 陈林芳	证券代码	002074
	公司网址	www.jsdydq.com		电子信箱	jsdywyg@126.com
	电　　话	0513-86268788		传　　真	0513-86268222
	办公地址	江苏省通州市十总镇东源大道 1 号			
	经营范围	高、低压开关及成套设备，电器自动化、配网自动化设备及元器件的制造和销售等			

主要财务指标	指标\报告期	2011.06.30	2010.12.31	2010.06.30	2009.12.31
	每股收益(元)	0.1300	0.1900	0.0800	0.2400
	每股收益(扣除)(元)	0.1100	0.0800	0.1100	0.1700
	每股净资产(元)	1.6900	2.8900	2.8400	2.7000
	调整后每股净资产(元)	-	-	-	-
	每股资本公积金(元)	0.0601	0.6082	0.6107	0.6107
	每股盈余公积金(元)	0.1001	0.1801	0.1604	0.1604
	每股未分配利润(元)	0.5286	1.1002	1.0686	0.9253
	每股现金净流量(元)	0.0398	0.0295	-0.4031	-0.0064
	每股经营现金净流量(元)	0.0180	0.0464	-0.1769	0.3330
	净资产收益率(扣除)(%)	6.3700	2.8600	3.8800	6.3000
	净资产收益率(%)	7.6080	6.7380	5.0460	8.9120
	总资产(万)	94944.45	84098.03	82144.14	79913.04
	股东权益(万)	42788.04	40658.70	39971.80	37954.98
	主营业务收入(万)	37034.35	45186.40	24497.08	39323.18
	主营成本(万)	27567.44	33456.23	18173.38	28430.60
	营业收入(万)	37478.06	46613.89	24708.01	39901.55
	营业成本(万)	27886.42	34514.36	18329.50	28734.32
	投资收益(万)	-	-	-	-
	利润总额(万)	4737.32	4283.85	2668.84	4946.60
	净利润(万)	3255.42	2739.44	2016.82	3382.51

江苏沙钢股份有限公司

公司概况	公司名称	江苏沙钢股份有限公司		证券简称	沙钢股份
	法人代表	陆锦祥	董秘 魏笔	证券代码	002075
	公司网址			电子信箱	shaganggufen@gmail.com
	电　　话	0512-58690829		传　　真	0512-58676357
	办公地址	江苏省张家港经济开发区			
	经营范围	黑色金属产品的开发，冶炼，加工及销售等			

主要财务指标	指标\报告期	2011.06.30	2010.12.31	2010.06.30	2009.12.31
	每股收益(元)	0.1100	0.3000	0.2300	0.0900
	每股收益(扣除)(元)	0.0902	0.2800	-0.1900	0.0800
	每股净资产(元)	1.3700	1.2700	0.0210	1.4300
	调整后每股净资产(元)	-	-	-	-
	每股资本公积金(元)	-	-	1.0468	-
	每股盈余公积金(元)	-	-	0.0552	-
	每股未分配利润(元)	0.3734	0.2653	-2.0808	1.2915
	每股现金净流量(元)	-0.1745	0.3885	0.5505	0.7398
	每股经营现金净流量(元)	0.8158	1.6387	5.3610	6.0228
	净资产收益率(扣除)(%)	6.8300	17.5300	13.4200	6.1100
	净资产收益率(%)	7.8730	17.9450	-250.4700	6.2366
	总资产(万)	1195265.41	1155494.52	104823.50	1511614.21
	股东权益(万)	216483.49	199440.15	838.98	169169.54
	主营业务收入(万)	797142.38	1208693.93	623240.13	1237837.70
	主营成本(万)	723688.63	1068196.52	524339.20	1154580.18
	营业收入(万)	815620.95	1253743.96	642755.21	1261850.18
	营业成本(万)	739532.47	1111558.69	542600.25	1176945.40
	投资收益(万)	-	-	-	-
	利润总额(万)	43870.83	85800.64	66008.07	26615.61
	净利润(万)	17043.34	35789.23	27255.86	10550.49

广东雪莱特光电科技股份有限公司

公司概况	公司名称	广东雪莱特光电科技股份有限公司			证券简称	雪 莱 特
	法人代表	柴国生	董秘	冼树忠	证券代码	002076
	公司网址	www.cnlight.com		电子信箱	info@cnlight.com	
	电　话	0757-86695590		传　真	0757-86695225	
	办公地址	广东省佛山市南海区狮山工业科技工业园 A 区				
	经营范围	设计、加工、制造：照明电器，电真空器件，科教器材等				

主要财务指标	指标\报告期	2011.06.30	2010.12.31	2010.06.30	2009.12.31
	每股收益(元)	0.0355	0.0671	0.0445	0.0582
	每股收益(扣除)(元)	0.0240	0.0237	0.0303	0.0607
	每股净资产(元)	2.1000	2.1600	2.1400	2.1000
	调整后每股净资产(元)	–	–	–	–
	每股资本公积金(元)	0.3007	0.3007	0.3007	0.3007
	每股盈余公积金(元)	0.1102	0.1102	0.1049	0.1049
	每股未分配利润(元)	0.6888	0.7533	0.7361	0.6915
	每股现金净流量(元)	–0.2567	–0.0513	–0.0235	0.0479
	每股经营现金净流量(元)	–0.2380	0.1232	0.0184	0.0886
	净资产收益率(扣除)(%)	–	1.1100	–	2.9300
	净资产收益率(%)	1.6900	3.1000	2.0800	2.7749
	总资产(万)	51348.72	52986.88	50353.42	48986.54
	股东权益(万)	38690.68	39879.66	39464.08	38643.24
	主营业务收入(万)	17360.66	34985.97	13581.46	32204.23
	主营成本(万)	13463.56	26169.68	9782.00	23528.16
	营业收入(万)	18589.96	35222.05	13722.14	32444.46
	营业成本(万)	14010.68	26326.93	10144.80	24159.54
	投资收益(万)	–	–	–	–
	利润总额(万)	732.13	1617.50	945.19	1457.47
	净利润(万)	653.73	1236.16	820.83	1072.32

江苏大港股份有限公司

公司概况	公司名称	江苏大港股份有限公司			证券简称	大港股份
	法人代表	朱林华	董秘	吴晓坚	证券代码	002077
	公司网址	www.dggf.cn		电子信箱	zjwuxj@163.com	
	电　话	0511-88901009		传　真	0511-88901188	
	办公地址	江苏省镇江新区通港路 1 号				
	经营范围	工业园区开发、基础设施建设、工业厂房建设与经营、房地产开发、仓储、产业投资				

主要财务指标	指标\报告期	2011.06.30	2010.12.31	2010.06.30	2009.12.31
	每股收益(元)	0.1200	0.2500	0.0600	0.0100
	每股收益(扣除)(元)	0.1004	0.1000	0.0500	–0.6800
	每股净资产(元)	3.0100	2.8900	2.6700	2.6100
	调整后每股净资产(元)	–	–	–	–
	每股资本公积金(元)	0.9315	0.9315	0.9007	0.9007
	每股盈余公积金(元)	0.2499	0.2499	0.2499	0.2499
	每股未分配利润(元)	0.8322	0.7106	0.5232	0.4625
	每股现金净流量(元)	0.3312	–0.0548	–0.3183	–0.0920
	每股经营现金净流量(元)	–1.1153	–1.0465	0.2154	0.7996
	净资产收益率(扣除)(%)	3.4000	3.7600	1.7200	–25.5900
	净资产收益率(%)	4.0360	8.5780	2.2700	0.4120
	总资产(万)	332046.27	312037.00	231378.17	225184.94
	股东权益(万)	75941.34	72876.37	67378.12	65848.65
	主营业务收入(万)	89988.43	194299.71	90227.15	113109.35
	主营成本(万)	73713.06	171856.88	82243.61	110447.71
	营业收入(万)	90071.74	197550.66	90255.04	113243.22
	营业成本(万)	73727.34	172107.38	82244.95	110456.70
	投资收益(万)	–	–	–	–
	利润总额(万)	4291.68	7311.55	1846.85	6119.93
	净利润(万)	3064.97	6251.56	1529.47	271.46

山东太阳纸业股份有限公司

公司概况	公司名称	山东太阳纸业股份有限公司			证券简称	太阳纸业
	法人代表	李洪信	董秘	陈昭军	证券代码	002078
	公司网址	www.sunpapergroup.com		电子信箱	pfc9697@163.com	
	电　话	0537-7928715 7928762		传　真	0537-7928762	
	办公地址	山东省兖州市友谊路 1 号				
	经营范围	机制纸、纸板制造；纸制品制造、加工；建筑材料、五金交电、化工产品等				

主要财务指标	指标\报告期	2011.06.30	2010.12.31	2010.06.30	2009.12.31
	每股收益(元)	0.3500	0.6300	0.3500	0.4800
	每股收益(扣除)(元)	0.2900	0.6100	0.3500	0.4500
	每股净资产(元)	3.8900	3.5300	3.2300	5.9600
	调整后每股净资产(元)	–	–	–	–
	每股资本公积金(元)	0.7876	0.7839	0.7707	2.1302
	每股盈余公积金(元)	0.3061	0.3061	0.2466	0.4932
	每股未分配利润(元)	1.7971	1.4425	1.2158	2.3373
	每股现金净流量(元)	0.3357	0.2041	–0.0139	–0.0463
	每股经营现金净流量(元)	0.6223	1.2525	0.4256	0.9810
	净资产收益率(扣除)(%)	7.8200	18.7900	11.0400	16.3300
	净资产收益率(%)	9.1210	17.9340	10.7400	15.9894
	总资产(万)	1432523.99	1159560.77	1065427.67	927875.90
	股东权益(万)	390688.99	354849.24	324839.95	299464.18
	主营业务收入(万)	399197.87	790485.68	349878.10	574478.98
	主营成本(万)	323017.08	640788.02	274172.37	470580.73
	营业收入(万)	403329.24	803704.42	356622.23	596073.05
	营业成本(万)	325293.38	647619.96	277067.31	484980.38
	投资收益(万)	–	–	–	–
	利润总额(万)	47479.97	90366.14	48802.06	64438.56
	净利润(万)	35633.10	63637.93	34876.67	47882.43

苏州固锝电子股份有限公司

公司概况	公司名称	苏州固锝电子股份有限公司			证券简称	苏州固锝
	法人代表	吴念博	董秘	滕有西	证券代码	002079
	公司网址	www.goodark.com		电子信箱	info@goodark.com	
	电　话	0512-68188888-3088 2063		传　真	0512-68189999	
	办公地址	江苏省苏州市高新区狮山路 199 号新地中心 19 层				
	经营范围	设计、制造和销售各类半导体芯片、各类集成电路、二极管、三极管等				

主要财务指标	指标\报告期	2011.06.30	2010.12.31	2010.06.30	2009.12.31
	每股收益(元)	0.1090	0.2500	0.1080	0.1360
	每股收益(扣除)(元)	0.9080	0.2480	0.1380	0.1210
	每股净资产(元)	1.7600	2.0600	1.9200	1.8180
	调整后每股净资产(元)	–	–	–	–
	每股资本公积金(元)	0.1083	0.3535	0.3137	0.3102
	每股盈余公积金(元)	0.1118	0.1453	0.1202	0.1202
	每股未分配利润(元)	0.5454	0.5667	0.4821	0.3872
	每股现金净流量(元)	0.0603	0.0079	–0.0527	0.0803
	每股经营现金净流量(元)	0.1381	0.3289	0.1330	0.2946
	净资产收益率(扣除)(%)	5.8800	12.8600	7.2900	6.8700
	净资产收益率(%)	6.2070	12.0870	7.3020	7.4690
	总资产(万)	96369.24	85205.95	80432.06	70676.60
	股东权益(万)	63281.13	56984.59	52878.30	50166.38
	主营业务收入(万)	44439.96	81861.51	39490.01	55506.31
	主营成本(万)	37155.21	67187.93	32238.70	46065.02
	营业收入(万)	44439.96	81861.51	39490.01	55506.31
	营业成本(万)	37155.21	67187.93	32238.70	46065.02
	投资收益(万)	–	–	–	–
	利润总额(万)	4532.03	8175.23	4476.68	4218.37
	净利润(万)	3927.94	6887.89	3861.37	3746.81

中材科技股份有限公司

公司概况	公司名称	中材科技股份有限公司		证券简称	中材科技
	法人代表	李新华	董秘	宋伯庐	证券代码 002080
	公司网址	www.sinomatech.com	电子信箱	sinoma@sinomatech.com	
	电　话	010-88437909	传　真	010-88437712	
	办公地址	北京市海淀区板井路69号商务中心写字楼12Fa			
	经营范围	玻璃纤维、复合材料、过滤材料、矿物棉、其他非金属新材料等			

主要财务指标	指标\报告期	2011.06.30	2010.12.31	2010.06.30	2009.12.31
	每股收益(元)	0.1800	1.1800	0.2700	0.7230
	每股收益(扣除)(元)	0.1433	1.0200	0.5087	0.6820
	每股净资产(元)	5.5100	10.9900	5.9200	5.3600
	调整后每股净资产(元)	–	–	–	–
	每股资本公积金(元)	3.3275	7.6869	2.4823	2.4769
	每股盈余公积金(元)	0.0809	0.1618	0.2039	0.2039
	每股未分配利润(元)	1.0976	2.1374	2.2290	1.6817
	每股现金净流量(元)	-1.1768	4.8392	0.3248	0.7475
	每股经营现金净流量(元)	-0.0467	0.3984	-2.0181	0.2644
	净资产收益率(扣除)(%)	–	17.1300	–	13.5700
	净资产收益率(%)	3.2490	8.0560	9.2520	13.4740
	总资产(万)	451728.45	452614.63	349852.07	259697.75
	股东权益(万)	220241.36	219723.34	88728.71	80438.37
	主营业务收入(万)	110018.53	255356.69	103148.43	159704.58
	主营成本(万)	85718.11	181263.81	69207.64	110153.70
	营业收入(万)	111067.03	257350.00	104087.11	161284.34
	营业成本(万)	86440.99	182589.75	69845.11	111082.71
	投资收益(万)	–	–	–	–
	利润总额(万)	9630.46	36404.87	18503.72	24217.56
	净利润(万)	7156.34	17700.44	8209.16	10838.55

苏州金螳螂建筑装饰股份有限公司

公司概况	公司名称	苏州金螳螂建筑装饰股份有限公司		证券简称	金螳螂
	法人代表	倪林	董秘	戴轶钧	证券代码 002081
	公司网址	www.goldmantis.com	电子信箱	tzglb@goldmantis.com	
	电　话	0512-68660622	传　真	0512-68660622	
	办公地址	江苏省苏州市西环路888号			
	经营范围	承接各类建筑室内、室外装修装饰工程的设计及施工等			

主要财务指标	指标\报告期	2011.06.30	2010.12.31	2010.06.30	2009.12.31
	每股收益(元)	0.5100	1.2200	0.2500	0.6300
	每股收益(扣除)(元)	0.5078	1.2100	0.3700	0.6300
	每股净资产(元)	2.9300	3.7800	2.9400	4.2400
	调整后每股净资产(元)	–	–	–	–
	每股资本公积金(元)	0.4246	0.5676	0.5652	0.8440
	每股盈余公积金(元)	0.2119	0.3178	0.1991	0.2987
	每股未分配利润(元)	1.3058	1.8957	1.1709	2.0950
	每股现金净流量(元)	-0.3554	0.7398	-0.0046	1.3465
	每股经营现金净流量(元)	-0.0949	1.0606	0.0836	2.5769
	净资产收益率(扣除)(%)	18.7500	37.2000	12.7200	25.6300
	净资产收益率(%)	17.2560	32.2010	12.7420	22.2440
	总资产(万)	445624.45	406068.92	280862.87	276103.10
	股东权益(万)	141135.53	120691.53	93688.55	90186.38
	主营业务收入(万)	374526.95	663174.28	244338.64	410499.63
	主营成本(万)	311804.84	551237.23	205727.25	341339.98
	营业收入(万)	374724.42	663935.47	244765.43	410669.29
	营业成本(万)	311875.49	551788.64	206152.41	341505.14
	投资收益(万)	–	–	–	–
	利润总额(万)	33507.34	54930.97	16934.32	28566.68
	净利润(万)	24353.90	38864.39	11937.71	20061.32

浙江栋梁新材股份有限公司

公司概况	公司名称	浙江栋梁新材股份有限公司		证券简称	栋梁新材
	法人代表	陆志宝	董秘	袁嘉懿	证券代码 002082
	公司网址	www.dongliang.com.cn	电子信箱	info@dongliang.com.cn	
	电　话	0572-3158810 2699791	传　真	0572-2699765	
	办公地址	浙江省湖州市织里镇栋梁路			
	经营范围	铝合金型材、铝棒、五金制品及模具、镁合金制品的制造加工、销售等			

主要财务指标	指标\报告期	2011.06.30	2010.12.31	2010.06.30	2009.12.31
	每股收益(元)	0.3600	0.6400	0.2700	0.5100
	每股收益(扣除)(元)	0.3600	0.6300	0.2600	0.5000
	每股净资产(元)	4.1000	3.8800	3.5100	3.3700
	调整后每股净资产(元)	–	–	–	–
	每股资本公积金(元)	1.0160	1.0160	1.0160	1.0160
	每股盈余公积金(元)	0.1868	0.1868	0.1469	0.1469
	每股未分配利润(元)	1.8941	1.6792	1.3502	1.2105
	每股现金净流量(元)	-0.0874	0.5046	0.3220	-0.1726
	每股经营现金净流量(元)	-0.0989	0.6818	0.5351	0.2863
	净资产收益率(扣除)(%)	8.9000	17.4600	7.4700	15.7800
	净资产收益率(%)	8.9070	16.4500	7.6750	15.0765
	总资产(万)	144726.05	131658.55	122485.85	111897.79
	股东权益(万)	97508.77	92393.78	83612.71	80289.21
	主营业务收入(万)	464087.77	803797.15	404439.44	633971.00
	主营成本(万)	447492.73	772716.28	391469.11	608108.43
	营业收入(万)	464905.40	805370.74	405330.26	634770.74
	营业成本(万)	448020.53	773552.12	391852.01	608524.33
	投资收益(万)	–	–	–	–
	利润总额(万)	11288.32	19429.68	8325.29	15222.98
	净利润(万)	8684.99	15198.57	6417.50	12104.83

孚日集团股份有限公司

公司概况	公司名称	孚日集团股份有限公司		证券简称	孚日股份
	法人代表	孙日贵	董秘	王进刚	证券代码 002083
	公司网址	www.sunvim.com	电子信箱	zqb@sunvim.com	
	电　话	0536-2308043	传　真	0536-2315895	
	办公地址	山东省潍坊市高密市孚日街1号			
	经营范围	生产销售毛巾系列产品、纺织品、针织品、床上用品、服装、工艺品等			

主要财务指标	指标\报告期	2011.06.30	2010.12.31	2010.06.30	2009.12.31
	每股收益(元)	0.1200	0.1900	0.0900	0.1200
	每股收益(扣除)(元)	0.1008	0.1800	0.0800	0.0900
	每股净资产(元)	3.0100	2.8900	2.7900	2.7000
	调整后每股净资产(元)	–	–	–	–
	每股资本公积金(元)	1.4250	1.4250	1.4249	1.4248
	每股盈余公积金(元)	0.1129	0.1129	0.0939	0.0939
	每股未分配利润(元)	0.4768	0.3534	0.2698	0.1776
	每股现金净流量(元)	0.3203	0.1385	0.0839	-0.3074
	每股经营现金净流量(元)	-0.2075	0.8826	0.4830	0.3641
	净资产收益率(扣除)(%)	3.4100	6.2800	2.9800	3.4500
	净资产收益率(%)	4.0970	6.7360	3.3060	4.2750
	总资产(万)	784114.63	718354.93	697498.76	679471.41
	股东权益(万)	282878.57	271304.75	261693.85	253012.98
	主营业务收入(万)	224667.42	408295.99	199971.14	316443.54
	主营成本(万)	179669.71	331018.12	162474.37	259416.59
	营业收入(万)	231936.29	424958.24	210006.33	322825.10
	营业成本(万)	186418.31	345472.17	171957.34	264929.92
	投资收益(万)	–	–	–	–
	利润总额(万)	15591.84	25566.66	12640.78	15567.82
	净利润(万)	11589.83	18274.99	8652.39	10815.77

广州海鸥卫浴用品股份有限公司

公司概况	公司名称	广州海鸥卫浴用品股份有限公司		证券简称	海鸥卫浴
	法人代表	唐台英	董秘 崔鼎昌	证券代码	002084
	公司网址	www.seagullgroup.cn		电子信箱	richard.tsuei@seagullgroup.cn
	电话	020-84896096 8809 34808178		传真	020-34808171
	办公地址	广东省广州市番禺区沙头街禺山西路 363 号			
	经营范围	开发、生产高档水暖器材及五金件,销售本企业产品			

主要财务指标	指标\报告期	2011.06.30	2010.12.31	2010.06.30	2009.12.31
	每股收益(元)	0.0613	0.2649	0.1003	0.0630
	每股收益(扣除)(元)	0.0529	0.2475	0.1100	0.0526
	每股净资产(元)	2.3200	2.7900	3.1800	3.1814
	调整后每股净资产(元)	–	–	–	–
	每股资本公积金(元)	0.2901	0.6369	0.6383	1.0289
	每股盈余公积金(元)	0.1693	0.2031	0.1755	0.2106
	每股未分配利润(元)	0.8596	0.9580	0.8411	0.9448
	每股现金净流量(元)	0.0162	–0.0241	0.1781	0.2431
	每股经营现金净流量(元)	0.1329	0.3461	0.2622	0.7637
	净资产收益率(扣除)(%)	2.6480	9.4870	4.5410	2.3770
	净资产收益率(%)	2.6000	9.7300	4.4400	2.4000
	总资产(万)	167970.34	161128.20	162802.32	151017.73
	股东权益(万)	80518.62	83695.29	79600.27	81989.61
	主营业务收入(万)	70982.47	162500.61	79858.30	114520.61
	主营成本(万)	55359.74	127696.23	62096.12	91102.50
	营业收入(万)	73459.22	166608.25	81954.47	119954.15
	营业成本(万)	57374.97	129695.38	63733.65	94322.17
	投资收益(万)	–217.07	132.78	46.80	–4.71
	利润总额(万)	2211.29	8541.74	4359.27	2818.41
	净利润(万)	2058.14	7408.52	3367.25	1762.30

浙江万丰奥威汽轮股份有限公司

公司概况	公司名称	浙江万丰奥威汽轮股份有限公司		证券简称	万丰奥威
	法人代表	陈爱莲	董秘 徐晓芳	证券代码	002085
	公司网址	www.wfaw.com.cn		电子信箱	wfirm@wfjt.com
	电话	0575-86298339		传真	0575-86298339
	办公地址	浙江省绍兴市新昌县工业区			
	经营范围	汽车铝合金车轮及零部件的生产、销售及技术咨询、技术服务等			

主要财务指标	指标\报告期	2011.06.30	2010.12.31	2010.06.30	2009.12.31
	每股收益(元)	0.2100	0.4700	0.1900	0.2400
	每股收益(扣除)(元)	0.2045	0.4300	0.1700	0.2200
	每股净资产(元)	3.4700	3.2600	2.9800	2.9400
	调整后每股净资产(元)	–	–	–	–
	每股资本公积金(元)	1.2244	1.2244	1.2244	1.2244
	每股盈余公积金(元)	0.2587	0.2587	0.2325	0.2325
	每股未分配利润(元)	0.9873	0.7802	0.5258	0.4895
	每股现金净流量(元)	–0.1445	0.0328	–0.0255	–0.1173
	每股经营现金净流量(元)	0.1761	0.8218	0.2459	–
	净资产收益率(扣除)(%)	6.0800	13.9500	5.5600	7.5600
	净资产收益率(%)	5.9710	14.3150	6.2510	8.0480
	总资产(万)	162643.70	155730.03	155556.63	154279.98
	股东权益(万)	98608.12	92742.00	84742.47	83735.01
	主营业务收入(万)	98101.74	184797.65	91831.29	131485.15
	主营成本(万)	81212.67	150821.49	76769.04	111335.74
	营业收入(万)	99994.19	189536.10	94446.70	135478.31
	营业成本(万)	82826.89	154744.23	78898.98	114212.97
	投资收益(万)	–	–	–	–
	利润总额(万)	8587.26	18612.79	7947.89	9504.13
	净利润(万)	5887.98	13276.05	5296.89	6739.31

山东东方海洋科技股份有限公司

公司概况	公司名称	山东东方海洋科技股份有限公司		证券简称	东方海洋
	法人代表	车轼	董秘 于德海	证券代码	002086
	公司网址	www.yt-fishery.com		电子信箱	mpydh@126.com
	电话	0535-6729111 6929011		传真	0535-6729055
	办公地址	山东省烟台市莱山区澳柯玛大街 18 号			
	经营范围	水产新技术、新成果的研究、推广、应用等			

主要财务指标	指标\报告期	2011.06.30	2010.12.31	2010.06.30	2009.12.31
	每股收益(元)	0.1338	0.3008	0.1019	0.2268
	每股收益(扣除)(元)	0.1314	0.2763	0.1012	0.2016
	每股净资产(元)	4.8900	4.7600	4.5600	4.4500
	调整后每股净资产(元)	–	–	–	–
	每股资本公积金(元)	2.8023	2.8023	2.8023	2.8023
	每股盈余公积金(元)	0.1371	0.1371	0.1062	0.1062
	每股未分配利润(元)	0.9492	0.8154	0.6473	0.5454
	每股现金净流量(元)	0.6260	0.0924	–0.1003	–1.1536
	每股经营现金净流量(元)	0.2084	0.0938	0.1713	0.3918
	净资产收益率(扣除)(%)	2.7200	6.0010	2.2500	4.6300
	净资产收益率(%)	2.7700	6.3240	2.2370	5.0920
	总资产(万)	214570.28	188585.46	172425.78	163185.82
	股东权益(万)	119145.12	116011.76	111095.05	108609.89
	主营业务收入(万)	32373.41	61328.12	24014.04	46299.13
	主营成本(万)	25324.67	46846.88	19022.97	36049.99
	营业收入(万)	32890.85	62389.07	24549.23	47351.43
	营业成本(万)	25711.17	47550.83	19353.95	36596.36
	投资收益(万)	–	–	–	–
	利润总额(万)	3274.45	7610.93	2487.31	5672.69
	净利润(万)	3262.02	7336.07	2485.16	5530.42

河南新野纺织股份有限公司

公司概况	公司名称	河南新野纺织股份有限公司		证券简称	新野纺织
	法人代表	魏学柱	董秘 许勤芝	证券代码	002087
	公司网址	www.xinye-tex.com		电子信箱	002087xyfz@sina.cn
	电话	0377-66215788 66221824		传真	0377-66265092
	办公地址	河南省南阳市新野县城关镇书院路 15 号			
	经营范围	棉纺及棉织品,服装加工销售,经营本企业自产产品及相关技术的进出口业务等			

主要财务指标	指标\报告期	2011.06.30	2010.12.31	2010.06.30	2009.12.31
	每股收益(元)	0.0869	0.1869	0.0720	0.0714
	每股收益(扣除)(元)	0.0882	0.1752	0.1200	0.0488
	每股净资产(元)	3.2700	3.1800	4.3100	3.8700
	调整后每股净资产(元)	–	–	–	–
	每股资本公积金(元)	1.2023	1.2048	2.0815	1.3844
	每股盈余公积金(元)	0.1452	0.1452	0.1887	0.2357
	每股未分配利润(元)	0.9215	0.8346	1.0409	1.2544
	每股现金净流量(元)	–0.0563	0.3585	0.8759	0.3670
	每股经营现金净流量(元)	0.7897	–0.5112	0.1283	0.1846
	净资产收益率(扣除)(%)	2.7200	5.9900	3.2600	1.9000
	净资产收益率(%)	2.6600	5.4450	2.3370	2.8164
	总资产(万)	388018.12	393842.87	318179.95	257845.21
	股东权益(万)	169906.93	165518.69	160054.88	108971.76
	主营业务收入(万)	133184.01	239128.02	105534.35	179173.05
	主营成本(万)	120029.01	210884.85	94631.07	164412.24
	营业收入(万)	134272.93	240807.99	106323.98	180407.65
	营业成本(万)	120029.01	210884.85	94631.07	164412.24
	投资收益(万)	–	–	–	–
	利润总额(万)	6070.77	12695.91	4998.81	4205.67
	净利润(万)	4518.74	9013.07	3740.97	3069.08

山东鲁阳股份有限公司

公司概况	公司名称	山东鲁阳股份有限公司			证券简称	鲁阳股份
	法人代表	鹿成滨	董秘	鹿超	证券代码	002088
	公司网址	www.luyangwool.com		电子信箱	luchao100@sina.com	
	电　话	0533-3280969 3283708		传　真	0533-3282059	
	办公地址	山东省淄博市沂源县沂河路 11 号				
	公司名称	山东鲁阳股份有限公司				

主要财务指标	指标\报告期	2011.06.30	2010.12.31	2010.06.30	2009.12.31
	每股收益(元)	0.2500	0.5200	0.2500	0.5300
	每股收益(扣除)(元)	0.2510	0.5000	0.2300	0.5100
	每股净资产(元)	5.7200	5.5700	5.3000	5.1500
	调整后每股净资产(元)	–	–	–	–
	每股资本公积金(元)	2.2992	2.2992	2.2992	2.2992
	每股盈余公积金(元)	0.3848	0.3848	0.3378	0.3378
	每股未分配利润(元)	2.0370	1.8903	1.6587	1.5126
	每股现金净流量(元)	–0.5740	–0.5929	–0.5942	0.9182
	每股经营现金净流量(元)	–0.1326	0.6275	0.0761	1.0943
	净资产收益率(扣除)(%)	4.4400	9.3200	4.3300	12.4100
	净资产收益率(%)	4.3130	9.4120	4.6460	9.6870
	总资产(万)	166016.78	166927.93	154921.05	156350.73
	股东权益(万)	133859.31	130425.17	123906.35	120489.32
	主营业务收入(万)	46117.13	91167.10	39044.82	77535.99
	主营成本(万)	31974.38	61722.90	26248.86	49910.37
	营业收入(万)	46297.05	91834.00	39100.71	77601.01
	营业成本(万)	32042.72	62167.36	26252.55	49917.76
	投资收益(万)	–	–	–	–
	利润总额(万)	6449.35	14497.16	6595.75	13149.97
	净利润(万)	5773.93	12275.64	5756.82	11672.04

苏州新海宜通信科技股份有限公司

公司概况	公司名称	苏州新海宜通信科技股份有限公司			证券简称	新 海 宜
	法人代表	张亦斌	董秘	高海龙	证券代码	002089
	公司网址	www.nsu.com.cn		电子信箱	zqb@nsu.com.cn	
	电　话	0512-67606666*8638		传　真	0512-67260021	
	办公地址	江苏省苏州市工业园区泾茂路 168 号新海宜科技园				
	经营范围	通信网络设备及配套软件、相关电子产品、安装线缆等				

主要财务指标	指标\报告期	2011.06.30	2010.12.31	2010.06.30	2009.12.31
	每股收益(元)	0.1788	0.6200	0.1472	0.3800
	每股收益(扣除)(元)	0.1171	0.4300	0.1400	0.3500
	每股净资产(元)	2.5140	3.8463	3.5000	2.3400
	调整后每股净资产(元)	–	–	–	–
	每股资本公积金(元)	0.5600	1.5055	1.5460	0.4202
	每股盈余公积金(元)	0.1170	0.1755	0.1241	0.1364
	每股未分配利润(元)	0.8369	1.1652	0.8262	0.7870
	每股现金净流量(元)	–0.6396	1.3891	1.0688	0.1334
	每股经营现金净流量(元)	0.1574	–0.0055	0.0352	0.3682
	净资产收益率(扣除)(%)	4.5300	13.7100	8.5400	18.4200
	净资产收益率(%)	8.6730	15.3760	5.7480	16.3720
	总资产(万)	157044.48	136174.15	119903.84	86573.35
	股东权益(万)	88715.22	90486.93	82253.18	50177.31
	主营业务收入(万)	33008.43	53535.19	22329.83	43940.37
	主营成本(万)	22653.57	32626.92	13351.34	25214.67
	营业收入(万)	33078.16	54465.45	22422.61	44156.43
	营业成本(万)	22689.50	33491.19	13388.90	25355.71
	投资收益(万)	–	–	–	–
	利润总额(万)	7654.60	17229.81	5898.19	10438.24
	净利润(万)	6308.99	13913.43	4727.97	8214.76

江苏金智科技股份有限公司

公司概况	公司名称	江苏金智科技股份有限公司			证券简称	金智科技
	法人代表	葛宁	董秘	华美芳	证券代码	002090
	公司网址	www.wiscom.com.cn		电子信箱	tzb@wiscom.com.cn	
	电　话	025-52762205 52762230		传　真	025-52762929	
	办公地址	江苏省南京市江宁经济开发区将军大道 100 号				
	经营范围	电力自动化,继电保护,工业电气自动化,水利等				

主要财务指标	指标\报告期	2011.06.30	2010.12.31	2010.06.30	2009.12.31
	每股收益(元)	0.0989	0.2394	0.1237	0.2709
	每股收益(扣除)(元)	0.0693	0.1539	0.0862	0.2226
	每股净资产(元)	2.4636	2.4063	2.2832	4.8915
	调整后每股净资产(元)	–	–	–	–
	每股资本公积金(元)	0.4179	0.4179	0.3981	2.1225
	每股盈余公积金(元)	0.1684	0.1684	0.1484	0.2968
	每股未分配利润(元)	0.8714	0.8226	0.7466	1.4723
	每股现金净流量(元)	–0.1655	0.0593	–0.0239	–0.1516
	每股经营现金净流量(元)	–0.1661	–0.2053	–0.1007	0.6160
	净资产收益率(扣除)(%)	2.8300	6.6500	3.5400	10.1800
	净资产收益率(%)	4.0130	9.9490	5.4180	11.0752
	总资产(万)	95431.37	96515.20	93818.58	91758.39
	股东权益(万)	50257.17	49088.96	46577.96	49893.61
	主营业务收入(万)	33816.25	65964.76	32010.22	61436.69
	主营成本(万)	25141.54	49021.60	23632.02	44144.46
	营业收入(万)	33816.25	65964.76	32013.81	61436.69
	营业成本(万)	25141.54	49021.60	23635.61	44144.46
	投资收益(万)	–	–	–	–
	利润总额(万)	2266.05	5366.58	2530.84	6473.31
	净利润(万)	2016.77	4883.63	2523.57	5525.84

江苏国泰国际集团国贸股份有限公司

公司概况	公司名称	江苏国泰国际集团国贸股份有限公司			证券简称	江苏国泰
	法人代表	王永成	董秘	郭盛虎	证券代码	002091
	公司网址	www.gtiggm.com		电子信箱	info@gtiggm.com	
	电　话	0512-58696087 58988273		传　真	0512-58673937	
	办公地址	江苏省张家港市国泰时代广场 11-24 楼				
	经营范围	纺织品、轻工品、机电和化工产品的进出口业务和外派劳务业务等				

主要财务指标	指标\报告期	2011.06.30	2010.12.31	2010.06.30	2009.12.31
	每股收益(元)	0.2800	0.5900	0.2300	0.4900
	每股收益(扣除)(元)	0.2300	0.4800	0.2600	0.4800
	每股净资产(元)	2.7400	3.0700	2.7500	3.2500
	调整后每股净资产(元)	–	–	–	–
	每股资本公积金(元)	0.0055	0.1067	0.1067	0.3898
	每股盈余公积金(元)	0.3044	0.3653	0.3109	0.3886
	每股未分配利润(元)	1.4268	1.5970	1.3402	1.4756
	每股现金净流量(元)	0.2160	–0.2643	–0.1688	–0.2841
	每股经营现金净流量(元)	0.1926	–0.0836	–0.0108	0.4302
	净资产收益率(扣除)(%)	8.7400	17.1700	9.5700	19.8200
	净资产收益率(%)	10.2110	19.2680	10.1630	18.9270
	总资产(万)	172885.55	168125.75	148292.04	134339.13
	股东权益(万)	98465.46	92008.13	82562.37	77947.34
	主营业务收入(万)	207696.27	395651.02	164444.76	263628.26
	主营成本(万)	182259.41	348322.09	143303.10	226183.49
	营业收入(万)	208115.77	396087.94	164844.57	264753.69
	营业成本(万)	182266.57	348322.09	143449.03	226617.38
	投资收益(万)	–	–	–	–
	利润总额(万)	13321.08	24606.17	11613.05	20049.16
	净利润(万)	10054.14	17727.96	8391.01	14752.98

新疆中泰化学(集团)股份有限公司

公司概况	公司名称	新疆中泰化学(集团)股份有限公司			证券简称	中泰化学
	法人代表	王洪欣	董秘	范雪峰	证券代码	002092
	公司网址	www.zthx.com		电子信箱	xjztfxf@163.com	
	电　话	0991-8751690		传　真	0991-8751690	
	办公地址	新疆维吾尔自治区乌鲁木齐市西山路78号				
	经营范围	聚氯乙烯树脂、离子膜烧碱的生产和销售等				

主要财务指标	指标\报告期	2011.06.30	2010.12.31	2010.06.30	2009.12.31
	每股收益(元)	0.3250	0.2710	0.1440	0.1280
	每股收益(扣除)(元)	0.3300	0.2440	0.1180	0.0830
	每股净资产(元)	6.0300	5.7100	8.2700	4.7600
	调整后每股净资产(元)	–	–	–	–
	每股资本公积金(元)	3.9339	3.9029	6.1775	2.3668
	每股盈余公积金(元)	0.1324	0.1324	0.1477	0.2117
	每股未分配利润(元)	0.9500	0.6752	0.9298	1.1684
	每股现金净流量(元)	0.7616	0.1215	1.5682	0.9461
	每股经营现金净流量(元)	0.7079	0.5497	0.2627	1.2397
	净资产收益率(扣除)(%)	5.6100	5.0900	1.8800	2.6500
	净资产收益率(%)	5.3920	4.4180	1.3870	4.0380
	总资产(万)	1300252.78	966796.92	956713.20	747716.95
	股东权益(万)	695493.77	659242.54	636606.42	255394.24
	主营业务收入(万)	332515.48	397318.58	170326.51	324919.30
	主营成本(万)	240908.55	307397.71	136999.34	276684.09
	营业收入(万)	346589.75	408112.35	173828.53	332650.07
	营业成本(万)	252598.25	313865.46	138923.14	281930.98
	投资收益(万)	–	–	–	–
	利润总额(万)	44944.63	35179.74	10883.81	12723.06
	净利润(万)	37497.59	29127.26	8827.05	10313.03

国脉科技股份有限公司

公司概况	公司名称	国脉科技股份有限公司			证券简称	国脉科技
	法人代表	陈榕华	董秘	冯静	证券代码	002093
	公司网址	www.guomaitech.com		电子信箱	zq@guomaitech.com	
	电　话	0591-87307399		传　真	0591-87307308	
	办公地址	福建省福州市马尾区江滨东大道116号				
	经营范围	通讯及计算机技术咨询服务;通讯及计算机网络维护;信息技术服务等				

主要财务指标	指标\报告期	2011.06.30	2010.12.31	2010.06.30	2009.12.31
	每股收益(元)	0.1911	0.2574	0.1563	0.2325
	每股收益(扣除)(元)	0.1820	0.2360	0.1486	0.2099
	每股净资产(元)	2.4293	2.2268	1.1200	1.9195
	调整后每股净资产(元)	–	–	–	–
	每股资本公积金(元)	1.0491	1.1188	0.0092	0.0167
	每股盈余公积金(元)	0.0310	0.0119	–	0.1429
	每股未分配利润(元)	0.3535	0.1970	0.1087	0.7610
	每股现金净流量(元)	–0.5869	1.0725	–0.2784	0.0111
	每股经营现金净流量(元)	–0.2868	0.0665	–0.1874	0.1600
	净资产收益率(扣除)(%)	7.8300	19.4300	11.5100	18.0400
	净资产收益率(%)	7.8660	10.7030	14.0000	18.1710
	总资产(万)	142628.15	147789.47	89731.11	86023.78
	股东权益(万)	105065.72	96310.04	44727.14	51250.79
	主营业务收入(万)	40255.43	75747.62	35679.18	65570.39
	主营成本(万)	20630.35	44057.01	19149.36	35284.15
	营业收入(万)	40481.21	76086.59	35808.96	65827.20
	营业成本(万)	20630.35	44057.01	19178.83	35328.77
	投资收益(万)	–	–	–	–
	利润总额(万)	9557.26	12233.13	7308.09	12419.18
	净利润(万)	8264.83	10307.67	6261.17	9312.98

青岛金王应用化学股份有限公司

公司概况	公司名称	青岛金王应用化学股份有限公司			证券简称	青岛金王
	法人代表	陈索斌	董秘	黄宝安	证券代码	002094
	公司网址	www.chinakingking.com		电子信箱	stock@chinakingking.com	
	电　话	0532-85779728		传　真	0532-85718686	
	办公地址	山东省青岛市香港中路18号福泰广场B座24楼-25楼				
	经营范围	新型聚合物基质复合体烛光材料及其制品的开发、生产、销售等				

主要财务指标	指标\报告期	2011.06.30	2010.12.31	2010.06.30	2009.12.31
	每股收益(元)	0.0600	0.1200	0.0400	0.0400
	每股收益(扣除)(元)	0.0600	0.1100	0.0500	0.0600
	每股净资产(元)	1.4600	1.4300	2.0700	2.0200
	调整后每股净资产(元)	–	–	–	–
	每股资本公积金(元)	0.0492	0.0492	0.4737	0.4737
	每股盈余公积金(元)	0.0975	0.0975	0.1378	0.1268
	每股未分配利润(元)	0.4045	0.3441	0.5266	0.4804
	每股现金净流量(元)	–0.2804	–0.1508	–0.1434	–0.0060
	每股经营现金净流量(元)	–0.0914	–0.3613	–0.3034	0.4179
	净资产收益率(扣除)(%)	4.1600	8.0300	2.3000	4.0100
	净资产收益率(%)	4.1280	8.1420	2.7690	3.0200
	总资产(万)	84998.15	87809.49	94082.43	88754.60
	股东权益(万)	47129.54	46154.19	44317.97	43449.16
	主营业务收入(万)	–	–	–	–
	主营成本(万)	–	–	–	–
	营业收入(万)	43229.13	79976.59	28775.81	53212.84
	营业成本(万)	36175.94	66519.39	24017.74	44382.18
	投资收益(万)	–	–	–	–
	利润总额(万)	2173.70	4213.23	1393.43	1496.19
	净利润(万)	1945.63	3758.04	1227.10	1311.96

浙江网盛生意宝股份有限公司

公司概况	公司名称	浙江网盛生意宝股份有限公司			证券简称	生 意 宝
	法人代表	孙德良	董秘	范悦龙	证券代码	002095
	公司网址	www.chinanetsun.com		电子信箱	zqb@netsun.com	
	电　话	0571-88228198 88228222		传　真	0571-88228198	
	办公地址	浙江省杭州市莫干山路187号易盛大厦12F				
	经营范围	计算机软件、网络技术开发、技术服务、成果转让;计算机网络工程的设计、安装等				

主要财务指标	指标\报告期	2011.06.30	2010.12.31	2010.06.30	2009.12.31
	每股收益(元)	0.1200	0.3800	0.1900	0.3000
	每股收益(扣除)(元)	0.1200	0.3000	0.1500	0.2600
	每股净资产(元)	2.7100	3.2000	3.0400	4.4300
	调整后每股净资产(元)	–	–	–	–
	每股资本公积金(元)	0.5025	0.8030	0.8030	1.7033
	每股盈余公积金(元)	0.1585	0.1902	0.1586	0.2379
	每股未分配利润(元)	1.0471	1.2086	1.0880	1.4898
	每股现金净流量(元)	0.0045	0.2627	–0.0031	0.1074
	每股经营现金净流量(元)	0.0810	0.4582	0.1447	0.6110
	净资产收益率(扣除)(%)	4.2900	9.8000	4.7800	9.2100
	净资产收益率(%)	4.5540	11.9040	7.5000	10.2850
	总资产(万)	50814.11	50703.88	46959.35	47544.58
	股东权益(万)	43833.25	43134.64	41044.29	39863.64
	主营业务收入(万)	7437.67	17245.04	7485.07	13401.78
	主营成本(万)	691.79	4200.39	704.78	1599.71
	营业收入(万)	7470.57	17301.84	7517.47	13446.12
	营业成本(万)	709.68	4236.16	722.84	1635.47
	投资收益(万)	–	–	–	–
	利润总额(万)	2417.05	6042.97	3693.21	4924.37
	净利润(万)	1995.99	5134.91	3079.53	4099.78

湖南南岭民用爆破器材股份有限公司

公司概况	公司名称	湖南南岭民用爆破器材股份有限公司			证券简称	南岭民爆
	法人代表	陈光正	董秘	孟建新	证券代码	002096
	公司网址	www.hnnlmb.com		电子信箱	mjx9232@163.com	
	电　话	0731-85636968 85636978		传　真	0731-85636978	
	办公地址	湖南省双牌县泷泊镇双北路6号				
	经营范围	研制、开发、生产、销售民用爆破器材;生产、销售化工产品等				

主要财务指标	指标\报告期	2011.06.30	2010.12.31	2010.06.30	2009.12.31
	每股收益(元)	0.3500	0.8900	0.3200	0.8200
	每股收益(扣除)(元)	0.3441	0.7200	0.2800	0.8800
	每股净资产(元)	3.8000	3.6100	3.0500	3.0100
	调整后每股净资产(元)	–	–	–	–
	每股资本公积金(元)	0.3849	0.3849	0.3849	0.3849
	每股盈余公积金(元)	0.3000	0.3000	0.2021	0.2021
	每股未分配利润(元)	2.0503	1.8520	1.3778	1.3575
	每股现金净流量(元)	–0.4928	0.0179	–0.1356	0.6057
	每股经营现金净流量(元)	0.0976	1.1881	0.3661	1.3923
	净资产收益率(扣除)(%)	9.1000	22.0800	8.7800	33.0800
	净资产收益率(%)	9.1720	24.7290	10.5060	27.0780
	总资产(万)	72426.52	70650.40	65662.23	63190.97
	股东权益(万)	50203.60	47706.27	40297.79	39854.69
	主营业务收入(万)	30679.39	60357.14	26067.60	55401.64
	主营成本(万)	18531.04	33367.70	14594.18	27367.69
	营业收入(万)	30753.09	62672.31	28214.05	55597.75
	营业成本(万)	18547.25	33452.33	14615.97	27449.39
	投资收益(万)	–	–	–	–
	利润总额(万)	6420.85	16917.69	5936.06	15350.01
	净利润(万)	4604.59	11797.07	4233.63	10791.99

山河智能装备股份有限公司

公司概况	公司名称	山河智能装备股份有限公司			证券简称	山河智能
	法人代表	何清华	董秘	蔡光云	证券代码	002097
	公司网址	www.sunward.com.cn		电子信箱	db@sunward.com.cn	
	电　话	0731-83572669 83572658		传　真	0731-83572606	
	办公地址	湖南省长沙市经济技术开发区漓湘路2号				
	经营范围	研究、设计、生产、经营建设机械、工程机械、农业机械、林业机械等				

主要财务指标	指标\报告期	2011.06.30	2010.12.31	2010.06.30	2009.12.31
	每股收益(元)	0.3833	0.4933	0.3192	0.3850
	每股收益(扣除)(元)	0.3512	0.4580	0.4829	0.3135
	每股净资产(元)	4.0700	3.6800	5.1400	4.7500
	调整后每股净资产(元)	–	–	–	–
	每股资本公积金(元)	1.5444	1.5016	2.3907	2.3907
	每股盈余公积金(元)	0.1825	0.1825	0.2029	0.2029
	每股未分配利润(元)	1.3453	0.9921	1.5468	1.1576
	每股现金净流量(元)	–0.1384	0.7922	1.2188	–0.6013
	每股经营现金净流量(元)	–0.4399	–0.7710	0.2070	–0.3877
	净资产收益率(扣除)(%)	9.0800	13.4200	9.6700	6.8800
	净资产收益率(%)	9.4120	13.1310	9.5170	8.1030
	总资产(万)	497074.11	434092.65	378746.92	270783.25
	股东权益(万)	171217.13	154564.30	141004.71	130322.50
	主营业务收入(万)	198871.04	282565.25	144638.71	143809.84
	主营成本(万)	149499.24	212645.82	107146.46	105377.11
	营业收入(万)	198878.11	283813.77	145391.95	145167.38
	营业成本(万)	149569.46	213605.04	107754.30	106519.14
	投资收益(万)	–	–	–	–
	利润总额(万)	17910.13	23950.00	15932.94	11743.50
	净利润(万)	16115.67	20296.50	13419.59	10560.46

福建浔兴拉链科技股份有限公司

公司概况	公司名称	福建浔兴拉链科技股份有限公司			证券简称	浔兴股份
	法人代表	施能坑	董秘	林晓辉	证券代码	002098
	公司网址	www.sbszipper.com.cn		电子信箱	stock@sbszipper.com.cn	
	电　话	0595-88283788		传　真	0595-88290008	
	办公地址	福建省晋江市深沪乌漏沟东工业区				
	经营范围	生产拉链、模具、金属及塑料冲压铸件、拉链配件等				

主要财务指标	指标\报告期	2011.06.30	2010.12.31	2010.06.30	2009.12.31
	每股收益(元)	0.2770	0.3438	0.1400	0.2007
	每股收益(扣除)(元)	0.2034	0.3500	0.1420	0.1900
	每股净资产(元)	3.8500	3.7700	3.5730	3.5300
	调整后每股净资产(元)	–	–	–	–
	每股资本公积金(元)	1.4349	1.4310	1.4310	1.4310
	每股盈余公积金(元)	0.2081	0.2081	0.1836	0.1836
	每股未分配利润(元)	1.2105	1.1336	0.9584	0.9188
	每股现金净流量(元)	–0.2325	–0.1751	–0.2480	0.1200
	每股经营现金净流量(元)	0.0018	0.8923	0.1510	0.8024
	净资产收益率(扣除)(%)	7.1860	9.1130	3.9070	5.6788
	净资产收益率(%)	7.0800	9.4100	–	5.7700
	总资产(万)	143304.81	133109.68	132967.26	126302.53
	股东权益(万)	64879.29	64487.84	61249.60	60358.23
	主营业务收入(万)	52844.41	97450.36	43767.24	72695.68
	主营成本(万)	38473.08	72992.55	32387.91	53933.15
	营业收入(万)	54261.23	101146.74	45606.38	75981.24
	营业成本(万)	39885.07	76700.74	34480.77	57130.18
	投资收益(万)	–	–	–	–
	利润总额(万)	5407.65	6992.02	2969.97	4317.62
	净利润(万)	4291.94	5328.57	2163.47	3110.13

浙江海翔药业股份有限公司

公司概况	公司名称	浙江海翔药业股份有限公司			证券简称	海翔药业
	法人代表	罗煜竑	董秘	罗颜斌	证券代码	002099
	公司网址	www.hisoar.com		电子信箱	lyb@hisoar.com	
	电　话	0576-88828065		传　真	0576-88820221	
	办公地址	浙江省台州市椒江区市府大道507号台州商务国际广场A座8楼				
	经营范围	化工原料及产品、兽药的生产,原料药的生产等				

主要财务指标	指标\报告期	2011.06.30	2010.12.31	2010.06.30	2009.12.31
	每股收益(元)	0.3500	0.5300	0.2900	0.1900
	每股收益(扣除)(元)	0.3383	0.5300	0.3000	0.1900
	每股净资产(元)	4.1500	3.9600	3.6700	3.4800
	调整后每股净资产(元)	–	–	–	–
	每股资本公积金(元)	1.5027	1.4581	1.4170	1.4170
	每股盈余公积金(元)	0.1987	0.1987	0.1464	0.1464
	每股未分配利润(元)	1.4504	1.2990	1.1101	0.9187
	每股现金净流量(元)	–0.0376	0.0231	–0.1320	0.1322
	每股经营现金净流量(元)	0.4812	1.1270	0.3923	0.6130
	净资产收益率(扣除)(%)	8.2800	14.2900	8.1800	5.4900
	净资产收益率(%)	8.4650	13.4870	7.9300	5.4220
	总资产(万)	133359.43	114031.86	107836.38	99626.87
	股东权益(万)	66635.09	63488.53	58959.17	55887.51
	主营业务收入(万)	64744.15	103957.94	49655.93	86079.29
	主营成本(万)	48375.35	75768.05	35899.40	69351.57
	营业收入(万)	65607.33	107458.93	51592.98	89336.90
	营业成本(万)	49235.12	79193.96	37864.92	72619.78
	投资收益(万)	–	–	–	–
	利润总额(万)	7144.99	10033.35	5443.02	3430.36
	净利润(万)	5640.56	8562.83	4676.66	3030.18

新疆天康畜牧生物技术股份有限公司

公司概况	公司名称	新疆天康畜牧生物技术股份有限公司			证券简称	天康生物
	法人代表	杨焰	董秘	郭运江	证券代码	002100
	公司网址	www.tcsw.com.cn		电子信箱	tcsw@xj.cninfo.net	
	电　话	0991-6626101 6679232		传　真	0991-6679242	
	办公地址	新疆维吾尔自治区乌鲁木齐市高新区长春南路528号天康企业大厦				
	经营范围	种畜胚胎移植生产、兽药的生产、销售、饲料的生产、销售等				

主要财务指标	指标\报告期	2011.06.30	2010.12.31	2010.06.30	2009.12.31
	每股收益(元)	0.1600	0.4800	0.2000	0.4600
	每股收益(扣除)(元)	0.1544	0.4500	0.2500	0.4400
	每股净资产(元)	3.7300	4.6000	5.6700	4.4800
	调整后每股净资产(元)	–	–	–	–
	每股资本公积金(元)	1.7043	2.4256	3.1478	2.1239
	每股盈余公积金(元)	0.1415	0.1839	0.1842	0.1961
	每股未分配利润(元)	0.8881	0.9920	1.3341	1.1590
	每股现金净流量(元)	0.1768	0.3494	0.7546	–0.3059
	每股经营现金净流量(元)	–0.5533	0.8505	0.7292	–3.1602
	净资产收益率(扣除)(%)	4.2600	10.8500	4.9800	13.4800
	净资产收益率(%)	4.3780	10.2960	4.3330	13.4170
	总资产(万)	231038.67	190579.70	180284.13	172324.29
	股东权益(万)	110058.16	104334.99	98824.93	73373.42
	主营业务收入(万)	124880.10	236317.77	106839.69	206903.74
	主营成本(万)	104396.96	196009.77	90670.42	172111.27
	营业收入(万)	125266.79	236904.60	107143.82	207469.19
	营业成本(万)	104521.88	196408.65	90915.42	172442.33
	投资收益(万)	–	–	–	–
	利润总额(万)	6059.88	12572.51	5388.51	11197.79
	净利润(万)	4818.54	10742.51	4282.46	9844.64

广东鸿图科技股份有限公司

公司概况	公司名称	广东鸿图科技股份有限公司			证券简称	广东鸿图
	法人代表	邹剑佳	董秘	莫劲刚	证券代码	002101
	公司网址	www.ght-china.com		电子信箱	mjg@ght-china.com	
	电　话	0758-8512880 8512658		传　真	0758-8512658 8512996	
	办公地址	广东省高要市金渡世纪大道168号				
	经营范围	开发、设计、制造、加工、销售汽车、摩托车、家用电器、电子仪表等				

主要财务指标	指标\报告期	2011.06.30	2010.12.31	2010.06.30	2009.12.31
	每股收益(元)	0.2600	1.2300	0.1900	0.6800
	每股收益(扣除)(元)	0.2560	1.0600	0.3500	0.6780
	每股净资产(元)	5.2500	10.2100	6.4300	6.0400
	调整后每股净资产(元)	–	–	–	–
	每股资本公积金(元)	3.0902	6.1981	2.6218	2.6218
	每股盈余公积金(元)	0.2427	0.4853	0.4667	0.4667
	每股未分配利润(元)	0.9206	2.5307	2.3374	1.9514
	每股现金净流量(元)	–0.1376	2.8609	–0.3320	–0.0237
	每股经营现金净流量(元)	–0.0570	–0.5679	–0.0476	1.4434
	净资产收益率(扣除)(%)	4.9200	14.6000	5.6600	12.1900
	净资产收益率(%)	4.8590	10.1850	6.0060	11.3340
	总资产(万)	144269.35	131888.43	74642.84	68624.91
	股东权益(万)	86156.42	83755.19	43053.27	40467.37
	主营业务收入(万)	58716.26	86911.22	31428.67	47333.90
	主营成本(万)	45060.61	64990.51	24045.63	34935.39
	营业收入(万)	60825.61	89407.70	32506.27	49990.14
	营业成本(万)	46418.77	67117.01	24938.31	37023.13
	投资收益(万)	–	–	–	–
	利润总额(万)	4939.02	8593.29	3046.18	5271.88
	净利润(万)	4185.99	8530.03	2585.90	4586.55

福建冠福现代家用股份有限公司

公司概况	公司名称	福建冠福现代家用股份有限公司			证券简称	冠福家用
	法人代表	林福椿	董秘	陈昌文	证券代码	002102
	公司网址	www.guanfu.com		电子信箱	zqb@guanfu.com	
	电　话	0595-23551999 69765909		传　真	0595-27251999 69765699	
	办公地址	福建省泉州市德化县浔中镇土坂村				
	经营范围	日用及工艺美术陶瓷制品、竹、藤、棕、草工艺美术品、纸制品等				

主要财务指标	指标\报告期	2011.06.30	2010.12.31	2010.06.30	2009.12.31
	每股收益(元)	0.0950	–0.4900	0.0030	0.0400
	每股收益(扣除)(元)	0.0190	–0.5400	–0.0240	–0.1200
	每股净资产(元)	1.4500	2.7000	2.2800	2.2800
	调整后每股净资产(元)	–	–	–	–
	每股资本公积金(元)	0.2181	1.4361	0.4502	0.4502
	每股盈余公积金(元)	0.0369	0.0737	0.0886	0.0873
	每股未分配利润(元)	0.1923	0.1945	0.7442	0.7421
	每股现金净流量(元)	–0.3052	0.9813	0.5277	0.1895
	每股经营现金净流量(元)	–0.0063	–0.4183	–0.0142	0.5418
	净资产收益率(扣除)(%)	1.3600	–24.7700	–1.0700	–5.4200
	净资产收益率(%)	6.5670	–15.6360	0.1510	1.7510
	总资产(万)	175550.84	167758.93	145577.62	130717.55
	股东权益(万)	59229.20	55339.50	38928.34	38869.56
	主营业务收入(万)	31319.64	65153.06	31119.15	75760.49
	主营成本(万)	16951.33	38819.10	18612.70	53945.41
	营业收入(万)	32523.33	67695.34	32081.09	80240.11
	营业成本(万)	17461.36	40196.17	19232.14	57020.25
	投资收益(万)	–	–	–	–
	利润总额(万)	4997.60	–9560.99	557.78	468.05
	净利润(万)	3889.70	–8652.73	58.78	680.65

广博集团股份有限公司

公司概况	公司名称	广博集团股份有限公司			证券简称	广博股份
	法人代表	戴国平	董秘	杨远	证券代码	002103
	公司网址	www.guangbo.net		电子信箱	stock@guangbo.net	
	电　话	0574-28827003		传　真	0574-28827006	
	办公地址	浙江省宁波市鄞州区石碶街道车何				
	经营范围	纸塑制品、包装纸箱的制造、加工；包装装潢印刷；文化用品等				

主要财务指标	指标\报告期	2011.06.30	2010.12.31	2010.06.30	2009.12.31
	每股收益(元)	0.1000	0.2800	0.1000	0.3200
	每股收益(扣除)(元)	0.0555	0.1900	0.0800	0.2800
	每股净资产(元)	3.2000	3.2500	3.0800	3.1300
	调整后每股净资产(元)	–	–	–	–
	每股资本公积金(元)	1.0386	1.0386	1.0386	1.0386
	每股盈余公积金(元)	0.1901	0.1901	0.1715	0.1715
	每股未分配利润(元)	0.9768	1.0316	0.8735	0.9249
	每股现金净流量(元)	–0.4424	0.7461	0.3517	–0.4631
	每股经营现金净流量(元)	0.0954	0.2887	0.0346	0.3623
	净资产收益率(扣除)(%)	1.6800	6.1200	2.4500	9.2600
	净资产收益率(%)	2.9770	8.4670	3.2060	10.0700
	总资产(万)	113026.10	127053.81	120286.77	105319.24
	股东权益(万)	69841.66	71049.74	67211.30	68330.88
	主营业务收入(万)	48637.76	109037.22	49092.08	84211.50
	主营成本(万)	38492.70	87412.89	39760.41	65018.87
	营业收入(万)	48710.36	109368.16	49223.50	85009.98
	营业成本(万)	38522.07	87485.04	39856.00	65645.46
	投资收益(万)	–	–	–	–
	利润总额(万)	2681.71	7508.56	2743.90	8429.24
	净利润(万)	2079.14	6016.08	2154.52	6883.31

恒宝股份有限公司

公司概况	公司名称	恒宝股份有限公司			证券简称	恒宝股份
	法人代表	钱云宝	董秘	张建明	证券代码	002104
	公司网址	www.hengbao.com		电子信箱	hengbao@hengbao.com	
	电　话	0511-86649376 86644409		传　真	0511-86644324	
	办公地址	江苏省丹阳市横塘工业区				
	经营范围	磁卡、IC 卡、电子标签、票证、票据、电脑票据、磁卡存折等				

主要财务指标	指标\报告期	2011.06.30	2010.12.31	2010.06.30	2009.12.31
	每股收益(元)	0.1100	0.2400	0.0900	0.2100
	每股收益(扣除)(元)	0.1065	0.2400	0.0900	0.2100
	每股净资产(元)	1.4400	1.4400	1.2900	1.8500
	调整后每股净资产(元)	–	–	–	–
	每股资本公积金(元)	0.0394	0.0394	0.0394	0.0591
	每股盈余公积金(元)	0.1114	0.1114	0.0875	0.1313
	每股未分配利润(元)	0.2909	0.2845	0.1656	0.6639
	每股现金净流量(元)	–0.2063	0.0667	–0.0518	0.1275
	每股经营现金净流量(元)	–0.0143	0.3178	0.0172	0.2714
	净资产收益率(扣除)(%)	7.1500	18.2800	7.3100	18.4300
	净资产收益率(%)	7.3760	16.4700	7.2500	17.2250
	总资产(万)	77307.30	73424.16	66241.42	59195.94
	股东权益(万)	63550.38	63269.24	56953.14	54468.37
	主营业务收入(万)	36288.25	65825.19	24665.46	42383.50
	主营成本(万)	24900.41	46513.52	16624.64	27071.99
	营业收入(万)	36445.67	66264.47	24751.32	42508.26
	营业成本(万)	25035.32	46764.35	16688.22	27162.53
	投资收益(万)	–	–	–	–
	利润总额(万)	5335.78	12057.46	4741.85	10785.05
	净利润(万)	4687.40	10420.44	4129.83	9382.21

深圳信隆实业股份有限公司

公司概况	公司名称	深圳信隆实业股份有限公司			证券简称	信隆实业
	法人代表	廖学金	董秘	陈丽秋	证券代码	002105
	公司网址	www.hlcorp.com.cn		电子信箱	cmo@hlcorp.com.cn	
	电　话	0755-27749423 105 182		传　真	0755-27746236	
	办公地址	广东省深圳市宝安区龙华街道办龙发路 65 号				
	经营范围	生产经营运动器材，康复辅助器材，计算机配件，铝挤型锻造成型等				

主要财务指标	指标\报告期	2011.06.30	2010.12.31	2010.06.30	2009.12.31
	每股收益(元)	0.0200	0.1600	0.0800	0.1700
	每股收益(扣除)(元)	0.0157	0.1500	0.0800	0.1700
	每股净资产(元)	1.9400	1.9300	1.8400	1.8900
	调整后每股净资产(元)	–	–	–	–
	每股资本公积金(元)	0.5454	0.5454	0.5454	0.5454
	每股盈余公积金(元)	0.1304	0.1304	0.1172	0.1172
	每股未分配利润(元)	0.2759	0.2585	0.1850	0.2305
	每股现金净流量(元)	–0.0734	–0.1238	0.0667	0.0752
	每股经营现金净流量(元)	0.1212	0.2726	0.2032	0.5142
	净资产收益率(扣除)(%)	0.8100	7.6700	4.3100	8.9500
	净资产收益率(%)	0.8910	8.3640	4.3410	9.1100
	总资产(万)	123091.29	119263.14	114792.96	103108.18
	股东权益(万)	52118.36	51677.04	49392.74	50616.77
	主营业务收入(万)	63655.00	133051.47	62165.06	105747.82
	主营成本(万)	54460.67	112669.76	52385.15	86935.82
	营业收入(万)	63655.00	133281.22	62165.06	105840.82
	营业成本(万)	54460.67	112843.82	52385.15	86942.19
	投资收益(万)	–	–	–	–
	利润总额(万)	681.08	5018.07	2747.84	5365.32
	净利润(万)	464.35	4322.43	2144.19	4612.64

深圳莱宝高科技股份有限公司

公司概况	公司名称	深圳莱宝高科技股份有限公司			证券简称	莱宝高科
	法人代表	臧卫东	董秘	杜小华	证券代码	002106
	公司网址	www.laibao.com.cn		电子信箱	lbgk@laibao.com.cn	
	电　话	0755-26983383		传　真	0755-26980212	
	办公地址	广东省深圳市南山区高新技术产业园区朗山二路				
	经营范围	生产经营彩色滤光片、触摸屏、镀膜导电玻璃及真空镀膜产品等				

主要财务指标	指标\报告期	2011.06.30	2010.12.31	2010.06.30	2009.12.31
	每股收益(元)	0.4435	1.0500	0.2599	0.4100
	每股收益(扣除)(元)	0.4317	1.0300	0.3565	0.4000
	每股净资产(元)	3.7300	4.8400	4.1000	5.1100
	调整后每股净资产(元)	–	–	–	–
	每股资本公积金(元)	0.8600	1.6409	1.5848	2.4171
	每股盈余公积金(元)	0.3564	0.4990	0.3933	0.5113
	每股未分配利润(元)	1.5179	1.7042	1.1219	1.1855
	每股现金净流量(元)	–0.1641	0.6063	0.0011	–0.1022
	每股经营现金净流量(元)	0.4598	1.3862	0.4934	0.6581
	净资产收益率(扣除)(%)	11.8790	21.7180	8.8750	10.4720
	净资产收益率(%)	12.0900	24.1100	9.0000	10.9800
	总资产(万)	258804.26	254254.26	212603.13	207911.76
	股东权益(万)	230298.92	213013.03	180928.72	174313.97
	主营业务收入(万)	63228.53	114634.34	47517.85	63626.66
	主营成本(万)	27592.40	51488.59	22363.64	36179.88
	营业收入(万)	63228.53	114634.34	47517.85	63626.66
	营业成本(万)	27592.40	51488.59	22363.64	36179.88
	投资收益(万)	–	80.00	80.00	–
	利润总额(万)	31005.31	53322.78	19884.61	22364.62
	净利润(万)	26628.11	45110.21	15604.54	17665.79

山东沃华医药科技股份有限公司

公司概况	公司名称	山东沃华医药科技股份有限公司			证券简称	沃华医药
	法人代表	赵丙贤	董秘	张戈	证券代码	002107
	公司网址	www.wohua.cn		电子信箱	lulu6961@sina.com	
	电　话	0536-8553373		传　真	0536-8553367	
	办公地址	山东省潍坊市高新技术产业开发区梨园街 519 号				
	经营范围	许可证范围内片剂、硬胶囊剂、颗粒剂、丸剂、散剂、口服剂等				

主要财务指标	指标\报告期	2011.06.30	2010.12.31	2010.06.30	2009.12.31
	每股收益(元)	–0.0100	–0.6000	–0.1300	0.3200
	每股收益(扣除)(元)	–0.0136	–0.6100	–0.1300	0.2300
	每股净资产(元)	3.5900	3.6000	4.0700	4.2000
	调整后每股净资产(元)	–	–	–	–
	每股资本公积金(元)	2.0155	2.0155	2.0155	2.0155
	每股盈余公积金(元)	0.1570	0.1570	0.1570	0.1570
	每股未分配利润(元)	0.4184	0.4293	0.8992	1.0258
	每股现金净流量(元)	–0.0953	–0.2401	–0.0891	0.1644
	每股经营现金净流量(元)	–0.0101	–0.0932	–0.0412	–0.1295
	净资产收益率(扣除)(%)	–	–15.7300	–	5.8800
	净资产收益率(%)	–0.3060	–16.5600	–3.1100	7.6100
	总资产(万)	63641.93	63613.72	74776.52	77386.37
	股东权益(万)	58884.31	59064.27	66769.21	68845.43
	主营业务收入(万)	6882.74	9083.26	4557.63	17170.44
	主营成本(万)	1657.20	2472.27	1163.05	4079.28
	营业收入(万)	6889.86	9092.06	4564.17	17219.55
	营业成本(万)	1658.21	2472.68	1163.30	4090.10
	投资收益(万)	–	–	–	–
	利润总额(万)	–179.46	–9737.39	–2076.22	6252.71
	净利润(万)	–179.96	–9781.16	–2076.22	5237.31

沧州明珠塑料股份有限公司

公司概况	公司名称	沧州明珠塑料股份有限公司			证券简称	沧州明珠
	法人代表	于新立	董秘	于增胜	证券代码	002108
	公司网址	www.cz-mz.com			电子信箱	cz-mz@cz-mz.com
	电　　话	0317-2075318 2075245			传　　真	0317-2075246
	办公地址	湖北省沧州市新华西路13号				
	经营范围	聚乙烯燃气给水管材管件、排水排污双壁波纹管管材管件等				

主要财务指标	指标＼报告期	2011.06.30	2010.12.31	2010.06.30	2009.12.31
	每股收益(元)	0.1400	0.6900	0.1600	0.6300
	每股收益(扣除)(元)	0.1370	0.6800	0.2800	0.6500
	每股净资产(元)	2.1200	3.6000	3.1900	5.0400
	调整后每股净资产(元)	–	–	–	–
	每股资本公积金(元)	0.2512	1.0522	1.0522	2.2888
	每股盈余公积金(元)	0.1707	0.3073	0.2564	0.4359
	每股未分配利润(元)	0.7006	1.2392	0.8844	1.3159
	每股现金净流量(元)	–0.3082	–0.1403	–0.2872	1.2668
	每股经营现金净流量(元)	–0.1518	0.4195	–0.0513	0.7526
	净资产收益率(扣除)(%)	6.6300	20.9100	9.1500	23.8100
	净资产收益率(%)	6.5920	19.2440	8.9820	20.5430
	总资产(万)	131565.43	118682.03	111984.93	97251.92
	股东权益(万)	64028.74	60310.68	53510.74	49690.09
	主营业务收入(万)	70966.87	134515.90	53034.36	81515.77
	主营成本(万)	59810.28	106367.49	41944.15	58806.54
	营业收入(万)	74479.79	136308.39	53411.66	82610.72
	营业成本(万)	63099.24	107988.91	42317.40	59771.92
	投资收益(万)	–	–	–	–
	利润总额(万)	5398.54	15552.65	6488.44	12643.85
	净利润(万)	4220.81	11606.39	4806.45	10207.91

陕西兴化化学股份有限公司

公司概况	公司名称	陕西兴化化学股份有限公司			证券简称	兴化股份
	法人代表	陈团柱	董秘	王东潮	证券代码	002109
	公司网址	www.snxhchem.com			电子信箱	w38839966@126.com
	电　　话	029-38839966 38839938			传　　真	029-38822614
	办公地址	陕西省咸阳市兴平市				
	经营范围	合成氨、硝酸、硝酸铵、多孔硝铵、化学肥料、特种气体、铁粉的生产、加工、批发与零售等				

主要财务指标	指标＼报告期	2011.06.30	2010.12.31	2010.06.30	2009.12.31
	每股收益(元)	0.2100	0.2700	0.1500	0.2500
	每股收益(扣除)(元)	0.2080	0.2600	0.1500	–
	每股净资产(元)	3.1500	3.0200	2.8900	2.8300
	调整后每股净资产(元)	–	–	–	–
	每股资本公积金(元)	0.5492	0.5492	0.5492	0.5492
	每股盈余公积金(元)	0.2700	0.2503	0.2389	0.2248
	每股未分配利润(元)	1.2779	1.1811	1.0743	1.0295
	每股现金净流量(元)	–0.1807	–0.0757	–0.2587	0.4108
	每股经营现金净流量(元)	0.1990	0.2877	–0.0014	1.0289
	净资产收益率(扣除)(%)	6.7100	9.0300	5.1100	–
	净资产收益率(%)	6.5580	8.8320	5.1560	8.9230
	总资产(万)	162899.30	158812.24	152197.77	149706.73
	股东权益(万)	112906.27	108386.33	103510.05	101411.43
	主营业务收入(万)	60644.16	100636.80	46713.53	83445.70
	主营成本(万)	44024.27	75125.12	33412.04	60091.76
	营业收入(万)	61021.04	102881.51	47762.48	85437.73
	营业成本(万)	44307.15	77061.70	34576.53	62364.09
	投资收益(万)	–	–	–	–
	利润总额(万)	8771.22	11318.07	6341.49	10674.65
	净利润(万)	7404.51	9572.16	5336.67	9048.74

福建三钢闽光股份有限公司

公司概况	公司名称	福建三钢闽光股份有限公司			证券简称	三钢闽光
	法人代表	卫才清	董秘	柳年	证券代码	002110
	公司网址	www.sgmg.com.cn			电子信箱	sgmg@fjsg.com.cn
	电　　话	0598-8205158 8205188			传　　真	0598-8205158 8205013
	办公地址	福建省三明市梅列区工业中路群工三路				
	经营范围	钢铁冶炼、轧制、加工及其延压产品的生产和销售等				

主要财务指标	指标＼报告期	2011.06.30	2010.12.31	2010.06.30	2009.12.31
	每股收益(元)	0.2830	0.2060	0.1360	0.0790
	每股收益(扣除)(元)	0.2800	0.2600	0.1360	0.1230
	每股净资产(元)	5.3400	5.0800	5.0100	4.9400
	调整后每股净资产(元)	–	–	–	–
	每股资本公积金(元)	1.3207	1.3207	1.3207	1.3207
	每股盈余公积金(元)	0.6536	0.6536	0.6536	0.6536
	每股未分配利润(元)	2.3685	2.1053	2.0358	1.9697
	每股现金净流量(元)	1.1170	–0.7313	–0.6900	–1.0573
	每股经营现金净流量(元)	0.1786	0.8807	–0.1774	0.2490
	净资产收益率(扣除)(%)	5.3800	5.2000	2.7100	2.4900
	净资产收益率(%)	5.3000	4.0480	2.7160	1.5990
	总资产(万)	919269.17	764710.90	809234.69	743617.55
	股东权益(万)	285679.41	271606.83	267889.01	264355.39
	主营业务收入(万)	911303.14	1539365.57	730648.72	1273562.25
	主营成本(万)	873834.43	1479898.10	702439.67	1233589.80
	营业收入(万)	947071.58	1598000.59	757716.30	1342781.38
	营业成本(万)	906666.39	1533513.81	727667.07	1298965.23
	投资收益(万)	–	–	–	–
	利润总额(万)	17557.83	15851.89	10561.42	5234.82
	净利润(万)	15141.98	10994.34	7276.52	4227.05

威海广泰空港设备股份有限公司

公司概况	公司名称	威海广泰空港设备股份有限公司			证券简称	威海广泰
	法人代表	李光太	董秘	任伟	证券代码	002111
	公司网址	www.guangtai.com.cn			电子信箱	gtrenwei@guangtai.com.cn
	电　　话	0631-3953335			传　　真	0631-3953451
	办公地址	山东省威海市古寨南路160号				
	经营范围	生产许可证有效期内的各类航空地面设备及配套产品的生产、销售等				

主要财务指标	指标＼报告期	2011.06.30	2010.12.31	2010.06.30	2009.12.31
	每股收益(元)	0.2300	0.4600	0.1900	0.3500
	每股收益(扣除)(元)	0.2200	0.4000	0.1700	0.3400
	每股净资产(元)	3.7600	3.6800	3.4200	2.9200
	调整后每股净资产(元)	–	–	–	–
	每股资本公积金(元)	0.9939	0.9939	0.9933	0.6570
	每股盈余公积金(元)	0.2610	0.2610	0.2172	0.2224
	每股未分配利润(元)	1.5076	1.4278	1.2062	1.0417
	每股现金净流量(元)	–0.1609	0.1896	–0.1011	–0.1073
	每股经营现金净流量(元)	–0.1048	0.2081	–0.0643	0.2768
	净资产收益率(扣除)(%)	5.6800	12.1900	5.6300	12.0800
	净资产收益率(%)	6.1080	12.3340	5.5250	11.9460
	总资产(万)	126004.59	120645.45	103028.89	85252.43
	股东权益(万)	55470.17	54293.57	50371.16	42060.76
	主营业务收入(万)	29981.37	49485.47	19905.00	37573.19
	主营成本(万)	20320.65	33463.91	13366.80	25477.61
	营业收入(万)	30363.94	50595.32	20249.20	38962.90
	营业成本(万)	20551.52	34222.68	13633.01	26543.65
	投资收益(万)	–	–	–	–
	利润总额(万)	3934.97	7633.07	3095.57	5642.93
	净利润(万)	3387.99	6696.33	2782.79	5024.74

三变科技股份有限公司

公司概况	公司名称	三变科技股份有限公司		证券简称	三变科技
	法人代表	卢旭日	董秘	羊静	证券代码 002112
	公司网址	www.sanbian.cn		电子信箱	master@sanbian.cn
	电　话	0576-83381318 83381688		传　真	0576-83381921
	办公地址	浙江省台州市三门西区大道369号			
	经营范围	变压器、电机、电抗器、低压成套电器设备、输变电设备的生产和销售等			

主要财务指标	2011.06.30	2010.12.31	2010.06.30	2009.12.31
指标\报告期	2011.06.30	2010.12.31	2010.06.30	2009.12.31
每股收益(元)	0.0100	0.3900	0.2200	0.3600
每股收益(扣除)(元)	0.0127	0.3500	0.2100	0.3000
每股净资产(元)	4.2200	4.2500	4.0700	3.8900
调整后每股净资产(元)	–	–	–	–
每股资本公积金(元)	1.4174	1.4174	1.4174	1.4174
每股盈余公积金(元)	0.2666	0.2666	0.2272	0.2272
每股未分配利润(元)	1.5353	1.5612	1.4275	1.2467
每股现金净流量(元)	–0.6915	0.6189	0.3904	–0.1669
每股经营现金净流量(元)	–1.3944	1.0331	0.1918	0.6277
净资产收益率(扣除)(%)	0.3000	8.6900	5.1300	7.9400
净资产收益率(%)	0.3330	9.2780	5.4200	9.1332
总资产(万)	123528.42	122270.36	115722.45	122380.18
股东权益(万)	47255.82	47546.38	45606.85	43582.88
主营业务收入(万)	39642.43	85795.94	40367.63	106791.11
主营成本(万)	31973.10	66611.19	31349.57	86015.34
营业收入(万)	40566.64	87295.83	41066.66	108951.21
营业成本(万)	32250.68	67178.83	31555.56	86484.97
投资收益(万)	–	–	–	–
利润总额(万)	159.16	5053.50	2931.67	4751.59
净利润(万)	157.43	4411.51	2471.97	3980.53

湖南天润实业控股股份有限公司

公司概况	公司名称	湖南天润实业控股股份有限公司		证券简称	*ST天润
	法人代表	赖淦锋	董秘	赖淦锋(代)	证券代码 002113
	公司网址	www.trfz.com		电子信箱	trfz@0730.net.cn
	电　话	0730-3338763 0730-3338308		传　真	0730-3338763
	办公地址	湖南省岳阳市九华山2号			
	经营范围	生产、销售尿素、液氨、甲醇、农用碳酸氢铵及复合肥等			

主要财务指标	2011.06.30	2010.12.31	2010.06.30	2009.12.31
指标\报告期	2011.06.30	2010.12.31	2010.06.30	2009.12.31
每股收益(元)	0.0250	–2.8840	–0.3990	–0.6070
每股收益(扣除)(元)	0.0256	–2.8820	0.4050	–0.6230
每股净资产(元)	0.0990	0.0660	2.6700	2.9630
调整后每股净资产(元)	–	–	–	–
每股资本公积金(元)	0.9564	0.9479	0.9479	0.9479
每股盈余公积金(元)	0.4601	0.4601	0.4601	0.4601
每股未分配利润(元)	–2.3229	–2.3480	0.2553	0.5357
每股现金净流量(元)	–0.0177	–1.1915	–0.3517	0.0941
每股经营现金净流量(元)	0.3565	0.1405	–0.3678	0.3596
净资产收益率(扣除)(%)	5.8000	–189.3800	–15.6400	–19.2000
净资产收益率(%)	25.2890	–4396.6420	–14.9270	–20.4803
总资产(万)	18779.59	28721.27	63207.28	64855.05
股东权益(万)	1173.53	776.57	31617.65	35078.68
主营业务收入(万)	4669.80	14619.61	8204.10	35598.37
主营成本(万)	3834.07	17800.67	10418.24	38039.81
营业收入(万)	4669.80	18935.52	8213.00	35823.62
营业成本(万)	3834.07	22755.71	10421.09	38228.72
投资收益(万)	–	–	–	–
利润总额(万)	296.77	–33636.74	–4714.97	–7360.98
净利润(万)	296.77	–34142.92	–4719.60	–7184.20

云南罗平锌电股份有限公司

公司概况	公司名称	云南罗平锌电股份有限公司		证券简称	罗平锌电
	法人代表	许克昌	董秘	喻永贤	证券代码 002114
	公司网址	www.lpxdgf.cn		电子信箱	yu_yx@china.com
	电　话	0874-8256825 8256577		传　真	0874-8256039
	办公地址	云南省曲靖市罗平县罗雄镇九龙大道南段			
	经营范围	锌锭、镉锭、锌精矿、铅精矿、氧化锌粉、金属硅、水利发电等			

主要财务指标	2011.06.30	2010.12.31	2010.06.30	2009.12.31
指标\报告期	2011.06.30	2010.12.31	2010.06.30	2009.12.31
每股收益(元)	–0.4500	–0.0900	–0.7600	0.0400
每股收益(扣除)(元)	–0.4225	–0.0900	–	0.0800
每股净资产(元)	2.0600	2.5000	1.8400	2.5900
调整后每股净资产(元)	–	–	–	–
每股资本公积金(元)	0.9266	0.9266	0.9266	0.9266
每股盈余公积金(元)	0.1866	0.1866	0.1866	0.1866
每股未分配利润(元)	–0.0594	0.3887	–0.2784	0.4782
每股现金净流量(元)	–0.0682	0.1536	–0.3406	–0.4839
每股经营现金净流量(元)	–0.2982	–0.5192	–0.6087	0.0921
净资产收益率(扣除)(%)	–21.7800	–3.5720	–41.1960	1.6640
净资产收益率(%)	–19.6400	–3.5100	–34.1500	1.6800
总资产(万)	135441.09	133159.12	120867.68	112626.24
股东权益(万)	39578.67	47664.35	34910.89	48864.95
主营业务收入(万)	57058.23	112832.43	26492.91	107488.85
主营成本(万)	55570.65	105914.53	27860.73	97751.10
营业收入(万)	59644.86	120988.81	28607.00	113708.43
营业成本(万)	56810.31	108835.13	28539.46	100232.67
投资收益(万)	–645.90	–838.37	–2357.17	–1818.12
利润总额(万)	–8581.34	–1448.72	–15141.77	995.57
净利润(万)	–8237.37	–1645.19	–13910.08	793.67

三维通信股份有限公司

公司概况	公司名称	三维通信股份有限公司		证券简称	三维通信
	法人代表	李越伦	董秘	王萍	证券代码 002115
	公司网址	www.sunwave.com.cn		电子信箱	zqb@sunwave.com.cn
	电　话	0571-88923377		传　真	0571-88923377
	办公地址	浙江省杭州市滨江火炬大道581号三维大厦			
	经营范围	通信工程和网络工程的系统集成，网络技术服务等			

主要财务指标	2011.06.30	2010.12.31	2010.06.30	2009.12.31
指标\报告期	2011.06.30	2010.12.31	2010.06.30	2009.12.31
每股收益(元)	0.2204	0.4691	0.1846	0.3914
每股收益(扣除)(元)	0.2124	0.4450	0.1709	0.3550
每股净资产(元)	3.5022	3.4319	3.1474	4.8905
调整后每股净资产(元)	–	–	–	–
每股资本公积金(元)	1.1294	1.1294	1.1294	2.4070
每股盈余公积金(元)	0.1538	0.1538	0.1079	0.1726
每股未分配利润(元)	1.2191	1.1487	0.9101	1.3109
每股现金净流量(元)	–0.8253	0.1146	–0.6241	1.8678
每股经营现金净流量(元)	–0.7711	0.3964	–0.5847	–0.1915
净资产收益率(扣除)(%)	6.0800	13.7200	5.4300	15.5500
净资产收益率(%)	6.2930	13.6680	5.8640	11.7940
总资产(万)	166873.24	158666.08	153058.06	147634.36
股东权益(万)	75143.20	73634.28	67530.24	65581.49
主营业务收入(万)	50724.86	100552.51	41409.96	81126.42
主营成本(万)	33587.45	67957.06	28060.72	53049.99
营业收入(万)	50873.98	100829.20	41568.52	81256.51
营业成本(万)	33603.43	67957.06	28061.54	53065.50
投资收益(万)	–	–	–	–
利润总额(万)	5876.45	11432.32	4828.64	10891.79
净利润(万)	4728.69	10064.29	3960.25	7734.77

中国海诚工程科技股份有限公司

公司概况	公司名称	中国海诚工程科技股份有限公司			证券简称	中国海诚
	法人代表	陈鄂生	董秘	薛晓风	证券代码	002116
	公司网址	www.haisum.com		电子信箱	haisum@haisum.com	
	电 话	021-64314018		传 真	021-64334045	
	办公地址	上海市宝庆路21号				
	经营范围	国内外工程咨询,工程设计,监理,工程 承包等				

主要财务指标	指标\报告期	2011.06.30	2010.12.31	2010.06.30	2009.12.31
	每股收益(元)	0.3720	0.5690	0.2690	0.5420
	每股收益(扣除)(元)	0.3712	0.5680	0.2676	0.5360
	每股净资产(元)	4.3160	4.2650	3.9580	4.0000
	调整后每股净资产(元)	–	–	–	–
	每股资本公积金(元)	1.7798	1.7821	1.7773	1.7886
	每股盈余公积金(元)	0.2408	0.2408	0.2010	0.2010
	每股未分配利润(元)	1.2964	1.2440	0.9842	1.0150
	每股现金净流量(元)	–1.1807	2.1339	–1.1115	2.1853
	每股经营现金净流量(元)	–0.6450	2.6728	–0.6431	2.6693
	净资产收益率(扣除)(%)	8.4400	13.9200	6.6400	13.9000
	净资产收益率(%)	8.6270	13.3360	6.8020	13.5470
	总资产(万)	207952.96	194218.30	143181.33	138523.96
	股东权益(万)	49199.37	48624.97	45117.04	45597.91
	主营业务收入(万)	189448.50	272612.01	113968.23	208268.18
	主营成本(万)	170637.24	240087.11	99898.98	181396.78
	营业收入(万)	190092.01	273880.28	114508.13	209717.22
	营业成本(万)	171215.60	241193.86	100435.41	182701.27
	投资收益(万)	–	–	–	–
	利润总额(万)	5868.32	9172.78	4215.01	7264.07
	净利润(万)	4244.52	6484.77	3068.96	6176.94

东港安全印刷股份有限公司

公司概况	公司名称	东港安全印刷股份有限公司			证券简称	东港股份
	法人代表	谷望江	董秘	齐利国	证券代码	002117
	公司网址	www.tungkong.com.cn		电子信箱	Qi-liguo@tungkong.com.cn	
	电 话	0531-88904590		传 真	0531-82672202	
	办公地址	山东省济南市山大北路23号				
	经营范围	出版物、包装装潢印刷品、其他类印刷品印刷,纸制品的生产、销售等				

主要财务指标	指标\报告期	2011.06.30	2010.12.31	2010.06.30	2009.12.31
	每股收益(元)	0.5100	0.7000	0.5100	0.6700
	每股收益(扣除)(元)	0.5088	0.6900	0.5100	0.6500
	每股净资产(元)	8.0800	7.7700	5.4200	5.2100
	调整后每股净资产(元)	–	–	–	–
	每股资本公积金(元)	4.6675	4.6688	2.2594	2.2594
	每股盈余公积金(元)	0.5612	0.5092	0.5478	0.4951
	每股未分配利润(元)	1.8524	1.5906	1.6118	1.4544
	每股现金净流量(元)	–1.1476	1.6935	–1.1115	0.6031
	每股经营现金净流量(元)	0.2745	1.4464	0.0255	1.0147
	净资产收益率(扣除)(%)	6.3900	11.6100	9.5300	13.1400
	净资产收益率(%)	6.3360	8.2130	9.4120	12.9200
	总资产(万)	129783.60	133733.70	107961.39	99301.68
	股东权益(万)	100306.32	96428.44	59608.59	57298.14
	主营业务收入(万)	42336.18	69145.79	36765.55	53744.57
	主营成本(万)	26838.02	43993.98	22772.43	33711.06
	营业收入(万)	42790.63	71223.31	37858.77	55087.44
	营业成本(万)	27028.06	45820.10	23342.09	34369.02
	投资收益(万)	–	–	–	–
	利润总额(万)	8207.16	10411.62	7097.11	9085.69
	净利润(万)	6354.90	7919.44	5610.46	7402.68

吉林紫鑫药业股份有限公司

公司概况	公司名称	吉林紫鑫药业股份有限公司			证券简称	紫鑫药业
	法人代表	郭春生	董秘	钟云香	证券代码	002118
	公司网址	www.jilinzixin.com.cn		电子信箱	zixin@jilinzixin.com	
	电 话	0431-88661817		传 真	0431-88698366	
	办公地址	吉林省通化市柳河县英利路88号				
	经营范围	加工销售中成药、化学药制剂(口服液、片剂、胶囊)及保健食品等				

主要财务指标	指标\报告期	2011.06.30	2010.12.31	2010.06.30	2009.12.31
	每股收益(元)	0.2200	0.8400	0.0500	0.3000
	每股收益(扣除)(元)	0.2192	0.8500	0.1200	0.3000
	每股净资产(元)	3.3200	6.2100	2.2000	3.5400
	调整后每股净资产(元)	–	–	–	–
	每股资本公积金(元)	1.4110	3.8219	0.1907	0.8242
	每股盈余公积金(元)	0.0847	0.1694	0.1871	0.3181
	每股未分配利润(元)	0.8245	1.2145	0.8196	1.4005
	每股现金净流量(元)	0.0299	5.1155	0.1637	0.0612
	每股经营现金净流量(元)	0.4133	–0.8399	0.0549	0.1054
	净资产收益率(扣除)(%)	6.5430	10.8790	5.7800	14.1845
	净资产收益率(%)	6.7600	33.3500	5.8900	15.1500
	总资产(万)	282048.46	256926.51	75547.42	65519.38
	股东权益(万)	170321.67	159177.97	45404.68	43062.48
	主营业务收入(万)	37035.17	64026.54	11145.77	25263.95
	主营成本(万)	14387.40	28782.93	2492.76	5669.16
	营业收入(万)	37035.17	64241.74	11360.97	25628.76
	营业成本(万)	14387.40	28994.50	2704.33	5985.29
	投资收益(万)	560.00	196.00	–	–
	利润总额(万)	11666.49	17468.26	2502.37	6998.95
	净利润(万)	11144.21	17317.36	2622.08	6107.88

宁波康强电子股份有限公司

公司概况	公司名称	宁波康强电子股份有限公司			证券简称	康强电子
	法人代表	郑康定	董秘	赵勤攻	证券代码	002119
	公司网址	www.kangqiang.com		电子信箱	board@kangqiang.com	
	电 话	0574-56807119		传 真	0574-56807088	
	办公地址	浙江省宁波市鄞州投资创业中心金源路988号				
	经营范围	制造和销售各种引线框架及半导体元器件等				

主要财务指标	指标\报告期	2011.06.30	2010.12.31	2010.06.30	2009.12.31
	每股收益(元)	0.1100	0.3500	0.1400	0.2400
	每股收益(扣除)(元)	0.0800	0.2100	0.1000	0.1300
	每股净资产(元)	3.3700	3.3800	3.1800	3.0600
	调整后每股净资产(元)	–	–	–	–
	每股资本公积金(元)	1.0724	1.1479	1.1602	1.1264
	每股盈余公积金(元)	0.1933	0.1933	0.1573	0.1573
	每股未分配利润(元)	1.1012	1.0432	0.8648	0.7743
	每股现金净流量(元)	0.1634	–0.1836	0.2228	–0.1953
	每股经营现金净流量(元)	0.1478	–0.4150	0.0099	0.1676
	净资产收益率(扣除)(%)	2.4600	6.5500	3.2800	4.8300
	净资产收益率(%)	3.2100	10.4880	4.4170	7.9520
	总资产(万)	161740.24	142250.83	131829.99	108767.67
	股东权益(万)	65385.56	65724.93	61799.61	59384.44
	主营业务收入(万)	66033.25	103238.32	44761.85	63263.79
	主营成本(万)	57810.14	87660.36	37804.45	53981.38
	营业收入(万)	76279.72	103972.93	45657.17	63352.22
	营业成本(万)	67608.88	88234.29	38647.31	54026.58
	投资收益(万)	–	–	–	–
	利润总额(万)	1717.54	8021.77	2898.14	4753.50
	净利润(万)	2098.60	6893.04	2729.37	4721.98

宁波新海电气股份有限公司

公司概况						
	公司名称	宁波新海电气股份有限公司			证券简称	新海股份
	法人代表	黄新华	董秘	孙宁薇	证券代码	002120
	公司网址	www.xinhaigroup.com		电子信箱	xhlighter@xinhaigroup.com	
	电　话	0574-63029608		传　真	0574-63029192	
	办公地址	浙江省宁波市慈溪市北三环东路239号				
	经营范围	打火机、点火枪、电器配件、电子元件、塑料制品、文具的制造等				

主要财务指标	指标\报告期	2011.06.30	2010.12.31	2010.06.30	2009.12.31
	每股收益(元)	0.0500	0.2100	0.1000	0.2100
	每股收益(扣除)(元)	0.0200	0.1300	0.0900	0.1200
	每股净资产(元)	2.5700	2.5200	2.4000	2.3700
	调整后每股净资产(元)	–	–	–	–
	每股资本公积金(元)	0.4311	0.4311	0.4312	0.4312
	每股盈余公积金(元)	0.0979	0.0979	0.0826	0.0826
	每股未分配利润(元)	1.0579	1.0083	0.9083	0.8627
	每股现金净流量(元)	0.3556	0.1320	0.0836	–0.1184
	每股经营现金净流量(元)	0.2297	0.0774	0.0672	0.6034
	净资产收益率(扣除)(%)	0.7300	5.4100	3.6200	5.1700
	净资产收益率(%)	1.9290	8.4840	3.9850	8.7560
	总资产(万)	107287.02	99360.60	103247.12	93170.37
	股东权益(万)	38640.23	37895.52	36060.73	35597.48
	主营业务收入(万)	34645.55	81993.17	38858.96	82628.88
	主营成本(万)	28587.59	65942.96	31687.00	67417.59
	营业收入(万)	34784.80	82350.83	39013.56	82873.41
	营业成本(万)	28677.43	66132.49	31803.51	67541.03
	投资收益(万)	–	–	–	–
	利润总额(万)	1188.45	3921.99	1810.97	3937.33
	净利润(万)	745.23	3215.06	1436.89	3117.00

深圳市科陆电子科技股份有限公司

公司概况						
	公司名称	深圳市科陆电子科技股份有限公司			证券简称	科陆电子
	法人代表	饶陆华	董秘	黄幼平	证券代码	002121
	公司网址	www.szclou.com		电子信箱	sz-clou@szclou.com	
	电　话	0755-26719528		传　真	0755-26719679	
	办公地址	广东省深圳市南山区高新技术产业园南区T2栋五楼				
	经营范围	电力设备、精密仪器、软件工程、系统维护;提供相应的咨询、技术等				

主要财务指标	指标\报告期	2011.06.30	2010.12.31	2010.06.30	2009.12.31
	每股收益(元)	0.1400	0.5400	0.1400	0.3300
	每股收益(扣除)(元)	0.1254	0.5100	0.2000	0.3200
	每股净资产(元)	2.9600	2.8500	2.1800	2.0300
	调整后每股净资产(元)	–	–	–	–
	每股资本公积金(元)	0.9881	1.9821	0.1135	0.1135
	每股盈余公积金(元)	0.1360	0.2040	0.1074	0.1074
	每股未分配利润(元)	0.8321	1.0827	0.9610	0.8126
	每股现金净流量(元)	–0.9414	2.2185	–0.3430	0.1739
	每股经营现金净流量(元)	–0.9473	–0.1530	–0.3716	0.2595
	净资产收益率(扣除)(%)	4.2900	19.6800	9.4500	16.7200
	净资产收益率(%)	4.8600	11.6470	9.7000	16.1000
	总资产(万)	222282.33	211901.78	118267.83	97237.93
	股东权益(万)	117269.03	112892.27	52366.62	48802.92
	主营业务收入(万)	40006.10	90595.05	28079.81	43062.85
	主营成本(万)	25976.00	55600.40	14576.98	23677.43
	营业收入(万)	42390.42	92979.36	28490.73	43473.77
	营业成本(万)	27238.71	56843.12	14987.62	24088.07
	投资收益(万)	–	–	–	–
	利润总额(万)	6039.23	15862.28	6194.09	9050.97
	净利润(万)	5699.05	13148.28	5080.77	7859.17

浙江天马轴承股份有限公司

公司概况						
	公司名称	浙江天马轴承股份有限公司			证券简称	天马股份
	法人代表	马兴法	董秘	马全法	证券代码	002122
	公司网址	www.zjtmb.com		电子信箱	tmzc@zjtmb.com	
	电　话	0571-88027658		传　真	0571-88029872	
	办公地址	浙江省杭州市石祥路208号				
	经营范围	轴承的制造、加工;轴承零配件的销售等				

主要财务指标	指标\报告期	2011.06.30	2010.12.31	2010.06.30	2009.12.31
	每股收益(元)	0.2400	0.5500	0.2300	0.4700
	每股收益(扣除)(元)	0.2000	0.5100	0.2100	0.4400
	每股净资产(元)	3.8500	3.7100	3.3900	6.3600
	调整后每股净资产(元)	–	–	–	–
	每股资本公积金(元)	0.8652	0.8652	0.8651	2.7301
	每股盈余公积金(元)	0.1243	0.1243	0.1036	0.2071
	每股未分配利润(元)	1.8573	1.7208	1.4179	2.4246
	每股现金净流量(元)	–0.1995	0.1310	0.0709	0.0754
	每股经营现金净流量(元)	–0.0026	0.2905	0.2069	–0.1973
	净资产收益率(扣除)(%)	5.3700	14.9000	6.6200	15.6200
	净资产收益率(%)	6.1490	14.9370	6.8100	14.6500
	总资产(万)	676676.95	653701.58	609595.00	584107.97
	股东权益(万)	457005.08	440782.68	402319.92	377891.31
	主营业务收入(万)	163956.49	351811.30	158790.83	316545.88
	主营成本(万)	112780.87	242202.31	107471.53	220876.53
	营业收入(万)	167195.55	358288.38	162469.76	326187.67
	营业成本(万)	115418.25	243026.99	110638.72	226795.85
	投资收益(万)	–	–	–	–
	利润总额(万)	34372.61	80517.79	33497.94	67391.09
	净利润(万)	28102.41	65838.40	27398.61	55372.41

荣信电力电子股份有限公司

公司概况						
	公司名称	荣信电力电子股份有限公司			证券简称	荣信股份
	法人代表	左强	董秘	赵殿波	证券代码	002123
	公司网址	www.rxpe.com		电子信箱	zdb@rxpe.com	
	电　话	0412-7213602		传　真	0412-7213646	
	办公地址	辽宁省鞍山市高新区科技路108号				
	经营范围	高压动态无功补偿装置(SVC)、智能瓦斯排放装置(MABZ)等				

主要财务指标	指标\报告期	2011.06.30	2010.12.31	2010.06.30	2009.12.31
	每股收益(元)	0.2500	0.8000	0.1900	0.5800
	每股收益(扣除)(元)	0.2434	0.6600	0.2700	0.5200
	每股净资产(元)	3.5800	4.7100	4.2000	5.8200
	调整后每股净资产(元)	–	–	–	–
	每股资本公积金(元)	0.9210	1.5960	1.6046	2.8409
	每股盈余公积金(元)	0.1563	0.2344	0.1583	0.2375
	每股未分配利润(元)	1.5032	1.8789	1.4361	1.7388
	每股现金净流量(元)	–0.0235	0.4790	–0.2287	1.8198
	每股经营现金净流量(元)	–0.1823	0.0774	–0.2953	–0.0977
	净资产收益率(扣除)(%)	7.3100	15.4600	6.5700	17.9300
	净资产收益率(%)	7.0000	16.8970	6.7910	14.2290
	总资产(万)	341140.64	290915.54	253304.08	204452.00
	股东权益(万)	180456.29	158230.46	141086.10	130304.91
	主营业务收入(万)	85378.62	133689.20	63648.70	92219.65
	主营成本(万)	43062.21	71876.03	36374.99	48937.33
	营业收入(万)	85378.62	133689.20	63648.70	92219.65
	营业成本(万)	43062.21	71876.03	36374.99	48937.33
	投资收益(万)	–	–	–	–
	利润总额(万)	15538.84	31995.76	11961.93	21018.80
	净利润(万)	12631.46	26736.87	9581.22	18541.17

宁波天邦股份有限公司

公司概况	公司名称	宁波天邦股份有限公司		证券简称	天邦股份
	法人代表	张邦辉	董秘	王韦	证券代码	002124
	公司网址	www.tianbang.com		电子信箱	techbank@tianbang.com
	电话	021-37745083 37745053		传真	021-37745250
	办公地址	上海市松江区松卫北路665号企福天地9楼			
	经营范围	饲料制造，销售及咨询技术服务；畜禽，水产品养殖；饲料原料等			

	指标\报告期	2011.06.30	2010.12.31	2010.06.30	2009.12.31
主要财务指标	每股收益(元)	-0.0570	0.1900	0.1210	0.2600
	每股收益(扣除)(元)	-0.0700	-0.0100	-0.0700	0.0400
	每股净资产(元)	1.7600	1.9300	1.8700	2.8100
	调整后每股净资产(元)	-	-	-	-
	每股资本公积金(元)	0.0263	0.0256	0.0256	0.5295
	每股盈余公积金(元)	0.1687	0.1687	0.1323	0.1985
	每股未分配利润(元)	0.6003	0.7572	0.7244	1.1052
	每股现金净流量(元)	0.0490	-0.0594	-0.1711	-0.0734
	每股经营现金净流量(元)	0.1210	0.0019	-0.2935	1.0689
	净资产收益率(扣除)(%)	-	-0.4400	-3.8000	2.3100
	净资产收益率(%)	-3.2270	9.8510	6.4820	13.7720
	总资产(万)	102005.48	90773.31	88136.83	77072.05
	股东权益(万)	36202.30	39646.69	38342.34	38541.90
	主营业务收入(万)	61704.93	110486.26	38113.49	96825.30
	主营成本(万)	53850.13	94795.82	32805.35	80227.22
	营业收入(万)	61765.28	110643.69	38163.15	96901.76
	营业成本(万)	53869.12	94944.58	32893.52	80388.47
	投资收益(万)	-	-	-	-
	利润总额(万)	-809.67	4134.95	2967.59	5950.16
	净利润(万)	-1168.13	3905.62	2485.50	5307.98

湘潭电化科技股份有限公司

公司概况	公司名称	湘潭电化科技股份有限公司		证券简称	湘潭电化
	法人代表	周红旗	董秘	张凯宇	证券代码	002125
	公司网址	www.chinaemd.com		电子信箱	zky@chinaemd.com
	电话	0731-55544048 55544161		传真	0731-55544101
	办公地址	湖南省湘潭市岳塘区滴水埠			
	经营范围	研究、开发、生产、销售二氧化锰、电解金属锰、电池材料等			

	指标\报告期	2011.06.30	2010.12.31	2010.06.30	2009.12.31
主要财务指标	每股收益(元)	0.1224	0.3417	0.1167	0.0428
	每股收益(扣除)(元)	0.1000	0.3269	0.1105	0.0350
	每股净资产(元)	4.0900	3.5400	3.3100	3.2000
	调整后每股净资产(元)	-	-	-	-
	每股资本公积金(元)	2.3600	1.8465	1.8465	1.8465
	每股盈余公积金(元)	0.1832	0.2113	0.2113	0.2113
	每股未分配利润(元)	0.5264	0.4815	0.2566	0.1399
	每股现金净流量(元)	1.0237	0.1013	0.2275	-0.1227
	每股经营现金净流量(元)	0.3720	0.6750	0.4761	0.6167
	净资产收益率(扣除)(%)	-	9.7000	3.3900	1.1200
	净资产收益率(%)	2.6600	9.6550	3.5200	1.3400
	总资产(万)	103440.79	76688.24	73202.81	68272.56
	股东权益(万)	35590.32	26686.54	24990.70	24111.11
	主营业务收入(万)	35285.67	61846.13	28516.19	49941.95
	主营成本(万)	29822.81	49985.23	23406.52	41918.39
	营业收入(万)	35439.01	62202.80	28642.95	50131.87
	营业成本(万)	29847.94	50073.28	23442.54	41960.94
	投资收益(万)	-	-	-	-
	利润总额(万)	1376.32	4005.78	1380.31	1551.51
	净利润(万)	946.67	2576.47	879.59	322.38

浙江银轮机械股份有限公司

公司概况	公司名称	浙江银轮机械股份有限公司		证券简称	银轮股份
	法人代表	徐小敏	董秘	陶岳铮	证券代码	002126
	公司网址	www.yinlun.com		电子信箱	manage@yinlun.net
	电话	0576-83938250 83938228		传真	0576-83938813
	办公地址	浙江省台州市天台县福溪街道交通运输机械工业园区			
	经营范围	实业投资；汽车零部件、船用配件、机械配件、摩托车配件、电子产品等			

	指标\报告期	2011.06.30	2010.12.31	2010.06.30	2009.12.31
主要财务指标	每股收益(元)	0.4900	1.3100	0.4600	0.5400
	每股收益(扣除)(元)	0.4999	1.2800	0.6100	0.5200
	每股净资产(元)	5.3400	6.3900	5.7000	5.1500
	调整后每股净资产(元)	-	-	-	-
	每股资本公积金(元)	1.3640	2.0732	2.0822	2.0840
	每股盈余公积金(元)	0.3988	0.5185	0.4109	0.4109
	每股未分配利润(元)	2.5826	2.7941	2.2117	1.6586
	每股现金净流量(元)	0.4298	0.4356	0.0888	-0.0932
	每股经营现金净流量(元)	-0.0067	1.5222	0.2709	0.6672
	净资产收益率(扣除)(%)	9.7100	22.1900	11.2500	10.5000
	净资产收益率(%)	9.2620	20.4490	10.5700	10.4750
	总资产(万)	196774.06	165684.87	147935.74	116048.65
	股东权益(万)	69463.68	63855.51	57047.80	51534.45
	主营业务收入(万)	-	142854.33	70304.13	88423.22
	主营成本(万)	-	104551.24	52497.38	62365.80
	营业收入(万)	90664.64	147340.66	72809.05	89571.03
	营业成本(万)	82770.46	106919.59	65118.77	62524.46
	投资收益(万)	-	-	-	-
	利润总额(万)	7830.63	15892.95	7647.31	6650.57
	净利润(万)	6433.51	13058.08	6030.83	5398.04

江苏新民纺织科技股份有限公司

公司概况	公司名称	江苏新民纺织科技股份有限公司		证券简称	新民科技
	法人代表	柳维特	董秘	卢蕊芬	证券代码	002127
	公司网址	www.xmtex.com		电子信箱	info@xmtex.com
	电话	0512-63550591 63574760		传真	0512-63555511
	办公地址	江苏省吴江市盛泽镇五龙路22号			
	经营范围	纺织原料(皮棉除外)及纺织品、服装、服饰及绣品等			

	指标\报告期	2011.06.30	2010.12.31	2010.06.30	2009.12.31
主要财务指标	每股收益(元)	0.1000	0.4200	0.1200	0.2000
	每股收益(扣除)(元)	0.0843	0.4400	0.1700	0.1800
	每股净资产(元)	3.0300	2.9300	2.0000	2.9900
	调整后每股净资产(元)	-	-	-	-
	每股资本公积金(元)	1.0145	1.0145	0.1509	0.8415
	每股盈余公积金(元)	0.0491	0.0491	0.0574	0.0918
	每股未分配利润(元)	0.9651	0.8622	0.7913	1.0617
	每股现金净流量(元)	0.0627	0.8295	0.4840	-0.5629
	每股经营现金净流量(元)	0.0188	0.6331	0.4488	-
	净资产收益率(扣除)(%)	2.8300	18.3300	8.6700	10.0600
	净资产收益率(%)	3.4600	12.6200	8.1700	10.5510
	总资产(万)	290525.40	215448.96	136629.36	108532.05
	股东权益(万)	112684.63	108855.33	58472.59	54736.77
	主营业务收入(万)	133818.14	173758.02	80219.98	127624.30
	主营成本(万)	119444.47	139119.83	67426.48	110494.06
	营业收入(万)	134126.40	174202.86	80418.95	127968.57
	营业成本(万)	119587.57	139529.88	67514.99	110814.69
	投资收益(万)	-	-	-	-
	利润总额(万)	5744.97	21697.93	7068.97	7793.74
	净利润(万)	3829.30	13737.38	4649.63	5775.52

内蒙古霍林河露天煤业股份有限公司

公司概况	公司名称	内蒙古霍林河露天煤业股份有限公司			证券简称	露天煤业
	法人代表	刘明胜	董秘	何宏伟	证券代码	002128
	公司网址			电子信箱	ltmy@vip.163.com	
	电　话	0475-2350579 2352299		传　真	0475-2350579	
	办公地址	内蒙古霍林郭勒市哲里木大街(霍矿珠斯花区)				
	经营范围	煤炭产品生产,加工,销售;土方工程;地质勘探,工程与地籍测绘测量等				

主要财务指标	指标\报告期	2011.06.30	2010.12.31	2010.06.30	2009.12.31
	每股收益(元)	0.5400	1.1000	0.6300	0.7400
	每股收益(扣除)(元)	–	1.0900	0.6300	0.6300
	每股净资产(元)	2.9600	2.8500	2.8400	3.2200
	调整后每股净资产(元)	–	–	–	–
	每股资本公积金(元)	0.0413	0.0413	0.2799	0.6491
	每股盈余公积金(元)	0.2076	0.2076	0.2385	0.2863
	每股未分配利润(元)	1.5667	1.5219	1.1539	1.1326
	每股现金净流量(元)	0.0566	0.0208	0.2217	–0.0142
	每股经营现金净流量(元)	0.6452	1.4524	0.6931	1.1226
	净资产收益率(扣除)(%)	17.7300	40.7900	23.0800	30.1600
	净资产收益率(%)	18.3860	38.5510	22.1130	27.4553
	总资产(万)	800767.30	746355.84	508477.90	687652.65
	股东权益(万)	393051.14	377573.62	376363.40	356061.60
	主营业务收入(万)	341495.30	554874.21	299989.23	459185.89
	主营成本(万)	213434.16	327929.63	171442.41	302783.04
	营业收入(万)	342908.95	567232.99	301556.11	466185.95
	营业成本(万)	214096.28	332771.79	170827.06	306296.48
	投资收益(万)	–	–	–	–
	利润总额(万)	98641.30	180055.62	104018.08	125117.66
	净利润(万)	72267.52	145559.06	83401.88	97757.76

天津中环半导体股份有限公司

公司概况	公司名称	天津中环半导体股份有限公司			证券简称	中环股份
	法人代表	张旭光	董秘	安艳清	证券代码	002129
	公司网址	www.tjsemi.com		电子信箱	Tjsc@tjsemi.com	
	电　话	022-23789787		传　真	022-23788321	
	办公地址	天津市新技术产业园区华苑产业区(环外)海泰东路 12 号				
	经营范围	半导体材料、半导体器件、电子元件的制造、加工、批发、零售等				

主要财务指标	指标\报告期	2011.06.30	2010.12.31	2010.06.30	2009.12.31
	每股收益(元)	0.2558	0.2020	0.0316	–0.1895
	每股收益(扣除)(元)	0.2287	0.1884	0.0267	–0.2275
	每股净资产(元)	2.3552	3.1790	3.0100	2.8945
	调整后每股净资产(元)	–	–	–	–
	每股资本公积金(元)	0.8106	1.5160	1.5160	1.4334
	每股盈余公积金(元)	0.0379	0.0568	0.0527	0.0527
	每股未分配利润(元)	0.5067	0.6063	0.4400	0.4084
	每股现金净流量(元)	0.0701	–0.1332	–0.2321	0.3317
	每股经营现金净流量(元)	–0.1319	0.0754	0.0557	0.0668
	净资产收益率(扣除)(%)	10.1700	6.1800	0.9200	–7.5300
	净资产收益率(%)	10.8620	6.3540	1.0510	–6.5450
	总资产(万)	531021.32	405635.85	305026.34	265857.75
	股东权益(万)	170572.19	153492.63	145265.32	139755.14
	主营业务收入(万)	147010.57	127692.16	46251.70	55142.03
	主营成本(万)	110425.58	94185.22	38646.88	53863.40
	营业收入(万)	147492.74	130862.51	46755.70	55667.07
	营业成本(万)	110615.56	96771.00	39038.98	54201.78
	投资收益(万)	–	–	–	–
	利润总额(万)	25502.20	14914.85	2577.94	–9002.87
	净利润(万)	18528.05	9753.28	1525.97	–9147.48

深圳市沃尔核材股份有限公司

公司概况	公司名称	深圳市沃尔核材股份有限公司			证券简称	沃尔核材
	法人代表	周和平	董秘	王占君	证券代码	002130
	公司网址	www.woer.com		电子信箱	hr@woer.com	
	电　话	0755-28299020		传　真	0755-28299020	
	办公地址	广东省深圳市坪山新区兰景北路沃尔工业园				
	经营范围	热缩材料、冷缩材料、阻燃材料、绝缘材料、耐高温耐腐蚀新型材料等				

主要财务指标	指标\报告期	2011.06.30	2010.12.31	2010.06.30	2009.12.31
	每股收益(元)	0.1500	0.3100	0.1500	0.2200
	每股收益(扣除)(元)	0.1400	0.3000	0.1400	0.2100
	每股净资产(元)	2.8400	1.9900	1.8200	2.6400
	调整后每股净资产(元)	–	–	–	–
	每股资本公积金(元)	0.9631	0.0399	0.0400	0.5638
	每股盈余公积金(元)	0.0967	0.1150	0.0857	0.1286
	每股未分配利润(元)	0.7846	0.8323	0.6960	0.9464
	每股现金净流量(元)	1.0578	–0.1508	–0.2863	0.3711
	每股经营现金净流量(元)	–0.0353	0.1881	–0.0339	0.5217
	净资产收益率(扣除)(%)	6.8300	16.1100	7.5000	12.4000
	净资产收益率(%)	4.4600	15.7070	8.0480	12.4220
	总资产(万)	114817.95	74440.01	67476.89	65075.48
	股东权益(万)	82737.15	48600.01	44556.37	43026.11
	主营业务收入(万)	29371.91	51545.68	23680.40	39540.65
	主营成本(万)	19220.90	32080.24	15371.28	24773.57
	营业收入(万)	29862.70	52094.86	24278.43	40489.26
	营业成本(万)	19372.28	32394.80	15654.05	25209.37
	投资收益(万)	–	–	–	–
	利润总额(万)	4286.37	8171.44	4231.14	6120.12
	净利润(万)	3690.04	7633.49	3585.82	5344.78

浙江利欧股份有限公司

公司概况	公司名称	浙江利欧股份有限公司			证券简称	利欧股份
	法人代表	王相荣	董秘	张旭波	证券代码	002131
	公司网址	www.leogroup.cn		电子信箱	sec@leogroup.cn	
	电　话	0576-89986666		传　真	0576-89989898	
	办公地址	浙江省温岭市工业城中心大道				
	经营范围	园林机械、水泵、电机、汽油机、其他机械设备、环保设备、模具等				

主要财务指标	指标\报告期	2011.06.30	2010.12.31	2010.06.30	2009.12.31
	每股收益(元)	0.1900	0.3700	0.1800	0.3200
	每股收益(扣除)(元)	0.1706	0.3200	0.1600	0.2800
	每股净资产(元)	2.3300	2.1400	1.9500	3.5300
	调整后每股净资产(元)	–	–	–	–
	每股资本公积金(元)	0.0374	0.0374	0.0346	1.0692
	每股盈余公积金(元)	0.1538	0.1538	0.1206	0.2411
	每股未分配利润(元)	1.1340	0.9446	0.7907	1.2212
	每股现金净流量(元)	0.0083	0.0440	0.2508	–0.0090
	每股经营现金净流量(元)	0.1068	0.2706	0.0374	0.8955
	净资产收益率(扣除)(%)	8.1460	17.1970	9.2550	18.3110
	净资产收益率(%)	8.4900	18.8400	9.7000	19.4000
	总资产(万)	119704.46	105508.51	96273.87	74860.37
	股东权益(万)	72899.25	66998.11	60860.31	56288.04
	主营业务收入(万)	66885.91	117298.03	58086.47	83184.65
	主营成本(万)	54198.09	91361.30	45512.18	62040.47
	营业收入(万)	68664.62	119510.69	60044.01	84833.31
	营业成本(万)	55606.42	93571.45	47176.49	63708.81
	投资收益(万)	553.41	722.10	232.68	217.09
	利润总额(万)	6988.17	13848.80	6998.86	12147.82
	净利润(万)	5702.97	11058.53	5422.41	9735.96

河南恒星科技股份有限公司

公司概况	公司名称	河南恒星科技股份有限公司			证券简称	恒星科技
	法人代表	谢保军	董秘	李明	证券代码	002132
	公司网址	www.hengxingchinese.com		电子信箱	sgs001@263.net	
	电　　话	0371-69588999 67635666		传　　真	0371-65946800 69588000	
	办公地址	河南省巩义市恒星工业园				
	经营范围	生产、经营钢帘线、胶生产、销售钢帘线、胶管钢丝、镀锌钢丝等				

主要财务指标	指标\报告期	2011.06.30	2010.12.31	2010.06.30	2009.12.31
	每股收益(元)	0.1800	0.3500	0.0600	0.3900
	每股收益(扣除)(元)	0.1243	0.2200	0.1200	0.3800
	每股净资产(元)	2.1100	4.0600	3.8900	3.5000
	调整后每股净资产(元)	–	–	–	–
	每股资本公积金(元)	0.2930	1.6917	1.7439	1.2582
	每股盈余公积金(元)	0.0927	0.1854	0.1549	0.1710
	每股未分配利润(元)	0.7264	1.1834	0.9877	1.0733
	每股现金净流量(元)	0.0075	0.3791	0.4322	–0.0313
	每股经营现金净流量(元)	–0.4301	0.6506	0.1145	–0.5874
	净资产收益率(扣除)(%)	5.9000	5.5200	3.4400	12.6900
	净资产收益率(%)	8.7430	8.1740	2.7212	11.0930
	总资产(万)	306844.56	260344.46	242443.76	182546.44
	股东权益(万)	114023.67	109607.77	104911.32	85675.94
	主营业务收入(万)	98193.18	184921.47	88206.41	125766.03
	主营成本(万)	–	161043.52	–	105378.69
	营业收入(万)	98557.09	186504.12	89164.33	128348.24
	营业成本(万)	83380.00	161780.57	76166.68	107460.51
	投资收益(万)	–	–	–	–
	利润总额(万)	11392.41	12098.21	4343.07	11577.98
	净利润(万)	9968.65	8959.65	2854.82	9503.74

广宇集团股份有限公司

公司概况	公司名称	广宇集团股份有限公司			证券简称	广宇集团
	法人代表	王鹤鸣	董秘	华欣	证券代码	002133
	公司网址	www.cosmosgroup.com.cn		电子信箱	gyjtdb@163.com	
	电　　话	0571-87925786		传　　真	0571-87925813	
	办公地址	浙江省杭州市平海路8号				
	经营范围	房地产投资、房地产开发经营、商品房销售及出租、实业投资、室内外装饰等				

主要财务指标	指标\报告期	2011.06.30	2010.12.31	2010.06.30	2009.12.31
	每股收益(元)	0.1100	0.4400	0.2000	0.3300
	每股收益(扣除)(元)	0.1100	0.4400	0.2000	0.3300
	每股净资产(元)	2.7700	2.8100	2.5700	2.4800
	调整后每股净资产(元)	–	–	–	–
	每股资本公积金(元)	0.6416	0.6416	0.6416	0.6416
	每股盈余公积金(元)	0.1539	0.1539	0.1316	0.1316
	每股未分配利润(元)	0.9743	1.0131	0.8000	0.7053
	每股现金净流量(元)	–0.6609	0.7331	0.3216	1.1263
	每股经营现金净流量(元)	–0.5585	1.5107	0.8890	2.3425
	净资产收益率(扣除)(%)	4.0150	15.6670	8.1000	13.4562
	净资产收益率(%)	3.9200	16.8200	8.1000	14.2200
	总资产(万)	665580.01	696012.86	693250.85	653873.31
	股东权益(万)	188267.34	193737.88	182302.44	178909.52
	主营业务收入(万)	74274.82	215449.62	55205.81	130890.87
	主营成本(万)	52110.51	157371.05	31337.96	89118.88
	营业收入(万)	74334.82	215569.62	55265.81	130998.87
	营业成本(万)	52110.51	157371.05	31337.96	89118.88
	投资收益(万)	1343.44	3525.97	1514.57	3331.90
	利润总额(万)	9766.33	29483.72	12389.16	21470.68
	净利润(万)	5544.48	21940.00	10206.32	16629.35

天津普林电路股份有限公司

公司概况	公司名称	天津普林电路股份有限公司			证券简称	天津普林
	法人代表	由华东	董秘	苏铭	证券代码	002134
	公司网址	www.toppcb.com		电子信箱	ir@tianjin-pcb.com	
	电　　话	022-24893466		传　　真	022-24890198	
	办公地址	天津市空港物流加工区航海路53号				
	经营范围	生产、销售双面和多层印刷电路板				

主要财务指标	指标\报告期	2011.06.30	2010.12.31	2010.06.30	2009.12.31
	每股收益(元)	0.0100	–0.0800	–0.0216	–0.0298
	每股收益(扣除)(元)	0.0032	–0.0800	–0.0230	–
	每股净资产(元)	2.8300	2.8200	2.8800	2.8600
	调整后每股净资产(元)	–	–	–	–
	每股资本公积金(元)	1.2262	1.2262	1.2262	1.2262
	每股盈余公积金(元)	0.0823	0.0823	0.0823	0.0811
	每股未分配利润(元)	0.5229	0.5164	0.5734	0.5546
	每股现金净流量(元)	0.0452	–0.3606	–0.1840	–0.1490
	每股经营现金净流量(元)	0.1739	0.0295	–0.0507	0.1423
	净资产收益率(扣除)(%)	0.0900	–2.7800	–0.8100	–
	净资产收益率(%)	0.2290	–2.7810	–0.7500	–1.0400
	总资产(万)	84149.42	82419.14	82220.08	82218.31
	股东权益(万)	69611.23	69452.16	70852.36	70362.39
	主营业务收入(万)	25477.84	56076.34	25947.43	–
	主营成本(万)	23626.67	52331.07	23558.74	–
	营业收入(万)	25477.84	56076.34	25947.43	26078.24
	营业成本(万)	23626.67	52331.07	23558.74	24676.53
	投资收益(万)	–	–	–	–
	利润总额(万)	173.92	–2258.78	–531.32	–733.50
	净利润(万)	159.07	–1931.52	–531.32	–733.50

浙江东南网架股份有限公司

公司概况	公司名称	浙江东南网架股份有限公司			证券简称	东南网架
	法人代表	徐春祥	董秘	田金明	证券代码	002135
	公司网址	www.dongnanwangjia.com		电子信箱	tjinming@163.com	
	电　　话	0571-82783358		传　　真	0571-82783358	
	办公地址	浙江省杭州市萧山区衙前镇				
	经营范围	网架、钢结构及其配套板材设计、制造、安装,幕墙的设计与施工等				

主要财务指标	指标\报告期	2011.06.30	2010.12.31	2010.06.30	2009.12.31
	每股收益(元)	0.1800	0.3600	0.1200	0.2100
	每股收益(扣除)(元)	0.1700	0.3300	0.1700	0.1900
	每股净资产(元)	3.5000	5.0400	4.8500	4.7500
	调整后每股净资产(元)	–	–	–	–
	每股资本公积金(元)	1.0216	2.0325	2.0325	2.0325
	每股盈余公积金(元)	0.1531	0.2296	0.2080	0.2080
	每股未分配利润(元)	1.3265	1.7746	1.6145	1.5115
	每股现金净流量(元)	–0.1273	0.8129	–0.1332	–0.3085
	每股经营现金净流量(元)	–0.4345	1.8216	0.6383	0.6568
	净资产收益率(扣除)(%)	5.0000	6.7700	3.4500	4.0800
	净资产收益率(%)	5.0500	7.2400	3.7690	4.4110
	总资产(万)	444839.84	384773.15	367952.57	349052.96
	股东权益(万)	105037.13	100732.39	97098.78	95038.96
	主营业务收入(万)	170507.87	305178.77	153353.19	290201.96
	主营成本(万)	147472.12	266664.71	133134.34	254328.07
	营业收入(万)	174684.71	315073.61	156353.22	292806.16
	营业成本(万)	150995.78	272185.60	135365.31	254511.21
	投资收益(万)	–	–	–	–
	利润总额(万)	6833.27	8903.56	4734.09	5482.88
	净利润(万)	5304.75	7293.43	3659.82	4192.24

安徽安纳达钛业股份有限公司

公司概况	公司名称	安徽安纳达钛业股份有限公司			证券简称	安 纳 达
	法人代表	袁菊兴	董秘	王先龙	证券代码	002136
	公司网址	www.andty.com		电子信箱	and@andty.com	
	电　话	0562-3862867 3867899		传　真	0562-3861769	
	办公地址	安徽省铜陵市铜官大道南段1288号				
	经营范围	生产和销售系列钛白粉及相关化工产品				

主要财务指标	指标\报告期	2011.06.30	2010.12.31	2010.06.30	2009.12.31
	每股收益(元)	0.3932	0.3400	0.1653	0.1500
	每股收益(扣除)(元)	0.3881	0.3400	0.1618	0.1400
	每股净资产(元)	5.7547	2.8039	2.6300	2.4600
	调整后每股净资产(元)	–	–	–	–
	每股资本公积金(元)	4.2579	1.6154	1.6154	1.6154
	每股盈余公积金(元)	0.0582	0.0792	0.0671	0.0671
	每股未分配利润(元)	0.4386	0.1093	–0.0525	–0.2178
	每股现金净流量(元)	3.0237	0.0345	0.0100	–0.3963
	每股经营现金净流量(元)	0.2106	0.5447	0.1169	0.2629
	净资产收益率(扣除)(%)	7.9300	12.9500	6.3500	5.7800
	净资产收益率(%)	6.2280	12.0980	6.2900	5.9360
	总资产(万)	80637.19	41247.61	44221.42	40586.97
	股东权益(万)	61868.50	22128.59	20756.12	19451.52
	主营业务收入(万)	35850.05	54822.51	25081.75	33032.54
	主营成本(万)	30045.46	48663.65	22138.77	29081.01
	营业收入(万)	35933.63	55002.28	25180.66	33176.17
	营业成本(万)	30053.45	48716.97	22164.42	29085.61
	投资收益(万)	–	–	–	–
	利润总额(万)	4546.11	3147.95	1530.51	1345.79
	净利润(万)	3852.91	2677.07	1304.60	1154.56

深圳市实益达科技股份有限公司

公司概况	公司名称	深圳市实益达科技股份有限公司			证券简称	实 益 达
	法人代表	陈亚妹	董秘	吕培荣	证券代码	002137
	公司网址	www.sz-seastar.com		电子信箱	dmb@sz-seastar.com	
	电　话	0755-29672878		传　真	0755-29672878	
	办公地址	广东省深圳市龙岗区宝龙工业城宝龙六路实益达科技园				
	经营范围	兴办实业(具体项目另行申报);电子产品的生产,国内商业、物资供销业等				

主要财务指标	指标\报告期	2011.06.30	2010.12.31	2010.06.30	2009.12.31
	每股收益(元)	0.0947	0.1009	0.0584	0.0235
	每股收益(扣除)(元)	0.0849	0.1081	0.0632	0.0176
	每股净资产(元)	1.6800	1.9000	1.9700	1.9000
	调整后每股净资产(元)	–	–	–	–
	每股资本公积金(元)	0.3594	0.6313	0.6313	0.6313
	每股盈余公积金(元)	0.0470	0.0564	0.0594	0.0564
	每股未分配利润(元)	0.2727	0.2136	0.2798	0.2127
	每股现金净流量(元)	0.1450	–0.2873	0.2517	0.1410
	每股经营现金净流量(元)	0.4271	–0.2528	0.1913	0.0367
	净资产收益率(扣除)(%)	5.2000	5.6100	3.2600	0.9200
	净资产收益率(%)	5.6390	5.3030	3.6200	1.2360
	总资产(万)	121815.24	129281.52	107583.69	75589.26
	股东权益(万)	52401.65	49482.41	51274.91	49448.85
	主营业务收入(万)	83188.70	130965.32	56245.00	61269.32
	主营成本(万)	77995.30	122248.30	51870.23	56935.40
	营业收入(万)	83917.66	132993.62	56892.68	61617.72
	营业成本(万)	78605.85	123923.14	52496.17	57189.75
	投资收益(万)	–	–	–	–
	利润总额(万)	3417.12	2398.03	1925.41	832.83
	净利润(万)	2955.11	2623.94	1823.06	611.04

深圳顺络电子股份有限公司

公司概况	公司名称	深圳顺络电子股份有限公司			证券简称	顺络电子
	法人代表	袁金钰	董秘	徐佳	证券代码	002138
	公司网址	www.sunlordinc.com		电子信箱	info@sunlordinc.com	
	电　话	0755-29832586		传　真	0755-29832339	
	办公地址	广东省深圳市宝安区观澜街道大富苑工业区顺络观澜工业园				
	经营范围	研发、设计、生产、销售新型电子元器件;提供技术方案设计和技术转让等				

主要财务指标	指标\报告期	2011.06.30	2010.12.31	2010.06.30	2009.12.31
	每股收益(元)	0.2100	0.5000	0.2800	0.3400
	每股收益(扣除)(元)	0.1900	0.4800	0.4100	0.3400
	每股净资产(元)	5.1700	3.2800	4.5100	4.2900
	调整后每股净资产(元)	–	–	–	–
	每股资本公积金(元)	3.0198	1.2438	2.2551	2.0970
	每股盈余公积金(元)	0.1667	0.1822	0.2430	0.2147
	每股未分配利润(元)	0.9847	0.8563	1.0114	0.9773
	每股现金净流量(元)	0.3223	–0.0024	0.1030	–0.0784
	每股经营现金净流量(元)	–0.0691	0.3938	0.4668	0.8314
	净资产收益率(扣除)(%)	3.8890	15.0290	9.0090	11.7250
	净资产收益率(%)	4.9200	16.3400	9.4500	12.1200
	总资产(万)	130182.72	102826.82	80927.76	66550.09
	股东权益(万)	109790.32	63771.18	58418.85	52413.10
	主营业务收入(万)	27494.90	44914.58	21226.26	32600.68
	主营成本(万)	18183.80	24477.69	11145.56	19014.13
	营业收入(万)	27494.90	44914.58	21226.26	32600.68
	营业成本(万)	18183.80	24477.69	11145.56	19014.13
	投资收益(万)	–	–	–	–
	利润总额(万)	5182.67	11511.67	6204.32	7246.68
	净利润(万)	4269.54	9584.42	5262.85	6145.45

深圳拓邦股份有限公司

公司概况	公司名称	深圳拓邦股份有限公司			证券简称	拓邦股份
	法人代表	武永强	董秘	李让	证券代码	002139
	公司网址	www.topband-e.com		电子信箱	lir@topband.com.cn	
	电　话	0755-26957035		传　真	0755-26957440	
	办公地址	广东省深圳市宝安区石岩镇塘头村梨园工业区拓邦工业园				
	经营范围	电磁炉智能控制器,电力自动化系统设备,电机及其智能控制器等				

主要财务指标	指标\报告期	2011.06.30	2010.12.31	2010.06.30	2009.12.31
	每股收益(元)	0.1800	0.4300	0.2200	0.2700
	每股收益(扣除)(元)	0.1700	0.4200	0.2100	0.2300
	每股净资产(元)	2.6400	2.4000	2.1400	2.4600
	调整后每股净资产(元)	–	–	–	–
	每股资本公积金(元)	0.3445	0.2910	0.2452	0.4942
	每股盈余公积金(元)	0.1297	0.1297	0.0658	0.0790
	每股未分配利润(元)	1.1625	0.9833	0.8246	0.8897
	每股现金净流量(元)	–0.0567	0.0313	–0.2425	0.2072
	每股经营现金净流量(元)	0.1952	0.2235	–0.0916	0.4797
	净资产收益率(扣除)(%)	6.7960	17.9200	10.1310	13.2139
	净资产收益率(%)	7.1900	18.5500	10.0500	13.7900
	总资产(万)	69877.79	70592.88	56674.91	50850.11
	股东权益(万)	44865.51	41022.84	35877.55	34342.79
	主营业务收入(万)	40700.51	88914.22	40050.39	55200.37
	主营成本(万)	32616.20	69382.09	31257.22	42330.89
	营业收入(万)	40829.61	89118.85	40100.19	55276.00
	营业成本(万)	32656.32	69593.50	31321.50	42393.07
	投资收益(万)	–	–2.61	–2.61	–9.58
	利润总额(万)	3461.08	8457.19	4375.59	5284.51
	净利润(万)	3010.24	7237.70	3657.87	4556.17

东华工程科技股份有限公司

公司概况	公司名称	东华工程科技股份有限公司		证券简称	东华科技
	法人代表	丁叮	董秘	罗守生	证券代码 002140
	公司网址	www.chinaecec.com		电子信箱	ecec@chinaecec.com
	电　　话	0551-3626000		传　　真	0551-3631706
	办公地址	安徽省合肥市望江东路 70 号			
	经营范围	化工工程、石油化工工程、建筑工程、市政工程设计、工程总承包等			

主要财务指标	指标\报告期	2011.06.30	2010.12.31	2010.06.30	2009.12.31
	每股收益(元)	0.2300	0.7100	0.1700	0.4700
	每股收益(扣除)(元)	0.2300	0.7000	0.2600	0.4600
	每股净资产(元)	2.0900	3.1200	2.6800	4.9800
	调整后每股净资产(元)	–	–	–	–
	每股资本公积金(元)	0.2026	0.6241	0.6241	1.7482
	每股盈余公积金(元)	0.1637	0.2619	0.1913	0.3826
	每股未分配利润(元)	0.7240	1.2352	0.8654	1.8485
	每股现金净流量(元)	–0.2274	–0.6600	–0.9394	0.7088
	每股经营现金净流量(元)	–0.0596	–0.3722	–0.7162	1.8169
	净资产收益率(扣除)(%)	11.3500	24.9900	10.1300	19.2800
	净资产收益率(%)	11.1590	22.6380	9.9300	18.7290
	总资产(万)	277760.15	258536.39	209886.08	234195.04
	股东权益(万)	93232.99	87010.37	74734.18	69403.80
	主营业务收入(万)	72327.31	183584.01	64648.69	177039.98
	主营成本(万)	52426.31	141795.18	48946.91	146538.47
	营业收入(万)	72327.31	183584.01	64648.69	177039.98
	营业成本(万)	52426.31	141795.18	48946.91	146538.47
	投资收益(万)	–	–	–	–
	利润总额(万)	12285.38	23004.36	8709.72	15119.62
	净利润(万)	10404.19	19697.36	7421.17	12998.35

广东蓉胜超微线材股份有限公司

公司概况	公司名称	广东蓉胜超微线材股份有限公司		证券简称	蓉胜超微
	法人代表	诸建中	董秘	张志刚	证券代码 002141
	公司网址	www.ronsen.com.cn		电子信箱	stock@ronsen.com.cn
	电　　话	0756-7512120		传　　真	0756-7517098
	办公地址	广东省珠海市金湾区三灶镇三灶科技工业园			
	经营范围	生产和销售自产的各种漆包线、电工电器产品、附件、技术咨询			

主要财务指标	指标\报告期	2011.06.30	2010.12.31	2010.06.30	2009.12.31
	每股收益(元)	0.0454	0.1375	0.0367	0.0281
	每股收益(扣除)(元)	0.0290	0.1158	0.0554	0.0024
	每股净资产(元)	1.7071	2.6986	2.6200	2.5595
	调整后每股净资产(元)	–	–	–	–
	每股资本公积金(元)	0.3369	0.9391	0.9375	0.9375
	每股盈余公积金(元)	0.0860	0.1376	0.1321	0.1321
	每股未分配利润(元)	0.2841	0.6219	0.5487	0.4899
	每股现金净流量(元)	–0.1443	0.0633	0.0358	–0.0561
	每股经营现金净流量(元)	–0.2276	–0.1936	–0.2819	–0.2213
	净资产收益率(扣除)(%)	1.6000	4.4000	2.0200	0.0900
	净资产收益率(%)	2.6620	5.0960	2.2400	1.0970
	总资产(万)	77450.28	67186.60	63880.29	53811.67
	股东权益(万)	31049.47	30677.33	29765.01	29096.91
	主营业务收入(万)	58326.69	95683.67	45231.28	50104.96
	主营成本(万)	53688.69	86857.51	41304.42	45872.15
	营业收入(万)	61252.83	98343.72	46072.77	51084.04
	营业成本(万)	56604.21	89437.86	42124.56	46820.24
	投资收益(万)	–	–	–	–
	利润总额(万)	997.73	1991.82	831.86	404.71
	净利润(万)	826.38	1563.42	668.10	319.25

宁波银行股份有限公司

公司概况	公司名称	宁波银行股份有限公司		证券简称	宁波银行
	法人代表	陆华裕	董秘	顾颂东	证券代码 002142
	公司网址	www.nbcb.com.cn		电子信箱	dsh@nbcb.com.cn
	电　　话	0574-87050028		传　　真	0574-87050027
	办公地址	浙江省宁波市鄞州区宁南南路 700 号			
	经营范围	吸收公众存款;发放短期、中期和长期贷款;办理国内结算等			

主要财务指标	指标\报告期	2011.06.30	2010.12.31	2010.06.30	2009.12.31
	每股收益(元)	0.5700	0.9100	0.5100	0.5800
	每股收益(扣除)(元)	0.5051	0.8500	0.4600	0.5400
	每股净资产(元)	5.8700	5.5100	4.2100	3.9000
	调整后每股净资产(元)	–	–	–	–
	每股资本公积金(元)	2.7091	2.7141	1.5719	1.5593
	每股盈余公积金(元)	0.2615	0.2615	0.2088	0.2088
	每股未分配利润(元)	1.4720	1.1931	1.0453	0.9055
	每股现金净流量(元)	–	–	–	–
	每股经营现金净流量(元)	–	–	–	–
	净资产收益率(扣除)(%)	–	–	–	–
	净资产收益率(%)	–	–	–	–
	总资产(万)	26244627.90	26327433.20	20976121.10	16335186.60
	股东权益(万)	–	–	–	–
	主营业务收入(万)	363621.50	591191.80	269666.10	417550.60
	主营成本(万)	–	–	–	–
	营业收入(万)	–	–	–	–
	营业成本(万)	–	–	–	–
	投资收益(万)	–	–	–	–
	利润总额(万)	201447.60	294800.40	152061.20	174971.50
	净利润(万)	165504.30	232198.60	126254.60	145744.60

四川高金食品股份有限公司

公司概况	公司名称	四川高金食品股份有限公司		证券简称	高金食品
	法人代表	金翔宇	董秘	颜怀彦	证券代码 002143
	公司网址	www.gaojin.com.cn		电子信箱	yangehao@sohu.com
	电　　话	0825-2651999		传　　真	0825-2651999
	办公地址	四川省遂宁市滨江南路 666 号			
	经营范围	生猪屠宰、加工、冷冻、销售;肉制品深加工、销售;罐头生产、销售等			

主要财务指标	指标\报告期	2011.06.30	2010.12.31	2010.06.30	2009.12.31
	每股收益(元)	–0.2772	–0.1389	–0.1468	0.0443
	每股收益(扣除)(元)	–0.3016	–0.2352	–0.1898	–0.0018
	每股净资产(元)	2.4500	2.7300	2.7200	2.8600
	调整后每股净资产(元)	–	–	–	–
	每股资本公积金(元)	1.1659	1.1679	1.1679	1.1679
	每股盈余公积金(元)	0.0947	0.0947	0.0947	0.0947
	每股未分配利润(元)	0.1861	0.4633	0.4554	0.6022
	每股现金净流量(元)	0.0210	–0.1031	0.2922	–0.7297
	每股经营现金净流量(元)	–0.5515	–0.9547	–1.3756	–0.3754
	净资产收益率(扣除)(%)	–11.6600	–8.4100	–6.8500	–0.0600
	净资产收益率(%)	–11.3290	–5.0940	–5.2600	1.5477
	总资产(万)	165344.02	150028.20	155263.11	136852.64
	股东权益(万)	39270.97	43752.15	43623.82	45980.47
	主营业务收入(万)	84664.94	94795.82	92120.14	161836.55
	主营成本(万)	82309.42	195387.29	87799.61	149794.88
	营业收入(万)	85801.69	198168.31	93154.64	163169.24
	营业成本(万)	83096.87	189878.30	88568.90	150656.14
	投资收益(万)	–	–	–	–
	利润总额(万)	–5120.53	–3200.08	–2715.86	620.99
	净利润(万)	–4449.18	–2228.82	–2356.65	711.66

宏达高科控股股份有限公司

公司概况	公司名称	宏达高科控股股份有限公司		证券简称	宏达高科
	法人代表	沈国甫	董秘 朱海东	证券代码	002144
	公司网址	www.zjhongda.com.cn	电子信箱	hdzhd2008@163.com	
	电　话	0573-87551997	传　真	0573-87566616	
	办公地址	浙江省海宁市许村镇建设路118号			
	经营范围	投资与资产管理;针织及纺织面料、服装、合成革的制造、加工、销售;印染等			

主要财务指标	指标\报告期	2011.06.30	2010.12.31	2010.06.30	2009.12.31
	每股收益(元)	0.2100	0.3200	0.1600	0.1000
	每股收益(扣除)(元)	0.2182	0.2200	0.1090	0.0800
	每股净资产(元)	4.6300	4.5500	2.8750	2.7200
	调整后每股净资产(元)	-	-	-	-
	每股资本公积金(元)	2.8111	2.7874	1.0193	1.0193
	每股盈余公积金(元)	0.1467	0.1467	0.1875	0.1875
	每股未分配利润(元)	0.6725	0.6138	0.6686	0.5113
	每股现金净流量(元)	-0.3982	1.0195	0.9536	0.1351
	每股经营现金净流量(元)	-0.1493	1.0988	0.2645	0.4778
	净资产收益率(扣除)(%)	4.6900	5.9800	3.8900	3.0000
	净资产收益率(%)	4.5060	5.8260	5.4700	3.8520
	总资产(万)	103783.71	96854.15	51526.46	43382.42
	股东权益(万)	70074.04	68829.00	30864.06	29175.68
	主营业务收入(万)	27109.50	40799.94	15874.22	29682.40
	主营成本(万)	19659.98	31720.71	12889.67	24585.18
	营业收入(万)	27219.96	40946.75	15957.13	29837.77
	营业成本(万)	19746.81	31885.96	12970.43	24737.17
	投资收益(万)	-	-	-	-
	利润总额(万)	3686.04	4555.00	1837.88	1220.31
	净利润(万)	3157.21	4009.72	1688.38	1123.95

中核华原钛白股份有限公司

公司概况	公司名称	中核华原钛白股份有限公司		证券简称	*ST 钛白
	法人代表	方丁	董秘 付玉琴	证券代码	002145
	公司网址	www.tioxhua.com	电子信箱	tioxhua@public.lz.gs.cn	
	电　话	0937-6765325 6303743	传　真	0937-6765332 6303368	
	办公地址	甘肃省甘肃矿区/嘉峪关市			
	经营范围	钛白粉、硫酸亚铁的生产、批发零售、研究;经营本企业自产产品等			

主要财务指标	指标\报告期	2011.06.30	2010.12.31	2010.06.30	2009.12.31
	每股收益(元)	-0.0800	0.0571	-0.2400	-0.7900
	每股收益(扣除)(元)	-0.0735	-0.5454	-0.2400	-0.7800
	每股净资产(元)	1.4000	1.4800	1.1800	1.4200
	调整后每股净资产(元)	-	-	-	-
	每股资本公积金(元)	1.7095	1.7095	1.7095	1.7095
	每股盈余公积金(元)	0.1957	0.1957	0.1957	0.1957
	每股未分配利润(元)	-1.5058	-1.4272	-1.7210	-1.4843
	每股现金净流量(元)	0.0255	0.0037	0.0102	-0.1835
	每股经营现金净流量(元)	0.0317	0.0377	0.0164	-0.0380
	净资产收益率(扣除)(%)	-	-37.6300	-18.1700	-42.9000
	净资产收益率(%)	-5.6180	3.8630	-19.9900	-55.2820
	总资产(万)	64089.95	61601.76	70374.65	70148.11
	股东权益(万)	26588.05	28081.89	22499.46	26996.99
	主营业务收入(万)	21079.50	34251.81	13990.24	13721.75
	主营成本(万)	18848.15	36435.58	14934.44	12337.11
	营业收入(万)	21586.49	35039.25	14081.04	13927.91
	营业成本(万)	19029.50	36675.86	14987.84	12417.74
	投资收益(万)	-	-	-	-
	利润总额(万)	-1498.52	1106.75	-4634.47	-14881.89
	净利润(万)	-1493.84	1084.90	-4497.53	-14924.52

荣盛房地产发展股份有限公司

公司概况	公司名称	荣盛房地产发展股份有限公司		证券简称	荣盛发展
	法人代表	耿建明	董秘 陈金海	证券代码	002146
	公司网址	www.risesun.cn	电子信箱	dongmichu@risesun.cn	
	电　话	0316-5909688	传　真	0316-5908567	
	办公地址	河北省廊坊市新开路239号荣盛地产大厦			
	经营范围	房地产开发与经营(一级资质)			

主要财务指标	指标\报告期	2011.06.30	2010.12.31	2010.06.30	2009.12.31
	每股收益(元)	0.3300	0.7100	0.2100	0.4600
	每股收益(扣除)(元)	0.3300	0.7200	0.2900	0.4500
	每股净资产(元)	2.7700	3.3200	2.8600	4.2200
	调整后每股净资产(元)	-	-	-	-
	每股资本公积金(元)	0.6170	0.9498	0.9258	1.8747
	每股盈余公积金(元)	0.1115	0.1450	0.1138	0.1820
	每股未分配利润(元)	1.0408	1.2252	0.8213	1.1669
	每股现金净流量(元)	-0.2417	0.0752	-0.2881	1.3746
	每股经营现金净流量(元)	-0.9432	-1.3489	-1.0644	0.2879
	净资产收益率(扣除)(%)	12.1200	24.4400	10.6900	21.7400
	净资产收益率(%)	11.8850	21.4600	9.7690	16.1100
	总资产(万)	2496708.67	2125434.31	1643493.24	1365170.17
	股东权益(万)	516110.61	475950.48	410121.31	378430.79
	主营业务收入(万)	421883.40	675630.76	295670.80	337437.79
	主营成本(万)	273378.06	447244.17	205153.22	220492.96
	营业收入(万)	398781.18	652717.63	285806.29	328901.24
	营业成本(万)	250424.65	424902.64	195357.91	212031.79
	投资收益(万)	-	-	-	-
	利润总额(万)	82514.47	134345.56	53324.52	81076.31
	净利润(万)	61337.25	102137.59	40063.65	60954.02

马鞍山方圆回转支承股份有限公司

公司概况	公司名称	马鞍山方圆回转支承股份有限公司		证券简称	方圆支承
	法人代表	钱森力	董秘 高海军	证券代码	002147
	公司网址	www.masfy.com	电子信箱	dsh@masfy.com	
	电　话	0555-3506900	传　真	0555-3503233	
	办公地址	安徽省马鞍山市慈湖化工路			
	经营范围	生产、销售回转支承、机械设备、锻压设备;销售金属制品、建材等			

主要财务指标	指标\报告期	2011.06.30	2010.12.31	2010.06.30	2009.12.31
	每股收益(元)	0.2600	0.3500	0.1800	0.1700
	每股收益(扣除)(元)	0.2575	0.3000	0.1700	0.1600
	每股净资产(元)	3.4200	3.3100	1.8800	1.7500
	调整后每股净资产(元)	-	-	-	-
	每股资本公积金(元)	1.5187	1.5187	0.1585	0.1585
	每股盈余公积金(元)	0.1077	0.1077	0.0878	0.0878
	每股未分配利润(元)	0.7888	0.6814	0.6312	0.5039
	每股现金净流量(元)	-0.1956	1.0054	0.1811	-0.2493
	每股经营现金净流量(元)	-0.1519	0.1739	0.0245	0.2391
	净资产收益率(扣除)(%)	-	-	-	9.2300
	净资产收益率(%)	7.5380	9.5630	9.4400	9.5740
	总资产(万)	115903.82	101415.94	68051.11	52660.35
	股东权益(万)	88290.86	85513.04	42355.38	39484.09
	主营业务收入(万)	34226.23	42726.66	19912.07	27591.68
	主营成本(万)	23249.38	28611.91	13216.49	19327.89
	营业收入(万)	36005.02	44751.18	20869.72	28525.76
	营业成本(万)	23357.46	28776.00	13219.00	19341.51
	投资收益(万)	-	-	-	-
	利润总额(万)	8177.87	9770.31	4687.14	4406.12
	净利润(万)	6655.65	8177.20	3999.29	3780.39

北京北纬通信科技股份有限公司

公司概况	公司名称	北京北纬通信科技股份有限公司			证券简称	北纬通信
	法人代表	傅乐民	董秘	李韧	证券代码	002148
	公司网址	www.bisp.com		电子信箱	lr@bisp.com	
	电　话	010-88356661		传　真	010-88356273	
	办公地址	北京市海淀区首体南路22号国兴大厦26层				
	经营范围	移动增值电信业务,因特网信息服务业务,呼叫中心许可等				

主要财务指标	指标\报告期	2011.06.30	2010.12.31	2010.06.30	2009.12.31
	每股收益(元)	0.0500	0.6400	0.1900	0.4700
	每股收益(扣除)(元)	0.0534	0.6300	0.2800	0.4400
	每股净资产(元)	3.8400	5.6400	5.2700	5.1900
	调整后每股净资产(元)	–	–	–	–
	每股资本公积金(元)	1.3195	2.2763	2.2528	2.2528
	每股盈余公积金(元)	0.1106	0.1660	0.1540	0.1540
	每股未分配利润(元)	1.4049	2.1980	1.8639	1.7799
	每股现金净流量(元)	–0.5551	0.0222	–0.7374	–0.1765
	每股经营现金净流量(元)	0.0245	0.4279	0.2509	0.3475
	净资产收益率(扣除)(%)	1.3810	11.1700	5.3900	9.0500
	净资产收益率(%)	1.4100	11.6600	5.3900	9.3000
	总资产(万)	45697.98	43789.55	41455.47	39922.32
	股东权益(万)	43489.48	42640.41	39847.09	39211.89
	主营业务收入(万)	11861.53	22489.12	11210.25	16312.32
	主营成本(万)	6693.54	12013.85	6294.40	8355.43
	营业收入(万)	11936.90	22586.08	11247.93	16428.72
	营业成本(万)	6699.09	12038.61	6299.95	8367.05
	投资收益(万)	340.16	482.35	275.40	369.84
	利润总额(万)	942.68	5286.57	2334.81	3856.27
	净利润(万)	600.62	4762.70	2147.19	3550.32

西部金属材料股份有限公司

公司概况	公司名称	西部金属材料股份有限公司			证券简称	西部材料
	法人代表	巨建辉	董秘	顾亮	证券代码	002149
	公司网址	www.c-wmm.com		电子信箱	l.gu@c-nin.com	
	电　话	029-88331527 88331566		传　真	029-88331527	
	办公地址	陕西省西安市高新区科技三路56号				
	经营范围	稀有金属材料的板、带、箔、丝、棒、管及深加工产品、复合材料等				

主要财务指标	指标\报告期	2011.06.30	2010.12.31	2010.06.30	2009.12.31
	每股收益(元)	–0.0500	0.2300	0.0900	0.1800
	每股收益(扣除)(元)	–0.0671	0.1650	0.0600	0.0960
	每股净资产(元)	4.8400	5.0900	4.9500	4.8600
	调整后每股净资产(元)	–	–	–	–
	每股资本公积金(元)	3.2027	3.2027	3.2036	–
	每股盈余公积金(元)	0.1402	0.1402	0.1333	0.1333
	每股未分配利润(元)	0.4947	0.7481	0.6139	0.5258
	每股现金净流量(元)	0.1009	–0.5274	–0.2411	0.8253
	每股经营现金净流量(元)	–0.5903	–0.8306	–0.5920	0.0475
	净资产收益率(扣除)(%)	–1.3500	3.3100	1.3200	2.4600
	净资产收益率(%)	–1.1030	4.5020	1.7800	3.4800
	总资产(万)	264092.08	242337.45	231590.65	204296.19
	股东权益(万)	84478.74	88903.11	86454.45	84916.18
	主营业务收入(万)	57645.27	92485.72	33970.10	44304.50
	主营成本(万)	50477.53	76221.22	28576.89	34796.14
	营业收入(万)	95841.75	125346.33	69001.29	78245.45
	营业成本(万)	86668.61	106292.12	61834.45	67801.08
	投资收益(万)	–	–	–	–
	利润总额(万)	406.36	7967.98	3001.55	5093.79
	净利润(万)	–931.76	4002.21	1538.27	2954.89

江苏通润装备科技股份有限公司

公司概况	公司名称	江苏通润装备科技股份有限公司			证券简称	江苏通润
	法人代表	柳振江	董秘	蔡岚	证券代码	002150
	公司网址	www.tongrunindustries.com		电子信箱	jstr@tongrunindustries.com	
	电　话	0512-52343523 52346618		传　真	0512-52346558	
	办公地址	江苏省常熟市海虞镇周行通港工业开发区				
	经营范围	钢制工具箱、工具柜及其他钣金制品的生产、研发及销售等				

主要财务指标	指标\报告期	2011.06.30	2010.12.31	2010.06.30	2009.12.31
	每股收益(元)	0.1000	0.3400	0.1100	0.2800
	每股收益(扣除)(元)	0.0968	0.3400	0.1700	0.2500
	每股净资产(元)	1.9200	3.0700	2.9000	4.2300
	调整后每股净资产(元)	–	–	–	–
	每股资本公积金(元)	0.1707	0.8732	0.8732	1.8106
	每股盈余公积金(元)	0.1405	0.2248	0.1951	0.2927
	每股未分配利润(元)	0.6087	0.9680	0.8277	1.1313
	每股现金净流量(元)	–0.1223	0.0316	–0.2767	–0.5785
	每股经营现金净流量(元)	0.0523	0.1917	–0.0979	0.5052
	净资产收益率(扣除)(%)	4.9200	11.5600	5.8900	8.8200
	净资产收益率(%)	5.0750	11.2040	5.9890	10.0700
	总资产(万)	75030.72	74390.56	66882.71	62358.89
	股东权益(万)	48037.16	47945.06	45285.63	44145.33
	主营业务收入(万)	42014.52	73206.04	33374.53	53346.69
	主营成本(万)	33412.71	57009.54	25841.70	40669.26
	营业收入(万)	42443.96	73764.99	33520.70	54521.52
	营业成本(万)	33436.00	57015.83	25842.82	41472.03
	投资收益(万)	–	–	–	–
	利润总额(万)	3211.16	7332.07	3662.52	6144.51
	净利润(万)	2437.73	5371.57	2712.15	4445.37

北京北斗星通导航技术股份有限公司

公司概况	公司名称	北京北斗星通导航技术股份有限公司			证券简称	北斗星通
	法人代表	周儒欣	董秘	段昭宇	证券代码	002151
	公司网址	www.navchina.com		电子信箱	bdstar@navchina.com	
	电　话	010-62969966		传　真	010-62966646	
	办公地址	北京市海淀区上地信息产业基地三街9号金隅嘉华大厦A座10层				
	经营范围	开发导航定位应用系统及软硬件产品、基于位置的信息系统等				

主要财务指标	指标\报告期	2011.06.30	2010.12.31	2010.06.30	2009.12.31
	每股收益(元)	0.1300	0.4500	0.1300	0.5600
	每股收益(扣除)(元)	0.1158	0.4300	0.1900	0.5600
	每股净资产(元)	4.2300	6.3600	3.6200	3.5300
	调整后每股净资产(元)	–	–	–	–
	每股资本公积金(元)	2.3730	3.9636	1.3310	1.1897
	每股盈余公积金(元)	0.1038	0.1561	0.1448	0.1448
	每股未分配利润(元)	0.7588	1.2467	1.1454	1.2021
	每股现金净流量(元)	–0.6750	1.8436	–0.6911	0.1287
	每股经营现金净流量(元)	–0.3961	–0.3294	–0.6271	1.2241
	净资产收益率(扣除)(%)	2.7300	10.4400	5.3700	16.8400
	净资产收益率(%)	3.0640	6.4620	5.3470	15.8850
	总资产(万)	112270.62	91900.65	51535.35	48294.33
	股东权益(万)	63904.94	63911.43	32889.24	32130.17
	主营业务收入(万)	20251.08	32851.40	14517.31	29434.97
	主营成本(万)	12561.40	20855.32	9197.47	18470.36
	营业收入(万)	20288.41	32949.61	14573.82	29498.33
	营业成本(万)	12577.30	20888.43	9212.32	18490.67
	投资收益(万)	–	–	–	–
	利润总额(万)	2769.78	4998.13	2057.79	6062.71
	净利润(万)	1958.03	4129.80	1758.57	5103.96

广州广电运通金融电子股份有限公司

公司概况					
公司名称	广州广电运通金融电子股份有限公司			证券简称	广电运通
法人代表	赵友永	董秘	任斌	证券代码	002152
公司网址	www.grgbanking.com		电子信箱	securities@grgbanking.com	
电　　话	020-82188517 82188900		传　　真	020-82188517	
办公地址	广东省广州市萝岗区科学城科林路9号				
经营范围	研制、生产、销售:电子计算机设备、货币类自助设备等				

主要财务指标 指标\报告期	2011.06.30	2010.12.31	2010.06.30	2009.12.31
每股收益(元)	0.5200	1.3900	0.4900	1.1300
每股收益(扣除)(元)	0.4977	1.3600	0.6200	1.0700
每股净资产(元)	4.8600	5.8700	5.1000	4.8500
调整后每股净资产(元)	–	–	–	–
每股资本公积金(元)	0.8090	1.0750	1.0481	1.0481
每股盈余公积金(元)	0.3420	0.4445	0.3039	0.3039
每股未分配利润(元)	2.7118	3.3507	2.7459	2.5026
每股现金净流量(元)	–0.5065	–0.2544	–1.2252	0.3273
每股经营现金净流量(元)	–0.3223	0.3476	–0.6818	0.7446
净资产收益率(扣除)(%)	10.4800	25.5100	12.2000	24.5800
净资产收益率(%)	10.6770	23.6640	12.6210	23.3570
总资产(万)	275666.45	277393.29	226804.68	221840.53
股东权益(万)	216186.21	200785.14	174401.14	166086.68
主营业务收入(万)	86790.44	172421.13	80576.00	148873.99
主营成本(万)	47171.27	87498.39	43948.44	85305.17
营业收入(万)	86790.44	172421.13	80576.00	148873.99
营业成本(万)	47171.27	87498.39	43948.44	85305.17
投资收益(万)	–	–	–	–
利润总额(万)	27349.29	52556.05	25604.11	42299.49
净利润(万)	23082.37	47513.17	22010.21	38793.39

北京中长石基信息技术股份有限公司

公司概况					
公司名称	北京中长石基信息技术股份有限公司			证券简称	石基信息
法人代表	李仲初	董秘	罗芳	证券代码	002153
公司网址	www.shijinet.com.cn		电子信箱	Ir@shijinet.com.cn	
电　　话	010-68249356 68183778-670		传　　真	010-68183776	
办公地址	北京市海淀区复兴路甲65号-A11层、14层				
经营范围	技术开发、技术咨询、技术转让、技术服务、技术培训等				

主要财务指标 指标\报告期	2011.06.30	2010.12.31	2010.06.30	2009.12.31
每股收益(元)	0.4400	0.9500	0.3400	0.5900
每股收益(扣除)(元)	0.4357	0.9400	0.4600	0.5900
每股净资产(元)	3.1300	3.8900	3.4100	3.2200
调整后每股净资产(元)	–	–	–	–
每股资本公积金(元)	0.0337	0.4190	0.4147	0.3851
每股盈余公积金(元)	0.0935	0.2062	0.1440	0.1440
每股未分配利润(元)	2.0241	2.2861	1.8569	1.6934
每股现金净流量(元)	–0.0343	0.3522	0.0138	0.1514
每股经营现金净流量(元)	0.1758	0.9074	0.3500	0.6511
净资产收益率(扣除)(%)	–	26.7900	13.8400	19.5000
净资产收益率(%)	14.0600	24.5160	13.6021	18.2780
总资产(万)	113577.46	107004.17	89321.22	86900.65
股东权益(万)	96732.35	87247.54	76329.82	72033.23
主营业务收入(万)	35981.18	60854.95	28475.13	40520.72
主营成本(万)	10846.38	18701.80	9179.89	12062.38
营业收入(万)	36047.16	61024.74	28603.37	40662.10
营业成本(万)	10894.96	18802.69	9211.58	12067.19
投资收益(万)	–	–	–	–
利润总额(万)	15119.03	24487.09	11309.62	14474.23
净利润(万)	13600.19	21389.79	10382.45	13166.43

浙江报喜鸟服饰股份有限公司

公司概况					
公司名称	浙江报喜鸟服饰股份有限公司			证券简称	报喜鸟
法人代表	周信忠	董秘	方小波	证券代码	002154
公司网址	www.bxn.com		电子信箱	stock@baoxiniao.com	
电　　话	0577-67379161		传　　真	0577-67315986 8899	
办公地址	浙江省温州市永嘉县瓯北镇报喜鸟工业区				
经营范围	服装、皮鞋、皮革制品的生产、销售等				

主要财务指标 指标\报告期	2011.06.30	2010.12.31	2010.06.30	2009.12.31
每股收益(元)	0.1600	0.8300	0.1900	0.7400
每股收益(扣除)(元)	0.1500	0.8000	0.1900	0.7100
每股净资产(元)	3.2100	6.3000	5.6500	5.5100
调整后每股净资产(元)	–	–	–	–
每股资本公积金(元)	1.0761	3.1439	3.1356	3.0139
每股盈余公积金(元)	0.1281	0.2561	0.1786	0.1811
每股未分配利润(元)	1.0067	1.8980	1.3399	1.3149
每股现金净流量(元)	–0.4642	–1.4890	–1.1848	2.6562
每股经营现金净流量(元)	–0.1815	1.0224	0.0074	0.6070
净资产收益率(扣除)(%)	4.6500	13.6100	3.0900	24.3100
净资产收益率(%)	4.9120	13.1270	3.3800	11.5898
总资产(万)	299651.32	257866.86	209412.72	199088.26
股东权益(万)	188638.81	185003.35	166086.44	159609.58
主营业务收入(万)	70709.06	119104.82	43745.76	104943.95
主营成本(万)	32083.31	54430.59	21676.77	50895.48
营业收入(万)	73262.55	125775.34	46806.08	109185.05
营业成本(万)	33879.55	57616.54	23874.13	53356.35
投资收益(万)	–	–	–	–
利润总额(万)	11369.04	29365.08	7138.58	22108.22
净利润(万)	9265.13	24286.00	5614.39	18498.40

湖南辰州矿业股份有限公司

公司概况					
公司名称	湖南辰州矿业股份有限公司			证券简称	辰州矿业
法人代表	陈建权	董秘	李中平	证券代码	002155
公司网址	www.hncmi.com		电子信箱	czky@hncmi.com	
电　　话	0745-4643501 2237 2260		传　　真	0745-4646208	
办公地址	湖南省怀化市沅陵县官庄镇				
经营范围	黄金、钨、锑等有色金属矿的地质勘探、开采、选冶;金锭、锑锭、氧化锑、钨制品的生产、销售				

主要财务指标 指标\报告期	2011.06.30	2010.12.31	2010.06.30	2009.12.31
每股收益(元)	0.5072	0.4000	0.1207	0.1900
每股收益(扣除)(元)	0.5019	0.4700	0.1697	0.2300
每股净资产(元)	4.0100	3.6500	3.3700	3.3600
调整后每股净资产(元)	–	–	–	–
每股资本公积金(元)	1.8954	1.8954	1.9005	1.9024
每股盈余公积金(元)	0.1186	0.1186	0.0954	0.0943
每股未分配利润(元)	0.9914	0.6342	0.3698	0.3604
每股现金净流量(元)	–0.4217	0.6174	–0.0656	–
每股经营现金净流量(元)	0.5224	0.9992	0.2041	–
净资产收益率(扣除)(%)	12.6480	10.9020	4.9700	5.6090
净资产收益率(%)	13.2400	11.3900	4.9700	5.6800
总资产(万)	315067.84	313916.95	274380.92	274247.72
股东权益(万)	224159.90	204558.60	192506.58	191094.50
主营业务收入(万)	195305.41	286190.83	109333.91	168121.44
主营成本(万)	133919.73	190615.20	76837.07	116884.82
营业收入(万)	196041.39	287949.98	109544.37	169241.50
营业成本(万)	134513.61	192172.18	77054.10	117984.28
投资收益(万)	–56.00	–187.73	–114.52	–2241.00
利润总额(万)	37435.52	28764.87	8554.62	14984.28
净利润(万)	27762.18	21797.74	6606.01	10330.22

南通富士通微电子股份有限公司

公司概况	公司名称	南通富士通微电子股份有限公司			证券简称	通富微电
	法人代表	石明达	董秘	钱建中	证券代码	002156
	公司网址	www.fujitsu-nt.com		电子信箱	nfme_stock@fujitsu-nt.com	
	电　话	0513-85058919		传　真	0513-85058929	
	办公地址	江苏省南通市崇川开发区崇川路288号				
	经营范围	研究开发、生产制造集成电路等半导体及其相关产品等				

	指标\报告期	2011.06.30	2010.12.31	2010.06.30	2009.12.31
主要财务指标	每股收益(元)	0.0780	0.4000	0.1090	0.1700
	每股收益(扣除)(元)	0.0390	0.3100	0.2000	0.1900
	每股净资产(元)	3.3600	5.2500	3.1700	3.0700
	调整后每股净资产(元)	–	–	–	–
	每股资本公积金(元)	1.6894	3.3030	1.2630	1.2630
	每股盈余公积金(元)	0.0869	0.1390	0.1230	0.1230
	每股未分配利润(元)	0.5811	0.8048	0.7839	0.6808
	每股现金净流量(元)	–0.6079	2.5802	0.5158	0.0679
	每股经营现金净流量(元)	0.1549	1.4270	0.4326	0.6260
	净资产收益率(扣除)(%)	1.1600	9.2200	6.1500	6.4900
	净资产收益率(%)	2.3270	6.5230	6.4010	5.6520
	总资产(万)	326683.34	363420.99	245364.37	209572.52
	股东权益(万)	218197.07	213230.70	110162.45	106567.67
	主营业务收入(万)	83746.87	172234.89	84704.28	123390.57
	主营成本(万)	70377.73	143143.90	70107.01	102574.90
	营业收入(万)	84269.92	172711.29	84857.08	123793.12
	营业成本(万)	70380.24	143185.85	70129.30	102659.66
	投资收益(万)	–	–	–	–
	利润总额(万)	5910.07	15738.79	8335.89	7399.42
	净利润(万)	5076.44	13907.89	7051.93	6022.87

江西正邦科技股份有限公司

公司概况	公司名称	江西正邦科技股份有限公司			证券简称	正邦科技
	法人代表	周健	董秘	孙军	证券代码	002157
	公司网址	www.zhengbang.com		电子信箱	zqb@zhengbang.com	
	电　话	0791-6397153		传　真	0791-6397834	
	办公地址	江西省南昌市高新技术开发区艾溪湖一路569号				
	经营范围	畜禽饲料、预混料的生产和销售;饲料添加剂的研发、生产和销售等				

	指标\报告期	2011.06.30	2010.12.31	2010.06.30	2009.12.31
主要财务指标	每股收益(元)	0.1200	0.2200	0.0800	0.2400
	每股收益(扣除)(元)	0.1104	0.2000	0.1300	0.1900
	每股净资产(元)	2.2500	3.4100	3.3100	1.8600
	调整后每股净资产(元)	–	–	–	–
	每股资本公积金(元)	0.6066	1.5706	1.5605	0.1150
	每股盈余公积金(元)	0.0295	0.0473	0.0417	0.0498
	每股未分配利润(元)	0.6130	0.7939	0.7074	0.6966
	每股现金净流量(元)	0.3630	1.0146	1.3858	–0.3911
	每股经营现金净流量(元)	0.4767	–0.3420	–0.3230	–0.9860
	净资产收益率(扣除)(%)	–	6.8000	5.0600	10.7900
	净资产收益率(%)	5.1940	6.3140	3.7272	12.7780
	总资产(万)	319845.29	282420.72	250486.20	182195.40
	股东权益(万)	96951.91	91916.69	89163.70	42046.24
	主营业务收入(万)	432760.89	739369.02	289264.11	443713.53
	主营成本(万)	402033.91	688985.49	269043.16	411772.93
	营业收入(万)	433933.60	742727.13	294998.94	445853.07
	营业成本(万)	402442.26	691947.02	273558.51	413441.22
	投资收益(万)	–	–	–	–
	利润总额(万)	7989.30	9624.48	3758.71	7719.97
	净利润(万)	5035.21	5803.59	3323.33	5372.75

上海汉钟精机股份有限公司

公司概况	公司名称	上海汉钟精机股份有限公司			证券简称	汉钟精机
	法人代表	廖哲男	董秘	游百乐	证券代码	002158
	公司网址	www.hanbell.com.cn		电子信箱	yupailo@hanbell.cn	
	电　话	021-57350280 2000 8002		传　真	021-57351127	
	办公地址	上海市金山区枫泾工业开发区亭枫公路8289号				
	经营范围	压缩机应用技术的研制开发、生产销售及售后服务等				

	指标\报告期	2011.06.30	2010.12.31	2010.06.30	2009.12.31
主要财务指标	每股收益(元)	0.3431	0.7557	0.2429	0.4114
	每股收益(扣除)(元)	0.3322	0.7172	0.2878	0.4000
	每股净资产(元)	3.1500	3.6600	3.2000	3.5900
	调整后每股净资产(元)	–	–	–	–
	每股资本公积金(元)	1.0280	1.4335	1.4335	1.7986
	每股盈余公积金(元)	0.1861	0.2233	0.1454	0.1672
	每股未分配利润(元)	0.9326	1.0074	0.6210	0.6290
	每股现金净流量(元)	–0.6711	–0.6070	–0.3794	0.0021
	每股经营现金净流量(元)	0.3358	0.5510	0.3058	0.5719
	净资产收益率(扣除)(%)	10.5800	21.3500	8.9900	13.3700
	净资产收益率(%)	10.9030	20.6250	9.1070	13.1620
	总资产(万)	100940.75	87952.27	82669.32	72741.93
	股东权益(万)	68618.40	66588.74	58150.97	56805.62
	主营业务收入(万)	44473.28	69718.96	28469.37	41270.12
	主营成本(万)	30331.21	46558.43	19065.34	27521.69
	营业收入(万)	44524.76	69789.00	28490.91	41316.37
	营业成本(万)	30366.30	46615.57	19090.93	27562.56
	投资收益(万)	–	–	–	–
	利润总额(万)	9737.12	15852.94	6087.35	8606.35
	净利润(万)	7481.53	13733.75	5295.98	7476.82

武汉三特索道集团股份有限公司

公司概况	公司名称	武汉三特索道集团股份有限公司			证券简称	三特索道
	法人代表	齐民	董秘	叶宏森	证券代码	002159
	公司网址	www.sante.com.cn		电子信箱	sante002159@126.com	
	电　话	027-87341809 87341812		传　真	027-87341811	
	办公地址	湖北省武汉市武昌区八一路483号1号楼				
	经营范围	机电一体化客运索道及配套设备的开发、研制、设计、投资建设、经营等				

	指标\报告期	2011.06.30	2010.12.31	2010.06.30	2009.12.31
主要财务指标	每股收益(元)	0.0200	0.2500	0.0300	0.1900
	每股收益(扣除)(元)	0.0200	0.2800	0.0300	0.2200
	每股净资产(元)	3.5900	3.6200	3.4300	3.4800
	调整后每股净资产(元)	–	–	–	–
	每股资本公积金(元)	1.2513	1.2513	1.2824	1.2824
	每股盈余公积金(元)	0.3942	0.3942	0.3802	0.3811
	每股未分配利润(元)	0.9410	0.9717	0.7681	0.8209
	每股现金净流量(元)	0.0273	–0.0437	–0.2933	0.0369
	每股经营现金净流量(元)	0.4557	1.0191	0.2309	0.8741
	净资产收益率(扣除)(%)	0.5700	7.8600	0.9600	6.4700
	净资产收益率(%)	0.5380	6.8560	0.8880	5.3100
	总资产(万)	109571.34	100048.84	91263.02	84613.68
	股东权益(万)	43037.00	43405.53	41169.62	41814.33
	主营业务收入(万)	14980.13	32521.24	14679.71	23619.61
	主营成本(万)	6779.64	15949.24	7666.20	9927.61
	营业收入(万)	15342.84	33899.16	15209.06	24789.51
	营业成本(万)	6905.88	16409.83	7912.29	10349.36
	投资收益(万)	–	–	–	–
	利润总额(万)	1861.54	5639.54	1450.32	4882.89
	净利润(万)	231.47	2975.73	365.63	2221.92

江苏常铝铝业股份有限公司

公司概况	公司名称	江苏常铝铝业股份有限公司			证券简称	常铝股份
	法人代表	张平	董秘	陆芸	证券代码	002160
	公司网址	www.alcha.com		电子信箱	office@alcha.com	
	电　话	0512-52359011 52359001		传　真	0512-52892675	
	办公地址	江苏省常熟市古里镇白峁西				
	经营范围	铝箔、空调器用涂层铝箔、铝材、铝板、铝带制造等				

主要财务指标	指标\报告期	2011.06.30	2010.12.31	2010.06.30	2009.12.31
	每股收益(元)	0.0870	0.2640	0.0720	0.0310
	每股收益(扣除)(元)	0.0720	0.2580	0.1400	-0.0020
	每股净资产(元)	2.0090	3.8870	3.7600	3.6700
	调整后每股净资产(元)	-	-	-	-
	每股资本公积金(元)	0.5778	1.8573	1.8466	1.8599
	每股盈余公积金(元)	0.0781	0.1563	0.1299	0.1299
	每股未分配利润(元)	0.3535	0.8736	0.7806	0.6763
	每股现金净流量(元)	0.2251	0.1718	0.1144	-1.3964
	每股经营现金净流量(元)	-0.1941	0.6858	-0.0921	-0.3408
	净资产收益率(扣除)(%)	3.6600	6.8400	3.7700	-0.0400
	净资产收益率(%)	4.3170	6.7820	3.8410	0.8470
	总资产(万)	177683.69	151759.90	156529.86	144680.66
	股东权益(万)	68320.26	66080.95	63870.76	62323.40
	主营业务收入(万)	109055.40	187386.77	99329.00	122336.08
	主营成本(万)	95802.82	168083.55	89308.53	110034.92
	营业收入(万)	113159.20	194933.89	102714.98	123432.66
	营业成本(万)	99730.95	175508.86	92659.78	111072.62
	投资收益(万)	-	-	-	-
	利润总额(万)	3351.88	5017.99	2876.93	850.12
	净利润(万)	2949.15	4481.75	2453.08	528.11

深圳市远望谷信息技术股份有限公司

公司概况	公司名称	深圳市远望谷信息技术股份有限公司			证券简称	远望谷
	法人代表	徐玉锁	董秘	吕宏	证券代码	002161
	公司网址	www.invengo.cn		电子信箱	stock@invengo.cn	
	电　话	0755-26711633		传　真	0755-26711693	
	办公地址	广东省深圳市南山区高新技术产业园区南区 T2 栋 B 座 3 层				
	经营范围	电子通讯设备、自动识别产品、射频识别系统及产品生产、计算机软等				

主要财务指标	指标\报告期	2011.06.30	2010.12.31	2010.06.30	2009.12.31
	每股收益(元)	0.1400	0.3800	0.0700	0.2200
	每股收益(扣除)(元)	0.1100	0.3400	0.0700	0.1800
	每股净资产(元)	3.4000	2.1400	1.8400	1.7700
	调整后每股净资产(元)	-	-	-	-
	每股资本公积金(元)	1.8583	0.2141	0.1980	0.1980
	每股盈余公积金(元)	0.0867	0.1249	0.0936	0.0936
	每股未分配利润(元)	0.4501	0.8056	0.5471	0.4817
	每股现金净流量(元)	1.4550	0.3084	-0.1096	-0.2486
	每股经营现金净流量(元)	-0.1231	0.5291	0.0480	-0.0385
	净资产收益率(扣除)(%)	-	17.4400	4.0000	10.4600
	净资产收益率(%)	3.6350	17.4930	4.6400	12.2500
	总资产(万)	146502.96	77775.17	63108.91	62520.88
	股东权益(万)	125577.09	55070.90	47217.99	45539.04
	主营业务收入(万)	13672.43	29531.17	7884.50	23757.55
	主营成本(万)	5426.08	11914.91	3111.35	11353.63
	营业收入(万)	13973.83	29992.24	7942.40	23988.83
	营业成本(万)	5509.62	12128.91	3112.97	11378.62
	投资收益(万)	-	-	-	-
	利润总额(万)	5219.62	11221.77	2427.16	6730.50
	净利润(万)	4564.41	9633.71	2192.55	5576.75

上海斯米克建筑陶瓷股份有限公司

公司概况	公司名称	上海斯米克建筑陶瓷股份有限公司			证券简称	斯米克
	法人代表	李慈雄	董秘	宋源诚	证券代码	002162
	公司网址	www.cimic.com		电子信箱	zqb@cimic.com	
	电　话	021-64110567*228		传　真	021-64110553	
	办公地址	上海市闵行区浦江镇三鲁公路 2121 号				
	经营范围	生产精密陶瓷、建筑陶瓷、卫生陶瓷、配套件、高性能功能陶瓷产品等				

主要财务指标	指标\报告期	2011.06.30	2010.12.31	2010.06.30	2009.12.31
	每股收益(元)	-0.1562	0.0802	0.0156	0.0657
	每股收益(扣除)(元)	-0.1620	0.0075	0.0117	0.0002
	每股净资产(元)	1.9376	2.1438	2.0792	2.3200
	调整后每股净资产(元)	-	-	-	-
	每股资本公积金(元)	0.7743	0.7743	0.7743	0.9517
	每股盈余公积金(元)	0.1273	0.1273	0.1273	0.1401
	每股未分配利润(元)	0.0360	0.2423	0.1777	0.2283
	每股现金净流量(元)	-0.1127	0.0706	0.2574	-0.1707
	每股经营现金净流量(元)	-0.0665	0.0053	-0.3596	0.4592
	净资产收益率(扣除)(%)	-8.0620	3.7410	0.7400	2.8310
	净资产收益率(%)	-7.5600	3.7300	0.7400	2.8500
	总资产(万)	181694.44	184266.37	194919.33	169143.47
	股东权益(万)	81154.02	89772.38	87070.83	88318.33
	主营业务收入(万)	41356.79	98295.41	41250.22	97099.51
	主营成本(万)	32590.03	68583.48	27721.51	68928.54
	营业收入(万)	42240.60	100168.46	42063.48	97623.39
	营业成本(万)	33326.28	70303.45	28451.06	69291.04
	投资收益(万)	28.70	100.52	43.39	0.24
	利润总额(万)	-6526.00	3500.78	707.70	2688.70
	净利润(万)	-6529.63	3352.35	654.03	2495.31

中航三鑫股份有限公司

公司概况	公司名称	中航三鑫股份有限公司			证券简称	中航三鑫
	法人代表	余霄	董秘	姚婧	证券代码	002163
	公司网址	www.sanxinglass.com		电子信箱	sgt@sanxinglass.com	
	电　话	0755-26067916 26063691		传　真	0755-26063692	
	办公地址	广东省深圳市南山区南油大道 2061 号新保辉大厦 17 楼				
	经营范围	建筑幕墙工程设计、施工和生产、销售幕墙玻璃制品、家电玻璃等				

主要财务指标	指标\报告期	2011.06.30	2010.12.31	2010.06.30	2009.12.31
	每股收益(元)	0.0400	0.1700	0.0300	0.1200
	每股收益(扣除)(元)	0.0400	0.1600	0.0500	0.1200
	每股净资产(元)	1.8600	3.7400	3.6200	2.7600
	调整后每股净资产(元)	-	-	-	-
	每股资本公积金(元)	0.6070	2.2141	2.1972	0.9042
	每股盈余公积金(元)	0.0516	0.1033	0.0927	0.1825
	每股未分配利润(元)	0.2032	0.4244	0.3288	0.6731
	每股现金净流量(元)	-0.0064	0.9931	1.6812	0.6254
	每股经营现金净流量(元)	-0.2185	0.1340	-0.1619	0.2783
	净资产收益率(扣除)(%)	-	5.1800	2.0600	6.5500
	净资产收益率(%)	2.2040	4.2740	1.4900	6.6820
	总资产(万)	561167.24	454420.82	351704.65	274456.65
	股东权益(万)	149619.48	150340.02	145391.98	56302.32
	主营业务收入(万)	132786.95	231588.28	82478.49	167820.75
	主营成本(万)	107504.66	193368.57	70029.93	144710.52
	营业收入(万)	133047.17	232994.80	82771.63	168515.85
	营业成本(万)	107504.66	195175.75	70029.93	145003.62
	投资收益(万)	-	-	-	-
	利润总额(万)	6072.87	10358.65	3087.47	5153.19
	净利润(万)	3298.24	6425.85	2159.76	3762.18

宁波东力传动设备股份有限公司

公司概况	公司名称	宁波东力传动设备股份有限公司			证券简称	东力传动
	法人代表	宋济隆	董秘	陈晓忠	证券代码	002164
	公司网址	www.donly.com.cn		电子信箱	dm@donly.com.cn	
	电　话	0574-87587000 88398877		传　真	0574-87586999	
	办公地址	浙江省宁波市江东仇毕工业区苏湖路1号				
	经营范围	减速电机、齿轮箱等传动设备的设计、制造与销售等				

主要财务指标	指标\报告期	2011.06.30	2010.12.31	2010.06.30	2009.12.31
	每股收益(元)	0.0900	0.4300	0.1400	0.4600
	每股收益(扣除)(元)	0.0636	0.4200	0.2600	0.4000
	每股净资产(元)	2.6300	5.8200	3.4200	3.2500
	调整后每股净资产(元)	–	–	–	–
	每股资本公积金(元)	0.9837	3.4971	0.9457	0.9457
	每股盈余公积金(元)	0.0613	0.1226	0.0896	0.0896
	每股未分配利润(元)	0.5861	1.2005	1.3844	1.2128
	每股现金净流量(元)	–0.2084	1.1910	–0.0772	–0.1867
	每股经营现金净流量(元)	0.1208	0.1059	0.2780	0.3815
	净资产收益率(扣除)(%)	2.4500	10.2300	8.0200	13.1500
	净资产收益率(%)	3.2640	7.0860	8.2900	14.0800
	总资产(万)	193414.01	182211.13	138641.54	121852.10
	股东权益(万)	117251.04	129680.17	61554.83	58466.99
	主营业务收入(万)	33353.66	70413.20	35492.22	52042.82
	主营成本(万)	23613.19	47914.34	23664.91	34760.45
	营业收入(万)	34608.59	70931.13	35604.10	53429.23
	营业成本(万)	24468.20	48329.74	23668.22	35871.20
	投资收益(万)	–	–	–	–
	利润总额(万)	4412.76	9743.19	5898.94	9649.46
	净利润(万)	3827.13	8392.84	4887.85	8231.96

南京红宝丽股份有限公司

公司概况	公司名称	南京红宝丽股份有限公司			证券简称	红宝丽
	法人代表	芮敬功	董秘	刘祖厚	证券代码	002165
	公司网址	www.hongbaoli.com		电子信箱	liuzuhou@hongbaoli.com	
	电　话	025-57350997		传　真	025-57350199	
	办公地址	江苏省南京市高淳县太安路128号				
	经营范围	硬泡组合聚醚、异丙醇胺的生产与销售等				

主要财务指标	指标\报告期	2011.06.30	2010.12.31	2010.06.30	2009.12.31
	每股收益(元)	0.2900	0.3600	0.2400	0.3900
	每股收益(扣除)(元)	0.2262	0.3500	0.2700	0.4000
	每股净资产(元)	2.6300	2.3400	2.2200	3.2600
	调整后每股净资产(元)	–	–	–	–
	每股资本公积金(元)	0.1678	0.1678	0.1678	0.8684
	每股盈余公积金(元)	0.1485	0.1485	0.1247	0.1995
	每股未分配利润(元)	1.3089	1.0228	0.9272	1.1929
	每股现金净流量(元)	0.0109	–0.2039	–0.1973	–0.3533
	每股经营现金净流量(元)	–0.1900	–0.3750	–0.2671	0.4580
	净资产收益率(扣除)(%)	10.9000	15.5430	11.4100	19.3425
	净资产收益率(%)	11.5300	16.7300	11.4100	20.9100
	总资产(万)	137803.67	114541.31	106844.01	76484.87
	股东权益(万)	68509.75	61267.83	57901.17	53481.90
	主营业务收入(万)	96238.21	136265.45	74282.15	90963.38
	主营成本(万)	80850.08	113760.90	60967.34	69917.71
	营业收入(万)	98547.22	138705.77	75408.52	92353.32
	营业成本(万)	83026.59	115902.17	61948.06	71230.23
	投资收益(万)	–	–	–	–
	利润总额(万)	9376.31	12135.82	7807.61	13613.25
	净利润(万)	7210.64	9161.75	6152.41	9933.84

桂林莱茵生物科技股份有限公司

公司概况	公司名称	桂林莱茵生物科技股份有限公司			证券简称	莱茵生物
	法人代表	姚新德	董秘	罗华阳	证券代码	002166
	公司网址	www.layn.com.cn		电子信箱	luo.huayang@layn.com.cn	
	电　话	0773-3568817		传　真	0773-3568872	
	办公地址	广西壮族自治区桂林市临桂县临桂镇秧塘工业园				
	经营范围	植物制品、农副土特产品的生产销售、自营进出口等				

主要财务指标	指标\报告期	2011.06.30	2010.12.31	2010.06.30	2009.12.31
	每股收益(元)	–0.1700	–0.1900	–0.0600	0.0500
	每股收益(扣除)(元)	–0.1900	–0.1900	–0.0700	0.0500
	每股净资产(元)	1.5800	1.7500	1.8800	3.9100
	调整后每股净资产(元)	–	–	–	–
	每股资本公积金(元)	0.6424	0.6424	0.6411	2.0823
	每股盈余公积金(元)	0.0662	0.0662	0.0662	0.1324
	每股未分配利润(元)	–0.1319	0.0428	0.1732	0.6957
	每股现金净流量(元)	–0.6932	0.6721	–0.0401	–0.7679
	每股经营现金净流量(元)	–0.0571	–0.2043	–0.0302	–0.5703
	净资产收益率(扣除)(%)	–11.6700	–10.0300	–3.7300	2.4300
	净资产收益率(%)	–11.0820	–10.8480	–3.1700	2.6930
	总资产(万)	67001.55	54809.98	43453.28	40978.31
	股东权益(万)	20422.02	22687.29	24358.92	25325.66
	主营业务收入(万)	4469.51	8599.73	4255.79	11373.85
	主营成本(万)	3486.08	6549.28	3189.53	7998.46
	营业收入(万)	4480.62	8629.95	4263.99	12793.84
	营业成本(万)	3496.59	6585.70	3189.53	8982.68
	投资收益(万)	–	–	–	–
	利润总额(万)	–2263.47	–2687.93	–772.84	827.83
	净利润(万)	–2263.07	–2461.07	–772.44	682.10

广东东方锆业科技股份有限公司

公司概况	公司名称	广东东方锆业科技股份有限公司			证券简称	东方锆业
	法人代表	陈潮钿	董秘	陈恩敏	证券代码	002167
	公司网址	www.orientzr.com		电子信箱	emchen@orientzr.com	
	电　话	0754-85510311		传　真	0754-85500848	
	办公地址	广东省汕头市澄海区莱美路宇田科技园				
	经营范围	生产及销售锆系列制品及结构陶瓷制品,化工产品的研制开发、销售等				

主要财务指标	指标\报告期	2011.06.30	2010.12.31	2010.06.30	2009.12.31
	每股收益(元)	0.3300	0.2500	0.1100	0.1800
	每股收益(扣除)(元)	0.3300	0.2000	0.1100	0.1700
	每股净资产(元)	7.0400	3.3400	3.1800	6.1200
	调整后每股净资产(元)	–	–	–	–
	每股资本公积金(元)	5.6319	1.3666	1.3666	3.7332
	每股盈余公积金(元)	0.1465	0.1149	0.1009	0.1780
	每股未分配利润(元)	1.1282	0.8332	0.7084	1.2112
	每股现金净流量(元)	3.8906	–0.7962	–0.4843	2.0980
	每股经营现金净流量(元)	0.2558	–0.0893	0.0496	0.2506
	净资产收益率(扣除)(%)	5.6000	6.4200	3.4900	6.3600
	净资产收益率(%)	4.0267	7.5930	3.6800	5.4828
	总资产(万)	222404.43	135936.90	103182.43	102939.90
	股东权益(万)	145776.08	59990.42	57074.84	55013.48
	主营业务收入(万)	27160.47	37042.75	14327.22	26774.17
	主营成本(万)	17051.77	27044.12	10147.18	20533.06
	营业收入(万)	27160.47	37042.75	14327.22	26781.86
	营业成本(万)	17051.77	27044.12	10147.18	20543.18
	投资收益(万)	–	–	–	–
	利润总额(万)	6935.82	5239.61	2437.71	3453.21
	净利润(万)	5870.03	4555.12	2061.36	3016.28

深圳市惠程电气股份有限公司

公司概况

公司名称	深圳市惠程电气股份有限公司			证券简称	深圳惠程
法人代表	吕晓义	董秘	张国刚	证券代码	002168
公司网址	www.hifuture.com		电子信箱	zgg@hifuture.com	
电话	0755-89921086 89921022		传真	0755-89921082	
办公地址	广东省深圳市龙岗区大工业区兰景路以东,锦绣路以南惠程科技工业厂区				
经营范围	电缆分支箱、环网柜等相关电力配网设备、电力电缆附件等				

主要财务指标

指标\报告期	2011.06.30	2010.12.31	2010.06.30	2009.12.31
每股收益(元)	0.0400	0.2300	0.0376	0.2500
每股收益(扣除)(元)	0.0189	0.2400	0.0986	0.2100
每股净资产(元)	1.6200	3.1800	1.7302	2.6800
调整后每股净资产(元)	–	–	–	–
每股资本公积金(元)	0.1725	1.4358	0.0314	0.3471
每股盈余公积金(元)	0.0824	0.1731	0.1480	0.2223
每股未分配利润(元)	0.3649	0.6823	0.5508	1.1100
每股现金净流量(元)	–0.2639	1.2989	–0.1674	0.2734
每股经营现金净流量(元)	–0.0213	0.1697	–0.0045	0.2268
净资产收益率(扣除)(%)	1.1800	13.5600	5.6100	12.3500
净资产收益率(%)	2.4680	6.9990	4.4900	13.9661
总资产(万)	128165.91	136027.96	85829.23	82482.32
股东权益(万)	102193.36	100378.59	51981.44	53665.70
主营业务收入(万)	13490.08	34320.63	13356.30	31233.20
主营成本(万)	7238.89	17022.09	6939.45	16930.84
营业收入(万)	13556.84	35297.73	13934.39	31434.04
营业成本(万)	7264.59	17699.33	7386.91	16984.70
投资收益(万)	–	–	–	–
利润总额(万)	2998.48	8066.75	2670.93	8430.84
净利润(万)	2521.78	7025.79	2371.72	7495.00

广州智光电气股份有限公司

公司概况

公司名称	广州智光电气股份有限公司			证券简称	智光电气
法人代表	李永喜	董秘	曹承锋	证券代码	002169
公司网址	www.gzzg.com.cn		电子信箱	sec@gzzg.com.cn	
电话	020-32113288 32113300		传真	020-32113456 3300	
办公地址	广东省广州市黄埔区云埔工业区埔南路51号				
经营范围	电气、电子、计算机及自动化产品的开发、加工、安装、设计等				

主要财务指标

指标\报告期	2011.06.30	2010.12.31	2010.06.30	2009.12.31
每股收益(元)	0.0486	0.2454	0.0477	0.2420
每股收益(扣除)(元)	0.0311	0.2385	0.0746	0.2305
每股净资产(元)	2.1255	3.1553	2.1559	2.0792
调整后每股净资产(元)	–	–	–	–
每股资本公积金(元)	0.5582	1.3374	0.4511	0.4511
每股盈余公积金(元)	0.0439	0.0659	0.0498	0.0498
每股未分配利润(元)	0.5233	0.7520	0.6550	0.5784
每股现金净流量(元)	0.0386	0.6409	–0.0349	0.0757
每股经营现金净流量(元)	–0.2554	–0.4160	–0.4993	0.2816
净资产收益率(扣除)(%)	1.4600	10.1400	3.5200	11.6700
净资产收益率(%)	2.2870	7.3430	3.5600	11.6400
总资产(万)	109429.35	98418.84	82388.91	74483.69
股东权益(万)	56638.11	56053.30	35742.76	34472.09
主营业务收入(万)	20112.89	46121.56	18363.66	43908.68
主营成本(万)	13629.56	30970.54	12368.33	29752.14
营业收入(万)	20112.89	46121.56	18363.66	43908.68
营业成本(万)	13629.56	30970.54	12368.33	29752.14
投资收益(万)	–	–	–	–
利润总额(万)	1506.01	4517.87	1345.37	5083.21
净利润(万)	1295.40	4116.21	1270.67	4012.62

深圳市芭田生态工程股份有限公司

公司概况

公司名称	深圳市芭田生态工程股份有限公司			证券简称	芭田股份
法人代表	黄培钊	董秘	吴益辉	证券代码	002170
公司网址	www.batian.com.cn		电子信箱	wyh@batian.com.cn	
电话	0755-26951598		传真	0755-26584355	
办公地址	广东省深圳市南山区科技园科苑路3号4楼-6楼				
经营范围	复合肥产品的研发、生产和销售等				

主要财务指标

指标\报告期	2011.06.30	2010.12.31	2010.06.30	2009.12.31
每股收益(元)	0.0900	0.3440	0.1150	0.0390
每股收益(扣除)(元)	0.0820	0.3290	0.1040	0.0250
每股净资产(元)	1.8000	2.1700	1.9000	1.7900
调整后每股净资产(元)	–	–	–	–
每股资本公积金(元)	0.2436	0.2130	0.1757	0.1757
每股盈余公积金(元)	0.0802	0.1042	0.0957	0.0957
每股未分配利润(元)	0.4759	0.8523	0.6314	0.5166
每股现金净流量(元)	–0.0411	0.0618	0.2907	0.1843
每股经营现金净流量(元)	–0.1289	0.2324	0.1321	0.9108
净资产收益率(扣除)(%)	5.2600	15.8640	6.2200	2.2070
净资产收益率(%)	5.26	17.5600	6.2200	2.2200
总资产(万)	91678.62	79947.15	80692.54	73520.44
股东权益(万)	72686.38	67380.24	59115.29	55535.77
主营业务收入(万)	93570.14	150292.28	70153.77	137237.44
主营成本(万)	78507.96	124012.33	59125.81	122410.74
营业收入(万)	94308.89	154316.87	70322.76	141733.94
营业成本(万)	79188.86	127551.96	59239.34	127094.09
投资收益(万)	–20.00	–	–	–
利润总额(万)	4927.48	12679.91	4755.19	1053.52
净利润(万)	3544.57	10482.34	3496.03	1201.69

安徽精诚铜业股份有限公司

公司概况

公司名称	安徽精诚铜业股份有限公司			证券简称	精诚铜业
法人代表	姜纯	董秘	吕莹	证券代码	002171
公司网址	www.jcty.cn		电子信箱	jingchengcopper@sina.com	
电话	0553-5315978		传真	0553-5315978	
办公地址	安徽省芜湖市九华北路8号				
经营范围	有色金属(不含贵金属)材料研发、加工、销售等				

主要财务指标

指标\报告期	2011.06.30	2010.12.31	2010.06.30	2009.12.31
每股收益(元)	0.1600	0.5100	0.1100	0.2500
每股收益(扣除)(元)	0.1100	0.4500	0.1700	0.2700
每股净资产(元)	2.1300	4.1500	3.8600	3.6800
调整后每股净资产(元)	–	–	–	–
每股资本公积金(元)	0.4953	1.9906	1.9906	1.9906
每股盈余公积金(元)	0.0534	0.1067	0.0650	0.0650
每股未分配利润(元)	0.5835	1.0549	0.8092	0.6270
每股现金净流量(元)	–0.5701	–0.5631	–0.3393	–0.3778
每股经营现金净流量(元)	–0.1635	0.0258	–0.0966	–0.3405
净资产收益率(扣除)(%)	5.4100	11.5600	4.5800	7.5000
净资产收益率(%)	7.3190	12.2740	5.7500	6.7148
总资产(万)	114083.82	110433.44	95605.26	91703.50
股东权益(万)	69517.02	67689.81	63004.38	60033.79
主营业务收入(万)	160475.17	293362.47	141097.66	215468.61
主营成本(万)	152808.64	277447.26	134341.99	206651.05
营业收入(万)	161089.42	293766.10	141224.48	215654.60
营业成本(万)	153372.08	277749.60	134422.27	206750.77
投资收益(万)	–	–	–	–
利润总额(万)	6754.13	10244.28	4514.71	4512.41
净利润(万)	5087.61	8308.10	3622.67	4031.15

江苏澳洋科技股份有限公司

公司概况	公司名称	江苏澳洋科技股份有限公司			证券简称	澳洋科技
	法人代表	沈学如	董秘	宋满元	证券代码	002172
	公司网址	www.aykj.cn		电子信箱	song_my@sina.com	
	电　话	0512-58598699		传　真	0512-58598552	
	办公地址	江苏省张家港市杨舍镇塘市镇中路018号				
	经营范围	粘胶纤维及粘胶纤维品、可降解纤维、功能性纤维制造、销售等				

	指标\报告期	2011.06.30	2010.12.31	2010.06.30	2009.12.31
主要财务指标	每股收益(元)	-0.3700	0.1900	0.1700	0.4600
	每股收益(扣除)(元)	-0.3900	0.1800	0.1556	0.4300
	每股净资产(元)	1.8600	2.4000	1.9900	2.7400
	调整后每股净资产(元)	-	-	-	-
	每股资本公积金(元)	0.7907	0.9599	0.5422	1.3339
	每股盈余公积金(元)	0.0667	0.0711	0.0711	0.1067
	每股未分配利润(元)	-0.0006	0.3708	0.3725	0.3040
	每股现金净流量(元)	-0.4720	0.4691	0.2480	-0.0938
	每股经营现金净流量(元)	-0.1205	-0.1913	0.2397	0.5295
	净资产收益率(扣除)(%)	-17.2600	9.1900	8.1300	17.0400
	净资产收益率(%)	-19.9980	7.5340	8.8700	16.8680
	总资产(万)	419515.90	407852.73	371576.23	293892.29
	股东权益(万)	103284.38	133347.55	103660.05	95511.75
	主营业务收入(万)	180795.86	378074.89	174528.06	231770.17
	主营成本(万)	180900.96	329179.36	145621.27	183025.73
	营业收入(万)	186409.62	380526.86	176119.38	234046.58
	营业成本(万)	183344.04	335229.18	146780.63	184812.17
	投资收益(万)	-	-	-	-
	利润总额(万)	-27983.46	13313.04	13773.59	25834.39
	净利润(万)	-20655.25	10045.82	8867.83	16110.58

浙江山下湖珍珠集团股份有限公司

公司概况	公司名称	浙江山下湖珍珠集团股份有限公司			证券简称	山下湖
	法人代表	陈夏英	董秘	马三光	证券代码	002173
	公司网址	www.shanxiahupearl.cn		电子信箱	shxhzq@shanxiahupearl.cn	
	电　话	0575-87160891		传　真	0575-87160891	
	办公地址	浙江省诸暨市山下湖镇珍珠工业园				
	经营范围	珍珠、珍珠首饰、珍珠工艺品的加工、销售等				

	指标\报告期	2011.06.30	2010.12.31	2010.06.30	2009.12.31
主要财务指标	每股收益(元)	0.0900	0.2900	0.1800	0.1200
	每股收益(扣除)(元)	0.0900	0.2800	0.1700	0.1100
	每股净资产(元)	2.0600	3.9300	3.8300	3.6500
	调整后每股净资产(元)	-	-	-	-
	每股资本公积金(元)	0.1330	1.2661	1.2661	1.2661
	每股盈余公积金(元)	0.0692	0.1383	0.1136	0.1136
	每股未分配利润(元)	0.8549	1.5252	1.4479	1.2694
	每股现金净流量(元)	0.1365	-0.2816	0.0330	0.2428
	每股经营现金净流量(元)	0.0127	0.0945	0.1654	-0.3896
	净资产收益率(扣除)(%)	4.4400	7.3100	4.6300	2.9700
	净资产收益率(%)	4.4900	7.2830	4.6700	3.2130
	总资产(万)	91401.72	82828.98	83665.06	77346.77
	股东权益(万)	41348.76	39492.38	38467.81	36674.21
	主营业务收入(万)	18572.10	28728.09	15288.32	28267.08
	主营成本(万)	12687.79	20079.87	10411.66	21587.10
	营业收入(万)	18717.30	29226.64	15410.94	28417.20
	营业成本(万)	12699.82	20110.57	10423.65	21607.92
	投资收益(万)	-	-	-	-
	利润总额(万)	2674.02	3794.07	2492.21	1756.92
	净利润(万)	1856.38	2876.39	1793.59	1178.44

梅花伞业股份有限公司

公司概况	公司名称	梅花伞业股份有限公司			证券简称	梅花伞
	法人代表	王安邦	董秘	郑家耀	证券代码	002174
	公司网址	www.susino.com		电子信箱	ir@susino.net.cn	
	电　话	0595-85593001		传　真	0595-85597555	
	办公地址	福建省晋江市东石镇金瓯工业区				
	经营范围	生产雨伞、伞骨配件、服装、塑料制品、包袋、帐篷等				

	指标\报告期	2011.06.30	2010.12.31	2010.06.30	2009.12.31
主要财务指标	每股收益(元)	0.0200	0.1270	0.0500	0.1190
	每股收益(扣除)(元)	0.0104	0.0960	0.0400	0.0810
	每股净资产(元)	2.7400	2.7700	2.6800	2.6300
	调整后每股净资产(元)	-	-	-	-
	每股资本公积金(元)	1.0298	1.0268	1.0261	1.0261
	每股盈余公积金(元)	0.1030	0.1030	0.0911	0.0911
	每股未分配利润(元)	0.6195	0.6493	0.5882	0.5342
	每股现金净流量(元)	-0.1707	-0.3471	0.0192	-0.0096
	每股经营现金净流量(元)	-0.5940	0.3216	0.1044	0.3623
	净资产收益率(扣除)(%)	0.3700	3.5700	1.4100	3.1500
	净资产收益率(%)	0.7370	4.5870	2.0300	4.5100
	总资产(万)	48129.01	45542.93	40235.93	34627.26
	股东权益(万)	22746.39	22962.97	22245.90	21817.21
	主营业务收入(万)	12835.36	34524.52	15002.17	27805.83
	主营成本(万)	10234.83	28644.46	12340.01	23676.35
	营业收入(万)	12852.55	34544.65	15008.91	27833.98
	营业成本(万)	10234.83	28644.46	12340.01	23676.35
	投资收益(万)	-	-	-	-
	利润总额(万)	124.31	1308.90	622.65	1227.88
	净利润(万)	167.72	1053.19	448.13	984.62

桂林广陆数字测控股份有限公司

公司概况	公司名称	桂林广陆数字测控股份有限公司			证券简称	广陆数测
	法人代表	彭朋	董秘	黄艳	证券代码	002175
	公司网址	www.guanglu.com.cn		电子信箱	hy@guanglu.com.cn	
	电　话	0773-5820465		传　真	0773-5834866	
	办公地址	广西壮族自治区桂林市国家高新区5号区				
	经营范围	开发,设计专用集成电路(IC);生产销售电子数字智能化测控设备等				

	指标\报告期	2011.06.30	2010.12.31	2010.06.30	2009.12.31
主要财务指标	每股收益(元)	0.0500	0.0600	0.0400	0.0500
	每股收益(扣除)(元)	0.0574	0.0600	0.0396	0.0200
	每股净资产(元)	3.0800	3.0300	2.9500	3.0300
	调整后每股净资产(元)	-	-	-	-
	每股资本公积金(元)	1.2342	1.2342	1.2190	1.2190
	每股盈余公积金(元)	0.2126	0.2126	0.2085	0.2085
	每股未分配利润(元)	0.6359	0.5819	0.5633	0.6234
	每股现金净流量(元)	-0.1104	-0.0620	-0.1633	0.3029
	每股经营现金净流量(元)	0.1509	0.2747	-0.0469	0.2507
	净资产收益率(扣除)(%)	1.7510	2.0930	1.3520	1.7627
	净资产收益率(%)	1.7700	2.0900	1.3300	1.7800
	总资产(万)	36511.52	38002.50	40892.04	39776.03
	股东权益(万)	26326.55	25865.49	25187.49	25892.53
	主营业务收入(万)	7416.22	13053.02	6290.09	11326.61
	主营成本(万)	5140.12	9404.84	4455.02	7751.55
	营业收入(万)	7577.14	13439.01	6424.72	11511.68
	营业成本(万)	5184.98	9486.09	4513.97	7754.62
	投资收益(万)	-	68.15	-0.87	-
	利润总额(万)	546.54	603.91	407.30	620.47
	净利润(万)	461.06	541.32	340.54	456.40

江西特种电机股份有限公司

公司概况

公司名称	江西特种电机股份有限公司			证券简称	江特电机
法人代表	朱军	董秘	翟忠南	证券代码	002176
公司网址	www.jiangte.com.cn		电子信箱	zhaizn681122@163.com	
电　话	0795-3266280		传　真	0795-3274523	
办公地址	江西省宜春市环城南路 581 号				
经营范围	电动机、发电机及发电机组,通用设备,水轮机及辅机等				

主要财务指标

指标\报告期	2011.06.30	2010.12.31	2010.06.30	2009.12.31
每股收益(元)	0.1350	0.3000	0.0510	0.0800
每股收益(扣除)(元)	0.1184	0.2300	0.0810	0.0400
每股净资产(元)	2.0769	3.5302	3.3257	3.2700
调整后每股净资产(元)	–	–	–	–
每股资本公积金(元)	0.2959	1.3326	1.3340	1.3340
每股盈余公积金(元)	0.1194	0.2149	0.1854	0.1854
每股未分配利润(元)	0.6617	0.9827	0.8062	0.7490
每股现金净流量(元)	–0.2623	0.2390	–0.5494	–0.2478
每股经营现金净流量(元)	–0.3093	0.1064	–0.1712	0.0847
净资产收益率(扣除)(%)	–	6.8800	1.3200	1.2200
净资产收益率(%)	6.5100	8.4480	2.7700	2.5520
总资产(万)	80701.22	67884.04	51559.35	53700.54
股东权益(万)	40542.86	38283.92	36066.28	35445.40
主营业务收入(万)	36814.87	50472.12	18825.11	31644.41
主营成本(万)	28754.04	39289.31	14565.51	24627.60
营业收入(万)	38642.31	52546.36	19705.53	32091.25
营业成本(万)	30517.38	41273.24	15393.00	24991.77
投资收益(万)	–	–	–	–
利润总额(万)	3198.24	3626.02	1159.07	1079.41
净利润(万)	2638.50	3234.17	1000.44	904.69

广州御银科技股份有限公司

公司概况

公司名称	广州御银科技股份有限公司			证券简称	御银股份
法人代表	杨文江	董秘	谭骅	证券代码	002177
公司网址	www.kingteller.com.cn		电子信箱	tanhua@kingteller.com	
电　话	020-38468722		传　真	020-85588349	
办公地址	广东省广州市五山路 248 号金山大厦 26 楼				
经营范围	电子产品、通讯产品、电脑软件、金融机具设备及网络等				

主要财务指标

指标\报告期	2011.06.30	2010.12.31	2010.06.30	2009.12.31
每股收益(元)	0.3300	0.3500	0.1600	0.3900
每股收益(扣除)(元)	0.3292	0.3600	0.2100	0.4000
每股净资产(元)	3.8400	4.6800	3.9100	3.6900
调整后每股净资产(元)	–	–	–	–
每股资本公积金(元)	1.6631	2.5896	1.9546	1.9546
每股盈余公积金(元)	0.0790	0.1028	0.0897	0.0897
每股未分配利润(元)	1.0939	0.9908	0.8633	0.6489
每股现金净流量(元)	–0.0560	–0.5213	–0.4408	0.9412
每股经营现金净流量(元)	–0.5628	0.1395	–0.1831	0.1141
净资产收益率(扣除)(%)	8.6490	7.5800	5.6400	9.2810
净资产收益率(%)	8.8000	9.1700	5.6400	16.8500
总资产(万)	175427.91	149132.51	114087.92	112139.94
股东权益(万)	132127.32	124077.59	103529.25	97848.33
主营业务收入(万)	42500.52	46480.62	23960.51	45040.76
主营成本(万)	19504.07	21334.00	11415.24	20715.72
营业收入(万)	42558.61	46819.95	24000.07	45271.52
营业成本(万)	19526.65	21491.46	11436.19	20958.16
投资收益(万)	1.76	0.61	0.61	61.77
利润总额(万)	13055.51	10784.55	5966.84	10746.01
净利润(万)	11427.70	9404.79	5680.93	9081.51

上海延华智能科技(集团)股份有限公司

公司概况

公司名称	上海延华智能科技(集团)股份有限公司			证券简称	延华智能
法人代表	胡黎明	董秘	许星	证券代码	002178
公司网址	www.chinaforwards.com		电子信箱	yanhua_sh@126.com	
电　话	021-61818686 309		传　真	021-61818696	
办公地址	上海市西康路 1255 号普陀科技大厦六楼				
经营范围	楼宇智能化工程、公共安全防范工程设计、施工、维修等				

主要财务指标

指标\报告期	2011.06.30	2010.12.31	2010.06.30	2009.12.31
每股收益(元)	0.0800	0.1700	0.0600	0.1700
每股收益(扣除)(元)	0.0790	0.1600	0.0900	0.1200
每股净资产(元)	2.3900	3.2300	3.0700	3.6700
调整后每股净资产(元)	–	–	–	–
每股资本公积金(元)	0.8224	1.5514	1.4614	1.9536
每股盈余公积金(元)	0.0770	0.1078	0.0955	0.1146
每股未分配利润(元)	0.4886	0.5733	0.5105	0.6048
每股现金净流量(元)	0.0804	–0.1670	–0.4427	0.4534
每股经营现金净流量(元)	–0.2638	–0.4071	–0.4445	0.6067
净资产收益率(扣除)(%)	–	5.1500	2.8800	3.9400
净资产收益率(%)	3.3120	5.1040	2.8900	5.4780
总资产(万)	63310.52	51974.04	42256.32	43813.87
股东权益(万)	32095.39	31032.37	29446.46	29384.25
主营业务收入(万)	18268.38	38927.00	16819.11	29931.95
主营成本(万)	14331.05	32085.95	13655.89	24435.47
营业收入(万)	18268.38	38935.86	16819.11	29931.99
营业成本(万)	14331.05	32090.28	13655.89	24435.47
投资收益(万)	–	–	–	–
利润总额(万)	1508.06	1990.29	992.90	1945.20
净利润(万)	1063.03	1584.02	862.22	1609.70

中航光电科技股份有限公司

公司概况

公司名称	中航光电科技股份有限公司			证券简称	中航光电
法人代表	郭泽义	董秘	刘阳	证券代码	002179
公司网址	www.jonhon.cn		电子信箱	zhengquan@jonhon.cn	
电　话	0379-64326068		传　真	0379-64326068	
办公地址	河南省洛阳高新技术开发区周山路 10 号				
经营范围	电连接器、光器件和线缆组件的研制开发、生产和销售等				

主要财务指标

指标\报告期	2011.06.30	2010.12.31	2010.06.30	2009.12.31
每股收益(元)	0.2200	0.4000	0.1700	0.3000
每股收益(扣除)(元)	0.2200	0.4100	0.1700	0.2800
每股净资产(元)	3.2100	3.0600	2.8100	3.9800
调整后每股净资产(元)	–	–	–	–
每股资本公积金(元)	0.8366	0.8366	0.8135	1.4986
每股盈余公积金(元)	0.6424	0.5839	0.5441	0.7720
每股未分配利润(元)	0.7297	0.6363	0.4487	0.7139
每股现金净流量(元)	–0.3788	–0.2795	–0.5906	0.9888
每股经营现金净流量(元)	–0.2731	0.2515	–0.2686	0.4186
净资产收益率(扣除)(%)	–	14.4200	6.5000	10.8000
净资产收益率(%)	6.9160	12.9640	6.0272	11.1331
总资产(万)	291060.23	274414.01	249228.41	245933.80
股东权益(万)	128868.64	122767.79	112709.78	106684.06
主营业务收入(万)	91135.72	146513.44	63163.36	116396.01
主营成本(万)	61573.19	93639.58	40255.78	78196.48
营业收入(万)	94387.21	152120.74	65690.70	120649.72
营业成本(万)	64285.48	98203.96	42300.31	81732.43
投资收益(万)	–	–	–	–
利润总额(万)	10722.21	19499.33	7710.90	13840.49
净利润(万)	8912.23	15915.14	6793.28	11877.21

珠海万力达电气股份有限公司

公司概况					
公司名称	珠海万力达电气股份有限公司			证券简称	万力达
法人代表	庞江华	董秘	姜景国	证券代码	002180
公司网址	www.zhwld.com		电子信箱	zhwldzqb@zhwld.com	
电　话	0756-3395968		传　真	0756-3395968	
办公地址	广东省珠海市高新区科技创新海岸科技一路万力达继保科技园				
经营范围	研制、生产、销售:继电保护装置、自动装置、变电站综合自动化系统等				

主要财务指标 指标\报告期	2011.06.30	2010.12.31	2010.06.30	2009.12.31
每股收益(元)	0.0470	0.3300	0.0580	0.2700
每股收益(扣除)(元)	0.0468	0.3000	0.0700	0.2400
每股净资产(元)	2.8100	4.2400	4.0000	4.0100
调整后每股净资产(元)	–	–	–	–
每股资本公积金(元)	0.7686	1.6529	1.6529	1.6529
每股盈余公积金(元)	0.1583	0.2375	0.2038	0.2038
每股未分配利润(元)	0.8806	1.3500	1.1445	1.1577
每股现金净流量(元)	–0.2641	–0.2451	–0.3807	–0.3307
每股经营现金净流量(元)	–0.0911	0.3701	0.0215	0.2964
净资产收益率(扣除)(%)	1.6500	7.2400	1.8200	6.1900
净资产收益率(%)	1.6860	7.6880	2.1708	6.7210
总资产(万)	39209.98	39837.91	38409.84	37528.30
股东权益(万)	35089.32	35331.03	33338.65	33448.14
主营业务收入(万)	6565.74	14421.93	5811.89	12075.61
主营成本(万)	3195.11	7009.07	3026.05	6099.57
营业收入(万)	6565.74	14421.93	5811.89	12078.71
营业成本(万)	3195.11	7009.07	3026.05	6099.57
投资收益(万)	–	–	–	–
利润总额(万)	619.53	2877.92	711.30	2329.39
净利润(万)	591.51	2716.11	723.73	2248.07

广东九州阳光传媒股份有限公司

公司概况					
公司名称	广东九州阳光传媒股份有限公司			证券简称	粤传媒
法人代表	乔平	董秘	胡远芳	证券代码	002181
公司网址	www.gdcncm.com		电子信箱	ycm2181@163.com	
电　话	020-83569319 83569336		传　真	020-83569332	
办公地址	广东省广州市东风中路437号越秀城市广场南塔3001房				
经营范围	设计、制作、代理国内各类广告业务、印刷出版物等				

主要财务指标 指标\报告期	2011.06.30	2010.12.31	2010.06.30	2009.12.31
每股收益(元)	0.0097	0.0476	0.0237	–0.2666
每股收益(扣除)(元)	0.0095	0.0420	0.0223	0.0058
每股净资产(元)	3.4300	3.4500	3.4242	3.4200
调整后每股净资产(元)	–	–	–	–
每股资本公积金(元)	1.6576	1.6573	1.6576	1.6573
每股盈余公积金(元)	0.1811	0.1811	0.1786	0.1786
每股未分配利润(元)	0.5891	0.6094	0.5880	0.5843
每股现金净流量(元)	–0.0855	0.2388	0.0712	0.0461
每股经营现金净流量(元)	–0.0495	0.2339	0.0627	0.0736
净资产收益率(扣除)(%)	–	1.2200	0.0065	0.1600
净资产收益率(%)	0.2820	1.3800	0.6900	–7.7950
总资产(万)	141015.26	140252.42	136918.24	138566.43
股东权益(万)	120027.47	120730.96	119903.89	119765.26
主营业务收入(万)	15415.32	32817.02	15595.87	30850.36
主营成本(万)	12993.78	25768.98	12258.47	23831.76
营业收入(万)	15920.60	33859.02	16000.34	31547.24
营业成本(万)	13103.31	26013.86	12314.40	23872.39
投资收益(万)	–	–	–	–
利润总额(万)	702.87	2509.09	1179.43	–8203.29
净利润(万)	338.00	1666.03	829.96	–9335.88

南京云海特种金属股份有限公司

公司概况					
公司名称	南京云海特种金属股份有限公司			证券简称	云海金属
法人代表	梅小明	董秘	吴剑飞	证券代码	002182
公司网址	www.rsm.com.cn		电子信箱	fly@rsm.com.cn	
电　话	025-57234888		传　真	025-57234168	
办公地址	江苏省南京市溧水经济开发区秀山东路9号				
经营范围	金属镁及镁合金产品、金属锶和其他碱土金属及合金、铝合金的生产和销售等				

主要财务指标 指标\报告期	2011.06.30	2010.12.31	2010.06.30	2009.12.31
每股收益(元)	0.0600	0.1500	0.0800	0.0300
每股收益(扣除)(元)	0.0131	0.1000	0.1100	–0.1000
每股净资产(元)	3.1400	4.6300	4.6000	4.5400
调整后每股净资产(元)	–	–	–	–
每股资本公积金(元)	1.5479	2.8218	2.8245	2.8245
每股盈余公积金(元)	0.0459	0.0689	0.0601	0.0601
每股未分配利润(元)	0.5491	0.7387	0.7176	0.6507
每股现金净流量(元)	0.1025	0.2535	0.0435	–0.0333
每股经营现金净流量(元)	0.0868	–0.4925	0.1013	0.4179
净资产收益率(扣除)(%)	1.8000	3.1720	2.5500	0.5820
净资产收益率(%)	1.8200	3.2100	2.5500	0.5800
总资产(万)	283647.83	261168.10	239215.32	201888.72
股东权益(万)	105358.89	103101.70	94361.68	88071.24
主营业务收入(万)	166509.40	279365.25	124638.14	148771.32
主营成本(万)	151894.44	257128.04	114618.82	132069.30
营业收入(万)	168547.66	284119.64	127331.01	149783.78
营业成本(万)	152680.74	258894.68	115201.51	132186.57
投资收益(万)	–9.89	19.02	32.84	129.54
利润总额(万)	3093.39	4187.81	2477.76	1105.22
净利润(万)	1629.39	2819.48	2244.85	506.62

深圳市怡亚通供应链股份有限公司

公司概况					
公司名称	深圳市怡亚通供应链股份有限公司			证券简称	怡亚通
法人代表	周国辉	董秘	梁欣	证券代码	002183
公司网址	www.eascs.com		电子信箱	002183@eascs.com	
电　话	0755-88393198 0755-88393181		传　真	0755-83290734 3172	
办公地址	广东省深圳市福田区深南中路3039号国际文化大厦27楼				
经营范围	计算机软硬件开发;国内商业(不含限制项目);经营进出口业务;企业管理咨询等				

主要财务指标 指标\报告期	2011.06.30	2010.12.31	2010.06.30	2009.12.31
每股收益(元)	0.1000	0.2400	0.1000	0.1400
每股收益(扣除)(元)	0.1016	0.2300	0.1500	0.0200
每股净资产(元)	1.6700	2.6100	2.6100	2.3900
调整后每股净资产(元)	–	–	–	–
每股资本公积金(元)	0.2638	1.0315	1.0903	1.9032
每股盈余公积金(元)	0.0922	0.1383	0.1046	0.1570
每股未分配利润(元)	0.3535	0.4865	0.4285	0.5263
每股现金净流量(元)	0.5897	–0.3710	–0.6467	0.7199
每股经营现金净流量(元)	0.0925	–1.3297	–1.2298	–0.0300
净资产收益率(扣除)(%)	–	9.1300	6.0400	1.1200
净资产收益率(%)	6.1270	9.0360	6.0400	5.9396
总资产(万)	1526939.03	1286082.81	1204645.09	918410.07
股东权益(万)	139496.97	145184.61	145146.51	132881.53
主营业务收入(万)	352399.70	604071.36	259690.33	264900.95
主营成本(万)	321996.19	559014.15	241561.95	236810.47
营业收入(万)	352399.70	604071.36	259690.33	264900.95
营业成本(万)	335832.54	559014.15	256527.76	236810.47
投资收益(万)	–	–	–	–
利润总额(万)	9816.49	16740.33	9422.10	8609.00
净利润(万)	8546.60	13119.33	8226.64	7892.66

上海海得控制系统股份有限公司

公司概况

公司名称	上海海得控制系统股份有限公司			证券简称	海得控制
法人代表	许泓	董秘	吴秋农	证券代码	002184
公司网址	www.hite.com.cn			电子信箱	002184@hite.com.cn
电　话	021-54235099			传　真	021-54235099
办公地址	上海市宜山路900号科技开发大楼B区17楼				
经营范围	工业自动化,电气工程,电子及信息领域的系统集成和相关产品的研发、制造、销售等				

主要财务指标

指标\报告期	2011.06.30	2010.12.31	2010.06.30	2009.12.31
每股收益(元)	0.0436	0.1367	0.0774	0.1880
每股收益(扣除)(元)	0.0338	0.0899	0.0528	0.1586
每股净资产(元)	3.2400	3.2500	3.2400	3.1600
调整后每股净资产(元)	–	–	–	–
每股资本公积金(元)	1.1720	1.1720	1.1720	1.1720
每股盈余公积金(元)	0.1849	0.1849	0.1658	0.1658
每股未分配利润(元)	0.8858	0.8922	0.9020	0.8246
每股现金净流量(元)	–0.1674	–0.4072	–0.4147	–0.4788
每股经营现金净流量(元)	–0.3609	–0.0403	–0.2790	–0.1489
净资产收益率(扣除)(%)	1.3450	4.2070	2.4200	5.9456
净资产收益率(%)	1.3300	4.2600	2.4200	6.0100
总资产(万)	113015.79	108312.20	102982.30	96700.77
股东权益(万)	82265.27	82234.88	81691.54	79642.66
主营业务收入(万)	62539.36	137239.47	62122.86	115322.66
主营成本(万)	51412.90	115322.66	51241.46	95541.49
营业收入(万)	62543.04	137269.88	62122.86	115322.66
营业成本(万)	51412.90	114510.91	51241.46	95541.49
投资收益(万)	–46.07	–8.58	–	–
利润总额(万)	1756.50	4653.75	2519.13	5471.51
净利润(万)	959.34	3007.14	1701.94	4136.65

天水华天科技股份有限公司

公司概况

公司名称	天水华天科技股份有限公司			证券简称	华天科技
法人代表	肖胜利	董秘	常文瑛	证券代码	002185
公司网址	www.tshtkj.com			电子信箱	htcwy2000@163.com
电　话	0938-8631816 8631990			传　真	0938-8632260 8630216
办公地址	甘肃省天水市秦州区双桥路14号				
经营范围	半导体集成电路研发、生产、封装、测试、销售等				

主要财务指标

指标\报告期	2011.06.30	2010.12.31	2010.06.30	2009.12.31
每股收益(元)	0.1933	0.2997	0.1604	0.2067
每股收益(扣除)(元)	0.1652	0.2811	0.1510	0.1941
每股净资产(元)	2.9095	2.7161	2.5758	3.1900
调整后每股净资产(元)	–	–	–	–
每股资本公积金(元)	0.5642	0.5642	0.5632	1.0321
每股盈余公积金(元)	0.1322	0.1322	0.1014	0.1318
每股未分配利润(元)	1.2131	1.0197	0.9112	1.0261
每股现金净流量(元)	–0.3409	0.6856	0.6521	–0.0994
每股经营现金净流量(元)	0.2754	0.7837	0.3084	0.8099
净资产收益率(扣除)(%)	5.8700	10.8900	5.9700	8.3900
净资产收益率(%)	6.6450	11.0360	6.2264	8.4230
总资产(万)	202310.53	174150.49	149027.02	131151.47
股东权益(万)	108589.49	101373.66	96135.04	91584.80
主营业务收入(万)	62547.62	113261.29	53545.57	76711.56
主营成本(万)	49324.31	88547.95	42202.99	59334.68
营业收入(万)	64688.19	116123.76	54860.33	77743.69
营业成本(万)	49830.05	89310.36	42572.87	59682.20
投资收益(万)	–	–	–	–
利润总额(万)	8764.61	13094.51	7109.81	8957.11
净利润(万)	7215.83	11187.12	5985.73	7713.99

中国全聚德(集团)股份有限公司

公司概况

公司名称	中国全聚德(集团)股份有限公司			证券简称	全聚德
法人代表	王志强	董秘	施炳丰	证券代码	002186
公司网址	www.quanjude.com.cn			电子信箱	quanjude@quanjude.com.cn
电　话	010-83156608 63048992			传　真	010-83156818 63048990
办公地址	北京市宣武区前门西河沿217号				
经营范围	餐饮服务;文化娱乐服务;种植、养殖家禽;食品加工;物业管理等				

主要财务指标

指标\报告期	2011.06.30	2010.12.31	2010.06.30	2009.12.31
每股收益(元)	0.4605	0.7084	0.3692	0.5965
每股收益(扣除)(元)	0.4607	0.6855	0.3680	0.6051
每股净资产(元)	5.2432	5.2827	4.9435	5.0817
调整后每股净资产(元)	–	–	–	–
每股资本公积金(元)	2.6503	2.6503	2.6470	2.6607
每股盈余公积金(元)	0.5011	0.5011	0.4268	0.4268
每股未分配利润(元)	1.0918	1.1313	0.8697	0.9906
每股现金净流量(元)	0.4571	–0.5071	–0.4681	0.1536
每股经营现金净流量(元)	0.7050	1.3142	0.6671	–
净资产收益率(扣除)(%)	8.6200	13.4500	7.2200	12.2700
净资产收益率(%)	8.7830	13.4110	7.4700	11.7383
总资产(万)	131467.72	126107.77	109117.03	107470.14
股东权益(万)	74222.14	74781.48	69979.75	71936.23
主营业务收入(万)	77673.65	131235.30	60952.61	117343.47
主营成本(万)	34652.58	56850.58	25817.52	50713.95
营业收入(万)	80298.00	133933.75	61227.57	120176.38
营业成本(万)	34823.38	57144.46	25714.17	51014.40
投资收益(万)	–	–	–	–
利润总额(万)	9107.01	14444.14	7270.06	12368.37
净利润(万)	6518.66	10028.57	5225.81	8444.11

广州市广百股份有限公司

公司概况

公司名称	广州市广百股份有限公司			证券简称	广百股份
法人代表	荀振英	董秘	邓华东	证券代码	002187
公司网址	www.grandbuy.com.cn			电子信箱	grandbuyoffice@163.com
电　话	020-83322348			传　真	020-83331334
办公地址	广东省广州市越秀区西湖路12号10-12楼				
经营范围	零售业				

主要财务指标

指标\报告期	2011.06.30	2010.12.31	2010.06.30	2009.12.31
每股收益(元)	0.4000	1.0300	0.5500	0.9800
每股收益(扣除)(元)	0.4100	0.9700	0.5200	1.0200
每股净资产(元)	6.5200	7.6100	7.1300	6.9400
调整后每股净资产(元)	–	–	–	–
每股资本公积金(元)	3.4622	3.5601	3.5601	3.5600
每股盈余公积金(元)	0.3912	0.5844	0.5295	0.4980
每股未分配利润(元)	1.6698	2.4680	2.0416	1.9110
每股现金净流量(元)	–0.4326	0.6119	–1.0510	0.6225
每股经营现金净流量(元)	–0.5496	3.1949	–0.1264	1.0480
净资产收益率(扣除)(%)	7.1500	13.5500	7.4500	14.7800
净资产收益率(%)	5.9440	13.5240	7.6900	14.1160
总资产(万)	342715.89	334974.01	240159.90	263702.52
股东权益(万)	186140.19	128562.10	120433.92	117255.27
主营业务收入(万)	331699.11	566752.48	266430.74	449712.39
主营成本(万)	272777.62	467350.57	218098.57	366607.88
营业收入(万)	339583.45	582484.91	273385.65	463109.76
营业成本(万)	273004.81	468048.80	218426.49	367065.82
投资收益(万)	–	–	–	–
利润总额(万)	14856.11	23511.72	12352.91	22427.84
净利润(万)	11064.69	17386.63	9258.44	16552.18

浙江新嘉联电子股份有限公司

公司名称	浙江新嘉联电子股份有限公司			证券简称	新嘉联
法人代表	丁仁涛	董秘	许永春	证券代码	002188
公司网址	www.newjialian.com			电子信箱	njlstock@newjialian.com
电　话	0573-84252627			传　真	0573-84252318
办公地址	浙江省嘉兴市嘉善县经济开发区东升路36号				
经营范围	通讯电声器材的生产、销售,经营进出口业务				

指标\报告期	2011.06.30	2010.12.31	2010.06.30	2009.12.31
每股收益(元)	-0.0200	0.0300	0.0400	0.0900
每股收益(扣除)(元)	-0.0200	0.0100	0.0400	0.0800
每股净资产(元)	2.0400	2.0600	2.1000	2.6900
调整后每股净资产(元)	-	-	-	-
每股资本公积金(元)	0.7246	0.7246	0.7246	1.2419
每股盈余公积金(元)	0.0429	0.0429	0.0438	0.0529
每股未分配利润(元)	0.2722	0.2914	0.3359	0.3941
每股现金净流量(元)	-0.1181	-0.2478	-0.1081	-0.4364
每股经营现金净流量(元)	-0.2118	0.3657	0.1529	-0.0880
净资产收益率(扣除)(%)	-1.2100	0.6700	1.8100	4.0100
净资产收益率(%)	-0.9410	1.4050	2.1000	4.3800
总资产(万)	45982.74	46267.67	50110.29	49742.66
股东权益(万)	31816.08	32107.54	32797.90	32267.94
主营业务收入(万)	16114.89	35802.56	17632.95	27770.31
主营成本(万)	13539.64	27731.57	13551.49	20591.57
营业收入(万)	16114.89	36399.45	17825.27	27828.93
营业成本(万)	13539.64	28449.04	13650.65	20652.62
投资收益(万)	-	-	-	-
利润总额(万)	-353.57	581.93	946.86	2041.59
净利润(万)	-299.35	451.20	696.17	1413.66

利达光电股份有限公司

公司名称	利达光电股份有限公司			证券简称	利达光电
法人代表	王志亮	董秘	张子民	证券代码	002189
公司网址	www.lida-oe.com			电子信箱	ldgd@lida-oe.com.cn
电　话	0377-63865031			传　真	0377-63167800
办公地址	河南省南阳市工业南路508号				
经营范围	光学元件、光学辅材、光敏电阻等光电产品的研发、生产和销售				

指标\报告期	2011.06.30	2010.12.31	2010.06.30	2009.12.31
每股收益(元)	-0.0100	0.0800	0.0500	0.0100
每股收益(扣除)(元)	-0.0200	0.0500	0.0400	-0.0400
每股净资产(元)	2.3800	2.4100	2.3800	2.3300
调整后每股净资产(元)	-	-	-	-
每股资本公积金(元)	0.9293	0.9293	0.9293	0.9293
每股盈余公积金(元)	0.0630	0.0630	0.0547	0.0547
每股未分配利润(元)	0.3879	0.4202	0.3988	0.3507
每股现金净流量(元)	-0.0473	-0.1624	0.0273	-0.2047
每股经营现金净流量(元)	0.0366	0.1967	0.1369	0.0067
净资产收益率(扣除)(%)	-0.7900	2.1700	1.6600	-1.4900
净资产收益率(%)	-0.3480	3.2240	2.0170	0.3666
总资产(万)	71760.83	68308.41	68879.30	64577.15
股东权益(万)	47422.13	48065.15	47473.06	46515.45
主营业务收入(万)	20635.70	40568.02	20717.30	29038.68
主营成本(万)	17408.55	33330.52	17068.11	24687.25
营业收入(万)	22250.53	44813.67	22627.46	32943.18
营业成本(万)	18817.52	37257.69	18826.15	28332.02
投资收益(万)	-	-	-	-
利润总额(万)	-209.12	1799.96	1064.95	309.05
净利润(万)	-164.84	1549.70	957.62	170.54

四川成飞集成科技股份有限公司

公司名称	四川成飞集成科技股份有限公司			证券简称	成飞集成
法人代表	程福波	董秘	程雁	证券代码	002190
公司网址	www.cac-citc.com.cn			电子信箱	stock@cac-citc.com.cn
电　话	028-87408828 87406521			传　真	028-87408111
办公地址	四川省成都市青羊区黄田坝				
经营范围	工模具设计、研制和制造;计算机集成技术开发与应用等				

指标\报告期	2011.06.30	2010.12.31	2010.06.30	2009.12.31
每股收益(元)	0.1200	0.2400	0.1000	0.2000
每股收益(扣除)(元)	0.1157	0.2400	0.1000	0.2000
每股净资产(元)	6.0100	2.7500	2.6100	4.1100
调整后每股净资产(元)	-	-	-	-
每股资本公积金(元)	5.4606	0.8867	0.8867	1.8188
每股盈余公积金(元)	0.2906	0.2906	0.2651	0.4241
每股未分配利润(元)	0.6950	0.5759	0.4619	0.8721
每股现金净流量(元)	4.6647	-0.4213	-0.1456	0.1734
每股经营现金净流量(元)	-0.0233	0.1947	0.1160	0.5912
净资产收益率(扣除)(%)	4.1100	8.8900	3.6900	8.0500
净资产收益率(%)	1.5390	8.8590	3.9920	7.8774
总资产(万)	190706.39	86905.40	74012.00	64466.78
股东权益(万)	159488.78	56779.51	53901.17	53038.59
主营业务收入(万)	16883.82	30035.93	9681.80	18081.22
主营成本(万)	12918.66	22406.85	6891.04	12968.17
营业收入(万)	17115.98	30249.27	9739.50	18112.18
营业成本(万)	12922.08	22662.93	6923.04	12968.17
投资收益(万)	-	-	-	-
利润总额(万)	3119.80	5645.64	2486.97	4771.42
净利润(万)	2454.20	5029.84	2151.50	4178.07

深圳劲嘉彩印集团股份有限公司

公司名称	深圳劲嘉彩印集团股份有限公司			证券简称	劲嘉股份
法人代表	乔鲁予	董秘	蒋辉	证券代码	002191
公司网址	www.jinjia.com			电子信箱	jjcp@szjcp.com
电　话	0755-26609999 1061			传　真	0755-33019222
办公地址	广东省深圳市南山区文心二路万商大厦				
经营范围	生产经营包装材料、承接包装材料的设计、制版、印刷业务等				

指标\报告期	2011.06.30	2010.12.31	2010.06.30	2009.12.31
每股收益(元)	0.3000	0.4700	0.3000	0.5200
每股收益(扣除)(元)	0.2864	0.4600	0.2900	0.5000
每股净资产(元)	3.2500	3.0500	2.8800	2.9800
调整后每股净资产(元)	-	-	-	-
每股资本公积金(元)	0.7193	0.7193	0.7193	0.7193
每股盈余公积金(元)	0.2084	0.1933	0.1664	0.1664
每股未分配利润(元)	1.3250	1.1418	0.9952	1.0962
每股现金净流量(元)	0.1915	-0.0504	0.1701	-0.1627
每股经营现金净流量(元)	0.5404	0.5813	0.3070	0.5781
净资产收益率(扣除)(%)	8.9600	15.2800	9.3200	17.6400
净资产收益率(%)	9.1920	15.4990	9.4900	17.4380
总资产(万)	374289.22	373335.77	383010.72	371913.52
股东权益(万)	208374.34	195708.54	184677.19	191201.76
主营业务收入(万)	108180.55	197763.61	104291.93	212656.90
主营成本(万)	65655.65	120800.94	63466.03	135081.46
营业收入(万)	109029.66	202374.38	104984.92	215444.42
营业成本(万)	65999.49	124029.83	63574.19	136601.48
投资收益(万)	-	-	-	-
利润总额(万)	28161.29	46198.13	27322.90	51251.27
净利润(万)	19153.20	30333.64	19058.31	33341.79

路翔股份有限公司

公司概况	公司名称	路翔股份有限公司			证券简称	路翔股份
	法人代表	柯荣卿	董秘	陈新华	证券代码	002192
	公司网址	www.luxiang.cn		电子信箱	lxgf@luxiang.cn	
	电　话	020-38289069		传　真	020-38289867	
	办公地址	广东省广州市天河北路 890 号 9 楼				
	经营范围	专业沥青产品的开发、生产与销售等				

主要财务指标	指标\报告期	2011.06.30	2010.12.31	2010.06.30	2009.12.31
	每股收益(元)	0.0100	0.1700	0.0100	0.0500
	每股收益(扣除)(元)	0.0087	0.1600	0.0100	–
	每股净资产(元)	2.1550	2.1610	2.0000	1.8500
	调整后每股净资产(元)	–	–	–	–
	每股资本公积金(元)	0.4956	0.4619	0.4619	0.4482
	每股盈余公积金(元)	0.0995	0.0995	0.0866	0.0706
	每股未分配利润(元)	0.5561	0.5973	0.4470	0.3328
	每股现金净流量(元)	0.4726	–0.0251	–0.6461	–0.0203
	每股经营现金净流量(元)	–0.6919	–1.4343	–1.7019	–0.4151
	净资产收益率(扣除)(%)	0.4000	7.5700	0.4700	–
	净资产收益率(%)	0.4670	8.0100	0.4891	2.7500
	总资产(万)	158743.14	102825.44	118928.94	67505.70
	股东权益(万)	26159.68	26234.25	24225.09	22477.89
	主营业务收入(万)	41769.24	118075.64	33766.37	–
	主营成本(万)	36989.01	108870.09	30763.80	–
	营业收入(万)	41769.24	118276.03	33767.73	29625.71
	营业成本(万)	36989.01	108886.78	30758.64	26090.25
	投资收益(万)	–	–	–	–
	利润总额(万)	90.06	2685.94	–53.80	850.73
	净利润(万)	122.21	2099.71	118.49	617.59

山东济宁如意毛纺织股份有限公司

公司概况	公司名称	山东济宁如意毛纺织股份有限公司			证券简称	山东如意
	法人代表	邱亚夫	董秘	苏晓	证券代码	002193
	公司网址	www.shandongruyi.com		电子信箱	sry@shandongruyi.com	
	电　话	0537-2933069		传　真	0537-2931188	
	办公地址	山东省济宁市高新区如意工业园				
	经营范围	纺织品、服装、纺织机械及配件、纺织原料及辅料等相关产品的生产、销售等				

主要财务指标	指标\报告期	2011.06.30	2010.12.31	2010.06.30	2009.12.31
	每股收益(元)	0.1600	0.2800	0.1500	0.3100
	每股收益(扣除)(元)	0.1600	0.2700	0.1300	0.2800
	每股净资产(元)	4.2700	4.1700	4.0400	3.9600
	调整后每股净资产(元)	–	–	–	–
	每股资本公积金(元)	1.3998	1.3997	1.4007	1.4060
	每股盈余公积金(元)	0.3380	0.3380	0.3099	0.3099
	每股未分配利润(元)	1.5293	1.4331	1.3332	1.2405
	每股现金净流量(元)	–0.3743	–0.6434	–0.6477	1.2284
	每股经营现金净流量(元)	–0.1861	–0.3482	–0.1846	0.1943
	净资产收益率(扣除)(%)	3.6600	6.7290	4.5300	7.7720
	净资产收益率(%)	3.7000	6.9000	4.5300	8.0400
	总资产(万)	182777.34	175568.86	157192.71	157967.59
	股东权益(万)	68272.20	66731.90	64700.57	63302.61
	主营业务收入(万)	28658.91	50155.98	25566.65	49117.22
	主营成本(万)	20937.00	35786.09	18682.48	35005.42
	营业收入(万)	29499.72	51042.44	25965.98	49390.29
	营业成本(万)	21697.71	36181.39	18784.29	35249.47
	投资收益(万)	–	6.88	3.20	6.40
	利润总额(万)	2906.53	5553.60	2859.04	5916.18
	净利润(万)	2498.42	4490.56	2442.75	4919.96

武汉凡谷电子技术股份有限公司

公司概况	公司名称	武汉凡谷电子技术股份有限公司			证券简称	武汉凡谷
	法人代表	孟庆南	董秘	汪青	证券代码	002194
	公司网址	www.fingu.com		电子信箱	fingu@fingu.com	
	电　话	027-59830202		传　真	027-59830204	
	办公地址	湖北省武汉市江夏区关凤路藏龙岛科技园				
	经营范围	通讯、电子、计算机软件开发、研制、技术服务等				

主要财务指标	指标\报告期	2011.06.30	2010.12.31	2010.06.30	2009.12.31
	每股收益(元)	0.1941	0.3839	0.1855	0.6134
	每股收益(扣除)(元)	0.1900	0.3698	0.1800	0.5968
	每股净资产(元)	3.6406	3.6964	3.4727	3.5372
	调整后每股净资产(元)	–	–	–	–
	每股资本公积金(元)	1.2740	1.2740	1.2486	1.2486
	每股盈余公积金(元)	0.3072	0.2878	0.2710	0.2536
	每股未分配利润(元)	1.0594	1.1347	0.9530	1.0349
	每股现金净流量(元)	0.4940	–0.6771	–0.4868	0.3891
	每股经营现金净流量(元)	0.3749	0.1006	–0.0101	1.4748
	净资产收益率(扣除)(%)	5.1300	10.3200	5.0400	17.0800
	净资产收益率(%)	5.3320	10.3860	5.3418	17.3400
	总资产(万)	232667.69	235826.09	225391.73	233307.29
	股东权益(万)	202371.97	205477.66	193038.02	196623.31
	主营业务收入(万)	51978.71	97407.42	45702.96	134678.64
	主营成本(万)	32230.66	61616.68	31605.81	92135.57
	营业收入(万)	52262.16	98976.42	46486.37	135115.76
	营业成本(万)	32259.80	61832.03	32087.99	92285.42
	投资收益(万)	–	–	–	–
	利润总额(万)	12879.72	25592.07	12164.48	39938.03
	净利润(万)	10791.31	21341.08	10311.71	34095.35

上海海隆软件股份有限公司

公司概况	公司名称	上海海隆软件股份有限公司			证券简称	海隆软件
	法人代表	包叔平	董秘	李静	证券代码	002195
	公司网址	www.hyron.com		电子信箱	dongmi@hyron.com	
	电　话	021-64689626		传　真	021-64689489	
	办公地址	上海市宜山路 700 号普天信息产业园 2 号楼 12 楼				
	经营范围	计算机软、硬件系统及相关系统的集成、开发、咨询、销售及服务等				

主要财务指标	指标\报告期	2011.06.30	2010.12.31	2010.06.30	2009.12.31
	每股收益(元)	0.2883	0.6100	0.1919	0.2700
	每股收益(扣除)(元)	0.2700	0.5014	0.1800	0.1938
	每股净资产(元)	2.9500	4.1000	3.6800	3.5900
	调整后每股净资产(元)	–	–	–	–
	每股资本公积金(元)	0.5559	1.3338	1.3335	1.3335
	每股盈余公积金(元)	0.1626	0.2439	0.1887	0.1887
	每股未分配利润(元)	1.2275	1.5088	1.1502	1.0583
	每股现金净流量(元)	0.0937	0.3189	–0.0881	0.3332
	每股经营现金净流量(元)	0.4122	0.5748	0.1304	0.3410
	净资产收益率(扣除)(%)	9.4500	13.0900	5.0100	5.5500
	净资产收益率(%)	9.7640	14.7830	5.2120	7.5740
	总资产(万)	36691.62	35888.93	31748.54	31480.52
	股东权益(万)	33053.90	30578.63	27467.54	26768.62
	主营业务收入(万)	18690.95	29386.67	11967.05	19264.59
	主营成本(万)	10976.00	17564.39	7198.40	12491.19
	营业收入(万)	18710.99	29425.01	11986.22	19296.18
	营业成本(万)	10983.45	17575.53	7201.78	12502.27
	投资收益(万)	–	–	–	–
	利润总额(万)	3740.92	5392.65	1762.81	2343.71
	净利润(万)	3227.30	4520.28	1431.73	2027.40

浙江方正电机股份有限公司

公司概况	公司名称	浙江方正电机股份有限公司			证券简称	方正电机
	法人代表	张敏	董秘	胡宏	证券代码	002196
	公司网址	www.fdm.com.cn		电子信箱	lsfdm@mail.lsptt.zj.cn	
	电　话	0578-2171041 2276502		传　真	0578-2276502	
	办公地址	浙江省丽水市天宁工业区24号				
	经营范围	电机、缝纫机的制造及进出口贸易,缝纫机零件、五金工具的购销及进出口贸易				

	指标＼报告期	2011.06.30	2010.12.31	2010.06.30	2009.12.31
主要财务指标	每股收益(元)	0.1800	0.2900	0.0800	0.0600
	每股收益(扣除)(元)	0.1700	0.2600	0.1000	0.0300
	每股净资产(元)	2.4000	3.4800	3.3100	3.2900
	调整后每股净资产(元)	–	–	–	–
	每股资本公积金(元)	0.6515	1.4773	1.4773	1.4773
	每股盈余公积金(元)	0.1168	0.1752	0.1648	0.1648
	每股未分配利润(元)	0.6288	0.8282	0.6636	0.6451
	每股现金净流量(元)	–0.3297	–0.0445	–0.3815	0.4037
	每股经营现金净流量(元)	–0.1067	0.2513	–0.2683	0.6794
	净资产收益率(扣除)(%)	7.2500	7.6200	3.0900	0.7700
	净资产收益率(%)	7.3680	8.4330	3.5800	1.7300
	总资产(万)	64614.73	57050.68	54106.71	50058.88
	股东权益(万)	27740.83	26853.86	25503.10	25360.73
	主营业务收入(万)	28383.51	50637.17	24539.45	28232.83
	主营成本(万)	23845.30	42577.49	20697.31	24324.65
	营业收入(万)	29747.25	51603.01	24834.17	28636.31
	营业成本(万)	24556.33	43077.32	20774.70	24503.70
	投资收益(万)	–	–	–	–
	利润总额(万)	1947.63	2436.01	1238.58	533.36
	净利润(万)	2043.87	2264.63	913.87	439.13

深圳市证通电子股份有限公司

公司概况	公司名称	深圳市证通电子股份有限公司			证券简称	证通电子
	法人代表	曾胜强	董秘	许忠慈	证券代码	002197
	公司网址	www.szzt.com.cn		电子信箱	zcxu@szzt.com.cn	
	电　话	0755-26490118		传　真	0755-26490099	
	办公地址	广东省深圳市光明新区松白路甲子塘证通电子产业园				
	经营范围	开发、生产、销售计算机软件、硬件、外围设备;银行、证券、通讯等				

	指标＼报告期	2011.06.30	2010.12.31	2010.06.30	2009.12.31
主要财务指标	每股收益(元)	0.1470	0.4200	0.0570	0.2700
	每股收益(扣除)(元)	0.1482	0.4000	0.0890	0.2300
	每股净资产(元)	2.3100	3.4600	3.2100	3.1400
	调整后每股净资产(元)	–	–	–	–
	每股资本公积金(元)	0.4243	1.2789	1.2789	1.2789
	每股盈余公积金(元)	0.0527	0.0843	0.0732	0.0732
	每股未分配利润(元)	0.8325	1.0963	0.8597	0.7890
	每股现金净流量(元)	0.0304	–0.6917	–0.4239	–0.7857
	每股经营现金净流量(元)	–0.0563	–0.2056	–0.0764	–0.7140
	净资产收益率(扣除)(%)	6.6300	12.0200	2.7700	7.2800
	净资产收益率(%)	6.3760	12.0960	2.8200	8.5220
	总资产(万)	118842.81	91750.68	71298.00	71894.72
	股东权益(万)	48460.67	45370.93	42121.33	41194.30
	主营业务收入(万)	29728.36	52382.25	15603.11	54734.28
	主营成本(万)	20012.46	32860.75	9082.09	39084.71
	营业收入(万)	29728.36	52459.90	15603.11	54734.28
	营业成本(万)	20012.46	32938.40	9082.09	38517.50
	投资收益(万)	–	–	–	–
	利润总额(万)	3730.75	6331.16	1225.48	4070.28
	净利润(万)	3089.74	5488.07	1190.52	3510.40

广东嘉应制药股份有限公司

公司概况	公司名称	广东嘉应制药股份有限公司			证券简称	嘉应制药
	法人代表	陈泳洪	董秘	黄康民	证券代码	002198
	公司网址	www.gdjyzy.com.cn		电子信箱	gdjyzy@163.com	
	电　话	0753-2321916		传　真	0753-2321586	
	办公地址	广东省梅州市东升工业园B区				
	经营范围	生产:片剂,胶囊剂,丸剂,(蜜丸、水蜜丸、水丸),散剂等				

	指标＼报告期	2011.06.30	2010.12.31	2010.06.30	2009.12.31
主要财务指标	每股收益(元)	0.0399	0.1500	0.0370	0.0900
	每股收益(扣除)(元)	0.0399	0.1400	0.0895	0.0800
	每股净资产(元)	1.2600	1.5800	3.0400	2.9400
	调整后每股净资产(元)	–	–	–	–
	每股资本公积金(元)	0.1350	0.1688	1.0375	1.0375
	每股盈余公积金(元)	0.0565	0.0707	0.1105	0.1105
	每股未分配利润(元)	0.0692	0.3366	0.8887	0.7961
	每股现金净流量(元)	–0.0329	–0.0157	0.3039	–0.5972
	每股经营现金净流量(元)	–0.0197	0.1201	0.2140	0.3412
	净资产收益率(扣除)(%)	2.7200	8.8300	2.9900	5.4500
	净资产收益率(%)	3.1670	9.7680	3.1000	6.2457
	总资产(万)	30110.00	30087.19	29746.88	25332.96
	股东权益(万)	25845.69	25847.10	24901.61	24142.41
	主营业务收入(万)	3550.09	7439.39	3880.45	6212.94
	主营成本(万)	1800.27	3379.91	1733.85	2564.78
	营业收入(万)	3650.25	7524.72	3902.30	6233.21
	营业成本(万)	1890.55	3420.41	1754.95	2582.75
	投资收益(万)	–	–	–	–
	利润总额(万)	845.28	2619.09	816.19	1677.49
	净利润(万)	818.58	2524.70	759.21	1507.87

浙江东晶电子股份有限公司

公司概况	公司名称	浙江东晶电子股份有限公司			证券简称	东晶电子
	法人代表	李庆跃	董秘	吴宗泽	证券代码	002199
	公司网址	www.ecec.com.cn		电子信箱	ecec@ecec.com.cn	
	电　话	0579-89186668		传　真	0579-89186677	
	办公地址	浙江省金华市宾虹路二段555号				
	经营范围	电子元件、计算机及网络产品、通信产品的研发、设计、生产与销售				

	指标＼报告期	2011.06.30	2010.12.31	2010.06.30	2009.12.31
主要财务指标	每股收益(元)	0.0921	0.2813	0.1433	0.2800
	每股收益(扣除)(元)	0.0561	0.1974	0.1200	0.1610
	每股净资产(元)	4.3900	2.5700	2.4400	3.1097
	调整后每股净资产(元)	–	–	–	–
	每股资本公积金(元)	2.7039	0.7037	0.7037	1.2148
	每股盈余公积金(元)	0.1318	0.1588	0.1306	0.1697
	每股未分配利润(元)	0.5494	0.7109	0.6012	0.7252
	每股现金净流量(元)	1.2521	0.1194	–0.2201	–0.2972
	每股经营现金净流量(元)	0.1062	0.5480	0.1633	0.5022
	净资产收益率(扣除)(%)	2.0400	10.9300	5.8850	9.0440
	净资产收益率(%)	2.1900	11.4100	5.9000	9.3500
	总资产(万)	91338.40	52968.30	54274.10	46289.06
	股东权益(万)	55366.03	26963.84	25518.42	25064.45
	主营业务收入(万)	10683.83	30101.89	16802.36	24529.78
	主营成本(万)	9147.59	23842.10	13318.66	20137.04
	营业收入(万)	11146.02	30598.68	16823.86	24799.00
	营业成本(万)	9581.05	24280.92	13363.71	20384.98
	投资收益(万)	104.04	204.50	58.00	208.52
	利润总额(万)	1229.40	3375.22	1782.22	2557.12
	净利润(万)	1129.30	2947.19	1501.77	2266.87

云南绿大地生物科技股份有限公司

公司概况						
	公司名称	云南绿大地生物科技股份有限公司			证券简称	*ST 大地
	法人代表	郑亚光	董秘		证券代码	002200
	公司网址	www.yngreen.com		电子信箱	yngreen@yngreen.com	
	电　　话	0871-7279185		传　　真	0871-7279185	
	办公地址	云南省昆明市国家经济技术开发区经浦路 6 号				
	经营范围	植物种苗工厂化生产,观赏植物盆景,植物科研、培训、示范推广等				

主要财务指标	指标\报告期	2011.06.30	2010.12.31	2010.06.30	2009.12.31
	每股收益(元)	-0.0900	0.1000	0.0600	-1.0000
	每股收益(扣除)(元)	-0.0700	0.0400	0.0300	0.3800
	每股净资产(元)	3.6600	3.7500	3.8500	3.6700
	调整后每股净资产(元)	-	-	-	-
	每股资本公积金(元)	1.9192	1.9192	2.0109	1.9381
	每股盈余公积金(元)	0.2729	0.2729	0.2725	0.2624
	每股未分配利润(元)	0.4644	0.5545	0.5672	0.4691
	每股现金净流量(元)	-0.2931	-0.5626	-0.5438	-0.3098
	每股经营现金净流量(元)	-0.3785	-0.0387	-0.1242	-0.0532
	净资产收益率(扣除)(%)	-1.8700	1.0600	0.8700	7.5000
	净资产收益率(%)	-2.4640	2.5580	1.6657	-27.7960
	总资产(万)	103685.70	104644.67	98596.37	98354.12
	股东权益(万)	55245.03	56606.25	58179.32	55444.10
	主营业务收入(万)	7395.71	35543.99	19302.01	48875.97
	主营成本(万)	5851.05	22172.76	14195.61	32542.05
	营业收入(万)	7406.03	35905.95	19479.14	48983.42
	营业成本(万)	5858.59	22180.65	14196.11	32552.93
	投资收益(万)	-	-	-	-
	利润总额(万)	-1520.20	3460.89	1074.91	-14598.80
	净利润(万)	-1361.22	1447.79	969.12	-15410.99

江苏九鼎新材料股份有限公司

公司概况						
	公司名称	江苏九鼎新材料股份有限公司			证券简称	九鼎新材
	法人代表	顾清波	董秘	冯建兵	证券代码	002201
	公司网址	www.cjdg.com		电子信箱	jdxc@jiudinggroup.com	
	电　　话	0513-87530125 87539060		传　　真	0513-87513080	
	办公地址	江苏省如皋市中山东路 1 号				
	经营范围	玻璃纤维及其深加工制品的研发、生产与销售等				

主要财务指标	指标\报告期	2011.06.30	2010.12.31	2010.06.30	2009.12.31
	每股收益(元)	0.0400	0.1100	0.0400	0.0900
	每股收益(扣除)(元)	0.0300	0.1000	0.0400	0.0700
	每股净资产(元)	2.2100	2.8200	2.7500	3.6100
	调整后每股净资产(元)	-	-	-	-
	每股资本公积金(元)	0.4927	0.9405	0.9295	1.5084
	每股盈余公积金(元)	0.1112	0.1445	0.1332	0.1731
	每股未分配利润(元)	0.6102	0.7356	0.6869	0.9257
	每股现金净流量(元)	-0.1741	-0.0426	-0.1794	-0.3212
	每股经营现金净流量(元)	0.3503	0.3142	0.0093	0.5313
	净资产收益率(扣除)(%)	1.1800	3.4400	1.4800	2.5100
	净资产收益率(%)	2.0050	3.9610	1.8600	3.1074
	总资产(万)	106036.93	101028.70	88824.24	78741.87
	股东权益(万)	38914.17	38133.84	37174.27	37515.00
	主营业务收入(万)	28107.16	50274.43	21986.61	35821.99
	主营成本(万)	21408.02	37433.96	16556.53	26146.17
	营业收入(万)	29903.51	53859.05	23537.62	38600.88
	营业成本(万)	22709.27	40012.41	17698.59	28102.27
	投资收益(万)	-	-	-	-
	利润总额(万)	939.11	1719.84	835.28	1301.23
	净利润(万)	780.33	1510.56	699.27	1165.76

新疆金风科技股份有限公司

公司概况						
	公司名称	新疆金风科技股份有限公司			证券简称	金风科技
	法人代表	武钢	董秘	马金儒	证券代码	002202
	公司网址	www.goldwind.cn		电子信箱	goldwind@goldwind.cn	
	电　　话	010-67511996		传　　真	010-67511985	
	办公地址	新疆维吾尔自治区乌鲁木齐市经济技术开发区上海路 107 号				
	经营范围	风力发电机组生产及销售等				

主要财务指标	指标\报告期	2011.06.30	2010.12.31	2010.06.30	2009.12.31
	每股收益(元)	0.1576	0.9887	0.3450	0.7793
	每股收益(扣除)(元)	0.1240	0.9452	0.3341	0.7607
	每股净资产(元)	4.7700	4.9300	2.2364	3.7200
	调整后每股净资产(元)	-	-	-	-
	每股资本公积金(元)	2.9614	2.9604	0.7487	1.1929
	每股盈余公积金(元)	0.1786	0.1786	0.1194	0.1910
	每股未分配利润(元)	0.6260	0.8084	0.3927	1.3364
	每股现金净流量(元)	-1.3780	1.7752	-1.2640	0.8375
	每股经营现金净流量(元)	-2.1215	0.0692	-1.2259	0.9480
	净资产收益率(扣除)(%)	-	31.3100	13.4900	38.6100
	净资产收益率(%)	3.3015	17.2290	13.9300	33.5620
	总资产(万)	3091973.64	2806158.35	1605409.58	1488294.58
	股东权益(万)	1286230.16	1328898.78	500943.27	520105.68
	主营业务收入(万)	518042.84	1756746.17	629438.23	1071374.94
	主营成本(万)	408756.69	1345262.37	474929.40	790747.63
	营业收入(万)	519441.70	1759552.06	630478.63	1073835.52
	营业成本(万)	409126.29	1346732.02	475248.97	791556.37
	投资收益(万)	-	-	-	-
	利润总额(万)	62146.02	279971.56	99438.88	199055.73
	净利润(万)	42464.75	228952.03	77275.04	174557.95

浙江海亮股份有限公司

公司概况						
	公司名称	浙江海亮股份有限公司			证券简称	海亮股份
	法人代表	冯亚丽	董秘	邵国勇	证券代码	002203
	公司网址	www.hailiang.com		电子信箱	gfoffice@hailiang.com	
	电　　话	0575-87069033 87669333		传　　真	0575-87069031	
	办公地址	浙江省诸暨市店口镇工业区				
	经营范围	制造、加工铜管、铜板带、铜箔及相关铜制品				

主要财务指标	指标\报告期	2011.06.30	2010.12.31	2010.06.30	2009.12.31
	每股收益(元)	0.2453	0.5920	0.1973	0.4384
	每股收益(扣除)(元)	0.2191	0.5143	0.1854	0.4136
	每股净资产(元)	4.0400	3.8700	3.8100	3.5800
	调整后每股净资产(元)	-	-	-	-
	每股资本公积金(元)	1.2341	1.0778	1.3629	1.1601
	每股盈余公积金(元)	0.1901	0.1901	0.1667	0.1667
	每股未分配利润(元)	1.8632	1.7379	1.3666	1.2893
	每股现金净流量(元)	0.5912	-0.6321	0.0555	0.0152
	每股经营现金净流量(元)	0.0393	-0.1122	-0.0605	-0.7179
	净资产收益率(扣除)(%)	5.4900	13.4500	5.0400	11.3000
	净资产收益率(%)	6.0680	15.3020	5.1830	12.2496
	总资产(万)	622652.54	542715.55	552496.02	453419.66
	股东权益(万)	161764.24	154789.52	152303.84	143204.91
	主营业务收入(万)	575616.57	902295.00	451969.17	557869.89
	主营成本(万)	549009.72	850589.69	429181.99	505921.71
	营业收入(万)	577071.42	905259.29	453185.36	605231.60
	营业成本(万)	550200.42	853428.73	430093.71	552845.31
	投资收益(万)	-	-	-	-
	利润总额(万)	10749.95	25797.34	8030.60	19785.57
	净利润(万)	9816.45	23685.54	7893.92	17542.06

大连华锐重工铸钢股份有限公司

公司概况	公司名称	大连华锐重工铸钢股份有限公司		证券简称	华锐铸钢
	法人代表	郭永胜	董秘 孙福君	证券代码	002204
	公司网址	www.dhidcw.com		电子信箱	sunfj6@163.com
	电 话	0411-86427861		传 真	0411-86427921
	办公地址	辽宁省大连市甘井子区新水泥路8号			
	经营范围	铸钢件、铸铁件、铸铜件、锻件加工制造等			

主要财务指标	指标\报告期	2011.06.30	2010.12.31	2010.06.30	2009.12.31
	每股收益(元)	0.0900	0.6400	0.2900	0.7200
	每股收益(扣除)(元)	0.0800	0.6000	0.3000	0.7000
	每股净资产(元)	5.4200	5.4500	5.1000	4.9200
	调整后每股净资产(元)	–	–	–	–
	每股资本公积金(元)	2.5362	2.5362	2.5362	2.5222
	每股盈余公积金(元)	0.2891	0.2891	0.2347	0.2347
	每股未分配利润(元)	1.5963	1.6210	1.3320	1.1672
	每股现金净流量(元)	–0.0485	–0.2161	–0.1398	–0.4719
	每股经营现金净流量(元)	0.0386	–0.7711	–0.8257	1.4295
	净资产收益率(扣除)(%)	1.4900	11.6500	5.4100	15.1200
	净资产收益率(%)	1.6640	11.6990	5.4100	14.6810
	总资产(万)	285927.33	287659.47	266083.53	236285.23
	股东权益(万)	116020.64	116551.12	109203.36	105376.25
	主营业务收入(万)	46608.54	138014.33	59958.42	138391.88
	主营成本(万)	39428.81	108738.56	47595.47	112585.13
	营业收入(万)	47284.62	138643.78	60441.85	138820.34
	营业成本(万)	39880.76	109109.55	47938.20	112840.04
	投资收益(万)	–	–	–	–
	利润总额(万)	2760.44	15821.61	7310.62	18006.53
	净利润(万)	1930.52	13635.47	6225.80	15470.76

新疆国统管道股份有限公司

公司概况	公司名称	新疆国统管道股份有限公司		证券简称	国统股份
	法人代表	徐永平	董秘 栾秀英	证券代码	002205
	公司网址	www.xjgt.com		电子信箱	gtgf521@126.com
	电 话	0991-3325685		传 真	0991-3325685
	办公地址	新疆维吾尔自治区乌鲁木齐市林泉西路765号(原新疆米泉市城东工业开发区)			
	经营范围	预应力钢筒砼管(简称PCCP)、各种输水管道及其异型管件和配件等			

主要财务指标	指标\报告期	2011.06.30	2010.12.31	2010.06.30	2009.12.31
	每股收益(元)	0.0519	0.5201	0.2262	0.5374
	每股收益(扣除)(元)	–0.0611	0.5015	0.2255	0.5382
	每股净资产(元)	7.2184	7.2445	3.9000	3.6887
	调整后每股净资产(元)	–	–	–	–
	每股资本公积金(元)	4.5065	5.2088	1.1545	1.1545
	每股盈余公积金(元)	0.1641	0.1906	0.1741	0.1734
	每股未分配利润(元)	1.5478	1.8537	1.5701	1.3608
	每股现金净流量(元)	–0.7740	3.1660	–0.8173	0.9584
	每股经营现金净流量(元)	–0.4240	–1.7450	–1.0901	1.3484
	净资产收益率(扣除)(%)	0.7200	12.7200	5.9400	15.6800
	净资产收益率(%)	0.7180	6.1810	2.6900	14.5689
	总资产(万)	152900.52	146129.21	99089.69	91812.87
	股东权益(万)	83842.89	84146.22	38987.36	36887.29
	主营业务收入(万)	15829.69	53798.69	21738.61	42511.88
	主营成本(万)	11699.02	36576.03	13928.03	27887.52
	营业收入(万)	16173.03	54275.74	22054.31	43942.73
	营业成本(万)	11967.52	37003.71	14209.94	28976.31
	投资收益(万)	–	–	–	–
	利润总额(万)	793.71	8390.93	3427.34	7047.92
	净利润(万)	602.31	5200.79	2261.82	5374.07

浙江海利得新材料股份有限公司

公司概况	公司名称	浙江海利得新材料股份有限公司		证券简称	海 利 得
	法人代表	高利民	董秘 吕佩芬	证券代码	002206
	公司网址	www.hailide.com.cn		电子信箱	lpf@hailide.cn
	电 话	0573-87989886 87989889		传 真	0573-87989196 87989886
	办公地址	浙江省海宁市马桥镇经编园区经编六路1号			
	经营范围	电脑喷绘胶片布、土工格栅材料、PVC涂层材料、篷盖材料等			

主要财务指标	指标\报告期	2011.06.30	2010.12.31	2010.06.30	2009.12.31
	每股收益(元)	0.2700	0.6100	0.1500	0.5700
	每股收益(扣除)(元)	0.2600	0.5600	0.1700	0.5400
	每股净资产(元)	4.4000	4.2800	3.8800	7.6300
	调整后每股净资产(元)	–	–	–	–
	每股资本公积金(元)	2.2877	1.3555	1.3555	3.7111
	每股盈余公积金(元)	0.1586	0.2839	0.2233	0.4466
	每股未分配利润(元)	0.9518	1.6382	1.3060	2.4709
	每股现金净流量(元)	0.6693	0.3539	0.3307	–0.9367
	每股经营现金净流量(元)	0.2251	1.1640	0.1535	0.9786
	净资产收益率(扣除)(%)	7.1600	13.9000	4.4200	15.1400
	净资产收益率(%)	5.8390	14.3390	5.6600	14.8310
	总资产(万)	265235.36	184752.15	172952.00	131117.48
	股东权益(万)	196839.82	106935.77	97119.96	95356.89
	主营业务收入(万)	119016.76	163068.92	64628.63	97024.06
	主营成本(万)	99174.31	136281.37	54853.91	73368.14
	营业收入(万)	122523.00	165474.24	65553.45	97243.33
	营业成本(万)	101396.63	137977.75	55506.08	73370.10
	投资收益(万)	–	–	–	–
	利润总额(万)	13581.38	17377.36	6339.65	16037.75
	净利润(万)	11493.56	15333.84	5513.75	14142.30

新疆准东石油技术股份有限公司

公司概况	公司名称	新疆准东石油技术股份有限公司		证券简称	准油股份
	法人代表	秦勇	董秘 沙克洪	证券代码	002207
	公司网址	www.zygf.com.cn		电子信箱	zygf@zygf.cn
	电 话	0991-3858446 0994-3830619		传 真	0991-3858446 0994-3830616
	办公地址	新疆维吾尔自治区阜康市准东石油基地			
	经营范围	油田技术服务、仪器、仪表的维修及检定、采油技术咨询等			

主要财务指标	指标\报告期	2011.06.30	2010.12.31	2010.06.30	2009.12.31
	每股收益(元)	–0.0500	–0.0100	–0.0500	0.1100
	每股收益(扣除)(元)	–0.0600	–0.0040	–0.0400	0.1200
	每股净资产(元)	3.5000	3.5600	3.5300	3.5700
	调整后每股净资产(元)	–	–	–	–
	每股资本公积金(元)	1.4933	1.4933	1.4933	1.4933
	每股盈余公积金(元)	0.2065	0.2065	0.1961	0.1961
	每股未分配利润(元)	0.8021	0.8561	0.8377	0.8849
	每股现金净流量(元)	–0.5941	–0.2544	–0.8165	–0.2564
	每股经营现金净流量(元)	0.1277	0.3337	–0.7218	0.9024
	净资产收益率(扣除)(%)	–	–0.1200	–1.2100	3.2600
	净资产收益率(%)	–1.5430	–0.1670	–1.3400	3.1737
	总资产(万)	59653.11	66672.97	66725.19	68156.42
	股东权益(万)	34829.27	35366.57	35080.40	35549.59
	主营业务收入(万)	13669.13	36063.69	12018.89	28856.80
	主营成本(万)	11626.06	27407.15	9534.43	22452.49
	营业收入(万)	13686.23	36106.19	12024.01	28865.38
	营业成本(万)	11649.03	27430.10	9537.58	22452.49
	投资收益(万)	–	–	–	–
	利润总额(万)	–494.22	294.69	–389.46	1491.68
	净利润(万)	–537.30	–59.23	–469.20	1128.23

合肥城建发展股份有限公司

公司概况						
公司概况	公司名称	合肥城建发展股份有限公司			证券简称	合肥城建
	法人代表	王晓毅	董秘	田峰	证券代码	002208
	公司网址	www.hucd.cn		电子信箱	zhangjinsheng2208@yahoo.cn	
	电　话	0551-2661906		传　真	0551-2661906	
	办公地址	安徽省合肥市长江中路319号仁和大厦23-24层				
	经营范围	普通商品住宅及其配套商业地产、综合商务楼的开发、销售、服务等				

主要财务指标	指标\报告期	2011.06.30	2010.12.31	2010.06.30	2009.12.31
	每股收益(元)	0.2200	0.4300	0.3100	0.3500
	每股收益(扣除)(元)	0.2182	0.4300	0.3100	0.3500
	每股净资产(元)	3.1100	2.9900	2.8700	5.2000
	调整后每股净资产(元)	–	–	–	–
	每股资本公积金(元)	0.9060	0.9060	0.9060	2.3365
	每股盈余公积金(元)	0.4323	0.4323	0.3540	0.7081
	每股未分配利润(元)	0.7677	0.6495	0.6105	1.1525
	每股现金净流量(元)	0.1569	–0.5882	–1.0913	0.8420
	每股经营现金净流量(元)	0.3133	–2.6965	–2.4488	0.8924
	净资产收益率(扣除)(%)	7.0500	15.3500	11.5100	14.0500
	净资产收益率(%)	7.0240	14.4440	10.9476	13.3260
	总资产(万)	324491.10	311897.70	264593.23	217164.71
	股东权益(万)	99422.50	95640.39	91885.19	83178.44
	主营业务收入(万)	44150.74	84756.46	45791.49	74787.04
	主营成本(万)	27095.69	52101.05	24547.96	49402.11
	营业收入(万)	44153.49	84769.24	45794.52	74833.50
	营业成本(万)	27095.69	52112.21	24547.96	49446.59
	投资收益(万)	–	–	–	–
	利润总额(万)	9421.32	18385.93	13372.66	14852.99
	净利润(万)	6983.11	13814.39	10059.19	11084.27

广州达意隆包装机械股份有限公司

公司概况						
公司概况	公司名称	广州达意隆包装机械股份有限公司			证券简称	达意隆
	法人代表	张颂明	董秘	肖林	证券代码	002209
	公司网址	www.tech-long.com		电子信箱	public@tech-long.com	
	电　话	020-62956877		传　真	020-82265536	
	办公地址	广东省广州市萝岗区云埔一路23号				
	经营范围	研究、开发、加工、制造、修理、租赁：包装机械、食品机械等				

主要财务指标	指标\报告期	2011.06.30	2010.12.31	2010.06.30	2009.12.31
	每股收益(元)	0.1359	0.2413	0.1055	0.2275
	每股收益(扣除)(元)	0.1200	0.2002	0.0900	0.1883
	每股净资产(元)	2.9600	2.8800	2.7300	4.0400
	调整后每股净资产(元)	–	–	–	–
	每股资本公积金(元)	1.1434	1.1434	1.1366	2.2048
	每股盈余公积金(元)	0.0940	0.0940	0.0686	0.1029
	每股未分配利润(元)	0.7245	0.6386	0.5283	0.7342
	每股现金净流量(元)	0.1194	–0.4777	–0.4047	1.3277
	每股经营现金净流量(元)	0.3435	0.2413	0.1391	0.4558
	净资产收益率(扣除)(%)	3.9200	7.2200	3.1200	9.4600
	净资产收益率(%)	4.5880	8.3890	3.8600	7.4800
	总资产(万)	107938.36	105237.44	93691.02	90913.79
	股东权益(万)	57830.67	56153.36	53369.09	52610.82
	主营业务收入(万)	30354.26	54026.53	22474.65	46500.43
	主营成本(万)	21531.87	38193.49	15939.85	33318.16
	营业收入(万)	30443.23	54296.25	22569.02	47651.79
	营业成本(万)	21533.61	38305.86	15942.03	34030.37
	投资收益(万)	–	–	–	–
	利润总额(万)	3110.39	5422.91	2428.19	4532.36
	净利润(万)	2653.53	4710.90	2059.89	3935.80

深圳市飞马国际供应链股份有限公司

公司概况						
公司概况	公司名称	深圳市飞马国际供应链股份有限公司			证券简称	飞马国际
	法人代表	黄固喜	董秘	张健江	证券代码	002210
	公司网址	www.fmscm.com		电子信箱	jianjiang.zhang@fmscm.com	
	电　话	0755-33356399 33356333 8873		传　真	0755-33356087	
	办公地址	广东省深圳市福田区深南大道7008号阳光高尔夫大厦2601室				
	经营范围	承办海运、陆运、空运进出口货物的国际运输代理业务等				

主要财务指标	指标\报告期	2011.06.30	2010.12.31	2010.06.30	2009.12.31
	每股收益(元)	0.1400	0.1700	0.1000	0.0600
	每股收益(扣除)(元)	0.1110	0.2100	0.0910	0.0300
	每股净资产(元)	1.6600	1.5500	1.4900	2.1200
	调整后每股净资产(元)	–	–	–	–
	每股资本公积金(元)	0.1657	0.1657	0.1657	0.7485
	每股盈余公积金(元)	0.0427	0.0427	0.0311	0.0466
	每股未分配利润(元)	0.4529	0.3404	0.2888	0.3272
	每股现金净流量(元)	0.1035	–0.1144	1.5889	0.9131
	每股经营现金净流量(元)	2.5055	–0.2494	0.4779	0.2740
	净资产收益率(扣除)(%)	8.5820	10.8050	7.1700	4.0122
	净资产收益率(%)	8.8800	11.2900	7.1700	4.0200
	总资产(万)	588538.70	468670.94	336428.15	290573.65
	股东权益(万)	51313.60	47905.43	46058.18	43879.17
	主营业务收入(万)	356891.78	288696.64	115513.49	134567.75
	主营成本(万)	343678.26	270173.15	106455.41	123301.41
	营业收入(万)	356891.78	288696.64	115513.49	134567.75
	营业成本(万)	343678.26	270173.15	106455.41	123301.41
	投资收益(万)	297.97	–453.43	153.60	28.72
	利润总额(万)	5717.63	6720.59	4261.57	2290.40
	净利润(万)	4360.21	5118.53	3183.35	1737.24

江苏宏达新材料股份有限公司

公司概况						
公司概况	公司名称	江苏宏达新材料股份有限公司			证券简称	宏达新材
	法人代表	朱德洪	董秘	朱恩伟	证券代码	002211
	公司网址	www.hongda-chemical.com		电子信箱	zew@hongda-chemical.com	
	电　话	0511-83359032		传　真	0511-83365478	
	办公地址	江苏省扬中市明珠广场				
	经营范围	从事高温硅橡胶系列产品的生产和销售等				

主要财务指标	指标\报告期	2011.06.30	2010.12.31	2010.06.30	2009.12.31
	每股收益(元)	0.0800	0.3500	0.1000	0.1500
	每股收益(扣除)(元)	0.0759	0.3200	0.1500	0.1400
	每股净资产(元)	4.0100	5.9000	4.0600	3.9400
	调整后每股净资产(元)	–	–	–	–
	每股资本公积金(元)	2.3857	4.0785	2.2738	2.2738
	每股盈余公积金(元)	0.0668	0.1002	0.0963	0.0963
	每股未分配利润(元)	0.5572	0.7176	0.6883	0.5664
	每股现金净流量(元)	–0.6132	1.5232	–0.4506	0.3342
	每股经营现金净流量(元)	0.0367	0.2823	0.0296	0.3974
	净资产收益率(扣除)(%)	–	7.6200	3.8200	3.5800
	净资产收益率(%)	1.9660	5.0140	3.8500	3.8630
	总资产(万)	277438.57	246229.87	162400.39	149767.71
	股东权益(万)	173409.08	170000.61	98163.96	95216.37
	主营业务收入(万)	48000.75	94335.72	42858.84	62390.38
	主营成本(万)	37347.80	73175.20	33302.78	50691.08
	营业收入(万)	48087.15	94898.84	43317.82	62518.63
	营业成本(万)	37385.24	73531.20	33653.35	50717.48
	投资收益(万)	–	–	–	–
	利润总额(万)	4312.76	10596.57	4847.95	4505.62
	净利润(万)	3408.48	8524.40	3775.70	3678.45

广东南洋电缆集团股份有限公司

公司概况	公司名称	广东南洋电缆集团股份有限公司			证券简称	南洋股份
	法人代表	郑钟南	董秘	曾理	证券代码	002212
	公司网址	www.nanyangcable.com			电子信箱	zl1949@21cn.com
	电　话	0754-86332188			传　真	0754-86332188
	办公地址	广东省汕头市珠津工业区珠津二街1号				
	经营范围	电力电缆、电气装备用电线电缆的研发、生产和销售等				

	指标\报告期	2011.06.30	2010.12.31	2010.06.30	2009.12.31
主要财务指标	每股收益(元)	0.1200	0.5600	0.1200	0.5700
	每股收益(扣除)(元)	0.1177	0.5700	0.2600	0.5600
	每股净资产(元)	3.0700	6.0200	4.7100	4.4500
	调整后每股净资产(元)	–	–	–	–
	每股资本公积金(元)	1.0849	3.1699	1.9427	1.9427
	每股盈余公积金(元)	0.0797	0.1594	0.1387	0.1387
	每股未分配利润(元)	0.9077	1.6925	1.6292	1.3679
	每股现金净流量(元)	–0.0922	–	–0.9427	–0.8885
	每股经营现金净流量(元)	0.0730	–	–0.7648	–0.2282
	净资产收益率(扣除)(%)	3.8400	11.2800	5.7600	12.2900
	净资产收益率(%)	3.9530	8.5420	5.5480	12.6990
	总资产(万)	189411.37	186789.83	155856.54	140620.82
	股东权益(万)	156769.16	153633.54	106695.86	100776.89
	主营业务收入(万)	84421.86	185660.17	77180.73	126226.13
	主营成本(万)	70966.77	157133.11	63882.33	104389.70
	营业收入(万)	84441.45	185663.80	77194.20	126252.60
	营业成本(万)	70969.31	157133.53	63895.80	104398.87
	投资收益(万)	–	–	–	–
	利润总额(万)	9890.94	20537.99	9227.10	18771.86
	净利润(万)	6197.18	13122.97	5918.97	12797.43

深圳市特尔佳科技股份有限公司

公司概况	公司名称	深圳市特尔佳科技股份有限公司			证券简称	特尔佳
	法人代表	张慧民	董秘	张昱波	证券代码	002213
	公司网址	www.terca.cn			电子信箱	stock@terca.cn
	电　话	0755-26513588			传　真	0755-26519166
	办公地址	广东省深圳市宝安区观澜高新技术产业园特尔佳观澜厂区				
	经营范围	运输科技产品及机电设备的开发、技术咨询等				

	指标\报告期	2011.06.30	2010.12.31	2010.06.30	2009.12.31
主要财务指标	每股收益(元)	0.0800	0.2000	0.0900	0.1400
	每股收益(扣除)(元)	0.0825	0.1900	0.0900	0.1300
	每股净资产(元)	1.3800	1.3400	1.2300	2.3900
	调整后每股净资产(元)	–	–	–	–
	每股资本公积金(元)	0.0041	0.0041	0.0041	0.8082
	每股盈余公积金(元)	0.0597	0.0597	0.0401	0.0802
	每股未分配利润(元)	0.3124	0.2782	0.1904	0.5035
	每股现金净流量(元)	0.0342	0.0220	–0.1174	–0.1548
	每股经营现金净流量(元)	0.0801	0.1681	–0.0217	0.2044
	净资产收益率(扣除)(%)	–	15.3600	7.1100	11.1800
	净资产收益率(%)	6.1190	14.6040	7.2000	11.3710
	总资产(万)	38501.75	39323.76	33852.44	33584.65
	股东权益(万)	28348.50	27643.86	25433.03	24636.86
	主营业务收入(万)	10438.07	24566.32	9120.32	15668.04
	主营成本(万)	6885.31	15453.18	5664.20	9272.21
	营业收入(万)	11095.99	25713.64	9633.35	16603.54
	营业成本(万)	7398.08	16413.77	6086.90	9990.03
	投资收益(万)	–	–	–	–
	利润总额(万)	2036.11	4721.45	2126.89	3232.65
	净利润(万)	1734.64	4037.00	1826.17	2801.37

浙江大立科技股份有限公司

公司概况	公司名称	浙江大立科技股份有限公司			证券简称	大立科技
	法人代表	庞惠民	董秘	刘晓松	证券代码	002214
	公司网址	www.dali-tech.com			电子信箱	liuxiaosong@dali-tech.com
	电　话	0571-86695670 86695649			传　真	0571-86695626
	办公地址	浙江省杭州市滨江区滨康路639号				
	经营范围	机电设备、计算机、软件及网络工程、电子产品等				

	指标\报告期	2011.06.30	2010.12.31	2010.06.30	2009.12.31
主要财务指标	每股收益(元)	0.0600	0.5300	0.1500	0.4500
	每股收益(扣除)(元)	0.0487	0.4900	0.1400	0.4400
	每股净资产(元)	4.0900	4.1300	3.7400	3.7000
	调整后每股净资产(元)	–	–	–	–
	每股资本公积金(元)	1.3190	1.3190	1.3190	1.3190
	每股盈余公积金(元)	0.2296	0.2296	0.1763	0.1763
	每股未分配利润(元)	1.5409	1.5809	1.2469	1.2007
	每股现金净流量(元)	–0.2633	–0.6723	–0.4490	–0.3690
	每股经营现金净流量(元)	–0.1414	–0.3961	–0.2453	0.1470
	净资产收益率(扣除)(%)	1.1800	12.6100	3.7200	12.4800
	净资产收益率(%)	1.4690	12.9200	3.9060	12.2600
	总资产(万)	63207.69	59779.78	59061.27	55792.75
	股东权益(万)	40895.40	41294.82	37421.24	36959.41
	主营业务收入(万)	8647.99	25276.44	9128.33	21209.12
	主营成本(万)	4555.04	13297.57	4837.73	10810.54
	营业收入(万)	8781.95	25843.51	9215.02	21422.28
	营业成本(万)	4564.35	13312.23	4847.23	10825.74
	投资收益(万)	–	–	–	–
	利润总额(万)	671.13	5745.45	1664.71	5156.19
	净利润(万)	600.58	5335.41	1461.83	4530.37

深圳诺普信农化股份有限公司

公司概况	公司名称	深圳诺普信农化股份有限公司			证券简称	诺普信
	法人代表	卢柏强	董秘	王时豪	证券代码	002215
	公司网址	www.noposion.com			电子信箱	npx002215@126.com
	电　话	0755-29977586			传　真	0755-27697715
	办公地址	广东省深圳市宝安区西乡水库路113号				
	经营范围	杀虫剂、杀菌剂、除草剂等三大系列产品的研发、生产和销售等				

	指标\报告期	2011.06.30	2010.12.31	2010.06.30	2009.12.31
主要财务指标	每股收益(元)	0.3700	0.5000	0.2500	0.6800
	每股收益(扣除)(元)	0.3500	0.4200	0.3900	0.6200
	每股净资产(元)	3.7100	5.5300	5.4400	3.1500
	调整后每股净资产(元)	–	–	–	–
	每股资本公积金(元)	1.6003	3.1437	3.1642	0.8450
	每股盈余公积金(元)	0.1160	0.1559	0.0759	0.0828
	每股未分配利润(元)	0.9921	1.2299	1.2008	1.2203
	每股现金净流量(元)	0.6444	0.8302	1.4998	–0.2047
	每股经营现金净流量(元)	–0.0901	0.5772	0.3025	0.6395
	净资产收益率(扣除)(%)	9.5500	8.6700	8.7500	21.3600
	净资产收益率(%)	9.8970	8.8910	7.0970	21.7090
	总资产(万)	228388.66	162172.33	160706.46	98357.11
	股东权益(万)	131308.21	122368.84	120406.77	63843.29
	主营业务收入(万)	115027.95	143414.87	99844.66	129244.19
	主营成本(万)	67921.82	83543.43	59373.15	73662.07
	营业收入(万)	116254.56	145593.75	100791.83	130823.40
	营业成本(万)	68599.67	84844.79	60059.95	74879.75
	投资收益(万)	–	–	–	–
	利润总额(万)	15866.44	12872.88	10420.21	16934.28
	净利润(万)	12995.28	10880.35	8545.66	13859.67

郑州三全食品股份有限公司

公司概况	公司名称	郑州三全食品股份有限公司			证券简称	三全食品
	法人代表	陈南	董秘	郑晓东	证券代码	002216
	公司网址	www.sanquan.com		电子信箱	sanquan@sanquan.com	
	电　话	0371-63987832		传　真	0371-63988183	
	办公地址	河南省郑州市综合投资区长兴路中段				
	经营范围	速冻食品、方便快餐食品、常温食品、速冻调制食品的生产和销售				

主要财务指标	指标\报告期	2011.06.30	2010.12.31	2010.06.30	2009.12.31
	每股收益(元)	0.4500	0.6600	0.2900	0.5000
	每股收益(扣除)(元)	0.4459	0.6700	0.2999	0.5100
	每股净资产(元)	5.7400	5.5400	5.0900	5.0800
	调整后每股净资产(元)	–	–	–	–
	每股资本公积金(元)	2.0067	2.0613	2.0613	2.0613
	每股盈余公积金(元)	0.1238	0.1238	0.1177	0.1177
	每股未分配利润(元)	2.6054	2.3554	1.9103	1.9013
	每股现金净流量(元)	–0.7752	0.2347	–0.1266	0.5325
	每股经营现金净流量(元)	0.3798	1.1166	0.3595	1.5383
	净资产收益率(扣除)(%)	7.7300	12.5400	5.6000	10.3500
	净资产收益率(%)	7.8450	11.9160	5.8300	9.8163
	总资产(万)	175793.67	190604.02	150868.00	161176.70
	股东权益(万)	107261.19	103607.88	95169.87	95002.39
	主营业务收入(万)	140962.62	191833.60	99586.98	144159.45
	主营成本(万)	91261.52	127626.10	63244.31	92555.35
	营业收入(万)	141196.89	192338.94	99859.79	144454.05
	营业成本(万)	91521.36	128026.20	63450.90	92861.18
	投资收益(万)	–	–	–	–
	利润总额(万)	9480.71	13909.56	7022.03	9371.53
	净利润(万)	8414.22	12345.50	5470.25	9325.70

山东联合化工股份有限公司

公司概况	公司名称	山东联合化工股份有限公司			证券简称	联合化工
	法人代表	王宜明	董秘	范修巨	证券代码	002217
	公司网址	www.lianhechem.com.cn		电子信箱	fxj6306@sina.com	
	电　话	0533-3261986 3251274		传　真	0533-3251274	
	办公地址	山东省淄博市沂源县城东风路36号				
	经营范围	液氨、硝酸、硝酸铵、硝酸钠、亚硝酸钠、硝基复合肥、甲醇、纯碱等				

主要财务指标	指标\报告期	2011.06.30	2010.12.31	2010.06.30	2009.12.31
	每股收益(元)	0.2000	0.3800	0.0900	0.3600
	每股收益(扣除)(元)	0.1537	0.3300	0.0900	0.2900
	每股净资产(元)	3.8800	3.7300	3.4300	3.3600
	调整后每股净资产(元)	–	–	–	–
	每股资本公积金(元)	1.0885	1.0885	1.0827	1.0476
	每股盈余公积金(元)	0.1886	0.1886	0.1472	0.1472
	每股未分配利润(元)	1.5290	1.3907	1.1426	1.1098
	每股现金净流量(元)	0.0108	–0.2429	–0.4491	–0.3111
	每股经营现金净流量(元)	0.2916	0.9396	0.1608	0.5383
	净资产收益率(扣除)(%)	4.0000	9.3100	2.6400	9.0800
	净资产收益率(%)	5.1150	10.2380	2.7087	10.7020
	总资产(万)	135592.91	130681.47	124127.09	113322.82
	股东权益(万)	86429.66	83278.34	76392.45	74822.14
	主营业务收入(万)	56342.39	83217.74	30075.32	56747.98
	主营成本(万)	47644.36	65785.16	24601.84	45126.33
	营业收入(万)	59509.63	87173.13	31668.78	57915.65
	营业成本(万)	48617.12	68203.00	24688.97	45586.73
	投资收益(万)	–	–	–	–
	利润总额(万)	5200.84	10437.59	2645.52	8378.67
	净利润(万)	4420.82	8525.78	2069.28	8007.60

深圳市拓日新能源科技股份有限公司

公司概况	公司名称	深圳市拓日新能源科技股份有限公司			证券简称	拓日新能
	法人代表	陈五奎	董秘	刘强	证券代码	002218
	公司网址	www.topraysolar.cn		电子信箱	topsolar@public.szptt.net.cn	
	电　话	0755-86612658 29680031		传　真	0755-86612620	
	办公地址	广东省深圳市南山区侨香路6060号香年广场A栋802-804				
	经营范围	研发、生产及销售太阳电池芯片、太阳电池组件、太阳能供电电源等				

主要财务指标	指标\报告期	2011.06.30	2010.12.31	2010.06.30	2009.12.31
	每股收益(元)	0.0200	0.3300	0.0800	0.1200
	每股收益(扣除)(元)	0.0071	0.3100	0.1223	0.1100
	每股净资产(元)	3.2100	2.7400	2.5400	2.4500
	调整后每股净资产(元)	–	–	–	–
	每股资本公积金(元)	1.7739	0.9825	0.9825	0.9825
	每股盈余公积金(元)	0.0505	0.0859	0.0671	0.0671
	每股未分配利润(元)	0.3818	0.6773	0.4881	0.3968
	每股现金净流量(元)	0.4536	–0.0438	0.3793	0.2112
	每股经营现金净流量(元)	–0.4821	0.1559	0.4831	0.1372
	净资产收益率(扣除)(%)	0.8100	12.0000	6.3000	4.5000
	净资产收益率(%)	0.5240	12.1810	4.9814	4.7320
	总资产(万)	214339.51	137340.56	118680.85	90181.24
	股东权益(万)	157022.87	79028.71	73013.86	70456.65
	主营业务收入(万)	25628.84	58363.96	26043.03	22907.34
	主营成本(万)	20474.67	38044.07	17758.47	15187.76
	营业收入(万)	25716.20	58770.91	26065.63	22936.84
	营业成本(万)	20474.67	38535.29	17765.18	15187.76
	投资收益(万)	–	–	–	–
	利润总额(万)	1162.88	11727.82	4670.72	3941.98
	净利润(万)	822.13	9626.75	3637.14	3334.11

甘肃独一味生物制药股份有限公司

公司概况	公司名称	甘肃独一味生物制药股份有限公司			证券简称	独 一 味
	法人代表	朱锦	董秘	黄蕊	证券代码	002219
	公司网址	www.duyiwei.com		电子信箱	duyiwei@duyiwei.com	
	电　话	028-85950888*8618		传　真	028-85950652	
	办公地址	四川省成都市锦江工业开发区金石路456号				
	经营范围	片剂、糖浆剂、散剂、酒剂、硬胶囊剂、软胶囊剂、口服液、合剂等				

主要财务指标	指标\报告期	2011.06.30	2010.12.31	2010.06.30	2009.12.31
	每股收益(元)	0.0845	0.2207	0.0772	0.1599
	每股收益(扣除)(元)	0.0812	0.2067	0.1442	0.1516
	每股净资产(元)	1.1708	1.3858	2.0525	1.8981
	调整后每股净资产(元)	–	–	–	–
	每股资本公积金(元)	0.0280	0.0849	0.4359	0.4359
	每股盈余公积金(元)	0.0547	0.0684	0.0741	0.0741
	每股未分配利润(元)	0.0881	0.2324	0.5424	0.3881
	每股现金净流量(元)	0.0387	0.0796	–0.0090	–0.1209
	每股经营现金净流量(元)	0.0487	0.2156	0.0710	0.1747
	净资产收益率(扣除)(%)	7.0800	16.0100	7.3000	13.5400
	净资产收益率(%)	7.2210	15.9260	7.5190	13.4830
	总资产(万)	52923.67	51336.33	49807.63	45243.03
	股东权益(万)	43739.32	41417.98	38339.88	35456.96
	主营业务收入(万)	14633.78	29752.64	13679.88	28511.55
	主营成本(万)	5147.85	10756.68	5295.62	11912.10
	营业收入(万)	14633.78	29933.17	13679.88	28511.60
	营业成本(万)	5147.85	10886.68	5295.62	11912.10
	投资收益(万)	–	–	–	–
	利润总额(万)	3703.12	7764.96	3346.51	5615.55
	净利润(万)	3158.20	6596.14	2882.92	4780.54

大连天宝绿色食品股份有限公司

公司概况	公司名称	大连天宝绿色食品股份有限公司			证券简称	天宝股份
	法人代表	黄作庆	董秘	孙立涛	证券代码	002220
	公司网址	www.cn-tianbao.com		电子信箱	planning@cn-tianbao.com	
	电　话	0411-39330110		传　真	0411-39330208	
	办公地址	辽宁省大连市金州区拥政街道三里村 624 号				
	经营范围	以水产品加工出口为主的农副产品加工和销售等				

主要财务指标	指标\报告期	2011.06.30	2010.12.31	2010.06.30	2009.12.31
	每股收益(元)	0.3100	0.6200	0.2400	0.3900
	每股收益(扣除)(元)	0.3070	0.6100	0.2300	0.3600
	每股净资产(元)	3.8300	3.5300	3.1500	5.9200
	调整后每股净资产(元)	–	–	–	–
	每股资本公积金(元)	0.9685	0.9685	0.9685	2.9371
	每股盈余公积金(元)	0.1931	0.1931	0.1308	0.2616
	每股未分配利润(元)	1.6819	1.3738	1.0513	1.7238
	每股现金净流量(元)	0.2297	–0.0614	0.0846	0.1090
	每股经营现金净流量(元)	0.2922	0.3377	0.5939	–0.5714
	净资产收益率(扣除)(%)	8.3300	18.9700	7.4500	12.7700
	净资产收益率(%)	8.0340	17.6830	7.6024	13.0570
	总资产(万)	151378.47	132619.93	124254.86	108885.28
	股东权益(万)	75153.55	69191.58	61733.77	58038.65
	主营业务收入(万)	51628.54	116889.03	47751.53	85796.15
	主营成本(万)	42163.47	96647.98	41003.22	73623.13
	营业收入(万)	51628.54	116889.03	47751.53	85796.15
	营业成本(万)	42163.47	96647.98	41003.22	73623.13
	投资收益(万)	–	–	–	–
	利润总额(万)	6037.62	12239.49	4693.24	7579.13
	净利润(万)	6037.62	12235.38	4693.24	7578.35

东华能源股份有限公司

公司概况	公司名称	东华能源股份有限公司			证券简称	东华能源
	法人代表	周一峰	董秘	陈建政	证券代码	002221
	公司网址	www.chinadhe.com		电子信箱	tzz@chinadhe.com	
	电　话	0512-58322508 025-86771100		传　真	0512-58728098 025-86819300	
	办公地址	江苏省南京市仙林大道徐庄软件园紫气路 1 号				
	经营范围	再生资源、钢材销售与配送等				

主要财务指标	指标\报告期	2011.06.30	2010.12.31	2010.06.30	2009.12.31
	每股收益(元)	0.0380	0.1830	0.0270	0.1730
	每股收益(扣除)(元)	0.0379	0.1609	0.0160	0.1130
	每股净资产(元)	2.8200	2.7700	2.5700	2.5800
	调整后每股净资产(元)	–	–	–	–
	每股资本公积金(元)	1.1329	1.0818	1.0818	1.0818
	每股盈余公积金(元)	0.0564	0.0571	0.1015	0.0465
	每股未分配利润(元)	0.5713	0.5601	0.3875	0.3998
	每股现金净流量(元)	2.2673	–0.7733	0.5630	0.0792
	每股经营现金净流量(元)	3.3134	–2.5469	–0.0769	–2.0615
	净资产收益率(扣除)(%)	1.3700	6.0100	0.6100	4.5400
	净资产收益率(%)	1.3530	6.6060	1.0300	6.7000
	总资产(万)	295603.82	200084.15	163009.26	143073.67
	股东权益(万)	63421.55	61482.14	57071.49	57344.39
	主营业务收入(万)	146554.29	225929.83	74243.80	237718.12
	主营成本(万)	140309.58	213576.44	70268.30	227477.62
	营业收入(万)	146704.43	226023.90	74273.23	237975.07
	营业成本(万)	140339.76	213579.56	70268.30	227483.64
	投资收益(万)	–	–	–	–
	利润总额(万)	1161.77	5373.00	1124.60	4096.88
	净利润(万)	858.30	4061.44	589.31	3842.12

福建福晶科技股份有限公司

公司概况	公司名称	福建福晶科技股份有限公司			证券简称	福晶科技
	法人代表	陈辉	董秘	蔡德全	证券代码	002222
	公司网址	www.castech.com		电子信箱	securities@castech.com	
	电　话	0591-83719323 83770347		传　真	0591-83719323	
	办公地址	福建省福州市杨桥西路 155 号				
	经营范围	光学晶体、晶体材料、激光器件的制造及其技术咨询、技术服务等				

主要财务指标	指标\报告期	2011.06.30	2010.12.31	2010.06.30	2009.12.31
	每股收益(元)	0.1200	0.3200	0.0900	0.2200
	每股收益(扣除)(元)	0.1152	0.3200	0.1300	0.2100
	每股净资产(元)	2.0400	3.0800	2.9000	2.9400
	调整后每股净资产(元)	–	–	–	–
	每股资本公积金(元)	0.7343	1.6014	1.6014	1.6014
	每股盈余公积金(元)	0.0937	0.1406	0.1104	0.1104
	每股未分配利润(元)	0.2086	0.3387	0.1889	0.2302
	每股现金净流量(元)	–0.2318	–0.2758	–0.1439	–0.1070
	每股经营现金净流量(元)	0.1221	0.4245	0.1397	0.2626
	净资产收益率(扣除)(%)	5.5100	10.5900	4.5300	7.1600
	净资产收益率(%)	5.7020	10.3440	4.7820	7.3130
	总资产(万)	66597.08	65983.10	62642.21	62184.45
	股东权益(万)	58041.99	58532.63	55113.61	55898.05
	主营业务收入(万)	9530.67	18600.45	9128.26	11537.77
	主营成本(万)	4071.31	8077.30	4714.54	4763.72
	营业收入(万)	9534.67	18600.45	9128.26	11590.02
	营业成本(万)	4071.31	8077.30	4714.54	4772.27
	投资收益(万)	–	–	–	–
	利润总额(万)	3902.55	7207.03	3224.54	4999.61
	净利润(万)	3309.36	6054.57	2635.56	4087.95

江苏鱼跃医疗设备股份有限公司

公司概况	公司名称	江苏鱼跃医疗设备股份有限公司			证券简称	鱼跃医疗
	法人代表	吴光明	董秘	陈坚	证券代码	002223
	公司网址	www.yuyue.com.cn		电子信箱	dongmi@yuyue.com.cn	
	电　话	0511-86900802 86900876		传　真	0511-86900803	
	办公地址	江苏省丹阳市云阳工业园(振新路南)				
	经营范围	医疗器械，保健用品的制造与销售，金属材料的销售等				

主要财务指标	指标\报告期	2011.06.30	2010.12.31	2010.06.30	2009.12.31
	每股收益(元)	0.3000	0.6400	0.2000	0.4100
	每股收益(扣除)(元)	0.2870	0.6000	0.3000	0.3800
	每股净资产(元)	2.4300	3.4100	3.1000	3.0800
	调整后每股净资产(元)	–	–	–	–
	每股资本公积金(元)	0.4694	1.3510	1.3510	1.2651
	每股盈余公积金(元)	0.0855	0.1367	0.0738	0.1221
	每股未分配利润(元)	0.8732	0.9237	0.6727	0.6908
	每股现金净流量(元)	0.0513	0.7469	0.6949	–0.0804
	每股经营现金净流量(元)	0.1031	0.2569	–0.0243	0.6245
	净资产收益率(扣除)(%)	12.1880	18.4520	15.7100	21.1420
	净资产收益率(%)	12.9800	23.9200	15.7100	23.0800
	总资产(万)	125101.45	106349.86	98937.98	63828.90
	股东权益(万)	100146.02	87946.62	79948.68	48251.09
	主营业务收入(万)	60859.68	88188.12	43390.80	53605.99
	主营成本(万)	38226.93	57189.68	26728.18	33210.00
	营业收入(万)	60934.68	88390.10	43472.21	53788.16
	营业成本(万)	38245.02	57238.28	26752.64	33265.21
	投资收益(万)	33.53	183.01	84.74	122.28
	利润总额(万)	13521.04	18062.06	9517.25	11810.98
	净利润(万)	12101.72	16088.24	8066.28	10054.24

浙江三力士橡胶股份有限公司

公司概况	公司名称	浙江三力士橡胶股份有限公司			证券简称	三力士
	法人代表	吴培生	董秘	吴琼瑛	证券代码	002224
	公司网址	www.v-belt.com		电子信箱	sanlux@mail.sxptt.zj.cn	
	电话	0575-84365558		传真	0575-84318666	
	办公地址	浙江省绍兴市柯岩街道余渚村				
	经营范围	三角胶带、橡胶制品的生产、销售等				

主要财务指标	指标\报告期	2011.06.30	2010.12.31	2010.06.30	2009.12.31
	每股收益(元)	0.1300	0.4600	0.1400	0.5300
	每股收益(扣除)(元)	0.1200	0.4400	0.1700	0.4400
	每股净资产(元)	2.8400	3.3000	3.0000	4.3400
	调整后每股净资产(元)	–	–	–	–
	每股资本公积金(元)	0.5343	0.8412	0.8293	1.7489
	每股盈余公积金(元)	0.1324	0.1587	0.1119	0.1678
	每股未分配利润(元)	1.1753	1.3025	1.0568	1.4288
	每股现金净流量(元)	–0.4125	0.0170	–0.3491	0.9003
	每股经营现金净流量(元)	–0.4952	0.4527	–0.1357	0.9393
	净资产收益率(扣除)(%)	4.3200	14.2400	14.2400	11.4400
	净资产收益率(%)	4.6300	14.0370	5.7000	12.2107
	总资产(万)	62572.31	59888.01	54057.35	56823.63
	股东权益(万)	45417.91	43979.24	39924.03	38579.54
	主营业务收入(万)	42715.71	71900.58	33331.62	57890.95
	主营成本(万)	35387.58	55348.14	25988.47	44823.37
	营业收入(万)	42840.37	72081.06	33944.77	57978.35
	营业成本(万)	35495.20	55400.21	26414.05	44864.21
	投资收益(万)	–	–	–	–
	利润总额(万)	2397.78	7125.42	2573.26	5551.56
	净利润(万)	2102.87	6173.47	2276.13	4710.84

濮阳濮耐高温材料(集团)股份有限公司

公司概况	公司名称	濮阳濮耐高温材料(集团)股份有限公司			证券简称	濮耐股份
	法人代表	刘百宽	董秘	钟建一	证券代码	002225
	公司网址	www.punai.com		电子信箱	pngf2007@punai.com	
	电话	0393-3214228 3214015		传真	0393-3214218	
	办公地址	河南省濮阳市西环路中段				
	经营范围	耐火材料原料和制品、功能陶瓷材料、高温结构材料、水泥及建筑材料等				

主要财务指标	指标\报告期	2011.06.30	2010.12.31	2010.06.30	2009.12.31
	每股收益(元)	0.0900	0.2600	0.0900	0.2500
	每股收益(扣除)(元)	0.0900	0.2600	0.1200	0.2400
	每股净资产(元)	1.6600	2.1200	1.6700	1.6300
	调整后每股净资产(元)	–	–	–	–
	每股资本公积金(元)	0.1719	0.5235	0.1746	0.1746
	每股盈余公积金(元)	0.0493	0.0640	0.0486	0.0486
	每股未分配利润(元)	0.4489	0.5451	0.4594	0.4164
	每股现金净流量(元)	–0.1093	0.0063	0.0179	0.1219
	每股经营现金净流量(元)	0.0121	0.1248	0.0560	0.2098
	净资产收益率(扣除)(%)	5.3000	13.7100	7.1400	15.9300
	净资产收益率(%)	5.4800	11.8500	7.3100	15.1750
	总资产(万)	242650.35	222200.27	164985.20	153794.75
	股东权益(万)	121434.71	119225.21	87213.29	84958.95
	主营业务收入(万)	94807.52	158630.10	72721.22	109492.14
	主营成本(万)	64995.49	103713.39	46663.49	67105.55
	营业收入(万)	95096.16	159214.33	73021.29	109584.24
	营业成本(万)	65236.70	104216.38	46900.73	67178.99
	投资收益(万)	–	–	–	–
	利润总额(万)	8323.26	17877.96	8419.23	16044.16
	净利润(万)	6654.84	14132.95	6420.42	12892.51

安徽江南化工股份有限公司

公司概况	公司名称	安徽江南化工股份有限公司			证券简称	江南化工
	法人代表	熊立武	董秘	方基清	证券代码	002226
	公司网址	www.ahjnhg.com		电子信箱	ahjnhg@ahjnhg.com	
	电话	0563-48030[illegible]7 4803141		传真	0563-4801777	
	办公地址	安徽省宁国市港口镇分界山				
	经营范围	工业炸药的生产、销售,主要产品为胶状乳化炸药、粉状乳化炸药等				

主要财务指标	指标\报告期	2011.06.30	2010.12.31	2010.06.30	2009.12.31
	每股收益(元)	0.3600	0.5200	0.2100	0.5000
	每股收益(扣除)(元)	0.1894	0.5200	0.2100	0.5000
	每股净资产(元)	8.4300	3.0400	2.7300	4.9900
	调整后每股净资产(元)	–	–	–	–
	每股资本公积金(元)	6.2307	0.3639	0.3639	1.7277
	每股盈余公积金(元)	0.0822	0.1548	0.1032	0.2064
	每股未分配利润(元)	0.9597	1.4498	1.1945	1.9656
	每股现金净流量(元)	1.2602	0.5027	0.0994	0.7804
	每股经营现金净流量(元)	0.1959	0.6445	0.1880	1.1626
	净资产收益率(扣除)(%)	11.0800	18.7200	8.0600	22.2900
	净资产收益率(%)	2.2580	17.0450	8.1400	20.1110
	总资产(万)	310526.94	49189.32	42066.99	40256.66
	股东权益(万)	222477.68	42586.13	38158.34	34937.70
	主营业务收入(万)	29683.77	32396.45	13504.38	26009.06
	主营成本(万)	17416.47	17444.92	6830.81	12550.46
	营业收入(万)	29764.42	32416.89	13504.88	26010.26
	营业成本(万)	17416.79	17451.99	6830.81	12550.81
	投资收益(万)	–	–	–	–
	利润总额(万)	7154.88	9129.53	3729.87	9121.25
	净利润(万)	5022.41	7258.64	2963.18	7026.26

深圳奥特迅电力设备股份有限公司

公司概况	公司名称	深圳奥特迅电力设备股份有限公司			证券简称	奥特迅
	法人代表	廖晓霞	董秘	廖晓东	证券代码	002227
	公司网址	www.atc-a.com		电子信箱	atczq@vip.163.com	
	电话	0755-26520515		传真	0755-26520515	
	办公地址	广东省深圳市南山区高新南一道29号厂房南座二层D区				
	经营范围	生产经营高频开关电源、电力电源设备、无功补偿装置等				

主要财务指标	指标\报告期	2011.06.30	2010.12.31	2010.06.30	2009.12.31
	每股收益(元)	0.0671	0.2478	0.0737	0.2231
	每股收益(扣除)(元)	–0.0077	0.2472	0.0738	0.2000
	每股净资产(元)	5.5000	5.5400	5.3600	5.3900
	调整后每股净资产(元)	–	–	–	–
	每股资本公积金(元)	3.2914	3.2914	3.2914	3.2914
	每股盈余公积金(元)	0.2674	0.2179	0.2277	0.1987
	每股未分配利润(元)	0.9419	1.0276	0.8431	0.9004
	每股现金净流量(元)	–0.2375	–0.3781	–0.3326	0.1046
	每股经营现金净流量(元)	–0.0719	–0.3011	–0.2748	0.1882
	净资产收益率(扣除)(%)	–0.1400	4.4600	1.3800	3.6700
	净资产收益率(%)	1.2190	4.4750	1.3800	4.1390
	总资产(万)	68372.05	65311.72	64692.47	66389.79
	股东权益(万)	59725.00	60118.06	58221.85	58528.12
	主营业务收入(万)	5973.82	18169.13	6811.28	14007.52
	主营成本(万)	3914.48	10874.97	4204.53	8526.61
	营业收入(万)	5986.65	18215.67	6819.47	14102.58
	营业成本(万)	3914.48	10874.97	4204.53	8526.61
	投资收益(万)	–	–	–	–
	利润总额(万)	894.28	3175.67	922.08	2800.55
	净利润(万)	728.02	2690.26	800.68	2422.23

厦门合兴包装印刷股份有限公司

公司概况					
公司名称	厦门合兴包装印刷股份有限公司			证券简称	合兴包装
法人代表	许晓光	董秘	童莹莹	证券代码	002228
公司网址	www.hxpp.com.cn			电子信箱	zqb@hxpp.com.cn
电　　话	0592-7896888			传　　真	0592-7896226
办公地址	福建省厦门市同安区同集北路556号				
经营范围	生产中高档瓦楞纸箱及纸、塑等各种包装印刷制品,研究和开发新型彩色印刷产品				

主要财务指标

指标\报告期	2011.06.30	2010.12.31	2010.06.30	2009.12.31
每股收益(元)	0.0900	0.3500	0.1000	0.3500
每股收益(扣除)(元)	0.0800	0.3200	0.1400	0.3400
每股净资产(元)	2.3900	3.7400	3.5500	2.2900
调整后每股净资产(元)	-	-	-	-
每股资本公积金(元)	0.8157	1.9052	1.9079	0.6165
每股盈余公积金(元)	0.0231	0.0341	0.0339	0.0328
每股未分配利润(元)	0.5471	0.7961	0.6048	0.6419
每股现金净流量(元)	-0.0286	0.3394	1.0056	0.1483
每股经营现金净流量(元)	-0.0617	-0.0350	-0.0896	-0.1286
净资产收益率(扣除)(%)	3.2800	10.4800	6.1000	15.5600
净资产收益率(%)	3.7250	8.7660	3.8342	15.4346
总资产(万)	173142.85	162593.25	158570.28	113473.31
股东权益(万)	82914.41	81128.78	77028.67	43532.78
主营业务收入(万)	90924.79	149949.77	64720.08	87250.35
主营成本(万)	77630.52	125845.77	53405.20	69763.64
营业收入(万)	92350.43	152098.42	65492.31	88592.93
营业成本(万)	78092.53	126398.47	53529.40	70722.36
投资收益(万)	-	-	-	-
利润总额(万)	4177.95	8526.82	3520.17	7228.44
净利润(万)	3088.77	7111.86	2953.41	6719.10

福建鸿博印刷股份有限公司

公司概况					
公司名称	福建鸿博印刷股份有限公司			证券简称	鸿博股份
法人代表	尤丽娟	董秘	李娟	证券代码	002229
公司网址	www.hb-print.com.cn			电子信箱	hongbo_printing@hb-group.com.cn
电　　话	0591-88070028			传　　真	0591-83840666
办公地址	福建省福州市金山开发区金达路136号				
经营范围	出版物、包装装潢印刷品、其他印刷品印刷,磁卡的研制与加工等				

主要财务指标

指标\报告期	2011.06.30	2010.12.31	2010.06.30	2009.12.31
每股收益(元)	0.2300	0.3622	0.1800	0.3554
每股收益(扣除)(元)	0.2300	0.3800	0.2000	0.3300
每股净资产(元)	3.7700	3.7000	3.5200	3.4800
调整后每股净资产(元)	-	-	-	-
每股资本公积金(元)	1.7288	1.7288	1.7288	1.7288
每股盈余公积金(元)	0.1294	0.1294	0.0999	0.0999
每股未分配利润(元)	0.9168	0.8370	0.6884	0.6542
每股现金净流量(元)	-0.7878	-0.4937	-0.7174	0.0502
每股经营现金净流量(元)	-0.5207	0.4440	-0.3227	0.3391
净资产收益率(扣除)(%)	6.1000	10.7400	5.7700	9.9700
净资产收益率(%)	6.0880	9.8020	5.2600	10.2040
总资产(万)	71940.96	70045.28	68671.25	63468.96
股东权益(万)	51339.53	50254.06	47832.14	47368.01
主营业务收入(万)	15296.56	27995.48	11796.10	18020.00
主营成本(万)	9932.25	17540.15	7345.29	10880.28
营业收入(万)	15732.30	28212.18	11845.49	18068.66
营业成本(万)	10237.22	17664.95	7350.81	10922.85
投资收益(万)	-	-	-	-
利润总额(万)	3735.02	6323.45	3028.53	5849.83
净利润(万)	3125.48	4926.05	2504.13	4833.59

安徽科大讯飞信息科技股份有限公司

公司概况					
公司名称	安徽科大讯飞信息科技股份有限公司			证券简称	科大讯飞
法人代表	刘庆峰	董秘	徐景明	证券代码	002230
公司网址	www.iflytek.com			电子信箱	xunfei@iflytek.com
电　　话	0551-5331880			传　　真	0551-5331802
办公地址	安徽省合肥市高新开发区望江西路666号				
经营范围	语音核心技术及其相关产品研发、生产与销售等				

主要财务指标

指标\报告期	2011.06.30	2010.12.31	2010.06.30	2009.12.31
每股收益(元)	0.1600	0.6300	0.1200	0.5000
每股收益(扣除)(元)	0.1400	0.5400	0.1500	0.3800
每股净资产(元)	4.3000	4.0600	3.6200	3.6300
调整后每股净资产(元)	-	-	-	-
每股资本公积金(元)	2.3675	1.6500	1.6500	1.6500
每股盈余公积金(元)	0.1033	0.1620	0.0944	0.0944
每股未分配利润(元)	0.8283	1.2494	0.8724	0.8878
每股现金净流量(元)	1.2358	-0.3743	-0.4283	0.0702
每股经营现金净流量(元)	0.0143	0.5557	0.0439	0.4139
净资产收益率(扣除)(%)	5.0300	15.4920	5.0500	13.7480
净资产收益率(%)	5.0300	16.1000	-	14.4700
总资产(万)	125028.24	86507.41	71072.43	72821.95
股东权益(万)	109230.51	66146.42	58686.31	59903.66
主营业务收入(万)	-	43605.73	-	30712.52
主营成本(万)	-	18803.78	-	13615.41
营业收入(万)	22130.61	43605.73	15710.73	30712.52
营业成本(万)	8377.34	18803.78	6100.14	13615.41
投资收益(万)	-174.71	76.93	5.05	15.85
利润总额(万)	4792.30	11198.29	3283.68	8739.51
净利润(万)	4011.55	10113.92	2968.19	8026.99

奥维通信股份有限公司

公司概况					
公司名称	奥维通信股份有限公司			证券简称	奥维通信
法人代表	杜方	董秘	胡颖	证券代码	002231
公司网址	www.syallwin.com			电子信箱	allwindongmi@vip.163.com
电　　话	024-83781111 83782200			传　　真	024-83783888 83782200
办公地址	辽宁省沈阳市浑南新区高歌路6号				
经营范围	通信产品的开发、生产、销售;通信工程的设计、施工、安装、调试及服务等				

主要财务指标

指标\报告期	2011.06.30	2010.12.31	2010.06.30	2009.12.31
每股收益(元)	0.0847	0.1798	0.0408	0.1487
每股收益(扣除)(元)	0.0810	0.1581	0.0365	0.1112
每股净资产(元)	2.5500	2.5600	2.4200	3.6800
调整后每股净资产(元)	-	-	-	-
每股资本公积金(元)	0.8400	0.8400	0.8400	1.7600
每股盈余公积金(元)	0.1018	0.1018	0.0838	0.1258
每股未分配利润(元)	0.6061	0.6214	0.5004	0.7894
每股现金净流量(元)	-0.5257	-0.3626	-0.2361	-0.2896
每股经营现金净流量(元)	-0.4153	-0.1297	-0.1423	0.0110
净资产收益率(扣除)(%)	3.3230	7.0150	1.6600	6.0690
净资产收益率(%)	3.2700	7.1900	1.6600	6.1900
总资产(万)	50395.39	50872.56	45713.31	47705.67
股东权益(万)	40893.78	41139.85	38909.17	39323.94
主营业务收入(万)	20544.52	27526.37	10036.43	18117.56
主营成本(万)	14545.08	16637.02	7300.33	12095.59
营业收入(万)	20544.52	27526.37	10036.43	18117.56
营业成本(万)	14545.08	16637.02	7300.33	12095.59
投资收益(万)	-	-	-	-
利润总额(万)	1811.92	3194.04	770.85	2658.39
净利润(万)	1358.94	2885.91	655.23	2386.59

启明信息技术股份有限公司

公司概况	公司名称	启明信息技术股份有限公司			证券简称	启明信息
	法人代表	徐建一	董秘	吴铁山	证券代码	002232
	公司网址	www.qm.cn		电子信箱	qiming@qm.cn	
	电　话	0431-89603547		传　真	0431-89603547	
	办公地址	吉林省长春市净月经济开发区百合街启明软件园				
	经营范围	软件开发、汽车电子、技术服务、系统集成、硬件销售等				

主要财务指标	指标\报告期	2011.06.30	2010.12.31	2010.06.30	2009.12.31
	每股收益(元)	0.0862	0.3140	0.0793	0.2892
	每股收益(扣除)(元)	0.0735	0.2945	0.1100	0.2732
	每股净资产(元)	2.2600	3.0400	2.8400	2.1700
	调整后每股净资产(元)	–	–	–	–
	每股资本公积金(元)	0.6408	1.2971	1.2971	0.5576
	每股盈余公积金(元)	0.0918	0.1176	0.0945	0.0964
	每股未分配利润(元)	0.5241	0.6241	0.4456	0.5146
	每股现金净流量(元)	–0.4666	1.0730	0.3226	0.2016
	每股经营现金净流量(元)	–0.2529	0.1125	–0.4141	0.7616
	净资产收益率(扣除)(%)	3.3200	10.7500	4.4600	14.3100
	净资产收益率(%)	3.8190	10.1800	3.7960	14.3930
	总资产(万)	142950.92	138351.75	114646.35	82592.27
	股东权益(万)	92200.51	88679.35	82794.80	55134.49
	主营业务收入(万)	54622.38	154083.62	42473.13	131583.36
	主营成本(万)	45063.82	134187.17	35229.77	112645.26
	营业收入(万)	54622.38	154106.71	42473.13	131583.36
	营业成本(万)	45063.82	134197.42	35229.77	112645.26
	投资收益(万)	–	–	–	–
	利润总额(万)	3853.32	10371.91	3526.31	8450.43
	净利润(万)	3521.16	9027.08	3142.52	7935.22

广东塔牌集团股份有限公司

公司概况	公司名称	广东塔牌集团股份有限公司			证券简称	塔牌集团
	法人代表	刁东庆	董秘	曾皓平	证券代码	002233
	公司网址	www.tapai.com		电子信箱	gdtpzhp@126.com	
	电　话	0753-7887036		传　真	0753-7887233	
	办公地址	广东省梅州市蕉岭县蕉城镇(塔牌大厦)				
	经营范围	生产、销售各类硅酸盐水泥等				

主要财务指标	指标\报告期	2011.06.30	2010.12.31	2010.06.30	2009.12.31
	每股收益(元)	0.3500	0.7700	0.1400	0.5400
	每股收益(扣除)(元)	0.3500	0.7600	0.2800	0.5200
	每股净资产(元)	3.4600	5.8100	5.0400	4.8000
	调整后每股净资产(元)	–	–	–	–
	每股资本公积金(元)	1.1969	2.6185	2.3414	2.3414
	每股盈余公积金(元)	0.0770	0.1722	0.1194	0.1194
	每股未分配利润(元)	1.1757	1.9921	1.5564	1.3248
	每股现金净流量(元)	0.0548	1.1326	–0.1558	–0.1263
	每股经营现金净流量(元)	0.5965	2.0433	0.7391	1.3405
	净资产收益率(扣除)(%)	11.0900	14.6000	5.7100	11.4200
	净资产收益率(%)	9.3820	13.2640	5.5908	11.2050
	总资产(万)	491245.12	478461.42	431700.52	421564.50
	股东权益(万)	309613.58	232209.21	201467.16	192072.95
	主营业务收入(万)	194351.21	312601.42	129287.20	259267.95
	主营成本(万)	133114.54	221459.46	93025.77	189998.36
	营业收入(万)	194573.63	312788.76	129373.88	259391.58
	营业成本(万)	133291.79	221562.57	93082.21	190058.62
	投资收益(万)	–	–	–	–
	利润总额(万)	39257.76	43768.59	15338.14	29149.87
	净利润(万)	29048.84	30800.00	11263.58	21521.71

山东民和牧业股份有限公司

公司概况	公司名称	山东民和牧业股份有限公司			证券简称	民和股份
	法人代表	孙希民	董秘	张东明	证券代码	002234
	公司网址	www.minhe.cn		电子信箱	info@minhe.cn	
	电　话	0535-5637723		传　真	0535-5855999	
	办公地址	山东省烟台市蓬莱市南关路 2-3 号				
	经营范围	种鸡饲养、种蛋、鸡苗销售;饲料、饲料添加剂预混料生产等				

主要财务指标	指标\报告期	2011.06.30	2010.12.31	2010.06.30	2009.12.31
	每股收益(元)	0.7900	0.4100	–0.2500	–0.3900
	每股收益(扣除)(元)	0.7800	0.3900	–	–0.3800
	每股净资产(元)	6.4400	5.7400	5.0800	5.3300
	调整后每股净资产(元)	–	–	–	–
	每股资本公积金(元)	2.2483	2.2483	2.2483	2.2483
	每股盈余公积金(元)	0.9417	0.9417	0.9220	0.9220
	每股未分配利润(元)	2.2459	1.5518	0.9073	1.1580
	每股现金净流量(元)	0.2252	–0.6890	–0.4750	–0.4292
	每股经营现金净流量(元)	0.6706	1.0763	–0.0626	0.2236
	净资产收益率(扣除)(%)	12.3380	7.2020	–4.9378	–7.4090
	净资产收益率(%)	12.9300	7.4700	–4.8200	–7.1400
	总资产(万)	119403.04	110806.70	105400.18	103696.47
	股东权益(万)	69185.70	63271.36	55724.71	58332.39
	主营业务收入(万)	58653.46	99608.24	40665.70	72271.91
	主营成本(万)	46012.91	87912.23	40772.07	69970.67
	营业收入(万)	58813.96	100311.89	40995.81	72572.92
	营业成本(万)	46019.76	87928.41	40777.31	70271.69
	投资收益(万)	50.60	138.43	5.41	9.48
	利润总额(万)	8689.99	4966.89	–2588.57	–4279.33
	净利润(万)	8536.10	4445.45	–2695.26	–4243.92

厦门安妮股份有限公司

公司概况	公司名称	厦门安妮股份有限公司			证券简称	安妮股份
	法人代表	张杰	董秘	林双	证券代码	002235
	公司网址	www.anne.com.cn		电子信箱	securities@anne.com.cn	
	电　话	0592-3152372		传　真	0592-3152406	
	办公地址	福建省厦门市集美区杏林锦园南路 99 号				
	经营范围	从事商务信息用纸的研发、生产、销售及综合应用服务等				

主要财务指标	指标\报告期	2011.06.30	2010.12.31	2010.06.30	2009.12.31
	每股收益(元)	0.0300	0.0100	0.0100	0.2818
	每股收益(扣除)(元)	0.0153	–0.1300	0.0500	0.2316
	每股净资产(元)	2.4200	2.3900	2.4000	3.1000
	调整后每股净资产(元)	–	–	–	–
	每股资本公积金(元)	0.8560	0.8560	0.8561	1.4130
	每股盈余公积金(元)	0.0708	0.0708	0.0708	0.0912
	每股未分配利润(元)	0.4960	0.4672	0.4765	0.5913
	每股现金净流量(元)	–0.2607	–0.5932	–0.7292	0.1746
	每股经营现金净流量(元)	–0.0427	0.2106	–0.3723	–0.3875
	净资产收益率(扣除)(%)	0.6300	5.4000	–2.2100	7.4800
	净资产收益率(%)	1.1880	0.5460	0.4270	9.1010
	总资产(万)	88935.21	86943.89	83907.84	79960.69
	股东权益(万)	47271.11	46692.26	46874.79	46442.53
	主营业务收入(万)	30482.91	62943.89	29527.90	45782.48
	主营成本(万)	24459.67	52244.02	24504.80	28206.50
	营业收入(万)	31217.40	64378.51	29870.06	54100.89
	营业成本(万)	24597.97	53626.49	24578.64	42336.37
	投资收益(万)	–	–	–	–
	利润总额(万)	1235.73	1193.30	653.65	5146.53
	净利润(万)	561.55	254.75	200.27	4226.73

浙江大华技术股份有限公司

公司概况					
公司名称	浙江大华技术股份有限公司			证券简称	大华股份
法人代表	傅利泉	董秘	吴坚	证券代码	002236
公司网址	www.dahuatech.com		电子信箱	zqsw@dahuatech.com	
电　话	0571-28939522		传　真	0571-28933211	
办公地址	浙江省杭州市滨江区滨安路1187号				
经营范围	计算机软件的开发、服务、销售，电子产品及通讯产品的设计、开发、生产、安装及销售				

主要财务指标　指标\报告期	2011.06.30	2010.12.31	2010.06.30	2009.12.31
每股收益(元)	0.4600	1.9100	0.2900	0.8800
每股收益(扣除)(元)	0.4536	1.8600	0.5700	0.7900
每股净资产(元)	4.4600	8.4100	6.5100	12.4000
调整后每股净资产(元)	–	–	–	–
每股资本公积金(元)	1.4352	3.2825	2.5672	5.5802
每股盈余公积金(元)	0.2646	0.5292	0.3657	0.7313
每股未分配利润(元)	1.7595	3.5953	2.5811	5.0878
每股现金净流量(元)	–0.7945	0.9787	–0.3836	0.2108
每股经营现金净流量(元)	–0.3705	0.8855	–0.1834	0.6946
净资产收益率(扣除)(%)	10.1900	25.6900	8.8600	13.5900
净资产收益率(%)	10.3580	22.1880	9.1100	14.1483
总资产(万)	189484.97	177758.72	138087.47	116015.83
股东权益(万)	124451.68	117311.08	87026.19	82827.74
主营业务收入(万)	80108.66	140713.28	53039.45	72776.61
主营成本(万)	45720.56	77963.34	29419.20	43310.65
营业收入(万)	89426.05	151627.54	57064.91	83594.21
营业成本(万)	52614.78	86014.73	32994.73	51154.76
投资收益(万)	–	–	–	–
利润总额(万)	14604.66	28817.81	8705.42	12784.99
净利润(万)	12890.73	26029.46	7845.04	11718.70

山东恒邦冶炼股份有限公司

公司概况					
公司名称	山东恒邦冶炼股份有限公司			证券简称	恒邦股份
法人代表	曲胜利	董秘	张俊峰	证券代码	002237
公司网址	www.hbyl.cn		电子信箱	zjf498496@126.com	
电　话	0535-4631769		传　真	0535-4631176	
办公地址	山东省烟台市牟平区水道镇				
经营范围	黄金的采选、冶炼及化工生产等				

主要财务指标　指标\报告期	2011.06.30	2010.12.31	2010.06.30	2009.12.31
每股收益(元)	0.6500	0.9900	0.4200	0.7800
每股收益(扣除)(元)	0.7642	1.1600	0.4200	0.7100
每股净资产(元)	8.0100	7.1300	6.7600	6.3500
调整后每股净资产(元)	–	–	–	–
每股资本公积金(元)	2.6611	2.4346	2.6618	2.6618
每股盈余公积金(元)	0.4402	0.4402	0.3432	0.3432
每股未分配利润(元)	3.8429	3.1951	2.7159	2.2981
每股现金净流量(元)	–0.3648	0.7420	0.1371	–2.4455
每股经营现金净流量(元)	–2.6174	–7.2707	–3.7493	–3.3901
净资产收益率(扣除)(%)	10.2600	16.9100	6.4500	11.7900
净资产收益率(%)	8.0830	13.9500	6.1769	12.3410
总资产(万)	638986.72	554665.44	422400.10	300781.88
股东权益(万)	153533.96	136519.32	129576.36	121638.21
主营业务收入(万)	403321.43	492912.89	164008.14	246624.59
主营成本(万)	363961.94	436771.23	142702.25	211989.52
营业收入(万)	404911.75	495452.09	165585.33	248999.07
营业成本(万)	365742.80	438299.83	144177.11	214810.64
投资收益(万)	–	–	–	–
利润总额(万)	17257.00	25516.21	10657.27	20067.72
净利润(万)	12410.55	19044.04	8003.86	15011.28

深圳市天威视讯股份有限公司

公司概况					
公司名称	深圳市天威视讯股份有限公司			证券简称	天威视讯
法人代表	吕建杰	董秘	钟林	证券代码	002238
公司网址	www.topway.com.cn		电子信箱	zl@topway.cn	
电　话	0755-83069184 83067777		传　真	0755-83069184 83067777	
办公地址	广东省深圳市福田区彩田路6001号				
经营范围	有线广播电视网络及其他通讯网络规划建设及技术服务等				

主要财务指标　指标\报告期	2011.06.30	2010.12.31	2010.06.30	2009.12.31
每股收益(元)	0.1801	0.3212	0.1071	0.2928
每股收益(扣除)(元)	0.1719	0.2982	0.1224	0.2576
每股净资产(元)	4.1600	4.8700	4.6800	4.6500
调整后每股净资产(元)	–	–	–	–
每股资本公积金(元)	1.0244	1.4292	1.4292	1.4292
每股盈余公积金(元)	0.3929	0.4714	0.4428	0.4428
每股未分配利润(元)	1.7380	1.9694	1.8053	1.7768
每股现金净流量(元)	–0.7664	0.3068	0.0714	0.2747
每股经营现金净流量(元)	0.3773	1.2113	0.4755	1.1728
净资产收益率(扣除)(%)	4.1400	6.2700	2.6000	5.6700
净资产收益率(%)	4.3350	6.5960	2.7300	6.2990
总资产(万)	172818.09	173775.15	171834.57	171385.94
股东权益(万)	133132.13	130031.31	124885.51	124124.77
主营业务收入(万)	38823.56	78534.75	38225.45	74272.96
主营成本(万)	–	53648.77	–	50228.40
营业收入(万)	39525.62	80025.41	38678.41	75283.79
营业成本(万)	24698.06	53648.77	26018.44	50228.40
投资收益(万)	–	–	–	–
利润总额(万)	5826.28	9478.32	4527.66	9675.11
净利润(万)	5770.82	8576.54	3430.74	7818.61

江苏金飞达服装股份有限公司

公司概况					
公司名称	江苏金飞达服装股份有限公司			证券简称	金飞达
法人代表	王进飞	董秘	郑维龙	证券代码	002239
公司网址	www.kfield.com.cn		电子信箱	kingfield@kfield.com.cn	
电　话	0513-80169096 80169101		传　真	0513-80167999 80169081	
办公地址	江苏省通州市经济开发区世纪大道288号				
经营范围	生产服装及服装辅料、梭织面料、针织面料等				

主要财务指标　指标\报告期	2011.06.30	2010.12.31	2010.06.30	2009.12.31
每股收益(元)	0.0240	0.0500	0.0558	0.1400
每股收益(扣除)(元)	0.0225	0.0500	0.0549	0.1300
每股净资产(元)	2.6400	2.6373	2.6403	2.6300
调整后每股净资产(元)	–	–	–	–
每股资本公积金(元)	0.9844	0.9844	0.9813	0.9813
每股盈余公积金(元)	0.0431	0.0431	0.0431	0.0431
每股未分配利润(元)	0.6206	0.6167	0.6203	0.6146
每股现金净流量(元)	–0.0207	0.0627	–0.1486	0.2243
每股经营现金净流量(元)	0.0435	0.3048	0.1106	0.3390
净资产收益率(扣除)(%)	–	1.9500	–	4.9500
净资产收益率(%)	0.9080	1.9770	2.1120	5.4678
总资产(万)	59732.78	57603.30	59845.98	62318.06
股东权益(万)	53063.00	53008.86	53069.96	52940.93
主营业务收入(万)	19281.37	39392.74	21310.94	40318.45
主营成本(万)	16688.12	34009.81	18253.88	33415.26
营业收入(万)	19423.22	41755.27	22861.54	40331.10
营业成本(万)	16824.34	36308.58	19761.34	33424.40
投资收益(万)	–	–	–	–
利润总额(万)	629.11	1305.13	1405.39	4031.92
净利润(万)	481.62	1047.71	1121.00	2894.73

广东威华股份有限公司

公司概况	公司名称	广东威华股份有限公司			证券简称	威华股份
	法人代表	李建华	董秘	刘艳梅	证券代码	002240
	公司网址	www.weihuaonline.com		电子信箱	whgf@vip.163.com	
	电　话	020-87551736 87551761		传　真	020-87551329	
	办公地址	广东省广州市天河北路 183 号大都会广场 17 楼				
	经营范围	人造板、家私、木材、木制品加工和销售以及造林工程设计、林木种植等业务				

主要财务指标	指标\报告期	2011.06.30	2010.12.31	2010.06.30	2009.12.31
	每股收益(元)	-0.0900	0.0600	0.0400	-0.1600
	每股收益(扣除)(元)	-0.0914	0.0100	0.0200	-0.1900
	每股净资产(元)	3.3200	5.4400	5.4500	5.3800
	调整后每股净资产(元)	-	-	-	-
	每股资本公积金(元)	1.9477	3.7163	3.7163	3.7163
	每股盈余公积金(元)	0.1563	0.2501	0.2469	0.2469
	每股未分配利润(元)	0.2125	0.4775	0.4824	0.4188
	每股现金净流量(元)	0.0123	-0.0967	0.7449	-0.5085
	每股经营现金净流量(元)	0.0424	-0.0111	-0.1659	0.4593
	净资产收益率(扣除)(%)	-2.7200	0.1800	0.4300	-3.3800
	净资产收益率(%)	-2.5920	1.1380	1.1700	-3.0260
	总资产(万)	347370.45	334781.29	349494.77	313094.58
	股东权益(万)	162742.00	166960.61	167009.46	165060.18
	主营业务收入(万)	-	153557.89	-	89441.91
	主营成本(万)	-	136639.53	-	78414.40
	营业收入(万)	69194.32	153557.89	63890.01	89441.91
	营业成本(万)	61971.50	136639.53	56519.64	78414.40
	投资收益(万)	-	-	-	-
	利润总额(万)	-4188.84	3332.05	2000.28	-5029.96
	净利润(万)	-4218.61	1900.43	1949.29	-4994.79

歌尔声学股份有限公司

公司概况	公司名称	歌尔声学股份有限公司			证券简称	歌尔声学
	法人代表	姜滨	董秘	徐海忠	证券代码	002241
	公司网址	www.goertek.com		电子信箱	ir@goertek.com	
	电　话	0536-8525688		传　真	0536-5825669	
	办公地址	山东省潍坊市高新技术产业开发区东方路 268 号				
	经营范围	开发、制造、销售：声学与多媒体技术及产品，短距离无线通信等				

主要财务指标	指标\报告期	2011.06.30	2010.12.31	2010.06.30	2009.12.31
	每股收益(元)	0.2400	0.7600	0.1400	0.2800
	每股收益(扣除)(元)	0.2194	0.7100	0.2700	0.2400
	每股净资产(元)	2.3100	4.3500	2.6400	3.6500
	调整后每股净资产(元)	-	-	-	-
	每股资本公积金(元)	0.5340	2.0680	0.7964	1.6946
	每股盈余公积金(元)	0.0632	0.1264	0.0738	0.1107
	每股未分配利润(元)	0.7164	1.1552	0.7719	0.8440
	每股现金净流量(元)	-0.1978	0.6594	-0.1138	-0.5149
	每股经营现金净流量(元)	0.1799	0.8552	0.1133	0.2830
	净资产收益率(扣除)(%)	9.6000	23.2100	10.6900	11.6900
	净资产收益率(%)	10.3250	16.9130	10.8800	11.4100
	总资产(万)	391992.57	328330.69	240417.65	181041.46
	股东权益(万)	173874.96	163451.37	95123.65	87538.16
	主营业务收入(万)	144704.51	258161.94	101874.81	110418.49
	主营成本(万)	104787.92	192946.66	77415.38	84417.34
	营业收入(万)	146613.39	264466.75	103774.12	112685.02
	营业成本(万)	106510.41	197701.08	79089.23	86266.82
	投资收益(万)	-	-	-	-
	利润总额(万)	22461.49	36011.24	12674.18	12432.94
	净利润(万)	17952.48	27645.25	9931.71	9987.63

九阳股份有限公司

公司概况	公司名称	九阳股份有限公司			证券简称	九阳股份
	法人代表	王旭宁	董秘	姜广勇	证券代码	002242
	公司网址	www.joyoung.com		电子信箱	jgy@joyoung.com	
	电　话	0571-81639093 81639178		传　真	0571-81639096	
	办公地址	山东省济南市槐荫区经十路 28038 号				
	经营范围	小家电产品的研发、生产及技术咨询，粮食的储藏及加工等				

主要财务指标	指标\报告期	2011.06.30	2010.12.31	2010.06.30	2009.12.31
	每股收益(元)	0.3600	0.7800	0.3600	0.8000
	每股收益(扣除)(元)	0.3600	0.7600	0.3600	0.7500
	每股净资产(元)	3.6900	3.8200	3.4100	5.2700
	调整后每股净资产(元)	-	-	-	-
	每股资本公积金(元)	1.1873	1.1873	1.1873	2.2809
	每股盈余公积金(元)	0.4078	0.3277	0.2059	0.3089
	每股未分配利润(元)	1.0908	1.3091	1.0132	1.6816
	每股现金净流量(元)	-0.3486	-0.3706	-0.3271	0.3784
	每股经营现金净流量(元)	0.3360	0.7222	0.4870	1.5441
	净资产收益率(扣除)(%)	9.3000	21.1200	9.8500	23.3700
	净资产收益率(%)	9.8130	20.3060	10.5333	22.8011
	总资产(万)	392859.35	433294.10	400567.10	400540.33
	股东权益(万)	280474.32	290999.24	259212.01	267419.42
	主营业务收入(万)	258835.32	532849.60	239215.00	463077.04
	主营成本(万)	166702.51	339990.49	150666.46	284380.99
	营业收入(万)	259615.97	534650.52	240758.72	463642.48
	营业成本(万)	166724.96	340294.41	151398.96	284498.28
	投资收益(万)	-	-	-	-
	利润总额(万)	39251.94	82964.58	38423.16	78541.92
	净利润(万)	27522.57	59090.83	27303.59	60974.67

深圳市通产丽星股份有限公司

公司概况	公司名称	深圳市通产丽星股份有限公司			证券简称	通产丽星
	法人代表	曹海成	董秘	彭晓华	证券代码	002243
	公司网址	www.beautystar.cn		电子信箱	bs@beautystar.cn	
	电　话	0755-28483234		传　真	0755-28483900*124	
	办公地址	广东省深圳市布吉坂田五和南路 49 号				
	经营范围	化妆品塑料包装的生产和销售等				

主要财务指标	指标\报告期	2011.06.30	2010.12.31	2010.06.30	2009.12.31
	每股收益(元)	0.2100	0.3700	0.1800	0.2600
	每股收益(扣除)(元)	0.1791	0.3400	0.1600	0.2500
	每股净资产(元)	2.5000	2.2900	2.0900	2.0300
	调整后每股净资产(元)	-	-	-	-
	每股资本公积金(元)	0.6834	0.6834	0.6834	0.6834
	每股盈余公积金(元)	0.0855	0.0855	0.0545	0.0545
	每股未分配利润(元)	0.7267	0.5173	0.3540	0.2936
	每股现金净流量(元)	-0.1292	-0.1066	-0.1641	-0.3447
	每股经营现金净流量(元)	0.0078	0.3118	0.1242	-
	净资产收益率(扣除)(%)	7.4900	15.8100	7.7100	12.5900
	净资产收益率(%)	8.3910	16.3900	8.6200	12.9370
	总资产(万)	95404.40	80335.23	69969.78	65713.60
	股东权益(万)	64402.77	58999.01	53983.97	52425.71
	主营业务收入(万)	42155.31	71403.75	32710.82	58568.89
	主营成本(万)	31947.03	53018.16	23775.86	44097.17
	营业收入(万)	42155.31	71403.75	32710.82	58568.89
	营业成本(万)	31947.03	53018.16	23775.86	44097.17
	投资收益(万)	-	-	-	-
	利润总额(万)	6101.90	10826.64	5521.08	7248.68
	净利润(万)	5403.76	9670.12	4655.08	6782.50

杭州滨江房产集团股份有限公司

公司概况	公司名称	杭州滨江房产集团股份有限公司		证券简称	滨江集团
	法人代表	戚金兴	董秘 李渊	证券代码	002244
	公司网址	www.binjiang.com.cn		电子信箱	office@binjiang.com.cn
	电　话	0571-86987771		传　真	0571-86987779
	办公地址	浙江省杭州市庆春东路38号			
	经营范围	房地产开发,房屋建筑,商品房销售,水电安装,室内外装潢			

主要财务指标	指标\报告期	2011.06.30	2010.12.31	2010.06.30	2009.12.31
	每股收益(元)	0.1100	0.7100	0.1900	0.4800
	每股收益(扣除)(元)	0.1100	0.7000	0.1800	0.4800
	每股净资产(元)	3.2200	3.1800	2.6500	2.5200
	调整后每股净资产(元)	–	–	–	–
	每股资本公积金(元)	0.5517	0.5517	0.5517	0.5517
	每股盈余公积金(元)	0.1307	0.1307	0.0815	0.0815
	每股未分配利润(元)	1.5401	1.4993	1.0189	0.8838
	每股现金净流量(元)	–1.7228	1.6551	–0.6628	0.3771
	每股经营现金净流量(元)	–2.0802	0.1469	–1.7099	–0.0733
	净资产收益率(扣除)(%)	3.4377	22.4620	6.9804	18.9152
	净资产收益率(%)	3.4500	25.1600	7.1300	20.6100
	总资产(万)	3266387.64	2969989.95	2258725.76	1901091.28
	股东权益(万)	627866.45	598419.84	440767.52	419594.15
	主营业务收入(万)	81956.20	617600.66	85991.08	280663.21
	主营成本(万)	39731.86	342004.00	42411.61	164243.87
	营业收入(万)	85526.99	621808.34	87664.59	283361.42
	营业成本(万)	40549.79	343076.38	42749.80	164885.12
	投资收益(万)	152.92	27.44	–	–
	利润总额(万)	26010.42	194286.22	33239.97	83580.36
	净利润(万)	14976.71	96620.56	25028.98	64367.25

江苏澳洋顺昌股份有限公司

公司概况	公司名称	江苏澳洋顺昌股份有限公司		证券简称	澳洋顺昌
	法人代表	沈学如	董秘 林文华	证券代码	002245
	公司网址	www.aucksun.com		电子信箱	secretary@aucksun.com
	电　话	0512-58161276		传　真	0512-58161233
	办公地址	江苏省张家港市杨舍镇新泾中路10号			
	经营范围	从事冷轧钢板的涂层生产及涂层板、镀锌板、铝合金板等金属材料的加工等			

主要财务指标	指标\报告期	2011.06.30	2010.12.31	2010.06.30	2009.12.31
	每股收益(元)	0.1449	0.4514	0.1113	0.2046
	每股收益(扣除)(元)	0.1439	0.4481	0.2200	0.1992
	每股净资产(元)	1.4600	2.6800	2.4400	3.3800
	调整后每股净资产(元)	–	–	–	–
	每股资本公积金(元)	0.0057	0.7092	0.7092	1.5638
	每股盈余公积金(元)	0.0602	0.1204	0.0895	0.1343
	每股未分配利润(元)	0.3898	0.8399	0.6420	0.6790
	每股现金净流量(元)	–0.0225	–0.1976	–0.0972	–0.0448
	每股经营现金净流量(元)	–0.6282	–0.6701	–0.2387	–1.3588
	净资产收益率(扣除)(%)	9.9070	16.8460	9.4900	9.0882
	净资产收益率(%)	10.3400	18.3400	9.4900	9.4800
	总资产(万)	151795.85	120208.54	104387.97	92631.65
	股东权益(万)	72193.75	68727.45	62205.67	58620.00
	主营业务收入(万)	77113.49	119529.55	57058.64	73636.06
	主营成本(万)	66249.36	103063.64	48713.91	65894.02
	营业收入(万)	78565.65	116337.82	58008.00	72383.12
	营业成本(万)	66279.99	102641.66	48713.91	65917.90
	投资收益(万)	357.65	478.24	437.66	486.37
	利润总额(万)	9060.72	13695.11	6579.90	6091.09
	净利润(万)	5284.90	8234.13	4061.54	3732.03

四川北方硝化棉股份有限公司

公司概况	公司名称	四川北方硝化棉股份有限公司		证券简称	北化股份
	法人代表	王立刚	董秘 魏光源	证券代码	002246
	公司网址	www.sn-nc.com		电子信箱	snc2002@163.com
	电　话	028-85925760 85925728		传　真	028-85925665
	办公地址	四川省成都市锦江工业园三色路209号火炬动力港南区8栋9楼			
	经营范围	生产硝化棉、硫酸;销售危险化学品等			

主要财务指标	指标\报告期	2011.06.30	2010.12.31	2010.06.30	2009.12.31
	每股收益(元)	0.1195	0.1100	0.0100	0.0700
	每股收益(扣除)(元)	0.1200	0.1000	0.0100	–
	每股净资产(元)	2.9100	3.0700	3.0200	2.9700
	调整后每股净资产(元)	–	–	–	–
	每股资本公积金(元)	1.3668	1.3668	1.3668	1.3668
	每股盈余公积金(元)	0.1289	0.1289	0.1189	0.1075
	每股未分配利润(元)	0.3573	0.5378	0.5010	0.4655
	每股现金净流量(元)	–0.1376	0.0102	–0.0950	–0.0392
	每股经营现金净流量(元)	–0.1773	0.3629	0.0572	0.2228
	净资产收益率(扣除)(%)	3.7500	3.2600	0.3800	–
	净资产收益率(%)	4.1050	3.5650	0.4170	2.4400
	总资产(万)	86094.82	76488.01	70876.11	66535.09
	股东权益(万)	57606.71	60687.71	59789.59	58830.72
	主营业务收入(万)	87172.02	129646.20	55812.14	–
	主营成本(万)	76594.70	115418.80	50962.59	–
	营业收入(万)	87196.75	134354.86	57276.08	40504.31
	营业成本(万)	76606.60	120319.82	52449.34	32741.80
	投资收益(万)	–	–	–	–
	利润总额(万)	3181.90	2601.14	330.64	1522.80
	净利润(万)	2364.70	2163.70	249.44	1437.40

浙江帝龙新材料股份有限公司

公司概况	公司名称	浙江帝龙新材料股份有限公司		证券简称	帝龙新材
	法人代表	姜飞雄	董秘 黄江	证券代码	002247
	公司网址	www.dilong.cc		电子信箱	dsh@dilong.cc
	电　话	0571-63818733		传　真	0571-63818603
	办公地址	浙江省临安市玲珑街道玲珑工业区环南路1958号			
	经营范围	新型建筑装饰材料的研发、生产和销售等			

主要财务指标	指标\报告期	2011.06.30	2010.12.31	2010.06.30	2009.12.31
	每股收益(元)	0.1800	0.4000	0.2000	0.3900
	每股收益(扣除)(元)	0.1690	0.3700	0.1800	0.3700
	每股净资产(元)	4.4100	4.5400	4.3400	6.4100
	调整后每股净资产(元)	–	–	–	–
	每股资本公积金(元)	2.3687	2.3772	2.3772	4.0658
	每股盈余公积金(元)	0.1441	0.1441	0.1043	0.1564
	每股未分配利润(元)	0.8949	1.0185	0.8599	1.1903
	每股现金净流量(元)	–0.7060	–0.7462	–0.6843	0.0540
	每股经营现金净流量(元)	–0.3380	0.0874	0.0341	0.8244
	净资产收益率(扣除)(%)	3.6500	8.3600	4.1900	8.9100
	净资产收益率(%)	4.0040	8.7680	4.6000	9.1950
	总资产(万)	57946.31	54665.35	57335.09	53189.83
	股东权益(万)	44166.01	45488.27	43500.89	42835.95
	主营业务收入(万)	20386.30	36317.90	16398.77	24130.94
	主营成本(万)	15810.42	28130.71	12230.73	17327.50
	营业收入(万)	20709.06	36704.60	16547.08	24212.75
	营业成本(万)	15946.80	28248.17	12305.42	17386.98
	投资收益(万)	–	–	–	–
	利润总额(万)	2132.92	4507.75	2295.78	4298.06
	净利润(万)	1768.32	3988.32	2000.93	3938.58

威海华东数控股份有限公司

公司概况	公司名称	威海华东数控股份有限公司		证券简称	华东数控
	法人代表	汤世贤	董秘 王明山	证券代码	002248
	公司网址	www.huadongcnc.com		电子信箱	wms6178@163.com
	电　话	0631-5902248 5912929		传　真	0631-5967988
	办公地址	山东省威海市经济技术开发区环山路 698 号			
	经营范围	数控系统,数控机床,切削工具,手工具,金属切削机床,机床附件等			

指标\报告期	2011.06.30	2010.12.31	2010.06.30	2009.12.31
每股收益(元)	0.1100	0.3700	0.2100	0.4700
每股收益(扣除)(元)	0.1000	0.3500	0.4200	0.4400
每股净资产(元)	4.0300	3.9700	7.7200	2.5300
调整后每股净资产(元)	–	–	–	–
每股资本公积金(元)	1.8643	1.8643	4.7173	2.3500
每股盈余公积金(元)	0.2072	0.2072	0.3480	0.3734
每股未分配利润(元)	0.9581	0.9004	1.6574	1.3363
每股现金净流量(元)	0.3879	–0.1609	0.9894	0.8313
每股经营现金净流量(元)	–0.1732	0.1757	0.1303	0.5340
净资产收益率(扣除)(%)	2.5400	10.0700	6.9400	19.8100
净资产收益率(%)	2.6730	9.2030	5.3335	19.1000
总资产(万)	245414.00	204441.23	185451.83	154725.09
股东权益(万)	103761.34	102275.55	99428.98	60716.57
主营业务收入(万)	32222.87	66538.98	32287.54	57199.84
主营成本(万)	22990.87	45648.68	21682.90	37265.63
营业收入(万)	32460.48	66882.63	32427.71	57391.64
营业成本(万)	22990.87	45704.59	21682.90	37290.35
投资收益(万)	–	–	–	–
利润总额(万)	3515.89	11428.86	6300.67	13579.73
净利润(万)	2773.27	9412.13	5303.01	11596.63

中山大洋电机股份有限公司

公司概况	公司名称	中山大洋电机股份有限公司		证券简称	大洋电机
	法人代表	鲁楚平	董秘 熊杰明	证券代码	002249
	公司网址	www.broad-ocean.com.cn		电子信箱	bom@broad-ocean.com.cn
	电　话	0760-88555306		传　真	0760-88559031
	办公地址	广东省中山市西区沙朗第三工业区			
	经营范围	加工、制造、销售:微电机、家用电器、卫生洁具及配件、运动及健身器械等			

指标\报告期	2011.06.30	2010.12.31	2010.06.30	2009.12.31
每股收益(元)	0.3200	0.5300	0.2600	0.4600
每股收益(扣除)(元)	0.3064	0.5000	0.2500	0.4500
每股净资产(元)	3.2200	3.1700	2.8600	4.9800
调整后每股净资产(元)	–	–	–	–
每股资本公积金(元)	1.0708	1.0598	1.0203	2.4888
每股盈余公积金(元)	0.1816	0.1460	0.1247	0.1771
每股未分配利润(元)	0.9838	0.9832	0.7314	1.3359
每股现金净流量(元)	0.3751	–0.7374	–0.6253	0.5537
每股经营现金净流量(元)	0.5721	0.1573	0.0141	1.2755
净资产收益率(扣除)(%)	–	16.4100	8.2200	15.8800
净资产收益率(%)	9.8280	16.8050	9.0826	15.6190
总资产(万)	266691.62	199392.15	185361.62	177905.68
股东权益(万)	137818.52	135951.73	122715.09	125589.65
主营业务收入(万)	128349.69	214418.05	105547.21	142995.21
主营成本(万)	99747.34	170805.29	85907.07	107430.99
营业收入(万)	130636.69	218712.54	107641.14	144930.24
营业成本(万)	101842.79	174289.36	87413.74	108978.32
投资收益(万)	–	–	–	–
利润总额(万)	16075.61	26348.59	13183.28	22856.50
净利润(万)	13544.78	22846.78	11145.68	19616.39

联化科技股份有限公司

公司概况	公司名称	联化科技股份有限公司		证券简称	联化科技
	法人代表	牟金香	董秘 鲍臻湧	证券代码	002250
	公司网址	www.hlchem.com		电子信箱	ltss@hlchem.com
	电　话	0576-84275238		传　真	0576-84275238
	办公地址	浙江省台州市黄岩区劳动北路总商会大厦 17 楼			
	经营范围	精细化学高级中间体的研发、生产和销售等			

指标\报告期	2011.06.30	2010.12.31	2010.06.30	2009.12.31
每股收益(元)	0.5100	0.8300	0.3500	0.5300
每股收益(扣除)(元)	0.5100	0.8300	0.3500	0.5300
每股净资产(元)	6.0900	3.6000	3.1200	5.6200
调整后每股净资产(元)	–	–	–	–
每股资本公积金(元)	3.0082	0.6823	0.6823	2.1964
每股盈余公积金(元)	0.1680	0.1812	0.1125	0.2138
每股未分配利润(元)	1.9123	1.7351	1.3294	2.2054
每股现金净流量(元)	1.7704	0.0826	0.3533	–0.3884
每股经营现金净流量(元)	0.2550	0.7588	0.6501	1.4001
净资产收益率(扣除)(%)	11.2100	25.5100	11.3700	19.3200
净资产收益率(%)	11.3600	22.9880	11.4900	17.8650
总资产(万)	251997.96	170533.21	151924.49	127434.37
股东权益(万)	161141.19	88298.16	76658.24	72520.19
主营业务收入(万)	120570.97	192957.91	89021.62	130183.66
主营成本(万)	–	130183.66	–	90776.88
营业收入(万)	123342.01	197344.91	93004.06	134059.31
营业成本(万)	92695.89	145833.38	68616.15	93998.33
投资收益(万)	–	–	–	–
利润总额(万)	15187.90	24810.42	11369.22	16695.22
净利润(万)	12946.64	20297.87	8657.95	12955.98

步步高商业连锁股份有限公司

公司概况	公司名称	步步高商业连锁股份有限公司		证券简称	步步高
	法人代表	王填	董秘 黎骅	证券代码	002251
	公司网址	www.bbg.com.cn		电子信箱	bbgshiqian@163.com
	电　话	0731-52322517 52339869		传　真	0731-52339867
	办公地址	湖南省湘潭市韶山西路 309 号步步高大厦			
	经营范围	投资商业、普通货物运输、物业管理、仓储保管、商品配送、农副产品加工等			

指标\报告期	2011.06.30	2010.12.31	2010.06.30	2009.12.31
每股收益(元)	0.5673	0.6321	0.3907	0.6110
每股收益(扣除)(元)	0.5456	0.5726	0.3667	0.5685
每股净资产(元)	6.0600	5.7900	5.5500	5.7600
调整后每股净资产(元)	–	–	–	–
每股资本公积金(元)	2.8658	2.8658	2.8658	2.8655
每股盈余公积金(元)	0.2379	0.2379	0.1840	0.1840
每股未分配利润(元)	1.9558	1.6885	1.5010	1.7103
每股现金净流量(元)	–0.3001	–0.4085	–0.2685	–0.9349
每股经营现金净流量(元)	1.5855	1.7067	1.3376	1.5341
净资产收益率(扣除)(%)	9.0500	10.0000	6.2600	10.3900
净资产收益率(%)	9.3630	10.9130	7.0400	10.6080
总资产(万)	414835.02	381924.97	301894.81	304189.53
股东权益(万)	163823.32	156595.86	150070.63	155722.47
主营业务收入(万)	396806.59	634062.63	312939.95	541472.07
主营成本(万)	337212.05	534765.92	264763.35	457005.27
营业收入(万)	425740.23	677026.59	335813.38	572533.35
营业成本(万)	339203.77	538357.88	266378.43	460246.01
投资收益(万)	–	–	–	–
利润总额(万)	20482.33	23470.01	14245.79	22929.37
净利润(万)	15338.26	17088.89	10563.66	16519.32

上海莱士血液制品股份有限公司

公司概况	公司名称	上海莱士血液制品股份有限公司			证券简称	上海莱士
	法人代表	郑跃文	董秘	刘峥	证券代码	002252
	公司网址	www.raas-corp.com		电子信箱	raas@raas-corp.com	
	电　话	021-64303911		传　真	021-64300699	
	办公地址	上海市闵行经济技术开发区北斗路55号				
	经营范围	血液制品的研发、生产和销售等				

	指标\报告期	2011.06.30	2010.12.31	2010.06.30	2009.12.31
主要财务指标	每股收益(元)	0.2900	0.6800	0.2600	0.5000
	每股收益(扣除)(元)	0.2935	0.6700	0.4300	0.5000
	每股净资产(元)	2.9200	3.0300	4.4300	4.7400
	调整后每股净资产(元)	–	–	–	–
	每股资本公积金(元)	1.1988	1.1988	2.7379	2.7379
	每股盈余公积金(元)	0.2020	0.2020	0.2291	0.2291
	每股未分配利润(元)	0.5231	0.6289	0.4647	0.7741
	每股现金净流量(元)	–0.2964	–0.0412	–0.6290	–0.5905
	每股经营现金净流量(元)	0.1693	0.7361	0.3654	0.7251
	净资产收益率(扣除)(%)	9.6400	23.6900	9.2000	18.4800
	净资产收益率(%)	10.0610	22.5100	9.9422	17.8840
	总资产(万)	87133.25	93032.56	78040.89	82521.71
	股东权益(万)	79527.55	82406.66	70906.49	75856.84
	主营业务收入(万)	22636.74	48327.72	18926.70	38751.99
	主营成本(万)	9342.06	17951.47	6883.51	16466.66
	营业收入(万)	22644.03	48335.71	18926.70	38751.99
	营业成本(万)	9342.06	17951.47	6883.51	16466.66
	投资收益(万)	–	–	–	–
	利润总额(万)	9407.29	22090.16	8547.48	15956.75
	净利润(万)	8000.89	18549.83	7049.65	13566.30

四川川大智胜软件股份有限公司

公司概况	公司名称	四川川大智胜软件股份有限公司			证券简称	川大智胜
	法人代表	游志胜	董秘	郑念新	证券代码	002253
	公司网址	www.wisesoft.com.cn		电子信箱	wisesoft@wisesoft.com.cn	
	电　话	028-85372677 85372506		传　真	028-85372506	
	办公地址	四川省成都市武科东一路七号				
	经营范围	软件,硬件及配套系统开发,系统集成和图像图形工程,安防产口生产等				

	指标\报告期	2011.06.30	2010.12.31	2010.06.30	2009.12.31
主要财务指标	每股收益(元)	0.1600	0.5400	0.0700	0.5400
	每股收益(扣除)(元)	–	0.4400	0.1000	0.5100
	每股净资产(元)	5.0900	5.2300	4.7600	6.1300
	调整后每股净资产(元)	–	–	–	–
	每股资本公积金(元)	2.3913	2.3913	2.3913	3.0695
	每股盈余公积金(元)	0.3626	0.3626	0.3097	0.3717
	每股未分配利润(元)	1.3391	1.4791	1.0610	1.6882
	每股现金净流量(元)	–0.4717	–0.5609	–0.5423	–0.5077
	每股经营现金净流量(元)	0.3616	0.1237	–0.0582	0.4133
	净资产收益率(扣除)(%)	3.1423	10.3540	1.4900	8.7850
	净资产收益率(%)	3.0400	10.5500	1.4000	8.9800
	总资产(万)	47392.36	49386.71	43163.13	45025.56
	股东权益(万)	39331.04	40308.54	36461.50	38692.69
	主营业务收入(万)	4725.16	14428.42	3353.73	12667.51
	主营成本(万)	2969.88	9363.49	2090.26	8032.74
	营业收入(万)	4725.16	14439.93	3353.73	12667.51
	营业成本(万)	2969.88	9366.99	2090.26	8032.74
	投资收益(万)	2.76	–	–	–
	利润总额(万)	1310.02	4569.91	591.75	3498.21
	净利润(万)	1198.36	4057.03	530.22	3360.09

烟台泰和新材料股份有限公司

公司概况	公司名称	烟台泰和新材料股份有限公司			证券简称	泰和新材
	法人代表	孙茂健	董秘	迟海平	证券代码	002254
	公司网址	www.ytspandex.com		电子信箱	c_hp@sina.com	
	电　话	0535-6394123		传　真	0535-6371234 6394123	
	办公地址	山东省烟台市经济技术开发区黑龙江路10号				
	经营范围	氨纶纤维、芳纶纤维系列产品的开发、制造和销售等				

	指标\报告期	2011.06.30	2010.12.31	2010.06.30	2009.12.31
主要财务指标	每股收益(元)	0.3000	0.9800	0.3600	0.4200
	每股收益(扣除)(元)	0.3030	0.9800	0.5440	0.4100
	每股净资产(元)	4.1400	6.5500	6.1100	9.5100
	调整后每股净资产(元)	–	–	–	–
	每股资本公积金(元)	1.0237	2.0356	2.0356	3.8569
	每股盈余公积金(元)	0.6294	0.9441	0.9441	1.5106
	每股未分配利润(元)	1.4825	2.5688	2.1333	3.1409
	每股现金净流量(元)	–0.7135	–0.2418	–0.2823	0.6517
	每股经营现金净流量(元)	–0.0713	0.6524	0.2858	1.4445
	净资产收益率(扣除)(%)	6.7100	15.6300	8.7600	6.7700
	净资产收益率(%)	7.3320	14.9770	8.9197	7.0360
	总资产(万)	210914.21	226812.75	198206.40	194203.31
	股东权益(万)	161934.19	170943.66	159575.06	155130.45
	主营业务收入(万)	77187.65	145158.57	68600.55	111646.91
	主营成本(万)	55928.25	99202.41	45527.50	86850.31
	营业收入(万)	79083.33	149053.27	70586.52	113302.23
	营业成本(万)	57066.46	101751.83	46822.34	87700.78
	投资收益(万)	–	–	–	–
	利润总额(万)	15025.26	32460.42	18271.93	14222.37
	净利润(万)	11873.73	25602.21	14233.60	10914.84

苏州海陆重工股份有限公司

公司概况	公司名称	苏州海陆重工股份有限公司			证券简称	海陆重工
	法人代表	徐元生	董秘	张郭一	证券代码	002255
	公司网址	www.hailu-boiler.cn		电子信箱	stock@hailu-boiler.cn	
	电　话	0512-58913056		传　真	0512-58683105	
	办公地址	江苏省张家港市杨舍镇人民西路1号(省经济开发区)				
	经营范围	余热锅炉系列产品、大型压力容器设计制造和金属加工等				

	指标\报告期	2011.06.30	2010.12.31	2010.06.30	2009.12.31
主要财务指标	每股收益(元)	0.4924	0.9800	0.4459	0.9400
	每股收益(扣除)(元)	0.4720	0.8400	0.4080	0.8700
	每股净资产(元)	9.1900	8.9000	8.3700	8.1200
	调整后每股净资产(元)	–	–	–	–
	每股资本公积金(元)	5.5037	5.5037	5.4908	5.5050
	每股盈余公积金(元)	0.2329	0.2329	0.1453	0.1453
	每股未分配利润(元)	2.4526	2.1602	1.7317	1.4709
	每股现金净流量(元)	–1.0551	–0.5399	–0.0291	3.5930
	每股经营现金净流量(元)	0.0342	0.4672	–0.0169	1.0221
	净资产收益率(扣除)(%)	5.1800	9.9000	4.9200	14.9400
	净资产收益率(%)	5.3580	10.9820	5.3288	10.2950
	总资产(万)	214074.44	215956.16	196688.29	199097.20
	股东权益(万)	118633.51	114859.15	108027.81	104844.60
	主营业务收入(万)	55065.48	102545.11	47596.83	97380.82
	主营成本(万)	–	76129.32	–	74508.08
	营业收入(万)	55980.11	104905.38	48996.90	97942.02
	营业成本(万)	42541.84	77584.71	36160.19	74524.37
	投资收益(万)	–	–	–	–
	利润总额(万)	8419.23	16220.10	8203.13	15429.47
	净利润(万)	6356.36	12613.37	5756.64	10793.75

深圳市彩虹精细化工股份有限公司

公司概况						
	公司名称	深圳市彩虹精细化工股份有限公司			证券简称	彩虹精化
	法人代表	陈永弟	董秘	李化春	证券代码	002256
	公司网址	www.7cf.com		电子信箱	lyj@rainbowvc.com	
	电　话	0755-33236838 33236829		传　真	0755-33236866	
	办公地址	广东省深圳市宝安区石岩镇上屋彩虹工业城				
	经营范围	气雾剂系列产品的技术开发、生产与销售等				

主要财务指标	指标\报告期	2011.06.30	2010.12.31	2010.06.30	2009.12.31
	每股收益(元)	0.0729	0.1500	0.0702	0.1900
	每股收益(扣除)(元)	0.0701	0.1500	0.0700	0.1700
	每股净资产(元)	2.1787	2.0859	2.0100	2.9000
	调整后每股净资产(元)	–	–	–	–
	每股资本公积金(元)	0.5290	0.5091	0.5091	1.2636
	每股盈余公积金(元)	0.0772	0.0772	0.0566	0.0850
	每股未分配利润(元)	0.5725	0.4996	0.4410	0.5562
	每股现金净流量(元)	–0.2457	–0.1492	0.0019	–0.6286
	每股经营现金净流量(元)	–0.0578	0.1363	0.0084	0.5125
	净资产收益率(扣除)(%)	–	7.4100	3.5600	8.9000
	净资产收益率(%)	3.3460	7.1590	3.4982	9.6200
	总资产(万)	67326.96	64885.88	60971.77	59117.08
	股东权益(万)	45490.86	43552.72	41900.76	40434.98
	主营业务收入(万)	19041.53	38726.01	16146.26	32307.52
	主营成本(万)	14297.82	28859.71	11957.28	23829.22
	营业收入(万)	19041.53	39666.79	16146.26	32307.52
	营业成本(万)	14297.82	29724.20	11957.28	23829.22
	投资收益(万)	–	–	–	–
	利润总额(万)	1359.74	2273.48	1217.99	4335.29
	净利润(万)	1522.14	3117.74	1465.79	3891.29

利尔化学股份有限公司

公司概况						
	公司名称	利尔化学股份有限公司			证券简称	利尔化学
	法人代表	黄晓忠	董秘	刘军	证券代码	002258
	公司网址	www.lierchem.com		电子信箱	tzfzb@lierchem.com	
	电　话	0816-2841069		传　真	0816-2845440	
	办公地址	四川省绵阳市高新技术开发区绵兴东路97号久远商厦5F				
	经营范围	农药、医药原药中间体及其他化工产品的研究、开发、生产和销售等				

主要财务指标	指标\报告期	2011.06.30	2010.12.31	2010.06.30	2009.12.31
	每股收益(元)	0.2363	0.3500	0.2047	0.5000
	每股收益(扣除)(元)	0.1387	0.3600	0.1928	0.5000
	每股净资产(元)	4.4022	4.1664	4.0200	4.0600
	调整后每股净资产(元)	–	–	–	–
	每股资本公积金(元)	2.0974	2.0974	2.0974	2.0974
	每股盈余公积金(元)	0.2544	0.2544	0.2191	0.2191
	每股未分配利润(元)	1.0444	0.8146	0.7003	0.7456
	每股现金净流量(元)	–0.7450	–1.0405	–0.3886	–0.2546
	每股经营现金净流量(元)	0.0300	0.4074	0.0775	0.6300
	净资产收益率(扣除)(%)	5.3670	8.5050	5.0200	12.2930
	净资产收益率(%)	5.5100	8.7400	5.0200	12.3400
	总资产(万)	126073.84	91564.75	86182.93	86414.04
	股东权益(万)	108880.99	84346.41	81325.90	82282.82
	主营业务收入(万)	43732.69	44518.00	26553.33	39420.96
	主营成本(万)	33617.14	31429.55	18501.00	23750.95
	营业收入(万)	43811.50	44531.28	26567.94	39420.96
	营业成本(万)	33658.59	31429.55	18501.00	23751.87
	投资收益(万)	11.50	–220.36	–179.62	–6.53
	利润总额(万)	6340.74	7552.33	4559.40	10834.73
	净利润(万)	4783.20	7173.81	4144.24	10115.33

四川升达林业产业股份有限公司

公司概况						
	公司名称	四川升达林业产业股份有限公司			证券简称	升达林业
	法人代表	江昌政	董秘	范立华	证券代码	002259
	公司网址	www.shengdawood.com		电子信箱	fanlihua@vip.sina.com	
	电　话	028-86788818-218 86783590		传　真	028-86755286	
	办公地址	四川省成都市锦江区东华正街42号				
	经营范围	林木种植、中纤板的生产与销售、木地板的生产与销售等				

主要财务指标	指标\报告期	2011.06.30	2010.12.31	2010.06.30	2009.12.31
	每股收益(元)	0.0200	0.1200	0.0500	0.0500
	每股收益(扣除)(元)	0.0218	0.1100	0.0500	0.1000
	每股净资产(元)	2.3100	2.3400	1.6900	2.3500
	调整后每股净资产(元)	–	–	–	–
	每股资本公积金(元)	1.0956	1.0956	0.4691	1.0567
	每股盈余公积金(元)	0.0304	0.0304	0.0230	0.0321
	每股未分配利润(元)	0.1885	0.2172	0.2013	0.2617
	每股现金净流量(元)	–0.2572	0.6396	–0.4055	–0.2339
	每股经营现金净流量(元)	–0.0599	0.2083	0.0819	0.1829
	净资产收益率(扣除)(%)	0.9200	6.6400	2.7900	4.3500
	净资产收益率(%)	0.9200	4.3070	2.9400	2.9010
	总资产(万)	213358.14	199150.12	149244.08	151378.85
	股东权益(万)	82719.74	83745.35	50970.64	50536.10
	主营业务收入(万)	41265.37	67287.57	27269.75	55897.95
	主营成本(万)	30242.62	49031.64	19520.88	39726.66
	营业收入(万)	41399.94	68649.22	27503.80	56278.54
	营业成本(万)	30284.48	50261.15	19694.25	40090.99
	投资收益(万)	–	–	–	–
	利润总额(万)	639.25	4014.41	1688.76	1782.91
	净利润(万)	761.39	3606.69	1509.54	1465.95

广东伊立浦电器股份有限公司

公司概况						
	公司名称	广东伊立浦电器股份有限公司			证券简称	伊 立 浦
	法人代表	简伟文	董秘	周伯添	证券代码	002260
	公司网址	www.elecpro.com		电子信箱	elecpro@elecpro.cn	
	电　话	0757-88374384		传　真	0757-88374990	
	办公地址	广东省佛山市南海区松岗松夏工业园工业大道西				
	经营范围	生产经营电饭煲、电开水器等家电用小电器、模具及金属模压制品等				

主要财务指标	指标\报告期	2011.06.30	2010.12.31	2010.06.30	2009.12.31
	每股收益(元)	0.0500	0.0800	–0.0400	–0.2500
	每股收益(扣除)(元)	0.0200	0.0500	–0.0500	–0.2400
	每股净资产(元)	2.0700	2.0200	1.9000	1.9500
	调整后每股净资产(元)	–	–	–	–
	每股资本公积金(元)	0.7359	0.7359	0.7359	0.7359
	每股盈余公积金(元)	0.0517	0.0517	0.0517	0.0517
	每股未分配利润(元)	0.2856	0.2363	0.1153	0.1589
	每股现金净流量(元)	–0.3517	–0.0947	–0.1737	–0.1675
	每股经营现金净流量(元)	–0.0922	0.4943	0.0013	0.2847
	净资产收益率(扣除)(%)	2.4200	2.5700	–2.4900	–11.5600
	净资产收益率(%)	2.3830	3.8310	–2.2940	–12.6600
	总资产(万)	57797.64	61503.85	58961.69	62732.63
	股东权益(万)	32264.89	31514.43	29659.60	30347.89
	主营业务收入(万)	32994.17	76918.18	26281.78	61579.98
	主营成本(万)	27642.82	64485.29	22307.76	54387.33
	营业收入(万)	32994.17	76918.18	26281.78	61579.98
	营业成本(万)	27642.82	64485.29	22307.76	54387.33
	投资收益(万)	–	–	–	–
	利润总额(万)	944.49	1622.29	–676.57	–4322.45
	净利润(万)	768.88	1207.33	–680.28	–3841.00

拓维信息系统股份有限公司

公司概况	公司名称	拓维信息系统股份有限公司			证券简称	拓维信息
	法人代表	李新宇	董秘	龙麒	证券代码	002261
	公司网址	www.talkweb.com.cn		电子信箱	longqi@talkweb.com.cn	
	电　话	0731-88799888 88668270		传　真	0731-88668270	
	办公地址	湖南省长沙市岳麓区桐梓坡西路298号				
	经营范围	从事电信行业软件开发及无线增值业务等				

	指标\报告期	2011.06.30	2010.12.31	2010.06.30	2009.12.31
主要财务指标	每股收益(元)	0.2000	0.7600	0.2000	0.6000
	每股收益(扣除)(元)	0.1700	0.7300	0.2700	0.5500
	每股净资产(元)	3.5200	4.9700	4.4400	5.4800
	调整后每股净资产(元)	-	-	-	-
	每股资本公积金(元)	0.7397	1.4960	1.4283	2.1543
	每股盈余公积金(元)	0.1178	0.1766	0.1350	0.1755
	每股未分配利润(元)	1.6636	2.2994	1.8733	2.1530
	每股现金净流量(元)	-0.4012	0.4937	-0.6695	1.2292
	每股经营现金净流量(元)	-0.0253	0.5413	-0.0225	0.7994
	净资产收益率(扣除)(%)	4.8600	15.8500	6.3000	13.9000
	净资产收益率(%)	5.6060	15.3220	6.8000	14.2230
	总资产(万)	87405.50	83956.47	69720.76	68985.97
	股东权益(万)	76770.37	72271.36	64487.99	61303.92
	主营业务收入(万)	19179.15	35725.50	14559.27	30862.33
	主营成本(万)	7659.71	13700.56	5800.89	13493.53
	营业收入(万)	19179.29	35731.87	14562.50	30868.79
	营业成本(万)	7659.71	13700.56	5800.89	13493.53
	投资收益(万)	-	-	-	-
	利润总额(万)	5184.71	12769.86	5225.73	10256.39
	净利润(万)	4303.61	11073.06	4274.76	8718.97

江苏恩华药业股份有限公司

公司概况	公司名称	江苏恩华药业股份有限公司			证券简称	恩华药业
	法人代表	孙彭生	董秘	段保州	证券代码	002262
	公司网址	www.nhwa-group.com		电子信箱	nhwadsb@nhwa-group.com	
	电　话	0516-87661189 87661012		传　真	0516-87767118	
	办公地址	江苏省徐州市民主南路69号恩华大厦十五楼				
	经营范围	冻干粉针剂、小容量注射剂、片剂、硬胶囊剂等				

	指标\报告期	2011.06.30	2010.12.31	2010.06.30	2009.12.31
主要财务指标	每股收益(元)	0.2453	0.3266	0.1808	0.2363
	每股收益(扣除)(元)	0.2464	0.3153	0.1852	0.2350
	每股净资产(元)	2.1500	1.9600	1.8061	2.1700
	调整后每股净资产(元)	-	-	-	-
	每股资本公积金(元)	0.1995	0.1995	0.1995	0.5593
	每股盈余公积金(元)	0.0908	0.0908	0.0580	0.0753
	每股未分配利润(元)	0.8646	0.6693	0.5487	0.5382
	每股现金净流量(元)	0.0922	-0.0662	-0.0902	0.1800
	每股经营现金净流量(元)	0.3201	0.2641	0.0818	0.3404
	净资产收益率(扣除)(%)	11.9300	17.4000	10.4900	15.2000
	净资产收益率(%)	11.3830	16.6690	10.0095	14.1355
	总资产(万)	105767.49	95429.84	89431.31	78068.40
	股东权益(万)	50425.38	45855.56	42262.73	39112.02
	主营业务收入(万)	77184.37	129219.54	63227.63	110504.38
	主营成本(万)	48476.01	80332.81	39022.93	67579.76
	营业收入(万)	77582.74	130061.08	63636.59	111093.90
	营业成本(万)	48564.68	80494.74	39110.42	67713.92
	投资收益(万)	-	-	-	-
	利润总额(万)	6633.51	9017.45	4792.16	6280.09
	净利润(万)	5739.82	7643.53	4230.31	5528.70

浙江大东南包装股份有限公司

公司概况	公司名称	浙江大东南包装股份有限公司			证券简称	大东南
	法人代表	黄飞刚	董秘	王醒	证券代码	002263
	公司网址	www.chinaddn.com		电子信箱	wangxin112@foxmail.com	
	电　话	0575-87380698 87380005		传　真	0575-87380005	
	办公地址	浙江省诸暨市陶朱街道千禧路5号				
	经营范围	塑料薄膜、塑料包装制品、服装、纺织品的生产、销等				

	指标\报告期	2011.06.30	2010.12.31	2010.06.30	2009.12.31
主要财务指标	每股收益(元)	0.0900	0.1800	0.0920	0.1500
	每股收益(扣除)(元)	0.0812	0.1800	0.0900	0.1200
	每股净资产(元)	3.0300	3.0400	2.9500	1.9700
	调整后每股净资产(元)	-	-	-	-
	每股资本公积金(元)	1.4504	1.4504	1.4504	0.3354
	每股盈余公积金(元)	0.0579	0.0579	0.0509	0.0645
	每股未分配利润(元)	0.5191	0.5315	0.4452	0.5716
	每股现金净流量(元)	-0.5221	0.8863	1.0215	-0.1410
	每股经营现金净流量(元)	0.0309	0.3288	0.1370	-0.1113
	净资产收益率(扣除)(%)	2.6600	6.7700	4.6500	5.6600
	净资产收益率(%)	2.8920	5.4710	2.4763	7.3780
	总资产(万)	261520.87	263177.88	262550.88	213960.90
	股东权益(万)	140986.09	141565.48	137219.13	72466.94
	主营业务收入(万)	60039.58	139432.19	65802.40	106674.71
	主营成本(万)	50427.97	116569.42	56795.27	90318.81
	营业收入(万)	61718.42	140715.71	66225.10	107633.27
	营业成本(万)	51873.90	117955.62	57091.17	91365.20
	投资收益(万)	-	-	-	-
	利润总额(万)	6062.95	12542.02	4795.40	7150.47
	净利润(万)	4077.75	7744.30	3397.95	5346.38

福建新华都购物广场股份有限公司

公司概况	公司名称	福建新华都购物广场股份有限公司			证券简称	新华都
	法人代表	陈志程	董秘	龚严冰	证券代码	002264
	公司网址	www.nhd-mart.com		电子信箱	cio@nhd.com.cn	
	电　话	0591-87987972		传　真	0591-87987982	
	办公地址	福建省福州市五四路162号华城国际北楼5层				
	经营范围	批发零售百货、纺织品、仪器仪表、通讯设备、五金交电化工等				

	指标\报告期	2011.06.30	2010.12.31	2010.06.30	2009.12.31
主要财务指标	每股收益(元)	0.5000	0.4800	0.2900	0.3800
	每股收益(扣除)(元)	0.4500	0.4700	0.2800	0.3700
	每股净资产(元)	3.9900	3.5200	3.3800	4.6500
	调整后每股净资产(元)	-	-	-	-
	每股资本公积金(元)	1.4603	1.3845	1.3845	2.5768
	每股盈余公积金(元)	0.1663	0.1663	0.1454	0.1803
	每股未分配利润(元)	1.3657	0.9642	0.8454	0.8932
	每股现金净流量(元)	0.3628	-0.0126	-0.4933	-0.8671
	每股经营现金净流量(元)	0.9828	1.8641	0.5515	2.0455
	净资产收益率(扣除)(%)	11.8300	14.2600	8.6600	11.7000
	净资产收益率(%)	12.5610	13.6990	8.5492	12.3250
	总资产(万)	186156.96	179947.64	144986.25	139255.14
	股东权益(万)	64003.65	56352.83	54113.96	49701.77
	主营业务收入(万)	272382.90	413079.01	197912.92	293771.16
	主营成本(万)	228983.45	348799.58	168281.97	251012.48
	营业收入(万)	284883.41	436419.15	208666.72	309627.38
	营业成本(万)	228983.45	348814.58	168306.83	251012.60
	投资收益(万)	-	-	-	-
	利润总额(万)	10607.92	8247.01	5188.91	7197.48
	净利润(万)	8039.78	7719.86	4626.31	6125.73

云南西仪工业股份有限公司

公司概况	公司名称	云南西仪工业股份有限公司			证券简称	西仪股份
	法人代表	魏占志	董秘	邹成高	证券代码	002265
	公司网址	www.ynxygf.com		电子信箱	xygzbgs@163.com	
	电　　话	0871-8598506 8598378		传　　真	0871-8598357	
	办公地址	云南省昆明市西山区海口镇山冲				
	经营范围	出口商品-本企业自产产品,汽车零配件,发动机零配件等				

主要财务指标	指标\报告期	2011.06.30	2010.12.31	2010.06.30	2009.12.31
	每股收益(元)	-0.0360	0.0400	0.0030	0.0600
	每股收益(扣除)(元)	-0.0451	-0.0100	-0.0110	0.0300
	每股净资产(元)	1.8300	1.8800	1.8400	1.8500
	调整后每股净资产(元)	-	-	-	-
	每股资本公积金(元)	0.4091	0.4091	0.4091	0.4091
	每股盈余公积金(元)	0.0821	0.0821	0.0733	0.0733
	每股未分配利润(元)	0.3402	0.3875	0.3581	0.3654
	每股现金净流量(元)	-0.1165	-0.0835	-0.0575	-0.1591
	每股经营现金净流量(元)	-0.0827	0.0943	0.0158	0.1543
	净资产收益率(扣除)(%)	-1.9797	2.1790	0.1400	3.4240
	净资产收益率(%)	-1.9500	2.2000	0.1400	3.4800
	总资产(万)	80497.39	81571.11	82102.74	80196.52
	股东权益(万)	54219.26	55628.49	54492.02	54319.45
	主营业务收入(万)	18345.06	50211.92	25043.28	42205.46
	主营成本(万)	17150.70	44699.06	22724.87	36967.20
	营业收入(万)	19190.40	52096.03	25821.65	43800.35
	营业成本(万)	17766.07	46276.90	23365.71	38508.76
	投资收益(万)	259.05	436.24	394.32	404.73
	利润总额(万)	-1088.98	1468.91	110.31	2012.31
	净利润(万)	-1055.21	1191.23	77.27	1841.41

浙江富春江水电设备股份有限公司

公司概况	公司名称	浙江富春江水电设备股份有限公司			证券简称	浙富股份
	法人代表	孙毅	董秘	房振武	证券代码	002266
	公司网址	www.zhefu.cn		电子信箱	stock-dept@zhefu.cn	
	电　　话	0571-69969188		传　　真	0571-69969128	
	办公地址	浙江省杭州市桐庐县富春江镇红旗畈工业功能区				
	经营范围	生产、加工:水轮发电机组及安装、水工机械设备、机电配件等				

主要财务指标	指标\报告期	2011.06.30	2010.12.31	2010.06.30	2009.12.31
	每股收益(元)	0.4200	0.9600	0.3500	0.8900
	每股收益(扣除)(元)	0.2700	0.9000	0.3300	0.8100
	每股净资产(元)	3.8200	7.4000	6.5400	6.4200
	调整后每股净资产(元)	-	-	-	-
	每股资本公积金(元)	1.4542	3.8805	3.5191	3.5191
	每股盈余公积金(元)	0.1492	0.2985	0.2121	0.2121
	每股未分配利润(元)	1.2148	2.2260	1.8042	1.6882
	每股现金净流量(元)	-0.0890	-0.1599	-0.9551	-1.0489
	每股经营现金净流量(元)	0.2328	-0.5610	-0.8779	-1.5654
	净资产收益率(扣除)(%)	3.6100	13.2300	5.0500	13.4500
	净资产收益率(%)	5.5340	12.5080	5.2900	13.8460
	总资产(万)	192470.70	208086.18	170031.37	164270.57
	股东权益(万)	114270.15	110807.35	93579.69	91918.77
	主营业务收入(万)	43788.17	92224.77	38660.86	82960.14
	主营成本(万)	30244.08	63307.22	26674.97	57603.64
	营业收入(万)	44010.39	92389.82	38736.50	83201.79
	营业成本(万)	30264.54	63318.09	26675.90	57619.41
	投资收益(万)	-	-	-	-
	利润总额(万)	8230.63	16109.06	5735.97	14282.88
	净利润(万)	6324.16	13859.53	4954.29	12726.69

陕西省天然气股份有限公司

公司概况	公司名称	陕西省天然气股份有限公司			证券简称	陕天然气
	法人代表	袁小宁	董秘	梁倩	证券代码	002267
	公司网址	www.shaanxigas.com		电子信箱	yuepeng@shaanxigas.com	
	电　　话	029-86156182 86156198		传　　真	029-86156196	
	办公地址	陕西省西安市经济技术开发区 A1 区开元路 2 号				
	经营范围	天然气输送、天然气相关产品开发、天然气综合利用、天然气发电				

主要财务指标	指标\报告期	2011.06.30	2010.12.31	2010.06.30	2009.12.31
	每股收益(元)	0.5635	0.7945	0.4915	0.6997
	每股收益(扣除)(元)	0.5618	0.7944	0.4914	0.7016
	每股净资产(元)	5.2100	4.8500	4.5300	4.3400
	调整后每股净资产(元)	-	-	-	-
	每股资本公积金(元)	1.8059	1.8059	1.7978	1.7978
	每股盈余公积金(元)	0.3074	0.3074	0.2277	0.2277
	每股未分配利润(元)	2.0692	1.7058	1.4825	1.2910
	每股现金净流量(元)	0.0243	0.1566	-0.0250	-0.6805
	每股经营现金净流量(元)	0.5703	1.4401	0.6577	1.1720
	净资产收益率(扣除)(%)	10.9500	17.3300	10.7200	17.0200
	净资产收益率(%)	10.8210	16.3850	10.8465	16.1300
	总资产(万)	427274.48	399626.52	334007.57	305646.31
	股东权益(万)	264739.97	246529.39	230365.64	220530.37
	主营业务收入(万)	168828.14	245491.31	119381.55	197727.69
	主营成本(万)	130438.51	188327.15	86597.55	146936.47
	营业收入(万)	169033.26	247993.02	120155.05	199963.05
	营业成本(万)	130447.86	189441.85	86908.20	147862.53
	投资收益(万)	-	-	-	-
	利润总额(万)	33591.13	47500.99	29429.08	41833.36
	净利润(万)	28647.80	40393.73	24986.71	35571.85

成都卫士通信息产业股份有限公司

公司概况	公司名称	成都卫士通信息产业股份有限公司			证券简称	卫 士 通
	法人代表	罗天文	董秘	王忠海	证券代码	002268
	公司网址	www.westone.com.cn		电子信箱	westone@westone.com.cn	
	电　　话	028-85168102 85168115		传　　真	028-85194598	
	办公地址	四川省成都市高新区创业路 6 号				
	经营范围	通信保密与信息安全、信息网络与多媒体终端及系统产品的开发、生产、销售等				

主要财务指标	指标\报告期	2011.06.30	2010.12.31	2010.06.30	2009.12.31
	每股收益(元)	0.0345	0.4900	0.0031	0.2715
	每股收益(扣除)(元)	0.0242	0.4643	-0.0080	0.2188
	每股净资产(元)	2.5300	3.4300	2.8800	4.8100
	调整后每股净资产(元)	-	-	-	-
	每股资本公积金(元)	0.6458	1.1275	1.0752	1.9740
	每股盈余公积金(元)	0.1815	0.2359	0.1977	0.3261
	每股未分配利润(元)	0.6980	1.0625	0.6100	1.5008
	每股现金净流量(元)	-0.5520	0.6773	-0.5057	-0.2277
	每股经营现金净流量(元)	-0.7991	0.7078	-0.4712	0.5134
	净资产收益率(扣除)(%)	0.9200	14.7100	-0.2700	7.8900
	净资产收益率(%)	1.3670	14.3040	0.1385	9.3187
	总资产(万)	69190.23	67342.86	48601.69	49433.20
	股东权益(万)	43614.85	45515.34	38299.88	38711.76
	主营业务收入(万)	14642.26	37803.99	10951.08	26872.56
	主营成本(万)	5401.10	14526.68	4086.76	10088.88
	营业收入(万)	14652.60	37812.56	10955.47	26935.66
	营业成本(万)	5404.96	14530.48	4087.92	10111.40
	投资收益(万)	-	-	-	-
	利润总额(万)	1135.84	7768.21	-54.20	4730.95
	净利润(万)	596.37	6510.52	53.04	3607.42

上海美特斯邦威服饰股份有限公司

公司概况	公司名称	上海美特斯邦威服饰股份有限公司			证券简称	美邦服饰
	法人代表	周成建	董秘	韩钟伟	证券代码	002269
	公司网址	www.metersbonwe.com		电子信箱	corporate@metersbonwe.com	
	电　话	021-38119999		传　真	021-38119997	
	办公地址	上海市南汇区康桥镇康桥东路 800 号				
	经营范围	服装制造加工,服装,鞋,针纺织品,皮革制品,羽绒制品,箱包,玩具等				

主要财务指标	指标\报告期	2011.06.30	2010.12.31	2010.06.30	2009.12.31
	每股收益(元)	0.3700	0.7500	0.0400	0.6000
	每股收益(扣除)(元)	0.3396	0.7000	0.0300	0.5500
	每股净资产(元)	3.1800	3.3100	2.6000	2.9800
	调整后每股净资产(元)	–	–	–	–
	每股资本公积金(元)	0.9676	0.9428	0.9386	0.9386
	每股盈余公积金(元)	0.3669	0.3669	0.1955	0.1955
	每股未分配利润(元)	0.8491	1.0047	0.4621	0.8420
	每股现金净流量(元)	–0.2782	–0.1604	0.4539	–0.5830
	每股经营现金净流量(元)	–0.5520	–1.0483	0.0085	0.8520
	净资产收益率(扣除)(%)	9.8800	22.0000	0.9500	20.0000
	净资产收益率(%)	11.7630	22.7520	1.5459	20.2016
	总资产(万)	831404.46	858671.43	621522.06	545116.18
	股东权益(万)	319952.73	333089.26	260922.29	299098.66
	主营业务收入(万)	376955.05	749657.33	253256.20	520751.17
	主营成本(万)	199458.83	409453.58	144382.90	289459.69
	营业收入(万)	379527.36	750047.91	254194.02	521751.81
	营业成本(万)	201156.06	409453.58	145513.01	289459.69
	投资收益(万)	–	–	–	–
	利润总额(万)	49888.98	103381.38	7838.78	63282.44
	净利润(万)	37636.26	75785.23	4033.63	60422.85

山东法因数控机械股份有限公司

公司概况	公司名称	山东法因数控机械股份有限公司			证券简称	法因数控
	法人代表	李胜军	董秘	孟中良	证券代码	002270
	公司网址	www.fincm.com		电子信箱	dshm@fincm.com	
	电　话	0531-82685200		传　真	0531-82685201	
	办公地址	山东省济南市天辰大街 389 号				
	经营范围	数控机械设备的开发、生产、销售,工业自动化控制技术咨询等				

主要财务指标	指标\报告期	2011.06.30	2010.12.31	2010.06.30	2009.12.31
	每股收益(元)	0.0400	0.6000	0.1000	0.4300
	每股收益(扣除)(元)	0.0300	0.5500	0.0600	0.4000
	每股净资产(元)	2.6000	2.9800	3.6900	3.7900
	调整后每股净资产(元)	–	–	–	–
	每股资本公积金(元)	0.9386	0.9386	1.7961	1.7961
	每股盈余公积金(元)	0.1955	0.1955	0.1098	0.1098
	每股未分配利润(元)	0.4621	0.8420	0.7838	0.8885
	每股现金净流量(元)	0.4539	–0.5830	–0.5279	–0.2958
	每股经营现金净流量(元)	0.0085	0.8520	–0.2976	0.4440
	净资产收益率(扣除)(%)	0.9500	20.0000	1.6000	11.0700
	净资产收益率(%)	1.5459	20.2016	2.5000	11.2430
	总资产(万)	621522.06	545116.18	74764.59	75170.42
	股东权益(万)	260922.29	299098.66	53685.57	55209.22
	主营业务收入(万)	253256.20	520751.17	13580.13	38772.50
	主营成本(万)	144382.90	289459.69	8912.12	25255.76
	营业收入(万)	254194.02	521751.81	14287.04	39648.93
	营业成本(万)	145513.01	289459.69	9328.74	25690.12
	投资收益(万)	–	–	–	–
	利润总额(万)	7838.78	63282.44	1724.83	7337.09
	净利润(万)	4033.63	60422.85	1386.36	6206.90

北京东方雨虹防水技术股份有限公司

公司概况	公司名称	北京东方雨虹防水技术股份有限公司			证券简称	东方雨虹
	法人代表	李卫国	董秘	张洪涛	证券代码	002271
	公司网址	www.yuhong.com.cn		电子信箱	stocks@yuhong.com.cn	
	电　话	010-85762629		传　真	010-85762629	
	办公地址	北京市朝阳区高碑店北路康家园小区 4 号楼				
	经营范围	防水材料、防腐材料、保温材料、建筑成套设备的技术开发、制造、销售等				

主要财务指标	指标\报告期	2011.06.30	2010.12.31	2010.06.30	2009.12.31
	每股收益(元)	0.1400	0.6600	0.1100	0.4600
	每股收益(扣除)(元)	0.0738	0.6300	0.2200	0.4200
	每股净资产(元)	2.9700	5.9300	3.1100	6.0900
	调整后每股净资产(元)	–	–	–	–
	每股资本公积金(元)	1.1855	3.6582	0.8590	2.7180
	每股盈余公积金(元)	0.0711	0.1544	0.1135	0.2269
	每股未分配利润(元)	0.7175	1.5353	1.1399	2.1404
	每股现金净流量(元)	–1.1502	3.7631	0.1054	0.2435
	每股经营现金净流量(元)	–0.8199	–1.1827	–1.3863	–0.5006
	净资产收益率(扣除)(%)	2.4300	19.2100	6.9700	14.0800
	净资产收益率(%)	4.5420	10.1980	7.0600	15.1967
	总资产(万)	227593.56	219761.25	144161.89	101143.60
	股东权益(万)	102168.62	101822.58	49262.53	48158.80
	主营业务收入(万)	103063.00	195445.38	81822.16	81368.40
	主营成本(万)	75115.12	138576.80	60228.99	51666.45
	营业收入(万)	103169.99	198166.02	88369.92	82930.59
	营业成本(万)	75191.13	141125.30	66818.68	53223.23
	投资收益(万)	–	–	–	–
	利润总额(万)	5106.08	12084.71	4354.86	8990.63
	净利润(万)	4640.04	10384.00	3477.94	7318.56

四川川润股份有限公司

公司概况	公司名称	四川川润股份有限公司			证券简称	川润股份
	法人代表	罗丽华	董秘	谢光勇	证券代码	002272
	公司网址	www.chuanrun.com		电子信箱	chuanrun@chuanrun.com	
	电　话	028-61777787 61836677		传　真	028-61777787	
	办公地址	四川省成都市郫县现代工业港港北六路 85 号				
	经营范围	稀油,干油集中润滑系统及设备的设计,制造,销售等				

主要财务指标	指标\报告期	2011.06.30	2010.12.31	2010.06.30	2009.12.31
	每股收益(元)	0.1300	0.4500	0.1000	0.6000
	每股收益(扣除)(元)	0.1174	0.4000	0.1477	0.5200
	每股净资产(元)	4.3000	6.2600	5.9600	4.3300
	调整后每股净资产(元)	–	–	–	–
	每股资本公积金(元)	2.3905	4.0857	3.5857	2.2249
	每股盈余公积金(元)	0.0658	0.0987	0.0750	0.0843
	每股未分配利润(元)	0.8456	1.0783	1.2684	1.0180
	每股现金净流量(元)	–0.0861	0.4211	0.3452	–0.6382
	每股经营现金净流量(元)	–0.0788	0.1188	–0.2147	–0.0089
	净资产收益率(扣除)(%)	2.8600	6.5800	2.6500	12.4400
	净资产收益率(%)	2.8610	7.1210	2.4800	13.8165
	总资产(万)	118022.39	109089.34	103650.08	82851.37
	股东权益(万)	73367.74	71207.04	67821.59	43790.84
	主营业务收入(万)	31177.15	56467.77	22672.47	40689.74
	主营成本(万)	23194.42	40137.85	15772.30	26134.53
	营业收入(万)	31526.11	56873.46	22854.92	40958.66
	营业成本(万)	23382.78	40264.92	15907.45	26233.93
	投资收益(万)	–	–	–	–
	利润总额(万)	2634.93	6015.02	2032.02	7157.22
	净利润(万)	2160.71	5070.70	1685.25	6050.35

浙江水晶光电科技股份有限公司

公司概况	公司名称	浙江水晶光电科技股份有限公司		证券简称	水晶光电
	法人代表	林敏	董秘 范崇国	证券代码	002273
	公司网址	www.crystal-optech.com	电子信箱	sjzqb@crystal-optech.com	
	电　　话	0576-88038228 88038286	传　　真	0576-88038286	
	办公地址	浙江省台州市椒江区星星电子产业区 A5 号			
	经营范围	光电子元器件、光学元器件制造、加工等			

指标\报告期	2011.06.30	2010.12.31	2010.06.30	2009.12.31
每股收益(元)	0.5300	0.8300	0.3700	0.5100
每股收益(扣除)(元)	0.5200	0.8300	0.3700	0.4900
每股净资产(元)	5.0600	4.1700	3.7200	4.8400
调整后每股净资产(元)	-	-	-	-
每股资本公积金(元)	1.9553	1.5459	1.5459	2.3097
每股盈余公积金(元)	0.2438	0.2502	0.1654	0.2150
每股未分配利润(元)	1.8630	1.3759	1.0069	1.3175
每股现金净流量(元)	0.2362	-0.5864	-0.5623	0.1360
每股经营现金净流量(元)	0.3694	0.6964	0.2906	0.6374
净资产收益率(扣除)(%)	11.2300	21.0700	9.6500	13.8300
净资产收益率(%)	10.3120	19.9380	10.1600	13.7120
总资产(万)	68343.69	55118.16	47767.48	46343.06
股东权益(万)	58545.58	47027.77	41912.90	41986.96
主营业务收入(万)	19044.84	32516.64	13498.05	18462.29
主营成本(万)	9364.58	16878.37	6744.42	8922.99
营业收入(万)	19085.83	33182.31	13874.04	18794.80
营业成本(万)	9390.22	17461.99	7022.02	9216.77
投资收益(万)	-	-	-	-
利润总额(万)	7153.75	10772.77	4922.17	6675.88
净利润(万)	6037.36	9376.31	4261.44	5757.22

（主要财务指标）

江苏华昌化工股份有限公司

公司概况	公司名称	江苏华昌化工股份有限公司		证券简称	华昌化工
	法人代表	朱郁健	董秘 蒋晓宁	证券代码	002274
	公司网址	www.huachangchem.cn	电子信箱	huachang@huachangchem.cn	
	电　　话	0512-58727158	传　　真	0512-58727155	
	办公地址	江苏省张家港市金港镇保税区扬子江国际化学工业园南海路 1 号			
	经营范围	化工原料、化工产品、肥料的生产和购销、压力管道设计、蒸汽供应等			

指标\报告期	2011.06.30	2010.12.31	2010.06.30	2009.12.31
每股收益(元)	0.1100	0.0400	-0.1400	-0.3800
每股收益(扣除)(元)	0.1100	-0.0600	-0.1440	-0.4400
每股净资产(元)	5.1200	5.0200	4.8600	6.4700
调整后每股净资产(元)	-	-	-	-
每股资本公积金(元)	2.2483	2.2483	2.2704	3.2228
每股盈余公积金(元)	0.2949	0.2949	0.2949	0.3834
每股未分配利润(元)	1.5804	1.4724	1.2921	1.8625
每股现金净流量(元)	-0.2665	-0.1240	-0.1842	-0.1499
每股经营现金净流量(元)	0.1433	0.9905	0.0398	1.9206
净资产收益率(扣除)(%)	2.0100	-1.1800	-2.9300	-8.2100
净资产收益率(%)	2.1080	0.7910	-2.8500	-7.6410
总资产(万)	361871.29	335673.87	326479.01	328416.42
股东权益(万)	133970.18	131145.84	127007.17	130107.95
主营业务收入(万)	187482.62	325748.99	166622.89	234192.13
主营成本(万)	170107.66	-	159062.79	-
营业收入(万)	187482.62	327650.94	166622.89	235069.41
营业成本(万)	170107.66	306954.53	159062.79	228295.95
投资收益(万)	-	-	-	-
利润总额(万)	3653.98	1263.11	-3593.08	-12971.55
净利润(万)	2824.34	1037.89	-3614.54	-9941.72

（主要财务指标）

桂林三金药业股份有限公司

公司概况	公司名称	桂林三金药业股份有限公司		证券简称	桂林三金
	法人代表	邹节明	董秘 邹洵	证券代码	002275
	公司网址	www.sanjin.com.cn	电子信箱	dsh@sanjin.com.cn	
	电　　话	0773-5829[illegible]06 5829109	传　　真	0773-5838652	
	办公地址	广西壮族自治区桂林市金星路 1 号			
	经营范围	片剂、硬胶囊剂、散剂、颗粒剂、酊剂等			

指标\报告期	2011.06.30	2010.12.31	2010.06.30	2009.12.31
每股收益(元)	0.2800	0.5700	0.3400	0.7100
每股收益(扣除)(元)	0.2799	0.5600	0.3300	0.7000
每股净资产(元)	3.1500	3.9500	3.6900	3.9300
调整后每股净资产(元)	-	-	-	-
每股资本公积金(元)	1.1551	1.8029	1.8029	1.8029
每股盈余公积金(元)	0.2330	0.3029	0.2443	0.2443
每股未分配利润(元)	0.7604	0.8410	0.6444	0.8592
每股现金净流量(元)	-0.1498	-0.1253	-0.3906	1.8431
每股经营现金净流量(元)	0.4953	0.6288	0.3119	0.8002
净资产收益率(扣除)(%)	8.9600	14.8000	8.7700	25.6200
净资产收益率(%)	8.9790	14.4410	8.7700	16.9700
总资产(万)	202829.32	198127.17	185453.10	214927.21
股东权益(万)	185823.82	179181.86	167593.95	178276.06
主营业务收入(万)	51671.54	98156.44	44364.81	110970.75
主营成本(万)	15870.45	27145.80	11773.52	25742.06
营业收入(万)	52034.86	98346.04	44432.91	111082.85
营业成本(万)	15986.96	27208.61	11811.07	25776.13
投资收益(万)	-	-	-	-
利润总额(万)	20122.22	31663.69	18146.89	37078.14
净利润(万)	16685.07	25875.80	15214.30	30253.41

（主要财务指标）

浙江万马电缆股份有限公司

公司概况	公司名称	浙江万马电缆股份有限公司		证券简称	万马电缆
	法人代表	潘水苗	董秘 王向亭	证券代码	002276
	公司网址	www.wanma-cable.cn	电子信箱	investor@zjwanma.com	
	电　　话	0571-63755256 63755192	传　　真	0571-63755256	
	办公地址	浙江省临安市经济开发区南环路 88 号			
	经营范围	电力电缆的研发、生产和销售等			

指标\报告期	2011.06.30	2010.12.31	2010.06.30	2009.12.31
每股收益(元)	0.1300	0.2400	0.1200	0.2200
每股收益(扣除)(元)	0.1256	0.2300	0.1200	0.1900
每股净资产(元)	2.8000	2.6700	2.5500	4.9600
调整后每股净资产(元)	-	-	-	-
每股资本公积金(元)	0.9805	0.9805	0.9805	2.9611
每股盈余公积金(元)	0.0816	0.0816	0.0572	0.1145
每股未分配利润(元)	0.7422	0.6114	0.5165	0.8843
每股现金净流量(元)	-0.5907	0.2298	-0.1935	0.5675
每股经营现金净流量(元)	-0.7211	0.0078	-0.4994	-0.7531
净资产收益率(扣除)(%)	4.5800	8.9800	4.6800	11.7800
净资产收益率(%)	4.6650	9.1100	4.9200	8.7638
总资产(万)	190796.78	187164.85	189659.24	148963.02
股东权益(万)	112171.93	106939.09	102170.69	99196.57
主营业务收入(万)	114582.84	214051.47	92219.78	148101.43
主营成本(万)	98323.14	182935.63	78940.76	123818.48
营业收入(万)	114702.24	214442.26	92486.55	148342.26
营业成本(万)	98443.40	183329.20	79195.27	124118.56
投资收益(万)	-	-	-	-
利润总额(万)	5902.27	11138.13	5764.39	10054.52
净利润(万)	5232.84	9742.52	4974.12	8693.43

（主要财务指标）

湖南友谊阿波罗商业股份有限公司

公司概况					
公司名称	湖南友谊阿波罗商业股份有限公司			证券简称	友阿股份
法人代表	胡子敬	董秘	陈学文	证券代码	002277
公司网址	www.your-mart.cn		电子信箱	Cxw5448@126.com	
电　话	0731-82293541 82295528		传　真	0731-82243046 82294448	
办公地址	湖南省长沙市芙蓉区八一路 1 号				
经营范围	商品零售业及相关配套服务的投资、经营、管理等				

主要财务指标：指标\报告期	2011.06.30	2010.12.31	2010.06.30	2009.12.31
每股收益(元)	0.6007	0.6190	0.4281	0.5000
每股收益(扣除)(元)	0.5986	0.6270	0.4286	0.5060
每股净资产(元)	5.2100	4.7600	4.5700	7.7600
调整后每股净资产(元)	–	–	–	–
每股资本公积金(元)	2.2565	2.2565	2.2565	4.8617
每股盈余公积金(元)	0.2255	0.2255	0.1626	0.2928
每股未分配利润(元)	1.7311	1.2804	1.1524	1.6037
每股现金净流量(元)	1.1060	–0.5615	–0.2887	5.7144
每股经营现金净流量(元)	0.5413	1.3791	0.3753	2.5428
净资产收益率(扣除)(%)	11.8700	13.9100	9.5900	16.6800
净资产收益率(%)	11.5220	12.9980	9.5800	9.9410
总资产(万)	427924.21	325931.82	279981.38	263430.83
股东权益(万)	182039.02	166302.17	159637.31	150507.00
主营业务收入(万)	236466.45	349278.12	169042.83	268230.08
主营成本(万)	193529.05	289801.89	138822.85	221455.09
营业收入(万)	240541.79	356393.18	172723.84	274656.94
营业成本(万)	193524.00	289995.03	138822.85	221455.09
投资收益(万)	–	–	–	–
利润总额(万)	28594.69	29568.68	20105.12	20208.76
净利润(万)	20974.85	21615.17	14950.31	14962.38

上海神开石油化工装备股份有限公司

公司概况					
公司名称	上海神开石油化工装备股份有限公司			证券简称	神开股份
法人代表	顾正	董秘	戴廷轩(代)	证券代码	002278
公司网址	www.shenkai.com		电子信箱	dtxuang@shenkai.com	
电　话	021-64293895 54332175		传　真	021-54336696	
办公地址	上海市闵行区浦星公路 1769 号				
经营范围	石油、天然气钻采专用设备、地质勘探专用仪器、石油化工分析检等				

主要财务指标：指标\报告期	2011.06.30	2010.12.31	2010.06.30	2009.12.31
每股收益(元)	0.1500	0.3600	0.1400	0.4100
每股收益(扣除)(元)	0.1109	0.3200	0.1300	0.4400
每股净资产(元)	4.2700	5.0900	4.9000	5.8300
调整后每股净资产(元)	–	–	–	–
每股资本公积金(元)	2.2241	2.8689	2.8689	3.6426
每股盈余公积金(元)	0.1620	0.1944	0.1632	0.1958
每股未分配利润(元)	0.8811	1.0269	0.8640	0.9883
每股现金净流量(元)	–0.3085	–0.2943	–0.4538	3.2262
每股经营现金净流量(元)	–0.0995	0.1133	–0.1003	0.2437
净资产收益率(扣除)(%)	3.5260	7.0630	3.3500	7.3390
净资产收益率(%)	3.5200	7.1400	3.3500	12.7100
总资产(万)	144789.26	127902.04	124298.58	124976.27
股东权益(万)	113927.98	110919.69	106698.39	105820.95
主营业务收入(万)	25643.57	44283.56	18822.84	42472.69
主营成本(万)	15295.10	25820.55	10952.25	24381.64
营业收入(万)	25643.57	44298.68	18822.84	42636.58
营业成本(万)	15295.10	25820.55	10952.25	24389.26
投资收益(万)	–	–	–	–
利润总额(万)	5047.35	9049.42	4139.69	9075.32
净利润(万)	3933.93	7834.51	3604.25	7766.64

北京久其软件股份有限公司

公司概况					
公司名称	北京久其软件股份有限公司			证券简称	久其软件
法人代表	赵福君	董秘	王海霞	证券代码	002279
公司网址	www.jiuqi.com.cn		电子信箱	whx@jiuqi.com.cn	
电　话	010-88551199 58022988		传　真	010-58022897	
办公地址	北京市经济技术开发区西环中路 6 号				
经营范围	互联网信息服务业务;技术进出口、贸易进出口、代理进出口等				

主要财务指标：指标\报告期	2011.06.30	2010.12.31	2010.06.30	2009.12.31
每股收益(元)	0.0256	0.4211	0.0199	0.4528
每股收益(扣除)(元)	0.0250	0.3941	0.0196	0.4064
每股净资产(元)	5.4148	5.6892	5.2881	9.9827
调整后每股净资产(元)	–	–	–	–
每股资本公积金(元)	2.9673	2.9673	2.9673	6.1412
每股盈余公积金(元)	0.2261	0.2261	0.1865	0.3357
每股未分配利润(元)	1.2215	1.4959	1.1342	2.5058
每股现金净流量(元)	–1.1543	–0.0439	–0.7202	5.9502
每股经营现金净流量(元)	–0.3035	0.7115	–0.1096	0.6459
净资产收益率(扣除)(%)	0.4730	7.4010	0.3500	6.8000
净资产收益率(%)	0.4500	7.5300	0.3600	12.5400
总资产(万)	61325.91	66028.32	59031.38	62651.23
股东权益(万)	59569.24	62628.57	58259.05	61100.16
主营业务收入(万)	7622.03	18838.90	5095.37	12269.12
主营成本(万)	156.28	1071.50	430.47	926.03
营业收入(万)	7655.52	18895.91	5125.25	12301.31
营业成本(万)	156.28	1071.50	430.47	–
投资收益(万)	–76.25	69.63	–27.22	115.13
利润总额(万)	397.66	4877.31	259.50	4486.03
净利润(万)	281.27	4626.46	218.46	4143.58

杭州新世纪信息技术股份有限公司

公司概况					
公司名称	杭州新世纪信息技术股份有限公司			证券简称	新 世 纪
法人代表	徐智勇	董秘	俞竣华	证券代码	002280
公司网址	www.nci.com.cn		电子信箱	yujh@nci.com.cn	
电　话	0571-28996018		传　真	0571-28996018	
办公地址	浙江省杭州市滨江区南环路 3766 号				
经营范围	应用软件开发与销售、系统集成及技术支持与服务等				

主要财务指标：指标\报告期	2011.06.30	2010.12.31	2010.06.30	2009.12.31
每股收益(元)	0.1100	0.3800	0.1100	0.4400
每股收益(扣除)(元)	0.0954	0.3100	0.1100	0.4200
每股净资产(元)	4.3200	4.4100	4.1400	8.4600
调整后每股净资产(元)	–	–	–	–
每股资本公积金(元)	2.3094	2.3094	2.3094	5.6187
每股盈余公积金(元)	0.1196	0.1196	0.0822	0.1644
每股未分配利润(元)	0.8914	0.9814	0.7508	1.6756
每股现金净流量(元)	–0.7000	–0.0937	–0.5972	4.4584
每股经营现金净流量(元)	–0.4835	0.4365	–0.2089	0.4397
净资产收益率(扣除)(%)	2.5450	8.6580	2.6400	8.5747
净资产收益率(%)	2.5000	8.9100	2.6400	15.9000
总资产(万)	55925.76	55648.85	47893.99	49421.32
股东权益(万)	46730.22	47652.66	44618.02	45574.95
主营业务收入(万)	15354.39	24810.60	9785.97	17726.30
主营成本(万)	11165.24	16899.86	6931.15	10937.19
营业收入(万)	15458.14	25008.77	9863.43	17837.64
营业成本(万)	11182.73	16931.78	6932.71	10955.79
投资收益(万)	–27.08	648.22	–	–
利润总额(万)	1437.91	4639.69	1452.98	4427.09
净利润(万)	1176.52	4085.79	1209.03	3880.42

武汉光迅科技股份有限公司

公司概况	公司名称	武汉光迅科技股份有限公司		证券简称	光迅科技
	法人代表	童国华	董秘 毛浩	证券代码	002281
	公司网址	www.accelink.com		电子信箱	investor@accelink.com
	电　话	027-87694060		传　真	027-87694060
	办公地址	湖北省武汉市江夏区藏龙岛开发区谭湖路 1 号			
	经营范围	信息技术领域光、电器件技术及产品的研制、生产、销售和相关技术服务			

主要财务指标	指标＼报告期	2011.06.30	2010.12.31	2010.06.30	2009.12.31
	每股收益(元)	0.4100	0.7900	0.3300	0.7800
	每股收益(扣除)(元)	0.3800	0.7400	0.3100	0.7600
	每股净资产(元)	6.6200	6.4600	6.0000	5.9200
	调整后每股净资产(元)	–	–	–	–
	每股资本公积金(元)	3.5812	3.5769	3.5769	3.5769
	每股盈余公积金(元)	0.2971	0.2971	0.2180	0.2180
	每股未分配利润(元)	1.7437	1.5851	1.2063	1.1215
	每股现金净流量(元)	–0.7363	–0.7731	–0.6667	3.5888
	每股经营现金净流量(元)	0.1301	0.4340	0.0106	0.4143
	净资产收益率(扣除)(%)	5.8400	12.0900	5.1200	20.5800
	净资产收益率(%)	6.1700	12.2720	5.5000	11.0070
	总资产(万)	153484.34	145039.63	148227.54	129927.63
	股东权益(万)	105948.19	103344.75	96020.71	94663.85
	主营业务收入(万)	49728.18	91425.17	45720.35	73042.87
	主营成本(万)	35978.09	65602.69	34077.98	49980.89
	营业收入(万)	50708.53	91435.75	45729.77	73048.43
	营业成本(万)	36950.88	65602.69	34077.98	49980.89
	投资收益(万)	–	–	–	–
	利润总额(万)	7690.69	14479.75	6302.19	12087.16
	净利润(万)	6537.40	12682.46	5356.86	10419.44

博深工具股份有限公司

公司概况	公司名称	博深工具股份有限公司		证券简称	博深工具
	法人代表	陈怀荣	董秘 任京建	证券代码	002282
	公司网址	www.bosuntools.com		电子信箱	bod@bosuntools.com
	电　话	0311-85962650		传　真	0311-85965550
	办公地址	河北省石家庄市高新区海河道 10 号			
	经营范围	金刚石工具、小型建筑施工机具、合金工具的生产和销售等			

主要财务指标	指标＼报告期	2011.06.30	2010.12.31	2010.06.30	2009.12.31
	每股收益(元)	0.1500	0.3900	0.1400	0.3900
	每股收益(扣除)(元)	0.1491	0.3800	0.1800	0.3700
	每股净资产(元)	3.4400	4.5300	4.3400	4.4600
	调整后每股净资产(元)	–	–	–	–
	每股资本公积金(元)	1.8689	2.7296	2.7296	2.7296
	每股盈余公积金(元)	0.0911	0.1185	0.0880	0.0880
	每股未分配利润(元)	0.5124	0.7165	0.5409	0.6601
	每股现金净流量(元)	–0.6990	–0.6317	–0.4099	2.5410
	每股经营现金净流量(元)	–0.0021	0.3225	0.1627	0.3507
	净资产收益率(扣除)(%)	–	8.4800	4.0300	12.4100
	净资产收益率(%)	4.4600	8.5310	4.1672	7.3270
	总资产(万)	101840.57	86487.93	82467.33	84695.89
	股东权益(万)	77584.88	78628.15	75208.93	77310.38
	主营业务收入(万)	25737.44	41004.05	20514.97	35049.88
	主营成本(万)	16704.62	25350.03	13151.82	22187.82
	营业收入(万)	25737.44	41004.05	20514.97	35049.88
	营业成本(万)	16704.62	25350.03	13151.82	22187.82
	投资收益(万)	–	–	–	–
	利润总额(万)	4093.80	8249.21	3783.76	6687.65
	净利润(万)	3460.11	6708.08	3134.08	5664.55

天润曲轴股份有限公司

公司概况	公司名称	天润曲轴股份有限公司		证券简称	天润曲轴
	法人代表	邢运波	董秘 徐承飞	证券代码	002283
	公司网址	www.tianrun.com		电子信箱	zhqb@tianrun.com
	电　话	0631-8982313		传　真	0631-8982333
	办公地址	山东省文登市天润路 2-13 号			
	经营范围	曲轴, 机床,机械配件的生产,销售.备案范围内的货物进出口等			

主要财务指标	指标＼报告期	2011.06.30	2010.12.31	2010.06.30	2009.12.31
	每股收益(元)	0.2700	0.9200	0.1900	0.5700
	每股收益(扣除)(元)	0.2616	0.8900	0.3800	0.6000
	每股净资产(元)	3.7800	7.1100	6.5700	6.2600
	调整后每股净资产(元)	–	–	–	–
	每股资本公积金(元)	1.7911	4.2821	4.2821	4.2821
	每股盈余公积金(元)	0.0700	0.1400	0.0660	0.0660
	每股未分配利润(元)	0.9154	1.6923	1.2235	0.9127
	每股现金净流量(元)	–0.2082	–1.0192	–0.8642	1.4444
	每股经营现金净流量(元)	0.0711	1.6151	0.3052	0.3093
	净资产收益率(扣除)(%)	–	13.3700	5.9400	13.2600
	净资产收益率(%)	7.1280	12.9820	5.9100	7.5210
	总资产(万)	305276.39	236935.51	200901.38	196166.76
	股东权益(万)	181267.70	170746.93	157718.63	150261.07
	主营业务收入(万)	77865.73	136530.32	59174.82	75795.11
	主营成本(万)	60091.52	94926.36	41012.15	52977.64
	营业收入(万)	80718.23	139339.39	61294.34	77474.17
	营业成本(万)	63501.50	97709.65	49319.91	54522.27
	投资收益(万)	–	–	–	–
	利润总额(万)	15963.42	27415.75	11928.87	14125.07
	净利润(万)	12920.77	22165.86	9137.56	11300.75

浙江亚太机电股份有限公司

公司概况	公司名称	浙江亚太机电股份有限公司		证券简称	亚太股份
	法人代表	黄伟潮	董秘 邱蓉	证券代码	002284
	公司网址	www.apg.cn		电子信箱	ytzq@apg.cn
	电　话	0571-82765229		传　真	0571-82761666
	办公地址	浙江省杭州市萧山区蜀山街道亚太路 1399 号			
	经营范围	开发、生产、销售汽车制动系统等			

主要财务指标	指标＼报告期	2011.06.30	2010.12.31	2010.06.30	2009.12.31
	每股收益(元)	0.1990	0.6200	0.1950	0.5700
	每股收益(扣除)(元)	0.1912	0.5900	0.2800	0.5200
	每股净资产(元)	3.5200	5.0800	4.7600	9.1400
	调整后每股净资产(元)	–	–	–	–
	每股资本公积金(元)	0.9465	1.9198	1.9196	4.3414
	每股盈余公积金(元)	0.2123	0.3185	0.2653	0.5306
	每股未分配利润(元)	1.3633	1.8461	1.5763	3.2674
	每股现金净流量(元)	–0.0878	–0.7077	–0.3404	4.6120
	每股经营现金净流量(元)	0.0052	0.6820	0.3775	1.5805
	净资产收益率(扣除)(%)	–	12.2400	6.0300	15.1500
	净资产收益率(%)	5.6560	12.1810	6.1460	10.3500
	总资产(万)	209526.83	182842.66	179049.48	167800.63
	股东权益(万)	101099.25	97294.58	91111.16	87445.70
	主营业务收入(万)	92438.21	162724.51	81735.65	122837.30
	主营成本(万)	76955.50	130144.24	66045.44	96792.02
	营业收入(万)	99478.85	175019.65	88079.88	132403.62
	营业成本(万)	83665.97	141957.15	71966.04	105934.82
	投资收益(万)	–	–	–	–
	利润总额(万)	6735.55	13455.31	6410.91	9889.41
	净利润(万)	5718.28	11850.94	5599.81	9050.16

深圳世联地产顾问股份有限公司

公司概况	公司名称	深圳世联地产顾问股份有限公司			证券简称	世联地产
	法人代表	陈劲松	董秘	梁兴安	证券代码	002285
	公司网址	www.worldunion.com.cn		电子信箱	info@worldunion.com.cn	
	电　话	0755-22162144 22162597		传　真	0755-22162231	
	办公地址	广东省深圳市罗湖区深南东路5047号深圳发展银行大厦13楼				
	经营范围	房地产咨询、房地产代理、房地产经纪、物业管理等				

	指标\报告期	2011.06.30	2010.12.31	2010.06.30	2009.12.31
主要财务指标	每股收益(元)	0.4500	1.1100	0.4200	0.8300
	每股收益(扣除)(元)	0.4503	1.0500	0.6200	0.8300
	每股净资产(元)	4.0100	5.4800	5.0000	7.7300
	调整后每股净资产(元)	–	–	–	–
	每股资本公积金(元)	1.5983	2.6880	2.6880	4.5696
	每股盈余公积金(元)	0.1747	0.2620	0.1556	0.2645
	每股未分配利润(元)	1.2384	1.5309	1.1577	1.8946
	每股现金净流量(元)	–0.6235	0.2506	–0.0880	6.1749
	每股经营现金净流量(元)	–0.3332	1.4078	0.4280	2.0482
	净资产收益率(扣除)(%)	11.7100	21.1000	12.9500	29.4000
	净资产收益率(%)	11.2380	20.2720	12.6262	15.2470
	总资产(万)	162949.00	159657.55	133589.07	120645.64
	股东权益(万)	130928.38	119264.49	108828.23	98927.31
	主营业务收入(万)	78854.86	126743.33	53990.79	73042.74
	主营成本(万)	43427.16	68601.18	24693.90	37650.49
	营业收入(万)	78979.91	127199.88	54286.87	73828.88
	营业成本(万)	43571.85	68931.05	24860.92	38080.52
	投资收益(万)	–	–	–	–
	利润总额(万)	20894.11	33130.96	18406.69	19201.57
	净利润(万)	14713.10	24177.18	13740.92	15083.04

保龄宝生物股份有限公司

公司概况	公司名称	保龄宝生物股份有限公司			证券简称	保龄宝
	法人代表	刘宗利	董秘	吕正欣	证券代码	002286
	公司网址	www.blb-cn.com		电子信箱	tzzgx@blb-cn.com	
	电　话	0534-8918658		传　真	0534-2126058	
	办公地址	山东省德州市禹城市高新开发区东外环路1号				
	经营范围	以农副产品为原料经生物工程深加工生产、销售低聚糖、果葡糖浆、糖醇等产品				

	指标\报告期	2011.06.30	2010.12.31	2010.06.30	2009.12.31
主要财务指标	每股收益(元)	0.2800	0.4100	0.2100	0.5900
	每股收益(扣除)(元)	0.2500	0.3400	0.1800	0.4500
	每股净资产(元)	7.0391	6.7600	6.5600	8.2800
	调整后每股净资产(元)	–	–	–	–
	每股资本公积金(元)	4.4551	4.4551	4.4553	6.0704
	每股盈余公积金(元)	0.1344	0.1344	0.0933	0.1212
	每股未分配利润(元)	1.4496	1.1712	1.0145	1.0910
	每股现金净流量(元)	–0.5040	–2.3541	–0.7224	2.9555
	每股经营现金净流量(元)	0.1919	0.2639	0.3163	0.5564
	净资产收益率(扣除)(%)	3.5900	5.1400	2.7500	7.8200
	净资产收益率(%)	3.9550	6.0880	3.2566	5.9270
	总资产(万)	108962.12	103257.34	108315.61	108410.95
	股东权益(万)	73206.25	70311.33	68256.10	66261.33
	主营业务收入(万)	45998.47	71496.08	32436.09	52097.08
	主营成本(万)	36467.32	57893.33	25748.22	41046.60
	营业收入(万)	46295.48	72061.55	32727.25	52539.96
	营业成本(万)	36557.62	57962.89	25766.19	41165.22
	投资收益(万)	–	–	–	–
	利润总额(万)	3405.84	5058.45	2609.37	4631.85
	净利润(万)	2894.91	4280.45	2222.83	3927.38

西藏奇正藏药股份有限公司

公司概况	公司名称	西藏奇正藏药股份有限公司			证券简称	奇正藏药
	法人代表	雷菊芳	董秘	冯平	证券代码	002287
	公司网址	www.cheezheng.com.cn		电子信箱	qzzy@qzh.cn	
	电　话	010-64972881		传　真	010-64987324	
	办公地址	西藏自治区林芝地区八一镇泉州路1号				
	经营范围	药材收购加工;进出口贸易;贴膏剂、软膏剂、颗粒剂、丸剂、散剂开发生产				

	指标\报告期	2011.06.30	2010.12.31	2010.06.30	2009.12.31
主要财务指标	每股收益(元)	0.2100	0.4200	0.2000	0.4200
	每股收益(扣除)(元)	0.2011	0.3700	0.1900	0.3900
	每股净资产(元)	2.8500	2.9300	2.7100	2.8200
	调整后每股净资产(元)	–	–	–	–
	每股资本公积金(元)	1.0124	1.0124	1.0124	1.0124
	每股盈余公积金(元)	0.1153	0.1153	0.0774	0.0774
	每股未分配利润(元)	0.7229	0.7977	0.6178	0.7258
	每股现金净流量(元)	–0.1974	–0.1622	–0.1318	1.5074
	每股经营现金净流量(元)	0.1155	0.2387	0.2190	0.4325
	净资产收益率(扣除)(%)	7.2700	12.9900	6.6500	19.5000
	净资产收益率(%)	7.1980	14.3520	7.4640	14.0681
	总资产(万)	129864.72	132003.68	124337.12	129734.16
	股东权益(万)	115731.82	118769.53	109928.23	114309.38
	主营业务收入(万)	31711.38	52274.98	22882.67	46710.55
	主营成本(万)	12743.64	13536.87	5134.25	9555.44
	营业收入(万)	31727.05	52364.52	22921.48	46929.80
	营业成本(万)	12748.71	13592.61	5152.16	9724.82
	投资收益(万)	–	–	–	–
	利润总额(万)	9940.93	17392.80	8508.66	16266.59
	净利润(万)	8330.29	17046.15	8204.85	16081.20

广东超华科技股份有限公司

公司概况	公司名称	广东超华科技股份有限公司			证券简称	超华科技
	法人代表	梁俊丰	董秘	王勇强	证券代码	002288
	公司网址	www.chaohuatech.com		电子信箱	wyq@chaohuatech.com	
	电　话	0755-83432838 0755-83433898		传　真	0755-83433868	
	办公地址	广东省深圳市福田区天安数码城创新科技广场B座1312室				
	经营范围	制造、加工、销售:电路板(单、双、多层及柔性电路板);电子产品等				

	指标\报告期	2011.06.30	2010.12.31	2010.06.30	2009.12.31
主要财务指标	每股收益(元)	0.0697	0.1527	0.0788	0.4542
	每股收益(扣除)(元)	0.0650	0.1395	0.0906	0.2661
	每股净资产(元)	2.9400	3.5400	3.4900	5.4300
	调整后每股净资产(元)	–	–	–	–
	每股资本公积金(元)	1.0523	1.4628	1.4628	2.9405
	每股盈余公积金(元)	0.0887	0.1064	0.0919	0.1471
	每股未分配利润(元)	0.7990	0.9751	0.9316	1.3392
	每股现金净流量(元)	–0.0658	–0.5502	–0.3056	1.5196
	每股经营现金净流量(元)	–0.1323	–0.1764	–0.0143	0.2142
	净资产收益率(扣除)(%)	2.1900	4.0200	2.6300	10.5300
	净资产收益率(%)	2.3700	4.3070	2.7124	6.9406
	总资产(万)	89846.91	70724.45	63948.56	57774.99
	股东权益(万)	48504.85	48730.80	47932.23	46632.12
	主营业务收入(万)	13170.84	20876.92	10133.78	19253.79
	主营成本(万)	10470.75	16454.00	7826.71	13697.09
	营业收入(万)	13170.84	20876.92	10133.78	19253.79
	营业成本(万)	10470.75	16454.00	7826.71	13697.09
	投资收益(万)	–	–	–	–
	利润总额(万)	1664.71	2398.18	1570.97	3852.73
	净利润(万)	1149.46	2098.90	1300.13	3236.55

深圳市宇顺电子股份有限公司

公司概况	公司名称	深圳市宇顺电子股份有限公司			证券简称	宇顺电子
	法人代表	魏连速	董秘	陈飞(代)	证券代码	002289
	公司网址	www.szsuccess.com.cn		电子信箱	ysdz@szsuccess.com.cn	
	电　话	0755-86028268		传　真	0755-86028498	
	办公地址	广东省深圳市南山区高新技术产业园区中区 M-6 栋二层一区、四层四区				
	经营范围	生产销售液晶显示器;销售电子仪器仪表、电子元器件、电脑、通信产品等				

主要财务指标	指标\报告期	2011.06.30	2010.12.31	2010.06.30	2009.12.31
	每股收益(元)	0.2000	0.3900	0.2400	0.5700
	每股收益(扣除)(元)	0.2000	0.3900	0.2400	0.5500
	每股净资产(元)	6.4500	6.2600	6.1100	6.2700
	调整后每股净资产(元)	–	–	–	–
	每股资本公积金(元)	3.7866	3.7866	3.7866	3.7866
	每股盈余公积金(元)	0.1900	0.1900	0.1493	0.1493
	每股未分配利润(元)	1.4778	1.2805	1.1747	1.3350
	每股现金净流量(元)	–0.7036	0.0883	0.1301	2.6000
	每股经营现金净流量(元)	0.0086	0.5028	0.1686	–0.4497
	净资产收益率(扣除)(%)	–	6.2600	3.6800	12.7100
	净资产收益率(%)	3.0580	6.1720	3.9230	7.6200
	总资产(万)	87321.98	83032.38	75979.09	75136.11
	股东权益(万)	47439.55	45988.83	44912.35	46090.43
	主营业务收入(万)	36965.07	74117.47	32775.69	52881.65
	主营成本(万)	30862.86	63642.54	27974.41	44148.45
	营业收入(万)	37097.62	74476.40	32920.79	53163.82
	营业成本(万)	31205.81	64047.64	28143.46	44358.74
	投资收益(万)	–	–	–	–
	利润总额(万)	1647.64	3297.01	2079.64	4087.00
	净利润(万)	1450.72	2838.40	1761.92	3512.77

苏州禾盛新型材料股份有限公司

公司概况	公司名称	苏州禾盛新型材料股份有限公司			证券简称	禾盛新材
	法人代表	赵东明	董秘	袁文雄	证券代码	002290
	公司网址	www.szhssm.com.cn		电子信箱	hesheng@szhssm.com	
	电　话	0512-65072588*3528		传　真	0512-65073400	
	办公地址	江苏省苏州市工业园区后戴街 108 号				
	经营范围	家用电器、电子产品、机械设备、仪器仪表专用材料开发、生产、销售等				

主要财务指标	指标\报告期	2011.06.30	2010.12.31	2010.06.30	2009.12.31
	每股收益(元)	0.3140	0.6300	0.3800	0.6200
	每股收益(扣除)(元)	0.3031	0.6200	0.3800	0.5800
	每股净资产(元)	6.2400	6.0800	5.8300	10.0000
	调整后每股净资产(元)	–	–	–	–
	每股资本公积金(元)	3.3579	3.3579	3.3579	6.8443
	每股盈余公积金(元)	0.2027	0.2027	0.1395	0.2511
	每股未分配利润(元)	1.6809	1.5170	1.3336	1.9080
	每股现金净流量(元)	–1.0076	–0.8417	–0.4687	5.1017
	每股经营现金净流量(元)	–0.8763	0.1576	–0.0367	–0.5804
	净资产收益率(扣除)(%)	–	10.7200	6.7000	16.9200
	净资产收益率(%)	5.0290	10.3880	6.5986	9.3258
	总资产(万)	122003.76	113913.34	113330.04	99501.78
	股东权益(万)	93922.06	91455.86	87745.49	83627.54
	主营业务收入(万)	54453.48	104651.21	53857.63	65441.80
	主营成本(万)	46577.85	89463.60	44310.07	53824.13
	营业收入(万)	55140.17	106036.39	54073.66	66549.57
	营业成本(万)	46829.39	89633.98	44369.80	53948.64
	投资收益(万)	–	–	–	–
	利润总额(万)	5564.58	11113.17	6817.08	9111.78
	净利润(万)	4723.40	9500.32	5789.95	7798.92

佛山星期六鞋业股份有限公司

公司概况	公司名称	佛山星期六鞋业股份有限公司			证券简称	星 期 六
	法人代表	张泽民	董秘	曾杨清	证券代码	002291
	公司网址	www.st-sat.com		电子信箱	zhengquan@st-sat.com	
	电　话	0757-86256351		传　真	0757-86252172	
	办公地址	广东省佛山市南海区桂城科技园(简平路)B-3 号				
	经营范围	生产经营皮鞋,皮革制品及售后服务等				

主要财务指标	指标\报告期	2011.06.30	2010.12.31	2010.06.30	2009.12.31
	每股收益(元)	0.1573	0.3600	0.1569	0.4900
	每股收益(扣除)(元)	0.1568	0.3500	0.1959	0.4800
	每股净资产(元)	4.1800	5.2300	5.0800	6.3700
	调整后每股净资产(元)	–	–	–	–
	每股资本公积金(元)	2.2154	3.1800	3.1800	4.1340
	每股盈余公积金(元)	0.1224	0.1591	0.1226	0.1594
	每股未分配利润(元)	0.8434	0.8920	0.7737	1.0756
	每股现金净流量(元)	–0.2023	–1.0375	–0.7095	3.7851
	每股经营现金净流量(元)	0.0490	–0.6996	–0.5744	–0.3128
	净资产收益率(扣除)(%)	3.8200	6.9300	3.9300	16.1000
	净资产收益率(%)	3.7610	6.8601	4.0190	8.3120
	总资产(万)	198144.93	179933.10	176610.89	180648.10
	股东权益(万)	151923.52	146209.82	141881.52	136932.22
	主营业务收入(万)	60581.96	109786.25	50324.63	83435.11
	主营成本(万)	28784.09	56173.51	25531.02	42502.29
	营业收入(万)	60627.21	114306.44	50324.63	87986.99
	营业成本(万)	28828.11	60143.89	25531.02	46631.80
	投资收益(万)	–	–	–	–
	利润总额(万)	7685.15	13654.67	7479.38	13071.54
	净利润(万)	5713.70	10030.09	5701.80	11381.61

广东奥飞动漫文化股份有限公司

公司概况	公司名称	广东奥飞动漫文化股份有限公司			证券简称	奥飞动漫
	法人代表	蔡东青	董秘	郑克东	证券代码	002292
	公司网址	www.gdalpha.com		电子信箱	invest@gdalpha.com	
	电　话	020-38983278*3886		传　真	020-37597638 38336260	
	办公地址	广州市珠江新城临江大道 5 号保利国际中心 10 楼				
	经营范围	制造、复制、发行:广播剧、电视剧、动画片、专题、专栏等				

主要财务指标	指标\报告期	2011.06.30	2010.12.31	2010.06.30	2009.12.31
	每股收益(元)	0.1400	0.5100	0.1100	0.4900
	每股收益(扣除)(元)	0.1322	0.4900	0.1600	0.4300
	每股净资产(元)	3.1900	5.1700	4.8400	7.4600
	调整后每股净资产(元)	–	–	–	–
	每股资本公积金(元)	1.4129	2.8607	2.8607	5.1771
	每股盈余公积金(元)	0.0973	0.1558	0.1300	0.1795
	每股未分配利润(元)	0.6802	1.1565	0.8488	1.1017
	每股现金净流量(元)	–0.7010	0.4134	–0.5210	4.6064
	每股经营现金净流量(元)	–0.2378	0.9638	–0.0430	0.0620
	净资产收益率(扣除)(%)	4.0400	9.8900	3.2800	18.2300
	净资产收益率(%)	4.5410	9.8880	3.6783	8.5180
	总资产(万)	152337.47	160860.56	136355.17	128036.53
	股东权益(万)	130698.32	132427.21	123889.90	119332.80
	主营业务收入(万)	47802.93	90282.32	30909.19	59083.48
	主营成本(万)	29859.42	57989.43	19148.06	36673.67
	营业收入(万)	47802.93	90306.94	30909.19	59083.48
	营业成本(万)	29859.42	57989.43	19148.06	36673.67
	投资收益(万)	–	–	–	–
	利润总额(万)	6829.78	14739.68	5315.85	11794.80
	净利润(万)	5934.43	13094.77	4557.10	10164.65

罗莱家纺股份有限公司

公司概况	公司名称	罗莱家纺股份有限公司			证券简称	罗莱家纺
	法人代表	薛伟成	董秘	吴献忠	证券代码	002293
	公司网址	www.luolai.com.cn		电子信箱	zqb@luolai.com.cn	
	电　话	0513-85928751		传　真	0513-85928103	
	办公地址	江苏省南通市经济技术开发区星湖大道 1699 号				
	经营范围	生产销售家用纺织品、酒店纺织品、鞋帽等				

	指标\报告期	2011.06.30	2010.12.31	2010.06.30	2009.12.31
主要财务指标	每股收益(元)	1.1600	1.4900	0.6700	1.2800
	每股收益(扣除)(元)	1.0100	1.4400	0.5000	1.2200
	每股净资产(元)	10.2500	10.5200	9.3100	9.5200
	调整后每股净资产(元)	–	–	–	–
	每股资本公积金(元)	6.4620	6.4620	6.4767	6.4767
	每股盈余公积金(元)	0.4183	0.4183	0.2377	0.2377
	每股未分配利润(元)	2.3789	2.6416	1.5923	1.8061
	每股现金净流量(元)	–1.3892	–0.0608	–0.9613	7.0383
	每股经营现金净流量(元)	0.3733	–	–0.2475	0.9561
	净资产收益率(扣除)(%)	9.3000	–	6.3800	23.7300
	净资产收益率(%)	11.2860	14.5090	7.1500	10.9630
	总资产(万)	177289.18	187605.30	153031.46	155607.43
	股东权益(万)	143931.80	147650.56	130620.90	133631.77
	主营业务收入(万)	97833.60	174822.32	63116.68	112247.75
	主营成本(万)	56903.95	106043.46	37186.74	67592.82
	营业收入(万)	100324.61	181881.46	66182.93	114530.68
	营业成本(万)	59367.38	113128.03	40164.38	69743.63
	投资收益(万)	–	–	–	–
	利润总额(万)	18771.74	28319.15	11340.47	19692.91
	净利润(万)	16243.55	20970.53	9344.00	14650.33

深圳信立泰药业股份有限公司

公司概况	公司名称	深圳信立泰药业股份有限公司			证券简称	信立泰
	法人代表	叶澄海	董秘	杨健锋	证券代码	002294
	公司网址	www.salubris.cn		电子信箱	investor@salubris.cn	
	电　话	0755-83867888		传　真	0755-83867338	
	办公地址	广东省深圳市福田区深南大道 6007 号创展中心 1901、1902、1903、1923 室				
	经营范围	开发研究、生产化学原料药、粉针剂、片剂、胶囊.货物及技术进出口业务				

	指标\报告期	2011.06.30	2010.12.31	2010.06.30	2009.12.31
主要财务指标	每股收益(元)	0.5400	1.5700	0.4900	1.1700
	每股收益(扣除)(元)	0.5300	1.5500	0.7900	1.1500
	每股净资产(元)	5.2900	8.2100	7.4200	14.2900
	调整后每股净资产(元)	–	–	–	–
	每股资本公积金(元)	2.3809	4.4095	4.4095	9.8190
	每股盈余公积金(元)	0.2094	0.3350	0.1800	0.3599
	每股未分配利润(元)	1.7037	2.4636	1.8348	3.1068
	每股现金净流量(元)	–0.3873	–0.6790	–0.2809	9.7155
	每股经营现金净流量(元)	0.2671	0.8222	0.1699	1.1831
	净资产收益率(扣除)(%)	10.1400	20.4800	10.6700	32.4100
	净资产收益率(%)	10.1800	19.0700	10.5242	13.3100
	总资产(万)	230849.81	217487.67	198299.02	177195.38
	股东权益(万)	192278.99	186324.97	168530.07	162143.54
	主营业务收入(万)	71789.90	129776.71	65637.94	84959.77
	主营成本(万)	29397.01	55559.22	29303.03	37641.02
	营业收入(万)	71843.66	129776.71	65637.94	84959.77
	营业成本(万)	29423.89	55559.22	29303.03	37641.02
	投资收益(万)	–	–	–	–
	利润总额(万)	22941.97	41548.79	20784.62	24935.23
	净利润(万)	19574.02	35531.43	17736.53	21574.71

广东精艺金属股份有限公司

公司概况	公司名称	广东精艺金属股份有限公司			证券简称	精艺股份
	法人代表	冯境铭	董秘	吴焱	证券代码	002295
	公司网址	www.jingyimetal.com		电子信箱	jy@jingyimetal.com	
	电　话	0757-26336931		传　真	0757-22397895	
	办公地址	广东省佛山市顺德区北滘镇西海工业区				
	经营范围	制造,销售:金属制品等				

	指标\报告期	2011.06.30	2010.12.31	2010.06.30	2009.12.31
主要财务指标	每股收益(元)	0.1830	0.4730	0.2003	0.5400
	每股收益(扣除)(元)	0.1613	0.4200	0.2592	0.4400
	每股净资产(元)	4.0100	5.8900	5.8960	5.7300
	调整后每股净资产(元)	–	–	–	–
	每股资本公积金(元)	1.7250	3.0874	3.2642	3.2642
	每股盈余公积金(元)	0.1137	0.1705	0.0833	0.0833
	每股未分配利润(元)	1.1722	1.6339	1.5485	1.3780
	每股现金净流量(元)	–0.1605	–0.3898	–0.7692	2.3125
	每股经营现金净流量(元)	–0.3170	–0.9540	–1.2393	–1.6730
	净资产收益率(扣除)(%)	–	7.2200	4.4400	11.1200
	净资产收益率(%)	4.5620	8.0280	5.0958	7.5830
	总资产(万)	165226.72	147276.52	132241.16	118709.06
	股东权益(万)	84950.15	83192.80	83252.16	80845.40
	主营业务收入(万)	150080.20	256919.30	125457.03	147074.12
	主营成本(万)	138189.55	236563.51	115862.48	132407.80
	营业收入(万)	150883.61	258323.51	126202.62	149925.43
	营业成本(万)	138871.00	237856.12	116326.65	134843.21
	投资收益(万)	–	–	–	–
	利润总额(万)	4833.54	10001.12	6459.15	8680.43
	净利润(万)	3875.36	6679.08	4242.35	6130.33

河南辉煌科技股份有限公司

公司概况	公司名称	河南辉煌科技股份有限公司			证券简称	辉煌科技
	法人代表	李海鹰	董秘	李新建	证券代码	002296
	公司网址	www.hhkj.cn		电子信箱	hhlxjian@163.com	
	电　话	0371-67980218 67371035		传　真	0371-67371035	
	办公地址	河南省郑州市高新技术产业开发区科学大道 74 号				
	经营范围	计算机监控设备、电子产品的设计、开发、生产;通讯设备等				

	指标\报告期	2011.06.30	2010.12.31	2010.06.30	2009.12.31
主要财务指标	每股收益(元)	0.0783	0.8199	0.0744	0.6414
	每股收益(扣除)(元)	0.0699	0.7905	0.1158	0.5307
	每股净资产(元)	3.4000	5.9900	5.3000	9.4900
	调整后每股净资产(元)	–	–	–	–
	每股资本公积金(元)	1.3412	2.9800	2.9800	5.7660
	每股盈余公积金(元)	0.1271	0.2161	0.1728	0.2938
	每股未分配利润(元)	0.9294	1.7969	1.1468	2.4345
	每股现金净流量(元)	–0.6965	–0.6950	–1.1190	6.4207
	每股经营现金净流量(元)	–0.3046	0.1849	–0.3596	0.5874
	净资产收益率(扣除)(%)	1.9800	13.9000	2.1000	16.1200
	净资产收益率(%)	2.3030	13.6810	2.3000	9.3134
	总资产(万)	70532.49	74668.98	64987.58	70964.52
	股东权益(万)	60387.79	62656.17	55407.11	58389.35
	主营业务收入(万)	10116.47	24429.21	6527.32	16135.96
	主营成本(万)	5113.39	11921.16	3371.65	8125.81
	营业收入(万)	10176.54	25028.71	6607.31	16635.83
	营业成本(万)	5128.99	12218.04	3398.57	8320.06
	投资收益(万)	–	–	–	–
	利润总额(万)	1709.20	9691.97	1538.00	6186.99
	净利润(万)	1390.87	8571.83	1322.76	5438.04

湖南博云新材料股份有限公司

公司概况					
公司名称	湖南博云新材料股份有限公司			证券简称	博云新材
法人代表	蒋辉珍	董秘	郭超贤	证券代码	002297
公司网址	www.hnboyun.com.cn		电子信箱	hnbyxcl@sina.com	
电　　话	0731-85302297		传　　真	0731-88122777	
办公地址	湖南省长沙市岳麓区雷锋大道 346 号				
经营范围	研究、生产、销售粉末冶金摩擦材料、炭/炭复合材料、纳米材料及其制品等				

主要财务指标

指标\报告期	2011.06.30	2010.12.31	2010.06.30	2009.12.31
每股收益(元)	0.0700	0.1200	0.0700	0.1500
每股收益(扣除)(元)	0.0715	0.1100	0.0723	0.0900
每股净资产(元)	2.6800	2.6100	2.5600	5.0300
调整后每股净资产(元)	–	–	–	–
每股资本公积金(元)	1.2251	1.2251	1.2251	3.0002
每股盈余公积金(元)	0.0621	0.0621	0.0523	0.1047
每股未分配利润(元)	0.3967	0.3222	0.2816	0.9222
每股现金净流量(元)	–0.2035	–0.4129	–0.2198	1.6367
每股经营现金净流量(元)	–0.0988	0.0902	0.0018	0.1978
净资产收益率(扣除)(%)	2.7000	4.4300	2.8400	4.8700
净资产收益率(%)	2.7740	4.6330	2.7700	4.8040
总资产(万)	89278.84	82520.76	75855.26	72192.24
股东权益(万)	57435.61	55842.40	54764.57	53790.51
主营业务收入(万)	14165.03	21809.57	10868.49	17270.68
主营成本(万)	9693.03	14554.20	6879.01	11459.48
营业收入(万)	14165.03	21809.57	10868.49	17270.68
营业成本(万)	9693.03	14554.20	6879.01	11459.48
投资收益(万)	–	–	–	–
利润总额(万)	1938.54	3250.67	1914.51	3142.80
净利润(万)	1593.20	2586.89	1509.06	2584.13

安徽鑫龙电器股份有限公司

公司概况					
公司名称	安徽鑫龙电器股份有限公司			证券简称	鑫龙电器
法人代表	束龙胜	董秘	汪宇	证券代码	002298
公司网址	www.ah-xinlong.com		电子信箱	xinlongdsb@126.com	
电　　话	0553-5772627		传　　真	0553-5312688 5772865	
办公地址	安徽省芜湖市经济技术开发区电器部件园(九华北路 118)				
经营范围	电气机械及器材制造、工业过程控制及监控系统、计算机应用服务等				

主要财务指标

指标\报告期	2011.06.30	2010.12.31	2010.06.30	2009.12.31
每股收益(元)	0.1856	0.2590	0.1253	0.2845
每股收益(扣除)(元)	0.1814	0.2354	0.1242	0.2718
每股净资产(元)	3.0700	2.9600	2.8300	4.1100
调整后每股净资产(元)	–	–	–	–
每股资本公积金(元)	1.0429	1.0401	1.0401	2.0601
每股盈余公积金(元)	0.1300	0.1300	0.1103	0.1655
每股未分配利润(元)	0.8973	0.7917	0.6777	0.8885
每股现金净流量(元)	0.0715	–0.1244	–0.1672	1.5084
每股经营现金净流量(元)	0.0927	–0.9251	–0.7287	0.1430
净资产收益率(扣除)(%)	6.0450	8.7450	4.4700	8.3940
净资产收益率(%)	6.0800	9.0800	4.4700	14.9900
总资产(万)	132896.18	115797.83	95485.21	85795.89
股东权益(万)	50978.30	49172.47	46933.04	45525.07
主营业务收入(万)	40250.79	59914.08	27136.77	50070.17
主营成本(万)	27039.75	40302.67	18603.13	33532.35
营业收入(万)	40569.96	60952.66	27389.22	51285.43
营业成本(万)	27156.96	40522.96	18730.68	34265.22
投资收益(万)	4.38	13.03	3.43	10.00
利润总额(万)	3629.44	5010.45	2417.46	4405.99
净利润(万)	3062.20	4273.56	2068.04	3798.65

福建圣农发展股份有限公司

公司概况					
公司名称	福建圣农发展股份有限公司			证券简称	圣农发展
法人代表	傅光明	董秘	陈剑华	证券代码	002299
公司网址	www.sunnercn.com		电子信箱	sn023@sunnercn.com	
电　　话	0599-7951242 7951250		传　　真	0599-7951242 7921003	
办公地址	福建省南平市光泽县十里铺圣农总部办公大楼				
经营范围	畜，牧，禽，鱼，鳖养殖；茶果种植；混配合饲料生产；对外贸易等				

主要财务指标

指标\报告期	2011.06.30	2010.12.31	2010.06.30	2009.12.31
每股收益(元)	0.1525	0.6800	0.0847	0.5330
每股收益(扣除)(元)	0.1501	0.6800	0.1648	0.5287
每股净资产(元)	3.6000	4.3500	3.8400	3.8500
调整后每股净资产(元)	–	–	–	–
每股资本公积金(元)	1.8868	1.8247	1.8247	1.8247
每股盈余公积金(元)	0.0967	0.2148	0.1470	0.1470
每股未分配利润(元)	0.6178	1.3119	0.8708	0.8815
每股现金净流量(元)	1.1204	0.3843	0.3641	0.7833
每股经营现金净流量(元)	0.1144	0.6705	0.0289	0.6287
净资产收益率(扣除)(%)	3.8820	15.5870	4.4080	12.6840
净资产收益率(%)	6.2900	16.6600	4.3700	23.5500
总资产(万)	492094.47	320429.24	266702.41	217919.19
股东权益(万)	328037.34	178409.07	157545.62	157980.95
主营业务收入(万)	121104.14	200812.23	85613.42	141194.82
主营成本(万)	101997.10	164101.05	74315.32	112306.98
营业收入(万)	124465.27	206951.69	86682.03	143768.67
营业成本(万)	103728.03	167292.94	74836.53	113708.82
投资收益(万)	–	–	–	–
利润总额(万)	12736.55	27805.27	6944.82	20041.49
净利润(万)	12733.86	27808.12	6944.67	20038.72

福建南平太阳电缆股份有限公司

公司概况					
公司名称	福建南平太阳电缆股份有限公司			证券简称	太阳电缆
法人代表	李云孝	董秘	江永涛	证券代码	002300
公司网址	www.npcable.com		电子信箱	npcable@public.npptt.fj.cn	
电　　话	0599-8736341		传　　真	0599-8736321	
办公地址	福建省南平市工业路 102 号				
经营范围	电线、电缆制造；五金、交电、化工，普通机械，电器机械及器材等				

主要财务指标

指标\报告期	2011.06.30	2010.12.31	2010.06.30	2009.12.31
每股收益(元)	0.2011	0.6000	0.1681	0.6900
每股收益(扣除)(元)	0.1891	0.5800	0.2489	0.6900
每股净资产(元)	3.4300	5.3000	4.9400	7.7900
调整后每股净资产(元)	–	–	–	–
每股资本公积金(元)	1.7312	3.0951	3.0813	5.2294
每股盈余公积金(元)	0.2128	0.3192	0.2607	0.3911
每股未分配利润(元)	0.4889	0.8816	0.5965	1.1666
每股现金净流量(元)	–0.4194	–0.4674	–0.6194	3.2499
每股经营现金净流量(元)	–0.6695	–0.9621	–0.4965	0.8156
净资产收益率(扣除)(%)	5.2100	11.3000	4.7100	22.4600
净资产收益率(%)	5.8590	11.2470	5.1043	10.4210
总资产(万)	229985.41	196478.31	162413.76	149739.67
股东权益(万)	103500.09	106446.56	99265.02	104346.89
主营业务收入(万)	150219.84	210030.49	94466.14	151592.58
主营成本(万)	133102.91	182713.41	82290.39	124498.71
营业收入(万)	150770.41	233697.20	95864.78	153860.46
营业成本(万)	133556.38	203792.33	83422.37	126104.56
投资收益(万)	–	–	–	–
利润总额(万)	7815.36	15191.16	5978.97	13084.56
净利润(万)	6064.45	11971.84	5066.74	10874.40

深圳市齐心文具股份有限公司

公司概况	公司名称	深圳市齐心文具股份有限公司			证券简称	齐心文具
	法人代表	陈钦鹏	董秘	沈焰雷	证券代码	002301
	公司网址	www.comix.com.cn		电子信箱	stock@comix.com.cn	
	电　话	0755-83679273 83002400		传　真	0755-83002300	
	办公地址	广东省深圳市南山区深南大道高新科技园 W2-A7 楼				
	经营范围	文具及办公用品，办公设备的研发，生产和销售等				

主要财务指标	指标\报告期	2011.06.30	2010.12.31	2010.06.30	2009.12.31
	每股收益(元)	0.1900	0.2700	0.1400	0.4900
	每股收益(扣除)(元)	0.1694	0.1700	0.1100	0.4400
	每股净资产(元)	5.3500	5.1600	7.8500	7.6400
	调整后每股净资产(元)	–	–	–	–
	每股资本公积金(元)	2.9957	2.9957	4.9936	4.9936
	每股盈余公积金(元)	0.1248	0.1248	0.1507	0.1507
	每股未分配利润(元)	1.2379	1.0438	1.7100	1.4965
	每股现金净流量(元)	-0.0773	-0.2500	-0.5653	4.9756
	每股经营现金净流量(元)	0.0751	0.4440	-0.2312	1.0187
	净资产收益率(扣除)(%)	3.2200	3.3900	1.3800	15.4700
	净资产收益率(%)	3.6290	5.2430	2.7500	7.5630
	总资产(万)	126167.98	126548.70	117406.72	114183.79
	股东权益(万)	99884.72	96362.96	97789.53	95162.22
	主营业务收入(万)	44472.36	88573.08	36457.90	71834.88
	主营成本(万)	32335.92	–	–	–
	营业收入(万)	44508.98	91070.92	36465.75	71838.32
	营业成本(万)	32335.92	69934.61	27437.69	53729.19
	投资收益(万)	–	–	–	–
	利润总额(万)	3868.31	5044.63	3066.18	8467.07
	净利润(万)	3624.91	5052.46	2658.08	7196.88

新疆西部建设股份有限公司

公司概况	公司名称	新疆西部建设股份有限公司			证券简称	西部建设
	法人代表	徐建林	董秘	林彬	证券代码	002302
	公司网址	www.west-construction.com		电子信箱	lb@xbjs.net	
	电　话	0991-8853519 8853208		传　真	0991-8851791	
	办公地址	新疆维吾尔自治区乌鲁木齐市西虹东路 456 号腾飞大厦 12 楼				
	经营范围	预拌混凝土的生产和销售等				

主要财务指标	指标\报告期	2011.06.30	2010.12.31	2010.06.30	2009.12.31
	每股收益(元)	0.1400	0.5100	0.1600	0.7200
	每股收益(扣除)(元)	0.1353	0.4900	0.1600	0.7000
	每股净资产(元)	4.8400	4.7000	6.4500	6.5900
	调整后每股净资产(元)	–	–	–	–
	每股资本公积金(元)	1.9045	1.9045	3.3567	3.3567
	每股盈余公积金(元)	0.3334	0.3334	0.4521	0.4521
	每股未分配利润(元)	1.6037	1.4669	1.6367	1.7810
	每股现金净流量(元)	0.8373	-1.0279	-1.6292	4.1195
	每股经营现金净流量(元)	-0.4183	0.3880	-0.2371	0.6467
	净资产收益率(扣除)(%)	2.8400	10.6300	2.3800	16.0900
	净资产收益率(%)	2.8260	10.8730	2.4150	8.5940
	总资产(万)	235162.34	154858.55	154827.30	144700.37
	股东权益(万)	101673.04	98800.02	90236.43	92257.22
	主营业务收入(万)	69169.70	136275.28	39586.06	91151.24
	主营成本(万)	59761.78	115043.87	33944.75	74239.78
	营业收入(万)	69239.36	136451.19	39650.32	91275.23
	营业成本(万)	59795.64	115142.26	33976.46	74300.64
	投资收益(万)	–	–	–	–
	利润总额(万)	4327.88	13232.54	2999.96	10514.78
	净利润(万)	2873.02	10742.80	2179.21	7928.95

深圳市美盈森环保科技股份有限公司

公司概况	公司名称	深圳市美盈森环保科技股份有限公司			证券简称	美盈森
	法人代表	王海鹏	董秘	黄琳	证券代码	002303
	公司网址	www.szmys.com		电子信箱	mys.stock@szmys.com	
	电　话	0755-29751666*5877		传　真	0755-28234302	
	办公地址	广东省深圳市宝安区光明新陂头村美盈森厂区 A 栋				
	经营范围	纸箱、木箱的生产及销售；轻型环保包装制品、重型环保包装制品等				

主要财务指标	指标\报告期	2011.06.30	2010.12.31	2010.06.30	2009.12.31
	每股收益(元)	0.4395	0.7969	0.4207	0.9387
	每股收益(扣除)(元)	0.3848	0.7947	0.4220	0.9095
	每股净资产(元)	9.3650	9.2289	8.8500	8.4300
	调整后每股净资产(元)	–	–	–	–
	每股资本公积金(元)	5.8904	5.8904	5.8904	5.8904
	每股盈余公积金(元)	0.2296	0.2296	0.1526	0.1526
	每股未分配利润(元)	2.2504	2.1109	1.8116	1.3909
	每股现金净流量(元)	-1.4657	-1.7379	-2.9329	7.0083
	每股经营现金净流量(元)	0.3200	0.7368	0.3970	1.0425
	净资产收益率(扣除)(%)	–	9.0000	4.8800	24.4100
	净资产收益率(%)	4.6930	8.6350	4.7518	8.7960
	总资产(万)	203664.47	199417.26	190498.03	179505.89
	股东权益(万)	167446.26	165013.53	158311.31	150797.64
	主营业务收入(万)	39053.82	72645.85	37344.18	69976.19
	主营成本(万)	25221.25	46893.14	24704.91	47707.93
	营业收入(万)	39267.85	72874.13	37506.08	70170.10
	营业成本(万)	25221.25	46893.14	24704.91	47707.93
	投资收益(万)	–	–	–	–
	利润总额(万)	9399.66	16715.53	8832.80	15571.84
	净利润(万)	7858.66	14249.05	7522.63	13263.83

江苏洋河酒厂股份有限公司

公司概况	公司名称	江苏洋河酒厂股份有限公司			证券简称	洋河股份
	法人代表	杨廷栋	董秘	丛学年	证券代码	002304
	公司网址	www.chinayanghe.com		电子信箱	yanghe002304@vip.163.com	
	电　话	025-52489218		传　真	025-52489218	
	办公地址	江苏省宿迁市洋河中大街 118 号 南京市雨花经济开发区凤汇大道 18 号				
	经营范围	洋河系列白酒的加工，生产，销售，自营和代理各类商品和技术的进出口				

主要财务指标	指标\报告期	2011.06.30	2010.12.31	2010.06.30	2009.12.31
	每股收益(元)	2.0200	4.9000	1.1900	3.0400
	每股收益(扣除)(元)	2304.0000	4.9000	2.3800	3.0200
	每股净资产(元)	8.5400	7.6900	12.8500	11.2800
	调整后每股净资产(元)	–	–	–	–
	每股资本公积金(元)	1.6739	5.6809	5.6809	5.6809
	每股盈余公积金(元)	0.2500	0.5000	0.4215	0.4215
	每股未分配利润(元)	5.6133	8.1957	5.7466	4.1749
	每股现金净流量(元)	-0.9224	4.9057	-0.0249	8.0985
	每股经营现金净流量(元)	2.1802	8.5328	2.6593	3.1741
	净资产收益率(扣除)(%)	24.2900	37.1500	19.5300	53.8800
	净资产收益率(%)	23.6070	31.8620	18.4577	24.7030
	总资产(万)	1219969.82	1148007.05	834678.26	649072.06
	股东权益(万)	768345.28	691947.94	578204.40	507481.16
	主营业务收入(万)	611239.32	754761.85	346165.56	394988.18
	主营成本(万)	259772.01	326070.47	145429.18	161796.94
	营业收入(万)	617174.39	761909.27	348710.03	400204.85
	营业成本(万)	264697.72	332859.47	147428.63	166224.76
	投资收益(万)	–	–	–	–
	利润总额(万)	258626.21	307621.67	143079.49	167330.82
	净利润(万)	181385.67	220466.78	106723.24	125362.00

武汉南国置业股份有限公司

公司概况	公司名称	武汉南国置业股份有限公司		证券简称	南国置业
	法人代表	许晓明	董秘	王一禾	证券代码	002305
	公司网址	www.langold.com.cn	电子信箱	ir@langold.com.cn	
	电　话	027-83983726 83988055	传　真	027-83988055 83879100	
	办公地址	湖北省武汉市汉口解放大道 387 号			
	经营范围	房地产综合开发、商品房销售、租赁;物业管理;新型建筑、装饰材料的开发、生产等			

主要财务指标	指标\报告期	2011.06.30	2010.12.31	2010.06.30	2009.12.31
	每股收益(元)	0.0067	0.4000	0.0066	0.3800
	每股收益(扣除)(元)	0.0068	0.4000	0.0135	0.3300
	每股净资产(元)	1.4900	3.0900	2.7000	2.7900
	调整后每股净资产(元)	–	–	–	–
	每股资本公积金(元)	0.0339	1.0677	1.0677	1.0677
	每股盈余公积金(元)	0.0518	0.1036	0.0656	0.0656
	每股未分配利润(元)	0.4049	0.9164	0.5667	0.6535
	每股现金净流量(元)	–0.2520	0.6473	0.2116	1.3466
	每股经营现金净流量(元)	–0.3657	–1.0817	–0.4520	–0.3138
	净资产收益率(扣除)(%)	0.4500	13.6700	0.4800	17.5800
	净资产收益率(%)	0.4500	12.9830	0.4903	12.4230
	总资产(万)	388956.08	368709.92	252702.54	227590.75
	股东权益(万)	143094.07	148210.37	129604.37	133768.89
	主营业务收入(万)	6060.68	66163.18	6618.04	58728.07
	主营成本(万)	2261.52	25760.13	3348.43	33057.66
	营业收入(万)	6060.68	66163.18	6618.04	58728.07
	营业成本(万)	2261.52	25760.13	3348.43	33057.66
	投资收益(万)	–	–	–	–
	利润总额(万)	900.12	25968.47	885.27	21828.21
	净利润(万)	643.70	19241.48	635.48	16618.64

北京湘鄂情股份有限公司

公司概况	公司名称	北京湘鄂情股份有限公司			证券简称	湘 鄂 情
	法人代表	孟凯	董秘	熊国胜	证券代码	002306
	公司网址	www.xeq.com.cn	电子信箱		xeq2008@bjxeq.com	
	电　话	010-63695270 63695262	传　真		010-63695270 63695262	
	办公地址	北京市西城区教育街 3 号武警招待所西楼十二层				
	经营范围	中餐;零售酒、饮料、烟(仅限分公司经营);接受委托从事物业管理等				

主要财务指标	指标\报告期	2011.06.30	2010.12.31	2010.06.30	2009.12.31
	每股收益(元)	0.2500	0.2900	0.2200	0.5000
	每股收益(扣除)(元)	0.2500	0.2800	0.2200	0.4900
	每股净资产(元)	5.9000	5.8300	5.7700	5.8300
	调整后每股净资产(元)	–	–	–	–
	每股资本公积金(元)	4.1443	4.3263	4.3263	4.3263
	每股盈余公积金(元)	0.1280	0.1280	0.0898	0.0898
	每股未分配利润(元)	0.6313	0.3783	0.3513	0.4113
	每股现金净流量(元)	–1.4630	–1.4067	–1.0723	–
	每股经营现金净流量(元)	0.5533	0.5978	0.3684	–
	净资产收益率(扣除)(%)	4.1900	4.9200	3.8700	23.2100
	净资产收益率(%)	4.2860	4.9740	3.9008	6.5840
	总资产(万)	152703.36	139514.95	134318.51	132872.81
	股东权益(万)	118071.07	116651.21	115348.53	116549.00
	主营业务收入(万)	60357.62	91955.99	44321.85	73522.52
	主营成本(万)	19198.24	30826.47	14729.82	23610.79
	营业收入(万)	60532.04	92317.42	44375.56	73780.75
	营业成本(万)	19248.72	30926.76	14729.82	23610.79
	投资收益(万)	–	–	–	–
	利润总额(万)	7425.96	9122.55	6600.60	11123.37
	净利润(万)	5060.09	5802.22	4499.53	7673.07

新疆北新路桥建设股份有限公司

公司概况	公司名称	新疆北新路桥建设股份有限公司			证券简称	北新路桥
	法人代表	朱建国	董秘	朱胜军	证券代码	002307
	公司网址	www.xjbxlq.com	电子信箱		zsj@xjbxlq.com	
	电　话	0991-3631208 3631209	传　真		0991-3631269	
	办公地址	乌鲁木齐市高新区高新街 217 号盈科广场 A 座 16-17 层				
	经营范围	公路工程施工总承包一级;公路路面工程专业承包一级等				

主要财务指标	指标\报告期	2011.06.30	2010.12.31	2010.06.30	2009.12.31
	每股收益(元)	0.1500	0.3300	0.1400	0.4000
	每股收益(扣除)(元)	0.1413	0.1600	0.1393	0.3767
	每股净资产(元)	4.0700	3.9800	3.7900	3.6800
	调整后每股净资产(元)	–	–	–	–
	每股资本公积金(元)	1.7359	1.7359	1.7359	1.7359
	每股盈余公积金(元)	0.1658	0.1658	0.1516	0.1516
	每股未分配利润(元)	1.1644	1.0629	0.9047	0.7957
	每股现金净流量(元)	2.1901	–0.4773	0.0650	1.8392
	每股经营现金净流量(元)	1.1988	–1.0764	–0.2118	0.6352
	净资产收益率(扣除)(%)	3.5100	4.1800	3.5200	16.9900
	净资产收益率(%)	3.7170	8.3680	3.7217	8.3970
	总资产(万)	408643.82	285363.71	236819.38	183943.17
	股东权益(万)	77177.26	75359.97	71842.82	69777.11
	主营业务收入(万)	113022.80	238324.34	111161.60	231667.02
	主营成本(万)	99305.75	211730.57	99380.88	208390.88
	营业收入(万)	113494.72	240901.51	111233.07	232104.68
	营业成本(万)	99834.16	212364.91	99484.63	208655.31
	投资收益(万)	–	–	–	–
	利润总额(万)	3544.52	7828.48	3226.63	6835.61
	净利润(万)	2868.68	6303.06	2673.76	5858.80

广东威创视讯科技股份有限公司

公司概况	公司名称	广东威创视讯科技股份有限公司			证券简称	威创股份
	法人代表	何正宇	董秘	陈宇	证券代码	002308
	公司网址	www.vtron.com	电子信箱		irm@vtron.com	
	电　话	020-22213431	传　真		020-22213319	
	办公地址	广东省广州市高新技术产业开发区彩频路 6 号				
	经营范围	研究、开发、生产、销售电子显示产品、电子控制与显示处理设备等				

主要财务指标	指标\报告期	2011.06.30	2010.12.31	2010.06.30	2009.12.31
	每股收益(元)	0.1600	0.4700	0.1200	0.4200
	每股收益(扣除)(元)	0.1513	0.4500	0.1800	0.4000
	每股净资产(元)	2.6200	3.9000	3.6100	7.1500
	调整后每股净资产(元)	–	–	–	–
	每股资本公积金(元)	1.1345	2.2017	2.2017	5.4034
	每股盈余公积金(元)	0.0816	0.1225	0.0758	0.1516
	每股未分配利润(元)	0.4053	0.5731	0.3290	0.5972
	每股现金净流量(元)	–0.0901	0.0823	–0.0614	6.0493
	每股经营现金净流量(元)	0.0708	0.3066	0.0430	0.8638
	净资产收益率(扣除)(%)	5.7000	12.1400	4.8500	35.9700
	净资产收益率(%)	5.9740	12.0900	4.9900	9.1130
	总资产(万)	190954.69	188439.98	172800.28	169493.84
	股东权益(万)	168136.51	166644.52	154215.89	152918.27
	主营业务收入(万)	37457.54	72928.31	30402.39	54263.77
	主营成本(万)	15719.90	31335.28	12767.67	22708.00
	营业收入(万)	37866.83	74105.21	30819.74	55278.42
	营业成本(万)	15719.90	31395.84	12790.26	22758.73
	投资收益(万)	–	–	–	–
	利润总额(万)	11671.20	23178.70	8468.39	15154.71
	净利润(万)	10044.64	20147.55	7713.82	13935.62

中利科技集团股份有限公司

公司概况	公司名称	中利科技集团股份有限公司			证券简称	中利科技
	法人代表	龚茵	董秘	胡常青	证券代码	002309
	公司网址	www.zhongli.com		电子信箱	zhonglidm@zhongli.com	
	电　话	0512-52571118		传　真	0512-52572288	
	办公地址	江苏省常熟市东南经济开发区常昆线 8 号				
	经营范围	电线、电缆、光缆、PVC 电力电缆料、电源插头、电子接插件等				

	指标\报告期	2011.06.30	2010.12.31	2010.06.30	2009.12.31
主要财务指标	每股收益(元)	0.4900	0.7900	0.4500	0.9900
	每股收益(扣除)(元)	0.4219	0.7000	0.4200	0.9700
	每股净资产(元)	9.9300	9.5400	9.2000	15.8500
	调整后每股净资产(元)	-	-	-	-
	每股资本公积金(元)	6.1830	6.1830	6.1830	11.9294
	每股盈余公积金(元)	0.1828	0.1828	0.1342	0.2416
	每股未分配利润(元)	2.5631	2.1714	1.8830	2.6819
	每股现金净流量(元)	-0.8825	-1.2534	-1.6284	6.9720
	每股经营现金净流量(元)	-0.9215	-0.5922	-0.9383	-0.6994
	净资产收益率(扣除)(%)	4.2500	7.6100	4.6900	26.8500
	净资产收益率(%)	4.9520	8.2380	4.8800	8.6290
	总资产(万)	379314.06	324424.46	289246.15	259096.42
	股东权益(万)	238591.69	229180.84	221080.64	211636.36
	主营业务收入(万)	186933.84	291572.97	120315.85	164379.86
	主营成本(万)	160112.99	254523.50	99976.94	129806.67
	营业收入(万)	187737.34	291872.03	120392.19	169542.69
	营业成本(万)	160716.77	254766.88	100047.53	134844.23
	投资收益(万)	-	-	-	-
	利润总额(万)	13648.36	22209.74	12625.89	21339.92
	净利润(万)	11813.85	18879.49	10779.28	18262.61

北京东方园林股份有限公司

公司概况	公司名称	北京东方园林股份有限公司			证券简称	东方园林
	法人代表	何巧女	董秘	武建军	证券代码	002310
	公司网址	www.orientscape.com		电子信箱	orientlandscape@163.com	
	电　话	010-52289000 010-52286666		传　真	010-52288062	
	办公地址	北京市朝阳区北苑家园绣菊园 7 号楼				
	经营范围	研究、开发、种植、销售园林植物等				

	指标\报告期	2011.06.30	2010.12.31	2010.06.30	2009.12.31
主要财务指标	每股收益(元)	1.3700	1.7200	0.6000	0.7600
	每股收益(扣除)(元)	1.1383	1.7100	1.1900	0.7600
	每股净资产(元)	10.2900	8.6100	15.1700	21.2700
	调整后每股净资产(元)	-	-	-	-
	每股资本公积金(元)	4.8915	4.5775	10.1550	15.7326
	每股盈余公积金(元)	0.3240	0.3227	0.3178	0.4767
	每股未分配利润(元)	4.0703	2.7060	3.6952	4.0577
	每股现金净流量(元)	-0.5965	-2.3037	-3.2781	14.8644
	每股经营现金净流量(元)	-2.4307	-1.7239	-2.2012	-2.2727
	净资产收益率(扣除)(%)	12.2500	21.8500	8.1000	28.9900
	净资产收益率(%)	13.2767	19.9540	8.1100	7.8620
	总资产(万)	272313.57	192753.81	157213.59	141813.45
	股东权益(万)	154538.19	129303.53	113945.58	106507.79
	主营业务收入(万)	119441.08	145353.46	54864.94	58407.85
	主营成本(万)	75299.74	96473.26	37185.49	39197.01
	营业收入(万)	119441.08	145353.46	54864.94	58407.85
	营业成本(万)	75299.74	96473.26	37185.49	39197.01
	投资收益(万)	-	-	-	-
	利润总额(万)	28027.31	33245.87	11307.35	10555.63
	净利润(万)	20517.63	25800.62	8940.23	8373.17

广东海大集团股份有限公司

公司概况	公司名称	广东海大集团股份有限公司			证券简称	海大集团
	法人代表	薛华	董秘	田丽	证券代码	002311
	公司网址	www.haid.com.cn		电子信箱	zqbgs@haid.com.cn	
	电　话	020-39388960		传　真	020-39388958	
	办公地址	广州市番禺区番禺大道北 555 号天安科技创新大厦 213 室				
	经营范围	饲料、添加剂的生产、技术服务;畜禽、水产品的养殖、加工和技术开发等				

	指标\报告期	2011.06.30	2010.12.31	2010.06.30	2009.12.31
主要财务指标	每股收益(元)	0.1900	0.7200	0.1100	0.6900
	每股收益(扣除)(元)	0.1843	0.6700	0.2200	0.6800
	每股净资产(元)	3.8900	7.5700	7.0600	9.1100
	调整后每股净资产(元)	-	-	-	-
	每股资本公积金(元)	2.0155	5.0097	5.0097	6.8253
	每股盈余公积金(元)	0.0792	0.1584	0.1044	0.1357
	每股未分配利润(元)	0.7910	1.4036	0.9493	1.1527
	每股现金净流量(元)	-0.7360	-1.8007	-1.0160	6.0270
	每股经营现金净流量(元)	0.2431	-0.3154	1.1901	0.1706
	净资产收益率(扣除)(%)	4.8700	9.5730	3.1806	7.6001
	净资产收益率(%)	4.8800	9.9500	3.1500	26.1400
	总资产(万)	404263.66	328966.39	293492.81	295156.94
	股东权益(万)	233766.53	227744.10	211316.82	209182.50
	主营业务收入(万)	412816.55	768217.20	265455.23	523792.21
	主营成本(万)	373181.35	702898.58	241649.32	480975.56
	营业收入(万)	414228.52	769769.23	266472.36	525044.51
	营业成本(万)	373637.18	703303.89	242327.35	481427.47
	投资收益(万)	2479.56	-594.17	-1398.48	456.42
	利润总额(万)	15536.23	27336.54	7587.58	19349.72
	净利润(万)	11020.34	21106.81	6541.87	15515.48

成都三泰电子实业股份有限公司

公司概况	公司名称	成都三泰电子实业股份有限公司			证券简称	三泰电子
	法人代表	补建	董秘	贾勇	证券代码	002312
	公司网址	www.isantai.com		电子信箱	jiayong@isantai.com	
	电　话	028-87506876		传　真	028-87506980	
	办公地址	四川省成都市金牛区高科技产业园区蜀西路 42 号				
	经营范围	生产、销售商用密码产品等				

	指标\报告期	2011.06.30	2010.12.31	2010.06.30	2009.12.31
主要财务指标	每股收益(元)	0.0600	0.4400	0.0500	0.5200
	每股收益(扣除)(元)	0.0493	0.3600	0.0500	0.5100
	每股净资产(元)	3.6500	5.3900	5.0100	10.1800
	调整后每股净资产(元)	-	-	-	-
	每股资本公积金(元)	1.6433	2.9649	2.9649	6.9298
	每股盈余公积金(元)	0.1172	0.1757	0.1283	0.2567
	每股未分配利润(元)	0.8853	1.2451	0.9203	1.9972
	每股现金净流量(元)	-0.9037	-2.4755	-0.8452	7.6059
	每股经营现金净流量(元)	-0.8462	0.0072	-0.9325	0.2932
	净资产收益率(扣除)(%)	1.3600	6.9800	1.0800	21.6400
	净资产收益率(%)	1.5160	8.2430	1.4300	7.8820
	总资产(万)	84853.35	89123.54	77715.10	80154.08
	股东权益(万)	64694.35	63713.77	59310.76	60236.23
	主营业务收入(万)	16467.69	36803.43	13308.46	28440.02
	主营成本(万)	10320.16	23799.03	8446.82	16965.35
	营业收入(万)	16739.18	37318.82	13456.89	28804.64
	营业成本(万)	10372.32	24059.03	8451.99	17119.62
	投资收益(万)	-	-	-	-
	利润总额(万)	1011.83	5645.32	923.56	5286.50
	净利润(万)	980.58	5252.05	849.03	4747.61

深圳日海通讯技术股份有限公司

公司概况	公司名称	深圳日海通讯技术股份有限公司			证券简称	日海通讯
	法人代表	王文生	董秘	彭健	证券代码	002313
	公司网址	www.sunseagroup.com		电子信箱	pengjian@sunseagroup.com	
	电　话	0755-26616666 86185752		传　真	0755-26030222 26030222	
	办公地址	广东省深圳市南山区科苑路清华信息港综合楼一层 107 号				
	经营范围	从事通讯产品的研发,生产经营通讯用配线设备、户外设施及相关集成等				

	指标\报告期	2011.06.30	2010.12.31	2010.06.30	2009.12.31
主要财务指标	每股收益(元)	0.6281	1.0100	0.3854	0.9411
	每股收益(扣除)(元)	0.6119	0.9700	0.3772	0.9067
	每股净资产(元)	9.5892	9.2611	8.6100	8.3200
	调整后每股净资产(元)	–	–	–	–
	每股资本公积金(元)	5.9419	5.9419	5.9119	5.9119
	每股盈余公积金(元)	0.2179	0.2179	0.1273	0.1246
	每股未分配利润(元)	2.4293	2.1013	1.5696	1.2869
	每股现金净流量(元)	–2.5840	–0.3363	–0.4042	5.0073
	每股经营现金净流量(元)	–2.1794	0.6842	–0.1487	0.9605
	净资产收益率(扣除)(%)	6.5500	10.8820	4.5400	8.7150
	净资产收益率(%)	6.5900	11.5000	4.5400	26.4500
	总资产(万)	143393.14	143662.17	121504.15	109830.21
	股东权益(万)	98343.02	92811.41	86088.08	83233.81
	主营业务收入(万)	53330.00	89778.26	33429.71	68156.66
	主营成本(万)	36025.01	61233.44	22739.00	46888.55
	营业收入(万)	53528.32	90151.54	33646.03	68497.12
	营业成本(万)	36341.40	61871.52	22977.35	47245.35
	投资收益(万)	–	–	–	–
	利润总额(万)	7333.74	11659.25	4480.64	8350.81
	净利润(万)	6280.67	10077.62	3854.27	7254.21

雅致集成房屋股份有限公司

公司概况	公司名称	雅致集成房屋股份有限公司			证券简称	雅致股份
	法人代表	田俊彦	董秘	刘定明	证券代码	002314
	公司网址	www.yahgee.com		电子信箱	webmaster@szyazhi.com	
	电　话	0755-61869088		传　真	0755-33300718	
	办公地址	广东省深圳市南山区高新技术产业园区南区科技南十二路九洲电器大厦五楼 A 室				
	经营范围	活动房屋,金属结构件,建筑材料,设备的生产(分公司经营),销售等				

	指标\报告期	2011.06.30	2010.12.31	2010.06.30	2009.12.31
主要财务指标	每股收益(元)	0.2500	0.5000	0.2200	0.5700
	每股收益(扣除)(元)	0.2455	0.5000	0.2100	0.5700
	每股净资产(元)	6.6700	6.6700	6.4000	6.4100
	调整后每股净资产(元)	–	–	–	–
	每股资本公积金(元)	3.9382	3.9382	3.9382	3.9225
	每股盈余公积金(元)	0.2212	0.2212	0.2151	0.2151
	每股未分配利润(元)	1.5109	1.5130	1.2419	1.2683
	每股现金净流量(元)	–0.8788	0.0013	–0.9250	2.8611
	每股经营现金净流量(元)	–0.2630	0.8397	–0.1496	1.6543
	净资产收益率(扣除)(%)	3.6100	7.6100	3.2900	16.4900
	净资产收益率(%)	3.7170	7.5070	3.4968	6.8501
	总资产(万)	358515.28	337565.85	303708.30	308888.73
	股东权益(万)	193439.39	193498.98	185458.61	185767.31
	主营业务收入(万)	120793.87	224123.87	103210.44	191571.11
	主营成本(万)	93963.76	168687.87	78731.64	142930.56
	营业收入(万)	120793.87	224123.87	103210.44	191571.11
	营业成本(万)	93963.76	168687.87	78731.64	142930.56
	投资收益(万)	–	–	–	–
	利润总额(万)	10295.28	20548.37	9251.83	17881.94
	净利润(万)	7190.42	14525.42	6485.06	12725.31

焦点科技股份有限公司

公司概况	公司名称	焦点科技股份有限公司			证券简称	焦点科技
	法人代表	沈锦华	董秘	顾军	证券代码	002315
	公司网址	www.made-in-china.com		电子信箱	zqb@made-in-china.com	
	电　话	025-86991866 66677777		传　真	025-58694317 66670000	
	办公地址	江苏省南京市南京高新技术产业开发区星火路软件大厦 A 座 12F				
	经营范围	互联网络技术开发及应用;计算机软硬件开发及相关产品销售等				

	指标\报告期	2011.06.30	2010.12.31	2010.06.30	2009.12.31
主要财务指标	每股收益(元)	0.6300	1.2800	0.4800	1.0100
	每股收益(扣除)(元)	0.5795	1.1800	0.4500	0.9900
	每股净资产(元)	13.0600	13.2300	12.4000	12.5260
	调整后每股净资产(元)	–	–	–	–
	每股资本公积金(元)	9.8338	9.8338	9.8338	9.8338
	每股盈余公积金(元)	0.3006	0.3006	0.1693	0.1693
	每股未分配利润(元)	1.8984	2.0717	1.4015	1.5233
	每股现金净流量(元)	–0.2175	1.0629	–0.0274	11.2060
	每股经营现金净流量(元)	0.6603	2.1534	0.6182	1.2091
	净资产收益率(扣除)(%)	4.8000	9.6690	3.8550	6.1880
	净资产收益率(%)	4.7200	10.1400	3.8700	26.7700
	总资产(万)	175018.50	177110.43	160007.07	159256.93
	股东权益(万)	153891.51	155995.77	145753.26	147183.93
	主营业务收入(万)	20365.34	33110.75	13755.99	22949.21
	主营成本(万)	3738.05	5044.21	2224.68	3631.55
	营业收入(万)	20471.64	33293.64	13820.58	22995.25
	营业成本(万)	3789.72	5145.59	2274.20	3631.55
	投资收益(万)	–	–	–	–
	利润总额(万)	8722.70	16715.98	6611.03	10136.07
	净利润(万)	7363.78	15036.92	5619.33	9107.64

深圳键桥通讯技术股份有限公司

公司概况	公司名称	深圳键桥通讯技术股份有限公司			证券简称	键桥通讯
	法人代表	叶琼	董秘	夏明荣	证券代码	002316
	公司网址	www.keybridge.com.cn		电子信箱	keybridge@keybridge.com.cn	
	电　话	0755-26551650		传　真	0755-26635033	
	办公地址	广东省深圳市南山区深南路高新技术工业村 R3A-6 层				
	经营范围	生产经营光通信设备、无线通信多媒体系统设备及终端等				

	指标\报告期	2011.06.30	2010.12.31	2010.06.30	2009.12.31
主要财务指标	每股收益(元)	0.1000	0.2900	0.1000	0.3600
	每股收益(扣除)(元)	0.1000	0.2800	0.0900	0.3500
	每股净资产(元)	5.2200	5.1700	4.9800	6.4500
	调整后每股净资产(元)	–	–	–	–
	每股资本公积金(元)	3.0143	3.0143	3.0143	4.2186
	每股盈余公积金(元)	0.1185	0.1185	0.0961	0.1250
	每股未分配利润(元)	1.0905	1.0375	0.8708	1.1041
	每股现金净流量(元)	–0.7383	–0.6282	–0.3820	4.6125
	每股经营现金净流量(元)	–0.7310	–0.1832	–0.4483	–0.0672
	净资产收益率(扣除)(%)	1.9600	5.5900	1.8700	18.4400
	净资产收益率(%)	1.9930	5.5600	1.9700	5.4910
	总资产(万)	115649.70	113466.04	105579.28	91986.92
	股东权益(万)	81482.79	80656.57	77706.39	77371.78
	主营业务收入(万)	12146.32	27321.14	8244.23	17282.94
	主营成本(万)	6661.34	16131.92	4843.37	8653.43
	营业收入(万)	12146.32	27321.14	8244.23	17282.94
	营业成本(万)	6661.34	16131.92	4843.37	8653.43
	投资收益(万)	–	–	–	–
	利润总额(万)	1866.66	4968.17	1698.09	4739.31
	净利润(万)	1623.84	4484.79	1534.60	4248.21

广东众生药业股份有限公司

公司概况						
	公司名称	广东众生药业股份有限公司			证券简称	众生药业
	法人代表	张绍日	董秘	周雪莉	证券代码	002317
	公司网址	www.zspcl.com	电子信箱	zqb@zspcl.com		
	电　话	0769-86188130	传　真	0769-86188082		
	办公地址	广东省东莞市石龙镇西湖工业区信息产业园				
	经营范围	生产、销售:片剂,硬胶囊剂,颗粒剂,丸剂(水丸、浓缩丸),合剂等				

主要财务指标	指标\报告期	2011.06.30	2010.12.31	2010.06.30	2009.12.31
	每股收益(元)	0.4200	1.1000	0.3600	1.1200
	每股收益(扣除)(元)	0.3898	1.0300	0.5000	1.0600
	每股净资产(元)	7.7900	11.5600	11.0000	16.1900
	调整后每股净资产(元)	–	–	–	–
	每股资本公积金(元)	5.1474	8.2211	8.2211	12.8316
	每股盈余公积金(元)	0.2197	0.3295	0.2395	0.3593
	每股未分配利润(元)	1.4252	2.0049	1.5361	1.9985
	每股现金净流量(元)	–0.8082	–0.4605	–0.7029	13.2408
	每股经营现金净流量(元)	0.2536	0.7643	0.2416	1.2611
	净资产收益率(扣除)(%)	5.4140	9.4840	4.8840	7.7485
	净资产收益率(%)	5.4100	9.8600	4.9000	49.0600
	总资产(万)	151251.63	148218.76	139517.41	140360.41
	股东权益(万)	140259.95	138665.69	131959.80	129514.68
	主营业务收入(万)	35847.24	63849.29	30793.39	55097.29
	主营成本(万)	13077.46	23328.10	11091.36	21137.93
	营业收入(万)	35975.16	64071.48	30891.77	55160.28
	营业成本(万)	13165.81	23475.41	11145.50	21168.39
	投资收益(万)	–	–	–	–
	利润总额(万)	9012.64	15315.23	7650.14	11474.56
	净利润(万)	7594.26	13151.01	6445.12	10035.47

浙江久立特材科技股份有限公司

公司概况						
	公司名称	浙江久立特材科技股份有限公司			证券简称	久立特材
	法人代表	周志江	董秘	郑杰英	证券代码	002318
	公司网址	www.jiuli.com	电子信箱	jlgf@jiuli.com		
	电　话	0572-7362041 7362125	传　真	0572-3620799		
	办公地址	浙江省湖州市镇西				
	经营范围	不锈钢焊接管、不锈钢无缝管、金属管材、水暖器材制造、销售等				

主要财务指标	指标\报告期	2011.06.30	2010.12.31	2010.06.30	2009.12.31
	每股收益(元)	0.2900	0.3500	0.1800	0.6100
	每股收益(扣除)(元)	0.2602	0.3200	0.1800	0.6000
	每股净资产(元)	6.8300	6.6400	6.4700	8.2700
	调整后每股净资产(元)	–	–	–	–
	每股资本公积金(元)	3.9333	3.9333	3.9338	5.4139
	每股盈余公积金(元)	0.1291	0.1291	0.1101	0.1431
	每股未分配利润(元)	1.7647	1.5773	1.4279	1.7175
	每股现金净流量(元)	–0.4157	–1.9474	–1.3034	3.6034
	每股经营现金净流量(元)	–0.9746	0.2775	–0.5314	0.9372
	净资产收益率(扣除)(%)	3.8500	4.8700	2.7400	23.2100
	净资产收益率(%)	4.2110	5.3020	2.8500	7.2080
	总资产(万)	238929.51	194787.39	213503.64	202022.45
	股东权益(万)	141994.03	138098.51	134610.96	132392.30
	主营业务收入(万)	96852.51	156482.61	71951.60	127172.35
	主营成本(万)	79853.62	132825.14	59942.89	98438.49
	营业收入(万)	106704.00	178429.93	85059.00	158309.60
	营业成本(万)	89540.99	154528.05	72822.72	129236.86
	投资收益(万)	–	–	–	–
	利润总额(万)	7478.52	9172.49	4963.84	12028.66
	净利润(万)	5979.53	7321.65	3820.19	9542.57

珠海市乐通化工股份有限公司

公司概况						
	公司名称	珠海市乐通化工股份有限公司			证券简称	乐通股份
	法人代表	张彬贤	董秘	李华	证券代码	002319
	公司网址	www.letongink.com	电子信箱	lt@letongink.com		
	电　话	0756-3383338	传　真	0756-3383339		
	办公地址	广东省珠海市金鼎官塘乐通工业园				
	经营范围	生产和销售自产的各类油墨、涂料及相关的配套产品等式逻辑				

主要财务指标	指标\报告期	2011.06.30	2010.12.31	2010.06.30	2009.12.31
	每股收益(元)	0.1100	0.3200	0.1800	0.5100
	每股收益(扣除)(元)	0.1100	0.3100	0.1800	0.4800
	每股净资产(元)	5.1100	5.0900	4.9600	4.9000
	调整后每股净资产(元)	–	–	–	–
	每股资本公积金(元)	2.9110	2.9110	2.9110	2.9110
	每股盈余公积金(元)	0.1126	0.1126	0.0825	0.0825
	每股未分配利润(元)	1.0307	1.0235	0.9160	0.8350
	每股现金净流量(元)	–0.7666	–1.1162	–0.7894	3.1458
	每股经营现金净流量(元)	–0.4605	–0.5418	–0.3929	0.1995
	净资产收益率(扣除)(%)	1.7500	6.0400	3.5100	23.2800
	净资产收益率(%)	2.0970	6.2630	3.6480	7.8700
	总资产(万)	70709.84	69696.11	58634.39	60683.12
	股东权益(万)	51100.15	50879.29	49620.14	48980.66
	主营业务收入(万)	26639.18	46792.00	20417.39	32930.52
	主营成本(万)	22167.34	36071.06	15478.52	23598.64
	营业收入(万)	27006.11	47064.79	20588.18	33167.98
	营业成本(万)	22236.31	36184.53	15574.74	23689.53
	投资收益(万)	–	–	–	–
	利润总额(万)	1166.64	3815.05	2135.34	4667.46
	净利润(万)	1071.79	3186.58	1810.18	3853.72

海南海峡航运股份有限公司

公司概况						
	公司名称	海南海峡航运股份有限公司			证券简称	海峡股份
	法人代表	林毅	董秘	周乃均	证券代码	002320
	公司网址	www.hnss.net.cn	电子信箱	znj5859@163.com		
	电　话	0898-68612566 68615335	传　真	0898-68615225		
	办公地址	海南省海口市滨海大道东方洋大厦第七层				
	经营范围	国内沿海及近洋汽车,旅客运输;物流,旅游投资,房地产投资				

主要财务指标	指标\报告期	2011.06.30	2010.12.31	2010.06.30	2009.12.31
	每股收益(元)	0.4100	0.9200	0.3700	0.8900
	每股收益(扣除)(元)	0.3700	0.9000	0.5800	0.8700
	每股净资产(元)	5.4900	8.7200	8.3900	10.7400
	调整后每股净资产(元)	–	–	–	–
	每股资本公积金(元)	3.4009	6.0414	6.0414	8.1539
	每股盈余公积金(元)	0.2291	0.3666	0.2749	0.3574
	每股未分配利润(元)	0.8564	1.3117	1.0730	1.2323
	每股现金净流量(元)	–0.0248	–0.2835	–0.3962	8.1003
	每股经营现金净流量(元)	0.4652	1.0659	0.6700	1.1189
	净资产收益率(扣除)(%)	6.5400	10.6500	6.8600	36.8500
	净资产收益率(%)	7.5030	10.5160	6.9200	8.0990
	总资产(万)	185589.57	182397.28	175953.47	176956.37
	股东权益(万)	179735.31	178535.48	171770.39	169210.11
	主营业务收入(万)	36037.41	60007.56	33245.15	48113.87
	主营成本(万)	17138.26	31384.38	15134.09	25467.21
	营业收入(万)	36053.76	60042.67	33266.14	48116.27
	营业成本(万)	17140.19	31408.26	15153.46	25470.46
	投资收益(万)	–	–	–	–
	利润总额(万)	17765.61	24092.03	15417.34	17205.14
	净利润(万)	13484.83	18775.37	12010.28	13704.36

河南华英农业发展股份有限公司

公司概况	公司名称	河南华英农业发展股份有限公司		证券简称	华英农业
	法人代表	曹家富	董秘 李远平	证券代码	002321
	公司网址	www.hua-ying.com		电子信箱	lyping361@sohu.com
	电话	0371-55697518 55697517		传真	0371-55697517
	办公地址	河南省潢川县跃进东路 308 号 河南省郑州市金水路 219 号盛润白宫西塔 11 层			
	经营范围	禽业养殖、加工及制品销售			

主要财务指标	指标\报告期	2011.06.30	2010.12.31	2010.06.30	2009.12.31
	每股收益(元)	0.2200	0.3800	0.1400	0.3700
	每股收益(扣除)(元)	0.1975	0.3200	0.1200	0.2800
	每股净资产(元)	6.4320	6.4110	6.1700	6.1300
	调整后每股净资产(元)	–	–	–	–
	每股资本公积金(元)	3.9093	3.9093	3.9093	3.9093
	每股盈余公积金(元)	0.2294	0.2294	0.1898	0.1898
	每股未分配利润(元)	1.2933	1.2726	1.0689	1.0274
	每股现金净流量(元)	–0.9095	–1.3022	–1.3359	3.7381
	每股经营现金净流量(元)	0.3109	0.2252	–1.2988	0.5802
	净资产收益率(扣除)(%)	3.4310	6.0020	2.2900	4.4710
	净资产收益率(%)	3.4400	6.1500	2.2900	12.7400
	总资产(万)	229668.96	227981.81	200936.57	197673.67
	股东权益(万)	102103.38	101722.17	98253.92	97674.82
	主营业务收入(万)	74699.07	129903.74	56563.99	92762.63
	主营成本(万)	66493.88	114608.65	50159.17	81016.45
	营业收入(万)	74986.36	130332.02	56756.19	93238.46
	营业成本(万)	66621.87	114862.60	50291.35	81280.65
	投资收益(万)	–44.66	–13.33	–	1.01
	利润总额(万)	3409.22	5459.82	2079.73	4081.45
	净利润(万)	3243.49	5656.73	2080.30	4026.90

宁波理工监测科技股份有限公司

公司概况	公司名称	宁波理工监测科技股份有限公司		证券简称	理工监测
	法人代表	周方洁	董秘 李雪会	证券代码	002322
	公司网址	www.lgom.com.cn		电子信箱	ir@lgom.com.cn
	电话	0574-86821166		传真	0574-86995616
	办公地址	浙江省宁波市保税南区曹娥江路 22 号			
	经营范围	电力高压设备在线监测产品的开发、生产和销售等			

主要财务指标	指标\报告期	2011.06.30	2010.12.31	2010.06.30	2009.12.31
	每股收益(元)	0.2300	1.0200	0.2500	1.5200
	每股收益(扣除)(元)	0.1900	0.8500	0.1200	1.3600
	每股净资产(元)	13.1400	13.2100	12.4800	12.8200
	调整后每股净资产(元)	–	–	–	–
	每股资本公积金(元)	9.1822	9.1822	9.2174	9.3082
	每股盈余公积金(元)	0.3353	0.3353	0.2157	0.2157
	每股未分配利润(元)	2.6188	2.6909	2.0437	2.2948
	每股现金净流量(元)	–0.8730	–2.5681	–1.1592	8.9790
	每股经营现金净流量(元)	0.0620	–0.0835	–0.3917	0.8499
	净资产收益率(扣除)(%)	1.4400	6.5400	0.9600	35.8100
	净资产收益率(%)	1.7350	7.6900	1.9950	8.9000
	总资产(万)	93065.98	94079.39	88406.74	88727.58
	股东权益(万)	87619.52	88100.44	83220.05	85500.35
	主营业务收入(万)	6811.84	15521.42	3878.35	12404.04
	主营成本(万)	1694.29	4638.26	855.87	2717.72
	营业收入(万)	9869.40	18151.92	4466.66	12546.36
	营业成本(万)	4589.92	7084.97	1393.90	2795.63
	投资收益(万)	–	–	–	–
	利润总额(万)	1892.61	7484.91	1902.60	8258.51
	净利润(万)	1520.09	6775.08	1660.27	7609.82

江苏中联电气股份有限公司

公司概况	公司名称	江苏中联电气股份有限公司		证券简称	中联电气
	法人代表	季奎余	董秘 刘元玲	证券代码	002323
	公司网址	www.zl-electronic.com		电子信箱	jszldq@163.com
	电话	0515-88448188		传真	0515-88448188
	办公地址	江苏省盐城市青年西路 88 号			
	经营范围	防爆电气及电力变压器的生产、销售、维修、技术咨询等			

主要财务指标	指标\报告期	2011.06.30	2010.12.31	2010.06.30	2009.12.31
	每股收益(元)	0.3049	0.6473	0.3333	1.0600
	每股收益(扣除)(元)	0.2783	0.6291	0.3423	1.0200
	每股净资产(元)	10.4600	10.1600	9.8400	10.1100
	调整后每股净资产(元)	–	–	–	–
	每股资本公积金(元)	7.0615	7.0615	7.0615	7.0615
	每股盈余公积金(元)	0.2697	0.2697	0.2050	0.2050
	每股未分配利润(元)	2.1321	1.8273	1.5780	1.8447
	每股现金净流量(元)	–0.4116	–1.6904	–0.8419	7.5539
	每股经营现金净流量(元)	0.3006	0.0502	0.0182	0.3568
	净资产收益率(扣除)(%)	2.9140	6.3720	3.3400	7.8210
	净资产收益率(%)	2.9600	6.4500	3.3400	32.9400
	总资产(万)	93522.59	89116.89	86050.39	87799.35
	股东权益(万)	86594.18	84071.18	81472.70	83679.98
	主营业务收入(万)	12276.96	22934.76	12175.27	25757.68
	主营成本(万)	8070.50	14700.94	7547.44	15894.39
	营业收入(万)	12433.79	23359.22	12234.81	26667.98
	营业成本(万)	8121.05	14955.82	7587.65	16476.18
	投资收益(万)	–	–	–	–
	利润总额(万)	2968.24	6344.53	3463.26	7455.19
	净利润(万)	2523.00	5356.80	2758.32	6544.52

上海普利特复合材料股份有限公司

公司概况	公司名称	上海普利特复合材料股份有限公司		证券简称	普利特
	法人代表	周文	董秘 林义擎	证券代码	002324
	公司网址	www.pret.com.cn		电子信箱	dsh@pret.com.cn
	电话	021-69210096		传真	021-51685255
	办公地址	上海市青浦工业园区新业路 558 号			
	经营范围	生产销售电子材料、高分子材料、橡塑材料及制品等			

主要财务指标	指标\报告期	2011.06.30	2010.12.31	2010.06.30	2009.12.31
	每股收益(元)	0.2000	0.7400	0.2100	0.9400
	每股收益(扣除)(元)	0.1669	0.6900	0.3700	0.8700
	每股净资产(元)	4.0600	7.8200	7.4900	7.3800
	调整后每股净资产(元)	–	–	–	–
	每股资本公积金(元)	2.1099	5.2198	5.2198	5.2198
	每股盈余公积金(元)	0.0950	0.1900	0.1155	0.1155
	每股未分配利润(元)	0.8526	1.4102	1.1554	1.0399
	每股现金净流量(元)	–0.7396	1.4424	–1.2585	1.6368
	每股经营现金净流量(元)	–0.2944	–0.3937	–0.9391	0.3719
	净资产收益率(扣除)(%)	4.1800	9.1300	4.8700	35.1000
	净资产收益率(%)	4.8670	9.5250	5.6468	9.6490
	总资产(万)	116044.81	119155.02	111249.43	116497.64
	股东权益(万)	109552.94	105570.99	101124.89	99565.66
	主营业务收入(万)	46522.70	80740.02	37523.93	48959.00
	主营成本(万)	38602.88	65865.04	29780.10	34784.16
	营业收入(万)	46522.70	80740.02	37523.93	48959.00
	营业成本(万)	38602.88	65865.04	29780.10	34784.16
	投资收益(万)	–	–	–	–
	利润总额(万)	6278.92	11823.93	6597.86	11248.26
	净利润(万)	5331.95	10055.33	5609.23	9607.29

深圳市洪涛装饰股份有限公司

公司概况					
公司名称	深圳市洪涛装饰股份有限公司			证券简称	洪涛股份
法人代表	刘年新	董秘	李庆平	证券代码	002325
公司网址	www.szhongtao.cn		电子信箱	hongtao@szhongtao.com	
电　话	0755-29999999-999		传　真	0755-82264026	
办公地址	广东省深圳市罗湖区泥岗西洪涛路17号				
经营范围	室内外装饰设计；建筑幕墙设计;建筑装饰装修工程施工等				

主要财务指标

指标\报告期	2011.06.30	2010.12.31	2010.06.30	2009.12.31
每股收益(元)	0.2100	0.6500	0.1500	0.6100
每股收益(扣除)(元)	0.2075	0.6400	0.2300	0.6000
每股净资产(元)	5.0700	7.4200	7.0100	8.5700
调整后每股净资产(元)	–	–	–	–
每股资本公积金(元)	2.9462	4.9070	4.9070	6.3838
每股盈余公积金(元)	0.1169	0.1753	0.1106	0.1383
每股未分配利润(元)	1.0027	1.3420	0.9908	1.0500
每股现金净流量(元)	–0.3183	–1.0132	–0.7928	7.1067
每股经营现金净流量(元)	–0.3636	–0.4497	–0.3593	0.8457
净资产收益率(扣除)(%)	4.1300	8.9800	3.3600	31.0700
净资产收益率(%)	4.1080	8.7100	3.3200	6.7140
总资产(万)	176716.34	168033.06	150522.21	149630.29
股东权益(万)	113980.08	111364.74	105126.52	102864.54
主营业务收入(万)	86922.18	150795.55	63636.31	131016.30
主营成本(万)	74312.29	127028.38	54294.92	112799.39
营业收入(万)	86924.90	150828.06	63652.47	131047.35
营业成本(万)	74319.19	127043.15	54298.36	112808.40
投资收益(万)	–	–	–	–
利润总额(万)	6136.75	12376.32	4384.44	8626.66
净利润(万)	4682.50	9700.20	3461.98	6906.36

浙江永太科技股份有限公司

公司概况					
公司名称	浙江永太科技股份有限公司			证券简称	永太科技
法人代表	王莺妹	董秘	关辉	证券代码	002326
公司网址	www.yongtaitech.com		电子信箱	guanhui@yongtaitech.com	
电　话	0576-85588006 85588960		传　真	0576-85588006	
办公地址	浙江省临海市化学原料药基地临海园区				
经营范围	有机中间体、机械装备制造等				

主要财务指标

指标\报告期	2011.06.30	2010.12.31	2010.06.30	2009.12.31
每股收益(元)	0.1600	0.4400	0.2300	0.5700
每股收益(扣除)(元)	0.1479	0.4100	0.2300	0.5400
每股净资产(元)	3.8300	6.6000	6.4000	6.4700
调整后每股净资产(元)	–	–	–	–
每股资本公积金(元)	2.0366	4.4658	4.4658	4.4658
每股盈余公积金(元)	0.0788	0.1418	0.1039	0.1039
每股未分配利润(元)	0.7128	0.9965	0.8298	0.8976
每股现金净流量(元)	–0.2738	–2.5660	–1.4289	4.8202
每股经营现金净流量(元)	–0.1009	–0.0234	0.1317	0.5102
净资产收益率(扣除)(%)	–	6.1900	3.4800	25.3200
净资产收益率(%)	4.1580	6.6150	3.5200	6.6300
总资产(万)	147391.51	123553.55	118699.08	126342.64
股东权益(万)	91991.20	88165.91	85434.38	86339.02
主营业务收入(万)	31275.41	51073.13	25067.09	49264.48
主营成本(万)	22826.53	36368.17	17727.44	35677.51
营业收入(万)	31276.86	51103.49	25067.09	49281.11
营业成本(万)	22826.53	36398.53	17727.44	35694.14
投资收益(万)	–	–	–	–
利润总额(万)	4414.20	7042.91	3657.78	7010.41
净利润(万)	3825.30	5831.89	3100.36	5724.29

深圳市富安娜家居用品股份有限公司

公司概况					
公司名称	深圳市富安娜家居用品股份有限公司			证券简称	富安娜
法人代表	林国芳	董秘	胡振超	证券代码	002327
公司网址	www.fuanna.com.cn		电子信箱	huzhenchao@fuanna.com.cn	
电　话	0755-26064656 26055091		传　真	0755-26055076	
办公地址	广东省深圳市南山区南光路富安娜工业大厦				
经营范围	生产经营新型纺织材料及其制品、床上用品、装饰布、衍缝制品和家居用品等				

主要财务指标

指标\报告期	2011.06.30	2010.12.31	2010.06.30	2009.12.31
每股收益(元)	0.6400	0.9500	0.3600	0.8600
每股收益(扣除)(元)	0.6368	0.9600	0.4700	0.7900
每股净资产(元)	9.0200	8.3500	10.5800	10.1200
调整后每股净资产(元)	–	–	–	–
每股资本公积金(元)	5.2628	5.2375	7.1088	7.1088
每股盈余公积金(元)	0.2391	0.2391	0.2291	0.2291
每股未分配利润(元)	2.5166	1.8768	2.2452	1.7812
每股现金净流量(元)	–0.1909	–1.3990	–1.2986	7.5146
每股经营现金净流量(元)	0.8007	–0.4689	–0.8769	1.2546
净资产收益率(扣除)(%)	7.3400	11.8000	4.5000	29.9100
净资产收益率(%)	7.0940	11.4220	4.4900	8.2610
总资产(万)	145574.40	145075.42	133638.70	126697.26
股东权益(万)	120758.23	111852.60	109005.42	104226.82
主营业务收入(万)	59789.39	103728.57	44163.50	77127.97
主营成本(万)	30492.61	54723.31	23285.48	43285.04
营业收入(万)	60758.81	106730.14	45322.30	79178.54
营业成本(万)	31303.99	57514.12	24288.05	45140.70
投资收益(万)	–	–	–	–
利润总额(万)	11215.43	16122.02	6125.25	10849.70
净利润(万)	8566.95	12775.78	4778.60	8610.53

上海新朋实业股份有限公司

公司概况					
公司名称	上海新朋实业股份有限公司			证券简称	新朋股份
法人代表	宋伯康	董秘	汪培毅	证券代码	002328
公司网址	www.xinpeng.com		电子信箱	peiyi.wang@xinpeng.com	
电　话	021-59798306		传　真	021-59798306	
办公地址	上海市青浦区嘉松中路518号				
经营范围	生产加工计算机网络集成柜、通信设备及部件等				

主要财务指标

指标\报告期	2011.06.30	2010.12.31	2010.06.30	2009.12.31
每股收益(元)	0.1500	0.5300	0.2400	0.6700
每股收益(扣除)(元)	0.1500	0.5200	0.1700	0.6600
每股净资产(元)	6.9600	7.0200	6.8300	6.7700
调整后每股净资产(元)	–	–	–	–
每股资本公积金(元)	4.5592	4.5592	4.5592	4.5638
每股盈余公积金(元)	0.1481	0.1481	0.0193	0.0193
每股未分配利润(元)	1.2642	1.3161	1.2576	1.1897
每股现金净流量(元)	–1.0243	–0.9957	–0.7002	5.1256
每股经营现金净流量(元)	0.0163	0.6111	0.1636	0.8308
净资产收益率(扣除)(%)	2.0700	7.5700	2.4400	25.8700
净资产收益率(%)	2.1270	7.4830	3.4810	7.4478
总资产(万)	247971.88	239382.03	227849.04	240505.48
股东权益(万)	208884.34	210546.00	205044.98	203184.67
主营业务收入(万)	65086.43	127099.68	60936.73	117639.91
主营成本(万)	53104.84	96955.09	45842.12	81586.70
营业收入(万)	66039.29	128153.18	61324.39	118391.82
营业成本(万)	53445.42	97351.68	45955.65	81889.07
投资收益(万)	–	–	–	–
利润总额(万)	5391.19	18305.10	8450.56	24293.34
净利润(万)	4443.34	15755.00	7136.60	15132.69

广西皇氏甲天下乳业股份有限公司

公司概况	公司名称	广西皇氏甲天下乳业股份有限公司		证券简称	皇氏乳业
	法人代表	黄嘉棣	董秘 何海晏	证券代码	002329
	公司网址	www.gxhsry.com		电子信箱	hsryhhy@126.com
	电　话	0771-3211086		传　真	0771-3221828
	办公地址	广西壮族自治区南宁市科园大道 66 号			
	经营范围	定型包装及乳制品、脱脂乳、酸乳等			

主要财务指标	指标\报告期	2011.06.30	2010.12.31	2010.06.30	2009.12.31
	每股收益(元)	0.1600	0.5300	0.1400	0.5200
	每股收益(扣除)(元)	0.1300	0.4200	0.2200	0.4700
	每股净资产(元)	3.6000	6.9900	6.8400	6.8300
	调整后每股净资产(元)	–	–	–	–
	每股资本公积金(元)	1.7813	4.5627	4.5627	4.7949
	每股盈余公积金(元)	0.0908	0.1816	0.1182	0.1182
	每股未分配利润(元)	0.7304	1.2457	1.1627	0.9198
	每股现金净流量(元)	–0.2101	–2.0353	–1.7890	5.0465
	每股经营现金净流量(元)	0.0145	0.2534	–0.0907	0.5264
	净资产收益率(扣除)(%)	3.5800	6.0800	3.1500	19.4300
	净资产收益率(%)	4.3730	7.6120	4.0066	5.7335
	总资产(万)	102512.93	92266.83	86287.58	96660.13
	股东权益(万)	77094.47	74792.78	73225.81	73111.41
	主营业务收入(万)	22412.93	40397.50	18110.89	30454.55
	主营成本(万)	13360.23	25116.41	11014.58	17853.64
	营业收入(万)	22414.68	41102.26	18246.28	30490.98
	营业成本(万)	13361.84	25779.16	11137.53	17870.54
	投资收益(万)	–	–	–	–
	利润总额(万)	3644.09	5925.13	3068.62	4228.74
	净利润(万)	3371.69	5692.97	2933.88	4191.85

山东得利斯食品股份有限公司

公司概况	公司名称	山东得利斯食品股份有限公司		证券简称	得利斯
	法人代表	郑和平	董秘 郑镁钢	证券代码	002330
	公司网址	www.delisi.com.cn		电子信箱	delisi@163.com
	电　话	0536-6339032 6339137		传　真	0536-6339137
	办公地址	山东省诸城市昌城镇驻地			
	经营范围	从事低温肉制品、酱卤肉制品及其他肉制品、蛋制品等			

主要财务指标	指标\报告期	2011.06.30	2010.12.31	2010.06.30	2009.12.31
	每股收益(元)	0.1494	0.1765	0.1360	0.3361
	每股收益(扣除)(元)	0.0998	0.1167	0.1011	0.3326
	每股净资产(元)	5.1317	4.9800	4.9200	4.7800
	调整后每股净资产(元)	–	–	–	–
	每股资本公积金(元)	3.1442	3.1442	3.1208	3.1208
	每股盈余公积金(元)	0.0670	0.0670	0.0536	0.0536
	每股未分配利润(元)	0.9206	0.7712	0.7441	0.6081
	每股现金净流量(元)	0.0766	–1.9196	–1.0095	3.2946
	每股经营现金净流量(元)	0.4318	–0.1263	–0.0090	0.4191
	净资产收益率(扣除)(%)	1.9800	2.4000	2.0900	16.9400
	净资产收益率(%)	2.9110	3.5420	2.8000	5.2632
	总资产(万)	146458.35	144065.45	143407.45	163661.42
	股东权益(万)	128806.59	125056.45	123452.37	120039.56
	主营业务收入(万)	92004.85	142666.22	67334.30	110738.32
	主营成本(万)	81625.56	125274.46	57043.76	91487.62
	营业收入(万)	92451.76	143659.18	67569.99	111103.69
	营业成本(万)	81927.08	125805.79	57236.08	91743.09
	投资收益(万)	–	–	–	–
	利润总额(万)	4276.43	6141.76	4738.32	8897.43
	净利润(万)	3750.14	4429.32	3412.81	6317.86

安徽皖通科技股份有限公司

公司概况	公司名称	安徽皖通科技股份有限公司		证券简称	皖通科技
	法人代表	王中胜	董秘 陈新	证券代码	002331
	公司网址	www.wantong-tech.net		电子信箱	wtkjfz@mail.hf.ah.cn
	电　话	0551-5318666		传　真	0551-5311668
	办公地址	安徽省合肥市高新区梦园路 7 号			
	经营范围	计算机软件,硬件的开发,生产与销售等			

主要财务指标	指标\报告期	2011.06.30	2010.12.31	2010.06.30	2009.12.31
	每股收益(元)	0.1248	0.5709	0.1278	0.6236
	每股收益(扣除)(元)	0.1166	0.5475	0.1872	0.5730
	每股净资产(元)	3.8800	6.5900	6.2200	8.3300
	调整后每股净资产(元)	–	–	–	–
	每股资本公积金(元)	2.1749	4.3974	4.3974	6.0166
	每股盈余公积金(元)	0.0949	0.1614	0.1058	0.1375
	每股未分配利润(元)	0.6145	1.0324	0.7207	1.1722
	每股现金净流量(元)	–0.5578	–1.8466	–1.8038	7.1503
	每股经营现金净流量(元)	–0.0840	–0.4926	–0.6832	0.7071
	净资产收益率(扣除)(%)	3.2140	8.6610	3.1900	7.2550
	净资产收益率(%)	3.2200	8.8700	3.3000	34.4600
	总资产(万)	60687.99	55193.93	51273.15	56608.58
	股东权益(万)	47791.30	47468.27	44445.28	45738.24
	主营业务收入(万)	–	29022.98	10655.54	23878.99
	主营成本(万)	–	20791.18	7223.29	17394.19
	营业收入(万)	13017.98	29022.98	10655.54	23878.99
	营业成本(万)	9918.64	20791.18	7223.29	17394.19
	投资收益(万)	–	–0.78	–0.65	202.69
	利润总额(万)	1784.67	4768.51	1674.56	3794.65
	净利润(万)	1515.56	4076.63	1453.63	3318.51

浙江仙琚制药股份有限公司

公司概况	公司名称	浙江仙琚制药股份有限公司		证券简称	仙琚制药
	法人代表	金敬德	董秘 张南	证券代码	002332
	公司网址	www.xjpharma.com		电子信箱	dmb@xjpharma.com
	电　话	0576-87731138		传　真	0576-87774487
	办公地址	浙江省台州市仙居县仙药路 1 号			
	经营范围	药品生产,医药中间体制造,化工产品、五金交电、包装材料销售等			

主要财务指标	指标\报告期	2011.06.30	2010.12.31	2010.06.30	2009.12.31
	每股收益(元)	0.1800	0.3500	0.1600	0.3500
	每股收益(扣除)(元)	0.1766	0.3500	0.1600	0.3300
	每股净资产(元)	3.0700	3.2400	3.0300	3.1700
	调整后每股净资产(元)	–	–	–	–
	每股资本公积金(元)	1.7066	1.7066	1.6849	1.6849
	每股盈余公积金(元)	0.1938	0.1938	0.1597	0.1597
	每股未分配利润(元)	0.1720	0.3397	0.1854	0.3218
	每股现金净流量(元)	–0.1394	–0.3616	–0.2987	1.9487
	每股经营现金净流量(元)	0.1356	0.4549	0.2196	0.3066
	净资产收益率(扣除)(%)	5.4900	11.0600	5.0400	21.6500
	净资产收益率(%)	5.9340	10.8630	5.3994	8.2180
	总资产(万)	202605.05	182262.59	181604.55	187843.75
	股东权益(万)	104894.24	110619.23	103444.96	108101.59
	主营业务收入(万)	78723.01	144504.29	69963.72	126642.76
	主营成本(万)	49990.36	87941.87	42530.36	73854.68
	营业收入(万)	82428.11	150098.09	74352.86	127672.10
	营业成本(万)	52721.11	92648.31	46441.36	74283.26
	投资收益(万)	–	–	–	–
	利润总额(万)	6846.88	14769.06	7358.40	11600.35
	净利润(万)	6224.02	12016.56	5585.37	8884.18

苏州罗普斯金铝业股份有限公司

公司概况	公司名称	苏州罗普斯金铝业股份有限公司			证券简称	罗普斯金
	法人代表	吴明福	董秘	施健	证券代码	002333
	公司网址	www.lpsk.com.cn		电子信箱	lpskdsh@lpsk.com.cn	
	电　话	0512-65768211		传　真	0512-65498037	
	办公地址	江苏省苏州市相城区阳澄湖中路31号				
	经营范围	铝挤压材产品的研发、生产和销售等				

主要财务指标	指标\报告期	2011.06.30	2010.12.31	2010.06.30	2009.12.31
	每股收益(元)	0.1700	0.2600	0.1200	0.5300
	每股收益(扣除)(元)	0.1662	0.2700	0.1200	0.5400
	每股净资产(元)	4.7900	4.7200	4.5800	7.4300
	调整后每股净资产(元)	–	–	–	–
	每股资本公积金(元)	2.7917	2.7917	2.7917	5.0668
	每股盈余公积金(元)	0.1073	0.1073	0.0824	0.1318
	每股未分配利润(元)	0.8908	0.8240	0.7063	1.2359
	每股现金净流量(元)	–0.2547	–0.4380	–0.2302	5.3786
	每股经营现金净流量(元)	0.1050	0.3086	0.1070	0.8124
	净资产收益率(扣除)(%)	3.4900	5.8200	2.5700	36.0500
	净资产收益率(%)	3.4820	5.5890	2.6501	8.5490
	总资产(万)	132204.37	132714.69	132448.16	137154.62
	股东权益(万)	120166.40	118490.92	114913.60	116572.28
	主营业务收入(万)	48125.62	92616.73	41869.75	90463.69
	主营成本(万)	–	–	–	–
	营业收入(万)	50774.83	96379.70	43618.10	93463.42
	营业成本(万)	42082.51	79403.04	35917.50	71357.77
	投资收益(万)	–	–	–	–
	利润总额(万)	4939.98	7855.05	3582.56	11375.65
	净利润(万)	4184.29	6622.63	3045.32	9965.84

深圳市英威腾电气股份有限公司

公司概况	公司名称	深圳市英威腾电气股份有限公司			证券简称	英威腾
	法人代表	黄申力	董秘	鄢光敏	证券代码	002334
	公司网址	www.invt.com.cn		电子信箱	sec@invt.com.cn	
	电　话	0755-86312861 86312975		传　真	0755-86312975	
	办公地址	广东省深圳市南山区龙井高发科技工业园4号厂房				
	经营范围	变频器、节能电器、工业自动化控制、控制软件、系统软件的生产等				

主要财务指标	指标\报告期	2011.06.30	2010.12.31	2010.06.30	2009.12.31
	每股收益(元)	0.4600	1.0000	0.7100	1.7000
	每股收益(扣除)(元)	0.3959	0.8000	0.6600	1.1900
	每股净资产(元)	8.7500	8.2900	14.7800	4.1700
	调整后每股净资产(元)	–	–	–	–
	每股资本公积金(元)	5.6381	5.6381	11.4704	0.1918
	每股盈余公积金(元)	0.2364	0.2364	0.2649	0.3531
	每股未分配利润(元)	1.8806	1.4164	2.0447	2.6237
	每股现金净流量(元)	–1.7475	5.9695	10.5612	1.4658
	每股经营现金净流量(元)	–0.0860	0.5318	0.1300	1.5650
	净资产收益率(扣除)(%)	4.5200	10.1400	4.8700	35.9500
	净资产收益率(%)	5.3020	11.4760	4.5800	40.8220
	总资产(万)	126943.75	112933.93	103164.93	27591.41
	股东权益(万)	106450.45	100818.01	94591.48	20009.74
	主营业务收入(万)	29851.04	50309.85	21329.10	32042.57
	主营成本(万)	17679.51	29383.47	12587.83	18577.88
	营业收入(万)	29869.21	50382.65	21334.95	32121.55
	营业成本(万)	17691.91	29411.99	12587.83	18578.74
	投资收益(万)	–	–	–	–
	利润总额(万)	6396.85	13156.14	5037.57	9073.47
	净利润(万)	5644.23	11569.76	4332.27	8168.30

厦门科华恒盛股份有限公司

公司概况	公司名称	厦门科华恒盛股份有限公司			证券简称	科华恒盛
	法人代表	陈成辉	董秘	林晓浙	证券代码	002335
	公司网址	www.kehua.com.cn		电子信箱	linxiaozhe@kehua.com	
	电　话	0592-5160516		传　真	0592-5162166	
	办公地址	福建省厦门市软件园二期望海路65号楼北楼				
	经营范围	信息设备用不间断电源产品和工业动力用不间断电源产品的研发、生产、销售等				

主要财务指标	指标\报告期	2011.06.30	2010.12.31	2010.06.30	2009.12.31
	每股收益(元)	0.2700	1.2100	0.2400	1.1900
	每股收益(扣除)(元)	0.2637	1.1400	0.4500	1.0300
	每股净资产(元)	5.0400	10.3400	9.5800	3.9000
	调整后每股净资产(元)	–	–	–	–
	每股资本公积金(元)	2.7082	6.4162	6.3733	0.1867
	每股盈余公积金(元)	0.1850	0.3700	0.2482	0.3309
	每股未分配利润(元)	1.1488	2.5542	1.9580	2.3854
	每股现金净流量(元)	–1.1649	6.0490	5.9006	0.7878
	每股经营现金净流量(元)	–0.6540	0.9020	–0.1593	1.3216
	净资产收益率(扣除)(%)	5.3890	11.4800	5.5100	30.4990
	净资产收益率(%)	5.2500	12.7300	5.5100	35.6800
	总资产(万)	107347.18	111579.01	89309.10	41088.82
	股东权益(万)	78670.09	80812.53	74836.07	22993.00
	主营业务收入(万)	36083.18	65612.15	23546.30	45782.48
	主营成本(万)	22971.95	41709.16	14647.84	28206.50
	营业收入(万)	36295.89	66188.74	23778.71	46645.43
	营业成本(万)	23042.64	41826.40	14694.39	28378.58
	投资收益(万)	–124.83	–69.07	–	–
	利润总额(万)	5228.06	10903.72	4273.54	8151.76
	净利润(万)	4238.77	9258.81	3657.80	6963.50

人人乐连锁商业集团股份有限公司

公司概况	公司名称	人人乐连锁商业集团股份有限公司			证券简称	人人乐
	法人代表	何金明	董秘	余忠慧	证券代码	002336
	公司网址	www.renrenle.cn		电子信箱	fushenyu@21cn.com	
	电　话	0755-86058141		传　真	0755-26093560	
	办公地址	广东省深圳市南山区前海路心语家园裙楼二楼				
	经营范围	农副产品的购销及其其它国内商业、物资供销业等				

主要财务指标	指标\报告期	2011.06.30	2010.12.31	2010.06.30	2009.12.31
	每股收益(元)	0.3800	0.6100	0.4000	0.7700
	每股收益(扣除)(元)	0.3900	0.6000	0.3800	0.6800
	每股净资产(元)	8.8600	8.9800	8.7500	3.2700
	调整后每股净资产(元)	–	–	–	–
	每股资本公积金(元)	6.1897	6.1897	6.1702	0.0057
	每股盈余公积金(元)	0.1410	0.1406	0.0648	0.0854
	每股未分配利润(元)	1.5313	1.6483	1.5109	2.1763
	每股现金净流量(元)	–1.3112	5.6600	5.7002	0.2290
	每股经营现金净流量(元)	0.0955	0.9784	0.2915	1.3032
	净资产收益率(扣除)(%)	–	7.0800	4.5700	23.6900
	净资产收益率(%)	4.3270	6.5990	4.7500	23.4230
	总资产(万)	638768.27	644553.97	577879.43	331067.68
	股东权益(万)	354483.25	359144.68	349837.85	98025.18
	主营业务收入(万)	541693.45	894188.38	441109.32	780667.94
	主营成本(万)	485010.45	794691.03	393209.13	693850.27
	营业收入(万)	609621.09	1004050.07	497859.38	876662.97
	营业成本(万)	485246.16	795148.79	393424.43	694337.24
	投资收益(万)	–	–	–	–
	利润总额(万)	19682.69	27874.99	18257.64	25920.27
	净利润(万)	15338.57	23701.06	15176.67	22960.88

天津赛象科技股份有限公司

公司概况	公司名称	天津赛象科技股份有限公司			证券简称	赛象科技
	法人代表	张芝泉	董秘	刘文安	证券代码	002337
	公司网址	www.chinarpm.com		电子信箱	tstzqb@sina.com	
	电　话	022-23788169 23788188 8307		传　真	022-23788199	
	办公地址	天津市华苑新技术产业园区(环外)海泰发展四道 9 号				
	经营范围	子午线轮胎生产成套装备和检测设备的研发、生产和销售等				

	指标\报告期	2011.06.30	2010.12.31	2010.06.30	2009.12.31
主要财务指标	每股收益(元)	0.1300	0.7800	0.2100	1.1300
	每股收益(扣除)(元)	0.0863	0.5200	0.2100	0.9800
	每股净资产(元)	6.5500	10.5300	10.0500	3.3400
	调整后每股净资产(元)	–	–	–	–
	每股资本公积金(元)	4.1640	7.2624	7.2262	0.0028
	每股盈余公积金(元)	0.2675	0.4073	0.3625	0.4401
	每股未分配利润(元)	1.1227	1.8624	1.4629	1.9000
	每股现金净流量(元)	–0.3920	5.3413	5.8065	–0.0094
	每股经营现金净流量(元)	0.0359	–0.2344	–0.2691	0.7217
	净资产收益率(扣除)(%)	1.3000	5.2600	2.2800	35.4100
	净资产收益率(%)	1.9510	7.2590	3.6200	33.8430
	总资产(万)	162316.43	160725.27	154918.27	75352.06
	股东权益(万)	125840.90	126384.55	120619.26	30086.50
	主营业务收入(万)	26242.00	51253.14	25883.57	62027.76
	主营成本(万)	20452.24	35504.56	18388.55	42673.85
	营业收入(万)	26341.36	51261.40	25887.93	62207.22
	营业成本(万)	20458.93	35508.40	18389.88	42818.06
	投资收益(万)	–	–	–	–
	利润总额(万)	2827.21	10654.78	4527.83	11396.47
	净利润(万)	2455.62	9174.75	3843.76	10182.24

长春奥普光电技术股份有限公司

公司概况	公司名称	长春奥普光电技术股份有限公司			证券简称	奥普光电
	法人代表	宣明	董秘	莫成钢	证券代码	002338
	公司网址	www.up-china.com		电子信箱	mocg@ciomp.ac.cn	
	电　话	0431-86176633 86176789		传　真	0431-86176788 86176699	
	办公地址	吉林省长春市经济技术开发区营口路 588 号				
	经营范围	光电测控仪器设备及光学材料的研发、生产与销售等				

	指标\报告期	2011.06.30	2010.12.31	2010.06.30	2009.12.31
主要财务指标	每股收益(元)	0.3000	0.6100	0.2900	0.6800
	每股收益(扣除)(元)	0.2918	0.5800	0.2600	0.6800
	每股净资产(元)	7.5100	7.7000	7.7300	3.1900
	调整后每股净资产(元)	–	–	–	–
	每股资本公积金(元)	5.0676	5.0676	5.0135	0.2719
	每股盈余公积金(元)	0.2593	0.2593	0.1993	0.2658
	每股未分配利润(元)	1.1798	1.3780	1.5142	1.6506
	每股现金净流量(元)	–0.9998	4.6479	4.6966	0.2677
	每股经营现金净流量(元)	–0.2882	0.3333	–0.1527	0.6549
	净资产收益率(扣除)(%)	3.8400	7.8200	3.7500	23.6800
	净资产收益率(%)	4.0210	7.7880	4.1000	21.2030
	总资产(万)	72192.61	73457.69	73271.32	32246.71
	股东权益(万)	60054.44	61639.64	61816.98	19129.85
	主营业务收入(万)	9703.23	20074.48	9505.55	18149.14
	主营成本(万)	5402.46	10829.17	5295.51	10079.50
	营业收入(万)	9703.43	20074.86	9505.93	18152.21
	营业成本(万)	5402.51	10829.54	5295.89	10081.94
	投资收益(万)	–	–	–	–
	利润总额(万)	2829.63	5624.29	2600.39	4771.68
	净利润(万)	2414.80	4800.24	2210.33	4056.09

积成电子股份有限公司

公司概况	公司名称	积成电子股份有限公司			证券简称	积成电子
	法人代表	杨志强	董秘	姚斌	证券代码	002339
	公司网址	www.ieslab.com.cn		电子信箱	yaobin@ieslab.com.cn	
	电　话	0531-88061716		传　真	0531-88061716	
	办公地址	山东省济南市华阳路 69 号留学人员创业园 1 号楼 6 层				
	经营范围	电子产品、计算机软件及系统网络的研究、开发、生产、销售、技术咨询服务等				

	指标\报告期	2011.06.30	2010.12.31	2010.06.30	2009.12.31
主要财务指标	每股收益(元)	0.1300	0.6500	0.0900	0.6900
	每股收益(扣除)(元)	0.0901	0.5700	0.1100	0.6200
	每股净资产(元)	9.3100	9.2800	8.7300	3.7800
	调整后每股净资产(元)	–	–	–	–
	每股资本公积金(元)	6.2772	6.2772	6.2324	0.6777
	每股盈余公积金(元)	0.2719	0.2719	0.2140	0.2876
	每股未分配利润(元)	1.7591	1.7276	1.2849	1.8148
	每股现金净流量(元)	–0.8571	3.5009	3.4591	–0.0162
	每股经营现金净流量(元)	–1.0139	–0.9953	–1.5717	0.4083
	净资产收益率(扣除)(%)	0.9700	6.5200	0.8000	17.9300
	净资产收益率(%)	1.4130	6.8440	1.0262	18.2190
	总资产(万)	102205.62	95212.66	83321.85	42655.43
	股东权益(万)	80050.99	79779.56	75089.78	24192.67
	主营业务收入(万)	15507.48	38705.23	13188.00	30023.45
	主营成本(万)	8659.83	22872.50	6969.38	16959.98
	营业收入(万)	15611.04	39464.95	13191.78	30258.11
	营业成本(万)	8707.88	23142.09	6969.58	16966.92
	投资收益(万)	–	–	–	–
	利润总额(万)	1555.58	6272.45	992.48	5042.43
	净利润(万)	1131.44	5460.33	770.55	4407.67

深圳市格林美高新技术股份有限公司

公司概况	公司名称	深圳市格林美高新技术股份有限公司			证券简称	格林美
	法人代表	许开华	董秘	牟健	证券代码	002340
	公司网址	www.gemhi-tech.com		电子信箱	mujian@gmail.com	
	电　话	0755-33386666		传　真	0755-33895777	
	办公地址	广东省深圳市宝安区宝安中心区兴华路南侧荣超滨海大厦 A 栋 20 层				
	经营范围	回收、利用废弃钴镍资源，生产、销售超细钴镍粉体材料等产品				

	指标\报告期	2011.06.30	2010.12.31	2010.06.30	2009.12.31
主要财务指标	每股收益(元)	0.2200	0.7200	0.1600	0.6300
	每股收益(扣除)(元)	0.1652	0.5500	0.3000	0.5900
	每股净资产(元)	4.5200	8.6900	8.2100	4.0500
	调整后每股净资产(元)	–	–	–	–
	每股资本公积金(元)	2.5655	6.1310	6.0522	1.1718
	每股盈余公积金(元)	0.0343	0.0686	0.0425	0.0736
	每股未分配利润(元)	0.9156	1.4928	1.1165	1.8007
	每股现金净流量(元)	0.9242	0.7155	2.2152	0.5309
	每股经营现金净流量(元)	–0.0590	–2.7568	–2.1400	1.0526
	净资产收益率(扣除)(%)	3.7100	6.8200	3.9700	21.1500
	净资产收益率(%)	4.8250	8.1250	3.7000	20.1210
	总资产(万)	265652.26	192642.16	151206.52	78279.87
	股东权益(万)	109568.77	105462.70	99614.24	28318.75
	主营业务收入(万)	39884.97	57000.40	26469.74	36772.60
	主营成本(万)	26905.08	36680.44	17251.95	24282.74
	营业收入(万)	39884.97	57000.40	26469.74	36772.60
	营业成本(万)	26905.08	36680.44	17251.95	24282.74
	投资收益(万)	–	–	–	–
	利润总额(万)	6266.08	9712.59	4099.57	6194.38
	净利润(万)	5286.92	8568.77	3686.59	5697.90

深圳市新纶科技股份有限公司

公司概况						
	公司名称	深圳市新纶科技股份有限公司			证券简称	新纶科技
	法人代表	侯毅	董秘	杨利	证券代码	002341
	公司网址	www.szselen.com		电子信箱	bill@szselen.com	
	电话	0755-26993098		传真	0755-26993313	
	办公地址	广东省深圳市南山区高新区科技南十二路曙光大厦9层				
	经营范围	防净电/洁净室耗品的研发、生产、销售等				

主要财务指标	指标\报告期	2011.06.30	2010.12.31	2010.06.30	2009.12.31
	每股收益(元)	0.2670	0.6460	0.1720	0.6430
	每股收益(扣除)(元)	0.2651	0.6390	0.3420	0.6160
	每股净资产(元)	4.2700	8.3000	7.9500	2.9800
	调整后每股净资产(元)	–	–	–	–
	每股资本公积金(元)	2.3009	5.6019	5.5543	0.2674
	每股盈余公积金(元)	0.0855	0.1710	0.1216	0.1643
	每股未分配利润(元)	0.8813	1.5268	1.2745	1.5455
	每股现金净流量(元)	–0.4103	3.1428	3.4790	1.2488
	每股经营现金净流量(元)	–0.3744	0.2211	–0.2587	0.3992
	净资产收益率(扣除)(%)	–	8.2100	6.4400	23.1700
	净资产收益率(%)	6.2530	7.6120	4.2300	21.6100
	总资产(万)	121266.78	96830.86	80019.31	40243.93
	股东权益(万)	62479.92	60753.01	58197.31	16136.04
	主营业务收入(万)	41246.35	52307.33	24080.70	33696.91
	主营成本(万)	31052.91	39289.85	17814.81	25203.30
	营业收入(万)	41246.35	52307.33	24080.70	33696.91
	营业成本(万)	31052.91	39289.85	17814.81	25203.30
	投资收益(万)	–	–	–	–
	利润总额(万)	4511.49	5369.12	2861.46	4137.89
	净利润(万)	3907.15	4624.62	2406.18	3486.91

巨力索具股份有限公司

公司概况						
	公司名称	巨力索具股份有限公司			证券简称	巨力索具
	法人代表	杨建忠	董秘	白雪飞	证券代码	002342
	公司网址	www.julisling.com		电子信箱	info@julisling.com	
	电话	0312-8608520		传真	0312-8608086	
	办公地址	河北省保定市徐水县巨力路				
	经营范围	索具及相关产品的研发、设计、生产和销售等				

主要财务指标	指标\报告期	2011.06.30	2010.12.31	2010.06.30	2009.12.31
	每股收益(元)	0.2460	0.4100	0.2140	0.4500
	每股收益(扣除)(元)	0.2112	0.3800	0.2100	0.4400
	每股净资产(元)	4.5700	4.4700	4.2800	2.7200
	调整后每股净资产(元)	–	–	–	–
	每股资本公积金(元)	2.3967	2.3967	2.3998	0.4535
	每股盈余公积金(元)	0.1547	0.1547	0.1155	0.1585
	每股未分配利润(元)	1.0183	0.9225	0.7676	1.1102
	每股现金净流量(元)	–0.2520	0.5856	1.0821	0.1616
	每股经营现金净流量(元)	0.1060	0.1567	–0.1662	0.4118
	净资产收益率(扣除)(%)	4.5900	9.0200	5.2000	23.2700
	净资产收益率(%)	5.3790	8.9880	5.3600	20.1840
	总资产(万)	347663.46	324056.33	318710.13	246438.88
	股东权益(万)	219358.10	214744.48	205582.48	95276.34
	主营业务收入(万)	74312.83	142878.44	68141.90	138958.96
	主营成本(万)	49646.05	94966.53	43416.00	88488.82
	营业收入(万)	76091.50	144558.63	68792.87	140451.18
	营业成本(万)	50189.18	95675.30	43872.94	89285.18
	投资收益(万)	–	–	–	–
	利润总额(万)	13676.99	22470.29	11830.20	22575.88
	净利润(万)	11798.64	19301.34	10077.84	19230.58

浙江禾欣实业集团股份有限公司

公司概况						
	公司名称	浙江禾欣实业集团股份有限公司			证券简称	禾欣股份
	法人代表	沈云平	董秘	张颜慧	证券代码	002343
	公司网址	www.hexin-puleather.com		电子信箱	hxjt@hexin-puleather.com	
	电话	0573-82228188 82228698		传真	0573-82228696	
	办公地址	浙江省嘉兴市经济开发区东方路1568号				
	经营范围	PU合成革产品的研制开发、生产、销售与服务等				

主要财务指标	指标\报告期	2011.06.30	2010.12.31	2010.06.30	2009.12.31
	每股收益(元)	0.2070	0.9511	0.2345	1.1769
	每股收益(扣除)(元)	0.2065	0.9141	0.4682	1.0928
	每股净资产(元)	5.6100	11.2300	10.6800	4.7200
	调整后每股净资产(元)	–	–	–	–
	每股资本公积金(元)	3.1733	7.2774	7.2088	0.2059
	每股盈余公积金(元)	0.2905	0.5811	0.5088	0.6805
	每股未分配利润(元)	1.1450	2.3760	1.9665	2.8319
	每股现金净流量(元)	–0.7814	6.4107	6.1089	0.2057
	每股经营现金净流量(元)	–0.1395	1.1442	0.3272	2.7129
	净资产收益率(扣除)(%)	3.6400	8.6400	4.6500	26.1400
	净资产收益率(%)	3.6910	8.2880	4.2050	24.9430
	总资产(万)	152028.02	154659.93	149614.84	79834.90
	股东权益(万)	111123.28	111288.44	105836.09	34944.21
	主营业务收入(万)	67385.58	132413.91	63298.80	106629.73
	主营成本(万)	54589.73	104520.71	49873.89	80473.34
	营业收入(万)	71056.29	137763.03	65534.86	110352.75
	营业成本(万)	57548.13	109086.81	51640.65	83580.94
	投资收益(万)	–	–	–	–
	利润总额(万)	6067.49	14298.53	6781.34	13422.01
	净利润(万)	4101.39	9223.23	4450.43	8716.30

海宁中国皮革城股份有限公司

公司概况						
	公司名称	海宁中国皮革城股份有限公司			证券简称	海宁皮城
	法人代表	任有法	董秘	李宗荣	证券代码	002344
	公司网址	www.zgpgc.com		电子信箱	pgc@chinaleather.com	
	电话	0573-87217777		传真	0573-87217999	
	办公地址	浙江省海宁市海州西路201号				
	经营范围	皮革专业市场的开发、租赁和服务等				

主要财务指标	指标\报告期	2011.06.30	2010.12.31	2010.06.30	2009.12.31
	每股收益(元)	0.3800	0.9200	0.2200	0.4600
	每股收益(扣除)(元)	0.3776	0.7400	0.4500	0.3800
	每股净资产(元)	3.6300	6.9900	6.8700	2.5900
	调整后每股净资产(元)	–	–	–	–
	每股资本公积金(元)	1.7854	4.5708	4.9195	0.4910
	每股盈余公积金(元)	0.0740	0.1480	0.0725	0.0966
	每股未分配利润(元)	0.7694	1.2696	0.8775	0.9988
	每股现金净流量(元)	–0.2435	5.6156	5.2385	0.7919
	每股经营现金净流量(元)	–0.0432	4.1336	2.3182	1.7472
	净资产收益率(扣除)(%)	10.3600	11.3600	7.0000	16.3500
	净资产收益率(%)	10.5998	12.8210	7.0200	17.9254
	总资产(万)	456403.79	433138.67	381614.47	191506.59
	股东权益(万)	203215.42	195675.06	192345.07	54314.10
	主营业务收入(万)	102261.93	101052.94	55812.40	55689.52
	主营成本(万)	42783.61	52804.66	28156.63	33043.68
	营业收入(万)	103060.01	101987.23	55910.41	55965.92
	营业成本(万)	42887.52	52909.89	28156.63	33043.68
	投资收益(万)	–	–	–	–
	利润总额(万)	31894.69	32674.25	16006.55	13347.57
	净利润(万)	21540.36	25087.53	11995.53	9735.99

广东潮宏基实业股份有限公司

公司概况						
公司概况	公司名称	广东潮宏基实业股份有限公司			证券简称	潮宏基
公司概况	法人代表	廖木枝	董秘	徐俊雄	证券代码	002345
公司概况	公司网址	www.chjchina.com		电子信箱	stock@chjchina.com	
公司概况	电　话	0754-88781767		传　真	0754-88781755	
公司概况	办公地址	广东省汕头市龙湖区龙新工业区龙新五街四号 1-4 楼				
公司概况	经营范围	珠宝、钻石、铂及铂镶嵌饰品、黄金及黄金镶嵌饰品、皮革制品等				

主要财务指标	指标\报告期	2011.06.30	2010.12.31	2010.06.30	2009.12.31
	每股收益(元)	0.4100	0.5900	0.3300	0.6300
	每股收益(扣除)(元)	0.4000	0.6100	0.3100	0.6200
	每股净资产(元)	7.4400	7.3800	7.0800	3.7400
	调整后每股净资产(元)	–	–	–	–
	每股资本公积金(元)	5.2257	5.2257	5.1842	0.6446
	每股盈余公积金(元)	0.1665	0.1665	0.1115	0.2230
	每股未分配利润(元)	1.0477	0.9885	0.7814	1.8727
	每股现金净流量(元)	–0.6653	2.3463	3.7475	0.2334
	每股经营现金净流量(元)	–0.2689	–1.3438	–0.4346	0.4407
	净资产收益率(扣除)(%)	5.3200	8.7800	4.7300	28.2000
	净资产收益率(%)	5.5000	7.7750	4.4050	25.1110
	总资产(万)	159560.99	145026.74	138715.13	51545.00
	股东权益(万)	133916.52	132851.76	127388.40	33662.92
	主营业务收入(万)	63607.18	82959.30	39995.76	56856.08
	主营成本(万)	40969.76	53579.84	25633.34	35109.87
	营业收入(万)	63675.82	82996.30	39995.76	56856.08
	营业成本(万)	40969.76	53579.84	25633.34	35109.87
	投资收益(万)	–	–	–	–
	利润总额(万)	9119.56	12207.80	6619.00	9734.57
	净利润(万)	7366.00	10328.65	5611.49	8453.19

上海柘中建设股份有限公司

公司概况						
公司概况	公司名称	上海柘中建设股份有限公司			证券简称	柘中建设
公司概况	法人代表	陆仁军	董秘	郭加广(代)	证券代码	002346
公司概况	公司网址	www.ch-zzcc.com		电子信箱	guojg@ch-zzcc.com	
公司概况	电　话	021-57403737		传　真	021-57401222	
公司概况	办公地址	上海市奉贤区浦卫公路 50 号				
公司概况	经营范围	预应力高强度混凝土管桩(PHC 管桩)的生产与销售等				

主要财务指标	指标\报告期	2011.06.30	2010.12.31	2010.06.30	2009.12.31
	每股收益(元)	0.1800	0.3000	0.1100	0.5100
	每股收益(扣除)(元)	0.1800	0.2700	0.0700	0.4500
	每股净资产(元)	6.9400	6.7600	6.5100	2.2200
	调整后每股净资产(元)	–	–	–	–
	每股资本公积金(元)	4.6011	4.6011	4.5421	0.0054
	每股盈余公积金(元)	0.1602	0.1602	0.1404	0.1895
	每股未分配利润(元)	1.1758	0.9917	0.8307	1.0204
	每股现金净流量(元)	–0.4934	3.7602	3.9033	0.3773
	每股经营现金净流量(元)	0.0140	0.0036	–0.2472	0.7379
	净资产收益率(扣除)(%)	2.6520	4.2890	1.6730	22.9580
	净资产收益率(%)	2.6900	4.6600	1.9100	25.9300
	总资产(万)	101685.56	100298.25	91720.88	34125.66
	股东权益(万)	93725.85	91240.35	87928.23	22153.33
	主营业务收入(万)	21113.55	27590.78	9664.69	30091.65
	主营成本(万)	16716.81	20841.66	7911.09	21291.58
	营业收入(万)	21113.55	27633.59	9664.69	30091.65
	营业成本(万)	16716.81	20841.66	7911.09	21291.58
	投资收益(万)	–	–	–	–
	利润总额(万)	3307.11	5065.43	1778.70	6522.52
	净利润(万)	2485.49	3912.81	1470.84	5085.87

安徽泰尔重工股份有限公司

公司概况						
公司概况	公司名称	安徽泰尔重工股份有限公司			证券简称	泰尔重工
公司概况	法人代表	邰正彪	董秘	黄东保	证券代码	002347
公司概况	公司网址	www.taier.biz		电子信箱	taierhdb@taier.biz	
公司概况	电　话	0555-2229086 2229303		传　真	0555-2229303	
公司概况	办公地址	安徽省马鞍山市经济技术开发区红旗南路 18 号				
公司概况	经营范围	万向轴、鼓形联轴器、安全联轴器生产;剪刃、轧辊、模具、减速机等				

主要财务指标	指标\报告期	2011.06.30	2010.12.31	2010.06.30	2009.12.31
	每股收益(元)	0.3200	0.5000	0.2500	0.8100
	每股收益(扣除)(元)	0.3214	0.4900	0.2300	0.8200
	每股净资产(元)	7.8500	7.7300	7.4800	2.7400
	调整后每股净资产(元)	–	–	–	–
	每股资本公积金(元)	5.1859	5.1859	5.1809	0.0633
	每股盈余公积金(元)	0.1895	0.1895	0.1409	0.1879
	每股未分配利润(元)	1.4745	1.3556	1.1548	1.4914
	每股现金净流量(元)	–1.3418	3.6177	4.2157	0.6791
	每股经营现金净流量(元)	0.0604	0.1014	0.0366	0.6861
	净资产收益率(扣除)(%)	4.0630	6.2810	3.5800	29.5190
	净资产收益率(%)	4.0800	6.8300	3.5800	34.3800
	总资产(万)	119438.49	105165.13	95911.96	48852.36
	股东权益(万)	82598.04	80402.36	77757.04	21392.19
	主营业务收入(万)	17533.70	28163.91	13016.86	31252.89
	主营成本(万)	10500.16	17706.97	7911.71	18627.22
	营业收入(万)	17533.70	28175.81	13016.86	31264.89
	营业成本(万)	10500.16	17706.97	7911.71	18627.22
	投资收益(万)	–43.83	24.39	24.39	21.00
	利润总额(万)	3803.06	5748.72	2911.46	7564.73
	净利润(万)	3316.88	5050.12	2456.60	6314.74

广东高乐玩具股份有限公司

公司概况						
公司概况	公司名称	广东高乐玩具股份有限公司			证券简称	高乐股份
公司概况	法人代表	杨镇欣	董秘	杨广城	证券代码	002348
公司概况	公司网址	www.goldlok.com		电子信箱	gary@goldlok.com	
公司概况	电　话	0663-2348056		传　真	0663-2348055	
公司概况	办公地址	广东省普宁市占陇加工区振如大厦				
公司概况	经营范围	开发、设计、生产经营各式玩具、儿童用品等				

主要财务指标	指标\报告期	2011.06.30	2010.12.31	2010.06.30	2009.12.31
	每股收益(元)	0.2269	0.4681	0.1771	0.6578
	每股收益(扣除)(元)	0.1438	0.4711	0.2997	0.6397
	每股净资产(元)	4.6200	7.3200	7.1123	2.2100
	调整后每股净资产(元)	–	–	–	–
	每股资本公积金(元)	2.8418	5.1469	5.1093	0.1046
	每股盈余公积金(元)	0.1065	0.1704	0.1245	0.1676
	每股未分配利润(元)	0.6703	1.0094	0.8805	0.9379
	每股现金净流量(元)	–1.5011	4.0705	0.5947	0.0910
	每股经营现金净流量(元)	0.3824	–0.0898	0.1555	0.5272
	净资产收益率(扣除)(%)	3.0700	6.8800	4.6300	33.2500
	净资产收益率(%)	4.9150	6.2550	4.5800	29.8017
	总资产(万)	113699.56	114752.16	111480.31	31071.68
	股东权益(万)	109327.00	108401.17	105262.57	24282.62
	主营业务收入(万)	19098.80	33274.49	16891.46	30644.08
	主营成本(万)	12774.79	22028.90	11009.35	19755.56
	营业收入(万)	19098.80	33274.49	16891.46	30644.08
	营业成本(万)	12774.79	22028.90	11009.35	19755.56
	投资收益(万)	–	–	–	–
	利润总额(万)	7126.25	7980.96	4943.57	8513.76
	净利润(万)	5373.14	6779.90	4194.14	7236.63

南通精华制药股份有限公司

公司概况	公司名称	南通精华制药股份有限公司			证券简称	精华制药
	法人代表	朱春林	董秘	杨小军	证券代码	002349
	公司网址	www.ntjhzy.com		电子信箱	yxj@jhoa.net	
	电　话	0513-85609109 85609152		传　真	0513-85609115	
	办公地址	江苏省南通市港闸经济开发区兴泰路9号				
	经营范围	生产、加工、销售:原料药[扑米酮、苯巴比妥、吡罗昔康、保泰松等				

主要财务指标	指标\报告期	2011.06.30	2010.12.31	2010.06.30	2009.12.31
	每股收益(元)	0.3600	0.5443	0.2000	0.5467
	每股收益(扣除)(元)	0.2198	0.5307	0.2500	0.5529
	每股净资产(元)	5.7300	6.8100	6.5100	2.2900
	调整后每股净资产(元)	–	–	–	–
	每股资本公积金(元)	3.5491	4.6863	4.6863	0.3790
	每股盈余公积金(元)	0.1096	0.1371	0.0839	0.1118
	每股未分配利润(元)	1.0355	0.9462	0.7043	0.7552
	每股现金净流量(元)	0.1281	4.3089	4.1276	0.5394
	每股经营现金净流量(元)	0.3228	0.5132	0.1674	0.9626
	净资产收益率(扣除)(%)	3.9100	8.3900	4.2100	27.0700
	净资产收益率(%)	6.2600	7.8320	3.6550	23.9240
	总资产(万)	69562.46	61141.40	57628.53	22037.01
	股东权益(万)	57271.02	54444.04	52071.61	13710.04
	主营业务收入(万)	14197.98	27225.83	12313.85	25801.89
	主营成本(万)	7129.72	13312.50	5964.76	13309.57
	营业收入(万)	14260.16	27431.98	12410.80	25938.66
	营业成本(万)	7136.13	13339.38	5982.58	13337.25
	投资收益(万)	–	–	–	–
	利润总额(万)	4232.87	5018.38	2301.24	3907.56
	净利润(万)	3585.35	4263.94	1903.04	3279.99

北京科锐配电自动化股份有限公司

公司概况	公司名称	北京科锐配电自动化股份有限公司			证券简称	北京科锐
	法人代表	张新育	董秘	安志钢	证券代码	002350
	公司网址	www.creat-da.com.cn		电子信箱	ir@creat-da.com.cn	
	电　话	010-62981321		传　真	010-82701909	
	办公地址	北京市海淀区上地创业路8号3号楼4层				
	经营范围	输配电及控制设备制造				

主要财务指标	指标\报告期	2011.06.30	2010.12.31	2010.06.30	2009.12.31
	每股收益(元)	0.1771	0.3900	0.1255	0.7300
	每股收益(扣除)(元)	0.1683	0.3700	0.1100	0.8600
	每股净资产(元)	6.9099	6.9300	6.6519	3.6300
	调整后每股净资产(元)	–	–	–	–
	每股资本公积金(元)	4.5181	4.5181	4.5029	0.0435
	每股盈余公积金(元)	0.3532	0.3532	0.3137	0.5035
	每股未分配利润(元)	1.0386	1.0615	0.8353	2.0825
	每股现金净流量(元)	–0.7864	3.5581	3.2923	0.0957
	每股经营现金净流量(元)	–0.5055	0.2438	–0.3878	0.7597
	净资产收益率(扣除)(%)	2.5630	5.5800	1.8210	24.1037
	净资产收益率(%)	2.5200	5.9300	1.9700	26.1800
	总资产(万)	111834.53	112869.40	102811.31	52575.42
	股东权益(万)	90728.06	90993.04	87174.19	30797.66
	主营业务收入(万)	29883.01	55749.10	22529.60	55007.14
	主营成本(万)	20054.11	35761.15	14561.43	32796.22
	营业收入(万)	30564.78	56630.11	22742.12	56053.78
	营业成本(万)	20558.32	36373.93	14716.95	33609.77
	投资收益(万)	–	–	–	–
	利润总额(万)	2784.61	6310.42	2058.25	8626.37
	净利润(万)	2273.65	4967.27	1555.54	6998.66

深圳市漫步者科技股份有限公司

公司概况	公司名称	深圳市漫步者科技股份有限公司			证券简称	漫 步 者
	法人代表	张文东	董秘	李晓东	证券代码	002351
	公司网址	www.edifier.com		电子信箱	main@edifier.com	
	电　话	0755-86029885		传　真	0755-26970904	
	办公地址	广东省深圳市南山区科技园科发路8号金融基地2栋7C室				
	经营范围	多媒体音箱、耳机、汽车音响的研发、生产与销售业务等				

主要财务指标	指标\报告期	2011.06.30	2010.12.31	2010.06.30	2009.12.31
	每股收益(元)	0.1900	0.6700	0.1900	0.9900
	每股收益(扣除)(元)	0.1852	0.6800	0.3800	0.9700
	每股净资产(元)	5.1800	10.3800	10.5700	3.0300
	调整后每股净资产(元)	–	–	–	–
	每股资本公积金(元)	3.4418	7.8836	7.8674	0.2481
	每股盈余公积金(元)	0.0514	0.1029	0.0891	0.1191
	每股未分配利润(元)	0.6852	1.4003	1.6126	1.6609
	每股现金净流量(元)	–0.4788	2.1937	7.6158	0.3422
	每股经营现金净流量(元)	0.0914	0.6464	0.1463	1.0460
	净资产收益率(扣除)(%)	3.5200	6.7200	4.0600	37.8400
	净资产收益率(%)	3.5760	6.3490	4.0600	32.7490
	总资产(万)	163761.62	164602.80	163838.52	47654.19
	股东权益(万)	152162.57	152644.41	155348.56	33286.00
	主营业务收入(万)	41274.72	71606.28	34549.14	67656.58
	主营成本(万)	29525.20	49885.24	23800.77	45956.95
	营业收入(万)	41338.56	71888.43	34693.11	68021.94
	营业成本(万)	29533.49	50052.04	23863.34	46167.50
	投资收益(万)	–	–	–	–
	利润总额(万)	6619.17	11676.83	6673.33	13354.95
	净利润(万)	5441.22	9691.13	5406.38	10900.96

马鞍山鼎泰稀土新材料股份有限公司

公司概况	公司名称	马鞍山鼎泰稀土新材料股份有限公司			证券简称	鼎泰新材
	法人代表	刘冀鲁	董秘	黄学春	证券代码	002352
	公司网址	www.dingtaicn.com		电子信箱	dtxc@dingtaicn.com	
	电　话	0555-6615924		传　真	0555-2916511	
	办公地址	安徽省马鞍山市当涂经济开发区				
	经营范围	生产、销售稀土合金镀层钢丝、钢绞线等				

主要财务指标	指标\报告期	2011.06.30	2010.12.31	2010.06.30	2009.12.31
	每股收益(元)	0.2800	0.3200	0.2400	0.7100
	每股收益(扣除)(元)	0.2303	0.3200	0.2400	0.7100
	每股净资产(元)	8.9800	9.2000	9.2400	2.6800
	调整后每股净资产(元)	–	–	–	–
	每股资本公积金(元)	7.4520	7.4520	7.3808	0.2246
	每股盈余公积金(元)	0.1525	0.1525	0.1247	0.1626
	每股未分配利润(元)	0.3761	0.5956	0.7338	1.2956
	每股现金净流量(元)	–0.3051	2.6063	3.6056	0.3811
	每股经营现金净流量(元)	0.5173	–1.0128	–1.9169	0.2021
	净资产收益率(扣除)(%)	2.4900	3.7700	3.1100	30.1700
	净资产收益率(%)	3.1240	3.3180	2.3340	26.6310
	总资产(万)	110616.18	81084.40	87843.84	37005.09
	股东权益(万)	69896.82	71605.16	71909.75	15648.89
	主营业务收入(万)	26479.29	46961.69	21727.11	41017.08
	主营成本(万)	22195.21	39513.67	17779.51	32868.28
	营业收入(万)	26854.59	47293.05	21874.11	41423.46
	营业成本(万)	22352.41	39513.67	17809.13	32871.68
	投资收益(万)	–	–	–	–
	利润总额(万)	2511.68	2762.05	1974.32	4886.43
	净利润(万)	2183.20	2375.72	1678.17	4167.43

烟台杰瑞石油服务集团股份有限公司

公司概况	公司名称	烟台杰瑞石油服务集团股份有限公司			证券简称	杰瑞股份
	法人代表	孙伟杰	董秘	程永峰	证券代码	002353
	公司网址	www.jereh.com		电子信箱	zqb@jereh.com	
	电　话	0535-6723532		传　真	0535-6723171	
	办公地址	山东省烟台市莱山区澳柯玛大街 7 号				
	经营范围	油田专用设备、油田特种作业车、油田专用半挂车的生产、组装等				

主要财务指标	指标\报告期	2011.06.30	2010.12.31	2010.06.30	2009.12.31
	每股收益(元)	0.7700	2.5100	0.5200	2.0900
	每股收益(扣除)(元)	0.7495	2.4000	0.9900	2.0300
	每股净资产(元)	10.1500	19.5600	18.0700	3.9600
	调整后每股净资产(元)	–	–	–	–
	每股资本公积金(元)	6.7497	14.4993	14.4743	0.0154
	每股盈余公积金(元)	0.1228	0.2455	0.1063	0.1423
	每股未分配利润(元)	2.2752	3.8136	2.4946	2.8062
	每股现金净流量(元)	–2.4806	12.9313	12.5135	0.2709
	每股经营现金净流量(元)	–0.6060	–0.3898	–1.1552	1.6954
	净资产收益率(扣除)(%)	7.5740	12.5540	5.5200	52.8040
	净资产收益率(%)	7.6600	14.1100	6.3300	70.1400
	总资产(万)	254403.19	239638.63	218420.99	52604.71
	股东权益(万)	233717.66	225020.58	207823.24	34683.09
	主营业务收入(万)	58782.20	93699.59	39005.32	67343.64
	主营成本(万)	34016.78	55068.20	23471.89	42201.13
	营业收入(万)	59226.26	94397.60	39381.66	68047.72
	营业成本(万)	34090.70	55149.07	23508.17	42297.24
	投资收益(万)	532.19	47.22	9.87	153.74
	利润总额(万)	20806.39	33585.06	13553.65	21465.12
	净利润(万)	17646.04	28192.05	11448.71	17961.06

大连科冕木业股份有限公司

公司概况	公司名称	大连科冕木业股份有限公司			证券简称	科冕木业
	法人代表	魏平	董秘	郭俊伟	证券代码	002354
	公司网址	www.kemianwood.com		电子信箱	kemian@kemianwood.com	
	电　话	0411-82507118		传　真	0411-88858222	
	办公地址	辽宁省大连中山区中山九号东塔 2403				
	经营范围	地板及其他木制品的加工、制造及销售等				

主要财务指标	指标\报告期	2011.06.30	2010.12.31	2010.06.30	2009.12.31
	每股收益(元)	0.0900	0.1300	0.0400	0.3900
	每股收益(扣除)(元)	0.0807	0.1000	0.0800	0.3300
	每股净资产(元)	4.7200	4.6300	4.5200	2.2500
	调整后每股净资产(元)	–	–	–	–
	每股资本公积金(元)	2.5730	2.5730	2.4928	–
	每股盈余公积金(元)	0.0855	0.0855	0.0798	0.1065
	每股未分配利润(元)	1.0566	0.9708	0.9503	1.1418
	每股现金净流量(元)	–1.0568	1.9168	2.2670	0.2497
	每股经营现金净流量(元)	0.2713	–1.1031	–0.7478	0.2270
	净资产收益率(扣除)(%)	1.7300	2.3300	0.5000	14.4300
	净资产收益率(%)	1.8200	2.6300	3.0800	17.2610
	总资产(万)	79654.77	70837.60	64427.61	32171.36
	股东权益(万)	44086.30	43284.11	42289.01	15738.23
	主营业务收入(万)	17602.71	30660.06	13833.83	23636.91
	主营成本(万)	14402.74	25505.83	11440.50	18037.67
	营业收入(万)	17603.58	30660.12	13833.83	23636.95
	营业成本(万)	14402.74	25505.83	11440.50	18037.67
	投资收益(万)	–	–	–	–
	利润总额(万)	1135.23	1671.06	516.43	3684.44
	净利润(万)	802.19	1138.42	330.78	2716.50

山东兴民钢圈股份有限公司

公司概况	公司名称	山东兴民钢圈股份有限公司			证券简称	兴民钢圈
	法人代表	高赫男	董秘	崔积和	证券代码	002355
	公司网址	www.xingmin.com		电子信箱	cjh@xingmin.com	
	电　话	0535-8882355 8881578		传　真	0535-8886708	
	办公地址	山东省龙口市龙口经济开发区				
	经营范围	加工制造车轮、钢管、橡塑制品、钢化玻璃、五金配件等				

主要财务指标	指标\报告期	2011.06.30	2010.12.31	2010.06.30	2009.12.31
	每股收益(元)	0.2800	0.4700	0.2500	0.5000
	每股收益(扣除)(元)	0.2744	0.4700	0.2500	0.4900
	每股净资产(元)	5.7500	5.4800	5.1900	2.3000
	调整后每股净资产(元)	–	–	–	–
	每股资本公积金(元)	3.2984	3.2984	3.2395	0.1757
	每股盈余公积金(元)	0.1153	0.1153	0.0662	0.0883
	每股未分配利润(元)	1.3409	1.0633	0.8880	1.0313
	每股现金净流量(元)	–0.9051	1.4601	1.8043	0.6642
	每股经营现金净流量(元)	0.0206	–0.5209	–0.0728	1.0537
	净资产收益率(扣除)(%)	4.8800	9.5500	5.6200	24.0600
	净资产收益率(%)	4.8240	8.2880	4.4183	21.6209
	总资产(万)	192462.15	177555.35	156559.70	82024.43
	股东权益(万)	121077.92	115237.38	109274.71	36220.70
	主营业务收入(万)	67789.06	117964.06	60754.59	97205.42
	主营成本(万)	55002.17	96927.28	51207.45	80950.47
	营业收入(万)	77700.41	133955.24	67531.60	106760.73
	营业成本(万)	64910.85	112161.27	57227.33	90258.99
	投资收益(万)	–	–	–	–
	利润总额(万)	7806.46	12878.40	6503.07	10618.96
	净利润(万)	5840.55	9550.44	4828.08	7831.24

深圳浩宁达仪表股份有限公司

公司概况	公司名称	深圳浩宁达仪表股份有限公司			证券简称	浩宁达
	法人代表	柯良节	董秘	邓丽	证券代码	002356
	公司网址	www.szhnd.com		电子信箱	deng_li@szhnd.com	
	电　话	0755-26755598		传　真	0755-26755088 222	
	办公地址	广东省深圳市南山区侨香路东方科技园华科大厦六楼				
	经营范围	生产经营电工仪器仪表、微电子及元器件、水电气热计量自动化管理等				

主要财务指标	指标\报告期	2011.06.30	2010.12.31	2010.06.30	2009.12.31
	每股收益(元)	0.0500	0.3700	0.0500	0.9100
	每股收益(扣除)(元)	0.0244	0.3700	0.0500	0.8500
	每股净资产(元)	11.4200	11.6700	11.2900	4.4100
	调整后每股净资产(元)	–	–	–	–
	每股资本公积金(元)	8.9291	8.9291	8.8699	0.7050
	每股盈余公积金(元)	0.1617	0.1617	0.1212	0.1616
	每股未分配利润(元)	1.3310	1.5805	1.3010	2.5397
	每股现金净流量(元)	–1.6637	7.5711	6.7652	0.1956
	每股经营现金净流量(元)	–1.2806	0.3106	–1.2548	1.1899
	净资产收益率(扣除)(%)	0.2100	3.2700	0.4800	21.5300
	净资产收益率(%)	0.4420	3.1380	0.4091	20.6672
	总资产(万)	118848.15	119873.23	103825.26	43516.02
	股东权益(万)	91374.30	93370.27	90336.71	26437.54
	主营业务收入(万)	18090.96	35291.44	7883.88	26452.74
	主营成本(万)	14746.04	25885.93	5046.76	15811.07
	营业收入(万)	19061.68	35906.42	7968.22	26880.81
	营业成本(万)	15650.24	26262.06	5082.35	15994.60
	投资收益(万)	–	–	–	–
	利润总额(万)	669.68	3345.68	490.98	6319.03
	净利润(万)	404.02	2929.78	369.58	5463.89

四川富临运业集团股份有限公司

公司概况					
公司名称	四川富临运业集团股份有限公司			证券简称	富临运业
法人代表	陈曙光	董秘	赵凯	证券代码	002357
公司网址	www.scflyy.cn		电子信箱	zhengquan@scflyy.cn	
电　　话	028-83262759		传　　真	028-83256238	
办公地址	四川省成都市府青路二段18号新1号				
经营范围	汽车客运站经营和汽车客、货运输等				

主要财务指标 指标\报告期	2011.06.30	2010.12.31	2010.06.30	2009.12.31
每股收益(元)	0.1700	0.5100	0.1300	0.5200
每股收益(扣除)(元)	0.1724	0.5400	0.2600	0.6100
每股净资产(元)	2.6900	5.1400	4.8500	2.8200
调整后每股净资产(元)	–	–	–	–
每股资本公积金(元)	0.9091	2.8172	2.7646	0.3589
每股盈余公积金(元)	0.0616	0.1232	0.0339	0.0548
每股未分配利润(元)	0.6982	1.1632	1.0144	1.3562
每股现金净流量(元)	0.0102	2.8925	2.8567	0.6040
每股经营现金净流量(元)	0.3284	1.3305	0.6291	1.4695
净资产收益率(扣除)(%)	6.5200	11.8200	6.4500	24.6500
净资产收益率(%)	6.2010	9.6610	6.7700	23.5380
总资产(万)	77873.86	76167.06	67414.66	37321.78
股东权益(万)	52629.93	50331.62	47480.43	17123.17
主营业务收入(万)	9377.27	16748.66	8582.68	16273.12
主营成本(万)	3222.98	7306.57	3850.28	8016.22
营业收入(万)	10360.70	18345.70	9426.31	18164.07
营业成本(万)	3347.52	7418.51	3911.38	8186.70
投资收益(万)	–	–	–	–
利润总额(万)	5160.22	5803.04	2988.70	5168.00
净利润(万)	3263.57	4862.33	2530.62	4030.52

河南森源电气股份有限公司

公司概况					
公司名称	河南森源电气股份有限公司			证券简称	森源电气
法人代表	楚金甫	董秘	崔付军	证券代码	002358
公司网址	www.hnsyec.com		电子信箱	hnsyzqb@163.com	
电　　话	0374-6108288		传　　真	0374-6108288	
办公地址	河南省许昌市长葛市人民路北段				
经营范围	高低压配电成套设备、高压电器元器件系列产品的开发、生产和销售等				

主要财务指标 指标\报告期	2011.06.30	2010.12.31	2010.06.30	2009.12.31
每股收益(元)	0.2900	0.8600	0.3900	0.9400
每股收益(扣除)(元)	0.2800	0.8200	0.3800	0.8900
每股净资产(元)	5.2000	10.1300	9.5800	3.8500
调整后每股净资产(元)	–	–	–	–
每股资本公积金(元)	2.8426	6.3852	6.3008	0.2611
每股盈余公积金(元)	0.1677	0.3354	0.2532	0.3403
每股未分配利润(元)	1.1941	2.4101	2.0263	2.2447
每股现金净流量(元)	–0.2456	6.6040	5.9475	1.1974
每股经营现金净流量(元)	0.0444	0.3440	–1.3022	0.8887
净资产收益率(扣除)(%)	5.3300	9.9100	5.6300	26.4000
净资产收益率(%)	5.5530	8.1130	4.8800	24.5060
总资产(万)	137208.54	121181.02	118021.69	47329.73
股东权益(万)	89514.95	87123.86	82390.81	24614.80
主营业务收入(万)	27850.01	48816.04	21348.68	40477.27
主营成本(万)	18602.02	32879.30	14304.05	27770.60
营业收入(万)	27854.57	48892.44	21390.65	40642.80
营业成本(万)	18602.02	32897.91	14304.05	27837.73
投资收益(万)	–	–	–	–
利润总额(万)	5784.19	8323.68	3531.44	7165.90
净利润(万)	4971.09	7068.04	3076.36	6032.11

山东齐星铁塔科技股份有限公司

公司概况					
公司名称	山东齐星铁塔科技股份有限公司			证券简称	齐星铁塔
法人代表	赵长水	董秘	耿军	证券代码	002359
公司网址	www.qxtt.com		电子信箱	sdqxttzqb@vip.163.com	
电　　话	0543-4305986		传　　真	0543-4305986	
办公地址	山东省滨州市邹平县开发区会仙二路				
经营范围	生产销售铁塔、钢管塔、架构、管道和钢管柱及建筑用轻钢厂房等				

主要财务指标 指标\报告期	2011.06.30	2010.12.31	2010.06.30	2009.12.31
每股收益(元)	0.1141	0.3000	0.1618	0.5300
每股收益(扣除)(元)	0.1122	0.3400	0.2502	0.5300
每股净资产(元)	3.9600	5.9200	5.8100	2.1100
调整后每股净资产(元)	–	–	–	–
每股资本公积金(元)	2.2029	3.8044	3.7520	0.0006
每股盈余公积金(元)	0.0859	0.1289	0.0997	0.1334
每股未分配利润(元)	0.6706	0.9847	0.9595	0.9769
每股现金净流量(元)	–0.6476	2.2882	2.0222	0.2401
每股经营现金净流量(元)	–0.4264	–0.4308	–1.2114	0.4738
净资产收益率(扣除)(%)	2.8400	8.7300	5.2500	28.1700
净资产收益率(%)	2.8820	4.7890	5.2500	25.3400
总资产(万)	86587.33	82620.27	72780.37	39128.24
股东权益(万)	64736.39	64505.67	63342.62	17203.82
主营业务收入(万)	19570.53	38338.40	19887.47	42563.11
主营成本(万)	16399.26	30495.82	14999.38	33205.59
营业收入(万)	20486.43	39162.23	20202.45	42830.47
营业成本(万)	16401.43	30556.36	15009.50	33230.85
投资收益(万)	–	–	–	–
利润总额(万)	2163.16	3555.63	2878.71	5180.37
净利润(万)	1865.72	3088.88	2496.45	4359.43

山西同德化工股份有限公司

公司概况					
公司名称	山西同德化工股份有限公司			证券简称	同德化工
法人代表	张云升	董秘	邬庆文	证券代码	002360
公司网址	www.tondchem.com		电子信箱	tondwqw@tondchem.com	
电　　话	0350-7264191		传　　真	0350-7264191	
办公地址	山西省河曲县文笔镇焦尾城大茂口				
经营范围	工业炸药、白炭黑产品的生产与销售等				

主要财务指标 指标\报告期	2011.06.30	2010.12.31	2010.06.30	2009.12.31
每股收益(元)	0.2300	0.9200	0.1950	1.0000
每股收益(扣除)(元)	0.2272	0.8462	0.3768	0.9723
每股净资产(元)	4.8700	9.5500	8.9900	4.1400
调整后每股净资产(元)	–	–	–	–
每股资本公积金(元)	2.4694	5.9387	5.9056	0.8659
每股盈余公积金(元)	0.1234	0.2469	0.1787	0.2383
每股未分配利润(元)	1.1900	2.2238	1.7690	1.8822
每股现金净流量(元)	–0.4472	4.9566	5.0042	0.2524
每股经营现金净流量(元)	0.2046	0.7247	0.3652	0.7854
净资产收益率(扣除)(%)	4.7000	9.9400	4.9700	27.0100
净资产收益率(%)	4.6810	9.2210	3.9764	24.2710
总资产(万)	66623.27	62772.42	58593.11	27607.01
股东权益(万)	58475.16	57279.92	53918.84	18612.39
主营业务收入(万)	22098.55	30635.99	12019.04	22916.38
主营成本(万)	15322.12	18989.69	7138.44	13151.09
营业收入(万)	22454.93	30904.67	12055.91	23041.72
营业成本(万)	15642.56	19218.31	7168.14	13267.35
投资收益(万)	–	–	–	–
利润总额(万)	3256.31	6334.91	2640.66	5372.94
净利润(万)	2737.19	5281.71	2144.03	4517.44

安徽神剑新材料股份有限公司

公司概况	公司名称	安徽神剑新材料股份有限公司			证券简称	神剑股份
	法人代表	刘志坚	董秘	王敏雪	证券代码	002361
	公司网址	www.shen-jian.com.cn		电子信箱	wang@shen-jian.com.cn	
	电　话	0553-5316355 5316333		传　真	0553-5316577	
	办公地址	安徽省芜湖经济技术开发区桥北工业园保顺路 8 号				
	经营范围	酯树脂系列产品的生产销售等				

	指标\报告期	2011.06.30	2010.12.31	2010.06.30	2009.12.31
主要财务指标	每股收益(元)	0.1208	0.4200	0.1207	0.6400
	每股收益(扣除)(元)	0.1205	0.4100	0.2300	0.6200
	每股净资产(元)	3.1300	6.1700	5.9600	2.5500
	调整后每股净资产(元)	-	-	-	-
	每股资本公积金(元)	1.4026	3.8052	3.7761	0.2703
	每股盈余公积金(元)	0.0695	0.1390	0.0983	0.1311
	每股未分配利润(元)	0.6600	1.2284	1.0831	1.1492
	每股现金净流量(元)	-0.5718	2.9945	2.4627	0.3561
	每股经营现金净流量(元)	-0.1768	-0.1977	-0.7699	0.7211
	净资产收益率(扣除)(%)	3.8500	7.3800	4.7000	27.9900
	净资产收益率(%)	3.8560	6.5970	3.7100	25.0041
	总资产(万)	71982.92	69244.28	60174.56	29594.78
	股东权益(万)	50113.77	49381.60	47660.49	15303.75
	主营业务收入(万)	32756.83	54072.92	23101.45	40711.33
	主营成本(万)	29269.52	47355.03	19884.55	33802.94
	营业收入(万)	32763.37	54090.71	23105.55	40730.26
	营业成本(万)	29275.32	47373.63	19887.78	33818.74
	投资收益(万)	-	-	-	-
	利润总额(万)	2273.13	3840.03	2082.06	4507.40
	净利润(万)	1932.16	3257.86	1769.75	3826.57

汉王科技股份有限公司

公司概况	公司名称	汉王科技股份有限公司			证券简称	汉王科技
	法人代表	刘迎建	董秘	朱德永	证券代码	002362
	公司网址	www.hanwang.com.cn		电子信箱	zhudy@hanwang.com.cn	
	电　话	010-82786816		传　真	010-82786786	
	办公地址	北京市海淀区东北旺西路 8 号 5 号楼三层				
	经营范围	技术开发、技术转让、技术咨询、技术服务、技术培训;电脑图文设计、制作等				

	指标\报告期	2011.06.30	2010.12.31	2010.06.30	2009.12.31
主要财务指标	每股收益(元)	-0.8100	0.8800	0.8900	1.0700
	每股收益(扣除)(元)	-0.8500	0.8900	0.9000	0.8100
	每股净资产(元)	5.8100	13.2500	13.1600	3.0800
	调整后每股净资产(元)	-	-	-	-
	每股资本公积金(元)	4.5298	10.0595	9.9803	0.2424
	每股盈余公积金(元)	0.1109	0.2218	0.1388	0.1856
	每股未分配利润(元)	0.1733	1.9702	2.0437	1.6477
	每股现金净流量(元)	-0.4365	5.0914	5.0914	1.2194
	每股经营现金净流量(元)	-0.2828	-2.9323	-2.9323	1.4342
	净资产收益率(扣除)(%)	-13.9640	6.1960	8.6300	34.7700
	净资产收益率(%)	-13.0500	7.9700	8.6300	42.2400
	总资产(万)	167255.45	186014.51	199503.83	61458.39
	股东权益(万)	124665.38	142064.46	141106.33	24834.53
	主营业务收入(万)	25633.06	123035.18	67136.09	57103.30
	主营成本(万)	17729.02	73760.33	39335.68	27914.29
	营业收入(万)	25823.41	123703.45	67441.35	58156.89
	营业成本(万)	17921.76	74083.15	39496.43	28688.65
	投资收益(万)	-	-	-	-
	利润总额(万)	-17648.31	8776.95	9468.80	9325.53
	净利润(万)	-17381.77	8790.16	8687.92	8560.04

山东隆基机械股份有限公司

公司概况	公司名称	山东隆基机械股份有限公司			证券简称	隆基机械
	法人代表	张海燕	董秘	刘建	证券代码	002363
	公司网址	www.sdljjx.com.cn		电子信箱	longji@longjigroup.cn	
	电　话	0535-8881898 8842175		传　真	0535-8881899	
	办公地址	山东省龙口市外向型经济开发区				
	经营范围	生产、销售盘式制动器总成、制动毂、制动盘、轮毂、刹车片、刹车蹄片等				

	指标\报告期	2011.06.30	2010.12.31	2010.06.30	2009.12.31
主要财务指标	每股收益(元)	0.2900	0.4300	0.2200	0.6700
	每股收益(扣除)(元)	0.2917	0.4100	0.2100	0.6700
	每股净资产(元)	7.1400	6.9500	6.6700	3.1300
	调整后每股净资产(元)	-	-	-	-
	每股资本公积金(元)	4.7252	4.7252	4.6618	0.8939
	每股盈余公积金(元)	0.0946	0.0946	0.0559	0.0746
	每股未分配利润(元)	1.3192	1.1266	0.9513	1.1655
	每股现金净流量(元)	0.0228	1.2623	2.5898	0.6669
	每股经营现金净流量(元)	-0.3561	-0.5368	0.1128	0.2412
	净资产收益率(扣除)(%)	4.1100	6.4700	3.7300	23.8200
	净资产收益率(%)	4.0980	5.9260	2.9562	21.5270
	总资产(万)	166667.10	158597.47	139561.34	91061.36
	股东权益(万)	85666.88	83355.93	80027.95	28206.18
	主营业务收入(万)	55004.72	92052.22	41573.04	81732.88
	主营成本(万)	45082.58	75391.84	33951.87	66389.23
	营业收入(万)	55178.94	92368.34	41573.04	81732.88
	营业成本(万)	45239.38	75675.79	33951.87	66389.23
	投资收益(万)	-	-	-	-
	利润总额(万)	4316.01	6799.59	3227.42	8730.66
	净利润(万)	3510.95	4939.52	2365.77	6072.04

杭州中恒电气股份有限公司

公司概况	公司名称	杭州中恒电气股份有限公司			证券简称	中恒电气
	法人代表	朱国锭	董秘	钱滔	证券代码	002364
	公司网址	www.hzzh.com		电子信箱	hzzh@hzzh.com	
	电　话	0571-86699838		传　真	0571-86699755	
	办公地址	浙江省杭州市高新区之江科技工业园东信大道 69 号				
	经营范围	高频开关电源设备,不间断电源设备,逆变器,光纤通信设备等				

	指标\报告期	2011.06.30	2010.12.31	2010.06.30	2009.12.31
主要财务指标	每股收益(元)	0.2000	0.5500	0.2700	0.8200
	每股收益(扣除)(元)	0.1947	0.5300	0.2700	0.8100
	每股净资产(元)	5.6700	8.4100	8.2700	3.7700
	调整后每股净资产(元)	-	-	-	-
	每股资本公积金(元)	3.0006	5.0009	4.9426	0.0001
	每股盈余公积金(元)	0.1998	0.2997	0.2465	0.3294
	每股未分配利润(元)	1.4738	2.1084	2.0819	2.4451
	每股现金净流量(元)	-0.1565	4.6400	4.1350	-0.1400
	每股经营现金净流量(元)	-0.0918	0.2893	-0.3636	-0.2151
	净资产收益率(扣除)(%)	3.4300	6.8100	3.9300	24.0100
	净资产收益率(%)	3.5520	6.3190	3.0436	21.7650
	总资产(万)	65371.93	63776.31	59101.62	30325.18
	股东权益(万)	56855.48	56172.06	55250.86	18872.88
	主营业务收入(万)	12705.22	22954.10	10805.15	25716.92
	主营成本(万)	8441.04	14492.59	6827.16	16932.33
	营业收入(万)	12752.75	23328.88	10850.21	25786.36
	营业成本(万)	8453.51	14644.35	6835.09	16967.84
	投资收益(万)	-	-	-	-
	利润总额(万)	2402.39	4178.35	2016.50	4793.79
	净利润(万)	2019.42	3549.57	1681.62	4107.69

潜江永安药业股份有限公司

公司概况	公司名称	潜江永安药业股份有限公司			证券简称	永安药业
	法人代表	陈勇	董秘	吕金朝	证券代码	002365
	公司网址	www.chinataurine.com		电子信箱	tzz@chinataurine.com	
	电　话	0728-6204039		传　真	0728-6204039	
	办公地址	广东省潜江市泽口经济开发区广泽大道2号				
	经营范围	主要从事牛磺酸产品的研发、生产和销售等				

	指标\报告期	2011.06.30	2010.12.31	2010.06.30	2009.12.31
主要财务指标	每股收益(元)	0.1800	0.5100	0.1500	0.9300
	每股收益(扣除)(元)	0.1633	0.4900	0.2600	0.9000
	每股净资产(元)	5.4600	10.8500	11.0800	4.6300
	调整后每股净资产(元)	–	–	–	–
	每股资本公积金(元)	3.2330	7.4660	7.4190	0.4360
	每股盈余公积金(元)	0.1712	0.3424	0.2931	0.3915
	每股未分配利润(元)	1.0546	2.0426	2.3705	2.8034
	每股现金净流量(元)	–1.0326	4.6131	5.3244	–0.6364
	每股经营现金净流量(元)	0.0367	0.4713	0.2490	0.5204
	净资产收益率(扣除)(%)	2.9700	4.8400	2.8500	21.5900
	净资产收益率(%)	3.3580	4.5450	3.2000	20.0674
	总资产(万)	110861.92	109071.18	110527.68	39399.86
	股东权益(万)	102079.85	101457.13	103622.37	32417.13
	主营业务收入(万)	20939.20	31972.93	15679.47	31029.91
	主营成本(万)	15640.00	23938.62	11634.38	20757.93
	营业收入(万)	20939.20	31972.93	15679.47	31029.93
	营业成本(万)	15640.00	23938.62	11634.38	20757.94
	投资收益(万)	–	–	–	–
	利润总额(万)	4036.18	5162.20	2989.96	7504.13
	净利润(万)	3427.72	4610.69	2540.09	6505.27

四川丹甫制冷压缩机股份有限公司

公司概况	公司名称	四川丹甫制冷压缩机股份有限公司			证券简称	丹甫股份
	法人代表	罗志中	董秘	庄继海	证券代码	002366
	公司网址	www.scdanfu.cn		电子信箱	4501@scdanfu.cn	
	电　话	028-38926346		传　真	028-38926346	
	办公地址	四川省眉山市青神县黑龙镇				
	经营范围	生产、销售制冷压缩机、冷冻冷藏设备、冷气工程、环试设备等				

	指标\报告期	2011.06.30	2010.12.31	2010.06.30	2009.12.31
主要财务指标	每股收益(元)	0.2800	0.5065	0.3284	0.7500
	每股收益(扣除)(元)	0.2580	0.5271	0.3284	0.6800
	每股净资产(元)	5.7500	5.4700	5.6000	2.4600
	调整后每股净资产(元)	–	–	–	–
	每股资本公积金(元)	3.5423	3.5423	3.5062	0.3814
	每股盈余公积金(元)	0.1504	0.1504	0.1316	0.1374
	每股未分配利润(元)	1.0617	0.7787	0.9599	0.9364
	每股现金净流量(元)	–0.6411	2.7017	3.3418	–0.1683
	每股经营现金净流量(元)	0.1204	–0.8706	–0.9198	1.3042
	净资产收益率(扣除)(%)	4.9186	8.6770	5.1305	30.5700
	净资产收益率(%)	5.0400	12.7800	7.7200	34.9600
	总资产(万)	88139.59	88419.04	89763.55	45760.09
	股东权益(万)	76821.36	73042.80	74728.37	24550.88
	主营业务收入(万)	38240.20	63744.07	36976.77	47802.99
	主营成本(万)	32266.69	50486.38	29276.92	36534.04
	营业收入(万)	38875.96	64917.05	37592.88	48296.61
	营业成本(万)	32728.16	51425.35	29764.00	36910.01
	投资收益(万)	–	–	–	–
	利润总额(万)	4329.44	7233.10	4372.07	8504.32
	净利润(万)	3778.56	6337.73	3833.94	7505.12

康力电梯股份有限公司

公司概况	公司名称	康力电梯股份有限公司			证券简称	康力电梯
	法人代表	王友林	董秘	刘占涛	证券代码	002367
	公司网址	www.canny-elevator.com		电子信箱	dongmiban@canny-elevator.com	
	电　话	0512-63293967		传　真	0512-63299905	
	办公地址	江苏省吴江市吴江(芦墟)临沪经济开发区88号				
	经营范围	制造加工销售电梯、自动扶梯、自动人行道、停车设备、电控设备等				

	指标\报告期	2011.06.30	2010.12.31	2010.06.30	2009.12.31
主要财务指标	每股收益(元)	0.2906	0.8000	0.2672	0.7000
	每股收益(扣除)(元)	0.2644	0.7400	0.3550	0.6800
	每股净资产(元)	5.3500	7.8900	7.4600	3.3000
	调整后每股净资产(元)	–	–	–	–
	每股资本公积金(元)	3.2210	5.3316	5.3063	0.6761
	每股盈余公积金(元)	0.0775	0.1163	0.0642	0.1029
	每股未分配利润(元)	1.0492	1.4379	1.0922	1.5219
	每股现金净流量(元)	–0.6779	5.5250	4.8041	1.6437
	每股经营现金净流量(元)	–0.0392	1.2089	0.1210	2.8968
	净资产收益率(扣除)(%)	5.4340	9.4890	7.3100	25.5100
	净资产收益率(%)	5.4800	11.9500	7.3100	28.9900
	总资产(万)	215746.62	210352.44	184035.31	94298.67
	股东权益(万)	128507.39	126329.83	119553.44	33009.00
	主营业务收入(万)	65970.24	106297.87	46058.43	80603.02
	主营成本(万)	49261.86	77604.13	33133.77	58764.78
	营业收入(万)	67111.98	108994.08	47348.04	82393.98
	营业成本(万)	50169.97	79753.53	34114.50	60201.14
	投资收益(万)	–	–	–	–
	利润总额(万)	8384.81	13918.91	6669.16	9786.33
	净利润(万)	6983.56	11987.47	5615.11	8420.45

太极计算机股份有限公司

公司概况	公司名称	太极计算机股份有限公司			证券简称	太极股份
	法人代表	刘爱民	董秘	柴永茂	证券代码	002368
	公司网址	www.taiji.com.cn		电子信箱	zhengjiyun@mail.taiji.com.cn	
	电　话	010-51616309		传　真	010-51616309	
	办公地址	北京市海淀区北四环中路211号				
	经营范围	电子计算机及外部设备、集成电路、软件及通信设备化技术开发、设计等				

	指标\报告期	2011.06.30	2010.12.31	2010.06.30	2009.12.31
主要财务指标	每股收益(元)	0.2600	0.9400	0.4100	0.8300
	每股收益(扣除)(元)	0.2560	0.9400	0.4100	0.8300
	每股净资产(元)	5.0000	10.1000	9.5200	3.1800
	调整后每股净资产(元)	–	–	–	–
	每股资本公积金(元)	2.8056	6.6112	6.5607	0.0281
	每股盈余公积金(元)	0.1313	0.2627	0.1831	0.2451
	每股未分配利润(元)	1.0666	2.2241	1.7771	1.9032
	每股现金净流量(元)	–1.1319	7.5586	4.4334	1.8371
	每股经营现金净流量(元)	–0.7324	0.8102	–2.3383	1.9257
	净资产收益率(扣除)(%)	5.0900	11.0500	5.9900	30.2100
	净资产收益率(%)	5.1150	8.7360	5.9800	26.2390
	总资产(万)	192939.76	192293.24	157950.03	95011.09
	股东权益(万)	98858.87	99757.48	94056.35	23438.81
	主营业务收入(万)	99137.09	196237.58	84516.45	168014.06
	主营成本(万)	79745.20	165171.85	70679.66	141850.41
	营业收入(万)	99137.09	196237.58	84516.45	168022.20
	营业成本(万)	79745.20	165171.85	70679.66	141850.46
	投资收益(万)	–	–	–	–
	利润总额(万)	6127.97	9675.50	4080.55	7311.75
	净利润(万)	5056.25	8714.47	3512.62	6150.08

深圳市卓翼科技股份有限公司

公司概况

公司名称	深圳市卓翼科技股份有限公司			证券简称	卓翼科技
法人代表	田昱	董秘	程利	证券代码	002369
公司网址	www.zowee.com.cn		电子信箱	message@zowee.com.cn	
电　　话	0755-26997888 0755-26986749		传　　真	0755-26986712	
办公地址	广东省深圳市南山区西丽平山民企科技园5栋				
经营范围	计算机周边板卡、消费数码产品、通讯网络产品、音响产品等				

主要财务指标

指标\报告期	2011.06.30	2010.12.31	2010.06.30	2009.12.31
每股收益(元)	0.2100	0.7900	0.1700	0.6600
每股收益(扣除)(元)	0.2159	0.7700	0.3400	0.5700
每股净资产(元)	3.6600	3.7000	7.3800	2.3700
调整后每股净资产(元)	–	–	–	–
每股资本公积金(元)	2.0663	5.1326	5.0533	0.0008
每股盈余公积金(元)	0.0949	0.1898	0.1178	0.1570
每股未分配利润(元)	0.5019	1.0777	1.2105	1.2136
每股现金净流量(元)	-0.3881	1.6623	3.4669	1.3916
每股经营现金净流量(元)	0.3442	0.4263	-0.2173	0.5613
净资产收益率(扣除)(%)	5.7300	12.0600	6.3500	27.7500
净资产收益率(%)	5.8170	9.9930	6.5700	27.9470
总资产(万)	113634.41	110793.16	99320.05	52262.97
股东权益(万)	73262.14	74000.64	73815.50	17785.45
主营业务收入(万)	56303.20	86443.43	35796.90	51336.15
主营成本(万)	49406.15	74922.44	30817.31	43184.72
营业收入(万)	56630.22	87054.10	35846.09	51693.81
营业成本(万)	49601.26	75161.42	30846.16	43449.79
投资收益(万)	–	–	–	–
利润总额(万)	4977.95	8571.99	3526.06	5404.88
净利润(万)	4261.50	7395.14	3003.55	4970.53

浙江亚太药业股份有限公司

公司概况

公司名称	浙江亚太药业股份有限公司			证券简称	亚太药业
法人代表	吕旭幸	董秘	孙黎明	证券代码	002370
公司网址	www.ytyaoye.com		电子信箱	ytdsh@ytyaoye.com	
电　　话	0575-84810101		传　　真	0575-84810101	
办公地址	浙江省绍兴市绍兴县云集路1152号				
经营范围	化学制剂药的开发、生产与销售等				

主要财务指标

指标\报告期	2011.06.30	2010.12.31	2010.06.30	2009.12.31
每股收益(元)	0.2200	0.3700	0.2000	0.5400
每股收益(扣除)(元)	0.2004	0.3700	0.1900	0.5400
每股净资产(元)	6.2200	6.0000	5.7700	2.5500
调整后每股净资产(元)	–	–	–	–
每股资本公积金(元)	3.5657	3.5635	3.5107	0.1056
每股盈余公积金(元)	0.2215	0.2215	0.1865	0.2486
每股未分配利润(元)	1.4327	1.2146	1.0705	1.1990
每股现金净流量(元)	-0.0859	2.6717	3.2826	0.3786
每股经营现金净流量(元)	0.1845	-0.0313	-0.0192	0.7585
净资产收益率(扣除)(%)	3.2800	7.0600	4.4300	23.1400
净资产收益率(%)	3.5060	5.8400	4.4600	20.9550
总资产(万)	86052.38	86497.78	84194.43	44187.27
股东权益(万)	74639.25	71995.34	69212.14	22978.96
主营业务收入(万)	21561.22	43510.63	21103.53	42959.35
主营成本(万)	14890.18	30775.75	15032.81	30075.07
营业收入(万)	21584.32	43522.40	21110.47	42966.72
营业成本(万)	14890.18	30775.75	15032.81	30075.07
投资收益(万)	–	–	–	–
利润总额(万)	3079.12	4828.83	2414.82	5703.41
净利润(万)	2617.04	4204.65	2054.68	4815.22

北京七星华创电子股份有限公司

公司概况

公司名称	北京七星华创电子股份有限公司			证券简称	七星电子
法人代表	王彦伶	董秘	徐加力	证券代码	002371
公司网址	www.sevenstar.com.cn		电子信箱	zbzq@sevenstar.com.cn	
电　　话	010-64369908		传　　真	010-64369908	
办公地址	北京市朝阳区酒仙桥东路1号				
经营范围	经营本企业和成员企业自产产品及技术出口业务等				

主要财务指标

指标\报告期	2011.06.30	2010.12.31	2010.06.30	2009.12.31
每股收益(元)	1.0300	1.3000	0.7600	1.0200
每股收益(扣除)(元)	1.0300	1.2600	0.7500	0.9200
每股净资产(元)	14.6600	13.7300	13.1300	5.9900
调整后每股净资产(元)	–	–	–	–
每股资本公积金(元)	8.1719	8.1719	8.1110	0.5494
每股盈余公积金(元)	0.3589	0.3589	0.2434	0.3266
每股未分配利润(元)	5.1425	4.2076	3.7816	4.1268
每股现金净流量(元)	-3.3829	8.4881	6.7321	2.3451
每股经营现金净流量(元)	-1.9931	4.0090	-0.3515	1.5965
净资产收益率(扣除)(%)	7.2000	10.2500	7.2200	16.8900
净资产收益率(%)	7.0580	9.0880	7.3300	17.1000
总资产(万)	229656.35	206227.22	164746.00	99522.21
股东权益(万)	95310.57	89230.42	85316.33	29010.17
主营业务收入(万)	55387.21	79316.76	35184.55	58075.06
主营成本(万)	37052.57	54058.39	22560.60	38658.37
营业收入(万)	55718.97	81025.06	35524.47	58737.74
营业成本(万)	37215.80	54642.29	22680.82	38853.27
投资收益(万)	–	–	–	–
利润总额(万)	9735.79	11754.97	6143.35	7261.08
净利润(万)	6727.18	8109.40	4438.38	4960.66

浙江伟星新型建材股份有限公司

公司概况

公司名称	浙江伟星新型建材股份有限公司			证券简称	伟星新材
法人代表	金红阳	董秘	谭梅	证券代码	002372
公司网址	www.china-pipes.com		电子信箱	wxxc@china-pipes.com	
电　　话	0576-85225086		传　　真	0576-85305080	
办公地址	浙江省临海经济开发区				
经营范围	塑料管道制造、加工,塑料管道、新型建筑材料及原辅辅料、卫生洁具等				

主要财务指标

指标\报告期	2011.06.30	2010.12.31	2010.06.30	2009.12.31
每股收益(元)	0.4100	0.7200	0.3400	0.7000
每股收益(扣除)(元)	0.3979	0.7000	0.3200	0.6800
每股净资产(元)	6.3200	6.2100	5.8000	1.6000
调整后每股净资产(元)	–	–	–	–
每股资本公积金(元)	4.1184	4.1184	4.0892	0.0438
每股盈余公积金(元)	0.1499	0.1499	0.0877	0.1170
每股未分配利润(元)	1.0520	0.9383	0.6231	0.4389
每股现金净流量(元)	-0.5808	3.6316	3.9863	-0.2116
每股经营现金净流量(元)	-0.0552	0.3804	0.0712	1.1184
净资产收益率(扣除)(%)	6.2500	13.7000	8.0900	40.3600
净资产收益率(%)	6.5450	10.8170	5.0680	43.6350
总资产(万)	203084.81	188565.93	177661.84	65341.57
股东权益(万)	160155.50	157275.03	146970.76	30394.61
主营业务收入(万)	69692.53	124013.86	49935.43	91658.10
主营成本(万)	43251.19	76453.10	30658.61	55746.21
营业收入(万)	70059.90	124917.61	50562.77	93071.38
营业成本(万)	43585.88	77295.85	31236.95	56630.24
投资收益(万)	–	–	–	–
利润总额(万)	13240.10	21124.20	8981.71	16442.17
净利润(万)	10482.47	17011.76	7448.87	13262.57

北京联信永益科技股份有限公司

公司概况

公司名称	北京联信永益科技股份有限公司			证券简称	联信永益
法人代表	李超勇	董秘	孙玉文	证券代码	002373
公司网址	www.surekam.com		电子信箱	securities@surekam.com	
电话	010-82327709		传真	010-82335950	
办公地址	北京市海淀区北四环中路238号柏彦大厦8层				
经营范围	行业应用软件开发、计算机信息系统集成和专业技术服务等				

主要财务指标

指标\报告期	2011.06.30	2010.12.31	2010.06.30	2009.12.31
每股收益(元)	-0.3900	0.3700	-0.1100	0.9000
每股收益(扣除)(元)	-0.3975	0.3400	-0.1200	0.8900
每股净资产(元)	9.1400	9.5300	8.9600	3.1700
调整后每股净资产(元)	-	-	-	-
每股资本公积金(元)	6.5696	6.5696	6.4470	0.0005
每股盈余公积金(元)	0.1088	0.1088	0.0999	0.1342
每股未分配利润(元)	1.4566	1.8482	1.4169	2.0350
每股现金净流量(元)	0.0133	0.8389	2.9876	1.0273
每股经营现金净流量(元)	-0.5646	-2.6225	-3.3028	1.1984
净资产收益率(扣除)(%)	-4.2600	4.1400	-1.8500	31.7900
净资产收益率(%)	-4.2880	3.5880	-1.0981	28.3620
总资产(万)	84150.80	79467.89	73311.90	40034.14
股东权益(万)	62602.52	65286.67	61429.23	16175.15
主营业务收入(万)	25482.94	69650.31	25519.39	70240.15
主营成本(万)	22118.27	56100.51	22125.23	-
营业收入(万)	25484.77	69673.54	25528.64	70284.66
营业成本(万)	22117.61	56154.43	22155.92	55861.12
投资收益(万)	-	-	-	-
利润总额(万)	-2684.15	2918.90	-667.61	5099.43
净利润(万)	-2684.15	2342.59	-674.55	4587.65

山东丽鹏股份有限公司

公司概况

公司名称	山东丽鹏股份有限公司			证券简称	丽鹏股份
法人代表	孙世尧	董秘	李海霞	证券代码	002374
公司网址	www.lp.com.cn		电子信箱	lp@lp.com.cn	
电话	0535-4660587		传真	0535-4660587	
办公地址	山东省烟台市牟平区姜格庄镇邹革庄村				
经营范围	铝板轧制、印铁、涂料、瓶盖加工、模具制作、橡胶塑料制品等				

主要财务指标

指标\报告期	2011.06.30	2010.12.31	2010.06.30	2009.12.31
每股收益(元)	-0.0500	0.6000	0.1900	0.7100
每股收益(扣除)(元)	0.2345	0.5700	0.2900	0.6900
每股净资产(元)	5.8500	9.5300	9.1200	4.3900
调整后每股净资产(元)	-	-	-	-
每股资本公积金(元)	3.6797	6.4872	6.3743	1.4410
每股盈余公积金(元)	0.0775	0.1240	0.0634	0.0848
每股未分配利润(元)	1.0883	1.9215	1.6804	1.8703
每股现金净流量(元)	-0.0444	2.1729	3.2333	-0.4275
每股经营现金净流量(元)	-0.0684	-1.2368	-0.7732	1.0869
净资产收益率(扣除)(%)	3.8600	6.8500	4.0300	17.8000
净资产收益率(%)	-0.8590	5.9200	2.8803	16.2520
总资产(万)	75264.45	67505.29	55408.68	34484.64
股东权益(万)	50036.62	51000.00	48781.65	17688.11
主营业务收入(万)	26176.54	38630.29	16408.71	29894.44
主营成本(万)	20765.03	30137.26	12562.46	22561.37
营业收入(万)	27094.59	39828.46	16673.38	30594.87
营业成本(万)	21479.53	30907.65	12768.84	22998.88
投资收益(万)	-	-	-	-
利润总额(万)	-10.28	4463.95	2177.93	4468.13
净利润(万)	-429.60	3019.27	1405.08	2972.55

浙江亚厦装饰股份有限公司

公司概况

公司名称	浙江亚厦装饰股份有限公司			证券简称	亚厦股份
法人代表	丁欣欣	董秘	刘歆	证券代码	002375
公司网址	www.yashazs.com		电子信箱	002375@yashazs.com	
电话	0571-89880808		传真	0571-89880809	
办公地址	浙江省杭州市望江东路299号冠盛大厦				
经营范围	建筑装饰装修工程、建筑幕墙工程、钢结构工程、消防工程、水电工程等				

主要财务指标

指标\报告期	2011.06.30	2010.12.31	2010.06.30	2009.12.31
每股收益(元)	0.4000	1.3300	0.5700	0.8400
每股收益(扣除)(元)	0.4061	1.3600	0.5700	0.8400
每股净资产(元)	6.0100	11.4300	10.6600	3.3100
调整后每股净资产(元)	-	-	-	-
每股资本公积金(元)	3.4305	7.8395	7.8087	0.5063
每股盈余公积金(元)	0.0980	0.1960	0.0943	0.1259
每股未分配利润(元)	1.4787	2.3978	1.7549	1.6782
每股现金净流量(元)	-0.8495	7.2342	6.6179	0.9512
每股经营现金净流量(元)	-0.4326	0.1013	-0.7720	1.1007
净资产收益率(扣除)(%)	-	14.3100	1.9400	29.1000
净资产收益率(%)	6.7380	10.8710	4.6752	25.2940
总资产(万)	552900.87	446209.12	367298.81	160416.15
股东权益(万)	253503.40	241242.06	224881.54	52304.80
主营业务收入(万)	292543.38	448666.91	186383.29	248602.28
主营成本(万)	247288.63	381789.05	158571.96	211720.42
营业收入(万)	292613.43	448807.01	186453.34	248733.88
营业成本(万)	247337.04	381885.85	158620.37	211838.83
投资收益(万)	-	-	-	-
利润总额(万)	20342.15	31118.21	14124.11	17732.82
净利润(万)	17080.02	26224.58	10513.62	13230.17

山东新北洋信息技术股份有限公司

公司概况

公司名称	山东新北洋信息技术股份有限公司			证券简称	新北洋
法人代表	门洪强	董秘	宋森	证券代码	002376
公司网址	www.newbeiyang.com.cn		电子信箱	snbc@newbeiyang.com	
电话	0631-5675777		传真	0631-5680499	
办公地址	山东省威海市火炬高技术产业开发区火炬路169号				
经营范围	集成电路及计算机软件的开发、生产、销售、服务等				

主要财务指标

指标\报告期	2011.06.30	2010.12.31	2010.06.30	2009.12.31
每股收益(元)	0.1800	0.7900	0.1300	0.7600
每股收益(扣除)(元)	0.1600	0.7200	0.2400	0.6600
每股净资产(元)	3.8500	7.6400	7.0900	2.3600
调整后每股净资产(元)	-	-	-	-
每股资本公积金(元)	2.0521	5.1042	5.0678	0.0281
每股盈余公积金(元)	0.1800	0.3600	0.2552	0.3418
每股未分配利润(元)	0.6145	1.1756	0.7692	0.9872
每股现金净流量(元)	-0.2616	4.5520	4.4749	0.6710
每股经营现金净流量(元)	0.0683	0.5456	0.1234	0.9319
净资产收益率(扣除)(%)	4.1000	11.2700	4.6200	31.9700
净资产收益率(%)	4.5930	9.7280	3.2741	32.3700
总资产(万)	139716.80	137971.36	128279.08	52898.53
股东权益(万)	115427.64	114605.34	106363.51	26440.33
主营业务收入(万)	26145.22	45989.63	16453.56	30212.40
主营成本(万)	13876.15	24503.93	8572.65	15047.21
营业收入(万)	27691.69	48304.51	17269.05	31490.83
营业成本(万)	15000.15	25966.57	9113.64	15857.42
投资收益(万)	-	-	-	-
利润总额(万)	5754.41	12203.50	3724.53	9487.37
净利润(万)	5301.72	11149.29	3482.43	8558.76

湖北国创高新材料股份有限公司

公司概况	公司名称	湖北国创高新材料股份有限公司		证券简称	国创高新
	法人代表	高庆寿	董秘 陈爱斌	证券代码	002377
	公司网址	www.guochuang.com.cn		电子信箱	cbmb@public.wh.hb.cn
	电　话	027-87617347		传　真	027-87617346 87617400
	办公地址	湖北省武汉市武昌关东科技园高科大厦 17 层			
	经营范围	研制、生产、销售成品改性沥青、沥青改性设备等			

	指标\报告期	2011.06.30	2010.12.31	2010.06.30	2009.12.31
主要财务指标	每股收益(元)	0.0135	0.3700	0.0127	0.4400
	每股收益(扣除)(元)	0.0095	0.3400	0.0260	0.4200
	每股净资产(元)	3.1500	6.2700	6.1800	2.0300
	调整后每股净资产(元)	–	–	–	–
	每股资本公积金(元)	1.7207	4.4413	4.3822	–
	每股盈余公积金(元)	0.0501	0.1003	0.0775	0.1036
	每股未分配利润(元)	0.3753	0.7236	0.7218	0.9313
	每股现金净流量(元)	–0.5992	2.9905	1.6069	0.2429
	每股经营现金净流量(元)	–1.1775	–0.9477	–1.6737	0.5806
	净资产收益率(扣除)(%)	0.3000	6.2200	0.6600	22.6300
	净资产收益率(%)	0.4300	5.5880	0.6600	21.5599
	总资产(万)	130086.82	128238.74	90960.20	57565.40
	股东权益(万)	67326.93	67037.69	66141.99	16279.32
	主营业务收入(万)	18205.49	76634.06	17544.20	61162.98
	主营成本(万)	15621.67	67942.69	15523.20	–
	营业收入(万)	18465.66	78499.02	17774.31	61387.94
	营业成本(万)	15831.50	69608.95	15674.32	52688.58
	投资收益(万)	–	–	–	–
	利润总额(万)	101.60	4109.45	153.20	3869.50
	净利润(万)	289.23	3746.23	272.67	3509.81

崇义章源钨业股份有限公司

公司概况	公司名称	崇义章源钨业股份有限公司		证券简称	章源钨业
	法人代表	黄泽兰	董秘 刘佶	证券代码	002378
	公司网址	www.zy-tungsten.com		电子信箱	info@zy-tungsten.com
	电　话	0797-3813839		传　真	0797-3813839
	办公地址	江西省赣州市崇义县城塔下			
	经营范围	钨及其他金属矿产品采掘，钨制品的冶炼和深加工，钨制品销售等			

	指标\报告期	2011.06.30	2010.12.31	2010.06.30	2009.12.31
主要财务指标	每股收益(元)	0.3000	0.3600	0.1400	0.3100
	每股收益(扣除)(元)	0.2939	0.3600	0.1400	0.2700
	每股净资产(元)	2.9600	2.9100	2.8400	1.6800
	调整后每股净资产(元)	–	–	–	–
	每股资本公积金(元)	1.1085	1.1085	1.0952	0.0059
	每股盈余公积金(元)	0.1474	0.1474	0.0915	0.1017
	每股未分配利润(元)	0.7042	0.6572	0.6456	0.5663
	每股现金净流量(元)	–0.0641	0.5636	0.5203	–0.0525
	每股经营现金净流量(元)	–0.0005	–0.3454	–0.4455	0.4495
	净资产收益率(扣除)(%)	9.7300	13.8200	6.2200	18.0500
	净资产收益率(%)	10.0260	12.1350	6.2600	18.2300
	总资产(万)	225967.71	219638.88	188132.32	142539.89
	股东权益(万)	126819.57	124799.18	121514.04	64743.43
	主营业务收入(万)	94934.47	132363.65	58446.50	102858.96
	主营成本(万)	71790.24	105691.09	46880.10	84975.01
	营业收入(万)	97343.01	137910.95	59723.06	107184.60
	营业成本(万)	72985.34	108733.30	47472.29	86940.85
	投资收益(万)	–	–	–	–
	利润总额(万)	15391.27	17638.89	6773.30	13543.06
	净利润(万)	12715.46	15144.04	5830.73	11804.36

山东鲁丰铝箔股份有限公司

公司概况	公司名称	山东鲁丰铝箔股份有限公司		证券简称	鲁丰股份
	法人代表	于荣强	董秘 庞树正	证券代码	002379
	公司网址	www.loften.com.cn		电子信箱	stock@loften.cn
	电　话	0543-2161727 2385777		传　真	0543-2161727
	办公地址	山东省滨州市博兴县滨博大街 1568 号			
	经营范围	板带箔生产、加工、销售；出口本企业自产的板带箔产品等			

	指标\报告期	2011.06.30	2010.12.31	2010.06.30	2009.12.31
主要财务指标	每股收益(元)	0.0700	0.5000	0.1200	0.5600
	每股收益(扣除)(元)	0.0637	0.5100	0.2600	0.5500
	每股净资产(元)	5.6200	11.1900	10.9100	3.9900
	调整后每股净资产(元)	–	–	–	–
	每股资本公积金(元)	3.7192	8.4383	8.4069	1.2760
	每股盈余公积金(元)	0.0697	0.1394	0.1162	0.1553
	每股未分配利润(元)	0.8262	1.6108	1.3916	1.5537
	每股现金净流量(元)	0.1357	2.1713	5.1730	1.2842
	每股经营现金净流量(元)	–1.6117	–0.5604	0.2096	0.5382
	净资产收益率(扣除)(%)	1.1300	5.2500	3.2300	14.7100
	净资产收益率(%)	1.2610	4.2110	3.2900	13.9360
	总资产(万)	311548.31	240400.48	212120.59	125503.35
	股东权益(万)	87033.83	86711.14	84589.85	23113.17
	主营业务收入(万)	72164.61	95091.66	47189.75	72642.84
	主营成本(万)	62788.66	81062.28	40666.58	59842.54
	营业收入(万)	80743.74	102188.56	50863.69	78101.09
	营业成本(万)	71772.57	88144.13	44343.66	65193.81
	投资收益(万)	–	–	–	–
	利润总额(万)	1557.96	4987.60	2183.46	4417.70
	净利润(万)	1097.69	3651.68	1582.43	3220.95

南京科远自动化集团股份有限公司

公司概况	公司名称	南京科远自动化集团股份有限公司		证券简称	科远股份
	法人代表	刘国耀	董秘 赵文庆	证券代码	002380
	公司网址	www.sciyon.com		电子信箱	sciyon@sciyon.com
	电　话	025-68598968 9808		传　真	025-68598948
	办公地址	江苏省南京市江宁经济技术开发区西门子路 27 号			
	经营范围	热工自动化和电厂信息化产品研发、生产、销售和服务等			

	指标\报告期	2011.06.30	2010.12.31	2010.06.30	2009.12.31
主要财务指标	每股收益(元)	0.2900	0.8300	0.3600	0.9900
	每股收益(扣除)(元)	0.2089	0.6700	0.3300	0.8800
	每股净资产(元)	12.5100	12.4700	12.4000	3.8900
	调整后每股净资产(元)	–	–	–	–
	每股资本公积金(元)	9.5731	9.5731	9.4636	0.7264
	每股盈余公积金(元)	0.2517	0.2517	0.1470	0.1960
	每股未分配利润(元)	1.6828	1.6469	1.7855	1.9640
	每股现金净流量(元)	–0.6445	6.3034	7.4007	0.5723
	每股经营现金净流量(元)	0.0833	–0.6905	–0.8065	0.9938
	净资产收益率(扣除)(%)	2.3520	6.2430	4.0800	25.4980
	净资产收益率(%)	2.3200	7.6800	4.0800	29.2200
	总资产(万)	93547.24	94226.10	94881.65	31898.33
	股东权益(万)	85291.25	85094.45	84602.97	20069.89
	主营业务收入(万)	9885.14	22900.30	11846.77	19466.69
	主营成本(万)	5723.80	13777.68	7231.74	10940.20
	营业收入(万)	9885.14	22900.80	11846.77	19466.74
	营业成本(万)	5723.80	13777.68	7231.74	10940.20
	投资收益(万)	–	–	–	–
	利润总额(万)	2191.02	6146.14	2567.72	5997.87
	净利润(万)	2000.23	5294.44	2124.94	5053.86

浙江双箭橡胶股份有限公司

公司概况	公司名称	浙江双箭橡胶股份有限公司			证券简称	双箭股份
	法人代表	沈耿亮	董秘	陈柏松	证券代码	002381
	公司网址	www.doublearrow.net			电子信箱	chenbaisong@188.com
	电　　话	0573-88533979 88533969			传　　真	0573-88531023
	办公地址	浙江省桐乡市洲泉镇晚村				
	经营范围	橡胶制品,帆布的生产,销售;橡胶原料 ,纺织原料等				

主要财务指标	指标\报告期	2011.06.30	2010.12.31	2010.06.30	2009.12.31
	每股收益(元)	0.1500	0.5000	0.3500	1.0500
	每股收益(扣除)(元)	0.1064	0.4100	0.2800	1.0600
	每股净资产(元)	7.4200	11.1100	10.8900	4.8000
	调整后每股净资产(元)	–	–	–	–
	每股资本公积金(元)	4.4327	7.1491	7.0950	0.4445
	每股盈余公积金(元)	0.2318	0.3478	0.3043	0.4092
	每股未分配利润(元)	1.7589	2.6123	2.4935	2.9467
	每股现金净流量(元)	–0.4452	4.6596	0.7958	–0.4006
	每股经营现金净流量(元)	–0.6104	0.1215	0.0062	1.1155
	净资产收益率(扣除)(%)	1.4300	4.2500	3.3600	24.6000
	净资产收益率(%)	2.0300	4.2520	2.7760	21.9400
	总资产(万)	115633.54	110156.44	101821.15	56978.00
	股东权益(万)	86854.45	86651.55	84963.51	27842.31
	主营业务收入(万)	50025.83	82284.54	38771.95	62634.45
	主营成本(万)	43923.08	69898.13	31700.56	48163.10
	营业收入(万)	50577.58	82453.25	38831.36	62688.59
	营业成本(万)	44429.01	70035.73	31759.23	48173.29
	投资收益(万)	–	–	–	–
	利润总额(万)	2239.89	4834.89	2954.90	7483.19
	净利润(万)	1762.90	3684.21	2358.60	6108.69

山东蓝帆塑胶股份有限公司

公司概况	公司名称	山东蓝帆塑胶股份有限公司			证券简称	蓝帆股份
	法人代表	李振平	董秘	韩邦友	证券代码	002382
	公司网址	www.bluesail.cn			电子信箱	stock@bluesail.cn
	电　　话	0533-7480108			传　　真	0533-7480085
	办公地址	山东省淄博市齐鲁化学工业区清田路 21 号				
	经营范围	生产加工 PVC 手套及其他塑料制品,粒料, 销售公司生产的产品等				

主要财务指标	指标\报告期	2011.06.30	2010.12.31	2010.06.30	2009.12.31
	每股收益(元)	0.0900	0.5400	0.2300	1.1100
	每股收益(扣除)(元)	0.0880	0.5400	0.3500	1.1000
	每股净资产(元)	7.4900	11.3000	11.0300	3.5000
	调整后每股净资产(元)	–	–	–	–
	每股资本公积金(元)	5.0702	8.1053	8.0273	0.2500
	每股盈余公积金(元)	0.1552	0.2328	0.1883	0.2382
	每股未分配利润(元)	1.2661	1.9583	1.8181	1.8995
	每股现金净流量(元)	–0.4912	4.4523	6.4453	0.6252
	每股经营现金净流量(元)	0.1877	–0.4736	–0.0142	1.0341
	净资产收益率(扣除)(%)	1.1600	5.6200	4.4800	36.7100
	净资产收益率(%)	1.2540	4.4630	2.7788	31.6949
	总资产(万)	114771.29	102330.47	106796.73	37855.38
	股东权益(万)	89898.65	90371.53	88269.81	20995.74
	主营业务收入(万)	39471.51	61829.14	30876.79	47586.95
	主营成本(万)	35768.08	53134.16	26130.19	36901.83
	营业收入(万)	39678.31	62154.06	31049.15	47770.29
	营业成本(万)	35772.62	53148.49	26139.50	36919.06
	投资收益(万)	–	–	–	–
	利润总额(万)	1294.29	4710.63	2851.94	8064.12
	净利润(万)	1127.12	4033.44	2452.83	6654.58

北京合众思壮科技股份有限公司

公司概况	公司名称	北京合众思壮科技股份有限公司			证券简称	合众思壮
	法人代表	郭信平	董秘	曹红杰	证券代码	002383
	公司网址	www.uniStrong.com			电子信箱	dongmi@unistrong.com
	电　　话	010-58275384			传　　真	010-58275259
	办公地址	北京市朝阳区酒仙桥东路 9 号 A2 楼东 6 层				
	经营范围	技术开发,技术推广,技术转让,技术咨询,技术服务,技术培训;销售机械设备等				

主要财务指标	指标\报告期	2011.06.30	2010.12.31	2010.06.30	2009.12.31
	每股收益(元)	0.1652	0.4736	0.2447	0.9327
	每股收益(扣除)(元)	0.1522	0.4569	0.2839	0.8240
	每股净资产(元)	10.1200	12.3500	12.0800	4.1100
	调整后每股净资产(元)	–	–	–	–
	每股资本公积金(元)	7.2858	8.9430	8.8640	0.4934
	每股盈余公积金(元)	0.2420	0.2904	0.2497	0.3329
	每股未分配利润(元)	1.5949	2.1156	1.9693	2.2832
	每股现金净流量(元)	–0.5254	7.1327	8.0649	0.2816
	每股经营现金净流量(元)	–0.1347	–0.3376	–0.3993	0.7112
	净资产收益率(扣除)(%)	1.4700	4.3200	3.2800	22.6400
	净资产收益率(%)	1.6320	3.5940	3.3900	22.7090
	总资产(万)	157568.95	154679.68	151716.05	47071.56
	股东权益(万)	145750.97	148225.92	144976.26	36966.71
	主营业务收入(万)	18209.15	38216.84	18057.37	41414.34
	主营成本(万)	10682.26	23246.25	10617.18	25069.43
	营业收入(万)	19988.71	40260.42	18389.38	42613.68
	营业成本(万)	10725.92	23396.60	10623.03	25148.30
	投资收益(万)	–	–	–	–
	利润总额(万)	2895.01	5841.57	3458.64	9301.28
	净利润(万)	2379.05	5327.56	3083.16	8394.57

苏州东山精密制造股份有限公司

公司概况	公司名称	苏州东山精密制造股份有限公司			证券简称	东山精密
	法人代表	袁永刚	董秘	周桂华	证券代码	002384
	公司网址	www.sz-dsbj.com			电子信箱	dsbj@sz-dsbj.com
	电　　话	0512-66306201			传　　真	0512-66307172
	办公地址	江苏省苏州市吴中区东山镇凤凰山路 8 号				
	经营范围	精密钣金加工、五金件、烘漆、微波通信系统设备制造等				

主要财务指标	指标\报告期	2011.06.30	2010.12.31	2010.06.30	2009.12.31
	每股收益(元)	0.3200	0.6135	0.2400	0.6026
	每股收益(扣除)(元)	0.3103	0.5961	0.2899	0.5900
	每股净资产(元)	7.5400	8.6700	8.5100	3.0100
	调整后每股净资产(元)	–	–	–	–
	每股资本公积金(元)	5.0763	6.2916	6.2553	0.6835
	每股盈余公积金(元)	0.1095	0.1314	0.0863	0.1151
	每股未分配利润(元)	1.3566	1.2422	1.1674	1.2162
	每股现金净流量(元)	–0.8946	1.8463	4.4672	0.1805
	每股经营现金净流量(元)	–0.0691	0.0142	–0.1332	0.7021
	净资产收益率(扣除)(%)	8.4100	7.9600	9.4200	21.9000
	净资产收益率(%)	4.2620	6.6370	9.4200	19.9880
	总资产(万)	187869.73	169713.93	161968.90	68316.97
	股东权益(万)	144813.72	138642.16	136143.78	36176.99
	主营业务收入(万)	49468.91	87112.91	31433.50	57944.02
	主营成本(万)	38254.07	65954.35	24886.24	42302.15
	营业收入(万)	50223.07	88217.34	31991.57	58896.63
	营业成本(万)	38254.07	66017.90	29601.80	42527.21
	投资收益(万)	–	–	–	–
	利润总额(万)	7162.97	10997.44	5165.81	9306.38
	净利润(万)	6171.55	9201.94	4084.42	7231.02

北京大北农科技集团股份有限公司

公司概况	公司名称	北京大北农科技集团股份有限公司			证券简称	大北农
	法人代表	邵根伙	董秘	陈忠恒	证券代码	002385
	公司网址	www.dbn.com.cn		电子信箱	lawyerskyc@sohu.com	
	电　话	010-82856450		传　真	010-82856430	
	办公地址	北京市海淀区中关村大街27号中关村大厦14层				
	经营范围	饲料、种子产品的研发、生产、销售等				

	指标\报告期	2011.06.30	2010.12.31	2010.06.30	2009.12.31
主要财务指标	每股收益(元)	0.5400	0.8200	0.3700	0.8200
	每股收益(扣除)(元)	0.5217	0.7500	0.3700	0.7700
	每股净资产(元)	7.9800	7.6900	7.2700	2.4700
	调整后每股净资产(元)	–	–	–	–
	每股资本公积金(元)	5.0457	5.0481	5.0641	0.2138
	每股盈余公积金(元)	0.1413	0.1413	0.0973	0.1146
	每股未分配利润(元)	1.7927	1.4996	1.1073	1.1400
	每股现金净流量(元)	–0.6442	4.3581	3.9300	0.0680
	每股经营现金净流量(元)	0.0273	0.9730	0.0813	0.8000
	净资产收益率(扣除)(%)	6.5900	12.4300	7.0600	37.0600
	净资产收益率(%)	6.8070	10.0990	4.6816	33.2150
	总资产(万)	410925.06	404478.08	363010.25	189841.53
	股东权益(万)	319825.98	308171.30	291327.53	83924.73
	主营业务收入(万)	314038.32	520967.52	229087.25	394644.88
	主营成本(万)	243094.02	401854.50	175148.98	299622.14
	营业收入(万)	314278.93	524838.48	229381.23	397537.76
	营业成本(万)	243141.60	404619.13	175288.13	301780.04
	投资收益(万)	–	–	–	–
	利润总额(万)	27294.29	37720.38	16010.46	33383.22
	净利润(万)	21770.13	31122.90	13638.83	27875.38

宜宾天原集团股份有限公司

公司概况	公司名称	宜宾天原集团股份有限公司			证券简称	天原集团
	法人代表	肖池权	董秘	陈洪	证券代码	002386
	公司网址	www.ybty.com		电子信箱	cwcq@ybty.com	
	电　话	0831-3608560 3608918		传　真	0831-3601446 3607026	
	办公地址	四川省宜宾市下江北				
	经营范围	基本化学原料,有机合成化学原料,化工产品制造、销售等				

	指标\报告期	2011.06.30	2010.12.31	2010.06.30	2009.12.31
主要财务指标	每股收益(元)	0.1300	0.2500	0.1600	0.4900
	每股收益(扣除)(元)	0.0736	0.2100	0.1400	0.4300
	每股净资产(元)	8.3300	8.2000	9.7400	7.9100
	调整后每股净资产(元)	–	–	–	–
	每股资本公积金(元)	4.3028	4.3028	5.3281	2.5848
	每股盈余公积金(元)	0.4261	0.4261	0.4930	0.6575
	每股未分配利润(元)	2.5996	2.4688	2.9163	3.6688
	每股现金净流量(元)	–0.1855	1.7015	3.1511	–0.3466
	每股经营现金净流量(元)	0.0855	0.4545	0.0865	0.6945
	净资产收益率(扣除)(%)	0.8900	2.7300	1.8500	6.6900
	净资产收益率(%)	1.5710	2.8440	1.6966	7.3680
	总资产(万)	1149837.47	1018528.16	884390.27	711435.81
	股东权益(万)	399582.61	393302.37	389312.35	237181.03
	主营业务收入(万)	276952.35	486146.66	219773.97	365467.90
	主营成本(万)	237885.86	414106.17	185516.16	300003.87
	营业收入(万)	281241.94	495804.30	223759.44	369117.87
	营业成本(万)	240634.37	420436.78	188271.71	301245.49
	投资收益(万)	–	–	–	–
	利润总额(万)	8709.14	15134.44	8593.59	22070.56
	净利润(万)	6277.11	11185.01	6605.17	17475.38

黑牛食品股份有限公司

公司概况	公司名称	黑牛食品股份有限公司			证券简称	黑牛食品
	法人代表	林秀浩	董秘	黄树忠	证券代码	002387
	公司网址	www.blackcow.cn		电子信箱	sh@blackcow.cn	
	电　话	0754-88106868 8081		传　真	0754-88107793	
	办公地址	广东省汕头市潮汕路金园工业城内9A5A6				
	经营范围	乳制品(奶粉)、米面制品加工销售,饮料(固体饮料)、糕点生产销售等				

	指标\报告期	2011.06.30	2010.12.31	2010.06.30	2009.12.31
主要财务指标	每股收益(元)	0.2000	0.6600	0.1700	0.6700
	每股收益(扣除)(元)	0.1904	0.6200	0.3600	0.6500
	每股净资产(元)	5.2500	9.1800	8.8200	2.8200
	调整后每股净资产(元)	–	–	–	–
	每股资本公积金(元)	3.1759	6.5165	6.4519	0.3995
	每股盈余公积金(元)	0.0388	0.0699	0.0516	0.0689
	每股未分配利润(元)	1.0315	1.5980	1.3126	1.3476
	每股现金净流量(元)	–1.0186	4.9768	5.1022	0.9270
	每股经营现金净流量(元)	–0.2878	0.1945	–0.2014	1.4558
	净资产收益率(扣除)(%)	3.7990	6.6070	3.4390	23.8850
	净资产收益率(%)	3.8400	9.0200	6.9000	27.1200
	总资产(万)	135470.00	135699.17	126288.74	56429.29
	股东权益(万)	126065.37	122611.42	117695.62	28159.55
	主营业务收入(万)	36374.64	63886.86	30947.70	58576.82
	主营成本(万)	23183.15	42721.79	20438.41	39569.83
	营业收入(万)	36383.57	63954.85	30958.81	58621.48
	营业成本(万)	23193.96	42787.34	20447.89	39612.25
	投资收益(万)	–	–	–	–
	利润总额(万)	6423.24	10678.85	5342.62	8783.37
	净利润(万)	4788.95	8100.75	4047.47	6725.89

深圳市新亚电子制程股份有限公司

公司概况	公司名称	深圳市新亚电子制程股份有限公司			证券简称	新亚制程
	法人代表	许伟明	董秘	徐冰	证券代码	002388
	公司网址	www.sunyes.cn		电子信箱	xubing@sunyes.cn	
	电　话	0755-23818505 23818518		传　真	0755-23818685	
	办公地址	广东省深圳市福田区荣超商务中心9楼				
	经营范围	电子工具,仪器仪表设备,电子元器件,化工产品的销售及售后服务等				

	指标\报告期	2011.06.30	2010.12.31	2010.06.30	2009.12.31
主要财务指标	每股收益(元)	0.0700	0.2600	0.1500	0.3800
	每股收益(扣除)(元)	0.0627	0.2400	0.1400	0.3600
	每股净资产(元)	2.9400	5.1800	5.0200	1.9200
	调整后每股净资产(元)	–	–	–	–
	每股资本公积金(元)	1.3942	3.3096	3.2689	0.0785
	每股盈余公积金(元)	0.0401	0.0721	0.0543	0.0726
	每股未分配利润(元)	0.5078	0.7943	0.6958	0.7676
	每股现金净流量(元)	–0.4371	2.5863	2.5660	–0.1019
	每股经营现金净流量(元)	–0.1606	–0.4004	–0.5518	0.2719
	净资产收益率(扣除)(%)	2.1500	5.6400	4.3300	20.1600
	净资产收益率(%)	2.2610	4.6020	4.6000	19.5530
	总资产(万)	66479.19	64019.81	59894.61	23448.09
	股东权益(万)	58783.38	57454.48	55710.26	15924.60
	主营业务收入(万)	26228.75	50872.94	19552.66	36390.80
	主营成本(万)	20642.65	41199.90	15235.71	27449.73
	营业收入(万)	26495.65	50981.24	19582.66	36524.73
	营业成本(万)	20674.11	41240.47	15246.22	27526.00
	投资收益(万)	–	–	–	–
	利润总额(万)	1831.13	3347.52	1752.33	3937.20
	净利润(万)	1328.90	2644.18	1351.96	3113.78

浙江南洋科技股份有限公司

公司概况	公司名称	浙江南洋科技股份有限公司			证券简称	南洋科技
	法人代表	邵雨田	董秘	杜志喜	证券代码	002389
	公司网址	www.nykj.cc		电子信箱	nykj@nykj.cc	
	电　话	0576-88169898 88169788		传　真	0576-88169922	
	办公地址	浙江省台州市开发区开发大道388号				
	经营范围	电子薄膜、包装膜、电容器制造、销售等				

主要财务指标	指标\报告期	2011.06.30	2010.12.31	2010.06.30	2009.12.31
	每股收益(元)	0.3200	0.9500	0.2200	0.8300
	每股收益(扣除)(元)	0.3041	0.8400	0.4200	0.7900
	每股净资产(元)	5.5600	10.6900	10.1500	3.4800
	调整后每股净资产(元)	–	–	–	–
	每股资本公积金(元)	3.1373	7.2745	7.1688	0.4033
	每股盈余公积金(元)	0.1016	0.2033	0.1338	0.1793
	每股未分配利润(元)	1.3246	2.2164	1.8480	1.8989
	每股现金净流量(元)	–0.5370	5.1577	6.5366	0.2893
	每股经营现金净流量(元)	0.1109	0.2252	0.3053	1.4694
	净资产收益率(扣除)(%)	5.6870	8.1450	8.3100	23.8220
	净资产收益率(%)	5.7800	11.1000	8.3100	26.9300
	总资产(万)	94203.16	81362.94	78094.78	27995.60
	股东权益(万)	78255.53	74979.46	70899.16	20127.27
	主营业务收入(万)	16245.04	25072.04	12177.65	21371.26
	主营成本(万)	9539.63	15770.24	7736.34	13839.99
	营业收入(万)	16255.16	25198.71	12181.83	21408.70
	营业成本(万)	9539.96	15890.55	7738.36	13868.46
	投资收益(万)	–	–	–	–
	利润总额(万)	5683.63	7323.63	3732.74	5314.40
	净利润(万)	4239.57	5835.98	2886.91	4146.75

贵州信邦制药股份有限公司

公司概况	公司名称	贵州信邦制药股份有限公司			证券简称	信邦制药
	法人代表	张观福	董秘	孔令忠	证券代码	002390
	公司网址	www.xinbang.com		电子信箱	xinbang@xinbang.com	
	电　话	0851-8615900 8660261		传　真	0851-8660280	
	办公地址	贵州省贵阳市白云经济开发区信邦大道227号				
	经营范围	胶囊剂(含头孢菌素类)、片剂、颗粒剂、口服溶液剂等				

主要财务指标	指标\报告期	2011.06.30	2010.12.31	2010.06.30	2009.12.31
	每股收益(元)	0.1300	0.4700	0.1600	0.7200
	每股收益(扣除)(元)	0.1290	0.4200	0.2500	0.7000
	每股净资产(元)	5.5100	11.0600	10.7900	3.8900
	调整后每股净资产(元)	–	–	–	–
	每股资本公积金(元)	3.4097	7.8195	7.7279	0.4785
	每股盈余公积金(元)	0.1519	0.3038	0.2584	0.3445
	每股未分配利润(元)	0.9532	1.9391	1.8062	2.0661
	每股现金净流量(元)	–0.2970	6.2885	7.5637	0.1879
	每股经营现金净流量(元)	0.0602	0.0288	0.1158	0.6414
	净资产收益率(扣除)(%)	2.3100	4.6400	3.7800	19.8100
	净资产收益率(%)	2.4220	3.9320	2.3784	18.4420
	总资产(万)	115792.69	112550.90	113592.47	47034.52
	股东权益(万)	95736.96	96021.89	93679.27	25317.65
	主营业务收入(万)	16795.54	31860.27	15911.86	33668.59
	主营成本(万)	6270.78	11120.25	5235.73	10340.39
	营业收入(万)	16795.54	31862.77	15911.86	33668.59
	营业成本(万)	6270.78	11122.57	5235.73	10340.39
	投资收益(万)	–	–	–	–
	利润总额(万)	2690.55	4414.48	2602.20	5418.96
	净利润(万)	2319.08	3775.74	2228.07	4668.95

江苏长青农化股份有限公司

公司概况	公司名称	江苏长青农化股份有限公司			证券简称	长青股份
	法人代表	于国权	董秘	肖刚	证券代码	002391
	公司网址	www.jscq.com		电子信箱	stock@jscq.com	
	电　话	0514-86424918		传　真	0514-86421039	
	办公地址	江苏省江都市浦头镇江灵路1号				
	经营范围	化学农药的生产、销售等				

主要财务指标	指标\报告期	2011.06.30	2010.12.31	2010.06.30	2009.12.31
	每股收益(元)	0.3100	0.7400	0.3400	0.8600
	每股收益(扣除)(元)	0.2503	0.7200	0.6100	0.8500
	每股净资产(元)	7.7700	9.9900	15.7900	4.0700
	调整后每股净资产(元)	–	–	–	–
	每股资本公积金(元)	5.2814	7.1658	11.9563	0.0638
	每股盈余公积金(元)	0.2193	0.2851	0.3493	0.4675
	每股未分配利润(元)	1.2657	1.5434	2.4828	2.5401
	每股现金净流量(元)	–0.3802	5.6813	10.3131	–0.3601
	每股经营现金净流量(元)	0.1952	–0.0002	0.0269	0.3398
	净资产收益率(扣除)(%)	3.2200	9.1700	6.8600	39.6200
	净资产收益率(%)	3.9780	6.7420	3.7029	33.6030
	总资产(万)	174081.19	165541.12	165716.13	55472.62
	股东权益(万)	159955.10	158181.11	156178.17	30095.00
	主营业务收入(万)	49233.41	75135.73	37323.72	67631.45
	主营成本(万)	37851.44	53531.87	26259.18	44962.46
	营业收入(万)	49423.21	75543.49	37601.46	67631.45
	营业成本(万)	38012.41	53769.04	26417.51	44978.50
	投资收益(万)	–	–	–	–
	利润总额(万)	7442.90	12217.22	6614.06	11698.14
	净利润(万)	6363.54	10664.57	5783.16	10112.79

北京利尔高温材料股份有限公司

公司概况	公司名称	北京利尔高温材料股份有限公司			证券简称	北京利尔
	法人代表	赵继增	董秘	张建超	证券代码	002392
	公司网址	www.bjlirr.com		电子信箱	ir@bjlirr.com	
	电　话	010-61712828		传　真	010-61712828	
	办公地址	北京市昌平区小汤山工业园				
	经营范围	钢铁、有色、石化、建材等工业用耐火材料的生产和销售等				

主要财务指标	指标\报告期	2011.06.30	2010.12.31	2010.06.30	2009.12.31
	每股收益(元)	0.2090	0.8630	0.2700	0.9590
	每股收益(扣除)(元)	0.2060	0.8610	0.5430	0.9450
	每股净资产(元)	6.7700	13.3800	12.9700	3.8000
	调整后每股净资产(元)	–	–	–	–
	每股资本公积金(元)	4.7725	10.5449	10.4837	1.1421
	每股盈余公积金(元)	0.0831	0.1663	0.1030	0.1373
	每股未分配利润(元)	0.9164	1.6651	1.3867	1.5158
	每股现金净流量(元)	–0.7242	9.2798	9.1756	0.3059
	每股经营现金净流量(元)	-0.1506	–0.1498	–0.4526	0.8990
	净资产收益率(扣除)(%)	3.0400	8.1000	7.1500	27.4200
	净资产收益率(%)	3.0846	5.9170	3.4673	25.2700
	总资产(万)	212122.87	209130.65	200300.13	61164.93
	股东权益(万)	182845.07	180579.95	175140.26	38840.15
	主营业务收入(万)	–	70763.20	–	54489.64
	主营成本(万)	–	46322.38	–	32307.78
	营业收入(万)	42340.02	70780.37	32799.70	54489.64
	营业成本(万)	27936.37	46322.38	20554.99	32307.78
	投资收益(万)	–	–	–	–
	利润总额(万)	6665.83	12506.63	7141.81	11813.30
	净利润(万)	5640.13	10685.14	6072.55	9711.91

天津力生制药股份有限公司

公司概况					
公司名称	天津力生制药股份有限公司			证券简称	力生制药
法人代表	孙宝卫	董秘	马霏霏	证券代码	002393
公司网址	www.lishengpharma.com		电子信箱	lisheng@lishengpharma.com	
电　话	022-27641760		传　真	022-27641760	
办公地址	天津市南开区黄河道491号				
经营范围	片剂、硬胶囊剂、颗粒剂、滴丸剂、原料药有塑料瓶、化工原料				

主要财务指标：指标\报告期	2011.06.30	2010.12.31	2010.06.30	2009.12.31
每股收益(元)	1.3100	1.2200	0.8700	1.1300
每股收益(扣除)(元)	0.8542	1.2000	–	1.0900
每股净资产(元)	14.8100	14.4000	13.9700	3.0500
调整后每股净资产(元)	–	–	–	–
每股资本公积金(元)	11.1274	11.1274	11.0852	0.5058
每股盈余公积金(元)	1.0392	1.0397	0.9278	1.2406
每股未分配利润(元)	1.6476	1.2336	0.9554	0.3084
每股现金净流量(元)	–0.6833	9.7373	9.4821	1.0816
每股经营现金净流量(元)	0.1142	1.0225	0.4794	–
净资产收益率(扣除)(%)	5.7900	10.8100	26.9300	32.2100
净资产收益率(%)	8.8700	7.7410	5.1888	37.0665
总资产(万)	279502.80	272720.19	271875.04	88213.11
股东权益(万)	270291.48	262746.10	254861.50	41683.96
主营业务收入(万)	45570.29	73571.85	39172.39	59397.97
主营成本(万)	17664.10	29393.09	13387.41	21733.87
营业收入(万)	45654.88	73797.23	39280.15	59570.22
营业成本(万)	17723.88	29538.62	13460.67	21828.46
投资收益(万)	–	–	–	–
利润总额(万)	29081.04	26506.76	16578.41	20155.37
净利润(万)	23975.02	20339.52	13224.20	15450.77

江苏联发纺织股份有限公司

公司概况					
公司名称	江苏联发纺织股份有限公司			证券简称	联发股份
法人代表	孔祥军	董秘	王一欣	证券代码	002394
公司网址	www.lianfa.cn		电子信箱	panzg@gl.lianfa.cn	
电　话	0513-88869069 88869066		传　真	0513-88869069	
办公地址	江苏省海安县城东镇恒联路88号				
经营范围	生产销售色织布、服装、纺织品等				

主要财务指标：指标\报告期	2011.06.30	2010.12.31	2010.06.30	2009.12.31
每股收益(元)	0.5100	2.0700	0.4300	1.9900
每股收益(扣除)(元)	0.5214	1.9400	0.8100	1.9000
每股净资产(元)	8.9600	17.2000	16.2200	6.4300
调整后每股净资产(元)	–	–	–	–
每股资本公积金(元)	5.4979	11.9957	11.9032	1.9515
每股盈余公积金(元)	0.1809	0.3618	0.2200	0.2934
每股未分配利润(元)	2.2853	3.8408	3.0965	3.1804
每股现金净流量(元)	–0.2631	6.8308	8.4893	0.2612
每股经营现金净流量(元)	0.8365	1.3775	–0.0047	2.8449
净资产收益率(扣除)(%)	5.8900	10.3500	7.6800	32.4900
净资产收益率(%)	5.7430	11.0360	4.3892	30.9990
总资产(万)	265907.65	252796.89	244803.76	129185.57
股东权益(万)	193443.38	185570.22	175010.28	51981.29
主营业务收入(万)	131191.14	219227.08	92296.52	150561.57
主营成本(万)	105024.63	173341.40	72905.90	116163.88
营业收入(万)	134210.56	222875.27	93889.35	152876.53
营业成本(万)	107600.02	176665.62	74249.43	118052.50
投资收益(万)	–	–	–	–
利润总额(万)	15350.16	29481.87	11470.45	22922.82
净利润(万)	11110.16	20479.94	7681.51	16113.49

无锡双象超纤材料股份有限公司

公司概况					
公司名称	无锡双象超纤材料股份有限公司			证券简称	双象股份
法人代表	唐炳泉	董秘	沈铭	证券代码	002395
公司网址	www.sxcxgf.com		电子信箱	sx@sxcxgf.com	
电　话	0510-88993888 8701		传　真	0510-88997333	
办公地址	江苏省无锡市新区鸿山街道后宅中路188号				
经营范围	生产销售超纤材料,PVC,PU人造革,胶 膜,塑胶制品等				

主要财务指标：指标\报告期	2011.06.30	2010.12.31	2010.06.30	2009.12.31
每股收益(元)	0.3200	0.5500	0.3000	0.6300
每股收益(扣除)(元)	0.2862	0.5300	0.2954	0.6200
每股净资产(元)	8.7100	8.6900	8.3800	2.9600
调整后每股净资产(元)	–	–	–	–
每股资本公积金(元)	5.7237	5.7237	5.6717	0.0045
每股盈余公积金(元)	0.2008	0.2008	0.1506	0.2013
每股未分配利润(元)	1.7816	1.7606	1.5607	1.7494
每股现金净流量(元)	–1.2704	3.9356	5.0632	0.7605
每股经营现金净流量(元)	–0.0351	0.2705	0.0319	0.9467
净资产收益率(扣除)(%)	3.2400	7.5700	5.7000	23.5100
净资产收益率(%)	3.6870	5.7770	3.0012	21.3278
总资产(万)	97795.31	95291.67	97262.18	43343.11
股东权益(万)	77835.61	77647.86	74946.81	19770.73
主营业务收入(万)	24624.09	50477.35	24588.15	45545.12
主营成本(万)	20370.48	41244.34	20078.59	38442.26
营业收入(万)	24663.90	50500.31	24608.05	45656.21
营业成本(万)	20399.47	41260.40	24608.05	38529.08
投资收益(万)	–	–	–	–
利润总额(万)	3410.96	5276.88	2674.38	4982.80
净利润(万)	2869.84	4485.35	2249.30	4216.67

福建星网锐捷通讯股份有限公司

公司概况					
公司名称	福建星网锐捷通讯股份有限公司			证券简称	星网锐捷
法人代表	黄奕豪	董秘	沐昌茵	证券代码	002396
公司网址	www.star-net.cn		电子信箱	zqsw@star-net.cn	
电　话	0591-83057213 83057977		传　真	0591-83057088 83057977	
办公地址	福州市仓山区金山大道618号桔园洲星网锐捷科技园19-22栋				
经营范围	研发、生产和销售企业级网络通讯系统设备及终端设备等				

主要财务指标：指标\报告期	2011.06.30	2010.12.31	2010.06.30	2009.12.31
每股收益(元)	0.1385	0.9027	0.1374	0.8079
每股收益(扣除)(元)	0.1127	0.7485	0.3089	0.7668
每股净资产(元)	4.5345	8.8909	8.3245	3.2527
调整后每股净资产(元)	–	–	–	–
每股资本公积金(元)	2.2090	5.4165	5.3648	0.0042
每股盈余公积金(元)	0.0783	0.1566	0.0877	0.1171
每股未分配利润(元)	1.2474	2.3178	1.8719	2.1314
每股现金净流量(元)	–1.0453	5.1684	4.3903	0.8692
每股经营现金净流量(元)	–0.7432	0.1240	–0.9120	2.6412
净资产收益率(扣除)(%)	3.0700	8.8810	10.6700	24.8370
净资产收益率(%)	3.0700	13.9400	10.6700	28.3600
总资产(万)	233598.05	246635.30	206652.24	124020.82
股东权益(万)	171324.65	171242.36	156294.19	56618.07
主营业务收入(万)	100965.60	197548.17	72381.62	170982.27
主营成本(万)	63487.34	115599.88	43478.29	100267.13
营业收入(万)	102206.47	199721.18	73033.72	172467.22
营业成本(万)	64037.11	116466.78	44066.00	101301.66
投资收益(万)	640.66	–29.59	104.28	235.63
利润总额(万)	6655.03	22911.00	6770.70	17923.65
净利润(万)	4860.75	13859.56	4823.72	10625.75

湖南梦洁家纺股份有限公司

公司概况	公司名称	湖南梦洁家纺股份有限公司			证券简称	梦洁家纺
	法人代表	姜天武	董秘	李军	证券代码	002397
	公司网址	www.mendale.com		电子信箱	zqb@mendale.com	
	电　话	0731-82848012		传　真	0731-82848945	
	办公地址	湖南省长沙市高新技术产业开发区麓谷产业基地谷苑路168号				
	经营范围	生产、加工、销售国家法律、法规允许的纺织品、化学纤维制品等				

主要财务指标	指标\报告期	2011.06.30	2010.12.31	2010.06.30	2009.12.31
	每股收益(元)	0.4400	1.0600	0.3600	1.2600
	每股收益(扣除)(元)	0.4500	1.0800	0.5400	0.8500
	每股净资产(元)	11.2800	10.8400	15.9200	4.4700
	调整后每股净资产(元)	–	–	–	–
	每股资本公积金(元)	8.0505	8.0505	11.9314	0.0677
	每股盈余公积金(元)	0.3135	0.3135	0.3457	0.4634
	每股未分配利润(元)	1.9222	1.4815	2.6406	2.9362
	每股现金净流量(元)	–1.1483	3.3092	8.1616	0.1101
	每股经营现金净流量(元)	–0.7439	–0.9237	–1.6128	1.5205
	净资产收益率(扣除)(%)	4.0400	12.3200	5.9300	34.9300
	净资产收益率(%)	3.9060	8.9550	5.9200	42.2024
	总资产(万)	144384.93	136488.97	134260.47	65825.19
	股东权益(万)	106611.98	102459.98	100281.57	20996.21
	主营业务收入(万)	55421.66	85433.25	34671.93	63035.90
	主营成本(万)	31143.00	50692.59	21340.05	40157.93
	营业收入(万)	55450.80	85513.53	34741.96	63094.05
	营业成本(万)	31155.95	50767.87	21405.08	40211.08
	投资收益(万)	–	–	–	–
	利润总额(万)	5469.44	10499.12	3428.44	10646.72
	净利润(万)	4164.46	9175.14	2835.74	8860.92

厦门市建筑科学研究院集团股份有限公司

公司概况	公司名称	厦门市建筑科学研究院集团股份有限公司			证券简称	建研集团
	法人代表	蔡永太	董秘	蔡永太(代)	证券代码	002398
	公司网址	www.xmabr.com		电子信箱	xmabr@winmail.cn	
	电　话	0592-2273752		传　真	0592-2273752	
	办公地址	福建省厦门市思明区湖滨南路62号				
	经营范围	建筑科学研究、建筑技术开发咨询;建设工程及产品质量和性能检测等				

主要财务指标	指标\报告期	2011.06.30	2010.12.31	2010.06.30	2009.12.31
	每股收益(元)	0.3400	0.5200	0.1800	0.7600
	每股收益(扣除)(元)	0.3400	0.4500	0.1900	0.7100
	每股净资产(元)	7.4400	9.3700	9.0700	2.9000
	调整后每股净资产(元)	–	–	–	–
	每股资本公积金(元)	4.9145	6.6889	6.6627	0.2946
	每股盈余公积金(元)	0.0990	0.1286	0.0883	0.1177
	每股未分配利润(元)	1.4225	1.5566	1.3142	1.4905
	每股现金净流量(元)	0.2006	1.3864	5.7880	–0.0766
	每股经营现金净流量(元)	–0.0895	–0.0500	0.1137	0.7778
	净资产收益率(扣除)(%)	4.5800	5.9600	3.6000	27.9000
	净资产收益率(%)	4.5790	5.1120	2.1650	26.2870
	总资产(万)	141530.51	134558.13	129416.49	48301.45
	股东权益(万)	116001.98	112489.93	108781.50	26124.72
	主营业务收入(万)	42856.91	58912.50	22861.13	36382.26
	主营成本(万)	31316.31	45308.35	17350.28	24183.90
	营业收入(万)	43254.80	59444.12	22932.05	36382.86
	营业成本(万)	31368.03	45395.23	17351.49	24183.90
	投资收益(万)	–	–	–	–
	利润总额(万)	6614.08	6549.17	2802.56	7878.48
	净利润(万)	5312.03	5749.88	2355.44	6867.39

深圳市海普瑞药业股份有限公司

公司概况	公司名称	深圳市海普瑞药业股份有限公司			证券简称	海普瑞
	法人代表	李锂	董秘	步海华	证券代码	002399
	公司网址	www.hepalink.com		电子信箱	stock@hepalink.com	
	电　话	0755-26980311		传　真	0755-86142889	
	办公地址	广东省深圳市南山区高新区中区高新中一道19号				
	经营范围	开发、生产经营原料药(肝素钠),从事货物及技术进出口等				

主要财务指标	指标\报告期	2011.06.30	2010.12.31	2010.06.30	2009.12.31
	每股收益(元)	0.4500	3.1300	0.8000	2.2500
	每股收益(扣除)(元)	0.4526	3.1300	1.6000	2.2400
	每股净资产(元)	9.4400	19.9700	18.4500	2.9600
	调整后每股净资产(元)	–	–	–	–
	每股资本公积金(元)	6.6178	14.2324	14.2308	0.0473
	每股盈余公积金(元)	0.2818	0.5635	0.2605	0.2895
	每股未分配利润(元)	1.5419	4.1787	2.9548	1.6212
	每股现金净流量(元)	0.0454	14.5295	13.0417	0.7896
	每股经营现金净流量(元)	0.9897	0.8869	–0.7166	0.9883
	净资产收益率(扣除)(%)	4.5800	22.0600	18.3100	119.9000
	净资产收益率(%)	4.7930	15.1340	18.3100	75.9760
	总资产(万)	776556.74	812700.33	751284.19	146093.07
	股东权益(万)	755491.96	799187.24	738027.56	106489.10
	主营业务收入(万)	157379.68	385303.61	180908.53	222377.31
	主营成本(万)	113639.35	223167.08	100586.41	115047.00
	营业收入(万)	157398.52	385344.79	180923.72	222412.42
	营业成本(万)	113639.35	223167.08	100586.41	115047.01
	投资收益(万)	–	–	–	–
	利润总额(万)	41694.82	141691.34	69857.50	96178.57
	净利润(万)	36210.48	120950.34	59858.04	80905.70

广东省广告股份有限公司

公司概况	公司名称	广东省广告股份有限公司			证券简称	省广股份
	法人代表	戴书华	董秘	沙宗义	证券代码	002400
	公司网址	www.gdadc.com		电子信箱	db@gdadc.com	
	电　话	020-87617378		传　真	020-87671661	
	办公地址	广东省广州市越秀区东风东路745号之二				
	经营范围	设计、制作、发布、代理国内外各类广告,承办展览业务等				

主要财务指标	指标\报告期	2011.06.30	2010.12.31	2010.06.30	2009.12.31
	每股收益(元)	0.2900	0.9000	0.4900	0.8600
	每股收益(扣除)(元)	0.2897	0.9000	0.4900	0.8400
	每股净资产(元)	7.0400	12.3200	11.8200	2.6400
	调整后每股净资产(元)	–	–	–	–
	每股资本公积金(元)	4.7048	9.2687	9.2014	0.0000
	每股盈余公积金(元)	0.1074	0.1934	0.1160	0.1547
	每股未分配利润(元)	1.2273	1.8555	1.5013	1.4879
	每股现金净流量(元)	0.7145	8.5812	9.4570	0.3711
	每股经营现金净流量(元)	1.0609	–0.7648	0.0267	0.5371
	净资产收益率(扣除)(%)	4.0540	6.6790	10.2800	32.6490
	净资产收益率(%)	4.0900	9.4400	10.2800	37.3400
	总资产(万)	195726.18	173154.79	163830.35	61647.42
	股东权益(万)	109034.92	101956.38	97737.33	16681.99
	主营业务收入(万)	178379.78	307857.63	131895.19	205018.63
	主营成本(万)	160414.67	276646.92	118183.02	180750.84
	营业收入(万)	178382.66	307862.64	131897.89	205024.03
	营业成本(万)	160414.67	276646.92	118183.02	180750.84
	投资收益(万)	19.03	475.46	123.03	384.51
	利润总额(万)	5882.75	9135.24	4249.60	7066.21
	净利润(万)	4230.93	6776.85	3174.96	5329.65

中海网络科技股份有限公司

公司概况	公司名称	中海网络科技股份有限公司		证券简称	中海科技
	法人代表	沈以华	董秘 孙文彬	证券代码	002401
	公司网址	www.sctd.com.cn		电子信箱	sunwenbin@sctd.com.cn
	电　话	021-58211308		传　真	021-58210704
	办公地址	上海市浦东新区民生路600号			
	经营范围	智能交通系统，工业自动化，交通信息化等领域的软，硬件产品的科研，开发，销售等			

主要财务指标	指标\报告期	2011.06.30	2010.12.31	2010.06.30	2009.12.31
	每股收益(元)	0.4328	0.7400	0.4000	0.6800
	每股收益(扣除)(元)	0.4334	0.7200	0.3500	0.6700
	每股净资产(元)	9.9200	9.4900	9.0600	3.4400
	调整后每股净资产(元)	–	–	–	–
	每股资本公积金(元)	6.3472	6.3472	6.2650	0.4810
	每股盈余公积金(元)	0.3450	0.3450	0.2774	0.3699
	每股未分配利润(元)	2.2303	1.7975	1.5207	1.5850
	每股现金净流量(元)	0.3137	6.7342	5.5591	0.2948
	每股经营现金净流量(元)	0.4433	0.6426	–0.7452	0.9100
	净资产收益率(扣除)(%)	4.4700	9.3600	6.0500	20.7600
	净资产收益率(%)	4.3620	7.1280	3.6630	19.8220
	总资产(万)	67749.67	70600.15	63924.40	25198.36
	股东权益(万)	52788.41	50485.86	48215.99	13709.08
	主营业务收入(万)	25907.33	43260.43	19495.28	35561.01
	主营成本(万)	21700.40	35620.34	16094.38	–
	营业收入(万)	26124.26	43744.03	19739.01	36027.47
	营业成本(万)	21752.00	35744.24	16158.20	29615.52
	投资收益(万)	–	–	–	–
	利润总额(万)	2685.23	4209.07	1986.20	3156.78
	净利润(万)	2302.55	3598.80	1766.29	2717.44

深圳和而泰智能控制股份有限公司

公司概况	公司名称	深圳和而泰智能控制股份有限公司		证券简称	和而泰
	法人代表	刘建伟	董秘 李晓华	证券代码	002402
	公司网址	www.szhittech.com		电子信箱	het@szhittech.com
	电　话	0755-26727188		传　真	0755-26727137
	办公地址	深圳市南山区高新南区科技南十路6号深圳航天科技创新研究院大厦			
	经营范围	计算机、光机电一体化产品、家用电器、各种设备、装备等			

主要财务指标	指标\报告期	2011.06.30	2010.12.31	2010.06.30	2009.12.31
	每股收益(元)	0.2300	0.7100	0.5100	0.7300
	每股收益(扣除)(元)	0.2056	0.6100	0.4800	0.6100
	每股净资产(元)	7.4900	11.1800	10.8500	3.1100
	调整后每股净资产(元)	–	–	–	–
	每股资本公积金(元)	5.2136	8.3205	8.2172	0.4768
	每股盈余公积金(元)	0.1357	0.2036	0.1389	0.1852
	每股未分配利润(元)	1.1378	1.6581	1.4938	1.4513
	每股现金净流量(元)	–0.5885	6.1255	6.9027	0.2995
	每股经营现金净流量(元)	–0.2168	–0.6746	–0.7572	0.5033
	净资产收益率(扣除)(%)	2.7200	6.9500	9.8800	22.0800
	净资产收益率(%)	3.1040	5.6780	10.4400	23.4410
	总资产(万)	94944.68	89498.02	90008.86	31901.42
	股东权益(万)	74897.48	74585.00	72368.42	15566.83
	主营业务收入(万)	25315.08	43009.81	21623.57	32400.19
	主营成本(万)	20664.52	33773.89	16630.99	–
	营业收入(万)	25561.93	43108.96	21673.31	32682.11
	营业成本(万)	20690.23	33814.84	16653.63	25002.95
	投资收益(万)	–	–	–	–
	利润总额(万)	2679.50	4812.54	3062.79	4127.75
	净利润(万)	2324.64	4234.80	2707.22	3649.03

浙江爱仕达电器股份有限公司

公司概况	公司名称	浙江爱仕达电器股份有限公司		证券简称	爱仕达
	法人代表	陈合林	董秘 肖林华	证券代码	002403
	公司网址	www.chinaasd.com		电子信箱	002403@asd.com.cn
	电　话	0576-86199005		传　真	0576-86199000
	办公地址	浙江省台州市温岭市经济开发区科技路2号			
	经营范围	炊具、厨房小家电等系列产品的研发、生产和销售等			

主要财务指标	指标\报告期	2011.06.30	2010.12.31	2010.06.30	2009.12.31
	每股收益(元)	0.1300	0.2900	0.1800	0.4700
	每股收益(扣除)(元)	0.1358	0.2900	0.1900	0.4400
	每股净资产(元)	6.3600	6.4200	6.2700	2.1500
	调整后每股净资产(元)	–	–	–	–
	每股资本公积金(元)	4.3862	4.3862	4.3489	0.1174
	每股盈余公积金(元)	0.0669	0.0669	0.0508	0.0678
	每股未分配利润(元)	0.9026	0.9676	0.8664	0.9659
	每股现金净流量(元)	–0.4236	1.5180	2.7593	–0.1385
	每股经营现金净流量(元)	–0.4924	–0.6632	–0.3812	0.1117
	净资产收益率(扣除)(%)	2.1000	5.8500	6.1000	22.9900
	净资产收益率(%)	2.1240	4.0390	2.2665	21.6514
	总资产(万)	201126.92	207561.41	209081.83	138164.45
	股东权益(万)	152538.35	154098.72	150388.75	38718.38
	主营业务收入(万)	101812.13	203499.78	97835.28	158099.88
	主营成本(万)	72926.88	145023.59	69963.35	109175.71
	营业收入(万)	102593.54	205040.15	98458.16	158996.67
	营业成本(万)	73550.42	146185.18	70440.75	109929.21
	投资收益(万)	–	–	–	–
	利润总额(万)	4084.11	7472.48	4409.06	10181.76
	净利润(万)	3239.63	6223.69	3408.57	8383.07

浙江嘉欣丝绸股份有限公司

公司概况	公司名称	浙江嘉欣丝绸股份有限公司		证券简称	嘉欣丝绸
	法人代表	周国建	董秘 郑晓	证券代码	002404
	公司网址	www.jxsilk.cn		电子信箱	inf@jxsilk.cn
	电　话	0573-82078789		传　真	0573-82084568
	办公地址	浙江省嘉兴市中山东路88号			
	经营范围	经营蚕、丝、绸商品，制丝，纺织品的织造、印染，服装、金属小五金等			

主要财务指标	指标\报告期	2011.06.30	2010.12.31	2010.06.30	2009.12.31
	每股收益(元)	0.2400	0.6400	0.2500	0.6400
	每股收益(扣除)(元)	0.2000	0.5400	0.3100	0.6100
	每股净资产(元)	6.4100	8.3100	8.1500	3.6900
	调整后每股净资产(元)	–	–	–	–
	每股资本公积金(元)	3.8420	5.2934	5.2447	0.4894
	每股盈余公积金(元)	0.2257	0.2934	0.2627	0.3507
	每股未分配利润(元)	1.3376	1.7230	1.6420	1.8460
	每股现金净流量(元)	0.3821	0.1081	0.7592	0.1140
	每股经营现金净流量(元)	0.2486	0.4486	0.3305	1.9173
	净资产收益率(扣除)(%)	3.1400	8.0000	6.6800	18.0100
	净资产收益率(%)	3.7930	6.8710	3.1810	17.4130
	总资产(万)	143308.92	144879.69	144528.51	88996.21
	股东权益(万)	111164.43	110936.77	108795.05	36861.52
	主营业务收入(万)	83218.63	162342.01	80359.44	143894.69
	主营成本(万)	67460.30	131355.40	64891.21	115527.45
	营业收入(万)	83218.63	162342.01	80359.44	143894.69
	营业成本(万)	67460.30	131355.40	64891.21	115527.45
	投资收益(万)	–	–	–	–
	利润总额(万)	6589.75	11676.59	5226.56	10148.79
	净利润(万)	4216.10	7622.50	3460.78	6418.86

北京四维图新科技股份有限公司

公司概况	公司名称	北京四维图新科技股份有限公司			证券简称	四维图新
	法人代表	吴劲风	董秘	郭民清	证券代码	002405
	公司网址	www.navinfo.com		电子信箱	guominqing@navinfo.com	
	电　　话	010-82306399		传　　真	010-82306909 82306158	
	办公地址	北京市朝阳区曙光西里甲五号凤凰置地广场A座写字楼10-17层				
	经营范围	导航电子地图产品的研发、生产、销售和服务等				

主要财务指标	指标\报告期	2011.06.30	2010.12.31	2010.06.30	2009.12.31
	每股收益(元)	0.3000	0.6200	0.2300	0.4000
	每股收益(扣除)(元)	0.2800	0.5900	0.2800	0.3700
	每股净资产(元)	4.5300	5.2300	4.8700	1.4000
	调整后每股净资产(元)	–	–	–	–
	每股资本公积金(元)	2.5873	3.3048	3.2776	–
	每股盈余公积金(元)	0.0808	0.0970	0.0375	0.0436
	每股未分配利润(元)	0.8571	0.8234	0.5510	0.3518
	每股现金净流量(元)	0.2039	0.4801	3.6755	0.0505
	每股经营现金净流量(元)	0.2668	0.9957	0.4204	0.6065
	净资产收益率(扣除)(%)	6.3500	15.9000	12.4200	30.0400
	净资产收益率(%)	6.5420	11.1350	13.1200	28.3520
	总资产(万)	247681.22	228864.81	211359.14	60334.04
	股东权益(万)	217332.43	209138.51	194762.25	48031.96
	主营业务收入(万)	44257.26	67441.14	31087.81	42750.25
	主营成本(万)	5923.60	7951.93	3657.48	3686.00
	营业收入(万)	44277.82	67525.96	31120.97	42805.85
	营业成本(万)	5923.60	7997.13	3669.65	3708.46
	投资收益(万)	–	–	–	–
	利润总额(万)	19322.01	28698.88	12573.78	17299.98
	净利润(万)	14217.01	23287.41	9606.47	13618.19

许昌远东传动轴股份有限公司

公司概况	公司名称	许昌远东传动轴股份有限公司			证券简称	远东传动
	法人代表	刘延生	董秘	张卫民	证券代码	002406
	公司网址	www.xcyuandong.com		电子信箱	jrh16@126.com	
	电　　话	0374-5650017 5651335		传　　真	0374-5650177	
	办公地址	河南省许昌市北郊尚集镇昌盛路				
	经营范围	非等速传动轴及相关零部件的研发、生产与销售等				

主要财务指标	指标\报告期	2011.06.30	2010.12.31	2010.06.30	2009.12.31
	每股收益(元)	0.4400	1.1100	0.4500	0.9300
	每股收益(扣除)(元)	0.4341	1.0800	0.6700	0.8400
	每股净资产(元)	6.7500	9.7700	9.4700	3.2600
	调整后每股净资产(元)	–	–	–	–
	每股资本公积金(元)	4.1838	6.7756	6.7306	0.6481
	每股盈余公积金(元)	0.1331	0.1997	0.1119	0.1494
	每股未分配利润(元)	1.4361	1.7971	1.6271	1.4617
	每股现金净流量(元)	–0.5762	4.4767	5.6271	0.0431
	每股经营现金净流量(元)	0.1154	0.1257	0.2160	–
	净资产收益率(扣除)(%)	6.4800	14.4400	13.9500	30.3000
	净资产收益率(%)	6.4870	10.1360	5.6300	28.6296
	总资产(万)	206174.18	197494.45	190953.08	71424.92
	股东权益(万)	189421.94	182743.52	177082.24	45628.52
	主营业务收入(万)	56624.67	96062.25	45982.84	58951.99
	主营成本(万)	37701.61	63950.68	30351.49	40699.13
	营业收入(万)	59952.49	101481.50	48828.47	61665.13
	营业成本(万)	38808.60	66056.44	31511.17	41431.19
	投资收益(万)	–	–	–	–
	利润总额(万)	14639.94	21886.99	11896.10	15372.91
	净利润(万)	12288.42	18523.33	9963.76	13063.27

多氟多化工股份有限公司

公司概况	公司名称	多氟多化工股份有限公司			证券简称	多氟多
	法人代表	李世江	董秘	陈相举	证券代码	002407
	公司网址	www.dfdchem.com		电子信箱	dfd@dfdchem.com	
	电　　话	0391-2956992 2956956		传　　真	0391-2956956	
	办公地址	河南省焦作市中站区焦克路				
	经营范围	无机盐、无机酸、助剂、合金材料及制品的生产等				

主要财务指标	指标\报告期	2011.06.30	2010.12.31	2010.06.30	2009.12.31
	每股收益(元)	0.4300	0.5000	0.2200	0.9700
	每股收益(扣除)(元)	0.4500	0.4500	0.3200	0.8800
	每股净资产(元)	10.1700	12.8700	12.6500	3.7400
	调整后每股净资产(元)	–	–	–	–
	每股资本公积金(元)	7.2398	9.7137	9.6834	0.9054
	每股盈余公积金(元)	0.2718	0.2952	0.2432	0.3253
	每股未分配利润(元)	1.6616	1.8617	1.7239	2.2657
	每股现金净流量(元)	–0.7027	3.4491	6.1302	0.7932
	每股经营现金净流量(元)	–1.0566	–0.9173	–1.3352	0.5702
	净资产收益率(扣除)(%)	4.4900	4.5600	5.1500	21.3800
	净资产收益率(%)	4.2080	3.4496	1.8026	20.6830
	总资产(万)	200938.76	166910.24	189369.06	99992.38
	股东权益(万)	141509.42	137714.55	135359.77	37648.82
	主营业务收入(万)	63644.76	79424.93	33932.18	75472.73
	主营成本(万)	46606.81	62350.32	26372.24	54712.10
	营业收入(万)	64232.81	81856.22	35449.61	77252.66
	营业成本(万)	47202.10	64322.90	27192.21	55562.45
	投资收益(万)	–	–	–	–
	利润总额(万)	7109.20	5416.88	2856.87	9100.68
	净利润(万)	5955.31	4750.54	2439.95	7786.88

淄博齐翔腾达化工股份有限公司

公司概况	公司名称	淄博齐翔腾达化工股份有限公司			证券简称	齐翔腾达
	法人代表	车成聚	董秘	周洪秀	证券代码	002408
	公司网址	www.qxtdgf.com		电子信箱	zqb@qxtdgf.com	
	电　　话	0533-7547782 7547767		传　　真	0533-7547782	
	办公地址	山东省淄博市临淄区胶厂南路1号				
	经营范围	工业叔丁醇、仲丁醚、甲基叔丁基醚、仲丁醇、甲乙酮、甲醇等				

主要财务指标	指标\报告期	2011.06.30	2010.12.31	2010.06.30	2009.12.31
	每股收益(元)	0.7400	1.8100	0.3600	0.8900
	每股收益(扣除)(元)	0.7410	1.7400	0.6600	0.9000
	每股净资产(元)	5.9400	10.0300	8.8200	2.4700
	调整后每股净资产(元)	–	–	–	–
	每股资本公积金(元)	3.3366	7.0035	6.8749	0.4241
	每股盈余公积金(元)	0.1148	0.2066	0.1114	0.1486
	每股未分配利润(元)	1.4704	1.8201	0.8152	0.8966
	每股现金净流量(元)	–0.5272	6.5838	5.3286	0.0425
	每股经营现金净流量(元)	0.2538	1.3104	0.0437	1.2544
	净资产收益率(扣除)(%)	12.7700	–	16.5900	42.2200
	净资产收益率(%)	12.4090	16.2620	5.8724	36.1180
	总资产(万)	315473.65	276330.56	238371.89	83069.98
	股东权益(万)	277501.61	260343.56	228931.91	48042.17
	主营业务收入(万)	146058.37	235566.57	105156.85	129549.84
	主营成本(万)	99739.22	176135.33	83958.44	100143.70
	营业收入(万)	146413.03	235958.10	105331.42	129747.78
	营业成本(万)	100365.82	176135.33	83958.44	100143.70
	投资收益(万)	–	–	–	–
	利润总额(万)	42821.51	50786.40	17019.97	22929.73
	净利润(万)	34435.76	41999.05	13443.83	17351.64

江苏雅克科技股份有限公司

公司概况	公司名称	江苏雅克科技股份有限公司			证券简称	雅克科技
	法人代表	沈琦	董秘	钱美芳	证券代码	002409
	公司网址	www.yokechem.com		电子信箱	ir@yokechem.com	
	电　话	0510-87126509		传　真	0510-87126509	
	办公地址	江苏省无锡市宜兴市经济开发区荆溪北路				
	经营范围	有机磷系阻燃剂和其他橡塑助剂的研发、生产和销售等				

主要财务指标	指标\报告期	2011.06.30	2010.12.31	2010.06.30	2009.12.31
	每股收益(元)	0.3194	0.6744	0.3802	0.8641
	每股收益(扣除)(元)	0.3037	0.6657	0.3788	0.8515
	每股净资产(元)	9.8937	9.7700	9.3900	2.6900
	调整后每股净资产(元)	–	–	–	–
	每股资本公积金(元)	7.2771	7.2771	7.1996	0.4901
	每股盈余公积金(元)	0.1561	0.1561	0.1090	0.1458
	每股未分配利润(元)	1.4637	1.3443	1.0881	1.0541
	每股现金净流量(元)	–0.3550	5.7567	6.1493	0.0516
	每股经营现金净流量(元)	0.0471	–0.3139	–0.3947	1.1970
	净资产收益率(扣除)(%)	3.0600	9.1800	12.0300	37.0400
	净资产收益率(%)	3.2290	6.1760	3.1985	32.1230
	总资产(万)	129042.27	122085.91	117048.62	37231.45
	股东权益(万)	109701.41	108329.84	104063.53	22294.76
	主营业务收入(万)	–	–	–	57064.63
	主营成本(万)	–	–	–	–
	营业收入(万)	47773.66	89264.03	39470.89	57064.63
	营业成本(万)	39810.22	74114.33	32691.83	44320.11
	投资收益(万)	–	–	–	–
	利润总额(万)	4274.85	8106.82	4018.44	8497.44
	净利润(万)	3541.80	6690.53	3328.46	7161.83

广联达软件股份有限公司

公司概况	公司名称	广联达软件股份有限公司			证券简称	广 联 达
	法人代表	刁志中	董秘	张奎江	证券代码	002410
	公司网址	www.glodon.com		电子信箱	zhangkj@glodon.com	
	电　话	010-82342000		传　真	010-82342029	
	办公地址	北京市海淀区东北旺西路 8 号院中关村软件园甲 18 号楼				
	经营范围	工程造价系列软件、项目管理系列软件的开发、销售和相关软件技术服务等				

主要财务指标	指标\报告期	2011.06.30	2010.12.31	2010.06.30	2009.12.31
	每股收益(元)	0.4600	0.9700	0.2800	0.6800
	每股收益(扣除)(元)	0.4612	1.0100	0.8500	0.6300
	每股净资产(元)	6.4600	9.5900	16.2300	3.2800
	调整后每股净资产(元)	–	–	–	–
	每股资本公积金(元)	4.4614	7.1921	13.6652	0.3192
	每股盈余公积金(元)	0.1327	0.1991	0.1940	0.2586
	每股未分配利润(元)	0.8658	1.2026	1.3677	1.7048
	每股现金净流量(元)	–1.2590	7.8755	13.6389	0.7791
	每股经营现金净流量(元)	0.1487	1.0777	0.2977	1.8805
	净资产收益率(扣除)(%)	–	15.5000	13.2600	47.7300
	净资产收益率(%)	7.1840	9.5570	4.2464	42.5260
	总资产(万)	186139.49	185776.08	171126.54	33793.34
	股东权益(万)	174414.76	172690.40	162268.16	24620.25
	主营业务收入(万)	29257.12	44824.75	16876.98	30722.81
	主营成本(万)	724.37	1101.84	508.61	–
	营业收入(万)	29285.98	45056.74	16982.42	30861.31
	营业成本(万)	742.73	1175.27	545.33	1141.78
	投资收益(万)	–	–	–	–
	利润总额(万)	14045.43	17706.57	7895.21	10974.01
	净利润(万)	12529.26	16503.55	6890.57	10470.07

江苏九九久科技股份有限公司

公司概况	公司名称	江苏九九久科技股份有限公司			证券简称	九 九 久
	法人代表	周新基	董秘	陈兵	证券代码	002411
	公司网址	www.jjjkj.com.cn		电子信箱	jjjkj@jjjkj.com.cn	
	电　话	0513-84415116		传　真	0513-84415116	
	办公地址	江苏省南通市如东县马塘镇建设路 40 号				
	经营范围	医药中间体类产品与氮肥类产品的研发、生产和销售等				

主要财务指标	指标\报告期	2011.06.30	2010.12.31	2010.06.30	2009.12.31
	每股收益(元)	0.1400	0.3400	0.1300	0.4200
	每股收益(扣除)(元)	0.1411	0.3100	0.3200	0.3200
	每股净资产(元)	3.2100	5.5900	8.1200	2.3400
	调整后每股净资产(元)	–	–	–	–
	每股资本公积金(元)	1.5656	3.6180	5.8361	–
	每股盈余公积金(元)	0.0418	0.0752	0.0796	0.1067
	每股未分配利润(元)	0.5989	0.8979	1.2029	1.2380
	每股现金净流量(元)	–0.2334	2.4280	5.0273	–0.1313
	每股经营现金净流量(元)	–0.0807	–0.4860	–0.1493	–0.1057
	净资产收益率(扣除)(%)	4.4400	7.3500	8.7900	23.6500
	净资产收益率(%)	4.5090	5.4350	9.6000	26.7440
	总资产(万)	90954.32	90217.34	98336.05	39736.11
	股东权益(万)	74450.56	72125.43	69820.04	15052.82
	主营业务收入(万)	50831.85	88902.11	42440.94	65204.30
	主营成本(万)	42431.75	75902.19	35945.70	55414.46
	营业收入(万)	52494.80	91418.28	43989.52	67821.24
	营业成本(万)	42863.86	76744.29	36654.26	56946.70
	投资收益(万)	–	–	–	–
	利润总额(万)	4799.63	5956.83	3286.52	5592.07
	净利润(万)	3357.14	3919.77	2396.88	4025.69

湖南汉森制药股份有限公司

公司概况	公司名称	湖南汉森制药股份有限公司			证券简称	汉森制药
	法人代表	刘令安	董秘	刘厚尧	证券代码	002412
	公司网址	www.hansenzy.com		电子信箱	office@hansenzy.com	
	电　话	0737-6351486		传　真	0737-6351067	
	办公地址	湖南省益阳市银城南路龙岭工业园				
	经营范围	胃肠疾病、骨伤科疾病及心脑血管疾病中药制剂的研发、生产与销售等				

主要财务指标	指标\报告期	2011.06.30	2010.12.31	2010.06.30	2009.12.31
	每股收益(元)	0.2000	0.9400	0.2200	0.9000
	每股收益(扣除)(元)	0.1955	0.9700	0.4600	0.8800
	每股净资产(元)	5.7700	12.1500	11.6300	3.2600
	调整后每股净资产(元)	–	–	–	–
	每股资本公积金(元)	3.9897	8.9794	8.8604	0.4761
	每股盈余公积金(元)	0.0882	0.1764	0.1010	0.1359
	每股未分配利润(元)	0.6937	1.9904	1.6668	1.6518
	每股现金净流量(元)	1.1366	8.6187	0.6874	0.0776
	每股经营现金净流量(元)	0.3128	0.2870	0.1940	0.7458
	净资产收益率(扣除)(%)	3.2100	10.8100	8.8400	31.2300
	净资产收益率(%)	3.4380	6.9000	3.7761	27.4359
	总资产(万)	89943.32	94805.31	92162.21	24719.63
	股东权益(万)	85419.31	89882.35	86048.62	17951.00
	主营业务收入(万)	17570.05	34341.48	15118.51	28292.41
	主营成本(万)	4275.08	8065.87	3624.84	6728.49
	营业收入(万)	17572.61	34341.55	15118.51	28321.14
	营业成本(万)	4275.13	8065.93	3624.84	6728.83
	投资收益(万)	–	–	–	–
	利润总额(万)	3480.28	7308.94	3812.52	5957.66
	净利润(万)	2936.96	6202.12	3249.27	4925.02

江苏常发制冷股份有限公司

公司概况	公司名称	江苏常发制冷股份有限公司		证券简称	常发股份
	法人代表	黄小平	董秘 刘训雨	证券代码	002413
	公司网址	www.changfazl.com		电子信箱	cfzl@changfazl.com
	电　话	0519-86237018		传　真	0519-86235691
	办公地址	江苏省常州市武进区礼嘉镇建东村建华路南			
	经营范围	冰箱、空调用蒸发器及冷凝器的生产和销售等			

	指标\报告期	2011.06.30	2010.12.31	2010.06.30	2009.12.31
主要财务指标	每股收益(元)	0.4000	0.6500	0.4000	0.5900
	每股收益(扣除)(元)	0.3868	0.5800	0.3900	0.5700
	每股净资产(元)	7.7800	7.3800	7.0900	3.2000
	调整后每股净资产(元)	–	–	–	–
	每股资本公积金(元)	4.4973	4.4911	4.4656	0.4491
	每股盈余公积金(元)	0.1910	0.1910	0.1340	0.1791
	每股未分配利润(元)	2.0941	1.6956	1.4881	1.5685
	每股现金净流量(元)	–1.6131	2.0880	3.1026	0.8499
	每股经营现金净流量(元)	–0.8606	–1.0660	–1.1293	2.0357
	净资产收益率(扣除)(%)	–	9.9200	4.3900	19.9400
	净资产收益率(%)	5.2600	7.8460	9.6000	18.3600
	总资产(万)	176130.74	166950.62	164207.11	89297.27
	股东权益(万)	114402.23	108452.08	104189.90	35164.25
	主营业务收入(万)	91410.94	152717.94	71633.98	86227.32
	主营成本(万)	79132.15	134494.42	61389.19	71856.90
	营业收入(万)	99038.77	162276.08	77222.85	96606.01
	营业成本(万)	85846.34	143038.74	66507.24	81352.93
	投资收益(万)	–	–	–	–
	利润总额(万)	7895.67	11556.67	6181.87	8822.59
	净利润(万)	5859.23	8509.05	4620.93	6456.31

武汉高德红外股份有限公司

公司概况	公司名称	武汉高德红外股份有限公司		证券简称	高德红外
	法人代表	黄立	董秘 陈丽玲	证券代码	002414
	公司网址	www.wuhan-guide.com		电子信箱	guide@guide-infrared.com
	电　话	027-87671928 87671963		传　真	027-87671928
	办公地址	湖北省武汉市洪山区书城路26号			
	经营范围	仪器仪表、电子产品、电器机械及器材、自动控制设备的研制、开发等			

	指标\报告期	2011.06.30	2010.12.31	2010.06.30	2009.12.31
主要财务指标	每股收益(元)	0.1681	0.5500	0.3086	0.6100
	每股收益(扣除)(元)	0.1659	0.5300	0.3086	0.6100
	每股净资产(元)	8.3300	8.1600	2.3200	2.0100
	调整后每股净资产(元)	–	–	–	–
	每股资本公积金(元)	5.9575	5.9575	0.0294	0.0294
	每股盈余公积金(元)	0.1324	0.1324	0.1446	0.1138
	每股未分配利润(元)	1.2408	1.0728	1.1485	0.8707
	每股现金净流量(元)	–0.0928	5.1871	0.0216	0.1679
	每股经营现金净流量(元)	0.0047	–0.1261	0.1947	0.0648
	净资产收益率(扣除)(%)	2.0100	10.4300	14.2300	34.3000
	净资产收益率(%)	2.0170	5.7180	13.2865	30.4130
	总资产(万)	254444.24	251012.81	77120.94	70489.81
	股东权益(万)	249956.50	244885.82	52254.60	45311.78
	主营业务收入(万)	10698.25	37724.90	18642.96	35380.47
	主营成本(万)	4115.44	14512.89	6574.87	13887.07
	营业收入(万)	10828.46	37738.99	18655.78	35384.08
	营业成本(万)	4115.44	14512.89	6574.87	13889.49
	投资收益(万)	–	–	–	–
	利润总额(万)	5871.55	16294.44	8062.07	16046.99
	净利润(万)	5041.98	14003.13	6942.81	13780.49

杭州海康威视数字技术股份有限公司

公司概况	公司名称	杭州海康威视数字技术股份有限公司		证券简称	海康威视
	法人代表	陈宗年	董秘 刘翔	证券代码	002415
	公司网址	www.hikvision.com		电子信箱	hikvision@hikvision.com
	电　话	0571-89710492		传　真	0571-89986895
	办公地址	浙江省杭州市滨江区东流路700号			
	经营范围	电子产品的研发,生产;销售自产产品;提供技术服务,电子设备安装等			

	指标\报告期	2011.06.30	2010.12.31	2010.06.30	2009.12.31
主要财务指标	每股收益(元)	0.5300	2.2000	0.4100	1.5700
	每股收益(扣除)(元)	0.5194	2.1500	0.8100	1.5400
	每股净资产(元)	5.8700	11.2800	9.9200	3.3200
	调整后每股净资产(元)	–	–	–	–
	每股资本公积金(元)	2.8285	6.6571	6.6481	0.0812
	每股盈余公积金(元)	0.2308	0.4616	0.2434	0.2704
	每股未分配利润(元)	1.8075	3.1605	2.0227	1.9723
	每股现金净流量(元)	–0.4583	7.0567	6.0450	0.6142
	每股经营现金净流量(元)	–0.0233	1.3279	–0.4103	1.4533
	净资产收益率(扣除)(%)	8.9830	18.6480	16.7000	47.1750
	净资产收益率(%)	9.0800	27.3500	16.7000	60.1800
	总资产(万)	678479.04	654934.27	582427.84	219707.72
	股东权益(万)	587968.46	564245.39	495994.60	149732.25
	主营业务收入(万)	205248.71	355564.84	140109.24	209648.32
	主营成本(万)	100092.16	171372.47	70152.50	100491.38
	营业收入(万)	208167.89	360547.73	140230.46	210151.32
	营业成本(万)	102185.67	174376.36	70205.06	100709.07
	投资收益(万)	152.13	334.47	–50.00	–103.33
	利润总额(万)	60752.19	114290.21	42705.62	76621.21
	净利润(万)	52719.79	105180.43	37381.48	70557.71

深圳市爱施德股份有限公司

公司概况	公司名称	深圳市爱施德股份有限公司		证券简称	爱 施 德
	法人代表	黄文辉	董秘 陈蓓	证券代码	002416
	公司网址	www.aisidi.com		电子信箱	ir@aisidi.com
	电　话	0755-21519888		传　真	0755-21519900
	办公地址	广东省深圳市福田区泰然大道东泰然劲松大厦20F			
	经营范围	投资兴办实业(具体项目另行申报);国内商业、物资供销业等			

	指标\报告期	2011.06.30	2010.12.31	2010.06.30	2009.12.31
主要财务指标	每股收益(元)	0.4100	1.2600	0.6500	1.0800
	每股收益(扣除)(元)	0.3455	1.1800	0.6500	1.0200
	每股净资产(元)	8.2200	7.8100	7.1900	2.5100
	调整后每股净资产(元)	–	–	–	–
	每股资本公积金(元)	4.2445	4.2445	4.2256	0.0040
	每股盈余公积金(元)	0.2444	0.2370	0.1895	0.1841
	每股未分配利润(元)	2.7318	2.3253	1.7741	1.3206
	每股现金净流量(元)	–0.4983	2.7607	4.0422	0.4585
	每股经营现金净流量(元)	–0.4511	–1.7806	–0.8999	0.8751
	净资产收益率(扣除)(%)	–	20.9800	18.2400	52.0000
	净资产收益率(%)	5.0350	15.5010	8.2300	43.0000
	总资产(万)	470192.93	447107.18	519524.22	277722.00
	股东权益(万)	405530.59	385110.79	354642.29	111211.85
	主营业务收入(万)	559030.33	1083550.27	512292.95	871655.05
	主营成本(万)	488905.79	925418.02	429727.68	743286.61
	营业收入(万)	560010.10	1088771.68	515565.45	875358.31
	营业成本(万)	489012.28	925538.15	429772.68	743450.64
	投资收益(万)	–	–	–	–
	利润总额(万)	31906.59	87488.53	42814.63	60497.51
	净利润(万)	20419.80	59696.25	29181.86	47822.90

福建三元达通讯股份有限公司

公司概况	公司名称	福建三元达通讯股份有限公司			证券简称	三 元 达
	法人代表	黄国英	董秘	陈嘉	证券代码	002417
	公司网址	www.sunnada.com		电子信箱	ir@sunnada.com	
	电　　话	0591-83736937		传　　真	0591-87883838	
	办公地址	福建省福州市铜盘路软件园基地 C 区 28 座				
	经营范围	无线网络优化覆盖设备及软件的生产和销售				

主要财务指标	指标\报告期	2011.06.30	2010.12.31	2010.06.30	2009.12.31
	每股收益(元)	0.1000	0.5000	0.1500	0.5500
	每股收益(扣除)(元)	0.0984	0.4300	0.1300	0.4900
	每股净资产(元)	4.5500	6.9100	6.5100	2.4900
	调整后每股净资产(元)	–	–	–	–
	每股资本公积金(元)	2.7894	4.6841	4.6011	0.4292
	每股盈余公积金(元)	0.0864	0.1297	0.0945	0.1260
	每股未分配利润(元)	0.6721	1.1010	0.8193	0.9307
	每股现金净流量(元)	–0.7617	3.1265	4.1889	0.9134
	每股经营现金净流量(元)	–0.7414	–0.5916	–0.5389	0.8164
	净资产收益率(扣除)(%)	2.1100	8.6400	3.7900	22.1500
	净资产收益率(%)	2.3040	6.3370	4.5200	22.1595
	总资产(万)	125235.13	118356.43	114428.18	60406.19
	股东权益(万)	81862.48	82976.34	78178.46	22372.47
	主营业务收入(万)	22386.63	49575.85	15713.22	33583.12
	主营成本(万)	13346.72	31376.80	10032.44	19979.01
	营业收入(万)	22444.76	49646.41	15741.25	33624.94
	营业成本(万)	13384.10	31405.84	10039.71	19993.29
	投资收益(万)	–	–	–	–
	利润总额(万)	2080.54	5629.01	1586.07	5434.39
	净利润(万)	1886.13	5258.05	1455.54	4957.63

浙江康盛股份有限公司

公司概况	公司名称	浙江康盛股份有限公司			证券简称	康盛股份
	法人代表	陈汉康	董秘	杜龙泉	证券代码	002418
	公司网址	www.kasun.cn		电子信箱	ksgf@kasun.cn	
	电　　话	0571-64837208 13968105533		传　　真	0571-64836560	
	办公地址	浙江省杭州市淳安县坪山工业园 1 幢				
	经营范围	制冷管路及其延伸产品的生产与销售等				

主要财务指标	指标\报告期	2011.06.30	2010.12.31	2010.06.30	2009.12.31
	每股收益(元)	0.1900	0.5900	0.1900	0.6500
	每股收益(扣除)(元)	0.1670	0.5500	0.2800	0.5700
	每股净资产(元)	4.7300	7.4200	7.1100	3.0500
	调整后每股净资产(元)	–	–	–	–
	每股资本公积金(元)	2.5185	4.6296	4.6021	0.3727
	每股盈余公积金(元)	0.0596	0.0954	0.0612	0.0817
	每股未分配利润(元)	1.1504	1.6920	1.4516	1.5985
	每股现金净流量(元)	–0.6030	1.6873	3.0297	0.7124
	每股经营现金净流量(元)	–0.6843	–1.5849	–1.4704	0.9646
	净资产收益率(扣除)(%)	3.5300	9.4900	7.1000	20.4300
	净资产收益率(%)	3.9480	7.1480	3.4650	21.0708
	总资产(万)	185514.70	159538.85	144610.06	71156.02
	股东权益(万)	108189.02	106063.06	101743.52	32666.32
	主营业务收入(万)	61899.73	106722.71	56819.38	69991.83
	主营成本(万)	50958.77	85413.76	45508.00	52620.30
	营业收入(万)	64311.49	110301.91	58304.62	71883.76
	营业成本(万)	51939.19	88804.65	46531.17	54120.61
	投资收益(万)	–	–	–	–
	利润总额(万)	5133.68	9016.85	4114.41	8287.86
	净利润(万)	4270.96	7580.92	3525.16	6883.05

天虹商场股份有限公司

公司概况	公司名称	天虹商场股份有限公司			证券简称	天虹商场
	法人代表	吴光权	董秘	万颖	证券代码	002419
	公司网址	www.rainbow.cn		电子信箱	ir@rainbowcn.com	
	电　　话	0755-82769038		传　　真	0755-82769166	
	办公地址	广东省深圳市福田区福中一路 1016 号地铁大厦 20-24 层				
	经营范围	日用百货,纺织品,服装,食品,食盐,饮料,保健食品等				

主要财务指标	指标\报告期	2011.06.30	2010.12.31	2010.06.30	2009.12.31
	每股收益(元)	0.4100	1.2800	0.6600	1.0200
	每股收益(扣除)(元)	0.3958	1.2400	0.6400	0.9800
	每股净资产(元)	4.2500	8.2700	7.6200	2.5800
	调整后每股净资产(元)	–	–	–	–
	每股资本公积金(元)	2.1390	4.7780	4.7567	0.1140
	每股盈余公积金(元)	0.2196	0.3718	0.3127	0.2915
	每股未分配利润(元)	0.8874	2.1232	1.5511	1.1749
	每股现金净流量(元)	–0.2048	6.8889	4.7321	0.3687
	每股经营现金净流量(元)	0.5351	3.1543	0.5646	3.3403
	净资产收益率(扣除)(%)	–	20.6900	–	40.4200
	净资产收益率(%)	9.6440	14.6520	7.6230	39.4120
	总资产(万)	712870.16	714971.82	604506.59	393329.31
	股东权益(万)	339761.88	331002.25	304893.14	90317.31
	主营业务收入(万)	626303.96	998721.20	472868.98	791693.27
	主营成本(万)	490056.17	781841.50	371404.71	619955.88
	营业收入(万)	637315.79	1017436.14	480925.15	805726.58
	营业成本(万)	491029.38	783175.24	371816.49	620721.66
	投资收益(万)	–	–	–	–
	利润总额(万)	44677.90	64108.15	31487.03	47061.47
	净利润(万)	32765.63	48499.87	23243.02	35595.42

广州毅昌科技股份有限公司

公司概况	公司名称	广州毅昌科技股份有限公司			证券简称	毅昌股份
	法人代表	冼燃	董秘	杨欢	证券代码	002420
	公司网址	www.echom.com		电子信箱	zhengquan@echom.com	
	电　　话	020-32200889		传　　真	020-32200775	
	办公地址	广东省广州市高新技术产业开发区科学城科丰路 29 号				
	经营范围	研究、开发、加工、制造:汽车零件、家用电器、注塑模具等				

主要财务指标	指标\报告期	2011.06.30	2010.12.31	2010.06.30	2009.12.31
	每股收益(元)	0.0744	0.3700	0.1510	0.3600
	每股收益(扣除)(元)	0.0660	0.3500	0.1400	0.3400
	每股净资产(元)	3.9300	3.9600	3.7400	1.8800
	调整后每股净资产(元)	–	–	–	–
	每股资本公积金(元)	1.9885	1.9878	1.9810	0.1311
	每股盈余公积金(元)	0.0646	0.0646	0.0516	0.0612
	每股未分配利润(元)	0.8795	0.9051	0.7081	0.6844
	每股现金净流量(元)	–0.3294	0.8769	1.8163	0.3843
	每股经营现金净流量(元)	–0.2562	–0.2716	–0.1707	0.5667
	净资产收益率(扣除)(%)	1.6500	11.2200	6.2700	19.7600
	净资产收益率(%)	1.8920	8.6210	3.5080	19.2390
	总资产(万)	280345.91	255448.17	251384.52	148688.55
	股东权益(万)	157697.60	158695.04	150003.34	63432.37
	主营业务收入(万)	82873.72	164362.41	68458.33	140090.79
	主营成本(万)	68028.81	132784.08	54928.98	113525.27
	营业收入(万)	93578.75	186063.00	76532.34	148632.12
	营业成本(万)	77360.32	153103.37	62313.38	121335.96
	投资收益(万)	–	–	–	–
	利润总额(万)	3920.05	16763.05	6719.99	14601.44
	净利润(万)	2983.67	13681.50	5261.93	12203.54

深圳达实智能股份有限公司

公司概况					
公司名称	深圳达实智能股份有限公司			证券简称	达实智能
法人代表	刘磅	董秘	林雨斌	证券代码	002421
公司网址	www.chn-das.com		电子信箱	das@chn-das.com	
电　话	0755-26525166		传　真	0755-26639599	
办公地址	广东省深圳市南山区高新技术村W1栋A座五楼				
经营范围	组装生产,研发能源管理产品;IC卡读写机具产品等				

主要财务指标：指标\报告期	2011.06.30	2010.12.31	2010.06.30	2009.12.31
每股收益(元)	0.1445	0.4532	0.1307	0.5016
每股收益(扣除)(元)	0.1442	0.4353	0.1302	0.4320
每股净资产(元)	5.7000	7.2200	6.8900	2.4400
调整后每股净资产(元)	–	–	–	–
每股资本公积金(元)	3.5484	4.9129	4.8597	0.2354
每股盈余公积金(元)	0.1465	0.1904	0.1502	0.2020
每股未分配利润(元)	1.0011	1.1136	0.8827	1.0073
每股现金净流量(元)	-1.2140	4.3263	4.1512	0.6224
每股经营现金净流量(元)	-0.0599	0.4081	-0.3516	0.5448
净资产收益率(扣除)(%)	2.5600	7.8800	–	19.4000
净资产收益率(%)	2.5370	5.6090	1.9390	20.5170
总资产(万)	79622.23	90725.09	69040.47	30381.09
股东权益(万)	57756.90	56291.36	53761.54	14179.24
主营业务收入(万)	–	38566.47	15088.05	31433.84
主营成本(万)	–	28306.76	11225.80	23459.69
营业收入(万)	21144.90	38584.39	15088.05	31465.35
营业成本(万)	15663.90	28310.97	11225.80	23468.13
投资收益(万)	–	–	–	–
利润总额(万)	1670.29	3726.18	1223.41	3414.27
净利润(万)	1465.53	3157.22	1042.36	2909.12

四川科伦药业股份有限公司

公司概况					
公司名称	四川科伦药业股份有限公司			证券简称	科伦药业
法人代表	刘革新	董秘	熊鹰	证券代码	002422
公司网址	www.kelun.com		电子信箱	kelun@kelun.com	
电　话	028-86133981		传　真	028-86132515	
办公地址	四川省成都市锦里西路107号南18楼				
经营范围	研究,生产大容量注射剂,销售自产产品;直立式聚丙烯输液袋的技术开发等				

主要财务指标：指标\报告期	2011.06.30	2010.12.31	2010.06.30	2009.12.31
每股收益(元)	0.8500	3.0800	0.6900	2.3800
每股收益(扣除)(元)	0.8300	3.0600	1.3100	2.3100
每股净资产(元)	15.1700	29.1300	27.5000	8.7700
调整后每股净资产(元)	–	–	–	–
每股资本公积金(元)	9.6949	20.3899	20.4340	1.0676
每股盈余公积金(元)	0.2952	0.5905	0.3984	0.5313
每股未分配利润(元)	4.1787	7.1476	5.6687	6.1127
每股现金净流量(元)	-2.8420	15.9348	19.1437	0.6681
每股经营现金净流量(元)	0.4009	0.6220	-1.0373	1.3927
净资产收益率(扣除)(%)	5.5400	14.0500	10.0500	30.0700
净资产收益率(%)	5.6360	9.4590	3.9430	27.2850
总资产(万)	949369.65	878990.02	815253.52	333339.76
股东权益(万)	728106.98	699070.35	660029.24	156807.65
主营业务收入(万)	230737.22	401503.17	178264.83	323734.51
主营成本(万)	128796.49	236345.70	107673.70	198471.92
营业收入(万)	231145.06	402640.00	178590.42	324598.53
营业成本(万)	129137.95	237350.15	107915.77	199106.64
投资收益(万)	–	–	–	–
利润总额(万)	47611.19	77509.69	30487.25	52191.62
净利润(万)	41036.63	66122.92	26021.87	42785.14

中原特钢股份有限公司

公司概况					
公司名称	中原特钢股份有限公司			证券简称	中原特钢
法人代表	李宗樵	董秘	李宗杰	证券代码	002423
公司网址	www.zssw.com		电子信箱	zytggf@163.com	
电　话	0391-6099013 6099031		传　真	0391-6099019	
办公地址	河南省济源市承留镇小寨村				
经营范围	特殊钢锻件,特殊钢材料的机械加工与产品制造;技术服务,咨询服务等				

主要财务指标：指标\报告期	2011.06.30	2010.12.31	2010.06.30	2009.12.31
每股收益(元)	0.1000	0.2200	0.1200	0.3500
每股收益(扣除)(元)	0.0584	0.1100	3.1000	0.2300
每股净资产(元)	4.0200	3.9400	3.6700	2.6100
调整后每股净资产(元)	–	–	–	–
每股资本公积金(元)	2.0785	2.0339	1.8685	0.7709
每股盈余公积金(元)	0.0776	0.0776	0.0603	0.0726
每股未分配利润(元)	0.8617	0.8241	0.7375	0.7655
每股现金净流量(元)	-0.6539	1.2789	1.4626	0.0577
每股经营现金净流量(元)	-0.0414	0.0932	0.0741	0.3473
净资产收益率(扣除)(%)	1.4600	3.3500	–	9.8000
净资产收益率(%)	2.5030	5.2310	2.7790	13.3710
总资产(万)	278393.71	265254.74	255408.66	185280.44
股东权益(万)	187033.20	183212.08	170668.56	100841.94
主营业务收入(万)	84747.75	132470.84	62538.57	160051.83
主营成本(万)	72102.18	107168.79	51285.42	127083.40
营业收入(万)	90029.96	140709.45	66200.69	166959.09
营业成本(万)	77012.97	114863.66	54556.78	133183.49
投资收益(万)	–	–	–	–
利润总额(万)	5574.15	10735.99	5317.50	15104.25
净利润(万)	4682.14	9584.38	4742.94	13483.05

贵州百灵企业集团制药股份有限公司

公司概况					
公司名称	贵州百灵企业集团制药股份有限公司			证券简称	贵州百灵
法人代表	姜伟	董秘	牛民	证券代码	002424
公司网址	www.gzbl.com		电子信箱	niumin1804@126.com	
电　话	0853-3415126		传　真	0853-3412296	
办公地址	贵州省安顺市经济技术开发区西航大道				
经营范围	片剂,胶囊剂,糖浆剂,软胶囊剂,颗粒剂,丸剂,散剂,喷雾剂,煎膏剂等				

主要财务指标：指标\报告期	2011.06.30	2010.12.31	2010.06.30	2009.12.31
每股收益(元)	0.3800	0.7700	0.3900	1.0200
每股收益(扣除)(元)	0.3792	0.7400	0.3500	1.0100
每股净资产(元)	8.2300	7.8500	12.2500	3.4000
调整后每股净资产(元)	–	–	–	–
每股资本公积金(元)	5.6628	5.6628	9.4136	0.3616
每股盈余公积金(元)	0.1414	0.1414	0.1410	0.1884
每股未分配利润(元)	1.4286	1.0488	1.6919	1.8538
每股现金净流量(元)	-0.1442	4.8001	9.6736	1.3937
每股经营现金净流量(元)	-0.1785	-1.9034	0.1989	1.1392
净资产收益率(扣除)(%)	4.7200	13.4600	6.4900	34.8800
净资产收益率(%)	4.6120	8.5650	2.4880	29.8240
总资产(万)	298864.03	279951.40	235726.64	81990.47
股东权益(万)	193633.53	184702.30	180023.50	37442.01
主营业务收入(万)	45114.90	86337.99	31981.86	72709.89
主营成本(万)	20916.65	41038.14	14839.74	39022.84
营业收入(万)	45203.42	86375.64	32019.46	73451.78
营业成本(万)	20989.84	41208.47	14877.05	39786.38
投资收益(万)	–	–	–	–
利润总额(万)	10363.61	18955.66	5343.15	13145.11
净利润(万)	8931.23	15819.84	4478.77	11166.69

凯撒(中国)股份有限公司

公司概况	公司名称	凯撒(中国)股份有限公司		证券简称	凯撒股份
	法人代表	郑合明	董秘 郑合明(代)	证券代码	002425
	公司网址	www.kaiser.com.cn		电子信箱	kaiser@vip163.com
	电　　话	0754-88805099		传　　真	0754-88801350
	办公地址	广东省汕头市龙湖珠津工业区珠津1街3号凯撒工业城			
	经营范围	生产，加工服装(皮革服装),服饰,皮鞋,皮帽,皮包,玩具,钓鱼用具等			

主要财务指标	指标\报告期	2011.06.30	2010.12.31	2010.06.30	2009.12.31
	每股收益(元)	0.1540	0.6780	0.1790	0.7300
	每股收益(扣除)(元)	0.1503	0.6520	0.2630	0.6780
	每股净资产(元)	4.1400	8.1300	7.7500	3.1200
	调整后每股净资产(元)	–	–	–	–
	每股资本公积金(元)	1.9766	4.9539	4.8967	–
	每股盈余公积金(元)	0.1600	0.3201	0.2611	–
	每股未分配利润(元)	1.0097	1.8611	1.5971	–
	每股现金净流量(元)	–0.6799	2.8146	4.5823	–
	每股经营现金净流量(元)	0.0104	–0.3736	–0.0828	–
	净资产收益率(扣除)(%)	3.6600	10.8900	10.6500	24.7000
	净资产收益率(%)	3.7600	7.2910	3.4540	23.4100
	总资产(万)	95032.14	94130.48	91910.36	33707.39
	股东权益(万)	88613.10	86979.13	82959.51	24937.91
	主营业务收入(万)	16673.18	37410.58	14925.51	31445.03
	主营成本(万)	6608.17	19198.64	6973.88	17086.57
	营业收入(万)	16793.91	37556.33	15089.85	31645.64
	营业成本(万)	6620.28	19224.41	6992.14	17137.83
	投资收益(万)	–	–	–	–
	利润总额(万)	4522.13	8276.57	3950.27	7785.86
	净利润(万)	3299.33	6341.74	2865.78	5837.95

苏州胜利精密制造科技股份有限公司

公司概况	公司名称	苏州胜利精密制造科技股份有限公司		证券简称	胜利精密
	法人代表	高玉根	董秘 包燕青	证券代码	002426
	公司网址	www.vicsz.com		电子信箱	zhengquan@vicsz.com
	电　　话	0512-69207028 69207200		传　　真	0512-69207028 69207112
	办公地址	江苏省苏州市高新区浒关工业园浒泾路55号			
	经营范围	研发,生产,销售：冲压件,金属结构件,模具,五金配件,低压电器等			

主要财务指标	指标\报告期	2011.06.30	2010.12.31	2010.06.30	2009.12.31
	每股收益(元)	0.1296	0.3622	0.2187	0.4600
	每股收益(扣除)(元)	0.1043	0.3047	0.1869	0.4500
	每股净资产(元)	3.2330	3.1710	3.0059	1.7000
	调整后每股净资产(元)	–	–	–	–
	每股资本公积金(元)	1.2602	1.2602	1.2514	0.0418
	每股盈余公积金(元)	0.1084	0.1084	0.0767	0.0852
	每股未分配利润(元)	0.8835	0.8374	0.7225	0.5801
	每股现金净流量(元)	–0.1142	0.9417	1.1397	0.0839
	每股经营现金净流量(元)	–0.1031	–0.0591	–0.0589	0.4450
	净资产收益率(扣除)(%)	3.2200	11.8800	9.0700	28.9300
	净资产收益率(%)	4.0070	10.9440	6.6700	27.6200
	总资产(万)	190687.00	178745.11	152067.99	79872.90
	股东权益(万)	129451.00	126971.51	120359.95	60541.96
	主营业务收入(万)	67807.27	129767.63	53325.56	84831.36
	主营成本(万)	54424.13	98846.62	38287.81	55603.57
	营业收入(万)	67885.85	130650.45	56785.08	90083.56
	营业成本(万)	55077.34	100226.10	41031.27	61204.42
	投资收益(万)	–	–	–	–
	利润总额(万)	6102.38	16630.31	9385.06	19885.19
	净利润(万)	5187.54	13895.80	8027.82	16722.28

浙江尤夫高新纤维股份有限公司

公司概况	公司名称	浙江尤夫高新纤维股份有限公司		证券简称	尤夫股份
	法人代表	茅惠新	董秘 陈彦	证券代码	002427
	公司网址	www.unifull.com		电子信箱	ir@unifull.com
	电　　话	0572-3961786		传　　真	0572-2833555
	办公地址	浙江省湖州市和孚镇工业园区			
	经营范围	生产差别化FDY聚酯纤维及特种工业用布、聚酯线带;销售本公司生产产品			

主要财务指标	指标\报告期	2011.06.30	2010.12.31	2010.06.30	2009.12.31
	每股收益(元)	0.1400	0.3600	0.1300	0.4700
	每股收益(扣除)(元)	0.1295	0.3200	0.1400	0.4300
	每股净资产(元)	4.0400	5.1700	4.9700	2.1900
	调整后每股净资产(元)	–	–	–	–
	每股资本公积金(元)	2.3391	3.3408	3.3221	0.5062
	每股盈余公积金(元)	0.0840	0.1092	0.0771	0.0564
	每股未分配利润(元)	0.6168	0.7185	0.5739	0.6260
	每股现金净流量(元)	–0.2188	0.2954	3.2947	–0.0741
	每股经营现金净流量(元)	–0.4217	–0.5671	–0.2068	0.4072
	净资产收益率(扣除)(%)	3.2900	8.3400	6.2000	22.2200
	净资产收益率(%)	3.4900	6.1250	2.8130	21.2540
	总资产(万)	124790.68	117814.60	113556.63	41234.05
	股东权益(万)	96227.41	94701.01	91120.05	30033.53
	主营业务收入(万)	39627.08	57624.76	27342.15	52038.89
	主营成本(万)	33756.47	47762.24	23455.92	42178.30
	营业收入(万)	39797.94	57871.65	27354.73	52306.73
	营业成本(万)	33810.63	47951.48	23455.92	42458.51
	投资收益(万)	–	–	–	–
	利润总额(万)	4011.95	6515.04	2977.96	7075.88
	净利润(万)	3358.67	5800.78	2448.56	6383.45

云南临沧鑫圆锗业股份有限公司

公司概况	公司名称	云南临沧鑫圆锗业股份有限公司		证券简称	云南锗业
	法人代表	包文东	董秘 李红斌(代)	证券代码	002428
	公司网址	www.sino-ge.com		电子信箱	directorate@sino-ge.com
	电　　话	0871-3637276 0871-3629466		传　　真	0871-8213308
	办公地址	云南省昆明市人民中路都市名园A座6层			
	经营范围	锗系列产品及其他冶金产品，矿产品生产,冶炼,销售等			

主要财务指标	指标\报告期	2011.06.30	2010.12.31	2010.06.30	2009.12.31
	每股收益(元)	0.2700	0.6800	0.2800	0.8300
	每股收益(扣除)(元)	0.2300	0.5300	0.2000	0.6100
	每股净资产(元)	7.6900	9.8000	9.4400	2.7900
	调整后每股净资产(元)	–	–	–	–
	每股资本公积金(元)	5.1063	6.9343	6.9114	0.0188
	每股盈余公积金(元)	0.2155	0.2801	0.2201	0.2954
	每股未分配利润(元)	1.3708	1.5815	1.3097	1.3838
	每股现金净流量(元)	–0.5675	6.4241	6.6195	0.6256
	每股经营现金净流量(元)	–0.0316	0.8435	0.0997	1.1048
	净资产收益率(扣除)(%)	3.0100	7.3500	6.0800	26.3300
	净资产收益率(%)	3.5050	6.2300	2.9500	30.8910
	总资产(万)	132219.16	125809.30	129452.23	43674.76
	股东权益(万)	125613.76	123037.70	118581.85	25252.58
	主营业务收入(万)	12272.20	17442.66	8159.26	18872.98
	主营成本(万)	6823.52	7998.68	3803.80	8523.94
	营业收入(万)	12272.20	17619.10	8310.49	18882.88
	营业成本(万)	6823.52	8020.46	3804.69	8531.81
	投资收益(万)	–	–	–	–
	利润总额(万)	5149.24	9022.21	4205.55	9237.51
	净利润(万)	4403.15	7665.45	3497.75	7800.67

深圳市兆驰股份有限公司

公司概况	公司名称	深圳市兆驰股份有限公司			证券简称	兆驰股份
	法人代表	顾伟	董秘	漆凌燕	证券代码	002429
	公司网址	www.szmtc.com.cn		电子信箱	ls@szmtc.com.cn	
	电　话	0755-33345613		传　真	0755-33345607	
	办公地址	深圳市福田区彩田路3069号星河世纪大厦A栋32楼				
	经营范围	生产销售数字电视机、数字摄录机、数字录放机、视盘机机等				

	指标\报告期	2011.06.30	2010.12.31	2010.06.30	2009.12.31
主要财务指标	每股收益(元)	0.3200	0.7700	0.3200	0.6000
	每股收益(扣除)(元)	0.3102	0.7600	0.3500	0.5200
	每股净资产(元)	5.6500	5.6300	5.2100	1.6400
	调整后每股净资产(元)	–	–	–	–
	每股资本公积金(元)	3.3694	3.3694	3.3602	0.0356
	每股盈余公积金(元)	0.1709	0.1709	0.0981	0.1112
	每股未分配利润(元)	1.1125	1.0935	0.7560	0.4997
	每股现金净流量(元)	–0.3364	0.1255	3.3127	0.0015
	每股经营现金净流量(元)	–0.1010	–0.3477	–0.2192	0.4617
	净资产收益率(扣除)(%)	5.3500	20.2000	19.2300	35.7300
	净资产收益率(%)	5.6440	12.8850	6.1010	36.5340
	总资产(万)	396456.11	314497.69	279432.30	134370.63
	股东权益(万)	267124.45	266224.12	246394.68	68585.31
	主营业务收入(万)	156665.45	301862.82	124584.14	284210.48
	主营成本(万)	135656.12	253093.45	103890.95	–
	营业收入(万)	156665.45	301862.82	124584.14	284210.48
	营业成本(万)	135656.12	253093.45	103890.95	248027.59
	投资收益(万)	–	–	–	–
	利润总额(万)	17655.63	40098.54	18104.76	27773.61
	净利润(万)	15076.60	34302.89	15032.25	25056.96

杭州杭氧股份有限公司

公司概况	公司名称	杭州杭氧股份有限公司			证券简称	杭氧股份
	法人代表	蒋明	董秘	汪加林	证券代码	002430
	公司网址	www.hangyang.com		电子信箱	investor@hangyang.com	
	电　话	0571-85869078 85869076		传　真	0571-85869076	
	办公地址	浙江省杭州市下城区东新路388号				
	经营范围	压力容器的设计、制造;通用机械、化工设备的设计、制造、安装等				

	指标\报告期	2011.06.30	2010.12.31	2010.06.30	2009.12.31
主要财务指标	每股收益(元)	0.3800	0.9700	0.3200	0.7600
	每股收益(扣除)(元)	0.3593	0.8800	0.4200	0.7000
	每股净资产(元)	4.2300	5.9800	5.4800	2.9600
	调整后每股净资产(元)	–	–	–	–
	每股资本公积金(元)	1.6038	2.9061	2.9400	0.1148
	每股盈余公积金(元)	0.2783	0.4175	0.3417	0.4152
	每股未分配利润(元)	1.3558	1.6615	1.2147	1.4361
	每股现金净流量(元)	–0.9100	3.2824	3.1487	0.2057
	每股经营现金净流量(元)	–0.3228	0.9227	0.3687	0.6576
	净资产收益率(扣除)(%)	8.6500	19.8400	14.4600	–
	净资产收益率(%)	9.0100	14.8060	7.2570	25.6899
	总资产(万)	581960.77	560874.35	498564.23	343986.11
	股东权益(万)	254674.45	239609.85	219882.03	97616.69
	主营业务收入(万)	177163.84	290438.73	144245.82	256676.43
	主营成本(万)	131844.09	203630.93	104688.00	193321.90
	营业收入(万)	186026.25	302338.97	150236.66	268641.40
	营业成本(万)	138267.41	212758.32	108716.34	202691.98
	投资收益(万)	–	–	–	–
	利润总额(万)	28979.84	47473.65	22732.09	33425.31
	净利润(万)	22945.59	35476.42	15956.07	25077.62

棕榈园林股份有限公司

公司概况	公司名称	棕榈园林股份有限公司			证券简称	棕榈园林
	法人代表	吴桂昌	董秘	杨镜良	证券代码	002431
	公司网址	www.palm-la.com		电子信箱	yangjl@palm-la.com	
	电　话	020-37883025 37882986		传　真	020-37882988	
	办公地址	广东省广州市黄埔大道西638号广东农信大厦18层				
	经营范围	承接园林绿化,园林建筑,喷泉,雕塑,市政工程等				

	指标\报告期	2011.06.30	2010.12.31	2010.06.30	2009.12.31
主要财务指标	每股收益(元)	0.3000	1.0030	0.2400	0.5400
	每股收益(扣除)(元)	0.2863	0.9490	0.7600	0.5150
	每股净资产(元)	4.5800	8.6600	13.3800	2.9400
	调整后每股净资产(元)	–	–	–	–
	每股资本公积金(元)	2.6867	6.3734	10.7414	0.5291
	每股盈余公积金(元)	0.0789	0.1577	0.1758	0.1559
	每股未分配利润(元)	0.8155	1.1311	1.4663	1.2554
	每股现金净流量(元)	–0.7937	5.2281	10.2680	0.2168
	每股经营现金净流量(元)	–0.8334	–0.4569	–0.0544	0.3860
	净资产收益率(扣除)(%)	6.4100	16.2600	22.8400	32.4000
	净资产收益率(%)	6.5480	10.1280	4.3680	29.3600
	总资产(万)	256982.30	219201.79	198060.65	49724.24
	股东权益(万)	175914.34	166316.03	160602.14	26463.93
	主营业务收入(万)	91123.84	128849.62	53553.53	65838.93
	主营成本(万)	63066.28	93206.93	38839.39	48310.28
	营业收入(万)	91209.21	129042.87	53636.74	65949.33
	营业成本(万)	63157.61	93340.76	38883.36	48399.41
	投资收益(万)	–	–	–	–
	利润总额(万)	14807.68	19801.42	8270.82	9164.91
	净利润(万)	11518.31	16843.66	7015.27	7769.99

天津九安医疗电子股份有限公司

公司概况	公司名称	天津九安医疗电子股份有限公司			证券简称	九安医疗
	法人代表	刘毅	董秘	马雅杰	证券代码	002432
	公司网址	www.jiuan.com		电子信箱	ir@jiuan.com	
	电　话	022-60526161 8065 8220		传　真	022-60526162	
	办公地址	天津市南开区南开工业园雅安道金平路3号				
	经营范围	开发、生产、销售电子产品、医疗器械及相关的技术咨询服务等				

	指标\报告期	2011.06.30	2010.12.31	2010.06.30	2009.12.31
主要财务指标	每股收益(元)	0.0400	0.1900	0.0500	0.2000
	每股收益(扣除)(元)	0.0425	–	–	–
	每股净资产(元)	3.0900	6.1500	1.9800	–
	调整后每股净资产(元)	–	–	–	–
	每股资本公积金(元)	1.7085	4.3459	0.0090	–
	每股盈余公积金(元)	0.0486	0.0783	0.1050	–
	每股未分配利润(元)	0.3327	0.7213	0.8695	–
	每股现金净流量(元)	–0.2256	4.3123	0.1251	–0.0318
	每股经营现金净流量(元)	–0.0486	–0.1759	0.1409	0.5101
	净资产收益率(扣除)(%)	1.3300	4.7100	2.5300	–
	净资产收益率(%)	1.4500	2.6420	2.6000	–
	总资产(万)	82173.06	81700.66	24544.99	–
	股东权益(万)	76620.40	76204.88	18446.77	–
	主营业务收入(万)	15901.61	–	–	–
	主营成本(万)	10462.28	–	–	–
	营业收入(万)	15901.61	21431.10	6219.87	20664.99
	营业成本(万)	10462.28	14224.77	4084.93	13931.52
	投资收益(万)	–	–	–	–
	利润总额(万)	1326.36	2345.62	561.42	2247.44
	净利润(万)	1110.89	2013.19	479.65	1901.34

广东太安堂药业股份有限公司

公司概况	公司名称	广东太安堂药业股份有限公司			证券简称	太安堂
	法人代表	柯少彬	董秘	陈小卫	证券代码	002433
	公司网址	www.pibao.cn		电子信箱	t-a-t@163.com	
	电　话	0754-88116066 188 821		传　真	0754-88105160	
	办公地址	广东省汕头市金园工业区11R2-2片区第1、2座				
	经营范围	中成药的研发,生产和销售等				

主要财务指标	指标\报告期	2011.06.30	2010.12.31	2010.06.30	2009.12.31
	每股收益(元)	0.2100	0.6500	0.2000	0.7200
	每股收益(扣除)(元)	0.1917	0.6100	0.1800	0.6900
	每股净资产(元)	9.9300	9.7200	9.1700	2.9500
	调整后每股净资产(元)	–	–	–	–
	每股资本公积金(元)	6.9492	6.9492	6.8182	0.3412
	每股盈余公积金(元)	0.1354	0.1354	0.1098	0.1348
	每股未分配利润(元)	1.8439	1.6350	1.2467	1.4731
	每股现金净流量(元)	–1.8440	3.9634	6.6320	0.4577
	每股经营现金净流量(元)	–1.1172	–0.3644	–0.1343	0.6289
	净资产收益率(扣除)(%)	–	8.9800	–	26.7600
	净资产收益率(%)	2.1040	5.8080	1.6410	24.3649
	总资产(万)	103720.02	99277.81	103716.42	32556.20
	股东权益(万)	99285.21	97196.60	91746.76	22118.14
	主营业务收入(万)	15629.13	31376.48	12730.00	28826.69
	主营成本(万)	9143.93	18929.69	7786.38	–
	营业收入(万)	15629.13	31403.55	12730.00	28833.46
	营业成本(万)	9143.93	18929.69	7786.38	17632.48
	投资收益(万)	–	–	–	–
	利润总额(万)	2721.84	6700.11	1724.34	6703.03
	净利润(万)	2088.61	5644.90	1505.63	5389.07

浙江万里扬变速器股份有限公司

公司概况	公司名称	浙江万里扬变速器股份有限公司			证券简称	万里扬
	法人代表	黄河清	董秘	胡春荣	证券代码	002434
	公司网址	www.zjwly.com		电子信箱	hcr@zjwly.com	
	电　话	0579-82216776		传　真	0579-82216776	
	办公地址	浙江省金华市宾虹西路3999号				
	经营范围	研制,生产,销售汽车变速器及其它汽车零部件等				

主要财务指标	指标\报告期	2011.06.30	2010.12.31	2010.06.30	2009.12.31
	每股收益(元)	0.3800	1.0100	0.6700	1.0800
	每股收益(扣除)(元)	0.3226	0.7400	0.7100	1.0300
	每股净资产(元)	10.6800	10.5000	10.1300	3.2900
	调整后每股净资产(元)	–	–	–	–
	每股资本公积金(元)	7.3420	7.3420	7.3179	0.5987
	每股盈余公积金(元)	0.2339	0.2339	0.1460	0.1947
	每股未分配利润(元)	2.1002	1.9207	1.6650	1.4996
	每股现金净流量(元)	–0.8838	5.9730	7.0811	0.0372
	每股经营现金净流量(元)	–0.2141	–0.1771	0.3313	1.5818
	净资产收益率(扣除)(%)	3.0400	10.0100	18.2700	35.2100
	净资产收益率(%)	3.5550	8.4210	5.3340	32.7586
	总资产(万)	207881.38	211801.46	216367.25	90725.56
	股东权益(万)	181493.86	178442.70	172193.13	41986.52
	主营业务收入(万)	42455.40	82327.44	45794.71	72529.44
	主营成本(万)	32332.87	60770.44	31962.97	–
	营业收入(万)	42663.28	82713.97	46077.52	72710.08
	营业成本(万)	32334.83	60819.40	32139.32	51334.78
	投资收益(万)	–	–	–	–
	利润总额(万)	7396.92	17297.65	9582.95	14141.25
	净利润(万)	6451.16	15025.88	8556.20	13754.21

长江润发机械股份有限公司

公司概况	公司名称	长江润发机械股份有限公司			证券简称	长江润发
	法人代表	郁霞秋	董秘	卢斌	证券代码	002435
	公司网址	www.cjrfjx.com		电子信箱	lubin@cjrfjx.com	
	电　话	0512-56926898 56926897		传　真	0512-56926898	
	办公地址	江苏省苏州市张家港市金港镇镇山东路				
	经营范围	升降移动机械、港口门座起重机、电梯配件、汽车型材及配件的制造、加工、销售				

主要财务指标	指标\报告期	2011.06.30	2010.12.31	2010.06.30	2009.12.31
	每股收益(元)	0.1700	0.3600	0.1800	0.4400
	每股收益(扣除)(元)	0.1600	0.3400	0.1800	0.4200
	每股净资产(元)	5.5900	5.5200	5.3200	2.4000
	调整后每股净资产(元)	–	–	–	–
	每股资本公积金(元)	3.7279	3.7279	3.7112	0.6662
	每股盈余公积金(元)	0.0908	0.0908	0.0667	0.0890
	每股未分配利润(元)	0.7693	0.6995	0.5434	0.6433
	每股现金净流量(元)	–0.5782	3.4187	3.5986	0.1691
	每股经营现金净流量(元)	–0.4352	0.8740	0.5644	0.7451
	净资产收益率(扣除)(%)	2.9000	8.1200	7.3100	19.0800
	净资产收益率(%)	3.0390	5.7270	2.5530	18.1800
	总资产(万)	108292.44	105443.79	113197.97	60601.92
	股东权益(万)	73761.42	72839.50	70240.59	23745.35
	主营业务收入(万)	51242.93	83294.38	37337.81	74635.88
	主营成本(万)	45892.38	73298.73	32432.30	63989.89
	营业收入(万)	51410.44	83949.41	37377.89	74850.10
	营业成本(万)	46049.12	73644.43	32465.29	64094.14
	投资收益(万)	–	–	–	–
	利润总额(万)	2751.28	5005.23	2173.20	5209.63
	净利润(万)	2241.92	4171.37	1793.34	4316.84

深圳市兴森快捷电路科技股份有限公司

公司概况	公司名称	深圳市兴森快捷电路科技股份有限公司			证券简称	兴森科技
	法人代表	邱醒亚	董秘	陈岚	证券代码	002436
	公司网址	www.chinafastprint.com		电子信箱	cl@chinafastprint.com	
	电　话	0755-26074462 020-32213203		传　真	0755-26051189	
	办公地址	广东省深圳市南山区深南路科技园工业厂房25栋1段3层				
	经营范围	印制电路样板、小批量板的生产与销售等				

主要财务指标	指标\报告期	2011.06.30	2010.12.31	2010.06.30	2009.12.31
	每股收益(元)	0.3200	1.2400	0.3000	0.9300
	每股收益(扣除)(元)	0.3200	1.2200	0.5600	0.9100
	每股净资产(元)	6.4000	12.5700	11.7300	3.5500
	调整后每股净资产(元)	–	–	–	–
	每股资本公积金(元)	3.9336	8.8672	8.7820	0.5046
	每股盈余公积金(元)	0.1668	0.3055	0.2706	0.3325
	每股未分配利润(元)	1.2947	2.3875	1.6786	1.7056
	每股现金净流量(元)	–0.5712	5.4161	8.8703	–0.2717
	每股经营现金净流量(元)	0.3668	1.1665	0.2970	0.9104
	净资产收益率(扣除)(%)	4.9800	14.0600	6.2100	26.5900
	净资产收益率(%)	4.9250	8.6920	3.5850	26.1510
	总资产(万)	163753.48	160823.72	185217.36	77216.02
	股东权益(万)	142912.87	140407.15	131072.55	29717.30
	主营业务收入(万)	45593.13	79216.61	35786.20	49694.74
	主营成本(万)	27292.52	48232.30	22192.71	30896.86
	营业收入(万)	46685.75	80388.67	36206.39	50243.09
	营业成本(万)	27987.56	49711.71	22602.64	31471.94
	投资收益(万)	–	–	–	–
	利润总额(万)	8502.33	15412.61	5934.80	9822.22
	净利润(万)	7039.08	12128.27	5003.74	7771.22

哈尔滨誉衡药业股份有限公司

公司概况	公司名称	哈尔滨誉衡药业股份有限公司			证券简称	誉衡药业
	法人代表	朱吉满	董秘	朱吉满(代)	证券代码	002437
	公司网址	www.gloria.cc		电子信箱	gloriapharma@126.com	
	电　　话	010-59711207		传　　真	010-58236767 118	
	办公地址	黑龙江省哈尔滨市利民经济技术开发区北京路29号				
	经营范围	生产销售片剂、胶囊剂、颗粒剂、粉针剂等				

	指标\报告期	2011.06.30	2010.12.31	2010.06.30	2009.12.31
主要财务指标	每股收益(元)	0.2300	1.2600	0.3000	1.2400
	每股收益(扣除)(元)	0.2300	1.3200	0.5900	1.2300
	每股净资产(元)	7.5500	15.1500	14.4200	2.7400
	调整后每股净资产(元)	–	–	–	–
	每股资本公积金(元)	5.3852	11.7705	11.6993	0.0416
	每股盈余公积金(元)	0.1276	0.2552	0.1665	0.2220
	每股未分配利润(元)	1.0394	2.1225	1.5562	1.4747
	每股现金净流量(元)	–0.3141	10.3597	12.1177	0.4350
	每股经营现金净流量(元)	0.1557	0.8042	0.3106	1.6268
	净资产收益率(扣除)(%)	3.0200	13.4100	19.5100	56.6600
	净资产收益率(%)	3.0210	7.2950	3.1210	45.2950
	总资产(万)	217254.79	219447.00	219495.37	44247.69
	股东权益(万)	211462.64	212074.25	201908.48	28752.94
	主营业务收入(万)	–	57531.78	–	42987.90
	主营成本(万)	–	26913.14	–	18727.74
	营业收入(万)	25496.68	57544.84	23614.52	42992.90
	营业成本(万)	12478.61	26923.25	10836.86	18732.14
	投资收益(万)	–	–	–	–
	利润总额(万)	7624.31	18306.13	7399.56	15291.74
	净利润(万)	6388.40	15471.30	6302.38	13023.51

江苏神通阀门股份有限公司

公司概况	公司名称	江苏神通阀门股份有限公司			证券简称	江苏神通
	法人代表	吴建新	董秘	章其强	证券代码	002438
	公司网址	www.stfm.cn		电子信箱	zhangqq@stfm.cn	
	电　　话	0513-83335899		传　　真	0513-83335998	
	办公地址	江苏省南通市启东市南阳镇				
	经营范围	生产销售阀门及冶金、电力、化工机械、比例伺服阀等				

	指标\报告期	2011.06.30	2010.12.31	2010.06.30	2009.12.31
主要财务指标	每股收益(元)	0.2300	0.4800	0.2700	0.5300
	每股收益(扣除)(元)	0.2034	0.4500	0.2400	0.5000
	每股净资产(元)	7.2800	7.1500	6.8900	2.1900
	调整后每股净资产(元)	–	–	–	–
	每股资本公积金(元)	4.9160	4.9160	4.8798	0.0098
	每股盈余公积金(元)	0.1385	0.1385	0.0961	0.1282
	每股未分配利润(元)	1.2267	1.0971	0.9161	1.0539
	每股现金净流量(元)	–0.7505	4.1854	4.7807	0.2065
	每股经营现金净流量(元)	–0.2246	–0.3286	–0.0981	0.4613
	净资产收益率(扣除)(%)	3.1540	5.9300	2.9120	23.9880
	净资产收益率(%)	3.1600	9.7000	11.9300	26.9100
	总资产(万)	95920.87	91009.28	92303.10	37660.95
	股东权益(万)	75724.60	74376.14	71677.33	17096.57
	主营业务收入(万)	15692.09	28977.76	13413.91	27889.89
	主营成本(万)	9547.23	17013.80	7795.48	16984.18
	营业收入(万)	16119.75	30170.55	13784.32	28637.17
	营业成本(万)	9667.50	17434.56	7915.74	17198.31
	投资收益(万)	–	–	–	–
	利润总额(万)	2758.01	5321.33	2446.62	4850.84
	净利润(万)	2388.45	4410.27	2087.46	4101.12

北京启明星辰信息技术股份有限公司

公司概况	公司名称	北京启明星辰信息技术股份有限公司			证券简称	启明星辰
	法人代表	王佳	董秘	潘重予	证券代码	002439
	公司网址	www.venustech.com.cn		电子信箱	ir_contacts@venustech.com.cn	
	电　　话	010-82779006		传　　真	010-82779010	
	办公地址	北京市海淀区东北旺西路8号中关村软件园21号楼启明星辰大厦				
	经营范围	货物进出口;技术进出口;代理进出口;技术开发等				

	指标\报告期	2011.06.30	2010.12.31	2010.06.30	2009.12.31
主要财务指标	每股收益(元)	–0.2400	0.6900	–0.2700	0.7000
	每股收益(扣除)(元)	–0.2600	0.5000	–0.2200	0.5700
	每股净资产(元)	9.6700	10.0500	9.2200	4.5600
	调整后每股净资产(元)	–	–	–	–
	每股资本公积金(元)	6.3682	6.5039	6.4328	0.9665
	每股盈余公积金(元)	0.1872	0.1872	0.0830	0.1111
	每股未分配利润(元)	2.1182	2.3560	1.7060	2.4813
	每股现金净流量(元)	–2.1863	5.7851	5.4677	–0.2271
	每股经营现金净流量(元)	–0.9445	0.5491	–0.4635	0.9263
	净资产收益率(扣除)(%)	–2.5700	6.5600	–6.7500	13.5600
	净资产收益率(%)	–2.4590	6.0420	–1.5970	15.4270
	总资产(万)	107398.75	118296.83	110611.35	54124.79
	股东权益(万)	95535.10	99224.08	91073.48	33626.74
	主营业务收入(万)	10618.64	35387.03	9700.29	29828.29
	主营成本(万)	3453.04	12566.70	4016.04	10891.91
	营业收入(万)	11446.12	36691.99	10204.75	30409.91
	营业成本(万)	3668.65	12918.93	4171.70	11030.64
	投资收益(万)	–	–	–	–
	利润总额(万)	–2774.48	6320.70	–2793.71	5707.66
	净利润(万)	–2349.17	5994.96	–2019.36	5187.41

浙江闰土股份有限公司

公司概况	公司名称	浙江闰土股份有限公司			证券简称	闰土股份
	法人代表	阮加根	董秘	周成余	证券代码	002440
	公司网址	www.runtuchem.com		电子信箱	rtzcy9944@163.com	
	电　　话	0575-82519278		传　　真	0575-82045165	
	办公地址	浙江省上虞市道墟镇杜浦称山下				
	经营范围	主要从事纺织染料、印染助剂和化工原料的研发、生产和销售等				

	指标\报告期	2011.06.30	2010.12.31	2010.06.30	2009.12.31
主要财务指标	每股收益(元)	0.7400	1.5100	0.7400	1.3900
	每股收益(扣除)(元)	0.7300	1.4900	0.7300	1.3800
	每股净资产(元)	9.5600	12.1800	11.3800	4.7500
	调整后每股净资产(元)	–	–	–	–
	每股资本公积金(元)	5.1988	7.0585	7.0209	0.0113
	每股盈余公积金(元)	0.2070	0.2692	0.2028	0.2705
	每股未分配利润(元)	3.1529	3.8545	3.1510	3.4651
	每股现金净流量(元)	0.4962	5.2355	7.1529	–0.0166
	每股经营现金净流量(元)	0.4441	–0.3403	0.1787	1.0221
	净资产收益率(扣除)(%)	5.8400	16.7500	14.1700	33.3100
	净资产收益率(%)	5.9880	10.8570	4.8610	29.1990
	总资产(万)	464883.00	400452.86	431539.10	195435.65
	股东权益(万)	366652.75	359434.41	335598.52	105027.08
	主营业务收入(万)	142303.46	231222.38	111636.44	215049.78
	主营成本(万)	101479.90	163613.87	79434.92	158940.86
	营业收入(万)	143167.02	231769.03	112737.24	216114.71
	营业成本(万)	102100.72	163884.11	80272.78	159660.79
	投资收益(万)	–	–	–	–
	利润总额(万)	26691.69	45366.11	19926.51	34029.06
	净利润(万)	21956.77	39024.42	16313.58	30666.69

众业达电气股份有限公司

公司概况	公司名称	众业达电气股份有限公司		证券简称	众业达
	法人代表	吴开贤	董秘 王佩清	证券代码	002441
	公司网址	www.zyd.cn		电子信箱	stock@zyd.cn
	电话	0754-88738831		传真	0754-88695366
	办公地址	广东省汕头市衡山路 62 号			
	经营范围	电器机械及器材,电子产品,电话通讯设备,仪器仪表,金属加工机械等			

主要财务指标	指标\报告期	2011.06.30	2010.12.31	2010.06.30	2009.12.31
	每股收益(元)	0.4500	1.4400	0.4700	1.4500
	每股收益(扣除)(元)	0.4146	1.4400	0.9300	1.4200
	每股净资产(元)	7.5000	14.6000	13.9600	5.6400
	调整后每股净资产(元)	–	–	–	–
	每股资本公积金(元)	4.9980	10.9961	10.9212	2.3028
	每股盈余公积金(元)	0.1438	0.2875	0.1932	0.2576
	每股未分配利润(元)	1.3542	2.3136	1.8422	2.0753
	每股现金净流量(元)	–1.7925	5.1011	8.3984	0.5055
	每股经营现金净流量(元)	–1.6037	–3.6676	–1.3717	1.2193
	净资产收益率(扣除)(%)	5.9680	8.6590	5.0020	25.6770
	净资产收益率(%)	6.0100	13.6300	16.2300	28.8000
	总资产(万)	247425.13	231773.11	236288.42	96446.27
	股东权益(万)	174049.58	169392.14	161896.72	49031.44
	主营业务收入(万)	224527.85	416521.85	176506.68	319425.10
	主营成本(万)	198489.24	374542.23	156141.77	286457.87
	营业收入(万)	224527.85	416521.85	176506.68	319425.10
	营业成本(万)	198489.24	374542.23	156141.77	286457.87
	投资收益(万)	–	–	–	–
	利润总额(万)	13165.19	18974.40	10281.44	15910.68
	净利润(万)	10378.41	14661.91	8098.68	12589.57

龙星化工股份有限公司

公司概况	公司名称	龙星化工股份有限公司		证券简称	龙星化工
	法人代表	刘江山	董秘 江浩	证券代码	002442
	公司网址	www.hb-lx.com.cn		电子信箱	lxjianghao@126.com
	电话	0319-8869535		传真	0319-8869260
	办公地址	河北省沙河市东环路龙星街 1 号			
	经营范围	炭黑的生产,销售;电力生产,服务;塑料制品,橡胶轮胎,橡塑产品的加工,销售等			

主要财务指标	指标\报告期	2011.06.30	2010.12.31	2010.06.30	2009.12.31
	每股收益(元)	0.1620	0.4100	0.1490	0.4600
	每股收益(扣除)(元)	0.1570	0.3700	0.2600	0.4500
	每股净资产(元)	3.3470	5.2960	5.1000	2.6500
	调整后每股净资产(元)	–	–	–	–
	每股资本公积金(元)	1.7945	3.4712	3.4376	1.0368
	每股盈余公积金(元)	0.0537	0.0860	0.0500	0.0666
	每股未分配利润(元)	0.4987	0.7387	0.6129	0.5495
	每股现金净流量(元)	0.5609	1.7902	2.9814	–0.2286
	每股经营现金净流量(元)	–0.2949	–0.0997	–0.1497	1.0188
	净资产收益率(扣除)(%)	4.6900	8.8800	9.3400	18.3700
	净资产收益率(%)	4.8410	6.8460	3.9360	17.4060
	总资产(万)	224499.55	172503.08	161642.87	89806.23
	股东权益(万)	107101.16	105916.55	102010.44	39794.71
	主营业务收入(万)	95571.31	133343.08	59871.68	96798.69
	主营成本(万)	78669.05	107928.33	46053.72	73935.76
	营业收入(万)	95618.45	133359.43	59873.31	96799.33
	营业成本(万)	78676.94	107951.81	46055.21	73936.09
	投资收益(万)	–	–	–	–
	利润总额(万)	6223.22	8495.12	5261.27	9052.66
	净利润(万)	5184.61	7250.97	4015.57	6926.59

浙江金洲管道科技股份有限公司

公司概况	公司名称	浙江金洲管道科技股份有限公司		证券简称	金洲管道
	法人代表	沈淦荣	董秘 吴巍平	证券代码	002443
	公司网址	www.chinakingland.com		电子信箱	info@chinakingland.com
	电话	0572-2061996		传真	0572-2065280
	办公地址	浙江省湖州市二里桥路 57 号			
	经营范围	管道制造、销售,管线工程、城市管网建设、安装,金属材料、建筑材料、装潢材料的销售			

主要财务指标	指标\报告期	2011.06.30	2010.12.31	2010.06.30	2009.12.31
	每股收益(元)	0.1700	0.6300	0.3400	1.0200
	每股收益(扣除)(元)	0.1262	0.6000	0.4400	0.9700
	每股净资产(元)	7.1000	9.1200	8.8600	4.3200
	调整后每股净资产(元)	–	–	–	–
	每股资本公积金(元)	3.6804	5.0846	5.0433	–
	每股盈余公积金(元)	0.2397	0.3117	0.2854	0.3810
	每股未分配利润(元)	2.1834	2.7207	2.5299	2.9365
	每股现金净流量(元)	–0.2759	4.0063	4.8072	0.5359
	每股经营现金净流量(元)	–0.3055	–0.2228	–1.3234	1.2581
	净资产收益率(扣除)(%)	1.7800	8.4700	9.2100	25.0100
	净资产收益率(%)	2.3580	6.0030	3.7280	23.6180
	总资产(万)	232026.41	187512.05	207125.06	114819.86
	股东权益(万)	123282.16	121710.14	118262.72	43175.14
	主营业务收入(万)	125263.93	240162.34	103905.23	221804.97
	主营成本(万)	118351.85	219296.76	93073.70	198891.78
	营业收入(万)	131050.74	255549.45	110517.85	230836.78
	营业成本(万)	123333.86	234194.55	99082.80	207223.40
	投资收益(万)	–	–	–	–
	利润总额(万)	3600.11	8894.80	5241.13	12119.66
	净利润(万)	2907.03	7306.18	4409.34	10197.25

杭州巨星科技股份有限公司

公司概况	公司名称	杭州巨星科技股份有限公司		证券简称	巨星科技
	法人代表	仇建平	董秘 何天乐	证券代码	002444
	公司网址	www.greatstartools.com		电子信箱	zq@greatstartools.com
	电话	0571-81601076		传真	0571-81601088
	办公地址	浙江省杭州市江干区九环路 35 号			
	经营范围	生产、销售手工具和电动工具等			

主要财务指标	指标\报告期	2011.06.30	2010.12.31	2010.06.30	2009.12.31
	每股收益(元)	0.2900	1.2400	0.3500	1.1300
	每股收益(扣除)(元)	0.2720	1.2000	0.6900	1.1100
	每股净资产(元)	4.9300	10.2900	3.7200	3.0200
	调整后每股净资产(元)	–	–	–	–
	每股资本公积金(元)	2.8602	6.7204	–	–
	每股盈余公积金(元)	0.1243	0.2485	0.1464	0.1953
	每股未分配利润(元)	0.9513	2.3214	1.8937	1.8229
	每股现金净流量(元)	–0.4996	6.8757	1.0687	0.1274
	每股经营现金净流量(元)	0.0594	0.5908	0.3186	0.7286
	净资产收益率(扣除)(%)	5.3200	18.0500	20.4000	45.4100
	净资产收益率(%)	5.8900	10.2740	18.9060	37.5350
	总资产(万)	283853.19	291149.50	142248.26	91881.40
	股东权益(万)	250156.42	260840.01	70717.13	57347.42
	主营业务收入(万)	96259.85	188056.91	81477.83	156346.68
	主营成本(万)	69618.74	131974.32	56460.19	114239.53
	营业收入(万)	96462.28	188248.25	81621.27	156428.64
	营业成本(万)	69618.74	131974.32	56468.14	114304.28
	投资收益(万)	–	–	–	–
	利润总额(万)	19687.94	36226.69	18186.45	29022.56
	净利润(万)	14734.45	26799.11	13369.71	21525.42

江阴中南重工股份有限公司

公司概况	公司名称	江阴中南重工股份有限公司			证券简称	中南重工
	法人代表	陈少忠	董秘	高立新	证券代码	002445
	公司网址	www.znhi.com.cn		电子信箱	glx@znhi.com.cn	
	电　话	0510-86996882		传　真	0510-86993300	
	办公地址	江苏省无锡市江阴市高新技术开发园金山路				
	经营范围	生产管道配件、钢管、机械配件、伸缩接头、预制及直埋保温管等				

主要财务指标	指标\报告期	2011.06.30	2010.12.31	2010.06.30	2009.12.31
	每股收益(元)	0.3500	0.4700	0.3600	0.7300
	每股收益(扣除)(元)	0.3515	0.4700	–	0.7300
	每股净资产(元)	7.2100	7.0600	3.2200	2.8600
	调整后每股净资产(元)	–	–	–	–
	每股资本公积金(元)	4.5810	4.5810	0.3105	0.4152
	每股盈余公积金(元)	0.1454	0.1454	0.1073	0.1434
	每股未分配利润(元)	1.4878	1.3363	1.2453	1.3047
	每股现金净流量(元)	–0.7948	3.1861	0.1519	–0.3397
	每股经营现金净流量(元)	–0.1552	0.0582	0.4174	0.3621
	净资产收益率(扣除)(%)	4.8730	5.6430	11.8400	24.8200
	净资产收益率(%)	4.8800	9.4300	11.8400	29.1700
	总资产(万)	134102.66	112873.73	61114.87	53497.22
	股东权益(万)	89805.32	87816.58	30548.05	27233.19
	主营业务收入(万)	27755.85	40114.51	19036.18	44310.25
	主营成本(万)	19222.43	28356.38	12632.58	31680.86
	营业收入(万)	27755.85	40114.51	19036.18	44310.25
	营业成本(万)	19222.43	28356.38	12632.58	31680.86
	投资收益(万)	–	–	–	–
	利润总额(万)	5209.02	5849.85	3919.88	8030.40
	净利润(万)	4323.58	4956.30	3314.48	6759.18

广东盛路通信科技股份有限公司

公司概况	公司名称	广东盛路通信科技股份有限公司			证券简称	盛路通信
	法人代表	杨华	董秘	陈嘉	证券代码	002446
	公司网址	www.shenglu.com		电子信箱	stock@shenglu.com	
	电　话	0757-87744984		传　真	0757-87744984	
	办公地址	广东省佛山市三水区西南工业园进业二路 4 号				
	经营范围	生产、销售通讯器材、机电产品、电子电路产品配件等				

主要财务指标	指标\报告期	2011.06.30	2010.12.31	2010.06.30	2009.12.31
	每股收益(元)	0.1700	0.5064	0.1700	0.5463
	每股收益(扣除)(元)	0.1200	0.4700	–	0.5100
	每股净资产(元)	4.8800	6.4200	2.5600	2.3400
	调整后每股净资产(元)	–	–	–	–
	每股资本公积金(元)	2.9498	3.9848	0.0000	0.0000
	每股盈余公积金(元)	0.1590	0.2068	0.1481	0.1986
	每股未分配利润(元)	0.7666	1.2250	1.0134	1.1435
	每股现金净流量(元)	–0.5127	3.4769	–0.1348	0.3540
	每股经营现金净流量(元)	–0.2975	–0.3895	–0.0242	0.7797
	净资产收益率(扣除)(%)	1.8400	10.7200	8.1000	24.8600
	净资产收益率(%)	1.9180	6.7210	8.4380	23.3248
	总资产(万)	86101.21	84065.25	44737.22	43131.90
	股东权益(万)	64745.36	65546.60	19479.62	17836.03
	主营业务收入(万)	19779.60	40768.28	20165.18	39106.82
	主营成本(万)	15126.65	29741.74	15133.83	27755.84
	营业收入(万)	19835.19	40872.41	20226.90	39178.89
	营业成本(万)	15137.28	29748.86	15134.81	27760.98
	投资收益(万)	–	–	–	–
	利润总额(万)	1619.09	5086.12	1972.94	4912.28
	净利润(万)	1241.82	4405.03	1643.59	4160.22

大连壹桥海洋苗业股份有限公司

公司概况	公司名称	大连壹桥海洋苗业股份有限公司			证券简称	壹桥苗业
	法人代表	刘德群	董秘	林春霖	证券代码	002447
	公司网址	www.dlyiqiao.com		电子信箱	dlyiqiao@126.com	
	电　话	0411-85269999		传　真	0411-85269444	
	办公地址	辽宁省大连瓦房店市炮台镇鲍鱼岛村				
	经营范围	鱼、虾、蟹、海参、贝类、藻类育苗、养殖、销售等				

主要财务指标	指标\报告期	2011.06.30	2010.12.31	2010.06.30	2009.12.31
	每股收益(元)	0.7500	1.0500	0.9000	0.8600
	每股收益(扣除)(元)	0.7100	0.7400	0.8900	0.8200
	每股净资产(元)	11.0600	10.6100	4.5300	3.6400
	调整后每股净资产(元)	–	–	–	–
	每股资本公积金(元)	7.4868	7.4868	0.7441	0.9970
	每股盈余公积金(元)	0.2122	0.2122	0.1223	0.1639
	每股未分配利润(元)	2.3577	1.9095	1.7692	1.4751
	每股现金净流量(元)	–0.0525	2.6067	–0.0335	0.6572
	每股经营现金净流量(元)	–0.6002	1.4673	1.0010	1.2826
	净资产收益率(扣除)(%)	6.4600	10.3600	21.8600	25.5600
	净资产收益率(%)	6.7670	8.4700	19.7650	23.7250
	总资产(万)	120778.66	85036.26	35561.16	28428.97
	股东权益(万)	74079.39	71076.32	22658.52	18180.15
	主营业务收入(万)	12520.95	19554.83	13747.96	15319.50
	主营成本(万)	4627.66	9980.95	7506.73	8482.26
	营业收入(万)	12520.95	19561.33	13747.96	15319.50
	营业成本(万)	4627.66	9981.56	7506.73	8482.26
	投资收益(万)	–	–	–	–
	利润总额(万)	5829.36	6897.43	5118.32	4941.70
	净利润(万)	5013.06	6019.95	4478.37	4313.25

河南省中原内配股份有限公司

公司概况	公司名称	河南省中原内配股份有限公司			证券简称	中原内配
	法人代表	薛德龙	董秘	汪庆领	证券代码	002448
	公司网址	www.hnzynp.com		电子信箱	zhengquan@hnzynp.com	
	电　话	0391-8298666		传　真	0391-8298999	
	办公地址	河南省孟州市韩愈大街 146 号				
	经营范围	活塞,气缸套及相关内燃机配件,设备的制造,经销,技术服务等				

主要财务指标	指标\报告期	2011.06.30	2010.12.31	2010.06.30	2009.12.31
	每股收益(元)	0.7350	1.3210	0.9110	0.9610
	每股收益(扣除)(元)	0.7170	1.2470	–	–
	每股净资产(元)	10.1500	9.6100	5.3000	4.3200
	调整后每股净资产(元)	–	–	–	–
	每股资本公积金(元)	5.6298	5.6298	0.9021	0.8356
	每股盈余公积金(元)	0.3570	0.3570	0.3455	0.3455
	每股未分配利润(元)	3.1587	2.6234	3.0526	2.1415
	每股现金净流量(元)	–1.7403	2.8590	0.1264	0.5028
	每股经营现金净流量(元)	0.5709	0.2845	0.9368	1.7135
	净资产收益率(扣除)(%)	7.2470	11.7080	17.1900	22.2220
	净资产收益率(%)	7.3900	18.7700	18.9400	24.0600
	总资产(万)	127075.02	123911.61	84029.48	70101.93
	股东权益(万)	93879.96	89008.42	36686.02	29944.50
	主营业务收入(万)	48500.45	81596.25	–	61814.39
	主营成本(万)	32240.67	54982.75	–	43977.03
	营业收入(万)	49608.48	82223.66	43216.23	62236.87
	营业成本(万)	34456.72	55423.69	29142.18	44352.99
	投资收益(万)	573.80	631.28	316.87	124.80
	利润总额(万)	8144.32	12642.60	7548.71	8072.49
	净利润(万)	6801.85	10408.99	6287.54	6629.04

佛山市国星光电股份有限公司

公司概况	公司名称	佛山市国星光电股份有限公司			证券简称	国星光电
	法人代表	王垚浩	董秘	党建忠	证券代码	002449
	公司网址	www.nationstar.com		电子信箱	dangjianzhong@nationstar.com	
	电　话	0757-82109323 82100271		传　真	0757-82100268	
	办公地址	广东省佛山市禅城区华宝南路 18 号				
	经营范围	制造,销售:光电半导体器件,光电显示器件,LED 显示屏,交通信号灯等				

	指标\报告期	2011.06.30	2010.12.31	2010.06.30	2009.12.31
主要财务指标	每股收益(元)	0.2700	0.8057	0.4500	0.7180
	每股收益(扣除)(元)	0.2565	0.8075	0.4400	0.6929
	每股净资产(元)	9.5500	9.5300	3.0500	2.7500
	调整后每股净资产(元)	–	–	–	–
	每股资本公积金(元)	6.8378	6.8378	0.2479	0.2479
	每股盈余公积金(元)	0.1857	0.1857	0.1566	0.1566
	每股未分配利润(元)	1.5273	1.5073	1.6464	1.3472
	每股现金净流量(元)	–0.0131	5.7240	–0.2361	0.0327
	每股经营现金净流量(元)	–0.2914	0.4243	0.2039	0.7359
	净资产收益率(扣除)(%)	2.6900	13.2700	14.8900	28.8900
	净资产收益率(%)	2.8280	7.1920	14.7240	26.0900
	总资产(万)	258893.21	230489.88	86509.95	68802.00
	股东权益(万)	205342.88	204911.27	48815.41	44028.02
	主营业务收入(万)	54494.09	87442.26	40540.98	62459.93
	主营成本(万)	42070.75	60578.32	27315.83	41603.38
	营业收入(万)	54611.05	87746.55	40682.45	62791.09
	营业成本(万)	42168.99	60782.73	27400.01	41799.76
	投资收益(万)	–	–	–	–
	利润总额(万)	7901.47	17548.94	8621.20	13742.83
	净利润(万)	5806.60	14737.91	7187.39	11488.42

北京康得新复合材料股份有限公司

公司概况	公司名称	北京康得新复合材料股份有限公司			证券简称	康得新
	法人代表	钟玉	董秘	金大鸣	证券代码	002450
	公司网址	www.kangdexin.com		电子信箱	kdx@kangdexin.com	
	电　话	010-89710777		传　真	010-80107261	
	办公地址	北京市昌平区振兴路 26 号				
	经营范围	开发、生产环保用有机膜、印刷器材等				

	指标\报告期	2011.06.30	2010.12.31	2010.06.30	2009.12.31
主要财务指标	每股收益(元)	0.1800	0.5080	0.1300	0.3983
	每股收益(扣除)(元)	0.1817	0.4811	–	0.3783
	每股净资产(元)	2.9100	5.5100	2.5100	2.2502
	调整后每股净资产(元)	–	–	–	–
	每股资本公积金(元)	1.2747	3.5494	0.5513	0.5513
	每股盈余公积金(元)	0.0695	0.0977	0.0984	0.0710
	每股未分配利润(元)	0.5701	0.8602	0.8576	0.6279
	每股现金净流量(元)	0.3654	3.1137	–0.0179	1.0973
	每股经营现金净流量(元)	0.2329	0.6751	0.0668	0.3802
	净资产收益率(扣除)(%)	6.3900	12.4000	10.7400	18.5000
	净资产收益率(%)	6.2830	7.8760	10.8100	16.9630
	总资产(万)	153565.70	114513.42	60278.43	55832.46
	股东权益(万)	94189.47	88998.07	30387.76	27272.59
	主营业务收入(万)	64242.92	51715.92	22042.85	36032.24
	主营成本(万)	53022.51	38673.54	16157.61	27353.99
	营业收入(万)	64739.58	52420.11	22345.94	36439.93
	营业成本(万)	53022.51	38693.43	16186.03	27443.67
	投资收益(万)	–	–	–	–
	利润总额(万)	7321.83	8276.65	3685.87	5444.16
	净利润(万)	5917.90	7009.25	3115.18	4626.26

上海摩恩电气股份有限公司

公司概况	公司名称	上海摩恩电气股份有限公司			证券简称	摩恩电气
	法人代表	问泽鸿	董秘	张树祥	证券代码	002451
	公司网址	www.morncable.com		电子信箱	investor@morncable.com	
	电　话	021-58974262-2210		传　真	021-58979608	
	办公地址	上海市浦东新区龙东大道 5901 号				
	经营范围	电线电缆及附件的研发,制造及销售等				

	指标\报告期	2011.06.30	2010.12.31	2010.06.30	2009.12.31
主要财务指标	每股收益(元)	0.0900	0.2400	0.2100	0.4200
	每股收益(扣除)(元)	0.0875	0.2400	–	0.4300
	每股净资产(元)	4.3300	4.2400	2.4200	2.2300
	调整后每股净资产(元)	–	–	–	–
	每股资本公积金(元)	2.4663	2.4663	0.4547	0.4757
	每股盈余公积金(元)	0.0734	0.0734	0.0712	0.0712
	每股未分配利润(元)	0.7933	0.7027	0.8924	0.6856
	每股现金净流量(元)	–0.1725	1.7032	–0.2304	0.0260
	每股经营现金净流量(元)	–0.2051	–0.8121	–0.2301	0.3250
	净资产收益率(扣除)(%)	2.0400	7.3700	9.2000	21.1000
	净资产收益率(%)	2.0960	4.9160	8.5480	19.0298
	总资产(万)	87154.29	79879.93	45670.55	40400.54
	股东权益(万)	63436.59	62110.16	26553.26	24512.85
	主营业务收入(万)	17257.83	35655.79	18743.09	34594.53
	主营成本(万)	13165.41	26224.14	13453.98	23431.35
	营业收入(万)	17315.73	35745.05	18765.69	34609.73
	营业成本(万)	13214.79	26297.09	13468.99	23438.50
	投资收益(万)	–	–	–	–79.08
	利润总额(万)	1535.32	3538.26	2636.43	5531.65
	净利润(万)	1329.28	3053.18	2269.76	4664.74

湖南长高高压开关集团股份公司

公司概况	公司名称	湖南长高高压开关集团股份公司			证券简称	长高集团
	法人代表	马孝武	董秘	马晓	证券代码	002452
	公司网址	www.gykg.cn		电子信箱	csgykg@163.com	
	电　话	0731-88585000 88585095		传　真	0731-88585006 88585000	
	办公地址	湖南省长沙市高科技食品工业基地金星大道西侧				
	经营范围	高压隔离开关及接地开关的生产和销售等				

	指标\报告期	2011.06.30	2010.12.31	2010.06.30	2009.12.31
主要财务指标	每股收益(元)	0.2920	0.5350	0.3720	0.9940
	每股收益(扣除)(元)	0.2867	0.5200	–	0.9800
	每股净资产(元)	9.7600	9.5700	4.4000	4.2300
	调整后每股净资产(元)	–	–	–	–
	每股资本公积金(元)	6.3080	6.3080	0.6193	0.6193
	每股盈余公积金(元)	0.2756	0.2756	0.3102	0.3102
	每股未分配利润(元)	2.1797	1.9875	2.4703	2.2980
	每股现金净流量(元)	–0.6893	5.1929	–0.2430	0.5834
	每股经营现金净流量(元)	–0.1851	0.3443	0.2270	0.9469
	净资产收益率(扣除)(%)	2.8900	7.4800	8.3000	26.0400
	净资产收益率(%)	2.9930	4.7740	8.4611	23.5000
	总资产(万)	116549.41	114787.82	55332.23	54510.55
	股东权益(万)	97632.88	95711.06	32999.28	31707.18
	主营业务收入(万)	15140.74	30287.11	16090.42	39319.59
	主营成本(万)	9265.20	19026.82	10239.60	24911.39
	营业收入(万)	15295.79	30428.15	16122.27	39343.29
	营业成本(万)	9304.56	19109.31	10249.20	24928.57
	投资收益(万)	–	–	–	–
	利润总额(万)	3212.72	5404.86	3326.22	8691.47
	净利润(万)	2921.82	4568.96	2792.10	7452.75

苏州天马精细化学品股份有限公司

公司概况	公司名称	苏州天马精细化学品股份有限公司			证券简称	天马精化
	法人代表	徐仁华	董秘	陆炜	证券代码	002453
	公司网址	www.tianmachem.com		电子信箱	stock@tianmachem.com	
	电　话	0512-66571019		传　真	0512-66571020	
	办公地址	江苏省苏州市高新区浒青路 122 号				
	经营范围	各类精细化工产品的研发,生产和销售等				

	指标\报告期	2011.06.30	2010.12.31	2010.06.30	2009.12.31
主要财务指标	每股收益(元)	0.3200	0.5600	0.3000	0.5100
	每股收益(扣除)(元)	0.3211	0.4500	–	0.4900
	每股净资产(元)	5.9400	5.8200	2.8200	2.5200
	调整后每股净资产(元)	–	–	–	–
	每股资本公积金(元)	3.6186	3.6186	0.5508	0.5508
	每股盈余公积金(元)	0.1079	0.1079	0.0892	0.0892
	每股未分配利润(元)	1.2170	1.0941	1.1764	0.8758
	每股现金净流量(元)	–1.4262	1.7944	–0.2222	–0.1040
	每股经营现金净流量(元)	–0.7619	–0.1374	0.1082	0.8186
	净资产收益率(扣除)(%)	5.4000	13.6500	10.4300	22.9900
	净资产收益率(%)	5.4331	8.2150	10.6710	20.4230
	总资产(万)	88598.13	93068.05	60386.90	55931.94
	股东权益(万)	71322.35	69847.36	25347.88	22643.13
	主营业务收入(万)	39052.38	64073.71	28516.11	41278.11
	主营成本(万)	31565.92	52416.49	23443.53	31779.14
	营业收入(万)	40579.23	67838.65	29853.58	43152.77
	营业成本(万)	32533.44	54966.52	24281.84	33091.73
	投资收益(万)	–	–	–	–
	利润总额(万)	4736.86	6841.90	3308.24	5752.70
	净利润(万)	3874.99	5738.18	2704.75	4624.37

上海加冷松芝汽车空调股份有限公司

公司概况	公司名称	上海加冷松芝汽车空调股份有限公司			证券简称	松芝股份
	法人代表	陈福泉	董秘	陈纯华	证券代码	002454
	公司网址	www.shsongz.com.cn		电子信箱	hcc530@163.com	
	电　话	021-54429631		传　真	021-54429631	
	办公地址	上海市莘庄工业区华宁路 4999 号				
	经营范围	生产、研究开发各类车辆空调器及相关配件,销售自产产品等				

	指标\报告期	2011.06.30	2010.12.31	2010.06.30	2009.12.31
主要财务指标	每股收益(元)	0.4182	1.1159	0.4115	0.8433
	每股收益(扣除)(元)	0.4152	1.0773	0.7100	0.8046
	每股净资产(元)	5.5811	7.2118	3.2700	2.5600
	调整后每股净资产(元)	–	–	–	–
	每股资本公积金(元)	3.0001	4.2001	0.1481	0.1481
	每股盈余公积金(元)	0.1511	0.1964	0.1413	0.1413
	每股未分配利润(元)	1.4299	1.8152	1.9834	1.2701
	每股现金净流量(元)	0.1385	3.3001	–0.2244	0.1484
	每股经营现金净流量(元)	0.3020	0.1961	0.1714	0.7892
	净资产收益率(扣除)(%)	7.2100	21.8900	24.2900	36.7800
	净资产收益率(%)	7.4940	13.2160	21.7940	32.9500
	总资产(万)	247059.70	230778.34	126423.34	112393.57
	股东权益(万)	174130.87	173082.36	58909.41	46070.63
	主营业务收入(万)	75046.41	127600.62	62004.42	90462.58
	主营成本(万)	50479.45	81839.52	39746.53	57765.10
	营业收入(万)	76700.33	130143.75	63170.94	92025.40
	营业成本(万)	51819.80	83546.83	40614.29	58709.94
	投资收益(万)	–	–	–	–
	利润总额(万)	16695.25	29459.90	16166.77	19232.83
	净利润(万)	13048.50	22875.33	12838.78	15180.00

无锡百川化工股份有限公司

公司概况	公司名称	无锡百川化工股份有限公司			证券简称	百川股份
	法人代表	郑铁江	董秘	陈慧敏	证券代码	002455
	公司网址	www.bcchem.com		电子信箱	bcc@bcchem.com	
	电　话	0510-86013755		传　真	0510-86013255	
	办公地址	江苏省江阴市云亭街道建设路 55 号				
	经营范围	醋酸丁酯、偏苯三酸酐的生产与销售等				

	指标\报告期	2011.06.30	2010.12.31	2010.06.30	2009.12.31
主要财务指标	每股收益(元)	0.2300	0.8300	0.3300	0.8000
	每股收益(扣除)(元)	0.2259	0.8400	–	0.8100
	每股净资产(元)	5.4200	8.0800	4.0400	3.5300
	调整后每股净资产(元)	–	–	–	–
	每股资本公积金(元)	2.9056	4.8584	0.5148	0.5148
	每股盈余公积金(元)	0.1494	0.2240	0.2036	0.2036
	每股未分配利润(元)	1.3609	1.9965	2.3160	1.8163
	每股现金净流量(元)	–0.6408	0.8719	–0.0210	0.6088
	每股经营现金净流量(元)	–0.1278	0.0795	0.8586	1.2622
	净资产收益率(扣除)(%)	4.2000	8.7480	13.2000	22.6880
	净资产收益率(%)	4.2000	14.2200	13.2000	25.5900
	总资产(万)	127702.94	115534.58	69475.92	56440.13
	股东权益(万)	71336.57	70933.19	26563.55	23258.55
	主营业务收入(万)	71927.34	140975.02	63740.93	102561.21
	主营成本(万)	65047.55	124802.46	56025.46	89631.68
	营业收入(万)	82595.08	168527.80	81002.69	113416.98
	营业成本(万)	75618.50	151521.55	72670.31	100282.47
	投资收益(万)	–	–	–	–
	利润总额(万)	3570.19	7219.19	3849.10	6299.26
	净利润(万)	3027.33	6204.96	3287.56	5276.97

深圳欧菲光科技股份有限公司

公司概况	公司名称	深圳欧菲光科技股份有限公司			证券简称	欧菲光
	法人代表	蔡荣军	董秘	胡菁华	证券代码	002456
	公司网址	www.o-film.com		电子信箱	ofkj@o-film.com	
	电　话	0755-27555331		传　真	0755-27545688	
	办公地址	广东省深圳市宝安区公明街道松白公路华发路段欧菲光科技园				
	经营范围	开发,生产经营光电器件,光学零件及系统设备,光网络等				

	指标\报告期	2011.06.30	2010.12.31	2010.06.30	2009.12.31
主要财务指标	每股收益(元)	–0.0900	0.6400	0.1600	0.7100
	每股收益(扣除)(元)	–0.0989	0.5900	0.3200	0.6800
	每股净资产(元)	4.8700	10.0800	3.7300	3.4000
	调整后每股净资产(元)	–	–	–	–
	每股资本公积金(元)	3.1922	7.3844	0.8610	0.8610
	每股盈余公积金(元)	0.0875	0.1750	0.1680	0.1680
	每股未分配利润(元)	0.5883	1.5253	1.7002	1.3757
	每股现金净流量(元)	0.7831	2.4065	–0.0201	0.2355
	每股经营现金净流量(元)	–0.9836	–0.9319	0.0857	0.6831
	净资产收益率(扣除)(%)	–2.0000	8.7700	8.9600	22.3500
	净资产收益率(%)	–1.9390	5.3800	8.7020	20.7997
	总资产(万)	192443.86	135055.80	57727.32	45680.54
	股东权益(万)	93464.69	96812.56	26849.23	24513.72
	主营业务收入(万)	42582.53	61796.07	23722.14	37289.19
	主营成本(万)	37990.79	47802.38	18128.12	27418.55
	营业收入(万)	42634.54	61817.21	23733.82	37289.68
	营业成本(万)	38042.20	47816.01	18135.52	27419.10
	投资收益(万)	–	–	–	–
	利润总额(万)	–2053.83	6116.17	2764.36	5667.54
	净利润(万)	–1812.55	5208.88	2336.43	5098.79

宁夏青龙管业股份有限公司

公司概况	公司名称	宁夏青龙管业股份有限公司		证券简称	青龙管业
	法人代表	陈家兴	董秘	马跃	证券代码	002457
	公司网址	www.qlgd.com.cn		电子信箱	myplace528@126.com
	电　话	0951-5070380 5673796		传　真	0951-5673796
	办公地址	宁夏回族自治区青铜峡市河西			
	经营范围	水泥混凝土制品制造、销售;塑胶、橡胶制品制造、销售等			

主要财务指标	指标\报告期	2011.06.30	2010.12.31	2010.06.30	2009.12.31
	每股收益(元)	0.2300	1.0300	0.4800	1.1700
	每股收益(扣除)(元)	0.2234	0.9800	–	1.0500
	每股净资产(元)	6.4300	10.2300	4.8600	4.6800
	调整后每股净资产(元)	–	–	–	–
	每股资本公积金(元)	4.0348	7.0558	1.6427	1.6427
	每股盈余公积金(元)	0.1242	0.1987	0.1811	0.1811
	每股未分配利润(元)	1.2749	1.9776	2.0343	1.8512
	每股现金净流量(元)	–1.0758	4.7496	–0.8056	–0.5554
	每股经营现金净流量(元)	–0.8672	–0.2179	–1.2803	0.4070
	净资产收益率(扣除)(%)	3.5190	8.5840	9.9430	23.9330
	净资产收益率(%)	3.6200	12.7900	10.1300	27.9700
	总资产(万)	187317.91	181919.34	101613.09	96372.70
	股东权益(万)	148077.61	146586.96	54336.92	52320.87
	主营业务收入(万)	37149.37	78363.76	34301.20	67939.69
	主营成本(万)	26558.87	52274.10	22923.11	44851.26
	营业收入(万)	40073.78	85207.18	37989.55	72907.65
	营业成本(万)	28736.06	56401.71	25470.20	49011.65
	投资收益(万)	2.10	5.19	4.47	785.66
	利润总额(万)	6187.03	15249.20	6411.73	14390.76
	净利润(万)	5056.13	12259.52	5051.66	11701.34

山东益生种畜禽股份有限公司

公司概况	公司名称	山东益生种畜禽股份有限公司		证券简称	益生股份
	法人代表	曹积生	董秘	卢强	证券代码	002458
	公司网址	www.yishenggufen.com		电子信箱	sdys@vip.163.com
	电　话	0535-6215877		传　真	0535-6215877
	办公地址	山东省烟台市福山区(空港路南)益生路 1 号			
	经营范围	肉种鸡、蛋种鸡、商品鸡及其产品的引进、生产、销售等			

主要财务指标	指标\报告期	2011.06.30	2010.12.31	2010.06.30	2009.12.31
	每股收益(元)	0.4500	0.5100	0.2400	1.0000
	每股收益(扣除)(元)	0.4444	0.4600	–	0.9800
	每股净资产(元)	6.5100	8.1800	3.1600	2.8500
	调整后每股净资产(元)	–	–	–	–
	每股资本公积金(元)	3.9166	5.3916	0.0477	0.0477
	每股盈余公积金(元)	0.1640	0.2132	0.2272	0.2272
	每股未分配利润(元)	1.4298	1.5782	1.8822	1.5758
	每股现金净流量(元)	–0.9869	4.1200	0.3070	0.2940
	每股经营现金净流量(元)	0.3320	1.0476	0.3046	1.3142
	净资产收益率(扣除)(%)	6.8600	8.3000	9.5500	39.3400
	净资产收益率(%)	6.8580	5.3670	9.7040	35.1460
	总资产(万)	117014.86	122224.15	69594.57	54522.15
	股东权益(万)	91405.73	88376.84	25572.48	23090.81
	主营业务收入(万)	32219.90	45896.75	18931.18	36547.96
	主营成本(万)	22353.28	35122.52	13971.27	23965.33
	营业收入(万)	32219.90	45899.45	18931.18	36547.96
	营业成本(万)	22353.28	35125.12	13971.27	23965.33
	投资收益(万)	–	–	–	–
	利润总额(万)	6284.06	4781.17	2505.68	8089.57
	净利润(万)	6268.89	4743.54	2481.67	8115.59

秦皇岛天业通联重工股份有限公司

公司概况	公司名称	秦皇岛天业通联重工股份有限公司		证券简称	天业通联
	法人代表	朱新生	董秘	徐波	证券代码	002459
	公司网址	www.tianyetolian.com		电子信箱	bdhxubo@sina.com
	电　话	0335-5302528 0335-5302599		传　真	0335-5302528
	办公地址	河北省秦皇岛市经济技术开发区天山北路 3 号			
	经营范围	铁路桥梁施工起重运输设备和其他领域起重运输设备的研发、设计等			

主要财务指标	指标\报告期	2011.06.30	2010.12.31	2010.06.30	2009.12.31
	每股收益(元)	0.1400	0.7000	0.3000	0.6400
	每股收益(扣除)(元)	0.1260	0.6800	–	0.6100
	每股净资产(元)	5.7800	7.7400	2.8400	2.5000
	调整后每股净资产(元)	–	–	–	–
	每股资本公积金(元)	3.8249	5.2793	0.3251	0.3251
	每股盈余公积金(元)	0.1159	0.1507	0.1178	0.1178
	每股未分配利润(元)	0.8368	1.3106	1.3938	1.0608
	每股现金净流量(元)	–2.0335	3.8812	–0.4290	0.2802
	每股经营现金净流量(元)	–1.6226	–0.7903	–0.5958	0.1289
	净资产收益率(扣除)(%)	2.1100	14.4600	13.0700	27.8900
	净资产收益率(%)	2.3600	7.4800	13.6429	25.4736
	总资产(万)	208258.35	212421.50	132128.99	126024.12
	股东权益(万)	128436.85	132363.62	36310.43	32048.05
	主营业务收入(万)	42570.61	101664.03	41397.79	95323.51
	主营成本(万)	31049.58	73330.39	28844.74	68657.75
	营业收入(万)	45263.42	109438.04	43757.31	100371.82
	营业成本(万)	32826.72	78073.57	30220.70	73326.32
	投资收益(万)	–	–	–	–
	利润总额(万)	4026.49	11531.89	5426.88	9289.60
	净利润(万)	3030.75	9901.38	4953.78	8163.78

江西赣锋锂业股份有限公司

公司概况	公司名称	江西赣锋锂业股份有限公司		证券简称	赣锋锂业
	法人代表	李良彬	董秘	周志承	证券代码	002460
	公司网址	www.ganfenglithium.com		电子信箱	zzc31@sina.com
	电　话	0790-6415606		传　真	0790-6860528
	办公地址	江西省新余市经济开发区龙腾路			
	经营范围	深加工锂产品的研究、开发、生产与销售等式逻辑			

主要财务指标	指标\报告期	2011.06.30	2010.12.31	2010.06.30	2009.12.31
	每股收益(元)	0.1600	0.5100	0.1900	0.4500
	每股收益(扣除)(元)	0.1521	0.4700	–	0.4000
	每股净资产(元)	4.6700	7.1400	2.8300	2.5400
	调整后每股净资产(元)	–	–	–	–
	每股资本公积金(元)	2.8436	4.7654	0.3039	0.3039
	每股盈余公积金(元)	0.0599	0.0899	0.0546	0.0546
	每股未分配利润(元)	0.6910	1.2007	1.3758	1.0977
	每股现金净流量(元)	–0.5199	3.5073	–0.0249	–0.1037
	每股经营现金净流量(元)	0.0584	–0.0474	–0.1624	0.6354
	净资产收益率(扣除)(%)	3.1700	10.4600	9.8200	17.1300
	净资产收益率(%)	3.3690	5.9710	9.8130	17.8100
	总资产(万)	81503.35	77649.81	36414.11	30007.37
	股东权益(万)	69978.55	71415.04	21253.65	19014.58
	主营业务收入(万)	19683.90	35956.30	16230.54	24674.93
	主营成本(万)	15149.85	27771.96	12362.34	18338.16
	营业收入(万)	19698.24	35972.23	16244.11	24686.05
	营业成本(万)	15153.43	27779.76	12367.48	18341.20
	投资收益(万)	–	–	–	–
	利润总额(万)	2887.76	5148.86	2704.04	4393.08
	净利润(万)	2357.21	4264.23	2085.61	3386.11

广州珠江啤酒股份有限公司

公司名称	广州珠江啤酒股份有限公司			证券简称	珠江啤酒
法人代表	方贵权	董秘	林远存	证券代码	002461
公司网址	www.zhujiangbeer.com		电子信箱	zhengquan@zhujiangbeer.com	
电　话	020-84206636 84207045		传　真	020-84202560	
办公地址	广东省广州市海珠区新港东路磨碟沙大街118号				
经营范围	制造、加工、销售:酒、饮料、瓶盖、酒花、食品添加剂、饲料等				

指标\报告期	2011.06.30	2010.12.31	2010.06.30	2009.12.31
每股收益(元)	0.0900	0.1400	0.0900	0.1400
每股收益(扣除)(元)	0.0844	0.1400	–	0.1400
每股净资产(元)	4.7000	4.6600	4.5200	4.6200
调整后每股净资产(元)	–	–	–	–
每股资本公积金(元)	2.3387	2.3387	2.1021	2.1021
每股盈余公积金(元)	0.1927	0.1927	0.2027	0.2027
每股未分配利润(元)	1.1690	1.1319	1.2130	1.3142
每股现金净流量(元)	0.1085	0.3010	0.0534	–0.0421
每股经营现金净流量(元)	0.2545	0.3613	0.1699	0.6914
净资产收益率(扣除)(%)	1.8000	3.0300	1.9100	3.0900
净资产收益率(%)	1.8540	2.8790	1.9650	3.0400
总资产(万)	560698.79	541946.68	497037.78	469306.81
股东权益(万)	319707.70	317181.71	275656.32	281832.48
主营业务收入(万)	142043.12	298304.29	134594.87	276139.71
主营成本(万)	84016.25	176040.45	78773.65	161366.31
营业收入(万)	145431.22	305286.68	137610.81	282781.24
营业成本(万)	86036.16	180437.24	81304.79	166402.90
投资收益(万)	–	–	–	–
利润总额(万)	7061.19	11538.59	6488.51	11250.37
净利润(万)	5926.81	9130.99	5416.92	8569.21

嘉事堂药业股份有限公司

公司名称	嘉事堂药业股份有限公司			证券简称	嘉事堂
法人代表	丁元伟	董秘	王新侠	证券代码	002462
公司网址	www.cachet.com.cn		电子信箱	wangxinxia@cachet.cn	
电　话	010-88433464 8863250		传　真	010-88447731	
办公地址	北京市海淀区昆明湖南路11号1号楼				
经营范围	销售医疗器材、化学药制剂、中药饮片、中成药、抗生素、生化药品等				

指标\报告期	2011.06.30	2010.12.31	2010.06.30	2009.12.31
每股收益(元)	0.1900	0.3600	0.2100	0.3500
每股收益(扣除)(元)	0.1900	0.3300	–	0.3200
每股净资产(元)	6.5300	6.3900	4.7500	4.6800
调整后每股净资产(元)	–	–	–	–
每股资本公积金(元)	3.2500	3.2967	1.1501	1.1770
每股盈余公积金(元)	0.2375	0.2375	0.2957	0.2957
每股未分配利润(元)	2.0416	1.8531	2.2993	2.2072
每股现金净流量(元)	–0.0241	1.5813	–0.3417	0.2195
每股经营现金净流量(元)	–0.2968	–0.3100	0.2363	0.4176
净资产收益率(扣除)(%)	2.9100	4.7500	4.4400	7.5440
净资产收益率(%)	2.9100	6.6800	4.4400	8.0900
总资产(万)	143572.76	142717.45	93547.50	91727.98
股东权益(万)	105935.16	102469.44	57203.57	56392.19
主营业务收入(万)	76021.85	130294.13	59035.43	110503.28
主营成本(万)	68211.62	115924.76	52374.94	96927.32
营业收入(万)	77133.16	134167.11	61415.53	113355.98
营业成本(万)	68871.29	117150.99	53279.99	98065.89
投资收益(万)	–67.32	206.97	201.39	215.34
利润总额(万)	4094.21	6484.47	3433.28	5647.60
净利润(万)	3015.34	4854.24	2545.54	4254.11

沪士电子股份有限公司

公司名称	沪士电子股份有限公司			证券简称	沪电股份
法人代表	吴礼淦	董秘	李明贵	证券代码	002463
公司网址	www.wuscn.com		电子信箱	fin30@wuspc.com	
电　话	0512-57356148 57356136		传　真	0512-57356127 6136	
办公地址	江苏省昆山市黑龙江北路55号				
经营范围	印制电路板的研发、生产和销售等				

指标\报告期	2011.06.30	2010.12.31	2010.06.30	2009.12.31
每股收益(元)	0.2000	0.5100	0.2000	0.5100
每股收益(扣除)(元)	0.2027	0.5000	–	0.5100
每股净资产(元)	3.6900	4.3800	2.6500	2.4100
调整后每股净资产(元)	–	–	–	–
每股资本公积金(元)	1.2158	1.6589	–	–
每股盈余公积金(元)	0.2108	0.2530	0.2349	0.2349
每股未分配利润(元)	1.2595	1.4668	1.4136	1.1768
每股现金净流量(元)	0.1105	1.7892	0.1553	–0.1284
每股经营现金净流量(元)	0.2005	0.6185	0.2563	0.6616
净资产收益率(扣除)(%)	5.3000	15.5600	9.4100	23.3200
净资产收益率(%)	5.5290	10.7630	8.9400	20.9400
总资产(万)	433936.74	401061.68	268520.30	248048.47
股东权益(万)	306103.26	303019.56	162094.16	147603.06
主营业务收入(万)	155913.59	283761.98	134587.21	219972.76
主营成本(万)	119718.94	215876.71	103169.40	164687.35
营业收入(万)	165579.75	299510.10	142205.20	228426.16
营业成本(万)	130336.35	232822.17	111139.90	172873.04
投资收益(万)	–	–	–	–
利润总额(万)	20502.58	38455.36	17047.01	34550.39
净利润(万)	16924.31	32612.98	14491.10	30908.55

昆山金利表面材料应用科技股份有限公司

公司名称	昆山金利表面材料应用科技股份有限公司			证券简称	金利科技
法人代表	方幼玲	董秘	蔡金卿	证券代码	002464
公司网址	www.kebdt.com		电子信箱	securities@kebdt.com	
电　话	0512-57901098		传　真	0512-57710393	
办公地址	江苏省昆山市经济技术开发区昆嘉路1098号				
经营范围	研发、制造和销售各类铭板、薄膜开关、传统塑胶件和IMD产品等				

指标\报告期	2011.06.30	2010.12.31	2010.06.30	2009.12.31
每股收益(元)	0.2400	0.6000	0.3300	0.4300
每股收益(扣除)(元)	0.2400	0.5400	–	0.4100
每股净资产(元)	5.2600	5.4700	2.0300	1.7000
调整后每股净资产(元)	–	–	–	–
每股资本公积金(元)	3.4583	3.4583	–	–
每股盈余公积金(元)	0.1634	0.1634	0.1576	0.1576
每股未分配利润(元)	0.6467	0.8539	0.8807	0.5504
每股现金净流量(元)	–0.3181	3.8956	0.0669	0.1519
每股经营现金净流量(元)	0.2110	0.6757	0.4892	0.4731
净资产收益率(扣除)(%)	4.2100	16.3500	17.6400	23.0600
净资产收益率(%)	4.6150	9.0150	16.2670	25.3040
总资产(万)	76812.12	79542.66	30028.64	28849.69
股东权益(万)	71007.81	73825.63	20305.54	17028.96
主营业务收入(万)	15955.24	34934.33	18524.17	27142.99
主营成本(万)	9760.95	21840.23	11488.29	16451.34
营业收入(万)	16011.45	34992.35	18540.03	27178.90
营业成本(万)	9767.24	21952.49	11495.13	16475.38
投资收益(万)	–	–	–	–
利润总额(万)	3830.12	7905.30	4299.58	5400.69
净利润(万)	3276.68	6655.43	3303.17	4309.09

广州海格通信集团股份有限公司

公司概况

公司名称	广州海格通信集团股份有限公司			证券简称	海格通信
法人代表	杨海洲	董秘	谭伟明	证券代码	002465
公司网址	www.haige.com		电子信箱	hgzqb@haige.com	
电　　话	020-38699138		传　　真	020-38698028	
办公地址	广东省广州市高新技术产业开发区科学城海云路 88 号				
经营范围	通信设备、导航设备的研制、生产、销售和服务等				

主要财务指标

指标\报告期	2011.06.30	2010.12.31	2010.06.30	2009.12.31
每股收益(元)	0.2700	0.8700	0.4300	0.8600
每股收益(扣除)(元)	0.2197	0.7400	0.3533	0.7200
每股净资产(元)	12.4500	12.7800	4.1100	3.5000
调整后每股净资产(元)	–	–	–	–
每股资本公积金(元)	9.8163	9.8163	0.8317	0.8317
每股盈余公积金(元)	0.2538	0.2538	0.2418	0.2418
每股未分配利润(元)	1.3791	1.7101	1.8514	1.4223
每股现金净流量(元)	–1.2374	8.7229	–0.5538	0.0815
每股经营现金净流量(元)	–0.6151	0.3119	–0.2817	0.4315
净资产收益率(扣除)(%)	1.7000	10.1000	9.5200	21.6300
净资产收益率(%)	2.1600	5.6740	10.9330	24.4950
总资产(万)	462202.89	472800.68	170170.88	156640.07
股东权益(万)	413944.00	424951.94	97144.80	86524.11
主营业务收入(万)	43818.56	94258.91	42441.90	94060.98
主营成本(万)	23557.39	48340.77	19819.22	47284.33
营业收入(万)	44702.84	96575.59	42790.63	94927.68
营业成本(万)	23677.74	48662.34	20082.57	47575.89
投资收益(万)	–	–	–	–
利润总额(万)	9684.56	26248.48	11298.81	23723.90
净利润(万)	8942.45	24113.46	10620.69	21194.03

四川天齐锂业股份有限公司

公司概况

公司名称	四川天齐锂业股份有限公司			证券简称	天齐锂业
法人代表	蒋卫平	董秘	李波	证券代码	002466
公司网址	www.likunda-china.com		电子信箱	libo@tqmmm.com.cn	
电　　话	028-85183501		传　　真	028-85183501	
办公地址	四川省遂宁市射洪县太和镇城北 四川省成都市高朋东路 10 号				
经营范围	主营制造、销售工业碳酸锂、药用碳酸锂及其锂系列产品、其他化工产品等				

主要财务指标

指标\报告期	2011.06.30	2010.12.31	2010.06.30	2009.12.31
每股收益(元)	0.1300	0.4800	0.1700	0.5000
每股收益(扣除)(元)	0.1061	0.4000	0.2100	0.4400
每股净资产(元)	6.5600	9.7300	3.4900	3.2300
调整后每股净资产(元)	–	–	–	–
每股资本公积金(元)	4.9171	7.8756	1.6156	1.6156
每股盈余公积金(元)	0.0790	0.1185	0.1119	0.1119
每股未分配利润(元)	0.5605	0.7387	0.7608	0.5020
每股现金净流量(元)	–0.7650	4.9347	–0.3638	–0.1346
每股经营现金净流量(元)	–0.1472	–0.2682	–0.1070	0.3647
净资产收益率(扣除)(%)	1.6200	6.8300	6.2000	13.3500
净资产收益率(%)	2.0540	4.0770	7.4210	15.3650
总资产(万)	109112.86	104961.39	43923.28	38817.76
股东权益(万)	96381.08	95381.43	25638.98	23736.34
主营业务收入(万)	18878.10	29258.12	13638.57	30136.94
主营成本(万)	15949.06	22938.15	10709.97	24381.82
营业收入(万)	18960.60	29426.38	13784.73	30513.20
营业成本(万)	15963.35	22990.69	10714.31	24409.67
投资收益(万)	–	–	–	–
利润总额(万)	2343.92	4746.49	2297.63	4295.86
净利润(万)	1979.66	3888.41	1902.64	3646.99

二六三网络通信股份有限公司

公司概况

公司名称	二六三网络通信股份有限公司			证券简称	二 六 三
法人代表	李小龙	董秘	刘江涛	证券代码	002467
公司网址	www.net263.com		电子信箱	invest263@net263.com	
电　　话	010-64260109		传　　真	010-64260109	
办公地址	北京市朝阳区和平里东土城路 14 号建达大厦 16 层				
经营范围	增值电信业务中的通信服务业务等				

主要财务指标

指标\报告期	2011.06.30	2010.12.31	2010.06.30	2009.12.31
每股收益(元)	0.3600	0.6900	0.4400	0.7800
每股收益(扣除)(元)	0.3365	0.6600	0.4300	0.7000
每股净资产(元)	8.7000	8.7400	3.0000	2.9600
调整后每股净资产(元)	–	–	–	–
每股资本公积金(元)	6.0045	6.0045	0.0117	0.0124
每股盈余公积金(元)	0.4448	0.4448	0.5203	0.5203
每股未分配利润(元)	1.2512	1.2904	1.4682	1.4238
每股现金净流量(元)	–0.1107	6.5662	–0.0404	0.1047
每股经营现金净流量(元)	0.3502	0.7502	0.4699	0.9733
净资产收益率(扣除)(%)	3.8000	12.5800	14.3400	25.2800
净资产收益率(%)	4.1470	6.6030	14.8100	26.4400
总资产(万)	115075.14	114023.36	34500.16	33392.52
股东权益(万)	104406.18	104876.68	27001.51	26608.69
主营业务收入(万)	–	29382.82	–	–
主营成本(万)	–	13382.78	–	–
营业收入(万)	14979.32	29382.82	14512.33	30360.95
营业成本(万)	6192.52	13382.78	6751.16	14727.57
投资收益(万)	–	–	–	–
利润总额(万)	4916.02	7802.03	4322.94	8142.61
净利润(万)	4329.49	6924.90	3999.34	7034.20

浙江艾迪西流体控制股份有限公司

公司概况

公司名称	浙江艾迪西流体控制股份有限公司			证券简称	艾 迪 西
法人代表	李家德	董秘	申亚欣	证券代码	002468
公司网址	www.idcgroup.com.cn		电子信箱	idc_security@idcgroup.com.cn	
电　　话	0576-87298766 8011		传　　真	0576-87298758	
办公地址	浙江省台州市玉环县机电工业园区				
经营范围	水暖器材、阀门、管件、建筑金属配件、智能家庭及环保节能控制系统等				

主要财务指标

指标\报告期	2011.06.30	2010.12.31	2010.06.30	2009.12.31
每股收益(元)	0.1790	0.6000	0.3500	0.5100
每股收益(扣除)(元)	0.1513	0.5200	0.3100	0.4200
每股净资产(元)	4.0770	4.9770	2.3700	2.1500
调整后每股净资产(元)	–	–	–	–
每股资本公积金(元)	2.0935	2.7122	0.0034	0.0034
每股盈余公积金(元)	0.1217	0.1460	0.1618	0.1618
每股未分配利润(元)	0.8617	1.1193	1.2083	0.9822
每股现金净流量(元)	0.5059	2.0398	0.0527	–0.0274
每股经营现金净流量(元)	–0.4563	0.1152	0.0099	0.3746
净资产收益率(扣除)(%)	3.6800	15.5700	13.7300	20.9300
净资产收益率(%)	4.3890	10.0660	14.7920	23.8370
总资产(万)	138809.30	107813.02	72385.78	63071.88
股东权益(万)	78275.16	79639.67	28481.45	25768.63
主营业务收入(万)	51207.39	114818.83	56744.26	74888.90
主营成本(万)	41683.31	94013.20	45928.59	59987.99
营业收入(万)	51411.39	115237.32	56960.56	75366.95
营业成本(万)	41849.00	94282.84	46106.75	60332.58
投资收益(万)	–	–	–	–
利润总额(万)	3975.39	9976.25	5335.78	7760.46
净利润(万)	3435.49	8016.87	4212.82	6142.57

山东三维石化工程股份有限公司

公司概况

公司名称	山东三维石化工程股份有限公司			证券简称	三维工程
法人代表	曲思秋	董秘	高勇	证券代码	002469
公司网址	www.sdsunway.com.cn		电子信箱	sdsunway@sdsunway.com.cn	
电　　话	0533-7576134 7574189		传　　真	0533-7576134 7574189	
办公地址	山东省淄博市临淄区炼厂中路 22 号				
经营范围	对外派遣实施境外工程所需的劳务人员等				

主要财务指标

指标\报告期	2011.06.30	2010.12.31	2010.06.30	2009.12.31
每股收益(元)	0.2300	0.9400	0.2500	0.7400
每股收益(扣除)(元)	0.2339	0.9400	0.4200	0.7400
每股净资产(元)	6.3000	10.6100	3.0000	2.5800
调整后每股净资产(元)	–	–	–	–
每股资本公积金(元)	4.1262	7.7146	0.0870	0.0870
每股盈余公积金(元)	0.1459	0.2481	0.2271	0.2271
每股未分配利润(元)	1.0283	1.6506	1.6870	1.2627
每股现金净流量(元)	-1.0376	8.5353	0.4815	-0.0028
每股经营现金净流量(元)	-0.0370	0.6243	0.4935	0.0529
净资产收益率(扣除)(%)	3.7116	7.3700	14.1386	28.7660
净资产收益率(%)	3.6800	15.7800	15.2100	33.6100
总资产(万)	79577.85	80126.60	21405.97	18020.43
股东权益(万)	71101.20	70486.66	14899.05	12792.53
主营业务收入(万)	8342.47	17861.59	7177.57	14653.11
主营成本(万)	4232.36	10125.48	3709.12	7960.28
营业收入(万)	8342.47	17861.59	7177.57	14684.77
营业成本(万)	4232.36	10125.48	3709.12	7962.04
投资收益(万)	–	–	–	–
利润总额(万)	3087.62	6087.43	2456.54	4356.43
净利润(万)	2633.51	5181.28	2106.52	3679.89

山东金正大生态工程股份有限公司

公司概况

公司名称	山东金正大生态工程股份有限公司			证券简称	金正大
法人代表	万连步	董秘	陈宏坤	证券代码	002470
公司网址	www.kingenta.com		电子信箱	jzd@kingenta.com	
电　　话	0539-6088691		传　　真	0539-6088691	
办公地址	山东省临沭县兴大西街 19 号				
经营范围	复合肥、控释肥的研发、生产和销售等				

主要财务指标

指标\报告期	2011.06.30	2010.12.31	2010.06.30	2009.12.31
每股收益(元)	0.3200	0.5000	0.2400	0.3500
每股收益(扣除)(元)	0.3195	0.4900	0.2400	0.3500
每股净资产(元)	4.1100	3.8800	1.9100	1.6700
调整后每股净资产(元)	–	–	–	–
每股资本公积金(元)	1.8724	1.8724	0.0126	0.0126
每股盈余公积金(元)	0.1208	0.1208	0.1060	0.1060
每股未分配利润(元)	1.1126	0.8915	0.7910	0.5523
每股现金净流量(元)	-0.5756	1.0938	-0.8150	1.0056
每股经营现金净流量(元)	-1.0353	-0.5405	-0.6960	1.6543
净资产收益率(扣除)(%)	7.9300	19.0600	13.2100	22.7700
净资产收益率(%)	7.8210	11.5350	12.4990	21.2410
总资产(万)	463388.69	435759.83	216641.17	304046.92
股东权益(万)	287410.16	271931.58	114569.93	100250.38
主营业务收入(万)	376623.14	546336.31	246779.39	414829.92
主营成本(万)	327480.55	477439.99	214837.83	369282.17
营业收入(万)	377648.63	547932.43	247581.53	415920.16
营业成本(万)	328287.56	478758.77	215473.56	370346.12
投资收益(万)	–	–	–	–
利润总额(万)	27597.95	39012.99	17217.73	24329.20
净利润(万)	22478.58	31367.07	14319.54	21293.79

江苏中超电缆股份有限公司

公司概况

公司名称	江苏中超电缆股份有限公司			证券简称	中超电缆
法人代表	杨飞	董秘	杨飞(代)	证券代码	002471
公司网址	www.zcdlgf.com		电子信箱	jx2008cjp@yahoo.cn	
电　　话	0510-87698510 87698298		传　　真	0510-87698298	
办公地址	江苏省宜兴市西郊工业园振丰东路 999 号				
经营范围	电线电缆的制造、研究开发、销售、技术服务等				

主要财务指标

指标\报告期	2011.06.30	2010.12.31	2010.06.30	2009.12.31
每股收益(元)	0.1500	0.5000	0.1500	0.4100
每股收益(扣除)(元)	0.1537	0.5000	0.1900	1.8200
每股净资产(元)	3.9900	5.2900	2.0100	–
调整后每股净资产(元)	–	–	–	0.2204
每股资本公积金(元)	2.4067	3.4287	0.2204	0.0801
每股盈余公积金(元)	0.0775	0.1008	0.0801	0.5207
每股未分配利润(元)	0.5076	0.7596	0.7125	-0.6201
每股现金净流量(元)	-2.4519	3.4782	-0.4022	0.5383
每股经营现金净流量(元)	-2.1055	0.3225	-0.6404	23.1800
净资产收益率(扣除)(%)	3.8600	7.7480	9.5310	23.3200
净资产收益率(%)	3.7500	16.7300	10.0100	83726.57
总资产(万)	195709.37	180171.21	99604.44	21854.26
股东权益(万)	85374.42	84626.78	24156.66	89502.73
主营业务收入(万)	79932.90	124491.96	50310.63	74426.29
主营成本(万)	66797.46	104688.75	41845.83	90781.94
营业收入(万)	79938.01	125481.39	50866.96	75628.88
营业成本(万)	66797.46	105578.15	42349.56	163.41
投资收益(万)	–	–	–	6839.06
利润总额(万)	4433.66	8885.21	3124.84	5065.90
净利润(万)	3204.72	6557.03	2302.40	0.4100

浙江双环传动机械股份有限公司

公司概况

公司名称	浙江双环传动机械股份有限公司			证券简称	双环传动
法人代表	吴长鸿	董秘	叶松	证券代码	002472
公司网址	www.gearsnet.com		电子信箱	yxd@gearsnet.com	
电　　话	0576-87237669		传　　真	0576-87239865	
办公地址	浙江省玉环县机电工业园区 1-14 号				
经营范围	齿轮、传动和驱动部件制造、销售,经营进出口业务等				

主要财务指标

指标\报告期	2011.06.30	2010.12.31	2010.06.30	2009.12.31
每股收益(元)	0.4000	1.3600	0.7900	0.7900
每股收益(扣除)(元)	0.3909	1.2800	0.7800	0.7300
每股净资产(元)	5.9700	10.3300	4.4300	3.6400
调整后每股净资产(元)	–	–	–	–
每股资本公积金(元)	3.1769	6.5185	0.3560	0.3560
每股盈余公积金(元)	0.1466	0.2640	0.2168	0.2168
每股未分配利润(元)	1.6503	2.5462	2.8570	2.0703
每股现金净流量(元)	-0.0270	3.3502	0.0109	-0.0472
每股经营现金净流量(元)	0.3233	1.5089	1.4158	0.5984
净资产收益率(扣除)(%)	6.6100	21.1900	19.2300	22.4200
净资产收益率(%)	6.7350	10.6560	17.7582	21.6751
总资产(万)	169333.17	149635.04	101223.88	93809.35
股东权益(万)	127744.40	122704.31	39336.33	32350.91
主营业务收入(万)	46265.80	81713.31	44278.30	51680.73
主营成本(万)	31387.87	54193.37	29040.22	33810.92
营业收入(万)	47863.35	84305.50	45590.93	52953.39
营业成本(万)	31709.85	54979.97	29480.77	33953.89
投资收益(万)	–	–	–	–
利润总额(万)	10243.74	15645.76	8461.82	8386.91
净利润(万)	8604.09	13075.40	6985.42	7012.10

宁波圣莱达电器股份有限公司

公司概况					
公司名称	宁波圣莱达电器股份有限公司			证券简称	圣 莱 达
法人代表	杨宁恩	董秘	沈明亮	证券代码	002473
公司网址	www.nbslt.com		电子信箱	sltzq@nbslt.com	
电 话	0574-87522922 87522994		传 真	0574-87522997	
办公地址	浙江省宁波市江北区康庄南路 515 号				
经营范围	电热电器、电机电器及配件的制造、加工				

主要财务指标：指标＼报告期	2011.06.30	2010.12.31	2010.06.30	2009.12.31
每股收益(元)	0.0800	0.5100	0.2300	0.4700
每股收益(扣除)(元)	0.0486	0.4200	0.2300	0.4500
每股净资产(元)	2.6800	5.4100	2.2500	2.1200
调整后每股净资产(元)	–	–	–	–
每股资本公积金(元)	1.3872	3.7744	0.6642	0.6642
每股盈余公积金(元)	0.0437	0.0875	0.0671	0.0671
每股未分配利润(元)	0.2486	0.5469	0.4600	0.3888
每股现金净流量(元)	–0.2982	2.8460	–0.4878	–0.3175
每股经营现金净流量(元)	–0.1055	0.0580	0.0891	0.3808
净资产收益率(扣除)(%)	2.8060	7.6260	10.2650	21.3946
净资产收益率(%)	2.7600	15.8200	10.4700	26.0600
总资产(万)	47577.80	47561.99	20314.01	20496.09
股东权益(万)	43228.48	43646.15	13516.84	13006.98
主营业务收入(万)	9228.30	21629.05	10272.67	15055.91
主营成本(万)	7252.19	16256.55	7319.37	9903.78
营业收入(万)	10225.07	23388.43	10684.42	15536.15
营业成本(万)	7983.93	16809.78	7557.29	10187.26
投资收益(万)	–	–	–	4.80
利润总额(万)	1353.95	3959.12	1693.79	3215.28
净利润(万)	1202.87	3299.63	1387.55	2721.55

福建榕基软件股份有限公司

公司概况					
公司名称	福建榕基软件股份有限公司			证券简称	榕基软件
法人代表	鲁峰	董秘	万孝雄	证券代码	002474
公司网址	www.rongji.com		电子信箱	rongji@rongji.com	
电 话	0591-83517761 87303569		传 真	0591-87862566	
办公地址	福建省福州市鼓楼区铜盘路福州软件园产业基地				
经营范围	软件产品的开发与销售、计算机系统集成及技术支持与服务等				

主要财务指标：指标＼报告期	2011.06.30	2010.12.31	2010.06.30	2009.12.31
每股收益(元)	0.4251	0.9275	0.3186	0.6181
每股收益(扣除)(元)	0.4017	0.8628	0.3020	0.6068
每股净资产(元)	11.0800	11.2600	2.6800	2.3600
调整后每股净资产(元)	–	–	–	–
每股资本公积金(元)	8.4951	8.4951	0.0165	0.0165
每股盈余公积金(元)	0.1662	0.1662	0.1239	0.1239
每股未分配利润(元)	1.4195	1.5944	1.5394	1.2208
每股现金净流量(元)	0.7387	2.1781	–0.0038	0.0192
每股经营现金净流量(元)	0.1156	0.8096	0.1989	0.6768
净资产收益率(扣除)(%)	3.5000	16.4200	11.9800	29.5700
净资产收益率(%)	3.8360	6.6910	11.8880	26.1770
总资产(万)	126917.20	122568.63	24078.93	23017.86
股东权益(万)	114908.01	116722.00	20821.73	18346.43
主营业务收入(万)	18648.09	30900.09	10369.63	20267.90
主营成本(万)	11860.25	17279.82	5600.79	10794.67
营业收入(万)	18648.09	30900.09	10369.63	20267.90
营业成本(万)	11860.25	17279.82	5600.79	10794.67
投资收益(万)	–	–	–	–
利润总额(万)	5175.59	8731.85	2871.18	5291.27
净利润(万)	4408.01	7809.24	2475.30	4802.50

深圳立讯精密工业股份有限公司

公司概况					
公司名称	深圳立讯精密工业股份有限公司			证券简称	立讯精密
法人代表	王来春	董秘	丁远达	证券代码	002475
公司网址	www.luxshare.com.cn		电子信箱	luxshare@luxshare.com.cn	
电 话	0755-81469677		传 真	0755-29975088	
办公地址	广东省深圳市宝安区西乡镇洲石路翻身工业厂房 G1(1–3 层)				
经营范围	生产经营连接线、连接器、电脑周边设备、塑胶五金制品				

主要财务指标：指标＼报告期	2011.06.30	2010.12.31	2010.06.30	2009.12.31
每股收益(元)	0.3800	0.2600	0.3900	0.5800
每股收益(扣除)(元)	0.3600	0.7700	0.3900	0.5600
每股净资产(元)	6.4700	9.4300	2.8900	2.5000
调整后每股净资产(元)	–	–	–	–
每股资本公积金(元)	4.4369	7.1554	0.6859	0.6859
每股盈余公积金(元)	0.0474	0.0711	0.0374	0.0374
每股未分配利润(元)	0.9852	1.2058	1.1684	0.7789
每股现金净流量(元)	–0.9229	1.0243	0.2305	0.4490
每股经营现金净流量(元)	0.3379	0.4221	0.1665	0.4557
净资产收益率(扣除)(%)	5.4600	28.4900	13.4000	27.2300
净资产收益率(%)	5.8950	7.0630	13.4700	22.7900
总资产(万)	356697.90	204564.05	61592.80	54272.48
股东权益(万)	168650.30	163932.31	37592.34	32529.52
主营业务收入(万)	98454.60	100754.66	38697.43	58244.70
主营成本(万)	78298.61	81942.71	30298.96	45626.63
营业收入(万)	98536.76	101054.87	38812.81	58470.31
营业成本(万)	78330.94	82089.37	30351.29	45837.31
投资收益(万)	–	–	–	–
利润总额(万)	15706.25	14560.10	6257.09	9511.51
净利润(万)	9941.23	11578.08	5062.81	7412.28

山东宝莫生物化工股份有限公司

公司概况					
公司名称	山东宝莫生物化工股份有限公司			证券简称	宝莫股份
法人代表	夏春良	董秘	张扬	证券代码	002476
公司网址	www.slcapam.com		电子信箱	cnvca@slcapam.com	
电 话	0546-7788268		传 真	0546-7773708	
办公地址	山东省东营市西四路 892 号				
经营范围	丙烯酰胺,聚丙烯酰胺的生产,销售,丙烯腈销售等				

主要财务指标：指标＼报告期	2011.06.30	2010.12.31	2010.06.30	2009.12.31
每股收益(元)	0.2200	0.5800	0.2400	0.4800
每股收益(扣除)(元)	0.2200	0.5600	0.3200	0.4800
每股净资产(元)	4.9900	7.1900	2.0600	2.0400
调整后每股净资产(元)	–	–	–	–
每股资本公积金(元)	3.1401	5.2101	0.0692	0.0692
每股盈余公积金(元)	0.0986	0.1479	0.1261	0.1261
每股未分配利润(元)	0.7498	0.8911	0.8662	0.8487
每股现金净流量(元)	–0.2301	3.4215	0.0808	0.1223
每股经营现金净流量(元)	–0.0146	–0.4330	0.5927	0.9088
净资产收益率(扣除)(%)	4.4300	15.4200	16.5700	25.6900
净资产收益率(%)	4.4580	6.5850	15.4000	23.2700
总资产(万)	99696.25	92183.39	37982.74	38313.60
股东权益(万)	89792.83	86989.66	18553.35	18395.79
主营业务收入(万)	29031.18	51158.72	25698.20	41945.66
主营成本(万)	23254.04	40652.00	20286.84	32731.13
营业收入(万)	29031.18	51540.98	26075.25	41945.66
营业成本(万)	23254.04	41023.91	20654.05	32731.13
投资收益(万)	–	–	–	–
利润总额(万)	4665.28	7584.43	3823.65	5745.33
净利润(万)	4003.17	5681.32	3187.79	4281.54

河南雏鹰农牧股份有限公司

公司概况	公司名称	河南雏鹰农牧股份有限公司			证券简称	雏鹰农牧
	法人代表	侯建芳	董秘	吴易得	证券代码	002477
	公司网址	www.chu-ying.com		电子信箱	cywyd@126.com	
	电　　话	0371-62583588		传　　真	0371-62583825	
	办公地址	河南省新郑市薛店镇世纪大道				
	经营范围	畜禽养殖销售及技术开发;饲料生产销售等				

主要财务指标	指标\报告期	2011.06.30	2010.12.31	2010.06.30	2009.12.31
	每股收益(元)	0.5322	1.1300	0.3174	0.9300
	每股收益(扣除)(元)	0.5284	1.0300	0.2900	0.8100
	每股净资产(元)	6.2100	11.8000	3.9800	3.6600
	调整后每股净资产(元)	–	–	–	–
	每股资本公积金(元)	4.2085	9.4170	2.0444	2.0444
	每股盈余公积金(元)	0.0792	0.1583	0.0883	0.0883
	每股未分配利润(元)	0.9185	1.2226	0.8429	0.5255
	每股现金净流量(元)	0.2439	5.4185	0.0883	–0.0251
	每股经营现金净流量(元)	0.0786	0.1911	0.2124	0.5307
	净资产收益率(扣除)(%)	8.5760	7.8070	7.9830	24.1420
	净资产收益率(%)	8.5100	17.6000	8.3100	31.9600
	总资产(万)	218219.84	180347.53	74320.84	64884.10
	股东权益(万)	165705.39	157502.29	39756.23	36582.67
	主营业务收入(万)	48201.45	68296.46	27004.26	54108.22
	主营成本(万)	30774.24	50767.78	21748.73	41929.63
	营业收入(万)	48201.45	68296.46	27004.26	54108.22
	营业成本(万)	30774.24	50767.78	21748.73	41929.63
	投资收益(万)	49.50	51.69	51.69	10.98
	利润总额(万)	14232.96	12420.11	3180.36	8887.75
	净利润(万)	14210.60	12296.77	3173.56	8831.61

江苏常宝钢管股份有限公司

公司概况	公司名称	江苏常宝钢管股份有限公司			证券简称	常宝股份
	法人代表	曹坚	董秘	赵旦	证券代码	002478
	公司网址	www.cbsteeltube.com		电子信箱	zhaod@cbsteeltube.com	
	电　　话	0519-88814347		传　　真	0519-88812052	
	办公地址	江苏省常州市延陵东路558号				
	经营范围	石油天然气用管和锅炉管等专用钢管的生产和销售等				

主要财务指标	指标\报告期	2011.06.30	2010.12.31	2010.06.30	2009.12.31
	每股收益(元)	0.2200	0.5300	0.2500	0.5800
	每股收益(扣除)(元)	0.2211	0.5100	0.2500	0.5400
	每股净资产(元)	5.5700	5.4500	2.9519	2.7300
	调整后每股净资产(元)	–	–	–	–
	每股资本公积金(元)	2.7780	2.7785	0.2320	0.2475
	每股盈余公积金(元)	0.2410	0.2410	0.2152	0.2152
	每股未分配利润(元)	1.5531	1.4289	1.5048	1.2673
	每股现金净流量(元)	–0.8175	2.7239	0.0043	–0.3377
	每股经营现金净流量(元)	–1.0046	0.7104	0.0624	–0.6669
	净资产收益率(扣除)(%)	3.9800	14.0300	8.7400	21.9700
	净资产收益率(%)	4.0240	8.3960	8.5550	21.3601
	总资产(万)	308913.36	358707.42	243210.80	225829.79
	股东权益(万)	222942.71	217994.28	97589.78	90254.13
	主营业务收入(万)	155944.70	274227.36	116235.24	208473.52
	主营成本(万)	133647.38	228197.86	96927.70	163967.31
	营业收入(万)	163076.50	287860.61	121798.36	216827.94
	营业成本(万)	138577.80	238199.80	100603.29	171284.60
	投资收益(万)	–	–	–	–
	利润总额(万)	12881.05	26599.40	11468.38	28339.46
	净利润(万)	8970.34	18303.19	8349.10	19278.34

浙江富春江环保热电股份有限公司

公司概况	公司名称	浙江富春江环保热电股份有限公司			证券简称	富春环保
	法人代表	孙庆炎	董秘	张杰	证券代码	002479
	公司网址	www.zhefuet.com		电子信箱	zhangjie@zhefuet.com	
	电　　话	0571-63553779		传　　真	0571-63121207 6355377	
	办公地址	浙江省富阳市灵桥镇春永路188号				
	经营范围	火力发电、垃圾发电等				

主要财务指标	指标\报告期	2011.06.30	2010.12.31	2010.06.30	2009.12.31
	每股收益(元)	0.1951	0.7971	0.1476	0.5737
	每股收益(扣除)(元)	0.1917	0.7308	0.3473	0.4705
	每股净资产(元)	4.2100	8.5300	2.5700	2.1800
	调整后每股净资产(元)	–	–	–	–
	每股资本公积金(元)	2.6375	6.2750	0.3696	0.3696
	每股盈余公积金(元)	0.0696	0.1392	0.0998	0.0998
	每股未分配利润(元)	0.5015	1.1128	1.1052	0.7104
	每股现金净流量(元)	–1.0265	5.1195	0.3037	0.1740
	每股经营现金净流量(元)	0.0013	0.7657	0.6796	1.1964
	净资产收益率(扣除)(%)	4.5200	16.8500	14.6100	24.2600
	净资产收益率(%)	4.6360	7.5790	15.3370	26.3210
	总资产(万)	191731.47	196611.73	79669.37	71928.18
	股东权益(万)	180127.00	182476.70	41192.72	34875.15
	主营业务收入(万)	56039.32	89328.16	41507.53	69783.00
	主营成本(万)	45929.68	73784.26	34590.86	58595.06
	营业收入(万)	56659.47	90956.24	41813.17	70330.29
	营业成本(万)	45929.68	74284.43	34597.02	58607.38
	投资收益(万)	–	–	–	–
	利润总额(万)	9807.85	15551.88	6671.52	9095.48
	净利润(万)	8350.31	13830.35	6317.57	9179.37

成都市新筑路桥机械股份有限公司

公司概况	公司名称	成都市新筑路桥机械股份有限公司			证券简称	新筑股份
	法人代表	黄志明	董秘	周思伟	证券代码	002480
	公司网址	www.xinzhu.com		电子信箱	vendition@xinzhu.com	
	电　　话	028-82550671		传　　真	028-82550671	
	办公地址	四川省成都市四川新津工业园区				
	经营范围	金属桥梁结构及桥梁零件的设计制造;建筑用金属结构等				

主要财务指标	指标\报告期	2011.06.30	2010.12.31	2010.06.30	2009.12.31
	每股收益(元)	0.4400	1.2500	0.2600	–
	每股收益(扣除)(元)	0.4391	1.0500	0.4000	–
	每股净资产(元)	6.9600	13.3400	4.7900	–
	调整后每股净资产(元)	–	–	–	–
	每股资本公积金(元)	4.3808	9.7616	1.1776	–
	每股盈余公积金(元)	0.1182	0.2364	0.2076	–
	每股未分配利润(元)	1.4620	2.3453	2.4025	–
	每股现金净流量(元)	–1.2024	5.2819	–0.1885	–
	每股经营现金净流量(元)	–1.3271	–4.8201	–1.7608	–
	净资产收益率(扣除)(%)	6.5100	14.2100	8.8700	–
	净资产收益率(%)	6.3120	7.6310	10.9740	–
	总资产(万)	369028.87	345280.27	154736.01	–
	股东权益(万)	194907.95	186805.27	50270.54	–
	主营业务收入(万)	124098.73	137243.67	47483.67	–
	主营成本(万)	87111.29	90151.38	30494.36	–
	营业收入(万)	131964.96	139616.41	48245.36	–
	营业成本(万)	93953.30	90654.27	30739.50	–
	投资收益(万)	–	–	–	–
	利润总额(万)	15028.85	16862.74	6478.87	–
	净利润(万)	12302.68	14254.38	5516.62	–

烟台双塔食品股份有限公司

公司概况						
公司概况	公司名称	烟台双塔食品股份有限公司			证券简称	双塔食品
	法人代表	杨君敏	董秘	师恩战	证券代码	002481
	公司网址	www.shuangtafensi.com		电子信箱	shuangtashipin@sohu.com	
	电　　话	0535-8070881		传　　真	0535-8070881	
	办公地址	山东省招远市金岭镇寨里				
	经营范围	生产并销售杂豆、薯类粉丝(条)及淀粉、面条、花生制品、食用菌、蔬菜等				

主要财务指标	指标\报告期	2011.06.30	2010.12.31	2010.06.30	2009.12.31
	每股收益(元)	0.2222	1.1024	0.2002	0.9545
	每股收益(扣除)(元)	0.2273	0.9538	0.3900	0.7830
	每股净资产(元)	6.3200	12.5000	3.5900	3.1867
	调整后每股净资产(元)	–	–	–	–
	每股资本公积金(元)	4.1262	9.2523	0.3855	0.3855
	每股盈余公积金(元)	0.1168	0.2336	0.1920	0.1920
	每股未分配利润(元)	1.0787	2.0130	2.0095	1.6091
	每股现金净流量(元)	–0.9946	5.4844	0.3382	0.4156
	每股经营现金净流量(元)	0.6356	–0.8461	1.2542	0.0048
	净资产收益率(扣除)(%)	3.6100	15.0700	11.6100	28.9000
	净资产收益率(%)	3.5150	7.1660	11.1600	29.9540
	总资产(万)	90253.32	86502.60	41786.90	34726.45
	股东权益(万)	75859.74	74993.48	16141.48	14340.05
	主营业务收入(万)	18538.69	35014.81	16214.60	32139.16
	主营成本(万)	13852.45	26168.50	12212.52	24804.98
	营业收入(万)	27842.30	37044.61	16512.89	32145.26
	营业成本(万)	22707.97	27829.99	12518.27	24805.88
	投资收益(万)	–	–	–	–
	利润总额(万)	3140.76	6341.07	2128.91	5161.42
	净利润(万)	2666.26	5374.15	1801.43	4295.46

深圳广田装饰集团股份有限公司

公司概况						
公司概况	公司名称	深圳广田装饰集团股份有限公司			证券简称	广田股份
	法人代表	叶远西	董秘	王宏坤	证券代码	002482
	公司网址	www.szgt.com		电子信箱	zq@szgt.com	
	电　　话	0755-22190518		传　　真	0755-22190528	
	办公地址	深圳市罗湖区沿河北路 1003 号京基东方都会大厦 1-3 层				
	经营范围	承担境内、外各类建筑(包括车、船、飞机)的室内外装饰工程的设计与施工等				

主要财务指标	指标\报告期	2011.06.30	2010.12.31	2010.06.30	2009.12.31
	每股收益(元)	0.4200	1.6500	0.4000	0.8500
	每股收益(扣除)(元)	0.4252	1.6100	0.7900	0.8100
	每股净资产(元)	8.1800	15.7100	3.3300	2.5200
	调整后每股净资产(元)	–	–	–	–
	每股资本公积金(元)	6.2711	12.5423	0.4241	0.4241
	每股盈余公积金(元)	0.1049	0.2098	0.1019	0.1019
	每股未分配利润(元)	0.8008	1.9543	1.8005	0.9976
	每股现金净流量(元)	–0.8529	3.8491	0.4001	1.3644
	每股经营现金净流量(元)	–1.2328	0.6412	0.7036	1.0928
	净资产收益率(扣除)(%)	5.2800	23.0100	26.8600	38.5100
	净资产收益率(%)	5.1810	8.5280	24.1370	33.4970
	总资产(万)	396288.63	355947.90	108734.02	77068.97
	股东权益(万)	261658.87	251302.11	39916.94	30282.12
	主营业务收入(万)	241351.57	419359.26	183570.70	191655.71
	主营成本(万)	207812.61	367973.65	160784.82	168272.60
	营业收入(万)	241395.85	419820.31	183989.39	191818.77
	营业成本(万)	207839.46	368113.45	160897.77	168396.30
	投资收益(万)	–	–	–	–
	利润总额(万)	17871.59	27354.59	12362.76	12722.35
	净利润(万)	13556.76	21432.08	9634.83	10143.46

江苏润邦重工股份有限公司

公司概况						
公司概况	公司名称	江苏润邦重工股份有限公司			证券简称	润邦股份
	法人代表	吴建	董秘	谢贵兴	证券代码	002483
	公司网址	www.jiangsurhi.com		电子信箱	irm@jiangsurhi.com	
	电　　话	0513-80100206		传　　真	0513-80100206	
	办公地址	江苏省南通市经济技术开发区振兴西路 9 号				
	经营范围	重型装备的设计、生产、销售及服务等				

主要财务指标	指标\报告期	2011.06.30	2010.12.31	2010.06.30	2009.12.31
	每股收益(元)	0.2300	1.1300	0.3400	1.0000
	每股收益(扣除)(元)	0.2292	1.0100	0.5900	0.9300
	每股净资产(元)	5.3000	9.1200	2.2900	1.6900
	调整后每股净资产(元)	–	–	–	–
	每股资本公积金(元)	3.5130	7.1233	0.5826	0.5826
	每股盈余公积金(元)	0.0296	0.0533	0.0028	0.0028
	每股未分配利润(元)	0.7563	0.9434	0.7077	0.1008
	每股现金净流量(元)	–0.5102	6.1363	–0.1102	0.2258
	每股经营现金净流量(元)	–0.2612	0.3911	0.2716	1.5696
	净资产收益率(扣除)(%)	4.4200	23.8400	29.7300	55.0000
	净资产收益率(%)	4.3820	10.0770	26.4660	59.1490
	总资产(万)	240996.77	228791.45	88080.27	74413.56
	股东权益(万)	190759.69	182400.16	34395.01	25292.17
	主营业务收入(万)	69079.72	128934.89	56405.57	110065.78
	主营成本(万)	53017.34	96159.00	41497.76	82389.60
	营业收入(万)	70168.48	130698.27	57249.85	111151.70
	营业成本(万)	53107.22	96419.64	41635.17	82568.43
	投资收益(万)	–	–	–	–
	利润总额(万)	11066.94	24537.88	11070.14	18428.81
	净利润(万)	8359.52	18379.97	9102.84	14960.06

南通江海电容器股份有限公司

公司概况						
公司概况	公司名称	南通江海电容器股份有限公司			证券简称	江海股份
	法人代表	陈卫东	董秘	王汉明	证券代码	002484
	公司网址	www.jianghai.com		电子信箱	info@jianghai.com	
	电　　话	0513-86726006		传　　真	0513-86571812	
	办公地址	江苏省通州市平潮通扬南路 79 号				
	经营范围	生产加工电容器及其材料、配件、电容器设备、仪器、仪表及配件等				

主要财务指标	指标\报告期	2011.06.30	2010.12.31	2010.06.30	2009.12.31
	每股收益(元)	0.3316	0.6600	0.3300	0.5300
	每股收益(扣除)(元)	0.3324	0.5885	0.2960	0.5257
	每股净资产(元)	7.6100	7.6600	3.5600	3.2200
	调整后每股净资产(元)	–	–	–	–
	每股资本公积金(元)	5.3675	5.3675	1.0049	1.0049
	每股盈余公积金(元)	0.1661	0.1661	0.1674	0.1248
	每股未分配利润(元)	1.0806	1.1240	1.1627	0.8783
	每股现金净流量(元)	–0.5997	4.0175	–0.3000	0.1890
	每股经营现金净流量(元)	0.0754	0.2237	0.0511	0.7676
	净资产收益率(扣除)(%)	4.2500	18.9400	9.3300	19.2100
	净资产收益率(%)	4.3550	7.0230	9.8060	17.5020
	总资产(万)	153973.55	148645.97	71139.05	67738.72
	股东权益(万)	121826.37	122520.92	40019.96	36095.56
	主营业务收入(万)	48129.57	79600.34	36100.81	59806.94
	主营成本(万)	37843.42	63694.96	29240.86	48330.79
	营业收入(万)	49751.83	81248.07	36887.93	61479.81
	营业成本(万)	43853.05	64511.39	33319.80	49315.10
	投资收益(万)	–	–	–	–
	利润总额(万)	6653.33	9811.93	4584.66	7619.55
	净利润(万)	5305.45	8604.52	3924.40	6317.35

希努尔男装股份有限公司

公司概况

公司名称	希努尔男装股份有限公司			证券简称	希努尔
法人代表	王桂波	董秘	王润田	证券代码	002485
公司网址	www.sinoer.com		电子信箱	sinoer0899@sinoer.cn	
电　　话	0536-6076188		传　　真	0536-6076188	
办公地址	山东省潍坊市诸城市东环路58号				
经营范围	高中档西服、衬衣及服饰的制造等				

主要财务指标

指标\报告期	2011.06.30	2010.12.31	2010.06.30	2009.12.31
每股收益(元)	0.3600	0.8800	0.3600	0.7400
每股收益(扣除)(元)	0.3593	0.8800	0.3200	0.7400
每股净资产(元)	9.1549	9.3000	3.2900	2.9700
调整后每股净资产(元)	–	–	–	–
每股资本公积金(元)	6.9101	6.9101	1.0836	1.0836
每股盈余公积金(元)	0.1648	0.1648	0.1239	0.1239
每股未分配利润(元)	1.0800	1.2204	1.0836	0.7654
每股现金净流量(元)	–1.8411	5.8878	–0.3078	0.6928
每股经营现金净流量(元)	0.0983	0.4918	0.0471	1.4543
净资产收益率(扣除)(%)	3.7900	17.2100	11.4600	25.0800
净资产收益率(%)	3.9270	7.7270	9.6700	25.0600
总资产(万)	230341.75	232083.88	94670.84	95874.63
股东权益(万)	183097.50	185906.58	49366.70	44592.78
主营业务收入(万)	48308.19	99607.54	39296.91	84263.96
主营成本(万)	27499.96	60620.26	23255.06	52571.45
营业收入(万)	48371.56	100284.63	39634.40	84982.18
营业成本(万)	27533.22	61291.84	23583.12	53217.42
投资收益(万)	–	–	–	–
利润总额(万)	8486.24	17223.92	6373.92	12301.69
净利润(万)	7190.91	14364.41	5417.83	11100.64

上海嘉麟杰纺织品股份有限公司

公司概况

公司名称	上海嘉麟杰纺织品股份有限公司			证券简称	嘉麟杰
法人代表	黄伟国	董秘	凌云	证券代码	002486
公司网址	www.challenge-21c.com		电子信箱	skyling.sct@challenge-21c.com	
电　　话	021-37330000 1130 1132		传　　真	021-57381910	
办公地址	上海市金山区亭林镇亭枫公路1918号				
经营范围	高档织物面料的织染及后整理加工,服装服饰产品、特种纺织品的生产和销售等				

主要财务指标

指标\报告期	2011.06.30	2010.12.31	2010.06.30	2009.12.31
每股收益(元)	0.1600	0.3600	0.1700	0.2700
每股收益(扣除)(元)	0.1567	0.3700	0.1700	0.2700
每股净资产(元)	4.3500	4.3300	2.1300	1.9600
调整后每股净资产(元)	–	–	–	–
每股资本公积金(元)	2.6148	2.6148	0.4029	0.4029
每股盈余公积金(元)	0.0793	0.0793	0.0679	0.0679
每股未分配利润(元)	0.6466	0.6320	0.6543	0.4862
每股现金净流量(元)	–0.5363	2.0194	–0.0611	0.1007
每股经营现金净流量(元)	0.0493	0.2072	0.0941	0.4832
净资产收益率(扣除)(%)	3.5900	13.2500	8.1400	15.0100
净资产收益率(%)	3.7870	6.8260	7.8980	14.0040
总资产(万)	113539.54	106741.80	57858.26	52936.43
股东权益(万)	90395.64	90106.45	33213.66	30561.03
主营业务收入(万)	42420.31	68568.76	29596.97	48932.35
主营成本(万)	32743.46	50814.13	22064.17	37027.01
营业收入(万)	42420.31	68568.76	29596.97	48932.35
营业成本(万)	32743.46	50814.13	22064.17	37027.01
投资收益(万)	–	–	–	–
利润总额(万)	4266.50	7444.59	3144.81	4862.76
净利润(万)	3423.67	6150.64	2623.09	4279.76

辽宁大金重工股份有限公司

公司概况

公司名称	辽宁大金重工股份有限公司			证券简称	大金重工
法人代表	金鑫	董秘	金鑫(代)	证券代码	002487
公司网址	www.djse.com.cn		电子信箱	stock@hdicorp.cn	
电　　话	0418-6602618		传　　真	0418-6602618	
办公地址	辽宁省阜新市新邱区新邱大街155号				
经营范围	钢结构制造、安装,金属门窗制造、安装,海洋工程,石化、港口机械制造等				

主要财务指标

指标\报告期	2011.06.30	2010.12.31	2010.06.30	2009.12.31
每股收益(元)	0.2700	1.0000	0.6200	1.0500
每股收益(扣除)(元)	0.2146	0.9100	0.5990	1.0120
每股净资产(元)	12.0100	11.7500	3.0900	2.4662
调整后每股净资产(元)	–	–	–	–
每股资本公积金(元)	9.8350	9.8350	1.3325	1.3325
每股盈余公积金(元)	0.1067	0.1067	0.0155	0.0155
每股未分配利润(元)	1.0686	0.8035	0.7407	0.1182
每股现金净流量(元)	–0.0687	7.1897	0.4210	0.8699
每股经营现金净流量(元)	0.1338	–0.9576	0.0162	0.8035
净资产收益率(扣除)(%)	1.8100	16.4500	21.5800	52.0800
净资产收益率(%)	2.2070	6.9310	20.1540	42.5650
总资产(万)	153038.99	151823.65	62795.69	47372.50
股东权益(万)	144122.37	140942.06	27797.87	22195.61
主营业务收入(万)	22348.74	60998.01	30229.96	41360.48
主营成本(万)	18447.07	46150.40	21748.96	27357.08
营业收入(万)	22598.97	61543.38	30321.34	41592.95
营业成本(万)	18447.07	46151.33	21748.96	27401.51
投资收益(万)	–	–	–	–
利润总额(万)	3677.42	11522.89	6605.01	11080.65
净利润(万)	3180.31	9768.96	5602.26	9447.57

浙江金固股份有限公司

公司概况

公司名称	浙江金固股份有限公司			证券简称	金固股份
法人代表	孙金国	董秘	倪永华	证券代码	002488
公司网址	www.jgwheel.com		电子信箱	jingu@jgwheel.com	
电　　话	0571-63133920		传　　真	0571-63133950 63102488	
办公地址	浙江省杭州市富阳市富春街道丰收路28号				
经营范围	从事汽车钢制车轮的研发、制造、销售等				

主要财务指标

指标\报告期	2011.06.30	2010.12.31	2010.06.30	2009.12.31
每股收益(元)	0.1900	0.6500	0.2000	0.5100
每股收益(扣除)(元)	0.1936	0.5700	0.2900	0.4600
每股净资产(元)	4.8000	7.2100	2.5100	2.2100
调整后每股净资产(元)	–	–	–	–
每股资本公积金(元)	3.1076	5.1614	0.4900	0.4900
每股盈余公积金(元)	0.0695	0.1043	0.0768	0.0768
每股未分配利润(元)	0.6261	0.9488	0.9440	0.6464
每股现金净流量(元)	0.1371	3.8130	0.3812	0.3402
每股经营现金净流量(元)	–0.6447	0.6036	0.2583	0.1578
净资产收益率(扣除)(%)	4.0300	16.2800	12.1000	25.5500
净资产收益率(%)	4.0310	7.0780	11.8556	19.5953
总资产(万)	159863.48	134816.63	64039.05	59239.45
股东权益(万)	86458.97	86573.62	22597.57	19918.50
主营业务收入(万)	31691.39	53948.19	24711.35	34512.33
主营成本(万)	21419.52	35972.60	16821.67	23706.01
营业收入(万)	35807.32	59073.58	26651.21	38030.22
营业成本(万)	24955.27	40983.20	18732.41	27011.79
投资收益(万)	–	–	–	–
利润总额(万)	4102.85	7171.64	3235.43	4369.57
净利润(万)	3485.35	6127.76	2679.07	3903.08

浙江永强集团股份有限公司

公司概况						
	公司名称	浙江永强集团股份有限公司			证券简称	浙江永强
	法人代表	谢建勇	董秘	沈文萍	证券代码	002489
	公司网址	www.yotrio.com		电子信箱	yotrioir@yotrio.com	
	电　话	0576-85956868		传　真	0576-85956299	
	办公地址	浙江省台州市临海市前江南路1号				
	经营范围	户外用品及家具、遮阳用品、工艺品、金属铁制品的制造、销售等				

主要财务指标	指标\报告期	2011.06.30	2010.12.31	2010.06.30	2009.12.31
	每股收益(元)	0.8800	1.3100	1.1700	1.4800
	每股收益(扣除)(元)	0.8768	1.3100	1.1700	1.5000
	每股净资产(元)	12.5600	12.7500	4.6200	5.4100
	调整后每股净资产(元)	–	–	–	–
	每股资本公积金(元)	9.1010	9.1715	0.4013	1.1090
	每股盈余公积金(元)	0.1421	0.1421	0.0934	0.1401
	每股未分配利润(元)	2.3398	2.4548	3.1473	3.1724
	每股现金净流量(元)	0.3214	7.8172	1.3057	0.0195
	每股经营现金净流量(元)	1.9571	0.1617	2.1280	2.8016
	净资产收益率(扣除)(%)	7.0430	8.1620	25.2450	27.4530
	净资产收益率(%)	6.8800	22.3700	28.5100	33.1300
	总资产(万)	379264.88	415038.41	191390.07	160870.22
	股东权益(万)	301543.12	306010.01	83117.42	64868.63
	主营业务收入(万)	161955.18	239570.81	152338.58	170803.06
	主营成本(万)	124632.53	174188.18	108555.86	119953.79
	营业收入(万)	162748.94	240641.21	152768.93	171933.25
	营业成本(万)	125145.11	174969.84	108666.12	121059.85
	投资收益(万)	45.00	49.02	49.02	–1008.29
	利润总额(万)	27721.78	33519.34	27722.08	22579.79
	净利润(万)	21238.76	24975.82	20983.28	17808.56

山东墨龙石油机械股份有限公司

公司概况						
	公司名称	山东墨龙石油机械股份有限公司			证券简称	山东墨龙
	法人代表	张恩荣	董秘	谢新仓	证券代码	002490
	公司网址	www.molonggroup.com		电子信箱	dsh@molonggroup.com	
	电　话	0536-5100890 0536-5789083		传　真	0536-5100888	
	办公地址	山东省潍坊市寿光市北环路99号				
	经营范围	抽油泵、抽油杆、抽油机、抽油管、石油机械、纺织机械、石油设备等				

主要财务指标	指标\报告期	2011.06.30	2010.12.31	2010.06.30	2009.12.31
	每股收益(元)	0.1900	0.8100	0.3700	0.8200
	每股收益(扣除)(元)	0.1588	0.7400	0.3200	0.6700
	每股净资产(元)	6.7700	6.7300	4.2300	3.9900
	调整后每股净资产(元)	–	–	–	–
	每股资本公积金(元)	3.1294	3.1294	0.3699	0.3699
	每股盈余公积金(元)	0.3519	0.3519	0.3295	0.3295
	每股未分配利润(元)	2.2908	2.2529	2.3577	2.1102
	每股现金净流量(元)	–0.8657	1.3238	–0.4719	–0.5761
	每股经营现金净流量(元)	0.0424	0.9752	–0.5117	0.2881
	净资产收益率(扣除)(%)	–	16.1400	8.2400	–
	净资产收益率(%)	2.7940	10.2800	9.0650	21.4250
	总资产(万)	451382.73	458641.08	382542.81	325660.69
	股东权益(万)	270044.18	268599.04	133375.36	125232.02
	主营业务收入(万)	148277.86	265274.66	131884.50	204137.69
	主营成本(万)	134835.02	218992.49	112034.10	164778.28
	营业收入(万)	151949.70	270390.68	133365.02	207555.13
	营业成本(万)	137499.10	223750.67	113411.80	167863.45
	投资收益(万)	–	–	–	–
	利润总额(万)	8858.50	32448.38	14662.16	32428.04
	净利润(万)	7544.75	27614.92	12089.93	26831.52

江苏通鼎光电股份有限公司

公司概况						
	公司名称	江苏通鼎光电股份有限公司			证券简称	通鼎光电
	法人代表	沈小平	董秘	贺忠良	证券代码	002491
	公司网址	www.tdgd.com.cn		电子信箱	hezl@tdgd.com.cn	
	电　话	0512-63878226		传　真	0512-63877239	
	办公地址	江苏省苏州市吴江市震泽镇八都经济开发区小平大道8号				
	经营范围	市内通信电缆、光缆和铁路信号电缆的生产和销售等				

主要财务指标	指标\报告期	2011.06.30	2010.12.31	2010.06.30	2009.12.31
	每股收益(元)	0.3366	0.6766	0.3324	0.4194
	每股收益(扣除)(元)	0.3365	0.6456	0.3302	0.4222
	每股净资产(元)	5.5100	5.2800	2.2000	1.8700
	调整后每股净资产(元)	–	–	–	–
	每股资本公积金(元)	3.3378	3.3378	0.3333	0.3333
	每股盈余公积金(元)	0.0936	0.0936	0.0557	0.0557
	每股未分配利润(元)	1.0811	0.8445	0.8136	0.4812
	每股现金净流量(元)	–0.6949	2.3442	0.0444	–0.0866
	每股经营现金净流量(元)	–1.0251	0.2474	–0.0666	0.3801
	净资产收益率(扣除)(%)	6.1070	10.1500	15.0900	22.4240
	净资产收益率(%)	6.2000	24.0500	16.3200	25.2600
	总资产(万)	219195.37	198399.82	110885.43	88620.95
	股东权益(万)	148472.73	142175.11	44836.31	38196.97
	主营业务收入(万)	83128.13	133668.06	62660.07	95218.02
	主营成本(万)	62865.43	102187.19	48183.13	76309.24
	营业收入(万)	83183.13	133899.21	62863.14	95425.65
	营业成本(万)	62933.83	102353.34	48311.22	76415.52
	投资收益(万)	66.23	35.32	35.47	35.47
	利润总额(万)	10590.70	17034.89	7977.68	10073.73
	净利润(万)	9015.34	14341.28	6674.12	8421.18

珠海恒基达鑫国际化工仓储股份有限公司

公司概况						
	公司名称	珠海恒基达鑫国际化工仓储股份有限公司			证券简称	恒基达鑫
	法人代表	王青运	董秘	苏清卫	证券代码	002492
	公司网址	www.winbase-tank.com		电子信箱	winbase@winbase-tank.com	
	电　话	0756-3226342 3226242		传　真	0756-3226176	
	办公地址	广东省珠海市高栏港经济区南迳湾				
	经营范围	液体化工产品和油品的码头、仓储的建设与经营等				

主要财务指标	指标\报告期	2011.06.30	2010.12.31	2010.06.30	2009.12.31
	每股收益(元)	0.2180	0.5266	0.2876	0.4859
	每股收益(扣除)(元)	0.2123	0.5147	0.2726	0.4833
	每股净资产(元)	6.1488	6.0760	2.8800	2.5881
	调整后每股净资产(元)	–	–	–	–
	每股资本公积金(元)	3.9959	3.9727	0.6729	0.6729
	每股盈余公积金(元)	0.1052	0.1052	0.0866	0.0866
	每股未分配利润(元)	1.0161	0.9981	1.1162	0.8286
	每股现金净流量(元)	–0.9656	3.6042	–0.1159	0.5048
	每股经营现金净流量(元)	0.3929	1.0115	0.5517	1.2551
	净资产收益率(扣除)(%)	3.4300	14.7300	10.0100	20.6100
	净资产收益率(%)	3.5460	6.8610	10.0000	18.7748
	总资产(万)	100779.11	107798.82	63742.64	66778.71
	股东权益(万)	73785.92	72911.99	25881.16	23292.79
	主营业务收入(万)	7884.22	16814.50	8361.27	15354.38
	主营成本(万)	3311.26	7886.71	3947.79	7552.75
	营业收入(万)	8124.89	17295.40	8707.02	16000.34
	营业成本(万)	3311.26	8045.48	4091.95	7924.49
	投资收益(万)	–	–	–	–
	利润总额(万)	3628.80	6586.35	3379.92	5600.70
	净利润(万)	2616.29	5002.65	2588.37	4373.18

荣盛石化股份有限公司

公司概况	公司名称	荣盛石化股份有限公司			证券简称	荣盛石化
	法人代表	李水荣	董秘	全卫英	证券代码	002493
	公司网址	www.cnrspc.com		电子信箱	rspc@cnrspc.com	
	电　话	0571-82520189		传　真	0571-82527208 8150	
	办公地址	浙江省杭州市萧山区益农镇红阳路98号				
	经营范围	PTA,聚酯纤维相关产品的生产和销售等				

	指标\报告期	2011.06.30	2010.12.31	2010.06.30	2009.12.31
主要财务指标	每股收益(元)	0.9400	3.0200	1.1500	1.5700
	每股收益(扣除)(元)	0.9049	3.0800	1.1900	1.5700
	每股净资产(元)	5.8800	10.6900	4.1900	3.3800
	调整后每股净资产(元)	–	–	–	–
	每股资本公积金(元)	2.1943	5.3886	0.3048	0.2738
	每股盈余公积金(元)	0.1019	0.2039	0.1095	0.1095
	每股未分配利润(元)	2.5833	4.0867	2.7622	1.9921
	每股现金净流量(元)	0.0965	2.1859	-0.0906	-0.3446
	每股经营现金净流量(元)	0.3354	3.9299	1.4526	1.8790
	净资产收益率(扣除)(%)	15.5700	56.2300	32.2700	60.3300
	净资产收益率(%)	15.9770	25.8600	27.4790	46.2430
	总资产(万)	1523410.33	1266580.85	932516.65	894468.97
	股东权益(万)	654220.15	594183.27	209336.28	169235.91
	主营业务收入(万)	1065616.38	1498678.72	686522.62	1012600.37
	主营成本(万)	914144.29	1245176.46	580847.93	887610.71
	营业收入(万)	1075364.77	1579567.89	705689.69	1017140.72
	营业成本(万)	922880.87	1321528.04	599204.92	891323.64
	投资收益(万)	–	–	–	–
	利润总额(万)	171726.41	257738.13	104754.99	121384.78
	净利润(万)	104524.29	153657.39	57523.95	78260.10

华斯农业开发股份有限公司

公司概况	公司名称	华斯农业开发股份有限公司			证券简称	华斯股份
	法人代表	贺国英	董秘	郗惠宁	证券代码	002494
	公司网址	www.huasiag.com		电子信箱	huasi@huasiag.com	
	电　话	0317-5090055		传　真	0317-5115789	
	办公地址	河北省沧州市肃宁县尚村镇				
	经营范围	农业高新技术产品的研发;裘皮、革皮、尾毛及其制品的加工、销售等				

	指标\报告期	2011.06.30	2010.12.31	2010.06.30	2009.12.31
主要财务指标	每股收益(元)	0.2400	0.5900	0.2700	0.5100
	每股收益(扣除)(元)	0.2400	0.5500	0.2500	0.4500
	每股净资产(元)	7.6800	7.5400	2.8400	2.5700
	调整后每股净资产(元)	–	–	–	–
	每股资本公积金(元)	5.8230	5.8230	1.2303	1.2303
	每股盈余公积金(元)	0.0771	0.0771	0.0409	0.0409
	每股未分配利润(元)	0.7805	0.6402	0.5696	0.2971
	每股现金净流量(元)	-0.1317	3.8468	0.3072	0.8564
	每股经营现金净流量(元)	0.1656	-0.5265	0.3714	0.2446
	净资产收益率(扣除)(%)	3.1100	14.5100	9.4200	20.9500
	净资产收益率(%)	3.1290	6.1550	9.5930	17.1229
	总资产(万)	98587.72	89612.77	35435.32	33609.25
	股东权益(万)	87175.39	85582.37	24147.73	21831.37
	主营业务收入(万)	19485.89	40210.98	16828.54	34605.98
	主营成本(万)	15129.61	30964.80	12885.21	27779.74
	营业收入(万)	19999.99	41333.32	17331.64	35541.43
	营业成本(万)	15619.23	32030.96	13362.49	28670.93
	投资收益(万)	–	–	–	–
	利润总额(万)	3177.75	6206.41	2713.68	4376.52
	净利润(万)	2728.02	5267.41	2316.37	3738.17

广东佳隆食品股份有限公司

公司概况	公司名称	广东佳隆食品股份有限公司			证券简称	佳隆股份
	法人代表	林平涛	董秘	甘宏民	证券代码	002495
	公司网址	www.gdjlfood.com		电子信箱	jialongshipin@126.com	
	电　话	0663-2912816		传　真	0663-2918011	
	办公地址	广东省揭阳市普宁市池尾工业区上寮园256幢0138号				
	经营范围	从事食品研究开发;调味品、罐头食品生产、销售等				

	指标\报告期	2011.06.30	2010.12.31	2010.06.30	2009.12.31
主要财务指标	每股收益(元)	0.1400	0.7000	0.1900	0.7500
	每股收益(扣除)(元)	0.2238	0.7100	0.3400	0.6700
	每股净资产(元)	5.4800	9.8100	2.7200	2.3900
	调整后每股净资产(元)	–	–	–	–
	每股资本公积金(元)	3.7205	7.4969	0.3794	0.3794
	每股盈余公积金(元)	0.0925	0.1665	0.1478	0.1478
	每股未分配利润(元)	0.6688	1.1457	1.1973	0.8600
	每股现金净流量(元)	-0.2478	1.7003	0.0202	0.0918
	每股经营现金净流量(元)	-0.0795	0.2890	0.2323	0.5612
	净资产收益率(扣除)(%)	2.5600	17.0300	13.1600	34.0100
	净资产收益率(%)	2.6100	5.6710	12.3800	30.6610
	总资产(万)	105167.15	105699.35	25773.70	23635.88
	股东权益(万)	102618.79	102014.19	21250.59	18619.84
	主营业务收入(万)	13391.65	27100.86	12712.19	23461.99
	主营成本(万)	8189.48	16891.61	8148.56	14748.69
	营业收入(万)	13391.65	27100.86	12712.19	23461.99
	营业成本(万)	8189.48	16891.61	8148.56	14748.69
	投资收益(万)	–	–	–	–
	利润总额(万)	3535.34	6697.52	3063.11	6656.67
	净利润(万)	2684.60	5785.45	2630.75	5709.06

江苏辉丰农化股份有限公司

公司概况	公司名称	江苏辉丰农化股份有限公司			证券简称	辉丰股份
	法人代表	仲汉根	董秘	贲银良	证券代码	002496
	公司网址	www.hfagro.com		电子信箱	jshuifenggufen@163.com	
	电　话	0515-83255333		传　真	0515-83255333	
	办公地址	江苏省大丰市人民中路92号				
	经营范围	化学农药产品的研发、生产及销售等				

	指标\报告期	2011.06.30	2010.12.31	2010.06.30	2009.12.31
主要财务指标	每股收益(元)	0.2100	1.3100	0.5400	1.5500
	每股收益(扣除)(元)	0.2100	1.1700	0.8500	1.3300
	每股净资产(元)	9.9100	16.0700	5.7200	4.8600
	调整后每股净资产(元)	–	–	–	–
	每股资本公积金(元)	6.9661	11.7301	0.7482	0.7482
	每股盈余公积金(元)	0.2082	0.3332	0.3155	0.3155
	每股未分配利润(元)	1.7318	3.0089	3.6557	2.7978
	每股现金净流量(元)	-0.8297	10.1966	0.4607	-0.2851
	每股经营现金净流量(元)	-0.4141	1.1843	1.1768	0.7516
	净资产收益率(扣除)(%)	2.0300	17.7500	17.7500	31.9100
	净资产收益率(%)	2.2840	6.2660	15.0000	31.9180
	总资产(万)	206004.18	186280.09	78566.67	71458.58
	股东权益(万)	158497.53	160721.41	42894.85	36460.74
	主营业务收入(万)	38770.13	79020.84	40678.39	68443.91
	主营成本(万)	28478.07	54938.29	26810.02	44125.07
	营业收入(万)	38991.11	79243.73	40739.28	68953.68
	营业成本(万)	28625.72	55155.20	26863.52	44569.73
	投资收益(万)	–	–	–	–
	利润总额(万)	4198.56	11769.71	7459.76	13718.90
	净利润(万)	3619.44	10071.32	6434.11	11637.34

四川雅化实业集团股份有限公司

公司概况	公司名称	四川雅化实业集团股份有限公司		证券简称	雅化集团
	法人代表	郑戎	董秘 刘平凯	证券代码	002497
	公司网址	www.scyahua.com		电子信箱	yhjt@scyahua.com
	电　　话	0835-2872161 2872166		传　　真	0835-2872161
	办公地址	四川省雅安市雨城区陇西路 20 号			
	经营范围	工业炸药,民用爆破器材,表面活性剂,纸箱,其他化工产品等			

主要财务指标	指标＼报告期	2011.06.30	2010.12.31	2010.06.30	2009.12.31
	每股收益(元)	0.3600	1.3300	0.3650	1.1400
	每股收益(扣除)(元)	0.3467	1.1700	0.6700	1.0500
	每股净资产(元)	5.4700	10.3900	3.4500	2.6500
	调整后每股净资产(元)	–	–	–	–
	每股资本公积金(元)	3.2187	7.3516	0.4037	0.4037
	每股盈余公积金(元)	0.0931	0.0818	0.0911	0.0267
	每股未分配利润(元)	0.9478	1.6096	1.5227	0.8575
	每股现金净流量(元)	–1.6226	7.9372	0.0311	0.1130
	每股经营现金净流量(元)	0.2188	1.2939	0.5942	1.1570
	净资产收益率(扣除)(%)	6.5000	29.0200	21.8400	42.8000
	净资产收益率(%)	6.5070	9.8980	21.1770	43.1650
	总资产(万)	197926.57	182180.47	58235.75	46766.91
	股东权益(万)	175158.98	166218.04	41344.75	31798.13
	主营业务收入(万)	53796.46	75571.83	37067.36	63206.29
	主营成本(万)	29611.81	38616.40	18084.35	30357.06
	营业收入(万)	54017.81	76309.79	37211.53	63873.30
	营业成本(万)	29692.55	39066.85	18173.80	30653.21
	投资收益(万)	–	–	–	–
	利润总额(万)	14695.82	18407.83	9901.82	15528.42
	净利润(万)	11397.14	16451.53	8755.61	13725.57

青岛汉缆股份有限公司

公司概况	公司名称	青岛汉缆股份有限公司		证券简称	汉缆股份
	法人代表	张华凯	董秘 王正庄	证券代码	002498
	公司网址	www.hanhe-cable.com		电子信箱	hanhe1@hanhe-cable.com
	电　　话	0532-88817759		传　　真	0532-88817462
	办公地址	山东省青岛市崂山区九水东路 628 号			
	经营范围	电线、电缆、光缆、电子通信电缆及相关材料制造等			

主要财务指标	指标＼报告期	2011.06.30	2010.12.31	2010.06.30	2009.12.31
	每股收益(元)	0.2100	0.9500	0.2500	1.1200
	每股收益(扣除)(元)	0.2033	0.8200	0.4400	0.6900
	每股净资产(元)	4.7100	6.9500	3.2200	2.8400
	调整后每股净资产(元)	–	–	–	–
	每股资本公积金(元)	2.0047	3.5070	0.0568	0.0568
	每股盈余公积金(元)	0.1669	0.2504	0.1835	0.1835
	每股未分配利润(元)	1.5382	2.1965	1.9768	1.5957
	每股现金净流量(元)	–1.1977	3.0048	–0.2185	0.1306
	每股经营现金净流量(元)	–0.9714	–0.2522	–0.2351	0.5162
	净资产收益率(扣除)(%)	4.2900	24.5000	14.6400	30.2800
	净资产收益率(%)	4.3990	12.3230	11.8460	39.4400
	总资产(万)	428217.54	408326.55	241466.19	232631.18
	股东权益(万)	332041.13	326833.39	135123.11	119116.73
	主营业务收入(万)	162229.73	308354.83	142653.30	276246.97
	主营成本(万)	134924.30	242869.36	110818.11	215950.30
	营业收入(万)	166880.86	309825.19	143375.82	284103.18
	营业成本(万)	139208.11	243476.27	111199.08	222498.89
	投资收益(万)	–	–	–	–
	利润总额(万)	16937.98	47193.94	18945.07	57325.30
	净利润(万)	14607.74	40275.67	16006.39	46977.12

科林环保装备股份有限公司

公司概况	公司名称	科林环保装备股份有限公司		证券简称	科林环保
	法人代表	宋七棣	董秘 徐天平	证券代码	002499
	公司网址	www.kelin-china.com		电子信箱	zq@kelin-china.com
	电　　话	0512-62515549 62515218		传　　真	0512-62515528 62515217
	办公地址	苏州工业园区通园路 210 号科林大厦			
	经营范围	袋式除尘器的研发、设计、制造、销售及袋式除尘系统设计业务等			

主要财务指标	指标＼报告期	2011.06.30	2010.12.31	2010.06.30	2009.12.31
	每股收益(元)	0.2200	0.7400	0.3500	0.6000
	每股收益(扣除)(元)	0.1451	0.6300	0.3000	0.5300
	每股净资产(元)	8.1500	8.1100	2.5100	2.3500
	调整后每股净资产(元)	–	–	–	–
	每股资本公积金(元)	6.1104	6.1115	0.5722	0.5487
	每股盈余公积金(元)	0.1255	0.1255	0.0923	0.0923
	每股未分配利润(元)	0.9176	0.8768	0.8412	0.7117
	每股现金净流量(元)	–1.2729	5.3436	–0.1612	0.0106
	每股经营现金净流量(元)	–0.0216	–0.0661	0.0152	1.1107
	净资产收益率(扣除)(%)	2.7070	7.0250	14.1460	25.3880
	净资产收益率(%)	2.6900	23.5100	14.6600	27.1100
	总资产(万)	77463.77	76907.73	31188.73	28394.95
	股东权益(万)	61151.49	60854.28	14031.96	13175.48
	主营业务收入(万)	16998.70	31782.22	16064.82	30798.45
	主营成本(万)	13532.21	22272.84	11513.43	22658.82
	营业收入(万)	17393.10	32353.42	16279.49	31338.49
	营业成本(万)	13532.21	22642.40	11711.76	23168.95
	投资收益(万)	–	–	–	–
	利润总额(万)	1917.76	4975.16	2273.73	3844.68
	净利润(万)	1655.55	4275.09	1984.91	3344.97

山西证券股份有限公司

公司概况	公司名称	山西证券股份有限公司		证券简称	山西证券
	法人代表	侯巍	董秘 王怡里	证券代码	002500
	公司网址	www.sxzq.com		电子信箱	wangyili@sxzq.com
	电　　话	0351-8686966 8686905		传　　真	0351-8686918 86866678
	办公地址	山西省太原市府西街 69 号山西国际贸易中心东塔楼			
	经营范围	证券经纪业务、证券自营业务、证券承销业务、受托资产管理业务等			

主要财务指标	指标＼报告期	2011.06.30	2010.12.31	2010.06.30	2009.12.31
	每股收益(元)	0.0500	0.2200	0.1000	0.3100
	每股收益(扣除)(元)	0.0471	0.2100	0.1000	0.2900
	每股净资产(元)	2.4800	2.5800	1.4900	1.5465
	调整后每股净资产(元)	–	–	–	–
	每股资本公积金(元)	1.0897	1.0875	0.0187	0.0284
	每股盈余公积金(元)	0.0621	0.0621	0.0526	0.0526
	每股未分配利润(元)	0.2005	0.3032	0.3134	0.3603
	每股现金净流量(元)	–1.6592	1.0959	–2.1244	2.7556
	每股经营现金净流量(元)	–1.4983	–0.3242	–1.9677	3.0055
	净资产收益率(扣除)(%)	1.8300	12.9700	6.6400	21.4400
	净资产收益率(%)	1.9120	7.0910	6.9155	20.0020
	总资产(万)	1388033.05	1763450.31	1185675.09	1489357.86
	股东权益(万)	594331.29	618417.92	297968.92	309292.01
	主营业务收入(万)	–	–	–	–
	主营成本(万)	–	–	–	69892.72
	营业收入(万)	54392.87	149580.19	59815.10	151178.67
	营业成本(万)	40338.20	91364.28	33441.14	69892.72
	投资收益(万)	–	–	–	–
	利润总额(万)	14125.55	59003.58	26484.49	84358.38
	净利润(万)	11362.67	43852.17	20606.05	61865.23

吉林利源铝业股份有限公司

公司概况	公司名称	吉林利源铝业股份有限公司			证券简称	利源铝业
	法人代表	王民	董秘	张莹莹	证券代码	002501
	公司网址	www.liyuanlvye.com		电子信箱	liyuanxingcaizqb@sina.com	
	电　　话	0437-3166501		传　　真	0437-3166501	
	办公地址	吉林省辽源民营经济开发区友谊工业园区				
	经营范围	铝型材及深加工产品的研发,生产与销售业务等				

主要财务指标	指标\报告期	2011.06.30	2010.12.31	2010.06.30	2009.12.31
	每股收益(元)	0.3800	1.3000	0.3400	0.7700
	每股收益(扣除)(元)	0.3661	1.2600	0.6100	0.7400
	每股净资产(元)	6.3100	12.1700	4.6645	4.0400
	调整后每股净资产(元)	-	-	-	-
	每股资本公积金(元)	4.2205	9.4411	2.0576	2.0576
	每股盈余公积金(元)	0.0771	0.1541	0.1036	0.1036
	每股未分配利润(元)	1.0133	1.5760	1.5033	0.8758
	每股现金净流量(元)	-0.0172	8.4315	-0.3794	0.5973
	每股经营现金净流量(元)	0.7251	0.9294	0.6982	2.2118
	净资产收益率(扣除)(%)	5.9460	8.1970	13.4530	18.9640
	净资产收益率(%)	6.0500	28.1900	15.5400	20.9500
	总资产(万)	186506.34	178702.01	84443.42	79958.52
	股东权益(万)	118139.79	113922.70	32651.63	28258.95
	主营业务收入(万)	56037.34	102562.67	47021.48	78430.99
	主营成本(万)	44002.01	85470.60	39036.47	65463.19
	营业收入(万)	56037.34	102562.67	47021.48	78430.99
	营业成本(万)	44002.01	85470.60	39036.47	65463.19
	投资收益(万)	-	-	-	-
	利润总额(万)	8276.41	11364.25	5680.29	7599.03
	净利润(万)	7025.09	9338.10	4761.06	5358.90

广东骅威玩具工艺股份有限公司

公司概况	公司名称	广东骅威玩具工艺股份有限公司			证券简称	骅威股份
	法人代表	郭卓才	董秘	刘先知	证券代码	002502
	公司网址	www.huaweitoys.com		电子信箱	stock@huaweitoys.com	
	电　　话	0754-83689555		传　　真	0754-83689556	
	办公地址	广东省汕头市澄海区澄华工业区玉亭路				
	经营范围	货物进出口,技术进出口;生产,销售:玩具,工艺美术品等				

主要财务指标	指标\报告期	2011.06.30	2010.12.31	2010.06.30	2009.12.31
	每股收益(元)	0.2400	0.6900	0.2700	0.6100
	每股收益(扣除)(元)	0.2276	0.6400	0.2300	0.5600
	每股净资产(元)	9.2800	9.2400	2.6700	2.4000
	调整后每股净资产(元)	-	-	-	-
	每股资本公积金(元)	6.6954	6.6954	0.0514	0.0514
	每股盈余公积金(元)	0.1610	0.1610	0.1436	0.1436
	每股未分配利润(元)	1.4265	1.3856	1.4755	1.2072
	每股现金净流量(元)	-0.3431	6.0401	0.1515	0.2360
	每股经营现金净流量(元)	-0.0268	0.5766	0.1466	0.4303
	净资产收益率(扣除)(%)	2.4400	18.6300	9.0400	26.5400
	净资产收益率(%)	2.5950	5.7730	10.0450	25.4960
	总资产(万)	83366.92	82797.59	31835.60	29491.16
	股东权益(万)	81690.23	81330.69	17624.90	15854.49
	主营业务收入(万)	19596.59	47023.97	18474.42	43045.97
	主营成本(万)	14972.56	36542.15	14073.57	34579.23
	营业收入(万)	19735.13	47087.93	18483.25	43105.67
	营业成本(万)	15035.42	36607.05	14088.17	34631.30
	投资收益(万)	-	-	-	-
	利润总额(万)	2499.19	5449.14	2140.29	4656.19
	净利润(万)	2119.53	4695.30	1770.41	4042.23

东莞市搜于特服装股份有限公司

公司概况	公司名称	东莞市搜于特服装股份有限公司			证券简称	搜于特
	法人代表	马鸿	董秘	廖岗岩	证券代码	002503
	公司网址	www.celucasn.com		电子信箱	syt@celucasn.com	
	电　　话	0769-88389888		传　　真	0769-81333508	
	办公地址	广东省东莞市道滘镇昌平第二工业区第一栋				
	经营范围	设计,销售:服装,皮具,装饰品,日用品等				

主要财务指标	指标\报告期	2011.06.30	2010.12.31	2010.06.30	2009.12.31
	每股收益(元)	0.4100	1.4700	0.3200	0.9000
	每股收益(扣除)(元)	0.4028	1.4500	0.6300	0.8800
	每股净资产(元)	10.4800	21.1400	3.2600	2.6200
	调整后每股净资产(元)	-	-	-	-
	每股资本公积金(元)	8.4297	17.8595	0.0937	0.0937
	每股盈余公积金(元)	0.1142	0.2284	0.1583	0.1583
	每股未分配利润(元)	0.9358	2.0534	2.0104	1.3707
	每股现金净流量(元)	-2.2981	18.7493	0.2359	0.1637
	每股经营现金净流量(元)	-0.4615	0.7223	0.0369	0.5607
	净资产收益率(扣除)(%)	3.8300	27.7400	21.4900	39.4000
	净资产收益率(%)	3.9040	5.3690	19.6100	34.3550
	总资产(万)	190134.15	189787.57	29970.48	25622.12
	股东权益(万)	167676.13	169130.21	19574.72	15736.19
	主营业务收入(万)	44797.61	63288.02	26760.67	37876.91
	主营成本(万)	29324.21	41249.30	17269.51	25039.49
	营业收入(万)	44797.61	63288.02	26760.67	37876.91
	营业成本(万)	29324.21	41249.30	17269.51	25039.49
	投资收益(万)	-	-	-	-
	利润总额(万)	8740.37	12198.22	5129.34	7222.22
	净利润(万)	6545.93	9080.15	3838.54	5406.17

江苏东光微电子股份有限公司

公司概况	公司名称	江苏东光微电子股份有限公司			证券简称	东光微电
	法人代表	沈建平	董秘	周玲燕	证券代码	002504
	公司网址	www.jsdgme.com		电子信箱	lyzhou@jsdgme.com	
	电　　话	0510-87138930		传　　真	0510-87138931	
	办公地址	江苏省宜兴新街百合工业园				
	经营范围	半导体器件、集成电路的开发,设计,制造,销售,推广应用等				

主要财务指标	指标\报告期	2011.06.30	2010.12.31	2010.06.30	2009.12.31
	每股收益(元)	0.1700	0.3900	0.1900	0.2900
	每股收益(扣除)(元)	0.0884	0.3100	0.1900	0.2400
	每股净资产(元)	6.2700	6.3000	3.2000	3.0100
	调整后每股净资产(元)	-	-	-	-
	每股资本公积金(元)	3.8635	3.8635	0.4980	0.4980
	每股盈余公积金(元)	0.2340	0.2340	0.2728	0.2728
	每股未分配利润(元)	1.1683	1.2022	1.4304	1.2432
	每股现金净流量(元)	-0.7485	2.7894	-0.0460	0.2043
	每股经营现金净流量(元)	-0.1846	0.4945	0.5910	0.7412
	净资产收益率(扣除)(%)	1.4100	8.6800	6.0200	8.5000
	净资产收益率(%)	2.6500	4.8060	5.8460	9.6060
	总资产(万)	76360.53	77358.38	43769.02	48184.76
	股东权益(万)	67044.00	67407.32	25609.11	24111.95
	主营业务收入(万)	9006.44	20870.65	10268.37	16211.22
	主营成本(万)	6406.14	14191.59	6935.93	10953.23
	营业收入(万)	9006.44	20870.65	10268.37	16211.22
	营业成本(万)	6406.14	14191.59	6935.93	10953.23
	投资收益(万)	-	-	-	-
	利润总额(万)	2041.86	3537.57	1719.58	2526.18
	净利润(万)	1776.68	3239.57	1497.16	2316.14

湖南大康牧业股份有限公司

公司概况	公司名称	湖南大康牧业股份有限公司			证券简称	大康牧业
	法人代表	陈黎明	董秘	严芳	证券代码	002505
	公司网址	www.dakangmuye.com		电子信箱	dakangmuye@163.com	
	电　话	0745-2828533 2828532		传　真	0745-8689262 2828532	
	办公地址	湖南省怀化市鹤城区鸭嘴岩工业园3栋				
	经营范围	种猪、仔猪、育肥猪以及饲料的生产销售等				

主要财务指标	指标\报告期	2011.06.30	2010.12.31	2010.06.30	2009.12.31
	每股收益(元)	0.3100	0.5130	0.2100	0.4700
	每股收益(扣除)(元)	0.2800	0.5000	0.2000	0.4400
	每股净资产(元)	5.0100	7.7200	2.6600	2.4500
	调整后每股净资产(元)	–	–	–	–
	每股资本公积金(元)	3.1899	5.5038	0.3634	0.3634
	每股盈余公积金(元)	0.0826	0.1322	0.1243	0.1243
	每股未分配利润(元)	0.7335	1.0875	1.1677	0.9623
	每股现金净流量(元)	–1.1116	–	0.1456	–
	每股经营现金净流量(元)	–0.1955	–	0.4268	–
	净资产收益率(扣除)(%)	3.8900	15.4900	8.2200	20.6500
	净资产收益率(%)	4.1970	5.1060	7.7350	16.0510
	总资产(万)	86009.29	83598.05	30037.35	27494.51
	股东权益(万)	82339.67	79397.71	20392.98	18815.68
	主营业务收入(万)	23316.17	38244.20	19692.77	28404.46
	主营成本(万)	19670.66	33214.53	–	24933.87
	营业收入(万)	23340.65	38279.24	19719.95	28444.20
	营业成本(万)	19670.66	33214.53	17773.76	24933.87
	投资收益(万)	–	–	–	–
	利润总额(万)	3455.96	4049.59	1668.89	3020.09
	净利润(万)	3455.96	4049.59	1668.89	3020.09

上海超日太阳能科技股份有限公司

公司概况	公司名称	上海超日太阳能科技股份有限公司			证券简称	超日太阳
	法人代表	倪开禄	董秘	顾晨冬	证券代码	002506
	公司网址	www.chaorisolar.com		电子信箱	dm@chaorisolar.com	
	电　话	021-51889318 021-51889328		传　真	021-33617902	
	办公地址	上海市奉贤区南桥镇杨王经济园区旗港路738号				
	经营范围	太阳能材料、太阳能设备、太阳能灯具、电子电器生产、销售、安装等				

主要财务指标	指标\报告期	2011.06.30	2010.12.31	2010.06.30	2009.12.31
	每股收益(元)	0.2500	1.0900	0.2500	1.1900
	每股收益(扣除)(元)	0.2900	1.0900	0.2200	1.1500
	每股净资产(元)	5.8700	11.6300	3.0700	2.8300
	调整后每股净资产(元)	–	–	–	–
	每股资本公积金(元)	3.7882	8.5763	0.2029	0.2029
	每股盈余公积金(元)	0.1004	0.2009	0.1826	0.1826
	每股未分配利润(元)	0.9820	1.8518	1.6920	1.4401
	每股现金净流量(元)	–2.6902	9.2119	0.8104	–0.1797
	每股经营现金净流量(元)	–3.0422	–1.7438	0.4383	0.1871
	净资产收益率(扣除)(%)	4.8500	25.7000	7.3600	39.2200
	净资产收益率(%)	4.2680	7.1930	8.1930	30.4480
	总资产(万)	572884.07	446659.06	136441.66	126261.69
	股东权益(万)	309254.75	306458.30	60751.40	55833.57
	主营业务收入(万)	168152.86	245166.34	102765.89	130191.27
	主营成本(万)	140318.92	194784.41	84152.93	99258.47
	营业收入(万)	179788.39	268664.93	102780.66	131824.20
	营业成本(万)	150698.54	217927.30	84158.57	100549.95
	投资收益(万)	–	–	–	–
	利润总额(万)	14227.67	26347.73	6876.26	19915.32
	净利润(万)	13199.82	22043.63	4977.54	17000.21

重庆市涪陵榨菜集团股份有限公司

公司概况	公司名称	重庆市涪陵榨菜集团股份有限公司			证券简称	涪陵榨菜
	法人代表	周斌全	董秘	黄正坤	证券代码	002507
	公司网址	www.flzc.com		电子信箱	flzchzk@163.com	
	电　话	023-72231475		传　真	023-72231475	
	办公地址	重庆市涪陵区体育南路29号				
	经营范围	榨菜产品,榨菜酱油和其他佐餐开胃菜等方便食品的研制,生产和销售等				

主要财务指标	指标\报告期	2011.06.30	2010.12.31	2010.06.30	2009.12.31
	每股收益(元)	0.2500	0.4700	0.2700	0.3600
	每股收益(扣除)(元)	0.2387	0.4600	0.2600	0.3500
	每股净资产(元)	5.3500	5.4100	2.5200	2.2200
	调整后每股净资产(元)	–	–	–	–
	每股资本公积金(元)	3.5967	3.5967	0.6401	0.6120
	每股盈余公积金(元)	0.0810	0.0810	0.0902	0.0607
	每股未分配利润(元)	0.6752	0.7293	0.7854	0.5468
	每股现金净流量(元)	–0.5327	2.9196	0.1296	0.3854
	每股经营现金净流量(元)	0.0858	0.7349	0.4141	1.2690
	净资产收益率(扣除)(%)	4.5940	6.6520	10.6600	16.2800
	净资产收益率(%)	4.4500	16.9300	11.3200	17.7200
	总资产(万)	98232.08	98764.49	55042.88	48405.08
	股东权益(万)	82970.16	83808.86	28929.86	25523.64
	主营业务收入(万)	32231.54	53121.67	26204.27	43330.51
	主营成本(万)	20991.36	35593.51	17060.82	26573.82
	营业收入(万)	32999.84	54503.63	26821.82	44206.05
	营业成本(万)	21623.46	36865.07	17610.72	27307.60
	投资收益(万)	–	–	–	–
	利润总额(万)	4546.44	6639.07	3688.83	4858.04
	净利润(万)	3811.31	5574.56	3083.33	4155.57

杭州老板电器股份有限公司

公司概况	公司名称	杭州老板电器股份有限公司			证券简称	老板电器
	法人代表	任建华	董秘	王刚	证券代码	002508
	公司网址	www.robam.com		电子信箱	wg@robam.com	
	电　话	0571-86187810		传　真	0571-86187769	
	办公地址	浙江省杭州市余杭区余杭经济开发区临平大道592号				
	经营范围	制造、加工、销售:吸油烟机、燃气具、消毒碗柜、电压力煲等				

主要财务指标	指标\报告期	2011.06.30	2010.12.31	2010.06.30	2009.12.31
	每股收益(元)	0.3100	1.0900	0.5100	0.6800
	每股收益(扣除)(元)	0.2943	1.0600	0.5000	0.6800
	每股净资产(元)	5.4800	8.5700	3.2900	3.5200
	调整后每股净资产(元)	–	–	–	–
	每股资本公积金(元)	3.7862	6.6579	1.6883	1.6883
	每股盈余公积金(元)	0.1264	0.1527	0.1460	0.0953
	每股未分配利润(元)	0.5691	0.7584	0.4578	0.7320
	每股现金净流量(元)	0.0135	5.6196	0.9087	0.9271
	每股经营现金净流量(元)	0.4025	0.7255	0.9783	1.0559
	净资产收益率(扣除)(%)	5.7193	9.7980	15.4447	19.3970
	净资产收益率(%)	5.7200	25.8200	13.9400	21.4800
	总资产(万)	173290.05	168438.87	79528.40	64844.18
	股东权益(万)	140330.42	137104.47	39504.89	42186.92
	主营业务收入(万)	69920.28	120967.94	56655.63	92154.92
	主营成本(万)	34451.45	55845.64	26027.26	41899.87
	营业收入(万)	71195.47	123159.71	57830.97	93417.47
	营业成本(万)	34480.53	55910.70	26049.29	41986.44
	投资收益(万)	–	–	–	–
	利润总额(万)	9461.65	15622.02	7201.35	9420.18
	净利润(万)	8025.96	13434.00	6101.42	8182.95

天广消防股份有限公司

公司概况	公司名称	天广消防股份有限公司			证券简称	天广消防
	法人代表	陈秀玉	董秘	黄如良	证券代码	002509
	公司网址	www.tianguang.com		电子信箱	tgzq@tianguang.com	
	电　话	0595-26929988		传　真	0595-86385228	
	办公地址	福建省泉州市南安市成功科技工业区				
	经营范围	消防器材,消防装备,耐火建筑构配件的设计,开发,制造,销售等				

主要财务指标	指标\报告期	2011.06.30	2010.12.31	2010.06.30	2009.12.31
	每股收益(元)	0.2400	0.5400	0.1900	0.4500
	每股收益(扣除)(元)	0.1867	0.5000	0.1600	0.4000
	每股净资产(元)	6.7100	6.4700	1.9100	1.7300
	调整后每股净资产(元)	–	–	–	–
	每股资本公积金(元)	4.6452	4.6452	0.1796	0.1796
	每股盈余公积金(元)	0.1048	0.1048	0.0852	0.0852
	每股未分配利润(元)	0.9563	0.7201	0.6499	0.4637
	每股现金净流量(元)	–1.0958	4.9457	–0.2502	0.2909
	每股经营现金净流量(元)	–0.5318	0.3629	–0.0859	0.3927
	净资产收益率(扣除)(%)	2.8300	20.2900	8.8000	25.8600
	净资产收益率(%)	3.5220	6.3860	9.7250	24.9689
	总资产(万)	72204.89	75591.80	22881.86	20854.59
	股东权益(万)	67063.03	64700.85	14360.34	12963.78
	主营业务收入(万)	14679.37	28099.13	10211.04	21615.11
	主营成本(万)	10834.56	20365.79	7667.89	–
	营业收入(万)	14679.37	28107.61	10244.80	21630.20
	营业成本(万)	10834.56	20365.79	7669.59	15945.61
	投资收益(万)	–	–	–	–
	利润总额(万)	2743.51	4769.54	1612.35	3739.17
	净利润(万)	2362.18	4132.07	1396.56	3236.91

天津汽车模具股份有限公司

公司概况	公司名称	天津汽车模具股份有限公司			证券简称	天汽模
	法人代表	胡津生	董秘	任伟	证券代码	002510
	公司网址	www.tqm.com.cn		电子信箱	zq@tqm.com.cn	
	电　话	022-24895297		传　真	022-24895279	
	办公地址	天津空港经济区航天路77号				
	经营范围	模具设计、制造;冲压件加工、铆焊加工;汽车车身及其工艺装备设计等				

主要财务指标	指标\报告期	2011.06.30	2010.12.31	2010.06.30	2009.12.31
	每股收益(元)	0.2300	0.5200	0.2200	0.5100
	每股收益(扣除)(元)	0.1932	0.4900	0.2100	0.4200
	每股净资产(元)	6.3800	6.2700	2.4400	2.3500
	调整后每股净资产(元)	–	–	–	–
	每股资本公积金(元)	4.1576	4.1576	0.2702	0.2702
	每股盈余公积金(元)	0.1080	0.1080	0.1113	0.1113
	每股未分配利润(元)	1.1108	1.0058	1.0588	0.9669
	每股现金净流量(元)	–1.7176	3.5413	0.0363	0.0499
	每股经营现金净流量(元)	0.0963	–0.1691	–0.0185	0.5608
	净资产收益率(扣除)(%)	3.0500	16.8100	8.7000	19.9800
	净资产收益率(%)	3.5290	6.4020	8.8910	21.7010
	总资产(万)	192061.95	216800.32	131398.29	125528.32
	股东权益(万)	131200.61	129039.58	37522.02	36107.91
	主营业务收入(万)	41692.08	80498.52	37105.59	58913.94
	主营成本(万)	34302.42	64240.24	29307.95	43984.00
	营业收入(万)	43361.43	83152.86	37584.24	59553.81
	营业成本(万)	34405.13	64721.17	29307.95	43984.00
	投资收益(万)	–	–	–	–
	利润总额(万)	5521.83	9694.64	3803.10	9342.89
	净利润(万)	4630.14	8261.66	3336.11	7835.96

中顺洁柔纸业股份有限公司

公司概况	公司名称	中顺洁柔纸业股份有限公司			证券简称	中顺洁柔
	法人代表	邓颖忠	董秘	张海军	证券代码	002511
	公司网址	www.zhongshungroup.com		电子信箱	dsh@zhongshungroup.com	
	电　话	0760-87885678		传　真	0760-87885677	
	办公地址	广东省中山市西区彩虹大道136号				
	经营范围	中高档生活用纸产品的生产和销售等				

主要财务指标	指标\报告期	2011.06.30	2010.12.31	2010.06.30	2009.12.31
	每股收益(元)	0.3000	0.8800	0.6000	0.9200
	每股收益(扣除)(元)	0.2531	0.8600	0.5900	0.9000
	每股净资产(元)	12.7600	12.4600	4.2100	3.6100
	调整后每股净资产(元)	–	–	–	–
	每股资本公积金(元)	10.0283	10.0283	1.6067	1.6067
	每股盈余公积金(元)	0.0904	0.0904	0.0677	0.0677
	每股未分配利润(元)	1.6398	1.3413	1.5358	0.9339
	每股现金净流量(元)	–3.9792	8.1730	0.7435	0.8883
	每股经营现金净流量(元)	–0.3401	0.5444	0.6389	1.8333
	净资产收益率(扣除)(%)	2.0100	17.4600	15.1700	27.6200
	净资产收益率(%)	2.3400	5.4620	14.2980	25.5069
	总资产(万)	292512.28	324066.81	173904.53	147940.48
	股东权益(万)	204134.54	199358.67	50522.18	43298.73
	主营业务收入(万)	81903.24	409453.58	84347.89	161649.53
	主营成本(万)	59437.24	120956.59	56437.66	–
	营业收入(万)	82785.92	177886.60	84418.93	161869.33
	营业成本(万)	60042.08	124405.70	56507.28	105124.45
	投资收益(万)	–	–	–	–
	利润总额(万)	6716.05	14385.75	9936.26	15414.56
	净利润(万)	4775.88	10887.94	7223.46	11044.14

中山达华智能科技股份有限公司

公司概况	公司名称	中山达华智能科技股份有限公司			证券简称	达华智能
	法人代表	蔡小如	董秘	蔡小如(代)	证券代码	002512
	公司网址	www.twh.com.cn		电子信箱	mango@twh.com.cn	
	电　话	0760-22108818		传　真	0760-22130941	
	办公地址	广东省中山市小榄镇泰丰工业区水怡南路9号				
	经营范围	研发,生产,销售:非接触IC智能卡,非接触式IC卡读卡器等				

主要财务指标	指标\报告期	2011.06.30	2010.12.31	2010.06.30	2009.12.31
	每股收益(元)	0.1317	0.5144	0.1313	0.5142
	每股收益(扣除)(元)	0.1320	0.4748	0.2200	0.4925
	每股净资产(元)	4.2000	7.6082	1.7800	1.5457
	调整后每股净资产(元)	–	–	–	–
	每股资本公积金(元)	2.8595	5.9471	0.1882	0.1882
	每股盈余公积金(元)	0.0367	0.0661	0.0357	0.0357
	每股未分配利润(元)	0.3067	0.5949	0.5581	0.3217
	每股现金净流量(元)	–0.4033	6.0666	0.0531	0.3389
	每股经营现金净流量(元)	0.0119	0.4616	0.3155	0.4031
	净资产收益率(扣除)(%)	2.8100	19.7900	13.1700	36.5100
	净资产收益率(%)	3.1350	5.1850	13.2650	30.3772
	总资产(万)	97878.38	96090.79	25871.05	24943.87
	股东权益(万)	89266.31	89772.02	87197.11	13600.87
	主营业务收入(万)	13174.16	25948.12	12393.96	24790.31
	主营成本(万)	9154.63	18100.94	8879.95	17734.50
	营业收入(万)	13235.89	26051.28	12436.24	24945.38
	营业成本(万)	9184.42	18115.87	8898.91	17842.49
	投资收益(万)	–	–	–	–
	利润总额(万)	3327.97	5413.60	2450.22	4860.68
	净利润(万)	2798.12	4654.99	2080.09	4131.56

江苏蓝丰生物化工股份有限公司

公司概况	公司名称	江苏蓝丰生物化工股份有限公司		证券简称	蓝丰生化
	法人代表	杨振华	董秘	陈康	证券代码	002513
	公司网址	www.jslanfeng.com		电子信箱	lfshdmb@jslanfeng.com
	电　话	0516-88920479		传　真	0516-88923712
	办公地址	江苏省徐州市新沂经济开发区苏化路1号			
	经营范围	杀虫剂原药及剂型,杀菌剂原药及剂型,除草剂原药及剂型,化工产品等			

主要财务指标	指标\报告期	2011.06.30	2010.12.31	2010.06.30	2009.12.31
	每股收益(元)	0.7400	1.3600	0.7600	1.8000
	每股收益(扣除)(元)	0.7497	1.3300	0.7600	1.4300
	每股净资产(元)	15.3300	14.5600	5.2300	4.4200
	调整后每股净资产(元)	–	–	–	–
	每股资本公积金(元)	9.9819	9.9819	0.0568	0.0568
	每股盈余公积金(元)	0.3936	0.3936	0.3885	0.3885
	每股未分配利润(元)	3.7512	3.0118	3.5604	2.7966
	每股现金净流量(元)	–2.9686	10.0598	–0.8693	0.5920
	每股经营现金净流量(元)	–1.1759	0.9530	–0.4750	2.3279
	净资产收益率(扣除)(%)	5.0200	21.8100	15.7500	35.7600
	净资产收益率(%)	4.8250	7.1280	14.6000	40.7000
	总资产(万)	166691.81	165483.96	75621.61	65462.12
	股东权益(万)	113408.06	107769.81	104232.60	24298.36
	主营业务收入(万)	58375.63	90245.59	42810.57	62451.90
	主营成本(万)	45442.11	70725.65	33257.17	46071.84
	营业收入(万)	59085.11	91410.93	43346.42	62754.26
	营业成本(万)	45983.19	71177.76	33434.80	46254.61
	投资收益(万)	–	–	–	–
	利润总额(万)	7132.21	9069.67	4897.93	11673.76
	净利润(万)	5471.44	7682.13	4200.81	9890.62

苏州宝馨科技实业股份有限公司

公司概况	公司名称	苏州宝馨科技实业股份有限公司			证券简称	宝馨科技
	法人代表	叶云宙	董秘	章海祥	证券代码	002514
	公司网址	www.boamax.com		电子信箱	zqb@boamax.com	
	电　话	0512-66729265		传　真	0512-66163297	
	办公地址	江苏省苏州市高新区浒墅关经济开发区新亭路10号				
	经营范围	从事精密模具,用于电子专用设备、测试仪器、电力通讯设备等的钣金结构件的研发、生产				

主要财务指标	指标\报告期	2011.06.30	2010.12.31	2010.06.30	2009.12.31
	每股收益(元)	0.3700	0.8800	0.5100	0.6300
	每股收益(扣除)(元)	0.3526	0.8700	0.5100	0.6300
	每股净资产(元)	7.1400	7.3500	2.6900	2.0500
	调整后每股净资产(元)	–	–	–	–
	每股资本公积金(元)	4.9583	4.9583	0.0949	0.0968
	每股盈余公积金(元)	0.1975	0.1975	0.1807	0.1843
	每股未分配利润(元)	0.9786	1.1870	1.2803	0.7809
	每股现金净流量(元)	–1.7475	5.2801	0.0325	–0.1286
	每股经营现金净流量(元)	0.0300	0.4647	0.4408	0.6739
	净资产收益率(扣除)(%)	4.8000	29.2500	22.3100	32.7000
	净资产收益率(%)	5.2060	9.1780	20.1300	30.6260
	总资产(万)	56739.73	62071.90	23753.81	18816.75
	股东权益(万)	48541.86	49989.45	48651.85	10430.18
	主营业务收入(万)	14681.44	26042.72	12436.58	17167.48
	主营成本(万)	10162.65	17023.63	7946.79	10968.46
	营业收入(万)	14724.64	26760.82	12465.54	17198.77
	营业成本(万)	10199.45	17602.33	7946.79	10983.11
	投资收益(万)	–	–	–	–
	利润总额(万)	2869.74	5197.60	2987.12	3774.94
	净利润(万)	2527.20	4588.08	2625.32	3194.36

金字火腿股份有限公司

公司概况	公司名称	金字火腿股份有限公司			证券简称	金字火腿
	法人代表	施延军	董秘	王蔚婷	证券代码	002515
	公司网址	www.jinzichina.com		电子信箱	jinziham@jinzichina.com	
	电　话	0579-82262717		传　真	0579-82262717	
	办公地址	浙江省金华市工业园区金帆街1000号				
	经营范围	火腿及火腿系列产品、腌腊制品、酱腌菜、肉类罐头等				

主要财务指标	指标\报告期	2011.06.30	2010.12.31	2010.06.30	2009.12.31
	每股收益(元)	0.2900	0.8300	0.3400	0.7500
	每股收益(扣除)(元)	0.2600	0.7800	0.4200	0.7300
	每股净资产(元)	8.3700	10.7000	3.2900	2.8400
	调整后每股净资产(元)	–	–	–	–
	每股资本公积金(元)	6.0596	8.1775	0.6556	0.6556
	每股盈余公积金(元)	0.1177	0.1530	0.1183	0.1183
	每股未分配利润(元)	1.1941	1.3723	1.5128	1.0646
	每股现金净流量(元)	–1.1865	7.3415	0.0255	0.0627
	每股经营现金净流量(元)	–0.2734	0.0588	0.1855	0.1236
	净资产收益率(扣除)(%)	3.4910	5.9820	13.6360	25.2970
	净资产收益率(%)	3.5000	20.6100	14.6300	31.5600
	总资产(万)	85557.61	85395.63	26386.20	23476.58
	股东权益(万)	79988.75	78666.16	18076.34	15611.51
	主营业务收入(万)	9216.53	16194.88	8513.73	14730.05
	主营成本(万)	5195.67	9444.72	4871.86	9335.87
	营业收入(万)	9249.38	16309.92	8572.49	14812.96
	营业成本(万)	5228.05	9691.01	4996.10	9381.59
	投资收益(万)	–	–	–	–
	利润总额(万)	2897.97	4800.74	2558.89	4014.96
	净利润(万)	2792.58	4705.50	2464.83	3949.28

江苏旷达汽车织物集团股份有限公司

公司概况	公司名称	江苏旷达汽车织物集团股份有限公司			证券简称	江苏旷达
	法人代表	沈介良	董秘	徐秋	证券代码	002516
	公司网址	www.kuangdacn.com		电子信箱	qiu.xu@kuangdacn.com	
	电　话	0519-86540239 86159358		传　真	0519-86549358	
	办公地址	江苏省常州市武进区雪堰镇旷达路1号				
	经营范围	化纤复合面料、化纤布、化纤丝、汽车座椅套、座椅、汽车内饰件等				

主要财务指标	指标\报告期	2011.06.30	2010.12.31	2010.06.30	2009.12.31
	每股收益(元)	0.2600	0.7400	0.2900	0.4800
	每股收益(扣除)(元)	0.2452	0.7200	0.3200	0.4600
	每股净资产(元)	6.0700	7.3400	3.0400	2.6500
	调整后每股净资产(元)	–	–	–	–
	每股资本公积金(元)	3.8597	5.0543	0.7158	0.6906
	每股盈余公积金(元)	0.1052	0.1315	0.1021	0.0636
	每股未分配利润(元)	1.1052	1.1551	1.2210	0.8937
	每股现金净流量(元)	–0.4146	3.4409	0.2185	0.1037
	每股经营现金净流量(元)	0.0274	0.2835	0.3144	0.3977
	净资产收益率(扣除)(%)	4.0800	20.5100	11.0600	18.7800
	净资产收益率(%)	4.3030	7.7490	12.0460	18.1680
	总资产(万)	173870.12	167706.60	89776.92	94476.45
	股东权益(万)	151713.24	146782.46	45551.34	39688.39
	主营业务收入(万)	45987.19	76566.83	34846.33	58533.41
	主营成本(万)	32546.61	50859.52	23281.43	38154.15
	营业收入(万)	46402.02	78188.17	35229.82	59036.81
	营业成本(万)	32895.08	51981.46	23600.12	38542.36
	投资收益(万)	–	–	–	–
	利润总额(万)	7936.51	14023.06	6699.62	9927.90
	净利润(万)	6527.56	11373.87	5487.18	7210.61

泰亚鞋业股份有限公司

公司名称	泰亚鞋业股份有限公司			证券简称	泰亚股份
法人代表	林祥加	董秘	谢梓熙	证券代码	002517
公司网址	www.taiya-sole.com		电子信箱	taiya@pub1.qz.fj.cn	
电　　话	0595-22498599 22019888		传　　真	0595-22499000	
办公地址	福建省泉州市经济技术开发区清濛园区美泰路36号				
经营范围	运动鞋鞋底的研发,生产及销售等				

(公司概况)

指标\报告期	2011.06.30	2010.12.31	2010.06.30	2009.12.31
每股收益(元)	0.2500	0.5600	0.2900	0.5600
每股收益(扣除)(元)	0.2300	0.5100	0.2700	0.4300
每股净资产(元)	6.5900	6.6400	2.4200	2.1300
调整后每股净资产(元)	–	–	–	–
每股资本公积金(元)	4.7669	4.7669	0.5316	0.5316
每股盈余公积金(元)	0.0763	0.0763	0.0577	0.0577
每股未分配利润(元)	0.7477	0.7981	0.8313	0.5370
每股现金净流量(元)	–0.8635	3.2408	0.0020	0.1723
每股经营现金净流量(元)	–0.5233	0.1003	0.3746	1.0662
净资产收益率(扣除)(%)	3.4400	18.0400	11.8600	24.9400
净资产收益率(%)	3.7870	6.4510	12.1570	23.9620
总资产(万)	61878.52	63251.38	30822.91	29018.84
股东权益(万)	58264.15	58709.46	16048.35	14097.28
主营业务收入(万)	19016.46	35421.85	17365.42	32628.15
主营成本(万)	14716.91	27246.45	13396.50	25308.32
营业收入(万)	19050.95	35443.07	17371.47	32653.30
营业成本(万)	14736.80	27246.45	13396.50	25308.32
投资收益(万)	–	–	–	–
利润总额(万)	2945.60	4993.77	2548.31	4598.39
净利润(万)	2206.69	3787.16	1951.07	3378.00

(主要财务指标)

深圳科士达科技股份有限公司

公司名称	深圳科士达科技股份有限公司			证券简称	科 士 达
法人代表	刘程宇	董秘	蔡艳红	证券代码	002518
公司网址	www.kstar.com.cn		电子信箱	stock@kstar.com.cn	
电　　话	0755-86168479		传　　真	0755-86169275	
办公地址	广东省深圳市南山区高新北区软件园一栋四楼				
经营范围	UPS以及配套的阀控式密封铅酸蓄电池的研发,生产,销售和配套服务等				

(公司概况)

指标\报告期	2011.06.30	2010.12.31	2010.06.30	2009.12.31
每股收益(元)	0.3300	0.9200	0.4200	0.7700
每股收益(扣除)(元)	0.3172	0.9100	0.4100	0.7500
每股净资产(元)	10.2800	10.2500	2.9300	2.5100
调整后每股净资产(元)	–	–	–	–
每股资本公积金(元)	7.5744	7.5744	0.1910	0.1910
每股盈余公积金(元)	0.1403	0.1403	0.0987	0.0987
每股未分配利润(元)	1.5654	1.5371	1.6430	1.2239
每股现金净流量(元)	–1.7894	7.6776	–0.3769	0.6059
每股经营现金净流量(元)	–1.0136	0.3929	–0.4871	0.8537
净资产收益率(扣除)(%)	3.0500	30.5100	15.1000	34.9300
净资产收益率(%)	3.1930	6.7140	14.2920	28.4220
总资产(万)	143823.60	147220.36	46480.55	47982.46
股东权益(万)	118220.85	117895.68	25221.73	21617.03
主营业务收入(万)	42562.91	66700.11	26290.25	52718.38
主营成本(万)	32539.69	47091.68	18241.60	38114.84
营业收入(万)	42631.87	67056.02	26545.34	53045.96
营业成本(万)	32540.11	47148.75	18277.63	38207.22
投资收益(万)	–	–	–	–
利润总额(万)	4165.22	8914.34	4171.16	6788.62
净利润(万)	3775.17	7915.83	3604.70	6143.94

(主要财务指标)

江苏银河电子股份有限公司

公司名称	江苏银河电子股份有限公司			证券简称	银河电子
法人代表	吴建明	董秘	庞鹰	证券代码	002519
公司网址	www.yinhe.com		电子信箱	yhdm@yinhe.com	
电　　话	0512-58449138 58449198		传　　真	0512-58449267	
办公地址	江苏省张家港市塘桥镇南环路188号				
经营范围	计算机及部件,计算机外部设备,电子 产品,网络产品,软件产品等				

(公司概况)

指标\报告期	2011.06.30	2010.12.31	2010.06.30	2009.12.31
每股收益(元)	0.3100	1.3600	0.3500	1.2500
每股收益(扣除)(元)	–	1.3000	0.6800	1.1900
每股净资产(元)	7.1200	14.1200	6.7300	6.8229
调整后每股净资产(元)	–	–	–	–
每股资本公积金(元)	3.8241	8.6483	0.4608	0.4608
每股盈余公积金(元)	0.2671	0.5342	0.7123	0.7123
每股未分配利润(元)	2.0294	3.9361	4.5530	4.6499
每股现金净流量(元)	–1.7173	8.3225	0.3306	0.1662
每股经营现金净流量(元)	–0.9093	0.5186	0.1506	1.4507
净资产收益率(扣除)(%)	4.3729	7.4280	10.4530	18.2540
净资产收益率(%)	4.3700	17.9100	12.0400	19.7400
总资产(万)	127415.30	135049.11	70751.54	59118.61
股东权益(万)	100258.84	99394.61	35513.39	36025.03
主营业务收入(万)	48356.86	84658.90	39585.17	59322.50
主营成本(万)	36511.00	64710.75	29960.76	42761.63
营业收入(万)	49200.43	85694.95	40026.50	59840.05
营业成本(万)	37115.12	65365.85	30226.74	43013.30
投资收益(万)	–	–	–	–
利润总额(万)	5011.18	8532.55	4120.43	7781.68
净利润(万)	4384.24	7382.50	3712.36	6576.04

(主要财务指标)

浙江日发数码精密机械股份有限公司

公司名称	浙江日发数码精密机械股份有限公司			证券简称	日发数码
法人代表	王本善	董秘	夏岭	证券代码	002520
公司网址	www.rifapm.com.cn		电子信箱	rifapm@mail.rifa.com.cn	
电　　话	0575-86299888		传　　真	0575-86299177	
办公地址	浙江省绍兴市新昌县七星街道日发数码科技园				
经营范围	数控机床、机械产品的研制、生产、销售等				

(公司概况)

指标\报告期	2011.06.30	2010.12.31	2010.06.30	2009.12.31
每股收益(元)	0.6000	1.0300	0.3600	0.7900
每股收益(扣除)(元)	0.5100	1.0100	0.5400	0.7800
每股净资产(元)	7.4400	11.2700	4.0300	3.6900
调整后每股净资产(元)	–	–	–	–
每股资本公积金(元)	4.7582	7.6373	0.0106	0.0106
每股盈余公积金(元)	0.2248	0.3372	0.3474	0.3474
每股未分配利润(元)	1.4609	2.2910	2.6728	2.3273
每股现金净流量(元)	–0.5691	8.0750	0.0886	0.3177
每股经营现金净流量(元)	0.2974	0.5892	0.3381	0.7782
净资产收益率(扣除)(%)	6.6300	25.1300	14.1500	23.2400
净资产收益率(%)	8.0630	6.8550	13.5340	21.4950
总资产(万)	90367.68	89116.26	31642.40	30098.17
股东权益(万)	71461.01	72099.13	69775.55	17689.52
主营业务收入(万)	22336.36	25879.45	12518.43	19767.80
主营成本(万)	13720.22	16393.14	7906.53	12404.00
营业收入(万)	22851.06	26555.71	12787.34	20286.90
营业成本(万)	13988.03	16711.72	8036.56	12614.97
投资收益(万)	–	–	–	–
利润总额(万)	6826.09	5791.65	3127.36	4368.94
净利润(万)	5761.88	4942.10	2618.52	3802.36

(主要财务指标)

山东齐峰特种纸业股份有限公司

公司概况						
	公司名称	山东齐峰特种纸业股份有限公司			证券简称	齐峰股份
	法人代表	李学峰	董秘	孙文荣	证券代码	002521
	公司网址	www.qifeng.cn		电子信箱	qftzswr@163.com	
	电　　话	0533-7785585		传　　真	0533-7788998	
	办公地址	山东省淄博市临淄区朱台镇朱台路 22 号				
	经营范围	素色装饰原纸、表层耐磨原纸、可印刷装饰原纸、平衡原纸系列特种纸等				

主要财务指标	指标\报告期	2011.06.30	2010.12.31	2010.06.30	2009.12.31
	每股收益(元)	0.1500	1.3300	0.5200	1.0800
	每股收益(扣除)(元)	0.1400	1.2600	0.7200	1.0500
	每股净资产(元)	9.6300	13.3800	4.1900	3.4700
	调整后每股净资产(元)	–	–	–	–
	每股资本公积金(元)	7.1328	10.3859	1.1465	1.1465
	每股盈余公积金(元)	0.0813	0.1138	0.1013	0.1013
	每股未分配利润(元)	1.4162	1.8779	1.9471	1.2256
	每股现金净流量(元)	-2.4396	10.0628	0.4218	0.2800
	每股经营现金净流量(元)	-0.4632	1.3813	1.4438	1.4456
	净资产收益率(扣除)(%)	1.5000	30.3300	18.7300	30.1600
	净资产收益率(%)	1.5190	7.4610	17.2000	31.0050
	总资产(万)	238256.48	255982.49	102482.47	90804.44
	股东权益(万)	198526.33	196983.87	190240.99	38294.05
	主营业务收入(万)	74044.20	135045.33	63025.26	98717.66
	主营成本(万)	64393.36	104748.60	47320.88	72664.92
	营业收入(万)	74649.82	135328.14	63137.27	98772.19
	营业成本(万)	64847.53	104939.29	47414.54	72707.98
	投资收益(万)	–	–	–	–
	利润总额(万)	3654.07	16211.35	9530.17	14158.23
	净利润(万)	3014.96	14697.87	7954.99	11873.06

浙江众成包装材料股份有限公司

公司概况						
	公司名称	浙江众成包装材料股份有限公司			证券简称	浙江众成
	法人代表	陈大魁	董秘	吴军	证券代码	002522
	公司网址	www.zjzhongda.com		电子信箱	sec@zjzhongda.com	
	电　　话	0573-84187845		传　　真	0573-84187829	
	办公地址	浙江省嘉兴市嘉善县经济开发区柳溪路				
	经营范围	生产、销售多层共挤热收缩薄膜,塑料制品等				

主要财务指标	指标\报告期	2011.06.30	2010.12.31	2010.06.30	2009.12.31
	每股收益(元)	0.3100	0.9300	0.3400	0.6100
	每股收益(扣除)(元)	0.3107	0.9200	0.3400	0.6200
	每股净资产(元)	6.0100	9.3100	2.3700	2.0300
	调整后每股净资产(元)	–	–	–	–
	每股资本公积金(元)	4.0335	7.0536	0.2813	0.2813
	每股盈余公积金(元)	0.0786	0.1258	0.0748	0.0748
	每股未分配利润(元)	0.8943	1.1321	1.0158	0.6730
	每股现金净流量(元)	-0.1733	6.1105	-1.2708	1.4531
	每股经营现金净流量(元)	0.1607	0.4790	0.2147	1.2783
	净资产收益率(扣除)(%)	5.2200	37.0400	15.5600	35.7800
	净资产收益率(%)	5.1900	7.4850	14.4500	30.1830
	总资产(万)	112599.15	110308.16	32885.99	38811.92
	股东权益(万)	102512.71	99325.54	94632.69	16233.07
	主营业务收入(万)	21617.58	39568.90	18026.85	31827.15
	主营成本(万)	14132.90	26105.65	11967.17	21448.47
	营业收入(万)	21763.45	39702.84	18094.45	32559.43
	营业成本(万)	14238.16	26192.39	12019.97	22105.45
	投资收益(万)	–	–	–	–
	利润总额(万)	6281.41	8879.90	3710.96	6574.75
	净利润(万)	5320.57	7434.62	2741.76	4899.63

株洲天桥起重机股份有限公司

公司概况						
	公司名称	株洲天桥起重机股份有限公司			证券简称	天桥起重
	法人代表	成固平	董秘	范洪泉	证券代码	002523
	公司网址	www.tqcc.cn		电子信箱	fanhongquan333@vip.sina.com	
	电　　话	0731-22337000 8007 8023		传　　真	0731-22337798	
	办公地址	湖南省株洲市石峰区田心北门				
	经营范围	主要经营门、桥式起重机、港口起重机、电解铝、碳素多功能机组等				

主要财务指标	指标\报告期	2011.06.30	2010.12.31	2010.06.30	2009.12.31
	每股收益(元)	0.2300	0.6100	0.2700	0.4500
	每股收益(扣除)(元)	0.2300	0.5600	0.2300	0.4400
	每股净资产(元)	6.5000	6.4700	2.1973	2.0000
	调整后每股净资产(元)	–	–	–	–
	每股资本公积金(元)	4.3506	4.3493	0.0361	0.0361
	每股盈余公积金(元)	0.1468	0.1245	0.1350	0.1077
	每股未分配利润(元)	1.0039	0.9988	1.0262	0.8543
	每股现金净流量(元)	-0.6655	3.8603	0.1172	0.2429
	每股经营现金净流量(元)	-0.3294	-0.1465	0.0172	0.1802
	净资产收益率(扣除)(%)	3.4800	24.6700	10.9600	24.6100
	净资产收益率(%)	3.4974	7.0770	12.4760	22.7610
	总资产(万)	134444.19	140985.27	68129.69	63779.70
	股东权益(万)	104019.94	103561.22	99522.25	23978.07
	主营业务收入(万)	26999.99	58859.81	26961.65	54810.67
	主营成本(万)	19865.89	42531.75	19870.01	41101.93
	营业收入(万)	27278.73	60582.88	27377.01	56014.69
	营业成本(万)	19880.41	43772.19	20022.50	41938.32
	投资收益(万)	–	–	–	–
	利润总额(万)	4470.39	8931.66	4043.50	6462.54
	净利润(万)	3638.04	7328.65	3289.69	5457.70

光正钢结构股份有限公司

公司概况						
	公司名称	光正钢结构股份有限公司			证券简称	光正钢构
	法人代表	周永麟	董秘	姜勇	证券代码	002524
	公司网址	www.gzss.cc		电子信箱	postmaster@gzss.cc	
	电　　话	0991-3766551		传　　真	0991-3766551	
	办公地址	新疆维吾尔自治区乌鲁木齐经济技术开发区上海路 105 号				
	经营范围	各类钢结构的设计、生产、安装等业务				

主要财务指标	指标\报告期	2011.06.30	2010.12.31	2010.06.30	2009.12.31
	每股收益(元)	0.0500	0.3300	0.1700	0.2800
	每股收益(扣除)(元)	0.0405	0.2800	0.1500	0.2600
	每股净资产(元)	2.6200	5.1800	2.0400	1.9100
	调整后每股净资产(元)	–	–	–	–
	每股资本公积金(元)	1.2680	3.5361	0.3626	0.3626
	每股盈余公积金(元)	0.0337	0.0674	0.0568	0.0568
	每股未分配利润(元)	0.2811	0.5088	0.5489	0.4325
	每股现金净流量(元)	-0.5872	3.3679	0.0269	0.0979
	每股经营现金净流量(元)	0.0247	-0.2051	0.0169	0.1554
	净资产收益率(扣除)(%)	–	13.7000	7.4500	14.3000
	净资产收益率(%)	1.9770	4.7650	8.3300	14.7100
	总资产(万)	66251.56	69256.61	34116.14	34170.91
	股东权益(万)	47309.47	46788.02	45584.74	12975.78
	主营业务收入(万)	13689.32	38121.16	13614.31	27555.45
	主营成本(万)	11711.98	32889.02	11811.62	23056.99
	营业收入(万)	13864.41	38173.74	13636.02	27603.47
	营业成本(万)	11802.44	32995.00	11858.56	23061.82
	投资收益(万)	–	–	–	–
	利润总额(万)	1043.88	2745.92	1379.41	2357.00
	净利润(万)	935.19	2229.62	1127.88	1908.72

山东矿机集团股份有限公司

公司概况	公司名称	山东矿机集团股份有限公司			证券简称	山东矿机
	法人代表	赵笃学	董秘	杜轶学	证券代码	002526
	公司网址	www.skj.cc		电子信箱	skjzq@skj.cc	
	电　话	0536-6295891 6295539		传　真	0536-6250729 6295539	
	办公地址	山东省潍坊市昌乐县经济开发区大沂路北段矿机工业园				
	经营范围	煤炭机械设备开发,生产,销售及服务等				

主要财务指标	指标\报告期	2011.06.30	2010.12.31	2010.06.30	2009.12.31
	每股收益(元)	0.2690	0.6799	0.2732	0.3721
	每股收益(扣除)(元)	0.2523	0.6235	0.2708	0.3603
	每股净资产(元)	6.8600	6.8900	2.5388	2.3200
	调整后每股净资产(元)	–	–	–	–
	每股资本公积金(元)	4.9497	4.9497	0.6904	0.6904
	每股盈余公积金(元)	0.0908	0.0908	0.0601	0.0601
	每股未分配利润(元)	0.8183	0.8494	0.7883	0.5650
	每股现金净流量(元)	–2.8089	4.7097	0.3913	0.0830
	每股经营现金净流量(元)	–1.0359	0.1445	0.0291	0.3155
	净资产收益率(扣除)(%)	–	23.4800	11.0400	16.6800
	净资产收益率(%)	3.9210	7.3920	10.7630	16.0680
	总资产(万)	313350.46	284547.92	146186.88	130637.10
	股东权益(万)	183129.40	183958.64	175825.01	46311.73
	主营业务收入(万)	78502.90	129659.40	60504.99	104304.47
	主营成本(万)	62593.03	101591.71	46916.25	83043.04
	营业收入(万)	80471.14	131731.07	61391.86	105624.79
	营业成本(万)	63205.30	101706.22	46949.14	83120.45
	投资收益(万)	–	–	–	–
	利润总额(万)	8847.45	16320.13	7353.13	9814.82
	净利润(万)	7181.27	13598.47	5464.84	7441.39

上海新时达电气股份有限公司

公司概况	公司名称	上海新时达电气股份有限公司			证券简称	新时达
	法人代表	纪德法	董秘	冯骏	证券代码	002527
	公司网址	www.stepelevator.com		电子信箱	yangls@stepelevator.com	
	电　话	021-69926000 021-69926094		传　真	021-69926163	
	办公地址	上海市嘉定区南翔镇新勤路289号				
	经营范围	电控设备的生产、加工,机械设备、通信设备(除专控)、仪器仪表的销售等				

主要财务指标	指标\报告期	2011.06.30	2010.12.31	2010.06.30	2009.12.31
	每股收益(元)	0.2600	0.5300	0.2100	0.4300
	每股收益(扣除)(元)	0.2383	0.5100	0.1700	0.3600
	每股净资产(元)	5.9020	5.7680	2.2900	2.2000
	调整后每股净资产(元)	–	–	–	–
	每股资本公积金(元)	4.0513	4.0513	0.6612	0.6612
	每股盈余公积金(元)	0.0956	0.0956	0.0795	0.0795
	每股未分配利润(元)	0.7588	0.6230	0.5521	0.4597
	每股现金净流量(元)	–0.5901	3.7238	–0.2083	0.3064
	每股经营现金净流量(元)	–0.0249	0.1779	0.0936	0.5470
	净资产收益率(扣除)(%)	4.0600	21.5200	7.2900	18.0100
	净资产收益率(%)	4.3360	6.9440	9.1700	19.3498
	总资产(万)	137505.67	132960.48	50613.34	48380.95
	股东权益(万)	118041.41	115360.23	110516.70	33017.82
	主营业务收入(万)	29401.96	50196.55	20343.31	40759.20
	主营成本(万)	17530.80	29230.71	12061.58	24338.40
	营业收入(万)	29401.96	50196.55	20343.31	40759.20
	营业成本(万)	17530.80	29230.71	12061.58	24338.40
	投资收益(万)	–	–	–	–
	利润总额(万)	6254.47	9471.31	3728.56	7474.93
	净利润(万)	5117.80	8010.16	3155.84	6388.89

深圳英飞拓科技股份有限公司

公司概况	公司名称	深圳英飞拓科技股份有限公司			证券简称	英飞拓
	法人代表	刘肇怀	董秘	刘恺祥	证券代码	002528
	公司网址	www.infinova.com.cn		电子信箱	invrel@infinova.com.cn	
	电　话	0755-86096000 86090818		传　真	0755-86098166	
	办公地址	广东省深圳市宝安区观澜高新技术产业园英飞拓厂房				
	经营范围	电子安防产品的研发、设计、生产和销售等				

主要财务指标	指标\报告期	2011.06.30	2010.12.31	2010.06.30	2009.12.31
	每股收益(元)	0.2100	1.0700	0.4200	0.7300
	每股收益(扣除)(元)	0.2050	1.0600	0.4200	0.7300
	每股净资产(元)	15.0700	15.1600	2.7500	2.3400
	调整后每股净资产(元)	–	–	–	–
	每股资本公积金(元)	12.3947	12.3947	0.0453	0.0453
	每股盈余公积金(元)	0.1682	0.1611	0.1967	0.1647
	每股未分配利润(元)	1.5173	1.6130	1.5237	1.1355
	每股现金净流量(元)	–0.1900	12.7481	–0.1941	–0.3335
	每股经营现金净流量(元)	–0.1313	0.1713	–0.0807	0.5178
	净资产收益率(扣除)(%)	1.4030	5.2850	15.2510	31.2079
	净资产收益率(%)	1.3800	37.2900	16.5000	36.9800
	总资产(万)	234891.52	231162.05	37135.86	36723.17
	股东权益(万)	221468.28	222815.66	30301.60	25689.69
	主营业务收入(万)	15849.56	48273.93	19911.90	37423.77
	主营成本(万)	6692.17	20598.22	8359.56	15471.68
	营业收入(万)	15904.22	48399.70	20041.39	37677.60
	营业成本(万)	6692.70	20668.39	8455.99	15657.58
	投资收益(万)	–	–	–	–
	利润总额(万)	3600.97	12033.27	4825.53	8774.83
	净利润(万)	3106.66	11776.77	4621.23	8017.22

福建海源自动化机械股份有限公司

公司概况	公司名称	福建海源自动化机械股份有限公司			证券简称	海源机械
	法人代表	李良光	董秘	李玫	证券代码	002529
	公司网址	www.haiyuan-group.com		电子信箱	hyjx@haiyuan-group.com	
	电　话	0591-83855071		传　真	0591-83855031	
	办公地址	福建省福州市闽侯县荆溪镇铁岭北路2号				
	经营范围	建材机械,建材生产,资源再生及综合 利用技术,高新技术,新产品开发,比例等				

主要财务指标	指标\报告期	2011.06.30	2010.12.31	2010.06.30	2009.12.31
	每股收益(元)	0.1700	0.5200	0.1700	0.5000
	每股收益(扣除)(元)	0.1700	0.5000	0.1600	0.5000
	每股净资产(元)	6.2300	6.3700	2.8100	2.6500
	调整后每股净资产(元)	–	–	–	–
	每股资本公积金(元)	4.1485	4.1485	0.1681	0.1681
	每股盈余公积金(元)	0.2047	0.2047	0.2212	0.2212
	每股未分配利润(元)	0.8817	1.0213	1.4250	1.2580
	每股现金净流量(元)	–1.9649	4.2798	–0.2876	0.4470
	每股经营现金净流量(元)	–0.0807	0.0908	–0.1883	–
	净资产收益率(扣除)(%)	2.6400	18.1800	5.7900	20.7500
	净资产收益率(%)	2.7730	6.0820	5.9360	18.9320
	总资产(万)	114749.66	138083.68	64013.77	56548.43
	股东权益(万)	99758.15	101992.08	102130.53	31767.18
	主营业务收入(万)	17323.00	34317.69	14953.17	26029.82
	主营成本(万)	10697.11	21338.48	10101.70	14973.35
	营业收入(万)	17464.78	34792.92	15224.57	26343.61
	营业成本(万)	10723.94	21386.27	10142.18	15018.70
	投资收益(万)	–	–	–	–
	利润总额(万)	3263.25	7239.47	2295.43	6807.95
	净利润(万)	2766.07	6203.58	2004.77	6014.28

江苏丰东热技术股份有限公司

公司概况	公司名称	江苏丰东热技术股份有限公司			证券简称	丰东股份
	法人代表	朱文明	董秘	卞卫芹	证券代码	002530
	公司网址	www.fengdong.com		电子信箱	fengdong@fengdong.com	
	电　话	0515-83282838		传　真	0515-83282843	
	办公地址	江苏省盐城市大丰市经济开发区南翔西路 333 号				
	经营范围	开发、生产热处理设备及其辅助设备并销售本公司自产产品等				

	指标\报告期	2011.06.30	2010.12.31	2010.06.30	2009.12.31
主要财务指标	每股收益(元)	0.1830	0.3350	0.1680	0.3870
	每股收益(扣除)(元)	0.1782	0.3300	0.1680	0.2260
	每股净资产(元)	4.2500	4.2400	1.8100	1.6500
	调整后每股净资产(元)	–	–	–	–
	每股资本公积金(元)	2.5911	2.5706	0.0726	0.0796
	每股盈余公积金(元)	0.0610	0.0610	0.0584	0.0584
	每股未分配利润(元)	0.5963	0.6128	0.6775	0.5096
	每股现金净流量(元)	–0.7327	2.7439	–0.0648	0.1480
	每股经营现金净流量(元)	0.0286	0.4580	0.1184	0.2621
	净资产收益率(扣除)(%)	4.1600	18.2700	9.7200	15.5500
	净资产收益率(%)	4.3180	5.8890	9.2840	23.5090
	总资产(万)	80212.88	86057.05	46282.13	39405.33
	股东权益(万)	56928.94	56875.33	55204.99	16476.19
	主营业务收入(万)	15779.43	29634.80	12377.02	–
	主营成本(万)	10314.63	20712.19	8118.81	–
	营业收入(万)	15779.43	29634.80	12377.02	21965.30
	营业成本(万)	10314.63	20712.19	8118.81	15551.98
	投资收益(万)	–	–	–	–
	利润总额(万)	3462.08	4881.52	2353.51	4886.61
	净利润(万)	2458.36	3349.40	1679.05	3873.43

天顺风能(苏州)股份有限公司

公司概况	公司名称	天顺风能(苏州)股份有限公司			证券简称	天顺风能
	法人代表	严俊旭	董秘	郑康生	证券代码	002531
	公司网址	www.titanmetal.com.cn		电子信箱	public@titanmetal.com.cn	
	电　话	0512-81607016		传　真	0512-53598666	
	办公地址	江苏省苏州市太仓经济开发区宁波东路 28 号				
	经营范围	从事设计,生产加工各类电力设备(风 力发电设备),船舶设备,起重设备等				

	指标\报告期	2011.06.30	2010.12.31	2010.06.30	2009.12.31
主要财务指标	每股收益(元)	0.2500	0.5700	0.2500	0.6700
	每股收益(扣除)(元)	0.2463	0.5500	0.2500	0.6800
	每股净资产(元)	7.7600	7.7100	2.0200	1.7700
	调整后每股净资产(元)	–	–	–	–
	每股资本公积金(元)	6.2695	6.2695	0.7488	0.7488
	每股盈余公积金(元)	0.0515	0.0515	0.0116	0.0116
	每股未分配利润(元)	0.4390	0.3848	0.2591	0.0048
	每股现金净流量(元)	–1.9450	6.2783	0.5166	0.0277
	每股经营现金净流量(元)	–1.0319	0.5796	0.7293	0.9649
	净资产收益率(扣除)(%)	3.1500	27.0000	13.3400	35.6200
	净资产收益率(%)	3.2760	5.5020	12.5940	35.8770
	总资产(万)	195106.09	200456.02	80982.31	61574.46
	股东权益(万)	159661.38	158546.48	31050.49	27139.90
	主营业务收入(万)	33452.22	50391.49	22994.38	45986.75
	主营成本(万)	26013.97	35739.17	16332.58	32731.32
	营业收入(万)	39042.40	50853.02	23095.21	46244.92
	营业成本(万)	31182.71	35739.91	16332.58	32734.82
	投资收益(万)	–	–	–	–
	利润总额(万)	5935.03	9763.71	4357.28	10576.19
	净利润(万)	5229.90	8723.72	3910.60	9736.90

浙江新界泵业股份有限公司

公司概况	公司名称	浙江新界泵业股份有限公司			证券简称	新界泵业
	法人代表	许敏田	董秘	严先发	证券代码	002532
	公司网址	www.shimge.com		电子信箱	shimgezjb@126.com	
	电　话	0576-81670968		传　真	0576-86338769	
	办公地址	浙江省台州市温岭市大溪镇大洋城工业区				
	经营范围	泵及控制设备,风机,电机,发电机,空压机及零部件制造,销售等				

	指标\报告期	2011.06.30	2010.12.31	2010.06.30	2009.12.31
主要财务指标	每股收益(元)	0.2000	0.9900	0.1800	0.7800
	每股收益(扣除)(元)	0.1749	0.8300	0.4100	0.7400
	每股净资产(元)	5.0000	9.7000	2.1780	2.4100
	调整后每股净资产(元)	–	–	–	–
	每股资本公积金(元)	3.3211	7.6422	0.3251	0.3251
	每股盈余公积金(元)	0.0807	0.1613	0.1223	0.1223
	每股未分配利润(元)	0.5983	0.9011	0.7306	0.9579
	每股现金净流量(元)	–0.9049	8.0080	0.0804	0.4184
	每股经营现金净流量(元)	–0.0394	0.8006	0.3083	1.1713
	净资产收益率(扣除)(%)	3.5400	35.4000	18.7700	37.5100
	净资产收益率(%)	3.9540	7.6230	19.4060	32.6310
	总资产(万)	97478.53	100510.33	33098.19	29065.26
	股东权益(万)	80000.74	77637.41	74255.18	14431.91
	主营业务收入(万)	34521.93	54941.07	25783.09	43601.44
	主营成本(万)	27421.12	42580.46	19958.24	32670.76
	营业收入(万)	35743.71	56742.67	26649.10	44747.79
	营业成本(万)	28565.02	44252.04	20770.17	33685.73
	投资收益(万)	–	–	–	–
	利润总额(万)	3658.07	6665.88	2872.47	5386.93
	净利润(万)	3163.33	5918.14	2535.91	4709.24

金杯电工股份有限公司

公司概况	公司名称	金杯电工股份有限公司			证券简称	金杯电工
	法人代表	吴学愚	董秘	黄喜华	证券代码	002533
	公司网址	www.gold-cup.cn		电子信箱	jbdg8888@163.com	
	电　话	0731-88280604 88280619		传　真	0731-88280636	
	办公地址	湖南长沙雨花区环保科技产业园新兴路 159 号				
	经营范围	加工,制造,销售电线,电缆;生产,销售 电线,电缆材料及成品等				

	指标\报告期	2011.06.30	2010.12.31	2010.06.30	2009.12.31
主要财务指标	每股收益(元)	0.2150	1.0830	0.2350	0.9600
	每股收益(扣除)(元)	0.1782	1.0140	–	0.8040
	每股净资产(元)	5.9900	12.0500	–	5.1000
	调整后每股净资产(元)	–	–	–	–
	每股资本公积金(元)	3.7077	8.7271	–	1.7784
	每股盈余公积金(元)	0.0876	0.1752	–	0.1862
	每股未分配利润(元)	1.1910	2.1523	–	2.1337
	每股现金净流量(元)	–1.7581	6.9910	–0.0551	0.4758
	每股经营现金净流量(元)	–1.1386	–0.3816	–0.6475	1.6362
	净资产收益率(扣除)(%)	2.9900	19.3200	10.1500	19.9300
	净资产收益率(%)	3.5890	6.7405	–	18.8360
	总资产(万)	217864.63	232932.60	–	98079.78
	股东权益(万)	167617.75	168763.51	–	53532.26
	主营业务收入(万)	107946.21	192667.97	79362.96	147674.35
	主营成本(万)	96132.15	168558.94	68647.04	125956.21
	营业收入(万)	108025.70	192976.93	79543.52	148013.09
	营业成本(万)	96145.01	168689.10	68730.01	126152.44
	投资收益(万)	–	–	–	–
	利润总额(万)	7400.18	13433.28	5792.36	11690.74
	净利润(万)	6016.49	11375.59	4934.96	10083.09

杭州锅炉集团股份有限公司

公司概况	公司名称	杭州锅炉集团股份有限公司		证券简称	杭锅股份
	法人代表	吴南平	董秘 陈华	证券代码	002534
	公司网址	www.chinaboilers.com		电子信箱	boiler@mail.hz.zj.cn
	电　　话	0571-85387519		传　　真	0571-85387598
	办公地址	浙江省杭州市下城区东新路245号			
	经营范围	各类余热锅炉、工业锅炉、电站锅炉、核电设备和电站辅机的研发、生产和销售			

主要财务指标	指标\报告期	2011.06.30	2010.12.31	2010.06.30	2009.12.31
	每股收益(元)	0.3600	0.9300	0.4700	0.6400
	每股收益(扣除)(元)	0.3500	0.7800	0.4600	0.6400
	每股净资产(元)	5.5300	3.2300	2.7637	2.4900
	调整后每股净资产(元)	–	–	–	–
	每股资本公积金(元)	2.5671	0.0954	0.1063	0.1063
	每股盈余公积金(元)	0.1604	0.1010	0.1125	0.0627
	每股未分配利润(元)	1.7995	1.8002	1.5450	1.3250
	每股现金净流量(元)	1.1298	0.0215	–0.3758	0.3462
	每股经营现金净流量(元)	–0.3805	0.4956	0.1501	1.0734
	净资产收益率(扣除)(%)	6.5600	27.8900	17.5500	28.6600
	净资产收益率(%)	6.4840	28.8040	16.9970	25.7220
	总资产(万)	515250.52	414530.69	373805.51	348391.24
	股东权益(万)	221570.62	116113.40	99362.34	89663.79
	主营业务收入(万)	159383.24	329427.15	159417.49	226836.74
	主营成本(万)	124218.67	260026.13	122298.14	–
	营业收入(万)	159978.27	330901.76	160050.99	284190.32
	营业成本(万)	124536.09	261034.71	122735.90	216813.00
	投资收益(万)	–	–	–	–
	利润总额(万)	21336.57	46365.98	25370.01	37813.95
	净利润(万)	14366.04	33445.29	16888.95	23063.53

林州重机集团股份有限公司

公司概况	公司名称	林州重机集团股份有限公司		证券简称	林州重机
	法人代表	郭现生	董秘 崔普县	证券代码	002535
	公司网址	www.lzzj.com		电子信箱	lzzjcpx@126.com
	电　　话	0372-6024321		传　　真	0372-6031023
	办公地址	河南省安阳市林州市河顺镇申村			
	经营范围	煤矿机械的生产、制造、销售及维修服务			

主要财务指标	指标\报告期	2011.06.30	2010.12.31	2010.06.30	2009.12.31
	每股收益(元)	0.1700	0.6700	0.1300	0.4000
	每股收益(扣除)(元)	0.1700	0.6700	0.2500	0.3800
	每股净资产(元)	4.1400	2.9200	2.5000	2.4300
	调整后每股净资产(元)	–	–	–	–
	每股资本公积金(元)	2.8525	0.5702	0.7603	0.7603
	每股盈余公积金(元)	0.0460	0.0921	0.0578	0.0578
	每股未分配利润(元)	0.2392	0.7782	0.6802	0.6169
	每股现金净流量(元)	1.2034	–0.3224	–0.0511	0.5591
	每股经营现金净流量(元)	–0.3642	0.4342	0.6860	–1.0311
	净资产收益率(扣除)(%)	4.4600	25.1200	9.8700	18.4600
	净资产收益率(%)	3.9300	23.0300	2.4200	15.3065
	总资产(万)	230750.84	123551.08	95584.67	93061.36
	股东权益(万)	169481.01	44860.75	158894.32	37401.13
	主营业务收入(万)	47886.59	82265.54	36643.18	64455.59
	主营成本(万)	35407.37	60434.61	27707.10	51015.97
	营业收入(万)	50860.68	85008.06	37776.92	68477.24
	营业成本(万)	37344.72	61971.42	28454.64	54089.10
	投资收益(万)	–	–	–	–
	利润总额(万)	8888.85	13779.47	5145.89	7715.86
	净利润(万)	6660.39	10331.62	3845.32	5724.79

河南省西峡汽车水泵股份有限公司

公司概况	公司名称	河南省西峡汽车水泵股份有限公司		证券简称	西泵股份
	法人代表	孙耀志	董秘 席洪民	证券代码	002536
	公司网址	www.xixia-waterpump.com		电子信箱	xhm@xixia-waterpump.com
	电　　话	0377-69723888 69662536		传　　真	0377-69722888 69662536
	办公地址	河南省南阳市西峡县工业大道			
	经营范围	汽车、摩托车零部件(不含发动机)及其机械产品的加工、制造、销售等			

主要财务指标	指标\报告期	2011.06.30	2010.12.31	2010.06.30	2009.12.31
	每股收益(元)	0.5600	1.2300	0.7000	0.7400
	每股收益(扣除)(元)	0.4300	1.2000	0.6800	0.6900
	每股净资产(元)	11.7400	4.2700	3.7400	3.2400
	调整后每股净资产(元)	–	–	–	–
	每股资本公积金(元)	8.3160	0.3708	0.4944	0.4944
	每股盈余公积金(元)	0.1986	0.1986	0.1648	0.1648
	每股未分配利润(元)	2.2213	1.8836	2.0847	1.5829
	每股现金净流量(元)	3.4417	0.1307	0.1900	–0.1175
	每股经营现金净流量(元)	0.0886	0.9371	0.7008	0.6097
	净资产收益率(扣除)(%)	4.4400	32.2200	19.4400	23.4500
	净资产收益率(%)	4.5820	28.7680	18.7450	22.7196
	总资产(万)	166426.87	114700.87	114533.59	101752.06
	股东权益(万)	112664.75	30748.68	108705.17	23342.97
	主营业务收入(万)	–	99692.05	–	47195.41
	主营成本(万)	–	70162.83	–	47195.41
	营业收入(万)	52405.60	99926.21	50140.82	67191.93
	营业成本(万)	38460.38	70391.58	35829.57	47294.38
	投资收益(万)	–	–	–	–
	利润总额(万)	5848.89	10354.47	5900.48	6350.01
	净利润(万)	5161.80	8845.70	5052.96	5303.43

青岛海立美达股份有限公司

公司概况	公司名称	青岛海立美达股份有限公司		证券简称	海立美达
	法人代表	刘国平	董秘 曹际东	证券代码	002537
	公司网址	www.haili.com.cn		电子信箱	hlmo@haili.com.cn
	电　　话	0532-89066166		传　　真	0532-89066196
	办公地址	山东省青岛即墨市青威路1626号			
	经营范围	钢板的剪切、冲压加工、彩涂钢板、钢制零部件、模具的开发与生产等			

主要财务指标	指标\报告期	2011.06.30	2010.12.31	2010.06.30	2009.12.31
	每股收益(元)	0.5500	1.2200	0.6900	0.8300
	每股收益(扣除)(元)	0.4900	1.2000	0.6700	0.7900
	每股净资产(元)	12.4500	3.7600	3.2400	2.5400
	调整后每股净资产(元)	–	–	–	–
	每股资本公积金(元)	9.6891	0.5384	0.7179	0.7179
	每股盈余公积金(元)	0.1150	0.1150	0.0640	0.0640
	每股未分配利润(元)	1.6484	1.4178	1.4538	0.7588
	每股现金净流量(元)	4.3367	0.4195	0.0086	–0.3162
	每股经营现金净流量(元)	–1.8702	–1.3168	0.9560	1.6802
	净资产收益率(扣除)(%)	4.2800	37.9400	23.3200	37.2600
	净资产收益率(%)	4.2610	32.4570	21.4770	32.7689
	总资产(万)	173202.93	97679.81	96212.94	63772.48
	股东权益(万)	124525.41	28212.29	118274.49	19055.39
	主营业务收入(万)	100727.01	207618.52	109744.44	136401.16
	主营成本(万)	91717.72	188925.54	99857.08	124185.24
	营业收入(万)	101270.85	209470.55	111205.37	136909.84
	营业成本(万)	92115.44	190645.63	101177.69	124576.35
	投资收益(万)	–	–	–	–
	利润总额(万)	7057.08	12329.97	7101.62	7725.25
	净利润(万)	5305.98	9156.89	5211.96	6244.25

安徽省司尔特肥业股份有限公司

公司概况					
公司名称	安徽省司尔特肥业股份有限公司			证券简称	司尔特
法人代表	金国清	董秘	吴勇	证券代码	002538
公司网址	www.sierte.com		电子信箱	wy3968@sina.com	
电话	0563-4181590		传真	0563-4181525	
办公地址	安徽省宣城地区宁国市经济技术开发区				
经营范围	高浓度磷复肥产品研发、生产和销售等				

主要财务指标

指标\报告期	2011.06.30	2010.12.31	2010.06.30	2009.12.31
每股收益(元)	0.5000	0.8600	0.2310	0.5900
每股收益(扣除)(元)	0.4460	0.8100	–	0.5500
每股净资产(元)	9.0400	3.2500	–	2.3800
调整后每股净资产(元)	–	–	–	–
每股资本公积金(元)	6.1887	0.1297	–	0.1297
每股盈余公积金(元)	0.1801	0.2423	–	0.1560
每股未分配利润(元)	1.6722	1.8752	–	1.0983
每股现金净流量(元)	3.2420	0.5527	0.5384	–0.0957
每股经营现金净流量(元)	–1.2566	0.6251	–1.9709	2.3306
净资产收益率(扣除)(%)	5.4000	28.6300	8.3800	23.1600
净资产收益率(%)	5.2920	26.5840	–	24.7400
总资产(万)	152496.99	86524.23	–	69321.76
股东权益(万)	133807.22	35719.14	–	26223.48
主营业务收入(万)	70862.14	129070.25	48645.53	117305.38
主营成本(万)	–	–	–	–
营业收入(万)	71286.05	129524.50	48896.96	118199.17
营业成本(万)	56814.28	108752.09	41744.60	102072.13
投资收益(万)	–	–	–	–
利润总额(万)	8564.30	11179.65	3244.68	7658.38
净利润(万)	7081.26	9495.67	2544.96	6487.56

成都市新都化工股份有限公司

公司概况					
公司名称	成都市新都化工股份有限公司			证券简称	新都化工
法人代表	牟嘉云	董秘	王生兵	证券代码	002539
公司网址	www.shindoo.com		电子信箱	zhengquan@shindoo.com	
电话	028-87373422		传真	028-87373422	
办公地址	四川省成都市青羊大道99号优诺国际37幢12-D				
经营范围	生产复混肥料(复合肥);销售化肥及化肥原料;从事上述产品的进出口业务				

主要财务指标

指标\报告期	2011.06.30	2010.12.31	2010.06.30	2009.12.31
每股收益(元)	0.7720	1.2390	0.3850	0.7710
每股收益(扣除)(元)	0.6290	1.0800	–	0.5960
每股净资产(元)	12.7700	5.3700	–	4.4300
调整后每股净资产(元)	–	–	–	–
每股资本公积金(元)	8.7289	0.9112	–	0.8259
每股盈余公积金(元)	0.1466	0.1964	–	0.1297
每股未分配利润(元)	2.8236	3.1943	–	2.4269
每股现金净流量(元)	7.0889	–0.3585	–0.0265	–0.1722
每股经营现金净流量(元)	0.6392	–0.3579	–0.7387	1.8574
净资产收益率(扣除)(%)	5.3300	22.8600	5.9100	14.2200
净资产收益率(%)	5.7940	23.0680	–	17.4140
总资产(万)	369309.76	210342.29	–	160236.14
股东权益(万)	211318.93	66342.72	–	54693.56
主营业务收入(万)	159336.78	202649.84	82094.23	168004.46
主营成本(万)	132048.00	168872.49	69588.24	146278.95
营业收入(万)	161152.61	204741.74	82759.19	172049.55
营业成本(万)	133954.62	170365.11	70031.78	149411.05
投资收益(万)	–	–	–	–
利润总额(万)	18983.38	21691.75	7044.85	11982.37
净利润(万)	12244.61	15303.85	4760.30	9524.58

江苏亚太轻合金科技股份有限公司

公司概况					
公司名称	江苏亚太轻合金科技股份有限公司			证券简称	亚太科技
法人代表	周福海	董秘	罗功武	证券代码	002540
公司网址	www.yatal.com		电子信箱	dm@yatal.com	
电话	0510-88271111 887 88278652		传真	0510-88278653	
办公地址	江苏省无锡市新区坊兴路8号				
经营范围	有色金属复合材料、铜铝合金材料等				

主要财务指标

指标\报告期	2011.06.30	2010.12.31	2010.06.30	2009.12.31
每股收益(元)	0.3400	1.0100	0.4100	0.7800
每股收益(扣除)(元)	0.2800	0.9800	0.5100	0.7800
每股净资产(元)	10.1600	4.4100	3.9400	3.4000
调整后每股净资产(元)	–	–	–	–
每股资本公积金(元)	7.4023	0.6704	0.6704	0.6704
每股盈余公积金(元)	0.1413	0.2449	0.1592	0.1592
每股未分配利润(元)	1.6142	2.4986	2.1100	1.5744
每股现金净流量(元)	5.7273	0.2340	0.4216	–0.2063
每股经营现金净流量(元)	–0.3791	0.1569	0.1157	–0.2889
净资产收益率(扣除)(%)	3.0200	24.9600	14.0000	25.7200
净资产收益率(%)	3.2150	22.8780	13.5950	22.8230
总资产(万)	222498.99	82939.45	77736.68	63942.97
股东权益(万)	211281.14	52965.98	201997.76	40848.41
主营业务收入(万)	62586.42	110594.57	57709.99	79041.48
主营成本(万)	49518.46	84525.19	45393.96	61054.65
营业收入(万)	64616.79	113634.90	59179.97	81101.37
营业成本(万)	50785.40	86998.36	46498.55	62680.95
投资收益(万)	–	–	–	–
利润总额(万)	8344.08	14817.15	8052.53	11566.13
净利润(万)	6792.64	12117.57	6426.83	9322.96

安徽鸿路钢结构(集团)股份有限公司

公司概况					
公司名称	安徽鸿路钢结构(集团)股份有限公司			证券简称	鸿路钢构
法人代表	开金伟	董秘	何的明	证券代码	002541
公司网址	www.hong-lu.com		电子信箱	hdm99125@hotmail.com	
电话	0551-6391405		传真	0551-6391725	
办公地址	安徽省合肥市双凤工业区				
经营范围	钢结构、彩板制作、安装;新型建材生产、销售等				

主要财务指标

指标\报告期	2011.06.30	2010.12.31	2010.06.30	2009.12.31
每股收益(元)	0.7027	1.6139	0.5603	0.8126
每股收益(扣除)(元)	0.5628	1.4771	0.4962	0.7991
每股净资产(元)	13.8500	4.3500	3.3005	2.7400
调整后每股净资产(元)	–	–	–	–
每股资本公积金(元)	9.9235	0.3386	0.3386	0.3386
每股盈余公积金(元)	0.2203	0.2952	0.1622	0.1622
每股未分配利润(元)	2.7030	2.7203	1.7997	1.2394
每股现金净流量(元)	5.1000	0.3453	0.2987	–0.6150
每股经营现金净流量(元)	–2.5810	–0.5762	–0.4966	1.2755
净资产收益率(扣除)(%)	4.5500	41.6400	16.4300	34.2400
净资产收益率(%)	4.8600	37.0670	16.9760	29.6560
总资产(万)	402435.74	244802.56	207216.66	179709.96
股东权益(万)	185547.54	43541.31	33004.82	27401.92
主营业务收入(万)	136974.43	246784.75	93130.87	149448.37
主营成本(万)	119827.53	215157.30	81101.95	130274.11
营业收入(万)	152954.94	262571.20	99934.05	161303.19
营业成本(万)	132292.93	227985.39	87086.50	140430.19
投资收益(万)	–	–	–	–
利润总额(万)	11544.30	19633.85	6739.00	9654.23
净利润(万)	9017.68	16139.39	5602.90	8126.21

中化岩土工程股份有限公司

公司概况						
	公司名称	中化岩土工程股份有限公司			证券简称	中化岩土
	法人代表	吴延炜	董秘	王秀格	证券代码	002542
	公司网址	www.cge.com.cn		电子信箱	cge@cge.com.cn	
	电　　话	010-61271947		传　　真	010-61271705	
	办公地址	北京市大兴工业开发区金苑路2号				
	经营范围	工业、交通与民用各类建筑项目的岩土工程勘察、设计等				

主要财务指标	指标\报告期	2011.06.30	2010.12.31	2010.06.30	2009.12.31
	每股收益(元)	0.2300	0.8800	0.2100	0.6600
	每股收益(扣除)(元)	0.2200	0.8400	–	0.6400
	每股净资产(元)	7.0900	2.4200	0.0800	1.5500
	调整后每股净资产(元)	–	–	–	–
	每股资本公积金(元)	5.5931	0.0764	–	0.0764
	每股盈余公积金(元)	0.1149	0.2302	–	0.0989
	每股未分配利润(元)	0.3789	1.1180	–	0.3736
	每股现金净流量(元)	5.7130	0.0184	–0.1180	0.2093
	每股经营现金净流量(元)	0.5027	0.3510	0.0841	0.3328
	净资产收益率(扣除)(%)	3.4600	42.2900	18.4100	52.8700
	净资产收益率(%)	3.1190	36.1220	–	42.5559
	总资产(万)	80730.98	19045.23	–	14838.42
	股东权益(万)	71010.73	12123.16	–	7744.01
	主营业务收入(万)	–	15112.33	–	13986.63
	主营成本(万)	–	7927.71	–	7842.87
	营业收入(万)	13454.85	22515.60	9889.89	19070.08
	营业成本(万)	9720.38	14841.30	6604.21	12695.30
	投资收益(万)	–	–	–	–
	利润总额(万)	2598.50	5100.12	1888.04	3839.88
	净利润(万)	2214.66	4379.15	1604.83	3295.53

广东万和新电气股份有限公司

公司概况						
	公司名称	广东万和新电气股份有限公司			证券简称	万和电气
	法人代表	卢础其	董秘	林健明	证券代码	002543
	公司网址	www.vanward.com		电子信箱	vw@vanward.com	
	电　　话	0757-28382828		传　　真	0757-23814788	
	办公地址	广东省佛山市顺德高新区(容桂)建业中路13号				
	经营范围	生产、销售燃气热水器、燃气采暖热水炉、电热水器、燃气灶具等				

主要财务指标	指标\报告期	2011.06.30	2010.12.31	2010.06.30	2009.12.31
	每股收益(元)	0.6200	1.2400	0.6000	0.8400
	每股收益(扣除)(元)	0.5586	1.2100	0.6000	0.8200
	每股净资产(元)	10.3500	3.8600	3.2200	2.6200
	调整后每股净资产(元)	–	–	–	–
	每股资本公积金(元)	7.5144	0.8759	0.8759	0.8759
	每股盈余公积金(元)	0.0828	0.1104	0.0397	0.0397
	每股未分配利润(元)	1.7518	1.8746	1.3091	0.7060
	每股现金净流量(元)	6.2156	–0.2920	–0.0399	–0.0908
	每股经营现金净流量(元)	–0.1995	0.6045	0.5166	2.0145
	净资产收益率(扣除)(%)	6.1600	37.3800	20.6400	37.0600
	净资产收益率(%)	5.7580	32.1280	18.7050	31.9900
	总资产(万)	266275.02	130291.88	118463.18	109657.08
	股东权益(万)	206960.72	57852.34	190501.66	39322.14
	主营业务收入(万)	130842.19	222350.11	105481.29	169953.68
	主营成本(万)	93311.65	161089.05	76886.87	121067.43
	营业收入(万)	133813.18	229307.42	107943.02	173365.51
	营业成本(万)	94419.96	164693.51	78037.13	122314.95
	投资收益(万)	–	–	–	–
	利润总额(万)	15200.71	24060.64	11969.33	16089.93
	净利润(万)	11916.69	18586.94	9044.41	12579.24

广州杰赛科技股份有限公司

公司概况						
	公司名称	广州杰赛科技股份有限公司			证券简称	杰赛科技
	法人代表	何可玉	董秘	黄征	证券代码	002544
	公司网址	www.chinagci.com		电子信箱	ir@chinagci.com	
	电　　话	020-84118343		传　　真	020-84119246	
	办公地址	广东省广州市新港中路381号杰赛科技大楼				
	经营范围	面向信息网络建设提供综合解决方案服务及相关信息网络产品等				

主要财务指标	指标\报告期	2011.06.30	2010.12.31	2010.06.30	2009.12.31
	每股收益(元)	0.1600	0.8700	0.1300	0.6600
	每股收益(扣除)(元)	0.1119	0.6500	0.2200	0.5600
	每股净资产(元)	5.2300	4.9100	4.3533	4.0200
	调整后每股净资产(元)	–	–	–	–
	每股资本公积金(元)	3.2552	0.0184	0.0064	0.0064
	每股盈余公积金(元)	0.1955	0.5255	0.4458	0.4458
	每股未分配利润(元)	0.7759	3.3546	2.8946	2.5646
	每股现金净流量(元)	2.0787	0.6999	–0.9572	0.2896
	每股经营现金净流量(元)	–0.6646	1.3013	–0.8079	0.7324
	净资产收益率(扣除)(%)	2.3700	14.4400	5.3300	14.8600
	净资产收益率(%)	2.9230	17.7280	7.5800	16.3100
	总资产(万)	140883.17	87942.97	78149.15	77013.02
	股东权益(万)	89928.46	31377.99	85889.60	25716.68
	主营业务收入(万)	54101.32	95206.16	36026.40	79838.60
	主营成本(万)	39000.53	68522.63	25376.15	56953.09
	营业收入(万)	54283.59	95206.16	36026.40	79838.60
	营业成本(万)	39182.28	68522.63	25376.15	56953.09
	投资收益(万)	–	–	–	–
	利润总额(万)	3234.84	6345.43	2444.62	4665.86
	净利润(万)	2628.96	5562.62	2110.51	4195.10

青岛东方铁塔股份有限公司

公司概况						
	公司名称	青岛东方铁塔股份有限公司			证券简称	东方铁塔
	法人代表	韩方如	董秘	何良军	证券代码	002545
	公司网址	www.qddftt.cn		电子信箱	stock@qddftt.cn	
	电　　话	0532-88056092		传　　真	0532-82292646	
	办公地址	山东省青岛市胶州市广州北路318号				
	经营范围	广播电视塔、微波塔、电力塔、导航塔、钢管、公用天线及钢结构设计制造等				

主要财务指标	指标\报告期	2011.06.30	2010.12.31	2010.06.30	2009.12.31
	每股收益(元)	0.6072	1.8358	0.6451	1.0992
	每股收益(扣除)(元)	0.6075	1.8366	0.6443	1.0440
	每股净资产(元)	13.8400	5.0676	3.8580	3.2130
	调整后每股净资产(元)	–	–	–	–
	每股资本公积金(元)	9.3095	0.1350	0.1350	0.1350
	每股盈余公积金(元)	0.3309	0.4416	0.2640	0.2640
	每股未分配利润(元)	3.1827	3.4712	2.4590	1.8139
	每股现金净流量(元)	5.3470	0.0258	–0.7450	0.7670
	每股经营现金净流量(元)	–2.0509	1.1280	–0.2682	0.8028
	净资产收益率(扣除)(%)	4.8600	44.3600	18.2500	39.2000
	净资产收益率(%)	4.2030	36.2260	18.2500	34.2122
	总资产(万)	320513.67	184553.10	151021.13	149266.05
	股东权益(万)	240171.95	65865.62	214269.51	41768.59
	主营业务收入(万)	92550.92	167864.95	72914.14	147646.84
	主营成本(万)	70191.73	121369.94	54847.59	114641.74
	营业收入(万)	92937.77	170082.78	73001.92	147843.84
	营业成本(万)	70313.96	122677.89	54880.31	114643.98
	投资收益(万)	–	–	–	–
	利润总额(万)	11975.22	27814.47	9895.72	17138.69
	净利润(万)	10094.13	23865.26	8386.02	14289.96

南京新联电子股份有限公司

公司概况	公司名称	南京新联电子股份有限公司			证券简称	新联电子
	法人代表	胡敏	董秘	胡敏(代)	证券代码	002546
	公司网址	www.xldz.com		电子信箱	xldz@email.xldz.com	
	电　话	025-83699366		传　真	025-83699396	
	办公地址	江苏省南京市江宁经济技术开发区利源北路 66 号				
	经营范围	用电信息采集系统的软、硬件研发、生产、销售及服务等				

主要财务指标	指标\报告期	2011.06.30	2010.12.31	2010.06.30	2009.12.31
	每股收益(元)	0.4600	1.3200	0.3300	0.7800
	每股收益(扣除)(元)	0.4600	1.2600	–	0.7800
	每股净资产(元)	11.0200	4.1500	–	2.8300
	调整后每股净资产(元)	–	–	–	–
	每股资本公积金(元)	7.7277	0.0116	–	0.0116
	每股盈余公积金(元)	0.1645	0.2193	–	0.1413
	每股未分配利润(元)	2.1282	2.9181	–	1.6803
	每股现金净流量(元)	5.9146	0.2609	–0.6172	0.5394
	每股经营现金净流量(元)	–1.2707	1.0475	–0.1516	0.7917
	净资产收益率(扣除)(%)	4.4400	36.0700	9.2600	32.0200
	净资产收益率(%)	4.4500	31.7120	–	27.6320
	总资产(万)	104656.18	40758.75	–	30117.81
	股东权益(万)	92571.06	26138.28	–	17849.39
	主营业务收入(万)	–	30475.63	–	21515.64
	主营成本(万)	–	16997.62	–	11883.76
	营业收入(万)	14894.09	30475.63	7732.91	21515.64
	营业成本(万)	8662.08	16997.62	4246.64	11883.76
	投资收益(万)	–	–	–	–
	利润总额(万)	4314.30	9476.40	2300.33	5966.28
	净利润(万)	3693.18	8288.89	2085.49	4932.16

苏州春兴精工股份有限公司

公司概况	公司名称	苏州春兴精工股份有限公司			证券简称	春兴精工
	法人代表	孙洁晓	董秘	徐苏云	证券代码	002547
	公司网址	www.chunxing-group.com		电子信箱	suyun.xu@chunxing-group.com	
	电　话	0512-62625319		传　真	0512-62625319	
	办公地址	江苏省苏州市工业园区唯亭镇金陵东路 120 号				
	经营范围	通讯系统设备以及汽车用精密铸件及各类精密部件的制造、销售及服务等				

主要财务指标	指标\报告期	2011.06.30	2010.12.31	2010.06.30	2009.12.31
	每股收益(元)	0.2500	0.6200	0.2800	0.5500
	每股收益(扣除)(元)	0.2500	0.6200	–	0.4400
	每股净资产(元)	6.0700	2.8800	–	2.2543
	调整后每股净资产(元)	–	–	–	–
	每股资本公积金(元)	3.7252	0.3700	–	0.3700
	每股盈余公积金(元)	0.0090	0.0121	–	0.0072
	每股未分配利润(元)	1.3307	1.4919	–	0.8719
	每股现金净流量(元)	1.7458	0.2288	–0.0215	–0.2017
	每股经营现金净流量(元)	–1.0829	0.4276	0.3480	0.7412
	净资产收益率(扣除)(%)	4.8500	25.1000	12.7000	23.4700
	净资产收益率(%)	3.5780	21.7120	–	23.3120
	总资产(万)	141955.49	75210.07	–	43355.99
	股东权益(万)	86127.71	30503.80	–	23895.58
	主营业务收入(万)	36638.89	50371.62	23643.48	39146.28
	主营成本(万)	28338.32	–	17650.50	–
	营业收入(万)	38067.94	52586.27	24156.81	40513.12
	营业成本(万)	29499.66	39561.02	18064.68	30759.11
	投资收益(万)	–	–	–	–
	利润总额(万)	3642.49	7625.15	3466.60	7925.24
	净利润(万)	3082.01	6622.89	3014.01	5570.48

深圳市金新农饲料股份有限公司

公司概况	公司名称	深圳市金新农饲料股份有限公司			证券简称	金 新 农
	法人代表	陈俊海	董秘	翟卫兵	证券代码	002548
	公司网址	www.safeed.com.cn		电子信箱	jxnfeed@163.com	
	电　话	0755-27166396 27166036		传　真	0755-27166396	
	办公地址	广东省深圳市宝安区公明镇将石塘下围				
	经营范围	生产，销售预混合饲料，浓缩饲料，饲料，饲料添加剂;经营进出口业务等				

主要财务指标	指标\报告期	2011.06.30	2010.12.31	2010.06.30	2009.12.31
	每股收益(元)	0.3200	0.8000	0.3900	0.8300
	每股收益(扣除)(元)	0.3100	0.7900	0.3700	0.8100
	每股净资产(元)	7.9500	2.9300	2.5200	2.3100
	调整后每股净资产(元)	–	–	–	–
	每股资本公积金(元)	5.5265	–0.0276	–0.0276	–0.0276
	每股盈余公积金(元)	0.1015	0.1362	0.0752	0.0752
	每股未分配利润(元)	1.3253	1.8252	1.4679	1.2606
	每股现金净流量(元)	5.0112	–0.4109	–0.2540	0.3524
	每股经营现金净流量(元)	0.1034	0.4438	0.1659	0.7347
	净资产收益率(扣除)(%)	4.2300	30.7600	15.6900	41.3800
	净资产收益率(%)	3.3460	27.4150	15.3400	36.1280
	总资产(万)	87052.14	36203.18	30430.08	29633.11
	股东权益(万)	74760.77	20537.11	72150.36	16156.97
	主营业务收入(万)	60960.49	114937.93	53564.57	105585.42
	主营成本(万)	52563.81	98599.07	45926.60	89269.06
	营业收入(万)	60973.34	114973.74	53579.81	105622.86
	营业成本(万)	52563.81	98599.07	45926.60	89269.06
	投资收益(万)	–	–	–	–
	利润总额(万)	3053.21	7010.28	3424.25	6961.37
	净利润(万)	2501.27	5630.17	2701.02	5837.11

湖南凯美特气体股份有限公司

公司概况	公司名称	湖南凯美特气体股份有限公司			证券简称	凯美特气
	法人代表	祝恩福	董秘	张伟	证券代码	002549
	公司网址	www.china-kmt.cn		电子信箱	zhangw@china-kmt.cn	
	电　话	0730-8553359		传　真	0730-8551458	
	办公地址	湖南省岳阳市七里山				
	经营范围	干冰,液体二氧化碳,食品添加剂液体二氧化碳及其他工业气体生产及销售等				

主要财务指标	指标\报告期	2011.06.30	2010.12.31	2010.06.30	2009.12.31
	每股收益(元)	0.2300	0.7000	0.2400	0.5700
	每股收益(扣除)(元)	0.2100	0.6700	–	0.5400
	每股净资产(元)	5.5800	3.0000	–	2.2968
	调整后每股净资产(元)	–	–	–	–
	每股资本公积金(元)	3.8805	0.0748	–	0.0748
	每股盈余公积金(元)	0.0877	0.1753	–	0.1152
	每股未分配利润(元)	0.6037	1.7476	–	1.1068
	每股现金净流量(元)	1.6906	–0.2029	–0.3014	0.4108
	每股经营现金净流量(元)	0.1008	0.7891	0.2074	0.8476
	净资产收益率(扣除)(%)	2.5680	23.3840	–	24.7530
	净资产收益率(%)	3.3800	26.4800	10.0800	28.6500
	总资产(万)	77535.76	35362.50	–	32590.93
	股东权益(万)	72868.27	23938.28	–	19795.12
	主营业务收入(万)	5495.17	12017.91	5210.23	11008.44
	主营成本(万)	1669.54	3386.22	1593.04	3675.63
	营业收入(万)	5517.90	12069.90	5220.70	11125.20
	营业成本(万)	1672.49	3436.39	1594.65	3742.81
	投资收益(万)	–	0.78	–	11.31
	利润总额(万)	1921.47	4615.83	1622.84	3914.34
	净利润(万)	1718.90	4205.84	1462.52	3411.12

常州千红生化制药股份有限公司

公司概况						
	公司名称	常州千红生化制药股份有限公司			证券简称	千红制药
	法人代表	王耀方	董秘	蒋文群	证券代码	002550
	公司网址	www.qhsh.com.cn		电子信箱	frankie@qhsh.com.cn	
	电 话	0519-85156003		传 真	0519-85156003 85156008	
	办公地址	江苏省常州新北区长江中路90号				
	经营范围	药品(片剂,硬胶囊剂,颗粒剂,原料药,冻干粉,冻干粉针剂等				

主要财务指标	指标\报告期	2011.06.30	2010.12.31	2010.06.30	2009.12.31
	每股收益(元)	0.5400	1.2500	0.7000	1.0500
	每股收益(扣除)(元)	0.5300	1.1900	0.6700	1.0500
	每股净资产(元)	10.3000	3.2800	2.7300	2.0300
	调整后每股净资产(元)	–	–	–	–
	每股资本公积金(元)	7.3916	0.0653	0.0653	0.0655
	每股盈余公积金(元)	0.2290	0.3053	0.1800	0.1800
	每股未分配利润(元)	1.6772	1.9139	1.4817	0.7849
	每股现金净流量(元)	7.4294	0.1949	0.6706	–0.1308
	每股经营现金净流量(元)	0.4252	1.4293	1.1641	0.0696
	净资产收益率(扣除)(%)	6.3200	45.3700	28.2400	46.1300
	净资产收益率(%)	4.7760	38.1910	25.5540	51.5883
	总资产(万)	173175.88	54852.66	56720.76	53386.76
	股东权益(万)	164765.30	39414.50	154219.57	24364.74
	主营业务收入(万)	42297.98	114033.85	66389.54	74283.50
	主营成本(万)	26814.10	83654.97	50495.70	48290.25
	营业收入(万)	42548.45	114476.72	66416.63	74379.68
	营业成本(万)	26820.08	83658.05	50497.26	48294.37
	投资收益(万)	–	–	–	–
	利润总额(万)	9130.39	17436.99	9818.82	15077.52
	净利润(万)	7868.89	15052.77	8362.33	12569.35

深圳市尚荣医疗股份有限公司

公司概况						
	公司名称	深圳市尚荣医疗股份有限公司			证券简称	尚荣医疗
	法人代表	梁桂秋	董秘	胡欣	证券代码	002551
	公司网址	www.glory-medical.com.cn		电子信箱	gen@glory-medical.com.cn	
	电 话	0755-82290988		传 真	0755-82287066	
	办公地址	广东省深圳市龙岗区宝龙工业城宝龙五路二号尚荣科技工业园				
	经营范围	医疗设备及医疗系统工程、医疗设施的设计、生产、销售和安装等				

主要财务指标	指标\报告期	2011.06.30	2010.12.31	2010.06.30	2009.12.31
	每股收益(元)	0.2500	0.7500	0.3600	0.6600
	每股收益(扣除)(元)	0.2330	0.7500	0.3600	0.6500
	每股净资产(元)	9.4700	4.4800	4.0800	3.7200
	调整后每股净资产(元)	–	–	–	–
	每股资本公积金(元)	7.0716	0.8883	0.8883	0.8883
	每股盈余公积金(元)	0.0919	0.1838	0.1502	0.1502
	每股未分配利润(元)	1.3032	2.4042	2.0456	1.6834
	每股现金净流量(元)	6.0962	0.7179	0.8730	–0.1803
	每股经营现金净流量(元)	–0.6180	0.8290	0.7046	0.9454
	净资产收益率(扣除)(%)	2.4770	16.8520	1.9749	17.4221
	净资产收益率(%)	2.4800	18.4000	8.0900	20.4900
	总资产(万)	130352.21	48862.06	45763.31	40304.92
	股东权益(万)	116491.27	27599.56	25128.47	22921.94
	主营业务收入(万)	18945.50	26395.65	13070.75	20851.05
	主营成本(万)	12523.86	16228.47	7730.99	12226.72
	营业收入(万)	19688.87	27003.55	13070.75	20851.05
	营业成本(万)	12792.34	16273.29	7730.99	12226.72
	投资收益(万)	–	–	–	–
	利润总额(万)	3702.37	5783.69	2724.83	4722.45
	净利润(万)	2883.84	4639.31	2227.43	3987.89

宝鼎重工股份有限公司

公司概况						
	公司名称	宝鼎重工股份有限公司			证券简称	宝鼎重工
	法人代表	朱宝松	董秘	吴建海	证券代码	002552
	公司网址	www.bd-zg.com		电子信箱	info@bd-zg.com	
	电 话	0571-86319217		传 真	0571-86319217	
	办公地址	浙江省杭州余杭区塘栖镇工业园区内				
	经营范围	铸钢件,铸铁件,锻造,金属加工;服装,手套,模具生产等				

主要财务指标	指标\报告期	2011.06.30	2010.12.31	2010.06.30	2009.12.31
	每股收益(元)	0.2400	0.9500	0.2800	0.9000
	每股收益(扣除)(元)	0.2100	0.8700	0.2400	0.8300
	每股净资产(元)	5.0100	3.7200	3.2028	2.9800
	调整后每股净资产(元)	–	–	–	–
	每股资本公积金(元)	3.2692	1.4161	1.4161	1.4161
	每股盈余公积金(元)	0.0818	0.1636	0.0808	0.0808
	每股未分配利润(元)	0.6607	1.1447	0.7059	0.4807
	每股现金净流量(元)	0.1332	–0.0871	0.0257	0.2727
	每股经营现金净流量(元)	0.0466	0.6839	0.6158	0.8618
	净资产收益率(扣除)(%)	4.8700	26.3400	11.9300	27.8600
	净资产收益率(%)	4.4240	25.4220	13.2767	30.2885
	总资产(万)	85198.58	42104.49	37294.38	33694.96
	股东权益(万)	75175.60	27932.85	69937.80	22331.81
	主营业务收入(万)	21425.38	40195.05	19479.01	36497.35
	主营成本(万)	16009.70	28802.01	14322.31	26155.78
	营业收入(万)	22117.27	40455.86	19711.77	37979.99
	营业成本(万)	16627.74	29056.45	14540.26	27570.25
	投资收益(万)	–	–	–	–
	利润总额(万)	3930.69	8384.39	3825.99	8047.08
	净利润(万)	3325.96	7101.04	3189.19	6763.97

江苏南方轴承股份有限公司

公司概况						
	公司名称	江苏南方轴承股份有限公司			证券简称	南方轴承
	法人代表	史建伟	董秘	史燕敏	证券代码	002553
	公司网址	www.nf-bearings.com		电子信箱	zhengquanbu@nf-bearings.com	
	电 话	0519-89810127		传 真	0519-89810195	
	办公地址	江苏省常州市武进高新技术开发区龙翔路				
	经营范围	滚针轴承、离合器、齿轮、滑轮总成、机械零部件、汽车零部件、塑料工业配件制造、加工				

主要财务指标	指标\报告期	2011.06.30	2010.12.31	2010.06.30	2009.12.31
	每股收益(元)	0.2311	0.5539	0.2658	0.3989
	每股收益(扣除)(元)	0.2224	0.5469	0.2600	0.3754
	每股净资产(元)	5.8600	2.4000	2.1100	1.9500
	调整后每股净资产(元)	–	–	–	–
	每股资本公积金(元)	3.6496	0.0583	0.0583	0.0583
	每股盈余公积金(元)	0.1078	0.1442	0.0888	0.0888
	每股未分配利润(元)	1.1069	1.1982	0.9654	0.7996
	每股现金净流量(元)	2.8678	0.5388	0.4259	–0.0427
	每股经营现金净流量(元)	0.1467	0.6439	0.3982	0.2840
	净资产收益率(扣除)(%)	4.5500	25.2600	12.7800	21.4900
	净资产收益率(%)	3.6090	23.0740	12.5820	20.4900
	总资产(万)	54975.19	28318.28	26468.51	21370.46
	股东权益(万)	51019.11	15604.61	13731.68	12653.94
	主营业务收入(万)	11019.22	21417.94	10613.74	15101.75
	主营成本(万)	7407.45	13970.49	6939.61	10012.59
	营业收入(万)	11113.08	21579.57	10696.17	15203.54
	营业成本(万)	7407.45	13970.49	6939.61	10012.59
	投资收益(万)	–	–	–	–
	利润总额(万)	2145.01	4217.72	2076.33	3011.20
	净利润(万)	1841.43	3600.66	1727.73	2593.07

华油惠博普科技股份有限公司

公司概况	公司名称	华油惠博普科技股份有限公司			证券简称	惠 博 普
	法人代表	黄松	董秘	张中炜	证券代码	002554
	公司网址	www.china-hbp.com		电子信箱	securities@china-hbp.com	
	电　　话	010-82809807		传　　真	010-82809807	
	办公地址	北京市海淀区北三环中路 39 号院 9 楼 403 室				
	经营范围	专业承包;货物进出口;代理进出口;技术进出口;技术开发、转让、咨询、服务等				

主要财务指标	指标\报告期	2011.06.30	2010.12.31	2010.06.30	2009.12.31
	每股收益(元)	0.1500	0.6700	0.1300	0.5300
	每股收益(扣除)(元)	0.1500	0.6500	0.1900	0.5200
	每股净资产(元)	5.4300	2.7700	2.2900	2.0900
	调整后每股净资产(元)	–	–	–	–
	每股资本公积金(元)	3.9060	0.3124	0.3124	0.3124
	每股盈余公积金(元)	0.0533	0.1080	0.0402	0.0402
	每股未分配利润(元)	0.4759	1.3454	0.9379	0.7445
	每股现金净流量(元)	2.7929	0.4581	0.4625	0.0472
	每股经营现金净流量(元)	–0.2861	0.5402	0.4132	0.4425
	净资产收益率(扣除)(%)	3.4000	26.8500	8.6200	28.5400
	净资产收益率(%)	2.6650	24.1790	8.4610	25.4200
	总资产(万)	119994.39	46640.38	40292.68	35401.32
	股东权益(万)	110044.89	27658.31	105039.41	20910.72
	主营业务收入(万)	15107.72	29639.38	11200.12	23584.41
	主营成本(万)	8377.90	15911.28	6103.15	12808.97
	营业收入(万)	15107.72	29639.38	11200.12	23584.41
	营业成本(万)	8377.90	15911.28	6103.15	12808.97
	投资收益(万)	–	–	–	–
	利润总额(万)	3381.57	7774.35	2267.26	5986.85
	净利润(万)	2933.00	6687.48	1934.75	5316.33

芜湖顺荣汽车部件股份有限公司

公司概况	公司名称	芜湖顺荣汽车部件股份有限公司			证券简称	顺荣股份
	法人代表	吴绪顺	董秘	吴卫红	证券代码	002555
	公司网址	www.shunrong.cn		电子信箱	dmb@shunrong.cn	
	电　　话	0553-6816767		传　　真	0553-6816767	
	办公地址	安徽省南陵县经济开发区顺荣股份				
	经营范围	汽车零部件制造、销售				

主要财务指标	指标\报告期	2011.06.30	2010.12.31	2010.06.30	2009.12.31
	每股收益(元)	0.2504	0.9844	0.2589	0.7732
	每股收益(扣除)(元)	0.1676	0.9390	–	0.7353
	每股净资产(元)	5.6400	3.6500	–	2.8600
	调整后每股净资产(元)	–	–	–	–
	每股资本公积金(元)	4.0847	0.1747	–	0.3747
	每股盈余公积金(元)	0.0929	0.2488	–	0.1488
	每股未分配利润(元)	0.4585	2.2224	–	1.3380
	每股现金净流量(元)	2.6289	–0.6570	–0.3130	0.7520
	每股经营现金净流量(元)	0.2054	0.6574	0.7058	0.6103
	净资产收益率(扣除)(%)	3.6700	28.0000	16.5000	32.2900
	净资产收益率(%)	4.0670	27.0010	–	27.0220
	总资产(万)	83991.98	39974.06	–	28737.66
	股东权益(万)	75522.82	18229.89	–	14307.67
	主营业务收入(万)	17342.84	31270.34	15117.88	23614.07
	主营成本(万)	12346.94	21438.96	10216.88	16273.09
	营业收入(万)	17412.50	31675.79	15467.38	23642.45
	营业成本(万)	12370.36	21788.60	10537.66	16304.43
	投资收益(万)	–	–	–	–
	利润总额(万)	3630.61	5720.50	3043.17	4519.90
	净利润(万)	3071.31	4922.22	2589.45	3866.21

安徽辉隆农资集团股份有限公司

公司概况	公司名称	安徽辉隆农资集团股份有限公司			证券简称	辉隆股份
	法人代表	李永东	董秘	邓顶亮	证券代码	002556
	公司网址	www.ahamp.com		电子信箱	zqb@ahamp.com	
	电　　话	0551-2634360		传　　真	0551-2655720	
	办公地址	安徽省合肥市蜀山区祁门路 1777 号				
	经营范围	专业从事各类化肥、农药及种子等重要农资的连锁经营业务等				

主要财务指标	指标\报告期	2011.06.30	2010.12.31	2010.06.30	2009.12.31
	每股收益(元)	0.2300	1.2200	0.2300	1.4700
	每股收益(扣除)(元)	0.2200	1.1200	–	1.2400
	每股净资产(元)	7.6500	4.5200	–	3.5000
	调整后每股净资产(元)	–	–	–	–
	每股资本公积金(元)	5.4334	1.1126	–	1.1126
	每股盈余公积金(元)	0.0990	0.2113	–	0.1201
	每股未分配利润(元)	1.1177	2.1984	–	1.2661
	每股现金净流量(元)	2.5744	1.0402	0.5925	–0.1840
	每股经营现金净流量(元)	–2.6596	–3.2439	–1.0864	3.8388
	净资产收益率(扣除)(%)	3.4500	28.1900	9.7200	40.3900
	净资产收益率(%)	2.7900	27.0780	–	30.0488
	总资产(万)	426614.37	299805.86	–	257169.80
	股东权益(万)	182907.43	50609.40	–	39188.35
	主营业务收入(万)	375077.34	554301.79	261974.97	408104.22
	主营成本(万)	353698.18	515220.52	247009.91	380853.01
	营业收入(万)	375662.26	555190.32	262311.36	408633.70
	营业成本(万)	353844.04	515541.02	247072.67	380978.62
	投资收益(万)	–	–	–	–
	利润总额(万)	6842.56	19089.80	5291.83	15503.17
	净利润(万)	5103.62	13703.79	4146.39	11775.62

洽洽食品股份有限公司

公司概况	公司名称	洽洽食品股份有限公司			证券简称	洽洽食品
	法人代表	陈先保	董秘	李振武	证券代码	002557
	公司网址	www.qiaqiafood.com		电子信箱	lizw@qiaqiafood.com	
	电　　话	0551-2227008		传　　真	0551-2227007	
	办公地址	安徽省合肥市经济技术开发区莲花路 1599 号				
	经营范围	坚果炒货类食品生产和销售;农副产品的生产和收购等				

主要财务指标	指标\报告期	2011.06.30	2010.12.31	2010.06.30	2009.12.31
	每股收益(元)	0.3900	1.0100	0.4100	0.6800
	每股收益(扣除)(元)	0.3700	0.9900	–	0.6400
	每股净资产(元)	12.4300	3.5000	–	2.4955
	调整后每股净资产(元)	–	–	–	–
	每股资本公积金(元)	9.4773	0.3802	–	0.3784
	每股盈余公积金(元)	0.2214	0.1706	–	0.1065
	每股未分配利润(元)	1.7292	1.9517	–	1.0107
	每股现金净流量(元)	2.3800	–0.0808	–0.9053	0.0308
	每股经营现金净流量(元)	0.1896	0.6870	0.6186	1.9094
	净资产收益率(扣除)(%)	3.7600	32.8100	14.9700	28.3200
	净资产收益率(%)	3.9500	28.9500	–	27.0750
	总资产(万)	288689.23	122196.21	–	96237.86
	股东权益(万)	248558.36	52538.69	–	37433.04
	主营业务收入(万)	112686.30	211040.02	83888.81	157353.03
	主营成本(万)	85602.60	152514.19	59275.77	111283.09
	营业收入(万)	114244.29	214382.03	86171.24	164934.56
	营业成本(万)	87116.80	155752.87	61560.96	118777.65
	投资收益(万)	–	–	–	–
	利润总额(万)	9763.60	19904.33	8220.33	13262.85
	净利润(万)	7216.97	15210.06	6165.78	10134.85

重庆新世纪游轮股份有限公司

公司概况					
公司名称	重庆新世纪游轮股份有限公司			证券简称	世纪游轮
法人代表	彭建虎	董秘	朱胤	证券代码	002558
公司网址	www.centurytrip.com		电子信箱	zy@centuryrivercruises.com	
电　话	023-62949868 62328999 9906		传　真	023-62949900	
办公地址	重庆市南岸区江南大道8号万达广场1栋5层				
经营范围	重庆长江至上海省际旅游船运输,旅游船船票销售、商务管理咨询等				

主要财务指标				
指标\报告期	2011.06.30	2010.12.31	2010.06.30	2009.12.31
每股收益(元)	0.1300	0.8400	0.1100	0.5200
每股收益(扣除)(元)	0.0677	0.7800	–	0.4900
每股净资产(元)	9.3000	3.3000	–	3.1600
调整后每股净资产(元)	–	–	–	–
每股资本公积金(元)	6.8941	0.5723	–	0.5723
每股盈余公积金(元)	0.1875	0.2508	–	0.1679
每股未分配利润(元)	1.2228	1.4771	–	1.4154
每股现金净流量(元)	4.9275	–0.3564	–0.4195	0.5691
每股经营现金净流量(元)	0.2049	1.2375	0.2633	0.9944
净资产收益率(扣除)(%)	0.9700	25.5700	1.8300	16.9200
净资产收益率(%)	1.2690	25.5930	–	16.4480
总资产(万)	57887.01	26233.19	–	22036.87
股东权益(万)	55360.95	14685.49	–	14042.06
主营业务收入(万)	12132.86	24281.44	9089.15	17765.86
主营成本(万)	10360.69	18134.72	7814.99	13270.37
营业收入(万)	12868.92	25327.54	9429.26	18362.08
营业成本(万)	10669.68	18352.23	7881.92	13371.20
投资收益(万)	–	–	–	–
利润总额(万)	829.98	4438.32	615.83	2725.62
净利润(万)	702.41	3758.43	510.82	2309.61

江苏亚威机床股份有限公司

公司概况					
公司名称	江苏亚威机床股份有限公司			证券简称	亚威股份
法人代表	吉素琴	董秘	谢彦森	证券代码	002559
公司网址	www.yawei.cc		电子信箱	ir@yawei.cc	
电　话	0514-86880522		传　真	0514-86880522	
办公地址	江苏省扬州市江都市仙女镇黄海南路仙城工业园				
经营范围	机床,机械设备,机床配件制造,加工,销售等				

主要财务指标				
指标\报告期	2011.06.30	2010.12.31	2010.06.30	2009.12.31
每股收益(元)	0.6500	1.1400	0.6000	0.6000
每股收益(扣除)(元)	0.5900	0.9300	–	0.4800
每股净资产(元)	12.4900	3.5400	–	2.5500
调整后每股净资产(元)	–	–	–	–
每股资本公积金(元)	9.5823	0.5166	–	0.5166
每股盈余公积金(元)	0.1748	0.2331	–	0.1153
每股未分配利润(元)	1.7388	1.7956	–	0.9197
每股现金净流量(元)	6.3035	–0.2532	–0.3448	0.5612
每股经营现金净流量(元)	–0.2555	0.9830	0.3727	0.7317
净资产收益率(扣除)(%)	5.9000	30.9300	14.9800	21.1500
净资产收益率(%)	4.7400	32.2660	–	23.5160
总资产(万)	143610.91	69199.34	–	48846.37
股东权益(万)	109943.55	23394.42	–	16840.16
主营业务收入(万)	37434.41	60504.02	27268.00	36780.97
主营成本(万)	27318.76	–	20160.71	–
营业收入(万)	40525.16	64290.52	28007.79	37573.66
营业成本(万)	29630.37	48020.08	20588.55	28149.33
投资收益(万)	–	–	–	–
利润总额(万)	6212.95	8674.22	4644.36	4553.48
净利润(万)	5210.75	7548.41	3959.91	3960.20

河南通达电缆股份有限公司

公司概况					
公司名称	河南通达电缆股份有限公司			证券简称	通达股份
法人代表	史万福	董秘	张治中	证券代码	002560
公司网址	www.hntddl.com		电子信箱	hntddlzqb@163.com	
电　话	0379-67512588		传　真	0379-67512888	
办公地址	河南省洛阳市偃师市史家湾工业区				
经营范围	钢芯铝绞线的研发、生产和销售等				

主要财务指标				
指标\报告期	2011.06.30	2010.12.31	2010.06.30	2009.12.31
每股收益(元)	0.3000	0.9100	0.3400	0.6800
每股收益(扣除)(元)	0.3100	0.9200	–	0.6800
每股净资产(元)	7.9600	4.4200	–	3.5300
调整后每股净资产(元)	–	–	–	–
每股资本公积金(元)	5.2462	0.8898	–	0.9217
每股盈余公积金(元)	0.1440	0.2526	–	0.1612
每股未分配利润(元)	1.5737	2.2738	–	1.4512
每股现金净流量(元)	2.0033	0.9801	0.9077	0.1366
每股经营现金净流量(元)	–1.6250	0.4504	0.7271	0.2070
净资产收益率(扣除)(%)	4.7800	23.0300	9.4100	21.4500
净资产收益率(%)	3.4920	20.6960	–	19.2960
总资产(万)	91342.11	57244.25	–	42143.69
股东权益(万)	82293.57	26002.67	–	20809.04
主营业务收入(万)	40898.07	74914.66	38869.64	65524.27
主营成本(万)	34987.75	64936.97	34262.71	56362.69
营业收入(万)	42318.42	77263.74	39818.91	65712.39
营业成本(万)	36283.13	67080.56	35170.82	56556.90
投资收益(万)	–	–	–	–
利润总额(万)	3345.70	6375.05	2692.97	5365.72
净利润(万)	2874.01	5381.49	2015.96	4015.39

上海徐家汇商城股份有限公司

公司概况					
公司名称	上海徐家汇商城股份有限公司			证券简称	徐家汇
法人代表	高云颂	董秘	王璐	证券代码	002561
公司网址	www.xjh-sc.com		电子信箱	xjh@xjh-sc.com	
电　话	021-64269999		传　真	021-64269768	
办公地址	上海市徐汇区肇嘉浜路1000号9楼				
经营范围	百货零售等				

主要财务指标				
指标\报告期	2011.06.30	2010.12.31	2010.06.30	2009.12.31
每股收益(元)	0.2900	0.5620	0.2700	0.5140
每股收益(扣除)(元)	0.2910	0.5550	–	0.4960
每股净资产(元)	3.8400	2.5000	–	2.2300
调整后每股净资产(元)	–	–	–	–
每股资本公积金(元)	1.3422	0.0297	–	0.0297
每股盈余公积金(元)	0.2122	0.2552	–	0.2084
每股未分配利润(元)	1.2825	1.2109	–	0.9960
每股现金净流量(元)	1.0818	0.1344	–0.2182	0.1867
每股经营现金净流量(元)	0.1670	0.8735	0.2675	0.7222
净资产收益率(扣除)(%)	8.1400	24.2500	12.1000	24.1500
净资产收益率(%)	7.1800	22.5050	–	23.0020
总资产(万)	198696.52	157063.43	–	155043.60
股东权益(万)	159527.14	86298.40	–	77249.59
主营业务收入(万)	100351.73	189455.73	89535.79	170272.80
主营成本(万)	76328.61	145074.07	68441.45	132282.53
营业收入(万)	107866.65	204471.69	96765.82	185870.34
营业成本(万)	76857.83	146101.01	68906.81	133142.97
投资收益(万)	–	–	–	–
利润总额(万)	17437.52	31846.67	15399.19	28900.40
净利润(万)	11453.68	19421.70	9317.01	17768.91

兄弟科技股份有限公司

公司概况						
公司名称	兄弟科技股份有限公司			证券简称	兄弟科技	
法人代表	钱志达	董秘	金建平	证券代码	002562	
公司网址	www.brother.com.cn		电子信箱	stock@brother.com.cn		
电　　话	0573-80703928		传　　真	0573-87081001		
办公地址	浙江省海宁市周王庙镇联民村蔡家石桥3号					
经营范围	公司主要从事维生素和皮革化学品的研发,生产与销售等业务					

主要财务指标 指标\报告期	2011.06.30	2010.12.31	2010.06.30	2009.12.31
每股收益(元)	0.1900	0.6300	0.2100	0.5200
每股收益(扣除)(元)	0.2000	0.6100	–	0.5100
每股净资产(元)	7.5100	3.2700	–	2.6400
调整后每股净资产(元)	–	–	–	–
每股资本公积金(元)	4.9841	0.4623	–	0.4623
每股盈余公积金(元)	0.1492	0.1990	–	0.1317
每股未分配利润(元)	1.3734	1.6105	–	1.0469
每股现金净流量(元)	1.9632	0.0270	0.1747	–0.4434
每股经营现金净流量(元)	–0.8811	0.6283	–0.3073	0.7603
净资产收益率(扣除)(%)	3.5900	20.7800	7.2100	21.2900
净资产收益率(%)	2.2100	19.2820	–	19.5850
总资产(万)	93395.01	59434.44	–	53454.79
股东权益(万)	80096.26	26174.81	–	21127.73
主营业务收入(万)	31544.91	59041.97	27952.33	52981.09
主营成本(万)	26246.80	47122.15	23073.19	43055.27
营业收入(万)	31976.03	59694.00	28204.34	53039.92
营业成本(万)	26677.88	47647.13	23329.02	43055.65
投资收益(万)	–	–	–	–
利润总额(万)	2107.15	5979.35	2009.32	4768.97
净利润(万)	1770.16	5047.07	1661.80	4137.90

浙江森马服饰股份有限公司

公司概况						
公司名称	浙江森马服饰股份有限公司			证券简称	森马服饰	
法人代表	邱光和	董秘	郑洪伟	证券代码	002563	
公司网址	www.semir.com		电子信箱	ir@semir.com		
电　　话	021-67288431		传　　真	021-67288432		
办公地址	上海市闵行区莲花南路2689号					
经营范围	服装、鞋帽、针织品、皮革制品、羽绒制品、箱包、玩具、眼镜、工艺美术品等					

主要财务指标 指标\报告期	2011.06.30	2010.12.31	2010.06.30	2009.12.31
每股收益(元)	0.6900	1.6700	0.5600	1.1400
每股收益(扣除)(元)	0.6800	1.6700	–	1.1400
每股净资产(元)	10.4100	3.3400	–	1.6713
调整后每股净资产(元)	–	–	–	–
每股资本公积金(元)	6.6652	0.0082	–	0.0082
每股盈余公积金(元)	0.2732	0.3051	–	0.1568
每股未分配利润(元)	2.4671	2.0258	–	0.5063
每股现金净流量(元)	5.7104	0.4902	–0.4894	0.8946
每股经营现金净流量(元)	–0.2511	1.3569	–0.1185	1.7302
净资产收益率(扣除)(%)	9.6800	66.6000	29.1600	84.1300
净资产收益率(%)	6.2750	49.9480	–	68.4980
总资产(万)	801606.11	353866.83	–	201275.20
股东权益(万)	697173.75	200343.35	–	100275.04
主营业务收入(万)	295036.41	614515.55	213300.21	414953.60
主营成本(万)	185074.57	390533.97	134086.24	271201.43
营业收入(万)	300877.53	628706.70	220190.04	425034.21
营业成本(万)	190602.18	403699.28	140498.31	280364.77
投资收益(万)	–	–	–	–
利润总额(万)	59874.56	136851.27	45561.27	91463.44
净利润(万)	43749.10	100068.31	33881.30	68686.59

张家港化工机械股份有限公司

公司概况						
公司名称	张家港化工机械股份有限公司			证券简称	张化机	
法人代表	陈玉忠	董秘	高玉标	证券代码	002564	
公司网址	www.zhanghuaji.com		电子信箱	gregygao@sina.com		
电　　话	0512-56797852 58788351		传　　真	0512-58788326		
办公地址	江苏省苏州张家港市金港镇后塍澄杨路20号					
经营范围	石油化工,煤化工,化工,有色金属等领域压力容器,非标设备的设计,制造等					

主要财务指标 指标\报告期	2011.06.30	2010.12.31	2010.06.30	2009.12.31
每股收益(元)	0.1500	0.9600	0.1500	0.9600
每股收益(扣除)(元)	0.1500	0.8800	–	0.8800
每股净资产(元)	6.4100	4.1000	–	3.2300
调整后每股净资产(元)	–	–	–	–
每股资本公积金(元)	4.5751	1.5145	–	1.5145
每股盈余公积金(元)	0.0813	0.1741	–	0.0756
每股未分配利润(元)	0.7516	1.4105	–	0.6448
每股现金净流量(元)	1.2387	–1.4345	–0.3199	2.0540
每股经营现金净流量(元)	–0.9071	1.0062	–0.1393	–0.2758
净资产收益率(扣除)(%)	3.3200	24.0400	5.6100	36.6200
净资产收益率(%)	2.4250	23.5230	–	26.2100
总资产(万)	357539.76	268304.32	–	227047.25
股东权益(万)	194711.89	58169.98	–	45905.76
主营业务收入(万)	50065.54	104503.15	40199.89	91599.56
主营成本(万)	38476.44	76238.86	31595.78	66919.02
营业收入(万)	50640.83	105197.39	40522.29	92222.15
营业成本(万)	38655.32	76367.03	31611.12	67007.12
投资收益(万)	–	–	–	–
利润总额(万)	5595.56	16047.62	4614.21	14468.32
净利润(万)	4722.00	13683.32	3900.27	12032.04

上海绿新包装材料科技股份有限公司

公司概况						
公司名称	上海绿新包装材料科技股份有限公司			证券简称	上海绿新	
法人代表	王丹	董秘	张晓东	证券代码	002565	
公司网址	www.luxinevotech.com		电子信箱	liuwei@luxinevotech.com		
电　　话	021-66278702		传　　真	021-66956392		
办公地址	上海市普陀区真陈路200号					
经营范围	真空镀铝纸,白卡纸,复膜纸,烟用丙纤丝束等产品的研发,生产和销售等					

主要财务指标 指标\报告期	2011.06.30	2010.12.31	2010.06.30	2009.12.31
每股收益(元)	0.4800	1.0400	0.3600	0.9700
每股收益(扣除)(元)	0.4300	1.0100	–	0.9400
每股净资产(元)	10.8700	3.9700	3.9700	3.4300
调整后每股净资产(元)	–	–	–	–
每股资本公积金(元)	8.0205	1.0599	–	1.0599
每股盈余公积金(元)	0.2310	0.2397	–	0.1566
每股未分配利润(元)	1.6226	1.6744	–	1.2183
每股现金净流量(元)	6.1308	0.3298	–0.0832	0.5071
每股经营现金净流量(元)	–0.1660	0.6620	0.0103	1.2831
净资产收益率(扣除)(%)	5.4200	28.6800	10.7500	31.7200
净资产收益率(%)	3.8610	26.1520	9.0450	28.1710
总资产(万)	170242.50	84467.50	88467.50	60755.26
股东权益(万)	145169.49	39740.44	39740.44	34347.54
主营业务收入(万)	41711.51	73772.09	28779.56	64057.25
主营成本(万)	31991.23	55995.36	21721.97	48412.86
营业收入(万)	46874.11	82385.94	30628.58	69923.98
营业成本(万)	36389.65	62913.96	23437.11	53433.42
投资收益(万)	–	–	–	–
利润总额(万)	6808.74	13240.05	4656.90	11745.07
净利润(万)	5604.69	10392.90	3594.52	9675.97

吉林省集安益盛药业股份有限公司

公司概况	公司名称	吉林省集安益盛药业股份有限公司			证券简称	益盛药业
	法人代表	张益胜	董秘	李铁军	证券代码	002566
	公司网址	www.yisheng-pharm.com		电子信箱	yisheng@yisheng-pharm.com	
	电　话	0435-6236009		传　真	0435-6236009	
	办公地址	吉林省集安市文化东路17-20号				
	经营范围	中成药的研发,生产与销售				

	指标\报告期	2011.06.30	2010.12.31	2010.06.30	2009.12.31
主要财务指标	每股收益(元)	0.4200	1.0600	0.4100	0.7400
	每股收益(扣除)(元)	0.4100	1.0100	–	0.7200
	每股净资产(元)	13.0400	4.3400	–	4.5900
	调整后每股净资产(元)	–	–	–	–
	每股资本公积金(元)	9.5214	0.4685	0.6324	0.6324
	每股盈余公积金(元)	0.4203	0.5605	–	0.6105
	每股未分配利润(元)	2.0988	2.3078	3.1156	2.3314
	每股现金净流量(元)	8.3686	–0.0115	–0.0109	0.3886
	每股经营现金净流量(元)	–0.5111	0.6132	0.4657	2.0441
	净资产收益率(扣除)(%)	4.4100	26.5700	10.2800	24.0000
	净资产收益率(%)	2.8250	24.4300	11.4800	21.8100
	总资产(万)	155998.88	51505.94	–	42766.48
	股东权益(万)	143858.42	35872.48	–	28027.76
	主营业务收入(万)	26667.73	51609.75	22037.58	41475.43
	主营成本(万)	6473.89	12486.24	5052.56	10450.28
	营业收入(万)	26667.73	51622.41	22041.35	41488.44
	营业成本(万)	6473.89	12495.62	5052.96	10450.59
	投资收益(万)	–	–	–	–
	利润总额(万)	4696.31	10280.68	4036.00	6848.93
	净利润(万)	4063.82	8763.80	3357.42	6112.88

唐人神集团股份有限公司

公司概况	公司名称	唐人神集团股份有限公司			证券简称	唐人神
	法人代表	陶一山	董秘	孙双胜(代)	证券代码	002567
	公司网址	www.tangrenshen.com.cn		电子信箱	trs@tangrenshen.com.cn	
	电　话	0731-28591085 28591237		传　真	0731-28591237 28591147	
	办公地址	湖南省株洲市国家高新技术产业开发区栗雨工业园				
	经营范围	生产饲料、饲料添加剂;养殖畜禽种苗以及上述产品自销等				

	指标\报告期	2011.06.30	2010.12.31	2010.06.30	2009.12.31
主要财务指标	每股收益(元)	0.2200	0.8100	0.2300	0.6400
	每股收益(扣除)(元)	0.2000	0.7300	–	0.6300
	每股净资产(元)	10.3400	5.0500	–	4.6200
	调整后每股净资产(元)	–	–	–	–
	每股资本公积金(元)	7.1408	1.4029	–	1.3976
	每股盈余公积金(元)	0.6012	0.8054	–	0.8066
	每股未分配利润(元)	1.5939	1.8463	–	1.4192
	每股现金净流量(元)	1.1048	0.2717	0.4760	–0.6864
	每股经营现金净流量(元)	–0.1736	0.9831	0.6498	0.5755
	净资产收益率(扣除)(%)	2.0878	15.9690	–	13.8950
	净资产收益率(%)	2.0900	17.0200	4.5500	14.6600
	总资产(万)	193566.12	145096.99	–	125173.63
	股东权益(万)	148597.81	57730.01	–	53086.24
	主营业务收入(万)	219874.28	437366.60	199330.13	373881.56
	主营成本(万)	201044.29	–	181318.19	–
	营业收入(万)	220706.62	437968.15	199620.22	374847.89
	营业成本(万)	201748.33	395253.67	181478.56	335972.51
	投资收益(万)	993.98	1581.58	226.78	799.39
	利润总额(万)	3859.83	10594.68	3276.76	8406.49
	净利润(万)	2977.95	8313.87	2366.96	6616.70

上海百润香精香料股份有限公司

公司概况	公司名称	上海百润香精香料股份有限公司			证券简称	百润股份
	法人代表	刘晓东	董秘	程显东	证券代码	002568
	公司网址	www.bairun.net		电子信箱	bairun@bairun.net	
	电　话	021-58135000		传　真	021-58136000	
	办公地址	上海市康桥工业区康桥东路558号				
	经营范围	食用香精和烟用香精产品的研究,开发,生产和销售业务等				

	指标\报告期	2011.06.30	2010.12.31	2010.06.30	2009.12.31
主要财务指标	每股收益(元)	0.2900	0.7200	0.2900	0.5900
	每股收益(扣除)(元)	0.2800	0.6700	–	0.5000
	每股净资产(元)	7.6900	1.9700	–	1.7593
	调整后每股净资产(元)	–	–	–	–
	每股资本公积金(元)	5.7126	0.0137	–	0.0137
	每股盈余公积金(元)	0.1644	0.2191	–	0.1118
	每股未分配利润(元)	0.8131	0.7418	–	0.6337
	每股现金净流量(元)	5.5646	–0.4258	–0.5006	0.1036
	每股经营现金净流量(元)	0.1937	0.6560	0.2572	0.7368
	净资产收益率(扣除)(%)	3.3390	36.2300	–	33.5970
	净资产收益率(%)	5.6000	41.0700	15.3300	40.3800
	总资产(万)	62854.95	17568.20	–	11431.00
	股东权益(万)	61520.66	11848.23	–	10555.64
	主营业务收入(万)	5711.60	10789.62	4916.12	8622.15
	主营成本(万)	–	2872.74	–	2318.50
	营业收入(万)	5757.89	10887.59	4956.33	9144.20
	营业成本(万)	1670.63	2910.10	1302.93	2649.93
	投资收益(万)	–	1.58	1.58	475.12
	利润总额(万)	2364.30	4984.33	2061.26	4092.61
	净利润(万)	2054.04	4292.58	1752.07	3546.37

浙江步森服饰股份有限公司

公司概况	公司名称	浙江步森服饰股份有限公司			证券简称	步森股份
	法人代表	陈建飞	董秘	寿鹤蕾	证券代码	002569
	公司网址	www.busen.com.cn		电子信箱	bsgf@busen-group.com	
	电　话	0575-87047953 87480311		传　真	0575-87043967 87047759	
	办公地址	浙江省绍兴市诸暨市枫桥镇步森大道419号				
	经营范围	服装、服饰、针织品、皮革制品的生产、销售,经营进出口业务				

	指标\报告期	2011.06.30	2010.12.31	2010.06.30	2009.12.31
主要财务指标	每股收益(元)	0.2200	0.6000	0.2200	0.4700
	每股收益(扣除)(元)	0.2100	0.6000	–	0.4500
	每股净资产(元)	6.2500	2.9400	–	2.3400
	调整后每股净资产(元)	–	–	–	–
	每股资本公积金(元)	3.6156	–	–	–
	每股盈余公积金(元)	0.1608	0.2145	–	0.1542
	每股未分配利润(元)	1.4756	1.7262	–	1.1842
	每股现金净流量(元)	2.4058	0.3304	0.1200	0.5568
	每股经营现金净流量(元)	–0.8085	0.5426	0.0331	1.2158
	净资产收益率(扣除)(%)	4.9200	22.5500	8.4500	21.0500
	净资产收益率(%)	2.8952	20.4800	–	19.9550
	总资产(万)	76304.77	44872.25	–	37137.52
	股东权益(万)	58356.48	20584.76	–	16368.94
	主营业务收入(万)	25573.91	53454.98	20131.16	46171.83
	主营成本(万)	18026.38	38390.47	14278.38	33745.91
	营业收入(万)	25701.90	53737.14	20239.48	46382.54
	营业成本(万)	18128.82	38762.94	14356.58	33948.05
	投资收益(万)	–	–	–	–
	利润总额(万)	2217.81	5571.51	2135.76	4298.99
	净利润(万)	1689.53	4215.82	1532.88	3266.49

浙江贝因美科工贸股份有限公司

公司概况	公司名称	浙江贝因美科工贸股份有限公司		证券简称	贝因美
	法人代表	朱德宇	董秘 刘晖宇	证券代码	002570
	公司网址	www.beingmate.com		电子信箱	security@beingmate.com
	电　话	0571-28933510 29038959		传　真	0571-28077045
	办公地址	浙江省杭州市天目山路160号国际花园B17层			
	经营范围	开发,生产,销售婴幼儿产品,儿童食品,营养食品,服装,玩具等			

主要财务指标	指标\报告期	2011.06.30	2010.12.31	2010.06.30	2009.12.31
	每股收益(元)	0.4900	1.1000	0.5000	1.0400
	每股收益(扣除)(元)	0.4169	1.1200	–	1.0700
	每股净资产(元)	7.0500	2.8800	–	2.1800
	调整后每股净资产(元)	–	–	–	–
	每股资本公积金(元)	4.0798	0.2026	–	0.2026
	每股盈余公积金(元)	0.1806	0.2009	–	0.1345
	每股未分配利润(元)	1.7877	1.4796	–	0.8437
	每股现金净流量(元)	3.4286	0.6217	0.3855	0.1033
	每股经营现金净流量(元)	0.7044	0.6519	0.5227	0.8581
	净资产收益率(扣除)(%)	10.0400	45.4200	25.6500	74.1900
	净资产收益率(%)	6.4910	38.2340	–	44.9850
	总资产(万)	420489.37	266026.91	–	202659.61
	股东权益(万)	300288.39	110436.98	–	83534.56
	主营业务收入(万)	237361.19	402092.80	201260.99	323867.27
	主营成本(万)	88490.33	150923.76	74990.62	130045.51
	营业收入(万)	238245.12	402830.18	201599.77	324522.36
	营业成本(万)	88921.92	151144.91	75186.93	130290.24
	投资收益(万)	–	–	–	–
	利润总额(万)	26687.02	54845.15	26930.56	46053.14
	净利润(万)	19490.58	42224.42	19204.86	37578.13

安徽德力日用玻璃股份有限公司

公司概况	公司名称	安徽德力日用玻璃股份有限公司		证券简称	德力股份
	法人代表	施卫东	董秘 俞乐	证券代码	002571
	公司网址	www.deliglass.com		电子信箱	yl@deliglass.com
	电　话	0550-6678809		传　真	0550-6678868
	办公地址	安徽省滁州市凤阳县工业园			
	经营范围	玻璃制品制造、销售;纸箱、塑料配件加工、销售等			

主要财务指标	指标\报告期	2011.06.30	2010.12.31	2010.06.30	2009.12.31
	每股收益(元)	0.3700	0.9100	0.3700	0.7000
	每股收益(扣除)(元)	0.3400	0.9100	–	0.6900
	每股净资产(元)	10.2500	4.1000	–	3.1433
	调整后每股净资产(元)	–	–	–	–
	每股资本公积金(元)	8.1197	1.9867	–	1.9422
	每股盈余公积金(元)	0.1240	0.1672	–	0.0310
	每股未分配利润(元)	1.0025	0.9421	–	0.1702
	每股现金净流量(元)	5.0566	−0.0299	−0.3928	0.5524
	每股经营现金净流量(元)	−0.3729	0.7562	0.5956	0.4587
	净资产收益率(扣除)(%)	8.6800	25.4200	16.3500	25.0700
	净资产收益率(%)	2.9660	22.1730	–	19.8920
	总资产(万)	111335.21	54473.47	–	41834.68
	股东权益(万)	87195.66	25846.21	–	19834.35
	主营业务收入(万)	25926.93	50736.18	25048.28	38736.72
	主营成本(万)	18732.16	–	18440.32	–
	营业收入(万)	25997.43	50931.76	25109.24	38862.03
	营业成本(万)	18920.76	36139.57	18490.98	28375.79
	投资收益(万)	–	–	–	–
	利润总额(万)	3085.28	6720.31	2858.86	5271.51
	净利润(万)	2586.36	5730.86	2303.94	3945.47

广州市宁基装饰实业股份有限公司

公司概况	公司名称	广州市宁基装饰实业股份有限公司		证券简称	宁基股份
	法人代表	江淦钧	董秘 潘雯姗	证券代码	002572
	公司网址	www.suofeiya.com.cn		电子信箱	ningji@suofeiya.com.cn
	电　话	020-87533019		传　真	020-87579391
	办公地址	广东省广州市增城市新塘镇宁西工业园			
	经营范围	定制衣柜及其配套定制家具的研发、生产和销售等			

主要财务指标	指标\报告期	2011.06.30	2010.12.31	2010.06.30	2009.12.31
	每股收益(元)	1.0267	2.1000	0.7450	1.5200
	每股收益(扣除)(元)	0.9736	2.0700	–	1.5000
	每股净资产(元)	24.6200	5.3600	–	2.8600
	调整后每股净资产(元)	–	–	–	–
	每股资本公积金(元)	20.1372	0.8458	–	0.7758
	每股盈余公积金(元)	0.2692	0.3600	–	0.1172
	每股未分配利润(元)	3.2150	3.1579	–	0.9682
	每股现金净流量(元)	19.0942	2.3488	−0.0069	0.4920
	每股经营现金净流量(元)	0.4140	2.5203	−0.1646	1.2436
	净资产收益率(扣除)(%)	7.5300	56.3300	21.8000	68.0800
	净资产收益率(%)	3.4690	44.9730	–	40.9770
	总资产(万)	144086.67	36808.27	–	17001.91
	股东权益(万)	131724.57	21454.76	–	11444.61
	主营业务收入(万)	36328.43	60015.43	25391.64	35299.14
	主营成本(万)	24143.83	38242.77	16689.29	24693.97
	营业收入(万)	36972.48	60445.69	25634.88	35470.27
	营业成本(万)	24640.96	38360.32	16841.70	24768.64
	投资收益(万)	–	–	–	–
	利润总额(万)	5700.08	10166.13	3767.79	5610.57
	净利润(万)	4568.89	8403.93	2979.85	4689.60

北京国电清新环保技术股份有限公司

公司概况	公司名称	北京国电清新环保技术股份有限公司		证券简称	国电清新
	法人代表	张开元	董秘 洪珊珊	证券代码	002573
	公司网址	www.qingxin.com.cn		电子信箱	zhqb@qingxin.com.cn
	电　话	010-88146320		传　真	010-88146320
	办公地址	北京市海淀区西八里庄路69号人民政协报大厦10层			
	经营范围	燃煤电厂烟气脱硫装置的建造和运营			

主要财务指标	指标\报告期	2011.06.30	2010.12.31	2010.06.30	2009.12.31
	每股收益(元)	0.3800	0.5900	0.2900	0.2700
	每股收益(扣除)(元)	0.3900	0.5700	–	0.2600
	每股净资产(元)	13.4710	3.3280	–	2.7400
	调整后每股净资产(元)	–	–	–	–
	每股资本公积金(元)	10.4936	0.0051	–	0.0051
	每股盈余公积金(元)	0.1856	0.2497	–	0.1906
	每股未分配利润(元)	1.7915	2.0730	–	1.5408
	每股现金净流量(元)	10.3741	−0.5477	−0.2292	0.7229
	每股经营现金净流量(元)	0.1037	1.0052	0.3959	1.2182
	净资产收益率(扣除)(%)	5.2100	18.8800	10.0000	9.8500
	净资产收益率(%)	2.3580	17.7690	–	9.9920
	总资产(万)	268072.08	111976.97	–	118727.21
	股东权益(万)	199365.71	36606.32	–	30101.65
	主营业务收入(万)	20322.35	31934.48	14380.86	33119.53
	主营成本(万)	11633.60	18008.22	7888.35	22882.54
	营业收入(万)	20322.35	32072.51	14380.86	33119.53
	营业成本(万)	11633.60	18143.93	7888.35	22882.54
	投资收益(万)	–	–	–	–
	利润总额(万)	5397.36	5895.92	2776.23	2691.30
	净利润(万)	4700.76	6504.67	3168.20	3007.68

浙江明牌珠宝股份有限公司

公司概况	公司名称	浙江明牌珠宝股份有限公司		证券简称	明牌珠宝
	法人代表	虞兔良	董秘	曹国其	证券代码	002574
	公司网址	www.mingr.com		电子信箱	info@mingr.com
	电　话	0575-84025665 84024457		传　真	0575-84021062
	办公地址	浙江省绍兴市绍兴县福全工业区			
	经营范围	生产,加工:黄金饰品,铂金饰品,钻石,珠宝饰品,银饰品;销售生产产品			

主要财务指标	指标\报告期	2011.06.30	2010.12.31	2010.06.30	2009.12.31
	每股收益(元)	0.6500	1.2000	0.8100	0.8300
	每股收益(扣除)(元)	0.6000	0.9600	–	0.8200
	每股净资产(元)	11.1500	3.8100	–	2.6092
	调整后每股净资产(元)	–	–	–	–
	每股资本公积金(元)	8.0781	0.7767	–	0.7761
	每股盈余公积金(元)	0.1541	0.2054	–	0.0820
	每股未分配利润(元)	1.9190	1.8319	–	0.7510
	每股现金净流量(元)	5.0951	–	0.8394	–
	每股经营现金净流量(元)	–0.3019	–	–0.2123	–
	净资产收益率(扣除)(%)	8.7800	30.0200	19.2100	36.5700
	净资产收益率(%)	4.8880	31.5750	–	31.7040
	总资产(万)	345804.76	210609.19	–	161931.94
	股东权益(万)	267627.19	68653.52	–	46965.35
	主营业务收入(万)	307194.60	402826.38	208003.13	329868.27
	主营成本(万)	276247.17	352706.08	180527.26	287182.07
	营业收入(万)	307227.22	402896.26	208042.91	329901.80
	营业成本(万)	276247.17	352706.08	180527.26	287182.07
	投资收益(万)	–	–	–	–
	利润总额(万)	17934.53	29199.06	19496.96	20003.97
	净利润(万)	13080.68	21677.46	14562.55	14889.70

广东群兴玩具股份有限公司

公司概况	公司名称	广东群兴玩具股份有限公司			证券简称	群兴玩具
	法人代表	林伟章	董秘	陈惠板	证券代码	002575
	公司网址	www.qunxingtoys.com		电子信箱	info@qunxingtoys.com	
	电　话	0754-85505187		传　真	0754-85504287	
	办公地址	广东省汕头市澄海区莱芜经济开发试验区莱美工业区				
	经营范围	生产、加工、销售;玩具、塑料制品、五金制品;动漫软件设计、开发、制作等				

主要财务指标	指标\报告期	2011.06.30	2010.12.31	2010.06.30	2009.12.31
	每股收益(元)	0.3600	0.5800	0.4000	0.4800
	每股收益(扣除)(元)	0.3500	0.5500	–	0.4500
	每股净资产(元)	6.2900	1.8800	–	2.0500
	调整后每股净资产(元)	–	–	–	–
	每股资本公积金(元)	4.5489	0.2894	–	0.2089
	每股盈余公积金(元)	0.0722	0.0966	–	–
	每股未分配利润(元)	0.6709	0.4937	–	0.7261
	每股现金净流量(元)	3.6799	0.3084	0.3959	0.1358
	每股经营现金净流量(元)	–0.5971	0.4228	0.5221	0.3953
	净资产收益率(扣除)(%)	9.3800	29.4200	25.8700	28.2400
	净资产收益率(%)	4.7990	30.6500	–	29.9400
	总资产(万)	94732.95	30864.19	–	25198.95
	股东权益(万)	84187.40	18797.25	–	13036.47
	主营业务收入(万)	30471.22	46552.20	28162.99	35875.22
	主营成本(万)	21586.93	–	19686.43	–
	营业收入(万)	30471.22	46569.53	28173.20	35900.15
	营业成本(万)	21586.93	32524.57	19690.33	25450.64
	投资收益(万)	–	–	–	–
	利润总额(万)	4678.48	6661.73	4600.43	4506.90
	净利润(万)	4040.37	5760.78	3973.20	3903.63

江苏通达动力科技股份有限公司

公司概况	公司名称	江苏通达动力科技股份有限公司			证券简称	通达动力
	法人代表	姜煜峰	董秘	张巍	证券代码	002576
	公司网址	www.tdchina.com		电子信箱	tongda@tdchina.com	
	电　话	0513-86213861 86213757		传　真	0513-86213965	
	办公地址	江苏省南通市通州区四安镇兴石路58号				
	经营范围	电机定转子冲片和铁心的研发,生产,销售和服务等				

主要财务指标	指标\报告期	2011.06.30	2010.12.31	2010.06.30	2009.12.31
	每股收益(元)	0.3000	0.6200	0.2300	0.4200
	每股收益(扣除)(元)	0.3000	–	–	0.3600
	每股净资产(元)	6.6600	2.7600	–	2.2033
	调整后每股净资产(元)	–	–	–	–
	每股资本公积金(元)	4.6075	0.6900	–	0.5617
	每股盈余公积金(元)	0.0910	0.1217	–	0.0627
	每股未分配利润(元)	0.9581	0.9511	–	0.5789
	每股现金净流量(元)	3.3693	–0.0912	–0.7347	–0.4054
	每股经营现金净流量(元)	–1.0037	0.2809	–1.0007	0.2786
	净资产收益率(扣除)(%)	3.7050	21.9690	–	19.2590
	净资产收益率(%)	6.7800	23.8100	9.7800	21.3100
	总资产(万)	110501.28	49268.64	–	38210.64
	股东权益(万)	84539.29	26246.17	–	19830.03
	主营业务收入(万)	42504.83	–	30566.06	38500.30
	主营成本(万)	34568.60	–	24684.80	30114.78
	营业收入(万)	51643.20	85014.33	36454.48	45392.70
	营业成本(万)	43728.77	71710.15	30791.95	36944.27
	投资收益(万)	–	–	–	0.59
	利润总额(万)	3666.56	6652.10	2549.40	4502.53
	净利润(万)	3132.32	5766.13	2142.89	3819.00

深圳雷柏科技股份有限公司

公司概况	公司名称	深圳雷柏科技股份有限公司			证券简称	雷柏科技
	法人代表	曾浩	董秘	谢海波	证券代码	002577
	公司网址	www.rapoo.com		电子信箱	board@rapoo.com	
	电　话	0755-27306371		传　真	0755-27327498	
	办公地址	广东省深圳市宝安区福永街道凤凰第三工业区第一工业园A1栋,B1幢1号楼,B1幢2号楼,二期第一幢				
	经营范围	鼠标,键盘等电脑外设产品的研发,生产和销售等				

主要财务指标	指标\报告期	2011.06.30	2010.12.31	2010.06.30	2009.12.31
	每股收益(元)	0.4700	1.1468	0.6400	0.9724
	每股收益(扣除)(元)	0.3888	1.1274	–	0.9703
	每股净资产(元)	10.9600	2.2700	–	1.2493
	调整后每股净资产(元)	–	–	–	–
	每股资本公积金(元)	8.6932	0.0948	–	–
	每股盈余公积金(元)	0.0846	0.1128	–	0.1928
	每股未分配利润(元)	1.1855	1.0589	–	0.0566
	每股现金净流量(元)	8.4471	–	–0.6758	1.1273
	每股经营现金净流量(元)	0.0891	–	0.3363	1.4965
	净资产收益率(扣除)(%)	8.0100	66.5900	44.0700	65.6200
	净资产收益率(%)	3.5700	50.6000	–	86.8520
	总资产(万)	154255.07	34824.52	–	27096.32
	股东权益(万)	140330.61	21758.03	–	10748.53
	主营业务收入(万)	–	–	–	–
	主营成本(万)	–	–	–	–
	营业收入(万)	30246.69	64942.72	33299.27	56162.65
	营业成本(万)	20418.14	43942.35	22136.26	38757.99
	投资收益(万)	–	–	–	–
	利润总额(万)	6659.42	14157.41	7906.37	11748.54
	净利润(万)	5009.23	11009.52	6109.64	9335.29

福建省闽发铝业股份有限公司

公司概况					
公司名称	福建省闽发铝业股份有限公司			证券简称	闽发铝业
法人代表	黄天火	董秘	傅孙明	证券代码	002578
公司网址	www.minfa.com		电子信箱	minfaly@126.com	
电　话	0595-86279713		传　真	0595-86279731	
办公地址	福建省泉州市南安市南美综合开发区				
经营范围	铝制品;五金制品及模具;幕墙,门窗设计,制作,安装等				

主要财务指标：指标\报告期	2011.06.30	2010.12.31	2010.06.30	2009.12.31
每股收益(元)	0.1400	0.4100	0.1200	0.2900
每股收益(扣除)(元)	0.1200	0.3700	–	0.2700
每股净资产(元)	5.0800	1.9900	–	1.6000
调整后每股净资产(元)	–	–	–	–
每股资本公积金(元)	3.3796	0.2201	–	0.2342
每股盈余公积金(元)	0.0768	0.1024	–	–
每股未分配利润(元)	0.6204	0.6717	–	0.3062
每股现金净流量(元)	2.3181	0.1806	0.0544	–0.0875
每股经营现金净流量(元)	–0.1602	1.0546	0.1341	0.1802
净资产收益率(扣除)(%)	3.4600	20.8500	6.9600	16.1200
净资产收益率(%)	2.3000	20.3600	–	17.9500
总资产(万)	99911.49	54650.92	–	51706.46
股东权益(万)	87218.47	25684.97	–	20636.25
主营业务收入(万)	29824.91	59486.88	27135.17	47574.02
主营成本(万)	25771.00	49944.58	23258.40	40413.05
营业收入(万)	29890.71	59534.06	27145.32	48742.30
营业成本(万)	25808.73	49962.62	23258.40	41506.51
投资收益(万)	–	–	–	–
利润总额(万)	2361.70	6164.54	1880.44	4309.61
净利润(万)	2006.36	5230.25	1596.23	3704.95

惠州中京电子科技股份有限公司

公司概况					
公司名称	惠州中京电子科技股份有限公司			证券简称	中京电子
法人代表	杨林	董秘	傅道臣	证券代码	002579
公司网址	www.ceepcb.com		电子信箱	obd@ceepcb.com	
电　话	0752-2288573		传　真	0752-2288573	
办公地址	广东省惠州市鹅岭南路七巷3号				
经营范围	研发,生产,销售新型电子元器件(高密度印刷线路板等),产品国内外销售等				

主要财务指标：指标\报告期	2011.06.30	2010.12.31	2010.06.30	2009.12.31
每股收益(元)	0.2200	0.5520	0.2300	0.4050
每股收益(扣除)(元)	0.2000	0.5270	–	0.3950
每股净资产(元)	6.1500	2.7500	–	2.2000
调整后每股净资产(元)	–	–	–	–
每股资本公积金(元)	4.0522	0.5342	–	0.5342
每股盈余公积金(元)	0.0912	0.1216	–	0.0663
每股未分配利润(元)	1.0064	1.0934	–	0.5966
每股现金净流量(元)	3.4409	0.1159	–0.0788	0.0620
每股经营现金净流量(元)	0.0553	0.5823	0.0744	0.3904
净资产收益率(扣除)(%)	4.7600	21.3200	10.1400	19.7800
净资产收益率(%)	3.0320	20.0820	10.1500	18.4200
总资产(万)	78037.58	38880.34	–	30988.66
股东权益(万)	59867.00	20068.61	–	16038.52
主营业务收入(万)	17233.32	32182.74	15123.01	25277.78
主营成本(万)	13720.56	24671.85	11624.66	19408.98
营业收入(万)	17583.97	32693.77	15339.39	25600.17
营业成本(万)	13720.56	24671.85	11624.66	19408.98
投资收益(万)	–	–	–	–
利润总额(万)	2130.45	4639.19	2028.77	3288.72
净利润(万)	1815.15	4030.25	1714.93	2954.32

山东圣阳电源股份有限公司

公司概况					
公司名称	山东圣阳电源股份有限公司			证券简称	圣阳股份
法人代表	宋斌	董秘	于海龙	证券代码	002580
公司网址	www.sacredsun.cn		电子信箱	zqb@sacredsun.cn	
电　话	0537-4435777		传　真	0537-4430400	
办公地址	山东省济宁市曲阜市圣阳路1号				
经营范围	HW49阀控式密封废铅酸蓄电池收集、贮存等				

主要财务指标：指标\报告期	2011.06.30	2010.12.31	2010.06.30	2009.12.31
每股收益(元)	0.3600	0.8400	0.3700	0.9800
每股收益(扣除)(元)	0.3400	0.7700	–	0.9200
每股净资产(元)	9.2900	4.1700	–	3.3000
调整后每股净资产(元)	–	–	–	–
每股资本公积金(元)	6.6070	1.3087	–	0.9469
每股盈余公积金(元)	0.1413	0.1885	–	0.1351
每股未分配利润(元)	1.5399	1.6757	–	1.2155
每股现金净流量(元)	2.2109	0.6823	0.2288	1.5095
每股经营现金净流量(元)	–1.1436	0.9961	0.0276	0.8907
净资产收益率(扣除)(%)	6.3000	20.5700	9.4400	33.6200
净资产收益率(%)	3.0546	19.1200	–	25.1800
总资产(万)	90487.69	60626.08	–	49252.39
股东权益(万)	69754.92	23493.07	–	16487.42
主营业务收入(万)	38247.78	72099.15	30703.17	60451.30
主营成本(万)	31428.55	56981.94	23948.85	45426.09
营业收入(万)	38896.80	73256.79	31323.97	61814.20
营业成本(万)	31821.06	58018.58	24524.10	46492.72
投资收益(万)	–	–	–	–
利润总额(万)	2410.38	5399.00	2217.93	5016.88
净利润(万)	2130.74	4492.25	1887.28	4151.50

淄博万昌科技股份有限公司

公司概况					
公司名称	淄博万昌科技股份有限公司			证券简称	万昌科技
法人代表	于秀媛	董秘	张国昌	证券代码	002581
公司网址	www.wanchang.com		电子信箱	office@wanchang.com	
电　话	0533-2988888		传　真	0533-2091578	
办公地址	山东省淄博市张店区朝阳路18号				
经营范围	原甲酸三甲酯,原甲酸三乙酯等农药,医药中间体的研发,生产和销售				

主要财务指标：指标\报告期	2011.06.30	2010.12.31	2010.06.30	2009.12.31
每股收益(元)	0.3600	0.8700	0.4600	0.7200
每股收益(扣除)(元)	0.3500	0.8622	–	0.7500
每股净资产(元)	5.8700	2.1800	–	1.6000
调整后每股净资产(元)	–	–	–	–
每股资本公积金(元)	4.3126	0.2804	–	0.7926
每股盈余公积金(元)	0.0887	0.1182	–	0.0444
每股未分配利润(元)	0.4712	0.7854	–	0.3993
每股现金净流量(元)	4.4294	0.4517	0.2211	–0.1292
每股经营现金净流量(元)	0.3009	1.0556	0.6984	0.9320
净资产收益率(扣除)(%)	11.1600	–	28.0700	56.3100
净资产收益率(%)	4.8060	39.6200	–	45.3500
总资产(万)	69072.87	20968.01	–	16494.61
股东权益(万)	63586.01	17734.19	–	12970.62
主营业务收入(万)	10229.23	24715.46	11783.23	21167.91
主营成本(万)	5191.61	12884.26	5945.84	10807.38
营业收入(万)	10229.23	24717.32	11783.23	21379.86
营业成本(万)	5191.61	12886.11	5945.84	11018.08
投资收益(万)	–	–	–	–
利润总额(万)	3591.82	8421.03	4436.41	6952.18
净利润(万)	3055.73	7025.58	3768.61	5882.38

好想你枣业股份有限公司

公司概况	公司名称	好想你枣业股份有限公司		证券简称	好 想 你
	法人代表	石聚彬	董秘	刘汉超	证券代码	002582
	公司网址	www.haoxiangni.cn		电子信箱	haoxiangni@haoxiangni.cn
	电 话	0371-62589968		传 真	0371-62589968
	办公地址	郑州新郑国际机场工业区好想你大道 6 号			
	经营范围	枣类相关产品的生产、加工和销售			

主要财务指标 指标\报告期	2011.06.30	2010.12.31	2010.06.30	2009.12.31
每股收益(元)	1.0900	1.7100	1.0500	0.9700
每股收益(扣除)(元)	0.9500	1.5600	–	0.8800
每股净资产(元)	15.5400	5.0500	3.1200	3.5384
调整后每股净资产(元)	–	–	–	–
每股资本公积金(元)	12.3209	2.0490	–	2.0490
每股盈余公积金(元)	0.1777	0.2376	–	0.0532
每股未分配利润(元)	2.0377	1.7670	–	0.4362
每股现金净流量(元)	8.7734	0.6668	1.1453	–0.0966
每股经营现金净流量(元)	2.0529	–0.7492	3.1208	–0.0339
净资产收益率(扣除)(%)	12.6100	36.2500	25.0600	29.7800
净资产收益率(%)	5.5230	33.7400	–	26.3600
总资产(万)	129493.18	75327.03	–	45956.33
股东权益(万)	114662.15	27897.83	–	19532.22
主营业务收入(万)	40255.30	65517.07	31884.93	40527.93
主营成本(万)	29790.85	48098.84	22931.58	30715.85
营业收入(万)	40339.24	65705.54	31980.17	40809.31
营业成本(万)	29879.12	48238.22	23003.83	30991.85
投资收益(万)	–	–	–	–
利润总额(万)	6978.99	10115.88	6117.77	5857.44
净利润(万)	6333.23	9412.76	5803.88	5148.77

海能达通信股份有限公司

公司概况	公司名称	海能达通信股份有限公司			证券简称	海 能 达
	法人代表	陈清州	董秘	武美	证券代码	002583
	公司网址	www.hytera.cn		电子信箱	stock@hytera.cn	
	电 话	0755-26972999-1170		传 真	0755-86137135	
	办公地址	广东省深圳市南山区高新区北区北环路好易通大厦				
	经营范围	开发、生产矿用对讲机、防爆通讯产品及配件、无线电通讯器材及配件等				

主要财务指标 指标\报告期	2011.06.30	2010.12.31	2010.06.30	2009.12.31
每股收益(元)	0.0900	0.5900	0.0200	0.4200
每股收益(扣除)(元)	0.0800	0.5400	–	0.3700
每股净资产(元)	6.0800	1.8500	–	1.0100
调整后每股净资产(元)	–	–	–	–
每股资本公积金(元)	4.5058	0.1720	–	0.4941
每股盈余公积金(元)	0.0585	0.0782	–	1.0425
每股未分配利润(元)	0.5142	0.5897	–	7.8848
每股现金净流量(元)	4.2076	0.2581	–4.0757	1.8636
每股经营现金净流量(元)	–0.4347	0.4663	–4.2721	0.5656
净资产收益率(扣除)(%)	3.0200	33.7700	0.6100	31.1200
净资产收益率(%)	1.1990	30.2340	–	32.0310
总资产(万)	237753.42	112151.81	–	78668.70
股东权益(万)	169148.28	38432.46	–	21019.08
主营业务收入(万)	56284.56	97907.65	34335.20	71341.29
主营成本(万)	33929.24	–	19704.46	–
营业收入(万)	56956.44	99436.17	34528.89	71771.55
营业成本(万)	34045.02	54902.94	19847.48	38279.87
投资收益(万)	–	–	–	–
利润总额(万)	3079.12	12946.48	482.06	7453.13
净利润(万)	2027.58	11619.48	412.80	6732.68

西陇化工股份有限公司

公司概况	公司名称	西陇化工股份有限公司			证券简称	西陇化工
	法人代表	黄伟波	董秘	谢俊源	证券代码	002584
	公司网址	www.xlhg.com.cn		电子信箱	xlhg@xlhg.cn	
	电 话	0754-82481503 0754-82493160		传 真	0754-82493128 020-62612100	
	办公地址	广东省汕头市潮汕路西陇中街 1-3 号				
	经营范围	从事化学试剂的研发,生产,销售,并从事部分化工原料等				

主要财务指标 指标\报告期	2011.06.30	2010.12.31	2010.06.30	2009.12.31
每股收益(元)	0.2700	0.4900	0.2300	0.3800
每股收益(扣除)(元)	0.2400	0.4600	–	0.3500
每股净资产(元)	4.9600	2.5268	–	2.1058
调整后每股净资产(元)	–	–	–	–
每股资本公积金(元)	2.9176	0.4139	–	0.4139
每股盈余公积金(元)	0.0809	0.0872	–	0.0510
每股未分配利润(元)	0.9557	1.0123	–	0.6325
每股现金净流量(元)	2.6982	0.2140	0.0252	–0.2799
每股经营现金净流量(元)	–0.0675	0.2677	–0.0502	0.3303
净资产收益率(扣除)(%)	7.7300	20.0200	9.5500	18.1100
净资产收益率(%)	4.2700	19.2300	–	18.1300
总资产(万)	126779.90	67030.58	–	61479.95
股东权益(万)	99289.62	37901.55	–	31587.59
主营业务收入(万)	63413.80	116385.68	55711.22	88131.33
主营成本(万)	51503.18	95135.12	45699.96	72072.69
营业收入(万)	63459.18	116415.53	55723.30	88197.80
营业成本(万)	51542.11	95152.82	45714.10	72121.91
投资收益(万)	–	–	–	–
利润总额(万)	5154.32	8876.23	4319.82	6764.76
净利润(万)	4239.29	7289.44	3509.91	5727.88

江苏双星彩塑新材料股份有限公司

公司概况	公司名称	江苏双星彩塑新材料股份有限公司			证券简称	双星新材
	法人代表	吴培服	董秘	吴迪	证券代码	002585
	公司网址	www.shuangxingcaisu.com		电子信箱	wudi@shuangxingcaisu.com	
	电 话	0527-84252088		传 真	0527-84253042	
	办公地址	江苏省宿迁市宿豫区彩塑工业园区井头街 1 号				
	经营范围	从事新型塑料包装薄膜的研发、生产和销售等				

主要财务指标 指标\报告期	2011.06.30	2010.12.31	2010.06.30	2009.12.31
每股收益(元)	1.6200	2.5000	0.3600	0.4600
每股收益(扣除)(元)	1.4100	2.4500	0.3400	0.4300
每股净资产(元)	17.2000	3.9600	–	2.9810
调整后每股净资产(元)	–	–	–	–
每股资本公积金(元)	13.3564	0.7918	–	–
每股盈余公积金(元)	0.1722	0.2296	–	0.3364
每股未分配利润(元)	2.6677	1.9368	–	1.6446
每股现金净流量(元)	11.1086	0.0131	0.5235	0.8923
每股经营现金净流量(元)	0.8102	3.2567	2.1692	2.3750
净资产收益率(扣除)(%)	29.5100	91.2700	22.0000	38.0900
净资产收益率(%)	7.0660	61.9260	–	33.8100
总资产(万)	408208.56	133501.52	–	69151.88
股东权益(万)	357681.81	61747.04	–	20509.40
主营业务收入(万)	102297.50	145301.39	43649.75	63310.42
主营成本(万)	71950.95	–	34136.31	–
营业收入(万)	102823.41	145406.75	43685.58	63539.39
营业成本(万)	71951.06	91956.29	34142.07	52316.75
投资收益(万)	–	–	–	–
利润总额(万)	29733.89	44296.96	5931.14	6985.27
净利润(万)	25273.81	38237.64	5439.57	6934.24

浙江省围海建设集团股份有限公司

公司概况	公司名称	浙江省围海建设集团股份有限公司			证券简称	围海股份
	法人代表	冯全宏	董秘	成迪龙	证券代码	002586
	公司网址	www.zjwh.com.cn		电子信箱	ir@zjwh.com.cn	
	电　话	0574-87901130 87911788		传　真	0574-87901002	
	办公地址	浙江省宁波市科技园区江南路599号				
	经营范围	水利水电工程、市政工程、港口与海岸工程、房屋建筑、基础处理工程施工、工程地质勘测				

主要财务指标	指标\报告期	2011.06.30	2010.12.31	2010.06.30	2009.12.31
	每股收益(元)	0.2400	0.7100	0.1900	0.5400
	每股收益(扣除)(元)	0.2400	0.7000	–	0.4800
	每股净资产(元)	6.7400	3.0100	–	2.4200
	调整后每股净资产(元)	–	–	–	–
	每股资本公积金(元)	4.3015	0.1451	–	0.1451
	每股盈余公积金(元)	0.1712	0.2290	–	0.1719
	每股未分配利润(元)	0.9769	1.2535	–	0.8013
	每股现金净流量(元)	3.8827	0.5754	0.7079	0.1254
	每股经营现金净流量(元)	–1.5621	0.7086	–0.9757	0.5570
	净资产收益率(扣除)(%)	6.2100	26.1000	8.1300	22.1400
	净资产收益率(%)	2.8080	23.5860	–	22.3370
	总资产(万)	152522.78	83040.46	–	68775.57
	股东权益(万)	72109.54	24056.58	–	19320.23
	主营业务收入(万)	47478.61	101453.84	38852.36	91834.34
	主营成本(万)	40457.15	86076.01	33638.69	80371.58
	营业收入(万)	47639.30	101744.83	38995.03	92114.09
	营业成本(万)	40477.54	86117.90	33659.09	80419.46
	投资收益(万)	–	–	–	–
	利润总额(万)	2845.97	7998.73	2107.99	5827.97
	净利润(万)	2024.81	5673.90	1535.73	4315.47

深圳市奥拓电子股份有限公司

公司概况	公司名称	深圳市奥拓电子股份有限公司			证券简称	奥拓电子
	法人代表	吴涵渠	董秘	李军	证券代码	002587
	公司网址	www.szaoto.com.cn		电子信箱	lij@szaoto.com	
	电　话	0755-26719889		传　真	0755-26719890	
	办公地址	广东省深圳市南山区深南大道高新技术工业村T2厂房T2A6-B				
	经营范围	电子自助服务设备、金融电子产品、led光电产品、电子大屏幕显示屏等				

主要财务指标	指标\报告期	2011.06.30	2010.12.31	2010.06.30	2009.12.31
	每股收益(元)	0.3500	0.7700	0.3700	0.5200
	每股收益(扣除)(元)	0.3400	0.7200	–	0.5000
	每股净资产(元)	5.7700	2.4300	–	1.6604
	调整后每股净资产(元)	–	–	–	–
	每股资本公积金(元)	3.6420	0.2754	–	0.2754
	每股盈余公积金(元)	0.1251	0.1668	–	0.0950
	每股未分配利润(元)	1.0015	0.9844	–	0.2900
	每股现金净流量(元)	3.3963	0.0032	–0.4948	0.2696
	每股经营现金净流量(元)	–0.1831	0.3772	–0.2426	0.5496
	净资产收益率(扣除)(%)	13.2100	35.2100	19.9500	32.7700
	净资产收益率(%)	4.5630	31.5750	–	31.2000
	总资产(万)	54304.08	21932.58	–	17058.97
	股东权益(万)	48456.27	15287.78	–	10460.70
	主营业务收入(万)	12710.39	22196.79	10455.56	15284.29
	主营成本(万)	6922.97	–	5612.77	–
	营业收入(万)	12710.39	22196.79	10455.56	15284.29
	营业成本(万)	6922.97	12274.26	5612.77	8196.29
	投资收益(万)	–	–	–	–
	利润总额(万)	2571.38	5589.17	2755.30	3788.70
	净利润(万)	2210.97	4827.09	2353.98	3263.74

史丹利化肥股份有限公司

公司概况	公司名称	史丹利化肥股份有限公司			证券简称	史丹利
	法人代表	高文班	董秘	胡照顺	证券代码	002588
	公司网址	www.shidanli.cn		电子信箱	shidanlihuafei@yahoo.cn	
	电　话	0539-6263620		传　真	0539-6263620	
	办公地址	山东省临沂市临沭县城常林东大街东首				
	经营范围	生产,经营高浓度复混肥料(复合肥料),掺混肥等				

主要财务指标	指标\报告期	2011.06.30	2010.12.31	2010.06.30	2009.12.31
	每股收益(元)	1.2300	1.8000	0.7300	1.0800
	每股收益(扣除)(元)	1.2200	1.7800	–	1.0500
	每股净资产(元)	14.7900	7.2100	–	5.3705
	调整后每股净资产(元)	–	–	–	–
	每股资本公积金(元)	9.6176	1.8848	–	1.8473
	每股盈余公积金(元)	0.5926	0.7902	–	0.5120
	每股未分配利润(元)	3.5768	3.5363	–	2.0112
	每股现金净流量(元)	7.7875	–1.0980	–1.0728	1.8471
	每股经营现金净流量(元)	–0.8529	–1.2949	–1.5870	3.2276
	净资产收益率(扣除)(%)	6.2520	25.0070	–	20.1930
	净资产收益率(%)	15.7500	28.6200	12.6500	22.4800
	总资产(万)	302170.62	226591.09	–	158145.47
	股东权益(万)	192231.37	70309.88	–	52362.69
	主营业务收入(万)	229943.46	288876.17	118806.03	255035.74
	主营成本(万)	196379.30	240941.90	98776.83	224135.83
	营业收入(万)	230755.79	290072.92	119534.83	255968.11
	营业成本(万)	196667.87	241276.52	99089.80	224265.44
	投资收益(万)	18.02	9.57	9.57	29.64
	利润总额(万)	15617.47	21716.80	8739.07	12469.25
	净利润(万)	12018.74	17582.19	7107.49	10573.69

山东瑞康医药股份有限公司

公司概况	公司名称	山东瑞康医药股份有限公司			证券简称	瑞康医药
	法人代表	韩旭	董秘	周云	证券代码	002589
	公司网址	www.realcan.cn		电子信箱	stock@realcan.cn	
	电　话	0535-6737695 0535-6735656-8009		传　真	0535-6737695	
	办公地址	山东省烟台市芝罘区机场路326号				
	经营范围	中药材、中药饮片、中成药、化学原料药、化学药制剂、抗生素、生化药品等				

主要财务指标	指标\报告期	2011.06.30	2010.12.31	2010.06.30	2009.12.31
	每股收益(元)	0.4760	0.8900	0.3650	0.7100
	每股收益(扣除)(元)	0.4770	0.9100	–	0.7400
	每股净资产(元)	8.1500	4.2300	–	3.3417
	调整后每股净资产(元)	–	–	–	–
	每股资本公积金(元)	6.0046	2.1706	–	2.1704
	每股盈余公积金(元)	0.0761	0.1020	–	0.0164
	每股未分配利润(元)	1.0691	0.9565	–	0.1548
	每股现金净流量(元)	3.3463	0.9271	0.9052	1.4778
	每股经营现金净流量(元)	–3.4274	1.0080	0.4032	0.8769
	净资产收益率(扣除)(%)	10.6800	23.9800	10.8500	29.2800
	净资产收益率(%)	4.3590	20.9810	–	19.1340
	总资产(万)	213061.51	147947.83	–	103996.31
	股东权益(万)	76444.86	29603.37	–	23391.62
	主营业务收入(万)	137700.30	221299.34	99885.73	160156.14
	主营成本(万)	126887.08	202963.00	91876.66	146409.31
	营业收入(万)	137769.28	221338.27	99907.47	160173.08
	营业成本(万)	126887.08	202963.00	91874.38	146409.31
	投资收益(万)	–	–	–	–
	利润总额(万)	4448.93	8317.58	3418.64	6008.99
	净利润(万)	3332.15	6210.92	2552.64	4475.73

浙江万安科技股份有限公司

公司概况	公司名称	浙江万安科技股份有限公司		证券简称	万安科技
	法人代表	陈利祥	董秘	李建林	证券代码	002590
	公司网址	www.vie.com.cn		电子信箱	lijl@vie.com.cn
	电　话	0575-87165511		传　真	0575-87659719
	办公地址	浙江省诸暨市店口镇工业区中央路188号			
	经营范围	汽车制动系统的研发,生产和销售和配套服务			

主要财务指标	指标\报告期	2011.06.30	2010.12.31	2010.06.30	2009.12.31
	每股收益(元)	0.5500	1.2000	0.6000	0.8200
	每股收益(扣除)(元)	0.5500	1.1600	–	0.8200
	每股净资产(元)	6.7900	3.7978	–	2.6106
	调整后每股净资产(元)	–	–	–	–
	每股资本公积金(元)	3.4667	0.2537	–	0.2629
	每股盈余公积金(元)	0.1467	0.1956	–	0.0994
	每股未分配利润(元)	2.1766	2.3485	–	1.2483
	每股现金净流量(元)	4.1768	0.3390	–0.2729	0.0930
	每股经营现金净流量(元)	–0.6738	0.9378	0.0632	2.0711
	净资产收益率(扣除)(%)	13.2000	36.3700	19.3500	36.0300
	净资产收益率(%)	6.1170	31.5020	–	31.4680
	总资产(万)	170601.82	99723.94	–	66237.95
	股东权益(万)	63377.01	26584.56	–	18274.21
	主营业务收入(万)	48826.34	86342.50	41877.05	60511.73
	主营成本(万)	34718.83	–	28953.77	–
	营业收入(万)	49022.84	86762.26	41974.52	60840.60
	营业成本(万)	34880.23	59683.43	28988.11	40942.84
	投资收益(万)	–	–	–	–
	利润总额(万)	5308.98	9896.86	5148.42	6800.62
	净利润(万)	3876.69	8374.65	4214.82	5750.58

江西恒大高新技术股份有限公司

公司概况	公司名称	江西恒大高新技术股份有限公司		证券简称	恒大高新
	法人代表	朱星河	董秘	唐明荣	证券代码	002591
	公司网址	www.heng-da.com		电子信箱	zq@heng-da.net.cn
	电　话	0791-8194572		传　真	0791-8197020
	办公地址	江西省南昌市高新区金庐北路88号			
	经营范围	工业设备特种防护及表面工程,硬面技术服务等			

主要财务指标	指标\报告期	2011.06.30	2010.12.31	2010.06.30	2009.12.31
	每股收益(元)	0.3400	0.9900	0.3200	0.8800
	每股收益(扣除)(元)	0.3200	0.8800	–	0.8000
	每股净资产(元)	8.5200	4.6800	–	3.4200
	调整后每股净资产(元)	–	–	–	–
	每股资本公积金(元)	5.3103	1.0723	–	0.4704
	每股盈余公积金(元)	0.2182	0.2909	–	0.2075
	每股未分配利润(元)	1.9957	2.3170	–	1.7401
	每股现金净流量(元)	4.2136	0.6442	–0.1986	–0.1207
	每股经营现金净流量(元)	–0.5388	0.5270	–0.6344	0.5357
	净资产收益率(扣除)(%)	6.2800	24.6900	7.8100	26.5600
	净资产收益率(%)	3.0260	21.1550	–	25.6240
	总资产(万)	76141.94	37256.22	–	27266.50
	股东权益(万)	68193.43	28081.72	–	19140.92
	主营业务收入(万)	12229.91	25493.00	9582.99	21161.79
	主营成本(万)	7521.47	–	5548.95	–
	营业收入(万)	12298.35	25597.11	9644.34	–
	营业成本(万)	7568.46	15310.73	5601.33	13687.91
	投资收益(万)	–	–	–	–
	利润总额(万)	2459.12	6948.07	2211.65	5769.39
	净利润(万)	2063.41	5940.81	1870.45	4904.60

厦门日上车轮集团股份有限公司

公司概况	公司名称	厦门日上车轮集团股份有限公司		证券简称	日上集团
	法人代表	吴子文	董秘	钟柏安	证券代码	002593
	公司网址	www.sunrisewheel.com		电子信箱	stock@sunrisewheel.com
	电　话	0592-6666866		传　真	0592-6666899
	办公地址	福建省厦门市集美区杏林杏北路30号			
	经营范围	钢制品的设计、研发、生产与销售等			

主要财务指标	指标\报告期	2011.06.30	2010.12.31	2010.06.30	2009.12.31
	每股收益(元)	0.3800	0.5500	0.2100	0.2300
	每股收益(扣除)(元)	0.2827	0.5200	–	0.2200
	每股净资产(元)	5.3800	2.7300	–	2.1726
	调整后每股净资产(元)	–	–	–	–
	每股资本公积金(元)	3.3390	0.7077	–	0.0431
	每股盈余公积金(元)	0.0257	0.0220	–	0.0452
	每股未分配利润(元)	1.0403	1.0220	–	1.0936
	每股现金净流量(元)	3.0421	0.5607	0.0001	–0.0808
	每股经营现金净流量(元)	–0.5850	0.5789	–0.1999	0.2871
	净资产收益率(扣除)(%)	12.9000	21.2200	21.2200	13.2800
	净资产收益率(%)	5.2640	19.2230	–	11.7660
	总资产(万)	217713.58	126818.33	–	78302.92
	股东权益(万)	113979.30	43465.42	–	26070.77
	主营业务收入(万)	59719.84	94607.15	43506.09	56325.86
	主营成本(万)	46524.87	75426.73	35548.35	46400.55
	营业收入(万)	66613.48	107030.86	47809.88	60947.12
	营业成本(万)	53590.22	87376.94	39631.40	50906.49
	投资收益(万)	–	–	–	–
	利润总额(万)	7058.11	10205.44	4280.07	4626.94
	净利润(万)	5999.47	8355.20	3312.01	3067.35

比亚迪股份有限公司

公司概况	公司名称	比亚迪股份有限公司		证券简称	比亚迪
	法人代表	王传福	董秘	吴经胜	证券代码	002594
	公司网址	www.byd.com.cn		电子信箱	db@byd.com
	电　话	0755-89888888		传　真	0755-84202222
	办公地址	广东省深圳市坪山新区比亚迪路3009号			
	经营范围	锂离子电池以及其他电池,充电器,电子产品,仪器仪表,柔性线路板等			

主要财务指标	指标\报告期	2011.06.30	2010.12.31	2010.06.30	2009.12.31
	每股收益(元)	0.1200	1.1100	1.0600	1.7700
	每股收益(扣除)(元)	0.0727	0.9100	–	1.5600
	每股净资产(元)	8.5300	8.1100	–	7.3300
	调整后每股净资产(元)	–	–	–	–
	每股资本公积金(元)	2.9735	2.5154	–	2.5133
	每股盈余公积金(元)	0.6189	0.6404	–	0.5030
	每股未分配利润(元)	3.9598	3.9773	–	3.3377
	每股现金净流量(元)	1.1910	–0.1460	–0.2131	0.2688
	每股经营现金净流量(元)	1.9801	1.3799	1.3876	5.2663
	净资产收益率(扣除)(%)	0.8900	11.7800	12.4200	23.8500
	净资产收益率(%)	1.3710	13.6690	–	22.7400
	总资产(万)	6113092.80	5296340.10	–	4044608.10
	股东权益(万)	2008467.60	1846031.90	–	1668235.70
	主营业务收入(万)	2183512.10	–	2464803.40	–
	主营成本(万)	1846720.00	–	1902281.10	–
	营业收入(万)	2254466.40	4844841.60	2526460.70	4111391.20
	营业成本(万)	1899196.00	3917397.60	1949054.90	3147976.20
	投资收益(万)	–	–	–	–
	利润总额(万)	48992.50	314226.70	277356.50	450645.00
	净利润(万)	27536.30	252341.40	242117.80	379357.60

山东豪迈机械科技股份有限公司

公司概况					
公司名称	山东豪迈机械科技股份有限公司			证券简称	豪迈科技
法人代表	张恭运	董秘	冯民堂	证券代码	002595
公司网址	www.himile.com		电子信箱	fengmintang@126.com	
电　　话	0536-2361002		传　　真	0536-2361536	
办公地址	山东省潍坊市高密市密水科技工业园豪迈路 1 号				
经营范围	汽车子午线轮胎模具及轮胎制造设备的生产、销售及相关技术开发等				

主要财务指标

指标＼报告期	2011.06.30	2010.12.31	2010.06.30	2009.12.31
每股收益(元)	0.7071	1.2500	0.5650	1.0100
每股收益(扣除)(元)	0.7077	1.2400	–	1.0100
每股净资产(元)	9.3155	4.0340	–	2.7800
调整后每股净资产(元)	–	–	–	–
每股资本公积金(元)	5.8664	0.4757	–	0.4757
每股盈余公积金(元)	0.2371	0.3162	–	0.1906
每股未分配利润(元)	2.2119	2.2422	–	1.1136
每股现金净流量(元)	5.7359	0.0967	–0.0770	0.0000
每股经营现金净流量(元)	0.2541	1.2376	0.2717	0.9170
净资产收益率(扣除)(%)	16.1300	36.5100	18.2900	35.0300
净资产收益率(%)	5.6930	31.0900	–	36.2420
总资产(万)	209504.73	81103.61	–	65129.23
股东权益(万)	186310.50	60510.11	–	41697.80
主营业务收入(万)	33926.02	58068.30	27078.00	43966.35
主营成本(万)	17680.49	21165.42	14128.28	23091.82
营业收入(万)	34757.99	60030.99	27768.82	45266.13
营业成本(万)	18044.69	31021.92	14473.50	23588.15
投资收益(万)	–	–	–	–
利润总额(万)	12379.93	22074.90	9998.98	17192.84
净利润(万)	10606.49	18812.31	8474.69	15112.27

海南瑞泽新型建材股份有限公司

公司概况					
公司名称	海南瑞泽新型建材股份有限公司			证券简称	海南瑞泽
法人代表	张海林	董秘	于清池	证券代码	002596
公司网址	www.hnruize.com		电子信箱	yqc66888@163.com	
电　　话	0898-88710266		传　　真	0898-88710266	
办公地址	海南省三亚市田独镇迎宾大道干沟村				
经营范围	商品混凝土生产与销售;加气砖、灰沙砖、新型建材生产与销售等				

主要财务指标

指标＼报告期	2011.06.30	2010.12.31	2010.06.30	2009.12.31
每股收益(元)	0.3200	0.8600	0.4400	0.9500
每股收益(扣除)(元)	0.3200	0.8200	–	0.9600
每股净资产(元)	6.0100	3.9200	–	3.0600
调整后每股净资产(元)	–	–	–	–
每股资本公积金(元)	3.5535	1.2915	–	1.2915
每股盈余公积金(元)	0.0996	0.1335	–	0.0884
每股未分配利润(元)	1.3571	1.4970	–	0.6837
每股现金净流量(元)	2.7145	–0.5429	–0.3378	0.8343
每股经营现金净流量(元)	–0.1991	0.5003	0.2508	0.6985
净资产收益率(扣除)(%)	7.8600	23.4400	12.1100	42.2500
净资产收益率(%)	3.9920	21.8860	–	22.9830
总资产(万)	102814.39	52766.67	–	47357.66
股东权益(万)	80536.39	39220.28	–	30636.43
主营业务收入(万)	32181.49	70741.97	33336.94	52513.08
主营成本(万)	25999.35	56296.14	26135.19	40998.67
营业收入(万)	32190.60	70756.23	33344.19	52945.41
营业成本(万)	25999.35	56302.61	26141.66	41378.07
投资收益(万)	–	–	–	–
利润总额(万)	4201.80	11094.21	5805.95	8719.01
净利润(万)	3214.62	8583.86	4439.42	7041.01

安徽金禾实业股份有限公司

公司概况					
公司名称	安徽金禾实业股份有限公司			证券简称	金禾实业
法人代表	杨迎春	董秘	仰宗勇	证券代码	002597
公司网址	www.jinheshiye.com		电子信箱	yzyahjh@sina.com	
电　　话	0550-5628594 0550-5614224		传　　真	0550-5611232	
办公地址	安徽省滁州市来安县城东大街 127 号				
经营范围	从事精细化工产品和基础化工产品的生产、研发和销售等				

主要财务指标

指标＼报告期	2011.06.30	2010.12.31	2010.06.30	2009.12.31
每股收益(元)	1.0000	1.4500	0.6800	1.0200
每股收益(扣除)(元)	0.9800	1.3900	–	0.9700
每股净资产(元)	8.4000	7.2500	–	4.8875
调整后每股净资产(元)	–	–	–	–
每股资本公积金(元)	1.9196	2.5626	–	1.0923
每股盈余公积金(元)	0.2328	0.3108	–	0.2276
每股未分配利润(元)	2.8867	2.8586	–	2.1064
每股现金净流量(元)	–0.7422	1.4456	2.1818	–0.1306
每股经营现金净流量(元)	–0.1524	2.0003	0.9642	1.8119
净资产收益率(扣除)(%)	12.5000	22.3900	12.1300	22.5500
净资产收益率(%)	11.8540	17.9650	–	20.9410
总资产(万)	122299.69	105858.01	–	72931.22
股东权益(万)	83951.10	72481.97	–	39099.68
主营业务收入(万)	105418.84	161567.73	78536.58	131226.56
主营成本(万)	88915.50	–	68119.67	–
营业收入(万)	105887.58	162573.04	78853.15	131672.51
营业成本(万)	88916.25	138434.02	68152.22	114792.90
投资收益(万)	–	–	–	–
利润总额(万)	11235.04	15281.71	6825.14	9502.05
净利润(万)	9951.16	13021.44	5473.43	8187.94

山东省章丘鼓风机股份有限公司

公司概况					
公司名称	山东省章丘鼓风机股份有限公司			证券简称	山东章鼓
法人代表	方润刚	董秘	方树鹏	证券代码	002598
公司网址	www.blower.cn		电子信箱	sdzg@blower.cn	
电　　话	0531-83250020		传　　真	0531-83250085	
办公地址	山东省济南市章丘市明水经济开发区世纪大道东首				
经营范围	罗茨鼓风机(罗茨真空泵)及离心鼓风机的研发、制造、销售等				

主要财务指标

指标＼报告期	2011.06.30	2010.12.31	2010.06.30	2009.12.31
每股收益(元)	0.3318	0.6396	0.2541	0.5851
每股收益(扣除)(元)	0.3206	0.6198	–	0.5611
每股净资产(元)	2.2000	2.0600	–	1.8100
调整后每股净资产(元)	–	–	–	–
每股资本公积金(元)	0.2936	0.3948	–	0.3948
每股盈余公积金(元)	0.0810	0.1090	–	0.0424
每股未分配利润(元)	0.5164	0.5627	–	0.3711
每股现金净流量(元)	–0.0949	–0.1633	–0.0666	0.2414
每股经营现金净流量(元)	0.2306	0.7201	0.3863	0.6239
净资产收益率(扣除)(%)	15.0500	33.0800	15.0100	35.8000
净资产收益率(%)	15.5800	30.9910	–	29.0100
总资产(万)	58438.15	55130.90	–	51467.48
股东权益(万)	25463.09	23939.43	–	20975.54
主营业务收入(万)	30516.31	54283.91	25334.14	50616.55
主营成本(万)	22827.69	37931.74	18174.69	36790.32
营业收入(万)	31348.93	55876.50	26111.47	52170.03
营业成本(万)	22845.86	37971.83	18194.39	36841.22
投资收益(万)	–	–	–	–
利润总额(万)	4461.65	8634.86	3465.28	7245.01
净利润(万)	3848.68	7418.98	2947.39	6084.99

北京盛通印刷股份有限公司

公司概况

公司名称	北京盛通印刷股份有限公司			证券简称	盛通股份
法人代表	贾春琳	董秘	肖薇	证券代码	002599
公司网址	www.shengtongprint.com		电子信箱	ir@shengtongprint.com	
电话	010-67871609		传真	010-67892277	
办公地址	北京市北京经济技术开发区兴盛街11号				
经营范围	出版物印刷,装订;其他印刷品印刷,装订;商标印刷等				

主要财务指标

指标\报告期	2011.06.30	2010.12.31	2010.06.30	2009.12.31
每股收益(元)	0.2200	0.4200	0.1700	0.3100
每股收益(扣除)(元)	–	0.4100	–	0.3100
每股净资产(元)	2.4300	2.2100	–	2.7100
调整后每股净资产(元)	–	–	–	–
每股资本公积金(元)	0.0168	0.0168	–	0.4499
每股盈余公积金(元)	0.1474	0.1256	–	0.1250
每股未分配利润(元)	1.2679	1.0723	0.3191	1.1311
每股现金净流量(元)	–0.0785	0.1933	0.5124	0.1263
每股经营现金净流量(元)	0.3662	1.1940	1.3371	1.0305
净资产收益率(扣除)(%)	8.9370	19.0720	8.9900	17.2700
净资产收益率(%)	–	21.0200	–	18.9000
总资产(万)	60072.53	59353.68	–	43397.53
股东权益(万)	24077.58	21925.89	–	17855.10
主营业务收入(万)	–	44583.22	–	31455.81
主营成本(万)	–	–	–	–
营业收入(万)	21974.78	44939.04	19836.36	31690.62
营业成本(万)	16892.58	35313.58	15723.12	24088.57
投资收益(万)	–	–	–	–
利润总额(万)	2825.20	5588.88	2239.72	4115.84
净利润(万)	2151.69	4181.72	1688.45	3083.60

广东江粉磁材股份有限公司

公司概况

公司名称	广东江粉磁材股份有限公司			证券简称	江粉磁材
法人代表	汪南东	董秘	周战峰	证券代码	002600
公司网址	www.jpmf.com.cn		电子信箱	zhou_zhanfeng@jpmf.com.cn	
电话	0750-3506077 3506078		传真	0750-3506002	
办公地址	广东省江门市龙湾路8号				
经营范围	永磁铁氧体和软磁铁氧体的研发、生产和销售等				

主要财务指标

指标\报告期	2011.06.30	2010.12.31	2010.06.30	2009.12.31
每股收益(元)	0.1600	0.3700	0.1800	0.2700
每股收益(扣除)(元)	0.1500	0.3600	–	0.2600
每股净资产(元)	2.7900	2.6300	–	2.2900
调整后每股净资产(元)	–	–	–	–
每股资本公积金(元)	1.0560	1.0560	–	0.9440
每股盈余公积金(元)	0.0429	0.0429	–	0.0236
每股未分配利润(元)	0.6954	0.5337	–	0.3274
每股现金净流量(元)	–0.1876	0.0508	0.2352	–0.0294
每股经营现金净流量(元)	–0.1426	0.4442	0.1193	0.3397
净资产收益率(扣除)(%)	5.6200	14.6600	7.4500	12.2200
净资产收益率(%)	5.7860	12.9640	–	11.8320
总资产(万)	113960.22	99763.80	–	76787.97
股东权益(万)	66588.68	62735.69	–	43673.42
主营业务收入(万)	41994.52	76209.83	–	50264.37
主营成本(万)	31238.05	56034.07	–	37179.81
营业收入(万)	42320.07	76924.50	33427.61	50877.02
营业成本(万)	31446.24	56568.12	24304.57	37544.22
投资收益(万)	–	–	–	–
利润总额(万)	6184.17	12236.56	5295.34	7455.42
净利润(万)	3853.00	8132.75	3541.93	5167.50

河南佰利联化学股份有限公司

公司概况

公司名称	河南佰利联化学股份有限公司			证券简称	佰利联
法人代表	许刚	董秘	郭旭	证券代码	002601
公司网址	www.billionschem.com		电子信箱	bll002601@163.com	
电话	0391-3126666		传真	0391-3126111	
办公地址	河南省焦作市中站区冯封办事处				
经营范围	从事钛白粉、锆制品和硫酸铝等产品的生产与销售等				

主要财务指标

指标\报告期	2011.06.30	2010.12.31	2010.06.30	2009.12.31
每股收益(元)	3.3500	2.3100	0.9800	0.7400
每股收益(扣除)(元)	3.3500	2.2100	–	0.6700
每股净资产(元)	9.0500	5.7000	–	3.6900
调整后每股净资产(元)	–	–	–	–
每股资本公积金(元)	1.1270	1.1270	–	1.1270
每股盈余公积金(元)	0.3922	0.3922	–	0.1593
每股未分配利润(元)	6.5339	3.1827	–	1.4057
每股现金净流量(元)	1.8549	0.2702	1.1116	1.6775
每股经营现金净流量(元)	1.4790	2.8159	1.7245	0.6788
净资产收益率(扣除)(%)	45.4000	45.5200	23.0600	20.0500
净资产收益率(%)	37.0180	40.5110	–	20.0210
总资产(万)	177432.15	138953.99	–	103519.53
股东权益(万)	63372.11	39913.23	–	25843.93
主营业务收入(万)	104561.32	119649.21	47497.21	74684.36
主营成本(万)	65931.66	88606.86	34812.01	59209.75
营业收入(万)	107026.96	124700.37	50059.78	77885.67
营业成本(万)	67742.43	92504.83	36710.15	61629.13
投资收益(万)	–	–	–	–
利润总额(万)	27768.05	18623.36	7937.01	5940.57
净利润(万)	23458.89	16169.29	6836.99	5174.27

浙江世纪华通车业股份有限公司

公司概况

公司名称	浙江世纪华通车业股份有限公司			证券简称	世纪华通
法人代表	王苗通	董秘	严正山	证券代码	002602
公司网址	www.sjhuatong.com		电子信箱	sjhuatong@sjhuatong.com	
电话	0575-82148871		传真	0575-82208079 82129700	
办公地址	浙江省上虞市经济开发区北一路				
经营范围	汽车配件、摩托车配件、精密金属模具制造、加工等				

主要财务指标

指标\报告期	2011.06.30	2010.12.31	2010.06.30	2009.12.31
每股收益(元)	0.6909	1.2200	0.6155	0.7800
每股收益(扣除)(元)	0.6904	1.2100	–	0.7800
每股净资产(元)	3.8400	3.1535	–	2.0821
调整后每股净资产(元)	–	–	–	–
每股资本公积金(元)	0.1648	0.1648	–	0.1648
每股盈余公积金(元)	0.2337	0.2337	–	0.1124
每股未分配利润(元)	2.4457	1.7551	–	0.8049
每股现金净流量(元)	–0.2155	0.1352	0.2494	0.2752
每股经营现金净流量(元)	0.0822	0.7398	0.3030	0.9664
净资产收益率(扣除)(%)	19.7300	45.5500	25.4400	44.4000
净资产收益率(%)	17.9670	38.7320	–	37.6710
总资产(万)	109169.66	88435.39	–	66499.29
股东权益(万)	49974.76	40995.90	–	27067.35
主营业务收入(万)	50688.01	87901.66	–	56346.03
主营成本(万)	34574.64	59884.18	–	37679.99
营业收入(万)	52270.24	90798.69	42919.31	56851.24
营业成本(万)	35844.66	62045.67	28499.67	37840.21
投资收益(万)	–	–	–	–
利润总额(万)	10402.11	18187.38	9157.49	11387.62
净利润(万)	8978.86	15878.56	8000.99	10196.51

石家庄以岭药业股份有限公司

公司概况	公司名称	石家庄以岭药业股份有限公司		证券简称	以岭药业
	法人代表	吴以岭	董秘 吴瑞	证券代码	002603
	公司网址	www.yiling.cn		电子信箱	wurui@yiling.cn
	电　　话	0311-85901311		传　　真	0311-85901311
	办公地址	河北省石家庄市高新技术产业开发区天山大街 238 号			
	经营范围	硬胶囊剂,片剂,颗粒剂,合剂,小容量注射剂的生产等			

主要财务指标	指标\报告期	2011.06.30	2010.12.31	2010.06.30	2009.12.31
	每股收益(元)	0.4900	0.9400	0.2900	0.9000
	每股收益(扣除)(元)	–	0.9200	–	0.9200
	每股净资产(元)	3.5200	3.0300	–	9.8626
	调整后每股净资产(元)	–	–	–	–
	每股资本公积金(元)	0.1627	0.1627	–	0.9442
	每股盈余公积金(元)	0.2793	0.2793	–	0.8495
	每股未分配利润(元)	2.0747	1.5886	–	7.0688
	每股现金净流量(元)	–0.1697	0.5340	–0.8875	1.0606
	每股经营现金净流量(元)	0.0738	0.8325	0.0008	3.9843
	净资产收益率(扣除)(%)	13.8210	28.9230	–	37.7290
	净资产收益率(%)	14.8500	33.3400	12.6000	47.1600
	总资产(万)	189288.23	177111.13	–	150944.05
	股东权益(万)	126601.33	109103.43	–	79054.78
	主营业务收入(万)	–	164138.86	–	162390.06
	主营成本(万)	–	55162.34	–	63387.67
	营业收入(万)	88908.54	164932.01	66337.28	163233.10
	营业成本(万)	29528.40	55470.29	22039.17	63680.66
	投资收益(万)	–	0.00	–	–
	利润总额(万)	20685.49	36876.13	12732.31	35431.33
	净利润(万)	17497.89	31555.91	10590.43	29718.28

山东龙力生物科技股份有限公司

公司概况	公司名称	山东龙力生物科技股份有限公司		证券简称	龙力生物
	法人代表	程少博	董秘 高丽娟	证券代码	002604
	公司网址	www.longlive.cn		电子信箱	longlive@longlive.cn
	电　　话	0534-7369800		传　　真	0534-7423575
	办公地址	山东省德州市禹城市高新技术开发区汉槐街 1309 号			
	经营范围	玉米,玉米芯收购加工销售业务等			

主要财务指标	指标\报告期	2011.06.30	2010.12.31	2010.06.30	2009.12.31
	每股收益(元)	0.3100	0.6500	0.2700	0.6600
	每股收益(扣除)(元)	–	0.6000	–	0.6100
	每股净资产(元)	4.9000	4.5400	–	3.8700
	调整后每股净资产(元)	–	–	–	–
	每股资本公积金(元)	2.3858	2.3858	–	2.3785
	每股盈余公积金(元)	0.1260	0.1260	–	0.0590
	每股未分配利润(元)	1.3479	1.0105	–	0.4284
	每股现金净流量(元)	–0.1315	–0.7669	–0.8652	0.0022
	每股经营现金净流量(元)	0.6836	1.2439	0.7807	2.1185
	净资产收益率(扣除)(%)	6.6400	14.3010	6.7800	14.7310
	净资产收益率(%)	–	15.4900	–	19.6700
	总资产(万)	115537.66	117074.25	–	120723.95
	股东权益(万)	68441.24	63457.96	–	54138.71
	主营业务收入(万)	–	106159.94	–	80780.13
	主营成本(万)	–	–	–	–
	营业收入(万)	62067.94	106381.82	49969.36	80993.06
	营业成本(万)	49631.65	82251.02	38259.89	61865.21
	投资收益(万)	–	–	–	92.50
	利润总额(万)	5640.24	10771.30	4828.93	9395.09
	净利润(万)	4715.94	9075.01	4116.03	7961.40

上海姚记扑克股份有限公司

公司概况	公司名称	上海姚记扑克股份有限公司		证券简称	姚记扑克
	法人代表	姚文琛	董秘 姚晓丽	证券代码	002605
	公司网址	www.yaojipoker.com		电子信箱	secretarybd@yaojipoker.com
	电　　话	021-69595008		传　　真	021-69595008
	办公地址	上海市嘉定区黄渡镇曹安路 4218 号			
	经营范围	主要从事各类扑克牌的设计、生产和销售等			

主要财务指标	指标\报告期	2011.06.30	2010.12.31	2010.06.30	2009.12.31
	每股收益(元)	0.5400	1.0200	0.5800	0.9200
	每股收益(扣除)(元)	0.5051	0.8900	–	0.8000
	每股净资产(元)	4.0300	4.0600	–	3.0500
	调整后每股净资产(元)	–	–	–	–
	每股资本公积金(元)	0.3721	0.3721	–	0.3721
	每股盈余公积金(元)	0.2199	0.2199	–	0.1351
	每股未分配利润(元)	2.4406	2.4723	–	1.5420
	每股现金净流量(元)	0.3735	–0.0026	1.2102	0.1902
	每股经营现金净流量(元)	1.2571	1.0083	0.5309	1.3972
	净资产收益率(扣除)(%)	–	25.1200	–	30.9800
	净资产收益率(%)	13.3470	24.9760	16.0800	30.0360
	总资产(万)	68090.50	68042.12	–	46160.82
	股东权益(万)	28227.76	28450.25	–	21344.53
	主营业务收入(万)	–	56620.73	–	45050.56
	主营成本(万)	–	45136.87	–	34652.99
	营业收入(万)	30510.66	56679.38	29928.98	45117.25
	营业成本(万)	24098.68	45136.91	23317.97	34652.99
	投资收益(万)	–	–	–	–
	利润总额(万)	5059.81	9441.53	5467.89	8374.69
	净利润(万)	3767.52	7105.72	4088.86	6411.11

大连电瓷集团股份有限公司

公司概况	公司名称	大连电瓷集团股份有限公司		证券简称	大连电瓷
	法人代表	刘桂雪	董秘 熊若刚	证券代码	002606
	公司网址	www.insulators.cn		电子信箱	zqb@insulators.cn
	电　　话	0411-84305686		传　　真	0411-84337907
	办公地址	辽宁省大连经济技术开发区双 D 港辽河东路 88 号			
	经营范围	高压电瓷、避雷器、互感器、开关、合成绝缘子、高压线性电阻片等			

主要财务指标	指标\报告期	2011.06.30	2010.12.31	2010.06.30	2009.12.31
	每股收益(元)	0.2800	0.9900	0.6400	1.4200
	每股收益(扣除)(元)	0.2048	0.5800	–	0.8600
	每股净资产(元)	3.5500	3.2700	–	2.4449
	调整后每股净资产(元)	–	–	–	–
	每股资本公积金(元)	0.3401	0.3401	–	0.3401
	每股盈余公积金(元)	0.1576	0.1576	–	0.0641
	每股未分配利润(元)	2.0544	1.7706	–	1.0407
	每股现金净流量(元)	–0.2251	0.3385	0.1516	–0.1536
	每股经营现金净流量(元)	0.2087	–0.2285	–0.5475	0.1403
	净资产收益率(扣除)(%)	–	20.7800	–	49.4500
	净资产收益率(%)	7.9900	30.2990	19.5100	58.0390
	总资产(万)	97993.17	93594.66	–	86255.73
	股东权益(万)	26641.13	28448.98	–	18336.77
	主营业务收入(万)	–	59267.22	–	56350.23
	主营成本(万)	–	38225.74	–	33348.83
	营业收入(万)	24008.12	59440.52	29126.37	56428.08
	营业成本(万)	15422.39	38321.03	18129.83	33394.77
	投资收益(万)	–	–	–	–
	利润总额(万)	2471.29	8388.15	5450.62	12494.36
	净利润(万)	2128.53	7427.05	4783.26	10642.54

芜湖亚夏汽车股份有限公司

公司概况	公司名称	芜湖亚夏汽车股份有限公司		证券简称	亚夏汽车
	法人代表	周夏耘	董秘 李林	证券代码	002607
	公司网址	www.yaxia.net		电子信箱	board@yaxia.com
	电话	0553-2871309		传真	0553-2871309
	办公地址	安徽省芜湖市鸠江区弋江北路花塘村			
	经营范围	轿车销售、汽车配件销售,汽车维修、装潢、美容服务等			

主要财务指标	指标\报告期	2011.06.30	2010.12.31	2010.06.30	2009.12.31
	每股收益(元)	0.7600	1.1400	0.5000	0.6100
	每股收益(扣除)(元)	0.7486	1.1200	–	0.5400
	每股净资产(元)	4.7700	4.0100	–	3.0650
	调整后每股净资产(元)	–	–	–	–
	每股资本公积金(元)	0.6970	0.6970	–	0.6954
	每股盈余公积金(元)	0.2445	0.2445	–	0.1214
	每股未分配利润(元)	2.8306	2.0692	–	1.2482
	每股现金净流量(元)	0.1578	1.4807	1.2058	1.7520
	每股经营现金净流量(元)	–1.4025	2.6718	0.3374	2.4600
	净资产收益率(扣除)(%)	–	31.9100	–	19.0400
	净资产收益率(%)	15.9600	28.5250	12.6700	19.7560
	总资产(万)	131328.72	103786.48	–	73453.31
	股东权益(万)	31495.95	71025.18	–	20228.74
	主营业务收入(万)	–	303107.34	–	220925.54
	主营成本(万)	–	281570.63	–	207516.17
	营业收入(万)	165397.71	303917.96	132375.50	221308.04
	营业成本(万)	150715.67	281892.93	122318.19	207642.54
	投资收益(万)	–	–	–	–
	利润总额(万)	6819.87	10114.37	4491.40	5393.38
	净利润(万)	5025.45	7550.72	3329.70	3996.35

江苏舜天船舶股份有限公司

公司概况	公司名称	江苏舜天船舶股份有限公司		证券简称	舜天船舶
	法人代表	王军民	董秘 冯琪	证券代码	002608
	公司网址	www.saintymarine.com.cn		电子信箱	info@saintymarine.com.cn
	电话	025-52876100		传真	025-52251600-6100
	办公地址	江苏省南京市雨花台区软件大道21号			
	经营范围	远洋支线机动船舶建造业务和非机动船舶建造业务等			

主要财务指标	指标\报告期	2011.06.30	2010.12.31	2010.06.30	2009.12.31
	每股收益(元)	1.1500	2.0100	1.3300	1.9500
	每股收益(扣除)(元)	1.0930	1.8800	–	1.7700
	每股净资产(元)	10.3200	9.3800	–	7.5700
	调整后每股净资产(元)	–	–	–	–
	每股资本公积金(元)	–	–	–	–
	每股盈余公积金(元)	0.3537	0.3537	–	0.3146
	每股未分配利润(元)	8.9634	8.0278	–	6.2579
	每股现金净流量(元)	2.4025	–0.6943	1.7215	0.9884
	每股经营现金净流量(元)	1.5613	0.0234	1.2656	0.8841
	净资产收益率(扣除)(%)	–	22.3200	–	26.2500
	净资产收益率(%)	11.5900	21.4150	16.3200	25.8130
	总资产(万)	459119.06	406044.78	–	424047.93
	股东权益(万)	113506.15	103201.47	–	83296.67
	主营业务收入(万)	–	300348.12	–	161405.99
	主营成本(万)	–	268827.09	–	131144.58
	营业收入(万)	142080.52	308150.97	150237.82	167747.51
	营业成本(万)	122557.02	276395.94	131380.49	137301.67
	投资收益(万)	–	–	–	–
	利润总额(万)	15558.32	26533.64	16101.05	25641.74
	净利润(万)	12601.89	22100.19	14674.29	21501.39

深圳市捷顺科技实业股份有限公司

公司概况	公司名称	深圳市捷顺科技实业股份有限公司		证券简称	捷顺科技
	法人代表	唐健	董秘 张磊	证券代码	002609
	公司网址	www.jieshun.cn		电子信箱	stock@jieshun.cn
	电话	0755-83112382		传真	0755-83112280
	办公地址	广东省深圳市福田区梅林路捷顺大厦			
	经营范围	为各种出入口控制与管理产品的研发、生产、销售及服务等			

主要财务指标	指标\报告期	2011.06.30	2010.12.31	2010.06.30	2009.12.31
	每股收益(元)	0.1925	0.5800	0.2269	0.4100
	每股收益(扣除)(元)	0.1856	0.5500	–	0.4000
	每股净资产(元)	2.2800	2.0900	–	1.7900
	调整后每股净资产(元)	–	–	–	–
	每股资本公积金(元)	0.0491	0.0491	–	0.0491
	每股盈余公积金(元)	0.1821	0.1821	–	0.1244
	每股未分配利润(元)	1.0504	0.8579	–	0.6209
	每股现金净流量(元)	–0.6671	0.1096	–0.5359	–0.1649
	每股经营现金净流量(元)	–0.5916	0.5431	–0.2115	0.3760
	净资产收益率(扣除)(%)	–	29.0800	–	22.1700
	净资产收益率(%)	8.4350	27.7470	13.0700	22.6460
	总资产(万)	28482.39	29013.99	–	24544.67
	股东权益(万)	20226.57	18520.42	–	15908.17
	主营业务收入(万)	–	29308.05	–	23144.42
	主营成本(万)	–	14813.79	–	11652.79
	营业收入(万)	14104.82	30980.52	12683.41	24425.01
	营业成本(万)	7127.60	14979.29	6260.31	11756.29
	投资收益(万)	–	–	–	–
	利润总额(万)	2011.46	6083.10	2347.06	4311.01
	净利润(万)	1706.15	5138.85	2011.65	3602.63

江苏爱康太阳能科技股份有限公司

公司概况	公司名称	江苏爱康太阳能科技股份有限公司		证券简称	爱康科技
	法人代表	邹承慧	董秘 季海瑜	证券代码	002610
	公司网址	www.akcome.com		电子信箱	zqb@akcome.com
	电话	0510-86972386		传真	0510-86972151
	办公地址	江苏省江阴市华士工业集中区红苗园区勤丰路1015号			
	经营范围	生产和销售光伏行业产品配件,包括太阳能边框、EVA胶膜、安装支架等			

主要财务指标	指标\报告期	2011.06.30	2010.12.31	2010.06.30	2009.12.31
	每股收益(元)	0.2700	0.7400	0.1800	0.4500
	每股收益(扣除)(元)	0.2702	0.7800	–	0.4300
	每股净资产(元)	3.8908	2.8800	–	3.3000
	调整后每股净资产(元)	–	–	–	–
	每股资本公积金(元)	1.4605	1.4605	–	1.0088
	每股盈余公积金(元)	0.0715	0.0715	–	0.0162
	每股未分配利润(元)	1.3589	0.3467	–	0.7750
	每股现金净流量(元)	0.7061	0.4728	4.5404	0.1785
	每股经营现金净流量(元)	0.1938	0.3826	0.3384	0.2193
	净资产收益率(扣除)(%)	–	37.0700	–	41.6600
	净资产收益率(%)	29.9000	23.4990	10.4400	27.8050
	总资产(万)	150714.97	86622.02	–	44821.91
	股东权益(万)	58362.64	43179.89	–	17522.41
	主营业务收入(万)	–	120105.00	–	52824.92
	主营成本(万)	–	–	–	–
	营业收入(万)	69776.02	124795.47	56134.14	55387.26
	营业成本(万)	57992.51	103421.76	48378.67	45428.13
	投资收益(万)	–	–	–	–
	利润总额(万)	17229.91	11089.55	3183.48	5572.18
	净利润(万)	4053.05	10146.73	2744.67	4872.13

广东东方精工科技股份有限公司

公司概况	公司名称	广东东方精工科技股份有限公司			证券简称	东方精工
	法人代表	唐灼林	董秘	邱业致	证券代码	002611
	公司网址	www.vmtdf.com		电子信箱	securities@vmtdf.com	
	电　话	0757-86695482		传　真	0757-86695471	
	办公地址	广东省佛山市南海区狮山大道北段				
	经营范围	瓦楞纸箱多色印刷成套设备的研发、设计、生产、销售及服务等				

主要财务指标	指标\报告期	2011.06.30	2010.12.31	2010.06.30	2009.12.31
	每股收益(元)	0.3300	0.4200	–	0.5400
	每股收益(扣除)(元)	0.3200	0.4100	–	0.5300
	每股净资产(元)	1.7400	1.4000	–	1.3700
	调整后每股净资产(元)	–	–	–	–
	每股资本公积金(元)	0.1039	0.1039	–	0.0218
	每股盈余公积金(元)	0.0302	0.0302	–	0.1092
	每股未分配利润(元)	0.6020	0.2685	–	0.2421
	每股现金净流量(元)	0.0387	0.0309	–	0.1080
	每股经营现金净流量(元)	0.1491	0.5225	–	0.5175
	净资产收益率(扣除)(%)	20.4100	35.2400	–	40.6100
	净资产收益率(%)	19.2120	29.9490	–	37.6270
	总资产(万)	30489.31	26262.59	–	17435.14
	股东权益(万)	17707.99	14305.88	–	8852.35
	主营业务收入(万)	17183.78	27111.26	–	20564.62
	主营成本(万)	11187.57	18180.99	–	14204.13
	营业收入(万)	17257.09	27204.43	–	20614.32
	营业成本(万)	11187.57	18180.99	–	14204.13
	投资收益(万)	–	–	–	–
	利润总额(万)	3994.37	5180.41	–	3895.48
	净利润(万)	3402.11	4284.40	–	3330.88

朗姿股份有限公司

公司概况	公司名称	朗姿股份有限公司			证券简称	朗姿股份
	法人代表	申东日	董秘	黄国雄	证券代码	002612
	公司网址	www.lancygroup.com		电子信箱	zhengquan@lancygroup.com	
	电　话	010-82281088		传　真	010-82281011	
	办公地址	北京市西城区裕民路18号北环中心A座25层				
	经营范围	品牌女装的设计、生产与销售等				

主要财务指标	指标\报告期	2011.06.30	2010.12.31	2010.06.30	2009.12.31
	每股收益(元)	0.6400	0.8300	–	1.5700
	每股收益(扣除)(元)	0.6400	0.8200	–	2.8700
	每股净资产(元)	2.4500	1.8100	–	5.3000
	调整后每股净资产(元)	–	–	–	–
	每股资本公积金(元)	0.0852	0.0852	–	0.8395
	每股盈余公积金(元)	0.0007	0.0006	–	0.0019
	每股未分配利润(元)	1.3665	0.7253	–	3.4568
	每股现金净流量(元)	–0.1543	0.1424	–	2.6952
	每股经营现金净流量(元)	0.3487	1.0480	–	2.0604
	净资产收益率(扣除)(%)	30.0700	56.8200	–	74.8300
	净资产收益率(%)	26.1390	45.3580	–	39.2470
	总资产(万)	48578.81	42131.73	–	29390.43
	股东权益(万)	36802.48	192936.55	–	15894.39
	主营业务收入(万)	–	–	–	–
	主营成本(万)	–	–	–	–
	营业收入(万)	43212.29	55914.62	–	30899.85
	营业成本(万)	17836.43	24204.28	–	14069.39
	投资收益(万)	–	–	–	–
	利润总额(万)	11367.14	17636.75	–	9377.87
	净利润(万)	9619.61	12328.70	–	6238.14

洛阳北方玻璃技术股份有限公司

公司概况	公司名称	洛阳北方玻璃技术股份有限公司			证券简称	北玻股份
	法人代表	高学明	董秘	常海明	证券代码	002613
	公司网址	www.northglass.com		电子信箱	beibogufen@126.com	
	电　话	0379-65110505		传　真	0379-64330181	
	办公地址	河南省洛阳市高新区滨河路20号				
	经营范围	研制、开发玻璃深加工设备和技术;玻璃及产品的加工、销售等				

主要财务指标	指标\报告期	2011.06.30	2010.12.31	2010.06.30	2009.12.31
	每股收益(元)	0.2500	0.4400	–	0.3300
	每股收益(扣除)(元)	0.1900	0.4000	–	0.3000
	每股净资产(元)	2.8697	2.6200	–	2.1779
	调整后每股净资产(元)	–	–	–	–
	每股资本公积金(元)	0.0130	0.0130	–	0.0130
	每股盈余公积金(元)	0.2317	0.2317	–	0.2069
	每股未分配利润(元)	1.6250	1.3769	–	0.9581
	每股现金净流量(元)	0.0608	–0.5031	–	0.6751
	每股经营现金净流量(元)	0.1684	0.3050	–	0.6135
	净资产收益率(扣除)(%)	7.1000	16.8400	–	15.0200
	净资产收益率(%)	8.6460	16.9220	–	15.0290
	总资产(万)	97244.94	89556.62	–	77541.67
	股东权益(万)	57393.06	52431.10	–	43558.64
	主营业务收入(万)	41141.02	77953.61	–	61413.38
	主营成本(万)	28286.86	52300.31	–	41711.86
	营业收入(万)	41141.02	77953.61	–	61413.38
	营业成本(万)	28286.86	52300.31	–	41711.86
	投资收益(万)	–	–	–	–
	利润总额(万)	6386.55	11337.23	–	8757.82
	净利润(万)	4961.96	8872.46	–	6546.33

厦门蒙发利科技(集团)股份有限公司

公司概况	公司名称	厦门蒙发利科技(集团)股份有限公司			证券简称	蒙发利
	法人代表	邹剑寒	董秘	张斌	证券代码	002614
	公司网址	www.easepal.com.cn		电子信箱	stock@easepal.com.cn	
	电　话	0592-5569658		传　真	0592-5532788	
	办公地址	福建省厦门市前埔路168号				
	经营范围	从事各类按摩器具的设计、研发、生产和销售工作等				

主要财务指标	指标\报告期	2011.06.30	2010.12.31	2010.06.30	2009.12.31
	每股收益(元)	0.4000	1.7000	–	1.0400
	每股收益(扣除)(元)	0.2300	1.5200	–	0.9200
	每股净资产(元)	4.8200	4.4200	–	3.3400
	调整后每股净资产(元)	–	–	–	–
	每股资本公积金(元)	0.1590	0.1546	–	0.1546
	每股盈余公积金(元)	0.1877	0.1877	–	0.0722
	每股未分配利润(元)	3.4757	3.0732	–	2.1129
	每股现金净流量(元)	–1.0797	–0.3612	–	1.3275
	每股经营现金净流量(元)	–0.7975	1.6228	–	1.6422
	净资产收益率(扣除)(%)	5.0500	36.1700	–	31.3000
	净资产收益率(%)	8.3440	38.5100	–	31.2500
	总资产(万)	110243.50	105543.53	–	87479.03
	股东权益(万)	190905.26	39749.60	–	30070.96
	主营业务收入(万)	72558.80	175861.22	–	125843.21
	主营成本(万)	60087.61	140240.98	–	100183.86
	营业收入(万)	74563.70	182985.22	–	130269.18
	营业成本(万)	61973.38	147064.85	–	104416.72
	投资收益(万)	–	–	–	–
	利润总额(万)	4331.30	17415.51	–	10825.87
	净利润(万)	3621.76	15307.67	–	9397.01

浙江哈尔斯真空器皿股份有限公司

公司概况	公司名称	浙江哈尔斯真空器皿股份有限公司			证券简称	哈 尔 斯
	法人代表	吕强	董秘	凌永华	证券代码	002615
	公司网址	www.haers.com		电子信箱	zqb@haers.com	
	电　话	0579-89295369		传　真	0579-89295392	
	办公地址	浙江省金华市永康市经济开发区哈尔斯路1号				
	经营范围	专注于不锈钢真空保温器皿的研发设计、生产与销售等				

	指标\报告期	2011.06.30	2010.12.31	2010.06.30	2009.12.31
主要财务指标	每股收益(元)	0.3400	0.6200	–	0.4500
	每股收益(扣除)(元)	0.3100	0.5600	–	0.4200
	每股净资产(元)	2.4000	2.0600	–	1.6200
	调整后每股净资产(元)	–	–	–	–
	每股资本公积金(元)	0.0423	0.0423	–	0.7761
	每股盈余公积金(元)	0.1288	0.1288	–	0.1204
	每股未分配利润(元)	1.2309	0.8894	–	1.0235
	每股现金净流量(元)	0.0410	0.3432	–	0.0974
	每股经营现金净流量(元)	0.2186	0.7035	–	0.9718
	净资产收益率(扣除)(%)	14.0200	31.5300	–	30.4200
	净资产收益率(%)	14.2200	30.0300	–	27.8430
	总资产(万)	33440.87	29488.76	–	23368.01
	股东权益(万)	52842.54	14093.42	–	11096.21
	主营业务收入(万)	22167.04	40243.69	–	27014.07
	主营成本(万)	16381.19	28820.01	–	18496.86
	营业收入(万)	23106.14	42222.94	–	27874.21
	营业成本(万)	17340.42	30771.25	–	19279.04
	投资收益(万)	–	–	–	–
	利润总额(万)	2681.96	4897.45	–	3609.25
	净利润(万)	2336.24	4232.21	–	3089.50

广东长青(集团)股份有限公司

公司概况	公司名称	广东长青(集团)股份有限公司			证券简称	长青集团
	法人代表	何启强	董秘	张蓐意	证券代码	002616
	公司网址	www.chinachant.com		电子信箱	dmof@chinachant.com	
	电　话	0760-22583660		传　真	0760-89829008	
	办公地址	广东省中山市小榄工业大道南42号				
	经营范围	工业、农业、生活废弃物、污水、污泥、烟气的治理和循环利用				

	指标\报告期	2011.06.30	2010.12.31	2010.06.30	2009.12.31
主要财务指标	每股收益(元)	0.2670	0.6100	–	0.6600
	每股收益(扣除)(元)	0.2070	0.4940	–	0.4770
	每股净资产(元)	3.3840	3.1198	–	2.5101
	调整后每股净资产(元)	–	–	–	–
	每股资本公积金(元)	0.1505	0.1505	–	0.1505
	每股盈余公积金(元)	0.0956	0.0956	–	0.0917
	每股未分配利润(元)	2.1444	1.8773	–	1.2715
	每股现金净流量(元)	0.2583	0.1426	–	0.1690
	每股经营现金净流量(元)	–0.0343	1.1305	–	1.8832
	净资产收益率(扣除)(%)	6.3700	17.5500	–	21.8800
	净资产收益率(%)	7.8940	19.5450	–	26.3060
	总资产(万)	139734.22	112705.01	–	90518.25
	股东权益(万)	98924.25	34629.27	–	27862.19
	主营业务收入(万)	–	–	–	–
	主营成本(万)	–	–	–	–
	营业收入(万)	52608.07	94137.42	–	85903.94
	营业成本(万)	41637.66	73200.71	–	67606.64
	投资收益(万)	–	–	–	–
	利润总额(万)	3963.55	8839.70	–	9004.28
	净利润(万)	2964.98	6768.36	–	7329.43

露笑科技股份有限公司

公司概况	公司名称	露笑科技股份有限公司			证券简称	露笑科技
	法人代表	鲁小均	董秘	蔡申	证券代码	002617
	公司网址	www.roshowtech.com		电子信箱	roshow@roshowtech.com	
	电　话	0575-87061113		传　真	0575-87066818	
	办公地址	浙江省诸暨市店口镇露笑路38号				
	经营范围	磁线产品的设计、研发、生产及销售等				

	指标\报告期	2011.06.30	2010.12.31	2010.06.30	2009.12.31
主要财务指标	每股收益(元)	0.3900	0.7100	–	0.3000
	每股收益(扣除)(元)	0.4100	0.7200	–	0.2700
	每股净资产(元)	3.8000	3.4000	–	2.2600
	调整后每股净资产(元)	–	–	–	–
	每股资本公积金(元)	1.2043	1.2043	–	0.6298
	每股盈余公积金(元)	0.1214	0.1214	–	0.0614
	每股未分配利润(元)	1.4711	1.0790	–	0.5669
	每股现金净流量(元)	0.2311	0.6418	–	–0.0726
	每股经营现金净流量(元)	0.9407	–1.2665	–	–0.7820
	净资产收益率(扣除)(%)	11.2700	26.1400	–	12.5900
	净资产收益率(%)	10.3270	18.9960	–	13.2350
	总资产(万)	131404.27	118525.01	–	109226.30
	股东权益(万)	34170.96	80234.24	–	18064.84
	主营业务收入(万)	163388.40	269341.63	–	134515.96
	主营成本(万)	151873.64	252465.00	–	124655.97
	营业收入(万)	163515.31	269606.08	–	136912.79
	营业成本(万)	151984.47	252705.03	–	127497.23
	投资收益(万)	–	–	–	–
	利润总额(万)	4241.21	6948.61	–	2896.53
	净利润(万)	3528.81	5820.87	–	2390.96

深圳丹邦科技股份有限公司

公司概况	公司名称	深圳丹邦科技股份有限公司			证券简称	丹邦科技
	法人代表	刘萍	董秘	王李懿(代)	证券代码	002618
	公司网址	www.danbang.com		电子信箱	szdbond@danbang.com	
	电　话	0755-26511518		传　真	0755-26981718	
	办公地址	广东省深圳市南山区高新园郎山一路丹邦科技大楼				
	经营范围	FPC、COF柔性封装基板及COF产品的研发、生产与销售等				

	指标\报告期	2011.06.30	2010.12.31	2010.06.30	2009.12.31
主要财务指标	每股收益(元)	0.2000	0.4400	–	0.3900
	每股收益(扣除)(元)	0.1900	0.3700	–	0.3200
	每股净资产(元)	2.5615	2.3572	–	1.9171
	调整后每股净资产(元)	–	–	–	–
	每股资本公积金(元)	0.5285	0.5285	–	0.5285
	每股盈余公积金(元)	0.0832	0.0832	–	0.0392
	每股未分配利润(元)	0.9490	0.7444	–	0.3494
	每股现金净流量(元)	0.0580	–0.2866	–	0.0855
	每股经营现金净流量(元)	0.3774	0.8979	–	0.7710
	净资产收益率(扣除)(%)	7.7200	17.3300	–	18.7500
	净资产收益率(%)	7.9850	18.6240	–	20.2710
	总资产(万)	71395.15	56469.32	–	50817.81
	股东权益(万)	80326.68	28286.63	–	23004.63
	主营业务收入(万)	10817.00	20368.09	–	18254.82
	主营成本(万)	4960.86	9490.23	–	8447.97
	营业收入(万)	10922.19	20567.36	–	18347.60
	营业成本(万)	4984.56	9563.84	–	8455.46
	投资收益(万)	–	–	–	–
	利润总额(万)	2877.37	5738.89	–	5035.17
	净利润(万)	2454.42	5268.05	–	4663.14

浙江巨龙管业股份有限公司

公司概况	公司名称	浙江巨龙管业股份有限公司			证券简称	巨龙管业
	法人代表	吕仁高	董秘	章则余	证券代码	002619
	公司网址	www.zjjlgy.com		电子信箱	zjjlgy@163.com	
	电　话	0579-82200256		传　真	0579-82201396	
	办公地址	浙江省金华市婺城新区临江工业园区(白龙桥镇湖家)				
	经营范围	混凝土预制构件专业承包贰级;市政道路工程施工;管道安装;国家法律等				

主要财务指标	指标\报告期	2011.06.30	2010.12.31	2010.06.30	2009.12.31
	每股收益(元)	0.2500	0.7100	–	0.6600
	每股收益(扣除)(元)	0.1900	0.6300	–	0.6400
	每股净资产(元)	3.2798	3.0267	–	2.3154
	调整后每股净资产(元)	–	–	–	–
	每股资本公积金(元)	0.8423	0.8423	–	0.8423
	每股盈余公积金(元)	0.1065	0.1065	–	0.0447
	每股未分配利润(元)	1.3309	1.0778	–	0.4283
	每股现金净流量(元)	-0.4043	-0.0098	–	0.4538
	每股经营现金净流量(元)	-0.4429	0.5405	–	1.0300
	净资产收益率(扣除)(%)	6.1100	23.6100	–	32.2800
	净资产收益率(%)	7.7170	23.5010	–	25.2280
	总资产(万)	53286.48	49833.88	–	39926.53
	股东权益(万)	22958.62	55247.00	–	16207.74
	主营业务收入(万)	13571.86	31967.48	–	26371.07
	主营成本(万)	8425.31	19157.05	–	15465.10
	营业收入(万)	13624.58	32086.16	–	26620.52
	营业成本(万)	8450.36	19208.42	–	15484.47
	投资收益(万)	–	–	–	–
	利润总额(万)	2102.57	5909.22	–	4980.09
	净利润(万)	1771.76	4979.12	–	4088.85

深圳瑞和建筑装饰股份有限公司

公司概况	公司名称	深圳瑞和建筑装饰股份有限公司			证券简称	瑞和股份
	法人代表	李介平	董秘	陈玉辉	证券代码	002620
	公司网址	www.sz-ruihe.com		电子信箱	szruihezs@gmail.com	
	电　话	0755-83762255		传　真	0755-83768373	
	办公地址	广东省深圳市福田区华强北赛格科技园4栋西十楼A座				
	经营范围	特种流璃沙涂料系列产品的生产,加工,销售等				

主要财务指标	指标\报告期	2011.06.30	2010.12.31	2010.06.30	2009.12.31
	每股收益(元)	0.5400	1.0100	–	0.2400
	每股收益(扣除)(元)	0.4900	1.0000	–	0.2300
	每股净资产(元)	3.8200	3.2800	–	2.2700
	调整后每股净资产(元)	–	–	–	–
	每股资本公积金(元)	1.0206	1.0206	–	1.0206
	每股盈余公积金(元)	0.1284	0.1284	–	0.0244
	每股未分配利润(元)	1.6706	1.1266	–	0.2256
	每股现金净流量(元)	-0.4126	1.0603	–	0.1756
	每股经营现金净流量(元)	-0.2828	1.2134	–	0.3313
	净资产收益率(扣除)(%)	13.7700	36.1400	–	11.2600
	净资产收益率(%)	14.2420	30.6860	–	10.7270
	总资产(万)	74290.55	61875.54	–	43886.31
	股东权益(万)	22917.82	75804.73	–	13622.85
	主营业务收入(万)	–	–	–	–
	主营成本(万)	–	–	–	–
	营业收入(万)	60242.09	101216.79	–	68349.26
	营业成本(万)	52329.81	87966.91	–	59733.54
	投资收益(万)	–	–	–	–
	利润总额(万)	4307.40	7808.13	–	2164.23
	净利润(万)	3263.95	6031.02	–	1461.37

大连三垒机器股份有限公司

公司概况	公司名称	大连三垒机器股份有限公司			证券简称	大连三垒
	法人代表	俞建模	董秘	代辉	证券代码	002621
	公司网址	www.slsj.com.cn		电子信箱	franklin77@163.com	
	电　话	0411-84793300		传　真	0411-84791610	
	办公地址	辽宁省大连市高新技术产业园区七贤岭爱贤街33号				
	经营范围	塑料管道成套制造装备的研发、设计、生产与销售等				

主要财务指标	指标\报告期	2011.06.30	2010.12.31	2010.06.30	2009.12.31
	每股收益(元)	0.6600	0.9400	–	0.7300
	每股收益(扣除)(元)	0.6400	0.8700	–	0.6700
	每股净资产(元)	4.6000	4.0100	–	3.0800
	调整后每股净资产(元)	–	–	–	–
	每股资本公积金(元)	1.2205	1.2205	–	1.2282
	每股盈余公积金(元)	0.1876	0.1876	–	0.0988
	每股未分配利润(元)	2.1930	1.5999	–	0.7508
	每股现金净流量(元)	0.3692	-0.2310	–	0.6222
	每股经营现金净流量(元)	0.7118	1.3679	–	0.7307
	净资产收益率(扣除)(%)	14.8100	24.4000	–	23.1500
	净资产收益率(%)	14.3390	23.4240	–	23.6240
	总资产(万)	41506.00	37935.15	–	31494.87
	股东权益(万)	34508.31	30060.20	–	23082.73
	主营业务收入(万)	13699.68	21554.17	–	17112.24
	主营成本(万)	6994.14	10877.44	–	8716.46
	营业收入(万)	13811.67	21791.19	–	17188.46
	营业成本(万)	7069.89	10935.93	–	8738.14
	投资收益(万)	–	–	–	–
	利润总额(万)	5946.13	8409.63	–	6476.74
	净利润(万)	4948.11	7041.32	–	5453.13

吉林永大集团股份有限公司

公司概况	公司名称	吉林永大集团股份有限公司			证券简称	永大集团
	法人代表	吕永祥	董秘	李东	证券代码	002622
	公司网址	www.jlydjt.com		电子信箱	ydjt_security@jlydjt.com	
	电　话	0432-64602099		传　真	0432-64602099	
	办公地址	吉林省吉林市高新区吉林大街45-1号				
	经营范围	研发、生产和销售各种规格的永磁开关产品等				

主要财务指标	指标\报告期	2011.06.30	2010.12.31	2010.06.30	2009.12.31
	每股收益(元)	0.2300	0.7400	–	0.6000
	每股收益(扣除)(元)	0.2200	0.7400	–	0.6000
	每股净资产(元)	2.9813	2.7600	–	2.1965
	调整后每股净资产(元)	–	–	–	–
	每股资本公积金(元)	0.0072	0.0072	–	0.0072
	每股盈余公积金(元)	0.0809	0.0562	–	0.0299
	每股未分配利润(元)	1.8933	1.6924	–	1.1595
	每股现金净流量(元)	-0.3861	0.3856	–	-0.0361
	每股经营现金净流量(元)	0.0507	0.8492	–	0.4494
	净资产收益率(扣除)(%)	7.6200	28.9100	–	31.3700
	净资产收益率(%)	7.5630	26.7750	–	27.2840
	总资产(万)	44501.47	45501.48	–	38723.35
	股东权益(万)	33390.75	103646.80	–	24601.21
	主营业务收入(万)	13164.76	39411.60	–	30670.28
	主营成本(万)	–	–	–	–
	营业收入(万)	13166.60	41252.87	–	30766.86
	营业成本(万)	6034.85	23253.29	–	15107.76
	投资收益(万)	–	–	–	–
	利润总额(万)	3281.67	9518.75	–	7536.78
	净利润(万)	2525.47	8264.08	–	6712.30

常州亚玛顿股份有限公司

公司概况	公司名称	常州亚玛顿股份有限公司			证券简称	亚玛顿
	法人代表	林金锡	董秘	刘芹	证券代码	002623
	公司网址	www.czamd.com		电子信箱	amd@czamd.com	
	电　　话	0519-88880015		传　　真	0519-88880017	
	办公地址	江苏省常州市天宁区青龙东路639号				
	经营范围	光伏玻璃镀膜材料技术和工艺技术的研发,光伏玻璃的镀膜生产以及光伏镀膜玻璃销售				

主要财务指标	指标\报告期	2011.06.30	2010.12.31	2010.06.30	2009.12.31
	每股收益(元)	0.7900	1.8200	–	0.6600
	每股收益(扣除)(元)	0.7700	1.7900	–	0.5100
	每股净资产(元)	3.4000	2.6100	–	3.7700
	调整后每股净资产(元)	–	–	–	–
	每股资本公积金(元)	0.4837	0.4837	–	0.0508
	每股盈余公积金(元)	0.1127	0.1127	–	0.2942
	每股未分配利润(元)	1.8025	1.0145	–	2.4280
	每股现金净流量(元)	0.0399	0.6413	–	0.9506
	每股经营现金净流量(元)	0.6284	1.3061	–	1.5354
	净资产收益率(扣除)(%)	25.7500	92.0200	–	76.8600
	净资产收益率(%)	23.1840	69.6380	–	64.1830
	总资产(万)	58980.39	49682.09	–	30933.46
	股东权益(万)	187655.07	31331.18	–	12413.14
	主营业务收入(万)	26378.96	59408.20	–	19921.23
	主营成本(万)	12281.22	26073.66	–	8158.64
	营业收入(万)	26435.27	59517.25	–	19955.31
	营业成本(万)	12281.22	26073.66	–	8158.64
	投资收益(万)	–	–	–	–
	利润总额(万)	11135.21	26659.94	–	9600.35
	净利润(万)	9455.88	21818.38	–	7967.07

青岛特锐德电气股份有限公司

公司概况	公司名称	青岛特锐德电气股份有限公司			证券简称	特锐德
	法人代表	于德翔	董秘	刘甲坤	证券代码	300001
	公司网址	www.qdtgood.com		电子信箱	ir@qdtgood.com	
	电　　话	0532-80938126 88705220		传　　真	0532-88705330	
	办公地址	山东省青岛市崂山区株洲路101号				
	经营范围	设计、制造220kv及以下的变配电一二次产品以及相应技术服务等				

主要财务指标	指标\报告期	2011.06.30	2010.12.31	2010.06.30	2009.12.31
	每股收益(元)	0.2380	0.8500	0.2750	0.7900
	每股收益(扣除)(元)	0.2390	0.8100	0.2650	0.7600
	每股净资产(元)	5.4300	8.0800	7.5100	7.4400
	调整后每股净资产(元)	–	–	–	–
	每股资本公积金(元)	3.5415	5.8123	5.8123	5.8123
	每股盈余公积金(元)	0.0979	0.1469	0.0624	0.0624
	每股未分配利润(元)	0.7865	1.1222	0.6359	0.5613
	每股现金净流量(元)	–0.8317	–1.2551	–0.9364	5.7202
	每股经营现金净流量(元)	–0.2635	–0.1846	–0.3619	0.0963
	净资产收益率(扣除)(%)	4.3600	10.4700	3.5300	22.8300
	净资产收益率(%)	4.3930	10.4620	3.6550	8.3880
	总资产(万)	123513.80	123612.40	110258.55	108255.97
	股东权益(万)	108736.47	107967.66	100340.18	99344.59
	主营业务收入(万)	25221.41	52279.97	17954.25	37984.28
	主营成本(万)	15588.68	33571.69	11383.52	24559.82
	营业收入(万)	25515.98	53008.66	18054.26	39133.08
	营业成本(万)	15746.68	34039.30	11442.41	25308.89
	投资收益(万)	–	–	–	–
	利润总额(万)	5622.27	13289.50	4300.49	9804.08
	净利润(万)	4776.81	11295.07	3667.59	8332.71

北京神州泰岳软件股份有限公司

公司概况	公司名称	北京神州泰岳软件股份有限公司			证券简称	神州泰岳
	法人代表	王宁	董秘	黄松浪	证券代码	300002
	公司网址	www.ultrapower.com.cn		电子信箱	irm@ultrapower.com.cn	
	电　　话	010-58847555		传　　真	010-58847583	
	办公地址	北京市朝阳区北苑路甲13号院1号楼22层				
	经营范围	集中于运维管理领域、互联网领域等				

主要财务指标	指标\报告期	2011.06.30	2010.12.31	2010.06.30	2009.12.31
	每股收益(元)	0.5300	1.0400	0.3900	1.0900
	每股收益(扣除)(元)	0.5200	1.0300	0.3900	1.0700
	每股净资产(元)	7.0100	8.0700	7.1500	17.9400
	调整后每股净资产(元)	–	–	–	–
	每股资本公积金(元)	3.9596	4.9429	4.9225	13.9099
	每股盈余公积金(元)	0.1226	0.1472	0.1052	0.2629
	每股未分配利润(元)	1.9297	1.9821	1.4784	2.7658
	每股现金净流量(元)	–1.2939	–1.2709	–1.0034	14.9213
	每股经营现金净流量(元)	–0.3816	0.6192	–0.0291	1.6783
	净资产收益率(扣除)(%)	7.6400	12.8560	6.3220	11.9240
	净资产收益率(%)	7.6400	13.6400	6.4200	32.8500
	总资产(万)	285231.36	274295.68	252130.76	239135.16
	股东权益(万)	266157.60	255377.62	237315.74	226132.48
	主营业务收入(万)	53236.47	84162.90	38160.20	72290.05
	主营成本(万)	16355.62	22005.27	8515.79	19064.53
	营业收入(万)	53519.82	84162.90	38160.20	72290.05
	营业成本(万)	16426.37	22005.27	8515.79	19064.53
	投资收益(万)	2377.60	353.08	–	–
	利润总额(万)	22343.67	36540.77	17649.39	30003.89
	净利润(万)	20019.91	32791.56	14956.05	27037.26

乐普(北京)医疗器械股份有限公司

公司概况	公司名称	乐普(北京)医疗器械股份有限公司			证券简称	乐普医疗
	法人代表	孙建科	董秘	李国强	证券代码	300003
	公司网址	www.lepumedical.com		电子信箱	zqb@lepumedical.com	
	电　　话	010-58305141 58305126		传　　真	010-58305100	
	办公地址	北京市昌平区白浮泉路10号北控科技大厦3层				
	经营范围	医疗器械及其配件的技术开发、生产;销售自产产品等				

主要财务指标	指标\报告期	2011.06.30	2010.12.31	2010.06.30	2009.12.31
	每股收益(元)	0.3243	0.5055	0.2576	0.3894
	每股收益(扣除)(元)	0.3232	0.5018	0.2578	0.3846
	每股净资产(元)	2.6200	2.5400	2.2900	4.3100
	调整后每股净资产(元)	–	–	–	–
	每股资本公积金(元)	0.9112	0.9058	0.8955	2.7911
	每股盈余公积金(元)	0.1311	0.1024	0.0752	0.1032
	每股未分配利润(元)	0.5821	0.5366	0.3147	0.4136
	每股现金净流量(元)	–0.1173	–0.0675	–0.0461	2.7209
	每股经营现金净流量(元)	0.1808	0.4609	0.2108	0.5906
	净资产收益率(扣除)(%)	12.3200	21.5000	11.4000	34.5800
	净资产收益率(%)	12.3560	19.8660	11.2710	16.7073
	总资产(万)	230385.92	222674.94	196307.96	185517.14
	股东权益(万)	213103.40	206629.44	185579.81	174901.27
	主营业务收入(万)	46911.18	77010.09	38272.36	56519.74
	主营成本(万)	7634.73	13152.90	5944.25	10324.90
	营业收入(万)	46911.18	77010.09	38272.36	56519.74
	营业成本(万)	7634.73	13152.90	5944.25	10324.90
	投资收益(万)	–	–	–	–
	利润总额(万)	30188.70	47264.77	24094.85	33142.33
	净利润(万)	26331.22	41048.27	20917.31	29221.21

南方风机股份有限公司

公司概况	公司名称	南方风机股份有限公司			证券简称	南风股份
	法人代表	杨子善	董秘	周晖	证券代码	300004
	公司网址	www.ntfan.com		电子信箱	investors@ntfan.com	
	电　话	0757-81006199		传　真	0757-81006190	
	办公地址	广东省佛山市南海区狮山大道				
	经营范围	通风与空气处理系统设计和产品开发、制造与销售等				

主要财务指标	指标\报告期	2011.06.30	2010.12.31	2010.06.30	2009.12.31
	每股收益(元)	0.1600	0.6600	0.2700	0.6400
	每股收益(扣除)(元)	0.1600	0.6300	0.2400	0.6300
	每股净资产(元)	4.1100	7.9000	7.5100	7.3400
	调整后每股净资产(元)	–	–	–	–
	每股资本公积金(元)	2.2843	5.5687	5.5687	5.5687
	每股盈余公积金(元)	0.0750	0.1500	0.0840	0.0840
	每股未分配利润(元)	0.7542	1.1800	0.8584	0.6844
	每股现金净流量(元)	-0.2137	-2.0196	-0.6721	6.2203
	每股经营现金净流量(元)	-0.2916	-0.1670	-0.4728	0.2638
	净资产收益率(扣除)(%)	3.9920	8.3770	3.6490	7.0184
	净资产收益率(%)	4.0700	8.6800	3.6700	17.8500
	总资产(万)	103403.33	97298.47	90749.23	85674.00
	股东权益(万)	77827.03	74247.93	70604.48	68968.34
	主营业务收入(万)	17348.01	33853.91	13253.40	28618.61
	主营成本(万)	11478.60	22789.50	8951.49	19415.58
	营业收入(万)	17348.01	33853.91	13253.40	28618.61
	营业成本(万)	11478.60	22789.50	8951.49	19415.58
	投资收益(万)	–	–	–	–
	利润总额(万)	3640.42	7250.34	3070.37	5622.76
	净利润(万)	3087.45	6219.59	2576.15	4840.47

北京探路者户外用品股份有限公司

公司概况	公司名称	北京探路者户外用品股份有限公司			证券简称	探路者
	法人代表	盛发强	董秘	张成	证券代码	300005
	公司网址	www.toread.com.cn		电子信箱	zhang.cheng@toread.com.cn	
	电　话	010-81788188-8887 82800289		传　真	010-81783289 81788593	
	办公地址	北京市海淀区知春路6号锦秋国际大厦A座21层				
	经营范围	户外用品研发设计、组织外包生产、销售等				

主要财务指标	指标\报告期	2011.06.30	2010.12.31	2010.06.30	2009.12.31
	每股收益(元)	0.1620	0.4000	0.0940	0.4100
	每股收益(扣除)(元)	0.1630	0.4100	0.0870	0.3700
	每股净资产(元)	2.0000	3.7200	3.5000	6.8200
	调整后每股净资产(元)	–	–	–	–
	每股资本公积金(元)	0.5130	1.9688	1.9588	4.9176
	每股盈余公积金(元)	0.0441	0.0882	0.0465	0.0930
	每股未分配利润(元)	0.4449	0.6648	0.4928	0.8087
	每股现金净流量(元)	-0.2850	-0.2249	-0.7324	5.4251
	每股经营现金净流量(元)	-0.1633	0.6274	-0.1059	0.7265
	净资产收益率(扣除)(%)	8.4500	11.5000	4.9900	20.4100
	净资产收益率(%)	8.1140	10.8070	5.3880	9.6378
	总资产(万)	61442.52	62616.31	51137.66	53323.72
	股东权益(万)	53652.83	49873.03	46874.64	45689.01
	主营业务收入(万)	24933.18	43224.69	15401.43	29355.39
	主营成本(万)	12504.61	22115.43	7997.12	15296.93
	营业收入(万)	24933.18	43405.71	15401.43	29355.39
	营业成本(万)	12504.61	22115.43	7997.12	15296.93
	投资收益(万)	–	–	–	–
	利润总额(万)	5140.25	6418.94	2999.47	5171.52
	净利润(万)	4353.45	5389.54	2525.63	4403.40

重庆莱美药业股份有限公司

公司概况	公司名称	重庆莱美药业股份有限公司			证券简称	莱美药业
	法人代表	邱宇	董秘	黄庆	证券代码	300006
	公司网址	www.cqlummy.com		电子信箱	cqlm@cqlummy.com	
	电　话	023-67300382		传　真	023-67300381	
	办公地址	重庆市北部新区杨柳路2号黄山大道中段重庆应用技术研究院B栋15楼				
	经营范围	抗感染药和特色专科用药(抗肿瘤药、肠外营养药等)				

主要财务指标	指标\报告期	2011.06.30	2010.12.31	2010.06.30	2009.12.31
	每股收益(元)	0.5200	0.4800	0.2400	0.5500
	每股收益(扣除)(元)	0.3500	0.4500	0.2300	0.5100
	每股净资产(元)	6.5400	6.1200	5.8800	5.7400
	调整后每股净资产(元)	–	–	–	–
	每股资本公积金(元)	3.8725	3.8725	3.8725	3.8725
	每股盈余公积金(元)	0.1488	0.1488	0.1014	0.1014
	每股未分配利润(元)	1.5208	1.0967	0.9055	0.7647
	每股现金净流量(元)	-0.6983	-2.3692	-0.7624	3.9822
	每股经营现金净流量(元)	-0.2355	0.4116	-0.1883	0.3645
	净资产收益率(扣除)(%)	5.4600	7.6300	3.8800	15.5200
	净资产收益率(%)	8.0100	7.8370	4.0960	7.7070
	总资产(万)	103877.71	88401.02	70664.17	65362.56
	股东权益(万)	59859.44	55979.76	53796.62	52507.89
	主营业务收入(万)	27588.58	37748.21	18402.78	33351.86
	主营成本(万)	16997.61	23953.98	11533.02	21250.83
	营业收入(万)	27633.60	37764.81	18403.73	33354.45
	营业成本(万)	17007.76	23962.21	11533.02	21250.83
	投资收益(万)	–	–	–	–
	利润总额(万)	5604.19	5050.96	2442.02	4837.35
	净利润(万)	4794.68	4386.86	2203.72	4046.78

河南汉威电子股份有限公司

公司概况	公司名称	河南汉威电子股份有限公司			证券简称	汉威电子
	法人代表	任红军	董秘	刘瑞玲	证券代码	300007
	公司网址	www.hwsensor.com		电子信箱	hwdz@hwsensor.com	
	电　话	0371-67169159		传　真	0371-67169196	
	办公地址	河南省郑州市高新技术开发区雪松路169号				
	经营范围	气体传感器、气体检测仪器仪表的研发、生产、销售及自营产品出口等				

主要财务指标	指标\报告期	2011.06.30	2010.12.31	2010.06.30	2009.12.31
	每股收益(元)	0.1300	0.3600	0.0700	0.4200
	每股收益(扣除)(元)	0.0900	0.2800	0.0300	0.3300
	每股净资产(元)	4.4300	4.4100	4.1200	8.4000
	调整后每股净资产(元)	–	–	–	–
	每股资本公积金(元)	2.6828	2.6828	2.6828	6.3656
	每股盈余公积金(元)	0.0725	0.0725	0.0461	0.0923
	每股未分配利润(元)	0.6769	0.6516	0.3880	0.9384
	每股现金净流量(元)	-0.5263	-0.4855	-0.2712	6.4393
	每股经营现金净流量(元)	-0.1055	0.2595	0.0549	0.7732
	净资产收益率(扣除)(%)	2.8280	8.1390	1.6720	8.1040
	净资产收益率(%)	2.8000	8.3900	1.6500	20.0800
	总资产(万)	59433.13	59359.62	56665.05	53751.57
	股东权益(万)	53334.87	53009.23	49410.85	49537.96
	主营业务收入(万)	9292.02	16814.54	4984.17	12492.09
	主营成本(万)	4233.90	7712.62	2246.31	4936.98
	营业收入(万)	9604.54	17394.94	5080.34	12696.29
	营业成本(万)	4339.71	7982.13	2299.49	5040.30
	投资收益(万)	–	–	–	–
	利润总额(万)	1802.76	5065.08	999.89	4664.27
	净利润(万)	1479.25	4232.45	812.31	4014.64

上海佳豪船舶工程设计股份有限公司

公司概况	公司名称	上海佳豪船舶工程设计股份有限公司			证券简称	上海佳豪
	法人代表	刘楠	董秘	马锐	证券代码	300008
	公司网址	www.bestwaysh.com		电子信箱	marui@bestwaysh.com	
	电　话	021-60859788 60859829		传　真	021-60859896	
	办公地址	上海市莘砖公路 518 号 10 号 上海市徐汇区漕宝路 111 号 8 楼				
	经营范围	船舶工程设计,海洋工程设计及船舶建造监理,设计工程总承包等				

	指标\报告期	2011.06.30	2010.12.31	2010.06.30	2009.12.31
主要财务指标	每股收益(元)	0.2420	0.7220	0.1820	0.6250
	每股收益(扣除)(元)	0.2290	0.6670	0.1660	0.6110
	每股净资产(元)	3.3560	5.6800	5.1880	8.8800
	调整后每股净资产(元)	-	-	-	-
	每股资本公积金(元)	1.4713	3.2866	3.2189	6.1722
	每股盈余公积金(元)	0.1287	0.2188	0.1408	0.2393
	每股未分配利润(元)	0.7559	1.1744	0.8281	1.4713
	每股现金净流量(元)	-0.6629	0.5740	0.1494	6.0028
	每股经营现金净流量(元)	-0.1146	0.9870	0.5338	0.6661
	净资产收益率(扣除)(%)	6.8500	12.4700	5.2900	23.1500
	净资产收益率(%)	7.1980	12.9100	6.0830	9.7240
	总资产(万)	56545.80	58258.23	52110.55	49168.36
	股东权益(万)	48881.62	48664.61	44449.33	44769.39
	主营业务收入(万)	13593.12	20288.43	7412.25	12698.35
	主营成本(万)	8170.27	11267.56	3518.27	6060.92
	营业收入(万)	13593.12	20288.43	7412.25	12698.35
	营业成本(万)	8170.27	11267.56	3518.27	6060.92
	投资收益(万)	-	-	-	-
	利润总额(万)	4100.96	7473.43	3166.06	5235.22
	净利润(万)	3518.61	6188.02	2655.76	4353.20

安徽安科生物工程(集团)股份有限公司

公司概况	公司名称	安徽安科生物工程(集团)股份有限公司			证券简称	安科生物
	法人代表	宋礼华	董秘	李星	证券代码	300009
	公司网址	www.ankebio.com		电子信箱	lixing@ankebio.com	
	电　话	0551-5316867		传　真	0551-5319985 5316867	
	办公地址	安徽省合肥市长江西路 669 号高新区海关路 K-1				
	经营范围	生物医药的研究、开发、生产和销售等				

	指标\报告期	2011.06.30	2010.12.31	2010.06.30	2009.12.31
主要财务指标	每股收益(元)	0.1501	0.3400	0.1259	0.3600
	每股收益(扣除)(元)	0.0909	0.2800	0.1154	0.3200
	每股净资产(元)	2.6992	3.4400	3.2500	5.9000
	调整后每股净资产(元)	-	-	-	-
	每股资本公积金(元)	1.1494	1.6867	1.6867	3.8171
	每股盈余公积金(元)	0.1759	0.2199	0.1926	0.3466
	每股未分配利润(元)	0.3739	0.5298	0.3707	0.7340
	每股现金净流量(元)	-0.2947	-0.0153	-0.0732	3.6472
	每股经营现金净流量(元)	0.0845	0.3137	0.1475	0.4604
	净资产收益率(扣除)(%)	3.2600	8.5500	4.3400	16.7900
	净资产收益率(%)	5.5590	10.0050	4.8410	8.9970
	总资产(万)	57215.22	58954.98	57444.36	54235.51
	股东权益(万)	51015.41	51959.32	49139.90	49540.96
	主营业务收入(万)	11759.32	22793.01	10796.96	19016.06
	主营成本(万)	3591.76	6460.25	3069.61	5300.33
	营业收入(万)	11759.32	22793.01	10796.96	19064.40
	营业成本(万)	3591.76	6460.25	3069.61	5301.19
	投资收益(万)	-	-	-	-
	利润总额(万)	3231.98	6091.03	2746.38	5124.86
	净利润(万)	2836.08	5198.37	2378.94	4457.05

北京立思辰科技股份有限公司

公司概况	公司名称	北京立思辰科技股份有限公司			证券简称	立思辰
	法人代表	池燕明	董秘	华婷	证券代码	300010
	公司网址	www.lanxum.com		电子信箱	contact@lanxum.com	
	电　话	010-82736996 82736433		传　真	010-82736055*6433 827360	
	办公地址	北京市海淀区学清路 8 号科技财富中心 B 座 3A 层				
	经营范围	办公信息系统解决方案及服务等				

	指标\报告期	2011.06.30	2010.12.31	2010.06.30	2009.12.31
主要财务指标	每股收益(元)	0.1118	0.3842	0.0859	0.3753
	每股收益(扣除)(元)	0.1122	0.3706	0.0859	0.3536
	每股净资产(元)	2.6600	4.0200	3.7600	5.7500
	调整后每股净资产(元)	-	-	-	-
	每股资本公积金(元)	1.2210	2.3315	2.3315	3.9972
	每股盈余公积金(元)	0.0452	0.0678	0.0395	0.0592
	每股未分配利润(元)	0.3904	0.6178	0.3908	0.6929
	每股现金净流量(元)	-0.3929	0.2711	-0.5152	1.6230
	每股经营现金净流量(元)	-0.1673	-0.1810	-0.1031	0.1788
	净资产收益率(扣除)(%)	4.1100	9.4400	3.3300	18.3400
	净资产收益率(%)	4.2090	9.5640	3.4250	7.9410
	总资产(万)	83566.62	84885.50	71219.34	71392.14
	股东权益(万)	62850.63	63359.80	59331.53	60454.07
	主营业务收入(万)	22450.78	44942.85	17614.26	33703.12
	主营成本(万)	14365.47	29550.91	12678.41	24142.89
	营业收入(万)	22450.78	44942.85	17614.26	33703.12
	营业成本(万)	14365.47	29550.91	12678.41	24142.89
	投资收益(万)	-	-	-	-
	利润总额(万)	3179.73	7384.96	2297.07	5305.54
	净利润(万)	2645.29	6059.62	2031.96	4800.67

北京鼎汉技术股份有限公司

公司概况	公司名称	北京鼎汉技术股份有限公司			证券简称	鼎汉技术
	法人代表	顾庆伟	董秘	张霞	证券代码	300011
	公司网址	www.dinghantech.com		电子信箱	ir@dinghantech.com	
	电　话	010-51103366 51103366 转 8288		传　真	010-51103366 转 8308	
	办公地址	北京市丰台区南四环西路 188 号 18 区 2 号楼				
	经营范围	主营各类电源设备,通讯设备,电力电子设备,机电及自动化控制设备的开发,设计等				

	指标\报告期	2011.06.30	2010.12.31	2010.06.30	2009.12.31
主要财务指标	每股收益(元)	0.3632	0.6752	0.2373	0.7442
	每股收益(扣除)(元)	0.3654	0.6593	0.2342	0.7309
	每股净资产(元)	7.1817	6.6485	6.2048	12.2700
	调整后每股净资产(元)	-	-	-	-
	每股资本公积金(元)	4.7127	4.3233	4.3233	9.6465
	每股盈余公积金(元)	0.1266	0.1301	0.0932	0.1865
	每股未分配利润(元)	1.3425	1.1952	0.7883	1.4336
	每股现金净流量(元)	-0.3670	-0.9740	-1.6016	9.0023
	每股经营现金净流量(元)	-0.6121	0.0124	-0.7093	0.3584
	净资产收益率(扣除)(%)	5.3500	10.3400	3.7800	27.9300
	净资产收益率(%)	4.9430	10.1560	3.8240	9.5756
	总资产(万)	83369.76	81520.91	70201.19	71961.59
	股东权益(万)	75861.59	68315.13	63755.95	63021.04
	主营业务收入(万)	15973.19	29479.11	13157.10	24503.59
	主营成本(万)	8129.57	16822.06	8176.91	12855.38
	营业收入(万)	16343.39	29536.19	13180.46	24537.31
	营业成本(万)	8238.71	16862.36	8180.05	12857.22
	投资收益(万)	-	-	-	-
	利润总额(万)	3971.26	7783.14	2800.12	7119.37
	净利润(万)	3749.71	6938.12	2438.21	6034.64

深圳市华测检测技术股份有限公司

公司概况	公司名称	深圳市华测检测技术股份有限公司			证券简称	华测检测
	法人代表	万峰	董秘	陈砚	证券代码	300012
	公司网址	www.cti-cert.com		电子信箱	security@cti-cert.com	
	电话	0755-33682137 33682102		传真	0755-33683385	
	办公地址	广东省深圳市宝安区70区留仙三路6号鸿威工业园C栋厂房1楼				
	经营范围	主要为贸易保障、工业品、消费品、生命科学类相关产品提供检测服				

主要财务指标	指标\报告期	2011.06.30	2010.12.31	2010.06.30	2009.12.31
	每股收益(元)	0.2100	0.5600	0.2200	0.5900
	每股收益(扣除)(元)	0.2000	0.4800	0.2200	0.5100
	每股净资产(元)	3.9400	5.9000	5.5600	8.5100
	调整后每股净资产(元)	–	–	–	–
	每股资本公积金(元)	2.1423	3.7134	3.7134	6.0702
	每股盈余公积金(元)	0.1123	0.1685	0.1063	0.1595
	每股未分配利润(元)	0.6920	1.0198	0.7463	1.2828
	每股现金净流量(元)	–0.1735	–0.3785	–0.4739	6.6571
	每股经营现金净流量(元)	0.2057	0.7405	0.2478	1.0674
	净资产收益率(扣除)(%)	5.0900	8.3500	3.8000	20.7900
	净资产收益率(%)	5.3800	9.4980	4.0340	8.1250
	总资产(万)	78383.98	77470.22	71317.46	73709.47
	股东权益(万)	72543.66	72329.87	68249.16	69598.73
	主营业务收入(万)	22027.53	35582.57	14826.75	26367.31
	主营成本(万)	7959.31	13204.57	5462.41	9409.10
	营业收入(万)	22027.53	35582.57	14826.75	26367.31
	营业成本(万)	7959.31	13204.57	5462.41	9409.10
	投资收益(万)	–	–	–	–
	利润总额(万)	5071.88	8260.13	3477.32	6881.04
	净利润(万)	3902.60	6870.09	2753.08	5655.06

江苏新宁现代物流股份有限公司

公司概况	公司名称	江苏新宁现代物流股份有限公司			证券简称	新宁物流
	法人代表	王雅军	董秘	张瑜	证券代码	300013
	公司网址	www.xinning.com.cn		电子信箱	jsxn@xinning.com.cn	
	电话	0512-57120911		传真	0512-57999356	
	办公地址	江苏省昆山市张浦镇阳光西路760号				
	经营范围	进出口货物的仓储、集装箱堆存及有关配套业务等				

主要财务指标	指标\报告期	2011.06.30	2010.12.31	2010.06.30	2009.12.31
	每股收益(元)	0.0200	0.1900	0.0900	0.3700
	每股收益(扣除)(元)	0.0200	0.1100	0.0800	0.2800
	每股净资产(元)	3.5300	3.5600	3.4700	5.2200
	调整后每股净资产(元)	–	–	–	–
	每股资本公积金(元)	1.9068	1.9075	1.9174	3.3787
	每股盈余公积金(元)	0.0461	0.0461	0.0297	0.0446
	每股未分配利润(元)	0.5788	0.6032	0.5184	0.7968
	每股现金净流量(元)	–0.1815	–0.6325	–0.4465	3.8313
	每股经营现金净流量(元)	0.1152	0.1005	–0.0298	0.5836
	净资产收益率(扣除)(%)	0.5100	3.1000	2.3800	16.1300
	净资产收益率(%)	0.6250	5.2940	2.5150	8.4150
	总资产(万)	40710.74	41035.37	39463.24	40171.78
	股东权益(万)	31782.71	32008.88	31188.85	31320.76
	主营业务收入(万)	13474.43	24606.65	10968.90	18087.90
	主营成本(万)	8658.74	15198.97	6433.10	9946.15
	营业收入(万)	13474.43	24617.14	10969.80	18103.11
	营业成本(万)	8658.74	15198.97	6433.10	9946.15
	投资收益(万)	–	–	–	–
	利润总额(万)	313.04	2643.45	1223.44	4052.08
	净利润(万)	198.47	1694.68	784.25	2635.61

惠州亿纬锂能股份有限公司

公司概况	公司名称	惠州亿纬锂能股份有限公司			证券简称	亿纬锂能
	法人代表	刘金成	董秘	李芬	证券代码	300014
	公司网址	www.evebattery.com		电子信箱	ir@evebattery.com	
	电话	0752-2605878		传真	0752-2606033	
	办公地址	广东省惠州市仲恺高新区西坑工业区亿纬工业园				
	经营范围	生产、销售锂一次电池、锂二次电池、锂聚合物电池、锂离子电池等				

主要财务指标	指标\报告期	2011.06.30	2010.12.31	2010.06.30	2009.12.31
	每股收益(元)	0.1900	0.4300	0.1000	0.3800
	每股收益(扣除)(元)	0.1900	0.4000	0.1000	0.3700
	每股净资产(元)	3.0300	4.4100	4.1400	6.1200
	调整后每股净资产(元)	–	–	–	–
	每股资本公积金(元)	1.2871	2.4306	2.4306	4.1459
	每股盈余公积金(元)	0.0718	0.1077	0.0648	0.0972
	每股未分配利润(元)	0.6737	0.8694	0.6403	0.8750
	每股现金净流量(元)	–0.3615	–0.8290	–0.4742	3.4865
	每股经营现金净流量(元)	–0.0740	0.3483	–0.0153	–0.0371
	净资产收益率(扣除)(%)	6.4600	9.3900	3.7200	18.2700
	净资产收益率(%)	6.4020	9.7310	3.7950	7.4207
	总资产(万)	70946.10	69002.07	60006.12	60645.18
	股东权益(万)	60046.17	58181.95	54591.80	53840.09
	主营业务收入(万)	19800.56	30545.56	10984.38	20550.85
	主营成本(万)	13555.46	21474.26	7646.19	13882.68
	营业收入(万)	19800.56	30547.65	10984.38	20595.63
	营业成本(万)	13499.80	21474.67	7646.19	13920.20
	投资收益(万)	–	–	–	–
	利润总额(万)	4522.62	6682.94	2437.30	4712.02
	净利润(万)	3844.23	5661.86	2071.71	3995.31

爱尔眼科医院集团股份有限公司

公司概况	公司名称	爱尔眼科医院集团股份有限公司			证券简称	爱尔眼科
	法人代表	陈邦	董秘	韩忠	证券代码	300015
	公司网址	www.aierchina.com		电子信箱	zhengquanbu@yeah.net	
	电话	0731-82570739		传真	0731-85179288 8039	
	办公地址	湖南省长沙市芙蓉中路二段198号新世纪城12楼				
	经营范围	眼科、内科、麻醉剂、检验科、影视像科、验光配镜等				

主要财务指标	指标\报告期	2011.06.30	2010.12.31	2010.06.30	2009.12.31
	每股收益(元)	0.3000	0.4500	0.2000	0.4400
	每股收益(扣除)(元)	0.3000	0.4300	0.1800	0.4300
	每股净资产(元)	4.7500	4.7800	4.5300	9.0500
	调整后每股净资产(元)	–	–	–	–
	每股资本公积金(元)	2.5852	2.7673	2.7718	6.5724
	每股盈余公积金(元)	0.0912	0.0912	0.0304	0.0608
	每股未分配利润(元)	1.0734	0.9244	0.7304	1.4191
	每股现金净流量(元)	–0.5626	–0.5766	–0.4250	6.6942
	每股经营现金净流量(元)	0.3032	0.8987	0.2443	1.2670
	净资产收益率(扣除)(%)	6.2800	9.2400	3.9700	21.3600
	净资产收益率(%)	6.2950	9.4210	4.3220	7.6530
	总资产(万)	163182.17	161282.78	143478.71	141196.13
	股东权益(万)	126817.08	127700.32	121020.47	120846.78
	主营业务收入(万)	58352.93	86480.50	37026.34	60645.01
	主营成本(万)	25880.89	37733.28	15994.51	26020.29
	营业收入(万)	58366.13	86487.75	37026.34	60645.01
	营业成本(万)	25881.62	37734.35	15994.51	26020.29
	投资收益(万)	–	–	–	–
	利润总额(万)	11321.39	17867.32	7715.36	12431.51
	净利润(万)	7983.29	12030.98	5230.44	9248.94

北京北陆药业股份有限公司

公司概况	公司名称	北京北陆药业股份有限公司			证券简称	北陆药业
	法人代表	王代雪	董秘	刘宁	证券代码	300016
	公司网址	www.beilu.com.cn		电子信箱	blxp@beilu.com.cn	
	电　话	010-62625287		传　真	010-82626933	
	办公地址	北京市海淀区西直门北大街 32 号枫蓝国际 A 座写字楼 7 层				
	经营范围	药品生产以及药品经销等				

	指标\报告期	2011.06.30	2010.12.31	2010.06.30	2009.12.31
主要财务指标	每股收益(元)	0.1300	0.4200	0.1500	0.4300
	每股收益(扣除)(元)	0.1200	0.4000	0.1500	0.3900
	每股净资产(元)	3.0600	4.5900	4.5900	6.3900
	调整后每股净资产(元)	–	–	–	–
	每股资本公积金(元)	1.4968	2.7452	2.7452	4.6178
	每股盈余公积金(元)	0.1237	0.1855	0.1441	0.2162
	每股未分配利润(元)	0.4357	0.6613	0.5046	0.5540
	每股现金净流量(元)	–0.0998	–0.2252	–0.4277	4.6100
	每股经营现金净流量(元)	0.0839	0.3684	0.1364	0.8530
	净资产收益率(扣除)(%)	3.9700	9.1100	5.0200	16.6000
	净资产收益率(%)	4.1950	9.1470	5.0510	8.0390
	总资产(万)	48174.86	47511.29	47222.93	45130.89
	股东权益(万)	46684.13	46762.50	44745.40	43367.80
	主营业务收入(万)	8663.79	18169.40	10880.80	21681.09
	主营成本(万)	2173.25	7522.18	5830.12	12917.17
	营业收入(万)	8871.42	18205.19	10887.98	21681.09
	营业成本(万)	2204.68	7535.09	5832.56	12917.17
	投资收益(万)	–	–	–	–
	利润总额(万)	2295.68	4987.19	2607.33	4166.98
	净利润(万)	1958.29	4277.25	2260.15	3486.32

网宿科技股份有限公司

公司概况	公司名称	网宿科技股份有限公司			证券简称	网宿科技
	法人代表	刘成彦	董秘	周丽萍	证券代码	300017
	公司网址	www.chinanetcenter.com		电子信箱	Wangsudmb@chinanetcenter.com	
	电　话	021-64685982		传　真	021-64879605	
	办公地址	上海市斜土路 2669 号英雄大厦 15 层				
	经营范围	计算机软硬件的技术开发、技术转让、技术咨询、技术服务等				

	指标\报告期	2011.06.30	2010.12.31	2010.06.30	2009.12.31
主要财务指标	每股收益(元)	0.1300	0.2500	0.1000	0.3200
	每股收益(扣除)(元)	0.0900	0.2000	0.0800	0.4600
	每股净资产(元)	4.8100	4.7800	4.6300	7.8100
	调整后每股净资产(元)	–	–	–	–
	每股资本公积金(元)	3.1309	3.1309	3.1309	6.0226
	每股盈余公积金(元)	0.0765	0.0765	0.0487	0.0828
	每股未分配利润(元)	0.6043	0.5757	0.4525	0.7040
	每股现金净流量(元)	–0.2567	–0.3042	–0.2911	5.8470
	每股经营现金净流量(元)	0.1164	0.1801	0.0713	0.6131
	净资产收益率(扣除)(%)	2.6750	5.1890	2.0980	5.4840
	净资产收益率(%)	2.6500	5.2600	2.1100	15.2500
	总资产(万)	77930.96	77757.08	73227.52	72690.21
	股东权益(万)	74187.83	73759.00	71433.97	70842.78
	主营业务收入(万)	23310.95	36228.20	15009.30	28701.34
	主营成本(万)	16930.85	25014.13	9967.02	19001.59
	营业收入(万)	23310.95	36228.20	15009.30	28701.34
	营业成本(万)	16930.85	25014.13	9967.02	19001.59
	投资收益(万)	–	–	–	–
	利润总额(万)	2329.60	4531.98	1763.85	4522.53
	净利润(万)	1984.34	3827.45	1498.32	3885.14

武汉中元华电科技股份有限公司

公司概况	公司名称	武汉中元华电科技股份有限公司			证券简称	中元华电
	法人代表	邓志刚	董秘	陈志兵	证券代码	300018
	公司网址	www.zyhd.com.cn		电子信箱	stock@zyhd.com.cn	
	电　话	027-87180718		传　真	027-87180719	
	办公地址	湖北省武汉市东湖新技术开发区华中科技大学科技园六路 6 号				
	经营范围	计算机软、硬件、自动化、电力、电子设备与器件、通讯、办公设备的开发等				

	指标\报告期	2011.06.30	2010.12.31	2010.06.30	2009.12.31
主要财务指标	每股收益(元)	0.1300	0.3400	0.1600	0.5700
	每股收益(扣除)(元)	0.1300	0.3200	0.1500	0.5450
	每股净资产(元)	5.0400	5.0500	4.8700	9.9300
	调整后每股净资产(元)	–	–	–	–
	每股资本公积金(元)	3.3290	3.3290	3.3290	7.6580
	每股盈余公积金(元)	0.0980	0.0980	0.0619	0.1237
	每股未分配利润(元)	0.6093	0.6261	0.4814	1.1458
	每股现金净流量(元)	–0.4309	–0.2345	–0.3269	8.4149
	每股经营现金净流量(元)	–0.0881	0.1507	–0.0730	0.8220
	净资产收益率(扣除)(%)	2.5500	6.5200	2.9600	26.6100
	净资产收益率(%)	2.6460	6.7146	3.2520	8.9880
	总资产(万)	69204.94	69256.10	67093.11	68914.52
	股东权益(万)	65471.99	65689.47	63338.72	64528.68
	主营业务收入(万)	5361.90	12954.91	5889.36	15692.54
	主营成本(万)	2353.22	5841.80	2821.92	7146.36
	营业收入(万)	5361.90	12954.91	5889.36	15692.54
	营业成本(万)	2353.22	5841.80	2821.92	7146.36
	投资收益(万)	–	–	–	–
	利润总额(万)	2033.61	5064.73	2398.67	6624.46
	净利润(万)	1732.52	4410.79	2060.04	5799.52

成都硅宝科技股份有限公司

公司概况	公司名称	成都硅宝科技股份有限公司			证券简称	硅宝科技
	法人代表	王跃林	董秘	郭斌	证券代码	300019
	公司网址	www.cnguibao.com		电子信箱	guibao@cnguibao.com	
	电　话	028-85317909 86039232		传　真	028-86039232	
	办公地址	四川省成都市高新区新园大道 16 号				
	经营范围	生产、销售化工产品(不含危险化学品)、建筑材料等				

	指标\报告期	2011.06.30	2010.12.31	2010.06.30	2009.12.31
主要财务指标	每股收益(元)	0.2000	0.4200	0.1700	0.4400
	每股收益(扣除)(元)	0.1700	0.3500	0.1500	0.4000
	每股净资产(元)	4.1700	4.1100	3.8700	7.5900
	调整后每股净资产(元)	–	–	–	–
	每股资本公积金(元)	2.3148	2.3148	2.3148	5.6296
	每股盈余公积金(元)	0.0943	0.0943	0.0524	0.1047
	每股未分配利润(元)	0.7579	0.7043	0.5005	0.8531
	每股现金净流量(元)	–0.4948	–0.1399	–0.2026	4.9250
	每股经营现金净流量(元)	–0.1038	0.3167	0.0512	0.4790
	净资产收益率(扣除)(%)	4.2100	8.9900	3.9000	23.2400
	净资产收益率(%)	4.8860	10.2040	4.4970	9.1462
	总资产(万)	49710.54	46895.70	42788.27	42139.03
	股东权益(万)	42504.37	41957.50	39450.02	38696.04
	主营业务收入(万)	13811.25	20195.51	7204.46	16910.78
	主营成本(万)	9714.60	12817.40	4274.35	9809.86
	营业收入(万)	13835.01	20262.91	7244.56	16961.95
	营业成本(万)	9735.80	12871.42	4303.68	9823.80
	投资收益(万)	–	–	–	–
	利润总额(万)	2512.35	4969.57	2080.63	4138.30
	净利润(万)	2076.87	4281.47	1773.98	3539.22

银江股份有限公司

公司概况	公司名称	银江股份有限公司			证券简称	银江股份
	法人代表	章建强	董秘	吴越	证券代码	300020
	公司网址	www.enjoyor.net		电子信箱	enjoyor@enjoyor.net	
	电　　话	0571-89716110		传　　真	0571-89716114	
	办公地址	浙江省杭州市西湖区西湖经济科技园西园八路 2 号 G 座				
	经营范围	技术开发、技术服务、成果转让、设计:计算机系统集成等				

主要财务指标	指标\报告期	2011.06.30	2010.12.31	2010.06.30	2009.12.31
	每股收益(元)	0.1200	0.4100	0.0900	0.3900
	每股收益(扣除)(元)	0.1200	0.3600	0.0800	0.3600
	每股净资产(元)	2.6500	3.9000	3.6300	7.1800
	调整后每股净资产(元)	–	–	–	–
	每股资本公积金(元)	0.9610	1.9414	1.9414	4.8829
	每股盈余公积金(元)	0.0671	0.1007	0.0588	0.1175
	每股未分配利润(元)	0.6216	0.8539	0.6321	1.1821
	每股现金净流量(元)	–0.5629	–0.5757	–0.8604	4.5656
	每股经营现金净流量(元)	–0.4503	–0.1556	–0.5207	0.6370
	净资产收益率(扣除)(%)	4.3700	9.7700	3.2400	18.1800
	净资产收益率(%)	4.4900	10.4050	3.8840	8.6100
	总资产(万)	119397.90	126410.88	97917.25	95010.56
	股东权益(万)	63591.80	62336.48	58116.63	57459.65
	主营业务收入(万)	36627.49	71264.05	26316.74	52344.62
	主营成本(万)	25000.09	50997.41	18811.55	39587.58
	营业收入(万)	36657.49	71303.75	26367.24	52461.56
	营业成本(万)	25000.09	51007.82	18836.74	39598.38
	投资收益(万)	–	–	–	–
	利润总额(万)	3492.60	7382.38	2666.84	5593.08
	净利润(万)	2855.32	6486.03	2257.07	4947.45

甘肃大禹节水集团股份有限公司

公司概况	公司名称	甘肃大禹节水集团股份有限公司			证券简称	大禹节水
	法人代表	王栋	董秘	王光敏	证券代码	300021
	公司网址	www.gsdyjsgs.com		电子信箱	dyjszqb@163.com	
	电　　话	0937-2689028 2688658*838		传　　真	0937-2688963	
	办公地址	甘肃省酒泉市解放路 290 号				
	经营范围	节水灌溉用塑料制品及过滤器、施肥器、排灌机械、建筑用塑料管材等				

主要财务指标	指标\报告期	2011.06.30	2010.12.31	2010.06.30	2009.12.31
	每股收益(元)	0.0500	0.2100	0.0600	0.4600
	每股收益(扣除)(元)	0.0400	0.2000	0.0600	0.3400
	每股净资产(元)	1.4700	2.9400	2.7900	5.4600
	调整后每股净资产(元)	–	–	–	–
	每股资本公积金(元)	0.1588	1.3176	1.3119	3.6238
	每股盈余公积金(元)	0.0517	0.1033	0.0790	0.1580
	每股未分配利润(元)	0.2575	0.5237	0.3988	0.6755
	每股现金净流量(元)	–0.5937	–0.4144	–0.6397	2.8420
	每股经营现金净流量(元)	–0.1758	–0.4009	–0.3283	–0.4518
	净资产收益率(扣除)(%)	3.0700	7.1300	2.2700	13.2600
	净资产收益率(%)	3.1140	7.1410	2.1890	6.5600
	总资产(万)	79785.43	78438.28	66874.47	58292.87
	股东权益(万)	40899.02	41018.38	38859.89	38009.46
	主营业务收入(万)	14837.38	32174.63	10250.52	26946.24
	主营成本(万)	9598.74	–	7218.72	20674.28
	营业收入(万)	14837.38	32709.35	10250.52	26950.32
	营业成本(万)	9598.74	23776.59	7218.72	20674.28
	投资收益(万)	–	–	–	–
	利润总额(万)	1549.19	3686.55	1048.35	2674.67
	净利润(万)	1273.63	2928.93	850.43	2494.37

吉峰农机连锁股份有限公司

公司概况	公司名称	吉峰农机连锁股份有限公司			证券简称	吉峰农机
	法人代表	王新明	董秘	刁海雷	证券代码	300022
	公司网址	www.gifore.com		电子信箱	board@gifore.com	
	电　　话	028-67518546		传　　真	028-67518546	
	办公地址	四川省成都市郫县现代工业港北部园区港通北二路 219 号				
	经营范围	批发、零售农业机械,机械设备,汽车零配件,摩托车及配件,建筑材料等				

主要财务指标	指标\报告期	2011.06.30	2010.12.31	2010.06.30	2009.12.31
	每股收益(元)	0.1072	0.3717	0.1355	0.3625
	每股收益(扣除)(元)	0.1058	0.3606	0.1358	0.3618
	每股净资产(元)	1.6500	3.2000	2.8900	5.8900
	调整后每股净资产(元)	–	–	–	–
	每股资本公积金(元)	0.2431	1.4930	1.4282	4.0297
	每股盈余公积金(元)	0.0200	0.0401	0.0162	0.0323
	每股未分配利润(元)	0.3884	0.6624	0.4501	0.8292
	每股现金净流量(元)	0.0846	–0.1996	–1.2940	5.2080
	每股经营现金净流量(元)	–0.5151	–1.1905	–1.2729	0.8459
	净资产收益率(扣除)(%)	6.4100	11.7600	4.5100	27.8300
	净资产收益率(%)	6.4910	11.6320	4.6800	9.5400
	总资产(万)	353444.99	254067.17	193587.51	97032.02
	股东权益(万)	59025.90	57102.53	51723.68	52639.02
	主营业务收入(万)	242674.73	362454.05	136614.29	160036.83
	主营成本(万)	212379.17	318610.35	120071.06	138302.91
	营业收入(万)	244463.65	365189.47	137601.32	160339.42
	营业成本(万)	212698.90	319737.22	120750.58	138489.17
	投资收益(万)	–	–	–	–
	利润总额(万)	6935.06	11497.01	3945.53	6930.15
	净利润(万)	3831.54	6641.87	2421.03	5023.46

西安宝德自动化股份有限公司

公司概况	公司名称	西安宝德自动化股份有限公司			证券简称	宝德股份
	法人代表	赵敏	董秘	梁可晶	证券代码	300023
	公司网址	www.bode-e.com		电子信箱	dongmiban@bode-e.com	
	电　　话	029-88314978		传　　真	029-88323336	
	办公地址	陕西省西安市高新区锦业路 69 号创业研发园 C 区瞪羚谷 A 座 5 层				
	经营范围	微电子及光机电一体化产品的设计、生产与销售等				

主要财务指标	指标\报告期	2011.06.30	2010.12.31	2010.06.30	2009.12.31
	每股收益(元)	0.0300	0.1400	0.0300	0.5600
	每股收益(扣除)(元)	0.0300	0.0800	0.0100	0.5300
	每股净资产(元)	3.8000	3.7700	3.6600	5.5300
	调整后每股净资产(元)	–	–	–	–
	每股资本公积金(元)	2.4783	2.4783	2.4783	4.2175
	每股盈余公积金(元)	0.0443	0.0443	0.0298	0.0447
	每股未分配利润(元)	0.2731	0.2437	0.1473	0.2705
	每股现金净流量(元)	0.0452	–2.9813	–0.3209	4.6474
	每股经营现金净流量(元)	–0.1030	–0.2541	–0.1881	0.4877
	净资产收益率(扣除)(%)	0.7800	2.2100	0.3400	25.5300
	净资产收益率(%)	0.7750	3.8373	0.9210	8.0830
	总资产(万)	37157.54	36406.09	34023.93	36656.02
	股东权益(万)	34161.38	33896.69	32898.98	33195.99
	主营业务收入(万)	2116.92	6482.84	1245.35	11679.30
	主营成本(万)	1430.58	4694.99	619.49	7074.97
	营业收入(万)	2117.44	6589.73	1285.29	11689.73
	营业成本(万)	1430.58	4705.72	619.49	7074.97
	投资收益(万)	–	–	–	–
	利润总额(万)	380.92	1521.97	356.47	3138.15
	净利润(万)	264.69	1300.70	303.00	2683.28

沈阳新松机器人自动化股份有限公司

公司概况	公司名称	沈阳新松机器人自动化股份有限公司			证券简称	机器人
	法人代表	王越超	董秘	赵立国	证券代码	300024
	公司网址	www.siasun.com		电子信箱	zqb@siasun.com	
	电　　话	024-31699888 31699818		传　　真	024-31680024	
	办公地址	辽宁省沈阳市浑南新区金辉街16号				
	经营范围	机器人与自动化装备、自动化立体仓库及仓储物流设备、机械电子设备等				

	指标\报告期	2011.06.30	2010.12.31	2010.06.30	2009.12.31
主要财务指标	每股收益(元)	0.1600	0.8000	0.2300	0.6200
	每股收益(扣除)(元)	0.1600	0.6000	0.2200	0.5400
	每股净资产(元)	3.6100	7.6900	7.1200	15.2700
	调整后每股净资产(元)	–	–	–	–
	每股资本公积金(元)	1.6453	4.3197	4.3197	10.5034
	每股盈余公积金(元)	0.1210	0.2663	0.1973	0.4341
	每股未分配利润(元)	0.8472	2.1078	1.6079	3.3343
	每股现金净流量(元)	–0.2453	0.0186	–0.6731	8.8136
	每股经营现金净流量(元)	–0.0941	0.8880	–0.0628	–0.2868
	净资产收益率(扣除)(%)	4.4780	10.3660	3.2480	7.0442
	净资产收益率(%)	4.5500	10.9100	3.2500	16.2700
	总资产(万)	147903.80	139166.59	117705.33	119059.07
	股东权益(万)	110988.71	107228.51	99252.26	96482.71
	主营业务收入(万)	36105.29	54360.26	23753.89	46265.74
	主营成本(万)	27042.29	39042.32	16705.73	33778.82
	营业收入(万)	36105.29	55215.92	23753.89	46649.94
	营业成本(万)	27042.29	39042.32	16705.73	33805.63
	投资收益(万)	16.14	84.55	–95.14	–43.99
	利润总额(万)	5930.13	13309.41	4081.58	8323.07
	净利润(万)	4817.04	10790.39	3130.86	6616.07

杭州华星创业通信技术股份有限公司

公司概况	公司名称	杭州华星创业通信技术股份有限公司			证券简称	华星创业
	法人代表	程小彦	董秘	方春英	证券代码	300025
	公司网址	www.hxcy.com.cn		电子信箱	hxcy_1@hxcy.com.cn	
	电　　话	0571-87208518		传　　真	0571-87208517	
	办公地址	浙江省杭州市西湖区文三路553-555号浙江省中小企业科技楼10楼				
	经营范围	计算机软、硬件及系统集成技术开发、技术服务、成果转让等				

	指标\报告期	2011.06.30	2010.12.31	2010.06.30	2009.12.31
主要财务指标	每股收益(元)	0.1300	0.5000	0.1300	0.4200
	每股收益(扣除)(元)	0.1300	0.4600	0.1100	0.4000
	每股净资产(元)	2.4900	3.6100	3.3100	6.4300
	调整后每股净资产(元)	–	–	–	–
	每股资本公积金(元)	0.8628	1.7692	1.7692	4.5383
	每股盈余公积金(元)	0.0608	0.0912	0.0504	0.1007
	每股未分配利润(元)	0.5662	0.7514	0.4868	0.7919
	每股现金净流量(元)	–0.1609	–1.4396	–1.7472	4.3390
	每股经营现金净流量(元)	–0.6391	0.1351	–0.1173	0.0028
	净资产收益率(扣除)(%)	5.1600	13.6800	5.0600	25.5600
	净资产收益率(%)	5.2980	13.7390	5.7710	10.2520
	总资产(万)	65835.74	41408.03	34908.43	30365.67
	股东权益(万)	29876.23	28893.72	26450.48	25723.97
	主营业务收入(万)	18029.42	24010.86	7575.43	15426.37
	主营成本(万)	10835.13	13776.71	4421.60	8443.36
	营业收入(万)	18068.87	24136.45	7611.52	15561.99
	营业成本(万)	10843.70	13792.61	4429.55	8453.51
	投资收益(万)	–	–	–	–
	利润总额(万)	2462.02	5104.69	1823.76	3073.26
	净利润(万)	1582.68	3969.75	1526.50	2637.19

天津红日药业股份有限公司

公司概况	公司名称	天津红日药业股份有限公司			证券简称	红日药业
	法人代表	姚小青	董秘	姚小青(代)	证券代码	300026
	公司网址	www.chasesun.cn		电子信箱	sbj_chasesun@sina.com	
	电　　话	022-59623217		传　　真	022-59623290	
	办公地址	天津市新技术产业园区武清开发区泉发路西				
	经营范围	小容量注射剂、片剂、硬胶囊剂、颗粒剂、原料药等				

	指标\报告期	2011.06.30	2010.12.31	2010.06.30	2009.12.31
主要财务指标	每股收益(元)	0.2900	1.0100	0.2100	1.0400
	每股收益(扣除)(元)	0.2700	1.0100	0.2100	0.9800
	每股净资产(元)	6.8000	10.0200	9.2800	18.5100
	调整后每股净资产(元)	–	–	–	–
	每股资本公积金(元)	4.0301	6.5451	6.5346	14.0875
	每股盈余公积金(元)	0.1775	0.2663	0.1691	0.3462
	每股未分配利润(元)	1.5914	2.2086	1.5729	3.0770
	每股现金净流量(元)	–0.2592	–2.9341	–3.2862	9.7549
	每股经营现金净流量(元)	–0.2989	0.4593	–0.2234	2.6490
	净资产收益率(扣除)(%)	4.2010	10.1130	3.4570	8.9187
	净资产收益率(%)	4.2000	10.5400	3.4400	28.7600
	总资产(万)	132630.62	127982.31	115466.85	105170.99
	股东权益(万)	113405.08	109768.43	100957.18	92687.86
	主营业务收入(万)	22387.00	38360.58	11928.67	22503.81
	主营成本(万)	7325.21	12026.56	4251.28	4701.74
	营业收入(万)	22387.05	38387.86	11929.12	22508.05
	营业成本(万)	7325.21	12027.31	4251.31	4708.07
	投资收益(万)	–23.72	–38.81	–22.18	–41.77
	利润总额(万)	7345.17	13493.97	4181.44	9812.09
	净利润(万)	4313.82	10202.87	3228.69	8311.07

华谊兄弟传媒股份有限公司

公司概况	公司名称	华谊兄弟传媒股份有限公司			证券简称	华谊兄弟
	法人代表	王忠军	董秘	胡明	证券代码	300027
	公司网址	www.hbpictures.com		电子信箱	ir@huayimedia.com	
	电　　话	010-65805818		传　　真	010-65881512	
	办公地址	北京市朝阳区朝阳门外大街18号丰联广场A座908室				
	经营范围	制作、复制、发行:专题、专栏、综艺、动画片、广播剧、电视剧等				

	指标\报告期	2011.06.30	2010.12.31	2010.06.30	2009.12.31
主要财务指标	每股收益(元)	0.1100	0.4400	0.0500	0.3200
	每股收益(扣除)(元)	0.0900	0.4000	0.0200	0.3100
	每股净资产(元)	2.5600	4.6200	4.2600	8.8100
	调整后每股净资产(元)	–	–	–	–
	每股资本公积金(元)	1.1745	2.9141	2.9153	6.9919
	每股盈余公积金(元)	0.0526	0.0946	0.0375	0.0750
	每股未分配利润(元)	0.3334	0.6106	0.3078	0.7474
	每股现金净流量(元)	–0.2553	–0.6673	–1.0464	5.8928
	每股经营现金净流量(元)	0.1501	0.2719	–0.4886	0.3104
	净资产收益率(扣除)(%)	3.5700	8.8100	0.6900	17.2900
	净资产收益率(%)	4.1100	9.6130	1.9750	5.7100
	总资产(万)	190927.45	202182.47	174475.38	171053.93
	股东权益(万)	154854.04	155209.13	143158.69	148080.37
	主营业务收入(万)	33054.94	106971.29	20069.24	60091.27
	主营成本(万)	14908.85	56451.25	10180.02	32470.83
	营业收入(万)	33066.32	107171.40	20256.74	60413.77
	营业成本(万)	14908.85	56554.19	10180.02	32470.83
	投资收益(万)	–	–	–	–
	利润总额(万)	8272.22	19034.01	2313.77	11540.34
	净利润(万)	6364.91	14920.54	2827.67	8455.26

成都金亚科技股份有限公司

公司概况	公司名称	成都金亚科技股份有限公司			证券简称	金亚科技
	法人代表	周旭辉	董秘	徐丽杰	证券代码	300028
	公司网址	www.geeya.cn		电子信箱	stocks@geeya.cn	
	电　话	028-68232103		传　真	028-68232100 68232062	
	办公地址	四川省成都市蜀西路 50 号				
	经营范围	数字电视机顶盒、有线电视器材、数字化用户信息网络终端产品等				

主要财务指标	指标\报告期	2011.06.30	2010.12.31	2010.06.30	2009.12.31
	每股收益(元)	0.0800	0.3000	0.1100	0.3300
	每股收益(扣除)(元)	0.0800	0.2600	0.1000	0.2900
	每股净资产(元)	2.5900	3.9700	3.7900	4.5000
	调整后每股净资产(元)	–	–	–	–
	每股资本公积金(元)	1.2173	2.3260	2.3260	2.9912
	每股盈余公积金(元)	0.0446	0.0669	0.0488	0.0584
	每股未分配利润(元)	0.3323	0.5763	0.4500	0.4475
	每股现金净流量(元)	0.1411	–0.0513	–0.1414	2.6451
	每股经营现金净流量(元)	0.1654	0.1963	0.0161	–0.1263
	净资产收益率(扣除)(%)	3.0900	6.7400	3.9100	13.1100
	净资产收益率(%)	3.1580	7.6830	4.1990	6.6390
	总资产(万)	84227.17	80989.84	78483.43	77039.43
	股东权益(万)	68642.14	70016.64	67470.59	66107.35
	主营业务收入(万)	10283.32	21203.66	12215.79	18878.76
	主营成本(万)	6396.11	13669.05	7583.78	11846.88
	营业收入(万)	10283.32	21228.52	12229.51	18974.86
	营业成本(万)	6396.11	13674.08	7585.33	11900.10
	投资收益(万)	–	–	–	–
	利润总额(万)	2571.78	6389.85	3615.45	5031.79
	净利润(万)	2168.00	5379.29	2833.24	4389.00

江苏华盛天龙光电设备股份有限公司

公司概况	公司名称	江苏华盛天龙光电设备股份有限公司			证券简称	天龙光电
	法人代表	冯金生	董秘	吕松	证券代码	300029
	公司网址	www.hstl.cn		电子信箱	info@hstl.cn	
	电　话	0519-82330395		传　真	0519-82367120	
	办公地址	江苏省金坛经济开发区华城路 318 号				
	经营范围	硅材料生长、加工设备的研发、生产和销售等				

主要财务指标	指标\报告期	2011.06.30	2010.12.31	2010.06.30	2009.12.31
	每股收益(元)	0.3066	0.4300	0.1792	0.4600
	每股收益(扣除)(元)	0.3035	0.4300	0.1633	0.4100
	每股净资产(元)	6.1300	5.9737	5.7260	5.6983
	调整后每股净资产(元)	–	–	–	–
	每股资本公积金(元)	4.1518	4.1518	4.1518	4.1533
	每股盈余公积金(元)	0.1083	0.1083	0.0620	0.0620
	每股未分配利润(元)	0.8702	0.7136	0.5122	0.4830
	每股现金净流量(元)	–1.3847	–1.1554	–0.6921	4.4495
	每股经营现金净流量(元)	–0.4136	0.2612	–0.0149	0.1767
	净资产收益率(扣除)(%)	5.0300	7.4100	2.8300	27.0300
	净资产收益率(%)	5.0020	7.1460	3.1300	6.0015
	总资产(万)	168604.34	144722.81	125860.17	132164.13
	股东权益(万)	122606.84	119474.68	114520.95	113965.81
	主营业务收入(万)	39935.20	44496.23	18227.13	28455.14
	主营成本(万)	23387.33	28376.93	12086.31	18087.39
	营业收入(万)	41753.05	45229.82	18579.08	29634.39
	营业成本(万)	24490.24	28770.46	12310.86	19112.36
	投资收益(万)	–	–	–	–
	利润总额(万)	10386.23	10540.04	4245.46	7999.54
	净利润(万)	6132.16	8538.02	3584.29	6839.63

广州阳普医疗科技股份有限公司

公司概况	公司名称	广州阳普医疗科技股份有限公司			证券简称	阳普医疗
	法人代表	邓冠华	董秘	连庆明	证券代码	300030
	公司网址	www.improve-medical.com		电子信箱	board@improve-medical.com	
	电　话	020-32218167		传　真	020-32218166 32218223	
	办公地址	广东省广州市经济技术开发区科学城开源大道 102 号				
	经营范围	为临床检验实验室与临床护理提供以专业解决方案为依托的技术、产品和服务等				

主要财务指标	指标\报告期	2011.06.30	2010.12.31	2010.06.30	2009.12.31
	每股收益(元)	0.1100	0.3900	0.0600	0.5100
	每股收益(扣除)(元)	0.0800	0.3300	0.0700	0.4700
	每股净资产(元)	4.0600	8.0100	7.7300	7.6200
	调整后每股净资产(元)	–	–	–	–
	每股资本公积金(元)	2.6793	5.8586	5.8586	5.8586
	每股盈余公积金(元)	0.0608	0.1215	0.0818	0.0818
	每股未分配利润(元)	0.3231	1.0274	0.7873	0.6749
	每股现金净流量(元)	–0.3660	–1.1121	–1.0708	5.9641
	每股经营现金净流量(元)	–0.0459	0.3899	–0.1808	0.4464
	净资产收益率(扣除)(%)	1.9100	4.1600	1.7300	27.2500
	净资产收益率(%)	2.6940	4.8980	1.4550	4.7740
	总资产(万)	68493.53	65124.38	62712.65	65784.25
	股东权益(万)	60135.40	59255.37	57185.25	56353.30
	主营业务收入(万)	9806.29	16576.32	6313.65	14064.07
	主营成本(万)	5362.53	9192.00	3385.29	7497.67
	营业收入(万)	9808.14	16586.61	6318.75	14079.34
	营业成本(万)	5362.53	9192.00	3385.29	7497.67
	投资收益(万)	–	–	–	–
	利润总额(万)	1976.69	3346.32	978.76	3088.75
	净利润(万)	1620.03	2902.07	831.95	2690.50

无锡宝通带业股份有限公司

公司概况	公司名称	无锡宝通带业股份有限公司			证券简称	宝通带业
	法人代表	包志方	董秘	陈希	证券代码	300031
	公司网址	www.btdy.com		电子信箱	boton8011@126.com	
	电　话	0510-83709871		传　真	0510-83709871	
	办公地址	无锡市新区张公路 19 号				
	经营范围	加工制造橡胶产品、普通机械;销售自产产品并提供售后服务				

主要财务指标	指标\报告期	2011.06.30	2010.12.31	2010.06.30	2009.12.31
	每股收益(元)	0.1500	0.4400	0.2200	0.6400
	每股收益(扣除)(元)	0.1400	0.4300	0.2200	0.6500
	每股净资产(元)	6.5500	6.4000	6.1800	12.2200
	调整后每股净资产(元)	–	–	–	–
	每股资本公积金(元)	4.3428	4.3428	4.3428	9.6856
	每股盈余公积金(元)	0.1208	0.1208	0.0766	0.1531
	每股未分配利润(元)	1.0841	0.9369	0.7594	1.3782
	每股现金净流量(元)	–0.6136	–1.0610	–0.9955	9.2871
	每股经营现金净流量(元)	–0.2661	–0.1517	–0.3117	0.6479
	净资产收益率(扣除)(%)	2.1900	6.9700	3.5400	31.4400
	净资产收益率(%)	2.2490	6.9050	3.5650	7.9079
	总资产(万)	71783.04	69679.11	65911.15	68827.03
	股东权益(万)	65476.95	64004.22	61787.58	61084.81
	主营业务收入(万)	20387.01	33424.69	16452.63	27670.62
	主营成本(万)	17319.02	25647.24	12897.59	19840.83
	营业收入(万)	20387.01	33424.69	16452.63	27670.62
	营业成本(万)	17319.02	25647.24	12897.59	19840.83
	投资收益(万)	–	–	–	–
	利润总额(万)	1635.90	5207.60	2564.29	5525.48
	净利润(万)	1472.73	4419.40	2202.77	4830.51

金龙机电股份有限公司

公司概况	公司名称	金龙机电股份有限公司		证券简称	金龙机电
	法人代表	金绍平	董秘 黄娟	证券代码	300032
	公司网址	www.kotl.com.cn		电子信箱	hj@kotl.com.cn
	电　话	0577-61801868 61806666 8982		传　真	0577-61801666
	办公地址	浙江省温州市乐清市北白象镇进港大道边金龙科技园			
	经营范围	超小型微特电机及其组件			

主要财务指标	指标\报告期	2011.06.30	2010.12.31	2010.06.30	2009.12.31
	每股收益(元)	0.1543	0.2811	0.1722	0.5483
	每股收益(扣除)(元)	0.1532	0.2579	0.1617	0.5346
	每股净资产(元)	5.6967	5.7900	5.6700	5.7900
	调整后每股净资产(元)	–	–	–	–
	每股资本公积金(元)	4.3419	4.3419	4.3236	4.3236
	每股盈余公积金(元)	0.1237	0.1105	0.0842	0.0648
	每股未分配利润(元)	0.2311	0.3400	0.2576	0.4046
	每股现金净流量(元)	–0.5153	–0.3080	–0.4770	4.5479
	每股经营现金净流量(元)	–0.1082	0.3963	0.0948	0.4518
	净资产收益率(扣除)(%)	2.6100	4.4600	2.7500	36.1800
	净资产收益率(%)	2.7090	4.8520	3.0400	6.9400
	总资产(万)	87098.80	87951.23	83901.83	91935.43
	股东权益(万)	81292.55	82657.68	80844.57	82667.71
	主营业务收入(万)	12484.34	24837.26	12462.44	32638.72
	主营成本(万)	8485.33	17516.75	8537.38	22291.32
	营业收入(万)	12536.62	24926.77	12462.44	32719.81
	营业成本(万)	8485.33	17516.75	8537.38	22367.59
	投资收益(万)	–	–	–	–
	利润总额(万)	2549.68	5046.98	2805.82	6767.61
	净利润(万)	2202.37	4010.80	2457.86	5738.62

浙江核新同花顺网络信息股份有限公司

公司概况	公司名称	浙江核新同花顺网络信息股份有限公司		证券简称	同花顺
	法人代表	易峥	董秘 朱志峰	证券代码	300033
	公司网址	www.10jqka.com.cn		电子信箱	myhexin@myhexin.com
	电　话	0571-88852766		传　真	0571-88911818 8001
	办公地址	浙江省杭州市翠柏路7号杭州电子商务产业园2楼			
	经营范围	为国内资本市场提供金融资讯、数据分析和软件系统服务等			

主要财务指标	指标\报告期	2011.06.30	2010.12.31	2010.06.30	2009.12.31
	每股收益(元)	0.2600	0.6800	0.3200	0.7400
	每股收益(扣除)(元)	0.2400	0.6300	0.3100	0.7100
	每股净资产(元)	8.1200	8.0700	7.7100	15.0800
	调整后每股净资产(元)	–	–	–	–
	每股资本公积金(元)	5.6546	5.6546	5.6546	12.3092
	每股盈余公积金(元)	0.0906	0.0906	0.0516	0.1031
	每股未分配利润(元)	1.3710	1.3245	1.0027	1.6691
	每股现金净流量(元)	–0.3558	0.8092	0.0778	14.3017
	每股经营现金净流量(元)	0.1255	1.1956	0.3571	1.7970
	净资产收益率(扣除)(%)	2.9900	8.1100	4.0400	53.6800
	净资产收益率(%)	3.1600	8.4150	4.1300	7.3740
	总资产(万)	123731.98	125716.99	112487.49	109477.99
	股东权益(万)	109080.94	108457.19	103607.36	101346.60
	主营业务收入(万)	10807.59	20905.05	9485.22	19081.69
	主营成本(万)	1541.66	2768.12	831.52	1852.23
	营业收入(万)	11292.33	21444.58	9485.22	19081.69
	营业成本(万)	2008.93	3288.85	831.52	1852.23
	投资收益(万)	–	–	–	–
	利润总额(万)	3730.30	10256.45	4907.42	8331.82
	净利润(万)	3446.96	9126.69	4276.76	7473.52

北京钢研高纳科技股份有限公司

公司概况	公司名称	北京钢研高纳科技股份有限公司		证券简称	钢研高纳
	法人代表	干勇	董秘 许洪贵	证券代码	300034
	公司网址	www.cisri-gaona.com.cn		电子信箱	mahj@cisri.com.cn
	电　话	010-62182656		传　真	010-62185097
	办公地址	北京市海淀区大柳树南村19号			
	经营范围	铸造高温合金制品、变形高温合金制品和新型高温合金材料及制品的生产、销售			

主要财务指标	指标\报告期	2011.06.30	2010.12.31	2010.06.30	2009.12.31
	每股收益(元)	0.1361	0.3944	0.1650	0.4312
	每股收益(扣除)(元)	0.1360	0.3804	0.1650	0.4308
	每股净资产(元)	4.0816	7.1819	6.9340	6.8500
	调整后每股净资产(元)	–	–	–	–
	每股资本公积金(元)	2.2020	4.7636	4.7452	4.7452
	每股盈余公积金(元)	0.1099	0.1977	0.1583	0.1583
	每股未分配利润(元)	0.7698	1.2206	1.0306	0.9457
	每股现金净流量(元)	–0.3627	0.2113	–0.1228	5.1544
	每股经营现金净流量(元)	–0.2344	0.3315	–0.0364	0.3555
	净资产收益率(扣除)(%)	3.3600	5.4395	2.3900	16.0372
	净资产收益率(%)	3.3350	5.4910	2.3790	4.5080
	总资产(万)	89364.28	89344.55	86146.31	86271.55
	股东权益(万)	86525.68	84582.04	81663.34	80663.00
	主营业务收入(万)	16442.20	33066.15	13717.36	29120.05
	主营成本(万)	12172.80	24768.13	10162.86	22221.24
	营业收入(万)	16442.20	33066.15	13717.36	29120.05
	营业成本(万)	12172.80	24768.13	10162.86	22221.24
	投资收益(万)	–	–	–	–
	利润总额(万)	3395.07	5383.10	2285.23	4249.61
	净利润(万)	2885.81	4644.74	1942.51	3635.90

湖南中科电气股份有限公司

公司概况	公司名称	湖南中科电气股份有限公司		证券简称	中科电气
	法人代表	余新	董秘 黄雄军	证券代码	300035
	公司网址	www.cseco.cn		电子信箱	yueyangzhongke@vip.sina.com
	电　话	0730-8752229		传　真	0730-8752229
	办公地址	湖南省岳阳市经济技术开发区168号湖南中科电气股份有限公司			
	经营范围	电磁、电气、电子、电器、机械设备的设计、制造及销售等			

主要财务指标	指标\报告期	2011.06.30	2010.12.31	2010.06.30	2009.12.31
	每股收益(元)	0.1500	0.4800	0.2200	0.6200
	每股收益(扣除)(元)	0.1400	0.4300	0.1900	0.5800
	每股净资产(元)	6.0600	7.8900	7.6300	11.3200
	调整后每股净资产(元)	–	–	–	–
	每股资本公积金(元)	4.0735	5.5956	5.5956	8.8934
	每股盈余公积金(元)	0.1126	0.1464	0.0973	0.1459
	每股未分配利润(元)	0.8787	1.1514	0.9395	1.2798
	每股现金净流量(元)	–0.0798	–1.2655	–0.6067	8.6379
	每股经营现金净流量(元)	–0.1290	–0.4492	–0.2339	0.0538
	净资产收益率(扣除)(%)	2.3100	5.5300	2.5200	27.5500
	净资产收益率(%)	2.4220	6.0880	2.8780	6.8264
	总资产(万)	85927.02	81933.24	75186.61	75953.84
	股东权益(万)	72732.45	72816.17	70409.22	69612.91
	主营业务收入(万)	9591.63	18135.84	6937.13	18018.64
	主营成本(万)	5624.59	9790.26	3311.82	8902.28
	营业收入(万)	9594.10	18135.84	6937.13	18027.19
	营业成本(万)	5624.59	9790.26	3311.82	8910.60
	投资收益(万)	–	–	–	–
	利润总额(万)	2219.69	5092.16	2343.16	5540.57
	净利润(万)	1761.29	4433.26	2026.31	4752.03

北京超图软件股份有限公司

公司概况	公司名称	北京超图软件股份有限公司		证券简称	超图软件
	法人代表	钟耳顺	董秘 龚娅杰	证券代码	300036
	公司网址	www.supermap.com		电子信箱	public@supermap.com
	电　话	010-59896000		传　真	010-59896666
	办公地址	北京市朝阳区酒仙桥北路甲 10 号电子城 IT 产业园 201 号楼 E 门 3 层			
	经营范围	地理信息系统、遥感、全球定位系统、办公自动化软件技术开发、技术咨询等			

主要财务指标 指标\报告期	2011.06.30	2010.12.31	2010.06.30	2009.12.31
每股收益(元)	0.0520	0.6010	0.0740	0.5630
每股收益(扣除)(元)	0.0370	0.4730	0.0130	0.4660
每股净资产(元)	4.1900	6.8200	6.3000	6.4300
调整后每股净资产(元)	–	–	–	–
每股资本公积金(元)	2.5824	4.7258	4.7296	4.7295
每股盈余公积金(元)	0.0793	0.1269	0.0711	0.0711
每股未分配利润(元)	0.5356	0.9735	0.5027	0.6283
每股现金净流量(元)	–0.5994	–0.5037	–0.9749	4.9944
每股经营现金净流量(元)	–0.4944	0.3597	–0.3136	0.2836
净资产收益率(扣除)(%)	1.2470	8.8130	1.1800	6.5430
净资产收益率(%)	1.2200	9.0900	1.1600	25.6200
总资产(万)	60502.83	64216.96	50403.02	54811.27
股东权益(万)	52362.28	53178.05	47261.43	48203.37
主营业务收入(万)	9353.52	20253.80	5634.45	15275.27
主营成本(万)	2388.09	6420.60	1122.46	6282.23
营业收入(万)	9393.30	20253.80	5634.45	15275.27
营业成本(万)	2445.91	6420.60	1122.46	6282.23
投资收益(万)	–48.52	551.39	–61.61	244.74
利润总额(万)	796.08	4855.77	591.90	3437.50
净利润(万)	626.73	4507.45	557.67	3153.73

深圳新宙邦科技股份有限公司

公司概况	公司名称	深圳新宙邦科技股份有限公司		证券简称	新 宙 邦
	法人代表	覃九三	董秘 梁作	证券代码	300037
	公司网址	www.capchem.com		电子信箱	stock@capchem.com
	电　话	0755-89924512		传　真	0755-89924533
	办公地址	广东省深圳市龙岗区坪山沙坣同富裕工业区			
	经营范围	电容器化学品与锂离子电池化学品两大类产品等			

主要财务指标 指标\报告期	2011.06.30	2010.12.31	2010.06.30	2009.12.31
每股收益(元)	0.5600	0.8800	0.3900	0.7500
每股收益(扣除)(元)	0.5500	0.8600	0.3800	0.7500
每股净资产(元)	9.5200	9.2700	8.7800	8.6700
调整后每股净资产(元)	–	–	–	–
每股资本公积金(元)	6.9175	6.9175	6.9175	6.9175
每股盈余公积金(元)	0.1623	0.1623	0.0785	0.0785
每股未分配利润(元)	1.4466	1.1909	0.7857	0.6769
每股现金净流量(元)	–1.3338	–0.6351	–0.5444	6.7794
每股经营现金净流量(元)	–0.1307	–0.0075	–0.1519	0.2635
净资产收益率(扣除)(%)	5.8370	9.4730	4.4600	64.8073
净资产收益率(%)	5.8800	9.8600	4.4600	35.6600
总资产(万)	116531.69	110052.36	103282.53	100567.21
股东权益(万)	101872.17	99156.27	93944.95	92787.60
主营业务收入(万)	31240.85	47735.14	22285.07	31883.63
主营成本(万)	21018.81	32544.77	15143.90	20685.07
营业收入(万)	31240.85	47735.14	22285.07	31886.59
营业成本(万)	21018.81	32544.77	15144.84	20687.89
投资收益(万)	–	–	–	2.80
利润总额(万)	6992.39	11096.33	4923.55	7085.33
净利润(万)	5946.10	9392.56	4160.67	6013.31

北京梅泰诺通信技术股份有限公司

公司概况	公司名称	北京梅泰诺通信技术股份有限公司		证券简称	梅 泰 诺
	法人代表	张志勇	董秘 伍岚南	证券代码	300038
	公司网址	www.meteno.com		电子信箱	info@miteno.com
	电　话	010-82055588		传　真	010-82055731
	办公地址	北京市海淀区花园东路 15 号旷怡大厦 7、8 层			
	经营范围	三管通信塔为核心的各类通信塔的研发设计、生产制造及安装维护等			

主要财务指标 指标\报告期	2011.06.30	2010.12.31	2010.06.30	2009.12.31
每股收益(元)	0.1300	0.2800	0.1200	0.6900
每股收益(扣除)(元)	0.0900	0.2600	0.1200	0.6500
每股净资产(元)	8.0700	8.0900	7.9200	7.8900
调整后每股净资产(元)	–	–	–	–
每股资本公积金(元)	6.3586	6.3586	6.3437	6.3437
每股盈余公积金(元)	0.0826	0.0826	0.0490	0.0490
每股未分配利润(元)	0.6282	0.6478	0.5237	0.5008
每股现金净流量(元)	–1.1591	–1.1833	–1.4459	6.2607
每股经营现金净流量(元)	–0.1455	–1.0237	–0.6416	–0.4018
净资产收益率(扣除)(%)	1.1500	3.2700	1.5300	28.0100
净资产收益率(%)	1.6160	3.4690	1.5520	6.3300
总资产(万)	106795.22	106910.26	90434.43	91754.27
股东权益(万)	73891.58	74071.17	72490.28	72280.70
主营业务收入(万)	17191.60	24277.30	10930.87	30747.52
主营成本(万)	14025.53	18824.83	8356.43	23227.77
营业收入(万)	17191.60	24277.30	10930.87	30860.28
营业成本(万)	14025.53	18824.83	8356.43	23313.24
投资收益(万)	–	–	–	–
利润总额(万)	1420.99	2804.09	1262.87	5091.89
净利润(万)	1193.96	2569.33	1125.28	4575.59

上海凯宝药业股份有限公司

公司概况	公司名称	上海凯宝药业股份有限公司		证券简称	上海凯宝
	法人代表	刘宜善	董秘 穆竟伟	证券代码	300039
	公司网址	www.xykb.com		电子信箱	kbyydmb@126.com
	电　话	021-37572069		传　真	021-37572069
	办公地址	上海市工业综合开发区程普路 88 号			
	经营范围	药品生产(小容量注射剂、片剂、硬胶囊剂、颗粒剂、合剂、糖浆剂等			

主要财务指标 指标\报告期	2011.06.30	2010.12.31	2010.06.30	2009.12.31
每股收益(元)	0.3200	0.7100	0.2000	0.5200
每股收益(扣除)(元)	0.2700	0.6200	0.1500	0.4300
每股净资产(元)	4.7600	7.0500	6.6500	10.4600
调整后每股净资产(元)	–	–	–	–
每股资本公积金(元)	3.0598	5.0897	5.0897	8.7435
每股盈余公积金(元)	0.0978	0.1468	0.0758	0.1213
每股未分配利润(元)	0.6008	0.8177	0.4854	0.5932
每股现金净流量(元)	–0.2708	–1.0330	–0.9604	8.9795
每股经营现金净流量(元)	0.2883	0.1128	0.0441	0.4812
净资产收益率(扣除)(%)	6.7500	10.0000	4.5600	5.9910
净资产收益率(%)	6.7500	10.4300	4.5600	48.0600
总资产(万)	137574.96	137039.90	124004.69	134539.02
股东权益(万)	125166.25	123701.07	116629.91	114619.07
主营业务收入(万)	39474.18	60035.20	23339.09	45572.40
主营成本(万)	6959.13	10476.15	3935.98	7536.54
营业收入(万)	39484.18	60341.44	23558.34	45888.80
营业成本(万)	6959.13	10753.47	4142.25	7828.78
投资收益(万)	188.94	–	–	0.56
利润总额(万)	9997.48	14729.86	6279.39	8023.53
净利润(万)	8479.58	12370.01	5298.84	6866.87

哈尔滨九洲电气股份有限公司

公司概况						
	公司名称	哈尔滨九洲电气股份有限公司			证券简称	九洲电气
	法人代表	李寅	董秘	李寅(代)	证券代码	300040
	公司网址	www.jze.com.cn		电子信箱	stock@jze.com.cn	
	电　话	0451-86687723		传　真	0451-86696792	
	办公地址	黑龙江省哈尔滨市南岗区哈平路 162 号				
	经营范围	电力电子成套设备及相配套的电控自动化产品的研发、制造、销售及服务等				

主要财务指标	指标\报告期	2011.06.30	2010.12.31	2010.06.30	2009.12.31
	每股收益(元)	0.1100	0.3800	0.1000	0.9100
	每股收益(扣除)(元)	0.1100	0.3700	0.1000	0.8600
	每股净资产(元)	6.2600	6.2465	5.9600	12.0200
	调整后每股净资产(元)	–	–	–	–
	每股资本公积金(元)	3.7529	3.7529	3.7432	8.4863
	每股盈余公积金(元)	0.1852	0.1852	0.1476	0.2953
	每股未分配利润(元)	1.3214	1.3084	1.0733	2.2405
	每股现金净流量(元)	–0.7137	–1.9531	–1.6016	8.4231
	每股经营现金净流量(元)	–0.6157	–0.7263	–0.4432	0.5080
	净资产收益率(扣除)(%)	1.6700	6.0000	1.6700	17.0400
	净资产收益率(%)	1.8060	6.0140	1.7290	5.6040
	总资产(万)	118634.27	114314.10	102248.77	113690.40
	股东权益(万)	86944.69	86763.57	82842.06	83493.64
	主营业务收入(万)	19798.52	42838.85	16119.58	37686.45
	主营成本(万)	14297.80	30892.21	11636.73	26293.83
	营业收入(万)	24032.64	46826.66	16130.84	37698.80
	营业成本(万)	18529.30	34827.69	11636.73	26305.90
	投资收益(万)	–	–	–	–
	利润总额(万)	1900.90	5848.02	1674.44	5459.54
	净利润(万)	1570.12	5217.59	1431.92	4679.24

湖北回天胶业股份有限公司

公司概况						
	公司名称	湖北回天胶业股份有限公司			证券简称	回天胶业
	法人代表	章锋	董秘	田海东	证券代码	300041
	公司网址	www.huitian.net.cn		电子信箱	htjy2009@163.com	
	电　话	0710-3757888*8068		传　真	0710-3347316	
	办公地址	湖北省襄樊市国家高新技术开发区航天路 7 号				
	经营范围	胶粘剂、汽车制动液、原子灰、液压油、润滑油、润滑脂的生产与销售等				

主要财务指标	指标\报告期	2011.06.30	2010.12.31	2010.06.30	2009.12.31
	每股收益(元)	0.4282	1.3305	0.4023	1.0368
	每股收益(扣除)(元)	0.4042	1.2579	0.3848	0.9997
	每股净资产(元)	8.0500	12.7900	12.1100	11.9600
	调整后每股净资产(元)	–	–	–	–
	每股资本公积金(元)	5.0223	8.6418	8.6418	8.6418
	每股盈余公积金(元)	0.5726	0.9162	0.8447	0.8447
	每股未分配利润(元)	1.4512	2.2368	1.6193	1.4778
	每股现金净流量(元)	–0.8294	–2.0745	–1.3827	8.7835
	每股经营现金净流量(元)	–0.0106	0.7686	0.2765	0.7855
	净资产收益率(扣除)(%)	5.0000	10.1600	5.0100	24.9800
	净资产收益率(%)	5.3220	10.3980	5.3090	6.4334
	总资产(万)	92112.72	91355.94	88216.23	90890.39
	股东权益(万)	84964.17	84443.15	79895.81	78962.28
	主营业务收入(万)	23761.15	40880.14	18102.19	23523.34
	主营成本(万)	14427.71	22614.66	10051.92	12528.33
	营业收入(万)	23963.51	41446.14	18162.86	23860.17
	营业成本(万)	14640.31	23147.83	10090.22	12856.66
	投资收益(万)	–	–	–	–
	利润总额(万)	5221.26	10287.31	4970.36	5844.51
	净利润(万)	4521.56	8780.77	4247.75	5079.94

深圳市朗科科技股份有限公司

公司概况						
	公司名称	深圳市朗科科技股份有限公司			证券简称	朗科科技
	法人代表	成晓华	董秘	罗筱溪	证券代码	300042
	公司网址	www.netac.com.cn		电子信箱	jenny.wang@netac.com	
	电　话	0755-26727572 26995149		传　真	0755-26727575	
	办公地址	广东省深圳市南山区高新区中国科技开发院孵化大楼六楼				
	经营范围	从事电脑软硬件、移动存储产品、数码影音娱乐产品、多媒体产品等				

主要财务指标	指标\报告期	2011.06.30	2010.12.31	2010.06.30	2009.12.31
	每股收益(元)	0.1200	0.3000	0.1400	0.7900
	每股收益(扣除)(元)	0.1000	0.2600	0.1100	0.7500
	每股净资产(元)	12.0100	11.9800	11.9100	11.9700
	调整后每股净资产(元)	–	–	–	–
	每股资本公积金(元)	10.0188	10.0188	10.0188	10.0188
	每股盈余公积金(元)	0.1474	0.1083	0.1059	0.0946
	每股未分配利润(元)	0.8397	0.8568	0.7854	0.8534
	每股现金净流量(元)	–1.3968	–0.8780	–0.6462	9.0819
	每股经营现金净流量(元)	0.1038	0.2233	0.0240	0.4159
	净资产收益率(扣除)(%)	0.8700	2.1600	0.9400	21.2200
	净资产收益率(%)	1.0160	2.5070	1.2030	4.9650
	总资产(万)	82830.74	89675.15	85991.31	90725.98
	股东权益(万)	80198.88	80052.05	79559.39	79938.10
	主营业务收入(万)	8950.80	22331.98	10643.10	27269.87
	主营成本(万)	7456.93	18377.54	8840.72	20778.87
	营业收入(万)	9226.85	22349.46	10647.97	27277.21
	营业成本(万)	7549.60	18377.54	8840.72	20778.87
	投资收益(万)	–	–	–	–
	利润总额(万)	1021.90	2138.78	1021.72	4290.24
	净利润(万)	814.96	2021.23	957.33	3968.61

广东星辉车模股份有限公司

公司概况						
	公司名称	广东星辉车模股份有限公司			证券简称	星辉车模
	法人代表	陈雁升	董秘	陈烽	证券代码	300043
	公司网址	www.rastar.cn		电子信箱	stock@rastar.cn	
	电　话	0754-89890019		传　真	0754-89890021 85897881	
	办公地址	广东省汕头市龙湖区黄山路 30 号荣兴大厦 24 楼				
	经营范围	车模、玩具车及其他玩具的研发、生产和销售等				

主要财务指标	指标\报告期	2011.06.30	2010.12.31	2010.06.30	2009.12.31
	每股收益(元)	0.2000	0.7200	0.0800	0.6600
	每股收益(扣除)(元)	0.1900	0.6900	0.1100	0.6300
	每股净资产(元)	4.4900	8.8000	12.3500	2.5600
	调整后每股净资产(元)	–	–	–	–
	每股资本公积金(元)	2.7745	6.5445	10.1811	0.0562
	每股盈余公积金(元)	0.0760	0.1521	0.1219	0.1625
	每股未分配利润(元)	0.6481	1.1042	1.0552	1.3397
	每股现金净流量(元)	–0.6750	4.5774	8.0864	0.1795
	每股经营现金净流量(元)	0.1934	0.6653	0.0714	1.1972
	净资产收益率(扣除)(%)	4.3400	8.5600	3.0100	44.5000
	净资产收益率(%)	4.3630	8.0160	2.8360	38.5610
	总资产(万)	81685.00	74851.49	69004.83	16425.40
	股东权益(万)	71168.33	69668.55	65230.07	10130.71
	主营业务收入(万)	18625.43	32443.92	12869.03	23285.24
	主营成本(万)	12627.56	21753.84	9009.23	15975.87
	营业收入(万)	18625.43	32450.10	12869.03	23328.83
	营业成本(万)	12627.56	21753.84	9009.23	16036.04
	投资收益(万)	–	–	–	–
	利润总额(万)	3664.94	6517.63	1458.84	4534.35
	净利润(万)	3104.80	5584.51	1241.11	3906.55

深圳市赛为智能股份有限公司

公司概况	公司名称	深圳市赛为智能股份有限公司			证券简称	赛为智能
	法人代表	周勇	董秘	商毛红	证券代码	300044
	公司网址	www.szsunwin.com		电子信箱	czy@szsunwin.com	
	电　　话	0755-86169631 86169980		传　　真	0755-86169393	
	办公地址	广东省深圳市南山区高新区科技中二路软件园 2 号楼 3 楼				
	经营范围	城市轨道交通、铁路、建筑行业提供智能化系统解决等				

	指标\报告期	2011.06.30	2010.12.31	2010.06.30	2009.12.31
主要财务指标	每股收益(元)	0.1318	0.2600	0.1361	0.4000
	每股收益(扣除)(元)	0.1182	0.2600	0.1409	0.5100
	每股净资产(元)	5.3800	5.2500	5.1100	2.0200
	调整后每股净资产(元)	–	–	–	–
	每股资本公积金(元)	3.7705	3.7705	3.7574	0.2460
	每股盈余公积金(元)	0.0719	0.0719	0.0463	0.0772
	每股未分配利润(元)	0.5393	0.4075	0.3086	0.6950
	每股现金净流量(元)	–0.1745	3.0715	3.3241	0.1091
	每股经营现金净流量(元)	–0.2929	–0.4527	–0.1229	–0.2281
	净资产收益率(扣除)(%)	2.4490	4.8780	2.5740	26.2550
	净资产收益率(%)	2.4800	5.3000	4.1600	30.2200
	总资产(万)	64493.71	62718.18	58115.45	23881.84
	股东权益(万)	54326.12	52499.74	51123.85	12109.51
	主营业务收入(万)	8177.96	18190.08	7810.35	20147.14
	主营成本(万)	5425.03	12056.21	4885.32	13340.35
	营业收入(万)	8182.01	18194.13	7810.35	20148.04
	营业成本(万)	5425.03	12056.21	4885.32	13340.35
	投资收益(万)	–	–	–	33.00
	利润总额(万)	1570.86	2968.41	1548.34	3668.03
	净利润(万)	1318.05	2560.84	1316.09	3179.39

北京华力创通科技股份有限公司

公司概况	公司名称	北京华力创通科技股份有限公司			证券简称	华力创通
	法人代表	高小离	董秘	吴梦冰	证券代码	300045
	公司网址	www.hwacreate.com.cn		电子信箱	irm@hwacreate.com.cn	
	电　　话	010-82966393		传　　真	010-82803295 82966411	
	办公地址	北京市海淀区东北旺西路 8 号乙 18 号				
	经营范围	基于计算机技术的仿真测试系统及其相关设备的研发、生产和销售等				

	指标\报告期	2011.06.30	2010.12.31	2010.06.30	2009.12.31
主要财务指标	每股收益(元)	0.1700	0.7700	0.1500	0.7400
	每股收益(扣除)(元)	0.1600	0.7700	0.1400	0.7200
	每股净资产(元)	5.0300	9.8700	9.3200	2.2900
	调整后每股净资产(元)	–	–	–	–
	每股资本公积金(元)	3.2052	7.3617	7.2836	0.0081
	每股盈余公积金(元)	0.0647	0.1110	0.0651	0.0651
	每股未分配利润(元)	0.7626	1.3971	0.9679	1.2165
	每股现金净流量(元)	–0.2355	6.2105	6.1554	–0.0276
	每股经营现金净流量(元)	–0.0245	0.1007	–0.4643	0.6143
	净资产收益率(扣除)(%)	3.4420	7.6150	2.9680	32.3109
	净资产收益率(%)	3.4500	8.4400	3.4500	38.5600
	总资产(万)	71684.52	69836.43	65769.66	17616.07
	股东权益(万)	67435.39	66127.35	62421.10	11448.87
	主营业务收入(万)	12191.82	21008.04	8839.22	16279.13
	主营成本(万)	6278.47	10612.32	4746.72	8599.47
	营业收入(万)	12386.95	21221.53	8839.22	16279.13
	营业成本(万)	6278.47	10621.88	4746.72	8599.47
	投资收益(万)	–	–	–	–
	利润总额(万)	2658.66	5780.54	2108.43	4266.44
	净利润(万)	2321.34	5035.84	1852.46	3699.24

湖北台基半导体股份有限公司

公司概况	公司名称	湖北台基半导体股份有限公司			证券简称	台基股份
	法人代表	邢雁	董秘	康进	证券代码	300046
	公司网址	www.tech-sem.com		电子信箱	securities@techsem.com.cn	
	电　　话	0710-3506236		传　　真	0710-3500847	
	办公地址	湖北省襄阳市襄城区胜利街 162 号				
	经营范围	功率晶闸管，整流管，电力半导体模块等大功率半导体元器件及其功率组件等				

	指标\报告期	2011.06.30	2010.12.31	2010.06.30	2009.12.31
主要财务指标	每股收益(元)	0.3300	1.1600	0.2700	0.8100
	每股收益(扣除)(元)	0.3300	1.1600	0.2500	0.7900
	每股净资产(元)	5.8500	11.6300	11.0100	4.1000
	调整后每股净资产(元)	–	–	–	–
	每股资本公积金(元)	3.9659	8.9319	8.8603	1.6585
	每股盈余公积金(元)	0.1092	0.2185	0.1050	0.1687
	每股未分配利润(元)	0.7701	1.4773	1.0400	1.2685
	每股现金净流量(元)	–0.5729	7.7466	8.0487	1.1703
	每股经营现金净流量(元)	0.1455	0.4520	0.3143	1.8870
	净资产收益率(扣除)(%)	5.6200	10.8700	5.0800	28.0500
	净资产收益率(%)	5.6700	9.7600	5.3080	25.2232
	总资产(万)	91135.94	89468.29	86027.49	24342.77
	股东权益(万)	83048.92	82602.67	78181.49	18103.03
	主营业务收入(万)	15534.14	26419.63	12129.21	21022.21
	主营成本(万)	9435.35	15405.89	7149.60	13503.84
	营业收入(万)	15612.77	26741.93	12255.18	21132.47
	营业成本(万)	9435.35	15406.95	7149.60	13528.98
	投资收益(万)	–	–	–	–
	利润总额(万)	5549.04	9498.45	4375.66	5490.43
	净利润(万)	4708.65	8062.34	3717.45	4566.17

深圳天源迪科信息技术股份有限公司

公司概况	公司名称	深圳天源迪科信息技术股份有限公司			证券简称	天源迪科
	法人代表	陈友	董秘	陈友(代)	证券代码	300047
	公司网址	www.tydic.com		电子信箱	v-mailbox@tydic.com	
	电　　话	0755-26745678		传　　真	0755-26745600	
	办公地址	广东省深圳市高新区南区市高新技术工业村 T3 栋 B3 楼				
	经营范围	计算机硬件及软件的研发、生产和销售及技术咨询服务等				

	指标\报告期	2011.06.30	2010.12.31	2010.06.30	2009.12.31
主要财务指标	每股收益(元)	0.1100	0.6100	0.1100	0.7400
	每股收益(扣除)(元)	0.1100	0.6000	0.1100	0.7100
	每股净资产(元)	6.3300	9.6400	9.1400	2.8100
	调整后每股净资产(元)	–	–	–	–
	每股资本公积金(元)	4.4344	7.1515	7.1025	0.2063
	每股盈余公积金(元)	0.1280	0.1920	0.1327	0.1788
	每股未分配利润(元)	0.7680	1.2937	0.9092	1.4267
	每股现金净流量(元)	–1.0090	5.5804	5.5805	0.3299
	每股经营现金净流量(元)	–0.3185	0.3394	–0.2234	0.8339
	净资产收益率(扣除)(%)	1.6500	6.6500	1.8600	28.6400
	净资产收益率(%)	1.6670	6.1690	1.6480	26.2580
	总资产(万)	103048.29	104461.75	97325.04	25658.92
	股东权益(万)	99323.11	100805.27	95650.11	21820.44
	主营业务收入(万)	10822.28	244644.88	7424.43	24631.07
	主营成本(万)	4495.47	9958.38	3184.11	13151.72
	营业收入(万)	10822.28	24725.55	7475.16	24631.07
	营业成本(万)	4495.47	10020.73	3226.01	13151.72
	投资收益(万)	–	–	–	–
	利润总额(万)	1788.55	7068.90	1671.51	6248.86
	净利润(万)	1655.85	6218.74	1576.62	5729.61

北京合康亿盛变频科技股份有限公司

公司概况	公司名称	北京合康亿盛变频科技股份有限公司			证券简称	合康变频
	法人代表	刘锦成	董秘	王冬	证券代码	300048
	公司网址	www.hiconics.com		电子信箱	hicon@hiconics.com	
	电　话	010-59180256		传　真	010-59180234	
	办公地址	北京市经济技术开发区博兴二路3号				
	经营范围	研发、生产、销售各种高压变频器等				

主要财务指标	指标\报告期	2011.06.30	2010.12.31	2010.06.30	2009.12.31
	每股收益(元)	0.2100	0.8600	0.3300	0.7800
	每股收益(扣除)(元)	0.2000	0.8400	0.3200	0.7500
	每股净资产(元)	5.5800	10.9000	10.0600	2.5300
	调整后每股净资产(元)	–	–	–	–
	每股资本公积金(元)	3.9808	9.0892	8.5090	0.9612
	每股盈余公积金(元)	0.0622	0.1276	0.0443	0.0571
	每股未分配利润(元)	0.5378	0.9355	0.5075	0.5078
	每股现金净流量(元)	-0.9731	7.6671	7.2225	0.2117
	每股经营现金净流量(元)	-0.3908	-0.2818	-0.3417	-0.0447
	净资产收益率(扣除)(%)	3.7100	8.5700	3.5100	36.2900
	净资产收益率(%)	3.7030	7.5110	3.1150	30.3670
	总资产(万)	162694.91	154129.94	139759.21	40725.75
	股东权益(万)	137359.64	134134.74	120728.96	22734.85
	主营业务收入(万)	22867.97	38661.92	14481.59	29533.36
	主营成本(万)	13878.46	24065.41	9330.27	17358.52
	营业收入(万)	23067.99	38740.27	14523.32	29566.07
	营业成本(万)	14019.49	24128.37	9351.89	17387.08
	投资收益(万)	–	–	–	–
	利润总额(万)	5955.07	11887.83	4234.15	8070.12
	净利润(万)	5086.54	10074.15	3760.88	6903.78

内蒙古福瑞中蒙药科技股份有限公司

公司概况	公司名称	内蒙古福瑞中蒙药科技股份有限公司			证券简称	福瑞股份
	法人代表	王冠一	董秘	林欣	证券代码	300049
	公司网址	www.fu-rui.com		电子信箱	linxin@fu-rui.com	
	电　话	010-58235701		传　真	010-58236272	
	办公地址	北京市朝阳区北苑路170号凯旋城F座4层				
	经营范围	中、西生化药品生产、销售等				

主要财务指标	指标\报告期	2011.06.30	2010.12.31	2010.06.30	2009.12.31
	每股收益(元)	0.1800	0.5000	0.1800	0.4800
	每股收益(扣除)(元)	0.1800	0.5200	0.1800	0.5100
	每股净资产(元)	5.4400	7.1500	8.8700	2.8600
	调整后每股净资产(元)	–	–	–	–
	每股资本公积金(元)	3.5805	4.9546	6.6541	0.2271
	每股盈余公积金(元)	0.2138	0.2780	0.2980	0.4009
	每股未分配利润(元)	0.6489	0.9132	0.9138	1.2343
	每股现金净流量(元)	-1.7095	4.9685	0.8262	-0.4742
	每股经营现金净流量(元)	0.0854	0.5114	0.3765	-0.0381
	净资产收益率(扣除)(%)	3.1700	7.8500	3.8600	25.3300
	净资产收益率(%)	3.2560	6.8160	3.3430	21.8630
	总资产(万)	80598.39	79566.03	73579.98	25096.46
	股东权益(万)	68072.61	68742.24	65607.41	15742.86
	主营业务收入(万)	9275.99	20471.79	9140.01	17510.55
	主营成本(万)	2831.63	5936.25	2534.30	4639.79
	营业收入(万)	9401.52	21024.64	9343.77	17997.53
	营业成本(万)	2896.26	6071.25	2602.28	4811.50
	投资收益(万)	–	–	–	–
	利润总额(万)	2607.49	6195.98	3132.34	4274.68
	净利润(万)	2216.37	4685.31	2193.15	3441.81

珠海世纪鼎利通信科技股份有限公司

公司概况	公司名称	珠海世纪鼎利通信科技股份有限公司			证券简称	世纪鼎利
	法人代表	王耘	董秘	陈勇	证券代码	300050
	公司网址	www.dinglicom.com		电子信箱	ir@dinglicom.com	
	电　话	0756-3626066		传　真	0756-3626065	
	办公地址	广东省珠海市港湾大道科技五路8号一层				
	经营范围	软件开发、系统集成、电力技术推广、技术服务等				

主要财务指标	指标\报告期	2011.06.30	2010.12.31	2010.06.30	2009.12.31
	每股收益(元)	0.2400	1.7900	0.3400	1.3900
	每股收益(扣除)(元)	0.2400	1.7800	0.3400	1.4000
	每股净资产(元)	7.1500	14.2200	26.3900	5.4200
	调整后每股净资产(元)	–	–	–	–
	每股资本公积金(元)	4.7011	10.4022	21.7492	0.4609
	每股盈余公积金(元)	0.1580	0.3161	0.3040	0.4104
	每股未分配利润(元)	1.2946	2.5028	3.3367	3.5443
	每股现金净流量(元)	-0.0711	10.3104	5.6954	0.7540
	每股经营现金净流量(元)	-0.0633	0.8997	0.5025	2.0329
	净资产收益率(扣除)(%)	3.3860	12.3370	5.1590	51.3990
	净资产收益率(%)	3.3300	13.9800	6.0100	67.4300
	总资产(万)	162463.46	165300.86	147933.93	29849.76
	股东权益(万)	156921.90	155757.19	142912.01	21983.68
	主营业务收入(万)	17256.72	46402.91	17032.90	32744.85
	主营成本(万)	7213.89	16043.28	5501.24	12384.61
	营业收入(万)	17256.72	46411.37	17032.90	32744.85
	营业成本(万)	7213.89	28263.90	5501.24	12384.61
	投资收益(万)	127.57	–	384.08	120.91
	利润总额(万)	6179.43	21077.66	8508.45	12655.94
	净利润(万)	5230.61	18944.95	7351.07	11134.45

厦门三五互联科技股份有限公司

公司概况	公司名称	厦门三五互联科技股份有限公司			证券简称	三五互联
	法人代表	龚少晖	董秘	杨小亮	证券代码	300051
	公司网址	www.35.com		电子信箱	yangxl@35.cn	
	电　话	0592-5397222 5391849		传　真	0592-5392104	
	办公地址	福建省厦门市火炬高新技术产业开发区软件园二期观日路8号一层				
	经营范围	通过SaaS模式,依靠自主研发的应用软件系统等				

主要财务指标	指标\报告期	2011.06.30	2010.12.31	2010.06.30	2009.12.31
	每股收益(元)	0.0800	0.4500	0.1100	0.5200
	每股收益(扣除)(元)	0.0700	0.4300	0.1000	0.4900
	每股净资产(元)	3.1300	6.5000	9.3000	2.5800
	调整后每股净资产(元)	–	–	–	–
	每股资本公积金(元)	1.8574	4.7147	7.4729	0.0899
	每股盈余公积金(元)	0.0584	0.1168	0.1263	0.1689
	每股未分配利润(元)	0.2130	0.6653	0.7056	1.3227
	每股现金净流量(元)	-0.5838	4.8311	7.3238	0.1717
	每股经营现金净流量(元)	0.1316	0.6028	0.3444	1.2504
	净资产收益率(扣除)(%)	2.2200	7.5200	4.3400	36.3300
	净资产收益率(%)	2.5680	6.7500	3.4040	33.6970
	总资产(万)	64913.56	58028.57	53120.61	13509.01
	股东权益(万)	50216.25	52136.77	49780.71	10326.12
	主营业务收入(万)	11192.79	16912.31	7079.75	12532.68
	主营成本(万)	2909.36	3336.00	1472.75	2812.17
	营业收入(万)	11594.45	17273.43	7170.98	12710.69
	营业成本(万)	2970.78	3439.73	1525.84	2933.38
	投资收益(万)	–	–	–	–
	利润总额(万)	1911.90	4330.07	2021.43	4139.55
	净利润(万)	1289.49	3519.33	1694.27	3479.55

深圳中青宝互动网络股份有限公司

公司概况					
公司名称	深圳中青宝互动网络股份有限公司			证券简称	中青宝
法人代表	李瑞杰	董秘	郑楠芳	证券代码	300052
公司网址	www.zqgame.com		电子信箱	ir@zqgame.com	
电　话	0755-26944114 26525516		传　真	0755-26520801	
办公地址	深圳市南山区科技园南区 W1B 栋 4 楼				
经营范围	计算机软,硬件及网络系统的技术开发计算机软等				

主要财务指标 指标\报告期	2011.06.30	2010.12.31	2010.06.30	2009.12.31
每股收益(元)	0.0800	0.2900	0.1300	0.4200
每股收益(扣除)(元)	0.0500	0.2300	0.1600	0.4000
每股净资产(元)	6.7800	6.9000	6.7300	2.2700
调整后每股净资产(元)	–	–	–	–
每股资本公积金(元)	5.3363	5.3363	5.2862	0.5062
每股盈余公积金(元)	0.0831	0.0831	0.0531	0.0920
每股未分配利润(元)	0.3569	0.4769	0.3936	0.6717
每股现金净流量(元)	–1.5760	5.1802	5.2039	–0.5117
每股经营现金净流量(元)	0.0868	0.3984	0.1166	0.5919
净资产收益率(扣除)(%)	0.7300	3.7000	3.0600	25.7200
净资产收益率(%)	1.1820	3.9620	2.3750	24.1588
总资产(万)	92440.06	93703.62	88770.25	18659.93
股东权益(万)	88092.46	89651.66	87528.16	17024.52
主营业务收入(万)	4369.56	7905.56	3623.86	7867.51
主营成本(万)	920.07	1144.54	501.03	843.38
营业收入(万)	4369.80	7959.75	3623.86	7867.58
营业成本(万)	920.07	1178.62	501.03	843.38
投资收益(万)	–	–	–	–
利润总额(万)	814.75	3749.08	1638.19	4413.30
净利润(万)	1040.80	3551.64	1499.74	4112.92

珠海欧比特控制工程股份有限公司

公司概况					
公司名称	珠海欧比特控制工程股份有限公司			证券简称	欧比特
法人代表	颜军	董秘	颜志宇	证券代码	300053
公司网址	www.myorbita.net		电子信箱	zqb@myorbita.net	
电　话	0756-3391979		传　真	0756-3391980	
办公地址	广东省珠海市唐家东岸白沙路 1 号欧比特科技园				
经营范围	集成电路及计算机软、硬件产品的研发、生产、测试、销售和技术服务等				

主要财务指标 指标\报告期	2011.06.30	2010.12.31	2010.06.30	2009.12.31
每股收益(元)	0.0800	0.3130	0.0860	0.4390
每股收益(扣除)(元)	0.0700	0.2840	0.0860	0.4150
每股净资产(元)	2.9100	5.6500	5.4400	2.0200
调整后每股净资产(元)	–	–	–	–
每股资本公积金(元)	1.4770	3.9539	3.9049	0.2211
每股盈余公积金(元)	0.0523	0.1046	0.0766	0.1021
每股未分配利润(元)	0.3802	0.5999	0.4644	0.7038
每股现金净流量(元)	–0.1804	2.7046	3.0046	–0.1355
每股经营现金净流量(元)	–0.1310	–0.0800	–0.4284	0.0450
净资产收益率(扣除)(%)	2.4500	5.5100	3.2300	23.0500
净资产收益率(%)	2.7610	5.3160	2.5100	21.6990
总资产(万)	60842.58	60141.74	56282.91	19779.37
股东权益(万)	58136.15	56457.90	54419.44	15163.24
主营业务收入(万)	7933.13	17454.73	7390.90	15703.33
主营成本(万)	5471.35	11259.90	4857.50	10051.39
营业收入(万)	8002.68	17589.33	7458.01	15861.26
营业成本(万)	5496.63	11312.92	4880.02	10090.55
投资收益(万)	–	–	–	–
利润总额(万)	1955.62	3475.64	1634.19	3905.92
净利润(万)	1605.08	3001.28	1365.78	3290.24

湖北鼎龙化学股份有限公司

公司概况					
公司名称	湖北鼎龙化学股份有限公司			证券简称	鼎龙股份
法人代表	朱双全	董秘	伍得	证券代码	300054
公司网址	www.dinglongchem.com		电子信箱	hbdl@dinglongchem.com	
电　话	027-85791166 8316		传　真	027-85734314	
办公地址	湖北省武汉市江汉北路金茂大楼 19 层				
经营范围	化工产品及有机化学中间体的研制、生产及销售等				

主要财务指标 指标\报告期	2011.06.30	2010.12.31	2010.06.30	2009.12.31
每股收益(元)	0.2900	0.7500	0.4200	0.8600
每股收益(扣除)(元)	0.2300	0.5900	0.2900	0.5900
每股净资产(元)	6.5300	9.8600	9.4700	3.2200
调整后每股净资产(元)	–	–	–	–
每股资本公积金(元)	4.5779	7.3668	7.3130	0.6583
每股盈余公积金(元)	0.1513	0.1839	0.1127	0.1503
每股未分配利润(元)	0.7994	1.3093	1.0492	1.4160
每股现金净流量(元)	–0.7503	6.3606	6.5194	0.4276
每股经营现金净流量(元)	0.1986	0.5690	0.4355	1.1709
净资产收益率(扣除)(%)	3.4100	6.6200	3.7200	20.7800
净资产收益率(%)	4.4200	7.2870	4.0870	26.7493
总资产(万)	66725.48	66788.47	64691.13	23625.44
股东权益(万)	58756.92	59160.18	56849.45	14510.69
主营业务收入(万)	14856.89	25214.41	12284.95	23222.95
主营成本(万)	12292.59	20614.07	10026.48	19205.03
营业收入(万)	14856.89	25214.41	12284.95	23254.33
营业成本(万)	12292.59	20614.07	10026.48	19235.22
投资收益(万)	–	–	–	–
利润总额(万)	3046.37	5063.02	2746.45	4560.96
净利润(万)	2596.74	4311.08	2323.35	3881.51

北京万邦达环保技术股份有限公司

公司概况					
公司名称	北京万邦达环保技术股份有限公司			证券简称	万邦达
法人代表	王飘扬	董秘	龙嘉	证券代码	300055
公司网址	www.waterbd.cn		电子信箱	longjia@waterbd.cn	
电　话	010-58800036		传　真	010-58800018	
办公地址	北京市海淀区新街口外大街 19 号京师大厦 9311 室				
经营范围	水处理、利用与分配的技术开发、技术咨询、技术服务等				

主要财务指标 指标\报告期	2011.06.30	2010.12.31	2010.06.30	2009.12.31
每股收益(元)	0.1300	0.5612	0.1100	0.9449
每股收益(扣除)(元)	0.1250	0.5579	0.2200	0.9778
每股净资产(元)	7.0540	13.9570	13.5700	2.6231
调整后每股净资产(元)	–	–	–	–
每股资本公积金(元)	5.5920	12.1839	12.1202	0.5485
每股盈余公积金(元)	0.0579	0.1158	0.0620	0.1075
每股未分配利润(元)	0.4039	0.6573	0.3834	0.9672
每股现金净流量(元)	–0.1855	10.2675	10.6027	0.9961
每股经营现金净流量(元)	0.0462	–0.9788	–0.7931	1.2013
净资产收益率(扣除)(%)	1.7800	4.1100	2.1700	63.2800
净资产收益率(%)	1.7750	3.8530	1.5480	46.8310
总资产(万)	187484.57	180987.22	176444.91	42313.47
股东权益(万)	161390.64	159669.41	155190.92	17312.52
主营业务收入(万)	15021.55	26700.56	11543.76	47673.72
主营成本(万)	11296.85	18282.03	7515.06	35235.28
营业收入(万)	15021.55	26700.56	11543.76	47673.72
营业成本(万)	11296.85	18282.03	7515.06	35235.28
投资收益(万)	–	–	–	–
利润总额(万)	3474.66	7262.03	2865.83	9547.14
净利润(万)	2865.23	6152.43	2402.84	8107.56

厦门三维丝环保股份有限公司

公司概况	公司名称	厦门三维丝环保股份有限公司			证券简称	三维丝
	法人代表	罗祥波	董秘	王荣聪	证券代码	300056
	公司网址	www.savings.com.cn		电子信箱	savings@savings.com.cn	
	电　　话	0592-7769786		传　　真	0592-7769767	
	办公地址	福建省厦门市火炬高新区(翔安)产业区翔岳路3号				
	经营范围	袋式除尘器核心部件高性能高温滤料的研发、生产、销售和服务等				

主要财务指标	指标\报告期	2011.06.30	2010.12.31	2010.06.30	2009.12.31
	每股收益(元)	0.2769	0.4200	0.2238	0.5800
	每股收益(扣除)(元)	0.2547	0.4000	0.1900	0.4700
	每股净资产(元)	6.7300	6.8500	6.5500	2.0400
	调整后每股净资产(元)	–	–	–	–
	每股资本公积金(元)	5.0122	5.0065	4.9079	0.4559
	每股盈余公积金(元)	0.0842	0.0842	0.0435	0.0581
	每股未分配利润(元)	0.6351	0.7582	0.5971	0.5225
	每股现金净流量(元)	–1.3936	0.3597	4.5568	0.3978
	每股经营现金净流量(元)	–0.6033	–0.1106	–0.1681	0.4518
	净资产收益率(扣除)(%)	3.6400	6.6200	3.6000	26.8500
	净资产收益率(%)	4.1140	5.9420	3.1330	28.5090
	总资产(万)	48956.67	45696.57	44380.79	17642.49
	股东权益(万)	35003.84	35614.49	34052.64	7942.47
	主营业务收入(万)	10995.72	16935.42	7315.54	13184.57
	主营成本(万)	7790.26	11938.97	5102.38	9277.41
	营业收入(万)	11400.13	17066.89	7396.61	13210.36
	营业成本(万)	8037.24	12034.26	5172.04	9300.43
	投资收益(万)	–	–	–	–
	利润总额(万)	1728.40	2577.95	1254.57	2669.96
	净利润(万)	1439.93	2116.14	1066.99	2264.34

汕头万顺包装材料股份有限公司

公司概况	公司名称	汕头万顺包装材料股份有限公司			证券简称	万顺股份
	法人代表	杜成城	董秘	韩啸	证券代码	300057
	公司网址	www.wanshun.cn		电子信箱	wanshun1@wanshun.cn	
	电　　话	0754-83597123		传　　真	0754-83590689	
	办公地址	广东省汕头保税区万顺工业园				
	经营范围	纸及纸制品、工农业生产资料、建筑材料、仪器仪表、电子计算机及其配件等				

主要财务指标	指标\报告期	2011.06.30	2010.12.31	2010.06.30	2009.12.31
	每股收益(元)	0.1204	0.4045	0.2002	0.5103
	每股收益(扣除)(元)	0.1110	0.4134	0.1936	0.5138
	每股净资产(元)	3.0700	6.1700	5.9500	2.1600
	调整后每股净资产(元)	–	–	–	–
	每股资本公积金(元)	1.7477	4.4955	4.4781	0.3778
	每股盈余公积金(元)	0.0536	0.1071	0.0680	0.0908
	每股未分配利润(元)	0.2727	0.5649	0.3999	0.6898
	每股现金净流量(元)	–0.2389	3.6819	3.7707	0.0787
	每股经营现金净流量(元)	–0.0354	0.6083	0.3105	0.6729
	净资产收益率(扣除)(%)	2.3900	7.3600	3.8000	26.1300
	净资产收益率(%)	2.6110	6.2830	3.0840	23.6430
	总资产(万)	145603.08	152271.27	146219.01	66282.32
	股东权益(万)	129724.17	130135.20	125460.87	34102.48
	主营业务收入(万)	25769.87	61829.91	32648.06	69590.85
	主营成本(万)	19861.88	47658.74	25099.61	54788.41
	营业收入(万)	26156.85	62788.37	33029.97	70870.86
	营业成本(万)	20124.74	48327.60	25334.62	55892.48
	投资收益(万)	–	–	–	–
	利润总额(万)	3998.31	9575.70	4551.23	9494.76
	净利润(万)	3386.97	8176.98	3869.71	8062.73

北京蓝色光标品牌管理顾问股份有限公司

公司概况	公司名称	北京蓝色光标品牌管理顾问股份有限公司			证券简称	蓝色光标
	法人代表	赵文权	董秘	田文凯	证券代码	300058
	公司网址	www.bluefocusgroup.com		电子信箱	bfg@bluefocus.com	
	电　　话	010-84575415 84575541		传　　真	010-84575606	
	办公地址	北京市朝阳区酒仙桥路甲10号星城国际大厦C座20层				
	经营范围	企业形象策划;营销信息咨询(中介除外);公关咨询;会议服务等				

主要财务指标	指标\报告期	2011.06.30	2010.12.31	2010.06.30	2009.12.31
	每股收益(元)	0.4500	0.5200	0.2800	0.4900
	每股收益(扣除)(元)	0.4400	0.5300	0.2800	0.4700
	每股净资产(元)	7.5500	7.2800	7.0200	3.5000
	调整后每股净资产(元)	–	–	–	–
	每股资本公积金(元)	5.4261	5.3963	5.3787	1.4104
	每股盈余公积金(元)	0.0827	0.0827	0.0546	0.1092
	每股未分配利润(元)	1.0460	0.7973	0.5899	0.9779
	每股现金净流量(元)	–1.1041	4.7153	4.5904	0.2674
	每股经营现金净流量(元)	0.2112	0.3640	0.1447	0.6196
	净资产收益率(扣除)(%)	5.9500	8.3100	4.9800	25.1300
	净资产收益率(%)	6.0000	6.9150	3.8110	23.0890
	总资产(万)	108379.41	95050.27	89575.56	30403.04
	股东权益(万)	90655.82	87314.94	84279.43	20984.84
	主营业务收入(万)	33910.38	49572.40	18919.56	36761.26
	主营成本(万)	16321.71	23415.40	7895.88	16271.68
	营业收入(万)	33910.38	49572.40	18919.56	36761.26
	营业成本(万)	16321.71	23415.40	7895.88	16271.68
	投资收益(万)	–	–	–	–
	利润总额(万)	7376.18	8791.92	4430.95	6856.11
	净利润(万)	5383.60	6037.46	3212.22	4845.09

东方财富信息股份有限公司

公司概况	公司名称	东方财富信息股份有限公司			证券简称	东方财富
	法人代表	沈军	董秘	陆威	证券代码	300059
	公司网址	www.eastmoney.com		电子信箱	dongmi@eastmoney.com	
	电　　话	021-64382978		传　　真	021-64389508	
	办公地址	上海市龙田路190号2号楼				
	经营范围	企业投资咨询、策划,商务咨询,会务会展咨询服务等				

主要财务指标	指标\报告期	2011.06.30	2010.12.31	2010.06.30	2009.12.31
	每股收益(元)	0.2800	0.5100	0.2000	0.7000
	每股收益(扣除)(元)	0.2300	0.5400	0.1900	0.6600
	每股净资产(元)	7.8600	11.5200	11.2600	2.5800
	调整后每股净资产(元)	–	–	–	–
	每股资本公积金(元)	5.9604	9.4387	9.3818	0.5038
	每股盈余公积金(元)	0.1081	0.1621	0.1135	0.1513
	每股未分配利润(元)	0.7941	0.9209	0.7617	0.9237
	每股现金净流量(元)	–0.1955	9.0795	9.3728	0.6617
	每股经营现金净流量(元)	0.5797	0.4991	0.1586	0.7199
	净资产收益率(扣除)(%)	2.9500	5.6500	3.6800	29.9500
	净资产收益率(%)	3.5900	4.1380	2.3900	26.5409
	总资产(万)	175030.31	168184.57	165171.74	32110.45
	股东权益(万)	165114.69	161302.98	157598.84	27077.64
	主营业务收入(万)	13176.70	18496.14	9245.35	16512.58
	主营成本(万)	3035.32	3211.51	1479.52	2158.04
	营业收入(万)	13176.70	18496.14	9245.35	16512.58
	营业成本(万)	3035.32	3211.51	1479.52	2158.04
	投资收益(万)	–	–	–	–
	利润总额(万)	6653.30	7403.32	4318.16	8231.36
	净利润(万)	5883.83	6674.05	3766.00	7186.64

上海康耐特光学股份有限公司

公司概况	公司名称	上海康耐特光学股份有限公司		证券简称	康耐特
	法人代表	费铮翔	董秘	张惠祥	证券代码	300061
	公司网址	www.conantoptical.com		电子信箱	zhanghx@conantoptical.com
	电　话	021-58598866 1298		传　真	021-58598535
	办公地址	上海市浦东新区川大路 555 号			
	经营范围	树脂镜片的研发、生产和销售等			

主要财务指标	指标\报告期	2011.06.30	2010.12.31	2010.06.30	2009.12.31
	每股收益(元)	0.1300	0.2800	0.1900	0.4800
	每股收益(扣除)(元)	0.0800	0.2200	0.1100	0.4600
	每股净资产(元)	6.2800	6.1500	5.9975	2.2300
	调整后每股净资产(元)	–	–	–	–
	每股资本公积金(元)	4.2843	4.2843	4.2302	0.4325
	每股盈余公积金(元)	0.0884	0.0884	0.0606	0.0808
	每股未分配利润(元)	0.9056	0.7793	0.7067	0.7203
	每股现金净流量(元)	–0.2396	2.8069	3.7632	0.2560
	每股经营现金净流量(元)	–0.6948	0.3423	0.2920	0.6010
	净资产收益率(扣除)(%)	1.2400	4.0700	2.5600	23.0500
	净资产收益率(%)	2.0120	4.3380	2.8120	21.2870
	总资产(万)	60129.01	46625.36	47512.05	21849.33
	股东权益(万)	37670.00	36912.17	35984.95	10051.38
	主营业务收入(万)	11195.93	16634.35	7530.72	16377.69
	主营成本(万)	8293.22	12248.98	5673.90	11686.28
	营业收入(万)	11597.51	17037.74	7752.98	16811.48
	营业成本(万)	8567.64	12497.47	5733.10	11794.16
	投资收益(万)	–	–	–	–
	利润总额(万)	957.10	1794.75	1125.83	2470.67
	净利润(万)	757.83	1601.25	1012.04	2139.62

福建中能电气股份有限公司

公司概况	公司名称	福建中能电气股份有限公司		证券简称	中能电气
	法人代表	陈添旭	董秘	陈玲	证券代码	300062
	公司网址	www.ceepower.com		电子信箱	ceepower300062@ceepower.com
	电　话	0591-83849849 83856936		传　真	0591-83849880
	办公地址	福建省福州市仓山区金山工业区金洲北路 20 号			
	经营范围	输配电设备产品的研发、生产和销售等			

主要财务指标	指标\报告期	2011.06.30	2010.12.31	2010.06.30	2009.12.31
	每股收益(元)	0.1600	0.6800	0.1500	0.7200
	每股收益(扣除)(元)	0.1600	0.6700	0.1500	0.7100
	每股净资产(元)	4.2800	8.4900	7.9500	2.6300
	调整后每股净资产(元)	–	–	–	–
	每股资本公积金(元)	2.3669	5.7338	5.7004	0.1060
	每股盈余公积金(元)	0.0752	0.1505	0.1000	0.1351
	每股未分配利润(元)	0.8344	1.6059	1.1542	1.3844
	每股现金净流量(元)	–0.3730	5.0284	5.0938	0.6358
	每股经营现金净流量(元)	0.0675	–0.5090	–0.7138	0.7895
	净资产收益率(扣除)(%)	3.6200	10.0600	1.6000	31.3500
	净资产收益率(%)	3.6570	7.4400	1.6270	27.3190
	总资产(万)	84688.17	86670.51	66844.43	24199.70
	股东权益(万)	65857.92	65374.69	61250.62	14965.20
	主营业务收入(万)	14048.66	24097.06	5744.62	18690.42
	主营成本(万)	7987.22	12647.15	3082.36	10293.18
	营业收入(万)	14096.47	24181.20	5761.04	18719.22
	营业成本(万)	7987.22	12647.15	3082.36	10295.40
	投资收益(万)	–	–	–	–
	利润总额(万)	3672.33	6605.61	1258.81	5025.11
	净利润(万)	2408.22	4863.71	996.21	4088.27

广东天龙油墨集团股份有限公司

公司概况	公司名称	广东天龙油墨集团股份有限公司		证券简称	天龙集团
	法人代表	冯毅	董秘	万可	证券代码	300063
	公司网址	www.tlym.cn		电子信箱	wanke@tlym.cn
	电　话	0758-8507810		传　真	0758-8507306
	办公地址	广东省肇庆市金渡工业园内			
	经营范围	一直专注于水性油墨的研发、生产和销售等			

主要财务指标	指标\报告期	2011.06.30	2010.12.31	2010.06.30	2009.12.31
	每股收益(元)	0.1300	0.4100	0.2700	0.7300
	每股收益(扣除)(元)	0.1200	0.4000	0.2600	0.7000
	每股净资产(元)	9.3300	9.5100	9.2900	2.9300
	调整后每股净资产(元)	–	–	–	–
	每股资本公积金(元)	6.8356	6.8356	6.7699	0.1855
	每股盈余公积金(元)	0.0995	0.0995	0.0799	0.1071
	每股未分配利润(元)	1.3972	1.5712	1.4399	1.6173
	每股现金净流量(元)	–0.9301	5.7936	6.2931	0.3963
	每股经营现金净流量(元)	–0.3223	–0.1572	–0.2259	0.6239
	净资产收益率(扣除)(%)	1.2900	4.9500	3.9000	27.4400
	净资产收益率(%)	1.3500	4.0377	2.5080	25.0600
	总资产(万)	67161.87	69268.21	67167.14	22653.50
	股东权益(万)	62526.33	63692.38	62241.67	14549.39
	主营业务收入(万)	15048.08	26882.72	12429.26	23437.20
	主营成本(万)	11484.27	18891.18	8290.39	14914.51
	营业收入(万)	15050.89	26891.55	12431.49	23439.33
	营业成本(万)	11485.54	18895.14	8291.08	14915.02
	投资收益(万)	–	–	–	–
	利润总额(万)	1111.80	3269.48	1920.49	4516.91
	净利润(万)	843.94	2571.73	1561.09	3645.37

郑州华晶金刚石股份有限公司

公司概况	公司名称	郑州华晶金刚石股份有限公司		证券简称	豫金刚石
	法人代表	郭留希	董秘	刘永奇	证券代码	300064
	公司网址	www.sinocrystal.com.cn		电子信箱	chinadiamond@sinocrystal.com.cn
	电　话	0371-63377777		传　真	0371-63377777
	办公地址	河南省郑州市高新开发区冬青街 24 号			
	经营范围	人造金刚石及制品、设备的生产、销售等			

主要财务指标	指标\报告期	2011.06.30	2010.12.31	2010.06.30	2009.12.31
	每股收益(元)	0.2200	0.5300	0.2700	0.4600
	每股收益(扣除)(元)	0.2200	0.5100	0.2600	0.4400
	每股净资产(元)	3.8700	7.4900	7.1900	2.7400
	调整后每股净资产(元)	–	–	–	–
	每股资本公积金(元)	2.2452	5.4808	5.4417	1.0613
	每股盈余公积金(元)	0.0563	0.1126	0.0629	0.0838
	每股未分配利润(元)	0.5650	0.8940	0.6838	0.5918
	每股现金净流量(元)	–0.3294	3.5387	4.2992	–0.4279
	每股经营现金净流量(元)	0.2105	0.5100	0.2807	0.4961
	净资产收益率(扣除)(%)	5.6900	8.0000	5.0200	17.6200
	净资产收益率(%)	5.6380	6.6770	3.3390	16.8140
	总资产(万)	127893.92	121946.55	117015.99	41440.10
	股东权益(万)	117542.15	113808.98	109263.39	31200.67
	主营业务收入(万)	18502.55	23898.36	11231.40	17403.74
	主营成本(万)	9808.30	12969.70	6106.29	9554.24
	营业收入(万)	20135.54	25557.75	11777.62	18354.50
	营业成本(万)	10863.74	13950.25	6426.35	10111.68
	投资收益(万)	–	–	–	–
	利润总额(万)	7791.88	8948.98	4291.81	6133.88
	净利润(万)	6627.36	7598.48	3648.04	5246.10

北京海兰信数据科技股份有限公司

公司概况						
	公司名称	北京海兰信数据科技股份有限公司			证券简称	海兰信
	法人代表	申万秋	董秘	吴菊敏	证券代码	300065
	公司网址	www.highlander.com.cn		电子信箱	hlx@highlander.com.cn	
	电　　话	010-82150081 010-82151445		传　　真	010-82150083	
	办公地址	北京市海淀区清华科技园科技大厦C座1902室				
	经营范围	技术开发、转让、咨询、服务、培训;销售开发后的产品、通信设备等				

主要财务指标	指标\报告期	2011.06.30	2010.12.31	2010.06.30	2009.12.31
	每股收益(元)	0.2900	0.6200	0.3200	0.7200
	每股收益(扣除)(元)	0.2600	0.5100	0.2700	0.6300
	每股净资产(元)	10.5700	10.5700	10.2100	3.0700
	调整后每股净资产(元)	–	–	–	–
	每股资本公积金(元)	8.1051	8.0954	8.0323	0.8783
	每股盈余公积金(元)	0.1245	0.1245	0.0810	0.1080
	每股未分配利润(元)	1.3422	1.3492	1.0928	1.0879
	每股现金净流量(元)	–1.4880	6.7038	6.8846	0.9559
	每股经营现金净流量(元)	–1.7162	–0.1780	–0.3292	0.7499
	净资产收益率(扣除)(%)	2.4400	5.7700	3.8000	23.6900
	净资产收益率(%)	2.7720	5.4580	2.7130	21.9066
	总资产(万)	69954.61	64409.17	60276.40	17801.95
	股东权益(万)	58544.72	58542.96	56536.46	12772.15
	主营业务收入(万)	8563.64	17618.73	7524.14	13079.43
	主营成本(万)	4998.77	11267.83	4786.91	7337.88
	营业收入(万)	8673.82	18045.56	7589.51	13356.19
	营业成本(万)	5043.42	11529.60	4826.62	7440.02
	投资收益(万)	–	–	–	–
	利润总额(万)	1865.51	3899.84	1761.16	3194.21
	净利润(万)	1622.98	3195.27	1533.59	2797.94

江西三川水表股份有限公司

公司概况						
	公司名称	江西三川水表股份有限公司			证券简称	三川股份
	法人代表	童保华	董秘	倪国强	证券代码	300066
	公司网址	www.ytsanchuan.com		电子信箱	ytngq@yahoo.cn	
	电　　话	0701-6318013 6318005		传　　真	0701-6318013 6318005	
	办公地址	江西省鹰潭市工业园区三川大道				
	经营范围	机械水表、智能水表、各种仪器仪表、耐腐蚀流量仪表、水暖配件等				

主要财务指标	指标\报告期	2011.06.30	2010.12.31	2010.06.30	2009.12.31
	每股收益(元)	0.2500	1.3500	0.2200	1.6100
	每股收益(扣除)(元)	0.2400	1.1000	0.2100	1.4500
	每股净资产(元)	8.0700	16.0400	15.1100	4.4500
	调整后每股净资产(元)	–	–	–	–
	每股资本公积金(元)	5.6110	12.2220	12.1783	0.9745
	每股盈余公积金(元)	0.2095	0.4189	0.2954	0.4190
	每股未分配利润(元)	1.2511	2.4018	1.6350	2.2779
	每股现金净流量(元)	–0.2845	10.5882	11.0859	0.2433
	每股经营现金净流量(元)	–0.0133	0.3415	–0.0616	2.1281
	净资产收益率(扣除)(%)	3.0100	8.1300	3.8800	34.9000
	净资产收益率(%)	3.1000	7.9130	2.5100	35.0620
	总资产(万)	94789.35	92372.74	88530.45	26121.02
	股东权益(万)	83944.78	83422.33	78565.66	17359.34
	主营业务收入(万)	19804.37	–	13758.30	31148.52
	主营成本(万)	14547.91	–	10232.32	–
	营业收入(万)	19804.37	38131.37	13758.30	31148.52
	营业成本(万)	14547.91	28284.63	10232.32	20829.86
	投资收益(万)	–	–	–	–
	利润总额(万)	3122.08	7976.91	2290.81	7299.88
	净利润(万)	2602.45	6601.26	1971.62	6086.53

上海安诺其纺织化工股份有限公司

公司概况						
	公司名称	上海安诺其纺织化工股份有限公司			证券简称	安诺其
	法人代表	纪立军	董秘	石磊	证券代码	300067
	公司网址	www.anoky.com.cn		电子信箱	investor@anoky.com.cn	
	电　　话	021-59867500		传　　真	021-59867578	
	办公地址	上海市青浦工业园区崧华路881号				
	经营范围	专业从事新型纺织染料的研发、生产、销售和相关技术服务等				

主要财务指标	指标\报告期	2011.06.30	2010.12.31	2010.06.30	2009.12.31
	每股收益(元)	0.1033	0.2765	0.1057	0.5788
	每股收益(扣除)(元)	0.1039	0.2147	0.1067	0.5127
	每股净资产(元)	4.4300	6.7900	6.6700	2.1300
	调整后每股净资产(元)	–	–	–	–
	每股资本公积金(元)	2.9707	4.9561	4.9569	0.3566
	每股盈余公积金(元)	0.0525	0.0787	0.0564	0.0754
	每股未分配利润(元)	0.4069	0.7554	0.6564	0.7015
	每股现金净流量(元)	–0.3408	3.7492	4.2442	0.1405
	每股经营现金净流量(元)	–0.0829	–0.0624	–0.0843	0.4668
	净资产收益率(扣除)(%)	2.3100	3.9100	4.0200	27.8100
	净资产收益率(%)	2.3320	3.7300	1.9780	27.1312
	总资产(万)	72601.84	74591.53	73537.78	24042.06
	股东权益(万)	71103.49	72655.42	71365.88	17067.93
	主营业务收入(万)	11017.16	18727.99	8920.25	19509.24
	主营成本(万)	7081.07	11700.73	5320.68	11222.04
	营业收入(万)	11042.36	18768.55	8938.36	19603.07
	营业成本(万)	7102.13	11728.02	5330.41	11277.89
	投资收益(万)	–	–	–	–
	利润总额(万)	1913.18	3159.49	1690.70	5428.35
	净利润(万)	1658.07	2710.02	1411.31	4630.74

浙江南都电源动力股份有限公司

公司概况						
	公司名称	浙江南都电源动力股份有限公司			证券简称	南都电源
	法人代表	王海光	董秘	王莹娇	证券代码	300068
	公司网址	www.naradabattery.com.cn		电子信箱	nddy@narada.biz	
	电　　话	0571-28827025		传　　真	0571-28806800	
	办公地址	浙江省杭州市紫荆花路50号A座9楼				
	经营范围	化学电源、新能源储能产品的研究、开发、制造和销售等				

主要财务指标	指标\报告期	2011.06.30	2010.12.31	2010.06.30	2009.12.31
	每股收益(元)	0.0700	0.3600	0.1600	0.8600
	每股收益(扣除)(元)	0.0500	0.3100	0.1500	0.8100
	每股净资产(元)	8.5700	10.3200	10.0900	2.7100
	调整后每股净资产(元)	–	–	–	–
	每股资本公积金(元)	6.3926	7.8711	7.8345	0.2114
	每股盈余公积金(元)	0.1248	0.1498	0.1266	0.1688
	每股未分配利润(元)	1.0606	1.3050	1.1305	1.3319
	每股现金净流量(元)	–0.9553	5.5218	5.4124	0.2140
	每股经营现金净流量(元)	–0.5734	–0.2314	–0.7425	0.6499
	净资产收益率(扣除)(%)	0.5500	3.8100	2.5600	32.8200
	净资产收益率(%)	0.6580	3.1900	1.3040	31.9144
	总资产(万)	275532.93	290536.18	270979.40	119241.96
	股东权益(万)	255143.89	255961.68	250174.27	50382.94
	主营业务收入(万)	57838.62	144571.86	63904.64	127437.60
	主营成本(万)	48675.39	118993.18	51605.58	91406.13
	营业收入(万)	57947.83	145312.22	64525.34	130426.39
	营业成本(万)	48714.24	119690.59	52204.15	94078.10
	投资收益(万)	–	–	–	–
	利润总额(万)	2068.75	9400.38	3460.32	18688.10
	净利润(万)	1679.41	8163.78	3262.32	16079.42

浙江金利华电气股份有限公司

公司概况	公司名称	浙江金利华电气股份有限公司			证券简称	金利华电
	法人代表	赵坚	董秘	楼金萍	证券代码	300069
	公司网址	www.jlhdq.com		电子信箱	Ljp@jlhdq.com	
	电　　话	0579-82913599		传　　真	0579-82913333	
	办公地址	浙江省金华市金东经济开发区(傅村镇)				
	经营范围	新型高强度功能玻璃制造技术的研究和特高压输变电绝缘器材开发等				

指标\报告期	2011.06.30	2010.12.31	2010.06.30	2009.12.31
每股收益(元)	0.2000	0.4800	0.2900	0.5300
每股收益(扣除)(元)	0.1700	0.4500	0.2800	0.4900
每股净资产(元)	5.9500	7.6700	7.3700	2.0700
调整后每股净资产(元)	–	–	–	–
每股资本公积金(元)	4.0190	5.5247	5.4159	0.1277
每股盈余公积金(元)	0.0882	0.1146	0.0709	0.0946
每股未分配利润(元)	0.8446	1.0316	0.8806	0.8514
每股现金净流量(元)	–0.4858	4.3106	4.5326	0.1448
每股经营现金净流量(元)	–0.1099	–0.2304	–0.4569	1.2114
净资产收益率(扣除)(%)	2.8800	7.4400	6.5100	27.1700
净资产收益率(%)	3.4420	5.6940	3.2860	25.4200
总资产(万)	54436.58	55839.54	55733.30	24121.21
股东权益(万)	46423.32	46025.42	44204.72	9331.38
主营业务收入(万)	7121.92	13591.25	7088.93	16889.23
主营成本(万)	4385.17	7898.84	3955.27	11428.97
营业收入(万)	7121.92	13591.25	7088.93	16889.23
营业成本(万)	4385.17	7898.84	3955.27	11428.97
投资收益(万)	–	–	–	–
利润总额(万)	1858.35	3053.82	1709.07	2750.44
净利润(万)	1597.90	2620.54	1452.44	2371.71

北京碧水源科技股份有限公司

公司概况	公司名称	北京碧水源科技股份有限公司			证券简称	碧 水 源
	法人代表	文剑平	董秘	何愿平	证券代码	300070
	公司网址	www.originwater.com		电子信箱	ir@originwater.com	
	电　　话	010-88465890		传　　真	010-88434847	
	办公地址	北京市海淀区生命园路 23-2 碧水源大厦				
	经营范围	污水处理和污水资源化领域的技术研究与开发, 设备制造与销售等				

指标\报告期	2011.06.30	2010.12.31	2010.06.30	2009.12.31
每股收益(元)	0.1900	1.3100	0.3900	0.9700
每股收益(扣除)(元)	0.2000	1.3400	0.3900	0.9700
每股净资产(元)	9.1500	19.9700	19.0100	2.9200
调整后每股净资产(元)	–	–	–	–
每股资本公积金(元)	6.9326	16.4011	16.3267	0.0016
每股盈余公积金(元)	0.1079	0.2374	0.1523	0.2035
每股未分配利润(元)	1.1110	2.3272	1.5315	1.7150
每股现金净流量(元)	–2.4622	16.3147	15.5006	0.8553
每股经营现金净流量(元)	–0.3922	1.2075	–0.4164	1.2355
净资产收益率(扣除)(%)	2.2200	8.8900	4.1500	39.9700
净资产收益率(%)	2.0280	6.0300	1.7000	33.3720
总资产(万)	330502.46	317191.32	298436.67	50741.32
股东权益(万)	295957.43	293495.11	279453.92	32120.46
主营业务收入(万)	19977.45	50046.52	17162.25	31344.81
主营成本(万)	10625.55	25720.40	9272.20	16260.18
营业收入(万)	19977.45	50047.08	17162.25	31356.33
营业成本(万)	10625.55	25720.43	9272.20	16260.18
投资收益(万)	–	–	–	–
利润总额(万)	7011.45	20914.71	5511.79	12438.22
净利润(万)	6001.58	17696.30	4748.21	10719.22

北京华谊嘉信整合营销顾问集团股份有限公司

公司概况	公司名称	北京华谊嘉信整合营销顾问集团股份有限公司			证券简称	华谊嘉信
	法人代表	刘伟	董秘	杨真	证券代码	300071
	公司网址	www.spearhead.com.cn		电子信箱	investor@spearhead.com.cn	
	电　　话	010-58039145		传　　真	010-58039088	
	办公地址	北京市石景山区实兴大街 30 号院 8 号楼 3 层				
	经营范围	营销策划;摄影服务;网上提供信息咨询服务;技术开发、转让、培训等				

指标\报告期	2011.06.30	2010.12.31	2010.06.30	2009.12.31
每股收益(元)	0.1700	0.7000	0.1900	0.8000
每股收益(扣除)(元)	0.1400	0.6900	0.1500	0.8000
每股净资产(元)	4.1900	8.1400	7.7400	2.6800
调整后每股净资产(元)	–	–	–	–
每股资本公积金(元)	2.4057	5.8114	5.7497	0.6417
每股盈余公积金(元)	0.0239	0.0479	0.0132	0.0177
每股未分配利润(元)	0.7617	1.2784	0.9800	1.0227
每股现金净流量(元)	–1.0908	4.7056	5.2879	0.0958
每股经营现金净流量(元)	–0.5314	–0.1920	–0.1014	0.0040
净资产收益率(扣除)(%)	3.3200	10.5400	6.3400	34.9000
净资产收益率(%)	4.1160	7.9360	4.0580	27.8540
总资产(万)	47514.44	45248.92	42696.65	14607.94
股东权益(万)	43384.72	42116.59	40073.91	10394.38
主营业务收入(万)	43165.87	55570.49	24810.89	42274.07
主营成本(万)	38975.08	47334.25	21044.86	34927.19
营业收入(万)	43165.87	55570.49	24810.89	42274.07
营业成本(万)	38975.08	47334.25	21044.86	34927.19
投资收益(万)	–	–	–	–
利润总额(万)	2163.44	3882.95	1916.73	3442.64
净利润(万)	1785.69	3341.79	1625.98	2895.26

北京三聚环保新材料股份有限公司

公司概况	公司名称	北京三聚环保新材料股份有限公司			证券简称	三聚环保
	法人代表	刘雷	董秘	曹华锋	证券代码	300072
	公司网址	www.sanju.cn		电子信箱	investor@sanju.cn	
	电　　话	010-82685562		传　　真	010-82684108	
	办公地址	北京市海淀区人大北路 33 号 1 号楼大行基业大厦 9 层				
	经营范围	经营本企业自产产品及技术的出口业务和本企业所需的机械设备、零配件等				

指标\报告期	2011.06.30	2010.12.31	2010.06.30	2009.12.31
每股收益(元)	0.1600	0.6500	0.2700	0.7100
每股收益(扣除)(元)	0.1600	0.5700	0.2400	0.6500
每股净资产(元)	5.5400	10.9100	10.4800	3.2200
调整后每股净资产(元)	–	–	–	–
每股资本公积金(元)	3.6861	8.3722	8.3037	0.9407
每股盈余公积金(元)	0.0542	0.1084	0.0683	0.0919
每股未分配利润(元)	0.7974	1.4295	1.1031	1.1826
每股现金净流量(元)	–0.6452	7.4824	7.0303	0.8620
每股经营现金净流量(元)	–0.8184	–0.4843	–0.7671	0.4157
净资产收益率(扣除)(%)	2.8200	6.5800	3.8300	23.0100
净资产收益率(%)	2.8460	5.4180	2.1430	21.9400
总资产(万)	158448.08	145010.90	133945.94	53769.27
股东权益(万)	107730.37	106123.80	101890.85	23236.14
主营业务收入(万)	20519.79	42548.09	17612.73	30068.63
主营成本(万)	11333.58	24795.27	10084.26	15355.33
营业收入(万)	20571.47	43017.53	17761.02	30439.88
营业成本(万)	11393.93	25160.40	10207.79	15374.90
投资收益(万)	–	–	–	–
利润总额(万)	3564.56	7483.96	2696.21	6208.55
净利润(万)	3065.62	5749.53	2183.57	5097.87

北京当升材料科技股份有限公司

公司概况	公司名称	北京当升材料科技股份有限公司			证券简称	当升科技
	法人代表	白厚善	董秘	曲晓力	证券代码	300073
	公司网址	www.easpring.com.cn		电子信箱	Securities@easpring.com.cn	
	电　　话	010-63299940 63299941		传　　真	010-63299947	
	办公地址	北京南四环西路188号总部基地18区22号				
	经营范围	研究开发、生产和销售锂离子电池正极材料、电子粉体材料和新型金属材料等				

主要财务指标	指标\报告期	2011.06.30	2010.12.31	2010.06.30	2009.12.31
	每股收益(元)	0.0171	0.4700	0.2516	0.6700
	每股收益(扣除)(元)	0.0148	0.4500	0.2507	0.6200
	每股净资产(元)	5.2000	10.5700	10.3000	2.5280
	调整后每股净资产(元)	–	–	–	–
	每股资本公积金(元)	3.6861	8.3723	8.3221	0.5067
	每股盈余公积金(元)	0.0982	0.1965	0.1532	0.2043
	每股未分配利润(元)	0.4183	1.0024	0.8225	0.8171
	每股现金净流量(元)	-0.4004	4.6582	5.8863	-0.1163
	每股经营现金净流量(元)	-0.0608	-1.8559	-1.5349	0.4602
	净资产收益率(扣除)(%)	0.3200	4.0950	4.4300	26.4500
	净资产收益率(%)	0.3200	5.6900	4.4300	30.7500
	总资产(万)	97189.97	96680.21	96792.52	33161.78
	股东权益(万)	83242.50	84569.20	82382.88	15168.08
	主营业务收入(万)	31441.88	84623.59	36637.97	53320.76
	主营成本(万)	28972.84	76717.35	32795.07	46004.06
	营业收入(万)	31446.51	84638.42	36642.92	53457.93
	营业成本(万)	28972.84	76719.94	32795.78	–
	投资收益(万)	–	–	–	–
	利润总额(万)	272.37	4002.22	1956.47	4640.21
	净利润(万)	273.30	3462.95	1677.61	4012.00

华平信息技术股份有限公司

公司概况	公司名称	华平信息技术股份有限公司			证券简称	华平股份
	法人代表	刘焱	董秘	奚峰伟	证券代码	300074
	公司网址	www.avcon.com.cn		电子信箱	ir@avcon.com.cn	
	电　　话	021-65650210		传　　真	021-55666998	
	办公地址	上海市国定路335号2号楼22-24层				
	经营范围	计算机软硬件及其他电子产品的设计、销售等				

主要财务指标	指标\报告期	2011.06.30	2010.12.31	2010.06.30	2009.12.31
	每股收益(元)	0.1411	1.3200	0.0437	1.4630
	每股收益(扣除)(元)	0.1338	1.1230	0.0098	1.4040
	每股净资产(元)	7.9200	20.4600	19.3400	3.8800
	调整后每股净资产(元)	–	–	–	–
	每股资本公积金(元)	5.9468	16.3669	16.3669	0.3749
	每股盈余公积金(元)	0.1580	0.3950	0.2702	0.3603
	每股未分配利润(元)	0.8194	2.6956	1.7011	2.1469
	每股现金净流量(元)	4.0746	4.0597	16.1347	1.3592
	每股经营现金净流量(元)	-0.0526	0.5002	-0.1927	1.5086
	净资产收益率(扣除)(%)	1.7810	5.9160	3.0800	37.6850
	净资产收益率(%)	1.7700	8.4000	3.0800	46.4300
	总资产(万)	80395.27	83304.40	78187.51	12594.96
	股东权益(万)	79241.34	81830.00	77353.16	11646.15
	主营业务收入(万)	4815.10	10341.72	2199.99	10167.48
	主营成本(万)	1905.14	3031.68	557.46	2438.47
	营业收入(万)	4815.10	10341.72	2199.99	10167.48
	营业成本(万)	1905.14	3031.68	557.46	2438.47
	投资收益(万)	–	–	–	–
	利润总额(万)	1592.76	5412.41	386.93	4931.56
	净利润(万)	1411.33	4840.66	363.81	4388.90

北京数字政通科技股份有限公司

公司概况	公司名称	北京数字政通科技股份有限公司			证券简称	数字政通
	法人代表	吴强华	董秘	陈睿	证券代码	300075
	公司网址	www.egova.com.cn		电子信箱	egova@egova.com	
	电　　话	010-62212336		传　　真	010-62212336 656	
	办公地址	北京市海淀区西直门北大街32号枫蓝国际中心1号楼18层				
	经营范围	电子政务和GIS应用平台的开发与推广				

主要财务指标	指标\报告期	2011.06.30	2010.12.31	2010.06.30	2009.12.31
	每股收益(元)	0.1100	1.0000	0.1300	0.9800
	每股收益(扣除)(元)	0.1000	0.9500	0.1300	0.9800
	每股净资产(元)	10.1900	15.3400	14.4800	2.7100
	调整后每股净资产(元)	–	–	–	–
	每股资本公积金(元)	8.2629	12.8943	12.8154	0.6931
	每股盈余公积金(元)	0.1103	0.1654	0.0761	0.1014
	每股未分配利润(元)	0.8192	1.2566	0.5853	0.9129
	每股现金净流量(元)	-0.5294	12.1160	11.3558	0.4749
	每股经营现金净流量(元)	-0.2396	0.2636	-0.5854	1.0813
	净资产收益率(扣除)(%)	1.0200	8.1800	2.1200	46.2400
	净资产收益率(%)	1.1260	5.9890	0.9200	36.2800
	总资产(万)	86849.41	87571.67	81999.75	13140.31
	股东权益(万)	85616.07	85771.78	81070.10	11371.17
	主营业务收入(万)	2487.95	9524.26	1846.82	7216.66
	主营成本(万)	638.37	2872.25	488.29	1462.25
	营业收入(万)	2488.55	9574.16	1896.72	7218.12
	营业成本(万)	638.37	2872.25	488.29	1462.25
	投资收益(万)	–	–	–	–
	利润总额(万)	1011.42	5873.89	785.70	4629.65
	净利润(万)	964.29	5144.96	745.63	4125.10

宁波GQY视讯股份有限公司

公司概况	公司名称	宁波GQY视讯股份有限公司			证券简称	宁波GQY
	法人代表	郭启寅	董秘	谢诚正	证券代码	300076
	公司网址	www.gqy.com.cn		电子信箱	investor@gqy.com.cn	
	电　　话	021-61002033		传　　真	021-61002008	
	办公地址	上海市新金桥路58号银东大厦27F				
	经营范围	网络、数字、图像电子产品的研制、开发及销售;IT工程项目系统集成等				

主要财务指标	指标\报告期	2011.06.30	2010.12.31	2010.06.30	2009.12.31
	每股收益(元)	0.1100	0.5300	0.3200	0.6600
	每股收益(扣除)(元)	0.1100	0.4900	0.2750	1.1800
	每股净资产(元)	9.7900	9.6700	19.0700	4.3800
	调整后每股净资产(元)	–	–	–	–
	每股资本公积金(元)	7.2681	7.2666	15.4125	0.5123
	每股盈余公积金(元)	0.1393	0.1393	0.1962	0.2642
	每股未分配利润(元)	1.3779	1.2648	2.4638	2.6079
	每股现金净流量(元)	-0.3621	5.9316	14.9248	0.2016
	每股经营现金净流量(元)	-0.1163	-0.1808	-0.4916	0.9927
	净资产收益率(扣除)(%)	1.1400	6.3700	5.2500	30.8100
	净资产收益率(%)	1.1560	5.0420	2.7640	30.0000
	总资产(万)	110914.60	108856.31	112686.63	27916.12
	股东权益(万)	103724.50	102508.61	101084.38	17257.18
	主营业务收入(万)	11908.11	23111.01	11116.33	20436.52
	主营成本(万)	6816.93	11527.71	5252.64	9652.04
	营业收入(万)	12273.33	23995.98	11402.60	21273.55
	营业成本(万)	6969.30	11786.20	5426.36	9967.41
	投资收益(万)	–	–	–	–
	利润总额(万)	1795.49	6490.49	3448.35	6443.71
	净利润(万)	1199.51	5168.40	2793.51	5177.25

国民技术股份有限公司

公司概况						
	公司名称	国民技术股份有限公司			证券简称	国民技术
	法人代表	刘晋平	董秘	朱旭	证券代码	300077
	公司网址	www.nationz.com.cn		电子信箱	investors@nationz.com.cn	
	电　话	0755-86309903 86309969		传　真	0755-86169100	
	办公地址	广东省深圳市南山区高新南一道中国科技开发院三号楼塔楼 11-13 层				
	经营范围	开发、生产、销售手机芯片、数据通讯芯片、图像处理芯片等				

主要财务指标	指标\报告期	2011.06.30	2010.12.31	2010.06.30	2009.12.31
	每股收益(元)	0.2200	1.7700	0.4700	1.4400
	每股收益(扣除)(元)	0.2000	1.5800	0.4200	1.2000
	每股净资产(元)	9.9500	24.8400	24.1500	2.7200
	调整后每股净资产(元)	–	–	–	–
	每股资本公积金(元)	8.0632	21.1580	21.1234	0.3085
	每股盈余公积金(元)	0.1074	0.2685	0.1058	0.1410
	每股未分配利润(元)	0.7831	2.4162	1.9227	1.2692
	每股现金净流量(元)	–0.4890	–	21.5375	0.9072
	每股经营现金净流量(元)	–0.0949	–	0.4777	1.1472
	净资产收益率(扣除)(%)	2.1760	6.5490	4.0200	52.7100
	净资产收益率(%)	2.1600	9.5900	10.1400	72.2000
	总资产(万)	288762.44	286643.81	274301.27	34140.72
	股东权益(万)	270740.84	270288.88	262771.80	22185.16
	主营业务收入(万)	31160.46	70231.13	38395.05	46566.10
	主营成本(万)	17340.03	37035.93	20099.86	26091.00
	营业收入(万)	31171.27	70237.34	38400.05	46584.77
	营业成本(万)	17340.05	37038.96	20102.36	26109.19
	投资收益(万)	–	–	–	–
	利润总额(万)	6385.32	19124.36	11484.02	11694.38
	净利润(万)	5891.96	17701.75	10562.04	11694.38

杭州中瑞思创科技股份有限公司

公司概况						
	公司名称	杭州中瑞思创科技股份有限公司			证券简称	中瑞思创
	法人代表	路楠	董秘	陈武军	证券代码	300078
	公司网址	www.century-cn.com		电子信箱	zhengquanbu@century-cn.com	
	电　话	0571-28818665		传　真	0571-28818665	
	办公地址	浙江省杭州市莫干山路 1418-25 号(上城科技经济园)				
	经营范围	塑胶产品、电子产品、五金产品的制造;塑胶产品、电子产品、五金产品的开发及销售				

主要财务指标	指标\报告期	2011.06.30	2010.12.31	2010.06.30	2009.12.31
	每股收益(元)	0.2800	1.3800	0.7200	1.2000
	每股收益(扣除)(元)	0.2800	1.3400	0.7000	1.0800
	每股净资产(元)	6.6600	17.4300	16.6300	2.8000
	调整后每股净资产(元)	–	–	–	–
	每股资本公积金(元)	5.0995	14.2487	14.1200	0.5791
	每股盈余公积金(元)	0.0799	0.1998	0.0835	0.1119
	每股未分配利润(元)	0.4761	1.9805	1.4253	1.1126
	每股现金净流量(元)	–0.6112	14.5336	14.1464	0.2980
	每股经营现金净流量(元)	0.0465	0.8960	0.4016	1.2065
	净资产收益率(扣除)(%)	4.2650	7.2670	3.5780	42.6320
	净资产收益率(%)	4.1100	10.4700	8.4600	54.1800
	总资产(万)	115545.58	120650.70	116379.25	19954.76
	股东权益(万)	111579.57	116872.87	111512.66	14269.36
	主营业务收入(万)	16975.32	30927.64	14131.84	23235.53
	主营成本(万)	10657.97	17367.34	7881.98	13190.76
	营业收入(万)	17012.67	31044.60	14134.93	23248.53
	营业成本(万)	10657.97	17398.89	7883.52	13200.28
	投资收益(万)	60.10	–	–	–
	利润总额(万)	5571.63	10250.51	4880.82	7114.08
	净利润(万)	4754.66	8486.02	3987.39	5976.13

北京数码视讯科技股份有限公司

公司概况						
	公司名称	北京数码视讯科技股份有限公司			证券简称	数码视讯
	法人代表	郑海涛	董秘	郑海涛(代)	证券代码	300079
	公司网址	www.sumavision.com		电子信箱	sumavision@sumavision.com	
	电　话	010-82345841		传　真	010-82345842	
	办公地址	北京市海淀区上地信息产业基地开拓路 15 号 1 幢				
	经营范围	从事数字电视软硬件产品的研发、生产、销售和技术服务业务等				

主要财务指标	指标\报告期	2011.06.30	2010.12.31	2010.06.30	2009.12.31
	每股收益(元)	0.4100	1.4500	0.3400	1.1700
	每股收益(扣除)(元)	0.3800	1.2700	0.2500	1.0100
	每股净资产(元)	9.7000	19.1000	19.1000	4.7000
	调整后每股净资产(元)	–	–	–	–
	每股资本公积金(元)	6.7751	14.5502	14.5234	0.7473
	每股盈余公积金(元)	0.1791	0.3583	0.2303	0.3071
	每股未分配利润(元)	1.7500	3.1866	2.5414	2.6436
	每股现金净流量(元)	–0.5731	13.8886	13.4242	–0.0853
	每股经营现金净流量(元)	–0.2844	1.0188	–0.2715	0.7102
	净资产收益率(扣除)(%)	4.1900	6.9751	6.6100	24.8660
	净资产收益率(%)	4.1900	9.7300	6.6100	28.3500
	总资产(万)	223782.61	227819.46	209196.82	51622.74
	股东权益(万)	217574.11	214057.73	204905.23	39462.38
	主营业务收入(万)	19572.52	34822.17	13495.72	26760.99
	主营成本(万)	3587.29	10983.71	4495.31	10175.98
	营业收入(万)	19649.82	35012.59	13576.27	28540.04
	营业成本(万)	3602.54	11006.99	4509.03	11681.12
	投资收益(万)	21.00	322.23	–	–
	利润总额(万)	9971.49	15808.33	7012.12	10763.96
	净利润(万)	9110.19	14917.29	6257.81	9812.59

河南新大新材料股份有限公司

公司概况						
	公司名称	河南新大新材料股份有限公司			证券简称	新大新材
	法人代表	宋贺臣	董秘	张建华	证券代码	300080
	公司网址	www.xindaxin.cn		电子信箱	xindaxin@xindaxin.cn	
	电　话	0378-2656626		传　真	0378-2656617	
	办公地址	河南省开封市精细化工产业园区				
	经营范围	晶硅片切割刃料的生产和销售等				

主要财务指标	指标\报告期	2011.06.30	2010.12.31	2010.06.30	2009.12.31
	每股收益(元)	0.8200	1.1800	0.6500	0.9300
	每股收益(扣除)(元)	0.7900	1.0700	0.6200	0.8400
	每股净资产(元)	14.4100	13.5900	12.9700	2.5200
	调整后每股净资产(元)	–	–	–	–
	每股资本公积金(元)	10.4027	10.4027	10.3323	0.0137
	每股盈余公积金(元)	0.2203	0.2203	0.1128	0.1504
	每股未分配利润(元)	2.7848	1.9689	1.5261	1.3532
	每股现金净流量(元)	–1.7499	6.9047	10.5753	–0.1474
	每股经营现金净流量(元)	–2.9066	–0.2044	–0.3270	–0.3413
	净资产收益率(扣除)(%)	5.6100	11.1500	12.6100	41.0700
	净资产收益率(%)	5.6630	7.8100	3.9410	36.9327
	总资产(万)	282135.71	220266.64	223041.03	52626.00
	股东权益(万)	201708.47	190285.81	181595.28	26430.88
	主营业务收入(万)	105043.07	120942.58	47271.97	54704.14
	主营成本(万)	83803.14	94890.10	35435.05	39367.00
	营业收入(万)	105066.12	120980.28	48483.49	57064.90
	营业成本(万)	83803.14	94904.92	36301.25	41332.60
	投资收益(万)	–	–	–	–
	利润总额(万)	13482.48	17411.00	8419.29	11898.31
	净利润(万)	11422.65	14860.70	7156.39	9761.64

恒信移动商务股份有限公司

公司概况	公司名称	恒信移动商务股份有限公司			证券简称	恒信移动
	法人代表	孟宪民	董秘	陈伟	证券代码	300081
	公司网址	www.hxgro.com		电子信箱	office@hxgro.com	
	电　话	0311-86130089		传　真	0311-86130089	
	办公地址	河北省石家庄市建设南大街80号恒辉大厦				
	经营范围	通讯器材、电子产品、移动通讯设备及其支持软件的销售、维修等				

	指标\报告期	2011.06.30	2010.12.31	2010.06.30	2009.12.31
主要财务指标	每股收益(元)	-0.0800	0.3900	0.2000	0.8400
	每股收益(扣除)(元)	-0.0800	0.3800	0.2000	0.8300
	每股净资产(元)	11.7400	11.8200	11.5800	3.0500
	调整后每股净资产(元)	-	-	-	-
	每股资本公积金(元)	8.9540	8.9540	8.9087	0.0171
	每股盈余公积金(元)	0.0986	0.0986	0.0855	0.1145
	每股未分配利润(元)	1.6881	1.7632	1.5863	1.9161
	每股现金净流量(元)	-2.2504	8.6250	7.5954	-0.4246
	每股经营现金净流量(元)	-1.8183	-0.8191	-1.4205	1.1013
	净资产收益率(扣除)(%)	-0.6400	4.3200	4.0400	31.3900
	净资产收益率(%)	-0.6390	2.9320	1.3510	27.4400
	总资产(万)	95399.02	93018.12	92495.26	39374.85
	股东权益(万)	78662.42	79165.37	77589.29	15238.35
	主营业务收入(万)	40704.22	102496.00	48725.52	102203.91
	主营成本(万)	29158.83	76713.23	36422.36	79785.55
	营业收入(万)	40719.22	102914.82	48863.86	102376.93
	营业成本(万)	29158.83	76713.23	36422.36	79785.55
	投资收益(万)	-	-	-	-
	利润总额(万)	-477.21	2779.25	1206.12	4814.20
	净利润(万)	-502.96	2320.87	1047.95	4181.41

辽宁奥克化学股份有限公司

公司概况	公司名称	辽宁奥克化学股份有限公司			证券简称	奥克股份
	法人代表	朱建民	董秘	徐丹	证券代码	300082
	公司网址	www.oxiranchem.com		电子信箱	oxiranchem@126.com	
	电　话	0419-5167408 5160718		传　真	0419-5160978	
	办公地址	辽宁省辽阳市宏伟区东环路29号				
	经营范围	聚乙二醇、聚醚、化工助剂;化工产品等				

	指标\报告期	2011.06.30	2010.12.31	2010.06.30	2009.12.31
主要财务指标	每股收益(元)	0.4500	1.1900	0.2600	1.4300
	每股收益(扣除)(元)	0.4300	1.1600	0.2400	1.4000
	每股净资产(元)	10.5400	16.5400	24.0400	5.7000
	调整后每股净资产(元)	-	-	-	-
	每股资本公积金(元)	8.1199	13.5918	20.8242	1.7177
	每股盈余公积金(元)	0.1524	0.2439	0.2909	0.3245
	每股未分配利润(元)	1.2583	1.6935	1.8881	2.6271
	每股现金净流量(元)	-1.7729	9.0437	16.4508	2.4297
	每股经营现金净流量(元)	-1.2146	-0.2629	0.5436	-0.0893
	净资产收益率(扣除)(%)	4.2690	6.4200	2.3520	36.3102
	净资产收益率(%)	4.2900	9.9300	7.6600	51.1500
	总资产(万)	313209.89	300927.78	290307.33	107027.05
	股东权益(万)	282138.36	272164.49	260152.94	43212.39
	主营业务收入(万)	155625.93	220287.01	82721.97	101244.74
	主营成本(万)	134726.62	192004.50	72638.97	74539.83
	营业收入(万)	155783.79	221128.07	83278.01	106786.60
	营业成本(万)	134733.19	192796.94	73177.91	79817.16
	投资收益(万)	180.27	-32.90	-0.42	-1.35
	利润总额(万)	14765.29	20876.87	7348.09	19960.02
	净利润(万)	11656.75	17198.62	6105.17	16778.11

东莞劲胜精密组件股份有限公司

公司概况	公司名称	东莞劲胜精密组件股份有限公司			证券简称	劲胜股份
	法人代表	王九全	董秘	王琼	证券代码	300083
	公司网址	www.januscn.com		电子信箱	ir@januscn.com	
	电　话	0769-82288265		传　真	0769-85075902	
	办公地址	广东省东莞市长安镇上角村				
	经营范围	生产和销售塑胶制品、塑胶五金模具、精冲模、精密型腔模、模具标准件等				

	指标\报告期	2011.06.30	2010.12.31	2010.06.30	2009.12.31
主要财务指标	每股收益(元)	0.1000	0.8400	0.4100	0.9300
	每股收益(扣除)(元)	0.1000	0.7800	0.3600	0.9000
	每股净资产(元)	5.8400	11.6800	11.1900	3.2400
	调整后每股净资产(元)	-	-	-	-
	每股资本公积金(元)	4.1776	8.8552	8.7978	0.8069
	每股盈余公积金(元)	0.1117	0.2234	0.1481	0.1975
	每股未分配利润(元)	0.5544	1.6050	1.2459	1.2369
	每股现金净流量(元)	-1.2837	6.9625	7.6307	0.5273
	每股经营现金净流量(元)	-0.1684	0.8692	0.1690	1.7720
	净资产收益率(扣除)(%)	1.6500	9.0500	10.0400	32.4300
	净资产收益率(%)	1.7430	6.4420	2.9080	28.7431
	总资产(万)	147657.33	143041.78	132130.98	45490.78
	股东权益(万)	116873.49	116836.40	111918.86	24310.16
	主营业务收入(万)	51332.12	94861.67	38960.92	71183.86
	主营成本(万)	39790.51	72939.48	30047.46	54181.04
	营业收入(万)	51786.65	95993.21	39424.37	71921.38
	营业成本(万)	40128.10	73834.03	30428.14	54775.05
	投资收益(万)	-	-	-	-
	利润总额(万)	2531.81	8661.95	3789.34	7911.99
	净利润(万)	2037.09	7526.25	3255.06	6987.50

兰州海默科技股份有限公司

公司概况	公司名称	兰州海默科技股份有限公司			证券简称	海默科技
	法人代表	窦剑文	董秘	张立强	证券代码	300084
	公司网址	www.haimo.com.cn		电子信箱	securities@haimo.com.cn	
	电　话	0931-8559076		传　真	0931-8553789	
	办公地址	甘肃省兰州市城关区张苏滩593号				
	经营范围	多相流量计的研发、生产、销售和售后技术服务等				

	指标\报告期	2011.06.30	2010.12.31	2010.06.30	2009.12.31
主要财务指标	每股收益(元)	0.0426	0.2953	0.0500	0.5779
	每股收益(扣除)(元)	0.0424	0.2921	0.0274	0.5639
	每股净资产(元)	4.7700	9.6700	9.5000	2.5000
	调整后每股净资产(元)	-	-	-	-
	每股资本公积金(元)	3.1747	7.3494	7.3280	0.0324
	每股盈余公积金(元)	0.0723	0.1446	0.1311	0.1748
	每股未分配利润(元)	0.5936	1.3020	1.1301	1.4012
	每股现金净流量(元)	-0.3304	6.5531	7.6556	0.0925
	每股经营现金净流量(元)	-0.1663	0.0545	-0.1133	0.3236
	净资产收益率(扣除)(%)	0.8700	4.0700	1.0800	25.4000
	净资产收益率(%)	0.8930	2.7350	0.8330	23.1210
	总资产(万)	64569.06	64193.66	68545.32	18178.36
	股东权益(万)	61019.12	61916.53	60789.10	11997.14
	主营业务收入(万)	4653.82	9092.60	3430.17	11158.95
	主营成本(万)	2886.60	4430.87	1682.63	4999.14
	营业收入(万)	4713.26	9730.24	3829.98	11720.35
	营业成本(万)	2940.63	4918.85	2057.81	5380.79
	投资收益(万)	-	-	-	-
	利润总额(万)	647.77	1940.52	595.58	3167.66
	净利润(万)	544.79	1693.22	506.43	2773.82

深圳市银之杰科技股份有限公司

公司概况					
公司名称	深圳市银之杰科技股份有限公司			证券简称	银 之 杰
法人代表	陈向军	董秘	刘奕	证券代码	300085
公司网址	www.yinzhijie.com		电子信箱	invest@yinzhijie.com	
电　　话	0755-83562960		传　　真	0755-83562955	
办公地址	广东省深圳市福田区车公庙天安数码城天祥大厦 AB 座 5B2				
经营范围	兴办实业(具体项目另行申报);银行验印系统,计算机软、硬件的技术开发等				

主要财务指标

指标＼报告期	2011.06.30	2010.12.31	2010.06.30	2009.12.31
每股收益(元)	0.0701	0.6321	0.1153	0.6505
每股收益(扣除)(元)	0.0673	0.5684	0.0992	0.6148
每股净资产(元)	4.1939	8.8475	8.3900	2.3984
调整后每股净资产(元)	–	–	–	–
每股资本公积金(元)	2.6165	6.2329	6.1630	0.0005
每股盈余公积金(元)	0.0904	0.1807	0.1231	0.1398
每股未分配利润(元)	0.4871	1.4339	1.1077	1.2580
每股现金净流量(元)	–0.6393	6.3900	6.2033	0.3716
每股经营现金净流量(元)	–0.3470	0.3182	–0.2113	0.4427
净资产收益率(扣除)(%)	1.5100	8.6800	5.3000	29.6600
净资产收益率(%)	1.6720	6.3998	2.1740	27.1245
总资产(万)	51455.70	54102.64	53097.51	13332.01
股东权益(万)	50326.66	53085.06	50363.09	10792.64
主营业务收入(万)	4056.52	9024.40	3424.84	7324.94
主营成本(万)	1792.93	3147.34	1326.86	2506.25
营业收入(万)	4151.44	9214.23	3519.75	7514.78
营业成本(万)	1850.82	3261.99	1383.61	2618.62
投资收益(万)	–	–	–	–
利润总额(万)	923.23	3509.40	1188.97	3058.02
净利润(万)	841.60	3397.35	1094.71	2927.45

海南康芝药业股份有限公司

公司概况					
公司名称	海南康芝药业股份有限公司			证券简称	康芝药业
法人代表	洪江游	董秘	李幽泉	证券代码	300086
公司网址	www.honz.com.cn		电子信箱	honz168@honz.com.cn	
电　　话	0898-66812876		传　　真	0898-68661500	
办公地址	海南省海口市南海大道药谷三路 6 号				
经营范围	生产销售粉针剂(头孢菌素类)、冻干粉针剂、片剂、胶囊剂、颗粒剂等				

主要财务指标

指标＼报告期	2011.06.30	2010.12.31	2010.06.30	2009.12.31
每股收益(元)	0.1100	1.5600	0.6900	1.3000
每股收益(扣除)(元)	0.1000	1.5500	0.6600	1.2700
每股净资产(元)	9.1000	18.2900	17.3800	3.2100
调整后每股净资产(元)	–	–	–	–
每股资本公积金(元)	6.8219	14.6437	14.5840	0.5410
每股盈余公积金(元)	0.1166	0.2332	0.1474	0.1639
每股未分配利润(元)	1.1652	2.4092	1.6452	1.5017
每股现金净流量(元)	–0.8132	13.4891	14.5415	0.4094
每股经营现金净流量(元)	–0.6728	0.7989	0.6134	1.2477
净资产收益率(扣除)(%)	1.1400	12.0300	10.2300	48.1400
净资产收益率(%)	1.2160	7.6190	3.1280	40.5740
总资产(万)	197177.19	190461.87	177698.09	29408.69
股东权益(万)	182073.67	182860.61	173766.48	24049.09
主营业务收入(万)	13331.26	30858.50	12022.62	21625.25
主营成本(万)	6556.88	9905.34	3594.46	6101.15
营业收入(万)	13479.94	31445.18	12207.35	21877.91
营业成本(万)	6650.02	10133.54	3668.10	6206.13
投资收益(万)	–	–	–	–
利润总额(万)	2720.69	16647.81	6575.22	11592.75
净利润(万)	2213.06	13931.75	5434.60	9757.72

安徽荃银高科种业股份有限公司

公司概况					
公司名称	安徽荃银高科种业股份有限公司			证券简称	荃银高科
法人代表	张琴	董秘	叶红	证券代码	300087
公司网址	www.winallseed.com		电子信箱	quanyin99@163.com	
电　　话	0551-5355175		传　　真	0551-5320226	
办公地址	安徽省合肥市高新区天智路 3 号				
经营范围	从事高产、优质杂交水稻种子研发、繁育、推广及服务等				

主要财务指标

指标＼报告期	2011.06.30	2010.12.31	2010.06.30	2009.12.31
每股收益(元)	0.0400	0.6900	0.1400	0.8800
每股收益(扣除)(元)	0.0300	0.6600	0.2500	0.8400
每股净资产(元)	5.1200	10.4600	9.9700	2.2100
调整后每股净资产(元)	–	–	–	–
每股资本公积金(元)	3.4947	7.9894	7.8915	0.0765
每股盈余公积金(元)	0.0840	0.1681	0.1092	0.1456
每股未分配利润(元)	0.5370	1.3023	0.9690	0.9873
每股现金净流量(元)	–0.4567	6.5898	7.1807	0.5998
每股经营现金净流量(元)	–0.1298	–0.4641	–0.1341	0.2594
净资产收益率(扣除)(%)	0.3700	8.7400	6.4300	46.1100
净资产收益率(%)	0.7010	5.9340	2.2920	38.6710
总资产(万)	61121.98	61903.30	55474.13	19425.87
股东权益(万)	54022.55	55227.97	52639.91	8749.34
主营业务收入(万)	7034.87	18010.01	5332.64	16310.17
主营成本(万)	4678.68	10729.55	2721.55	9345.06
营业收入(万)	7104.72	18024.90	5332.64	16362.36
营业成本(万)	4682.10	10730.37	2721.55	–
投资收益(万)	–	–	–	–
利润总额(万)	402.29	3557.64	1315.51	3489.65
净利润(万)	378.58	3277.47	1206.63	3383.42

芜湖长信科技股份有限公司

公司概况					
公司名称	芜湖长信科技股份有限公司			证券简称	长信科技
法人代表	李焕义	董秘	高前文(代)	证券代码	300088
公司网址	www.token-ito.com		电子信箱	wnswin@163.com	
电　　话	0553-5656188		传　　真	0553-5843520	
办公地址	安徽省芜湖市经济技术开发区汽经二路长信科技园				
经营范围	ITO 导电膜玻璃及手机面板视窗材料的研发、生产及销售等				

主要财务指标

指标＼报告期	2011.06.30	2010.12.31	2010.06.30	2009.12.31
每股收益(元)	0.3300	1.0400	0.4000	0.6400
每股收益(扣除)(元)	0.3200	0.9900	0.3700	0.6200
每股净资产(元)	4.8100	9.2700	8.6400	3.4900
调整后每股净资产(元)	–	–	–	–
每股资本公积金(元)	2.5382	6.0764	6.0632	0.8055
每股盈余公积金(元)	0.1169	0.2338	0.1475	0.1970
每股未分配利润(元)	1.1562	1.9623	1.4305	1.4888
每股现金净流量(元)	–0.4752	3.8967	4.2844	0.5012
每股经营现金净流量(元)	0.2948	0.5427	0.2184	0.6638
净资产收益率(扣除)(%)	6.8400	13.7600	5.2200	19.5400
净资产收益率(%)	6.7560	10.0670	3.6490	18.4495
总资产(万)	125706.99	122518.04	112553.51	45828.14
股东权益(万)	120757.51	116365.20	108445.33	32817.35
主营业务收入(万)	28657.18	48162.23	19300.81	26095.47
主营成本(万)	17095.35	29554.57	12500.07	16316.93
营业收入(万)	28657.18	48309.28	19300.81	26150.48
营业成本(万)	17095.35	29652.49	12500.07	16328.79
投资收益(万)	–	–	–	–
利润总额(万)	9497.72	13726.71	4679.14	7028.67
净利润(万)	8158.36	11714.79	3957.22	6054.62

广东长城集团股份有限公司

公司概况

公司名称	广东长城集团股份有限公司			证券简称	长城集团
法人代表	蔡廷祥	董秘	任锋	证券代码	300089
公司网址	www.thegreatwall-china.com		电子信箱	zqb@thegreatwall-china.com	
电　　话	0768-2932398 0755-36988132		传　　真	0768-2931616 36988180	
办公地址	广东省潮州市枫溪区蔡陇大道				
经营范围	主要从事艺术陶瓷的研发设计、生产和销售等				

主要财务指标

指标\报告期	2011.06.30	2010.12.31	2010.06.30	2009.12.31
每股收益(元)	0.2900	0.3700	0.3600	0.6000
每股收益(扣除)(元)	0.2300	0.3000	0.3300	0.5700
每股净资产(元)	7.6000	7.3200	7.1100	2.9700
调整后每股净资产(元)	–	–	–	–
每股资本公积金(元)	5.3589	5.3589	5.2030	1.1240
每股盈余公积金(元)	0.1429	0.1103	0.1028	0.0979
每股未分配利润(元)	1.1014	0.8473	0.8015	0.7432
每股现金净流量(元)	–0.0236	5.0174	5.9784	0.3286
每股经营现金净流量(元)	0.3263	0.4028	0.2396	0.3149
净资产收益率(扣除)(%)	3.0200	5.5000	10.5700	21.4100
净资产收益率(%)	3.7710	4.4660	3.8490	20.0784
总资产(万)	88073.49	86089.82	93423.39	33494.62
股东权益(万)	76032.20	73165.25	71073.85	22238.22
主营业务收入(万)	18093.23	35710.05	17721.94	32031.56
主营成本(万)	12610.89	26414.49	12812.64	23537.35
营业收入(万)	18093.23	35710.05	17721.94	32031.56
营业成本(万)	12610.89	26414.49	12812.64	23537.35
投资收益(万)	–	–	–	–
利润总额(万)	3464.86	3981.00	3264.63	5347.54
净利润(万)	2866.96	3267.85	2735.64	4465.07

安徽盛运机械股份有限公司

公司概况

公司名称	安徽盛运机械股份有限公司			证券简称	盛运股份
法人代表	开晓胜	董秘	刘玉斌	证券代码	300090
公司网址	www.sy-168.com		电子信箱	david801205@163.com	
电　　话	0556-6205898 551-4840188		传　　真	0556-6205898 551-4844638	
办公地址	安徽省桐城市同安路265号				
经营范围	制造、销售干法脱硫除尘器、生活及医疗垃圾焚烧处理设备、带式等				

主要财务指标

指标\报告期	2011.06.30	2010.12.31	2010.06.30	2009.12.31
每股收益(元)	0.1241	0.4800	0.2999	0.5452
每股收益(扣除)(元)	0.1186	0.3800	0.2840	0.4912
每股净资产(元)	3.5300	6.8100	6.5800	3.1200
调整后每股净资产(元)	–	–	–	–
每股资本公积金(元)	1.7447	4.4894	4.4502	0.9138
每股盈余公积金(元)	0.0667	0.1334	0.0971	0.1296
每股未分配利润(元)	0.7173	1.1864	1.0288	1.0731
每股现金净流量(元)	–1.1310	3.5224	4.1984	0.3225
每股经营现金净流量(元)	–0.0504	–0.2236	–0.3241	0.5838
净资产收益率(扣除)(%)	3.3000	7.1800	8.6900	17.6300
净资产收益率(%)	3.5170	6.1460	3.4170	16.3040
总资产(万)	152653.07	148705.82	129735.19	64040.10
股东权益(万)	90076.83	86909.15	83934.95	29805.17
主营业务收入(万)	30232.35	42091.61	20060.76	31213.91
主营成本(万)	20630.09	28344.95	13418.69	20950.62
营业收入(万)	30403.84	42418.71	20096.42	31409.18
营业成本(万)	20630.09	28344.95	13418.69	20950.62
投资收益(万)	–	–	–	–
利润总额(万)	3806.74	6326.85	3398.16	5708.47
净利润(万)	3167.68	5341.72	2867.76	4859.34

江苏金通灵流体机械科技股份有限公司

公司概况

公司名称	江苏金通灵流体机械科技股份有限公司			证券简称	金通灵
法人代表	季伟	董秘	何杰	证券代码	300091
公司网址	www.jtlfans.com		电子信箱	dsh@jtlfans.com	
电　　话	0513-85198488		传　　真	0513-85198488	
办公地址	江苏省南通市钟秀东路666号				
经营范围	工业用各类大型离心通风机、大型离心鼓风机、高压离心鼓风机等				

主要财务指标

指标\报告期	2011.06.30	2010.12.31	2010.06.30	2009.12.31
每股收益(元)	0.2300	0.8245	0.5500	0.8704
每股收益(扣除)(元)	0.2300	0.7352	0.5500	0.7769
每股净资产(元)	3.9400	9.4600	12.0800	2.7400
调整后每股净资产(元)	–	–	–	–
每股资本公积金(元)	2.1175	6.7937	6.6837	0.4812
每股盈余公积金(元)	0.0649	0.1621	0.0905	0.1209
每股未分配利润(元)	0.7538	1.5033	1.2689	1.1405
每股现金净流量(元)	–0.1963	4.1782	6.9511	0.4660
每股经营现金净流量(元)	–0.2663	–0.2290	–0.0592	0.9093
净资产收益率(扣除)(%)	6.0400	11.1700	18.2100	33.6700
净资产收益率(%)	5.9070	7.6210	4.5900	31.7400
总资产(万)	137794.39	119724.98	131973.87	61128.99
股东权益(万)	82265.67	79078.68	75600.24	17169.00
主营业务收入(万)	41543.90	57296.90	30876.79	59167.36
主营成本(万)	31217.70	43612.40	22762.78	45082.56
营业收入(万)	42788.20	58782.52	31512.19	59918.09
营业成本(万)	31885.12	44696.90	23270.23	45719.55
投资收益(万)	–	–	–	–
利润总额(万)	5691.16	6485.56	4131.08	7452.73
净利润(万)	4858.99	6026.82	3468.04	5448.77

四川科新机电股份有限公司

公司概况

公司名称	四川科新机电股份有限公司			证券简称	科新机电
法人代表	林祯华	董秘	林祯华(代)	证券代码	300092
公司网址	www.sckxjd.com		电子信箱	comelec001@sina.com	
电　　话	0838-8265111		传　　真	0838-8501288	
办公地址	四川省什邡市经济开发区沱江路西段21号				
经营范围	三类压力容器的设计、制造、安装、销售等				

主要财务指标

指标\报告期	2011.06.30	2010.12.31	2010.06.30	2009.12.31
每股收益(元)	0.1200	0.4200	0.2300	0.5400
每股收益(扣除)(元)	0.1200	0.4100	0.2300	0.4400
每股净资产(元)	5.8300	5.7100	2.3000	2.0700
调整后每股净资产(元)	–	–	–	–
每股资本公积金(元)	3.7680	3.7680	0.2180	0.2918
每股盈余公积金(元)	0.0939	0.0939	0.0487	0.0651
每股未分配利润(元)	0.9643	0.8448	0.7049	0.7109
每股现金净流量(元)	–0.7333	3.1528	0.0438	–0.1457
每股经营现金净流量(元)	–0.0927	0.0110	0.0292	0.1845
净资产收益率(扣除)(%)	2.0600	10.6100	10.4700	24.8900
净资产收益率(%)	2.0500	6.2870	10.1000	26.2960
总资产(万)	63456.30	60791.48	26230.30	24528.50
股东权益(万)	53017.92	51931.02	15641.33	14061.55
主营业务收入(万)	10509.55	19412.16	10046.53	18143.03
主营成本(万)	7460.63	13074.67	6915.00	12513.02
营业收入(万)	10599.91	19540.84	10114.59	18291.14
营业成本(万)	7463.59	13074.67	6915.00	12528.75
投资收益(万)	–	–	–	–
利润总额(万)	1249.94	3235.76	1858.56	3677.97
净利润(万)	1086.90	3264.80	1579.78	3697.65

广东金刚玻璃科技股份有限公司

公司概况	公司名称	广东金刚玻璃科技股份有限公司			证券简称	金刚玻璃
	法人代表	庄大建	董秘	王荀	证券代码	300093
	公司网址	www.golden-glass.cn		电子信箱	wangx@golden-glass.cn	
	电　话	0754-82514288		传　真	0754-82535211	
	办公地址	广东省汕头市大学路叠金工业区				
	经营范围	研制、开发、生产各类高科技特种玻璃及系统,生产加工玻璃制品及配套金属构件等				

主要财务指标	指标\报告期	2011.06.30	2010.12.31	2010.06.30	2009.12.31
	每股收益(元)	0.1100	0.4300	0.2600	0.4600
	每股收益(扣除)(元)	0.1100	0.4000	0.2500	0.4600
	每股净资产(元)	3.7300	6.6200	3.4300	3.1700
	调整后每股净资产(元)	–	–	–	–
	每股资本公积金(元)	1.7909	4.0236	0.3927	0.5236
	每股盈余公积金(元)	0.1736	0.3125	0.2561	0.3414
	每股未分配利润(元)	0.7703	1.2834	1.1736	1.3007
	每股现金净流量(元)	–0.4449	3.3925	0.6244	0.4141
	每股经营现金净流量(元)	0.1501	0.4591	0.2243	1.0032
	净资产收益率(扣除)(%)	2.9300	8.2700	7.4800	15.3600
	净资产收益率(%)	3.0240	5.5030	7.7000	14.6740
	总资产(万)	105301.63	98141.83	53302.75	41994.11
	股东权益(万)	80664.13	79428.18	30866.73	28491.41
	主营业务收入(万)	16729.81	28313.39	14078.33	24295.99
	主营成本(万)	10717.60	18264.90	8987.54	15903.95
	营业收入(万)	16740.64	29544.11	14130.92	25525.78
	营业成本(万)	10717.73	18829.04	9023.19	16819.67
	投资收益(万)	–	–	–	–
	利润总额(万)	2925.58	5070.09	2744.23	4899.63
	净利润(万)	2439.14	4370.90	2376.66	4180.74

湛江国联水产开发股份有限公司

公司概况	公司名称	湛江国联水产开发股份有限公司			证券简称	国联水产
	法人代表	李忠	董秘	吴丽青	证券代码	300094
	公司网址	www.gl-fish.com		电子信箱	ir@gl-fish.com	
	电　话	0759-3153930		传　真	0759-3153931	
	办公地址	广东省湛江市开发区平乐工业区永平南路				
	经营范围	水产种苗、饲料、养殖、加工及销售等业务				

主要财务指标	指标\报告期	2011.06.30	2010.12.31	2010.06.30	2009.12.31
	每股收益(元)	–0.0300	0.2900	–0.0600	0.4000
	每股收益(扣除)(元)	–0.0300	0.2700	–0.0600	0.3400
	每股净资产(元)	4.6200	5.1100	1.8900	1.9400
	调整后每股净资产(元)	–	–	–	–
	每股资本公积金(元)	2.7997	3.1796	0.0179	0.0238
	每股盈余公积金(元)	0.1024	0.1127	0.0884	0.1179
	每股未分配利润(元)	0.7165	0.8216	0.5580	0.7997
	每股现金净流量(元)	–0.1478	2.6450	0.0620	–0.0555
	每股经营现金净流量(元)	0.4931	–0.3950	0.3566	0.0588
	净资产收益率(扣除)(%)	–0.6300	7.6500	–3.2600	19.8400
	净资产收益率(%)	–0.6600	4.8140	–2.9520	20.6080
	总资产(万)	181862.39	207950.08	87372.39	99832.42
	股东权益(万)	162574.09	163647.00	45256.23	46592.38
	主营业务收入(万)	42212.26	120694.73	37148.68	108917.06
	主营成本(万)	39637.83	103676.72	36248.70	93049.88
	营业收入(万)	42799.12	122286.24	37738.93	110027.76
	营业成本(万)	39965.50	104320.34	36489.41	93276.20
	投资收益(万)	–	–	–	–
	利润总额(万)	–1055.92	8461.55	–1252.90	9664.08
	净利润(万)	–1072.92	7877.57	–1336.15	9601.79

江西华伍制动器股份有限公司

公司概况	公司名称	江西华伍制动器股份有限公司			证券简称	华伍股份
	法人代表	聂景华	董秘	张捷	证券代码	300095
	公司网址	www.hua-wu.com		电子信箱	zj@hua-wu.net	
	电　话	0795-6206009		传　真	0795-6206009	
	办公地址	江西省宜春市丰城市工业园区新梅路 7 号				
	经营范围	起重电器系列各种工业制动装置、防风装置、吊具用液压控制装置等				

主要财务指标	指标\报告期	2011.06.30	2010.12.31	2010.06.30	2009.12.31
	每股收益(元)	0.2200	0.5100	0.4000	0.8200
	每股收益(扣除)(元)	0.1800	0.4100	0.3900	0.8100
	每股净资产(元)	8.7700	8.5400	4.0500	3.6500
	调整后每股净资产(元)	–	–	–	–
	每股资本公积金(元)	6.1799	6.1695	1.3937	1.3937
	每股盈余公积金(元)	0.1674	0.1674	0.1490	0.1490
	每股未分配利润(元)	1.4241	1.2043	1.5062	1.1044
	每股现金净流量(元)	–0.6477	3.8073	0.7989	0.2568
	每股经营现金净流量(元)	–0.0757	0.8128	0.6971	–0.1530
	净资产收益率(扣除)(%)	2.0300	6.7000	10.1800	25.1000
	净资产收益率(%)	2.5070	5.1020	9.9250	22.3700
	总资产(万)	88308.42	86188.97	57434.70	49170.43
	股东权益(万)	67540.36	65767.29	23281.60	20970.88
	主营业务收入(万)	–	31054.04	–	36238.45
	主营成本(万)	–	18068.82	–	21137.48
	营业收入(万)	15960.07	31451.90	18745.07	36399.85
	营业成本(万)	9689.62	18206.03	11047.73	21188.33
	投资收益(万)	–	–	–	–
	利润总额(万)	1980.72	4043.47	2747.81	5611.52
	净利润(万)	1693.13	3355.15	2310.71	4691.81

易联众信息技术股份有限公司

公司概况	公司名称	易联众信息技术股份有限公司			证券简称	易联众
	法人代表	古培坚	董秘	郑仁贵	证券代码	300096
	公司网址	www.ylzinfo.com		电子信箱	zhengrg@ylzinfo.com	
	电　话	0592-2517011 6307553		传　真	0592-2517008	
	办公地址	福建省厦门市软件园二期观日路 18 号 502 室				
	经营范围	研发、设计和生产经营智能卡、银行卡;开发、生产计算机软件、硬件等				

主要财务指标	指标\报告期	2011.06.30	2010.12.31	2010.06.30	2009.12.31
	每股收益(元)	0.4100	0.4400	0.2400	0.4900
	每股收益(扣除)(元)	0.4100	0.4100	0.2300	0.4100
	每股净资产(元)	6.3100	6.1000	1.7700	1.5300
	调整后每股净资产(元)	–	–	–	–
	每股资本公积金(元)	4.4210	4.4210	0.1323	0.1323
	每股盈余公积金(元)	0.0564	0.0564	0.0347	0.0347
	每股未分配利润(元)	0.8287	0.6194	0.6019	0.3655
	每股现金净流量(元)	–0.1883	2.3158	–0.2813	0.1064
	每股经营现金净流量(元)	–0.0110	–0.4492	–0.2929	0.2648
	净资产收益率(扣除)(%)	6.5100	10.8600	13.8300	23.3100
	净资产收益率(%)	6.4910	6.2010	13.3600	32.0600
	总资产(万)	67518.83	60556.78	18643.25	16861.93
	股东权益(万)	54233.35	52433.36	11320.75	9808.19
	主营业务收入(万)	18661.50	18532.01	7711.72	15030.22
	主营成本(万)	12450.87	11087.97	4332.41	9257.61
	营业收入(万)	18661.50	18532.01	7711.72	15034.54
	营业成本(万)	12450.87	11087.97	4332.41	9257.61
	投资收益(万)	–	–	–	–
	利润总额(万)	4141.15	3910.19	1803.01	3652.51
	净利润(万)	3519.99	3251.27	1512.56	3144.21

大连智云自动化装备股份有限公司

公司概况	公司名称	大连智云自动化装备股份有限公司			证券简称	智云股份
	法人代表	任彤	董秘	谭永良	证券代码	300097
	公司网址	www.zhiyun-cn.com		电子信箱	rentong@zhiyun-cn.com	
	电　话	0411-86705641		传　真	0411-86705333	
	办公地址	辽宁省大连市西岗区黄河路17号				
	经营范围	自动化制造工艺系统研发及系统集成；自动化装备的研发，设计，制造等				

	指标＼报告期	2011.06.30	2010.12.31	2010.06.30	2009.12.31
主要财务指标	每股收益(元)	0.1883	0.5300	0.3099	0.6300
	每股收益(扣除)(元)	0.1858	0.5400	0.2942	0.5700
	每股净资产(元)	6.7300	6.5900	2.6200	2.4000
	调整后每股净资产(元)	–	–	–	–
	每股资本公积金(元)	4.4292	4.4292	0.3628	0.3624
	每股盈余公积金(元)	0.0994	0.0994	0.0829	0.0829
	每股未分配利润(元)	1.2009	1.0626	1.1754	0.9555
	每股现金净流量(元)	–0.2529	3.7639	–0.1825	–
	每股经营现金净流量(元)	–0.1374	–0.5292	–0.0543	–
	净资产收益率(扣除)(%)	2.7900	12.0700	11.7200	27.3200
	净资产收益率(%)	2.7980	6.8390	11.8200	26.4190
	总资产(万)	48543.49	47558.18	18201.84	18488.13
	股东权益(万)	40376.92	39547.37	11794.70	10803.50
	主营业务收入(万)	6104.99	15105.86	6791.94	12349.27
	主营成本(万)	4155.96	9121.30	4094.97	7334.17
	营业收入(万)	6110.06	15160.41	6803.63	12379.05
	营业成本(万)	4155.96	9124.26	4095.73	7337.62
	投资收益(万)	–	–	–	–
	利润总额(万)	1230.73	3283.56	1711.93	3346.73
	净利润(万)	1129.55	2704.48	1394.42	2854.13

广东高新兴通信股份有限公司

公司概况	公司名称	广东高新兴通信股份有限公司			证券简称	高 新 兴
	法人代表	刘双广	董秘	黄海潮	证券代码	300098
	公司网址	www.gosun.info		电子信箱	irm@gosun.info	
	电　话	020-32068888		传　真	020-32032888	
	办公地址	广东省广州市萝岗区科学城开创大道2819号				
	经营范围	通信基站/机房运维综合管理服务系统的研发、生产、销售和服务等				

	指标＼报告期	2011.06.30	2010.12.31	2010.06.30	2009.12.31
主要财务指标	每股收益(元)	0.1200	0.6900	0.1800	1.1500
	每股收益(扣除)(元)	0.0800	0.6600	0.1000	1.0700
	每股净资产(元)	9.0000	11.8500	3.8600	3.6800
	调整后每股净资产(元)	–	–	–	–
	每股资本公积金(元)	6.3968	8.6159	0.4909	0.4909
	每股盈余公积金(元)	0.1873	0.2435	0.2460	0.2460
	每股未分配利润(元)	1.4153	1.9894	2.1239	1.9420
	每股现金净流量(元)	–0.6447	6.9431	–1.4239	–0.1075
	每股经营现金净流量(元)	–0.6664	–0.3933	–1.1491	0.6494
	净资产收益率(扣除)(%)	1.2860	4.9950	4.7100	31.1270
	净资产收益率(%)	1.2500	8.6100	4.7100	26.9400
	总资产(万)	83851.17	91099.79	25200.17	29576.50
	股东权益(万)	80027.77	81050.44	19805.91	18873.12
	主营业务收入(万)	8116.62	18230.12	6735.36	20145.55
	主营成本(万)	4911.12	9478.82	3921.37	10865.34
	营业收入(万)	8116.62	18230.12	6735.36	20145.55
	营业成本(万)	4911.12	9478.82	3921.37	10865.34
	投资收益(万)	–	0.62	–	0.01
	利润总额(万)	1128.56	4228.16	976.18	6452.37
	净利润(万)	1029.33	4048.29	932.79	5874.65

尤洛卡矿业安全工程股份有限公司

公司概况	公司名称	尤洛卡矿业安全工程股份有限公司			证券简称	尤 洛 卡
	法人代表	黄自伟	董秘	曹洪伟	证券代码	300099
	公司网址	www.uroica.com.cn		电子信箱	mail@uroica.com.cn	
	电　话	0538-8926155		传　真	0538-8926202	
	办公地址	山东省泰安市高新区凤祥路以西规划支路以北				
	经营范围	煤矿顶板安全监控设备的研发、生产与销售等				

	指标＼报告期	2011.06.30	2010.12.31	2010.06.30	2009.12.31
主要财务指标	每股收益(元)	0.2800	1.7600	0.5400	1.5600
	每股收益(扣除)(元)	0.2800	1.5700	0.5400	1.3100
	每股净资产(元)	6.5100	15.8900	4.7800	4.2300
	调整后每股净资产(元)	–	–	–	–
	每股资本公积金(元)	3.9259	11.3148	0.4744	0.4744
	每股盈余公积金(元)	0.1564	0.2087	0.1839	0.1839
	每股未分配利润(元)	1.4309	3.3645	3.1176	2.5734
	每股现金净流量(元)	–0.3237	11.1054	–0.3282	0.0264
	每股经营现金净流量(元)	0.1138	0.9867	0.4631	1.3077
	净资产收益率(扣除)(%)	4.2690	9.4760	11.3900	36.7500
	净资产收益率(%)	4.3200	17.5100	12.0800	45.0200
	总资产(万)	71136.77	67558.61	15709.30	16102.13
	股东权益(万)	67314.17	65680.85	14805.22	13118.26
	主营业务收入(万)	6423.62	11334.90	–	8530.49
	主营成本(万)	1308.49	2091.88	–	1623.65
	营业收入(万)	6423.62	11334.90	4241.25	8648.16
	营业成本(万)	1308.49	2091.88	814.24	1715.81
	投资收益(万)	–	–	–	–
	利润总额(万)	3326.00	7196.92	1952.09	5155.75
	净利润(万)	2873.51	6223.65	1686.96	4820.75

宁波双林汽车部件股份有限公司

公司概况	公司名称	宁波双林汽车部件股份有限公司			证券简称	双林股份
	法人代表	邬建斌	董秘	曹靖	证券代码	300100
	公司网址	www.shuanglin.cn		电子信箱	qcbjzqb@shuanglin.com	
	电　话	0574-83518938		传　真	0574-83518939	
	办公地址	浙江省宁波市宁海西店潢溪口				
	经营范围	汽车零部件及配件，塑料件，五金件，模具的设计，开发，制造，加工等				

	指标＼报告期	2011.06.30	2010.12.31	2010.06.30	2009.12.31
主要财务指标	每股收益(元)	0.5000	1.3100	0.8200	0.7400
	每股收益(扣除)(元)	0.4700	1.2800	0.8100	0.6900
	每股净资产(元)	5.8500	8.5300	4.1000	3.2800
	调整后每股净资产(元)	–	–	–	–
	每股资本公积金(元)	3.0952	5.1428	0.5796	0.5796
	每股盈余公积金(元)	0.1384	0.2077	0.1738	0.1738
	每股未分配利润(元)	1.6194	2.1793	2.3481	1.5292
	每股现金净流量(元)	–0.0746	4.5981	0.4031	–0.3798
	每股经营现金净流量(元)	0.5060	0.9808	0.1369	0.6497
	净资产收益率(扣除)(%)	7.9600	21.5800	22.0800	20.9600
	净资产收益率(%)	8.5410	13.0570	19.9655	22.5240
	总资产(万)	123449.66	117012.36	73061.76	63151.04
	股东权益(万)	82089.69	79753.39	28710.56	22978.36
	主营业务收入(万)	44375.98	75086.97	38373.53	52602.21
	主营成本(万)	31413.34	52091.34	27338.69	37508.97
	营业收入(万)	45752.40	77588.79	39706.71	54341.83
	营业成本(万)	32138.44	53343.69	27937.51	38592.86
	投资收益(万)	–	–	–	–
	利润总额(万)	8459.99	12754.65	7103.42	6228.86
	净利润(万)	7011.30	10413.31	5732.20	5175.54

成都国腾电子技术股份有限公司

公司概况

公司名称	成都国腾电子技术股份有限公司			证券简称	国腾电子
法人代表	莫晓宇	董秘	杨国勇	证券代码	300101
公司网址	www.gotecom.com		电子信箱	gotecom@gotecom.com	
电　话	028-65557625		传　真	028-65557627	
办公地址	四川省成都市高新区高朋大道 1 号				
经营范围	设计,开发,销售集成电路,微波组件及相关电子器件;开发,生产,销售等				

主要财务指标

指标\报告期	2011.06.30	2010.12.31	2010.06.30	2009.12.31
每股收益(元)	0.1600	0.9500	0.3600	0.7600
每股收益(扣除)(元)	0.1600	0.9000	0.3600	0.7200
每股净资产(元)	5.1400	10.2600	3.2760	2.9100
调整后每股净资产(元)	–	–	–	–
每股资本公积金(元)	3.3979	7.7957	0.7722	0.7722
每股盈余公积金(元)	0.0699	0.1397	0.0919	0.0919
每股未分配利润(元)	0.6704	1.3267	1.4115	1.0507
每股现金净流量(元)	–0.5962	7.2385	–0.6372	–0.0197
每股经营现金净流量(元)	–0.2678	0.7088	–0.4436	0.6884
净资产收益率(扣除)(%)	3.0100	13.6200	11.5900	27.6200
净资产收益率(%)	3.0560	7.9080	11.6600	26.1372
总资产(万)	80284.37	81733.64	26078.19	26268.41
股东权益(万)	71419.36	71321.82	17033.23	15156.82
主营业务收入(万)	9145.26	20056.26	8622.20	17503.08
主营成本(万)	4294.42	7119.54	3286.91	6340.25
营业收入(万)	9145.26	20056.26	8622.20	17568.78
营业成本(万)	4294.42	7119.54	3286.91	6383.90
投资收益(万)	–	–	–	–
利润总额(万)	2573.84	7770.56	2567.46	6127.90
净利润(万)	2182.54	5640.15	1876.41	3961.57

厦门乾照光电股份有限公司

公司概况

公司名称	厦门乾照光电股份有限公司			证券简称	乾照光电
法人代表	邓电明	董秘	叶孙义	证券代码	300102
公司网址	www.changelight.com.cn		电子信箱	changelight@changelight.com.cn	
电　话	0592-3716222 3716997		传　真	0592-3716918	
办公地址	福建省厦门火炬高新区(翔安)产业区翔岳路 19 号				
经营范围	从事半导体光电产品的研发、生产和销售业务等				

主要财务指标

指标\报告期	2011.06.30	2010.12.31	2010.06.30	2009.12.31
每股收益(元)	0.3000	1.3900	0.2700	0.9500
每股收益(扣除)(元)	0.2800	1.1900	0.2400	0.8500
每股净资产(元)	5.6300	13.8300	3.2200	2.5400
调整后每股净资产(元)	–	–	–	–
每股资本公积金(元)	3.8756	11.1891	0.9035	0.9035
每股盈余公积金(元)	0.0663	0.1657	0.1588	0.0930
每股未分配利润(元)	0.6877	1.4746	1.1606	0.5448
每股现金净流量(元)	–2.0181	7.0741	–0.1458	–0.0317
每股经营现金净流量(元)	–0.0549	0.7296	0.3150	1.6166
净资产收益率(扣除)(%)	5.3100	8.4020	23.6500	37.3800
净资产收益率(%)	5.3100	19.1700	23.6500	38.5800
总资产(万)	174709.21	171425.02	39807.45	32193.24
股东权益(万)	166074.11	163186.74	28522.65	22490.57
主营业务收入(万)	18189.47	29687.51	12995.58	19232.33
主营成本(万)	6589.95	11496.15	5013.21	7899.97
营业收入(万)	18230.74	29713.44	12997.13	19245.79
营业成本(万)	6619.87	11515.87	5014.53	7901.06
投资收益(万)	1147.32	372.81	–	–
利润总额(万)	10619.42	16500.31	7207.86	9796.56
净利润(万)	8787.36	13711.24	6032.09	8406.99

西安达刚路面机械股份有限公司

公司概况

公司名称	西安达刚路面机械股份有限公司			证券简称	达刚路机
法人代表	孙建西	董秘	韦尔奇	证券代码	300103
公司网址	www.sxdagang.com		电子信箱	weierqi@dagang.com.cn	
电　话	029-88327811		传　真	029-88327811	
办公地址	陕西省西安市高新区科技三路 60 号				
经营范围	公路机械设备、公路沥青材料、软件的开发、研制、销售及技术咨询等				

主要财务指标

指标\报告期	2011.06.30	2010.12.31	2010.06.30	2009.12.31
每股收益(元)	0.2000	0.9600	0.3700	0.9400
每股收益(扣除)(元)	0.2000	0.8600	0.3500	0.8900
每股净资产(元)	5.5400	9.8100	3.4300	2.7600
调整后每股净资产(元)	–	–	–	–
每股资本公积金(元)	3.4578	7.0241	0.4404	0.4404
每股盈余公积金(元)	0.1205	0.2169	0.1825	0.1825
每股未分配利润(元)	0.9631	1.5698	1.8043	1.1325
每股现金净流量(元)	–0.2308	7.0844	0.6824	0.2456
每股经营现金净流量(元)	0.0417	0.7907	0.7702	0.5001
净资产收益率(扣除)(%)	3.6000	14.9900	20.6200	33.9500
净资产收益率(%)	3.6470	8.1620	19.6030	34.1770
总资产(万)	69522.19	67223.56	23280.72	17007.99
股东权益(万)	65183.95	64113.50	16793.41	13501.33
主营业务收入(万)	8021.64	14722.65	9470.26	12865.72
主营成本(万)	4331.26	7035.61	4533.84	6027.93
营业收入(万)	8171.73	15306.80	9643.17	13353.79
营业成本(万)	4446.58	7310.99	4653.42	6125.84
投资收益(万)	–	–	–	–
利润总额(万)	2751.07	6149.56	3853.91	5440.90
净利润(万)	2377.46	5232.78	3292.09	4614.38

乐视网信息技术(北京)股份有限公司

公司概况

公司名称	乐视网信息技术(北京)股份有限公司			证券简称	乐 视 网
法人代表	贾跃亭	董秘	邓伟	证券代码	300104
公司网址	www.letv.com		电子信箱	tzzgx@letv.com	
电　话	010-51665282		传　真	010-85597758	
办公地址	北京市朝阳区光华路 4 号东方梅地亚中心 C 座 8 层				
经营范围	互联网视频及手机电视等网络视频技术的研究、开发和应用等				

主要财务指标

指标\报告期	2011.06.30	2010.12.31	2010.06.30	2009.12.31
每股收益(元)	0.2700	0.8400	0.1900	0.5900
每股收益(扣除)(元)	0.2700	0.8200	0.1900	0.5900
每股净资产(元)	4.4600	9.3900	2.9100	2.4900
调整后每股净资产(元)	–	–	–	–
每股资本公积金(元)	2.8381	7.2438	0.9043	0.9043
每股盈余公积金(元)	0.0521	0.1146	0.0588	0.0588
每股未分配利润(元)	0.5737	1.0282	0.9461	0.5302
每股现金净流量(元)	–1.0387	5.0979	–0.1741	–0.0734
每股经营现金净流量(元)	0.2944	0.6549	0.4073	1.1120
净资产收益率(扣除)(%)	6.0500	15.2000	15.3700	26.8400
净资产收益率(%)	6.0500	7.4680	14.2930	23.7800
总资产(万)	125505.14	103162.11	32906.29	23650.93
股东权益(万)	98205.74	93866.23	21819.23	18700.58
主营业务收入(万)	22310.34	23825.82	10197.34	13381.53
主营成本(万)	8619.45	8021.49	3499.23	4402.09
营业收入(万)	22310.34	23825.82	10197.34	14573.14
营业成本(万)	8619.45	8021.49	3499.23	4955.10
投资收益(万)	–	–	–	–
利润总额(万)	7119.87	7483.66	3266.34	4770.23
净利润(万)	5839.51	7009.94	3118.65	4447.82

烟台龙源电力技术股份有限公司

公司概况					
公司名称	烟台龙源电力技术股份有限公司			证券简称	龙源技术
法人代表	关晓春	董秘	郝欣冬	证券代码	300105
公司网址	www.lypower.com		电子信箱	lypower@lypower.com.cn	
电　话	0535-6103004		传　真	0535-6399366	
办公地址	山东省烟台市经济技术开发区衡山路9号				
经营范围	生产、销售、安装电力生产设备,提供相关技术咨询、技术服务等				

主要财务指标

指标\报告期	2011.06.30	2010.12.31	2010.06.30	2009.12.31
每股收益(元)	0.3900	1.4300	0.2600	1.3300
每股收益(扣除)(元)	0.3900	1.2400	0.2500	1.3200
每股净资产(元)	9.8000	17.0400	4.9500	4.3300
调整后每股净资产(元)	–	–	–	–
每股资本公积金(元)	6.5133	12.5240	0.2344	0.2344
每股盈余公积金(元)	0.2158	0.3884	0.3511	0.3511
每股未分配利润(元)	2.0705	3.1287	3.3640	2.7472
每股现金净流量(元)	–0.6256	13.0119	0.0996	0.4223
每股经营现金净流量(元)	–0.5508	0.6325	0.1392	0.7908
净资产收益率(扣除)(%)	4.0720	7.0030	12.4600	30.6680
净资产收益率(%)	4.1300	14.8300	13.2900	35.9700
总资产(万)	192893.32	172343.55	51499.43	46446.47
股东权益(万)	155587.65	149962.23	32666.33	28595.61
主营业务收入(万)	19874.13	48740.43	–	43383.18
主营成本(万)	9914.61	27604.69	–	24083.73
营业收入(万)	33911.72	48747.13	17103.55	43517.38
营业成本(万)	20312.28	27606.20	8633.61	24130.62
投资收益(万)	–	–	–	–
利润总额(万)	7359.40	11884.01	4789.08	10047.87
净利润(万)	6320.10	10502.49	4070.72	8769.57

新疆西部牧业股份有限公司

公司概况					
公司名称	新疆西部牧业股份有限公司			证券简称	西部牧业
法人代表	徐义民	董秘	徐义民(代)	证券代码	300106
公司网址	www.xjxbmy.com		电子信箱	xjshzlfy@126.com	
电　话	0993-2513195 2516883		传　真	0993-2513195 2516883	
办公地址	新疆维吾尔自治区石河子市西四路5-2号				
经营范围	优质生鲜乳的供应及辅助产品的生产与销售等				

主要财务指标

指标\报告期	2011.06.30	2010.12.31	2010.06.30	2009.12.31
每股收益(元)	0.1300	0.3500	0.1600	0.3500
每股收益(扣除)(元)	0.1200	0.3000	0.1500	0.3100
每股净资产(元)	4.5800	4.4300	2.0100	1.8500
调整后每股净资产(元)	–	–	–	–
每股资本公积金(元)	2.7450	2.7315	0.2972	0.2972
每股盈余公积金(元)	0.0505	0.0505	0.0415	0.0415
每股未分配利润(元)	0.7795	0.6518	0.6752	0.5104
每股现金净流量(元)	–0.3912	2.0646	0.0930	–
每股经营现金净流量(元)	–0.0143	–0.1890	0.0201	–
净资产收益率(扣除)(%)	2.6400	10.1900	6.9200	18.8000
净资产收益率(%)	2.7920	6.5840	8.1900	18.9240
总资产(万)	75494.61	73628.38	38470.67	35021.30
股东权益(万)	53527.83	51875.63	17521.24	16086.70
主营业务收入(万)	14984.80	29303.51	14686.31	26652.90
主营成本(万)	12885.51	24892.80	12630.58	22670.72
营业收入(万)	14984.80	29463.36	14686.31	26723.08
营业成本(万)	12885.51	24981.40	12630.58	22718.20
投资收益(万)	–	–	–	–
利润总额(万)	1541.28	3420.93	1435.52	3027.31
净利润(万)	1494.70	3415.70	1434.55	3044.28

河北建新化工股份有限公司

公司概况					
公司名称	河北建新化工股份有限公司			证券简称	建新股份
法人代表	朱守琛	董秘	陈学为	证券代码	300107
公司网址	www.hbjianxin.com		电子信箱	cxw@hbjianxin.com	
电　话	0317-3598366		传　真	0317-3562683	
办公地址	河北省沧州市清池南大道建新大厦8楼				
经营范围	生产销售氯乙烷,间氨基苯酚,间氨基苯磺酸等				

主要财务指标

指标\报告期	2011.06.30	2010.12.31	2010.06.30	2009.12.31
每股收益(元)	0.2300	0.9400	0.5000	0.8400
每股收益(扣除)(元)	0.2300	0.9300	0.4900	0.8300
每股净资产(元)	5.8700	11.9000	3.2950	2.8000
调整后每股净资产(元)	–	–	–	–
每股资本公积金(元)	4.0298	9.0596	0.3784	0.3784
每股盈余公积金(元)	0.0951	0.1903	0.1500	0.1500
每股未分配利润(元)	0.7325	1.6453	1.7575	1.2604
每股现金净流量(元)	–0.9012	8.2972	–0.0001	0.0119
每股经营现金净流量(元)	0.0870	0.3187	0.3681	0.6047
净资产收益率(扣除)(%)	2.2500	14.2000	16.0000	34.9800
净资产收益率(%)	2.2990	6.5640	15.0800	30.0850
总资产(万)	80253.90	81223.57	19887.18	17604.62
股东权益(万)	78488.40	79642.03	16476.65	13979.05
主营业务收入(万)	15703.33	30014.30	14757.52	23104.68
主营成本(万)	12305.47	21413.18	10604.95	15607.05
营业收入(万)	15849.08	30206.47	14825.47	23210.28
营业成本(万)	12303.49	21435.43	10605.75	15631.55
投资收益(万)	–	–	–	–
利润总额(万)	2123.98	6151.04	2924.54	4982.78
净利润(万)	1804.17	5228.05	2485.87	4205.59

通化双龙工股份有限公司

公司概况					
公司名称	通化双龙工股份有限公司			证券简称	双龙股份
法人代表	卢忠奎	董秘	张亮	证券代码	300108
公司网址	www.thslhg.com		电子信箱	shuanglong@thslhg.com	
电　话	0435- 3752903		传　真	0435-3751886	
办公地址	吉林省通化市二道江区铁厂镇				
经营范围	从事高分散白炭黑的研发、生产和销售等				

主要财务指标

指标\报告期	2011.06.30	2010.12.31	2010.06.30	2009.12.31
每股收益(元)	0.2200	0.5600	0.2600	0.6000
每股收益(扣除)(元)	0.2000	0.5400	0.1500	0.5100
每股净资产(元)	5.1500	6.5400	2.4600	2.1000
调整后每股净资产(元)	–	–	–	–
每股资本公积金(元)	3.0745	4.2968	0.0760	0.0760
每股盈余公积金(元)	0.0954	0.1240	0.1028	0.1028
每股未分配利润(元)	0.9816	1.1161	1.2829	0.9255
每股现金净流量(元)	–0.8065	2.9329	–0.4079	0.2435
每股经营现金净流量(元)	0.1966	0.2781	0.1564	0.4268
净资产收益率(扣除)(%)	3.9800	13.6700	14.7000	28.5000
净资产收益率(%)	4.1810	7.1730	14.5180	28.6460
总资产(万)	35545.96	34424.36	11690.39	10538.45
股东权益(万)	34824.17	33992.22	9600.66	8206.81
主营业务收入(万)	6002.18	11267.17	5289.27	7858.35
主营成本(万)	3243.96	5944.07	2487.02	3589.19
营业收入(万)	6002.18	11267.17	5289.27	7858.35
营业成本(万)	3243.96	5944.07	2487.02	3589.19
投资收益(万)	–	–	–	–
利润总额(万)	1712.88	2836.91	1639.83	2738.46
净利润(万)	1455.95	2438.21	1393.85	2350.92

博爱新开源制药股份有限公司

公司概况	公司名称	博爱新开源制药股份有限公司			证券简称	新 开 源
	法人代表	杨海江	董秘	张军政	证券代码	300109
	公司网址	www.china-pvp.com		电子信箱	pr@china-pvp.com	
	电　　话	0391-8610680		传　　真	0391-8610681	
	办公地址	河南省焦作市博爱县城东关				
	经营范围	生产药用辅料、聚乙烯吡咯烷酮系列产品及乙烯基甲醚/马来酸酐聚合物等				

主要财务指标	指标\报告期	2011.06.30	2010.12.31	2010.06.30	2009.12.31
	每股收益(元)	0.1900	0.7700	0.2300	0.6700
	每股收益(扣除)(元)	0.1600	0.6800	0.2200	0.6500
	每股净资产(元)	4.7200	9.2600	2.7500	2.3000
	调整后每股净资产(元)	–	–	–	–
	每股资本公积金(元)	3.0558	7.1116	0.6286	0.6286
	每股盈余公积金(元)	0.0555	0.1110	0.0660	0.0660
	每股未分配利润(元)	0.6116	1.0333	1.0582	0.6069
	每股现金净流量(元)	–0.4636	5.7734	–0.0125	0.3889
	每股经营现金净流量(元)	0.0064	0.2792	0.2989	1.0582
	净资产收益率(扣除)(%)	3.5000	13.0000	17.6900	33.0300
	净资产收益率(%)	4.1280	6.9110	16.4000	29.3030
	总资产(万)	37025.56	35781.16	11710.04	11080.05
	股东权益(万)	34005.01	33321.28	7432.56	6213.92
	主营业务收入(万)	9444.08	15984.05	7447.02	12823.70
	主营成本(万)	6909.48	11220.56	4931.03	8955.03
	营业收入(万)	9557.18	16331.13	7610.28	13008.52
	营业成本(万)	6922.43	11281.97	4933.14	9118.79
	投资收益(万)	–	–	–	–
	利润总额(万)	1641.14	2660.25	1427.76	2094.03
	净利润(万)	1403.73	2302.67	1218.64	1820.84

青岛华仁药业股份有限公司

公司概况	公司名称	青岛华仁药业股份有限公司			证券简称	华仁药业
	法人代表	梁富友	董秘	梁富友(代)	证券代码	300110
	公司网址	www.qdhuaren.com		电子信箱	huaren@qdhuaren.com	
	电　　话	0532-88701303		传　　真	0532-88702625	
	办公地址	山东省青岛市高科技工业园株洲路 187 号				
	经营范围	大容量注射剂(含抗肿瘤药)、冲洗剂生产;进出口业务等				

主要财务指标	指标\报告期	2011.06.30	2010.12.31	2010.06.30	2009.12.31
	每股收益(元)	0.1800	0.4300	0.2200	0.4000
	每股收益(扣除)(元)	0.1800	0.3900	0.2200	0.3900
	每股净资产(元)	5.3500	5.1700	2.1800	1.9600
	调整后每股净资产(元)	–	–	–	–
	每股资本公积金(元)	3.1949	3.1949	0.1375	0.1375
	每股盈余公积金(元)	0.0910	0.0910	0.0782	0.0782
	每股未分配利润(元)	1.0628	0.8833	0.9623	0.7456
	每股现金净流量(元)	–0.2064	2.0762	–0.0003	–0.1298
	每股经营现金净流量(元)	0.1146	0.3633	0.2078	0.2414
	净资产收益率(扣除)(%)	3.4500	11.7800	10.4700	22.8700
	净资产收益率(%)	3.3560	6.9120	9.9520	19.3650
	总资产(万)	118118.62	115174.33	67514.10	63578.31
	股东权益(万)	114249.46	110414.80	34848.12	31379.88
	主营业务收入(万)	18001.00	33826.51	17139.72	28812.82
	主营成本(万)	7686.07	14686.85	7401.84	12389.60
	营业收入(万)	18009.93	33830.37	17143.18	28854.66
	营业成本(万)	7686.07	14686.85	7401.84	12392.23
	投资收益(万)	–	–	–	–
	利润总额(万)	4516.48	9208.30	4220.47	7643.25
	净利润(万)	3834.65	7631.95	3468.24	6076.64

浙江向日葵光能科技股份有限公司

公司概况	公司名称	浙江向日葵光能科技股份有限公司			证券简称	向 日 葵
	法人代表	吴建龙	董秘	杨旺翔	证券代码	300111
	公司网址	www.sunowe.com.cn		电子信箱	wxyang@sunowe.com	
	电　　话	0575-88919159 88919762		传　　真	0575-88959188	
	办公地址	浙江省绍兴市袍江工业区三江路				
	经营范围	主要从事生产、销售大规格的高效晶体硅太阳能电池业务等				

主要财务指标	指标\报告期	2011.06.30	2010.12.31	2010.06.30	2009.12.31
	每股收益(元)	0.2600	0.5300	0.1800	0.2200
	每股收益(扣除)(元)	0.2300	0.3900	0.1500	0.2500
	每股净资产(元)	3.1100	3.2600	1.5100	1.5700
	调整后每股净资产(元)	–	–	–	–
	每股资本公积金(元)	1.6205	1.6205	0.1646	0.1646
	每股盈余公积金(元)	0.0721	0.0721	0.0228	0.0228
	每股未分配利润(元)	0.4159	0.5566	0.3208	0.1585
	每股现金净流量(元)	–0.3379	0.5126	–0.0522	0.1111
	每股经营现金净流量(元)	–0.0601	0.4656	0.5023	0.0813
	净资产收益率(扣除)(%)	6.7700	16.5100	10.2900	17.6200
	净资产收益率(%)	8.3480	15.1500	10.7690	13.1515
	总资产(万)	337361.94	281123.69	199645.37	201850.65
	股东权益(万)	158063.21	165880.83	69033.14	71959.30
	主营业务收入(万)	–	231812.22	101507.01	101255.16
	主营成本(万)	–	182382.60	–	78493.57
	营业收入(万)	124775.71	232853.61	102534.15	101672.20
	营业成本(万)	104398.18	182429.72	79977.64	78888.93
	投资收益(万)	–	–	–	–
	利润总额(万)	15755.05	28993.05	9377.31	11032.51
	净利润(万)	13195.40	25130.80	8201.03	9463.70

深圳万讯自控股份有限公司

公司概况	公司名称	深圳万讯自控股份有限公司			证券简称	万讯自控
	法人代表	傅宇晨	董秘	董慧宇	证券代码	300112
	公司网址	www.maxonic.com.cn		电子信箱	info@maxonic.com.cn	
	电　　话	0755-86250365		传　　真	0755-86250389	
	办公地址	广东省深圳市南山区高新技术产业园北区三号路万讯自控大楼 1-6 层				
	经营范围	生产经营自动化仪器仪表,计算机软件,自动化工程等				

主要财务指标	指标\报告期	2011.06.30	2010.12.31	2010.06.30	2009.12.31
	每股收益(元)	0.0900	0.5200	0.2000	0.4900
	每股收益(扣除)(元)	0.0800	0.5000	0.2000	0.4800
	每股净资产(元)	3.8500	5.7900	2.2500	1.9500
	调整后每股净资产(元)	–	–	–	–
	每股资本公积金(元)	2.2926	3.9389	0.3806	0.3806
	每股盈余公积金(元)	0.0541	0.0812	0.0526	0.0526
	每股未分配利润(元)	0.5109	0.7789	0.8228	0.5221
	每股现金净流量(元)	–0.2915	3.8015	0.0838	0.1243
	每股经营现金净流量(元)	0.0348	0.2168	0.1266	0.6932
	净资产收益率(扣除)(%)	2.1000	14.0100	14.3600	27.0600
	净资产收益率(%)	2.3810	7.4250	13.3510	25.1837
	总资产(万)	43694.26	44364.57	14519.53	12199.14
	股东权益(万)	41336.98	41469.43	12078.63	10483.61
	主营业务收入(万)	7385.63	16359.58	7336.98	13552.09
	主营成本(万)	3621.68	7614.99	3462.36	6834.43
	营业收入(万)	7403.45	16431.21	7372.34	13630.41
	营业成本(万)	3623.40	7622.68	3466.64	6849.43
	投资收益(万)	–	–	–	–
	利润总额(万)	1141.02	3554.17	1899.71	3125.28
	净利润(万)	984.12	3079.06	1612.67	2640.17

杭州顺网科技股份有限公司

公司概况	公司名称	杭州顺网科技股份有限公司			证券简称	顺网科技
	法人代表	华勇	董秘	徐钧	证券代码	300113
	公司网址	www.shunwang.com		电子信箱	dsh@shunwang.com	
	电 话	0571-87205808 0571-89712215		传 真	0571-87397837	
	办公地址	江苏省杭州市西湖区文一西路98号数娱大厦5层				
	经营范围	主要从事互联网娱乐平台的开发与推广,以及基于互联网娱乐平台的增值服务业务				

	指标\报告期	2011.06.30	2010.12.31	2010.06.30	2009.12.31
主要财务指标	每股收益(元)	0.1700	0.9100	0.4700	0.7100
	每股收益(扣除)(元)	0.1500	0.8200	0.3800	0.7000
	每股净资产(元)	5.3200	11.5600	1.6600	1.1900
	调整后每股净资产(元)	–	–	–	–
	每股资本公积金(元)	3.8558	9.6827	0.0228	0.0228
	每股盈余公积金(元)	0.0418	0.0919	0.0165	0.0165
	每股未分配利润(元)	0.4181	0.7900	0.6175	0.1500
	每股现金净流量(元)	–0.1040	–	0.3062	0.3496
	每股经营现金净流量(元)	0.0325	–	0.4853	0.8178
	净资产收益率(扣除)(%)	2.7400	14.9300	26.8600	71.6800
	净资产收益率(%)	3.2490	6.5450	28.2120	58.5790
	总资产(万)	72393.70	71719.80	9323.17	7245.30
	股东权益(万)	70167.04	69387.40	7455.72	5352.28
	主营业务收入(万)	7227.53	14064.09	6004.30	8371.87
	主营成本(万)	632.90	861.46	387.92	635.01
	营业收入(万)	7227.53	14080.24	6006.24	8372.07
	营业成本(万)	632.90	863.73	389.88	635.01
	投资收益(万)	–	–	–	–
	利润总额(万)	2576.48	5092.43	2348.59	3531.76
	净利润(万)	2279.64	4541.62	2103.44	3135.31

中航电测仪器股份有限公司

公司概况	公司名称	中航电测仪器股份有限公司			证券简称	中航电测
	法人代表	康学军	董秘	纪刚	证券代码	300114
	公司网址	www.zemic.com.cn		电子信箱	jigang@zemic.com.cn	
	电 话	0916-2386011 2386321		传 真	0916-2577213	
	办公地址	陕西省汉中市经济开发区北区鑫源路				
	经营范围	电阻应变计,传感器,电子衡器,交通运输检测设备,测量与自动控制设备等				

	指标\报告期	2011.06.30	2010.12.31	2010.06.30	2009.12.31
主要财务指标	每股收益(元)	0.2300	0.7600	0.2700	0.6500
	每股收益(扣除)(元)	0.2300	0.7600	0.2700	0.5700
	每股净资产(元)	5.9400	8.6800	3.1900	2.8800
	调整后每股净资产(元)	–	–	–	–
	每股资本公积金(元)	4.0249	6.0373	0.4476	0.4476
	每股盈余公积金(元)	0.5667	0.7230	0.8793	0.6210
	每股未分配利润(元)	0.3462	0.9170	0.8656	0.8127
	每股现金净流量(元)	–0.0227	5.0841	0.2418	0.2788
	每股经营现金净流量(元)	0.2229	0.2936	0.3589	1.0553
	净资产收益率(扣除)(%)	3.9200	14.3300	13.3700	22.2200
	净资产收益率(%)	3.9010	7.3200	12.7620	22.4100
	总资产(万)	92248.32	80269.38	37277.28	36235.80
	股东权益(万)	71252.65	69418.19	19154.78	17287.52
	主营业务收入(万)	20924.38	31445.25	14510.98	27267.17
	主营成本(万)	14191.94	20353.02	9225.02	17856.72
	营业收入(万)	21092.23	31668.50	14589.93	27377.59
	营业成本(万)	14316.74	20491.66	9278.79	17864.16
	投资收益(万)	–	–	–	–
	利润总额(万)	3412.50	5744.83	2838.16	4246.67
	净利润(万)	2779.36	5081.30	2444.48	3874.67

深圳市长盈精密技术股份有限公司

公司概况	公司名称	深圳市长盈精密技术股份有限公司			证券简称	长盈精密
	法人代表	陈奇星	董秘	黑美军	证券代码	300115
	公司网址	www.ewpt.cn		电子信箱	mjhei2001@ewpt.cn	
	电 话	0755-27347334 806		传 真	0755-29912057	
	办公地址	广东省深圳市宝安区福永镇桥头富桥工业三区2栋2楼				
	经营范围	生产、销售、开发连接器件、精密五金件、精密接插件等				

	指标\报告期	2011.06.30	2010.12.31	2010.06.30	2009.12.31
主要财务指标	每股收益(元)	0.4000	1.2700	0.3500	0.9000
	每股收益(扣除)(元)	0.4000	1.2500	0.3500	0.8800
	每股净资产(元)	7.1500	14.1100	4.9000	4.2000
	调整后每股净资产(元)	–	–	–	–
	每股资本公积金(元)	5.0059	11.0118	1.8136	1.8136
	每股盈余公积金(元)	0.1139	0.2279	0.1633	0.1633
	每股未分配利润(元)	1.0344	1.8672	1.9241	1.2231
	每股现金净流量(元)	–0.4755	8.1766	–0.4188	0.9984
	每股经营现金净流量(元)	0.1152	–0.3290	–0.0092	0.4915
	净资产收益率(扣除)(%)	5.5300	14.9400	15.3600	26.1300
	净资产收益率(%)	5.6020	7.4810	14.3040	20.0200
	总资产(万)	139184.21	134262.20	45262.25	41020.06
	股东权益(万)	123052.69	121319.74	31611.48	27089.69
	主营业务收入(万)	36105.77	47641.64	21906.72	27603.19
	主营成本(万)	22929.83	29863.02	13740.24	17193.81
	营业收入(万)	36105.77	47641.64	21906.72	27603.19
	营业成本(万)	22929.83	29863.02	13740.24	17193.81
	投资收益(万)	–	–	–	–
	利润总额(万)	7925.36	10458.71	5221.01	6327.15
	净利润(万)	6892.95	9076.16	4521.79	5423.23

陕西坚瑞消防股份有限公司

公司概况	公司名称	陕西坚瑞消防股份有限公司			证券简称	坚瑞消防
	法人代表	郭鸿宝	董秘	李军	证券代码	300116
	公司网址	www.xajr.com		电子信箱	stock@xajr.com	
	电 话	029-88332970 8060		传 真	029-88332353	
	办公地址	陕西省西安市高新区科技二路65号6幢10701房				
	经营范围	S型气溶胶灭火系统的研发、生产、销售和服务等				

	指标\报告期	2011.06.30	2010.12.31	2010.06.30	2009.12.31
主要财务指标	每股收益(元)	0.0700	0.3600	0.1600	0.3600
	每股收益(扣除)(元)	0.0700	0.3100	0.1400	0.3500
	每股净资产(元)	6.0100	5.9300	1.6200	1.4600
	调整后每股净资产(元)	–	–	–	–
	每股资本公积金(元)	4.3089	4.3040	0.0195	0.0195
	每股盈余公积金(元)	0.0709	0.0709	0.0563	0.0563
	每股未分配利润(元)	0.6261	0.5564	0.5477	0.3844
	每股现金净流量(元)	–0.5742	4.1562	0.0032	0.0988
	每股经营现金净流量(元)	–0.4546	0.1501	0.1777	0.2726
	净资产收益率(扣除)(%)	1.1000	9.3100	9.4600	29.6700
	净资产收益率(%)	1.1600	5.0041	10.0570	24.4142
	总资产(万)	50518.12	51691.22	14846.41	13400.91
	股东权益(万)	48046.85	47450.15	9740.71	8761.10
	主营业务收入(万)	3812.11	11053.98	4745.37	9630.98
	主营成本(万)	–	5092.48	–	4270.35
	营业收入(万)	4110.08	11955.04	5242.53	10669.36
	营业成本(万)	2179.35	5732.43	2494.92	4753.09
	投资收益(万)	–	–	–	–
	利润总额(万)	645.49	2801.77	1179.43	2585.32
	净利润(万)	557.43	2374.47	979.61	2138.95

北京嘉寓门窗幕墙股份有限公司

公司概况						
	公司名称	北京嘉寓门窗幕墙股份有限公司			证券简称	嘉寓股份
	法人代表	田家玉	董秘	田家玉(代)	证券代码	300117
	公司网址	www.jiayu.com.cn		电子信箱	service@jiayu.com.cn	
	电　话	010-69415566		传　真	010-69415566	
	办公地址	北京市顺义区牛栏山牛富路1号				
	经营范围	专业承包;制造金属门窗,防火门,防盗门,塑料门窗,木制门窗等				

主要财务指标	指标\报告期	2011.06.30	2010.12.31	2010.06.30	2009.12.31
	每股收益(元)	0.1300	0.7600	0.4700	0.8600
	每股收益(扣除)(元)	0.1200	0.7200	0.4100	0.7800
	每股净资产(元)	5.1800	10.1800	4.9400	4.4600
	调整后每股净资产(元)	–	–	–	–
	每股资本公积金(元)	2.9735	6.9470	1.2995	1.2995
	每股盈余公积金(元)	0.0949	0.1897	0.1983	0.1983
	每股未分配利润(元)	1.1157	2.0743	2.4394	1.9657
	每股现金净流量(元)	–0.3608	6.3894	0.6140	0.6112
	每股经营现金净流量(元)	–0.3209	0.2393	–0.1283	0.4699
	净资产收益率(扣除)(%)	2.2300	10.4300	8.6400	19.4100
	净资产收益率(%)	2.4800	6.1810	9.5950	18.7710
	总资产(万)	183643.31	174440.79	99598.83	85204.09
	股东权益(万)	112593.96	110887.17	39794.41	35976.22
	主营业务收入(万)	37179.27	73447.57	33827.91	64874.21
	主营成本(万)	29934.03	57397.69	2632.17	50350.35
	营业收入(万)	37364.53	73626.44	33928.34	65029.28
	营业成本(万)	29957.89	57424.29	26245.47	50376.95
	投资收益(万)	–	–	–	–
	利润总额(万)	3439.99	7966.92	4417.77	7813.31
	净利润(万)	2792.13	7145.20	3818.19	6753.02

东方日升新能源股份有限公司

公司概况						
	公司名称	东方日升新能源股份有限公司			证券简称	东方日升
	法人代表	林海峰	董秘	雪山行	证券代码	300118
	公司网址	www.risenenergy.com		电子信箱	xue@risenenergy.com	
	电　话	0574-65173983		传　真	0574-59953338	
	办公地址	浙江省宁波市宁海县梅林镇塔山工业园区				
	经营范围	电器、灯具、橡塑制品、电子产品、光电子器件、硅太阳能电池组件等				

主要财务指标	指标\报告期	2011.06.30	2010.12.31	2010.06.30	2009.12.31
	每股收益(元)	0.2294	1.8974	0.6011	0.8933
	每股收益(扣除)(元)	0.2910	1.5938	0.5700	0.8370
	每股净资产(元)	7.0700	14.1900	3.4500	2.8500
	调整后每股净资产(元)	–	–	–	–
	每股资本公积金(元)	4.9373	10.8747	0.8499	0.8499
	每股盈余公积金(元)	0.1165	0.2330	0.1000	0.1000
	每股未分配利润(元)	1.0205	2.0823	1.5015	0.9003
	每股现金净流量(元)	–0.2078	7.2930	0.3050	–0.3586
	每股经营现金净流量(元)	–0.8076	–3.0336	1.4024	1.2275
	净资产收益率(扣除)(%)	4.1100	20.6200	18.0400	34.8200
	净资产收益率(%)	3.2430	11.0790	17.4170	31.3400
	总资产(万)	385728.57	320831.47	130358.03	85101.70
	股东权益(万)	247603.22	248324.34	44868.15	37053.51
	主营业务收入(万)	120092.04	235452.21	98485.07	83524.64
	主营成本(万)	101710.10	182989.09	76675.50	61576.14
	营业收入(万)	120208.19	237485.72	98669.20	84175.95
	营业成本(万)	101827.91	184928.36	76851.17	62417.40
	投资收益(万)	–	–	–	–
	利润总额(万)	10598.07	32140.52	9277.51	13590.00
	净利润(万)	8028.89	27512.85	7814.64	11612.51

天津瑞普生物技术股份有限公司

公司概况						
	公司名称	天津瑞普生物技术股份有限公司			证券简称	瑞普生物
	法人代表	李守军	董秘	张凯	证券代码	300119
	公司网址	www.ringpu.com		电子信箱	zqb@ringpu.com	
	电　话	022-24981953		传　真	022-24981953	
	办公地址	天津市东丽开发区六经路6号				
	经营范围	兽用生物制品和兽用制剂研发、生产、销售和技术服务等				

主要财务指标	指标\报告期	2011.06.30	2010.12.31	2010.06.30	2009.12.31
	每股收益(元)	0.3843	1.3700	0.3863	1.1000
	每股收益(扣除)(元)	0.3696	1.1700	0.3699	1.0800
	每股净资产(元)	9.0089	18.2500	4.4900	3.7200
	调整后每股净资产(元)	–	–	–	–
	每股资本公积金(元)	6.9245	14.8489	0.9975	0.9975
	每股盈余公积金(元)	0.0940	0.1880	0.1042	0.1042
	每股未分配利润(元)	0.9904	2.2123	2.3865	1.6140
	每股现金净流量(元)	–1.3967	14.3464	–0.9644	0.0643
	每股经营现金净流量(元)	–0.0516	1.5215	0.3663	–
	净资产收益率(扣除)(%)	4.0400	13.7000	18.0300	26.3900
	净资产收益率(%)	4.2660	6.1000	17.2130	29.7970
	总资产(万)	160880.45	162242.25	42409.48	41510.72
	股东权益(万)	133598.73	135314.80	24931.39	20640.00
	主营业务收入(万)	26757.56	34445.07	15898.04	28501.53
	主营成本(万)	11701.59	10062.02	4225.74	6475.22
	营业收入(万)	26982.45	34561.90	15914.11	28535.55
	营业成本(万)	11728.09	10075.40	4230.37	6482.48
	投资收益(万)	–	–	–	–
	利润总额(万)	7551.83	11911.26	6356.67	10133.61
	净利润(万)	5698.73	8253.98	4291.39	6150.09

天津经纬电材股份有限公司

公司概况						
	公司名称	天津经纬电材股份有限公司			证券简称	经纬电材
	法人代表	董树林	董秘	张秋凤	证券代码	300120
	公司网址	www.jwdc.cn		电子信箱	yuejun.huang@jwdc.info	
	电　话	022-28573261 28571567		传　真	022-28590300 28571567	
	办公地址	天津市津南经济开发区(双港)旺港路12号				
	经营范围	生产、加工、销售电线、电缆、有色金属材料、绝缘材料、矽钢片、电抗器				

主要财务指标	指标\报告期	2011.06.30	2010.12.31	2010.06.30	2009.12.31
	每股收益(元)	0.1647	0.5742	0.3078	0.4864
	每股收益(扣除)(元)	0.1474	0.4941	0.2998	0.4802
	每股净资产(元)	5.0411	6.5373	1.8300	1.6297
	调整后每股净资产(元)	–	–	–	–
	每股资本公积金(元)	3.4622	4.7990	0.1241	0.1323
	每股盈余公积金(元)	0.1055	0.1371	0.0895	0.0895
	每股未分配利润(元)	0.4734	0.6013	0.6157	0.4079
	每股现金净流量(元)	–0.6795	4.9322	0.1115	–0.0048
	每股经营现金净流量(元)	–0.0429	0.4136	0.4103	0.5588
	净资产收益率(扣除)(%)	3.2680	7.1180	16.8260	29.8400
	净资产收益率(%)	3.2600	17.6900	17.3300	34.8300
	总资产(万)	60882.99	64550.58	19500.81	17987.91
	股东权益(万)	57296.53	57161.89	12163.05	10897.36
	主营业务收入(万)	22199.20	40557.47	21085.86	34121.32
	主营成本(万)	19492.28	35211.48	18068.11	28786.23
	营业收入(万)	22202.26	40569.68	21089.79	34126.17
	营业成本(万)	19496.23	35212.32	18068.95	28788.85
	投资收益(万)	–	–	–	–
	利润总额(万)	2214.27	4786.86	2362.16	3824.20
	净利润(万)	1863.25	4048.20	2000.66	3161.38

山东阳谷华泰化工股份有限公司

公司概况	公司名称	山东阳谷华泰化工股份有限公司		证券简称	阳谷华泰
	法人代表	王传华	董秘 贺玉广	证券代码	300121
	公司网址	www.yghuatai.com	电子信箱	yghtzq@126.com	
	电　话	0635-6381900	传　真	0635-6381900	
	办公地址	山东省阳谷县清河西路217号			
	经营范围	橡胶助剂的研发、生产、销售等			

主要财务指标　指标\报告期	2011.06.30	2010.12.31	2010.06.30	2009.12.31
每股收益(元)	0.1011	0.5900	0.3903	0.6200
每股收益(扣除)(元)	0.0921	0.5300	0.3776	0.5400
每股净资产(元)	3.9900	7.0000	–	2.1800
调整后每股净资产(元)	–	–	–	–
每股资本公积金(元)	2.4928	5.2870	–	0.8600
每股盈余公积金(元)	0.0399	0.0718	–	0.0313
每股未分配利润(元)	0.4578	0.6421	–	0.2803
每股现金净流量(元)	–0.7117	2.9765	–0.0130	–0.0142
每股经营现金净流量(元)	–0.0515	0.2123	0.2341	0.7430
净资产收益率(扣除)(%)	2.5320	6.8570	4.1796	28.3240
净资产收益率(%)	2.5600	15.4900	16.4100	33.0600
总资产(万)	50398.63	49825.68	–	18763.81
股东权益(万)	43104.73	42025.94	–	9824.32
主营业务收入(万)	17867.45	34824.89	17728.01	26689.39
主营成本(万)	14222.99	27519.14	13951.35	20575.98
营业收入(万)	17959.63	34836.14	17728.63	26704.29
营业成本(万)	14225.85	27519.14	13951.35	20588.17
投资收益(万)	–	–	–	–
利润总额(万)	1288.85	3306.44	2069.38	3358.75
净利润(万)	1091.44	2881.80	1756.52	2782.64

重庆智飞生物制品股份有限公司

公司概况	公司名称	重庆智飞生物制品股份有限公司		证券简称	智飞生物
	法人代表	蒋仁生	董秘 余农	证券代码	300122
	公司网址	www.zhifeishengwu.com	电子信箱	office2@zhifeishengwu.com	
	电　话	023-86358226	传　真	023-86358226	
	办公地址	重庆市江北区金源路7号25层			
	经营范围	批发生物制品,疫苗;生物技术研究开发,技术咨询服务;货物进出口等			

主要财务指标　指标\报告期	2011.06.30	2010.12.31	2010.06.30	2009.12.31
每股收益(元)	0.2400	0.6900	0.3600	0.6400
每股收益(扣除)(元)	0.2400	0.6700	0.3600	0.6300
每股净资产(元)	5.4000	5.3500	1.6200	1.2500
调整后每股净资产(元)	–	–	–	–
每股资本公积金(元)	3.5199	3.5199	0.0410	0.0410
每股盈余公积金(元)	0.0388	0.0388	0.0315	0.0184
每股未分配利润(元)	0.8395	0.7955	0.5464	0.1953
每股现金净流量(元)	–0.1936	3.5848	0.1412	0.3345
每股经营现金净流量(元)	0.1531	0.1355	0.2226	0.5850
净资产收益率(扣除)(%)	4.5200	11.9900	22.5010	51.2720
净资产收益率(%)	4.5400	27.3600	25.3500	60.4900
总资产(万)	231330.68	220926.69	63909.20	51802.47
股东权益(万)	215927.05	214168.14	58282.99	45169.04
主营业务收入(万)	28676.83	70892.56	31312.02	58092.89
主营成本(万)	10799.51	26371.32	9895.17	18425.76
营业收入(万)	31248.70	73731.36	33082.63	60404.75
营业成本(万)	11317.29	26930.60	10243.58	18850.44
投资收益(万)	–	–	–	–
利润总额(万)	11482.94	30292.54	15468.45	26069.42
净利润(万)	9758.91	25678.81	13113.95	23158.97

太阳鸟游艇股份有限公司

公司概况	公司名称	太阳鸟游艇股份有限公司		证券简称	太阳鸟
	法人代表	李跃先	董秘 张驰	证券代码	300123
	公司网址	www.cnsunbird.com	电子信箱	stock@cnsunbird.com	
	电　话	0737-2732399	传　真	0737-2854608	
	办公地址	湖南省沅江市石矶湖			
	经营范围	复合材料船艇的设计、研发、生产、销售及服务等			

主要财务指标　指标\报告期	2011.06.30	2010.12.31	2010.06.30	2009.12.31
每股收益(元)	0.1600	0.4500	0.2500	0.5000
每股收益(扣除)(元)	0.1500	0.4500	0.2500	0.4600
每股净资产(元)	5.7300	9.0200	2.8000	2.5500
调整后每股净资产(元)	–	–	–	–
每股资本公积金(元)	4.1456	7.2330	0.9852	0.9852
每股盈余公积金(元)	0.0289	0.0463	0.0464	0.0464
每股未分配利润(元)	0.5573	0.7399	0.7638	0.5138
每股现金净流量(元)	–0.4568	6.3058	0.1419	0.4679
每股经营现金净流量(元)	0.2052	0.3964	0.4258	0.2415
净资产收益率(扣除)(%)	2.6700	9.7300	9.1800	22.2400
净资产收益率(%)	2.7450	4.0780	8.9400	16.9597
总资产(万)	111118.81	97466.34	32355.15	28448.13
股东权益(万)	79733.00	78414.17	18153.34	16529.95
主营业务收入(万)	12837.11	24097.89	10887.75	18050.65
主营成本(万)	7772.62	14698.29	6718.16	11452.09
营业收入(万)	13680.68	24380.87	10991.64	18168.93
营业成本(万)	8599.84	14900.69	6815.21	11539.98
投资收益(万)	–	–	–	–
利润总额(万)	2585.29	3635.22	1907.85	3264.11
净利润(万)	2188.24	3197.39	1623.39	2803.43

深圳市汇川技术股份有限公司

公司概况	公司名称	深圳市汇川技术股份有限公司		证券简称	汇川技术
	法人代表	朱兴明	董秘 宋君恩	证券代码	300124
	公司网址	www.inovance.cn	电子信箱	dongmiban@inovance.cn	
	电　话	0755-83185787	传　真	0755-83185659	
	办公地址	广东省深圳市福田区滨河路上沙创新科技园16栋3楼307-308			
	经营范围	从事工业自动化控制产品的研发、生产及销售等			

主要财务指标　指标\报告期	2011.06.30	2010.12.31	2010.06.30	2009.12.31
每股收益(元)	0.7900	2.5100	0.5500	1.2700
每股收益(扣除)(元)	0.7700	2.4600	0.5400	1.2300
每股净资产(元)	10.8100	21.2400	3.7600	2.6600
调整后每股净资产(元)	–	–	–	–
每股资本公积金(元)	8.0539	17.1078	0.2016	0.2016
每股盈余公积金(元)	0.1445	0.2890	0.2479	0.1589
每股未分配利润(元)	1.6110	2.8479	2.3060	1.3035
每股现金净流量(元)	–0.1882	0.3438	0.4953	0.5839
每股经营现金净流量(元)	–0.0591	1.3643	0.6536	1.0667
净资产收益率(扣除)(%)	7.0900	27.3600	33.4600	58.4100
净资产收益率(%)	7.2810	9.6030	29.0640	47.5550
总资产(万)	257808.78	246261.20	41196.25	29007.46
股东权益(万)	233482.97	229442.83	30419.48	21578.28
主营业务收入(万)	50068.03	67460.40	27708.24	30392.89
主营成本(万)	22380.70	31669.37	13404.39	14474.47
营业收入(万)	50068.03	67460.40	27708.24	30392.89
营业成本(万)	22380.70	31669.37	13404.39	14474.47
投资收益(万)	–	–	–	–
利润总额(万)	21061.53	25018.11	10184.92	11437.62
净利润(万)	17000.14	22033.05	8841.20	10261.60

大连易世达新能源发展股份有限公司

公司概况						
	公司名称	大连易世达新能源发展股份有限公司			证券简称	易 世 达
	法人代表	刘群	董秘	刘艳军	证券代码	300125
	公司网址	www.dleast.cc		电子信箱	dalianyishida@163.com	
	电　　话	0411-84732571		传　　真	0411-84732571	
	办公地址	辽宁省大连市高新园区火炬路 32 号众利大厦 B 座 18 层				
	经营范围	余热发电技术,环保,节能,新能源工程的设计,技术开发,技术咨询等				

主要财务指标	指标\报告期	2011.06.30	2010.12.31	2010.06.30	2009.12.31
	每股收益(元)	0.2900	1.3900	0.7700	1.0700
	每股收益(扣除)(元)	0.2700	1.3200	0.7300	1.0100
	每股净资产(元)	8.8600	17.3300	4.8300	4.0600
	调整后每股净资产(元)	–	–	–	–
	每股资本公积金(元)	6.8749	14.2497	1.7713	1.7713
	每股盈余公积金(元)	0.1051	0.2102	0.1384	0.1384
	每股未分配利润(元)	0.8791	1.8706	1.9203	1.1479
	每股现金净流量(元)	–0.7460	12.9826	1.1450	0.8799
	每股经营现金净流量(元)	–0.3664	0.1693	1.2728	0.5433
	净资产收益率(扣除)(%)	3.0700	15.4800	16.5100	37.8000
	净资产收益率(%)	3.3160	6.4710	15.9930	21.3490
	总资产(万)	143987.34	133690.44	53293.21	46224.75
	股东权益(万)	104536.26	102249.60	21251.93	17853.01
	主营业务收入(万)	28467.77	59209.45	26251.32	39195.51
	主营成本(万)	22818.79	46532.59	20492.90	31396.86
	营业收入(万)	28467.77	59237.65	26251.32	39195.51
	营业成本(万)	22818.79	46559.51	20492.90	31396.86
	投资收益(万)	–	–	–	–
	利润总额(万)	4274.51	8274.87	4151.72	4503.07
	净利润(万)	3466.67	6616.80	3398.91	3811.48

上海锐奇工具股份有限公司

公司概况						
	公司名称	上海锐奇工具股份有限公司			证券简称	锐奇股份
	法人代表	吴明厅	董秘	王雪	证券代码	300126
	公司网址	www.kenpowertools.com		电子信箱	kenpowertools@126.com	
	电　　话	021-57687503		传　　真	021-37008859	
	办公地址	上海市松江区新桥镇新茸路 5 号				
	经营范围	高等级专业电动工具的研发、生产和销售等				

主要财务指标	指标\报告期	2011.06.30	2010.12.31	2010.06.30	2009.12.31
	每股收益(元)	0.2379	0.7914	0.2579	0.7000
	每股收益(扣除)(元)	0.2202	0.6762	0.2328	0.6900
	每股净资产(元)	6.0800	10.6400	3.1500	2.6900
	调整后每股净资产(元)	–	–	–	–
	每股资本公积金(元)	4.1997	8.3594	0.8403	0.8403
	每股盈余公积金(元)	0.1023	0.1841	0.2084	0.1620
	每股未分配利润(元)	0.7799	1.0955	1.1047	0.6869
	每股现金净流量(元)	–0.3276	5.0415	0.2569	0.2380
	每股经营现金净流量(元)	–0.0589	0.5849	0.4934	1.2757
	净资产收益率(扣除)(%)	3.6700	12.6800	14.3500	30.4100
	净资产收益率(%)	3.9120	6.0440	14.7210	25.0450
	总资产(万)	105865.71	100682.24	34320.97	27945.68
	股东权益(万)	92177.04	89581.11	19913.51	16981.96
	主营业务收入(万)	26774.91	41781.17	21446.88	31871.09
	主营成本(万)	20538.85	32260.89	16140.39	23028.14
	营业收入(万)	26774.91	41781.17	21446.88	31871.09
	营业成本(万)	20538.85	32260.89	16140.39	23028.14
	投资收益(万)	–	–	–	–
	利润总额(万)	4186.02	6310.16	3431.52	4889.39
	净利润(万)	3606.33	5413.97	2931.55	4253.07

成都银河磁体股份有限公司

公司概况						
	公司名称	成都银河磁体股份有限公司			证券简称	银河磁体
	法人代表	戴炎	董秘	朱魁文	证券代码	300127
	公司网址	www.galaxymagnets.com		电子信箱	galaxymagnets@163.com	
	电　　话	028-87823555-890-892		传　　真	028-87824018 87823555	
	办公地址	四川省成都市高新技术开发区西区百草路 6 号				
	经营范围	制造、销售永磁合金元件及光机电高新技术服务等				

主要财务指标	指标\报告期	2011.06.30	2010.12.31	2010.06.30	2009.12.31
	每股收益(元)	0.2100	0.4100	0.2500	0.3400
	每股收益(扣除)(元)	0.2100	0.3900	0.2400	0.3300
	每股净资产(元)	5.6049	5.6703	1.6200	1.6700
	调整后每股净资产(元)	–	–	–	–
	每股资本公积金(元)	4.0575	4.0575	–	–
	每股盈余公积金(元)	0.3082	0.3082	–	–
	每股未分配利润(元)	0.2392	0.3046	–	–
	每股现金净流量(元)	–0.4263	3.8397	–	–
	每股经营现金净流量(元)	–0.0620	0.1529	–	–
	净资产收益率(扣除)(%)	3.6600	13.6900	14.3700	20.6100
	净资产收益率(%)	3.8290	5.8614	15.2230	20.2230
	总资产(万)	99396.68	96901.87	36442.79	30980.67
	股东权益(万)	90560.47	91617.10	19568.53	20086.32
	主营业务收入(万)	20693.30	33174.07	16699.92	24919.70
	主营成本(万)	14986.88	23534.86	11497.82	17328.92
	营业收入(万)	20693.30	33174.07	16699.92	24920.07
	营业成本(万)	14986.88	23534.86	11497.82	17329.28
	投资收益(万)	–	–	–	–
	利润总额(万)	4079.32	6277.64	3480.38	4748.04
	净利润(万)	3467.42	5370.08	2978.83	4062.23

苏州锦富新材料股份有限公司

公司概况						
	公司名称	苏州锦富新材料股份有限公司			证券简称	锦富新材
	法人代表	富国平	董秘	葛卫东	证券代码	300128
	公司网址	www.jin-fu.cn		电子信箱	jinfu@jin-fu.cn	
	电　　话	0512-62820000		传　　真	0512-62820200	
	办公地址	江苏省苏州市工业园区华池街时代广场 24 幢苏州国际金融中心 11 楼				
	经营范围	生产,加工各种高性能复合材料,高分子材料,销售本公司所生产的产品				

主要财务指标	指标\报告期	2011.06.30	2010.12.31	2010.06.30	2009.12.31
	每股收益(元)	0.2600	1.0200	0.2200	0.7000
	每股收益(扣除)(元)	0.2600	1.0000	0.2200	0.6900
	每股净资产(元)	5.6300	11.1500	3.2300	2.7900
	调整后每股净资产(元)	–	–	–	–
	每股资本公积金(元)	3.5978	8.1956	0.3006	0.3006
	每股盈余公积金(元)	0.0621	0.1281	0.1132	0.1132
	每股未分配利润(元)	0.9729	1.8216	1.8208	1.3803
	每股现金净流量(元)	–1.2882	8.2407	0.0925	0.2560
	每股经营现金净流量(元)	–0.1562	–0.4574	–0.5269	0.4553
	净资产收益率(扣除)(%)	4.5600	20.9200	14.7500	28.3000
	净资产收益率(%)	4.6530	7.4430	13.6200	24.9710
	总资产(万)	148440.66	140420.74	45978.41	33196.38
	股东权益(万)	112656.25	111453.34	24260.43	20956.09
	主营业务收入(万)	45545.72	65023.63	26425.84	40592.62
	主营成本(万)	33710.96	46818.39	19137.29	28814.92
	营业收入(万)	51816.61	76831.29	31626.59	43864.90
	营业成本(万)	39401.87	57359.69	23902.78	31720.32
	投资收益(万)	–	–	–	–
	利润总额(万)	7115.37	11639.65	4648.01	7245.52
	净利润(万)	5241.57	8295.51	3304.30	5233.02

上海泰胜风能装备股份有限公司

公司概况					
公司名称	上海泰胜风能装备股份有限公司			证券简称	泰胜风能
法人代表	柳志成	董秘	邹涛	证券代码	300129
公司网址	www.shtsp.com		电子信箱	etaoo@163.com	
电　　话	021-57243692		传　　真	021-57243692	
办公地址	上海市金山区卫清东路 1988 号				
经营范围	风力发电机组配套塔架的制造和销售等				

主要财务指标 指标\报告期	2011.06.30	2010.12.31	2010.06.30	2009.12.31
每股收益(元)	0.1100	1.1500	0.3900	0.9300
每股收益(扣除)(元)	0.0700	0.9500	0.2700	0.8700
每股净资产(元)	6.0500	10.8900	4.0500	3.3500
调整后每股净资产(元)	–	–	–	–
每股资本公积金(元)	4.1499	8.2697	1.4046	1.4046
每股盈余公积金(元)	0.0616	0.1109	0.0502	0.0502
每股未分配利润(元)	0.8373	1.5053	1.5911	0.8913
每股现金净流量(元)	–0.4596	6.1243	0.0496	0.0482
每股经营现金净流量(元)	–0.2699	–0.4099	0.4652	1.2205
净资产收益率(扣除)(%)	1.2300	17.8300	13.1200	29.5600
净资产收益率(%)	1.8540	8.3610	17.2980	27.5860
总资产(万)	152577.53	146406.73	77545.48	61010.42
股东权益(万)	130654.29	130631.89	36413.06	30114.34
主营业务收入(万)	26600.02	56146.93	23537.02	49475.44
主营成本(万)	23271.94	37205.75	15057.85	34771.85
营业收入(万)	28358.07	56796.28	23936.24	50368.82
营业成本(万)	24639.22	37528.40	15300.05	35427.66
投资收益(万)	–	–	–	–
利润总额(万)	3274.83	14620.60	8573.01	11036.37
净利润(万)	2422.40	10921.76	6298.72	8307.32

深圳市新国都技术股份有限公司

公司概况					
公司名称	深圳市新国都技术股份有限公司			证券简称	新 国 都
法人代表	刘祥	董秘	赵辉	证券代码	300130
公司网址	www.xinguodu.com		电子信箱	zhaohui@xinguodu.com	
电　　话	0755-83890390 83899462		传　　真	0755-86319990	
办公地址	广东省深圳市福田区深南路车公庙工业区泰然劲松大厦 17A				
经营范围	银行卡电子支付终端产品(POS 机)、电子技术密码系统产品、计算机产品等				

主要财务指标 指标\报告期	2011.06.30	2010.12.31	2010.06.30	2009.12.31
每股收益(元)	0.2700	1.1500	0.2900	0.9300
每股收益(扣除)(元)	0.2700	1.0500	0.2800	0.8300
每股净资产(元)	7.7900	13.7300	4.0600	3.5300
调整后每股净资产(元)	–	–	–	–
每股资本公积金(元)	5.6161	10.9090	1.3134	1.3134
每股盈余公积金(元)	0.0614	0.1106	0.0921	0.0921
每股未分配利润(元)	1.1149	1.7128	1.6534	1.1266
每股现金净流量(元)	–0.5022	10.0506	–0.4017	0.2353
每股经营现金净流量(元)	–0.3669	–0.0473	–0.3753	0.6307
净资产收益率(扣除)(%)	3.4800	17.3000	13.2800	26.1200
净资产收益率(%)	3.5220	6.6390	12.9780	26.4610
总资产(万)	95854.35	93346.98	21930.57	19071.07
股东权益(万)	89066.95	87200.50	19279.73	16777.56
主营业务收入(万)	12521.71	20852.71	8267.69	13743.00
主营成本(万)	5733.51	9799.60	3729.76	5726.73
营业收入(万)	12521.71	20852.71	8267.69	13973.48
营业成本(万)	5733.51	9799.60	3729.76	5779.16
投资收益(万)	–	–	–	–
利润总额(万)	3537.20	5960.64	2590.61	4647.48
净利润(万)	3136.45	5789.44	2502.17	4439.54

深圳市英唐智能控制股份有限公司

公司概况					
公司名称	深圳市英唐智能控制股份有限公司			证券简称	英唐智控
法人代表	胡庆周	董秘	王东石	证券代码	300131
公司网址	www.yitoa.com		电子信箱	wds@yitoa.com	
电　　话	0755-29826659 29042389		传　　真	0755-29826115	
办公地址	广东省深圳市宝安区石岩街道龙马工业城 A1 厂房五楼北半区				
经营范围	电子智能控制器的研发、生产和销售,并专注于小型生活电器电子智能控制业务等				

主要财务指标 指标\报告期	2011.06.30	2010.12.31	2010.06.30	2009.12.31
每股收益(元)	0.1800	0.8500	0.5000	0.8300
每股收益(扣除)(元)	0.1600	0.8200	0.5000	0.8100
每股净资产(元)	5.0900	11.0100	3.1300	2.6300
调整后每股净资产(元)	–	–	–	–
每股资本公积金(元)	3.3122	8.4869	0.4758	0.4758
每股盈余公积金(元)	0.0442	0.0973	0.0560	0.0560
每股未分配利润(元)	0.7323	1.4240	1.5998	1.1020
每股现金净流量(元)	–0.0931	6.9274	–0.4875	0.6542
每股经营现金净流量(元)	0.1742	–0.5253	–0.1517	0.3836
净资产收益率(扣除)(%)	3.1000	17.2300	17.3200	37.1500
净资产收益率(%)	3.4580	6.0220	15.8980	29.0490
总资产(万)	57982.32	55574.17	16649.76	14932.75
股东权益(万)	51498.80	50638.21	10678.78	8981.03
主营业务收入(万)	24045.08	37172.44	15339.10	23085.00
主营成本(万)	20212.67	29918.69	11820.63	17973.43
营业收入(万)	24045.08	37172.44	15339.10	23085.00
营业成本(万)	20212.67	29918.69	11820.63	17973.43
投资收益(万)	–	–	–	–
利润总额(万)	2256.53	3477.56	1994.65	3059.33
净利润(万)	1780.59	3049.57	1697.75	2608.93

福建青松股份有限公司

公司概况					
公司名称	福建青松股份有限公司			证券简称	青松股份
法人代表	柯维龙	董秘	邓建明	证券代码	300132
公司网址	www.camphor.com.cn		电子信箱	office@greenpine.cc	
电　　话	0599-5620121 5820498		传　　真	0599-5820900	
办公地址	福建省南平市建阳市回瑶工业园区				
经营范围	从事松节油深加工产品的研发、生产和销售等				

主要财务指标 指标\报告期	2011.06.30	2010.12.31	2010.06.30	2009.12.31
每股收益(元)	0.2000	0.8000	0.4300	0.5700
每股收益(扣除)(元)	0.1651	0.7800	0.4200	0.5500
每股净资产(元)	4.4200	7.8800	2.8400	2.4100
调整后每股净资产(元)	–	–	–	–
每股资本公积金(元)	2.8834	5.9901	1.0671	1.0671
每股盈余公积金(元)	0.0496	0.0893	0.0349	0.0349
每股未分配利润(元)	0.4812	0.8030	0.7419	0.3126
每股现金净流量(元)	–0.1733	4.7001	–0.0684	0.2631
每股经营现金净流量(元)	0.0993	–0.4874	0.5279	–0.5618
净资产收益率(扣除)(%)	3.7300	20.2600	15.9000	26.7600
净资产收益率(%)	4.5640	8.0310	15.0930	22.8824
总资产(万)	76912.06	73926.32	32611.08	35037.12
股东权益(万)	53303.08	52812.20	14219.10	12073.01
主营业务收入(万)	26318.28	48565.37	20329.18	29339.10
主营成本(万)	21514.47	38286.40	15841.95	23614.01
营业收入(万)	26474.87	48637.00	20339.18	29440.88
营业成本(万)	21524.58	38286.83	15841.95	23618.77
投资收益(万)	–	–	–	–
利润总额(万)	3077.35	5462.24	2806.55	3109.63
净利润(万)	2432.86	4241.17	2146.09	2762.59

浙江华策影视股份有限公司

公司概况					
公司名称	浙江华策影视股份有限公司			证券简称	华策影视
法人代表	傅梅城	董秘	金骞	证券代码	300133
公司网址	www.huacemedia.com		电子信箱	zqsw@huacemedia.com	
电　　话	0571-87553075		传　　真	0571-87553077	
办公地址	浙江省杭州市文二西路 683 号西溪创意产业园 C-C 座				
经营范围	制作,复制,发行:专题,专栏,综艺,动画片,广播剧,电视剧等				

主要财务指标 指标\报告期	2011.06.30	2010.12.31	2010.06.30	2009.12.31
每股收益(元)	0.7100	2.1500	0.7100	1.4600
每股收益(扣除)(元)	0.6000	1.8600	0.6200	1.1800
每股净资产(元)	10.9300	21.0300	5.7000	4.2800
调整后每股净资产(元)	–	–	–	–
每股资本公积金(元)	8.2344	17.4687	2.1382	2.1382
每股盈余公积金(元)	0.1849	0.2446	0.1199	0.1199
每股未分配利润(元)	1.5077	2.3176	2.4424	1.0258
每股现金净流量(元)	–0.5609	15.9445	–0.6283	0.9595
每股经营现金净流量(元)	–0.2500	0.4920	–0.1935	0.2708
净资产收益率(扣除)(%)	5.5900	21.8600	24.7500	36.7800
净资产收益率(%)	6.5120	8.0970	24.8500	30.5930
总资产(万)	131174.22	121100.92	27741.56	24043.07
股东权益(万)	123431.73	118782.40	24147.49	18146.93
主营业务收入(万)	16697.92	28183.74	14890.28	16597.36
主营成本(万)	5597.81	12170.14	5934.40	7504.25
营业收入(万)	16917.18	28183.74	14890.28	16597.36
营业成本(万)	5597.81	12170.14	5934.40	7504.25
投资收益(万)	–	–	–	–
利润总额(万)	10775.30	12960.88	8098.30	7363.69
净利润(万)	8038.13	9617.76	6000.56	5551.65

深圳市大富科技股份有限公司

公司概况					
公司名称	深圳市大富科技股份有限公司			证券简称	大富科技
法人代表	孙尚传	董秘	刘伟	证券代码	300134
公司网址	www.tatfook.com		电子信箱	ir@tatfook.com	
电　　话	0755-29816308		传　　真	0755-27356851	
办公地址	广东省深圳市宝安区爱群路石岩同富裕工业区 1-2# 厂房				
经营范围	滤波器,合路器,分路器,隔离器,耦合器,微波元器件,精冲模等				

主要财务指标 指标\报告期	2011.06.30	2010.12.31	2010.06.30	2009.12.31
每股收益(元)	0.8100	1.9800	0.6200	1.3000
每股收益(扣除)(元)	0.7100	1.8000	0.5900	1.2600
每股净资产(元)	14.8100	15.2200	3.2400	2.6200
调整后每股净资产(元)	–	–	–	–
每股资本公积金(元)	12.4711	12.4711	1.3791	1.3791
每股盈余公积金(元)	0.2172	0.1381	0.0146	0.0146
每股未分配利润(元)	1.1170	1.6119	0.8485	0.2286
每股现金净流量(元)	–10.7413	11.5946	0.1810	0.2750
每股经营现金净流量(元)	0.8832	1.1902	0.5736	1.1819
净资产收益率(扣除)(%)	4.7500	30.3400	19.9800	68.2300
净资产收益率(%)	5.5000	10.2990	19.1210	44.3560
总资产(万)	265452.87	272582.63	64663.21	54657.76
股东权益(万)	236885.91	243537.10	38906.66	31467.49
主营业务收入(万)	49004.05	84974.64	29417.12	58103.19
主营成本(万)	30409.02	47335.43	17362.24	34311.97
营业收入(万)	50143.53	86282.75	29905.03	58594.61
营业成本(万)	30409.02	47707.81	17362.24	34519.43
投资收益(万)	–	–	–	–
利润总额(万)	15170.96	29537.56	8740.79	16531.41
净利润(万)	13028.77	25081.11	7439.17	13957.66

江苏宝利沥青股份有限公司

公司概况					
公司名称	江苏宝利沥青股份有限公司			证券简称	宝利沥青
法人代表	周德洪	董秘	陈永勤	证券代码	300135
公司网址	www.baolijt.cn		电子信箱	cyq-600078@163.com	
电　　话	0510-86017020 86017012		传　　真	0510-86158880	
办公地址	江苏省江阴市云亭镇工业园区				
经营范围	高等级公路新材料的研发、生产和销售等				

主要财务指标 指标\报告期	2011.06.30	2010.12.31	2010.06.30	2009.12.31
每股收益(元)	0.1800	1.2100	0.2200	0.9700
每股收益(扣除)(元)	0.1900	1.2100	0.2100	0.9800
每股净资产(元)	6.0700	12.3700	4.1600	3.7210
调整后每股净资产(元)	–	–	–	–
每股资本公积金(元)	4.0203	9.0407	0.8973	0.8973
每股盈余公积金(元)	0.1084	0.2168	0.1623	0.1623
每股未分配利润(元)	0.9392	2.1109	2.0969	1.6614
每股现金净流量(元)	–2.0147	8.0490	0.8556	0.1421
每股经营现金净流量(元)	–2.1338	1.0108	–1.6394	0.4326
净资产收益率(扣除)(%)	2.9400	20.3000	10.5700	30.4000
净资产收益率(%)	3.0280	7.7610	10.4800	26.1300
总资产(万)	125952.55	118971.93	71102.76	39480.39
股东权益(万)	97087.23	98947.24	24938.81	22326.17
主营业务收入(万)	40776.42	104001.41	34776.90	70121.89
主营成本(万)	34329.04	90054.16	29473.53	59719.01
营业收入(万)	41611.26	104501.59	34808.91	70330.01
营业成本(万)	34930.88	90510.74	29488.57	59906.08
投资收益(万)	–	–	–	–
利润总额(万)	3379.50	9150.32	3061.53	7057.36
净利润(万)	2939.99	7679.36	2612.64	5832.85

深圳市信维通信股份有限公司

公司概况					
公司名称	深圳市信维通信股份有限公司			证券简称	信维通信
法人代表	彭浩	董秘	任婷	证券代码	300136
公司网址	www.sz-sunway.com.cn		电子信箱	renting@sz-sunway.com.cn	
电　　话	0755-81773388-108		传　　真	0755-81773149 81773335	
办公地址	广东省深圳市宝安区沙井街道沙一万安路长兴高新技术工业园 9 号楼				
经营范围	移动终端天线的设计、技术开发、生产和销售等				

主要财务指标 指标\报告期	2011.06.30	2010.12.31	2010.06.30	2009.12.31
每股收益(元)	0.3783	0.9130	0.4578	0.7079
每股收益(扣除)(元)	0.3424	0.8126	0.4233	0.5338
每股净资产(元)	4.7500	9.2884	2.0850	1.6274
调整后每股净资产(元)	–	–	–	–
每股资本公积金(元)	3.1805	7.3611	0.3546	0.3546
每股盈余公积金(元)	0.0464	0.0927	0.0273	0.0273
每股未分配利润(元)	0.5195	0.8346	0.7034	0.2455
每股现金净流量(元)	–0.0578	7.6582	0.2663	0.7375
每股经营现金净流量(元)	0.1323	0.5762	0.3776	0.6508
净资产收益率(扣除)(%)	4.8400	22.9200	22.8000	44.6300
净资产收益率(%)	5.3140	7.7810	21.9560	40.4530
总资产(万)	64943.21	63904.58	13728.93	11548.03
股东权益(万)	63288.82	61926.09	10426.11	8137.00
主营业务收入(万)	7252.76	14011.72	6537.01	9502.60
主营成本(万)	2354.63	5661.82	2598.12	4014.13
营业收入(万)	7252.76	14011.72	6537.01	9502.60
营业成本(万)	2354.63	5661.82	2598.12	4014.13
投资收益(万)	–	–	–	–
利润总额(万)	3826.04	5342.81	2575.59	3616.32
净利润(万)	3362.83	4818.64	2289.11	3291.65

河北先河环保科技股份有限公司

公司概况	公司名称	河北先河环保科技股份有限公司			证券简称	先河环保
	法人代表	李玉国	董秘	邢金生	证券代码	300137
	公司网址	www.sailhero.com.cn		电子信箱	xjs69@sailhero.com.cn	
	电　话	0311-85323900 85323985		传　真	0311-85323456	
	办公地址	河北省石家庄市湘江道 251 号				
	经营范围	从事计量仪器,环保设备的研制开发;化工产品等				

主要财务指标：指标\报告期	2011.06.30	2010.12.31	2010.06.30	2009.12.31
每股收益(元)	0.1100	0.4900	0.1200	0.4000
每股收益(扣除)(元)	0.1000	0.4400	0.1100	0.3700
每股净资产(元)	5.4300	6.9100	1.9300	1.7300
调整后每股净资产(元)	–	–	–	–
每股资本公积金(元)	3.8494	5.3042	0.4445	0.4445
每股盈余公积金(元)	0.0460	0.0598	0.0445	0.0257
每股未分配利润(元)	0.5309	0.5414	0.4413	0.2574
每股现金净流量(元)	–0.5607	–	–0.2616	0.5359
每股经营现金净流量(元)	–0.3187	–	–0.1136	0.1135
净资产收益率(扣除)(%)	1.8000	14.7500	10.3200	24.3600
净资产收益率(%)	2.1080	5.6310	10.4980	21.4620
总资产(万)	89437.10	89555.71	26333.09	26198.67
股东权益(万)	84649.78	82865.13	17372.46	15548.65
主营业务收入(万)	6223.93	17169.35	7033.11	13718.49
主营成本(万)	3050.41	8289.04	3494.15	7109.16
营业收入(万)	6223.93	17169.70	7033.45	13718.59
营业成本(万)	3050.41	8289.04	3494.15	7109.16
投资收益(万)	–	–	–	–
利润总额(万)	2010.61	5422.64	2133.21	3840.24
净利润(万)	1784.65	4666.14	1823.81	3336.98

晨光生物科技集团股份有限公司

公司概况	公司名称	晨光生物科技集团股份有限公司			证券简称	晨光生物
	法人代表	卢庆国	董秘	刘英山	证券代码	300138
	公司网址	www.cn-cg.com		电子信箱	sesu@hdchenguang.com	
	电　话	0310-8859023		传　真	0310-8851655	
	办公地址	河北省邯郸市曲周县城晨光路 1 号				
	经营范围	生产、销售食品添加剂"辣椒红、红米红、辣椒油树脂等				

主要财务指标：指标\报告期	2011.06.30	2010.12.31	2010.06.30	2009.12.31
每股收益(元)	0.4273	0.8996	0.4785	0.8997
每股收益(扣除)(元)	0.3835	0.7524	0.4605	0.7774
每股净资产(元)	10.3500	10.0800	3.3600	2.8200
调整后每股净资产(元)	–	–	–	–
每股资本公积金(元)	7.9817	7.9837	1.3520	1.2908
每股盈余公积金(元)	0.0960	0.0960	0.0667	0.0667
每股未分配利润(元)	1.2799	1.0026	0.9376	0.4591
每股现金净流量(元)	–1.3727	4.3495	–0.4029	0.4213
每股经营现金净流量(元)	0.8772	–2.1219	0.6102	0.4078
净资产收益率(扣除)(%)	3.7400	16.0400	14.8200	28.8400
净资产收益率(%)	4.1270	7.0180	14.2550	25.9220
总资产(万)	108609.11	114896.50	41484.50	40284.74
股东权益(万)	92967.92	90525.20	22415.18	18811.03
主营业务收入(万)	53006.11	58375.50	26678.91	41188.55
主营成本(万)	44713.97	45863.79	20190.19	30874.21
营业收入(万)	53021.60	58406.25	26697.99	41402.38
营业成本(万)	44735.47	46007.01	20198.40	31148.23
投资收益(万)	–	–	–	–
利润总额(万)	4735.49	7680.07	4010.60	6256.38
净利润(万)	3836.90	6352.59	3195.37	4876.20

北京福星晓程电子科技股份有限公司

公司概况	公司名称	北京福星晓程电子科技股份有限公司			证券简称	福星晓程
	法人代表	程毅	董秘	王含静	证券代码	300139
	公司网址	www.xiaocheng.com		电子信箱	fxxc_hr@126.com	
	电　话	010-68459012 8072		传　真	010-68466652	
	办公地址	北京市海淀区西三环北路 87 号国际财经中心 D 座 503				
	经营范围	承接网络系统集成,自营和代理各类商 品及技术的进出口业务等				

主要财务指标：指标\报告期	2011.06.30	2010.12.31	2010.06.30	2009.12.31
每股收益(元)	0.6800	1.4200	0.8200	1.5500
每股收益(扣除)(元)	0.6500	1.3100	0.8200	1.5000
每股净资产(元)	19.3500	19.1700	–	4.6000
调整后每股净资产(元)	–	–	–	–
每股资本公积金(元)	14.6163	14.6163	–	0.3272
每股盈余公积金(元)	0.4222	0.4222	–	0.3929
每股未分配利润(元)	3.3105	3.1302	–	2.8814
每股现金净流量(元)	–1.7647	13.6026	–0.9891	1.1060
每股经营现金净流量(元)	–0.5261	–0.7599	–0.9298	1.6190
净资产收益率(扣除)(%)	3.3600	19.3500	16.4000	38.5300
净资产收益率(%)	3.5160	5.7210	–	33.7300
总资产(万)	115181.14	115991.90	–	28558.35
股东权益(万)	106125.75	105044.53	–	18912.32
主营业务收入(万)	10797.50	22814.20	10535.10	21698.53
主营成本(万)	5322.36	11562.37	4494.43	10705.14
营业收入(万)	11081.93	23608.24	10869.57	22072.55
营业成本(万)	5612.01	12233.51	4670.47	10816.04
投资收益(万)	–	–	–	–
利润总额(万)	4288.87	7044.72	3969.00	7744.73
净利润(万)	3728.06	6009.92	3380.53	6379.12

西安启源机电装备股份有限公司

公司概况	公司名称	西安启源机电装备股份有限公司			证券简称	启源装备
	法人代表	赵友安	董秘	赵利军	证券代码	300140
	公司网址	www.sdricom.com		电子信箱	zhaolijun@sdricom.com	
	电　话	029-86531303 86531386		传　真	029-86531312	
	办公地址	陕西省西安市经济技术开发区凤城十二路 98 号				
	经营范围	光机电一体化装备设计,开发,制造,销售等				

主要财务指标：指标\报告期	2011.06.30	2010.12.31	2010.06.30	2009.12.31
每股收益(元)	0.1800	1.0600	0.6000	1.0700
每股收益(扣除)(元)	0.1400	0.8900	0.5800	0.9800
每股净资产(元)	6.3100	12.7600	4.0100	3.4100
调整后每股净资产(元)	–	–	–	–
每股资本公积金(元)	4.0790	9.1581	–	–
每股盈余公积金(元)	0.2212	0.4424	0.4848	0.4848
每股未分配利润(元)	1.0124	2.1642	2.5282	1.9242
每股现金净流量(元)	–0.5210	9.7752	0.5857	0.0290
每股经营现金净流量(元)	–0.1815	0.4689	0.6144	1.0665
净资产收益率(扣除)(%)	2.2300	18.2700	15.5800	–9.8300
净资产收益率(%)	2.8560	6.3430	15.0530	31.2841
总资产(万)	87960.87	88481.27	30466.92	27252.05
股东权益(万)	77014.12	77864.38	18259.35	15510.83
主营业务收入(万)	14139.61	29591.49	15636.79	25861.33
主营成本(万)	9862.39	19378.57	9845.45	14803.12
营业收入(万)	14552.41	30250.38	15920.72	26423.37
营业成本(万)	10080.98	19769.34	10015.87	15109.70
投资收益(万)	–	–	–	–
利润总额(万)	2561.58	5721.82	3180.31	5603.89
净利润(万)	2199.74	4939.15	2748.52	4852.42

苏州工业园区和顺电气股份有限公司

公司概况	公司名称	苏州工业园区和顺电气股份有限公司			证券简称	和顺电气
	法人代表	姚建华	董秘	褚晟	证券代码	300141
	公司网址	www.cnheshun.com		电子信箱	cnheshun@hotmail.com	
	电　话	0512-62862607 62862621		传　真	0512-67905090 62862608	
	办公地址	江苏省苏州市工业园区和顺路 8 号				
	经营范围	高低压电器及成套设备,电工器材,电 力滤波装置,无功补偿装置等				

主要财务指标	指标\报告期	2011.06.30	2010.12.31	2010.06.30	2009.12.31
	每股收益(元)	0.2700	0.8100	0.4400	0.7900
	每股收益(扣除)(元)	0.2500	0.7700	0.4400	0.7600
	每股净资产(元)	9.4400	9.1600	2.1700	1.7300
	调整后每股净资产(元)	–	–	–	–
	每股资本公积金(元)	7.2202	7.2202	0.3017	0.3017
	每股盈余公积金(元)	0.1080	0.1080	0.0611	0.0611
	每股未分配利润(元)	1.1086	0.8362	0.8069	0.3683
	每股现金净流量(元)	–0.7274	7.4332	–0.6441	0.3997
	每股经营现金净流量(元)	–0.4000	0.3995	–0.5078	0.9005
	净资产收益率(扣除)(%)	2.6900	26.8200	22.4200	36.0200
	净资产收益率(%)	2.8870	6.8050	20.2130	35.3410
	总资产(万)	57677.00	54477.39	11298.89	10801.40
	股东权益(万)	52091.37	50587.30	8939.36	7132.44
	主营业务收入(万)	–	15979.76	7668.97	12863.21
	主营成本(万)	–	10802.92	4521.60	8661.12
	营业收入(万)	7406.36	16218.66	7770.04	13137.95
	营业成本(万)	4908.44	10851.75	4538.75	8806.36
	投资收益(万)	–	–	–	–
	利润总额(万)	1769.49	3950.24	2124.44	2975.99
	净利润(万)	1504.07	3442.68	1806.92	2520.66

云南沃森生物技术股份有限公司

公司概况	公司名称	云南沃森生物技术股份有限公司			证券简称	沃森生物
	法人代表	李云春	董秘	徐可仁	证券代码	300142
	公司网址	www.walvax.com.cn		电子信箱	ir@walvax.com.cn	
	电　话	0871-8312779		传　真	0871-8312779	
	办公地址	云南省昆明市高新开发区北区云南大学科技园 2 期 A3 幢 4 楼				
	经营范围	生物制剂的研究与开发;生物项目的引进、合作与开发等				

主要财务指标	指标\报告期	2011.06.30	2010.12.31	2010.06.30	2009.12.31
	每股收益(元)	0.5600	2.0000	0.7500	1.0200
	每股收益(扣除)(元)	0.4300	1.9000	0.7000	0.9400
	每股净资产(元)	17.5600	25.5100	3.0800	2.3300
	调整后每股净资产(元)	–	–	–	–
	每股资本公积金(元)	14.3295	21.9943	0.0350	0.0350
	每股盈余公积金(元)	0.0488	–	–	–
	每股未分配利润(元)	2.1867	2.5148	2.0483	1.2941
	每股现金净流量(元)	–1.7974	22.6047	0.3128	0.7460
	每股经营现金净流量(元)	–0.0595	0.8671	0.3590	1.0958
	净资产收益率(扣除)(%)	2.5000	33.4300	25.7600	51.8300
	净资产收益率(%)	3.1820	6.0530	24.4600	43.6959
	总资产(万)	288384.91	298642.00	61914.03	38612.04
	股东权益(万)	263474.92	255090.39	23124.96	17468.77
	主营业务收入(万)	18059.76	35877.79	12661.44	23912.46
	主营成本(万)	1587.86	3270.81	1026.93	3260.70
	营业收入(万)	18059.76	35879.23	12661.44	23912.97
	营业成本(万)	1587.86	3272.15	1026.93	3261.17
	投资收益(万)	–	–	–	–
	利润总额(万)	9937.65	18318.70	6748.38	9419.92
	净利润(万)	8384.53	15441.66	5656.19	7633.14

广东星河生物科技股份有限公司

公司概况	公司名称	广东星河生物科技股份有限公司			证券简称	星河生物
	法人代表	叶运寿	董秘	黄清华	证券代码	300143
	公司网址	www.starway.com.cn		电子信箱	starway@starway.com.cn	
	电　话	0769-87935678		传　真	0769-87920269	
	办公地址	广东省东莞市塘厦镇蛟坪大道 83 号				
	经营范围	种植,加工,销售食用菌等农副产品,食等				

主要财务指标	指标\报告期	2011.06.30	2010.12.31	2010.06.30	2009.12.31
	每股收益(元)	0.1900	0.8200	0.2600	0.4200
	每股收益(扣除)(元)	0.0800	0.7100	0.1900	0.3700
	每股净资产(元)	5.1200	10.8500	2.6000	2.3400
	调整后每股净资产(元)	–	–	–	–
	每股资本公积金(元)	3.4474	8.7842	0.7530	0.7530
	每股盈余公积金(元)	0.0139	0.0305	0.0203	0.0203
	每股未分配利润(元)	0.6621	1.0360	0.8275	0.5647
	每股现金净流量(元)	–0.9865	8.1041	0.3853	0.3826
	每股经营现金净流量(元)	0.3067	0.9181	0.3767	0.5752
	净资产收益率(扣除)(%)	3.7320	5.8050	10.1050	17.4080
	净资产收益率(%)	3.8000	22.7700	10.6400	20.1400
	总资产(万)	81670.07	85131.68	27070.59	22463.79
	股东权益(万)	75518.05	72699.51	13004.49	11690.40
	主营业务收入(万)	9168.29	16793.15	6545.49	9577.11
	主营成本(万)	5896.88	9317.86	4121.31	5693.10
	营业收入(万)	9171.84	16793.15	6545.49	9577.11
	营业成本(万)	5896.88	9317.86	4121.31	5693.10
	投资收益(万)	–	–	–	–
	利润总额(万)	3329.19	4256.23	1345.84	2038.92
	净利润(万)	2818.55	4220.35	1314.09	2035.02

杭州宋城旅游发展股份有限公司

公司概况	公司名称	杭州宋城旅游发展股份有限公司			证券简称	宋城股份
	法人代表	黄巧灵	董秘	董昕	证券代码	300144
	公司网址	www.chinascgf.com		电子信箱	zqb@chinascgf.com	
	电　话	0571-87091255		传　真	0751-87091233	
	办公地址	浙江省杭州市之江路 148 号				
	经营范围	旅游服务,主题公园开发经营,文化活动策划、组织				

主要财务指标	指标\报告期	2011.06.30	2010.12.31	2010.06.30	2009.12.31
	每股收益(元)	0.2800	1.2600	0.2600	–
	每股收益(扣除)(元)	0.2500	1.3200	0.2500	0.6900
	每股净资产(元)	7.0000	15.0800	2.4800	2.1100
	调整后每股净资产(元)	–	–	–	–
	每股资本公积金(元)	5.1654	12.5640	0.1931	0.1931
	每股盈余公积金(元)	0.0845	0.1860	0.1567	0.1567
	每股未分配利润(元)	0.7484	1.3253	1.1262	0.7620
	每股现金净流量(元)	–0.5846	13.4747	0.6056	0.3748
	每股经营现金净流量(元)	0.4255	1.4902	0.9571	1.1961
	净资产收益率(扣除)(%)	4.0500	6.4490	25.3300	32.6950
	净资产收益率(%)	4.0500	32.5400	25.3300	40.3100
	总资产(万)	296850.89	297443.45	79994.59	71015.51
	股东权益(万)	258661.10	253263.97	31196.46	26608.08
	主营业务收入(万)	19657.62	41743.80	16845.82	25400.68
	主营成本(万)	4598.97	9607.72	3851.21	7361.00
	营业收入(万)	21194.37	44475.67	18154.03	27329.55
	营业成本(万)	5051.31	10548.88	4321.30	8214.15
	投资收益(万)	–	–	–	66.64
	利润总额(万)	13927.59	21798.34	9470.38	11748.36
	净利润(万)	10437.13	16333.79	7108.38	8699.51

南方泵业股份有限公司

公司概况

公司名称	南方泵业股份有限公司		证券简称	南方泵业
法人代表	沈金浩	董秘　平顺舟	证券代码	300145
公司网址	www.nanfang-pump.com		电子信箱	psz@nanfang-pump.com
电　话	0571-86397850		传　真	0571-86396201
办公地址	浙江省杭州余杭区仁和镇			
经营范围	不锈钢冲压焊接离心泵及无负压变频供水设备等的研发,制造和销售等			

主要财务指标

指标\报告期	2011.06.30	2010.12.31	2010.06.30	2009.12.31
每股收益(元)	0.2600	1.1200	0.1800	0.7600
每股收益(扣除)(元)	0.2600	1.0300	0.1700	0.6800
每股净资产(元)	6.4300	11.3300	2.9200	2.5000
调整后每股净资产(元)	-	-	-	-
每股资本公积金(元)	4.6117	9.1168	1.0028	1.0028
每股盈余公积金(元)	0.0568	0.1023	0.0399	0.0399
每股未分配利润(元)	0.7622	1.1097	0.8746	0.4535
每股现金净流量(元)	-0.2503	9.1487	0.1260	0.1284
每股经营现金净流量(元)	0.3105	1.2554	0.2559	1.6908
净资产收益率(扣除)(%)	4.0200	33.8500	15.4500	27.2200
净资产收益率(%)	3.9930	7.4320	15.5600	30.5820
总资产(万)	113745.31	111092.98	37448.09	29570.75
股东权益(万)	92601.51	90630.41	86221.23	14976.93
主营业务收入(万)	35598.01	62705.40	24616.05	38576.50
主营成本(万)	24069.70	42986.11	16823.97	27052.59
营业收入(万)	36144.63	63565.37	24908.14	39693.35
营业成本(万)	24419.23	43754.69	17079.32	28043.76
投资收益(万)	-	-	-	-
利润总额(万)	4668.16	8362.92	3091.32	5113.10
净利润(万)	3697.53	6735.98	2526.81	4580.23

广东汤臣倍健生物科技股份有限公司

公司概况

公司名称	广东汤臣倍健生物科技股份有限公司		证券简称	汤臣倍健
法人代表	梁允超	董秘　梁水生	证券代码	300146
公司网址	www.by-health.com.cn		电子信箱	tcbj@by-health.com
电　话	020-38372403		传　真	020-38312692
办公地址	广东省广州市珠江新城华穗路263号双城国际大厦东塔23楼			
经营范围	膳食营养补充剂的研发、生产和销售等			

主要财务指标

指标\报告期	2011.06.30	2010.12.31	2010.06.30	2009.12.31
每股收益(元)	0.8200	2.2500	0.6600	1.4500
每股收益(扣除)(元)	0.8100	2.2400	0.6600	1.4500
每股净资产(元)	15.1700	29.7100	3.9400	2.6100
调整后每股净资产(元)	-	-	-	-
每股资本公积金(元)	12.4950	25.9899	0.2330	0.2330
每股盈余公积金(元)	0.1584	0.3168	0.2155	0.2155
每股未分配利润(元)	1.5183	2.4001	2.4902	1.1614
每股现金净流量(元)	-1.6410	26.7467	0.7478	0.4882
每股经营现金净流量(元)	0.4618	0.9987	0.9234	1.0215
净资产收益率(扣除)(%)	5.3930	5.6700	40.5800	48.7570
净资产收益率(%)	5.3900	60.1800	40.5800	69.4200
总资产(万)	170546.98	175364.66	20077.60	14943.33
股东权益(万)	165917.01	162436.81	16148.76	10700.43
主营业务收入(万)	28046.81	34444.17	16076.80	20434.18
主营成本(万)	10233.34	12145.92	5858.08	7461.87
营业收入(万)	28079.76	34608.08	16155.16	20529.04
营业成本(万)	10239.66	12297.01	5931.18	7552.79
投资收益(万)	-	-	-	-
利润总额(万)	10577.28	10790.14	6478.74	6135.49
净利润(万)	8948.20	9210.59	5448.33	5217.24

广州市香雪制药股份有限公司

公司概况

公司名称	广州市香雪制药股份有限公司		证券简称	香雪制药
法人代表	王永辉	董秘　黄滨	证券代码	300147
公司网址	www.xphcn.com		电子信箱	directorate@xphcn.com
电　话	020-22211011 22211010		传　真	020-22211018
办公地址	广东省广州市萝岗区广州经济技术开发区科学城金峰园路2号			
经营范围	中药材种植;生产气雾剂,片剂、硬胶囊剂等			

主要财务指标

指标\报告期	2011.06.30	2010.12.31	2010.06.30	2009.12.31
每股收益(元)	0.1200	0.8100	0.1400	0.6300
每股收益(扣除)(元)	0.1100	0.7900	0.1400	0.6200
每股净资产(元)	5.4500	10.9600	3.2100	3.4900
调整后每股净资产(元)	-	-	-	-
每股资本公积金(元)	3.7943	8.5886	0.9143	0.9143
每股盈余公积金(元)	0.1379	0.2758	0.2895	0.2895
每股未分配利润(元)	0.5230	1.0994	1.0165	1.2927
每股现金净流量(元)	-1.3010	8.5826	0.0907	0.6326
每股经营现金净流量(元)	0.0130	0.3696	0.1301	0.5020
净资产收益率(扣除)(%)	2.0000	22.8400	8.1100	24.3200
净资产收益率(%)	2.2610	5.5060	8.6380	15.8840
总资产(万)	187829.04	184662.76	73573.19	69831.47
股东权益(万)	134101.89	134763.86	129863.93	32086.18
主营业务收入(万)	22512.09	48800.95	18615.53	37701.89
主营成本(万)	12217.27	24850.57	8818.42	18276.03
营业收入(万)	22913.21	51338.36	18786.96	37863.33
营业成本(万)	12473.18	27136.78	8921.87	18440.18
投资收益(万)	-	-	-	-
利润总额(万)	3625.51	8805.14	3094.87	6069.60
净利润(万)	3032.14	7419.95	2551.30	5101.41

湖南天舟科教文化股份有限公司

公司概况

公司名称	湖南天舟科教文化股份有限公司		证券简称	天舟文化
法人代表	肖志鸿	董秘　喻宇汉	证券代码	300148
公司网址	www.t-angel.com		电子信箱	tangeldm@126.com
电　话	0731-85565647		传　真	0731-85565647
办公地址	湖南省长沙市东二环二段194号天域新都商务楼四楼			
经营范围	图书、报纸、期刊、电子出版物总发行等			

主要财务指标

指标\报告期	2011.06.30	2010.12.31	2010.06.30	2009.12.31
每股收益(元)	0.2200	0.5500	0.2200	0.3600
每股收益(扣除)(元)	0.2200	0.5400	0.2300	0.3500
每股净资产(元)	5.2400	5.1300	1.8900	1.7000
调整后每股净资产(元)	-	-	-	-
每股资本公积金(元)	3.5144	4.8688	0.0838	0.0838
每股盈余公积金(元)	0.0584	0.0759	0.0604	0.0604
每股未分配利润(元)	0.6644	0.7219	0.7470	0.5576
每股现金净流量(元)	-0.2999	5.4322	0.4495	-0.0366
每股经营现金净流量(元)	0.1478	0.4889	0.5532	0.0985
净资产收益率(扣除)(%)	4.2200	28.7700	16.5600	22.1700
净资产收益率(%)	4.2870	6.1660	3.3397	21.2300
总资产(万)	58887.19	53413.97	15344.21	11821.04
股东权益(万)	51063.36	49999.25	48537.29	9530.02
主营业务收入(万)	12787.21	21372.33	9787.26	13031.45
主营成本(万)	8595.10	14378.66	6511.89	7848.00
营业收入(万)	12787.21	21383.60	9798.53	13152.08
营业成本(万)	8595.10	14379.22	6512.46	7876.35
投资收益(万)	-	-	-	-
利润总额(万)	2927.06	3874.89	1952.77	2635.33
净利润(万)	2189.11	3082.97	1621.01	2023.24

江门量子高科生物股份有限公司

公司概况	公司名称	江门量子高科生物股份有限公司			证券简称	量子高科
	法人代表	王丛威	董秘	甘露	证券代码	300149
	公司网址	www.qht.cc		电子信箱	ganlu@qht.cc	
	电　话	0750-3869162		传　真	0750-3869666	
	办公地址	广东省江门市高新区高新西路 133 号				
	经营范围	生产、销售低聚糖系列产品及其酶制剂、酵母抽提物等				

	指标\报告期	2011.06.30	2010.12.31	2010.06.30	2009.12.31
主要财务指标	每股收益(元)	0.0700	0.6800	0.1800	0.6500
	每股收益(扣除)(元)	0.0700	0.6100	0.1800	0.6500
	每股净资产(元)	4.2700	8.5300	2.2700	2.0300
	调整后每股净资产(元)	–	–	–	–
	每股资本公积金(元)	2.7245	6.4489	0.1381	0.1381
	每股盈余公积金(元)	0.0642	0.1284	0.1413	0.1046
	每股未分配利润(元)	0.4780	0.9495	0.9948	0.7825
	每股现金净流量(元)	–0.1634	6.3585	0.1686	0.2002
	每股经营现金净流量(元)	–0.0019	0.3106	0.7229	0.2657
	净资产收益率(扣除)(%)	1.6500	26.0800	16.5800	35.0600
	净资产收益率(%)	1.6580	5.9080	16.1210	29.0300
	总资产(万)	59274.29	58742.06	13660.07	13629.96
	股东权益(万)	57173.30	57130.02	55588.16	10125.99
	主营业务收入(万)	6628.59	12362.88	6307.17	10015.12
	主营成本(万)	4424.61	6627.87	3213.57	4908.18
	营业收入(万)	6637.36	12380.97	6312.47	10024.48
	营业成本(万)	4427.02	6636.27	3214.10	4910.53
	投资收益(万)	–	–	–	–
	利润总额(万)	1114.76	3936.25	2176.46	3448.17
	净利润(万)	947.77	3375.04	1833.18	2939.42

北京世纪瑞尔技术股份有限公司

公司概况	公司名称	北京世纪瑞尔技术股份有限公司			证券简称	世纪瑞尔
	法人代表	牛俊杰	董秘	朱江滨	证券代码	300150
	公司网址	www.c-real.com.cn		电子信箱	ireal@c-real.com.cn	
	电　话	010-62970877		传　真	010-62962298	
	办公地址	北京市海淀区上地信息路 22 号上地科技综合楼 B 座九、十层				
	经营范围	技术进出口、代理进出口、货物进出口等				

	指标\报告期	2011.06.30	2010.12.31	2010.06.30	2009.12.31
主要财务指标	每股收益(元)	0.3900	0.6300	0.3600	0.5300
	每股收益(扣除)(元)	0.3900	0.6300	0.3600	0.5300
	每股净资产(元)	10.0200	10.1300	2.3800	2.2100
	调整后每股净资产(元)	–	–	–	–
	每股资本公积金(元)	8.3975	8.3975	0.6630	0.6630
	每股盈余公积金(元)	0.1714	0.1714	0.1680	0.1680
	每股未分配利润(元)	0.4522	0.5573	0.5447	0.3815
	每股现金净流量(元)	–1.2867	8.3493	–0.2832	1.0327
	每股经营现金净流量(元)	1.1369	0.3236	–0.0818	0.4809
	净资产收益率(扣除)(%)	3.9400	4.6400	15.2900	19.1104
	净资产收益率(%)	3.8600	26.6500	15.8300	34.1500
	总资产(万)	142289.66	147284.71	31184.66	33570.69
	股东权益(万)	135284.77	136704.40	23757.18	22125.54
	主营业务收入(万)	16614.42	23339.32	11522.93	15553.05
	主营成本(万)	8022.62	12681.75	5548.31	8442.21
	营业收入(万)	16650.44	23401.08	11553.80	15612.69
	营业成本(万)	8022.62	12681.75	5548.31	8442.21
	投资收益(万)	–	–	–	–
	利润总额(万)	6190.83	7344.57	4219.59	4806.53
	净利润(万)	5330.37	6342.71	3631.65	4228.29

深圳市昌红模具科技股份有限公司

公司概况	公司名称	深圳市昌红模具科技股份有限公司			证券简称	昌红科技
	法人代表	李焕昌	董秘	刘刚	证券代码	300151
	公司网址	www.sz-changhong.com		电子信箱	changhong@sz-changhong.com	
	电　话	0755-89785568 885		传　真	0755-89785598	
	办公地址	广东省深圳市坪山新区坪山锦龙大道西侧				
	经营范围	非金属制品模具设计、加工、制造,塑料制品、模具、五金制造等				

	指标\报告期	2011.06.30	2010.12.31	2010.06.30	2009.12.31
主要财务指标	每股收益(元)	0.2200	0.8100	0.4300	0.5700
	每股收益(扣除)(元)	0.2100	0.8200	0.4300	0.5400
	每股净资产(元)	6.8500	10.5400	2.9200	2.5500
	调整后每股净资产(元)	–	–	–	–
	每股资本公积金(元)	5.1051	8.1576	0.4555	0.4555
	每股盈余公积金(元)	0.0668	0.1002	0.0785	0.0785
	每股未分配利润(元)	0.6812	1.2782	1.3852	1.0155
	每股现金净流量(元)	–0.9472	8.2127	0.4748	0.3594
	每股经营现金净流量(元)	0.0198	0.8531	0.6479	0.5552
	净资产收益率(扣除)(%)	2.1100	28.1800	15.7700	23.5400
	净资产收益率(%)	2.3710	5.7580	14.7200	22.4260
	总资产(万)	77723.47	81612.10	27437.59	25193.67
	股东权益(万)	68873.52	70590.75	68674.51	12747.31
	主营业务收入(万)	13374.83	28617.76	12649.57	18433.68
	主营成本(万)	10402.34	21049.57	8747.31	12990.62
	营业收入(万)	13449.25	28617.76	12649.57	18433.68
	营业成本(万)	10454.01	21049.57	8747.31	12990.62
	投资收益(万)	-	-	-	-
	利润总额(万)	1872.41	4686.21	2499.92	3333.59
	净利润(万)	1632.78	4064.72	2148.48	2858.65

徐州燃控科技股份有限公司

公司概况	公司名称	徐州燃控科技股份有限公司			证券简称	燃控科技
	法人代表	王文举	董秘	顾承鸣	证券代码	300152
	公司网址	www.xcc.com.cn		电子信箱	300152gcm@vip.163.com	
	电　话	0516-87986552		传　真	0516-87986552	
	办公地址	江苏省徐州市经济开发区杨山路 12 号				
	经营范围	燃烧设备、自动化控制设备、检测设备、仪器仪表、电子产品等				

	指标\报告期	2011.06.30	2010.12.31	2010.06.30	2009.12.31
主要财务指标	每股收益(元)	0.3500	0.7800	0.3800	0.7800
	每股收益(扣除)(元)	0.3400	0.7500	0.3800	0.6500
	每股净资产(元)	12.2900	12.2400	2.8900	2.5000
	调整后每股净资产(元)	–	–	–	–
	每股资本公积金(元)	10.0369	10.0369	0.6559	0.6559
	每股盈余公积金(元)	0.1174	0.1174	0.0826	0.0826
	每股未分配利润(元)	1.1398	1.0859	1.1495	0.7661
	每股现金净流量(元)	–3.1656	9.9334	–0.2018	0.3707
	每股经营现金净流量(元)	0.0254	0.4669	0.2596	0.3852
	净资产收益率(扣除)(%)	2.7500	26.0400	14.0000	29.7100
	净资产收益率(%)	2.8250	4.6940	13.2750	31.1030
	总资产(万)	148535.66	152036.41	40819.45	41372.44
	股东权益(万)	132776.41	132193.71	23103.72	20036.72
	主营业务收入(万)	12904.77	21371.31	10508.33	21274.98
	主营成本(万)	–	–	–	–
	营业收入(万)	12916.00	21406.51	10518.89	21282.02
	营业成本(万)	6692.36	10957.71	5102.29	10948.54
	投资收益(万)	–	–	–	–
	利润总额(万)	4420.92	7423.42	3698.87	7430.07
	净利润(万)	3750.61	6205.56	3067.00	6232.09

上海科泰电源股份有限公司

公司概况					
公司名称	上海科泰电源股份有限公司			证券简称	科泰电源
法人代表	谢松峰	董秘	廖晓华	证券代码	300153
公司网址	www.cooltechsh.com		电子信箱	liaoxiaohua@cooltechsh.com	
电　话	021-69758010		传　真	021-69758500	
办公地址	上海市青浦工业园区崧华路688号				
经营范围	新能源及柴油发电机组系统集成的开发,设计,制造等				

主要财务指标：指标\报告期	2011.06.30	2010.12.31	2010.06.30	2009.12.31
每股收益(元)	0.1600	0.8500	0.4400	0.5600
每股收益(扣除)(元)	0.1500	0.8400	0.4400	–
每股净资产(元)	5.7200	11.4100	2.5400	–
调整后每股净资产(元)	–	–	–	–
每股资本公积金(元)	4.0855	9.1711	0.2926	–
每股盈余公积金(元)	0.0802	0.1603	0.1311	–
每股未分配利润(元)	0.5584	1.0931	1.1293	–
每股现金净流量(元)	–0.6606	9.4433	–0.1036	0.3420
每股经营现金净流量(元)	–0.1579	0.4292	0.1071	0.3653
净资产收益率(扣除)(%)	2.5900	31.8500	17.2100	–
净资产收益率(%)	2.8310	5.5830	17.1900	–
总资产(万)	108456.49	106067.41	30653.03	–
股东权益(万)	91471.31	91298.56	88843.39	–
主营业务收入(万)	21451.43	39757.89	20128.00	–
主营成本(万)	15577.02	27918.36	14201.69	–
营业收入(万)	24368.01	43788.11	21188.61	27221.67
营业成本(万)	17600.25	30712.40	14754.27	18402.11
投资收益(万)	–	–	–	–
利润总额(万)	2959.45	5979.03	3039.73	4004.20
净利润(万)	2589.30	5097.11	2632.46	3375.74

深圳市瑞凌实业股份有限公司

公司概况					
公司名称	深圳市瑞凌实业股份有限公司			证券简称	瑞凌股份
法人代表	邱光	董秘	王永智	证券代码	300154
公司网址	www.riland.com.cn		电子信箱	riland@riland.com.cn	
电　话	0755-27345888		传　真	0755-27345999	
办公地址	广东省深圳市宝安区福永街道凤凰第四工业区4号厂房				
经营范围	逆变焊割设备的研发、生产、销售等				

主要财务指标：指标\报告期	2011.06.30	2010.12.31	2010.06.30	2009.12.31
每股收益(元)	0.2200	1.0500	0.2500	0.6100
每股收益(扣除)(元)	0.2100	1.0300	0.2500	0.6000
每股净资产(元)	5.6200	11.2900	–	1.9500
调整后每股净资产(元)	–	–	–	–
每股资本公积金(元)	4.0509	9.1018	–	0.4181
每股盈余公积金(元)	0.0594	0.1188	–	0.0530
每股未分配利润(元)	0.5098	1.0707	–	0.4819
每股现金净流量(元)	–0.2049	9.3005	0.2848	1.1025
每股经营现金净流量(元)	0.0905	0.5085	0.5510	0.6583
净资产收益率(扣除)(%)	3.7400	41.5500	22.5500	43.9700
净资产收益率(%)	3.9950	6.9840	–	27.3870
总资产(万)	150282.11	145715.74	–	30832.12
股东权益(万)	125609.72	126179.26	–	16372.85
主营业务收入(万)	35028.08	61596.16	29689.56	38753.64
主营成本(万)	25486.92	44222.29	21038.00	27986.35
营业收入(万)	35065.88	61631.31	29693.32	38753.64
营业成本(万)	25494.98	44226.46	21038.97	27986.35
投资收益(万)	–	–	–	–
利润总额(万)	5902.95	10200.06	4911.90	5171.91
净利润(万)	5017.95	8811.89	4199.29	4484.09

广东安居宝数码科技股份有限公司

公司概况					
公司名称	广东安居宝数码科技股份有限公司			证券简称	安居宝
法人代表	张波	董秘	黄伟宁	证券代码	300155
公司网址	www.anjubao.com		电子信箱	anjubao@anjubao.net	
电　话	020-82083888		传　真	020-82082030	
办公地址	广东省广州高新技术产业开发区科学城南翔二路21号				
经营范围	自动控制设备、通讯设备的开发、设计、研发、制造、销售等				

主要财务指标：指标\报告期	2011.06.30	2010.12.31	2010.06.30	2009.12.31
每股收益(元)	0.1000	1.1700	0.2400	1.0200
每股收益(扣除)(元)	0.1000	1.1400	0.2300	1.0200
每股净资产(元)	5.4200	14.1000	2.8300	2.5200
调整后每股净资产(元)	–	–	–	–
每股资本公积金(元)	4.0892	11.7231	0.5684	0.5684
每股盈余公积金(元)	0.0637	0.1592	0.0951	0.0951
每股未分配利润(元)	0.2658	1.2185	1.1638	0.8557
每股现金净流量(元)	–0.5245	11.5815	0.1163	0.8238
每股经营现金净流量(元)	–0.0455	0.5373	0.4407	0.8711
净资产收益率(扣除)(%)	1.7000	40.2200	21.9900	63.2500
净资产收益率(%)	1.8160	6.2300	20.9880	37.7399
总资产(万)	102057.03	109164.13	22096.95	20393.86
股东权益(万)	97536.39	101525.14	98404.36	13603.58
主营业务收入(万)	8937.93	24330.97	11303.59	21682.82
主营成本(万)	–	12244.68	5655.39	10910.68
营业收入(万)	9008.26	24337.81	11303.59	21682.82
营业成本(万)	4658.46	12244.68	5655.39	10910.68
投资收益(万)	–	–	–	–
利润总额(万)	1995.29	7015.32	3661.82	5144.29
净利润(万)	1771.25	6325.09	3204.31	5133.97

天立环保工程股份有限公司

公司概况					
公司名称	天立环保工程股份有限公司			证券简称	天立环保
法人代表	王利品	董秘	周霄鹏	证券代码	300156
公司网址	www.tlhb.cn		电子信箱	ZXP@tlhb.cn	
电　话	010-80470166 80470099		传　真	010-80470098 80470166	
办公地址	北京市顺义区空港工业区B区融慧园11号				
经营范围	环保节能工程设计;技术开发;技术咨询;技术服务;专业承包等				

主要财务指标：指标\报告期	2011.06.30	2010.12.31	2010.06.30	2009.12.31
每股收益(元)	0.3600	1.5900	0.9000	1.2300
每股收益(扣除)(元)	0.2900	1.5400	0.8800	1.2200
每股净资产(元)	9.2100	17.6900	4.4500	3.5500
调整后每股净资产(元)	–	–	–	–
每股资本公积金(元)	6.5874	14.1749	0.7800	0.7800
每股盈余公积金(元)	0.1326	0.2652	0.2846	0.1933
每股未分配利润(元)	1.4850	2.2510	2.3807	1.5746
每股现金净流量(元)	–0.3920	13.8915	–1.2370	0.7020
每股经营现金净流量(元)	–0.4508	–0.6056	–0.9060	0.1810
净资产收益率(扣除)(%)	3.1900	35.6000	22.0600	40.8000
净资产收益率(%)	3.9050	6.7290	20.1880	34.7793
总资产(万)	189672.80	162434.56	38688.20	37136.73
股东权益(万)	147648.83	141882.96	26738.19	21340.41
主营业务收入(万)	14745.22	33294.22	14594.29	23177.88
主营成本(万)	9194.63	19082.03	6953.56	11881.68
营业收入(万)	14889.48	33564.51	14644.58	23177.88
营业成本(万)	9235.77	19280.53	6988.37	11881.68
投资收益(万)	–	–	–	–
利润总额(万)	6308.47	10381.67	5885.26	8069.81
净利润(万)	5765.88	9546.79	5397.78	7422.05

恒泰艾普石油天然气技术服务股份有限公司

公司概况						
	公司名称	恒泰艾普石油天然气技术服务股份有限公司			证券简称	恒泰艾普
	法人代表	孙庚文	董秘	杨建全	证券代码	300157
	公司网址	www.ldocean.com.cn		电子信箱	zqb@ldocean.com.cn	
	电　　话	010-82825231		传　　真	010-82825230	
	办公地址	北京市海淀区农大南路1号院2号楼A701室				
	经营范围	石油天然气勘探的技术开发,销售等				

主要财务指标	指标\报告期	2011.06.30	2010.12.31	2010.06.30	2009.12.31
	每股收益(元)	0.2400	1.0800	0.2200	0.8400
	每股收益(扣除)(元)	0.2300	1.0300	0.2100	0.8400
	每股净资产(元)	8.7700	17.0700	4.3600	3.9200
	调整后每股净资产(元)	–	–	–	–
	每股资本公积金(元)	6.9418	14.8837	2.4236	2.4236
	每股盈余公积金(元)	0.0583	0.1166	0.0582	0.0582
	每股未分配利润(元)	0.7709	1.0653	0.8787	0.4384
	每股现金净流量(元)	–0.1077	13.2463	–0.5552	1.5090
	每股经营现金净流量(元)	0.0494	0.1984	–0.3148	0.4048
	净资产收益率(扣除)(%)	2.7100	23.0300	10.6300	37.0600
	净资产收益率(%)	2.7170	4.7420	10.0940	19.3930
	总资产(万)	160311.63	156892.80	33020.35	30162.61
	股东权益(万)	155904.65	151705.20	147427.81	26144.88
	主营业务收入(万)	10097.17	20362.03	9117.56	14871.19
	主营成本(万)	3724.28	6866.41	3010.50	4110.33
	营业收入(万)	10097.17	20574.41	9212.63	14871.99
	营业成本(万)	3724.28	7052.48	3091.66	4110.33
	投资收益(万)	–	–	–	–
	利润总额(万)	4754.87	7644.00	2951.96	5714.68
	净利润(万)	4236.20	7193.71	2934.97	5070.17

山西振东制药股份有限公司

公司概况						
	公司名称	山西振东制药股份有限公司			证券简称	振东制药
	法人代表	李安平	董秘	秦正国	证券代码	300158
	公司网址	www.zdjt.com		电子信箱	zqb@zdjt.co	
	电　　话	0355-8096012		传　　真	0355-8096018	
	办公地址	山西省长治县光明南路振东科技园				
	经营范围	中药制剂(仅限原料药比卡鲁胺、甘草酸二铵)、小容量注射剂等				

主要财务指标	指标\报告期	2011.06.30	2010.12.31	2010.06.30	2009.12.31
	每股收益(元)	0.3600	0.8500	0.3200	0.6500
	每股收益(扣除)(元)	0.3500	0.8200	0.3000	0.6500
	每股净资产(元)	12.2600	12.2000	3.6500	3.3200
	调整后每股净资产(元)	–	–	–	–
	每股资本公积金(元)	9.8732	9.8732	1.4138	1.4138
	每股盈余公积金(元)	0.1358	0.1358	0.0933	0.0933
	每股未分配利润(元)	1.2482	1.1863	1.1412	0.8169
	每股现金净流量(元)	–3.5552	9.3229	–0.1683	0.4412
	每股经营现金净流量(元)	–0.7622	0.2250	–0.3368	0.3914
	净资产收益率(扣除)(%)	2.8600	21.7500	8.6400	21.4900
	净资产收益率(%)	2.9530	5.2440	8.8900	18.9490
	总资产(万)	205783.69	217047.93	75242.55	64317.68
	股东权益(万)	176504.50	175612.89	169906.89	35898.57
	主营业务收入(万)	55817.96	92669.60	32902.16	52862.50
	主营成本(万)	27669.62	38630.57	8893.85	11697.14
	营业收入(万)	56408.31	93032.97	32910.86	52869.29
	营业成本(万)	27694.77	38770.49	8895.54	11702.58
	投资收益(万)	–	–	–	–
	利润总额(万)	5947.17	10968.57	4358.06	8279.45
	净利润(万)	5211.61	9208.88	3502.88	6802.46

新疆机械研究院股份有限公司

公司概况						
	公司名称	新疆机械研究院股份有限公司			证券简称	新研股份
	法人代表	周卫华	董秘	王建军	证券代码	300159
	公司网址	www.xjjxy.com.cn		电子信箱	xjwjj2010@163.com	
	电　　话	0991-3731024 3736150		传　　真	0991-3736150	
	办公地址	乌鲁木齐经济技术开发区融合南路661号				
	经营范围	机电设备、农牧机械、农副产品加工机械、林果业机械、轻工机械等				

主要财务指标	指标\报告期	2011.06.30	2010.12.31	2010.06.30	2009.12.31
	每股收益(元)	0.1100	1.7000	0.2300	0.9100
	每股收益(扣除)(元)	0.0600	1.4700	0.1300	0.7300
	每股净资产(元)	9.1200	20.1000	–	2.7700
	调整后每股净资产(元)	–	–	–	–
	每股资本公积金(元)	7.3673	17.4081	–	1.0329
	每股盈余公积金(元)	0.0736	0.1620	–	0.0716
	每股未分配利润(元)	0.6753	1.5337	–	0.6659
	每股现金净流量(元)	–1.8615	17.5398	–0.4304	1.5453
	每股经营现金净流量(元)	–1.1744	1.3498	–0.0526	1.1716
	净资产收益率(扣除)(%)	0.6200	42.0700	4.7400	29.8900
	净资产收益率(%)	1.2560	6.2680	–	28.1150
	总资产(万)	93040.34	92516.97	–	15157.31
	股东权益(万)	82229.00	82425.87	–	8422.05
	主营业务收入(万)	5951.04	25295.64	3852.85	12645.26
	主营成本(万)	3510.66	15958.36	2460.48	7973.43
	营业收入(万)	5951.28	25318.19	3864.85	12666.34
	营业成本(万)	3510.66	15961.76	2460.48	7973.43
	投资收益(万)	–	–	–	–
	利润总额(万)	1293.86	5374.10	759.21	2428.44
	净利润(万)	1033.13	5166.63	713.26	2367.84

江苏秀强玻璃工艺股份有限公司

公司概况						
	公司名称	江苏秀强玻璃工艺股份有限公司			证券简称	秀强股份
	法人代表	卢秀强	董秘	刘兆明	证券代码	300160
	公司网址	www.jsxq.com		电子信箱	zqb@jsxq.com	
	电　　话	0527-84459082-8102		传　　真	0527-84459085	
	办公地址	江苏省宿迁经济开发区东区珠江路102号				
	经营范围	生产冰箱玻璃、汽车玻璃、家居玻璃、生产钢化、中空、夹胶、热弯等				

主要财务指标	指标\报告期	2011.06.30	2010.12.31	2010.06.30	2009.12.31
	每股收益(元)	0.5400	0.8500	0.3100	0.6400
	每股收益(扣除)(元)	0.5500	0.8100	0.3000	0.5400
	每股净资产(元)	10.3800	3.2000	2.6600	2.5500
	调整后每股净资产(元)	–	–	–	–
	每股资本公积金(元)	7.8652	0.5581	0.5581	0.5581
	每股盈余公积金(元)	0.1532	0.2044	0.1194	0.1194
	每股未分配利润(元)	1.3607	1.4356	0.9791	0.8706
	每股现金净流量(元)	5.8321	0.2327	0.5252	–0.4798
	每股经营现金净流量(元)	–0.3482	–0.3443	–0.5476	0.5010
	净资产收益率(扣除)(%)	5.6800	26.5790	11.7000	25.0450
	净资产收益率(%)	5.6800	30.2900	11.7000	27.9400
	总资产(万)	122271.50	60774.06	58665.11	39523.21
	股东权益(万)	96940.68	22386.91	18595.94	17836.79
	主营业务收入(万)	39212.43	62487.26	27748.26	36114.54
	主营成本(万)	27123.21	45246.61	21007.94	25424.42
	营业收入(万)	39802.50	63208.12	28111.87	36725.42
	营业成本(万)	27472.27	45519.72	21090.46	25660.94
	投资收益(万)	–	–	–	–
	利润总额(万)	5986.14	6941.15	2533.26	5231.17
	净利润(万)	5088.22	5950.12	2159.14	4467.30

武汉华中数控股份有限公司

公司概况	公司名称	武汉华中数控股份有限公司			证券简称	华中数控
	法人代表	陈吉红	董秘	伍衡	证券代码	300161
	公司网址	www.huazhongcnc.com		电子信箱	hcnc@huazhongcnc.com	
	电　　话	027-87180605		传　　真	027-87180605	
	办公地址	湖北省武汉市东湖开发区华工科技园				
	经营范围	数控系统、机电一体化、电子、计算机、激光、通信等等				

	指标\报告期	2011.06.30	2010.12.31	2010.06.30	2009.12.31
主要财务指标	每股收益(元)	0.1600	0.6600	0.3400	0.5300
	每股收益(扣除)(元)	0.1000	0.4200	0.1800	0.3900
	每股净资产(元)	8.5000	3.4100	3.0900	2.8000
	调整后每股净资产(元)	–	–	–	–
	每股资本公积金(元)	6.1308	0.3933	0.3933	0.3923
	每股盈余公积金(元)	0.1813	0.2419	0.1810	0.1810
	每股未分配利润(元)	1.1831	1.7717	1.5153	1.2223
	每股现金净流量(元)	4.5458	0.1614	–0.3286	0.1310
	每股经营现金净流量(元)	–1.0823	0.0912	–0.5659	0.3235
	净资产收益率(扣除)(%)	1.2600	13.4300	6.8700	15.3500
	净资产收益率(%)	1.8260	19.3800	11.1030	19.0100
	总资产(万)	124452.40	54708.28	48481.40	45805.91
	股东权益(万)	91604.88	27537.36	90611.47	22597.01
	主营业务收入(万)	19767.30	37155.36	15857.94	30487.36
	主营成本(万)	14733.45	26658.35	11559.35	21984.68
	营业收入(万)	20209.75	38246.88	16437.01	31397.25
	营业成本(万)	14914.39	27139.23	11707.13	22304.58
	投资收益(万)	–	–	–	–
	利润总额(万)	1999.58	6279.15	3282.36	5033.83
	净利润(万)	1672.24	5336.62	2772.66	4295.84

深圳雷曼光电科技股份有限公司

公司概况	公司名称	深圳雷曼光电科技股份有限公司			证券简称	雷曼光电
	法人代表	李漫铁	董秘	罗竝	证券代码	300162
	公司网址	www.ledman.cn		电子信箱	ledman@ledman.cn	
	电　　话	0755-86137035		传　　真	0755-86139001	
	办公地址	广东省深圳市南山区松白公路百旺信工业园区二区第八栋				
	经营范围	研发，生产经营高品级发光二极管及LED显示等				

	指标\报告期	2011.06.30	2010.12.31	2010.06.30	2009.12.31
主要财务指标	每股收益(元)	0.3000	0.7800	0.3800	0.4600
	每股收益(扣除)(元)	0.2800	0.7300	0.3500	0.4200
	每股净资产(元)	10.8800	2.0700	1.6700	1.2900
	调整后每股净资产(元)	–	–	–	–
	每股资本公积金(元)	8.8835	0.1323	0.1323	0.1323
	每股盈余公积金(元)	0.0985	0.0933	0.0533	0.0158
	每股未分配利润(元)	0.8935	0.8406	0.4795	0.1419
	每股现金净流量(元)	7.7840	–0.1720	–0.0355	0.3927
	每股经营现金净流量(元)	–0.3395	0.4236	–0.0423	0.5583
	净资产收益率(扣除)(%)	2.9300	43.3800	23.8100	38.9000
	净资产收益率(%)	2.6870	37.5700	22.5330	33.0770
	总资产(万)	81438.76	22071.41	15046.59	9668.45
	股东权益(万)	72865.69	10372.04	68894.32	6475.26
	主营业务收入(万)	12169.93	20610.26	8768.43	10164.17
	主营成本(万)	8405.37	13073.15	5329.86	6164.68
	营业收入(万)	12169.93	20610.26	8768.43	10164.17
	营业成本(万)	8405.37	13073.15	5329.86	6164.68
	投资收益(万)	–	–	–	–
	利润总额(万)	2288.71	4370.77	2087.10	2345.00
	净利润(万)	1958.06	3896.78	1883.47	2141.79

宁波先锋新材料股份有限公司

公司概况	公司名称	宁波先锋新材料股份有限公司			证券简称	先锋新材
	法人代表	卢先锋	董秘	郭剑	证券代码	300163
	公司网址	www.aplus.cn		电子信箱	guojian@aplus.cn	
	电　　话	0574-88003135		传　　真	0574-88003131	
	办公地址	浙江省宁波市鄞州区集士港镇山下庄村				
	经营范围	一般经营项目为PVC玻纤高分子复合材料的制造等				

	指标\报告期	2011.06.30	2010.12.31	2010.06.30	2009.12.31
主要财务指标	每股收益(元)	0.2100	0.4900	0.2600	0.3300
	每股收益(扣除)(元)	0.1700	0.4300	0.2300	0.2800
	每股净资产(元)	7.8600	2.4300	2.2000	1.9400
	调整后每股净资产(元)	–	–	–	–
	每股资本公积金(元)	6.1953	0.4073	0.4073	0.4073
	每股盈余公积金(元)	0.0668	0.0894	0.0575	0.0575
	每股未分配利润(元)	0.5998	0.9331	0.7357	0.4760
	每股现金净流量(元)	3.4359	0.3270	0.1165	–0.1657
	每股经营现金净流量(元)	–0.0680	0.6512	0.2466	0.1462
	净资产收益率(扣除)(%)	2.4100	19.7100	11.0800	15.9800
	净资产收益率(%)	2.5820	20.1280	11.8030	16.7860
	总资产(万)	66666.08	36146.87	32439.71	30509.59
	股东权益(万)	62109.40	14336.01	61521.05	11450.13
	主营业务收入(万)	10002.84	15824.24	7868.63	10663.27
	主营成本(万)	–	–	–	–
	营业收入(万)	10114.75	15959.28	7907.10	10681.89
	营业成本(万)	6364.31	9467.78	4684.72	6341.83
	投资收益(万)	–	–	–	–
	利润总额(万)	1949.90	3482.85	1873.53	2231.89
	净利润(万)	1603.54	2885.51	1532.20	1922.07

西安通源石油科技股份有限公司

公司概况	公司名称	西安通源石油科技股份有限公司			证券简称	通源石油
	法人代表	张国桉	董秘	张志坚	证券代码	300164
	公司网址	www.tongoiltools.com		电子信箱	investor@tongoiltools.com	
	电　　话	029-87607465		传　　真	029-87607465	
	办公地址	陕西省西安市高新区科技二路70号软件园唐乐阁D301室				
	经营范围	石油，天然气勘探开发领域中钻井，测井，录井和井下作业等				

	指标\报告期	2011.06.30	2010.12.31	2010.06.30	2009.12.31
主要财务指标	每股收益(元)	0.1200	1.2500	0.0600	1.1600
	每股收益(扣除)(元)	0.0800	1.1600	0.0500	1.1000
	每股净资产(元)	13.5400	6.0500	–	4.9500
	调整后每股净资产(元)	–	–	–	–
	每股资本公积金(元)	10.6712	1.5445	–	1.5445
	每股盈余公积金(元)	0.2667	0.4310	–	0.3122
	每股未分配利润(元)	1.5987	3.0775	–	2.0907
	每股现金净流量(元)	8.7546	–0.3862	–2.2928	1.3979
	每股经营现金净流量(元)	–0.6783	0.2817	–1.4356	0.2497
	净资产收益率(扣除)(%)	0.6600	19.2000	1.0600	28.9800
	净资产收益率(%)	0.8230	20.6680	–	20.1774
	总资产(万)	123832.19	51457.24	–	37021.68
	股东权益(万)	107209.55	29659.70	–	24242.10
	主营业务收入(万)	10041.52	30097.16	8885.57	25970.28
	主营成本(万)	4775.56	14269.65	4477.78	13062.38
	营业收入(万)	10046.18	30155.57	8943.98	26509.02
	营业成本(万)	4775.56	14324.70	4532.83	13577.41
	投资收益(万)	–	–	–	–
	利润总额(万)	1063.12	7183.81	379.25	5780.73
	净利润(万)	882.10	6130.09	306.80	4891.42

江苏天瑞仪器股份有限公司

公司概况	公司名称	江苏天瑞仪器股份有限公司			证券简称	天瑞仪器
	法人代表	刘召贵	董秘	肖廷良	证券代码	300165
	公司网址	www.skyray-instrument.com		电子信箱	zqb@skyray-instrument.com	
	电　话	0512-57017339 0512-57017000		传　真	0512-57018681	
	办公地址	江苏省昆山市玉山镇中华园西路 1888 号天瑞大厦				
	经营范围	化学分析仪器及其应用软件的研发、生产、销售等				

	指标\报告期	2011.06.30	2010.12.31	2010.06.30	2009.12.31
主要财务指标	每股收益(元)	0.3600	1.3900	0.7100	1.4200
	每股收益(扣除)(元)	0.3000	1.3500	0.7100	1.3300
	每股净资产(元)	11.4000	4.0200	3.3500	3.0300
	调整后每股净资产(元)	–	–	–	–
	每股资本公积金(元)	9.3850	1.1964	1.1964	1.1964
	每股盈余公积金(元)	0.1253	0.2672	0.1473	0.1473
	每股未分配利润(元)	0.8898	1.5580	1.0015	0.6883
	每股现金净流量(元)	9.1006	0.4309	0.0204	–0.1532
	每股经营现金净流量(元)	0.1776	1.1261	0.4075	1.2067
	净资产收益率(扣除)(%)	2.9400	39.3000	21.6900	52.8300
	净资产收益率(%)	3.0440	34.5550	21.3190	42.0101
	总资产(万)	149796.19	37934.93	32265.67	28217.35
	股东权益(万)	134977.29	22320.09	129334.72	16827.49
	主营业务收入(万)	14954.12	27630.58	12454.41	19003.78
	主营成本(万)	4535.26	7303.15	3343.70	4417.98
	营业收入(万)	15004.66	27743.98	12529.85	19086.64
	营业成本(万)	11893.64	7303.15	8646.74	4417.98
	投资收益(万)	–	–	–	–
	利润总额(万)	4710.49	8887.93	4646.56	7096.81
	净利润(万)	4108.02	7712.60	3958.05	7069.24

北京东方国信科技股份有限公司

公司概况	公司名称	北京东方国信科技股份有限公司			证券简称	东方国信
	法人代表	管连平	董秘	陈桂霞	证券代码	300166
	公司网址	www.bonc.com.cn		电子信箱	investor@bonc.com.cn	
	电　话	010-64392089		传　真	010-64398978	
	办公地址	北京市朝阳区望京北路 9 号叶青大厦 D 座 1108				
	经营范围	计算机软硬件、机电一体化产品、计算机系统集成的技术开发、技术咨询等				

	指标\报告期	2011.06.30	2010.12.31	2010.06.30	2009.12.31
主要财务指标	每股收益(元)	0.6200	1.3900	0.5900	1.2000
	每股收益(扣除)(元)	0.6000	1.3300	0.5900	1.1600
	每股净资产(元)	15.7300	3.5000	2.7000	2.1100
	调整后每股净资产(元)	–	–	–	–
	每股资本公积金(元)	12.7699	0.0090	0.0090	0.0090
	每股盈余公积金(元)	0.1978	0.2642	0.1251	0.1251
	每股未分配利润(元)	1.7603	2.2297	1.5645	0.9780
	每股现金净流量(元)	12.4091	0.3638	–0.0447	0.9257
	每股经营现金净流量(元)	0.0270	0.4061	–0.0373	0.6608
	净资产收益率(扣除)(%)	4.1600	47.5400	24.3800	57.4600
	净资产收益率(%)	3.7570	39.7030	21.7320	38.9840
	总资产(万)	65315.30	12952.94	9480.64	8344.43
	股东权益(万)	63698.37	10621.94	8183.06	6404.73
	主营业务收入(万)	7409.08	12124.72	5717.25	7898.56
	主营成本(万)	3458.71	5186.91	2619.99	3758.76
	营业收入(万)	7409.08	12124.72	5717.25	7898.56
	营业成本(万)	3458.71	5186.91	2619.99	3758.76
	投资收益(万)	–	–	–	–
	利润总额(万)	2768.88	4874.40	2048.96	2901.76
	净利润(万)	2393.02	4217.22	1778.34	2496.80

深圳市迪威视讯股份有限公司

公司概况	公司名称	深圳市迪威视讯股份有限公司			证券简称	迪威视讯
	法人代表	季刚	董秘	刘鹏	证券代码	300167
	公司网址	www.dvision.cn		电子信箱	ir@dvision.cn	
	电　话	0755-26727475 26727427		传　真	0755-26727234	
	办公地址	深圳市高新区北区新西路 2 号 2 栋第 4 层 402-406 号、第 5 层 501-503 号				
	经营范围	通讯设备、通讯软件及系统集成的技术开发、生产、销售等				

	指标\报告期	2011.06.30	2010.12.31	2010.06.30	2009.12.31
主要财务指标	每股收益(元)	0.1700	1.1900	0.4800	0.8800
	每股收益(扣除)(元)	0.1500	1.1800	0.4800	0.8800
	每股净资产(元)	10.2700	4.9800	4.2700	3.7900
	调整后每股净资产(元)	–	–	–	–
	每股资本公积金(元)	7.6625	0.8140	0.8140	0.8140
	每股盈余公积金(元)	0.0525	0.1049	0.0699	0.0610
	每股未分配利润(元)	1.5596	3.0609	2.3845	1.9180
	每股现金净流量(元)	6.0160	0.2354	0.0800	1.3567
	每股经营现金净流量(元)	–0.8458	0.1441	–0.0685	0.8518
	净资产收益率(扣除)(%)	1.5820	23.8330	11.1380	23.3001
	净资产收益率(%)	1.8000	27.0600	11.7900	26.3700
	总资产(万)	73894.77	27515.52	22311.26	18681.98
	股东权益(万)	68881.53	16905.93	14324.15	12653.39
	主营业务收入(万)	7981.47	19965.45	7930.17	14265.58
	主营成本(万)	3605.22	9918.61	3951.57	7302.36
	营业收入(万)	8042.06	20312.04	8015.87	14455.79
	营业成本(万)	3605.25	9919.99	3951.57	7305.12
	投资收益(万)	–	–	–	–
	利润总额(万)	1259.21	4683.61	1757.81	3189.60
	净利润(万)	1084.16	3959.29	1586.00	2948.26

万达信息股份有限公司

公司概况	公司名称	万达信息股份有限公司			证券简称	万达信息
	法人代表	史一兵	董秘	张令庆	证券代码	300168
	公司网址	www.wondersgroup.com		电子信箱	invest@wondersgroup.com	
	电　话	021-24177888		传　真	021-32140588 32140671	
	办公地址	上海市联航路 1518 号				
	经营范围	计算机专业领域内的技术咨询、开发、转让、培训、承包、中介等				

	指标\报告期	2011.06.30	2010.12.31	2010.06.30	2009.12.31
主要财务指标	每股收益(元)	0.0700	0.5908	0.1400	0.4437
	每股收益(扣除)(元)	0.0700	0.5605	0.1300	0.4265
	每股净资产(元)	8.7100	3.0400	2.6000	2.4427
	调整后每股净资产(元)	–	–	–	–
	每股资本公积金(元)	6.5977	0.5067	0.5066	0.4974
	每股盈余公积金(元)	0.1974	0.2632	0.2074	0.2074
	每股未分配利润(元)	0.9276	1.2816	0.8862	0.7466
	每股现金净流量(元)	4.6343	0.2753	–0.1073	0.2858
	每股经营现金净流量(元)	–1.0774	0.1969	–0.4333	0.8274
	净资产收益率(扣除)(%)	0.8600	20.5100	5.2100	18.2900
	净资产收益率(%)	0.7630	19.4520	5.3900	18.1650
	总资产(万)	118299.86	46742.02	43003.63	37956.68
	股东权益(万)	104514.49	27333.46	100914.18	21983.95
	主营业务收入(万)	17522.33	49317.86	18492.60	40847.31
	主营成本(万)	11769.08	33312.84	12616.19	27894.98
	营业收入(万)	17522.33	49317.86	18492.60	40847.31
	营业成本(万)	11769.08	33312.84	12616.19	27894.98
	投资收益(万)	–	–	–	–
	利润总额(万)	888.29	5873.10	1531.30	4426.55
	净利润(万)	797.03	5316.77	1256.00	3993.39

常州天晟新材料股份有限公司

公司概况	公司名称	常州天晟新材料股份有限公司			证券简称	天晟新材
	法人代表	吕泽伟	董秘	宋越	证券代码	300169
	公司网址	www.tschina.com		电子信箱	dongmi@tschina.com	
	电　话	0519-88822688		传　真	0519-88866091	
	办公地址	江苏省常州市中吴大道985号				
	经营范围	塑料制品、橡胶制品制造等				

主要财务指标	指标\报告期	2011.06.30	2010.12.31	2010.06.30	2009.12.31
	每股收益(元)	0.2061	0.6959	0.3343	0.5066
	每股收益(扣除)(元)	0.2029	0.6525	0.3291	0.4839
	每股净资产(元)	6.5900	3.6300	3.2700	2.9400
	调整后每股净资产(元)	–	–	–	–
	每股资本公积金(元)	4.9287	1.0470	1.0470	1.0470
	每股盈余公积金(元)	0.0411	0.0824	0.0398	0.0398
	每股未分配利润(元)	0.6167	1.5021	1.1830	0.8487
	每股现金净流量(元)	3.5847	0.0184	–0.1229	–0.3356
	每股经营现金净流量(元)	–0.4198	0.5982	0.2298	0.2765
	净资产收益率(扣除)(%)	3.3500	19.8700	10.6100	18.0400
	净资产收益率(%)	3.0410	19.1630	10.2220	17.2370
	总资产(万)	120535.34	55558.68	50087.59	45072.91
	股东权益(万)	92375.11	25420.32	92284.50	20549.02
	主营业务收入(万)	18587.02	34543.95	16626.92	24852.80
	主营成本(万)	12181.20	22247.30	10428.08	15658.92
	营业收入(万)	18724.47	35103.32	16878.44	25329.41
	营业成本(万)	12275.36	22563.72	10626.34	15957.66
	投资收益(万)	–	–	–	–
	利润总额(万)	3444.39	6208.33	2972.28	4656.83
	净利润(万)	2809.15	4871.31	2339.78	3541.94

上海汉得信息技术股份有限公司

公司概况	公司名称	上海汉得信息技术股份有限公司			证券简称	汉得信息
	法人代表	范建震	董秘	黄良之	证券代码	300170
	公司网址	www.hand-china.com		电子信箱	liangzhi.huang@hand-china.com	
	电　话	021-50274885 021-50177372		传　真	021-50802934	
	办公地址	上海市张江高科技园区科苑路151号3-4楼				
	经营范围	研究,开发和生产计算机软件,信息系统和网络产品等				

主要财务指标	指标\报告期	2011.06.30	2010.12.31	2010.06.30	2009.12.31
	每股收益(元)	0.2600	0.7400	0.2200	0.5400
	每股收益(扣除)(元)	0.2100	0.5800	0.1800	0.4700
	每股净资产(元)	5.8100	2.5900	2.1600	1.8500
	调整后每股净资产(元)	–	–	–	–
	每股资本公积金(元)	4.2941	0.6797	0.6797	0.1794
	每股盈余公积金(元)	0.0393	0.0744	–	0.5107
	每股未分配利润(元)	0.4777	0.8399	0.4792	7.2250
	每股现金净流量(元)	4.2386	0.3414	–0.1081	3.0194
	每股经营现金净流量(元)	0.0691	0.3970	–0.0951	3.1373
	净资产收益率(扣除)(%)	3.9000	26.0400	12.7300	30.1800
	净资产收益率(%)	4.2600	28.4710	14.0440	29.1870
	总资产(万)	99143.36	27047.36	22598.70	21116.82
	股东权益(万)	94141.55	22225.97	89874.05	15859.06
	主营业务收入(万)	22926.03	36067.02	16785.32	31225.43
	主营成本(万)	15089.09	22855.56	10583.39	19554.13
	营业收入(万)	22939.95	36111.28	16791.34	31237.31
	营业成本(万)	15089.80	22868.94	10583.69	19556.54
	投资收益(万)	–	–	–	–
	利润总额(万)	4599.87	6904.43	2830.67	5085.93
	净利润(万)	4010.09	6327.89	2598.21	4628.80

上海东富龙科技股份有限公司

公司概况	公司名称	上海东富龙科技股份有限公司			证券简称	东富龙
	法人代表	郑效东	董秘	熊芳君	证券代码	300171
	公司网址	www.tofflon.com		电子信箱	dfl@tofflon.com	
	电　话	021-64909699		传　真	021-64909369	
	办公地址	上海市闵行区都会路1509号				
	经营范围	医用冻干机及冻干系统的研发、设计、生产、销售和服务等				

主要财务指标	指标\报告期	2011.06.30	2010.12.31	2010.06.30	2009.12.31
	每股收益(元)	0.6200	2.3800	0.5800	1.2600
	每股收益(扣除)(元)	0.6200	2.2200	0.5500	1.1800
	每股净资产(元)	12.0700	5.4900	4.2600	3.4500
	调整后每股净资产(元)	–	–	–	–
	每股资本公积金(元)	9.7372	0.6570	0.6502	0.6502
	每股盈余公积金(元)	0.1736	0.4629	0.2164	0.2164
	每股未分配利润(元)	1.1618	3.3683	2.3888	1.5840
	每股现金净流量(元)	9.6356	1.4209	0.4884	1.0710
	每股经营现金净流量(元)	0.2559	1.9731	0.9872	1.9851
	净资产收益率(扣除)(%)	5.6100	50.6300	27.0600	41.2400
	净资产收益率(%)	4.9590	43.3790	27.1380	36.6470
	总资产(万)	242099.79	83465.33	66968.64	53879.68
	股东权益(万)	193161.16	32929.22	182586.32	20704.27
	主营业务收入(万)	33499.05	47999.86	23970.66	30759.26
	主营成本(万)	17408.62	24838.36	12492.76	16972.48
	营业收入(万)	33512.76	48061.71	23981.22	30806.56
	营业成本(万)	17408.62	24838.36	12492.76	16972.48
	投资收益(万)	–	–	–	–
	利润总额(万)	12736.14	16727.84	8216.93	9066.07
	净利润(万)	9579.30	14284.48	6929.33	7587.56

南京中电环保股份有限公司

公司概况	公司名称	南京中电环保股份有限公司			证券简称	中电环保
	法人代表	王政福	董秘	桂祖华	证券代码	300172
	公司网址	www.njcec.com		电子信箱	gzh@ce-ep.com	
	电　话	025-86533261 86533865		传　真	025-86524972	
	办公地址	江苏省南京市江宁开发区诚信大道1800号				
	经营范围	环保,电力,化工,水处理设备的研发,设计,制造,系统集成及销售等				

主要财务指标	指标\报告期	2011.06.30	2010.12.31	2010.06.30	2009.12.31
	每股收益(元)	0.1800	0.6000	0.3300	0.5200
	每股收益(扣除)(元)	0.1700	0.6000	0.3200	0.5000
	每股净资产(元)	7.4300	2.6200	2.3400	2.1100
	调整后每股净资产(元)	–	–	–	–
	每股资本公积金(元)	5.2861	0.2000	0.2000	0.2000
	每股盈余公积金(元)	0.0733	0.0977	0.0526	0.0526
	每股未分配利润(元)	1.0670	1.3216	1.0919	0.8620
	每股现金净流量(元)	5.0063	0.1816	0.2680	0.0348
	每股经营现金净流量(元)	–0.2539	0.4027	0.4216	0.3799
	净资产收益率(扣除)(%)	2.5100	25.5700	14.6600	25.7600
	净资产收益率(%)	2.3670	23.0860	14.0680	24.3920
	总资产(万)	86991.48	33033.39	29889.84	27836.26
	股东权益(万)	74263.22	19644.84	71443.82	15859.55
	主营业务收入(万)	10792.87	27402.64	13821.63	26317.38
	主营成本(万)	7370.45	18819.56	9418.80	19153.83
	营业收入(万)	10955.69	28137.16	13902.71	26446.08
	营业成本(万)	7432.82	19374.66	9434.89	19157.79
	投资收益(万)	–	–	–	–
	利润总额(万)	2064.68	5280.97	2883.57	4599.07
	净利润(万)	1757.77	4535.28	2473.65	3868.52

中山市松德包装机械股份有限公司

公司概况	公司名称	中山市松德包装机械股份有限公司			证券简称	松德股份
	法人代表	郭景松	董秘	胡炳明	证券代码	300173
	公司网址	www.songde.com.cn		电子信箱	hubm@sotech.cn	
	电　话	0760-23380388		传　真	0760-23380870	
	办公地址	广东省中山市南头镇南头大道东105号				
	经营范围	生产,加工,销售:包装机械及材料,印刷机械等				

主要财务指标	指标\报告期	2011.06.30	2010.12.31	2010.06.30	2009.12.31
	每股收益(元)	0.2300	0.7900	0.3200	0.6800
	每股收益(扣除)(元)	0.2000	0.7800	0.3200	0.6700
	每股净资产(元)	6.2300	3.7900	3.3300	3.0000
	调整后每股净资产(元)	–	–	–	–
	每股资本公积金(元)	3.9160	0.6175	0.6175	0.6175
	每股盈余公积金(元)	0.1271	0.2215	0.1427	0.1427
	每股未分配利润(元)	1.1897	1.9518	1.5670	1.2432
	每股现金净流量(元)	2.1268	0.1785	–0.3001	1.0930
	每股经营现金净流量(元)	–0.4965	0.2717	–0.2192	0.7073
	净资产收益率(扣除)(%)	3.4900	22.9400	10.2000	26.0900
	净资产收益率(%)	3.5810	20.7690	9.7300	20.6090
	总资产(万)	66684.71	39345.16	35003.98	34066.00
	股东权益(万)	54288.45	18953.69	51366.89	15017.26
	主营业务收入(万)	10794.71	24739.81	9945.96	19908.30
	主营成本(万)	7018.58	15809.17	6185.71	12640.76
	营业收入(万)	11012.60	25117.57	10071.41	20165.46
	营业成本(万)	7142.25	16151.20	6285.07	12877.59
	投资收益(万)	–	–	–	–
	利润总额(万)	2285.22	4655.81	1903.17	3605.73
	净利润(万)	1943.88	3936.42	1618.75	3094.88

福建元力活性炭股份有限公司

公司概况	公司名称	福建元力活性炭股份有限公司			证券简称	元力股份
	法人代表	卢元健	董秘	许文显	证券代码	300174
	公司网址	www.yuanlicarbon.com		电子信箱	dm@yuanlicarbon.com	
	电　话	0599-8558803		传　真	0599-8558803	
	办公地址	福建省南平来舟经济开发区				
	经营范围	一直致力于木质活性炭的研发,生产和销售等				

主要财务指标	指标\报告期	2011.06.30	2010.12.31	2010.06.30	2009.12.31
	每股收益(元)	0.2220	0.5242	0.1913	0.3788
	每股收益(扣除)(元)	0.2050	0.5013	0.1835	0.3780
	每股净资产(元)	6.9917	1.8972	1.5600	1.3730
	调整后每股净资产(元)	–	–	–	–
	每股资本公积金(元)	5.3872	0.1082	0.1082	0.1082
	每股盈余公积金(元)	0.0596	0.0795	0.0267	0.0267
	每股未分配利润(元)	0.5449	0.7095	0.4294	0.2381
	每股现金净流量(元)	4.3006	–0.0887	0.0559	0.1447
	每股经营现金净流量(元)	–0.2832	0.3427	0.1657	0.3349
	净资产收益率(扣除)(%)	3.2100	32.6600	12.5000	30.7000
	净资产收益率(%)	3.0430	27.6280	13.0300	26.2350
	总资产(万)	49814.58	14042.67	12113.90	11256.50
	股东权益(万)	47543.57	9675.54	45759.35	7002.37
	主营业务收入(万)	10156.90	14623.08	6848.96	11213.84
	主营成本(万)	6969.98	9908.47	4932.06	7458.93
	营业收入(万)	10157.99	14624.63	6849.88	11217.52
	营业成本(万)	6970.54	9908.47	4932.06	7462.16
	投资收益(万)	–	–	–	–
	利润总额(万)	1549.28	2929.52	1052.93	1977.72
	净利润(万)	1446.77	2673.17	975.73	1837.09

朗源股份有限公司

公司概况	公司名称	朗源股份有限公司			证券简称	朗源股份
	法人代表	戚大广	董秘	高飞	证券代码	300175
	公司网址	www.lontrue.com		电子信箱	ir@lontrue.com	
	电　话	0535-8611766		传　真	0535-8610658	
	办公地址	山东省烟台市龙口市高新技术产业园区				
	经营范围	鲜果和干果种植管理、加工、仓储及销售等				

主要财务指标	指标\报告期	2011.06.30	2010.12.31	2010.06.30	2009.12.31
	每股收益(元)	0.2700	0.6100	0.2700	0.4700
	每股收益(扣除)(元)	0.2700	0.6100	0.2700	0.4400
	每股净资产(元)	6.1200	2.5600	2.2200	1.9500
	调整后每股净资产(元)	–	–	–	–
	每股资本公积金(元)	4.0583	0.4747	0.4747	0.4747
	每股盈余公积金(元)	0.1039	0.1056	0.0717	0.0443
	每股未分配利润(元)	0.9581	0.9809	0.6752	0.4283
	每股现金净流量(元)	3.1171	–0.0065	–0.0692	0.2251
	每股经营现金净流量(元)	0.4608	–0.0883	–0.0327	0.5732
	净资产收益率(扣除)(%)	11.3000	27.2200	27.2400	26.1800
	净资产收益率(%)	4.0770	23.9730	27.2400	23.6010
	总资产(万)	73941.15	39641.36	32743.33	34115.90
	股东权益(万)	65486.19	20489.90	60098.30	15577.93
	主营业务收入(万)	23593.78	41273.27	–	30192.26
	主营成本(万)	18859.62	32306.82	–	23945.51
	营业收入(万)	23604.47	41818.15	17295.74	30416.41
	营业成本(万)	20884.22	32901.52	13499.21	24101.61
	投资收益(万)	–	–	–	–
	利润总额(万)	2720.33	4941.33	2207.94	3677.64
	净利润(万)	2670.16	4911.97	2194.24	3676.57

广东鸿特精密技术股份有限公司

公司概况	公司名称	广东鸿特精密技术股份有限公司			证券简称	鸿特精密
	法人代表	卢楚隆	董秘	邱碧开	证券代码	300176
	公司网址	www.hongteo.com.cn		电子信箱	zq@hongteo.com.cn	
	电　话	0758-2696338 2696038		传　真	0758-2694838 2691339	
	办公地址	广东省肇庆市鼎湖城区北十区				
	经营范围	设计、制造、加工、销售铝合金精密压铸件、汽车零配件及通讯类零配件				

主要财务指标	指标\报告期	2011.06.30	2010.12.31	2010.06.30	2009.12.31
	每股收益(元)	0.1263	0.6351	0.2750	0.5228
	每股收益(扣除)(元)	0.1189	0.6149	0.2638	0.4855
	每股净资产(元)	5.5612	2.2870	1.9300	1.6500
	调整后每股净资产(元)	–	–	–	–
	每股资本公积金(元)	3.7721	0.3884	0.3884	0.3884
	每股盈余公积金(元)	0.0673	0.0899	0.0539	0.0264
	每股未分配利润(元)	0.7218	0.8087	0.4847	0.2372
	每股现金净流量(元)	0.4264	0.1900	0.0329	0.0811
	每股经营现金净流量(元)	–0.1166	0.7368	0.2669	1.3928
	净资产收益率(扣除)(%)	2.5600	–	14.7400	22.5800
	净资产收益率(%)	2.0810	27.7690	14.2740	31.1770
	总资产(万)	77022.73	48108.03	36070.04	31948.09
	股东权益(万)	49717.43	15322.66	46267.20	11067.72
	主营业务收入(万)	23048.50	37147.42	16140.54	28853.59
	主营成本(万)	18464.97	28084.65	12220.24	20906.20
	营业收入(万)	24717.53	38623.42	16746.18	29622.17
	营业成本(万)	19064.62	28483.80	12425.42	21228.88
	投资收益(万)	–	–	–	–
	利润总额(万)	1331.06	4776.53	1980.96	3450.52
	净利润(万)	1034.73	4254.94	1842.80	3450.52

广州中海达卫星导航技术股份有限公司

公司概况	公司名称	广州中海达卫星导航技术股份有限公司			证券简称	中 海 达
	法人代表	廖定海	董秘	何金成	证券代码	300177
	公司网址	www.zhdgps.com		电子信箱	zhdsec@zhdgps.com	
	电 话	020-22883901 22883958		传 真	020-22883900	
	办公地址	广东省广州市番禺区东环街迎宾路730号番禺节能科技园内天安科技创新大厦1003号				
	经营范围	卫星导航定位系统及软硬件产品,地理 信息采集系统及软硬件产品等				

主要财务指标	指标\报告期	2011.06.30	2010.12.31	2010.06.30	2009.12.31
	每股收益(元)	0.5000	1.2600	0.5400	0.8800
	每股收益(扣除)(元)	0.5500	1.1900	0.5200	0.8700
	每股净资产(元)	13.9800	3.9400	3.2200	2.6800
	调整后每股净资产(元)	-	-	-	-
	每股资本公积金(元)	11.4972	1.3089	1.3089	1.3089
	每股盈余公积金(元)	0.1166	0.1555	0.0601	0.0601
	每股未分配利润(元)	1.3680	1.4781	0.8536	0.3131
	每股现金净流量(元)	8.2295	1.3807	0.3325	-0.3485
	每股经营现金净流量(元)	-1.6480	1.2557	-0.0487	0.4912
	净资产收益率(扣除)(%)	4.8600	35.9500	17.5000	40.2000
	净资产收益率(%)	3.2860	31.9700	16.7740	31.9030
	总资产(万)	81827.38	25813.85	19746.28	18197.53
	股东权益(万)	69909.37	14784.50	65912.74	10057.88
	主营业务收入(万)	13753.80	24622.40	10239.75	17852.38
	主营成本(万)	7722.43	14416.88	6010.96	10394.81
	营业收入(万)	13753.80	24622.40	10239.75	17852.38
	营业成本(万)	7722.43	14416.88	6010.96	10394.81
	投资收益(万)	-	-	-	-
	利润总额(万)	2742.76	5338.74	2288.72	3583.23
	净利润(万)	2297.20	4726.62	2027.19	3208.73

深圳市腾邦国际票务股份有限公司

公司概况	公司名称	深圳市腾邦国际票务股份有限公司			证券简称	腾邦国际
	法人代表	钟百胜	董秘	周小凤	证券代码	300178
	公司网址	www.tempus.cn		电子信箱	tt@tempus.cn	
	电 话	0755-83663222		传 真	0755-83663222	
	办公地址	广东省深圳市福田保税区桃花路9号腾邦集团大厦五楼				
	经营范围	经营国际,国内航线或香港,澳门,台湾 地区的航空客运销售代理业务等				

主要财务指标	指标\报告期	2011.06.30	2010.12.31	2010.06.30	2009.12.31
	每股收益(元)	0.3700	0.9100	0.4800	0.6300
	每股收益(扣除)(元)	0.3400	0.8600	0.4800	0.6200
	每股净资产(元)	8.0800	3.6600	-	2.8900
	调整后每股净资产(元)	-	-	-	-
	每股资本公积金(元)	5.3563	0.8032	-	0.8032
	每股盈余公积金(元)	0.1404	0.1875	-	0.0846
	每股未分配利润(元)	1.5846	1.6675	-	0.8567
	每股现金净流量(元)	4.2336	-0.7186	0.3328	-0.7146
	每股经营现金净流量(元)	0.1604	1.1081	0.7230	1.0316
	净资产收益率(扣除)(%)	4.9700	26.7800	16.2000	26.0700
	净资产收益率(%)	4.1590	24.9730	-	21.6280
	总资产(万)	106612.52	49157.49	-	42189.43
	股东权益(万)	96497.42	32709.91	-	24535.31
	主营业务收入(万)	9052.73	17004.90	8751.67	12390.73
	主营成本(万)	2365.28	3308.90	1363.26	1972.33
	营业收入(万)	9052.73	17004.90	8751.67	12394.49
	营业成本(万)	2365.28	3308.90	1363.26	1973.03
	投资收益(万)	-	-	-	-
	利润总额(万)	4726.97	9989.87	5524.19	6609.01
	净利润(万)	4012.89	8168.79	4326.12	5306.45

河南四方达超硬材料股份有限公司

公司概况	公司名称	河南四方达超硬材料股份有限公司			证券简称	四 方 达
	法人代表	方海江	董秘	杨国栋	证券代码	300179
	公司网址	www.sf-diamond.com.cn		电子信箱	ygd@sf-diamond.com	
	电 话	0371-66728022		传 真	0371-66728041	
	办公地址	河南省郑州市经济技术开发区第十大街109号				
	经营范围	复合超硬材料及制品的生产和销售业务等				

主要财务指标	指标\报告期	2011.06.30	2010.12.31	2010.06.30	2009.12.31
	每股收益(元)	0.2500	0.6400	0.2800	0.5100
	每股收益(扣除)(元)	0.1700	0.6200	0.2800	0.4800
	每股净资产(元)	7.8800	2.6200	2.2600	1.9800
	调整后每股净资产(元)	-	-	-	-
	每股资本公积金(元)	5.6187	0.1063	0.1063	0.1063
	每股盈余公积金(元)	0.1137	0.1515	0.0874	0.0874
	每股未分配利润(元)	1.1498	1.3638	1.0693	0.7867
	每股现金净流量(元)	5.4355	-0.0189	-0.0217	0.2665
	每股经营现金净流量(元)	0.0314	0.9314	0.3849	0.4643
	净资产收益率(扣除)(%)	2.5900	26.9600	13.0600	28.0000
	净资产收益率(%)	2.8790	24.4580	12.4890	25.9390
	总资产(万)	66450.81	19346.84	16518.44	15594.56
	股东权益(万)	63057.52	15730.11	13578.54	11882.78
	主营业务收入(万)	5245.64	11167.38	4820.01	8433.25
	主营成本(万)	2877.08	5131.76	2184.20	3665.58
	营业收入(万)	5245.64	11167.57	4820.01	8433.25
	营业成本(万)	2877.08	5131.76	2184.20	3665.58
	投资收益(万)	-	-	-	-
	利润总额(万)	2089.97	4476.50	1990.22	3590.20
	净利润(万)	1815.53	3847.33	1695.76	3082.31

上海华峰超纤材料股份有限公司

公司概况	公司名称	上海华峰超纤材料股份有限公司			证券简称	华峰超纤
	法人代表	尤小平	董秘	赵鸿凯	证券代码	300180
	公司网址	www.hfmicrofibre.com		电子信箱	allenbzhao@163.com	
	电 话	021-57243140		传 真	021-57245993	
	办公地址	上海市金山区亭卫南路888号				
	经营范围	超细纤维聚氨酯合成革的研发、生产、销售与服务等				

主要财务指标	指标\报告期	2011.06.30	2010.12.31	2010.06.30	2009.12.31
	每股收益(元)	0.2300	0.6900	0.3900	0.5600
	每股收益(扣除)(元)	0.2300	0.6800	0.3500	0.5100
	每股净资产(元)	7.2100	3.0200	2.7200	2.3300
	调整后每股净资产(元)	-	-	-	-
	每股资本公积金(元)	4.9125	0.5639	0.5639	0.5639
	每股盈余公积金(元)	0.1086	0.1454	0.0765	0.0765
	每股未分配利润(元)	1.1887	1.3082	1.0828	0.6882
	每股现金净流量(元)	3.8578	-0.1728	0.1844	0.2353
	每股经营现金净流量(元)	-0.1209	0.6265	0.3846	0.7715
	净资产收益率(扣除)(%)	3.8100	25.5300	13.7700	24.9800
	净资产收益率(%)	2.9370	22.8290	15.6200	24.0413
	总资产(万)	120408.04	47436.23	43260.13	37481.96
	股东权益(万)	113914.17	35605.12	107096.83	27476.92
	主营业务收入(万)	23223.57	41092.46	19469.31	34505.43
	主营成本(万)	16994.24	27760.03	13036.10	22884.00
	营业收入(万)	24107.66	43318.24	20934.19	36157.09
	营业成本(万)	17078.44	28659.34	13878.48	23860.68
	投资收益(万)	-	-	-	-
	利润总额(万)	3939.48	9426.39	5484.23	7692.60
	净利润(万)	3345.33	8128.20	4656.19	6605.82

浙江佐力药业股份有限公司

公司概况	公司名称	浙江佐力药业股份有限公司		证券简称	佐力药业	
	法人代表	俞有强	董秘	郑超一	证券代码	300181
	公司网址	www.jolly.com.cn		电子信箱	jolly@zuoli.com	
	电　话	0572-8281383		传　真	0572-8281246	
	办公地址	浙江省湖州市德清县武康镇志远路				
	经营范围	原料药(乌灵菌粉)、片剂、硬胶囊剂、冻干粉针剂、粉针剂、颗粒剂的生产等				

	指标\报告期	2011.06.30	2010.12.31	2010.06.30	2009.12.31
主要财务指标	每股收益(元)	0.3500	0.6900	0.3200	0.5300
	每股收益(扣除)(元)	0.3200	0.6500	0.3100	0.5200
	每股净资产(元)	8.2300	3.4500	3.0800	2.7600
	调整后每股净资产(元)	–	–	–	–
	每股资本公积金(元)	5.9177	1.1267	1.1267	1.1267
	每股盈余公积金(元)	0.1480	0.1282	0.1282	0.0756
	每股未分配利润(元)	1.1669	1.1980	0.8251	0.5594
	每股现金净流量(元)	4.8547	0.2617	0.4338	0.2035
	每股经营现金净流量(元)	–0.1733	1.0797	0.6068	0.7315
	净资产收益率(扣除)(%)	3.8900	20.0210	10.3360	19.0620
	净资产收益率(%)	5.0500	22.2500	10.9000	20.2300
	总资产(万)	80829.24	34864.42	32179.38	29776.87
	股东权益(万)	65861.04	20717.17	18479.52	16569.50
	主营业务收入(万)	12668.00	26264.78	11867.90	21406.61
	主营成本(万)	1989.98	5214.46	2447.61	4396.09
	营业收入(万)	12669.18	26265.53	11867.90	21534.98
	营业成本(万)	1989.98	5214.46	2447.61	4524.43
	投资收益(万)	–	–	–	0.10
	利润总额(万)	2871.38	4533.11	2131.56	3455.87
	净利润(万)	2562.11	4147.67	1910.02	3158.43

北京捷成世纪科技股份有限公司

公司概况	公司名称	北京捷成世纪科技股份有限公司		证券简称	捷成股份	
	法人代表	徐子泉	董秘	宋建云	证券代码	300182
	公司网址	www.jetsen.com.cn		电子信箱	jetsen@jetsen.cn	
	电　话	010-82330868 82330869		传　真	010-82330880	
	办公地址	北京市海淀区知春路1号学院国际大厦709室				
	经营范围	专业从事音视频整体解决方案的设计、开发与实施等				

	指标\报告期	2011.06.30	2010.12.31	2010.06.30	2009.12.31
主要财务指标	每股收益(元)	0.3900	1.6000	0.6400	1.1600
	每股收益(扣除)(元)	0.3800	1.5800	0.6400	1.1600
	每股净资产(元)	8.2800	4.4900	3.5400	2.9000
	调整后每股净资产(元)	–	–	–	–
	每股资本公积金(元)	6.3495	1.3423	1.3423	1.3423
	每股盈余公积金(元)	0.1614	0.4305	0.1111	0.1111
	每股未分配利润(元)	0.7651	1.7221	1.0826	0.4445
	每股现金净流量(元)	5.1433	1.5085	0.3466	1.6358
	每股经营现金净流量(元)	–0.4031	1.3070	0.3173	0.8102
	净资产收益率(扣除)(%)	5.9200	42.7300	19.8600	56.3000
	净资产收益率(%)	4.4709	35.5290	18.0450	34.2590
	总资产(万)	97088.60	32321.87	24451.64	17076.82
	股东权益(万)	92692.29	18878.79	87328.12	12171.38
	主营业务收入(万)	18077.27	29563.04	–	17482.84
	主营成本(万)	9905.41	17354.42	–	9971.65
	营业收入(万)	18077.27	29563.04	11000.50	17482.84
	营业成本(万)	9905.41	17354.42	5726.77	9971.65
	投资收益(万)	–	–	–	–
	利润总额(万)	4880.45	7345.21	2941.58	4169.79
	净利润(万)	4144.17	6707.40	2679.87	4169.79

青岛东软载波科技股份有限公司

公司概况	公司名称	青岛东软载波科技股份有限公司		证券简称	东软载波	
	法人代表	崔健	董秘	王辉	证券代码	300183
	公司网址	www.eastsoft.com.cn		电子信箱	wanghui@eastsoft.com.cn	
	电　话	0532-83676959		传　真	0532-83676855	
	办公地址	山东省青岛市市北区上清路16号甲				
	经营范围	计算机软件开发及配套技术服务、集成电路设计及销售等				

	指标\报告期	2011.06.30	2010.12.31	2010.06.30	2009.12.31
主要财务指标	每股收益(元)	0.8300	1.3800	0.4900	0.9300
	每股收益(扣除)(元)	0.7800	1.3500	0.4700	0.9300
	每股净资产(元)	12.3500	2.5000	1.6100	2.4700
	调整后每股净资产(元)	–	–	–	–
	每股资本公积金(元)	9.5927	0.1646	0.1646	–
	每股盈余公积金(元)	0.1001	0.1334	–	0.2091
	每股未分配利润(元)	1.6571	1.2008	0.4451	1.2632
	每股现金净流量(元)	10.5251	0.6296	–0.2699	0.8575
	每股经营现金净流量(元)	0.8128	1.0707	0.1624	1.3700
	净资产收益率(扣除)(%)	8.1900	72.9000	32.5100	62.4900
	净资产收益率(%)	6.1260	55.2910	30.5970	56.6420
	总资产(万)	129296.36	22093.19	15192.22	14989.23
	股东权益(万)	123499.05	18741.04	12072.88	12378.90
	主营业务收入(万)	15663.61	23234.62	8224.82	14736.95
	主营成本(万)	5501.13	8506.00	3030.50	5308.54
	营业收入(万)	15663.61	23238.22	8226.62	14740.55
	营业成本(万)	5501.13	8507.32	3031.16	5309.86
	投资收益(万)	–	–	–	–
	利润总额(万)	9000.55	11387.31	4304.46	8126.56
	净利润(万)	7565.38	10362.15	3693.98	7011.69

武汉力源信息技术股份有限公司

公司概况	公司名称	武汉力源信息技术股份有限公司		证券简称	力源信息	
	法人代表	赵马克	董秘	王晓东	证券代码	300184
	公司网址	www.icbase.com		电子信箱	zqb@icbase.com	
	电　话	027-87526790 87526752		传　真	027-87526551	
	办公地址	湖北省武汉市洪山区珞瑜路424号洪山科技创业中心3层				
	经营范围	电子产品、电子元器件、信息技术及相关成套产品方案的开发、研制等				

	指标\报告期	2011.06.30	2010.12.31	2010.06.30	2009.12.31
主要财务指标	每股收益(元)	0.2600	0.5900	0.2600	0.3900
	每股收益(扣除)(元)	0.2600	0.5900	0.2600	0.3900
	每股净资产(元)	6.6700	2.4900	2.1800	1.9300
	调整后每股净资产(元)	–	–	–	–
	每股资本公积金(元)	4.8496	0.6951	0.6951	0.6951
	每股盈余公积金(元)	0.0365	0.0487	0.0013	0.0013
	每股未分配利润(元)	0.8079	0.7588	0.4858	0.2306
	每股现金净流量(元)	3.6620	1.1120	0.7906	0.2396
	每股经营现金净流量(元)	–0.3215	0.9338	0.7585	0.3782
	净资产收益率(扣除)(%)	4.7300	26.6100	12.4300	22.5200
	净资产收益率(%)	3.5830	23.7820	11.7190	20.3710
	总资产(万)	47856.24	19040.57	15665.99	14561.85
	股东权益(万)	44504.94	12433.38	41431.09	9628.35
	主营业务收入(万)	12660.89	23226.99	11443.31	17055.29
	主营成本(万)	9509.02	17404.51	8792.79	12922.34
	营业收入(万)	12674.19	23252.25	11456.99	17055.29
	营业成本(万)	9509.02	17404.51	8792.79	12922.34
	投资收益(万)	–	–	–	–
	利润总额(万)	1825.90	3519.39	1530.01	2318.64
	净利润(万)	1594.46	2956.89	1276.20	1961.37

通裕重工股份有限公司

公司概况	公司名称	通裕重工股份有限公司			证券简称	通裕重工
	法人代表	司兴奎	董秘	石爱军	证券代码	300185
	公司网址	www.tongyuheavy.com		电子信箱	tyzgsaj@126.com	
	电　话	0534-7520688		传　真	0534-7287759	
	办公地址	山东省德州市禹城市高新技术产业开发区				
	经营范围	大型锻件坯料、电渣锭、锻件、管模、数控机床、通用机械非标准设备制造、销售				

主要财务指标	指标\报告期	2011.06.30	2010.12.31	2010.06.30	2009.12.31
	每股收益(元)	0.3000	0.7100	0.3000	0.6200
	每股收益(扣除)(元)	0.2600	0.6600	0.2600	0.6300
	每股净资产(元)	9.4500	4.2900	–	5.3700
	调整后每股净资产(元)	–	–	–	–
	每股资本公积金(元)	7.5608	2.4577	–	2.2593
	每股盈余公积金(元)	0.0649	0.0865	–	0.3277
	每股未分配利润(元)	0.8229	0.7477	–	1.7806
	每股现金净流量(元)	5.1066	0.0358	0.4342	–0.4465
	每股经营现金净流量(元)	–0.4473	0.2641	0.1441	1.4503
	净资产收益率(扣除)(%)	3.5700	16.8300	7.1100	22.3800
	净资产收益率(%)	2.7740	16.6240	–	17.4550
	总资产(万)	510683.66	279384.92	–	215417.32
	股东权益(万)	340149.96	115881.98	–	96617.26
	主营业务收入(万)	38623.64	74160.09	32776.11	71380.54
	主营成本(万)	23688.91	42872.19	18907.22	44363.67
	营业收入(万)	61033.98	112731.86	54160.44	111453.51
	营业成本(万)	43689.42	77403.31	37942.66	80764.43
	投资收益(万)	–	–	–	–
	利润总额(万)	11389.90	22757.57	9874.80	22265.30
	净利润(万)	9436.96	19264.71	7995.26	16864.50

广东大华农动物保健品股份有限公司

公司概况	公司名称	广东大华农动物保健品股份有限公司			证券简称	大华农
	法人代表	温均生	董秘	方炳虎	证券代码	300186
	公司网址	www.gddhn.com		电子信箱	gddhn20080715@163.com	
	电　话	0766-2986301 2986988		传　真	0766-2986301 2986968	
	办公地址	广东省云浮市新兴县新城镇东堤北路温氏科技园2号之三				
	经营范围	兽药的研发、生产和销售等				

主要财务指标	指标\报告期	2011.06.30	2010.12.31	2010.06.30	2009.12.31
	每股收益(元)	0.2300	0.6900	0.2800	0.5800
	每股收益(扣除)(元)	0.2100	0.6900	0.2800	0.5700
	每股净资产(元)	7.2700	2.7700	–	2.0800
	调整后每股净资产(元)	–	–	–	–
	每股资本公积金(元)	5.1470	0.1427	–	0.1427
	每股盈余公积金(元)	0.0741	0.0989	–	0.0621
	每股未分配利润(元)	1.0474	1.5259	–	0.8722
	每股现金净流量(元)	4.2872	0.1662	–0.6944	0.0300
	每股经营现金净流量(元)	–0.4203	0.5210	–0.4071	0.6541
	净资产收益率(扣除)(%)	3.7800	28.5100	12.6500	31.4300
	净资产收益率(%)	2.8120	24.9520	–	27.9700
	总资产(万)	204218.52	73521.32	–	60828.84
	股东权益(万)	194068.45	55350.44	–	41539.15
	主营业务收入(万)	28948.84	60696.50	25718.23	52241.78
	主营成本(万)	13867.74	28856.42	11833.32	25904.54
	营业收入(万)	29342.25	61576.11	26134.07	53493.44
	营业成本(万)	14148.78	29565.95	12053.38	26857.02
	投资收益(万)	–	–	–	–
	利润总额(万)	6120.95	16176.45	6699.85	13482.90
	净利润(万)	5456.92	13811.29	5586.41	11618.23

湖南永清环保股份有限公司

公司概况	公司名称	湖南永清环保股份有限公司			证券简称	永清环保
	法人代表	刘正军	董秘	熊素勤	证券代码	300187
	公司网址	www.yonker.com.cn		电子信箱	pear77hi@163.com	
	电　话	0731-84432800		传　真	0731-84429029 8025	
	办公地址	湖南省长沙市芙蓉中路2段80号顺天国际财富中心17层				
	经营范围	为高污染、高耗能工业企业提供烟气排放综合解决方案等				

主要财务指标	指标\报告期	2011.06.30	2010.12.31	2010.06.30	2009.12.31
	每股收益(元)	0.2100	0.8300	0.3400	0.7100
	每股收益(扣除)(元)	0.2300	0.7700	0.3300	0.6500
	每股净资产(元)	11.0100	2.4400	–	2.0600
	调整后每股净资产(元)	–	–	–	–
	每股资本公积金(元)	8.9835	0.0618	–	0.0618
	每股盈余公积金(元)	0.1598	0.2131	–	0.1297
	每股未分配利润(元)	0.8629	1.1681	–	0.8677
	每股现金净流量(元)	7.2414	–0.1709	–0.4851	–0.0493
	每股经营现金净流量(元)	–0.6347	0.4011	0.2024	0.2128
	净资产收益率(扣除)(%)	3.1400	36.8600	17.2600	36.0300
	净资产收益率(%)	1.6980	34.1270	–	34.2687
	总资产(万)	95118.96	32061.53	–	25358.47
	股东权益(万)	73499.80	12234.58	–	10312.83
	主营业务收入(万)	16562.78	28868.90	12911.40	25434.71
	主营成本(万)	13065.51	21098.66	9485.79	18841.05
	营业收入(万)	16562.78	28868.90	12911.40	25434.71
	营业成本(万)	13065.51	21098.66	9485.79	18841.05
	投资收益(万)	–	–	–	–
	利润总额(万)	1470.24	4940.17	2009.71	4123.02
	净利润(万)	1248.25	4175.35	1714.98	3534.07

厦门市美亚柏科信息股份有限公司

公司概况	公司名称	厦门市美亚柏科信息股份有限公司			证券简称	美亚柏科
	法人代表	刘祥南	董秘	王斌(代)	证券代码	300188
	公司网址	www.xm-my.com.cn		电子信箱	tzzgx@xm-my.com.cn	
	电　话	0592-3698792		传　真	0592-2519335	
	办公地址	福建省厦门市软件园二期观日路12号美亚柏科大厦				
	经营范围	国内版电子出版物批发零售;非限定发行范围进口电子出版物零售等				

主要财务指标	指标\报告期	2011.06.30	2010.12.31	2010.06.30	2009.12.31
	每股收益(元)	0.1300	1.0300	0.1100	0.7200
	每股收益(扣除)(元)	0.0900	0.7800	0.0500	0.6700
	每股净资产(元)	11.5500	2.7700	–	1.8900
	调整后每股净资产(元)	–	–	–	–
	每股资本公积金(元)	9.4053	0.3819	–	0.3819
	每股盈余公积金(元)	0.1183	0.1582	–	0.0547
	每股未分配利润(元)	1.0301	1.2293	–	0.4567
	每股现金净流量(元)	8.0167	1.0585	–1.0084	0.4307
	每股经营现金净流量(元)	–1.2413	1.4710	–0.7212	0.8699
	净资产收益率(扣除)(%)	1.1500	34.3700	2.6800	40.4300
	净资产收益率(%)	0.9610	37.0520	–	37.8330
	总资产(万)	70529.62	21682.47	–	13866.90
	股东权益(万)	61812.24	11077.77	–	7573.21
	主营业务收入(万)	6858.34	18799.60	4672.49	12306.20
	主营成本(万)	2940.49	8126.31	1672.41	4896.64
	营业收入(万)	6858.34	18799.60	4672.49	12314.96
	营业成本(万)	2940.49	8126.31	1672.41	4906.87
	投资收益(万)	–	–	–	–
	利润总额(万)	590.26	4849.29	572.55	3291.07
	净利润(万)	593.87	4104.56	456.56	2865.17

海南神农大丰种业科技股份有限公司

公司概况	公司名称	海南神农大丰种业科技股份有限公司		证券简称	神农大丰
	法人代表	黄培劲	董秘 欧秋生	证券代码	300189
	公司网址	www.sndf.com.cn		电子信箱	sndf2010@126.com
	电　话	0898-68598068		传　真	0898-68545606
	办公地址	海南省海口市紫荆路2-1号紫荆信息公寓26A			
	经营范围	杂交水稻种子的选育、制种、销售和技术服务等			

主要财务指标	指标\报告期	2011.06.30	2010.12.31	2010.06.30	2009.12.31
	每股收益(元)	0.3375	0.5130	0.3686	0.3851
	每股收益(扣除)(元)	0.3373	0.5000	0.3559	0.3800
	每股净资产(元)	7.9000	2.8800	–	2.3700
	调整后每股净资产(元)	–	–	–	–
	每股资本公积金(元)	5.8981	0.9335	–	0.9335
	每股盈余公积金(元)	0.0481	0.0641	–	0.0295
	每股未分配利润(元)	0.9562	0.8812	–	0.4028
	每股现金净流量(元)	5.0852	0.0076	0.1709	0.0365
	每股经营现金净流量(元)	0.0143	0.1274	0.1759	0.0389
	净资产收益率(扣除)(%)	5.8700	19.0300	13.9600	17.3700
	净资产收益率(%)	3.7370	17.8190	–	15.5992
	总资产(万)	130814.70	44842.57	–	41085.33
	股东权益(万)	126438.38	34545.12	–	28389.47
	主营业务收入(万)	27847.66	39496.71	25616.78	28451.86
	主营成本(万)	19264.32	27957.22	18233.64	20579.82
	营业收入(万)	27851.56	39503.20	25617.28	28458.22
	营业成本(万)	19268.22	27963.59	18234.02	20580.93
	投资收益(万)	–	–	–	–
	利润总额(万)	5062.15	6478.76	4723.06	4648.66
	净利润(万)	4725.46	6155.66	4422.75	4428.54

江苏维尔利环保科技股份有限公司

公司概况	公司名称	江苏维尔利环保科技股份有限公司		证券简称	维尔利
	法人代表	李月中	董秘 宗韬	证券代码	300190
	公司网址	www.jswelle.com		电子信箱	zongtao@jswelle.com
	电　话	86-519-85125884		传　真	86-519-85125883
	办公地址	江苏省常州市汉江路156号			
	经营范围	环保设备的设计、集成、制造(限分支机构),销售和研发等			

主要财务指标	指标\报告期	2011.06.30	2010.12.31	2010.06.30	2009.12.31
	每股收益(元)	0.4700	1.1400	0.5000	0.7400
	每股收益(扣除)(元)	0.4700	1.1200	0.4800	0.7400
	每股净资产(元)	15.8200	2.9800	2.3500	2.1000
	调整后每股净资产(元)	–	–	–	–
	每股资本公积金(元)	13.9771	0.7378	0.7378	0.7378
	每股盈余公积金(元)	0.1119	0.1494	0.0858	0.0357
	每股未分配利润(元)	0.7282	1.0950	0.5223	0.3216
	每股现金净流量(元)	11.3831	0.6475	–0.3124	0.5274
	每股经营现金净流量(元)	–1.1397	0.5500	–0.2813	0.4306
	净资产收益率(扣除)(%)	2.5797	38.1300	21.3462	31.8530
	净资产收益率(%)	4.4400	–	23.4300	56.9400
	总资产(万)	97763.06	28489.41	17101.37	14903.73
	股东权益(万)	83831.46	11839.27	9312.89	8317.44
	主营业务收入(万)	12460.77	20974.85	9141.83	11161.80
	主营成本(万)	7073.40	12091.79	5149.43	6111.44
	营业收入(万)	12460.77	20974.85	9141.83	11164.94
	营业成本(万)	7073.40	12091.79	5149.43	6113.90
	投资收益(万)	–18.06	–14.15	–0.08	–2.79
	利润总额(万)	2534.24	5388.26	2391.16	3136.55
	净利润(万)	2162.63	4514.33	1987.95	2649.37

潜能恒信能源技术股份有限公司

公司概况	公司名称	潜能恒信能源技术股份有限公司		证券简称	潜能恒信
	法人代表	周锦明	董秘 于是今	证券代码	300191
	公司网址	www.sinogeo.com		电子信箱	zqb@sinogeo.com
	电　话	010-84922368		传　真	010-84928085
	办公地址	北京市朝阳区拂林路9号景龙国际B-16层			
	经营范围	为石油公司提供地震数据处理解释一体化找油服务等			

主要财务指标	指标\报告期	2011.06.30	2010.12.31	2010.06.30	2009.12.31
	每股收益(元)	0.4800	1.0100	0.4200	0.8200
	每股收益(扣除)(元)	0.4500	1.0000	0.4200	0.8000
	每股净资产(元)	12.8000	3.5600	2.9700	2.5600
	调整后每股净资产(元)	–	–	–	–
	每股资本公积金(元)	9.8755	0.5486	0.5486	0.5486
	每股盈余公积金(元)	0.4733	0.6311	0.5300	0.5300
	每股未分配利润(元)	1.4519	1.3814	0.9006	0.4764
	每股现金净流量(元)	9.2398	0.7880	0.2717	–0.1404
	每股经营现金净流量(元)	–0.0079	1.1555	0.4746	0.4745
	净资产收益率(扣除)(%)	13.5800	32.2000	15.1500	37.2600
	净资产收益率(%)	3.2490	28.2570	14.2400	32.0690
	总资产(万)	103481.37	22514.90	18517.16	17218.14
	股东权益(万)	102397.51	21363.28	17875.69	15330.15
	主营业务收入(万)	5786.48	10892.45	4717.28	8793.56
	主营成本(万)	1202.66	2086.59	818.05	1625.41
	营业收入(万)	5786.48	10892.45	4717.28	8793.56
	营业成本(万)	1202.66	2086.59	818.05	1625.41
	投资收益(万)	–	–	–	–
	利润总额(万)	3915.72	7119.28	2996.90	5259.60
	净利润(万)	3326.43	6036.52	2545.53	4916.17

苏州科斯伍德油墨股份有限公司

公司概况	公司名称	苏州科斯伍德油墨股份有限公司		证券简称	科斯伍德
	法人代表	吴贤良	董秘 张峰	证券代码	300192
	公司网址	www.szkinks.com		电子信箱	szkinks@szkinks.com
	电　话	0512-65370257		传　真	0512-65374760
	办公地址	江苏省苏州市相城区潘阳工业园东桥开发区旺庄路3-1号			
	经营范围	生产、销售:油墨;销售:纸张、印刷机械及配件、PS版、橡皮布、印刷材料等			

主要财务指标	指标\报告期	2011.06.30	2010.12.31	2010.06.30	2009.12.31
	每股收益(元)	0.2700	0.6400	0.2600	0.6200
	每股收益(扣除)(元)	0.2300	0.6200	0.2600	0.5900
	每股净资产(元)	7.3900	2.8200	2.4300	2.1800
	调整后每股净资产(元)	–	–	–	–
	每股资本公积金(元)	5.0298	0.3127	0.3127	0.3127
	每股盈余公积金(元)	0.1127	0.1505	0.0864	0.0864
	每股未分配利润(元)	1.2493	1.3549	1.0339	0.7779
	每股现金净流量(元)	4.9957	–0.4689	–0.1449	0.6838
	每股经营现金净流量(元)	0.0921	0.0915	0.3301	0.4203
	净资产收益率(扣除)(%)	4.3300	25.0000	–	33.4100
	净资产收益率(%)	3.1850	22.7490	10.5210	25.8510
	总资产(万)	58773.95	22900.79	20202.42	17524.65
	股东权益(万)	54329.12	15500.13	13381.89	11974.00
	主营业务收入(万)	12969.10	23680.96	10277.33	18228.63
	主营成本(万)	10277.98	17798.99	7652.27	13033.05
	营业收入(万)	13010.71	23761.26	10309.58	18331.43
	营业成本(万)	10290.75	17821.19	7663.79	13100.73
	投资收益(万)	–	–	–	–
	利润总额(万)	2029.09	4137.57	1659.58	3625.40
	净利润(万)	1730.20	3526.14	1407.89	3095.38

深圳市佳士科技股份有限公司

公司概况						
公司名称	深圳市佳士科技股份有限公司			证券简称	佳士科技
法人代表	潘磊	董秘	周晓宇	证券代码	300193
公司网址	www.jasic.com.cn			电子信箱	jasiczqb@jasic.com.cn
电　　话	0755-61536880			传　　真	0755-61536880
办公地址	广东省深圳市宝安区西乡街道鹤洲恒丰工业城C2栋4层				
经营范围	专用焊接设备,焊接与切割自动化生产装备,焊接机器人,烟尘净化设备的研发等				

主要财务指标：指标\报告期	2011.06.30	2010.12.31	2010.06.30	2009.12.31
每股收益(元)	0.2900	0.6000	0.2900	0.5600
每股收益(扣除)(元)	0.2700	0.5700	0.2700	0.5300
每股净资产(元)	8.2500	2.2400	1.9300	3.9200
调整后每股净资产(元)	–	–	–	–
每股资本公积金(元)	6.5600	0.6493	1.8323	1.0675
每股盈余公积金(元)	0.0416	0.0556	–	0.2774
每股未分配利润(元)	0.6523	0.5349	0.7783	1.5785
每股现金净流量(元)	5.6712	0.0413	–0.9646	2.2776
每股经营现金净流量(元)	–0.2426	0.3942	–0.3072	1.4283
净资产收益率(扣除)(%)	4.7100	29.9500	16.0000	49.5000
净资产收益率(%)	3.0460	26.3620	14.3270	32.1140
总资产(万)	203192.64	57415.67	45873.04	31147.91
股东权益(万)	182824.96	37179.70	31956.86	23078.46
主营业务收入(万)	29247.16	51395.81	24022.03	33632.69
主营成本(万)	20428.51	33899.22	15663.45	21608.66
营业收入(万)	29648.48	52075.23	24267.21	33668.36
营业成本(万)	20608.18	34295.44	15819.71	21650.78
投资收益(万)	–	–	–	–
利润总额(万)	6122.23	10931.91	5139.50	8171.39
净利润(万)	5569.07	9801.24	4578.40	7411.33

重庆福安药业(集团)股份有限公司

公司概况					
公司名称	重庆福安药业(集团)股份有限公司			证券简称	福安药业
法人代表	汪天祥	董秘	汤沁	证券代码	300194
公司网址	www.fapharm.com			电子信箱	tangqin@fapharm.com
电　　话	023-61028766			传　　真	023-68573999
办公地址	重庆长寿化工园区内				
经营范围	生产、销售:无菌原料药、非无菌原料药等				

主要财务指标：指标\报告期	2011.06.30	2010.12.31	2010.06.30	2009.12.31
每股收益(元)	0.5800	1.2300	0.6300	0.9100
每股收益(扣除)(元)	0.5600	1.2100	0.6200	0.8400
每股净资产(元)	12.2000	2.7500	2.1400	1.5600
调整后每股净资产(元)	–	–	–	–
每股资本公积金(元)	9.4986	0.1638	0.1638	0.1572
每股盈余公积金(元)	0.1080	0.1441	0.0388	0.0388
每股未分配利润(元)	1.5911	1.4428	0.9422	0.3668
每股现金净流量(元)	9.2886	0.0742	0.2932	0.1549
每股经营现金净流量(元)	0.1602	1.0574	0.6196	0.6275
净资产收益率(扣除)(%)	6.7700	56.8400	33.5200	69.1500
净资产收益率(%)	4.1780	44.7650	29.1600	58.0190
总资产(万)	169008.40	34613.57	31699.66	27362.06
股东权益(万)	162718.68	27507.25	21447.55	15627.74
主营业务收入(万)	20541.80	45679.53	23763.41	31574.88
主营成本(万)	11032.49	24523.29	13124.35	16244.56
营业收入(万)	20793.85	46401.05	24219.45	32452.83
营业成本(万)	11217.82	24837.80	13309.30	16724.03
投资收益(万)	–	–	–	–
利润总额(万)	8116.85	14587.41	7433.88	10899.67
净利润(万)	6797.68	12313.69	6253.99	9067.06

天津长荣印刷设备股份有限公司

公司概况					
公司名称	天津长荣印刷设备股份有限公司			证券简称	长荣股份
法人代表	李莉	董秘	李筠	证券代码	300195
公司网址	www.mkmchina.com			电子信箱	crgf@mkmchina.com
电　　话	022-26986268			传　　真	022-26973430
办公地址	天津市北辰科技园区双川道20号				
经营范围	印刷设备、包装设备、检测设备、精密模具的研制、生产、销售等				

主要财务指标：指标\报告期	2011.06.30	2010.12.31	2010.06.30	2009.12.31
每股收益(元)	0.8600	1.0700	0.4500	0.8100
每股收益(扣除)(元)	0.8200	1.0000	0.4600	0.8100
每股净资产(元)	12.3900	2.9300	2.3400	1.8700
调整后每股净资产(元)	–	–	–	–
每股资本公积金(元)	9.1927	–	–	–
每股盈余公积金(元)	0.2542	0.2471	0.1493	0.1493
每股未分配利润(元)	1.9425	1.6850	1.1915	0.7173
每股现金净流量(元)	8.3248	0.3069	0.4906	0.0315
每股经营现金净流量(元)	–0.0502	0.9829	0.2683	0.5666
净资产收益率(扣除)(%)	9.8200	41.4800	21.8900	43.5400
净资产收益率(%)	6.0450	36.4230	0.1970	43.3360
总资产(万)	139268.66	46716.52	40564.45	30940.42
股东权益(万)	123893.48	21990.11	17556.48	13999.64
主营业务收入(万)	24820.34	32096.01	15094.65	24506.30
主营成本(万)	12859.11	16707.48	7716.82	12149.41
营业收入(万)	24908.15	32205.29	15141.89	24608.88
营业成本(万)	12859.11	16707.48	7716.82	12149.41
投资收益(万)	–	–	–	–
利润总额(万)	8963.40	9600.33	4123.69	7240.92
净利润(万)	7489.64	8009.44	3399.28	6066.88

江苏长海复合材料股份有限公司

公司概况					
公司名称	江苏长海复合材料股份有限公司			证券简称	长海股份
法人代表	杨国文	董秘	杨国文(代)	证券代码	300196
公司网址	www.changhaigfrp.com			电子信箱	finance@changhaigfrp.com
电　　话	0519-88712521			传　　真	0519-88712521
办公地址	江苏省常州市武进区遥观镇塘桥村				
经营范围	玻纤制品及玻纤复合材料的研发、生产和销售等				

主要财务指标：指标\报告期	2011.06.30	2010.12.31	2010.06.30	2009.12.31
每股收益(元)	0.2710	0.5500	0.2256	0.3500
每股收益(扣除)(元)	0.2476	0.5300	0.2174	0.3200
每股净资产(元)	6.4600	2.5000	2.1700	1.9500
调整后每股净资产(元)	–	–	–	–
每股资本公积金(元)	4.4073	0.4038	0.4038	0.4038
每股盈余公积金(元)	0.0608	0.0810	0.0166	0.0166
每股未分配利润(元)	0.9965	1.0125	0.7519	0.5263
每股现金净流量(元)	4.4866	0.1414	0.0997	–0.0277
每股经营现金净流量(元)	0.4425	0.8831	0.3453	0.7070
净资产收益率(扣除)(%)	5.2000	24.0200	10.5600	17.8100
净资产收益率(%)	3.6670	22.0480	10.3860	17.8380
总资产(万)	99475.04	41747.20	40030.19	38498.88
股东权益(万)	77575.24	22476.35	19551.27	17520.67
主营业务收入(万)	21303.54	37627.88	16258.39	26323.06
主营成本(万)	15164.11	25873.46	11031.62	19146.49
营业收入(万)	21361.58	37640.34	16258.39	26336.85
营业成本(万)	15220.70	25885.94	11031.62	19156.38
投资收益(万)	–	–	–	–
利润总额(万)	3410.94	5783.94	2498.99	3960.90
净利润(万)	2844.99	4955.67	2030.60	3125.29

深圳市铁汉生态环境股份有限公司

公司概况	公司名称	深圳市铁汉生态环境股份有限公司			证券简称	铁汉生态
	法人代表	刘水	董秘	杨锋源	证券代码	300197
	公司网址	www.sztechand.com		电子信箱	yangfengyuan@sztechand.com	
	电　话	86-755-82917023		传　真	86-755-82927550	
	办公地址	广东省深圳市福田区车公庙天祥大厦 4D				
	经营范围	水土保持,生态修复,园林绿化工程施工和园林养护等				

主要财务指标	指标\报告期	2011.06.30	2010.12.31	2010.06.30	2009.12.31
	每股收益(元)	0.9600	1.4000	0.6000	1.3000
	每股收益(扣除)(元)	0.9600	1.3600	0.5900	0.9900
	每股净资产(元)	20.8100	4.9700	–	3.5700
	调整后每股净资产(元)	–	–	–	–
	每股资本公积金(元)	17.4420	1.9314	–	1.9314
	每股盈余公积金(元)	0.2366	0.2040	–	0.0638
	每股未分配利润(元)	2.1293	1.8359	–	0.5738
	每股现金净流量(元)	13.5726	–	–1.3289	1.4500
	每股经营现金净流量(元)	–2.3449	–	–1.3831	–0.0648
	净资产收益率(扣除)(%)	6.8500	–	15.3200	39.2800
	净资产收益率(%)	4.0350	39.2900	–	30.2300
	总资产(万)	137499.27	33257.89	–	22308.84
	股东权益(万)	128094.63	22897.86	–	16438.60
	主营业务收入(万)	33771.52	–	18446.76	–
	主营成本(万)	23122.23	–	12641.01	–
	营业收入(万)	34112.75	41613.23	18608.40	25342.52
	营业成本(万)	23341.63	–	12741.29	17723.95
	投资收益(万)	–	–	–	–
	利润总额(万)	6022.75	7474.24	3260.26	5743.90
	净利润(万)	5168.58	6459.26	2777.83	4969.36

福建纳川管材科技股份有限公司

公司概况	公司名称	福建纳川管材科技股份有限公司			证券简称	纳川股份
	法人代表	陈志江	董秘	杨辉	证券代码	300198
	公司网址	www.superpipe.cn		电子信箱	fujiannachuan@163.com	
	电　话	0595-87770399 87770616		传　真	0595-27730530 27738935	
	办公地址	福建泉州市泉港区普安工业区				
	经营范围	塑料管道生产销售;钢管塑料防腐处理及塑料防腐钢管成品销售等				

主要财务指标	指标\报告期	2011.06.30	2010.12.31	2010.06.30	2009.12.31
	每股收益(元)	0.4360	0.8210	0.2090	0.7520
	每股收益(扣除)(元)	0.4450	–	0.1640	0.7200
	每股净资产(元)	9.7400	2.7600	–	2.5900
	调整后每股净资产(元)	–	–	–	–
	每股资本公积金(元)	7.3353	0.3917	–	0.3917
	每股盈余公积金(元)	0.1010	0.1347	–	0.0673
	每股未分配利润(元)	1.3048	1.2313	–	0.6281
	每股现金净流量(元)	6.1883	–	–0.7099	–
	每股经营现金净流量(元)	0.0813	0.1005	0.0722	–
	净资产收益率(扣除)(%)	6.7300	–	7.7400	47.4300
	净资产收益率(%)	3.9150	29.7560	–	32.4920
	总资产(万)	94256.60	29342.85	–	25726.85
	股东权益(万)	89618.69	19027.87	–	14401.04
	主营业务收入(万)	12285.82	–	6363.28	16599.22
	主营成本(万)	5439.98	–	3512.29	–
	营业收入(万)	12302.91	19165.05	6363.28	16886.43
	营业成本(万)	5439.98	8772.53	3512.29	8744.61
	投资收益(万)	–	–	–	–
	利润总额(万)	4190.02	6824.85	1687.97	5642.93
	净利润(万)	3508.17	5661.83	1443.14	4679.17

深圳翰宇药业股份有限公司

公司概况	公司名称	深圳翰宇药业股份有限公司			证券简称	翰宇药业
	法人代表	曾少贵	董秘	全衡	证券代码	300199
	公司网址	www.hybio.com.cn		电子信箱	hy@hybio.com.cn	
	电　话	0755-26588036 26588000		传　真	0755-26588078	
	办公地址	广东省深圳市南山区高新技术工业园中区翰宇生物医药园四楼				
	经营范围	生产经营片剂、硬胶囊剂、颗粒剂、小容量注射剂、冻干粉针剂等				

主要财务指标	指标\报告期	2011.06.30	2010.12.31	2010.06.30	2009.12.31
	每股收益(元)	0.3400	0.7000	0.2500	0.4800
	每股收益(扣除)(元)	0.3100	0.6000	0.2200	0.4300
	每股净资产(元)	9.2600	2.4100	1.9500	1.7000
	调整后每股净资产(元)	–	–	–	–
	每股资本公积金(元)	7.1313	0.3081	0.3081	0.3081
	每股盈余公积金(元)	0.0825	0.1100	0.0646	0.0395
	每股未分配利润(元)	1.0412	0.9898	0.5812	0.3556
	每股现金净流量(元)	7.2537	0.0175	0.0535	0.4970
	每股经营现金净流量(元)	0.1806	0.7292	0.1898	0.3481
	净资产收益率(扣除)(%)	3.2480	29.2640	12.8290	27.6860
	净资产收益率(%)	5.4300	34.2800	13.7100	30.9700
	总资产(万)	96903.60	21288.69	19988.40	18247.37
	股东权益(万)	92550.01	18058.81	14653.98	12774.09
	主营业务收入(万)	7123.54	12117.55	5136.28	9271.09
	主营成本(万)	1808.54	2946.00	1359.14	2035.00
	营业收入(万)	7243.54	12192.85	5192.15	9271.14
	营业成本(万)	1808.54	2946.00	1359.14	2035.00
	投资收益(万)	–	–	–	–
	利润总额(万)	3536.78	5481.43	1898.70	3815.54
	净利润(万)	3006.26	5284.72	1879.89	3536.59

北京高盟新材料股份有限公司

公司概况	公司名称	北京高盟新材料股份有限公司			证券简称	高盟新材
	法人代表	王子平	董秘	吕虎林	证券代码	300200
	公司网址	www.co-mens.com		电子信箱	zqb@co-mens.com	
	电　话	010-69343241		传　真	010-69343241	
	办公地址	北京市丰台区科学城航丰路 8 号(园区)				
	经营范围	复合聚氨酯胶粘剂的研制、开发、生产和销售等				

主要财务指标	指标\报告期	2011.06.30	2010.12.31	2010.06.30	2009.12.31
	每股收益(元)	0.2423	0.4900	0.2249	0.4300
	每股收益(扣除)(元)	0.2419	0.4600	0.2163	0.3900
	每股净资产(元)	6.5100	1.7400	–	1.2100
	调整后每股净资产(元)	–	–	–	–
	每股资本公积金(元)	4.9081	0.2115	–	0.0244
	每股盈余公积金(元)	0.0249	0.0333	–	0.1470
	每股未分配利润(元)	0.5808	0.4925	–	0.7672
	每股现金净流量(元)	3.9926	0.4119	0.3646	0.2742
	每股经营现金净流量(元)	–0.3154	0.5576	0.2486	0.4954
	净资产收益率(扣除)(%)	5.4100	31.3900	16.1300	33.0900
	净资产收益率(%)	3.2530	28.3030	–	30.6090
	总资产(万)	74143.76	23274.39	–	15893.29
	股东权益(万)	69567.78	13898.11	–	9693.28
	主营业务收入(万)	17809.80	33347.92	14714.95	21709.60
	主营成本(万)	13613.30	25126.62	11103.89	15294.83
	营业收入(万)	17917.09	33818.78	14840.32	22070.17
	营业成本(万)	13643.90	25525.50	11134.06	15635.37
	投资收益(万)	–	–	–	–
	利润总额(万)	2678.92	4604.41	2163.35	3476.47
	净利润(万)	2263.17	3933.57	1799.18	2966.97

徐州海伦哲专用车辆股份有限公司

公司概况	公司名称	徐州海伦哲专用车辆股份有限公司		证券简称	海伦哲
	法人代表	丁剑平	董秘 栗沛思	证券代码	300201
	公司网址	www.xzhlz.com		电子信箱	hlzzqb@xzhlz.com
	电　话	0516-87987729		传　真	0516-87987777
	办公地址	江苏省徐州经济开发区螺山路19号			
	经营范围	设计,制造专用汽车,工程机械,建设机械,环保机械等产品,销售自产产品等			

主要财务指标	指标\报告期	2011.06.30	2010.12.31	2010.06.30	2009.12.31
	每股收益(元)	0.0840	0.6600	0.1630	0.6100
	每股收益(扣除)(元)	0.0570	0.5500	0.1190	0.5200
	每股净资产(元)	7.6300	3.8200	–	3.1600
	调整后每股净资产(元)	–	–	–	–
	每股资本公积金(元)	5.6892	1.6666	–	1.6646
	每股盈余公积金(元)	0.0839	0.1119	–	0.0473
	每股未分配利润(元)	0.8544	1.0413	–	0.4485
	每股现金净流量(元)	2.9041	–0.7550	–1.3476	1.1303
	每股经营现金净流量(元)	–0.4740	0.2304	–0.3195	0.3540
	净资产收益率(扣除)(%)	0.9500	15.7300	3.6700	19.7500
	净资产收益率(%)	0.9630	17.2080	–	16.9870
	总资产(万)	68176.89	39328.74	–	29641.09
	股东权益(万)	61019.66	22918.19	–	18962.64
	主营业务收入(万)	8682.66	22613.76	8301.91	17756.02
	主营成本(万)	5792.76	14670.92	5678.79	11648.98
	营业收入(万)	9206.26	22777.97	8454.76	17805.42
	营业成本(万)	6234.95	14801.28	5817.26	11693.74
	投资收益(万)	–	–	–	–
	利润总额(万)	708.37	4569.35	1198.20	3678.90
	净利润(万)	587.33	3943.81	976.98	3221.08

辽宁聚龙金融设备股份有限公司

公司概况	公司名称	辽宁聚龙金融设备股份有限公司		证券简称	聚龙股份
	法人代表	柳长庆	董秘 崔文华	证券代码	300202
	公司网址	www.julong.cc		电子信箱	cwh@julong.cc
	电　话	0412-2538288		传　真	0412-2538311
	办公地址	辽宁省鞍山市铁东区千山中路308号			
	经营范围	金融办公自动化设备制造,设计、经营及有关技术咨询和技术服务等			

主要财务指标	指标\报告期	2011.06.30	2010.12.31	2010.06.30	2009.12.31
	每股收益(元)	0.2100	0.6300	0.2000	0.4300
	每股收益(扣除)(元)	0.1700	0.4900	0.1200	0.3000
	每股净资产(元)	7.2800	2.5900	–	1.9583
	调整后每股净资产(元)	–	–	–	–
	每股资本公积金(元)	5.1906	0.3864	–	0.3861
	每股盈余公积金(元)	0.0903	0.1204	–	–
	每股未分配利润(元)	1.0023	1.0840	–	0.5150
	每股现金净流量(元)	4.6760	0.5841	0.1040	–0.0842
	每股经营现金净流量(元)	–0.3244	1.0050	0.2404	–0.3041
	净资产收益率(扣除)(%)	0.0400	21.7500	0.0600	18.4900
	净资产收益率(%)	2.3560	24.4030	–	20.1160
	总资产(万)	67172.50	20679.66	–	16962.15
	股东权益(万)	61762.23	16477.61	–	12454.68
	主营业务收入(万)	7840.54	12419.55	4787.55	8887.83
	主营成本(万)	3875.51	5457.36	1984.78	3819.11
	营业收入(万)	8053.46	13001.97	5102.27	9302.15
	营业成本(万)	3976.78	5797.18	2201.85	4076.69
	投资收益(万)	–	–	–	–
	利润总额(万)	1878.13	4488.00	1443.61	2740.71
	净利润(万)	1455.38	4020.97	1270.72	2505.41

聚光科技(杭州)股份有限公司

公司概况	公司名称	聚光科技(杭州)股份有限公司		证券简称	聚光科技
	法人代表	王健	董秘 田昆仑	证券代码	300203
	公司网址	www.fpi-inc.com		电子信箱	fpi@fpi-inc.com
	电　话	0571-85012176		传　真	0571-85012008
	办公地址	浙江省杭州市滨江区滨安路760号			
	经营范围	光机电一体化产品和相关软件的研究、开发、生产、安装等			

主要财务指标	指标\报告期	2011.06.30	2010.12.31	2010.06.30	2009.12.31
	每股收益(元)	0.0900	0.4000	0.0800	0.3400
	每股收益(扣除)(元)	0.0800	0.3700	0.0700	0.3100
	每股净资产(元)	3.3300	1.5200	1.1900	1.0900
	调整后每股净资产(元)	–	–	–	–
	每股资本公积金(元)	1.9291	0.1664	0.1664	0.1464
	每股盈余公积金(元)	0.0384	0.0428	0.0100	0.0100
	每股未分配利润(元)	0.3646	0.3079	0.0143	–0.0640
	每股现金净流量(元)	1.3829	–0.0962	–0.2652	0.4338
	每股经营现金净流量(元)	–0.2075	0.0755	–0.1344	0.0496
	净资产收益率(扣除)(%)	3.7700	27.9700	6.0400	45.8800
	净资产收益率(%)	2.6340	26.6730	6.5800	30.3080
	总资产(万)	177979.21	101393.72	86128.31	84792.98
	股东权益(万)	148290.47	60692.70	47630.73	43695.17
	主营业务收入(万)	29929.10	65006.73	24153.35	52638.04
	主营成本(万)	13656.58	29261.21	11043.61	22738.58
	营业收入(万)	29965.25	65177.76	24312.55	52780.77
	营业成本(万)	13656.72	29330.76	11103.62	22813.99
	投资收益(万)	–	–	–	–
	利润总额(万)	4351.06	17881.21	3479.75	15038.63
	净利润(万)	3906.38	16188.36	3134.27	13243.15

舒泰神(北京)生物制药股份有限公司

公司概况	公司名称	舒泰神(北京)生物制药股份有限公司		证券简称	舒泰神
	法人代表	周志文	董秘 张洪山	证券代码	300204
	公司网址	www.staidson.com		电子信箱	securities@staidson.com
	电　话	010-67875255		传　真	010-67875255
	办公地址	北京市北京经济技术开发区荣京东街5号			
	经营范围	生物制品和部分化学药品的研发、生产和销售等			

主要财务指标	指标\报告期	2011.06.30	2010.12.31	2010.06.30	2009.12.31
	每股收益(元)	0.5900	1.1500	0.5200	0.7370
	每股收益(扣除)(元)	0.5700	1.1120	0.5100	0.7000
	每股净资产(元)	15.4500	3.3200	–	2.3900
	调整后每股净资产(元)	–	–	–	–
	每股资本公积金(元)	12.7340	0.6892	–	0.9090
	每股盈余公积金(元)	0.1429	0.1907	–	–
	每股未分配利润(元)	1.5707	1.4447	–	0.4103
	每股现金净流量(元)	11.4039	0.8587	0.9270	0.7837
	每股经营现金净流量(元)	0.4435	1.2781	0.5587	0.8473
	净资产收益率(扣除)(%)	3.1580	34.5900	–	29.5390
	净资产收益率(%)	7.0800	38.7300	19.4600	38.8800
	总资产(万)	107019.14	26488.42	–	14875.08
	股东权益(万)	103035.43	16622.82	–	11971.63
	主营业务收入(万)	7652.85	–	5579.44	–
	主营成本(万)	901.81	–	615.91	–
	营业收入(万)	7652.85	12820.78	5579.44	8903.36
	营业成本(万)	901.81	1431.98	615.91	1413.22
	投资收益(万)	–42.42	–79.12	–44.36	–20.24
	利润总额(万)	3920.03	6824.46	3059.50	4139.98
	净利润(万)	3253.33	5749.85	2580.64	3536.29

武汉天喻信息产业股份有限公司

公司概况	公司名称	武汉天喻信息产业股份有限公司			证券简称	天喻信息
	法人代表	张新访	董秘	江绥	证券代码	300205
	公司网址	www.whty.com.cn		电子信箱	js@whty.com.cn	
	电　话	027-87920301 87920377		传　真	027-87920306	
	办公地址	湖北省武汉市东湖新技术开发区华工大学科技园天喻楼				
	经营范围	智能卡产品及相关应用系统的研发、生产、销售和服务等				

	指标\报告期	2011.06.30	2010.12.31	2010.06.30	2009.12.31
主要财务指标	每股收益(元)	0.3900	0.8700	0.4700	0.5400
	每股收益(扣除)(元)	0.3200	0.8000	0.4400	0.4900
	每股净资产(元)	12.4000	3.8500	3.4300	2.9800
	调整后每股净资产(元)	–	–	–	–
	每股资本公积金(元)	9.5361	0.8132	0.7884	0.8133
	每股盈余公积金(元)	0.2419	0.2488	0.1456	0.1426
	每股未分配利润(元)	1.6250	1.7925	1.4954	1.0262
	每股现金净流量(元)	5.9205	0.8670	0.4009	0.5793
	每股经营现金净流量(元)	–2.9205	0.9655	0.9320	0.1436
	净资产收益率(扣除)(%)	4.1500	23.3300	–	17.8900
	净资产收益率(%)	2.7090	22.6350	12.8940	18.0560
	总资产(万)	135062.57	58217.79	46011.51	42718.20
	股东权益(万)	98777.84	23022.59	20483.74	17812.08
	主营业务收入(万)	29624.89	52778.27	25845.20	35937.50
	主营成本(万)	19916.33	34023.35	16449.95	23873.97
	营业收入(万)	29624.89	52778.27	25845.20	35937.50
	营业成本(万)	19916.33	34023.35	16449.95	23873.97
	投资收益(万)	–	–	–	–
	利润总额(万)	2988.35	6162.75	3287.06	3655.10
	净利润(万)	2675.93	5211.25	2791.96	3216.13

深圳市理邦精密仪器股份有限公司

公司概况	公司名称	深圳市理邦精密仪器股份有限公司			证券简称	理邦仪器
	法人代表	张浩	董秘	祖幼冬	证券代码	300206
	公司网址	www.edan.com.cn		电子信箱	ir@edan.com.cn	
	电　话	0755-26851437		传　真	0755-26850550	
	办公地址	广东省深圳市南山区蛇口南海大道 1019 号南山医疗器械园 B 栋三楼				
	经营范围	产科,多参数监护,超声影像,心电四大系列产品的研发,生产和销售等				

	指标\报告期	2011.06.30	2010.12.31	2010.06.30	2009.12.31
主要财务指标	每股收益(元)	0.3500	0.8800	0.3800	0.6100
	每股收益(扣除)(元)	0.3200	0.8400	–	0.5700
	每股净资产(元)	11.2700	2.8700	–	2.0300
	调整后每股净资产(元)	–	–	–	–
	每股资本公积金(元)	9.3305	0.9958	–	0.0834
	每股盈余公积金(元)	0.0986	0.0904	–	0.7624
	每股未分配利润(元)	0.8439	0.7828	–	1.0118
	每股现金净流量(元)	8.6367	0.6424	0.0100	0.7586
	每股经营现金净流量(元)	0.1704	0.8735	0.3366	0.8990
	净资产收益率(扣除)(%)	5.0300	34.1000	16.8200	31.6500
	净资产收益率(%)	2.5510	30.7050	–	30.1640
	总资产(万)	117207.58	26593.05	–	19936.67
	股东权益(万)	112695.77	21499.80	–	15218.93
	主营业务收入(万)	17107.78	31776.99	14611.93	22694.88
	主营成本(万)	7152.69	–	5940.13	–
	营业收入(万)	17243.81	32060.90	14714.49	22892.27
	营业成本(万)	7174.25	13035.78	5957.60	9698.82
	投资收益(万)	–	–	–	–
	利润总额(万)	3094.27	7373.66	3128.79	5144.95
	净利润(万)	2875.25	6601.59	2844.63	4590.65

欣旺达电子股份有限公司

公司概况	公司名称	欣旺达电子股份有限公司			证券简称	欣 旺 达
	法人代表	王明旺	董秘	孙威	证券代码	300207
	公司网址	www.sunwoda.com.cn		电子信箱	sunwei@sunwoda.com	
	电　话	0755-27352064		传　真	0755-29517735	
	办公地址	广东省深圳市宝安区石岩街道水田社区同富康水田工业区 C 栋				
	经营范围	锂离子电池模组的研发,设计,生产及销售等				

	指标\报告期	2011.06.30	2010.12.31	2010.06.30	2009.12.31
主要财务指标	每股收益(元)	0.2500	0.4400	0.2100	0.2400
	每股收益(扣除)(元)	0.2300	0.4200	0.2000	0.1900
	每股净资产(元)	5.9700	1.8400	–	1.4000
	调整后每股净资产(元)	–	–	–	–
	每股资本公积金(元)	4.1295	–	–	–
	每股盈余公积金(元)	0.0592	0.0789	–	0.0380
	每股未分配利润(元)	0.7823	0.7658	–	0.3621
	每股现金净流量(元)	4.3421	0.1503	0.4550	–0.0092
	每股经营现金净流量(元)	–0.0758	0.4960	0.7258	0.1910
	净资产收益率(扣除)(%)	6.4600	26.0200	13.3300	14.5800
	净资产收益率(%)	3.4830	24.1010	–	17.1980
	总资产(万)	156673.23	65040.94	65040.94	52631.67
	股东权益(万)	112255.10	26010.51	26010.51	19741.55
	主营业务收入(万)	48220.59	77443.13	35662.06	46482.25
	主营成本(万)	38179.98	61821.31	28836.63	37865.96
	营业收入(万)	48332.32	77570.57	35843.36	46678.64
	营业成本(万)	38291.50	61921.37	29002.90	38005.84
	投资收益(万)	–	–	–	–
	利润总额(万)	4677.40	7673.68	3644.73	4174.50
	净利润(万)	3910.07	6268.87	2969.20	3395.08

青岛市恒顺电气股份有限公司

公司概况	公司名称	青岛市恒顺电气股份有限公司			证券简称	恒顺电气
	法人代表	贾全臣	董秘	王艳强	证券代码	300208
	公司网址	www.qdhengshun.com		电子信箱	hengshun@188.com	
	电　话	0532-66962088 8181		传　真	0532-87712839	
	办公地址	山东省青岛市城阳区流亭街道双元路西侧(空港工业聚集区)				
	经营范围	高压无功补偿装置,滤波装置及核心部件的研发,设计,生产与销售等				

	指标\报告期	2011.06.30	2010.12.31	2010.06.30	2009.12.31
主要财务指标	每股收益(元)	0.3800	0.8000	0.3500	0.5400
	每股收益(扣除)(元)	0.3200	0.7300	0.3100	0.4700
	每股净资产(元)	8.5700	3.3200	–	1.8600
	调整后每股净资产(元)	–	–	–	–
	每股资本公积金(元)	6.7486	1.6495	–	0.0114
	每股盈余公积金(元)	0.0589	0.0785	–	0.1620
	每股未分配利润(元)	0.7598	0.5944	–	0.6760
	每股现金净流量(元)	5.6961	0.8121	0.8643	0.4164
	每股经营现金净流量(元)	–0.0037	0.8986	0.6910	0.7063
	净资产收益率(扣除)(%)	5.8900	27.8500	14.9100	36.1400
	净资产收益率(%)	3.6650	23.6220	–	37.1910
	总资产(万)	78862.32	33817.49	–	25170.48
	股东权益(万)	59971.47	17443.04	–	7397.60
	主营业务收入(万)	9705.46	18135.47	8533.79	14213.51
	主营成本(万)	5691.55	–	4919.85	–
	营业收入(万)	9730.83	18274.97	8542.01	14272.74
	营业成本(万)	5705.57	10643.93	4923.22	8372.93
	投资收益(万)	–	–	–	–
	利润总额(万)	2562.33	4776.64	2096.65	3092.34
	净利润(万)	2198.11	4120.43	1785.83	2751.24

天泽信息产业股份有限公司

公司概况

公司名称	天泽信息产业股份有限公司			证券简称	天泽信息
法人代表	陈进	董秘	高丽丽	证券代码	300209
公司网址	www.itrackstar.com		电子信箱	tianze@tianzestar.com	
电　　话	025-87793753		传　　真	025-84781688	
办公地址	江苏省南京市建邺区云龙山路 80 号				
经营范围	车辆远程管理信息服务及配套软硬件的研发与销售等				

主要财务指标

指标\报告期	2011.06.30	2010.12.31	2010.06.30	2009.12.31
每股收益(元)	0.4400	0.8000	0.3800	0.4600
每股收益(扣除)(元)	0.4200	0.7400	0.3600	0.3800
每股净资产(元)	10.2200	2.6100	–	1.8100
调整后每股净资产(元)	–	–	–	–
每股资本公积金(元)	8.0141	0.5004	–	0.5004
每股盈余公积金(元)	0.0739	0.0985	–	0.0218
每股未分配利润(元)	1.1271	1.0090	–	0.2852
每股现金净流量(元)	7.8087	0.6018	0.2116	0.2455
每股经营现金净流量(元)	0.5459	1.0389	0.3518	0.4989
净资产收益率(扣除)(%)	7.3100	33.6200	17.7900	24.2000
净资产收益率(%)	3.6250	30.6960	–	25.6490
总资产(万)	89214.11	25566.54	–	20045.61
股东权益(万)	81720.37	15647.94	–	10844.63
主营业务收入(万)	8579.93	14047.92	6708.31	8905.09
主营成本(万)	2291.70	–	1565.52	–
营业收入(万)	8736.52	14264.22	6737.44	8914.75
营业成本(万)	2336.18	3550.98	1581.03	2744.83
投资收益(万)	–	–	–	–
利润总额(万)	3521.63	5879.07	2909.74	3369.51
净利润(万)	2962.53	4803.31	2274.71	2781.58

鞍山森远路桥股份有限公司

公司概况

公司名称	鞍山森远路桥股份有限公司			证券简称	森远股份
法人代表	郭松森	董秘	于健	证券代码	300210
公司网址	www.assyrb.com		电子信箱	assyrb@assyrb.com	
电　　话	0412-5223068		传　　真	0412-5223028	
办公地址	辽宁省鞍山市鞍千路 281 号				
经营范围	公路筑路养护设备、除雪设备、市政环卫设备、港口设备、铁路养护设备等				

主要财务指标

指标\报告期	2011.06.30	2010.12.31	2010.06.30	2009.12.31
每股收益(元)	0.5500	0.6800	0.3000	0.4700
每股收益(扣除)(元)	0.4800	0.6300	0.2700	0.4400
每股净资产(元)	7.6000	2.8400	–	2.2200
调整后每股净资产(元)	–	–	–	–
每股资本公积金(元)	4.8429	0.0001	–	0.0001
每股盈余公积金(元)	0.1418	0.1900	–	0.1219
每股未分配利润(元)	1.6116	1.6503	–	1.0967
每股现金净流量(元)	4.4749	0.3107	–0.2231	0.4371
每股经营现金净流量(元)	0.0342	0.7743	–0.1172	0.8885
净资产收益率(扣除)(%)	5.9870	24.0030	–	21.3960
净资产收益率(%)	11.4200	26.6400	12.7500	23.9600
总资产(万)	62280.20	25440.16	–	20147.43
股东权益(万)	56858.09	15863.88	–	12391.13
主营业务收入(万)	9824.05	13019.24	5663.47	9490.55
主营成本(万)	4101.68	–	2626.66	–
营业收入(万)	10001.48	13325.22	5734.61	10143.07
营业成本(万)	4170.28	6318.76	2665.46	4860.90
投资收益(万)	–	–	–	–
利润总额(万)	4442.41	4496.03	1961.05	3129.88
净利润(万)	3404.00	3807.85	1664.96	2651.18

江苏亿通高科技股份有限公司

公司概况

公司名称	江苏亿通高科技股份有限公司			证券简称	亿通科技
法人代表	王振洪	董秘	王振洪(代)	证券代码	300211
公司网址	www.yitong-group.com		电子信箱	yitong0088@163.com	
电　　话	0512-52816252		传　　真	0512-52818006	
办公地址	江苏省苏州市常熟市通林路 28 号				
经营范围	宽带网络产品、智能化交通通讯网络产品、计算机硬件及软件产品的研究、生产和销售				

主要财务指标

指标\报告期	2011.06.30	2010.12.31	2010.06.30	2009.12.31
每股收益(元)	0.2300	0.9100	0.4100	0.7300
每股收益(扣除)(元)	0.2300	0.8653	0.3800	0.6200
每股净资产(元)	8.8800	3.7200	–	2.8100
调整后每股净资产(元)	–	–	–	–
每股资本公积金(元)	5.9596	0.3936	–	0.3936
每股盈余公积金(元)	0.2290	0.2822	–	0.1911
每股未分配利润(元)	1.6895	2.0416	–	1.2217
每股现金净流量(元)	4.0932	0.7957	–0.3614	0.5862
每股经营现金净流量(元)	–1.0014	1.2265	–0.4994	0.4148
净资产收益率(扣除)(%)	3.9000	–	12.7600	22.7700
净资产收益率(%)	2.1310	24.5100	–	25.8780
总资产(万)	52657.19	26957.47	26957.47	20183.56
股东权益(万)	43378.14	13516.44	13516.44	10203.95
主营业务收入(万)	10710.45	–	8489.51	19797.05
主营成本(万)	7984.78	–	5668.20	14573.05
营业收入(万)	10803.94	22269.36	8602.12	19947.39
营业成本(万)	8034.70	15596.35	5720.44	14622.57
投资收益(万)	–	–	–	–
利润总额(万)	1139.79	3942.32	1785.54	3093.53
净利润(万)	924.24	3312.49	1506.67	2640.57

北京易华录信息技术股份有限公司

公司概况

公司名称	北京易华录信息技术股份有限公司			证券简称	易华录
法人代表	韩建国	董秘	廖芙秀	证券代码	300212
公司网址	www.ehualu.com		电子信箱	zhengquan@ehualu.com	
电　　话	010-52281160		传　　真	010-52281188	
办公地址	北京市石景山区阜石路 165 号院 1 号楼				
经营范围	技术进出口,货物进出口,代理进出口;法律,行政法规,国务院决定禁止的等				

主要财务指标

指标\报告期	2011.06.30	2010.12.31	2010.06.30	2009.12.31
每股收益(元)	0.2400	0.7600	0.1200	0.2200
每股收益(扣除)(元)	0.1900	0.5900	0.1100	0.2000
每股净资产(元)	9.2900	2.5700	–	1.8000
调整后每股净资产(元)	–	–	–	–
每股资本公积金(元)	7.2418	0.4283	–	0.4127
每股盈余公积金(元)	0.0922	0.1236	–	0.0509
每股未分配利润(元)	0.9596	1.0229	–	0.3349
每股现金净流量(元)	5.3409	–0.2741	–1.3968	1.2228
每股经营现金净流量(元)	–1.3719	0.1963	–0.7241	0.1941
净资产收益率(扣除)(%)	3.6000	27.2500	5.1900	11.8700
净资产收益率(%)	2.1110	29.5420	–	12.3210
总资产(万)	102776.68	54175.02	–	36454.46
股东权益(万)	62267.31	12874.07	–	8992.79
主营业务收入(万)	13138.04	26300.43	9702.47	16552.23
主营成本(万)	9166.77	17369.21	6932.34	11789.62
营业收入(万)	13138.04	26300.43	9702.47	16552.23
营业成本(万)	9166.77	17369.21	6932.34	11789.62
投资收益(万)	–	–	–	–
利润总额(万)	1544.85	4406.90	781.31	1204.38
净利润(万)	1314.44	3803.24	588.61	1107.99

北京佳讯飞鸿电气股份有限公司

公司概况						
公司概况	公司名称	北京佳讯飞鸿电气股份有限公司			证券简称	佳讯飞鸿
	法人代表	林菁	董秘	王翊	证券代码	300213
	公司网址	www.jiaxun.com		电子信箱	wangyi@jiaxun.com	
	电　　话	010-62460088		传　　真	010-62492088	
	办公地址	北京市海淀区地锦路 5 号院 1 号楼				
	经营范围	生产,制造数字调度设备,专用通信设备等				

主要财务指标	指标\报告期	2011.06.30	2010.12.31	2010.06.30	2009.12.31
	每股收益(元)	0.2500	0.7700	0.2500	0.6000
	每股收益(扣除)(元)	0.2500	0.7000	0.2400	0.5500
	每股净资产(元)	7.8000	3.4000	2.8800	2.6300
	调整后每股净资产(元)	-	-	-	-
	每股资本公积金(元)	4.8619	0.1055	0.1055	0.1055
	每股盈余公积金(元)	0.1711	0.2281	-	0.1507
	每股未分配利润(元)	1.7654	2.0712	1.6254	1.3752
	每股现金净流量(元)	4.4558	0.7247	-0.5080	0.1201
	每股经营现金净流量(元)	-0.4041	0.3671	-0.4746	0.2241
	净资产收益率(扣除)(%)	4.8900	-	8.6900	23.5800
	净资产收益率(%)	2.7190	25.6300	8.6810	22.7790
	总资产(万)	78157.75	34180.91	25573.81	24670.98
	股东权益(万)	65506.95	21450.53	-	16577.92
	主营业务收入(万)	13913.75	26963.90	11431.24	22231.37
	主营成本(万)	8248.16	17153.81	6904.85	14122.03
	营业收入(万)	14476.01	28385.21	11749.55	23080.66
	营业成本(万)	8440.17	17522.22	7018.14	14308.65
	投资收益(万)	-	-	-	-
	利润总额(万)	1970.97	5512.51	1817.97	4220.49
	净利润(万)	1780.82	4872.60	1576.02	3776.23

山东日科化学股份有限公司

公司概况						
公司概况	公司名称	山东日科化学股份有限公司			证券简称	日科化学
	法人代表	赵东日	董秘	杨正魁	证券代码	300214
	公司网址	www.rikechem.com		电子信箱	rikechem@rikechem.com	
	电　　话	0536-6283716		传　　真	0536-6283716	
	办公地址	山东省昌乐县经济开发区科技二街以南 500 米				
	经营范围	PVC 塑料改性剂产品的研发,生产和销售等				

主要财务指标	指标\报告期	2011.06.30	2010.12.31	2010.06.30	2009.12.31
	每股收益(元)	0.4700	0.8100	0.4000	0.5400
	每股收益(扣除)(元)	0.4600	0.7900	0.3900	0.5400
	每股净资产(元)	7.5400	2.7200	2.3100	2.0100
	调整后每股净资产(元)	-	-	-	-
	每股资本公积金(元)	5.3279	0.5978	0.5978	0.5978
	每股盈余公积金(元)	0.0645	0.0871	0.0273	0.0273
	每股未分配利润(元)	1.1503	1.0542	0.6876	0.3824
	每股现金净流量(元)	3.9944	-0.1182	0.2385	0.2179
	每股经营现金净流量(元)	-0.4840	0.5204	0.3307	0.4506
	净资产收益率(扣除)(%)	11.6500	34.0300	18.1400	31.0700
	净资产收益率(%)	4.8980	29.8660	17.5230	27.0280
	总资产(万)	113842.21	44608.36	41514.87	34297.52
	股东权益(万)	101826.84	27390.51	23127.62	20074.99
	主营业务收入(万)	46964.15	74571.52	32662.70	46416.16
	主营成本(万)	37505.13	-	25259.81	-
	营业收入(万)	48141.98	78384.69	34061.27	48088.64
	营业成本(万)	38582.78	62762.98	26598.59	37966.51
	投资收益(万)	-	-	-	-
	利润总额(万)	5862.91	9584.76	4795.15	6283.96
	净利润(万)	4987.24	8123.06	4052.63	5425.76

苏州电器科学研究院股份有限公司

公司概况						
公司概况	公司名称	苏州电器科学研究院股份有限公司			证券简称	电 科 院
	法人代表	胡德霖	董秘	顾怡倩	证券代码	300215
	公司网址	www.dqjc.com		电子信箱	zqb@dqjc.com	
	电　　话	0512-68252194		传　　真	0512-68081686	
	办公地址	江苏省苏州市新区滨河路永和街 7 号				
	经营范围	开展高低压电器元件、成套配电装置、日用电器元件、电器测试仪器方面等				

主要财务指标	指标\报告期	2011.06.30	2010.12.31	2010.06.30	2009.12.31
	每股收益(元)	1.2300	1.8200	0.7600	1.5300
	每股收益(扣除)(元)	1.2200	1.8100	0.7500	1.3700
	每股净资产(元)	24.2200	7.7900	-	5.9700
	调整后每股净资产(元)	-	-	-	-
	每股资本公积金(元)	20.4608	4.3821	-	4.3821
	每股盈余公积金(元)	0.2759	0.2406	-	0.0586
	每股未分配利润(元)	2.4830	2.1651	-	0.5271
	每股现金净流量(元)	17.3965	0.9781	0.1137	-0.0419
	每股经营现金净流量(元)	1.0816	3.7943	1.7822	1.5336
	净资产收益率(扣除)(%)	10.4300	26.3000	11.8900	23.5100
	净资产收益率(%)	3.9968	23.3710	11.9000	17.9410
	总资产(万)	189846.33	85724.18	-	44728.36
	股东权益(万)	108988.77	26088.99	-	19991.84
	主营业务收入(万)	-	17584.88	-	10065.16
	主营成本(万)	-	4864.77	-	3101.42
	营业收入(万)	12067.11	17844.91	6523.70	10292.73
	营业成本(万)	2916.56	4928.54	1554.91	3162.33
	投资收益(万)	-	-	-	-
	利润总额(万)	5808.07	8001.19	3396.68	4446.69
	净利润(万)	4356.05	6097.15	2529.95	3586.64

湖南千山制药机械股份有限公司

公司概况						
公司概况	公司名称	湖南千山制药机械股份有限公司			证券简称	千山药机
	法人代表	刘祥华	董秘	朱兆服	证券代码	300216
	公司网址	www.chinasun.com.cn		电子信箱	zqb@chinasun.com.cn	
	电　　话	0731-84030025		传　　真	0731-84030025	
	办公地址	湖南省长沙经济技术开发区盼盼路 9 号				
	经营范围	各类注射剂生产设备的生产,销售等				

主要财务指标	指标\报告期	2011.06.30	2010.12.31	2010.06.30	2009.12.31
	每股收益(元)	0.5000	0.9000	0.4900	0.6800
	每股收益(扣除)(元)	0.4900	0.8600	0.4700	0.6300
	每股净资产(元)	9.9000	3.4500	3.0300	2.6900
	调整后每股净资产(元)	-	-	-	-
	每股资本公积金(元)	7.2609	0.7760	0.7760	0.7760
	每股盈余公积金(元)	0.1637	0.2194	0.1289	0.1289
	每股未分配利润(元)	1.4792	1.4525	1.1253	0.7884
	每股现金净流量(元)	5.9023	0.5718	0.0331	0.6525
	每股经营现金净流量(元)	-0.8594	0.9233	0.5513	0.4175
	净资产收益率(扣除)(%)	3.9900	26.2360	16.0680	23.0280
	净资产收益率(%)	10.0600	29.9500	17.1600	28.6200
	总资产(万)	77176.70	29941.38	25836.79	25526.16
	股东权益(万)	66355.71	17239.66	15151.24	13466.71
	主营业务收入(万)	13724.70	21089.00	10733.61	15519.00
	主营成本(万)	6641.02	-	5124.24	-
	营业收入(万)	13729.70	21098.78	10738.61	15528.67
	营业成本(万)	6644.58	10402.78	5127.80	7262.13
	投资收益(万)	-	-	-	-
	利润总额(万)	3066.18	5268.10	2842.19	3612.56
	净利润(万)	2647.85	4522.95	2434.53	3101.14

镇江东方电热科技股份有限公司

公司概况	公司名称	镇江东方电热科技股份有限公司		证券简称	东方电热
	法人代表	东方电热	董秘 韦秀萍	证券代码	300217
	公司网址	www.dongfang-heater.com		电子信箱	wxp@dongfang-heater.com
	电 话	0511-88988598		传 真	0511-88988060
	办公地址	江苏省镇江市镇江新区大港五峰山路18号			
	经营范围	工业和民用高性能电加热器及其控制系统的研发,制造和销售等			

主要财务指标	指标\报告期	2011.06.30	2010.12.31	2010.06.30	2009.12.31
	每股收益(元)	0.8300	1.1500	0.5100	0.7100
	每股收益(扣除)(元)	0.8300	1.1200	0.4800	0.4900
	每股净资产(元)	9.8700	4.0300	–	2.8600
	调整后每股净资产(元)	–	–	–	–
	每股资本公积金(元)	7.1026	1.5271	–	1.5102
	每股盈余公积金(元)	0.0784	0.1053	–	0.0151
	每股未分配利润(元)	1.6931	1.3988	–	0.3352
	每股现金净流量(元)	6.0527	0.2411	0.0047	0.1672
	每股经营现金净流量(元)	0.1579	0.9973	0.6705	0.6045
	净资产收益率(扣除)(%)	14.9000	32.3000	15.3300	17.9600
	净资产收益率(%)	6.6060	28.6220	–	24.7040
	总资产(万)	132102.82	66254.51	–	57431.05
	股东权益(万)	88747.38	26960.47	–	19130.92
	主营业务收入(万)	35337.23	58326.66	28759.01	37337.40
	主营成本(万)	23612.52	41192.97	21140.75	27140.18
	营业收入(万)	35979.23	59227.09	29091.82	37974.71
	营业成本(万)	24238.22	42151.76	21468.48	27754.51
	投资收益(万)	–	–	–	–
	利润总额(万)	8161.12	10954.28	4919.93	6332.04
	净利润(万)	5862.27	7716.59	3407.06	4726.07

安徽安利合成革股份有限公司

公司概况	公司名称	安徽安利合成革股份有限公司		证券简称	安利股份
	法人代表	姚和平	董秘 吴双喜	证券代码	300218
	公司网址	www.chinapuleather.com		电子信箱	shxiwu@163.com
	电 话	0551-8991557		传 真	0551-8991640
	办公地址	安徽省合肥市经济技术开发区桃花工业园			
	经营范围	生产销售各类中高档人造革、合成革及原料等			

主要财务指标	指标\报告期	2011.06.30	2010.12.31	2010.06.30	2009.12.31
	每股收益(元)	0.4316	0.8952	0.3866	0.6115
	每股收益(扣除)(元)	0.3518	0.7338	0.3054	0.4876
	每股净资产(元)	6.9000	3.1900	–	2.3554
	调整后每股净资产(元)	–	–	–	–
	每股资本公积金(元)	4.0125	0.1204	–	0.1204
	每股盈余公积金(元)	0.2782	0.3710	–	0.2441
	每股未分配利润(元)	1.5901	1.6646	–	0.9662
	每股现金净流量(元)	3.1600	0.4819	–0.3179	0.4673
	每股经营现金净流量(元)	–0.6284	1.1011	–0.0260	1.5868
	净资产收益率(扣除)(%)	8.5500	26.5100	11.9800	23.3800
	净资产收益率(%)	4.9500	28.1000	–	25.9610
	总资产(万)	115319.75	70700.51	–	54390.67
	股东权益(万)	72898.14	25232.04	–	18654.81
	主营业务收入(万)	46691.09	83581.87	38806.93	66988.92
	主营成本(万)	35884.96	64056.99	29870.39	53201.16
	营业收入(万)	47312.11	85399.55	39809.54	68970.79
	营业成本(万)	36369.30	65570.08	30719.50	54814.56
	投资收益(万)	–	–	–	–
	利润总额(万)	4429.09	8519.57	3682.11	5379.45
	净利润(万)	3608.33	7090.27	3062.10	4843.02

广州市鸿利光电股份有限公司

公司概况	公司名称	广州市鸿利光电股份有限公司		证券简称	鸿利光电
	法人代表	李国平	董秘 周家桢	证券代码	300219
	公司网址	www.honglitronic.com		电子信箱	stock@honglitronic.com
	电 话	020-86733958		传 真	020-86733777
	办公地址	广东省广州市花都区汽车城东风大道以西			
	经营范围	生产,批发,零售:LED发光器件,灯饰及其它光电产品等			

主要财务指标	指标\报告期	2011.06.30	2010.12.31	2010.06.30	2009.12.31
	每股收益(元)	0.3837	0.7160	0.3511	0.4109
	每股收益(扣除)(元)	0.3681	0.6976	0.3364	0.4050
	每股净资产(元)	5.6339	2.0507	–	0.8400
	调整后每股净资产(元)	–	–	–	–
	每股资本公积金(元)	3.8395	0.3933	–	0.3117
	每股盈余公积金(元)	0.0465	0.0622	–	0.2291
	每股未分配利润(元)	0.7479	0.5953	–	1.8160
	每股现金净流量(元)	3.3839	0.5103	1.7227	0.0530
	每股经营现金净流量(元)	–0.0784	0.9821	1.5852	1.6385
	净资产收益率(扣除)(%)	12.6300	42.6800	24.6000	48.5300
	净资产收益率(%)	5.3770	33.4370	–	36.1880
	总资产(万)	87884.62	38034.71	–	21168.33
	股东权益(万)	69146.10	18811.97	–	7623.12
	主营业务收入(万)	27060.62	43527.62	19741.60	25636.52
	主营成本(万)	17585.55	27984.55	12711.54	16996.98
	营业收入(万)	27276.35	43750.63	19949.63	25659.15
	营业成本(万)	17757.99	28172.28	12923.84	17071.06
	投资收益(万)	–	–	–	–
	利润总额(万)	4932.30	7513.17	3546.51	3313.69
	净利润(万)	3718.13	6290.23	2948.62	2758.65

武汉金运激光股份有限公司

公司概况	公司名称	武汉金运激光股份有限公司		证券简称	金运激光
	法人代表	梁伟	董秘 艾骏	证券代码	300220
	公司网址	www.goldenlaser.cn		电子信箱	whjytz2008@163.com
	电 话	027-82943465		传 真	027-82943465
	办公地址	湖北省武汉市江岸区新江岸五村188号			
	经营范围	光机电系列激光设备、激光器的研制、生产、销售及技术服务等			

主要财务指标	指标\报告期	2011.06.30	2010.12.31	2010.06.30	2009.12.31
	每股收益(元)	0.3341	0.9334	0.4077	0.4557
	每股收益(扣除)(元)	0.3181	0.9334	0.3987	0.4557
	每股净资产(元)	7.5900	2.8200	–	1.6600
	调整后每股净资产(元)	–	–	–	–
	每股资本公积金(元)	4.9726	–	–	–0.1360
	每股盈余公积金(元)	0.0917	0.1235	–	0.0361
	每股未分配利润(元)	1.5257	1.7005	–	0.7624
	每股现金净流量(元)	5.1180	1.0237	0.6656	0.2404
	每股经营现金净流量(元)	–0.2013	0.7196	0.1793	0.4354
	净资产收益率(扣除)(%)	8.4600	36.3160	–	27.7100
	净资产收益率(%)	8.4600	46.4200	21.8500	32.1700
	总资产(万)	30867.85	11595.76	–	6145.24
	股东权益(万)	26565.28	7342.39	–	4322.29
	主营业务收入(万)	7292.58	10848.27	5170.58	7562.90
	主营成本(万)	4098.22	–	2654.16	–
	营业收入(万)	7496.39	11420.28	5454.64	7801.42
	营业成本(万)	4246.65	5858.86	2790.86	4539.28
	投资收益(万)	–	–	–	–
	利润总额(万)	1088.94	3062.77	1256.12	1361.74
	净利润(万)	918.64	2666.45	1060.06	1197.69

广东银禧科技股份有限公司

公司概况	公司名称	广东银禧科技股份有限公司			证券简称	银禧科技
	法人代表	谭颂斌	董秘	顾险峰	证券代码	300221
	公司网址	www.silverage.cn		电子信箱	silverage@silverage.cn	
	电　　话	0769-88922986		传　　真	0769-85705555	
	办公地址	广东省东莞市虎门镇居岐村				
	经营范围	改性塑料的研发、生产、销售和技术服务等				

	指标\报告期	2011.06.30	2010.12.31	2010.06.30	2009.12.31
主要财务指标	每股收益(元)	0.3600	0.6700	0.3100	0.4800
	每股收益(扣除)(元)	0.3100	0.5500	0.2300	0.3800
	每股净资产(元)	6.4800	2.7100	–	2.0500
	调整后每股净资产(元)	–	–	–	–
	每股资本公积金(元)	4.0817	0.2296	–	0.2296
	每股盈余公积金(元)	0.0772	0.1029	–	0.0590
	每股未分配利润(元)	1.3228	1.3800	–	0.7574
	每股现金净流量(元)	3.2365	0.4676	0.1563	0.1925
	每股经营现金净流量(元)	–0.8792	0.4593	–0.1528	0.4023
	净资产收益率(扣除)(%)	4.4400	24.5730	–	23.4430
	净资产收益率(%)	6.7600	28.0100	13.9700	26.5600
	总资产(万)	91646.82	47914.29	–	35102.12
	股东权益(万)	68123.37	23246.79	–	17652.41
	主营业务收入(万)	36647.85	64888.62	30962.02	43910.23
	主营成本(万)	29554.49	–	25812.23	–
	营业收入(万)	36648.45	64907.81	30979.19	43952.92
	营业成本(万)	29554.49	53494.14	25812.23	35513.21
	投资收益(万)	–	–	–	–
	利润总额(万)	4090.65	6561.09	2954.87	4598.96
	净利润(万)	2877.51	4998.91	2304.44	3597.44

上海科大智能科技股份有限公司

公司概况	公司名称	上海科大智能科技股份有限公司			证券简称	科大智能
	法人代表	黄明松	董秘	姚瑶	证券代码	300222
	公司网址	www.csg.com.cn		电子信箱	kdzn@csg.com.cn	
	电　　话	021-50809880 021-50804882		传　　真	021-50804883	
	办公地址	上海市张江高科技园区碧波路 456 号 A203-A206 室				
	经营范围	智能配电网监控通讯装置与自动化系统软硬件产品的生产、销售等				

	指标\报告期	2011.06.30	2010.12.31	2010.06.30	2009.12.31
主要财务指标	每股收益(元)	0.2400	1.0900	0.1800	0.6300
	每股收益(扣除)(元)	0.2300	1.0300	0.1800	0.6300
	每股净资产(元)	9.2900	2.1600	–	1.4679
	调整后每股净资产(元)	–	–	–	–
	每股资本公积金(元)	7.3838	0.1989	–	0.1112
	每股盈余公积金(元)	0.0709	0.0945	–	0.0334
	每股未分配利润(元)	0.8388	0.8669	–	0.3233
	每股现金净流量(元)	6.4495	0.7485	–0.1594	0.5660
	每股经营现金净流量(元)	–0.5852	1.0252	–0.2852	0.3992
	净资产收益率(扣除)(%)	6.2800	55.1900	11.5000	48.1600
	净资产收益率(%)	2.0300	50.5680	–	26.8530
	总资产(万)	60711.57	18163.90	–	11328.65
	股东权益(万)	55761.37	9721.29	–	6605.44
	主营业务收入(万)	6134.81	13804.28	3899.89	8305.04
	主营成本(万)	2615.00	–	1810.46	–
	营业收入(万)	6134.81	13804.28	3899.89	8430.74
	营业成本(万)	2615.00	5642.37	1810.46	5060.20
	投资收益(万)	–	–	–	–
	利润总额(万)	1277.65	5658.36	939.81	1803.68
	净利润(万)	1132.00	4915.85	807.44	1773.74

北京君正集成电路股份有限公司

公司概况	公司名称	北京君正集成电路股份有限公司			证券简称	北京君正
	法人代表	刘强	董秘	张敏	证券代码	300223
	公司网址	www.ingenic.cn		电子信箱	investors@ingenic.cn	
	电　　话	010-82825005		传　　真	010-82826661*8112	
	办公地址	北京市海淀区东北旺中关村软件园信息中心 A 座 108 室				
	经营范围	32 位嵌入式 CPU 芯片及配套软件平台的研发和销售等				

	指标\报告期	2011.06.30	2010.12.31	2010.06.30	2009.12.31
主要财务指标	每股收益(元)	0.7905	1.4802	0.8320	1.1649
	每股收益(扣除)(元)	0.6269	1.3625	0.8153	1.1299
	每股净资产(元)	13.3700	3.2400	2.5900	1.7600
	调整后每股净资产(元)	–	–	–	–
	每股资本公积金(元)	10.2477	0.2359	0.2359	0.2359
	每股盈余公积金(元)	0.1239	0.1653	0.0157	0.0157
	每股未分配利润(元)	2.0084	1.8434	1.3448	0.5128
	每股现金净流量(元)	10.6682	0.7002	0.3753	0.7693
	每股经营现金净流量(元)	0.3177	1.5720	0.9771	0.9245
	净资产收益率(扣除)(%)	11.1300	54.4700	37.4400	67.8300
	净资产收益率(%)	4.6800	45.7200	32.1000	66.1300
	总资产(万)	108864.95	22472.96	18652.95	18531.26
	股东权益(万)	106968.56	19424.55	15554.22	10568.25
	主营业务收入(万)	10212.63	–	11276.04	–
	主营成本(万)	4163.34	–	4720.30	–
	营业收入(万)	10212.63	20614.03	11276.04	19222.50
	营业成本(万)	4163.34	8753.66	4720.30	7879.63
	投资收益(万)	–	–	–	–
	利润总额(万)	5521.65	9696.11	5473.02	7952.04
	净利润(万)	5006.58	8881.49	4992.21	6989.14

烟台正海磁性材料股份有限公司

公司概况	公司名称	烟台正海磁性材料股份有限公司			证券简称	正海磁材
	法人代表	秘波海	董秘	宋侃	证券代码	300224
	公司网址	www.zhmag.com		电子信箱	dmb@zhmag.com	
	电　　话	0535-6397287 6397168		传　　真	0535-6397287 6387449	
	办公地址	山东省烟台经济技术开发区珠江路 22 号				
	经营范围	高性能钕铁硼永磁材料的研发,生产,销售和服务等				

	指标\报告期	2011.06.30	2010.12.31	2010.06.30	2009.12.31
主要财务指标	每股收益(元)	0.7000	0.8800	0.4500	0.5300
	每股收益(扣除)(元)	0.6300	0.8600	0.4500	0.6300
	每股净资产(元)	7.2300	2.3500	–	1.4800
	调整后每股净资产(元)	–	–	–	–
	每股资本公积金(元)	4.8846	0.2947	–	0.2947
	每股盈余公积金(元)	0.0793	0.1058	–	0.0185
	每股未分配利润(元)	1.2655	0.9536	–	0.1630
	每股现金净流量(元)	4.7453	0.2699	–0.5110	0.9408
	每股经营现金净流量(元)	–0.0423	1.4431	0.0887	1.4171
	净资产收益率(扣除)(%)	17.5600	45.0000	26.4500	51.6200
	净资产收益率(%)	7.6120	37.2910	–	35.9220
	总资产(万)	191769.58	91686.13	–	51717.77
	股东权益(万)	115670.65	28249.57	–	17715.03
	主营业务收入(万)	47687.47	–	30258.82	–
	主营成本(万)	34109.71	–	20886.81	–
	营业收入(万)	48641.37	67108.21	30451.94	39095.76
	营业成本(万)	34122.13	48436.59	20897.86	25649.44
	投资收益(万)	–	–	–	–
	利润总额(万)	10190.28	12245.08	6349.19	7358.79
	净利润(万)	8804.48	10534.53	5438.43	6363.63

上海金力泰化工股份有限公司

公司概况	公司名称	上海金力泰化工股份有限公司			证券简称	金力泰
	法人代表	吴国政	董秘	徐仁环	证券代码	300225
	公司网址	www.knt.cn		电子信箱	xurh@knt.cn	
	电话	021-57563972		传真	021-57563996	
	办公地址	上海市奉贤区青村镇沿钱公路 2888 号				
	经营范围	制造、加工高性能涂料产品、溶剂、添加剂,销售自产产品等				

	指标\报告期	2011.06.30	2010.12.31	2010.06.30	2009.12.31
主要财务指标	每股收益(元)	0.6400	1.6900	1.0500	1.3800
	每股收益(扣除)(元)	0.5100	1.6000	1.0100	1.3700
	每股净资产(元)	10.2800	4.2300	-	3.2500
	调整后每股净资产(元)	-	-	-	-
	每股资本公积金(元)	6.3953	0.0629	-	0.0020
	每股盈余公积金(元)	0.5788	0.7756	-	0.6065
	每股未分配利润(元)	2.2614	2.3539	-	1.6322
	每股现金净流量(元)	5.8977	0.1032	0.2816	0.1164
	每股经营现金净流量(元)	0.2843	1.1197	0.4982	0.9463
	净资产收益率(扣除)(%)	8.9200	44.9100	29.6100	51.0800
	净资产收益率(%)	4.9080	39.9740	-	42.3360
	总资产(万)	81942.04	35871.39	-	24970.05
	股东权益(万)	68896.20	21149.40	-	16265.49
	主营业务收入(万)	27282.22	51745.82	27207.74	35387.72
	主营成本(万)	20052.56	34870.52	17607.57	21606.98
	营业收入(万)	27349.34	51811.08	27246.21	35448.15
	营业成本(万)	20096.68	34916.04	17638.34	21648.58
	投资收益(万)	-	-	-	-
	利润总额(万)	3909.25	9821.97	6090.05	8091.91
	净利润(万)	3381.58	8454.29	5248.80	6886.21

上海钢联电子商务股份有限公司

公司概况	公司名称	上海钢联电子商务股份有限公司			证券简称	上海钢联
	法人代表	朱军红	董秘	朱军红(代)	证券代码	300226
	公司网址	www.mysteel.com		电子信箱	public@mysteel.com.cn	
	电话	021-26093997 021-2609		传真	021-51683951 5168 3616	
	办公地址	上海市宝山区友谊路 1588 弄 1 号楼 6 楼				
	经营范围	计算机软件,网络技术的开发,销售,网络系统集成,金属材料等				

	指标\报告期	2011.06.30	2010.12.31	2010.06.30	2009.12.31
主要财务指标	每股收益(元)	0.4678	0.9000	0.3832	0.6600
	每股收益(扣除)(元)	0.3911	0.8000	0.3723	0.4900
	每股净资产(元)	7.6700	3.2100	-	2.3146
	调整后每股净资产(元)	-	-	-	-
	每股资本公积金(元)	4.7595	0.1617	-	0.0867
	每股盈余公积金(元)	0.1747	0.2330	-	0.2143
	每股未分配利润(元)	1.7348	1.8193	-	1.0137
	每股现金净流量(元)	6.4161	0.4631	0.4546	0.5657
	每股经营现金净流量(元)	0.7100	1.5598	0.6072	1.4813
	净资产收益率(扣除)(%)	9.0700	28.7900	14.8600	24.0500
	净资产收益率(%)	4.8290	27.9820	-	28.3160
	总资产(万)	43116.41	16931.35	-	12709.93
	股东权益(万)	30675.99	9641.94	-	6943.95
	主营业务收入(万)	9055.10	16072.75	7329.80	11064.89
	主营成本(万)	1693.00	4341.15	1813.90	2713.24
	营业收入(万)	9055.10	16072.75	7329.80	11064.89
	营业成本(万)	1693.00	4341.15	1813.90	2713.24
	投资收益(万)	-	-	-	-
	利润总额(万)	1981.90	3115.96	1379.97	2297.27
	净利润(万)	1481.30	2697.99	1149.76	1966.24

深圳光韵达光电科技股份有限公司

公司概况	公司名称	深圳光韵达光电科技股份有限公司			证券简称	光韵达
	法人代表	侯若洪	董秘	李璐	证券代码	300227
	公司网址	www.sunshine-laser.com		电子信箱	info@sunshine-laser.com	
	电话	0755-26981580		传真	0755-26981500	
	办公地址	广东省深圳市南山区高新区朗山一路聚友创业中心大厦一楼				
	经营范围	从事激光应用技术的研究与开发,提供激光切割,激光钻孔,激光焊接等				

	指标\报告期	2011.06.30	2010.12.31	2010.06.30	2009.12.31
主要财务指标	每股收益(元)	0.2000	0.4200	0.1600	0.2500
	每股收益(扣除)(元)	0.2000	0.3800	0.1500	0.2300
	每股净资产(元)	4.4300	1.8400	-	1.4200
	调整后每股净资产(元)	-	-	-	-
	每股资本公积金(元)	2.6432	0.0026	-	0.0026
	每股盈余公积金(元)	0.0281	0.0376	-	0.0124
	每股未分配利润(元)	0.7541	0.7978	-	0.4072
	每股现金净流量(元)	2.9200	0.1465	0.0326	0.0149
	每股经营现金净流量(元)	0.0748	0.4839	0.1964	0.3072
	净资产收益率(扣除)(%)	8.6700	23.4000	9.2400	18.0800
	净资产收益率(%)	3.5870	22.6250	8.8712	17.3620
	总资产(万)	39702.54	16399.67	16399.67	12210.39
	股东权益(万)	29649.80	9190.24	9190.24	7110.98
	主营业务收入(万)	6227.95	11383.82	500.81	8417.57
	主营成本(万)	2854.02	-	2438.96	-
	营业收入(万)	6227.95	11383.82	5008.08	8417.57
	营业成本(万)	2854.02	5223.99	2438.96	4057.64
	投资收益(万)	-	-	-	-
	利润总额(万)	1461.18	2780.36	1116.01	1611.14
	净利润(万)	1063.46	2079.26	815.29	1234.62

张家港富瑞特种装备股份有限公司

公司概况	公司名称	张家港富瑞特种装备股份有限公司			证券简称	富瑞特装
	法人代表	邬品芳	董秘	张建忠	证券代码	300228
	公司网址	www.furuise.com		电子信箱	furui@furuise.com	
	电话	0512-58982295		传真	0512-58982293	
	办公地址	江苏省张家港市杨舍镇晨新路 19 号				
	经营范围	天然气、石油、冶金、电站、化工设备开发、制造、销售等				

	指标\报告期	2011.06.30	2010.12.31	2010.06.30	2009.12.31
主要财务指标	每股收益(元)	0.6100	0.9100	0.4400	0.7300
	每股收益(扣除)(元)	0.5900	0.8300	0.4000	0.6900
	每股净资产(元)	8.7800	3.8400	-	2.9300
	调整后每股净资产(元)	-	-	-	-
	每股资本公积金(元)	5.8091	0.8106	-	0.8106
	每股盈余公积金(元)	0.1328	0.1780	-	0.1001
	每股未分配利润(元)	1.8341	1.8484	-	1.0203
	每股现金净流量(元)	2.9070	0.2761	0.2309	0.6682
	每股经营现金净流量(元)	-2.4547	0.6567	0.3412	1.0118
	净资产收益率(扣除)(%)	5.1820	23.6120	-	25.0390
	净资产收益率(%)	14.7100	26.7700	13.8500	28.6200
	总资产(万)	120855.37	70692.79	-	44026.67
	股东权益(万)	59943.04	20083.09	-	15339.86
	主营业务收入(万)	32595.07	45569.27	20654.25	37766.58
	主营成本(万)	22747.46	31927.41	14752.43	27499.03
	营业收入(万)	33171.04	46165.48	20910.59	38356.39
	营业成本(万)	23113.63	32324.86	14926.05	27925.62
	投资收益(万)	-	71.60	-	-
	利润总额(万)	4190.17	5495.24	2545.25	4281.67
	净利润(万)	3046.66	4529.84	2180.55	3669.39

北京拓尔思信息技术股份有限公司

公司概况	公司名称	北京拓尔思信息技术股份有限公司		证券简称	拓尔思
	法人代表	李渝勤	董秘 何东炯	证券代码	300229
	公司网址	www.trs.com.cn		电子信箱	he.dongjiong@trs.com.cn
	电　话	010-82800995		传　真	010-82800995-880
	办公地址	北京市海淀区知春路 6 号锦秋国际大厦 14 层 14B04			
	经营范围	技术推广，技术开发，技术转让，技术服务，技术咨询等			

主要财务指标	指标\报告期	2011.06.30	2010.12.31	2010.06.30	2009.12.31
	每股收益(元)	0.1600	0.6700	0.1500	0.5800
	每股收益(扣除)(元)	0.1200	0.6300	0.1200	0.5600
	每股净资产(元)	5.7200	2.8100	–	2.1900
	调整后每股净资产(元)	–	–	–	–
	每股资本公积金(元)	3.3751	0.1850	–	0.0294
	每股盈余公积金(元)	0.1496	0.1995	–	0.1325
	每股未分配利润(元)	1.1925	1.4287	–	1.0257
	每股现金净流量(元)	3.4400	0.4821	–0.0433	0.1898
	每股经营现金净流量(元)	–0.0762	0.6083	0.0418	0.4921
	净资产收益率(扣除)(%)	4.2100	25.6900	5.7300	28.6600
	净资产收益率(%)	2.1150	23.8180	–	26.3150
	总资产(万)	71557.57	28479.39	–	22317.12
	股东权益(万)	68606.74	25318.46	–	19687.77
	主营业务收入(万)	6376.54	–	5305.10	–
	主营成本(万)	1177.68	–	1092.64	–
	营业收入(万)	6376.54	14765.64	5305.10	12458.73
	营业成本(万)	1177.68	2976.54	1092.64	2771.58
	投资收益(万)	–	–	–	–
	利润总额(万)	1686.87	6729.60	1572.02	5761.99
	净利润(万)	1451.20	6030.46	1354.93	5180.82

上海永利带业股份有限公司

公司概况	公司名称	上海永利带业股份有限公司		证券简称	永利带业
	法人代表	史佩浩	董秘 恽黎明	证券代码	300230
	公司网址	www.yonglibelt.com		电子信箱	yongli@yonglibelt.com
	电　话	021-59884061		传　真	021-59884157 59884061
	办公地址	上海市青浦区徐泾镇徐旺路 58 号			
	经营范围	新材料轻型输送带的研发、生产和销售等			

主要财务指标	指标\报告期	2011.06.30	2010.12.31	2010.06.30	2009.12.31
	每股收益(元)	0.2971	0.5401	0.2449	0.4578
	每股收益(扣除)(元)	0.2686	0.4994	0.2345	0.3990
	每股净资产(元)	4.9300	2.3500	–	2.0400
	调整后每股净资产(元)	–	–	–	–
	每股资本公积金(元)	2.9311	0.3648	–	0.3648
	每股盈余公积金(元)	0.0846	0.1129	–	0.0724
	每股未分配利润(元)	0.8893	0.8898	–	0.6002
	每股现金净流量(元)	2.9223	0.1551	0.0474	0.2168
	每股经营现金净流量(元)	0.1490	0.6030	0.1541	0.2689
	净资产收益率(扣除)(%)	10.7500	22.4100	10.8600	22.4000
	净资产收益率(%)	4.5120	22.9710	–	21.3080
	总资产(万)	56863.88	26202.00	–	21763.17
	股东权益(万)	44275.35	15808.01	–	13687.72
	主营业务收入(万)	13682.00	24086.40	10909.14	16795.64
	主营成本(万)	8068.21	14593.51	6557.81	10144.49
	营业收入(万)	13682.00	24087.90	10909.14	16812.47
	营业成本(万)	8068.21	14593.51	6557.81	10144.49
	投资收益(万)	–	–	–	–
	利润总额(万)	2464.29	4669.18	1997.81	3480.70
	净利润(万)	1997.63	3631.27	1646.57	2916.52

北京银信长远科技股份有限公司

公司概况	公司名称	北京银信长远科技股份有限公司		证券简称	银信科技
	法人代表	詹立雄	董秘 詹立雄(代)	证券代码	300231
	公司网址	www.trustfar.cn		电子信箱	public@trustfar.cn
	电　话	010-82629666		传　真	010-82621118 82622228
	办公地址	北京市海淀区苏州街 18 号长远天地大厦 4 号楼 21 层			
	经营范围	计算机系统服务；数据处理；软件服务；技术推广；销售计算机，软件及辅助设备			

主要财务指标	指标\报告期	2011.06.30	2010.12.31	2010.06.30	2009.12.31
	每股收益(元)	0.6117	0.8927	0.4415	0.6633
	每股收益(扣除)(元)	0.6115	0.8443	0.4413	0.4916
	每股净资产(元)	6.7754	2.8300	–	1.9300
	调整后每股净资产(元)	–	–	–	–
	每股资本公积金(元)	4.4635	0.6900	–	0.6900
	每股盈余公积金(元)	0.0816	0.1087	–	0.0280
	每股未分配利润(元)	1.2303	1.0287	–	0.2168
	每股现金净流量(元)	3.5772	1.0181	–0.7724	0.5615
	每股经营现金净流量(元)	–0.5375	1.2142	–0.6916	0.8515
	净资产收益率(扣除)(%)	19.5200	35.4600	20.4700	35.2900
	净资产收益率(%)	6.7713	31.5740	20.4800	29.1410
	总资产(万)	29252.96	12142.33	–	9192.89
	股东权益(万)	27101.48	8482.35	–	5804.14
	主营业务收入(万)	9247.47	–	6940.80	–
	主营成本(万)	5101.48	–	3777.66	–
	营业收入(万)	9247.47	15812.97	6940.80	11225.76
	营业成本(万)	5101.48	9350.17	3777.66	6313.63
	投资收益(万)	–	–	–	–
	利润总额(万)	2151.08	3133.52	1570.10	1847.09
	净利润(万)	1835.12	2678.21	1324.60	1691.38

深圳市洲明科技股份有限公司

公司概况	公司名称	深圳市洲明科技股份有限公司		证券简称	洲明科技
	法人代表	林洺锋	董秘 陈健	证券代码	300232
	公司网址	www.unilumin.com		电子信箱	irm@unilumin.com
	电　话	0755-29918999-8886		传　真	0755-29912092
	办公地址	广东省深圳市宝安区福永镇桥头村富海工业区			
	经营范围	LED 高清节能全彩显示屏和 LED 节能照明产品的研发、生产和销售等			

主要财务指标	指标\报告期	2011.06.30	2010.12.31	2010.06.30	2009.12.31
	每股收益(元)	0.3800	1.0000	0.4000	0.6022
	每股收益(扣除)(元)	0.3200	0.9200	0.3800	0.5468
	每股净资产(元)	6.7500	2.9300	–	1.3700
	调整后每股净资产(元)	–	–	–	–
	每股资本公积金(元)	4.6445	0.8293	–	0.2117
	每股盈余公积金(元)	0.1085	0.1461	–	0.0602
	每股未分配利润(元)	0.9945	0.9572	–	0.0931
	每股现金净流量(元)	4.2972	–0.1578	0.6010	0.2098
	每股经营现金净流量(元)	0.0239	0.5810	–0.0861	0.1997
	净资产收益率(扣除)(%)	10.2200	38.9800	19.3600	55.7600
	净资产收益率(%)	4.2040	33.0930	–	44.1150
	总资产(万)	66813.26	28421.19	–	15357.69
	股东权益(万)	52441.99	16926.70	–	6825.15
	主营业务收入(万)	23376.17	49972.00	21521.54	31148.17
	主营成本(万)	17341.24	37503.15	16536.35	24156.78
	营业收入(万)	23382.59	50111.80	21659.28	31265.41
	营业成本(万)	17341.24	37615.95	16668.33	24228.56
	投资收益(万)	–	–	–	–
	利润总额(万)	2610.72	6125.17	2377.24	3298.55
	净利润(万)	2204.62	5601.55	2193.73	3010.90

山东金城医药化工股份有限公司

公司概况

公司名称	山东金城医药化工股份有限公司			证券简称	金城医药
法人代表	赵叶青	董秘	朱晓刚	证券代码	300233
公司网址	www.jinchengpharm.com		电子信箱	jcpc@jinchengpharm.com	
电　话	0533-5439432		传　真	0533-5439426	
办公地址	山东省淄博市淄川区经济开发区				
经营范围	头孢类抗生素医药中间体的研发、生产和销售等				

主要财务指标

指标\报告期	2011.06.30	2010.12.31	2010.06.30	2009.12.31
每股收益(元)	0.4600	1.1600	0.5300	0.9000
每股收益(扣除)(元)	0.4200	1.1000	0.5000	0.8700
每股净资产(元)	7.8100	4.1700	4.1700	3.1300
调整后每股净资产(元)	–	–	–	–
每股资本公积金(元)	4.6835	0.7737	–	0.7737
每股盈余公积金(元)	0.1317	0.1770	–	0.1151
每股未分配利润(元)	1.9781	2.1954	–	1.2148
每股现金净流量(元)	3.5530	0.2389	-0.0236	0.4202
每股经营现金净流量(元)	0.1504	1.2075	0.5678	1.1736
净资产收益率(扣除)(%)	4.4195	27.8750	–	28.8950
净资产收益率(%)	10.5400	31.8600	15.4900	33.1300
总资产(万)	149102.02	95795.01	–	69256.18
股东权益(万)	94502.02	37533.36	–	28152.55
主营业务收入(万)	39883.88	74677.53	34531.16	57320.42
主营成本(万)	30234.94	–	24751.28	–
营业收入(万)	40317.14	75938.49	34971.91	58460.90
营业成本(万)	30340.86	54051.91	25166.74	40395.34
投资收益(万)	–	–	–	3.06
利润总额(万)	4898.51	12156.17	5537.67	9648.84
净利润(万)	4176.49	10462.41	4727.74	8134.78

浙江开尔新材料股份有限公司

公司概况

公司名称	浙江开尔新材料股份有限公司			证券简称	开尔新材
法人代表	邢翰学	董秘	程志勇(代)	证券代码	300234
公司网址	www.zjke.com		电子信箱	stock@zjke.com	
电　话	0579-82888566		传　真	0579-82886066	
办公地址	浙江省金华市金东区曹宅工业区				
经营范围	新型功能性搪瓷材料的研发、设计推广制造和销售等				

主要财务指标

指标\报告期	2011.06.30	2010.12.31	2010.06.30	2009.12.31
每股收益(元)	0.4100	0.5500	0.3100	0.2800
每股收益(扣除)(元)	0.4000	0.5300	0.3100	0.2800
每股净资产(元)	4.4100	1.9900	–	4.1300
调整后每股净资产(元)	–	–	–	–
每股资本公积金(元)	2.8217	0.6176	–	1.3333
每股盈余公积金(元)	0.0431	0.0575	–	0.1772
每股未分配利润(元)	0.5415	0.3142	–	1.6191
每股现金净流量(元)	2.6856	0.0147	-0.0190	0.1320
每股经营现金净流量(元)	0.1533	0.0926	0.1568	0.3810
净资产收益率(扣除)(%)	14.7400	33.8200	19.6800	30.6100
净资产收益率(%)	6.9410	27.3020	–	17.2420
总资产(万)	41282.11	17879.97	–	17576.97
股东权益(万)	35250.12	11936.08	–	9291.51
主营业务收入(万)	10463.62	–	7364.66	–
主营成本(万)	–	–	–	–
营业收入(万)	10499.13	15191.30	7433.18	10921.73
营业成本(万)	5152.48	8283.21	4013.67	6820.96
投资收益(万)	–	–	–	–
利润总额(万)	2931.44	3859.02	2151.09	1841.94
净利润(万)	2446.54	3258.82	1787.19	1602.00

深圳市方直科技股份有限公司

公司概况

公司名称	深圳市方直科技股份有限公司			证券简称	方直科技
法人代表	黄元忠	董秘	孙晓玲	证券代码	300235
公司网址	www.kingsunsoft.com		电子信箱	kingsunsoft@kingsunsoft.com	
电　话	0755-86336966		传　真	0755-86336977	
办公地址	广东省深圳市南山区科技中二路深圳软件园 12 号楼 302				
经营范围	计算机软件、硬件、网络及教育软件和教学资源的开发、销售等				

主要财务指标

指标\报告期	2011.06.30	2010.12.31	2010.06.30	2009.12.31
每股收益(元)	0.2800	1.0700	0.2200	0.8000
每股收益(扣除)(元)	0.2200	1.0000	0.2200	0.6800
每股净资产(元)	6.2800	2.4700	–	1.6100
调整后每股净资产(元)	–	–	–	–
每股资本公积金(元)	4.0223	0.0712	–	0.0712
每股盈余公积金(元)	0.1415	0.1551	–	0.0504
每股未分配利润(元)	1.1202	1.2476	–	0.4916
每股现金净流量(元)	4.2549	1.1726	-0.2453	0.8668
每股经营现金净流量(元)	-0.1101	1.2441	0.0132	0.8085
净资产收益率(扣除)(%)	8.6000	50.0200	13.1000	50.4400
净资产收益率(%)	3.3370	43.3670	–	44.9800
总资产(万)	29518.98	9662.24	–	5949.36
股东权益(万)	27649.61	8163.78	–	5323.41
主营业务收入(万)	2958.60	8139.91	2373.20	6018.83
主营成本(万)	905.12	2576.35	705.52	2490.21
营业收入(万)	2958.60	8139.91	2373.20	6025.43
营业成本(万)	905.12	2576.35	705.52	2490.21
投资收益(万)	–	–	–	–
利润总额(万)	1077.89	3908.12	780.63	2603.74
净利润(万)	922.55	3540.37	732.82	2394.49

上海新阳半导体材料股份有限公司

公司概况

公司名称	上海新阳半导体材料股份有限公司			证券简称	上海新阳
法人代表	王福祥	董秘	吕海波	证券代码	300236
公司网址	www.sinyang.com.cn		电子信箱	info@sinyang.com.cn	
电　话	021-57850066		传　真	021-57850066	
办公地址	上海市松江区小昆山镇文合路 1268 号				
经营范围	半导体行业所需电子化学品的研发、生产和销售服务等				

主要财务指标

指标\报告期	2011.06.30	2010.12.31	2010.06.30	2009.12.31
每股收益(元)	0.2900	0.5600	0.2500	0.4600
每股收益(扣除)(元)	0.2900	0.5200	0.2400	0.4500
每股净资产(元)	3.9400	1.8600	–	1.5100
调整后每股净资产(元)	–	–	–	–
每股资本公积金(元)	2.3955	0.1731	–	0.1711
每股盈余公积金(元)	0.0677	0.0905	–	0.0335
每股未分配利润(元)	0.4751	0.5944	–	0.3075
每股现金净流量(元)	2.3547	0.3550	0.0524	-0.0295
每股经营现金净流量(元)	0.1015	0.6008	0.2536	0.4645
净资产收益率(扣除)(%)	15.4800	34.9200	17.8300	33.0200
净资产收益率(%)	5.5260	30.3550	–	30.1570
总资产(万)	37996.22	16140.03	16140.03	13405.48
股东权益(万)	33545.67	11831.41	11831.41	9628.24
主营业务收入(万)	7362.78	12927.91	5652.15	9008.73
主营成本(万)	3715.12	6081.30	2502.40	3879.64
营业收入(万)	7489.68	13145.51	5733.18	9117.41
营业成本(万)	3771.75	6189.08	2541.44	3958.48
投资收益(万)	–	–	–	–
利润总额(万)	2123.22	4065.42	1790.54	2910.24
净利润(万)	1853.74	3591.46	1582.98	2903.58

山东美晨科技股份有限公司

公司概况	公司名称	山东美晨科技股份有限公司			证券简称	美晨科技
	法人代表	张磊	董秘	薛方明	证券代码	300237
	公司网址	www.meichen.cc		电子信箱	meichen@meichen.cc	
	电　　话	0536-6151511		传　　真	0536-6320138	
	办公地址	山东省诸城市密州路东首路南				
	经营范围	减震橡胶制品、胶管制品及其他橡胶制品的研发、制造、销售等				

主要财务指标	指标\报告期	2011.06.30	2010.12.31	2010.06.30	2009.12.31
	每股收益(元)	0.7400	1.9000	0.9600	1.1900
	每股收益(扣除)(元)	0.7400	1.9300	0.9700	1.2000
	每股净资产(元)	9.6600	4.3700	–	2.6700
	调整后每股净资产(元)	–	–	–	–
	每股资本公积金(元)	6.0554	0.6357	–	0.6357
	每股盈余公积金(元)	0.2288	0.3055	–	0.1090
	每股未分配利润(元)	2.3711	2.4257	–	0.9203
	每股现金净流量(元)	5.7615	–0.1739	–0.1867	0.4285
	每股经营现金净流量(元)	–0.7599	2.3468	0.6933	1.7623
	净资产收益率(扣除)(%)	15.5600	54.9900	30.9900	56.4900
	净资产收益率(%)	5.7370	43.5530	–	43.8680
	总资产(万)	89416.23	46047.89	–	28077.83
	股东权益(万)	55035.21	18646.83	–	11379.59
	主营业务收入(万)	31371.52	57695.92	28681.72	34048.00
	主营成本(万)	22187.29	38278.88	18633.67	22641.12
	营业收入(万)	31536.99	57877.71	28776.38	34098.37
	营业成本(万)	22286.91	38384.02	18707.66	22670.53
	投资收益(万)	–	–	–	–
	利润总额(万)	3728.25	9433.48	4838.69	5790.12
	净利润(万)	3157.29	8121.24	4090.62	4991.97

广东冠昊生物科技股份有限公司

公司概况	公司名称	广东冠昊生物科技股份有限公司			证券简称	冠昊生物
	法人代表	朱卫平	董秘	赵文杰	证券代码	300238
	公司网址	www.grandhopebio.com		电子信箱	ir@grandhopebio.com	
	电　　话	020-32052295		传　　真	020-32211255	
	办公地址	广州市萝岗区科学城广州国际企业孵化器D区408室				
	经营范围	再生医学材料及再生型医用植入器械研发、生产及销售等				

主要财务指标	指标\报告期	2011.06.30	2010.12.31	2010.06.30	2009.12.31
	每股收益(元)	0.2600	0.7400	0.2100	0.3900
	每股收益(扣除)(元)	0.2100	0.6700	0.1500	0.2900
	每股净资产(元)	6.6100	3.1700	–	1.8410
	调整后每股净资产(元)	–	–	–	–
	每股资本公积金(元)	4.5876	1.0555	–	0.3909
	每股盈余公积金(元)	0.0836	0.1116	–	0.0449
	每股未分配利润(元)	0.9493	1.0042	–	0.4040
	每股现金净流量(元)	3.9101	0.6158	0.3646	0.4660
	每股经营现金净流量(元)	0.0267	0.7370	–0.0528	0.1328
	净资产收益率(扣除)(%)	6.5100	26.2500	7.4800	18.4500
	净资产收益率(%)	2.9720	22.3050	–	18.7350
	总资产(万)	49732.32	23602.11	–	12229.79
	股东权益(万)	40409.35	14499.20	–	7695.30
	主营业务收入(万)	5211.46	10261.55	3976.73	6556.15
	主营成本(万)	277.48	728.67	210.02	3907.20
	营业收入(万)	5211.46	10261.81	3976.73	6556.90
	营业成本(万)	277.48	728.67	210.02	390.72
	投资收益(万)	–	–	–	–
	利润总额(万)	1218.88	3763.57	946.44	1508.64
	净利润(万)	1201.02	3234.11	866.96	1441.69

包头东宝生物技术股份有限公司

公司概况	公司名称	包头东宝生物技术股份有限公司			证券简称	东宝生物
	法人代表	王军	董秘	刘芳	证券代码	300239
	公司网址	www.dongbaoshengwu.com		电子信箱	xmliu@dbgelatin.cn	
	电　　话	0472-5319863		传　　真	0472-5319936 5319863	
	办公地址	内蒙古包头市稀土高新技术产业开发区黄河大街46号				
	经营范围	明胶系列产品及小分子量胶原蛋白的研发、生产、销售等				

主要财务指标	指标\报告期	2011.06.30	2010.12.31	2010.06.30	2009.12.31
	每股收益(元)	0.2210	0.3795	0.1824	0.1995
	每股收益(扣除)(元)	0.2026	0.3584	0.1748	0.1728
	每股净资产(元)	3.7400	2.1500	2.1200	1.7700
	调整后每股净资产(元)	–	–	–	–
	每股资本公积金(元)	1.8751	0.2210	–	0.2181
	每股盈余公积金(元)	0.1140	0.1520	–	0.1140
	每股未分配利润(元)	0.7476	0.7759	–	0.4343
	每股现金净流量(元)	2.1564	0.0296	–0.0931	0.0267
	每股经营现金净流量(元)	0.1735	0.2086	–0.0653	0.2427
	净资产收益率(扣除)(%)	8.9700	18.3200	8.6000	9.9400
	净资产收益率(%)	4.4350	17.6610	8.9700	11.2940
	总资产(万)	39430.18	22006.07	22480.46	20725.44
	股东权益(万)	28391.15	12244.06	12104.69	10065.41
	主营业务收入(万)	9420.62	–	8940.81	–
	主营成本(万)	6874.42	–	6756.60	–
	营业收入(万)	9420.62	19236.69	8940.81	15502.88
	营业成本(万)	6874.42	14557.99	6756.60	12563.05
	投资收益(万)	–	–	–	–
	利润总额(万)	1497.06	2559.79	1229.28	1353.63
	净利润(万)	1259.26	2162.45	1039.28	1136.76

江苏飞力达国际物流股份有限公司

公司概况	公司名称	江苏飞力达国际物流股份有限公司			证券简称	飞力达
	法人代表	沈黎明	董秘	李镭	证券代码	300240
	公司网址	www.feiliks.com		电子信箱	dshmsc@feiliks.com	
	电　　话	0512-55278563		传　　真	0512-55278558 57366126	
	办公地址	江苏省昆山开发区玫瑰路999号				
	经营范围	设计并提供一体化供应链管理解决方案,由综合物流服务和基础物流服务构成				

主要财务指标	指标\报告期	2011.06.30	2010.12.31	2010.06.30	2009.12.31
	每股收益(元)	0.4300	0.9200	0.3800	0.4400
	每股收益(扣除)(元)	0.4100	0.8300	0.3700	0.4300
	每股净资产(元)	6.9600	2.9000	–	2.0700
	调整后每股净资产(元)	–	–	–	–
	每股资本公积金(元)	4.3007	0.1009	–	0.0735
	每股盈余公积金(元)	0.0659	0.0881	–	0.0471
	每股未分配利润(元)	1.6100	1.7210	–	0.9490
	每股现金净流量(元)	3.7780	0.9778	1.1097	0.4140
	每股经营现金净流量(元)	0.0103	1.2336	0.1520	1.1762
	净资产收益率(扣除)(%)	13.1400	33.3500	16.1100	22.1600
	净资产收益率(%)	4.6410	31.5930	–	21.4690
	总资产(万)	100402.33	57842.47	–	42572.12
	股东权益(万)	74524.60	23232.75	–	16557.28
	主营业务收入(万)	54555.38	–	49185.88	–
	主营成本(万)	–	–	–	–
	营业收入(万)	54555.38	107800.31	49185.88	65576.42
	营业成本(万)	36194.28	73831.87	33488.01	43721.02
	投资收益(万)	–	–	–	–
	利润总额(万)	5162.21	11851.72	5419.60	6383.52
	净利润(万)	3458.92	7339.97	3058.43	3554.71

深圳市瑞丰光电子股份有限公司

公司概况	公司名称	深圳市瑞丰光电子股份有限公司			证券简称	瑞丰光电
	法人代表	龚伟斌	董秘	王玉春	证券代码	300241
	公司网址	www.refond.com		电子信箱	yuchun.wang@refond.com	
	电　话	0755-29060066 868 818		传　真	0755-29060037	
	办公地址	广东省深圳市南山区松白公路百旺信工业园二区第6栋				
	经营范围	电子产品的购销及其国内商业、物资供销业等				

主要财务指标	指标\报告期	2011.06.30	2010.12.31	2010.06.30	2009.12.31
	每股收益(元)	0.2600	0.5500	0.2100	1.1000
	每股收益(扣除)(元)	0.2600	0.5400	0.2000	1.1000
	每股净资产(元)	2.7100	2.4600	–	4.2900
	调整后每股净资产(元)	–	–	–	–
	每股资本公积金(元)	0.9073	0.9073	–	1.3619
	每股盈余公积金(元)	0.0531	0.0531	–	0.1886
	每股未分配利润(元)	0.7532	0.4968	–	1.7397
	每股现金净流量(元)	0.0413	–0.7974	–1.3939	2.4082
	每股经营现金净流量(元)	0.2670	0.0956	0.4472	1.1291
	净资产收益率(扣除)(%)	9.9700	24.9400	10.1700	28.2900
	净资产收益率(%)	9.4490	22.3790	–	14.4130
	总资产(万)	34151.24	29642.53	29642.53	20747.88
	股东权益(万)	21709.22	19657.91	19657.91	15258.60
	主营业务收入(万)	14397.38	24124.03	11291.14	16222.61
	主营成本(万)	9870.71	–	8115.25	–
	营业收入(万)	14451.41	26160.80	12549.74	18666.37
	营业成本(万)	9924.08	18057.20	9322.22	13699.71
	投资收益(万)	–	–	–	–
	利润总额(万)	2426.50	5123.79	1950.42	2527.81
	净利润(万)	2051.32	4399.31	1645.50	2199.15

广东明家科技股份有限公司

公司概况	公司名称	广东明家科技股份有限公司			证券简称	明家科技
	法人代表	周建林	董秘	黎伟	证券代码	300242
	公司网址	www.migsurge.com		电子信箱	mig-dshh@migsurge.com.cn	
	电　话	0769-88972266		传　真	0769-88973889	
	办公地址	广东省东莞市横沥镇村头村工业区				
	经营范围	研发、生产和销售电涌保护品等				

主要财务指标	指标\报告期	2011.06.30	2010.12.31	2010.06.30	2009.12.31
	每股收益(元)	0.1645	0.4400	0.1653	0.3300
	每股收益(扣除)(元)	0.1438	0.3700	0.1360	0.2600
	每股净资产(元)	2.0751	1.9105	–	1.4700
	调整后每股净资产(元)	–	–	–	–
	每股资本公积金(元)	0.0976	0.0976	–	0.0976
	每股盈余公积金(元)	0.1049	0.1049	–	0.0589
	每股未分配利润(元)	0.8725	0.7080	–	0.3171
	每股现金净流量(元)	–0.1921	0.3675	0.0140	–0.0287
	每股经营现金净流量(元)	–0.0325	0.2163	–0.1198	0.1602
	净资产收益率(扣除)(%)	7.2200	21.6100	8.7900	19.3400
	净资产收益率(%)	7.9290	22.8650	–	21.5340
	总资产(万)	17190.42	16872.86	–	11863.42
	股东权益(万)	11620.45	10699.06	–	8252.73
	主营业务收入(万)	8625.19	20226.44	8116.38	13170.92
	主营成本(万)	5999.71	14213.33	5530.90	8936.29
	营业收入(万)	8638.44	20326.80	8180.93	13217.06
	营业成本(万)	6010.75	14317.07	5598.57	8940.06
	投资收益(万)	–	–	–	–
	利润总额(万)	1082.09	2817.93	1116.92	2093.29
	净利润(万)	921.40	2446.33	925.42	1777.12

山东瑞丰高分子材料股份有限公司

公司概况	公司名称	山东瑞丰高分子材料股份有限公司			证券简称	瑞丰高材
	法人代表	周仕斌	董秘	张琳	证券代码	300243
	公司网址	0533-3220711		电子信箱	zhlin@ruifengchemical.com	
	电　话	0533-3220711		传　真	0533-3256197	
	办公地址	山东省淄博市沂源县经济开发区				
	经营范围	以加工助剂和抗冲改性剂为主的高性能PVC助剂的研发、生产和销售				

主要财务指标	指标\报告期	2011.06.30	2010.12.31	2010.06.30	2009.12.31
	每股收益(元)	0.6800	1.0900	0.5900	0.8600
	每股收益(扣除)(元)	0.6700	0.9500	0.5100	0.8400
	每股净资产(元)	3.5500	2.8700	–	1.7800
	调整后每股净资产(元)	–	–	–	–
	每股资本公积金(元)	0.5474	0.5474	–	0.5474
	每股盈余公积金(元)	0.1326	0.1326	–	0.0234
	每股未分配利润(元)	1.8712	1.1930	–	0.2104
	每股现金净流量(元)	0.1840	0.1874	0.4347	0.2717
	每股经营现金净流量(元)	–0.8733	–0.1741	0.2422	0.2251
	净资产收益率(扣除)(%)	20.9100	40.9400	24.5000	62.5200
	净资产收益率(%)	19.0970	38.0020	–	48.2890
	总资产(万)	42452.70	30942.71	–	22783.01
	股东权益(万)	14204.57	11491.93	–	7124.77
	主营业务收入(万)	39088.38	54719.80	24934.62	37960.51
	主营成本(万)	32032.01	44839.82	20111.31	28278.05
	营业收入(万)	39316.82	55759.18	25508.65	39554.00
	营业成本(万)	32233.33	45770.01	20629.34	29814.71
	投资收益(万)	–	–	–	–
	利润总额(万)	3200.71	5145.36	2767.60	4088.14
	净利润(万)	2712.64	4367.17	2350.24	3440.48

浙江迪安诊断技术股份有限公司

公司概况	公司名称	浙江迪安诊断技术股份有限公司			证券简称	迪安诊断
	法人代表	陈海斌	董秘	徐敏	证券代码	300244
	公司网址	www.dagene.net		电子信箱	zqb@dagene.net	
	电　话	0571-88933708		传　真	0571-88918912	
	办公地址	浙江省杭州市西湖区城北商贸园33幢211-214室				
	经营范围	诊断技术、医疗技术的技术开发、技术服务、技术咨询等				

主要财务指标	指标\报告期	2011.06.30	2010.12.31	2010.06.30	2009.12.31
	每股收益(元)	0.5900	0.8900	0.4600	0.6000
	每股收益(扣除)(元)	0.5600	0.8200	0.4400	0.5800
	每股净资产(元)	4.5500	3.9600	–	3.6600
	调整后每股净资产(元)	–	–	–	–
	每股资本公积金(元)	1.5321	1.5302	–	3.1649
	每股盈余公积金(元)	0.0088	0.0088	–	0.1002
	每股未分配利润(元)	2.0124	1.4217	–	1.4107
	每股现金净流量(元)	–0.1109	0.6757	–0.0673	2.4384
	每股经营现金净流量(元)	–0.1522	1.0764	0.4574	0.2184
	净资产收益率(扣除)(%)	13.2100	24.1100	13.9800	23.6800
	净资产收益率(%)	12.9720	21.3660	–	16.2880
	总资产(万)	29031.24	23425.18	–	17869.00
	股东权益(万)	17438.83	15169.43	–	10540.65
	主营业务收入(万)	21607.99	–	15452.53	–
	主营成本(万)	13832.09	–	9775.89	–
	营业收入(万)	21607.99	34327.30	15452.53	26325.32
	营业成本(万)	13832.09	22029.88	9775.89	17016.71
	投资收益(万)	–	–	–	–
	利润总额(万)	2604.69	3786.09	1899.20	1995.79
	净利润(万)	2262.22	3241.13	1665.66	1716.88

上海天玑科技股份有限公司

公司概况	公司名称	上海天玑科技股份有限公司			证券简称	天玑科技
	法人代表	陆文雄	董秘	陆廷洁	证券代码	300245
	公司网址	www.dnt.com.cn		电子信箱	public@dnt.com.cn	
	电　话	021-54278888		传　真	021-54279888	
	办公地址	上海市桂平路 481 号 18 号楼 4 楼				
	经营范围	计算机软硬件开发、销售、维修,系统集成,通讯设备的销售及维修等				

主要财务指标	指标\报告期	2011.06.30	2010.12.31	2010.06.30	2009.12.31
	每股收益(元)	0.5089	0.8700	0.3479	0.6000
	每股收益(扣除)(元)	0.4628	0.7900	0.3063	0.5500
	每股净资产(元)	2.8200	2.3100	–	1.4400
	调整后每股净资产(元)	–	–	–	–
	每股资本公积金(元)	0.0151	0.0151	–	0.0151
	每股盈余公积金(元)	0.1376	0.1376	–	0.0565
	每股未分配利润(元)	1.6672	1.1583	–	0.3662
	每股现金净流量(元)	–0.4960	–0.0846	–0.1816	0.5348
	每股经营现金净流量(元)	–0.2536	–0.0766	–0.3125	0.7512
	净资产收益率(扣除)(%)	18.0500	41.9100	19.0000	41.0700
	净资产收益率(%)	18.0600	37.8040	–	41.5830
	总资产(万)	18566.01	18453.50	–	13172.23
	股东权益(万)	14089.38	11549.42	–	7188.61
	主营业务收入(万)	9850.45	16928.65	6947.02	12374.94
	主营成本(万)	3979.37	6881.63	2880.47	4936.91
	营业收入(万)	9850.45	16928.65	6947.02	12374.94
	营业成本(万)	3979.37	6881.63	2880.47	4936.91
	投资收益(万)	–	–	–	–
	利润总额(万)	3057.36	5049.38	2013.48	3462.63
	净利润(万)	2544.54	4366.12	1739.64	2989.25

广东宝莱特医用科技股份有限公司

公司概况	公司名称	广东宝莱特医用科技股份有限公司			证券简称	宝莱特
	法人代表	燕金元	董秘	沈志坚	证券代码	300246
	公司网址	www.blt.com.cn		电子信箱	ir@blt.com.cn	
	电　话	0756-3399909		传　真	0756-3399903	
	办公地址	广东省珠海市高新区科技创新海岸创新一路 2 号				
	经营范围	医疗监护仪及相关医疗器械的研发、生产和销售等				

主要财务指标	指标\报告期	2011.06.30	2010.12.31	2010.06.30	2009.12.31
	每股收益(元)	0.5900	1.1000	0.4600	0.6800
	每股收益(扣除)(元)	0.5728	1.0800	–	0.6600
	每股净资产(元)	3.5800	2.9900	–	2.2300
	调整后每股净资产(元)	–	–	–	–
	每股资本公积金(元)	0.0001	0.0001	–	0.0001
	每股盈余公积金(元)	0.2649	0.2649	–	0.1552
	每股未分配利润(元)	2.3167	1.7248	–	1.0701
	每股现金净流量(元)	0.3126	0.5791	–0.0796	0.7021
	每股经营现金净流量(元)	0.4391	1.3327	0.5305	0.5716
	净资产收益率(扣除)(%)	–	42.9700	–	34.8700
	净资产收益率(%)	16.5300	36.6850	15.4300	30.4830
	总资产(万)	15110.41	12801.00	–	10338.38
	股东权益(万)	10773.68	8993.13	–	6694.00
	主营业务收入(万)	–	14234.25	–	10131.21
	主营成本(万)	–	–	–	–
	营业收入(万)	8161.70	14363.41	6343.42	10344.32
	营业成本(万)	4244.76	7461.39	3379.07	5489.03
	投资收益(万)	–	–	–	–
	利润总额(万)	2044.11	3756.86	1613.62	2419.56
	净利润(万)	1780.55	3299.13	1387.47	2040.51

安徽桑乐金股份有限公司

公司概况	公司名称	安徽桑乐金股份有限公司			证券简称	桑乐金
	法人代表	金道明	董秘	戴永祥	证券代码	300247
	公司网址	www.saunaking.com.cn		电子信箱	saunaking@saunaking.com.cn	
	电　话	0551-5329393		传　真	0551-5847577	
	办公地址	安徽省合肥市长江西路 669 号 AJ-9 地块				
	经营范围	家用桑拿设备的研发、生产和销售等				

主要财务指标	指标\报告期	2011.06.30	2010.12.31	2010.06.30	2009.12.31
	每股收益(元)	0.3100	0.7500	0.2500	0.6400
	每股收益(扣除)(元)	–	0.7300	–	0.6200
	每股净资产(元)	4.0300	3.7200	–	2.7100
	调整后每股净资产(元)	–	–	–	–
	每股资本公积金(元)	0.8744	0.8744	–	0.5076
	每股盈余公积金(元)	–	0.1869	–	0.1229
	每股未分配利润(元)	1.9728	1.6609	–	1.0818
	每股现金净流量(元)	–	0.0076	–	0.6919
	每股经营现金净流量(元)	–	0.7971	–	0.9375
	净资产收益率(扣除)(%)	7.7300	19.9190	6.8500	23.4750
	净资产收益率(%)	–	22.4000	–	26.6000
	总资产(万)	28855.20	26738.09	–	18919.75
	股东权益(万)	24708.34	22798.40	–	15257.13
	主营业务收入(万)	–	19633.81	–	15763.70
	主营成本(万)	–	8459.54	–	6728.21
	营业收入(万)	8549.78	19661.85	7583.76	17054.71
	营业成本(万)	6492.18	8462.49	3469.93	6900.88
	投资收益(万)	–	–	–	–
	利润总额(万)	2235.87	5341.97	1828.88	4149.05
	净利润(万)	1909.94	4541.26	1560.94	3581.57

郑州新开普电子股份有限公司

公司概况	公司名称	郑州新开普电子股份有限公司			证券简称	新开普
	法人代表	杨维国	董秘	华梦阳	证券代码	300248
	公司网址	www.newcapec.com.cn		电子信箱	zqswb@newcapec.net	
	电　话	0371-67579758		传　真	0371-67579870	
	办公地址	河南省郑州高新区翠竹街 6 号 863 国家软件基地新开普大厦				
	经营范围	计算机系统集成,计算机及相关产品、各类智能卡应用产品、智能卡机具等				

主要财务指标	指标\报告期	2011.06.30	2010.12.31	2010.06.30	2009.12.31
	每股收益(元)	0.1400	1.0700	0.0200	0.6900
	每股收益(扣除)(元)	–	1.0200	–	0.6400
	每股净资产(元)	3.6600	3.5100	–	2.1500
	调整后每股净资产(元)	–	–	–	–
	每股资本公积金(元)	0.5019	0.4953	–	0.0003
	每股盈余公积金(元)	–	0.1872	–	0.1018
	每股未分配利润(元)	1.9661	1.8247	–	1.0511
	每股现金净流量(元)	–	0.4986	–	0.2636
	每股经营现金净流量(元)	–	0.1134	–	0.5538
	净资产收益率(扣除)(%)	3.8700	29.3140	1.6200	32.0390
	净资产收益率(%)	–	36.2900	–	38.1500
	总资产(万)	19028.14	19298.71	–	11018.49
	股东权益(万)	12207.96	11713.77	–	6136.85
	主营业务收入(万)	–	14001.04	–	8740.73
	主营成本(万)	–	–	–	–
	营业收入(万)	6427.74	14001.04	3385.75	8740.73
	营业成本(万)	3113.79	6712.47	1628.92	4243.93
	投资收益(万)	–	–	–	–34.75
	利润总额(万)	542.32	3915.69	183.10	2259.65
	净利润(万)	472.10	3433.72	138.39	1966.19

四川依米康环境科技股份有限公司

公司概况	公司名称	四川依米康环境科技股份有限公司			证券简称	依 米 康
	法人代表	张菀	董秘	周淑兰	证券代码	300249
	公司网址	www.sunrisegroup.com.cn		电子信箱	dshb@sunrisegroup.com.cn	
	电　话	028-82001888		传　真	028-82001888-1	
	办公地址	四川省成都高新区科园南二路二号				
	经营范围	生产,销售及安装制冷设备,空调,不间断电源,电池及相关产品等				

主要财务指标	指标\报告期	2011.06.30	2010.12.31	2010.06.30	2009.12.31
	每股收益(元)	0.3300	0.5300	0.1700	0.3900
	每股收益(扣除)(元)	0.3225	0.5200	–	0.3900
	每股净资产(元)	2.4200	2.0900	–	1.5600
	调整后每股净资产(元)	–	–	–	–
	每股资本公积金(元)	0.3115	0.3115	–	0.3020
	每股盈余公积金(元)	0.0793	0.0793	–	0.0339
	每股未分配利润(元)	1.0303	0.7037	–	0.2251
	每股现金净流量(元)	–0.5342	0.2731	–0.2054	0.2947
	每股经营现金净流量(元)	–0.4883	–0.0956	–0.3875	0.1749
	净资产收益率(扣除)(%)	–	28.2900	–	29.5600
	净资产收益率(%)	13.4900	25.1840	9.6700	24.5720
	总资产(万)	23505.23	21642.01	–	16848.54
	股东权益(万)	14235.48	12315.37	–	9053.91
	主营业务收入(万)	–	17604.60	–	11573.70
	主营成本(万)	–	10310.30	–	6193.58
	营业收入(万)	10230.58	18046.68	6429.05	12032.69
	营业成本(万)	5413.83	10475.50	3717.13	6237.47
	投资收益(万)	–	–	–	–
	利润总额(万)	2295.95	3677.84	1169.57	2690.14
	净利润(万)	1920.11	3101.46	986.41	2224.69

杭州初灵信息技术股份有限公司

公司概况	公司名称	杭州初灵信息技术股份有限公司			证券简称	初灵信息
	法人代表	洪爱金	董秘	杨可明	证券代码	300250
	公司网址	www.cncr-it.com		电子信箱	ir@cnci-it.com	
	电　话	0571-86791278		传　真	0571-86791287	
	办公地址	浙江省杭州市滨江区浦沿街道伟业路1号5撞				
	经营范围	信息接入方案的设计及相应设备的研发、生产和销售等				

主要财务指标	指标\报告期	2011.06.30	2010.12.31	2010.06.30	2009.12.31
	每股收益(元)	0.6100	1.0900	0.5600	0.7400
	每股收益(扣除)(元)	0.6081	1.0100	–	0.6900
	每股净资产(元)	3.4000	2.7900	–	1.7000
	调整后每股净资产(元)	–	–	–	–
	每股资本公积金(元)	0.1037	0.1037	–	0.1037
	每股盈余公积金(元)	0.0864	0.0864	–	0.0324
	每股未分配利润(元)	2.2113	1.5975	–	0.5625
	每股现金净流量(元)	–0.6662	0.8013	0.2561	0.4835
	每股经营现金净流量(元)	–0.2451	0.8249	0.2460	0.2173
	净资产收益率(扣除)(%)	–	45.1500	–	49.7400
	净资产收益率(%)	18.0450	39.0690	–	43.7760
	总资产(万)	13906.53	11639.03	–	7786.07
	股东权益(万)	10204.19	8326.83	–	5095.56
	主营业务收入(万)	–	11831.80	–	8140.34
	主营成本(万)	–	–	–	–
	营业收入(万)	6863.11	11875.14	5608.32	8253.69
	营业成本(万)	3757.93	7205.81	3477.25	4542.64
	投资收益(万)	–	–	–	–
	利润总额(万)	2124.66	3522.48	1773.27	2435.12
	净利润(万)	1841.35	3267.28	1680.27	2230.64

北京光线传媒股份有限公司

公司概况	公司名称	北京光线传媒股份有限公司			证券简称	光线传媒
	法人代表	王长田	董秘	王牮	证券代码	300251
	公司网址	www.ewang.com		电子信箱	ir@ewang.com	
	电　话	010-64516451		传　真	010-64516488	
	办公地址	北京市东城区和平里东街11号3号楼3层				
	经营范围	广播电视节目的制作、发行;设计、制作、代理、发布国内及外商来华广告				

主要财务指标	指标\报告期	2011.06.30	2010.12.31	2010.06.30	2009.12.31
	每股收益(元)	0.7300	1.3700	–	0.7800
	每股收益(扣除)(元)	0.7287	1.1500	–	0.8800
	每股净资产(元)	3.5500	2.8200	–	2.2500
	调整后每股净资产(元)	–	–	–	–
	每股资本公积金(元)	0.5514	0.5514	–	0.8485
	每股盈余公积金(元)	0.1541	0.1541	–	0.0388
	每股未分配利润(元)	1.8516	1.1170	–	0.3599
	每股现金净流量(元)	0.1693	–0.0728	–	0.1871
	每股经营现金净流量(元)	0.4766	0.4272	–	1.1038
	净资产收益率(扣除)(%)	22.8600	41.6600	–	46.5100
	净资产收益率(%)	20.6660	48.6670	–	33.9490
	总资产(万)	54700.55	40751.52	–	34627.95
	股东权益(万)	29219.09	161254.61	–	18472.69
	主营业务收入(万)	–	47960.49	–	38521.63
	主营成本(万)	–	29070.68	–	24133.70
	营业收入(万)	26011.31	47960.49	–	38521.63
	营业成本(万)	14990.59	29070.68	–	24133.70
	投资收益(万)	–	–	–	–
	利润总额(万)	7537.52	13495.75	–	7229.56
	净利润(万)	6038.50	11282.21	–	6271.32

深圳金信诺高新技术股份有限公司

公司概况	公司名称	深圳金信诺高新技术股份有限公司			证券简称	金 信 诺
	法人代表	黄昌华	董秘	肖东华	证券代码	300252
	公司网址	www.kingsignal.com		电子信箱	kingsignal@kingsignal.com	
	电　话	0755-26016250		传　真	0755-26581802	
	办公地址	广东省深圳市南山区科技中二路深圳软件园9楼302				
	经营范围	中高端射频同轴电缆的研发、生产和销售等				

主要财务指标	指标\报告期	2011.06.30	2010.12.31	2010.06.30	2009.12.31
	每股收益(元)	0.3400	0.6900	0.2600	0.6200
	每股收益(扣除)(元)	0.3281	0.6600	–	0.5900
	每股净资产(元)	2.8100	2.4700	–	1.7800
	调整后每股净资产(元)	–	–	–	–
	每股资本公积金(元)	0.7855	0.7855	–	0.1031
	每股盈余公积金(元)	0.1017	0.0683	–	0.5000
	每股未分配利润(元)	0.9259	0.6187	–	12.9438
	每股现金净流量(元)	–0.0345	0.0623	–4.6459	6.7250
	每股经营现金净流量(元)	–0.6248	0.5416	–3.2049	8.7468
	净资产收益率(扣除)(%)	12.4200	31.3400	14.5000	39.4200
	净资产收益率(%)	12.1050	28.0910	–	34.8980
	总资产(万)	67454.97	59014.85	–	28499.76
	股东权益(万)	22785.67	20027.40	–	14401.42
	主营业务收入(万)	–	50866.18	–	33539.02
	主营成本(万)	–	–	–	–
	营业收入(万)	30977.66	50866.18	16343.76	33539.02
	营业成本(万)	23562.73	40849.14	11343.50	25096.16
	投资收益(万)	–	–	–	–
	利润总额(万)	3188.66	6450.72	2478.46	5927.57
	净利润(万)	2758.28	5625.97	2101.46	5025.74

上海金仕达卫宁软件股份有限公司

公司概况	公司名称	上海金仕达卫宁软件股份有限公司		证券简称	卫宁软件
	法人代表	周炜	董秘 靳茂	证券代码	300253
	公司网址	www.winning.com.cn		电子信箱	wndsh@winning.com.cn
	电　话	021-56773880		传　真	021-56778685
	办公地址	上海市浦东新区上南路4184号258室			
	经营范围	计算机软件的开发,设计和制作,销售自产产品,计算机及辅助设备的销售等			

主要财务指标 指标\报告期	2011.06.30	2010.12.31	2010.06.30	2009.12.31
每股收益(元)	0.4400	0.8800	0.2700	0.6500
每股收益(扣除)(元)	0.4245	0.8500	–	0.6000
每股净资产(元)	2.8100	2.3700	–	1.9900
调整后每股净资产(元)	–	–	–	–
每股资本公积金(元)	0.3228	0.3228	–	0.3228
每股盈余公积金(元)	–	0.1552	–	0.0652
每股未分配利润(元)	1.3319	0.8922	0.2571	0.5985
每股现金净流量(元)	–	0.3865	–	0.6597
每股经营现金净流量(元)	–	0.9517	–	0.5409
净资产收益率(扣除)(%)	–	35.4300	–	35.9700
净资产收益率(%)	15.6500	37.2820	11.5100	32.9250
总资产(万)	13970.44	11779.70	–	9325.72
股东权益(万)	11239.69	43378.79	–	7946.16
主营业务收入(万)	–	12022.96	–	11340.78
主营成本(万)	–	5032.68	–	6155.74
营业收入(万)	7188.22	12022.96	4426.06	11340.78
营业成本(万)	5178.83	5032.68	3397.82	6155.74
投资收益(万)	–	–	–	–
利润总额(万)	2081.71	3895.85	1287.55	2892.94
净利润(万)	1758.88	3534.65	1091.16	2616.26

山西仟源制药股份有限公司

公司概况	公司名称	山西仟源制药股份有限公司		证券简称	仟源制药
	法人代表	翁占国	董秘 俞俊贤	证券代码	300254
	公司网址	www.cy-pharm.com		电子信箱	stock@cy-pharm.com
	电　话	0352-6116426 6116452		传　真	0352-6116443 6116452
	办公地址	山西省大同市经济技术开发区湖滨大街53号			
	经营范围	医药研发、生产和销售等			

主要财务指标 指标\报告期	2011.06.30	2010.12.31	2010.06.30	2009.12.31
每股收益(元)	0.2400	0.4800	0.2600	0.2900
每股收益(扣除)(元)	0.2348	0.4000	–	0.2700
每股净资产(元)	1.7300	1.5000	–	1.1800
调整后每股净资产(元)	–	–	–	–
每股资本公积金(元)	0.1546	0.1546	–	0.0200
每股盈余公积金(元)	0.0470	0.0470	–	0.0441
每股未分配利润(元)	0.5310	0.2943	–	0.1119
每股现金净流量(元)	–0.1704	–0.1521	–0.5767	0.8947
每股经营现金净流量(元)	0.1072	0.5203	–0.1485	1.0555
净资产收益率(扣除)(%)	14.5400	29.7000	14.0600	24.2900
净资产收益率(%)	13.6640	32.0780	–	24.5750
总资产(万)	30333.88	28083.85	–	25950.87
股东权益(万)	17326.10	14958.60	–	11760.24
主营业务收入(万)	–	31693.42	–	24237.51
主营成本(万)	–	–	–	–
营业收入(万)	17392.19	31955.25	15710.59	24361.87
营业成本(万)	9421.98	17485.87	9050.09	14286.12
投资收益(万)	–	–	–	–
利润总额(万)	2816.86	5775.83	3093.02	3936.11
净利润(万)	2367.49	4798.36	2598.29	2890.04

河北常山生化药业股份有限公司

公司概况	公司名称	河北常山生化药业股份有限公司		证券简称	常山药业
	法人代表	高树华	董秘 张威	证券代码	300255
	公司网址	www.heparin.cn		电子信箱	zhengquan@heparin.cn
	电　话	0311-88712789		传　真	0311-88712397
	办公地址	河北省石家庄市正定富强路9号			
	经营范围	致力于肝素系列产品的研发、生产和销售等			

主要财务指标 指标\报告期	2011.06.30	2010.12.31	2010.06.30	2009.12.31
每股收益(元)	0.5200	0.7400	0.3500	0.4900
每股收益(扣除)(元)	0.5125	0.7200	–	0.5000
每股净资产(元)	3.2300	2.7100	–	1.9700
调整后每股净资产(元)	–	–	–	–
每股资本公积金(元)	0.7533	0.7533	–	0.7533
每股盈余公积金(元)	0.0960	0.0960	–	0.0216
每股未分配利润(元)	1.3830	0.8642	–	0.1942
每股现金净流量(元)	0.8371	0.7695	0.2008	0.3365
每股经营现金净流量(元)	0.3664	0.3617	0.2711	0.2994
净资产收益率(扣除)(%)	17.2400	30.8000	15.7500	32.9500
净资产收益率(%)	16.0500	27.4360	–	22.8430
总资产(万)	57431.43	43063.87	–	26634.91
股东权益(万)	26132.93	21938.53	–	15919.48
主营业务收入(万)	–	46654.32	–	24087.52
主营成本(万)	–	34189.99	–	16087.54
营业收入(万)	25321.25	46671.80	17539.41	25375.35
营业成本(万)	17241.39	34189.99	11802.22	17790.17
投资收益(万)	–	–	–	–
利润总额(万)	4871.13	6967.91	3260.89	4269.99
净利润(万)	4194.40	6019.05	2820.36	3636.55

浙江星星瑞金科技股份有限公司

公司概况	公司名称	浙江星星瑞金科技股份有限公司		证券简称	星星科技
	法人代表	王先玉	董秘 王颖超	证券代码	300256
	公司网址	www.first-panel.com		电子信箱	irm@ first-panel.com
	电　话	0576-89081618 89081501		传　真	0576-89081616
	办公地址	浙江省台州市椒江区洪家星星电子产业基地4号楼			
	经营范围	手机及平板电脑等产品的视窗防护屏的研发、生产与销售等			

主要财务指标 指标\报告期	2011.06.30	2010.12.31	2010.06.30	2009.12.31
每股收益(元)	0.3688	0.8200	0.3564	0.4800
每股收益(扣除)(元)	–	0.7900	–	0.4700
每股净资产(元)	3.6400	3.2700	–	9.9100
调整后每股净资产(元)	–	–	–	–
每股资本公积金(元)	2.0377	2.0377	–	3.8000
每股盈余公积金(元)	–	0.0674	–	0.4840
每股未分配利润(元)	0.5382	0.1695	–	4.6271
每股现金净流量(元)	–	–0.0191	–	4.1601
每股经营现金净流量(元)	–	0.3381	–	2.9572
净资产收益率(扣除)(%)	–	29.3300	–	39.8200
净资产收益率(%)	10.1220	22.0600	–	22.3070
总资产(万)	55474.78	46823.67	–	22549.61
股东权益(万)	27324.74	72696.30	–	12388.96
主营业务收入(万)	–	30334.64	–	13860.03
主营成本(万)	–	19458.71	–	8567.01
营业收入(万)	21471.97	30371.84	13587.18	13918.68
营业成本(万)	14764.82	19468.75	9207.67	8567.86
投资收益(万)	–	–	–	–
利润总额(万)	3242.36	6166.25	2515.50	3197.21
净利润(万)	2765.83	5417.68	2138.17	2763.58

浙江开山压缩机股份有限公司

公司概况	公司名称	浙江开山压缩机股份有限公司			证券简称	开山股份
	法人代表	曹克坚	董秘	杨建军	证券代码	300257
	公司网址	www. kaishancomp.com.cn		电子信箱	kaishan@kaishangroup.com	
	电　话	0570-3662177		传　真	0570-3662786	
	办公地址	浙江省衢州市经济开发区凯旋西路9号				
	经营范围	空气压缩机、真空泵、螺杆膨胀机及配件的生产、销售；货物及技术进出口				

主要财务指标	指标\报告期	2011.06.30	2010.12.31	2010.06.30	2009.12.31
	每股收益(元)	1.4000	1.9000	0.9600	1.1400
	每股收益(扣除)(元)	1.4014	1.7900	–	1.0700
	每股净资产(元)	5.1000	3.7000	–	3.0900
	调整后每股净资产(元)	–	–	–	–
	每股资本公积金(元)	1.0227	1.0227	–	1.0727
	每股盈余公积金(元)	0.1431	0.1431	–	0.0359
	每股未分配利润(元)	2.9437	1.5408	–	0.9850
	每股现金净流量(元)	0.7718	–0.1573	0.7153	0.7750
	每股经营现金净流量(元)	1.8236	2.2555	2.0631	1.8697
	净资产收益率(扣除)(%)	–	–	–	–
	净资产收益率(%)	27.5000	51.3870	23.6200	34.3990
	总资产(万)	144070.62	107956.61	–	79061.14
	股东权益(万)	54594.28	39616.40	–	33098.38
	主营业务收入(万)	–	161503.77	–	94783.72
	主营成本(万)	–	123922.59	–	72367.89
	营业收入(万)	110584.48	162584.32	81355.46	95314.79
	营业成本(万)	83645.90	124617.92	62850.24	72824.53
	投资收益(万)	–	–	–	–
	利润总额(万)	19452.29	27750.44	14329.87	16523.67
	净利润(万)	15011.07	20357.56	10323.26	11385.62

江苏太平洋精锻科技股份有限公司

公司概况	公司名称	江苏太平洋精锻科技股份有限公司			证券简称	精锻科技
	法人代表	夏汉关	董秘	董义	证券代码	300258
	公司网址	www.ppforging.com		电子信箱	ppf@ppforging.com	
	电　话	0523-88814825		传　真	0523-88812353	
	办公地址	江苏省姜堰市姜堰大道91号				
	经营范围	汽车精锻齿轮及其它精密锻件的研发、生产与销售等				

主要财务指标	指标\报告期	2011.06.30	2010.12.31	2010.06.30	2009.12.31
	每股收益(元)	0.8045	0.5900	0.9700	0.7000
	每股收益(扣除)(元)	–	0.5200	0.8900	0.5300
	每股净资产(元)	8.7011	3.5100	3.1918	2.2200
	调整后每股净资产(元)	–	–	–	–
	每股资本公积金(元)	6.5489	1.2254	1.2254	1.3120
	每股盈余公积金(元)	–	0.0977	0.0977	0.2192
	每股未分配利润(元)	1.0789	1.1914	0.8687	1.6096
	每股现金净流量(元)	–	–0.1932	–0.0242	0.8618
	每股经营现金净流量(元)	–	0.1802	0.3607	1.0117
	净资产收益率(扣除)(%)	17.5000	15.6600	33.0100	37.2500
	净资产收益率(%)	19.5200	16.6890	30.3360	28.6410
	总资产(万)	113257.38	60410.66	54481.21	38364.77
	股东权益(万)	87010.96	26358.79	23938.50	16676.41
	主营业务收入(万)	–	17094.43	30054.10	21236.27
	主营成本(万)	–	10060.42	16874.83	12403.02
	营业收入(万)	27067.65	17616.73	30877.82	21804.31
	营业成本(万)	–	10063.87	16892.37	12406.19
	投资收益(万)	–	–	–	–
	利润总额(万)	–	5134.87	8512.11	5622.44
	净利润(万)	6257.50	4398.97	7262.09	4776.36

河南新天科技股份有限公司

公司概况	公司名称	河南新天科技股份有限公司			证券简称	新天科技
	法人代表	费战波	董秘	陈长胜	证券代码	300259
	公司网址	www.suntront.com		电子信箱	xtkj@suntront.com	
	电　话	0371-67992390		传　真	0371-67980628	
	办公地址	河南省郑州高新技术产业开发区国槐街19号				
	经营范围	开发,研制,生产,销售电子仪器,仪表,电子元器件,计算机外部设备及软件等				

主要财务指标	指标\报告期	2011.06.30	2010.12.31	2010.06.30	2009.12.31
	每股收益(元)	0.3300	0.7000	0.2300	0.9000
	每股收益(扣除)(元)	0.2900	0.5800	–	0.7900
	每股净资产(元)	2.4300	2.1000	–	3.2500
	调整后每股净资产(元)	–	–	–	–
	每股资本公积金(元)	0.4902	0.4902	–	0.0333
	每股盈余公积金(元)	0.0800	0.0800	–	0.2325
	每股未分配利润(元)	0.8573	0.5261	–	1.9856
	每股现金净流量(元)	–0.1878	0.6124	0.1937	0.9490
	每股经营现金净流量(元)	–0.1629	0.3954	–0.4726	1.0409
	净资产收益率(扣除)(%)	13.0000	35.1400	–	28.6400
	净资产收益率(%)	13.6470	33.1500	13.8900	27.6930
	总资产(万)	19818.97	17838.51	–	10898.86
	股东权益(万)	13759.24	11881.56	–	6502.88
	主营业务收入(万)	–	–	–	–
	主营成本(万)	–	–	–	–
	营业收入(万)	8605.82	16722.56	5818.07	11201.86
	营业成本(万)	4997.31	10125.22	3500.26	7596.20
	投资收益(万)	–	–	–	–
	利润总额(万)	2215.17	4516.34	1507.07	2081.53
	净利润(万)	1877.68	3938.68	1281.24	1800.84

昆山新莱洁净应用材料股份有限公司

公司概况	公司名称	昆山新莱洁净应用材料股份有限公司			证券简称	新莱应材
	法人代表	李水波	董秘	郭红飞	证券代码	300260
	公司网址	www.kinglai.com.cn		电子信箱	lucy@kinglai.com.cn	
	电　话	0512-57871991		传　真	0512-57871472	
	办公地址	江苏省昆山市陆家镇陆丰西路22号				
	经营范围	压力管道组件、各类低功率气动控制阀、流体设备等				

主要财务指标	指标\报告期	2011.06.30	2010.12.31	2010.06.30	2009.12.31
	每股收益(元)	0.6340	0.8490	–	0.4910
	每股收益(扣除)(元)	0.5620	0.7730	–	0.4900
	每股净资产(元)	3.9800	3.3500	–	2.5200
	调整后每股净资产(元)	–	–	–	–
	每股资本公积金(元)	0.5971	0.5971	–	0.6176
	每股盈余公积金(元)	0.1689	0.1689	–	0.0962
	每股未分配利润(元)	2.2164	1.5820	–	0.8056
	每股现金净流量(元)	–0.0183	0.3326	–	–1.0098
	每股经营现金净流量(元)	–0.3420	0.1133	–	0.3953
	净资产收益率(扣除)(%)	14.1000	26.2400	–	21.7100
	净资产收益率(%)	15.9300	25.3590	–	19.5010
	总资产(万)	38468.08	33841.22	–	27262.64
	股东权益(万)	19911.93	16740.02	–	12597.45
	主营业务收入(万)	16153.63	24351.64	–	15140.83
	主营成本(万)	–	–	–	–
	营业收入(万)	16163.51	24385.80	–	15145.02
	营业成本(万)	10529.81	16468.61	–	9879.03
	投资收益(万)	–	–	–	–
	利润总额(万)	3680.84	4964.49	–	2842.23
	净利润(万)	3171.92	4245.06	–	2456.60

苏州雅本化学股份有限公司

公司概况

公司名称	苏州雅本化学股份有限公司			证券简称	雅本化学
法人代表	蔡彤	董秘	王卓颖	证券代码	300261
公司网址	www.abachem.com		电子信箱	info@abachem.com	
电　　话	0512-53641368 53641234		传　　真	0512-53642000	
办公地址	江苏省苏州市太仓市太仓港港口开发区石化区东方东路 18 号				
经营范围	农药中间体、医药中间体的研究与开发、生产、销售等				

主要财务指标

指标\报告期	2011.06.30	2010.12.31	2010.06.30	2009.12.31
每股收益(元)	0.3129	0.5833	–	0.8945
每股收益(扣除)(元)	0.3042	0.5675	–	0.9988
每股净资产(元)	1.9400	1.6300	–	2.2300
调整后每股净资产(元)	–	–	–	–
每股资本公积金(元)	0.0595	0.0595	–	0.3556
每股盈余公积金(元)	0.0542	0.0542	–	0.1219
每股未分配利润(元)	0.8288	0.5159	–	0.7547
每股现金净流量(元)	0.1903	0.0312	–	–0.0473
每股经营现金净流量(元)	0.5205	0.3720	–	0.5390
净资产收益率(扣除)(%)	17.0300	42.4200	–	56.1400
净资产收益率(%)	16.1100	35.7970	–	36.3330
总资产(万)	21219.92	19097.61	–	15734.99
股东权益(万)	13209.22	55418.61	–	7114.55
主营业务收入(万)	9946.24	18330.88	–	16216.13
主营成本(万)	–	–	–	–
营业收入(万)	10137.92	18425.74	–	16360.99
营业成本(万)	6101.88	11159.60	–	11287.65
投资收益(万)	–	–	–	–
利润总额(万)	2457.80	4597.56	–	3462.85
净利润(万)	2127.97	3966.70	–	2584.93

上海巴安水务股份有限公司

公司概况

公司名称	上海巴安水务股份有限公司			证券简称	巴安水务
法人代表	张春霖	董秘	王贤	证券代码	300262
公司网址	www.safbon.com		电子信箱	wangxian@safbon.com	
电　　话	021-32020653		传　　真	021-52135781	
办公地址	上海市青浦区朱枫公路 3424 号 1 幢 3 层 A 区 305 室				
经营范围	环保工程领域内的技术服务,技术咨询,环保,建筑工程设计,施工和安装及维护等				

主要财务指标

指标\报告期	2011.06.30	2010.12.31	2010.06.30	2009.12.31
每股收益(元)	0.3600	0.6700	–	0.5400
每股收益(扣除)(元)	0.3500	0.6500	–	0.5200
每股净资产(元)	3.0400	2.6800	–	2.2300
调整后每股净资产(元)	–	–	–	–
每股资本公积金(元)	0.9379	0.9379	–	0.0259
每股盈余公积金(元)	0.0741	0.0741	–	0.1233
每股未分配利润(元)	1.0246	0.6669	–	1.0776
每股现金净流量(元)	0.0906	0.9014	–	–0.1988
每股经营现金净流量(元)	0.1200	0.4069	–	–0.1505
净资产收益率(扣除)(%)	12.3800	28.6200	–	35.7500
净资产收益率(%)	11.7820	23.2450	–	29.8620
总资产(万)	26244.79	23525.33	–	19245.76
股东权益(万)	15182.93	40136.28	–	6680.64
主营业务收入(万)	11096.53	20652.50	–	17176.90
主营成本(万)	–	–	–	–
营业收入(万)	11096.53	20652.50	–	17176.90
营业成本(万)	7234.29	13562.76	–	12689.10
投资收益(万)	–	–	–	–
利润总额(万)	2090.45	3594.18	–	2287.01
净利润(万)	1788.77	3113.52	–	1994.99

洛阳隆华传热科技股份有限公司

公司概况

公司名称	洛阳隆华传热科技股份有限公司			证券简称	隆华传热
法人代表	李占明	董秘	张国安	证券代码	300263
公司网址	www.longhuachuanre.com		电子信箱	lylhzqb@126.com	
电　　话	0379-67891833 67891813		传　　真	0379-67891813	
办公地址	河南省洛阳市空港产业集聚区				
经营范围	冷却(凝)设备的研发,生产和销售等				

主要财务指标

指标\报告期	2011.06.30	2010.12.31	2010.06.30	2009.12.31
每股收益(元)	0.6000	0.8600	–	0.5900
每股收益(扣除)(元)	0.5600	0.8100	–	0.5200
每股净资产(元)	3.6200	3.0200	–	1.8200
调整后每股净资产(元)	–	–	–	–
每股资本公积金(元)	1.0919	1.0919	–	0.7165
每股盈余公积金(元)	0.0933	0.0933	–	0.0100
每股未分配利润(元)	1.4368	0.8396	–	0.0898
每股现金净流量(元)	0.3367	0.2378	–	–0.0860
每股经营现金净流量(元)	0.0995	0.7092	–	–0.3719
净资产收益率(扣除)(%)	16.9600	31.3200	–	37.8900
净资产收益率(%)	16.4870	28.0950	–	32.4530
总资产(万)	43715.52	33682.74	–	26776.51
股东权益(万)	21731.83	79222.51	–	9081.11
主营业务收入(万)	21186.17	32284.02	–	21347.75
主营成本(万)	14781.14	22861.25	–	15153.69
营业收入(万)	21385.96	32379.40	–	21480.69
营业成本(万)	14786.19	22887.86	–	15189.73
投资收益(万)	–	–	–	–
利润总额(万)	4221.96	5973.55	–	3426.61
净利润(万)	3582.85	5098.86	–	2947.10

深圳市佳创视讯技术股份有限公司

公司概况

公司名称	深圳市佳创视讯技术股份有限公司			证券简称	佳创视讯
法人代表	陈坤江	董秘	朱伟旻	证券代码	300264
公司网址	www.avit.com.cn		电子信箱	avit@avit.com.cn	
电　　话	0755-83575018		传　　真	0755-83575099	
办公地址	广东省深圳市福田区滨河路以南、沙嘴路以东中央西谷大厦 15 层 01-08、16 层 04、05				
经营范围	数字电视软硬件产品的研发、生产、销售和系统集成等				

主要财务指标

指标\报告期	2011.06.30	2010.12.31	2010.06.30	2009.12.31
每股收益(元)	0.1900	0.5000	–	0.3300
每股收益(扣除)(元)	0.1700	0.4500	–	0.2900
每股净资产(元)	2.2700	2.3100	–	1.5200
调整后每股净资产(元)	–	–	–	–
每股资本公积金(元)	0.5032	0.5032	–	0.1584
每股盈余公积金(元)	0.1330	0.1330	–	0.0912
每股未分配利润(元)	0.6380	0.6717	–	0.4011
每股现金净流量(元)	–0.3271	0.3462	–	–0.4221
每股经营现金净流量(元)	–0.0725	0.3620	–	0.2259
净资产收益率(扣除)(%)	7.5400	22.2200	–	18.5800
净资产收益率(%)	8.1880	21.2070	–	20.2390
总资产(万)	20223.75	22267.42	–	14957.22
股东权益(万)	17283.72	17540.51	–	11554.89
主营业务收入(万)	–	–	–	–
主营成本(万)	–	–	–	–
营业收入(万)	7879.29	17477.09	–	12219.91
营业成本(万)	4467.25	9745.25	–	6514.92
投资收益(万)	–	–	–	–
利润总额(万)	1706.39	4315.86	–	2673.76
净利润(万)	1415.21	3719.84	–	2338.55

江苏通光电子线缆股份有限公司

公司概况	公司名称	江苏通光电子线缆股份有限公司			证券简称	通光线缆
	法人代表	张强	董秘	曹卫兵	证券代码	300265
	公司网址	www.tgjt.cn		电子信箱	cwb@tgjt.cn	
	电　话	0513-82263991		传　真	0513-82105111	
	办公地址	江苏省南通市海门市海门镇渤海路169号				
	经营范围	生产销售半导体芯片,光有源,无源器件,电子线缆,计算机软件开发等				

	指标\报告期	2011.06.30	2010.12.31	2010.06.30	2009.12.31
主要财务指标	每股收益(元)	0.2000	0.4800	–	0.2400
	每股收益(扣除)(元)	0.2000	0.3500	–	0.2200
	每股净资产(元)	1.9100	1.7100	–	1.3800
	调整后每股净资产(元)	–	–	–	–
	每股资本公积金(元)	0.1985	0.1978	–	0.1978
	每股盈余公积金(元)	0.0525	0.0525	–	0.0168
	每股未分配利润(元)	0.6597	0.4590	–	0.1604
	每股现金净流量(元)	0.1613	0.4312	–	–0.1793
	每股经营现金净流量(元)	–0.1940	0.6146	–	0.1518
	净资产收益率(扣除)(%)	11.0400	23.0900	–	16.7400
	净资产收益率(%)	10.5060	28.3320	–	17.2760
	总资产(万)	63694.46	55006.74	–	48527.50
	股东权益(万)	19106.92	17092.62	–	13750.00
	主营业务收入(万)	24856.87	48632.73	–	37980.63
	主营成本(万)	17196.25	36275.07	–	28169.86
	营业收入(万)	24881.88	49100.88	–	38653.68
	营业成本(万)	17197.93	36432.60	–	28858.52
	投资收益(万)	–	–	–	–
	利润总额(万)	2344.67	5554.64	–	2737.66
	净利润(万)	2007.40	4842.62	–	2375.50

杭州兴源过滤科技股份有限公司

公司概况	公司名称	杭州兴源过滤科技股份有限公司			证券简称	兴源过滤
	法人代表	周立武	董秘	徐孝雅	证券代码	300266
	公司网址	www.xingyuan.com		电子信箱	stock@xingyuan.com	
	电　话	0571-88777830		传　真	0571-88793599	
	办公地址	浙江省杭州市余杭区良渚镇良渚路10号				
	经营范围	过滤机及其配件的制造;浓缩,分离,过滤,破碎,筛分,干化,成型技术的研究开发等				

	指标\报告期	2011.06.30	2010.12.31	2010.06.30	2009.12.31
主要财务指标	每股收益(元)	0.5100	1.0400	–	0.8400
	每股收益(扣除)(元)	0.4500	1.0000	–	0.7900
	每股净资产(元)	3.5800	3.0700	–	1.6600
	调整后每股净资产(元)	–	–	–	–
	每股资本公积金(元)	0.6666	0.6666	–	0.1110
	每股盈余公积金(元)	0.1402	0.1402	–	0.0550
	每股未分配利润(元)	1.7690	1.2620	–	0.4953
	每股现金净流量(元)	0.5532	0.1873	–	0.3033
	每股经营现金净流量(元)	0.6025	0.8582	–	0.3471
	净资产收益率(扣除)(%)	13.6500	43.2000	–	64.4400
	净资产收益率(%)	14.1780	30.3250	–	48.5130
	总资产(万)	30837.30	26665.85	–	14753.86
	股东权益(万)	15018.52	45221.59	–	5980.57
	主营业务收入(万)	–	–	–	–
	主营成本(万)	–	–	–	–
	营业收入(万)	14861.39	23933.03	–	17519.78
	营业成本(万)	9966.74	15356.53	–	11609.61
	投资收益(万)	–	–	–	–
	利润总额(万)	2784.92	4534.23	–	3436.91
	净利润(万)	2129.38	3908.56	–	2901.35

湖南尔康制药股份有限公司

公司概况	公司名称	湖南尔康制药股份有限公司			证券简称	尔康制药
	法人代表	帅放文	董秘	胡祥主	证券代码	300267
	公司网址	www.hnerkang.com		电子信箱	hnerkang@hnerkang.com	
	电　话	0731-83282597		传　真	0731-83282705	
	办公地址	湖南省长沙市浏阳生物医药工业园				
	经营范围	原料药,药用辅料的生产,销售;辅料及化工产品的研究,生产与销售等				

	指标\报告期	2011.06.30	2010.12.31	2010.06.30	2009.12.31
主要财务指标	每股收益(元)	0.4400	0.4800	–	0.2300
	每股收益(扣除)(元)	0.4200	0.4800	–	0.2300
	每股净资产(元)	1.7200	1.2700	–	0.7900
	调整后每股净资产(元)	–	–	–	–
	每股资本公积金(元)	0.0365	0.0365	–	0.0400
	每股盈余公积金(元)	0.0154	0.0154	–	0.0258
	每股未分配利润(元)	0.6553	0.2179	–	0.1672
	每股现金净流量(元)	0.2828	–0.0274	–	0.2083
	每股经营现金净流量(元)	0.2950	0.3078	–	0.1154
	净资产收益率(扣除)(%)	28.3800	46.6800	–	30.8600
	净资产收益率(%)	25.6140	37.9290	–	20.9170
	总资产(万)	37183.41	29577.26	–	18573.01
	股东权益(万)	23569.64	94187.77	–	10876.39
	主营业务收入(万)	31046.48	36354.78	–	15731.73
	主营成本(万)	18947.08	21566.11	–	9897.80
	营业收入(万)	31104.39	36393.38	–	15783.25
	营业成本(万)	18981.44	21603.95	–	9928.81
	投资收益(万)	–	–	–	–
	利润总额(万)	7171.98	7817.29	–	2635.53
	净利润(万)	6037.23	6646.22	–	2275.05

万福生科(湖南)农业开发股份有限公司

公司概况	公司名称	万福生科(湖南)农业开发股份有限公司			证券简称	万福生科
	法人代表	龚永福	董秘	肖明清	证券代码	300268
	公司网址	www.wanfushk.com		电子信箱	wanfushk@126.com	
	电　话	0736-6689376		传　真	0736-6689376	
	办公地址	湖南省常德市桃源县陬市镇桂花路1号				
	经营范围	稻米精深加工系列产品的研发、生产和销售等				

	指标\报告期	2011.06.30	2010.12.31	2010.06.30	2009.12.31
主要财务指标	每股收益(元)	0.6240	1.1110	–	0.8540
	每股收益(扣除)(元)	0.5670	0.9950	–	0.8170
	每股净资产(元)	4.9200	4.3000	–	3.1900
	调整后每股净资产(元)	–	–	–	–
	每股资本公积金(元)	1.9933	1.9933	–	1.9933
	每股盈余公积金(元)	0.1930	0.1307	–	0.0195
	每股未分配利润(元)	1.7371	1.1759	–	0.1759
	每股现金净流量(元)	–0.9030	0.2884	–	0.5429
	每股经营现金净流量(元)	0.7911	1.4327	–	0.2526
	净资产收益率(扣除)(%)	12.3000	26.5700	–	36.8100
	净资产收益率(%)	12.6660	25.8400	–	24.8150
	总资产(万)	50842.17	50607.87	–	38228.31
	股东权益(万)	24616.84	60980.00	–	15943.55
	主营业务收入(万)	23219.00	43171.13	–	32744.78
	主营成本(万)	17880.91	32978.42	–	24677.60
	营业收入(万)	23221.50	43358.85	–	32764.58
	营业成本(万)	17884.22	32985.02	–	24684.75
	投资收益(万)	–	–	–	–
	利润总额(万)	3421.39	6118.12	–	4400.36
	净利润(万)	3117.89	5555.40	–	3956.39

深圳市联建光电股份有限公司

公司概况					
公司名称	深圳市联建光电股份有限公司			证券简称	联建光电
法人代表	刘虎军	董秘	姚太平	证券代码	300269
公司网址	www.lcjh.com		电子信箱	dm@lcjh.com	
电　　话	0755-29746682		传　　真	0755-29746765	
办公地址	广东省深圳市宝安区68区留仙三路安通达工业厂区四号厂房2楼				
经营范围	中高端LED全彩显示应用产品的研发、生产和销售等				

主要财务指标：指标\报告期	2011.06.30	2010.12.31	2010.06.30	2009.12.31
每股收益(元)	0.3600	0.7500	–	0.6700
每股收益(扣除)(元)	0.3500	0.7000	–	0.6300
每股净资产(元)	3.5600	3.3100	–	2.6700
调整后每股净资产(元)	–	–	–	–
每股资本公积金(元)	0.1121	0.1132	–	0.0687
每股盈余公积金(元)	0.2733	0.2417	–	0.1650
每股未分配利润(元)	2.1833	1.9588	–	1.4322
每股现金净流量(元)	0.0357	-0.2223	–	0.0553
每股经营现金净流量(元)	0.2510	0.3568	–	0.4111
净资产收益率(扣除)(%)	10.0000	23.5300	–	26.8000
净资产收益率(%)	9.9930	22.4710	–	25.2080
总资产(万)	47933.07	38528.09	–	27869.45
股东权益(万)	53118.98	18265.93	–	14336.62
主营业务收入(万)	20704.86	33847.58	–	25097.89
主营成本(万)	14863.57	24542.87	–	17877.34
营业收入(万)	20770.36	34993.04	–	25460.96
营业成本(万)	15111.52	24835.38	–	17921.68
投资收益(万)	–	–	–	–
利润总额(万)	2183.48	4571.78	–	4038.01
净利润(万)	1964.87	4104.54	–	3614.03

杭州中威电子股份有限公司

公司概况					
公司名称	杭州中威电子股份有限公司			证券简称	中威电子
法人代表	石旭刚	董秘	章良忠	证券代码	300270
公司网址	www.obtelecom.com		电子信箱	zhangliangzhong@obtelecom.com	
电　　话	0571-88373153		传　　真	0571-88394930	
办公地址	浙江省杭州市西湖区文三路20号浙江建工大楼17层				
经营范围	安防视频监控传输技术及产品的研发、生产和销售等				

主要财务指标：指标\报告期	2011.06.30	2010.12.31	2010.06.30	2009.12.31
每股收益(元)	0.6100	1.1500	–	0.6000
每股收益(扣除)(元)	0.5900	1.1000	–	0.5900
每股净资产(元)	3.1800	2.5700	–	4.7600
调整后每股净资产(元)	–	–	–	–
每股资本公积金(元)	0.6695	0.6695	–	0.9000
每股盈余公积金(元)	0.1150	0.1150	–	0.3175
每股未分配利润(元)	1.3976	0.7848	–	2.5406
每股现金净流量(元)	0.5069	0.0529	–	1.5063
每股经营现金净流量(元)	0.7737	0.7457	–	0.9081
净资产收益率(扣除)(%)	20.3800	49.3600	–	50.0000
净资产收益率(%)	19.2560	44.7520	–	36.1620
总资产(万)	15269.64	13002.08	–	6441.09
股东权益(万)	9546.23	7708.01	–	5008.54
主营业务收入(万)	5953.58	9546.18	–	5728.59
主营成本(万)	1848.66	2873.98	–	1899.68
营业收入(万)	5953.58	9546.18	–	5728.59
营业成本(万)	1848.66	2873.98	–	1899.68
投资收益(万)	–	–	–	–
利润总额(万)	2126.02	4048.50	–	2080.83
净利润(万)	1838.22	3449.47	–	1811.17

上海开能环保设备股份有限公司

公司概况					
公司名称	上海开能环保设备股份有限公司			证券简称	开能环保
法人代表	瞿建国	董秘	高国垒	证券代码	300272
公司网址	www.canature.com		电子信箱	gray@canature.com	
电　　话	021-58599999		传　　真	021-58599079	
办公地址	上海市浦东新区川沙镇川大路518号				
经营范围	净水设备及相关环保产品、壁炉、烤炉(不含压力容器)、燃气器具等				

主要财务指标：指标\报告期	2011.06.30	2010.12.31	2010.06.30	2009.12.31
每股收益(元)	0.2200	0.4400	–	0.3200
每股收益(扣除)(元)	0.2200	0.4200	–	0.3100
每股净资产(元)	1.8900	1.6700	–	1.6200
调整后每股净资产(元)	–	–	–	–
每股资本公积金(元)	0.2633	0.2633	–	0.2633
每股盈余公积金(元)	0.1140	0.1140	–	0.0684
每股未分配利润(元)	0.5130	0.2888	–	0.2922
每股现金净流量(元)	0.1667	-0.0311	–	0.2530
每股经营现金净流量(元)	0.2276	0.5785	–	0.3146
净资产收益率(扣除)(%)	12.5200	24.2500	–	20.3500
净资产收益率(%)	11.8600	26.5390	–	19.6060
总资产(万)	21986.97	19504.79	–	18421.39
股东权益(万)	15596.12	13746.46	–	13398.31
主营业务收入(万)	9691.31	16504.14	–	12494.16
主营成本(万)	–	–	–	–
营业收入(万)	9691.31	16504.14	–	12494.16
营业成本(万)	5480.18	8707.90	–	6574.68
投资收益(万)	–	–	–	–
利润总额(万)	2211.56	4329.89	–	3067.54
净利润(万)	1849.66	3648.15	–	2626.88

公司概况					
公司名称				证券简称	
法人代表		董秘		证券代码	
公司网址			电子信箱		
电　　话			传　　真		
办公地址					
经营范围					

主要财务指标：指标\报告期	2011.06.30	2010.12.31	2010.06.30	2009.12.31
每股收益(元)				
每股收益(扣除)(元)				
每股净资产(元)				
调整后每股净资产(元)				
每股资本公积金(元)				
每股盈余公积金(元)				
每股未分配利润(元)				
每股现金净流量(元)				
每股经营现金净流量(元)				
净资产收益率(扣除)(%)				
净资产收益率(%)				
总资产(万)				
股东权益(万)				
主营业务收入(万)				
主营成本(万)				
营业收入(万)				
营业成本(万)				
投资收益(万)				
利润总额(万)				
净利润(万)				

万科企业股份有限公司

公司概况	公司名称	万科企业股份有限公司			证券简称	万　科 B
	法人代表	王石	董秘	谭华杰	证券代码	200002
	公司网址	www.vanke.com		电子信箱	ir@vanke.com	
	电　　话	0755-25606666		传　　真	0755-25531696	
	办公地址	广东省深圳市盐田区大梅沙环梅路 33 号万科中心				
	经营范围	公司为专业化房地产公司,主要产品为商品住宅等				

	指标\报告期	2011.06.30	2010.12.31	2010.06.30	2009.12.31
主要财务指标	每股收益(元)	0.2700	0.6600	0.2600	0.4800
	每股收益(扣除)(元)	0.2700	0.6400	0.2400	0.4800
	每股净资产(元)	4.2000	4.0200	3.6200	3.4000
	调整后每股净资产(元)	-	-	-	-
	每股资本公积金(元)	0.7998	0.7994	0.8063	0.7783
	每股盈余公积金(元)	0.9629	0.9629	0.7947	0.7947
	每股未分配利润(元)	1.3959	1.2251	0.9867	0.8011
	每股现金净流量(元)	0.4502	1.1909	-0.3641	0.1841
	每股经营现金净流量(元)	0.3480	0.2035	-0.8653	0.8416
	净资产收益率(扣除)(%)	6.4700	17.0600	6.8000	15.0900
	净资产收益率(%)	6.4450	16.4660	7.0700	14.2600
	总资产(万)	26096027.87	21563755.17	16051266.46	13760855.48
	股东权益(万)	4620453.29	4423267.68	3977295.37	3737588.81
	主营业务收入(万)	1968110.44	5046153.91	1662895.98	4864502.75
	主营成本(万)	1092028.25	2997891.19	1016013.96	3439727.67
	营业收入(万)	1998883.81	5071385.14	1676633.04	4888101.31
	营业成本(万)	1099273.04	3007349.52	1023974.89	3451471.77
	投资收益(万)	-	-	-	-
	利润总额(万)	445180.87	1194075.26	414814.04	861742.78
	净利润(万)	297785.47	728312.70	281249.86	532973.77

深圳市物业发展(集团)股份有限公司

公司概况	公司名称	深圳市物业发展(集团)股份有限公司			证券简称	深物业 B
	法人代表	陈玉刚	董秘	范维平	证券代码	200011
	公司网址	www.szwuye.com.cn		电子信箱	000011touzizhe@163.com	
	电　　话	0755-82211020		传　　真	0755-82210610	
	办公地址	广东省深圳市人民南路国贸大厦 39、42 层				
	经营范围	房地产开发及商品房销售,商品楼宇的建筑、管理,房屋租赁等				

	指标\报告期	2011.06.30	2010.12.31	2010.06.30	2009.12.31
主要财务指标	每股收益(元)	0.5029	0.2936	0.2127	0.1626
	每股收益(扣除)(元)	0.5014	0.2689	0.1973	0.1843
	每股净资产(元)	1.9685	1.4668	1.3221	1.1098
	调整后每股净资产(元)	-	-	-	-
	每股资本公积金(元)	0.1074	0.1074	0.0425	0.0425
	每股盈余公积金(元)	0.1170	0.1170	0.1170	0.1170
	每股未分配利润(元)	0.7528	0.2499	0.1690	-0.0437
	每股现金净流量(元)	-0.1474	-0.4961	-0.2086	0.9369
	每股经营现金净流量(元)	-0.7433	-0.1708	0.0828	1.2746
	净资产收益率(扣除)(%)	25.5450	20.0190	16.0900	14.6500
	净资产收益率(%)	29.2800	23.2700	17.4900	15.6700
	总资产(万)	304245.49	291328.14	276929.41	283441.80
	股东权益(万)	117405.96	87504.77	78881.23	66230.46
	主营业务收入(万)	113506.98	96614.60	68279.60	82086.33
	主营成本(万)	36193.29	66884.28	47948.48	42664.05
	营业收入(万)	114659.17	99317.54	69742.86	84536.69
	营业成本(万)	36402.00	67349.70	48409.49	43185.70
	投资收益(万)	72.89	323.27	216.24	238.17
	利润总额(万)	39611.44	20715.97	15291.06	12729.78
	净利润(万)	29968.89	17499.85	12675.24	9693.40

中国南玻集团股份有限公司

公司概况	公司名称	中国南玻集团股份有限公司			证券简称	南玻 B
	法人代表	曾南	董秘	吴国斌	证券代码	200012
	公司网址	www.csgholding.com		电子信箱	securities@csgholding.com	
	电　　话	(86)755-26860666		传　　真	(86)755-26692755	
	办公地址	广东省深圳市蛇口工业六路 1 号南玻大厦				
	经营范围	进行平板玻璃、工程玻璃等节能建筑材料,硅材料、光伏组件等				

	指标\报告期	2011.06.30	2010.12.31	2010.06.30	2009.12.31
主要财务指标	每股收益(元)	0.4000	0.7000	0.3100	0.4000
	每股收益(扣除)(元)	0.3850	0.6700	0.2900	0.4200
	每股净资产(元)	3.1400	3.0700	2.6700	4.3400
	调整后每股净资产(元)	-	-	-	-
	每股资本公积金(元)	0.6386	0.6307	0.6235	1.7386
	每股盈余公积金(元)	0.2440	0.2439	0.2103	0.3571
	每股未分配利润(元)	1.2502	1.1965	0.8347	1.2477
	每股现金净流量(元)	0.0528	0.0118	-0.1135	0.1967
	每股经营现金净流量(元)	0.4541	1.1394	0.4502	1.3649
	净资产收益率(扣除)(%)	11.9500	23.8500	10.8400	17.8700
	净资产收益率(%)	12.8590	22.7920	11.4620	15.6510
	总资产(万)	1408325.20	1246961.92	1105045.73	1091335.00
	股东权益(万)	651416.13	638487.12	554828.28	531552.32
	主营业务收入(万)	441328.11	769797.36	338774.88	524680.87
	主营成本(万)	286393.39	491211.92	219618.83	341219.37
	营业收入(万)	443853.41	774394.17	340506.80	527910.01
	营业成本(万)	287632.44	494364.00	220596.36	343557.47
	投资收益(万)	-	-	-	-
	利润总额(万)	110821.47	186534.67	82927.87	98906.48
	净利润(万)	83764.33	145520.92	63595.16	83194.44

深圳康佳电子(集团)股份有限公司

公司概况	公司名称	深圳康佳电子(集团)股份有限公司			证券简称	深康佳 B
	法人代表	侯松容	董秘	肖庆	证券代码	200016
	公司网址	www.konka.com		电子信箱	szkonka@konka.com	
	电　　话	0755-26608866		传　　真	0755-26601139 26600082	
	办公地址	深圳市南山区华侨城				
	经营范围	研究开发,生产经营电视机,冰箱,洗衣机,日用小家电等家用电器产品等				

	指标\报告期	2011.06.30	2010.12.31	2010.06.30	2009.12.31
主要财务指标	每股收益(元)	-0.1620	0.0697	0.0423	0.1260
	每股收益(扣除)(元)	-0.1826	0.0273	0.0296	0.0999
	每股净资产(元)	3.1400	3.3200	3.2500	3.2280
	调整后每股净资产(元)	-	-	-	-
	每股资本公积金(元)	1.0567	1.0567	1.0441	1.0444
	每股盈余公积金(元)	0.6722	0.6722	0.6722	0.6722
	每股未分配利润(元)	0.4067	0.5787	0.5421	0.5190
	每股现金净流量(元)	0.5568	-0.1499	0.1733	-0.0790
	每股经营现金净流量(元)	0.0046	-0.3595	-0.0016	0.2443
	净资产收益率(扣除)(%)	-5.6400	0.8300	0.9100	3.1300
	净资产收益率(%)	-5.1570	2.0990	1.2990	3.9026
	总资产(万)	1727223.05	1646689.56	1337485.79	1356808.31
	股东权益(万)	378122.64	399864.72	391863.83	388642.71
	主营业务收入(万)	681510.91	1696300.67	788914.04	1313114.42
	主营成本(万)	578935.27	1433152.16	667079.26	1067588.46
	营业收入(万)	686510.39	1711145.41	794018.38	1325903.36
	营业成本(万)	583693.20	1444266.61	670025.33	1076973.00
	投资收益(万)	-	-	-	-
	利润总额(万)	-17590.27	8770.70	8029.72	14589.81
	净利润(万)	-19500.09	8394.79	5088.75	15167.07

深圳中华自行车(集团)股份有限公司

公司概况	公司名称	深圳中华自行车(集团)股份有限公司			证券简称	*ST 中华 B
	法人代表	罗桂友	董秘	姚正旺	证券代码	200017
	公司网址	www.cbc.com.cn		电子信箱	cbc@szcbc.com	
	电　话	0755-28181666 0755-28181569		传　真	0755-28181009	
	办公地址	广东省深圳市龙华油松工业区中华工业园				
	经营范围	自行车、电动自行车及零配件的生产和销售等				

主要财务指标	指标\报告期	2011.06.30	2010.12.31	2010.06.30	2009.12.31
	每股收益(元)	0.0475	0.1169	-0.0938	-0.2206
	每股收益(扣除)(元)	-0.0392	-0.0809	-0.0952	-0.2399
	每股净资产(元)	-3.1068	-3.1853	-3.4300	-3.8817
	调整后每股净资产(元)	-	-	-	-
	每股资本公积金(元)	0.8056	0.7747	0.7430	0.9567
	每股盈余公积金(元)	0.0593	0.0593	0.0593	0.0681
	每股未分配利润(元)	-4.9717	-5.0192	-5.2300	-5.9066
	每股现金净流量(元)	0.0046	-0.0081	0.0060	0.0253
	每股经营现金净流量(元)	0.0024	0.0118	0.0104	0.0082
	净资产收益率(扣除)(%)	-	-	-	-
	净资产收益率(%)	-1.5303	-	-2.7366	-5.6828
	总资产(万)	15042.50	13815.81	17013.74	16969.64
	股东权益(万)	-171294.34	-175618.54	-188987.97	-186101.45
	主营业务收入(万)	12623.55	27400.01	11276.45	25051.48
	主营成本(万)	12168.18	26387.31	10870.11	23952.88
	营业收入(万)	13653.76	29902.73	12062.28	26090.81
	营业成本(万)	12670.85	28012.80	11404.56	24869.96
	投资收益(万)	-	-	-	-
	利润总额(万)	2621.31	6447.74	-5166.35	-10616.08
	净利润(万)	2621.31	6447.74	-5171.94	-10575.75

深圳中冠纺织印染股份有限公司

公司概况	公司名称	深圳中冠纺织印染股份有限公司			证券简称	ST 中冠 B
	法人代表	胡永峰	董秘	张金良	证券代码	200018
	公司网址	www.chinaszvo.com		电子信箱	szvo@chinaszvo.com	
	电　话	0755-83668425 0755-83667895		传　真	0755-83668427	
	办公地址	广东省深圳市龙岗区葵涌镇白石岗葵鹏路 26 号				
	经营范围	各类纯棉、纯麻、涤棉、麻棉、混纺高档面料以及成衣产品的印染生产、加工和销售业务				

主要财务指标	指标\报告期	2011.06.30	2010.12.31	2010.06.30	2009.12.31
	每股收益(元)	-0.0500	0.0200	0.0300	0.0700
	每股收益(扣除)(元)	-0.0500	0.0200	0.0300	0.0700
	每股净资产(元)	0.7800	0.8500	0.8700	0.8500
	调整后每股净资产(元)	-	-	-	-
	每股资本公积金(元)	0.2345	0.2357	0.2323	0.2323
	每股盈余公积金(元)	0.1579	0.1579	0.1579	0.1579
	每股未分配利润(元)	-0.6320	-0.5833	-0.5756	-0.6076
	每股现金净流量(元)	0.0009	-0.0255	-0.0046	-0.0311
	每股经营现金净流量(元)	0.0048	0.0014	-0.0022	-0.0051
	净资产收益率(扣除)(%)	-	2.6400	3.6900	8.6900
	净资产收益率(%)	-6.2700	2.8706	3.6966	8.4515
	总资产(万)	18429.22	19573.24	20095.15	20131.82
	股东权益(万)	13130.87	14292.95	14642.36	14305.89
	主营业务收入(万)	-	96.10	103.75	1895.05
	主营成本(万)	-	31.70	30.46	1757.09
	营业收入(万)	552.88	935.11	528.06	2751.78
	营业成本(万)	233.14	432.31	236.04	2262.50
	投资收益(万)	-	-	-	-
	利润总额(万)	-826.14	232.62	536.50	1166.78
	净利润(万)	-823.25	410.29	541.27	1209.07

深圳市深宝实业股份有限公司

公司概况	公司名称	深圳市深宝实业股份有限公司			证券简称	深深宝 B
	法人代表	郑煜曦	董秘	李亦研	证券代码	200019
	公司网址	www.sbsy.com.cn		电子信箱	shenbao@ sbsy.com.cn	
	电　话	0755-82027522		传　真	0755-82027522	
	办公地址	深圳市福田区竹子林四路紫竹七道 26 号教育科技大厦塔楼 20 层南半层				
	经营范围	生产食品罐头、饮料、土产品;国内商业、物资供销业等				

主要财务指标	指标\报告期	2011.06.30	2010.12.31	2010.06.30	2009.12.31
	每股收益(元)	0.0242	0.0310	-0.1004	-0.0710
	每股收益(扣除)(元)	-0.0707	-0.2300	-0.1100	-0.0770
	每股净资产(元)	3.5400	1.7900	1.6600	1.7600
	调整后每股净资产(元)	-	-	-	-
	每股资本公积金(元)	3.1260	0.4390	0.4402	0.4429
	每股盈余公积金(元)	0.1784	0.1784	0.1784	0.1784
	每股未分配利润(元)	0.1936	0.1695	0.0378	0.1382
	每股现金净流量(元)	3.0082	-0.2752	-0.1829	0.3744
	每股经营现金净流量(元)	-0.0455	0.0287	-0.0337	0.0094
	净资产收益率(扣除)(%)	-3.9300	-12.9800	-6.6100	-4.2700
	净资产收益率(%)	0.4960	1.7500	-6.0600	-4.0320
	总资产(万)	116553.55	65846.88	64998.55	62335.68
	股东权益(万)	88729.26	32509.21	30135.11	32009.63
	主营业务收入(万)	13991.95	22913.82	9803.11	18328.72
	主营成本(万)	11199.71	17738.23	7502.14	13663.06
	营业收入(万)	13992.30	22979.74	9803.11	18414.22
	营业成本(万)	11220.91	17746.44	7510.64	13663.06
	投资收益(万)	-	-	-	-
	利润总额(万)	873.34	1116.50	-1716.83	-872.66
	净利润(万)	439.64	568.76	-1826.35	-1290.51

深圳中恒华发股份有限公司

公司概况	公司名称	深圳中恒华发股份有限公司			证券简称	深华发 B
	法人代表	李中秋	董秘	江艳军	证券代码	200020
	公司网址	www.hwafa.com		电子信箱	hwafainvestor@126.com	
	电　话	0755-83352206		传　真	0755-83323160	
	办公地址	广东省深圳市华发北路 411 栋 6 层				
	经营范围	生产经营各种彩色电视机、收录机、音响设备、电子表、电子游戏机等				

主要财务指标	指标\报告期	2011.06.30	2010.12.31	2010.06.30	2009.12.31
	每股收益(元)	0.0330	0.0324	0.0370	0.0147
	每股收益(扣除)(元)	0.0330	0.0397	0.0360	0.0167
	每股净资产(元)	0.9700	0.9400	0.9510	0.8900
	调整后每股净资产(元)	-	-	-	-
	每股资本公积金(元)	0.3867	0.3867	0.3675	0.3675
	每股盈余公积金(元)	0.2733	0.2733	0.2733	0.2733
	每股未分配利润(元)	-0.6858	-0.7186	-0.6897	-0.7510
	每股现金净流量(元)	-0.0146	0.1677	0.3581	0.0487
	每股经营现金净流量(元)	-0.0532	0.2006	0.1048	-0.3519
	净资产收益率(扣除)(%)	3.4400	4.3900	3.9600	1.8900
	净资产收益率(%)	3.3650	3.5800	6.4500	1.6500
	总资产(万)	84807.12	72589.43	81792.30	75677.98
	股东权益(万)	27584.54	26656.46	26933.94	25196.39
	主营业务收入(万)	-	70339.25	36640.54	46472.42
	主营成本(万)	-	66232.77	32624.79	44211.95
	营业收入(万)	46149.89	74558.01	36640.54	50826.28
	营业成本(万)	41689.19	66673.34	32624.79	45088.58
	投资收益(万)	-	-	-	-
	利润总额(万)	1106.67	1250.48	1029.24	714.33
	净利润(万)	928.07	917.73	1047.32	415.46

深圳赤湾港航股份有限公司

公司概况

公司名称	深圳赤湾港航股份有限公司			证券简称	深赤湾B
法人代表	郑少平	董秘	裴姜媛	证券代码	200022
公司网址	www.szcwh.com	电子信箱	cwh@cndi.com		
电　话	0755-26694222	传　真	0755-26684117		
办公地址	广东省深圳市赤湾石油大厦13楼				
经营范围	港口装卸、堆存、运输、代理及其他业务等				

主要财务指标

指标\报告期	2011.06.30	2010.12.31	2010.06.30	2009.12.31
每股收益(元)	0.4010	0.9250	0.4790	0.6500
每股收益(扣除)(元)	0.4000	0.9230	0.4760	0.6400
每股净资产(元)	4.9990	5.0240	4.5780	4.4250
调整后每股净资产(元)	-	-	-	-
每股资本公积金(元)	0.2631	0.2247	0.2243	0.2255
每股盈余公积金(元)	0.6540	0.5949	0.5949	0.5508
每股未分配利润(元)	3.1023	3.2256	2.7793	2.6692
每股现金净流量(元)	0.2194	0.0630	0.5691	0.1545
每股经营现金净流量(元)	0.4674	1.4375	0.5856	1.1268
净资产收益率(扣除)(%)	-	19.6500	10.2100	14.8500
净资产收益率(%)	8.0160	18.4200	10.4700	14.6816
总资产(万)	677316.09	620218.47	593278.69	552787.36
股东权益(万)	322288.61	323954.91	295157.93	285298.28
主营业务收入(万)	81366.87	168923.93	80992.21	141858.54
主营成本(万)	35420.41	73303.65	33301.31	67106.83
营业收入(万)	84498.36	174041.77	83376.19	146543.45
营业成本(万)	35980.91	74231.23	33689.01	68161.53
投资收益(万)	-	-	-	-
利润总额(万)	40329.71	96441.50	49345.17	67990.01
净利润(万)	25835.74	59668.02	30896.35	41886.48

招商局地产控股股份有限公司

公司概况

公司名称	招商局地产控股股份有限公司			证券简称	招商局B
法人代表	林少斌	董秘	刘宁	证券代码	200024
公司网址	www.cmpd.cn	电子信箱	investor@cmpd.cn		
电　话	0755-26819600	传　真	0755-26819680		
办公地址	广东省深圳市南山区蛇口兴华路6号南海意库3号楼				
经营范围	房地产开发经营、科研技术服务、兴办实业等				

主要财务指标

指标\报告期	2011.06.30	2010.12.31	2010.06.30	2009.12.31
每股收益(元)	0.8600	1.1700	0.6100	0.9600
每股收益(扣除)(元)	0.8600	1.1700	0.6100	0.9600
每股净资产(元)	11.3400	10.6000	10.0000	9.4800
调整后每股净资产(元)	-	-	-	-
每股资本公积金(元)	4.9373	4.9406	4.9422	4.9426
每股盈余公积金(元)	0.5238	0.5238	0.4576	0.4576
每股未分配利润(元)	4.7769	4.0418	3.5482	3.0367
每股现金净流量(元)	-0.5865	0.0809	0.8966	0.8255
每股经营现金净流量(元)	-1.7615	-2.5891	-1.1638	4.1080
净资产收益率(扣除)(%)	7.7700	11.6200	6.2500	10.6100
净资产收益率(%)	7.5430	11.0470	6.1100	10.1000
总资产(万)	6570324.69	5981824.08	5178564.49	4789716.05
股东权益(万)	1946879.01	1820743.18	1717948.18	1627873.68
主营业务收入(万)	809148.51	1378242.52	698039.49	1013328.32
主营成本(万)	424142.17	830037.99	412722.14	595960.89
营业收入(万)	809148.51	1378242.52	698115.39	1013770.10
营业成本(万)	424142.17	830037.99	412736.37	596173.82
投资收益(万)	-	-	-	-
利润总额(万)	240646.50	327212.38	183366.85	227373.00
净利润(万)	146858.74	201139.72	105017.93	164414.39

深圳市特力(集团)股份有限公司

公司概况

公司名称	深圳市特力(集团)股份有限公司			证券简称	深特力B
法人代表	张瑞理	董秘	郭东日	证券代码	200025
公司网址	www.tellus.cn	电子信箱	szjujiang@yahoo.com.cn		
电　话	0755-83989328 83989335	传　真	0755-83989399 83989386		
办公地址	广东省深圳市福田区深南中路中核大厦十五楼				
经营范围	投资兴办实业(具体项目另行申报);在合法取得使用权的土地上从事房地产开发经营				

主要财务指标

指标\报告期	2011.06.30	2010.12.31	2010.06.30	2009.12.31
每股收益(元)	0.0020	0.0163	0.0050	0.0286
每股收益(扣除)(元)	0.0027	0.0149	0.0040	-0.0254
每股净资产(元)	0.7980	0.7960	0.7780	0.7760
调整后每股净资产(元)	-	-	-	-
每股资本公积金(元)	0.0393	0.0392	0.0335	0.0356
每股盈余公积金(元)	0.0134	0.0134	0.0134	0.0134
每股未分配利润(元)	-0.2546	-0.2569	-0.2691	-0.2732
每股现金净流量(元)	-0.0433	-0.0375	-0.1111	0.1485
每股经营现金净流量(元)	0.0308	0.0324	-0.0896	0.1202
净资产收益率(扣除)(%)	0.3400	1.9000	0.5300	-3.3500
净资产收益率(%)	0.2860	2.0450	0.6410	3.6900
总资产(万)	58337.60	59955.60	59428.42	61148.71
股东权益(万)	17580.13	17527.46	17132.43	17089.40
主营业务收入(万)	17655.28	38149.46	19698.14	42798.25
主营成本(万)	14334.68	31893.29	16346.59	36063.16
营业收入(万)	17804.72	38634.84	19832.32	43267.64
营业成本(万)	14420.33	32083.76	16425.97	36288.39
投资收益(万)	-	-	-	-
利润总额(万)	57.82	327.63	216.29	864.31
净利润(万)	50.23	358.44	109.87	630.60

飞亚达(集团)股份有限公司

公司概况

公司名称	飞亚达(集团)股份有限公司			证券简称	飞亚达B
法人代表	吴光权	董秘	陈立彬	证券代码	200026
公司网址	www.fiytagroup.com	电子信箱	investor@fiyta.com.cn		
电　话	0755-86013669 86013992	传　真	0755-83348369		
办公地址	广东省深圳市南山区高新南一道飞亚达科技大厦20楼				
经营范围	钟表及其零配件的设计、开发、制造、销售和维修等				

主要财务指标

指标\报告期	2011.06.30	2010.12.31	2010.06.30	2009.12.31
每股收益(元)	0.2190	0.3770	0.1710	0.2810
每股收益(扣除)(元)	0.2220	0.3230	0.1480	0.2290
每股净资产(元)	3.3750	4.5100	3.0370	2.8670
调整后每股净资产(元)	-	-	-	-
每股资本公积金(元)	1.3509	2.2933	0.7695	0.7695
每股盈余公积金(元)	0.3082	0.4315	0.4651	0.4651
每股未分配利润(元)	0.7140	0.7931	0.8061	0.6360
每股现金净流量(元)	-0.8022	1.8455	0.0508	-0.0503
每股经营现金净流量(元)	-0.2633	-0.3510	0.0035	0.3330
净资产收益率(扣除)(%)	6.8400	10.7700	5.0000	8.7300
净资产收益率(%)	6.4870	7.4240	5.6000	9.8020
总资产(万)	243020.10	243653.91	163998.50	152393.70
股东权益(万)	132548.64	126599.66	75719.30	71480.85
主营业务收入(万)	122345.71	176841.39	80487.56	122918.60
主营成本(万)	81771.62	120415.74	56308.41	82284.63
营业收入(万)	123201.07	178075.44	81081.19	123739.79
营业成本(万)	82048.67	120877.47	56530.71	82881.28
投资收益(万)	-	-	-	-
利润总额(万)	10396.90	11349.32	5195.74	8533.61
净利润(万)	8599.01	9399.02	4239.95	7006.72

深圳一致药业股份有限公司

公司概况	公司名称	深圳一致药业股份有限公司			证券简称	一致 B
	法人代表	施金明	董秘	陈常兵	证券代码	200028
	公司网址	www.szaccord.com.cn		电子信箱	0028@szaccord.com.cn	
	电话	0755-25875195 0755-25875222		传真	0755-25875147	
	办公地址	广东省深圳市福田区八卦四路 15 号一致药业大厦				
	经营范围	中成药,化学原料药,化学药制剂,抗生素原料药,抗生素制剂等				

主要财务指标	指标\报告期	2011.06.30	2010.12.31	2010.06.30	2009.12.31
	每股收益(元)	0.5700	0.9100	0.4100	0.6700
	每股收益(扣除)(元)	0.5264	0.8500	0.3930	0.6600
	每股净资产(元)	4.1100	3.6520	3.1770	2.9400
	调整后每股净资产(元)	–	–	–	–
	每股资本公积金(元)	0.0175	0.0175	0.0175	0.1096
	每股盈余公积金(元)	0.1388	0.1388	0.0610	0.0610
	每股未分配利润(元)	2.9554	2.4960	2.0986	1.7696
	每股现金净流量(元)	0.7244	0.3475	0.0393	0.6731
	每股经营现金净流量(元)	0.3737	1.4859	0.7293	0.9504
	净资产收益率(扣除)(%)	13.3600	25.5600	12.4900	25.5800
	净资产收益率(%)	13.9380	24.8120	13.2850	22.7651
	总资产(万)	696806.95	630679.30	574101.93	526834.02
	股东权益(万)	118475.88	105237.03	91547.22	84720.99
	主营业务收入(万)	716347.34	1297318.54	618685.81	1092853.65
	主营成本(万)	650987.28	1188773.01	565530.38	1001066.25
	营业收入(万)	719537.24	1306442.81	623682.75	1099707.49
	营业成本(万)	651974.03	1192565.55	567583.54	1004120.78
	投资收益(万)	–	–	–	–
	利润总额(万)	21771.78	33981.24	16428.53	26094.13
	净利润(万)	16513.64	26111.67	11938.71	19286.82

深圳经济特区房地产(集团)股份有限公司

公司概况	公司名称	深圳经济特区房地产(集团)股份有限公司			证券简称	深深房 B
	法人代表	周建国	董秘	陈继	证券代码	200029
	公司网址	www.sfjt.com.cn		电子信箱	spg@163.net	
	电话	0755-82293000 4718 4715		传真	0755-82294024	
	办公地址	广东省深圳市人民南路深房广场 46-48 楼				
	经营范围	房地产开发及商品房销售、物业租赁及管理、建筑装饰安装、商品零售等				

主要财务指标	指标\报告期	2011.06.30	2010.12.31	2010.06.30	2009.12.31
	每股收益(元)	0.0636	0.0838	0.0634	0.0200
	每股收益(扣除)(元)	0.0626	0.0726	0.0538	0.0130
	每股净资产(元)	1.4763	1.4114	1.2779	1.3300
	调整后每股净资产(元)	–	–	–	–
	每股资本公积金(元)	0.9670	0.9670	0.9670	0.9670
	每股盈余公积金(元)	0.0049	0.0049	0.0049	0.0049
	每股未分配利润(元)	–0.5070	–0.5705	–0.7089	–0.6543
	每股现金净流量(元)	0.0288	–0.0035	–0.0604	0.0750
	每股经营现金净流量(元)	0.0834	–0.1770	–0.0659	–0.4074
	净资产收益率(扣除)(%)	4.3400	5.3000	3.9700	0.9900
	净资产收益率(%)	4.3050	5.9360	4.9610	1.5030
	总资产(万)	333418.99	337909.02	325198.70	336111.03
	股东权益(万)	149353.30	142787.19	129281.53	134354.12
	主营业务收入(万)	55131.68	99682.74	51432.51	65920.23
	主营成本(万)	–	–	–	–
	营业收入(万)	55391.98	102105.57	51882.67	75018.22
	营业成本(万)	38169.95	67273.56	33848.60	53432.62
	投资收益(万)	–	–	–	–
	利润总额(万)	8283.10	11191.67	7812.98	3618.03
	净利润(万)	6430.09	8476.02	6410.99	2019.92

广东盛润集团股份有限公司

公司概况	公司名称	广东盛润集团股份有限公司			证券简称	ST 盛润 B
	法人代表	王建宇	董秘	魏传义	证券代码	200030
	公司网址			电子信箱	lionda@maillcenter.com.cn	
	电话	0755-83877511 83875531		传真	0755-83875212	
	办公地址	广东省深圳市福田区泰然大道劲松大厦 5D				
	经营范围	自营和代理第二、三类商品在广东省内进出口业务等				

主要财务指标	指标\报告期	2011.06.30	2010.12.31	2010.06.30	2009.12.31
	每股收益(元)	5.0526	–1.3579	–0.0400	0.0281
	每股收益(扣除)(元)	–0.0277	–0.0830	–0.0430	–0.0927
	每股净资产(元)	0.0013	–7.3000	–5.9900	–5.9500
	调整后每股净资产(元)	–	–	–	–
	每股资本公积金(元)	3.5724	1.3212	1.3212	1.3212
	每股盈余公积金(元)	0.4795	0.4795	0.4795	0.4795
	每股未分配利润(元)	–5.0507	–10.1033	–8.7900	–8.7469
	每股现金净流量(元)	–0.0004	0.0007	0.0011	–0.0000
	每股经营现金净流量(元)	–0.0004	0.0007	0.0007	–0.0006
	净资产收益率(扣除)(%)	0.3800	1.3900	–	1.5500
	净资产收益率(%)	395008.4400	–	–0.7180	–0.4725
	总资产(万)	7027.08	7392.01	4204.11	4189.14
	股东权益(万)	36.89	–210620.46	–172741.65	–171500.96
	主营业务收入(万)	–	–	–	–
	主营成本(万)	–	–	–	–
	营业收入(万)	10.90	148.04	109.67	185.40
	营业成本(万)	–	2546.37	–	3592.10
	投资收益(万)	–	–	–	–
	利润总额(万)	145727.42	–39165.85	–1240.69	810.27
	净利润(万)	145727.42	–39165.85	–1240.69	810.27

深圳南山热电股份有限公司

公司概况	公司名称	深圳南山热电股份有限公司			证券简称	深南电 B
	法人代表	杨海贤	董秘	胡琴	证券代码	200037
	公司网址	www.nsrd.com.cn		电子信箱	public@nspower.com.cn	
	电话	0755-26948888		传真	0755-26003684	
	办公地址	广东省深圳市南山区华侨城汉唐大厦 16、17 楼				
	经营范围	供电、供热、提供相关技术咨询和技术服务等				

主要财务指标	指标\报告期	2011.06.30	2010.12.31	2010.06.30	2009.12.31
	每股收益(元)	–0.1400	–0.1900	–0.4200	0.1200
	每股收益(扣除)(元)	–0.2400	–0.4000	–0.4200	0.0900
	每股净资产(元)	2.7400	2.8800	2.6400	3.0700
	调整后每股净资产(元)	–	–	–	–
	每股资本公积金(元)	0.6033	0.6033	0.6033	0.6033
	每股盈余公积金(元)	0.5523	0.5523	0.5523	0.5523
	每股未分配利润(元)	0.5835	0.7242	0.4860	0.9144
	每股现金净流量(元)	0.0634	0.3899	0.0430	–0.0265
	每股经营现金净流量(元)	0.0639	0.0430	–0.1117	0.5779
	净资产收益率(扣除)(%)	–	–13.4000	–14.8400	3.0700
	净资产收益率(%)	–5.1400	–6.6040	–16.0200	4.0037
	总资产(万)	557782.82	527895.43	493874.53	492659.63
	股东权益(万)	165098.66	173584.25	159221.41	185048.12
	主营业务收入(万)	102913.17	159840.92	70162.42	186648.91
	主营成本(万)	152729.79	223757.64	100243.33	193833.32
	营业收入(万)	114341.36	160173.05	70285.97	186782.98
	营业成本(万)	163558.30	223934.59	100324.94	193954.26
	投资收益(万)	–	–	–	–
	利润总额(万)	–8776.75	–9864.57	–27093.35	13197.64
	净利润(万)	–8485.59	–11463.87	–25507.35	7408.82

中国国际海运集装箱(集团)股份有限公司

公司概况					
公司名称	中国国际海运集装箱(集团)股份有限公司			证券简称	中 集 B
法人代表	李建红	董秘	于玉群	证券代码	200039
公司网址	www.cimc.com		电子信箱	shareholder@cimc.com	
电　　话	0755-26691130 26802706		传　　真	0755-26826579 26813950	
办公地址	广东省深圳市蛇口工业区港湾大道2号中集集团研发中心				
经营范围	现代化交通运输装备、能源、食品、化工等装备的制造及服务业务				

主要财务指标：指标\报告期	2011.06.30	2010.12.31	2010.06.30	2009.12.31
每股收益(元)	1.0545	1.1300	0.3428	0.3600
每股收益(扣除)(元)	1.0510	1.0500	0.2766	-0.1100
每股净资产(元)	6.8100	6.0900	5.3969	5.3300
调整后每股净资产(元)	-	-	-	-
每股资本公积金(元)	0.3531	0.5068	0.4953	0.5851
每股盈余公积金(元)	1.0746	1.3437	1.3437	1.3437
每股未分配利润(元)	4.5132	4.0149	3.3138	3.0910
每股现金净流量(元)	0.4909	-0.2250	-0.1403	0.5913
每股经营现金净流量(元)	-1.5630	0.5570	-1.0433	0.3642
净资产收益率(扣除)(%)	-	18.0000	5.1400	-2.0000
净资产收益率(%)	15.4740	18.5040	6.3500	6.7540
总资产(万)	6616392.10	5413064.90	5457993.20	3735838.30
股东权益(万)	1814387.50	1622305.70	1436879.80	1419820.80
主营业务收入(万)	3587840.70	5066342.60	2057502.00	1981949.80
主营成本(万)	2933566.90	4306576.50	1778528.60	1697462.10
营业收入(万)	3647809.80	5176831.60	2123788.90	2047550.70
营业成本(万)	2949990.00	4359781.50	1824672.90	1740176.00
投资收益(万)	-	-	-	-
利润总额(万)	381751.90	367460.70	131866.50	146538.50
净利润(万)	280762.90	300185.10	91255.60	95896.70

深圳市纺织(集团)股份有限公司

公司概况					
公司名称	深圳市纺织(集团)股份有限公司			证券简称	深纺织 B
法人代表	王滨	董秘	晁晋	证券代码	200045
公司网址	www.chinasthc.com		电子信箱	liaory@chinasthc.com	
电　　话	0755-83776043		传　　真	0755-83776139	
办公地址	广东省深圳市福田区华强北路3号深纺大厦6楼				
经营范围	生产,加工纺织品,针织品,服装,装饰布,带,商标带,自行车,工艺品等				

主要财务指标：指标\报告期	2011.06.30	2010.12.31	2010.06.30	2009.12.31
每股收益(元)	0.1000	0.1400	0.1000	0.1600
每股收益(扣除)(元)	0.0563	0.0800	0.0600	0.0800
每股净资产(元)	4.0800	4.0000	2.0200	2.0100
调整后每股净资产(元)	-	-	-	-
每股资本公积金(元)	2.4817	2.4955	0.3918	0.4862
每股盈余公积金(元)	0.1013	0.1013	0.1299	0.1299
每股未分配利润(元)	0.4990	0.4028	0.4976	0.3962
每股现金净流量(元)	-0.3764	0.9400	0.0281	0.0706
每股经营现金净流量(元)	0.0373	0.1691	0.0099	0.1931
净资产收益率(扣除)(%)	1.3900	2.5900	2.8200	4.4800
净资产收益率(%)	2.3560	3.0250	5.0220	7.7072
总资产(万)	164982.28	165542.23	84199.08	80256.29
股东权益(万)	137368.08	134596.92	49496.82	49324.63
主营业务收入(万)	31735.02	63315.58	32058.47	48338.56
主营成本(万)	25935.43	52345.63	27138.97	39628.06
营业收入(万)	31918.27	63780.16	32236.91	48807.33
营业成本(万)	26117.26	52775.92	27313.28	40090.47
投资收益(万)	-	-	-	-
利润总额(万)	4079.67	4791.79	3102.56	4303.10
净利润(万)	3236.40	4070.93	2485.85	3801.55

深圳赤湾石油基地股份有限公司

公司概况					
公司名称	深圳赤湾石油基地股份有限公司			证券简称	深基地 B
法人代表	范肇平	董秘	傅加林	证券代码	200053
公司网址	www.chiwanbase.com		电子信箱	sa@chiwanbase.com	
电　　话	0755-26694211		传　　真	0755-26694227	
办公地址	广东省深圳市赤湾石油大厦14楼				
经营范围	经营码头,港口服务,堆场,仓库及办公室的租赁业务等				

主要财务指标：指标\报告期	2011.06.30	2010.12.31	2010.06.30	2009.12.31
每股收益(元)	0.2500	0.6200	0.2900	0.5100
每股收益(扣除)(元)	0.2400	0.6200	0.2800	0.5100
每股净资产(元)	4.6600	4.5400	4.2100	4.3100
调整后每股净资产(元)	-	-	-	-
每股资本公积金(元)	0.9528	0.9528	0.9568	1.0886
每股盈余公积金(元)	0.9742	0.9422	0.8781	0.8521
每股未分配利润(元)	1.7343	1.6417	1.3782	1.3740
每股现金净流量(元)	-0.3051	-0.1683	-0.0663	0.4081
每股经营现金净流量(元)	0.3786	1.1064	0.4359	0.7771
净资产收益率(扣除)(%)	5.0300	13.6000	6.6200	12.6200
净资产收益率(%)	5.4210	13.5950	6.8830	11.8780
总资产(万)	280487.86	280463.14	261237.65	266870.44
股东权益(万)	107492.23	104616.64	97155.28	99496.34
主营业务收入(万)	21441.66	39816.36	19182.58	31744.55
主营成本(万)	7532.14	13192.80	6378.60	10600.34
营业收入(万)	21441.71	40010.24	19182.64	33232.22
营业成本(万)	7532.14	13345.42	6378.60	11978.23
投资收益(万)	-	-	-	-
利润总额(万)	6687.28	15432.95	7563.61	12389.72
净利润(万)	5827.27	14222.93	6687.39	11817.89

重庆建设摩托车股份有限公司

公司概况					
公司名称	重庆建设摩托车股份有限公司			证券简称	建 摩 B
法人代表	李华光	董秘	滕峰	证券代码	200054
公司网址	www.jianshe.com.cn		电子信箱	cqjsmc@jianshe.com.cn	
电　　话	023-66295333		传　　真	023-66295333	
办公地址	重庆市巴南区花溪工业园建设大道1号				
经营范围	摩托车及零部件(含发动机)、汽车零部件(不含发动机)、普通机械等				

主要财务指标：指标\报告期	2011.06.30	2010.12.31	2010.06.30	2009.12.31
每股收益(元)	0.0029	0.0250	0.0300	0.0220
每股收益(扣除)(元)	0.0005	0.0030	-	-0.0100
每股净资产(元)	1.0000	0.9900	1.0100	0.9700
调整后每股净资产(元)	-	-	-	-
每股资本公积金(元)	1.2632	1.2632	1.2745	1.2593
每股盈余公积金(元)	0.2632	0.2632	0.2632	0.2632
每股未分配利润(元)	-1.5290	-1.5318	-1.5288	-1.5569
每股现金净流量(元)	-0.1015	-0.2185	0.0901	0.5325
每股经营现金净流量(元)	-0.0667	0.0477	-0.2589	0.0375
净资产收益率(扣除)(%)	-	0.3200	-	-1.0000
净资产收益率(%)	0.2870	2.5180	2.7900	2.2800
总资产(万)	266579.57	319888.25	397583.30	347626.34
股东权益(万)	47627.29	47490.86	48173.40	46107.48
主营业务收入(万)	135670.98	235220.40	127639.35	215749.96
主营成本(万)	117990.25	197254.05	109322.29	180509.18
营业收入(万)	137144.26	247390.19	128532.10	222313.48
营业成本(万)	118777.98	207164.78	109444.26	185324.91
投资收益(万)	-	-	-	-
利润总额(万)	4.05	1444.67	1320.73	449.16
净利润(万)	136.44	1195.65	1339.44	1053.01

方大集团股份有限公司

公司概况	公司名称	方大集团股份有限公司			证券简称	方 大 B
	法人代表	熊建明	董秘	周志刚	证券代码	200055
	公司网址	www.fangda.com		电子信箱	zqb@fangda.com	
	电　话	0755-26788571 6622		传　真	0755-26788353	
	办公地址	广东省深圳市南山区西丽龙井方大城科技大楼				
	经营范围	生产经营新型建筑材料、复合材料、金属制品、金属结构、环保设备等				

主要财务指标	指标\报告期	2011.06.30	2010.12.31	2010.06.30	2009.12.31
	每股收益(元)	0.0610	0.1100	0.0490	0.1000
	每股收益(扣除)(元)	0.0507	0.0500	0.0290	0.0500
	每股净资产(元)	1.4000	2.0000	1.9500	1.4600
	调整后每股净资产(元)	-	-	-	-
	每股资本公积金(元)	0.1085	0.6628	0.6560	0.1889
	每股盈余公积金(元)	0.0236	0.0353	0.0293	0.0313
	每股未分配利润(元)	0.2632	0.3034	0.2700	0.2402
	每股现金净流量(元)	-0.0702	0.5114	0.6307	0.2308
	每股经营现金净流量(元)	-0.0161	-0.0618	-0.0866	0.1094
	净资产收益率(扣除)(%)	4.3650	5.4520	3.4120	7.0680
	净资产收益率(%)	4.4600	6.7600	5.2800	7.4300
	总资产(万)	204014.85	199116.12	188120.20	148281.40
	股东权益(万)	113842.17	109432.82	107279.84	71441.03
	主营业务收入(万)	55623.32	111563.56	40176.02	87733.26
	主营成本(万)	44953.63	93802.04	33031.81	73514.97
	营业收入(万)	57915.44	116193.34	42337.98	91297.91
	营业成本(万)	46027.53	95567.85	33916.77	74910.27
	投资收益(万)	1.53	313.44	317.41	1691.30
	利润总额(万)	5468.45	6765.53	3678.55	4510.83
	净利润(万)	4609.47	5506.34	3360.86	4405.25

深圳市国际企业股份有限公司

公司概况	公司名称	深圳市国际企业股份有限公司			证券简称	深国商 B
	法人代表	郑康豪	董秘	曹剑	证券代码	200056
	公司网址	www.china-ia.com		电子信箱	zhaiwu2006@21cn.com	
	电　话	0755-82285565 82281888		传　真	0755-82285573	
	办公地址	广东省深圳市福田区金田路2028号皇岗商务中心主楼6楼A				
	经营范围	商品零售、经营房地产、代购、代销、进出口业务等				

主要财务指标	指标\报告期	2011.06.30	2010.12.31	2010.06.30	2009.12.31
	每股收益(元)	-0.0700	-0.7600	-0.0984	0.0300
	每股收益(扣除)(元)	-0.0720	-0.4000	-0.0974	-0.1000
	每股净资产(元)	0.1800	0.2500	0.9200	1.0030
	调整后每股净资产(元)	-	-	-	-
	每股资本公积金(元)	0.3274	0.3274	0.3274	0.3274
	每股盈余公积金(元)	0.5701	0.5701	0.5701	0.5701
	每股未分配利润(元)	-1.7218	-1.6516	-0.9738	-0.8924
	每股现金净流量(元)	0.0798	0.6097	-0.0254	-0.2252
	每股经营现金净流量(元)	-0.3151	-2.7287	0.0637	-0.1298
	净资产收益率(扣除)(%)	-33.9700	-64.1300	-10.0100	-10.7100
	净资产收益率(%)	-40.0060	-308.8090	-10.6550	2.7441
	总资产(万)	167796.59	154073.30	143499.01	144748.97
	股东权益(万)	3879.02	5430.86	20403.73	22201.83
	主营业务收入(万)	643.29	1690.74	581.68	2111.28
	主营成本(万)	612.08	1583.08	544.83	1834.57
	营业收入(万)	648.22	1831.20	600.36	2269.40
	营业成本(万)	681.69	1664.01	565.57	1864.53
	投资收益(万)	-	-	-	-
	利润总额(万)	-2065.63	-28096.49	-3977.45	-1437.02
	净利润(万)	-1551.84	-16770.97	-2174.08	616.46

深圳赛格股份有限公司

公司概况	公司名称	深圳赛格股份有限公司			证券简称	深赛格 B
	法人代表	王楚	董秘	郑丹	证券代码	200058
	公司网址	www.segcl.com.cn		电子信箱	segcl@segcl.com.cn	
	电　话	0755-83747939		传　真	0755-83975237	
	办公地址	广东省深圳市福田区华强北路群星广场A座31层				
	经营范围	国内商业、物资供销业(不含专营、专控和专卖商品);兴办实业等				

主要财务指标	指标\报告期	2011.06.30	2010.12.31	2010.06.30	2009.12.31
	每股收益(元)	0.0335	0.0755	0.0343	-0.3991
	每股收益(扣除)(元)	0.0333	0.0720	0.0313	-0.4902
	每股净资产(元)	1.4148	1.3812	1.3421	1.2928
	调整后每股净资产(元)	-	-	-	-
	每股资本公积金(元)	0.5194	0.5195	0.5194	0.5058
	每股盈余公积金(元)	0.1311	0.1311	0.1311	0.1311
	每股未分配利润(元)	-0.2353	-0.2689	-0.3078	-0.3434
	每股现金净流量(元)	0.0284	0.1117	0.0276	0.1083
	每股经营现金净流量(元)	0.0293	0.1395	0.0360	0.0957
	净资产收益率(扣除)(%)	2.3800	5.3900	2.3700	-33.1600
	净资产收益率(%)	2.3720	5.4630	2.5540	-30.8699
	总资产(万)	149502.64	146627.26	139370.05	135949.04
	股东权益(万)	111037.24	108398.31	105327.51	101455.87
	主营业务收入(万)	18995.20	37596.95	16813.43	27976.93
	主营成本(万)	13967.75	27047.68	11545.84	17827.34
	营业收入(万)	20340.52	39238.59	17829.74	28969.09
	营业成本(万)	13975.04	27656.88	11553.34	18431.24
	投资收益(万)	-	-	-	-
	利润总额(万)	4048.97	7886.69	3920.63	-28343.99
	净利润(万)	2633.24	5921.77	2689.68	-31319.29

山东航空股份有限公司

公司概况	公司名称	山东航空股份有限公司			证券简称	山 航 B
	法人代表	张幸福	董秘	董钱堂	证券代码	200152
	公司网址	www.shandongair.com.cn		电子信箱	fanp@shandongair.com.cn	
	电　话	0531-85698229 85698678		传　真	0531-85698679	
	办公地址	山东省济南市二环东路5746号山东航空大厦				
	经营范围	国际,国内航空客货运输业务;酒店餐饮(仅限分支机构);航空器维修等				

主要财务指标	指标\报告期	2011.06.30	2010.12.31	2010.06.30	2009.12.31
	每股收益(元)	0.8900	1.5900	0.5100	0.7600
	每股收益(扣除)(元)	0.8800	1.5600	0.5100	0.5100
	每股净资产(元)	4.1100	3.5200	2.4400	2.1300
	调整后每股净资产(元)	-	-	-	-
	每股资本公积金(元)	0.2173	0.2101	0.2101	0.2101
	每股盈余公积金(元)	0.3074	0.3074	0.1489	0.1489
	每股未分配利润(元)	2.5846	1.9992	1.0856	0.7717
	每股现金净流量(元)	-0.0278	0.2482	0.1128	0.0110
	每股经营现金净流量(元)	2.0833	4.1877	1.2040	3.2934
	净资产收益率(扣除)(%)	22.7800	56.0400	21.8900	29.0400
	净资产收益率(%)	21.5480	45.0970	21.0220	35.4700
	总资产(万)	916835.69	892379.94	851462.57	809640.37
	股东权益(万)	164370.55	140665.92	97786.53	85229.46
	主营业务收入(万)	427222.19	721078.46	310129.17	530158.49
	主营成本(万)	332094.12	548218.37	240715.46	410668.62
	营业收入(万)	432253.21	729261.60	313366.31	536611.34
	营业成本(万)	332490.05	548759.09	240758.42	411003.33
	投资收益(万)	-	-	-	-
	利润总额(万)	47188.62	84454.44	27413.09	40336.13
	净利润(万)	35418.53	63436.45	20557.07	30228.23

承德大路股份有限公司

公司概况	公司名称	承德大路股份有限公司			证券简称	ST 大路 B
	法人代表	阎启忠	董秘	韩志刚	证券代码	200160
	公司网址	www.dxtex.com	电子信箱	dxgs-9@ heinfo.net		
	电 话	0314-3115048 3115049	传 真	0314-3111475		
	办公地址	河北省承德市承德县下板城镇				
	经营范围	各种针织服装、各种纱线及化纤合成丝和各种纸制品的生产和销售等				

主要财务指标	指标\报告期	2011.06.30	2010.12.31	2010.06.30	2009.12.31
	每股收益(元)	-0.0060	0.0100	-0.0060	0.1300
	每股收益(扣除)(元)	-	-0.0300	-0.0060	-0.3400
	每股净资产(元)	-0.0450	-0.0390	-0.0800	-0.0400
	调整后每股净资产(元)	-	-	-	-
	每股资本公积金(元)	0.6382	0.6382	0.5606	0.6382
	每股盈余公积金(元)	0.1087	0.1087	0.1087	0.1087
	每股未分配利润(元)	-1.7916	-1.7859	-1.7481	-1.7883
	每股现金净流量(元)	-0.0127	0.0137	0.0000	-0.0006
	每股经营现金净流量(元)	-0.0292	-0.0457	0.0000	-0.0098
	净资产收益率(扣除)(%)	-	-	-	153.4000
	净资产收益率(%)	-12.8791	-	-7.7530	-312.8623
	总资产(万)	20567.32	19997.61	18198.07	19070.35
	股东权益(万)	-3159.43	-2752.52	-5565.38	-2923.02
	主营业务收入(万)	-	-	-	-
	主营成本(万)	-	-	-	-
	营业收入(万)	2.13	51.68	-	-
	营业成本(万)	527.53	-	-	75646.33
	投资收益(万)	-	-	-	-
	利润总额(万)	-438.53	698.49	-481.98	32724.37
	净利润(万)	-406.91	170.49	-431.49	9145.02

广东雷伊(集团)股份有限公司

公司概况	公司名称	广东雷伊(集团)股份有限公司			证券简称	ST 雷伊 B
	法人代表	陈鸿成	董秘	徐巍	证券代码	200168
	公司网址	www.200168.com	电子信箱	xw@200168.com		
	电 话	0755-82250045	传 真	0755-82251182		
	办公地址	广东省深圳市福田区福华三路深圳国际商会中心 40 楼 4005 室				
	经营范围	西服、时装、制服和针纺织品等各类服装的生产、加工和销售以及工业生产资料等				

主要财务指标	指标\报告期	2011.06.30	2010.12.31	2010.06.30	2009.12.31
	每股收益(元)	-0.0100	-0.1300	-0.0400	0.0100
	每股收益(扣除)(元)	-0.0400	-0.1300	-0.0300	-0.1500
	每股净资产(元)	0.9500	0.9700	1.0600	1.1000
	调整后每股净资产(元)	-	-	-	-
	每股资本公积金(元)	0.1636	0.1636	0.1636	0.1636
	每股盈余公积金(元)	0.2700	0.2700	0.2700	0.2700
	每股未分配利润(元)	-0.4803	-0.4664	-0.3727	-0.3372
	每股现金净流量(元)	-0.0803	0.0877	0.0265	-0.0345
	每股经营现金净流量(元)	0.0688	0.2940	0.1263	-0.0193
	净资产收益率(扣除)(%)	-4.6700	-12.8400	-3.3500	-14.9600
	净资产收益率(%)	-1.4600	-13.3654	-3.3550	1.0668
	总资产(万)	55272.37	58605.08	60629.32	64002.47
	股东权益(万)	30372.72	30816.10	33800.86	34934.81
	主营业务收入(万)	4590.13	14738.35	7879.46	15182.68
	主营成本(万)	3687.61	11615.11	5610.22	11311.65
	营业收入(万)	4676.13	14944.69	7962.86	15200.20
	营业成本(万)	3767.66	11855.65	5690.27	11318.88
	投资收益(万)	-	-	-	-
	利润总额(万)	-324.58	-4049.04	-736.24	419.23
	净利润(万)	-443.39	-4118.70	-1133.95	372.67

石家庄宝石电子玻璃股份有限公司

公司概况	公司名称	石家庄宝石电子玻璃股份有限公司			证券简称	宝 石 B
	法人代表	尚建斌	董秘	付殷芳	证券代码	200413
	公司网址	www.bseg.com.cn	电子信箱	bsdz@heinfo.net		
	电 话	0311-86917776 86917771	传 真	0311-86917775		
	办公地址	河北省石家庄市高新技术产业开发区黄河大道 9 号				
	经营范围	电真空玻璃器件及配套的电子元器件、磨具、机械设备、永久性气体的生产与销售				

主要财务指标	指标\报告期	2011.06.30	2010.12.31	2010.06.30	2009.12.31
	每股收益(元)	-0.0300	0.0040	-0.0300	-0.0800
	每股收益(扣除)(元)	-0.0255	-0.0500	-0.0300	-0.0900
	每股净资产(元)	0.5500	0.5800	0.5400	0.5700
	调整后每股净资产(元)	-	-	-	-
	每股资本公积金(元)	1.0114	1.0114	1.0057	1.0057
	每股盈余公积金(元)	0.0717	0.0717	0.0717	0.0717
	每股未分配利润(元)	-1.5328	-1.5071	-1.5413	-1.5110
	每股现金净流量(元)	-0.0244	0.0139	-0.0059	-0.0330
	每股经营现金净流量(元)	-0.0243	0.0271	-0.0059	-0.0329
	净资产收益率(扣除)(%)	-4.1900	-0.0900	-5.4600	-14.2200
	净资产收益率(%)	-4.6740	0.6890	-5.6420	-14.9570
	总资产(万)	36727.18	37487.48	35327.55	36415.96
	股东权益(万)	21077.76	22062.84	20533.39	21691.94
	主营业务收入(万)	1543.78	5814.74	2381.54	4847.84
	主营成本(万)	1884.67	5827.54	2718.32	4897.84
	营业收入(万)	2682.02	7835.32	2928.49	6203.70
	营业成本(万)	2964.53	7487.55	3324.31	6254.84
	投资收益(万)	-	-	-	-
	利润总额(万)	-1004.63	594.50	-1190.15	-3240.03
	净利润(万)	-985.08	151.93	-1158.55	-3244.36

无锡小天鹅股份有限公司

公司概况	公司名称	无锡小天鹅股份有限公司			证券简称	小天鹅 B
	法人代表	方洪波	董秘	周斯秀	证券代码	200418
	公司网址	www.littleswan.com	电子信箱	yaoyf@littleswan.com.cn		
	电 话	0510-81082320 81082280	传 真	0510-83720879		
	办公地址	江苏省无锡市国家高新技术开发区长江南路 18 号				
	经营范围	家用电器及零配件等的生产、销售和技术服务等				

主要财务指标	指标\报告期	2011.06.30	2010.12.31	2010.06.30	2009.12.31
	每股收益(元)	0.4400	0.8000	0.3900	0.4500
	每股收益(扣除)(元)	0.4100	0.6600	0.3100	0.2700
	每股净资产(元)	5.1700	4.8300	3.7000	4.6500
	调整后每股净资产(元)	-	-	-	-
	每股资本公积金(元)	1.7391	1.7391	0.9320	2.1570
	每股盈余公积金(元)	0.3366	0.3366	0.3246	0.3436
	每股未分配利润(元)	2.1015	1.7583	1.4431	1.1501
	每股现金净流量(元)	-1.0733	0.9060	0.8508	1.6016
	每股经营现金净流量(元)	-0.8048	1.1449	0.9830	0.4516
	净资产收益率(扣除)(%)	8.0200	16.5000	8.6100	8.3900
	净资产收益率(%)	8.5660	16.5850	8.3100	11.1399
	总资产(万)	1018504.43	800157.63	562031.94	600432.77
	股东权益(万)	327282.43	305648.10	202616.30	254700.51
	主营业务收入(万)	589925.49	-	496615.09	437524.45
	主营成本(万)	482121.21	-	409928.61	335250.30
	营业收入(万)	674751.41	1120236.68	551057.19	675886.93
	营业成本(万)	561179.98	944534.90	461868.38	524602.37
	投资收益(万)	-	-	-	-
	利润总额(万)	41774.02	72168.16	35629.96	38365.73
	净利润(万)	28033.85	50691.71	24875.45	28373.39

广东省高速公路发展股份有限公司

公司概况					
公司名称	广东省高速公路发展股份有限公司			证券简称	粤高速 A
法人代表	周余明	董秘	左江	证券代码	200429
公司网址	www.gpedcl.com		电子信箱	zqb@gdcg.cn	
电　话	020-83731388 231 230		传　真	020-83731363 83731384	
办公地址	广东省广州市白云路 85 号				
经营范围	高速公路和特大桥的商业开发和经营等				

主要财务指标 指标＼报告期	2011.06.30	2010.12.31	2010.06.30	2009.12.31
每股收益(元)	0.1200	0.3100	0.1900	0.2600
每股收益(扣除)(元)	0.1400	0.2800	0.1800	0.2600
每股净资产(元)	3.3060	3.4100	2.9500	2.8600
调整后每股净资产(元)	–	–	–	–
每股资本公积金(元)	1.4404	1.5569	1.2209	1.2210
每股盈余公积金(元)	0.1308	0.1308	0.1037	0.1037
每股未分配利润(元)	0.7350	0.7195	0.6268	0.5376
每股现金净流量(元)	0.0034	0.0319	0.3012	–0.1022
每股经营现金净流量(元)	0.2479	0.4696	0.2617	0.1798
净资产收益率(扣除)(%)	3.9800	9.4000	6.2600	9.2300
净资产收益率(%)	3.4930	9.0700	6.4100	9.2280
总资产(万)	1087612.67	1052646.41	996002.83	891517.65
股东权益(万)	415630.56	428325.17	371017.74	359823.36
主营业务收入(万)	51024.86	99379.73	49735.19	92711.85
主营成本(万)	25084.64	51514.57	23924.33	47534.15
营业收入(万)	51304.31	100221.95	50105.99	93688.22
营业成本(万)	25172.88	51832.10	24161.22	47859.28
投资收益(万)	–	–	–	–
利润总额(万)	19693.06	49440.44	31315.18	43622.39
净利润(万)	14516.57	38847.80	23780.38	33204.04

南京普天通信股份有限公司

公司概况					
公司名称	南京普天通信股份有限公司			证券简称	宁通信 B
法人代表	孙良	董秘	张沈卫	证券代码	200468
公司网址	www.postel.com.cn		电子信箱	zsw@postel.com.cn	
电　话	025-58962289 58962072		传　真	025-52409954	
办公地址	江苏省南京市秦淮区普天路 1 号				
经营范围	研发、制造、销售各类通信设备和电气设备等				

主要财务指标 指标＼报告期	2011.06.30	2010.12.31	2010.06.30	2009.12.31
每股收益(元)	0.0360	0.1100	0.0380	0.0500
每股收益(扣除)(元)	0.0326	0.1000	0.0300	0.0300
每股净资产(元)	1.7100	1.6800	1.6000	1.5500
调整后每股净资产(元)	–	–	–	–
每股资本公积金(元)	0.8622	0.8622	0.8622	0.8491
每股盈余公积金(元)	0.0027	0.0027	0.0027	0.0027
每股未分配利润(元)	–0.1307	–0.1663	–0.2381	–0.2766
每股现金净流量(元)	–	–0.6112	–0.6164	0.8503
每股经营现金净流量(元)	–	–0.7599	–0.4720	0.5405
净资产收益率(扣除)(%)	1.9300	6.3100	2.2100	2.2000
净资产收益率(%)	2.0770	6.5800	2.3970	3.1970
总资产(万)	189254.39	158264.40	143466.00	146628.82
股东权益(万)	36855.32	36061.70	34452.73	33365.95
主营业务收入(万)	115303.14	196764.98	83850.71	146311.12
主营成本(万)	100902.16	169508.74	72027.25	123976.49
营业收入(万)	116706.67	198148.27	85570.75	146975.37
营业成本(万)	–	170160.59	73565.59	124580.26
投资收益(万)	–	–	–	–
利润总额(万)	1751.36	5187.83	1800.37	3243.00
净利润(万)	765.41	2371.20	825.76	1066.74

山东晨鸣纸业集团股份有限公司

公司概况					
公司名称	山东晨鸣纸业集团股份有限公司			证券简称	晨 鸣 B
法人代表	陈洪国	董秘	郝筠	证券代码	200488
公司网址	www.chenmingpaper.com		电子信箱	chenmmingpaper@163.com	
电　话	0536-2158011 2156488		传　真	0536-2158640	
办公地址	山东省寿光市圣城街 595 号				
经营范围	机制纸及板纸和造纸原料、造纸机械、电力、热力的生产与销售等				

主要财务指标 指标＼报告期	2011.06.30	2010.12.31	2010.06.30	2009.12.31
每股收益(元)	0.1900	0.5600	0.2900	0.4100
每股收益(扣除)(元)	6.5000	0.5000	0.2800	0.3500
每股净资产(元)	–	6.5600	6.2950	6.3000
调整后每股净资产(元)	2.9551	–	–	–
每股资本公积金(元)	0.5075	2.9551	2.9551	2.9551
每股盈余公积金(元)	2.0362	0.5075	0.4398	0.4398
每股未分配利润(元)	–0.0438	2.1017	1.9000	1.9052
每股现金净流量(元)	0.3577	–0.2483	–0.2399	–0.1553
每股经营现金净流量(元)	–	0.4124	0.5770	0.7949
净资产收益率(扣除)(%)	3.6090	7.8700	4.3000	5.6700
净资产收益率(%)	3953715.95	8.5900	4.6830	6.4300
总资产(万)	1340044.38	3507713.21	2903165.59	2821308.49
股东权益(万)	886791.34	1353578.58	1298104.46	1299190.43
主营业务收入(万)	736518.50	1712982.09	816326.98	1475411.90
主营成本(万)	891745.54	1365158.62	639422.20	1198951.07
营业收入(万)	738275.91	1720312.30	817664.17	1488462.93
营业成本(万)	–	1368300.15	639640.02	1205741.59
投资收益(万)	59353.89	–	–	–
利润总额(万)	48354.97	156235.46	83855.84	117292.26
净利润(万)	0.1900	116334.11	60786.90	83594.80

海南珠江控股股份有限公司

公司概况					
公司名称	海南珠江控股股份有限公司			证券简称	ST 珠江 B
法人代表	郑清	董秘	俞翠红	证券代码	200505
公司网址			电子信箱	hnpearlriver@21cn.net	
电　话	0898-68583723		传　真	0898-68583021	
办公地址	海南省海口市滨海大道珠江广场帝豪大厦 29 楼				
经营范围	工业投资、热带种植业、海产养殖、房地产开发经营、酒店投资与管理等				

主要财务指标 指标＼报告期	2011.06.30	2010.12.31	2010.06.30	2009.12.31
每股收益(元)	–0.0352	0.0600	0.1200	0.1900
每股收益(扣除)(元)	–0.0800	–0.0300	0.1000	–0.1300
每股净资产(元)	1.1441	1.1700	1.2562	1.5300
调整后每股净资产(元)	–	–	–	–
每股资本公积金(元)	1.4324	1.4183	1.4511	1.8484
每股盈余公积金(元)	0.2676	0.2676	0.2676	0.2676
每股未分配利润(元)	–1.5558	–1.5206	–1.4624	–1.5855
每股现金净流量(元)	–0.1516	–0.3642	–0.1239	0.5979
每股经营现金净流量(元)	–0.0642	0.3317	0.3343	0.3352
净资产收益率(扣除)(%)	–7.1100	0.8300	6.8200	–10.6900
净资产收益率(%)	–3.0810	5.5760	9.4970	12.1690
总资产(万)	142271.41	144888.56	149163.98	203369.53
股东权益(万)	48823.85	49729.54	53608.59	65310.44
主营业务收入(万)	14317.13	68468.33	54321.10	28307.62
主营成本(万)	8595.25	45436.58	36617.10	21536.96
营业收入(万)	14429.28	68606.59	54403.66	28510.60
营业成本(万)	8651.73	45535.56	36666.68	21633.62
投资收益(万)	–	–	–	–
利润总额(万)	–863.02	5914.96	7080.55	8118.21
净利润(万)	–1504.19	2773.10	5091.17	7947.39

厦门灿坤实业股份有限公司

公司概况						
	公司名称	厦门灿坤实业股份有限公司			证券简称	闽灿坤B
	法人代表	简德荣	董秘	孙美美	证券代码	200512
	公司网址	www.tsannkuen.com		电子信箱	mm_sun@tkl.tsannkuen.com	
	电 话	0592-6268103		传 真	0592-6268104	
	办公地址	福建省漳州龙池开发区灿坤工业园				
	经营范围	开发、生产家用电器、电子、轻工产品、现代化办公用品等				

主要财务指标	指标\报告期	2011.06.30	2010.12.31	2010.06.30	2009.12.31
	每股收益(元)	0.0200	0.0600	0.0300	0.0500
	每股收益(扣除)(元)	0.0068	0.0500	0.0300	0.0300
	每股净资产(元)	0.4400	0.4148	0.3900	0.3565
	调整后每股净资产(元)	–	0.4095	–	0.3553
	每股资本公积金(元)	0.1124	0.1124	0.1125	0.1126
	每股盈余公积金(元)	–	–	–	–
	每股未分配利润(元)	–0.6773	–0.6976	–0.7223	–0.7555
	每股现金净流量(元)	–0.0266	0.0780	–0.1698	0.1272
	每股经营现金净流量(元)	–0.1122	0.2033	0.0337	0.2741
	净资产收益率(扣除)(%)	1.6100	13.7800	7.0200	–
	净资产收益率(%)	4.6590	13.9500	8.5100	13.3000
	总资产(万)	200289.61	198510.89	199154.36	211776.43
	股东权益(万)	48395.51	46141.15	43409.15	39656.54
	主营业务收入(万)	133682.24	326272.73	164073.60	268897.82
	主营成本(万)	117144.59	287668.69	145155.64	232850.38
	营业收入(万)	137336.49	333439.62	166500.96	274940.62
	营业成本(万)	119511.34	291652.89	146502.99	236931.91
	投资收益(万)	–	–	–	–
	利润总额(万)	3518.34	9174.23	5363.22	6455.64
	净利润(万)	2254.85	6437.36	3694.93	5275.97

丽珠医药集团股份有限公司

公司概况						
	公司名称	丽珠医药集团股份有限公司			证券简称	丽 珠 B
	法人代表	朱保国	董秘	李如才	证券代码	200513
	公司网址	www.livzon.com.cn		电子信箱	lirucai2008@livzon.com.cn	
	电 话	0756-8135888		传 真	0756-8886002	
	办公地址	广东省珠海市拱北桂花北路132号丽珠大厦				
	经营范围	生产和销售自产的中西原料药,医药中间体,中药材,中药饮片,医疗器械等				

主要财务指标	指标\报告期	2011.06.30	2010.12.31	2010.06.30	2009.12.31
	每股收益(元)	0.7500	1.4100	0.8200	1.6100
	每股收益(扣除)(元)	0.6825	1.3300	0.8000	1.3600
	每股净资产(元)	9.1500	8.5100	7.9200	7.2700
	调整后每股净资产(元)	–	–	–	–
	每股资本公积金(元)	1.1762	1.1783	1.1774	1.1867
	每股盈余公积金(元)	1.4990	1.4990	1.3575	1.3575
	每股未分配利润(元)	5.5392	4.8921	4.4360	3.7695
	每股现金净流量(元)	1.4025	0.9679	0.4422	0.0611
	每股经营现金净流量(元)	0.9896	2.1415	1.0210	1.6735
	净资产收益率(扣除)(%)	7.7000	16.8300	10.4200	21.0500
	净资产收益率(%)	8.1610	16.6110	10.3080	22.4090
	总资产(万)	417563.03	366199.16	337412.99	312437.68
	股东权益(万)	270618.01	251743.81	234270.50	214908.48
	主营业务收入(万)	145578.97	269019.59	130263.16	256920.39
	主营成本(万)	66650.65	126792.73	62756.62	121658.34
	营业收入(万)	147143.75	272671.89	132276.96	259584.71
	营业成本(万)	67709.34	128648.49	63576.41	123198.61
	投资收益(万)	–	–	–	–
	利润总额(万)	28324.12	53366.73	29840.38	58941.81
	净利润(万)	22086.17	41818.08	24148.02	48157.82

合肥美菱股份有限公司

公司概况						
	公司名称	合肥美菱股份有限公司			证券简称	皖美菱B
	法人代表	赵勇	董秘	李霞	证券代码	200521
	公司网址	www.meiling.com		电子信箱	lixia@meiling.com	
	电 话	0551-2219021		传 真	0551-2219021	
	办公地址	安徽省合肥市经济技术开发区莲花路2163号				
	经营范围	制冷电器、空调器、洗衣机、电脑数控注塑机、电脑热水器、塑料制品等				

主要财务指标	指标\报告期	2011.06.30	2010.12.31	2010.06.30	2009.12.31
	每股收益(元)	0.2379	0.7878	0.5285	0.7282
	每股收益(扣除)(元)	0.2184	0.3485	0.2004	0.1666
	每股净资产(元)	5.3600	5.1200	3.4700	3.2000
	调整后每股净资产(元)	–	–	–	–
	每股资本公积金(元)	3.0367	3.0367	1.3342	1.5963
	每股盈余公积金(元)	0.5272	0.5272	0.5969	0.6893
	每股未分配利润(元)	0.7974	0.5595	0.5372	–0.0837
	每股现金净流量(元)	–0.9559	2.3358	–0.5901	0.8164
	每股经营现金净流量(元)	–1.0263	0.7053	–0.3965	–0.0179
	净资产收益率(扣除)(%)	4.1700	13.0900	6.0100	5.5100
	净资产收益率(%)	4.4370	11.9900	15.2390	22.7420
	总资产(万)	835800.26	711616.42	609171.49	478693.41
	股东权益(万)	284345.24	271729.44	143462.23	132442.79
	主营业务收入(万)	516854.92	771016.18	428907.20	604706.23
	主营成本(万)	401906.12	581025.40	320183.46	432111.54
	营业收入(万)	547501.87	822707.68	457575.98	632418.11
	营业成本(万)	430145.60	626973.77	344809.87	457618.88
	投资收益(万)	–	–	–	–
	利润总额(万)	13946.38	37674.31	25924.12	35788.78
	净利润(万)	12615.80	32585.05	21861.67	30119.83

大连冷冻机股份有限公司

公司概况						
	公司名称	大连冷冻机股份有限公司			证券简称	大 冷 B
	法人代表	张和	董秘	徐郡饶	证券代码	200530
	公司网址	www.daleng.cn		电子信箱	000530@bingshan.com	
	电 话	0411-86538130 86654530		传 真	0411-86641470	
	办公地址	辽宁省大连市沙河口区西南路888号码				
	经营范围	用于科研,石油,化工,纺织,医药,农牧渔和饮食服务等				

主要财务指标	指标\报告期	2011.06.30	2010.12.31	2010.06.30	2009.12.31
	每股收益(元)	0.2700	0.2900	0.2100	0.2200
	每股收益(扣除)(元)	0.1600	0.2100	0.2000	0.1900
	每股净资产(元)	5.1300	4.9300	4.8500	4.8300
	调整后每股净资产(元)	–	–	–	–
	每股资本公积金(元)	1.7682	1.6879	1.6847	1.7122
	每股盈余公积金(元)	1.2535	1.2030	1.1778	1.1405
	每股未分配利润(元)	1.1059	1.0406	0.9858	0.9745
	每股现金净流量(元)	0.3822	0.2532	–0.1398	0.2594
	每股经营现金净流量(元)	0.2590	0.4912	0.0005	0.5660
	净资产收益率(扣除)(%)	3.1500	4.2300	3.3900	3.9500
	净资产收益率(%)	5.3210	5.7820	4.2310	4.6538
	总资产(万)	318420.09	291238.05	276911.75	270628.87
	股东权益(万)	179473.93	172609.52	169697.38	168960.49
	主营业务收入(万)	93115.12	146788.78	69859.36	137610.82
	主营成本(万)	75439.40	117184.83	56031.18	110867.33
	营业收入(万)	94789.46	149552.74	71053.98	139454.15
	营业成本(万)	76979.99	119450.68	57045.76	112419.82
	投资收益(万)	–	–	–	–
	利润总额(万)	11851.07	12356.27	8444.83	9600.83
	净利润(万)	9548.84	9980.64	7180.54	7863.13

广东电力发展股份有限公司

公司概况	公司名称	广东电力发展股份有限公司			证券简称	粤电力 B
	法人代表	潘力	董秘	刘维	证券代码	200539
	公司网址	www.ged.com.cn		电子信箱	ged@ged.com.cn	
	电　　话	020-87570276 87570251		传　　真	020-85138084	
	办公地址	广东省广州市天河东路 2 号粤电广场南塔 23-26 楼				
	经营范围	电力项目的投资、建设和经营管理,电力的生产和销售,电力行业技术咨询和服务				

主要财务指标	指标\报告期	2011.06.30	2010.12.31	2010.06.30	2009.12.31
	每股收益(元)	0.1100	0.2800	0.1600	0.4400
	每股收益(扣除)(元)	0.1100	0.2900	0.1500	0.4700
	每股净资产(元)	3.6500	3.6300	3.5100	3.4900
	调整后每股净资产(元)	–	–	–	–
	每股资本公积金(元)	0.6715	0.6736	0.6732	0.5019
	每股盈余公积金(元)	1.3496	1.2244	1.2244	1.1881
	每股未分配利润(元)	0.6242	0.7359	0.6160	0.7964
	每股现金净流量(元)	0.3888	0.0555	0.2225	0.0325
	每股经营现金净流量(元)	0.3780	0.2272	0.3586	2.1403
	净资产收益率(扣除)(%)	–	5.7500	–	13.2200
	净资产收益率(%)	3.1150	7.5330	4.3800	12.5690
	总资产(万)	3782124.16	3459631.83	3194735.02	3016355.22
	股东权益(万)	1019770.82	1016575.42	982941.22	927183.90
	主营业务收入(万)	641995.60	1262176.74	623685.57	1221837.43
	主营成本(万)	576929.94	–1087595.80	535166.37	–966470.85
	营业收入(万)	647076.17	1264220.81	625101.14	1223471.75
	营业成本(万)	579724.81	1087741.40	536085.31	966557.63
	投资收益(万)	–	–	–	–
	利润总额(万)	38881.80	116909.62	61260.60	166133.48
	净利润(万)	31764.87	76580.65	43051.33	116535.24

佛山电器照明股份有限公司

公司概况	公司名称	佛山电器照明股份有限公司			证券简称	粤照明 B
	法人代表	钟信才	董秘	周向峰	证券代码	200541
	公司网址	www.chinafsl.com		电子信箱	fsldsh@126.com	
	电　　话	0757-82966062 82810239		传　　真	0757-82816276	
	办公地址	广东省佛山市禅城区汾江北路 64 号				
	经营范围	生产和经营各种电光源产品及其配套灯具等				

主要财务指标	指标\报告期	2011.06.30	2010.12.31	2010.06.30	2009.12.31
	每股收益(元)	0.1200	0.2700	0.0800	0.2200
	每股收益(扣除)(元)	0.1200	0.2600	0.0800	0.2100
	每股净资产(元)	2.6900	2.8300	2.5800	2.7200
	调整后每股净资产(元)	–	–	–	–
	每股资本公积金(元)	0.6466	0.6594	0.5998	0.5998
	每股盈余公积金(元)	0.5676	0.5676	0.5401	0.5401
	每股未分配利润(元)	0.4710	0.6005	0.4411	0.5785
	每股现金净流量(元)	–0.1674	–0.3318	–0.1604	0.1111
	每股经营现金净流量(元)	0.0761	0.2152	0.0773	0.4993
	净资产收益率(扣除)(%)	4.5200	9.5500	2.9900	7.8900
	净资产收益率(%)	4.4860	9.5330	3.2000	7.9760
	总资产(万)	310226.52	312854.75	290508.85	299510.02
	股东权益(万)	262760.39	276691.30	252563.37	266010.00
	主营业务收入(万)	108419.01	193765.19	81768.91	169468.13
	主营成本(万)	81432.50	140165.60	62028.48	124204.33
	营业收入(万)	109531.93	195606.86	82436.03	170729.32
	营业成本(万)	82111.62	141525.77	62547.03	125196.46
	投资收益(万)	–	–	–	–
	利润总额(万)	14736.78	32425.82	9939.37	27006.63
	净利润(万)	11786.75	26377.62	8081.78	21217.92

江铃汽车股份有限公司

公司概况	公司名称	江铃汽车股份有限公司			证券简称	江铃 B
	法人代表	王锡高	董秘	宛虹	证券代码	200550
	公司网址	www.jmc.com.cn		电子信箱	relations@jmc.com.cn	
	电　　话	0791-5266178		传　　真	0791-5232839	
	办公地址	江西省南昌市迎宾北大道 509 号				
	经营范围	生产及销售汽车、专用(改装)车、发动机、底盘等汽车总成及其他零部件等				

主要财务指标	指标\报告期	2011.06.30	2010.12.31	2010.06.30	2009.12.31
	每股收益(元)	1.2500	1.9800	1.2100	1.2200
	每股收益(扣除)(元)	1.2310	1.9800	1.2100	1.2100
	每股净资产(元)	7.5600	7.1000	6.3300	5.6100
	调整后每股净资产(元)	–	–	–	–
	每股资本公积金(元)	0.9725	0.9725	0.9725	0.9725
	每股盈余公积金(元)	0.5000	0.5000	0.5000	0.5000
	每股未分配利润(元)	5.0854	4.6258	3.8561	3.1391
	每股现金净流量(元)	–0.2491	2.2003	1.6246	2.7829
	每股经营现金净流量(元)	0.1735	3.1483	1.7379	3.6080
	净资产收益率(扣除)(%)	15.9400	31.0100	19.4300	23.5500
	净资产收益率(%)	16.5340	27.9340	19.0700	21.8030
	总资产(万)	1161623.13	1123771.51	985698.24	829434.62
	股东权益(万)	652404.77	612727.60	546290.11	484394.67
	主营业务收入(万)	912125.01	1560169.71	759096.33	1032518.73
	主营成本(万)	694054.23	1160266.46	562359.43	763921.25
	营业收入(万)	922154.01	1576789.67	767581.73	1043320.50
	营业成本(万)	699249.65	1169638.78	567534.76	770660.82
	投资收益(万)	–	–	–	–
	利润总额(万)	129143.19	203337.65	124092.50	124364.44
	净利润(万)	107871.07	171161.44	104192.93	105613.22

湖北沙隆达股份有限公司

公司概况	公司名称	湖北沙隆达股份有限公司			证券简称	沙隆达 B
	法人代表	李作荣	董秘	李忠禧	证券代码	200553
	公司网址	www.sanonda.com.cn		电子信箱	li_zhongxi@263.net	
	电　　话	0716-8208632 8208232		传　　真	0716-8321099	
	办公地址	湖北省荆州市北京东路 93 号				
	经营范围	农药,兽药,化工产品的制造和销售,农 药,兽药,化工产品及其中间体等				

主要财务指标	指标\报告期	2011.06.30	2010.12.31	2010.06.30	2009.12.31
	每股收益(元)	0.0331	0.0401	0.0208	0.0325
	每股收益(扣除)(元)	0.0416	0.0435	0.0266	0.0014
	每股净资产(元)	1.8900	1.8600	1.8600	1.8300
	调整后每股净资产(元)	–	–	–	–
	每股资本公积金(元)	0.4463	0.5068	0.4573	0.4573
	每股盈余公积金(元)	0.1259	0.1259	0.1225	0.1225
	每股未分配利润(元)	0.2882	0.2523	0.2382	0.2173
	每股现金净流量(元)	0.2145	–0.4558	0.1228	–0.1488
	每股经营现金净流量(元)	0.0037	0.1182	–0.1262	0.3170
	净资产收益率(扣除)(%)	2.1900	2.3500	1.4000	0.0800
	净资产收益率(%)	1.7490	2.1530	1.1300	1.7750
	总资产(万)	241534.18	211321.73	236203.60	203907.06
	股东权益(万)	112293.46	113404.72	110212.66	108798.77
	主营业务收入(万)	97794.92	148383.60	74304.02	159218.30
	主营成本(万)	81732.59	125514.65	63801.89	136010.42
	营业收入(万)	101732.27	157011.42	79626.82	165044.43
	营业成本(万)	85178.86	132395.11	68037.00	140901.79
	投资收益(万)	–	–	–	–
	利润总额(万)	3165.49	3188.07	2089.32	3079.11
	净利润(万)	1963.91	2380.76	1238.20	1931.09

常柴股份有限公司

公司概况					
公司名称	常柴股份有限公司			证券简称	苏常柴B
法人代表	薛国俊	董秘	石建春	证券代码	200570
公司网址	www.changchai.com.cn		电子信箱	ccsjc@changchai.com	
电　话	0519-86610041 68683155		传　真	0519-86630954	
办公地址	江苏省常州市怀德中路123号				
经营范围	农用柴油机、农用运输车、联合收割机等产品的制造与销售等				

主要财务指标：指标＼报告期	2011.06.30	2010.12.31	2010.06.30	2009.12.31
每股收益(元)	0.0700	0.2100	0.1100	0.4100
每股收益(扣除)(元)	0.0563	0.1700	0.1100	0.1600
每股净资产(元)	3.3900	3.7000	3.2100	3.2000
调整后每股净资产(元)	–	–	–	–
每股资本公积金(元)	1.1954	1.5740	1.1861	1.2880
每股盈余公积金(元)	0.4864	0.4864	0.4668	0.4668
每股未分配利润(元)	0.7085	0.6423	0.5587	0.4472
每股现金净流量(元)	–0.1361	–0.0136	0.0539	0.6599
每股经营现金净流量(元)	–0.0867	0.1129	0.1311	0.6146
净资产收益率(扣除)(%)	1.5900	5.0400	3.3800	6.0300
净资产收益率(%)	1.9520	5.7990	3.4700	12.7420
总资产(万)	312751.64	342252.58	300791.23	294008.74
股东权益(万)	190326.12	207864.41	180293.18	179752.97
主营业务收入(万)	168733.41	281404.72	147318.52	238324.20
主营成本(万)	155537.97	247310.86	128056.36	203787.46
营业收入(万)	170254.81	284598.37	148667.55	241266.44
营业成本(万)	156375.40	248914.80	128772.77	206354.97
投资收益(万)	–	–	–	–
利润总额(万)	4755.81	13482.21	7605.23	26822.09
净利润(万)	3715.66	12054.20	6256.03	22903.85

无锡威孚高科技集团股份有限公司

公司概况					
公司名称	无锡威孚高科技集团股份有限公司			证券简称	苏威孚B
法人代表	王伟良	董秘	周卫星	证券代码	200581
公司网址	www.weifu.com.cn		电子信箱	wfjt@public1.wx.js.cn	
电　话	0510-82719579		传　真	0510-82751025	
办公地址	江苏省无锡市人民西路107号				
经营范围	内燃机燃油系统产品、燃油系统测试仪器和设备的制造等				

主要财务指标：指标＼报告期	2011.06.30	2010.12.31	2010.06.30	2009.12.31
每股收益(元)	1.1400	2.3600	0.5600	0.7900
每股收益(扣除)(元)	1.1300	2.3400	0.5600	0.7400
每股净资产(元)	7.9399	7.2385	5.5982	5.0500
调整后每股净资产(元)	–	–	–	–
每股资本公积金(元)	1.5793	1.5793	1.5892	1.5999
每股盈余公积金(元)	0.5000	0.5000	0.5000	0.5000
每股未分配利润(元)	4.8606	4.1591	2.5090	1.9465
每股现金净流量(元)	0.1224	0.2427	0.0548	–0.2957
每股经营现金净流量(元)	0.0948	0.9452	–0.0246	0.3806
净资产收益率(扣除)(%)	14.4400	37.8700	10.4700	15.7000
净资产收益率(%)	14.3130	32.6410	10.0480	15.6580
总资产(万)	762617.97	676162.28	605719.48	503587.16
股东权益(万)	450410.70	410620.84	317570.10	286267.06
主营业务收入(万)	299120.70	484199.80	243621.30	277058.50
主营成本(万)	215173.40	340837.70	188499.50	214985.30
营业收入(万)	327755.97	537121.32	265068.71	308061.63
营业成本(万)	242622.16	387919.79	209305.58	247566.88
投资收益(万)	–	–	–	–
利润总额(万)	76969.69	149985.45	36154.93	48276.32
净利润(万)	64466.36	134029.11	31910.75	44822.48

安徽古井贡酒股份有限公司

公司概况					
公司名称	安徽古井贡酒股份有限公司			证券简称	古井贡B
法人代表	余林	董秘	叶长青	证券代码	200596
公司网址	www.gujing.com		电子信箱	ycq@gujing.com.cn	
电　话	0558-5712231 5710057		传　真	0558-5317706	
办公地址	安徽省亳州市古井镇				
经营范围	生产白酒、啤酒、葡萄酒、酿酒设备、包装材料、玻璃瓶、酒精、饲料等				

主要财务指标：指标＼报告期	2011.06.30	2010.12.31	2010.06.30	2009.12.31
每股收益(元)	1.2300	1.3400	0.4600	0.6000
每股收益(扣除)(元)	1.2073	1.2200	0.4300	0.5900
每股净资产(元)	5.3400	4.4700	3.5500	3.4400
调整后每股净资产(元)	–	–	–	–
每股资本公积金(元)	1.4300	1.4300	1.3875	1.3902
每股盈余公积金(元)	0.4140	0.4140	0.2978	0.2980
每股未分配利润(元)	2.4972	1.6219	0.8600	0.7527
每股现金净流量(元)	0.0845	1.1989	0.3506	0.3522
每股经营现金净流量(元)	0.8302	2.2030	0.6895	1.4907
净资产收益率(扣除)(%)	24.6200	31.7100	12.3900	17.1000
净资产收益率(%)	22.9410	29.8970	12.8900	17.3380
总资产(万)	229321.31	185793.18	147018.68	134337.34
股东权益(万)	125517.30	104947.55	83313.49	80862.17
主营业务收入(万)	156418.12	184596.11	83285.28	129991.19
主营成本(万)	39022.69	51061.34	21828.18	48966.16
营业收入(万)	158329.77	187915.55	85634.74	134326.35
营业成本(万)	40515.56	54208.49	24178.84	52618.33
投资收益(万)	–	–	–	–
利润总额(万)	39433.94	40881.15	14541.64	16621.06
净利润(万)	28794.75	31375.76	10738.70	14024.98

海南大东海旅游中心股份有限公司

公司概况					
公司名称	海南大东海旅游中心股份有限公司			证券简称	ST东海B
法人代表	黎愿斌	董秘	汪宏娟	证券代码	200613
公司网址			电子信箱	hnddht@21cn.com	
电　话	0898-88219888*8264		传　真	0898-88212298	
办公地址	海南省三亚市大东海				
经营范围	房地产开发经营、住宿及饮食业、旅游服务业等				

主要财务指标：指标＼报告期	2011.06.30	2010.12.31	2010.06.30	2009.12.31
每股收益(元)	–0.0045	0.0019	0.0014	–0.0082
每股收益(扣除)(元)	–	–0.0083	0.0010	–0.0084
每股净资产(元)	0.2400	0.2400	0.2400	0.2400
调整后每股净资产(元)	–	–	–	–
每股资本公积金(元)	0.1487	0.1487	0.1487	0.1487
每股盈余公积金(元)	–	–	–	–
每股未分配利润(元)	–0.9135	–0.9090	–0.9095	–0.9109
每股现金净流量(元)	–	–0.0009	0.0001	–0.0071
每股经营现金净流量(元)	–	0.0083	0.0005	–0.0021
净资产收益率(扣除)(%)	–2.1800	–3.4800	–	–3.4500
净资产收益率(%)	–1.8900	0.7800	0.5800	–3.4609
总资产(万)	11763.57	11938.27	12650.62	12728.21
股东权益(万)	8563.12	8726.64	8708.70	8658.54
主营业务收入(万)	–	3520.52	2001.85	3140.82
主营成本(万)	–	623.18	337.14	495.10
营业收入(万)	1846.80	3520.52	2001.85	3140.82
营业成本(万)	–	623.18	337.14	495.10
投资收益(万)	–	–	–	–
利润总额(万)	–163.51	68.10	64.31	–299.66
净利润(万)	163.51	68.10	50.16	–299.66

重庆长安汽车股份有限公司

公司概况						
	公司名称	重庆长安汽车股份有限公司			证券简称	长 安 B
	法人代表	徐留平	董秘	黎军 崔云江	证券代码	200625
	公司网址	www.changan.com.cn		电子信箱	cazqc@changan.com.cn	
	电　话	023-67594009		传　真	023-67866055	
	办公地址	重庆市江北区建新东路 260 号				
	经营范围	汽车(含轿车),汽车发动机系列产品,配套零部件,模具,工具的开发,制造,销售等				

主要财务指标	指标\报告期	2011.06.30	2010.12.31	2010.06.30	2009.12.31
	每股收益(元)	0.2200	0.8700	0.2800	0.4800
	每股收益(扣除)(元)	0.2000	0.8800	0.5900	0.5000
	每股净资产(元)	5.6300	4.5700	4.2600	3.8500
	调整后每股净资产(元)	–	–	–	–
	每股资本公积金(元)	1.7261	0.6614	0.6776	0.7702
	每股盈余公积金(元)	0.4345	0.5018	0.5018	0.5000
	每股未分配利润(元)	2.4703	2.4056	2.0809	1.5933
	每股现金净流量(元)	1.4252	0.2701	1.0549	0.8512
	每股经营现金净流量(元)	0.8855	1.1588	1.1555	1.3655
	净资产收益率(扣除)(%)	6.8000	20.9000	14.2500	14.3200
	净资产收益率(%)	6.8770	19.0770	13.7930	12.4655
	总资产(万)	3589106.92	3045642.61	2726302.86	2524937.01
	股东权益(万)	1512356.12	1062554.24	990792.26	899048.33
	主营业务收入(万)	1393987.40	3188066.51	1602940.77	2461725.55
	主营成本(万)	1200636.27	2632706.51	1287431.39	1966335.54
	营业收入(万)	1453711.58	3307212.42	1662745.49	2559296.42
	营业成本(万)	1250113.44	2730325.71	1338785.20	2042769.23
	投资收益(万)	–	–	–	–
	利润总额(万)	111950.07	199077.00	137162.85	110976.98
	净利润(万)	104006.02	202698.65	136656.54	112070.64

瓦房店轴承股份有限公司

公司概况						
	公司名称	瓦房店轴承股份有限公司			证券简称	瓦 轴 B
	法人代表	王路顺	董秘	孙娜娟	证券代码	200706
	公司网址	www.zwz-bearing.com.cn		电子信箱	zwz2308@126.com	
	电　话	0411-39116732		传　真	0411-39116738	
	办公地址	辽宁省瓦房店市北共济街一段 1 号				
	经营范围	轴承、机械设备、汽车零配件及相关产品的制造与销售等				

主要财务指标	指标\报告期	2011.06.30	2010.12.31	2010.06.30	2009.12.31
	每股收益(元)	0.1300	0.2200	0.1600	0.1700
	每股收益(扣除)(元)	–	0.1700	0.1600	0.0900
	每股净资产(元)	3.7200	3.5900	3.5100	3.3600
	调整后每股净资产(元)	–	–	–	–
	每股资本公积金(元)	1.2064	1.2064	1.2057	1.2057
	每股盈余公积金(元)	–	0.2899	0.2686	0.2686
	每股未分配利润(元)	1.2268	1.0937	1.0397	0.8845
	每股现金净流量(元)	–	–0.0240	0.0113	–0.1589
	每股经营现金净流量(元)	–	0.1633	0.0487	0.0411
	净资产收益率(扣除)(%)	3.2700	7.7800	–	2.7900
	净资产收益率(%)	3.5700	6.0820	4.4100	4.9996
	总资产(万)	350817.01	311912.74	307251.54	293319.06
	股东权益(万)	149891.68	144533.73	141475.74	135228.52
	主营业务收入(万)	–	244320.86	125802.86	180206.20
	主营成本(万)	–	209575.14	109352.21	152890.79
	营业收入(万)	175786.57	305514.39	157379.52	230990.70
	营业成本(万)	–	266263.00	137497.12	200807.56
	投资收益(万)	–	–	–	–
	利润总额(万)	6396.12	10812.79	7389.82	8825.32
	净利润(万)	5357.95	8790.06	6247.22	6760.90

京东方科技集团股份有限公司

公司概况						
	公司名称	京东方科技集团股份有限公司			证券简称	京东方 B
	法人代表	王东升	董秘	冯莉琼	证券代码	200725
	公司网址	www.boe.com.cn		电子信箱	fengliqiong@boe.com.cn	
	电　话	010-64318888		传　真	010-64366264	
	办公地址	北京市朝阳区酒仙桥路 10 号				
	经营范围	电子产品、通信设备、电子计算机软硬件的制造及购销等				

主要财务指标	指标\报告期	2011.06.30	2010.12.31	2010.06.30	2009.12.31
	每股收益(元)	–0.0900	–0.2420	–0.0650	0.0100
	每股收益(扣除)(元)	–0.0900	–0.2500	–0.0700	–0.1900
	每股净资产(元)	1.7500	2.2100	2.1100	2.1800
	调整后每股净资产(元)	–	–	–	–
	每股资本公积金(元)	1.1248	1.5517	1.3891	1.3934
	每股盈余公积金(元)	0.0369	0.0443	0.0603	0.0603
	每股未分配利润(元)	–0.4075	–0.3812	–0.3427	–0.2766
	每股现金净流量(元)	–0.5935	0.3432	–0.3788	1.4128
	每股经营现金净流量(元)	–0.0454	–0.0935	0.0004	0.0978
	净资产收益率(扣除)(%)	–5.2300	–12.1900	–3.1600	–9.2800
	净资产收益率(%)	–5.1250	–8.0300	–3.0990	0.2800
	总资产(万)	6375274.71	5422995.28	3860834.71	3061398.05
	股东权益(万)	2371854.17	2495501.30	1744634.52	1802969.57
	主营业务收入(万)	–	789969.53	–	608224.52
	主营成本(万)	–	819059.98	–	616776.10
	营业收入(万)	494003.40	802529.08	418642.99	624919.41
	营业成本(万)	534471.78	828815.30	412523.85	627664.94
	投资收益(万)	–	–	–	–
	利润总额(万)	–132924.80	–224136.02	–60269.45	–8194.73
	净利润(万)	–121548.45	–200381.31	–54070.62	4968.03

鲁泰纺织股份有限公司

公司概况						
	公司名称	鲁泰纺织股份有限公司			证券简称	鲁 泰 B
	法人代表	刘石祯	董秘	秦桂玲	证券代码	200726
	公司网址	www.lttc.com.cn		电子信箱	lttc@lttc.com.cn	
	电　话	0533-5285166 5418361		传　真	0533-5282188 5418833	
	办公地址	山东省淄博市淄川区松龄东路 81 号 淄博市高新技术开发区铭波路 11 号				
	经营范围	生产销售棉纱,色织布,衬衣,服装饰品,保健内衣等纺织品及配套系列产品等				

主要财务指标	指标\报告期	2011.06.30	2010.12.31	2010.06.30	2009.12.31
	每股收益(元)	0.4900	0.7400	0.3700	0.5700
	每股收益(扣除)(元)	0.4789	0.6700	0.3500	0.5900
	每股净资产(元)	4.6700	4.4300	4.0500	3.9400
	调整后每股净资产(元)	–	–	–	–
	每股资本公积金(元)	1.1379	1.1363	1.1363	1.1412
	每股盈余公积金(元)	0.4307	0.4307	0.3764	0.3764
	每股未分配利润(元)	2.1086	1.8644	1.5446	1.4258
	每股现金净流量(元)	0.0803	–0.0473	0.0469	–0.5740
	每股经营现金净流量(元)	0.4308	1.2123	0.2921	0.9969
	净资产收益率(扣除)(%)	10.5300	16.0200	8.7600	15.7000
	净资产收益率(%)	10.5780	16.7820	9.1000	14.5480
	总资产(万)	735525.52	701588.33	644478.99	630306.70
	股东权益(万)	464791.91	440413.34	403306.40	391966.07
	主营业务收入(万)	284457.08	476622.66	214544.80	382705.42
	主营成本(万)	187257.56	322150.76	142712.20	266620.48
	营业收入(万)	298081.31	502562.41	224685.09	403621.98
	营业成本(万)	196677.05	339061.12	148737.68	280189.09
	投资收益(万)	–	–	–	–
	利润总额(万)	62792.23	93486.11	46339.34	68009.98
	净利润(万)	49164.71	73909.16	36687.80	57021.83

本钢板材股份有限公司

公司概况	公司名称	本钢板材股份有限公司			证券简称	本钢板B
	法人代表	张晓芳	董秘	张吉臣	证券代码	200761
	公司网址			电子信箱	bgbc761@126.com	
	电　话	0414-7828360 7828734		传　真	0414-7827004 7824158	
	办公地址	辽宁省本溪市平山区人民路16号				
	经营范围	废旧金属(含有色金属)加工、购销、钢铁冶炼、压延加工、产品销售等				

	指标\报告期	2011.06.30	2010.12.31	2010.06.30	2009.12.31
主要财务指标	每股收益(元)	0.1900	0.2950	0.2200	-0.4930
	每股收益(扣除)(元)	0.1873	0.3270	0.2180	-0.4731
	每股净资产(元)	4.8800	4.7900	4.7110	4.5040
	调整后每股净资产(元)	-	-	-	-
	每股资本公积金(元)	2.8032	2.8032	2.8032	2.7858
	每股盈余公积金(元)	0.2938	0.2938	0.2938	0.2938
	每股未分配利润(元)	0.7794	0.6895	0.6140	0.4245
	每股现金净流量(元)	0.4837	-0.0359	-0.0869	-0.1527
	每股经营现金净流量(元)	0.3641	0.8248	0.1920	1.1444
	净资产收益率(扣除)(%)	3.8800	7.0300	4.7300	-9.9100
	净资产收益率(%)	3.8940	6.1650	4.6610	-10.9400
	总资产(万)	3929404.33	3587174.19	3592639.55	3482168.65
	股东权益(万)	1529221.54	1501035.93	1477359.93	1412464.26
	主营业务收入(万)	2207961.34	4022835.73	1979155.46	3066487.20
	主营成本(万)	1965485.95	3562863.90	1732565.30	2897647.51
	营业收入(万)	2405025.67	4568775.05	2235438.54	3559777.60
	营业成本(万)	2157346.00	4075703.02	1963944.89	3383368.16
	投资收益(万)	-	-	-	-
	利润总额(万)	62836.55	100462.46	69349.33	-132454.42
	净利润(万)	59545.61	92536.68	68860.68	-154519.10

杭州汽轮机股份有限公司

公司概况	公司名称	杭州汽轮机股份有限公司			证券简称	杭汽轮B
	法人代表	聂忠海	董秘	俞昌权	证券代码	200771
	公司网址	www.htc.cn		电子信箱	ychq@htc.cn wg@htc.cn	
	电　话	0571-85780432 85780198		传　真	0571-85780433	
	办公地址	浙江省杭州市石桥路357号				
	经营范围	汽轮机、燃气轮机等旋转类、往复类机械设备及辅机设备、备品配件的设计等				

	指标\报告期	2011.06.30	2010.12.31	2010.06.30	2009.12.31
主要财务指标	每股收益(元)	0.5168	1.4100	0.4071	1.2100
	每股收益(扣除)(元)	0.5205	1.4000	0.5330	1.1800
	每股净资产(元)	4.7700	5.9300	5.0500	6.2800
	调整后每股净资产(元)	-	-	-	-
	每股资本公积金(元)	0.2222	0.2888	0.2875	0.3737
	每股盈余公积金(元)	0.6197	0.8056	0.6785	0.8820
	每股未分配利润(元)	2.9320	3.8398	3.0889	4.0275
	每股现金净流量(元)	0.0676	0.2834	-0.0370	0.0922
	每股经营现金净流量(元)	0.5157	1.0367	0.4344	0.3589
	净资产收益率(扣除)(%)	10.7900	26.0000	10.4500	27.1200
	净资产收益率(%)	10.8250	23.7146	10.4710	24.9780
	总资产(万)	662515.06	609233.25	547387.76	491077.22
	股东权益(万)	299958.10	286821.12	244321.43	233610.95
	主营业务收入(万)	206763.90	404618.86	183025.32	346824.26
	主营成本(万)	125203.92	251609.84	117275.42	217745.08
	营业收入(万)	207704.00	427620.53	184051.56	358601.02
	营业成本(万)	126036.26	273822.38	118041.42	229187.97
	投资收益(万)	-	-	-	-
	利润总额(万)	47131.69	96609.14	36168.21	83227.64
	净利润(万)	32470.58	68018.47	25582.48	58351.76

烟台张裕葡萄酿酒股份有限公司

公司概况	公司名称	烟台张裕葡萄酿酒股份有限公司			证券简称	张裕B
	法人代表	孙利强	董秘	曲为民	证券代码	200869
	公司网址	www.changyu.com.cn		电子信箱	stock@changyu.com.cn	
	电　话	0535-6633658 6633656		传　真	0535-6633639	
	办公地址	山东省烟台市大马路56号				
	经营范围	葡萄酒、蒸馏酒、药酒、果露酒、非酒精饮料、果酱、包装材料及制品等				

	指标\报告期	2011.06.30	2010.12.31	2010.06.30	2009.12.31
主要财务指标	每股收益(元)	1.6600	2.7200	1.1100	2.1400
	每股收益(扣除)(元)	1.6590	2.6100	-	2.1000
	每股净资产(元)	7.5500	7.2800	5.6700	5.7600
	调整后每股净资产(元)	-	-	-	-
	每股资本公积金(元)	1.0568	1.0568	1.0568	1.0568
	每股盈余公积金(元)	0.5613	0.5613	0.5613	0.5613
	每股未分配利润(元)	4.9272	4.6641	3.0548	3.1440
	每股现金净流量(元)	0.0264	-1.8960	0.2754	2.2871
	每股经营现金净流量(元)	1.9323	2.4464	1.2132	2.5785
	净资产收益率(扣除)(%)	-	39.8600	-	40.4200
	净资产收益率(%)	22.0420	37.3520	19.5800	37.1000
	总资产(万)	612521.50	598337.73	531099.00	536416.08
	股东权益(万)	397849.11	383970.83	299116.45	303822.60
	主营业务收入(万)	308270.96	494638.17	247444.22	416917.16
	主营成本(万)	74640.65	124629.04	69502.26	118206.16
	营业收入(万)	309002.16	498294.34	248188.51	419940.34
	营业成本(万)	74923.76	125791.02	69790.44	119166.96
	投资收益(万)	-	-	-	-
	利润总额(万)	116251.49	192964.96	77924.28	149925.50
	净利润(万)	87695.51	143421.83	58567.45	112732.88

佛山华新包装股份有限公司

公司概况	公司名称	佛山华新包装股份有限公司			证券简称	粤华包B
	法人代表	童来明	董秘	周启洪	证券代码	200986
	公司网址	www.fshxp.com		电子信箱	hf_zhouqh@fshxp.com	
	电　话	0757-83981729		传　真	0757-83992026	
	办公地址	广东省佛山市季华五路经华大厦18楼				
	经营范围	制造(由下属机构经营)销售包装材料、包装制品、装饰材料、铝塑复合材料等				

	指标\报告期	2011.06.30	2010.12.31	2010.06.30	2009.12.31
主要财务指标	每股收益(元)	0.1220	0.2400	0.1200	0.0600
	每股收益(扣除)(元)	0.1212	0.2400	0.1260	0.0198
	每股净资产(元)	2.9500	2.8200	2.7500	2.5600
	调整后每股净资产(元)	-	-	-	-
	每股资本公积金(元)	0.5195	0.5196	0.5617	0.4962
	每股盈余公积金(元)	0.2557	0.2557	0.2479	0.2479
	每股未分配利润(元)	1.1708	1.0486	0.9380	0.8184
	每股现金净流量(元)	-0.2173	-0.1092	-0.0301	0.2393
	每股经营现金净流量(元)	-0.3571	0.3862	-0.0520	-0.2394
	净资产收益率(扣除)(%)	4.2000	8.7400	4.6800	0.7800
	净资产收益率(%)	4.1490	8.4300	4.3500	2.2290
	总资产(万)	616846.62	616049.71	608842.53	575544.11
	股东权益(万)	148896.16	142725.47	138869.60	129510.70
	主营业务收入(万)	207358.55	380631.49	181726.93	223143.51
	主营成本(万)	177722.21	314637.11	149748.77	196440.68
	营业收入(万)	210217.19	389853.87	190598.74	237264.04
	营业成本(万)	178792.27	323565.84	157905.05	206647.62
	投资收益(万)	-	-	-	-
	利润总额(万)	12692.21	23955.25	12060.35	7077.53
	净利润(万)	6177.85	12031.19	6045.00	2887.30

山东省中鲁远洋渔业股份有限公司

公司概况	公司名称	山东省中鲁远洋渔业股份有限公司			证券简称	中鲁B
	法人代表	卢连兴	董秘	周烽	证券代码	200992
	公司网址			电子信箱	zlzqb@163.com	
	电　　话	0531-86553278 86553276		传　　真	0531-86982906	
	办公地址	山东省济南市和平路43号				
	经营范围	外海、远洋捕捞;水产品养殖、加工、销售等				

主要财务指标	指标\报告期	2011.06.30	2010.12.31	2010.06.30	2009.12.31
	每股收益(元)	0.2000	0.1300	0.0400	0.0600
	每股收益(扣除)(元)	0.1900	0.1200	0.0400	0.0600
	每股净资产(元)	1.6700	1.4700	1.3700	1.3300
	调整后每股净资产(元)	–	–	–	–
	每股资本公积金(元)	1.0570	1.0570	1.0570	1.0570
	每股盈余公积金(元)	0.0823	0.0823	0.0823	0.0823
	每股未分配利润(元)	–0.4750	–0.6762	–0.7658	–0.8085
	每股现金净流量(元)	0.0242	0.1923	0.0053	–0.1096
	每股经营现金净流量(元)	0.1377	0.2941	0.1148	0.1239
	净资产收益率(扣除)(%)	12.7900	8.8800	3.1100	4.2900
	净资产收益率(%)	12.0590	9.0250	3.1060	4.3214
	总资产(万)	60715.67	53682.80	52660.54	48153.93
	股东权益(万)	44392.23	38996.54	36570.83	35429.69
	主营业务收入(万)	23482.32	47760.51	19780.44	26347.06
	主营成本(万)	19442.36	42438.90	17251.71	22609.79
	营业收入(万)	23631.21	48013.14	19875.09	26529.40
	营业成本(万)	19521.12	42600.78	17324.52	22763.60
	投资收益(万)	–	–	–	–
	利润总额(万)	5408.51	3595.09	1169.64	1531.05
	净利润(万)	5353.09	3519.54	1135.77	1531.05

公司概况	公司名称				证券简称	
	法人代表		董秘		证券代码	
	公司网址			电子信箱		
	电　　话			传　　真		
	办公地址					
	经营范围					

主要财务指标	指标\报告期	2011.06.30	2010.12.31	2010.06.30	2009.12.31
	每股收益(元)				
	每股收益(扣除)(元)				
	每股净资产(元)				
	调整后每股净资产(元)				
	每股资本公积金(元)				
	每股盈余公积金(元)				
	每股未分配利润(元)				
	每股现金净流量(元)				
	每股经营现金净流量(元)				
	净资产收益率(扣除)(%)				
	净资产收益率(%)				
	总资产(万)				
	股东权益(万)				
	主营业务收入(万)				
	主营成本(万)				
	营业收入(万)				
	营业成本(万)				
	投资收益(万)				
	利润总额(万)				
	净利润(万)				

公司概况	公司名称				证券简称	
	法人代表		董秘		证券代码	
	公司网址			电子信箱		
	电　　话			传　　真		
	办公地址					
	经营范围					

主要财务指标	指标\报告期	2011.06.30	2010.12.31	2010.06.30	2009.12.31
	每股收益(元)				
	每股收益(扣除)(元)				
	每股净资产(元)				
	调整后每股净资产(元)				
	每股资本公积金(元)				
	每股盈余公积金(元)				
	每股未分配利润(元)				
	每股现金净流量(元)				
	每股经营现金净流量(元)				
	净资产收益率(扣除)(%)				
	净资产收益率(%)				
	总资产(万)				
	股东权益(万)				
	主营业务收入(万)				
	主营成本(万)				
	营业收入(万)				
	营业成本(万)				
	投资收益(万)				
	利润总额(万)				
	净利润(万)				

公司概况	公司名称				证券简称	
	法人代表		董秘		证券代码	
	公司网址			电子信箱		
	电　　话			传　　真		
	办公地址					
	经营范围					

主要财务指标	指标\报告期	2011.06.30	2010.12.31	2010.06.30	2009.12.31
	每股收益(元)				
	每股收益(扣除)(元)				
	每股净资产(元)				
	调整后每股净资产(元)				
	每股资本公积金(元)				
	每股盈余公积金(元)				
	每股未分配利润(元)				
	每股现金净流量(元)				
	每股经营现金净流量(元)				
	净资产收益率(扣除)(%)				
	净资产收益率(%)				
	总资产(万)				
	股东权益(万)				
	主营业务收入(万)				
	主营成本(万)				
	营业收入(万)				
	营业成本(万)				
	投资收益(万)				
	利润总额(万)				
	净利润(万)				